Wichtige Steuererlasse und Steuerrichtlinien

Zusätzliche digitale Inhalte für Sie!

Zu diesem Buch stehen Ihnen kostenlos folgende digitale Inhalte zur Verfügung:

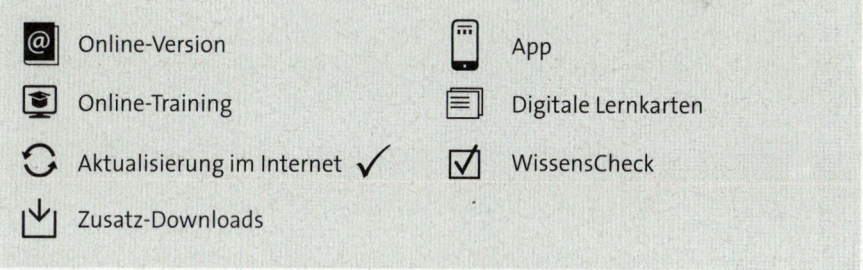

Schalten Sie sich das Buch inklusive Mehrwert direkt frei.

Scannen Sie den QR-Code **oder** rufen Sie die Seite www.nwb.de auf. Geben Sie den Freischaltcode ein und folgen Sie dem Anmeldedialog. Fertig!

Ihr Freischaltcode

DBOU-PWZB-YPLY-SNCE-OIWO-FR

Wichtige Steuererlasse und Steuerrichtlinien

Kanzlei-Edition

10. Auflage

Stand: 1. Juni 2019

Bearbeitet von der NWB Gesetzesredaktion

nwb TEXTAUSGABE

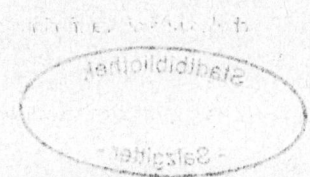

ISBN 978-3-482-**63310**-2 – 10. Auflage 2019

© NWB Verlag GmbH & Co. KG, Herne 2010
www.nwb.de

Alle Rechte vorbehalten.

Dieses Buch und alle in ihm enthaltenen Beiträge und Abbildungen sind urheberrechtlich geschützt. Mit Ausnahme der gesetzlich zugelassenen Fälle ist eine Verwertung ohne Einwilligung des Verlages unzulässig.

Satz: Griebsch & Rochol Druck GmbH, Hamm
Druck: CPI books, Leck

Vorwort

Mit dieser von erfahrenen Praktikern selbst konzipierten Zusammenstellung von ausgewählten Steuerrichtlinien und Steuererlassen in einem Band steht ein handliches Hilfsmittel zur Verfügung, das insbesondere Steuerberatern und Wirtschaftsprüfern die tägliche Arbeit erleichtern wird.

Unter Berücksichtigung der inhaltlichen Anregungen aus der Praxis großer Wirtschaftsprüfungsgesellschaften wurden alle für den Berufsalltag bedeutenden Richtlinien und Hinweise zur Einkommensteuer, Lohnsteuer, Körperschaftsteuer und Gewerbesteuer sowie Regelungen des Anwendungserlasses zur Abgabenordnung in Kombination mit allen wichtigen BMF-Schreiben sowie Erlassen und Verfügungen der Finanzbehörden der Länder zur Abgabenordnung, Einkommensteuer, Außensteuer, Körperschaftsteuer, Umwandlungssteuer, Gewerbesteuer und Grunderwerbsteuer zusammengestellt.

Die aktuelle Auflage entspricht dem Stand vom 1. Juni 2019.

Zur besseren Orientierung enthält die Sammlung auf der vorderen Umschlagseite eine Griffleiste mit den Abkürzungen der abgedruckten Texte in fortlaufender Reihenfolge; durch einfaches Aufblättern des Buchblocks ergibt sich mittels der schwarzen Randmarkierungen ein direkter Zugriff.

Die vorliegende Ausgabe ergänzt unsere in vielen Auflagen erschienenen Textausgaben von Gesetzestexten, die insbesondere zu Lehr- und Studienzwecken dienen. Dabei handelt es sich um folgende Textausgaben:

1. Deutsche Steuergesetze (Verlags-Nr. 6340);
2. Wichtige Steuergesetze (Verlags-Nr. 6045);
3. Wichtige Steuerrichtlinien (Verlags-Nr. 6514);
4. Wichtige Wirtschaftsgesetze (Verlags-Nr. 6725);
5. Wichtige Gesetze des Wirtschaftsprivatrechts (Verlags-Nr. 6046);
6. Wichtige Wirtschaftsgesetze für Bachelor/Master, Band 1 – Grundlagen (Verlags-Nr. 5959);
7. Wichtige Wirtschaftsgesetze für Bachelor/Master, Band 2 – Neben- und Verfahrensrecht (Verlags-Nr. 5960);
8. Wichtige Wirtschaftsgesetze für Bachelor/Master, Band 3 – Compliance und Datenschutz (Verlags-Nr. 6735);
9. Wirtschaftsgesetze für Wirtschaftsschulen und die kaufmännische Ausbildung (Verlags-Nr. 6509);
10. Wichtige Arbeitsgesetze (Verlags-Nr. 6523);
11. Wichtige Gesetze für Wirtschaftsverwaltung und die Öffentliche Wirtschaft (Verlags-Nr. 6758);
12. IAS/IFRS-Texte (Verlags-Nr. 6730);
13. Wichtige Datenschutzbestimmungen (Verlags-Nr. 6754);
14. Textausgabe Umsatzsteuer (Verlags-Nr. 6468).

Herne, im Juli 2019   Redaktion und Verlag

Inhaltsverzeichnis

Ausführliche Inhaltsübersichten sind den einzelnen Richtlinien, einschließlich dem Anwendungserlass zur Abgabenordnung, sowie den Steuererlassen vorangestellt.

Seite

A. Steuerrichtlinien (Richtlinien/Hinweise)
- I. Anwendungserlass zur Abgabenordnung 3
- II. Einkommensteuer-Richtlinien mit amtlichen Bearbeitungshinweisen 391
- III. Lohnsteuer-Richtlinien mit amtlichen Bearbeitungshinweisen 987
- IV. Körperschaftsteuer-Richtlinien mit amtlichen Bearbeitungshinweisen 1189
- V. Gewerbesteuer-Richtlinien mit amtlichen Bearbeitungshinweisen 1289

B. Steuererlasse (BMF-Schreiben/Ländererlasse/Verfügungen der Finanzdirektionen)
- I. Abgabenordnung 1411
- II. Einkommensteuer 1503
- III. Außensteuer 1835
- IV. Körperschaftsteuer 1919
- V. Umwandlungssteuer 2081
- VI. Gewerbesteuer 2229
- VII. Grunderwerbsteuer 2249

Stichwortverzeichnis 2337

A. Steuerrichtlinien

(Richtlinien/Hinweise)

A. I. Anwendungserlass zur Abgabenordnung (AEAO) v. 31. 1. 2014 (BStBl I S. 290), zuletzt geändert durch BMF-Schreiben v. 5. 4. 2019 (BStBl I S. 446)

Inhaltsübersicht

	Seite
Zu § 1 – Anwendungsbereich	9
Zu § 3 – Steuern, steuerliche Nebenleistungen	9
Zu § 4 – Gesetz	9
Zu § 5 – Ermessen	9
Zu § 7 – Amtsträger	10
Vor §§ 8, 9 – Wohnsitz, gewöhnlicher Aufenthalt	10
Zu § 8 – Wohnsitz	11
Zu § 9 – Gewöhnlicher Aufenthalt	16
Zu § 12 – Betriebstätte	17
Zu § 15 – Angehörige	17
Zu § 16 – Sachliche Zuständigkeit	18
Zu § 17 – Örtliche Zuständigkeit	18
Zu § 18 – Gesonderte Feststellung	18
Zu § 19 – Steuern vom Einkommen und Vermögen natürlicher Personen	20
Zu § 20 – Steuern vom Einkommen und Vermögen der Körperschaften, Personenvereinigungen, Vermögensmassen	20
Zu § 20a – Steuern vom Einkommen bei Bauleistungen	20
Zu § 21 – Umsatzsteuer	21
Zu § 24 – Ersatzzuständigkeit	21
Zu § 25 – Mehrfache örtliche Zuständigkeit	21
Zu § 26 – Zuständigkeitswechsel	21
Zu § 27 – Zuständigkeitsvereinbarung	22
Zu § 30 – Steuergeheimnis	22
Zu § 30a (weggefallen)	35
Zu § 31 – Mitteilung von Besteuerungsgrundlagen	35
Zu § 31a – Mitteilungen zur Bekämpfung der illegalen Beschäftigung und des Leistungsmissbrauchs	36
Zu § 31b – Mitteilungen zur Bekämpfung der Geldwäsche und der Terrorismusfinanzierung	41
Zu § 32 – Haftungsbeschränkung für Amtsträger	43
Zu § 33 – Steuerpflichtiger	43
Zu § 34 – Pflichten der gesetzlichen Vertreter und der Vermögensverwalter	44
Zu § 35 – Pflichten des Verfügungsberechtigten	44
Zu § 36 – Erlöschen der Vertretungsmacht	45
Zu § 37 – Ansprüche aus dem Steuerschuldverhältnis	45

Inhaltsübersicht

Zu § 38 – Entstehung der Ansprüche aus dem Steuerschuldverhältnis	47
Zu § 39 – Zurechnung	48
Zu § 41 – Unwirksame Rechtsgeschäfte	48
Zu § 42 – Missbrauch von rechtlichen Gestaltungsmöglichkeiten	48
Zu § 44 – Gesamtschuldner	50
Zu § 45 – Gesamtrechtsnachfolge	50
Zu § 46 – Abtretung, Verpfändung, Pfändung	51
Zu § 47 – Erlöschen	53
Zu § 48 – Leistung durch Dritte, Haftung Dritter	53
Zu § 51 – Allgemeines	53
Zu § 52 – Gemeinnützige Zwecke	56
Zu § 53 – Mildtätige Zwecke	64
Zu § 54 – Kirchliche Zwecke	66
Zu § 55 – Selbstlosigkeit	66
Zu § 56 – Ausschließlichkeit	72
Zu § 57 – Unmittelbarkeit	73
Zu § 58 – Steuerlich unschädliche Betätigungen	73
Zu § 59 – Voraussetzung der Steuervergünstigung	76
Zu § 60 – Anforderungen an die Satzung	77
Zu § 60a – Feststellung der satzungsmäßigen Voraussetzungen	78
Zu § 61 – Satzungsmäßige Vermögensbindung	80
Zu § 62 – Rücklagen und Vermögensbildung	81
Zu § 63 – Anforderungen an die tatsächliche Geschäftsführung	84
Zu § 64 – Steuerpflichtige wirtschaftliche Geschäftsbetriebe	85
Zu § 65 – Zweckbetrieb	91
Zu § 66 – Wohlfahrtspflege	92
Zu § 67 – Krankenhäuser	93
Zu § 67a – Sportliche Veranstaltungen	94
Zu § 68 – Einzelne Zweckbetriebe	100
Zu § 69 – Haftung der Vertreter	105
Zu § 70 – Haftung des Vertretenen	106
Zu § 71 – Haftung des Steuerhinterziehers und des Steuerhehlers	106
Zu § 73 – Haftung bei Organschaft	106
Zu § 74 – Haftung des Eigentümers von Gegenständen	107
Zu § 75 – Haftung des Betriebsübernehmers	108
Zu § 77 – Duldungspflicht	113
Zu § 78 – Beteiligte	113
Zu § 80 – Bevollmächtigte und Beistände	113
Zu § 80a – Elektronische Übermittlung von Vollmachtsdaten an Landesfinanzbehörden	113
Zu § 81 – Bestellung eines Vertreters von Amts wegen	114

Zu § 82 – Ausgeschlossene Personen 114
Zu § 83 – Besorgnis der Befangenheit 114
Zu § 85 – Besteuerungsgrundsätze 114
Zu § 87 – Amtssprache 115
Zu § 87a – Elektronische Kommunikation 115
Vor §§ 87b bis 87e 117
Zu § 87d – Datenübermittlungen an Finanzbehörden im Auftrag 117
Zu § 88 – Untersuchungsgrundsatz 119
Zu § 89 – Beratung, Auskunft 120
Zu § 90 – Mitwirkungspflichten der Beteiligten 129
Zu § 91 – Anhörung Beteiligter 130
Zu § 92 – Beweismittel 130
Zu § 93 – Auskunftspflicht der Beteiligten und anderer Personen 131
Zu § 93a – Allgemeine Mitteilungspflichten 137
Zu § 93c – Datenübermittlung durch Dritte 137
Zu § 95 – Versicherung an Eides statt 137
Zu § 99 – Betreten von Grundstücken und Räumen 137
Zu § 101 – Auskunfts- und Eidesverweigerungsrecht der Angehörigen 137
Zu § 104 – Verweigerung der Erstattung eines Gutachtens und der Vorlage von Urkunden 138
Zu § 107 – Entschädigung der Auskunftspflichtigen und Sachverständigen 138
Zu § 108 – Fristen und Termine 138
Zu § 109 – Verlängerung von Fristen 138
Zu § 110 – Wiedereinsetzung in den vorigen Stand 139
Zu § 111 – Amtshilfepflicht 139
Zu § 112 – Voraussetzungen und Grenzen der Amtshilfe 139
Zu § 117 – Zwischenstaatliche Rechts- und Amtshilfe in Steuersachen 140
Zu § 118 – Begriff des Verwaltungsakts 140
Zu § 120 – Nebenbestimmungen zum Verwaltungsakt 140
Zu § 121 – Begründung des Verwaltungsakts 141
Zu § 122 – Bekanntgabe des Verwaltungsakts 141
Zu § 122a – Bekanntgabe von Verwaltungsakten durch Bereitstellung zum Datenabruf 182
Zu § 123 – Bestellung eines Empfangsbevollmächtigten 182
Zu § 124 – Wirksamkeit des Verwaltungsakts 183
Zu § 125 – Nichtigkeit des Verwaltungsakts 184
Zu § 126 – Heilung von Verfahrens- und Formfehlern 184
Zu § 127 – Folgen von Verfahrens- und Formfehlern 184
Zu § 129 – Offenbare Unrichtigkeit beim Erlass eines Verwaltungsakts 185
Vor §§ 130, 131 – Rücknahme und Widerruf von Verwaltungsakten 186
Zu § 130 – Rücknahme eines rechtswidrigen Verwaltungsakts 187

Zu § 131 – Widerruf eines rechtmäßigen Verwaltungsakts	188
Zu § 138 – Anzeigen über die Erwerbstätigkeit	189
Zu § 140 – Buchführungs- und Aufzeichnungspflichten nach anderen Gesetzen	189
Zu § 141 – Buchführungspflicht bestimmter Steuerpflichtiger	189
Zu § 143 – Aufzeichnung des Wareneingangs	191
Zu § 144 – Aufzeichnung des Warenausgangs	191
Zu § 146 – Ordnungsvorschriften für die Buchführung und für Aufzeichnungen	191
Zu § 146b – Kassen-Nachschau	195
Zu § 147 – Ordnungsvorschriften für die Aufbewahrung von Unterlagen	198
Zu § 147a – Ordnungsvorschriften für die Aufbewahrung von Unterlagen	198
Zu § 148 – Bewilligung von Erleichterungen	198
Zu § 149 – Abgabe der Steuererklärungen	198
Zu § 150 – Form und Inhalt der Steuererklärungen	199
Zu § 151 – Aufnahme der Steuererklärung an Amtsstelle	199
Zu § 152 – Verspätungszuschlag	199
Zu § 153 – Berichtigung von Erklärungen	203
Zu § 154 – Kontenwahrheit	206
Zu § 155 – Steuerfestsetzung	212
Zu § 156 – Absehen von Steuerfestsetzung	212
Zu § 157 – Form und Inhalt der Steuerbescheide	212
Zu § 158 – Beweiskraft der Buchführung	213
Zu § 159 – Nachweis der Treuhänderschaft	213
Zu § 160 – Benennung von Gläubigern und Zahlungsempfängern	213
Zu § 162 – Schätzung von Besteuerungsgrundlagen	214
Zu § 163 – Abweichende Festsetzung von Steuern aus Billigkeitsgründen	215
Zu § 164 – Steuerfestsetzung unter Vorbehalt der Nachprüfung	216
Zu § 165 – Vorläufige Steuerfestsetzung, Aussetzung der Steuerfestsetzung	217
Zu § 167 – Steueranmeldung, Verwendung von Steuerzeichen oder Steuerstemplern	219
Zu § 168 – Wirkung einer Steueranmeldung	219
Vor §§ 169 bis 171 – Festsetzungsverjährung	221
Zu § 169 – Festsetzungsfrist	221
Zu § 170 – Beginn der Festsetzungsfrist	222
Zu § 171 – Ablaufhemmung	223
Vor §§ 172 bis 177 – Bestandskraft	229
Zu § 172 – Aufhebung und Änderung von Steuerbescheiden	231
Zu § 173 – Aufhebung oder Änderung von Steuerbescheiden wegen neuer Tatsachen oder Beweismittel	232
Zu § 173a – Schreib- oder Rechenfehler bei Erstellung einer Steuererklärung	242
Zu § 174 – Widerstreitende Steuerfestsetzungen	242
Zu § 175 – Änderung von Steuerbescheiden auf Grund von Grundlagenbescheiden und bei rückwirkenden Ereignissen	247

Inhaltsübersicht

Zu § 175a – Umsetzung von Verständigungsvereinbarungen	252
Zu § 175b – Änderung von Steuerbescheiden bei Datenübermittlung durch Dritte	253
Zu § 176 – Vertrauensschutz bei der Aufhebung und Änderung von Steuerbescheiden	253
Zu § 177 – Berichtigung von materiellen Fehlern	254
Zu § 179 – Feststellung von Besteuerungsgrundlagen	255
Zu § 180 – Gesonderte Feststellung von Besteuerungsgrundlagen	256
Zu § 181 – Verfahrensvorschriften für die gesonderte Feststellung, Feststellungsfrist, Erklärungspflicht	258
Zu § 182 – Wirkung der gesonderten Feststellung	258
Zu § 183 – Empfangsbevollmächtigte bei der einheitlichen Feststellung	259
Zu § 184 – Festsetzung von Steuermessbeträgen	259
Zu § 188 – Zerlegungsbescheid	259
Zu § 191 – Haftungsbescheide, Duldungsbescheide	259
Zu § 192 – Vertragliche Haftung	261
Zu § 193 – Zulässigkeit einer Außenprüfung	262
Zu § 194 – Sachlicher Umfang einer Außenprüfung	263
Zu § 195 – Zuständigkeit	264
Zu § 196 – Prüfungsanordnung	264
Zu § 197 – Bekanntgabe der Prüfungsanordnung	265
Zu § 198 – Ausweispflicht, Beginn der Außenprüfung	273
Zu § 200 – Mitwirkungspflichten des Steuerpflichtigen	274
Zu § 201 – Schlussbesprechung	275
Zu § 202 – Inhalt und Bekanntgabe des Prüfungsberichts	275
Zu § 203 – Abgekürzte Außenprüfung	276
Zu § 204 – Voraussetzung der verbindlichen Zusage	276
Zu § 205 – Form der verbindlichen Zusage	277
Zu § 206 – Bindungswirkung	277
Zu § 207 – Außerkrafttreten, Aufhebung und Änderung der verbindlichen Zusage	277
Zu § 208 – Steuerfahndung, Zollfahndung	278
Zu § 218 – Verwirklichung von Ansprüchen aus dem Steuerschuldverhältnis	278
Zu § 219 – Zahlungsaufforderung bei Haftungsbescheiden	280
Zu § 220 – Fälligkeit	280
Zu § 224 – Leistungsort, Tag der Zahlung	280
Zu § 226 – Aufrechnung	281
Zu § 228 – Gegenstand der Verjährung, Verjährungsfrist	282
Zu § 229 – Beginn der Verjährung	282
Zu § 231 – Unterbrechung der Verjährung	282
Zu § 233a – Verzinsung von Steuernachforderungen und Steuererstattungen	283
Zu § 234 – Stundungszinsen	308
Zu § 235 – Verzinsung von hinterzogenen Steuern	312
Zu § 236 – Prozesszinsen auf Erstattungsbeträge	319

Zu § 237 – Zinsen bei Aussetzung der Vollziehung 320
Zu § 238 – Höhe und Berechnung der Zinsen 322
Zu § 239 – Festsetzung der Zinsen 322
Zu § 240 – Säumniszuschläge 322
Zu §§ 241 bis 248 – Sicherheitsleistung 325
Zu § 251 – Insolvenzverfahren 325
Vor § 347 – Außergerichtliches Rechtsbehelfsverfahren 360
Zu § 347 – Statthaftigkeit des Einspruchs 360
Zu § 350 – Beschwer 361
Zu § 351 – Bindungswirkung anderer Verwaltungsakte 362
Zu § 352 – Einspruchsbefugnis bei der einheitlichen Feststellung 363
Zu § 353 – Einspruchsbefugnis des Rechtsnachfolgers 364
Zu § 355 – Einspruchsfrist 365
Zu § 357 – Einlegung des Einspruchs 365
Zu § 360 – Hinzuziehung zum Verfahren 366
Zu § 361 – Aussetzung der Vollziehung 366
Zu § 362 – Rücknahme des Einspruchs 380
Zu § 363 – Aussetzung und Ruhen des Verfahrens 380
Zu § 364 – Mitteilung der Besteuerungsunterlagen 381
Zu § 364a – Erörterung des Sach- und Rechtsstands 381
Zu § 364b – Fristsetzung 381
Zu § 365 – Anwendung von Verfahrensvorschriften 382
Zu § 366 – Form, Inhalt und Erteilung der Einspruchsentscheidung 383
Zu § 367 – Entscheidung über den Einspruch 383
Anlage zum AEAO zu § 46 387
Anlage zu Nr. 5 des AEAO zu § 60
Muster einer Erklärung der Ordensgemeinschaften 389

Unter Bezugnahme auf das Ergebnis der Erörterungen mit den obersten Finanzbehörden der Länder gilt für die Anwendung der Abgabenordnung Folgendes:

Zu § 1 – Anwendungsbereich:

1. Der Anwendungsbereich beschränkt sich auf die Steuern einschließlich der Steuervergütungen. Die AO gilt auch für Steuererstattungen; diese sind als Umkehr der Steuerentrichtung bereits durch den Begriff der Steuer in den Anwendungsbereich mit einbezogen (§ 37 Abs. 1 AO).
2. Für die von den Finanzbehörden verwalteten, durch Bundesrecht geregelten übrigen öffentlich-rechtlichen Abgaben, Prämien und Zulagen wird die Geltung der AO durch die jeweiligen Rechtsvorschriften bestimmt. Dies gilt insbesondere für die Wohnungsbauprämien, Eigenheimzulagen, Arbeitnehmer-Sparzulagen und die Investitionszulagen.
3. Die Vorschriften der AO sind grundsätzlich sinngemäß auch auf die steuerlichen Nebenleistungen (§ 3 Abs. 4 AO) anzuwenden. Ausgenommen sind die Bestimmungen über die Festsetzung, Außenprüfung, Steuerfahndung und Steueraufsicht in besonderen Fällen (§§ 155 bis 217 AO), soweit sie nicht ausdrücklich für anwendbar erklärt worden sind (§ 155 Abs. 3 Satz 2, § 156 Abs. 2 AO).
4. Die AO ist auch für die Angelegenheiten anzuwenden, die nicht unmittelbar der Besteuerung dienen, aber aufgrund der Verwaltungskompetenz für diese Steuern in den Zuständigkeitsbereich der Finanzbehörden fallen (z. B. Erteilung von Bescheinigungen in Steuersachen, Ausstellung von Einkommensbescheinigungen für nichtsteuerliche Zwecke).
5. Wegen der Anwendung der AO bei der Leistung von Rechts- oder Amtshilfe wird auf die §§ 111 ff. AO hingewiesen.

Zu § 3 – Steuern, steuerliche Nebenleistungen:

Steuerliche Nebenleistungen sind keine Steuern. Sie sind in § 3 Abs. 4 AO abschließend aufgezählt. Wegen der Anwendung der AO auf steuerliche Nebenleistungen wird auf § 1 AO hingewiesen.

Zu § 4 – Gesetz:

Bei der Auslegung von Steuergesetzen gelten die allgemeinen Auslegungsregeln und damit auch die wirtschaftliche Betrachtungsweise, so wie sie ihren Niederschlag in der Rechtsprechung gefunden hat (vgl. BVerfG vom 24. 1. 1962, 1 BvR 232/60, BStBl I S. 506).

Zu § 5 – Ermessen:

1. Bei der Ausübung des Ermessens sind nicht nur die in einzelnen gesetzlichen Bestimmungen vorgeschriebenen Voraussetzungen, sondern auch die Grundsätze der Gleichmäßigkeit der Besteuerung, der Verhältnismäßigkeit der Mittel, der Erforderlichkeit, der Zumutbarkeit, der Billigkeit und von Treu und Glauben sowie das Willkürverbot und das Übermaßverbot zu beachten. Verwaltungsvorschriften, die die Ausübung des Ermessens regeln, sind für die Finanzbehörden bindend.
2. Wegen der Begründung von Ermessensentscheidungen wird auf § 121 AO, wegen der Rücknahme und des Widerrufs auf §§ 130 und 131 AO hingewiesen.

Zu § 7 – Amtsträger:

1. Der Begriff des Amtsträgers ist u. a. im Zusammenhang mit dem Steuergeheimnis (§ 30), der Haftungsbeschränkung (§ 32 AO), der Ausschließung und Ablehnung von Personen in einem Verwaltungsverfahren (§§ 82 ff. AO) und bei der Selbstanzeige (§ 371 Abs. 2 AO) von Bedeutung. Die Bestimmung entspricht § 11 Abs. 1 Nrn. 2 und 3 StGB.
2. Die in § 7 Nrn. 1 und 2 AO genannten Personen sind ohne Rücksicht auf Art und Inhalt der ausgeübten Tätigkeit Amtsträger.
3. Die in § 7 Nr. 3 AO aufgeführten Personen sind nur Amtsträger, soweit sie Aufgaben der öffentlichen Verwaltung wahrnehmen. Das sind Aufgaben, bei deren Erledigung Angelegenheiten der Gemeinwesen und ihrer Mitglieder unmittelbar gebietend, verbietend, entscheidend oder sonst wie handelnd innerhalb der gesetzlichen Grenzen wahrgenommen werden. Unter § 7 Nr. 3 AO fallen insbesondere Verwaltungsangestellte (z. B. Angestellte im Außenprüfungsdienst), soweit sie nicht lediglich als Hilfskräfte bei öffentlichen Aufgaben mitwirken (z. B. Registratur- und Schreibkräfte).

Vor §§ 8, 9 – Wohnsitz, gewöhnlicher Aufenthalt:

1. Die Begriffe des Wohnsitzes (§ 8 AO) bzw. des gewöhnlichen Aufenthalts (§ 9 AO) haben insbesondere Bedeutung für die persönliche Steuerpflicht natürlicher Personen (vgl. zu § 1 EStG, § 2 ErbStG) oder für familienbezogene Entlastungen (z. B. Realsplitting nach § 10 Abs. 1a Nr. 1 EStG). Sie sind auch maßgeblich, wenn die Familienkassen in eigener Zuständigkeit und ohne Bindung an die Beurteilung des Finanzamts im Besteuerungsverfahren die Voraussetzungen des Kindergeldanspruchs nach § 62 Abs. 1 Nr. 1 bzw. § 63 Abs. 1 EStG prüfen (vgl. u. a. BFH-Urteil vom 20. 3. 2013, XI R 37/11, BStBl 2014 II S. 831).
2. Die Begriffe des Wohnsitzes bzw. des gewöhnlichen Aufenthalts stellen allein auf die tatsächlichen Verhältnisse ab (BFH-Urteil vom 10. 11. 1978, VI R 127/76, BStBl 1979 II S. 335).
   Zwischenstaatliche Vereinbarungen enthalten dagegen z. T. hiervon abweichende Fiktionen, die den an die tatsächlichen Verhältnisse anknüpfenden allgemeinen Regelungen der §§ 8 und 9 AO vorgehen (z. B. Art. 13 des Protokolls (Nr. 7) über die Vorrechte und Befreiungen der Europäischen Union vom 26. 10. 2012, Amtsblatt der Europäischen Union C 326 S. 266; Artikel X des NATO-Truppenstatuts i.V. m. Art. 68 Abs. 4, Art. 74 des Zusatzabkommens zum NATO-Truppenstatut; Wiener Übereinkommen vom 18. 4. 1961 über diplomatische Beziehungen (WÜD, BGBl 1964 II S. 957) und vom 24. 4. 1963 über konsularische Beziehungen [WÜK, BGBl 1969 II S. 1585]); vgl. hierzu AEAO zu § 8, Nrn. 8 und 9. Andere Abkommen enthalten persönliche Steuerbefreiungen.
   Für deutsche Auslandsbedienstete gilt hinsichtlich der Frage der unbeschränkten Steuerpflicht die Sonderregelung des § 1 Abs. 2 EStG.
   Als unbeschränkt steuerpflichtig können auch solche natürlichen Personen behandelt werden, die die Kriterien des § 1 Abs. 3 EStG erfüllen. Damit ist teilweise auch die Höhe der Einkünfte Anknüpfungskriterium für den Umfang der Steuerpflicht (§ 1 Abs. 3 Sätze 2 bis 4 EStG).
   Der Begriff der Ansässigkeit i. S. d. DBA ist allein auf deren Anwendung (insbesondere hinsichtlich der Abkommensberechtigung und der Zuteilung der Besteuerungsrechte) beschränkt und hat keine Auswirkung auf die persönliche Steuerpflicht. Die deutsche unbeschränkte Steuerpflicht besteht daher auch dann, wenn der Steuerpflichtige je eine Wohnung bzw. einen gewöhnlichen Aufenthalt im Inland und im Ausland hat und nach dem anzuwendenden DBA im ausländischen Vertragsstaat ansässig ist (vgl. BFH-Urteil vom 4. 6. 1975, I R 250/73, BStBl II S. 708).
3. Auch wenn ein Steuerpflichtiger im Inland keinen Wohnsitz mehr hat, kann er hier noch seinen gewöhnlichen Aufenthalt haben.

Zu § 8 – Wohnsitz:

Inhaltsübersicht
1. Allgemeines
2. Wohnung
3. Innehaben der Wohnung
4. Nutzung zu Wohnzwecken
5. Familienwohnsitz
6. Wohnsitz bei Aufenthalt in einem anderen Staat
7. NATO-Truppenstatut
8. Wiener Übereinkommen über diplomatische Beziehungen und über konsularische Beziehungen
9. Protokoll (Nr. 7) über die Vorrechte und Befreiungen der Europäischen Union (EU)

1. Allgemeines

1.1 Nach § 8 AO hat eine natürliche Person einen Wohnsitz dort, wo sie eine Wohnung unter Umständen innehat, die darauf schließen lassen, dass sie die Wohnung beibehalten und benutzen wird. Ob im Einzelfall eine solche Benutzung vorliegt, ist unter Würdigung der Gesamtumstände nach den Verhältnissen des jeweiligen Veranlagungszeitraums oder Anspruchszeitraums zu beurteilen; die tatsächliche Entwicklung der Verhältnisse in den Folgejahren ist nur zu berücksichtigen, soweit ihr Indizwirkung für die Feststellung der tatsächlichen Verhältnisse im zurückliegenden Zeitraum zukommt (vgl. BFH-Urteil vom 23. 6. 2015, III R 38/14, BStBl 2016 II S. 102).

1.2 Die bloße Absicht, einen Wohnsitz zu begründen oder aufzugeben, bzw. die An- und Abmeldung bei der Ordnungsbehörde entfalten allein keine unmittelbare steuerliche Wirkung (BFH-Urteil vom 14. 11. 1969, III R 95/68, BStBl 1970 II S. 153). Hat der Steuerpflichtige eine Wohnung inne, die nach objektiven Maßstäben dauerhaft genutzt und beibehalten werden soll, kommt einem etwaigen Willen des Steuerpflichtigen, an diesem Platz keinen Wohnsitz begründen oder beibehalten zu wollen, keine Bedeutung zu (vgl. BFH-Urteil vom 23. 11. 1988, II R 139/87, BStBl 1989 II S. 182). Maßgeblich sind alleine die tatsächlichen Lebensverhältnisse; völkerrechtliche Vereinbarungen, insbesondere des Konsularrechts, stehen der Annahme eines Wohnsitzes gem. § 8 AO im Inland daher nicht entgegen (BFH-Urteil vom 8. 8. 2013, VI R 45/12, BStBl 2014 II S. 836). Die An- und Abmeldung bei der Ordnungsbehörde können im Allgemeinen als Indizien dafür angesehen werden, dass der Steuerpflichtige seinen Wohnsitz unter der von ihm angegebenen Anschrift begründet bzw. aufgegeben hat.

1.3 Ein Steuerpflichtiger kann gleichzeitig mehrere Wohnungen und mehrere Wohnsitze i. S. d. § 8 AO haben. Diese können im Inland und/oder Ausland gelegen sein. Zur Begründung eines steuerlichen Wohnsitzes im Inland ist nicht Voraussetzung, dass sich dort auch der Mittelpunkt der Lebensinteressen befindet oder dass der Steuerpflichtige von dort aus seiner täglichen Arbeit nachgeht (BFH-Urteile vom 19. 3. 1997, I R 69/96, BStBl II S. 447, und vom 18. 12. 2013, III R 44/12, BStBl 2015 II S. 143). Für die Annahme eines Wohnsitzes auf Grund einer Zweit- bzw. Nebenwohnung ist es nicht erforderlich, dass diese der Erstwohnung hinsichtlich Größe und Ausstattung gleichrangig ist. Es ist dem begrenzten Zweck Rechnung zu tragen, dem die Zweit- bzw. Nebenwohnung dient.

2. Wohnung

Mit Wohnung sind stationäre Räumlichkeiten gemeint, die – mindestens im Sinne einer bescheidenen Bleibe – für den Steuerpflichtigen auf Dauer zum Wohnen geeignet sind. Weil „Bewohnen" mehr ist als „Aufenthalt" oder „Übernachtung", erfüllt eine nur kurzfristige, lediglich vorübergehende oder eine notdürftige Unterbringungsmöglichkeit den Wohnungsbegriff nicht. Nicht erforderlich ist eine abgeschlossene Wohnung mit Küche und separater Waschgelegenheit i. S. d. Bewertungsrechts bzw. dass das zur Wohnung gehörende Bad in den Wohnbereich integriert ist. In rechtlicher Hinsicht reicht es aus, wenn die Wohnung mit einfachsten Mitteln ausgestattet ist. Darauf, ob die Ausstattungsgegenstände vom Vermieter gestellt oder vom Mieter selbst beschafft worden sind, kommt es nicht an (BFH-Urteil vom 14. 11. 1969, III R 95/68, BStBl 1970 II S. 153).

3. Innehaben der Wohnung

Der Steuerpflichtige muss die Wohnung innehaben. Danach muss die Wohnung in objektiver Hinsicht dem Steuerpflichtigen jederzeit (wann immer er es wünscht), als Bleibe zur Verfügung stehen. An der objektiven Eignung fehlt es bei sog. Standby-Wohnungen oder -Zimmern, wenn auf Grund von Vereinbarungen oder Absprachen zwischen den Wohnungsnutzern die Nutzungsmöglichkeit des Steuerpflichtigen derart beschränkt ist, dass er die Wohnung oder das Zimmer nicht jederzeit für einen Wohnaufenthalt nutzen kann (BFH-Urteil vom 13. 11. 2013, I R 38/13, BFH/NV 2014 S. 1046).

4. Nutzung zu Wohnzwecken

4.1 Die Nutzung muss zu Wohnzwecken erfolgen. Die Wohnnutzung muss weder regelmäßig noch über eine längere Zeit erfolgen; erforderlich ist aber eine Nutzung, die über bloße Besuche, kurzfristige Ferienaufenthalte bzw. unregelmäßige kurze Aufenthalte zu Erholungszwecken oder zu Verwaltungszwecken hinausgeht (vgl. BFH-Urteil vom 10. 4. 2013, I R 50/12, BFH/NV S. 1909). Die ausschließliche Nutzung als Betriebsstätte, Büro, Ladengeschäft, Warenlager o. Ä. stellt keine Nutzung zu Wohnzwecken dar (vgl. u. a. BFH-Urteil vom 8. 5. 2014, III R 21/12, BStBl 2015 II S. 135). Es ist nicht erforderlich, dass der Steuerpflichtige sich während einer Mindestzahl von Tagen oder Wochen im Jahr zu Wohnzwecken in der Wohnung aufhält (BFH-Urteil vom 19. 3. 1997, I R 69/96, BStBl II S. 447). Eine Nutzung zu Wohnzwecken kann – insbesondere in Arbeitnehmer-Entsende-Fällen – auch vorliegen, wenn der Steuerpflichtige eine Wohnung innerhalb eines Kalenderjahrs nicht nutzt.

4.2 Es muss nach dem Gesamtbild der Verhältnisse wahrscheinlich sein, dass der Steuerpflichtige die Nutzung der Wohnung zu Wohnzwecken auch in Zukunft fortsetzen wird. Hierin kommt u. a. ein Zeitmoment zum Ausdruck, Anhaltspunkte können aber auch Ausstattung und Einrichtung sein.

4.2.1 Als Anhaltspunkt zur Bestimmung des Zeitmoments kann auf den in § 9 Satz 2 AO normierte Sechsmonatszeitraum zurückgegriffen werden (BFH-Urteil vom 8. 5. 2014, III R 21/12, BStBl 2015 II S. 135). Dieser Sechsmonatszeitraum kann auch jahresübergreifend sein.

4.2.2 Wer eine Wohnung von vornherein in der Absicht nimmt, sie nur vorübergehend (für bis zu sechs Monate) beizubehalten und zu benutzen, begründet dort keinen Wohnsitz (BFH-Urteil vom 30. 8. 1989, I R 215/85, BStBl II S. 956). Entscheidend ist jedoch die Absicht des Steuerpflichtigen. Im Einzelfall kann daher auch ein tatsächlicher Aufenthalt von bis zu sechs Monaten als ein nicht nur vorübergehender anzusehen sein. Dann muss sich jedoch die ursprüngliche Absicht auf einen längeren Aufenthalt bezogen haben (BFH-Urteil vom 30. 8. 1989, I R 215/85, a. a. O.).

5. Familienwohnsitz

5.1 Die Frage des Wohnsitzes ist für jede Person gesondert zu prüfen (BFH-Urteil vom 7. 4. 2011, III R 77/09, BFH/NV S. 1351).

5.2 Ein Ehegatte/Lebenspartner, der nicht dauernd getrennt lebt, hat seinen Wohnsitz grundsätzlich dort, wo seine Familie lebt (BFH-Urteil vom 6. 2. 1985, I R 23/82, BStBl II S. 331). Diese Vermutung gilt regelmäßig unabhängig davon, welche räumliche Entfernung zwischen den Ehegatten/Lebenspartnern besteht. Deshalb ist eine inländische Wohnung, die von einem Ehegatten/Lebenspartner gelegentlich zu Wohnzwecken genutzt wird, auch dann ein Wohnsitz, wenn er sich zeitlich überwiegend im Ausland aufhält.

5.3 Wer sich – auch in regelmäßigen Abständen – in der Wohnung eines Angehörigen oder eines Bekannten aufhält, begründet dort keinen Wohnsitz (BFH-Urteil vom 24.10.1969, IV 290/64, BStBl 1970 II S. 109), sofern es nicht wie im Fall einer Familienwohnung oder der Wohnung einer Wohngemeinschaft gleichzeitig die eigene Wohnung ist.

5.4 Minderjährige Kinder teilen grundsätzlich den Wohnsitz ihrer Eltern, weil sie über die Haushaltszugehörigkeit eine abgeleitete Nutzungsmöglichkeit besitzen und damit regelmäßig zugleich die elterliche Wohnung i. S. d. § 8 AO innehaben.

6. Wohnsitz bei Aufenthalt in einem anderen Staat

Wer einen Wohnsitz im Ausland begründet, hat auch im Inland einen Wohnsitz i. S. v. § 8 AO, sofern er die inländische Wohnung weiterhin unter Umständen innehat, die darauf schließen lassen, sie beibehalten und benutzen zu wollen (vgl. BFH-Urteil vom 19.3.1997, I R 69/96, BStBl II S. 447).

Das Innehaben der inländischen Wohnung kann nach den Umständen des Einzelfalles auch dann anzunehmen sein, wenn der Steuerpflichtige sie während eines Auslandsaufenthalts vorübergehend (bis zu sechs Monate) vermietet oder untervermietet, um sie alsbald nach Rückkehr im Inland wieder zu benutzen. Zur Zuständigkeit in diesen Fällen siehe § 19 Abs. 1 Satz 2 AO.

Wird die inländische Wohnung zur bloßen Vermögensverwaltung zurückgelassen, endet der Wohnsitz mit dem Wegzug. Bloße Vermögensverwaltung liegt z. B. vor, wenn ein ins Ausland versetzter Steuerpflichtiger bzw. ein im Ausland lebender Steuerpflichtiger seine Wohnung/sein Haus verkaufen oder langfristig vermieten will und dies in absehbarer Zeit auch tatsächlich verwirklicht.

6.1 Auslandsaufenthalt eines Arbeitnehmers

6.1.1 Bei einem ins Ausland versetzten Arbeitnehmer ist ein inländischer Wohnsitz widerlegbar zu vermuten, wenn er seine Wohnung im Inland beibehält, deren Benutzung ihm weiterhin möglich ist und die nach ihrer Ausstattung jederzeit als Bleibe dienen kann (BFH-Urteil vom 17.5.1995, I R 8/94, BStBl 1996 II S. 2). Ist ein Arbeitnehmer z. B. im Rahmen einer Entsendung im Ausland tätig und wird er von seiner Familie begleitet, so ist ein inländischer Familienwohnsitz i. S. d. § 8 AO weiterhin anzunehmen, wenn dieser über die Dauer der Entsendung beibehalten werden soll und nach objektiven Maßstäben jederzeit durch die Familie zu Wohnzwecken genutzt werden kann.

6.1.2 Entscheidend ist, ob objektiv erkennbare Umstände dafür sprechen, dass der Steuerpflichtige die Wohnung für Zwecke des eigenen Wohnens beibehält. Nach der Lebenserfahrung spricht es für die Beibehaltung eines inländischen Wohnsitzes i. S. d. § 8 AO, wenn jemand eine Wohnung, die er vor einem Auslandsaufenthalt als einzige ständig nutzte, während desselben unverändert und in einem ständig nutzungsbereiten Zustand beibehält und zu Wohnzwecken nutzt oder nutzen kann (vgl. Nr. 4.1 des AEAO zu § 8). Von Bedeutung kann dabei auch sein, ob der Steuerpflichtige nach Beendigung des Auslandsaufenthalts mit hoher Wahrscheinlichkeit die Wohnung wieder ständig nutzen wird (BFH-Urteil vom 19.3.1997, I R 69/96, BStBl II S. 447). Insoweit handelt es sich um eine Sachverhaltsvermutung, die vom Steuerpflichtigen widerlegt werden kann; ihm obliegt insoweit die Feststellungslast (vgl. BFH-Urteil vom 17.5.1995, I R 8/94, BStBl 1996 II S. 2).

6.1.3 Für die Beurteilung, ob die einen ins Ausland entsendeten Arbeitnehmer begleitenden (Familien-)Angehörigen ihren inländischen Wohnsitz beibehalten oder aufgegeben haben, gelten grundsätzlich (Hinweis insbesondere auf Nrn. 5.2 und 5.4 des AEAO zu § 8) dieselben Maßstäbe.

6.1.4 Nach einem auf Dauer angelegten Wegzug der Familie ins Ausland führt das Vorhalten einer eigenen Wohnung allein nicht zur Begründung bzw. Beibehaltung eines inländischen Wohnsitzes, wenn die Wohnung nur kurzzeitig zu Urlaubs- oder Besuchszwecken (vgl. Nr. 4.1 des AEAO zu § 8) genutzt wird (vgl. BFH-Urteil vom 26.1.2001, VI R 89/00, BFH/NV S. 1018). Das Gleiche gilt für eine Wohnung, die unentgeltlich von Dritten (z. B. Eltern) zur Verfügung gestellt wird (vgl. BFH-Urteil vom 12.1.2001, VI R 64/98, BFH/NV S. 1231).

6.2 Auslandsaufenthalt eines Kindes

6.2.1 Ein minderjähriges Kind, das sich zusammen mit seinen Eltern im Ausland aufhält und bereits vor deren Ausreise mit seinen Eltern einen gemeinsamen Wohnsitz im Inland hatte, behält diesen grundsätzlich bei, wenn auch die Eltern ihren Wohnsitz im Inland beibehalten. Wird ein Kind im Ausland geboren, begründet es ausnahmsweise einen Wohnsitz im Inland bzw. teilt den inländischen (Familien-)Wohnsitz bereits ab seiner Geburt, sofern sich die Mutter nur kurzfristig, lediglich vorübergehend zum Zeitpunkt der Geburt bzw. zur Entbindung im Ausland aufgehalten hat und das Kind alsbald bzw. innerhalb angemessener Zeit nach Deutschland gebracht wird. Kann das Kind den Wohnsitz der Eltern im Inland indes aus tatsächlichen oder rechtlichen Gründen nicht nur kurzfristig nicht aufsuchen, kann es dort (zunächst) auch keinen eigenen Wohnsitz begründen. Ein im Ausland lebender Angehöriger kann im Inland grundsätzlich keinen Wohnsitz begründen, ohne sich hier aufgehalten zu haben (BFH-Urteil vom 7.4.2011, III R 77/09, BFH/NV S. 1351).

6.2.2 Hält sich das Kind im Ausland auf, reicht es für die Annahme eines (inländischen) Wohnsitzes nicht aus, wenn die elterliche Wohnung dem Kind weiterhin zur Verfügung steht. Es muss eine Beziehung zur elterlichen Wohnung vorhanden sein, die über die allein durch das Familienverhältnis begründete Beziehung hinausgeht und erkennen lässt, dass das Kind die elterliche Wohnung nach wie vor auch als seine eigene betrachtet (BFH-Urteil vom 17.3.1961, VI 185/60 U, BStBl III S. 298) und sie innehat, um sie als solche zu nutzen (BFH-Urteil vom 25.9.2014, III R 10/14, BStBl 2015 II S. 655). Anderenfalls behält das Kind seinen inländischen Wohnsitz bei den Eltern nicht bei, sondern gibt ihn zunächst auf und begründet ihn bei einer späteren Rückkehr wieder neu.

6.2.3 Die Beurteilung hängt von einer Vielzahl von Faktoren ab. So sind neben der Dauer des Auslandsaufenthalts insbesondere das Alter des Kindes, die Unterbringung im Ausland und im Elternhaus, der Zweck des Auslandsaufenthalts, die Häufigkeit und die Dauer der Aufenthalte bei den Eltern sowie die persönlichen Beziehungen des Kindes am Wohnort der Eltern und im Ausland ausschlaggebend. Die Feststellung einer Rückkehrabsicht sagt grundsätzlich nichts darüber aus, ob der inländische Wohnsitz während des vorübergehenden Auslandsaufenthalts beibehalten oder aber aufgegeben und nach der Rückkehr neu begründet wird (vgl. BFH-Urteile vom 23.11.2000, VI R 165/99 und VI R 107/99, BStBl 2001 II S. 279 und 294).

6.2.4 Kein ausschlaggebendes Kriterium ist regelmäßig die Herkunft der Eltern oder die des Kindes. Aus den familiären und kulturellen Umständen am Aufenthaltsort können sich jedoch Hinweise für das Entstehen neuer Beziehungen und die Lockerung der bisher bestehenden Bindungen ergeben, z. B. bei einem mehrjährigen Schulbesuch im Ausland, für den das Kind vor Ort bei Verwandten untergebracht ist (vgl. BFH-Urteile vom 23.11.2000, VI R 165/99 und VI R 107/99, BStBl 2001 II S. 279 und 294, und vom 23.6.2015, III R 38/14, BStBl 2016 II S. 102).

A. I.   **Zu § 8 AO**

6.2.5   Der Inlandswohnsitz wird nur dann beibehalten, wenn das Kind entweder seinen Lebensmittelpunkt weiterhin am bisherigen Wohnort hat (keine Wohnsitzbegründung am Ort des Auslandsaufenthalts) oder es zwar keinen einheitlichen Lebensmittelpunkt mehr hat, aber nunmehr über zwei Schwerpunkte der Lebensverhältnisse (zwei Wohnsitze) verfügt, von denen einer am bisherigen Wohnort liegt (BFH-Urteil vom 23.11.2000, VI R 107/99, BStBl 2001 II S. 294).

6.2.6   Bei Kindern, die sich von vornherein in einem begrenzten Zeitraum von bis zu einem Jahr im Ausland aufhalten, ist grundsätzlich davon auszugehen, dass der inländische Wohnsitz beibehalten wird, so dass Inlandsaufenthalte für die Beibehaltung des Wohnsitzes nicht erforderlich sind. Wird die Absicht zur Rückkehr innerhalb eines Jahres aufgegeben, so kann in diesem Moment eine Aufgabe des Wohnsitzes erfolgen (BFH-Urteil vom 25.9.2014, III R 10/14, BStBl 2015 II S. 655).

6.2.7   Kinder, die sich länger als ein Jahr ins Ausland begeben, behalten ihren Wohnsitz in der inländischen elterlichen Wohnung nur bei, wenn sie diese in ausbildungsfreien Zeiten zumindest überwiegend nutzen. Eine Aufenthaltsdauer von jährlich fünf Monaten in der Wohnung der Eltern genügt jedenfalls, um einen inländischen Wohnsitz beizubehalten, sie ist aber dafür nicht stets erforderlich (BFH-Urteil vom 28.4.2010, III R 52/09, BStBl II S. 1013). Durch die Eltern-Kind-Beziehung begründete Besuche – d. h. kurzzeitige Besuche und sonstige Aufenthalte zu Urlaubs- oder familiären Zwecken, die keinem Aufenthalt mit Wohncharakter gleichkommen und daher nicht „zwischenzeitliches Wohnen" in der elterlichen Wohnung bedeuten – reichen nicht aus, um den inländischen Wohnsitz des Kindes beizubehalten oder einen solchen zu begründen. Keinen Wohncharakter haben nach der Lebenserfahrung kurzzeitige Aufenthalte von zwei bis drei Wochen im Jahr (BFH-Urteil vom 25.9.2014, III R 10/14, BStBl 2015 II S. 655).

6.2.8   Die Dauer der Inlandsaufenthalte vor dem Beginn oder nach dem Ende der Schul-, Hochschul- oder Berufsausbildung bleibt außer Betracht. Fehlende finanzielle Mittel für Heimreisen des Kindes können die fehlenden Inlandsaufenthalte in den ausbildungsfreien Zeiten nicht kompensieren (BFH-Urteil vom 25.9.2014, III R 10/14, BStBl 2015 II S. 655). Hält sich ein Kind nicht nur vorübergehend zum Schulbesuch im Ausland auf, führen besuchsweise Aufenthalte in der elterlichen Wohnung auch dann nicht zur Beibehaltung des inländischen Wohnsitzes, wenn die Rückkehr des Kindes nach Deutschland nach Erreichen des Schulabschlusses beabsichtigt ist (BFH-Urteil vom 23.11.2000, VI R 165/99, BStBl 2001 II S. 279).

7. NATO-Truppenstatut

Hält sich ein Mitglied einer Truppe oder des zivilen Gefolges des Entsendungsstaates „nur in dieser Eigenschaft" i. S. d. Art. X des NATO-Truppenstatuts bzw. dessen Angehörige nach Art. 68 Abs. 4 des Zusatzabkommens zum NATO-Truppenstatut im Inland auf, wird das Fehlen des inländischen steuerrechtlichen Wohnsitzes oder gewöhnlichen Aufenthalts fingiert, wenn anhand der Lebensumstände aus Sicht des jeweiligen Besteuerungszeitraums festgestellt werden kann, dass die betreffende Person in dem maßgeblichen Zeitraum fest entschlossen war, nach Beendigung des Dienstes in den Ausgangs- oder in ihren Heimatstaat zurückzukehren (BFH-Urteil vom 9.11.2005, I R 47/04, BStBl 2006 II S. 374). Voraussetzung dafür ist eine gewisse zeitliche Fixierung im Hinblick auf die Rückkehr nach der Beendigung des Dienstes. Die Rückkehr muss in einer gewissen zeitlichen Nähe zur Beendigung des Dienstes stehen. Ferner setzt die Fiktion voraus, dass die betreffende Person nicht vor Aufnahme ihrer Tätigkeit einen Wohnsitz oder gewöhnlichen Aufenthalt im Inland begründet hat und sich nicht auch aus anderen Gründen im Inland aufhält.

8. **Wiener Übereinkommen über diplomatische Beziehungen und über konsularische Beziehungen**
Die völkerrechtlich verbindlichen Regelungen des Wiener Übereinkommens vom 18.4.1961 über diplomatische Beziehungen (WÜD, BGBl 1964 II S. 957) bzw. des vom 24.4.1963 über konsularische Beziehungen (WÜK, BGBl 1969 II S. 1585) tragen dem Gedanken der Exterritorialität von Diplomaten und der ihnen gleichgestellten Personen Rechnung.
Diplomaten einer ausländischen Mission und Konsularbeamte einer ausländischen konsularischen Vertretung haben nach dem WÜD bzw. dem WÜK kraft völkerrechtlicher Fiktion im Inland keinen Wohnsitz und sind demnach von innerstaatlichen Steuern befreit, sofern sie nicht die deutsche Staatsangehörigkeit haben oder nach den Sonderregelungen des WÜD bzw. WÜK im Inland ständig ansässig sind. Private Einkünfte, deren Quelle sich im Inland (Empfangsstaat) befindet, sind von der Steuerbefreiung ausgenommen und führen zu einer beschränkten Einkommensteuerpflicht. Gleiches gilt für die zum Haushalt des Diplomaten oder Konsularbeamten gehörenden Familienmitglieder sowie Mitglieder des Verwaltungs- und des technischen Personals ausländischer Missionen und ausländischer konsularischer Vertretungen.

9. **Protokoll (Nr. 7) über die Vorrechte und Befreiungen der Europäischen Union (EU)**
Hält sich eine Person zur Ausübung ihrer Amtstätigkeit im Dienste der EU im Hoheitsgebiet eines anderen Mitgliedstaates auf als dem, in dem sie vor Dienstantritt ihren steuerlichen Wohnsitz hatte, werden sie und ihr nicht berufstätiger Ehegatte/Lebenspartner in beiden genannten Staaten so behandelt, als hätten sie ihren früheren Wohnsitz beibehalten (Art. 13 des Protokolls (Nr. 7) über die Vorrechte und Befreiungen der Europäischen Union vom 26.10.2012, Amtsblatt der Europäischen Union C 326 S. 266). Gleiches gilt für die Kinder, die unter der Aufsicht der in diesem Artikel bezeichneten Personen stehen und von ihnen unterhalten werden.

Zu § 9 – Gewöhnlicher Aufenthalt:

1. Sofern nicht die besonderen Voraussetzungen des § 9 Satz 3 AO vorliegen, wird an den inländischen Aufenthalt während eines zusammenhängenden Zeitraums von mehr als sechs Monaten die unwiderlegbare Vermutung für das Vorhandensein eines gewöhnlichen Aufenthalts geknüpft. Der Begriff „gewöhnlich" ist gleichbedeutend mit „dauernd". „Dauernd" erfordert keine ununterbrochene Anwesenheit, sondern ist im Sinne „nicht nur vorübergehend" zu verstehen (BFH-Urteil vom 30.8.1989, I R 215/85, BStBl II S. 956). Bei Unterbrechungen der Anwesenheit kommt es darauf an, ob noch ein einheitlicher Aufenthalt oder mehrere getrennte Aufenthalte anzunehmen sind. Ein einheitlicher Aufenthalt ist gegeben, wenn der Aufenthalt nach den Verhältnissen fortgesetzt werden sollte und die Unterbrechung nur kurzfristig ist. Als kurzfristige Unterbrechung kommen in Betracht Familienheimfahrten, Jahresurlaub, längerer Heimaturlaub, Kur und Erholung, aber auch geschäftliche Reisen. Der Tatbestand des gewöhnlichen Aufenthalts kann bei einem weniger als sechs Monate dauernden Aufenthalt verwirklicht werden, wenn Inlandsaufenthalte nacheinander folgen, die sachlich miteinander verbunden sind, und der Steuerpflichtige von vornherein beabsichtigt, nicht nur vorübergehend im Inland zu verweilen (BFH-Urteile vom 27.7.1962, VI 156/59 U, BStBl III S. 429, und vom 3.8.1977, I R 210/75, BStBl 1978 II S. 118).

2. Der gewöhnliche Aufenthalt im Inland ist zu verneinen, wenn der Steuerpflichtige unter Benutzung einer im Ausland gelegenen Wohnung lediglich seine Tätigkeit im Inland ausübt (BFH-Urteil vom 25.5.1988, I R 225/82, BStBl II S. 944). Grenzgänger haben ihren gewöhnlichen Aufenthalt grundsätzlich im Wohnsitzstaat (BFH-Urteile vom 10.5.1989, I R 50/85, BStBl II S. 755, und vom 10.7.1996, I R 4/96, BStBl 1997 II S. 15). Dasselbe gilt für Unternehmer/Freiberufler, die regelmäßig jeweils nach Geschäftsschluss zu ihrer Familienwohnung im Ausland zurückkehren (BFH-Urteil vom 6.2.1985, I R 23/82, BStBl II S. 331). Wer aller-

dings regelmäßig an Arbeitstagen am Arbeits-/Geschäftsort im Inland übernachtet und sich nur am Wochenende bzw. an Feiertagen und im Urlaub zu seiner Wohnung im Ausland begibt, hat an dem inländischen Arbeits-/Geschäftsort jedenfalls seinen gewöhnlichen Aufenthalt.

3. Der gewöhnliche Aufenthalt kann nicht gleichzeitig an mehreren Orten bestehen. Bei fortdauerndem Schwerpunktaufenthalt im Ausland begründen kurzfristige Aufenthalte im Inland, z. B. Geschäfts-, Dienstreisen, Schulungen, keinen gewöhnlichen Aufenthalt im Inland. Umgekehrt führen kurzfristige Auslandsaufenthalte bei fortdauerndem Schwerpunktaufenthalt im Inland nicht zur Aufgabe eines gewöhnlichen Aufenthalts im Inland.

4. Der gewöhnliche Aufenthalt im Inland ist aufgegeben, wenn der Steuerpflichtige zusammenhängend mehr als sechs Monate im Ausland lebt, es sei denn, dass besondere Umstände darauf schließen lassen, dass die Beziehungen zum Inland bestehen bleiben. Entscheidend ist dabei, ob der Steuerpflichtige den persönlichen und geschäftlichen Lebensmittelpunkt ins Ausland verlegt hat und ob er seinen Willen, in den Geltungsbereich dieses Gesetzes zurückzukehren, endgültig aufgegeben hat (BFH-Urteil vom 27.7.1962, VI 156/59 U, BStBl III S. 429). Als Kriterien dafür können die familiären, beruflichen und gesellschaftlichen Bindungen herangezogen werden (z. B. Wohnung der Familienangehörigen im Inland, Sitz des Gewerbebetriebs im Inland). Hält sich der Steuerpflichtige zusammenhängend länger als ein Jahr im Ausland auf, ist grundsätzlich eine Aufgabe des gewöhnlichen Aufenthalts im Inland anzunehmen.

Zu § 12 – Betriebstätte:

1. Die Begriffsbestimmung gilt auch für die freiberufliche Tätigkeit und Steuerpflichtige mit Einkünften aus Land- und Forstwirtschaft.
2. Auch nicht sichtbare, unterirdisch verlaufende Rohrleitungen (Pipelines) sind feste Geschäftseinrichtungen i. S. d. § 12 Satz 1 AO und damit Betriebstätten (BFH-Urteil vom 30.10.1996, II R 12/92, BStBl 1997 II S. 12). Zu den Betriebstätten zählen auch bewegliche Geschäftseinrichtungen mit vorübergehend festem Standort (z. B. fahrbare Verkaufsstätten mit wechselndem Standplatz).
3. Stätten der Erkundung von Bodenschätzen (z. B. Versuchsbohrungen) sind als Betriebstätten anzusehen, wenn die Voraussetzungen des § 12 Nr. 8 AO erfüllt sind.
4. Soweit die Steuergesetze (insbes. EStG und GewStG) den Begriff „Betriebsstätte" verwenden, ohne ihn selbst abweichend von § 12 AO zu definieren (wie etwa § 41 Abs. 2 EStG), bestimmt sich dieser Begriff grundsätzlich nicht nach der Definition eines einschlägigen DBA, sondern nach innerstaatlichem Recht (vgl. BFH-Urteil vom 20.7.2016, I R 50/15, BStBl 2017 II S. 230). DBA legen lediglich fest, in welchem Umfang eine nach innerstaatlichem Recht – unter Berücksichtigung des § 12 AO – bestehende Steuerpflicht entfallen soll. Eine in einem DBA vorgenommene, von § 12 AO abweichende Definition des Begriffs „Betriebsstätte" ist daher nur im Rahmen dieses DBA anwendbar, sofern im innerstaatlichen Recht nichts anderes bestimmt ist.

Zu § 15 – Angehörige:

1. Dem Angehörigenbegriff kommt überwiegend verfahrensrechtliche Bedeutung zu. Für das materielle Recht können die Einzelsteuergesetze abweichende Regelungen treffen.
2. § 15 Abs. 1 Nr. 1 AO (Verlobte) setzt ein wirksames Eheversprechen bzw. ein wirksames Versprechen, eine Lebenspartnerschaft einzugehen, voraus.
3. Zu den Geschwistern i. S. d. § 15 Abs. 1 Nr. 4 AO gehören auch die Halbgeschwister. Das sind die Geschwister, die einen Elternteil gemeinsam haben; darunter fallen jedoch nicht die mit in eine Ehe oder Lebenspartnerschaft gebrachten Kinder, die keinen Elternteil gemeinsam haben.

Zu §§ 16, 17, 18 AO   A. I.

4. Das Angehörigenverhältnis i. S. d. § 15 Abs. 1 Nr. 5 AO besteht lediglich zu den Kindern der Geschwister (Neffen oder Nichten), nicht jedoch zwischen den Kindern der Geschwister untereinander (z. B. Vettern oder Cousinen).
5. Die Ehegatten bzw. Lebenspartner mehrerer Geschwister sind im Verhältnis zueinander keine Angehörigen i. S. d. § 15 Abs. 1 Nr. 6 AO. Dasselbe gilt für Geschwister der Ehegatten bzw. Lebenspartner.
6. Für die Annahme eines Pflegeverhältnisses gem. § 15 Abs. 1 Nr. 8 AO ist nicht erforderlich, dass das Kind außerhalb der Pflege und Obhut seiner leiblichen Eltern steht. Ein Pflegeverhältnis kann z. B. auch zwischen einem Mann und einem Kind begründet werden, wenn der Mann mit der leiblichen Mutter des Kindes und diesem in häuslicher Gemeinschaft lebt. Die Unterhaltsgewährung ist nicht Merkmal dieses Pflegekinderbegriffes. Soweit Bestimmungen in Einzelsteuergesetzen auch daran anknüpfen, müssen dort besondere Regelungen getroffen sein.
7. Durch die Annahme als Kind erhält ein Kind die volle rechtliche Stellung eines ehelichen Kindes des oder der Annehmenden. Damit wird auch die Angehörigeneigenschaft zwischen dem Kind und den Angehörigen des oder der Annehmenden nach Maßgabe des § 15 Abs. 1 AO begründet. Dieser Grundsatz gilt entsprechend bei ähnlichen familienrechtlichen Rechtsbeziehungen ausländischen Rechts (Adoption).
8. Für die in § 15 Abs. 2 AO genannten Personen bleibt die Angehörigeneigenschaft auch dann bestehen, wenn die Beziehung, die ursprünglich die Angehörigeneigenschaft begründete, nicht mehr besteht; lediglich bei Verlobten erlischt die Angehörigeneigenschaft mit Aufhebung des Verlöbnisses.

Zu § 16 – Sachliche Zuständigkeit:

1. Die sachliche Zuständigkeit betrifft den einer Behörde dem Gegenstand und der Art nach durch Gesetz zugewiesenem Aufgabenbereich. Neben dem Aufgabenkreis, der durch das FVG bestimmt wird, ergeben sich für die Finanzbehörden auch Aufgabenzuweisungen aus der AO (z. B. §§ 208, 249, 386 AO) und anderen Gesetzen (z. B. StBerG, InvZulG, EigZulG).
2. Im Rahmen des föderativen Aufbaus der Bundesrepublik ist die verbandsmäßige Zuständigkeit als besondere Art der sachlichen Zuständigkeit zu beachten. Nach der Rechtsprechung des BFH ist jedoch bei den nicht gebietsgebundenen Steuern (z. B. Einkommensteuer) die Verwaltungskompetenz nicht auf die Finanzämter des verbandsmäßig zuständigen Bundeslandes beschränkt. Das Wohnsitzfinanzamt ist für die Besteuerung nach dem Einkommen auch für Besteuerungszeiträume zuständig, in denen der Steuerpflichtige in einem anderen Bundesland wohnte (BFH-Urteile vom 29. 10. 1970, IV R 247/69, BStBl 1971 II S. 151, und vom 23. 11. 1972, VIII R 42/67, BStBl 1973 II S. 198).
3. Wegen der Rücknahme eines Verwaltungsakts einer sachlich unzuständigen Behörde wird auf § 130 Abs. 2 Nr. 1 AO hingewiesen.

Zu § 17 – Örtliche Zuständigkeit:

1. Neben den Vorschriften im Dritten Abschnitt bestehen Sonderregelungen über die örtliche Zuständigkeit z. B. in den §§ 195, 367, 388 AO sowie in Einzelsteuergesetzen.
2. Wegen der Folgen der Verletzung von Vorschriften über die örtliche Zuständigkeit Hinweis auf § 125 Abs. 3 Nr. 1 und § 127 AO. Zur mehrfachen örtlichen Zuständigkeit Hinweis auf §§ 25 und 28 AO.

Zu § 18 – Gesonderte Feststellung:

1. Die Zuständigkeitsvorschriften des § 18 Abs. 1 Nrn. 1 bis 3 AO gelten für die Feststellung von Einheitswerten und Einkünften aus Land- und Forstwirtschaft, aus Gewerbebetrieb

oder aus selbständiger Arbeit. Bei den Einkünften gilt dies sowohl in den Fällen der Beteiligung mehrerer Personen (§ 180 Abs. 1 Satz 1 Nr. 2 Buchstabe a AO) wie auch in den Fällen, in denen der Betriebsort, Ort der Geschäftsleitung bzw. Ort der Tätigkeit und der Wohnsitz nach den Verhältnissen zum Schluss des Gewinnermittlungszeitraums auseinander fallen (§ 180 Abs. 1 Satz 1 Nr. 2 Buchstabe b AO; vgl. auch AEAO zu § 180, Nr. 2.1). Wegen der gesonderten Feststellung bei Zuständigkeit mehrerer Finanzämter in einer Gemeinde vgl. AEAO zu § 19, Nr. 3.

2. Die Regelung nach § 18 Abs. 1 Nr. 4 AO bestimmt eine abweichende Zuständigkeit für die gesonderte Feststellung der Einkünfte aus Vermietung und Verpachtung oder aus Kapitalvermögen; i. d. R. ist nicht das Lagefinanzamt, sondern das Finanzamt zuständig, von dessen Bezirk die Verwaltung ausgeht. Entsprechendes regelt § 18 Abs. 1 Nr. 4 AO für die Feststellung von sonstigem Vermögen, von Schulden und sonstigen Abzügen (§ 180 Abs. 1 Satz 1 Nr. 3 AO) und für die Durchführung von Feststellungen bei Bauherrengemeinschaften usw. (V zu § 180 Abs. 2 AO).

3. Aus Vereinfachungsgründen kann das Finanzamt bei der gesonderten Feststellung der Einkünfte aus Vermietung und Verpachtung aus nur einem Grundstück davon ausgehen, dass die Verwaltung dieser Einkünfte von dem Ort ausgeht, in dem das Grundstück liegt, es sei denn, die Steuerpflichtigen legen etwas anderes dar.

4. Wird von der gesonderten Feststellung nach § 180 Abs. 3 AO abgesehen (z. B. Fälle geringer Bedeutung), verbleibt es bei der für die Einzelsteuern getroffenen Zuständigkeitsregelung.

5. Die Regelung in § 18 Abs. 2 AO hat insbesondere Bedeutung für die gesonderte Feststellung von ausländischen Einkünften, an denen mehrere im Inland steuerpflichtige Personen beteiligt sind. Auf § 25 AO wird hingewiesen.

6. Zur Bestimmung der örtlichen Zuständigkeit für die gesonderte und einheitliche Feststellung von Einkünften ausländischer Personengesellschaften, an denen inländische Gesellschafter beteiligt sind, ist zu prüfen, ob ein Anknüpfungsmerkmal im Sinne des § 18 Abs. 1 AO gegeben ist. Ist dies der Fall, ist das dort genannte Finanzamt zuständig. Fehlt dagegen ein solches Anknüpfungsmerkmal, gilt nach § 25 AO i. V. m. § 18 Abs. 2 AO Folgendes:

   a) Ist für alle inländischen Beteiligten ein gemeinsamer Treuhänder oder eine andere die Interessen der inländischen Beteiligten vertretende Person bestellt, ist das Finanzamt zuständig, in dessen Bezirk der Treuhänder oder die andere Person ansässig ist. Sowohl eine Bevollmächtigung i. S. d. § 80 AO als auch eine Empfangsbevollmächtigung i. S. d. § 183 AO reichen für sich allein für die Annahme einer die Interessen der inländischen Beteiligten vertretenden Person i. S. d. Satzes 1 nicht aus. Bei späterer Änderung der Treuhand- oder Vertretungsverhältnisse tritt ein Zuständigkeitswechsel nicht ein, solange mindestens ein Beteiligter durch den bisherigen Treuhänder oder Vertreter vertreten bleibt.

   b) Ist eine Bestimmung der Zuständigkeit nach Buchstabe a) nicht möglich, ist das Finanzamt zuständig, in dessen Bezirk die Beteiligten mit den höchsten Anteilen ansässig sind. Hierbei sind nur unmittelbare Beteiligungsverhältnisse zu berücksichtigen. Bei Änderung der Beteiligungsverhältnisse tritt ein Zuständigkeitswechsel nicht ein, solange mindestens ein Beteiligter im Bezirk des Finanzamts ansässig ist.

   c) Lässt sich im Einzelfall die örtliche Zuständigkeit weder nach Buchstabe a) noch nach Buchstabe b) bestimmen, kann die gemeinsame fachlich zuständige Aufsichtsbehörde festlegen, welches der Finanzämter, in deren Bezirk mindestens ein Beteiligter ansässig ist, zuständig ist. Fehlt eine gemeinsame Aufsichtsbehörde, so treffen die fachlich zuständigen Aufsichtsbehörden die Entscheidung gemeinsam.

   d) Wenn sich mehrere Finanzämter nach den Buchstaben a) und b) für zuständig oder für unzuständig halten oder wenn die Zuständigkeit nach den Buchstaben a) und b) aus anderen Gründen zweifelhaft ist oder eine Entscheidung nach Buchstabe c) nicht getroffen werden kann, entscheidet das BZSt (§ 181 Abs. 1 Satz 1 AO i. V. m. § 5 Abs. 1 Nr. 7 FVG).

Zu § 19 – Steuern vom Einkommen und Vermögen natürlicher Personen:

1. Bei verheirateten, nicht dauernd getrennt lebenden Steuerpflichtigen ist bei mehrfachem Wohnsitz im Inland das Finanzamt des Aufenthalts der Familie für die Besteuerung nach dem Einkommen und Vermögen zuständig; Gleiches gilt für Lebenspartner. Insoweit sind für die Bestimmung der örtlichen Zuständigkeit die Kinder in die Betrachtung einzubeziehen.

2. Nach § 19 Abs. 3 AO ist das Lage-, Betriebs- oder Tätigkeitsfinanzamt auch für die persönlichen Steuern vom Einkommen und Vermögen zuständig, wenn ein Steuerpflichtiger in einer Gemeinde (Stadt) mit mehreren Finanzämtern einen land- und forstwirtschaftlichen oder gewerblichen Betrieb unterhält bzw. eine freiberufliche Tätigkeit ausübt. In diesen Fällen ist keine gesonderte Feststellung durchzuführen (§ 180 Abs. 1 Satz 1 Nr. 2 Buchstabe b AO); für Gewinnermittlungszeiträume vor Verlegung des Betriebs in den Bezirk des für die Einkommensteuer zuständigen Finanzamts oder des Wohnsitzes in den Bezirk des Betriebsfinanzamts siehe aber AEAO zu § 180, Nr. 2.1.

3. Wenn der Steuerpflichtige außerhalb des Bezirks seines Wohnsitzfinanzamts, aber in den Bezirken mehrerer Finanzämter derselben Wohnsitzgemeinde, Einkünfte aus Land- und Forstwirtschaft, Gewerbebetrieb oder freiberuflicher Tätigkeit erzielt, können nach § 19 Abs. 3 AO mehrere Finanzämter zuständig sein. In diesen Fällen ist nach § 25 AO zu verfahren. Gesonderte Feststellungen sind dann nur von den Finanzämtern vorzunehmen, die den Steuerpflichtigen nicht zur Einkommensteuer veranlagen (§ 180 Abs. 1 Satz 1 Nr. 2 Buchstabe b AO).

4. Zuständigkeitsregelungen enthalten auch § 20a AO i.V. m. der ArbZustBauV sowie die Einzelsteuergesetze und das FVG.

5. Das Vermögen i. S. d. § 19 Abs. 2 Satz 1 AO bestimmt sich nach § 121 BewG, aber abweichend von § 121 Nr. 4 BewG unabhängig von der Höhe der prozentualen Beteiligung an der inländischen Kapitalgesellschaft. Im Fall der Beteiligung an einer Grundbesitz verwaltenden Personengesellschaft ist für die Bestimmung der örtlichen Zuständigkeit die Belegenheit des Grundstücks maßgebend. Handelt es sich bei der Grundbesitz verwaltenden Personengesellschaft um eine gewerblich geprägte Personengesellschaft i. S. d. § 15 Abs. 3 Nr. 2 EStG, so richtet sich die örtliche Zuständigkeit für den beschränkt steuerpflichtigen Beteiligten in analoger Anwendung des § 18 Abs. 1 Satz 1 Nr. 2 AO nach dem Ort der Geschäftsleitung dieser Personengesellschaft.

Zu § 20 – Steuern vom Einkommen und Vermögen der Körperschaften, Personenvereinigungen, Vermögensmassen:

In den Fällen des § 20 Abs. 3 AO gilt Nr. 5 des AEAO zu § 19 entsprechend.

Zu § 20a – Steuern vom Einkommen bei Bauleistungen:

1. Liegen die Voraussetzungen des § 20a Abs. 1 Satz 1 AO vor, beschränkt sich die Zuständigkeit nicht auf den Steuerabzug nach §§ 48 ff. EStG und auf Umsätze aus Bauleistungen; sie erfasst die gesamte Besteuerung des Einkommens des Unternehmers (Einkommensteuer, Körperschaftsteuer). Das nach § 20a Abs. 1 Satz 1 AO zuständige Finanzamt ist auch für die Umsatzsteuer (§ 21 Abs. 1 Satz 2 AO) und die Realsteuern (§ 22 Abs. 1 Satz 2 AO) zuständig. Siehe auch Rz. 100 des BMF-Schreibens vom 27. 12. 2002, BStBl I S. 1399.

2. Zur Vermeidung eines erschwerten Verwaltungsvollzugs ist im Regelfall eine von der zentralen Zuständigkeit nach § 20a Abs. 1 und 2, § 21 Abs. 1 Satz 2 und § 22 Abs. 1 Satz 2 AO abweichende Zuständigkeitsvereinbarung nach § 27 AO mit dem ortsnahen Finanzamt herbeizuführen, wenn

- das Unternehmen nur gelegentlich Bauleistungen i. S. v. § 48 Abs. 1 Satz 3 EStG erbringt,
- das Unternehmen Bauleistungen i. S. v. § 48 Abs. 1 Satz 3 EStG erbringt, die im Verhältnis zum Gesamtumsatz nur von untergeordneter Bedeutung sind, oder
- eine zentrale Zuständigkeit weder für den Steuerpflichtigen noch für die Finanzbehörden zweckmäßig ist.

Zu § 21 – Umsatzsteuer:

Die zentrale Zuständigkeit nach § 21 Abs. 1 Satz 2 AO gilt bereits dann, wenn auch nur ein Anknüpfungspunkt der gesetzlichen Kriterien Wohnsitz, Sitz oder Geschäftsleitung im Ausland gegeben ist. § 21 Abs. 1 Satz 2 AO hat daher Vorrang vor § 21 Abs. 1 Satz 1 AO.

Die zentrale Zuständigkeit nach § 21 Abs. 1 Satz 2 AO i.V. m. der UStZustV ist insbesondere in den Fällen von Bedeutung, in denen ein Unternehmen vom Ausland aus betrieben wird und der Unternehmer im Inland nicht einkommen- oder körperschaftsteuerpflichtig ist. Sie ist aber auch zu beachten, wenn der Unternehmer im Inland auch zur Einkommen- oder Körperschaftsteuer zu veranlagen ist.

Ein Auseinanderfallen der örtlichen Zuständigkeiten für die Ertrags- und Umsatzbesteuerung kann allerdings zu einem erschwerten Verwaltungsvollzug führen, z. B. bei Kapitalgesellschaften mit statutarischem Sitz im Ausland und Geschäftsleitung im Inland. Betroffen sind beispielsweise Fälle, in denen ein bisher im Inland ansässiges Unternehmen in eine britische „private company limited by shares" (Limited) umgewandelt wird oder eine Limited neu gegründet wird, die lediglich ihren statutarischen Sitz in Großbritannien hat, aber allein oder überwiegend im Inland unternehmerisch tätig und unbeschränkt körperschaftsteuerpflichtig ist. In diesen Fällen ist im Regelfall eine Zuständigkeitsvereinbarung nach § 27 AO herbeizuführen, nach der das für die Ertragsbesteuerung zuständige ortsnahe Finanzamt auch für die Umsatzsteuer zuständig wird (vgl. auch AEAO zu § 27, Nr. 3).

Zu § 24 – Ersatzzuständigkeit:

1. Für den Fall, dass sich die Zuständigkeit nicht aus den anderen Vorschriften ableiten lässt, ist die Finanzbehörde zuständig, in deren Bezirk objektiv ein Anlass für eine Amtshandlung besteht. Abgesehen von der Zuständigkeit für Maßnahmen zur Aufdeckung unbekannter Steuerfälle (§ 208 Abs. 1 Nr. 3 AO) ist hiernach auch die Zuständigkeit für den Erlass von Haftungsbescheiden (§§ 191, 192 AO) zu bestimmen. Wegen des Sachzusammenhangs ist mithin i. d. R. das Finanzamt des Steuerpflichtigen gleichzeitig für die Heranziehung des Haftenden örtlich zuständig.
2. Kann die örtliche Zuständigkeit nicht sofort einwandfrei geklärt werden, ist bei unaufschiebbaren Maßnahmen die Zuständigkeit auf § 29 AO zu stützen.

Zu § 25 – Mehrfache örtliche Zuständigkeit:

Einigen sich bei mehrfacher örtlicher Zuständigkeit die Finanzbehörden auf eine der örtlich zuständigen Finanzbehörden, so handelt es sich hierbei nicht um eine Zuständigkeitsvereinbarung i. S. d. § 27 AO. Der Zustimmung des Betroffenen bedarf es nicht.

Zu § 26 – Zuständigkeitswechsel:

1. Der Steuerpflichtige kann sich auf den Zuständigkeitswechsel nicht berufen, solange keine der beiden beteiligten Finanzbehörden von den die Zuständigkeit verändernden Tatsachen Kenntnis erlangt hat. Wegen der Bedeutung der Zuständigkeit für die Steuerberechtigung

ist die Kenntnis über die Umstände, die die Zuständigkeit ändern, mit Angabe des Datums aktenkundig zu machen und unverzüglich der anderen Finanzbehörde mitzuteilen.
2. Die Fortführung eines bereits begonnenen Verwaltungsverfahrens durch das bisher zuständige Finanzamt ist zulässig, wenn das Finanzamt, dessen Zuständigkeit durch die veränderten Umstände begründet wird, zustimmt. Der Steuerpflichtige soll gehört werden; er ist von der Fortführung des Verwaltungsverfahrens zu benachrichtigen.
3. Bei Verlegung des Wohnsitzes in den Bezirk eines anderen Finanzamtes unter gleichzeitiger Betriebsaufgabe sind von dem bisher für Personensteuern und Betriebssteuern zuständigen Finanzamt nur die Personensteuerakten abzugeben. Das bisher zuständige Finanzamt ermittelt im Wege der Amtshilfe den Gewinn aus der Zeit bis zur Betriebsaufgabe und teilt ihn dem neuen Wohnsitzfinanzamt mit.
Für die Betriebsteuern bleibt grundsätzlich das Betriebsfinanzamt zuständig, auch hinsichtlich der Erhebung und etwaigen Vollstreckung. Rückstände sind erforderlichenfalls im Wege der Amtshilfe beizutreiben. Ausnahmsweise kommt eine Zuständigkeitsvereinbarung nach § 27 AO in Betracht, wenn sich dies als zweckmäßig erweist.
4. Zu den Auswirkungen eines Zuständigkeitswechsels auf das Rechtsbehelfsverfahren vgl. AEAO zu § 367, Nr. 1 und BMF-Schreiben vom 10.10.1995, BStBl I S. 664.

Zu § 27 – Zuständigkeitsvereinbarung:

1. Durch Vereinbarung zwischen den Finanzbehörden kann auch außer in den Fällen des § 26 Satz 2 AO die Zuständigkeit einer an sich nicht zuständigen Finanzbehörde begründet werden; Voraussetzung für diese Zuständigkeitsbegründung ist die Zustimmung des Betroffenen. Das Zustimmungserfordernis ist eingefügt, um der Verfassungsbestimmung des Art. 101 Abs. 1 Satz 2 GG zu genügen, weil an die Zuständigkeit der Finanzbehörde die Zuständigkeit des Finanzgerichts anknüpft.
2. Eine bestimmte Form ist für die Zustimmung des Betroffenen nicht vorgeschrieben. Die Zustimmung ist bedingungsfeindlich und kann nur mit Wirkung für die Zukunft widerrufen werden.
3. Eine Zuständigkeitsvereinbarung ist insbesondere in den Fällen herbeizuführen, in denen eine zentrale Zuständigkeit nach § 21 Abs. 1 Satz 2 AO i.V. m. der UStZustV weder für den Steuerpflichtigen noch für die Finanzbehörden zweckmäßig ist.
Eine Zuständigkeitsvereinbarung, nach der das für die Ertragsbesteuerung zuständige Finanzamt auch für die Umsatzsteuer zuständig wird, ist hiernach regelmäßig herbeizuführen z. B.
   a) bei Steuerpflichtigen, die ihr Unternehmen als Einzelunternehmer ausschließlich oder überwiegend im Inland betreiben und sowohl im Inland als auch im Ausland einen Wohnsitz haben;
   b) bei Kapitalgesellschaften mit statutarischem Sitz im Ausland und Geschäftsleitung im Inland, die allein oder überwiegend im Inland unternehmerisch tätig sind (vgl. AEAO zu § 21).
4. Zur Zuständigkeitsvereinbarung bei Unternehmen, die Bauleistungen i.S.v. § 48 Abs. 1 Satz 3 EStG erbringen, vgl. AEAO zu § 20a, Nr. 2.

Zu § 30 – Steuergeheimnis:

Inhaltsübersicht
1. Gegenstand des Steuergeheimnisses
2. Verpflichteter Personenkreis
3. Offenbarung oder Verwertung geschützter Daten

A. I. Zu § 30 AO

4. Offenbarung oder Verwertung zur Durchführung eines steuerlichen Verfahrens (§ 30 Abs. 4 Nr. 1 AO)
5. Offenbarung zur Wahrnehmung von Aufsichts-, Steuerungs- und Disziplinarbefugnissen der Finanzbehörde sowie zu Ausbildungs- und Prüfungszwecken (§ 30 Abs. 4 Nr. 1a 2. Alternative AO)
6. Offenbarung zur Durchführung eines Bußgeldverfahrens nach Art. 83 DSGVO (§ 30 Abs. 4 Nr. 1b AO)
7. Gesetzlich zugelassene Offenbarung (§ 30 Abs. 4 Nr. 2 AO)
8. Europarechtlich vorgeschriebene oder zugelassene Offenbarung (§ 30 Abs. 4 Nr. 2a AO)
9. Offenbarung bei Zustimmung des Betroffenen (§ 30 Abs. 4 Nr. 3 AO)
10. Offenbarung zur Durchführung eines außersteuerlichen Strafverfahrens (§ 30 Abs. 4 Nr. 4 AO)
11. Offenbarung aus zwingendem öffentlichen Interesse (§ 30 Abs. 4 Nr. 5 AO)
12. Offenbarung vorsätzlich falscher Angaben (§ 30 Abs. 5 AO)
13. Auskunft über Anzeigeerstatter
14. Abruf geschützter Daten (§ 30 Abs. 6 AO)

1. Gegenstand des Steuergeheimnisses

1.1 Durch das Steuergeheimnis werden alle Informationen geschützt, die einem Amtsträger oder einer ihm gleichgestellten Person in einem der in § 30 Abs. 2 Nr. 1 Buchstabe a bis c AO genannten Verfahren über identifizierte oder identifizierbare
– (lebende oder verstorbene) natürlicher Personen sowie
– Körperschaften, rechtsfähige oder nicht rechtsfähige Personenvereinigungen oder Vermögensmassen
bekannt geworden sind. Es ist unerheblich, ob diese Informationen für die Besteuerung relevant sind oder nicht.
Eine (lebende) natürliche Person gilt als identifizierbar, wenn sie mit vorhandenen oder zugänglichen Mitteln direkt oder indirekt, insbesondere mittels Zuordnung zu einer Kennung wie einem Namen, zu einer Kennnummer, zu Standortdaten, zu einer Online-Kennung oder zu einem oder mehreren besonderen Merkmalen, die Ausdruck der physischen, physiologischen, genetischen, psychischen, wirtschaftlichen, kulturellen oder sozialen Identität dieser Person sind, bestimmt werden kann (vgl. Art. 4 Nr. 1 DSGVO). Entsprechendes gilt nach § 2a Abs. 5 AO für Verstorbene sowie für Körperschaften, rechtsfähige oder nicht rechtsfähige Personenvereinigungen oder Vermögensmassen. Wurden solche personenbezogenen Daten so weit anonymisiert, dass die betroffene Person nicht oder nicht mehr identifiziert werden kann, unterliegen sie nicht mehr dem Steuergeheimnis (Ausnahme: Betriebs- und Geschäftsgeheimnisse; siehe Nr. 1.5 des AEAO zu § 30).
Einer Pseudonymisierung unterzogene personenbezogene Daten unterliegen solange dem Steuergeheimnis, wie sie durch Heranziehung zusätzlicher Informationen einer identifizierten oder identifizierbaren Person zugeordnet werden könnten.

1.2 Das Steuergeheimnis erstreckt sich auf die gesamten persönlichen, wirtschaftlichen, rechtlichen, öffentlichen und privaten Verhältnisse einer natürlichen oder juristischen Person (personenbezogene Daten). Hierzu zählen auch das Verwaltungsverfahren selbst, die Art der Beteiligung am Verwaltungsverfahren und die Maßnahmen, die vom Beteiligten getroffen wurden. So unterliegt z. B. auch dem Steuergeheimnis, ob und bei welcher Finanzbehörde ein Beteiligter steuerlich geführt wird, ob ein Steuerfahndungsverfahren oder eine Außenprüfung stattgefunden hat, wer für einen Beteiligten im Verfahren aufgetreten ist und welche Anträge gestellt worden sind.

1.3 Zum geschützten Personenkreis gehören nicht nur die Steuerpflichtigen (§ 33 AO), sondern auch andere Personen, Körperschaften, rechtsfähige oder nicht rechtsfähige Personenvereinigungen oder Vermögensmassen, deren personenbezogene Daten einem

Amtsträger oder einer ihm gleichgestellten Person in einem der in § 30 Abs. 2 Nr. 1 AO genannten Verfahren bekannt geworden sind.

Ob diese Personen in einem derartigen Verfahren mitwirkungs- oder auskunftspflichtig sind oder ihre Angaben ohne rechtliche Verpflichtung abgegeben haben, ist für die Zuordnung zum geschützten Personenkreis unerheblich (BFH-Urteil vom 8. 2. 1994, VII R 88/92, BStBl II S. 552). Gesetzliche Informationspflichten eines Dritten gegenüber dem Steuerpflichtigen über eine diesen betreffende Mitteilung an die Finanzbehörden (z. B. nach § 93c Abs. 1 Nr. 3 AO) bleiben unberührt.

Zur Information des Steuerpflichtigen über ein Auskunftsersuchen gegenüber Dritten vgl. AEAO zu § 93, Nr. 1.2.7.

1.4 Dem Steuergeheimnis unterliegt auch die Identität eines Anzeigeerstatters (vgl. BFH-Beschluss vom 7. 12. 2006, V B 163/05, BStBl 2007 II S. 275 m. w. N.). Nach § 30 Abs. 4 Nr. 4 Buchstabe b und Abs. 5 AO kann allerdings eine Durchbrechung des Steuergeheimnisses zulässig und in besonders gelagerten Einzelfällen sogar geboten sein (vgl. AEAO zu § 30, Nr. 10).

1.5 Dem Steuergeheimnis unterliegen nach § 30 Abs. 2 Nr. 2 AO auch nicht personenbezogene (d. h. anonymisierte oder pseudonymisierte) Betriebs- und Geschäftsgeheimnisse.

1.6 Ein Amtsträger (bzw. eine ihm gleichgestellte Person) verletzt das Steuergeheimnis, wenn er nach § 30 Abs. 2 Nr. 1 oder 2 AO geschützte Daten unbefugt offenbart oder verwertet. Er verletzt das Steuergeheimnis außerdem, wenn er nach § 30 Abs. 2 Nr. 1 oder 2 AO geschützte und für ein Verfahren i. S. d. § 30 Abs. 2 Nr. 1 AO gespeicherte Daten im automatisierten Verfahren unbefugt abruft (§ 30 Abs. 2 Nr. 3 AO).

2. Verpflichteter Personenkreis

2.1 Das Steuergeheimnis haben Amtsträger und die in § 30 Abs. 3 AO genannten Personen zu wahren.

2.2 Amtsträger sind die in § 7 AO abschließend aufgeführten Personen.

2.3 Den Amtsträgern sind nach § 30 Abs. 3 AO gleichgestellt u. a. die für den öffentlichen Dienst besonders Verpflichteten. Nach § 11 Abs. 1 Nr. 4 StGB ist dies, wer, ohne Amtsträger zu sein, bei einer Behörde oder bei einer sonstigen Stelle, die Aufgaben der öffentlichen Verwaltung wahrnimmt, oder bei einem Verband oder sonstigen Zusammenschluss, Betrieb oder Unternehmen, die für eine Behörde oder für eine sonstige Stelle Aufgaben der öffentlichen Verwaltung ausführen, beschäftigt oder für sie tätig und auf die gewissenhafte Erfüllung seiner Obliegenheiten aufgrund eines Gesetzes förmlich verpflichtet ist. Rechtsgrundlage für die Verpflichtung ist das VerpflG. Für eine Verpflichtung kommen z. B. Schreib- und Registraturkräfte, ferner Mitarbeiter in Rechenzentren sowie Unternehmer und deren Mitarbeiter, die Hilfstätigkeiten für die öffentliche Verwaltung erbringen (z. B. Datenerfassung, Versendung von Erklärungsvordrucken), in Betracht.

2.4 Sachverständige stehen Amtsträgern nur dann gleich, wenn sie von einer Behörde oder einem Gericht hinzugezogen werden.

3. Offenbarung oder Verwertung geschützter Daten

3.1 Die Absätze 4 und 5 des § 30 AO erlauben die Offenbarung oder Verwertung der in § 30 Abs. 2 AO geschützten Daten.

3.2 Offenbaren i. S. d. § 30 AO ist eine Form des Offenlegens geschützter Daten i. S. d. Art. 4 Nr. 2 DSGVO, umfasst aber – anders als die Offenlegung – auch die Übermittlung, Verbreitung und andere Formen der Bereitstellung gegenüber anderen Amtsträgern oder gleichgestellten Personen derselben Finanzbehörde.

„Offenbarung" ist jedes ausdrückliche oder konkludente Verhalten, auf Grund dessen nach § 30 Abs. 2 AO geschützte Daten einem Dritten bekannt werden können. Eine Offenbarung kann sich aus mündlichen, schriftlichen oder elektronischen Erklärungen, aber auch aus anderen Handlungen (z. B. Gewährung von Akteneinsicht, Kopfnicken usw.) oder Unterlassungen ergeben.

Im Fall der Bereitstellung von Daten zum Abruf erfolgt die Offenbarung erst mit tatsächlichem Zugriff auf die Daten. Werden zum Abruf bereitgestellte Daten von der verantwortlichen Finanzbehörde vor der Einsichtnahme oder dem Abruf wieder gelöscht oder der Abruf in anderer Weise ausgeschlossen, ist keine Offenbarung erfolgt. Entsprechendes gilt bei der Bereitstellung von Akten zur Einsichtnahme.

3.3 Der Gesamtrechtsnachfolger (z. B. der Erbe nach § 1922 BGB) tritt in die rechtliche Stellung des Rechtsvorgängers ein (§ 45 Abs. 1 Satz 1 AO) und ist damit kein Dritter. Die Auskünfte, die dem Rechtsvorgänger erteilt werden durften, dürfen auch dem Rechtsnachfolger erteilt werden.

Sind in einem Erbfall mehrere Erben vorhanden, so ist jeder einzelne Gesamtrechtsnachfolger des Erblassers. Zur Auskunftserteilung bedarf es nicht der Zustimmung der übrigen Miterben. Der auskunftssuchende Erbe hat sich erforderlichenfalls durch Erbschein auszuweisen.

Vermächtnisnehmer, Pflichtteilsberechtigte sowie Erbersatzanspruchsberechtigte sind keine Gesamtrechtsnachfolger und daher Dritte. Der Auskunftsanspruch des Pflichtteilsberechtigten gegen den Erben nach § 2314 BGB hebt das Steuergeheimnis nicht auf.

3.4 Eine Offenbarung liegt nicht vor, wenn sich ein Dritter unbefugt Zugang zu den Daten verschafft hat. In diesem Fall liegt aber gleichwohl eine Verletzung des Schutzes personenbezogener Daten i. S. d. Art. 33 und 34 DSGVO vor (vgl. zu den Rechtsfolgen nach der DSGVO Nr. 3.8 des AEAO zu § 30).

3.5 Eine Offenbarung liegt außerdem nicht vor, wenn der Amtsträger (oder die ihm gleichgestellte Person) personenbezogene Daten, die er selbst für Zwecke eines bestimmten Verwaltungsverfahrens in Steuersachen erhoben hat, für ein anderes von ihm geführtes Verfahren i. S. d. § 30 Abs. 4 Nr. 1 AO verarbeitet (zulässige Weiterverarbeitung nach § 29c Abs. 1 Satz 1 Nr. 1 AO).

3.6 Unter „Verwertung" ist jede Verwendung in der Absicht, aus der Nutzung der geschützten Daten für sich oder andere Vorteile ziehen zu wollen, zu verstehen. Eine unbefugte Verwertung personenbezogener Daten eines anderen oder eines fremden Betriebs- oder Geschäftsgeheimnisses liegt vor, wenn die zu Grunde liegenden Informationen in irgendeiner Weise ohne rechtfertigenden Grund genutzt werden.

3.7 Die Finanzbehörde ist, sofern eine der in § 30 Abs. 4 und 5 AO genannten Voraussetzungen vorliegt, zur Offenbarung befugt, jedoch nicht verpflichtet. Es gelten die Grundsätze des § 5 AO. Bei der Entscheidung, ob dem Steuergeheimnis unterliegende Verhältnisse offenbart werden sollen, ist zu berücksichtigen, dass das Steuergeheimnis auch dazu dient, die Beteiligten am Besteuerungsverfahren zu wahrheitsgemäßen Angaben zu veranlassen. Ist die Befugnis zur Offenbarung nach § 30 AO gegeben und besteht gleichzeitig ein Auskunftsanspruch, der für sich allein das Steuergeheimnis nicht durchbricht, z. B. § 161 StPO, so ist die Finanzbehörde zur Auskunftserteilung verpflichtet.

3.8 Eine unbefugte Offenbarung oder Verwertung nach § 30 Abs. 2 Nr. 1 AO geschützter Daten stellt eine Verletzung des Schutzes personenbezogener Daten nach Art. 4 Nr. 12 DSGVO dar und löst ggf. die Mitteilungspflicht gegenüber der Datenschutzaufsicht nach Art. 33 DSGVO, ggf. auch die Benachrichtigungspflicht gegenüber der betroffenen Person nach Art. 34 DSGVO aus. § 355 Abs. 3 StGB bleibt hiervon unberührt.

3.9 Wurden geschützte Daten
 – einer Person, die nicht zur Wahrung des Steuergeheimnisses verpflichtet ist,
 – einer öffentlichen Stelle, die keine Finanzbehörde ist, oder
 – einer nicht-öffentlichen Stelle

befugt offenbart, darf der Empfänger diese Daten nur zu dem Zweck speichern, verändern, nutzen oder übermitteln, zu dem sie ihm offenbart worden sind (§ 30 Abs. 11

Satz 1 AO). Ein Verstoß gegen diese Verarbeitungsbeschränkung kann – soweit er nicht bereits nach dem StGB strafbar ist – als Verstoß gegen die DSGVO geahndet werden und die Rechtsfolgen des Art. 82 DSGVO auslösen.

4. Offenbarung oder Verwertung zur Durchführung eines steuerlichen Verfahrens (§ 30 Abs. 4 Nr. 1 AO)

4.1 § 30 Abs. 4 Nr. 1 AO lässt eine Offenbarung zur Durchführung eines steuerlichen Verwaltungsverfahrens, eines steuerlichen Straf- oder Bußgeldverfahrens, eines gerichtlichen Verfahrens in Steuersachen oder eines Rechnungsprüfungsverfahrens in Steuersachen zu.

Es genügt, dass das Offenbaren für die Einleitung oder den Fortgang dieses Verfahrens nützlich sein könnte. Die Zulässigkeit ist nicht auf die Mitteilung von Tatsachen zwischen Finanzbehörden beschränkt (z. B. Mitteilungen zwischen Zollbehörden und Steuerbehörden, zwischen Finanzämtern und übergeordneten Finanzbehörden). Zulässig ist auch die Mitteilung an andere Behörden, soweit sie unmittelbar der Durchführung eines der oben genannten Verfahren dient, z. B. Mitteilungen an die Denkmalschutzbehörden im Bescheinigungsverfahren nach § 7i EStG.

Sofern Verwaltungsgerichte Verfahren in Steuersachen (insbesondere Realsteuersachen, Kirchensteuersachen) zu entscheiden haben, besteht eine Offenbarungsbefugnis wie gegenüber Finanzgerichten.

Bei verwaltungsgerichtlichen Streitigkeiten in anderen als steuerlichen Verfahren dürfen die Finanzbehörden den Gerichten Auskünfte nur dann erteilen, wenn die Offenbarung nach § 30 Abs. 4 Nr. 2 bis 5 AO zugelassen ist.

4.2 Auskünfte darüber, ob eine Körperschaft wegen Verfolgung gemeinnütziger, mildtätiger oder kirchlicher Zwecke steuerbegünstigt ist oder nicht, sind dem Spender nur dann zu erteilen, wenn

 – er im Besteuerungsverfahren die Berücksichtigung der geleisteten Spende beantragt (§ 30 Abs. 4 Nr. 1 i. V. m. Abs. 2 Nr. 1 Buchstabe a AO),
 – die Körperschaft ihm den Tatsachen entsprechend mitgeteilt hat, dass sie zur Entgegennahme steuerlich abzugsfähiger Spenden berechtigt ist, oder
 – die Körperschaft wahrheitswidrig behauptet, sie sei zur Entgegennahme steuerlich abzugsfähiger Spenden berechtigt (§ 30 Abs. 4 Nr. 1 i. V. m. Abs. 2 Nr. 1 Buchstabe a AO, vgl. AEAO zu § 85); die Richtigstellung kann öffentlich erfolgen, wenn die Körperschaft ihre wahrheitswidrige Behauptung öffentlich verbreitet.

Ansonsten ist der Spender bei Anfragen stets an die Körperschaft zu verweisen, sofern keine Zustimmung der Körperschaft zur Auskunftserteilung vorliegt.

4.3 Wird eine beantragte Steuerermäßigung, die von Einkommens- oder Vermögensverhältnissen Dritter abhängt (z. B. nach §§ 32, 33a EStG), abgelehnt, weil die Einkünfte und Bezüge bzw. das Vermögen gesetzliche Betragsgrenzen übersteigen, ist dies dem Steuerpflichtigen ohne Angabe des genauen Betrags mitzuteilen. Wird ein derartiger Ermäßigungsantrag im Hinblick auf die eigenen Einkünfte und Bezüge oder das Vermögen des Dritten teilweise abgelehnt, so darf dem Steuerpflichtigen die Höhe dieser Beträge mitgeteilt werden.

4.4 Bei der Schätzung von Besteuerungsgrundlagen sind ggf. die für Vergleichsbetriebe geführten Steuerakten dem Finanzgericht vorzulegen, damit das Finanzgericht überprüfen kann, ob gegen die Zahlen der Vergleichsbetriebe Bedenken bestehen. Da der Steuerpflichtige jedoch gem. § 78 FGO das Recht hat, die dem Finanzgericht vorgelegten Akten einzusehen, hat die Vorlage an das Finanzgericht stets in anonymisierter Form zu erfolgen (vgl. BFH-Urteil vom 18. 12. 1984, VIII R 195/82, BStBl 1986 II S. 226). Das Finanzgericht darf die Verwertung der vom Finanzamt eingebrachten anonymisierten Daten über Vergleichsbetriebe nicht schon im Grundsatz ablehnen (vgl. BFH-Urteil vom 17. 10. 2001, I R 103/00, BStBl 2004 II S. 171).

A. I. Zu § 30 AO

4.5 Zur Auskunftserteilung bei Betriebsübernahme im Hinblick auf die Haftung vgl. AEAO zu § 75, Nr. 6.

4.6 Anträge auf Erteilung von Auskünften über die Besteuerung Dritter bei der Anwendung drittschützender Normen (u. a. §§ 64 bis 68 AO und § 2 Abs. 3 UStG) sind zur Vorbereitung einer Konkurrentenklage grundsätzlich zulässig (vgl. BFH-Urteil vom 5. 10. 2006, VII R 24/03, BStBl 2007 II S. 243). Ein solcher Auskunftsanspruch setzt allerdings voraus, dass der Steuerpflichtige substantiiert und glaubhaft darlegt, durch die unzutreffende Besteuerung des Konkurrenten konkret feststellbare und spürbare Wettbewerbsnachteile zu erleiden und deshalb gegen die Steuerbehörde mit Aussicht auf Erfolg ein subjektives öffentliches Recht auf steuerlichen Drittschutz geltend machen zu können. Die Auskünfte sind auf das für die Rechtsverfolgung notwendige Maß zu beschränken. In der Auskunft dürfen deshalb nur Angaben über die Art und Weise der Besteuerung der für die Konkurrenzsituation relevanten Umsätze der fraglichen öffentlichen Einrichtung gemacht werden, nicht aber über die Höhe dieser Umsätze und der hierauf festgesetzten Steuer. Der betroffene Dritte soll gehört werden.

4.7 Gerichtliche Verfahren im Vollstreckungsverfahren

4.7.1 Im Rahmen einer Drittwiderspruchsklage (§ 262 AO) darf die Vollstreckungsbehörde (§ 249 Abs. 1 Satz 3 AO) im Prozess geschützte Daten des Vollstreckungsschuldners und anderer Personen nach § 30 Abs. 4 Nr. 1 AO offenbaren, soweit dies der Durchsetzung der Steueransprüche gegen den Vollstreckungsschuldner dient.

4.7.2 Der Drittschuldner (vgl. § 309 AO) ist befugt, Einwendungen gegen die Art und Weise der Zwangsvollstreckung, wozu auch die Geltendmachung der Unpfändbarkeit von Forderungen (vgl. § 319 AO) gehört, mit der Anfechtungsklage nach § 40 Abs. 1 FGO geltend zu machen. Im finanzgerichtlichen Verfahren darf die Vollstreckungsbehörde die geschützten Daten des Vollstreckungsschuldners und anderer Personen nach § 30 Abs. 4 Nr. 1 AO offenbaren, soweit dies der Durchführung des finanzgerichtlichen Verfahrens dient.

4.7.3 Leistet der Drittschuldner (vgl. § 309 AO) nicht, kann die Vollstreckungsbehörde zivilgerichtlich gegen ihn vorgehen. Dabei ist dem Vollstreckungsschuldner der Streit zu verkünden (§ 316 Abs. 3 AO i. V. m. § 841 ZPO). Die Klage gegen den Drittschuldner dient der Durchsetzung der Steueransprüche gegen den Vollstreckungsschuldner. Die Vollstreckungsbehörde darf daher im Prozess geschützte Daten des Vollstreckungsschuldners, des Drittschuldners und anderer Personen nach § 30 Abs. 4 Nr. 1 AO offenbaren, soweit dies der Durchsetzung der Steueransprüche dient.

4.8 § 30 Abs. 4 Nr. 1 AO lässt auch eine Verwertung zur Durchführung eines der in § 30 Abs. 4 Nr. 1 Buchstabe a oder b AO genannten Verfahren zu. Ein allgemeines gesetzliches Verwertungsverbot für Tatsachen, die unter Verletzung von Verfahrensvorschriften ermittelt wurden, besteht im Besteuerungsverfahren nicht. Ein Verwertungsverbot, das auch nicht durch zulässige, erneute Ermittlungsmaßnahmen geheilt werden kann, kommt als Folge einer fehlerhaften Maßnahme nur ausnahmsweise in Betracht, wenn die zur Fehlerhaftigkeit der Ermittlungsmaßnahme führenden Verfahrensverstöße schwerwiegend waren oder bewusst oder willkürlich begangen wurden (vgl. z. B. BVerfG-Beschluss vom 2. 7. 2009, 2 BvR 2225/08, NJW S. 3225; BFH-Urteile vom 4. 10. 2006, VIII R 53/04, BStBl 2007 II S. 227, und vom 4. 12. 2012, VIII R 5/10, BStBl 2014 II S. 220, jeweils m. w. N.).

5. Offenbarung zur Wahrnehmung von Aufsichts-, Steuerungs- und Disziplinarbefugnissen der Finanzbehörde sowie zu Ausbildungs- und Prüfungszwecken (§ 30 Abs. 4 Nr. 1a 2. Alternative AO)

5.1 Nach § 30 Abs. 2 AO geschützte Daten dürfen den jeweils zuständigen Stellen offenbart werden, soweit dies zur Wahrnehmung von Aufsichts-, Steuerungs- und Disziplinarbefugnissen der Finanzbehörde erforderlich ist (§ 29c Abs. 1 Satz 1 Nr. 6 Satz 1 AO).

Hiernach sind Mitteilungen an Disziplinarstellen der Finanzverwaltung zur Durchführung dienstrechtlicher Maßnahmen bei Angehörigen der Finanzverwaltung zulässig. Eine Offenbarung soll allerdings nur erfolgen, wenn die mitteilende Stelle zur Überzeugung gelangt ist, dass ein schweres Dienstvergehen vorliegt, der Sachverhalt mithin nach ihrer Auffassung geeignet erscheint, eine im Disziplinarverfahren zu verhängende Maßnahme von Gewicht, d. h. grundsätzlich eine Zurückstufung oder die Entfernung aus dem Dienst, zu tragen (vgl. BVerfG-Beschluss vom 6.5.2008, 2 BvR 336/07, NJW S. 3489).

Ein relevanter Verstoß gegen Dienstpflichten kann auch darin liegen, dass das in Rede stehende Delikt das Ansehen und die Funktionsfähigkeit des Beamtentums nachhaltig schädigen könnte (BVerwG-Beschluss vom 5.3.2010, 2 B 22/09, NJW S. 2229). Eine Offenbarung ist regelmäßig geboten, wenn eine Steuerhinterziehung durch Beamte der Finanzverwaltung begangen und von weiteren Delikten, insbesondere von geschäftsmäßiger Hilfeleistung in Steuersachen, begleitet wird, die über einen längeren Zeitraum begangen wurden (vgl. BVerwG-Beschluss vom 5.3.2010, a.a.O.). Vgl. im Übrigen auch Nr. 11.8 des AEAO zu § 30.

5.2 Nach § 30 Abs. 2 AO geschützte Daten dürfen den jeweils zuständigen Stellen offenbart werden, wenn dies der Veränderung oder Nutzung personenbezogener Daten zu Ausbildungs- und Prüfungszwecken durch die Finanzbehörde dient, soweit nicht überwiegende schutzwürdige Interessen der betroffenen Person entgegenstehen (§ 29c Abs. 1 Satz 1 Nr. 6 Satz 2 AO).

5.3 Nach § 30 Abs. 2 AO geschützte Daten dürfen in den vorgenannten Fällen nur durch Personen verarbeitet werden, die zur Wahrung des Steuergeheimnisses verpflichtet sind (§ 29c Abs. 1 Satz 3 i.V. m. § 30 Abs. 1 und 3 AO).

6. Offenbarung zur Durchführung eines Bußgeldverfahrens nach Art. 83 DSGVO (§ 30 Abs. 4 Nr. 1b AO)

Nach § 30 Abs. 2 AO geschützte Daten dürfen den für die Durchführung eines Bußgeldverfahrens nach der DSGVO zuständigen Datenschutzaufsichtsbehörden nur offenbart werden, wenn das Bußgeldverfahren die Verarbeitung personenbezogener Daten im Anwendungsbereich der AO betrifft.

7. Gesetzlich zugelassene Offenbarung (§ 30 Abs. 4 Nr. 2 AO)

Auf § 30 Abs. 4 Nr. 2 AO kann eine Offenbarung nur gestützt werden, wenn die Befugnis zum Offenbaren in einem Bundesgesetz ausdrücklich enthalten ist. Eine Regelung in einem Landesgesetz oder einer Kommunalsatzung oder eine Bestimmung über die allgemeine Pflicht zur Amtshilfe genügt nicht. Die Befugnis kann in der AO selbst (z. B. § 31 AO), in anderen Steuergesetzen des Bundes oder in außersteuerlichen Vorschriften des Bundes enthalten sein.

Zu den außersteuerlichen Vorschriften gehören insbesondere:
– § 5 Abs. 3 des Gesetzes über den Abbau der Fehlsubventionierung im Wohnungswesen;
– § 236 Abs. 1 und § 379 Abs. 2 des Gesetzes über Verfahren in Familiensachen und in Angelegenheiten der freiwilligen Gerichtsbarkeit;
– § 88 Abs. 3 des Aufenthaltsgesetzes;
– § 197 Abs. 2 Satz 2 des Baugesetzbuches;
– § 49 des Beamtenstatusgesetzes und § 115 des Bundesbeamtengesetzes;
– § 16 Abs. 3 Satz 1 Nr. 2 und Abs. 4 des Bundesdatenschutzgesetzes;
– § 39 des Erdölbevorratungsgesetzes;
– § 17 Satz 2 des Gesetzes über das gerichtliche Verfahren in Landwirtschaftssachen;
– § 14 Abs. 4 und § 153a Abs. 1 Satz 2 der Gewerbeordnung;
– § 3 Abs. 5 des Güterkraftverkehrsgesetzes;

- § 8 Abs. 2 des Gesetzes über das Kreditwesen;
- § 6 Abs. 2 des Bundesmeldegesetzes;
- § 25 Abs. 3 des Personenbeförderungsgesetzes;
- § 7 Abs. 2 des Gesetzes über die Preisstatistik;
- § 27 Abs. 1 Satz 2 des Gesetzes zur Regelung offener Vermögensfragen;
- § 21 Abs. 4 SGB X;
- § 5 Abs. 2 und 3 und §§ 10, 10a des Steuerberatungsgesetzes;
- § 2a Abs. 1, § 2b Abs. 1, § 4 Abs. 4, § 6 Abs. 1 und 2 und § 9 Abs. 1 bis 3 des Gesetzes über Steuerstatistiken;
- § 492 Abs. 3 StPO i.V. m. §§ 385, 399 AO;
- § 26 Abs. 5 des Unterhaltssicherungsgesetzes;
- § 3a der Verfahrensordnung für Höfesachen;
- § 32 Abs. 4 und § 35 Abs. 4 des Wohnraumförderungsgesetzes und § 2 des Wohnungsbindungsgesetzes;
- § 2 des Verwaltungsdatenverwendungsgesetzes;
- § 36 Abs. 2 der Bundesrechtsanwaltsordnung;
- § 10 Abs. 3 des Gesetzes über die Zwangsversteigerung und die Zwangsverwaltung;
- § 18 Abs. 2 Nr. 2 des Wohnungseigentumsgesetzes;
- § 18 Abs. 3a des Bundesverfassungsschutzgesetzes (vgl. auch § 51 Abs. 3 Satz 3 AO);
- § 6 Abs. 1 und 4 des Bundesarchivgesetzes;
- § 36a Abs. 3 der Wirtschaftsprüferordnung;
- § 64a Abs. 2 der Bundesnotarordnung;
- § 34 Abs. 2 der Patentanwaltsordnung;
- § 54 Abs. 1 Satz 4 des Gerichtskostengesetzes;
- § 40 Abs. 6 und § 46 Abs. 3 des Gerichts- und Notarkostengesetzes und
- § 6 Abs. 5 des Unterhaltsvorschussgesetzes.

8. **Europarechtlich vorgeschriebene oder zugelassene Offenbarung (§ 30 Abs. 4 Nr. 2a AO)**

§ 30 Abs. 4 Nr. 2a AO gestattet eine Offenbarung geschützter Daten, soweit diese Offenbarung durch Recht der EU (Verordnungen, Durchführungsbestimmungen und sonstiges, unmittelbar geltendes Recht) zugelassen oder sogar vorgeschrieben ist. Dabei ist es nicht erforderlich, dass die Durchbrechung des Steuergeheimnisses ausdrücklich bezeichnet wird.

Beispiele:

Fordert die EU-Kommission in einem beihilferechtlichen Prüfungsverfahren von Finanzbehörden Informationen über bestimmte Steuerfälle an, sind ihr diese nach der EU-Beihilfeverfahrensordnung mitzuteilen.

Soweit den Finanzbehörden im Besteuerungsverfahren Erkenntnisse über Verstöße gegen europäische Embargo-Verordnungen bekannt werden, haben sie diese den für die Verfolgung derartiger Verstöße zuständigen Behörden mitzuteilen.

9. **Offenbarung bei Zustimmung des Betroffenen (§ 30 Abs. 4 Nr. 3 AO)**

Nach § 30 Abs. 4 Nr. 3 AO ist die Offenbarung zulässig, soweit der Betroffene zustimmt. Betroffener ist nicht nur der Verfahrensbeteiligte selbst, sondern auch jeder Andere, dessen personenbezogene Daten durch § 30 AO geschützt werden (z. B. Geschäftsführer, Geschäftspartner, Arbeitnehmer, Empfänger von Zahlungen und anderen Vorteilen). Sind mehrere Personen betroffen, so müssen alle ihre Zustimmung zur Offenbarung eines Sachverhalts erteilen. Stimmen einzelne Personen nicht zu, so dürfen die geschützten Verhältnisse derjenigen, die ihre Zustimmung nicht erteilt haben, nicht offenbart werden.

10. Offenbarung zur Durchführung eines außersteuerlichen Strafverfahrens (§ 30 Abs. 4 Nr. 4 AO)

10.1 Gem. § 30 Abs. 4 Nr. 4 Buchstabe a AO dürfen im Steuerstrafverfahren oder Steuerordnungswidrigkeitsverfahren gewonnene Erkenntnisse über außersteuerliche Straftaten an Gerichte und Strafverfolgungsbehörden für Zwecke der Strafverfolgung weitergeleitet werden. Die Finanzbehörden können daher z. B. die Staatsanwaltschaft auch über sog. Zufallsfunde unterrichten. Voraussetzung ist jedoch stets, dass die Erkenntnisse im steuerlichen Straf- oder Bußgeldverfahren selbst gewonnen wurden. Kenntnisse, die bereits vorher in einem anderen Verfahren (z. B. Veranlagungs-, Außenprüfungs- oder Vollstreckungsverfahren) erlangt wurden, dürfen den Strafverfolgungsbehörden gegenüber nicht offenbart werden. Sind die Tatsachen von dem Steuerpflichtigen (§ 33 AO) selbst oder der für ihn handelnden Person (§ 200 Abs. 1 AO) der Finanzbehörde mitgeteilt worden, ist die Weitergabe zur Strafverfolgung wegen nichtsteuerlicher Straftaten nur zulässig, wenn der Steuerpflichtige zum Zeitpunkt der Abgabe der Mitteilung an die Finanzbehörde die Einleitung des steuerlichen Straf- oder Bußgeldverfahrens gekannt hat, es sei denn, einer der in § 30 Abs. 4 Nr. 5 oder Abs. 5 AO geregelten Fälle läge vor.

10.2 Gem. § 30 Abs. 4 Nr. 4 Buchstabe b AO ist eine Offenbarung von Kenntnissen zur Durchführung eines Strafverfahrens wegen einer nichtsteuerlichen Straftat uneingeschränkt zulässig, wenn die Tatsachen der Finanzbehörde ohne Bestehen einer steuerlichen Verpflichtung oder unter Verzicht auf ein Auskunftsverweigerungsrecht bekannt geworden sind. Tatsachen sind der Finanzbehörde ohne Bestehen einer steuerlichen Verpflichtung bekannt geworden, wenn die Auskunftsperson nicht zuvor durch die Finanzbehörde zur Erteilung einer Auskunft aufgefordert worden ist. Ein Verzicht auf ein Auskunftsverweigerungsrecht (siehe §§ 101 ff. AO) kann nur angenommen werden, wenn dem Berechtigten sein Auskunftsverweigerungsrecht bekannt war; dies setzt in den Fällen des § 101 AO eine Belehrung voraus.

11. Offenbarung aus zwingendem öffentlichen Interesse (§ 30 Abs. 4 Nr. 5 AO)

11.1 Eine Offenbarung ist gem. § 30 Abs. 4 Nr. 5 AO zulässig, soweit für sie ein zwingendes öffentliches Interesse besteht.

Liegt ein zwingendes öffentliches Interesse vor, macht es für die Zulässigkeit der Offenbarung keinen Unterschied, ob die Finanzbehörde aufgrund eigener Erkenntnisse von Amts wegen die zuständige Behörde informiert oder ob die zuständige Behörde unter Schilderung der Umstände, die das Vorliegen eines zwingenden öffentlichen Interesses begründen, die Finanzbehörde um Auskunft ersucht.

11.2 § 30 Abs. 4 Nr. 5 AO enthält eine beispielhafte Aufzählung von Fällen, in denen ein zwingendes öffentliches Interesse zu bejahen ist.

11.2.1 Ein zwingendes öffentliches Interesse ist nach § 30 Abs. 4 Nr. 5 Buchstabe a AO insbesondere gegeben, wenn die Offenbarung erforderlich ist

– zur **Abwehr** erheblicher Nachteile für das Gemeinwohl oder einer Gefahr für die öffentliche Sicherheit, die Verteidigung oder die nationale Sicherheit oder

– zur **Verhütung oder Verfolgung** von Verbrechen und vorsätzlichen schweren Vergehen gegen Leib und Leben oder gegen den Staat und seine Einrichtungen.

Verbrechen i. S. d. § 30 Abs. 4 Nr. 5 Buchstabe a AO sind alle Straftaten, die im Mindestmaß mit Freiheitsstrafe von einem Jahr oder darüber bedroht sind (§ 12 Abs. 1 StGB).

Als vorsätzliche schwere Vergehen gegen Leib und Leben oder gegen den Staat und seine Einrichtungen kommen nur solche Vergehen in Betracht, die eine schwerwiegende Rechtsverletzung darstellen und dementsprechend mit Freiheitsstrafe bedroht sind.

A. I. Zu § 30 AO

11.2.2 Unter den Begriff der Wirtschaftsstraftat i. S. d. § 30 Abs. 4 Nr. 5 Buchstabe b AO fallen Straftaten nicht schon deswegen, weil sie nach § 74c GVG zur Zuständigkeit des Landgerichts gehören. Es ist vielmehr in jedem Einzelfall unter Abwägung der Interessen zu prüfen, ob die besonderen Voraussetzungen des § 30 Abs. 4 Nr. 5 Buchstabe b AO gegeben sind.

11.2.3 § 30 Abs. 4 Nr. 5 Buchstabe c AO gestattet die Offenbarung zur Richtigstellung unwahrer Tatsachen, die geeignet sind, das Vertrauen in die Verwaltung erheblich zu erschüttern. Diese Offenbarungsbefugnis begründet ein Abwehrrecht der Verwaltung und dient damit nicht dem Aufklärungsinteresse der Öffentlichkeit. Die Verwaltung selbst hat zu entscheiden, ob und in welchem Umfang sie richtigstellen will. Sie hat dabei den Grundsatz der Verhältnismäßigkeit zu wahren und sich auf die zur Richtigstellung erforderliche Offenbarung zu beschränken. Eine Offenbarung zur Richtigstellung in der Öffentlichkeit verbreiteter unwahrer Tatsachen gem. § 30 Abs. 4 Nr. 5 Buchstabe c AO kommt nur im Ausnahmefall in Betracht.

11.3 Bei anderen als den in § 30 Abs. 4 Nr. 5 AO genannten Sachverhalten ist ein zwingendes öffentliches Interesse nur gegeben, wenn sie in ihrer Bedeutung einem dieser Fälle vergleichbar sind.

11.4 Die Gewerbebehörden können bei Vorliegen eines zwingenden öffentlichen Interesses für Zwecke eines Gewerbeuntersagungsverfahrens über die Verletzung steuerlicher Pflichten unterrichtet werden, die mit der Ausübung des Gewerbes, das untersagt werden soll, im Zusammenhang stehen (vgl. im Einzelnen BMF-Schreiben vom 19. 12. 2013, BStBl 2014 I S. 19).

11.5 Zur Wahrung des Steuergeheimnisses gegenüber Parlamenten bzw. einem Untersuchungsausschuss des Deutschen Bundestages vgl. BMF-Schreiben vom 13. 5. 1987.

11.6 § 6 des SubvG, wonach Behörden von Bund und Ländern Tatsachen, die sie dienstlich erfahren, und die den Verdacht eines Subventionsbetrugs (§ 264 StGB) begründen, den Strafverfolgungsbehörden mitzuteilen haben, stellt keine Ermächtigungsvorschrift i. S. d. § 30 Abs. 4 Nr. 2 AO dar. Anzeigen an Strafverfolgungsbehörden wegen des Verdachts eines Subventionsbetrugs sind daher nur zulässig, wenn ein zwingendes öffentliches Interesse an der Offenbarung besteht (§ 30 Abs. 4 Nr. 5 Buchstabe b AO) oder die Voraussetzungen des § 30 Abs. 5 AO vorliegen (vgl. AEAO zu § 30, Nr. 12). Betrifft der Subventionsbetrug allerdings Investitionszulagen, so sind entsprechende Tatsachen wie bei Steuerstraftaten den Bußgeld- und Strafsachenstellen zu melden (vgl. § 14 InvZulG 2010 i. V. m. § 30 Abs. 4 Nr. 1 AO).

Nach § 31a AO besteht daneben eine Offenbarungsbefugnis gegenüber den für die Bewilligung, Gewährung, Rückforderung, Erstattung, Weitergewährung oder für das Belassen einer Subvention zuständigen Behörden und Gerichten; vgl. im Einzelnen AEAO zu § 31a, Nr. 4.3.

11.7 Die Weitergabe von Informationen über Verstöße gegen die Umweltschutzbestimmungen kommt insbesondere in Betracht, wenn daran ein zwingendes öffentliches Interesse nach § 30 Abs. 4 Nr. 5 AO besteht. Dies ist nicht nur zur Verfolgung der in § 30 Abs. 4 Nr. 5 Buchstaben a und b AO genannten Straftaten gegeben, sondern auch zur Verfolgung anderer Straftaten, die wegen ihrer Schwere und ihrer Auswirkungen auf die Allgemeinheit den genannten Regeltatbeständen entsprechen.

Bei Verdacht eines besonders schweren Falles einer Umweltstraftat i. S. d. § 330 StGB oder einer schweren Gefährdung durch Freisetzung von Giften i. S. d. § 330a StGB ist ein zwingendes öffentliches Interesse für eine Offenbarung zu bejahen. Keine Offenbarungsbefugnis besteht, wenn lediglich der abstrakte Gefährdungstatbestand einer Umweltstraftat wie etwa § 325 StGB (Luftverunreinigung), § 325a StGB (Verursachen von Lärm, Erschütterungen und nichtionisierenden Strahlen) bzw. § 326 StGB (umweltgefährdende Abfallbeseitigung) erfüllt ist.

Kann die Finanzbehörde nicht beurteilen, ob die vorgenannten Voraussetzungen für eine Weitergabe erfüllt sind, hat sie zunächst unter Anonymisierung des Sachverhalts eine sachkundige Stelle zur Klärung einzuschalten.

Soweit Verstöße gegen Umweltschutzbestimmungen steuerliche Auswirkungen haben, z. B. für die Anerkennung einer Teilwertabschreibung, ergibt sich die Befugnis zur Weitergabe aus § 30 Abs. 4 Nr. 1 AO, sofern die Weitergabe zur Durchführung des Besteuerungsverfahrens erforderlich ist. Sieht die Finanzbehörde die Notwendigkeit, Angaben des Steuerpflichtigen, z. B. über schadstoffbelastete Wirtschaftsgüter, zu überprüfen, kann sie den Sachverhalt einer zuständigen Fachbehörde offenbaren. Die Finanzbehörde hat dabei zu prüfen, ob es ausreicht, den Sachverhalt der Fachbehörde in anonymisierter Form vorzutragen. Ist die Offenbarung der Identität des Steuerpflichtigen erforderlich, soll sie die Fachbehörde darauf hinweisen, dass die Angaben des Steuerpflichtigen nach § 30 Abs. 2 Nr. 1 Buchstabe c AO weiterhin dem Steuergeheimnis unterliegen.

Die Weitergabe von Erkenntnissen über Verstöße gegen Umweltschutzbestimmungen kann gleichzeitig auf mehrere Offenbarungsgründe gestützt werden. Eine Weitergabe von Erkenntnissen unter dem Gesichtspunkt des zwingenden öffentlichen Interesses ist deshalb auch dann zulässig, wenn der gleiche Sachverhalt bereits nach § 30 Abs. 4 Nr. 1 AO offenbart worden ist. Die Weitergabe von Informationen über Verstöße gegen die Umweltschutzbestimmungen kann nicht auf das UIG gestützt werden.

11.8 Zu Mitteilungen an Disziplinarstellen zur Durchführung dienstrechtlicher Maßnahmen bei Beamten und Richtern in anderen als den in Nr. 5.1 des AEAO zu § 30 genannten Fällen vgl. BMF-Schreiben vom 12. 1. 2018, BStBl I S. 201.

Die Regelungen in Nr. 5.1 des AEAO zu § 30 und im vorgenannten BMF-Schreiben sind bei vergleichbaren Verfehlungen sonstiger Angehöriger der Finanzverwaltung (Bediensteten, die nicht Beamte sind) entsprechend anzuwenden, soweit dies zur Ergreifung vergleichbarer arbeitsrechtlicher Maßnahmen (z. B. Abmahnung, Kündigung) führen kann. Eine Steuerhinterziehung in erheblicher Höhe ist bei einem hoheitlich tätigen Bediensteten einer Finanzbehörde, der nicht Beamter ist, als wichtiger Grund zur fristlosen Kündigung an sich auch dann geeignet, wenn der Bedienstete die Hinterziehung gem. § 371 AO selbst angezeigt hat (vgl. BAG-Urteile vom 21. 6. 2001, 2 AZR 325/00, HFR 2003 S. 183, und vom 10. 9. 2009, 2 AZR 257/08, juris).

11.9 Die Finanzbehörden sind verpflichtet, den für die Bekämpfung terroristischer Aktivitäten zuständigen Stellen die nach § 30 AO geschützten Verhältnisse auf deren Ersuchen mitzuteilen. Für die Mitteilungen an die genannten Stellen besteht in diesen Fällen ein zwingendes öffentliches Interesse i. S. d. § 30 Abs. 4 Nr. 5 AO.

Die ersuchenden Stellen haben in ihrem Ersuchen zu versichern, dass die erbetenen Daten für Ermittlungen und Aufklärungsarbeiten im Zusammenhang mit der Bekämpfung des Terrorismus erforderlich sind. Eine bestimmte Form für die Auskunftsersuchen und die Erteilung der Auskünfte ist nicht erforderlich. Bei Zweifeln an der Identität des Auskunftsersuchenden haben sich die Finanzbehörden vor Auskunftserteilung über die Identität des Auskunftsersuchenden auf geeignete Weise zu vergewissern.

Zur Mitteilungspflicht zur Bekämpfung der Geldwäsche und der Terrorismusfinanzierung vgl. § 31b AO.

11.10 Werden strafrechtlich geschützte Individualrechtsgüter eines Amtsträgers oder einer gleichgestellten Person i. S. d. § 30 Abs. 3 AO verletzt, ist die Durchbrechung des Steuergeheimnisses gem. § 30 Abs. 4 Nr. 5 AO zulässig, soweit dies für die Verfolgung des Delikts erforderlich ist. In Betracht kommen hierbei insbesondere:

– falsche Verdächtigung (§ 164 StGB),

– Beleidigung (§ 185 StGB),

– üble Nachrede (§ 186 StGB),

– Verleumdung (§ 187 StGB),

– Körperverletzung (§§ 223, 224, 229 StGB),

A. I. Zu § 30 AO

- Freiheitsberaubung (§ 239 StGB),
- Nötigung (§ 240 StGB),
- Bedrohung (§ 241 StGB).

11.11 § 30 Abs. 4 Nr. 5 AO gestattet die Offenbarung der Verhältnisse eines anderen zur Verfolgung von
- Widerstand gegen Vollstreckungsbeamte (§ 113 Abs. 1 StGB),
- tätlicher Angriff auf Vollstreckungsbeamte (§ 114 StGB),
- Verstrickungsbrüchen (§ 136 Abs. 1 StGB),
- Siegelbrüchen (§ 136 Abs. 2 StGB) oder
- Vereitelung der Vollstreckung (§ 288 StGB)

im Besteuerungsverfahren durch die Finanzbehörden gegenüber Gerichten oder Strafverfolgungsbehörden. Das zwingende öffentliche Interesse an der Offenbarung folgt daraus, dass sich die strafrechtlich relevanten Handlungen gegen die Gesetzmäßigkeit des Steuerverfahrens als Ganzes – Steuererhebung und Steuerverstrickung – richten.

11.12 Liegen den Finanzbehörden Erkenntnisse zu Insolvenzstraftaten i. S. d. §§ 283 bis 283c StGB oder zu Insolvenzverschleppungsstraftaten (§ 15a InsO) vor, die sie im Besteuerungsverfahren erlangt haben, so ist eine Offenbarung dieser Erkenntnisse an die Strafverfolgungsbehörden nach § 30 Abs. 4 Nr. 5 AO zulässig.

11.13 Liegen den Finanzbehörden Anhaltspunkte zu Misshandlungen von Kindern i. S. d. § 223 StGB und Misshandlungen von Schutzbefohlenen i. S. d. § 225 StGB vor, die sie im Besteuerungs- bzw. Steuerstrafverfahren erlangt haben, ist eine Offenbarung dieser Kenntnisse an die Sozialbehörden bzw. Strafverfolgungsbehörden nach § 30 Abs. 4 Nr. 5 AO zulässig.

12. Offenbarung vorsätzlich falscher Angaben (§ 30 Abs. 5 AO)

Die Unterrichtung der Strafverfolgungsbehörden über vorsätzlich falsche Angaben des Betroffenen gem. § 30 Abs. 5 AO darf nur erfolgen, wenn nach Auffassung der Finanzbehörde durch die falschen Angaben ein Straftatbestand verwirklicht worden ist; die Durchführung eines Strafverfahrens wegen dieser Tat ist nicht Voraussetzung für die Zulässigkeit der Offenbarung. Der Finanzbehörde obliegt die Prüfung, ob der Betroffene, sowohl in objektiver als auch in subjektiver Hinsicht, einen Straftatbestand verwirklicht hat (BFH-Urteil vom 8. 2. 1994, VII R 88/92, BStBl II S. 552). § 30 Abs. 5 AO lässt eine Offenbarung nur gegenüber den Strafverfolgungsbehörden zu.

13. Auskunft über Anzeigeerstatter

13.1 Durch das Steuergeheimnis wird auch der Name eines Anzeigeerstatters geschützt, wenn die Anzeige eines der in § 30 Abs. 2 Nr. 1 Buchstabe a und b AO genannten Verfahrens auslöst oder innerhalb eines solchen Verfahrens erstattet oder ausgewertet wird. Was für die Offenbarung des Namens des Anzeigeerstatters gilt, muss in entsprechender Weise auch für die wortgetreue Offenbarung des Inhalts der Anzeige gelten. Häufig wird man nämlich aus dem Inhalt einer Anzeige, sei es aus einer bestimmten Wortwahl oder aus dem Gebrauch einzelner Formulierungen, sei es aus stilistischen oder grammatikalischen Eigenheiten, aus der Schrift oder aus der Strukturierung des gesamten Textes, mit einiger Wahrscheinlichkeit Rückschlüsse auf den Verfasser der Anzeige ziehen können (vgl. BFH-Beschluss vom 28. 12. 2006, VII B 44/03, BFH/NV 2007 S. 853).

13.2 Hat der Anzeigeerstatter allerdings vorsätzlich falsche Angaben gemacht, kann die Finanzbehörde dies gem. § 30 Abs. 5 AO den Strafverfolgungsbehörden mitteilen. Das Gleiche gilt gem. § 30 Abs. 4 Nr. 4 Buchstabe b AO, wenn die Anzeige ohne Bestehen einer steuerlichen Verpflichtung erstattet worden ist und die Unterrichtung der Strafverfolgungsbehörden der Durchführung eines Strafverfahrens wegen einer Tat dient, die keine Steuerstraftat ist (vgl. AEAO zu § 30, Nr. 10.2).

13.3 Grundsätzlich besteht nur eine Befugnis, aber keine Verpflichtung der Finanzbehörde zu einer Unterrichtung der Strafverfolgungsbehörden. Im Hinblick auf den Persönlichkeitsschutz des Verdächtigten kann sich die Offenbarungsbefugnis im Einzelfall in eine Verpflichtung zur Unterrichtung der Strafverfolgungsbehörden verdichten, wenn der Anzeigeerstatter nach Auffassung der Finanzbehörde durch vorsätzlich falsche Angaben Straftatbestände wie z. B. des § 164 StGB (falsche Verdächtigung) verwirklicht hat (vgl. u. a. BFH-Urteil vom 8. 2. 1994, VII R 88/92, BStBl II S. 552).

13.4 Eine Verpflichtung zur Auskunftserteilung besteht auch, wenn die Voraussetzungen für eine Offenbarung nach § 30 Abs. 5 oder § 30 Abs. 4 Nr. 4 Buchstabe b AO gegeben sind und die Strafverfolgungsbehörde um Namensnennung aufgrund einer Strafanzeige des Steuerpflichtigen gegen Unbekannt im Ermittlungsverfahren nach § 161 StPO ersucht. Dem betroffenen Steuerpflichtigen selbst ist in diesen Fällen keine Auskunft über die Identität des Anzeigeerstatters zu erteilen; insbesondere § 30 Abs. 5 AO lässt eine Offenbarung nur gegenüber den Strafverfolgungsbehörden zu.

13.5 Auch im Fall eines Auskunftsersuchens der Strafverfolgungsbehörde nach § 161 StPO ist die Finanzbehörde in den Fällen des § 30 Abs. 5 AO nur zur Auskunftserteilung berechtigt, wenn sie nach eigener Überprüfung der Auffassung ist, dass der Anzeigeerstatter vorsätzlich falsche Angaben gemacht hat. In diesem Fall ist die Finanzbehörde zur Auskunftserteilung an die Strafverfolgungsbehörde verpflichtet.

13.6 Beantragt der betroffene Steuerpflichtige selbst bei der Finanzbehörde Auskunft über die Identität eines Anzeigeerstatters und liegen die Voraussetzungen des § 30 Abs. 4 Nr. 4 Buchstabe b AO vor, sind im Rahmen der Ermessensentscheidung das allgemeine Persönlichkeitsrecht des Steuerpflichtigen gegen das allgemeine Persönlichkeitsrecht des Anzeigeerstatters und den Zweck des Steuergeheimnisses – die möglichst vollständige Erschließung der Steuerquellen – abzuwägen. Dem Informantenschutz und dem Zweck des Steuergeheimnisses kommt dabei ein höheres Gewicht als dem Persönlichkeitsrecht des Steuerpflichtigen zu, wenn sich die vertraulich mitgeteilten Informationen im Wesentlichen als zutreffend erwiesen und zu Steuernachforderungen führen (vgl. BFH-Beschluss vom 7. 12. 2006, V B 163/05, BStBl 2007 II S. 275 m. w. N.) oder wenn sich bei einer Vielzahl von Angaben zumindest einige als steuerrechtlich bedeutsam erweisen, wobei diese im Verhältnis zu den anderen nicht völlig unmaßgeblich sein dürfen (vgl. BFH-Urteil vom 8. 2. 1994, VII R 88/92, BStBl II S. 552).

14. Abruf geschützter Daten (§ 30 Abs. 6 AO)

14.1 Der Abruf geschützter Daten durch andere Personen als die betroffene Person (vgl. § 9 Satz 1 StDAV) oder die in § 9 Satz 2 StDAV genannten Personen ist nur zulässig, soweit er bei Durchführung eines der in § 30 Abs. 2 Nr. 1 AO genannten Verfahren der Wahrnehmung einer dienstlich zugewiesenen Aufgabe dient.

Das Interesse des geschützten Personenkreises (vgl. Nr. 1.3 des AEAO zu § 30), gegen eine Verletzung des Schutzes personenbezogener Daten durch einen unzulässigen Datenabruf geschützt zu werden, ist mit dem dienstlichen Interesse, die Daten schnell und barrierefrei ermitteln zu können, in Einklang zu bringen. Hierbei muss sich die Möglichkeit, die Daten bei der originär zuständigen Stelle im Mitteilungswege zu erheben, beispielsweise aufgrund der Häufigkeit entsprechender Anlässe und des hiermit verbundenen Mehraufwandes als unverhältnismäßig erweisen.

Nach § 2 Abs. 1 Satz 1 StDAV sind angemessene organisatorische und dem jeweiligen Stand der Technik entsprechende Vorkehrungen zum Schutz des Steuergeheimnisses zu treffen. § 4 Abs. 1 Satz 1 StDAV enthält das Gebot, den Zugriff durch technische Sicherungsmaßnahmen auf den für diese Aufgaben erforderlichen Umfang zu beschränken, soweit das hierzu eingesetzte Verfahren dies zulässt.

14.2 Kann der Zugriff aus technischen Gründen nicht auf eine den dienstlichen Erfordernissen entsprechende Datenmenge beschränkt werden (vgl. § 4 Abs. 1 Satz 2 StDAV), sind die Abrufe nach Maßgabe des § 6 Abs. 1 Satz 1 StDAV aufzuzeichnen, um die Zulässigkeit der Abrufe zeitnah und in angemessenem Umfang überprüfen zu können. Zur Unterstützung der Überprüfung kann ein Begründungszwang für den Abruf angeordnet werden. Die Überprüfung hat die Stelle, der die abrufende Person angehört, in eigener Zuständigkeit wahrzunehmen.

Zu § 30a (weggefallen)

Zu § 31 – Mitteilung von Besteuerungsgrundlagen:

1. Die Finanzbehörden sind nach § 31 Abs. 2 AO zur Offenbarung gegenüber der Bundesagentur für Arbeit, der Künstlersozialkasse und den Trägern der gesetzlichen Sozialversicherung nur verpflichtet, soweit die Angaben für die Feststellung der Versicherungspflicht oder die Festsetzung von Beiträgen benötigt werden. Die Träger der Sozialversicherung, die Bundesagentur für Arbeit und die Künstlersozialkasse haben dies bei Anfragen zu versichern.

2. Sozialleistungsträger i. S. d. § 31 Abs. 2 AO sind gem. § 12 SGB I die in §§ 18 bis 29 SGB I genannten Körperschaften, Anstalten und Behörden, die entsprechende Dienst-, Sach- und Geldleistungen gewähren. Hierzu gehören z. B. neben den Agenturen für Arbeit und den sonstigen Dienststellen der Bundesagentur für Arbeit die gesetzlichen Krankenkassen (Orts-, Betriebs- und Innungskrankenkassen, landwirtschaftliche Krankenkassen, die Deutsche Rentenversicherung Knappschaft-Bahn-See und die Ersatzkassen) sowie hinsichtlich der allgemeinen gesetzlichen Rentenversicherung die Regionalträger der deutschen Rentenversicherung, die Deutsche Rentenversicherung Bund und die Deutsche Rentenversicherung Knappschaft-Bahn-See, hinsichtlich der knappschaftlichen Rentenversicherung die Deutsche Rentenversicherung Knappschaft-Bahn-See und hinsichtlich der Alterssicherung der Landwirte die landwirtschaftlichen Alterskassen.

Nicht zu den Sozialleistungsträgern i. S. d. § 31 Abs. 2 AO gehören private Krankenversicherungen und die Träger der berufständischen Versorgungsleistungen (z. B. Ärzte-, Rechtsanwalts- und Architekten-Versorgungswerke).

Eine ständig aktualisierte Liste der auskunftsberechtigten Krankenkassen kann unter http://www.gkv-spitzenverband.de eingesehen werden.

3. **Auskünfte gegenüber Krankenkassen bei freiwillig Versicherten**

3.1 **Freiwillig Versicherte, die hauptberuflich selbständig erwerbstätig sind**

Die Finanzbehörden sind gegenüber den gesetzlichen Krankenkassen hinsichtlich freiwillig Versicherter, die hauptberuflich selbständig erwerbstätig sind, grundsätzlich nicht nach § 31 Abs. 2 AO auskunftspflichtig. Da bei diesem Personenkreis die Beitragsbemessungsgrenze als beitragspflichtige Einnahme gilt, ist die Krankenkasse grundsätzlich nicht verpflichtet, die sozialversicherungsrelevanten Verhältnisse zu ermitteln.

Der freiwillig Versicherte kann allerdings eine Beitragsreduzierung erreichen, wenn er geringere Einnahmen nachweist (§ 240 Abs. 4 Satz 2 SGB V). Die aus dem zuletzt vorgelegten Einkommensteuerbescheid abgeleitete Beitragsbemessung bleibt dann bis zur Erteilung des nächsten Einkommensteuerbescheids maßgebend. Erklärt ein freiwillig Versicherter seiner Krankenkasse in derartigen Fällen auf Nachfrage, ihm sei seit mehr als 18 Monaten kein Steuerbescheid zugegangen, ist der Krankenkasse auf Ersuchen mitzuteilen, ob innerhalb dieses Zeitraums ein Steuerbescheid erteilt wurde (unabhängig davon, welchen Veranlagungszeitraum er betrifft); bejahendenfalls ist auch dessen Datum und das jeweilige Veranlagungsjahr mitzuteilen.

3.2 Andere freiwillig Versicherte

3.2.1 Rechtslage bis einschließlich Veranlagungszeitraum 2014

Bei anderen freiwillig Versicherten ist die Krankenkasse verpflichtet, die sozialversicherungsrelevanten Verhältnisse zu ermitteln. Kommt der Versicherte seiner Mitwirkungspflicht nicht nach, kann die Krankenkasse die Finanzbehörden in diesen Fällen um Auskunft ersuchen. Die nach § 31 Abs. 2 AO zulässige Auskunft ist auf die zur Beitragsfestsetzung unbedingt notwendigen Angaben zu beschränken (insbesondere Höhe einzelner Einkünfte oder Summe der Einkünfte).

3.2.2 Rechtslage ab Veranlagungszeitraum 2015

Auch bei anderen freiwillig Versicherten ist die Beitragsbemessungsgrenze als beitragspflichtige Einnahme anzusetzen, sofern und solange Mitglieder Nachweise über ihre Einnahmen auf Verlangen der Krankenkasse nicht vorlegen (§ 240 Abs. 1 Satz 2 2. Halbsatz SGB V). Nr. 3.1 gilt in diesen Fällen entsprechend.

3.3 Die Krankenkassen haben in ihren Ersuchen darzulegen, welches Versicherungsverhältnis besteht und für welchen Zeitraum die Auskunft erteilt werden soll (vgl. AEAO zu § 31, Nrn. 3.1, 3.2.1 oder 3.2.2).

4. Bei Anfragen der Rentenversicherungsträger an die Finanzämter auf Mitteilung von Besteuerungsgrundlagen nach § 31 Abs. 2 Satz 1 AO in Fällen der einkommensgerechten Beitragszahlung von versicherungspflichtigen Selbständigen (§ 165 SGB VI) ist von der Erforderlichkeit der Auskunft auszugehen, wenn der Rentenversicherungsträger im Vordruck für Auskunftsersuchen an die Finanzämter versichert, dass eigene Ermittlungsversuche im Umfang der gestellten Anfrage beim Versicherten (u. a. Aufforderung zur Vorlage des letzten Einkommensteuerbescheids und Erinnerung hieran) erfolglos geblieben sind.

Zu § 31a – Mitteilungen zur Bekämpfung der illegalen Beschäftigung und des Leistungsmissbrauchs:

1. Allgemeines

Die Offenbarung erfolgt aufgrund einer Anfrage der für die in § 31a AO genannten Verfahren zuständigen Stellen. Die zuständigen Stellen haben in der Anfrage zu versichern, dass die Offenbarung der Verhältnisse für ein Verfahren i. S. d. § 31a Abs. 1 AO erforderlich ist.

Die Offenbarung erfolgt von Amts wegen, wenn die Finanzbehörden über konkrete Informationen verfügen, die für die zuständigen Stellen für ein Verfahren nach § 31a Abs. 1 AO erforderlich sind. Es genügt die Möglichkeit, dass die konkreten Tatsachen für die Durchführung eines Verfahrens nach § 31a Abs. 1 AO erforderlich sind, ein konkreter Tatverdacht im strafprozessualen Sinne ist nicht notwendig. Vorsorgliche Mitteilungen sind nicht vorzunehmen.

Die Mitteilungspflicht der Finanzbehörden bezieht sich nur auf die konkret vorhandenen Anhaltspunkte, sie sind nicht zu zusätzlichen Ermittlungen verpflichtet. Die Mitteilungspflicht des § 31a AO gilt nur gegenüber den jeweils zuständigen Stellen und schließt nicht die Befugnis zur Gewährung von Akteneinsicht oder die Übersendung von Akten ein.

Eine Mitteilungspflicht besteht nicht, soweit deren Erfüllung mit einem unverhältnismäßigen Aufwand verbunden wäre (§ 31a Abs. 2 Satz 3 AO). Ein unverhältnismäßiger Aufwand liegt i. d. R. dann vor, wenn der zur Erfüllung der Mitteilungspflicht erforderliche sachliche, personelle oder zeitliche Aufwand erkennbar außer Verhältnis zum angestrebten Erfolg der Mitteilung steht.

Der Begriff „Betroffener" in § 31a AO ist derselbe wie in § 30 AO. Danach ist Betroffener nicht nur der Beteiligte des Verfahrens, zu dessen Durchführung die Mitteilung erfolgen soll, sondern auch jeder Andere, dessen personenbezogene Daten durch § 30 AO geschützt werden (z. B. Geschäftsführer, Geschäftspartner, Arbeitnehmer, Empfänger von Zahlungen und/oder anderen Vorteilen).

2. Bekämpfung von illegaler Beschäftigung oder Schwarzarbeit (§ 31 Abs. 1 Nr. 1 Buchstabe a AO)

2.1 Illegale Beschäftigung

Illegale Beschäftigung liegt u. a. dann vor, wenn Ausländer ohne eine erforderliche Genehmigung arbeiten oder beschäftigt werden (illegale Arbeitnehmerbeschäftigung, z. B. § 404 Abs. 1, Abs. 2 Nrn. 3, 4, 20 und 26 SGB III, §§ 15, 15a, 16 Abs. 1 Nr. 2 AÜG, §§ 10, 10a und 11 SchwarzArbG) oder Arbeitnehmer von einem Arbeitgeber an einen Dritten gewerbsmäßig zur Arbeitsleistung überlassen werden, obwohl eine erforderliche Erlaubnis nach dem AÜG nicht vorliegt oder die Überlassung gesetzlich nicht gestattet ist (unerlaubte Arbeitnehmerüberlassung, z. B. § 16 Abs. 1 Nrn. 1, 1a, 1b, 2a und 7b AÜG, § 23 Abs. 1 Nr. 1 und Abs. 2 AEntG, § 21 Abs. 1 Nr. 1 und Abs. 2 MiLoG).

2.2 Schwarzarbeit

Nach § 1 Abs. 2 SchwarzArbG leistet Schwarzarbeit, wer Dienst- oder Werkleistungen erbringt oder ausführen lässt und dabei
1. als Arbeitgeber, Unternehmer oder versicherungspflichtiger Selbstständiger seine sich auf Grund der Dienst- oder Werkleistungen ergebenden sozialversicherungsrechtlichen Melde-, Beitrags- oder Aufzeichnungspflichten nicht erfüllt,
2. als Steuerpflichtiger seine sich auf Grund der Dienst- oder Werkleistungen ergebenden steuerlichen Pflichten nicht erfüllt,
3. als Empfänger von Sozialleistungen seine sich auf Grund der Dienst- oder Werkleistungen ergebenden Mitteilungspflichten gegenüber dem Sozialleistungsträger nicht erfüllt,
4. als Erbringer von Dienst- oder Werkleistungen seiner sich daraus ergebenden Verpflichtung zur Anzeige vom Beginn des selbstständigen Betriebes eines stehenden Gewerbes (§ 14 der Gewerbeordnung) nicht nachgekommen ist oder die erforderliche Reisegewerbekarte (§ 55 der Gewerbeordnung) nicht erworben hat,
5. als Erbringer von Dienst- oder Werkleistungen ein zulassungspflichtiges Handwerk als stehendes Gewerbe selbstständig betreibt, ohne in der Handwerksrolle eingetragen zu sein (§ 1 der Handwerksordnung).

2.3 Zuständige Stellen

Zuständig für die Prüfung und Bekämpfung von illegaler Beschäftigung nach Nr. 2.1 des AEAO zu § 31a und Schwarzarbeit nach Nr. 2.2 lfd. Nr. 1 und 2 des AEAO zu § 31a sind die Behörden der Zollverwaltung, Arbeitsbereich Finanzkontrolle Schwarzarbeit (FKS). Die FKS prüft auch, ob Verstöße gegen Mitteilungspflichten nach Nr. 2.2 lfd. Nr. 3 des AEAO zu § 31a vorliegen, sofern diese Mitteilungspflichten Sozialleistungen nach dem SGB II, dem SGB III oder Leistungen nach dem Altersteilzeitgesetz betreffen; für Sozialleistungen nach dem SGB I sind die jeweiligen Leistungs- bzw. Subventionsgeber zuständig (vgl. AEAO zu § 31a, Nr. 4.2). Für die Verfolgung und Ahndung von Verstößen gegen die in Nr. 2.2 lfd. Nr. 4 und 5 des AEAO zu § 31a aufgeführten Pflichten sind die nach Landesrecht zuständigen Behörden zuständig (§ 2 Abs. 1a SchwarzArbG). Die Prüfung der Erfüllung steuerlicher Pflichten obliegt gem. § 2 Abs. 1 Satz 3 SchwarzArbG weiterhin den Landesfinanzbehörden. Die FKS ist gem. § 2 Abs. 1 Satz 3 SchwarzArbG zur Mitwirkung an diesen Prüfungen berechtigt. Unabhängig davon prüft die FKS gem. § 2 Abs. 1 Satz 4 SchwarzArbG zur Erfüllung ihrer Mitteilungspflichten nach § 6 Abs. 1 Satz 1 i. V. m. Abs. 3 Nr. 4 SchwarzArbG, ob Anhaltspunkte dafür bestehen, dass steuerlichen Pflichten aus Dienst- und Werkleistungen nicht nachgekommen wurde. Gemäß § 2 Abs. 1 Nr. 5 SchwarzArbG i. V. m. § 21 Abs. 1 Nr. 9 MiLoG, § 23 Abs. 1 Nr. 1 AEntG sowie § 16 Abs. 1 Nr. 7b AÜG führt die FKS auch Ordnungswidrigkeitenverfahren wegen

Verstößen gegen die Verpflichtung zur Entrichtung des Mindestlohnes. Ergeben sich bei der Prüfung der FKS Anhaltspunkte für Verstöße gegen die Steuergesetze, so unterrichtet die FKS hierüber die zuständigen Finanzbehörden (§ 6 Abs. 3 Nr. 4 SchwarzArbG). Zur Durchführung des SchwarzArbG führt die FKS eine zentrale Prüfungs- und Ermittlungsdatenbank (§ 16 SchwarzArbG). Den Landesfinanzbehörden wird auf Ersuchen Auskunft aus der zentralen Datenbank erteilt zur Durchführung eines Steuerstraf- oder Steuerordnungswidrigkeitenverfahrens und für die Besteuerung, soweit sie im Zusammenhang mit der Erbringung von Dienst- oder Werkleistungen steht (§ 17 Abs. 1 Nr. 4 SchwarzArbG). Soweit durch eine Auskunft die Gefährdung des Untersuchungszwecks eines Ermittlungsverfahrens zu besorgen ist, kann die für dieses Verfahren zuständige Behörde der Zollverwaltung oder die zuständige Staatsanwaltschaft anordnen, dass hierzu keine Auskunft erteilt werden darf (§ 17 Abs. 1 Satz 2 SchwarzArbG). § 478 Abs. 1 Satz 1 und 2 StPO findet Anwendung, wenn die Daten Verfahren betreffen, die zu einem Strafverfahren geführt haben (§ 17 Abs. 1 Satz 3 SchwarzArbG).

2.4 **Mitteilungen**

Verfügt die Finanzbehörde über Informationen, die die FKS oder die nach Landesrecht zuständigen Behörden für die Erfüllung ihrer Aufgaben zur Bekämpfung illegaler Beschäftigung und Schwarzarbeit benötigen, hat sie diese mitzuteilen. Hierzu zählen auch Verstöße gegen die Verpflichtung zur Gewährung der Arbeitsbedingungen i. S. d. § 20 MiLoG, § 8 i. V. m. § 5 Nr. 1-3 AEntG sowie § 8 Abs. 5 AÜG. Anhaltspunkte für einen möglichen Verstoß reichen für eine Mitteilung aus. Ein unverhältnismäßiger Aufwand i. S. d. § 31a Abs. 2 Satz 3 AO liegt bei den Mitteilungen an die FKS im Regelfall nicht vor.

2.5 **Verfahren FKS**

Sowohl die Hauptzollämter als auch die Landesfinanzbehörden haben so genannte „Partnerstellen" für die Zusammenarbeit der FKS mit den Finanzbehörden eingerichtet. Mitteilungen sind daher nicht direkt an die FKS zu richten, sondern der jeweils örtlichen „Partnerstelle Steuer" zu übermitteln. Diese leitet die Mitteilungen dann an die jeweils örtliche „Partnerstelle FKS" weiter. In begründeten Einzelfällen sind ausnahmsweise auch direkte Kontakte zwischen den Stellen der FKS und den Finanzämtern möglich. Hierüber sind die örtlichen Partnerstellen zeitnah zu unterrichten.

3. Entscheidung über Arbeitnehmerüberlassung (§ 31a Abs. 1 Nr. 1 Buchstabe b Doppelbuchstabe aa AO)

3.1 **Arbeitnehmerüberlassung**

Nach § 1 Abs. 1 AÜG ist eine Erlaubnis erforderlich, wenn ein Arbeitgeber (Verleiher) einem Dritten (Entleiher) Arbeitnehmer (Leiharbeitnehmer) gewerbsmäßig zur Arbeitsleistung überlassen will, ohne dass damit eine Arbeitsvermittlung nach § 1 Abs. 2 AÜG und i. S. d. §§ 35 ff. SGB III betrieben wird. Die gewerbsmäßige Arbeitnehmerüberlassung in Betrieben des Baugewerbes für Arbeiten, die üblicherweise von Arbeitern verrichtet werden, ist zwischen Betrieben des Baugewerbes gestattet, wenn diese Betriebe von denselben Rahmen- und Sozialkassentarifverträgen oder von deren Allgemeinverbindlichkeiten erfasst werden; ansonsten ist sie unzulässig (§ 1b AÜG).

Die Erlaubnis zur Arbeitnehmerüberlassung hängt nach den Vorschriften des AÜG u. a. von der Zuverlässigkeit des Verleihers ab. Diese Erlaubnis kann aus den in §§ 3, 4 und 5 AÜG aufgeführten Gründen versagt, zurückgenommen oder widerrufen werden. Die Zuverlässigkeitsprüfung durch die Arbeitsbehörde hat sich dabei auch auf das steuerliche Verhalten – insbesondere die Einhaltung der Vorschriften über die Einbehaltung und Abführung der Lohnsteuer – zu erstrecken (§ 3 Abs. 1 Nr. 1 AÜG).

3.2 **Zuständige Stellen**

Zuständig für die Durchführung des AÜG ist die Bundesagentur für Arbeit (§ 17 AÜG).

3.3 Mitteilungen

Die Finanzbehörden unterrichten die zuständigen Dienststellen der Bundesagentur für Arbeit von Amts wegen über jede Verletzung steuerlicher Pflichten eines Arbeitnehmerverleihers, die mit der Ausübung seiner gewerblichen Tätigkeit im Zusammenhang steht, es sei denn, es handelt sich um Pflichtverletzungen, die nach ihrem betragsmäßigen Umfang und ihrer Bedeutung als geringfügig anzusehen sind.

Solche Pflichtverletzungen, die nach ihrem betragsmäßigen Umfang und ihrer Bedeutung als geringfügig anzusehen sind, sind jedoch auf Anfrage den Dienststellen der Bundesagentur für Arbeit mitzuteilen, wenn in der Anfrage von ihnen bescheinigt wird, dass die Informationen für ein nach § 31a Abs. 1 Nr. 1 Buchstabe b Doppelbuchstabe aa AO genanntes Verfahren erforderlich sind.

Zu den mitzuteilenden Tatsachen gehören z. B.:

- die Nichtanmeldung von Lohnsteuer,
- die verspätete Abgabe von Lohnsteuer-Anmeldungen,
- die verspätete Abführung oder Nichtabführung der einbehaltenen Steuerabzugsbeträge,
- bestehende Steuerrückstände, soweit diese durch die gewerbliche Tätigkeit ausgelöst wurden,
- erhebliche Nachforderungen aus Lohnsteuer-Außenprüfungen,
- wirtschaftliche Leistungsunfähigkeit.

Mitteilungen an Strafverfolgungsbehörden oder Offenbarungen in einem Strafverfahren wegen strafrechtlicher Verfehlungen im Falle der Arbeitnehmerüberlassung gestattet § 31a Abs. 1 Nr. 1 Buchstabe b Doppelbuchstabe aa AO nicht.

3.4 Verfahren

Damit die Finanzbehörden zwischen unerlaubter Arbeitnehmerüberlassung (vgl. AEAO zu § 31a, Nr. 2.1) und genehmigter Arbeitnehmerüberlassung unterscheiden und überprüfen können, ob ein Verleiher seinen steuerlichen Pflichten nachkommt, unterrichten die Dienststellen der Bundesagentur für Arbeit die Finanzbehörden von Amts wegen über die Erteilung, Versagung, Verlängerung, Rücknahme und den Widerruf sowie das Erlöschen der Erlaubnis zur gewerbsmäßigen Arbeitnehmerüberlassung. Die Dienststellen der Bundesagentur für Arbeit unterrichten die Finanzbehörden ferner über jeden Antrag eines Unternehmers mit Sitz im Ausland auf Erteilung einer Erlaubnis nach dem AÜG, über Anfragen von Unternehmen mit Sitz im Ausland, ob ihre im Inland beabsichtigte Tätigkeit erlaubnispflichtig sei, und über Anfragen inländischer Unternehmer, ob einem bestimmten ausländischen Unternehmen eine Erlaubnis nach dem AÜG erteilt wurde.

4. Entscheidung über Leistungen aus öffentlichen Mitteln (§ 31a Abs. 1 Nr. 1 Buchstabe b Doppelbuchstabe bb AO)

4.1 Leistungen aus öffentlichen Mitteln

Unter dem Begriff „Leistungen aus öffentlichen Mitteln" sind alle Leistungen der öffentlichen Hand zu verstehen. Insbesondere fallen darunter Sozialleistungen und Subventionen.

4.1.1 Sozialleistungen

Sozialleistungen sind gem. § 11 SGB I die im SGB I vorgesehenen Dienst-, Sach- und Geldleistungen. Hierzu zählen die in §§ 18 bis 29 SGB I und die in § 68 SGB I aufgezählten Leistungen. Sozialleistungen sind danach z. B. die Leistungen der Agenturen für Arbeit, der gesetzlichen Krankenkassen, der gesetzlichen Rentenversicherungsträger, der Sozialämter und der Unterhaltsvorschussbehörden.

4.1.2 Subventionen

Subventionen sind gem. § 1 Abs. 1 SubvG i.V. m. § 264 Abs. 7 StGB Leistungen, die aus öffentlichen Mitteln nach Bundes- oder Landesrecht oder nach dem Recht der Europäischen Union an Betriebe oder Unternehmen wenigstens zum Teil ohne marktübliche Gegenleistung gewährt werden und der Förderung der Wirtschaft dienen sollen.

Leistungsgrundlage für die Gewährung von Subventionen sind das Recht von Bund, Ländern (zugleich auch Gemeinden) oder der Europäischen Union, wobei es sich nicht um ein Gesetz handeln muss, sondern auch auf Gesetz beruhende Haushaltsansätze genügen. Anhaltspunkte dafür, dass es sich bei der Zuwendung (Förderung) um eine Subvention handelt, ergeben sich regelmäßig aus den Antragsunterlagen oder aus dem Bewilligungsbescheid.

4.2 Zuständige Stellen

Mitteilungen sind an die jeweilig zuständigen Leistungs- bzw. Subventionsgeber zu richten, die für die Entscheidung über die Bewilligung, Gewährung, Rückforderung, Erstattung, Weitergewährung oder das Belassen der Leistung aus öffentlichen Mitteln zuständig sind.

4.3 Mitteilungen

Liegt eine Anfrage der Bewilligungsbehörde nicht vor, müssen sich konkrete Anhaltspunkte aus der Buchführung, den Aufzeichnungen oder den Unterlagen des Steuerpflichtigen ergeben (z. B. ein entsprechender Bewilligungsbescheid bei einer Außenprüfung). Vorsorgliche Mitteilungen aufgrund bloßer Vermutungen sind nicht vorzunehmen.

Von Amts wegen hat eine Offenbarung insbesondere zu erfolgen, wenn konkrete Anhaltspunkte es möglich erscheinen lassen, dass

– aufgrund eines Verwaltungsakts Sozialleistungen zu Unrecht in Anspruch genommen werden oder genommen wurden oder

– Sozialleistungen zu erstatten sind oder

– Tatsachen subventionserheblich i. S. d. § 264 Abs. 8 StGB sind. Subventionserheblich sind auch Tatsachen, die sich auf die Förderung nach der Gemeinschaftsaufgabe „Verbesserung der regionalen Wirtschaftsstruktur" (GA Förderung) beziehen.

Es genügt die Möglichkeit, dass die gewährten Subventionen oder Sozialleistungen zurückgefordert werden können. Ein konkreter Tatverdacht im strafprozessualen Sinne (z. B. Subventionsbetrug) ist nicht erforderlich. Es ist nicht Aufgabe des Finanzamts, zur Feststellung von Leistungsmissbräuchen über die Überprüfung steuerlicher Sachverhalte hinausgehende oder zusätzliche Ermittlungen vorzunehmen.

Die Entscheidung, ob tatsächlich ein Leistungsmissbrauch vorliegt, trifft die informierte Stelle.

Mitteilungen an Strafverfolgungsbehörden oder Offenbarungen in einem Strafverfahren wegen strafrechtlicher Verfehlungen im Falle des Leistungsmissbrauchs gestattet § 31a Abs. 1 Nr. 1 Buchstabe b Doppelbuchstabe bb AO nicht.

5. **Rückgewähr einer Leistung aus öffentlichen Mitteln (§ 31a Abs. 1 Nr. 2 AO)**

Die Offenbarung ist zulässig, wenn sie für die Geltendmachung eines Anspruchs auf Rückgewähr einer Forderung aus öffentlichen Mitteln erforderlich ist. Hierunter ist sowohl die Durchsetzung, insbesondere die Vollstreckung, von nach § 31a Abs. 1 Nr. 1 Buchstabe b Doppelbuchstabe bb AO bereits festgesetzten Rückforderungen von Leistungen aus öffentlichen Mitteln, z. B. durch die für die Vollstreckung zuständigen Hauptzollämter, als auch die privatrechtliche Rückabwicklung von Leistungen oder Subventionen aus öffentlichen Mitteln durch die zuständigen Stellen zu verstehen. Eine Offenbarung ist insbesondere auch zulässig für die Rückforderung von Zahlungen der gesetzlichen Krankenkassen und Ersatzkassen gegenüber Ärzten, Zahnärzten, Apothekern und Krankenhäusern auf Grund von

A. I. **Zu § 31b AO**

Abrechnungsbetrügereien. Die Mitteilungen erfolgen im Regelfall nur aufgrund einer Anfrage der zuständigen Stelle bzw. auf Anfrage des Betroffenen. Die Mitteilungen sind an die für die Vollstreckung zuständigen Stellen bzw. an die für die Rückgewährung der Leistung aus öffentlichen Mitteln zuständigen Stellen (z. B. Sozialleistungsträger, Gewährer von Fördermitteln oder Subventionsgeber) zu richten.

Zu § 31b – Mitteilungen zur Bekämpfung der Geldwäsche und der Terrorismusfinanzierung:

1. Offenbarungsbefugnis nach § 31b Abs. 1 AO

1.1 Die Finanzbehörden dürfen in den in § 31b Abs. 1 AO genannten Fällen den jeweils zuständigen Stellen die erforderlichen Auskünfte erteilen (Offenbarungsbefugnis). Liegt ein begründetes Auskunftsersuchen der jeweils zuständigen Stelle vor, ist ihr Auskunft zu erteilen (Offenbarungspflicht). Die ersuchende Stelle hat zu versichern, dass die erbetenen Daten den in § 31b Abs. 1 Nrn. 1 bis 5 AO genannten Zwecken dienen.

1.2 Die Zentralstelle für Finanztransaktionsuntersuchungen (FIU) hat nach § 28 Abs. 1 GwG die Aufgabe der Erhebung und Analyse von Informationen im Zusammenhang mit Geldwäsche oder Terrorismusfinanzierung und der Weitergabe dieser Informationen an die zuständigen inländischen öffentlichen Stellen zum Zwecke der Aufklärung, Verhinderung oder Verfolgung solcher Taten.

Im Hinblick auf § 31b Abs. 1 Nr. 5 AO sind insbesondere folgende Aufgaben der FIU von Bedeutung:

– die Entgegennahme und Sammlung von Meldungen nach dem GwG und Mitteilungen nach § 31b AO,
– die Durchführung von operativen Analysen einschließlich der Bewertung von Meldungen und sonstigen Informationen,
– die Übermittlung der sie betreffenden Ergebnisse dieser operativen Analyse und zusätzlicher relevanter Informationen an die zuständigen inländischen öffentlichen Stellen,
– die Durchführung von strategischen Analysen und Erstellung von Berichten aufgrund dieser Analysen,
– der Informationsaustausch und die Koordinierung mit inländischen Aufsichtsbehörden,
– die Zusammenarbeit und der Informationsaustausch mit zentralen Meldestellen anderer Staaten,
– die Untersagung von Transaktionen und die Anordnung von sonstigen Sofortmaßnahmen,
– der Austausch mit den Verpflichteten sowie mit den inländischen Aufsichtsbehörden und für die Aufklärung, Verhinderung oder Verfolgung der Geldwäsche und der Terrorismusfinanzierung zuständigen inländischen öffentlichen Stellen insbesondere über entsprechende Typologien und Methoden.

2. Mitteilungspflicht nach § 31b Abs. 2 AO

2.1 Sind der Finanzbehörde Tatsachen bekannt geworden, die darauf hindeuten, dass es sich bei Vermögenswerten, die mit einer Transaktion oder Geschäftsbeziehung im Zusammenhang stehen, um den Gegenstand einer Straftat nach § 261 StGB (Geldwäsche) handelt oder dass die Vermögenswerte im Zusammenhang mit Terrorismusfinanzierung stehen, hat sie diese unverzüglich der FIU per Fax (0221/672-3990) mitzuteilen. Ab September 2017 kann bzw. ab 2018 muss die Mitteilung in einem sicheren Verfahren elektronisch erfolgen. Weitere Einzelheiten des Mitteilungsverfahrens bestimmt die FIU.

2.2 Den Finanzbehörden obliegt die Prüfung im Einzelfall, ob ein mitteilungspflichtiger Sachverhalt i. S. d. § 31b Abs. 2 AO vorliegt (Beurteilungsspielraum).

Für das Vorliegen eines mitteilungspflichtigen Sachverhalts ist es ausreichend, dass objektiv erkennbare Anhaltspunkte für das Vorliegen von Tatsachen, die auf eine Geldwäsche-Straftat schließen lassen, sprechen und ein krimineller Hintergrund i. S. d. § 261 StGB nicht ausgeschlossen werden kann.

Die zur Mitteilung verpflichtete Finanzbehörde muss nicht das Vorliegen sämtlicher Tatbestandsmerkmale des § 261 StGB einschließlich der der Geldwäsche zugrunde liegenden Vortat prüfen. Vielmehr ist der Sachverhalt nach allgemeinen Erfahrungen und beruflichem Erfahrungswissen unter dem Blickwinkel seiner Ungewöhnlichkeit und Auffälligkeit im jeweiligen geschäftlichen Kontext zu würdigen.

Wenn eine Geldwäsche aufgrund dieser Erfahrungen nahe liegt oder ein Sachverhalt darauf schließen lässt, besteht demnach eine solche Mitteilungspflicht. Hinsichtlich des Vortatenkatalogs reicht der Verdacht auf die illegale Herkunft der Gelder schlechthin aus.

Die Finanzbehörde muss vor einer Mitteilung nach § 31b Abs. 2 AO nicht prüfen, ob eine strafrechtliche Verurteilung in Betracht kommt.

Diese Grundsätze gelten bei Erkenntnissen über eine Terrorismusfinanzierung entsprechend.

3. Mitteilungspflicht nach § 31b Abs. 3 AO

3.1 Tatsachen, die auf eine Ordnungswidrigkeit i. S. d. § 56 Abs. 1 GwG durch einen Verpflichteten i. S. d. § 2 Abs. 1 Nrn. 13 bis 16 GwG schließen lassen, sind der zuständigen Verwaltungsbehörde nach § 31b Abs. 3 Nr. 1 AO unverzüglich mitzuteilen (zur zuständigen Verwaltungsbehörde siehe § 56 Abs. 5 GwG).

Mitzuteilen sind nur solche Tatsachen, die der Finanzbehörde im Rahmen des Besteuerungsverfahrens, eines Strafverfahrens wegen einer Steuerstraftat oder eines Bußgeldverfahrens wegen einer Steuerordnungswidrigkeit und mithilfe der dort geltenden Ermittlungsbefugnisse bekannt geworden sind. Der konkrete Sachverhalt ist dabei nach allgemeinen Erfahrungen und beruflichem Erfahrungswissen unter dem Blickwinkel seiner Ungewöhnlichkeit und Auffälligkeit im jeweiligen geschäftlichen Kontext zu würdigen. Die Mitteilung entsprechender Tatsachen setzt keinen Anfangsverdacht i. S. v. § 46 Abs. 1 OWiG i. V. m. § 152 Abs. 2 StPO voraus. Es reicht aus, dass eine Ordnungswidrigkeit aufgrund dieser Erfahrungen nahe liegt.

Es ist nicht zu prüfen, ob eine mögliche Ordnungswidrigkeit i. S. d. § 56 Abs. 1 GwG im Zeitpunkt der beabsichtigten Mitteilung bereits verjährt sein könnte (vgl. den zu § 4 Abs. 5 Nr. 10 Satz 3 EStG ergangenen BFH-Beschluss vom 14. 7. 2008, VII B 92/08, BStBl II S. 850).

3.2 Tatsachen, die darauf schließen lassen, dass die Voraussetzungen für das Treffen von Maßnahmen und Anordnungen nach § 51 Abs. 2 GwG gegenüber Verpflichteten i. S. d. § 2 Abs. 1 Nrn. 13 bis 16 GwG gegeben sind, sind der zuständigen Aufsichtsbehörde nach § 31b Abs. 3 Nr. 2 AO unverzüglich mitzuteilen (zur zuständigen Aufsichtsbehörde siehe § 50 GwG). Nr. 3.1 Abs. 2 des AEAO zu § 31b gilt entsprechend; die Anhaltspunkte müssen es als hinreichend sicher erscheinen lassen, dass aufsichtsrechtliche Maßnahmen geboten sind.

Beispiele für gebotene aufsichtsrechtliche Maßnahmen:

– Gewerbeuntersagung nach § 51 Abs. 5 GwG,

– Anordnung zur Schaffung interner Sicherungsmaßnahmen und/oder die Bestellung eines Geldwäschebeauftragten etwa bei Güterhändlern nach §§ 6 und 7 GwG oder

– Anordnung und Durchführung von Prüfungen zur Einhaltung der gesetzlichen Anforderungen.

4. Verbot der Informationsweitergabe

4.1 Soweit nichts anderes bestimmt ist, dürfen Finanzbehörden, die Kenntnis von einer nach § 43 Abs. 1 GwG abgegebenen Meldung eines Verpflichteten erlangt haben, diese Informationen nach § 47 Abs. 3 Satz 1 GwG nicht weitergeben an

- den Vertragspartner des Verpflichteten,
- den Auftraggeber der Transaktion,
- den wirtschaftlich Berechtigten,
- eine Person, die von einer der vorgenannten Personen als Vertreter oder Bote eingesetzt worden ist, und
- den Rechtsbeistand, der von einer der vorgenannten Personen mandatiert worden ist.

Eine Weitergabe dieser Informationen an diese Personen ist nur zulässig, wenn die FIU vorher ihr Einverständnis erklärt hat (§ 47 Abs. 3 Satz 2 GwG).

4.2 Gleiches gilt hinsichtlich der Mitteilungen der Finanzbehörden an die FIU nach § 31b Abs. 1 Nr. 5 oder Abs. 2 AO (§ 31b Abs. 4 AO) sowie für Meldungen an andere Stellen nach § 31b Abs. 1 oder 3 AO.

4.3 Dessen ungeachtet dürfen Mitteilungen und Aufzeichnungen nach § 32 Abs. 6 GwG für Besteuerungsverfahren und Strafverfahren wegen Steuerstraftaten verwendet werden. Hierbei ist möglichst sicherzustellen, dass der Zweck des durch die Strafverfolgungsbehörden eingeleiteten Ermittlungsverfahrens wegen außersteuerlicher Straftaten nicht gefährdet wird. Eine Gefährdung des Ermittlungsverfahrens ist insbesondere nicht anzunehmen, wenn die Strafverfolgungsbehörde ihr Verfahren bereits nach § 170 Abs. 2 StPO eingestellt hat, die Verfahrenseinleitung dem Betroffenen bereits bekannt ist oder bereits Anklage erhoben wurde. Im Zweifel ist eine Abstimmung mit der zuständigen Strafverfolgungsbehörde vorzunehmen.

Zu § 32 – Haftungsbeschränkung für Amtsträger:

Die Vorschrift enthält keine selbständige Haftungsgrundlage; sie schränkt vielmehr die sich aus anderen Bestimmungen ergebende Haftung für Amtsträger ein. Disziplinarmaßnahmen sind keine Strafen i. S. d. Vorschrift.

Zu § 33 – Steuerpflichtiger:

1. Zu den Pflichten, die nach § 33 Abs. 1 AO den Steuerpflichtigen auferlegt werden, gehören: Eine Steuer als Steuerschuldner, Haftender oder für Rechnung eines anderen (§ 43 AO) zu entrichten, die Verpflichtung zur Abgabe einer Steuererklärung (§ 149 AO), zur Mitwirkung und Auskunft in eigener Steuersache (§§ 90, 93, 200 AO), zur Führung von Büchern und Aufzeichnungen (§ 140 ff. AO), zur ordnungsgemäßen Kontenführung (§ 154 AO) oder zur Sicherheitsleistung (§ 241 AO).

2. Nicht unter den Begriff des Steuerpflichtigen fällt (§ 33 Abs. 2 AO), wer in einer für ihn fremden Steuersache tätig wird oder werden soll. Das sind neben Bevollmächtigten und Beiständen (§§ 80, 123, 183 AO) diejenigen, die Auskunft zu erteilen (§ 93 AO), Urkunden (§ 97 AO) oder Wertsachen (§ 100 AO) vorzulegen, Sachverständigengutachten zu erstatten (§ 96 AO) oder das Betreten von Grundstücken oder Räumen zu gestatten (§ 99 AO) oder Steuern aufgrund vertraglicher Verpflichtung zu entrichten haben (§ 192 AO).

3. Unter Steuergesetzen sind alle Gesetze zu verstehen, die steuerrechtliche Vorschriften enthalten, auch wenn diese nur einen Teil des Gesetzes umfassen.

Zu § 34 – Pflichten der gesetzlichen Vertreter und der Vermögensverwalter:

1. Die gesetzlichen Vertreter natürlicher und juristischer Personen, die Geschäftsführer nichtrechtsfähiger Personenvereinigungen oder Vermögensmassen (§ 34 Abs. 1 AO) sowie die Vermögensverwalter im Rahmen ihrer Verwaltungsbefugnis (§ 34 Abs. 3 AO) treten in ein unmittelbares Pflichtenverhältnis zur Finanzbehörde. Sie haben alle Pflichten zu erfüllen, die den von ihnen Vertretenen auferlegt sind. Dazu gehören z. B. die Buchführungs-, Erklärungs-, Mitwirkungs- oder Auskunftspflichten (§§ 140 ff., 90, 93 AO), die Verpflichtung, Steuern zu zahlen und die Vollstreckung in dieses Vermögen zu dulden (§ 77 AO).
2. Hat eine nichtrechtsfähige Personenvereinigung oder Vermögensmasse keinen Geschäftsführer, so kann sich die Finanzbehörde unmittelbar an jedes Mitglied oder an jeden Gesellschafter halten, ohne dass vorher in jedem Fall eine Aufforderung zur Bestellung von Bevollmächtigten ergehen muss. Die Finanzbehörde kann auch mehrere Mitglieder (Gesellschafter) zugleich zur Pflichterfüllung auffordern.
3. Hat eine GmbH keinen Geschäftsführer (führungslose GmbH) und befindet sie sich nicht in Liquidation oder im Insolvenzverfahren, wird die Gesellschaft für den Fall, dass ihr gegenüber Willenserklärungen abgegeben oder Schriftstücke zugestellt werden, nach § 35 Abs. 1 GmbHG durch die Gesellschafter vertreten. Hat eine AG keinen Vorstand (führungslose AG) und befindet sie sich nicht in Liquidation oder im Insolvenzverfahren, wird die Gesellschaft für den Fall, dass ihr gegenüber Willenserklärungen abgegeben oder Schriftstücke zugestellt werden, nach § 78 Abs. 1 AktG durch den Aufsichtsrat vertreten. Diese Vertretung gilt auch für die Bekanntgabe von Steuerverwaltungsakten (vgl. AEAO zu § 122, Nr. 2.8.1).

Die besonderen Vertreter einer führungslosen GmbH oder AG sind allerdings nur Passivvertreter und dürfen grundsätzlich keine aktiven Handlungen vornehmen. Daher liegt keine umfassende gesetzliche Vertretung der Gesellschaft i. S. d. § 34 Abs. 1 AO vor. Sobald aktive Handlungen der Gesellschaft – wie z. B. die Begleichung einer Steuerschuld – erforderlich sind, müssen die besonderen Vertreter einen Geschäftsführer bzw. Vorstand bestellen. Gegebenenfalls kann die Finanzbehörde beim Registergericht auch die Bestellung eines Notgeschäftsführers beantragen. Von dieser Möglichkeit sollte aber nur Gebrauch gemacht werden, wenn kein Verfügungsberechtigter i. S. d. § 35 AO vorhanden ist (vgl. AEAO zu § 35, Nr. 1), die Gesellschaft nicht vermögenslos ist und auch künftig Steuerverwaltungsakte gegenüber der Gesellschaft zu vollziehen sind. Das Amt des Notgeschäftsführers endet mit der Bestellung des ordentlichen Geschäftsführers, der Erledigung der dem Notgeschäftsführer zugewiesenen Aufgabe oder mit der Abberufung durch das bestellende Gericht. Zur Inanspruchnahme des bisherigen Geschäftsführers als Haftungsschuldner vgl. AEAO zu § 69.

4. Wegen der steuerlichen Pflichten des Insolvenzverwalters und des „starken" vorläufigen Insolvenzverwalters, wenn dem Schuldner ein allgemeines Verfügungsverbot auferlegt worden ist (§ 22 Abs. 1 InsO), vgl. AEAO zu § 34, Nr. 1. Wegen der verfahrensrechtlichen Stellung des Insolvenzverwalters vgl. im Übrigen AEAO zu § 251, Nr. 4.2.

Zu § 35 – Pflichten des Verfügungsberechtigten:

1. Tatsächlich verfügungsberechtigt ist derjenige, der wirtschaftlich über Mittel, die einem anderen gehören, verfügen kann. Dies kann auch der Alleingesellschafter einer GmbH ohne Geschäftsführer sein (BFH-Urteil vom 27.11.1990, VII R 20/89, BStBl 1991 II S. 284; vgl. AEAO zu § 34, Nr. 3).
2. Rechtlich ist zur Erfüllung von Pflichten in der Lage, wer im Außenverhältnis rechtswirksam handeln kann. Auf etwaige Beschränkungen im Innenverhältnis (Auftrag, Vollmacht) kommt es nicht an. Bevollmächtigte werden von dieser Bestimmung nur betroffen, wenn sie tatsächlich und rechtlich verfügungsberechtigt sind.
3. Der Sicherungsnehmer einer Sicherungsübereignung oder Sicherungsabtretung ist grundsätzlich kein Verfügungsberechtigter i. S. d. Vorschrift, da er im Regelfall zur Verwertung

des Sicherungsgutes lediglich zum Zweck seiner Befriedigung befugt und insoweit einem Pfandrechtsgläubiger vergleichbar ist. Im Einzelfall kann jedoch die Rechtsstellung des Sicherungsnehmers weitergehen, wenn er sich z. B. eigene Mitsprache- oder Verfügungsrechte im Betrieb des Sicherungsgebers vorbehalten hat, so dass er auch wirtschaftlich über die Mittel des Sicherungsgebers verfügen kann. Das kann dann der Fall sein, wenn sich ein Gläubiger zur Sicherstellung seiner Ansprüche die gesamten Kundenforderungen mit dem Recht zur Einziehung abtreten lässt und aus diesen Forderungen nur diejenigen Mittel frei gibt, die er zur Unternehmensfortführung des Sicherungsgebers für erforderlich hält.

Zu § 36 – Erlöschen der Vertretungsmacht:

Auch nach dem Erlöschen der Vertretungs- oder Verfügungsmacht, gleichgültig worauf dies beruht, hat der gesetzliche Vertreter, Vermögensverwalter oder Verfügungsberechtigte die nach §§ 34 und 35 AO bestehenden Pflichten zu erfüllen, soweit sie vor dem Erlöschen entstanden sind und er zur Erfüllung noch in der Lage ist. Daraus ergibt sich u. a., dass sich der zur Auskunft für einen Beteiligten Verpflichtete nach dem Erlöschen der Vertretungs- oder Verfügungsmacht nicht auf ein evtl. Auskunftsverweigerungsrecht (§§ 101, 103, 104 AO) berufen kann. Auch entsteht kein Entschädigungsanspruch (§ 107 AO).

Zu § 37 – Ansprüche aus dem Steuerschuldverhältnis:

Inhaltsübersicht

1. Ansprüche aus dem Steuerschuldverhältnis (§ 37 Abs. 1 AO)
2. Erstattungsanspruch nach § 37 Abs. 2 AO
2.1 Rückforderungsanspruch des Finanzamts
2.2 Erstattungsanspruch des Steuerpflichtigen
2.2.1 Allgemeines
2.2.2 Erstattungsanspruch bei Gesamtschuldnern
2.3 Erstattungsanspruch bei der Einkommensteuer

1. Ansprüche aus dem Steuerschuldverhältnis (§ 37 Abs. 1 AO)
§ 37 Abs. 1 AO enthält eine abschließende Aufzählung der Ansprüche aus dem Steuerschuldverhältnis. Die Ansprüche aus Strafen und Geldbußen gehören nicht zu den Ansprüchen aus dem Steuerschuldverhältnis.

2. Erstattungsanspruch nach § 37 Abs. 2 AO
§ 37 Abs. 2 AO enthält eine allgemeine Umschreibung des öffentlich-rechtlichen Erstattungsanspruchs, der einem Steuerpflichtigen oder Steuergläubiger dadurch erwächst, dass eine Leistung aus dem Steuerschuldverhältnis ohne rechtlichen Grund erfolgt ist oder der Grund hierfür später wegfällt. Eine Zahlung ist ohne rechtlichen Grund geleistet, wenn sie den materiell-rechtlichen Anspruch übersteigt (BFH-Urteile vom 6.2.1996, VII R 50/95, BStBl 1997 II S. 112, und vom 15.10.1997, II R 56/94, BStBl II S. 796). § 37 Abs. 2 Satz 1 AO gilt sowohl für den Erstattungsanspruch des Steuerpflichtigen gegen das Finanzamt als auch für den umgekehrten Fall der Rückforderung einer an den Steuerpflichtigen oder einen Dritten rechtsgrundlos geleisteten Steuererstattung durch das Finanzamt (vgl. BFH-Urteil vom 22.3.2011, VII R 42/10, BStBl II S. 607).
Ein nach materiellem Recht bestehender Erstattungsanspruch kann allerdings nur durchgesetzt werden, wenn ein entgegenstehender Verwaltungsakt i. S. d. § 218 Abs. 1 AO aufgehoben oder geändert worden ist; maßgebend ist bei mehrfacher Änderung der letzte Verwaltungsakt (BFH-Urteil vom 6.2.1996, VII R 50/95, a. a. O.). Im Übrigen vgl. AEAO zu § 218.

2.1 Rückforderungsanspruch des Finanzamts

Schuldner eines abgabenrechtlichen Rückforderungsanspruchs (Erstattungsverpflichteter) ist derjenige, zu dessen Gunsten erkennbar die Zahlung geleistet wurde (Leistungsempfänger), die zurückverlangt wird. In der Regel ist dies derjenige, demgegenüber die Finanzbehörde ihre – vermeintliche oder tatsächlich bestehende – abgabenrechtliche Verpflichtung erfüllen will.

Der Empfänger der Steuererstattung oder Steuervergütung (Zahlungsempfänger) ist aber nicht in allen Fällen auch der Leistungsempfänger.

War ein Dritter tatsächlicher Empfänger einer Zahlung, ist er dann nicht Leistungsempfänger, wenn er lediglich als Zahlstelle, unmittelbarer Vertreter oder Bote für den Erstattungsberechtigten (vgl. AEAO zu § 37, Nr. 2.2) aufgetreten bzw. von diesem benannt worden ist oder das Finanzamt an ihn aufgrund einer Zahlungsanweisung des Erstattungsberechtigten eine Steuererstattung ausgezahlt hat (BFH-Urteil vom 6. 12. 1988, VII R 206/83, BStBl 1989 II S. 223). Denn in einem solchen Fall will das Finanzamt erkennbar nicht mit befreiender Wirkung zu dessen Gunsten leisten, sondern es erbringt seine Leistung mit dem Willen, eine Forderung des steuerlichen Rechtsinhabers zu erfüllen (vgl. BFH-Urteil vom 22. 8. 1980, VI R 102/77, BStBl 1981 II S. 44). Mithin ist nicht der Zahlungsempfänger, sondern der nach materiellem Steuerrecht Erstattungsberechtigte als Leistungsempfänger i. S. d. § 37 Abs. 2 AO anzusehen (BFH-Beschluss vom 8. 4. 1986, VII B 128/85, BStBl II S. 511).

Ungeachtet des Willens des Finanzamts, an den Rechtsinhaber der Erstattungsforderung eine Leistung zu erbringen, ist aber der tatsächliche Empfänger der Zahlung des Finanzamts in folgenden Fällen Leistungsempfänger und Schuldner des Rückforderungsanspruchs, weil insoweit keine Leistung mit befreiender Wirkung gegenüber dem Erstattungsberechtigten erfolgt ist:

– Ein vermeintlicher Bote, Vertreter oder Bevollmächtigter nimmt Erstattungszahlungen des Finanzamts entgegen, obwohl keine Weisung oder Vollmacht des Erstattungsberechtigten besteht (vgl. BFH-Beschluss vom 27. 4. 1998, VII B 296/97, BStBl II S. 499).

– Das Finanzamt nimmt an einem am Steuerschuldverhältnis nicht beteiligten Dritten eine Zahlung in der irrigen Annahme vor, er sei von dem Erstattungsberechtigten ermächtigt, für diesen Zahlungen entgegenzunehmen, in Wahrheit besteht jedoch eine diesbezügliche Rechtsbeziehung zwischen dem Zahlungsempfänger und dem Erstattungsberechtigten nicht.

– Das Finanzamt leistet ohne rechtlichen Grund an einen Dritten, weil es sich beispielsweise über die Person des Erstattungsberechtigten irrt oder den Erstattungsbetrag auf ein Bankkonto überweist, dessen Inhaber nicht der Erstattungsberechtigte, sondern der Dritte ist.

Hat das Finanzamt eine Überweisung an das vom Steuerpflichtigen benannte Konto bei dem von ihm genannten Kreditinstitut gerichtet, ist der Steuerpflichtige Leistungsempfänger und damit im Fall einer Rückforderung Rückgewährschuldner. Dabei ist unbeachtlich, wie das Kreditinstitut mit dem in Empfang genommenen Betrag verfahren ist (vgl. BFH-Urteil vom 18. 9. 2012, VII R 53/11, BStBl 2013 II S. 270).

Ein Kreditinstitut ist nämlich auch dann nur Zahlstelle und nicht Leistungsempfänger i. S. d. § 37 Abs. 2 AO, wenn es den vom Finanzamt an den Steuerpflichtigen überwiesenen Betrag auf ein bereits gekündigtes, aber noch nicht abgerechnetes Girokonto des Steuerpflichtigen oder ein internes Zwischenkonto verbucht und nach Rechnungsabschluss an den früheren Kontoinhaber bzw. dessen Insolvenzverwalter ausgezahlt oder den Überweisungsbetrag mit einem fortbestehenden Schuldensaldo auf dem betreffenden Konto verrechnet hat.

Das Kreditinstitut ist auch dann nicht zur Rückzahlung des vom Finanzamt überwiesenen Betrages verpflichtet, wenn der Steuerpflichtige dem Finanzamt für die Überweisung ein anderes Konto benannt hatte (vgl. BFH-Urteile vom 10. 11. 2009, VII R 6/09,

BStBl 2010 II S. 255, und vom 22.11.2011, VII R 27/11, BStBl 2012 II S. 167). Die Zahlung auf das unzutreffende Konto hat gegenüber dem Steuerpflichtigen zwar – anders, als wenn der Steuerpflichtige dem Finanzamt eine Kontoänderung nicht mitgeteilt hat (BFH-Urteil vom 10.11.1987, VII R 171/84, BStBl 1988 II S. 41) – unmittelbar keine Erfüllungswirkung. Das Finanzamt kann aber mit seinem Rückforderungsanspruch nach § 37 Abs. 2 Satz 1 AO (gegen den Steuerpflichtigen als Leistungsempfänger) gegen den Anspruch auf erneute Zahlung aufrechnen und Letzteren somit zum Erlöschen bringen.

Zur Rückforderung von während des laufenden Insolvenzverfahrens ohne rechtlichen Grund an den Insolvenzverwalter ausbezahlten Ansprüchen aus dem Steuerschuldverhältnis siehe Nr. 14 des AEAO zu § 251.

2.2 Erstattungsanspruch des Steuerpflichtigen

2.2.1 Allgemeines

Erstattungsberechtigter ist derjenige, auf dessen Rechnung die Zahlung geleistet worden ist, auch wenn tatsächlich ein Dritter die Zahlung geleistet hat. Es kommt nicht darauf an, von wem oder mit wessen Mitteln gezahlt worden ist. Maßgeblich ist vielmehr, wessen Steuerschuld nach dem Willen des Zahlenden, wie er im Zeitpunkt der Zahlung dem Finanzamt erkennbar hervorgetreten ist, getilgt werden sollte (BFH-Urteil vom 30.9.2008, VII R 18/08, BStBl 2009 II S. 38 m.w.N.). Den Finanzbehörden wird damit nicht zugemutet, im Einzelfall die zivilrechtlichen Beziehungen zwischen dem Steuerschuldner und einem zahlenden Dritten daraufhin zu überprüfen, wer von ihnen – im Innenverhältnis – auf die zu erstattenden Beträge materiellrechtlich einen Anspruch hat (BFH-Urteil vom 25.7.1989, VII R 118/87, BStBl 1990 II S. 41).

2.2.2 Erstattungsanspruch bei Gesamtschuldnern

Personen, die gem. § 44 AO Gesamtschuldner sind, sind nicht Gesamtgläubiger eines Erstattungsanspruchs nach § 37 Abs. 2 AO (BFH-Urteil vom 19.10.1982, VII R 55/80, BStBl 1983 II S. 162). Erstattungsberechtigter ist der Gesamtschuldner, auf dessen Rechnung die Zahlung erfolgt ist.

Lässt sich aus den dem Finanzamt bei Zahlung erkennbaren Umständen nicht entnehmen, wessen Steuerschuld der zahlende Gesamtschuldner begleichen wollte, ist grundsätzlich davon auszugehen, dass der Gesamtschuldner nur seine eigene Steuerschuld tilgen wollte (vgl. BFH-Urteil vom 18.2.1997, VII R 117/95, BFH/NV S. 482, m.w.N.). Ist eine Zahlung aber erkennbar für gemeinsame Rechnung der Gesamtschuldner geleistet worden, so sind diese grundsätzlich nach Köpfen erstattungsberechtigt.

2.3 Erstattungsanspruch bei der Einkommensteuer

Zu Besonderheiten bei Bestimmung des Einkommensteuer-Erstattungsanspruchs – insbesondere bei Ehegatten oder Lebenspartnern – vgl. BMF-Schreiben vom 14.1.2015, BStBl I S. 83.

Zu § 38 – Entstehung der Ansprüche aus dem Steuerschuldverhältnis:

1. Der Steueranspruch entsteht in dem Zeitpunkt, in dem der Tatbestand verwirklicht wird, an den das Gesetz eine bestimmte Leistungspflicht knüpft, soweit nicht im Gesetz eine abweichende Regelung getroffen worden ist (z. B. § 36 Abs. 1 EStG, § 30 KStG, § 13 Abs. 1 UStG, § 18 GewStG, § 9 Abs. 2 GrStG, § 9 ErbStG). Das gilt nicht nur für den Steueranspruch, sondern auch für den Steuervergütungsanspruch und den Steuererstattungsanspruch (z. B. zur Lohnsteuer vgl. AEAO zu § 46, Nr. 1). Der auf einem Verlustrücktrag nach § 10d Abs. 1 EStG beruhende Erstattungsanspruch entsteht erst mit Ablauf des Veranlagungszeitraums, in

dem der Verlust entstanden ist (BFH-Urteil vom 6.6.2000, VII R 104/98, BStBl II S. 491). Der Erstattungsanspruch nach § 37 Abs. 2 AO entsteht in dem Zeitpunkt, in dem die den materiell-rechtlichen Anspruch aus dem Steuerschuldverhältnis übersteigende Leistung erbracht wurde oder der rechtliche Grund für die Leistung entfallen ist.
2. Von der Entstehung der Ansprüche aus dem Steuerschuldverhältnis zu unterscheiden sind
   - die Festsetzung durch Steuerbescheid (§§ 155 ff. AO),
   - die Fälligkeit (§ 220 AO) sowie
   - die Verwirklichung im Erhebungsverfahren (§§ 218 ff. AO).

Zu § 39 – Zurechnung:

1. § 39 Abs. 2 Nr. 1 Satz 1 AO definiert den Begriff des wirtschaftlichen Eigentums i. S. d. Rechtsprechung des BFH (z. B. BFH-Urteile vom 12.9.1991, III R 233/90, BStBl 1992 II S. 182, und vom 11.6.1997, XI R 77/96, BStBl II S. 774), insbesondere zur ertragsteuerlichen Behandlung von Leasing-Verträgen. Beispiele für die Anwendung des Grundsatzes des § 39 Abs. 2 Nr. 1 Satz 1 AO enthält Satz 2. Der landwirtschaftliche Pächter ist grundsätzlich nicht als wirtschaftlicher Eigentümer zu behandeln.
2. Für die anteilige Zurechnung von Wirtschaftsgütern, die mehreren zur gesamten Hand zustehen, sind die jeweiligen Steuergesetze sowie die allgemeinen gesetzlichen und vertraglichen Regelungen maßgebend. Eine Ermittlung der Anteile erfolgt nur, soweit eine getrennte Zurechnung für die Besteuerung erforderlich ist.

Zu § 41 – Unwirksame Rechtsgeschäfte:

1. Ein unwirksames oder anfechtbares Rechtsgeschäft ist für Zwecke der Besteuerung als gültig zu behandeln, soweit die Beteiligten das wirtschaftliche Ergebnis bestehen lassen. Soweit ausnahmsweise die rückwirkende Aufhebung eines vollzogenen Vertrages steuerlich zu berücksichtigen ist, wird auf die in Einzelsteuergesetzen geregelten Besonderheiten (z. B. § 17 UStG) hingewiesen; zur verfahrensmäßigen Abwicklung Hinweis auf § 175 Abs. 1 Satz 1 Nr. 2 AO.
2. Nach § 41 Abs. 2 AO sind z. B. Scheinarbeitsverhältnisse zwischen Ehegatten/Lebenspartnern oder die Begründung eines Scheinwohnsitzes für die Besteuerung ohne Bedeutung.
3. Beteiligter ist nicht der Beteiligte i. S. d. § 78 AO, sondern der am Vertrag Beteiligte.

Zu § 42 – Missbrauch von rechtlichen Gestaltungsmöglichkeiten:

1. Bei Anwendung des § 42 Abs. 1 Satz 2 AO ist zunächst zu prüfen, ob das im Einzelfall anzuwendende Einzelsteuergesetz für den vorliegenden Sachverhalt eine Regelung enthält, die der Verhinderung von Steuerumgehungen dient. Ob eine Regelung in einem Einzelsteuergesetz der Verhinderung der Steuerumgehung dient, ist nach dem Wortlaut der Regelung und dem Sinnzusammenhang, nach der systematischen Stellung im Gesetz sowie nach der Entstehungsgeschichte der Regelung zu beurteilen.
   Liegt danach eine Regelung vor, die der Verhinderung von Steuerumgehungen dient, gilt Folgendes:
   - Ist der Tatbestand der Regelung erfüllt, bestimmen sich die Rechtsfolgen allein nach dieser Vorschrift, nicht nach § 42 Abs. 1 Satz 3 i. V. m. Abs. 2 AO. In diesem Fall ist unerheblich, ob auch die Voraussetzungen des § 42 Abs. 2 AO vorliegen.
   - Ist der Tatbestand der Regelung dagegen nicht erfüllt, ist in einem weiteren Schritt zu prüfen, ob ein Missbrauch i. S. d. § 42 Abs. 2 AO vorliegt. Allein das Vorliegen einer einzelgesetzlichen Regelung, die der Verhinderung von Steuerumgehungen dient, schließt die Anwendbarkeit des § 42 Abs. 1 Satz 3 i. V. m. Abs. 2 AO damit nicht aus.

A. I.   Zu § 42 AO

2. Sofern ein Missbrauch i. S. d. § 42 Abs. 2 AO vorliegt, entsteht der Steueranspruch bei allen vom Sachverhalt Betroffenen so, wie er bei einer den wirtschaftlichen Vorgängen angemessenen rechtlichen Gestaltung entsteht (§ 42 Abs. 1 Satz 3 AO).

2.1   Ein Missbrauch i. S. d. § 42 Abs. 2 AO liegt vor, wenn
- eine rechtliche Gestaltung gewählt wird, die den wirtschaftlichen Vorgängen nicht angemessen ist,
- die gewählte Gestaltung beim Steuerpflichtigen oder einem Dritten im Vergleich zu einer angemessenen Gestaltung zu einem Steuervorteil führt,
- dieser Steuervorteil gesetzlich nicht vorgesehen ist und
- der Steuerpflichtige für die von ihm gewählte Gestaltung keine außersteuerlichen Gründe nachweist, die nach dem Gesamtbild der Verhältnisse beachtlich sind.

2.2   Ob eine rechtliche Gestaltung unangemessen ist, ist für jede Steuerart gesondert nach den Wertungen des Gesetzgebers, die den jeweiligen maßgeblichen steuerrechtlichen Vorschriften zugrunde liegen, zu beurteilen. Das Bestreben, Steuern zu sparen, macht für sich allein eine Gestaltung noch nicht unangemessen. Eine Gestaltung ist aber insbesondere dann auf ihre Angemessenheit zu prüfen, wenn sie ohne Berücksichtigung der beabsichtigten steuerlichen Effekte unwirtschaftlich, umständlich, kompliziert, schwerfällig, gekünstelt, überflüssig, ineffektiv oder widersinnig erscheint. Die Ungewöhnlichkeit einer Gestaltung begründet allein noch keine Unangemessenheit.

Indizien für die Unangemessenheit einer Gestaltung sind zum Beispiel:
- die Gestaltung wäre von einem verständigen Dritten in Anbetracht des wirtschaftlichen Sachverhalts und der wirtschaftlichen Zielsetzung ohne den Steuervorteil nicht gewählt worden;
- die Vor- oder Zwischenschaltung von Angehörigen oder anderen nahe stehenden Personen oder Gesellschaften war rein steuerlich motiviert;
- die Verlagerung oder Übertragung von Einkünften oder Wirtschaftsgütern auf andere Rechtsträger war rein steuerlich motiviert.

Bei einer grenzüberschreitenden Gestaltung ist nach der Rechtsprechung des EuGH (vgl. z. B. Urteil vom 12. 9. 2006, Rs. C-196/04, EuGHE I S. 7995) Unangemessenheit insbesondere dann anzunehmen, wenn die gewählte Gestaltung rein künstlich ist und nur dazu dient, die Steuerentstehung im Inland zu umgehen.

2.3   Bei der Prüfung, ob die gewählte Gestaltung zu Steuervorteilen führt, sind die steuerlichen Auswirkungen der gewählten Gestaltung mit der hypothetischen steuerlichen Auswirkung einer angemessenen Gestaltung zu vergleichen. Dabei sind auch solche Steuervorteile zu berücksichtigen, die nicht beim handelnden Steuerpflichtigen selbst, sondern bei Dritten eintreten. Dritte i. S. d. § 42 Abs. 2 Satz 1 AO sind nur solche Personen, die in einer gewissen Nähe zum Steuerpflichtigen stehen. Dies ist insbesondere dann anzunehmen, wenn die Beteiligten Angehörige des Steuerpflichtigen i. S. d. § 15 AO oder persönlich oder wirtschaftlich mit ihm verbunden sind (z. B. nahe stehende Personen i. S. v. H 8.5 KStH 2015 oder § 1 Abs. 2 AStG).

2.4   Der in § 42 Abs. 2 AO verwendete Begriff des „gesetzlich nicht vorgesehenen Steuervorteils" ist nicht deckungsgleich mit dem „nicht gerechtfertigten Steuervorteil" i. S. d. § 370 Abs. 1 AO. Steuervorteile i. S. d. § 42 Abs. 2 AO sind daher nicht nur Steuervergütungen oder Steuererstattungen, sondern auch geringere Steueransprüche.

2.5   Der durch die gewählte Gestaltung begründete Steuervorteil ist insbesondere dann gesetzlich vorgesehen, wenn der Tatbestand einer Norm erfüllt ist, mit der der Gesetzgeber ein bestimmtes Verhalten durch steuerliche Anreize fördern wollte.

2.6   § 42 Abs. 2 Satz 2 AO eröffnet dem Steuerpflichtigen die Möglichkeit, die bei Vorliegen des Tatbestands des § 42 Abs. 2 Satz 1 AO begründete Annahme eines Missbrauchs durch Nachweis außersteuerlicher Gründe zu entkräften. Die vom Steuerpflichtigen nachgewiesenen außersteuerlichen Gründe müssen allerdings nach dem Gesamtbild der Verhältnisse beachtlich sein. Sind die nachgewiesenen außersteuerlichen Gründe nach dem Gesamtbild der Verhältnisse im Vergleich zum Ausmaß der Unangemessenheit der Gestaltung und den vom Gesetzgeber nicht vorgesehenen Steuervorteilen nicht wesentlich oder sogar nur von untergeordneter Bedeutung, sind sie nicht beachtlich. In diesem Fall bleibt es bei der Annahme eines Missbrauchs nach § 42 Abs. 2 Satz 1 AO.

2.7 Die – nur für Körperschaften geltenden – Mindeststandards der Richtlinie (EU) 2016/1164 vom 12. 7. 2016 (ABl L 193 vom 19. 7. 2016, S. 1-14) werden durch § 42 AO national erfüllt.

3. Ein Missbrauch von rechtlichen Gestaltungsmöglichkeiten nach § 42 AO ist als solcher nicht strafbar. Eine leichtfertige Steuerverkürzung oder eine Steuerhinterziehung kann aber vorliegen, wenn der Steuerpflichtige pflichtwidrig unrichtige oder unvollständige Angaben macht, um das Vorliegen einer Steuerumgehung zu verschleiern.

4. § 42 AO in der Fassung des Jahressteuergesetzes 2008 ist ab dem 1. 1. 2008 für Kalenderjahre, die nach dem 31. 12. 2007 beginnen, anzuwenden. Für Kalenderjahre, die vor dem 1. 1. 2008 liegen, ist § 42 AO in der am 28. 12. 2007 geltenden Fassung weiterhin anzuwenden.

Zu § 44 – Gesamtschuldner:

Zur Steuerfestsetzung bei Gesamtschuldnern wird auf § 122 Abs. 6 und 7 AO, § 155 Abs. 3 AO hingewiesen, zur Inanspruchnahme eines Haftungsschuldners auf § 219 AO, wegen der Vollstreckung gegen Gesamtschuldner auf § 342 Abs. 2 AO, wegen einer Beschränkung der Vollstreckung in den Fällen der Zusammenveranlagung auf §§ 268 bis 280 AO, wegen der Erstattung an Gesamtschuldner vgl. AEAO zu § 37, Nr. 2.2.2 und 2.3.

Zu § 45 – Gesamtrechtsnachfolge:

1. Ob eine Gesamtrechtsnachfolge (der gesetzlich angeordnete Übergang des Vermögens) i. S. d. § 45 Abs. 1 AO vorliegt, ist grundsätzlich nach dem Zivilrecht zu beurteilen. Eine Gesamtrechtsnachfolge i. S. d. § 45 Abs. 1 AO liegt daher beispielsweise vor in Fällen der Erbfolge (§ 1922 Abs. 1 BGB), der Anwachsung des Anteils am Gesellschaftsvermögen bei Ausscheiden eines Gesellschafters (§ 738 Abs. 1 Satz 1 BGB; BFH-Urteile vom 28. 4. 1965, II 9/62 U, BStBl III S. 422, und vom 18. 9. 1980, V R 175/74, BStBl 1981 II S. 293), der Verschmelzung von Gesellschaften (§ 1 Abs. 1 Nr. 1, §§ 2 ff. UmwG) und der Vermögensübertragung im Wege der Vollübertragung (§ 1 Abs. 1 Nr. 3, § 174 Abs. 1, §§ 175, 176, 178, 180 ff. UmwG). Abweichend von der zivilrechtlichen Betrachtung gilt aber in den vorgenannten Fällen der Anwachsung, der Verschmelzung und der Vermögensübertragung im Wege der Vollübertragung § 45 Abs. 1 AO nicht in Bezug auf die gesonderte und einheitliche Feststellung von Besteuerungsgrundlagen; zur Pflicht, eine Außenprüfung als Gesamtrechtsnachfolger zu dulden, vgl. aber AEAO zu § 197, Nr. 5.7.3.

2. Ungeachtet der Anwendung der §§ 15, 16 und 20 ff. UmwStG liegt eine Gesamtrechtsnachfolge i. S. d. § 45 Abs. 1 AO nicht vor in Fällen einer Abspaltung oder Ausgliederung (§ 1 Abs. 1 Nr. 2, §§ 123 ff. UmwG; BFH-Urteile vom 7. 8. 2002, I R 99/00, BStBl 2003 II S. 835, und vom 5. 11. 2009, IV R 29/08, HFR 2010 S. 233) sowie einer Vermögensübertragung im Wege der Teilübertragung (§ 1 Abs. 1 Nr. 3, § 174 Abs. 2, §§ 175, 177, 179, 184 ff., 189 UmwG). In den Fällen einer Aufspaltung (§ 1 Abs. 1 Nr. 2, § 123 Abs. 1 UmwG) ist jedoch § 45 Abs. 1 AO sinngemäß anzuwenden; dies gilt nicht in Bezug auf die gesonderte und einheitliche Feststellung von Besteuerungsgrundlagen.

3. Eine formwechselnde Umwandlung (§ 1 Abs. 1 Nr. 4, §§ 190 ff. UmwG) führt grundsätzlich nicht zu einer Gesamtrechtsnachfolge i. S. d. § 45 Abs. 1 AO, da lediglich ein Wechsel der Rechtsform eines Rechtsträgers unter Wahrung seiner rechtlichen Identität vorliegt (§ 202 Abs. 1 Nr. 1 UmwG). Ändert sich aber durch den Formwechsel das Steuersubjekt (z. B. in Fäl-

A. I. **Zu § 46 AO**

len der Umwandlung einer Personengesellschaft in eine Kapitalgesellschaft oder der Umwandlung einer Kapitalgesellschaft in eine Personengesellschaft), ist § 45 Abs. 1 AO sinngemäß anzuwenden.

4. Zur Bekanntgabe von Steuerverwaltungsakten in Fällen einer Gesamtrechtsnachfolge sowie bei Abspaltung, Ausgliederung oder Vermögensübertragung im Wege der Teilübertragung vgl. AEAO zu § 122, Nrn. 2.12, 2.15 und 2.16 sowie AEAO zu § 197, Nrn. 8 und 9. Zu den ertragsteuerlichen Auswirkungen einer Umwandlung oder Einbringung vgl. BMF-Schreiben vom 11.11.2011, BStBl I S. 1314.

Zu § 46 – Abtretung, Verpfändung, Pfändung:

1. Der Gläubiger kann die Abtretung oder Verpfändung der zuständigen Finanzbehörde wirksam nur nach Entstehung des Anspruchs anzeigen. Die Anzeige wirkt nicht auf den Zeitpunkt des Abtretungs- oder Verpfändungsvertrages zurück. Vor Entstehung des Steueranspruchs sind Pfändungen wirkungslos; sie werden auch nicht mit Entstehung des Anspruchs wirksam. Da z. B. der Einkommensteuererstattungsanspruch aus überzahlter Lohnsteuer grundsätzlich mit Ablauf des für die Steuerfestsetzung maßgebenden Erhebungszeitraums entsteht (§ 38 AO i. V. m. § 36 Abs. 1 EStG), sind während des betreffenden Erhebungszeitraums (bis 31.12.) angezeigte Lohnsteuer-Abtretungen bzw. Verpfändungen oder ausgebrachte Pfändungen wirkungslos. Ein auf einem Verlustrücktrag nach § 10d Abs. 1 EStG beruhender Erstattungsanspruch ist nur dann wirksam abgetreten, gepfändet oder verpfändet, wenn die Abtretung, Verpfändung oder Pfändung erst nach Ablauf des Verlustentstehungsjahres angezeigt bzw. ausgebracht worden ist (vgl. AEAO zu § 38, Nr. 1 Satz 3). Der Anspruch auf Erstattungszinsen nach § 233a AO entsteht erst, wenn eine Steuerfestsetzung zu einer Steuererstattung führt und die übrigen Voraussetzungen des § 233a AO in diesem Zeitpunkt erfüllt sind. Eine vor der Steuerfestsetzung angezeigte Abtretung des Anspruchs auf Erstattungszinsen ist unwirksam (BFH-Urteil vom 14.5.2002, VII R 6/01, BStBl II S. 677).
2. Der geschäftsmäßige Erwerb und die geschäftsmäßige Einziehung von Erstattungs- oder Vergütungsansprüchen ist nach § 46 Abs. 4 AO nur bei Sicherungsabtretungen und dabei auch nur Bankunternehmen gestattet (BFH-Urteil vom 23.10.1985, VII R 196/82, BStBl 1986 II S. 124).

2.1 Geschäftsmäßig i. S. v. § 46 Abs. 4 AO handelt, wer die Tätigkeit – Erwerb von Erstattungs- oder Vergütungsansprüchen – selbständig und in Wiederholungsabsicht ausübt. Dafür getroffene organisatorische Vorkehrungen indizieren die Wiederholungsabsicht, sie sind indes für deren Annahme keine notwendige Voraussetzung (vgl. BFH-Urteil vom 13.10.1994, VII R 3/94, BFH/NV 1995 S. 473). Eine entscheidende Rolle bei der Beurteilung der Geschäftsmäßigkeit kann die Zahl der Erwerbsfälle und der Zeitraum ihres Vorkommens spielen.

Allgemeine Festlegungen oder Beurteilungsmaßstäbe lassen sich hierzu aber nicht aufstellen; insoweit kommt es immer auf die Verhältnisse des Einzelfalls an (vgl. u. a. BFH-Urteile vom 13.10.1994, VII R 3/94, a. a. O., und vom 4.2.2005, VII R 54/04, BStBl 2006 II S. 348, jeweils m. w. N.). Für die Annahme der Geschäftsmäßigkeit reicht es indes nicht aus, dass die – vereinzelte – Abtretung im Rahmen eines Handelsgeschäfts vorgenommen wurde.

2.2 Die Abtretung eines Erstattungs- oder Vergütungsanspruchs erfolgt nur dann zur bloßen Sicherung, wenn für beide Beteiligten der Sicherungszweck im Vordergrund steht. Eine Sicherungsabtretung ist daher grundsätzlich dadurch gekennzeichnet, dass der Abtretungsempfänger die Forderung nicht behalten darf. Er soll sie nur vorübergehend für den Abtretenden als Sicherheit für einen Anspruch gegen den Abtretenden innehaben.

Deshalb kann eine Sicherungsabtretung regelmäßig nur dann vorliegen, wenn der Inhaber des Pfandrechts bei Fälligkeit seines Anspruchs zunächst versuchen muss, Befriedigung aus seinem Anspruch selbst zu suchen. Erst wenn dies nicht gelingt, darf er auf die Sicherheit zurückgreifen. Eine Abtretung zur Sicherung ist dagegen nicht gegeben, wenn der Abtretende seine Einwirkungsmöglichkeiten auf die abgetretene Forderung weitgehend aufgibt (vgl. BFH-Urteil vom 3.2.1984, VII R 72/82, BStBl II S. 411).

Haben Abtretender und Abtretungsempfänger eine direkte Begleichung der Forderung des Abtretungsempfängers durch die Finanzbehörde vereinbart, liegt eine Sicherungsabtretung nur vor, wenn der Sicherungszweck in einem solchen Maß überwiegt, dass andere Beweggründe für die gewählte rechtliche Gestaltung ausscheiden. Die gesamten Umstände des Einzelfalles, unter denen die Geschäftsbeziehung begründet worden ist, sind für die Beurteilung heranzuziehen (vgl. BFH-Urteil vom 21.2.1989, VII R 7/86, BFH/NV S. 555 m. w. N.).

2.3 Eine Sicherungsabtretung liegt nicht vor, wenn der Abtretende den Abtretungsempfänger ermächtigt hat, einen Steuerberater oder Lohnsteuerhilfeverein mit der Einlegung von Rechtsbehelfen zu beauftragen und den Anspruch gegen den Steuerberater bzw. Lohnsteuerhilfeverein auf Herausgabe der Steuerunterlagen an den Abtretungsempfänger ebenfalls abgetreten hat (vgl. BFH-Urteil vom 21.2.1989, VII R 7/86, a. a. O.). Gegen eine Sicherungsabtretung kann z. B. auch sprechen, dass der Abtretende im Zeitpunkt der Abtretung arbeitslos ist und der Abtretungsempfänger nicht mit einer Zahlung des Abtretenden aus anderen Mitteln rechnen kann.

Eine Sicherungsabtretung liegt auch dann nicht vor, wenn die der Abtretung zugrunde liegende Geschäftsbeziehung zwischen einem Steuerpflichtigen und einem Kreditinstitut nur zum Zweck der Kreditgewährung begründet wurde und das Kreditinstitut die Erstattungsbeträge aufgrund des Darlehensvertrages nach Eingang der Beträge ohne Einwirkungsmöglichkeit des Steuerpflichtigen verrechnen und auf diese Weise das Darlehen tilgen darf. In diesen Fällen liegt eine Abtretung bzw. Verpfändung erfüllungshalber vor.

2.4 Auskünfte darüber, inwieweit einem Unternehmen das Betreiben von Bankgeschäften nach § 32 Abs. 1 KWG erlaubt worden ist, können bei der Bundesanstalt für Finanzdienstleistungsaufsicht (BAFin) oder auch bei der Deutschen Bundesbank und ihren Hauptverwaltungen eingeholt werden.

2.5 Verstöße gegen § 46 Abs. 4 AO können als Steuerordnungswidrigkeit geahndet werden (§ 383 AO).

3. Auch bei einem Verstoß gegen § 46 Abs. 4 Satz 1 AO oder bei sonstiger Unwirksamkeit des der Abtretung oder Verpfändung zugrunde liegenden Rechtsgeschäfts kann die Finanzbehörde nach erfolgter Anzeige mit befreiender Wirkung an den Abtretungsempfänger zahlen, soweit nicht Rechte anderer Gläubiger entgegenstehen.

4. Mit der wirksam angezeigten Abtretung oder Verpfändung (bzw. ausgebrachten Pfändung) geht nicht die gesamte Rechtsstellung des Steuerpflichtigen über (BFH-Urteile vom 21.3.1975, VI R 238/71, BStBl II S. 669, vom 15.5.1975, V R 84/70, BStBl 1976 II S. 41, vom 25.4.1978, VII R 2/75, BStBl II S. 465, und vom 27.1.1993, II S 10/92, BFH/NV S. 350). Übertragen wird nur der Zahlungsanspruch. Auch nach einer Abtretung, Pfändung oder Verpfändung ist der Steuerbescheid nur dem Steuerpflichtigen bekannt zu geben. Der neue Gläubiger des Erstattungsanspruchs kann nicht den Steuerbescheid anfechten. Dem neuen Gläubiger des Erstattungsanspruchs muss nur mitgeteilt werden, ob und ggf. in welcher Höhe sich aus der Veranlagung ein Erstattungsanspruch ergeben hat und ob und ggf. in welcher Höhe aufgrund der Abtretung, Pfändung oder Verpfändung an ihn zu leisten ist. Über Streitigkeiten hierüber ist durch Verwaltungsakt nach § 218 Abs. 2 AO zu entscheiden. Der neue Gläubiger des Erstattungsanspruchs ist nicht befugt, einen Antrag auf Einkommensteuerveranlagung gem. § 46 Abs. 2 Nr. 8 EStG zu stellen (vgl. BFH-Urteil vom 18.8.1998, VII R 114/97, BStBl 1999 II S. 84). Die vorstehenden Sätze gelten entsprechend für Fälle einer Überleitung von Steuererstattungsansprüchen gem. § 93 SGB XII. Für die Überleitung von Steuererstattungsansprüchen nach dem Asylbewerberleistungsgesetz ist § 93 SGB XII entsprechend anzuwenden (§ 7 Abs. 4 AsylbLG). Für Fälle des Übergangs von

A. I. **Zu §§ 47, 48, 51 AO**

Steuererstattungsansprüchen im Wege des gesetzlichen Forderungsübergangs im Rahmen der Leistungen zur Grundsicherung für Arbeitsuchende nach § 33 SGB II gelten die vorstehenden Sätze entsprechend. Dieser Antrag ist ein von den Rechtswirkungen des § 46 AO nicht erfasstes höchstpersönliches steuerliches Gestaltungsrecht.

5. Fehlt in der Abtretungsanzeige, nach der die Erstattungsansprüche aus der Zusammenveranlagung abgetreten worden sind, die Unterschrift eines Ehegatten oder Lebenspartners, so wird dadurch die Wirksamkeit der Abtretung des Anspruchs, soweit er auf den Ehegatten bzw. Lebenspartner entfällt, der die Anzeige unterschrieben hat, nicht berührt (BFH-Urteil vom 13. 3. 1997, VII R 39/96, BStBl II S. 522). Zum Erstattungsanspruch bei zusammenveranlagten Ehegatten oder Lebenspartnern vgl. AEAO zu § 37, Nr. 2.
6. Für die Anzeige der Abtretung oder Verpfändung eines Erstattungs- oder Vergütungsanspruches wird der in der Anlage[1] abgedruckte Vordruck bestimmt.
7. Die auf einem vollständig ausgefüllten amtlichen Vordruck erklärte, vom Abtretenden und vom Abtretungsempfänger jeweils eigenhändig unterschriebene Abtretungsanzeige kann der zuständigen Finanzbehörde auch per Telefax übermittelt werden (vgl. BFH-Urteil vom 8. 6. 2010, VII R 39/09, BStBl II S. 839). Dies gilt entsprechend, wenn eine Abtretungsanzeige i. S. d. Satzes 1 eingescannt per E-Mail übermittelt wird. Die Anzeige der Abtretung wird wirksam, sobald die Kenntnisnahme durch die Finanzbehörde möglich und nach der Verkehrsanschauung zu erwarten ist (§ 130 Abs. 1 Satz 1 BGB). Dies bedeutet: Eintritt der Wirksamkeit bei Übermittlung
   – während der üblichen Dienststunden der Finanzbehörde im Zeitpunkt der vollständigen Übermittlung;
   – außerhalb der üblichen Dienststunden der Finanzbehörde zum Zeitpunkt des Dienstbeginns am nächsten Arbeitstag.

Zu § 47 – Erlöschen:

Außer in den aufgezählten Fällen können entstandene Ansprüche aus dem Steuerschuldverhältnis auch auf andere Weise erlöschen, z. B. bei Zwangsgeldern durch Erbfolge (§ 45 Abs. 1 AO) oder durch Verzicht auf Erstattung (§ 37 Abs. 2 AO).

Zu § 48 – Leistung durch Dritte, Haftung Dritter:

Die Vorschrift eröffnet die Möglichkeit, dass alle Leistungen aus dem Steuerschuldverhältnis (§ 37 AO) gegenüber der Finanzbehörde auch durch Dritte bewirkt werden oder sich Dritte hierzu vertraglich verpflichten können. Der Steuerpflichtige wird in diesen Fällen von seiner eigenen Leistungspflicht nicht befreit. Derartige rechtsgeschäftliche Verpflichtungsgeschäfte (z. B. Bürgschaft, Schuldversprechen oder kumulative Schuldübernahme) können auf einem Vertrag zwischen Steuergläubiger und Schuldübernehmer oder auf einem Vertrag zwischen Steuerschuldner und Übernehmer zugunsten des Steuergläubigers beruhen. In beiden Fällen sind die sich hieraus ergebenden Ansprüche der Finanzbehörde privatrechtlicher, nicht öffentlich-rechtlicher Natur und können gem. § 192 AO nur nach den Vorschriften des bürgerlichen Rechts durchgesetzt werden. Diese Vorschriften gelten auch für steuerliche Nebenleistungen (§ 3 Abs. 4 AO).

Zu § 51 – Allgemeines:

Zu § 51 Abs. 1 AO:
1. Unter Körperschaften i. S. d. § 51 AO, für die eine Steuervergünstigung in Betracht kommen kann, sind Körperschaften, Personenvereinigungen und Vermögensmassen i. S. d. KStG zu

---
[1] Anlage zu § 46 AO wiedergegeben am Ende des AEAO.

verstehen. Dazu gehören auch die juristischen Personen des öffentlichen Rechts mit ihren Betrieben gewerblicher Art (§ 1 Abs. 1 Nr. 6, § 4 KStG), nicht aber die juristischen Personen des öffentlichen Rechts als solche.
2. Regionale Untergliederungen (Landes-, Bezirks-, Ortsverbände) von Großvereinen sind als nichtrechtsfähige Vereine (§ 1 Abs. 1 Nr. 5 KStG) selbständige Steuersubjekte i. S. d. Körperschaftsteuerrechts, wenn sie
   a) über eigene satzungsmäßige Organe (Vorstand, Mitgliederversammlung) verfügen und über diese auf Dauer nach außen im eigenen Namen auftreten und
   b) eine eigene Kassenführung haben.

   Die selbständigen regionalen Untergliederungen können nur dann als gemeinnützig behandelt werden, wenn sie eine eigene Satzung haben, die den gemeinnützigkeitsrechtlichen Anforderungen entspricht. Zweck, Aufgaben und Organisation der Untergliederungen können sich auch aus der Satzung des Hauptvereins ergeben.
3. Über die Befreiung von der Körperschaftsteuer nach § 5 Abs. 1 Nr. 9 KStG wegen Förderung steuerbegünstigter Zwecke ist stets für einen bestimmten Veranlagungszeitraum zu entscheiden (Grundsatz der Abschnittsbesteuerung). Eine Körperschaft kann nur dann nach dieser Vorschrift von der Körperschaftsteuer befreit werden, wenn sie in dem zu beurteilenden Veranlagungszeitraum alle Voraussetzungen für die Steuerbegünstigung erfüllt. Die spätere Erfüllung einer der Voraussetzungen für die Steuerbegünstigung kann nicht auf frühere, abgelaufene Veranlagungszeiträume zurückwirken.
4. Wird eine bisher steuerpflichtige Körperschaft nach § 5 Abs. 1 Nr. 9 KStG von der Körperschaftsteuer befreit, ist eine Schlussbesteuerung nach § 13 KStG durchzuführen.
5. Für die Steuerbegünstigung einer Körperschaft reichen Betätigungen aus, mit denen die Verwirklichung der steuerbegünstigten Satzungszwecke nur vorbereitet wird. Die Tätigkeiten müssen ernsthaft auf die Erfüllung eines steuerbegünstigten satzungsmäßigen Zwecks gerichtet sein. Die bloße Absicht, zu einem ungewissen Zeitpunkt einen der Satzungszwecke zu verwirklichen, genügt nicht (BFH-Urteil vom 23. 7. 2003, I R 29/02, BStBl II S. 930).
6. Die Körperschaftsteuerbefreiung einer Körperschaft, die nach ihrer Satzung steuerbegünstigte Zwecke verfolgt, endet, wenn die eigentliche steuerbegünstigte Tätigkeit eingestellt und über das Vermögen der Körperschaft das Konkurs- oder Insolvenzverfahren eröffnet wird (BFH-Urteil vom 16. 5. 2007, I R 14/06, BStBl II S. 808).

Zu § 51 Abs. 2 AO:
7. Verwirklicht die Körperschaft ihre förderungswürdigen Zwecke nur außerhalb von Deutschland, setzt die Steuerbegünstigung – neben den sonstigen Voraussetzungen der §§ 51 ff. AO – zusätzlich den so genannten Inlandsbezug nach § 51 Abs. 2 AO i. d. F. des JStG 2009 vom 19. 12. 2008 (BGBl I S. 2794) voraus. Dieser liegt zum einen vor, wenn natürliche Personen, die ihren Wohnsitz oder ihren gewöhnlichen Aufenthalt im Inland haben, gefördert werden. Auf die Staatsangehörigkeit der natürlichen Personen kommt es dabei nicht an.

   Falls durch die Tätigkeit im Ausland keine im Inland lebenden Personen gefördert werden, ist ein Inlandsbezug gegeben, wenn die Tätigkeit der Körperschaft neben der Verwirklichung der steuerbegünstigten Zwecke auch zur Verbesserung des Ansehens Deutschlands im Ausland beitragen kann. Dabei bedarf es keiner spürbaren oder messbaren Auswirkung auf das Ansehen Deutschlands im Ausland. Bei im Inland ansässigen Körperschaften ist der mögliche Beitrag zum Ansehen Deutschlands im Ausland – ohne besonderen Nachweis – bereits dadurch erfüllt, dass sie sich personell, finanziell, planend, schöpferisch oder anderweitig an der Förderung gemeinnütziger und mildtätiger Zwecke im Ausland beteiligen (Indizwirkung). Der Feststellung der positiven Kenntnis aller im Ausland Begünstigten oder aller Mitwirkenden von der Beteiligung deutscher Organisationen bedarf es dabei nicht.

   Ausländische Körperschaften können den Inlandsbezug ebenfalls erfüllen, beispielsweise indem sie ihre steuerbegünstigten Zwecke zum Teil auch in Deutschland verwirklichen oder – soweit sie nur im Ausland tätig sind – auch im Inland lebende natürliche Personen fördern, selbst wenn die Personen sich zu diesem Zweck im Ausland aufhalten. Bei der Tatbestandsalternative des möglichen Ansehensbeitrags zugunsten Deutschlands entfällt zwar bei ausländischen Körperschaften die Indizwirkung, die Erfüllung dieser Tatbestandsalternative durch ausländische Einrichtungen ist aber nicht grundsätzlich ausgeschlossen. Der nach § 51 Abs. 2 AO bei Auslandsaktivitäten zusätzlich geforderte Inlandsbezug wirkt sich nicht auf die Auslegung der weiteren, für die Anerkennung der Gemeinnützigkeit notwendigen Voraussetzungen aus. Deren Vorliegen ist weiterhin unabhängig von der Frage, ob die Tätigkeit im In- oder Ausland ausgeübt wird, zu prüfen. Der Inlandsbezug hat somit insbesondere keine Auswirkung auf Inhalt und Umfang der in den §§ 52 bis 53 AO beschriebenen förderungswürdigen Zwecke. Daher können beispielsweise kirchliche Zwecke weiterhin nur zugunsten inländischer Religionsgemeinschaften, die Körperschaften des öffentlichen Rechts sind, verfolgt werden; andererseits kann die Förderung der Religion nach § 52 Abs. 2 Satz 1 Nr. 2 AO wie bisher auch im Ausland erfolgen; auch kann wie bisher z. B. eine hilflose Person im Ausland unterstützt werden (§ 53 Nr. 1 AO).

Mit der Prüfung des Inlandsbezugs selbst ist keine zusätzliche inhaltliche Prüfung der Tätigkeit der Körperschaft verbunden. Das heißt, es ist weder ein weiteres Mal zu ermitteln, ob die Körperschaft gemeinnützige oder mildtätige Zwecke i. S. d. §§ 52 und 53 AO fördert, noch kommt es darauf an, ob die Tätigkeit mit den im Ausland geltenden Wertvorstellungen übereinstimmt und somit nach ausländischen Maßstäben ein Beitrag zum Ansehen Deutschlands geleistet werden kann. Falls die Verfolgung der in den §§ 52 und 53 AO genannten förderungswürdigen Zwecke zu bejahen ist, ist daher davon auszugehen, dass eine solche Tätigkeit dem Ansehen Deutschlands im Ausland nicht entgegensteht.

Zu § 51 Abs. 3 AO:
8. Der Ausschluss so genannter extremistischer Körperschaften von der Steuerbegünstigung ist in § 51 Abs. 3 AO gesetzlich geregelt.
9. Die Ergänzung des § 51 AO soll klarstellen, dass eine Körperschaft nur dann als steuerbegünstigt behandelt werden kann, wenn sie weder nach ihrer Satzung und ihrer tatsächlichen Geschäftsführung Bestrebungen i. S. d. § 4 des BVerfSchG verfolgt noch dem Gedanken der Völkerverständigung zuwiderhandelt. § 4 BVerfSchG ist im Zusammenhang mit § 3 BVerfSchG zu lesen, der die Aufgaben der Verfassungsschutzbehörden des Bundes und der Länder und die Voraussetzungen für ein Tätigwerden des Verfassungsschutzes festlegt. Die Aufgabe besteht in der Sammlung und Auswertung von Informationen über die in § 3 Abs. 1 BVerfSchG erwähnten verfassungsfeindlichen Bestrebungen, die § 4 BVerfSchG zum Teil definiert. So beinhaltet § 4 BVerfSchG im ersten Absatz eine Legaldefinition von Bestrebungen
    a) gegen den Bestand des Bundes oder eines Landes;
    b) gegen die Sicherheit des Bundes oder eines Landes;
    c) gegen die freiheitliche demokratische Grundordnung.
    Im zweiten Absatz des § 4 BVerfSchG werden die grundlegenden Prinzipien der freiheitlichen demokratischen Grundordnung aufgeführt.
    Gem. § 51 Abs. 3 Satz 1 AO ist eine Steuervergünstigung auch ausgeschlossen, wenn die Körperschaft dem Gedanken der Völkerverständigung zuwiderhandelt. Diese Regelung nimmt Bezug auf § 3 Abs. 1 Nr. 4 BVerfSchG, der wiederum auf Artikel 9 Abs. 2 GG (gegen den Gedanken der Völkerverständigung gerichtete Bestrebungen) sowie Artikel 26 Abs. 1 GG (Störung des friedlichen Zusammenlebens der Völker) verweist. Im Rahmen des § 51 Abs. 3 Satz 1 AO sind die Leistungen einer Körperschaft für das Gemeinwohl nicht im Wege einer Gesamtschau gegen Anhaltspunkte für eine verfassungsfeindliche tatsächliche Geschäftsführung abzuwägen (BFH-Urteil vom 14. 3. 2018, V R 36/16, BStBl II S. 422).
10. Der Tatbestand des § 51 Abs. 3 Satz 2 AO ist nur bei solchen Organisationen erfüllt, die im Verfassungsschutzbericht des Bundes oder eines Landes für den zu beurteilenden Veranlagungszeitraum ausdrücklich als extremistisch eingestuft werden (BFH-Urteil vom

11. 4. 2012, I R 11/11, BStBl 2013 II S. 146). Die Widerlegung der Vermutung erfordert den vollen Beweis des Gegenteils; eine Erschütterung ist nicht ausreichend (BFH-Urteil vom 14. 3. 2018, V R 36/16, BStBl II S. 422). Hat das Finanzamt die Körperschaft bisher als steuerbegünstigt behandelt und wird später ein Verfassungsschutzbericht veröffentlicht, in dem die Körperschaft als extremistisch aufgeführt wird, kommt ggf. eine Änderung nach § 173 Abs. 1 Nr. 1 AO in Betracht.

11. Bei Organisationen, die nicht unter § 51 Abs. 3 Satz 2 AO fallen, ist eine Prüfung nach § 51 Abs. 3 Satz 1 AO vorzunehmen (vgl. Nr. 9 des AEAO zu § 51). Insbesondere eine Erwähnung als „Verdachtsfall" oder eine nur beiläufige Erwähnung im Verfassungsschutzbericht, aber auch sonstige Erkenntnisse bieten im Einzelfall Anlass zu weitergehenden Ermittlungen der Finanzbehörde, z. B. auch durch Nachfragen bei den Verfassungsschutzbehörden.

12. Die Finanzbehörden sind befugt und verpflichtet, den Verfassungsschutzbehörden Tatsachen i. S. d. § 51 Abs. 3 Satz 3 AO unabhängig davon mitzuteilen, welchen Besteuerungszeitraum diese Tatsachen betreffen.

Zu § 52 – Gemeinnützige Zwecke:

1. Die Gemeinnützigkeit einer Körperschaft setzt voraus, dass ihre Tätigkeit der Allgemeinheit zugute kommt (§ 52 Abs. 1 Satz 1 AO). Dies ist nicht gegeben, wenn der Kreis der geförderten Personen infolge seiner Abgrenzung, insbesondere nach räumlichen oder beruflichen Merkmalen, dauernd nur klein sein kann (§ 52 Abs. 1 Satz 2 AO). Hierzu gilt Folgendes:

1.1 Allgemeines

Ein Verein, dessen Tätigkeit in erster Linie seinen Mitgliedern zugute kommt (insbesondere Sportvereine und Vereine, die in § 52 Abs. 2 Satz 1 Nr. 23 AO genannte Freizeitbetätigungen fördern), fördert nicht die Allgemeinheit, wenn er den Kreis der Mitglieder durch hohe Aufnahmegebühren oder Mitgliedsbeiträge (einschließlich Mitgliedsumlagen) klein hält.

Bei einem Verein, dessen Tätigkeit in erster Linie seinen Mitgliedern zugute kommt, ist eine Förderung der Allgemeinheit i. S. d. § 52 Abs. 1 AO anzunehmen, wenn

a) die Mitgliedsbeiträge und Mitgliedsumlagen zusammen im Durchschnitt 1 023 € je Mitglied und Jahr und

b) die Aufnahmegebühren für die im Jahr aufgenommenen Mitglieder im Durchschnitt 1 534 € nicht übersteigen.

1.2 Investitionsumlage

Es ist unschädlich für die Gemeinnützigkeit eines Vereins, dessen Tätigkeit in erster Linie seinen Mitgliedern zugute kommt, wenn der Verein neben den o. a. Aufnahmegebühren und Mitgliedsbeiträgen (einschließlich sonstiger Mitgliedsumlagen) zusätzlich eine Investitionsumlage nach folgender Maßgabe erhebt:

Die Investitionsumlage darf höchstens 5 113 € innerhalb von zehn Jahren je Mitglied betragen. Die Mitglieder müssen die Möglichkeit haben, die Zahlung der Umlage auf bis zu zehn Jahresraten zu verteilen. Die Umlage darf nur für die Finanzierung konkreter Investitionsvorhaben verlangt werden. Unschädlich ist neben der zeitnahen Verwendung der Mittel für Investitionen auch die Ansparung für künftige Investitionsvorhaben im Rahmen von nach § 62 Abs. 1 Nr. 1 AO zulässigen Rücklagen und die Verwendung für die Tilgung von Darlehen, die für die Finanzierung von Investitionen aufgenommen worden sind. Die Erhebung von Investitionsumlagen kann auf neu eintretende Mitglieder (und ggf. nachzahlende Jugendliche, vgl. Nr. 1.3.1.2 des AEAO zu § 52) beschränkt werden.

Investitionsumlagen sind keine steuerlich abziehbaren Spenden.

1.3 Durchschnittsberechnung

Der durchschnittliche Mitgliedsbeitrag und die durchschnittliche Aufnahmegebühr sind aus dem Verhältnis der zu berücksichtigenden Leistungen der Mitglieder zu der Zahl der zu berücksichtigenden Mitglieder zu errechnen.

1.3.1 Zu berücksichtigende Leistungen der Mitglieder

1.3.1.1 Grundsatz

Zu den maßgeblichen Aufnahmegebühren bzw. Mitgliedsbeiträgen gehören alle Geld- und geldwerten Leistungen, die ein Bürger aufwenden muss, um in den Verein aufgenommen zu werden bzw. in ihm verbleiben zu können. Umlagen, die von den Mitgliedern erhoben werden, sind mit Ausnahme zulässiger Investitionsumlagen (vgl. Nr. 1.2 des AEAO zu § 52) bei der Berechnung der durchschnittlichen Aufnahmegebühren oder Mitgliedsbeiträge zu berücksichtigen.

1.3.1.2 Sonderentgelte und Nachzahlungen

So genannte Spielgeldvorauszahlungen, die im Zusammenhang mit der Aufnahme in den Verein zu entrichten sind, gehören zu den maßgeblichen Aufnahmegebühren. Sonderumlagen und Zusatzentgelte, die Mitglieder z. B. unter der Bezeichnung Jahresplatzbenutzungsgebühren zahlen müssen, sind bei der Durchschnittsberechnung als zusätzliche Mitgliedsbeiträge zu berücksichtigen.

Wenn jugendliche Mitglieder, die zunächst zu günstigeren Konditionen in den Verein aufgenommen worden sind, bei Erreichen einer Altersgrenze Aufnahmegebühren nachzuentrichten haben, sind diese im Jahr der Zahlung bei der Berechnung der durchschnittlichen Aufnahmegebühr zu erfassen.

1.3.1.3 Auswärtige Mitglieder

Mitgliedsbeiträge und Aufnahmegebühren, die auswärtige Mitglieder an andere gleichartige Vereine entrichten, sind nicht in die Durchschnittsberechnungen einzubeziehen. Dies gilt auch dann, wenn die Mitgliedschaft in dem anderen Verein Voraussetzung für die Aufnahme als auswärtiges Mitglied oder die Spielberechtigung in der vereinseigenen Sportanlage ist.

1.3.1.4 Juristische Personen und Unternehmen in anderer Rechtsform

Leistungen, die juristische Personen und Unternehmen in anderer Rechtsform für die Erlangung und den Erhalt der eigenen Mitgliedschaft in einem Verein aufwenden (so genannte Firmenmitgliedschaften), sind bei den Durchschnittsberechnungen nicht zu berücksichtigen (vgl. Nr. 1.3.2 des AEAO zu § 52).

1.3.1.5 Darlehen

Darlehen, die Mitglieder dem Verein im Zusammenhang mit ihrer Aufnahme in den Verein gewähren, sind nicht als zusätzliche Aufnahmegebühren zu erfassen. Wird das Darlehen zinslos oder zu einem günstigeren Zinssatz, als er auf dem Kapitalmarkt üblich ist, gewährt, ist der jährliche Zinsverzicht als zusätzlicher Mitgliedsbeitrag zu berücksichtigen. Dabei kann typisierend ein üblicher Zinssatz von 5,5 % angenommen werden (BFH-Urteil vom 13. 11. 1996, I R 152/93, BStBl 1998 II S. 711). Als zusätzlicher Mitgliedsbeitrag sind demnach pro Jahr bei einem zinslosen Darlehen 5,5 % des Darlehensbetrags und bei einem zinsgünstigen Darlehen der Betrag, den der Verein weniger als bei einer Verzinsung mit 5,5 % zu zahlen hat, anzusetzen.

Diese Grundsätze gelten auch, wenn Mitgliedsbeiträge oder Mitgliedsumlagen (einschließlich Investitionsumlagen) als Darlehen geleistet werden.

1.3.1.6 Beteiligung an Gesellschaften

Kosten für den zur Erlangung der Spielberechtigung notwendigen Erwerb von Geschäftsanteilen an einer Gesellschaft, die neben dem Verein besteht und die die Sportanlagen errichtet oder betreibt, sind mit Ausnahme des Agios nicht als zusätzliche Aufnahmegebühren zu erfassen.

Ein Sportverein kann aber mangels Unmittelbarkeit dann nicht als gemeinnützig behandelt werden, wenn die Mitglieder die Sportanlagen des Vereins nur bei Erwerb einer Nutzungsberechtigung von einer neben dem Verein bestehenden Gesellschaft nutzen dürfen.

1.3.1.7 Spenden

Wenn Bürger im Zusammenhang mit der Aufnahme in einen Sportverein als Spenden bezeichnete Zahlungen an den Verein leisten, ist zu prüfen, ob es sich dabei um freiwillige unentgeltliche Zuwendungen, d. h. um Spenden, oder um Sonderzahlungen handelt, zu deren Leistung die neu eintretenden Mitglieder verpflichtet sind.

Sonderzahlungen sind in die Berechnung der durchschnittlichen Aufnahmegebühr einzubeziehen. Dies gilt auch, wenn kein durch die Satzung oder durch Beschluss der Mitgliederversammlung festgelegter Rechtsanspruch des Vereins besteht, die Aufnahme in den Verein aber faktisch von der Leistung einer Sonderzahlung abhängt.

Eine faktische Verpflichtung ist regelmäßig anzunehmen, wenn mehr als 75 % der neu eingetretenen Mitglieder neben der Aufnahmegebühr eine gleich oder ähnlich hohe Sonderzahlung leisten. Dabei bleiben passive oder fördernde, jugendliche und auswärtige Mitglieder sowie Firmenmitgliedschaften außer Betracht. Für die Beurteilung der Frage, ob die Sonderzahlungen der neu aufgenommenen Mitglieder gleich oder ähnlich hoch sind, sind die von dem Mitglied innerhalb von drei Jahren nach seinem Aufnahmeantrag oder, wenn zwischen dem Aufnahmeantrag und der Aufnahme in den Verein ein ungewöhnlich langer Zeitraum liegt, nach seiner Aufnahme geleisteten Sonderzahlungen, soweit es sich dabei nicht um von allen Mitgliedern erhobene Umlagen handelt, zusammenzurechnen.

Die 75 %-Grenze ist eine widerlegbare Vermutung für das Vorliegen von Pflichtzahlungen. Maßgeblich sind die tatsächlichen Verhältnisse des Einzelfalls. Sonderzahlungen sind deshalb auch dann als zusätzliche Aufnahmegebühren zu behandeln, wenn sie zwar von weniger als 75 % der neu eingetretenen Mitglieder geleistet werden, diese Mitglieder aber nach den Umständen des Einzelfalls zu den Zahlungen nachweisbar verpflichtet sind.

Die vorstehenden Grundsätze einschließlich der 75 %-Grenze gelten für die Abgrenzung zwischen echten Spenden und Mitgliedsumlagen entsprechend. Pflichtzahlungen sind in diesem Fall in die Berechnung des durchschnittlichen Mitgliedsbeitrags einzubeziehen.

Nicht bei der Durchschnittsberechnung der Aufnahmegebühren und Mitgliedsbeiträge zu berücksichtigen sind Pflichteinzahlungen in eine zulässige Investitionsumlage (vgl. Nr. 1.2 des AEAO zu § 52).

Für Leistungen, bei denen es sich um Pflichtzahlungen (z. B. Aufnahmegebühren, Mitgliedsbeiträge, Ablösezahlungen für Arbeitsleistungen und Umlagen einschließlich Investitionsumlagen) handelt, dürfen keine Zuwendungsbestätigungen i. S. d. § 50 EStDV ausgestellt werden. Die Grundsätze des BFH-Urteils vom 13.12.1978, I R 39/78, BStBl 1979 II S. 482 sind nicht anzuwenden, soweit sie mit den vorgenannten Grundsätzen nicht übereinstimmen.

1.3.2 Zu berücksichtigende Mitglieder

Bei der Berechnung des durchschnittlichen Mitgliedsbeitrags ist als Divisor die Zahl der Personen anzusetzen, die im Veranlagungszeitraum (Kalenderjahr) Mitglieder des Vereins waren. Dabei sind auch die Mitglieder zu berücksichtigen, die im Laufe des Jahres aus dem Verein ausgetreten oder in ihn aufgenommen worden sind. Voraussetzung ist, dass eine Dauermitgliedschaft bestanden hat bzw. die Mitgliedschaft auf Dauer angelegt ist.

Divisor bei der Berechnung der durchschnittlichen Aufnahmegebühr ist die Zahl der Personen, die in dem Veranlagungszeitraum auf Dauer neu in den Verein aufgenommen worden sind. Bei den Berechnungen sind grundsätzlich auch die fördernden oder passiven, jugendlichen und auswärtigen Mitglieder zu berücksichtigen. Unter auswärtigen Mitgliedern sind regelmäßig Mitglieder zu verstehen, die ihren Wohnsitz außerhalb des Einzugsgebiets des Vereins haben und/oder bereits ordentliches

Mitglied in einem gleichartigen anderen Sportverein sind und die deshalb keine oder geringere Mitgliedsbeiträge oder Aufnahmegebühren zu zahlen haben. Nicht zu erfassen sind juristische Personen oder Firmen in anderer Rechtsform sowie die natürlichen Personen, die infolge der Mitgliedschaft dieser Organisationen Zugang zu dem Verein haben.

Die nicht aktiven Mitglieder sind nicht zu berücksichtigen, wenn der Verein ihre Einbeziehung in die Durchschnittsberechnung missbräuchlich ausnutzt. Dies ist z. B. anzunehmen, wenn die Zahl der nicht aktiven Mitglieder ungewöhnlich hoch ist oder festgestellt wird, dass im Hinblick auf die Durchschnittsberechnung gezielt nicht aktive Mitglieder beitragsfrei oder gegen geringe Beiträge aufgenommen worden sind. Entsprechendes gilt für die Einbeziehung auswärtiger Mitglieder in die Durchschnittsberechnung.

2. Bei § 52 Abs. 2 AO handelt es sich grundsätzlich um eine abschließende Aufzählung gemeinnütziger Zwecke. Die Allgemeinheit kann allerdings auch durch die Verfolgung von Zwecken, die hinsichtlich der Merkmale, die ihre steuerrechtliche Förderung rechtfertigen, mit den in § 52 Abs. 2 AO aufgeführten Zwecken identisch sind, gefördert werden.

2.1 Jugendliche i. S. d. § 52 Abs. 2 Satz 1 Nr. 4 AO bzw. des § 68 Nr. 1 Buchstabe b AO sind alle Personen vor Vollendung des 27. Lebensjahres.

2.2 Die Förderung von Kunst und Kultur umfasst die Bereiche der Musik, der Literatur, der darstellenden und bildenden Kunst und schließt die Förderung von kulturellen Einrichtungen, wie Theater und Museen, sowie von kulturellen Veranstaltungen, wie Konzerte und Kunstausstellungen, ein. Zur Förderung von Kunst und Kultur gehört auch die Förderung der Pflege und Erhaltung von Kulturwerten. Kulturwerte sind Gegenstände von künstlerischer und sonstiger kultureller Bedeutung, Kunstsammlungen und künstlerische Nachlässe, Bibliotheken, Archive sowie andere vergleichbare Einrichtungen. Das Vorführen von Filmen allein ist noch keine gemeinnützige Tätigkeit. Die Gemeinnützigkeit kommunaler Kinos ist jedoch zu bejahen, wenn bestimmte zusätzliche Kriterien erfüllt sind. Hierzu zählt, ob ein kommunaler Kinoverein öffentliche Zuschüsse erhält, ob er in die gesamte Kulturarbeit der Kommune integriert ist, ob sich das Programm inhaltlich, konzeptionell und formal von etwa vorhandenen gewerblichen Kinos am Ort unterscheidet, ob die Filme in bestimmten Sachzusammenhängen gezeigt und ob sie inhaltlich aufbereitet werden, z. B. durch begleitende Vorträge. Dabei reicht es aus, wenn ein kommunaler Kinoverein einige der genannten Kriterien erfüllt. Auf die künstlerische Qualität der einzelnen gezeigten Filme kommt es nicht an.

2.3 Die Förderung der Denkmalpflege bezieht sich auf die Erhaltung und Wiederherstellung von Bau- und Bodendenkmälern, die nach den jeweiligen landesrechtlichen Vorschriften anerkannt sind. Die Anerkennung ist durch eine Bescheinigung der zuständigen Stelle nachzuweisen.

2.4 Vereine, deren satzungsmäßiger Zweck die Förderung der nichtgewerblichen Fischerei ist (Anglervereine), können unter dem Gesichtspunkt der Förderung des Naturschutzes und der Landschaftspflege als gemeinnützig i. S. d. § 52 AO anerkannt werden. Ihre Tätigkeit ist im Wesentlichen auf die einheitliche Ausrichtung und Vertretung der Mitgliederinteressen bei der Hege und Pflege des Fischbestandes in den Gewässern in Verbindung mit Maßnahmen zum Schutz und zur Reinhaltung dieser Gewässer, sowie die Erhaltung der Schönheit und Ursprünglichkeit der Gewässer i. S. d. Naturschutzes und der Landschaftspflege gerichtet. Wettfischveranstaltungen sind grundsätzlich als nicht mit dem Tierschutzgesetz und mit der Gemeinnützigkeit vereinbar anzusehen.

Fischen und Angeln bedarf in jedem Fall einer besonderen Genehmigung, für private Gewässer der des Eigentümers, für öffentliche Gewässer der der zuständigen öffentlichen Körperschaft (z. B. Gemeinde). Der Verkauf von Angelkarten durch Vereine an Vereinsmitglieder wird im Rahmen eines steuerbegünstigten wirtschaftlichen Geschäftsbetriebs (= Zweckbetrieb) durchgeführt. Der Verkauf von Angelkarten an Nicht-

mitglieder hingegen stellt einen steuerpflichtigen wirtschaftlichen Geschäftsbetrieb dar.
2.5 Zur Förderung des Andenkens an Verfolgte, Kriegs- und Katastrophenopfer gehört auch die Errichtung von Ehrenmalen und Gedenkstätten.
Zur Förderung der Tier- bzw. Pflanzenzucht gehört auch die Förderung der Erhaltung vom Aussterben bedrohter Nutztierrassen und Nutzpflanzen.
Die Förderung des Einsatzes für nationale Minderheiten i. S. d. durch Deutschland ratifizierten Rahmenabkommens zum Schutz nationaler Minderheiten und die Förderung des Einsatzes für die gem. der von Deutschland ratifizierten Charta der Regional- und Minderheitensprachen geschützten Sprachen sind – je nach Betätigung im Einzelnen – Förderung von Kunst und Kultur, Förderung der Heimatpflege und Heimatkunde oder Förderung des traditionellen Brauchtums. Bei den nach der Charta geschützten Sprachen handelt es sich um die Regionalsprache Niederdeutsch sowie die Minderheitensprachen Dänisch, Friesisch, Sorbisch und das Romanes der deutschen Sinti und Roma.
Für die Gemeinnützigkeit eines Vertriebenenverbands ist es unschädlich, wenn er nach seiner Satzung allgemein – im Sinne einer Wiederherstellung der allgemeinen Gerechtigkeit – auch Zwecke wie „Wiedergutmachung des Vertreibungsunrechts" oder „Rückgabe des konfiszierten Vermögens auf der Basis eines gerechten Ausgleichs" fördert. Bei derartigen Formulierungen in der Satzung kann angenommen werden, dass sich der Verband bei seiner Betätigung im Rahmen des gemeinnützigen Zwecks „Fürsorge für Vertriebene" hält und die Verfolgung individueller Rechtsansprüche der Mitglieder nicht Satzungszweck ist.
Zu beanstanden sind jedoch Formulierungen, die nach Satzungszweck z. B. mit „Anspruch der Volksgruppen und der einzelnen Landsleute auf Rückerstattung des geraubten Vermögens und die sich daraus ergebenden Entschädigungsansprüche zu vertreten" definieren. Vertriebenenverbände mit diesem oder einem ähnlich formulierten Satzungszweck können nicht als gemeinnützig behandelt werden, weil sie gegen die Gebote der Ausschließlichkeit (§ 56 AO) und der Selbstlosigkeit (§ 55 AO) verstoßen.
Satzungszwecke wie „Wiedervereinigung mit den Vertreibungsgebieten" oder „Eingliederung der Vertreibungsgebiete" sind ebenfalls schädlich für die Gemeinnützigkeit eines Vertriebenenverbandes. Die Verfolgung dieser Ziele ist keine Förderung der Allgemeinheit, weil solche Bestrebungen im Widerspruch zu den völkerrechtlich verbindlichen Verträgen der Bundesrepublik Deutschland mit ihren östlichen Nachbarstaaten und zum Grundgesetz stehen (vgl. BFH-Beschluss vom 16. 10. 1991, I B 16/91, BFH/NV 1992 S. 505).
2.6 Unter dem Begriff „bürgerschaftliches Engagement" versteht man eine freiwillige, nicht auf das Erzielen eines persönlichen materiellen Gewinns gerichtete, auf die Förderung der Allgemeinheit hin orientierte, kooperative Tätigkeit. Die Anerkennung der Förderung des bürgerschaftlichen Engagements zugunsten gemeinnütziger, mildtätiger und kirchlicher Zwecke dient der Hervorhebung der Bedeutung, die ehrenamtlicher Einsatz für unsere Gesellschaft hat. Eine Erweiterung der gemeinnützigen Zwecke ist damit nicht verbunden.
2.7 Durch § 52 Abs. 2 Satz 2 AO wird die Möglichkeit eröffnet, Zwecke auch dann als gemeinnützig anzuerkennen, wenn diese nicht unter den Katalog des § 52 Abs. 2 Satz 1 AO fallen. Die Anerkennung der Gemeinnützigkeit solcher gesellschaftlicher Zwecke wird bundeseinheitlich abgestimmt. Satz 2 gilt auch für den Fall, dass die zuständige Finanzbehörde den Antrag ablehnen möchte, es sei denn es ergibt sich aus anderen, nicht aus der Regelung des § 52 Abs. 2 Satz 2 AO resultierenden Gründen, dass der Antragsteller die Voraussetzungen der Gemeinnützigkeit nicht erfüllt.
2.8 Folgende Zwecke wurden als vergleichbare Zwecke i. S. d. § 52 Abs. 2 Satz 2 AO anerkannt:
– Turnierbridge nach dem Regelwerk der World Bridge Federation (BFH-Urteil vom 9. 2. 2017, V R 70/14, BStBl II S. 1106).

3. Internetvereine können wegen Förderung der Volksbildung als gemeinnützig anerkannt werden, sofern ihr Zweck nicht der Förderung der (privat betriebenen) Datenkommunikation durch Zurverfügungstellung von Zugängen zu Kommunikationsnetzwerken sowie durch den Aufbau, die Förderung und den Unterhalt entsprechender Netze zur privaten und geschäftlichen Nutzung durch die Mitglieder oder andere Personen dient.

- Freiwilligenagenturen sind Körperschaften, die Menschen für freiwilliges, unentgeltliches Engagement bei steuerbegünstigten Körperschaften oder Körperschaften des öffentlichen Rechts qualifizieren und ihnen die entsprechenden Tätigkeiten vermitteln. Sie treten auch unter anderen Bezeichnungen auf, z. B. Freiwilligenzentren oder Ehrenamtsbörsen. Freiwilligenagenturen können regelmäßig wegen der Förderung der Bildung (§ 52 Abs. 2 Satz 1 Nr. 1 AO) als gemeinnützig behandelt werden, weil das Schwergewicht ihrer Tätigkeit in der Aus- und Weiterbildung der Freiwilligen liegt. Die Vermittlung der Freiwilligen in das gewünschte Betätigungsfeld ist lediglich Endpunkt und Abschluss eines Qualifizierungsprozesses, nicht jedoch der vorrangige und überwiegende Tätigkeitsbereich. Erhält eine Freiwilligenagentur im Zusammenhang mit der Vermittlung von Freiwilligen ein Entgelt für ihre Leistungen, liegt ein wirtschaftlicher Geschäftsbetrieb i. S. d. § 14 AO vor, der sowohl die Ausbildungsleistung als auch die Vermittlung umfasst. Der wirtschaftliche Geschäftsbetrieb ist als Zweckbetrieb (§ 65 AO) zu behandeln, weil das Entgelt für die Gesamtleistung – mit Schwergewicht bei der Ausbildung – gezahlt wird.

4. Erfinderclubs verfolgen in der Regel die Förderung von Bildung nach § 52 Abs. 2 Satz 1 Nr. 7 AO. Eine Anerkennung der Gemeinnützigkeit wegen der Förderung der Forschung nach § 52 Abs. 2 Satz 1 Nr. 1 AO ist nur dann möglich, wenn der Verein selbst forscht (Gebot der Unmittelbarkeit, § 57 AO).

Nicht gemeinnützig ist die Förderung einer eigenen gewerblichen Tätigkeit oder die Förderung der gewerblichen Tätigkeit der Mitglieder. Es ist entscheidend, dass es sich bei dem Verein nicht lediglich um einen Zusammenschluss von Personen handelt, die durch Erfindungen, Patente und ihre Verwertung persönliche Einkünfte erzielen wollen. Die für die Gemeinnützigkeit geforderte Selbstlosigkeit eines Erfindervereins schließt zwar ein gewisses Eigeninteresse der Mitglieder an der Vereinstätigkeit nicht aus, allerdings verstößt die Verfolgung von vorwiegend eigenwirtschaftlichen Interessen gegen das Gebot der Selbstlosigkeit nach § 55 Abs. 1 AO. An der gebotenen Selbstlosigkeit fehlt es, wenn der Verein nach seiner Satzung die Patentierung und Verwertung von Erfindungen seiner Mitglieder fördert, sie also bei einem im Grundsatz gewerblichen Tätigkeit unterstützt. Dies gilt auch, wenn der Verein die Patente für seine Mitglieder anmeldet und hält. Unschädlich ist die allgemeine Information der Mitglieder, z. B. durch Lehrveranstaltungen oder Merkblätter zum Patentrecht.

Bei einem Verein, der selbst forscht, ist es unschädlich für die Steuerbegünstigung, wenn er Forschungsergebnisse zum Patent anmeldet. Er muss die Forschungsergebnisse aber veröffentlichen und damit der Allgemeinheit zugänglich machen. Erlegt die Satzung den Mitgliedern eine Geheimhaltungsverpflichtung auf, ist dies ein Indiz dafür, dass nicht die Allgemeinheit, sondern (nur oder in erster Linie) die Mitglieder gefördert werden sollen.

Eine gemeinnützigkeitskonforme Zweckverwirklichung kann beispielhaft durch folgende Maßnahmen erfolgen:
– Förderung des Wissens über den Zusammenhang zwischen Erfindungen, Schutzrechten und Innovationen,
– Förderung des Erfahrungsaustausches im Zusammenhang mit Erfindungen, Innovationen und Patenten sowie
– Öffentlichkeitsarbeit; Durchführung von Veranstaltungen, Fortbildungsmaßnahmen, Vorhaben, Projekten, die den satzungsmäßigen Zwecken (und nicht nur Einzelnen) dienen.

5. Bei Körperschaften, die Privatschulen betreiben oder unterstützen, ist zwischen Ersatzschulen und Ergänzungsschulen zu unterscheiden. Die Förderung der Allgemeinheit ist bei Ersatzschulen stets anzunehmen, weil die zuständigen Landesbehörden die Errichtung und

den Betrieb einer Ersatzschule nur dann genehmigen dürfen, wenn eine Sonderung der Schüler nach den Besitzverhältnissen der Eltern nicht gefördert wird (Art. 7 Abs. 4 Satz 3 GG und die Privatschulgesetze der Länder). Bei Ergänzungsschulen kann eine Förderung der Allgemeinheit dann angenommen werden, wenn in der Satzung der Körperschaft festgelegt ist, dass bei mindestens 25 % der Schüler keine Sonderung nach den Besitzverhältnissen der Eltern i. S. d. Art. 7 Abs. 4 Satz 3 GG und der Privatschulgesetze der Länder vorgenommen werden darf.

6. Nachbarschaftshilfevereine, Tauschringe und ähnliche Körperschaften, deren Mitglieder kleinere Dienstleistungen verschiedenster Art gegenüber anderen Vereinsmitgliedern erbringen (z. B. kleinere Reparaturen, Hausputz, Kochen, Kinderbetreuung, Nachhilfeunterricht, häusliche Pflege) sind grundsätzlich nicht gemeinnützig, weil regelmäßig durch die gegenseitige Unterstützung in erster Linie eigenwirtschaftliche Interessen ihrer Mitglieder gefördert werden und damit gegen den Grundsatz der Selbstlosigkeit (§ 55 Abs. 1 AO) verstoßen wird. Solche Körperschaften können jedoch gemeinnützig sein, wenn sich ihre Tätigkeit darauf beschränkt, alte und hilfebedürftige Menschen in Verrichtungen des täglichen Lebens zu unterstützen und damit die Altenhilfe gefördert bzw. mildtätige Zwecke (§ 53 AO) verfolgt werden. Soweit sich der Zweck der Körperschaften zusätzlich auf die Erteilung von Nachhilfeunterricht und Kinderbetreuung erstreckt, können sie auch wegen Förderung der Jugendhilfe anerkannt werden. Voraussetzung für die Anerkennung der Gemeinnützigkeit solcher Körperschaften ist, dass die aktiven Mitglieder ihre Dienstleistungen als Hilfspersonen der Körperschaft (§ 57 Abs. 1 Satz 2 AO) ausüben.

Vereine, deren Zweck die Förderung esoterischer Heilslehren ist, z. B. Reiki-Vereine, können nicht wegen Förderung des öffentlichen Gesundheitswesens oder der öffentlichen Gesundheitspflege als gemeinnützig anerkannt werden.

7. Ein wesentliches Element des Sports (§ 52 Abs. 2 Satz 1 Nr. 21 AO) ist die körperliche Ertüchtigung. Motorsport fällt unter den Begriff des Sports (BFH-Urteil vom 29.10.1997, I R 13/97, BStBl 1998 II S. 9), ebenso Ballonfahren. Dagegen sind Skat (BFH-Urteil vom 17.2.2000, I R 108, 109/98, BFH/NV S. 1071), Bridge, Gospiel, Gotcha, Paintball, IPSC-Schießen und Tipp-Kick kein Sport i. S. d. Gemeinnützigkeitsrechts. Dies gilt auch für Amateurfunk, Modellflug und Hundesport, die jedoch eigenständige gemeinnützige Zwecke sind (§ 52 Abs. 2 Satz 1 Nr. 23 AO). Schützenvereine können auch dann als gemeinnützig anerkannt werden, wenn sie nach ihrer Satzung neben dem Schießsport (als Hauptzweck) auch das Schützenbrauchtum (vgl. Nr. 12 des AEAO zu § 52) fördern. Die Durchführung von volksfestartigen Schützenfesten ist kein gemeinnütziger Zweck.

8. Die Förderung des bezahlten Sports ist kein gemeinnütziger Zweck, weil dadurch eigenwirtschaftliche Zwecke der bezahlten Sportler gefördert werden. Sie ist aber unter bestimmten Voraussetzungen unschädlich für die Gemeinnützigkeit eines Sportvereins (s. § 58 Nr. 8 AO und § 67a AO).

9. Eine steuerbegünstigte allgemeine Förderung des demokratischen Staatswesens ist nur dann gegeben, wenn sich die Körperschaft umfassend mit den demokratischen Grundprinzipien befasst und diese objektiv und neutral würdigt. Ist hingegen Zweck der Körperschaft die politische Bildung, der es auf der Grundlage der Normen und Vorstellungen einer rechtsstaatlichen Demokratie um die Schaffung und Förderung politischer Wahrnehmungsfähigkeit und politischen Verantwortungsbewusstseins geht, liegt Volksbildung vor. Diese muss nicht nur in theoretischer Unterweisung bestehen, sie kann auch durch den Aufruf zu konkreter Handlung ergänzt werden. Keine politische Bildung ist demgegenüber die einseitige Agitation, die unkritische Indoktrination oder die parteipolitisch motivierte Einflussnahme (BFH-Urteil vom 23.9.1999, XI R 63/98, BStBl 2000 II S. 200).

10. Die Förderung von Freizeitaktivitäten außerhalb des Bereichs des Sports ist nur dann als Förderung der Allgemeinheit anzuerkennen, wenn die Freizeitaktivitäten hinsichtlich der Merkmale, die ihre steuerrechtliche Förderung rechtfertigen, mit den im Katalog des § 52 Abs. 2 Satz 1 Nr. 23 AO genannten Freizeitgestaltungen identisch sind. Es reicht nicht aus, dass die Freizeitgestaltung sinnvoll und einer der in § 52 Abs. 2 Satz 1 Nr. 23 AO genannten

A. I. Zu § 52 AO

ähnlich ist (BFH-Urteil vom 14. 9. 1994, I R 153/93, BStBl 1995 II S. 499). Die Förderung des Baus und Betriebs von Schiffs-, Auto-, Eisenbahn- und Drachenflugmodellen ist identisch im vorstehenden Sinne mit der Förderung des Modellflugs, die Förderung des CB-Funkens mit der Förderung des Amateurfunkens. Diese Zwecke sind deshalb als gemeinnützig anzuerkennen. Nicht identisch im vorstehenden Sinne mit den in § 52 Abs. 2 Satz 1 Nr. 23 AO genannten Freizeitaktivitäten und deshalb nicht als eigenständige gemeinnützige Zwecke anzuerkennen sind z. B. die Förderung des Amateurfilmens und -fotografierens, des Kochens, von Brett- und Kartenspielen und des Sammelns von Gegenständen, wie Briefmarken, Münzen und Autogrammkarten, sowie die Tätigkeit von Reise- und Touristik-, Sauna-, Geselligkeits-, Kosmetik- und Oldtimer-Vereinen. Bei Vereinen, die das Amateurfilmen und -fotografieren fördern, und bei Oldtimer-Vereinen kann aber eine Steuerbegünstigung wegen der Förderung von Kunst oder (technischer) Kultur in Betracht kommen.

11. Obst- und Gartenbauvereine fördern i. d. R. die Pflanzenzucht i. S. d. § 52 Abs. 2 Satz 1 Nr. 23 AO. Die Förderung der Bonsaikunst ist Pflanzenzucht, die Förderung der Aquarien- und Terrarienkunde ist Tierzucht i. S. d. Vorschrift.

12. Historische Schützenbruderschaften können wegen der Förderung der Brauchtumspflege (vgl. Nr. 7 des AEAO zu § 52), Freizeitwinzervereine wegen der Förderung der Heimatpflege, die Teil der Brauchtumspflege ist, als gemeinnützig behandelt werden. Dies gilt auch für Junggesellen- und Burschenvereine, die das traditionelle Brauchtum einer bestimmten Region fördern, z. B. durch das Setzen von Maibäumen (Maiclubs). Die besondere Nennung des traditionellen Brauchtums als gemeinnütziger Zweck in § 52 Abs. 2 Satz 1 Nr. 23 AO bedeutet jedoch keine allgemeine Ausweitung des Brauchtumsbegriffs i. S. d. Gemeinnützigkeitsrechts. Studentische Verbindungen, z. B. Burschenschaften, ähnliche Vereinigungen, z. B. Landjugendvereine, Country- und Westernvereine und Vereine, deren Hauptzweck die Veranstaltung von örtlichen Volksfesten (z. B. Kirmes, Kärwa, Schützenfest) ist, sind deshalb i. d. R. nicht gemeinnützig.

13. Bei Tier- und Pflanzenzuchtvereinen, Freizeitwinzervereinen sowie Junggesellen- oder Burschenvereinen ist besonders auf die Selbstlosigkeit (§ 55 AO) und die Ausschließlichkeit (§ 56 AO) zu achten. Eine Körperschaft ist z. B. nicht selbstlos tätig, wenn sie in erster Linie eigenwirtschaftliche Zwecke ihrer Mitglieder fördert. Sie verstößt z. B. gegen das Gebot der Ausschließlichkeit, wenn die Durchführung von Festveranstaltungen (z. B. Winzerfest, Maiball) Satzungszweck ist. Bei der Prüfung der tatsächlichen Geschäftsführung von Freizeitwinzer-, Junggesellen- und Burschenvereinen ist außerdem besonders darauf zu achten, dass die Förderung der Geselligkeit nicht im Vordergrund der Vereinstätigkeit steht.

14. Soldaten- und Reservistenvereine verfolgen i. d. R. gemeinnützige Zwecke i. S. d. § 52 Abs. 2 Satz 1 Nr. 23 AO, wenn sie aktive und ehemalige Wehrdienstleistende, Zeit- und Berufssoldaten betreuen, z. B. über mit dem Soldatsein zusammenhängende Fragen beraten, Möglichkeiten zu sinnvoller Freizeitgestaltung bieten oder beim Übergang in das Zivilleben helfen. Die Pflege der Tradition durch Soldaten- und Reservistenvereine ist weder steuerbegünstigte Brauchtumspflege noch Betreuung von Soldaten und Reservisten i. S. d. § 52 Abs. 2 Satz 1 Nr. 23 AO. Die Förderung der Kameradschaft kann neben einem steuerbegünstigten Zweck als Vereinszweck genannt werden, wenn sich aus der Satzung ergibt, dass damit lediglich eine Verbundenheit der Vereinsmitglieder angestrebt wird, die aus der gemeinnützigen Vereinstätigkeit folgt (BFH-Urteil vom 11. 3. 1999, V R 57, 58/96, BStBl II S. 331).

15. Einrichtungen, die mit ihrer Tätigkeit auf die Erholung arbeitender Menschen ausgerichtet sind (z. B. der Betrieb von Freizeiteinrichtungen wie Campingplätze oder Bootsverleihe), können nicht als gemeinnützig anerkannt werden, es sei denn, dass das Gewähren von Erholung einem besonders schutzwürdigen Personenkreis (z. B. Kranken oder der Jugend) zugute kommt oder in einer bestimmten Art und Weise (z. B. auf sportlicher Grundlage) vorgenommen wird (BFH-Urteile vom 22. 11. 1972, I R 21/71, BStBl 1973 II S. 251, und vom 30. 9. 1981, III R 2/80, BStBl 1982 II S. 148). Wegen Erholungsheimen wird auf § 68 Nr. 1 Buchstabe a AO hingewiesen.

16. Politische Zwecke (Beeinflussung der politischen Meinungsbildung, Förderung politischer Parteien u. dgl.) zählen grundsätzlich nicht zu den gemeinnützigen Zwecken i. S. d. § 52 AO. Eine gewisse Beeinflussung der politischen Meinungsbildung schließt jedoch die Gemeinnützigkeit nicht aus (BFH-Urteil vom 29. 8. 1984, I R 203/81, BStBl II S. 844). Eine politische Tätigkeit ist danach unschädlich für die Gemeinnützigkeit, wenn eine gemeinnützige Tätigkeit nach den Verhältnissen im Einzelfall zwangsläufig mit einer politischen Zielsetzung verbunden ist und die unmittelbare Einwirkung auf die politischen Parteien und die staatliche Willensbildung gegenüber der Förderung des gemeinnützigen Zwecks weit in den Hintergrund tritt. Eine Körperschaft fördert deshalb auch dann ausschließlich ihren steuerbegünstigten Zweck, wenn sie gelegentlich zu tagespolitischen Themen im Rahmen ihres Satzungszwecks Stellung nimmt. Entscheidend ist, dass die Tagespolitik nicht Mittelpunkt der Tätigkeit der Körperschaft ist oder wird, sondern der Vermittlung der steuerbegünstigten Ziele der Körperschaft dient (BFH-Urteil vom 23. 11. 1988, I R 11/88, BStBl 1989 II S. 391).

Dagegen ist die Gemeinnützigkeit zu versagen, wenn ein politischer Zweck als alleiniger oder überwiegender Zweck in der Satzung einer Körperschaft festgelegt ist oder die Körperschaft tatsächlich ausschließlich oder überwiegend einen politischen Zweck verfolgt.

Zu § 53 — Mildtätige Zwecke:

1. Der Begriff „mildtätige Zwecke" umfasst auch die Unterstützung von Personen, die wegen ihres seelischen Zustands hilfebedürftig sind. Das hat beispielsweise für die Telefonseelsorge Bedeutung.
2. Völlige Unentgeltlichkeit der mildtätigen Zuwendung wird nicht verlangt. Die mildtätige Zuwendung darf nur nicht des Entgelts wegen erfolgen.
3. Eine Körperschaft, zu deren Satzungszwecken die Unterstützung von hilfebedürftigen Verwandten der Mitglieder, Gesellschafter, Genossen oder Stifter gehört, kann nicht als steuerbegünstigt anerkannt werden. Bei einer derartigen Körperschaft steht nicht die Förderung mildtätiger Zwecke, sondern die Förderung der Verwandtschaft im Vordergrund. Ihre Tätigkeit ist deshalb nicht, wie es § 53 AO verlangt, auf die selbstlose Unterstützung hilfebedürftiger Personen gerichtet. Dem steht bei Stiftungen § 58 Nr. 6 AO nicht entgegen. Diese Vorschrift ist lediglich eine Ausnahme von dem Gebot der Selbstlosigkeit (§ 55 AO), begründet aber keinen eigenständigen gemeinnützigen Zweck. Bei der tatsächlichen Geschäftsführung ist die Unterstützung von hilfebedürftigen Angehörigen grundsätzlich nicht schädlich für die Steuerbegünstigung. Die Verwandtschaft darf jedoch kein Kriterium für die Förderleistungen der Körperschaft sein.
4. Hilfen nach § 53 Nr. 1 AO (Unterstützung von Personen, die infolge ihres körperlichen, geistigen oder seelischen Zustands auf die Hilfe anderer angewiesen sind) dürfen ohne Rücksicht auf die wirtschaftliche Unterstützungsbedürftigkeit gewährt werden. Bei der Beurteilung der Bedürftigkeit i. S. d. § 53 Nr. 1 AO kommt es nicht darauf an, dass die Hilfebedürftigkeit dauernd oder für längere Zeit besteht. Hilfeleistungen wie beispielsweise „Essen auf Rädern" können daher steuerbegünstigt durchgeführt werden. Bei Personen, die das 75. Lebensjahr vollendet haben, kann körperliche Hilfebedürftigkeit ohne weitere Nachprüfung angenommen werden.
5. § 53 Nr. 2 AO legt die Grenzen der wirtschaftlichen Hilfebedürftigkeit fest. Danach können ohne Verlust der Steuerbegünstigung Personen unterstützt werden, deren Bezüge das Vierfache, beim Alleinstehenden oder Alleinerziehenden das Fünffache des Regelsatzes der Sozialhilfe i. S. d. § 28 SGB XII (jeweilige Regelbedarfsstufe) nicht übersteigen. Etwaige Mehrbedarfszuschläge zum Regelsatz sind nicht zu berücksichtigen. Leistungen für die Unterkunft werden nicht gesondert berücksichtigt. Für die Begriffe „Einkünfte" und „Bezüge" sind die Ausführungen R 33a.1 EStR maßgeblich.
6. Zu den Bezügen i. S. d. § 53 Nr. 2 AO zählen neben den Einkünften i. S. d. § 2 Abs. 1 EStG auch alle anderen für die Bestreitung des Unterhalts bestimmten oder geeigneten Bezüge aller

Haushaltsangehörigen. Hierunter fallen auch solche Einnahmen, die im Rahmen der steuerlichen Einkunftsermittlung nicht erfasst werden, also sowohl nicht steuerbare als auch für steuerfrei erklärte Einnahmen (BFH-Urteil vom 2.8.1974, VI R 148/71, BStBl 1975 II S. 139). Gezahlte und empfangene Unterhaltsleistungen sind bei der Einkommensberechnung zu berücksichtigen.

Bei der Beurteilung der wirtschaftlichen Hilfebedürftigkeit von unverheirateten minderjährigen Schwangeren und minderjährigen Müttern, die ihr leibliches Kind bis zur Vollendung seines 6. Lebensjahres betreuen, und die dem Haushalt ihrer Eltern oder eines Elternteils angehören, sind die Bezüge und das Vermögen der Eltern oder des Elternteils nicht zu berücksichtigen.

7. Bei Renten zählt der über den von § 53 Nr. 2 Satz 4 Buchstabe a AO erfassten Anteil hinausgehende Teil der Rente zu den Bezügen i. S. d. § 53 Nr. 2 Satz 4 Buchstabe b AO.

8. Bei der Feststellung der Bezüge i. S. d. § 53 Nr. 2 Satz 4 Buchstabe b AO sind aus Vereinfachungsgründen insgesamt 180 € im Kalenderjahr abzuziehen, wenn nicht höhere Aufwendungen, die in wirtschaftlichem Zusammenhang mit den entsprechenden Einnahmen stehen, nachgewiesen oder glaubhaft gemacht werden.

9. Als Vermögen, das zur nachhaltigen Verbesserung des Unterhalts ausreicht und dessen Verwendung für den Unterhalt zugemutet werden kann (§ 53 Nr. 2 Satz 2 AO), ist in der Regel ein Vermögen mit einem gemeinen Wert (Verkehrswert) von mehr als 15 500 € anzusehen. Dabei bleiben außer Ansatz:
   - Vermögensgegenstände, deren Veräußerung offensichtlich eine Verschleuderung bedeuten würde oder die einen besonderen Wert, z. B. Erinnerungswert, für die unterstützte Person haben oder zu ihrem Hausrat gehören,
   - ein angemessenes Hausgrundstück i. S. d. § 90 Abs. 2 Nr. 8 SGB XII, das die unterstützte Person allein oder zusammen mit Angehörigen, denen es nach dem Tod der unterstützten Person weiter als Wohnraum dienen soll, bewohnt.

   Die Grenze bezieht sich auch bei einem Mehrpersonenhaushalt auf jede unterstützte Person. H 33a.1 (Geringes Vermögen – „Schonvermögen") EStH gilt entsprechend.

10. Erbringt eine Körperschaft ihre Leistungen an wirtschaftlich hilfebedürftige Personen, muss sie anhand ihrer Unterlagen nachweisen können, dass die Höhe der Einkünfte und Bezüge sowie das Vermögen der unterstützten Personen die Grenzen des § 53 Nr. 2 AO nicht übersteigen. Eine Erklärung, in der von der unterstützten Person nur das Unterschreiten der Grenzen des § 53 Nr. 2 AO mitgeteilt wird, reicht allein nicht aus. Eine Berechnung der maßgeblichen Einkünfte und Bezüge sowie eine Berechnung des Vermögens sind stets beizufügen.

11. Auf diesen Nachweis ist zu verzichten, wenn die Leistungsempfänger Leistungen nach dem SGB II, SGB XII, WoGG, § 27a BVG oder nach § 6a BKKG beziehen. Bei Beantragung dieser Sozialleistungen prüft die zuständige Sozialbehörde sowohl die Vermögens- als auch die Einkommensverhältnisse der antragstellenden Personen. Verfügen Sie über ausreichend finanzielle Mittel (Einkommen oder einzusetzendes Vermögen), dann werden die beantragten Leistungen nicht bewilligt.

   Es ist also ausreichend, wenn Empfänger der in § 53 Nr. 2 Satz 6 AO benannten Leistungen ihren für den Empfangszeitraum maßgeblichen Leistungsbescheid oder eine Bescheinigung des Sozialleistungsträgers über den Leistungsbezug bei der Körperschaft einreichen. Die Körperschaft hat eine Ablichtung des Bescheids oder der Bestätigung aufzubewahren.

12. Beantragt eine Körperschaft die Befreiung von der Nachweispflicht nach § 53 Nr. 2 Satz 8 AO, muss sie nachweisen, dass aufgrund ihrer besonderen Art der gewährten Unterstützungsleistung sichergestellt ist, dass nur wirtschaftlich hilfebedürftige Personen unterstützt werden.

   Auf die Nachweisführung kann verzichtet werden, wenn aufgrund der Art der Unterstützungsleistungen typischerweise davon auszugehen ist, dass nur bedürftige Menschen unterstützt werden. Hierbei sind die besonderen Gegebenheiten vor Ort sowie Inhalte und Bewerbungen des konkreten Leistungsangebotes zu berücksichtigen. Im Regelfall müssen Kleiderkammern, Suppenküchen, Obdachlosenasyle und die sogenannten Tafeln keine Nachweise erbringen.

Dagegen reicht die pauschale Behauptung, dass die Leistungen sowieso nur von Hilfebedürftigen in Anspruch genommen werden, nicht aus. Werden z. B. bei einem Sozialkaufhaus Leistungen an jeden erbracht, der sie in Anspruch nehmen möchte, dann kommt eine Befreiung nicht in Betracht.

Der Bescheid über den Nachweisverzicht kann befristet ergehen oder mit anderen Nebenbestimmungen (§ 120 AO) versehen werden. Treten Änderungen im rechtlichen oder tatsächlichen Bereich ein, dann gelten die Absätze 3 bis 5 des § 60a AO entsprechend. Dies gilt auch bei materiell-rechtlich fehlerhaften Bescheiden (vgl. Nrn. 6 bis 8 des AEAO zu § 60a).

Zu § 54 – Kirchliche Zwecke:

Ein kirchlicher Zweck liegt nur vor, wenn die Tätigkeit darauf gerichtet ist, eine Religionsgemeinschaft des öffentlichen Rechts zu fördern. Bei Religionsgemeinschaften, die nicht Körperschaften des öffentlichen Rechts sind, kann wegen Förderung der Religion eine Anerkennung als gemeinnützige Körperschaft in Betracht kommen.

Zu § 55 – Selbstlosigkeit:

Zu § 55 Abs. 1 Nr. 1 AO:

1. Eine Körperschaft handelt selbstlos, wenn sie weder selbst noch zugunsten ihrer Mitglieder eigenwirtschaftliche Zwecke verfolgt. Ist die Tätigkeit einer Körperschaft in erster Linie auf Mehrung ihres eigenen Vermögens gerichtet, so handelt sie nicht selbstlos. Eine Körperschaft verfolgt z. B. in erster Linie eigenwirtschaftliche Zwecke, wenn sie ausschließlich durch Darlehen ihrer Gründungsmitglieder finanziert ist und dieses Fremdkapital satzungsgemäß tilgen und verzinsen muss (BFH-Urteile vom 13.12.1978, I R 39/78, BStBl 1979 II S. 482, vom 26.4.1989, I R 209/85, BStBl II S. 670, und vom 28.6.1989, I R 86/85, BStBl 1990 II S. 550).

2. Die zur Erfüllung von Pflichtaufgaben einer juristischen Person des öffentlichen Rechts eingesetzte Eigengesellschaft verfolgt keine in diesem Sinne vordergründig eigennützigen Interessen ihres Gesellschafters. Eine Steuerbegünstigung der Eigengesellschaft kommt grundsätzlich nur in Betracht, wenn die von ihr erbrachten Leistungen angemessen vergütet werden. Maßstab ist die Höhe des Entgelts, das von einem ordentlichen und gewissenhaften Geschäftsleiter auch mit einem Nichtgesellschafter als Auftraggeber vereinbart worden wäre. Dazu muss das Entgelt regelmäßig die Kosten ausgleichen und einen marktüblichen Gewinnaufschlag beinhalten (BFH-Urteil vom 27.11.2013, I R 17/12, BStBl 2016 II S. 68). Bei steuerbegünstigten Einrichtungen ist aufgrund der fehlenden Gewinnorientierung die Erhebung eines Gewinnaufschlags in der Regel nicht marktüblich. Dies gilt nicht für Leistungen der steuerbegünstigten Einrichtung aus einem steuerpflichtigen wirtschaftlichen Geschäftsbetrieb (§ 64 AO).

3. Nach § 55 Abs. 1 AO dürfen sämtliche Mittel der Körperschaft nur für die satzungsmäßigen Zwecke verwendet werden (Ausnahmen siehe § 58 AO). Auch der Gewinn aus dem Zweckbetrieb und aus dem steuerpflichtigen wirtschaftlichen Geschäftsbetrieb (§ 64 Abs. 2 AO) sowie der Überschuss aus der Vermögensverwaltung dürfen nur für die satzungsmäßigen Zwecke verwendet werden. Dies schließt die Bildung von Rücklagen im wirtschaftlichen Geschäftsbetrieb und im Bereich der Vermögensverwaltung nicht aus.

4. Es ist grundsätzlich nicht zulässig, Mittel des ideellen Bereichs (insbesondere Mitgliedsbeiträge, Spenden, Zuschüsse, Rücklagen), Gewinne aus Zweckbetrieben, Erträge aus der Vermögensverwaltung und das entsprechende Vermögen für einen steuerpflichtigen wirtschaftlichen Geschäftsbetrieb zu verwenden, z. B. zum Ausgleich eines Verlustes. Für das

A. I.   Zu § 55 AO

Vorliegen eines Verlustes ist das Ergebnis des einheitlichen steuerpflichtigen wirtschaftlichen Geschäftsbetriebs (§ 64 Abs. 2 AO) maßgeblich. Eine Verwendung von Mitteln des ideellen Bereichs für den Ausgleich des Verlustes eines einzelnen wirtschaftlichen Geschäftsbetriebs liegt deshalb nicht vor, soweit der Verlust bereits im Entstehungsjahr mit Gewinnen anderer steuerpflichtiger wirtschaftlicher Geschäftsbetriebe verrechnet werden kann. Verbleibt danach ein Verlust, ist keine Verwendung von Mitteln des ideellen Bereichs für dessen Ausgleich anzunehmen, wenn dem ideellen Bereich in den sechs vorangegangenen Jahren Gewinne des einheitlichen steuerpflichtigen wirtschaftlichen Geschäftsbetriebs in mindestens gleicher Höhe zugeführt worden sind. Insoweit ist der Verlustausgleich im Entstehungsjahr als Rückgabe früherer, durch das Gemeinnützigkeitsrecht vorgeschriebener Gewinnabführungen anzusehen.

5. Ein nach ertragsteuerlichen Grundsätzen ermittelter Verlust eines steuerpflichtigen wirtschaftlichen Geschäftsbetriebs ist unschädlich für die Steuerbegünstigung der Körperschaft, wenn er ausschließlich durch die Berücksichtigung von anteiligen Abschreibungen auf gemischt genutzte Wirtschaftsgüter entstanden ist und wenn die folgenden Voraussetzungen erfüllt sind:
    - Das Wirtschaftsgut wurde für den ideellen Bereich angeschafft oder hergestellt und wird nur zur besseren Kapazitätsauslastung und Mittelbeschaffung teil- oder zeitweise für den steuerpflichtigen wirtschaftlichen Geschäftsbetrieb genutzt. Die Körperschaft darf nicht schon im Hinblick auf eine zeit- oder teilweise Nutzung für den steuerpflichtigen wirtschaftlichen Geschäftsbetrieb ein größeres Wirtschaftsgut angeschafft oder hergestellt haben, als es für die ideelle Tätigkeit notwendig war.
    - Die Körperschaft verlangt für die Leistungen des steuerpflichtigen wirtschaftlichen Geschäftsbetriebs marktübliche Preise.
    - Der steuerpflichtige wirtschaftliche Geschäftsbetrieb bildet keinen eigenständigen Sektor eines Gebäudes (z. B. Gaststättenbetrieb in einer Sporthalle).

    Diese Grundsätze gelten entsprechend für die Berücksichtigung anderer gemischter Aufwendungen (z. B. zeitweiser Einsatz von Personal des ideellen Bereichs in einem steuerpflichtigen wirtschaftlichen Geschäftsbetrieb) bei der gemeinnützigkeitsrechtlichen Beurteilung von Verlusten.

6. Der Ausgleich des Verlustes eines steuerpflichtigen wirtschaftlichen Geschäftsbetriebs mit Mitteln des ideellen Bereichs ist außerdem unschädlich für die Steuerbegünstigung, wenn
    - der Verlust auf einer Fehlkalkulation beruht,
    - die Körperschaft innerhalb von zwölf Monaten nach Ende des Wirtschaftsjahres, in dem der Verlust entstanden ist, dem ideellen Tätigkeitsbereich wieder Mittel in entsprechender Höhe zuführt und
    - die zugeführten Mittel nicht aus Zweckbetrieben, aus dem Bereich der steuerbegünstigten Vermögensverwaltung, aus Beiträgen oder aus anderen Zuwendungen, die zur Förderung der steuerbegünstigten Zwecke der Körperschaft bestimmt sind, stammen (BFH-Urteil vom 13. 11. 1996, I R 152/93, BStBl 1998 II S. 711).

    Die Zuführungen zu dem ideellen Bereich können demnach aus dem Gewinn des (einheitlichen) steuerpflichtigen wirtschaftlichen Geschäftsbetriebs, der in dem Wirtschaftsjahr nach der Entstehung des Verlustes erzielt wird, geleistet werden. Außerdem dürfen für den Ausgleich des Verlustes Umlagen und Zuschüsse, die dafür bestimmt sind, verwendet werden. Derartige Zuwendungen sind jedoch keine steuerbegünstigten Spenden.

7. Eine für die Steuerbegünstigung schädliche Verwendung von Mitteln für den Ausgleich von Verlusten des steuerpflichtigen wirtschaftlichen Geschäftsbetriebs liegt auch dann nicht vor, wenn dem Betrieb die erforderlichen Mittel durch die Aufnahme eines betrieblichen Darlehens zugeführt werden oder bereits in dem Betrieb verwendete ideelle Mittel mittels eines Darlehens, das dem Betrieb zugeordnet wird, innerhalb der Frist von zwölf Monaten nach dem Ende des Verlustentstehungsjahres an den ideellen Bereich der Körperschaft zurückgegeben werden. Voraussetzung für die Unschädlichkeit ist, dass Tilgung und Zinsen

für das Darlehen ausschließlich aus Mitteln des steuerpflichtigen wirtschaftlichen Geschäftsbetriebs geleistet werden.

Die Belastung von Vermögen des ideellen Bereichs mit einer Sicherheit für ein betriebliches Darlehen (z. B. Grundschuld auf einer Sporthalle) führt grundsätzlich zu keiner anderen Beurteilung. Die Eintragung einer Grundschuld bedeutet noch keine Verwendung des belasteten Vermögens für den steuerpflichtigen wirtschaftlichen Geschäftsbetrieb.

8. Steuerbegünstigte Körperschaften unterhalten steuerpflichtige wirtschaftliche Geschäftsbetriebe regelmäßig nur, um dadurch zusätzliche Mittel für die Verwirklichung der steuerbegünstigten Zwecke zu beschaffen. Es kann deshalb unterstellt werden, dass etwaige Verluste bei Betrieben, die schon längere Zeit bestehen, auf einer Fehlkalkulation beruhen. Bei dem Aufbau eines neuen Betriebs ist eine Verwendung von Mitteln des ideellen Bereichs für den Ausgleich von Verlusten auch dann unschädlich für die Steuerbegünstigung, wenn mit Anlaufverlusten zu rechnen war. Auch in diesem Fall muss die Körperschaft aber i. d. R. innerhalb von drei Jahren nach dem Ende des Entstehungsjahres des Verlustes dem ideellen Bereich wieder Mittel, die gemeinnützigkeitsunschädlich dafür verwendet werden dürfen, zuführen.

9. Die Regelungen in den Nrn. 4 bis 8 des AEAO zu § 55 gelten entsprechend für die Vermögensverwaltung.

10. Mitglieder dürfen keine Zuwendungen aus Mitteln der Körperschaft erhalten. Dies gilt nicht, soweit es sich um Annehmlichkeiten handelt, wie sie im Rahmen der Betreuung von Mitgliedern allgemein üblich und nach allgemeiner Verkehrsauffassung als angemessen anzusehen sind.

11. Keine Zuwendung i. S. d. § 55 Abs. 1 Nr. 1 AO liegt vor, wenn der Leistung der Körperschaft eine Gegenleistung des Empfängers gegenübersteht (z. B. bei Kauf-, Dienst- und Werkverträgen) und die Werte von Leistung und Gegenleistung nach wirtschaftlichen Grundsätzen gegeneinander abgewogen sind.

12. Ist einer Körperschaft zugewendetes Vermögen mit vor der Übertragung wirksam begründeten Ansprüchen (z. B. Nießbrauch, Grund- oder Rentenschulden, Vermächtnisse aufgrund testamentarischer Bestimmungen des Zuwendenden) belastet, deren Erfüllung durch die Körperschaft keine nach wirtschaftlichen Grundsätzen abgewogene Gegenleistung für die Übertragung des Vermögens darstellt, mindern die Ansprüche das übertragene Vermögen bereits im Zeitpunkt des Übergangs. Wirtschaftlich betrachtet wird der Körperschaft nur das nach der Erfüllung der Ansprüche verbleibende Vermögen zugewendet. Die Erfüllung der Ansprüche aus dem zugewendeten Vermögen ist deshalb keine Zuwendung i. S. d. § 55 Abs. 1 Nr. 1 AO. Dies gilt auch, wenn die Körperschaft die Ansprüche aus ihrem anderen zulässigen Vermögen einschließlich der Rücklage nach § 62 Abs. 1 Nr. 3 AO erfüllt.

13. Soweit die vorhandenen flüssigen Vermögensmittel nicht für die Erfüllung der Ansprüche ausreichen, darf die Körperschaft dafür auch Erträge verwenden. Ihr müssen jedoch ausreichende Mittel für die Verwirklichung ihrer steuerbegünstigten Zwecke verbleiben. Diese Voraussetzung ist als erfüllt anzusehen, wenn für die Erfüllung der Verbindlichkeiten höchstens ein Drittel des Einkommens der Körperschaft verwendet wird. Die Ein-Drittel-Grenze umfasst bei Rentenverpflichtungen nicht nur die über den Barwert hinausgehenden, sondern die gesamten Zahlungen. Sie bezieht sich auf den Veranlagungszeitraum.

14. § 58 Nr. 6 AO enthält eine Ausnahmeregelung zu § 55 Abs. 1 Nr. 1 AO für Stiftungen. Diese ist nur anzuwenden, wenn eine Stiftung Leistungen erbringt, die dem Grunde nach gegen § 55 Abs. 1 Nr. 1 AO verstoßen, also z. B. freiwillige Zuwendungen an den in § 58 Nr. 6 AO genannten Personenkreis leistet oder für die Erfüllung von Ansprüchen dieses Personenkreises aus der Übertragung von Vermögen nicht das belastete oder anderes zulässiges Vermögen, sondern Erträge einsetzt. Im Unterschied zu anderen Körperschaften kann eine Stiftung unter den Voraussetzungen des § 58 Nr. 6 AO auch dann einen Teil ihres Einkommens für die Erfüllung solcher Ansprüche verwenden, wenn ihr dafür ausreichende flüssige Vermögensmittel zur Verfügung stehen. Der Grundsatz, dass der wesentliche Teil des Einkommens für die Verwirklichung der steuerbegünstigten Zwecke verbleiben muss, gilt aber

auch für Stiftungen. Daraus folgt, dass eine Stiftung insgesamt höchstens ein Drittel ihres Einkommens für unter § 58 Nr. 6 AO fallende Leistungen und für die Erfüllung von anderen durch die Übertragung von belastetem Vermögen begründeten Ansprüchen verwenden darf.

15. Die Vergabe von Darlehen aus Mitteln, die zeitnah für die steuerbegünstigten Zwecke zu verwenden sind, ist unschädlich für die Gemeinnützigkeit, wenn die Körperschaft damit selbst unmittelbar ihre steuerbegünstigten satzungsmäßigen Zwecke verwirklicht. Dies kann z. B. der Fall sein, wenn die Körperschaft im Rahmen ihrer jeweiligen steuerbegünstigten Zwecke Darlehen im Zusammenhang mit einer Schuldnerberatung zur Ablösung von Bankschulden, Darlehen an Nachwuchskünstler für die Anschaffung von Instrumenten oder Stipendien für eine wissenschaftliche Ausbildung teilweise als Darlehen vergibt. Voraussetzung ist, dass sich die Darlehensvergabe von einer gewerbsmäßigen Kreditvergabe dadurch unterscheidet, dass sie zu günstigeren Bedingungen erfolgt als zu den allgemeinen Bedingungen am Kapitalmarkt (z. B. Zinslosigkeit, Zinsverbilligung).

Die Vergabe von Darlehen aus zeitnah für die steuerbegünstigten Zwecke zu verwendenden Mitteln an andere steuerbegünstigte Körperschaften ist im Rahmen des § 58 Nrn. 1 und 2 AO zulässig (mittelbare Zweckverwirklichung), wenn die andere Körperschaft die darlehensweise erhaltenen Mittel unmittelbar für steuerbegünstigte Zwecke innerhalb der für eine zeitnahe Mittelverwendung vorgeschriebenen Frist verwendet.

Darlehen, die zur unmittelbaren Verwirklichung der steuerbegünstigten Zwecke vergeben werden, sind im Rechnungswesen entsprechend kenntlich zu machen. Es muss sichergestellt und für die Finanzbehörde nachprüfbar sein, dass die Rückflüsse, d. h. Tilgung und Zinsen, wieder zeitnah für die steuerbegünstigten Zwecke verwendet werden.

16. Aus Mitteln, die nicht dem Gebot der zeitnahen Mittelverwendung unterliegen (Vermögen einschließlich der zulässigen Zuführungen und der zulässig gebildeten Rücklagen), darf die Körperschaft Darlehen nach folgender Maßgabe vergeben:

Die Zinsen müssen sich in dem auf dem Kapitalmarkt üblichen Rahmen halten, es sei denn, der Verzicht auf die üblichen Zinsen ist eine nach den Vorschriften des Gemeinnützigkeitsrechts und der Satzung der Körperschaft zulässige Zuwendung (z. B. Darlehen an eine ebenfalls steuerbegünstigte Mitgliedsorganisation oder eine hilfebedürftige Person). Bei Darlehen an Arbeitnehmer aus dem Vermögen kann der (teilweise) Verzicht auf eine übliche Verzinsung als Bestandteil des Arbeitslohns angesehen werden, wenn dieser insgesamt, also einschließlich des Zinsvorteils, angemessen ist und der Zinsverzicht auch von der Körperschaft als Arbeitslohn behandelt wird (z. B. Abführung von Lohnsteuer und Sozialversicherungsbeiträgen).

Maßnahmen, für die eine Rücklage nach § 62 Abs. 1 Nr. 1 AO gebildet worden ist, dürfen sich durch die Gewährung von Darlehen nicht verzögern.

17. Die Vergabe von Darlehen ist als solche kein steuerbegünstigter Zweck. Sie darf deshalb nicht Satzungszweck einer steuerbegünstigten Körperschaft sein. Es ist jedoch unschädlich für die Steuerbegünstigung, wenn die Vergabe von zinsgünstigen oder zinslosen Darlehen nicht als Zweck, sondern als Mittel zur Verwirklichung des steuerbegünstigten Zwecks in der Satzung der Körperschaft aufgeführt ist.

18. Eine Körperschaft kann nicht als steuerbegünstigt behandelt werden, wenn ihre Ausgaben für die allgemeine Verwaltung einschließlich der Werbung um Spenden einen angemessenen Rahmen übersteigen (§ 55 Abs. 1 Nrn. 1 und 3 AO). Dieser Rahmen ist in jedem Fall überschritten, wenn eine Körperschaft, die sich weitgehend durch Geldspenden finanziert, diese – nach einer Aufbauphase – überwiegend zur Bestreitung von Ausgaben für Verwaltung und Spendenwerbung statt für die Verwirklichung der steuerbegünstigten satzungsmäßigen Zwecke verwendet (BFH-Beschluss vom 23. 9. 1998, I B 82/98, BStBl 2000 II S. 320). Die Verwaltungsausgaben einschließlich Spendenwerbung sind bei der Ermittlung der Anteile ins Verhältnis zu den gesamten vereinnahmten Mitteln (Spenden, Mitgliedsbeiträge, Zuschüsse, Gewinne aus wirtschaftlichen Geschäftsbetrieben usw.) zu setzen.

Für die Frage der Angemessenheit der Verwaltungsausgaben kommt es entscheidend auf die Umstände des jeweiligen Einzelfalls an. Eine für die Steuerbegünstigung schädliche Mittelverwendung kann deshalb auch schon dann vorliegen, wenn der prozentuale Anteil der Verwaltungsausgaben einschließlich der Spendenwerbung deutlich geringer als 50 % ist.

19. Während der Gründungs- oder Aufbauphase einer Körperschaft kann auch eine überwiegende Verwendung der Mittel für Verwaltungsausgaben und Spendenwerbung unschädlich für die Steuerbegünstigung sein. Die Dauer der Gründungs- oder Aufbauphase, während der dies möglich ist, hängt von den Verhältnissen des Einzelfalls ab.

    Der in dem BFH-Beschluss vom 23.9.1998, I B 82/98, BStBl 2000 II S. 320 zugestandene Zeitraum von vier Jahren für die Aufbauphase, in der höhere anteilige Ausgaben für Verwaltung und Spendenwerbung zulässig sind, ist durch die Besonderheiten des entschiedenen Falles begründet (insbesondere zweite Aufbauphase nach Aberkennung der Steuerbegünstigung). Er ist deshalb als Obergrenze zu verstehen. I. d. R. ist von einer kürzeren Aufbauphase auszugehen.

20. Die Steuerbegünstigung ist auch dann zu versagen, wenn das Verhältnis der Verwaltungsausgaben zu den Ausgaben für die steuerbegünstigten Zwecke zwar insgesamt nicht zu beanstanden, eine einzelne Verwaltungsausgabe (z. B. das Gehalt des Geschäftsführers oder der Aufwand für die Mitglieder- und Spendenwerbung) aber nicht angemessen ist (§ 55 Abs. 1 Nr. 3 AO).

21. Bei den Kosten für die Beschäftigung eines Geschäftsführers handelt es sich grundsätzlich um Verwaltungsausgaben. Eine Zuordnung dieser Kosten zu der steuerbegünstigten Tätigkeit ist nur insoweit möglich, als der Geschäftsführer unmittelbar bei steuerbegünstigten Projekten mitarbeitet. Entsprechendes gilt für die Zuordnung von Reisekosten.

22. Eine Unternehmergesellschaft i. S. d. § 5a Abs. 1 GmbHG i. d. F. des Gesetzes zur Modernisierung des GmbH-Rechts und zur Bekämpfung von Missbräuchen (MoMiG) vom 23. 10. 2008 (BGBl I S. 2026) ist nach § 5a Abs. 3 GmbHG i. d. F. des MoMiG gesetzlich verpflichtet, von ihrem um einen Verlustvortrag aus dem Vorjahr geminderten Jahresüberschuss bis zum Erreichen des Stammkapitals von 25 000 € mindestens 25 % in eine gesetzliche Rücklage einzustellen. Mit der Bildung dieser Rücklage verstößt die Unternehmergesellschaft grundsätzlich nicht gegen das Gebot der zeitnahen Mittelverwendung.

Zu § 55 Abs. 1 Nr. 2 und 4 AO:

23. Die in § 55 Abs. 1 Nr. 2 und 4 AO genannten Sacheinlagen sind Einlagen i. S. d. Handelsrechts, für die dem Mitglied Gesellschaftsrechte eingeräumt worden sind. Insoweit sind also nur Kapitalgesellschaften, nicht aber Vereine angesprochen. Unentgeltlich zur Verfügung gestellte Vermögensgegenstände, für die keine Gesellschaftsrechte eingeräumt sind (Leihgaben, Sachspenden), fallen nicht unter § 55 Abs. 1 Nr. 2 und 4 AO. Soweit Kapitalanteile und Sacheinlagen von der Vermögensbindung ausgenommen werden, kann von dem Gesellschafter nicht die Spendenbegünstigung des § 10b EStG (§ 9 Abs. 1 Nr. 2 KStG) in Anspruch genommen werden. Eingezahlte Kapitalanteile i. S. d. § 55 Abs. 1 Nr. 2 und 4 AO liegen nicht vor, soweit für die Kapitalerhöhung Gesellschaftsmittel verwendet wurden (z. B. nach § 57c GmbHG).

Zu § 55 Abs. 1 Nr. 3 AO:

24. Bei Vorstandsmitgliedern von Vereinen sind Tätigkeitsvergütungen gemeinnützigkeitsrechtlich nur zulässig, wenn eine entsprechende Satzungsregelung besteht. Zu Einzelheiten bei Zahlungen an den Vorstand steuerbegünstigter Vereine siehe BMF-Schreiben vom 21. 11. 2014, BStBl I S. 1581.

    Diese Regelung gilt für Stiftungen entsprechend.

Zu § 55 Abs. 1 Nr. 4 AO:

25. Eine wesentliche Voraussetzung für die Annahme der Selbstlosigkeit bildet der Grundsatz der Vermögensbindung für steuerbegünstigte Zwecke im Falle der Beendigung des Bestehens der Körperschaft oder des Wegfalles des bisherigen Zwecks (§ 55 Abs. 1 Nr. 4 AO). Hiermit soll verhindert werden, dass gemeinnützigkeitsrechtlich gebundenes Vermögen später zu nicht begünstigten Zwecken verwendet wird. Die satzungsmäßigen Anforderungen an die Vermögensbindung sind in § 61 AO geregelt.

26. Eine Körperschaft ist nur dann steuerbegünstigt i. S. d. § 55 Abs. 1 Nr. 4 Satz 2 AO, wenn sie nach § 5 Abs. 1 Nr. 9 KStG von der Körperschaftsteuer befreit ist. Als Empfänger des Vermögens der Körperschaft kommen neben inländischen Körperschaften auch die in § 5 Abs. 2 Nr. 2 KStG aufgeführten Körperschaften in Betracht.

Zu § 55 Abs. 1 Nr. 5 AO:

27. Die Körperschaft muss ihre Mittel grundsätzlich zeitnah für ihre steuerbegünstigten satzungsmäßigen Zwecke verwenden. Verwendung in diesem Sinne ist auch die Verwendung der Mittel für die Anschaffung oder Herstellung von Vermögensgegenständen, die satzungsmäßigen Zwecken dienen (z. B. Bau eines Altenheims, Kauf von Sportgeräten oder medizinischen Geräten).

Die Bildung von Rücklagen ist nur unter den Voraussetzungen des § 62 AO zulässig. Davon unberührt bleiben Rücklagen in einem steuerpflichtigen wirtschaftlichen Geschäftsbetrieb und Rücklagen im Bereich der Vermögensverwaltung (vgl. Nr. 3 des AEAO zu § 55).

28. Eine zeitnahe Mittelverwendung ist gegeben, wenn die Mittel spätestens in den auf den Zufluss folgenden zwei Kalender- oder Wirtschaftsjahren für die steuerbegünstigten satzungsmäßigen Zwecke verwendet werden. Am Ende des Kalender- oder Wirtschaftsjahrs noch vorhandene Mittel müssen in der Bilanz oder Vermögensaufstellung der Körperschaft zulässigerweise dem Vermögen oder einer zulässigen Rücklage zugeordnet oder als im zurückliegenden Jahr zugeflossene Mittel, die in den folgenden zwei Jahren für die steuerbegünstigten Zwecke zu verwenden sind, ausgewiesen sein. Soweit Mittel nicht schon im Jahr des Zuflusses für die steuerbegünstigten Zwecke verwendet oder zulässigerweise dem Vermögen zugeführt werden, ist ihre zeitnahe Verwendung nachzuweisen, zweckmäßigerweise durch eine Nebenrechnung (Mittelverwendungsrechnung). Der Zweck des Grundsatzes der zeitnahen Mittelverwendung gebietet es, dass bei der Nachprüfung der Mittelverwendung nicht auf die einzelne Zuwendung abzustellen ist, sondern auf die Gesamtheit aller zeitnah zu verwendenden Zuwendungen und sonstigen Einnahmen bzw. Vermögenswerte der Körperschaft (Saldobetrachtung bzw. Globalbetrachtung; BFH-Urteil vom 20. 3. 2017, X R 13/15, BStBl II S. 1110).

29. Nicht dem Gebot der zeitnahen Mittelverwendung unterliegt das Vermögen der Körperschaften, auch soweit es durch Umschichtungen innerhalb des Bereichs der Vermögensverwaltung entstanden ist (z. B. Verkauf eines zum Vermögen gehörenden Grundstücks einschließlich des den Buchwert übersteigenden Teils des Preises). Außerdem kann eine Körperschaft die in § 62 Abs. 3 und 4 AO bezeichneten Mittel ohne für die Gemeinnützigkeit schädliche Folgen ihrem Vermögen zuführen.

Werden Vermögensgegenstände veräußert, die satzungsmäßigen Zwecken dienen und aus zeitnah zu verwendenden Mitteln angeschafft worden sind, sind die Veräußerungserlöse zeitnah i. S. d. § 55 Abs. 1 Nr. 5 AO zu verwenden. Werden derartige Vermögensgegenstände in den Bereich der Vermögensverwaltung oder in den steuerpflichtigen wirtschaftlichen Geschäftsbetrieb überführt, lebt die Pflicht zur zeitnahen Mittelverwendung in Höhe des Verkehrswerts dieser Vermögensgegenstände wieder auf.

Zu § 55 Abs. 2 AO:

30. Wertsteigerungen bleiben für steuerbegünstigte Zwecke gebunden. Bei der Rückgabe des Wirtschaftsguts selbst hat der Empfänger die Differenz in Geld auszugleichen.

Zu § 55 Abs. 3 AO:

31. Die Regelung, nach der sich die Vermögensbindung nicht auf die eingezahlten Kapitalanteile der Mitglieder und den gemeinen Wert der von den Mitgliedern geleisteten Sacheinlagen erstreckt, gilt bei Stiftungen für die Stifter und ihre Erben sinngemäß (§ 55 Abs. 3 erster Halbsatz AO). Es ist also zulässig, das Stiftungskapital und die Zustiftungen von der Vermögensbindung auszunehmen und im Falle des Erlöschens der Stiftung an den Stifter oder seine Erben zurückfallen zu lassen. Für solche Stiftungen und Zustiftungen kann aber vom Stifter nicht die Spendenvergünstigung nach § 10b EStG (§ 9 Abs. 1 Nr. 2 KStG) in Anspruch genommen werden.

32. Die Vorschrift des § 55 Abs. 3 zweiter Halbsatz AO, die sich nur auf Stiftungen und Körperschaften des öffentlichen Rechts bezieht, berücksichtigt die Regelung im EStG, wonach die Entnahme eines Wirtschaftsgutes mit dem Buchwert angesetzt werden kann, wenn das Wirtschaftsgut den in § 6 Abs. 1 Nr. 4 Satz 4 EStG genannten Körperschaften unentgeltlich überlassen wird. Dies hat zur Folge, dass der Zuwendende bei der Aufhebung der Stiftung nicht den gemeinen Wert der Zuwendung, sondern nur den dem ursprünglichen Buchwert entsprechenden Betrag zurückerhält. Stille Reserven und Wertsteigerungen bleiben hiernach für steuerbegünstigte Zwecke gebunden. Bei Rückgabe des Wirtschaftsgutes selbst hat der Empfänger die Differenz in Geld auszugleichen.

Zu § 56 – Ausschließlichkeit:

1. Das Ausschließlichkeitsgebot des § 56 AO besagt, dass eine Körperschaft nicht steuerbegünstigt ist, wenn sie neben ihrer steuerbegünstigten Zielsetzung weitere Zwecke verfolgt und diese Zwecke nicht steuerbegünstigt sind. Im Zusammenhang mit der Vermögensverwaltung und wirtschaftlichen Geschäftsbetrieben, die Nicht-Zweckbetriebe sind, folgt daraus, dass deren Unterhaltung der Steuerbegünstigung einer Körperschaft entgegensteht, wenn sie in der Gesamtschau zum Selbstzweck wird und in diesem Sinne neben die Verfolgung des steuerbegünstigten Zwecks der Körperschaft tritt. Die Vermögensverwaltung sowie die Unterhaltung eines Nicht-Zweckbetriebs sind aus der Sicht des Gemeinnützigkeitsrechts nur dann unschädlich, wenn sie um des steuerbegünstigten Zwecks willen erfolgen, indem sie z. B. der Beschaffung von Mitteln zur Erfüllung der steuerbegünstigten Aufgabe dienen. Ist die Vermögensverwaltung bzw. der wirtschaftliche Geschäftsbetrieb dagegen nicht dem steuerbegünstigten Zweck untergeordnet, sondern ein davon losgelöster Zweck oder gar Hauptzweck der Betätigung der Körperschaft, so scheitert deren Steuerbegünstigung an § 56 AO. In einem solchen Fall kann die Betätigung der Körperschaft nicht in einen steuerfreien Teil und in einen steuerpflichtigen Teil aufgeteilt werden; vielmehr ist dann die Körperschaft insgesamt als steuerpflichtig zu behandeln. Bei steuerbegünstigten Körperschaften, insbesondere Mittelbeschaffungskörperschaften, die sich im Rahmen ihrer tatsächlichen Geschäftsführung an die in ihrer Satzung enthaltene Pflicht zur Verwendung sämtlicher Mittel für die satzungsmäßigen Zwecke halten, ist das Ausschließlichkeitsgebot selbst dann als erfüllt anzusehen, wenn sie sich vollständig aus Mitteln eines steuerpflichtigen wirtschaftlichen Geschäftsbetriebs oder aus der Vermögensverwaltung finanzieren. Auf das BFH-Urteil vom 4. 4. 2007, I R 76/05, BStBl II S. 631, wird hingewiesen.

2. Eine Körperschaft darf mehrere steuerbegünstigte Zwecke nebeneinander verfolgen, ohne dass dadurch die Ausschließlichkeit verletzt wird. Die verwirklichten steuerbegünstigten Zwecke müssen jedoch sämtlich satzungsmäßige Zwecke sein. Will demnach eine Körperschaft steuerbegünstigte Zwecke, die nicht in die Satzung aufgenommen sind, fördern, so ist eine Satzungsänderung erforderlich, die den Erfordernissen des § 60 AO entsprechen muss.

Zu § 57 – Unmittelbarkeit:

1. Die Vorschrift stellt in Absatz 1 klar, dass die Körperschaft die steuerbegünstigten satzungsmäßigen Zwecke selbst verwirklichen muss, damit Unmittelbarkeit gegeben ist (wegen der Ausnahmen Hinweis auf § 58 AO).
2. Das Gebot der Unmittelbarkeit ist gem. § 57 Abs. 1 Satz 2 AO auch dann erfüllt, wenn sich die steuerbegünstigte Körperschaft einer Hilfsperson bedient. Hierfür ist es erforderlich, dass nach den Umständen des Falles, insbesondere nach den rechtlichen und tatsächlichen Beziehungen, die zwischen der Körperschaft und der Hilfsperson bestehen, das Wirken der Hilfsperson wie eigenes Wirken der Körperschaft anzusehen ist, d. h. die Hilfsperson nach den Weisungen der Körperschaft einen konkreten Auftrag ausführt. Hilfsperson kann eine natürliche Person, Personenvereinigung oder juristische Person sein. Die Körperschaft hat durch Vorlage entsprechender Vereinbarungen nachzuweisen, dass sie den Inhalt und den Umfang der Tätigkeit der Hilfsperson im Innenverhältnis bestimmen kann. Die Tätigkeit der Hilfsperson muss den Satzungsbestimmungen der Körperschaft entsprechen. Diese hat nachzuweisen, dass sie die Hilfsperson überwacht. Die weisungsgemäße Verwendung der Mittel ist von ihr sicherzustellen.

   Die Steuerbegünstigung einer Körperschaft, die nur über eine Hilfsperson das Merkmal der Unmittelbarkeit erfüllt (§ 57 Abs. 1 Satz 2 AO), ist unabhängig davon zu gewähren, wie die Hilfsperson gemeinnützigkeitsrechtlich behandelt wird.

   Die Steuerbegünstigung einer Hilfsperson ist nicht ausgeschlossen, wenn die Körperschaft mit ihrer Hilfspersonentätigkeit nicht nur die steuerbegünstigte Tätigkeit einer anderen Körperschaft unterstützt, sondern zugleich eigene steuerbegünstigte Satzungszwecke verfolgt und ihren Beitrag im Außenverhältnis selbstständig und eigenverantwortlich erbringt.
3. Ein Zusammenschluss i. S. d. § 57 Abs. 2 AO ist gegeben, wenn die Einrichtung ausschließlich allgemeine, aus der Tätigkeit und Aufgabenstellung der Mitgliederkörperschaften erwachsene Interessen wahrnimmt. Nach § 57 Abs. 2 AO wird eine Körperschaft, in der steuerbegünstigte Körperschaften zusammengefasst sind, einer Körperschaft gleichgestellt, die unmittelbar steuerbegünstigte Zwecke verfolgt. Voraussetzung ist, dass jede der zusammengefassten Körperschaften sämtliche Voraussetzungen für die Steuerbegünstigung erfüllt. Verfolgt eine solche Körperschaft selbst unmittelbar steuerbegünstigte Zwecke, ist die bloße Mitgliedschaft einer nicht steuerbegünstigten Organisation für die Steuerbegünstigung unschädlich. Die Körperschaft darf die nicht steuerbegünstigte Organisation aber nicht mit Rat und Tat fördern (z. B. Zuweisung von Mitteln, Rechtsberatung).

Zu § 58 – Steuerlich unschädliche Betätigungen:

Zu § 58 Nr. 1 AO:

1. Diese Ausnahmeregelung ermöglicht es, Körperschaften als steuerbegünstigt anzuerkennen, die andere Körperschaften fördern und dafür Spenden sammeln oder auf andere Art Mittel beschaffen (Mittelbeschaffungskörperschaften). Die Beschaffung von Mitteln muss als Satzungszweck festgelegt sein. Ein steuerbegünstigter Zweck, für den Mittel beschafft werden sollen, muss in der Satzung angegeben sein. Es ist nicht erforderlich, die Körperschaften, für die Mittel beschafft werden sollen, in der Satzung aufzuführen. Die Körperschaft, für die Mittel beschafft werden, muss nur dann selbst steuerbegünstigt sein, wenn sie eine unbeschränkt steuerpflichtige Körperschaft des privaten Rechts ist. Werden Mittel für nicht unbeschränkt steuerpflichtige Körperschaften beschafft, muss die Verwendung der Mittel für die steuerbegünstigten Zwecke ausreichend nachgewiesen werden. Weitergabefähige Mittel i. S. d. § 58 Nr. 1 AO sind nicht nur solche, die bereits mit dem Ziel der Weitergabe beschafft wurden. Gemeinnützigkeitsunschädlich weitergegeben werden dürfen sämtliche Mittel, soweit die Satzung der hingebenden Körperschaft im Zeitpunkt der

Weitergabe über eine entsprechende Satzungsbestimmung verfügt (Nr. 1 Satz 2 des AEAO zu § 58) und die Zwecke der hingebenden und empfangenden Körperschaft insoweit identisch sind.

Zu § 58 Nr. 2 AO:
2. Die teilweise (nicht überwiegende) Weitergabe eigener Mittel (auch Sachmittel) ist unschädlich. Für die Ermittlung der maximal zulässigen Höhe der Mittelweitergabe ist das Nettovermögen (Vermögenswerte abzüglich Verbindlichkeiten) der Körperschaft im jeweiligen Veranlagungszeitraum maßgebend. Auf die im jeweiligen Veranlagungszeitraum zeitnah zu verwendenden Mittel allein kommt es nicht an.

Als Mittelempfänger kommen in Betracht:
– inländische steuerbegünstigte Körperschaften,
– die in § 5 Abs. 2 Nr. 2 KStG aufgeführten Körperschaften,
– juristische Personen des öffentlichen Rechts.

Ausschüttungen und sonstige Zuwendungen einer steuerbegünstigten Körperschaft sind unschädlich, wenn die Gesellschafter oder Mitglieder als Begünstigte ausschließlich steuerbegünstigte Körperschaften sind. Entsprechendes gilt für Ausschüttungen und sonstige Zuwendungen an juristische Personen des öffentlichen Rechts, die die Mittel für steuerbegünstigte Zwecke verwenden. Zwar ist bei einer Weiterleitung (auch in Form einer verhinderten Vermögensmehrung) an eine juristische Person des öffentlichen Rechts das Tatbestandsmerkmal „zur Verwendung zu steuerbegünstigten Zwecken" nicht erfüllt, wenn die Mittel dem Gesamthaushalt der juristischen Person des öffentlichen Rechts zugutekommen und die juristische Person des öffentlichen Rechts neben den steuerbegünstigten Zwecken auch noch andere Zwecke verfolgt (BFH-Urteil vom 27. 11. 2013, I R 17/12, BStBl 2016 II S. 68). Dies ist jedoch unschädlich, wenn die Mittel nachweislich für steuerbegünstigte Zwecke verwendet werden.

Die Verwendung der zugewendeten Mittel hat i. S. d. § 55 Abs. 1 Nr. 5 AO zu erfolgen. Wird dagegen verstoßen, liegt eine Mittelfehlverwendung bei der Empfängerkörperschaft vor.

Nicht zeitnah zu verwendende Mittel der Geberkörperschaft (z. B. freie Rücklage) unterliegen jedoch auch bei der Empfängerkörperschaft nicht dem Gebot der zeitnahen Mittelverwendung.

Zu § 58 Nr. 3 AO:
3. Die Weitergabe der Gewinne aus wirtschaftlichen Geschäftsbetrieben (einschließlich Zweckbetriebe), der Überschüsse aus der Vermögensverwaltung sowie höchstens 15 % der sonstigen zeitnah zu verwendenden Mittel zur Vermögensausstattung einer anderen Körperschaft ist unschädlich. Maßgebend für die Ermittlung dieser Grenzen sind die Verhältnisse des vorangegangenen Kalender- oder Wirtschaftsjahres.

Folgende Voraussetzungen müssen erfüllt sein:
– Bei der Empfängerkörperschaft handelt es sich um eine steuerbegünstigte Körperschaft oder eine juristische Person des öffentlichen Rechts.
– Die aus den Vermögenserträgen zu verwirklichenden steuerbegünstigten Zwecke der Empfängerkörperschaft müssen übereinstimmen mit den steuerbegünstigten satzungsmäßigen Zwecken der gebenden Körperschaft. Der mit den weitergegebenen Mitteln verfolgte Zweck muss sowohl von der Geber- als auch von der Empfängerkörperschaft gefördert werden. Beide Körperschaften können daneben aber auch noch weitere Zwecke fördern.
– Die zugewandten Mittel und deren Erträge dürfen nicht für weitere Mittelweitergaben nach § 58 Nr. 3 AO zur Vermögensausstattung verwendet werden.
– Die zugewandten Mittel und Erträge unterliegen bei der Empfängerkörperschaft der steuerbegünstigten Mittelverwendungspflicht. Erfolgt eine Verwendung für andere Zwecke, liegt eine Mittelfehlverwendung bei der Empfängerkörperschaft vor.

In diesem Sinne ist auch die Vermögensausstattung einer steuerbegünstigten Kapitalgesellschaft (z. B. gGmbH), die denselben steuerbegünstigten Zweck verfolgt, durch die Hingabe von Kapital bei Neugründung oder im Rahmen einer Kapitalerhöhung erlaubt, nicht aber der Erwerb von Anteilen an einer bereits bestehenden Körperschaft.

Zu § 58 Nr. 4 AO:
4. Eine steuerlich unschädliche Betätigung liegt auch dann vor, wenn nicht nur Arbeitskräfte, sondern zugleich Arbeitsmittel (z. B. Krankenwagen) zur Verfügung gestellt werden.

Zu § 58 Nr. 5 AO:
5. Zu den „Räumen" i. S. d. § 58 Nr. 5 AO gehören beispielsweise auch Sportstätten, Sportanlagen und Freibäder.

Zu § 58 Nr. 6 AO:
6. Eine Stiftung darf einen Teil ihres Einkommens – höchstens ein Drittel – dazu verwenden, die Gräber des Stifters und seiner nächsten Angehörigen zu pflegen und deren Andenken zu ehren. In diesem Rahmen ist auch gestattet, dem Stifter und seinen nächsten Angehörigen Unterhalt zu gewähren.
Unter Einkommen ist die Summe der Einkünfte aus den einzelnen Einkunftsarten des § 2 Abs. 1 EStG zu verstehen, unabhängig davon, ob die Einkünfte steuerpflichtig sind oder nicht. Positive und negative Einkünfte sind zu saldieren. Die Verlustverrechnungsbeschränkungen des EStG sind dabei mit Ausnahme der des § 15a EStG unbeachtlich.
Bei der Ermittlung der Einkünfte sind von den Einnahmen die damit zusammenhängenden Aufwendungen einschließlich der Abschreibungsbeträge abzuziehen.
Zur steuerrechtlichen Beurteilung von Ausgaben für die Erfüllung von Verbindlichkeiten, die durch die Übertragung von belastetem Vermögen begründet worden sind, wird auf die Nrn. 12 bis 14 des AEAO zu § 55 hingewiesen.
7. Der Begriff des nächsten Angehörigen ist enger als der Begriff des Angehörigen nach § 15 AO. Er umfasst:
   – Ehegatten und Lebenspartner,
   – Eltern, Großeltern, Kinder, Enkel (auch falls durch Adoption verbunden),
   – Geschwister,
   – Pflegeeltern, Pflegekinder.
8. Unterhalt, Grabpflege und Ehrung des Andenkens müssen sich in angemessenem Rahmen halten. Damit ist neben der relativen Grenze von einem Drittel des Einkommens eine gewisse absolute Grenze festgelegt. Maßstab für die Angemessenheit des Unterhalts ist der Lebensstandard des Zuwendungsempfängers. Leistungen mit Ausschüttungscharakter, z. B. in Höhe eines Prozentsatzes der Erträge, sind unzulässig.
9. § 58 Nr. 6 AO enthält lediglich eine Ausnahmeregelung zu § 55 Abs. 1 Nr. 1 AO für Stiftungen (vgl. Nr. 14 des AEAO zu § 55), begründet jedoch keinen eigenständigen steuerbegünstigten Zweck. Eine Stiftung, zu deren Satzungszwecken die Unterstützung von hilfebedürftigen Verwandten des Stifters gehört, kann daher nicht unter Hinweis auf § 58 Nr. 6 AO als steuerbegünstigt behandelt werden.

Zu § 58 Nr. 7 AO:
10. Gesellige Zusammenkünfte, die im Vergleich zur steuerbegünstigten Tätigkeit nicht von untergeordneter Bedeutung sind, schließen die Steuervergünstigung aus.

Zu § 58 Nr. 9 AO:
11. Diese Ausnahmeregelung ermöglicht es den ausschließlich von einer oder mehreren Gebietskörperschaften errichteten rechtsfähigen und nichtrechtsfähigen Stiftungen, die Erfül-

lung ihrer steuerbegünstigten Zwecke mittelbar durch Zuschüsse an Wirtschaftsunternehmen zu verwirklichen. Diese mittelbare Zweckverwirklichung muss in der Satzung festgelegt sein. Die Verwendung der Zuschüsse für steuerbegünstigte Satzungszwecke muss nachgewiesen werden.

Zu § 58 Nr. 10 AO:

12. Die Verwendung von Mitteln zum Erwerb von Gesellschaftsrechten zur Erhaltung der prozentualen Beteiligung an Kapitalgesellschaften schließt die Steuervergünstigungen nicht aus (§ 58 Nr. 10 AO). Die Herkunft der Mittel ist dabei ohne Bedeutung. § 58 Nr. 10 AO ist nicht auf den erstmaligen Erwerb von Anteilen an Kapitalgesellschaften anzuwenden. Hierfür können u. a. freie Rücklagen nach § 62 Abs. 1 Nr. 3 AO eingesetzt werden.

Die Höchstgrenze für die Zuführung zu der freien Rücklage vermindert sich um den Betrag, den die Körperschaft zum Erwerb von Gesellschaftsrechten zur Erhaltung der prozentualen Beteiligung an Kapitalgesellschaften ausgibt oder bereitstellt. Übersteigt der für die Erhaltung der Beteiligungsquote verwendete oder bereitgestellte Betrag die Höchstgrenze, ist auch in den Folgejahren eine Zuführung zu der freien Rücklage erst wieder möglich, wenn die für eine freie Rücklage verwendbaren Mittel insgesamt die für die Erhaltung der Beteiligungsquote verwendeten oder bereitgestellten Mittel übersteigen.

Beispiel:
Die Körperschaft erzielt im Jahr 01 folgende Überschüsse bzw. vereinnahmt folgende Mittel i. S. d. § 55 Abs. 1 Nr. 5 AO:
Überschuss Vermögensverwaltung: 21 000 €
Mittel i. S. d. § 55 Abs. 1 Nr. 5 AO: 30 000 €

Im Jahr 01 werden 2 500 € für den Erwerb von Anteilen zum Erhalt der prozentualen Beteiligung eingesetzt.

Ermittlung der freien Rücklage im Jahr 01 unter Beachtung des § 62 Abs. 1 Nr. 3 AO

		Freie Rücklage
Überschuss Vermögensverwaltung:	21 000 €	7 000 €
Mittel i. S. d. § 55 Abs. 1 Nr. 5 AO:	30 000 €	3 000 €
Gesamt		10 000 €

Der Höchstbetrag für die freie Rücklage im Jahr 01 i. H. v. 10 000 € ist um die Mittel zu kürzen, die für den Erwerb der Anteile zum Erhalt der prozentualen Beteiligung eingesetzt wurden.
Im Jahr 01 kann eine freie Rücklage demnach nur in Höhe von 7 500 € gebildet werden.

Zu § 58 Nr. 2 bis 10 AO:

13. Die in § 58 Nr. 2 bis 8 AO genannten Ausnahmetatbestände können auch ohne entsprechende Satzungsbestimmung verwirklicht werden. Entgeltliche Tätigkeiten nach § 58 Nr. 4, 5 oder 7 AO begründen einen steuerpflichtigen wirtschaftlichen Geschäftsbetrieb oder Vermögensverwaltung (z. B. Raumüberlassung). Bei den Regelungen des § 58 Nr. 6 und 9 AO kommt es jeweils nicht auf die Bezeichnung der Körperschaft als Stiftung, sondern auf die tatsächliche Rechtsform an. Dabei ist es unmaßgeblich, ob es sich um eine rechtsfähige oder nichtrechtsfähige Stiftung handelt.

Zu § 59 – Voraussetzung der Steuervergünstigung:

1. Die Vorschrift bestimmt u. a., dass die Steuervergünstigung nur gewährt wird, wenn ein steuerbegünstigter Zweck (§§ 52 bis 54 AO), die Selbstlosigkeit (§ 55 AO) und die ausschließliche und unmittelbare Zweckverfolgung (§§ 56, 57 AO) durch die Körperschaft aus der Satzung direkt hervorgehen. Eine weitere satzungsmäßige Voraussetzung in diesem Sinn ist die in § 61 AO geforderte Vermögensbindung. Das Unterhalten wirtschaftlicher Geschäftsbetriebe (§ 14 Satz 1 und 2 AO und § 64 AO), die keine Zweckbetriebe (§§ 65 bis 68 AO) sind, und die Vermögensverwaltung (§ 14 Satz 3 AO) dürfen nicht Satzungszweck sein.

A. I.   Zu § 60 AO

Die Erlaubnis zur Unterhaltung eines Nichtzweckbetriebs und die Vermögensverwaltung in der Satzung können zulässig sein (BFH-Urteil vom 18.12.2002, I R 15/02, BStBl 2003 II S. 384). Bei Körperschaften, die ausschließlich Mittel für andere Körperschaften oder juristische Personen des öffentlichen Rechts beschaffen (§ 58 Nr. 1 AO), kann in der Satzung auf das Gebot der Unmittelbarkeit verzichtet werden.

2. Bei mehreren Betrieben gewerblicher Art einer juristischen Person des öffentlichen Rechts ist für jeden Betrieb gewerblicher Art eine eigene Satzung erforderlich.

3. Ein besonderes Anerkennungsverfahren ist im steuerlichen Gemeinnützigkeitsrecht nicht vorgesehen. Ob eine Körperschaft steuerbegünstigt ist, entscheidet das Finanzamt im Veranlagungsverfahren durch Steuerbescheid (ggf. Freistellungsbescheid). Die Steuerbefreiung soll spätestens alle drei Jahre überprüft werden. Dabei hat das Finanzamt von Amts wegen die tatsächlichen und rechtlichen Verhältnisse zu ermitteln, die für die Steuerpflicht und für die Bemessung der Steuer wesentlich sind. Eine Körperschaft, bei der nach dem Ergebnis dieser Prüfung die gesetzlichen Voraussetzungen für die steuerliche Behandlung als steuerbegünstigte Körperschaft vorliegen, muss deshalb auch als solche behandelt werden, und zwar ohne Rücksicht darauf, ob ein entsprechender Antrag gestellt worden ist oder nicht. Ein Verzicht auf die Behandlung als steuerbegünstigte Körperschaft ist somit für das Steuerrecht unbeachtlich.

4. Wird bei einer Körperschaft, die bereits nach § 5 Abs. 1 Nr. 9 KStG steuerbefreit war, im Rahmen der Veranlagung festgestellt, dass die Satzung nicht den Anforderungen des Gemeinnützigkeitsrechts genügt, dürfen aus Vertrauensschutzgründen hieraus keine nachteiligen Folgerungen für die Vergangenheit gezogen werden. Die Körperschaft ist trotz der fehlerhaften Satzung für abgelaufene Veranlagungszeiträume und für das Kalenderjahr, in dem die Satzung beanstandet wird, als steuerbegünstigt zu behandeln. Dies gilt nicht, wenn bei der tatsächlichen Geschäftsführung gegen Vorschriften des Gemeinnützigkeitsrechts verstoßen wurde.

Die Vertreter der Körperschaft sind aufzufordern, die zu beanstandenden Teile der Satzung so zu ändern, dass die Körperschaft die satzungsmäßigen Voraussetzungen für die Steuervergünstigung erfüllt. Hierfür ist eine angemessene Frist zu setzen. Vereinen soll dabei in der Regel eine Beschlussfassung in der nächsten ordentlichen Mitgliederversammlung ermöglicht werden. Wird die Satzung innerhalb der gesetzten Frist entsprechend den Vorgaben des Finanzamts geändert, ist die Steuervergünstigung für das der Beanstandung der Satzung folgende Kalenderjahr auch dann anzuerkennen, wenn zu Beginn des Kalenderjahres noch keine ausreichende Satzung vorgelegen hat.

Die vorstehenden Grundsätze gelten nicht, wenn die Körperschaft die Satzung geändert hat und eine geänderte Satzungsvorschrift zu beanstanden ist. In diesen Fällen fehlt es an einer Grundlage für die Gewährung von Vertrauensschutz.

Zu § 60 – Anforderungen an die Satzung:

1. Die Satzung muss so präzise gefasst sein, dass aus ihr unmittelbar entnommen werden kann, ob die Voraussetzungen der Steuerbegünstigung vorliegen (formelle Satzungsmäßigkeit). Die bloße Bezugnahme auf Satzungen oder andere Regelungen Dritter genügt nicht (BFH-Urteil vom 19.4.1989, I R 3/88, BStBl II S. 595).

2. Die Satzung muss die in der Mustersatzung bezeichneten Festlegungen enthalten, soweit sie für die jeweilige Körperschaft im Einzelfall einschlägig sind.

    Unter anderem sind in folgenden Fällen Abweichungen vom Wortlaut der Mustersatzung möglich:

    a) Bei Mittelbeschaffungskörperschaften (§ 58 Nr. 1 AO) kann entgegen § 1 der Mustersatzung auf das Gebot der Unmittelbarkeit verzichtet werden (vgl. Nr. 1 des AEAO zu § 59 AO).

b) Insbesondere bei Stiftungen ist der in § 3 der Mustersatzung verwendete Begriff „Mitglieder" durch eine andere geeignete Formulierung zu ersetzen (vgl. § 55 Abs. 3 AO).

c) Körperschaften, deren Gesellschafter oder Mitglieder steuerbegünstigte Körperschaften sind und/oder juristische Personen des öffentlichen Rechts, die die Mittel für steuerbegünstigte Zwecke verwenden, können auf die Regelung in § 3 Satz 2 der Mustersatzung verzichten.

d) § 5 der Mustersatzung kann in Satzungen von Vereinen ohne die Formulierung „Aufhebung" verwendet werden.

Derselbe Aufbau und dieselbe Reihenfolge der Bestimmungen wie in der Mustersatzung werden nicht verlangt.

3. Die Bestimmung, dass die Satzung die in der Mustersatzung bezeichneten Festlegungen enthalten muss (§ 60 Abs. 1 Satz 2 AO), gilt für Körperschaften, die nach dem 31.12.2008 gegründet werden oder die ihre Satzung mit Wirkung nach diesem Zeitpunkt ändern. Die Satzung einer Körperschaft, die bereits vor dem 1.1.2009 bestanden hat, braucht nicht allein zur Anpassung an die Festlegungen in der Mustersatzung geändert zu werden.

4. Eine Satzung braucht nicht allein deswegen geändert zu werden, weil in ihr auf Vorschriften des StAnpG oder der GemV verwiesen oder das Wort „selbstlos" nicht verwandt wird.

5. Ordensgemeinschaften haben eine den Ordensstatuten entsprechende zusätzliche Erklärung nach dem Muster der Anlage zu Nr. 5 des AEAO zu § 60[1)] abzugeben, die die zuständigen Organe der Orden bindet.

6. Die tatsächliche Geschäftsführung (vgl. § 63 AO) muss mit der Satzung übereinstimmen.

7. Die satzungsmäßigen Voraussetzungen für die Anerkennung der Steuerbegünstigung müssen

 – bei der Körperschaftsteuer vom Beginn bis zum Ende des Veranlagungszeitraums,
 – bei der Gewerbesteuer vom Beginn bis zum Ende des Erhebungszeitraums,
 – bei der Grundsteuer zum Beginn des Kalenderjahres, für das über die Steuerpflicht zu entscheiden ist (§ 9 Abs. 2 GrStG),
 – bei der Umsatzsteuer zu den sich aus § 13 Abs. 1 UStG ergebenden Zeitpunkten,
 – bei der Erbschaftsteuer zu den sich aus § 9 ErbStG ergebenden Zeitpunkten

erfüllt sein.

8. Wird bei Neugründungsfällen die Feststellung nach § 60a AO abgelehnt und wird im gleichen Veranlagungszeitraum eine Satzung vorgelegt, die den gemeinnützigkeitsrechtlichen Bestimmungen genügt, kann die Steuerbegünstigung erst ab dem darauffolgenden Veranlagungszeitraum gewährt werden. Dies gilt nicht, wenn die Körperschaft in der Zwischenzeit keine nach außen gerichteten Tätigkeiten entfaltet und keine Mittelverwendung stattgefunden hat.

Bei Körperschaften, die bereits vor Beginn des laufenden Veranlagungszeitraums existierten und erstmalig die Steuerbegünstigung oder die Feststellung nach § 60a AO beantragen, kann die Steuerbegünstigung erst ab dem darauffolgenden Veranlagungszeitraum gewährt werden.

Zu § 60a – Feststellung der satzungsmäßigen Voraussetzungen:

1. Das Verfahren nach § 60a AO hat die sogenannte vorläufige Bescheinigung abgelöst. Die gesonderte Feststellung der Besteuerungsgrundlagen (§§ 179 ff. AO) hat nicht unter dem Vorbehalt der Nachprüfung (§ 164 AO) zu erfolgen.

[1)] Anlage zu Nr. 5 zu § 60 AO wiedergegeben am Ende des AEAO.

A. I. Zu § 60a AO

Zu § 60a Abs. 1 AO:
2. Hält die Satzung einer Körperschaft die satzungsmäßigen Voraussetzungen nach den §§ 51, 59, 60 und 61 AO ein, wird dies durch einen Bescheid gesondert festgestellt. Diese Feststellung der Satzungsmäßigkeit ist für die Besteuerung der Körperschaft und der Steuerpflichtigen, die Zuwendungen in Form von Spenden und Mitgliedsbeiträgen an die Körperschaft erbringen, bindend.
Die Voraussetzungen für die Feststellungen nach § 60a AO liegen auch dann vor, wenn die Körperschaft bereits vor dem 1.1.2009 bestand und daher eine Anpassung an die Mustersatzung (Anlage 1 zu § 60 AO) bisher nicht vornehmen musste (Art. 97 § 1f EGAO, siehe auch Nr. 3 des AEAO zu § 60). Liegen im Zeitpunkt der Entscheidung über die gesonderte Feststellung bereits Erkenntnisse vor, dass die tatsächliche Geschäftsführung der Körperschaft den Anforderungen des § 51 AO nicht entsprechen wird, ist die Feststellung nach § 60a Abs. 1 AO abzulehnen.
3. Das Verfahren nach § 60a AO ist ein Annexverfahren zur Körperschaftsteuerveranlagung. Eine Feststellung nach § 60a AO ist für Körperschaften ausgeschlossen, die weder unbeschränkt i. S. d. § 1 KStG noch beschränkt i. S. d. § 2 KStG steuerpflichtig sind.
4. Die Feststellung der satzungsmäßigen Voraussetzungen kann bereits vor einer Registereintragung oder einer Anerkennung/Genehmigung der Körperschaft erfolgen, sofern zu diesem Zeitpunkt bereits eine Körperschaftsteuerpflicht besteht.
Eine Feststellung darf erst nach einem wirksamen Organbeschluss, beispielsweise über die Satzung, erfolgen.

Zu § 60a Abs. 2 AO:
5. Die Feststellung erfolgt auf Antrag der Körperschaft oder von Amts wegen bei der Veranlagung zur Körperschaftsteuer, wenn bisher noch keine Feststellung erfolgt ist.

Zu § 60a Abs. 3 AO:
6. Werden die Vorschriften, auf denen die Feststellung beruht, aufgehoben oder geändert, dann entfällt die Bindungswirkung des Feststellungsbescheids ab diesem Zeitpunkt.

Zu § 60a Abs. 4 AO:
7. Treten bei den Verhältnissen, die für die Feststellung erheblich waren, Änderungen ein, so ist diese Feststellung ab dem Zeitpunkt der Änderung der Verhältnisse aufzuheben. Für die Feststellung erheblich sind alle Bestimmungen, die für das Vorliegen der formellen Voraussetzungen gem. §§ 51, 59, 60 und 61 AO von Bedeutung sind (gemeinnützigkeitsrechtliche Bestimmungen). Dies sind beispielsweise:
   – Änderungen der Zwecke,
   – Anpassung an die Mustersatzung,
   – Änderung der Vermögensbindung.
Ändert eine Körperschaft gemeinnützigkeitsrechtlich relevante Bestimmungen ihrer Satzung, so ist die bisherige Feststellung mit Datum des Inkrafttretens der Satzungsänderung aufzuheben. Zivilrechtliche Änderungen ohne steuerliche Relevanz sind unerheblich. Wird auf Antrag der Körperschaft bei steuerlich nicht relevanten Satzungsänderungen eine Feststellung vorgenommen, scheidet eine Aufhebung der vorherigen Feststellung aus.

Zu § 60a Abs. 5 AO:
8. Beruht die Feststellung der satzungsmäßigen Voraussetzungen auf einem materiellen Fehler, kann sie mit Wirkung für die Zukunft aufgehoben werden. Die Feststellung wird dann ab dem Jahr aufgehoben, das auf die Bekanntgabe der Aufhebungsentscheidung folgt. Stellt sich also beispielsweise im Mai des Jahres 01 heraus, dass der Feststellung der satzungsmäßigen Voraussetzungen ein materieller Fehler zu Grunde liegt, und ergeht der Be-

scheid zur Aufhebung der Feststellung nach § 60a AO im August 01, tritt die Aufhebung zum 1. Januar 02 in Kraft. Die Regelung des § 176 AO ist dabei entsprechend anzuwenden. Dies gilt allerdings nicht für die Kalenderjahre, die nach der Verkündung der maßgeblichen Entscheidung eines obersten Gerichtshofes des Bundes beginnen.

Zu § 61 – Satzungsmäßige Vermögensbindung:

1. Die Vorschrift stellt klar, dass die zu den Voraussetzungen der Selbstlosigkeit zählende Bindung des Vermögens für steuerbegünstigte Zwecke vor allem im Falle der Auflösung der Körperschaft aus der Satzung genau hervorgehen muss (Mustersatzung, § 5). Als Empfänger des Vermögens kommen in Betracht:
   - inländische steuerbegünstigte Körperschaften,
   - die in § 5 Abs. 2 Nr. 2 KStG aufgeführten Körperschaften,
   - juristische Personen des öffentlichen Rechts.

   Die satzungsmäßige Vermögensbindung nach § 55 Abs. 1 Nr. 4 Satz 2 i. V. m. § 61 Abs. 1 AO ist auch erfüllt, wenn in der Satzung einer Körperschaft als Anfallsberechtigte eine in einem EU-/EWR-Staat ansässige juristische Person des öffentlichen Rechts aufgeführt wird.

2. Wird die satzungsmäßige Vermögensbindung aufgehoben, gilt sie von Anfang an als steuerlich nicht ausreichend. Die Regelung greift auch ein, wenn die Bestimmung über die Vermögensbindung erst zu einem Zeitpunkt geändert wird, in dem die Körperschaft nicht mehr als steuerbegünstigt anerkannt ist. Die entsprechenden steuerlichen Folgerungen sind durch Steuerfestsetzung rückwirkend zu ziehen.

3. Bei Verstößen gegen den Grundsatz der Vermögensbindung bildet die Festsetzungsverjährung (§§ 169 ff. AO) keine Grenze. Vielmehr können nach § 175 Abs. 1 Satz 1 Nr. 2 AO auch Steuerbescheide noch geändert werden, die Steuern betreffen, die innerhalb von zehn Jahren vor der erstmaligen Verletzung der Vermögensbindungsregelung entstanden sind. Es kann demnach auch dann noch zugegriffen werden, wenn zwischen dem steuerfreien Bezug der Erträge und dem Wegfall der Steuerbegünstigung ein Zeitraum von mehr als fünf Jahren liegt, selbst wenn in der Zwischenzeit keine Erträge mehr zugeflossen sind.

   Beispiel:
   Eine gemeinnützige Körperschaft hat in den Jahren 01 bis 11 steuerfreie Einnahmen aus einem Zweckbetrieb bezogen und diese teils für gemeinnützige Zwecke ausgegeben und zum Teil in eine Rücklage eingestellt. Eine in 11 vollzogene Satzungsänderung sieht jetzt vor, dass bei Auflösung des Vereins das Vermögen an die Mitglieder ausgekehrt wird. In diesem Fall muss das Finanzamt für die Veranlagungszeiträume 01 ff. Steuerbescheide erlassen, welche die Nachversteuerung aller genannten Einnahmen vorsehen, wobei es unerheblich ist, ob die Einnahmen noch im Vereinsvermögen vorhanden sind.

4. Verstöße gegen § 55 Abs. 1 bis 3 AO begründen die Möglichkeit einer Nachversteuerung im Rahmen der Festsetzungsfrist.

5. Die Nachversteuerung gem. § 61 Abs. 3 AO greift nicht nur bei gemeinnützigkeitsschädlichen Änderungen satzungsrechtlicher Bestimmungen über die Vermögensbindung ein, sondern erfasst auch die Fälle, in denen die tatsächliche Geschäftsführung gegen die von § 61 AO geforderte Vermögensbindung verstößt (§ 63 Abs. 2 AO).

   Beispiel:
   Eine gemeinnützige Körperschaft verwendet bei ihrer Auflösung oder bei Aufgabe ihres begünstigten Satzungszweckes ihr Vermögen entgegen der Vermögensbindungsbestimmung in der Satzung nicht für begünstigte Zwecke.

6. Verstöße der tatsächlichen Geschäftsführung gegen § 55 Abs. 1 Nr. 1 bis 3 AO können so schwerwiegend sein, dass sie einer Verwendung des gesamten Vermögens für satzungsfremde Zwecke gleichkommen. Auch in diesen Fällen ist eine Nachversteuerung nach § 61 Abs. 3 AO möglich (vgl. auch BFH-Urteil vom 12. 10. 2010, I R 59/09, BStBl 2012 II S. 226).

7. Bei der nachträglichen Besteuerung ist so zu verfahren, als ob die Körperschaft von Anfang an uneingeschränkt steuerpflichtig gewesen wäre. § 13 Abs. 3 KStG ist nicht anwendbar.

Zu § 62 – Rücklagen und Vermögensbildung:

1. Im wirtschaftlichen Geschäftsbetrieb können Rücklagen durch Zuführung des Gewinns gebildet werden. Die Rücklagen müssen bei vernünftiger kaufmännischer Beurteilung wirtschaftlich begründet sein (entsprechend § 14 Abs. 1 Nr. 4 KStG). Es muss ein konkreter Anlass gegeben sein, der auch aus objektiver unternehmerischer Sicht die Bildung der Rücklage im wirtschaftlichen Geschäftsbetrieb rechtfertigt (z. B. eine geplante Betriebsverlegung, Werkserneuerung oder Kapazitätsausweitung). Eine fast vollständige Zuführung des Gewinns zu einer Rücklage im wirtschaftlichen Geschäftsbetrieb ist nur dann unschädlich für die Steuerbegünstigung, wenn die Körperschaft nachweist, dass die betriebliche Mittelverwendung zur Sicherung ihrer Existenz geboten war (BFH-Urteil vom 15. 7. 1998, I R 156/94, BStBl 2002 II S. 162).

   Im Bereich der Vermögensverwaltung können Rücklagen durch Zuführung der Überschüsse aus der Vermögensverwaltung nur für die Durchführung konkreter Reparatur- oder Erhaltungsmaßnahmen an Vermögensgegenständen i. S. d. § 21 EStG gebildet werden. Die Maßnahmen, für deren Durchführung die Rücklage gebildet wird, müssen notwendig sein, um den ordnungsgemäßen Zustand des Vermögensgegenstandes zu erhalten oder wiederherzustellen, und in einem angemessenen Zeitraum durchgeführt werden können (z. B. geplante Erneuerung eines undichten Daches).

Zu § 62 Abs. 1 AO:

2. Die Bildung einer Rücklage kann nicht damit begründet werden, dass die Überlegungen zur Verwendung der Mittel noch nicht abgeschlossen sind.

Zu § 62 Abs. 1 Nr. 1 AO:

3. Bei der Bildung der Rücklage nach § 62 Abs. 1 Nr. 1 und 2 AO kommt es nicht auf die Herkunft der Mittel an. Der Rücklage dürfen also auch zeitnah zu verwendende Mittel wie z. B. Spenden zugeführt werden.

4. Voraussetzung für die Bildung einer Rücklage nach § 62 Abs. 1 Nr. 1 AO ist in jedem Fall, dass diese erforderlich ist, um die steuerbegünstigten, satzungsmäßigen Zwecke der Körperschaft nachhaltig erfüllen zu können. Das Bestreben, ganz allgemein die Leistungsfähigkeit der Körperschaft zu erhalten, reicht für eine steuerlich unschädliche Rücklagenbildung nach dieser Vorschrift nicht aus (hierfür können nur freie Rücklagen nach § 62 Abs. 1 Nr. 3 AO gebildet werden, vgl. Nrn. 13 bis 17 des AEAO zu § 62). Vielmehr müssen die Mittel für bestimmte – die steuerbegünstigten Satzungszwecke verwirklichende – Vorhaben angesammelt werden, für deren Durchführung bereits konkrete Zeitvorstellungen bestehen. Besteht noch keine konkrete Zeitvorstellung, ist eine Rücklagenbildung dann zulässig, wenn die Durchführung des Vorhabens glaubhaft und bei den finanziellen Verhältnissen der steuerbegünstigten Körperschaft in einem angemessenen Zeitraum möglich ist. Die Bildung von Rücklagen für periodisch wiederkehrende Ausgaben (z. B. Löhne, Gehälter, Mieten) in Höhe des Mittelbedarfs für eine angemessene Zeitperiode zur Sicherstellung der Liquidität ist zulässig (so genannte Betriebsmittelrücklage). Ebenfalls unschädlich ist die vorsorgliche Bildung einer Rücklage zur Bezahlung von Steuern außerhalb eines steuerpflichtigen wirtschaftlichen Geschäftsbetriebs, solange Unklarheit darüber besteht, ob die Körperschaft insoweit in Anspruch genommen wird. Eine beabsichtigte Vermögensausstattung nach § 58 Nr. 3 AO rechtfertigt keine Rücklagenbildung nach § 62 Abs. 1 Nr. 1 AO.

5. Die Rücklage nach § 62 Abs. 1 Nr. 1 AO kann unabhängig von dem Vorhandensein und der Höhe einer Rücklage nach § 62 Abs. 1 Nr. 3 AO (freie Rücklage) gebildet werden.

Zu § 62 Abs. 1 Nr. 2 AO:

6. Eine Wiederbeschaffungsrücklage für Fahrzeuge und andere Wirtschaftsgüter, für deren Anschaffung die laufenden Einnahmen nicht ausreichen, ist nach § 62 Abs. 1 Nr. 2 AO zulässig. Eine Wiederbeschaffungsabsicht liegt nur vor, wenn tatsächlich eine Neuanschaffung

des einzelnen Wirtschaftsguts geplant und in einem angemessenen Zeitraum möglich ist. Im Regelfall ist als Nachweis für die Wiederbeschaffungsabsicht ausreichend, dass die Rücklage gebildet wurde. Diese Nachweiserleichterung gilt nicht für Immobilien. Reicht die Zuführung von Mitteln in Höhe der Abschreibungen für eine beabsichtigte Wiederbeschaffung nicht aus, dann können auch höhere Mittel der Rücklage zugeführt werden. Der Nachweis darüber ist durch die Körperschaft zu erbringen.

7. Die Regelungen in den vorstehenden Textziffern zu § 62 Abs. 1 Nr. 1 und 2 AO gelten auch für Mittelbeschaffungskörperschaften i. S. d. § 58 Nr. 1 AO (BFH-Urteil vom 13. 9. 1989, I R 19/85, BStBl 1990 II S. 28). Voraussetzung ist jedoch, dass die Rücklagenbildung dem Zweck der Beschaffung von Mitteln für die steuerbegünstigten Zwecke einer anderen Körperschaft entspricht. Diese Voraussetzung ist z. B. erfüllt, wenn die Mittelbeschaffungskörperschaft wegen zeitlicher Verzögerung der von ihr zu finanzierenden steuerbegünstigten Maßnahmen angehalten ist, die beschafften Mittel zunächst zu thesaurieren.

8. Unterhält eine steuerbegünstigte Körperschaft einen steuerpflichtigen wirtschaftlichen Geschäftsbetrieb, so können dessen Erträge der Rücklage erst nach Versteuerung zugeführt werden.

Zu § 62 Abs. 1 Nr. 3 AO:

9. Der freien Rücklage (§ 62 Abs. 1 Nr. 3 AO) darf jährlich höchstens ein Drittel des Überschusses der Einnahmen über die Ausgaben aus der Vermögensverwaltung zugeführt werden. Unter Ausgaben sind Aufwendungen zu verstehen, die dem Grunde nach Werbungskosten sind.

10. Darüber hinaus kann die Körperschaft höchstens 10 % ihrer sonstigen nach § 55 Abs. 1 Nr. 5 AO zeitnah zu verwendenden Mittel einer freien Rücklage zuführen. Mittel i. S. d. Vorschrift sind die Überschusse bzw. Gewinne aus steuerpflichtigen wirtschaftlichen Geschäftsbetrieben und Zweckbetrieben sowie die Bruttoeinnahmen aus dem ideellen Bereich. Bei Anwendung der Regelungen des § 64 Abs. 5 und 6 AO können in die Bemessungsgrundlage zur Ermittlung der Rücklage statt der geschätzten bzw. pauschal ermittelten Gewinne die tatsächlichen Gewinne einbezogen werden.

Verluste aus Zweckbetrieben sind mit entsprechenden Überschüssen zu verrechnen; darüber hinausgehende Verluste mindern die Bemessungsgrundlage nicht. Das gilt entsprechend für Verluste aus dem einheitlichen wirtschaftlichen Geschäftsbetrieb. Ein Überschuss aus der Vermögensverwaltung ist – unabhängig davon, inwieweit er in eine Rücklage eingestellt wurde – nicht in die Bemessungsgrundlage für die Zuführung aus den sonstigen zeitnah zu verwendenden Mitteln einzubeziehen. Ein Verlust aus der Vermögensverwaltung mindert die Bemessungsgrundlage nicht.

11. Wird der jährliche Höchstbetrag der Mittel, die in die freie Rücklage hätten eingestellt werden können, in einem Jahr nicht ausgeschöpft, können Mittel in Höhe des nicht ausgeschöpften Betrages zusätzlich in den beiden Folgejahren in die freie Rücklage eingestellt werden.

Eine Körperschaft hätte im Jahr 01 beispielsweise 30 000 € in die freie Rücklage einstellen können. Tatsächlich stellte sie aber nur 25 000 € ein. In den nächsten beiden Jahren kann die Körperschaft zusätzlich zu dem für das jeweilige Jahr zulässigen Betrag nach § 62 Abs. 1 Nr. 3 AO noch weitere 5 000 € in die freie Rücklage des jeweiligen Jahres einstellen. Die Körperschaft kann diesen Betrag auf beide Jahre aufteilen (02: 3 000 €, 03: 2 000 €) oder den ganzen Betrag (entweder 02 oder 03) in die Rücklage einstellen.

Die steuerbegünstigte Körperschaft muss die freie Rücklage während der Dauer ihres Bestehens nicht auflösen. Die in die Rücklage eingestellten Mittel können auch dem Vermögen zugeführt werden.

Zu § 62 Abs. 1 Nr. 4 AO:

12. Die Ansammlung von Mitteln zum Erwerb von Gesellschaftsrechten zur Erhaltung der prozentualen Beteiligung an Kapitalgesellschaften ist zulässig (§ 62 Abs. 1 Nr. 4 AO). Die Herkunft der Mittel ist dabei ohne Bedeutung. § 62 Abs. 1 Nr. 4 AO ist nicht auf den erstmaligen Erwerb von Anteilen an Kapitalgesellschaften anzuwenden. Hierfür können u. a. freie Rücklagen nach § 62 Abs. 1 Nr. 3 AO eingesetzt werden.
13. Die Höchstgrenze für die Zuführung zu der freien Rücklage mindert sich um den Betrag, den die Körperschaft zum Erwerb von Gesellschaftsrechten zur Erhaltung der prozentualen Beteiligung an Kapitalgesellschaften ausgibt oder in die Rücklage einstellt. Übersteigt der für die Erhaltung der Beteiligungsquote verwendete oder in eine Rücklage eingestellte Betrag die Höchstgrenze, ist auch in den Folgejahren eine Zuführung zu der freien Rücklage erst wieder möglich, wenn die für eine freie Rücklage verwendbaren Mittel insgesamt die für die Erhaltung der Beteiligungsquote verwendeten oder in die Rücklage eingestellten Mittel übersteigen. Die Zuführung von Mitteln zu Rücklagen nach § 62 Abs. 1 Nr. 1 und 2 AO berührt die Höchstgrenze für die Bildung freier Rücklagen dagegen nicht.

Beispiel:
Beispiel für eine Rücklagenbildung nach § 62 Abs. 1 Nrn. 3 und 4 AO:

VZ 01	
Spenden	10 000 €
Einnahmen aus Vermögensverwaltung	12 000 €
Ausgaben aus der Vermögensverwaltung	9 000 €
Gewinne aus	
– Zweckbetrieben	2 500 €
– steuerpflichtigen wirtschaftlichen Geschäftsbetrieben	3 000 €
→ 10 % von (10 000 € + 2 500 € + 3 000 €) =	1 550 €
→ ¹/₃ von (12 000 € - 9 000 €) =	1 000 €
≙ Potenzial zur Rücklagenbildung nach § 62 Abs. 1 Nr. 3 AO	2 550 €
Tatsächliche Rücklagenbildung im VZ 01:	
nach § 62 Abs. 1 Nr. 4 AO:	3 000 €
nach § 62 Abs. 1 Nr. 3 AO:	0 €
Überhang nach § 62 Abs. 1 Nr. 4 im Verhältnis zu Nr. 3 AO:	450 €
VZ 02	
Spenden	20 000 €
Einnahmen aus Vermögensverwaltung	16 000 €
Ausgaben aus der Vermögensverwaltung	10 000 €
Gewinne aus	
– Zweckbetrieben	1 000 €
– steuerpflichtigen wirtschaftlichen Geschäftsbetrieben	5 000 €
→ 10 % von (20 000 € + 1 000 € + 5 000 €) =	2 600 €
→ ¹/₃ von (16 000 € - 10 000 €) =	2 000 €
abzgl. Überhang nach § 62 Abs. 1 Nr. 4 im Verhältnis zu Nr. 3 AO	450 €
≙ Potenzial zur Rücklagenbildung nach § 62 Abs. 1 Nr. 3 AO	4 150 €
Tatsächliche Rücklagenbildung im VZ 02:	
nach § 62 Abs. 1 Nr. 4 AO:	1 000 €
nach § 62 Abs. 1 Nr. 3 AO:	3 150 €

Zu § 62 Abs. 2 AO:

14. Rücklagen sind in der Frist des § 55 Abs. 1 Nr. 5 Satz 3 AO zu bilden. Nur tatsächlich vorhandene Mittel können in eine Rücklage eingestellt werden. Ob die Voraussetzungen für die Bildung einer Rücklage vorliegen, hat die steuerbegünstigte Körperschaft dem zuständigen Finanzamt im Einzelnen darzulegen. Weiterhin muss sie die Rücklagen nach § 62 Abs. 1 AO in ihrer Rechnungslegung – ggf. in einer Nebenrechnung – gesondert ausweisen, damit eine Kontrolle jederzeit und ohne besonderen Aufwand möglich ist (BFH-Urteil vom 20. 12. 1978, I R 21/76, BStBl 1979 II S. 496).

Entfällt der Grund für die Bildung einer Rücklage nach § 62 Abs. 1 Nr. 1, 2 und 4 AO, so ist diese unverzüglich aufzulösen. Die dadurch freigewordenen Mittel sind innerhalb der Frist des § 55 Abs. 1 Nr. 5 Satz 3 AO zu verwenden.
Die freigewordenen Mittel können auch in die Rücklagen nach § 62 Abs. 1 Nr. 1, 2 und 4 AO eingestellt werden. Bei diesen Mitteln handelt es sich nicht um sonstige nach § 55 Abs. 1 Nr. 5 AO zeitnah zu verwendende Mittel (§ 58 Nr. 3 AO, § 62 Abs. 1 Nr. 3 AO).

15. Vorstehende Grundsätze gelten für Rücklagen im wirtschaftlichen Geschäftsbetrieb und für Rücklagen im Bereich der Vermögensverwaltung entsprechend.

Zu § 62 Abs. 3 AO:

16. Die in § 62 Abs. 3 AO genannten Zuwendungen können dem Vermögen zugeführt werden. Die Aufzählung ist abschließend. Unter Sachzuwendungen, die ihrer Natur nach zum Vermögen gehören, sind Wirtschaftsgüter zu verstehen, die ihrer Art nach von der Körperschaft im ideellen Bereich, im Rahmen der Vermögensverwaltung oder im wirtschaftlichen Geschäftsbetrieb genutzt werden können.

Werden Mittel nach dieser Vorschrift dem Vermögen zugeführt, sind sie aus der Bemessungsgrundlage für Zuführungen von sonstigen zeitnah zu verwendenden Mitteln nach § 62 Abs. 1 Nr. 3 AO herauszurechnen.

Zu § 62 Abs. 4 AO:

17. Stiftungen dürfen im Jahr ihrer Errichtung und in den drei folgenden Kalenderjahren Überschüsse und Gewinne aus der Vermögensverwaltung, aus Zweckbetrieb und aus steuerpflichtigen wirtschaftlichen Geschäftsbetrieben ganz oder teilweise ihrem Vermögen zuführen. Für sonstige Mittel, z. B. Zuwendungen und Zuschüsse, gilt diese Regelung dagegen nicht.

Liegen in einem Kalenderjahr positive und negative Ergebnisse aus der Vermögensverwaltung, aus den Zweckbetrieben und dem einheitlichen steuerpflichtigen wirtschaftlichen Geschäftsbetrieb vor, ist eine Zuführung zum Vermögen auf den positiven Betrag begrenzt, der nach der Verrechnung der Ergebnisse verbleibt.

Zu § 63 – Anforderungen an die tatsächliche Geschäftsführung:

1. Den Nachweis, dass die tatsächliche Geschäftsführung den notwendigen Erfordernissen entspricht, hat die Körperschaft durch ordnungsmäßige Aufzeichnungen (insbesondere Aufstellung der Einnahmen und Ausgaben, Tätigkeitsbericht, Vermögensübersicht mit Nachweisen über die Bildung und Entwicklung der Rücklagen) zu führen. Die Vorschriften der AO über die Führung von Büchern und Aufzeichnungen (§§ 140 ff. AO) sind zu beachten. Die Vorschriften des Handelsrechts einschließlich der entsprechenden Buchführungsvorschriften gelten nur, sofern sich dies aus der Rechtsform der Körperschaft oder aus ihrer wirtschaftlichen Tätigkeit ergibt. Bei der Verwirklichung steuerbegünstigter Zwecke im Ausland besteht eine erhöhte Nachweispflicht (§ 90 Abs. 2 AO).

2. Hat das Finanzamt eine Frist nach § 63 Abs. 4 AO gesetzt, gilt die tatsächliche Geschäftsführung als ordnungsgemäß, wenn die Körperschaft die Mittel innerhalb der gesetzten Frist für steuerbegünstigte Zwecke verwendet.

3. Die tatsächliche Geschäftsführung umfasst auch die Ausstellung steuerlicher Zuwendungsbestätigungen. Zuwendungsbestätigungen dürfen nur dann ausgestellt werden, wenn die Voraussetzungen des § 63 Abs. 5 AO vorliegen. Die Erlaubnis wird an die Erteilung eines Feststellungsbescheids nach § 60a Abs. 1 AO, eines Freistellungsbescheids oder eine Anlage zum Körperschaftsteuerbescheid geknüpft. Ist der Bescheid nach § 60a AO älter als drei Jahre oder ist der Freistellungsbescheid – beziehungsweise sind die Anlagen zum Körperschaftsteuerbescheid – älter als fünf Jahre, darf die Körperschaft keine Zuwendungsbestätigungen mehr ausstellen.

Bei Missbräuchen auf diesem Gebiet, z. B. durch die Ausstellung von Gefälligkeitsbestätigungen, ist die Steuerbegünstigung zu versagen.

4. Liegen neuere Erkenntnisse nach Bekanntgabe einer Feststellung nach § 60a AO, eines Freistellungsbescheids oder einer Anlage zum Körperschaftsteuerbescheid vor, dass auf Grund der tatsächlichen Geschäftsführung der Körperschaft die Steuerbegünstigung voraussichtlich nicht gewährt werden kann, kann eine Steuerfestsetzung (ggf. mit 0 €) erfolgen. Dies kann durch einen Vorauszahlungsbescheid oder einen Körperschaftsteuerbescheid geschehen, in dem jeweils von der vollen Steuerpflicht ausgegangen wird. Dies hat zur Folge, dass die Körperschaft nicht mehr berechtigt ist, Zuwendungsbestätigungen auszustellen.

Die Körperschaft ist auf eine mögliche Haftungsinanspruchnahme nach § 10b Abs. 4 EStG hinzuweisen.

5. Die tatsächliche Geschäftsführung muss sich im Rahmen der verfassungsmäßigen Ordnung halten, da die Rechtsordnung als selbstverständlich das gesetzestreue Verhalten aller Rechtsunterworfenen voraussetzt. Als Verstoß gegen die Rechtsordnung, der die Steuerbegünstigung ausschließt, kommt auch eine Steuerverkürzung in Betracht (BFH-Urteil vom 27. 9. 2001, V R 17/99, BStBl 2002 II S. 169). Die verfassungsmäßige Ordnung wird schon durch die Nichtbefolgung von polizeilichen Anordnungen durchbrochen (BFH-Urteil vom 29. 8. 1984, I R 215/81, BStBl 1985 II S. 106). Gewaltfreier Widerstand, z. B. Sitzblockaden, gegen geplante Maßnahmen des Staates verstößt grundsätzlich nicht gegen die verfassungsmäßige Ordnung (vgl. BVerfG-Beschluss vom 10. 1. 1995, 1 BvR 718/89, 1 BvR 719/89, 1 BvR 722/89, 1 BvR 723/89, BVerfGE 92, S. 1 bis 25).

Zu § 64 – Steuerpflichtige wirtschaftliche Geschäftsbetriebe:

Zu § 64 Abs. 1 AO:

1. Als Gesetz, das die Steuervergünstigung teilweise, nämlich für den wirtschaftlichen Geschäftsbetrieb (§ 14 Satz 1 und 2 AO), ausschließt, ist das jeweilige Steuergesetz zu verstehen, also § 5 Abs. 1 Nr. 9 KStG, § 3 Nr. 6 GewStG, § 12 Abs. 2 Nr. 8 Satz 2 UStG, § 3 Abs. 1 Nr. 3b GrStG i. V. m. A 12 Abs. 4 GrStR.

2. Wegen des Begriffs „Wirtschaftlicher Geschäftsbetrieb" wird auf § 14 AO hingewiesen. Zum Begriff der „Nachhaltigkeit" bei wirtschaftlichen Geschäftsbetrieben siehe BFH-Urteil vom 21. 8. 1985, I R 60/80, BStBl 1986 II S. 88. Danach ist eine Tätigkeit grundsätzlich nachhaltig, wenn sie auf Wiederholung angelegt ist. Es genügt, wenn bei der Tätigkeit der allgemeine Wille besteht, gleichartige oder ähnliche Handlungen bei sich bietender Gelegenheit zu wiederholen. Wiederholte Tätigkeiten liegen auch vor, wenn der Grund zum Tätigwerden auf einem einmaligen Entschluss beruht, die Erledigung aber mehrere (Einzel-)Tätigkeiten erfordert. Die Einnahmen aus der Verpachtung eines vorher selbst betriebenen wirtschaftlichen Geschäftsbetriebs unterliegen solange der Körperschaft- und Gewerbesteuer, bis die Körperschaft die Betriebsaufgabe erklärt (BFH-Urteil vom 4. 4. 2007, I R 55/06, BStBl II S. 725).

3. Ob eine an einer Personengesellschaft oder Gemeinschaft beteiligte steuerbegünstigte Körperschaft gewerbliche Einkünfte bezieht, wird im gesonderten und einheitlichen Gewinnfeststellungsbescheid der Personengesellschaft bindend festgestellt (BFH-Urteil vom 27. 7. 1988, I R 113/84, BStBl 1989 II S. 134). Ob ein steuerpflichtiger wirtschaftlicher Geschäftsbetrieb oder ein Zweckbetrieb (§§ 65 bis 68 AO) vorliegt, ist dagegen bei der Körperschaftsteuerveranlagung der steuerbegünstigten Körperschaft zu entscheiden. Die Beteiligung einer gemeinnützigen Körperschaft an einer gewerblich geprägten vermögensverwaltenden Personengesellschaft stellt keinen wirtschaftlichen Geschäftsbetrieb dar (BFH-Urteile vom 25. 5. 2011, I R 60/10, BStBl 2012 II S. 858, und vom 18. 2. 2016, V R 60/13, BStBl 2017 II S. 251). Die Beteiligung einer steuerbegünstigten Körperschaft an einer Kapitalgesellschaft ist grundsätzlich Vermögensverwaltung (§ 14 Satz 3 AO). Sie stellt jedoch einen wirtschaftlichen Geschäftsbetrieb dar, wenn mit ihr tatsächlich ein entscheidender Einfluss

auf die laufende Geschäftsführung der Kapitalgesellschaft ausgeübt wird oder ein Fall der Betriebsaufspaltung vorliegt (vgl. BFH-Urteil vom 30.6.1971, I R 57/70, BStBl II S. 753; H 15.7 (4) bis H 15.7 (6) EStH). Besteht die Beteiligung an einer Kapitalgesellschaft, die selbst ausschließlich der Vermögensverwaltung dient, so liegt auch bei Einflussnahme auf die Geschäftsführung kein wirtschaftlicher Geschäftsbetrieb vor (vgl. R 4.1 Abs. 2 Satz 5 KStR 2015 i.V. m. R 5.7 Abs. 5 Satz 4 KStR 2015). Dies gilt auch bei Beteiligung an einer steuerbegünstigten Kapitalgesellschaft. Die Grundsätze der Betriebsaufspaltung sind nicht anzuwenden, wenn sowohl das Betriebs- als auch das Besitzunternehmen steuerbegünstigt sind. Dies gilt aber nur insoweit, als die überlassenen wesentlichen Betriebsgrundlagen bei dem Betriebsunternehmen nicht in einem steuerpflichtigen wirtschaftlichen Geschäftsbetrieb eingesetzt werden.

4. Bei der Ermittlung des Gewinns aus dem wirtschaftlichen Geschäftsbetrieb sind die Betriebsausgaben zu berücksichtigen, die durch den Betrieb veranlasst sind. Dazu gehören Ausgaben, die dem Betrieb unmittelbar zuzuordnen sind, weil sie ohne den Betrieb nicht oder zumindest nicht in dieser Höhe angefallen wären.

5. Bei so genannten gemischt veranlassten Kosten, die sowohl durch die steuerfreie als auch durch die steuerpflichtige Tätigkeit veranlasst sind, scheidet eine Berücksichtigung als Betriebsausgaben des steuerpflichtigen wirtschaftlichen Geschäftsbetriebs grundsätzlich aus, wenn sie ihren primären Anlass im steuerfreien Bereich haben. Werden z. B. Werbemaßnahmen bei sportlichen oder kulturellen Veranstaltungen durchgeführt, sind die Veranstaltungskosten, soweit sie auch ohne die Werbung entstanden wären, keine Betriebsausgaben des steuerpflichtigen wirtschaftlichen Geschäftsbetriebs „Werbung" (BFH-Urteil vom 27.3.1991, I R 31/89, BStBl 1992 II S. 103; zur pauschalen Gewinnermittlung bei Werbung im Zusammenhang mit der steuerbegünstigten Tätigkeit einschließlich Zweckbetrieben vgl. Nrn. 31 ff. des AEAO zu § 64).

6. Unabhängig von ihrer primären Veranlassung ist eine anteilige Berücksichtigung von gemischt veranlassten Aufwendungen (einschließlich Absetzung für Abnutzung) als Betriebsausgaben des steuerpflichtigen wirtschaftlichen Geschäftsbetriebs dann zulässig, wenn ein objektiver Maßstab für die Aufteilung der Aufwendungen (z. B. nach zeitlichen Gesichtspunkten) auf den ideellen Bereich einschließlich der Zweckbetriebe und den steuerpflichtigen wirtschaftlichen Geschäftsbetrieb besteht.

Danach ist z. B. bei der Gewinnermittlung für den steuerpflichtigen wirtschaftlichen Geschäftsbetrieb „Greenfee" von steuerbegünstigten Golfvereinen wegen der Abgrenzbarkeit nach objektiven Maßstäben (z. B. im Verhältnis der Nutzung der Golfanlage durch vereinsfremde Spieler zu den Golf spielenden Vereinsmitgliedern im Kalenderjahr) trotz primärer Veranlassung durch den ideellen Bereich des Golfvereins ein anteiliger Betriebsausgabenabzug der Aufwendungen (z. B. für Golfplatz- und Personalkosten) zulässig (BFH-Urteil vom 15.1.2015, I R 48/13, BStBl II S. 713). Bei gemeinnützigen Musikvereinen sind Aufwendungen, die zu einem Teil mit Auftritten ihrer Musikgruppen bei eigenen steuerpflichtigen Festveranstaltungen zusammenhängen, anteilig als Betriebsausgaben des steuerpflichtigen wirtschaftlichen Geschäftsbetriebs abzuziehen. Derartige Aufwendungen sind z. B. Kosten für Notenmaterial, Uniformen und Verstärkeranlagen, die sowohl bei Auftritten, die unentgeltlich erfolgen oder Zweckbetriebe sind, als auch bei Auftritten im Rahmen eines eigenen steuerpflichtigen Betriebs eingesetzt werden. Als Maßstab für die Aufteilung kommt die Zahl der Stunden, die einschließlich der Proben auf die jeweiligen Bereiche entfallen, in Betracht.

Auch die Personal- und Sachkosten für die allgemeine Verwaltung können grundsätzlich im wirtschaftlichen Geschäftsbetrieb abgezogen werden, soweit sie bei einer Aufteilung nach objektiven Maßstäben teilweise darauf entfallen. Bei Kosten für die Errichtung und Unterhaltung von Vereinsheimen gibt es i. d. R. keinen objektiven Aufteilungsmaßstab.

7. Eine gemeinnützige Körperschaft ist bereits nach § 55 Abs. 1 Nr. 1 AO verpflichtet, ihre Mittel ausschließlich zur Förderung gemeinnütziger Zwecke einzusetzen. Ein steuerlicher Abzug derartiger Aufwendungen als Betriebsausgaben scheidet aus. Nichtabziehbar sind

nach § 10 Nr. 1 KStG auch Aufwendungen für die Erfüllung von Zwecken, die in der Satzung vorgeschrieben sind. Die Aufwendungen für gemeinnützige oder satzungsmäßige Zwecke können auch nicht aufgrund einer „Auflage" als abziehbare Betriebsausgaben behandelt werden (Nichtanwendung des BFH-Urteils vom 5. 6. 2003, I R 76/01, BStBl 2005 II S. 305).

8. Unter Sponsoring wird üblicherweise die Gewährung von Geld oder geldwerten Vorteilen durch Unternehmen zur Förderung von Personen, Gruppen und/oder Organisationen in sportlichen, kulturellen, kirchlichen, wissenschaftlichen, sozialen, ökologischen oder ähnlich bedeutsamen gesellschaftspolitischen Bereichen verstanden, mit der regelmäßig auch eigene unternehmensbezogene Ziele der Werbung oder Öffentlichkeitsarbeit verfolgt werden. Leistungen eines Sponsors beruhen häufig auf einer vertraglichen Vereinbarung zwischen dem Sponsor und dem Empfänger der Leistungen (Sponsoring-Vertrag), in dem Art und Umfang der Leistungen des Sponsors und des Empfängers geregelt sind.

9. Die im Zusammenhang mit dem Sponsoring erhaltenen Leistungen können bei einer steuerbegünstigten Körperschaft steuerfreie Einnahmen im ideellen Bereich, steuerfreie Einnahmen aus der Vermögensverwaltung oder Einnahmen eines steuerpflichtigen wirtschaftlichen Geschäftsbetriebs sein. Die steuerliche Behandlung der Leistungen beim Empfänger hängt grundsätzlich nicht davon ab, wie die entsprechenden Aufwendungen beim leistenden Unternehmen behandelt werden. Für die Abgrenzung gelten die allgemeinen Grundsätze.

10. Danach liegt kein wirtschaftlicher Geschäftsbetrieb vor, wenn die steuerbegünstigte Körperschaft dem Sponsor nur die Nutzung ihres Namens zu Werbezwecken in der Weise gestattet, dass der Sponsor selbst zu Werbezwecken oder zur Imagepflege auf seine Leistungen an die Körperschaft hinweist.

Ein wirtschaftlicher Geschäftsbetrieb liegt auch dann nicht vor, wenn der Empfänger der Leistungen z. B. auf Plakaten, Veranstaltungshinweisen, in Ausstellungskatalogen oder in anderer Weise auf die Unterstützung durch einen Sponsor lediglich hinweist. Dieser Hinweis kann unter Verwendung des Namens, Emblems oder Logos des Sponsors, jedoch ohne besondere Hervorhebung, erfolgen. Entsprechende Sponsoringeinnahmen sind nicht als Einnahmen aus der Vermögensverwaltung anzusehen. Eine Zuführung zur freien Rücklage nach § 62 Abs. 1 Nr. 3 AO ist daher lediglich i. H. v. 10 % der Einnahmen, nicht aber i. H. v. einem Drittel des daraus erzielten Überschusses möglich.

11. Ein wirtschaftlicher Geschäftsbetrieb liegt dagegen vor, wenn die Körperschaft an den Werbemaßnahmen mitwirkt. Dies ist z. B. der Fall, wenn die Körperschaft dem Sponsor das Recht einräumt, in einem von ihr herausgegebenen Publikationsorgan Werbeanzeigen zu schalten, einschlägige sponsorbezogene Themen darzustellen und bei Veranstaltungen der Körperschaft deren Mitglieder über diese Themen zu informieren und dafür zu werben (vgl. BFH-Urteil vom 7. 11. 2007, I R 42/06, BStBl 2008 II S. 949). Der wirtschaftliche Geschäftsbetrieb kann kein Zweckbetrieb (§§ 65 bis 68 AO) sein. Soweit Sponsoringeinnahmen unmittelbar in einem aus anderen Gründen steuerpflichtigen wirtschaftlichen Geschäftsbetrieb anfallen, sind sie diesem zuzurechnen.

Zu § 64 Abs. 2 AO:

12. Die Sammlung und Verwertung von Zahngold durch eine steuerbegünstigte Körperschaft im eigenen Namen und auf eigene Rechnung bildet nach den Grundsätzen des BFH-Urteils vom 26. 2. 1992, I R 149/90, BStBl II S. 693, einen einheitlichen steuerpflichtigen wirtschaftlichen Geschäftsbetrieb (§§ 14, 64 AO). Erklären die Spender, dass das Zahngold von der steuerbegünstigten Körperschaft im Namen der Spender und für Rechnung der Spender verwertet werden soll (treuhänderische Verwertung) und wenden die Spender den Verwertungserlös der steuerbegünstigten Körperschaft zu, liegt kein wirtschaftlicher Geschäftsbetrieb vor, wenn das Mitwirken der steuerbegünstigten Körperschaft sich darauf beschränkt, das Zahngold lediglich in Vertretung des Spenders bei der Scheideanstalt einzureichen. Nehmen Spender anonym an der Zahngoldsammlung teil, begründet die steuer-

begünstigte Körperschaft, die das Zahngold sammelt und verwerten lässt, damit einen steuerpflichtigen wirtschaftlichen Geschäftsbetrieb.

13. Unter Beschäftigungsgesellschaften sind Körperschaften zu verstehen, die – gegebenenfalls unter Nutzung arbeitsförderungsrechtlicher Instrumente und sonstiger Förderungsmöglichkeiten – die Hilfe für früher arbeitslose und von Arbeitslosigkeit bedrohte Menschen insbesondere durch Arbeitsbeschaffungsmaßnahmen, berufliche Qualifizierungsmaßnahmen und Umschulungen zum Ziel haben.

Beschäftigungsgesellschaften können in der Regel nicht als gemeinnützig behandelt werden, wenn sie Waren herstellen und vertreiben oder Leistungen an Dritte erbringen, da sie dann wie andere Unternehmen eine wirtschaftliche Tätigkeit ausüben. Dies ist kein gemeinnütziger Zweck. Dass durch die wirtschaftliche Tätigkeit Arbeitsplätze erhalten oder geschaffen werden, rechtfertigt nicht die Anerkennung der Gemeinnützigkeit. Die Erhaltung und Schaffung von Arbeitsplätzen ist mit jeder wirtschaftlichen Tätigkeit verbunden.

Eine Beschäftigungsgesellschaft kann aber dann als gemeinnützig anerkannt werden, wenn das Schwergewicht ihrer Tätigkeit auf der beruflichen Qualifizierung, der Umschulung oder der sozialen Betreuung liegt. Werden dabei Waren hergestellt und vertrieben (z. B. im Rahmen einer Ausbildung angefertigte Sachen) oder Leistungen gegenüber Dritten erbracht, liegt insoweit ein wirtschaftlicher Geschäftsbetrieb (§ 14 Satz 1 und 2 AO) vor. Ist dieser steuerpflichtig, darf er weder Satzungszweck noch nach der tatsächlichen Geschäftsführung Selbst- oder Hauptzweck der Gesellschaft sein. Ob der wirtschaftliche Geschäftsbetrieb steuerpflichtig oder ein steuerbegünstigter Zweckbetrieb ist, richtet sich nach den §§ 65 und 68 AO.

Ein steuerbegünstigter Zweckbetrieb liegt insbesondere vor, wenn die Voraussetzungen des § 68 Nr. 3 AO erfüllt sind. Danach sind Werkstätten für behinderte Menschen, die nach den Vorschriften des Arbeitsförderungsgesetzes förderungsfähig sind und Personen Arbeitsplätze bieten, die wegen ihrer Behinderung nicht auf dem allgemeinen Arbeitsmarkt tätig sein können, sowie Einrichtungen für Beschäftigungs- und Arbeitstherapie, die der Eingliederung von Behinderten dienen, als Zweckbetriebe zu behandeln.

Die Voraussetzungen des § 65 AO für die Zweckbetriebseigenschaft einer wirtschaftlichen Betätigung sind regelmäßig erfüllt, wenn sich der wirtschaftliche Geschäftsbetrieb in einer aus- oder weiterbildenden Tätigkeit gegen Teilnehmergebühren erschöpft. Sie sind auch erfüllt, soweit als Ausfluss der beruflichen Qualifizierungs- und Umschulungsmaßnahmen Waren hergestellt und veräußert oder Dienstleistungen gegenüber Dritten gegen Entgelt erbracht werden. Dagegen wird ein steuerpflichtiger wirtschaftlicher Geschäftsbetrieb (§ 64 AO) begründet, wenn die Herstellung und Veräußerung von Waren oder die entgeltlichen Dienstleistungen den Umfang überschreiten, der zur Erfüllung der beruflichen Qualifizierungs- und Umschulungsmaßnahmen notwendig ist.

Bei der gemeinnützigkeitsrechtlichen Behandlung von Körperschaften, die ähnliche Zwecke wie die Beschäftigungsgesellschaft fördern, ist nach den gleichen Grundsätzen zu verfahren.

14. Die Regelung, dass bei steuerbegünstigten Körperschaften mehrere steuerpflichtige wirtschaftliche Geschäftsbetriebe als ein Betrieb zu behandeln sind, gilt auch für die Ermittlung des steuerpflichtigen Einkommens der Körperschaft und für die Beurteilung der Buchführungspflicht nach § 141 Abs. 1 AO. Für die Frage, ob die Grenzen für die Buchführungspflicht überschritten sind, kommt es also auf die Werte (Einnahmen, Überschuss) des Gesamtbetriebs an.

15. § 55 Abs. 1 Nr. 1 Satz 2 und Nr. 3 AO gilt auch für den steuerpflichtigen wirtschaftlichen Geschäftsbetrieb. Das bedeutet u. a., dass Verluste und Gewinnminderungen in den einzelnen steuerpflichtigen wirtschaftlichen Geschäftsbetrieben nicht durch Zuwendungen an Mitglieder oder durch unverhältnismäßig hohe Vergütungen entstanden sein dürfen.

16. Die entgeltliche Übernahme von Verwaltungstätigkeiten durch Einsatzstellen, Zentralstellen und Träger i. S. d. §§ 6 und 7 Bundesfreiwilligendienstgesetz (BFDG) aufgrund von Verträgen nach § 16 BFDG begründet einen steuerpflichtigen wirtschaftlichen Geschäfts-

betrieb nach § 64 AO (teilweise Nichtanwendung des BFH-Urteils vom 23.7.2009, V R 93/07, BStBl 2015 II S. 735).

17. Bei einer Körperschaft, die mehrere steuerpflichtige wirtschaftliche Geschäftsbetriebe unterhält, ist für die Frage, ob gemeinnützigkeitsschädliche Verluste vorliegen, nicht auf das Ergebnis des einzelnen steuerpflichtigen wirtschaftlichen Geschäftsbetriebs, sondern auf das zusammengefasste Ergebnis aller steuerpflichtigen wirtschaftlichen Geschäftsbetriebe abzustellen. Danach ist die Gemeinnützigkeit einer Körperschaft gefährdet, wenn die steuerpflichtigen wirtschaftlichen Geschäftsbetriebe insgesamt Verluste erwirtschaften (vgl. Nrn. 4 ff. des AEAO zu § 55).
In den Fällen des § 64 Abs. 5 und 6 AO ist nicht der geschätzte bzw. pauschal ermittelte Gewinn, sondern das Ergebnis zu berücksichtigen, das sich bei einer Ermittlung nach den allgemeinen Regelungen ergeben würde (vgl. Nrn. 4 bis 6 des AEAO zu § 64).

Zu § 64 Abs. 3 AO:

18. Die Höhe der Einnahmen aus den steuerpflichtigen wirtschaftlichen Geschäftsbetrieben bestimmt sich nach den Grundsätzen der steuerlichen Gewinnermittlung. Bei steuerbegünstigten Körperschaften, die den Gewinn nach § 4 Abs. 1 oder § 5 EStG ermitteln, kommt es deshalb nicht auf den Zufluss i. S. d. § 11 EStG an, so dass auch Forderungszugänge als Einnahmen zu erfassen sind. Bei anderen steuerbegünstigten Körperschaften sind die im Kalenderjahr zugeflossenen Einnahmen (§ 11 EStG) maßgeblich. Ob die Einnahmen die Besteuerungsgrenze übersteigen, ist für jedes Jahr gesondert zu prüfen. Nicht leistungsbezogene Einnahmen sind nicht den für die Besteuerungsgrenze maßgeblichen Einnahmen zuzurechnen (vgl. Nr. 20 des AEAO zu § 64).

19. Zu den Einnahmen i. S. d. § 64 Abs. 3 AO gehören leistungsbezogene Einnahmen einschließlich Umsatzsteuer aus dem laufenden Geschäft, wie Einnahmen aus dem Verkauf von Speisen und Getränken. Dazu zählen auch erhaltene Anzahlungen.

20. Zu den leistungsbezogenen Einnahmen i. S. d. Nr. 19 des AEAO zu § 64 gehören z. B. nicht
   a) der Erlös aus der Veräußerung von Wirtschaftsgütern des Anlagevermögens des steuerpflichtigen wirtschaftlichen Geschäftsbetriebs;
   b) Betriebskostenzuschüsse sowie Zuschüsse für die Anschaffung oder Herstellung von Wirtschaftsgütern des steuerpflichtigen wirtschaftlichen Geschäftsbetriebs;
   c) Investitionszulagen;
   d) der Zufluss von Darlehen;
   e) Entnahmen i. S. d. § 4 Abs. 1 EStG;
   f) die Auflösung von Rücklagen;
   g) erstattete Betriebsausgaben, z. B. Umsatzsteuer;
   h) Versicherungsleistungen mit Ausnahme des Ersatzes von leistungsbezogenen Einnahmen.

21. Ist eine steuerbegünstigte Körperschaft an einer Personengesellschaft oder Gemeinschaft beteiligt, sind für die Beurteilung, ob die Besteuerungsgrenze überschritten wird, die anteiligen (Brutto-)Einnahmen aus der Beteiligung – nicht aber der Gewinnanteil – maßgeblich. Bei Beteiligung einer steuerbegünstigten Körperschaft an einer Kapitalgesellschaft sind die Bezüge i. S. d. § 8b Abs. 1 KStG und die Erlöse aus der Veräußerung von Anteilen i. S. d. § 8b Abs. 2 KStG als Einnahmen i. S. d. § 64 Abs. 3 AO zu erfassen, wenn die Beteiligung einen steuerpflichtigen wirtschaftlichen Geschäftsbetrieb darstellt (vgl. Nr. 3 des AEAO zu § 64) oder in einem steuerpflichtigen wirtschaftlichen Geschäftsbetrieb gehalten wird.

22. In den Fällen des § 64 Abs. 5 und 6 AO sind für die Prüfung, ob die Besteuerungsgrenze i. S. d. § 64 Abs. 3 AO überschritten wird, die tatsächlichen Einnahmen anzusetzen.

23. Einnahmen aus sportlichen Veranstaltungen, die nach § 67a Abs. 1 Satz 1 AO oder – bei einer Option – nach § 67a Abs. 3 AO kein Zweckbetrieb sind, gehören zu den Einnahmen i. S. d. § 64 Abs. 3 AO.

Beispiel:
Ein Sportverein, der auf die Anwendung des § 67a Abs. 1 Satz 1 AO (Zweckbetriebsgrenze) verzichtet hat, erzielt im Jahr 01 folgende Einnahmen aus wirtschaftlichen Geschäftsbetrieben:
Sportliche Veranstaltungen, an denen kein bezahlter Sportler teilgenommen hat: 40 000 €
Sportliche Veranstaltungen, an denen bezahlte Sportler des Vereins teilgenommen haben: 20 000 €
Verkauf von Speisen und Getränken: 5 000 €
Die Einnahmen aus wirtschaftlichen Geschäftsbetrieben, die keine Zweckbetriebe sind, betragen 25 000 € (20 000 € + 5 000 €). Die Besteuerungsgrenze von 35 000 € wird nicht überschritten.

24. Eine wirtschaftliche Betätigung verliert durch das Unterschreiten der Besteuerungsgrenze nicht den Charakter des steuerpflichtigen wirtschaftlichen Geschäftsbetriebs. Das bedeutet, dass kein Beginn einer teilweisen Steuerbefreiung i. S. d. § 13 Abs. 5 KStG vorliegt und dementsprechend keine Schlussbesteuerung durchzuführen ist, wenn Körperschaft- und Gewerbesteuer wegen § 64 Abs. 3 AO nicht mehr erhoben werden.
25. Bei Körperschaften mit einem vom Kalenderjahr abweichenden Wirtschaftsjahr sind für die Frage, ob die Besteuerungsgrenze überschritten wird, die in dem Wirtschaftsjahr erzielten Einnahmen maßgeblich.
26. Der allgemeine Grundsatz des Gemeinnützigkeitsrechts, dass für die steuerbegünstigten Zwecke gebundene Mittel nicht für den Ausgleich von Verlusten aus steuerpflichtigen wirtschaftlichen Geschäftsbetrieben verwendet werden dürfen, wird durch § 64 Abs. 3 AO nicht aufgehoben. Unter diesem Gesichtspunkt braucht jedoch bei Unterschreiten der Besteuerungsgrenze der Frage der Mittelverwendung nicht nachgegangen zu werden, wenn bei überschlägiger Prüfung der Aufzeichnungen erkennbar ist, dass in dem steuerpflichtigen wirtschaftlichen Geschäftsbetrieb (§ 64 Abs. 2 AO) keine Verluste entstanden sind.
27. Verluste und Gewinne aus Jahren, in denen die maßgeblichen Einnahmen die Besteuerungsgrenze nicht übersteigen, bleiben bei dem Verlustabzug (§ 10d EStG) außer Ansatz. Ein rück- und vortragbarer Verlust kann danach nur in Jahren entstehen, in denen die Einnahmen die Besteuerungsgrenze übersteigen. Dieser Verlust wird nicht für Jahre verbraucht, in denen die Einnahmen die Besteuerungsgrenze von 35 000 € nicht übersteigen.

Zu § 64 Abs. 4 AO:

28. § 64 Abs. 4 AO gilt nicht für regionale Untergliederungen (Landes-, Bezirks-, Ortsverbände) steuerbegünstigter Körperschaften.

Zu § 64 Abs. 5 AO:

29. § 64 Abs. 5 AO gilt nur für Altmaterialsammlungen (Sammlung und Verwertung von Lumpen, gesammelten Kleidungsstücken, Altpapier, Schrott). Zahngold ist kein Altmaterial. Die Regelung gilt nicht für den Einzelverkauf gebrauchter Sachen (Gebrauchtwarenhandel). Basare und ähnliche Einrichtungen sind deshalb nicht begünstigt (vgl. BFH-Urteil vom 11. 2. 2009, I R 73/08, BStBl II S. 516). Zu Kleiderkammern siehe Nr. 9 des AEAO zu § 66.
30. § 64 Abs. 5 AO ist nur anzuwenden, wenn die Körperschaft dies beantragt (Wahlrecht).
31. Der branchenübliche Reingewinn ist bei der Verwertung von Altpapier mit 5 % und bei der Verwertung von u. a. Altmaterial mit 20 % der Einnahmen anzusetzen.

Zu § 64 Abs. 6 AO:

32. Bei den genannten steuerpflichtigen wirtschaftlichen Geschäftsbetrieben ist der Besteuerung auf Antrag der Körperschaft ein Gewinn von 15 % der Einnahmen zugrunde zu legen. Der Antrag gilt jeweils für alle gleichartigen Tätigkeiten in dem betreffenden Veranlagungszeitraum. Er entfaltet keine Bindungswirkung für folgende Veranlagungszeiträume.
33. Nach § 64 Abs. 6 Nr. 1 AO kann der Gewinn aus Werbemaßnahmen pauschal ermittelt werden, wenn sie im Zusammenhang mit der steuerbegünstigten Tätigkeit einschließlich Zweckbetrieben stattfinden. Beispiele für derartige Werbemaßnahmen sind die Trikot- oder Bandenwerbung bei Sportveranstaltungen, die ein Zweckbetrieb sind, oder die aktive Wer-

bung in Programmheften oder auf Plakaten bei kulturellen Veranstaltungen. Dies gilt auch für Sponsoring i. S. d. Nr. 10 des AEAO zu § 64.

34. Soweit Werbeeinnahmen nicht im Zusammenhang mit der ideellen steuerbegünstigten Tätigkeit oder einem Zweckbetrieb erzielt werden, z. B. Werbemaßnahmen bei einem Vereinsfest oder bei sportlichen Veranstaltungen, die wegen Überschreitens der Zweckbetriebsgrenze des § 67a Abs. 1 AO oder wegen des Einsatzes bezahlter Sportler ein steuerpflichtiger wirtschaftlicher Geschäftsbetrieb sind, ist § 64 Abs. 6 AO nicht anzuwenden.
35. Das Veranstalten von Trabrennen kann ein steuerpflichtiger wirtschaftlicher Geschäftsbetrieb nach § 64 AO sein, der mit dem Betrieb eines Totalisators einen einheitlichen wirtschaftlichen Geschäftsbetrieb bildet. Diesem Betrieb sind grundsätzlich sämtliche Einnahmen und Ausgaben zuzuordnen, die durch ihn veranlasst sind (BFH-Urteil vom 22. 4. 2009, I R 15/07, BStBl 2011 II S. 475).

Nach § 64 Abs. 6 Nr. 2 AO kann auch der Gewinn aus dem Totalisatorbetrieb der Pferderennvereine allerdings mit 15 % der Einnahmen angesetzt werden. Die maßgeblichen Einnahmen ermitteln sich wie folgt:
   Wetteinnahmen
   abzgl. Rennwettsteuer (Totalisatorsteuer)
   abzgl. Auszahlungen an die Wetter.

Zu § 64 Abs. 5 und 6 AO:

36. Wird in den Fällen des § 64 Abs. 5 oder 6 AO kein Antrag auf Schätzung des Überschusses oder auf pauschale Gewinnermittlung gestellt, ist der Gewinn nach den allgemeinen Regeln durch Gegenüberstellung der Betriebseinnahmen und der Betriebsausgaben zu ermitteln (vgl. Nrn. 4 bis 6 des AEAO zu § 64).
37. Wird der Überschuss nach § 64 Abs. 5 AO geschätzt oder nach § 64 Abs. 6 AO pauschal ermittelt, sind dadurch auch die damit zusammenhängenden tatsächlichen Aufwendungen der Körperschaft abgegolten; sie können nicht zusätzlich abgezogen werden.
38. Wird der Überschuss nach § 64 Abs. 5 AO geschätzt oder nach § 64 Abs. 6 AO pauschal ermittelt, muss die Körperschaft die mit diesen Einnahmen im Zusammenhang stehenden Einnahmen und Ausgaben gesondert aufzeichnen. Die genaue Höhe der Einnahmen wird zur Ermittlung des Gewinns nach § 64 Abs. 5 bzw. 6 AO benötigt. Die mit diesen steuerpflichtigen wirtschaftlichen Geschäftsbetrieben zusammenhängenden Ausgaben dürfen das Ergebnis der anderen steuerpflichtigen wirtschaftlichen Geschäftsbetriebe nicht mindern.
39. Die in den Bruttoeinnahmen ggf. enthaltene Umsatzsteuer gehört nicht zu den maßgeblichen Einnahmen i. S. d. § 64 Abs. 5 und 6 AO.

Zu § 65 – Zweckbetrieb:

1. Der Zweckbetrieb ist ein wirtschaftlicher Geschäftsbetrieb i. S. v. § 14 AO. Jedoch wird ein wirtschaftlicher Geschäftsbetrieb unter bestimmten Voraussetzungen steuerlich dem begünstigten Bereich der Körperschaft zugerechnet.
2. Ein Zweckbetrieb muss tatsächlich und unmittelbar satzungsmäßige Zwecke der Körperschaft verwirklichen, die ihn betreibt. Es genügt nicht, wenn er begünstigte Zwecke verfolgt, die nicht satzungsmäßige Zwecke der ihn tragenden Körperschaft sind. Ebenso wenig genügt es, wenn er der Verwirklichung begünstigter Zwecke nur mittelbar dient, z. B. durch Abführung seiner Erträge (BFH-Urteil vom 21. 8. 1985, I R 60/80, BStBl 1986 II S. 88). Ein Zweckbetrieb muss deshalb in seiner Gesamtrichtung mit den ihn begründenden Tätigkeiten und nicht nur mit den durch ihn erzielten Einnahmen den steuerbegünstigten Zwecken dienen (BFH-Urteil vom 26. 4. 1995, I R 35/93, BStBl II S. 767).
3. Weitere Voraussetzung eines Zweckbetriebes ist, dass die Zwecke der Körperschaft nur durch ihn erreicht werden können. Die Körperschaft muss den Zweckbetrieb zur Verwirk-

lichung ihrer satzungsmäßigen Zwecke unbedingt und unmittelbar benötigen. Dies ist z. B. nicht der Fall beim Betrieb einer Beschaffungsstelle (zentraler Ein- und Verkauf von Ausrüstungsgegenständen, Auftragsbeschaffung etc.), da dieser weder unentbehrlich noch das einzige Mittel zur Erreichung des steuerbegünstigten Zwecks ist.

4. Der Wettbewerb eines Zweckbetriebs zu nicht begünstigten Betrieben derselben oder ähnlicher Art muss auf das zur Erfüllung der steuerbegünstigten Zwecke unvermeidbare Maß begrenzt sein. Wettbewerb i. S. d. § 65 Nr. 3 AO setzt nicht voraus, dass die Körperschaft auf einem Gebiet tätig ist, in der sie tatsächlich in Konkurrenz zu steuerpflichtigen Betrieben derselben oder ähnlicher Art tritt. Der Sinn und Zweck des § 65 Nr. 3 AO liegt in einem umfänglichen Schutz des Wettbewerbs, der auch den potentiellen Wettbewerb umfasst (vgl. BFH-Urteile vom 27. 10. 1993, I R 60/91, BStBl 1994 II S. 573, und vom 29. 1. 2009, V R 46/06, BStBl II S. 560). Ein Zweckbetrieb ist daher – entgegen dem BFH-Urteil vom 30. 3. 2000, V R 30/99, BStBl II S. 705 – bereits dann nicht gegeben, wenn ein Wettbewerb mit steuerpflichtigen Unternehmen lediglich möglich wäre, ohne dass es auf die tatsächliche Wettbewerbssituation vor Ort ankommt. Unschädlich ist dagegen der uneingeschränkte Wettbewerb zwischen Zweckbetrieben, die demselben steuerbegünstigten Zweck dienen und ihn in der gleichen oder in ähnlicher Form verwirklichen.

Zu § 66 – Wohlfahrtspflege:

1. Die Bestimmung enthält eine Sonderregelung für wirtschaftliche Geschäftsbetriebe, die sich mit der Wohlfahrtspflege befassen.
2. Die Wohlfahrtspflege darf nicht des Erwerbs wegen ausgeübt werden. Eine Einrichtung wird dann „des Erwerbs wegen" betrieben, wenn damit Gewinne angestrebt werden, die den konkreten Finanzierungsbedarf des jeweiligen wirtschaftlichen Geschäftsbetriebs übersteigen, die Wohlfahrtspflege mithin in erster Linie auf Mehrung des eigenen Vermögens gerichtet ist. Dabei kann die Erzielung von Gewinnen in gewissem Umfang – z. B. zum Inflationsausgleich oder zur Finanzierung von betrieblichen Erhaltungs- und Modernisierungsmaßnahmen – geboten sein, ohne in Konflikt mit dem Zweck der steuerlichen Begünstigung zu stehen (BFH-Urteil vom 27. 11. 2013, I R 17/12, BStBl 2016 II S. 68). Werden in drei aufeinanderfolgenden Veranlagungszeiträumen jeweils Gewinne erwirtschaftet, die den konkreten Finanzierungsbedarf der wohlfahrtspflegerischen Gesamtsphäre der Körperschaft übersteigen, ist widerlegbar (z. B. unbeabsichtigte Gewinne aufgrund von Marktschwankungen) von einer zweckbetriebsschädlichen Absicht der Körperschaft auszugehen, den Zweckbetrieb des Erwerbs wegen auszuüben. Gewinne aufgrund staatlich regulierter Preise (z. B. auf Grundlage einer Gebührenordnung nach Maßgabe des § 90 SGB XI) sind kein Indiz dafür, dass der Zweckbetrieb des Erwerbs wegen ausgeübt wird.

Der konkrete Finanzierungsbedarf im Sinne des Satzes 4 umfasst die Erträge, die für den Betrieb und die Fortführung der Einrichtung(en) der Wohlfahrtspflege notwendig sind, und beinhaltet auch die zulässige Rücklagenbildung nach § 62 Absatz 1 Nummern 1 und 2. Zur wohlfahrtspflegerischen Gesamtsphäre im Sinne des Satzes 4 gehören

 a) Wohlfahrtspflegeeinrichtungen im Sinne des § 66 AO,
 b) Zweckbetriebe im Sinne des 68 AO, soweit diese auch die Voraussetzungen des § 66 AO erfüllen,
 c) Zweckbetriebe im Sinne des § 67 AO sowie
 d) ideelle Tätigkeiten, für die die Voraussetzungen des § 66 AO vorlägen, wenn sie entgeltlich ausgeführt würden.

3. Die Tätigkeit muss auf die Sorge für notleidende oder gefährdete Menschen gerichtet sein. Notleidend bzw. gefährdet sind Menschen, die eine oder beide der in § 53 Nr. 1 und 2 AO genannten Voraussetzungen erfüllen. Auf die Vertragsbeziehung, die der Leistungserbringung zu Grunde liegt, kommt es nicht an. Entscheidend ist, dass die Einrichtung der Wohlfahrtspflege zumindest faktisch unmittelbar gegenüber den in § 53 AO genannten Per-

sonen tätig wird. Bei Leistungen, die faktisch nicht gegenüber den in § 53 AO genannten Personen erbracht werden, fehlt es an der Unmittelbarkeit (BFH-Urteil vom 6.2.2013, I R 59/11, BStBl II S. 603).

Es ist auch nicht erforderlich, dass die gesamte Tätigkeit auf die Förderung notleidender bzw. gefährdeter Menschen gerichtet ist. Es genügt, wenn zwei Drittel der Leistungen einer Einrichtung notleidenden bzw. gefährdeten Menschen zugutekommen. Auf das Zahlenverhältnis von gefährdeten bzw. notleidenden und übrigen geförderten Menschen kommt es nicht an.

Werden neben Leistungen an die in § 53 AO genannten Personen noch andere Leistungen für einen Dritten erbracht, sind diese Leistungen, soweit sie nicht zur Organisation des eigentlichen Zweckbetriebes gehören, nicht dem Zweckbetrieb nach § 66 AO zuzurechnen. Wird also z. B. durch eine Körperschaft Personal zur Erfüllung der steuerbegünstigten Zwecke für einen Vertragspartner im Rahmen einer Pflegeeinrichtung zur Verfügung gestellt, so sind die bereitgestellten Pflegekräfte dem Zweckbetrieb nach § 66 AO zuzuordnen. Erbringt das bereitgestellte Personal z. B. nur Verwaltungsleistungen, sind diese Leistungen nicht dem Zweckbetrieb nach § 66 AO zuzuordnen.

4. Eine Einrichtung der Wohlfahrtspflege liegt regelmäßig vor bei häuslichen Pflegeleistungen durch eine steuerbegünstigte Körperschaft i. R. d. SGB VII, SGB XI, SGB XII oder BVG.

5. Die Belieferung von Studentinnen und Studenten mit Speisen und Getränken in Mensa- und Cafeteria-Betrieben von Studentenwerken ist als Zweckbetrieb zu beurteilen. Der Verkauf von alkoholischen Getränken, Tabakwaren und sonstigen Handelswaren darf jedoch nicht mehr als 5 % des Gesamtumsatzes ausmachen. Auch bei anderen steuerbegünstigten Körperschaften kann entsprechend der Beurteilung bei den Studentenwerken der Betrieb einer Cafeteria für Studierende auf dem Campus ein Zweckbetrieb der Wohlfahrtspflege sein. Entsprechendes gilt für die Grundversorgung mit Speisen und Getränken von Schülerinnen und Schülern an Schulen bzw. Kindern in einer Kindertagesstätte.

6. Die bloße Beförderung von Personen, für die der Arzt eine Krankenfahrt (Beförderung in Pkws, Taxen oder Mietwagen) verordnet hat, erfüllt nicht die Kriterien nach § 66 Abs. 2 AO.

7. Werden die Leistungen unter gleichen Bedingungen sowohl gegenüber hilfebedürftigen als auch nicht hilfebedürftigen Personen erbracht, ist ein einheitlicher wirtschaftlicher Geschäftsbetrieb „Einrichtung der Wohlfahrtspflege" anzunehmen. Dieser ist als Zweckbetrieb zu behandeln, wenn die Zweidrittelgrenze des § 66 AO erfüllt wird. Die Einhaltung dieser Tatbestandsvoraussetzung ist nachzuweisen. Bei Kleiderkammern, Suppenküchen, Obdachlosenasylen und den sogenannten Tafeln kann auf den Nachweis der Zweidrittelgrenze verzichtet werden, wenn ein Bescheid nach § 53 Nr. 2 Satz 8 AO vorliegt.

8. Gesellige Veranstaltungen sind als steuerpflichtige wirtschaftliche Geschäftsbetriebe zu behandeln. Veranstaltungen, bei denen zwar auch die Geselligkeit gepflegt wird, die aber in erster Linie zur Betreuung behinderter Personen durchgeführt werden, können unter den Voraussetzungen der §§ 65 und 66 AO Zweckbetrieb sein.

9. Der Einzelverkauf gesammelter Kleidungsstücke in einer Kleiderkammer oder einer ähnlichen Einrichtung kann ein Zweckbetrieb i. S. d. § 66 AO sein. Dies setzt voraus, dass mindestens zwei Drittel der Leistungen der Einrichtung hilfebedürftigen Personen i. S. d. § 53 AO zugutekommen.

Zu § 67 – Krankenhäuser:

Nach § 2 Nr. 1 Krankenhausfinanzierungsgesetz sind Krankenhäuser Einrichtungen, in denen durch ärztliche und pflegerische Hilfeleistung Krankheiten, Leiden oder Körperschäden festgestellt, geheilt oder gelindert werden sollen oder Geburtshilfe geleistet wird und in denen die zu versorgenden Personen untergebracht und verpflegt werden können. Krankenhausleistungen sind Leistungen, die unter Berücksichtigung der Leistungsfähigkeit des Krankenhauses im

Einzelfall nach Art und Schwere der Krankheit für die medizinisch zweckmäßige und ausreichende Versorgung der Patienten notwendig sind. Es handelt sich u. a. um
- ärztliche und pflegerische Behandlung oder
- Versorgung mit Arznei-, Heil- und Hilfsmitteln, die für die Versorgung im Krankenhaus notwendig sind, oder
- Unterkunft und Verpflegung.

Zu dem Zweckbetrieb Krankenhaus gehören damit alle Einnahmen und Ausgaben, die mit den ärztlichen und pflegerischen Leistungen an die Patienten als Benutzer des jeweiligen Krankenhauses zusammenhängen (BFH-Urteil vom 6. 4. 2005, I R 85/04, BStBl II S. 545). Darunter fallen auch die an ambulant behandelte Patienten erbrachten Leistungen, soweit diese Bestandteil des Versorgungsauftrages des Krankenhauses sind. Gleiches gilt für typischerweise von einem Krankenhaus gegenüber seinen Patienten erbrachte Leistungen, soweit das Krankenhaus zur Sicherstellung seines Versorgungsauftrages von Gesetzes wegen zu diesen Leistungen befugt ist und der Sozialversicherungsträger die insoweit entstehenden Kosten trägt (BFH-Urteile vom 31. 7. 2013, I R 82/12, BStBl 2015 II S. 123, und vom 18. 10. 2017, V R 46/16, BStBl 2018 II S. 672). Der Versorgungsauftrag eines Krankenhauses (§ 8 Abs. 1 Satz 4 Krankenhausentgeltgesetz) regelt, welche Leistungen ein Krankenhaus, unabhängig von der Art der Krankenversicherungsträger, erbringen darf. Für die gemeinnützigkeitsrechtliche Beurteilung folgt daraus, dass für Leistungen, die außerhalb des Versorgungsauftrages erbracht werden, eine Zuordnung zum Zweckbetrieb Krankenhaus ausscheidet.

Für die Zurechnung der Behandlungsleistungen zum Zweckbetrieb Krankenhaus ist es unbeachtlich, wenn die Behandlungen von Patienten des Krankenhauses durch einen ermächtigten Arzt als Dienstaufgabe innerhalb einer nichtselbstständigen Tätigkeit (Einkünfte nach § 19 EStG) erbracht werden.

Für die Beurteilung eines Krankenhauses als Zweckbetrieb ist allein § 67 AO maßgebend. Es müssen nicht zusätzlich die Voraussetzungen des § 66 AO erfüllt sein.

Zu § 67a – Sportliche Veranstaltungen:

Allgemeines

1. Sportliche Veranstaltungen eines Sportvereins sind grundsätzlich ein Zweckbetrieb, wenn die Einnahmen einschließlich der Umsatzsteuer aus allen sportlichen Veranstaltungen des Vereins die Zweckbetriebsgrenze von 45 000 € im Jahr nicht übersteigen (§ 67a Abs. 1 Satz 1 AO). Übersteigen die Einnahmen die Zweckbetriebsgrenze von 45 000 €, liegt grundsätzlich ein steuerpflichtiger wirtschaftlicher Geschäftsbetrieb vor.

   Der Verein kann auf die Anwendung der Zweckbetriebsgrenze verzichten (§ 67a Abs. 2 AO). Die steuerliche Behandlung seiner sportlichen Veranstaltungen richtet sich dann nach § 67a Abs. 3 AO.

2. Unter Sportvereinen i. S. d. Vorschrift sind alle gemeinnützigen Körperschaften zu verstehen, bei denen die Förderung des Sports (§ 52 Abs. 2 Satz 1 Nr. 21 AO) Satzungszweck ist; die tatsächliche Geschäftsführung muss diesem Satzungszweck entsprechen (§ 59 AO). § 67a AO gilt also z. B. auch für Sportverbände. Sie gilt auch für Sportvereine, die Fußballveranstaltungen unter Einsatz ihrer Lizenzspieler nach der „Lizenzordnung Spieler" der Organisation „Die Liga-Fußballverband e.V. – Ligaverband" durchführen.

3. Als sportliche Veranstaltung ist die organisatorische Maßnahme eines Sportvereins anzusehen, die es aktiven Sportlern (die nicht Mitglieder des Vereins zu sein brauchen) ermöglicht, Sport zu treiben (BFH-Urteil vom 25. 7. 1996, V R 7/95, BStBl 1997 II S. 154). Eine sportliche Veranstaltung liegt auch dann vor, wenn ein Sportverein in Erfüllung seiner Satzungszwecke im Rahmen einer Veranstaltung einer anderen Person oder Körperschaft eine sportliche Darbietung erbringt. Die Veranstaltung, bei der die sportliche Darbietung präsentiert wird, braucht keine steuerbegünstigte Veranstaltung zu sein (BFH-Urteil vom 4. 5. 1994, XI R 109/90, BStBl II S. 886).

A. I.   Zu § 67a AO

4. Sportreisen sind als sportliche Veranstaltungen anzusehen, wenn die sportliche Betätigung wesentlicher und notwendiger Bestandteil der Reise ist (z. B. Reise zum Wettkampfort). Reisen, bei denen die Erholung der Teilnehmer im Vordergrund steht (Touristikreisen), zählen dagegen nicht zu den sportlichen Veranstaltungen, selbst wenn anlässlich der Reise auch Sport getrieben wird.
5. Die Ausbildung und Fortbildung in sportlichen Fertigkeiten gehört zu den typischen und wesentlichen Tätigkeiten eines Sportvereins. Sportkurse und Sportlehrgänge für Mitglieder und Nichtmitglieder von Sportvereinen (Sportunterricht) sind daher als „sportliche Veranstaltungen" zu beurteilen. Es ist unschädlich für die Zweckbetriebseigenschaft, dass der Verein mit dem Sportunterricht in Konkurrenz zu gewerblichen Sportlehrern (z. B. Reitlehrer, Skilehrer, Tennislehrer, Schwimmlehrer) tritt, weil § 67a AO als die speziellere Vorschrift dem § 65 AO vorgeht. Die Beurteilung des Sportunterrichts als sportliche Veranstaltung hängt nicht davon ab, ob der Unterricht durch Beiträge, Sonderbeiträge oder Sonderentgelte abgegolten wird.
6. Der Verkauf von Speisen und Getränken – auch an Wettkampfteilnehmer, Schiedsrichter, Kampfrichter, Sanitäter usw. – und die Werbung gehören nicht zu den sportlichen Veranstaltungen. Diese Tätigkeiten sind gesonderte steuerpflichtige wirtschaftliche Geschäftsbetriebe. Nach § 64 Abs. 2 AO ist es jedoch möglich, Überschüsse aus diesen Betrieben mit Verlusten aus sportlichen Veranstaltungen, die steuerpflichtige wirtschaftliche Geschäftsbetriebe sind, zu verrechnen.
7. Wird für den Besuch einer sportlichen Veranstaltung, die Zweckbetrieb ist, mit Bewirtung ein einheitlicher Eintrittspreis bezahlt, so ist dieser – ggf. im Wege der Schätzung – in einen Entgeltsanteil für den Besuch der sportlichen Veranstaltung und in einen Entgeltsanteil für die Bewirtungsleistungen aufzuteilen.
8. Zur Zulässigkeit einer pauschalen Gewinnermittlung beim steuerpflichtigen wirtschaftlichen Geschäftsbetrieb „Werbung" wird auf Nrn. 32 bis 39 des AEAO zu § 64 hingewiesen.
9. Die entgeltliche Übertragung des Rechts zur Nutzung von Werbeflächen in vereinseigenen oder gemieteten Sportstätten (z. B. an der Bande) sowie von Lautsprecheranlagen an Werbeunternehmer ist als steuerfreie Vermögensverwaltung (§ 14 Satz 3 AO) zu beurteilen. Voraussetzung ist jedoch, dass dem Pächter (Werbeunternehmer) ein angemessener Gewinn verbleibt. Es ist ohne Bedeutung, ob die sportlichen Veranstaltungen, bei denen der Werbeunternehmer das erworbene Recht nutzt, Zweckbetrieb oder wirtschaftlicher Geschäftsbetrieb sind.
Die entgeltliche Übertragung des Rechts zur Nutzung von Werbeflächen auf der Sportkleidung (z. B. auf Trikots, Sportschuhen, Helmen) und auf Sportgeräten ist stets als steuerpflichtiger wirtschaftlicher Geschäftsbetrieb zu behandeln.
10. Die Unterhaltung von Club-Häusern, Kantinen, Vereinsheimen oder Vereinsgaststätten ist keine „sportliche Veranstaltung", auch wenn diese Einrichtungen ihr Angebot nur an Mitglieder richten.
11. Bei Vermietung von Sportstätten einschließlich der Betriebsvorrichtungen für sportliche Zwecke ist zwischen der Vermietung auf längere Dauer und der Vermietung auf kurze Dauer (z. B. stundenweise Vermietung, auch wenn die Stunden für einen längeren Zeitraum im Voraus festgelegt werden) zu unterscheiden. Zur Vermietung öffentlicher Schwimmbäder an Schwimmvereine und zur Nutzung durch Schulen für den Schwimmunterricht siehe Nr. 13 des AEAO zu § 67a.
12. Die Vermietung auf längere Dauer ist dem Bereich der steuerfreien Vermögensverwaltung zuzuordnen, so dass sich die Frage der Behandlung als „sportliche Veranstaltung" i. S. d. § 67a AO dort nicht stellt.
Die Vermietung von Sportstätten und Betriebsvorrichtungen auf kurze Dauer schafft lediglich die Voraussetzungen für sportliche Veranstaltungen. Sie ist jedoch selbst keine „sportliche Veranstaltung", sondern ein wirtschaftlicher Geschäftsbetrieb eigener Art. Dieser ist als Zweckbetrieb i. S. d. § 65 AO anzusehen, wenn es sich bei den Mietern um Mitglieder des Vereins handelt. Bei der Vermietung auf kurze Dauer an Nichtmitglieder tritt der Verein

dagegen in größerem Umfang in Wettbewerb zu nicht begünstigten Vermietern, als es bei Erfüllung seiner steuerbegünstigten Zwecke unvermeidbar ist (§ 65 Nr. 3 AO). Diese Art der Vermietung ist deshalb als steuerpflichtiger wirtschaftlicher Geschäftsbetrieb zu behandeln.

Indizien für eine Mitgliedschaft, die lediglich darauf gerichtet ist die Nutzung der Sportstätten und Betriebsvorrichtungen eines Vereins zu ermöglichen, sind:
– die Zeit der Mitgliedschaft,
– die Höhe der Beiträge, die die Mitglieder zu entrichten haben, oder auch
– zivilrechtlich eingeschränkte Rechte der Mitglieder.

Für die Zuordnung der entgeltlichen Überlassung der Sportstätten und Betriebsvorrichtungen an ein Gastmitglied zum Zweckbetrieb ist es daher nicht zu beanstanden, wenn die Gastmitgliedschaft wie eine Vollmitgliedschaft ausgestaltet ist und diese nicht nur für einen kurzen Zeitraum eingegangen wird.

Dagegen ist die entgeltliche Überlassung der Sportstätten und Betriebsvorrichtungen an ein Gastmitglied dem steuerpflichtigen wirtschaftlichen Geschäftsbetrieb zuzuordnen, wenn das Gastmitglied per Satzung nur eingeschränkte Rechte eingeräumt bekommt oder die Mitgliedschaft lediglich für einen kurzen Zeitraum (weniger als sechs Monate) eingegangen wird.

13. Durch den Betrieb eines öffentlichen Schwimmbads werden gemeinnützige Zwecke (öffentliche Gesundheitspflege und Sport) unabhängig davon gefördert, ob das Schwimmbad von einem Verein oder von einer juristischen Person des öffentlichen Rechts als Betrieb gewerblicher Art unterhalten wird.

Die verschiedenen Tätigkeiten eines gemeinnützigen Schwimmvereins sind wie folgt zu beurteilen:

a) Schulschwimmen

Die Vermietung des Schwimmbads auf längere Dauer an die Träger der Schulen ist als Vermögensverwaltung anzusehen. Eine Vermietung auf längere Dauer ist in Anlehnung an Abschnitt 4.12.3 Absatz 2 UStAE bei stundenweiser Nutzungsmöglichkeit des Schwimmbads durch die Schulen anzunehmen, wenn die Nutzung mehr als ein Schulhalbjahr (mindestens sechs Monate) erfolgt. Unselbständige Nebenleistungen des Vereins, wie Reinigung des Schwimmbads, gehören mit zur Vermögensverwaltung.

b) Vereinsschwimmen

Das Vereinsschwimmen und die Durchführung von Schwimmkursen sind nach Maßgabe des § 67a AO Zweckbetriebe (sportliche Veranstaltungen). Dabei ist es ohne Bedeutung, ob die Teilnehmer an den Schwimmkursen Mitglieder des Vereins oder Vereinsfremde sind.

c) Jedermannschwimmen

Das Jedermannschwimmen ist insgesamt als Zweckbetrieb i. S. d. § 65 AO anzusehen, wenn die nicht unmittelbar dem Schwimmen dienenden Angebote (z. B. Sauna, Solarium) von untergeordneter Bedeutung sind. Schwimmbäder, die danach als Zweckbetriebe begünstigt sind, stehen in keinem schädlichen Wettbewerb zu steuerpflichtigen Schwimmbädern (§ 65 Nr. 3 AO), weil sie i. d. R. anders strukturiert sind (so genannte Spaßbäder) und sich ihre Angebote erheblich von dem im Wesentlichen auf das Schwimmen begrenzten Angebot der Vereinsschwimmbäder unterscheiden.

14. Werden im Zusammenhang mit der Vermietung von Sportstätten und Betriebsvorrichtungen auch bewegliche Gegenstände, z. B. Tennisschläger oder Golfschläger überlassen, stellt die entgeltliche Überlassung dieser Gegenstände ein Hilfsgeschäft dar, das das steuerliche Schicksal der Hauptleistung teilt (BFH-Urteil vom 30. 3. 2000, V R 30/99, BStBl II S. 705). Bei der alleinigen Überlassung von Sportgeräten, z. B. eines Flugzeugs, bestimmt sich die Zweckbetriebseigenschaft danach, ob die Sportgeräte Mitgliedern oder Nichtmitgliedern des Vereins überlassen werden.

Zu § 67a AO

15. § 3 Nr. 26 EStG gilt nicht für Einnahmen, die ein nebenberuflicher Übungsleiter etc. für eine Tätigkeit in einem steuerpflichtigen wirtschaftlichen Geschäftsbetrieb „sportliche Veranstaltungen" erhält.
16. Werden sportliche Veranstaltungen, die im vorangegangenen Veranlagungszeitraum Zweckbetrieb waren, zu einem steuerpflichtigen wirtschaftlichen Geschäftsbetrieb oder umgekehrt, ist grundsätzlich § 13 Abs. 5 KStG anzuwenden.

Zu § 67a Abs. 1 AO:
17. Bei der Anwendung der Zweckbetriebsgrenze von 45 000 € sind alle Einnahmen der Veranstaltungen zusammenzurechnen, die in dem maßgeblichen Jahr nach den Regelungen der Nrn. 1 bis 15 des AEAO zu § 67a als sportliche Veranstaltungen anzusehen sind. Zu diesen Einnahmen gehören insbesondere Eintrittsgelder, Startgelder, Zahlungen für die Übertragung sportlicher Veranstaltungen in Rundfunk und Fernsehen, Lehrgangsgebühren und Ablösezahlungen. Zum allgemeinen Einnahmebegriff wird auf die Nrn. 18 und 19 des AEAO zu § 64 hingewiesen.
18. Die Bezahlung von Sportlern in einem Zweckbetrieb i. S. d. § 67a Abs. 1 Satz 1 AO ist zulässig (§ 58 Nr. 8 AO). Dabei ist die Herkunft der Mittel, mit denen die Sportler bezahlt werden, ohne Bedeutung.
19. Die Zahlung von Ablösesummen ist in einem Zweckbetrieb i. S. d. § 67a Abs. 1 Satz 1 AO uneingeschränkt zulässig.
20. Bei Spielgemeinschaften von Sportvereinen ist – unabhängig von der Qualifizierung der Einkünfte im Feststellungsbescheid für die Gemeinschaft – bei der Körperschaftsteuerveranlagung der beteiligten Sportvereine zu entscheiden, ob ein Zweckbetrieb oder ein steuerpflichtiger wirtschaftlicher Geschäftsbetrieb gegeben ist. Dabei ist für die Beurteilung der Frage, ob die Zweckbetriebsgrenze des § 67a Abs. 1 Satz 1 AO überschritten wird, die Höhe der anteiligen Einnahmen (nicht des anteiligen Gewinns) maßgeblich.

Zu § 67a Abs. 2 AO:
21. Ein Verzicht auf die Anwendung des § 67a Abs. 1 Satz 1 AO ist auch dann möglich, wenn die Einnahmen aus den sportlichen Veranstaltungen die Zweckbetriebsgrenze von 45 000 € nicht übersteigen.
22. Die Option nach § 67a Abs. 2 AO kann bis zur Unanfechtbarkeit des Körperschaftsteuerbescheids widerrufen werden. Die Regelungen in Abschnitt 19.2 Abs. 2 und 6 UStAE sind entsprechend anzuwenden. Der Widerruf ist – auch nach Ablauf der Bindungsfrist – nur mit Wirkung ab dem Beginn eines Kalender- oder Wirtschaftsjahres zulässig.

Zu § 67a Abs. 3 AO:
23. Verzichtet ein Sportverein gem. § 67a Abs. 2 AO auf die Anwendung der Zweckbetriebsgrenze (§ 67a Abs. 1 Satz 1 AO), sind sportliche Veranstaltungen ein Zweckbetrieb, wenn an ihnen kein bezahlter Sportler des Vereins teilnimmt und der Verein keinen vereinsfremden Sportler selbst oder im Zusammenwirken mit einem Dritten bezahlt. Auf die Höhe der Einnahmen oder Überschüsse dieser sportlichen Veranstaltungen kommt es bei Anwendung des § 67a Abs. 3 AO nicht an. Sportliche Veranstaltungen, an denen ein oder mehrere Sportler teilnehmen, die nach § 67a Abs. 3 Satz 1 Nr. 1 oder 2 AO als bezahlte Sportler anzusehen sind, sind steuerpflichtige wirtschaftliche Geschäftsbetriebe. Es kommt nach dem Gesetz nicht darauf an, ob ein Verein eine Veranstaltung von vornherein als steuerpflichtigen wirtschaftlichen Geschäftsbetrieb angesehen oder ob er – aus welchen Gründen auch immer – zunächst irrtümlich einen Zweckbetrieb angenommen hat.
24. Unter Veranstaltungen i. S. d. § 67a Abs. 3 AO sind bei allen Sportarten grundsätzlich die einzelnen Wettbewerbe zu verstehen, die in engem zeitlichen und örtlichen Zusammenhang durchgeführt werden. Bei einer Mannschaftssportart ist also nicht die gesamte Meisterschaftsrunde, sondern jedes einzelne Meisterschaftsspiel die zu beurteilende sportliche

Veranstaltung. Bei einem Turnier hängt es von der Gestaltung im Einzelfall ab, ob das gesamte Turnier oder jedes einzelne Spiel als eine sportliche Veranstaltung anzusehen ist. Dabei ist von wesentlicher Bedeutung, ob für jedes Spiel gesondert Eintritt erhoben wird und ob die Einnahmen und Ausgaben für jedes Spiel gesondert ermittelt werden.

25. Sportkurse und Sportlehrgänge für Mitglieder und Nichtmitglieder von Sportvereinen sind bei Anwendung des § 67a Abs. 3 AO als Zweckbetrieb zu behandeln, wenn kein Sportler als Auszubildender teilnimmt, der wegen seiner Betätigung in dieser Sportart als bezahlter Sportler i. S. d. § 67a Abs. 3 AO anzusehen ist. Die Bezahlung von Ausbildern berührt die Zweckbetriebseigenschaft nicht.

26. Ist ein Sportler in einem Kalenderjahr als bezahlter Sportler anzusehen, sind alle in dem Kalenderjahr durchgeführten sportlichen Veranstaltungen des Vereins, an denen der Sportler teilnimmt, ein steuerpflichtiger wirtschaftlicher Geschäftsbetrieb. Bei einem vom Kalenderjahr abweichenden Wirtschaftsjahr ist das abweichende Wirtschaftsjahr zugrunde zu legen. Es kommt nicht darauf an, ob der Sportler die Merkmale des bezahlten Sportlers erst nach Beendigung der sportlichen Veranstaltung erfüllt. Die Teilnahme unbezahlter Sportler an einer Veranstaltung, an der auch bezahlte Sportler teilnehmen, hat keinen Einfluss auf die Behandlung der Veranstaltung als steuerpflichtiger wirtschaftlicher Geschäftsbetrieb.

27. Die Vergütungen oder anderen Vorteile müssen in vollem Umfang aus steuerpflichtigen wirtschaftlichen Geschäftsbetrieben oder von Dritten geleistet werden (§ 67a Abs. 3 Satz 3 AO). Eine Aufteilung der Vergütungen ist nicht zulässig. Es ist also z. B. steuerlich nicht zulässig, Vergütungen an bezahlte Sportler bis zu 400 € im Monat als Ausgaben des steuerbegünstigten Bereichs und nur die 400 € übersteigenden Vergütungen als Ausgaben des steuerpflichtigen wirtschaftlichen Geschäftsbetriebs „sportliche Veranstaltungen" zu behandeln.

28. Auch die anderen Kosten müssen aus dem steuerpflichtigen wirtschaftlichen Geschäftsbetrieb „sportliche Veranstaltungen", anderen steuerpflichtigen wirtschaftlichen Geschäftsbetrieben oder von Dritten geleistet werden. Dies gilt auch dann, wenn an der Veranstaltung neben bezahlten Sportlern auch unbezahlte Sportler teilnehmen. Die Kosten eines steuerpflichtigen wirtschaftlichen Geschäftsbetriebs „sportliche Veranstaltungen" sind also nicht danach aufzuteilen, ob sie auf bezahlte oder auf unbezahlte Sportler entfallen. Etwaiger Aufwandsersatz an unbezahlte Sportler für die Teilnahme an einer Veranstaltung mit bezahlten Sportlern ist als eine Ausgabe dieser Veranstaltung zu behandeln. Aus Vereinfachungsgründen ist es aber nicht zu beanstanden, wenn die Aufwandspauschale (vgl. Nr. 32 des AEAO zu § 67a) an unbezahlte Sportler nicht als Betriebsausgabe des steuerpflichtigen wirtschaftlichen Geschäftsbetriebs behandelt, sondern aus Mitteln des ideellen Bereichs abgedeckt wird.

29. Trainingskosten (z. B. Vergütungen an Trainer), die sowohl unbezahlte als auch bezahlte Sportler betreffen, sind nach den im Einzelfall gegebenen Abgrenzungsmöglichkeiten aufzuteilen. Als solche kommen beispielsweise in Betracht der jeweilige Zeitaufwand oder – bei gleichzeitigem Training unbezahlter und bezahlter Sportler – die Zahl der trainierten Sportler oder Mannschaften. Soweit eine Abgrenzung anders nicht möglich ist, sind die auf das Training unbezahlter und bezahlter Sportler entfallenden Kosten im Wege der Schätzung zu ermitteln.

30. Werden bezahlte und unbezahlte Sportler einer Mannschaft gleichzeitig für eine Veranstaltung trainiert, die als steuerpflichtiger wirtschaftlicher Geschäftsbetrieb zu beurteilen ist, sind die gesamten Trainingskosten dafür Ausgaben des steuerpflichtigen wirtschaftlichen Geschäftsbetriebs. Die Vereinfachungsregelung in Nr. 28 letzter Satz des AEAO zu § 67a gilt entsprechend.

31. Sportler des Vereins i. S. d. § 67a Abs. 3 Satz 1 Nr. 1 AO sind nicht nur die (aktiven) Mitglieder des Vereins, sondern alle Sportler, die für den Verein auftreten, z. B. in einer Mannschaft des Vereins mitwirken. Für Verbände gilt Nr. 38 des AEAO zu § 67a.

32. Zahlungen an einen Sportler des Vereins bis zu insgesamt 400 € je Monat im Jahresdurchschnitt sind für die Beurteilung der Zweckbetriebseigenschaft der sportlichen Veranstaltun-

gen – nicht aber bei der Besteuerung des Sportlers – ohne Einzelnachweis als Aufwandsentschädigung anzusehen. Werden höhere Aufwendungen erstattet, sind die gesamten Aufwendungen im Einzelnen nachzuweisen. Dabei muss es sich um Aufwendungen persönlicher oder sachlicher Art handeln, die dem Grunde nach Werbungskosten oder Betriebsausgaben sein können.
Die Regelung gilt für alle Sportarten.

33. Die Regelung über die Unschädlichkeit pauschaler Aufwandsentschädigungen bis zu 400 € je Monat im Jahresdurchschnitt gilt nur für Sportler des Vereins, nicht aber für Zahlungen an andere Sportler. Einem anderen Sportler, der in einem Jahr nur an einer Veranstaltung des Vereins teilnimmt, kann also nicht ein Betrag bis zu 4 800 € als pauschaler Aufwandsersatz dafür gezahlt werden. Vielmehr führt in den Fällen des § 67a Abs. 3 Satz 1 Nr. 2 AO jede Zahlung an einen Sportler, die über eine Erstattung des tatsächlichen Aufwands hinausgeht, zum Verlust der Zweckbetriebseigenschaft der Veranstaltung.

34. Zuwendungen der Stiftung Deutsche Sporthilfe, Frankfurt, und vergleichbarer Einrichtungen der Sporthilfe an Spitzensportler sind i. d. R. als Ersatz von besonderen Aufwendungen der Spitzensportler für ihren Sport anzusehen. Sie sind deshalb nicht auf die zulässige Aufwandspauschale von 400 € je Monat im Jahresdurchschnitt anzurechnen. Weisen Sportler die tatsächlichen Aufwendungen nach, so muss sich der Nachweis auch auf die Aufwendungen erstrecken, die den Zuwendungen der Stiftung Deutsche Sporthilfe und vergleichbarer Einrichtungen gegenüber stehen.

35. Bei der Beurteilung der Zweckbetriebseigenschaft einer Sportveranstaltung nach § 67a Abs. 3 AO ist nicht zu unterscheiden, ob Vergütungen oder andere Vorteile an einen Sportler für die Teilnahme an sich oder für die erfolgreiche Teilnahme gewährt werden. Entscheidend ist, dass der Sportler aufgrund seiner Teilnahme Vorteile hat, die er ohne seine Teilnahme nicht erhalten hätte. Auch die Zahlung eines Preisgeldes, das über eine Aufwandsentschädigung hinausgeht, begründet demnach einen steuerpflichtigen wirtschaftlichen Geschäftsbetrieb.

36. Bei einem so genannten Spielertrainer ist zu unterscheiden, ob er für die Trainertätigkeit oder für die Ausübung des Sports Vergütungen erhält. Wird er nur für die Trainertätigkeit bezahlt oder erhält er für die Tätigkeit als Spieler nicht mehr als den Ersatz seiner Aufwendungen (vgl. Nr. 32 des AEAO zu § 67a), ist seine Teilnahme an sportlichen Veranstaltungen unschädlich für die Zweckbetriebseigenschaft.

37. Unbezahlte Sportler werden wegen der Teilnahme an Veranstaltungen mit bezahlten Sportlern nicht selbst zu bezahlten Sportlern. Die Ausbildung dieser Sportler gehört nach wie vor zu der steuerbegünstigten Tätigkeit eines Sportvereins, es sei denn, sie werden zusammen mit bezahlten Sportlern für eine Veranstaltung trainiert, die ein steuerpflichtiger wirtschaftlicher Geschäftsbetrieb ist (vgl. Nr. 30 des AEAO zu § 67a).

38. Sportler, die einem bestimmten Sportverein angehören und die nicht selbst unmittelbar Mitglieder eines Sportverbandes sind, werden bei der Beurteilung der Zweckbetriebseigenschaft von Veranstaltungen des Verbandes als andere Sportler i. S. d. § 67a Abs. 3 Satz 1 Nr. 2 AO angesehen. Zahlungen der Vereine an Sportler im Zusammenhang mit sportlichen Veranstaltungen der Verbände (z. B. Länderwettkämpfe) sind in diesen Fällen als „Zahlungen von Dritten im Zusammenwirken mit dem Verein" (hier: Verband) zu behandeln.

39. Ablösezahlungen, die einem steuerbegünstigten Sportverein für die Freigabe von Sportlern zufließen, beeinträchtigen seine Gemeinnützigkeit nicht. Die erhaltenen Beträge zählen zu den Einnahmen aus dem steuerpflichtigen wirtschaftlichen Geschäftsbetrieb „sportliche Veranstaltungen", wenn der den Verein wechselnde Sportler in den letzten zwölf Monaten vor seiner Freigabe bezahlter Sportler i. S. d. § 67a Abs. 3 Satz 1 Nr. 1 AO war. Ansonsten gehören sie zu den Einnahmen aus dem Zweckbetrieb „sportliche Veranstaltungen".

40. Zahlungen eines steuerbegünstigten Sportvereins an einen anderen (abgebenden) Verein für die Übernahme eines Sportlers sind unschädlich für die Gemeinnützigkeit des zahlenden Vereins, wenn sie aus steuerpflichtigen wirtschaftlichen Geschäftsbetrieben für die Übernahme eines Sportlers gezahlt werden, der beim aufnehmenden Verein in den ersten

zwölf Monaten nach dem Vereinswechsel als bezahlter Sportler i. S. d. § 67a Abs. 3 Satz 1 Nr. 1 AO anzusehen ist. Zahlungen für einen Sportler, der beim aufnehmenden Verein nicht als bezahlter Sportler anzusehen ist, sind bei Anwendung des § 67a Abs. 3 AO nur dann unschädlich für die Gemeinnützigkeit des zahlenden Vereins, wenn lediglich die Ausbildungskosten für den den Verein wechselnden Sportler erstattet werden. Eine derartige Kostenerstattung kann bei Zahlungen bis zur Höhe von 2 557 € je Sportler ohne weiteres angenommen werden. Bei höheren Kostenerstattungen sind sämtliche Ausbildungskosten im Einzelfall nachzuweisen. Die Zahlungen mindern nicht den Überschuss des steuerpflichtigen wirtschaftlichen Geschäftsbetriebs „sportliche Veranstaltungen".

Zur steuerlichen Behandlung von Ablösezahlungen bei Anwendung der Zweckbetriebsgrenze des § 67a Abs. 1 Satz 1 AO vgl. Nrn. 17 und 19 des AEAO zu § 67a.

Zu § 68 – Einzelne Zweckbetriebe:

Allgemeines

1. § 68 AO enthält einen gesetzlichen Katalog einzelner Zweckbetriebe und geht als spezielle Norm der Regelung des § 65 AO vor (BFH-Urteil vom 4. 6. 2003, I R 25/02, BStBl 2004 II S. 660). Die beispielhafte Aufzählung von Betrieben, die ihrer Art nach Zweckbetriebe sein können, gibt wichtige Anhaltspunkte für die Auslegung der Begriffe Zweckbetrieb (§ 65 AO) im Allgemeinen und Einrichtungen der Wohlfahrtspflege (§ 66 AO) im Besonderen.

Zu § 68 Nr. 1 AO:

2. Wegen der Begriffe „Alten-, Altenwohn- und Pflegeheime" Hinweis auf § 1 des Heimgesetzes. Eine für die Allgemeinheit zugängliche Cafeteria ist ein steuerpflichtiger wirtschaftlicher Geschäftsbetrieb. Soweit eine steuerbegünstigte Körperschaft Leistungen im Rahmen der häuslichen Pflege erbringt, liegt i. d. R. ein Zweckbetrieb nach § 66 AO vor (vgl. Nr. 4 des AEAO zu § 66).

3. Bei Kindergärten, Kinder-, Jugend- und Studentenheimen sowie bei Schullandheimen und Jugendherbergen müssen die geförderten Personen die Voraussetzungen nach § 53 AO nicht erfüllen. Leistungen, die von Jugendherbergen an allein reisende Erwachsene (= Personen nach Vollendung des 27. Lebensjahres) erbracht werden, begründen einen selbständigen steuerpflichtigen wirtschaftlichen Geschäftsbetrieb nach §§ 14, 64 AO (BFH-Urteil vom 10. 8. 2016, V R 11/15, BStBl 2018 II S. 113).

Zu § 68 Nr. 2 AO:

4. Von § 68 Nr. 2 Buchstabe b AO werden nur solche Selbstversorgungseinrichtungen umfasst, die den darin genannten Handwerksbetrieben vergleichbar sind. Werden auch Leistungen gegenüber Außenstehenden erbracht, sind nur solche Einrichtungen der steuerbegünstigten Körperschaft begünstigt, die nicht regelmäßig ausgelastet sind und deshalb gelegentlich auch Leistungen an Außenstehende erbringen, nicht aber solche, die über Jahre hinweg Leistungen an Außenstehende ausführen und hierfür auch personell entsprechend ausgestattet sind (vgl. BFH-Urteil vom 29. 1. 2009, V R 46/06, BStBl II S. 560 und BMF-Schreiben vom 12. 4. 2011, BStBl I S. 538). Außenstehende im Sinne dieser Regelung sind auch Arbeitnehmer der Körperschaft. Bei Lieferungen und Leistungen an Außenstehende tritt die Körperschaft mit Dritten in Leistungsbeziehung. Solange der Umfang dieser Geschäfte an Dritte, hierzu gehören auch Leistungsempfänger, die selbst eine steuerbegünstigte Körperschaft i. S. d. § 68 Nr. 2 AO sind (BFH-Urteil vom 18. 10. 1990, V R 35/85, BStBl 1991 II S. 157), nicht mehr als 20 % der gesamten Lieferungen und Leistungen der begünstigten Körperschaft ausmachen, bleibt die Zweckbetriebseigenschaft erhalten.

Zu § 68 Nr. 3 AO:

5. Der Begriff „Werkstatt für behinderte Menschen" bestimmt sich nach § 219 SGB IX. Werkstätten für behinderte Menschen bedürfen der förmlichen Anerkennung. Anerkennungsbehörde ist die Bundesagentur für Arbeit, die im Einvernehmen mit dem überörtlichen Träger der Sozialhilfe über die Anerkennung einer Einrichtung als Werkstatt für behinderte Menschen durch Anerkennungsbescheid entscheidet (§ 225 SGB IX).

   Läden oder Verkaufsstellen von Werkstätten für behinderte Menschen sind grundsätzlich als Zweckbetriebe zu behandeln, wenn dort Produkte verkauft werden, die von der – den Laden oder die Verkaufsstelle betreibenden – Werkstatt für behinderte Menschen oder einer anderen Werkstatt für behinderte Menschen i. S. d. § 68 Nr. 3 Buchstabe a AO hergestellt worden sind. Werden von dem Laden oder der Verkaufsstelle der Werkstatt für behinderte Menschen auch zugekaufte Waren, die nicht von ihr oder von anderen Werkstätten für behinderte Menschen hergestellt worden sind, weiterverkauft, liegt insoweit ein gesonderter steuerpflichtiger wirtschaftlicher Geschäftsbetrieb vor.

   Zu den Zweckbetrieben gehören auch die von den Trägern der Werkstätten für behinderte Menschen betriebenen Kantinen, weil die besondere Situation der behinderten Menschen auch während der Mahlzeiten eine Betreuung erfordert.

6. Inklusionsbetriebe i. S. d. § 215 SGB IX sind rechtlich und wirtschaftlich selbständige Unternehmen oder unternehmensinterne oder von öffentlichen Arbeitgebern i. S. d. § 154 Abs. 2 SGB IX geführte Betriebe oder Abteilungen zur Beschäftigung schwerbehinderter Menschen, deren Teilhabe an einer sonstigen Beschäftigung auf dem allgemeinen Arbeitsmarkt aufgrund von Art oder Schwere der Behinderung oder wegen sonstiger Umstände voraussichtlich trotz Ausschöpfens aller Fördermöglichkeiten und des Einsatzes von Integrationsfachdiensten auf besondere Schwierigkeiten stößt. Inklusionsbetriebe i. S. d. § 215 SGB IX müssen mindestens 30 % und sollen in der Regel nicht mehr als 50 % der genannten Personengruppe beschäftigen, um sozialrechtlich als Inklusionsbetrieb anerkannt werden zu können. Für die steuerliche Eignung als Zweckbetrieb bedarf es insgesamt einer Beschäftigungsquote von mindestens 40 % der genannten Personengruppen. Auf diese Quoten wird auch die Anzahl der psychisch kranken beschäftigten Menschen angerechnet, die behindert oder von einer Behinderung bedroht sind und deren Teilhabe an einer sonstigen Beschäftigung auf dem allgemeinen Arbeitsmarkt auf Grund von Art und Schwere der Behinderung oder wegen sonstiger Umstände auf besondere Schwierigkeiten stößt. Für Inklusionsbetriebe wird anders als bei Werkstätten für behinderte Menschen kein förmliches Anerkennungsverfahren durchgeführt. Als Nachweis für die Eigenschaft als Inklusionsbetrieb dient in der Regel der Bescheid des zuständigen Integrationsamtes über erbrachte Leistungen nach § 217 SGB IX (Leistungsbescheid) sowie, im Falle einer Beschäftigung psychisch kranker Menschen, der Leistungsbescheid des zuständigen Rehabilitationsträgers. Bei der Ermittlung der Beschäftigungsquote von 40 % sind alle schwerbehinderten und psychisch kranken Menschen, für die das jeweils zuständige Integrationsamt bzw. der zuständige Rehabilitationsträger auch Leistungen der begleitenden Hilfe im Arbeitsleben nach § 217 SGB IX erbringen kann, zu berücksichtigen. Dies ist bei Inklusionsbetrieben bei Beschäftigten mit einer wöchentlichen Arbeitszeit ab 12 Stunden möglich. Ein über diese Grenze hinausgehend Teilzeitbeschäftigter wird voll angerechnet.

   Für Altfälle bis einschließlich VZ 2018 wird nicht beanstandet, wenn die bisherige Fassung der Nr. 6 des AEAO zu § 68 Nr. 3 angewendet wird.

7. Zusätzliche Beschäftigungsmöglichkeiten für (schwer-)behinderte Menschen schaffen Handelsbetriebe, die als wohnortnahe Einzelhandelsgeschäfte beispielsweise mit einem Lebensmittelvollsortiment und entsprechendem Einsatz von Fachpersonal betrieben werden. Mit dieser Beschäftigungsform soll behinderten Menschen eine Möglichkeit zur Teilhabe am Arbeitsleben auf dem allgemeinen Arbeitsmarkt auch außerhalb von Werkstätten für behinderte Menschen geboten werden.

   Handelsbetriebe, die keine Läden oder Verkaufsstellen von Werkstätten für behinderte Menschen i. S. d. Nr. 5 des AEAO zu § 68 darstellen, können als Inklusionsbetrieb (vgl. Nr. 6

des AEAO zu § 68) oder als zusätzlicher Arbeitsbereich, zusätzlicher Betriebsteil oder zusätzliche Betriebsstätte einer (anerkannten) Werkstatt für behinderte Menschen gegründet werden. Im letzteren Fall muss die Werkstatt für behinderte Menschen bei den Anerkennungsbehörden (§ 225 SGB IX) die Erweiterung der anerkannten Werkstatt um den zusätzlichen Arbeitsbereich, den Betriebsteil oder die zusätzliche Betriebsstätte „Handelsbetrieb" anzeigen und um deren Einbeziehung in die Anerkennung nach § 225 SGB IX ersuchen. Die Anerkennungsbehörden prüfen, ob die anerkannte Werkstatt für behinderte Menschen auch mit einer solchen Erweiterung insgesamt noch die Anerkennungsvoraussetzungen als Werkstatt für behinderte Menschen nach § 225 SGB IX erfüllt.

Handelsbetriebe, die von den Sozialbehörden als Inklusionsbetriebe gefördert werden, stellen grundsätzlich einen steuerbegünstigten Zweckbetrieb nach § 68 Nr. 3 Buchstabe c AO dar, wenn die Beschäftigungsquote von 40 % der Personengruppe erreicht ist.

Die von den Sozialbehörden vorgenommene sozialrechtliche Einordnung dieser Handelsbetriebe als Teil einer Werkstatt für behinderte Menschen (§ 68 Nr. 3 Buchstabe a AO) oder als Inklusionsbetrieb (§ 68 Nr. 3 Buchstabe c AO) soll von der zuständigen Finanzbehörde regelmäßig übernommen werden. Dem zuständigen Finanzamt obliegt aber der abschließende rechtsverbindliche Entscheidung im Einzelfall. Dabei kommt den Bescheiden der Sozialbehörden (Anerkennungsbescheid nach § 225 SGB IX bzw. Bescheid über erbrachte Leistungen nach § 217 SGB IX) grundsätzlich Tatbestandswirkung zu. Die Bescheide stellen aber keine Grundlagenbescheide i. S. d. § 171 Abs. 10 AO dar.

8. Einrichtungen für Beschäftigungs- und Arbeitstherapie, die der Eingliederung von behinderten Menschen dienen, sind besondere Einrichtungen, in denen eine Behandlung von behinderten Menschen aufgrund ärztlicher Indikationen erfolgt. Während eine Beschäftigungstherapie ganz allgemein das Ziel hat, körperliche und psychische Grundfunktionen zum Zwecke der Wiedereingliederung in das Alltagsleben wiederherzustellen, zielt die Arbeitstherapie darauf ab, die besonderen Fähigkeiten und Fertigkeiten auszubilden, zu fördern und zu trainieren, die für eine Teilnahme am Arbeitsleben erforderlich sind. Beschäftigungs- und Arbeitstherapie sind vom medizinischen Behandlungszweck geprägt und erfolgen regelmäßig außerhalb eines Beschäftigungsverhältnisses zum Träger der Therapieeinrichtung. Ob eine entsprechende Einrichtung vorliegt, ergibt sich aufgrund der Vereinbarungen über Art und Umfang der Heilbehandlung und Rehabilitation zwischen dem Träger der Einrichtung und den Leistungsträgern.

Zu § 68 Nr. 4 AO:

9. Begünstigte Einrichtungen sind insbesondere Werkstätten, die zur Fürsorge von blinden und körperbehinderten Menschen unterhalten werden.

Zu § 68 Nr. 6 AO:

10. Lotterien und Ausspielungen sind ein Zweckbetrieb, wenn sie von den zuständigen Behörden genehmigt sind oder nach den jeweiligen landesrechtlichen Bestimmungen wegen des geringen Umfangs der Ausspielung oder Lotterieveranstaltung per Verwaltungserlass pauschal als genehmigt gelten. Die sachlichen Voraussetzungen und die Zuständigkeit für die Genehmigung bestimmen sich nach den lotterierechtlichen Verordnungen der Länder. Der Gesetzeswortlaut lässt es offen, in welchem Umfang solche Lotterien veranstaltet werden dürfen. Da eine besondere Einschränkung fehlt, ist auch eine umfangreiche Tätigkeit so lange unschädlich, als die allgemein durch das Gesetz gezogenen Grenzen nicht überschritten werden. Die jährliche Organisation einer Tombola durch eine Mittelbeschaffungskörperschaft ist im Rahmen der Gesamtbetrachtung selbst dann als steuerbegünstigter Zweckbetrieb nach § 68 Nr. 6 AO zu beurteilen, wenn die Körperschaft die Mittel überwiegend aus der Ausrichtung der Tombola erzielt.

11. Zur Ermittlung des Reinertrags dürfen den Einnahmen aus der Lotterieveranstaltung oder Ausspielung nur die unmittelbar damit zusammenhängenden Ausgaben gegenübergestellt werden. Führt eine steuerbegünstigte Körperschaft eine Lotterieveranstaltung durch, die

nach dem Rennwett- und Lotteriegesetz nicht genehmigungsfähig ist, z. B. eine Ausspielung anlässlich einer geselligen Veranstaltung, handelt es sich insoweit nicht um einen Zweckbetrieb nach § 68 Nr. 6 AO.

Zu § 68 Nr. 7 AO:

12. Wegen der Breite des Spektrums, die die Förderung von Kunst und Kultur umfasst, ist die im Gesetz enthaltene Aufzählung der kulturellen Einrichtungen nicht abschließend.
13. Kulturelle Einrichtungen und Veranstaltungen i. S. d. § 68 Nr. 7 AO können nur vorliegen, wenn die Förderung der Kultur Satzungszweck der Körperschaft ist. Sie sind stets als Zweckbetrieb zu behandeln. Das BFH-Urteil vom 4. 5. 1994, XI R 109/90, BStBl II S. 886 zu sportlichen Darbietungen eines Sportvereins (vgl. Nr. 3 des AEAO zu § 67a) gilt für kulturelle Darbietungen entsprechend. Demnach liegt auch dann eine kulturelle Veranstaltung der Körperschaft vor, wenn diese eine Darbietung kultureller Art im Rahmen einer Veranstaltung präsentiert, die nicht von der Körperschaft selbst organisiert wird und die ihrerseits keine kulturelle Veranstaltung i. S. d. § 68 Nr. 7 AO darstellt. Wenn z. B. ein steuerbegünstigter Musikverein, der der Förderung der volkstümlichen Musik dient, gegen Entgelt im Festzelt einer Brauerei ein volkstümliches Musikkonzert darbietet, gehört der Auftritt des Musikvereins als kulturelle Veranstaltung zum Zweckbetrieb.
14. Der Verkauf von Speisen und Getränken und die Werbung bei kulturellen Veranstaltungen gehören nicht zu dem Zweckbetrieb. Diese Tätigkeiten sind gesonderte wirtschaftliche Geschäftsbetriebe. Wird für den Besuch einer kulturellen Veranstaltung mit Bewirtung ein einheitliches Entgelt entrichtet, so ist dieses – ggf. im Wege der Schätzung – in einen Entgeltsanteil für den Besuch der Veranstaltung (Zweckbetrieb) und für die Bewirtungsleistungen (wirtschaftlicher Geschäftsbetrieb) aufzuteilen.

Zu § 68 Nr. 9 AO:

15. An Veranstaltungen belehrender Art i. S. d. § 68 Nr. 8 AO sind keine besonderen inhaltlichen Anforderungen zu stellen. Es genügt, dass bei den jeweiligen Veranstaltungen überwiegend Vorträge gehalten werden, die naturgemäß belehrenden Charakter haben (BFH-Urteil vom 21. 6. 2017, V R 34/16, BStBl 2018 II S. 55).
16. Bei der Anwendung des § 68 Nr. 9 AO bestehen keine Unterschiede zwischen Wissenschaftseinrichtungen und Forschungseinrichtungen. Die nachfolgenden Erläuterungen zur steuerlichen Behandlung von Forschungseinrichtungen gelten deshalb auch für Wissenschaftseinrichtungen.
17. § 68 Nr. 9 AO gilt nur für Körperschaften, deren satzungsmäßiger Zweck die Förderung von Wissenschaft und Forschung ist. Fördert die Körperschaft daneben nach ihrer Satzung auch andere steuerbegünstigte Zwecke, ist § 68 Nr. 9 AO nur anzuwenden, wenn die Forschungstätigkeit bei der tatsächlichen Geschäftsführung die Förderung der anderen steuerbegünstigten Zwecke überwiegt.

Die Sonderregelung in § 68 Nr. 9 AO geht der allgemeinen Regelung über die Zweckbetriebseigenschaft wirtschaftlicher Betätigungen in § 65 AO vor. Die Zweckbetriebseigenschaft der Forschungstätigkeit von Forschungseinrichtungen, auf die § 68 Nr. 9 AO anzuwenden ist, richtet sich deshalb ausschließlich nach dieser Vorschrift. Darauf, ob die Forschungstätigkeit die Voraussetzungen des § 65 AO erfüllt, kommt es nicht an. Dies gilt auch dann, wenn die Forschungseinrichtung die Voraussetzungen des § 68 Nr. 9 AO für die Annahme eines Zweckbetriebs nicht erfüllt. Die gesamte Forschungstätigkeit ist in diesem Fall ein steuerpflichtiger wirtschaftlicher Geschäftsbetrieb.

Die steuerliche Beurteilung der Zweckbetriebseigenschaft von wirtschaftlichen Geschäftsbetrieben, die nicht unmittelbar der Forschung dienen, richtet sich nach den §§ 65 bis 68 Nrn. 1 bis 8 AO. Danach ist z. B. die teilweise Überlassung der Nutzung eines Rechenzentrums für Zwecke Dritter gegen Entgelt ein steuerpflichtiger wirtschaftlicher Geschäftsbetrieb. Zweckbetriebe kommen insbesondere bei der Förderung anderer steuerbegünstigter Zwecke in Betracht (z. B. Unterhaltung eines Museums durch den Träger einer Forschungseinrichtung – § 68 Nr. 7 AO).

Betreibt eine steuerbegünstigte Körperschaft, auf die § 68 Nr. 9 AO nicht anzuwenden ist, auch Forschung, ist die Zweckbetriebseigenschaft der Forschungstätigkeit nach § 65 AO zu beurteilen. Hierbei sind die Grundsätze des BFH-Urteils vom 30. 11. 1995, V R 29/91, BStBl 1997 II S. 189, zu beachten. Danach ist die Auftragsforschung ein steuerpflichtiger wirtschaftlicher Geschäftsbetrieb. Falls sich die Auftragsforschung nicht von der Grundlagen- oder Eigenforschung abgrenzen lässt, liegt insgesamt ein steuerpflichtiger wirtschaftlicher Geschäftsbetrieb vor.

Eine Körperschaft ist nicht selbstlos tätig und kann deshalb nicht als gemeinnützig behandelt werden, wenn sie in erster Linie nicht steuerbegünstigte, sondern eigenwirtschaftliche Zwecke verfolgt (§ 55 Abs. 1 Satz 1 AO). Zweckbetriebe sind bei dieser Abgrenzung dem ideellen steuerbegünstigten Bereich zuzuordnen. Wenn eine Forschungseinrichtung nach § 68 Nr. 9 AO ein Zweckbetrieb ist, besteht deshalb die unwiderlegbare Vermutung, dass das Schwergewicht ihrer Tätigkeit im steuerbegünstigten Bereich liegt. Bei einer Forschungseinrichtung, auf die § 68 Nr. 9 AO anzuwenden ist, deren Träger die Finanzierungsvoraussetzungen der Vorschrift jedoch nicht erfüllt, kann nicht zwingend davon ausgegangen werden, dass sie in erster Linie eigenwirtschaftliche Zwecke verfolgt. Nach den Grundsätzen des BFH-Urteils vom 4. 4. 2007, I R 76/05, BStBl II S. 631, ist unter Berücksichtigung der gesamten Umstände des Einzelfalls zu prüfen, ob sich die Auftragsforschung von der steuerbegünstigten Tätigkeit trennen lässt. Ist in diesem Fall die Auftragsforschung von untergeordneter Bedeutung, kann der Träger der Einrichtung nach § 5 Abs. 1 Nr. 9 KStG gleichwohl steuerbefreit sein und die Auftragsforschung lediglich einen steuerpflichtigen wirtschaftlichen Geschäftsbetrieb (§ 64 AO) darstellen. Die Steuerbefreiung nach § 5 Abs. 1 Nr. 9 KStG geht nur dann verloren, wenn die Auftragsforschung als eigenständiger Zweck neben die Eigenforschung (Grundlagenforschung) tritt und somit gegen das Gebot der Ausschließlichkeit des § 56 AO verstoßen wird.

18. Unter „Träger" einer Forschungseinrichtung ist die Körperschaft (z. B. Verein, GmbH) zu verstehen, die die Einrichtung betreibt. Wie sich die Mitglieder oder Gesellschafter der Körperschaft finanzieren, ist ohne Bedeutung.

19. Die überwiegende Finanzierung des Trägers ergibt sich aus der Gegenüberstellung der Zuwendungen an den Träger von dritter Seite zuzüglich der Einnahmen aus der Vermögensverwaltung einerseits und der übrigen Einnahmen des Trägers andererseits. Zuwendungen von dritter Seite sind nur unentgeltliche Leistungen. Dazu gehören z. B. die Projektförderung von Bund, Ländern und der Europäischen Union, Spenden und echte Mitgliedsbeiträge.

Fördert die Körperschaft auch andere steuerbegünstigte Zwecke als die Wissenschaft und Forschung und geschieht dies durch einen Zweckbetrieb, sind die Einnahmen und Überschüsse aus diesem Zweckbetrieb bei der Beurteilung der Frage, aus welchen Mitteln sich der Träger der Forschungseinrichtung überwiegend finanziert, nicht zu berücksichtigen. Die Einnahmen und Überschüsse anderer Zweckbetriebe sind also weder als Zuwendungen noch als andere (schädliche) Mittelzuflüsse zu erfassen.

In welchem Jahr die Einnahmen anzusetzen sind, bestimmt sich nach den Grundsätzen der steuerlichen Einkünfteermittlung. Bei Körperschaften, die den Gewinn durch Betriebsvermögensvergleich (§ 4 Abs. 1 oder § 5 EStG) ermitteln, sind Forderungszugänge bereits als Einnahmen zu erfassen. Bei anderen Körperschaften sind die im Kalenderjahr zugeflossenen Einnahmen maßgeblich (§ 11 EStG).

Der Beurteilung, ob der Träger einer Forschungseinrichtung sich überwiegend aus Zuwendungen und der Vermögensverwaltung finanziert, ist grundsätzlich ein Dreijahreszeitraum zugrunde zu legen. Dieser umfasst den zu beurteilenden und die beiden vorangegangenen Veranlagungszeiträume.

Beispiel:

Jahr	Zuwendungen und Vermögensverwaltung	Andere Finanzierung	Gesamtfinanzierung
	€	€	€
01	1.000	1.100	2.100
02	1.400	1.000	2.400
03	1.200	1.300	2.500
Zusammen	3.600	3.400	7.000

Im Jahr 03 (zu beurteilender Veranlagungszeitraum) liegt ein Zweckbetrieb vor, weil sich der Träger der Forschungseinrichtung im maßgeblichen Beurteilungszeitraum (Jahre 01 bis 03) überwiegend aus Zuwendungen und der Vermögensverwaltung finanziert hat. Für die Beurteilung der Zweckbetriebseigenschaft im Jahr 04 ist die Finanzierung des Trägers der Forschungseinrichtung in den Jahren 02 bis 04 zugrunde zu legen.

20. Die Anfertigung von Prototypen und die Nullserie gehören noch zur Forschungstätigkeit.

    Bei Routinemessungen, dem Routineeinsatz eines Ergebnisses und der Fertigung marktfähiger Produkte ist grundsätzlich anzunehmen, dass sich die Tätigkeit auf die Anwendung gesicherter wissenschaftlicher Erkenntnisse beschränkt. Dies ist eine Vermutung, die im Einzelfall von der Forschungseinrichtung widerlegt werden kann.

    Bei der Anfertigung von Gutachten kommt es bei der Zuordnung auf Thema und Inhalt an. Gutachten, in denen lediglich gesicherte wissenschaftliche Erkenntnisse verwertet werden, gehören nicht zur Forschungstätigkeit.

    „Projektträgerschaften" sind von der „Projektförderung" zu unterscheiden.

    „Projektförderung" ist die Vergabe von Zuwendungen für bestimmte, einzeln abgrenzbare Forschungs- und Entwicklungsvorhaben an Forschungseinrichtungen, z. B. durch Bund, Länder und Europäische Union. Bei der Forschungseinrichtung liegen hierbei Zuwendungen i. S. d. § 68 Nr. 9 Satz 1 AO vor.

    „Projektträgerschaft" ist die fachliche und verwaltungsmäßige Betreuung und Abwicklung der Projektförderung durch Forschungseinrichtungen (Projektträger) im Auftrag des Bundes oder eines Landes. Zu den Aufgaben der Projektträger gehören u. a. die Prüfung und Beurteilung der Förderanträge der Forschungseinrichtungen, die eine Projektförderung beantragen, mit Entscheidungsvorschlag, Verwaltung der vom Zuwendungsgeber bereitgestellten Mittel, Kontrolle der Abwicklung des Vorhabens, Mitwirkung bei der Auswertung und Veröffentlichung der Arbeitsergebnisse. Die Projektträger erhalten vom Zuwendungsgeber ein Entgelt in Höhe der bei ihnen entstandenen Selbstkosten. Projektträgerschaften sind steuerpflichtige wirtschaftliche Geschäftsbetriebe. Bei der Beurteilung, wie sich die Forschungseinrichtung überwiegend finanziert, gehören die Einnahmen aus Projektträgerschaften zu den Einnahmen, die den Zuwendungen und den Einnahmen aus der Vermögensverwaltung gegenüber zu stellen sind.

    Eine Tätigkeit ohne Forschungsbezug ist z. B. der Betrieb einer Kantine.

Zu § 69 – Haftung der Vertreter:

1. Bevollmächtigte, Beistände und Vertreter (§§ 80 und 81 AO) haften nur, wenn sie gleichzeitig Vertreter oder Verfügungsberechtigte i. S. d. §§ 34 und 35 AO (z. B. Vermögensverwalter, Konkursverwalter, Insolvenzverwalter, Testamentsvollstrecker) sind.
2. Die Haftung wird durch Erlass eines Haftungsbescheids gem. § 191 AO geltend gemacht. Wegen der Einwendungen des Haftenden gegen den ursprünglichen Steuerbescheid Hinweis auf § 166 AO, wegen des Leistungsgebots vgl. AEAO zu § 219; wegen der Verpflichtung zur Anhörung der zuständigen Berufskammern vgl. AEAO zu § 191.

Zu § 70 – Haftung des Vertretenen:

Die Vorschrift hat vor allem Bedeutung auf dem Gebiet des Zoll- und Verbrauchsteuerrechts, im Bereich der Besitz- und Verkehrsteuern kommt ihre Anwendung insbesondere bei Abzugsteuern in Betracht. Für Handlungen eines Arbeitnehmers wird nur gehaftet, wenn dieser zu dem in den §§ 34 und 35 AO genannten Personenkreis gehört.

Zu § 71 – Haftung des Steuerhinterziehers und des Steuerhehlers:

Zur Frage der Feststellung, ob Steuern hinterzogen worden sind, vgl. AEAO zu § 169, Nr. 2.1 und 2.2.

Zu § 73 – Haftung bei Organschaft:

1. Art der Haftung und Haftungsschuldner

§ 73 AO begründet eine persönliche Haftung, die nicht gegenständlich beschränkt ist. Sie ist sachlich beschränkt auf die Steuern, für welche die Organschaft von Bedeutung ist. Haftungsschuldner ist die Organgesellschaft.

2. Haftungsvoraussetzungen

Tatbestandliche Voraussetzung für die Haftung ist das Bestehen eines Organschaftsverhältnisses nach den jeweiligen Steuergesetzen (§§ 14 ff. KStG, § 2 Abs. 2 GewStG sowie § 2 Abs. 2 Nr. 2 UStG).

3. Umfang der Haftung

3.1 Sachliche Beschränkung

Die Haftung ist auf Steuern und Ansprüche auf Erstattung von Steuervergütungen beschränkt, für die die Organschaft steuerlich von Bedeutung ist. Besteht z. B. nur eine umsatzsteuerliche Organschaft, so scheidet eine Haftungsinanspruchnahme der Organgesellschaft für die Körperschaftsteuer des Organträgers aus.

Die Organgesellschaft haftet dem Grunde nach für alle Steuern, die im Organkreis verursacht worden sind; im Rahmen der Ermessensausübung soll die Haftung aber grundsätzlich auf die in ihrem eigenen Betrieb oder im Betrieb des Organträgers verursachten Steuern beschränkt werden.

Eine Begrenzung der Haftungsinanspruchnahme einer Organgesellschaft im Rahmen der Ermessensausübung erfolgt jedoch nicht, wenn der Organträger oder andere Organgesellschaften Vermögenswerte unentgeltlich auf die Organgesellschaft übertragen, unentgeltliche Nutzungen oder Leistungen gewährt haben oder keine Trennung der Vermögenssphären der Organteile möglich ist, sodass die Organgesellschaft auch für Steuern haftet, die durch den Betrieb des Organträgers oder anderen Organgesellschaft verursacht worden sind (BFH-Beschluss vom 19. 3. 2014, V B 14/14, BFH/NV 2014 S. 999 und BGH-Urteil vom 29. 1. 2013, II ZR 91/11, ZIP 2013 S. 409).

Zu den Folgen mangelnder Mitwirkung siehe Nr. 3.3.

Steuerliche Nebenleistungen (§ 3 Abs. 4 AO) sind von der Haftung ausgenommen (BFH-Urteil vom 5. 10. 2004, VII R 76/03, BStBl 2006 II S. 3).

Der Solidaritätszuschlag ist als Ergänzungsabgabe zur Einkommen- bzw. Körperschaftsteuer in die Haftung miteinzubeziehen (§ 73 i. V. m. § 3 Abs. 1 AO).

3.1.1 Körperschaftsteuer

Bei der körperschaftsteuerlichen Organschaft ist es ermessensgerecht, den Verursachungsbeitrag einer Organgesellschaft für die rückständige Steuer des Organträgers nach dem Verhältnis des zugerechneten positiven Einkommens der Organgesell-

schaft (originäres Organeinkommen) zu der Summe der gesamten zugerechneten positiven Organeinkommen des Organkreises eines Veranlagungszeitraums zu bestimmen.
Bei der Ermittlung des originären Einkommens der Organgesellschaft sind die auf Ebene des Organträgers nach § 15 Satz 1 Nr. 2 und 3 sowie Satz 2 KStG vorzunehmenden Korrekturen zu berücksichtigen.
Die Inanspruchnahme der Organgesellschaft kann höchstens in Höhe einer fiktiven Steuer auf das originäre Organeinkommen erfolgen. Zusätzlich wird die Inanspruchnahme auf die Körperschaftsteuer beschränkt, die gegen den Organträger festgesetzt wird.

3.1.2 Umsatzsteuer
Bei der umsatzsteuerlichen Organschaft ist es ermessensgerecht, den Verursachungsbeitrag einer Organgesellschaft auf die auf den Außenumsätzen der Organgesellschaft beruhende Umsatzsteuer abzüglich der bei der Organgesellschaft anfallenden Vorsteuer zu bestimmen.

3.2 Zeitliche Beschränkung
Voraussetzung für die Haftung ist, dass das Organschaftsverhältnis für den steuerlichen Anspruch gegen den Organträger auch unter Beachtung von Umwandlungsvorgängen von Bedeutung ist. Die Steuern müssen während der zeitlichen Dauer der Organschaft verursacht worden sein. Die steuerliche Bedeutung der Organschaft geht nicht dadurch verloren, dass ein Steueranspruch – z. B. bei abweichenden Wirtschaftsjahren im Organkreis – möglicherweise erst nach Beendigung der Organschaft entsteht, sofern dieser durch die Organschaft noch beeinflusst ist. Auf den Zeitpunkt der Festsetzung und der Fälligkeit kommt es nicht an.
Im Falle eines Umwandlungsvorgangs mit Rückwirkung kann ein Gewinnabführungsvertrag nur für die Zukunft Wirkung entfalten, eine Inhaftungnahme kommt daher auch in diesen Fällen nur für die von der Organgesellschaft ab diesem Zeitpunkt mitverursachten Ertragsteuern des Organträgers in Betracht. Wird eine körperschaftsteuerliche Organschaft durch einen Umwandlungsvorgang mit Rückwirkung beendet, scheidet eine Haftungsinanspruchnahme für Steuern, die im Zeitraum der Rückwirkung verursacht wurden, mangels Bestehens eines Organschaftsverhältnisses aus.

3.3 Folgen mangelnder Mitwirkung
Es ist Sache der Organgesellschaft, durch leicht nachprüfbare Unterlagen und Berechnungen darzulegen, welche Steuern sie nicht verursacht hat. Die Organgesellschaft kann für sämtliche Steuern des Organkreises in Anspruch genommen werden, wenn
1. sie keine Angaben macht, die eine Beschränkung ermöglichen, oder
2. die vorgetragenen Berechnungsgrundlagen für die Beschränkung des Haftungsumfangs nicht leicht und eindeutig zuzuordnen sind.

Zu § 74 – Haftung des Eigentümers von Gegenständen:

1. Der Eigentümer der Gegenstände haftet persönlich, aber beschränkt auf die dem Unternehmen zur Verfügung gestellten Gegenstände. Das Haftungsobjekt ist dabei nicht auf den (im Zeitpunkt der Haftungsinanspruchnahme noch) im Eigentum des Beteiligten stehenden Gegenstand beschränkt, sondern umfasst auch ein dafür ggf. erhaltenes Surrogat (Veräußerungserlös, Schadenersatz, Tauschgegenstand o. Ä.), wenn der Gegenstand im Zeitraum der Steuerschuldentstehung dem Unternehmen gedient hat (vgl. BFH-Urteil vom 22. 11. 2011, VII R 63/10, BStBl 2012 II S. 223). Gegenstand der Haftung können auch immaterielle Wirtschaftsgüter sein, wenn in dieses Vermögen vollstreckt werden kann (BFH-Urteil vom 23. 5. 2012, VII R 28/10, BStBl II S. 763).

Zur Haftung, wenn der Gegenstand nicht im Eigentum des Haftenden, sondern im Eigentum einer Gesellschaft steht, an der der Haftende beteiligt ist, vgl. BFH-Urteile vom 10.11.1983, V R 18/79, BStBl 1984 II S. 127 (GbR), und vom 23.5.2012, VII R 28/10, BStBl II S. 763 (KG).
2. Der Eigentümer haftet für die Steuern und Ansprüche auf Erstattung von Steuervergütungen, bei denen sich die Steuerpflicht auf den Betrieb des Unternehmens gründet und die während des Bestehens der wesentlichen Beteiligung entstanden sind; auf die Fälligkeit kommt es nicht an. Hierzu gehören die Steuern bzw. Ansprüche, für die der in den Einzelsteuergesetzen bezeichnete Tatbestand an den Betrieb eines Unternehmens geknüpft ist (z. B. Umsatzsteuer – auch bei Eigenverbrauch –, Gewerbesteuer, Verbrauchsteuer bei Herstellungsbetrieben, Rückforderung von Investitionszulage), nicht dagegen z. B. Personensteuern (z. B. Einkommen-, Körperschaft- und Erbschaftsteuer), Zölle, Abschöpfungen oder Steuerabzugsbeträge (z. B. Lohnsteuer). Die Haftung erstreckt sich nicht auf die steuerlichen Nebenleistungen (§ 3 Abs. 4 AO).
3. Eine wesentliche Beteiligung liegt auch dann vor, wenn der betroffene Eigentümer nur mittelbar, z. B. über eine Tochtergesellschaft oder einen Treuhänder, beteiligt ist. Eine wesentliche Beteiligung i. S. d. § 74 Abs. 2 Satz 1 AO wird aber nicht durch Zusammenrechnung der von mehreren Familienmitgliedern gehaltenen Anteile begründet (vgl. BFH-Urteil vom 1.12.2015, VII R 34/14, BStBl 2016 II S. 375).
4. Einer wesentlichen Beteiligung steht es gleich, wenn jemand ohne entsprechende Vermögensbeteiligung auf das Unternehmen einen beherrschenden Einfluss tatsächlich und in einer Weise ausübt, die dazu beiträgt, dass fällige Betriebssteuern nicht entrichtet werden; es genügt nicht, wenn eine Person nur die Möglichkeit hat, beherrschenden Einfluss auszuüben. Ein beherrschender Einfluss i. S. d. § 74 Abs. 2 Satz 2 AO kann auch vorliegen, wenn mehrere Familienmitglieder Anteile am Betriebsunternehmen halten und sie als Eigentümer der Gegenstände (Besitzunternehmen) gemeinsam in der Lage sind, ihren Willen im Betriebsunternehmen durchzusetzen. Es ist jedoch ein aktiver und für die Nichtentrichtung fälliger Betriebssteuern kausaler Beitrag erforderlich, ein bloßes Unterlassen bestimmter Handlungen reicht nicht aus. Daher kann allein die Weigerung, weitere Kreditmittel zu gewähren – auch wenn dies zur Abwendung einer Insolvenz geboten wäre –, eine Haftung nach § 74 AO nicht begründen (vgl. BFH-Urteil vom 1.12.2015, VII R 34/14, BStBl 2016 II S. 375).

Zu § 75 – Haftung des Betriebsübernehmers:

Inhaltsübersicht

1. Art der Haftung
2. Haftungsschuldner
3. Haftungstatbestand
3.1 Übereignung eines Unternehmens oder gesondert geführten Betriebes
3.2 Übereignung der wesentlichen Betriebsgrundlagen
3.3 Lebendes Unternehmen
3.4 Haftungsausschluss für Erwerbe aus einer Insolvenzmasse und im Vollstreckungsverfahren
4. Umfang der Haftung
4.1 Sachliche Beschränkung
4.2 Zeitliche Beschränkung
4.3 Gegenständliche Beschränkung der Haftung
5. Verjährung
6. Auskunftserteilung bei Betriebsübernahme

A. I. Zu § 75 AO

1. Art der Haftung
§ 75 AO begründet eine persönliche, keine dingliche Haftung, die jedoch ihrem Gegenstand nach auf den Bestand des übereigneten Unternehmens bzw. Teilbetriebes beschränkt ist.

2. Haftungsschuldner
Haftungsschuldner ist der an der Geschäftsveräußerung beteiligte Erwerber. Als Erwerber kommt jeder in Betracht, der Träger von Rechten und Pflichten sein kann.

3. Haftungstatbestand
Haftungstatbestand ist die Übereignung eines Unternehmens oder eines in der Gliederung eines Unternehmens gesondert geführten Betriebes im Ganzen.

3.1 Übereignung eines Unternehmens oder gesondert geführten Betriebes
Unternehmen ist jede wirtschaftliche Einheit oder organisatorische Zusammenfassung persönlicher oder sachlicher Mittel zur Verfolgung wirtschaftlicher Zwecke, d. h. ein Unternehmen i. S. d. § 2 Abs. 1 UStG (BFH-Urteile vom 14. 5. 1970, V R 117/66, BStBl II S. 676, vom 28. 11. 1973, I R 129/71, BStBl 1974 II S. 145, vom 27. 11. 1979, VII R 12/79, BStBl 1980 II S. 258, vom 11. 5. 1993, VII R 86/92, BStBl II S. 700, und vom 7. 3. 1996, VII B 242/95, BFH/NV S. 726).

Ein gesondert geführter Betrieb i. S. d. § 75 AO ist ein mit gewisser Selbständigkeit ausgestatteter, organisch geschlossener Teil eines Gesamtbetriebes, der für sich allein lebensfähig ist. Fehlt es hieran, so kommt eine Haftung – ohne Rücksicht auf den Umfang der übernommenen Wirtschaftsgüter – nicht in Betracht (BFH-Urteile vom 15. 3. 1984, IV R 189/81, BStBl II S. 486, vom 3. 12. 1985, VII R 186/83, BFH/NV 1986 S. 315, und vom 29. 4. 1993, IV R 88/92, BFH/NV 1994 S. 694). Ob ein Betriebsteil die für die Annahme eines gesondert geführten Betriebes erforderliche Selbständigkeit besitzt, ist nach dem Gesamtbild der Verhältnisse zu entscheiden. Als Abgrenzungsmerkmale sind u. a. von Bedeutung: Räumliche Trennung vom Hauptbetrieb, gesonderte Buchführung, eigenes Personal, eigene Verwaltung, selbständige Organisation, eigenes Anlagevermögen, ungleichartige betriebliche Tätigkeit und eigener Kundenstamm. Diese Merkmale, die nicht sämtlich vorliegen müssen, haben unterschiedliches Gewicht je nachdem, ob es sich um einen Handels-, Dienstleistungs- oder Fertigungsbetrieb handelt (vgl. BFH-Urteile vom 23. 11. 1988, X R 1/86, BStBl 1989 II S. 376, und vom 29. 4. 1993, IV R 88/92, a. a. O.). Bei Einzelhandelsfilialen reicht es für die Annahme eines gesondert geführten Betriebes regelmäßig nicht aus, dass die Filiale vom Hauptbetrieb räumlich getrennt ist und über eigenes Personal, eine selbständige Kassenführung und einen eigenen Kundenkreis verfügt. Es muss hinzukommen, dass die Filiale über selbständige Wareneinkaufsbeziehungen und eine selbständige Preisgestaltung verfügt (BFH-Urteile vom 12. 9. 1979, I R 146/76, BStBl 1980 II S. 51, vom 12. 2. 1992, XI R 21/90, BFH/NV S. 516, und vom 29. 4. 1993, IV R 88/92, a. a. O.).

3.2 Übereignung der wesentlichen Betriebsgrundlagen
Die Übereignung des Unternehmens im Ganzen setzt voraus, dass alle wesentlichen Betriebsgrundlagen von dem Veräußerer auf den Erwerber dergestalt übergehen, dass dieser in der Lage ist, wirtschaftlich wie ein Eigentümer darüber zu verfügen und so das Unternehmen fortzuführen (BFH-Urteile vom 18. 3. 1986, VII R 146/81, BStBl II S. 589, und vom 10. 12. 1991, VII R 57/89, BFH/NV 1992 S. 712). Welche Wirtschaftsgüter wesentliche Betriebsgrundlage sind, hängt letztendlich von der Art des Betriebes ab und ist nach den Umständen des Einzelfalls zu entscheiden; in Betracht kommen z. B. Geschäftsgrundstücke, -räume und -einrichtung, das Warenlager, Maschinen, Nutzungs- und Gebrauchsrechte oder der Kundenstamm. Maßgeblich ist das tatsächliche Ergebnis der Übertragung, nicht etwa vertraglich getroffene Vereinbarungen (BFH-Urteil vom

23. 10. 1985, VII R 142/81, BFH/NV 1986 S. 381). Eine Haftung kommt nicht in Betracht, sofern der frühere Betriebsinhaber eine wesentliche Betriebsgrundlage zurückbehält und später übereignet (BFH-Urteil vom 6. 8. 1985, VII R 189/82, BStBl II S. 651).

Eine Betriebsübereignung i. S. d. § 75 AO setzt bei Grundstücken, die zu den wesentlichen Grundlagen des Unternehmens gehören und im Eigentum des Betriebsinhabers stehen, voraus, dass sie nach den Vorschriften des BGB an den Erwerber übereignet werden. Die Vermietung oder Verpachtung eines solchen Grundstücks durch den früheren Betriebsinhaber an den fortführenden Unternehmer vermag die Haftung nicht zu begründen (BFH-Urteile vom 18. 3. 1986, VII R 146/81, BStBl II S. 589, und vom 29. 10. 1985, VII R 194/82, BFH/NV 1987 S. 358). Das Gleiche gilt, wenn der frühere Unternehmer den ihm gehörenden Hälfteanteil des Betriebsgrundstücks als wesentliche Grundlage des Betriebes nicht an die als Haftungsschuldner in Betracht kommende GmbH, sondern an deren Alleingesellschafter und alleinigen Geschäftsführer übereignet (BFH-Urteil vom 16. 3. 1982, VII R 105/79, BStBl II S. 483).

Umfassen die wesentlichen Betriebsgrundlagen Wirtschaftsgüter, die nicht im bürgerlich-rechtlichen Sinne übereignet werden können (z. B. Erfahrungen, Geheimnisse, Beziehungen zu Kunden, Lieferanten und Mitarbeitern), genügt es, wenn diese lediglich im wirtschaftlichen Sinne übereignet werden, so dass der Erwerber ein eigentümerähnliches Herrschaftsverhältnis erlangt (BFH-Urteile vom 27. 11. 1979, VII R 12/79, BStBl 1980 II S. 258, vom 16. 3. 1982, VII R 105/79, BStBl II S. 483, und vom 3. 5. 1994, VII B 265/93, BFH/NV S. 762).

Gehören zu den wesentlichen Betriebsgrundlagen auch Nutzungsrechte, z. B. Miet- oder Pachtrechte, die nicht nach bürgerlich-rechtlichen Grundsätzen übereignet werden können, so reicht es für die Übertragung solcher Rechte aus, dass der Betriebsübernehmer unter Mitwirkung des bisherigen Betriebsinhabers mit dem Vermieter oder Verpächter einen entsprechenden Nutzungsvertrag abschließt. Für die Mitwirkung des bisherigen Betriebsinhabers ist es ausreichend, wenn dieser in irgendeiner tatsächlichen Art und Weise in den Abschluss des neuen Nutzungsvertrages eingeschaltet war, sei es, dass er den Eintritt des Betriebsübernehmers in den alten Vertrag oder den Neuabschluss des Nutzungsvertrages initiierte, vermittelte, befürwortete oder auch nur billigte (BFH-Urteil vom 21. 2. 1989, VII R 164/85, BFH/NV S. 617, und BFH-Beschluss vom 19. 5. 1998, VII B 281/97, BFH/NV 1999 S. 4).

Ein auf fremdem Grundstück unterhaltener Betrieb ist erst dann übereignet, wenn der Pachtvertrag mit dem Grundstückseigentümer auf den Erwerber übergeleitet ist. Dies gilt auch dann, wenn andere Betriebsgrundlagen bereits vorher auf den Erwerber übergegangen sind (BFH-Urteil vom 17. 2. 1988, VII R 97/85, BFH/NV S. 755).

Für die Haftung des Betriebsübernehmers kommt es nur darauf an, dass das wirtschaftliche Eigentum an den wesentlichen Betriebsgrundlagen, d. h. die Möglichkeit, über den Einsatz der Gegenstände allein entscheiden zu können, vom bisherigen Unternehmer auf den Erwerber übergeht. Die Haftung des Betriebsübernehmers kommt daher auch dann in Betracht, wenn der Erwerber das wirtschaftliche Herrschaftsverhältnis über im fremden Sicherungseigentum stehendes Betriebsvermögen durch Vereinbarung mit dem bisherigen Unternehmer erlangt (BFH-Urteil vom 22. 9. 1992, VII R 73-74/91, BFH/NV 1993 S. 215). Eine Haftung des Betriebsübernehmers scheidet dagegen aus, wenn der Erwerber das (wirtschaftliche) Eigentum durch Erwerb vom Sicherungsnehmer erlangt, ohne dass der frühere Betreiber des Unternehmens an dem Geschäft in irgendeiner Weise beteiligt war (BFH-Urteil vom 19. 1. 1988, VII R 74/85, BFH/NV S. 479, und BFH-Beschluss vom 3. 5. 1994, VII B 265/93, BFH/NV S. 762).

Eine Übereignung in mehreren Teilakten ist eine Übertragung im Ganzen, wenn die einzelnen Teile im wirtschaftlichen Zusammenhang stehen und der Wille auf Erwerb des Unternehmens gerichtet ist (BFH-Urteile vom 16. 3. 1982, VII R 105/79, BStBl II S. 483, vom 17. 2. 1988, VII R 97/85, BFH/NV S. 755, und vom 3. 5. 1994, VII B 265/93, BFH/NV S. 762).

3.3 Lebendes Unternehmen

Der Haftung des Betriebsübernehmers stehen Überschuldung, Zahlungsunfähigkeit bzw. Insolvenzreife des bisherigen Unternehmens nicht entgegen. Die Haftung des Erwerbers ist davon abhängig, dass er ein lebendes Unternehmen erwirbt. Dazu ist erforderlich, dass der Erwerber das Unternehmen ohne nennenswerte finanzielle Aufwendungen fortführen oder, sofern der Betrieb des Unternehmens vor dem Erwerb bereits eingestellt war, ohne großen Aufwand wieder in Gang setzen kann (BFH-Urteile vom 18.3.1986, VII R 146/81, BStBl II S. 589, vom 11.5.1993, VII R 86/92, BStBl II S. 700, und vom 10.12.1991, VII R 57/89, BFH/NV 1992 S. 712).

Die Haftung des Erwerbers wird nicht dadurch ausgeschlossen, dass dieser den Betrieb nur dann in der bisherigen Weise fortführen kann, wenn er an die Stelle des Veräußerers in das Vertragsnetz eines anderen Unternehmens eintritt (BFH-Urteil vom 27.5.1986, VII R 183/83, BStBl II S. 654).

Die Abweisung des Antrags des bisherigen Betriebsinhabers auf Eröffnung des Insolvenzverfahrens mangels Masse kann ein Indiz dafür sein, dass ein lebendes Unternehmen nicht mehr vorhanden ist; sie ist aber kein Kriterium, das eine Haftung des Betriebsübernehmers generell ausschließt (vgl. BFH-Urteile vom 22.9.1992, VII R 73-74/91, BFH/NV 1993 S. 215).

3.4 Haftungsausschluss für Erwerbe aus einer Insolvenzmasse und im Vollstreckungsverfahren

Für Erwerbe aus einer Insolvenzmasse und im Vollstreckungsverfahren scheidet eine Haftung des Betriebsübernehmers aus (§ 75 Abs. 2 AO). Aus einer Insolvenzmasse wird ein Unternehmen erworben, wenn der Erwerb nach Eröffnung und vor Einstellung oder Aufhebung des Insolvenzverfahrens getätigt wird. Ist die Eröffnung des Insolvenzverfahrens mangels Masse abgelehnt worden, so greift der Haftungsausschluss nach § 75 Abs. 2 AO nicht ein (vgl. BFH-Urteil vom 23.7.1998, VII R 143/97, BStBl II S. 765).

Ein Erwerb im Vollstreckungsverfahren liegt vor, wenn dieser im Rahmen der Verwertung, also der Zwangsversteigerung (§ 17 ZVG), der besonderen Verwertung (§ 65 ZVG), der Versteigerung (§ 814 ZPO), der anderweitigen Verwertung (§ 825 ZPO) oder der Verwertung nach den §§ 296, 305 AO erfolgt.

Einen darüber hinausgehenden Haftungsausschluss durch private Vereinbarung, etwa vergleichbar des § 25 Abs. 2 HGB, lässt die öffentlich-rechtliche Natur der Haftung nach § 75 AO nicht zu.

4. Umfang der Haftung

4.1 Sachliche Beschränkung

Der Übernehmer eines Unternehmens oder gesondert geführten Betriebes haftet nur
- für die im Betrieb begründeten Steuern (z. B. Umsatzsteuer – ausschließlich der Einfuhrumsatzsteuer gem. § 1 Abs. 1 Nr. 4 UStG und der Umsatzsteuer wegen unberechtigten Steuerausweises gem. § 14c Abs. 2 UStG –, pauschalierte Lohnsteuer, Gewerbesteuer); er haftet dagegen insbesondere nicht für Einkommensteuer, Körperschaftsteuer, Erbschaftsteuer, Grundsteuer, Grunderwerbsteuer und Kraftfahrzeugsteuer;
- für Ansprüche auf Erstattung von Steuervergütungen sowie Prämien und Zulagen, auf die die Vorschriften für Steuervergütungen entsprechend anwendbar sind, wobei der Erstattungsanspruch aus einer betriebsbedingten Steuervergütung bzw. Prämie oder Zulage resultieren muss (insbesondere Rückforderung der Investitionszulage);
- für Steuerabzugsbeträge, insbesondere Lohnsteuer, Kapitalertragsteuer, Abzugsbeträge nach §§ 48, 50a EStG.

Nach dem BFH-Urteil vom 28.1.1982, V S 13/81, BStBl II S. 490 umfasst die Haftung auch die durch die Unternehmensveräußerung entstandene Umsatzsteuerschuld. Zwar unterliegt eine Unternehmensveräußerung gem. § 1 Abs. 1a UStG nicht mehr der Umsatzsteuer. Die Haftung umfasst aber auch die in diesen Fällen unberechtigt ausgewiesene nach § 14c Abs. 1 UStG geschuldete Umsatzsteuer.

Steuerliche Nebenleistungen (§ 3 Abs. 4 AO) sind von der Haftung ausgenommen.

4.2 Zeitliche Beschränkung

Voraussetzung für die Haftung ist, dass die Steuern und Erstattungsansprüche seit dem Beginn des letzten vor der wirtschaftlichen Übereignung liegenden Kalenderjahres entstanden (§ 38 AO) sind und innerhalb eines Jahres nach Anmeldung (§ 138 AO) des Betriebes bei der zuständigen Finanzbehörde durch den Erwerber festgesetzt oder angemeldet worden sind. Die Jahresfrist beginnt frühestens mit dem Zeitpunkt der Betriebsübernahme. Die Fälligkeit der Ansprüche ist unerheblich.

Es reicht aus, wenn die Steuern gegenüber dem Veräußerer innerhalb der Jahresfrist festgesetzt worden sind, der Haftungsbescheid kann später erlassen werden.

4.3 Gegenständliche Beschränkung der Haftung

Die Haftung beschränkt sich auf das übernommene Vermögen (einschließlich Surrogate). Darunter ist das übernommene Aktivvermögen zu verstehen; Schulden sind nicht abzuziehen. Der Haftungsschuldner haftet nicht in Höhe des Wertes des übernommenen Vermögens, sondern mit diesem Vermögen.

Der Umfang der Haftung ist ausreichend bestimmt (§ 119 Abs. 1 AO), wenn im Haftungsbescheid der Vermögenswert angegeben wird, auf den die Haftung beschränkt ist (BFH-Urteil vom 22.9.1992, VII R 73-74/91, BFH/NV 1993 S. 215). Alternativ können die einzelnen übernommenen Gegenstände aufgeführt werden. Handelt es sich um eine größere Anzahl von Gegenständen, können diese in einer besonderen Anlage zum Haftungsbescheid angegeben werden. Es genügt jedoch auch, im Haftungsbescheid auf den Übergabevertrag Bezug zu nehmen, sofern sich aus diesem die übernommenen Gegenstände in eindeutig abgrenzbarer Weise ergeben.

5. Verjährung

Die Festsetzungsfrist beträgt vier Jahre (§ 191 Abs. 3 Satz 2 AO).

6. Auskunftserteilung bei Betriebsübernahme

Ersucht ein Kaufinteressent das Finanzamt um Auskunft über Rückstände an Betriebssteuern und Steuerabzugsbeträgen, für die eine Haftung in Frage kommt, so kann diese Auskunft nur erteilt werden, wenn der Betriebsinhaber zustimmt (§ 30 Abs. 4 Nr. 3 AO). Der anfragende Kaufinteressent ist ggf. auf die erforderliche Zustimmung sowie darauf hinzuweisen, dass der Erwerber auch dann nach § 75 Abs. 1 AO haftet, wenn ihm bei der Übereignung die Steuerschulden des Veräußerers nicht bekannt sind.

Der haftungsbegründende Tatbestand ist mit der Eigentumsübertragung verwirklicht. Da Steuerschuldner und Haftender nach § 44 Abs. 1 AO Gesamtschuldner sind, darf dem Erwerber nach erfolgter Eigentumsübertragung eine Auskunft über etwaige bekannte Steuerrückstände des Veräußerers insoweit erteilt werden, als eine Haftung nach § 75 Abs. 1 AO in Betracht kommt. Es ist nicht erforderlich, dass gegen den Erwerber bereits ein Haftungsbescheid ergangen ist.

Zu § 77 – Duldungspflicht:

1. Eine Duldungspflicht kommt vor allem bei den in den §§ 34 und 35 AO genannten Personen in Betracht. Als öffentliche Last ruht auf dem Grundbesitz die Grundsteuer (§ 12 GrStG).
2. Zum Erlass eines Duldungsbescheids wird auf § 191 AO hingewiesen, wegen weiterer Vorschriften über die Duldung der Zwangsvollstreckung auf die §§ 262, 264 und 265 AO.

Zu § 78 – Beteiligte:

Unter Beteiligten sind i. d. R. die Steuerpflichtigen (§ 33 Abs. 1 AO) zu verstehen. Der Beteiligtenbegriff des § 78 AO gilt nicht im Zerlegungs- und Einspruchsverfahren (§§ 186, 359 AO; vgl. BFH-Beschluss vom 28. 3. 1979, I B 79/78, BStBl II S. 538).

Zu § 80 – Bevollmächtigte und Beistände:

1. Die Finanzbehörde kann den Nachweis einer Vollmacht jederzeit ohne besonderen Anlass und ohne Begründung fordern. Dieser Nachweis kann in schriftlicher oder elektronischer Form oder durch mündliche Bestätigung des Vollmachtgebers an Amtsstelle erbracht werden. Zum Nachweis der Bevollmächtigung in den Fällen des § 80a AO vgl. AEAO zu § 80a, Nr. 1.
Umfasst eine Vertretungsvollmacht auch eine Datenabrufvollmacht, ist die Bevollmächtigung nachzuweisen, sofern die Bevollmächtigung nicht nach § 80a Abs. 2 oder 3 AO gesetzlich vermutet wird. Zum Nachweis einer Empfangsvollmacht vgl. § 122 Abs. 1 Satz 4 AO.
2. Eine Vollmacht ermächtigt zwar nicht zum Empfang von Erstattungen oder Vergütungen. Der Bevollmächtigte kann jedoch in anderer Weise über das Guthaben des Steuerpflichtigen verfügen, indem er z. B. namens des Steuerpflichtigen gegenüber der Finanzbehörde aufrechnet (§ 226 AO). Erstattungen an Bevollmächtigte oder andere Personen sind zulässig, wenn der Steuerpflichtige eine entsprechende Zahlungsanweisung erteilt; die Finanzbehörde ist jedoch nicht zur Zahlung an sie verpflichtet.
3. Bei der Unterzeichnung von Steuererklärungen ist, wenn die Einzelsteuergesetze die eigenhändige Unterschrift vorsehen, eine Vertretung durch Bevollmächtigte nur unter den Voraussetzungen des § 150 Abs. 3 AO zulässig.
4. Der Schriftwechsel und die Verhandlungen im Besteuerungsverfahren sind mit dem Bevollmächtigten zu führen. Nur bei Vorliegen besonderer Gründe soll sich die Finanzbehörde an den Beteiligten selbst wenden, z. B. um ihn um Auskünfte zu bitten, die nur er selbst als Wissensträger geben kann. In diesem Fall ist der Bevollmächtigte zu unterrichten. Inwieweit Verwaltungsakte, insbesondere Steuerbescheide, gegenüber dem Bevollmächtigten bekannt zu geben sind, richtet sich nach § 122 Abs. 1 Satz 3 und 4 AO.
5. Mit der Bestellung eines Bevollmächtigten verliert der Steuerpflichtige nicht die Möglichkeit, selbst rechtswirksame Erklärungen gegenüber der Finanzbehörde abzugeben. Er kann z. B. auch einen von dem Bevollmächtigten eingelegten Einspruch zurücknehmen.
6. Verfahrenshandlungen, die ein Bevollmächtigter oder Beistand vor seiner Zurückweisung vorgenommen hat, bleiben wirksam.

Zu § 80a – Elektronische Übermittlung von Vollmachtsdaten an Landesfinanzbehörden:

1. Die Finanzbehörde kann den Nachweis einer nach § 80a Abs. 1 AO elektronisch übermittelten Vollmacht jederzeit ohne besonderen Anlass und ohne Begründung fordern. In diesem Fall ist der Nachweis der Bevollmächtigung und ihres Umfangs durch Vorlage oder Übersendung einer Ausfertigung/Ablichtung der nach amtlichem Formular erteilten Vollmacht zu führen.

2. Der Vollmachtgeber kann eine nach § 80a Abs. 1 AO elektronisch übermittelte Vollmacht nicht nur gegenüber dem Bevollmächtigten (vgl. § 80a Abs. 1 Satz 4 AO), sondern auch schriftlich, elektronisch oder mündlich an Amtsstelle gegenüber der Finanzbehörde widerrufen.

Zu § 81 – Bestellung eines Vertreters von Amts wegen:

Die Finanzbehörden haben im Allgemeinen keinen Anlass, die Bestellung eines Vertreters von Amts wegen zu beantragen. Wegen der Bekanntgabe von Verwaltungsakten an Beteiligte im Ausland vgl. AEAO zu § 122, Nr. 1.8.4.

Zu § 82 – Ausgeschlossene Personen:

1. Wegen der Rechtsfolgen bei einem Verstoß gegen diese Vorschrift wird auf §§ 125 und 127 AO hingewiesen.
2. Hilfe in Steuersachen i. S. d. § 82 Abs. 1 Nr. 4 AO leisten nicht nur diejenigen, die nach dem StBerG ausdrücklich dazu befugt sind, sondern auch sonstige Personen, die ohne gesetzliche Befugnis Hilfe in Steuersachen leisten. Zur Hilfe in Steuersachen zählen auch die nicht dem Erlaubnisvorbehalt des § 2 StBerG unterliegenden mechanischen Buchführungsarbeiten und die Erstattung wissenschaftlicher Gutachten (§ 6 StBerG).
3. Zum Begriff des Amtsträgers Hinweis auf § 7 AO.

Zu § 83 – Besorgnis der Befangenheit:

1. Das in § 83 AO vorgeschriebene Verfahren ist nicht nur dann durchzuführen, wenn der Amtsträger tatsächlich befangen ist oder sich für befangen hält, sondern schon dann, wenn ein vernünftiger Grund vorliegt, der den Beteiligten von seinem Standpunkt aus befürchten lassen könnte, dass der Amtsträger nicht unparteiisch sachlich entscheiden werde.
2. Die Entscheidung, ob sich ein Amtsträger der Mitwirkung an einem Verwaltungsverfahren zu enthalten hat, trifft der Behördenleiter bzw. der von ihm Beauftragte oder die Aufsichtsbehörde. Über die Zulässigkeit der Mitwirkung des Amtsträgers im Verwaltungsverfahren ist ggf. im Rechtsbehelfsverfahren über den Verwaltungsakt zu entscheiden.

Zu § 85 – Besteuerungsgrundsätze:

1. Das Gesetz unterscheidet nicht zwischen dem Steuerermittlungsverfahren, das der Festsetzung der Steuer gegenüber einem bestimmten Steuerpflichtigen dient, und dem Steueraufsichtsverfahren, in dem die Finanzbehörden gegenüber allen Steuerpflichtigen darüber wachen, dass die Steuern nicht verkürzt werden. Die Finanzbehörden können sich sowohl bei Ermittlungen, die sich gegen einen bestimmten Steuerpflichtigen richten, als auch bei der Erforschung unbekannter Steuerfälle der Beweismittel des § 92 AO bedienen. Sie können mit der Aufdeckung und Ermittlung unbekannter Steuerfälle auch die Steuerfahndung beauftragen (§ 208 Abs. 1 Satz 1 Nr. 3 AO).
2. Die Finanzbehörde hat die Grundlagen der Besteuerung bei jeder Veranlagung ohne Rücksicht auf die Behandlung desselben Sachverhalts in Vorjahren selbstständig festzustellen und die Rechtslage neu zu beurteilen. Sie ist an die Sach- oder Rechtsbehandlung in früheren Veranlagungszeiträumen nicht gebunden. Etwas anderes gilt nur dann, wenn dem Steuerpflichtigen wirksam eine bestimmte Behandlung zugesagt worden ist (vgl. § 89 Abs. 2 AO und §§ 204 ff. AO) oder die Finanzbehörde durch ihr früheres Verhalten außerhalb einer Zusage einen Vertrauenstatbestand geschaffen hat (vgl. BFH-Urteil vom 30. 9. 1997, IX R 80/94, BStBl 1998 II S. 771, m. w. N.). Fehlt es hieran, gebieten es die Grundsätze der

Gesetzmäßigkeit der Verwaltung und der Gleichmäßigkeit der Besteuerung, dass die Finanzbehörde eine als falsch erkannte Auffassung vom frühestmöglichen Zeitpunkt an aufgibt, auch wenn der Steuerpflichtige auf sie vertraut haben sollte. Diese Verpflichtung besteht auch, wenn die fehlerhafte Auffassung in einem Prüfungsbericht niedergelegt worden ist oder wenn die Finanzbehörde über eine längere Zeitspanne eine rechtsirrige, für den Steuerpflichtigen günstige Auffassung vertreten hat. Die Finanzbehörde ist selbst dann nicht an eine bei einer früheren Veranlagung zugrunde gelegte Auffassung gebunden, wenn der Steuerpflichtige im Vertrauen darauf disponiert hat (vgl. BFH-Urteil vom 21.10.1992, X R 99/88, BStBl 1993 II S. 289, m.w.N.).
3. Die Finanzbehörde kann nach pflichtgemäßem Ermessen „betriebsnahe Veranlagungen" durchführen. Die betriebsnahen Veranlagungen gehören zum Steuerfestsetzungsverfahren, wenn sie ohne Prüfungsanordnung mit Einverständnis des Steuerpflichtigen an Ort und Stelle durchgeführt werden; es gelten die allgemeinen Verfahrensvorschriften über Besteuerungsgrundsätze und Beweismittel (§§ 85, 88 und 90 ff. AO). Eine betriebsnahe Veranlagung bewirkt keine Ablaufhemmung nach § 171 Abs. 4 AO (BFH-Urteil vom 6.7.1999, VIII R 17/97, BStBl 2000 II S. 306).
4. Der gesetzliche Auftrag „sicherzustellen", dass Steuern nicht verkürzt werden usw., weist auf die Befugnis zu Maßnahmen außerhalb eines konkreten Besteuerungsverfahrens hin. So sind den Finanzbehörden allgemeine Hinweise an die Öffentlichkeit oder ähnliche vorbeugende Maßnahmen gegenüber Einzelnen zur Erfüllung des gesetzlichen Auftrags gestattet. Auf der Grundlage des § 85 AO können auch im Wege der Amtshilfe andere Behörden ersucht werden, Aufträge nur zu erteilen, wenn eine von der Finanzbehörde erteilte Bescheinigung in Steuersachen die Bewertung ermöglicht, dass der Bewerber seinen steuerlichen Pflichten im Wesentlichen nachkommt. Wegen der allgemeinen Mitteilungspflicht von Behörden und Rundfunkanstalten wird auf die Mitteilungsverordnung hingewiesen.

Zu § 87 – Amtssprache:

1. Bei Eingaben in fremder Sprache soll die Finanzbehörde zunächst prüfen, ob eine zur Bearbeitung ausreichende Übersetzung durch eigene Bedienstete oder im Wege der Amtshilfe ohne Schwierigkeiten beschafft werden kann. Übersetzungen sind nur im Rahmen des Notwendigen, nicht aus Prinzip anzufordern. Die Finanzbehörde kann auch Schriftstücke in fremder Sprache entgegennehmen und in einer fremden Sprache verhandeln, wenn der Amtsträger über entsprechende Sprachkenntnisse verfügt. Anträge, die ein Verwaltungsverfahren auslösen, und fristwahrende Eingaben sollen in ihren wesentlichen Teilen in deutscher Sprache aktenkundig gemacht werden. Verwaltungsakte sind grundsätzlich in deutscher Sprache bekannt zu geben.
2. Wegen der Führung von Büchern in einer fremden Sprache Hinweis auf § 146 Abs. 3 AO.

Zu § 87a – Elektronische Kommunikation:

1. Zugangseröffnung

1.1 Die Übermittlung elektronischer Dokumente an die Finanzbehörden und an die Steuerpflichtigen ist zulässig, soweit der Empfänger hierfür einen Zugang eröffnet (§ 87a Abs. 1 Satz 1 AO). Die Zugangseröffnung kann durch ausdrückliche Erklärung oder konkludent sowie generell oder nur für bestimmte Fälle erfolgen.

1.2 Bei natürlichen oder juristischen Personen, die eine gewerbliche oder berufliche Tätigkeit selbständig ausüben und die auf einem im Verkehr mit der Finanzbehörde verwendeten Briefkopf, in einer Steuererklärung oder in einem Antrag an die Finanzbehörde ihre E-Mail-Adresse angegeben oder sich per E-Mail an die Finanzbehörde gewandt haben, kann i.d.R. davon ausgegangen werden, dass sie damit konkludent ihre Bereitschaft zur Entgegennahme elektronischer Dokumente erklärt haben. Bei Steuerpflichtigen, die keine gewerbliche oder berufliche Tätigkeit selbständig ausüben (z. B. Arbeitnehmer), ist dagegen derzeit nur bei Vorliegen einer ausdrücklichen, aber nicht formgebundenen Einverständniserklärung von einer Zugangseröffnung i. S. d. § 87a Abs. 1 Satz 1 AO auszugehen.

1.3 Vorbehaltlich einer ausdrücklichen gesetzlichen Anordnung besteht weder für die Steuerpflichtigen noch für die Finanzbehörden ein Zwang zur Übermittlung elektronischer Dokumente.

1.4 Soweit eine gesetzliche Verpflichtung besteht, Steuererklärungen, Anlagen zur Steuererklärung, Mitteilungen gemäß § 93c AO oder sonstige für das Besteuerungsverfahren erforderliche Daten nach amtlich vorgeschriebenem Datensatz durch Datenfernübertragung zu übermitteln, eröffnet die Finanzverwaltung jeweils mit Bereitstellung der Schnittstelle (vgl. § 87b Abs. 2 AO) den Zugang. Die Datensatzbeschreibung (vgl. § 87b Abs. 1 AO) ist Bestandteil dieser Schnittstelle.

1.5 Wegen der elektronischen Übermittlung von steuerlichen Daten an die Finanzbehörden siehe auch § 87a Abs. 6 AO, §§ 87b bis 87d AO und § 150 Abs. 1 Satz 2 AO.

2. Zugang elektronischer Dokumente

2.1 Ein elektronisches Dokument ist zugegangen, sobald die für den Empfang bestimmte Einrichtung es in für den Empfänger bearbeitbarer Weise aufgezeichnet hat (§ 87a Abs. 1 Satz 2 AO). Ob und wann der Empfänger das bearbeitbare Dokument tatsächlich zur Kenntnis nimmt, ist für den Zeitpunkt des Zugangs unbeachtlich.

2.2 Zur widerlegbaren Vermutung des Tags des Zugangs elektronischer Verwaltungsakte vgl. § 122 Abs. 2a AO, § 122a Abs. 4 AO und § 123 Satz 2 und 3 AO.

2.3 Ein für den Empfänger nicht bearbeitbares Dokument ist nicht i. S. d. § 87a Abs. 1 Satz 2 AO zugegangen und löst somit noch keine Rechtsfolgen (z. B. die Wahrung einer Antrags- oder Rechtsbehelfsfrist oder das Wirksamwerden eines Verwaltungsakts) aus. Zum Verfahren nach Übermittlung eines nicht bearbeitbaren elektronischen Dokuments vgl. § 87a Abs. 2 AO.

3. Elektronische Übermittlung bei gesetzlich angeordneter Schriftform

3.1 Schreibt das Gesetz die Schriftform vor, kann dieser Form auch durch Übermittlung in elektronischer Form entsprochen werden, soweit gesetzlich nichts anderes bestimmt ist (wie z. B. in § 224a Abs. 2 Satz 1 zweiter Halbsatz AO und in § 309 Abs. 1 Satz 2 AO). Der elektronischen Form genügt ein elektronisches Dokument, das mit einer qualifizierten elektronischen Signatur versehen ist (§ 87a Abs. 3 Satz 2 und Abs. 4 Satz 2 AO). Die Schriftform kann auch durch Übermittlung des elektronischen Dokuments in einem Verfahren nach § 87a Abs. 3 Satz 4 und 5, Abs. 4 Satz 3 AO ersetzt werden.

3.2 Falls die einschlägige Norm nicht ausdrücklich den Begriff „Schriftform" verwendet, ist durch Auslegung zu ermitteln, ob das Gesetz die Schriftform anordnet (BFH-Urteil vom 13. 5. 2015, III R 26/14, BStBl II S. 790). Hierbei ist von Folgendem auszugehen:

3.2.1 Schreibt das Gesetz eine (ggf. sogar eigenhändige) Unterschrift vor, ist stets der Fall einer gesetzlich angeordneten Schriftform gegeben. Eine gesetzliche Verpflichtung zur (ggf. eigenhändigen) Unterzeichnung ist unbeachtlich, wenn der Antrag, die Erklärung oder die Mitteilung zulässigerweise auf elektronischem Weg der Finanzverwaltung nach amtlich vorgeschriebenem Datensatz über die amtlich bestimmte Schnittstelle übermittelt wird, da dann ein Unterschrifterfordernis durch die Verpflichtung zur Authentifizierung des Datenübermittlers verdrängt wird (§ 87a Abs. 6 AO und § 87d AO).

3.2.2 Bestimmt das Gesetz ohne eine ausdrückliche Aussage zu einem Unterschrifterfordernis, dass ein Antrag, eine Erklärung oder eine Mitteilung an die Finanzbehörde oder ein Verwaltungsakt oder eine sonstige Maßnahme der Finanzbehörde dem Empfänger „schriftlich" zugehen muss, ist durch Auslegung zu ermitteln, ob eine

Unterschrift erforderlich ist. Hierbei ist analog § 126 Abs. 1 BGB grundsätzlich von einem Unterschrifterfordernis auszugehen, es sei denn, es liegen Anhaltspunkte dafür vor, dass der Gesetzgeber eine Unterschrift für entbehrlich hält. Ist nach dem Ergebnis der Auslegung eine Unterschrift erforderlich, ist im Sinne des § 87a Abs. 3 Satz 1 bzw. Abs. 4 Satz 1 AO die Schriftform gesetzlich angeordnet.

3.2.3 Eine analoge Anwendung des § 126 Abs. 1 BGB hat für sich allein nicht zur Folge, dass der Steuerpflichtige den Antrag, die Erklärung oder die Mitteilung eigenhändig unterzeichnen muss. Die in § 126 Abs. 1 BGB geforderte „Eigenhändigkeit" der Unterschrift bezieht sich auf den Aussteller der Urkunde, der auch ein gesetzlicher oder gewillkürter Vertreter sein kann. Das für den Steuerpflichtigen grundsätzlich bestehende Recht, sich vertreten zu lassen (§ 80 Abs. 1 Satz 1 AO), wird daher allein durch eine analoge Anwendung des § 126 Abs. 1 BGB nicht beschränkt.

3.2.4 Ist der einschlägigen Norm durch Auslegung zu entnehmen, dass ein schriftlicher Antrag oder eine schriftliche Erklärung oder Mitteilung nicht unterschrieben sein muss, liegt keine gesetzliche Anordnung der Schriftform vor. Bei der elektronischen Übermittlung eines derartigen Antrags oder einer derartigen Erklärung oder Mitteilung kann somit auf eine qualifizierte elektronische Signatur und auch auf ein Verfahren nach § 87a Abs. 3 Satz 4 und 5 AO verzichtet werden.

3.3 Kein Fall des § 87a Abs. 3 und 4 AO liegt vor, wenn das Gesetz neben der Schriftform auch die elektronische Übermittlung ausdrücklich zulässt (z. B. durch die Formulierung „schriftlich oder elektronisch") oder zur elektronischen Übermittlung verpflichtet.

3.4 Bei der Signierung darf eine Person ein Pseudonym nur verwenden, wenn sie ihre Identität der Finanzbehörde nachweist (§ 87a Abs. 3 Satz 3 AO). Die Signierung mit einem Wahlnamen, dem die Funktion des bürgerlichen Namens zukommt, bleibt hiervon unberührt.

4. Telefax kein elektronisches Dokument

Ein Telefax, auch ein Computerfax, ist kein elektronisches Dokument i. S. d. § 87a AO (BFH-Urteile vom 28. 1. 2014, VIII R 28/13, BStBl II S. 552, und vom 18. 3. 2014, VIII R 9/10, BStBl II S. 748). Die in § 87a AO getroffenen Regelungen, insbesondere zum Zeitpunkt des Zugangs (§ 87a Abs. 1 Satz 2 AO) sowie zur grundsätzlichen Verpflichtung zur Verwendung einer qualifizierten elektronischen Signatur, wenn für den Verwaltungsakt die Schriftform gesetzlich vorgeschrieben ist (§ 87a Abs. 4 AO), sind daher auf ein Telefax nicht anwendbar.

Ein durch Telefax bekannt gegebener Verwaltungsakt ist aber ein elektronisch übermittelter Verwaltungsakt i. S. d. § 122 Abs. 2a AO (vgl. AEAO zu § 122, Nr. 1.8.2.2).

Vor §§ 87b bis 87e:

§§ 87b bis 87e AO sind erstmals anzuwenden, wenn Daten nach dem 31. 12. 2016 auf Grund gesetzlicher Vorschriften nach amtlich vorgeschriebenem Datensatz über amtlich bestimmte Schnittstellen an Finanzbehörden zu übermitteln sind oder freiwillig übermittelt werden. Für Daten im Sinne des Satzes 1, die vor dem 1. 1. 2017 zu übermitteln waren oder freiwillig übermittelt wurden, sind § 150 Abs. 6 und 7 AO und die Vorschriften der StDÜV in der jeweils am 31. 12. 2016 geltenden Fassung weiter anzuwenden (vgl. Art. 97 § 27 Abs. 1 EGAO).

Zu § 87d – Datenübermittlungen an Finanzbehörden im Auftrag:

1. Natürliche Person als Auftraggeber

1.1 Bei der Identifizierung einer natürlichen Person als Auftraggeber sind festzustellen:
– Name (d. h. Nachname und mindestens ein Vorname), Geburtsort, Geburtsdatum, Staatsangehörigkeit und Anschrift.

1.2 Die Identifizierung ist anhand eines gültigen Personalausweises oder Reisepasses vorzunehmen.

2. Juristische Personen und Personengesellschaften als Auftraggeber

2.1 Bei juristischen Personen und Personengesellschaften – mit Ausnahme der Gesellschaften bürgerlichen Rechts – als Auftraggeber sind festzustellen:
- Firma, Name oder Bezeichnung, Rechtsform, Registernummer (soweit vorhanden), Anschrift des Sitzes oder der Hauptniederlassung und Mitglieder des Vertretungsorgans oder der gesetzlichen Vertreter.
- Ist ein Mitglied des Vertretungsorgans oder der gesetzliche Vertreter eine natürliche Person, sind Name (d. h. Nachname und mindestens ein Vorname), Geburtsort, Geburtsdatum, Staatsangehörigkeit und Anschrift zu erheben.
- Ist ein Mitglied des Vertretungsorgans oder der gesetzliche Vertreter dagegen eine juristische Person, sind deren Firma, Name oder Bezeichnung, Registernummer (soweit vorhanden) und Anschrift des Sitzes oder der Hauptniederlassung zu erheben.
- Unabhängig von der Rechtsform ist es bei mehr als fünf Vertretern ausreichend, dass lediglich Angaben zu fünf Vertretern erhoben werden, soweit diese in öffentliche Register eingetragen sind bzw. bei denen eine Identifizierung gemäß Nr. 1.2 des AEAO zu § 87d stattgefunden hat.

2.2 Bei Gesellschaften bürgerlichen Rechts als Auftraggeber sind festzustellen:
- Name (d. h. Nachname und mindestens ein Vorname), Geburtsort, Geburtsdatum, Staatsangehörigkeit und Anschrift der Gesellschafter (anstatt der gesetzlichen Vertreter). Bei mehr als fünf Gesellschaftern ist es ausreichend, dass lediglich Angaben zu den fünf Gesellschaftern mit den größten Beteiligungen bzw. Entscheidungsbefugnissen erhoben werden, soweit bei diesen eine Identifizierung gemäß Nr. 1.2 des AEAO zu § 87d stattgefunden hat (entsprechend Nr. 11.1 Satz 1 Buchstabe k des AEAO zu § 154).

2.3 Die Identifizierung ist wie folgt vorzunehmen:
- Auszug aus dem Handels- oder Genossenschaftsregister oder einem vergleichbaren amtlichen Register oder Verzeichnis (z. B. Partnerschaftsregister, Vereinsregister, Berufsregister),
- Einsichtnahme in ein amtliches Register oder Verzeichnis oder
- Gründungsdokumente (z. B. Gesellschaftsvertrag) oder gleichwertige beweiskräftige Dokumente.

2.4 Bei Gesellschaften bürgerlichen Rechts ist die Überprüfung des Namens der Gesellschafter anhand des Gesellschaftsvertrags nebst Gesellschafterlisten vorzunehmen. Im Falle der Nichtvorlage eines Gesellschaftsvertrags nebst Gesellschafterlisten sind die einzelnen Gesellschafter der Gesellschaft bürgerlichen Rechts als natürliche Personen zu identifizieren.

3. Die bei der Identifizierung erhobenen Angaben sind aufzuzeichnen und aufzubewahren. Die Aufbewahrungsfrist bestimmt sich nach § 87d Abs. 2 Satz 4 AO. Für die Dauer der Aufbewahrungsfrist besteht auch eine Pflicht zur Herstellung der Auskunftsbereitschaft.

4. Aus einem Personalausweis oder Reisepass sind Ausweis-/Pass-Nummer und Ausstellungsdatum aufzuzeichnen und aufzubewahren. Die Anfertigung und Aufbewahrung einer Ablichtung ist dabei nur zulässig, soweit dies nach dem GwG oder einer anderen gesetzlichen Bestimmung zugelassen oder vorgeschrieben ist.

5. Bei Auszügen aus dem Handelsregister genügt eine Anfertigung und Aufbewahrung einer Ablichtung. Gleiches gilt für die Anfertigung eines Ausdrucks, wenn elektronisch geführte Register- oder Verzeichnisdaten eingesehen werden (z. B. Ausdruck des Registerblatts).

6. Die Aufzeichnungen können auch auf einem elektronischen Datenträger gespeichert werden.

Zu § 88 – Untersuchungsgrundsatz:

1. Die Finanzbehörden haben alle notwendigen Maßnahmen zu ergreifen, um die entscheidungserheblichen Tatsachen aufzuklären.
2. Die Ermittlungshandlungen dürfen nach § 88 Abs. 2 Satz 1 AO zu dem angestrebten Erfolg nicht erkennbar außer Verhältnis stehen. Sie sollen so gewählt werden, dass damit unter Berücksichtigung der Verhältnisse des Einzelfalls ein möglichst geringer Eingriff in die Rechtssphäre des Beteiligten oder Dritter verbunden ist. Der Gewährung rechtlichen Gehörs kommt besondere Bedeutung zu.
3. Bei der Entscheidung über Art und Umfang der Ermittlungen können nach § 88 Abs. 2 Satz 2 AO allgemeine Erfahrungen der Finanzbehörden sowie Wirtschaftlichkeit und Zweckmäßigkeit berücksichtigt werden.
   Für die Anforderungen, die an die Aufklärungspflicht der Finanzbehörden zu stellen sind, darf die Erwägung eine Rolle spielen, dass die Aufklärung einen nicht mehr vertretbaren Zeitaufwand erfordert.
   Zudem kann auf das Verhältnis zwischen voraussichtlichem Arbeitsaufwand und steuerlichem Erfolg abgestellt werden. Die Finanzämter dürfen auch berücksichtigen, in welchem Maße sie durch ein zu erwartendes finanzgerichtliches Verfahren belastet werden, sofern sie bei vorhandenen tatsächlichen oder rechtlichen Zweifeln dem Begehren des Steuerpflichtigen nicht entsprechen und zu seinem Nachteil entscheiden.
   Die Beachtung von Wirtschaftlichkeit und Zweckmäßigkeit darf nicht zu einem Verzicht auf die Überprüfung der Einhaltung von steuerrechtlichen Vorschriften führen. Deshalb muss zur Gewährleistung der Gleichmäßigkeit und Gesetzmäßigkeit der Besteuerung auch immer eine hinreichende Anzahl zufällig ausgewählter Fälle durch Amtsträger der Finanzbehörden vertieft geprüft werden.
4. In Fällen erschwerter Sachverhaltsermittlung dient es unter bestimmten Voraussetzungen der Effektivität der Besteuerung und allgemein dem Rechtsfrieden, wenn sich die Beteiligten über die Annahme eines bestimmten Sachverhalts und über eine bestimmte Sachbehandlung einigen können (BFH-Urteil vom 11. 12. 1984, VIII R 131/76, BStBl 1985 II S. 354). Vgl. hierzu BMF-Schreiben vom 30. 7. 2008, BStBl I S. 831.
5. Die Aufklärungspflicht der Finanzbehörden wird außerdem durch die Mitwirkungspflicht der Beteiligten (§ 90 AO) begrenzt. Die Finanzbehörden sind nicht verpflichtet, den Sachverhalt auf alle möglichen Fallgestaltungen zu erforschen. Sie sind auch nicht an Beweisanträge des Steuerpflichtigen gebunden (§ 88 Abs. 2 Satz 1 2. Halbsatz AO).
6. Für den Regelfall kann davon ausgegangen werden, dass die Angaben des Steuerpflichtigen in der Steuererklärung vollständig und richtig sind (BFH-Urteil vom 17. 4. 1969, V R 21/66, BStBl II S. 474). Die Finanzbehörde kann den Angaben eines Steuerpflichtigen Glauben schenken, wenn nicht greifbare Umstände vorliegen, die darauf hindeuten, dass seine Angaben falsch oder unvollständig sind (BFH-Urteil vom 11. 7. 1978, VIII R 120/75, BStBl 1979 II S. 57). Sie verletzt ihre Aufklärungspflicht nur, wenn sie Tatsachen oder Beweismittel außer Acht lässt und offenkundigen Zweifelsfragen nicht nachgeht, die sich ihr den Umständen nach ohne weiteres aufdrängen mussten (BFH-Urteile vom 16. 1. 1964, V 94/61 U, BStBl III S. 149, und vom 13. 11. 1985, II R 208/82, BStBl 1986 II S. 241).
7. Im Rahmen der Prüfung zugunsten des Steuerpflichtigen muss die Finanzbehörde ihrer Pflicht zur Fürsorge für den Steuerpflichtigen (§ 89 Abs. 1 AO) gerecht werden. So ist auch die Verjährung von Amts wegen zu berücksichtigen.

Zu § 89 — Beratung, Auskunft:

Inhaltsübersicht
1. Beratung des Steuerpflichtigen
2. Auskünfte nach § 89 Abs. 1 Satz 2 AO
3. Verbindliche Auskünfte nach § 89 Abs. 2 AO
3.1 Allgemeines
3.2 Antragsteller
3.3 Zuständigkeit für die Erteilung verbindlicher Auskünfte
3.4 Form, Inhalt und Voraussetzungen des Antrags auf Erteilung einer verbindlichen Auskunft
3.5 Erteilung einer verbindlichen Auskunft
3.6 Bindungswirkung einer verbindlichen Auskunft
3.7 Rechtsbehelfsmöglichkeiten
4. Gebühren für die Bearbeitung von Anträgen auf Erteilung einer verbindlichen Auskunft (§ 89 Abs. 3 bis 7 AO)
4.1 Gebührenpflicht
4.2 Gegenstandswert
4.3 Zeitgebühr
4.4 Gebührenfestsetzung
4.5 Ermäßigung der Gebühr
5. Anwendung der StAuskV

1. Beratung des Steuerpflichtigen

1.1 In § 89 Abs. 1 Satz 1 AO sind Erklärungen und Anträge gemeint, die sich bei dem gegebenen Sachverhalt aufdrängen. Im Übrigen ist es Sache des Steuerpflichtigen, sich über die Antragsmöglichkeiten zu unterrichten, ggf. durch Rückfrage beim Finanzamt (§ 89 Abs. 1 Satz 2 AO). Die Finanzämter wären überfordert, wenn sie darauf zu achten hätten, ob der Steuerpflichtige jede ihm bietende Möglichkeit, Steuern zu sparen, ausgenutzt hat (BFH-Urteil vom 22. 1. 1960, VI 175/59 U, BStBl III S. 178).

1.2 Kann bei einem eindeutigen Verstoß der Finanzbehörden gegen die Fürsorgepflicht nach § 89 Abs. 1 Satz 1 AO dem Steuerpflichtigen nicht durch Wiedereinsetzung in den vorigen Stand (§ 110 AO) oder durch Änderung des bestandskräftigen Steuerbescheids nach § 173 Abs. 1 Nr. 2 AO geholfen werden, so kann es geboten sein, die zu Unrecht festgesetzte Steuer wegen sachlicher Unbilligkeit (§ 227 AO) zu erlassen.

2. Auskünfte nach § 89 Abs. 1 Satz 2 AO

In § 89 Abs. 1 Satz 2 AO sind Auskünfte über das Verfahren (z. B. Fristberechnung, Wiedereinsetzung in den vorigen Stand, Aussetzung der Vollziehung) gemeint. Die Erteilung von Auskünften materieller Art ist den Finanzbehörden gestattet; hierauf besteht jedoch kein Anspruch. Sofern eine Finanzbehörde eine schriftliche Auskunft materieller Art außerhalb des § 89 Abs. 2 AO und der StAuskV erteilt, soll darauf hingewiesen werden, dass die Auskunft unverbindlich ist. Ist dies unterblieben, ist durch Auslegung zu ermitteln, ob der Empfänger in entsprechender Anwendung des § 133 BGB nach den ihm bekannten Umständen unter Berücksichtigung von Treu und Glauben von einer Verbindlichkeit der ihm erteilten Auskunft ausgehen konnte. Hierbei ist im Regelfall davon auszugehen, dass keine Bindungswirkung eintreten sollte.

3. Verbindliche Auskünfte nach § 89 Abs. 2 AO

3.1 Allgemeines

Die Finanzämter und das BZSt können unter den Voraussetzungen des § 89 Abs. 2 Satz 1 AO und der StAuskV auf Antrag verbindliche Auskünfte über die steuerliche Beurteilung von genau bestimmten, noch nicht verwirklichten Sachverhalten erteilen, wenn daran im Hinblick auf die erheblichen steuerlichen Auswirkungen ein besonderes Interesse besteht.

3.2 Antragsteller

3.2.1 Antragsteller einer verbindlichen Auskunft i. S. d. § 89 Abs. 2 AO (und zugleich Gebührenschuldner i. S. d. § 89 Abs. 3 bis 5 AO) ist derjenige, in dessen Namen der Antrag gestellt wird. Zur einheitlichen Antragstellung durch mehrere Beteiligte vgl. § 1 Abs. 2 StAuskV. Antragsteller und Steuerpflichtiger müssen nicht identisch sein.

3.2.2 Antragsteller und Steuerpflichtiger sind in der Regel identisch, wenn der Steuerpflichtige, dessen künftige Besteuerung Gegenstand der verbindlichen Auskunft sein soll, bei Antragstellung bereits existiert. Eine dritte Person hat in diesen Fällen im Regelfall kein eigenes berechtigtes Interesse an einer Auskunftserteilung hinsichtlich der Besteuerung eines anderen, bereits existierenden Steuerpflichtigen.

3.2.3 Existiert der Steuerpflichtige bei Antragstellung noch nicht, kann bei berechtigtem Interesse auch ein Dritter Antragsteller sein (§ 1 Abs. 4 StAuskV). Berechtigte/r Antragsteller einer verbindlichen Auskunft über die künftige Besteuerung einer noch nicht existierenden Kapitalgesellschaft kann die Person/können die Personen gemeinsam sein, die diese Kapitalgesellschaft gründen und dann (gemeinsam) zu mindestens 50 % an der Gesellschaft beteiligt sein will/wollen. Entsprechendes gilt für Auskunftsanträge einer Vorgründungsgesellschaft. Die einem Dritten wegen seines berechtigten Interesses erteilte verbindliche Auskunft entfaltet gegenüber dem künftigen Steuerpflichtigen auch dann Bindungswirkung, wenn die tatsächlichen Beteiligungsverhältnisse bei Verwirklichung des Sachverhalts von den bei Antragstellung geplanten Beteiligungsverhältnissen abweichen, soweit die Beteiligungsverhältnisse für die steuerrechtliche Beurteilung ohne Bedeutung sind.

3.2.4 § 1 Abs. 4 StAuskV geht der Regelung in § 1 Abs. 2 Nr. 1 StAuskV als lex specialis vor. Deshalb muss ein Auskunftsantrag für eine noch zu gründende Kapitalgesellschaft oder Personengesellschaft nicht von allen künftigen Gesellschaftern gemeinsam gestellt werden.

3.3 Zuständigkeit für die Erteilung verbindlicher Auskünfte

Nach § 89 Abs. 2 Satz 2 AO ist das Finanzamt für die Erteilung einer verbindlichen Auskunft zuständig, das bei Verwirklichung des dem Antrag zugrunde liegenden Sachverhalts für die Besteuerung örtlich zuständig sein würde. Abweichend hiervon ist allerdings bei Antragstellern, für die im Zeitpunkt der Antragstellung nach §§ 18 bis 21 AO kein Finanzamt zuständig ist, auf dem Gebiet der Steuern, die von den Landesfinanzbehörden im Auftrag des Bundes verwaltet werden, nach § 89 Abs. 2 Satz 3 AO das BZSt für die Auskunftserteilung zuständig. Bezüglich der Zuständigkeit für die Erteilung einer einheitlichen verbindlichen Auskunft gegenüber mehreren Beteiligten nach § 1 Abs. 3 StAuskV siehe AEAO zu § 89, Nr. 3.3.3.

3.3.1 Zuständigkeit des BZSt nach § 89 Abs. 2 Satz 3 AO

3.3.1.1 Die Sonderregelung des § 89 Abs. 2 Satz 3 AO geht der allgemeinen Regelung in § 89 Abs. 2 Satz 2 AO vor. Sie gilt allerdings nur für Steuern, die von den Landesfinanzbehörden im Auftrag des Bundes verwaltet werden. Für andere von den Finanzämtern verwaltete Steuern sowie für die Gewerbesteuermessbetragsfestsetzung kann das BZSt auch dann keine verbindliche Auskunft erteilen, wenn im Zeitpunkt der Antragstellung nach §§ 18 bis 21 AO kein Finanzamt für die Besteuerung des Antragstellers zuständig ist.

3.3.1.2 § 89 Abs. 2 Satz 3 AO stellt auf die aktuellen Verhältnisse des Antragstellers im Zeitpunkt der Antragstellung ab, während § 89 Abs. 2 Satz 2 AO auf künftige (geplante)

Verhältnisse des Steuerpflichtigen (d. h. der Person, deren künftige Besteuerung Gegenstand der verbindlichen Auskunft ist) abstellt.

3.3.1.3 § 89 Abs. 2 Satz 3 AO ist für jede Steuerart gesondert anzuwenden. Bei einem Antragsteller, für den im Zeitpunkt der Antragstellung ein Finanzamt für eine von den Landesfinanzbehörden im Auftrag des Bundes verwaltete Steuer zuständig ist, ist das BZSt für die Auskunftserteilung nur hinsichtlich solcher von den Landesfinanzbehörden im Auftrag des Bundes verwalteten Steuern zuständig, für die im Zeitpunkt der Antragstellung noch kein Finanzamt zuständig ist.

3.3.1.4 **Beispiel:**
> Die im Ausland ansässige natürliche Person A unterliegt im Zeitpunkt der Antragstellung im Inland nur der Umsatzsteuer. Für die Umsatzbesteuerung des A ist in diesem Zeitpunkt nach § 21 Abs. 1 Satz 2 AO i. V. m. der UStZustV das Finanzamt U zuständig. A beantragt eine verbindliche Auskunft nach § 89 Abs. 2 Satz 1 AO über Einkommen- und Umsatzsteuer.
>
> – Für die verbindliche Auskunft über Einkommensteuer ist nach § 89 Abs. 2 Satz 3 AO das BZSt zuständig.
> – Für die verbindliche Auskunft über Umsatzsteuer ist nach § 89 Abs. 2 Satz 2 AO das Finanzamt zuständig, das bei Verwirklichung des vorgetragenen Sachverhalts nach § 21 AO (ggf. i. V. m. der UStZustV) für die Umsatzbesteuerung des A örtlich zuständig sein würde.

3.3.1.5 Bei Anwendung des § 89 Abs. 2 Satz 3 AO kommt es nicht darauf an, ob der Antragsteller im Inland bereits bei einem Finanzamt geführt wird. Entscheidend ist, ob nach den Verhältnissen zum Zeitpunkt der Antragstellung ein Finanzamt örtlich zuständig ist, d. h. ob vom Antragsteller bereits steuerrelevante Sachverhalte im Inland verwirklicht wurden, wegen derer ein Steuerverwaltungsverfahren von Amts wegen durchzuführen wäre. Unerheblich ist, ob das örtlich zuständige Finanzamt hiervon bereits Kenntnis hat bzw. ob es bereits ein Steuerverwaltungsverfahren durchgeführt hat.

Steuerrelevante Sachverhalte im Inland sind dabei nur solche, für die eine Steuererklärungspflicht im Inland besteht.

Nicht zu steuerrelevanten Sachverhalten im Inland führen grundsätzlich

– Einkünfte, die im Inland nicht steuerpflichtig sind,
– Einkünfte, die dem Steuerabzug unterliegen und damit als abgeltend besteuert gelten, oder
– Umsätze, für die der Leistungsempfänger der Steuerschuldner ist.

Wird in diesen Fällen dennoch ein Steuerverwaltungsverfahren im Inland durchgeführt und ist dieses noch nicht abgeschlossen, kommt die Sonderzuständigkeitsregelung des § 89 Abs. 2 Satz 3 AO ausnahmsweise nicht zur Anwendung.

3.3.1.6 Das BZSt kann unter den Voraussetzungen des § 89 Abs. 2 Satz 3 AO auch dann eine verbindliche Auskunft erteilen, wenn der Ort, an dem der vorgetragene Sachverhalt im Inland verwirklicht werden soll, noch nicht feststeht.

3.3.1.7 Betrifft die verbindliche Auskunft mehrere Steuerarten und sind hierfür zum Teil das BZSt und im Übrigen ein oder mehrere Finanzämter zuständig, sollen sich die beteiligten Finanzbehörden untereinander abstimmen, um widersprüchliche verbindliche Auskünfte zu vermeiden.

3.3.2 Zuständigkeit eines Finanzamts nach § 89 Abs. 2 Satz 2 AO

3.3.2.1 Die Zuständigkeitsregelung des § 89 Abs. 2 Satz 2 AO gilt bei den von den Landesfinanzbehörden im Auftrag des Bundes verwalteten Steuern nur, soweit nicht das BZSt nach § 89 Abs. 2 Satz 3 AO zuständig ist (vgl. AEAO zu § 89, Nr. 3.3.1). Für andere von den Finanzämtern verwaltete Steuern sowie für die Gewerbesteuermessbetragsfestsetzung richtet sich die Zuständigkeit für die Erteilung einer verbindlichen Auskunft immer nach § 89 Abs. 2 Satz 2 AO.

3.3.2.2 Die Zuständigkeit nach § 89 Abs. 2 Satz 2 AO knüpft an die künftigen steuerlichen Verhältnisse des Steuerpflichtigen bei Verwirklichung des Sachverhaltes an. Das hiernach für die Auskunftserteilung zuständige Finanzamt muss nicht mit dem Finanzamt identisch sein, das zum Zeitpunkt der Antragstellung für die Besteuerung des Steuerpflichtigen zuständig ist. Wird eine verbindliche Auskunft berechtigterweise durch einen Dritten beantragt (vgl. AEAO zu § 89, Nr. 3.2.3), ist ebenso unerheblich, welches Finanzamt für seine Besteuerung zuständig ist.

3.3.2.3 Betrifft eine verbindliche Auskunft mehrere Steuerarten und sind hierfür jeweils unterschiedliche Finanzämter nach § 89 Abs. 2 Satz 2 AO zuständig, soll eine Zuständigkeitsvereinbarung nach § 27 AO herbeigeführt werden, wenn die unterschiedliche Zuständigkeit weder für den Steuerpflichtigen noch für die Finanzbehörden zweckmäßig ist. Eine derartige Zuständigkeitsvereinbarung kann auch schon vor Verwirklichung des geplanten Sachverhaltes getroffen werden. Sofern keine Zuständigkeitsvereinbarung herbeigeführt werden kann, sollen sich die beteiligten Finanzämter untereinander abstimmen, um widersprüchliche verbindliche Auskünfte zu vermeiden (vgl. AEAO zu § 89, Nr. 3.3.1.7).

3.3.3 Zuständigkeit eines Finanzamts bei einheitlicher Auskunftserteilung nach § 1 Abs. 3 StAuskV

3.3.3.1 Die Zuständigkeit für die Erteilung einer einheitlichen verbindlichen Auskunft gegenüber mehreren Beteiligten bestimmt sich nach § 1 Abs. 3 StAuskV. Bei Organschaftsfällen i. S. d. § 1 Abs. 2 Satz 1 Nrn. 2 bis 4 StAuskV soll das Finanzamt, das für die Erteilung der verbindlichen Auskunft nicht zuständig ist, aber von der Bindungswirkung dieser Auskunft ebenfalls betroffen ist, vorab beteiligt werden.

3.3.3.2 Hat im Fall einer Umsatzsteuer-Organschaft der Organträger seinen Sitz und seine Geschäftsleitung im Ausland, ist entsprechend § 2 Abs. 2 Nr. 2 Satz 4 UStG das Finanzamt der Organgesellschaft bzw. – falls mehrere Organgesellschaften beteiligt sind – das Finanzamt der wirtschaftlich bedeutendsten Organgesellschaft für die Erteilung der verbindlichen Auskunft zuständig.

3.4 Form, Inhalt und Voraussetzungen des Antrags auf Erteilung einer verbindlichen Auskunft

3.4.1 Der Antrag muss schriftlich gestellt werden und die in § 1 Abs. 1 StAuskV bezeichneten Angaben enthalten. Zusätzlich soll der Antragsteller nach § 89 Abs. 4 Satz 2 AO Angaben zum Gegenstandswert der Auskunft machen.

3.4.2 Im Auskunftsantrag ist der ernsthaft geplante und zum Zeitpunkt der Antragstellung noch nicht verwirklichte Sachverhalt ausführlich und vollständig darzulegen (§ 1 Abs. 1 Nr. 2 StAuskV). Es ist unschädlich, wenn bereits mit vorbereitenden Maßnahmen begonnen wurde, solange der dem Auskunftsantrag zugrunde gelegte Sachverhalt im Wesentlichen noch nicht verwirklicht wurde und noch anderweitige Dispositionen möglich sind.

3.4.3 Der Antragsteller muss sein eigenes steuerliches Interesse darlegen (§ 1 Abs. 1 Nr. 3 StAuskV). Außer in den Fällen des § 1 Abs. 4 StAuskV ist ein Auskunftsantrag mit Wirkung für Dritte nicht zulässig. Denn eine dritte Person hat kein eigenes berechtigtes Interesse an einer Auskunftserteilung hinsichtlich der Besteuerung eines anderen, bereits existierenden Steuerpflichtigen.

3.4.4 Im Auskunftsantrag sind konkrete Rechtsfragen darzulegen (§ 1 Abs. 1 Nr. 5 StAuskV). Es reicht nicht aus, allgemeine Fragen zu den bei Verwirklichung des geplanten Sachverhalts eintretenden steuerlichen Rechtsfragen darzulegen.

3.5 Erteilung einer verbindlichen Auskunft

3.5.1 Der Auskunft ist der vom Antragsteller vorgetragene Sachverhalt zugrunde zu legen. Das Finanzamt ist nicht verpflichtet, eigens für die zu erteilende Auskunft Ermittlungen durchzuführen, es soll aber dem Antragsteller Gelegenheit zum ergänzenden Sachvortrag geben, wenn dadurch eine Entscheidung in der Sache ermöglicht werden kann. Die Erteilung einer verbindlichen Auskunft für alternative Gestaltungsvarianten ist nicht zulässig.

3.5.2 Die Erteilung einer verbindlichen Auskunft ist ausgeschlossen, wenn der Sachverhalt im Wesentlichen bereits verwirklicht ist. Über Rechtsfragen, die sich aus einem bereits abgeschlossenen Sachverhalt ergeben, ist ausschließlich im Rahmen des Veranlagungs- oder Feststellungsverfahrens zu entscheiden. Das gilt auch, wenn der Sachverhalt zwar erst nach Antragstellung, aber vor der Entscheidung über den Antrag verwirklicht wird.

3.5.3 Eine Auskunft kann auch erteilt werden, wenn der Antragsteller eine Auskunft für die ernsthaft geplante Umgestaltung eines bereits vorliegenden Sachverhalts begehrt. Das gilt insbesondere bei Sachverhalten, die wesentliche Auswirkungen in die Zukunft haben (z. B. Dauersachverhalte). Bei Dauersachverhalten richtet sich das zeitliche Ausmaß der Bindungswirkung nach dem Auskunftsantrag, soweit die Finanzbehörde nicht aus materiell-rechtlichen Gründen von den zeitlichen Vorstellungen des Antragstellers abweicht (z. B. wegen Verlängerung oder Verkürzung des Abschreibungszeitraumes) und deshalb ihre Auskunft für einen anderen Zeitraum erteilt.

3.5.4 Verbindliche Auskünfte sollen nicht erteilt werden in Angelegenheiten, bei denen die Erzielung eines Steuervorteils im Vordergrund steht (z. B. Prüfung von Steuersparmodellen, Feststellung der Grenzpunkte für das Handeln eines ordentlichen Geschäftsleiters). Die Befugnis, nach pflichtgemäßem Ermessen auch in anderen Fällen die Erteilung verbindlicher Auskünfte abzulehnen, bleibt unberührt (z. B. wenn zu dem Rechtsproblem eine gesetzliche Regelung, eine höchstrichterliche Entscheidung oder eine Verwaltungsanweisung in absehbarer Zeit zu erwarten ist).

3.5.5 Die verbindliche Auskunft nach § 89 Abs. 2 AO ist (auch wenn sie nicht der Rechtsauffassung des Antragstellers entspricht) ebenso wie die Ablehnung der Erteilung einer verbindlichen Auskunft ein Verwaltungsakt. Sie ist schriftlich oder elektronisch zu erteilen und mit einer Rechtsbehelfsbelehrung zu versehen. Die Bekanntgabe richtet sich nach §§ 122, 122a AO und den Regelungen im AEAO zu § 122 und zu § 122a.

In den Fällen des § 1 Abs. 2 StAuskV ist die Auskunft allen Beteiligten gegenüber einheitlich zu erteilen und dem von ihnen nach § 1 Abs. 2 Satz 2 StAuskV bestellten gemeinsamen Empfangsbevollmächtigten bekannt zu geben, soweit keine Einzelbekanntgabe erforderlich ist.

3.5.6 Die verbindliche Auskunft hat zu enthalten
 – den ihr zugrunde gelegten Sachverhalt; dabei kann auf den im Antrag dargestellten Sachverhalt Bezug genommen werden,
 – die Entscheidung über den Antrag, die zugrunde gelegten Rechtsvorschriften und die dafür maßgebenden Gründe; dabei kann auf die im Antrag dargelegten Rechtsvorschriften und Gründe Bezug genommen werden,
 – eine Angabe darüber, für welche Steuern und für welchen Zeitraum die verbindliche Auskunft gilt.

3.5.7 Die verbindliche Auskunft regelt dabei lediglich, wie die Finanzbehörde eine ihr zur Prüfung gestellte hypothetische Gestaltung gegenwärtig beurteilt. Es besteht kein Anspruch auf einen bestimmten rechtmäßigen Inhalt einer verbindlichen Auskunft (vgl. BFH-Urteil vom 29. 2. 2012, IX R 11/11, BStBl II S. 651).

3.5.8 Ist vor einer Entscheidung über die Erteilung einer verbindlichen Auskunft die Anhörung eines Beteiligten oder die Mitwirkung einer anderen Behörde oder eines Ausschusses vorgesehen, so darf die verbindliche Auskunft erst nach Anhörung der Beteiligten oder nach Mitwirkung dieser Behörde oder des Ausschusses erteilt werden.

3.5.9 Die Bearbeitungsfrist für Auskunftsanträge nach § 89 Abs. 2 Satz 4 AO gilt erstmals für Anträge, die nach dem 31.12.2016 bei der zuständigen Finanzbehörde eingegangen sind (Art. 97 § 25 Abs. 2 EGAO). Aus dem bloßen Verstreichen der Bearbeitungsfrist kann nicht abgeleitet werden, dass die Auskunft als im beantragten Sinn erteilt gilt. Dies gilt unabhängig davon, ob die Finanzbehörde hinreichende Gründe für die nicht fristgerechte Auskunftserteilung mitgeteilt hat oder nicht.

3.6 Bindungswirkung einer verbindlichen Auskunft

3.6.1 Die von der nach § 89 Abs. 2 Satz 2 und 3 AO zuständigen Finanzbehörde erteilte verbindliche Auskunft ist für die Besteuerung des Antragstellers nur dann bindend, wenn der später verwirklichte Sachverhalt von dem der Auskunft zugrunde gelegten Sachverhalt nicht oder nur unwesentlich abweicht (§ 2 Abs. 1 Satz 1 StAuskV). Eine vom BZSt nach § 89 Abs. 2 Satz 3 AO rechtmäßig erteilte verbindliche Auskunft bindet auch das Finanzamt, das bei Verwirklichung des der Auskunft zugrunde liegenden Sachverhalts zuständig ist. In den Fällen des § 1 Abs. 2 StAuskV ist die Auskunft gegenüber allen Beteiligten einheitlich verbindlich (§ 2 Abs. 2 Satz 1 StAuskV).

Die Bindungswirkung tritt nicht ein, wenn der tatsächlich verwirklichte Sachverhalt mit dem bei der Beantragung der verbindlichen Auskunft vorgetragenen Sachverhalt in wesentlichen Punkten nicht übereinstimmt. Wird ein Dauersachverhalt innerhalb der zeitlichen Bindungswirkung der verbindlichen Auskunft (vgl. Nr. 3.5.3 des AEAO zu § 89) dergestalt verändert, dass er mit dem der verbindlichen Auskunft zugrunde gelegten Sachverhalt in wesentlichen Punkten nicht mehr übereinstimmt, entfällt die Bindungswirkung der verbindlichen Auskunft ohne Zutun der Finanzverwaltung ab dem Zeitpunkt der Sachverhaltsänderung. Entsprechendes gilt für eine von der nach § 1 Abs. 3 StAuskV zuständigen Finanzbehörde gegenüber mehreren Antragstellern einheitlich erteilte verbindliche Auskunft.

3.6.2 Im Fall der Gesamtrechtsnachfolge geht die Bindungswirkung entsprechend § 45 AO auf den Rechtsnachfolger über. Bei Einzelrechtsnachfolge erlischt die Bindungswirkung. Die Bindungswirkung tritt daher nicht ein, wenn der Sachverhalt nicht durch den Antragsteller, sondern durch einen Dritten verwirklicht wurde, der nicht Gesamtrechtsnachfolger des Antragstellers ist.

3.6.3 Ist die verbindliche Auskunft zuungunsten des Steuerpflichtigen rechtswidrig, tritt nach § 2 Abs. 1 Satz 2 StAuskV keine Bindungswirkung ein. In diesem Fall ist die Steuer nach Maßgabe der Gesetze und den in diesem Zeitpunkt geltenden Verwaltungsanweisungen zutreffend festzusetzen. Die Frage, ob sich die (rechtswidrige) verbindliche Auskunft zuungunsten des Steuerpflichtigen auswirkt, ist durch einen Vergleich zwischen zugesagter und rechtmäßiger Behandlung zu beantworten und kann sich nur auf die konkret erteilte Auskunft beziehen.

Widerspricht eine nach § 2 Abs. 2 Satz 1 StAuskV einheitlich erteilte verbindliche Auskunft dem geltenden Recht und beruft sich mindestens ein Beteiligter darauf, entfällt die Bindungswirkung der verbindlichen Auskunft einheitlich gegenüber allen Beteiligten (§ 2 Abs. 2 Satz 2 StAuskV).

3.6.4 Die Bindungswirkung der verbindlichen Auskunft entfällt nach § 2 Abs. 3 StAuskV ohne Zutun der zuständigen Finanzbehörde ab dem Zeitpunkt, in dem die Rechtsvorschriften, auf denen die Auskunft beruht, aufgehoben oder geändert werden. Wird die verbindliche Auskunft in diesem Fall zur Klarstellung aufgehoben, hat dies nur deklaratorische Wirkung.

3.6.5 Eine verbindliche Auskunft nach § 89 Abs. 2 AO kann unter den Voraussetzungen der §§ 129 bis 131 AO berichtigt, zurückgenommen und widerrufen werden. In den Fäl-

Zu § 89 AO A. I.

len des § 2 Abs. 2 Satz 1 StAuskV ist die Berichtigung, die Rücknahme oder der Widerruf gegenüber den Antragstellern einheitlich vorzunehmen.

Die Korrektur einer verbindlichen Auskunft mit Wirkung für die Vergangenheit kommt danach insbesondere in Betracht, wenn

– die Auskunft durch unlautere Mittel wie arglistige Täuschung, Drohung oder Bestechung erwirkt worden ist oder

– die Rechtswidrigkeit der Auskunft dem Begünstigten bekannt oder infolge grober Fahrlässigkeit nicht bekannt war.

Ist die verbindliche Auskunft von einer sachlich oder örtlich unzuständigen Behörde erlassen worden, entfaltet sie von vornherein keine Bindungswirkung.

3.6.6 Über die Fälle der §§ 129 bis 131 AO hinaus kann eine verbindliche Auskunft nach § 2 Abs. 4 StAuskV auch mit Wirkung für die Zukunft aufgehoben oder geändert werden, wenn sich herausstellt, dass die erteilte Auskunft unrichtig war.

Eine verbindliche Auskunft ist materiell rechtswidrig und damit rechtswidrig i. S. d. § 2 Abs. 4 StAuskV, wenn sie ohne Rechtsgrundlage oder unter Verstoß gegen materielle Rechtsnormen erlassen wurde oder ermessensfehlerhaft ist. Für die Beurteilung der Rechtmäßigkeit oder Rechtswidrigkeit kommt es auf den Zeitpunkt des Wirksamwerdens, also der Bekanntgabe der verbindlichen Auskunft an.

Eine Änderung der Rechtsprechung stellt keine Änderung der Rechtslage dar, weil sie die bisherige Rechtsauffassung nur richtig stellt, also die von Anfang an bestehende Rechtslage klarstellt. Daher ist eine verbindliche Auskunft von vornherein unrichtig i. S. d. § 2 Abs. 4 StAuskV, wenn sie von einem nach ihrer Bekanntgabe ergangenen FG- oder BFH-Urteil oder einer später ergangenen Verwaltungsanweisung abweicht. Sie ist nicht unrichtig geworden, ihre Unrichtigkeit wurde lediglich erst nachträglich erkannt.

Die Aufhebung oder Änderung nach § 2 Abs. 4 StAuskV steht im Ermessen der Finanzbehörde. Eine Aufhebung oder Änderung mit Wirkung für die Zukunft ist z. B. sachgerecht, wenn sich die steuerrechtliche Beurteilung des der verbindlichen Auskunft zugrunde gelegten Sachverhalts durch die Rechtsprechung oder durch eine Verwaltungsanweisung zum Nachteil des Steuerpflichtigen geändert hat.

Dem Vertrauensschutz wird dadurch Rechnung getragen, dass die Aufhebung oder Änderung nur mit Wirkung für die Zukunft erfolgen darf. War der Sachverhalt im Zeitpunkt der Bekanntgabe der Aufhebung oder Änderung bereits im Wesentlichen verwirklicht, bleibt die Bindungswirkung bestehen, wenn der später verwirklichte Sachverhalt von dem der Auskunft zugrunde gelegten Sachverhalt nicht oder nur unwesentlich abweicht.

In den Fällen des § 2 Abs. 2 Satz 1 StAuskV ist die Aufhebung oder Änderung gegenüber den Antragstellern einheitlich vorzunehmen.

3.6.7 Der Steuerpflichtige ist vor einer Korrektur der verbindlichen Auskunft zu hören (§ 91 Abs. 1 AO). In den Fällen des § 2 Abs. 2 Satz 1 StAuskV sind alle Antragsteller über den gemeinsamen Empfangsbevollmächtigten (§ 1 Abs. 2 Satz 2 StAuskV) zu hören.

3.6.8 Im Einzelfall kann es aus Billigkeitsgründen gerechtfertigt sein, von einem Widerruf der verbindlichen Auskunft abzusehen oder die Wirkung des Widerrufs zu einem späteren Zeitpunkt eintreten zu lassen. Eine solche Billigkeitsmaßnahme wird in der Regel jedoch nur dann geboten sein, wenn sich der Steuerpflichtige nicht mehr ohne erheblichen Aufwand bzw. unter beträchtlichen Schwierigkeiten von den im Vertrauen auf die Auskunft getroffenen Dispositionen oder eingegangenen vertraglichen Verpflichtungen zu lösen vermag.

In den Fällen des § 2 Abs. 2 Satz 1 StAuskV ist diese Billigkeitsmaßnahme gegenüber allen Beteiligten einheitlich zu treffen.

3.6.9 Die Regelungen in Nrn. 3.6.1 bis 3.6.8 des AEAO zu § 89 gelten in den Fällen des § 1 Abs. 4 StAuskV für die Person, Personenvereinigung oder Vermögensmasse, die den Sachverhalt verwirklicht hat, entsprechend.

3.7 Rechtsbehelfsmöglichkeiten

3.7.1 Gegen die erteilte verbindliche Auskunft wie auch gegen die Ablehnung der Erteilung einer verbindlichen Auskunft ist der Einspruch gegeben (§ 347 AO).

3.7.2 Im außergerichtlichen Rechtsbehelfsverfahren ist die Sache in vollem Umfang, d. h. auch in materiell-rechtlicher Hinsicht, zu prüfen (§ 367 Abs. 2 AO). Weicht die Finanzbehörde bei der Erteilung der verbindlichen Auskunft vom Rechtsstandpunkt des Antragstellers ab (sog. Negativauskunft), ist der Inhalt der erteilten verbindlichen Auskunft im gerichtlichen Rechtsbehelfsverfahren nur auf seine sachliche Richtigkeit hin zu prüfen, d. h. darauf, ob die Finanzbehörde den zur Prüfung gestellten Sachverhalt zutreffend erfasst hat und die gegenwärtige rechtliche Einordnung des zur Prüfung gestellten Sachverhalts in sich schlüssig und nicht evident rechtsfehlerhaft ist. Eine materiell-rechtliche Überprüfung der finanzbehördlichen Auffassung durch das Gericht bleibt mangels Bindungswirkung der Negativauskunft (vgl. Nr. 3.6.3 des AEAO zu § 89) einem Rechtsbehelfsverfahren gegen den späteren Steuerbescheid/Feststellungsbescheid vorbehalten (vgl. BFH-Urteil vom 29. 2. 2012, IX R 11/11, BStBl II S. 651).

3.7.3 Legt in den Fällen des § 2 Abs. 2 Satz 1 StAuskV nur ein Beteiligter Einspruch ein, sind die übrigen Beteiligten nach § 360 Abs. 3 Satz 1 AO zum Einspruchsverfahren hinzuziehen.

4. Gebühren für die Bearbeitung von Anträgen auf Erteilung einer verbindlichen Auskunft (§ 89 Abs. 3 bis 7 AO)

4.1 Gebührenpflicht

4.1.1 Gebühren sind nicht nur zu erheben, wenn die beantragte Auskunft erteilt wird. § 89 Abs. 3 Satz 1 AO ordnet eine Gebührenpflicht für die Bearbeitung eines Auskunftsantrags an. Gebühren sind daher grundsätzlich auch dann zu entrichten, wenn die Finanzbehörde in ihrer verbindlichen Auskunft eine andere Rechtsauffassung als der Antragsteller vertritt, wenn sie die Erteilung einer verbindlichen Auskunft ablehnt oder wenn der Antrag zurückgenommen wird. Zur Möglichkeit einer Gebührenermäßigung vgl. AEAO zu § 89, Nr. 4.5.

4.1.2 Die Gebühr wird für jeden Antrag auf verbindliche Auskunft festgesetzt. Es handelt sich jeweils um einen Antrag, soweit sich die rechtliche Beurteilung eines Sachverhalts auf einen Steuerpflichtigen bezieht. Dieser Sachverhalt kann sich auf mehrere Steuerarten auswirken. In den Fällen des § 1 Abs. 2 StAuskV wird nur eine Gebühr erhoben; die Beteiligten sind Gesamtschuldner der Gebühr (§ 89 Abs. 3 Satz 2 AO).

Ist in Fällen des § 1 Abs. 2 Nr. 1 StAuskV hinsichtlich des der Auskunft zugrunde liegenden Sachverhalts teilweise auch die Gesellschaft Steuerschuldnerin (vgl. AEAO zu § 122, Nr. 2.4.1), wird gegenüber den Gesellschaftern und der Gesellschaft nur eine Gebühr erhoben. In Umwandlungsfällen ist jeder abgebende, übernehmende oder entstehende Rechtsträger eigenständig zu beurteilen.

4.1.3 Die Gebührenpflicht gilt nicht für Anträge auf verbindliche Zusagen auf Grund einer Außenprüfung nach §§ 204 ff. AO oder für Lohnsteueranrufungsauskünfte nach § 42e EStG. Sie gilt auch nicht für Anfragen, die keine verbindliche Auskunft des Finanzamts i. S. d. § 89 Abs. 2 AO zum Ziel haben.

4.2 Gegenstandswert

4.2.1 Die Gebühr richtet sich grundsätzlich nach dem Wert, den die Auskunft für den Antragsteller hat (Gegenstandswert; § 89 Abs. 4 Satz 1 AO).

4.2.2　Maßgebend für die Bestimmung des Gegenstandswerts ist die steuerliche Auswirkung des vom Antragsteller dargelegten Sachverhalts. Die steuerliche Auswirkung ist in der Weise zu ermitteln, dass der Steuerbetrag, der bei Anwendung der vom Antragsteller vorgetragenen Rechtsauffassung entstehen würde, dem Steuerbetrag gegenüberzustellen ist, der entstehen würde, wenn die Finanzbehörde eine entgegengesetzte Rechtsauffassung vertreten würde.

4.2.3　Bei Dauersachverhalten ist auf die durchschnittliche steuerliche Auswirkung eines Jahres abzustellen (vgl. auch AEAO zu § 89, Nr. 3.5.3).

4.2.4　Die Gebühr wird nach § 89 Abs. 5 Satz 1 AO in entsprechender Anwendung des § 34 GKG mit einem Gebührensatz von 1,0 erhoben. § 34 GKG in der Fassung des Zweiten Gesetzes zur Modernisierung des Kostenrechts vom 23. 7. 2013 (BGBl I S. 2586) ist dabei in entsprechender Anwendung des § 71 Abs. 1 GKG anzuwenden.

Der Gegenstandswert ist in entsprechender Anwendung des § 39 Abs. 2 GKG auf 30 Mio. € begrenzt (§ 89 Abs. 5 Satz 2 AO). Die Gebühr beträgt damit höchstens 91 456 €, bei ab dem 1. 8. 2013 gestellten Anträgen höchstens 109 736 €. Beträgt der Gegenstandswert weniger als 10 000 €, wird keine Gebühr erhoben (§ 89 Abs. 5 Satz 3 AO).

4.2.5　Der Antragsteller soll den Gegenstandswert und die für seine Bestimmung maßgeblichen Umstände bereits in seinem Auskunftsantrag darlegen (§ 89 Abs. 4 Satz 2 AO). Diese Darlegung erfordert schlüssige und nachvollziehbare Angaben; fehlen derartige Angaben oder sind sie unzureichend, ist der Antragsteller hierauf hinzuweisen und um entsprechende Ergänzung seines Antrags oder um Erläuterung zu bitten, warum er keine Angaben machen kann.

4.2.6　Den Angaben des Antragstellers ist im Regelfall zu folgen. Eine Ermittlung des Gegenstandwerts durch das Finanzamt ist nur dann geboten, wenn der Antragsteller keine Angaben machen kann oder wenn seine Angaben zu einem offensichtlich unzutreffenden Ergebnis führen würden (§ 89 Abs. 4 Satz 3 AO).

4.2.7　Will das Finanzamt von dem erklärten Gegenstandswert abweichen oder konnte der Antragsteller keine Angaben machen zum Gegenstandswert machen, ist dem Antragsteller vor Erlass des Gebührenbescheids rechtliches Gehör (§ 91 AO) zu gewähren. Die Bearbeitung des Auskunftsantrags soll bis zum Eingang der Stellungnahme des Antragstellers, höchstens aber bis zum Ablauf der (regelmäßig einmonatigen) Frist zur Stellungnahme zurückgestellt werden.

4.3　Zeitgebühr

4.3.1　Beziffert der Antragsteller den Gegenstandswert nicht und ist der Gegenstandswert auch nicht durch Schätzung bestimmbar, ist eine Zeitgebühr zu berechnen (§ 89 Abs. 6 Satz 1 1. Halbsatz AO). Die Zeitgebühr beträgt 50 € je angefangene halbe Stunde Bearbeitungszeit (§ 89 Abs. 6 Satz 1 2. Halbsatz AO). Beträgt bei der Gebührenbemessung nach dem Zeitwert die Bearbeitungszeit weniger als zwei Stunden, wird keine Gebühr erhoben (§ 89 Abs. 6 Satz 2 AO).

4.3.2　Wird eine solche Zeitgebühr erhoben, ist der zeitliche Aufwand für die Bearbeitung des Antrags auf verbindliche Auskunft zu dokumentieren. Zur Bearbeitungszeit rechnen nur die Zeiten, in denen der vorgetragene Sachverhalt ermittelt und dessen rechtliche Würdigung geprüft wurde. Waren vorgesetzte Finanzbehörden wegen der besonderen Bedeutung des Einzelfalls oder der grundsätzlichen Bedeutung entscheidungserheblicher Rechtsfragen hinzuzuziehen, ist die dortige Bearbeitungszeit ebenfalls zu berücksichtigen, soweit sie dem konkreten Auskunftsantrag individuell zuzuordnen ist.

A. I. Zu § 90 AO

4.4 Gebührenfestsetzung

4.4.1 Die Gebühr ist durch schriftlichen Bescheid gegenüber dem Antragsteller festzusetzen; Bekanntgabevollmachten sind zu beachten. Der Antragsteller hat die Gebühr innerhalb eines Monats nach Bekanntgabe dieses Bescheids zu entrichten (§ 89 Abs. 3 Satz 2 AO).
Auf die Gebühr sind die Vorschriften der AO grundsätzlich sinngemäß anzuwenden (vgl. im Einzelnen AEAO zu § 1, Nr. 3). Die Gebührenfestsetzung kann nach §§ 129 bis 131 AO korrigiert werden. Gegen die Gebührenfestsetzung ist der Einspruch gegeben (§ 347 AO).

4.4.2 Die Entscheidung über den Antrag auf verbindliche Auskunft soll bis zur Zahlung der Gebühr zurückgestellt werden, wenn der Zahlungseingang nicht gesichert erscheint. In derartigen Fällen ist im Gebührenbescheid darauf hinzuweisen, dass über den Antrag auf Erteilung einer verbindlichen Auskunft erst nach Zahlungseingang entschieden wird.

4.5 Ermäßigung der Gebühr

4.5.1 Die Gebühr nach § 89 Abs. 3 bis 6 AO entsteht auch für die Bearbeitung eines Antrags auf verbindliche Auskunft, der die formalen Voraussetzungen nicht erfüllt (Beispiel: der Antrag beinhaltet keine ausführliche Darlegung des Rechtsproblems oder keine eingehende Begründung des Rechtsstandpunkts des Antragstellers). Vor einer Ablehnung eines Antrags aus formalen Gründen hat die Finanzbehörde den Antragsteller auf diese Mängel und auf die Möglichkeit der Ergänzung oder Rücknahme des Antrags hinzuweisen.

4.5.2 Wird ein Antrag vor Bekanntgabe der Entscheidung über den Antrag auf verbindliche Auskunft zurückgenommen, kann die Gebühr ermäßigt werden (§ 89 Abs. 7 Satz 2 AO). Hierbei ist wie folgt zu verfahren:
– Hat die Finanzbehörde noch nicht mit der Bearbeitung des Antrags begonnen, ist die Gebühr auf Null zu ermäßigen. In diesem Fall kann aus Vereinfachungsgründen bereits von der Erteilung eines Gebührenbescheids abgesehen werden.
– Hat die Finanzbehörde bereits mit der Bearbeitung des Antrags begonnen, ist der bis zur Rücknahme des Antrags angefallene Bearbeitungsaufwand angemessen zu berücksichtigen und die Gebühr anteilig zu ermäßigen.

5. Anwendung der StAuskV

5.1 Die StAuskV gilt für alle verbindlichen Auskünfte, die ab Inkrafttreten des § 89 Abs. 2 AO (12. 9. 2006) erteilt worden sind.

5.2 § 1 Abs. 2 Satz 1, Abs. 3 und 4 und § 2 Abs. 2 bis 4 StAuskV in der am 20. 7. 2017 geltenden Fassung sind erstmals auf nach dem 1. 9. 2017 bei der zuständigen Finanzbehörde eingegangene Anträge auf Erteilung einer verbindlichen Auskunft anzuwenden. Die neuen Regelungen sind nach Ablauf der Übergangsfrist auf alle Anträge anzuwenden, die ab diesem Zeitpunkt bei der zuständigen Finanzbehörde eingehen.

5.3 Für Auskünfte mit Bindungswirkung nach Treu und Glauben, die bis zum 11. 9. 2006 erteilt worden sind, sind die Regelungen in Nrn. 4 und 5 des BMF-Schreibens vom 29. 12. 2003, BStBl I S. 742 weiter anzuwenden.

Zu § 90 – Mitwirkungspflichten der Beteiligten:

1. Verletzt ein Steuerpflichtiger seine Pflichten gem. § 90 Abs. 2 AO und ist der Sachverhalt nicht anderweitig aufklärbar, so kann zu seinem Nachteil von einem Sachverhalt ausgegangen werden, für den unter Berücksichtigung der Beweisnähe des Steuerpflichtigen und seiner Verantwortung für die Aufklärung des Sachverhalts eine gewisse Wahrscheinlichkeit spricht. Insbesondere dann, wenn die Mitwirkungspflicht sich auf Tatsachen und Beweis-

mittel aus dem alleinigen Verantwortungsbereich des Steuerpflichtigen bezieht, können aus seiner Pflichtverletzung für ihn nachteilige Schlussfolgerungen gezogen werden (BFH-Beschluss vom 17. 3. 1997, I B 123/95, BFH/NV 1997 S. 730).

2. Zu den Folgen der Verletzung der Aufzeichnungs- und Vorlagepflicht nach § 90 Abs. 3 AO vgl. § 162 Abs. 3 und 4 AO.

3. Zu den Grundsätzen für die Prüfung der Einkunftsabgrenzung zwischen nahe stehenden Personen mit grenzüberschreitenden Geschäftsbeziehungen in Bezug auf Ermittlungs- und Mitwirkungspflichten, Berichtigungen sowie auf Verständigungs- und EU-Schiedsverfahren (Verwaltungsgrundsätze-Verfahren) vgl. BMF-Schreiben vom 12. 4. 2005, BStBl I S. 570.

Zu § 91 – Anhörung Beteiligter:

1. Im Besteuerungsverfahren äußert sich der Beteiligte zu den für die Entscheidung erheblichen Tatsachen regelmäßig in der Steuererklärung. Will die Finanzbehörde von dem erklärten Sachverhalt zuungunsten des Beteiligten wesentlich abweichen, so muss sie den Beteiligten hiervon vor Erlass des Steuerbescheids oder sonstigen Verwaltungsakts unterrichten. Der persönlichen (ggf. fernmündlichen) Kontaktaufnahme mit dem Steuerpflichtigen kommt hierbei besondere Bedeutung zu. Sind die steuerlichen Auswirkungen der Abweichung nur gering, so genügt es, die Abweichung im Steuerbescheid zu erläutern.

2. Eine versehentlich unterbliebene Anhörung der Beteiligten kann nach Erlass des Steuerbescheids nachgeholt und die Fehlerhaftigkeit des Bescheids dadurch geheilt werden (§ 126 Abs. 1 Nr. 3 AO).

3. Ist die erforderliche Anhörung eines Beteiligten unterblieben und dadurch die rechtzeitige Anfechtung des Verwaltungsakts versäumt worden, so ist Wiedereinsetzung in den vorigen Stand zu gewähren (§ 126 Abs. 3 i. V. m. § 110 AO). Die unterlassene Anhörung ist im Allgemeinen nur dann für die Versäumung der Einspruchsfrist ursächlich, wenn die notwendigen Erläuterungen auch im Verwaltungsakt selbst unterblieben sind (BFH-Urteil vom 13. 12. 1984, VIII R 19/81, BStBl 1985 II S. 601).

4. Wegen des zwingenden öffentlichen Interesses (§ 91 Abs. 3 AO) Hinweis auf § 30 Abs. 4 Nr. 5 und § 106 AO, deren Grundsätze entsprechend anzuwenden sind.

Zu § 92 – Beweismittel:

Die Finanzbehörden sind verpflichtet, die Steuern nach Maßgabe der Gesetze gleichmäßig festzusetzen und zu erheben (§ 85 AO). Sie müssen dazu den steuererheblichen Sachverhalt von Amts wegen aufklären (§ 88 AO). Hierbei sind sie auf die gesetzlich vorgeschriebene Mitwirkung der Beteiligten (§ 90 AO) angewiesen.

Es besteht dabei zwar keine Verpflichtung der Finanzbehörden, in jedem Fall alle Angaben des Beteiligten auf Vollständigkeit und Richtigkeit zu prüfen (vgl. AEAO zu § 88); soweit die Finanzbehörde im Einzelfall jedoch Anlass dazu sieht, hat sie die Angaben des Beteiligten zu überprüfen. Anderenfalls ergäbe sich eine Steuerbelastung, die nahezu allein auf der Erklärungsbereitschaft und der Ehrlichkeit des einzelnen Beteiligten beruhte (vgl. BVerfG-Urteil vom 27. 6. 1991, 2 BvR 1493/89, BStBl II S. 654).

Die Finanzbehörde kann sich zur Ermittlung des steuerrelevanten Sachverhalts aller Beweismittel bedienen, die sie nach pflichtgemäßem Ermessen zur Ermittlung des Sachverhalts für erforderlich hält (§ 92 AO). Die Erforderlichkeit der Beweiserhebung ist von der Finanzbehörde nach den Umständen des jeweiligen Einzelfalles im Wege der Prognose zu beurteilen.

Zu § 93 – Auskunftspflicht der Beteiligten und anderer Personen:

1. Auskunftsersuchen nach § 93 Abs. 1 Satz 1 und Abs. 1a AO

Auskunftsersuchen sind im gesamten Besteuerungsverfahren, d. h. auch im Rechtsbehelfsverfahren oder im Vollstreckungsverfahren (§ 249 Abs. 2 Satz 1 AO; BFH-Urteil vom 22. 2. 2000, VII R 73/98, BStBl II S. 366), möglich. Im Rahmen der Außenprüfung und der Steuerfahndung sind die Regelungen in §§ 200, 208, 210 und 211 AO zu beachten. Im Steuerstraf- und -bußgeldverfahren gelten nach § 385 Abs. 1 und § 410 Abs. 1 AO die Vorschriften der StPO und des OWiG.

1.1 Allgemeines/Voraussetzungen

1.1.1 Voraussetzung für ein Auskunftsersuchen ist, dass die Heranziehung eines Auskunftspflichtigen im Einzelfall aufgrund hinreichender konkreter Umstände oder aufgrund allgemeiner Erfahrungen geboten ist (vgl. BFH-Urteile vom 29. 10. 1986, VII R 82/85, BStBl 1988 II S. 359, und vom 18. 3. 1987, II R 35/86, BStBl II S. 419). Unzulässig sind Auskunftsersuchen „ins Blaue hinein" (vgl. BFH-Urteile vom 23. 10. 1990, VIII R 1/86, BStBl 1991 II S. 277, und vom 12. 5. 2016, II R 17/14, BStBl II S. 822). Darüber hinaus müssen die Auskunft zur Sachverhaltsaufklärung geeignet und notwendig, die Pflichterfüllung für den Betroffenen möglich und dessen Inanspruchnahme geeignet, erforderlich und zumutbar sein (vgl. BFH-Urteile vom 29. 10. 1986, VII R 82/85, a. a. O., und vom 24. 10. 1989, VII R 1/87, BStBl 1990 II S. 198).

Die Erforderlichkeit eines Auskunftsersuchens ist von der zuständigen Finanzbehörde nach den Umständen des Einzelfalles und unter Berücksichtigung allgemeiner Erfahrungen im Wege der Prognose zu beurteilen. Die Erforderlichkeit setzt keinen begründeten Verdacht voraus, dass steuerrechtliche Unregelmäßigkeiten vorliegen; es genügt, wenn aufgrund konkreter Momente oder aufgrund allgemeiner Erfahrungen ein Auskunftsersuchen angezeigt ist (vgl. BFH-Urteil vom 17. 3. 1992, VII R 122/91, BFH/NV S. 791). Nur wenn klar und eindeutig jeglicher Anhaltspunkt für die Steuererheblichkeit fehlt, ist ein Auskunftsverlangen rechtswidrig (BFH-Urteil vom 29. 7. 2015, X R 4/14, BStBl 2016 II S. 135).

1.1.2 Die Finanzämter können Auskunftsersuchen an die Beteiligten (§ 78 AO), aber auch an andere Personen richten, wenn das Ersuchen zur Feststellung eines für die Besteuerung erheblichen Sachverhalts erforderlich ist.

1.1.3 Die Finanzbehörde darf außerdem unter den Voraussetzungen des § 93 Abs. 1a AO Auskunftsersuchen über eine ihr noch unbekannte Anzahl von Sachverhalten mit dem Grunde nach bestimmbaren, ihr noch nicht bekannten Personen an Dritte stellen (Sammelauskunftsersuchen).

1.1.4 Im Auskunftsersuchen ist anzugeben, worüber Auskunft erteilt werden soll und für die Besteuerung welcher Person die Auskunft angefordert wird (§ 93 Abs. 2 Satz 1 AO). Zur Begründung des Ersuchens reicht im Regelfall die Angabe der Rechtsgrundlage sowie bei einem Auskunftsersuchen an einen Dritten der Hinweis aus, dass die Sachverhaltsaufklärung durch die Beteiligten nicht zum Ziele geführt hat oder keinen Erfolg verspricht. Eine Begründung des Auskunftsersuchens hinsichtlich der Frage, warum die Finanzbehörde einen bestimmten Auskunftspflichtigen vor einem anderen Auskunftsverpflichteten in Anspruch nimmt, ist nur erforderlich, wenn gewichtige Anhaltspunkte dafür bestehen, dass der andere vorrangig in Anspruch zu nehmen sein könnte (BFH-Urteil vom 22. 2. 2000, VII R 73/98, BStBl II S. 366).

1.1.5 Auskunftsersuchen nach § 93 Abs. 1 Satz 1 und Abs. 1a AO sind Verwaltungsakte i. S. d. § 118 AO. Für Auskunftsersuchen ist keine bestimmte Form vorgesehen (§ 119 Abs. 2 AO). Regelmäßig ist jedoch Schriftform angebracht (vgl. § 93 Abs. 2 Satz 2 AO).

Im Auskunftsersuchen ist eine angemessene Frist zur Auskunftserteilung zu bestimmen sowie anzugeben, in welcher Form die Auskunft erteilt werden soll (vgl. § 93 Abs. 4 AO).

1.2 Zulässigkeit von Auskunftsersuchen an Dritte

1.2.1 Die Auskunftspflicht anderer Personen ist wie die prozessuale Zeugenpflicht eine allgemeine Staatsbürgerpflicht und verfassungsrechtlich unbedenklich (vgl. BFH-Urteil vom 22. 2. 2000, VII R 73/98, BStBl II S. 366, und Beschluss des BVerfG vom 15. 11. 2000, 1 BvR 1213/00, BStBl 2002 II S. 142). Eine Auskunftspflicht besteht nicht, soweit dem Dritten ein Auskunftsverweigerungsrecht zusteht (vgl. §§ 101 bis 103 AO). Zu Auskunftsersuchen gegenüber Telekommunikationsdienstleistern vgl. AEAO zu § 93, Nr. 1.2.7.

1.2.2 Vor dem Auskunftsersuchen an Dritte ist im Regelfall der Steuerpflichtige zu befragen. Dieses Subsidiaritätsprinzip ist eine spezielle Ausprägung des Verhältnismäßigkeitsgrundsatzes. Es soll zum einen vermieden werden, dass Nichtbeteiligte Einblick in die steuerlich relevanten Verhältnisse des Beteiligten erhalten, zum anderen sollen dem Dritten die mit der Auskunft verbundenen Mühen erspart werden.

Die Finanzbehörde darf folglich – außerhalb des Steuerfahndungsverfahrens (vgl. § 208 Abs. 1 Satz 1 Nr. 2 und Nr. 3 i. V. m. Satz 3 AO) und von Sammelauskunftsersuchen nach § 93 Abs. 1a AO (vgl. dazu AEAO zu § 93, Nr. 1.2.5) – nur in atypischen Fällen vom Subsidiaritätsprinzip abweichen, wobei am Zweck der Vorschrift zu messen ist, ob ein solcher atypischer Fall vorliegt (vgl. BFH-Urteil vom 24. 10. 1989, VII R 1/87, BStBl 1990 II S. 198, m. w. N.).

Atypische Fälle liegen insbesondere vor, wenn

– der Beteiligte unbekannt ist (z. B. BFH-Urteil vom 4. 10. 2006, VIII R 53/04, BStBl 2007 II S. 227),

– der Beteiligte nicht mitwirkt (z. B. BFH-Urteil vom 30. 3. 1989, VII R 89/88, BStBl II S. 537) oder

– wenn die Finanzbehörde es im Rahmen einer vorweggenommenen Beweiswürdigung (Prognoseentscheidung) aufgrund offenkundiger oder konkret nachweisbarer Tatsachen als zwingend ansieht, dass der Versuch der Sachverhaltsaufklärung durch den Beteiligten erfolglos bleiben wird (vgl. BFH-Urteil vom 29. 7. 2015, X R 4/14, BStBl 2016 II S. 135); siehe dazu auch AEAO zu § 93, Nrn. 1.2.3 und 1.2.4.

1.2.3 Auskunftsersuchen an Dritte können insbesondere geboten sein, wenn die Beteiligten offenkundig keine eigenen Kenntnisse über den relevanten Sachverhalt besitzen und eine Auskunft daher ohne Hinzuziehung Dritter nicht erteilt werden kann; in diesem Fall ist das Auskunftsersuchen unmittelbar an denjenigen zu richten, der über die entsprechenden Kenntnisse verfügt.

1.2.4 Ein Auskunftsersuchen an einen Dritten kann aber auch geboten sein, wenn eine Auskunft des Beteiligten aufgrund offenkundiger oder konkret nachweisbarer Umstände von vornherein als unwahr zu werten wäre oder wenn von vornherein feststeht, dass der Beteiligte nicht mitwirken wird (BFH-Urteil vom 29. 7. 2015, X R 4/14, a. a. O.).

1.2.5 Ein Sammelauskunftsersuchen gegenüber einem Dritten (§ 93 Abs. 1a AO) ist nur zulässig, wenn ein hinreichender Anlass für diese Form der Ermittlung besteht und die betroffenen Steuerpflichtigen nicht namentlich bekannt sind. Ein hinreichender Anlass für ein Sammelauskunftsersuchen liegt insbesondere vor, wenn konkrete Anhaltspunkte für eine Steuerverkürzung oder für das Erlangen nicht gerechtfertigter Steuervorteile vorliegen. Das Gleiche gilt, wenn Erfahrungen aus vergleichbaren Sachverhalten eine Steuerverkürzung oder das Erlangen nicht gerechtfertigter Steuervorteile naheliegend erscheinen lassen. Ein strafrechtlicher Anfangsverdacht muss aber noch nicht vorliegen. Ermittlungen „ins Blaue hinein" sind auch hier unzulässig.

Zu § 93 AO

Das Sammelauskunftsersuchen muss darüber hinaus auch verhältnismäßig und zumutbar sein. Der durch ein Sammelauskunftsersuchen ausgelöste Ermittlungsaufwand muss bei der Auskunftsperson in einem angemessenen Verhältnis zu der Bedeutung der Angelegenheit stehen.

1.2.6 Ein Dritter kann sich seinen Auskunftspflichten nicht mit dem Hinweis auf die Möglichkeit entziehen, auch andere seien zur gewünschten Auskunft in der Lage. § 93 Abs. 1 Satz 3 AO sieht keine Rangfolge vor, welche von mehreren – möglicherweise – als Auskunftspflichtige in Betracht kommenden Personen in Anspruch zu nehmen ist (vgl. BFH-Urteil vom 22. 2. 2000, VII R 73/98, a. a. O.). Die Auswahl hat nach pflichtgemäßem Ermessen zu erfolgen. Dabei ist auch eine Interessenabwägung zwischen den besonderen Belastungen, denen ein Auskunftsverpflichteter ausgesetzt ist, und dem Interesse der Allgemeinheit an der möglichst gleichmäßigen Festsetzung und Erhebung der Steueransprüche vorzunehmen. Die Beantwortung eines Auskunftsersuchens ist i. d. R. auch dann zumutbar, wenn mit dessen Befolgung eine nicht unverhältnismäßige Beeinträchtigung eigenwirtschaftlicher Interessen verbunden ist (vgl. BVerfG-Beschluss vom 15. 11. 2000, 1 BvR 1213/00, a. a. O.).

1.2.7 Vor Befragung eines Dritten soll der Beteiligte, falls der Ermittlungszweck nicht gefährdet wird, über die Möglichkeit eines Auskunftsersuchens gegenüber Dritten informiert werden, um es gegebenenfalls abwenden zu können und damit zu verhindern, dass seine steuerlichen Verhältnisse Dritten bekannt werden. Falls der Ermittlungszweck nicht gefährdet wird, ist der Beteiligte über das Auskunftsersuchen zu informieren. Dies gilt nicht für Sammelauskunftsersuchen (vgl. § 93 Abs. 1a Satz 3 AO).

1.2.8 Bestandsdaten gem. § 3 Nr. 3 TKG wie Name, Anschrift, Bankverbindung und Rufnummer des Anschlussinhabers unterliegen – im Gegensatz zu Verbindungsdaten – nicht dem Fernmeldegeheimnis nach § 88 TKG. § 88 Abs. 3 Satz 3 TKG steht daher einer Auskunftserteilung aufgrund von Auskunftsersuchen der Finanzbehörden nicht entgegen.

Richten die Finanzbehörden im Besteuerungsverfahren derartige Auskunftsersuchen an Unternehmen und Personen, die geschäftsmäßig Telekommunikationsdienste erbringen oder an der Erbringung solcher Dienste mitwirken, sind diese Unternehmen daher zur Auskunftserteilung verpflichtet. Art und Umfang der Auskunftserteilung bestimmt sich dabei ausschließlich nach § 93 AO (ggf. i.V. m. § 208 Abs. 1 Satz 1 Nr. 3 und Satz 3 AO). Entgegenstehende Regelungen in Allgemeinen Geschäftsbedingungen der o. g. Unternehmen und Personen treten demgegenüber zurück.

1.2.9 Können Bank- und Depotverbindungen des Steuerpflichtigen sowohl durch einen Kontenabruf als auch durch ein Auskunftsersuchen an Dritte ermittelt werden, ist bei der Auswahl des Ermittlungsinstruments auch zu berücksichtigen, dass ein Kontenabruf den Betroffenen im Einzelfall weniger beeinträchtigen kann als Auskunftsersuchen gegenüber Dritten. Denn anders als bei Auskunftsersuchen nach § 93 Abs. 1 AO erfährt bei Kontenabrufen kein Dritter von den steuerlichen Verhältnissen des Betroffenen, insbesondere vom Vorliegen von Steuerrückständen. Die Kreditinstitute dürfen von der Durchführung eines Kontenabrufs keine Kenntnis erlangen (§ 93b Abs. 4 AO i.V. m. § 24c Abs. 1 Satz 6 KWG). Daher kann ein Kontenabruf auch nicht zu negativen Folgen für einen Bankkunden führen.

2. Kontenabruf nach § 93 Abs. 7 AO in der ab dem 1. 1. 2018 geltenden Fassung

2.1 Die Finanzbehörde kann unter den Voraussetzungen des § 93 Abs. 7 AO bei den Kreditinstituten über das BZSt folgende Bestandsdaten zu Konten- und Depotverbindungen sowie Schließfächern abrufen:
- die Nummer eines Kontos, das der Verpflichtung zur Legitimationsprüfung i. S. d. § 154 Abs. 2 Satz 1 AO unterliegt, eines Depots oder eines Schließfachs,

- der Tag der Errichtung und der Tag der Beendigung oder Auflösung des Kontos, Depots oder Schließfachs,
- der Name sowie bei natürlichen Personen der Tag der Geburt des Inhabers und eines Verfügungsberechtigten sowie
- der Name und eine erhobene Anschrift eines abweichend wirtschaftlich Berechtigten (§ 3 GwG).

Kontenbewegungen und Kontenstände können auf diesem Weg nicht ermittelt werden.

Die Verpflichtung der Kreditinstitute, Daten für einen Kontenabruf durch das BZSt bereitzuhalten, ergibt sich unmittelbar aus § 93b AO i.V. m. § 24c KWG und bedarf daher keines Verwaltungsaktes.

2.2 Ein Kontenabruf nach § 93 Abs. 7 AO ist nur in den gesetzlich abschließend aufgezählten Fällen möglich.

2.2.1 Steuerpflichtige, deren persönlicher Steuersatz niedriger ist als der Abgeltungsteuersatz, können nach § 32d Abs. 6 EStG beantragen, dass ihre Einkünfte nach § 20 EStG im Rahmen einer Einkommensteuerveranlagung ihrem individuellen niedrigeren Steuersatz unterworfen werden (Günstigerprüfung). In diesem Fall muss der Steuerpflichtige sämtliche Kapitalerträge erklären (§ 32d Abs. 6 Satz 2 und 3 EStG). Die Finanzbehörden müssen daher prüfen können, ob neben den erklärten Einkünften noch andere Einkünfte nach § 20 EStG vorliegen (vgl. § 93 Abs. 7 Satz 1 Nr. 1 AO).

2.2.2 In den Fällen des § 2 Abs. 5b Satz 2 EStG ist – letztmals für den Veranlagungszeitraum 2011 – die Kenntnis aller vom Steuerpflichtigen erzielten Kapitalerträge i. S. d. § 32d Abs. 1 und § 43 Abs. 5 EStG erforderlich. Die Finanzbehörden müssen deshalb prüfen können, ob neben erklärten Einnahmen bisher nicht erklärte Kapitalerträge vorliegen (vgl. § 93 Abs. 7 Satz 1 Nr. 2 AO in der bis 31. 12. 2011 geltenden Fassung). Die am 31. 12. 2011 geltende Fassung des § 93 Abs. 7 Satz 1 Nr. 2 AO ist nach Art. 97 § 26 EGAO für Veranlagungszeiträume vor 2012 weiterhin anzuwenden.

2.2.3 § 93 Abs. 7 Satz 1 Nr. 3 AO dient der Verifikation von Einkünften nach § 20 und § 23 Abs. 1 EStG für die Veranlagungszeiträume bis einschließlich 2008.

2.2.4 Nach § 93 Abs. 7 Satz 1 Nr. 4 AO ist ein Kontenabruf zulässig, wenn er zur Erhebung (einschließlich der Vollstreckung) von bundesgesetzlich geregelten Steuern oder Rückforderungsansprüchen bundesgesetzlich geregelter Steuererstattungen und Steuervergütungen, mithin auch von Landessteuern, die durch Bundesgesetz geregelt sind, erforderlich ist (zur Erforderlichkeit vgl. AEAO zu § 93, Nr. 2.3). Bei der Geltendmachung von Haftungsansprüchen ist ein Kontenabruf nach § 93 Abs. 7 Satz 1 Nr. 4 AO nur zur Erhebung (einschließlich der Vollstreckung) von Haftungsansprüchen zulässig, nicht zur Vorbereitung der Festsetzung eines Haftungsanspruchs.

2.2.5 Nach § 93 Abs. 7 Satz 1 Nr. 4a AO ist ein Kontenabruf zulässig zur Ermittlung, in welchen Fällen ein inländischer Steuerpflichtiger, der Aktivitäten i. S. d. § 138 Abs. 2 Satz 1 AO entfaltet, Verfügungsberechtigter oder wirtschaftlich Berechtigter (§ 3 GwG) eines Kontos oder Depots einer natürlichen Person, Personengesellschaft, Körperschaft, Personenvereinigung oder Vermögensmasse mit Wohnsitz, gewöhnlichem Aufenthalt, Sitz, Hauptniederlassung oder Geschäftsleitung außerhalb des Geltungsbereichs der AO ist.

2.2.6 Nach § 93 Abs. 7 Satz 1 Nr. 4b AO ist ein Kontenabruf zur Ermittlung der Besteuerungsgrundlagen in Verfahren nach § 208 Abs. 1 Satz 1 Nr. 3 AO (Aufdeckung unbekannter Steuerfälle) zulässig.

2.2.7 In den Fällen der Nrn. 2.2.1 bis 2.2.3 des AEAO zu § 93 ist ein Kontenabruf nur zulässig, wenn er im Einzelfall zur Festsetzung der Einkommensteuer erforderlich ist (vgl. dazu AEAO zu § 93, Nr. 2.3).

Zu § 93 AO

Des Weiteren darf in den Fällen der Nrn. 2.2.1 bis 2.2.6 des AEAO zu § 93 ein Abrufersuchen nur dann erfolgen, wenn ein Auskunftsersuchen an den Steuerpflichtigen nicht zum Ziel geführt hat oder keinen Erfolg verspricht (§ 93 Abs. 7 Satz 2 AO).

Da im Vollstreckungsverfahren eine Gefährdung der Ermittlungszwecke zu befürchten ist, wenn der säumige Steuerschuldner vor einem Kontenabruf individuell informiert würde, muss eine Information des Betroffenen vor Durchführung eines Kontenabrufs nach § 93 Abs. 7 Satz 1 Nr. 4 AO unterbleiben (vgl. § 93 Abs. 9 Satz 3 AO). Es reicht aus, dass säumige Steuerschuldner in der Zahlungserinnerung auf die Möglichkeiten der Zwangsvollstreckung (einschließlich der Möglichkeit eines Kontenabrufs) hingewiesen werden (§ 93 Abs. 9 Satz 1 zweiter Halbsatz AO).

Bei der Ermittlung unbekannter Steuerfälle nach § 208 Abs. 1 Satz 1 Nr. 3 AO kann sich durch eine vorherige Information eines möglicherweise Betroffenen ebenfalls eine Gefährdung der Ermittlungen ergeben. In diesem Fall muss eine Information des Verfügungsberechtigten oder wirtschaftlich Berechtigten vor Durchführung eines Kontenabrufs gem. § 93 Abs. 9 Satz 3 AO unterbleiben.

2.2.8 Darüber hinaus ist ein Kontenabruf nur mit Zustimmung des Steuerpflichtigen zulässig (§ 93 Abs. 7 Satz 1 Nr. 5 AO). Der Steuerpflichtige kann seine Zustimmung zu einem Kontenabruf auf Aufforderung der Finanzverwaltung oder unaufgefordert erteilen.

Wenn die Finanzbehörde eine Überprüfung der Angaben des Steuerpflichtigen mittels eines Kontenabrufs für erforderlich hält, weil sie Zweifel daran hat, ob die Angaben des Steuerpflichtigen vollständig und richtig sind, kann sie ihn nach § 93 Abs. 7 Satz 1 Nr. 5 AO auffordern, zur Aufklärung des Sachverhalts einem Kontenabruf zuzustimmen.

In Betracht kommen insbesondere Fälle, in denen aufgeklärt werden soll, ob der Steuerpflichtige betriebliche Erlöse zutreffend in seiner Buchführung erfasst hat oder ob steuerpflichtige Einnahmen auf „private" Konten geflossen sind. Die Finanzbehörden können den Steuerpflichtigen auch dann zur Zustimmung zu einem Kontenabruf auffordern, wenn noch kein strafrechtlicher Anfangsverdacht vorliegt.

Erteilt der Steuerpflichtige trotz Aufforderung die Zustimmung zu einem Kontenabruf nicht und bestehen tatsächliche Anhaltspunkte für die Unrichtigkeit oder Unvollständigkeit der vom Steuerpflichtigen gemachten Angaben zu steuerpflichtigen Einnahmen oder Betriebsvermögensmehrungen, sind die Besteuerungsgrundlagen nach § 162 Abs. 2 Satz 2 AO zu schätzen (vgl. auch AEAO zu § 162, Nr. 6).

2.2.9 Für Besteuerungsverfahren, auf die die AO nach § 1 AO nicht unmittelbar anwendbar ist, ist ein Kontenabruf nach § 93 Abs. 7 AO nicht zulässig. Für strafrechtliche Zwecke kann ein Kontenabruf nur nach § 24c KWG erfolgen. Der Kontenabruf entspricht einer elektronischen Einnahme des Augenscheins und stellt einen Realakt dar.

2.3 Ein Kontenabruf steht im Ermessen der Finanzbehörde und kann nur anlassbezogen und zielgerichtet erfolgen und muss sich auf eine eindeutig bestimmte Person beziehen. Bei der Ausübung des Ermessens sind die Grundsätze der Gleichmäßigkeit der Besteuerung, der Verhältnismäßigkeit der Mittel, der Erforderlichkeit, der Zumutbarkeit, der Billigkeit und von Treu und Glauben sowie das Willkürverbot und das Übermaßverbot zu beachten (vgl. AEAO zu § 5, Nr. 1).

Die Erforderlichkeit, die von der Finanzbehörde im Einzelfall im Wege einer Prognose zu beurteilen ist, setzt keinen begründeten Verdacht dafür voraus, dass steuerrechtliche Unregelmäßigkeiten vorliegen. Es genügt vielmehr, wenn aufgrund konkreter Momente oder aufgrund allgemeiner Erfahrungen ein Kontenabruf angezeigt ist (vgl. BVerfG-Beschluss vom 13. 6. 2007, 1 BvR 1550/03, 1 BvR 2357/04, 1 BvR 603/05, BStBl II S. 896).

2.4 Die Verantwortung für die Zulässigkeit des Datenabrufs und der Datenübermittlung trägt die ersuchende Finanzbehörde (§ 93b Abs. 3 AO). Das BZSt darf lediglich prüfen, ob das Ersuchen plausibel ist.

2.5 Ein Kontenabruf nach § 93 Abs. 7 AO ist auch zulässig, um Konten oder Depots zu ermitteln, hinsichtlich derer der Steuerpflichtige zwar nicht Verfügungsberechtigter, aber wirtschaftlich Berechtigter ist. Dies gilt auch dann, wenn der Verfügungsberechtigte nach § 102 AO die Auskunft verweigern könnte (z. B. im Fall von Anderkonten von Anwälten). Denn ein Kontenabruf erfolgt bei dem Kreditinstitut und nicht bei dem Berufsgeheimnisträger. Das Kreditinstitut hat aber kein Auskunftsverweigerungsrecht und muss daher auch nach § 93 Abs. 1 Satz 1 AO Auskunft geben darüber, ob bei festgestellten Konten eines Berufsgeheimnisträgers eine andere Person wirtschaftlich Berechtigter ist. Das Vertrauensverhältnis zwischen der Berufsgeheimnisträger und seinem Mandanten bleibt dadurch unberührt.

Ein Kontenabruf nach § 93 Abs. 7 AO ist auch im Besteuerungsverfahren eines Berufsgeheimnisträgers i. S. d. § 102 AO grundsätzlich zulässig. Bei der gebotenen Ermessensentscheidung (vgl. AEAO zu § 93, Nr. 2.3) ist in diesem Fall zusätzlich eine Güterabwägung zwischen der besonderen Bedeutung der Verschwiegenheitspflicht des Berufsgeheimnisträgers und der Bedeutung der Gleichmäßigkeit der Besteuerung unter Berücksichtigung des Verhältnismäßigkeitsprinzips vorzunehmen (vgl. BVerfG-Urteil vom 30. 3. 2004, 2 BvR 1520/01, 2 BvR 1521/01, BVerfGE S. 110, 226, und BFH-Urteil vom 26. 2. 2004, IV R 50/01, BStBl II S. 502). Über Anderkonten eines Berufsgeheimnisträgers i. S. d. § 102 AO, die durch einen Kontenabruf im Besteuerungsverfahren des Berufsgeheimnisträgers festgestellt werden, sind keine Kontrollmitteilungen zu fertigen.

2.6 Ob die Sachaufklärung durch den Beteiligten zum Ziel führt oder Erfolg verspricht oder ob dies nicht zutrifft, ist eine Frage der Beweiswürdigung (vgl. AEAO zu § 93, Nrn. 1.2.2 und 1.2.3). Diese Beweiswürdigung obliegt der Finanzbehörde.

Die Finanzbehörde soll zunächst dem Beteiligten Gelegenheit geben, Auskunft über seine Konten und Depots zu erteilen und ggf. entsprechende Unterlagen (z. B. Konto- oder Depotauszüge) vorzulegen, es sei denn, der Ermittlungszweck würde dadurch gefährdet. Hierbei soll auch bereits darauf hingewiesen werden, dass die Finanzbehörde unter den Voraussetzungen des § 93 Abs. 7 AO einen Kontenabruf durchführen lassen oder bei Verweigerung der Zustimmung zu einem Kontenabruf nach § 93 Abs. 7 Satz 1 Nr. 5 AO die Besteuerungsgrundlagen nach § 162 Abs. 2 Satz 2 AO schätzen kann, wenn die Sachaufklärung durch den Beteiligten nicht zum Ziel führt.

2.7 Hat sich durch einen Kontenabruf herausgestellt, dass Konten oder Depots vorhanden sind, die der Beteiligte auf Nachfrage (vgl. AEAO zu § 93, Nr. 2.6) nicht angegeben hat, ist er über das Ergebnis des Kontenabrufs zu informieren (§ 93 Abs. 9 Satz 2 AO). Hierbei ist der Beteiligte darauf hinzuweisen, dass die Finanzbehörde das betroffene Kreditinstitut nach § 93 Abs. 1 Satz 1 AO um Auskunft ersuchen kann, wenn ihre Zweifel durch die Auskunft des Beteiligten nicht ausgeräumt werden.

Würde durch eine vorhergehende Information des Beteiligten der Ermittlungszweck gefährdet (§ 93 Abs. 9 Satz 3 AO) oder ergibt sich aus den Umständen des Einzelfalles, dass eine Aufklärung durch den Beteiligten selbst nicht zu erwarten ist, kann sich die Finanzbehörde nach § 93 Abs. 1 Satz 1 AO unmittelbar an die betreffenden Kreditinstitute wenden bzw. andere erforderliche Maßnahmen ergreifen. In diesen Fällen ist der Beteiligte nachträglich über die Durchführung des Kontenabrufs zu informieren.

2.8 Wurden die Angaben des Beteiligten durch einen Kontenabruf bestätigt, ist der Beteiligte gleichwohl über die Durchführung des Kontenabrufs zu informieren, z. B. durch eine Erläuterung im Steuerbescheid: „Es wurde ein Kontenabruf nach § 93 Abs. 7 AO durchgeführt."

2.9 Die Rechtmäßigkeit eines Kontenabrufs nach § 93 Abs. 7 AO kann vom Finanzgericht im Rahmen der Überprüfung des Steuerbescheids oder eines anderen Verwaltungsakts, zu dessen Vorbereitung der Kontenabruf vorgenommen wurde, oder isoliert im Wege der Leistungs- oder (Fortsetzungs-)Feststellungsklage überprüft werden (vgl. BVerfG-Beschluss vom 4. 2. 2005, 2 BvR 308/04, NJW 2005 S. 1637, unter Absatz-Nr. 19).

Zu § 93a – Allgemeine Mitteilungspflichten:

Wegen der allgemeinen Mitteilungspflichten (Kontrollmitteilungen) der Behörden und der Rundfunkanstalten an die Finanzbehörden Hinweis auf die Mitteilungsverordnung. Die Verpflichtung der Behörden und der Rundfunkanstalten zu Mitteilungen, Auskünften (insbesondere Einzelauskünften nach § 93 AO), Anzeigen (z. B. gem. § 116 AO) und zur Amtshilfe (§§ 111 ff. AO) aufgrund anderer Vorschriften bleibt unberührt. Mitteilungspflichten, die sich aus Verträgen oder Auflagen in Verwaltungsakten ergeben (z. B. besondere Bedingungen in Zuwendungsbescheiden nach Maßgabe des Haushaltsrechts) bleiben ebenfalls unberührt.

Die Mitteilungspflichten für Zwecke der Feststellung von Einheitswerten des Grundbesitzes sowie für Zwecke der Grundsteuer sind in § 29 Abs. 3 BewG geregelt.

Zu § 93c – Datenübermittlung durch Dritte:

1. § 93c AO enthält die grundsätzlich für alle elektronischen Datenübermittlungspflichten Dritter einheitlich geltenden Verfahrensvorschriften.
2. Zur Haftung der mitteilungspflichtigen Stelle bei vorsätzlicher oder grob fahrlässiger Pflichtverletzung vgl. § 72a Abs. 4 AO. Zur Außenprüfung bei der mitteilungspflichtigen Stelle vgl. § 203a AO.
3. § 93c AO ist erstmals anzuwenden, wenn steuerliche Daten eines Steuerpflichtigen für Besteuerungszeiträume nach 2016 oder Besteuerungszeitpunkte nach dem 31. 12. 2016 auf Grund gesetzlicher Vorschriften von einem Dritten als mitteilungspflichtiger Stelle elektronisch an Finanzbehörden zu übermitteln sind (Art. 97 § 27 Abs. 2 EGAO).

Zu § 95 – Versicherung an Eides statt:

Aus der Weigerung eines Steuerpflichtigen, eine Tatsachenbehauptung durch eidesstattliche Versicherung zu bekräftigen, können für ihn nachteilige Folgerungen gezogen werden. Im Übrigen wird auf § 162 AO hingewiesen.

Zu § 99 – Betreten von Grundstücken und Räumen:

Es dürfen auch Grundstücke, Räume usw. betreten werden, die nicht dem Steuerpflichtigen gehören, sondern im Eigentum oder Besitz einer anderen Person stehen. Von der Besichtigung „betroffene" Personen sind alle, die an dem Grundstück usw. entweder Besitzrechte haben, sie tatsächlich nutzen oder eine sonstige tatsächliche Verfügungsbefugnis haben. Wohnräume dürfen im Besteuerungsverfahren nicht gegen den Willen des Inhabers betreten werden (siehe aber § 210 Abs. 2 und § 287 AO).

Zu § 101 – Auskunfts- und Eidesverweigerungsrecht der Angehörigen:

1. Der Beteiligte (Steuerpflichtige) selbst hat kein Auskunftsverweigerungsrecht; § 393 Abs. 1 AO ist zu beachten.
2. Ist nach § 101 Abs. 1 Satz 2 AO erforderliche Belehrung unterblieben, dürfen die auf der Aussage des Angehörigen beruhenden Kenntnisse nicht verwertet werden (BFH-Urteil vom 31. 10. 1990, II R 180/87, BStBl 1991 II S. 204), es sei denn, der Angehörige stimmt nachträglich zu oder wiederholt nach Belehrung seine Aussage (vgl. auch BFH-Urteil vom 7. 11. 1985, IV R 6/85, BStBl 1986 II S. 435).

Zu § 104 – Verweigerung der Erstattung eines Gutachtens und der Vorlage von Urkunden:

Trotz ihres Auskunftsverweigerungsrechts sind die Angehörigen der steuerberatenden Berufe verpflichtet, alle Urkunden und Wertsachen, insbesondere Geschäftsbücher und sonstige Aufzeichnungen, die sie für den Steuerpflichtigen aufbewahren oder führen, auf Verlangen der Finanzbehörde unter den gleichen Voraussetzungen vorzulegen wie der Steuerpflichtige selbst.

Zu § 107 – Entschädigung der Auskunftspflichtigen und Sachverständigen:

1. Die Entschädigungspflicht wird nur ausgelöst, wenn die Finanzbehörde Auskunftspflichtige, Vorlagepflichtige oder Sachverständige durch Verwaltungsakt zu Beweiszwecken herangezogen hat. Freiwillig erteilte Auskünfte oder vorgelegte Unterlagen und Sachverständigengutachten führen selbst dann nicht zu einer Entschädigung, wenn die Finanzbehörde sie verwertet.
2. Für die Duldung der Einnahme des Augenscheins (§ 98 AO) besteht kein Anspruch auf eine Entschädigung nach § 107 AO.
3. Für die Vorlage von Urkunden (§ 97 AO) besteht in entsprechender Anwendung des § 24 des Justizvergütungs- und -entschädigungsgesetzes nur dann ein Anspruch auf Entschädigung nach § 107 AO, wenn das Vorlageersuchen ab dem 30. 6. 2013 gestellt wurde.
4. Bei Vorlageersuchen, die vor dem 30. 6. 2013 gestellt wurden, gilt zur Entschädigung des Vorlagepflichtigen Folgendes:
   Bei einem kombinierten Auskunfts- und Vorlageersuchen hat der ersuchte Dritte nach § 107 AO a. F. Anspruch auf Ersatz aller seiner mit dem Ersuchen zusammenhängenden Aufwendungen, d. h. auch jener, die ihm im Zusammenhang mit der Vorlage von Urkunden entstanden sind (BFH-Urteil vom 24. 3. 1987, VII R 113/84, BStBl 1988 II S. 163).
   Ein (reines) Vorlageverlangen i. S. d. § 97 AO, das nach § 107 AO a. F. keinen Kostenerstattungsanspruch auslöst, liegt vor, wenn die Finanzbehörde die vorzulegenden Unterlagen so konkret und eindeutig benennt, dass sich die geforderte Tätigkeit des Vorlageverpflichteten auf ein mechanisches Hilfstätigkeiten wie das Heraussuchen und Lesbarmachen der angeforderten Unterlagen beschränkt. Das setzt bei der Anforderung von Bankunterlagen voraus, dass die Finanzbehörde die Konten- und Depotnummern benennt oder vergleichbar konkrete Angaben zu sonstigen Bankverbindungen macht (BFH-Urteil vom 8. 8. 2006, VII R 29/05, BStBl 2007 II S. 80).

Zu § 108 – Fristen und Termine:

1. Fristen sind abgegrenzte, bestimmte oder jedenfalls bestimmbare Zeiträume (BFH-Urteil vom 14. 10. 2003, IX R 68/98, BStBl II S. 898). Termine sind bestimmte Zeitpunkte, an denen etwas geschehen soll oder zu denen eine Wirkung eintritt. „Fälligkeitstermine" geben das Ende einer Frist an.
2. § 108 Abs. 3 AO gilt auch für die Dreitage-Regelungen (§ 122 Abs. 2 Nr. 1, Abs. 2a, § 123 Satz 2 AO; § 4 Abs. 2 VwZG), die Monats-Regelungen (§ 122 Abs. 2 Nr. 2, § 123 Satz 2 AO), die Zweiwochen-Regelung (§ 122 Abs. 4 Satz 3 AO) zum Zeitpunkt der Bekanntgabe eines Verwaltungsakts (BFH-Urteil vom 14. 10. 2003, IX R 68/98, BStBl II S. 898) und für die Festsetzungsfrist (vgl. BFH-Urteil vom 20. 1. 2016, VI R 14/15, BStBl II S. 380).

Zu § 109 – Verlängerung von Fristen:

§ 109 AO i. d. F. des StModernG ist erstmals anzuwenden für Besteuerungszeiträume, die nach dem 31. 12. 2017 beginnen, und Besteuerungszeitpunkte, die nach dem 31. 12. 2017 liegen. Für Besteuerungszeiträume, die vor dem 1. 1. 2018 beginnen, und Besteuerungszeitpunkte, die vor dem 1.1.2018 liegen, ist § 109 AO in der am 31.12.2016 geltenden Fassung weiterhin anzuwenden (Art. 97 § 10a Abs. 4 EGAO).

Zu § 110 – Wiedereinsetzung in den vorigen Stand:

1. § 110 Abs. 1 AO erfasst nur verfahrensrechtliche und materiell-rechtliche Fristen, die „einzuhalten" sind; das sind Handlungs- und Erklärungsfristen, die Beteiligte (§ 78 AO) oder Dritte gegenüber der Finanzbehörde zu wahren haben. Nicht wiedereinsetzungsfähig sind dagegen die gesetzlichen Fristen, die von den Finanzbehörden als Verwaltungsträger im Verwaltungsverfahren zu beachten sind. So fällt unter § 110 AO nicht der Ablauf von Festsetzungsfristen (BFH-Urteil vom 24.1.2008, VII R 3/07, BStBl II S. 462). Soweit das Gesetz eine Fristverlängerung vorsieht (§ 109 Abs. 1 AO), kommt nicht Wiedereinsetzung, sondern rückwirkende Fristverlängerung in Betracht.
2. Zur Wiedereinsetzung in den vorigen Stand nach unterlassener Anhörung eines Beteiligten bzw. wegen fehlender Begründung des Verwaltungsakts (§ 126 Abs. 3 AO) vgl. AEAO zu § 91, Nr. 3 und AEAO zu § 121, Nr. 3. Zur Wiedereinsetzung in den vorigen Stand nach Einspruchseinlegung bei einer unzuständigen Behörde vgl. AEAO zu § 357, Nr. 2.
3. Das Hindernis i. S. d. § 110 Abs. 2 Satz 1 AO ist weggefallen, wenn der Betroffene von der Fristversäumnis Kenntnis erlangt hat oder bei Anwendung der gebotenen Sorgfalt hätte erlangen können und müssen.
4. Die Monatsfrist für den Antrag auf Wiedereinsetzung ist eine gesetzliche Frist i. S. d. § 108 AO und kann deshalb nicht nach § 109 AO verlängert werden.
5. Wiedereinsetzungsgründe sind im Kern innerhalb der Antragsfrist gem. § 110 Abs. 2 Satz 1 AO vorzutragen. Das erfordert eine substantiierte, in sich schlüssige Darstellung aller entscheidungserheblichen Umstände und Tatsachen, aus denen sich die schuldlose Verhinderung ergeben soll, innerhalb dieser Frist. Es ist zulässig, dass unklare oder unvollständige Angaben nach Ablauf der Antragsfrist noch erläutert oder ergänzt werden, sofern der Kern der Wiedereinsetzungsgründe innerhalb der Antragsfrist schlüssig vorgetragen wurde. Insbesondere können auch Nachweise zur Glaubhaftmachung der geltend gemachten Wiedereinsetzungsgründe nach Fristablauf beigebracht werden. Nach Ablauf der Antragsfrist dürfen aber keine neuen Wiedereinsetzungsgründe mehr nachgeschoben und wesentliche Lücken in der Sachverhaltsdarstellung geschlossen werden (vgl. BFH-Urteil vom 31.1.2017, IX R 19/16, BFH/NV S. 885, m. w. N.).
6. Abweichend von § 110 Abs. 2 AO beträgt im finanzgerichtlichen Verfahren die Frist für den Antrag auf Wiedereinsetzung und die Nachholung der versäumten Rechtshandlung zwei Wochen (§ 56 Abs. 2 FGO).

Zu § 111 – Amtshilfepflicht:

1. Die §§ 111 ff. AO sind auch dann anzuwenden, wenn sich Finanzbehörden untereinander Amtshilfe leisten.
2. Für Verbände und berufsständische Vertretungen besteht, soweit sie nicht Behörden sind oder unterhalten, keine Beistandspflicht. Sie sind jedoch ebenso wie die in § 111 Abs. 3 AO erwähnten Institutionen im Rahmen der §§ 88, 92 ff. AO zur Auskunftserteilung und Vorlage von Urkunden verpflichtet.

Zu § 112 – Voraussetzungen und Grenzen der Amtshilfe:

Andere Behörden, die von den Finanzbehörden im Besteuerungsverfahren um Amtshilfe ersucht werden, können die Amtshilfe nur unter den Voraussetzungen dieser Vorschrift ablehnen. Die Bestimmungen des Verwaltungsverfahrensgesetzes und des SGB X über die Amtshilfe sind insoweit nicht anwendbar.

Zu § 117 – Zwischenstaatliche Rechts- und Amtshilfe in Steuersachen:

1. Die Voraussetzungen, unter denen die Finanzbehörden für deutsche Besteuerungszwecke die Hilfe ausländischer Behörden in Anspruch nehmen dürfen, richten sich nach deutschem Recht, insbesondere den §§ 85 ff. AO.
2. Gem. § 117 Abs. 2 AO können die Finanzbehörden zwischenstaatliche Rechts- und Amtshilfe leisten aufgrund
   a) innerstaatlich anwendbarer völkerrechtlicher Vereinbarungen. Derartige Vereinbarungen enthalten vor allem die Doppelbesteuerungsabkommen und die Abkommen im Zollbereich. Über den Stand der Doppelbesteuerungsabkommen veröffentlicht das BMF jährlich im BStBl Teil I eine Übersicht.
   b) innerstaatlich anwendbarer Rechtsakte der Europäischen Gemeinschaft (im Zollbereich und im Bereich der indirekten Steuern). Als Rechtsgrundlagen kommen unmittelbar geltende Verordnungen in Betracht. Hinweis auf die Verordnung (EU) Nr. 904/2010 des Rates vom 7. 10. 2010 über die Zusammenarbeit der Verwaltungsbehörden und die Betrugsbekämpfung auf dem Gebiet der Mehrwertsteuer (Amtsblatt Nr. L 268 vom 12. 10. 2010, S. 1).
   c) des EU-Amtshilfegesetzes und des EU-Beitreibungsgesetzes.
3. Wegen der Voraussetzungen und der Durchführung der zwischenstaatlichen Amtshilfe wird auf folgende Merkblätter verwiesen:
   – Merkblatt zur zwischenstaatlichen Amtshilfe durch Informationsaustausch in Steuersachen (BMF-Schreiben vom 23. 11. 2015, BStBl I S. 928);
   – Merkblatt zur zwischenstaatlichen Amtshilfe bei der Steuererhebung (Beitreibung) (BMF-Schreiben vom 23. 1. 2014, BStBl I S. 188).

Zu § 118 – Begriff des Verwaltungsakts:

Da auch die Steuerbescheide Verwaltungsakte sind, gelten die §§ 118 ff. AO auch für die Steuerbescheide, soweit in den §§ 155 ff. AO nichts anderes bestimmt ist. Ausgenommen sind insbesondere die §§ 130 und 131 AO, die kraft ausdrücklicher Regelung (§ 172 Abs. 1 Satz 1 Nr. 2 Buchstabe d AO) als Rechtsgrundlage für die Aufhebung oder Änderung von Steuerbescheiden ausgeschlossen sind.

Zu § 120 – Nebenbestimmungen zum Verwaltungsakt:

1. Nebenbestimmungen sind zulässig bei Verwaltungsakten, die auf einer Ermessensentscheidung der Finanzbehörden beruhen (z. B. Fristverlängerung, Stundung, Erlass, Aussetzung der Vollziehung). Bei gebundenen Verwaltungsakten (z. B. Steuerbescheiden) sind gesetzlich ausdrücklich zugelassene Nebenbestimmungen der Vorbehalt der Nachprüfung (§ 164 AO), die Vorläufigkeitserklärung (§ 165 AO) und die Sicherheitsleistung (§ 165 Abs. 1 Satz 4 AO).
2. Nebenbestimmungen müssen inhaltlich hinreichend bestimmt sein (§ 119 Abs. 1 AO). Anderenfalls sind sie nichtig. Wegen der Rechtsfolgen bei Nichtigkeit der Nebenbestimmung Hinweis auf § 125 Abs. 4 AO.
3. Wegen der unterschiedlichen Folgen, die sich aus der Nichterfüllung einer Nebenbestimmung ergeben können, ist die Nebenbestimmung im Verwaltungsakt genau zu bezeichnen (z. B. „unter der aufschiebenden Bedingung", „unter dem Vorbehalt des Widerrufs").
4. Der Widerrufsvorbehalt ermöglicht den Widerruf rechtmäßiger Verwaltungsakte nach § 131 Abs. 2 Nr. 1 AO. Er ist aber für sich allein kein hinreichender Grund zum Widerruf, sondern lässt den Widerruf nur im Rahmen pflichtgemäßen Ermessens zu.

Zu § 121 – Begründung des Verwaltungsakts:

1. Die Vorschrift gilt für alle Verwaltungsakte einschließlich der Steuerbescheide.
2. Besteht eine Pflicht, den Verwaltungsakt zu begründen, so muss die Begründung nur den Umfang haben, der erforderlich ist, damit der Adressat des Verwaltungsakts die Gründe für die Entscheidung der Finanzbehörde verstehen kann. Die Begründung von Ermessensentscheidungen soll erkennen lassen, dass die Finanzbehörde ihr Ermessen ausgeübt hat und von welchen Gesichtspunkten sie bei ihrer Entscheidung ausgegangen ist.
3. Das Fehlen der vorgeschriebenen Begründung macht den Verwaltungsakt fehlerhaft. Dieser Mangel kann nach § 126 Abs. 1 und 2 AO geheilt werden oder gem. § 127 AO unbeachtlich sein. Wurde wegen der fehlenden Begründung die rechtzeitige Anfechtung des Verwaltungsakts versäumt, so ist auf Antrag Wiedereinsetzung in den vorigen Stand zu gewähren (§ 126 Abs. 3 i.V. m. § 110 AO; vgl. auch AEAO zu § 91, Nr. 3).

Zu § 122 – Bekanntgabe des Verwaltungsakts:

Inhaltsübersicht

1.	Allgemeines
1.1	Bekanntgabe von Verwaltungsakten
1.2	Steuerbescheide
1.3	Bezeichnung des Inhaltsadressaten
1.4	Bezeichnung des Bekanntgabeadressaten
1.5	Bezeichnung des Empfängers
1.6	Anschriftenfeld
1.7	Übermittlung an Bevollmächtigte
1.8	Form der Bekanntgabe
2.	Bekanntgabe von Bescheiden
2.1	Bekanntgabe von Bescheiden an Ehegatten
2.2	Bekanntgabe an gesetzliche Vertreter natürlicher Personen
2.3	Bescheide an Ehegatten mit Kindern oder Alleinstehende mit Kindern
2.4	Personengesellschaften (Gemeinschaften)
2.5	Bescheide über gesonderte und einheitliche Feststellungen
2.6	Grundsteuermessbescheide, Grunderwerbsteuerbescheide
2.7	Personengesellschaften (Gemeinschaften) in Liquidation
2.8	Bekanntgabe an juristische Personen
2.9	Bekanntgabe in Insolvenzfällen
2.10	Verbraucherinsolvenzverfahren
2.11	Zwangsverwaltung
2.12	Gesamtrechtsnachfolge (z. B. Erbfolge)
2.13	Testamentsvollstreckung, Nachlasspflegschaft, Nachlassverwaltung
2.14	Haftende
2.15	Spaltung
2.16	Formwechselnde Umwandlung
3.	Besonderheiten des Zustellungsverfahrens
3.1	Zustellungsarten
3.2	Zustellung an mehrere Beteiligte
3.3	Zustellung an Bevollmächtigte
3.4	Zustellung an Ehegatten
4.	Folgen von Verfahrens- und Formfehlern
4.1	Unwirksamkeit des Verwaltungsakts wegen inhaltlicher Mängel
4.2	Wirksamkeit des Verwaltungsakts trotz inhaltlicher Mängel
4.3	Unwirksamkeit des Verwaltungsakts wegen eines Bekanntgabemangels

4.4 **Wirksame Bekanntgabe**
4.5 **Fehler bei förmlichen Zustellungen**
4.6 **Fehlerhafte Bekanntgabe von Grundlagenbescheiden**
4.7 **Bekanntgabe von gesonderten und einheitlichen Feststellungen an einzelne Beteiligte**

1. **Allgemeines**
1.1 **Bekanntgabe von Verwaltungsakten**
Voraussetzung für die Wirksamkeit eines Verwaltungsakts ist, dass er inhaltlich hinreichend bestimmt ist (§ 119 Abs. 1 AO) und dass er demjenigen, für den er bestimmt ist oder der von ihm betroffen wird, bekannt gegeben wird (§ 124 Abs. 1 AO). Deshalb ist beim Erlass eines Verwaltungsakts festzulegen,
– an wen er sich richtet (AEAO zu § 122, Nr. 1.3 – **Inhaltsadressat**),
– wem er bekannt gegeben werden soll (AEAO zu § 122, Nr. 1.4 – **Bekanntgabeadressat**),
– welcher Person er zu übermitteln ist (AEAO zu § 122, Nr. 1.5 – **Empfänger**) und
– ob eine besondere Form der Bekanntgabe erforderlich oder zweckmäßig ist (AEAO zu § 122, Nr. 1.8).

1.1.2 Verfahrensrechtlich ist zu unterscheiden zwischen dem Rechtsbegriff der **Bekanntgabe** als Wirksamkeitsvoraussetzung, den Formen der Bekanntgabe (mündliche, schriftliche, elektronische oder öffentliche Bekanntgabe oder Bekanntgabe in anderer Weise) und den technischen Vorgängen bei der Übermittlung des Inhalts eines Verwaltungsakts. Die Bekanntgabe setzt den Bekanntgabewillen des für den Erlass des Verwaltungsakts zuständigen Bediensteten voraus (BFH-Urteile vom 27. 6. 1986, VI R 23/83, BStBl II S. 832, und vom 24. 11. 1988, V R 123/83, BStBl 1989 II S. 344). Zur Aufgabe des Bekanntgabewillens vgl. AEAO zu § 124, Nrn. 5 und 6.

1.1.3 Mit dem Rechtsbegriff „Bekanntgabe" nicht gleichbedeutend sind die Bezeichnungen für die **technischen Vorgänge** bei der Übermittlung eines verfügten Verwaltungsakts (z. B. „Aufgabe zur Post", „Zusendung", „Zustellung", „ortsübliche Bekanntmachung", „Zugang"), auch wenn diese Begriffe zugleich eine gewisse rechtliche Bedeutung haben. Die technischen Vorgänge bedürfen, soweit das Gesetz daran Rechtsfolgen knüpft, einer Dokumentation, um nachweisen zu können, dass, wann und wie die Bekanntgabe erfolgt ist.

1.1.4 Die nachfolgenden Grundsätze über die Bekanntgabe von Steuerbescheiden (vgl. AEAO zu § 122, Nr. 1.2) gelten entsprechend für andere Verwaltungsakte (z. B. Haftungsbescheide, Prüfungsanordnungen, Androhungen und Festsetzungen von Zwangsgeldern; vgl. AEAO zu § 122, Nr. 1.8.1). Zur Adressierung und Bekanntgabe von Prüfungsanordnungen vgl. AEAO zu § 197, zur Adressierung und Bekanntgabe von Zwangsgeldandrohungen und Zwangsgeldfestsetzungen vgl. BFH-Urteil vom 23. 11. 1999, VII R 38/99, BStBl 2001 II S. 463.

1.1.5 **Lebenspartner**
Die nachfolgenden Grundsätze über die Bekanntgabe von Steuerverwaltungsakten an Ehegatten und Ehegatten mit ihren Kindern gelten gleichermaßen für die Bekanntgabe von Steuerverwaltungsakten an Lebenspartner und Lebenspartner mit ihren Kindern.

1.2 **Steuerbescheide**
Steuerfestsetzungen sind nur dann eine Grundlage für die Verwirklichung von Ansprüchen aus dem Steuerschuldverhältnis, wenn sie gem. § 122 Abs. 1 Satz 1 AO als Steuerbescheid demjenigen Beteiligten bekannt gegeben worden sind, für den sie bestimmt

sind oder der von ihnen betroffen wird. Die folgenden Grundsätze regeln, wie der Steuerschuldner als Inhaltsadressat und ggf. der Bekanntgabeadressat und der Empfänger zu bezeichnen sind und wie der Bescheid zu übermitteln ist.

1.3 Bezeichnung des Inhaltsadressaten

1.3.1 Der Inhaltsadressat muss im Bescheid so eindeutig bezeichnet werden, dass Zweifel über seine Identität nicht bestehen. Inhaltsadressat eines Steuerbescheids ist der Steuerschuldner.

1.3.2 Im Allgemeinen wird eine natürliche Person als Inhaltsadressat durch Vornamen und Familiennamen genügend bezeichnet. Nur bei **Verwechslungsmöglichkeiten**, insbesondere bei häufiger vorkommenden Namen, sind weitere Angaben erforderlich (z. B. Wohnungsanschrift, Geburtsdatum, Berufsbezeichnung, Namenszusätze wie „senior" oder „junior"). Bei juristischen Personen und Handelsgesellschaften ergibt sich der zutreffende „Name" aus Gesetz, Satzung, Register oder ähnlichen Quellen (bei Handelsgesellschaften Firma gem. § 17 HGB); wegen der Bezeichnung von Ehegatten vgl. AEAO zu § 122, Nr. 2.1.2, wegen der Bezeichnung der nichtrechtsfähigen Personenvereinigungen vgl. AEAO zu § 122, Nrn. 2.4, 2.4.1.2.

1.4 Bezeichnung des Bekanntgabeadressaten

1.4.1 Die Person, der ein Verwaltungsakt bekannt zu geben ist, wird als Bekanntgabeadressat bezeichnet. Bei Steuerfestsetzungen ist dies i. d. R. der Steuerschuldner als Inhaltsadressat, weil der Steuerbescheid seinem Inhalt nach für ihn bestimmt ist oder er von ihm betroffen wird (§ 122 Abs. 1 Satz 1 AO).

1.4.2 Als Bekanntgabeadressat kommen jedoch auch **Dritte** in Betracht, wenn sie für den Inhaltsadressaten (Steuerschuldner) steuerliche Pflichten zu erfüllen haben. Dabei handelt es sich in erster Linie um Fälle, in denen die Bekanntgabe an den Steuerschuldner nicht möglich oder nicht zulässig ist (§ 79 AO).

Die Bekanntgabe ist insbesondere an folgende Dritte erforderlich:

a) Eltern (§ 1629 BGB), Vormund (§ 1793 BGB), Pfleger (§§ 1909 ff. BGB) als gesetzliche Vertreter natürlicher Personen (§ 34 Abs. 1 AO),

b) Geschäftsführer von nichtrechtsfähigen Personenvereinigungen (z. B. Vorstände nichtsrechtsfähiger Vereine, § 54 BGB),

c) Geschäftsführer von Vermögensmassen (z. B. nichtrechtsfähige Stiftungen, §§ 86, 26 BGB),

d) Vermögensverwalter i. S. v. § 34 Abs. 3 AO (z. B. Insolvenzverwalter, Zwangsverwalter, gerichtlich bestellte Liquidatoren, Nachlassverwalter),

e) Verfügungsberechtigte i. S. v. § 35 AO,

f) für das Besteuerungsverfahren bestellte Vertreter i. S. v. § 81 AO.

1.4.3 Ist der Bekanntgabeadressat nicht mit dem Inhaltsadressaten identisch (vgl. AEAO zu § 122, Nr. 1.4.2), so ist er zusätzlich zum Inhaltsadressaten anzugeben. Hinsichtlich der eindeutigen Bezeichnung gelten dieselben Grundsätze wie für die Bezeichnung des Inhaltsadressaten (vgl. AEAO zu § 122, Nr. 1.3.2). Das Vertretungsverhältnis (vgl. AEAO zu § 122, Nr. 1.4.2) ist im Bescheid anzugeben (vgl. AEAO zu § 122, Nr. 1.6).

1.5 Bezeichnung des Empfängers

1.5.1 Als Empfänger wird derjenige bezeichnet, dem der Verwaltungsakt tatsächlich zugehen soll, damit er durch Bekanntgabe wirksam wird. I. d. R. ist der Inhaltsadressat nicht nur Bekanntgabeadressat, sondern auch „Empfänger" des Verwaltungsakts.

1.5.2 Es können jedoch auch andere Personen Empfänger sein, wenn für sie eine **Empfangsvollmacht** des Bekanntgabeadressaten vorliegt oder wenn die Finanzbehörde nach ihrem Ermessen den Verwaltungsakt einem Bevollmächtigten übermitteln will (vgl. AEAO zu § 122, Nr. 1.7).

Beispiel:
Die gesetzlichen Vertreter (Bekanntgabeadressaten) eines Minderjährigen (Steuerschuldner und damit Inhaltsadressat) haben einen Dritten (Empfänger) bevollmächtigt.
Inhaltsadressat (Steuerschuldner):
Hans Huber
Bekanntgabeadressaten:
Herrn Anton Huber, Frau Maria Huber
als gesetzliche Vertreter des Hans Huber,
Moltkestraße 5, 12203 Berlin
Empfänger (Anschriftenfeld):
Herrn
Steuerberater
Anton Schulz
Postfach 11 48
80335 München
Darstellung im Bescheid:
(Die Angaben in Klammern werden im Bescheid nicht ausgedruckt. Dies gilt auch für die übrigen Beispiele).
Anschriftenfeld (Empfänger):
Herrn
Steuerberater
Anton Schulz
Postfach 11 48
80335 München
Bescheidkopf
Für
Herrn Anton Huber und Frau Maria Huber (Bekanntgabeadressaten) als gesetzliche Vertreter des Hans Huber (Steuerschuldner und Inhaltsadressat), Moltkestraße 5, 12203 Berlin

1.5.3 Eine Empfangsvollmacht ist auch erforderlich, wenn der Verwaltungsakt nur namentlich benannten Geschäftsführern oder anderen Personen (z. B. dem Steuerabteilungsleiter) zugehen soll.

Beispiel:
Anschriftenfeld (Empfänger):
Herrn
Steuerabteilungsleiter
Fritz Schulz
i. Hs. der Meyer GmbH
Postfach 10 01
50859 Köln
Bescheidkopf
Für die Meyer GmbH (Inhalts- und Bekanntgabeadressat)

1.5.4 Zur Bekanntgabe nach § 122 Abs. 6 AO vgl. AEAO zu § 122, Nr. 2.1.3, zur Bekanntgabe an einen gemeinsamen Empfangsbevollmächtigten i. S. v. § 183 Abs. 1 AO vgl. AEAO zu § 122, Nr. 2.5.2.

1.6 Anschriftenfeld

Der Empfänger ist im Anschriftenfeld des Steuerbescheids mit seinem Namen und **postalischer Anschrift** zu bezeichnen. Es reicht nicht aus, den Empfänger nur auf dem

Briefumschlag und in den Steuerakten anzugeben, weil sonst die ordnungsmäßige Bekanntgabe nicht einwandfrei nachgewiesen werden kann. Sind Inhaltsadressat (Steuerschuldner), Bekanntgabeadressat und Empfänger nicht dieselbe Person, muss jeder im Steuerbescheid benannt werden: Der Empfänger ist im Anschriftenfeld anzugeben, der Inhalts- und ggf. der Bekanntgabeadressat sowie das Vertretungsverhältnis müssen an anderer Stelle des Steuerbescheids aufgeführt werden (vgl. z. B. bei Bekanntgabe an Minderjährige AEAO zu § 122, Nr. 2.2.2).

1.7 Übermittlung an Bevollmächtigte

1.7.1 Der einem Angehörigen der steuerberatenden Berufe erteilte Auftrag zur Erstellung und Einreichung der Steuererklärungen schließt i. d. R. seine Bestellung als Empfangsbevollmächtigter nicht ein (BFH-Urteil vom 30. 7. 1980, I R 148/79, BStBl 1981 II S. 3). Aus der Mitwirkung eines Steuerberaters bei der Steuererklärung folgt daher nicht, dass die Finanzbehörde einen Steuerbescheid dem Steuerberater zu übermitteln hat. Dasselbe gilt in Bezug auf die anderen zur Hilfe in Steuersachen befugten Personen und Vereinigungen (§§ 3, 4 StBerG).

1.7.2 Es liegt im Ermessen des Finanzamts, ob es einen Steuerbescheid an den Steuerpflichtigen selbst oder an dessen Bevollmächtigten bekannt gibt (§ 122 Abs. 1 Satz 3 AO). Da das Gesetz eine „Soll-Regelung" enthält, gilt bei Ausübung des Ermessens Folgendes:

Hat der Steuerpflichtige dem Finanzamt ausdrücklich mitgeteilt, dass er seinen Vertreter auch zur Entgegennahme von Steuerbescheiden ermächtigt, sind diese grundsätzlich dem Bevollmächtigten bekannt zu geben (BFH-Urteil vom 5. 10. 2000, VII R 96/99, BStBl 2001 II S. 86). Dies gilt auch, wenn der Steuerpflichtige dem Finanzamt eine Vollmacht vorgelegt hat, nach der der Bevollmächtigte berechtigt ist, für den Steuerpflichtigen „rechtsverbindliche Erklärungen" entgegenzunehmen (BFH-Urteil vom 23. 11. 1999, VII R 38/99, BStBl 2001 II S. 463).

Nur wenn im Einzelfall besondere Gründe gegen die Bekanntgabe des Steuerbescheids an den Bevollmächtigten sprechen, kann der Steuerbescheid unmittelbar dem Steuerpflichtigen selbst bekannt gegeben (§ 122 Abs. 1 Satz 4 AO) oder förmlich zugestellt werden (§ 122 Abs. 5 Satz 3 i. V. m. Abs. 1 Satz 4 AO). Derartige Gründe können auch technischer Natur sein. Der Steuerbescheid ist auch nach Vorlage einer Empfangsvollmacht dem Steuerpflichtigen bekannt zu geben, soweit der Bevollmächtigte wegen unbefugter Hilfeleistung in Steuersachen nach § 80 Abs. 7 AO zurückgewiesen wurde oder wenn ihm die Hilfeleistung in Steuersachen nach § 7 StBerG untersagt wurde. Dies gilt auch, wenn die Zurückweisungsverfügung in der Vollziehung ausgesetzt wurde oder wenn gegen eine Untersagung nach § 7 StBerG Einspruch eingelegt oder Klage erhoben wurde und dieser Rechtsbehelf hemmende Wirkung hat (§ 361 Abs. 4 AO, § 69 Abs. 5 FGO).

Fehlt es an einer ausdrücklichen Benennung eines Empfangsbevollmächtigten, hat das Finanzamt aber bisher Verwaltungsakte dem Vertreter des Steuerpflichtigen übermittelt, so darf es sich nicht in Widerspruch zu seinem bisherigen Verhalten setzen und sich bei gleichliegenden Verhältnissen ohne ersichtlichen Grund an den Steuerpflichtigen selbst wenden (vgl. BFH-Urteile vom 11. 8. 1954, II 239/53 U, BStBl III S. 327, und vom 13. 4. 1965, I 36/64 U, I 37/64 U, BStBl III S. 389). In diesen Fällen ist jedoch eine schriftliche Vollmacht nachzufordern; der Vollmachtsnachweis kann auch in elektronischer Form (§ 87a Abs. 3 AO) erbracht werden.

Die im Einkommensteuererklärungsvordruck erteilte Empfangsvollmacht gilt nur für Bescheide des betreffenden Veranlagungszeitraums (vgl. BFH-Beschluss vom 16. 1. 2001, XI B 14/99, BFH/NV S. 888) und umfasst auch Änderungsbescheide (BFH-Urteil vom 29. 5. 1996, I R 42/95, BFH/NV 1997 S. 1). Dagegen entfaltet die im Erklärungsvordruck zur gesonderten und einheitlichen Feststellung erteilte Empfangsvollmacht nicht lediglich Wirkung für das Verfahren des entsprechenden Feststellungszeitraums, sondern ist solange zu beachten, bis sie durch Widerruf entfällt (vgl. BFH-Urteil vom 18.1.2007, IV R 53/05, BStBl II S. 369).

Ein während eines Klageverfahrens ergehender Änderungsbescheid ist i. d. R. dem Prozessbevollmächtigten bekannt zu geben (BFH-Urteile vom 5.5.1994, VI R 98/93, BStBl II S. 806, und vom 29.10.1997, X R 37/95, BStBl 1998 II S. 266).

1.7.3 Wird ein Verwaltungsakt dem betroffenen Steuerpflichtigen bekannt gegeben und hierdurch eine von ihm erteilte Bekanntgabevollmacht zugunsten seines Bevollmächtigten ohne besondere Gründe nicht beachtet, wird der Bekanntgabemangel durch die Weiterleitung des Verwaltungsakts an den Bevollmächtigten geheilt. Die Frist für einen außergerichtlichen Rechtsbehelf beginnt in dem Zeitpunkt, in dem der Bevollmächtigte den Verwaltungsakt nachweislich erhalten hat (BFH-Urteil vom 8.12.1988, IV R 24/87, BStBl 1989 II S. 346).

1.7.4 Wegen der Zustellung an Bevollmächtigte vgl. AEAO zu § 122, Nr. 3.3.

1.7.5 Hat der Steuerpflichtige einen Bevollmächtigten benannt, bleibt die Vollmacht so lange wirksam, bis der Finanzbehörde ein Widerruf zugeht (§ 80 Abs. 1 AO). Die Wirksamkeit einer Vollmacht ist nur dann auf einen Besteuerungszeitraum oder einen einzelnen Bearbeitungsvorgang begrenzt, wenn dies ausdrücklich in der Vollmacht erwähnt ist oder sich aus den äußeren Umständen ergibt (z. B. bei Einzelsteuerfestsetzungen); vgl. aber auch AEAO zu § 122, Nr. 1.7.2.

1.7.6 Wendet sich die Finanzbehörde aus besonderem Grund an den Beteiligten selbst (z. B. um ihn um Auskünfte zu bitten, die nur er selbst als Wissensträger geben kann, oder um die Vornahme von Handlungen zu erzwingen), so soll der Bevollmächtigte unterrichtet werden (§ 80 Abs. 5 Satz 3 AO).

1.8 Form der Bekanntgabe

Schriftliche Verwaltungsakte, insbesondere Steuerbescheide, sind grundsätzlich durch die Post zu übermitteln (vgl. AEAO zu § 122, Nr. 1.8.2), sofern der Empfänger im Inland wohnt oder soweit der ausländische Staat mit der Postübermittlung einverstanden ist (vgl. AEAO zu § 122, Nr. 1.8.4). Ein Verwaltungsakt kann ferner durch Telefax (vgl. AEAO zu § 122, Nr. 1.8.2) wirksam bekannt gegeben werden, auch wenn für ihn die Schriftform gesetzlich vorgeschrieben ist (BFH-Urteil vom 8.7.1998, I R 17/96, BStBl 1999 II S. 48). Eine förmliche Zustellung ist nur erforderlich, wenn dies gesetzlich vorgeschrieben ist oder die Finanzbehörde von sich aus die Zustellung anordnet (vgl. AEAO zu § 122, Nr. 1.8.3). Die Zustellung erfolgt nach den Vorschriften des Verwaltungszustellungsgesetzes (vgl. AEAO zu § 122, Nr. 3.1). Unter den Voraussetzungen des § 87a AO können Verwaltungsakte auch elektronisch übermittelt werden.

1.8.1 Schriftform

1.8.1.1 Grundsätzlich ist die **schriftliche Bekanntgabe** eines Verwaltungsakts nur erforderlich, wenn das Gesetz sie ausdrücklich vorsieht (für Steuerbescheide, § 157 AO; für die Aufhebung des Vorbehalts der Nachprüfung, § 164 Abs. 3 AO; für Haftungs- und Duldungsbescheide, § 191 Abs. 1 AO; für Prüfungsanordnungen, § 196 AO; für verbindliche Zusagen, § 205 Abs. 1 AO; für Pfändungsverfügungen, § 309 Abs. 2 AO; für Androhung von Zwangsmitteln, § 332 Abs. 1 AO; für Einspruchsentscheidungen, § 366 AO). Im Übrigen reicht die **mündliche Bekanntgabe** eines steuerlichen Verwaltungsakts aus (z. B. bei Fristverlängerungen, Billigkeitsmaßnahmen, Stundungen). Aus Gründen der Rechtssicherheit sollen Verwaltungsakte aber im Allgemeinen schriftlich erteilt werden. Ein mündlicher Verwaltungsakt ist ggf. schriftlich zu bestätigen (§ 119 Abs. 2 AO).

1.8.1.2 Ist für einen Verwaltungsakt die Schriftform gesetzlich vorgeschrieben, wird diese auch durch Übersendung per **Telefax**, auch per Computerfax, gewahrt (BFH-Urteile vom 28.1.2014, VIII R 28/13, BStBl II S. 552, und vom 18.3.2014, VIII R 9/10, BStBl II

S. 748). Der Verwaltungsakt wird in diesem Fall nicht bereits mit vollständiger Speicherung im Empfangsgerät, sondern erst mit dem Ausdruck beim Empfänger wirksam (BFH-Urteil vom 18.3.2014, VIII R 9/10, a. a. O.). Erfolgt der Ausdruck vor Ablauf der dreitägigen Frist i. S. d. § 122 Abs. 2a AO (vgl. AEAO zu § 122, Nr. 1.8.2.2), bleibt der Ablauf dieser Frist für den Zeitpunkt des Wirksamwerdens des Verwaltungsakts maßgebend.

1.8.2 Übermittlung durch die Post oder durch Telefax

1.8.2.1 Der in § 122 Abs. 2 AO verwendete Begriff der „Post" ist nicht auf die Deutsche Post AG (als Nachfolgeunternehmen der Deutschen Bundespost) beschränkt, sondern umfasst alle Unternehmen, soweit sie Postdienstleistungen erbringen. Wird ein schriftlicher Verwaltungsakt durch die Post übermittelt, so hängt die Wirksamkeit der Bekanntgabe nicht davon ab, dass der Tag der Aufgabe des Verwaltungsakts zur Post in den Akten vermerkt wird. Um den Bekanntgabezeitpunkt berechnen zu können und im Hinblick auf die Regelung in § 169 Abs. 1 Satz 3 Nr. 1 AO ist jedoch der Tag der Aufgabe zur Post in geeigneter Weise festzuhalten.

1.8.2.2 Ein **Telefax**, auch ein Computerfax, ist kein elektronisches Dokument i. S. d. § 87a AO (vgl. AEAO zu § 87a, Nr. 4), aber ein elektronisch übermittelter Verwaltungsakt i. S. d. § 122 Abs. 2a AO (Bundestagsdrucksache 14/9000 S. 32, Begründung zu § 15 VwVfG).

1.8.3 Förmliche Bekanntgabe (Zustellung)

Zuzustellen sind:

– die Ladung zu dem Termin zur Abgabe der Vermögensauskunft (§ 284 Abs. 6 AO),

– die Verfügung über die Pfändung einer Geldforderung (§ 309 Abs. 2 AO),

– die Arrestanordnung (§ 324 Abs. 2, § 326 Abs. 4 AO).

Darüber hinaus kann die Finanzbehörde die Zustellung anordnen (§ 122 Abs. 5 Satz 1 AO). Diese Anordnung stellt keinen Verwaltungsakt dar (BFH-Urteil vom 16.3.2000, III R 19/99, BStBl II S. 520).

Wegen der Besonderheiten des Zustellungsverfahrens vgl. Nr. 3; wegen der Zustellung von Einspruchsentscheidungen vgl. AEAO zu § 366, Nr. 2.

1.8.4 Bekanntgabe an Empfänger im Ausland

Mit Ausnahme der in Nr. 3.1.4.1 Satz 4 angeführten Staaten kann davon ausgegangen werden, dass an Empfänger (einschließlich der Bevollmächtigten; BFH-Urteil vom 1.2.2000, VII R 49/99, BStBl II S. 334) im Ausland Steuerverwaltungsakte durch einfachen Brief, durch Telefax oder – unter den Voraussetzungen des § 87a AO – durch elektronische Übermittlung bekannt gegeben werden können.

Ansonsten muss nach § 123 AO, § 9 VwZG (vgl. AEAO zu § 122, Nr. 3.1.4) oder § 10 VwZG (vgl. AEAO zu § 122, Nr. 3.1.5) verfahren werden, wenn ein Verwaltungsakt an einen Empfänger im Ausland bekannt zu geben ist.

Welche der bestehenden Möglichkeiten einer Auslandsbekanntgabe gewählt wird, liegt im pflichtgemäßen Ermessen (§ 5 AO) der Finanzbehörde. Die Auswahl ist u. a. abhängig von den gesetzlichen Erfordernissen (z. B. Zustellung, vgl. AEAO zu § 122, Nr. 1.8.3) und von dem Erfordernis, im Einzelfall einen einwandfreien Nachweis des Zugangs des amtlichen Schreibens zu erhalten.

2. Bekanntgabe von Bescheiden
2.1 Bekanntgabe von Bescheiden an Ehegatten
2.1.1 Allgemeines
Ehegatten sind im Fall der ESt-Zusammenveranlagung stets Gesamtschuldner (§ 44 AO). Gem. § 155 Abs. 3 Satz 1 AO kann daher gegen sie ein zusammengefasster Steuerbescheid erlassen werden. Dabei handelt es sich formal um die Zusammenfassung zweier Bescheide zu einer nur äußerlich gemeinsamen Festsetzung. Dies gilt auch für die Festsetzung von Verspätungszuschlägen gegenüber zusammen veranlagten Ehegatten (BFH-Urteil vom 28. 8. 1987, III R 230/83, BStBl II S. 836).

Bei anderen Steuerarten sind gegenüber Ehegatten zusammengefasste Steuerbescheide nur zulässig, wenn tatsächlich Gesamtschuldnerschaft vorliegt. Gesamtschuldnerschaft liegt nicht vor, wenn es sich lediglich um gleichgeartete Steuervorgänge handelt. So liegen z. B. für die Grunderwerbsteuer zwei Steuerfälle vor, wenn Ehegatten gemeinschaftlich ein Grundstück erwerben. An jeden Ehegatten ist für den auf ihn entfallenden Steuerbetrag ein gesonderter Steuerbescheid zu erteilen (BFH-Urteil vom 12. 10. 1994, II R 63/93, BStBl 1995 II S. 174).

Leben Eheleute in einer konfessions- oder einer glaubensverschiedenen Ehe, darf ein Kirchensteuerbescheid nur an den kirchensteuerpflichtigen Ehegatten gerichtet werden (BFH-Urteil vom 29. 6. 1994, II R 63/93, BStBl 1995 II S. 510).

2.1.2 Bekanntgabe nach § 122 Abs. 7 AO
Bei Zusammenveranlagung von Ehegatten reicht es für die wirksame Bekanntgabe an beide Ehegatten aus, wenn ihnen eine Ausfertigung des Steuerbescheids an die gemeinsame Anschrift übermittelt wird. Ebenso genügt es, wenn der Steuerbescheid in das Postfach eines Ehegatten eingelegt wird (BFH-Urteil vom 13. 10. 1994, IV R 100/93, BStBl 1995 II S. 181).

Es handelt sich nicht um eine Bekanntgabe an einen der Ehegatten mit Wirkung für und gegen den anderen (vgl. AEAO zu § 122, Nr. 2.1.3). Beide Ehegatten sind Empfänger des Steuerbescheids und daher im Anschriftenfeld aufzuführen. Diese vereinfachte Bekanntgabe ist auch dann möglich, wenn eine gemeinsam abzugebende Erklärung nicht eingereicht worden ist (z. B. bei Schätzung von Besteuerungsgrundlagen).

Beispiel für die Bekanntgabe eines Bescheides an Eheleute, die eine gemeinsame Anschrift haben und zusammen zu veranlagen sind:

Anschriftenfeld

Herrn Adam Meier	oder	Herrn und Frau
Frau Eva Meier		Adam u. Eva Meier
Hauptstraße 100		Hauptstraße 100
67433 Neustadt		67433 Neustadt

Die Angabe von besonderen Namensteilen eines der Eheleute (z. B. eines akademischen Grades oder eines Geburtsnamens) ist namensrechtlich geboten (vgl. AEAO zu § 122, Nr. 4.2.3).

Beispiel:
Herrn Adam Meier
Frau Dr. Eva Schulze-Meier.

2.1.3 Bekanntgabe nach § 122 Abs. 6 AO
Nach dieser Vorschrift ist die Übermittlung des Steuerbescheids an einen der Ehegatten zugleich mit Wirkung für und gegen den anderen Ehegatten zulässig, soweit die Ehegatten einverstanden sind.

Eine Bekanntgabe nach dieser Vorschrift kommt insbesondere in den Fällen in Betracht, in denen die Bekanntgabe nicht nach § 122 Abs. 7 AO erfolgen kann, weil die Ehegatten keine gemeinsame Anschrift haben.

A. I.   Zu § 122 AO

Im Bescheidkopf ist darauf hinzuweisen, dass der Verwaltungsakt an den einen Ehegatten zugleich mit Wirkung für und gegen den anderen Ehegatten ergeht.
Beispiel für die Bekanntgabe an einen der Ehegatten mit Einverständnis beider:
Anschriftenfeld
Herrn Adam Meier
Hauptstraße 100
67433 Neustadt
Bescheidkopf
Dieser Bescheid ergeht an Sie zugleich mit Wirkung für und gegen Ihre Ehefrau Eva Meier.

2.1.4 Einzelbekanntgabe
Einzelbekanntgabe ist insbesondere erforderlich, wenn
– keine gemeinsame Anschrift besteht und kein Einverständnis zur Bekanntgabe nach § 122 Abs. 6 AO vorliegt,
– bekannt ist, dass zwischen den Ehegatten ernstliche Meinungsverschiedenheiten bestehen (z. B. bei offenbarer Interessenkollision der Eheleute, bei getrennt lebenden oder geschiedenen Ehegatten),
– dies nach § 122 Abs. 7 Satz 2 AO beantragt worden ist.
Bei Einzelbekanntgabe ist der Empfänger in dem jeweiligen Anschriftenfeld mit seinem Vor- und Familiennamen genau zu bezeichnen. Dies gilt auch bei förmlichen Zustellungen (vgl. AEAO zu § 122, Nr. 3.2). Dabei ist darauf zu achten, dass nicht versehentlich eine nur für einen Ehegatten geltende Postanschrift (z. B. Firma oder Praxis) verwandt wird, sondern für jeden Ehegatten seine persönliche Anschrift. Auch die kassenmäßige Abrechnung und ggf. das Leistungsgebot sind doppelt zu erteilen.
Beispiel für die Bekanntgabe an den Ehemann:
Anschriftenfeld (Empfänger und Bekanntgabeadressat):
Herrn
Adam Meier
Hauptstraße 100
67433 Neustadt
Bescheidkopf (Inhaltsadressaten):
Für
Herrn Adam Meier und Frau Eva Meier
In jede Bescheidausfertigung ist als Erläuterung aufzunehmen:
„Ihrem Ehegatten wurde ein Bescheid gleichen Inhalts erteilt."

2.1.5 Sonderfälle
Betreiben beide Ehegatten gemeinsam einen Gewerbebetrieb oder sind sie gemeinsam Unternehmer i. S. d. Umsatzsteuergesetzes, so gelten für Bescheide über Betriebsteuern die Grundsätze zu Nrn. 2.4 und 2.5 des AEAO zu § 122. Sind Ehegatten z. B. Miteigentümer eines Grundstücks oder eines selbständigen Wirtschaftsguts, für das ein Einheitswert festgestellt wird, so ist nach Nr. 2.5.4 des AEAO zu § 122 zu verfahren.
Betreibt nur ein Ehegatte ein Gewerbe (oder eine Praxis als Freiberufler usw.), so ist nur dieser Inhaltsadressat für Verwaltungsakte, die ausschließlich den Geschäftsbetrieb betreffen.

2.2 Bekanntgabe an gesetzliche Vertreter natürlicher Personen
2.2.1   Ist ein **Inhaltsadressat** (Steuerschuldner) bei Bekanntgabe des Bescheids **geschäftsunfähig oder beschränkt geschäftsfähig**, so ist Bekanntgabeadressat der gesetzliche Vertreter (Ausnahme vgl. AEAO zu § 122, Nr. 2.2.3). Das Vertretungsverhältnis muss

aus dem Bescheid hervorgehen (BFH-Beschluss vom 14.5.1968, II B 41/67, BStBl II S. 503). Der Inhaltsadressat (Steuerschuldner) ist dabei i. d. R. durch Angabe seines Vor- und Familiennamens eindeutig genug bezeichnet (vgl. AEAO zu § 122, Nr. 1.3.2). Das Vertretungsverhältnis ist ausreichend gekennzeichnet, wenn Name und Anschrift des Vertreters genannt werden und angegeben wird, dass ihm der Bescheid „als gesetzlicher Vertreter" für den Inhaltsadressaten (Steuerschuldner) bekannt gegeben wird. Ist der gesetzliche Vertreter nicht gleichzeitig auch der Empfänger, so braucht er i. d. R. nur mit seinem Vor- und Familiennamen bezeichnet zu werden.

2.2.2 Soweit nicht ausnahmsweise die gesetzliche Vertretung nur einem Elternteil zusteht, sind die Eltern Bekanntgabeadressaten des Steuerbescheids für ihr **minderjähriges Kind**. Die Bekanntgabe an einen von beiden reicht jedoch aus, um den Verwaltungsakt wirksam werden zu lassen. Für die Zustellung von Verwaltungsakten ist es gem. § 6 Abs. 3 VwZG ausreichend, wenn der Verwaltungsakt einem von beiden Ehegatten zugestellt wird (BFH-Beschluss vom 19.6.1974, VI B 27/74, BStBl II S. 640, und BFH-Urteil vom 22.10.1976, VI R 137/74, BStBl II S. 762). Diese vom BFH für die förmliche Zustellung von Verwaltungsakten aufgestellten Grundsätze sind auch bei der Bekanntgabe mit einfachem Brief anzuwenden.

Wenn die Eltern bereits beide als Empfänger des Steuerbescheids im Anschriftenfeld aufgeführt sind, kann darauf verzichtet werden, sie im Text des Bescheids noch einmal mit vollem Namen und in voller Anschrift als Bekanntgabeadressaten zu bezeichnen.

Beispiel:

Den Eltern Anton und Maria Huber steht gesetzlich gemeinsam die Vertretung für den minderjährigen Steuerschuldner Hans Huber zu. Sie sind die Bekanntgabeadressaten für den Steuerbescheid an Hans Huber.

Der Steuerbescheid ist zu übermitteln an:

Anschriftenfeld (Empfänger):

Herrn Anton Huber

Frau Maria Huber

Moltkestraße 5

12203 Berlin

Bescheidkopf

Als gesetzliche Vertreter (Bekanntgabeadressaten) von Hans Huber (Steuerschuldner und Inhaltsadressat)

Bei Empfangsvollmacht vgl. das Beispiel bei AEAO zu § 122, Nr. 1.5.2.

2.2.3 Ermächtigt der gesetzliche Vertreter mit Genehmigung des Vormundschaftsgerichts den **Minderjährigen** zum selbständigen **Betrieb eines Erwerbsgeschäfts**, so ist der Minderjährige für diejenigen Rechtsgeschäfte unbeschränkt geschäftsfähig, die der Geschäftsbetrieb mit sich bringt (§ 112 BGB). Steuerbescheide, die ausschließlich diesen Geschäftsbetrieb betreffen, sind daher nur dem Minderjährigen bekannt zu geben (vgl. AEAO zu § 122, Nr. 1.4 – Bekanntgabeadressat –). Das Gleiche gilt bei einer Veranlagung nach § 46 EStG, wenn das Einkommen ausschließlich aus Einkünften aus nichtselbständiger Arbeit besteht und der gesetzliche Vertreter den Minderjährigen zur Eingehung des Dienstverhältnisses ermächtigt hat (§ 113 BGB). Von der Ermächtigung kann im Regelfall ausgegangen werden.

Hat der Minderjährige noch weitere Einkünfte oder Vermögenswerte und werden diese in die Festsetzung einbezogen, so kann der Steuerbescheid nicht durch Bekanntgabe gegenüber dem minderjährigen Steuerschuldner wirksam werden. Bekanntgabeadressat des Bescheids ist der gesetzliche Vertreter.

2.3 Bescheide an Ehegatten mit Kindern oder Alleinstehende mit Kindern

2.3.1 Allgemeines

Sofern Ehegatten mit ihren Kindern oder Alleinstehende mit ihren Kindern Gesamtschuldner sind, gelten für die Bekanntgabe von Bescheiden an diese Personen die Nrn. 2.1 und 2.2 des AEAO zu § 122 entsprechend. Insbesondere kann auch nach § 122 Abs. 7 AO (gleichzeitige Bekanntgabe; vgl. hierzu AEAO zu § 122, Nr. 2.1.2) und § 122 Abs. 6 AO (einverständliche Bekanntgabe an einen der Beteiligten; vgl. AEAO zu § 122, Nr. 2.1.3) bekannt gegeben werden. Hierbei sind die nachfolgenden Besonderheiten zu beachten.

2.3.2 Bekanntgabe nach § 122 Abs. 7 AO

Hat ein Familienmitglied Einzelbekanntgabe beantragt, so ist für die übrigen Familienmitglieder gleichwohl eine Bekanntgabe nach § 122 Abs. 7 AO möglich. In diesem Fall ist eine Ausfertigung des zusammengefassten Bescheids an den Antragsteller und eine weitere Ausfertigung an die übrigen Familienmitglieder bekannt zu geben. Im Bescheidkopf sind alle Steuerschuldner/Beteiligten als Inhaltsadressaten namentlich aufzuführen.

2.4 Personengesellschaften (Gemeinschaften)

Zu den Personengesellschaften (Gemeinschaften) i. S. dieser Regelung zählen die Handelsgesellschaften (vgl. AEAO zu § 122, Nr. 2.4.1.1) und die sonstigen nicht rechtsfähigen Personenvereinigungen (vgl. AEAO zu § 122, Nr. 2.4.1.2).
Es ist zu unterscheiden zwischen Bescheiden, die sich an die Gesellschaft richten, und Bescheiden, die sich an die Gesellschafter richten.

2.4.1 Bescheide an die Gesellschaft (Gemeinschaft)

Steuerbescheide und Steuermessbescheide sind an die Gesellschaft zu richten, wenn die Gesellschaft selbst Steuerschuldner ist. Dies gilt z. B. für
a) die Umsatzsteuer (§ 13a UStG),
b) die Gewerbesteuer einschließlich der Festsetzung des Messbetrags und der Zerlegung (§ 5 Abs. 1 Satz 3 GewStG),
c) die Kraftfahrzeugsteuer, wenn das Fahrzeug für die Gesellschaft zum Verkehr zugelassen ist (§ 7 KraftStG; BFH-Urteil vom 24. 7. 1963, II 8/62, HFR 1964 S. 20),
d) die pauschale Lohnsteuer (§ 40 Abs. 3, § 40a Abs. 5 und § 40b Abs. 5 EStG),
e) die Festsetzung des Grundsteuermessbetrags, wenn der Gesellschaft der Steuergegenstand zugerechnet worden ist (§ 10 Abs. 1 GrStG),
f) die Grunderwerbsteuer, soweit Gesamthandseigentum der Personengesellschaft besteht (insbesondere bei GbR, OHG, KG und ungeteilter Erbengemeinschaft; BFH-Urteile vom 28. 4. 1965, II 9/62 U, BStBl III S. 422, vom 27. 10. 1970, II 72/65, BStBl 1971 II S. 278, vom 29. 11. 1972, II R 28/67, BStBl 1973 II S. 370, vom 11. 2. 1987, II R 103/84, BStBl II S. 325, und vom 12. 12. 1996, II R 61/93, BStBl 1997 II S. 299),
g) die Körperschaftsteuer bei körperschaftsteuerpflichtigen nicht rechtsfähigen Personenvereinigungen
und entsprechend für
h) Haftungsbescheide für Steuerabzugsbeträge.
Da eine typisch oder atypisch stille Gesellschaft nicht selbst Steuerschuldnerin ist, sind Steuerbescheide und Steuermessbescheide an den Inhaber des Handelsgeschäfts zu richten (BFH-Urteil vom 12. 11. 1985, VIII R 364/83, BStBl 1986 II S. 311; R 5.1 Abs. 2 GewStR 2009). Entsprechendes gilt bei einer verdeckten Mitunternehmerschaft (BFH-Urteil vom 16. 12. 1997, VIII R 32/90, BStBl 1998 II S. 480).

Eine Europäische wirtschaftliche Interessenvereinigung (EWIV) kann selbst Steuerschuldnerin sein. Dies gilt jedoch nicht für die Gewerbesteuer. Schuldner der Gewerbesteuer sind die Mitglieder der Vereinigung (§ 5 Abs. 1 Satz 4 GewStG), bei einer Bruchteilsgemeinschaft die Gemeinschafter; an diese sind Gewerbesteuermessbescheide und Gewerbesteuerbescheide zu richten.

2.4.1.1 Handelsgesellschaften

Bei Handelsgesellschaften (OHG, KG, EWIV) sind Steuerbescheide der Gesellschaft unter ihrer Firma bekannt zu geben, wenn sie Steuerschuldner und damit Inhaltsadressat ist. Die Handelsgesellschaft kann im Wirtschaftsleben mit ihrer Firma eindeutig bezeichnet werden; bei Zweifeln über die zutreffende Bezeichnung ist das Handelsregister maßgebend. Ist eine Handelsgesellschaft Steuerschuldner und damit Inhaltsadressat, genügt deshalb zur Bezeichnung des Inhaltsadressaten die Angabe der Firma im Steuerbescheid (BFH-Urteil vom 16.12.1997, VIII R 32/90, BStBl 1998 II S. 480). Ein zusätzlicher Hinweis auf Vertretungsbefugnisse oder einzelne Gesellschafter (z. B. „zu Händen des Geschäftsführers Meier") ist zur Kennzeichnung des Inhaltsadressaten nicht erforderlich; wegen der Bekanntgabe an namentlich benannte Geschäftsführer usw. vgl. AEAO zu § 122, Nrn. 1.5.2 und 1.5.3.

Beispiel:

Ein Umsatzsteuerbescheid für die Firma Schmitz & Söhne KG muss folgende Angaben enthalten:

Steuerschuldner und Inhaltsadressat

(zugleich Bekanntgabeadressat und Empfänger):

Firma

Schmitz & Söhne KG

Postfach 11 47

50853 Köln

Zur Bekanntgabe von Feststellungsbescheiden vgl. AEAO zu § 122, Nr. 2.5.

2.4.1.2 Sonstige nicht rechtsfähige Personenvereinigungen

Zu den sonstigen nicht rechtsfähigen Personenvereinigungen gehören insbesondere die nicht eingetragenen Vereine, Gesellschaften bürgerlichen Rechts, Partnerschaftsgesellschaften, Arbeitsgemeinschaften, Erbengemeinschaften (vgl. AEAO zu § 122, Nr. 2.12.6) und Bruchteilsgemeinschaften. Sie haben formal keinen eigenen Namen und keine gesetzliche Vertretung, können aber ggf. durch Teilnahme am Rechtsverkehr eigene Rechte und Pflichten begründen (BGH-Urteil vom 29.1.2001, II ZR 331/00, DB S. 423; BFH-Beschluss vom 19.8.2004, II B 22/03, BFH/NV 2005 S. 156). In diesen Fällen ist bei Steuerbescheiden, die an Personenvereinigungen gerichtet werden, die Identität des Inhaltsadressaten (Steuerschuldners) durch Angabe des geschäftsüblichen Namens, unter dem sie am Rechtsverkehr teilnehmen, ausreichend gekennzeichnet (BFH-Urteile vom 21.5.1971, V R 117/67, BStBl II S. 540, und vom 11.2.1987, II R 103/84, BStBl II S. 325). Ein solcher Bescheid reicht nach § 267 AO zur Vollstreckung in das Vermögen der Personenvereinigung aus.

Beispiel:

Ein Umsatzsteuerbescheid für die Brennstoffhandlung Josef Müller Erben GbR muss folgende Angaben enthalten:

Steuerschuldner und Inhaltsadressat

(zugleich Bekanntgabeadressat und Empfänger):

Brennstoffhandlung

Josef Müller Erben GbR

Postfach 11 11

54290 Trier

A. I. Zu § 122 AO

Hat die nicht rechtsfähige Personenvereinigung keine Geschäftsadresse, ist als Empfänger eine natürliche Person anzugeben (vgl. AEAO zu § 122, Nr. 2.4.1.3).

Ein Umsatzsteuerbescheid hat sich bei **Arbeitsgemeinschaften** (ARGE) an diese als eine umsatzsteuerlich rechtsfähige Personenvereinigung (Unternehmer) zu richten. Es ist ausreichend und zweckmäßig, wenn der Bescheid der geschäftsführenden Firma als der Bevollmächtigten übermittelt wird (BFH-Urteil vom 21.5.1971, V R 117/67, BStBl II S. 540).

Beispiel:
Anschriftenfeld (Empfänger):
Firma
Rheinische Betonbau GmbH & Co. KG
Postfach 90 11
50890 Köln
Bescheidkopf
Für
ARGE Rheinbrücke Bonn (Inhalts- und Bekanntgabeadressat)

2.4.1.3 Soweit bei Steuerbescheiden an Personenvereinigungen kein geschäftsüblicher Name vorhanden ist, sind die Bescheide an alle Mitglieder (Gemeinschafter, Gesellschafter) zu richten (BFH-Urteil vom 17.3.1970, II 65/63, BStBl II S. 598; zur Erbengemeinschaft: BFH-Urteil vom 29.11.1972, II R 42/67, BStBl 1973 II S. 372). Ist die Bezeichnung der Mitglieder der nicht rechtsfähigen Personenvereinigung durch die Aufzählung aller Namen im Kopf des Bescheids aus technischen Gründen nicht möglich, kann so verfahren werden, dass neben einer Kurzbezeichnung im Bescheidkopf (Beispiel: „Erbengemeinschaft Max Meier", „Bruchteilsgemeinschaft Goethestraße 100", „GbR Peter Müller unter anderem", „Kegelclub Alle Neune") die einzelnen Mitglieder in den Bescheiderläuterungen oder in einer Anlage zum Bescheid aufgeführt werden.

Die Bescheide werden durch Bekanntgabe an ein vertretungsberechtigtes Mitglied gegenüber der Personenvereinigung wirksam. Bei mehreren vertretungsberechtigten Mitgliedern reicht die Bekanntgabe an eines von ihnen (BFH-Urteile vom 11.2.1987, II R 103/84, BStBl II S. 325, vom 27.4.1993, VIII R 27/92, BStBl 1994 II S. 3, und vom 8.11.1995, V R 64/94, BStBl 1996 II S. 256). Es genügt, wenn dem Bekanntgabeadressaten eine Ausfertigung des Steuerbescheids zugeht. Ausfertigungen für alle Mitglieder sind i. d. R. nicht erforderlich.

Als Bekanntgabeadressat kommen vor allem der von den Mitgliedern bestellte Geschäftsführer (§ 34 Abs. 1 AO) oder die als Verfügungsberechtigter auftretende Person (§ 35 AO) in Betracht. Hat eine nicht rechtsfähige Personenvereinigung keinen Geschäftsführer, kann der Bescheid einem der Mitglieder nach Wahl des Finanzamts bekannt gegeben werden (§ 34 Abs. 2 AO). In den Bescheid ist folgender Erläuterungstext aufzunehmen: „Der Bescheid ergeht an Sie als Mitglied der Gemeinschaft/Gesellschaft mit Wirkung für und gegen die Gemeinschaft/Gesellschaft".

Im Bescheid ist zum Ausdruck zu bringen, dass er dieser Person als Vertreter der Personenvereinigung bzw. ihrer Mitglieder zugeht (§§ 34, 35 AO). Der Bekanntgabeadressat muss sich dabei aus dem Bescheid selbst ergeben, die Angabe auf dem Briefumschlag der Postsendung reicht nicht aus (BFH-Urteil vom 8.2.1974, III R 27/73, BStBl II S. 367).

Beispiel:
Bekanntgabeadressat
a) Herrn Peter Meier
   als Geschäftsführer der
   Erbengemeinschaft Max Meier

b) Herrn Emil Krause
für die Bruchteilsgemeinschaft
Goethestraße 100
c) Herrn Karl Huber
für die Grundstücksgemeinschaft
Karl und Maria Huber
d) Herrn Hans Schmidt
als Vorsitzender des
Kegelclubs „Alle Neune"

Ist für die Mitglieder einer Personenvereinigung kein gemeinsamer Bekanntgabeadressat vorhanden oder wird von der Bestimmung eines Bekanntgabeadressaten abgesehen, so ist jedem der Mitglieder eine Ausfertigung des Steuerbescheids bekannt zu geben. Soll auch in das Vermögen einzelner Mitglieder vollstreckt werden, vgl. Abschn. 33 VollstrA.

2.4.2 Bescheide an Gesellschafter (Mitglieder)
Steuerbescheide und Feststellungsbescheide sind an die Gesellschafter (Mitglieder, Gemeinschafter) zu richten, wenn die einzelnen Beteiligten unmittelbar aus dem Steuerschuldverhältnis in Anspruch genommen werden sollen oder ihnen der Gegenstand der Feststellung zugerechnet wird (vgl. AEAO zu § 122, Nrn. 2.5 und 2.6).

2.5 Bescheide über gesonderte und einheitliche Feststellungen

2.5.1 Bescheide über gesonderte und einheitliche Feststellungen richten sich nicht an die Personengesellschaft als solche, sondern an die einzelnen Gesellschafter (Mitglieder), die den Gegenstand der Feststellung (z. B. Vermögenswerte als Einheitswert oder Einkünfte) anteilig zu versteuern haben und denen er deshalb insbesondere bei Feststellungen nach § 180 Abs. 1 Satz 1 Nr. 1, Nr. 2 Buchstabe a und Abs. 2 AO zuzurechnen ist (§ 179 Abs. 2 AO).

Es genügt i. d. R., wenn im Bescheidkopf die Personengesellschaft als solche bezeichnet wird (Sammelbezeichnung) und sich alle Gesellschafter eindeutig als Betroffene (Inhaltsadressaten) aus dem für die Verteilung der Besteuerungsgrundlagen vorgesehenen Teil des Bescheids ergeben (BFH-Urteil vom 7. 4. 1987, VIII R 259/84, BStBl II S. 766). Aus einem kombinierten positiv-negativen Feststellungsbescheid muss eindeutig hervorgehen, welchen Beteiligten Besteuerungsgrundlagen zugerechnet werden und für welche Beteiligte eine Feststellung abgelehnt wird (BFH-Urteil vom 7. 4. 1987, VIII R 259/84, a. a. O.).

Der einheitliche Feststellungsbescheid erlangt volle Wirksamkeit, wenn er allen Feststellungsbeteiligten bekannt gegeben wird. Mit seiner Bekanntgabe an einzelne Feststellungsbeteiligte entfaltet er nur diesen gegenüber Wirksamkeit (BFH-Urteile vom 7. 4. 1987, VIII R 259/84, a. a. O., vom 25. 11. 1987, II R 227/84, BStBl 1988 II S. 410, und vom 23. 6. 1988, IV R 33/86, BStBl II S. 979). Eine unterlassene oder unwirksame Bekanntgabe gegenüber einzelnen Feststellungsbeteiligten kann noch im Klageverfahren nachgeholt werden (vgl. BFH-Urteil vom 19. 5. 1983, IV R 125/82, BStBl 1984 II S. 15). Der Bescheid ist diesen mit unverändertem Inhalt bekannt zu geben (vgl. AEAO zu § 122, Nr. 4.7.1).

2.5.2 Gemeinsame Empfangsbevollmächtigte
Alle Feststellungsbeteiligten sollen einen **gemeinsamen Empfangsbevollmächtigten** bestellen, der ermächtigt ist, den an sämtliche Gesellschafter (Gemeinschafter) gerichteten Feststellungsbescheid, sonstige Verwaltungsakte und das Feststellungsverfahren betreffende Mitteilungen in Empfang zu nehmen (§ 183 Abs. 1 Satz 1 AO). Das Finanzamt kann aber im Einzelfall zulassen, dass ein gemeinsamer Empfangsbevollmächtigter nur durch einen Teil der Feststellungsbeteiligten bestellt wird. In

diesem Fall ist der Feststellungsbescheid den übrigen Feststellungsbeteiligten einzeln bekannt zu geben.

Die Empfangsvollmacht nach § 183 Abs. 1 Satz 1 AO gilt fort auch bei Ausscheiden des Beteiligten aus der Gesellschaft oder bei ernstlichen Meinungsverschiedenheiten, bis sie gegenüber dem Finanzamt widerrufen wird (§ 183 Abs. 3 AO).

Ist kein gemeinsamer Empfangsbevollmächtigter bestellt, so gilt ein zur Vertretung der Gesellschaft oder der Feststellungsbeteiligten oder ein zur Verwaltung des Gegenstandes der Feststellung Berechtigter, z. B. der vertraglich zur Vertretung berufene Geschäftsführer einer Personenhandelsgesellschaft, als Empfangsbevollmächtigter (§ 183 Abs. 1 Satz 2 AO). Bei einer Gesellschaft des bürgerlichen Rechts ist nach § 183 Abs. 1 Satz 2 AO jeder Gesellschafter zur Vertretung der Feststellungsbeteiligten und damit zum Empfang von Feststellungsbescheiden berechtigt, sofern sich aus einem dem Finanzamt vorliegenden Gesellschaftsvertrag nichts anderes ergibt (BFH-Urteil vom 23.6.1988, IV R 33/86, BStBl II S. 979). Die Sonderregelung des § 183 Abs. 3 AO gilt in diesen Fällen nicht.

In der Liquidationsphase einer Personengesellschaft ist der Liquidator Empfangsbevollmächtigter i. S. d. § 183 Abs. 1 Satz 2 AO. Nach Abschluss der gesellschaftsrechtlichen Liquidation (vgl. AEAO zu § 122, Nr. 2.7.1) kann von dieser Bekanntgabemöglichkeit nicht mehr Gebrauch gemacht werden (BFH-Urteil vom 26.10.1989, IV R 23/89, BStBl 1990 II S. 333).

Bei der Bekanntgabe an einen Empfangsbevollmächtigten ist nach § 183 Abs. 1 Satz 5 AO in dem Feststellungsbescheid stets darauf hinzuweisen, dass die Bekanntgabe mit Wirkung für und gegen alle Feststellungsbeteiligten erfolgt (BFH-Urteile vom 26.8.1982, IV R 31/82, BStBl 1983 II S. 23, und vom 23.7.1985, VIII R 315/82, BStBl 1986 II S. 123).

Zur Zustellung an einen Empfangsbevollmächtigten vgl. AEAO zu § 122, Nr. 3.3.3.

2.5.3 Ist ein Empfangsbevollmächtigter i. S. d. AEAO zu § 122, Nr. 2.5.2 nicht vorhanden, kann das Finanzamt die Beteiligten zur Benennung eines Empfangsbevollmächtigten auffordern. Die Aufforderung ist an jeden Beteiligten zu richten. Mit der Aufforderung ist gleichzeitig ein Beteiligter als Empfangsbevollmächtigter vorzuschlagen und darauf hinzuweisen, dass diesem künftig Verwaltungsakte mit Wirkung für und gegen alle Beteiligten bekannt gegeben werden, soweit nicht ein anderer Empfangsbevollmächtigter benannt wird (§ 183 Abs. 1 Satz 4 AO). Die Sonderregelung des § 183 Abs. 3 AO gilt in diesen Fällen nicht.

Bei der Bekanntgabe des Feststellungsbescheids ist § 183 Abs. 1 Satz 5 AO zu beachten (vgl. Nr. 2.5.2 vorletzter Absatz).

2.5.4 **Einheitswertbescheide an Eheleute, Eltern mit Kindern und Alleinstehende mit Kindern**

Bei der Bekanntgabe eines Bescheids über Einheitswerte des Grundbesitzes an Eheleute, die gemeinsam Eigentümer sind, sind die Eheleute einzeln als Beteiligte anzugeben (vgl. Nr. 2.5.1). Haben die Eheleute eine gemeinsame Anschrift und haben sie keinen Empfangsbevollmächtigten benannt, kann der Einheitswertbescheid beiden in einer Ausfertigung bekannt gegeben werden (§ 183 Abs. 4 i. V. m. § 122 Abs. 7 AO).

Haben die Eheleute gem. § 183 Abs. 1 Satz 1 AO einen Empfangsbevollmächtigten benannt, ist der Bescheid an diesen bekannt zu geben. Im Bescheid ist darauf hinzuweisen, dass die Bekanntgabe mit Wirkung für und gegen beide Ehegatten erfolgt.

In den übrigen Fällen ist der Bescheid an beide Ehegatten getrennt bekannt zu geben.

Dies gilt für Eheleute mit Kindern und Alleinstehende mit Kindern entsprechend.

2.5.5 Ausnahmen von der Bekanntgabe an Empfangsbevollmächtigte

Die in § 183 Abs. 1 AO zugelassene Vereinfachung darf nicht so weit gehen, dass der Steuerpflichtige in seinen Rechten eingeschränkt wird. Diese Art der Bekanntgabe ist daher gem. § 183 Abs. 2 AO unzulässig, soweit

a) ein Gesellschafter (Gemeinschafter) im Zeitpunkt der Bekanntgabe des Feststellungsbescheids bereits ausgeschieden und dies dem für den Erlass des Feststellungsbescheids zuständigen Finanzamt bekannt ist oder wegen einer entsprechenden Eintragung im Handelsregister als bekannt gelten muss (BFH-Urteil vom 14. 12. 1978, IV R 221/75, BStBl 1979 II S. 503);

b) die Zusendung eines Feststellungsbescheids an einen Erben erforderlich wird, der nicht in die Gesellschafterstellung des Rechtsvorgängers eintritt (BFH-Urteil vom 23. 5. 1973, I R 121/71, BStBl II S. 746); vgl. AEAO zu § 122, Nr. 2.12;

c) die Gesellschaft (Gemeinschaft) im Zeitpunkt der Zusendung des Bescheids nicht mehr besteht (BFH-Urteil vom 30. 3. 1978, IV R 72/74, BStBl II S. 503);

d) über das Vermögen der Gesellschaft, aber nicht ihrer Gesellschafter, das Insolvenzverfahren eröffnet worden ist – es sei denn, die Gesellschaft ist noch nicht voll beendet und der Informationsfluss zwischen dem Empfangsbevollmächtigten und den Gesellschaftern ist auch nach Eröffnung des Insolvenzverfahrens gewährleistet;

e) zwischen den Gesellschaftern (Gemeinschaftern) erkennbar ernstliche Meinungsverschiedenheiten bestehen;

f) durch einen Bescheid das Bestehen oder Nichtbestehen einer Gesellschaft (Gemeinschaft) erstmals mit steuerlicher Wirkung festgestellt wird und die Gesellschafter noch keinen Empfangsbevollmächtigten i. S. d. § 183 Abs. 1 AO benannt haben.

In den Fällen a) und b) ist auch dem ausgeschiedenen Gesellschafter (Gemeinschafter) bzw. dem Erben, in den übrigen Fällen jedem der Gesellschafter (Gemeinschafter) ein Bescheid bekannt zu geben.

In den Fällen a), c), d) und e) wirkt eine von den Beteiligten nach § 183 Abs. 1 Satz 1 AO **erteilte Vollmacht** bis zum Widerruf fort (§ 183 Abs. 3 AO; vgl. BFH-Urteil vom 7. 2. 1995, IX R 3/93, BStBl II S. 357). Der Widerruf wird dem Finanzamt gegenüber erst mit seinem Zugang wirksam.

Im Fall d) ist, soweit der Ausnahmefall gegeben ist, auch eine Bekanntgabe an den nach § 183 Abs. 1 Satz 2 AO fingierten Empfangsbevollmächtigten (z. B. Personen, die durch Gesellschaftsvertrag oder Gesellschafterbeschluss zum Liquidator der Gesellschaft berufen sind – bspw. Komplementär-GmbH einer Fonds-KG –, oder eine Treuhand-GmbH, über die sich die Gesellschafter an der Gesellschaft beteiligt haben) zulässig (vgl. auch Nr. 2.5.2 des AEAO zu § 122, Abs. 4). In Zweifelsfällen ist eine Einzelbekanntgabe vorzunehmen.

2.5.6 Soweit nach § 183 Abs. 2 Satz 1 AO Einzelbekanntgabe erforderlich wird, ist grundsätzlich ein verkürzter Feststellungsbescheid bekannt zu geben (§ 183 Abs. 2 Satz 2 AO). Bei berechtigtem Interesse ist den Beteiligten allerdings der gesamte Inhalt des Feststellungsbescheids mitzuteilen (§ 183 Abs. 2 Satz 3 AO).

2.6 Grundsteuermessbescheide, Grunderwerbsteuerbescheide

2.6.1 Grundsteuermessbescheide sind in gleicher Weise bekannt zu geben wie Feststellungsbescheide über Einheitswerte des Grundbesitzes (§ 184 Abs. 1 AO); vgl. AEAO zu § 122, Nr. 2.4.1 Buchstabe e.

2.6.2 Zur Grunderwerbsteuer, soweit Bruchteilseigentum besteht (z. B. geteilte Erbengemeinschaft), vgl. AEAO zu § 122, Nr. 2.1.1; zur Grunderwerbsteuer, soweit Gesamthandseigentum besteht, vgl. AEAO zu § 122, Nr. 2.4.1 Buchstabe f.

A. I. Zu § 122 AO

2.7 Personengesellschaften (Gemeinschaften) in Liquidation

2.7.1 Bei der Liquidation einer Personengesellschaft ist zwischen der gesellschaftsrechtlichen und der steuerrechtlichen Liquidation zu unterscheiden. Bei der gesellschaftsrechtlichen Liquidation ist die Personengesellschaft vollständig abgewickelt mit der Realisierung des Gesellschaftsvermögens (= Verteilung an die Gläubiger und Ausschüttung des Restes an die Gesellschafter). Bei der steuerrechtlichen Liquidation ist die Personengesellschaft erst dann vollständig abgewickelt, wenn alle gemeinsamen Rechtsbeziehungen, also auch die Rechtsbeziehungen zwischen Personengesellschaft und Finanzamt, unter den Gesellschaftern beseitigt sind (BFH-Urteil vom 1. 10. 1992, IV R 60/91, BStBl 1993 II S. 82).

2.7.2 Befindet sich eine Handelsgesellschaft (OHG, KG) in der gesellschaftsrechtlichen Liquidation, so ist der Liquidator das einzige zur Geschäftsführung und Vertretung befugte Organ der Abwicklungsgesellschaft. Die Löschung im Handelsregister wirkt nur deklaratorisch (BFH-Urteil vom 22. 1. 1985, VIII R 37/84, BStBl II S. 501). Verwaltungsakte sind dem Liquidator unter Angabe des Vertretungsverhältnisses bekannt zu geben (vgl. AEAO zu § 122, Nr. 1.4; BFH-Urteile vom 16. 6. 1961, III 329/58 U, BStBl III S. 349, und vom 24. 3. 1987, X R 28/80, BStBl 1988 II S. 316). Bei mehreren Liquidatoren genügt die Bekanntgabe an einen von ihnen (BFH-Urteil vom 8. 11. 1995, V R 64/94, BStBl 1996 II S. 256; siehe auch § 6 Abs. 3 VwZG). Sind gegenüber einer GmbH & Co. KG nach Löschung im Handelsregister noch Verwaltungsakte zu erlassen, ist die Bestellung eines Nachlassliquidators für die bereits im Handelsregister gelöschte GmbH entbehrlich. Die ehemaligen Kommanditisten vertreten hier als gesetzliche Liquidatoren die KG (§ 161 Abs. 2 HGB i.V. m. § 146 Abs. 1 Satz 1 HGB). Auch insoweit genügt die Bekanntgabe an einer der Liquidatoren (§ 150 Abs. 2 Satz 2 HGB i.V. m. § 125 Abs. 2 Satz 3 HGB).

Bei einer Gesellschaft bürgerlichen Rechts steht mit der Auflösung der Gesellschaft die Geschäftsführung grundsätzlich allen Gesellschaftern gemeinschaftlich zu (§ 730 Abs. 2 BGB).

2.7.3 Nach Beendigung der gesellschaftsrechtlichen Liquidation (vollständige Abwicklung) ist es i. d. R. unzweckmäßig, Verwaltungsakte noch gegenüber der Gesellschaft zu erlassen (z. B. Gewerbesteuermessbescheide). In diesen Fällen sind Ansprüche aus dem Steuerschuldverhältnis gegenüber jedem einzelnen Gesellschafter (Gemeinschafter) durch Haftungsbescheid geltend zu machen.

2.7.4 Wird eine Personengesellschaft ohne Liquidation durch Ausscheiden ihres vorletzten Gesellschafters und Anwachsung des Anteils am Gesamthandsvermögen bei dem übernehmenden Gesellschafter beendet, gehen in der Gesellschaft entstandene Ansprüche aus dem Steuerschuldverhältnis (z. B. Umsatzsteuer, Gewerbesteuer) auf den Gesamtrechtsnachfolger über (vgl. AEAO zu § 122, Nr. 2.12.2). In Bezug auf die gesonderte und einheitliche Feststellung von Besteuerungsgrundlagen (vgl. AEAO zu § 122, Nr. 2.5) tritt jedoch keine Gesamtrechtsnachfolge i. S. d. § 45 Abs. 1 AO ein (vgl. AEAO zu § 45, Nr. 1).

2.8 Bekanntgabe an juristische Personen

2.8.1.1 Der Steuerbescheid ist an die juristische Person zu richten und ihr unter ihrer Geschäftsanschrift bekannt zu geben. Die Angabe des gesetzlichen Vertreters als Bekanntgabeadressat ist nicht erforderlich (BFH-Beschluss vom 7. 8. 1970, VI R 24/67, BStBl II S. 814).

Beispiel:
Anschriftenfeld
(Steuerschuldner als Inhaltsadressat, Bekanntgabeadressat und Empfänger):
Müller GmbH
Postfach 67 00
40210 Düsseldorf
(Angaben wie „z. H. des Geschäftsführers Müller" o. Ä. sind nicht erforderlich.)

Zur Bekanntgabe an namentlich genannte Vertreter vgl. AEAO zu § 122, Nrn. 1.5.2 und 1.5.3.

2.8.1.2 Eine führungslose GmbH, die sich nicht in Liquidation oder im Insolvenzverfahren befindet, wird nach § 35 Abs. 1 GmbHG durch ihre Gesellschafter vertreten, soweit ihr gegenüber u. a. Steuerverwaltungsakte bekannt gegeben oder zugestellt werden. Eine führungslose AG, die sich nicht in Liquidation oder im Insolvenzverfahren befindet, wird nach § 78 Abs. 1 AktG durch ihren Aufsichtsrat vertreten, soweit ihr gegenüber u. a. Steuerverwaltungsakte bekannt gegeben oder zugestellt werden. Vgl. AEAO zu § 34, Nr. 3. Solange die führungslose Gesellschaft über eine Geschäftsadresse verfügt, können ihr Steuerbescheide weiterhin unter dieser Anschrift bekannt gegeben werden. Ein Hinweis auf die besondere gesetzliche Vertretung der Gesellschaft durch die Gesellschafter bzw. den Vorstand ist nur erforderlich, wenn keine Geschäftsanschrift mehr besteht und die Bekanntgabe an die Gesellschafter bzw. die Aufsichtsratsmitglieder unter ihrer persönlichen Anschrift erfolgen soll.

2.8.2 Bekanntgabe an juristische Personen des öffentlichen Rechts

Die Grundsätze zu Nr. 2.8.1 gelten auch für die Bekanntgabe von Steuerbescheiden an Körperschaften des öffentlichen Rechts (BFH-Urteil vom 18. 8. 1988, V R 194/83, BStBl II S. 932).

Juristische Personen des öffentlichen Rechts sind wegen jedes einzelnen von ihnen unterhaltenen Betriebs gewerblicher Art oder mehrerer zusammengefasster Betriebe gewerblicher Art Körperschaftsteuersubjekt (BFH-Urteile vom 13. 3. 1974, I R 7/71, BStBl II S. 391, und vom 8. 11. 1989, I R 187/85, BStBl 1990 II S. 242). Gegenstand der Gewerbesteuer ist gem. § 2 Abs. 1 GewStG i. V. m. § 2 Abs. 1 GewStDV der einzelne Betrieb gewerblicher Art, sofern er einen Gewerbebetrieb i. S. d. Einkommensteuergesetzes darstellt; Steuerschuldner ist die juristische Person des öffentlichen Rechts (§ 5 Abs. 1 Sätze 1 und 2 GewStG). Im Gegensatz zur Umsatzsteuer sind daher für jeden Betrieb gewerblicher Art gesonderte Körperschaftsteuer- und Gewerbesteuer(mess)bescheide erforderlich. Damit eine entsprechende Zuordnung erleichtert wird, ist es zweckmäßig, aber nicht erforderlich, im Anschriftenfeld der Körperschaftsteuer- und Gewerbesteuer(mess)bescheide einen Hinweis auf den jeweils betroffenen Betrieb gewerblicher Art anzubringen.

Beispiel:
Anschriftenfeld
(Steuerschuldner als Inhaltsadressat, Bekanntgabeadressat und Empfänger):
Gemeinde Mainwiesen
– Friedhofsgärtnerei –
Postfach 12 34
61116 Mainwiesen

Der Hinweis auf den betroffenen Betrieb gewerblicher Art kann auch in den Erläuterungen zum Steuer(mess)bescheid angebracht werden.

2.8.3 Juristische Personen in und nach Liquidation (Abwicklung)

2.8.3.1 Bei einer in Liquidation (bei Aktiengesellschaften: Abwicklung) befindlichen Gesellschaft ist der Steuerbescheid der Gesellschaft, z. H. des Liquidators (Abwicklers), bekannt zu geben.

Beispiel:
Für die in Liquidation befindliche Müller GmbH (Inhaltsadressat) ist der Steuerberater Hans Schmidt als Liquidator (Bekanntgabeadressat) bestellt worden.
Anschriftenfeld
Müller GmbH i. L.
z. H. des Liquidators
Herrn Steuerberater Hans Schmidt
...

2.8.3.2 Steuerrechtlich wird auch eine im Handelsregister bereits gelöschte juristische Person so lange als fortbestehend angesehen, wie sie noch steuerrechtliche Pflichten zu erfüllen hat (BFH-Urteil vom 1.10.1992, IV R 60/91, BStBl 1993 II S. 82). Zu ihrer steuerrechtlichen Vertretung bedarf es eines Liquidators, der insoweit auch die steuerlichen Pflichten zu erfüllen hat (§ 34 Abs. 3 AO). Ein Liquidator kann auch nur zum Zweck der Entgegennahme eines Steuerbescheids für die gelöschte GmbH bestellt werden (BayObLG-Beschluss vom 2. 2. 1984, BReg 3 Z 192/83, DB S. 870). Das Finanzamt hat ggf. die Neubestellung eines Liquidators beim Registergericht zu beantragen, weil mit dem Erlöschen der Firma auch das Amt des zunächst bestellten Liquidators endet (BFH-Urteile vom 2.7.1969, I R 190/67, BStBl II S. 656, und vom 6.5.1977, III R 19/75, BStBl II S. 783). Die Neubestellung eines Liquidators ist nicht erforderlich, wenn eine gelöschte Kapitalgesellschaft durch einen Bevollmächtigten vertreten wird, der bereits vor Löschung bestellt wurde und dessen Bevollmächtigung die Entgegennahme von Entscheidungen der Finanzbehörde umfasst. Eine vor Löschung erteilte Vollmacht wirkt insoweit fort (§ 80 Abs. 2 AO; vgl. BFH-Urteil vom 27. 4. 2000, I R 65/98, BStBl II S. 500 zu § 86 ZPO). Wegen § 80 Abs. 1 Satz 2 zweiter Halbsatz AO ist jedoch für etwaige Zahlungen an die im Handelsregister gelöschte Gesellschaft die nachträgliche Bestellung eines Liquidators erforderlich, wenn nicht der Bevollmächtigte bereits vor Löschung ausdrücklich zur Entgegennahme von Zahlungen für die Gesellschaft ermächtigt worden ist (vgl. AEAO zu § 80, Nr. 2).

2.9 Wegen der Bekanntgabe von Verwaltungsakten in Insolvenzfällen vgl. AEAO zu § 251, Nrn. 4.3, 4.4, 6.1, 13.2 und 15.1.

2.10 Wegen der Bekanntgabe von Verwaltungsakten im Verbraucherinsolvenzverfahren vgl. AEAO zu § 251, Nrn. 12.2 und 12.3.

2.11 Zwangsverwaltung

Mit Anordnung der Zwangsverwaltung verliert der Grundstückseigentümer (Schuldner) die Befugnis, über das beschlagnahmte Grundstück zu verfügen. Bekanntgabeadressat von Verwaltungsakten, die das beschlagnahmte Grundstück betreffen, ist daher der Zwangsverwalter. Dies gilt insbesondere für einen Grundsteuermessbescheid, einen Grundsteuerbescheid sowie für einen Umsatzsteuerbescheid, der die Verwaltung des Grundstücks betreffende Umsätze und Vorsteuern erfasst. Zur Bekanntgabe von Einkommensteuerbescheiden, Körperschaftsteuerbescheiden und Feststellungsbescheiden während einer Zwangsverwaltung sowie zu weiteren ertragsteuerlichen Folgen einer Zwangsverwaltung vgl. BMF-Schreiben vom 3. 5. 2017, BStBl I S. 718.

Der dem Zwangsverwalter bekannt zu gebende Verwaltungsakt muss neben der Bezeichnung der der Zwangsverwaltung unterliegenden Grundstücke auch die Person des Grundstückseigentümers (Inhaltsadressat) angeben (BFH-Urteil vom 23.6.1988, V R 203/83, BStBl II S. 920).

Soweit die Wirkung von Steuerbescheiden über die Zwangsverwaltung hinausgeht, sind sie auch dem Grundstückseigentümer (Inhaltsadressat) bekannt zu geben. Einheitswertbescheide über zwangsverwaltete Grundstücke sind sowohl dem Zwangsverwalter als auch dem Grundstückseigentümer (Inhaltsadressat) bekannt zu geben.

Beispiel für die Bekanntgabe eines Einheitswertbescheids:

Bekanntgabeadressaten
sind sowohl der Schuldner als auch der Zwangsverwalter

Anschriftenfeld (Empfänger):
Herrn
Josef Meier
Sophienstraße 20
80799 München

Herrn
Rechtsanwalt
Helmut Müller
Schellingstraße 40
80799 München

Bescheidkopf

Als Zwangsverwalter des Grundstücks
Sophienstraße 20
80799 München
(Grundstückseigentümer Josef Meier)

2.12 Gesamtrechtsnachfolge (z. B. Erbfolge)

2.12.1 Zur Frage, wann eine Gesamtrechtsnachfolge i. S. d. § 45 Abs. 1 AO vorliegt, vgl. AEAO zu § 45. Bescheide, die bereits vor Eintritt der Gesamtrechtsnachfolge an den Rechtsvorgänger gerichtet und ihm zugegangen waren, wirken auch gegen den Gesamtrechtsnachfolger. Er kann nur innerhalb der für den Rechtsvorgänger maßgeblichen Rechtsbehelfsfrist Einspruch einlegen. § 353 AO schreibt dies für Bescheide mit dinglicher Wirkung ausdrücklich auch vor, soweit es sich um Einzelrechtsnachfolge handelt. Die Regelung in § 166 AO, wonach unanfechtbare Steuerfestsetzungen auch gegenüber einem Gesamtrechtsnachfolger gelten, bedeutet nicht, dass gegenüber einem Gesamtrechtsnachfolger die Bekanntgabe zu wiederholen ist oder dass eine neue Rechtsbehelfsfrist läuft. Hat der Rechtsvorgänger zwar den Steuertatbestand verwirklicht, wurde ihm aber der Bescheid vor Eintritt der Rechtsnachfolge nicht mehr bekannt gegeben, so ist der Bescheid an den Gesamtrechtsnachfolger zu richten (BFH-Urteil vom 16. 1. 1974, I R 254/70, BStBl II S. 388).

2.12.2 Bei einer Gesamtrechtsnachfolge i. S. d. § 45 Abs. 1 AO geht die Steuerschuld des Rechtsvorgängers auf den Rechtsnachfolger über. In den Bescheidkopf ist der Hinweis aufzunehmen, dass der Steuerschuldner als Gesamtrechtsnachfolger des Rechtsvorgängers in Anspruch genommen wird. Entsprechendes gilt, wenn der Steuerschuldner zugleich aufgrund eines eigenen Steuerschuldverhältnisses und als Gesamtrechtsnachfolger in Anspruch genommen wird.

Beispiel:
Der Ehemann ist 08 verstorben. Die Ehefrau ist Alleinerbin. Für den Veranlagungszeitraum 07 soll ein zusammengefasster ESt-Bescheid bekannt gegeben werden.

Anschriftenfeld
(Steuerschuldner als Inhaltsadressat, Bekanntgabeadressat und Empfänger):
Frau
Eva Meier
Hauptstraße 100
67433 Neustadt

Bescheidkopf
Dieser Steuerbescheid ergeht an Sie zugleich als Alleinerbin nach Ihrem Ehemann.

Beispiel:
Die Meier-OHG mit den Gesellschaftern Max und Emil Meier ist durch Austritt des Gesellschafters Emil Meier aus der OHG und gleichzeitige Übernahme des Gesamthandsvermögens

durch Max Meier ohne Liquidation erloschen (vollbeendet). Nach dem Ausscheiden des vorletzten Gesellschafters soll ein Umsatzsteuerbescheid für einen Zeitraum vor dem Ausscheiden für die erloschene OHG ergehen.

Anschriftenfeld
(Steuerschuldner als Inhaltsadressat, Bekanntgabeadressat und Empfänger):
Herrn
Max Meier
Hauptstraße 101
67433 Neustadt

Bescheidkopf
Dieser Bescheid ergeht an Sie als Gesamtrechtsnachfolger der Meier-OHG.

Beispiel:
Die A-GmbH ist unter Auflösung ohne Abwicklung auf die B-GmbH verschmolzen worden.

Anschriftenfeld
(Steuerschuldner als Inhaltsadressat, Bekanntgabeadressat und Empfänger):
B-GmbH
Hauptstraße 101
67433 Neustadt

Bescheidkopf
Dieser Bescheid ergeht an Sie als Gesamtrechtsnachfolgerin der A-GmbH.

2.12.3 Das Finanzamt kann gegen Gesamtrechtsnachfolger (z. B. mehrere Erben) Einzelbescheide nach § 155 Abs. 1 AO oder einen nach § 155 Abs. 3 AO zusammengefassten Steuerbescheid erlassen (BFH-Urteile vom 24.11.1967, III 2/63, BStBl 1968 II S. 163, und vom 28.3.1973, I R 100/71, BStBl II S. 544). Grundsätzlich ist ein zusammengefasster Bescheid zu erlassen, der an die Gesamtrechtsnachfolger als Gesamtschuldner zu richten und jedem von ihnen bekannt zu geben ist, soweit nicht nach § 122 Abs. 6 AO (vgl. AEAO zu § 122, Nr. 2.1.3) verfahren werden kann (§ 122 Abs. 1 AO und BFH-Urteil vom 24.3.1970, I R 141/69, BStBl II S. 501). Der Steuerbescheid ist nur wirksam, wenn die Gesamtrechtsnachfolger, an die sich der Bescheid richtet, namentlich als Inhaltsadressaten aufgeführt sind.

Im Einzelfall können sich die Gesamtrechtsnachfolger, gegen die sich der Bescheid als Inhaltsadressaten richtet, auch durch Auslegung des Bescheids ergeben, z. B. durch die Bezugnahme auf einen den Betroffenen bekannten Betriebsprüfungsbericht (BFH-Urteil vom 17.11.2005, III R 8/03, BStBl 2006 II S. 287). Die Ermittlung des Inhaltsadressaten durch Auslegung kann jedoch einen Mangel der fehlenden Bestimmtheit des Steuerschuldners nicht heilen. Für eine Auslegung, an wen der Steuerbescheid sich richtet, ist z. B. dann kein Raum, wenn in einem Einkommensteuerbescheid ohne namentliche Anführung der Beteiligten eine Erbengemeinschaft als Inhaltsadressat benannt (z. B. „Erbengemeinschaft nach Herrn Adam Meier") und zugleich der Hinweis auf die Gesamtrechtsnachfolge unterblieben ist (vgl. AEAO zu § 122, Nr. 2.12.2). Die Angabe, wer die Steuer schuldet (§ 157 Abs. 1 Satz 2 AO), fehlt hier, denn eine Erbengemeinschaft kann nicht Schuldnerin der Einkommensteuer sein.

Aus Gründen der Rechtsklarheit sind die Inhaltsadressaten grundsätzlich namentlich aufzuführen (vgl. die Beispiele zum AEAO zu § 122, Nr. 2.12.4); von dem Verweis auf für die Betroffenen bekannte Umstände ist nur ausnahmsweise Gebrauch zu machen.

Es ist unschädlich, nur einen oder mehrere aus einer größeren Zahl von Gesamtrechtsnachfolgern auszuwählen, weil es nicht zwingend erforderlich ist, einen Steuerbescheid an alle Gesamtrechtsnachfolger zu richten (vgl. AEAO zu § 122, Nr. 4.4.5). Betrifft der zusammengefasste Bescheid Eheleute, Eheleute mit Kindern oder Alleinstehende mit Kindern, kann auch von der Sonderregelung des § 122 Abs. 7 AO (vgl. AEAO zu § 122, Nr. 2.1.2) Gebrauch gemacht werden.

2.12.4 Beispiele:

1.1 Der Steuerschuldner Adam Meier ist im Jahr 08 verstorben.

Erben sind seine Kinder Konrad, Ludwig und Martha Meier zu gleichen Teilen. Die Steuerbescheide für das Jahr 07 (ESt, USt, GewSt) können erst im Jahr 09, d. h. nach dem Tode des Adam Meier ergehen.

Die Erben Konrad, Ludwig und Martha Meier sind durch Gesamtrechtsnachfolge Steuerschuldner (Inhaltsadressaten) geworden (§ 45 Abs. 1 AO); sie haben jeder für sich für die gesamte Steuerschuld einzustehen (§ 45 Abs. 2 AO, § 44 Abs. 1 AO).

Gegen die Miterben können zusammengefasste Bescheide nach § 155 Abs. 3 AO ergehen. Jedem Erben ist eine Ausfertigung des zusammengefassten Bescheids an die Wohnanschrift zu übermitteln. Die Bekanntgabe an einen Erben mit Wirkung für und gegen alle anderen Erben ist in diesem Fall nur unter den Voraussetzungen des § 122 Abs. 6 AO (vgl. Beispiel 1.2) möglich. Der Bescheid wird gegenüber dem Erben, dem er bekannt gegeben wurde, auch wirksam, wenn er dem oder den anderen Miterben nicht bekannt gegeben wurde. Um eine Zwangsvollstreckung in den ungeteilten Nachlass zu ermöglichen, ist aber die Bekanntgabe des Bescheids an jeden einzelnen Miterben notwendig (§ 265 AO i.V. m. § 747 ZPO).

Anschriftenfeld
(jeweils in gesonderten Ausfertigungen):
Herrn
Konrad Meier
Sternstraße 15
53111 Bonn

Herrn
Ludwig Meier
Königstraße 200
40212 Düsseldorf

Frau
Martha Meier
Sophienstraße 3
80333 München

Bescheidkopf
Für Konrad, Ludwig und Martha Meier als Miterben nach Adam Meier. Den anderen Miterben wurde ein Bescheid gleichen Inhalts erteilt. Die Erben sind Gesamtschuldner (§ 44 AO).

1.2 Wie Beispiel 1.1, jedoch ist Konrad Meier mit Einverständnis von Ludwig und Martha Meier Empfänger des Steuerbescheids (einverständliche Bekanntgabe nach § 122 Abs. 6 AO).

Anschriftenfeld
Herrn
Konrad Meier
Sternstraße 15
53111 Bonn

Bescheidkopf
Der Steuerbescheid ergeht an Sie als Miterben nach Adam Meier zugleich mit Wirkung für und gegen die Miterben Ludwig und Martha Meier. Die Erben sind Gesamtschuldner (§ 44 AO).

1.3 Wie Beispiel 1.1, jedoch sind die Erben Eheleute oder nahe Familienangehörige unter gemeinschaftlicher Anschrift i. S. d. § 122 Abs. 7 AO. Es genügt die Bekanntgabe einer Ausfertigung des Steuerbescheids an die gemeinsame Anschrift.

Anschriftenfeld
Konrad Meier
Ludwig Meier
Martha Meier
Sternstraße 15
53111 Bonn

Zu § 122 AO

Bescheidkopf
Der Steuerbescheid ergeht an Sie als Miterben nach Adam Meier. Die Erben sind Gesamtschuldner (§ 44 AO).

2.1 Der Steuerschuldner Herbert Müller ist im Jahr 08 verstorben. Erben sind seine Ehefrau Anna Müller und die gemeinsamen Kinder Eva Müller und Thomas Müller. Der ESt-Bescheid für das Jahr 07 kann erst nach dem Tod des Herbert Müller ergehen. Herbert und Anna Müller sind zusammen zu veranlagen.

Anna Müller ist Gesamtschuldner zunächst als zusammenveranlagter Ehegatte (§ 26b EStG i.V. m. § 44 AO) sowie gemeinsam mit den Kindern Eva und Thomas Müller als Erben des verstorbenen Herbert Müller (§ 45 Abs. 1 AO). Sie haben jeder für sich für die gesamte Steuerschuld einzustehen (§ 45 Abs. 2 AO, § 44 Abs. 1 AO).

Gegen die Beteiligten Anna Müller, Eva Müller und Thomas Müller können zusammengefasste Bescheide nach § 155 Abs. 3 AO ergehen. Jedem Beteiligten ist eine Ausfertigung des zusammengefassten Bescheids an seine Wohnanschrift zu übermitteln. Der Bescheid wird gegen einen Beteiligten, dem er bekannt gegeben wurde, auch wirksam, wenn er einem oder mehreren anderen Beteiligten nicht bekannt gegeben wurde (siehe aber § 265 AO i. V. m. § 747 ZPO, vgl. Beispiel 1.1).

Anschriftenfeld
(jeweils in gesonderten Ausfertigungen):
Frau
Anna Müller
Hohe Straße 27
50667 Köln

Frau
Eva Müller
Wilhelmstraße 19
53111 Bonn

Herrn
Thomas Müller
Sophienstraße 35
80333 München

Bescheidkopf
Für Anna Müller und die Erben nach Herbert Müller: Anna Müller, Eva Müller und Thomas Müller. Alle Beteiligten sind Gesamtschuldner (§ 44 AO).

2.2 Wie Beispiel 2.1, jedoch ist Anna Müller mit Einverständnis von Eva und Thomas Müller Empfänger des Bescheids (§ 122 Abs. 6 AO).

Anschriftenfeld
Frau
Anna Müller
Hohe Straße 27
50667 Köln

Bescheidkopf
Für Anna Müller und die Erben nach Herbert Müller: Anna Müller, Eva Müller und Thomas Müller. Der Bescheid ergeht an Sie zugleich mit Wirkung für und gegen die Miterben. Alle Beteiligten sind Gesamtschuldner (§ 44 AO).

2.3 Wie Beispiel 2.1, jedoch leben alle Beteiligten unter gemeinsamer Anschrift i. S.v. § 122 Abs. 7 AO (in Köln, Hohe Straße 27). Es genügt die Bekanntgabe einer Ausfertigung des Steuerbescheids an die gemeinsame Anschrift.

Anschriftenfeld
Anna Müller
Eva Müller
Thomas Müller
Hohe Straße 27
50667 Köln

Bescheidkopf
Für Anna Müller und die Erben nach Herbert Müller: Anna Müller, Eva Müller und Thomas Müller. Alle Beteiligten sind Gesamtschuldner (§ 44 AO).

2.12.5 Zur Bekanntgabe von Bescheiden bei unbekannten Erben vgl. AEAO zu § 122, Nr. 2.13.2.

2.12.6 Ist eine Erbengemeinschaft Unternehmer oder selbständiger Rechtsträger, so ist ein Steuerbescheid (z. B. über Umsatzsteuer oder Grunderwerbsteuer) an sie als Erbengemeinschaft zu richten (vgl. AEAO zu § 122, Nrn. 2.4 und 2.4.1.2). Hat die Erbengemeinschaft keinen Namen und keinen gesetzlichen Vertreter, muss sie zur zweifelsfreien Identifizierung der Gemeinschaft und ihrer Gemeinschafter grundsätzlich durch den Namen des Erblassers und der einzelnen Miterben charakterisiert werden (BFH-Urteil vom 29.11.1972, II R 42/67, BStBl 1973 II S. 372). Zur Ermittlung der Inhaltsadressaten durch Auslegung gelten die Ausführungen in Nr. 2.12.3 des AEAO zu § 122 entsprechend.

2.12.7 **Vollstreckung in den Nachlass**
Ist ein Steuerbescheid bereits zu Lebzeiten des Erblassers wirksam geworden und will die Finanzbehörde wegen der Steuerschuld vollstrecken, muss sie vor Beginn der Vollstreckung ein Leistungsgebot erlassen (vgl. im Einzelnen Abschn. 29 ff. VollstrA).

2.12.8 **Umwandlung von Gesellschaften**
Zum Erlass von Steuerverwaltungsakten in Spaltungsfällen und in Fällen eines Formwechsels vgl. AEAO zu § 122, Nrn. 2.15 und 2.16 sowie AEAO zu § 45, Nrn. 2 und 3.

2.13 **Testamentsvollstreckung, Nachlasspflegschaft, Nachlassverwaltung**

2.13.1 Der **Testamentsvollstrecker** ist nicht Vertreter der Erben, sondern Träger eines durch letztwillige Verfügung des Erblassers begründeten privaten Amts, dessen Inhalt durch die letztwillige Verfügung bestimmt wird (§§ 2197 ff. BGB; BFH-Urteil vom 11.6.2013, II R 10/11, BStBl II S. 924). Soweit die Verwaltungsbefugnis des Testamentsvollstreckers reicht, ist dem Erben die Verfügungsbefugnis entzogen (§ 2211 BGB). Der Testamentsvollstrecker kann den Erben nicht persönlich verpflichten und hat auch nicht dessen persönliche Pflichten gegenüber den Finanzbehörden zu erfüllen (BFH-Urteil vom 16.4.1980, VII R 81/79, BStBl II S. 605).

2.13.1.1 Hat der Erblasser selbst noch den Steuertatbestand verwirklicht, ist aber gegen ihn kein Steuerbescheid mehr ergangen, so ist der Steuerbescheid an den Erben als Inhaltsadressaten zu richten und diesem bekannt zu geben (vgl. Beispiele in Nr. 2.12.4 des AEAO zu § 122; BFH-Urteile vom 15.2.1978, I R 36/77, BStBl II S. 491, und vom 8.3.1979, IV R 75/76, BStBl II S. 501), es sei denn, der Testamentsvollstrecker ist zugleich Empfangsbevollmächtigter des Erben (§ 122 Abs. 1 Satz 3 AO). Ist der Testamentsvollstrecker im Rahmen seiner Verwaltung des gesamten Nachlassvermögens nach § 2213 Abs. 1 BGB zur Erfüllung von Nachlassverbindlichkeiten verpflichtet und soll er zur Erfüllung der Steuerschuld aus dem von ihm verwalteten Nachlass herangezogen werden, kann der Steuerbescheid – auch – an ihn gerichtet werden (BFH-Urteil vom 30.9.1987, II R 42/84, BStBl 1988 II S. 120). Geschieht dies nicht, ist er durch Übersendung einer Ausfertigung des dem Erben oder dem Nachlasspfleger bekannt gegebenen Steuerbescheids in Kenntnis zu setzen. Ggf. ist er durch Duldungsbescheid (§ 191 Abs. 1 AO) in Anspruch zu nehmen. Seine persönliche Haftung nach § 69 i.V. m. § 34 Abs. 3 AO bleibt davon unberührt.

2.13.1.2 Betrifft die Steuerpflicht Tatbestände nach dem Erbfall, so ist der Erbe Steuerschuldner auch für Steuertatbestände, die das Nachlassvermögen betreffen. Steuerbescheide über Einkünfte, die dem Erben aus dem Nachlassvermögen zufließen, sind dem Erben als Inhaltsadressaten und nicht dem Testamentsvollstrecker bekannt zu geben

A. I. Zu § 122 AO

(BFH-Urteil vom 7.10.1970, I R 145/68, BStBl 1971 II S. 119; BFH-Beschluss vom 29.11.1995, X B 328/94, BStBl 1996 II S. 322). Dies gilt auch, wenn der Testamentsvollstrecker ein Unternehmen im eigenen Namen weiterführt (BFH-Urteil vom 16.2.1977, I R 53/74, BStBl II S. 481, für GewSt-Messbescheide). Steht dem Testamentsvollstrecker nach § 2213 Abs. 1 BGB die Verwaltung des gesamten Nachlasses zu, sind die drei letzten Sätze der Nr. 2.13.1.1 des AEAO zu § 122 entsprechend anzuwenden.

2.13.2 Sind der oder die Erben (noch) unbekannt, so ist der Steuerbescheid, gleichgültig ob der Steuertatbestand vom Erblasser selbst noch verwirklicht worden ist oder erst nach Eintritt des Erbfalls, einem zu bestellenden **Nachlasspfleger** bekannt zu geben. Die Vertretungsbefugnis des Nachlasspflegers endet auch dann erst mit Aufhebung der Nachlasspflegschaft durch das Nachlassgericht, wenn die Erben zwischenzeitlich bekannt wurden (BFH-Urteil vom 30.3.1982, VIII R 227/80, BStBl II S. 687).

Der Nachlasspfleger ist gesetzlicher Vertreter des Erben, falls dieser noch unbekannt ist oder die Annahme der Erbschaft noch ungewiss ist. Er wird von Amts wegen oder auf Antrag eines Nachlassgläubigers vom Nachlassgericht bestellt (siehe §§ 1960, 1961 BGB, § 81 AO). Nr. 2.2 des AEAO zu § 122 ist entsprechend anzuwenden. Der Testamentsvollstrecker ist nicht bereits kraft Amtes Vertreter des unbekannten Erben, kann aber zum Nachlasspfleger bestellt werden.

2.13.3 **Nachlassverwaltung** ist die Nachlasspflegschaft zum Zwecke der Befriedigung der Nachlassgläubiger (§ 1975 BGB). Die Stellung des Nachlassverwalters ist derjenigen des Testamentsvollstreckers vergleichbar. Die Ausführungen in Nr. 2.13.1.1 und Nr. 2.13.1.2 des AEAO zu § 122 gelten daher entsprechend (vgl. BFH-Urteil vom 5.6.1991, XI R 26/89, BStBl II S. 820).

2.13.4 Erbschaftsteuerbescheide

2.13.4.1 Ein Erbschaftsteuerbescheid ist nach § 32 Abs. 1 ErbStG dem **Testamentsvollstrecker** mit Wirkung für und gegen die Erben bekannt zu geben, wenn er nach § 31 Abs. 5 ErbStG zur Abgabe der Erbschaftsteuererklärung verpflichtet war. Dies ist nur dann der Fall, wenn sich die Testamentsvollstreckung auf den Gegenstand des Erwerbs oder im Fall eines Vermächtnisses auch auf die anschließende Verwaltung des vermachten Gegenstandes, insbesondere im Rahmen einer Dauervollstreckung (§§ 2209, 2210 BGB), bezieht und das Finanzamt die Abgabe der Erbschaftsteuererklärung vom Testamentsvollstrecker verlangt hat (vgl. BFH-Urteil vom 11.6.2013, II R 10/11, BStBl II S. 924). Soweit nach diesen Grundsätzen der Erbschaftsteuerbescheid dem Testamentsvollstrecker bekannt zu geben ist, gilt dies auch dann, wenn der Testamentsvollstrecker zur Abgabe der Erbschaftsteuererklärung aufgefordert worden war, diese aber tatsächlich nicht abgegeben hat und daher die Besteuerungsgrundlagen geschätzt wurden.

Ein Erbschaftsteuerbescheid, mit dem lediglich Erbschaftsteuer aufgrund des Erwerbs eines schuldrechtlichen Anspruchs erbrechtlicher Natur (z. B. Pflichtteilsrecht, Erbersatzanspruch) und/oder aufgrund Erwerbs infolge eines Vertrages des Erblassers zugunsten des Erwerbers auf den Todesfall festgesetzt wird, kann dem Testamentsvollstrecker nicht mit Wirkung für und gegen den Steuerschuldner bekannt gegeben werden (BFH-Urteile vom 14.11.1990, II R 255/85, BStBl 1991 II S. 49, und II R 58/86, BStBl 1991 II S. 52).

Ist der Erbschaftsteuerbescheid nach den vorgenannten Grundsätzen dem Testamentsvollstrecker bekannt zu geben, muss der Bescheid mit hinreichender Bestimmtheit erkennen lassen, dass er sich – ungeachtet der Verpflichtung des Testamentsvollstreckers, für die Zahlung der Steuer zu sorgen (§ 32 Abs. 1 Satz 2 ErbStG) – an den Erben als Steuerschuldner richtet (BFH-Urteil vom 10.7.1991, VIII R 16/90, BFH/NV 1992 S. 223).

Beispiel
Anschriftenfeld
Name und Anschrift des Testamentsvollstreckers
Bescheidkopf
Erbschaftsteuerbescheid über den Erwerb des.......
(Name des Erben/Miterben)
aufgrund des Ablebens von....
Erläuterungen
Der Bescheid wird Ihnen nach § 32 Abs. 1 Satz 1 ErbStG mit Wirkung für und gegen den oben bezeichneten Erben bekannt gegeben. Dieser ist Steuerschuldner.

2.13.4.2 Die Ausführungen in Nr. 2.13.4.1 des AEAO zu § 122 gelten entsprechend für Fälle der **Nachlasspflegschaft** und der **Nachlassverwaltung** (§ 31 Abs. 6, § 32 Abs. 2 ErbStG).

2.13.4.3 Die Bekanntgabe des Erbschaftsteuerbescheids an den Testamentsvollstrecker, den Nachlasspfleger oder den Nachlassverwalter setzt auch die Einspruchsfrist für die Anfechtung durch den Erben in Lauf. Dem Erben ist bei verspäteter Unterrichtung durch den Testamentsvollstrecker oder den Nachlassverwalter Wiedereinsetzung in den vorigen Stand zu gewähren, wenn die Jahresfrist gem. § 110 Abs. 3 AO noch nicht abgelaufen ist. Dem Erben ist ein etwaiges Verschulden des Testamentsvollstreckers oder des Nachlassverwalters nicht zuzurechnen, da diese keine Vertreter i. S. d. § 110 Abs. 1 Satz 2 AO sind (vgl. BFH-Urteil vom 14. 11. 1990, II R 58/86, BStBl 1991 II S. 52). Dagegen ist ein Nachlasspfleger gesetzlicher Vertreter des unbekannten Erben (vgl. AEAO zu § 122, Nr. 2.13.2) mit der Folge, dass sein Verschulden dem Erben zuzurechnen ist.

2.14 Haftende

2.14.1 Der Steuerschuldner und der Haftende sind nach § 44 Abs. 1 AO zwar Gesamtschuldner, diese Bestimmung führt aber nicht zu einer völligen Gleichstellung. Der Steuerbescheid ist an den Steuerschuldner zu richten. Über die Haftung ist durch selbständigen Haftungsbescheid zu entscheiden (§ 191 AO) und der Haftende durch Zahlungsaufforderung in Anspruch zu nehmen (§ 219 AO). Beide Maßnahmen können auch getrennt voneinander ausgeführt werden. Die Zusendung einer Ausfertigung des Steuerbescheids reicht zur Inanspruchnahme des Haftenden nicht aus.

2.14.2 Der Haftungsbescheid muss eindeutig erkennen lassen, gegen wen sich der Haftungsanspruch richtet.

Beispiele für Lohnsteuerhaftungsbescheide bei Inanspruchnahme:

a) des Arbeitgebers:	b) des Geschäftsführers des Arbeitgebers:
Haftungsschuldner als Inhaltsadressat, Bekanntgabeadressat und Empfänger:	Haftungsschuldner als Inhaltsadressat, Bekanntgabeadressat und Empfänger:
Meier GmbH Sophienstraße 2a 80333 München	Herrn Josef Meier (Geschäftsführer der Meier-GmbH) Hansastr. 100 81373 München
(jeweils mit Angabe des Haftungsgrundes in der Erläuterung)	(jeweils mit Angabe des Haftungsgrundes in der Erläuterung)

Bei der Inanspruchnahme des Geschäftsführers als Haftungsschuldner für Steuerschulden der von ihm vertretenen juristischen Person oder nichtrechtsfähigen Personenvereinigung ist darauf zu achten, dass die persönliche Inanspruchnahme in

A. I.   Zu § 122 AO

der Adressierung und auch sonst im Bescheid eindeutig zum Ausdruck kommt. Als postalische Anschrift ist im Haftungsbescheid i. d. R. die von der Firmenanschrift abweichende Wohnanschrift des Geschäftsführers zu verwenden. Wird ein Haftungsbescheid an den Geschäftsführer durch die Post mit Zustellungsurkunde (vgl. AEAO zu § 122, Nr. 3.1.1) ausnahmsweise unter der Firmenanschrift zugestellt, ist im Kopf des Vordrucks „Zustellungsurkunde" in roter Schrift oder durch rotes Unterstreichen zu vermerken: „Keine Ersatzzustellung".

2.14.3   Sollen wegen desselben Anspruchs mehrere Haftungsschuldner herangezogen werden, kann in entsprechender Anwendung des § 155 Abs. 3 AO ein zusammengefasster Haftungsbescheid erlassen werden. Für jeden Haftungsschuldner ist jedoch ein gesonderter Bescheid auszufertigen und bekannt zu geben, um ihm gegenüber Wirksamkeit zu erlangen. Dies gilt auch dann, wenn der zusammengefasste Haftungsbescheid gegen Ehegatten gerichtet ist (BFH-Beschluss vom 22.10.1975, I B 38/75, BStBl 1976 II S. 136).

Bei der Inanspruchnahme von mehreren Haftungsschuldnern wegen desselben Anspruchs sind im Haftungsbescheid alle als Haftungsschuldner herangezogenen Personen zu benennen. Eine fehlende Angabe der übrigen Haftungsschuldner führt aber nicht ohne weiteres zur Unwirksamkeit der Haftungsbescheide (BFH-Urteil vom 5.11.1980, II R 25/78, BStBl 1981 II S. 176), sondern kann im Rahmen des § 126 AO nachgeholt werden. Die einzelnen Haftungsschuldner werden durch die gemeinsame Inanspruchnahme zu Gesamtschuldnern (§ 44 AO); die Erfüllung durch einen der Gesamtschuldner wirkt auch für die übrigen.

2.15 Spaltung

In den Fällen einer **Abspaltung, Ausgliederung** oder **Vermögensübertragung** nach dem UmwG liegt mit Ausnahme der Vermögensübertragung im Wege der Vollübertragung keine Gesamtrechtsnachfolge i. S. d. § 45 Abs. 1 AO vor (vgl. AEAO zu § 45, Nr. 2). Die an einer Spaltung beteiligten Rechtsträger sind aber Gesamtschuldner für die Verbindlichkeiten des übertragenden Rechtsträgers, die vor dem Wirksamwerden der Spaltung begründet worden sind (§ 133 Abs. 1 Satz 1 UmwG). Der übernehmende Rechtsträger kann daher durch Haftungsbescheid (im Falle der Vermögensübertragung im Wege der Vollübertragung durch Steuerbescheid) in Anspruch genommen werden.

Bei einer Aufspaltung erlischt der übertragende Rechtsträger mit der Registereintragung der Spaltung (§ 131 Abs. 1 Nr. 2 UmwG). Die Regelung über die steuerliche Gesamtrechtsnachfolge (§ 45 Abs. 1 AO) ist sinngemäß anzuwenden; dies gilt nicht in Bezug auf die gesonderte und einheitliche Feststellung von Besteuerungsgrundlagen (vgl. AEAO zu § 45, Nr. 2).

Bei der Entscheidung, ob ein übernehmender Rechtsträger für Steuerverbindlichkeiten des übertragenden Rechtsträgers in Anspruch zu nehmen ist, soll i. d. R. eine im Spaltungs- und Übernahmevertrag getroffene Zuweisung der Steuerverbindlichkeiten berücksichtigt werden. Enthält der Spaltungs- und Übernahmevertrag keine Zuweisung der Steuerverbindlichkeiten, soll in Fällen der Abspaltung oder Ausgliederung i. d. R. zunächst nur der übertragende Rechtsträger in Anspruch genommen werden.

Beispiel 1:

Vom Vermögen der Spalt-GmbH wurde ein Teil abgespalten und an die A-GmbH übertragen. Der Spaltungs- und Übernahmevertrag enthält keine Regelungen zur Zuweisung der Steuerverbindlichkeiten.

Steuerbescheid an Spalt-GmbH:

Anschriftenfeld

(Steuerschuldner als Inhaltsadressat, Bekanntgabeadressat und Empfänger):

Spalt-GmbH
Moltkestraße 5
12203 Berlin

Beispiel 2:
Wie Beispiel 1, jedoch sollen die Spalt-GmbH und die A-GmbH als Gesamtschuldner in Anspruch genommen werden.

Steuerbescheid an Spalt-GmbH:

Anschriftenfeld

(Steuerschuldner als Inhaltsadressat, Bekanntgabeadressat und Empfänger):

Spalt-GmbH

Moltkestraße 5

12203 Berlin

Bescheidkopf

Der A-GmbH wurde ein Haftungsbescheid erteilt. Die an der Abspaltung beteiligten Rechtsträger sind Gesamtschuldner (§ 44 AO, § 133 Abs. 1 Satz 1 UmwG).

Haftungsbescheid an A-GmbH:

Anschriftenfeld

(Haftungsschuldner als Inhaltsadressat, Bekanntgabeadressat und Empfänger):

A-GmbH

Meiserstraße 4

80284 München

Bescheidkopf

Dieser Bescheid ergeht an Sie als partielle Nachfolgerin der Spalt-GmbH. Der Spalt-GmbH wurde ein Steuerbescheid erteilt. Die an der Abspaltung beteiligten Rechtsträger sind Gesamtschuldner (§ 44 AO, § 133 Abs. 1 Satz 1 UmwG).

Beispiel 3:
Die Spalt-GmbH wurde in die A-GmbH und die B-GmbH aufgespalten. Im Spaltungs- und Übernahmevertrag wurden die Steuerverbindlichkeiten der erloschenen Spalt-GmbH der A-GmbH zugewiesen.

Steuerbescheid an A-GmbH:

Anschriftenfeld

(Steuerschuldner als Inhaltsadressat, Bekanntgabeadressat und Empfänger):

A-GmbH

Meiserstraße 4

80284 München

Bescheidkopf

Dieser Bescheid ergeht an Sie als Nachfolgerin der durch Aufspaltung erloschenen Spalt-GmbH.

Beispiel 4:
Die Spalt-GmbH wurde in die A-GmbH und die B-GmbH aufgespalten. Der Spaltungs- und Übernahmevertrag enthält keine Regelungen zur Zuweisung der Steuerverbindlichkeiten der Spalt-GmbH. Die A-GmbH und die B-GmbH sollen als Gesamtschuldner in Anspruch genommen werden.

Steuerbescheid an A-GmbH:

Anschriftenfeld

(Steuerschuldner als Inhaltsadressat, Bekanntgabeadressat und Empfänger):

A-GmbH

Meiserstraße 4

80284 München

Bescheidkopf

Dieser Bescheid ergeht an Sie als Nachfolgerin der durch Aufspaltung erloschenen Spalt-GmbH. Der B-GmbH wurde ein Bescheid gleichen Inhalts erteilt. Die an der Spaltung beteiligten Rechtsträger sind Gesamtschuldner (§ 44 AO, § 133 Abs. 1 Satz 1 UmwG).

Steuerbescheid an B-GmbH:
Anschriftenfeld
(Steuerschuldner als Inhaltsadressat, Bekanntgabeadressat und Empfänger):
B-GmbH
Hauptstr. 101
67433 Neustadt
Bescheidkopf
Dieser Bescheid ergeht an Sie als Nachfolgerin der durch Aufspaltung erloschenen Spalt-GmbH. Der A-GmbH wurde ein Bescheid gleichen Inhalts erteilt. Die an der Spaltung beteiligten Rechtsträger sind Gesamtschuldner (§ 44 AO, § 133 Abs. 1 Satz 1 UmwG).

2.16 Formwechselnde Umwandlung

Bei einer formwechselnden Umwandlung (§ 1 Abs. 1 Nr. 4, §§ 190 ff. UmwG) liegt lediglich ein Wechsel der Rechtsform eines Rechtsträgers unter Wahrung seiner rechtlichen Identität vor. Ändert sich allerdings durch den Formwechsel das Steuersubjekt, ist die Regelung des § 45 Abs. 1 AO über die steuerliche Gesamtrechtsnachfolge sinngemäß anzuwenden (vgl. AEAO zu § 45, Nr. 3).

Wird eine Personengesellschaft in eine Kapitalgesellschaft umgewandelt, sind Bescheide über Steuern, für die die Personengesellschaft Steuerschuldnerin war (vgl. AEAO zu § 122, Nr. 2.4.1), nach der Umwandlung an die Kapitalgesellschaft zu richten und dieser bekannt zu geben. Bescheide über die gesonderte und einheitliche Feststellung von Besteuerungsgrundlagen sind an die Gesellschafter der umgewandelten Personengesellschaft zu richten (vgl. AEAO zu § 122, Nr. 2.5). Wird eine Kapitalgesellschaft in eine Personengesellschaft umgewandelt, sind Bescheide über Steuern, für die die Kapitalgesellschaft Steuerschuldnerin war, an die Personengesellschaft zu richten.

3. Besonderheiten des Zustellungsverfahrens

3.1 Zustellungsarten

Die Zustellung richtet sich nach dem VwZG (§ 122 Abs. 5 Satz 2 AO). Die vom Amtsgericht zu erlassende Anordnung eines persönlichen Sicherheitsarrestes ist nach den Vorschriften der ZPO zuzustellen (§ 326 Abs. 4 AO).

Das VwZG sieht die folgenden Zustellungsarten vor:
- Zustellung durch die Post mit Zustellungsurkunde (§ 3 VwZG; vgl. AEAO zu § 122, Nr. 3.1.1),
- Zustellung durch die Post mittels Einschreiben (§ 4 VwZG; vgl. AEAO zu § 122, Nr. 3.1.2),
- Zustellung (auch eines elektronischen Dokuments) durch die Behörde gegen Empfangsbekenntnis (§ 5 VwZG; vgl. AEAO zu § 122, Nr. 3.1.3),
- Zustellung (auch eines elektronischen Dokuments) im Ausland (§ 9 VwZG; vgl. AEAO zu § 122, Nr. 3.1.4),
- Öffentliche Zustellung (§ 10 VwZG; vgl. AEAO zu § 122, Nr. 3.1.5).

Kommen mehrere Zustellungsarten in Betracht, soll die kostengünstigste gewählt werden, sofern nicht besondere Umstände (z. B. Zweifel an der Annahmebereitschaft des Empfängers; vgl. Nr. 3.1.2) für eine Zustellung durch die Post mit Zustellungsurkunde sprechen.

Die Allgemeinen Verwaltungsvorschriften zum VwZG vom 13. 12. 1966 (BStBl I S. 969), geändert durch die Allgemeine Verwaltungsvorschrift vom 27. 4. 1973 (BStBl I S. 220), sind überholt.

3.1.1 Zustellung durch die Post mit Zustellungsurkunde (§ 3 VwZG)
Soll ein Verwaltungsakt durch die Post mit Zustellungsurkunde zugestellt werden, sind § 3 VwZG sowie die dort angeführten Vorschriften der §§ 177 bis 182 ZPO zu beachten. „Post" ist jeder Erbringer von Postdienstleistungen (§ 2 Abs. 2 Satz 1 VwZG; siehe auch § 33 des Postgesetzes vom 22. 12. 1997, BGBl I S. 3294).

Die Finanzbehörde hat der Post den Zustellungsauftrag, das zuzustellende Dokument in einem verschlossenen Umschlag und einen vorbereiteten Vordruck einer Zustellungsurkunde zu übergeben (§ 3 Abs. 1 VwZG). Für die Zustellungsurkunde, den Zustellungsauftrag und den verschlossenen Umschlag sind die in der Zustellungsvordruckverordnung vom 12. 2. 2002 (BGBl I S. 671, 1019), geändert durch Verordnung vom 23. 4. 2004 (BGBl I S. 619), bestimmten Vordrucke zu verwenden (§ 3 Abs. 2 Satz 3 VwZG). Der vorbereitete Vordruck der Zustellungsurkunde muss den Empfänger (vgl. AEAO zu § 122, Nrn. 1.5 und 1.6) und das Aktenzeichen (vgl. AEAO zu § 122, Nr. 3.1.1.1) des zuzustellenden Dokuments sowie die Anschrift der auftraggebenden Finanzbehörde enthalten. Fehlen diese Angaben auf der zuzustellenden Sendung ganz oder teilweise, ist die Zustellung unwirksam, auch wenn die Zustellungsurkunde den Anforderungen des § 182 ZPO genügt. Gleiches gilt, wenn auf der Sendung ein falsches Aktenzeichen angegeben ist.

Ausnahmsweise kann als Zustellungsanschrift eine Postfachnummer gewählt werden. In diesem Fall ist aber die tatsächliche Zustellung beim Rücklauf der Zustellungsurkunde zu überwachen (BFH-Urteil vom 9. 2. 1983, II R 10/79, BStBl I S. 698). Bei Ersatzzustellung durch Niederlegung ist die Zustellung nicht wirksam, wenn die Mitteilung über die Niederlegung in das Postfach des Empfängers eingelegt wird (BFH-Urteil vom 17. 2. 1983, V R 76/77, BStBl II S. 528).

3.1.1.1 Das auf der vorbereiteten Zustellungsurkunde und auf dem verschlossenen Umschlag anzugebende Aktenzeichen (vgl. AEAO zu § 122, Nr. 3.1.1) ist mit Abkürzungen zu bilden. Anhand des Aktenzeichens muss einerseits der Inhalt des zuzustellenden Dokuments einwandfrei zu identifizieren sein (BFH-Urteil vom 18. 3. 2004, V R 11/02, BStBl II S. 540), andererseits muss das Aktenzeichen so gewählt werden, dass es einem Dritten möglichst keinen Rückschluss auf den Inhalt der Sendung zulässt. Die bloße Angabe der Steuernummer reicht nicht aus (BFH-Urteil vom 13. 10. 2005, IV R 44/03, BStBl 2006 II S. 214).

Neben der Steuernummer und grundsätzlich neben dem Datum des zuzustellenden Verwaltungsakts sind die folgenden verwaltungsüblichen Abkürzungen und Listennummern zu verwenden.

Beispiele:

Abkürzung	Inhalt der Sendung
210/50 108, EStB 2005 vom xx.xx.xxxx	StNr. 210/50 108, ESt-Bescheid 2005 vom xx.xx.xxxx
210/50 108, VZB ESt 2006 vom xx.xx.xxxx	StNr. 210/50 108, Vorauszahlungsbescheid für ESt 2006 vom xx.xx.xxxx
210/50 108, HaB LSt 2005 vom xx.xx.xxxx	StNr. 210/50 108, Haftungsbescheid für LSt 2005 vom xx.xx.xxxx
210/50 108, NachB LSt 2005 vom xx.xx.xxxx	StNr. 210/50 108, Nachforderungsbescheid für LSt 2005 vom xx.xx.xxxx

A. I. Zu § 122 AO

Abkürzung	Inhalt der Sendung
210/50 108 EE EStB 2005	StNr. 210/50 108, Einspruchsentscheidung in Sachen ESt-Bescheid 2005
210/50 108 EE RbL 150/2006	StNr. 210/50 108, Einspruchsentscheidung für den in die Rechtsbehelfsliste 2006 unter Nr. 150 eingetragenen Einspruch
210/50 108 PrA vom xx.xx.xxxx	StNr. 210/50 108 Prüfungsanordnung vom xx.xx.xxxx
210/50 108 Mitteilung 141 Abs. 2 AO vom xx.xx.xxxx	StNr. 210/50 108 Mitteilung vom xx.xx.xxxx über den Beginn der Buchführungspflicht
210/50 108 ZG.-A. vom xx.xx.xxxx	StNr. 210/50 108 Verwaltungsakt über die Androhung eines Zwangsgeldes vom xx.xx.xxxx

Bei der Zustellung eines Bescheids über die gesonderte Feststellung von Besteuerungsgrundlagen muss sich aus dem Aktenzeichen auch der Gegenstand der Feststellung ergeben (BFH-Urteil vom 13. 10. 2005, IV R 44/03, BStBl 2006 II S. 214). Für die hinreichende Unterscheidung von gesonderten Feststellungen sind – neben den übrigen Angaben, wie Steuernummer und Datum des zuzustellenden Verwaltungsakts (vgl. die vorstehenden Beispiele) – zweckmäßigerweise die folgenden Kürzel zu verwenden:

Beispiele:

Kürzel	Gegenstand
VF-ESt 31.12.05	Feststellung des verbleibenden Verlustvortrages zur ESt auf den 31. 12. 2005
VF-KSt 31.12.05	Feststellung des verbleibenden Verlustvortrages zur KSt auf den 31. 12. 2005
VF-Gew 31.12.05	Feststellung des vortragsfähigen Gewerbeverlustes auf den 31. 12. 2005
Fest2B 2005	Feststellung der negativen Einkünfte aus der Beteiligung an Verlustzuweisungsgesellschaften nach § 2b EStG i. V. m. § 10d Abs. 4 EStG für 2005
ges. Fest 2005	Gesonderte Feststellung gem. § 180 Abs. 1 Satz 1 Nr. 2 Buchstabe b AO für 2005
Ges. + einh. Fest 2005	Gesonderte und einheitliche Feststellung i. S. v. § 180 Abs. 1 Satz 1 Nr. 2 Buchstabe a AO für 2005

3.1.1.2 Sollen mehrere Verwaltungsakte (z. B. Einspruchsentscheidungen) verschiedenen Inhalts in einer Postsendung zugestellt werden, müssen die gesetzlichen Form- und Beurkundungserfordernisse in Bezug auf jedes einzelne Schriftstück gewahrt werden. Das Aktenzeichen muss aus Angaben über die einzelnen Schriftstücke bestehen (BFH-Urteil vom 7. 7. 2004, X R 33/02, BFH/NV 2005 S. 66). Enthält die Sendung mehr Schriftstücke als durch Aktenzeichen auf der Zustellungsurkunde und/oder dem Umschlag bezeichnet, ist nur die Zustellung des nicht bezeichneten Schriftstücks unwirksam. Der Zustellungsmangel kann jedoch nach § 8 VwZG geheilt werden (vgl. AEAO zu § 122, Nr. 4.5.2).

3.1.1.3 Eine wirksame Zustellung an mehrere Personen gemeinsam ist nicht möglich, sondern nur die Zustellung an einen bestimmten Zustellungsempfänger. In der Anschrift auf dem Briefumschlag und dementsprechend in der Zustellungsurkunde darf daher als Empfänger nur eine Person angesprochen werden. Das gilt auch für die Zustellung an Ehegatten (BFH-Urteil vom 8.6.1995, IV R 104/94, BStBl II S. 681). Eine mit der Anschrift „Herrn Adam und Frau Eva Meier" versehene Sendung kann daher nicht wirksam zugestellt werden (vgl. AEAO zu § 122, Nr. 3.4).

3.1.1.4 Die Zustellungsurkunde ist eine öffentliche Urkunde i. S. d. § 418 Abs. 1 ZPO (vgl. § 182 Abs. 1 Satz 2 ZPO) und erbringt daher den vollen Beweis für die in ihr bezeugten Tatsachen. Dieser ist aber nach § 418 Abs. 2 ZPO durch Gegenbeweis widerlegbar. Dies erfordert den vollen Nachweis eines anderen Geschehensablaufs; durch bloße Zweifel an der Richtigkeit der urkundlichen Feststellungen ist der Gegenbeweis nicht erbracht (BFH-Urteil vom 28.9.1993, II R 34/92, BFH/NV 1994 S. 291).

3.1.2 Zustellung durch die Post mittels Einschreiben (§ 4 VwZG)

Die durch § 4 VwZG eröffnete Zustellungsmöglichkeit ist auf die Varianten „Einschreiben mittels Übergabe" und „Einschreiben mit Rückschein" beschränkt. Die Zustellung mittels eines „Einwurf-Einschreibens" ist somit nicht möglich. Nicht nur Briefe, sondern auch umfangreichere Sendungen, z. B. Pakete, können mittels Einschreiben zugestellt werden, soweit die Post (zum Begriff der „Post" vgl. AEAO zu § 122, Nr. 3.1.1) dies ermöglicht.

Eine Zustellung durch **Einschreiben mit Rückschein** gilt an dem Tag als bewirkt, den der Rückschein angibt. Zum Nachweis der Zustellung genügt der Rückschein (§ 4 Abs. 2 Satz 1 VwZG). Im Gegensatz zu der bei einer Zustellung nach § 3 VwZG (vgl. AEAO zu § 122, Nr. 3.1.1) errichteten Zustellungsurkunde ist der Rückschein keine öffentliche Urkunde i. S. d. § 418 ZPO. Der von dem Rückschein ausgehende Nachweis der Zustellung ist somit auf das Maß eines normalen Beweismittels eingeschränkt. Geht der Rückschein nicht bei der die Zustellung veranlassenden Behörde ein oder enthält er kein Datum, gilt die Zustellung am dritten Tag nach der Aufgabe zur Post als bewirkt, es sei denn, dass der Verwaltungsakt nicht oder zu einem späteren Zeitpunkt zugegangen ist; im Zweifel hat die Behörde den Zugang und dessen Zeitpunkt nachzuweisen (§ 4 Abs. 2 Sätze 2 und 3 VwZG).

Eine Zustellung mittels **Einschreiben durch Übergabe** gilt am dritten Tag nach der Aufgabe zur Post als bewirkt, es sei denn, dass der Verwaltungsakt nicht oder zu einem späteren Zeitpunkt zugegangen ist. Auch insoweit hat im Zweifel die Behörde den Zugang und dessen Zeitpunkt nachzuweisen (§ 4 Abs. 2 Sätze 2 und 3 VwZG). Der Tag der Aufgabe zur Post ist in den Akten zu vermerken (§ 4 Abs. 2 Satz 4 VwZG).

Für eine eventuelle Ersatzzustellung gelten nicht die §§ 178 bis 181 ZPO, sondern die einschlägigen allgemeinen Geschäftsbedingungen des in Anspruch genommenen Postdienstleisters. Verweigert der Empfänger oder der Ersatzempfänger die Annahme der eingeschriebenen Sendung, wird sie als unzustellbar an den Absender zurückgeschickt. Im Gegensatz zur Zustellung durch die Post mit Zustellungsurkunde (vgl. AEAO zu § 122, Nr. 3.1.1) kann daher gegen den Willen des Empfängers bzw. Ersatzempfängers eine Zustellung mittels Einschreiben nicht bewirkt werden.

3.1.3 Zustellung gegen Empfangsbekenntnis (§ 5 VwZG)

Gegen Empfangsbekenntnis kann zugestellt werden,
- indem die Behörde den zuzustellenden Verwaltungsakt dem Empfänger aushändigt (§ 5 Abs. 1 bis 3 VwZG; vgl. AEAO zu § 122, Nr. 3.1.3.1),

- durch Übermittlung auf andere Weise an Behörden, Körperschaften, Anstalten und Stiftungen des öffentlichen Rechts sowie an Angehörige bestimmter Berufe (§ 5 Abs. 4 VwZG; vgl. AEAO zu § 122, Nrn. 3.1.3.2, 3.1.3.4 und 3.1.3.5),
- durch elektronische Übermittlung an andere Empfänger unter den Voraussetzungen des § 5 Abs. 5 VwZG (vgl. AEAO zu § 122, Nrn. 3.1.3.3 bis 3.1.3.5).

3.1.3.1 In den Fällen des § 5 Abs. 1 VwZG ist das zuzustellende Dokument grundsätzlich in einem verschlossenen Umschlag auszuhändigen. Nur wenn keine schutzwürdigen Interessen des Empfängers entgegenstehen, kann das Dokument auch offen ausgehändigt werden. Dies ist z. B. der Fall, wenn das Dokument durch den fachlich zuständigen Bediensteten selbst – etwa bei Erscheinen des Empfängers in den Diensträumen – ausgehändigt wird.

Bei einer Ersatzzustellung gem. § 5 Abs. 2 Nr. 3 VwZG ist wegen des Verweises auf § 181 ZPO für die Mitteilung über die Niederlegung der Vordruck gem. Anlage 4 der Zustellungsvordruckverordnung vom 12. 2. 2002 (BGBl I S. 671) zu verwenden.

3.1.3.2 Nach § 5 Abs. 4 VwZG kann an Behörden, Körperschaften, Anstalten und Stiftungen des öffentlichen Rechts, an Rechtsanwälte, Patentanwälte, Notare, Steuerberater, Steuerbevollmächtigte, Wirtschaftsprüfer, vereidigte Buchprüfer, Steuerberatungsgesellschaften, Wirtschaftsprüfungsgesellschaften und Buchprüfungsgesellschaften auch auf andere Weise, somit z. B. durch einfachen Brief oder elektronisch (auch durch Telefax), zugestellt werden. § 5 Abs. 4 VwZG enthält eine abschließende Aufzählung des in Betracht kommenden Empfängerkreises. Abweichend von § 174 Abs. 1 ZPO darf daher an andere Personen, bei denen aufgrund ihres Berufs von einer erhöhten Zuverlässigkeit ausgegangen werden kann, nicht nach § 5 Abs. 4 VwZG zugestellt werden; in Betracht kommt aber eine elektronische Zustellung gem. § 5 Abs. 5 VwZG (vgl. AEAO zu § 122, Nr. 3.1.3.3).

Ob eine elektronische Zustellung die Verwendung einer qualifizierten elektronischen Signatur erfordert, bestimmt sich danach, ob für den zuzustellenden Verwaltungsakt die Schriftform gesetzlich vorgeschrieben ist (§ 87a Abs. 4 AO). Das elektronisch zuzustellende Dokument ist mit einem geeigneten Verfahren zu verschlüsseln (§ 87a Abs. 1 Satz 3 AO). Die Regelungen des § 87a AO sind jedoch nicht anwendbar, wenn die elektronische Zustellung durch Telefax erfolgt (vgl. AEAO zu § 122, Nr. 1.8.2). Die Formerfordernisse der folgenden Nr. 3.1.3.3 des AEAO zu § 122 gelten daher insoweit nicht.

3.1.3.3 Gem. § 5 Abs. 5 VwZG kann ein Dokument auch an einen nicht in § 5 Abs. 4 VwZG genannten Empfänger **elektronisch** zugestellt werden, soweit der Empfänger hierfür einen Zugang eröffnet hat (zur „Zugangseröffnung" vgl. AEAO zu § 87a, Nr. 1). Für die Übermittlung ist das Dokument mit einer qualifizierten elektronischen Signatur zu versehen (§ 5 Abs. 5 Satz 3 VwZG), also auch dann, wenn für den zuzustellenden Verwaltungsakt die Schriftform nicht gesetzlich vorgeschrieben ist. Es ist gegen unbefugte Kenntnisnahme Dritter zu schützen (§ 5 Abs. 5 Satz 3 VwZG) und mit einem geeigneten Verfahren zu verschlüsseln (§ 87a Abs. 1 Satz 3 AO).

3.1.3.4 Bei der elektronischen Zustellung nach § 5 Abs. 4 oder Abs. 5 VwZG ist die Übermittlung mit dem Hinweis „Zustellung gegen Empfangsbekenntnis" einzuleiten. Die Übermittlung muss die absendende Behörde, den Namen und die Anschrift des Zustellungsadressaten („Empfänger" i. S. d. Nr. 1.5 des AEAO zu § 122) sowie den Namen des Bediensteten erkennen lassen, der das Dokument zur Übermittlung aufgegeben hat (§ 5 Abs. 6 VwZG). Beizufügen ist ein vorbereitetes Formular für das Empfangsbekenntnis (vgl. AEAO zu § 122, Nr. 3.1.3.5).

3.1.3.5 Zum Nachweis der Zustellung in den Fällen des § 5 Abs. 4 und 5 VwZG genügt das mit Datum und Unterschrift versehene **Empfangsbekenntnis**, das an die Behörde durch die Post oder elektronisch zurückzusenden ist (§ 5 Abs. 7 VwZG). Es kann auch durch Telefax übermittelt werden. Wird das Empfangsbekenntnis als elektronisches

Dokument erteilt, bedarf es einer qualifizierten elektronischen Signatur, die in diesem Fall die Unterschrift ersetzt.

Das datierte und unterschriebene Empfangsbekenntnis erbringt den vollen Beweis dafür, dass das darin bezeichnete Dokument an dem vom Empfänger bezeichneten Tag tatsächlich zugestellt worden ist; ein Gegenbeweis ist aber zulässig (BFH-Urteil vom 31.10.2000, VIII R 14/00, BStBl 2001 II S. 156). Das Fehlen des Datums auf dem vom Empfänger unterschriebenen Empfangsbekenntnis ist für die Rechtswirksamkeit der Zustellung unschädlich. Maßgebend für den durch die Zustellung ausgelösten Beginn einer Frist ist der Zeitpunkt, in dem der Aussteller des Empfangsbekenntnisses das Dokument als zugestellt entgegengenommen hat (BFH-Beschluss vom 20.8.1982, VIII R 58/82, BStBl 1983 II S. 63).

Der Rücklauf der Empfangsbekenntnisse ist in geeigneter Weise zu überwachen. Werden Empfangsbekenntnisse nicht zurückgesandt, ist zunächst an die Rückgabe zu erinnern. Bleibt diese Erinnerung erfolglos, ist der Verwaltungsakt auf andere Weise erneut zuzustellen, es sei denn, der Empfänger hat das zuzustellende Dokument in Kenntnis der Zustellungsabsicht nachweislich entgegengenommen und behalten (BFH-Urteil vom 6.3.1990, II R 131/87, BStBl II S. 477); dies gilt aber nicht bei einer Zustellung nach § 5 Abs. 5 VwZG (vgl. § 8 VwZG).

3.1.4 Zustellung im Ausland (§ 9 VwZG)

3.1.4.1 Soweit ein Verwaltungsakt im Ausland zuzustellen ist und nicht ein Fall des § 9 Abs. 1 Nr. 3 VwZG (vgl. AEAO zu § 122, Nr. 3.1.4.2) vorliegt, sollte vorrangig von der Möglichkeit der Zustellung durch Einschreiben mit Rückschein (§ 9 Abs. 1 Nr. 1 VwZG) bzw. der Zustellung elektronischer Dokumente (§ 9 Abs. 1 Nr. 4 VwZG) Gebrauch gemacht werden. Beide Zustellungsarten setzen aber voraus, dass sie „völkerrechtlich zulässig" sind. Diese Formulierung umfasst nicht nur völkerrechtliche Übereinkünfte, sondern auch etwaiges Völkergewohnheitsrecht, ausdrückliches nichtvertragliches Einverständnis, aber auch Tolerierung einer entsprechenden Zustellungspraxis durch den Staat, in dem zugestellt werden soll. Es kann davon ausgegangen werden, dass eine Zustellung durch Einschreiben mit Rückschein oder eine Zustellung elektronischer Dokumente zumindest toleriert wird und daher völkerrechtlich zulässig ist; dies gilt nicht hinsichtlich folgender Staaten: Ägypten, Argentinien, Brasilien, China, Republik Korea, Kuwait, Liechtenstein – soweit es sich um Steuern oder Besteuerungszeiträume handelt, die nicht vom DBA mit Liechtenstein (BStBl 2013 I S. 488) erfasst sind –, Mexiko, San Marino, Schweiz, Sri Lanka, Venezuela.

Zum Beweiswert eines Rückscheins bei der Zustellung durch Einschreiben vgl. § 9 Abs. 2 Satz 1 VwZG sowie AEAO zu § 122, Nr. 3.1.2.

Bei einer Zustellung durch Übermittlung elektronischer Dokumente sind neben der völkerrechtlichen Zulässigkeit die Regelungen des § 5 Abs. 5 VwZG, insbesondere die Erfordernisse einer „Zugangseröffnung" und einer qualifizierten elektronischen Signatur, zu beachten; vgl. AEAO zu § 122, Nr. 3.1.3.3. Zum Empfangsbekenntnis vgl. § 9 Abs. 2 Satz 3 VwZG sowie AEAO zu § 122, Nr. 3.1.3.5.

3.1.4.2 Zustellungsersuchen nach § 9 Abs. 1 Nr. 2 VwZG (**Zustellung durch die Behörde des fremden Staates** oder durch die zuständige **diplomatische** oder **konsularische Vertretung** der Bundesrepublik Deutschland) oder nach § 9 Abs. 1 Nr. 3 VwZG (**Zustellung durch das Auswärtige Amt**) sind auf dem Dienstweg dem **BZSt** zuzuleiten. Hierbei ist die Staatsangehörigkeit des Empfängers anzugeben, weil diese für die Ausführung der Zustellung maßgeblich sein kann. Ist die Staatsangehörigkeit nicht bekannt, so ist dies zu vermerken. Ferner ist Folgendes zu beachten:

– Der zuzustellende Verwaltungsakt muss in Maschinenschrift gefertigt sein und die vollständige ausländische Anschrift des Empfängers enthalten.

A. I.   Zu § 122 AO

- In dem Zustellungsersuchen sind die zuzustellenden Schriftstücke einzeln aufzuführen. Sie sind genau und mit Datum zu bezeichnen.
- Steuer- oder Haftungsbescheide müssen abgerechnet sein und erforderlichenfalls ein Leistungsgebot enthalten. Wegen der Ungewissheit über die Dauer des Zustellungsverfahrens sind etwaige Zahlungsfristen nicht datumsmäßig zu bestimmen, sondern vom Tag der Zustellung abhängig zu machen (z. B. durch die Formulierung „einen Monat nach dem Tag der Zustellung dieses Bescheids").
- In der Rechtsbehelfsbelehrung ist – ggf. unter Änderung eines vorgedruckten Textes – darüber zu belehren, dass der für den Beginn der Rechtsbehelfsfrist maßgebliche Tag der Bekanntgabe der Tag der Zustellung ist.
- Sind Verwaltungsakte an mehrere Empfänger zuzustellen, müssen jeweils gesonderte Zustellungsersuchen gestellt werden (vgl. AEAO zu § 122, Nr. 3.2). Dies gilt auch bei Zustellungen an Ehegatten (vgl. AEAO zu § 122, Nr. 3.4).

3.1.4.3   Von der durch § 9 Abs. 3 VwZG eingeräumten Möglichkeit, bei einer Zustellung nach § 9 Abs. 1 Nr. 2 oder Nr. 3 VwZG anzuordnen, dass ein inländischer Zustellungsbevollmächtigter benannt wird, sollte nur Gebrauch gemacht werden, wenn zu erwarten ist, dass künftig Verwaltungsakte erlassen werden, für die das Gesetz die förmliche Zustellung vorschreibt (vgl. AEAO zu § 122, Nr. 1.8.5). Ansonsten ist vorrangig nach § 123 AO zu verfahren, soweit die Benennung eines inländischen Empfangsbevollmächtigten für erforderlich oder zweckmäßig gehalten wird.

3.1.5   Öffentliche Zustellung (§ 10 VwZG)

Die öffentliche Zustellung kommt nur als „letztes Mittel" der Bekanntgabe in Betracht, wenn alle Möglichkeiten erschöpft sind, das Dokument dem Empfänger in anderer Weise zu übermitteln.

3.1.5.1   Eine öffentliche Zustellung wegen eines **unbekannten Aufenthaltsortes** des Empfängers (§ 10 Abs. 1 Satz 1 Nr. 1 VwZG) ist nicht bereits dann zulässig, wenn die Finanzbehörde die Anschrift nicht kennt oder Briefe als unzustellbar zurückkommen. Die Anschrift des Empfängers muss vielmehr allgemein unbekannt sein (BFH-Urteil vom 9.12.2009, X R 54/06, BStBl 2010 II S. 732). Dies ist durch eine Erklärung der zuständigen Meldebehörde oder auf andere Weise zu belegen. Die bloße Feststellung, dass sich der Empfänger bei der Meldebehörde abgemeldet hat, ist nicht ausreichend. Die Finanzbehörde muss daher, bevor sie durch öffentliche Bekanntmachung zustellt, die nach Sachlage gebotenen und zumutbaren Ermittlungen anstellen. Dazu gehören insbesondere Nachforschungen bei der Meldebehörde, u. U. auch die Befragung von Angehörigen oder des bisherigen Vermieters des Empfängers. Auch Hinweisen auf den mutmaßlichen neuen Aufenthaltsort des Empfängers muss durch Rückfrage bei der dortigen Meldebehörde nachgegangen werden.

Eine Rechtspflicht der zustellenden Behörde, Anschriften im **Ausland** zu ermitteln, ist regelmäßig zu verneinen, wenn ein Fall der „Auslandsflucht" vorliegt oder wenn sich der Empfänger beim inländischen Melderegister „ins Ausland" ohne Angabe einer Anschrift abgemeldet hat oder sich in einer Weise verhält, die auf seine Absicht schließen lässt, seinen Aufenthaltsort zu verheimlichen. Die Finanzbehörde ist in diesen Fällen vorrangig nur zu Ermittlungsmaßnahmen im Inland verpflichtet, z. B. durch Nachfragen beim Einwohnermeldeamt und bei Kontaktpersonen des Empfängers (BFH-Urteil vom 9.12.2009, X R 54/06, a. a. O.). Ist aber zu vermuten, dass sich der Steuerpflichtige in einem bestimmten anderen Land aufhält, sind die Ermittlungsmöglichkeiten des zwischenstaatlichen Auskunftsaustauschs nach dem BMF-Schreiben vom 25.1.2006, BStBl I S. 26 auszuschöpfen (BFH-Urteil vom 9.12.2009, X R 54/06, a. a. O.).

Nicht zulässig ist es beispielsweise, eine öffentliche Zustellung bereits dann anzuordnen, wenn eine versuchte Bekanntgabe unter einer Adresse, die der Empfänger angegeben hat, einmalig fehlgeschlagen ist oder wenn lediglich die Vermutung besteht, dass eine Adresse, an die sich der Empfänger bei der Meldebehörde abgemeldet hat, eine Scheinadresse ist (BFH-Urteil vom 6.6.2000, VII R 55/99, BStBl II S. 560, und BFH-Beschluss vom 13.3.2003, VII B 196/02, BStBl II S. 609). Eine öffentliche Zustellung ist aber wirksam, wenn die Finanzbehörde durch unrichtige Auskünfte Dritter zu der unrichtigen Annahme verleitet wurde, der Empfänger sei unbekannten Aufenthaltsortes, sofern die Finanzbehörde auf die Richtigkeit der ihr erteilten Auskunft vertrauen konnte (BFH-Beschluss vom 13.3.2003, VII B 196/02, a. a. O.).

3.1.5.2 Nach § 10 Abs. 1 Satz 1 Nr. 2 VwZG kann öffentlich zugestellt werden, wenn bei **juristischen Personen,** die **zur Anmeldung einer inländischen Geschäftsanschrift zum Handelsregister verpflichtet** sind, eine Zustellung weder unter der eingetragenen Anschrift noch unter einer im Handelsregister eingetragenen Anschrift einer für Zustellungen empfangsberechtigten Person oder einer ohne Ermittlungen bekannten anderen inländischen Anschrift möglich ist.

3.1.5.3 Nach § 10 Abs. 1 Satz 1 Nr. 3 VwZG kommt eine öffentliche Zustellung in Betracht, wenn eine Zustellung im Ausland (§ 9 VwZG; vgl. AEAO zu § 122, Nr. 3.1.4) nicht möglich ist oder keinen Erfolg verspricht. Eine Zustellung im Ausland verspricht keinen Erfolg, wenn sie grundsätzlich möglich wäre, ihre Durchführung aber etwa wegen Kriegs, Abbruchs der diplomatischen Beziehungen, Verweigerung der Amtshilfe oder unzureichender Vornahme durch die örtlichen Behörden nicht zu erwarten ist. Der Umstand, dass die Ausführung eines Zustellungsersuchens längere Zeit in Anspruch nehmen wird, rechtfertigt aber nicht die Anordnung einer öffentlichen Zustellung (BFH-Urteil vom 6.6.2000, VII R 55/99, BStBl II S. 560).

Sobald die ausländische Anschrift des Steuerpflichtigen bekannt ist und eine Postverbindung besteht, sind nach erfolgter öffentlicher Zustellung dem Steuerpflichtigen die Tatsache der öffentlichen Zustellung und der Inhalt des Verwaltungsakts (z. B. durch Beifügen einer Ablichtung) mit einfachem Brief mitzuteilen. Diese Mitteilung ist an Empfänger in sämtlichen Staaten zulässig, da es sich hierbei mangels rechtlicher Regelung nicht um einen Verwaltungsakt handelt. Wird der Mitteilung eine Kopie des Verwaltungsakts beigefügt, ist der Steuerpflichtige darauf hinzuweisen, dass mit der Beifügung dieser Kopie der Verwaltungsakt nicht erneut bekannt gegeben wird und die Rechtsfolgen des Verwaltungsakts (insbesondere der Beginn der Einspruchsfrist) bereits mit der öffentlichen Zustellung eingetreten sind.

3.1.5.4 Zur Durchführung der öffentlichen Zustellung ist nicht der Inhalt (auch nicht der verfügende Teil) des zuzustellenden Verwaltungsakts öffentlich bekannt zu geben, sondern lediglich eine Benachrichtigung mit weitgehend neutralem Inhalt (§ 10 Abs. 2 VwZG). Die Benachrichtigung muss die Behörde, für die zugestellt wird, den Namen und die letzte bekannte Anschrift des Zustellungsempfängers, das Datum und das Aktenzeichen des Dokuments sowie die Stelle, wo das Dokument eingesehen werden kann, erkennen lassen (§ 10 Abs. 2 Satz 2 VwZG). Für das in der Benachrichtigung anzugebende Aktenzeichen des zuzustellenden Dokuments (§ 10 Abs. 2 Satz 2 Nr. 3 VwZG) gelten die Ausführungen in Nr. 3.1.1.1 des AEAO zu § 122 entsprechend. Die Benachrichtigung muss ferner den Hinweis enthalten, dass das Dokument öffentlich zugestellt wird und Fristen in Lauf gesetzt werden können, nach deren Ablauf Rechtsverluste eintreten können (§ 10 Abs. 2 Satz 3 VwZG). Bei der Zustellung einer Ladung muss die Benachrichtigung den Hinweis enthalten, dass das Dokument eine Ladung zu einem Termin enthält, dessen Versäumung Rechtsnachteile zur Folge haben kann (§ 10 Abs. 2 Satz 4 VwZG). Die Benachrichtigung ist an der Stelle bekannt zu machen, die von der Behörde hierfür allgemein bestimmt ist (z. B. durch Aushang im Dienstgebäude). Alternativ hierzu kann die Benachrichtigung auch durch Veröffentlichung im Bundesanzeiger bekannt gemacht werden (§ 10 Abs. 2 Satz 1 VwZG). In den Akten ist zu vermerken, wann und in welcher Weise die Benachrichtigung bekannt gemacht wurde (§ 10 Abs. 2 Satz 5 VwZG).

Wird die Benachrichtigung über die öffentliche Zustellung durch Aushang bekannt gemacht, ist sie stets bis zu dem Zeitpunkt auszuhängen, zu dem die Zustellung nach § 10 Abs. 2 Satz 6 VwZG als bewirkt anzusehen ist. Das gilt auch dann, wenn der Empfänger vor Fristablauf bei der Finanzbehörde erscheint und ihm das zuzustellende Schriftstück ausgehändigt wird (vgl. AEAO zu § 122, Nr. 3.1.5.5). Die Aushändigung ist in den Akten zu vermerken.

3.1.5.5 Der Verwaltungsakt gilt zwei Wochen nach dem Tag der Bekanntmachung der Benachrichtigung als zugestellt (§ 10 Abs. 2 Satz 6 VwZG). Dies gilt auch, wenn dem Empfänger vor Ablauf dieser zweiwöchigen Frist der Verwaltungsakt ausgehändigt wurde. Die Frist gem. § 10 Abs. 2 Satz 6 VwZG bestimmt sich nach § 108 Abs. 1 AO i. V. m. §§ 187 Abs. 1, 188 Abs. 2 BGB. Danach ist bei der Berechnung einer Aushangfrist der Tag des Aushangs nicht mitzurechnen. Die Frist endet mit Ablauf des Tages, der dem Aushangtag kalendermäßig entspricht. Bei der Berechnung der Frist ist ggf. § 108 Abs. 3 AO zu beachten (vgl. AEAO zu § 108, Nr. 1).

3.2 Zustellung an mehrere Beteiligte

Soll ein Verwaltungsakt mehreren Beteiligten zugestellt werden, so ist – soweit kein gemeinsamer Bevollmächtigter vorhanden ist (vgl. AEAO zu § 122, Nr. 3.3) – das Dokument jedem einzelnen gesondert zuzustellen (vgl. AEAO zu § 122, Nrn. 3.1.1.3 und Nr. 3.1.4.2). Zur Zustellung an Ehegatten vgl. AEAO zu § 122, Nr. 3.4.

3.3 Zustellung an Bevollmächtigte (§ 7 VwZG)

3.3.1 Ist für das Verfahren ein Bevollmächtigter bestellt, kann an diesen zugestellt werden (§ 7 Abs. 1 Satz 1 VwZG). Hat der Bevollmächtigte eine schriftliche Vollmacht vorgelegt, soll an diesen zugestellt werden (§ 122 Abs. 5 Satz 3 i. V. m. Abs. 1 Satz 4 AO verdrängt § 7 Abs. 1 Satz 2 VwZG); dies gilt auch, wenn die Vollmacht in elektronischer Form (§ 80a oder § 87a Abs. 3 AO) vorgelegt wurde. Eine Zustellung direkt an den/die Beteiligten ist in diesem Falle nur wirksam, wenn im Einzelfall besondere Gründe gegen die Zustellung an den Bevollmächtigten sprechen. Derartige Gründe können auch technischer Natur sein. Ein Verwaltungsakt darf einem Verfahrensbevollmächtigten, der nach § 80 Abs. 7 AO zurückgewiesen worden ist, nicht zugestellt werden (§ 122 Abs. 5 Satz 3 i. V. m. Abs. 1 Satz 4 AO).

Haben mehrere Beteiligte einen gemeinsamen Verfahrensbevollmächtigten bestellt, genügt es, dem Bevollmächtigten eine Ausfertigung des Dokuments mit Wirkung für alle Beteiligten zuzustellen (§ 7 Abs. 1 Satz 3 VwZG; BFH-Urteil vom 13. 8. 1970, IV 48/65, BStBl II S. 839). Dies gilt auch, wenn der Verfahrensbevollmächtigte selbst Beteiligter ist und zugleich andere Beteiligte vertritt.

3.3.2 Einem **Zustellungsbevollmächtigten** mehrerer Beteiligter sind so viele Ausfertigungen oder Abschriften zuzustellen, als Beteiligte vorhanden sind (§ 7 Abs. 2 VwZG).

3.3.3 Haben mehrere Personen im Feststellungsverfahren einen gemeinsamen **Empfangsbevollmächtigten** (§ 183 AO; § 6 der V zu § 180 Abs. 2 AO), so vertritt dieser die Feststellungsbeteiligten auch bei Zustellungen (§ 7 Abs. 3 VwZG). Dem Empfangsbevollmächtigten ist eine Ausfertigung des Dokuments zuzustellen und dabei darauf hinzuweisen, dass die Bekanntgabe mit Wirkung für und gegen alle von ihm vertretenen Feststellungsbeteiligten erfolgt (§ 183 Abs. 1 Satz 5 AO; § 6 Abs. 1 Satz 5 der V zu § 180 AO; vgl. AEAO zu § 122, Nr. 2.5.2).

3.3.4 Soll eine **Einspruchsentscheidung** zugestellt werden (vgl. AEAO zu § 366, Nr. 2), hat die Finanzbehörde diese dem Verfahrensbevollmächtigten (vgl. AEAO zu § 122, Nr. 3.3.1) auch ohne Nachweis einer Vollmacht zuzustellen, wenn dieser den Einspruch eingelegt und die Finanzbehörde ihn als Bevollmächtigten in der Einspruchsentscheidung aufgeführt hat (BFH-Urteil vom 25. 10. 1963, III 7/60 U, BStBl III S. 600). Hat der Steuerpflichtige den Einspruch selbst eingelegt, ist jedoch im weiteren Verlauf des Einspruchsverfahrens ein Bevollmächtigter für den Steuerpflichtigen aufgetreten, ist die Einspruchsentscheidung nur dann dem Bevollmächtigten zuzustellen, wenn eine Empfangsvollmacht vorliegt oder das Interesse des Steuerpflichtigen an einer Bekanntgabe gegenüber dem Bevollmächtigten nach den Umständen des Einzelfalls eindeutig erkennbar ist (BFH-Urteil vom 29. 7. 1987, I R 367, 379/83, BStBl 1988 II S. 242).

3.4 Zustellung an Ehegatten

Der Grundsatz der Nr. 3.2 des AEAO zu § 122 ist auch bei der Zustellung an Ehegatten zu beachten.

Haben beide Ehegatten gegen einen zusammengefassten Steuerbescheid (vgl. AEAO zu § 122, Nr. 2.1.1) Einspruch eingelegt, so ist – falls die Finanzbehörde die förmliche Zustellung angeordnet hat (vgl. AEAO zu § 122, Nr. 1.8.3, und zu § 366, Nr. 2) – grundsätzlich jedem der Ehegatten je eine Ausfertigung der an beide zu richtenden einheitlichen Einspruchsentscheidung zuzustellen (BFH-Urteil vom 8. 6. 1995, IV R 104/94, BStBl II S. 681; vgl. AEAO zu § 122, Nr. 3.1.1.3). Dies gilt unabhängig davon, in welcher Weise (vgl. AEAO zu § 122, Nrn. 2.1.1 bis 2.1.5) der angefochtene Bescheid bekannt gegeben worden ist. Bei einer Zustellung mittels Einschreiben (vgl. AEAO zu § 122, Nr. 3.1.2) können aber beide Ausfertigungen in einer an beide Eheleute gemeinsam adressierten Sendung zur Post gegeben werden (Urteil des FG Bremen vom 23. 6. 1992, II 87/91 K, EFG S. 758).

Tritt gegenüber der Finanzbehörde nur einer der Ehegatten im Einspruchsverfahren auf, so ist im Zweifel zu klären, ob dieser den Einspruch nur im eigenen Namen oder auch für den anderen Ehegatten führt. Bei Vorliegen einer „Vollmacht" ist zu unterscheiden, ob der Einspruchsführer **Zustellungsbevollmächtigter** (vgl. AEAO zu § 122, Nr. 3.3.2) oder **Verfahrensbevollmächtigter** (vgl. AEAO zu § 122, Nr. 3.3.1) ist. Dem Ehegatten als Zustellungsbevollmächtigten **darf** mit Wirkung auch für den anderen Ehegatten zugestellt werden, wobei an ihn **je eine Ausfertigung** der Entscheidung für jeden Ehegatten zuzustellen ist. Dem Ehegatten als Verfahrensbevollmächtigten **muss** mit Wirkung für den anderen Ehegatten zugestellt werden, wobei **eine Ausfertigung** genügt.

4. Folgen von Verfahrens- und Formfehlern

4.1 Unwirksamkeit des Verwaltungsakts wegen inhaltlicher Mängel

Fehlen in einem Verwaltungsakt unverzichtbare wesentliche Bestandteile (siehe zum Steuerbescheid § 157 Abs. 1 Satz 2 AO), die dazu führen, dass dieser inhaltlich nicht hinreichend bestimmt ist (§ 119 Abs. 1 AO), so ist ein solcher Verwaltungsakt gem. § 125 Abs. 1 AO nichtig und damit unwirksam (§ 124 Abs. 3 AO). Eine Heilung derartiger Fehler ist nicht möglich, vielmehr ist ein neuer Verwaltungsakt zu erlassen (BFH-Urteil vom 17. 7. 1986, V R 96/85, BStBl II S. 834).

4.1.1 Wird der Steuerschuldner (Inhaltsadressat) im Steuerbescheid gar nicht, falsch oder so ungenau bezeichnet, dass Verwechslungen möglich sind, ist der Verwaltungsakt wegen inhaltlicher Unbestimmtheit nichtig und damit unwirksam. Eine Heilung im weiteren Verfahren gegen den tatsächlichen Schuldner ist nicht möglich, es muss ein neuer Steuerbescheid mit richtiger Bezeichnung des Steuerschuldners (Inhaltsadressaten) verfügt und bekannt gegeben werden (BFH-Urteil vom 17. 3. 1970, II 65/63, BStBl II S. 598).

Ist dagegen im Steuerbescheid eine falsche Person eindeutig und zweifelsfrei als Steuerschuldner (Inhaltsadressat) angegeben und wurde der Bescheid dieser Person bekannt gegeben, so ist der Bescheid nicht nichtig, sondern rechtswidrig und damit lediglich anfechtbar (BFH-Beschluss vom 17. 11. 1987, V B 111/87, BFH/NV 1988 S. 682).

4.1.2 Konnte im Fall einer Gesamtrechtsnachfolge ein Steuerbescheid dem Rechtsvorgänger (Erblasser) nicht mehr rechtswirksam bekannt gegeben werden, ist der Bescheid an den Gesamtrechtsnachfolger als Steuerschuldner (Inhaltsadressaten) zu richten. Ein gleichwohl an den Rechtsvorgänger gerichteter Bescheid ist unwirksam (BFH-Urteil vom 24.3.1970, I R 141/69, BStBl II S. 501, vgl. AEAO zu § 122, Nr. 2.12.1).

4.1.3 Ein Verwaltungsakt, der dem Inhaltsadressaten selbst bekannt gegeben wird, obwohl eine andere Person der zutreffende Bekanntgabeadressat ist (vgl. AEAO zu § 122, Nr. 1.4.3), ist unwirksam (BFH-Beschluss vom 14.5.1968, II B 41/67, BStBl II S. 503). Eine Heilung ist nicht möglich; vielmehr ist ein neuer Verwaltungsakt mit Bezeichnung des zutreffenden Bekanntgabeadressaten (vgl. AEAO zu § 122, Nr. 1.4.3) zu erlassen. Zu den Folgen einer nur fehlerhaften Bezeichnung des Bekanntgabeadressaten vgl. AEAO zu § 122, Nr. 4.2.3.

4.2 Wirksamkeit des Verwaltungsakts trotz inhaltlicher Mängel

4.2.1 Wird der richtige Steuerschuldner (Inhaltsadressat) lediglich ungenau bezeichnet, ohne dass Zweifel an der Identität bestehen (z. B. falsche Bezeichnung der Rechtsform einer Gesellschaft: OHG statt KG, GbR statt OHG o. Ä.), so liegt kein Fall der inhaltlichen Unbestimmtheit vor. Der Steuerbescheid ist daher nicht unwirksam; die falsche Bezeichnung kann berichtigt werden (BFH-Urteile vom 26.6.1974, II R 199/72, BStBl II S. 724, und vom 26.9.1974, IV R 24/71, BStBl 1975 II S. 311, BFH-Beschluss vom 18.3.1998, IV B 50/97, BFH/NV S. 1255).

4.2.2 Ist in einem Feststellungsbescheid ein Beteiligter falsch bezeichnet, weil Rechtsnachfolge eingetreten ist, kann dies durch besonderen Bescheid gegenüber den Betroffenen berichtigt werden (§ 182 Abs. 3 AO).

4.2.3 Die fehlerhafte Bezeichnung des Bekanntgabeadressaten macht den Bescheid nicht in jedem Fall unwirksam, die Bekanntgabe kann aber fehlerhaft sein. Die aus einer formell fehlerhaften Bezeichnung herrührenden Mängel können geheilt werden, wenn der von der Finanzbehörde zutreffend bestimmte, aber fehlerhaft bezeichnete Bekanntgabeadressat tatsächlich vom Inhalt des Bescheides Kenntnis erhält.

> **Beispiel:**
> Der gesetzliche Vertreter (Bekanntgabeadressat) eines Minderjährigen (Steuerschuldner und Inhaltsadressat) wird irrtümlich als Adam Meier bezeichnet, obwohl es sich um Alfred Meier handelt, dem der Verwaltungsakt auch tatsächlich zugeht.
>
> Aus Gründen der Rechtssicherheit soll im Zweifel die Bekanntgabe des Verwaltungsakts unter richtiger Angabe des Bekanntgabeadressaten wiederholt werden.

4.2.4 Geringfügige Abweichungen bei der Bezeichnung des Inhaltsadressaten, des Bekanntgabeadressaten oder des Empfängers, die insbesondere bei ausländischen Namen auf technischen Schwierigkeiten, Lesefehlern usw. beruhen, machen den Bescheid weder unwirksam noch anfechtbar. Dies gilt auch, wenn bei einer juristischen Person ein unwesentlicher Namensbestandteil weggelassen oder abgekürzt wird oder eine allgemein übliche Kurzformel eines eingetragenen Namens verwendet wird. Bei einem Verstoß gegen das Namensrecht (z. B. Abkürzung überlanger Namen, Übersehen von Adelsprädikaten oder akademischen Graden) wird der Steuerbescheid dennoch durch Bekanntgabe wirksam, wenn der Steuerschuldner (Inhaltsadressat) durch die verwendeten Angaben unverwechselbar bezeichnet wird.

4.3 Unwirksamkeit des Verwaltungsakts wegen eines Bekanntgabemangels

Ein Verwaltungsakt wird erst mit ordnungsmäßiger Bekanntgabe wirksam (§ 122 Abs. 1, § 124 AO). Zur Heilung von Bekanntgabemängeln vgl. AEAO zu § 122, Nr. 4.4.4; zu Mängeln bei der förmlichen Zustellung vgl. AEAO zu § 122, Nr. 4.5.

Wird ein inhaltlich richtiger Verwaltungsakt einem auf der Postsendung unrichtig ausgewiesenen Empfänger übermittelt (z. B. Briefumschläge werden vertauscht), ist der

Verwaltungsakt weder gegenüber dem richtigen noch gegenüber dem falschen Empfänger wirksam.

Beispiel:
Das FA erlässt einen für Herrn Konrad Meier, Sternstraße 15, 53111 Bonn, bestimmten Einkommensteuerbescheid. Der Bescheid weist im Anschriftenfeld die vorstehende Adresse aus, wird aber in einen Briefumschlag eingelegt, der an Herrn Ludwig Meier, Königstraße 200, 40212 Düsseldorf, adressiert ist.

Der Bescheid ist nicht wegen fehlender inhaltlicher Bestimmtheit nichtig, weil aus ihm eindeutig hervorgeht, wer Steuerschuldner (Inhaltsadressat) ist. Er wurde jedoch nicht dem Beteiligten, für den er bestimmt ist, bekannt gegeben und ist damit nicht wirksam. Die Unwirksamkeit des Bescheids kann unter entsprechender Anwendung des § 125 Abs. 5 AO förmlich festgestellt werden. Gegenüber dem richtigen Bekanntgabeadressaten/Empfänger wird er erst wirksam, wenn die Bekanntgabe an diesen nachgeholt wird. Leitet der falsche Empfänger die Ausfertigung des Verwaltungsakts an den richtigen Empfänger (Bekanntgabeadressaten) weiter, wird der zunächst vorliegende Bekanntgabemangel geheilt und der Verwaltungsakt wirksam (vgl. AEAO zu § 122, Nrn. 4.4.1, 4.4.4 und 1.7.3).

4.4 Wirksame Bekanntgabe

4.4.1 **Fehler beim technischen Ablauf** der Übermittlung des Verwaltungsakts und Verletzungen von Formvorschriften können unbeachtlich sein (§ 127 AO), wenn der Betroffene den für ihn bestimmten Verwaltungsakt tatsächlich zur Kenntnis genommen hat (vgl. AEAO zu § 122, Nrn. 4.2.3 und 4.4.4 zweiter Absatz). Andererseits kann eine Bekanntgabe im Rechtssinne unter bestimmten Voraussetzungen auch wirksam sein, wenn der Betroffene selbst den Verwaltungsakt tatsächlich nicht erhalten, zur Kenntnis genommen oder verstanden hat. Das Gesetz fingiert in diesen Fällen die Bekanntgabe (z. B. bei Übermittlung an einen für den Betroffenen handelnden Bekanntgabeadressaten). Zu den Folgen der Nichtbeachtung einer Empfangsvollmacht vgl. AEAO zu § 122, Nr. 1.7.3.

4.4.2 Ein Feststellungsbescheid, der im Anschriftenfeld eine im Zeitpunkt seines Erlasses bereits erloschene Personengesellschaft benennt, ist wirksam bekannt gegeben, wenn aus dem Gesamtinhalt des Bescheids erkennbar ist, für welche Personen und in welcher Höhe Besteuerungsgrundlagen festgestellt werden, und dieser Bescheid diesen Personen auch übermittelt wird (BFH-Urteil vom 27. 4. 1978, IV R 187/74, BStBl 1979 II S. 89).

4.4.3 Solange das Ausscheiden eines Gesellschafters im Handelsregister nicht eingetragen und dem Finanzamt auch sonst nicht bekannt geworden ist, ist die Bekanntgabe des Feststellungsbescheids an einen Empfangsbevollmächtigten i. S. d. § 183 AO auch dem ausgeschiedenen Gesellschafter gegenüber wirksam erfolgt (BFH-Urteile vom 3. 11. 1959, I 2/59 U, BStBl 1960 III S. 96, und vom 14. 12. 1978, IV R 221/75, BStBl 1979 II S. 503; vgl. AEAO zu § 122, Nrn. 2.5.5 und 4.2.2).

4.4.4 **Heilung von Bekanntgabemängeln**
Bekanntgabemängel können unter den Voraussetzungen des entsprechend anwendbaren § 8 VwZG (vgl. AEAO zu § 122, Nr. 4.5.1) geheilt werden (BFH-Urteil vom 29. 10. 1998, X R 37/95, BStBl 1998 II S. 266).

Ein Verwaltungsakt kann trotz unrichtig angegebener Anschrift wirksam sein, wenn der Bekanntgabeadressat die Sendung tatsächlich erhält (BFH-Urteil vom 1. 2. 1990, V R 74/85, BFH/NV 1991 S. 2, für den Fall der Angabe einer unzutreffenden Hausnummer).

Wird dem Bekanntgabeadressaten eines Verwaltungsakts die Einspruchsentscheidung ordnungsgemäß bekannt gegeben, so kommt es auf Bekanntgabemängel des ursprünglichen Bescheids grundsätzlich nicht mehr an (BFH-Urteile vom 28. 10. 1988, III R 52/86, BStBl 1989 II S. 257, und vom 16. 5. 1990, X R 147/87, BStBl II S. 942). Der Fehler bei der Bekanntgabe wird jedoch nicht geheilt, wenn der Einspruch in der Einspruchsentscheidung als unzulässig verworfen wird (BFH-Urteil vom 25. 1. 1994, VIII R 45/92, BStBl II S. 603).

4.4.5 Zusammengefasste Steuerbescheide

Zusammengefasste Steuerbescheide (§ 155 Abs. 3 AO) können gegenüber mehreren Beteiligten zu verschiedenen Zeitpunkten bekannt gegeben werden. Eine unterlassene oder unwirksame Bekanntgabe kann jederzeit nachgeholt werden (BFH-Urteil vom 25. 5. 1976, VIII R 66/74, BStBl II S. 606); der Ablauf der Festsetzungsfrist ist zu beachten. Die Wirksamkeit eines Steuerbescheids gegenüber einem Beteiligten wird nicht dadurch berührt, dass dieser Bescheid gegenüber einem anderen Beteiligten unwirksam ist. Zur Bekanntgabe an Ehegatten vgl. AEAO zu § 122, Nr. 2.1.

4.5 Fehler bei förmlichen Zustellungen

4.5.1 Lässt sich die formgerechte Zustellung eines Dokuments nicht nachweisen oder ist es unter Verletzung zwingender Zustellungsvorschriften zugegangen, gilt es als in dem Zeitpunkt zugestellt, in dem es dem Empfangsberechtigten tatsächlich zugegangen ist. Im Fall der Zustellung eines Schriftstücks ist dies der Zeitpunkt, in dem der Empfänger das Dokument „in die Hand bekommt", und nicht bereits der Zeitpunkt, zu dem nach dem gewöhnlichen Geschehensablauf mit einer Kenntnisnahme gerechnet werden konnte (vgl. BFH-Beschluss vom 6. 5. 2014, GrS 2/13, BStBl II S. 645 zu § 189 ZPO). Im Fall des § 5 Abs. 5 VwZG (Zustellung eines elektronischen Dokuments; vgl. AEAO zu § 122, Nrn. 3.1.3.3 und 3.1.3.5) gilt das Dokument in dem Zeitpunkt als zugestellt, in dem der Empfänger das Empfangsbekenntnis zurückgesendet hat (§ 8 VwZG). Ein Zustellungsmangel ist nach § 8 VwZG auch dann geheilt, wenn durch die Zustellung eine Klagefrist in Lauf gesetzt wird (z. B. in den Fällen der behördlich angeordneten förmlichen Zustellung einer Einspruchsentscheidung), ferner auch dann, wenn der Empfänger nachweislich nur eine Fotokopie oder eine Mehrausfertigung des Verwaltungsakts erhalten hat (vgl. BFH-Urteil vom 15. 1. 1991, VII R 86/89, BFH/NV 1992 S. 81).

4.5.2 Zwingende Zustellungsvorschriften sind insbesondere bei der Zustellung durch die Post mit Zustellungsurkunde (vgl. AEAO zu § 122, Nr. 3.1.1) zu beachten. Es müssen sowohl die Zustellungsart (z. B. Ersatzzustellung) als auch der Zustellungsort (Wohnung, Geschäftsraum) richtig durch den Postbediensteten beurkundet werden (BFH-Urteil vom 10. 10. 1978, VIII R 197/74, BStBl 1979 II S. 209). Das Aktenzeichen (vgl. AEAO zu § 122, Nr. 3.1.1.1) muss sowohl auf dem Briefumschlag als auch auf der Zustellungsurkunde angegeben sein (BFH-Urteil vom 24. 11. 1977, IV R 113/75, BStBl 1978 II S. 467). Auch ein Verstoß gegen § 10 VwZG bei der Anordnung einer öffentlichen Zustellung (vgl. AEAO zu § 122, Nr. 3.1.5) kann unter den Voraussetzungen des § 8 VwZG geheilt werden (BFH-Urteil vom 6. 6. 2000, VII R 55/99, BStBl II S. 560).

4.5.3 Eine wegen Formmangels unwirksame, von der Finanzbehörde angeordnete Zustellung eines Verwaltungsakts kann nicht in eine wirksame „schlichte" Bekanntgabe i. S. d. § 122 Abs. 1 AO umgedeutet werden (BFH-Urteile vom 25. 1. 1994, VIII R 45/92, BStBl II S. 603, und vom 8. 6. 1995, IV R 104/94, BStBl II S. 681).

4.6 Fehlerhafte Bekanntgabe von Grundlagenbescheiden

Da ein Folgebescheid gem. § 155 Abs. 2 AO vor Erlass eines notwendigen Grundlagenbescheids ergehen kann, ist die Unwirksamkeit der Bekanntgabe eines Grundlagenbescheids für den bereits vorliegenden Folgebescheid ohne Bedeutung. Erst wenn der Grundlagenbescheid wirksam bekannt gegeben worden ist, sind daraus für den Folgebescheid Folgerungen zu ziehen (§ 175 Abs. 1 Satz 1 Nr. 1 AO).

4.7 Bekanntgabe von gesonderten und einheitlichen Feststellungen an einzelne Beteiligte

4.7.1 Ein Verwaltungsakt, der an mehrere Beteiligte gerichtet ist (z. B. gesonderte und einheitliche Feststellung), aber nicht allen Beteiligten bekannt gegeben wird, ist dadurch nicht unwirksam. Mit der Bekanntgabe an einzelne Beteiligte ist der Verwaltungsakt als entstanden anzusehen; er hat gegenüber diesen Beteiligten Wirksamkeit erlangt und kann insgesamt nicht mehr frei, sondern nur bei Vorliegen der gesetzlichen Änderungsvorschriften geändert werden (BFH-Urteile vom 31.5.1978, I R 76/76, BStBl II S. 600, und vom 25.11.1987, II R 227/84, BStBl 1988 II S. 410). Zur Nachholung der Bekanntgabe an die übrigen Beteiligten vgl. AEAO zu § 122, Nr. 2.5.1.

4.7.2 Die einzelnen Gesellschafter sind nicht in ihren Rechten verletzt, wenn ein gesonderter und einheitlicher Feststellungsbescheid anderen Gesellschaftern nicht oder nicht ordnungsgemäß bekannt gegeben worden ist (BFH-Urteil vom 12.12.1978, VIII R 10/76, BStBl 1979 II S. 440).

Zu § 122a – Bekanntgabe von Verwaltungsakten durch Bereitstellung zum Datenabruf:

Durch die Datenbereitstellung von Verwaltungsakten der Landesfinanzbehörden nach § 122a AO über die Kommunikationsplattform ELSTER im Format PDF/A wird ein sicheres Verfahren verwendet, das die Vertraulichkeit und Integrität des Datensatzes gewährleistet (§ 87a Abs. 8 AO).

Die elektronische Benachrichtigung an die abrufberechtigte Person über die Bereitstellung der Daten zum Abruf bedarf keiner Verschlüsselung (§ 87a Abs. 1 Satz 5 AO). Bestreitet die zum Abruf berechtigte Person den Zugang der Benachrichtigung, trägt die Finanzbehörde die Beweislast für deren Zugang. Trägt die abrufberechtigte Person substantiiert und unwiderlegbar vor, die Benachrichtigung erst nach dem in § 122a Abs. 4 Satz 1 AO fingierten Bekanntgabetag erhalten zu haben, wurden die Daten von der abrufberechtigten Person aber tatsächlich abgerufen, gilt der Verwaltungsakt an dem Tag als bekannt gegeben, an dem der Datenabruf tatsächlich erfolgt ist. Gelingt der Finanzbehörde der Nachweis des Zugangs der Benachrichtigung nicht und wurden die Daten auch von keiner dazu berechtigten Person abgerufen, gilt der Verwaltungsakt als nicht zugegangen. In diesem Fall ist die Bekanntgabe – vorzugsweise im schriftlichen Verfahren – zu wiederholen.

Zu § 123 – Bestellung eines Empfangsbevollmächtigten:

1. Ein Beteiligter mit Wohnsitz, gewöhnlichem Aufenthalt, Sitz oder Geschäftsleitung im Inland, in einem anderen Mitgliedstaat der Europäischen Union oder in einem Staat, auf den das Abkommen über den Europäischen Wirtschaftsraum anwendbar ist, darf nicht zur Benennung eines inländischen Empfangsbevollmächtigten aufgefordert werden. Der Europäische Wirtschaftsraum umfasst neben den Staaten der Europäischen Union die Staaten Island, Liechtenstein und Norwegen.

2. Von der Möglichkeit des § 123 AO ist grundsätzlich kein Gebrauch zu machen, soweit Verwaltungsakte einem Empfänger im Ausland unmittelbar zugestellt (vgl. AEAO zu § 122, Nr. 3.1.4.1) oder durch einfachen Brief bekannt gegeben werden dürfen (vgl. AEAO zu § 122, Nr. 1.8.4). Eine Ausnahme kommt insbesondere in Betracht, wenn dem Steuerpflichtigen in der Vergangenheit wiederholt Verwaltungsakte nicht mittels einfachen Briefs oder förmlicher Zustellung bekannt gegeben werden konnten, weil dieser die Annahme verweigert oder bereits mehrfach den Zugang von Steuerverwaltungsakten bestritten hat.

A. I. Zu § 124 AO

3. Abweichend von § 122 Absatz 2 und 2a AO ist die Zugangsvermutung gem. § 123 Satz 3 AO nur dann widerlegt, wenn feststeht, dass das Schriftstück oder das elektronische Dokument den Empfänger nicht oder zu einem späteren Zeitpunkt erreicht hat. Zweifel gehen zu Lasten des Empfängers.

Zu § 124 — Wirksamkeit des Verwaltungsakts:

1. Der Verwaltungsakt wird mit dem Inhalt wirksam, mit dem er bekannt gegeben wird. Maßgebend ist nicht die Aktenverfügung der Finanzbehörde, sondern die Fassung, die dem Beteiligten zugegangen ist.

   Bei der Auslegung des Verwaltungsakts kommt es gem. dem entsprechend anzuwendenden § 133 BGB nicht darauf an, was die Finanzbehörde mit ihren Erklärungen gewollt hat, sondern darauf, wie der Betroffene nach den ihm bekannten Umständen den materiellen Gehalt der Erklärungen unter Berücksichtigung von Treu und Glauben verstehen konnte. Im Zweifel ist das den Steuerpflichtigen weniger belastende Auslegungsergebnis vorzuziehen (BFH-Urteil vom 27.11.1996, X R 20/95, BStBl 1997 II S. 791).

2. Weicht der bekannt gegebene Verwaltungsakt von der Aktenverfügung ab, so liegt i. d. R. ein Schreib- oder Übertragungsfehler vor, der gem. § 129 AO berichtigt werden kann. Sind die Voraussetzungen des § 129 AO nicht gegeben, hat die Finanzbehörde alle Möglichkeiten einer Rücknahme, des Widerrufs, der Aufhebung oder Änderung des Verwaltungsakts zu prüfen.

3. Bis zur Bekanntgabe wird der Verwaltungsakt nicht wirksam. Er kann daher bis zu diesem Zeitpunkt rückgängig gemacht oder abgeändert werden, ohne dass die Voraussetzungen der §§ 130, 131 AO oder der §§ 172 ff. AO vorliegen müssen.

4. Eine wirksame Bekanntgabe setzt voraus, dass der zum Erlass befugte Bedienstete diese veranlasst und dass er mit dem Willen handelt, den Bescheid bekannt zu geben (BFH-Urteil vom 24.11.1988, V R 123/83, BStBl 1989 II S. 344). Der Bekanntgabewille wird dadurch gebildet, dass der zeichnungsberechtigte Bedienstete die Aktenverfügung des Verwaltungsakts abschließend zeichnet und den Versand des Verwaltungsakts veranlasst oder dass die Bescheiderteilung in anderer Form abschließend veranlasst und die Versendung des Bescheids angewiesen wird.

5. Der Bekanntgabewille kann aufgegeben werden. Die Aufgabe des Willens der Finanzbehörde zur Bekanntgabe eines Verwaltungsakts führt aber nur dann zu dessen Unwirksamkeit, wenn der Wille aufgegeben wird, bevor der Bescheid den Herrschaftsbereich der Verwaltung verlassen hat; die Rechtzeitigkeit der Aufgabe des Bekanntgabewillens muss in den Akten hinreichend klar und eindeutig dokumentiert sein (BFH-Urteil vom 23.8.2000, X R 27/98, BStBl 2001 II S. 662). Der Empfänger des Verwaltungsakts ist unverzüglich schriftlich über die Aufgabe des Bekanntgabewillens zu unterrichten. Es ist unerheblich, wenn der Empfänger diese Mitteilung erst nach Zugang des Verwaltungsakts erhält. Der Aufgabe des Bekanntgabewillens kommt keine Bedeutung mehr zu, wenn der Verwaltungsakt den Herrschaftsbereich der Finanzbehörde bereits verlassen hat (BFH-Urteil vom 12.8.1996, VI R 18/94, BStBl II S. 627).

6. Unabhängig vom Zeitpunkt der Aufgabe des Bekanntgabewillens (vgl. AEAO zu § 124, Nr. 5) wird ein Verwaltungsakt aber auch dann nicht wirksam, wenn die Finanzbehörde dem Empfänger vor oder spätestens mit der Bekanntgabe des Verwaltungsakts mitteilt, dieser Bescheid solle nicht gelten (vgl. BFH-Urteil vom 28.5.2009, III R 84/06, BStBl II S. 949). Wurde der Verwaltungsakt mit einfachem Brief versandt, ist ein solcher Widerruf auch dann bis zum Ablauf des nach § 122 Abs. 2 AO fingierten Bekanntgabetages möglich, wenn der Verwaltungsakt dem Empfänger tatsächlich früher zugegangen sein sollte (vgl. BFH-Urteil vom 18.8.2009, X R 25/06, BStBl II S. 965). Der Widerruf bedarf nicht der Schriftform, er muss aber in den Akten hinreichend klar und eindeutig dokumentiert sein.

Zu § 125 – Nichtigkeit des Verwaltungsakts:

1. Der nichtige Verwaltungsakt entfaltet keine Rechtswirkungen; aus ihm darf nicht vollstreckt werden.
2. Fehler bei der Anwendung des materiellen Rechts führen i. d. R. nicht zur Nichtigkeit, sondern nur zur Rechtswidrigkeit des Verwaltungsakts.
3. Der Betroffene kann die Nichtigkeit des Verwaltungsakts jederzeit, auch noch nach Ablauf der Rechtsbehelfsfristen, geltend machen. Dies gilt nicht, wenn über die Nichtigkeit des Verwaltungsakts bereits durch eine Feststellung nach § 125 Abs. 5 AO in der Form eines Verwaltungsakts (vgl. AEAO zu § 125, Nr. 4) entschieden wurde.
4. Die Feststellung der Nichtigkeit eines Verwaltungsakts (§ 125 Abs. 5 AO) kann durch einen Verwaltungsakt getroffen werden (vgl. BFH-Urteil vom 20. 8. 2014, X R 15/10, BStBl 2015 II S. 109). Im Interesse der Rechtssicherheit soll von dieser Möglichkeit Gebrauch gemacht werden. In diesem Fall ist zu verdeutlichen, dass ein Verwaltungsakt und nicht nur eine unverbindliche Äußerung der Finanzbehörde vorliegt. Das Schreiben ist als „Bescheid über die Feststellung der Nichtigkeit (§ 125 Abs. 5 AO) des Verwaltungsakts ..." zu bezeichnen, zu begründen und mit einer Rechtsbehelfsbelehrung zu versehen.
   Eine durch Verwaltungsakt vorgenommene und bestandskräftig gewordene Feststellung der Nichtigkeit eines Verwaltungsakts hat zur Folge, dass der Steuerpflichtige und die Finanzbehörde die Nichtigkeit des Verwaltungsakts nicht mehr in Frage stellen können. Dies gilt auch für den Fall einer inhaltlich unzutreffenden Nichtigkeitsfeststellung (BFH-Urteil vom 20. 8. 2014, a. a. O.).
5. In entsprechender Anwendung des § 125 Abs. 5 AO kann auch festgestellt werden, dass ein Verwaltungsakt wegen eines Bekanntgabemangels nicht wirksam geworden ist.

Zu § 126 – Heilung von Verfahrens- und Formfehlern.

1. Ein nachträglich gestellter, fristgebundener Antrag heilt den Verwaltungsakt nur, wenn er innerhalb der für die Antragstellung vorgeschriebenen Frist nachgeholt wird.
2. Wegen § 126 Abs. 1 Nr. 3 AO wird auf § 91 AO hingewiesen.
3. Zur Wiedereinsetzung in den vorigen Stand nach unterlassener Anhörung eines Beteiligten bzw. wegen fehlender Begründung des Verwaltungsakts (§ 126 Abs. 3 i.V. m. § 110 AO) vgl. AEAO zu § 91, Nr. 3 und AEAO zu § 121, Nr. 3.

Zu § 127 – Folgen von Verfahrens- und Formfehlern:

1. Die Vorschrift gilt nur für die gesetzesgebundenen Verwaltungsakte. Sie verhindert, dass der Steuerpflichtige die Aufhebung eines Steuerbescheids allein deshalb beanspruchen kann, weil der Finanzbehörde bei der Steuerfestsetzung ein Verfahrensfehler (z. B. unterlassene Anhörung) oder ein Formfehler (z. B. fehlende Begründung) unterlaufen ist oder weil die Finanzbehörde Vorschriften über die örtliche Zuständigkeit nicht beachtet hat. Die Vorschrift ist auch anwendbar, wenn die Besteuerungsgrundlagen für einen Steuerbescheid geschätzt worden sind (BFH-Urteile vom 19. 2. 1987, IV R 143/84, BStBl II S. 412, vom 17. 9. 1997, II R 15/95, BFH/NV 1998 S. 416, und vom 11. 2. 1999, V R 40/98, BStBl II S. 382, sowie BFH-Beschluss vom 18. 8. 1999, IV B 108/98, BFH/NV 2000 S. 165). Sie ist nicht anwendbar bei Verletzung der Vorschriften über die sachliche Zuständigkeit (BFH-Urteil vom 21. 4. 1993, X R 112/91, BStBl II S. 649).
2. § 127 AO gilt nicht für Ermessensentscheidungen (BFH-Urteile vom 20. 6. 1990, I R 157/87, BStBl 1992 II S. 43, vom 18. 5. 1994, I R 21/93, BStBl II S. 697, und vom 15. 10. 1998, V R 77/97, BFH/NV 1999 S. 585). Wenn diese mit einem Verfahrens- oder Formfehler behaftet sind, der nicht geheilt werden kann (§ 126 AO), müssen sie aufgehoben und – nach erneuter Ausübung des Ermessens – nochmals erlassen werden, falls der Beteiligte rechtzeitig

einen Rechtsbehelf eingelegt hat. Dies gilt nur dann nicht, wenn der mit dem Rechtsbehelf gerügte Fehler die Entscheidung durch die zuständige Finanzbehörde unter keinen Umständen beeinflusst haben kann (BFH-Urteil vom 18. 7. 1985, VI R 41/81, BStBl 1986 II S. 169).
3. Die Aufhebung eines Gewerbesteuermessbescheids kann regelmäßig nicht allein deswegen beansprucht werden, weil er von einem örtlich unzuständigen Finanzamt erlassen worden ist (BFH-Urteil vom 19. 11. 2003, I R 88/02, BStBl 2004 II S. 751). Ein Bescheid über die gesonderte Feststellung, der unter Verletzung der in § 180 Abs. 1 Satz 1 Nr. 2 Buchstabe b AO herangezogenen Vorschriften über die örtliche Zuständigkeit ergangen ist, muss aufgehoben werden, weil die Verletzung der §§ 18, 19 AO in der gem. § 180 Abs. 1 Satz 1 Nr. 2 Buchstabe b AO getroffenen Zuordnung ein nicht heilbarer Rechtsfehler ist (BFH-Urteile vom 15. 4. 1986, VIII R 325/84, BStBl 1987 II S. 195, und vom 10. 6. 1999, IV R 69/98, BStBl II S. 691).

Zu § 129 – Offenbare Unrichtigkeit beim Erlass eines Verwaltungsakts:

1. Ähnliche offenbare Unrichtigkeiten i. S. d. § 129 AO sind mechanische Versehen, wie beispielsweise Eingabe- oder Übertragungsfehler. Eine offenbare Unrichtigkeit kann daher auch vorliegen, wenn der Sachbearbeiter den Eingabewertbogen falsch ausfüllt oder Daten versehentlich nicht oder falsch in ein Computerprogramm eingibt.

   Ein mechanisches Versehen wird ferner angenommen, wenn der Sachbearbeiter es versehentlich unterlassen hat, die für die Veranlagung eines Jahres vorliegenden Unterlagen auszuwerten, die ihm vom Steuerpflichtigen unterjährig übersandt wurden (vgl. BFH-Urteil vom 27. 5. 2009, X R 47/08, BStBl II S. 946). Gleiches gilt für das Übersehen einer für den Veranlagungszeitraum einschlägigen Kontrollmitteilung, eines relevanten Grundlagenbescheids (vgl. dazu auch AEAO zu § 175, Nr. 1.2 2. Tiret) oder von Punkten eines Betriebsprüfungsberichts bzw. dessen widersprüchliche oder gar unterlassene Auswertung (vgl. u. a. BFH-Urteil vom 27. 11. 2003, V R 52/02, BFH/NV 2004 S. 605).

2. Keine offenbaren Unrichtigkeiten i. s. v. § 129 AO sind Fehler bei der Auslegung oder (Nicht-)Anwendung einer Rechtsnorm, eine unrichtige Tatsachenwürdigung, die unzutreffende Annahme eines in Wirklichkeit nicht vorliegenden Sachverhalts sowie Fehler, die auf mangelnder Sachaufklärung beruhen. Eine Berichtigung nach § 129 AO ist bereits dann ausgeschlossen, wenn auch nur die ernsthafte und nicht nur theoretische Möglichkeit besteht, dass ein derartiger Fehler vorliegt.

3. Ein Fehler ist dann „offenbar" i. S. d. § 129 AO, wenn er auf der Hand liegt, durchschaubar, eindeutig oder augenfällig ist, d. h. sich für einen unvoreingenommenen Dritten ohne weiteres aus der Steuererklärung, deren Anlagen sowie den in den Akten befindlichen Unterlagen für das betreffende Veranlagungsjahr ergibt (vgl. BFH-Urteil vom 27. 5. 2009, X R 47/08, BStBl II S. 946). In den objektivierten Erkenntnishorizont des Dritten sind daneben regelmäßig aber auch im konkreten Fall einschlägige interne Arbeits- und Dienstanweisungen einzubeziehen (vgl. u. a. BFH-Urteil vom 13. 6. 2012, VI R 85/10, BStBl 2013 II S. 5). Es kommt nicht darauf an, ob der Steuerpflichtige die Unrichtigkeit anhand des Bescheids und der ihm vorliegenden Unterlagen erkennen konnte.

4. Die offenbare Unrichtigkeit muss beim Erlass des Verwaltungsakts unterlaufen sein. Daher können nur Fehler berichtigt werden, die der Finanzbehörde unterlaufen sind. Eine offenbare Unrichtigkeit kann aber auch dann vorliegen, wenn das Finanzamt eine in der Steuererklärung oder dieser beigefügten Anlagen enthaltene offenbare, d. h. für das Finanzamt erkennbare Unrichtigkeit als eigene übernimmt. Übersieht das Finanzamt bei der Einkommensteuerveranlagung, dass der Steuerpflichtige in seiner vorgelegten Gewinnermittlung die bei der Umsatzsteuererklärung für denselben Veranlagungszeitraum erklärten und erklärungsgemäß berücksichtigten Umsatzsteuerzahlungen in Gänze nicht als Betriebsausgabe erfasst hat, liegt insoweit eine von Amts wegen zu berichtigende offenbare Unrichtigkeit nach § 129 AO vor, auch wenn in diesem Fall noch Ermittlungen zur Höhe des tatsächlich zu berücksichtigenden Betrags erforderlich sind (vgl. BFH-Urteil vom 27. 8. 2013, VIII R 9/11, BStBl 2014 II S. 439). Eine offenbare Unrichtigkeit liegt dagegen nicht vor, wenn der

Steuerpflichtige nicht sämtliche Umsatzsteuer-Vorauszahlungen bei den Betriebsausgaben außer Acht gelassen, sondern im Rahmen seiner Steuererklärung einen Gesamtbetrag eingesetzt hat, der nicht von vornherein unrealistisch war (vgl. BFH-Urteile vom 3.5.2017, X R 4/16, BFH/NV S. 1415, und vom 17.5.2017, X R 45/16, BFH/NV 2018 S. 10).
Bei Fehlern des Steuerpflichtigen bei Erstellung seiner Steuererklärung ist zwischen der Rechtslage bis 2016 und ab 2017 zu unterscheiden:
– Soweit der Steuerbescheid nach dem 31.12.2016 erlassen wurde, vgl. AEAO zu § 173a.
– Soweit der Steuerbescheid vor dem 1.1.2017 erlassen wurde, gilt Folgendes:
Sind dem Steuerpflichtigen bei Erstellung seiner Steuererklärung Fehler (insbesondere Schreib- oder Rechenfehler) unterlaufen und hat er demzufolge dem Finanzamt bestimmte Tatsachen nicht oder mit einem unzutreffenden Wert mitgeteilt, kann der Steuerbescheid nicht nach § 129 AO berichtigt werden, da das Finanzamt den Fehler nicht erkennen und diesen sich somit auch nicht zu eigen machen konnte. Allerdings kommt bei steuerermäßigenden Tatsachen eine Änderung nach § 173 Abs. 1 Nr. 2 AO in Betracht, wenn den Steuerpflichtigen kein grobes Verschulden am nachträglichen Bekanntwerden der zutreffenden Tatsachen trifft (vgl. AEAO zu § 173, Nr. 5) und diese Tatsachen auch bei Erlass des ursprünglichen Steuerbescheids rechtserheblich waren (vgl. AEAO zu § 173, Nr. 3). Dafür, dass die ursprüngliche Nichterklärung auf einem mechanischen Versehen beruht, trägt der Steuerpflichtige die Beweislast (vgl. AEAO zu § 173, Nr. 5.1 und 5.1.3). Die Form der Steuererklärung ist hierbei unerheblich (vgl. AEAO zu § 173, Nr. 5.6).
5. Bei einer Berichtigung nach § 129 AO können im Wege pflichtgemäßer Ermessensausübung unter sinngemäßer Anwendung des § 177 AO materielle Fehler korrigiert werden (BFH-Urteil vom 8.3.1989, X R 116/87, BStBl II S. 531).
6. Die Berichtigung zugunsten und zuungunsten des Steuerpflichtigen ist
– bei Steuerfestsetzungen und Zinsbescheiden nur innerhalb der Festsetzungsfrist (§ 169 Abs. 1 Satz 2 AO),
– bei Aufteilungsbescheiden nur bis zur Beendigung der Vollstreckung (§ 280 AO),
– bei Verwaltungsakten, die sich auf Zahlungsansprüche richten, bis zum Ablauf der Zahlungsverjährung (§ 228 AO),
– bei anderen Verwaltungsakten zeitlich unbeschränkt
zulässig. Auf die besondere Ablaufhemmung der Festsetzungsfrist nach § 171 Abs. 2 AO wird hingewiesen.
7. Zur Korrektur von Haftungs- und Duldungsbescheiden vgl. AEAO zu § 191. Zur Anfechtungsbeschränkung vgl. AEAO zu § 351, Nr. 3.

Vor §§ 130, 131 – Rücknahme und Widerruf von Verwaltungsakten:

1. Die §§ 130 bis 133 AO gelten für Rücknahme oder Widerruf von Verwaltungsakten nur, soweit keine Sonderregelungen bestehen (Hinweis auf §§ 172 ff. AO für Steuerbescheide; §§ 206, 207 AO für verbindliche Zusagen; § 280 AO für Aufteilungsbescheide). Dabei bestehen hinsichtlich der Bestandskraft unanfechtbarer Verwaltungsakte Unterschiede zwischen begünstigenden Verwaltungsakten und nicht begünstigenden Verwaltungsakten.
2. Begünstigende Verwaltungsakte sind insbesondere
– Gewährung von Entschädigungen (§ 107 AO),
– Fristverlängerungen (§ 109 AO),
– Gewährung von Buchführungserleichterungen (§ 148 AO),
– Billigkeitsmaßnahmen (§§ 163, 227, § 234 Abs. 2 AO),
– Verlegung des Beginns einer Außenprüfung (§ 197 Abs. 2 AO),
– Stundungen (§ 222 AO),
– Einstellung oder Beschränkung der Vollstreckung (§§ 257, 258 AO),
– Aussetzung der Vollziehung (§ 361 AO, § 69 Abs. 2 FGO).

A. I. Zu § 130 AO

3. Nicht begünstigende Verwaltungsakte sind insbesondere
   - Ablehnung beantragter begünstigender Verwaltungsakte,
   - Festsetzung von steuerlichen Nebenleistungen (§ 3 Abs. 4, § 218 Abs. 1 AO),
   - Ablehnung einer Erstattung von Nebenleistungen (§ 37 Abs. 2, § 218 Abs. 2 AO),
   - Auskunftsersuchen (§§ 93 ff. AO),
   - Aufforderung zur Buchführung (§ 141 Abs. 2 AO),
   - Haftungsbescheide (§ 191 AO),
   - Duldungsbescheide (§ 191 AO),
   - Prüfungsanordnungen (§ 196 AO),
   - Anforderung von Säumniszuschlägen (§ 240 AO),
   - Pfändungen (§ 281 AO).
4. Zur Korrektur von Verspätungszuschlagsfestsetzungen vgl. § 152 Abs. 12 AO. Zur Korrektur von Haftungs- und Duldungsbescheiden vgl. AEAO zu § 191.
5. Verwaltungsakte über Billigkeitsmaßnahmen nach § 163 Abs. 1 AO stehen in den Fällen des § 163 Abs. 3 AO kraft Gesetzes unter Widerrufsvorbehalt. Die Rücknahme eines rechtswidrigen Verwaltungsakts richtet sich in diesen Fällen nach § 163 Abs. 4 Satz 1 AO.

Zu § 130 – Rücknahme eines rechtswidrigen Verwaltungsakts:

1. Ein Verwaltungsakt ist rechtswidrig, wenn er im Zeitpunkt seines Erlasses ganz oder teilweise gegen zwingende gesetzliche Vorschriften (§ 4 AO) verstößt, ermessensfehlerhaft ist (vgl. AEAO zu § 5) oder eine Rechtsgrundlage überhaupt fehlt. Eine nachträgliche Änderung der Sach- oder Rechtslage hingegen macht einen ursprünglich rechtmäßigen Verwaltungsakt grundsätzlich nicht i. S. d. § 130 AO rechtswidrig, es sei denn, es läge ein Fall steuerrechtlicher Rückwirkung vor, welche den Verwaltungsakt erfasst (vgl. BFH-Urteil vom 9. 12. 2008, VII R 43/07, BStBl 2009 II S. 344). Besonders schwerwiegende Fehler haben die Nichtigkeit und damit die Unwirksamkeit zur Folge (§ 125 i. V. m. § 124 Abs. 3 AO). Liegt kein Fall der Nichtigkeit vor, so wird der rechtswidrige Verwaltungsakt zunächst wirksam.
2. Die Finanzbehörde entscheidet im Rahmen ihres Ermessens, ob sie eine Überprüfung eines rechtswidrigen, unanfechtbaren Verwaltungsakts vornehmen soll. Die Finanzbehörde braucht nicht in die Überprüfung einzutreten, wenn der Steuerpflichtige nach Ablauf der Einspruchsfrist die Rechtswidrigkeit lediglich behauptet und Gründe, aus denen sich schlüssig die Rechtswidrigkeit des belastenden Verwaltungsakts ergibt, nicht näher bezeichnet (vgl. BFH-Urteil vom 9. 3. 1989, VI R 101/84, BStBl II S. 749). Ist die Fehlerhaftigkeit eines Verwaltungsakts festgestellt, so ist zunächst die mögliche Nichtigkeit (§ 125 AO), danach die Möglichkeit der Berichtigung offenbarer Unrichtigkeiten (§ 129 AO), danach die Möglichkeit der Heilung von Verfahrens- und Formfehlern (§§ 126, 127 AO), danach die Möglichkeit der Umdeutung (§ 128 AO) und danach die Rücknahme zu prüfen.
3. Nicht begünstigende rechtswidrige Verwaltungsakte können jederzeit zurückgenommen werden, auch wenn die Einspruchsfrist abgelaufen ist. Eine teilweise Rücknahme ist zulässig.

   Beispiel:
   Ein Verspätungszuschlag ist mit einem Betrag festgesetzt worden, der mehr als 10 % der festgesetzten Steuer ausmacht (Verstoß gegen § 152 Abs. 2 AO a. F.). Die Festsetzung kann insoweit zurückgenommen werden, wie sie 10 % übersteigt; sie bleibt im Übrigen bestehen.

4. Die Rücknahme eines begünstigenden rechtswidrigen Verwaltungsakts ist nur unter Einschränkungen möglich (§ 130 Abs. 2 und 3 AO). Unter einer Begünstigung i. S. d. Vorschriften ist jede Rechtswirkung zu verstehen, an deren Aufrechterhaltung der vom Verwaltungsakt Betroffene ein schutzwürdiges Interesse hat (BFH-Urteil vom 16. 10. 1986, VII R 159/83, BStBl 1987 II S. 405). Sofern die Rücknahme zulässig und wirksam ist, kann die Finanzbehörde aufgrund des veränderten Sachverhalts oder der veränderten Rechtslage einen neuen Verwaltungsakt erlassen, der für den Beteiligten weniger vorteilhaft ist.

Beispiele:
a) Ein Verspätungszuschlag ist unter Abweichung von der sonst beim Finanzamt üblichen Anwendung der Grundsätze des § 152 AO a. F. auf 500 € festgesetzt worden. Eine Überprüfung des Falles ergibt, dass eine Festsetzung i. H. v. 1 000 € richtig gewesen wäre. Die Rücknahme der Festsetzung, verbunden mit einer neuen höheren Festsetzung, ist rechtlich zulässig, wenn die niedrige Festsetzung auf unrichtigen oder unvollständigen Angaben des Steuerpflichtigen beruhte (§ 130 Abs. 2 Nr. 3 AO).
b) Der Steuerpflichtige hat durch arglistige Täuschung über seine Vermögens- und Liquiditätslage eine Stundung ohne Sicherheitsleistung erwirkt. Die Finanzbehörde kann die Stundungsverfügung mit Wirkung für die Vergangenheit zurücknehmen (§ 130 Abs. 2 Nr. 2 AO), für die Vergangenheit Säumniszuschläge anfordern und eine in die Zukunft wirkende neue Stundung von einer Sicherheitsleistung abhängig machen.

5. § 130 Abs. 3 AO normiert keine Prüfungsfrist, innerhalb derer die Finanzbehörde ihr bekannte Tatsachen rechtlich zu bewerten und aus ihnen die gebotenen Schlussfolgerungen zu ziehen hätte, sondern lediglich eine Entscheidungsfrist. Deshalb beginnt die Jahresfrist erst dann, wenn die Finanzbehörde tatsächlich die Erkenntnis gewonnen hat, dass ein Verwaltungsakt zurückgenommen bzw. widerrufen werden kann (vgl. BVerwG-Beschluss vom 19. 12. 1984, GrS 1 und 2/84, BVerwGE 70 S. 356, und daran anschließend die ständige Rechtsprechung des BFH, vgl. u. a. Urteil vom 9. 12. 2008, VII R 43/07, BStBl 2009 II S. 344). Dies ist der Fall, wenn die Finanzbehörde ohne weitere Sachaufklärung objektiv in der Lage ist, unter sachgerechter Ausübung ihres Ermessens über Rücknahme bzw. Widerruf des Verwaltungsakts zu entscheiden.

Zu § 131 – Widerruf eines rechtmäßigen Verwaltungsakts:

1. Ein Verwaltungsakt ist rechtmäßig, wenn er zum Zeitpunkt des Wirksamwerdens (Bekanntgabe) dem Gesetz (§ 4 AO) entspricht. Ändert sich der Sachverhalt durch nachträglich eingetretene Tatsachen oder lasst das Gesetz in derselben Sache unterschiedliche Verwaltungsakte zu (Ermessensentscheidungen), so kann der rechtmäßige Verwaltungsakt unter bestimmten Voraussetzungen mit Wirkung für die Zukunft widerrufen werden.
2. § 131 Abs. 2 Nr. 3 AO betrifft nur die Änderung tatsächlicher, nicht rechtlicher Verhältnisse. Der Begriff „Tatsache" bezeichnet in dieser Vorschrift dasselbe wie in § 173 AO (vgl. AEAO zu § 173, Nr. 1). „Tatsache" ist auch die steuerrechtliche Beurteilung eines Sachverhalts in einem anderen Bescheid, soweit dieser Bescheid Bindungswirkung für den zu widerrufenden Bescheid hat (vgl. BFH-Urteile vom 13. 1. 2005, II R 48/02, BStBl II S. 451, und vom 9. 12. 2008, VII R 43/07, BStBl 2009 II S. 344). Das öffentliche Interesse i. S. d. Vorschrift ist immer dann gefährdet, wenn bei einem Festhalten an der getroffenen Entscheidung der Betroffene gegenüber anderen Steuerpflichtigen bevorzugt würde.
3. Ein Steuererlass kann nicht widerrufen werden. Die nachträgliche Verbesserung der Liquiditäts- oder Vermögenslage ist unbeachtlich. Für die Rücknahme gilt § 130 Abs. 2 und 3 AO.
4. Ein rechtmäßiger begünstigender Verwaltungsakt darf jederzeit um einen weiteren rechtmäßigen Verwaltungsakt ergänzt werden.

    Beispiele:
    a) Verlängerung oder Erhöhung einer Stundung,
    b) weitere Fristverlängerung,
    c) Gewährung ergänzender Buchführungserleichterungen,
    d) Erhöhung des zu erlassenden Steuerbetrages.

5. Dementsprechend bedarf es bei demselben Sachverhalt nicht des Widerrufs, wenn zu einem nicht begünstigenden rechtmäßigen Verwaltungsakt lediglich ein weiterer rechtmäßiger Verwaltungsakt hinzutritt.

    Beispiele:
    a) Wegen einer Steuerschuld von 2 500 € sind Wertpapiere im Werte von 1 500 € gepfändet worden. Es wird eine weitere Pfändung über 1 000 € verfügt.

b) Die Prüfungsanordnung für eine Außenprüfung umfasst den Prüfungszeitraum 1993 bis 1995. Die Prüfungsanordnung wird auf den Besteuerungszeitraum 1996 ausgedehnt.

c) Zur Klärung eines steuerlich bedeutsamen Sachverhalts wird das Kreditinstitut X um Auskunft über die Kontenstände des Steuerpflichtigen gebeten. Im Zuge der Ermittlungen wird auch die Angabe aller baren Einzahlungen über 5 000 € verlangt.

Zu § 138 – Anzeigen über die Erwerbstätigkeit:

1. Die Verpflichtung, die Eröffnung eines Betriebs der Land- und Forstwirtschaft, eines gewerblichen Betriebs oder einer Betriebstätte anzuzeigen, besteht nur gegenüber der Gemeinde, in der dieser Betrieb oder die Betriebstätte eröffnet wird; diese hat unverzüglich das zuständige Finanzamt zu unterrichten. Freiberuflich Tätige haben die Aufnahme ihrer Erwerbstätigkeit dem Wohnsitzfinanzamt (§ 19 Abs. 1 AO, ggf. Tätigkeitsfinanzamt nach § 19 Abs. 3 AO) mitzuteilen. Unter Eröffnung ist auch die Fortführung eines Betriebs oder einer Betriebstätte durch den Rechtsnachfolger oder Erwerber zu verstehen (Hinweis auf § 75 AO).

   Die Meldefrist beträgt einen Monat. Gewerbetreibende, die nach § 14 der GewO gegenüber der zuständigen Behörde (Ordnungs- bzw. Gewerbeamt) anzeigepflichtig sind, genügen mit dieser Anzeige gleichzeitig ihrer steuerlichen Anzeigepflicht nach § 138 Abs. 1 AO. Die Anzeige ist auf einem Vordruck zu erstatten, dessen Muster durch die Anlagen 1, 2 und 3 zu § 1 Satz 1 der GewAnzV vom 22. 7. 2014 (BGBl I S. 1208) bestimmt worden ist. Steuerpflichtige, die nicht unter die Anzeigepflicht nach der GewO fallen, können die Anzeige formlos erstatten. Sie können sich auch des Vordrucks gem. der GewAnzV bedienen.

2. § 138 Abs. 2 AO verpflichtet alle Steuerpflichtigen, Auslandsbeziehungen, insbesondere Auslandsbeteiligungen innerhalb der Fristen nach § 138 Abs. 5 AO dem Finanzamt mitzuteilen. Eine Verletzung dieser Verpflichtung kann als Steuergefährdung mit einem Bußgeld geahndet werden (§ 379 Abs. 2 Nr. 1 AO). Näheres zu Inhalt und Form der Mitteilungen regelt das BMF-Schreiben vom 5. 2. 2018, BStBl I S. 289, ergänzt durch das BMF-Schreiben vom 18. 7. 2018, BStBl I S. 815.

Zu § 140 – Buchführungs- und Aufzeichnungspflichten nach anderen Gesetzen:

Durch die Vorschrift werden die sog. außersteuerlichen Buchführungs- und Aufzeichnungsvorschriften, die auch für die Besteuerung von Bedeutung sind, für das Steuerrecht nutzbar gemacht. In Betracht kommen einmal die allgemeinen Buchführungs- und Aufzeichnungsvorschriften des Handels-, Gesellschafts- und Genossenschaftsrechts. Zum anderen fallen hierunter die Buchführungs- und Aufzeichnungspflichten für bestimmte Betriebe und Berufe, die sich aus einer Vielzahl von Gesetzen und Verordnungen ergeben. Auch ausländische Rechtsnormen können eine Buchführungspflicht nach § 140 AO begründen (Rz. 3 des BMF-Schreibens vom 16. 5. 2011, BStBl I S. 530). Verstöße gegen außersteuerliche Buchführungs- und Aufzeichnungspflichten stehen den Verstößen gegen steuerrechtliche Buchführungs- und Aufzeichnungsvorschriften gleich. Hinweis auf § 162 Abs. 2 AO (Schätzung), § 379 Abs. 1 AO (Steuergefährdung). Aufzeichnungspflichten, die für den Gesamthaushalt einer juristischen Person des öffentlichen Rechts bestehen (Doppik), führen nicht zu einer Verpflichtung zur Buchführung für einzelne Betriebe gewerblicher Art (BMF-Schreiben vom 3. 1. 2013, BStBl I S. 59).

Zu § 141 – Buchführungspflicht bestimmter Steuerpflichtiger:

1. Die Vorschrift findet nur Anwendung, wenn sich nicht bereits eine Buchführungspflicht nach § 140 AO ergibt. Wird von dem Wahlrecht nach § 241a HGB Gebrauch gemacht, kann dennoch eine Buchführungspflicht nach § 141 AO bestehen. Unter die Vorschrift fallen ge-

werbliche Unternehmer sowie Land- und Forstwirte, nicht jedoch Freiberufler. Gewerbliche Unternehmer sind solche Unternehmer, die einen Gewerbebetrieb i. S. d. § 15 Abs. 2 oder 3 EStG bzw. des § 2 Abs. 2 oder 3 GewStG ausüben.

Ausländische Unternehmen fallen unter die Vorschrift jedenfalls dann, wenn und soweit sie im Inland eine Betriebsstätte unterhalten oder einen ständigen Vertreter bestellt haben (BFH-Urteil vom 14. 9. 1994, I R 116/93, BStBl 1995 II S. 238). Die Buchführungspflicht einer Personengesellschaft erstreckt sich auch auf das Sonderbetriebsvermögen ihrer Gesellschafter. Die Gesellschafter selbst sind insoweit nicht buchführungspflichtig.

2. Die Finanzbehörde kann die Feststellung i. S. d. § 141 Abs. 1 AO im Rahmen eines Steuer- oder Feststellungsbescheids oder durch einen selbständigen feststellenden Verwaltungsakt treffen. Die Feststellung kann aber auch mit der Mitteilung über den Beginn der Buchführungspflicht nach § 141 Abs. 2 AO verbunden werden und bildet dann mit ihr einen einheitlichen Verwaltungsakt (BFH-Urteil vom 23. 6. 1983, IV R 3/82, BStBl II S. 768).

3. Die Buchführungsgrenzen beziehen sich grundsätzlich auf den einzelnen Betrieb (zum Begriff vgl. BFH-Urteil vom 13. 10. 1988, IV R 136/85, BStBl 1989 II S. 7), auch wenn der Steuerpflichtige mehrere Betriebe der gleichen Einkunftsart hat. Eine Ausnahme gilt für steuerbegünstigte Körperschaften, bei denen mehrere steuerpflichtige wirtschaftliche Geschäftsbetriebe als ein Betrieb zu behandeln sind (§ 64 Abs. 2 AO). In den maßgebenden Umsatz (§ 141 Abs. 1 Nr. 1 AO) sind auch die nicht steuerbaren Auslandsumsätze einzubeziehen (BFH-Urteil vom 7. 10. 2009, II R 23/08, BStBl 2010 II S. 219). Sie sind ggf. zu schätzen; § 162 AO gilt entsprechend. Bei einem Dauerverlustbetrieb einer juristischen Person des öffentlichen Rechts führt allein das Überschreiten der Umsatzgrenze nach § 141 Abs. 1 Satz 1 Nr. 1 AO nicht zu einer Buchführungspflicht, wenn dieser mangels Gewinnerzielungsabsicht kein gewerbliches Unternehmen darstellt (BMF-Schreiben vom 3. 1. 2013, BStBl I S. 59). Da die Gewinngrenze für die land- und forstwirtschaftlichen Betriebe (§ 141 Abs. 1 Nr. 5 AO) auf das Kalenderjahr abstellt, werden bei einem vom Kalenderjahr abweichenden Wirtschaftsjahr die zeitanteiligen Gewinne aus zwei Wirtschaftsjahren angesetzt. Für die Bestimmung der Buchführungsgrenzen nach § 141 Abs. 1 Nr. 3 AO sind die Einzelertragswerte der im Einheitswert erfassten Nebenbetriebe bei der Ermittlung des Wirtschaftswertes der selbstbewirtschafteten Flächen nicht anzusetzen (BFH-Urteil vom 6. 7. 1989, IV R 97/87, BStBl 1990 II S. 606).

4. Die Finanzbehörde hat den Steuerpflichtigen auf den Beginn der Buchführungspflicht hinzuweisen. Diese Mitteilung soll dem Steuerpflichtigen mindestens einen Monat vor Beginn des Wirtschaftsjahres bekannt gegeben werden, von dessen Beginn ab die Buchführungspflicht zu erfüllen ist. Zur Bekanntgabe der Mitteilung über den Beginn der Buchführungspflicht bei ungeklärter Unternehmereigenschaft der Ehegatten/Lebenspartner als Miteigentümer der Nutzflächen eines landwirtschaftlichen Betriebs Hinweis auf BFH-Urteile vom 23. 1. 1986, IV R 108/85, BStBl II S. 539, und vom 26. 11. 1987, IV R 22/86, BStBl 1988 II S. 238. Werden die Buchführungsgrenzen nicht mehr überschritten, so wird der Wegfall der Buchführungspflicht dann nicht wirksam, wenn die Finanzbehörde vor dem Erlöschen der Verpflichtung wiederum das Bestehen der Buchführungspflicht feststellt. Beim einmaligen Überschreiten der Buchführungsgrenze soll auf Antrag nach § 148 AO Befreiung von der Buchführungspflicht bewilligt werden, wenn nicht zu erwarten ist, dass die Grenze auch später überschritten wird. Bei der Prüfung, ob die in § 141 Abs. 1 Nr. 4 und 5 AO aufgeführten Buchführungsgrenzen überschritten werden, sind erhöhte Absetzungen für Abnutzung sowie Sonderabschreibungen unberücksichtigt zu lassen (§ 7a Abs. 6 EStG). Erhöhte Absetzungen für Abnutzung sind nur insoweit dem Gewinn zuzurechnen, als diese die Absetzungsbeträge nach § 7 Abs. 1 oder 4 EStG übersteigen (§ 7a Abs. 3 EStG).

5. Die Buchführungspflicht geht nach § 141 Abs. 3 AO kraft Gesetzes über. Es ist nicht Voraussetzung, dass eine der in § 141 Abs. 1 Nrn. 1 bis 5 AO aufgeführten Buchführungsgrenzen überschritten ist. Als Eigentümer bzw. Nutzungsberechtigter kommen z. B. in Betracht: Erwerber, Erbe, Pächter, Nießbraucher. Eine Übernahme des Betriebs im Ganzen liegt vor, wenn seine Identität gewahrt bleibt. Dies ist der Fall, wenn die wesentlichen Grundlagen

des Betriebs als einheitliches Ganzes erhalten bleiben. Dies liegt nicht vor, wenn nur der landwirtschaftliche, nicht aber auch der forstwirtschaftliche Teilbetrieb übernommen wird (BFH-Urteil vom 24. 2. 1994, IV R 4/93, BStBl II S. 677).

Zu § 143 – Aufzeichnung des Wareneingangs:

1. Zur gesonderten Aufzeichnung des Wareneingangs sind nur gewerbliche Unternehmer (vgl. AEAO zu § 141, Nr. 1) verpflichtet; Land- und Forstwirte fallen nicht unter die Vorschrift. Die Aufzeichnungspflicht besteht unabhängig von der Buchführungspflicht. Bei buchführenden Gewerbetreibenden genügt es, wenn sich die geforderten Angaben aus der Buchführung ergeben.
2. Besondere Aufzeichnungspflichten, die in Einzelsteuergesetzen vorgeschrieben sind (z. B. nach § 22 UStG), werden von dieser Vorschrift nicht berührt.

Zu § 144 – Aufzeichnung des Warenausgangs:

Zur gesonderten Aufzeichnung des Warenausgangs sind gewerbliche Unternehmer (vgl. AEAO zu § 141, Nr. 1) sowie nach § 144 Abs. 5 AO auch buchführungspflichtige Land- und Forstwirte verpflichtet. Mit der Einbeziehung der buchführungspflichtigen Land- und Forstwirte in die Vorschrift soll eine bessere Überprüfung der Käufer land- und forstwirtschaftlicher Produkte (z. B. Obst- oder Gemüsehändler) ermöglicht werden. Bei buchführenden Unternehmern können die Aufzeichnungspflichten im Rahmen der Buchführung erfüllt werden. Besondere Aufzeichnungspflichten, z. B. nach § 22 Abs. 2 Nrn. 1 bis 3 UStG, bleiben unberührt. Erleichterungen nach § 14 Abs. 6 UStG für die Ausstellung von Rechnungen (z. B. nach §§ 31, 33 UStDV) gelten auch für diese Vorschrift. Bei Verstoß gegen die Aufzeichnungspflichten nach § 144 AO kann eine Ordnungswidrigkeit nach § 379 Abs. 2 Nr. 1a AO vorliegen.

Zu § 146 – Ordnungsvorschriften für die Buchführung und für Aufzeichnungen:

Inhaltsübersicht
1. Allgemeines
2. Einzelaufzeichnungspflicht (§ 146 Abs. 1 AO)
2.1 Grundsätze der Einzelaufzeichnung
2.2 Ausnahme von der Einzelaufzeichnungspflicht aus Zumutbarkeitsgründen
3. Aufzeichnungspflichten bei Verwendung einer offenen Ladenkasse
4. Verzögerungsgeld (§ 146 Abs. 2b AO)
5. DV-gestützte Buchführung und Aufzeichnungen (§ 146 Abs. 5 AO)

1. Allgemeines
1.1 Nur der ordnungsmäßigen Buchführung kommt Beweiskraft zu (§ 158 AO). Verstöße gegen die Vorschriften zur Führung von Büchern und Aufzeichnungen (§§ 140 bis 147 AO) können z. B. die Anwendung von Zwangsmitteln nach § 328 AO, eine Schätzung nach § 162 AO oder eine Ahndung nach § 379 Abs. 1 Satz 1 Nr. 1 und Nr. 3 AO zur Folge haben. Die Verletzung der Buchführungspflichten ist unter den Voraussetzungen der §§ 283 und 283b StGB (sog. Insolvenzstraftaten) strafbar.
1.2 Zu den Begriffen „vollständig, richtig, zeitgerecht, geordnet und unveränderbar" vgl. Rz. 36 bis 60 des BMF-Schreibens vom 14. 11. 2014, BStBl I S. 1450.
1.3 Es ist Aufgabe des Steuerpflichtigen, seine aufzeichnungs- und aufbewahrungspflichtigen Unterlagen so zu organisieren, dass bei einer zulässigen Einsichtnahme in die steu-

erlich relevanten Unterlagen (Daten) keine gesetzlich geschützten Bereiche tangiert werden können, zum Beispiel bei Rechtsanwälten, Steuerberatern, Ärzten usw.

1.4 Buchführungspflichtige Steuerpflichtige haben für Bargeldbewegungen ein Kassenbuch (ggf. in der Form aneinandergereihter Kassenberichte) zu führen.

2. Einzelaufzeichnungspflicht (§ 146 Abs. 1 AO)

2.1 Grundsätze der Einzelaufzeichnung

2.1.1 Aufzeichnungen (z. B. nach §§ 238 ff. HGB und nach § 22 UStG) müssen unterschiedlichen steuerlichen Zwecken genügen. Erfordern verschiedene Rechtsnormen gleichartige Aufzeichnungen, so ist eine mehrfache Aufzeichnung für jede Rechtsnorm nicht erforderlich (vgl. Rz. 13 des BMF-Schreibens vom 14.11.2014, BStBl I S. 1450). Die Pflicht zur Einzelaufzeichnung gilt demnach unabhängig von der Gewinnermittlungsart. Hinsichtlich der Aufzeichnungspflichten bei Steuerpflichtigen, die ihren Gewinn nach § 4 Abs. 3 EStG ermitteln, vgl. AEAO zu § 146, Nr. 2.1.7.

2.1.2 Die Grundsätze ordnungsmäßiger Buchführung erfordern grundsätzlich die Aufzeichnung jedes einzelnen Geschäftsvorfalls unmittelbar nach seinem Abschluss und in einem Umfang, der einem sachverständigen Dritten in angemessener Zeit eine lückenlose Überprüfung seiner Grundlagen, seines Inhalts, seiner Entstehung und Abwicklung und seiner Bedeutung für den Betrieb ermöglicht. Das bedeutet nicht nur die Aufzeichnung der in Geld bestehenden Gegenleistung, sondern auch des Inhalts des Geschäfts und des Namens des Vertragspartners. Dies gilt auch für Bareinnahmen und für Barausgaben (vgl. BFH-Urteil vom 12.5.1966, IV 472/60, BStBl III S. 371). Die vorgenannten Grundsätze gelten für jeden, der eine gewerbliche, berufliche oder land- und forstwirtschaftliche Tätigkeit selbständig ausübt. Der Umstand der sofortigen Zahlung rechtfertigt keine Ausnahme (vgl. BFH-Urteil vom 26.2.2004, XI R 25/02, BStBl II S. 599).

2.1.3 Die Grundaufzeichnungen müssen so beschaffen sein, dass sie jederzeit eindeutig in ihre Einzelpositionen aufgegliedert werden können. Zeitnah, d. h. möglichst unmittelbar zu der Entstehung des jeweiligen Geschäftsvorfalles aufzuzeichnen sind der verkaufte, eindeutig bezeichnete Artikel, der endgültige Einzelverkaufspreis, der dazugehörige Umsatzsteuersatz und -betrag, vereinbarte Preisminderungen, die Zahlungsart, das Datum und der Zeitpunkt des Umsatzes sowie die verkaufte Menge bzw. Anzahl. Die Möglichkeit zum Ausweis des Steuerbetrags in einer Summe nach § 32 UStDV in der Rechnung und die Zusammenfassung des Entgelts und des darauf entfallenden Steuerbetrags in einer Summe nach § 33 Satz 1 Nr. 4 UStDV in der Rechnung bleiben unbenommen. Eine Verpflichtung zur einzelnen Verbuchung (im Gegensatz zur Aufzeichnung) eines jeden Geschäftsvorfalls besteht nicht. Werden der Art nach gleiche Waren mit demselben Einzelverkaufspreis in einer Warengruppe zusammengefasst, wird dies nicht beanstandet, sofern die verkaufte Menge bzw. Anzahl ersichtlich bleibt. Dies gilt entsprechend für Dienstleistungen.

2.1.4 Die Pflicht zur Einzelaufzeichnung gilt grundsätzlich unabhängig davon, ob der Steuerpflichtige ein elektronisches Aufzeichnungssystem oder eine offene Ladenkasse verwendet. Ein elektronisches Aufzeichnungssystem ist die zur elektronischen Datenverarbeitung eingesetzte Hardware und Software, die elektronische Aufzeichnungen zur Dokumentation von Geschäftsvorfällen und somit Grundaufzeichnungen erstellt. Als elektronische Aufzeichnungssysteme gelten auch elektronische Vorsysteme mit externer Geldaufbewahrung. Welche dieser elektronischen Aufzeichnungssysteme zusätzlich die besonderen Anforderungen des § 146a AO erfüllen müssen (Pflicht zur Aufzeichnung anderer Vorgänge, Schutz durch eine zertifizierte technische Sicherheitseinrichtung), bestimmt sich nach § 1 KassenSichV. Als offene Ladenkasse gelten eine summarische, retrograde Ermittlung der Tageseinnahmen sowie manuelle Einzelaufzeichnungen ohne Einsatz technischer Hilfsmittel.

2.1.5 Branchenspezifische Mindestaufzeichnungspflichten und Zumutbarkeitsgesichtspunkte sind zu berücksichtigen. Es wird z. B. nicht beanstandet, wenn die Mindestangaben zur Nachvollziehbarkeit des Geschäftsvorfalls (vgl. AEAO zu § 146, Nr. 2.1.3) einzeln aufgezeichnet werden, nicht jedoch die Kundendaten, sofern diese nicht zur Nachvollziehbarkeit und Nachprüfbarkeit des Geschäftsvorfalls benötigt werden (vgl. Rz. 37 des BMF-Schreibens vom 14.11.2014, BStBl I S.1450). Dies gilt auch, wenn ein elektronisches Aufzeichnungssystem eine Kundenerfassung und Kundenverwaltung zulässt, die Kundendaten aber tatsächlich nicht oder nur teilweise erfasst werden. Soweit Aufzeichnungen über Kundendaten aber tatsächlich geführt werden, sind sie aufbewahrungspflichtig, sofern dem nicht gesetzliche Vorschriften entgegenstehen.

2.1.6 Wird zur Erfassung von aufzeichnungspflichtigen Geschäftsvorfällen ein elektronisches Aufzeichnungssystem verwendet und fällt dieses aus (z. B. Stromausfall, technischer Defekt), ist während dieser Zeit eine Aufzeichnung auf Papier zulässig. Die Aufzeichnungspflichten bei Verwendung einer offenen Ladenkasse gelten insoweit entsprechend (vgl. AEAO zu § 146, Nr. 3.2 und 3.3). Die Ausfallzeit des elektronischen Aufzeichnungssystems ist zu dokumentieren und soweit vorhanden durch Nachweise zu belegen (z. B. Rechnung über Reparaturleistung).

2.1.7 Der Grundsatz der Einzelaufzeichnungspflicht gilt auch für Steuerpflichtige, die ihren Gewinn nach § 4 Abs. 3 EStG ermitteln. Nach § 146 Abs. 5 Satz 1 Halbsatz 2 AO müssen die Aufzeichnungen so geführt werden, dass sie dem konkreten Besteuerungszweck entsprechen (vgl. Rz. 25 des BMF-Schreibens vom 14.11.2014, BStBl I S. 1450). Eine ordnungsgemäße Gewinnermittlung nach § 4 Abs. 3 EStG setzt voraus, dass die Höhe der Betriebseinnahmen und Betriebsausgaben durch geordnete und vollständige Belege nachgewiesen wird (BFH-Urteil vom 15.4.1999, IV R 68/98, BStBl II S. 481). Ist die Einzelaufzeichnungspflicht nicht zumutbar, muss die Einnahmeermittlung nachvollziehbar dokumentiert und überprüfbar sein.

2.2 Ausnahme von der Einzelaufzeichnungspflicht aus Zumutbarkeitsgründen

2.2.1 Die Aufzeichnung jedes einzelnen Geschäftsvorfalls ist nur dann nicht zumutbar, wenn es technisch, betriebswirtschaftlich und praktisch unmöglich ist, die einzelnen Geschäftsvorfälle aufzuzeichnen (BFH-Urteil vom 12.5.1966, IV 472/60, BStBl III S. 371). Das Vorliegen dieser Voraussetzungen ist durch den Steuerpflichtigen nachzuweisen.

2.2.2 Bei Verkauf von Waren an eine Vielzahl von nicht bekannten Personen gegen Barzahlung gilt die Einzelaufzeichnungspflicht nach § 146 Abs. 1 Satz 1 AO aus Zumutbarkeitsgründen nicht, wenn kein elektronisches Aufzeichnungssystem, sondern eine offene Ladenkasse verwendet wird (§ 146 Abs. 1 Satz 3 und 4 AO, vgl. AEAO zu § 146, Nr. 2.1.4). Wird hingegen ein elektronisches Aufzeichnungssystem verwendet, gilt die Einzelaufzeichnungspflicht nach § 146 Abs. 1 Satz 1 AO unabhängig davon, ob das elektronische Aufzeichnungssystem und die digitalen Aufzeichnungen nach § 146a Abs. 3 AO i.V. m. der KassenSichV mit einer zertifizierten technischen Sicherheitseinrichtung zu schützen sind.

2.2.3 Werden eines oder mehrere elektronische Aufzeichnungssysteme verwendet, sind diese grundsätzlich zur Aufzeichnung sämtlicher Erlöse zu verwenden. Ist für einen räumlich oder organisatorisch eindeutig abgrenzbaren Bereich aus technischen Gründen oder aus Zumutbarkeitserwägungen eine Erfassung über die vorhandene elektronische Aufzeichnungssystem nicht möglich, wird es nicht beanstandet, wenn zur Erfassung dieser Geschäftsvorfälle eine offene Ladenkasse verwendet wird. Soweit der Steuerpflichtige mehrere Geschäftskassen führt, sind die Anforderungen an die Aufzeichnung von baren und unbaren Geschäftsvorfällen für jede einzelne Sonder- und Nebenkasse zu beachten (vgl. BFH-Urteil vom 20.10.1971, I R 63/70, BStBl 1972 II S. 273). § 146 Abs. 1 Sätze 2 bis 4 AO bleiben hiervon unberührt.

2.2.4 Liegen Einzeldaten einer Waage (Artikel, Gewicht bzw. Menge und Preis der Ware) einem aufzeichnungs- und aufbewahrungspflichtigen Geschäftsvorfall zugrunde, sind diese einzeln aufzuzeichnen und aufzubewahren. Werden diese Einzeldaten unter Berücksichtigung von § 146 Abs. 4 AO zusätzlich in einem elektronischen Kassensystem aufgezeichnet, wird es nicht beanstandet, wenn die Einzeldaten der Waage nicht zusätzlich aufbewahrt werden.

Verwendet der Steuerpflichtige eine offene Ladenkasse sowie eine Waage, die lediglich das Gewicht und/oder den Preis anzeigt und über die Dauer des einzelnen Wiegevorgangs hinaus über keine Speicherfunktion verfügt, wird es unter den Voraussetzungen des § 146 Abs. 1 Satz 3 AO nicht beanstandet, wenn die o. g. Einzeldaten der Waage nicht aufgezeichnet werden. Erfüllt die Waage hingegen die Voraussetzung einer elektronischen Registrierkasse, ist die Verwendung einer offenen Ladenkasse unzulässig.

2.2.5 Von einem Verkauf von Waren an eine Vielzahl nicht bekannter Personen ist auszugehen, wenn nach der typisierenden Art des Geschäftsbetriebs alltäglich Barverkäufe an namentlich nicht bekannten Kunden getätigt werden (vgl. BFH-Urteile vom 12.5.1966, IV 472/60, BStBl III S. 371, und vom 16.12.2014, X R 29/13, BFH/NV 2015 S. 790). Dies setzt voraus, dass die Identität der Käufer für die Geschäftsvorfälle regelmäßig nicht von Bedeutung ist. Unschädlich ist, wenn der Verkäufer aufgrund außerbetrieblicher Gründe tatsächlich viele seiner Kunden namentlich kennt.

2.2.6 Die Zumutbarkeitsüberlegungen, die der Ausnahmeregelung nach § 146 Abs. 1 Satz 3 AO zugrunde liegen, sind grundsätzlich auch auf Dienstleistungen übertragbar. Es wird vor diesem Hintergrund nicht beanstandet, wenn diese Ausnahmeregelung auf Dienstleistungen angewendet wird, die an eine Vielzahl von nicht bekannten Personen gegen Barzahlung erbracht werden (vgl. AEAO zu § 146, Nr. 2.2.5) und kein elektronisches Aufzeichnungssystem verwendet wird. Hierbei muss der Geschäftsbetrieb auf eine Vielzahl von Kundenkontakten ausgerichtet und der Kundenkontakt des Dienstleisters und seiner Angestellten im Wesentlichen auf die Bestellung und den kurzen Bezahlvorgang beschränkt sein. Einzelaufzeichnungen sind dagegen zu führen, wenn der Kundenkontakt in etwa die Dauer der Dienstleistung entspricht und der Kunde auf die Ausübung der Dienstleistung üblicherweise individuell Einfluss nehmen kann (zur Aufzeichnung der Kundendaten vgl. AEAO zu § 146, Nr. 2.1.5). Auf die Aufzeichnungserleichterung können sich Dienstleister – wie auch Einzelhändler – aber insoweit nicht berufen, als tatsächlich Einzelaufzeichnungen geführt werden (vgl. AEAO zu § 146, Nr. 2.1.2 und Nr. 2.1.3). Die Mindestanforderungen an eine offene Ladenkasse (vgl. AEAO zu § 146, Nr. 3.2) bleiben unberührt.

3. Aufzeichnungspflichten bei Verwendung einer offenen Ladenkasse

3.1 Es besteht keine gesetzliche Pflicht zur Verwendung eines elektronischen Aufzeichnungssystems.

3.2 Einzelaufzeichnungen können durch die vollständige und detaillierte Erfassung (vgl. AEAO zu § 146, Nr. 2.1.2 und 2.1.3) aller baren Geschäftsvorfälle in Form eines Kassenbuches erfolgen. Wird ein Kassenbericht zur Ermittlung der Tageslosung verwendet, kann die Einzelaufzeichnung auch durch die geordnete (z. B. nummerierte) Sammlung aller Barbelege gewährleistet werden.

3.3 Besteht aus Zumutbarkeitsgründen keine Verpflichtung zur Einzelaufzeichnung (vgl. AEAO zu § 146, Nr. 2.2.2), müssen die Bareinnahmen zumindest anhand eines Kassenberichts nachgewiesen werden. Hierbei ist stets vom gezählten Kassenendbestand des jeweiligen Geschäftstages auszugehen. Von diesem Kassenendbestand werden der Kassenendbestand bei Geschäftsschluss des Vortages sowie die durch Eigenbeleg zu belegenden Bareinlagen abgezogen. Ausgaben und durch Eigenbeleg nachzuweisende Barentnahmen sind hinzuzurechnen.

A. I. Zu § 146b AO

Ein sogenanntes „Zählprotokoll" (Auflistung der genauen Stückzahl vorhandener Geldscheine und -münzen) ist nicht erforderlich (BFH-Beschluss vom 16.12.2016, X B 41/16, BFH/NV 2017 S. 310), erleichtert jedoch den Nachweis des tatsächlichen Auszählens.

3.4 Kasseneinnahmen und Kassenausgaben sind täglich festzuhalten. Werden Kasseneinnahmen und Kassenausgaben ausnahmsweise erst am nächsten Geschäftstag aufgezeichnet, ist dies noch ordnungsgemäß, wenn zwingende geschäftliche Gründe einer Aufzeichnung noch am gleichen Tag entgegenstehen und aus den Aufzeichnungen und Unterlagen sicher entnommen werden kann, wie sich der sollmäßige Kassenbestand entwickelt hat (vgl. BFH-Urteil vom 31.7.1974, I R 216/72, BStBl II S. 96). Bei Kassen ohne Verkaufspersonal (sog. Vertrauenskassen, wie z. B. beim Gemüseverkauf am Feldrand, Fahrscheinautomaten sowie Waren- und Dienstleistungsautomaten) wird es nicht beanstandet, wenn diese nicht täglich, sondern erst bei Leerung ausgezählt werden. Kassenaufzeichnungen müssen so beschaffen sein, dass ein sachverständiger Dritter jederzeit in der Lage ist, den Sollbestand mit dem Istbestand der Geschäftskasse zu vergleichen (BFH-Urteil vom 20.9.1989, X R 39/87, BStBl 1990 II S. 109).

3.5 Die umsatzsteuerlichen Aufzeichnungs- und Aufbewahrungspflichten bleiben unberührt.

4. Verzögerungsgeld (§ 146 Abs. 2b AO)

Die Festsetzung eines Verzögerungsgelds nach § 146 Abs. 2b AO in Zusammenhang mit Mitwirkungsverstößen im Rahmen von Außenprüfungen ist nicht auf Fälle beschränkt, bei denen die elektronische Buchführung im Ausland geführt und/oder aufbewahrt wird. Eine mehrfache Festsetzung eines Verzögerungsgelds wegen fortdauernder Nichtvorlage derselben Unterlagen ist jedoch nicht zulässig (BFH-Beschlüsse vom 16.6.2011, IV B 120/10, BStBl II S. 855, und vom 28.6.2011, X B 37/11, BFH/NV S. 1833). Wird die Verpflichtung nach Festsetzung des Verzögerungsgelds erfüllt, so ist der Vollzug nicht einzustellen.

5. DV-gestützte Buchführung und Aufzeichnungen (§ 146 Abs. 5 AO)

§ 146 Abs. 5 AO enthält die gesetzliche Grundlage für die sog. „Offene-Posten-Buchhaltung" sowie für die Führung der Bücher und sonst erforderlichen Aufzeichnungen auf maschinell lesbaren Datenträgern (z.B. Magnetplatten, Magnetbänder, CD, DVD, Blu-ray-Disk, Flash-Speicher). Bei einer Buchführung auf maschinell lesbaren Datenträgern (DV-gestützte Buchführung) müssen die Daten innerhalb der gesetzlichen Aufbewahrungsfrist unverzüglich lesbar gemacht werden können. Es wird nicht verlangt, dass der Buchungsstoff zu einem bestimmten Zeitpunkt (z.B. zum Ende des Jahres) lesbar gemacht wird. Er muss ganz oder teilweise lesbar gemacht werden, wenn die Finanzbehörde es verlangt (§ 147 Abs. 5 AO). Dies gilt sinngemäß auch für sonst erforderliche Aufzeichnungen. Wer seine Bücher oder sonst erforderlichen Aufzeichnungen auf maschinell lesbaren Datenträgern führt, hat die Grundsätze zur ordnungsmäßigen Führung und Aufbewahrung von Büchern, Aufzeichnungen und Unterlagen in elektronischer Form sowie zum Datenzugriff – GoBD – (BMF-Schreiben vom 14.11.2014, BStBl I S. 1450) zu beachten.

Zu § 146b – Kassen-Nachschau:

1. Die Kassen-Nachschau ist ein besonderes Verfahren zur zeitnahen Prüfung der Ordnungsmäßigkeit der Kassenaufzeichnungen und der ordnungsgemäßen Übernahme der Kassenaufzeichnungen in die Buchführung. Der Kassen-Nachschau unterliegen u.a. elektronische oder computergestützte Kassensysteme oder Registrierkassen, App-Systeme, Waagen mit Registrierkassenfunktion, Taxameter, Wegstreckenzähler, Geldspielgeräte und offene Ladenkassen (summarische, retrograde Ermittlung der Tageseinnahmen sowie manuelle Einzelaufzeichnungen ohne Einsatz technischer Hilfsmittel). Der Amtsträger kann u.a. zur Prü-

fung der ordnungsgemäßen Kassenaufzeichnungen einen sog. „Kassensturz" verlangen, da die Kassensturzfähigkeit (Soll-Ist-Abgleich) ein wesentliches Element der Nachprüfbarkeit von Kassenaufzeichnungen jedweder Form darstellt (vgl. BFH-Urteile vom 20. 9. 1989, X R 39/87, BStBl 1990 II S. 109; vom 26. 8. 1975, VIII R 109/70, BStBl 1976 II S. 210; vom 31. 7. 1974, I R 216/72, BStBl 1975 II S. 96; vom 31. 7. 1969, IV R 57/67, BStBl 1970 II S. 125). Ob ein Kassensturz verlangt wird, ist eine Ermessensentscheidung, bei der die Umstände im Einzelfall zu berücksichtigen sind.

2. Die Kassen-Nachschau ist keine Außenprüfung i. S. d. § 193 AO. Deshalb gelten die Vorschriften für eine Außenprüfung nicht. Wird eine andere Finanzbehörde mit einer Kassen-Nachschau beauftragt, findet § 195 Satz 2 AO sinngemäß Anwendung. Die Kassen-Nachschau wird nicht angekündigt.

3. Im Rahmen der Kassen-Nachschau dürfen Amtsträger während der üblichen Geschäfts- und Arbeitszeiten Geschäftsgrundstücke oder Geschäftsräume von Steuerpflichtigen betreten. Dies schließt auch Fahrzeuge ein, die land- und forstwirtschaftlich, gewerblich oder beruflich vom Steuerpflichtigen genutzt werden. Die Grundstücke, Räume oder Fahrzeuge müssen nicht im Eigentum der land- und forstwirtschaftlich, gewerblich oder beruflich tätigen Steuerpflichtigen stehen. Das Betreten muss dazu dienen, Sachverhalte festzustellen, die für die Besteuerung erheblich sein können. Ein Durchsuchungsrecht gewährt die Kassen-Nachschau nicht. Das bloße Betreten und Besichtigen von Grundstücken und Räumen ist noch keine Durchsuchung. Die Kassen-Nachschau kann auch außerhalb der Geschäftszeiten vorgenommen werden, wenn im Unternehmen noch oder schon gearbeitet wird.

4. Sobald der Amtsträger der Öffentlichkeit nicht zugängliche Geschäftsräume betreten will, den Steuerpflichtigen auffordert, das elektronische Aufzeichnungssystem zugänglich zu machen oder Aufzeichnungen, Bücher sowie die für die Führung des elektronischen Aufzeichnungssystems erheblichen sonstigen Organisationsunterlagen vorzulegen, Einsichtnahme in die digitalen Daten oder deren Übermittlung über die einheitliche digitale Schnittstelle verlangt oder den Steuerpflichtigen auffordert, Auskunft zu erteilen, hat er sich auszuweisen. Ist der Steuerpflichtige selbst oder sein gesetzlicher Vertreter (§ 34 AO) nicht anwesend, aber Personen, von denen angenommen werden kann, dass sie über alle wesentlichen Zugriffs- und Benutzungsrechte des Kassensystems des Steuerpflichtigen verfügen, hat der Amtsträger sich gegenüber diesen Personen auszuweisen und sie zur Mitwirkung bei der Kassen-Nachschau aufzufordern. Diese Personen haben dann die Pflichten des Steuerpflichtigen zu erfüllen, soweit sie hierzu rechtlich und tatsächlich in der Lage sind (§ 35 AO). Eine Beobachtung der Kassen und ihrer Handhabung in Geschäftsräumen, die der Öffentlichkeit zugänglich sind, ist ohne Pflicht zur Vorlage eines Ausweises zulässig. Dies gilt z. B. auch für Testkäufe und Fragen nach dem Geschäftsinhaber. Die Kassen-Nachschau muss nicht am selben Tag wie die Beobachtung der Kassen und ihrer Handhabung erfolgen.

5. Die Aufforderung zur Duldung der Kassen-Nachschau ist ein Verwaltungsakt, der formlos erlassen werden kann (z. B. mündlich mit Vorzeigen des Ausweises). Nachdem der Amtsträger sich ausgewiesen hat, ist der Steuerpflichtige zur Mitwirkung im Rahmen der Kassen-Nachschau verpflichtet. Das Datenzugriffsrecht ergibt sich bei der Kassen-Nachschau aus § 146b Abs. 2 Satz 2 AO. Der Steuerpflichtige hat nach § 146b Abs. 2 AO ab dem 1. 1. 2018 auf Verlangen des Amtsträgers für einen vom Amtsträger bestimmten Zeitraum Einsichtnahme in seine (digitalen) Kassenaufzeichnungen und -buchungen sowie die für die Kassenführung erheblichen sonstigen Organisationsunterlagen zu gewähren. Der Amtsträger kann in diesen Fällen auch schon vor dem 1. 1. 2020 verlangen, dass die gespeicherten Unterlagen und Aufzeichnungen auf einem maschinell verwertbaren Datenträger zur Verfügung gestellt werden. Nach dem 31. 12. 2019 sind die digitalen Aufzeichnungen über die digitale Schnittstelle oder auf einem maschinell auswertbaren Datenträger nach den Vorgaben der digitalen Schnittstelle zur Verfügung zu stellen. Sofern eine digitale Schnittstelle

A. I. Zu § 146b AO

vor dem 1.1.2020 vorhanden ist, kann mit Zustimmung des Steuerpflichtigen eine Datenübermittlung über die einheitliche Schnittstelle erfolgen. Auf Anforderung des Amtsträgers sind die Verfahrensdokumentation zum eingesetzten Aufzeichnungssystem einschließlich der Informationen zur zertifizierten technischen Sicherheitseinrichtung vorzulegen, d. h., es sind Bedienungsanleitungen, Programmieranleitungen und Datenerfassungsprotokolle über durchgeführte Programmänderungen vorzulegen. Darüber hinaus sind Auskünfte zu erteilen. Bei Nichtanwesenheit des Steuerpflichtigen gelten die dargestellten Mitwirkungspflichten für Personen i. S. d. Nr. 4 Satz 2 des AEAO zu § 146b entsprechend.

6. Zu Dokumentationszwecken ist der Amtsträger berechtigt, Unterlagen und Belege zu scannen oder zu fotografieren. Sofern ein Anlass zu Beanstandungen der Kassenaufzeichnungen, -buchungen oder nach dem 31.12.2019 der zertifizierten technischen Sicherheitseinrichtung besteht, kann der Amtsträger nach § 146b Abs. 3 AO ohne vorherige Prüfungsanordnung zur Außenprüfung übergehen. Die Entscheidung zum Übergang zu einer Außenprüfung ist eine Ermessensentscheidung. Anlass zur Beanstandung kann beispielsweise auch bestehen, wenn Dokumentationsunterlagen wie aufbewahrungspflichtige Betriebsanleitung oder Protokolle nachträglicher Programmänderungen nicht vorgelegt werden können. Der Übergang zu einer Außenprüfung ist regelmäßig geboten, wenn die sofortige Sachverhaltsaufklärung zweckmäßig erscheint und wenn anschließend auch die gesetzlichen Folgen der Außenprüfung für die Steuerfestsetzung eintreten sollen. Der Beginn einer Außenprüfung nach erfolgter Kassen-Nachschau ist unter Angabe von Datum und Uhrzeit aktenkundig zu machen. Der Übergang zur Außenprüfung ist dem Steuerpflichtigen bekannt zu geben. Nach § 146b Abs. 3 Satz 2 AO ist der Steuerpflichtige auf diesen Übergang schriftlich hinzuweisen. Es gelten die allgemeinen Grundsätze über den notwendigen Inhalt von Prüfungsanordnungen sowie den sachlichen und zeitlichen Umfang von Außenprüfungen. Bei einem sofortigen Übergang zur Außenprüfung ersetzt der schriftliche Übergangshinweis die Prüfungsanordnung. Für die Bekanntgabe des Übergangs zur Außenprüfung gelten die Vorschriften für die Bekanntgabe der Prüfungsanordnung entsprechend. Das gilt auch, wenn der Steuerpflichtige bei Durchführung der Kassen-Nachschau nicht anwesend ist.

7. Da die Kassen-Nachschau keine Außenprüfung i. S. d. §§ 193 ff. AO darstellt, finden insbesondere § 147 Abs. 6, §§ 201 und 202 AO keine Anwendung. Ein Prüfungsbericht ist nicht zu fertigen. Sollen aufgrund der Kassen-Nachschau Besteuerungsgrundlagen geändert werden, ist dem Steuerpflichtigen rechtliches Gehör zu gewähren (§ 91 AO).

8. Der Beginn der Kassen-Nachschau hemmt den Ablauf der Festsetzungsfrist nach § 171 Abs. 4 AO nicht. Die Änderungssperre des § 173 Abs. 2 AO findet keine Anwendung. Soweit eine Steuer nach § 164 AO unter dem Vorbehalt der Nachprüfung festgesetzt worden ist, muss dieser nach Durchführung der Kassen-Nachschau nicht aufgehoben werden. Im Anschluss an eine Kassen-Nachschau ist ein Antrag auf verbindliche Zusage (§ 204 AO) nicht zulässig.

9. Im Rahmen der Kassen-Nachschau ergangene Verwaltungsakte können nach § 347 AO mit dem Einspruch angefochten werden. Der Amtsträger ist berechtigt und verpflichtet, den schriftlichen Einspruch entgegenzunehmen. Der Einspruch hat keine aufschiebende Wirkung und hindert daher nicht die Durchführung der Kassen-Nachschau, es sei denn, die Vollziehung des angefochtenen Verwaltungsakts wurde ausgesetzt (§ 361 AO, § 69 FGO). Mit Beendigung der Kassen-Nachschau sind oder werden Einspruch und Anfechtungsklage gegen die Anordnung der Kassen-Nachschau unzulässig; insoweit kommt lediglich eine Fortsetzungs-Feststellungsklage (§ 100 Abs. 1 Satz 4 FGO) in Betracht. Wurden die Ergebnisse der Kassen-Nachschau in einem Steuerbescheid berücksichtigt, muss auch dieser Bescheid angefochten werden, um ein steuerliches Verwertungsverbot zu erlangen. Für die Anfechtung der Mitteilung des Übergangs zur Außenprüfung gelten die Grundsätze für die Anfechtung einer Außenprüfungsanordnung entsprechend (vgl. AEAO zu § 196).

Zu § 147 – Ordnungsvorschriften für die Aufbewahrung von Unterlagen:

1. Die Aufbewahrungspflicht ist Bestandteil der Buchführungs- und Aufzeichnungspflicht. Wegen der Rechtsfolgen bei Verstößen vgl. AEAO zu § 146, Nr. 1.
2. Den in § 147 Abs. 1 Nr. 1 AO aufgeführten Arbeitsanweisungen und sonstigen Organisationsunterlagen kommt bei DV-gestützten Buchführungen besondere Bedeutung zu. Die Dokumentation hat nach Maßgabe der Grundsätze zur ordnungsmäßigen Führung und Aufbewahrung von Büchern, Aufzeichnungen und Unterlagen in elektronischer Form sowie zum Datenzugriff – GoBD – (BMF-Schreiben vom 14. 11. 2014, BStBl I S. 1450) zu erfolgen.
3. Bildträger i. S. d. § 147 Abs. 2 AO sind z. B. Fotokopien, Mikrofilme. Als andere Datenträger kommen z. B. Magnetbänder, Magnetplatten, CD, DVD, Blu-ray-Disk, Flash-Speicher in Betracht. § 147 Abs. 2 AO enthält auch die Rechtsgrundlage für das sog. COM-Verfahren (Computer Output Microfilm); bei diesem Verfahren werden die Daten aus dem Computer direkt auf Mikrofilm ausgegeben. Bei der Aufzeichnung von Schriftgut auf Mikrofilm sind die Mikrofilm-Grundsätze (BMF-Schreiben vom 1. 2. 1984, BStBl I S. 155) zu beachten. Die Lesbarmachung von in nicht lesbarer Form aufbewahrten Unterlagen richtet sich nach § 147 Abs. 5 AO.
4. Zur Anwendung des § 147 Abs. 6 AO wird auf die Grundsätze zur ordnungsmäßigen Führung und Aufbewahrung von Büchern, Aufzeichnungen und Unterlagen in elektronischer Form sowie zum Datenzugriff – GoBD – (BMF-Schreiben vom 14. 11. 2014, BStBl I S. 1450) hingewiesen.
5. Zur Aufbewahrung digitaler Unterlagen bei Bargeschäften vgl. BMF-Schreiben vom 26. 11. 2010, BStBl I S. 1342.

Zu § 147a – Ordnungsvorschriften für die Aufbewahrung von Unterlagen:

Kapitalerträge, die nach § 32d Abs. 1 EStG mit einem besonderen Steuersatz besteuert wurden und der abgeltenden Wirkung nach § 43 Abs. 5 EStG unterlegen haben, sind nicht in die Ermittlung der Summe der positiven Überschusseinkünfte i. S. d. § 147a AO einzubeziehen. Im Zusammenhang mit diesen Kapitalerträgen stehende Aufzeichnungen und Unterlagen über Einnahmen und Werbungskosten sind nicht nach § 147a AO aufbewahrungspflichtig.

Zu § 148 – Bewilligung von Erleichterungen:

Die Bewilligung von Erleichterungen kann sich nur auf steuerrechtliche Buchführungs-, Aufzeichnungs- oder Aufbewahrungspflichten erstrecken. § 148 AO lässt eine dauerhafte Befreiung von diesen Pflichten nicht zu. Persönliche Gründe, wie Alter und Krankheit des Steuerpflichtigen, rechtfertigen regelmäßig keine Erleichterungen (BFH-Urteil vom 14. 7. 1954, II 63/53 U, BStBl III S. 253). Eine Bewilligung soll nur ausgesprochen werden, wenn der Steuerpflichtige sie beantragt.

Zu § 149 – Abgabe der Steuererklärungen:

§ 149 AO i. d. F. des StModernG ist erstmals anzuwenden für Besteuerungszeiträume, die nach dem 31. 12. 2017 beginnen, und Besteuerungszeitpunkte, die nach dem 31. 12. 2017 liegen. Für Besteuerungszeiträume, die vor dem 1. 1. 2018 beginnen, und Besteuerungszeitpunkte, die vor dem 1. 1. 2018 liegen, ist § 149 AO in der am 31. 12. 2016 geltenden Fassung weiterhin anzuwenden (Art. 97 § 10a Abs. 4 EGAO).

A. I. Zu §§ 150, 151, 152 AO

Zu § 150 – Form und Inhalt der Steuererklärungen:
Die Umsatzsteuer-Jahreserklärung ist eine Steueranmeldung i. S. d. § 150 Abs. 1 Satz 3 AO, da der Unternehmer nach § 18 Abs. 3 UStG nach Ablauf eines Kalenderjahres eine Umsatzsteuererklärung abzugeben hat, in der er die Umsatzsteuer oder den Überschuss selbst berechnen muss. Wegen der Festsetzung der Steuer bei einer Steueranmeldung vgl. AEAO zu § 167, wegen der Wirkung einer Steueranmeldung vgl. AEAO zu § 168. Zu den Grundsätzen für die Verwendung von Steuererklärungsvordrucken vgl. BMF-Schreiben vom 3. 4. 2012, BStBl I S. 522.

Zu § 151 – Aufnahme der Steuererklärung an Amtsstelle:
Eine Aufnahme der Steuererklärung an Amtsstelle kommt i. d. R. nur bei geschäftlich unerfahrenen oder der deutschen Sprache unkundigen Steuerpflichtigen in Betracht, die nicht fähig sind, die Steuererklärung selbst schriftlich abzugeben oder unter den Voraussetzungen des § 150 Abs. 1 Satz 2 AO elektronisch zu übermitteln, und auch nicht in der Lage sind, die Hilfe eines Angehörigen der steuerberatenden Berufe in Anspruch zu nehmen.

Zu § 152 – Verspätungszuschlag:
Festsetzung von Verspätungszuschlägen nach der ab 1. 1. 2017 geltenden Fassung

1. Zeitlicher Anwendungsbereich
§ 152 AO i. d. F. des StModernG ist erstmals für Steuererklärungen anzuwenden, die nach dem 31. 12. 2018 abzugeben sind; eine Verlängerung der Steuererklärungsfrist ist hierbei nicht zu berücksichtigen (Art. 97 § 8 Abs. 4 Satz 1 und 2 EGAO).
Sind Steuerpflichtige erst nach Aufforderung der Finanzbehörde zur Abgabe einer Steuererklärung verpflichtet (z. B. Erbschaft- oder Schenkungsteuererklärungen und damit zusammenhängende Feststellungserklärungen oder auch Erklärungen zur Feststellung der Einheitswerte, § 149 Abs. 1 Satz 2 AO i. V. m. § 31 Abs. 1 ErbStG, § 153 Abs. 1 oder § 28 Abs. 2 BewG), ist § 152 AO i. d. F. des StModernG anzuwenden, wenn ihnen die Aufforderung nach dem 31. 12. 2018 bekannt gegeben worden ist; der Zeitpunkt der Steuerentstehung oder der Feststellungszeitpunkt ist dabei unerheblich.

2. Ermessensabhängige Festsetzung von Verspätungszuschlägen
Nach § 152 Abs. 1 Satz 1 AO <u>kann</u> ein Verspätungszuschlag festgesetzt werden, wenn eine gesetzliche Frist (§ 149 Abs. 2 Satz 1, Abs. 3 AO) oder eine von der Finanzbehörde bestimmte Frist (§ 149 Abs. 1 Satz 2 AO) zur Abgabe einer Steuererklärung nicht eingehalten worden ist. Hierbei ist eine (ggf. rückwirkend) gewährte und eingehaltene Fristverlängerung (§ 109 AO) zu berücksichtigen. Die Festsetzung eines Verspätungszuschlags kommt insbesondere in Betracht im Fall wiederholt verspäteter oder unterbliebener Erklärungsabgabe.
Auch wenn die Festsetzung des Verspätungszuschlags nach § 152 Abs. 2 AO aus den in § 152 Abs. 3 AO genannten Gründen nicht von Amts wegen erfolgt, kann die Finanzbehörde einen Verspätungszuschlag nach § 152 Abs. 1 AO festsetzen.
Der in § 152 AO verwendete Begriff der „Steuererklärung" umfasst auch Feststellungserklärungen (§ 181 Abs. 1 Satz 1 AO) und Erklärungen zur Festsetzung eines Steuermessbetrags (§ 184 Abs. 1 Satz 4 AO). Die Berechnung des Verspätungszuschlags richtet sich in diesen Fällen nach § 152 Abs. 6, 7 und 9 AO.

3. Entschuldbarkeit der verspäteten Erklärungsabgabe
Im Anwendungsbereich des § 152 Abs. 1 AO sind Entschuldigungsgründe für eine verspätete Erklärungsabgabe vom Steuerpflichtigen glaubhaft zu machen (§ 152 Abs. 1 Satz 2 AO). Für die Finanzbehörden besteht insoweit keine Amtsermittlungspflicht. Das Versäumnis ist regelmäßig dann nicht entschuldbar, wenn Steuererklärungen wiederholt nicht oder nicht

fristgemäß abgegeben oder von der Finanzbehörde antragsgemäß bewilligte Fristverlängerungen nicht eingehalten wurden.

4. Gesetzlich vorgeschriebene Festsetzung von Verspätungszuschlägen

Unter den Voraussetzungen des § 152 Abs. 2 AO ist ein Verspätungszuschlag <u>von Amts wegen</u> (d. h. ermessensunabhängig) festzusetzen. Dies gilt unabhängig davon, ob ein „Beraterfall" i. S. d. § 149 Abs. 3 AO vorliegt oder der Steuerpflichtige seine Steuererklärung selbst erstellt.

4.1 Auf ein Kalenderjahr beziehen sich insbesondere die Einkommensteuererklärung, die Körperschaftsteuererklärung, die Gewerbesteuererklärung und die Umsatzsteuererklärung für das Kalenderjahr.

4.2 Steuererklärungen, die sich auf einen gesetzlich bestimmten Zeitpunkt beziehen, sind z. B. die Erbschaftsteuererklärung, die Anzeigen nach § 19 GrEStG sowie die Erklärungen zur Feststellung von Einheitswerten und von Grundbesitzwerten.

4.3 § 152 Abs. 2 AO ist auch anwendbar, wenn Steuerpflichtige erst nach Aufforderung der Finanzbehörde zur Abgabe der Steuererklärung verpflichtet sind (vgl. Nr. 1 Satz 2 des AEAO zu § 152) und sie die Erklärung erst nach Ablauf dieser Frist abgegeben haben.

5. Rückausnahme gemäß § 152 Abs. 3 AO

Liegt ein Fall des § 152 Abs. 3 AO vor, findet § 152 Abs. 2 AO keine Anwendung, d. h. es erfolgt keine ermessensunabhängige Festsetzung von Amts wegen. Die Festsetzung eines Verspätungszuschlags richtet sich in diesem Fall nach § 152 Abs. 1 AO.

5.1 Hat die Finanzbehörde die Frist für die Abgabe der Steuererklärung nach § 109 AO (ggf. rückwirkend) verlängert (§ 152 Abs. 3 Nr. 1 AO), gilt Folgendes:
- Wurde die verlängerte Erklärungsfrist eingehalten, liegt keine verspätete Erklärungsabgabe vor, so dass weder nach § 152 Abs. 1 AO noch nach § 152 Abs. 2 AO ein Verspätungszuschlag festgesetzt werden darf.
- Wurde die verlängerte Erklärungsfrist nicht eingehalten, kann die Finanzbehörde nach § 152 Abs. 1 AO einen Verspätungszuschlag festsetzen.

5.2 In den folgenden Fällen kann die Finanzbehörde – insbesondere bei wiederholter Verletzung der Erklärungsfrist – nach § 152 Abs. 1 AO einen Verspätungszuschlag festsetzen:
- Die Steuer wurde auf null Euro oder auf einen negativen Betrag festgesetzt (§ 152 Abs. 3 Nr. 2 AO),
- die festgesetzte Steuer übersteigt nicht die Summe der festgesetzten Vorauszahlungen und der anzurechnenden Steuerabzugsbeträge (§ 152 Abs. 3 Nr. 3 AO),
- bei jährlich abzugebenden Lohnsteueranmeldungen (§ 152 Abs. 3 Nr. 4 AO).

6. Inhaltsadressat der Verspätungszuschlagsfestsetzung

Der Verspätungszuschlag wird gegen den Erklärungspflichtigen festgesetzt. Wird die Steuererklärung von einem gesetzlichen Vertreter oder einer sonstigen Person i. S. d. §§ 34, 35 AO abgegeben, so ist der Verspätungszuschlag gleichwohl grundsätzlich gegen den Steuerschuldner festzusetzen (vgl. BFH-Urteil vom 18. 4. 1991, IV R 127/89, BStBl II S. 675). Eine Festsetzung gegen den Vertreter kommt nur in Ausnahmefällen (z. B. leichtere Beitreibbarkeit des Verspätungszuschlags bei dem Vertreter) in Betracht.

Für den Fall, dass mehrere Personen zur Abgabe ein und derselben Steuererklärung verpflichtet sind, vgl. § 152 Abs. 4 AO.

7. Gesetzliche Vorgaben zur Berechnung von Verspätungszuschlägen

§ 152 Abs. 5 AO enthält gesetzliche Vorgaben zur Berechnung des Verspätungszuschlags und gilt sowohl für die Fälle des § 152 Abs. 1 AO als auch für die Fälle des § 152 Abs. 2 AO.

A. I. Zu § 152 AO

Insoweit besteht kein Ermessensspielraum der Finanzbehörde. Etwas anderes gilt lediglich in den Fällen des § 152 Abs. 8 AO.
In den Fällen von Nr. 4.3 des AEAO zu § 152 ist bei der Berechnung des Verspätungszuschlags § 152 Abs. 5 Satz 3 AO entsprechend anzuwenden.

8. Berechnung von Verspätungszuschlägen bei anlassbezogenen Steueranmeldungen
§ 152 Abs. 8 AO gilt nicht für Steueranmeldungen, die nicht periodisch, sondern nur anlassbezogen abzugeben sind, wie z. B. die Kapitalertragsteuer-Anmeldung (§ 45a Abs. 1 Satz 1 i.V. m. § 44 Abs. 1 Satz 5 EStG), die Steueranmeldung nach § 48a Abs. 1 EStG und die Anmeldung über einen Steuerabzug bei beschränkt Steuerpflichtigen (§ 50a EStG i.V. m. § 73e EStDV).

9. Berechnungszeitraum
Eine Verpflichtung zur Abgabe einer Steuererklärung bleibt auch dann bestehen, wenn die Finanzbehörde die Besteuerungsgrundlagen geschätzt hat (§ 149 Abs. 1 Satz 4 AO). Für die Bemessung eines Verspätungszuschlags ist aber nur auf den Zeitraum bis zum erstmaligen Erlass des Steuerbescheids bzw. dessen Bekanntgabe abzustellen (§ 152 Abs. 9 AO).
Der Beginn des Berechnungszeitraumes bestimmt sich grundsätzlich nach dem Ablauf der jeweiligen Erklärungsfrist. Vorbehaltlich einer etwaigen Fristverlängerung nach § 109 Abs. 1 oder 2 AO ist dies
– bei nicht beratenen Steuerpflichtigen, sofern bei ihnen nach pflichtgemäßem Ermessen (§ 5 AO) ein Verspätungszuschlag festgesetzt werden soll, der Ablauf der allgemeinen Erklärungsfrist (§ 149 Abs. 2 AO),
– bei beratenen Steuerpflichtigen entweder der Ablauf der verlängerten Erklärungsfrist (§ 149 Abs. 3 AO) oder bei vorzeitiger Anforderung (§ 149 Abs. 4 AO) der Ablauf der in der Anforderung bestimmten Frist.
§ 152 Abs. 5 Satz 3 AO enthält eine Sonderregelung für die Steuerpflichtigen, die bis zum Zugang einer – nach Ablauf der allgemeinen Erklärungsfrist versandten – Aufforderung davon ausgehen konnten, nicht zur Abgabe einer Steuererklärung verpflichtet zu sein. In diesen Fällen ist der Verspätungszuschlag erst vom Ablauf der in der Aufforderung bezeichneten Erklärungsfrist an zu berechnen.

10. Abrundung und Höchstbetrag
Der Verspätungszuschlag ist nach § 152 Abs. 10 AO auf volle Euro abzurunden und darf höchstens 25.000 Euro betragen. Er kann dabei – anders als nach § 152 AO a. F. – auch mehr als 10 % der festgesetzten Steuer betragen. Dies gilt insbesondere, wenn die Steuer auf null Euro oder auf einen negativen Betrag festgesetzt wurde oder wenn die Summe der festgesetzten Vorauszahlungen und der anzurechnenden Steuerabzugsbeträge die festgesetzte Steuer übersteigt (vgl. Nr. 5.2 des AEAO zu § 152).

11. Festsetzung, Fälligkeit und Verjährung
Der Verspätungszuschlag ist eine steuerliche Nebenleistung (§ 3 Abs. 4 AO). Er entsteht mit der Bekanntgabe seiner Festsetzung (§ 124 Abs. 1 AO) und wird mit Ablauf der gesetzten Frist fällig (§ 220 Abs. 2 AO). I. d. R. ist dies – wegen der grundsätzlich vorzunehmenden Verbindung mit dem Steuerbescheid (§ 152 Abs. 11 AO) – die Zahlungsfrist für die Steuer. Sofern der Verspätungszuschlag ausnahmsweise durch eigenständigen Verwaltungsakt festgesetzt wird (z. B. bei verspäteter Abgabe einer Steueranmeldung, § 167 AO), ist auch eine gesonderte Zahlungsfrist für den Verspätungszuschlag einzuräumen.
Wird der Verspätungszuschlag bei verspäteter Abgabe einer Steueranmeldung (§ 168 AO) zeitnah durch eigenständigen Verwaltungsakt festgesetzt, bedarf es hierbei i. d. R. keiner besonderen Begründung (§ 121 Abs. 2 Nr. 2 AO; vgl. auch BFH-Urteile vom 11. 6. 1997, X R 14/95, BStBl II S. 642, und vom 13. 4. 2010, IX R 43/09, BStBl II S. 815).

Wegen der Verjährung des Verspätungszuschlags wird auf § 228 AO, wegen der Haftung für Verspätungszuschläge auf §§ 69 ff. AO hingewiesen.

12. Korrektur von Verspätungszuschlagsfestsetzungen

§ 152 Abs. 12 AO ordnet die Korrektur einer Verspätungszuschlagfestsetzung für den Fall an, dass der zugrundeliegende Bescheid aufgehoben oder korrigiert wird und dies Auswirkungen auf die Höhe des Verspätungszuschlags hat. Werden Steueranmeldungen i. S. d. § 152 Abs. 8 AO korrigiert, ist eine Änderung eines Verspätungszuschlags nach § 152 Abs. 12 Satz 2 AO allerdings nur dann vorzunehmen, soweit der bisher festgesetzte Verspätungszuschlag nach der Höhe der Steuer bemessen war.

Festsetzung von Verspätungszuschlägen nach der bis zum 31. 12. 2016 geltenden Fassung

13. Für Steuererklärungen, die vor dem 1. 1. 2019 einzureichen sind und Umsatzsteuererklärungen für den kürzeren Besteuerungszeitraum nach § 18 Abs. 3 Satz 1 und 2 UStG, wenn die gewerbliche oder berufliche Tätigkeit in 2018 endet, ist weiterhin § 152 AO in der am 31. 12. 2016 geltenden Fassung (§ 152 AO a. F.) anzuwenden (Art. 97 § 8 Abs. 4 Satz 3 EGAO).

Insoweit gelten die Ausführungen in Nr. 2 Abs. 1 und 3, Nr. 3, Nr. 6 Abs. 1 und Nr. 11 des AEAO zu § 152 entsprechend. Darüber hinaus gilt:

13.1 Bei Festsetzung eines Verspätungszuschlags bei verspäteter Abgabe oder bei Nichtabgabe von Erklärungen zur gesonderten Feststellung (§ 180 AO) sind bei der Bemessung des Verspätungszuschlags die steuerlichen Auswirkungen nach den Grundsätzen zu schätzen, die die Rechtsprechung zur Bemessung des Streitwerts entwickelt hat. Der Verspätungszuschlag ist gegen denjenigen festzusetzen, der nach § 181 Abs. 2 AO, § 3 Abs. 1 der V zu § 180 Abs. 2 AO die Erklärung zur gesonderten Feststellung abzugeben hat. Bei mehreren Feststellungsbeteiligten ist es grundsätzlich ermessensfehlerfrei, ihn gegen den Erklärungspflichtigen festzusetzen, der gegenüber dem Finanzamt bei der Erledigung der steuerlichen Angelegenheiten für die Gemeinschaft bzw. die Beteiligten auftritt (vgl. BFH-Urteil vom 21. 5. 1987, IV R 134/83, BStBl II S. 764).

13.2 Nach § 152 Abs. 2 Satz 1 AO a. F. darf der Verspätungszuschlag 10 % der festgesetzten Steuer oder des festgesetzten Messbetrags nicht übersteigen und höchstens 25.000 € betragen. Ein Verspätungszuschlag i. H. v. mehr als 5.000 € ist nur festzusetzen, wenn mit einem Verspätungszuschlag i. H. v. bis zu 5.000 € ein durch die verspätete Abgabe der Steuererklärung (Steueranmeldung) entstandener Zinsvorteil nicht ausreichend abgeschöpft werden kann.

13.3 Bei der Ermessensentscheidung sind sämtliche in § 152 Abs. 2 Satz 2 AO a. F. ausdrücklich und abschließend aufgezählten Kriterien zu beachten; das Für und Wider der Kriterien ist gegeneinander abzuwägen (BFH-Urteil vom 26. 4. 1989, I R 10/85, BStBl II S. 693). Auch wenn die Beurteilungsmerkmale grundsätzlich gleichwertig sind, sind sie nicht notwendigerweise in jedem Fall in gleicher Weise zu gewichten. Im Ergebnis kann je nach den Umständen des Einzelfalls ein Merkmal stärker als ein anderes hervortreten (BFH-Urteil vom 11. 6. 1997, X R 14/95, BStBl II S. 642) oder auch ganz ohne Auswirkung auf die Bemessung bleiben.

Danach gilt für die Anwendung des § 152 Abs. 2 Satz 2 AO a. F. grundsätzlich Folgendes (BFH-Urteil vom 14. 6. 2000, X R 56/98, BStBl 2001 II S. 60 m. w. N.):

– Es ist nicht ermessensfehlerhaft, wenn die Höhe des Verspätungszuschlags den durch die verspätete Abgabe der Erklärung gezogenen Vorteil erheblich übersteigt.

– Da die Bemessung des Zuschlags nicht durch das Maß des gezogenen Vorteils begrenzt wird, kommt es u. U. nicht entscheidend darauf an, ob und in welcher Höhe letztlich ein Zinsvorteil erzielt wurde.

– Ein Verspätungszuschlag kann auch festgesetzt werden, obwohl es aufgrund von Anrechnungsbeträgen zu einer Erstattung gekommen ist oder wenn ein oder zwei

der in § 152 Abs. 2 Satz 2 AO a. F. genannten und in jedem Fall zu prüfenden Voraussetzungen nicht erfüllt sind.
- Es ist in schweren Fällen (z. B. bei erheblicher Fristüberschreitung, schwerwiegendem Verschulden und hoher Steuerfestsetzung) nicht ermessensfehlerhaft, den Verspätungszuschlag so zu bemessen, dass er als angemessene Sanktion wirkt.
- Bei der Beurteilung der Frage, welche Vorteile der Steuerpflichtige aus der verspäteten oder unterlassenen Abgabe der Steuererklärung gezogen hat, ist zu berücksichtigen, dass Zinsvorteile bereits durch Zinsen nach § 233a AO teilweise ausgeglichen sein können.

Zu § 153 – Berichtigung von Erklärungen:

1. Allgemeines

Die Anzeige- und Berichtigungspflicht nach § 153 Abs. 1 Satz 1 AO besteht, wenn ein Steuerpflichtiger bzw. sein gesetzlicher Vertreter, sein Gesamtrechtsnachfolger oder eine andere in § 153 Abs. 1 Satz 2 AO genannte Person (vgl. AEAO zu § 153, Nr. 4) nachträglich erkennt, dass eine von ihm oder für ihn abgegebene Erklärung (vgl. AEAO zu § 153, Nr. 3) objektiv unrichtig oder unvollständig ist und dass es dadurch zu einer Steuerverkürzung gekommen ist oder kommen kann. Bei dieser Pflicht handelt es sich um eine steuerrechtliche Pflicht.

Ist bereits die Einleitung eines Steuerstraf- oder Bußgeldverfahrens bekannt gegeben worden, sind Zwangsmittel (§ 328 AO) unter den Voraussetzungen des § 393 Abs. 1 Satz 2 und 3 AO (ggf. i. V. m. § 410 Abs. 1 Nr. 4 AO) unzulässig, da der Steuerpflichtige im Straf- oder Bußgeldverfahren nicht gezwungen werden darf, sich selbst zu belasten (nemo-tenetur-Grundsatz; vgl. AEAO zu § 153, Nr. 5.2).

2. Abgrenzung der Anzeige- und Berichtigungspflicht von einer Selbstanzeige

2.1 Sowohl im Fall einer Anzeige und Berichtigung nach § 153 Abs. 1 AO als auch im Fall einer Selbstanzeige muss die Erklärung im Zeitpunkt ihrer Abgabe objektiv unrichtig gewesen sein. Objektiv unrichtig ist die Erklärung, wenn sie entgegen § 90 Abs. 1 Satz 2, § 150 Abs. 2 Satz 1 AO nicht alle steuerlich erheblichen Tatsachen vollständig und wahrheitsgemäß offenlegt.

2.2 Erkennt der Steuerpflichtige erst im Nachhinein die Fehlerhaftigkeit der von ihm abgegebenen Erklärung und kommt er seiner Anzeige- und Berichtigungspflicht nach § 153 Abs. 1 AO unverzüglich nach, liegt weder eine Steuerhinterziehung noch eine leichtfertige Steuerverkürzung vor, wenn es sowohl am Vorsatz als auch an der Leichtfertigkeit fehlt. Eine Anzeige- und Berichtigungspflicht nach § 153 Abs. 1 AO besteht auch dann, wenn der Steuerpflichtige die Unrichtigkeit seiner Angaben bei der Abgabe der Steuererklärung nicht gekannt, sie aber billigend in Kauf genommen hat und später zu der Erkenntnis gelangt ist, dass seine Angaben tatsächlich unrichtig waren (vgl. AEAO zu § 153, Nr. 2.6). In diesem Fall hat der Steuerpflichtige zunächst nur mit der Unrichtigkeit der Angaben gerechnet, sie aber nicht sicher gekannt. Er hat die Unrichtigkeit nachträglich erkannt, wenn er später positiv erfährt, dass seine Angaben tatsächlich unrichtig waren.

2.3 Im Fall des § 153 Abs. 2 AO wurde hingegen die zunächst objektiv richtige steuerliche Erklärung erst durch das nachträgliche vollständigen oder teilweisen Wegfall der Voraussetzungen für eine Steuerbefreiung, Steuerermäßigung oder sonstige Steuervergünstigung objektiv unrichtig. Bei einer unverzüglichen Anzeige nach § 153 Abs. 2 AO liegt daher weder eine Steuerhinterziehung noch eine leichtfertige Steuerverkürzung vor. Gem. § 153 Abs. 2 AO besteht lediglich eine Anzeigepflicht, eine Berichtigungspflicht ergibt sich hieraus nicht. Die spezialgesetzlichen Verpflichtungen zur Nacherklärung (z. B. § 13a Abs. 6 ErbStG, § 68 Abs. 1 EStG) gehen vor.

2.4 Der Anzeige- und Berichtigungspflichtige muss nachträglich vor Ablauf der Festsetzungsfrist die Unrichtigkeit oder Unvollständigkeit der Erklärung tatsächlich erkennen, bloßes Erkennen-Können bzw. Erkennen-Müssen reicht nicht aus. Erkennen bedeutet vielmehr das Wissen von der Unrichtigkeit oder Unvollständigkeit der Erklärung sowie die Erkenntnis, dass es durch die Erklärung zu einer Verkürzung der Steuer kommen kann oder bereits gekommen ist.

2.5 Ein Fehler, der dem Anzeige- und Berichtigungspflichtigen i. S. d. § 153 AO unterlaufen ist, ist straf- bzw. bußgeldrechtlich nur vorwerfbar, wenn er vorsätzlich bzw. leichtfertig begangen wurde. Es gelten die allgemeinen Regelungen des Straf- bzw. Ordnungswidrigkeitenrechts (§ 369 Abs. 2, § 377 Abs. 2 AO). Es ist zwischen einem bloßen Fehler und einer Steuerstraftat oder Steuerordnungswidrigkeit (§§ 370, 378 AO) zu differenzieren. Nicht jede objektive Unrichtigkeit legt den Verdacht einer Steuerstraftat oder Steuerordnungswidrigkeit nahe. Es bedarf einer sorgfältigen Prüfung durch die zuständige Finanzbehörde, ob der Anfangsverdacht einer vorsätzlichen oder leichtfertigen Steuerverkürzung gegeben ist. Insbesondere kann nicht automatisch vom Vorliegen eines Anfangsverdachts allein aufgrund der Höhe der steuerlichen Auswirkung der Unrichtigkeit der abgegebenen Erklärung oder aufgrund der Anzahl der abgegebenen Berichtigungen ausgegangen werden.

Ein straf- oder bußgeldrechtlich vorwerfbares Verhalten kann auch dann vorliegen, wenn die Unrichtigkeit oder Unvollständigkeit der abgegebenen Erklärung erkannt, aber keine (ggf. auch erneute) Berichtigung entsprechend der Verpflichtung aus § 153 AO vorgenommen wurde. In diesem Fall liegt eine Unterlassungstat vor (vgl. AEAO zu § 153, Nr. 5.3).

2.6 Für eine Steuerhinterziehung reicht von den verschiedenen Vorsatzformen bereits bedingter Vorsatz aus. Dieser kommt in Betracht, wenn der Täter die Tatbestandsverwirklichung für möglich hält. Es ist nicht erforderlich, dass der Täter die Tatbestandsverwirklichung anstrebt oder für sicher hält. Nach der BGH-Rechtsprechung ist für die Annahme des bedingten Vorsatzes neben dem Für-Möglich-Halten der Tatbestandsverwirklichung zusätzlich erforderlich, dass der Eintritt des Tatererfolges billigend in Kauf genommen wird. Für die billigende Inkaufnahme reicht es, dass dem Täter der als möglich erscheinende Handlungserfolg gleichgültig ist. Hat der Steuerpflichtige ein innerbetriebliches Kontrollsystem eingerichtet, das der Erfüllung der steuerlichen Pflichten dient, kann dies ggf. ein Indiz darstellen, das gegen das Vorliegen eines Vorsatzes oder der Leichtfertigkeit sprechen kann, jedoch befreit dies nicht von einer Prüfung des jeweiligen Einzelfalls.

2.7 Leichtfertigkeit ist eine besondere Form der Fahrlässigkeit und liegt vor, wenn jemand in besonders großem Maße gegen Sorgfaltspflichten verstößt und ihm dieser Verstoß besonders vorzuwerfen ist, weil er den Erfolg leicht hätte vorhersehen oder vermeiden können. Wurde leichtfertig eine unrichtige oder unvollständige Erklärung abgegeben, ist ein nachträgliches Erkennen dieses Fehlers möglich. In diesem Fall kann eine Berichtigung nach § 378 Abs. 3 AO erfolgen. Bei Erfüllung der Voraussetzungen des § 378 Abs. 3 AO ist keine Geldbuße festzusetzen. Die Verschärfungen der Voraussetzungen einer wirksamen Selbstanzeige durch das Schwarzgeldbekämpfungsgesetz vom 28. 4. 2011, BGBl I S. 676, BStBl I S. 495, und durch das Gesetz zur Änderung der Abgabenordnung und des Einführungsgesetzes zur Abgabenordnung vom 22. 12. 2014, BGBl I S. 2415, BStBl 2015 I S. 55, wurden nicht entsprechend auf die leichtfertige Steuerverkürzung nach § 378 AO ausgedehnt.

2.8 Liegt ein Fehler vor, der unter Würdigung der Gesamtumstände des Einzelfalls weder auf einer vorsätzlichen noch leichtfertigen Handlung (auch durch Unterlassen) beruht, liegt keine Steuerstraftat oder leichtfertige Steuerverkürzung vor. Der Fehler ist nach dessen Erkennen nach § 153 Abs. 1 Satz 1 Nr. 1 AO anzuzeigen und zu berichtigen, falls eine Steuerverkürzung eingetreten ist oder es zu einer Steuerverkürzung kommen kann.

3. Umfang der Anzeige- und Berichtigungspflicht

Die Anzeige- und Berichtigungspflicht nach § 153 Abs. 1 Satz 1 AO und die Anzeigepflicht nach § 153 Abs. 2 AO erstrecken sich nicht nur auf Steuererklärungen, sondern auf alle Erklärungen des Steuerpflichtigen, die Einfluss auf die Höhe der festgesetzten Steuer oder auf gewährte Steuervergünstigungen gehabt haben, somit beispielsweise auch auf Änderungsanträge nach § 172 Abs. 1 Satz 1 Nr. 2 Buchstabe a AO oder nach § 173 Abs. 1 Nr. 2 AO und auf Anträge auf Herabsetzung von Vorauszahlungen. Es besteht aber keine Verpflichtung, unaufgefordert Angaben zur Erhöhung festgesetzter Vorauszahlungen zu machen, wenn sich die wirtschaftlichen Verhältnisse des Steuerpflichtigen erst nach einem Antrag auf Herabsetzung von Vorauszahlungen geändert haben. Eine Anzeige- und Berichtigungspflicht besteht lediglich dann, wenn eine erstmalige Festsetzung oder Herabsetzung von Vorauszahlungen auf vom Steuerpflichtigen unrichtig bzw. unvollständig gemachten Angaben beruht. Die Anzeige- und Berichtigungspflicht besteht sowohl bei Gefahr einer Steuerverkürzung als auch bei einer bereits eingetretenen Steuerverkürzung. Die Anzeige sowie Berichtigung durch den Steuerpflichtigen sind in Fällen von Fehlerfeststellungen durch die Betriebsprüfung für die in der Prüfungsanordnung vorgesehenen Steuerarten und Prüfungszeiträume entbehrlich.

4. Zur Anzeige und Berichtigung verpflichtete Personen

Zur Anzeige und Berichtigung verpflichtet sind neben dem Steuerpflichtigen auch der Gesamtrechtsnachfolger (§ 45 AO) eines Steuerpflichtigen und die nach §§ 34 und 35 AO für den Steuerpflichtigen oder den Gesamtrechtsnachfolger handelnden Personen (§ 153 Abs. 1 Satz 2 AO, z. B. der Geschäftsführer einer GmbH). In Fällen einer Zusammenveranlagung zur Einkommensteuer trifft nur denjenigen Ehegatten oder Lebenspartner die Anzeige- und Berichtigungspflicht, dem die unrichtig oder unvollständig erklärten Besteuerungsgrundlagen zuzurechnen sind. Davon zu unterscheiden sind jedoch die Fälle, in denen der überlebende Ehegatte oder Lebenspartner als Gesamtrechtsnachfolger des verstorbenen Ehegatten oder Lebenspartners die steuerlichen Pflichten (u. a. auch die Anzeige- und Berichtigungspflicht nach § 153 Abs. 1 Satz 2 AO) zu erfüllen hat. Sofern ein Erblasser unrichtige oder unvollständige Steuererklärungen abgegeben hat und der Erbe dies erkennt, ist er zur Anzeige und zur Berichtigung der Steuererklärungen des Erblassers verpflichtet, soweit noch keine Festsetzungsverjährung eingetreten ist. Wurde eine Erklärung von einem Bevollmächtigten (z. B. Steuerberater, Rechtsanwalt oder Wirtschaftsprüfer) vorbereitet oder sogar unterschrieben oder elektronisch übermittelt, bleiben nur der Steuerpflichtige und die Person i. S. d. § 153 Abs. 1 Satz 2 AO zur Anzeige und Berichtigung verpflichtet, d. h. dass z. B. für Steuerberater, Lohnsteuerhilfevereine, Rechtsanwälte und Wirtschaftsprüfer hinsichtlich der Angelegenheiten der Mandanten bzw. Mitglieder insoweit keine Anzeige- und Berichtigungspflicht besteht.

5. Zeitpunkt der Anzeige und Berichtigung

5.1 Die Anzeige nach § 153 Abs. 1 Satz 1 und Abs. 2 AO sowie die Berichtigung nach § 153 Abs. 1 Satz 1 AO müssen unverzüglich, d. h. ohne schuldhaftes Zögern, gegenüber der sachlich und örtlich zuständigen Finanzbehörde erstattet werden. Die Berichtigung nach § 153 Abs. 1 Satz 1 AO kann ggf. später nachfolgen, wenn hierfür eine gewisse Zeit zur Aufbereitung der Unterlagen erforderlich ist. In einem solchen Fall sollte ggf. die erforderliche Zeitdauer gegenüber der Finanzbehörde begründet werden, z. B. durch einen Hinweis auf die notwendige Aufklärung von unternehmensinternen Prozessen, wenn es sich um länger zurückliegende Sachverhalte handelt. Zu diesem Zweck ist dem Berichtigungspflichtigen von der Finanzbehörde eine angemessene Frist zu gewähren. Entsprechend kann es sich verhalten, wenn der Steuerpflichtige vorläufige Angaben macht, weil der Sachverhalt nicht abschließend bekannt ist, er aber keine Fristen versäumen will.

5.2 Bei einer Steuerhinterziehung, die mit bedingtem Vorsatz (vgl. AEAO zu § 153, Nr. 2.6) begangen wurde, besteht für den Steuerpflichtigen ebenfalls eine Anzeige- und Berichtigungspflicht. In diesem Fall ist die Anzeige nach § 153 Abs. 1 Satz 1 und Abs. 2 AO unverzüglich, d. h. ohne schuldhaftes Zögern, gegenüber der sachlich und örtlich zuständigen Finanzbehörde erstattet, wenn dem Steuerpflichtigen die Befolgung dieser Pflicht zumutbar ist (nemo-tenetur-Grundsatz). Nach dem nemo-tenetur-Grundsatz ist es unzumutbar, jemanden zu zwingen, durch eigene Aussagen die Voraussetzungen für eine strafgerichtliche Verurteilung oder die Verhängung entsprechender Sanktionen liefern zu müssen. Eine Anzeige nach § 153 Abs. 1 oder Abs. 2 AO ist daher solange als unverzüglich zu werten, wie dem Steuerpflichtigen eine angemessene Zeit zur Aufbereitung einer Selbstanzeige nach § 371 AO zuzugestehen wäre.

5.3 Bei vorsätzlichem Verstoß gegen die Anzeige- und Berichtigungspflicht nach § 153 Abs. 1 Satz 1 AO oder die Anzeigepflicht nach § 153 Abs. 2 AO liegt ab dem Zeitpunkt des Erkennens der objektiv unrichtig abgegebenen Erklärung bzw. des ganz oder teilweisen Wegfalls einer Steuervergünstigung eine Steuerhinterziehung durch Unterlassen vor (§ 370 Abs. 1 Nr. 2 AO). Dies führt auch zu einer Verlängerung der Festsetzungsfrist nach § 169 Abs. 2 Satz 2 AO. Fehler, die der Finanzbehörde unterlaufen, muss der Steuerpflichtige nicht anzeigen (vgl. BFH-Urteil vom 4. 12. 2012, VIII R 50/10, BStBl 2014 II S. 222).

5.4 Mit Ablauf der Festsetzungsfrist nach §§ 169 ff. AO endet die Anzeige- und Berichtigungspflicht.

Erstattet der Steuerpflichtige vor Ablauf der Festsetzungsfrist eine Anzeige nach § 153 AO oder eine Selbstanzeige (§ 371, § 378 Abs. 3 AO), so endet nach § 171 Abs. 9 AO die Festsetzungsfrist nicht vor Ablauf eines Jahres nach Eingang der Anzeige. Wird aufgrund der Anzeige innerhalb der Jahresfrist, aber nach Ablauf der regulären Festsetzungsfrist mit einer Außenprüfung oder Ermittlung der Steuerfahndung begonnen, so wird dadurch keine weitere Ablaufhemmung nach § 171 Abs. 4 oder 5 AO ausgelöst (BFH-Urteil vom 8. 7. 2009, VIII R 5/07, BStBl 2010 II S. 583).

Bei Übermittlung der Anzeige bzw. Berichtigung an eine unzuständige Finanzbehörde ist die Verpflichtung nach § 153 Abs. 1 Satz 1 oder Abs. 2 AO als erfüllt anzusehen. Die Jahresfrist nach § 171 Abs. 9 AO beginnt jedoch erst mit Ablauf des Tages, an dem die weitergeleitete Anzeige bei der zuständigen Finanzbehörde eingegangen ist (vgl. BFH-Urteil vom 28. 2. 2008, VI R 62/06, BStBl II S. 595).

Zu § 154 – Kontenwahrheit:

1. Verbot der Verwendung falscher oder erdichteter Namen

Das Verbot, falsche oder erdichtete Namen zu verwenden, richtet sich an denjenigen, der als Kunde bei einem anderen ein Konto errichten lassen will oder Buchungen vornehmen lässt. Wegen des Verbots im eigenen Geschäftsbetrieb falsche oder erdichtete Namen für Konten zu gebrauchen, Hinweis auf § 146 Abs. 1 AO.

2. Konten auf den Namen Dritter/CpD-Konten

Es ist zulässig, Konten auf den Namen Dritter zu errichten, hierbei ist die Existenz des Dritten nachzuweisen. Vgl. dazu auch Nr. 7.2 des AEAO zu § 154. Der ausdrücklichen Zustimmung des Dritten bedarf es nicht.

Verboten ist die Abwicklung von Geschäftsvorfällen über sog. CpD-Konten, wenn der Name des Beteiligten bekannt ist oder unschwer ermittelt werden kann und für ihn bereits ein entsprechendes Konto geführt wird.

3. Konto

Konto i. S. d. § 154 Abs. 2 AO ist jede für einen Dritten im Rahmen einer laufenden Geschäftsverbindung geführte Rechnung, in der Zu- und Abgänge der Vermögensgegenstände erfasst werden. Hierzu zählen auch Kredit- und Darlehenskonten sowie Konten über ausländische Währung oder über elektronisches Geld. Konten, die nicht „für einen anderen" geführt werden, sind keine Konten i. S. d. § 154 Abs. 2 AO (z. B. ein Warenforderungskonto oder ein Kontokorrentkonto i. S. d. § 355 HGB bei einem Geschäftspartner).

4. Verfügungsberechtigter

Verfügungsberechtigte i. S. d. § 154 Abs. 2 AO sind
- sowohl der Gläubiger der Forderung (Kontoinhaber) und seine gesetzlichen Vertreter
- als auch jede andere Person, die zur Verfügung über das Konto bevollmächtigt ist (Kontovollmacht).

Dies gilt entsprechend für die Verwahrung von Wertsachen sowie für die Überlassung von Schließfächern.

Personen, die aufgrund Gesetzes oder Rechtsgeschäfts zur Verfügung berechtigt sind, ohne dass diese Berechtigung dem Kreditinstitut usw. mitgeteilt worden ist, gelten insoweit nicht als Verfügungsberechtigte.

5. Wirtschaftlich Berechtigter

Wirtschaftlich Berechtigter i. S. d. § 154 AO ist derjenige, der auch nach § 3 GwG wirtschaftlich Berechtigter ist.

Wirtschaftlich Berechtigter i. S. d. § 3 Abs. 1 GwG ist die natürliche Person, in deren Eigentum oder unter deren Kontrolle der Vertragspartner letztlich steht oder auf deren Veranlassung eine Transaktion letztlich durchgeführt oder eine Geschäftsbeziehung letztlich begründet wird. Zu den wirtschaftlich Berechtigten zählen insbesondere die in den § 3 Abs. 2 bis 4 GwG aufgeführten natürlichen Personen, auch die fingierten wirtschaftlich Berechtigten i. S. d. § 3 Abs. 2 Satz 4 GwG.

6. Verpflichteter

Verpflichteter i. S. d. § 154 Abs. 2 AO ist jeder, der für einen anderen
- Konten führt,
- Wertsachen verwahrt,
- Wertsachen als Pfand nimmt oder
- ein Schließfach überlässt.

7. Identifizierungs- und Aktualisierungspflicht

7.1 Der Verpflichtete hat sich nach § 154 Abs. 2 Satz 1 Nr. 1 AO vor Beginn dieser Geschäftsbeziehung Gewissheit über die Person und Anschrift
- jedes Verfügungsberechtigten (vgl. Nr. 4 des AEAO zu § 154) und
- jedes wirtschaftlich Berechtigten (vgl. Nr. 5 des AEAO zu § 154)

zu verschaffen. Dies gilt nicht nur für Kreditinstitute, sondern auch im gewöhnlichen Geschäftsverkehr und für Privatpersonen.

7.1.1 Ist ein Verfügungsberechtigter eine natürliche Person, hat der Verpflichtete nach § 154 Abs. 2 Satz 2 AO i. V. m. § 11 Abs. 4 Nr. 1 GwG durch Abgleich mit einem amtlichen Ausweispapier oder Ausweisersatzpapier folgende Angaben zu erheben:
  a) Vorname und Nachname,
  b) Geburtsort,

c) Geburtsdatum,

d) Staatsangehörigkeit und

e) eine Wohnanschrift oder, sofern kein fester Wohnsitz mit rechtmäßigem Aufenthalt in der Europäischen Union besteht und die Überprüfung der Identität im Rahmen des Abschlusses eines Basiskontovertrags i. S. v. § 38 des Zahlungskontengesetzes erfolgt, die postalische Anschrift, unter der der Vertragspartner sowie die gegenüber dem Verpflichteten auftretende Person erreichbar ist. Ein vorübergehender Wohnsitz (z. B. Hoteladresse) reicht nicht aus.

7.1.2 Ist ein Verfügungsberechtigter eine juristische Person (Körperschaft des öffentlichen Rechts, AG, GmbH usw.), reicht die Bezugnahme auf eine amtliche Veröffentlichung oder ein amtliches Register unter Angabe der Register-Nr. aus.

7.2 Wird ein Konto auf den Namen eines verfügungsberechtigten Dritten errichtet, müssen die Angaben über Person und Anschrift sowohl des Kontoinhabers als auch desjenigen, der das Konto errichtet, festgehalten werden. Steht der Verfügungsberechtigte noch nicht fest (z. B. der unbekannte Erbe), reicht es aus, wenn das Kreditinstitut sich zunächst Gewissheit über die Person und Anschrift des das Konto Errichtenden (z. B. des Nachlasspflegers) verschafft; die Legitimation des Kontoinhabers ist sobald wie möglich nachzuholen.

7.3 Hinsichtlich des wirtschaftlich Berechtigten sind (mindestens ein) Vorname, der Nachname und die Anschrift zu erheben. Die Anschrift muss nicht die Wohnanschrift des wirtschaftlich Berechtigten sein, es kann auch seine Geschäftsanschrift sein. Entscheidend ist, dass der wirtschaftlich Berechtigte unter der Anschrift im normalen Geschäftsverkehr erreichbar ist. Der Vertragspartner des Kreditinstituts hat diesem die hierzu erforderlichen Informationen und Unterlagen zur Verfügung zu stellen (vgl. § 11 Abs. 6 GwG).

Die Verpflichtung, sich Gewissheit über die Person und Anschrift jedes wirtschaftlich Berechtigten i. S. d. § 3 GwG zu verschaffen, gilt nach Art. 97 § 26 Abs. 4 EGAO erstmals für nach dem 31. 12. 2017 begründete Geschäftsbeziehungen.

Für vor dem 1. 1. 2018 begründete und auch danach weiterbestehende Geschäftsbeziehungen zu Kreditinstituten ist die Übergangsregelung in Art. 97 § 26 Abs. 5 EGAO zu beachten (Nacherhebungspflicht bis 31. 12. 2019).

7.4 Der Verpflichtete hat die Geschäftsbeziehung außerdem kontinuierlich zu überwachen und die Daten über Person und Anschrift in angemessenem zeitlichem Abstand zu aktualisieren (§ 154 Abs. 2 Satz 4 AO).

8. Aufzeichnungspflicht

8.1 Die Angaben i. S. d. Nr. 7 des AEAO zu § 154 sind gemäß § 154 Abs. 2 Satz 1 Nr. 2 AO in geeigneter Form festzuhalten, bei Konten auf dem Konto. Es ist unzulässig, Name und Anschrift des Verfügungsberechtigten lediglich in einer vertraulichen Liste zu führen und das eigentliche Konto nur mit einer Nummer zu kennzeichnen. Die Führung sog. Nummernkonten ist verboten.

8.2 Bei Auflösung des ersten Kontos müssen die Identifikationsmerkmale auf das zweite bzw. weitere Konto bzw. auf die betreffenden Kontounterlagen übertragen werden.

8.3 Die Verpflichtung, die Angaben über die Person und Anschrift jedes wirtschaftlich Berechtigten im Sinne des GwG in geeigneter Form festzuhalten, gilt nach Art. 97 § 26 Abs. 4 EGAO erstmals für nach dem 31. 12. 2017 begründete Geschäftsbeziehungen.

Für vor dem 1. 1. 2018 begründete und auch danach weiterbestehende Geschäftsbeziehungen zu Kreditinstituten ist die Übergangsregelung in Art. 97 § 26 Abs. 5 EGAO zu beachten.

Zu § 154 AO

9. Auskunftsbereitschaft

9.1 Jeder Verpflichtete muss ein Verzeichnis der Verfügungsberechtigten und der wirtschaftlich Berechtigten führen, um jederzeit über die Konten und Schließfächer eines Verfügungsberechtigten oder eines wirtschaftlich Berechtigten Auskunft geben zu können.
Die Verpflichtung zur Herstellung der Auskunftsbereitschaft besteht gemäß § 147 Abs. 3 AO noch sechs Jahre nach Beendigung der Geschäftsbeziehung, bei Bevollmächtigten sechs Jahre nach Erlöschen der Vollmacht. Diese Frist beginnt mit Ablauf des Kalenderjahrs, in dem die Geschäftsbeziehung beendet wurde oder die Vollmacht erloschen ist.

9.2 Die Verpflichtung, ein Verzeichnis der wirtschaftlich Berechtigten zu führen, gilt nach Art. 97 § 26 Abs. 4 EGAO erstmals für nach dem 31.12.2017 begründete Geschäftsbeziehungen.
Für vor dem 1.1.2018 begründete und auch danach weiterbestehende Geschäftsbeziehungen zu Kreditinstituten ist die Übergangsregelung in Art. 97 § 26 Abs. 5 EGAO zu beachten.

10. Erhebung und Aufzeichnung steuerlicher Ordnungsmerkmale und Vergeblichkeitsmeldung

10.1 Die Verpflichtung zur Erhebung und Aufzeichnung der steuerlichen Ordnungsmerkmale des Kontoinhabers, jedes anderen Verfügungsberechtigten und jedes wirtschaftlich Berechtigten nach § 154 Abs. 2a Satz 1 AO gilt nur für Kreditinstitute, nicht für andere Verpflichtete i. S. d. § 154 Abs. 2 Satz 1 AO. Diese Daten sind nach § 93b Abs. 1a AO im Kontenabruf-Dateisystem zum Abruf nach § 93 Abs. 7 oder 8 AO bereitzuhalten.
Diese Verpflichtung gilt auch für nicht im Inland ansässige Personen und Gesellschaften.

10.2 Hat der Vertragspartner (oder gegebenenfalls für ihn handelnde Personen) dem Kreditinstitut die Identifikationsnummer einer der in Nr. 10.1 des AEAO zu § 154 genannten Person bis zur Begründung der Geschäftsbeziehung nicht mitgeteilt, muss das Kreditinstitut innerhalb von drei Monaten nach Begründung der Geschäftsbeziehung die fehlende Identifikationsnummer (durch Übertrag aus einer anderweitigen rechtmäßigen Aufzeichnung oder durch maschinelle Anfrage beim BZSt) erheben und aufzeichnen.

10.3 Die Ausnahmeregelung des § 154 Abs. 2a Satz 3 AO gilt nur für Kredite, die ausschließlich der Finanzierung privater Konsumgüter dienen. Sie gilt nicht für Kredite zur Finanzierung betrieblicher Investitionen oder Aufwendungen und auch nicht für den Erwerb privater Kapitalanlagen sowie von Vermögensgegenständen, die nicht zum privaten Ge- oder Verbrauch bestimmt sind.
Soweit nicht ein verbundenes Geschäft i. S. d. § 358 Abs. 3 Satz 1 BGB über die Lieferung und Finanzierung eines privaten Konsumgutes vorliegt, kann das Kreditinstitut nur dann davon ausgehen, dass ein gewährter Kredit ausschließlich der Finanzierung privater Konsumgüter dient, wenn der Kreditnehmer dies ausdrücklich versichert hat und keine Anhaltspunkte für die Unrichtigkeit dieser Versicherung vorliegen.

10.4 Kreditrahmen i. S. d. § 154 Abs. 2a Satz 3 AO ist die betragsmäßige Obergrenze, bis zu der der Kreditnehmer bei einem Kreditgeber eine bestimmte Kreditart in Anspruch nehmen darf. Stellen mehrere private Konsumgüter eine Sachgesamtheit dar und werden sie von einem Kreditgeber gleichwohl durch mehrere rechtlich voneinander unabhängige Kredite finanziert, sind die Kredite bei Prüfung der Obergrenze zusammenzurechnen. Werden mehrere private Konsumgüter bei verschiedenen voneinander unabhängigen Kreditgebern individuell finanziert, ist die Obergrenze für jeden Kredit gesondert anzuwenden.
Wird ein Kredit, der bisher die Voraussetzungen für die Anwendung der Ausnahmeregelung des § 154 Abs. 2a Satz 3 AO erfüllte, später auf einen Kreditrahmen von mehr als 12 000 Euro erhöht, sind die steuerlichen Ordnungsmerkmale des Kontoinhabers, je-

des anderen Verfügungsberechtigten und jedes wirtschaftlich Berechtigten nachträglich zu erheben und aufzuzeichnen.
Sofern der Beitrag für die Restschuldversicherung auch aus der Kreditsumme gezahlt (einbehalten) und der Darlehensbetrag nur abzüglich dieser Summe ausgeschüttet wird, ist der Beitrag zur Restschuldversicherung mit zu berücksichtigen.

10.5 Die nach § 154 Abs. 2b AO beim BZSt erfragte Identifikationsnummer eines Kontoinhabers, eines anderen Verfügungsberechtigten oder eines wirtschaftlich Berechtigten ist zusammen mit den nach § 154 Abs. 2 AO zu erhebenden Daten aufzuzeichnen und nach § 93b Abs. 1a AO im Kontenabruf-Dateisystem zum Abruf nach § 93 Abs. 7 oder 8 AO bereitzuhalten.

10.6 Soweit ein Kreditinstitut die nach § 154 Abs. 2a Satz 1 AO zu erhebenden Daten auf Grund unzureichender Mitwirkung des Vertragspartners (und gegebenenfalls für ihn handelnder Personen) nicht – auch nicht durch eine maschinelle Anfrage beim BZSt – ermitteln konnte, hat es diese Tatsache auf dem Konto festzuhalten (§ 154 Abs. 2c Satz 1 AO). Darüber hinaus hat das Kreditinstitut dem BZSt die jeweils betroffenen Personen, die betroffenen Konten sowie die hierzu von ihm erhobenen Daten bis Ende Februar des Folgejahrs zu übermitteln (§ 154 Abs. 2c Satz 2 AO).

10.7 Ergeben die im Rahmen der Legitimationsprüfung nach § 154 Abs. 2 AO vorgelegten amtlichen Ausweispapiere oder Ausweisersatzpapiere (vgl. Nr. 7.1.1 des AEAO zu § 154) und die erteilte Selbstauskunft des Geschäftspartners und/oder der für ihn handelnden Personen, dass der Kontoinhaber und ggf. alle weiteren zu identifizierenden Personen im Inland über keinen Wohnsitz oder gewöhnlichen Aufenthalt bzw. keinen Sitz, keine Betriebsstätte und keine Geschäftsleitung verfügen und ihnen auch kein steuerliches Ordnungsmerkmal zugeteilt worden ist, kann das Kreditinstitut auf die Abfrage der Identifikationsnummer beim BZSt nach § 154 Abs. 2b Satz 1 AO und die Vergeblichkeitsmeldung nach § 154 Abs. 2c AO verzichten, sofern kein Anlass dafür besteht, die Richtigkeit der vorgelegten Unterlagen oder der Selbstauskunft in Zweifel zu ziehen. Die Abfrage der Identifikationsnummer beim BZSt nach § 154 Abs. 2b Satz 1 AO und die Vergeblichkeitsmeldung nach § 154 Abs. 2c AO sind allerdings nachzuholen, wenn Umstände eintreten, die zu einer Änderung der Gegebenheiten führen.

11. Erleichterungen gemäß § 154 Abs. 2d AO

11.1 Erleichterungen hinsichtlich der Verfügungsberechtigten
Nach § 154 Abs. 2d AO kann hinsichtlich der Verfügungsberechtigten in folgenden Fällen auf die Identifizierung (Nr. 7 des AEAO zu § 154), die Aufzeichnung (Nr. 8 des AEAO zu § 154), die Herstellung der Auskunftsbereitschaft (Nr. 9 des AEAO zu § 154) und die Erhebung der steuerlichen Ordnungsmerkmale (Nr. 10 des AEAO zu § 154) verzichtet werden:
  a) bei Eltern als gesetzliche Vertreter ihrer minderjährigen Kinder, wenn die Voraussetzungen für die gesetzliche Vertretung bei Kontoeröffnung durch amtliche Urkunden nachgewiesen werden,
  b) bei Vormundschaften und Pflegschaften einschließlich Amtsvormundschaften und Amtspflegschaften sowie bei rechtlicher Betreuung (§§ 1896 ff. BGB),
  c) bei Parteien kraft Amtes (Insolvenzverwalter, Zwangsverwalter, Nachlassverwalter, Testamentsvollstrecker und ähnliche Personen),
  d) bei Pfandnehmern (insbesondere in Bezug auf Mietkautionskonten, bei denen die Einlage auf einem Konto des Mieters erfolgt und an den Vermieter verpfändet wird),
  e) bei Vollmachten auf den Todesfall (auch nach diesem Ereignis),
  f) bei Vollmachten zur einmaligen Verfügung über ein Konto,
  g) bei Verfügungsbefugnissen im Lastschriftverfahren (SEPA-Lastschrift oder elektronisches Einzugsermächtigungsverfahren mit Zahlungskarte),

h) bei Vertretung juristischer Personen des öffentlichen Rechts (einschließlich Eigenbetriebe),
i) bei Vertretung von Kreditinstituten und Versicherungsunternehmen,
j) bei den als Vertreter eingetragenen Personen, die in öffentlichen Registern (Handelsregister, Vereinsregister) eingetragene Firmen oder Personen vertreten,
k) bei Vertretung von Unternehmen, sofern schon mindestens fünf Personen, die in öffentliche Register eingetragen sind bzw. bei denen eine Legitimationsprüfung stattgefunden hat, Verfügungsbefugnis haben,
l) bei Gerichtsvollzieher-Dienstkonten i. S. d. § 52 GVO (Gerichtsvollzieher und nach § 52 Abs. 6 GVO bevollmächtigte Personen),
m) bei vor dem 1.1.1992 begründeten, noch bestehenden oder bereits erloschenen Befugnissen.

Bei öffentlichen Förderkrediten wird auf die Erhebung der steuerlichen Ordnungsmerkmale (Nr. 10 des AEAO zu § 154) verzichtet, wenn die Abwicklung des Kredits über ein legitimationsgeprüftes Konto bei einem anderen Kreditinstitut erfolgt.

11.2 Erleichterungen hinsichtlich der wirtschaftlich Berechtigten

Hinsichtlich wirtschaftlich Berechtigter i. S. d. § 3 GwG kann nach § 154 Abs. 2d AO in folgenden Fällen auf die Identifizierung (Nr. 7 des AEAO zu § 154), die Aufzeichnung (Nr. 8 des AEAO zu § 154), die Herstellung der Auskunftsbereitschaft (Nr. 9 des AEAO zu § 154) und die Erhebung der steuerlichen Ordnungsmerkmale (Nr. 10 des AEAO zu § 154) verzichtet werden:

- Der (ggf. nach § 3 Abs. 2 Satz 4 GwG fingierte) wirtschaftlich Berechtigte ist zugleich Verfügungsberechtigter und für ihn wird nach Nr. 11.1 Satz 1 des AEAO zu § 154 auf eine Legitimationsprüfung verzichtet;
- Nach dem GwG darf auf die Erfassung und Aufzeichnung des wirtschaftlich Berechtigten verzichtet werden (z. B. Mietkautionskonten auf den Namen des Vermieters, Anderkonten von Berufsträgern, sonstige Konten mit geringem Risiko des Missbrauchs);
- Wohnungseigentümer hinsichtlich des Kontos der Wohnungseigentümergemeinschaft.

Bei öffentlichen Förderkrediten wird auf die Erhebung der steuerlichen Ordnungsmerkmale (Nr. 10 des AEAO zu § 154) verzichtet, wenn die Abwicklung des Kredits über ein legitimationsgeprüftes Konto bei einem anderen Kreditinstitut erfolgt.

11.3 Unberührt von diesen Erleichterungen bleibt die Befugnis der Finanzämter, im Besteuerungsverfahren Auskünfte von Auskunftspersonen (§§ 93, 94 AO) einzuholen und die Vorlage von Unterlagen (§ 97 AO) zu verlangen, sowie in einem Strafverfahren wegen einer Steuerstraftat oder in einem Bußgeldverfahren wegen einer Steuerordnungswidrigkeit die Befugnis zur Vernehmung von Zeugen oder zur Beschlagnahme von Unterlagen (§§ 208, 385, § 399 Abs. 2, § 410 AO).

12. Haftung bei Verstoß gegen § 154 AO

Die Verletzung der Verpflichtungen nach § 154 Abs. 2 bis 2d AO führt allein noch nicht zu einer Haftung des Verpflichteten. Es kann aber im Einzelfall eine Ordnungswidrigkeit i. S. d. § 379 Abs. 2 Nr. 2 AO vorliegen (vgl. dazu Nr. 13 des AEAO zu § 154).

Bei einem Verstoß gegen § 154 Abs. 3 AO haftet der Zuwiderhandelnde nach Maßgabe des § 72 AO.

Waren mehrere Personen über ein Konto usw. verfügungsberechtigt (mit Ausnahme der in Nr. 8.1 genannten Fälle), bedarf es zur Herausgabe nach § 154 Abs. 3 AO u. U. der Zustimmung aller beteiligten Finanzämter.

13. Ordnungswidrigkeiten

Wegen der Ahndung einer Verletzung des § 154 Abs. 1 bis 2c AO als Ordnungswidrigkeit Hinweis auf § 379 Abs. 2 Nr. 2 AO.

Wird festgestellt, dass die nach § 154 Abs. 2 bis 2c AO bestehenden Verpflichtungen nicht erfüllt sind, soll die für Straf- und Bußgeldsachen zuständige Stelle unterrichtet werden. Die Möglichkeit der Erzwingung der Verpflichtungen (§§ 328 ff. AO) bleibt unberührt.

Zu § 155 – Steuerfestsetzung:

1. Wegen Einzelheiten zur Bekanntgabe von Steuerbescheiden vgl. AEAO zu § 122. Wegen der Wirksamkeit von Steuerbescheiden wird auf § 124 AO hingewiesen, wegen formeller Fehler auf §§ 126 bis 129 AO, wegen Form und Inhalt auf § 157 AO.

2. Die volle oder teilweise Freistellung von der Steuer sowie die Ablehnung eines Antrags auf Festsetzung der Steuer erfolgt durch Steuerbescheid. Daher ist z. B. die Erstattung von Kapitalertragsteuer aufgrund von Doppelbesteuerungsabkommen eine Steuerfestsetzung i. S. d. Vorschrift. Es gelten alle Verfahrensvorschriften, die bei der Festsetzung von Steuern anzuwenden sind. Für die Festsetzung sind insbesondere die Grundsätze über die Festsetzungsfrist zu beachten (§§ 169 ff., § 47 AO). Für die Aufhebung und Änderung dieser Steuerbescheide sind die §§ 172 ff. AO maßgebend.

3. Ansprüche des Steuerpflichtigen, die auf Rückzahlung eines überzahlten Betrags gerichtet sind (z. B. bei Doppelzahlung), fallen nicht unter den Begriff der Vergütung i. S. d. Vorschrift. Ein solcher Rückzahlungsanspruch ist im Erhebungsverfahren geltend zu machen (Hinweis auf § 218 Abs. 2 AO).

4. Nach den Gesetzen, in denen die Gewährung von Zulagen geregelt wird (z. B. die Investitionszulage, die Eigenheimzulage oder die Arbeitnehmer-Sparzulage), und den Prämiengesetzen sind die für Steuervergütungen geltenden Vorschriften (§ 155 Abs. 5 AO) auf Zulagen und Prämien entsprechend anzuwenden. Die Gewährung erfolgt somit durch Festsetzung, soweit nichts anderes vorgeschrieben ist (z. B. §§ 4a, 4b WoPG). Die Aufhebung oder Änderung dieser Bescheide und insbesondere die Rückforderung zu Unrecht gewährter Beträge regeln sich nach den für das Steuerfestsetzungsverfahren geltenden Vorschriften.

Zu § 156 – Absehen von Steuerfestsetzung:

Das Absehen von der Festsetzung bringt den Steueranspruch nicht zum Erlöschen; die Festsetzung kann innerhalb der Festsetzungsfrist nachgeholt werden. Wegen der Kleinbetragsregelung für das Festsetzungsverfahren siehe die KBV (zur Anwendung siehe Art. 97 § 9a EGAO). Zur Kleinbetragsregelung für das Erhebungsverfahren siehe BMF-Schreiben vom 22. 3. 2001, BStBl I S. 242.

Zu § 157 – Form und Inhalt der Steuerbescheide:

1. Schriftliche Steuerbescheide, die zwecks Bekanntgabe dem Steuerpflichtigen nicht selbst übergeben werden, sind mit Rücksicht auf das Steuergeheimnis (§ 30 AO) in einem verschlossenen Umschlag zu versenden. Bei elektronischer Bekanntgabe ist § 87a Abs. 7 oder 8 AO zu beachten.

2. Wegen der Begründung des Steuerbescheids wird auf § 121 AO hingewiesen, wegen der Bekanntgabe auf §§ 122, 122a, 155 AO, wegen der Wirksamkeit auf § 124 AO, wegen des Leistungsgebots auf § 254 AO, wegen der Folgen bei unterbliebener oder unrichtiger Rechtsbehelfsbelehrung auf § 356 AO.

Zu § 158 – Beweiskraft der Buchführung:

Die Vorschrift enthält eine gesetzliche Vermutung. Sie verliert ihre Wirksamkeit mit der Folge der Schätzungsnotwendigkeit nach § 162 AO, wenn es nach Verprobung usw. unwahrscheinlich ist, dass das ausgewiesene Ergebnis mit den tatsächlichen Verhältnissen übereinstimmt. Für die formelle Ordnungsmäßigkeit der Buchführung ist das Gesamtbild aller Umstände im Einzelfall maßgebend. Eine Buchführung kann trotz einzelner Mängel nach den §§ 140 bis 148 AO aufgrund der Gesamtwertung als formell ordnungsmäßig erscheinen. Insoweit kommt der sachlichen Gewichtung der Mängel ausschlaggebende Bedeutung zu. Eine Buchführung ist erst dann formell ordnungswidrig, wenn sie wesentliche Mängel aufweist oder die Gesamtheit aller (unwesentlichen) Mängel diesen Schluss fordert (BFH-Beschluss vom 2.12.2008, X B 69/08, m.w.N.). Werden digitale Unterlagen bei Bargeschäften nicht entsprechend dem BMF-Schreiben vom 26.11.2010, BStBl I S.1342 aufbewahrt, kann dies ein schwerwiegender formeller Mangel der Ordnungsmäßigkeit sein. Die gesetzliche Vermutung der Richtigkeit der Kassenbuchführung erfordert, dass ein schlüssiger Nachweis hinsichtlich der Unveränderbarkeit der Einzelbuchungen und deren Zusammenführung bei der Erstellung steuerlicher Abschlüsse geführt werden kann. Das Buchführungsergebnis ist nicht zu übernehmen, soweit die Beanstandungen reichen. Eine Vollschätzung an Stelle einer Zuschätzung kommt nur dann in Betracht, wenn sich die Buchführung in wesentlichen Teilen als unbrauchbar erweist.

Zu § 159 – Nachweis der Treuhänderschaft:

Personen, die zur Verweigerung der Auskunft aufgrund ihres Berufes berechtigt sind (§ 102 AO), insbesondere Angehörige der steuerberatenden Berufe, können ein Aussageverweigerungsrecht nur mit der Einschränkung des § 104 Abs. 2 AO in Anspruch nehmen. Sie haften für steuerliche Folgen u.U. selbst gem. §§ 34, 35 AO, soweit ihnen die Wirtschaftsgüter nicht nach § 159 AO selbst zuzurechnen sind.

Zu § 160 – Benennung von Gläubigern und Zahlungsempfängern:

1. Es steht im pflichtgemäßen Ermessen des Finanzamts, ob es sich den Gläubiger von Schulden oder den Empfänger von Ausgaben vom Steuerpflichtigen benennen lässt (BFH-Urteile vom 25.11.1986, VIII R 350/82, BStBl 1987 II S. 286, und vom 10.3.1999, XI R 10/98, BStBl II S. 434). Liegen Anhaltspunkte für eine straf- oder bußgeldbewehrte Vorteilszuwendung vor, so ist die Benennung des Gläubigers oder des Empfängers stets zu verlangen. Zum einkommensteuerrechtlichen Abzugsverbot für die Zuwendung von Vorteilen i.S.d. § 4 Abs. 5 Satz 1 Nr. 10 EStG und zum Verhältnis dieser Vorschrift zu § 160 AO vgl. BMF-Schreiben vom 10.10.2002 (BStBl I S. 1031).

    Bei der Anwendung des § 160 AO ist nach pflichtgemäßem Ermessen zunächst zu entscheiden, ob ein Benennungsverlangen geboten ist. Das Benennungsverlangen ist eine nicht selbständig anfechtbare Vorbereitungshandlung (BFH-Urteil vom 20.4.1988, I R 67/84, BStBl II S. 927). Zur Belehrungspflicht, wenn das Benennungsverlangen eine vermutete straf- oder bußgeldbewehrte Vorteilszuwendung zum Gegenstand hat, vgl. Tz. 30 des BMF-Schreibens vom 10.10.2002 (a.a.O.). Wegen der Stellung von Personen, die aufgrund ihres Berufes zur Auskunftsverweigerung berechtigt sind, vgl. AEAO zu § 159, Satz 1.

2. Unterlässt der Steuerpflichtige es trotz Aufforderung durch die Finanzbehörde, den Gläubiger der Schuld oder den Empfänger der Ausgabe genau zu benennen, so ist im Rahmen einer zweiten Ermessensentscheidung zu prüfen, ob und in welcher Höhe der Abzug der Ausgaben bzw. Schulden zu versagen ist. Nach § 160 Satz 1 AO ist der Abzug dann „regelmäßig" zu versagen (BFH-Urteil vom 10.3.1999, XI R 10/98, BStBl II S. 434). Ist sowohl streitig, ob der Höhe nach Betriebsausgaben vorliegen, als auch, ob die fehlende Benennung der Zahlungsempfänger dem Abzug entgegensteht, so ist zunächst die Höhe der Betriebsaus-

gaben zu ermitteln oder ggf. zu schätzen. Sodann ist zu prüfen, ob und inwieweit die fehlende Benennung der Zahlungsempfänger dem Abzug der Betriebsausgaben entgegensteht. Die bei der Anwendung des § 160 AO zu treffenden Ermessensentscheidungen können eine unterlassene Schätzung nicht ersetzen (BFH-Urteil vom 24.6.1997, VIII R 9/96, BStBl 1998 II S. 51).

3. Werden Leistungen über eine Domizilgesellschaft (Briefkastenfirma) abgerechnet, so ist zunächst zu prüfen, ob der Steuerpflichtige überhaupt eine Leistung von objektiv feststellbarem wirtschaftlichen Wert erhalten hat oder ob lediglich ein Scheingeschäft vorliegt. Bei Leistungen an Domizilgesellschaften ist der Empfängernachweis nur erbracht, wenn die hinter der Gesellschaft stehenden Personen benannt werden (BFH-Beschluss vom 25.8.1986, IV B 76/86, BStBl 1987 II S. 481). Das sind die Personen, die anstelle der inaktiven Domizilgesellschaften bei wirtschaftlicher Betrachtungsweise eine Leistung gegenüber dem Steuerpflichtigen erbracht haben und denen damit auch die Gegenleistung zusteht. Die Benennung lediglich formaler Anteilseigner (z. B. Treuhänder) reicht nicht aus, ebenso wenig wie die Erklärung des Steuerpflichtigen, nicht er, sondern ein fremder Dritter stehe hinter der ausländischen Gesellschaft (BFH-Beschluss vom 25.8.1986, IV B 76/86, a. a. O.). Ungewissheiten hinsichtlich der Person des Empfängers gehen zu Lasten des Steuerpflichtigen (BFH-Urteil vom 13.3.1985, I R 7/81, BStBl 1986 II S. 318, und BFH-Beschluss vom 9.7.1986, I B 36/86, BStBl 1987 II S. 487). Ausländische Verbotsnormen führen nicht dazu, dass ein Offenlegungsverlangen von vornherein unverhältnismäßig oder unzumutbar wird (vgl. BFH-Urteil vom 16.4.1980, I R 75/78, BStBl 1981 II S. 492). § 16 AStG bleibt unberührt.

4. Bei Zahlungen an ausländische Empfänger soll das Finanzamt – soweit keine Anhaltspunkte für eine straf- oder bußgeldbewehrte Vorteilszuwendung vorliegen – auf den Empfängernachweis nach § 160 AO verzichten, wenn feststeht, dass die Zahlung im Rahmen eines üblichen Handelsgeschäfts erfolgte, der Geldbetrag ins Ausland abgeflossen ist und der Empfänger nicht der deutschen Steuerpflicht unterliegt. Hierzu ist der Empfänger in dem Umfang zu bezeichnen, dass dessen Steuerpflicht im Inland mit hinreichender Sicherheit ausgeschlossen werden kann. Die bloße Möglichkeit einer Steuerpflicht im Inland nicht bestehenden Steuerpflicht reicht nicht aus (BFH-Urteil vom 13.3.1985, I R 7/81, BStBl 1986 II S. 318). In geeigneten Fällen ist eine Erklärung der mit dem Geschäft betrauten Personen sowie des verantwortlichen Organs des Unternehmens zu verlangen, dass ihnen keine Umstände bekannt sind, die für einen Rückfluss der Zuwendung an einen inländischen Empfänger sprechen. Die Zulässigkeit der Mitteilung von Erkenntnissen deutscher Finanzbehörden im Rahmen des § 117 AO bleibt hiervon unberührt.

Zu § 162 – Schätzung von Besteuerungsgrundlagen:

1. Bei der Schätzung der Besteuerungsgrundlagen in den Fällen des § 155 Abs. 2 AO handelt es sich um eine vorläufige Maßnahme des Wohnsitzfinanzamtes, der ein Grundlagenbescheid nachfolgen muss (BFH-Urteil vom 26.7.1983, VIII R 28/79, BStBl 1984 II S. 290).
2. Wegen der Pflicht zur Abgabe einer Steuererklärung trotz Schätzung siehe § 149 Abs. 1 Satz 4 AO.
3. Wegen der nur eingeschränkten Offenlegung der Verhältnisse von Vergleichsbetrieben vgl. AEAO zu § 30, Nr. 4.5.
4. Werden die Besteuerungsgrundlagen wegen Nichtabgabe der Steuererklärung geschätzt, ist die Steuer unter Nachprüfungsvorbehalt (§ 164 AO) festzusetzen, wenn der Fall für eine eventuelle spätere Überprüfung offen gehalten werden soll. Dies gilt z. B. wenn eine den Schätzungszeitraum umfassende Außenprüfung vorgesehen ist oder zu erwarten ist, dass der Steuerpflichtige nach Erlass des Bescheids die Steuererklärung nachreicht.

Die unter Nachprüfungsvorbehalt stehende Steuerfestsetzung ist – sofern der Steuerpflichtige keinen Einspruch eingelegt bzw. keinen Änderungsantrag gestellt hat und auch keine

Außenprüfung vorgesehen ist – bei der Veranlagung für das Folgejahr zu überprüfen. Dabei sind auch die in einem eventuellen Vollstreckungsverfahren gewonnenen Erkenntnisse zu berücksichtigen. Der Nachprüfungsvorbehalt ist danach grundsätzlich aufzuheben, auch wenn die Steuerfestsetzung nicht zu ändern ist.
Zur Aufhebung des Nachprüfungsvorbehalts in Fällen einer Fristsetzung nach § 364b AO vgl. AEAO zu § 364b, Nr. 2.

5. Wegen der Befugnis zur Schätzung bei Verletzung der Mitwirkungspflicht nach § 90 Abs. 2 AO vgl. AEAO zu § 90, Nr. 1.

6. Die Besteuerungsgrundlagen sind nach § 162 Abs. 1 AO unter anderem dann zu schätzen, wenn tatsächliche Anhaltspunkte dafür bestehen, dass die vom Steuerpflichtigen gemachten Angaben zu steuerpflichtigen Einnahmen oder Betriebsvermögensmehrungen unrichtig oder unvollständig sind. Hat der Steuerpflichtige in einem derartigen Fall die Zustimmung zu einem Kontenabruf verweigert (§ 93 Abs. 7 Satz 1 Nr. 5 AO), sind die nach Einschätzung der Finanzbehörde nicht erklärten steuerpflichtigen Einnahmen oder Betriebsvermögensmehrungen nach § 162 Abs. 2 Satz 2 AO dritte Alternative zu schätzen. In diesem Fall kann zu Lasten des Steuerpflichtigen von einem Sachverhalt ausgegangen werden, für den unter Berücksichtigung seiner Beweisnähe und seiner Verantwortung für die Aufklärung des Sachverhalts eine gewisse Wahrscheinlichkeit spricht. Gleiches gilt, wenn ein mit Zustimmung des Steuerpflichtigen durchgeführter Kontenabruf keine neuen Erkenntnisse gebracht hat, z. B. bei auf ausländischen – und deswegen durch einen Kontenabruf nicht ermittelbaren – Konten zugeflossenen Einnahmen oder bei baren Einnahmen. In diesen Fällen ist auch weiterhin eine Schätzung nach § 162 AO möglich, wenn Anhaltspunkte dafür vorliegen, dass die Angaben über Einnahmen oder Betriebsvermögensmehrungen nicht vollständig oder unzutreffend sind.

Zu § 163 – Abweichende Festsetzung von Steuern aus Billigkeitsgründen:

1. § 163 AO regelt Billigkeitsmaßnahmen im Festsetzungsverfahren. Billigkeitsmaßnahmen im Erhebungsverfahren regelt § 227 AO. Die Unbilligkeit kann sich aus sachlichen oder aus persönlichen Gründen ergeben.

2. Ein Antrag auf eine Billigkeitsmaßnahme nach § 163 AO kann auch nach Eintritt der Unanfechtbarkeit der Steuerfestsetzung oder der entsprechenden gesonderten Feststellung gestellt werden.

3. Die Entscheidung über eine Billigkeitsmaßnahme nach § 163 Abs. 1 AO stellt auch dann einen selbständigen Verwaltungsakt dar, wenn sie mit der Steuerfestsetzung oder der entsprechenden gesonderten Feststellung verbunden wird (§ 163 Abs. 2 AO). Sie ist Grundlagenbescheid für den entsprechenden Steuer- oder Feststellungsbescheid (§ 171 Abs. 10 AO). Wird eine Billigkeitsmaßnahme erst nach Erlass des hiervon betroffenen Steuer- oder Feststellungsbescheids getroffen, muss dieser Bescheid nach § 175 Abs. 1 Satz 1 Nr. 1 AO entsprechend angepasst werden.

4. Eine Billigkeitsmaßnahme nach § 163 Abs. 1 AO unterliegt keiner eigenen Verjährungsfrist, sie löst hinsichtlich des Folgebescheids aber nur dann eine Ablaufhemmung nach § 171 Abs. 10 Satz 1 AO aus, wenn sie vor Ablauf der Festsetzungsfrist des Folgebescheids bei der für die Billigkeitsmaßnahme zuständigen Finanzbehörde beantragt worden ist (§ 171 Abs. 10 Satz 3 AO, vgl. auch AEAO zu § 171, Nr. 6.5). Wurde der Antrag erst nach Ablauf der Festsetzungsfrist des Folgebescheids gestellt, ist es regelmäßig ermessensgerecht, die beantragte Billigkeitsmaßnahme nach § 163 Abs. 1 AO abzulehnen, wenn sie im Folgebescheid wegen Eintritts der Festsetzungsverjährung nicht berücksichtigt werden könnte; in diesen Fällen ist ggf. zu prüfen, ob ein Erlass nach § 227 AO in Betracht kommt.

5. Wegen der Auswirkungen einer Billigkeitsmaßnahme bei den Steuern vom Einkommen auf die Gewerbesteuer Hinweis auf § 184 Abs. 2 AO. Danach ist die niedrigere Festsetzung eines Messbetrags nach § 163 Abs. 1 Satz 1 AO nicht zulässig, wenn die Voraussetzungen dafür

nicht in einer allgemeinen Verwaltungsvorschrift der Bundesregierung oder einer obersten Landesfinanzbehörde festgelegt sind.
6. Zum Einspruchsverfahren gegen die Entscheidung über eine Billigkeitsmaßnahme vgl. AEAO zu § 347, Nr. 4.

Zu § 164 – Steuerfestsetzung unter Vorbehalt der Nachprüfung:

1. Der Vorbehalt der Nachprüfung ist eine Nebenbestimmung i. S. d. § 120 AO. Er ist im Steuerbescheid anzugeben, wenn er nicht kraft Gesetzes besteht, wie z. B. im Fall der Festsetzung einer Vorauszahlung (§ 164 Abs. 1 Satz 2 AO). Im Gegensatz zur vorläufigen Steuerfestsetzung hat der Vorbehalt keine Auswirkung auf den Ablauf der Festsetzungsfrist. Wegen der Wirkung einer Steueranmeldung als Vorbehaltsfestsetzung siehe § 168 AO.
2. Der Vorbehalt der Nachprüfung ist zulässig bei allen Festsetzungen, für die die Vorschriften über das Steuerfestsetzungsverfahren gelten (z. B. bei Steuervergütungen, Zulagen, Prämien, gesonderten Feststellungen, Steuermessbeträgen, Zinsen, vgl. AEAO zu § 155). Zum Nachprüfungsvorbehalt in Schätzungsfällen vgl. AEAO zu § 162, Nr. 4.
3. Solange ein Steuerfall nicht abschließend geprüft ist, kann die spätere Überprüfung vorbehalten bleiben und die Steuer aufgrund der Angaben des Steuerpflichtigen oder aufgrund vorläufiger Überprüfung (vgl. BFH-Urteil vom 4. 8. 1983, IV R 79/83, BStBl 1984 II S. 6) unter Vorbehalt der Nachprüfung festgesetzt werden. Der Vorbehalt der Nachprüfung erfasst die Festsetzung insgesamt; eine Beschränkung auf Einzelpunkte oder Besteuerungsgrundlagen ist nicht zulässig. Eine Begründung dafür, dass die Festsetzung unter Vorbehalt erfolgt, ist nicht erforderlich.
4. Solange der Vorbehalt wirksam ist, bleibt der gesamte Steuerfall „offen", die Steuerfestsetzung kann jederzeit – also auch nach Eintritt der Unanfechtbarkeit – und dem Umfang nach uneingeschränkt von Amts wegen oder auch auf Antrag des Steuerpflichtigen aufgehoben oder geändert werden. Die Grundsätze des Vertrauensschutzes nach § 176 AO sind aber zu beachten. Dagegen wird ein aus dem Grundsatz von Treu und Glauben abgeleiteter Vertrauensschutz i. d. R. nicht bestehen (vgl. BFH-Urteil vom 29. 4. 2008, VIII R 75/05, BStBl II S. 817).
5. Der Steuerpflichtige hat keinen Anspruch auf unverzügliche Entscheidung über seinen Antrag. Die Entscheidung kann bis zur abschließenden Prüfung des Steuerfalles – an Amtsstelle oder im Wege einer Außenprüfung – hinausgeschoben werden. Sie hat jedoch in angemessener Zeit zu erfolgen. Wegen des Ablaufs der Festsetzungsfrist bei Antragstellung Hinweis auf § 171 Abs. 3 AO.
6. Wird eine Steuerfestsetzung mit einem behördlich angeordneten Vorbehalt der Nachprüfung geändert, so ist in dem neuen Steuerbescheid zu vermerken, ob dieser weiterhin unter Vorbehalt der Nachprüfung steht oder ob der Vorbehalt aufgehoben wird. Fehlt ein derartiger Vermerk, bleibt der Nachprüfungsvorbehalt bestehen (BFH-Urteil vom 14. 9. 1993, VIII R 9/93, BStBl 1995 II S. 2). Steht eine Steueranmeldung einer Steuerfestsetzung unter Nachprüfungsvorbehalt gleich (§ 168 AO) und erlässt die Finanzbehörde später erstmals einen Steuerbescheid ohne eine Aussage zum Nachprüfungsvorbehalt, so entfällt dieser (BFH-Urteil vom 2. 12. 1999, V R 19/99, BStBl 2000 II S. 284). Die Aufhebung des Vorbehalts muss schriftlich oder in elektronischer Form (§ 87a Abs. 4 AO) ergehen und mit einer Rechtsbehelfsbelehrung versehen sein (§ 164 Abs. 3 Satz 2 AO). Die Aufhebung des Nachprüfungsvorbehalts ist auch ohne abschließende Prüfung des Steuerfalles zulässig (BFH-Urteil vom 28. 5. 1998, V R 100/96, BStBl II S. 502) und bedarf regelmäßig keiner Begründung (BFH-Urteil vom 10. 7. 1996, I R 5/96, BStBl 1997 II S. 5). Nach der Bekanntgabe der Aufhebung des Vorbehalts kann die Aufhebung oder Änderung einer Steuerfestsetzung nicht mehr auf § 164 Abs. 2 AO gestützt werden; §§ 172 ff. AO bleiben unberührt.
7. Wird der Vorbehalt nicht aufgehoben, entfällt der Vorbehalt mit Ablauf der allgemeinen Festsetzungsfrist (§ 169 Abs. 2 Satz 1 AO). Die Verlängerung der Festsetzungsfrist für hinterzogene oder leichtfertig verkürzte Steuern (§ 169 Abs. 2 Satz 2 AO) verlängert nicht die

Wirksamkeit des Vorbehalts, es ergeben sich aber Auswirkungen auf die Ablaufhemmung nach § 171 Abs. 1 bis 6, 9 und 11 bis 14 AO.
8. Wegen des Einspruchs gegen eine Vorbehaltsfestsetzung vgl. AEAO zu § 367, Nr. 5.
9. Verwaltungsakte i. S. d. § 163 Abs. 1 AO können nicht unter Vorbehalt der Nachprüfung ergehen. Werden solche Verwaltungsakte aber mit einer Steuerfestsetzung unter Vorbehalt der Nachprüfung verbunden, stehen sie nach § 163 Abs. 3 Satz 1 Nr. 2 AO kraft Gesetzes unter Widerrufsvorbehalt.

Zu § 165 – Vorläufige Steuerfestsetzung, Aussetzung der Steuerfestsetzung:

1. Eine vorläufige Steuerfestsetzung nach § 165 Abs. 1 Satz 1 AO ist nur zulässig, soweit ungewiss ist, ob der Tatbestand verwirklicht ist, an den das Gesetz die Leistungspflicht knüpft; Zweifel bei der Auslegung des Steuergesetzes reichen nicht aus. Eine Steuerfestsetzung kann demgemäß nach § 165 Abs. 1 Satz 1 AO nur im Hinblick auf ungewisse Tatsachen, nicht im Hinblick auf die steuerrechtliche Beurteilung von Tatsachen für vorläufig erklärt werden (BFH-Urteil vom 25. 4. 1985, IV R 64/83, BStBl II S. 648). Vorläufige Steuerfestsetzungen nach § 165 Abs. 1 Satz 1 AO sind insbesondere dann vorzunehmen, wenn eine Steuerfestsetzung unter Vorbehalt der Nachprüfung nicht zweckmäßig ist, z. B. weil keine Nachprüfung des gesamten Steuerfalles mehr zu erwarten ist oder weil sie aus Rechtsgründen nicht möglich ist (z. B. bei fortbestehender Ungewissheit nach einer Außenprüfung).
2. Die Tatsache, dass ein Doppelbesteuerungsabkommen nach seinem Inkrafttreten voraussichtlich rückwirkend anzuwenden sein wird, rechtfertigt eine vorläufige Steuerfestsetzung nach § 165 Abs. 1 Satz 2 Nr. 1 AO, um dem Steuerpflichtigen die Vorteile des Doppelbesteuerungsabkommens zu sichern.
3. Eine vorläufige Steuerfestsetzung nach § 165 Abs. 1 Satz 2 Nr. 2 oder Nr. 2a AO setzt voraus, dass die Entscheidung des Bundesverfassungsgerichts oder des Gerichtshofs der Europäischen Union bereits ergangen ist und die gesetzliche Neuregelung noch aussteht.
4. Zweifel an der Vereinbarkeit einer der Steuerfestsetzung zugrunde liegenden Rechtsnorm mit höherrangigem Recht (insbesondere mit dem Grundgesetz oder dem Europäischen Unionsrecht) rechtfertigen nur dann eine vorläufige Steuerfestsetzung nach § 165 Abs. 1 Satz 2 Nr. 3 AO, wenn dieselbe Frage bereits Gegenstand eines Musterverfahrens bei dem Gerichtshof der Europäischen Union, dem Bundesverfassungsgericht oder einem obersten Bundesgericht ist.
Zum Rechtsschutzbedürfnis für einen Einspruch gegen eine hinsichtlich des strittigen Punktes bereits vorläufige Steuerfestsetzung vgl. AEAO zu § 350, Nr. 6.
5. Nach § 165 Abs. 1 Satz 2 Nr. 4 AO kann eine Steuer vorläufig festgesetzt werden, soweit eine im Fall des Steuerpflichtigen entscheidungserhebliche Rechtsfrage Gegenstand eines Verfahrens beim Bundesfinanzhof ist. Hierbei handelt es sich auch um solche Fälle, in denen eine strittige Rechtsfrage nicht nur unter verfassungsrechtlichen Aspekten zu beurteilen ist (und deretwegen bereits eine vorläufige Steuerfestsetzung nach § 165 Abs. 1 Satz 2 Nr. 3 AO erfolgt), sondern vom Bundesfinanzhof auf „einfachgesetzlichem" Wege, d. h. durch Anwendung bzw. Auslegung des einfachen Rechts, entschieden werden könnte.
6. Die Entscheidung, die Steuer vorläufig festzusetzen, steht in sämtlichen Fällen des § 165 Abs. 1 AO im Ermessen der Finanzbehörde. Von der Möglichkeit, eine Steuer nach § 165 Abs. 1 Satz 2 AO vorläufig festzusetzen, ist nur Gebrauch zu machen, soweit die Finanzbehörden hierzu durch BMF-Schreiben oder gleich lautende Erlasse der obersten Finanzbehörden der Länder angewiesen worden sind.
7. Die Vorläufigkeit ist auf die ungewissen Voraussetzungen zu beschränken und zu begründen. Die Begründung kann nachgeholt werden (§ 126 Abs. 1 Nr. 2 AO). Wird eine vorläufige Steuerfestsetzung geändert, so ist in dem neuen Steuerbescheid zu vermerken, ob und inwieweit dieser weiterhin vorläufig ist oder für endgültig erklärt wird. Ein ursprünglich angeordneter Vorläufigkeitsvermerk bleibt auch dann wirksam, wenn er in einem nachfolgen-

den Änderungsbescheid nicht ausdrücklich wiederholt wird (BFH-Urteil vom 9.9.1988, III R 191/84, BStBl 1989 II S. 9). Enthält aber der Änderungsbescheid einen Vorläufigkeitsvermerk, wird durch diesen der Umfang der Vorläufigkeit neu bestimmt (BFH-Urteil vom 19.10.1999, IX R 23/98, BStBl 2000 II S. 282). Dies gilt auch, wenn ein sowohl auf § 165 Abs. 1 Satz 1 AO als auch auf § 165 Abs. 1 Satz 2 AO gestützter Vorläufigkeitsvermerk im Änderungsbescheid durch einen allein auf § 165 Abs. 1 Satz 2 AO gestützten Vorläufigkeitsvermerk ersetzt wird (BFH-Urteil vom 14.7.2015, VIII R 21/13).

8. Soweit wegen der Frage der Vereinbarkeit einer Rechtsnorm mit dem Grundgesetz eine Steuer nach § 165 Abs. 1 Satz 2 Nr. 3 AO vorläufig festgesetzt worden ist, sind Steuerbescheide auch dann nach § 165 Abs. 2 AO zu ändern, wenn das Bundesverfassungsgericht oder der Bundesfinanzhof die streitige Frage dadurch entscheidet, dass das Gericht die vom Vorläufigkeitsvermerk erfasste Rechtsnorm entgegen der bisherigen Verwaltungsauffassung verfassungskonform so auslegt, dass das betreffende Steuergesetz mit höherrangigem Recht vereinbar ist und diese Auslegung zu einer Steuerminderung führt (BFH-Urteil vom 30.9.2010, III R 39/08, BStBl 2011 II S. 11). Dies gilt auch, wenn der Vorläufigkeitsvermerk insoweit zusätzlich auf § 165 Abs. 1 Satz 2 Nr. 4 AO gestützt war.

Soweit eine Steuer (auch) nach § 165 Abs. 1 Satz 2 Nr. 4 AO vorläufig festgesetzt worden ist, sind die Steuerbescheide (zudem) auch dann nach § 165 Abs. 2 AO zu ändern, wenn der Bundesfinanzhof die vom Vorläufigkeitsvermerk erfasste Rechtsnorm aufgrund einfachgesetzlicher Auslegung eines Steuergesetzes entgegen der bisherigen Verwaltungsauffassung auslegt, diese Auslegung zu einer Steuerminderung führt und dieses Urteil über den entschiedenen Einzelfall hinaus anzuwenden ist.

9. Die vorläufige Steuerfestsetzung kann jederzeit für endgültig erklärt werden. Die Vorläufigkeit bleibt bis dahin bestehen; für den Ablauf der Festsetzungsfrist gilt § 171 Abs. 8 AO. Wird die vorläufige Steuerfestsetzung nach Beseitigung der Ungewissheit geändert (§ 165 Abs. 2 Satz 2 AO), sind im Rahmen des Änderungsbetrages auch solche Fehler zu berichtigen, die nicht mit dem Grund der Vorläufigkeit zusammenhängen (BFH-Urteil vom 2.3.2000, VI R 48/97, BStBl II S. 332).

10. In den Fällen des § 165 Abs. 1 Satz 2 AO ist eine Endgültigkeitserklärung nicht erforderlich, wenn sich die Steuerfestsetzung letztlich als zutreffend erweist und der Steuerpflichtige keine Entscheidung beantragt. Die Vorläufigkeit entfällt in diesem Fall mit Ablauf der – ggf. nach § 171 Abs. 8 Satz 2 AO verlängerten – Festsetzungsfrist.

11. Wird die vorläufige Steuerfestsetzung auf Antrag des Steuerpflichtigen oder von Amts wegen ganz oder teilweise für endgültig erklärt, kann gegen die insoweit nunmehr endgültige Steuerfestsetzung Einspruch eingelegt und ggf. anschließend Klage erhoben werden. Hinsichtlich der Auswirkungen der bisherigen Vorläufigkeit der Steuerfestsetzung ergibt sich aus § 351 Abs. 1 AO keine Anfechtungsbeschränkung (BFH-Urteil vom 30.9.2010, III R 39/08, BStBl 2011 II S. 11). Der Umfang der Anfechtbarkeit bestimmt sich dabei nicht betragsmäßig, sondern in der Wirkung der fehlenden Bestandskraft der bisherigen Vorläufigkeit. In den Fällen der Vorläufigkeit nach § 165 Abs. 1 Satz 2 Nr. 3 AO beschränkt sich dieser Rechtsschutz dementsprechend auf die weitere verfassungsrechtliche Klärung dieser Rechtsfrage (BFH-Urteil vom 30.9.2010, III R 39/08, a.a.O.).

Wird durch einen Vorläufigkeitsvermerk in einem Änderungsbescheid der Umfang der Vorläufigkeit in einschränkender Weise neu bestimmt (vgl. AEAO zu § 165, Nr. 7 Sätze 5 und 6), steht dies insoweit einer Endgültigkeitserklärung gleich.

12. Verwaltungsakte i. S. d. § 163 Abs. 1 AO können nicht nach § 165 AO vorläufig ergehen. Werden solche Verwaltungsakte aber mit einer vorläufigen Steuerfestsetzung verbunden und ist der Grund der Vorläufigkeit auch für die Entscheidung nach § 163 Abs. 1 AO von Bedeutung, stehen sie nach § 163 Abs. 3 Satz 1 Nr. 3 AO kraft Gesetzes unter Widerrufsvorbehalt.

Zu § 167 – Steueranmeldung, Verwendung von Steuerzeichen oder Steuerstemplern:

1. Die Selbstberechnung der Steuer (§ 150 Abs. 1 Satz 3 AO) durch Steueranmeldung ist gesetzlich insbesondere vorgeschrieben für die Umsatzsteuer (Voranmeldung und Jahreserklärung – § 18 UStG), die Lohnsteuer (§ 41a EStG), die Kapitalertragsteuer (§ 45a EStG), den Steuerabzug nach § 48 i.V. m. § 48a EStG oder nach § 50a EStG, die Versicherungsteuer (§ 8 VersStG), die Wettsteuer (§ 18 RennwLottAB) und für die Feuerschutzsteuer (§ 8 FeuerSchStG). Die Steueranmeldung ist Steuererklärung i. S. d. § 150 AO. Wegen der Wirkung einer Steueranmeldung siehe § 168 AO.
2. Eine Steueranmeldung i. S. d. AO liegt nicht vor, wenn ein Gesetz zwar die Selbstberechnung der Steuer durch den Steuerpflichtigen vorschreibt, daneben aber eine förmliche Steuerfestsetzung vorsieht, z. B. § 9 KraftStDV.
3. Das Anerkenntnis des zum Steuerabzug Verpflichteten, insbesondere des Arbeitgebers hinsichtlich der Lohnsteuer, steht einer Steueranmeldung und damit einer Steuerfestsetzung unter Vorbehalt der Nachprüfung gleich (§ 167 Abs. 1 Satz 3, § 168 Satz 1 AO). Es ist deshalb nicht erforderlich, gegen ihn einen Haftungsbescheid zu erlassen, wenn er seiner Zahlungsverpflichtung aus dem Anerkenntnis nicht nachkommen will. Der Entrichtungspflichtige kann sein Zahlungsanerkenntnis nur mit Zustimmung der Finanzbehörde ändern oder widerrufen. Nach einer abschließenden Prüfung des Steuerfalls ist der Vorbehalt der Nachprüfung durch besonderen Bescheid aufzuheben (§ 164 Abs. 2 und 3 AO).
4. Steueranmeldungen sind bei dem für die Besteuerung zuständigen Finanzamt abzugeben. Es treten aber keine Verspätungsfolgen ein, wenn der Steuerpflichtige die Steueranmeldung und den Scheck fristgemäß bei dem für die Steuererhebung zuständigen Finanzamt einreicht.
5. Gibt jemand (z. B. ein Arbeitgeber) trotz seiner gesetzlichen Verpflichtung, Steuern für Rechnung eines Dritten einzubehalten, anzumelden und abzuführen, keine Steueranmeldung ab, so kann gegen ihn ein Steuerbescheid aufgrund einer Schätzung ergehen. Die Möglichkeit, einen Haftungsbescheid zu erlassen, steht dem nicht entgegen (vgl. BFH-Urteil vom 7. 7. 2004, VI R 171/00, BStBl II S. 1087).

Zu § 168 – Wirkung einer Steueranmeldung:

1. Eine Steueranmeldung, die nicht zu einer Herabsetzung der bisher zu entrichtenden Steuer oder zu einer Steuervergütung führt, hat mit ihrem Eingang bei der Finanzbehörde die Wirkung einer Steuerfestsetzung unter Vorbehalt der Nachprüfung. Wegen der daraus sich ergebenden Folgen vgl. AEAO zu § 164.
Die fällige Steuer ist ohne besonderes Leistungsgebot nach Eingang der Anmeldung vollstreckbar (§ 249 Abs. 1, § 254 Abs. 1 Satz 4 AO).
2. Eine erstmalige Steueranmeldung, die zu einer Steuervergütung führt (z. B. Vorsteuerüberschuss), wirkt erst dann als Steuerfestsetzung unter Vorbehalt der Nachprüfung, wenn dem Steuerpflichtigen die Zustimmung der Finanzbehörde bekannt wird (§ 168 Satz 2 AO; BFH-Urteil vom 28. 2. 1996, XI R 42/94, BStBl II S. 660). Bis dahin ist sie als Antrag auf Steuerfestsetzung (§ 155 Abs. 1 und 4 AO) anzusehen.
3. Auch eine berichtigte Steueranmeldung, die zu einer Herabsetzung der bisher angemeldeten Steuer (Mindersoll) oder zu einer Erhöhung der bisher angemeldeten Steuervergütung führt, wirkt erst dann als Steuerfestsetzung unter Vorbehalt der Nachprüfung, wenn dem Steuerpflichtigen die Zustimmung der Finanzbehörde bekannt wird. Bis dahin ist sie als Antrag auf Änderung der Steuerfestsetzung nach § 164 Abs. 2 Satz 2 AO zu behandeln. Wegen der Änderung einer nicht mehr unter dem Vorbehalt der Nachprüfung stehenden Steuerfestsetzung vgl. AEAO zu § 168, Nr. 12.
4. Die kassenmäßige Sollstellung eines Rotbetrags ist keine Zustimmung zur Anmeldung i. S. d. § 168 Satz 2 AO; sie darf dem Anmeldenden nicht mitgeteilt werden. Wird der Steuer-

pflichtige schriftlich bzw. elektronisch über die Zustimmung unterrichtet (z. B. zusammen mit einer Abrechnungsmitteilung), ist grundsätzlich davon auszugehen, dass ihm die Zustimmung am dritten Tag nach Aufgabe zur Post bzw. nach der Absendung bekannt geworden ist. Zur Fälligkeit der Erstattung vgl. AEAO zu § 220.

5. Die Abgabe einer berichtigten Anmeldung mit Mindersoll hat keine Auswirkungen auf den Zeitpunkt der Fälligkeit des ursprünglich angemeldeten Betrages. Ebenso bleiben auf der Grundlage der ursprünglichen Steueranmeldung entstandene Säumniszuschläge unberührt (§ 240 Abs. 1 Satz 4 AO).

6. Will die Finanzbehörde von der angemeldeten Steuer abweichen, so ist eine Steuerfestsetzung vorzunehmen und darüber ein Steuerbescheid zu erteilen. Die abweichende Festsetzung kann unter dem Vorbehalt der Nachprüfung oder unter den Voraussetzungen des § 165 AO vorläufig vorgenommen werden.

7. Nach § 18 Abs. 2 UStG ist die für einen Voranmeldungszeitraum errechnete Umsatzsteuer eine Vorauszahlung. Wird eine abweichende USt-Festsetzung durchgeführt, steht diese als Vorauszahlungsbescheid nach § 164 Abs. 1 Satz 2 AO kraft Gesetzes unter Vorbehalt der Nachprüfung. Dies gilt nicht bei einer von einer USt-Jahreserklärung abweichenden Festsetzung; in diesen Fällen muss die Steuerfestsetzung unter Vorbehalt der Nachprüfung besonders angeordnet und im Bescheid vermerkt werden (BFH-Urteil vom 2. 12. 1999, V R 19/99, BStBl 2000 II S. 284).

8. Ergibt sich durch die anderweitige Festsetzung eine höhere Zahllast als angemeldet, ist für den nachzuzahlenden Differenzbetrag eine Zahlungsfrist einzuräumen (§ 220 Abs. 2 AO). Auf § 18 Abs. 4 UStG wird hingewiesen. Liegt der abweichenden Festsetzung eine Steueranmeldung mit Steuervergütung oder Mindersoll zugrunde, so ist Fälligkeitstag des gesamten Erstattungsbetrags der Tag der Bekanntgabe der anderweitigen Festsetzung (§ 220 Abs. 2 AO).

9. Aus Vereinfachungsgründen kann bei Steueranmeldungen, die zu einer Steuervergütung oder zu einem Mindersoll führen, die Zustimmung allgemein erteilt werden. Auch in diesem Fall stehen die Anmeldungen erst dann einer Steuerfestsetzung unter Vorbehalt der Nachprüfung gleich, wenn dem Steuerpflichtigen die Zustimmung bekannt wird. Wird der Steuerpflichtige schriftlich bzw. elektronisch über die Zustimmung unterrichtet (z. B. zusammen mit einer Abrechnungsmitteilung), ist grundsätzlich davon auszugehen, dass ihm die Zustimmung am dritten Tag nach Aufgabe zur Post bzw. nach der Absendung bekannt geworden ist.

10. In den Fällen, in denen keine allgemeine Zustimmung erteilt wird, ist über die Zustimmung oder Festsetzung alsbald zu entscheiden. Auf die Bearbeitung in angemessener Zeit bzw. auf die rechtzeitige Mitteilung von Hinderungsgründen ist angesichts § 347 Abs. 1 Satz 2 AO besonders zu achten.

11. Wird die Zustimmung zur Steueranmeldung nicht erteilt, so ist der Antrag des Steuerpflichtigen auf Steuerfestsetzung (vgl. AEAO zu § 168, Nr. 2) bzw. auf Änderung der Steuerfestsetzung nach § 164 Abs. 2 Satz 2 AO (vgl. AEAO zu § 168, Nr. 3) durch Bescheid abzulehnen (§ 155 Abs. 1 Satz 3 AO).

12. Führt die berichtigte Anmeldung zu einer höheren Steuer oder zu einem geringeren Vergütungsbetrag, gilt Folgendes:
    - Steht die bisherige Steuerfestsetzung noch unter dem Vorbehalt der Nachprüfung, bedarf es keiner Zustimmung der Finanzbehörde; die berichtigte Steueranmeldung steht bereits mit ihrem Eingang bei der Finanzbehörde einer nach § 164 Abs. 2 AO geänderten Steuerfestsetzung unter Vorbehalt der Nachprüfung gleich.
    - Steht die bisherige Steuerfestsetzung nicht oder nicht mehr unter dem Vorbehalt der Nachprüfung, ist ein nach § 172 Abs. 1 Satz 1 Nr. 2 Buchstabe a AO geänderter Bescheid zu erteilen.

    Zu prüfen ist, ob die berichtigte Anmeldung eine Selbstanzeige (§ 371 AO) ist. Wegen der Verlängerung der Festsetzungsfrist Hinweis auf § 171 Abs. 9 AO.

13. Eine Steueranmeldung, die – ggf. nach Zustimmung – einer Steuerfestsetzung unter dem Vorbehalt der Nachprüfung gleichsteht, kann mit dem Einspruch angefochten werden (§ 347 Abs. 1 Satz 1 AO). Wegen des Beginns der Einspruchsfrist wird auf § 355 Abs. 1 Satz 2 AO, wegen des Beginns der Zahlungsverjährung auf § 229 AO hingewiesen.

Vor §§ 169 bis 171 – Festsetzungsverjährung:

1. Durch Verjährung erlöschen allgemein Ansprüche aus dem Steuerschuldverhältnis (§ 47 AO).
   Das Gesetz unterscheidet zwischen der Festsetzungsverjährung (§§ 169 bis 171 AO) und der Zahlungsverjährung (§§ 228 bis 232 AO).
2. Die Finanzbehörde darf die Festsetzung von Steuern, von Erstattungs- oder Vergütungsansprüchen nur vornehmen, soweit die Festsetzungsfrist noch nicht abgelaufen ist. Dies gilt auch für Änderungen oder Aufhebungen von Steuerfestsetzungen sowie Berichtigungen wegen offenbarer Unrichtigkeit, gleichgültig ob zugunsten oder zuungunsten des Steuerpflichtigen. Mit Ablauf der Festsetzungsfrist sind Ansprüche des Steuergläubigers, aber auch Ansprüche des Erstattungsberechtigten erloschen. Zur Berichtigung (teil-)verjährter Steueransprüche im Zusammenhang mit einer Aufhebung, Änderung oder Berichtigung der Steuerfestsetzung wegen offenbarer Unrichtigkeit vgl. AEAO zu § 177, Nr. 1.
3. Für den Ablauf der Festsetzungsfrist gilt § 108 Abs. 3 AO (vgl. Nr. 2 des AEAO zu § 108). Fällt das Ende der Festsetzungsfrist auf einen Sonntag, einen gesetzlichen Feiertag oder einen Sonnabend, endet die Festsetzungsfrist daher erst mit dem Ablauf des nächstfolgenden Werktags.
4. Eine Festsetzung usw., die erst nach Eintritt der Festsetzungsverjährung erfolgt, ist nicht nichtig (§ 125 Abs. 1 AO), sondern nur anfechtbar, erwächst also ggf. in Bestandskraft; der Bescheid ist auch vollstreckbar.
5. Die Festsetzungsverjährung schließt Ermittlungshandlungen der Finanzbehörde im Einzelfall (§§ 88, 92 ff., 193 ff., 208 Abs. 1 Nr. 2 AO) nicht aus (vgl. BFH-Urteil vom 23. 7. 1985, VIII R 48/85, BStBl 1986 II S. 433).
6. Die Bestimmungen über die Festsetzungsverjährung gelten sinngemäß auch für die Festsetzung von Steuermessbeträgen (§ 184 Abs. 1 AO) und für die gesonderte Feststellung von Besteuerungsgrundlagen (§ 181 Abs. 1 AO), sowie bei allen Festsetzungen, für die die Vorschriften über das Steuerfestsetzungsverfahren anzuwenden sind (s. § 155 AO). Auf steuerliche Nebenleistungen (§ 3 Abs. 4 AO) finden sie nur Anwendung, wenn dies besonders vorgeschrieben ist (§ 1 Abs. 3 Satz 2 AO), wie z. B. bei Zinsen (§ 239 AO). Für die Kosten der Vollstreckung gilt die besondere Regelung des § 346 AO.
7. Für Verspätungszuschläge (§ 152 AO) fehlt dagegen eine entsprechende Bestimmung (vgl. AEAO zu § 169, Nr. 5). Säumniszuschläge (§ 240 AO) entstehen kraft Gesetzes, sie unterliegen allein der Zahlungsverjährung (§§ 228 ff. AO).

Zu § 169 – Festsetzungsfrist:

1. Die Festsetzungsfrist nach § 169 Abs. 1 Satz 3 Nr. 1 AO ist nur gewahrt, wenn der vor Ablauf der Frist zur Post gegebene „Steuerbescheid" dem Empfänger nach Fristablauf tatsächlich zugeht (vgl. Beschluss des Großen Senats des BFH vom 25. 11. 2002, GrS 2/01, BStBl 2003 II S. 548).
   Im Fall der Bekanntgabe nach § 122a AO ist die Festsetzungsfrist nach § 169 Abs. 1 Satz 3 Nr. 1 AO gewahrt, wenn
   – die vor Ablauf der Festsetzungsfrist versandte elektronische Benachrichtigung tatsächlich zugegangen ist oder
   – die elektronische Benachrichtigung vor Ablauf der Festsetzungsfrist versandt worden ist, der Adressat den Zugang der Benachrichtigung bestreitet, er den Verwaltungsakt aber

tatsächlich abgerufen hat. Der Zeitpunkt des Abrufs des Verwaltungsakts ist dabei unerheblich.

Zu den für die Steuerfestsetzung zuständigen Finanzbehörden sind auch die für die Finanzbehörden arbeitenden Rechenzentren (§§ 2 und 17 FVG) zu zählen, wenn sie die Absendung an den Steuerpflichtigen vornehmen.

Bei Steuermessbescheiden wird die Frist allein durch die Absendung der Mitteilungen an die Gemeinde (§ 184 Abs. 3 AO) nicht gewahrt. Die fristgerechte Absendung der Messbescheide ist Aufgabe der Gemeinden, die insoweit für die Finanzbehörden handeln.

2. Die Festsetzungsfrist verlängert sich auf zehn Jahre, soweit eine Steuer hinterzogen, und auf fünf Jahre, soweit die Steuer leichtfertig verkürzt worden ist (§ 169 Abs. 2 Satz 2 AO).

2.1 Die für den Erlass des Steuerbescheids zuständige Stelle der Finanzbehörde hat im Benehmen mit der für Straf- und Bußgeldsachen zuständigen Stelle zu prüfen, ob der objektive und subjektive Tatbestand des § 370 AO gegeben ist. Eine vorherige strafgerichtliche Verurteilung ist nicht erforderlich. Ebenso wenig sind Selbstanzeige (§ 371 AO), Eintritt der Strafverfolgungsverjährung oder sonstige Verfahrenshindernisse von Bedeutung. An Entscheidungen im strafgerichtlichen Verfahren ist die Finanzbehörde nicht gebunden (BFH-Urteil vom 10.10.1972, VII R 117/69, BStBl 1973 II S. 68). Entsprechendes gilt bezüglich leichtfertig verkürzter Steuern (§ 378 AO).

2.2 Das Erschleichen von Investitionszulage (BFH-Urteil vom 19.12.2013, III R 25/10, BStBl 2015 II S. 119) ist ebenso wie das Erschleichen von Eigenheimzulage (BFH-Urteil vom 12.1.2016, IX R 20/15, BStBl 2017 II S. 21) keine Steuerhinterziehung i. S.v. § 169 Abs. 2 Satz 2 i.V. m. § 370 AO.

Gesetzlich ausdrücklich für anwendbar erklärt wurden die Vorschriften zur Steuerhinterziehung hingegen für die Arbeitnehmer-Sparzulage (§ 14 Abs. 3 Satz 15. VermBG), die Wohnungsbauprämie (§ 8 Abs. 2 Satz 1 WoPG) und die Altersvorsorgezulage (§ 96 Abs. 7 Satz 1 FStG).

2.3 Die Verlängerung der Festsetzungsfrist für hinterzogene oder leichtfertig verkürzte Steuern verlängert nicht die Wirksamkeit eines Vorbehalts der Nachprüfung (vgl. AEAO zu § 164, Nr. 7). § 169 Abs. 2 Satz 2 AO ist auch dann anzuwenden, wenn der Steuerbescheid unter dem Vorbehalt der Nachprüfung ergangen ist; § 164 Abs. 4 Satz 2 AO regelt lediglich, dass § 169 Abs. 2 Satz 2 und § 171 Abs. 7, 8 und 10 AO bei Bestimmung des Ablaufs der für § 164 Abs. 4 Satz 1 AO maßgeblichen Frist nicht anzuwenden sind.

3. Wegen der Frist für die gesonderte Feststellung von Besteuerungsgrundlagen (Feststellungsfrist) Hinweis auf § 181 Abs. 3 AO. Für den Erlass von Haftungsbescheiden wird auf § 191 Abs. 3 AO hingewiesen.

4. Bei Zinsen und Kosten der Vollstreckung beträgt die Festsetzungsfrist jeweils ein Jahr (§§ 239 und 346 AO).

5. Verspätungszuschläge unterliegen nicht der Festsetzungsverjährung (vgl. AEAO vor §§ 169 bis 171, Nr. 2). Von der erstmaligen Festsetzung eines Verspätungszuschlags ist jedoch grundsätzlich abzusehen, wenn die Festsetzungsfrist für die Steuer abgelaufen ist (vgl. AEAO zu § 152, Nr. 3). Wird aber ein bereits vor Ablauf der für die Steuer geltenden Festsetzungsfrist festgesetzter Verspätungszuschlag nur aus formellen Gründen oder aufgrund einer fehlerhaften Ermessensausübung bezüglich seiner Höhe aufgehoben, ist die Festsetzung eines Verspätungszuschlags auch nach Ablauf der für die Steuer geltenden Festsetzungsfrist zulässig.

Zu § 170 – Beginn der Festsetzungsfrist:

1. Für den Beginn der Festsetzungsfrist kommt es darauf an, wann die Steuer (§ 37 AO) entstanden ist. Der Zeitpunkt der Entstehung der Ansprüche aus dem Steuerschuldverhältnis ist in § 38 AO und in den Einzelsteuergesetzen (vgl. AEAO zu § 38, Nr. 1) geregelt. Die Anlaufhemmung (§ 170 Abs. 2 bis 6 AO) schiebt den Beginn der Festsetzungsfrist hinaus.

A. I.   Zu § 171 AO

2. Wegen des Beginns der Frist für die gesonderte Feststellung von Einheitswerten Hinweis auf § 181 Abs. 3 und 4 AO. Für Haftungsbescheide gilt § 191 Abs. 3 AO. Bei Zinsen und Kosten der Vollstreckung ergibt sich der Beginn der Festsetzungsfrist aus § 239 Abs. 1 Satz 2 bzw. § 346 Abs. 2 Satz 2 AO. Hinsichtlich der Verspätungszuschläge vgl. AEAO zu § 169, Nr. 5.

3. Die Anlaufhemmung nach § 170 Abs. 2 AO gilt für sämtliche Besitz- und Verkehrsteuern, für die auf Grund allgemeiner gesetzlicher Vorschrift (z. B. § 181 Abs. 2 AO; § 25 EStG; § 14a GewStG; § 31 KStG; § 18 UStG; § 31 ErbStG) oder auf Grund einer Aufforderung der Finanzbehörde (§ 149 Abs. 1 Satz 2 AO) eine Steuererklärung oder eine Steueranmeldung einzureichen oder eine Anzeige zu erstatten ist; gesetzliche Vorschrift ist auch eine Rechtsverordnung (§ 4 AO). Eine Berichtigungsanzeige nach § 153 Abs. 1 AO löst allerdings keine Anlaufhemmung aus (vgl. BFH-Urteil vom 22. 1. 1997, II B 40/96, BStBl II S. 266).

Ist der Steuerpflichtige berechtigt, aber nicht verpflichtet, eine Steuererklärung abzugeben, wie z. B. bei der Antragsveranlagung nach § 46 Abs. 2 Nr. 8 EStG, greift die Anlaufhemmung nach § 170 Abs. 2 Satz 1 Nr. 1 AO nicht (BFH-Urteil vom 14. 4. 2011, VI R 53/10, BStBl II S. 746). Die Anlaufhemmung greift auch dann nicht, wenn eine behördliche Aufforderung zur Abgabe einer Steuererklärung dem Steuerpflichtigen erst nach dem Ablauf der Festsetzungsfrist des § 169 Abs. 2 AO zugeht oder eine Pflichtveranlagung begründende Steuererklärung erst nach dem Ablauf der Festsetzungsfrist des § 169 Abs. 2 AO abgegeben wird (BFH-Urteil vom 28. 3. 2012, VI R 68/10, BStBl II S. 711).

Die Nichtveranlagungs-Bescheinigung nach § 44a Abs. 2 Satz 1 Nr. 2 EStG hat keine Auswirkungen auf die Anlaufhemmung nach § 170 Abs. 2 Satz 1 Nr. 1 AO (vgl. BFH-Beschluss vom 15. 5. 2013, VI R 33/12, BStBl 2014 II S. 238).

4. Bei Bestimmung der Anlaufhemmung nach § 170 Abs. 6 AO gilt Folgendes:
   - Als „Steuer" sind nur die Steuern anzusehen, die auf Kapitalerträge entfallen. Hierzu gehören die Einkommensteuer, die Körperschaftsteuer und – soweit gewerbliche Einkünfte betroffen sind – die Gewerbesteuer sowie die entsprechenden Annexsteuern.
   - „Kapitalerträge" sind Erträge im Sinne des § 20 EStG, unabhängig davon, ob sie nach § 20 Abs. 8 EStG zu einer anderen Einkunftsart gehören.

Zu § 171 – Ablaufhemmung:

1. Die Ablaufhemmung schiebt das Ende der Festsetzungsfrist hinaus. Die Festsetzungsfrist endet in diesen Fällen meist nicht – wie im Normalfall – am Ende, sondern im Laufe eines Kalenderjahres. Wegen der Fristberechnung Hinweis auf § 108 AO.

2. Eine Ablaufhemmung nach § 171 Abs. 3 AO setzt voraus, dass der Steuerpflichtige vor Ablauf der Festsetzungsfrist einen Antrag auf Steuerfestsetzung oder auf Korrektur einer Steuerfestsetzung stellt. Ist innerhalb der Festsetzungsfrist kein Antrag des Steuerpflichtigen eingegangen, kann keine Wiedereinsetzung in den vorigen Stand nach § 110 Abs. 1 AO mit dem Ziel einer rückwirkenden Ablaufhemmung nach § 171 Abs. 3 AO gewährt werden (vgl. BFH-Urteil vom 24. 1. 2008, VII R 3/07, BStBl II S. 462).

Anträge auf Billigkeitsmaßnahmen nach §§ 163 oder 227 AO hemmen den Fristablauf nicht nach § 171 Abs. 3 AO; eine Billigkeitsentscheidung nach § 163 AO bewirkt aber als Grundlagenbescheid eine Ablaufhemmung nach § 171 Abs. 10 AO (vgl. BFH-Urteil vom 21. 9. 2000, IV R 54/99, BStBl 2001 II S. 178).

Die Abgabe einer gesetzlich vorgeschriebenen Steuererklärung kann für sich allein eine Ablaufhemmung nach § 171 Abs. 3 AO grundsätzlich nicht herbeiführen (BFH-Urteil vom 18. 6. 1991, VIII R 54/89, BStBl 1992 II S. 124, und BFH-Beschluss vom 13. 2. 1995, V B 95/94, BFH/NV 1995 S. 756). Dies gilt hinsichtlich einer Umsatzsteuererklärung auch dann, wenn mit ihr ein Anspruch auf Auszahlung eines Überschusses geltend gemacht wird (BFH-Urteil vom 28. 8. 2014, V R 8/14, BStBl 2015 II S. 3). Auch in der Kombination von Erklärungseinreichung und damit im Zusammenhang stehender Antragstellung (auf Durchführung einer

Festsetzung oder Feststellung) kann kein Antrag i. S. d. § 171 Abs. 3 AO gesehen werden (BFH-Urteil vom 15. 5. 2013, IX R 5/11, BStBl 2014 II S. 143). Nur im Fall einer Antragsveranlagung (§ 46 Abs. 2 Nr. 8 EStG) ist die Abgabe der Einkommensteuererklärung ein Antrag i. S. d. § 171 Abs. 3 AO (vgl. BFH-Urteil vom 20. 1. 2016, VI R 14/15, BStBl II S. 380).

Selbstanzeigen (§§ 371, 378 Abs. 3 AO) und Berichtigungserklärungen (§ 153 AO) lösen keine Ablaufhemmung nach § 171 Abs. 3 AO aus, sie bewirken ausschließlich eine Ablaufhemmung nach § 171 Abs. 9 AO (vgl. BFH-Urteil vom 8. 7. 2009, VIII R 5/07, BStBl 2010 II S. 583).

2a. Die Ablaufhemmung nach § 171 Abs. 3a AO tritt auch dann ein, wenn nach Ablauf der Festsetzungsfrist ein zulässiger Rechtsbehelf eingelegt wird (§ 171 Abs. 3a Satz 1 2. Halbsatz AO). Dies gilt auch dann, wenn der Rechtsbehelf nach Gewährung von Wiedereinsetzung in den vorigen Stand als fristgerecht zu behandeln ist; die Grundsätze des BFH-Urteils vom 24. 1. 2008, VII R 3/07, a. a. O. (vgl. AEAO zu § 171, Nr. 2) sind auf diesen Fall nicht übertragbar.

§ 171 Abs. 3a Satz 3 AO hemmt den Ablauf der Festsetzungsfrist nur im Falle der gerichtlichen Kassation eines angefochtenen Bescheids (vgl. BFH-Urteil vom 5. 10. 2004, VII R 77/03, BStBl 2005 II S. 122, für Haftungsbescheide). Diese Ablaufhemmung gilt nicht im Fall der Aufhebung des Bescheids durch die Finanzbehörde; denn mit der Aufhebung eines Bescheids verliert er seine ablaufhemmende Wirkung. Hebt die Finanzbehörde allerdings in einem Verwaltungsakt den angefochtenen Bescheid unter gleichzeitigem Erlass eines neuen Bescheids auf, ist der neue Bescheid noch innerhalb der nach § 171 Abs. 3a Satz 1 AO gehemmten Festsetzungsfrist ergangen (vgl. BFH-Urteil vom 5. 10. 2004, VII R 18/03, BStBl 2005 II S. 323, für Haftungsbescheide).

3. Ablaufhemmung wegen Beginn einer Außenprüfung (§ 171 Abs. 4 AO)

3.1 Der Ablauf der Festsetzungsfrist wird durch den Beginn einer Außenprüfung (vgl. AEAO zu § 198, Nrn. 1 und 2) hinausgeschoben (§ 171 Abs. 4 AO). Die Ablaufhemmung tritt nicht ein, wenn eine zugrunde liegende Prüfungsanordnung unwirksam ist (BFH-Urteile vom 10. 4. 1987, III R 202/83, BStBl 1988 II S. 165, und vom 17. 9. 1992, V R 17/86, BFH/NV 1993 S. 279).

3.2 Eine Außenprüfung hemmt den Ablauf der Festsetzungsfrist nur für Steuern, auf die sich die Prüfungsanordnung erstreckt (BFH-Urteile vom 18. 7. 1991, V R 54/87, BStBl II S. 824, und vom 25. 1. 1996, V R 42/95, BStBl II S. 338). Wird die Außenprüfung später auf bisher nicht einbezogene Steuern ausgedehnt, ist die Ablaufhemmung nur wirksam, soweit vor Ablauf der Festsetzungsfrist eine Prüfungsanordnung erlassen (vgl. AEAO zu § 196, Nr. 5) und mit der Außenprüfung auch insoweit ernsthaft begonnen wird (BFH-Urteil vom 2. 2. 1994, I R 57/93, BStBl II S. 377).

3.3 Bei einem Antrag des Steuerpflichtigen auf Verschiebung des Prüfungsbeginns (§ 197 Abs. 2 AO) wird der Ablauf der Festsetzungsfrist nach § 171 Abs. 4 Satz 1 2. Alternative AO nur gehemmt, wenn dieser Antrag für die Verschiebung ursächlich war. Wird der Beginn der Außenprüfung nicht maßgeblich aufgrund eines Antrags des Steuerpflichtigen, sondern aufgrund eigener Belange der Finanzbehörde bzw. aus innerhalb deren Sphäre liegenden Gründen hinausgeschoben, läuft die Festsetzungsfrist ungeachtet des Antrags ab. Hinsichtlich der inhaltlichen Anforderungen an den Antrag auf Verschiebung des Prüfungsbeginns vgl. AEAO zu § 197, Nr. 11.

3.3.1 Bei einem vom Steuerpflichtigen gestellten Antrag auf zeitlich befristetes Hinausschieben des Beginns der Außenprüfung entfällt die Ablaufhemmung nach § 171 Abs. 4 Satz 1 2. Alternative AO rückwirkend, wenn die Finanzbehörde nicht vor Ablauf von zwei Jahren nach Eingang des Antrags mit der Prüfung beginnt (vgl. BFH-Urteil vom 17. 3. 2010, IV R 54/07, BStBl 2011 II S. 7). Stellt der Steuerpflichtige während der Zwei-Jahres-Frist einen weiteren Verschiebungsantrag, beginnt die Zwei-Jahres-Frist erneut (BFH-Urteil vom 19. 5. 2016, X R 14/15, BStBl 2017 II S. 97).

3.3.2 Die Ablaufhemmung entfällt dagegen nicht, wenn der Antrag keine zeitlichen Vorgaben enthielt, mithin unbefristet bzw. zeitlich unbestimmt war (Antrag auf unbefristetes Hinausschieben), z. B. weil der Steuerpflichtige beantragt hat, wegen einer noch andauernden Vor-Betriebsprüfung zunächst deren Abschluss abzuwarten. In diesen Fällen endet die Festsetzungsfrist mit Ablauf von zwei Jahren, nachdem der Hinderungsgrund beseitigt ist und die Finanzbehörde hiervon Kenntnis hat, sofern nicht zuvor mit der Prüfung begonnen wurde (vgl. BFH-Urteil vom 1.2.2012, I R 18/11, BStBl II S. 400).

3.4 Der Ablauf der Festsetzungsfrist wird auch gehemmt, wenn der Steuerpflichtige die Prüfungsanordnung angefochten hat und deren Vollziehung ausgesetzt wurde (vgl. BFH-Urteile vom 25.1.1989, X R 158/87, BStBl II S. 483, und vom 17.6.1998, IX R 65/95, BStBl 1999 II S. 4). Dies gilt unabhängig von der Dauer der Aussetzung der Vollziehung.

3.5 Auch wenn die Voraussetzungen für den Eintritt der Ablaufhemmung zunächst vorgelegen haben, entfällt diese rückwirkend wieder, wenn die Außenprüfung unmittelbar nach ihrem Beginn aus Gründen, die die Finanzverwaltung zu vertreten hat, länger als sechs Monate unterbrochen wird (§ 171 Abs. 4 Satz 2 AO). Eine spätere Unterbrechung der Prüfung lässt die eingetretene Ablaufhemmung dagegen unberührt (BFH-Urteil vom 16.1.1979, VIII R 149/77, BStBl II S. 453). Die Frage, ob eine Außenprüfung <u>unmittelbar nach ihrem Beginn</u> unterbrochen worden ist (§ 171 Abs. 4 Satz 2 AO), ist grundsätzlich nach den Verhältnissen im Einzelfall zu beurteilen. Dabei sind neben dem zeitlichen Umfang der bereits durchgeführten Prüfungsmaßnahmen alle Umstände zu berücksichtigen, die Aufschluss über die Gewichtigkeit der Prüfungshandlungen vor der Unterbrechung geben.

Unabhängig vom Zeitaufwand ist eine Unterbrechung <u>unmittelbar nach Beginn</u> der Prüfung anzunehmen, wenn der Prüfer über Vorbereitungshandlungen, allgemeine Informationen über die betrieblichen Verhältnisse, das Rechnungswesen und die Buchführung und/oder die Sichtung der Unterlagen des zu prüfenden Steuerfalls bzw. ein allgemeines Aktenstudium nicht hinausgekommen ist.

Eine Außenprüfung ist <u>nicht mehr unmittelbar nach Beginn</u> unterbrochen, wenn die Prüfungshandlungen von Umfang und Zeitaufwand gemessen an dem gesamten Prüfungsstoff erhebliches Gewicht erreicht <u>oder</u> erste verwertbare Ergebnisse hervorgebracht haben (vgl. BFH-Urteil vom 24.4.2003, VII R 3/02, BStBl II S. 739). Soweit dem Zeitmoment eine gewisse Bedeutung zukommt, besteht jedoch keine absolute oder relative zeitliche Mindestanforderung an die Dauer der Prüfung vom Beginn bis zur Unterbrechung. Die Verhältnisse bestimmen sich vielmehr nach den Umständen des Einzelfalls. Das Erfordernis erster verwertbarer Ergebnisse bedeutet nicht, dass die ermittelten Ergebnisse geeignet sein müssen, unmittelbar als Besteuerungsgrundlage Eingang in einen Steuer- oder Feststellungsbescheid zu finden; ausreichend ist vielmehr, dass Ermittlungsergebnisse vorliegen, an die bei der Wiederaufnahme der Prüfung angeknüpft werden kann.

Soweit Prüfungshandlungen bezüglich eines Prüfungsjahrs nachweislich erhebliches Gewicht erreicht oder erste verwertbare Ergebnisse hervorgebracht haben, gilt die Außenprüfung insgesamt – also auch bezogen auf andere Prüfungsjahre – als nicht unmittelbar nach dem Prüfungsbeginn unterbrochen i. S. d. § 171 Abs. 4 Satz 2 AO (vgl. BFH-Urteil vom 26.4.2017, I R 76/15, BStBl II S. 1159).

Eine Beendigung einer Prüfungsunterbrechung i. S. v. § 171 Abs. 4 Satz 2 AO und damit die Wiederaufnahme einer unmittelbar nach ihrem Beginn unterbrochenen Prüfung wird nur durch solche Prüfungshandlungen bewirkt, die der Steuerpflichtige als eine Fortsetzung der Außenprüfung wahrnehmen kann; dazu gehören das Erscheinen des Prüfers am Prüfungsort, die Weiterführung der Prüfung, konkretes Anfordern von Unterlagen, Geschäftsbriefen, Verträgen etc. und – sofern der Prüfungsfall in ein Stadium gelangt ist, das eine Weiterbearbeitung an der Amtsstelle ermöglicht – nachvollziehbare, in den Akten ausgewiesene Handlungen zur Aufklärung, Ermittlung oder Auswertung der im Prüfungsverlauf bekannt gewordenen tatsächlichen und rechtlichen Sachverhalte. Handlungen im Innendienst der Finanzverwaltung, wie das Aktenstudium oder auch das bloße Zusammenstellen bisheriger Prüfungsergebnisse, können daher nur ausnahmsweise geeignet sein, die Unterbrechung der Prüfung zu beenden (vgl. BFH-Urteile vom 24. 4. 2003, VII R 3/02, und vom 26. 4. 2017, I R 76/15, jeweils a. a. O.).

3.6 Ermittlungen i. S. d. § 171 Abs. 4 Satz 3 AO sind nur diejenigen Maßnahmen eines Betriebsprüfers, die darauf gerichtet sind, Besteuerungsgrundlagen zu überprüfen oder bisher noch nicht bekannte Sachverhaltselemente festzustellen, etwa indem der Prüfer Unterlagen anfordert, den Steuerpflichtigen in irgendeiner anderen Weise zur Mitwirkung auffordert oder vom Steuerpflichtigen nachgereichte Unterlagen auswertet (vgl. BFH-Urteil vom 28. 6. 2011, VIII R 6/09, BFH/NV S. 1830). Die Zusammenstellung des Prüfungsergebnisses im Prüfungsbericht stellt keine den Ablauf der Festsetzungsfrist hinausschiebende Ermittlungshandlung dar (BFH-Urteil vom 8. 7. 2009, XI R 64/07, BStBl 2010 II S. 4).

4. Ablaufhemmung wegen Ermittlungen der Steuerfahndung

4.1 Die Ablaufhemmung des § 171 Abs. 5 Satz 1 AO bei Ermittlungen der Steuerfahndung (Zollfahndung) umfasst – anders als im Fall des § 171 Abs. 4 AO – nicht den gesamten Steueranspruch; vielmehr tritt die Hemmung nur in dem Umfang ein, in dem sich die Ergebnisse der Ermittlungen auf die festzusetzende Steuer auswirken (BFH-Urteil vom 14. 4. 1999, XI R 30/96, BStBl II S. 478). Voraussetzung für die verjährungshemmende Wirkung einer Fahndungsprüfung ist jedoch, dass

– vor Ablauf der Festsetzungsfrist tatsächlich Ermittlungshandlungen der Steuerfahndung vorgenommen worden sind und

– für den Steuerpflichtigen nicht nur klar und eindeutig erkennbar war, dass in seinen Steuerangelegenheiten ermittelt wird, sondern auch, in welchem konkreten Besteuerungs- bzw. Strafverfahren die Steuerfahndung ermittelt (BFH-Urteile vom 17. 12. 2015, V R 58/14, BStBl 2016 II S. 574, und vom 17. 11. 2015, VIII R 67/13, BStBl 2016 II S. 569).

4.2 Die Ermittlungshandlungen müssen sich gegen den Steuerschuldner selbst oder gegen ein Vertretungsorgan des Steuerschuldners richten (BFH-Urteil vom 17. 12. 2015, V R 58/14, BStBl 2016 II S. 574). Im Falle der Zusammenveranlagung zur Einkommensteuer ist die Frage, ob Ermittlungsmaßnahmen vorgenommen wurden und eine Hemmung der Festsetzungsverjährung eingetreten ist, für jeden Ehegatten oder Lebenspartner gesondert zu prüfen (vgl. BFH-Urteil vom 17. 11. 2015, VIII R 68/13, BStBl 2016 II S. 571). Wird ein Steuerpflichtiger von der Steuerfahndung in Steuerangelegenheiten eines Dritten zur Auskunft oder zur Vorlage von Unterlagen aufgefordert, lösen diese Ermittlungen ihm gegenüber keine Ablaufhemmung nach § 171 Abs. 5 Satz 1 AO aus.

4.3 Hinsichtlich des Ablaufs der nach § 171 Abs. 5 Satz 1 AO gehemmten Festsetzungsfrist kommt es nicht darauf an, ob aufgrund der Fahndungsprüfung Steuerbescheide „ergangen" sind. Entscheidend ist, ob aufgrund der Ermittlungen der Fahndungsprüfung – ggf. auch erstmalig – Steuerbescheide zu erlassen sind. Wenn dies der Fall ist, endet die Ablaufhemmung und damit die Festsetzungsfrist insoweit erst, wenn diese Steuerbescheide unanfechtbar geworden sind (BFH-Urteil vom 17. 12. 2015, V R 58/14, BStBl 2016 II S. 574). § 171 Abs. 4 Satz 3 AO ist nicht entsprechend anwendbar. Die Ablaufhemmung des § 171 Abs. 5 Satz 1 AO ist nur dann ohne Bedeutung, wenn sich aufgrund einer Fahndungsprüfung keine Änderung der Besteuerungsgrundlagen ergibt.

4.4 Eine Ablaufhemmung nach § 171 Abs. 9 AO (z. B. aufgrund der Erstattung einer Selbstanzeige) schließt eine Ablaufhemmung nach § 171 Abs. 5 Satz 1 AO nicht aus, sofern deren Voraussetzungen vor Ablauf der ungehemmten Festsetzungsfrist erfüllt wurden. Muss das Finanzamt aufgrund unzureichender Angaben in der Selbstanzeige eigene Ermittlungen durch die Steuerfahndung anstellen, führen vor Ablauf der ungehemmten Festsetzungsfrist eingeleitete Ermittlungsmaßnahmen der Steuerfahndung zu einer eigenständigen Ablaufhemmung nach § 171 Abs. 5 Satz 1 AO, wenn die spätere Steuerfestsetzung auf diesen Ermittlungen beruht (BFH-Urteil vom 17.11.2015, VIII R 68/13, BStBl 2016 II S. 571).

5. Bei einer vorläufigen Steuerfestsetzung nach § 165 Abs. 1 Satz 1 AO endet die Festsetzungsfrist nicht vor Ablauf eines Jahres, nachdem die Finanzbehörde von der Beseitigung der Ungewissheit Kenntnis erhalten hat (§ 171 Abs. 8 Satz 1 AO). Bei einer vorläufigen Steuerfestsetzung nach § 165 Abs. 1 Satz 2 AO endet die Festsetzungsfrist nicht vor Ablauf von zwei Jahren, nachdem die Finanzbehörde von der Beseitigung der Ungewissheit Kenntnis erlangt hat (§ 171 Abs. 8 Satz 2 AO). Die Ablaufhemmung beschränkt sich dabei auf den für vorläufig erklärten Teil der Steuerfestsetzung.

Eine Ungewissheit, die Anlass für eine vorläufige Steuerfestsetzung war, ist beseitigt, wenn die Tatbestandsmerkmale für die endgültige Steuerfestsetzung feststellbar sind. „Kenntnis" i. S. d. § 171 Abs. 8 AO verlangt positive Kenntnis der Finanzbehörde von der Beseitigung der Ungewissheit, ein „Kennen-müssen" von Tatsachen steht der Kenntnis nicht gleich (BFH-Urteil vom 26.8.1992, II R 107/90, BStBl 1993 II S. 5).

6. § 171 Abs. 10 Satz 1 AO gewährt eine maximale Anpassungsfrist von zwei Jahren nach Bekanntgabe eines durch eine Finanzbehörde erlassenen Grundlagenbescheids (vgl. BFH-Urteil vom 19.1.2005, X R 14/04, BStBl II S. 242). Der Zeitpunkt des Zugangs der finanzverwaltungsinternen Mitteilung über den Grundlagenbescheid bei der für den Erlass des Folgebescheids zuständigen Finanzbehörde ist für die Fristbestimmung ebenso unbeachtlich wie der Zeitpunkt, an dem der Grundlagenbescheid unanfechtbar geworden ist. Eine Anfechtung des Grundlagenbescheids führt lediglich zur Hemmung der Feststellungsfrist (§ 181 Abs. 1 Satz 1 i. V. m. § 171 Abs. 3a AO), nicht aber zur Hemmung der Festsetzungsfrist der Folgebescheide (vgl. BFH-Urteil vom 19.1.2005, X R 14/04, a. a. O.).

6.1 Bei Grundlagenbescheiden, die nicht von einer Finanzbehörde erlassen werden, beginnt die Zweijahresfrist nach § 171 Abs. 10 Satz 2 AO in dem Zeitpunkt, in dem die für den Erlass des Folgebescheids zuständige Finanzbehörde Kenntnis von diesem Grundlagenbescheid erlangt hat.

§ 171 Abs. 10 Satz 2 AO gilt für alle am 31.12.2016 noch nicht abgelaufenen Festsetzungsfristen (Art. 97 § 10 Abs. 14 EGAO).

6.2 Werden Feststellungen im Grundlagenbescheid in einem Feststellungs-, Einspruchs- oder Klageverfahren geändert, führt dies zu einer erneuten Anpassungspflicht nach § 175 Abs. 1 Satz 1 Nr. 1 AO und damit wiederum zu einer Ablaufhemmung nach § 171 Abs. 10 Satz 1 oder 2 AO. Dagegen setzt ein Grundlagenbescheid, der einen gleichartigen, dem Inhaltsadressaten wirksam bekannt gegebenen Steuerverwaltungsakt in seinem verbindlichen Regelungsgehalt lediglich wiederholt, oder eine Einspruchs- oder Gerichtsentscheidung, die einen Grundlagenbescheid lediglich bestätigt, keine neue Zwei-Jahresfrist in Lauf (vgl. BFH-Urteile vom 13.12.2000, X R 42/96, BStBl 2001 II S. 471, und vom 19.1.2005, X R 14/04, BStBl II S. 242).

6.3 Die Aufhebung des Vorbehalts der Nachprüfung eines Grundlagenbescheids steht dem Erlass eines geänderten Grundlagenbescheids gleich. Sie setzt daher die Zwei-Jahresfrist des § 171 Abs. 10 Satz 1 AO in Lauf. Dies gilt auch dann, wenn der Vorbehalt der Nachprüfung hinsichtlich des Grundlagenbescheids aufgehoben wird, ohne dass eine sachliche Änderung des Grundlagenbescheids erfolgt (BFH-Urteil vom 11.4.1995, III B 74/92, BFH/NV S. 943). Soweit ein Folgebescheid den nunmehr endgültigen Grundlagenbescheid noch nicht berücksichtigt hat, muss er selbst dann nach § 175 Abs. 1 Satz 1 Nr. 1 AO korrigiert werden, wenn der Vorbehalt der Nachprüfung des Grundlagenbescheids aufgehoben wurde, ohne dass eine sachliche Änderung des Grundlagenbescheids erfolgt.

6.4 Die Feststellung der Nichtigkeit eines Feststellungsbescheids durch Verwaltungsakt (vgl. AEAO zu § 125, Nr. 4) stellt einen Grundlagenbescheid dar. Die Nichtigkeitsfeststellung ist gemäß § 125 Abs. 5 AO auch nach Ablauf der Feststellungsfrist zulässig und ermöglicht nach § 171 Abs. 10 AO binnen zwei Jahren die Folgeänderung (BFH-Urteil vom 20.8.2014, X R 15/10, BStBl 2015 II S. 109).

6.5 Ein Grundlagenbescheid, der nicht den Vorschriften der Feststellungsverjährung (§ 181 AO) unterliegt, löst die Ablaufhemmung nach § 171 Abs. 10 Satz 1 oder 2 AO nur dann aus, wenn er vor Ablauf der Festsetzungsfrist des Folgebescheids bei der für den Erlass des Grundlagenbescheids zuständigen Behörde beantragt worden ist (§ 171 Abs. 10 Satz 3 AO). Hierunter fallen neben Grundlagenbescheiden ressortfremder Behörden (z. B. Bescheinigungen nach § 4 Nr. 20 Buchstabe a UStG) auch Bescheide über Billigkeitsmaßnahmen nach § 163 AO, weil auch insoweit die Regelungen der §§ 179 ff. AO nicht gelten. Die Festsetzungsfrist für den Folgebescheid läuft in diesen Fällen nicht ab, solange über den Antrag auf Erlass des Grundlagenbescheids noch nicht unanfechtbar entschieden worden ist.

6.6 Die Festsetzungsfrist für einen Folgebescheid läuft nach § 171 Abs. 10 Satz 4 AO nicht ab, solange der Ablauf der Festsetzungsfrist des von der Bindungswirkung nicht erfassten Teils der Steuer aufgrund einer Außenprüfung nach § 171 Abs. 4 AO gehemmt ist. Diese Regelung ermöglicht es, die Anpassung des Folgebescheids an einen Grundlagenbescheid (§ 175 Abs. 1 Satz 1 Nr. 1 AO) und die Auswertung der Ergebnisse der Außenprüfung zusammenzufassen.

6.7 Bei der Entscheidung, ob eine gesonderte Feststellung durchgeführt oder geändert werden kann, ist die Frage der Verjährung der von der Feststellung abhängigen Steuern nicht zu prüfen. Ist die Feststellungsfrist bereits abgelaufen, die Steuerfestsetzung in einem Folgebescheid aber noch zulässig, so gilt § 181 Abs. 5 AO.

6.8 Beispiele zur Anwendung des § 171 Abs. 10 Satz 1 AO*⁾

Beispiel 1:
Bei der im Jahr 03 durchgeführten ESt-Veranlagung 01 (Abgabe der Steuererklärung im Jahr 03) wurden die Beteiligungseinkünfte in erklärter Höhe berücksichtigt. Ein von den erklärten Werten abweichender Grundlagenbescheid wird am 4. 4. 06 bekannt gegeben.

Lösung:
Obgleich die allgemeine Festsetzungsfrist gem. § 170 Abs. 2 Satz 1 Nr. 1 AO mit Ablauf des 31. 12. 07 endet, kann eine Anpassung des ESt-Bescheids 01 an den Grundlagenbescheid gem. § 171 Abs. 10 Satz 1 AO bis zum Ablauf des 4. 4. 08 erfolgen, da insoweit die Festsetzungsfrist nicht vor Ablauf von zwei Jahren nach Bekanntgabe des Grundlagenbescheids endet.

Beispiel 2:
Wie Beispiel 1, allerdings wird der Grundlagenbescheid am 4. 4. 05 bekannt gegeben.

Lösung:
Eine Anpassung des ESt-Bescheids kann bis zum Ablauf der allgemeinen Festsetzungsfrist am 31. 12. 07 erfolgen. Ohne Bedeutung ist, dass die Zwei-Jahresfrist des § 171 Abs. 10 Satz 1 AO bereits mit Ablauf des 4. 4. 07 endet.

Beispiel 3:
Wie Beispiel 1, die Bekanntgabe des Grundlagenbescheids erfolgt in offener Feststellungsfrist, jedoch nach Ablauf der allgemeinen Festsetzungsfrist, am 4. 4. 08.

Lösung:
Eine Anpassung des ESt-Bescheids 01 an den Grundlagenbescheid ist gem. § 171 Abs. 10 Satz 1 AO bis zum Ablauf des 4. 4. 10 möglich, da die Festsetzungsfrist insoweit nicht vor Ablauf von zwei Jahren nach Bekanntgabe des Grundlagenbescheids endet.

7. § 171 Abs. 10a AO ist erstmals anzuwenden, wenn steuerliche Daten eines Steuerpflichtigen für Besteuerungszeiträume nach 2016 oder Besteuerungszeitpunkte nach dem 31. 12. 2016 auf Grund gesetzlicher Vorschriften von einem Dritten als mitteilungspflichtiger Stelle elektronisch an Finanzbehörden zu übermitteln sind (Art. 97 § 27 Abs. 2 EGAO).

8. § 171 Abs. 14 AO verlängert die Festsetzungsfrist bis zum Ablauf der Zahlungsverjährung für die Erstattung von rechtsgrundlos gezahlten Steuern. Die Finanzbehörde kann daher Steuerfestsetzungen, die wegen Bekanntgabemängeln unwirksam waren oder deren wirk-

---

*) Es wird unterstellt, dass kein Fristende auf einen Sonntag, einen gesetzlichen Feiertag oder einen Sonnabend fällt.

same Bekanntgabe die Finanzbehörde nicht nachweisen kann (vgl. § 122 Abs. 2 Halbsatz 2 AO), noch nach Ablauf der regulären Festsetzungsfrist nachholen, soweit die Zahlungsverjährungsfrist für die bisher geleisteten Zahlungen noch nicht abgelaufen ist (vgl. BFH-Urteil vom 13. 3. 2001, VIII R 37/00, BStBl II S. 430).

Vor §§ 172 bis 177 — Bestandskraft:

1. Die §§ 172 ff. AO regeln die Durchbrechung der materiellen Bestandskraft (Verbindlichkeit einer Verwaltungsentscheidung). Sie ist von der formellen Bestandskraft (Unanfechtbarkeit) zu unterscheiden. Diese liegt vor, soweit ein Verwaltungsakt nicht oder nicht mehr mit Rechtsbehelfen angefochten werden kann. Unanfechtbarkeit bedeutet nicht Unabänderbarkeit. Dementsprechend können auch Steuerfestsetzungen unter dem Vorbehalt der Nachprüfung unanfechtbar werden (vgl. BFH-Urteil vom 19. 12. 1985, V R 167/82, BStBl 1986 II S. 420).
2. Die Vorschriften über die materielle Bestandskraft gelten für Steuerfestsetzungen i. S. d. § 155 AO sowie für alle Festsetzungen, für die die Vorschriften über das Steuerfestsetzungsverfahren anzuwenden sind. Keine Anwendung finden sie bei der Rücknahme eines rechtswidrigen und dem Widerruf eines rechtmäßigen begünstigenden oder nicht begünstigenden sonstigen Verwaltungsakts (vgl. AEAO vor §§ 130, 131).
3. Die materielle Bestandskraft wird nur durchbrochen, soweit es das Gesetz zulässt. Die Zulässigkeit ergibt sich nicht nur aus der AO selbst (z. B. §§ 164, 165, 172 bis 175b AO), sondern auch aus anderen Steuergesetzen (z. B. § 10d Abs. 1 EStG; § 35b GewStG; §§ 24 und 24a BewG; § 20 GrStG).
4. Steuerfestsetzungen unter Vorbehalt der Nachprüfung sowie Vorauszahlungsbescheide (§ 164 Abs. 1 Satz 2 AO) und Steueranmeldungen (§ 150 Abs. 1 Satz 2, § 168 AO), die kraft Gesetzes unter Vorbehalt der Nachprüfung stehen, sind unabhängig von der formellen Bestandskraft nach § 164 Abs. 2 AO dem Umfang nach uneingeschränkt änderbar, solange der Vorbehalt nicht aufgehoben worden oder entfallen ist; § 176 AO bleibt unberührt.
5. Die falsche Bezeichnung der Änderungsvorschrift im Änderungsbescheid führt nicht zur Rechtswidrigkeit des geänderten Bescheids (BFH-Urteil vom 21. 10. 2014, VIII R 44/11, BStBl 2015 II S. 593). Für die Rechtmäßigkeit eines Änderungsbescheids ist allein maßgeblich, dass er im Zeitpunkt seines Erlasses durch eine Änderungsmöglichkeit gedeckt ist (ständige BFH-Rechtsprechung).
6. Zeitlich ist die Aufhebung, Änderung oder Berichtigung einer Steuerfestsetzung nur innerhalb der Festsetzungsfrist zulässig (§ 169 AO).
7. Bei Änderung oder Berichtigung von Steuerfestsetzungen sind die Vorschriften der KBV zu beachten.

8. Steuerliche Wahlrechte

8.1 Ein steuerliches Wahlrecht liegt vor, wenn ein Steuergesetz für einen bestimmten Tatbestand – ausnahmsweise – mehr als eine Rechtsfolge vorsieht und es dem Steuerpflichtigen überlassen bleibt, sich für eine dieser Rechtsfolgen zu entscheiden. Übt der Steuerpflichtige dieses Wahlrecht nicht oder nicht wirksam aus, tritt die vom Gesetzgeber als Regelfall vorgesehene Rechtsfolge ein.

8.2 Die Ausübung des Wahlrechts („Antrag") ist eine empfangsbedürftige Willenserklärung. Soweit im Gesetz keine besondere Form (z. B. Schriftform oder amtlicher Vordruck; vgl. § 13a Abs. 2 Satz 3 EStG, § 4a Abs. 1 UStG) vorgeschrieben ist, kann das Wahlrecht auch durch schlüssiges Verhalten ausgeübt werden (vgl. BFH-Urteil vom 11. 12. 1997, V R 50/94, BStBl 1998 II S. 420).

8.3 Sieht das Gesetz einen unwiderruflichen Antrag vor (vgl. z. B. § 5a Abs. 1, § 10 Abs. 1a Nr. 1 Satz 3 EStG; bis 31. 12. 2014: § 10 Abs. 1 Nr. 1 Satz 3 EStG), wird die Willenserklärung bereits mit ihrem Zugang beim Finanzamt wirksam und kann von diesem Zeitpunkt an nicht mehr zurückgenommen oder widerrufen werden (vgl. BFH-Urteil vom 17.1.1995, IX R 37/91, BStBl II S. 410); Ausnahme: Anfechtung nach §§ 119 ff. BGB.

8.4 Setzt die Ausübung des Wahlrechts die Zustimmung des Finanzamts oder Dritter (vgl. § 10 Abs. 1a Nr. 1 Satz 1 EStG; bis 31.12.2014: § 10 Abs. 1 Nr. 1 Satz 1 EStG) voraus, treten die Rechtswirkungen der vom Steuerpflichtigen getroffenen Wahl erst mit dieser Zustimmungserklärung ein. Dies gilt entsprechend, wenn das Wahlrecht von mehreren Steuerpflichtigen einheitlich ausgeübt werden muss (vgl. z. B. § 33a Abs. 2 Satz 5, § 33b Abs. 5 Satz 3 EStG).

8.5 Soweit das Gesetz im Einzelfall keine bestimmte Frist (vgl. z. B. § 5a Abs. 3 EStG; § 23 Abs. 3 Satz 1 UStG) zur Ausübung des Wahlrechts ("Antragsfrist") vorsieht, kann das Wahlrecht grundsätzlich bis zum Ablauf der Festsetzungsfrist ausgeübt werden. Die Bestandskraft des Steuerbescheids, in dem sich das Wahlrecht auswirkt, schränkt allerdings die Wahlrechtsausübung ein.

8.5.1 Nach Eintritt der Unanfechtbarkeit der Steuerfestsetzung können Wahlrechte grundsätzlich nur noch ausgeübt oder widerrufen werden, soweit die Steuerfestsetzung nach §§ 129, 164, 165, 172 ff. AO oder nach entsprechenden Regelungen in den Einzelsteuergesetzen (vgl. AEAO vor §§ 172 bis 177, Nr. 3) korrigiert werden kann (vgl. BFH-Urteil vom 30.8.2001, IV R 30/99, BStBl 2002 II S. 49 m.w.N.); dabei sind die §§ 177 und 351 Abs. 1 AO zu beachten (vgl. BFH-Urteil vom 27.10.2015, X R 44/13, BStBl 2016 II S. 278). Die nachträgliche oder geänderte Ausübung eines Antrags- oder Wahlrechts stellt für sich genommen keine verfahrensrechtliche Grundlage für die Änderung von Bescheiden dar. Dies gilt auch dann, wenn sie auf einer Änderung der wirtschaftlichen Geschäftsgrundlage beruht (BFH-Urteil vom 9.12.2015, X R 56/13, BStBl 2016 II S. 967).

8.5.2 Wahlrechte, für deren Ausübung das Gesetz keine Frist vorsieht und für die es grundsätzlich auch keine Bindung an die einmal getroffene Wahl gibt, können grundsätzlich bis zur Unanfechtbarkeit eines Änderungsbescheids (erneut) ausgeübt werden. Dies gilt allerdings nur für das Veranlagungswahlrecht nach § 26 EStG (vgl. BFH-Urteile vom 19.5.1999, XI R 97/94, BStBl II S. 762, vom 24.1.2002, III R 49/00, BStBl II S. 408 m.w.N. und vom 9.12.2015, X R 56/13, a.a.O.). Nach Eintritt der Unanfechtbarkeit des Steuerbescheids kann die Wahl der Veranlagungsart jedoch nur unter den Voraussetzungen des § 26 Abs. 2 Satz 4 EStG geändert werden.

8.5.3 Wurde ein steuererhöhender Änderungsbescheid erlassen, mit dem ein weiterer steuererheblicher Sachverhalt erfasst worden und aufgrund dessen überhaupt erst die wirtschaftliche Notwendigkeit entstanden ist, sich mit der erstmaligen bzw. geänderten Ausübung eines Antrags- oder Wahlrechts zu befassen, kann das Antrags- oder Wahlrecht noch bis zur Unanfechtbarkeit des Änderungsbescheids ausgeübt werden. Dies gilt jedoch nur unter der Voraussetzung, dass die steuerlichen Auswirkungen des Antrags- oder Wahlrechts insgesamt den Änderungsrahmen des § 351 Abs. 1 AO nicht überschreiten. Im Antrags- oder Wahlrecht ist nicht teilbar (vgl. BFH-Urteile vom 27.10.2015, X R 44/13, a.a.O., und vom 9.12.2015, X R 56/13, a.a.O.).

8.5.4 Die steuerrechtliche Wirkung von Wahlrechten, die nur bis zur Bestandskraft der Steuerfestsetzung ausgeübt werden können, kann nach Eintritt dieses Zeitpunkts nicht nach § 172 Abs. 1 Satz 1 Nr. 2 Buchstabe a AO beseitigt werden (vgl. BFH-Urteil vom 18.12.1973, VIII R 101/69, BStBl 1974 II S. 319).

Die Wahlrechtsausübung kann nicht durch einen Austausch gegen bisher nicht berücksichtigte Besteuerungsgrundlagen rückgängig gemacht werden; infolge der Bestandskraft der Steuerfestsetzung ist der Steuerpflichtige an seine Wahl gebunden (vgl. BFH-Urteil vom 25.2.1992, IX R 41/91, BStBl II S. 621).

8.5.5 Die nachträgliche Ausübung eines Wahlrechts oder der Widerruf eines bereits ausgeübten Wahlrechts ist keine neue Tatsache i. S. d. § 173 AO, sondern Verfahrenshandlung (vgl. BFH-Urteil vom 25.2.1992, IX R 41/91, a.a.O.).

A. I. Zu § 172 AO

Ausnahmsweise liegt ein rückwirkendes Ereignis i. S. d. § 175 Abs. 1 Satz 1 Nr. 2 AO vor, wenn die Wahlrechtsausübung oder ihr Widerruf selbst Merkmal des gesetzlichen Tatbestands ist. Zum durch die Zustimmungserklärung des Empfängers qualifizierten Antrag nach § 10 Abs. 1a Nr. 1 Satz 1 EStG (bis 31. 12. 2014: § 10 Abs. 1 Nr. 1 Satz 1 EStG) vgl. BFH-Urteil vom 12. 7. 1989, X R 8/84, BStBl II S. 957. Zum Widerruf der Wahlrechtsausübung in den Fällen des § 37b EStG in Bezug auf die beim Zuwendungsempfänger vorzunehmende Besteuerung vgl. BFH-Urteil vom 15. 6. 2016, VI R 54/15, BStBl II S. 1010.

8.5.6 Zur Änderung von Steuerfestsetzungen nach § 175 Abs. 1 Satz 1 Nr. 1 AO bei nachträglichem Antrag auf Anwendung des § 33b EStG vgl. BFH-Urteil vom 13. 12. 1985, III R 204/81, BStBl 1986 II S. 245 und H 33b (Allgemeines) EStH.

9. Wegen der Berichtigung offenbarer Unrichtigkeiten Hinweis auf § 129 AO.

Zu § 172 – Aufhebung und Änderung von Steuerbescheiden:

1. Die Vorschrift gilt nur für Steuerbescheide, nicht für Haftungs-, Duldungs- und Aufteilungsbescheide (vgl. AEAO vor §§ 130, 131).

2. § 172 Abs. 1 Satz 1 Nr. 2 Buchstabe a AO lässt die schlichte Änderung eines Steuerbescheids zugunsten des Steuerpflichtigen unter der Voraussetzung zu, dass der Steuerpflichtige vor Ablauf der Einspruchsfrist die Änderung beantragt oder ihr zugestimmt hat. Der Antrag auf schlichte Änderung bedarf keiner Form. Anträge, die nicht schriftlich oder elektronisch gestellt werden, sind aktenkundig zu machen. Nicht ausdrücklich als Einspruch bezeichnete, vor Ablauf der Einspruchsfrist schriftlich oder elektronisch vorgetragene Änderungsbegehren des Steuerpflichtigen können regelmäßig als schlichte Änderungsanträge behandelt werden, wenn der Antragsteller eine genau bestimmte Änderung des Steuerbescheids beantragt und das Finanzamt dem Begehren entsprechen will. Andernfalls ist ein Einspruch anzunehmen, da die Einspruch die Rechte des Steuerpflichtigen umfassender und wirkungsvoller wahrt als der bloße Änderungsantrag. Hat der Steuerpflichtige sich für den Rechtsbehelf des Einspruchs entschieden, so überlagert der förmliche Rechtsbehelf einen etwaigen daneben gestellten Antrag auf schlichte Änderung des Steuerbescheids (vgl. BFH-Urteil vom 27. 9. 1994, VIII R 36/89, BStBl 1995 II S. 353).

Das Finanzamt darf den Steuerbescheid aufgrund eines schlichten Änderungsantrags nur in dem Umfange zugunsten des Steuerpflichtigen ändern, als der Steuerpflichtige vor Ablauf der Einspruchsfrist eine genau bestimmte Änderung bezogen auf einen konkreten Lebenssachverhalt beantragt hat (vgl. u. a. BFH-Urteil vom 20. 12. 2006, X R 30/05, BStBl 2007 II S. 503 m. w. N.). Es genügt nicht, dass der Steuerpflichtige lediglich die betragsmäßige Auswirkung bzw. den Änderungsrahmen beziffert (z. B. Herabsetzung der Steuer auf „Null") oder dass ein auf Änderung des Bescheids lautender allgemeiner Antrag des Steuerpflichtigen erst nach Ablauf der Einspruchsfrist hinsichtlich der einzelnen Korrekturpunkte konkretisiert wird (z. B. durch Nachreichen einer Steuererklärung). Auch eine Erweiterung des Änderungsbegehrens ist nach Ablauf der Einspruchsfrist nicht mehr möglich (zur Erweiterung eines Einspruchsantrags vgl. AEAO zu § 367, Nr. 3). Der Antragsteller kann allenfalls nach Ablauf der Einspruchsfrist Argumente oder Nachweise zur Begründung eines rechtzeitig gestellten, hinreichend konkreten Änderungsantrags nachreichen oder ergänzen, soweit hierdurch der durch den ursprünglichen Änderungsantrag (Lebenssachverhalt) festgelegte Änderungsrahmen nicht überschritten wird. Eine Antragserweiterung oder erneute Antragstellung ist nur innerhalb der Einspruchsfrist möglich.

An das (fristgerechte) Vorbringen des Steuerpflichtigen ist das Finanzamt gebunden. Es kann die Steuerfestsetzung nicht in vollem Umfang erneut überprüfen und ggf. verbösern. Mit der beantragten Änderung nicht in sachlichem oder rechtlichem Zusammenhang stehende materielle Fehler der Steuerfestsetzung können aber ggf. über § 177 AO berichtigt werden.

Aussetzung der Vollziehung (§ 361 AO) ist aufgrund eines schlichten Änderungsantrags nicht zulässig, allenfalls ist Stundung (§ 222 AO) möglich.
3. Nach § 172 Abs. 1 Satz 1 Nr. 2 Buchstabe a AO kann ein Steuerbescheid zuungunsten des Steuerpflichtigen aufgehoben oder geändert werden, wenn dieser der Aufhebung oder Änderung zustimmt oder er diese Korrektur beantragt hat. Die Anzeige eines Steuerpflichtigen nach § 153 AO stellt noch keine Zustimmung zu einer Änderung der Steuerfestsetzung zu seinen Ungunsten i. S. d. § 172 Abs. 1 Satz 1 Nr. 2 Buchstabe a AO dar; ggf. kommt aber eine Änderung nach § 173 Abs. 1 Nr. 1 AO in Betracht. Empfangsbedürftige Willenserklärungen unterliegen den Auslegungsregelungen der §§ 133, 157 BGB. Entscheidend ist, wie der Erklärungsempfänger den objektiven Erklärungswert der Erklärung verstehen musste (vgl. BFH-Urteile vom 8. 6. 2000, IV R 37/99, BStBl 2001 II S. 162, und vom 5. 10. 2000, VII R 96/99, BStBl 2001 II S. 86).
4. § 172 Abs. 1 Satz 2 AO bestimmt, dass auch ein durch Einspruchsentscheidung bestätigter oder geänderter Verwaltungsakt nach den Vorschriften der §§ 129, 164, 165, 172 ff. AO sowie nach entsprechenden Korrekturnormen in den Einzelsteuergesetzen (vgl. AEAO vor §§ 172 bis 177, Nr. 3) korrigiert werden darf. Gleiches gilt für einen im Einspruchsverfahren ergehenden Abhilfebescheid (z. B. nach § 172 Abs. 1 Satz 1 Nr. 2 Buchstabe a AO). Zum Erlass eines Abhilfebescheids im Klageverfahren nach einer rechtmäßigen Fristsetzung gem. § 364b AO vgl. AEAO zu § 364b, Nr. 5.
5. Nach § 172 Abs. 1 Satz 3 Halbsatz 1 AO ist eine schlichte Änderung auch dann möglich, wenn der zu ändernde Bescheid bereits durch Einspruchsentscheidung bestätigt oder geändert worden ist. Der Änderungsantrag muss vor Ablauf der Klagefrist gestellt worden sein, nach Ablauf dieser Frist ist er unzulässig. Die Wirkungen einer nach § 364b Abs. 2 AO gesetzten Ausschlussfrist dürfen allerdings durch eine schlichte Änderung nicht unterlaufen werden (§ 172 Abs. 1 Satz 3 Halbsatz 2 AO).
6. Zum Einspruchsverfahren gegen Entscheidungen über die schlichte Änderung vgl. AEAO zu § 347, Nr. 2.

Zu § 173 – Aufhebung oder Änderung von Steuerbescheiden wegen neuer Tatsachen oder Beweismittel:

Inhaltsübersicht

1. Tatsachen und Beweismittel
2. Nachträgliches Bekanntwerden der Tatsachen oder Beweismittel
3. Rechtserheblichkeit der Tatsachen oder Beweismittel
4. Ermittlungsfehler des Finanzamts
5. Grobes Verschulden des Steuerpflichtigen
6. Unbeachtlichkeit des Verschuldens des Steuerpflichtigen
7. Änderung von Schätzungsveranlagungen
8. Änderungssperre (§ 173 Abs. 2 AO)
9. Umfang der Änderung
10. Anwendung des § 173 AO in Feststellungsfällen

1. Tatsachen und Beweismittel

1.1 Tatsache i. S. d. § 173 Abs. 1 AO ist alles, was Merkmal oder Teilstück eines steuergesetzlichen Tatbestandes sein kann, also Zustände, Vorgänge, Beziehungen und Eigenschaften materieller oder immaterieller Art (vgl. BFH-Urteile vom 1. 10. 1993, III R 58/92, BStBl 1994 II S. 346, vom 18. 12. 1996, XI R 36/96, BStBl 1997 II S. 264, und vom 14. 1. 1998, II R 9/97, BStBl II S. 371). Zu den Tatsachen gehören auch innere Tatsachen (z. B. die Absicht, Einkünfte bzw. Gewinne zu erzielen), die nur anhand äußerer Merkmale (Hilfstatsachen) festgestellt werden können (vgl. BFH-Urteil vom 6.12.1994, IX R 11/91, BStBl 1995 II S. 192).

1.1.1 Tatsachen i. S. d. § 173 Abs. 1 AO sind bei einer Schätzung die Schätzungsgrundlagen (nicht die Schätzung selbst; vgl. AEAO zu § 173, Nr. 7). Tatsachen sind auch vorgreifliche Rechtsverhältnisse aus nichtsteuerlichen Rechtsgebieten (vgl. BFH-Urteil vom 13.10.1983, I R 11/79, BStBl 1984 II S. 181). Um Tatsachen und nicht um juristische Wertungen handelt es sich, wenn ein Steuerpflichtiger z. B. unter der Bezeichnung „Kauf", „Vermietung" oder „Geschäftsführer-Gehalt" in der Steuererklärung vorgreifliche Rechtsverhältnisse geltend macht; derartige Begriffe enthalten eine Zusammenfassung von Tatsachen, die eine bestimmte rechtliche Wertung auslösen (vgl. BFH-Urteil vom 20.12.1988, VIII R 121/83, BStBl 1989 II S. 585). Folglich kann ein Steuerbescheid nach § 173 Abs. 1 AO geändert werden, wenn sich aufgrund nachträglich bekannt gewordener Tatsachen die vom Steuerpflichtigen übernommene Wertung als unzutreffend erweist.

1.1.2 Keine Tatsachen i. S. d. § 173 Abs. 1 AO sind Rechtsnormen und Schlussfolgerungen aller Art, insbesondere steuerrechtliche Bewertungen (vgl. BFH-Urteil vom 27.10.1992, VIII R 41/89, BStBl 1993 II S. 569). Ebenso stellen Entscheidungen des BVerfG zur Verfassungswidrigkeit einer Rechtsnorm sowie nachträgliche Gesetzesänderungen keine neuen Tatsachen i. S. v. § 173 Abs. 1 AO dar (vgl. BFH-Urteile vom 12.5.2009, IX R 45/08, BStBl II S. 891, und vom 11.2.1994, III R 50/92, BStBl II S. 389). Gleiches gilt für die (ggf. anderweitige) Ausübung steuerlicher Wahlrechte oder die Nachholung eines Antrags (vgl. AEAO vor §§ 172 bis 177, Nr. 8). Ein Antrag kann allerdings nachgeholt werden, soweit die für seine Ausübung relevanten Tatsachen als solche nachträglich bekannt werden (vgl. AEAO zu § 173, Nr. 3.2).

1.1.3 Bei Sachverhalten, die bei verschiedenen Steuerpflichtigen steuerlich eigenständig zu berücksichtigen sind, weil die Steuergesetze im Regelfall keine korrespondierende Berücksichtigung vorschreiben, sind die für die einzelne Steuerfestsetzung relevanten Tatsachen und steuerrechtliche Bewertungen zu unterscheiden. So geben Ergebnismitteilungen des Körperschaftsteuer-Finanzamts an das für die Veranlagung der Anteilseigner zuständige Finanzamt über eine bei einer GmbH durchgeführte Außenprüfung rechtliche Schlussfolgerungen und Schätzungsergebnisse wieder, sie stellen für sich jedoch keine Tatsachen dar, die zu einer Änderung nach § 173 Abs. 1 AO berechtigen (BFH-Urteil vom 27.10.1992, VIII R 41/89, BStBl 1993 II S. 569). Deshalb müssen den für die Veranlagung der Anteilseigner zuständigen Finanzämtern die entscheidungserheblichen Tatsachen mitgeteilt werden; die bloße Mitteilung, es seien verdeckte Gewinnausschüttungen festgestellt worden, reicht nicht aus, um eine Änderung nach § 173 Abs. 1 AO zu rechtfertigen. Vgl. aber auch § 32a KStG.

1.2 Beweismittel ist jedes Erkenntnismittel, das zur Aufklärung eines steuerlich erheblichen Sachverhalts dient, d. h. geeignet ist, das Vorliegen oder Nichtvorliegen von Tatsachen zu beweisen (BFH-Urteil vom 20.12.1988, VIII R 121/83, BStBl 1989 II S. 585). Dazu gehören Urkunden (Verträge, Geschäftspapiere u. a.) und Auskünfte von Auskunftspersonen (vgl. § 92 AO). Ein Sachverständigengutachten ist nur Beweismittel, soweit es die Erkenntnis neuer Tatsachen vermittelt und nicht lediglich Schlussfolgerungen enthält (BFH-Urteil vom 27.10.1992, VIII R 41/89, BStBl 1993 II S. 569).

1.3 Eine Änderung nach § 173 Abs. 1 AO setzt voraus, dass die Tatsachen bei Erlass des zu ändernden Bescheids bereits vorhanden waren und vom Finanzamt hätten berücksichtigt werden können (vgl. BFH-Urteil vom 26.7.1984, IV R 10/83, BStBl II S. 786). Nach dem Zeitpunkt der Steuerfestsetzung entstandene Tatsachen können dagegen eine Änderung nach § 175 Abs. 1 Satz 1 Nr. 2 AO rechtfertigen, wenn insoweit ein rückwirkendes Ereignis vorliegt. Eine nach dem Zeitpunkt der Steuerfestsetzung entstandene Hilfstatsache, die für diesen Zeitpunkt zu einer veränderten Würdigung in Bezug auf eine innere Tatsache führt, rechtfertigt jedoch nur dann eine Änderung nach § 173 Abs. 1 AO, wenn sie einen sicheren Schluss auf die (innere) Haupttatsache ermöglicht.

1.4 Bei der Prüfung der Frage, ob die Tatsache zu einer höheren oder niedrigeren Steuer führt, sind Steueranrechnungsbeträge unbeachtlich. Es ist auf die bisher festgesetzte und die festzusetzende Steuer abzustellen. Im Fall eines Antrags nach § 32d Abs. 4 oder 6 EStG ist die zunächst mit Abgeltungswirkung (§ 43 Abs. 5 Satz 1 EStG) einbehaltene Kapitalertragsteuer der bisher festgesetzten Steuer hinzuzurechnen (vgl. BFH-Urteil vom 12. 5. 2015, VIII R 14/13, BStBl II S. 806). Zum Ausnahmefall einer Nettolohnvereinbarung siehe BFH-Urteil vom 16. 3. 1990, VI R 90/86, BStBl II S. 610.

2. Nachträgliches Bekanntwerden der Tatsachen oder Beweismittel

2.1 Tatsachen oder Beweismittel werden nachträglich bekannt, wenn sie einem für die Steuerfestsetzung zuständigen Bediensteten (BFH-Urteile vom 9. 11. 1984, VI R 157/83, BStBl 1985 II S. 191, und vom 20. 6. 1985, IV R 114/82, BStBl II S. 492) bekannt werden, nachdem die Willensbildung über die Steuerfestsetzung abgeschlossen worden ist (Abzeichnung der Verfügung; vgl. BFH-Urteil vom 18. 3. 1987, II R 226/84, BStBl II S. 416). Auf den Tag der Absendung des Steuerbescheids oder den Tag der Bekanntgabe kommt es nicht an. Der im Einzelfall maßgebliche Tag ist dem Steuerpflichtigen auf Verlangen mitzuteilen.

2.2 Sofern im automatisierten Verfahren nachträglich – noch vor der Absendung des Steuerbescheids – eine materiell-rechtliche Kontrolle der gesamten Steuerfestsetzung vorgenommen wird, sind alle bis dahin bekannt gewordenen Tatsachen und Beweismittel zu berücksichtigen (vgl. BFH-Urteil vom 29. 11. 1988, VIII R 226/83, BStBl 1989 II S. 259). Tatsachen und Beweismittel, die dem Finanzamt bis zum Abschluss einer solchen Kontrolle bekannt geworden sind, in dem zu erlassenden Steuerbescheid aber keine Berücksichtigung gefunden haben, können zu einem späteren Zeitpunkt nicht mehr Gegenstand einer Änderung nach § 173 Abs. 1 AO sein. Um eine materiell-rechtliche Kontrolle des Steuerbescheids handelt es sich nicht, wenn der Steuerbescheid vor seiner Absendung nur einer formellen Prüfung unterzogen wird, die die Feststellung der ermittelten Tatsachen sowie deren rechtliche Würdigung unberührt lässt (z. B. Prüfung auf zutreffende Adressierung oder richtige Erfassung der Daten).

2.3 Eine Tatsache ist nicht schon dann bekannt, wenn irgendeine Stelle des Finanzamts von ihr Kenntnis hat. Es kommt vielmehr auf den Kenntnisstand der Personen an, die innerhalb des Finanzamts dazu berufen sind, den betreffenden Steuerfall zu bearbeiten (BFH-Urteile vom 20. 6. 1985, IV R 114/82, BStBl II S. 492, vom 20. 4. 1988, X R 40/81, BStBl II S. 804, und vom 19. 6. 1990, VIII R 69/87, BFH/NV 1991 S. 353).

2.3.1 Die Rechtsbehelfsstelle des Finanzamts muss bei der Entscheidung über den Einspruch eines Steuerpflichtigen grundsätzlich auch Tatsachen verwerten, die der Veranlagungsstelle bekannt sind. Geschieht dies nicht, so können diese in der Einspruchsentscheidung nicht berücksichtigten Tatsachen nach Abschluss des Einspruchsverfahrens nicht mehr Gegenstand eines Änderungsbescheids nach § 173 Abs. 1 Nr. 1 AO sein (BFH-Urteil vom 23. 3. 1983, I R 182/82, BStBl II S. 548).

2.3.2 Nur dem Betriebsprüfer bekannt gewordene Tatsachen sind der Veranlagungsstelle grundsätzlich nicht zuzurechnen (vgl. BFH-Urteile vom 28. 4. 1987, IX R 9/83, BFH/NV 1988 S. 151, vom 29. 10. 1987, IV R 69/85, BFH/NV 1988 S. 346, und vom 20. 4. 1988, X R 40/81, BStBl II S. 804).

2.3.3 Für die Frage, ob einem Finanzamt Tatsachen, die zu einer erstmaligen Berücksichtigung oder zu einer höheren Bewertung eines steuerpflichtigen Sachverhalts von Bedeutung sind, i. S. v. § 173 Abs. 1 Nr. 1 AO nachträglich bekannt geworden sind, kommt es grundsätzlich allein auf die Kenntnis dieses Finanzamts an. Ermittelt aber ein für die Erbschaft-/Schenkungsteuer zuständiges Finanzamt den Wert einer Beteiligung an einer Personengesellschaft allein dadurch, dass es diesen aus einem von einem anderem Finanzamt erteilten Feststellungsbescheid über den Wert des Betriebsvermögens der Gesellschaft auf einen vorangegangenen Bewertungsstichtag

A. I. Zu § 173 AO

ableitet, so macht es sich damit die diesem zugrunde liegenden Kenntnisse zu eigen (BFH-Urteil vom 14.1.1998, II R 9/97, BStBl II S. 371).

2.3.4 Einmal bekannt gewordene Tatsachen werden durch den Wechsel in der Zuständigkeit der Finanzbehörde oder durch Wechsel des Bearbeiters nicht wieder unbekannt, wenn der zunächst zuständige Bearbeiter die Tatsachen aktenkundig gemacht hat (vgl. BFH-Urteil vom 15.10.1993, III R 74/92, BFH/NV 1994 S. 315).

2.3.5 Dem Finanzamt können auch Tatsachen bekannt sein, die sich aus älteren, bereits archivierten Akten ergeben. Voraussetzung dafür ist jedoch, dass zur Hinzuziehung solcher Vorgänge nach den Umständen des Falles, insbesondere nach dem Inhalt der zu bearbeitenden Steuererklärungen oder der präsenten Akten, eine besondere Veranlassung bestand (BFH-Urteil vom 11.2.1998, I R 82/97, BStBl II S. 552).

2.3.6 Im Rahmen des § 173 Abs. 1 Nr. 2 AO kann eine Tatsache nicht zum Nachteil des Steuerpflichtigen als bereits bekannt gelten, wenn der zuständige Bearbeiter sie lediglich hätte kennen können oder kennen müssen; das Finanzamt kann sich in diesem Fall nicht auf sein eigenes Versäumnis oder Verschulden berufen (vgl. BFH-Urteil vom 26.11.1996, IX R 77/95, BStBl 1997 II S. 422).

2.4 Steuerbescheid i. S. v. § 173 Abs. 1 AO ist auch ein Bescheid, der einen schon ergangenen Steuerbescheid inhaltlich abändert. Tatsachen, die zu einer höheren Besteuerung führen, kann das Finanzamt deshalb in einem weiteren Änderungsbescheid nach § 173 Abs. 1 Nr. 1 AO nur berücksichtigen, wenn sie ihm nach Erlass des Änderungsbescheids bekannt geworden sind. Eine Änderung nach § 173 Abs. 1 Nr. 1 AO ist jedoch dann nicht ausgeschlossen, wenn das Finanzamt im Hinblick auf einen nachträglich ergangenen Grundlagenbescheid zunächst lediglich eine Änderung nach § 175 Abs. 1 Satz 1 Nr. 1 AO vorgenommen und dabei Tatsachen unberücksichtigt gelassen hat, die darüber hinaus eine Änderung nach § 173 Abs. 1 Nr. 1 AO gerechtfertigt hätten (BFH-Urteil vom 12.1.1989, IV R 8/88, BStBl II S. 438).

2.5 Ändert das Finanzamt einen bestandskräftigen Steuerbescheid nach § 173 Abs. 1 Nr. 1 AO, so trägt es die objektive Beweislast dafür, dass die für die Änderung erforderlichen tatsächlichen Voraussetzungen vorliegen, insbesondere dafür, dass diese „neu" sind (BFH-Urteil vom 19.5.1998, I R 140/97, BStBl II S. 599).

3. Rechtserheblichkeit der Tatsachen oder Beweismittel

3.1 Neue Tatsachen oder Beweismittel können die Änderung eines Steuerbescheids nach § 173 Abs. 1 AO nur rechtfertigen, wenn sie rechtserheblich sind. Die Rechtserheblichkeit ist zu bejahen, wenn das Finanzamt bei rechtzeitiger Kenntnis der Tatsachen oder Beweismittel schon bei der ursprünglichen Veranlagung mit an Sicherheit grenzender Wahrscheinlichkeit zu einer höheren oder niedrigeren Steuer gelangt wäre (vgl. BFH-Beschluss GrS vom 23.11.1987, GrS 1/86, BStBl 1988 II S. 180). Die Vorschrift des § 173 AO hat nicht den Sinn, dem Steuerpflichtigen das Risiko eines Rechtsbehelfsverfahrens dadurch abzunehmen, dass ihm gestattet wird, sich auf Tatsachen gegenüber dem Finanzamt erst dann zu berufen, wenn etwa durch eine spätere Änderung der Rechtsprechung eine Rechtslage eintritt, die eine bisher nicht vorgetragene Tatsache nunmehr als relevant erscheinen lässt.

Ein Steuerbescheid darf daher wegen nachträglich bekannt gewordener Tatsachen oder Beweismittel weder zugunsten noch zuungunsten des Steuerpflichtigen geändert werden, wenn das Finanzamt bei ursprünglicher Kenntnis der Tatsachen oder Beweismittel nicht anders entschieden hätte. Bei der Beurteilung der Rechtserheblichkeit kommt es nicht darauf an, welche Entscheidung der zuständige Bearbeiter subjektiv bei Erlass des ursprünglichen Bescheids getroffen hätte. Wie das Finanzamt bei Kenntnis bestimmter Tatsachen oder Beweismittel einen Sachverhalt in seinem ursprünglichen Bescheid gewürdigt hätte, ist vielmehr im Einzelfall aufgrund des Gesetzes, wie es nach der damaligen Rechtsprechung des BFH auszulegen war, und der die Finanzämter bindenden Verwaltungsanweisungen zu beurteilen, die im Zeitpunkt des ursprünglichen Bescheiderlasses gegolten haben (vgl. BFH-Urteile vom 11.5.1988, I R 216/85, BStBl II S. 715, vom 15.1.1991, IX R 238/87, BStBl II S. 741, und vom 10.3.1999, II R 99/97, BStBl II S. 433). Subjektive Fehler der Finanzbehörden, wie sie sowohl in rechtlicher als auch in tatsächlicher Hinsicht denkbar sein mögen, sind unbeachtlich (BFH-Urteil vom 11.5.1988, I R 216/85, BStBl II S. 715).

3.2 Die erstmalige Ausübung eines nicht fristgebundenen Wahlrechts nach Bestandskraft der Steuerfestsetzung (vgl. AEAO vor §§ 172 bis 177, Nr. 8) ist keine neue Tatsache, sie steht einer Änderung nach § 173 Abs. 1 Nr. 2 AO aber nicht entgegen, sofern die für die Ausübung des Wahlrechts relevanten Tatsachen nachträglich bekannt geworden sind (BFH-Urteile vom 28.9.1984, VI R 48/82, BStBl 1985 II S. 117, und vom 25.2.1992, IX R 41/91, BStBl II S. 621). Gleiches gilt, wenn der Steuerpflichtige nach Bestandskraft der Steuerfestsetzung erstmals einen nicht fristgebundenen Antrag auf Gewährung einer Steuervergünstigung stellt und hierzu entsprechende (neue) Tatsachen vorträgt (BFH-Urteil vom 21.7.1989, III R 303/84, BStBl II S. 960). Eine Änderung nach § 173 Abs. 1 Nr. 2 AO zugunsten des Steuerpflichtigen setzt jedoch auch in diesen Fällen voraus, dass ihn am nachträglichen Bekanntwerden der steuermindernden Tatsachen kein grobes Verschulden trifft (vgl. AEAO zu § 173, Nr. 5).

4. Ermittlungsfehler des Finanzamts

4.1 Nach dem Grundsatz von Treu und Glauben kann das Finanzamt – auch wenn es von einer rechtserheblichen Tatsache oder einem rechtserheblichen Beweismittel nachträglich Kenntnis erhält – daran gehindert sein, einen Steuerbescheid nach § 173 Abs. 1 Nr. 1 AO zuungunsten des Steuerpflichtigen zu ändern (BFH-Urteil vom 13.11.1985, II R 208/82, BStBl 1986 II S. 241). Hat der Steuerpflichtige die ihm obliegenden Mitwirkungspflichten in zumutbarer Weise erfüllt, kommt eine Änderung nach § 173 Abs. 1 Nr. 1 AO nicht in Betracht, wenn die spätere Kenntnis der Tatsache oder des Beweismittels auf einer Verletzung der dem Finanzamt obliegenden Ermittlungspflicht beruht. Das Finanzamt braucht den Steuererklärungen nicht mit Misstrauen zu begegnen, sondern darf regelmäßig von deren Richtigkeit und Vollständigkeit ausgehen; veranlagt es aber trotz bekannter Zweifel an der Richtigkeit der Besteuerungsgrundlagen endgültig, so ist eine spätere Änderung der Steuerfestsetzung nach dem Grundsatz von Treu und Glauben ausgeschlossen (vgl. BFH-Urteil vom 27.10.1992, VIII R 41/89, BStBl 1993 II S. 569). Zum Umfang der Ermittlungspflicht des Finanzamts vgl. AEAO zu § 88.

4.1.1 Sind sowohl das Finanzamt seiner Ermittlungspflicht als auch der Steuerpflichtige seiner Mitwirkungspflicht nicht in vollem Umfang nachgekommen, so fällt das nachträgliche Bekanntwerden einer rechtserheblichen Tatsache oder eines rechtserheblichen Beweismittels i. d. R. in den Verantwortungsbereich des Steuerpflichtigen mit der Folge, dass eine Änderung des Steuerbescheids nach § 173 Abs. 1 Nr. 1 AO zulässig ist (vgl. BFH-Urteil vom 11.11.1987, I R 108/85, BStBl 1988 II S. 115). Eine entsprechende Änderung scheidet lediglich dann aus, wenn der Verstoß des Finanzamts deutlich überwiegt (BFH-Urteil vom 20.12.1988, VIII R 121/83, BStBl 1989 II S. 585).

4.1.2 Ändert das Finanzamt einen bestandskräftigen Steuerbescheid nach § 173 Abs. 1 Nr. 1 AO, trägt der Steuerpflichtige die objektive Beweislast, wenn er eine Verletzung der Ermittlungspflichten durch das Finanzamt rügt (BFH-Urteil vom 19.5.1998, I R 140/97, BStBl II S. 599).

4.2 Auf neue Tatsachen, die nach § 173 Abs. 1 Nr. 2 AO eine niedrigere Steuerfestsetzung rechtfertigen, sind die in Nr. 4.1 dargestellten Grundsätze nicht anzuwenden (BFH-Urteile vom 13.4.1967, V 57/65, BStBl III S. 519, und vom 26.11.1996, IX R 77/95, BStBl 1997 II S. 422). Hier ist jedoch zu prüfen, ob den Steuerpflichtigen ein grobes Verschulden am nachträglichen Bekanntwerden der neuen Tatsachen trifft (vgl. AEAO zu § 173, Nr. 5).

Wann eine Tatsache nicht zum Nachteil des Steuerpflichtigen als bereits bekannt gelten kann, vgl. AEAO zu § 173, Nr. 2.3.6.

5. Grobes Verschulden des Steuerpflichtigen

5.1 Die Aufhebung oder Änderung eines Steuerbescheids zugunsten des Steuerpflichtigen ist grundsätzlich ausgeschlossen, wenn den Steuerpflichtigen ein grobes Verschulden daran trifft, dass die Tatsachen oder Beweismittel dem Finanzamt erst nachträglich bekannt geworden sind. Als grobes Verschulden hat der Steuerpflichtige Vorsatz und grobe Fahrlässigkeit zu vertreten. Grobe Fahrlässigkeit ist anzunehmen, wenn er die ihm nach seinen persönlichen Verhältnissen zumutbare Sorgfalt in ungewöhnlichem Maße und in nicht entschuldbarer Weise verletzt (BFH-Urteile vom 3.2.1983, IV R 153/80, BStBl II S. 324, und vom 18.5.1988, X R 57/82, BStBl II S. 713). Die objektive Beweislast (Feststellungslast) dafür, dass ihn kein grobes Verschulden trifft, liegt beim Steuerpflichtigen.

5.1.1 Bei der Beurteilung der Schwere der Verletzung dieser Sorgfaltspflicht sind die Gegebenheiten des Einzelfalls und die individuellen Kenntnisse und Fähigkeiten des einzelnen Steuerpflichtigen zu berücksichtigen (BFH-Urteil vom 29.6.1984, VI R 181/80, BStBl II S. 693). So kann die Unkenntnis steuerrechtlicher Bestimmungen allein den Vorwurf groben Verschuldens nicht begründen (BFH-Urteile vom 10.8.1988, IX R 219/84, BStBl 1989 II S. 131, vom 22.5.1992, VI R 17/91, BStBl 1993 II S. 80, und vom 21.9.1993, IX R 63/90, BFH/NV 1994 S. 100). Offensichtliche Versehen und alltägliche Irrtümer, die sich nie ganz vermeiden lassen, wie z. B. Verwechslungen, Schreib-, Rechen- oder Übertragungsfehler rechtfertigen ebenfalls nicht den Vorwurf des groben Verschuldens; es kann aber vorliegen, wenn das Versehen auf einer vorangegangenen Verletzung steuerlicher Pflichten beruht.

5.1.2 Ein grobes Verschulden kann im Allgemeinen angenommen werden, wenn der Steuerpflichtige trotz Aufforderung keine Steuererklärung abgegeben hat (ständige Rechtsprechung, vgl. z. B. BFH-Urteil vom 16.9.2004, IV R 62/02, BStBl 2005 II S. 75 m.w. N.), allgemeine Grundsätze der Buchführung (§§ 145 bis 147 AO) verletzt oder ausdrückliche Hinweise in ihm zugegangenen Vordrucken, Merkblättern oder sonstigen Mitteilungen des Finanzamts nicht beachtet.

5.1.3 Ein Steuerpflichtiger handelt regelmäßig grob schuldhaft, wenn er eine im Steuererklärungsformular ausdrücklich gestellte, auf einen ganz bestimmten Vorgang bezogene Frage nicht beachtet (BFH-Urteile vom 29.6.1984, VI R 181/80, BStBl II S. 693, und vom 10.8.1988, IX R 219/84, BStBl 1989 II S. 131).

5.1.4 Das grobe Verschulden des Steuerpflichtigen am nachträglichen Bekanntwerden steuermindernder Tatsachen oder Beweismittel wird nicht dadurch ausgeschlossen, dass das Finanzamt seinerseits seinen Fürsorge- oder Ermittlungspflichten nicht hinreichend nachgekommen ist (BFH-Urteil vom 9.8.1991, III R 24/87, BStBl 1992 II S. 65). Im Einzelfall kann jedoch ein grobes Verschulden des Steuerpflichtigen zu verneinen sein, wenn die Verletzung der Ermittlungs- und Fürsorgepflichten ursächlich für die verspätete Geltendmachung der steuermindernden Tatsachen oder Beweismittel war, z. B. bei irreführender Auskunftserteilung.

5.2 Bei einer Zusammenveranlagung muss sich jeder Ehegatte bzw. Lebenspartner das grobe Verschulden des anderen Ehegatten/Lebenspartners zurechnen lassen (vgl. BFH-Urteil vom 24.7.1996, I R 62/95, BStBl 1997 II S. 115).

5.3 Nimmt der Steuerpflichtige bei der Erfüllung seiner steuerlichen Pflichten die Hilfe eines Bevollmächtigten oder anderer Hilfspersonen in Anspruch, so muss er sich ein etwaiges grobes Verschulden dieser Personen wie ein eigenes Verschulden zurechnen lassen. So hat der Steuerpflichtige etwa ein grobes Verschulden seines Buchhalters als eigenes Verschulden zu vertreten (vgl. BFH-Urteil vom 18.5.1988, X R 57/82, BStBl II S. 713).

5.4 Der Steuerpflichtige hat ein grobes Verschulden seines steuerlichen Beraters in gleicher Weise zu vertreten wie das Verschulden eines Bevollmächtigten (BFH-Urteile vom 3. 2. 1983, IV R 153/80, BStBl II S. 324, vom 28. 6. 1983, VIII R 37/81, BStBl 1984 II S. 2, vom 25. 11. 1983, VI R 8/82, BStBl 1984 II S. 256, und vom 26. 8. 1987, I R 144/86, BStBl 1988 II S. 109). Bei Festlegung der einem steuerlichen Berater zuzumutenden Sorgfalt ist zu berücksichtigen, dass von einem Angehörigen der steuerberatenden Berufe die Kenntnis und sachgemäße Anwendung der steuerrechtlichen Vorschriften erwartet wird (BFH-Urteil vom 3. 2. 1983, IV R 153/80, BStBl II S. 324). Ein eigenes grobes Verschulden des Steuerpflichtigen kann darin liegen, dass er die von seinem steuerlichen Berater gefertigte Steuererklärung unterschreibt, obwohl ihm bei Durchsicht der Steuererklärung ohne weiteres hätte auffallen müssen, dass steuermindernde Tatsachen oder Beweismittel nicht berücksichtigt worden sind (BFH-Urteil vom 28. 6. 1983, VIII R 37/81, BStBl 1984 II S. 2).

Der steuerliche Berater hat, wenn er Mitarbeiter zur Vorbereitung des Jahresabschlusses und der Steuererklärung einsetzt, Sorgfaltspflichten hinsichtlich der Auswahl seiner Mitarbeiter, der Organisation der Arbeiten in seinem Büro und der Kontrolle der Arbeitsergebnisse der Mitarbeiter (BFH-Urteil vom 26. 8. 1987, I R 144/86, BStBl 1988 II S. 109).

5.5 Bei der Frage des groben Verschuldens ist auch der Zeitraum einzubeziehen, in dem nach Durchführung der Steuerveranlagung der Bescheid noch änderbar ist (BFH-Urteil vom 21. 2. 1991, V R 25/87, BStBl II S. 496: Vortrag steuermindernder Tatsachen bis zur Bekanntgabe der Einspruchsentscheidung). Ein dem Steuerpflichtigen zuzurechnendes grobes Verschulden i. S. d. § 173 Abs. 1 Nr. 2 AO kann daher auch darin bestehen, dass er es unterlassen hat, gegen einen Steuerbescheid Einspruch einzulegen, obwohl sich ihm innerhalb der Einspruchsfrist die Geltendmachung bisher nicht vorgetragener Tatsachen hätte aufdrängen müssen (BFH-Urteile vom 25. 11. 1983, VI R 8/82, BStBl 1984 II S. 256, und vom 4. 2. 1998, XI R 47/97, BFH/NV S. 682).

5.6 Bei Beantwortung der Frage, ob die Unterlassung bestimmter steuerrelevanter Angaben in der Steuererklärung auf einem groben Verschulden des Steuerpflichtigen, einem entschuldbaren mechanischen Versehen (z. B. Übertragungsfehler) oder einem entschuldbaren Rechtsirrtum infolge mangelnder Kenntnis steuerrechtlicher Vorschriften beruht, ist nicht zwischen Steuererklärungen auf Papier und elektronisch erstellten Steuererklärungen zu unterscheiden. Wird die Steuererklärung elektronisch zum Beispiel mithilfe des Programms ElsterFormular erstellt, kann der Steuerpflichtige bei Erfassung der Daten anhand der gewohnten Formularoberfläche vom kompletten Steuererklärungsvordruck und allen dort gestellten Fragen Kenntnis nehmen; darüber hinaus wird auch eine Hilfefunktion im Umfang der amtlichen Anleitung geboten. Unerheblich ist daher, dass in der komprimierten Steuererklärung nur ein Ausdruck der tatsächlich erfassten und übermittelten Daten erfolgt.

6. Unbeachtlichkeit des Verschuldens des Steuerpflichtigen

6.1 Das Verschulden des Steuerpflichtigen ist nach § 173 Abs. 1 Nr. 2 Satz 2 AO unbeachtlich, wenn die Tatsachen oder Beweismittel, die zu einer niedrigeren Steuer führen, in einem unmittelbaren oder mittelbaren Zusammenhang mit neuen Tatsachen oder Beweismitteln stehen, die zu einer höheren Steuer führen. Stehen die steuermindernden Tatsachen mit steuererhöhenden Tatsachen im Zusammenhang, sind die steuermindernden Tatsachen nicht nur bis zur steuerlichen Auswirkung der steuererhöhenden Tatsachen, sondern uneingeschränkt zu berücksichtigen (BFH-Urteil vom 2. 8. 1983, VIII R 190/80, BStBl 1984 II S. 4). Ein derartiger Zusammenhang ist gegeben, wenn eine zu einer höheren Besteuerung führende Tatsache die zur Steuerermäßigung führende Tatsache ursächlich bedingt, so dass der steuererhöhende Vorgang nicht ohne den steuermindernden Vorgang denkbar ist (BFH-Urteile vom 28. 3. 1985, IV R 159/82, BStBl 1986 II S. 120, vom 5. 8. 1986, IX R 13/81, BStBl 1987 II S. 297, und vom 8. 8. 1991, V R 106/88,

BStBl 1992 II S. 12). Ein rein zeitliches Zusammentreffen von steuererhöhenden und steuermindernden Tatsachen reicht nicht aus (BFH-Urteil vom 28. 3. 1985, IV R 159/82, a. a. O.).

6.2 Wird dem Finanzamt nachträglich bekannt, dass der Steuerpflichtige nicht erklärte Einkünfte einer bestimmten Einkunftsart erzielt hat, so stellt die Höhe dieser Einkünfte die für die Anwendung des § 173 Abs. 1 Nr. 1 oder Nr. 2 AO relevante Tatsache dar (BFH-Urteil vom 1. 10. 1993, III R 58/92, BStBl 1994 II S. 346). Dies gilt auch dann, wenn das Finanzamt die Einkünfte zunächst geschätzt hat (BFH-Urteil vom 24. 4. 1991, XI R 28/89, BStBl II S. 606). Eine Aufspaltung dieser Einkünfte in steuererhöhende Einnahmen oder Vermögensmehrungen einerseits und steuermindernde Ausgaben oder Vermögensminderungen andererseits im Hinblick auf § 173 Abs. 1 Nr. 2 Satz 2 AO ist nicht zulässig.

6.3 Bei der Umsatzsteuer sind Tatsachen, die eine Erhöhung der Umsatzsteuer begründen, und Tatsachen, die eine höhere Vorsteuer begründen, getrennt zu beurteilen. Ein Zusammenhang zwischen nachträglich bekannt gewordenen Umsätzen und nachträglich bekannt gewordenen Leistungen an den Unternehmer i. S. d. § 173 Abs. 1 Nr. 2 Satz 2 AO besteht nur insoweit, als die Eingangsleistungen zur Ausführung der nachträglich bekannt gewordenen Umsätze verwendet wurden (BFH-Urteile vom 8. 8. 1991, V R 106/88, BStBl 1992 II S. 12, und vom 19. 10. 1995, V R 60/92, BStBl 1996 II S. 149). Dies gilt allerdings nur, soweit diese Umsätze zum Vorsteuerabzug berechtigen; soweit die nachträglich bekannt gewordenen Vorsteuerbeträge hingegen mit nachträglich bekannt gewordenen steuerfreien oder nichtsteuerbaren Umsätzen in Zusammenhang stehen, sind die Voraussetzungen des § 173 Abs. 1 Nr. 2 Satz 2 AO nicht erfüllt.

Hat das Finanzamt bei einer Schätzung der Umsatzsteuer davon abgesehen, die Steuer auf der Grundlage des Ansatzes einer Vielzahl einzelner Umsätze mit jeweils genau bezifferter Bemessungsgrundlage zu ermitteln, können die nachträglich bekannt gewordenen Vorsteuerbeträge im Schätzungsweg entsprechend dem Verhältnis der nachträglich erklärten und der ursprünglich vom Finanzamt geschätzten steuerpflichtigen Umsätze berücksichtigt werden, es sei denn, es liegen Anhaltspunkte dafür vor, dass weniger oder mehr Vorsteuerbeträge im Zusammenhang mit den nachträglich bekannt gewordenen Umsätzen stehen, als sich nach dieser Aufteilung ergibt (BFH-Urteil vom 19. 10. 1995, V R 60/92, BStBl 1996 II S. 149).

7. Änderung von Schätzungsveranlagungen

7.1 Eine auf einer Schätzung beruhende Veranlagung kann nach § 173 Abs. 1 Nr. 1 AO durch eine höhere Schätzungsveranlagung ersetzt werden, wenn nachträglich Schätzungsunterlagen festgestellt werden, bei deren rechtzeitigem Bekanntsein das Finanzamt die Schätzung in anderer Weise vorgenommen hätte. Die Änderung der ursprünglichen Schätzungsveranlagung ist dabei nur im Ausmaß der nachträglich bekannt gewordenen Schätzungsunterlagen zulässig. Das bisherige Schätzungsverfahren ist nach Möglichkeit fortzuführen, ggf. zu verfeinern. Ein Wechsel der Schätzungsmethode kommt lediglich dann in Betracht, wenn die bisherige Methode angesichts der neuen Schätzungsunterlagen versagt (BFH-Urteil vom 2. 3. 1982, VIII R 225/80, BStBl 1984 II S. 504).

Die Ersetzung einer Schätzungsveranlagung durch eine höhere Schätzungsveranlagung ist auch zulässig, wenn aufgrund einer nachträglichen Vermögenszuwachsrechnung ein gegenüber der ursprünglichen Schätzung wesentlich höherer Gewinn festgestellt wird (BFH-Urteile vom 24. 10. 1985, IV R 75/84, BStBl 1986 II S. 233, und vom 29. 10. 1987, IV R 69/85, BFH/NV 1988 S. 346). Dies gilt auch für den Fall, dass es sich bei der ursprünglichen Schätzung um eine Schätzung nach Richtsätzen für einen nicht buchführenden, jedoch buchführungspflichtigen Landwirt handelt (BFH-Urteile vom 3. 10. 1985, IV R 197/83, BFH/NV 1987 S. 477, und vom 24. 10. 1985, IV R 170/84, BFH/NV 1987 S. 545).

7.2 Nachträglich bekannt gewordene Tatsachen, die zu einer niedrigeren Steuer führen, liegen nach einer vorausgegangenen Gewinnschätzung dann vor, wenn sich aus der Gesamtwürdigung der neuen Tatsachen, also dem gemeinsamen Ergebnis von Betriebseinnahmen und Betriebsausgaben, eine niedrigere Steuer ergibt (BFH-Urteil vom 28.3.1985, IV R 159/82, BStBl 1986 II S. 120; vgl. AEAO zu § 173, Nr. 6.2). Eine Änderung nach § 173 Abs. 1 Nr. 2 AO ist in diesen Fällen demzufolge nur zulässig, wenn den Steuerpflichtigen am nachträglichen Bekanntwerden der Tatsachen kein grobes Verschulden trifft (vgl. AEAO zu § 173, Nr. 5).

7.3 Hat das Finanzamt den laufenden Gewinn und den Veräußerungsgewinn (§ 16 EStG) geschätzt, so sind die nachträglich bekannt gewordenen tatsächlichen Gewinnbeträge (laufender Gewinn und Veräußerungsgewinn) je eine Tatsache i. S. d. § 173 Abs. 1 AO (BFH-Urteil vom 30.10.1986, III R 163/82, BStBl 1987 II S. 161).

7.4 Zur Schätzung der Umsatzsteuer vgl. AEAO zu § 173, Nr. 6.3.

8. Änderungssperre (§ 173 Abs. 2 AO)

8.1 Steuerbescheide, die aufgrund einer Außenprüfung ergangen sind, können wegen neuer Tatsachen oder Beweismittel nach § 173 Abs. 1 AO nur geändert werden, wenn eine Steuerhinterziehung oder leichtfertige Steuerverkürzung vorliegt (Änderungssperre nach § 173 Abs. 2 AO). Durch die Regelung in § 173 Abs. 2 Satz 1 AO wird solchen Steuerbescheiden eine erhöhte Bestandskraft zugemessen, weil durch die Außenprüfung die steuerlich erheblichen Sachverhalte ausgiebig hätten geprüft werden können. Die Änderungssperre wirkt auch dann, wenn nach einer Außenprüfung Tatsachen oder Beweismittel bekannt werden, die zu einer niedrigeren Steuer führen würden (BFH-Urteile vom 29.1.1987, IV R 96/85, BStBl II S. 410, und vom 11.12.1997, V R 56/94, BStBl 1998 II S. 367). Die Änderungssperre bezieht sich nur auf Änderungen i. S. v. § 173 Abs. 1 AO, nicht aber auf Änderungen, die aufgrund anderer Vorschriften erfolgen (vgl. BFH-Urteil vom 4.11.1992, XI R 32/91, BStBl 1993 II S. 425).

8.2 Der Umfang der Änderungssperre richtet sich nach dem Inhalt der Prüfungsanordnung (BFH-Urteile vom 12.10.1994, XI R 75/93, BStBl 1995 II S. 289, und vom 11.2.1998, I R 82/97, BStBl II S. 552).

8.2.1 Im Fall der Beschränkung der Außenprüfung auf bestimmte Steuerarten, Besteuerungszeiträume oder Sachverhalte (§ 194 Abs. 1 Satz 2 AO) umfasst die Änderungssperre daher nur den in der Prüfungsanordnung genannten Teil der Besteuerungsgrundlagen. Wenn andererseits das tatsächliche Prüfungsverhalten über die Prüfungsanordnung hinausgeht, wird hierdurch keine Änderungssperre nach § 173 Abs. 2 AO ausgelöst (BFH-Urteil vom 11.2.1998, I R 82/97, BStBl II S. 552).

8.2.2 Der Eintritt der Änderungssperre ist nicht davon abhängig, ob der Außenprüfer die betreffenden Vorgänge tatsächlich geprüft hat, ob er sie aus rechtlichen Erwägungen von sich aus nicht aufgegriffen hat oder ob er sie in Übereinstimmung mit der damaligen Verwaltungsauffassung unbeanstandet gelassen hat (BFH-Urteil vom 4.2.1987, I R 58/86, BStBl 1988 II S. 215).

8.2.3 Eine Umsatzsteuer-Sonderprüfung, durch welche auf der Grundlage eingereichter Umsatzsteuer-Voranmeldungen „insbesondere der Vorsteuerabzug" geprüft wird, bewirkt keine Änderungssperre (BFH-Urteil vom 11.11.1987, X R 54/82, BStBl 1988 II S. 307).

8.3 Steuerbescheide sind i. S. d. § 173 Abs. 2 AO auch dann aufgrund einer Außenprüfung ergangen, wenn diese lediglich die in einer Selbstanzeige gemachten Angaben des Steuerpflichtigen bestätigt hat (BFH-Urteil vom 4.12.1986, IV R 312/84, BFH/NV 1987 S. 214).

8.4 Außenprüfung i. S. d. § 173 Abs. 2 AO ist jede Prüfung nach §§ 193 bis 203 AO.
Eine Außenprüfung kann auch von der Steuerfahndung durchgeführt werden (§ 208 Abs. 2 Nr. 1 AO). Führt die Steuerfahndung auf der Grundlage einer Prüfungsanordnung

A. I. Zu § 173 AO

eine Außenprüfung nach den §§ 193 bis 203 AO durch, gelten uneingeschränkt die Vorschriften über die Außenprüfung. Eine von der Steuerfahndung durchgeführte Außenprüfung hat dementsprechend auch im Hinblick auf die Änderungssperre des § 173 Abs. 2 AO die Wirkung einer Außenprüfung. Ermittlungshandlungen der Steuerfahndung im Zusammenhang mit der Erforschung von Steuerstraftaten und Steuerordnungswidrigkeiten nach § 208 Abs. 1 Nr. 2 AO und Maßnahmen der Steuerfahndung auf der Grundlage von § 208 Abs. 1 Nr. 1 und 3 AO lassen dagegen die Änderungssperre des § 173 Abs. 2 AO nicht eintreten (BFH-Urteil vom 11. 12. 1997, V R 56/94, BStBl 1998 II S. 367).

8.5 Die Änderungssperre gilt auch in den Fällen, in denen eine Mitteilung nach § 202 Abs. 1 Satz 3 AO über eine ergebnislose Prüfung ergangen ist. Eine solche Mitteilung ist jedoch kein Verwaltungsakt, der eine allgemeine Änderungssperre für die in der vorangegangenen Außenprüfung festgestellten Sachverhalte auslöst. Sie hindert unter den Voraussetzungen des § 173 Abs. 2 AO nur die Änderung eines Steuerbescheids nach § 173 Abs. 1 AO. Der Änderung des Bescheids aufgrund einer anderen Vorschrift (z. B. § 164 Abs. 2 AO) steht sie nicht entgegen (BFH-Urteile vom 29. 4. 1987, I R 118/83, BStBl 1988 II S. 168, und vom 14. 9. 1993, VIII R 9/93, BStBl 1995 II S. 2).

Die Wirkung einer Mitteilung nach § 202 Abs. 1 Satz 3 AO hat auch der Vermerk im Prüfungsbericht, dass für den betreffenden Besteuerungszeitraum oder die betreffende Steuerart „keine Änderung" eintritt (BFH-Urteil vom 14. 12. 1989, III R 158/85, BStBl 1990 II S. 283), es sei denn, dass sich der Vermerk auf einen Besteuerungszeitraum bezieht, für den die Steuer unter Vorbehalt der Nachprüfung festgesetzt ist. In diesem Fall tritt die Änderungssperre erst dann ein, wenn der Vorbehalt der Nachprüfung nach § 164 Abs. 3 Satz 3 AO durch förmlichen Bescheid aufgehoben wird.

8.6 Zur Frage der Feststellung, ob Steuern hinterzogen oder leichtfertig verkürzt worden sind, vgl. AEAO zu § 169, Nr. 2.1 und 2.2.

Die Änderungssperre wird auch dann durchbrochen, wenn der Adressat des Steuerbescheids selbst nicht der Täter oder Teilnehmer der Steuerhinterziehung oder leichtfertigen Verkürzung ist (vgl. BFH-Urteil vom 14. 12. 1994, XI R 80/92, BStBl 1995 II S. 293).

9. Umfang der Änderung

Eine Änderung nach § 173 AO ist nur soweit zulässig, wie sich die neuen Tatsachen oder Beweismittel auswirken (punktuelle Änderung). Sonstige Fehler können nur im Rahmen des § 177 AO berücksichtigt werden (vgl. AEAO zu § 177).

10. Anwendung des § 173 AO in Feststellungsfällen

10.1 Nach § 181 Abs. 1 Satz 1 AO gilt § 173 AO für die gesonderte Feststellung von Besteuerungsgrundlagen sinngemäß. Bei einem Feststellungsbescheid kommt es demzufolge für die Frage der Zulässigkeit einer Änderung nach § 173 Abs. 1 AO darauf an, ob die neuen Tatsachen oder Beweismittel sich zu Gunsten oder zu Ungunsten des Steuerpflichtigen auswirken, dem der Gegenstand der Feststellung zuzurechnen ist. Dabei kommt es nur auf die Änderungen der festgestellten Besteuerungsgrundlagen selbst an, nicht auf die steuerlichen Auswirkungen in den Folgebescheiden (vgl. BFH-Urteil vom 24. 6. 2009, IV R 55/06, BStBl II S. 950).

10.2 Hierbei ist zu unterscheiden, ob die Feststellung auf einen Betrag oder auf eine Eigenschaft/rechtliche Qualifikation lautet.

10.2.1 Lautet eine gesonderte Feststellung auf einen in Euro bemessenen Betrag (Wert, Einkünfte etc.), ist bei Anwendung des § 173 Abs. 1 AO auf die Änderungen dieses Betrags abzustellen. Erfolgt eine gesonderte Feststellung auch einheitlich (§ 179 Abs. 2 Satz 2 AO), ist hierbei nicht auf die Verhältnisse der Gesellschaft/Gemeinschaft insgesamt, sondern auf die Verhältnisse jedes einzelnen Feststellungsbeteiligten individuell abzustellen.

Bei einer nachträglich bekannt gewordenen, steuerrechtlich beachtlichen Gewinnverteilungsabrede sind die Voraussetzungen des § 173 Abs. 1 Nr. 1 AO erfüllt, soweit sich die Gewinnanteile erhöhen. Der Bescheid ist nach § 173 Abs. 1 Nr. 2 AO zu ändern, soweit sich die Gewinnanteile verringern. Auf ein grobes Verschulden am nachträglichen Bekanntwerden einer Gewinnverteilungsabrede kommt es dabei nach § 173 Abs. 1 Nr. 2 Satz 2 AO nicht an, weil die nachträglich bekannt gewordene Gewinnverteilungsabrede zugleich bei dem Feststellungsbeteiligten, dessen Gewinnanteil sich erhöht, eine Tatsache i. S. d. § 173 Abs. 1 Nr. 1 AO ist (BFH-Urteil vom 24. 6. 2009, IV R 55/06, BStBl II S. 950).

10.2.2   Werden zu einer Feststellung, die nicht betragsmäßige Besteuerungsgrundlagen, sondern eine Eigenschaft oder rechtliche Bewertung zum Gegenstand hat (z. B. Art der Einkünfte, Grundstücksart, Zurechnung des Grundstücks), neue Tatsachen oder Beweismittel bekannt, findet § 173 Abs. 1 Nr. 2 AO Anwendung, wenn der Steuerpflichtige die Änderung des Feststellungsbescheids begehrt. In diesem Fall ist die Änderung daher nur zulässig, wenn den Steuerpflichtigen kein grobes Verschulden am nachträglichen Bekanntwerden der Tatsachen oder Beweismittel trifft; § 173 Abs. 1 Nr. 2 Satz 2 AO bleibt unberührt. § 173 Abs. 1 Nr. 1 AO kommt dagegen zur Anwendung, wenn das Finanzamt von Amts wegen tätig wird (vgl. das zur Frage der Änderung der Artfeststellung für ein Grundstück ergangene BFH-Urteil vom 16. 9. 1987, II R 178/85, BStBl 1988 II S. 174).

Zu § 173a – Schreib- oder Rechenfehler bei Erstellung einer Steuererklärung:

1. § 173a AO ermöglicht eine Änderung der Steuerfestsetzung, soweit der Steuerpflichtige auf Grund eines (bei Erstellung der Steuererklärung aufgetretenen) Schreib- oder Rechenfehlers der Finanzbehörde bestimmte Tatsachen unzutreffend (d. h. fehlerhaft) mitgeteilt hat und diese Tatsachen nach den Verhältnissen zum Zeitpunkt des Erlasses des Steuerbescheids rechtserheblich waren.

   Schreibfehler sind insbesondere Rechtschreibfehler, Wortverwechselungen oder Wortauslassungen oder fehlerhafte Übertragungen.

   Rechenfehler sind insbesondere Fehler bei der Addition, Subtraktion, Multiplikation oder Division sowie bei der Prozentrechnung.

   Ein solcher Schreib- oder Rechenfehler muss durchschaubar, eindeutig oder augenfällig sein. Das ist dann der Fall, wenn der Fehler bei Offenlegung des Sachverhalts für jeden unvoreingenommenen Dritten klar und deutlich als Schreib- oder Rechenfehler erkennbar ist und kein Anhaltspunkt dafür erkennbar ist, dass eine unrichtige Tatsachenwürdigung, ein Rechtsirrtum oder ein Rechtsanwendungsfehler vorliegt.

   Das schlichte Vergessen eines Übertrags selbst ermittelter Besteuerungsgrundlagen in die Steuererklärung ist kein Schreib- oder Rechenfehler i. S. d. § 173a AO. In derartigen Fällen kann aber eine nachträglich bekannt gewordene Tatsache i. S. d. § 173 Abs. 1 AO vorliegen.

2. § 173a AO ist erstmals auf Verwaltungsakte anzuwenden, die nach dem 31. 12. 2016 erlassen worden sind (Art. 97 § 9 Abs. 4 EGAO). Für Altfälle vgl. Nr. 4 Abs. 2 des AEAO zu § 129.

Zu § 174 – Widerstreitende Steuerfestsetzungen:

1. Allgemeines

1.1 Die Vorschrift eröffnet die Möglichkeit, Vorteile und Nachteile auszugleichen, die sich durch Steuerfestsetzungen ergeben haben, die inhaltlich einander widersprechen. Sie bietet insoweit die gesetzliche Grundlage für die Änderung einer oder beider Festsetzungen (§ 172 Abs. 1 Satz 1 Nr. 2 Buchstabe d AO).

A. I. Zu § 174 AO

1.2 Unter einem bestimmten Sachverhalt i. S. d. § 174 AO ist der einzelne Lebensvorgang zu verstehen, an den das Gesetz steuerliche Folgen knüpft. Der Begriff erfasst nicht nur einzelne steuererhebliche Tatsachen, sondern den einheitlichen, für die Besteuerung maßgeblichen Sachverhaltskomplex (ständige BFH-Rechtsprechung; vgl. z. B. Urteil vom 16. 4. 2013, IX R 22/11, BStBl 2016 II S. 432). Im Rahmen des § 174 AO muss der dem geänderten sowie der dem zu ändernden Steuerbescheid zugrunde liegende Sachverhalt übereinstimmen. Übereinstimmung setzt jedoch keine vollständige Identität voraus (BFH-Urteil vom 19. 8. 2015, X R 50/13, BFH/NV 2016 S. 603).

Mehrere Sachverhaltselemente bilden dann einen einheitlichen Lebensvorgang und Sachverhaltskomplex, wenn die betreffenden Sachverhaltselemente einen inneren Zusammenhang aufweisen (vgl. BFH-Urteil vom 12. 2. 2015, V R 38/13, BFH/NV S. 877 m. w. N.).

1.3 Die als Steuerfestsetzung unter dem Vorbehalt der Nachprüfung (§ 164 AO) wirkende Steueranmeldung (§ 168 AO) steht einem Steuerbescheid i. S. d. § 174 AO gleich (vgl. BFH-Urteile vom 19. 12. 2013, V R 5/12, BStBl 2016 II S. 585, und V R 7/12, BFH/NV 2014 S. 1130).

2. Zu § 174 Abs. 1 AO

Nach § 174 Abs. 1 AO ist ein Steuerbescheid aufzuheben oder zu ändern, wenn ein bestimmter Sachverhalt mehrfach zuungunsten eines oder mehrerer Steuerpflichtiger berücksichtigt worden ist, obwohl er nur einmal hätte berücksichtigt werden dürfen. Hierbei kann es sich um Fälle handeln, in denen z. B. dieselbe Einnahme irrtümlich verschiedenen Steuerpflichtigen, verschiedenen Steuern oder verschiedenen Besteuerungszeiträumen zugeordnet worden ist. Auch die Fälle, in denen mehrere Finanzämter gegen denselben Steuerpflichtigen für dieselbe Steuer und denselben Besteuerungszeitraum Steuerbescheide erlassen haben, fallen hierunter.

Der fehlerhafte Steuerbescheid ist in den Fällen des § 174 Abs. 1 AO nur auf Antrag aufzuheben oder zu ändern. Hat der Steuerpflichtige fälschlich nur einen Antrag auf Änderung des rechtmäßigen Steuerbescheids gestellt, ist der Antrag allgemein als Antrag auf Beseitigung der widerstreitenden Festsetzung zu behandeln. Die Antragsfrist (§ 174 Abs. 1 Satz 2 AO) ist eine gesetzliche Frist i. S. d. § 110 AO. Über den fristgerecht gestellten Antrag kann auch noch nach Ablauf der Jahresfrist entschieden werden.

3. Zu § 174 Abs. 2 AO

§ 174 Abs. 2 AO regelt in entsprechender Anwendung des § 174 Abs. 1 AO die Fälle, dass ein bestimmter Sachverhalt mehrfach zugunsten eines oder mehrerer Steuerpflichtiger berücksichtigt worden ist. Die Änderung des fehlerhaften Steuerbescheids ist von Amts wegen vorzunehmen. Eine Änderung nach § 174 Abs. 2 AO ist nicht auf den Fall der irrtümlichen Doppelberücksichtigung eines bestimmten Sachverhaltes beschränkt, sie kommt auch bei bewusst herbeigeführten widerstreitenden Steuerfestsetzungen in Betracht (vgl. BFH-Urteil vom 6. 9. 1995, XI R 37/95, BStBl 1996 II S. 148).

Unter den Begriff des Antrages oder einer Erklärung des Steuerpflichtigen i. S. d. Vorschrift fallen auch formlose Mitteilungen und Auskünfte außerhalb des Steuererklärungsvordrucks (vgl. BFH-Urteil vom 13. 11. 1996, XI R 61/96, BStBl 1997 II S. 170) sowie für den Beteiligten von Dritten abgegebene Erklärungen (z. B. im Rahmen des § 80 Abs. 1 und 4 AO, § 200 Abs. 1 AO).

4. „Widerstreit" im Sinne des § 174 Abs. 1 und 2 AO

Ein „Widerstreit" i. S. d. § 174 Abs. 1 und 2 AO setzt voraus, dass die in verschiedenen Steuerbescheiden vorgenommenen Feststellungen bzw. Besteuerungen aufgrund der materiellen Rechtslage nicht miteinander vereinbar sind. Sie stehen im Widerspruch zueinander, da nur einer der beiden Steuerbescheide und die darin angeordnete Rechtsfolge zutreffend sein kann. Nach materiellem Recht muss sich die mehrfache Erfassung eines bestimmten Sachverhaltes zwingend ausschließen.

5. Unionskonforme Auslegung des § 174 Abs. 1 und 2 AO

In unionskonformer Auslegung des § 174 Abs. 1 und 2 AO kann auch ein Steuerbescheid, der von einer Finanzbehörde eines anderen Mitgliedstaates der Europäischen Union oder eines Staates, auf den das Abkommen über den Europäischen Wirtschaftsraum (EWR-Abkommen) Anwendung findet, erlassen wurde, eine widerstreitende Steuerfestsetzung i. S. d. § 174 Abs. 1 oder 2 AO begründen (BFH-Urteil vom 9. 5. 2012, I R 73/10, BStBl 2013 II S. 566). Die Änderung eines inländischen Steuerbescheids nach § 174 Abs. 1 oder 2 AO setzt voraus, dass eine aus innerstaatlicher Sicht rechtswidrige/fehlerhafte Behandlung des Sachverhaltes im inländischen Steuerbescheid vorliegt. Ein rechtmäßiger Steuerbescheid kann nicht nach § 174 Abs. 1 oder 2 AO geändert werden (vgl. BFH-Urteil vom 17. 6. 2006, II R 48/04, BFH/NV S. 1611 m. w. N.). Auch eine später eingetretene Rechtswidrigkeit aufgrund rückwirkender geänderter Rechtslage (neue oder geänderte Rechtsnorm) oder rückwirkender Ereignisse berechtigt nicht zu einer Änderung nach § 174 Abs. 1 und 2 AO.

Bei einem Antrag auf Änderung eines von einer inländischen Finanzbehörde erlassenen Steuerbescheids zugunsten eines Steuerpflichtigen liegt die objektive Feststellungslast im Hinblick auf den ausländischen Steuerbescheid bei dem Steuerpflichtigen. Zudem trifft ihn insoweit eine erhöhte Mitwirkungspflicht (§ 90 Abs. 2 AO).

Beispiel:
Die inländische Finanzbehörde hat bei der Festsetzung der Einkommensteuer Einkünfte als steuerpflichtig berücksichtigt. Der Einkommensteuerbescheid wird bestandskräftig. Der Steuerpflichtige beantragt ein Jahr später die Änderung dieses Einkommensteuerbescheids, da die fraglichen Einkünfte auch in den Niederlanden versteuert worden seien.
Zu prüfen ist zunächst, ob Deutschland insoweit ein Besteuerungsrecht hatte. Wenn dies zu verneinen ist, muss als weitere Voraussetzung eine mehrfache und mit dem materiellen Recht unvereinbare Berücksichtigung dieser Einkünfte in verschiedenen Steuerbescheiden vorliegen. Der Steuerpflichtige hat zum einen darzulegen, dass die Besteuerung im Inland rechtswidrig bzw. fehlerhaft war, und zum anderen nachzuweisen, dass eine Besteuerung des Sachverhalts in den Niederlanden stattgefunden hat.
Nach § 174 Abs. 1 AO ist der inländische Einkommensteuerbescheid zu ändern, wenn dieser aus innerstaatlicher Sicht rechtswidrig/fehlerhaft war und tatsächlich eine Besteuerung des gleichen Sachverhaltes (Einkünfte) in den Niederlanden stattgefunden hat.

§ 174 Abs. 1 und 2 AO findet keine Anwendung bei Unstimmigkeiten zwischen den Vertragsstaaten über die Ausübung von Besteuerungsrechten (z. B. Verrechnungspreisfälle, Cash-Pooling, konkurrierende Besteuerungen bzw. Anwendung von Rückfallklauseln etc.). Die Regelungen des § 174 AO stehen auch nicht in Konkurrenz bzw. Widerspruch zu Verständigungs- oder Schiedsverfahren nach den DBA; vgl. dazu auch § 175a AO.

6. Zu § 174 Abs. 3 AO

§ 174 Abs. 3 AO erfasst die Fälle, in denen bei einer Steuerfestsetzung ein bestimmter Sachverhalt in der erkennbaren Annahme nicht berücksichtigt worden ist, dass der Sachverhalt nur Bedeutung für eine andere Steuer, einen anderen Besteuerungszeitraum oder einen anderen Steuerpflichtigen habe. Dieser andere Bescheid muss nicht notwendigerweise schon erlassen worden sein oder später erlassen werden (vgl. BFH-Urteil vom 29. 5. 2001, VIII R 19/00, BStBl II S. 743). Der Anwendung des § 174 Abs. 3 AO steht auch nicht entgegen, dass die Finanzbehörde in der (erkennbaren) Annahme, ein bestimmter Sachverhalt sei in einem anderen Steuerbescheid zu berücksichtigen, zunächst überhaupt keinen Steuerbescheid erlässt (BFH-Urteil vom 23. 5. 1996, IV R 49/95, BFH/NV 1997 S. 89).

Die Annahme, der bestimmte Sachverhalt sei in einem anderen Steuerbescheid zu erfassen, muss für den Steuerpflichtigen erkennbar und für die Nichtberücksichtigung kausal geworden sein. Die Erkennbarkeit ist gegeben, wenn der Steuerpflichtige die (später als fehlerhaft erkannte) Annahme des Finanzamts auch ohne entsprechenden Hinweis aus dem gesamten Sachverhaltsablauf allein aufgrund verständiger Würdigung des fehlerhaften Bescheids erkennen konnte (BFH-Urteil vom 21.12.1984, III R 75/81, BStBl 1985 II S. 283, und BFH-Beschluss vom 15.10.1998, IV B 15/98, BFH/NV 1999 S. 449). An der Kausalität fehlt es dagegen, wenn die Nichtberücksichtigung darauf beruht, dass das Finanzamt von dem bestimmten Sachverhalt gar keine Kenntnis hatte oder annahm, dieser Sachverhalt sei – jetzt und auch später – ohne steuerliche Bedeutung (BFH-Urteil vom 29.5.2001, VIII R 19/00, a.a.O.).

Beispiel:
Die Finanzbehörde hat bei der Festsetzung der Einkommensteuer am 31.12. entstandene Aufwendungen nicht zum Abzug als Sonderausgaben zugelassen, weil sie der Auffassung war, dass die Sonderausgaben erst im nächsten Veranlagungszeitraum abzugsfähig seien (§ 11 Abs. 1 Satz 2 EStG). Stellt sich die Annahme später als unrichtig heraus, so kann die Steuerfestsetzung, bei der die Berücksichtigung des Sachverhaltes unterblieben ist, insoweit, trotz etwa eingetretener Bestandskraft noch geändert werden, zeitlich jedoch nur bis zum Ablauf der für die andere Steuerfestsetzung laufenden Festsetzungsfrist.

Die irrige Annahme, der Sachverhalt sei in einem anderen Steuerbescheid zu berücksichtigen, muss von dem für die Steuerfestsetzung zuständigen Amtsträger gemacht worden sein (vgl. BFH-Urteil vom 29.5.2001, VIII R 19/00, a.a.O.).

7. Zu § 174 Abs. 4 AO

7.1 § 174 Abs. 4 AO ergänzt die Regelung des § 174 Abs. 3 AO um die Fälle, in denen eine Steuerfestsetzung auf Antrag oder im Rechtsbehelfsverfahren zugunsten des Steuerpflichtigen geändert worden ist.

7.2 Der Änderung nach § 174 Abs. 4 AO steht nicht entgegen, dass der gleiche Sachverhalt sowohl in dem zugunsten des Steuerpflichtigen geänderten Steuerbescheid als auch in dem zu ändernden Bescheid steuerlich zu berücksichtigen ist (vgl. BFH-Urteil vom 18.2.1997, VIII R 54/95, BStBl II S. 647). Bei der Anwendung der Vorschrift ist zu berücksichtigen, dass § 174 Abs. 4 AO den Ausgleich einer zugunsten des Steuerpflichtigen eingetretenen Änderung bezweckt. Derjenige, der erfolgreich für seine Rechtsansicht gestritten hat, muss auch die damit verbundenen Nachteile hinnehmen.

7.3 **Beispiele:**
   a) Die Finanzbehörde hat einen Veräußerungsgewinn bei der Festsetzung der Einkommensteuer erfasst. Der Steuerpflichtige macht im Rechtsbehelfsverfahren mit Erfolg geltend, dass der Veräußerungsgewinn erst im folgenden Veranlagungszeitraum zu berücksichtigen sei. Unter den Voraussetzungen des § 174 Abs. 4 AO kann die Erfassung des Veräußerungsgewinns in dem folgenden Veranlagungszeitraum nachgeholt werden, auch wenn die hierfür maßgebliche Steuerfestsetzung bereits unanfechtbar geworden ist oder die Festsetzungsfrist bereits abgelaufen war.
   b) Der Steuerpflichtige erreicht wegen eines in einem Veranlagungszeitraum erzielten Einnahmeüberschusses eine geänderte Beurteilung der Einkünfteerzielungsabsicht und damit der Berücksichtigung des Werbungskostenüberschusses in den angefochtenen Steuerbescheiden. Das Finanzamt kann den bisher unberücksichtigt gebliebenen Einnahmeüberschuss nachträglich durch Änderung des für diesen Veranlagungszeitraum bestandskräftig gewordenen Steuerbescheids nach § 174 Abs. 4 AO erfassen (vgl. BFH-Urteil vom 18.2.1997, VIII R 54/95, a.a.O.).

7.4 § 174 Abs. 4 AO lässt es hingegen nicht zu, dass die durch Rechtsbehelf oder sonstigen Antrag erwirkte Änderung eines Bescheides zugunsten des Steuerpflichtigen auf bestandskräftige andere Bescheide – ebenfalls zugunsten des Steuerpflichtigen – übertragen wird (BFH-Urteil vom 10.3.1999, XI R 28/98, BStBl II S. 475).

8. Änderung nach § 174 Abs. 4 i.V. m. Abs. 5 AO zu Lasten eines Dritten

8.1 Nach § 174 Abs. 4 i.V. m. Abs. 5 AO können zur Richtigstellung einer irrigen Beurteilung eines bestimmten Sachverhalts steuerrechtliche Folgen auch zu Lasten eines bereits bestandskräftig beschiedenen Dritten gezogen werden.

8.2　Dritter ist, wer im ursprünglichen Bescheid nicht als Inhaltsadressat (vgl. AEAO zu § 122, Nr. 1.3.1) angegeben war (vgl. BFH-Urteil vom 8.2.1995, I R 127/93, BStBl II S. 764). So ist im Besteuerungsverfahren der Organträgerin die Organgesellschaft regelmäßig Dritte i. S. v. § 174 Abs. 4 i. V. m. Abs. 5 AO (BFH-Urteil vom 19.12.2013, V R 5/12, BStBl 2016 II S. 585). Sie ist dann nicht mehr Dritte, wenn im Zeitpunkt der Aufhebung oder Änderung des Steuerbescheids Gesamtrechtsnachfolge (§ 45 AO) – wie im Falle der Verschmelzung – eingetreten ist (vgl. BFH-Urteil vom 19.12.2013, V R 6/12, BFH/NV 2014 S. 1126).

8.3　Inhaltsadressat eines Feststellungsbescheids – und damit nicht Dritter i. S. d. § 174 Abs. 5 AO – ist derjenige, dem der Gegenstand der Feststellung zuzurechnen ist. Die Gesellschafter einer Personengesellschaft sind daher im Gewinnfeststellungsverfahren nicht Dritte i. S. d. § 174 Abs. 5 AO (BFH-Urteil vom 15.6.2004, VIII R 7/02, BStBl II S. 914).

8.4　Der Erlass oder die Änderung eines Steuerbescheids gegenüber dem Dritten setzt voraus, dass dieser vor Ablauf der Festsetzungsfrist für den gegen ihn gerichteten Steueranspruch zu dem Verfahren, das zur Aufhebung oder Änderung des fehlerhaften Steuerbescheids geführt hat, hinzugezogen oder beigeladen worden ist (BFH-Urteil vom 19.12.2013, V R 5/12, BStBl 2016 II S. 585). Die Finanzbehörde muss daher die Hinzuziehung eines in Betracht kommenden Dritten rechtzeitig vornehmen oder im finanzgerichtlichen Verfahren dessen Beiladung durch rechtzeitige Antragstellung veranlassen (zum Antrag auf Beiladung vgl. BFH-Beschluss vom 22.12.1988, VIII B 131/87, BStBl 1989 II S. 314). § 174 Abs. 5 Satz 2 AO ist selbst Rechtsgrundlage für die Beteiligung des Dritten, ohne dass die Voraussetzungen des § 360 Abs. 3 AO und des § 60 FGO vorliegen müssen (vgl. BFH-Beschluss vom 17.5.1994, IV B 84/93, BFH/NV 1995 S. 87). Schon die Möglichkeit, dass ein Steuerbescheid wegen irrtümlicher Beurteilung eines Sachverhalts aufzuheben oder zu ändern ist und hieraus Folgen für einen Dritten zu ziehen sind, rechtfertigt die Hinzuziehung des Dritten (BFH-Beschlüsse vom 4.1.1996, X B 149/95, BFH/NV S. 453, vom 30.1.1996, VIII B 20/95, BFH/NV S. 524, und vom 27.8.1998, III B 41/98, BFH/NV 1999 S. 156).

8.5　Eine Hinzuziehung oder Beiladung kommt grundsätzlich nicht mehr in Betracht, wenn gegenüber dem Dritten im Zeitpunkt der beabsichtigten Hinzuziehung oder Beiladung die Festsetzungsfrist für den gegen ihn gerichteten Steueranspruch bereits abgelaufen ist (vgl. BFH-Urteil vom 5.5.1993, X R 111/91, BStBl II S. 817). Hat der Dritte aber durch eigene verfahrensrechtliche Initiativen auf die Änderung oder die Aufhebung des fehlerhaften Bescheids hingewirkt, kann er auch noch nach Ablauf der Festsetzungsfrist hinzugezogen oder beigeladen werden (vgl. BFH-Urteil vom 10.11.1993, I R 20/93, BStBl 1994 II S. 327); es reicht aber nicht aus, dass der Dritte den Widerstreit von Steuerfestsetzungen lediglich kennt.

8.6　Weil sich die Frage, welches die „richtigen steuerlichen Folgerungen" sind, verbindlich im Ausgangsverfahren entscheidet (vgl. BFH-Urteile vom 24.11.1987, IX R 158/83, BStBl 1988 II S. 404, und vom 3.8.1988, I R 115/84, BFH/NV 1989 S. 482) und der Dritte durch die Ausgangsentscheidung beschwert ist (vgl. BFH-Urteil vom 22.7.1980, VIII R 114/78, BStBl 1981 II S. 101), muss ihm die Möglichkeit eröffnet sein, sich im Ausgangsverfahren rechtliches Gehör zu verschaffen und auf das Verfahren dort Einfluss zu nehmen. Korrekturbescheide und abschließende Entscheidungen müssen auch dem Dritten bekannt gegeben werden, damit auch dieser die Möglichkeit hat, hiergegen Rechtsbehelf einzulegen (BFH-Urteile vom 11.4.1991, V R 40/86, BStBl II S. 605, und vom 26.7.1995, X R 45/92, BFH/NV 1996 S. 195). Eine Entscheidung durch Abhilfebescheid (§ 172 Abs. 1 Satz 1 Nr. 2 Buchstabe a AO), durch die es einer Einspruchsentscheidung nicht mehr bedarf, wahrt die Rechte des Hinzugezogenen nur, wenn sie seinem Antrag der Sache nach entspricht oder wenn er ihr zustimmt (BFH-Urteile vom 11.4.1991, V R 40/86, a.a.O., vom 20.5.1992, III R 176/90, BFH/NV 1993 S. 74, und vom 5.5.1993, X R 111/91, BStBl II S. 817).

A. I.   Zu § 175 AO

8.7   Eine Hinzuziehung oder Beiladung des Dritten ist nur dann entbehrlich, wenn er Verfahrensbeteiligter i. S. d. § 359 AO oder § 57 FGO war oder durch eigene verfahrensrechtliche Initiativen auf die Änderung oder Aufhebung des fehlerhaften Steuerbescheids hingewirkt hat (BFH-Urteile vom 8.2.1995, I R 127/93, BStBl II S. 764, und vom 27.3.1996, I R 100/94, BFH/NV S. 798). Daneben ist die Änderung gegenüber einem Dritten auch ohne Einhaltung der Voraussetzungen des § 174 Abs. 5 AO zulässig, wenn die Voraussetzungen des § 174 Abs. 3 AO erfüllt sind (vgl. BFH-Urteile vom 1.8.1984, V R 67/82, BStBl II S. 788, und vom 19.12.2013, V R 7/12, BFH/NV 2014 S. 1130).

9. **Alternative oder kumulative Erfassung bestimmter Sachverhalte beim Steuerpflichtigen und beim Dritten**
§ 174 Abs. 4 und 5 AO ist nicht auf Fälle einer alternativen Erfassung bestimmter Sachverhalte (vgl. AEAO zu § 174, Nr. 1.2) entweder beim Steuerpflichtigen oder beim Dritten beschränkt. Auch brauchen die steuerrechtlichen Folgen, die aus dem bestimmten Sachverhalt sowohl beim Steuerpflichtigen als auch bei einem Dritten zu ziehen sind, nicht identisch zu sein. Aufgrund ein und desselben Sachverhalts kann beim Steuerpflichtigen eine abziehbare Ausgabe und beim Dritten eine Einnahme in Betracht kommen (BFH-Urteil vom 24.11.1987, IX R 158/83, BStBl 1988 II S. 404, und BFH-Beschluss vom 2.12.1999, II B 17/99, BFH/NV 2000 S. 679).

Zu § 175 – Änderung von Steuerbescheiden auf Grund von Grundlagenbescheiden und bei rückwirkenden Ereignissen:

1. **Aufhebung oder Änderung von Folgebescheiden nach § 175 Abs. 1 Satz 1 Nr. 1 AO**

1.1   Grundlagenbescheide i. S. d. § 175 Abs. 1 Satz 1 Nr. 1 AO sind Feststellungsbescheide, Steuermessbescheide oder sonstige für eine Steuerfestsetzung bindende Verwaltungsakte (§ 171 Abs. 10 AO). Auch Verwaltungsakte anderer Behörden, die keine Finanzbehörden sind, können Grundlagenbescheide sein (z. B. Verwaltungsakte der zuständigen Behörden, die den Grad einer Behinderung i. S. d. § 33b EStG feststellen).

1.2   Die Anpassung des Folgebescheids an einen Grundlagenbescheid steht nicht im Ermessen der Finanzbehörde (BFH-Urteil vom 10.6.1999, IV R 25/98, BStBl II S. 545). Der vom Grundlagenbescheid ausgehenden Bindungswirkung (§ 182 Abs. 1 AO) ist durch Änderung des Folgebescheids nach § 175 Abs. 1 Satz 1 Nr. 1 AO Rechnung zu tragen, wenn der Folgebescheid die mit dem Grundlagenbescheid getroffene Feststellung nicht oder nicht zutreffend berücksichtigt. Eine Anpassung des Folgebescheids an den Grundlagenbescheid nach § 175 Abs. 1 Satz 1 Nr. 1 AO ist auch dann vorzunehmen, wenn der Grundlagenbescheid
   - erst nach Erlass des Folgebescheids ergangen ist (§§ 155 Abs. 2 und 162 Abs. 5 AO),
   - bei Erlass des Folgebescheids übersehen wurde (BFH-Urteile vom 9.8.1983, VIII R 55/82, BStBl 1984 II S. 86, und vom 6.11.1985, II R 255/83, BStBl 1986 II S. 168; vgl. BFH-Urteil vom 16.7.2003, X R 37/99, BStBl II S. 867, zur Anwendbarkeit des § 129 AO, wenn die Finanzbehörde die Auswertung des Grundlagenbescheids nicht bewusst unterlassen hat),
   - bei Erlass des Folgebescheids bereits vorlag, die im Grundlagenbescheid getroffenen Feststellungen aber fehlerhaft berücksichtigt worden sind (BFH-Urteile vom 14.4.1988, IV R 219/85, BStBl II S. 711, vom 4.9.1996, XI R 50/96, BStBl 1997 II S. 261, und vom 10.6.1999, IV R 25/98, a. a. O.).

1.3   Wird ein Grundlagenbescheid aus formellen Gründen ersatzlos aufgehoben, so eröffnet dies der für den Erlass des Folgebescheids zuständigen Finanzbehörde die Möglichkeit, den Sachverhalt, der bisher Gegenstand des Feststellungsverfahrens war, selbständig zu beurteilen und den Folgebescheid insoweit nach § 175 Abs. 1 Satz 1 Nr. 1 AO zu än-

dern (BFH-Urteile vom 25.6.1991, IX R 57/88, BStBl II S. 821, und vom 24.3.1998, I R 83/97, BStBl II S. 601). Das Gleiche gilt, wenn
- ein zunächst eingeleitetes Feststellungsverfahren aus formellen Gründen zu einem sog. negativen Feststellungsbescheid führt (BFH-Urteil vom 11.5.1993, IX R 27/90, BStBl II S. 820) oder
- einzelne Besteuerungsgrundlagen nachträglich aus dem Feststellungsverfahren ausgeschieden werden (BFH-Urteile vom 11.4.1990, I R 82/86, BFH/NV 1991 S. 143, vom 25.6.1991, IX R 57/88, a.a.O., vom 14.7.1993, X R 34/90, BStBl 1994 II S. 77, und vom 7.12.1993, IX R 134/92, BFH/NV 1994 S. 547, sowie BFH-Beschluss vom 8.9.1998, IX B 71/98, BFH/NV 1999 S. 157).

1.4 Durch einen negativen Feststellungsbescheid, mit dem die Feststellung von Einkünften nicht aus formellen, sondern aus materiellen Gründen – z. B. wegen Liebhaberei – abgelehnt wird, geht die Ermittlungsbefugnis nicht auf das für den Erlass des Folgebescheids zuständige Finanzamt über (vgl. BFH-Urteil vom 28.11.1985, IV R 178/83, BStBl 1986 II S. 293). In diesem negativen Feststellungsbescheid wird bindend festgelegt, dass in den Folgebescheiden keine Einkünfte aus dem fraglichen Rechtsverhältnis angesetzt werden dürfen (vgl. BFH-Beschluss vom 17.1.1985, IV B 65/84, BStBl II S. 299).

1.5 Stellt die Finanzbehörde durch Verwaltungsakt die Nichtigkeit eines Grundlagenbescheids fest, ist der Folgebescheid nach § 175 Abs. 1 Satz 1 Nr. 1 AO zu ändern (BFH-Urteil vom 20.8.2014, X R 15/10, BStBl 2015 II S. 109; vgl. AEAO zu § 125, Nr. 4). In diesem Fall geht die Ermittlungsbefugnis ebenfalls nicht auf das für den Erlass des Folgebescheids zuständige Finanzamt über (vgl. BFH-Urteil vom 24.5.2006, I R 93/05, BStBl 2007 II S. 76).

1.6 Sind die Voraussetzungen für eine Steuervergünstigung durch einen außersteuerlichen Grundlagenbescheid nachzuweisen, so steht der Anpassung des Steuerbescheids (Folgebescheid) an den Grundlagenbescheid nach § 175 Abs. 1 Satz 1 Nr. 1 AO nicht entgegen, dass der Steuerpflichtige den für die Steuervergünstigung erforderlichen, aber nicht fristgebundenen Antrag erst nach Unanfechtbarkeit des Steuerbescheids gestellt hat (BFH-Urteil vom 13.12.1985, III R 204/81, BStBl 1986 II S. 245).

2. Aufhebung oder Änderung von Steuerbescheiden wegen Eintritts eines rückwirkenden Ereignisses (§ 175 Abs. 1 Satz 1 Nr. 2 AO)

2.1 Die Aufhebung oder Änderung eines Steuerbescheids nach § 175 Abs. 1 Satz 1 Nr. 2 AO setzt voraus, dass nachträglich ein Ereignis eingetreten ist, das steuerliche Wirkung für die Vergangenheit hat. Hierzu rechnen alle rechtlich bedeutsamen Vorgänge, aber auch tatsächlichen Lebensvorgänge, die steuerlich – ungeachtet der zivilrechtlichen Wirkungen – in der Weise Rückwirkung entfalten, dass nunmehr der veränderte anstelle des zuvor verwirklichten Sachverhalts der Besteuerung zugrunde zu legen ist (BFH-Beschluss GrS vom 19.7.1993, GrS 2/92, BStBl II S. 897, m. w. N.).

2.2 Ob einer nachträglichen Änderung des Sachverhaltes rückwirkende steuerliche Bedeutung zukommt, bestimmt sich allein nach dem jeweils einschlägigen materiellen Steuerrecht. Nach diesem ist zu beurteilen, ob zum einen eine Änderung des ursprünglich gegebenen Sachverhalts den Steuertatbestand überhaupt betrifft und ob sich darüber hinaus der bereits entstandene materielle Steueranspruch mit steuerlicher Rückwirkung ändert (BFH-Beschluss GrS vom 19.7.1993, GrS 2/92, a. a. O.).

Der Fall eines rückwirkenden Ereignisses liegt vor allem dann vor, wenn die Besteuerung nach dem maßgeblichen Einzelsteuergesetz nicht an Lebensvorgänge, sondern unmittelbar oder mittelbar an Rechtsgeschäfte, Rechtsverhältnisse oder Verwaltungsakte anknüpft und diese Umstände nachträglich mit Wirkung für die Vergangenheit gestaltet werden (BFH-Urteil vom 21.4.1988, IV R 215/85, BStBl II S. 863).

Nach § 175 Abs. 2 Satz 2 AO gilt die nachträgliche Erteilung oder Vorlage einer Bescheinigung oder Bestätigung nicht als rückwirkendes Ereignis. § 175 Abs. 2 Satz 2 AO ist

A. I. Zu § 175 AO

nicht auf die Bescheinigung der anrechenbaren Körperschaftsteuer bei verdeckten Gewinnausschüttungen anzuwenden (siehe hierzu und zum Anwendungszeitraum der Vorschrift Art. 97 § 9 Abs. 3 EGAO). Beweismittel, die ausschließlich dazu dienen, eine steuerrechtlich relevante Tatsache zu belegen und die als solche keinen Eingang in eine materielle Steuerrechtsnorm gefunden haben, sind auch dann kein rückwirkendes Ereignis i. S. d. § 175 Abs. 1 Satz 1 Nr. 2 AO, wenn sie erst nach Bestandskraft eines Bescheids beschafft werden können; ggf. kommt hier aber § 173 AO zur Anwendung.

Eine rückwirkende Änderung steuerrechtlicher Normen ist kein rückwirkendes Ereignis i. S. d. § 175 Abs. 1 Satz 1 Nr. 2 AO (BFH-Urteil vom 9. 8. 1990, X R 5/88, BStBl 1991 II S. 55).

Auch eine Entscheidung des BVerfG stellt kein rückwirkendes Ereignis i. S. v. § 175 Abs. 1 Satz 1 Nr. 2 AO dar (vgl. u. a. BFH-Urteil vom 12. 5. 2009, IX R 45/08, BStBl II S. 891).

2.3 Die Änderung des Steuerbescheids nach § 175 Abs. 1 Satz 1 Nr. 2 AO ist nur zulässig, wenn das rückwirkende Ereignis nachträglich, d. h. nach Entstehung des Steueranspruchs und nach dem Erlass des Steuerbescheids (ggf. des zuletzt erlassenen Änderungsbescheids) eingetreten ist. Die Voraussetzungen des § 175 Abs. 1 Satz 1 Nr. 2 AO liegen nicht vor, wenn das Finanzamt – wie im Fall des § 173 Abs. 1 AO – lediglich nachträglich Kenntnis von einem bereits gegebenen Sachverhalt erlangt (vgl. BFH-Urteil vom 6. 3. 2003, XI R 13/02, BStBl II S. 554).

Ist im Einzelfall die Änderung des Steuerbescheids nach § 175 Abs. 1 Satz 1 Nr. 2 AO ausgeschlossen, kann in Fällen, in denen das Ereignis zwar schon vor Erlass des Steuerbescheids eingetreten, dem Finanzamt jedoch erst nachträglich bekannt geworden ist, die Änderung des Steuerbescheids nach § 173 Abs. 1 AO in Betracht kommen (vgl. BFH-Urteil vom 17. 3. 1994, V R 123/91, BFH/NV 1995 S. 274).

2.4 **Beispiele für rückwirkende Ereignisse:**

Einkommensteuer

- § 4 Abs. 2 Satz 1 EStG

  Wird ein für das Betriebsvermögen am Schluss des Wirtschaftsjahres maßgebender Wertansatz korrigiert, der sich auf die Höhe des Gewinns der Folgejahre auswirkt, so stellt dies ein Ereignis mit steuerlicher Rückwirkung hinsichtlich der Veranlagung für die Folgejahre dar (BFH-Urteil vom 30. 6. 2005, IV R 11/04, BStBl II S. 809). Zu den Auswirkungen auf die Verzinsung nach § 233a AO vgl. AEAO zu § 233a, Nr. 10.3.2.

- § 6 Abs. 1 Nr. 1a EStG

  Wird nachträglich die 15 %-Grenze i. S. d. § 6 Abs. 1 Nr. 1a EStG überschritten, so stellt dies ein rückwirkendes Ereignis dar.

- § 6b EStG

  Die Rücklage nach § 6b Abs. 3 EStG kann vom Steuerpflichtigen rückwirkend aufgestockt werden, wenn sich der Veräußerungspreis in einem späteren Veranlagungszeitraum erhöht (vgl. BFH-Urteil vom 13. 9. 2000, X R 148/97, BStBl 2001 II S. 641).

- § 10 EStG (Folgen der Erstattung von Sonderausgaben in einem späteren Veranlagungszeitraum)

  Werden gezahlte Sonderausgaben in einem späteren Veranlagungszeitraum an den Steuerpflichtigen erstattet, ist der Erstattungsbetrag im Erstattungsjahr mit gleichartigen Sonderausgaben zu verrechnen. Ist im Jahr der Erstattung der Sonderausgaben ein Ausgleich mit gleichartigen Aufwendungen nicht oder nicht in voller Höhe möglich, so ist der Sonderausgabenabzug des Jahres der Verausgabung rückwirkend zu mindern (BFH-Urteil vom 7. 7. 2004, XI R 10/04, BStBl II S. 1058, und vom 21. 7. 2009, X R 32/07, BStBl 2010 II S. 38). Ab Veranlagungszeitraum 2012 ist bei den Aufwendungen i. S. d. § 10 Abs. 1 Nr. 2 bis 3a EStG nach § 10 Abs. 4b Satz 2 EStG ein Erstattungsbetrag innerhalb des Veranlagungszeitraums mit anderen Aufwendungen der jeweiligen Nummer zu verrechnen; ein Erstattungsüberhang erhöht in den Fällen des § 10 Abs. 1 Nr. 3 und 4 EStG nach § 10 Abs. 4b Satz 3 EStG dann den Gesamtbetrag der Einkünfte.

– § 10 Abs. 1a Nr. 1 EStG
Wird nach Eintritt der Bestandskraft sowohl die Zustimmung zur Anwendung des Realsplittings erteilt als auch der Antrag nach § 10 Abs. 1a Nr. 1 EStG (bis VZ 2014: § 10 Abs. 1 Nr. 1 EStG) gestellt, liegen die Voraussetzungen für eine Änderung nach § 175 Abs. 1 Satz 1 Nr. 2 AO vor (BFH-Urteil vom 12. 7. 1989, X R 8/84, BStBl II S. 957). Auch die nachträgliche betragsmäßige Erweiterung eines bereits vorliegenden Antrags stellt i. V. m. der erweiterten Zustimmungserklärung ein rückwirkendes Ereignis dar (BFH-Urteil vom 28. 6. 2006, XI R 32/05, BStBl 2007 II S. 5). Demgegenüber liegt kein rückwirkendes Ereignis vor, wenn dem Unterhaltspflichtigen bei einem erst nach Bestandskraft des Einkommensteuerbescheids gestellten Antrag auf Berücksichtigung von Unterhaltsleistungen die Zustimmungserklärung des Unterhaltsempfängers bereits vor Eintritt der Bestandskraft vorlag (BFH-Urteil vom 20. 8. 2014, X R 33/12, BStBl 2015 II S. 138).

– § 14a Abs. 4 EStG
Die Steuerbegünstigung der vorgezogenen Abfindung steht unter dem Gesetzesvorbehalt, dass der Abgefundene nicht doch noch den Betrieb übernimmt oder der Betrieb nicht vorher verkauft wurde (vgl. BFH-Urteil vom 4. 3. 1993, IV R 110/92, BStBl II S. 788). Entsprechende für die Begünstigung schädliche Handlungen sind als rückwirkende Ereignisse anzusehen (vgl. BFH-Urteil vom 23. 11. 2000, IV R 85/99, BStBl 2001 II S. 122).

– § 16 Abs. 1 Satz 1 Nr. 1 EStG
Wird die gestundete Kaufpreisforderung für die Veräußerung eines Gewerbebetriebs in einem späteren VZ ganz oder teilweise uneinbringlich, so stellt dies ein Ereignis mit steuerlicher Rückwirkung auf den Zeitpunkt der Veräußerung dar (BFH-Urteil vom 19. 7. 1993, GrS 2/92, BStBl II S. 897).

Die Zahlung von Schadensersatzleistungen für betriebliche Schäden nach Betriebsaufgabe beeinflusst die Höhe des Aufgabegewinns, weil sie ein rückwirkendes Ereignis auf den Zeitpunkt der Betriebsaufgabe darstellt (BFH-Urteil vom 10. 2. 1994, IV R 37/92, BStBl II S. 564).

– § 16 Abs. 1 Satz 1 Nr. 2 EStG
Die spätere vergleichsweise Festlegung eines strittigen Veräußerungspreises ist auf den Zeitpunkt der Realisierung des Veräußerungsgewinns zurückzubeziehen (BFH-Urteil vom 26. 7. 1984, IV R 10/83, BStBl II S. 786).

Scheidet ein Kommanditist aus einer KG aus und bleibt sein bisheriges Gesellschafterdarlehen bestehen, so ist, wenn diese Forderung später wertlos wird, sein Veräußerungs- bzw. Aufgabegewinn mit steuerlicher Wirkung für die Vergangenheit gemindert (BFH-Urteil vom 14. 12. 1994, X R 128/92, BStBl 1995 II S. 465).

– § 17 EStG
Fallen nach Auflösung einer Kapitalgesellschaft nachträgliche Anschaffungskosten für eine Beteiligung i. S. d. § 17 Abs. 2 Satz 1 EStG an, können diese bei der Ermittlung des Auflösungsgewinns als rückwirkendes Ereignis berücksichtigt werden (vgl. BFH-Urteil vom 2. 10. 1984, VIII R 20/84, BStBl 1985 II S. 428).

Wird der Verkauf eines Anteils an einer Kapitalgesellschaft (wesentliche Beteiligung i. S. v. § 17 EStG) nach Übertragung des Anteils und vollständiger Bezahlung des Kaufpreises durch den Abschluss eines außergerichtlichen Vergleiches, mit dem die Vertragsparteien den Rechtsstreit über den Eintritt einer im Kaufvertrag vereinbarten auflösenden Bedingung beilegen, rückgängig gemacht, so ist dies ein Ereignis mit steuerlicher Rückwirkung auf den Zeitpunkt der Veräußerung (BFH-Urteil vom 19. 8. 2003, VIII R 67/02, BStBl 2004 II S. 107).

– § 22 Nr. 1 Satz 3 EStG
Wird eine Rente rückwirkend zugebilligt und fällt dadurch rückwirkend ganz oder teilweise der Anspruch auf Sozialleistungen (z. B. Kranken- oder Arbeitslosengeld) weg, sind die bisher im Rahmen des Progressionsvorbehalts berücksichtigten Leistungen als Rentenzahlung anzusehen und nach § 22 Nr. 1 Satz 3 Buchstabe a EStG der Besteuerung zu unterwerfen (vgl. R 32b Abs. 4 EStR 2012).

– § 22 Nr. 3 EStG
Fallen Werbungskosten für einmalige (sonstige) Leistungen (§ 22 Nr. 3 EStG) nachträglich an und war ihre Entstehung im Jahr des Zuflusses der Einnahme nicht vorhersehbar, ist die Veranlagung des Zuflussjahres nach § 175 Abs. 1 Satz 1 Nr. 2 AO zu ändern (BFH-Urteil vom 3. 6. 1992, X R 91/90, BStBl II S. 1017).

Wird ein nach § 22 Nr. 3 EStG steuerbares Entgelt für ein Vorkaufsrecht auf den Kaufpreis eines später zustande kommenden Kaufvertrags angerechnet, führt dies zum rückwirkenden

A. I.   Zu § 175 AO

Wegfall des zunächst angenommenen Tatbestands der „Einkünfte aus Leistungen" (BFH-Urteil vom 10. 8. 1994, X R 42/91, BStBl 1995 II S. 57).

- **§§ 26 bis 26b EStG**
Wählt ein Ehegatte/Lebenspartner vor Bestandskraft des ihm gegenüber ergangenen Bescheides die Einzelveranlagung nach § 26a EStG (bis VZ 2012: die getrennte Veranlagung), sind die Ehegatten/Lebenspartner auch dann einzeln zu veranlagen, wenn der gegenüber dem anderen Ehegatten/Lebenspartner ergangene Zusammenveranlagungsbescheid bereits bestandskräftig geworden ist. Der Antrag auf Einzelveranlagung nach § 26a EStG stellt hinsichtlich des Zusammenveranlagungsbescheids des anderen Ehegatten/Lebenspartners ein rückwirkendes Ereignis mit der Folge dar, dass dieser nach § 175 Abs. 1 Satz 1 Nr. 2 AO aufzuheben ist und die Festsetzungsfrist ihm gegenüber mit Ablauf des Kalenderjahres beginnt, in dem der Antrag auf Einzelveranlagung nach § 26a EStG gestellt wird (vgl. BFH-Urteile vom 3. 3. 2005, III R 22/02, BStBl II S. 690, und vom 28. 7. 2005, III R 48/03, BStBl II S. 865).

Widerruft ein Ehegatte/Lebenspartner im Zuge der Veranlagung seinen Antrag auf Einzelveranlagung nach § 26a EStG, ist die bestandskräftige Veranlagung des anderen Ehegatten/Lebenspartners nach § 175 Abs. 1 Satz 1 Nr. 2 AO aufzuheben.

Die Wahl einer bestimmten Veranlagungsart oder deren Änderung bzw. Widerruf durch einen Ehegatten oder Lebenspartner ist hingegen kein rückwirkendes Ereignis im Sinne von § 175 Abs. 1 Satz 1 Nr. 2 AO, wenn beide Ehegatten/Lebenspartner für den betreffenden Veranlagungszeitraum im Zeitpunkt der Antragstellung bereits bestandskräftig zur Einkommensteuer veranlagt sind (vgl. BFH-Urteil vom 25. 9. 2014, III R 5/13, BFH/NV 2015 S. 811).

Zur nachträglichen Ausübung steuerlicher Wahlrechte vgl. Nr. 8 des AEAO vor §§ 172 bis 177.

Zur Verzinsung vgl. Nr. 10.2.1 des AEAO zu § 233a.

- **§ 32 Abs. 6 Satz 6 EStG**
Der Antrag zur Übertragung des Kinderfreibetrags/Betreuungsfreibetrags nach Eintritt der Bestandskraft stellt ein rückwirkendes Ereignis dar (BMF-Schreiben vom 28. 6. 2013, BStBl I S. 845).

- **§ 37b EStG**
Der Widerruf bzw. die anderweitige Ausübung des Pauschalierungswahlrechts nach § 37b Abs. 1 Satz 1 EStG und nach § 37b Abs. 2 Satz 1 EStG führt dazu, dass die Zuwendungen rückwirkend gem. § 175 Abs. 1 Satz 1 Nr. 2 AO in die Veranlagungen der Zuwendungsempfänger als Einnahmen einzubeziehen sind (vgl. BFH-Urteil vom 15. 6. 2016, VI R 54/15, BStBl II S. 1010).

Doppelbesteuerungsabkommen
Soweit in einem DBA eine sog. Rückfallklausel enthalten ist, sind Einkünfte, für die nach dem DBA dem ausländischen Staat das Besteuerungsrecht zugewiesen worden ist, aber dort deshalb nicht versteuert werden, weil der Stpfl. keine Steuererklärung abgegeben hat, nicht unter Progressionsvorbehalt freizustellen, sondern im Inland voll zu besteuern. Sollte nachträglich eine Besteuerung im Ausland erfolgen, so liegt ein Ereignis vor, das gem. § 175 Abs. 1 Satz 1 Nr. 2 AO zurückwirkt und eine Korrektur des im Inland bestandskräftigen Steuerbescheids rechtfertigt (vgl. BFH-Urteil vom 11. 6. 1996, I R 8/96, BStBl 1997 II S. 117).

Umsatzsteuer
- **§§ 9, 15 Abs. 1 Nr. 1 UStG**
Macht der leistende Unternehmer den Verzicht auf die Steuerbefreiung rückgängig, wird der Umsatz rückwirkend wieder steuerfrei, so dass eine Steuer für den berechneten Umsatz nicht mehr geschuldet wird. Der Leistungsempfänger verliert den Vorsteuerabzug rückwirkend im Jahr des Leistungsbezugs unabhängig davon, dass der leistende Unternehmer die gesondert ausgewiesene Umsatzsteuer bis zur Rechnungsberichtigung gem. § 14c Abs. 1 UStG schuldet (BFH-Urteil vom 1. 2. 2001, V R 23/00, BStBl 2003 II S. 673).

Investitionszulage
Ein Investitionszulagebescheid ist nach § 175 Abs. 1 Satz 1 Nr. 2 AO zu korrigieren, wenn nachträglich gegen die Kumulationsverbote nach § 3 Abs. 1 Satz 2, § 3a Abs. 1 Sätze 4 und 5 InvZulG 1999 verstoßen wurde (vgl. BMF-Schreiben vom 28. 2. 2003, BStBl I S. 218, Tz. 11 und 12).

Erbschaftsteuer
- § 10 Abs. 5 Nr. 3 ErbStG
  Nach der Steuerfestsetzung entstehende Kosten der Nachlassregulierung (§ 10 Abs. 5 Nr. 3 ErbStG) können als rückwirkendes Ereignis zur Korrektur der Steuerfestsetzung führen.
- § 13 Abs. 1 Nr. 2 und 3 ErbStG
  Die Steuerbefreiungen fallen mit Wirkung für die Vergangenheit weg, wenn die Gegenstände, der Grundbesitz oder Teile des Grundbesitzes innerhalb von zehn Jahren nach dem Erwerb veräußert werden oder die Voraussetzungen für die Steuerbefreiung innerhalb dieses Zeitraums entfallen. Die Steuerfestsetzung ist nach § 175 Abs. 1 Satz 1 Nr. 2 AO vorzunehmen.
- §§ 13a, 19a ErbStG
  Verschonungsabschlag, Abzugsbetrag und Entlastungsbetrag fallen mit Wirkung für die Vergangenheit weg, soweit innerhalb von fünf Jahren (bzw. sieben Jahren bei Optionsverschonung nach § 13a Abs. 8 ErbStG) nach dem Zeitpunkt der Steuerentstehung gegen eine der Behaltensregelungen bzw. im Fall des Verschonungsabschlags gegen die Lohnsummenregelung verstoßen wird. Der Steuerbescheid ist nach § 175 Abs. 1 Satz 1 Nr. 2 AO zu korrigieren (R E 13a.4 Abs. 1, R E 13a.5 Abs. 1 und R E 19a.3 Abs. 1 ErbStR 2011).
- § 29 Abs. 1 ErbStG
  Auch der Eintritt eines Ereignisses gem. § 29 Abs. 1 ErbStG, z. B. die Herausgabe eines Geschenks, stellt ein rückwirkendes Ereignis dar.

Grunderwerbsteuer
- § 5 Abs. 3 GrEStG
  Die Steuerbegünstigung beim Übergang eines Grundstücks von mehreren Miteigentümern oder einem Alleineigentümer auf eine Gesamthand in dem Umfang, der dem Anteil der Beteiligung des Veräußerers am Vermögen der Gesamthand entspricht, steht unter dem Gesetzesvorbehalt einer mindestens fünf Jahre fortwährenden Beteiligung. Die Minderung des Vermögensanteils innerhalb dieses Zeitraums stellt ein Ereignis mit steuerlicher Rückwirkung auf den Zeitpunkt des Grundstücksübergangs dar. Die Steuerfestsetzung ist gem. § 175 Abs. 1 Satz 1 Nr. 2 AO zu korrigieren oder erstmals vorzunehmen.
- § 6 Abs. 3 Satz 2 GrEStG
  Die Steuerbegünstigung beim Übergang eines Grundstücks von einer Gesamthand auf eine andere Gesamthand in dem Umfang, in dem ein Gesellschafter sowohl am Vermögen der veräußernden als auch der erwerbenden Gesamthand beteiligt ist, steht unter dem Gesetzesvorbehalt einer mindestens fünf Jahre fortwährenden Beteiligung an der erwerbenden Gesamthand. Die Minderung des Vermögensanteils innerhalb dieses Zeitraums stellt ein Ereignis mit steuerlicher Rückwirkung auf den Zeitpunkt des Grundstücksübergangs dar. Die Steuerfestsetzung ist gem. § 175 Abs. 1 Satz 1 Nr. 2 AO zu korrigieren oder erstmals vorzunehmen.

Bewertung
Wird der einem Wertfortschreibungsbescheid vorangegangene Einheitswertbescheid nachträglich geändert und werden hierdurch die für die Wertfortschreibung auf einen späteren Stichtag nach § 22 BewG erforderlichen Wertgrenzen nicht mehr erreicht, ist der Wertfortschreibungsbescheid nach § 175 Abs. 1 Satz 1 Nr. 2 AO aufzuheben (BFH-Urteil vom 9. 11. 1994, II R 37/91, BStBl 1995 II S. 93).

Zu § 175a – Umsetzung von Verständigungsvereinbarungen:

Die Vorschrift ist Rechtsgrundlage für die Umsetzung einer Verständigungsvereinbarung oder eines Schiedsspruchs nach einer völkerrechtlichen Vereinbarung i. S. d. § 2 AO. Zum internationalen Verständigungsverfahren und Schiedsverfahren in Steuersachen vgl. Merkblatt vom 9. 10. 2018, BStBl I S. 1122. Zum Teil-Einspruchsverzicht s. § 354 Abs. 1a AO, zur Teil-Rücknahme eines Einspruchs s. § 362 Abs. 1a AO.

Zu § 175b – Änderung von Steuerbescheiden bei Datenübermittlung durch Dritte:

1. Auf eine Verletzung der Mitwirkungspflichten seitens des Steuerpflichtigen oder der Ermittlungspflichten durch die Finanzbehörde kommt es in den Fällen des § 175b AO – anders als in den Fällen des § 173 AO – nicht an.

    Unerheblich ist auch, ob dem Steuerpflichtigen bei Erstellung der Steuererklärung ein Schreib- oder Rechenfehler i. S. d. § 173a AO oder der Finanzbehörde bei Erlass des Steuerbescheids ein mechanisches Versehen i. S. d. § 129 AO, ein Fehler bei der Tatsachenwürdigung oder ein Rechtsanwendungsfehler unterlaufen ist.

    Eine Aufhebung oder Änderung nach § 175b Abs. 1 oder 2 AO ist allerdings ausgeschlossen, sofern die nachträglich übermittelten Daten nicht rechtserheblich sind (§ 175b Abs. 4 AO). Zur Rechtserheblichkeit vgl. Nr. 3 des AEAO zu § 173.

    Die Aufhebung oder Änderung der Steuerfestsetzung nach § 175b AO kann sich je nach Sachlage zu Gunsten wie auch zu Ungunsten des Steuerpflichtigen auswirken.

2. § 175b Abs. 1 bis 3 AO ist erstmals anzuwenden, wenn steuerliche Daten eines Steuerpflichtigen für Besteuerungszeiträume nach 2016 oder Besteuerungszeitpunkte nach dem 31. 12. 2016 auf Grund gesetzlicher Vorschriften von einem Dritten als mitteilungspflichtiger Stelle elektronisch an Finanzbehörden zu übermitteln sind (Art. 97 § 27 Abs. 2 EGAO). § 175b Abs. 4 AO ist erstmals anzuwenden, wenn Daten i. S. d. § 93c AO der Finanzbehörde nach dem 25. 6. 2017 zugehen.

Zu § 176 – Vertrauensschutz bei der Aufhebung und Änderung von Steuerbescheiden:

1. Die Vorschrift schützt das Vertrauen des Steuerpflichtigen in die Gültigkeit einer Rechtsnorm, der Rechtsprechung eines obersten Gerichtshofs des Bundes oder einer allgemeinen Verwaltungsvorschrift (z. B. EStR). Unter Aufhebung und Änderung ist jede Korrektur einer Steuerfestsetzung nach §§ 164, 165, 172 ff. AO oder nach den Einzelsteuergesetzen zu verstehen (vgl. AEAO vor §§ 172 bis 177, Nr. 3), aber nicht die Berichtigung nach § 129 AO.

2. Bei Änderung der Steuerfestsetzung ist so vorzugehen, als hätte die frühere für den Steuerpflichtigen günstige Rechtsauffassung nach wie vor Gültigkeit. Ist z. B. eine Steuer unter Vorbehalt der Nachprüfung festgesetzt worden (§ 164 AO), so muss eine dem Steuerpflichtigen günstige Rechtsprechung des BFH, die bei der Vorbehaltsfestsetzung berücksichtigt worden war, auch dann weiter angewendet werden, wenn der BFH seine Rechtsprechung zum Nachteil des Steuerpflichtigen geändert hat.

3. Hat der Steuerpflichtige die bisherige Rechtsprechung seinen Steuererklärungen stillschweigend und für das Finanzamt nicht erkennbar zugrunde gelegt, gilt der Vertrauensschutz nur, wenn davon ausgegangen werden kann, dass die Finanzbehörde mit der Anwendung der Rechtsprechung einverstanden gewesen wäre. Das Einverständnis ist immer dann zu unterstellen, wenn die Entscheidung im Bundessteuerblatt veröffentlicht worden war und keine Verwaltungsanweisung vorlag, die Rechtsprechung des BFH über den entschiedenen Einzelfall hinaus nicht anzuwenden.

4. Es verstößt gegen Treu und Glauben, wenn der Steuerpflichtige aufgrund einer Rechtsprechungsänderung die Aufhebung eines ihn belastenden Bescheids fordert und erreicht und später geltend macht, er habe auf die Anwendung der früheren Rechtsprechung vertraut und sei nicht bereit, die für ihn negativen Folgen der Rechtsprechungsänderung hinzunehmen. Dies gilt zumindest insoweit, als der der Rechtsprechungsänderung Rechnung tragende Änderungsbescheid im Ergebnis zu keiner höheren Belastung des Steuerpflichtigen führt (vgl. BFH-Urteil vom 8. 2. 1995, I R 127/93, BStBl II S. 764).

5. Wegen der sinngemäßen, eingeschränkten Anwendung des § 176 AO auf Neuveranlagungen der Grundsteuermessbeträge s. § 17 Abs. 2 Nr. 2 GrStG sowie auf Fortschreibungen der Einheitswerte s. § 22 Abs. 3 Sätze 2 und 3 BewG.

Zu § 177 — Berichtigung von materiellen Fehlern:

1. Materieller Fehler ist jede objektive Unrichtigkeit eines Steuerbescheids. Materiell fehlerhaft ist ein Bescheid nicht nur, wenn bei Erlass des Steuerbescheids geltendes Recht unrichtig angewendet wurde, sondern auch dann, wenn der Steuerfestsetzung ein Sachverhalt zugrunde gelegt worden ist, der sich nachträglich als unrichtig erweist. Bei der Steuerfestsetzung nicht berücksichtigte Tatsachen sind deshalb, sofern sie zu keiner Änderung nach § 173 AO führen, nach § 177 AO zu berücksichtigen (BFH-Urteil vom 5. 8. 1986, IX R 13/81, BStBl 1987 II S. 297). Auf ein Verschulden kommt es ebenso wenig an wie darauf, dass der Steueranspruch insoweit verjährt ist (BFH-Urteil vom 18. 12. 1991, X R 38/90, BStBl 1992 II S. 504). Eine Berichtigung eines materiellen Fehlers nach § 177 AO ist deshalb auch dann zulässig und geboten, wenn eine isolierte Änderung dieses Fehlers oder seine Berichtigung nach § 129 AO wegen Ablaufs der Festsetzungsfrist nicht möglich wäre.

2. Die Möglichkeit der Berichtigung materieller Fehler ist bei jeder Aufhebung oder Änderung eines Steuerbescheids zu prüfen. Materielle Fehler sind zu berichtigen, soweit die Voraussetzungen für die Aufhebung oder Änderung eines Steuerbescheids zuungunsten (§ 177 Abs. 1 AO) oder zugunsten des Steuerpflichtigen (§ 177 Abs. 2 AO) vorliegen; die Voraussetzungen des § 177 Abs. 1 und 2 AO können auch nebeneinander vorliegen. Materielle Fehler dürfen nur innerhalb des Änderungsrahmens berichtigt, d. h. gegengerechnet werden. Liegen sowohl die Voraussetzungen für Änderungen zugunsten des Steuerpflichtigen als auch solche zu dessen Ungunsten vor, sind die oberen und unteren Grenzen der Fehlerberichtigung jeweils getrennt voneinander zu ermitteln (BFH-Urteile vom 9. 6. 1993, I R 90/92, BStBl II S. 822, und vom 14. 7. 1993, X R 34/90, BStBl 1994 II S. 77). Eine Saldierung der Änderungstatbestände zuungunsten und zugunsten des Steuerpflichtigen ist deshalb nicht zulässig (Saldierungsverbot).

3. Änderungsobergrenze ist der Steuerbetrag, der sich als Summe der bisherigen Steuerfestsetzung und der steuerlichen Auswirkung aller selbständigen steuererhöhenden Änderungstatbestände ergibt. Änderungsuntergrenze ist der Steuerbetrag, der sich nach Abzug der steuerlichen Auswirkung aller selbständigen steuermindernden Änderungstatbestände von der bisherigen Steuerfestsetzung ergibt.

4. Die Auswirkungen materieller Fehler sind zu saldieren und dann, soweit der Änderungsrahmen reicht, zu berücksichtigen (Saldierungsgebot); vgl. BFH-Urteil vom 9. 6. 1993, I R 90/92, BStBl II S. 822). Bei Änderungen zuungunsten des Steuerpflichtigen kann ein negativer (steuermindernder) Fehler-Saldo nur bis zur Änderungsuntergrenze berücksichtigt werden (§ 177 Abs. 1 AO). Bei Änderungen zugunsten des Steuerpflichtigen kann ein positiver (steuererhöhender) Fehler-Saldo nur bis zur Änderungsobergrenze berücksichtigt werden (§ 177 Abs. 2 AO).

Beispiele:

a) Es werden nachträglich Tatsachen bekannt, die zu einer um 5 000 € höheren Steuer führen. Zugleich werden materielle Fehler, die sich bei der früheren Festsetzung i. H. v. 6 000 € zugunsten des Steuerpflichtigen ausgewirkt haben, und materielle Fehler, die sich bei der früheren Festsetzung i. H. v. 8 500 € zum Nachteil des Steuerpflichtigen ausgewirkt haben, festgestellt.

Der Saldo der materiellen Fehler führt i. H. v. 2 500 € zu einer Minderung der Nachforderung.

b) Es werden nachträglich Tatsachen bekannt, die zu einer um 5 000 € höheren Steuer führen. Außerdem ist ein geänderter Grundlagenbescheid zu berücksichtigen, der zu einer um 5 500 € niedrigeren Steuer führt. Zugleich werden materielle Fehler festgestellt, die sich i. H. v. 8 500 € zugunsten und i. H. v. 6 000 € zuungunsten des Steuerpflichtigen ausgewirkt haben.

Der Saldo der materiellen Fehler (2 500 € zugunsten des Steuerpflichtigen) mindert die Änderung der Steuerfestsetzung zugunsten des Steuerpflichtigen aufgrund des geänderten Grundlagenbescheids (5 500 €). Die Differenz von 3 000 € ist mit der Nachforderung von 5 000 € wegen nachträglich bekannt gewordener Tatsachen zu verrechnen, so dass im Ergebnis eine Änderung des Steuerbescheids i. H. v. 2 000 € zuungunsten des Steuerpflichtigen vorzunehmen ist.

5. Soweit ein Ausgleich materieller Fehler nach § 177 AO nicht möglich ist, bleibt der Steuerbescheid fehlerhaft. Hierin liegt keine sachliche Unbilligkeit, da die Folge vom Gesetzgeber gewollt ist.
6. Zur Berichtigung materieller Fehler bei einer Berichtigung offenbarer Unrichtigkeiten nach § 129 AO vgl. AEAO zu § 129, Nr. 5; zur Berichtigung materieller Fehler bei der Änderung einer vorläufigen Steuerfestsetzung nach § 165 Abs. 2 Satz 2 AO vgl. AEAO zu § 165, Nr. 9.

Zu § 179 – Feststellung von Besteuerungsgrundlagen:

1. Abweichend von dem Grundsatz, dass die Besteuerungsgrundlagen einen unselbständigen Teil des Steuerbescheids bilden (§ 157 Abs. 2 AO), sehen die §§ 179 ff. AO bzw. entsprechende Vorschriften der Einzelsteuergesetze (z. B. § 2a, § 10b Abs. 1, § 10d Abs. 4, § 15a Abs. 4, § 39 Abs. 1 Satz 4 EStG, §§ 27, 28 und 38 KStG, § 151 BewG, § 17 GrEStG) in bestimmten Fällen eine gesonderte Feststellung der Besteuerungsgrundlagen vor. Die gesonderte Feststellung ist zugleich einheitlich vorzunehmen, wenn die AO oder ein Einzelsteuergesetz (z. B. § 15a Abs. 4 Satz 6 EStG) dies besonders vorschreiben oder wenn der Gegenstand der Feststellung bei der Besteuerung mehreren Personen zuzurechnen ist (§ 179 Abs. 2 Satz 2 2. Alternative AO). Für das Feststellungsverfahren sind die Vorschriften über die Durchführung der Besteuerung sinngemäß anzuwenden (§ 181 Abs. 1 AO).
2. Voraussetzung für den Erlass eines Ergänzungsbescheids nach § 179 Abs. 3 AO ist, dass der vorangegangene Feststellungsbescheid wirksam, aber unvollständig bzw. lückenhaft ist. In einem Ergänzungsbescheid sind nur solche Feststellungen nachholbar, die in dem vorangegangenen Feststellungsbescheid „unterblieben" sind. Eine Feststellung ist unterblieben, wenn sie im Feststellungsbescheid hätte getroffen werden müssen, tatsächlich aber – aus welchen Gründen auch immer – nicht getroffen worden ist. Die Vorschrift des § 179 Abs. 3 AO durchbricht nicht die Bestandskraft wirksam ergangener Feststellungsbescheide. Inhaltliche Fehler in rechtlicher oder tatsächlicher Hinsicht können daher nicht in einem Ergänzungsbescheid korrigiert werden (BFH-Urteil vom 15. 6. 1994, II R 120/91, BStBl II S. 819; BFH-Urteil vom 11. 5. 1999, IX R 72/96, BFH/NV S. 1446).

Ein Ergänzungsbescheid ist beispielsweise zulässig zur Nachholung:
- der Feststellung, ob und in welcher Höhe ein Freibetrag nach § 16 Abs. 4 EStG zu gewähren ist;
- der Feststellung, wie der Gewinn zu verteilen ist (vgl. BFH-Urteil vom 13. 12. 1983, VIII R 90/81, BStBl 1984 II S. 474);
- des Hinweises über die Reichweite der Bekanntgabe gem. § 183 Abs. 1 Satz 5 AO (BFH-Urteil vom 13. 7. 1994, XI R 21/93, BStBl II S. 885);
- der Feststellung und der Verteilung des Betrags der einbehaltenen Kapitalertragsteuer und der anrechenbaren Körperschaftsteuer (§ 180 Abs. 5 Nr. 2 AO);
- der Feststellung über das Ausscheiden eines Gesellschafters während eines abweichenden Wirtschaftsjahres (BFH-Beschluss vom 22. 9. 1997, IV B 113/96, BFH/NV 1998 S. 454).

Eine Feststellung ist nicht unterblieben und kann daher auch nicht nachgeholt werden, wenn sie im Feststellungsbescheid ausdrücklich abgelehnt worden ist. Deshalb kann durch den Erlass eines Ergänzungsbescheids nicht nachgeholt werden:
- die im Feststellungsverfahren unterbliebene Entscheidung, ob ein steuerbegünstigter Gewinn vorliegt, wenn das Finanzamt den Gewinn bisher insgesamt als laufenden Gewinn festgestellt hat (BFH-Urteile vom 26. 11. 1975, I R 44/74, BStBl 1976 II S. 304, und vom 24. 7. 1984, VIII R 304/81, BStBl II S. 785);

- die bei einer Feststellung nach § 180 Abs. 1 Satz 1 Nr. 2 Buchstabe a AO zu Unrecht unterbliebene Berücksichtigung von Sonderbetriebseinnahmen oder -ausgaben;
- ein fehlender oder unklarer Hinweis i. S. v. § 181 Abs. 5 Satz 2 AO (BFH-Urteil vom 18. 3. 1998, II R 45/96, BStBl II S. 426; BFH-Urteil vom 24. 6. 1998, II R 17/95, BFH/NV 1999 S. 282).

Der Erlass eines Ergänzungsbescheids steht nicht im Ermessen der Finanzbehörde.

3. Wegen der Anpassung der Folgebescheide an den Feststellungsbescheid wird auf § 175 Abs. 1 Satz 1 Nr. 1 AO hingewiesen, wegen der Einspruchsbefugnis bei Feststellungsbescheiden auf § 351 Abs. 2 und §§ 352, 353 AO.

4. In den Fällen der atypisch stillen Unterbeteiligung am Anteil des Gesellschafters einer Personengesellschaft (als Hauptgesellschaft) kann eine besondere gesonderte und einheitliche Feststellung vorgenommen werden (§ 179 Abs. 2 letzter Satz AO). Von dieser Möglichkeit ist wegen des Geheimhaltungsbedürfnisses der Betroffenen regelmäßig Gebrauch zu machen.

Die Berücksichtigung der Unterbeteiligung im Feststellungsverfahren für die Hauptgesellschaft ist nur mit Einverständnis aller Beteiligten – Hauptgesellschaft und deren Gesellschafter sowie des Unterbeteiligten – zulässig (vgl. u. a. BFH-Urteil vom 2. 3. 1995, IV R 135/92, BStBl II S. 531). Das Einverständnis der Beteiligten gilt als erteilt, wenn die Unterbeteiligung in der Feststellungserklärung für die Hauptgesellschaft geltend gemacht wird.

Die Regelung gilt für Treuhandverhältnisse, in denen der Treugeber über den Treuhänder Hauptgesellschafter der Personengesellschaft ist, entsprechend.

Die örtliche Zuständigkeit für die besondere gesonderte und einheitliche Feststellung richtet sich i. d. R. nach der Zuständigkeit für die Hauptgesellschaft.

Ist dagegen eine Personengesellschaft atypisch still an einer Kapitalgesellschaft beteiligt, dürfen die Feststellungen der Einkünfte aus der Personengesellschaft und aus der atypisch stillen Gesellschaft nicht in einem einheitlichen Feststellungsbescheid getroffen werden. Hier sind zunächst die vom Inhaber des Handelsgeschäfts und dem atypisch stillen Gesellschafter gemeinschaftlich erzielten Einkünfte gesondert und einheitlich festzustellen. Die in diesem Grundlagenbescheid festgestellten Einkünfte sind dann einerseits in den Körperschaftsteuerbescheid der Kapitalgesellschaft und andererseits in die die Personengesellschaft betreffenden weiteren Bescheid über die gesonderte und einheitliche Feststellung von deren Einkünften zu übernehmen (BFH-Urteil vom 21. 10. 2015, IV R 43/12, BStBl 2016 II S. 517).

5. Die Gewinnanteile des Unterbeteiligten bei einer typischen stillen Unterbeteiligung sind als Sonderbetriebsausgaben des Hauptbeteiligten im Feststellungsverfahren zu berücksichtigen (BFH-Urteil vom 9. 11. 1988, I R 191/84, BStBl 1989 II S. 343). Eine Nachholung des Sonderbetriebsausgabenabzugs im Veranlagungsverfahren des Hauptbeteiligten ist nicht zulässig.

Zu § 180 – Gesonderte Feststellung von Besteuerungsgrundlagen:

1. Die gesonderte Feststellung nach § 180 Abs. 1 Satz 1 Nr. 2 Buchstabe a AO umfasst in erster Linie die von den Feststellungsbeteiligten gemeinschaftlich erzielten Einkünfte. Sie umfasst auch die bei Ermittlung dieser Einkünfte zu berücksichtigenden Sonderbetriebseinnahmen und -ausgaben oder Sonderwerbungskosten eines oder mehrerer Feststellungsbeteiligten.

Darüber hinaus sind solche Besteuerungsgrundlagen gesondert festzustellen, die in einem rechtlichen, wirtschaftlichen oder tatsächlichen Zusammenhang mit den gemeinschaftlich erzielten Einkünften stehen, aber bei Ermittlung der gemeinschaftlich erzielten Einkünfte nicht zu berücksichtigen sind. Hiernach sind z. B. solche Aufwendungen gesondert festzustellen, die aus Mitteln der Gesellschaft oder Gemeinschaft geleistet werden und für die Besteuerung der Feststellungsbeteiligten, z. B. als Sonderausgaben, von Bedeutung sind. Soweit derartige Besteuerungsgrundlagen bei Erlass des Feststellungsbescheids nicht berück-

sichtigt worden sind, ist ihre gesonderte Feststellung durch Ergänzungsbescheid (§ 179 Abs. 3 AO) nachzuholen.
Zum Verfahren bei der Geltendmachung von negativen Einkünften aus der Beteiligung an Verlustzuweisungsgesellschaften und vergleichbaren Modellen vgl. BMF-Schreiben vom 13. 7. 1992, BStBl I S. 404, und vom 28. 6. 1994, BStBl I S. 420.

2. Fallen der Wohnort und der Betriebs- bzw. Tätigkeitsort auseinander und liegen diese Orte im Bereich verschiedener Finanzämter, sind die Einkünfte des Steuerpflichtigen aus Land- und Forstwirtschaft, Gewerbebetrieb oder freiberuflicher Tätigkeit gesondert festzustellen (§ 180 Abs. 1 Satz 1 Nr. 2 Buchstabe b AO).

2.1 Für die Entscheidung, ob eine gesonderte Feststellung durchzuführen ist, sind die Verhältnisse zum Schluss des Gewinnermittlungszeitraums maßgebend. Bei einem vom Kalenderjahr abweichenden Wirtschaftsjahr oder einem Rumpfwirtschaftsjahr sind die Verhältnisse zum Schluss dieses Zeitraums maßgebend.
Spätere Änderungen dieser Verhältnisse sind insoweit unbeachtlich. Eine gesonderte Feststellung nach § 180 Abs. 1 Satz 1 Nr. 2 Buchstabe b AO ist daher auch dann durchzuführen, wenn nach Ablauf des Gewinnermittlungszeitraums der Betrieb in den Bezirk des Wohnsitzfinanzamts oder der Wohnsitz in den Bezirk des Betriebsfinanzamts verlegt wird.
Die Frage, welches Finanzamt in derartigen Fällen für die gesonderte Feststellung nach § 180 Abs. 1 Satz 1 Nr. 2 Buchstabe b AO und damit zusammenhängende Maßnahmen (Außenprüfung, Änderung usw.) zuständig ist, bestimmt sich für Feststellungszeiträume, die nach dem 31. 12. 2014 beginnen (Art. 97 § 10b Satz 2 EGAO), jeweils nach den aktuellen Verhältnissen (§ 180 Abs. 1 Satz 2 AO). Für frühere Feststellungszeiträume bestimmt sich die örtliche Zuständigkeit nach den Verhältnissen zum Schluss des Gewinnermittlungszeitraums; § 27 AO bleibt unberührt.

2.2 Einkünfte aus freiberuflicher Tätigkeit i. S. d. § 180 Abs. 1 Satz 1 Nr. 2 Buchstabe b AO sind nur die Einkünfte nach § 18 Abs. 1 Nr. 1 EStG, nicht die übrigen Einkünfte aus selbständiger Arbeit.

2.3 Übt ein Steuerpflichtiger seine freiberufliche Tätigkeit in mehreren Gemeinden aus, so ist für die dadurch erzielten Einkünfte nur eine gesonderte Feststellung durchzuführen (BFH-Urteil vom 10. 6. 1999, IV R 69/98, BStBl II S. 691). Bei Einkünften aus Land- und Forstwirtschaft oder aus Gewerbebetrieb gilt dies für den Betrieb der Land- und Forstwirtschaft oder den Gewerbebetrieb entsprechend.

2.4 Die örtliche Zuständigkeit für gesonderte Feststellungen i. S. d. § 180 Abs. 1 Satz 1 Nr. 2 Buchstabe b AO richtet sich nach § 18 AO. Zur Zuständigkeit, wenn Wohnung und Betrieb in einer Gemeinde (Großstadt) mit mehreren Finanzämtern liegen, vgl. AEAO zu § 19, Nrn. 2 und 3.

3. Wegen der in § 180 Abs. 2 AO vorgesehenen Feststellungen wird auf die V zu § 180 Abs. 2 AO verwiesen. Auf Feststellungen nach § 180 Abs. 1 Satz 1 AO findet die V zu § 180 Abs. 2 AO keine Anwendung. Zur gesonderten Feststellung bei gleichen Sachverhalten nach der V zu § 180 Abs. 2 AO vgl. BMF-Schreiben vom 2. 5. 2001, BStBl I S. 256. Zum Verfahren bei der Geltendmachung von Vorsteuerbeträgen aus der Beteiligung an Gesamtobjekten vgl. BMF-Schreiben vom 24. 4. 1992, BStBl I S. 291. Zur gesonderten Feststellung der Steuerpflicht von Zinsen aus einer Lebensversicherung nach § 9 der V zu § 180 Abs. 2 AO vgl. BMF-Schreiben vom 16. 7. 2012, BStBl I S. 686.

4. Fälle von geringer Bedeutung, in denen eine gesonderte Feststellung entfällt (§ 180 Abs. 3 Nr. 2 AO), sind beispielsweise bei Mieteinkünften von zusammenveranlagten Eheleuten/Lebenspartnern (BFH-Urteil vom 20. 1. 1976, VIII R 253/71, BStBl II S. 305) und bei dem gemeinschaftlich erzielten Gewinn von Landwirts-Eheleuten/-Lebenspartnern (BFH-Urteil vom 4. 7. 1985, IV R 136/83, BStBl II S. 576) gegeben, wenn die Einkünfte verhältnismäßig einfach zu ermitteln sind und die Aufteilung feststeht.
Auch bei gesonderten Feststellungen nach § 180 Abs. 1 Satz 1 Nr. 2 Buchstabe b und Nr. 3 AO kann in Fällen von geringer Bedeutung auf die Durchführung eines gesonderten Ge-

winnfeststellungsverfahrens verzichtet werden (§ 180 Abs. 3 Satz 1 Nr. 2 AO). Ein Fall von geringer Bedeutung kann z. B. vorliegen, wenn dasselbe Finanzamt auch für die Einkommensteuer-Veranlagung zuständig ist (bei Verlegung des Betriebs in den Bezirk des Wohnsitzfinanzamts oder des Wohnsitzes in den Bezirk des Betriebsfinanzamts).

5. Eine Feststellung ist auch zum Zweck der Ermittlung des anzuwendenden Steuersatzes im Falle eines bei der Steuerfestsetzung zu beachtenden Progressionsvorbehaltes und in den Fällen des § 2a EStG vorzunehmen (§ 180 Abs. 5 Nr. 1 AO).

6. Soweit Einkünfte oder andere Besteuerungsgrundlagen nach § 180 Abs. 1 Satz 1 Nr. 2 AO oder nach der V zu § 180 Abs. 2 AO festzustellen sind, sind auch damit in Zusammenhang stehende Steuerabzugsbeträge und Körperschaftsteuer, die auf die Steuer der Feststellungsbeteiligten anzurechnen sind, gesondert festzustellen (§ 180 Abs. 5 Nr. 2 AO). Steuerbescheinigungen sind deshalb nur dem für die gesonderte Feststellung zuständigen Finanzamt vorzulegen.

7. Zur Bindungswirkung der Feststellung nach § 180 Abs. 5 Nr. 2 AO und zur Korrektur der Folgebescheide vgl. § 182 Abs. 1 Satz 2 AO.

Zu § 181 – Verfahrensvorschriften für die gesonderte Feststellung, Feststellungsfrist, Erklärungspflicht:

1. Eine gesonderte und einheitliche Feststellung ist nach § 181 Abs. 5 Satz 1 AO grundsätzlich auch dann vorzunehmen, wenn bei einzelnen Feststellungsbeteiligten bereits die Festsetzungsfrist abgelaufen ist (vgl. BFH-Urteil vom 27. 8. 1997, XI R 72/96, BStBl II S. 750). In diesem Fall ist im Feststellungsbescheid auf seine eingeschränkte Wirkung hinzuweisen. Der Hinweis soll dem für den Erlass des Folgebescheids zuständigen Finanzamt und dem Steuerpflichtigen deutlich machen, dass es sich um einen Feststellungsbescheid handelt, der nach Ablauf der Feststellungsfrist ergangen und deshalb nur noch für solche Steuerfestsetzungen bedeutsam ist, bei denen die Festsetzungsfrist noch nicht abgelaufen ist (vgl. BFH-Urteil vom 17. 8. 1989, IX R 76/88, BStBl 1990 II S. 411).

2. Die Anlaufhemmung der Feststellungsfrist für die gesonderte Feststellung von Einheitswerten nach § 181 Abs. 3 Satz 3 AO ist auch dann maßgeblich, wenn zugleich die Voraussetzungen der Anlaufhemmung nach § 181 Abs. 3 Satz 2 AO erfüllt sind.

Zu § 182 – Wirkung der gesonderten Feststellung:

1. Ein Feststellungsbescheid über einen Einheitswert ist nur dann an den Rechtsnachfolger bekannt zu geben, wenn die Rechtsnachfolge eintritt, bevor der Bescheid dem Rechtsvorgänger bekannt gegeben worden ist. War der Bescheid bereits im Zeitpunkt der Rechtsnachfolge bekannt gegeben, wirkt der Bescheid auch gegenüber dem Rechtsnachfolger (dingliche Wirkung, § 182 Abs. 2 AO). Der Rechtsnachfolger kann ihn in diesem Fall nach § 353 AO nur innerhalb der für den Rechtsvorgänger maßgebenden Einspruchsfrist anfechten.

2. § 182 Abs. 2 AO gilt nicht für Gewerbesteuermessbescheide (§ 184 Abs. 1 AO), wohl aber für Grundsteuermessbescheide.

3. Eine Bindung des Haftungsschuldners an den Einheitswertbescheid ist nicht gegeben.

4. Die wegen Rechtsnachfolge fehlerhafte Bezeichnung eines Beteiligten kann nach § 182 Abs. 3 AO durch einen besonderen Bescheid richtiggestellt werden (Richtigstellungsbescheid). Der Regelungsgehalt des ursprünglichen Bescheids bleibt im Übrigen unberührt. § 182 Abs. 3 AO gilt nicht für Feststellungen nach § 180 Abs. 1 Satz 1 Nr. 2 Buchstabe b AO (vgl. BFH-Urteil vom 12. 5. 1993, XI R 66/92, BStBl 1994 II S. 5).

Zu § 183 – Empfangsbevollmächtigte bei der einheitlichen Feststellung:

1. Richtet die Finanzbehörde den Feststellungsbescheid an den gemeinsamen Empfangsbevollmächtigten, ist eine Begründung des Bescheids nicht erforderlich, soweit die Finanzbehörde der Feststellungserklärung gefolgt ist und der Empfangsbevollmächtigte die Feststellungserklärung selbst abgegeben oder an ihrer Erstellung mitgewirkt hat (§ 121 Abs. 2 Nr. 1 AO; vgl. AEAO zu § 121, Nr. 2).
2. In den Fällen der Einzelbekanntgabe nach § 183 Abs. 2 Satz 1 AO ist regelmäßig davon auszugehen, dass der betroffene Feststellungsbeteiligte an der Erstellung der Feststellungserklärung nicht mitgewirkt hat. Bei der Bekanntgabe des Feststellungsbescheids sind ihm deshalb die zum Verständnis des Bescheids erforderlichen Grundlagen der gesonderten Feststellung, d. h. insbesondere die Wertermittlung und die Aufteilungsgrundlagen, mitzuteilen (§ 121 Abs. 1 AO).
3. Wegen der Bekanntgabe in Fällen des § 183 AO vgl. AEAO zu § 122, Nrn. 2.5, 3.3.3 und 4.7. Zur Einspruchsbefugnis des gemeinsamen Empfangsbevollmächtigten vgl. AEAO zu § 352.

Zu § 184 – Festsetzung von Steuermessbeträgen:

Gemeinden sind nicht befugt, Steuermessbescheide anzufechten (vgl. § 40 Abs. 3 FGO); eine Rechtsbehelfsbefugnis der Gemeinden besteht nur im Zerlegungsverfahren (§ 186 Nr. 2 AO). Die Finanzämter sollen aber die steuerberechtigten Gemeinden über anhängige Einspruchsverfahren gegen Realsteuermessbescheide von größerer Bedeutung unterrichten.

Zu § 188 – Zerlegungsbescheid:

Dem Steuerpflichtigen ist der vollständige Zerlegungsbescheid bekannt zu geben, während die einzelnen beteiligten Gemeinden nur einen kurzgefassten Bescheid mit den sie betreffenden Daten erhalten müssen.

Zu § 191 – Haftungsbescheide, Duldungsbescheide:

1. Die materiell-rechtlichen Voraussetzungen für den Erlass eines Haftungs- oder Duldungsbescheids ergeben sich aus den §§ 69 bis 77 AO, den Einzelsteuergesetzen oder den zivilrechtlichen Vorschriften (z. B. §§ 25, 128 HGB oder dem AnfG). §§ 93, 227 Abs. 2 InsO schließen eine Haftungsinanspruchnahme nach §§ 69 ff. AO nicht aus (BFH-Urteil vom 2. 11. 2001, VII B 155/01, BStBl 2002 II S. 73). Der Gesellschafter einer Außen-GbR haftet für Ansprüche aus dem Steuerschuldverhältnis, hinsichtlich deren die GbR Schuldnerin ist, in entsprechender Anwendung des § 128 HGB (vgl. BGH-Urteil vom 29. 1. 2001, II ZR 331/00, NJW S. 1056); dies gilt auch für Ansprüche, die bei seinem Eintritt in die GbR bereits bestanden (entsprechende Anwendung des § 130 HGB; BGH-Urteil vom 7. 4. 2003, II ZR 56/02, NJW 2003 S. 1803). Nach Ausscheiden haftet der Gesellschafter für die Altschulden in analoger Anwendung des § 160 HGB. Bei Auflösung der Gesellschaft ist § 159 HGB entsprechend anzuwenden (vgl. § 736 Abs. 2 BGB; BFH-Urteil vom 26. 8. 1997, VII R 63/97, BStBl II S. 745). Für Gesellschafter aller Formen der Außen-GbR, die vor dem 1. 7. 2003 in die Gesellschaft eingetreten sind, kommt aus Gründen des allgemeinen Vertrauensschutzes eine Haftung nur für solche Ansprüche aus dem Steuerschuldverhältnis in Betracht, die nach ihrem Eintritt in die Gesellschaft entstanden sind. Zum Erlass von Haftungsbescheiden in Spaltungsfällen vgl. AEAO zu § 122, Nr. 2.15.
2. Die Befugnis zum Erlass eines Haftungs- oder Duldungsbescheids besteht auch, soweit die Haftung und Duldung sich auf steuerliche Nebenleistungen erstreckt.
3. Auf den (erstmaligen) Erlass eines Haftungsbescheids sind die Vorschriften über die Festsetzungsfrist (§§ 169 bis 171 AO) entsprechend anzuwenden. Eine Korrektur zugunsten des

Haftungsschuldners kann dagegen auch noch nach Ablauf der Festsetzungsfrist erfolgen (BFH-Urteil vom 12. 8. 1997, VII R 107/96, BStBl 1998 II S. 131).

4. Für die Korrektur von Haftungsbescheiden gelten nicht die für Steuerbescheide maßgeblichen Korrekturvorschriften (§§ 172 ff. AO), sondern die allgemeinen Vorschriften über die Berichtigung, die Rücknahme und den Widerruf von Verwaltungsakten (§§ 129 bis 131 AO). Die Rechtmäßigkeit des Haftungsbescheids richtet sich nach den Verhältnissen im Zeitpunkt seines Erlasses bzw. der entsprechenden Einspruchsentscheidung. Anders als bei der Änderung der Steuerfestsetzung (BFH-Urteil vom 12. 8. 1997, VII R 107/96, BStBl 1998 II S. 131) berühren Minderungen der dem Haftungsbescheid zugrunde liegenden Steuerschuld durch Zahlungen des Steuerschuldners nach Ergehen einer Einspruchsentscheidung die Rechtmäßigkeit des Haftungsbescheids nicht. Ein rechtmäßiger Haftungsbescheid ist aber zugunsten des Haftungsschuldners zu widerrufen, soweit die ihm zugrunde liegende Steuerschuld später gemindert worden ist.

5. Von der Korrektur eines Haftungsbescheids ist der Erlass eines ergänzenden Haftungsbescheids zu unterscheiden.

5.1 Für die Zulässigkeit eines neben einem bereits bestehenden Haftungsbescheid gegenüber einem bestimmten Haftungsschuldner tretenden weiteren Haftungsbescheids ist grundsätzlich entscheidend, ob dieser den gleichen Gegenstand regelt wie der bereits ergangene Haftungsbescheid oder ob die Haftungsinanspruchnahme für verschiedene Sachverhalte oder zu verschiedenen Zeiten entstandene Haftungstatbestände erfolgen soll.

Stets zulässig ist es, wegen eines eigenständigen Steueranspruchs (betreffend einen anderen Besteuerungszeitraum oder eine andere Steuerart) einen weiteren Haftungsbescheid zu erlassen, selbst wenn der Steueranspruch bereits im Zeitpunkt der ersten Inanspruchnahme durch Haftungsbescheid entstanden war.

5.2 Die „Sperrwirkung" eines bestandskräftigen Haftungsbescheids gegenüber einer erneuten Inanspruchnahme des Haftungsschuldners besteht nur, soweit es um ein und denselben Sachverhalt geht; sie ist in diesem Sinne nicht zeitraum-, sondern sachverhaltsbezogen (BFH-Beschluss vom 7. 4. 2005, I B 140/04, BStBl 2006 II S. 530). Der Erlass eines ergänzenden Haftungsbescheids für denselben Sachverhalt ist unzulässig, wenn die zu niedrige Inanspruchnahme auf einer rechtsirrtümlichen Beurteilung des Sachverhalts oder auf einer fehlerhaften Ermessensentscheidung beruhte (vgl. BFH-Urteil vom 25. 5. 2004, VII R 29/02, BStBl 2005 II S. 3).

Der Erlass eines ergänzenden Haftungsbescheids ist aber zulässig, wenn die Erhöhung der Steuerschuld auf neuen Tatsachen beruht, die das Finanzamt mangels Kenntnis im ersten Haftungsbescheid nicht berücksichtigen konnte (BFH-Urteil vom 15. 2. 2011, VII R 66/10, BStBl II S. 534).

6. Ein Duldungsbescheid darf nur erlassen werden, wenn der zugrunde liegende Anspruch aus dem Steuerschuldverhältnis festgesetzt, fällig und vollstreckbar ist (BVerwG-Urteil vom 13. 2. 1987, 8 C 25/85, BStBl II S. 475). Die nicht bis zum Ende eines Insolvenzverfahrens vom Insolvenzverwalter geltend gemachten Anfechtungsansprüche können nach Maßgabe des § 18 AnfG verfolgt werden. Außerhalb des Insolvenzverfahrens ist wegen Ansprüchen aus dem Steuerschuldverhältnis ein Duldungsbescheid zu erlassen, soweit die Ansprüche nicht im Wege der Einrede nach § 9 AnfG geltend zu machen sind; eine Klage nach dem Anfechtungsgesetz ist ausgeschlossen (BVerwG-Urteil vom 25. 1. 2017, 9 C 30/15, BStBl 2018 II S. 116).

Ein Duldungsbescheid unterliegt anders als ein Haftungsbescheid keiner eigenständigen Festsetzungsfrist. Ein Duldungsbescheid darf allerdings nicht mehr ergehen, wenn der zugrunde liegende Steueranspruch wegen Festsetzungsverjährung gegenüber dem Steuerschuldner nicht mehr festgesetzt werden kann oder wenn der gegenüber dem Steuerschuldner festgesetzte Steueranspruch durch Zahlungsverjährung, Tilgung oder Erlass erloschen ist.

Für Korrekturen von Duldungsbescheiden gelten die Nrn. 4 und 5 entsprechend.

7. Zur Zahlungsaufforderung bei Haftungsbescheiden vgl. AEAO zu § 219.
8. Unter den Voraussetzungen des § 191 Abs. 2 AO ist vor Erlass eines Haftungsbescheids in den Fällen des § 69 AO der zuständigen Berufskammer – bei Zugehörigkeit zu mehreren Berufskammern jeder dieser Kammern – Gelegenheit zur Stellungnahme zu geben. Ohne vorherige Anhörung der zuständigen Berufskammer ist ein Haftungsbescheid rechtswidrig (BFH-Urteil vom 13. 5. 1998, II R 4/96, BStBl II S. 760). Eine Anhörung kann bis zum Abschluss des Einspruchsverfahrens nachgeholt werden (§ 126 Abs. 1 Nr. 5 AO).
8.1 Die Anhörung der Berufskammer setzt voraus
- dass der Haftungsschuldner im Rahmen eines in § 191 Abs. 2 AO genannten Berufes (z. B. als Rechtsanwalt oder Steuerberater) tätig wurde und
- in dieser Stellung vorsätzlich oder grob fahrlässig ihm auferlegte Pflichten mit der Folge eines Haftungsschadens verletzt hat.

Ist ein Angehöriger der in § 191 Abs. 2 AO genannten Berufe als Insolvenzverwalter, Nachlassverwalter, Testamentsvollstrecker oder in vergleichbarer Weise tätig, handelt er in Ausübung seines Berufs. Soweit z. B. ein Steuerberater dagegen als Geschäftsführer einer Steuerberatungs-GmbH handelt, erfüllt er bei der Wahrnehmung der steuerlichen Pflichten dieser Gesellschaft keine für seinen Beruf spezifische Pflicht, er handelt insoweit nicht in Ausübung seines Berufs als Steuerberater (vgl. BFH-Urteil vom 9. 10. 1985, I R 154/82, BFH/NV 1986 S. 321).

8.2 Ist eine Anhörung der zuständigen Berufskammer durchzuführen, soll diese erst nach Ablauf der dem Haftungsschuldner gesetzten Anhörungsfrist erfolgen. Der Berufskammer darf nur das mitgeteilt werden, was aus Sicht des Finanzamts für die berufsrechtliche Beurteilung des haftungsrelevanten Sachverhalts durch die Kammer erforderlich ist. Ein Einblick der Kammer in die vollständigen Steuerakten oder deren Übersendung in Kopie ist daher nicht zulässig.
8.3 Die Frist für die Stellungnahme muss angemessen (d. h. grundsätzlich mindestens ein Monat) sein. Wird innerhalb dieser Frist keine Stellungnahme abgegeben, kann nach Ablauf der Frist der Haftungsbescheid ergehen.
8.4 Besteht dringender Handlungsbedarf (z. B. wegen ansonsten eintretender Verjährung), kann der Haftungsbescheid auch vor Ablauf der Anhörungsfrist ergehen.
9. Ein erstmaliger Haftungsbescheid kann wegen Akzessorietät der Haftungsschuld zur Steuerschuld grundsätzlich nicht mehr ergehen, wenn der zugrunde liegende Steueranspruch wegen Festsetzungsverjährung gegenüber dem Steuerschuldner nicht mehr festgesetzt werden darf oder wenn der gegenüber dem Steuerschuldner festgesetzte Steueranspruch durch Zahlungsverjährung oder Erlass erloschen ist (§ 191 Abs. 5 Satz 1 AO). Maßgeblich ist dabei der Steueranspruch, auf den sich die Haftung konkret bezieht. Daher ist bei der Haftung eines Arbeitgebers für zu Unrecht nicht angemeldete und abgeführte Lohnsteuer (§ 42d EStG) auf die vom Arbeitnehmer nach § 38 Abs. 2 EStG geschuldete Lohnsteuer und nicht auf die Einkommensteuer des Arbeitnehmers (§ 25 EStG) abzustellen. Dabei ist für die Berechnung der die Lohnsteuer betreffenden Festsetzungsfrist die Lohnsteuer-Anmeldung des Arbeitgebers und nicht die Einkommensteuererklärung der betroffenen Arbeitnehmer maßgebend (vgl. BFH-Urteil vom 6. 3. 2008, VI R 5/05, BStBl II S. 597). Bei der Berechnung der für die Lohnsteuer maßgebenden Festsetzungsfrist sind Anlauf- und Ablaufhemmungen nach §§ 170, 171 AO zu berücksichtigen, soweit sie gegenüber dem Arbeitgeber wirken. Zum Ablauf der Festsetzungsfrist beim Steuerschuldner beachte § 171 Abs. 15 AO.

Zu § 192 – Vertragliche Haftung:

Aufgrund vertraglicher Haftung (vgl. AEAO zu § 48) ist eine Inanspruchnahme durch Haftungsbescheid nicht zulässig. Eine Verpflichtung zur Inanspruchnahme des vertraglich Haftenden besteht nicht; das Finanzamt entscheidet nach Ermessen.

Zu § 193 – Zulässigkeit einer Außenprüfung:

1. Eine Außenprüfung ist unabhängig davon zulässig, ob eine Steuer bereits festgesetzt, ob der Steuerbescheid endgültig, vorläufig oder unter dem Vorbehalt der Nachprüfung ergangen ist (BFH-Urteil vom 28.3.1985, IV R 224/83, BStBl II S. 700). Eine Außenprüfung nach § 193 AO kann zur Ermittlung der Steuerschuld sowohl dem Grunde als auch der Höhe nach durchgeführt werden. Der gesamte für die Entstehung und Ausgestaltung eines Steueranspruchs erhebliche Sachverhalt kann Prüfungsgegenstand sein (BFH-Urteil vom 11.12.1991, I R 66/90, BStBl 1992 II S. 595). Dies gilt auch, wenn der Steueranspruch möglicherweise verjährt ist oder aus anderen Gründen nicht mehr durchgesetzt werden kann (BFH-Urteil vom 23.7.1985, VIII R 48/85, BStBl 1986 II S. 433).
2. Die Voraussetzungen für eine Außenprüfung sind auch gegeben, soweit ausschließlich festgestellt werden soll, ob und inwieweit Steuerbeträge hinterzogen oder leichtfertig verkürzt worden sind. Eine sich insoweit gegenseitig ausschließende Zuständigkeit von Außenprüfung und Steuerfahndung besteht nicht (BFH-Urteile vom 4.11.1987, II R 102/85, BStBl 1988 II S. 113, vom 19.9.2001, XI B 6/01, BStBl 2002 II S. 4, und vom 4.10.2006, VIII R 53/04, BStBl 2007 II S. 227). Die Einleitung eines Steuerstrafverfahrens hindert nicht weitere Ermittlungen durch die Außenprüfung unter Erweiterung des Prüfungszeitraums. Dies gilt auch dann, wenn der Steuerpflichtige erklärt, von seinem Recht auf Verweigerung der Mitwirkung Gebrauch zu machen (BFH-Urteil vom 19.8.1998, XI R 37/97, BStBl 1999 II S. 7). Sollte die Belehrung gem. § 393 Abs. 1 AO unterblieben sein, führt dies nicht zu einem steuerlichen Verwertungsverbot (BFH-Urteil vom 23.1.2002, XI R 10, 11/01, BStBl II S. 328).
3. Eine Außenprüfung ausschließlich zur Erledigung eines zwischenstaatlichen Amtshilfeersuchens (§ 117 AO) durch Auskunftsaustausch in Steuersachen ist nicht zulässig. Zur Erledigung eines solchen Amtshilfeersuchens kann eine Außenprüfung unter den Voraussetzungen des § 193 AO nur bei einem am ausländischen Besteuerungsverfahren Beteiligten durchgeführt werden (z. B. der Wohnsitzstaat ersucht um Prüfung der deutschen Betriebsstätte eines ausländischen Steuerpflichtigen).
4. Eine Außenprüfung nach § 193 Abs. 1 AO ist zulässig zur Klärung der Frage, ob der Steuerpflichtige tatsächlich einen Gewerbebetrieb unterhält, wenn konkrete Anhaltspunkte für eine Steuerpflicht bestehen, d. h. es darf nicht ausgeschlossen sein, dass eine steuerpflichtige gewerbliche Tätigkeit vorliegt (BFH-Urteile vom 23.10.1990, VIII R 45/88, BStBl 1991 II S. 278, und vom 11.8.1994, IV R 126/91, BStBl II S. 936). Eine Außenprüfung ist solange zulässig, als noch Ansprüche aus dem Steuerschuldverhältnis bestehen (z. B. handelsrechtlich voll beendigte KG: BFH-Urteil vom 1.10.1992, IV R 60/91, BStBl 1993 II S. 82; voll beendigte GbR: BFH-Urteil vom 1.3.1994, VIII R 35/92, BStBl 1995 II S. 241). Zur Begründung der Anordnung einer Außenprüfung nach § 193 Abs. 1 AO genügt der Hinweis auf diese Rechtsgrundlage. Eine Außenprüfung nach § 193 Abs. 1 AO ist bei Steuerpflichtigen i. S. d. § 147a AO für das Jahr, in dem die in § 147a Satz 1 AO bestimmte Grenze von 500.000 € überschritten ist und für die fünf darauf folgenden Jahre der Aufbewahrungspflicht zulässig. Hat nur ein Ehegatte bzw. Lebenspartner die Grenze von 500.000 € überschritten, ist nur bei diesem eine Außenprüfung nach § 193 Abs. 1 AO zulässig. Beim anderen Ehegatten bzw. Lebenspartner kann ggf. eine Außenprüfung auf § 193 Abs. 2 Nr. 2 AO gestützt werden.
5. § 193 Abs. 2 Nr. 1 AO enthält die Rechtsgrundlage für die Prüfung der Lohnsteuer bei Steuerpflichtigen, die nicht unter § 193 Abs. 1 AO fallen (z. B. Prüfung der Lohnsteuer bei Privatpersonen, die Arbeitnehmer beschäftigt haben).
Eine Außenprüfung nach § 193 Abs. 2 Nr. 2 AO ist bereits dann zulässig, wenn Anhaltspunkte vorliegen, die es nach den Erfahrungen der Finanzverwaltung als möglich erscheinen lassen, dass ein Besteuerungstatbestand erfüllt ist (BFH-Urteil vom 17.11.1992, VIII R 25/89, BStBl 1993 II S. 146). § 193 Abs. 2 Nr. 2 AO kann insbesondere bei Steuerpflichtigen mit umfangreichen und vielgestaltigen Überschusseinkünften zur Anwendung kommen (sofern nicht bereits ein Fall des § 193 Abs. 1 AO vorliegt). Sofern keine konkreten Anhaltspunkte für einen wirtschaftlichen Geschäftsbetrieb oder Zweckbetrieb vorliegen, fällt unter § 193 Abs. 2 Nr. 2 AO auch die Prüfung einer gemeinnützigen Körperschaft zum Zwecke der Aner-

A. I. Zu § 194 AO

kennung, Versagung oder Entziehung der Gemeinnützigkeit. Eine auf § 193 Abs. 2 Nr. 2 AO gestützte Prüfungsanordnung muss besonders begründet werden. Die Begründung muss ergeben, dass die gewünschte Aufklärung durch Einzelermittlung an Amtsstelle nicht erreicht werden kann (BFH-Urteil vom 7.11.1985, IV R 6/85, BStBl 1986 II S. 435, und vom 9.11.1994, XI R 16/94, BFH/NV 1995 S. 578).

6. Von der Außenprüfung zu unterscheiden sind Einzelermittlungen eines Außenprüfers nach § 88 AO, auch wenn sie am Ort des Betriebs durchgeführt werden. In diesen Fällen hat er deutlich zu machen, dass verlangte Auskünfte oder sonstige Maßnahmen nicht im Zusammenhang mit der Außenprüfung stehen (BFH-Urteile vom 5.4.1984, IV R 244/83, BStBl II S. 790, vom 2.2.1994, I R 57/93, BStBl II S. 377, und vom 25.11.1997, VIII R 4/94, BStBl 1998 II S. 461). Zur betriebsnahen Veranlagung vgl. AEAO zu § 85, Nr. 2 und 3. Eine Umsatzsteuer-Nachschau gem. § 27b UStG stellt keine Außenprüfung i. S. d. § 193 AO dar. Zum Übergang von einer Umsatzsteuer-Nachschau zu einer Außenprüfung siehe Abschnitt 27b.1 Abs. 9 UStAE.

Zu § 194 – Sachlicher Umfang einer Außenprüfung:

1. Im Rahmen einer Außenprüfung nach § 193 Abs. 1 AO können, ohne dass die Voraussetzungen des § 193 Abs. 2 Nr. 2 AO vorliegen müssen, auch Besteuerungsmerkmale überprüft werden, die mit den betrieblichen Verhältnissen des Steuerpflichtigen in keinem Zusammenhang stehen (BFH-Urteil vom 28.11.1985, IV R 323/84, BStBl 1986 II S. 437).

2. § 194 Abs. 1 Satz 3 AO erlaubt die Prüfung der Verhältnisse der Gesellschafter ohne gesonderte Prüfungsanordnung nur insoweit, als sie mit der Personengesellschaft zusammenhängen und für die Feststellungsbescheide von Bedeutung sind. Die Einbeziehung der steuerlichen Verhältnisse der in § 194 Abs. 2 AO bezeichneten Personen in die Außenprüfung bei einer Gesellschaft setzt die Zulässigkeit (§ 193 AO) und eine eigene Prüfungsanordnung (§ 196 AO) voraus (BFH-Urteil vom 16.12.1986, VIII R 123/86, BStBl 1987 II S. 248).

3. Eine Außenprüfung kann zur Erledigung eines zwischenstaatlichen Rechts- und Amtshilfeersuchens (§ 117 AO) unter den Voraussetzungen des § 193 AO nur bei einem in einem ausländischen Besteuerungsverfahren Steuerpflichtigen, nicht aber zur Feststellung der steuerlichen Verhältnisse bei einer anderen Person durchgeführt werden (z. B. zur Erledigung eines Ersuchens um Prüfung einer im Bundesgebiet belegenen Firma, die im ersuchenden Staat als Zollbeteiligte auftritt, oder einer deutschen Betriebsstätte eines ausländischen Steuerpflichtigen). Ermittlungen sind i.V. m. einer Außenprüfung möglich, die aus anderen Gründen durchgeführt wird.

4. Soll der Prüfungszeitraum in den Fällen des § 4 Abs. 3 BpO mehr als drei zusammenhängende Besteuerungszeiträume umfassen oder nachträglich erweitert werden, muss die Begründung der Prüfungsanordnung die vom Finanzamt angestellten Ermessenserwägungen erkennen lassen (BFH-Urteil vom 4.2.1988, V R 57/83, BStBl II S. 413). Der Prüfungszeitraum darf zur Überprüfung vortragsfähiger Verluste auch dann auf die Verlustentstehungsjahre ausgedehnt werden, wenn der aus diesen Zeiträumen verbleibende Verlustabzug gem. § 10d Abs. 3 EStG (heute: Abs. 4) festgestellt worden ist (BFH-Beschluss vom 5.4.1995, I B 126/94, BStBl II S. 496). Bei einer Betriebsaufgabe schließt der Prüfungszeitraum mit dem Jahr der Betriebseinstellung ab (BFH-Urteil vom 24.8.1989, IV R 65/88, BStBl 1990 II S. 2). Bei einer Außenprüfung nach § 193 Abs. 2 Nr. 2 AO ist § 4 Abs. 3 BpO nicht anwendbar. Für jeden Besteuerungszeitraum, der in die Außenprüfung einbezogen werden soll, müssen die besonderen Voraussetzungen des § 193 Abs. 2 Nr. 2 AO vorliegen (BFH-Urteil vom 18.10.1994, IX R 128/92, BStBl 1995 II S. 291).

5. Eine Außenprüfung darf nicht allein zu dem Zwecke durchgeführt werden, die steuerlichen Verhältnisse dritter Personen zu erforschen (BFH-Urteil vom 18.2.1997, VIII R 33/95, BStBl II S. 499).

6. Die Finanzbehörden können Kontrollmitteilungen ins Ausland insbesondere dann versenden, wenn dies ohne besonderen Aufwand möglich ist und höhere Interessen des Steuerpflichtigen nicht berührt werden (BFH-Beschluss vom 8. 2. 1995, I B 92/94, BStBl II S. 358). Zu Auskünften der Finanzbehörden an ausländische Staaten ohne Ersuchen (Spontanauskünfte) wird auf Tz. 6 des Merkblatts zur zwischenstaatlichen Amtshilfe durch Informationsaustausch in Steuersachen (BMF-Schreiben vom 23. 11. 2015, BStBl I S. 928) hingewiesen. Zu Amtshilfeersuchen ausländischer Staaten vgl. AEAO zu § 193, Nr. 3.
7. Wird beabsichtigt, im Rahmen der Außenprüfung eines Berufsgeheimnisträgers Kontrollmitteilungen (§ 194 Abs. 3 AO) zu fertigen, ist der Steuerpflichtige hierüber rechtzeitig vorher zu informieren (BFH-Urteil vom 8. 4. 2008, VIII R 61/06, BStBl 2009 II S. 579).

Zu § 195 – Zuständigkeit:

Bei Beauftragung nach § 195 Satz 2 AO kann die beauftragende Finanzbehörde die Prüfungsanordnung selbst erlassen oder eine andere Finanzbehörde zum Erlass der Prüfungsanordnung ermächtigen. Mit der Ermächtigung bestimmt die beauftragende Finanzbehörde den sachlichen Umfang (§ 194 Abs. 1 AO) der Außenprüfung, insbesondere sind die zu prüfenden Steuerarten und der Prüfungszeitraum anzugeben. Aus der Prüfungsanordnung müssen sich die Gründe für die Beauftragung ergeben (BFH-Urteile vom 10. 12. 1987, IV R 77/84, BStBl 1988 II S. 322, und vom 21. 4. 1993, X R 112/91, BStBl II S. 649). Zur Erteilung einer verbindlichen Zusage im Anschluss an eine Auftragsprüfung vgl. AEAO zu § 204, Nr. 2. Ändert sich die Zuständigkeit nach Bekanntgabe der Prüfungsanordnung, ist die Außenprüfung auf der Grundlage der bereits ergangenen Prüfungsanordnung vom neu zuständigen Finanzamt fortzuführen. Die Prüfungsanordnung ist nicht aufzuheben, sondern durch Benennung des Namens des neuen Betriebsprüfers zu ergänzen. Unter den Voraussetzungen des § 26 AO kann die Außenprüfung von dem bisher zuständigen Finanzamt fortgeführt werden. Die nach § 195 Satz 2 AO beauftragte Behörde hat über den Einspruch gegen eine von ihr erlassene Prüfungsanordnung zu entscheiden (BFH-Urteil vom 18. 11. 2008, VIII R 16/07, BStBl 2009 II S. 507).

Zu § 196 – Prüfungsanordnung:

1. Zur Begründung einer Anordnung einer Außenprüfung nach § 193 Abs. 1 AO genügt der Hinweis auf diese Rechtsgrundlage. Die Prüfungsanordnung (§ 5 Abs. 2 Satz 1 BpO), die Festlegung des Prüfungsbeginns (BFH-Urteil vom 18. 12. 1986, I R 49/83, BStBl 1987 II S. 408) und des Prüfungsorts (BFH-Urteil vom 24. 2. 1989, III R 36/88, BStBl II S. 445) sind selbständig anfechtbare Verwaltungsakte i. S. d. § 118 AO (BFH-Urteil vom 25. 1. 1989, X R 158/87, BStBl II S. 483). Gegen die Bestimmung des Betriebsprüfers ist grundsätzlich kein Rechtsbehelf gegeben (BFH-Beschluss vom 15. 5. 2009, IV B 3/09, BFH/NV S. 1401). Darüber hinaus können mit der Prüfungsanordnung weitere nicht selbständig anfechtbare prüfungsleitende Bestimmungen (§ 5 Abs. 3 BpO) verbunden werden. Ein Einspruch gegen die Prüfungsanordnung hat keine aufschiebende Wirkung (§ 361 Abs. 1 Satz 1 AO); vorläufiger Rechtsschutz kann erst durch Aussetzung der Vollziehung nach § 361 AO, § 69 FGO gewährt werden (BFH-Beschluss vom 17. 9. 1974, VII B 122/73, BStBl 1975 II S. 197). Über Anträge auf Aussetzung der Vollziehung ist unverzüglich zu entscheiden; Nr. 3 des AEAO zu § 361 gilt sinngemäß.
2. Rechtswidrig erlangte Außenprüfungsergebnisse dürfen nur dann nicht verwertet werden, wenn der Steuerpflichtige erfolgreich gegen die Prüfungsanordnung der betreffenden Prüfungsmaßnahme vorgegangen ist (BFH-Urteil vom 27. 7. 1983, I R 210/79, BStBl 1984 II S. 285). Wenn die Prüfungsfeststellungen bereits Eingang in Steuerbescheide gefunden haben, muss der Steuerpflichtige auch diese Bescheide anfechten, um ein steuerliches Verwertungsverbot zu erlangen (BFH-Urteil vom 16. 12. 1986, VIII R 123/86, BStBl 1987 II S. 248). Feststellungen, deren Anordnung rechtskräftig für rechtswidrig erklärt wurden, unterliegen einem Verwertungsverbot (BFH-Urteil vom 14. 8. 1985, I R 188/82, BStBl 1986 II

S. 2). Dies gilt nicht, wenn die bei der Prüfung ermittelten Tatsachen bei einer erstmaligen oder einer unter dem Vorbehalt der Nachprüfung stehenden Steuerfestsetzung verwertet wurden und lediglich formelle Rechtsfehler vorliegen (BFH-Urteile vom 10.5.1991, V R 51/90, BStBl II S. 825, und vom 25.11.1997, VIII R 4/94, BStBl 1998 II S. 461).
3. Ist eine Prüfungsanordnung aus formellen Gründen durch das Gericht oder die Finanzbehörde aufgehoben oder für nichtig erklärt worden, so kann eine erneute Prüfungsanordnung (Wiederholungsprüfung) unter Vermeidung des Verfahrensfehlers erlassen werden (BFH-Urteile vom 20.10.1988, IV R 104/86, BStBl 1989 II S. 180, und vom 24.8.1989, IV R 65/88, BStBl 1990 II S. 2). Für die Durchführung der Wiederholungsprüfung ist es regelmäßig geboten, einen anderen Prüfer mit der Prüfung zu beauftragen, der in eigener Verantwortung bei Durchführung der Prüfung ein selbständiges Urteil über die Erfüllung der steuerlichen Pflichten durch den Steuerpflichtigen gewinnt (BFH-Urteil vom 20.10.1988, IV R 104/86, BStBl 1989 II S. 180).
4. Die Anordnung einer Außenprüfung für einen bereits geprüften Zeitraum (Zweitprüfung) ist grundsätzlich zulässig (BFH-Urteil vom 24.1.1989, VII R 35/86, BStBl II S. 440).
5. Der Umfang der Ablaufhemmung nach § 171 Abs. 4 AO und der Sperrwirkung nach § 173 Abs. 2 AO bestimmt sich nach dem in der Prüfungsanordnung festgelegten Prüfungsumfang (BFH-Urteile vom 18.7.1991, V R 54/87, BStBl II S. 824, und vom 25.1.1996, V R 42/95, BStBl II S. 338). Es bedarf keiner neuen Prüfungsanordnung, wenn die Prüfung unmittelbar nach Beginn für mehr als sechs Monate unterbrochen und vor Ablauf der Festsetzungsfrist zügig beendet wird (BFH-Urteil vom 13.2.2003, IV R 31/01, BStBl II S. 552).
6. Nehmen Außenprüfer an steuerstraf- oder bußgeldrechtlichen Ermittlungen der Steuerfahndung teil, ist insoweit keine Prüfungsanordnung nach § 196 AO zu erlassen (vgl. Nr. 125 AStBV (St)).

Zu § 197 – Bekanntgabe der Prüfungsanordnung:

Inhaltsübersicht

1. Allgemeines
2. Bekanntgabe von Prüfungsanordnungen
3. Bekanntgabe von Prüfungsanordnungen an Ehegatten bzw. Lebenspartner
4. Bekanntgabe an gesetzliche Vertreter natürlicher Personen
5. Personengesellschaften (Gemeinschaften)
6. Juristische Personen
7. Insolvenzfälle
8. Gesamtrechtsnachfolge in Erbfällen
9. Umwandlungen
10. Festlegung des voraussichtlichen Prüfungsbeginns
11. Antrag des Steuerpflichtigen auf Verschiebung des Prüfungsbeginns (§ 197 Abs. 2 AO)

1. Allgemeines
Nach Nr. 1.1.4 des AEAO zu § 122 gelten die Grundsätze über die Bekanntgabe von Steuerbescheiden für Prüfungsanordnungen entsprechend, soweit nicht nachfolgend abweichende Regelungen getroffen sind.

2. Bekanntgabe von Prüfungsanordnungen
Beim Erlass einer Prüfungsanordnung sind festzulegen:
- An wen sie sich richtet (Nr. 2.1 des AEAO zu § 197 – Inhaltsadressat),
- wem sie bekannt gegeben werden soll (Nr. 2.2 des AEAO zu § 197 – Bekanntgabeadressat),
- welcher Person sie zu übermitteln ist (Nr. 2.3 des AEAO zu § 197 – Empfänger).

2.1 Inhaltsadressat/Prüfungssubjekt

Das ist derjenige, an den sich die Prüfungsanordnung richtet und dem aufgegeben wird, die Außenprüfung in dem in der Anordnung näher beschriebenen Umfang zu dulden und bei ihr mitzuwirken: „Prüfung bei …".

2.2 Bekanntgabeadressat

Das ist die Person/Personengruppe, der die Prüfungsanordnung bekannt zu geben ist. Der Bekanntgabeadressat ist regelmäßig mit dem Prüfungssubjekt identisch; soweit die Bekanntgabe an das Prüfungssubjekt nicht möglich oder nicht zulässig ist, kommen Dritte als Bekanntgabeadressaten in Betracht (z. B. Eltern eines minderjährigen Kindes, Geschäftsführer einer nicht rechtsfähigen Personenvereinigung, Liquidator).

In allen Fällen, in denen der Bekanntgabeadressat nicht personenidentisch ist mit dem Prüfungssubjekt, ist ein erläuternder Zusatz in die Prüfungsanordnung aufzunehmen, aus dem der Grund für die Anordnung beim Bekanntgabeadressaten erkennbar wird.

Beispiel:
Die Prüfungsordnung ergeht an Sie als
„Alleinerbin und Gesamtrechtsnachfolgerin nach Ihrem verstorbenen Ehemann" (bei Erbfall; vgl. AEAO zu § 197, Nr. 8)
„Nachfolgerin der Fritz KG" (bei gesellschaftsrechtlicher Umwandlung; vgl. AEAO zu § 197, Nr. 9)

2.3 Empfänger

Das ist derjenige, dem die Prüfungsanordnung tatsächlich zugehen soll, damit sie durch Bekanntgabe wirksam wird. I. d. R. ist dies der Bekanntgabeadressat. Es kann jedoch auch eine andere Person sein (vgl. AEAO zu § 122, Nrn. 1.5.2 und 1.7). Der Empfänger ist im Anschriftenfeld der Prüfungsanordnung mit seinem Namen und der postalischen Anschrift zu bezeichnen. Ist der Empfänger nicht identisch mit dem Prüfungssubjekt, muss in einem ergänzenden Zusatz im Text der Prüfungsanordnung darauf hingewiesen werden, „bei wem" die Prüfung stattfinden soll (d. h. namentliche Benennung des Prüfungssubjekts).

2.4 Übermittlung an Bevollmächtigte (§§ 80 Abs. 1, 122 Abs. 1 Satz 3 AO)

Zur Bekanntgabe an einen Bevollmächtigten vgl. AEAO zu § 122, Nr. 1.7.

Beispiel:
Anschrift:
Herrn Steuerberater Klaus Schulz, …
Text:
„… ordne ich an, dass bei Ihrem Mandanten Anton Huber, … eine Prüfung durchgeführt wird."

3. Bekanntgabe von Prüfungsanordnungen an Ehegatten bzw. Lebenspartner

Prüfungsanordnungen gegen beide Ehegatten bzw. Lebenspartner können ggf. in einer Verfügung zusammengefasst werden. Auf die Regelung des AEAO zu § 122, Nr. 2.1 wird verwiesen. In einem Zusatz muss dann jedoch erläutert werden, für welche Steuerarten bei welchem Prüfungssubjekt die Außenprüfung vorgesehen ist.

Aus Gründen der Klarheit und Übersichtlichkeit sollten getrennte Prüfungsanordnungen an Ehegatten bzw. Lebenspartner bevorzugt werden. Generell müssen die Prüfungen getrennt angeordnet werden, wenn beide Ehegatten bzw. Lebenspartner unternehmerisch (jedoch nicht gemeinschaftlich) tätig sind.

4. Bekanntgabe an gesetzliche Vertreter natürlicher Personen

Vgl. AEAO zu § 122, Nr. 2.2.

Beispiel:
Anschrift:
Herrn Steuerberater Klaus Schulz
Text:
„... ordne ich an, dass bei Ihrem Mandanten Benjamin Müller ..."
Zusatz:
„... ergeht an Sie für Frau Felicitas Müller und Herrn Felix Müller, ggf. Anschrift, als gesetzliche Vertreter ihres minderjährigen Sohnes Benjamin Müller, ggf. Anschrift."

5. Personengesellschaften (Gemeinschaften)

Bei Prüfungsanordnungen an Personengesellschaften und Gemeinschaften sind Unterscheidungen nach der Rechtsform, nach der zu prüfenden Steuerart und ggf. nach der Einkunftsart vorzunehmen. Wegen der Unterscheidung zwischen Personenhandelsgesellschaften und sonstigen nicht rechtsfähigen Personenvereinigungen wird auf Nr. 2.4.1.2 des AEAO zu § 122 verwiesen.

5.1 Personenhandelsgesellschaften

Vgl. AEAO zu § 122, Nr. 2.4.1.1. Dies gilt auch für die Bekanntgabe von Prüfungsanordnungen an Personenhandelsgesellschaften bei gesonderter und einheitlicher Feststellung der Einkünfte aus Gewerbebetrieb. Es ist nicht erforderlich, der Prüfungsanordnung eine Anlage beizufügen, in der die Feststellungsbeteiligten aufgeführt sind.

5.2 Sonstige nicht rechtsfähige Personenvereinigungen

Als Steuerpflichtige i.S.d. § 193 Abs. 1 AO, bei der eine Außenprüfung zulässig ist, kommt auch eine nicht rechtsfähige Personenvereinigung in Betracht (BFH-Urteil vom 16.11.1989, IV R 29/89, BStBl 1990 II S. 272).

Die Personenvereinigung hat i.d.R. formal keinen eigenen Namen und muss als Prüfungssubjekt durch die Angabe aller Gesellschafter charakterisiert werden. Ist die Bezeichnung der Gesellschafter durch die Aufzählung aller Namen im Vordrucktext der Anordnung aus technischen Gründen nicht möglich, können neben einer Kurzbezeichnung im Text der Prüfungsanordnung in einer Anlage die einzelnen Gesellschafter (ggf. mit Anschrift) aufgeführt werden.

Die Prüfungsanordnung muss aber nicht nur für die nicht rechtsfähige Personenvereinigung bestimmt und an sie adressiert sein, sie muss ihr auch bekannt gegeben werden. Die Bekanntgabe hat an die vertretungsberechtigten Gesellschafter zu erfolgen. Grundsätzlich sind das alle Gesellschafter (z. B. bei einer GbR nach §§ 709, 714 BGB), es sei denn, es liegt eine abweichende gesellschaftsvertragliche Regelung vor. Nach § 6 Abs. 3 VwZG ist es jedoch zulässig, die Prüfungsanordnung nur einem der Gesellschafter bekannt zu geben (BFH-Urteil vom 18.10.1994, IX R 128/92, BStBl 1995 II S. 291). Das gilt selbst in den Fällen, in denen auf Grund gesellschaftsvertraglicher Regelungen mehrere Personen zur Geschäftsführung bestellt sind.

5.2.1 Nicht rechtsfähige Personenvereinigungen mit Gewinneinkünften

Wird die Prüfung der Feststellung der Einkünfte (Gewinneinkünfte) angeordnet, ist die Prüfungsanordnung an die Personenvereinigung als Prüfungssubjekt zu richten und nicht gegen deren Gesellschafter (BFH-Urteil vom 16.11.1989, IV R 29/89, BStBl 1990 II S. 272).

Führt eine nicht rechtsfähige Personenvereinigung ausnahmsweise einen geschäftsüblichen Namen, unter dem sie am Rechtsverkehr teilnimmt, gilt Nr. 2.4.1.2 des AEAO zu § 122 auch hinsichtlich der Prüfungsanordnung zur gesonderten und einheitlichen Gewinnfeststellung entsprechend.

Wurde ein gemeinsamer Empfangsbevollmächtigter bestellt, kann auch ihm die Anordnung zur Prüfung der Gewinneinkünfte bekannt gegeben werden. Bei Bekanntgabe der Prüfungsanordnung an nur einen zur Vertretung aller übrigen Beteiligten vertretungsberechtigten Gesellschafter oder an einen Empfangsbevollmächtigten ist auf dessen Funktion als Bekanntgabeempfänger mit Wirkung für alle Beteiligten hinzuweisen.

5.2.2 Nicht rechtsfähige Personenvereinigungen mit Überschusseinkünften

Wird die Prüfung der Feststellung der Einkünfte (z. B. aus Vermietung und Verpachtung), des Vermögens und der Schulden bei einer Gesellschaft bürgerlichen Rechts oder bei einer Gemeinschaft (z. B. Grundstücksgemeinschaft) angeordnet, ist die nicht rechtsfähige Personenvereinigung als Grundstücksgesellschaft oder Bauherrengemeinschaft insoweit nicht selbst Prüfungssubjekt (BFH-Urteile vom 25. 9. 1990, IX R 84/88, BStBl 1991 II S. 120, und vom 18. 10. 1994, IX R 128/92, BStBl 1995 II S. 291). Vielmehr ist der einzelne Gesellschafter der Träger der steuerlichen Rechte und Pflichten (§ 33 Abs. 1 AO). Eine Prüfungsanordnung für die gesonderte und einheitliche Feststellung der Einkünfte aus Vermietung und Verpachtung bzw. die Feststellung des Vermögens und der Schulden ist an jeden Gesellschafter zu richten und auch diesem bekannt zu geben (für Gemeinschaften: BFH-Urteil vom 10. 11. 1987, VIII R 94/87, BFH/NV 1988 S. 214).

Eine Personenvereinigung unterliegt der Außenprüfung und ist Prüfungssubjekt nur insoweit, als sie – wie z. B. bei der Umsatzsteuer – selbst Steuerschuldnerin ist (BFH-Urteil vom 18. 10. 1994, IX R 128/92, BStBl 1995 II S. 291). In den Fällen, in denen bei einer nicht rechtsfähigen Personenvereinigung mit Überschusseinkünften neben der Feststellung der Einkünfte und der Feststellung des Vermögens und der Schulden auch die Umsatzsteuer Prüfungsgegenstand ist, sind daher zwei Prüfungsanordnungen zu erlassen:
– an die Gemeinschaft/Gesellschaft hinsichtlich der Umsatzsteuer;
– an die Gemeinschafter/Gesellschafter hinsichtlich der Feststellung der Einkünfte und der Feststellung des Vermögens und der Schulden.

5.2.3 Nichtrechtsfähige Personenvereinigungen mit Überschusseinkünften i. Z. m. gesonderten Feststellungen für Zwecke der Erbschaft- und Schenkungsteuer nach § 151 BewG

Bei gesonderten Feststellungen für Zwecke der Erbschaft- und Schenkungsteuer kann auch die nichtrechtsfähige Personenvereinigung mit Überschusseinkünften selbst Inhaltsadressat der Prüfungsanordnung sein.

Zur Ermittlung der Besteuerungsgrundlagen ist nach § 156 BewG eine Außenprüfung bei den Beteiligten i. S. d. § 154 Abs. 1 BewG zulässig. Die Beteiligtenstellung einer Personenvereinigung kann daraus folgen, dass sie zur Abgabe einer Feststellungserklärung aufgefordert wurde (§ 154 Abs. 1 Nr. 2 BewG). Der Anteil am Wert der in § 151 Abs. 1 Satz 1 Nr. 4 BewG genannten Vermögensgegenstände und Schulden, die mehreren Personen zustehen, ist gesondert festzustellen. Die Aufforderung zur Abgabe einer Feststellungserklärung richtet sich gem. § 153 Abs. 2 BewG an die Personenvereinigung selbst, die dadurch Beteiligte wird. Sie ist dann als Prüfungssubjekt auch Inhaltsadressat der entsprechenden Prüfungsanordnung.

Eine Prüfung zur gesonderten Feststellung nach § 156 BewG kann auch in Kombination mit einer auf § 193 AO gestützten Prüfung erfolgen. Eine ausschließlich auf § 156 BewG gestützte Außenprüfung darf sich jedoch nur auf die Feststellungen erstrecken, die für die Erbschaft-/Schenkungsteuer oder eine andere Feststellung i. S. d. § 151 Abs. 1 BewG maßgeblich sind. Das hat zur Folge, dass im Rahmen der Betriebsprüfung nur die sachliche Richtigkeit und Vollständigkeit der festgestellten Besteuerungsgrundlagen ermittelt bzw. überprüft werden dürfen.

5.3 Sonderfälle

Dient die Außenprüfung u. a. der Feststellung, welche Art von Einkünften die Gesellschafter einer nicht rechtsfähigen Personenvereinigung erzielen, kann die Prüfungsanordnung nach Maßgabe sämtlicher in Betracht kommenden Einkunftsarten ausgerichtet werden. Kommen danach Gewinneinkünfte ernsthaft in Betracht, ist die Personenvereinigung – gestützt auf die Rechtsgrundlage des § 193 Abs. 1 AO – Prüfungssubjekt.

Dies gilt aber nur für existierende Personenvereinigungen mit streitiger Qualifizierung der Einkünfte. Ist die Existenz der nicht rechtsfähigen Personenvereinigung selbst im Streit, muss sich die Prüfungsanordnung gegen die mutmaßlichen Gesellschafter richten (BFH-Urteil vom 8. 3. 1988, VIII R 220/85, BFH/NV S. 758). Sie ist jedem Beteiligten der mutmaßlichen Personenvereinigung gesondert bekannt zu geben.

Liegen konkrete Anhaltspunkte vor, dass die vermutete Gemeinschaft/Gesellschaft tatsächlich einen gewerblichen oder land- und forstwirtschaftlichen Betrieb unterhalten hat bzw. freiberuflich tätig geworden ist, genügt in der Prüfungsanordnung ein Hinweis auf § 193 Abs. 1 AO (BFH-Urteil vom 23. 10. 1990, VIII R 45/88, BStBl 1991 II S. 278). Ansonsten ist die Prüfungsanordnung auf § 193 Abs. 2 Nr. 2 AO zu stützen und besonders zu begründen.

5.4 Arbeitsgemeinschaften

Ist eine Arbeitsgemeinschaft (ARGE) als Prüfungssubjekt zu prüfen, ist die Prüfungsanordnung an das in der ARGE geschäftsführende Unternehmen als Bevollmächtigtem postalisch bekannt zu geben (vgl. AEAO zu § 122, Nr. 2.4.1.2).

5.5 Atypisch stille Gesellschaften

Da die atypisch stille Gesellschaft nicht selbst Steuerschuldnerin ist, ist eine Prüfungsanordnung an den Inhaber des Handelsgeschäfts zu richten (vgl. AEAO zu § 122, Nr. 2.4.1). Hinsichtlich der gesonderten und einheitlichen Gewinnfeststellung ist eine Prüfungsanordnung ihrem Inhalt nach im Regelfall ebenfalls nicht an die atypisch stille Gesellschaft, sondern regelmäßig an jeden Gesellschafter (Prüfungssubjekt) zu richten und diesem auch bekannt zu geben.

Beispiel:
Anschrift:
a) Bauunternehmung Müller GmbH   Geschäftsinhaber
b) Herrn Josef Meier   atyp. stiller Gesellschafter
(zwei getrennte Prüfungsanordnungen)
Text:
„... ordne ich an, dass bei Ihnen bezüglich der steuerlichen Verhältnisse der atypischen stillen Gesellschaft Bauunternehmung Müller GmbH und Josef Meier (ggf. Anschrift) eine Außenprüfung durchgeführt wird."

Abweichend davon reicht es in Fällen der atypisch stillen Beteiligung an einer Personenhandelsgesellschaft aus, die Prüfungsanordnung hinsichtlich der gesonderten und einheitlichen Gewinnfeststellung an die Personenhandelsgesellschaft (= Geschäftsinhaber) als Prüfungssubjekt zu richten und bekannt zu geben, da die Außenprüfung bei einer Personengesellschaft auch die steuerlichen Verhältnisse der Gesellschaft (auch der atypisch stille Beteiligte ist Mitunternehmer) insoweit umfasst, als diese für die zu überprüfende Feststellung von Bedeutung sind (§ 194 Abs. 1 AO). Einer gesonderten – an den atypisch stillen Gesellschafter gerichteten – Prüfungsanordnung bedarf es in diesem Fall nicht.

5.6 Personengesellschaften und nicht rechtsfähige Personengemeinschaften in Liquidation

Wegen der Unterscheidung zwischen der gesellschaftsrechtlichen und der steuerrechtlichen Liquidation vgl. AEAO zu § 122, Nr. 2.7.1. Die Anweisungen des AEAO zu § 122,

Nr. 2.7.2 zur Bekanntgabe von Steuerbescheiden gelten für Prüfungsanordnungen sinngemäß.

Auch die Verpflichtung, nach §§ 193 ff. AO eine Außenprüfung zu dulden, führt dazu, eine Personengesellschaft bzw. nicht rechtsfähige Personenvereinigung noch nicht als vollbeendet anzusehen. Nach Beendigung der gesellschaftsrechtlichen Liquidation (z. B. Prüfung bei „dem gesellschaftsrechtlich beendeten Autohaus Heinrich Schmitz Nachf. GbR") bleibt die Personengesellschaft bzw. nicht rechtsfähige Personenvereinigung weiterhin Prüfungssubjekt; die Prüfungsanordnung ist deshalb an sie zu richten (vgl. BFH-Urteil vom 1. 3. 1994, VIII R 35/92, BStBl 1995 II S. 241). Zu empfehlen ist die Bekanntgabe der Prüfungsanordnung an alle ehemaligen Gesellschafter als Liquidatoren (mit Hinweis auf die rechtliche Stellung als Liquidator).

5.7 Eintritt, Ausscheiden und Wechsel von Gesellschaftern einer Personengesellschaft oder einer nicht rechtsfähigen Personengemeinschaft

5.7.1 Wird das Handelsgeschäft eines Einzelunternehmers in eine Personen- oder Kapitalgesellschaft eingebracht, ist zu unterscheiden, ob der Zeitraum vor oder nach der Übertragung geprüft wird. Die Prüfungsanordnung muss an den jeweiligen Inhaltsadressaten für die Zeit seiner Inhaberschaft gerichtet und bekannt gegeben werden. Für den Prüfungszeitraum bis zur Einbringung ergeht die Prüfungsanordnung an den ehemaligen Einzelunternehmer als Inhaltsadressat (Prüfungssubjekt) („bei Ihnen"). In einem Zusatz ist zu erläutern, dass Prüfungsgegenstand bestimmte Besteuerungszeiträume vor der Einbringung in die namentlich benannte aufnehmende Gesellschaft sind.

5.7.2 Tritt in eine bestehende Personenhandelsgesellschaft oder nicht rechtsfähige Personenvereinigung mit geschäftsüblichem Namen ein Gesellschafter ein oder scheidet ein Gesellschafter aus unter Fortführung der Gesellschaft durch die verbliebenen Gesellschafter oder ergibt sich durch abgestimmten Ein- und Austritt ein Gesellschafterwechsel, ändert sich die Identität der Gesellschaft nicht. Daher ist die Prüfungsanordnung auch für die Zeit vor dem Eintritt, Ausscheiden oder Wechsel an die Personengesellschaft als Inhaltsadressaten zu richten. An den ausgeschiedenen Gesellschafter ergeht keine gesonderte Prüfungsanordnung. Ihm ist jedoch zur Wahrung des rechtlichen Gehörs eine Kopie der an die Gesellschaft gerichteten Prüfungsanordnung zu übersenden. Dabei ist er auf den Sinn und Zweck dieser Benachrichtigung hinzuweisen.

5.7.3 Scheidet aus einer zweigliedrigen Personengesellschaft oder nicht rechtsfähigen Personengemeinschaft der vorletzte Gesellschafter aus und wird der Betrieb durch den verbliebenen Gesellschafter ohne Liquidation fortgeführt (= vollbeendete Gesellschaft; BFH-Urteil vom 18. 9. 1980, V R 175/74, BStBl 1981 II S. 293), ist der jetzige Alleininhaber Gesamtrechtsnachfolger gem. § 45 Abs. 1 Satz 1 AO für die Betriebssteuern. Die Prüfungsanordnung für die Betriebssteuern ist daher auch für die Zeit des Bestehens der Gesellschaft/Gemeinschaft an den jetzigen Alleininhaber zu richten und diesem bekannt zu geben. Er ist auf seine Stellung als Gesamtrechtsnachfolger hinzuweisen. In einem Zusatz ist deutlich zu machen, dass die Prüfung die steuerlichen Verhältnisse der vollbeendeten Gesellschaft/Gemeinschaft betrifft.

Für die gesonderte und einheitliche Gewinnfeststellung geht die Pflicht, die Prüfung zu dulden (vgl. AEAO zu § 197, Nr. 2.1 und 5.2.1), ebenfalls von der Gesellschaft/Gemeinschaft auf den jetzigen Alleininhaber als Gesamtrechtsnachfolger i. S. v. § 45 Abs. 1 Satz 1 AO über (BFH-Urteil vom 25. 4. 2006, VIII R 46/02, BFH/NV S. 2037). Die Prüfungsanordnung zur gesonderten und einheitlichen Gewinnfeststellung für die Zeit des Bestehens der Gesellschaft ist daher ebenfalls an den jetzigen Alleininhaber zu richten und diesem bekannt zu geben. Auf die Stellung als Gesamtrechtsnachfolger ist hinzuweisen. In einem Zusatz ist deutlich zu machen, dass die Prüfung die steuerlichen Verhältnisse der vollbeendeten Gesellschaft/Gemeinschaft betrifft.

Erzielt die Personengesellschaft/Gemeinschaft ausschließlich Überschusseinkünfte (z. B. aus Vermietung und Verpachtung), ist sie als solche kein Prüfungssubjekt hinsichtlich der gesonderten und einheitlichen Feststellung der Überschusseinkünfte (vgl. AEAO zu § 197, Nr. 5.2.2). Die Duldungspflicht der Prüfung kann daher auch nicht im Wege der Gesamtrechtsnachfolge auf den jetzigen Alleingesellschafter übergehen. Die Prüfungsanordnung ist in diesem Fall an jeden ehemaligen Gesellschafter zu richten und bekannt zu geben.

6. Juristische Personen
Vgl. AEAO zu § 122, Nr. 2.8.

7. Insolvenzfälle
Soweit die Verwaltungs- und Verfügungsbefugnis auf einen Insolvenzverwalter oder einen vorläufigen Insolvenzverwalter übergegangen ist (vgl. AEAO zu § 251, Nrn. 3.1 und 4.2), ist dieser Bekanntgabeadressat (AEAO zu § 197, Nr. 2.2).

8. Gesamtrechtsnachfolge in Erbfällen
8.1 Geht ein Einzelunternehmen durch Erbfall im Wege der Gesamtrechtsnachfolge auf eine oder mehrere Person(en) über, ist die Prüfungsanordnung an den/die Erben als Prüfungssubjekt zu richten. Bei ihm/ihnen kann eine Außenprüfung nach § 193 Abs. 1 AO auch für Zeiträume stattfinden, in denen der Erblasser unternehmerisch tätig war (BFH-Urteil vom 24. 8. 1989, IV R 65/88, BStBl 1990 II S. 2). Auf den/die Erben gehen als Gesamtrechtsnachfolger alle Verpflichtungen aus dem Steuerschuldverhältnis über (§ 45 Abs. 1 AO); hierzu gehört auch die Duldung der Betriebsprüfung (BFH-Urteil vom 9. 5. 1978, VII R 96/75, BStBl II S. 501).

Beispiele:
a) **Anschrift:**
Frau Antonia Huber
Text:
„... ordne ich an, dass bei Ihnen bezüglich der steuerlichen Verhältnisse Ihres verstorbenen Ehemannes Anton Huber eine Außenprüfung durchgeführt wird."
Zusatz:
„... ergeht an Sie als Alleinerbin und Gesamtrechtsnachfolgerin nach Ihrem Ehemann."

b) **Anschrift:**
Herrn Steuerberater Klaus Schulz
Text:
„... ordne ich an, dass bei Ihrer Mandantin Antonia Huber bezüglich der steuerlichen Verhältnisse ihres verstorbenen Ehemanns Anton Huber eine Außenprüfung durchgeführt wird."
Zusatz:
„... ergeht an Sie für Frau Antonia Huber als Alleinerbin und Gesamtrechtsnachfolgerin nach Anton Huber."

c) **Anschrift:**
Herrn Steuerberater Klaus Schulz
Text:
„... ordne ich an, dass bei Ihren Mandanten Emilia Müller, Fritz Müller (usw., alle Erben namentlich aufzuzählen) bezüglich der steuerlichen Verhältnisse des verstorbenen Emil Müller eine Außenprüfung durchgeführt wird."
Zusatz:
„... ergeht an Sie für Frau Emilia Müller, Herrn Fritz Müller usw. als Erben und Gesamtrechtsnachfolger des verstorbenen Emil Müller."

8.2 Hat die Erbengemeinschaft keinen gemeinsamen Empfangsbevollmächtigten, ist jedem Miterben eine Prüfungsanordnung bekannt zu geben. Im Anschriftenfeld ist sie jeweils an den einzelnen Miterben zu adressieren. Im Übrigen ist sie inhaltsgleich allen Miterben bekannt zu geben. Die Prüfung ist „bei dem" jeweiligen Miterben vorzusehen. Außerdem ist in der Prüfungsanordnung in einem Zusatz darzustellen, welche weiteren Miterben zur Erbengemeinschaft gehören (Darstellung mit vollständigen Namen und ggf. Anschriften).

8.3 Ist ein Miterbe gemeinsamer Empfangsbevollmächtigter aller Miterben, so ist die Prüfungsanordnung nur diesem Miterben wie folgt bekannt zu geben:

Anschrift:
Anna Müller, Anschrift
Text:
„... ordne ich an, dass bei Ihnen bezüglich der steuerlichen Verhältnisse Ihres verstorbenen Ehemanns Herbert Müller eine Außenprüfung durchgeführt wird."
Zusatz:
„Die Prüfungsanordnung ergeht an Sie mit Wirkung für alle Miterben und Gesamtrechtsnachfolger nach Herbert Müller: Frau Anna Müller, Frau Eva Müller, ... (alle weiteren Miterben namentlich, ggf. mit Anschrift, nennen)."

Zweckmäßigerweise sollten getrennte Prüfungsanordnungen für folgende gleichzeitig vorliegende und zu prüfende Fallgestaltungen ergehen:
– Prüfungszeitraum des Erblassers als Einzelunternehmer (s. o.),
– Prüfungszeitraum der Fortführung des Unternehmens durch die Erbengemeinschaft (Prüfung „bei der Erbengemeinschaft, Anna Müller, ggf. Anschrift, sowie Eva Müller, ggf. Anschrift, und Thomas Müller, ggf. Anschrift etc. Alle Beteiligten sind Erben und Gesamtrechtsnachfolger nach Herbert Müller."),
– Prüfung eines eigenen Betriebs eines Miterben (z. B. der Ehefrau des Erblassers).

9. Umwandlungen

9.1 In den übrigen Fällen einer Gesamtrechtsnachfolge i. S. d. § 45 Abs. 1 AO (vgl. AEAO zu § 45) gelten grundsätzlich die Anweisungen des AEAO zu § 122, Nrn. 2.12.1 und 2.12.2.

9.2 Nach einer Verschmelzung (§ 1 Abs. 1 Nr. 1, §§ 2 ff. UmwG) ist sowohl hinsichtlich der Betriebssteuern als auch hinsichtlich der gesonderten und einheitlichen Feststellungen Nr. 5.7.3 des AEAO zu § 197 sinngemäß anzuwenden.

9.3 In Fällen einer Abspaltung oder Ausgliederung (§ 1 Abs. 1 Nr. 2, §§ 123 ff. UmwG) sowie einer Vermögensübertragung im Wege der Teilübertragung (§ 1 Abs. 1 Nr. 3, § 174 Abs. 2, §§ 175, 177, 179, 184 ff., 189 UmwG) liegt keine Gesamtrechtsnachfolge i. S. d. § 45 Abs. 1 AO vor (vgl. AEAO zu § 45, Nr. 2). Eine Prüfungsanordnung, die sich auf Zeiträume bis zur Abspaltung, Ausgliederung oder Vermögensübertragung bezieht, ist daher stets an den abspaltenden, ausgliedernden bzw. an den das Vermögen übertragenden Rechtsträger zu richten.

9.4 In den Fällen einer Aufspaltung (§ 1 Abs. 1 Nr. 2, § 123 Abs. 1 UmwG) ist jedoch § 45 Abs. 1 AO sinngemäß anzuwenden. Eine Prüfungsanordnung, die sich auf Zeiträume bis zur Aufspaltung bezieht, ist an alle spaltungsgeborenen Gesellschaften zu richten. Dies gilt nicht in Bezug auf die gesonderte und einheitliche Feststellung von Besteuerungsgrundlagen (vgl. AEAO zu § 45, Nr. 2).

9.5 Bei einer formwechselnden Umwandlung (§ 1 Abs. 1 Nr. 4, §§ 190 ff. UmwG) handelt es sich lediglich um den Wechsel der Rechtsform. Das Prüfungssubjekt bleibt identisch; es ändert sich lediglich dessen Bezeichnung. Die Prüfungsanordnung ist an die Gesellschaft unter ihrer neuen Bezeichnung zu richten. Dies gilt auch, wenn sich – wie z. B. in Fällen der Umwandlung einer Personengesellschaft in eine Kapitalgesellschaft oder der Umwandlung einer Kapitalgesellschaft in eine Personengesellschaft – das Steuersubjekt ändert und daher eine steuerliche Gesamtrechtsnachfolge vorliegt (vgl. AEAO zu § 45, Nr. 3). Wurde eine Personengesellschaft, die Gewinneinkünfte erzielt hat, in eine Kapitalgesellschaft umgewandelt, ist eine Prüfungsanordnung, die sich auf die gesonderte und einheitliche Feststellung von Besteuerungsgrundlagen der Personengesellschaft erstreckt, nach den Grundsätzen der Nr. 5.2.1 des AEAO zu § 197 an die Kapitalgesellschaft zu richten. Hat die umgewandelte Personengesellschaft Überschusseinkünfte erzielt, ist die Prüfungsanordnung für die gesonderte und einheitliche Feststellung der Besteuerungsgrundlagen nach den Grundsätzen von Nr. 5.2.2 des AEAO zu § 197 an die Gesellschafter der ehemaligen Personengesellschaft zu richten.

10. Festlegung des voraussichtlichen Prüfungsbeginns
Die Festlegung des voraussichtlichen Prüfungsbeginns stellt einen eigenständigen Verwaltungsakt dar, der von der Prüfungsanordnung als solcher zu unterscheiden ist. Der Regelungsgehalt liegt in der Festlegung der Behörde, dass der Steuerpflichtige die Prüfung jedenfalls ab dem Tage, auf den der voraussichtliche Prüfungsbeginn festgelegt wird, zu dulden hat.

Im Gegensatz zur Prüfungsanordnung sind an die Annahme eines Verwaltungsakts, mit dem der voraussichtliche Prüfungsbeginn festgelegt wird, keine hohen Anforderungen zu stellen. Er kann formfrei ergehen, muss regelmäßig aber ein taggenaues Datum bezeichnen. Ein bloßer Terminvorschlag oder lediglich eine Terminanfrage sind nicht ausreichend. Mischformen aus einvernehmlichen Abstimmungen und gleichzeitigen Anordnungen sind hingegen möglich (BFH-Urteil vom 19. 5. 2016, X R 14/15, BStBl 2017 II S. 97). Sie sind im Hinblick auf eine möglicherweise später relevante Beweislast hinreichend zu dokumentieren. Die Angabe einer konkreten Uhrzeit des Prüfungsbeginns ist nicht notwendig. Der genaue Beginn kann später unter Berücksichtigung des § 200 Abs. 3 Satz 1 AO vereinbart oder bestimmt werden.

Die Anforderungen an eine erstmalige Festlegung des voraussichtlichen Prüfungsbeginns gelten auch im Fall der Verlegung des voraussichtlichen Beginns der Außenprüfung auf einen anderen Zeitpunkt.

11. Antrag des Steuerpflichtigen auf Verschiebung des Prüfungsbeginns (§ 197 Abs. 2 AO)
Die Anforderungen an einen Antrag des Steuerpflichtigen auf Verschiebung des Prüfungsbeginns sind gering (BFH-Urteil vom 19. 5. 2016, X R 14/15, BStBl 2017 II S. 97). Er kann formlos gestellt werden. Der Angabe eines taggenauen Datums, auf den der Prüfungsbeginn verschoben werden soll, bedarf es nicht. Ausreichend ist z. B. ein Verschiebungswunsch auf „Mitte Mai 2017". Zulässig ist auch ein Antrag, der überhaupt keine zeitliche Vorgabe enthält, sondern auf einen konkreten Umstand abstellt, z. B. bei anhängigen Rechtsbehelfs- oder Strafverfahren, die Einfluss auf die Außenprüfung haben (BFH-Urteil vom 1. 2. 2012, I R 18/11, BStBl II S. 400).

Der Antrag auf Verschiebung muss aber einem Verwaltungsakt, in dem der voraussichtliche Prüfungsbeginn angekündigt wird, denklogisch nachfolgen. Eine Äußerung des Steuerpflichtigen, der kein entsprechender Verwaltungsakt der Finanzbehörde vorausgegangen ist, kann daher nicht als Verschiebungsantrag nach § 197 Abs. 2 AO angesehen werden.

Ein Verschiebungsantrag nach § 197 Abs. 2 AO, dem stattgegeben wird, löst die Ablaufhemmung nach § 171 Abs. 4 Satz 1 2. Alternative AO aus (vgl. AEAO zu § 171, Nr. 3.3).

Zu § 198 – Ausweispflicht, Beginn der Außenprüfung:

1. Die Außenprüfung beginnt grundsätzlich in dem Zeitpunkt, in dem der Außenprüfer nach Bekanntgabe der Prüfungsanordnung konkrete Ermittlungshandlungen vornimmt. Bei einer Datenträgerüberlassung beginnt die Außenprüfung spätestens mit der Auswertung der Daten. Die Handlungen brauchen für den Betroffenen nicht erkennbar zu sein; es genügt vielmehr, dass der Außenprüfer nach Bekanntgabe der Prüfungsanordnung mit dem Studium der den Steuerfall betreffenden Akten beginnt (BFH-Urteile vom 7. 8. 1980, II R 119/77, BStBl 1981 II S. 409, vom 11. 10. 1983, VIII R 11/82, BStBl 1984 II S. 125, und vom 18. 12. 1986, I R 49/83, BStBl 1987 II S. 408). Als Beginn der Außenprüfung ist auch ein Aus-

kunfts- und Vorlageersuchen der Finanzbehörde anzusehen, mit dem unter Hinweis auf die Außenprüfung um Beantwortung verschiedener Fragen und Vorlage bestimmter Unterlagen gebeten wird (BFH-Urteil vom 2. 2. 1994, I R 57/93, BStBl II S. 377 und BFH-Beschluss vom 3. 3. 2009, IV S 12/08, BFH/NV S. 958). Ein Aktenstudium, das vor dem in der Betriebsprüfungsanordnung genannten Termin des Beginns der Prüfung durchgeführt wird, gehört hingegen noch zu den Prüfungsvorbereitungen (BFH-Urteil vom 8. 7. 2009, XI R 64/07, BStBl 2010 II S. 4).

2. Bei der Außenprüfung von Konzernen und sonstigen zusammenhängenden Unternehmen i. S. d. §§ 13 bis 19 BpO gelten keine Besonderheiten. Da es sich um rechtlich selbständige Unternehmen handelt, fällt der Beginn der Außenprüfung grundsätzlich auf den Tag, an dem mit der Prüfung des jeweiligen Unternehmens begonnen wird. Werden mehrere konzernzugehörige Unternehmen von einer Finanzbehörde geprüft und hat sie sich mit allen von ihr zu prüfenden Betrieben befasst, um sich einen Überblick über die prüfungsrelevanten Sachverhalte zu verschaffen, sowie die wirtschaftlichen, bilanziellen und liquiditätsmäßigen Verflechtungen zwischen den Unternehmen aus den unterschiedlichen Perspektiven untersucht, ist damit bereits ein einheitlicher Prüfungsbeginn gegeben.

Wenn dagegen ein konzernzugehöriges Unternehmen von einer anderen Finanzbehörde geprüft wird, beginnt die Außenprüfung erst dann, wenn konkrete Prüfungshandlungen in diesem Einzelfall vorgenommen worden sind. Der Zeitpunkt des Beginns der Außenprüfung ist in den Prüfungsbericht aufzunehmen.

3. Zur Ablaufhemmung vgl. AEAO zu § 171, Nr. 3.

Zu § 200 – Mitwirkungspflichten des Steuerpflichtigen:

1. Die Bestimmung des Umfangs der Mitwirkung des Steuerpflichtigen liegt im pflichtgemäßen Ermessen der Finanzbehörde. Auf Anforderung hat der Steuerpflichtige vorhandene Aufzeichnungen und Unterlagen vorzulegen, die nach Einschätzung der Finanzbehörde für eine ordnungsgemäße und effiziente Abwicklung der Außenprüfung erforderlich sind, ohne dass es ihm gegenüber einer zusätzlichen Begründung hinsichtlich der steuerlichen Bedeutung bedarf.

Konzernunternehmen haben auf Anforderung insbesondere vorzulegen:
 – den Prüfungsbericht des Wirtschaftsprüfers über die Konzernabschlüsse der Konzernmuttergesellschaft,
 – die Richtlinie der Konzernmuttergesellschaft zur Erstellung des Konzernabschlusses,
 – die konsolidierungsfähigen Einzelabschlüsse (sog. Handelsbilanzen II) der Konzernmuttergesellschaft,
 – Einzelabschlüsse und konsolidierungsfähige Einzelabschlüsse (sog. Handelsbilanzen II) von in- und ausländischen Konzernunternehmen.

Bei Auslandssachverhalten trägt der Steuerpflichtige eine erhöhte Mitwirkungspflicht (BFH-Beschluss vom 9. 7. 1986, I B 36/86, BStBl 1987 II S. 487). Im Falle von Verzögerungen durch den Steuerpflichtigen oder der von ihm benannten Auskunftspersonen soll nach den Umständen des Einzelfalls von der Möglichkeit der Androhung und Festsetzung von Zwangsmitteln (§ 328 AO), der Festsetzung von Verzögerungsgeld (§ 146 Abs. 2b AO) oder der Schätzung (§ 162 AO) Gebrauch gemacht werden. Im Rahmen von Geschäftsbeziehungen zwischen nahe stehenden Personen sind die Regelungen der Gewinnabgrenzungsaufzeichnungsverordnung und der Verwaltungsgrundsätze-Verfahren (BMF-Schreiben vom 12. 4. 2005, BStBl I S. 570) zu beachten. Kreditinstitute sind verpflichtet, dem Außenprüfer Angaben zur Identität der Bankkunden zu machen.

2. Eine Außenprüfung in den Geschäftsräumen des Steuerpflichtigen verstößt nicht gegen Art. 13 GG (BFH-Urteil vom 20. 10. 1988, IV R 104/86, BStBl 1989 II S. 180). Ist ein geeigneter Geschäftsraum vorhanden, so muss die Außenprüfung dort stattfinden. Ob ein geeigneter Geschäftsraum vorhanden ist, richtet sich nach der objektiven Beschaffenheit der Räume,

den betriebsüblichen Verhältnissen sowie arbeitsrechtlichen Grundsätzen. Der Vorrang der Geschäftsräume vor allen anderen Orten ergibt sich aus dem Wortlaut des § 200 Abs. 2 AO und aus dem Sinn und Zweck der Außenprüfung. Sind keine geeigneten Geschäftsräume vorhanden, ist in den Wohnräumen des Steuerpflichtigen oder an Amtsstelle zu prüfen. Nur im Ausnahmefall und nur auf Antrag kommen andere Prüfungsorte in Betracht, wenn schützenswerte Interessen des Steuerpflichtigen von besonders großem Gewicht die Interessen der Finanzbehörden an einem effizienten Prüfungsablauf in den Geschäftsräumen verdrängen.

Zu § 201 – Schlussbesprechung:

1. Rechtsirrtümer, die die Finanzbehörde nach der Schlussbesprechung erkennt, können bei der Auswertung der Prüfungsfeststellungen auch dann richtig gestellt werden, wenn in der Schlussbesprechung der für die Steuerfestsetzung zuständige Beamte teilgenommen hat (BFH-Urteile vom 6.11.1962, I 298/61 U, BStBl 1963 III S. 104, und vom 1.3.1963, VI 119/61 U, BStBl III S. 212). Zusagen im Rahmen einer Schlussbesprechung, die im Betriebsprüfungsbericht nicht aufrechterhalten werden, erzeugen schon aus diesem Grund keine Bindung der Finanzbehörde nach Treu und Glauben (BFH-Urteil vom 27.4.1977, I R 211/74, BStBl II S. 623).
2. Die Außenprüfung ist abgeschlossen, wenn die prüfende Behörde den Abschluss ausdrücklich oder konkludent erklärt. I. d. R. kann die Außenprüfung mit der Zusendung des Prüfungsberichts (§ 202 Abs. 1 AO) als abgeschlossen angesehen werden (BFH-Urteile vom 17.7.1985, I R 214/82, BStBl 1986 II S. 21, und vom 4.2.1988, V R 57/83, BStBl II S. 413). Reicht der Steuerpflichtige nach Zusendung des Betriebsprüfungsberichts eine – ausdrücklich vorbehaltene – Stellungnahme und Unterlagen ein, die zu einem Wiedereintritt in Ermittlungshandlungen führen, erfolgt dies noch im Rahmen der Außenprüfung (BFH-Urteil vom 8.7.2009, XI R 64/07, BStBl 2010 II S. 4).
3. Der Steuerpflichtige kann den Verzicht nach § 201 Abs. 1 Satz 1 AO auf die Abhaltung einer Schlussbesprechung formlos erklären. Die Finanzbehörde vereinbart mit dem Steuerpflichtigen einen Termin zur Abhaltung der Schlussbesprechung, der innerhalb eines Monats seit Beendigung der Ermittlungshandlungen liegt. Kommt eine Terminabsprache nicht zustande, lädt die Finanzbehörde den Steuerpflichtigen schriftlich zur Schlussbesprechung an Amtsstelle und weist gleichzeitig darauf hin, dass die Nichtwahrnehmung des Termins ohne Angabe von Gründen als Verzicht i. S. d. § 201 Abs. 1 Satz 1 AO zu werten ist.
4. Die Verwertung von Prüfungsfeststellungen hängt nicht davon ab, ob eine Schlussbesprechung abgehalten worden ist. Das Unterlassen einer Schlussbesprechung führt nicht „ohne weiteres" zu einer Fehlerhaftigkeit der aufgrund des Berichts über die Außenprüfung ergangenen Steuerbescheide (BFH-Beschluss vom 15.12.1997, X B 182/96, BFH/NV 1998 S. 811).
5. Zu der Zulässigkeit und den Rechtsfolgen einer tatsächlichen Verständigung siehe BMF-Schreiben vom 30.7.2008, BStBl I S. 831.
6. Der Hinweis nach § 201 Abs. 2 AO ist zu erteilen, wenn es nach dem Erkenntnisstand zum Zeitpunkt der Schlussbesprechung möglich erscheint, dass ein Straf- oder Bußgeldverfahren durchgeführt werden muss. Wegen weiterer Einzelheiten vgl. Nr. 131 Abs. 2 AStBV (St). Durch den Hinweis nach § 201 Abs. 2 AO wird noch nicht das Straf- und Bußgeldverfahren i. S. d. §§ 397, 410 Abs. 1 Nr. 6 AO eröffnet, weil das Aussprechen eines strafrechtlichen Vorbehalts i. S. d. § 201 Abs. 2 AO noch im Rahmen der Außenprüfung bei Durchführung der Besteuerung geschieht. Der Hinweis nach § 201 Abs. 2 AO ist kein Verwaltungsakt.

Zu § 202 – Inhalt und Bekanntgabe des Prüfungsberichts:

Der Prüfungsbericht und die Mitteilung über die ergebnislose Prüfung (§ 202 Abs. 1 Satz 3 AO) sind keine Verwaltungsakte und können deshalb nicht mit dem Einspruch angefochten werden

(BFH-Urteile vom 17. 7. 1985, I R 214/82, BStBl 1986 II S. 21, und vom 29. 4. 1987, I R 118/83, BStBl 1988 II S. 168). In der Übersendung des Prüfungsberichts, der keinen ausdrücklichen Hinweis darauf enthält, dass die Außenprüfung nicht zu einer Änderung der Besteuerungsgrundlagen geführt hat, kann keine konkludente Mitteilung i. S. d. § 202 Abs. 1 Satz 3 AO gesehen werden (BFH-Urteil vom 14. 12. 1989, III R 158/85, BStBl 1990 II S. 283).

Für den Innendienst bestimmte oder spätere Besteuerungszeiträume betreffende Mitteilungen des Außenprüfers sind in den Prüfungsbericht nicht aufzunehmen (BFH-Urteil vom 27. 3. 1961, I 276/60 U, BStBl III S. 290).

Zu § 203 – Abgekürzte Außenprüfung:

1. Die Vorschrift des § 203 AO soll auch eine im Interesse des Steuerpflichtigen liegende rasche Durchführung einer Außenprüfung ermöglichen (BFH-Urteil vom 25. 11. 1989, X R 158/87, BStBl II S. 483).
2. Bei einer abgekürzten Außenprüfung finden die Vorschriften über die Außenprüfung (§§ 193 ff. AO) Anwendung, mit Ausnahme der §§ 201 Abs. 1 und 202 Abs. 2 AO. Sie ist bei allen unter § 193 AO fallenden Steuerpflichtigen zulässig.

   Eine Beschränkung der in Frage kommenden Fälle nach der Einordnung der Betriebe in Größenklassen besteht nicht.

   Die abgekürzte Außenprüfung unterscheidet sich von einer im Prüfungsstoff schon eingeschränkten Außenprüfung, indem sie darüber hinaus auf die Prüfung einzelner Besteuerungsgrundlagen eines Besteuerungszeitraums oder mehrerer Besteuerungszeiträume beschränkt wird (§ 4 Abs. 5 Satz 2 BpO).
3. In der Prüfungsanordnung ist die Außenprüfung als abgekürzte Außenprüfung i. S. d. §§ 193, 203 AO ausdrücklich zu bezeichnen. Ein Wechsel von der abgekürzten zur nicht abgekürzten Außenprüfung und umgekehrt ist zulässig. Hierzu bedarf es einer ergänzenden Prüfungsanordnung.
4. Die Vorschrift des § 203 Abs. 2 AO entbindet nicht von der Verpflichtung zur Fertigung eines Prüfungsberichts.
5. Die abgekürzte Außenprüfung löst dieselben Rechtsfolgen wie eine nicht abgekürzte Außenprüfung aus.

Zu § 204 – Voraussetzung der verbindlichen Zusage:

1. Von der verbindlichen Zusage nach § 204 AO sind zu unterscheiden:
   - die tatsächliche Verständigung über den der Steuerfestsetzung zugrunde liegenden Sachverhalt (vgl. BMF-Schreiben vom 30. 7. 2008, BStBl I S. 831),
   - die verbindliche Auskunft nach § 89 Abs. 2 AO und
   - die Lohnsteueranrufungsauskunft (§ 42e EStG).
2. Über den Antrag auf Erteilung einer verbindlichen Zusage entscheidet die für die Auswertung der Prüfungsfeststellungen zuständige Finanzbehörde. Im Fall einer Auftragsprüfung nach § 195 AO kann die beauftragte Finanzbehörde nur im Einvernehmen mit der für die Besteuerung zuständigen Finanzbehörde eine verbindliche Zusage erteilen.
3. Der Anwendungsbereich der Vorschrift erstreckt sich auf für die Vergangenheit geprüfte (verwirklichte) Sachverhalte mit Wirkung in die Zukunft (z. B. Gesellschaftsverträge, Erwerb von Grundstücken). Zwischen der Außenprüfung und dem Antrag auf Erteilung einer verbindlichen Zusage muss der zeitliche Zusammenhang gewahrt bleiben (BFH-Urteil vom 13. 12. 1995, XI R 43-45/89, BStBl 1996 II S. 232). Bei einem nach der Schlussbesprechung gestellten Antrag ist i. d. R. keine verbindliche Zusage mehr zu erteilen, wenn hierzu umfangreiche Prüfungshandlungen erforderlich sind. Der Antrag auf Erteilung einer verbindlichen Zusage soll schriftlich bzw. elektronisch gestellt werden (vgl. BFH-Urteil vom

4. 8.1961, VI 269/60 S, BStBl III S. 562). Unklarheiten gehen zu Lasten des Steuerpflichtigen (BFH-Urteil vom 13.12.1989, X R 208/87, BStBl 1990 II S. 274).

4. Die Beurteilung eines Sachverhalts im Prüfungsbericht oder in einem aufgrund einer Außenprüfung ergangenen Steuerbescheid steht einer verbindlichen Zusage nicht gleich (BFH-Urteil vom 23.9.1992, X R 129/90, BFH/NV 1993 S. 294). Auch die Tatsache, dass eine bestimmte Gestaltung von vorangegangenen Außenprüfungen nicht beanstandet wurde, schafft keine Bindungswirkung nach Treu und Glauben (BFH-Urteil vom 29.1.1997, XI R 27/95, BFH/NV S. 816).

5. Der Antrag auf Erteilung einer verbindlichen Zusage kann ausnahmsweise abgelehnt werden, insbesondere, wenn sich der Sachverhalt nicht für eine verbindliche Zusage eignet (z. B. zukünftige Angemessenheit von Verrechnungspreisen bei unübersichtlichen Marktverhältnissen) oder wenn zu dem betreffenden Sachverhalt die Herausgabe von allgemeinen Verwaltungsvorschriften oder eine Grundsatzentscheidung des BFH nahe bevorsteht.

Zu § 205 – Form der verbindlichen Zusage:

Vorbehalte in der erteilten verbindlichen Zusage (z. B. „vorbehaltlich des Ergebnisses einer Besprechung mit den obersten Finanzbehörden der Länder") schließen die Bindung aus (BFH-Urteil vom 4.8.1961, VI 269/60 S, BStBl III S. 562). Die verbindliche Zusage hat im Hinblick auf die Regelung in § 207 Abs. 1 AO die Rechtsvorschriften zu enthalten, auf die die Entscheidung gestützt wird (BFH-Urteil vom 3.7.1986, IV R 66/84, BFH/NV 1987 S. 89).

Zu § 206 – Bindungswirkung:

Entspricht der nach Erteilung der verbindlichen Zusage festgestellte und steuerlich zu beurteilende Sachverhalt nicht dem der verbindlichen Zusage zugrunde gelegten Sachverhalt, so ist die Finanzbehörde an die erteilte Zusage auch ohne besonderen Widerruf nicht gebunden (§ 206 Abs. 1 AO). Trifft die Finanzbehörde in einer Steuerfestsetzung eine andere Entscheidung als bei der Erteilung der verbindlichen Zusage, so kann der Steuerpflichtige im Rechtsbehelfsverfahren gegen den betreffenden Bescheid die Bindungswirkung geltend machen. Der Steuerpflichtige andererseits ist nicht gebunden, wenn die verbindliche Zusage zu seinen Ungunsten dem geltenden Recht widerspricht (§ 206 Abs. 2 AO). Er kann also den Steuerbescheid, dem eine verbindliche Zusage zugrunde liegt, anfechten, um eine günstigere Regelung zu erreichen. Hierbei ist es unerheblich, ob die Fehlerhaftigkeit der Zusage bereits bei ihrer Erteilung erkennbar war oder erst später (z. B. durch eine Rechtsprechung zugunsten des Steuerpflichtigen) erkennbar geworden ist.

Zu § 207 – Außerkrafttreten, Aufhebung und Änderung der verbindlichen Zusage:

1. Unter Rechtsvorschriften i. S. d. § 207 Abs. 1 AO sind nur Rechtsnormen zu verstehen, nicht jedoch Verwaltungsanweisungen oder eine geänderte Rechtsprechung.

2. Die Finanzbehörde kann die verbindliche Zusage mit Wirkung für die Zukunft widerrufen oder ändern (§ 207 Abs. 2 AO), z. B. wenn sich die steuerrechtliche Beurteilung des der verbindlichen Zusage zugrunde gelegten Sachverhalts durch die Rechtsprechung oder Verwaltung zum Nachteil des Steuerpflichtigen ändert. Im Einzelfall kann es aus Billigkeitsgründen gerechtfertigt sein, von einem Widerruf der verbindlichen Zusage abzusehen oder die Wirkung des Widerrufs zu einem späteren Zeitpunkt eintreten zu lassen. Eine solche Billigkeitsmaßnahme wird i. d. R. jedoch nur dann geboten sein, wenn sich der Steuerpflichtige nicht mehr ohne erheblichen Aufwand bzw. unter beträchtlichen Schwierigkeiten von den

im Vertrauen auf die Zusage getroffenen Dispositionen oder eingegangenen vertraglichen Verpflichtungen zu lösen vermag. Der Steuerpflichtige ist vor einer Aufhebung oder Änderung zu hören (§ 91 Abs. 1 AO).

Zu § 208 – Steuerfahndung, Zollfahndung:

1. Der Steuerfahndung weist das Gesetz folgende Aufgaben zu:
   a) Vorfeldermittlungen zur Verhinderung von Steuerverkürzungen (§ 85 Satz 2 AO), die auf die Aufdeckung und Ermittlung unbekannter Steuerfälle gerichtet sind (§ 208 Abs. 1 Satz 1 Nr. 3 AO);
   b) die Verfolgung bekannt gewordener Steuerstraftaten gem. § 386 Abs. 1 Satz 1 AO und Steuerordnungswidrigkeiten einschließlich der Ermittlung des steuerlich erheblichen Sachverhalts und dessen rechtlicher Würdigung (§ 208 Abs. 1 Satz 1 Nrn. 1 und 2 AO). § 208 Abs. 1 Sätze 2 und 3 AO bestimmen, welche Vorschriften für das Verfahren zur Durchführung von Steuerfahndungsmaßnahmen maßgebend sind.
2. Die Steuerfahndung übt die Rechte und Pflichten aus,
   a) die den Finanzämtern im Besteuerungsverfahren zustehen (§§ 85 ff. AO);
   b) die sich aus § 404 Satz 2 AO ergeben: erster Zugriff; Durchsuchung; Beschlagnahme; Durchsicht von Papieren sowie sonstige Maßnahmen nach den für die Ermittlungspersonen der Staatsanwaltschaft geltenden Vorschriften.
3. Zu Maßnahmen im Besteuerungsverfahren ist die Steuerfahndung auch berechtigt, wenn bereits ein Steuerstrafverfahren eingeleitet worden ist (vgl. BFH-Beschluss vom 29.10.1986, I B 28/86, BStBl 1987 II S. 440). Für Einwendungen gegen ihre Maßnahmen im Besteuerungsverfahren ist der Finanzrechtsweg, für Einwendungen gegen Maßnahmen im Strafverfahren wegen Steuerstraftaten der ordentliche Rechtsweg gegeben.
4. Für die Steuerfahndung gelten bei der Ermittlung der Besteuerungsgrundlagen und bei Vorfeldermittlungen folgende Einschränkungen aus Vorschriften über das Besteuerungsverfahren nicht (§ 208 Abs. 1 Satz 3 AO):
   a) Andere Personen als die Beteiligten können sofort um Auskunft angehalten werden (§ 93 Abs. 1 Satz 3 AO).
   b) Das Auskunftsersuchen bedarf entgegen § 93 Abs. 2 Satz 2 AO nicht der Schriftform.
   c) Die Vorlage von Urkunden kann ohne vorherige Befragung des Vorlagepflichtigen verlangt und die Einsichtnahme in diese Urkunden unabhängig von dessen Einverständnis erwirkt werden (§ 97 Abs. 2 AO).
5. Mitwirkungspflichten des Steuerpflichtigen, die sich aus den Vorschriften über die Außenprüfung ergeben, bleiben bestehen (§ 208 Abs. 1 Satz 3 AO). Die Mitwirkungspflicht kann allerdings nicht erzwungen werden, wenn sich der Steuerpflichtige dadurch der Gefahr aussetzen würde, sich selbst wegen einer von ihm begangenen Steuerstraftat oder Steuerordnungswidrigkeit belasten zu müssen oder wenn gegen ihn bereits ein Steuerstraf- oder Bußgeldverfahren eingeleitet worden ist. Über diese Rechtslage muss der Steuerpflichtige belehrt werden.
6. Beamte der Steuerfahndung können mit sonstigen Aufgaben betraut werden (§ 208 Abs. 2 AO).

Zu § 218 – Verwirklichung von Ansprüchen aus dem Steuerschuldverhältnis:

1. Konkretisierung der Ansprüche aus dem Steuerschuldverhältnis
   Ansprüche aus dem Steuerschuldverhältnis (§ 37 AO) werden durch Verwaltungsakt konkretisiert. Der – ggf. materiell-rechtlich unrichtige – Verwaltungsakt beeinflusst zwar nicht die materielle Höhe des Anspruchs aus dem Steuerschuldverhältnis, solange er jedoch besteht, legt er fest, ob und in welcher Höhe ein Anspruch durchgesetzt werden kann. Maß-

gebend ist allein der letzte Verwaltungsakt (z. B. der letzte Änderungsbescheid oder der letzte Abrechnungsbescheid). Der einheitliche Anspruch aus dem Steuerschuldverhältnis kann deshalb bei – ggf. mehrfacher – Änderung einer Festsetzung nicht in unterschiedliche Zahlungs- und Erstattungsansprüche aufgespalten werden (BFH-Urteil vom 6. 2. 1996, VII R 50/95, BStBl 1997 II S. 112).

Der Verwaltungsakt wirkt konstitutiv, wenn es sich um steuerliche Nebenleistungen handelt, deren Festsetzung in das Ermessen der Finanzbehörde gestellt ist, z. B. beim Verspätungszuschlag (§ 152 AO).

2. Säumniszuschläge

Bei Säumniszuschlägen bedarf es keines Leistungsgebotes, wenn sie zusammen mit der Steuer beigetrieben werden (§ 254 Abs. 2 AO).

3. Abrechnungsbescheid

Über Streitigkeiten, die die Verwirklichung von Ansprüchen aus dem Steuerschuldverhältnis betreffen, entscheiden die Finanzbehörden durch Abrechnungsbescheid (§ 218 Abs. 2 AO). Als Rechtsbehelf ist der Einspruch gegeben. Die Korrekturmöglichkeiten richten sich nach den §§ 129 bis 131 und § 218 Abs. 3 AO.

Eine Verfügung über die Anrechnung von Steuerabzugsbeträgen und Steuervorauszahlungen (Anrechnungsverfügung) ist ein Verwaltungsakt mit Bindungswirkung (vgl. BFH-Urteil vom 27. 10. 2009, VII R 51/08, BStBl 2010 II S. 382). Diese Bindungswirkung muss auch beim Erlass eines Abrechnungsbescheids beachtet werden. Deshalb kann im Rahmen eines Abrechnungsbescheids die Steueranrechnung zugunsten oder zuungunsten des Steuerpflichtigen nur dann korrigiert werden, wenn eine der Voraussetzungen der §§ 129 bis 131 oder § 218 Abs. 3 AO gegeben ist (vgl. BFH-Urteil vom 15. 4. 1997, VII R 100/96, BStBl II S. 787).

4. Widerstreitende Anrechnungsverfügungen oder Abrechnungsbescheide

4.1 Wird eine Anrechnungsverfügung oder ein Abrechnungsbescheid auf Grund eines Rechtsbehelfs oder auf Antrag zurückgenommen und ein für den Rechtsbehelfsführer/ Antragsteller günstigerer Verwaltungsakt erlassen, können nachträglich gegenüber ihm, aber auch gegenüber anderen Personen (z. B. Ehegatte oder Lebenspartner des Steuerpflichtigen, Abtretungsempfänger, Pfandgläubiger), durch Änderung einer Anrechnungsverfügung oder eines Abrechnungsbescheids die entsprechenden steuerlichen Folgerungen gezogen werden (§ 218 Abs. 3 Satz 1 AO). War Rechtsbehelfsführer/ Antragsteller nicht der Steuerpflichtige, sondern ein Dritter (z. B. ein Abtretungsempfänger oder ein Pfandgläubiger), können die entsprechenden steuerlichen Folgerungen auch gegenüber dem Steuerpflichtigen nach § 218 Abs. 3 Satz 1 AO gezogen werden.

4.2 Gegenüber einer Person, die im Ausgangsverfahren nicht Rechtsbehelfsführer/Antragsteller war, ist eine für sie nachteilige Korrektur ihrer Anrechnungsverfügung oder ihres Abrechnungsbescheids nach § 218 Abs. 3 AO nur dann möglich, wenn sie an dem Verfahren, das zur Aufhebung oder Änderung der fehlerhaften Anrechnungsverfügung bzw. des fehlerhaften Abrechnungsbescheids geführt hat, in entsprechender Anwendung des § 174 Abs. 5 AO beteiligt wurde. Für eine wirksame Beteiligung dieser Person muss ihr auch der Verwaltungsakt bzw. im Einspruchsverfahren die Einspruchsentscheidung bekannt gegeben werden (vgl. BFH-Urteile vom 11. 4. 1991, V R 40/86, BStBl II S. 605, und vom 5. 5. 1993, X R 111/91, BStBl II S. 817).

Diese Person ist dabei darauf hinzuweisen, dass

– ihr die Entscheidung als Beteiligtem bekannt gegeben wird,

– die entsprechenden steuerlichen Folgerungen aus dem maßgeblichen Sachverhalt in ihrem Besteuerungsverfahren gem. § 218 Abs. 3 i.V. m. § 174 Abs. 4 und Abs. 5 AO gezogen werden und

– Einwendungen gegen die Entscheidung nur mit Anträgen oder Rechtsbehelfen gegen diesen Verwaltungsakt geltend gemacht werden können.

4.3 Welches die „entsprechenden steuerlichen Folgerungen" sind, entscheidet sich dabei verbindlich im Ausgangsverfahren des antragstellenden bzw. einspruchsführenden Steuerpflichtigen oder Dritten.

4.4 Hinsichtlich des Antragstellers oder Rechtsbehelfsführers wird die Zahlungsverjährung nach § 231 Abs. 1 Satz 1 AO unterbrochen.

4.5 Die Zahlungsverjährungsfrist gegenüber einer Person, die im Ausgangsverfahren nicht Rechtsbehelfsführer/Antragsteller war, wird in entsprechender Anwendung des § 174 Abs. 4 Satz 3 AO unterbrochen, wenn sie vor Eintritt der ihr gegenüber geltenden Zahlungsverjährung beteiligt wurde (vgl. AEAO zu § 218, Nr. 4.2) und ihr gegenüber die entsprechenden steuerlichen Folgen innerhalb eines Jahres nach Korrektur der Anrechnungsverfügung oder des Abrechnungsbescheids im Ausgangsverfahren gezogen werden.

4.6 § 218 Abs. 3 AO gilt ab dem 31.12.2014 für alle zu diesem Zeitpunkt noch nicht zahlungsverjährten Anrechnungsverfügungen und Abrechnungsbescheide (Art. 97 § 13a EGAO).

Zu § 219 – Zahlungsaufforderung bei Haftungsbescheiden:

1. Es ist zu unterscheiden zwischen der gesetzlichen Entstehung der Haftungsschuld, dem Erlass des Haftungsbescheids (§ 191 AO) und der Inanspruchnahme des Haftungsschuldners durch Zahlungsaufforderung (Leistungsgebot). § 219 AO regelt nur die Zahlungsaufforderung. Der Erlass des Haftungsbescheids selbst wird durch die Einschränkung in der Vorschrift nicht gehindert. Die Zahlungsaufforderung darf jedoch mit dem Haftungsbescheid nur verbunden werden, wenn die Voraussetzungen des § 219 AO vorliegen. Ist ein Haftungsbescheid ohne Leistungsgebot ergangen, beginnt die Zahlungsverjährung mit Ablauf des Kalenderjahres, in dem dieser Bescheid wirksam geworden ist (§ 229 Abs. 2 AO).

2. § 219 AO ist Ausdruck des Grundsatzes, dass der Haftungsschuldner nur nach dem Steuerschuldner (subsidiär) für die Steuerschuld einzustehen hat. Auch in den Fällen des § 219 Satz 2 AO, in denen das Gesetz eine unmittelbare Inanspruchnahme des Haftungsschuldners erlaubt, kann es der Ausübung pflichtgemäßen Ermessens entsprechen, sich zunächst an den Steuerschuldner zu halten.

Zu § 220 – Fälligkeit:

1. Die angemeldete Steuervergütung bzw. das angemeldete Mindersoll ist erst fällig, sobald dem Steuerpflichtigen die Zustimmung der Finanzbehörde bekannt wird (§ 220 Abs. 2 Satz 2 AO). Wird der Steuerpflichtige schriftlich bzw. elektronisch über die Zustimmung unterrichtet (z. B. zusammen mit einer Abrechnungsmitteilung), ist grundsätzlich davon auszugehen, dass ihm die Zustimmung erst am dritten Tag nach Aufgabe zur Post bzw. nach der Absendung bekannt geworden ist. Ergeht keine Mitteilung, wird die Zustimmung dem Steuerpflichtigen grundsätzlich mit der Zahlung (§ 224 Abs. 3 AO) der Steuervergütung bzw. des Mindersolls bekannt.

2. Zur Fälligkeit von Insolvenzforderungen vgl. AEAO zu § 251, Nr. 5.1.

Zu § 224 – Leistungsort, Tag der Zahlung:

1. § 224 Abs. 2 Nr. 3 AO stellt sicher, dass Verzögerungen bei der Einziehung aufgrund einer Einzugsermächtigung nicht zu Lasten des Steuerpflichtigen gehen.

2. Die Regelungen zum Tag der Zahlung (§ 224 Abs. 2 und 3 AO) gelten nur bei wirksam geleisteten Zahlungen, d. h. wenn der geleistete Betrag den Empfänger erreicht hat.

Zu § 226 – Aufrechnung:

1. Für die Aufrechnung gelten die Vorschriften §§ 387 bis 396 BGB sinngemäß. Eine Aufrechnung kann danach erst erklärt werden, wenn die Aufrechnungslage gegeben ist; dies bedeutet Erfüllbarkeit (d. h. abstrakte Entstehung) der Verpflichtung des Aufrechnenden (Hauptforderung) und gleichzeitige Fälligkeit seiner Forderung (Gegenforderung). Das Finanzamt ist allerdings an der Aufrechnung gehindert, wenn die Durchsetzbarkeit der Gegenforderung durch Aussetzung der Vollziehung oder Stundung ausgeschlossen ist (vgl. BFH-Urteil vom 31. 8. 1995, VII R 58/94, BStBl 1996 II S. 55). Die Aufrechnungslage wird durch eine nachträgliche rückwirkende Stundung nicht beseitigt (BFH-Urteil vom 8. 7. 2004, VII R 55/03, BStBl 2005 II S. 7).
§ 215 erste Alternative BGB wird durch § 226 Abs. 2 AO ausgeschlossen. Die Gegenseitigkeit von Forderungen aus dem Steuerschuldverhältnis ist gewahrt, wenn die Abgabe derselben Körperschaft zusteht (§ 226 Abs. 1 AO) oder von derselben Körperschaft verwaltet wird (§ 226 Abs. 4 AO). Das Finanzamt kann daher von einem Steuerpflichtigen geforderte Erbschaftsteuer (dem Land allein zustehende Abgabe) gegen an diesen Steuerpflichtigen zu erstattenden Solidaritätszuschlag (dem Bund allein zustehende Abgabe) aufrechnen. Bei der Aufrechnung durch den Steuerpflichtigen findet § 395 BGB keine Anwendung (BFH-Urteil vom 25. 4. 1989, VII R 105/87, BStBl II S. 949).
2. Eine Aufrechnung bewirkt nach § 226 Abs. 1 AO i. V. m. § 389 BGB, dass die Forderungen, soweit sie sich decken, in dem Zeitpunkt als erloschen gelten, in welchem sie zur Aufrechnung geeignet einander gegenüberstanden. Dabei ist nicht auf die Festsetzung oder die Fälligkeit eines Steueranspruchs bzw. eines Steuererstattungsanspruchs abzustellen, sondern auf dessen abstrakte materiellrechtliche Entstehung (vgl. BFH-Urteil vom 3. 5. 1991, V R 105/86, BFH/NV 1992 S. 77). Materiellrechtlich entstehen Ansprüche aus dem Steuerschuldverhältnis bereits mit Verwirklichung des gesetzlichen Tatbestandes, d. h. z. B. die veranlagte Einkommensteuer bereits mit Ablauf des Veranlagungszeitraumes; auf die Kenntnis des Finanzamts oder des Steuerpflichtigen über Grund und Höhe der abstrakt entstandenen Ansprüche kommt es nicht an.
Das Steuererhebungsverfahren knüpft aber – anders als das Zivilrecht – nicht an die abstrakte Entstehung, sondern an die Konkretisierung des Steueranspruchs bzw. Steuererstattungsanspruchs durch dessen Festsetzung im Steuerbescheid und seine hieran anschließende Fälligkeit an (vgl. § 218 Abs. 1 AO). Deshalb geht die Rückwirkung einer Aufrechnung bei der Berechnung von Zinsen und Säumniszuschlägen nicht über den Zeitpunkt der Fälligkeit der Schuld des Aufrechnenden hinaus (vgl. § 238 Abs. 1 Satz 3 und § 240 Abs. 1 Satz 5 AO). Rechnet das Finanzamt mit einer Steuerforderung gegen eine später als die Steuerforderung fällig gewordene Erstattungsforderung auf, bleiben deshalb Säumniszuschläge hinsichtlich der zur Aufrechnung gestellten Steuerforderung für die Zeit vor der Fälligkeit der Erstattungsforderung bestehen.
Bei der Umbuchung von Steuererstattungs- oder Steuervergütungsansprüchen, die sich aus Steueranmeldungen ergeben, gilt die Erstattung/Vergütung aus Billigkeitsgründen als am Tag des Eingangs der Steueranmeldung, frühestens jedoch als am ersten Tag des auf den Anmeldungszeitraums folgenden Monats geleistet (Wertstellung). Dies gilt entsprechend, wenn die Steuererstattung oder Steuervergütung abweichend von der Steueranmeldung festgesetzt wird.
3. Soweit sich die Aufrechnungslage weder aus § 226 Abs. 1 AO aufgrund der Ertragsberechtigung noch aus § 226 Abs. 4 AO aufgrund der Verwaltungshoheit ergibt, kann in geeigneten Fällen die erforderliche Gegenseitigkeit seitens der Finanzverwaltung dadurch hergestellt werden, dass zwecks Einziehung der zu erhebende (ggf. anteilige) Anspruch an die Körperschaft, die den anderen Anspruch zu erfüllen hat, abgetreten und damit die Gläubiger-/Schuldneridentität i. S. d. § 226 Abs. 1 AO herbeigeführt wird (BFH-Urteil vom 5. 9. 1989, VII R 33/87, BStBl II S. 1004).
4. Für die Erklärung der Aufrechnung ist grundsätzlich die Behörde zuständig, die den Anspruch, gegen den aufgerechnet werden soll, zu erfüllen hat.

5. Liegen die Voraussetzungen für eine Aufrechnung nicht vor, bleibt die Möglichkeit einer vertraglichen Verrechnung der Forderungen. Ein solcher Verrechnungsvertrag kommt z. B. dadurch zustande, dass der Unternehmer (eine Personengesellschaft) gleichzeitig mit der Umsatzsteuer-Voranmeldung dem Finanzamt die Verrechnung seines Umsatzsteuer-Erstattungsanspruchs mit der Einkommensteuer-Forderung des Finanzamts an einen der Gesellschafter anbietet und das Finanzamt dieses Angebot ausdrücklich oder stillschweigend annimmt. Die Rechtswirksamkeit eines Verrechnungsvertrags ist nach den allgemeinen Rechtsgrundsätzen über den Abschluss von Verträgen zu beurteilen (BFH-Urteile vom 13. 10. 1972, III R 11/72, BStBl 1973 II S. 66, vom 21. 3. 1978, VIII R 60/73, BStBl II S. 606, und vom 30. 10. 1984, VII R 70/81, BStBl 1985 II S. 114).

Zu § 228 – Gegenstand der Verjährung, Verjährungsfrist:

1. Die Zahlungsverjährung erstreckt sich auch auf Ansprüche des Steuerpflichtigen. Der einheitliche Anspruch aus dem Steuerschuldverhältnis (z. B. für die Steuer eines Veranlagungszeitraums) kann bei – ggf. mehrfach – geänderter Festsetzung nicht in unterschiedliche Zahlungs- und Erstattungsansprüche aufgespalten werden, die bezogen auf die jeweils ergangenen Verwaltungsakte unterschiedlichen Verjährungsfristen unterliegen (BFH-Urteil vom 6. 2. 1996, VII R 50/95, BStBl 1997 II S. 112).

2. Fällt das Ende der Verjährungsfrist auf einen Sonntag, einen gesetzlichen Feiertag oder einen Sonnabend, so endet die Verjährungsfrist erst mit dem Ablauf des nächstfolgenden Werktages (§ 108 Abs. 3 AO).

3. Die Zahlungsverjährung führt zum Erlöschen des Anspruchs (§§ 47, 232 AO).

Zu § 229 – Beginn der Verjährung:

Die Zahlungsverjährung beginnt grundsätzlich mit Ablauf des Kalenderjahres, in dem der Anspruch erstmals fällig geworden ist. Wird durch eine Steueranmeldung oder Steuerfestsetzung erst die Voraussetzung für die Durchsetzung des Anspruchs geschaffen, so beginnt die Verjährung auch bei früherer Fälligkeit des Anspruchs (z. B. bei den sog. Fälligkeitssteuern) nicht vor Ablauf des Kalenderjahres, in dem die Steueranmeldung oder die Festsetzung, die Aufhebung oder Änderung der Festsetzung eines Anspruchs wirksam geworden ist. Dies gilt unabhängig davon, ob der Bescheid angefochten wird oder nicht.

Zu § 231 – Unterbrechung der Verjährung:

1. Zu den Unterbrechungstatbeständen gehört auch die schriftliche Geltendmachung eines Zahlungsanspruchs durch den Steuerpflichtigen (§ 231 Abs. 1 Satz 1 Nr. 8 AO). Bei elektronischer Übermittlung kann – vorbehaltlich der Eröffnung eines entsprechenden Zugangs durch die Finanzbehörde (§ 87a Abs. 1 AO) – auf eine qualifizierte elektronische Signatur und auch auf ein Verfahren nach § 87a Abs. 3 Satz 4 und 5 AO verzichtet werden, da kein Unterschriftserfordernis besteht (vgl. AEAO zu § 87a, Nr. 3.2.4).

2. Eine dem Zahlungspflichtigen von der Finanzbehörde bekannt gegebene Maßnahme i. S. d. § 231 Abs. 1 AO unterbricht die Zahlungsverjährung auch dann, wenn es sich bei dieser Maßnahme um einen Verwaltungsakt handelt, der rechtswidrig oder nichtig oder rückwirkend aufgehoben worden ist (vgl. BFH-Beschluss vom 21. 6. 2010, VII R 27/08, BStBl 2011 II S. 331).

Zu § 233a – Verzinsung von Steuernachforderungen und Steuererstattungen:

Inhaltsübersicht
1. Allgemeines
2. Sachlicher und zeitlicher Geltungsbereich
3. Zinsschuldner/-gläubiger
4.–9. Zinslauf
10. Zinslaufbeginn bei rückwirkenden Ereignissen und Verlustrückträgen
11.–13. Grundsätze der Zinsberechnung
14.–40. Zinsberechnung bei der erstmaligen Steuerfestsetzung
41.–59. Zinsberechnung bei einer Korrektur der Steuerfestsetzung oder der Anrechnung von Steuerbeträgen
60. Zinsberechnung bei sog. NV-Fällen
61. Zinsberechnung bei der Vermögensteuer
62. Sonderregelungen für Zinsberechnungen bei der Umsatzsteuer
63.–68. Verhältnis zu anderen steuerlichen Nebenleistungen
69.–70. Billigkeitsmaßnahmen
71.–73. Rechtsbehelfe
74. Berücksichtigung rückwirkender Ereignisse in Grundlagenbescheiden

Allgemeines
1. Die Verzinsung nach § 233a AO (Vollverzinsung) soll im Interesse der Gleichmäßigkeit der Besteuerung und zur Vermeidung von Wettbewerbsverzerrungen einen Ausgleich dafür schaffen, dass die Steuern trotz gleichen gesetzlichen Entstehungszeitpunkts, aus welchen Gründen auch immer, zu unterschiedlichen Zeitpunkten festgesetzt und erhoben werden. Die Verzinsung ist gesetzlich vorgeschrieben; die Zinsfestsetzung steht nicht im Ermessen der Finanzbehörde. Die Zinsen werden grundsätzlich im automatisierten Verfahren berechnet, festgesetzt und zum Soll gestellt. Die Zinsfestsetzung wird regelmäßig mit dem Steuerbescheid oder der Abrechnungsmitteilung verbunden.

Sachlicher und zeitlicher Geltungsbereich
2. Die Verzinsung nach § 233a AO ist beschränkt auf die Festsetzung der Einkommen-, Körperschaft-, Vermögen-, Umsatz- und Gewerbesteuer (§ 233a Abs. 1 Satz 1 AO). Wegen der Verzinsung des Steuervergütungsanspruchs nach § 18 Abs. 9 UStG i.V. m. §§ 59 ff. UStDV und in Fällen des Mini-one-stop-shop-Verfahrens nach § 18 Abs. 4e UStG (MOSS-Verfahren) vgl. AEAO zu § 233a, Nr. 62. Von der Verzinsung ausgenommen sind die übrigen Steuern und Abgaben sowie Steuervorauszahlungen und Steuerabzugsbeträge (§ 233a Abs. 1 Satz 2 AO); vgl. auch BFH-Beschluss vom 18. 9. 2007, I R 15/05, BStBl 2008 II S. 332, und BVerfG-Beschluss vom 3. 9. 2009, 1 BvR 1098/08, BFH/NV S. 2115. Auch bei der Nachforderung von Abzugsteuern gegenüber dem Arbeitnehmer (vgl. BFH-Urteil vom 17. 11. 2010, I R 68/10, BFH/NV 2011 S. 737), der Festsetzung der vom Arbeitgeber übernommenen Lohnsteuer sowie der Festsetzung der Umsatzsteuer im Abzugsverfahren erfolgt keine Verzinsung nach § 233a AO. Kirchensteuern werden nur verzinst, soweit die Landeskirchensteuergesetze dies vorsehen. Als Einfuhrabgabe unterliegt die Einfuhrumsatzsteuer den sinngemäß geltenden Vorschriften für Zölle, weshalb ein sich bei der Festsetzung von Einfuhrumsatzsteuer ergebender Unterschiedsbetrag nicht nach § 233a AO zu verzinsen ist (BFH-Urteil vom 23. 9. 2009, VII R 44/08, BStBl 2010 II S. 334). Der AO lässt sich im Übrigen kein allgemeiner Grundsatz des Inhalts entnehmen, dass Ansprüche des Steuerpflichtigen aus dem Steuerschuldverhältnis auch ohne einzelgesetzliche Grundlage stets zu verzinsen sind (vgl. BFH-Urteil vom 16. 12. 2009, I R 48/09, BFH/NV 2010 S. 827).

§ 233a AO ist bei Wegzug in einen Mitgliedstaat der EU bzw. des EWR im Lichte der Niederlassungsfreiheit nach Art. 49 AEUV europarechtskonform auszulegen. Hiernach ist die Wegzugsteuer nach § 6 Abs. 1 AStG bzw. die Steuer auf Entstrickungsgewinne bei Wegzug nach § 27 Abs. 3 Nr. 3 Satz 2 UmwStG 2006, § 21 Abs. 2 Satz 1 Nr. 2 UmwStG 1995 nicht der Vollverzinsung zu unterwerfen, soweit die Steuer nach § 6 Abs. 5 AStG zinslos zu stunden ist.

Zinsschuldner/-gläubiger

3. Bei der Verzinsung von Steuernachzahlungen ist der Steuerschuldner auch Zinsschuldner. Schulden mehrere Personen die Steuer als Gesamtschuldner, sind sie auch Gesamtschuldner der Zinsen. Bei der Verzinsung von Erstattungsansprüchen ist grundsätzlich der Gläubiger des Erstattungsanspruchs Zinsgläubiger. Die Aufteilung der Zinsen nach §§ 268 ff. AO hat für die Zinsberechnung keine Bedeutung. Zur Abtretung eines Anspruchs auf Erstattungszinsen vgl. AEAO zu § 46, Nr. 1.

Zinslauf

4. Der Zinslauf beginnt im Regelfall 15 Monate nach Ablauf des Kalenderjahres, in dem die Steuer entstanden ist (Karenzzeit nach § 233a Abs. 2 Satz 1 AO). Er endet mit Ablauf des Tages, an dem die Steuerfestsetzung wirksam wird (§ 233a Abs. 2 Satz 3 AO). Sind Steuern zu verzinsen, die vor dem 1. 1. 1994 entstanden sind, endet der Zinslauf spätestens vier Jahre nach seinem Beginn (Art. 97 § 15 Abs. 8 EGAO). Der Zeitpunkt der Zahlung oder der Fälligkeit der Steuernachforderung oder der Steuererstattung ist grundsätzlich unbeachtlich.

5. Bei Steuerfestsetzungen durch Steuerbescheid endet der Zinslauf am Tag der Bekanntgabe des Steuerbescheids (§ 124 Abs. 1 Satz 1 i. V. m. § 122 AO). Bei Umsatzsteuererklärungen mit einem Unterschiedsbetrag zuungunsten des Steuerpflichtigen endet der Zinslauf grundsätzlich am Tag des Eingangs der Steueranmeldung (§ 168 Satz 1 AO). Bei zustimmungsbedürftigen Umsatzsteuererklärungen mit einem Unterschiedsbetrag zugunsten des Steuerpflichtigen endet der Zinslauf grundsätzlich mit Ablauf des Tages, an dem dem Steuerpflichtigen die Zustimmung der Finanzbehörde bekannt wird (vgl. AEAO zu § 168, Nrn. 3 und 4). Dies gilt auch in den Fällen, in denen die Zustimmung allgemein erteilt wird (vgl. AEAO zu § 168, Nr. 9).

6. Ein voller Zinsmonat (§ 238 Abs. 1 Satz 2 AO) ist erreicht, wenn der Tag, an dem der Zinslauf endet, hinsichtlich seiner Zahl dem Tag entspricht, der dem Tag vorhergeht, an dem die Frist begann (BFH-Urteil vom 24. 7. 1996, X R 119/92, BStBl 1997 II S. 6). Begann der Zinslauf z. B. am 1. 4. und wurde die Steuerfestsetzung am 30. 4. bekannt gegeben, ist bereits ein voller Zinsmonat gegeben.

7. Behauptet der Steuerpflichtige, ihm sei der Steuerbescheid bzw. die erweiterte Abrechnungsmitteilung später als nach der Zugangsvermutung des § 122 Abs. 2 AO zugegangen, bleibt der ursprüngliche Bekanntgabetag für die Zinsberechnung maßgebend, wenn das Guthaben bereits erstattet wurde. Gleiches gilt, wenn der Steuerbescheid bzw. die Abrechnungsmitteilung nach einem erfolglosen Bekanntgabeversuch erneut abgesandt wird und das Guthaben bereits erstattet wurde. Wurde bei einer Änderung/Berichtigung einer Steuerfestsetzung vor ihrer Bekanntgabe ein Guthaben bereits erstattet, ist allerdings die Zinsfestsetzung im bekannt gegebenen Bescheid so durchzuführen, als ob das Guthaben noch nicht erstattet worden wäre.

8. Für die Einkommen- und Körperschaftsteuer beträgt die Karenzzeit 23 Monate (bei Steuern, die vor dem 1. 1. 2010 entstehen, 21 Monate; vgl. Art. 97 § 15 Abs. 11 EGAO), wenn die Einkünfte aus Land- und Forstwirtschaft bei der erstmaligen Steuerfestsetzung für das jeweilige Jahr überwiegen (§ 233a Abs. 2 Satz 2 AO); vgl. dazu auch das BFH-Urteil vom 13. 7. 2006, IV R 5/05, BStBl II S. 881. Unter dieser Voraussetzung beginnt der Zinslauf für die Einkommen- und Körperschaftsteuer 2010 daher nicht bereits am 1. 4. 2012, sondern am 1. 12. 2012. Eine über die Karenzzeit hinaus gewährte Frist zur Abgabe der Steuererklärung ist für die Verzinsung unbeachtlich.

9. Stellt sich später heraus, dass die Einkünfte aus Land- und Forstwirtschaft die anderen Einkünfte nicht überwiegen, bleibt es gleichwohl bei der Karenzzeit von 23 Monaten. Umgekehrt bleibt es bei der Karenzzeit von 15 Monaten, wenn sich später herausstellt, dass ent-

gegen den Verhältnissen bei der erstmaligen Steuerfestsetzung die Einkünfte aus Land- und Forstwirtschaft die übrigen Einkünfte überwiegen. Sind die Einkünfte aus Land- und Forstwirtschaft negativ, überwiegen die anderen Einkünfte, wenn diese positiv oder in geringerem Maße negativ sind.

10. Zinslaufbeginn bei rückwirkenden Ereignissen und Verlustrückträgen

10.1 Soweit die Steuerfestsetzung auf der erstmaligen Berücksichtigung eines rückwirkenden Ereignisses oder eines Verlustrücktrags beruht, beginnt der Zinslauf nach § 233a Abs. 2a AO erst 15 Monate nach Ablauf des Kalenderjahres, in dem das rückwirkende Ereignis eingetreten oder der Verlust entstanden ist. Die steuerlichen Auswirkungen eines Verlustrücktrags bzw. eines rückwirkenden Ereignisses werden daher bei der Berechnung von Zinsen nach § 233a AO erst ab einem vom Regelfall abweichenden späteren Zinslaufbeginn berücksichtigt. Soweit § 10d Abs. 1 EStG entsprechend gilt bzw. Verluste nach Maßgabe des § 10d Abs. 1 EStG rücktragsfähig sind, ist § 233a Abs. 2a AO entsprechend anzuwenden (vgl. z. B. § 10b Abs. 1 Sätze 4 und 5 und § 23 Abs. 3 Satz 9 EStG).

10.2 Ob ein Ereignis steuerliche Rückwirkung hat, beurteilt sich nach dem jeweils anzuwendenden Steuergesetz (BFH-Urteil vom 26. 7. 1984, IV R 10/83, BStBl II S. 786). Beispiele vgl. AEAO zu § 175, Nr. 2.4.

§ 233a Abs. 2a AO ist auch dann anzuwenden, wenn ein rückwirkendes Ereignis bereits bei der erstmaligen Steuerfestsetzung berücksichtigt wird.

10.2.1 Bei einem zulässigen Wechsel der Veranlagungsart (Zusammenveranlagung nach bereits erfolgter Einzelveranlagung – bis VZ 2012: getrennte Veranlagung – oder umgekehrt) beruhen sowohl die Aufhebung des/der ursprünglichen Bescheide(s) als auch der Erlass der/des neuen Bescheides(s) auf einem rückwirkenden Ereignis. Dies gilt unabhängig davon, ob es sich um den antragstellenden Ehegatten oder den anderen Ehegatten handelt. Dass die verfahrensrechtliche Umsetzung des Wechsels der Veranlagungsart beim antragstellenden Ehegatten nicht nach § 175 Abs. 1 Satz 1 Nr. 2 AO erfolgt, steht dem nicht entgegen. § 233a Abs. 2a AO findet sowohl bei der Aufhebung der ursprünglichen Veranlagung(en) als auch beim Erlass der/des neuen Steuerbescheide(s) für beide Ehegatten Anwendung. Für Lebenspartner gelten diese Regelungen ab dem Veranlagungszeitraum 2013 entsprechend.

10.3 Ausnahmen:

10.3.1 Durch den erstmaligen Beschluss über eine offene Gewinnausschüttung für ein abgelaufenes Wirtschaftsjahr wurde – im Rahmen des Anrechnungsverfahrens (§ 34 Abs. 12 Nr. 1 KStG) – kein abweichender Zinslauf gem. § 233a Abs. 2a AO ausgelöst. Dies gilt auch dann, wenn dieser Beschluss erst nach Ablauf des folgenden Wirtschaftsjahres gefasst wurde (BFH-Urteil vom 29. 11. 2000, I R 45/00, BStBl 2001 II S. 326). Um einen erstmaligen Gewinnverteilungsbeschluss in diesem Sinne handelt es sich jedoch nicht, wenn der Beschluss einen vorangegangenen Beschluss der Gesellschaft ersetzte, durch den der Gewinn des betreffenden Wirtschaftsjahres thesauriert worden war (BFH-Urteil vom 22. 10. 2003, I R 15/03, BStBl 2004 II S. 398).

10.3.2 Die Korrektur eines für das Betriebsvermögen am Schluss des Wirtschaftsjahres maßgebenden Wertansatzes, der sich auf die Höhe des Gewinns der Folgejahre auswirkt, löst keinen abweichenden Zinslauf gem. § 233a Abs. 2a AO aus. Zur Anwendung des § 175 Abs. 1 Satz 1 Nr. 2 AO vgl. AEAO zu § 175, Nr. 2.4.

10.4 Bei verdeckten Gewinnausschüttungen unter Geltung des Anrechnungsverfahrens stellt die nachträgliche Vorlage einer Bescheinigung gem. §§ 44 bis 46 KStG über anrechenbare Körperschaftsteuer, aufgrund derer Einnahmen i. S. v. § 20 Abs. 1 Nr. 3 EStG zu erfassen sind, ein rückwirkendes Ereignis dar (vgl. BFH-Urteil vom 18. 4. 2000, VIII R 75/98, BStBl II S. 423; siehe auch Art. 97 § 9 Abs. 3 EGAO). Der besondere Zinslauf ist dabei sowohl auf die Steuerfestsetzung als auch auf die Anrechnung anzuwenden.

10.5 Der besondere Zinslauf nach § 233a Abs. 2a AO endet mit Ablauf des Tages, an dem die Steuerfestsetzung wirksam wird (§ 233a Abs. 2 Satz 3 AO). Sind Steuern zu verzinsen, die vor dem 1.1.1994 entstanden sind, endet der besondere Zinslauf spätestens vier Jahre nach seinem Beginn (Art. 97 § 15 Abs. 9 EGAO). § 233a Abs. 2a AO ist erstmals anzuwenden, soweit die Verluste oder rückwirkenden Ereignisse nach dem 31.12.1995 entstanden bzw. eingetreten sind (Art. 97 § 15 Abs. 8 EGAO).

Grundsätze der Zinsberechnung

11. Die Zinsen betragen für jeden vollen Monat des Zinslaufs einhalb Prozent (§ 238 Abs. 1 Satz 1 AO). Für ihre Berechnung wird der zu verzinsende Betrag jeder Steuerart auf den nächsten durch fünfzig Euro teilbaren Betrag abgerundet (§ 238 Abs. 2 AO). Dabei sind die zu verzinsenden Ansprüche zu trennen, wenn Steuerart, Zeitraum oder der Tag des Beginns des Zinslaufs voneinander abweichen (vgl. AEAO zu § 238, Nr. 2). Zinsen sind auf volle Euro zum Vorteil des Steuerpflichtigen gerundet festzusetzen (§ 239 Abs. 2 Satz 1 AO); sie werden nur dann festgesetzt, wenn sie mindestens zehn Euro betragen (§ 239 Abs. 2 Satz 2 AO). Die durch das StEuglG geänderten Regelungen in §§ 238 Abs. 2 und 239 Abs. 2 AO gelten in allen Fällen, in denen Zinsen nach dem 31.12.2001 festgesetzt werden (Art. 97 § 15 Abs. 10 EGAO); entscheidend ist damit, wann die Zinsfestsetzung bekannt gegeben wird, und nicht, wann der Zinslauf begonnen oder geendet hat.

12. Für die Zinsberechnung gelten die Grundsätze der sog. Sollverzinsung. Berechnungsgrundlage ist der Unterschied zwischen dem festgesetzten Soll und dem vorher festgesetzten Soll (Vorsoll). Bei der Berechnung von Erstattungszinsen gelten allerdings Besonderheiten, wenn Steuerbeträge nicht oder nicht fristgerecht gezahlt wurden (§ 233a Abs. 3 Satz 3 AO).

13. Es ist grundsätzlich unerheblich, ob das Vorsoll bei Fälligkeit getilgt worden ist. Ggf. treten insoweit besondere Zins- und Säumnisfolgen (z. B. Stundungszinsen, Säumniszuschläge) ein. Nachzahlungszinsen nach § 233a AO sind andererseits auch dann festzusetzen, wenn das Finanzamt vor Festsetzung der Steuer freiwillige Leistungen auf die Steuerschuld angenommen hat und hierdurch die festgesetzte Steuerschuld insgesamt erfüllt wird. Voraussetzung für die Verzinsung ist lediglich, dass die Steuerfestsetzung zu einem Unterschiedsbetrag nach § 233a Abs. 3 AO führt (§ 233a Abs. 1 Satz 1 AO). Wegen des zeitanteiligen Erlasses von Nachzahlungszinsen in diesen Fällen vgl. AEAO zu § 233a, Nr. 70.

Zinsberechnung bei der erstmaligen Steuerfestsetzung

14. Bei der erstmaligen Steuerfestsetzung (endgültige Steuerfestsetzung, vorläufige Steuerfestsetzung, Steuerfestsetzung unter Vorbehalt der Nachprüfung) ist Berechnungsgrundlage der Unterschied zwischen dem dabei festgesetzten Soll (festgesetzte Steuer abzüglich anzurechnender Steuerabzugsbeträge und anzurechnender Körperschaftsteuer) und dem Vorauszahlungssoll. Maßgebend sind die bis zum Beginn des Zinslaufs festgesetzten Vorauszahlungen (§ 233a Abs. 3 Satz 1 AO). Einbehaltene und anzurechnende Steuerabzugsbeträge sind unabhängig vom Zeitpunkt der Zahlung durch den Abzugsverpflichteten zu berücksichtigen.

15. Vorauszahlungen können innerhalb der gesetzlichen Fristen (z. B. § 37 Abs. 3 Satz 3 EStG) von Amts wegen oder auf Antrag des Steuerpflichtigen angepasst werden (BFH-Urteil vom 10.7.2002, X R 65/96, BFH/NV S. 1567). Leistet der Steuerpflichtige vor Ablauf der Karenzzeit eine freiwillige Zahlung, ist dies als Antrag auf Anpassung der bisher festgesetzten Vorauszahlungen anzusehen. Zahlungen des Steuerpflichtigen, die ohne wirksame Festsetzung der Vorauszahlungen erfolgen, sind als freiwillige Zahlungen i. S. d. Nr. 70.1 zu behandeln. Eine nachträgliche Erhöhung der Vorauszahlungen zur Einkommen- oder Körperschaftsteuer erfolgt nur dann, wenn der Erhöhungsbetrag mindestens 5 000 € beträgt (§ 37 Abs. 5 Satz 2 EStG, § 31 Abs. 1 KStG; vgl. auch BFH-Urteil vom 5.6.1996, X R 234/93, BStBl II S. 503).

16. Bei der Umsatzsteuer kann der Steuerpflichtige eine Anpassung der Vorauszahlungen durch die Abgabe einer berichtigten Voranmeldung (§ 153 Abs. 1 AO) herbeiführen. Die berichtigte Voranmeldung steht einer geänderten Steuerfestsetzung unter Vorbehalt der Nachprüfung gleich und bedarf keiner Zustimmung der Finanzbehörde, wenn sie zu einer Erhöhung der bisher zu entrichtenden Steuer oder einem geringeren Erstattungsbetrag führt (vgl. AEAO zu § 168, Nr. 12). Eine nach Ablauf der Karenzzeit abgegebene (erstmalige oder berichtigte) Voranmeldung ist bei der Berechnung des Unterschiedsbetrages nach § 233a Abs. 3 Satz 1 AO nicht zu berücksichtigen. In diesem Fall soll aber unverzüglich eine Festsetzung der Jahressteuer unter Vorbehalt der Nachprüfung erfolgen.

17. Leistet der Steuerpflichtige nach Ablauf der Karenzzeit eine freiwillige Zahlung, soll bei Vorliegen der Steuererklärung unverzüglich eine Steuerfestsetzung erfolgen. Diese Steuerfestsetzung kann zur Beschleunigung auch durch eine personelle Festsetzung unter Vorbehalt der Nachprüfung erfolgen. In diesem Fall kann sich die Steuerfestsetzung auf die bisher festgesetzten Vorauszahlungen zuzüglich der freiwillig geleisteten Zahlung beschränken. Auf die Angabe der Besteuerungsgrundlagen kann dabei verzichtet werden.

18. Bei der freiwilligen Zahlung kann grundsätzlich unterstellt werden, dass die Zahlung ausschließlich auf die Hauptsteuer (Einkommen- bzw. Körperschaftsteuer) entfällt. Die Folgesteuern sind ggf. daneben festzusetzen und zu erheben.

19. Ergibt sich bei der ersten Steuerfestsetzung ein Unterschiedsbetrag zuungunsten des Steuerpflichtigen (Mehrsoll), werden Nachzahlungszinsen für die Zeit ab Beginn des Zinslaufs bis zur Wirksamkeit der Steuerfestsetzung berechnet (§ 233a Abs. 2 Satz 3 AO).

20. **Beispiel 1:**

    Einkommensteuer 2004
    Steuerfestsetzung vom 8.12.2006, bekannt gegeben am 11.12.2006   21 000 €
    abzüglich anzurechnende Steuerabzugsbeträge: ./. 1 000 €
    Soll: 20 000 €
    abzüglich festgesetzte Vorauszahlungen: ./. 13 000 €
    Unterschiedsbetrag (Mehrsoll):   7 000 €

    Zu verzinsen sind 7 000 € zuungunsten des Steuerpflichtigen für die Zeit vom 1.4.2006 bis 11.12.2006 (8 volle Monate × 0,5 % = 4 %).
    festzusetzende Zinsen (Nachzahlungszinsen):   **280 €**

21. Ergibt sich ein Unterschiedsbetrag zugunsten des Steuerpflichtigen (Mindersoll), ist dieser ebenfalls Grundlage der Zinsberechnung. Um Erstattungszinsen auf festgesetzte, aber nicht entrichtete Vorauszahlungen zu verhindern, ist nur der tatsächlich zu erstattende Betrag – und zwar für den Zeitraum zwischen der Zahlung der zu erstattenden Beträge und der Wirksamkeit der Steuerfestsetzung – zu verzinsen (§ 233a Abs. 2 Satz 3 und Abs. 3 Satz 3 AO).

22. **Beispiel 2:**

    Einkommensteuer 2004
    Steuerfestsetzung vom 8.12.2006, bekannt gegeben am 11.12.2006   1 000 €
    abzüglich anzurechnende Steuerabzugsbeträge: ./. 1 000 €
    Soll: 0 €
    abzüglich festgesetzte Vorauszahlungen: ./. 13 000 €
    Unterschiedsbetrag (Mindersoll):   ./. 13 000 €

    Da der Steuerpflichtige am 8.6.2006 5 000 € gezahlt hat und darüber hinaus keine weiteren Zahlungen erfolgt sind, sind lediglich 5 000 € zu erstatten.
    Zu verzinsen sind 5 000 € zugunsten des Steuerpflichtigen für die Zeit vom 8.6.2006 bis 11.12.2006 (6 volle Monate × 0,5 % = 3 %).
    festzusetzende Zinsen (Erstattungszinsen):   **./. 150 €**

23. Besteht der zu erstattende Betrag aus mehreren Einzahlungen, richtet sich der Zinsberechnungszeitraum nach der Einzahlung des jeweiligen Teilbetrags, wobei unterstellt wird, dass die Erstattung zuerst aus dem zuletzt gezahlten Betrag erfolgt.

24. Der Erstattungsbetrag ist für die Zinsberechnung auf den nächsten durch fünfzig Euro teilbaren Betrag abzurunden (z. B. ist ein Erstattungsbetrag von 375 € auf 350 € abzurunden). Ist mehr als ein Betrag (mehrere Einzahlungen) zu verzinsen, so ist der durch die Rundung auf volle fünfzig Euro sich ergebende Spitzenbetrag vom Teilbetrag mit dem ältesten Wertstellungstag abzuziehen.
25. Die Verzinsung des zu erstattenden Betrages erfolgt nur bis zur Höhe des Mindersolls. Freiwillig geleistete Zahlungen sollen zum Anlass genommen werden, die bisher festgesetzten Vorauszahlungen anzupassen (vgl. AEAO zu § 233a, Nrn. 15 und 16) oder die Jahressteuer unverzüglich festzusetzen (vgl. AEAO zu § 233a, Nr. 17). Bis zur Festsetzung der Vorauszahlung oder der Jahressteuer sind sie aber zur Vermeidung von Missbräuchen von der Verzinsung ausgeschlossen.
26. **Beispiel 3:**

    Einkommensteuer 2004
    Steuerfestsetzung vom 19. 7. 2006, bekannt gegeben am 24. 7. 2006   14 000 €
    abzüglich anzurechnende Steuerabzugsbeträge: ./. 2 000 €
    Soll: 12 000 €
    abzüglich festgesetzte Vorauszahlungen: ./. 13 000 €
    Unterschiedsbetrag (Mindersoll):   ./. 1 000 €

    Der Steuerpflichtige hat die Vorauszahlungen jeweils bei Fälligkeit entrichtet; am 20. 6. 2006 zahlte er zusätzlich freiwillig 7 000 €.
    Zu erstatten sind daher insgesamt 8 000 €.
    Zu verzinsen sind 1 000 € zugunsten des Steuerpflichtigen für die Zeit vom 1. 4. 2006 bis 24. 7. 2006 (3 volle Monate × 0,5 % = 1,5 %).
    festzusetzende Zinsen (Erstattungszinsen):   **./. 15 €**
27. Bei der Ermittlung freiwilliger (Über-)Zahlungen des Steuerpflichtigen, die bei der Berechnung der Erstattungszinsen außer Ansatz bleiben, sind die zuletzt eingegangenen, das Vorauszahlungssoll übersteigenden Zahlungen als freiwillig anzusehen.
28. Wenn bei der erstmaligen Steuerfestsetzung ein rückwirkendes Ereignis oder ein Verlustrücktrag berücksichtigt wurde, beginnt der Zinslauf insoweit erst 15 Monate nach Ablauf des Kalenderjahres, in dem dieses rückwirkende Ereignis eingetreten oder der Verlust entstanden ist (§ 233a Abs. 2a AO). Der Unterschiedsbetrag nach § 233a Abs. 3 Satz 1 AO ist deshalb in Teil-Unterschiedsbeträge aufzuteilen, soweit diese einen unterschiedlichen Zinslaufbeginn nach § 233a Abs. 2 und Abs. 2a AO haben (§ 233a Abs. 7 Satz 1 1. Halbsatz AO). Innerhalb dieser Teil-Unterschiedsbeträge sind Sollminderungen und Sollerhöhungen mit gleichem Zinslaufbeginn zu saldieren.
29. Die Teil-Unterschiedsbeträge sind in ihrer zeitlichen Reihenfolge, beginnend mit dem ältesten Zinslaufbeginn, zu ermitteln (§ 233a Abs. 7 Satz 1 2. Halbsatz AO). Dabei ist unerheblich, ob sich der einzelne Teil-Unterschiedsbetrag zugunsten oder zuungunsten des Steuerpflichtigen auswirkt.
    Zunächst ist die fiktive Steuer zu ermitteln, die sich ohne Berücksichtigung rückwirkender Ereignisse und Verlustrückträge ergeben würde. Die Differenz zwischen dieser fiktiven Steuer, vermindert um anzurechnende Steuerabzugsbeträge und anzurechnende Körperschaftsteuer, und den festgesetzten Vorauszahlungen ist der erste für die Zinsberechnung maßgebliche Teil-Unterschiedsbetrag.
    Im nächsten Schritt ist auf der Grundlage dieser fiktiven Steuerermittlung die fiktive Steuer zu berechnen, die sich unter Berücksichtigung der rückwirkenden Ereignisse oder Verlustrückträge mit dem ältesten Zinslaufbeginn ergeben würde. Die Differenz zwischen dieser und der zuvor ermittelten fiktiven Steuer, jeweils vermindert um anzurechnende Steuerabzugsbeträge und anzurechnende Körperschaftsteuer, ist der für die Zinsberechnung maßgebliche zweite Teil-Unterschiedsbetrag. Dies gilt entsprechend für weitere Teil-Unterschiedsbeträge mit späterem Zinslaufbeginn.

A. I. Zu § 233a AO

30. **Beispiel 4:**

	z. v. E.[*]	Steuer
Einkommensteuer 2004		
erstmalige Steuerfestsetzung:	50 000 €	14 801 €
dabei wurden berücksichtigt:		
– Verlustrücktrag aus 2005:	./. 7 500 €	
– rückwirkendes Ereignis aus 2006:	2 500 €	
abzüglich anzurechnende Steuerabzugsbeträge:		./. 0 €
Soll:		14 801 €
abzüglich festgesetzte Vorauszahlungen:		./. 10 550 €
Unterschiedsbetrag (Mehrsoll):		+ 4 251 €

Ermittlung der Teil-Unterschiedsbeträge:

	z. v. E.[*]	Steuer	
– Vorsoll (festgesetzte Vorauszahlungen):		10 550 €	
– 1. Schattenveranlagung			
(Steuerfestsetzung ohne Berücksichtigung des			
Verlustrücktrags und des rückwirkenden Ereignisses):	55 000 €	17 200 €	
abzüglich anzurechnende Steuerabzugsbeträge:		./. 0 €	
fiktives Soll:		17 200 €	
Erster Teil-Unterschiedsbetrag =			+ 6 650 €
– 2. Schattenveranlagung			
(1. Schattenveranlagung + Verlustrücktrag aus 2005):	47 500 €	13 634 €	
abzüglich anzurechnende Steuerabzugsbeträge:		./. 0 €	
fiktives Soll:		13 634 €	
Zweiter Teil-Unterschiedsbetrag =			./. 3 566 €
– 3. Schattenveranlagung			
(2. Schattenveranlagung + rückwirkendes Ereignis			
aus 2006):	50 000 €	14 801 €	
abzüglich anzurechnende Steuerabzugsbeträge:		./. 0 €	
fiktives Soll:		14 801 €	
Dritter Teil-Unterschiedsbetrag =			+ 1 167 €
Summe der Teil-Unterschiedsbeträge:			+ 4 251 €

31. Alle Teil-Unterschiedsbeträge sind jeweils gesondert auf den nächsten durch fünfzig Euro teilbaren Betrag abzurunden, da der Zinslauf für die zu verzinsenden Beträge zu jeweils abweichenden Zeitpunkten beginnt (§ 238 Abs. 2 AO).

32. Die auf die einzelnen Teil-Unterschiedsbeträge entfallenden Zinsen sind eigenständig und in ihrer zeitlichen Reihenfolge zu berechnen, beginnend mit den Zinsen auf den Teil-Unterschiedsbetrag mit dem ältesten Zinslaufbeginn (§ 233a Abs. 7 Satz 1 2. Halbsatz AO). Dabei ist für jeden Zinslauf bzw. Zinsberechnungszeitraum eigenständig zu prüfen, inwieweit jeweils volle Zinsmonate vorliegen.

33. **Beispiel 5:**

	z. v. E.[*]	Steuer
Einkommensteuer 2004		
Steuerfestsetzung vom 11.12.2006,		
bekannt gegeben am 14.12.2006:	60 723 €	19 306 €
abzüglich anzurechnende Steuerabzugsbeträge:		./. 1 000 €
Soll:		18 306 €
abzüglich festgesetzte Vorauszahlungen:		./. 12 000 €
Unterschiedsbetrag (Mehrsoll):		+ 6 306 €

Bei dieser Steuerfestsetzung wurde ein rückwirkendes Ereignis aus 2005 (Erhöhung des z.v. E. um 2 492 €) berücksichtigt.

---

[*] z. v. E. = zu versteuerndes Einkommen

Ermittlung der Teil-Unterschiedsbeträge:

	z. v. E.[*)]	Steuer	
– Vorsoll (festgesetzte Vorauszahlungen):		12 000 €	
– 1. Schattenveranlagung (Steuerfestsetzung ohne Berücksichtigung des rückwirkenden Ereignisses):	58 231 €	18 135 €	
abzüglich anzurechnende Steuerabzugsbeträge:		./. 1 000 €	
fiktives Soll:		17 135 €	
Erster Teil-Unterschiedsbetrag =			+ 5 135 €
– 2. Schattenveranlagung (1. Schattenveranlagung + rückwirkendes Ereignis aus 2005):	60 723 €	19 306 €	
abzüglich anzurechnende Steuerabzugsbeträge:		./. 1 000 €	
fiktives Soll:		18 306 €	
Zweiter Teil-Unterschiedsbetrag =			+ 1 171 €
Summe der Teil-Unterschiedsbeträge:			+ 6 306 €

Zinsberechnung:

Teil-Unterschiedsbetrag mit Zinslaufbeginn 1. 4. 2006:	5 135 €
Teil-Unterschiedsbetrag mit Zinslaufbeginn 1. 4. 2007:	1 171 €

Verzinsung des Teil-Unterschiedsbetrags mit Zinslaufbeginn 1. 4. 2006:

Zu verzinsen sind 5 100 € zuungunsten des Steuerpflichtigen für die Zeit vom 1. 4. 2006 bis 14. 12. 2006 (8 volle Monate × 0,5 % = 4 %).

Nachzahlungszinsen =		204 €
Abrundung gem. § 238 Abs. 2 AO:	35 €	

Verzinsung des Teil-Unterschiedsbetrags mit Zinslaufbeginn 1. 4. 2007:

Hinsichtlich des Teil-Unterschiedsbetrags von 1 171 € sind keine Nachzahlungszinsen zu berechnen, da die für ihn maßgebliche Karenzzeit im Zeitpunkt der Steuerfestsetzung noch nicht abgelaufen ist.

	0 €
Insgesamt festzusetzende Zinsen (Nachzahlungszinsen):	**204 €**

34. **Beispiel 6:**

	z. v. E.[*)]	Steuer	
Einkommensteuer 2004			
Steuerfestsetzung vom 10. 12. 2007, bekannt gegeben am 13. 12. 2007:	57 781 €	17 924 €	
abzüglich anzurechnende Steuerbeträge:		./. 1 000 €	
Soll:		16 924 €	
abzüglich festgesetzte Vorauszahlungen:		./. 12 000 €	
Unterschiedsbetrag (Mehrsoll):		+ 4 924 €	

Bei dieser Steuerfestsetzung wurde ein rückwirkendes Ereignis aus 2005 (Erhöhung des z. v. E. um 2 571 €) berücksichtigt.

Ermittlung der Teil-Unterschiedsbeträge:

	z. v. E.[*)]	Steuer	
– Vorsoll (festgesetzte Vorauszahlungen):		12 000 €	
– 1. Schattenveranlagung (Steuerfestsetzung ohne Berücksichtigung des rückwirkenden Ereignisses):	55 210 €	16 715 €	
abzüglich anzurechnende Steuerabzugsbeträge:		./. 1 000 €	
fiktives Soll:		15 715 €	
Erster Teil-Unterschiedsbetrag =			+ 3 715 €

[*)] z. v. E. = zu versteuerndes Einkommen

A. I. Zu § 233a AO

	z. v. E.*)	Steuer
– 2. Schattenveranlagung (1. Schattenveranlagung + rückwirkendes Ereignis aus 2005):	57 781 €	17 924 €
abzüglich anzurechnende Steuerabzugsbeträge:		./. 1 000 €
fiktives Soll:		16 924 €
Zweiter Teil-Unterschiedsbetrag =		+1 209 €
Summe der Teil-Unterschiedsbeträge:		+4 924 €
Zinsberechnung:		
Teil-Unterschiedsbetrag mit Zinslaufbeginn 1. 4. 2006:		+3 715 €
Teil-Unterschiedsbetrag mit Zinslaufbeginn 1. 4. 2007:		+1 209 €
Verzinsung des Teil-Unterschiedsbetrags mit Zinslaufbeginn 1. 4. 2006:		
Zu verzinsen sind 3 700 € zuungunsten des Steuerpflichtigen für die Zeit vom 1. 4. 2006 bis 13. 12. 2007 (20 volle Monate × 0,5 % = 10 %).		
Nachzahlungszinsen:		370 €
Abrundung gem. § 238 Abs. 2 AO:	15 €	
Verzinsung des Teil-Unterschiedsbetrags mit Zinslaufbeginn 1. 4. 2007:		
Zu verzinsen sind 1 200 € zuungunsten des Steuerpflichtigen für die Zeit vom 1. 4. 2007 bis 13. 12. 2007 (8 volle Monate × 0,5 % = 4 %).		
Nachzahlungszinsen:		48 €
Abrundung gem. § 238 Abs. 2 AO:	9 €	
Insgesamt festzusetzende Zinsen:		**418 €**

35. Bei Teil-Unterschiedsbeträgen zugunsten des Steuerpflichtigen ist die Berechnung von Erstattungszinsen auf den fiktiv zu erstattenden Betrag begrenzt. Dazu sind alle maßgeblichen Zahlungen und der jeweilige Tag der Zahlung zu ermitteln. Durch Gegenüberstellung dieser Zahlungen und der nach Nr. 29 des AEAO zu § 233a ermittelten fiktiven Steuer, vermindert um anzurechnende Steuerabzugsbeträge und anzurechnende Körperschaftsteuer, ergibt sich der fiktive Erstattungsbetrag.
Die Verzinsung der einzelnen Teil-Unterschiedsbeträge beginnt frühestens mit dem Tag der Zahlung. Besteht der zu erstattende Betrag aus mehreren Einzahlungen, richtet sich der Zinsberechnungszeitraum nach der Einzahlung des jeweiligen Teilbetrags, wobei unterstellt wird, dass die Erstattung zuerst aus dem zuletzt gezahlten Betrag erfolgt. Bei weiteren Teil-Unterschiedsbeträgen zugunsten des Steuerpflichtigen bleiben die bereits bei einer vorangegangenen Zinsberechnung berücksichtigten Zahlungen außer Betracht.
Ist bei einem Teil-Unterschiedsbetrag zugunsten des Steuerpflichtigen mehr als ein Betrag (mehrere Einzahlungen) zu verzinsen, so ist der durch die Rundung auf den nächsten durch fünfzig Euro teilbaren sich ergebende Spitzenbetrag jeweils vom Teilbetrag mit dem ältesten Wertstellungstag abzuziehen.

36. **Beispiel 7:**

	z. v. E.*)	Steuer
Einkommensteuer 2004 Steuerfestsetzung vom 11. 12. 2006, bekannt gegeben am 14. 12. 2006:	10 113 €	509 €
abzüglich anzurechnende Steuerabzugsbeträge:		./. 250 €
Soll:		259 €
abzüglich festgesetzte Vorauszahlungen:		./. 12 750 €
Unterschiedsbetrag (Mindersoll):		./. 12 491 €

Alle Vorauszahlungen wurden bereits in 2004 entrichtet, so dass 12 491 € zu erstatten sind.
Bei der Steuerfestsetzung wurde ein rückwirkendes Ereignis aus 2005 (Minderung des z. v. E. um 7 587 €) berücksichtigt.

---

*) z. v. E. = zu versteuerndes Einkommen

Ermittlung der Teil-Unterschiedsbeträge:

	z. v. E.[*)]	Steuer
– Vorsoll (festgesetzte Vorauszahlungen):		12 750 €
– 1. Schattenveranlagung (Steuerfestsetzung ohne Berücksichtigung des rückwirkenden Ereignisses):	17 700 €	2 419 €
abzüglich anzurechnende Steuerabzugsbeträge:		./. 250 €
fiktives Soll:		2 169 €
Erster Teil-Unterschiedsbetrag =		./. 10 581 €
– 2. Schattenveranlagung (1. Schattenveranlagung + rückwirkendes Ereignis aus 2005):	10 113 €	509 €
abzüglich anzurechnende Steuerabzugsbeträge:		./. 250 €
fiktives Soll:		259 €
Zweiter Teil-Unterschiedsbetrag =		./. 1 910 €
Summe der Teil-Unterschiedsbeträge:		./. 12 491 €

Zinsberechnung:
Teil-Unterschiedsbetrag mit Zinslaufbeginn 1. 4. 2006: ./. 10 581 €
Teil-Unterschiedsbetrag mit Zinslaufbeginn 1. 4. 2007: ./. 1 910 €

Verzinsung des Teil-Unterschiedsbetrags mit Zinslaufbeginn 1. 4. 2006:

Gegenüberstellung der maßgeblichen Zahlungen und des fiktiven Solls				
Zahlung	Tag der Zahlung	fiktives Soll	fiktive Erstattung	unverzinster Zahlungsrest
3 250 €	10. 12. 2004		3 250 €	0 €
3 250 €	10. 9. 2004		3 250 €	0 €
3 250 €	10. 6. 2004		3 250 €	0 €
3 000 €	10. 3. 2004		831 €	2 169 €
12 750 €		2 169 €	10 581 €	2 169 €

Zu verzinsen sind 10 550 € zugunsten des Steuerpflichtigen für die Zeit vom 1. 4. 2006 bis 14. 12. 2006
(8 volle Monate × 0,5 % = 4 %).
Zinsen: ./. 422 €
Abrundung gem. § 238 Abs. 2 AO: 31 €
Verzinsung des Teil-Unterschiedsbetrags mit Zinslaufbeginn 1. 4. 2007:
Hinsichtlich des Teil-Unterschiedsbetrags von 1 910 € sind keine Erstattungszinsen zu berechnen, da die für ihn maßgebliche Karenzzeit im Zeitpunkt der Steuerfestsetzung noch nicht abgelaufen ist. 0 €
Insgesamt festzusetzende Zinsen (Erstattungszinsen): **./. 422 €**

37. **Beispiel 8:**

	z. v. E.[*)]	Steuer
Einkommensteuer 2004 Steuerfestsetzung vom 10. 12. 2007, bekannt gegeben am 13. 12. 2007:	10 660 €	626 €
abzüglich anzurechnende Steuerabzugsbeträge:		350 €
Soll:		276 €
abzüglich festgesetzte Vorauszahlungen:		./. 12 650 €
Unterschiedsbetrag (Mindersoll):		./. 12 374 €

Der Steuerpflichtige hat bis zum 30. 3. 2006 insgesamt 7 500 € sowie am 3. 9. 2007 zusätzlich 5 000 € entrichtet. Zu erstatten sind deshalb nur 12 224 €.

[*)] z. v. E. = zu versteuerndes Einkommen

A. I.   Zu § 233a AO

Bei der Steuerfestsetzung wurde ein rückwirkendes Ereignis aus 2005 (Minderung des z. v. E. um 8 088 €) berücksichtigt.

Ermittlung der Teil-Unterschiedsbeträge:

	z. v. E.[*)]	Steuer	
– Vorsoll (festgesetzte Vorauszahlungen):		12 650 €	
– 1. Schattenveranlagung (Steuerfestsetzung ohne Berücksichtigung des rückwirkenden Ereignisses):	18 748 €	2 713 €	
abzüglich anzurechnende Steuerabzugsbeträge:		./. 350 €	
fiktives Soll:		2 363 €	
Erster Teil-Unterschiedsbetrag =			./. 10 287 €
– 2. Schattenveranlagung (1. Schattenveranlagung + rückwirkendes Ereignis aus 2005):	10 660 €	626 €	
abzüglich anzurechnende Steuerabzugsbeträge:		./. 350 €	
fiktives Soll:		276 €	
Zweiter Teil-Unterschiedsbetrag =			./. 2 087 €
Summe der Teil-Unterschiedsbeträge:			./. 12 374 €
Zinsberechnung:			
Teil-Unterschiedsbetrag mit Zinslaufbeginn 1. 4. 2006:			./. 10 287 €
Teil-Unterschiedsbetrag mit Zinslaufbeginn 1. 4. 2007:			./. 2 087 €

Verzinsung des Teil-Unterschiedsbetrags mit Zinslaufbeginn 1. 4. 2006:

Gegenüberstellung der maßgeblichen Zahlungen und des fiktiven Solls					
Zahlung	Tag der Zahlung	fiktives Soll	fiktive Erstattung	unverzinster Zahlungsrest	
5 000 €	3. 9. 2007		5 000 €	0 €	
2 500 €	10. 12. 2004		2 500 €	0 €	
2 500 €	10. 9. 2004		2 500 €	0 €	
1 250 €	10. 6. 2004		137 €	1 113 €	
1 250 €	10. 3. 2004		0 €	1 250 €	
12 500 €		2 363 €	10 137 €	2 363 €	

Zu verzinsen sind 5 000 € zugunsten des Steuerpflichtigen für die Zeit
vom 3. 9. 2007 bis 13. 12. 2007
(3 volle Monate × 0,5 % = 1,5 %).
Zinsen (Erstattungszinsen):   ./. 75 €
Zu verzinsen sind 5 100 € zugunsten des Steuerpflichtigen für die Zeit
vom 1. 4. 2006 bis 13. 12. 2007
(20 volle Monate × 0,5 % = 10 %).
Zinsen (Erstattungszinsen):   ./. 510 €
Abrundung nach § 238 Abs. 2 AO: 37 €

[*)] z. v. E. = zu versteuerndes Einkommen

Verzinsung des Teil-Unterschiedsbetrags mit Zinslaufbeginn 1. 4. 2007:

Gegenüberstellung der maßgeblichen Zahlungen und des fiktiven Solls			
Zahlung	Tag der Zahlung	fiktives Soll	fiktive Erstattung	unverzinster Zahlungsrest
0 €	3. 9. 2007		0 €	0 €
0 €	10. 12. 2004		0 €	0 €
0 €	10. 9. 2004		0 €	0 €
1 113 €	10. 6. 2004		1 113 €	0 €
1 250 €	10. 3. 2004		974 €	276 €
2 363 €		276 €	2 087 €	276 €

Zu verzinsen sind 2 050 € zugunsten des Steuerpflichtigen für die Zeit
vom 1. 4. 2007 bis 13. 12. 2007
(8 volle Monate × 0,5 % = 4 %).
Zinsen (Erstattungszinsen): ./. 82 €
Abrundung nach § 238 Abs. 2 AO: 37 €
Insgesamt festzusetzende Zinsen (Erstattungszinsen): **./. 667 €**

38. Bei Teil-Unterschiedsbeträgen zugunsten des Steuerpflichtigen sind neben der Berechnung von Erstattungszinsen die zuvor auf den Herabsetzungsbetrag ggf. berechneten Nachzahlungszinsen zu mindern. Nachzahlungszinsen entfallen dabei allerdings frühestens ab dem Zeitpunkt, in dem der Zinslauf des Teil-Unterschiedsbetrags zugunsten des Steuerpflichtigen beginnt; Nachzahlungszinsen für den Zeitraum bis zum Beginn des Zinslaufs des Teil-Unterschiedsbetrags zugunsten des Steuerpflichtigen bleiben endgültig bestehen (§ 233a Abs. 7 Satz 2 AO). Nachzahlungszinsen mit unterschiedlichem Zinslaufbeginn sind in ihrer zeitlichen Reihenfolge, beginnend mit den Nachzahlungszinsen mit dem ältesten Zinslaufbeginn, zu mindern.

39. **Beispiel 9:**

Einkommensteuer 2004 z. v. E.[*)] Steuer
Steuerfestsetzung vom 9. 12. 2008,
bekannt gegeben am 12. 12. 2008: 35 867 € 8 376 €
abzüglich anzurechnende Steuerabzugsbeträge: ./. 1 000 €
Soll: 7 376 €
abzüglich festgesetzte Vorauszahlungen: ./. 9 550 €
Unterschiedsbetrag (Mindersoll): ./. 2 174 €

Der Steuerpflichtige hat bis zum 31. 3. 2006 insgesamt 7 000 € sowie am 2. 6. 2007 weitere 2 550 € gezahlt.
Bei dieser Steuerfestsetzung wurde ein rückwirkendes Ereignis aus 2005 (Erhöhung des z. v. E. um 2 500 €) sowie ein rückwirkendes Ereignis aus 2006 (Minderung des z. v. E. um 17 500 €) berücksichtigt.

Ermittlung der Teil-Unterschiedsbeträge:

z. v. E.[*)] Steuer
– Vorsoll (festgesetzte Vorauszahlungen): 9 550 €
– 1. Schattenveranlagung
  (Steuerfestsetzung ohne Berücksichtigung der rückwirkenden Ereignisse aus 2005 und 2006): 50 867 € 14 679 €
  abzüglich anzurechnende Steuerabzugsbeträge: ./. 1 000 €
  fiktives Soll: 13 679 €
  Erster Teil-Unterschiedsbetrag = + 4 129 €

---

*) z. v. E. = zu versteuerndes Einkommen

A. I. Zu § 233a AO

	z. v. E.[*)]	Steuer
– 2. Schattenveranlagung (1. Schattenveranlagung + rückwirkendes Ereignis aus 2005):	53 367 €	15 850 €
abzüglich anzurechnende Steuerabzugsbeträge:		./. 1 000 €
fiktives Soll:		14 850 €
Zweiter Teil-Unterschiedsbetrag =		+1 171 €
– 3. Schattenveranlagung (2. Schattenveranlagung + rückwirkendes Ereignis aus 2006):	35 867 €	8 376 €
abzüglich anzurechnende Steuerabzugsbeträge:		./. 1 000 €
fiktives Soll:		7 376 €
Dritter Teil-Unterschiedsbetrag =		./. 7 474 €
Summe der Teil-Unterschiedsbeträge:		./. 2 174 €

Zinsberechnung:
Teil-Unterschiedsbetrag mit Zinslaufbeginn 1. 4. 2006: +4 129 €
Teil-Unterschiedsbetrag mit Zinslaufbeginn 1. 4. 2007: +1 171 €
Teil-Unterschiedsbetrag mit Zinslaufbeginn 1. 4. 2008: ./. 7 474 €

Verzinsung des Teil-Unterschiedsbetrags mit Zinslaufbeginn 1. 4. 2006:
Zu verzinsen sind 4 100 € zuungunsten des Steuerpflichtigen für die Zeit vom 1. 4. 2006 bis 12. 12. 2008
(32 volle Monate × 0,5 % = 16 %).
Zinsen (Nachzahlungszinsen): 656 €
Abrundung nach § 238 Abs. 2 AO: 29 €

Verzinsung des Teil-Unterschiedsbetrags mit Zinslaufbeginn 1. 4. 2007:
Zu verzinsen sind 1 150 € zuungunsten des Steuerpflichtigen für die Zeit vom 1. 4. 2007 bis 12. 12. 2008
(20 volle Monate × 0,5 % = 10 %).
Zinsen (Nachzahlungszinsen): 115 €
Abrundung nach § 238 Abs. 2 AO: 21 €

Verzinsung des Teil-Unterschiedsbetrags mit Zinslaufbeginn 1. 4. 2008:

Gegenüberstellung der maßgeblichen Zahlungen und des fiktiven Solls				
Zahlung	Tag der Zahlung	fiktives Soll	fiktive Erstattung	unverzinster Zahlungsrest
2 550 €	2. 6. 2007		2 174 €	376 €
2 000 €	10. 12. 2004		0 €	2 000 €
2 000 €	10. 9. 2004		0 €	2 000 €
2 000 €	10. 6. 2004		0 €	2 000 €
1 000 €	10. 3. 2004		0 €	1 000 €
9 550 €		7 376 €	2 174 €	7 376 €

[*)] z. v. E. = zu versteuerndes Einkommen

Zu verzinsen ist höchstens der fiktiv zu erstattende Betrag von
2 150 € für die Zeit vom 1. 4. 2008 bis 12. 12. 2008
(8 volle Monate × 0,5 % = 4 %).
Zinsen (Erstattungszinsen): ./. 86 €
Abrundung nach § 238 Abs. 2 AO: 24 €
Minderung zuvor berechneter Nachzahlungszinsen:[*)]
    4 129 €   abgerundet: 4 100 €
./. 7 474 €
./. 3 345 €   maximal: ./. 0 €
                                   4 100 €
4 100 € vom 1. 4. 2008 bis zum 12. 12. 2008
(8 volle Monate × 0,5 % = 4 %): ./. 164 €
    1 171 €   abgerundet: 1 150 €
./. 3 345 €
./. 2 174 €   maximal: ./. 0 €
                                   1 150 €
1 150 € vom 1. 4. 2008 bis zum 12. 12. 2008
(8 volle Monate × 0,5 % = 4 %): ./. 46 €
                                                                ./. 210 €   ./. 210 €
Insgesamt festzusetzende Zinsen: **475 €**

40. Wenn bei der Zinsberechnung mehrere Teil-Unterschiedsbeträge zu berücksichtigen sind, sind Zinsen nur dann festzusetzen, wenn die Summe der auf die einzelnen Teil-Unterschiedsbeträge berechneten Zinsen mindestens zehn Euro beträgt (§ 239 Abs. 2 Satz 2 AO). Nach § 239 Abs. 2 Satz 1 AO sind Zinsen auf volle Euro zum Vorteil des Steuerpflichtigen abzurunden. Maßgebend sind die festzusetzenden Zinsen, d. h. die Summe der auf die einzelnen Teil-Unterschiedsbeträge berechneten Zinsen.

Sofern die Summe aller fiktiven Erstattungen größer ist als die tatsächliche Erstattung, ist der Differenzbetrag für spätere Zinsberechnungen als fiktive Zahlung zu berücksichtigen. Als Zahlungstag dieser fiktiven Zahlung ist der Tag zu berücksichtigen, an dem die Steuerfestsetzung bzw. die Steueranmeldung wirksam geworden ist.

Zinsberechnung bei einer Korrektur der Steuerfestsetzung oder der Anrechnung von Steuerbeträgen

41. Falls anlässlich einer Steuerfestsetzung Zinsen festgesetzt wurden, löst die Aufhebung, Änderung oder Berichtigung dieser Steuerfestsetzung eine Änderung der bisherigen Zinsfestsetzung aus (§ 233a Abs. 5 Satz 1 1. Halbsatz AO). Dabei ist es gleichgültig, worauf die Aufhebung, Änderung oder Berichtigung beruht (z. B. auch Änderung durch Einspruchsentscheidung oder durch oder aufgrund der Entscheidung eines Finanzgerichts).

42. Soweit die Korrektur der Steuerfestsetzung auf der erstmaligen Berücksichtigung eines rückwirkenden Ereignisses oder eines Verlustrücktrags beruht, beginnt der Zinslauf nach § 233a Abs. 2a AO erst 15 Monate nach Ablauf des Kalenderjahres, in dem das rückwirkende Ereignis eingetreten oder der Verlust entstanden ist. Gleiches gilt, wenn ein bereits bei der vorangegangenen Steuerfestsetzung berücksichtigter Verlustrücktrag bzw. ein bereits bei der vorangegangenen Steuerfestsetzung berücksichtigtes rückwirkendes Ereignis unmittelbar Änderungen erfährt und der Steuerbescheid deshalb geändert wird.

Aufgrund der Anknüpfung der Verzinsung an die Soll-Differenz (vgl. AEAO zu § 233a, Nr. 46) ist keine besondere Zinsberechnung i. S. d. § 233a Abs. 2a i. V. m. Abs. 7 AO vorzunehmen, wenn ein Steuerbescheid, in dem erstmals ein Verlustrücktrag bzw. ein rückwirkendes Ereignis berücksichtigt worden ist, später aus anderen Gründen (z. B. zur Berücksichtigung

---

[*)] Anmerkung: Ergibt sich ein Teil-Unterschiedsbetrag zugunsten des Steuerpflichtigen, entfallen auf diesen Betrag zuvor berechnete Zinsen nach § 233a Abs. 7 Satz 2 1. Halbsatz AO frühestens ab Beginn des für diesen Teil-Unterschiedsbetrag maßgebenden Zinslaufs. Zinsen für den Zeitraum bis zum Beginn des Zinslaufs dieses Teil-Unterschiedsbetrags bleiben nach § 233a Abs. 7 Satz 2 2. Halbsatz AO endgültig bestehen. Deshalb können die für den Zeitraum bis zum 31. 3. 2008 verbliebenen Nachzahlungszinsen auch in späteren Zinsfestsetzungen gemindert werden.

neuer Tatsachen i. S. d. § 173 AO) geändert wird. Dabei ist es für die Verzinsung auch unerheblich, wenn sich die steuerlichen Auswirkungen des bereits in der vorherigen Steuerfestsetzung berücksichtigten Verlustrücktrags bzw. rückwirkenden Ereignisses aufgrund der erstmaligen oder abweichenden Berücksichtigung regulär zu verzinsender Besteuerungsgrundlagen rechnerisch verändern sollte. Auch derartige materiell-rechtliche Folgeänderungen sind bei der Verzinsung dem maßgeblichen Änderungsgrund (z. B. den neuen Tatsachen i. S. d. § 173 AO) zuzuordnen.

43. Materielle Fehler i. S. d. § 177 AO werden bei dem Änderungstatbestand berichtigt, dessen Anwendung die saldierende Berücksichtigung des materiellen Fehlers ermöglicht. Deshalb ist der Saldierungsbetrag bei der Ermittlung des Teil-Unterschiedsbetrags zu berücksichtigen, der diesem Änderungstatbestand zugrunde liegt. Beruht die Saldierung nach § 177 AO auf mehreren Änderungstatbeständen, die einen unterschiedlichen Zinslaufbeginn aufweisen, ist der Saldierungsbetrag den Änderungstatbeständen in chronologischer Reihenfolge zuzuordnen, beginnend mit dem Änderungstatbestand mit dem ältesten Zinslaufbeginn.

44. Ist bei der vorangegangenen Steuerfestsetzung eine Zinsfestsetzung unterblieben, weil z. B. bei Wirksamkeit der Steuerfestsetzung die Karenzzeit noch nicht abgelaufen war oder die Zinsen weniger als zehn Euro betragen haben, ist bei der erstmaligen Zinsfestsetzung aus Anlass der Aufhebung, Änderung oder Berichtigung der Steuerfestsetzung für die Berechnung der Zinsen ebenfalls der Unterschied zwischen dem neuen und dem früheren Soll maßgebend.

45. Den Fällen der Aufhebung, Änderung oder Berichtigung der Steuerfestsetzung sind die Fälle der Korrektur der Anrechnung von Steuerbeträgen (Steuerabzugsbeträge, anzurechnende Körperschaftsteuer) gleichgestellt (§ 233a Abs. 5 Satz 1 2. Halbsatz AO). Die Zinsfestsetzung ist auch dann anzupassen, wenn die Anrechnung von Steuerabzugsbeträgen oder von Körperschaftsteuer in einem Abrechnungsbescheid nach § 218 Abs. 2 Satz 1 AO von der vorangegangenen Anrechnung abweicht. Ist dem bisherigen Zinsbescheid ein unrichtiges Vorauszahlungssoll oder ein unrichtiger Wertstellungstag zugrunde gelegt worden, kann demgegenüber eine Korrektur des Zinsbescheids nicht nach § 233a Abs. 5 AO, sondern nur nach den allgemeinen Vorschriften erfolgen (z. B. §§ 129, 172 ff. AO).

46. Grundlage für die Zinsberechnung ist der Unterschied zwischen dem neuen und dem früheren Soll (Unterschiedsbetrag nach § 233a Abs. 5 Satz 2 AO). Dieser Unterschiedsbetrag ist in Teil-Unterschiedsbeträge aufzuteilen, soweit diese einen unterschiedlichen Zinslaufbeginn nach § 233a Abs. 2 und Abs. 2a AO haben (§ 233a Abs. 7 Satz 1 1. Halbsatz AO). Innerhalb dieser Teil-Unterschiedsbeträge sind Sollminderungen und Sollerhöhungen mit gleichem Zinslaufbeginn zu saldieren.

47. Die Teil-Unterschiedsbeträge sind in ihrer zeitlichen Reihenfolge, beginnend mit dem ältesten Zinslaufbeginn, zu ermitteln (§ 233a Abs. 7 Satz 1 2. Halbsatz AO). Dabei ist unerheblich, ob sich der einzelne Teil-Unterschiedsbetrag zugunsten oder zuungunsten des Steuerpflichtigen auswirkt.

Zunächst ist die fiktive Steuer zu ermitteln, die sich ohne Berücksichtigung rückwirkender Ereignisse und Verlustrückträge ergeben würde. Die Differenz zwischen dieser fiktiven Steuer und der bisher festgesetzten Steuer, jeweils vermindert um anzurechnende Steuerabzugsbeträge und anzurechnende Körperschaftsteuer, ist der erste für die Zinsberechnung maßgebliche Teil-Unterschiedsbetrag.

Im nächsten Schritt ist auf der Grundlage dieser fiktiven Steuerermittlung die fiktive Steuer zu berechnen, die sich unter Berücksichtigung der rückwirkenden Ereignisse oder Verlustrückträge mit dem ältesten Zinslaufbeginn ergeben würde. Die Differenz zwischen dieser und der zuvor ermittelten fiktiven Steuer, jeweils vermindert um anzurechnende Steuerabzugsbeträge und anzurechnende Körperschaftsteuer, ist der für die Zinsberechnung maßgebliche zweite Teil-Unterschiedsbetrag. Dies gilt entsprechend für weitere Teil-Unterschiedsbeträge mit späterem Zinslaufbeginn.

48. Beispiel 10:

	z. v. E.[*)]	Steuer
Einkommensteuer 2004		
bisherige Steuerfestsetzung:	50 000 €	14 801 €
abzüglich anzurechnende Steuerabzugsbeträge:		./. 500 €
Soll:		14 301 €
Änderung der Steuerfestsetzung:		
(1) neue Tatsache:	./. 1 500 €	
(2) Verlustrücktrag aus 2005:	./. 10 000 €	
(3) rückwirkendes Ereignis aus 2006:	+ 2 500 €	10 771 €
Neue Steuerfestsetzung:	41 000 €	
abzüglich anzurechnende Steuerabzugsbeträge:		./. 500 €
neues Soll:		10 271 €
Unterschiedsbetrag (Mindersoll):		./. 4 030 €

Ermittlung der Teil-Unterschiedsbeträge:

	z. v. E.[*)]	Steuer	
– bisherige Festsetzung:	50 000 €	14 801 €	
abzüglich anzurechnende Steuerabzugsbeträge:		./. 500 €	
Soll:		14 301 €	
– 1. Schattenveranlagung			
(bisherige Festsetzung + neue Tatsache):	48 500 €	14 097 €	
abzüglich anzurechnende Steuerabzugsbeträge		./. 500 €	
Soll:		13 597 €	
Erster Teil-Unterschiedsbetrag =			./. 704 €
– 2. Schattenveranlagung			
(1. Schattenveranlagung + Verlustrücktrag aus 2005):	38 500 €	9 736 €	
abzüglich anzurechnende Steuerabzugsbeträge:		./. 500 €	
Soll:		9 236 €	
Zweiter Teil-Unterschiedsbetrag =			./. 4 361 €
– 3. Schattenveranlagung			
(2. Schattenveranlagung + rückwirkendes Ereignis aus 2006):	41 000 €	10 771 €	
abzüglich anzurechnende Steuerabzugsbeträge:		./. 500 €	
Soll:		10 271 €	
Dritter Teil-Unterschiedsbetrag =			+ 1 035 €
Summe der Teil-Unterschiedsbeträge:			./. 4 030 €

49. Alle Teil-Unterschiedsbeträge sind jeweils gesondert auf den nächsten durch fünfzig Euro teilbaren Betrag abzurunden, da der Zinslauf für die zu verzinsenden Beträge zu jeweils abweichenden Zeitpunkten beginnt (§ 238 Abs. 2 AO).

50. Die auf die einzelnen Teil-Unterschiedsbeträge entfallenden Zinsen sind eigenständig und in ihrer zeitlichen Reihenfolge zu berechnen, beginnend mit den Zinsen auf den Teil-Unterschiedsbetrag mit dem ältesten Zinslaufbeginn (§ 233a Abs. 7 Satz 1 2. Halbsatz AO). Dabei ist für jeden Zinslauf bzw. Zinsberechnungszeitraum eigenständig zu prüfen, inwieweit jeweils volle Zinsmonate vorliegen.

51. Ergibt sich bei der Aufhebung, Änderung oder Berichtigung der Steuerfestsetzung oder der Rücknahme, dem Widerruf oder Berichtigung der Anrechnung von Steuerbeträgen ein Mehrsoll, fallen hierauf Zinsen an, die zu den bisher berechneten Zinsen hinzutreten.

[*)] z. v. E. = zu versteuerndes Einkommen

A. I. Zu § 233a AO

52. **Beispiel 11:**
    Einkommensteuer 2004
    a) Erstmalige Steuerfestsetzung vom 11.12.2006,
    bekannt gegeben am 14.12.2006: 22 500 €
    abzüglich anzurechnende Steuerabzugsbeträge: ./. 2 500 €
    Soll: 20 000 €
    abzüglich festgesetzte Vorauszahlungen: ./. 13 000 €
    Unterschiedsbetrag (Mehrsoll): 7 000 €
    Zu verzinsen sind 7 000 € zuungunsten des Steuerpflichtigen für die
    Zeit vom 1.4.2006 bis 14.12.2006
    (8 volle Monate × 0,5 % = 4 %).
    festzusetzende Zinsen (Nachzahlungszinsen): **280 €**
    b) Änderung der Steuerfestsetzung nach § 173 AO
    (Bescheid vom 1.10.2007, bekannt gegeben am 4.10.2007): 23 500 €
    abzüglich anzurechnende Steuerabzugsbeträge: ./. 2 500 €
    Soll: 21 000 €
    abzüglich bisher festgesetzte Steuer (Soll): ./. 20 000 €
    Unterschiedsbetrag (Mehrsoll): 1 000 €
    Zu verzinsen sind 1 000 € zuungunsten des Steuerpflichtigen für die
    Zeit vom 1.4.2006 bis 4.10.2007
    (18 volle Monate × 0,5 % = 9 %).
    Nachzahlungszinsen: 90 €
    dazu bisher festgesetzte Zinsen: 280 €
    Insgesamt festzusetzende Zinsen: **370 €**

53. Ergibt sich zugunsten des Steuerpflichtigen ein Mindersoll, wird bis zur Höhe dieses Mindersolls nur der tatsächlich zu erstattende Betrag verzinst, und zwar ab dem Zeitpunkt der Zahlung bis zur Wirksamkeit der Steuerfestsetzung (§ 233a Abs. 2 Satz 3 und Abs. 3 Satz 3 AO). Zur Berücksichtigung bei vorangegangenen Zinsfestsetzungen ermittelter fiktiver Zahlungen vgl. AEAO zu § 233a, Nr. 40. Steht die Zahlung noch aus, werden keine Erstattungszinsen festgesetzt. Besteht der zu erstattende Betrag aus mehreren Einzahlungen, richtet sich der Zinsberechnungszeitraum nach der Einzahlung des jeweiligen Teilbetrags, wobei unterstellt wird, dass die Erstattung zuerst aus dem zuletzt gezahlten Betrag erfolgt.

54. Neben der Berechnung der Erstattungszinsen sind die bisher auf den Herabsetzungsbetrag ggf. berechneten Nachzahlungszinsen für die Zeit ab Beginn des Zinslaufs zu mindern. Dabei darf jedoch höchstens auf den Unterschiedsbetrag der bei Beginn des Zinslaufs festgesetzten Steuer zurückgegangen werden, um zu vermeiden, dass eine Korrektur für einen Zeitraum erfolgt, für den keine Nachzahlungszinsen berechnet worden sind.

55. **Beispiel 12:**
    Einkommensteuer 2004
    a) Steuerfestsetzung vom 12.12.2006,
    bekannt gegeben am 15.12.2006: 22 500 €
    abzüglich anzurechnende Steuerabzugsbeträge: ./. 2 500 €
    Soll: 20 000 €
    abzüglich festgesetzte Vorauszahlungen: ./. 13 000 €
    Unterschiedsbetrag (Mehrsoll): 7 000 €
    Der Steuerpflichtige hat innerhalb der Karenzzeit die
    Vorauszahlungen i. H. v. 13 000 € sowie am 15.6.2007
    die Abschlusszahlung i. H. v. 7 000 € gezahlt.
    Zu verzinsen sind 7 000 € zuungunsten des Steuer-
    pflichtigen für die Zeit vom 1.4.2006 bis 15.12.2006
    (8 volle Monate × 0,5 % = 4 %).
    festzusetzende Zinsen (Nachzahlungszinsen): **280 €**

b) Änderung der Steuerfestsetzung nach § 173 AO
(Bescheid vom 12. 10. 2007,
bekannt gegeben am 15. 10. 2007): 17 500 €
abzüglich anzurechnende Steuerabzugsbeträge: ./. 2 500 €
Soll: 15 000 €
abzüglich bisher festgesetzte Steuer (Soll): ./. 20 000 €
Unterschiedsbetrag (Mindersoll): 5 000 €
Zu erstatten sind 5 000 €.
Zu verzinsen sind 5 000 € zugunsten des Steuerpflichtigen für die Zeit vom 15. 6. 2007 bis 15. 10. 2007
(4 volle Monate × 0,5 % = 2 %).
festzusetzende Zinsen (Erstattungszinsen): **./. 100 €**

c) Bisher festgesetzte Zinsen + 280 €
Minderung zuvor berechneter Nachzahlungszinsen:
  7 000 €   abgerundet: 7 000 €
  ./. 5 000 €
  2 000 €   maximal: ./. 2 000 €
        5 000 €
5 000 € vom 1. 4. 2006 bis zum 15. 12. 2006
(8 volle Monate × 0,5 % = 4 %): ./. 200 €
     + 80 € + 80 €
Insgesamt festzusetzende Zinsen: **./. 20 €**

56. Bei Teil-Unterschiedsbeträgen zugunsten des Steuerpflichtigen ist die Berechnung von Erstattungszinsen auf den fiktiv zu erstattenden Betrag begrenzt. Dazu sind alle maßgeblichen Zahlungen (einschließlich fiktiver Zahlungen i. S. d. Nr. 40 des AEAO zu § 233a) und der jeweilige Tag der Zahlung zu ermitteln. Durch Gegenüberstellung dieser Zahlungen und der nach Nr. 47 des AEAO zu § 233a fiktiv ermittelten Steuer, vermindert um anzurechnende Steuerabzugsbeträge und anzurechnende Körperschaftsteuer, ergibt sich der fiktive Erstattungsbetrag.

Die Verzinsung der einzelnen Teil-Unterschiedsbeträge beginnt frühestens mit dem Tag der Zahlung. Besteht der zu erstattende Betrag aus mehreren Einzahlungen, richtet sich der Zinsberechnungszeitraum nach der Einzahlung des jeweiligen Teilbetrags, wobei unterstellt wird, dass die Erstattung zuerst aus dem zuletzt gezahlten Betrag erfolgt. Bei weiteren Teil-Unterschiedsbeträgen zugunsten des Steuerpflichtigen bleiben die bereits bei einer vorangegangenen Zinsberechnung berücksichtigten Zahlungen außer Betracht.

Ist bei einem Teil-Unterschiedsbetrag zugunsten des Steuerpflichtigen mehr als ein Betrag (mehrere Einzahlungen) zu verzinsen, so ist der durch die Rundung auf den nächsten durch fünfzig Euro teilbaren sich ergebende Spitzenbetrag jeweils vom Teilbetrag mit dem ältesten Wertstellungstag abzuziehen.

57. Bei Teil-Unterschiedsbeträgen zugunsten des Steuerpflichtigen sind neben der Berechnung von Erstattungszinsen die zuvor auf den Herabsetzungsbetrag ggf. berechneten Nachzahlungszinsen zu mindern. Nachzahlungszinsen entfallen dabei allerdings frühestens ab dem Zeitpunkt, in dem der Zinslauf des Teil-Unterschiedsbetrags zugunsten des Steuerpflichtigen beginnt; Nachzahlungszinsen für den Zeitraum bis zum Beginn des Zinslaufs des Teil-Unterschiedsbetrags zugunsten des Steuerpflichtigen bleiben endgültig bestehen (§ 233a Abs. 7 Satz 2 AO). Nachzahlungszinsen mit unterschiedlichem Zinslaufbeginn sind in ihrer zeitlichen Reihenfolge, beginnend mit den Nachzahlungszinsen mit dem ältesten Zinslaufbeginn, innerhalb dieser Gruppen beginnend mit den Nachzahlungszinsen mit dem jüngsten Zinslaufende, zu mindern.

A. I.   Zu § 233a AO

58. **Beispiel 13 (Fortsetzung von Beispiel 9):**

	z. v. E.[*)]	Steuer
Einkommensteuer 2004 nach § 175 Abs. 1 Satz 1 Nr. 2 AO geänderte Steuerfestsetzung vom 26. 3. 2010, bekannt gegeben am 29. 3. 2010:	27 175 €	5 297 €
abzüglich anzurechnende Steuerabzugsbeträge:		./. 1 000 €
Soll:		4 297 €
abzüglich bisher festgesetzte Steuer (Soll):		./. 7 376 €
Unterschiedsbetrag (Mindersoll):		./. 3 079 €

Der Steuerpflichtige hat bis zum 31. 3. 2006 insgesamt 7 000 € sowie am 2. 6. 2007 weitere 2 550 € gezahlt. Aufgrund der Steuerfestsetzung vom 9. 12. 2008 sind ihm bereits 2 174 € erstattet worden. Bei der geänderten Steuerfestsetzung vom 26. 3. 2010 wurde ein rückwirkendes Ereignis aus 2005 (Minderung des z. v. E. um 8 692 €) erstmals berücksichtigt.

Zinsberechnung:
Verzinsung des Teil-Unterschiedsbetrags mit Zinslaufbeginn 1. 4. 2007:

Gegenüberstellung der maßgeblichen Zahlungen und des Solls					
Zahlung	Tag der Zahlung	Soll	Erstattung	unverzinster Zahlungsrest
376 €	2. 6. 2007		376 €	0 €
2 000 €	10. 12. 2004		2 000 €	0 €
2 000 €	10. 9. 2004		703 €	1 297 €
2 000 €	10. 6. 2004		0 €	2 000 €
1 000 €	10. 3. 2004		0 €	1 000 €
7 376 €		4 297 €	3 079 €	4 297 €

Zu verzinsen ist höchstens der abgerundete zu erstattende Betrag von 3 050 €:
376 € für die Zeit vom 2. 6. 2007 bis zum 29. 3. 2010
(33 volle Monate × 0,5 % = 16,5 %):   62,04 €
2 674 € für die Zeit vom 1. 4. 2007 bis zum 29. 3. 2010
(35 volle Monate × 0,5 % = 17,5 %):   467,95 €
                                                                               529,99 €
Zinsen (Erstattungszinsen):   ./. 529,99 €
Abrundung nach § 238 Abs. 2 AO: 29 €
Bisher festgesetzte Zinsen: 475,00 €
Minderung zuvor berechneter Nachzahlungszinsen[**)]:   0,00 €
                                                         475,00 €   475,00 €
                                                                                  ./. 54,99 €
Insgesamt festzusetzende Zinsen[***)]:   **./. 55,00 €**

59. Zinsen werden nur festgesetzt, wenn sie mindestens zehn Euro betragen (§ 239 Abs. 2 Satz 2 AO). Dabei ist jeweils auf die sich insgesamt ergebenden Zinsen abzustellen, nicht nur auf den Betrag, der sich durch die Verzinsung des letzten Unterschiedsbetrags bzw. Teil-Unterschiedsbetrags oder des letzten Erstattungsbetrags ergibt. Wären insgesamt weniger als zehn Euro festzusetzen, ist der bisherige Zinsbescheid zu ändern.

---

*) z. v. E. = zu versteuerndes Einkommen

**) Anmerkung: Die in der vorangegangenen Zinsfestsetzung (Beispiel 9) für den Zeitraum bis zum Beginn des Zinslaufs des 3. Teil-Unterschiedsbetrags (d. h. für den Zeitraum bis zum 31. 3. 2008) berechneten Nachzahlungszinsen bleiben nach § 233a Abs. 7 Satz 2 2. Halbsatz AO endgültig bestehen und können deshalb in dieser Zinsfestsetzung nicht mehr gemindert werden.

***) Anmerkung: Die Zinsen wurden zugunsten des Steuerpflichtigen gerundet (§ 239 Abs. 2 Satz 1 AO).

Nach § 239 Abs. 2 Satz 1 AO sind Zinsen auf volle Euro zum Vorteil des Steuerpflichtigen zu runden. Maßgebend sind die festzusetzenden Zinsen, d. h. die Summe der auf die einzelnen Teil-Unterschiedsbeträge berechneten Zinsen.

Sofern die Summe aller fiktiven Erstattungen größer ist als die tatsächliche Erstattung, ist der Differenzbetrag für spätere Zinsberechnungen als fiktive Zahlung zu berücksichtigen. Als Zahlungstag dieser fiktiven Zahlung ist der Tag zu berücksichtigen, an dem die Steuerfestsetzung bzw. die Steueranmeldung wirksam geworden ist.

Zinsberechnung bei sog. NV-Fällen

60. Ist eine Veranlagung zur Einkommensteuer nicht durchzuführen, weil die Voraussetzungen des § 46 EStG nicht erfüllt sind, sind festgesetzte und geleistete Vorauszahlungen zu erstatten. Die Erstattungszinsen sind so zu berechnen, als sei eine Steuerfestsetzung über Null Euro erfolgt. Wird eine Einkommensteuerfestsetzung, die zu einer Erstattung geführt hat, aufgehoben und die Abrechnung geändert, so dass die bisher angerechneten Steuerabzugsbeträge zurückgefordert werden, ist diese Steuernachforderung zu verzinsen. Eine bisher durchgeführte Zinsfestsetzung (Erstattungszinsen) ist nach § 233a Abs. 5 Satz 1 AO zu ändern.

Zinsberechnung bei der Vermögensteuer

61.1 Bei der Verzinsung der Vermögensteuer ist die für jedes Jahr festgesetzte Steuer getrennt zu behandeln. Dies gilt auch für die Kleinbetragsgrenze des § 239 Abs. 2 AO. Obwohl die Vermögensteuer mit Beginn des Kalenderjahres, für das sie festzusetzen ist, entsteht (§ 5 Abs. 2 VStG), beginnt die 15-monatige Karenzzeit erst mit Ablauf des jeweiligen Kalenderjahres.

61.2 Den Besonderheiten der Zinsberechnung bei der Haupt- und Nachveranlagung sowie bei der Neuveranlagung der Vermögensteuer und der Aufhebung einer Vermögensteuer-Veranlagung wird durch § 233a Abs. 3 Satz 2 AO Rechnung getragen. Danach ist bei der Zinsberechnung jeweils der Unterschied entweder zwischen der festgesetzten Jahressteuer und den festgesetzten Vorauszahlungen oder der festgesetzten Jahressteuer und der bisher festgesetzten Jahressteuer maßgebend. Werden nach Beginn des Zinslaufs gleichzeitig eine (befristete) Hauptveranlagung und eine Neuveranlagung durchgeführt, so ist bei der Ermittlung der Unterschiedsbeträge jeweils vom Vorauszahlungssoll auszugehen. Wird die Neuveranlagung dagegen in zeitlichem Abstand nach der Hauptveranlagung durchgeführt, so ist für die Zinsberechnung der Unterschiedsbetrag zum Hauptveranlagungssoll maßgebend. Anlässlich einer Neu- oder Nachveranlagung oder Aufhebung der Veranlagung zur Vermögensteuer ist eine bisherige Zinsfestsetzung entsprechend § 233a Abs. 5 AO zu ändern.

62. **Sonderregelungen für Zinsberechnungen bei der Umsatzsteuer**

62.1 **Zinsberechnung bei Vorsteuer-Vergütungsansprüchen**

62.1.1 **Im übrigen Gemeinschaftsgebiet ansässige Unternehmer**

Die Verzinsung der Vorsteuervergütung an im übrigen Gemeinschaftsgebiet ansässige Unternehmer (§ 18 Abs. 9 UStG) ist in § 61 Abs. 5 und 6 UStDV geregelt. § 233a AO ist in diesen Fällen nicht anwendbar, wenn der Vergütungsantrag nach dem 31. 12. 2009 gestellt worden ist.

62.1.2 **Im Drittlandsgebiet ansässige Unternehmer**

Der nach § 18 Abs. 9 UStG zu vergütende Betrag für im Drittlandsgebiet ansässige Unternehmer ist nach § 233a AO zu verzinsen (vgl. Abschnitt 18.14 Abs. 10 UStAE). Beträgt der Vergütungszeitraum weniger als ein Kalenderjahr (§ 60 UStDV), sind zur Berechnung des Unterschiedsbetrags alle für ein Kalenderjahr festgesetzten Vergütungen zusammenzufassen. Der Zinslauf beginnt grundsätzlich 15 Monate nach Ablauf des Kalenderjahres, für das die Vergütung(en) festgesetzt worden ist/sind (§ 233a Abs. 2 Satz 1 AO). Er endet mit Ablauf des Tages, an dem die Festsetzung der Vergütung wirksam geworden ist (§ 233a Abs. 2 Satz 3 AO). Zur Festsetzungsverjährung des Zinsanspruchs vgl. § 239 Abs. 1 AO.

Diese Grundsätze gelten bei der Verzinsung von Vorsteuervergütungen an im übrigen Gemeinschaftsgebiet ansässige Unternehmer (§ 18 Abs. 9 UStG) entsprechend, wenn der Vergütungsantrag vor dem 1.1.2010 gestellt worden ist.

62.2 Zinsberechnung bei der Umsatzsteuer in Fällen des Mini-one-stop-shop-Verfahrens (MOSS-Verfahren)

§ 233a AO gilt auch für Umsatzsteuer, die im MOSS-Verfahren (§ 18 Abs. 4e UStG) festgesetzt wird. Der Besteuerungszeitraum ist hier gemäß § 16 Abs. 1b Satz 1 UStG das Kalendervierteljahr. Bei der Verzinsung sind zur Berechnung des Unterschiedsbetrags (§ 233a Abs. 3 und 5 AO) alle für ein Kalenderjahr festgesetzten Steuern zusammenzufassen. Der Zinslauf beginnt 15 Monate nach Ablauf des Kalenderjahres, für das die Umsatzsteuer festgesetzt worden ist (§ 233a Abs. 2 Satz 1 AO). Er endet mit Ablauf des Tages, an dem die Festsetzung der Umsatzsteuer wirksam geworden ist (§ 233a Abs. 2 Satz 3 AO). Zur Festsetzungsverjährung des Zinsanspruchs vgl. § 239 Abs. 1 AO.

Verhältnis zu anderen steuerlichen Nebenleistungen

63. Zur Berücksichtigung der Verzinsung nach § 233a AO bei der Bemessung des Verspätungszuschlags vgl. AEAO zu § 152, Nr. 8.

64. Die Erhebung von Säumniszuschlägen (§ 240 AO) bleibt durch § 233a AO unberührt, da die Vollverzinsung nur den Zeitraum bis zur Festsetzung der Steuer betrifft. Sollten sich in Fällen, in denen die Steuerfestsetzung zunächst zugunsten und sodann wieder zuungunsten des Steuerpflichtigen geändert wird, Überschneidungen ergeben, sind insoweit die Säumniszuschläge zur Hälfte zu erlassen.

65. Überschneidungen von Stundungszinsen und Nachzahlungszinsen nach § 233a AO können sich ergeben, wenn die Steuerfestsetzung nach Ablauf der Stundung zunächst zugunsten und später wieder zuungunsten des Steuerpflichtigen geändert wird (siehe § 234 Abs. 1 Satz 2 AO). Zur Vermeidung einer Doppelverzinsung werden Nachzahlungszinsen, die für denselben Zeitraum festgesetzt wurden, im Rahmen der Zinsfestsetzung auf Stundungszinsen angerechnet (§ 234 Abs. 3 AO). Erfolgt die Zinsfestsetzung nach § 233a AO aber erst nach Festsetzung der Stundungszinsen, sind Nachzahlungszinsen insoweit nach § 227 AO zu erlassen, als sie für denselben Zeitraum wie die bereits erhobenen Stundungszinsen festgesetzt wurden.

66. Überschneidungen mit Hinterziehungszinsen (§ 235 AO) sind möglich, etwa weil der Zinslauf mit Eintritt der Verkürzung und damit vor Festsetzung der Steuer beginnt. Zinsen nach § 233a AO, die für denselben Zeitraum festgesetzt wurden, sind im Rahmen der Zinsfestsetzung auf die Hinterziehungszinsen anzurechnen (§ 235 Abs. 4 AO). Dies gilt ungeachtet der unterschiedlichen ertragsteuerlichen Behandlung beider Zinsarten. Zur Berechnung vgl. AEAO zu § 235, Nr. 5.

67. Prozesszinsen auf Erstattungsbeträge (§ 236 AO) werden ab Rechtshängigkeit bzw. ab dem Zahlungstag berechnet. Überschneidungen mit Erstattungszinsen nach § 233a AO sind daher möglich. Zur Vermeidung einer Doppelverzinsung werden Zinsen nach § 233a AO, die für denselben Zeitraum festgesetzt wurden, im Rahmen der Zinsfestsetzung auf die Prozesszinsen angerechnet (§ 236 Abs. 4 AO).

68. Überschneidungen mit Aussetzungszinsen (§ 237 AO) sind im Regelfall nicht möglich, da Zinsen nach § 233a Abs. 1 bis 3 AO nur für den Zeitraum bis zur Festsetzung der Steuer, Aussetzungszinsen jedoch frühestens ab der Fälligkeit der Steuernachforderung entstehen können (vgl. AEAO zu § 237, Nr. 6). Überschneidungen können sich aber ergeben, wenn Aus-

setzungszinsen erhoben wurden, weil die Anfechtung einer Steuerfestsetzung erfolglos blieb, und die Steuerfestsetzung nach Abschluss des Rechtsbehelfsverfahrens (siehe § 237 Abs. 5 AO) zunächst zugunsten und sodann zuungunsten des Steuerpflichtigen geändert wird. Zur Vermeidung einer Doppelverzinsung werden Nachzahlungszinsen, die für denselben Zeitraum festgesetzt wurden, im Rahmen der Zinsfestsetzung auf Aussetzungszinsen angerechnet (§ 237 Abs. 4 i.V. m. § 234 Abs. 3 AO). Erfolgt die Zinsfestsetzung nach § 233a AO aber erst nach Festsetzung der Aussetzungszinsen, sind Nachzahlungszinsen insoweit nach § 227 AO zu erlassen, als sie für denselben Zeitraum wie die bereits erhobenen Aussetzungszinsen festgesetzt wurden.

Billigkeitsmaßnahmen
69. Allgemeines
69.1 Billigkeitsmaßnahmen hinsichtlich der Zinsen kommen in Betracht, wenn solche auch hinsichtlich der zugrunde liegenden Steuer zu treffen sind.

69.2 Daneben sind auch zinsspezifische Billigkeitsmaßnahmen möglich (BFH-Urteil vom 24. 7. 1996, X R 23/94, BFH/NV 1997 S. 92). Beim Erlass von Zinsen nach § 233a AO aus sachlichen Billigkeitsgründen i. S. d. §§ 163, 227 AO ist zu berücksichtigen, dass die Entstehung des Zinsanspruchs dem Grunde und der Höhe nach gemäß Wortsinn, Zusammenhang und Zweck des Gesetzes, den Liquiditätsvorteil des Steuerschuldners und den Liquiditätsnachteil des Steuergläubigers auszugleichen, eindeutig unabhängig von der konkreten Einzelfallsituation geregelt ist und, rein objektiv, ergebnisbezogen allein vom Eintritt bestimmter Ereignisse (Fristablauf i. S. d. § 233a Abs. 2 oder 2a AO, Unterschiedsbetrag i. S. d. § 233a Abs. 1 Satz 1 i.V. m. § 233a Abs. 3 oder 5 AO) abhängt.

Nach dem Willen des Gesetzgebers soll die Verzinsung nach § 233a AO einen Ausgleich dafür schaffen, dass die Steuern bei den einzelnen Steuerpflichtigen „aus welchen Gründen auch immer" zu unterschiedlichen Zeitpunkten festgesetzt und fällig werden (BFH-Urteile vom 20. 9. 1995, X R 86/94, BStBl 1996 II S. 53, vom 5. 6. 1996, X R 234/93, BStBl II S. 503, und vom 12. 4. 2000, XI R 21/97, BFH/NV S. 1178). Für die Anwendung der Vorschrift sind daher die Ursachen und Begleitumstände im Einzelfall unbeachtlich. Die reine Möglichkeit der Kapitalnutzung (vgl. BFH-Urteil vom 25. 11. 1997, IX R 28/96, BStBl 1998 II S. 550) bzw. die bloße Verfügbarkeit eines bestimmten Kapitalbetrages (BFH-Urteil vom 12. 4. 2000, XI R 21/97, BFH/NV S. 1178) reicht aus. Rechtfertigung für die Entstehung der Zinsen nach § 233a AO ist nicht nur ein abstrakter Zinsvorteil des Steuerschuldners, sondern auch ein ebensolcher Nachteil des Steuergläubigers (BFH-Urteil vom 19. 3. 1997, I R 7/96, BStBl II S. 446). Ein Verschulden ist prinzipiell irrelevant, und zwar auf beiden Seiten des Steuerschuldverhältnisses (vgl. BFH-Entscheidungen vom 4. 11. 1996, I B 67/96, BFH/NV 1997 S. 458, vom 15. 4. 1999, V R 63/97, BFH/NV S. 1392, vom 3. 5. 2000, II B 124/99, BFH/NV S. 1441, und vom 30. 11. 2000, V B 169/00, BFH/NV 2001 S. 656).

Zinsen nach § 233a AO sind weder Sanktions- noch Druckmittel oder Strafe, sondern laufzeitabhängige Gegenleistung für eine mögliche Kapitalnutzung. Vor diesem gesetzlichen Hintergrund ist es unerheblich, ob der – typisierend vom Gesetz unterstellte – Zinsvorteil des Steuerpflichtigen auf einer verzögerten Einreichung der Steuererklärung durch den Steuerpflichtigen oder einer verzögerten Bearbeitung durch das Finanzamt beruht (vgl. z. B. BFH-Beschlüsse vom 3. 5. 2000, II B 124/99, BFH/NV S. 1441, und vom 2. 2. 2001, XI B 91/00, BFH/NV S. 1003). Bei der Verzinsung nach § 233a AO kommt es auch nicht auf eine konkrete Berechnung der tatsächlich eingetretenen Zinsvor- und -nachteile an (BFH-Urteil vom 19. 3. 1997, I R 7/96, BStBl II S. 446).

Die Erhebung von Zinsen auf einen Nachforderungsbetrag, der sich nach der Korrektur einer Steuerfestsetzung ergibt, entspricht (vom Anwendungsbereich des § 233a Abs. 2a und Abs. 7 AO abgesehen) den Wertungen des § 233a AO und ist nicht sachlich unbillig (siehe dazu § 233a Abs. 5 AO; vgl. BFH-Entscheidungen vom 12. 4. 2000, XI R 21/97, BFH/NV S. 1178, und vom 30. 11. 2000, V B 169/00, BFH/NV 2001 S. 656).

Andererseits ist für einen Ausgleich in Form einer Verzinsung der Steuernachforderung dann kein Raum, wenn zweifelsfrei feststeht, dass der Steuerpflichtige durch die verspätete Steuerfestsetzung keinen Vorteil erlangt hatte (vgl. BFH-Urteile vom 11.7.1996, V R 18/95, BStBl 1997 II S. 259, und vom 12.4.2000, XI R 21/97, BFH/NV S. 1178). Festgesetzte Nachzahlungszinsen sind in diesem Fall wegen sachlicher Unbilligkeit zu erlassen (vgl. AEAO zu § 233a, Nr. 70).

69.3 Eine gegenüber der Regelung in § 233a AO höhere Festsetzung von Erstattungszinsen aus Billigkeitsgründen ist nicht zulässig.

70. Einzelfragen

70.1 Leistungen vor Festsetzung der zu verzinsenden Steuer

70.1.1 Zinsen nach § 233a AO sind auch dann festzusetzen, wenn vor Festsetzung der Steuer freiwillige Leistungen erbracht werden. Nachzahlungszinsen sind aber aus sachlichen Billigkeitsgründen zu erlassen, soweit der Steuerpflichtige auf die sich aus der Steuerfestsetzung ergebende Steuerzahlungsforderung bereits vor Wirksamkeit der Steuerfestsetzung freiwillige Leistungen erbracht und das Finanzamt diese Leistungen angenommen und behalten hat.

70.1.2 Nachzahlungszinsen sind daher nur für den Zeitraum bis zum Eingang der freiwilligen Leistung zu erheben. Wurde die freiwillige Leistung erst nach Beginn des Zinslaufs erbracht oder war sie geringer als der zu verzinsende Unterschiedsbetrag, sind Nachzahlungszinsen aus Vereinfachungsgründen insoweit zu erlassen, wie die auf volle fünfzig Euro abgerundete freiwillige Leistung für jeweils volle Monate vor Wirksamkeit der Steuerfestsetzung erbracht worden ist (fiktive Erstattungszinsen; vgl. BFH-Urteil vom 31.5.2017, I R 92/15, BStBl 2019 II S. 14). Ein Zinserlass scheidet dabei aus, wenn der zu erlassende Betrag weniger als zehn Euro beträgt (§ 239 Abs. 2 Satz 2 AO).

Beispiel 14 (Fortsetzung von Beispiel 1):

Der Steuerpflichtige hat am 26.4.2006 eine freiwillige Leistung i. H. v. 4 025 € erbracht. Die zu erlassenden Nachzahlungszinsen berechnen sich wie folgt:

abgerundete freiwillige Leistung:	4 000 €
Beginn des fiktiven Zinslaufs:	26.4.2006
Ende des fiktiven Zinslaufs (= Wirksamkeit der Steuerfestsetzung):	11.12.2006
Zu erlassende Nachzahlungszinsen:	
4 000 € × 7 volle Monate × 0,5 % =	**140 €**

Sofern sich bei der Abrechnung der Steuerfestsetzung unter Berücksichtigung der freiwilligen Leistungen eine Rückzahlung ergibt, sind hierfür keine Erstattungszinsen festzusetzen. Leistungen, die den Unterschiedsbetrag übersteigen, sind bei dem Erlass von Nachzahlungszinsen nicht zu berücksichtigen.

Beispiel 15 (Fortsetzung von Beispiel 1):

Der zu verzinsende Unterschiedsbetrag beträgt 7 000 €. Der Steuerpflichtige hat am 26.4.2006 eine Zahlung i. H. v. 8 025 € geleistet. Die zu erlassenden Nachzahlungszinsen berechnen sich wie folgt:

– auf die sich aus der Steuerfestsetzung ergebende Steuerzahlungsforderung erbrachte – (abgerundete) freiwillige Leistung:	7 000 €
Beginn des fiktiven Zinslaufs:	26.4.2006
Ende des fiktiven Zinslaufs (= Wirksamkeit der Steuerfestsetzung):	11.12.2006
Zu erlassende Nachzahlungszinsen:	
7 000 € × 7 volle Monate × 0,5 % =	**245 €**

70.1.3 Wenn das Finanzamt dem Steuerpflichtigen fälschlicherweise Vorauszahlungen zurückgezahlt hat, sind Nachzahlungszinsen nur zu erlassen, soweit der Steuerpflichtige nicht nur das Finanzamt auf diesen Fehler aufmerksam gemacht, sondern auch die materiell ungerechtfertigte Steuererstattung unverzüglich an das Finanzamt zurücküberwiesen hat. Die Grundsätze des BFH-Urteils vom 25.11.1997, IX R 28/96, BStBl 1998 II S. 550 sind nicht über den entschiedenen Einzelfall hinaus anzuwenden.

70.2 Billigkeitsmaßnahmen bei der Verzinsung von Umsatzsteuer

70.2.1 Die Verzinsung nachträglich festgesetzter Umsatzsteuer beim leistenden Unternehmer ist nicht sachlich unbillig, wenn sich per Saldo ein Ausgleich der Steuerforderung mit den vom Leistungsempfänger abgezogenen Vorsteuerbeträgen ergibt (vgl. BFH-Urteile vom 20.1.1997, V R 28/95, BStBl II S. 716, und vom 15.4.1999, V R 63/97, BFH/NV S. 1392).

70.2.2 Eine Billigkeitsmaßnahme kommt daher auch dann nicht in Betracht, wenn Leistender und Leistungsempfänger einen umsatzsteuerlich relevanten Sachverhalt nicht bereits in den entsprechenden Voranmeldungen, sondern jeweils erst in den Jahresanmeldungen angeben, etwa wenn bei der steuerpflichtigen Übertragung eines Sozietätsanteils das Veräußerungsgeschäft sowohl vom Veräußerer als auch vom Erwerber erst in der Umsatzsteuer-Jahreserklärung und nicht bereits in der entsprechenden Umsatzsteuer-Voranmeldung erfasst wird. Der Erwerber tritt bei einer solchen Fallgestaltung oftmals seinen Vorsteuererstattungsanspruch in voller Höhe an den Veräußerer ab. Der Veräußerer hat seine Verpflichtung, den Umsatz aus der Teilbetriebsveräußerung im zutreffenden Voranmeldungszeitraum zu berücksichtigen, verletzt, weshalb die nachträgliche Erfassung in der Jahressteuerfestsetzung eine entsprechende Nachforderung und dementsprechend Nachforderungszinsen auslöst. Die Verzinsung nachträglich festgesetzter Umsatzsteuer beim Leistenden ist auch deshalb nicht unbillig, weil die zu verzinsende Umsatzsteuer für steuerbare und steuerpflichtige Leistungen unabhängig davon entsteht, ob der leistende Unternehmer sie in einer Rechnung gesondert ausweist oder beim Finanzamt voranmeldet (vgl. BFH-Urteil vom 20.1.1997, V R 28/95, BStBl II S. 716). Unbeachtlich bleibt, dass auch der Erwerber bereits im Rahmen des Voranmeldungsverfahrens eine entsprechende Vorsteuervergütung hätte erlangen können. Unabhängig von der Abtretung des Erstattungsanspruchs an den Veräußerer kann der Erwerber gleichwohl in den Genuss von Erstattungszinsen nach § 233a AO gelangen.

70.2.3 Werden in einer Endrechnung oder der zugehörigen Zusammenstellung die vor der Leistung vereinnahmten Teilentgelte und die auf sie entfallenden Umsatzsteuerbeträge nicht abgesetzt oder angegeben, so hat der Unternehmer den gesamten in der Endrechnung ausgewiesenen Steuerbetrag an das Finanzamt abzuführen. Der Unternehmer schuldet die in der Endrechnung ausgewiesene Steuer, die auf die vor Ausführung der Leistung vereinnahmten Teilentgelte entfällt, nach § 14c Abs. 1 UStG. Erteilt der Unternehmer dem Leistungsempfänger nachträglich eine berichtigte Endrechnung, die den Anforderungen des § 14 Abs. 5 Satz 2 UStG genügt, so kann er die von ihm geschuldete Steuer in dem Besteuerungszeitraum berichtigen, in dem die berichtigte Endrechnung erteilt wird (vgl. Abschn. 187 Abs. 10 Satz 5 und 223 Abs. 9 UStR 2008). Hat der Unternehmer die aufgrund der fehlerhaften Endrechnung nach § 14c Abs. 1 UStG geschuldete Steuer nicht in seiner Umsatzsteuer-Voranmeldung berücksichtigt, kann die Nachforderung dieser Steuer im Rahmen der Steuerfestsetzung für das Kalenderjahr zur Festsetzung von Nachzahlungszinsen gem. § 233a AO führen, wenn der Unternehmer die Endrechnung erst in einem auf das Kalenderjahr der ursprünglichen Rechnungserteilung folgenden Kalenderjahr berichtigt hat.

A. I.   Zu § 233a AO

Die Erhebung von Nachzahlungszinsen ist in derartigen Fällen nicht sachlich unbillig (BFH-Urteil vom 19.3.2009, V R 48/07, BStBl 2010 II S. 92). Aus Vertrauensschutzgründen können in derartigen Fällen die festgesetzten Nachzahlungszinsen aber erlassen werden, wenn fehlerhafte Endrechnungen bis zum 22. Dezember 2009 gestellt wurden und der Unternehmer nach Aufdeckung seines Fehlers sogleich eine berichtigte Endrechnung erteilt hat.

70.2.4 Bei einer von den ursprünglichen Steuerfestsetzungen abweichenden zeitlichen Zuordnung eines Umsatzes durch das Finanzamt, die gleichzeitig zu einer Steuernachforderung und zu einer Steuererstattung führt, kann es sachlich unbillig sein, (in Wirklichkeit nicht vorhandene) Zinsvorteile abzuschöpfen (BFH-Urteil vom 11.7.1996, V R 18/95, BStBl 1997 II S. 259). Soweit zweifelsfrei feststeht, dass der Steuerpflichtige durch die verspätete Steuerfestsetzung keinen Vorteil oder Nachteil hatte, kann durch die Verzinsung nach § 233a AO der sich aus der verspäteten Steuerfestsetzung ergebenden Steuernachforderung oder Steuererstattung kein Vorteil oder Nachteil ausgeglichen werden.

70.2.5 Im Fall einer vom Steuerpflichtigen fälschlicherweise angenommenen umsatzsteuerlichen Organschaft, bei der er als vermeintlicher Organträger Voranmeldungen abgegeben hat und die gesamte Umsatzsteuer von „Organträger" und „Organgesellschaft" an das Finanzamt gezahlt hat, kommen Billigkeitsmaßnahmen nur in besonders gelagerten Ausnahmefällen in Betracht. Stellt das Finanzamt im Veranlagungsverfahren fest, dass keine umsatzsteuerliche Organschaft vorliegt und daher für die „Organgesellschaft" eine eigenständige Steuerfestsetzung durchzuführen ist, führt dies bei der „Organgesellschaft" – wegen unterbliebener Voranmeldungen und Vorauszahlungen – zur Nachzahlung der kompletten Umsatzsteuer für das entsprechende Jahr; bei dem „Organträger" i.d.R. aber zu einer Umsatzsteuererstattung. Die „Organgesellschaft" muss daher Nachzahlungszinsen entrichten, während der „Organträger" Erstattungszinsen erhält. Da die Verzinsung nach § 233a AO den Liquiditätsvorteil des Steuerschuldners und den Nachteil des Steuergläubigers der individuellen Steuerforderung ausgleichen soll, kann eine Billigkeitsmaßnahme in Betracht kommen, wenn und soweit dieser Schuldner keine Zinsvorteile hatte oder haben konnte.

70.2.6 Wird umgekehrt festgestellt, dass entgegen der ursprünglichen Annahme eine umsatzsteuerliche Organschaft vorliegt, so sind die zunächst bei der Organgesellschaft versteuerten Umsätze nunmehr in vollem Umfang dem Organträger zuzurechnen. Die USt-Festsetzung gegenüber der GmbH (Organgesellschaft) ist aufzuheben, so dass i.d.R. Erstattungszinsen festgesetzt werden. Sämtliche Umsätze sind dem Organträger zuzurechnen, so dass diesem gegenüber i.d.R. Nachzahlungszinsen festgesetzt werden. Entstehen auf Grund der Entscheidung, dass eine umsatzsteuerliche Organschaft vorliegt, insgesamt höhere Nachzahlungszinsen als Erstattungszinsen, können die übersteigenden Nachzahlungszinsen insoweit aus sachlichen Billigkeitsgründen erlassen werden, wenn und soweit der Schuldner keine Zinsvorteile hatte oder haben konnte.

70.3 Gewinnverlagerungen

Die allgemeinen Regelungen des § 233a AO sind auch bei der Verzinsung solcher Steuernachforderungen und Steuererstattungen zu beachten, die in engem sachlichen Zusammenhang zueinander stehen (z. B. bei Gewinnverlagerungen im Rahmen einer Außenprüfung). Führt eine Außenprüfung sowohl zu einer Steuernachforderung als auch zu einer Steuererstattung, so ist deshalb hinsichtlich der Verzinsung nach § 233a AO grundsätzlich auf die Steueransprüche der einzelnen Jahre abzustellen, ohne auf Wechselwirkungen mit den jeweiligen anderen Besteuerungszeiträumen einzugehen. Ein Erlass von Nachzahlungszinsen aus sachlichen Billigkeitsgründen kommt bei nachträglicher Zuordnung von Einkünften zu einem anderen Veranlagungszeitraum nicht in Betracht (BFH-Urteil vom 16.11.2005, X R 3/04, BStBl 2006 II S. 155). Gewinnverlagerungen und Umsatzverlagerungen (vgl. AEAO zu § 233a, Nr. 70.2.4) sind bei der Verzinsung nach § 233a AO nicht vergleichbar (vgl. BFH-Urteil vom 11.7.1996, V R 18/95, BStBl 1997 II S. 259). Das BFH-Urteil vom 15.10.1998, IV R 69/97, HFR 1999 S. 81, betrifft nur den Sonderfall der Verschiebung von Besteuerungsgrundlagen von einem zu verzinsenden Besteuerungszeitraum in einen noch nicht der Verzinsung nach § 233a AO unterliegenden Besteuerungszeitraum.

Rechtsbehelfe

71. Gegen die Zinsfestsetzung ist der Einspruch gegeben. Einwendungen gegen die zugrunde liegende Steuerfestsetzung oder Anrechnung von Steuerabzugsbeträgen und Körperschaftsteuer können jedoch nicht mit dem Einspruch gegen den Zinsbescheid geltend gemacht werden. Wird die Steuerfestsetzung oder die Anrechnung von Steuerabzugsbeträgen und Körperschaftsteuer geändert, sind etwaige Folgerungen für die Zinsfestsetzung nach § 233a Abs. 5 AO zu ziehen.
72. Gegen die Entscheidung über eine Billigkeitsmaßnahme ist ein gesonderter Einspruch gegeben, und zwar auch dann, wenn die Finanzbehörde die Billigkeitsentscheidung im Rahmen der Zinsfestsetzung getroffen hat (vgl. AEAO zu § 347, Nr. 4).
73. Wird der Zinsbescheid als solcher angefochten, kommt unter den Voraussetzungen des § 361 AO bzw. des § 69 FGO die Aussetzung der Vollziehung in Betracht. Wird mit dem Rechtsbehelf eine erstmalige oder eine höhere Festsetzung von Erstattungszinsen begehrt, ist mangels eines vollziehbaren Verwaltungsakts eine Aussetzung der Vollziehung nicht möglich. Soweit die Vollziehung des zugrunde liegenden Steuerbescheids ausgesetzt wird, ist auch die Vollziehung des Zinsbescheids auszusetzen.

Berücksichtigung rückwirkender Ereignisse in Grundlagenbescheiden

74. § 233a Abs. 2a AO ist auch dann anzuwenden, wenn das rückwirkende Ereignis in einem für den Steuerbescheid verbindlichen Grundlagenbescheid berücksichtigt wurde. Im Grundlagenbescheid sind deshalb auch entsprechende Feststellungen über die Auswirkungen eines erstmals berücksichtigten rückwirkenden Ereignisses auf die festgestellten Besteuerungsgrundlagen und den Zeitpunkt des Eintritts des rückwirkenden Ereignisses zu treffen (vgl. § 239 Abs. 3 Nr. 1 AO). Gleiches gilt, wenn ein bereits bei der vorangegangen Feststellung berücksichtigtes rückwirkendes Ereignis unmittelbar Änderungen erfährt und der Feststellungsbescheid deshalb geändert wird. Wird ein Feststellungsbescheid dagegen aus anderen Gründen (z.B. zur Berücksichtigung neuer Tatsachen i.S.d. § 173 AO) geändert, sind auch dann keine Feststellungen zum früher bereits berücksichtigten rückwirkenden Ereignis zu treffen, wenn sich die steuerlichen Auswirkungen dieses rückwirkenden Ereignisses aufgrund der erstmaligen oder abweichenden Berücksichtigung normal zu verzinsender Besteuerungsgrundlagen rechnerisch verändert.

Dies gilt im Verhältnis zwischen Gewerbesteuermessbescheid und Gewerbesteuerbescheid sowie in den Fällen des § 35b GewStG entsprechend.

Zu § 234 – Stundungszinsen:

1. Stundungszinsen werden für die Dauer der gewährten Stundung erhoben. Die Höhe der Zinsen ändert sich nicht, wenn der Steuerpflichtige vor oder nach dem Zahlungstermin zahlt, der in der Stundungsverfügung festgelegt ist (Sollverzinsung).

Eine vorzeitige Tilgung führt nicht automatisch zu einer Ermäßigung der Stundungszinsen. Soweit der gestundete Anspruch allerdings mehr als einen Monat vor Fälligkeit getilgt wird, kann auf bereits festgesetzte Stundungszinsen für den Zeitraum ab Eingang der Leistung auf Antrag verzichtet werden (§ 234 Abs. 2 AO). Eine verspätete Zahlung löst zusätzlich Säumniszuschläge aus.

A. I. Zu § 234 AO

2. Wird die gestundete Steuerforderung vor Ablauf des Stundungszeitraums herabgesetzt, ist der Zinsbescheid nach § 175 Abs. 1 Satz 1 Nr. 2 AO entsprechend zu ändern. Eine Aufhebung, Änderung oder Berichtigung der Steuerfestsetzung nach Ablauf der Stundung hat keine Auswirkungen auf die Stundungszinsen (§ 234 Abs. 1 Satz 2 AO). Werden Vorauszahlungen gestundet, sind Stundungszinsen nur im Hinblick auf eine Änderung der Vorauszahlungsfestsetzung, nicht aber im Hinblick auf die Festsetzung der Jahressteuer herabzusetzen.

3. Die Stundungszinsen werden regelmäßig zusammen mit der Stundungsverfügung durch Zinsbescheid festgesetzt. Die Formvorschriften für Steuerbescheide (§ 157 Abs. 1, ggf. § 87a Abs. 4 AO) gelten entsprechend.

Sofern nicht besondere Umstände des Einzelfalls eine andere Regelung erfordern, sind die Stundungszinsen zusammen mit der letzten Rate zu erheben. Bei einer Aufhebung der Stundungsverfügung (Rücknahme oder Widerruf) sind auch die auf ihr beruhenden Zinsbescheide aufzuheben oder zu ändern; §§ 175 Abs. 1 Satz 1 Nr. 1, 171 Abs. 10 AO gelten gem. § 239 Abs. 1 Satz 1 AO entsprechend.

Beispiel:

Das Finanzamt hat am 10. 3. 2004 eine am 25. 2. 2004 fällige Einkommensteuerforderung von 3 600 € ab Fälligkeit gestundet. Der Betrag ist in 12 gleichen Monatsraten von 300 €, beginnend am 1. 4. 2004 zu zahlen. Die Zinsen von 117 € sind zusammen mit der letzten Rate am 1. 3. 2005 zu erheben.

Das Finanzamt erfährt im August 2004, dass eine wesentliche Verbesserung der Vermögensverhältnisse des Schuldners eingetreten ist. Es widerruft deshalb die Stundung nach § 131 Abs. 2 Nr. 3 AO und stellt den gesamten Restbetrag von 2 100 € zum 1. 9. 2004 fällig.

Der Zinsbescheid ist nach § 175 Abs. 1 Satz 1 Nr. 1 AO zu ändern. Die Zinsen i. H. v. insgesamt 85 € (gerundet nach § 239 Abs. 2 Satz 1 AO) sind zum 1. 9. 2004 zu erheben.

4. Der Zinslauf beginnt bei den Stundungszinsen an dem ersten Tag, für den die Stundung wirksam wird (§ 238 Abs. 1 Satz 2 i. V. m. § 234 Abs. 1 Satz 1 AO). Bei einer Stundung ab Fälligkeit beginnt der Zinslauf am Tag nach Ablauf der ggf. nach § 108 Abs. 3 AO verlängerten Zahlungsfrist.

Beispiele:

1. Fälligkeitstag ist der 12. 3. 2004 (Freitag). Der Zinslauf beginnt am 13. 3. 2004 (Sonnabend).

2. Fälligkeitstag ist der 13. 3. 2004 (Sonnabend). Die Zahlungsfrist endet nach § 108 Abs. 3 AO erst am 15. 3. 2004 (Montag). Der Zinslauf beginnt am 16. 3. 2004 (Dienstag).

Wegen der Fälligkeit der Anmeldungssteuern vgl. AEAO zu § 240, Nr. 1 Satz 2.

5. Der Zinslauf endet mit Ablauf des letzten Tages, für den die Stundung ausgesprochen worden ist. Ist dieser Tag ein Sonnabend, ein Sonntag oder ein gesetzlicher Feiertag, endet der Zinslauf erst am nächstfolgenden Werktag. Wegen der Berechnung vgl. AEAO zu § 238, Nr. 1.

Beispiele:

1. Die Steuer ist bis zum 26. 3. 2004 (Freitag) gestundet. Der Zinslauf endet am 26. 3. 2004.

2. Die Steuer ist bis zum 27. 3. 2004 (Sonnabend) gestundet. Der Zinslauf endet nach § 108 Abs. 3 AO am 29. 3. 2004 (Montag).

In Insolvenzverfahren endet der Zinslauf spätestens mit Eröffnung des Insolvenzverfahrens, da zu diesem Zeitpunkt die gestundete Steuerforderung fällig wird (§ 41 Abs. 1 InsO). Eine bereits erfolgte Festsetzung von Stundungszinsen ist ggf. zu korrigieren.

6. Stundungszinsen sind nur für volle Monate zu zahlen; angefangene Monate bleiben außer Ansatz (§ 238 Abs. 1 Satz 2 AO); vgl. AEAO zu § 238, Nr. 1.
   Beispiele:

Ende der ursprüng- lichen Zahlungsfrist	Beginn des Zinslaufs	Ablauf der Stundung nach Stundungsver- fügung	Ende des Zinslaufs	Voller Monat
13. 5. 2004 (Do)	14. 5. 2004 (Fr)	13. 6. 2004 (So)	14. 6. 2004 (Mo)	ja
13. 5. 2004 (Do)	14. 5. 2004 (Fr)	11. 6. 2004 (Fr)	11. 6. 2004 (Fr)	nein
31. 1. 2005 (Mo)	1. 2. 2005 (Di)	28. 2. 2005 (Mo)	28. 2. 2005 (Mo)	ja

7. Zu verzinsen ist der jeweils gestundete Anspruch aus dem Steuerschuldverhältnis (§ 37 AO) mit Ausnahme der Ansprüche auf steuerliche Nebenleistungen (§ 233 Satz 2 AO). Die Zinsen sind für jeden Anspruch (Einzelforderung) besonders zu berechnen. Bei der Zinsberechnung sind die Ansprüche zu trennen, wenn Steuerart, Zeitraum (Teilzeitraum) oder der Tag des Beginns des Zinslaufs voneinander abweichen.
   Beispiele für gesondert zu verzinsende Ansprüche:
   1. Einkommensteuervorauszahlungen I/04 und II/04;
   2. die erstmalige Festsetzung der Einkommensteuer 2004 durch Bescheid vom 3. 5. 2006 führt zu einer Abschlusszahlung i. H. v. 4 290 €; nach Berichtigung einer offenbaren Unrichtigkeit (§ 129 AO) durch Steuerbescheid vom 1. 6. 2006 fordert das Finanzamt weitere 850 €.
8. Die Kleinbetragsregelung des § 239 Abs. 2 Satz 2 AO (Zinsen unter zehn Euro werden nicht festgesetzt) ist auf die für eine Einzelforderung berechneten Zinsen anzuwenden.
   Beispiel:

Es werden ab Fälligkeit jeweils für einen Monat folgende Einzel- forderungen gestundet:	Zinsen:	Abgerundet (§ 239 Abs. 2 Satz 1 AO)
Einkommensteuervorauszahlung	1 950,00 €	9,75 €	9,00 €
Solidaritätszuschlag	200,00 €	1,00 €	1,00 €
Umsatzsteuerabschlusszahlung	600,00 €	3,00 €	3,00 €

   Zinsen werden nicht festgesetzt, da sie für keine der Einzelforderungen zehn Euro erreichen.
9. Bei Gewährung von Ratenzahlungen sind Stundungszinsen nach § 238 Abs. 2 AO wie folgt zu berechnen:
   Der zu verzinsende Betrag jeder Steuerart ist auf den nächsten durch fünfzig Euro zu teilenden Betrag abzurunden. Ein sich durch die Abrundung ergebender Spitzenbetrag (Abrundungsrest) ist für Zwecke der Zinsberechnung bei der letzten Rate abzuziehen. Bei höheren Beträgen soll die Stundung i. d. R. so ausgesprochen werden, dass die Raten mit Ausnahme der letzten Rate auf durch fünfzig Euro ohne Rest teilbare Beträge festgesetzt werden.

A. I. Zu § 234 AO

Beispiel:
1. Variante:
Ein Anspruch i. H. v. 4 215 € wird in drei Monatsraten zu 1 400 €, 1 400 € und 1 415 € gestundet.

Raten:		Zinsen:
1. Rate	1 400 €	7,00 €
2. Rate	1 400 €	14,00 €
3. Rate	1 415 €*⁾	21,00 €
festzusetzende Zinsen		42,00 €

2. Variante:
Ein Anspruch i. H. v. 4 215 € wird in drei gleichen Monatsraten zu jeweils 1 405 € gestundet.

Raten:		Zinsen:
1. Rate	1 405 €	7,02 €
2. Rate	1 405 €	14,05 €
3. Rate	1 405 €**⁾	20,85 €
Summe		41,92 €
festzusetzende Zinsen (abgerundet nach § 239 Abs. 2 Satz 1 AO)		41,00 €

10. Sollen mehrere Ansprüche in Raten gestundet werden, so ist bei der Festlegung der Raten möglichst zunächst die Tilgung der Ansprüche anzuordnen, für die keine Stundungszinsen erhoben werden. Sodann sind die Forderungen in der Reihenfolge ihrer Fälligkeit zu ordnen; bei gleichzeitig fällig gewordenen Forderungen soll die niedrigere Forderung zuerst getilgt werden. Dies gilt nicht, wenn die Sicherung der Ansprüche eine andere Tilgungsreihenfolge erfordert.

Beispiel:
Das Finanzamt stundet die Einkommensteuervorauszahlung IV/04 i. H. v. 850 € (erstmals fällig am 10. 12. 2004), die Einkommensteuervorauszahlung I/05 i. H. v. 300 € (erstmals fällig am 10. 3. 2005), die Einkommensteuer-Abschlusszahlung für 2003 i. H. v. 11 150 € (erstmals fällig 20. 5. 2005), die Umsatzsteuer-Abschlusszahlung für 2003 i. H. v. 7 800 € (erstmals fällig am 20. 5. 2005) sowie Verspätungszuschläge i. H. v. 650 € (erstmals fällig am 10. 6. 2005) in insgesamt drei Raten.

Gestundeter Anspruch	Erstmals fällig am	Betrag in €	1. Rate in € (14. 7. 2005)	Rest in €	2. Rate in € (14. 8. 2005)	Rest in €	3. Rate in € (14. 9. 2005)	Rest in €
ESt IV/04	10. 12. 2004	850	850	0	–	–	–	–
ESt I/05	10. 3. 2005	300	300	0	–	–	–	–
ESt 2003	18. 5. 2005	11 150	0	11 150	0	11 150	11 150	0
USt 2003	18. 5. 2005	7 800	800	7 000	3 000	4 000	4 000	0
Verspätungszuschlag	10. 6. 2005	650	650	0	–	–	–	–
Summen		20 750	2 600	18 150	3 000	15 150	15 150	0

*) Die Zinsberechnung erfolgt von 1 415 € ./. 15 € = 1 400 €.
**) Die Zinsberechnung erfolgt von 1 405 € ./. 15 € = 1 390 €.

Zinsberechnung:

Gestundeter Anspruch	Fällig am	Zahlungstermin	Betrag in €	Zinsmonate	%	Zinsen in €	Festzusetzende Zinsen in €
ESt IV/04	10.12.2004	14.7.2005	850	7	3,5	29,75	29,00*)
ESt I/05	10.3.2005	14.7.2005	300	4	2,0	6,00	0,00**)
ESt 2003	18.5.2005	14.9.2005	11 150	3	1,5	167,25	167,00*)
USt 2003	18.5.2005	14.7.2005	800	1	0,5	4,00	
USt 2003	18.5.2005	14.8.2005	3 000	2	1,0	30,00	94,00
USt 2003	18.5.2005	14.9.2005	4 000	3	1,5	60,00	
Verspätungszuschlag	10.6.2005	14.7.2005	650	–	–	–	–***)

11. Auf die Erhebung von Stundungszinsen kann gem. § 234 Abs. 2 AO im Einzelfall aus Billigkeitsgründen verzichtet werden. Ein solcher Verzicht kann z. B. in Betracht kommen bei Katastrophenfällen, bei länger dauernder Arbeitslosigkeit des Steuerschuldners, bei Liquiditätsschwierigkeiten allein infolge nachweislicher Forderungsausfälle im Konkurs-/Insolvenzverfahren und in ähnlichen Fällen, im Rahmen einer Sanierung, sofern allgemein ein Zinsmoratorium gewährt wird, sowie im Hinblick auf belegbare, demnächst fällig werdende Ansprüche des Steuerschuldners aus einem Steuerschuldverhältnis, soweit hierfür innerhalb des Stundungszeitraums keine Erstattungszinsen gem. § 233a AO anfallen. Auch wird eine Stundung i. d. R. dann zinslos bewilligt werden können, wenn sie einem Steuerpflichtigen gewährt wird, der bisher seinen steuerlichen Pflichten, insbesondere seinen Zahlungspflichten, pünktlich nachgekommen ist und der in der Vergangenheit nicht wiederholt Stundungen in Anspruch genommen hat; in diesen Fällen kommt ein Verzicht auf Stundungszinsen i. d. R. nur in Betracht, wenn für einen Zeitraum von nicht mehr als drei Monaten gestundet wird und der insgesamt zu stundende Betrag 5 000 € nicht übersteigt. Zum Rechtsbehelfsverfahren gegen die Entscheidung über eine Billigkeitsmaßnahme vgl. AEAO zu § 347, Nr. 4.

12. Wird ein Anspruch auf Rückforderung von Arbeitnehmer-Sparzulage, Eigenheimzulage, Investitionszulage oder Wohnungsbauprämie gestundet, so sind – da die Vorschriften über die Steuervergütung entsprechend gelten – Stundungszinsen zu erheben (§ 234 i. V. m. § 37 Abs. 1 AO).

Zu § 235 – Verzinsung von hinterzogenen Steuern:

Inhaltsübersicht
1. Zweck und Voraussetzungen der Verzinsung
2. Gegenstand der Verzinsung
3. Zinsschuldner
4. Zinslauf
4.1 Beginn des Zinslaufs
4.2 Ende des Zinslaufs

---

*) = 29,75 € werden auf 29,00 € und 167,25 € werden auf 167 € zugunsten des Steuerpflichtigen gerundet (§ 239 Abs. 2 Satz 1 AO).

**) = Kleinbetrag unter 10 € (§ 239 Abs. 2 Satz 2 AO).

***) = Ansprüche auf steuerliche Nebenleistungen werden nicht verzinst (§ 233 Satz 2 AO).

A. I.   Zu § 235 AO

5. Höhe der Hinterziehungszinsen
5.1 Berechnung der Hinterziehungszinsen im Allgemeinen
5.2 Berechnung der Hinterziehungszinsen auf Vorauszahlungen
5.3 Beispiele zur Berechnung der Hinterziehungszinsen
6. Verfahren
7. Verjährung

1. Zweck und Voraussetzungen der Verzinsung

1.1   Hinterzogene Steuern sind nach § 235 AO zu verzinsen, um dem Nutznießer einer Steuerhinterziehung den steuerlichen Vorteil der verspäteten Zahlung oder der Gewährung oder Belassung von Steuervorteilen zu nehmen (BFH-Urteile vom 19. 4. 1989, X R 3/86, BStBl II S. 596, und vom 27. 9. 1991, VI R 159/89, BStBl 1992 II S. 163).

1.2   Die Zinspflicht tritt nur ein, wenn der objektive und subjektive Tatbestand des § 370 Abs. 1 AO erfüllt und die Tat i. S. d. § 370 Abs. 4 AO vollendet ist. Der Versuch einer Steuerhinterziehung (§ 370 Abs. 2 AO i. V. m. § 23 StGB) reicht zur Begründung einer Zinspflicht ebenso wenig aus wie die leichtfertige Steuerverkürzung (§ 378 AO) oder die übrigen Steuerordnungswidrigkeiten (§§ 379 ff. AO).

Von einer Steuerhinterziehung bei Vorauszahlungen ist z. B. dann auszugehen, wenn einer der folgenden Sachverhalte vorliegt:
– Der Steuerpflichtige hat einen Antrag auf Festsetzung oder Herabsetzung der Vorauszahlungen vorsätzlich mit unrichtigen oder unvollständigen Angaben gestellt und es ist hierdurch zu einer zu niedrigen Festsetzung von Vorauszahlungen gekommen.
– Der Steuerpflichtige musste aufgrund der Abgabe einer vorsätzlich unrichtigen oder unvollständigen Steuererklärung damit rechnen, dass Vorauszahlungen zu niedrig festgesetzt werden, und es ist hierdurch zu einer zu niedrigen Festsetzung von Vorauszahlungen gekommen. Der Steuerpflichtige musste insbesondere dann damit rechnen, dass Steuervorauszahlungen zu niedrig festgesetzt werden, wenn er bereits in der Vergangenheit Steuervorauszahlungen zu leisten hatte.

1.3   Die Festsetzung von Hinterziehungszinsen setzt keine strafrechtliche Verurteilung wegen Steuerhinterziehung voraus (BFH-Urteil vom 27. 8. 1991, VIII R 84/89, BStBl 1992 II S. 9). Die Zinspflicht ist unabhängig von einem Steuerstrafverfahren im Rahmen des Besteuerungsverfahrens zu prüfen.

Hinterziehungszinsen sind demnach auch festzusetzen, wenn
– wirksam Selbstanzeige nach § 371 AO erstattet worden ist (z. B. durch Nachmeldung hinterzogener Umsatzsteuer in der Umsatzsteuer-Jahreserklärung),
– der Strafverfolgung Verfahrenshindernisse entgegenstehen (z. B. Tod des Täters oder Strafverfolgungsverjährung),
– das Strafverfahren wegen Geringfügigkeit eingestellt worden ist (z. B. nach § 153 StPO; § 398 AO) oder
– in anderen Fällen die Strafverfolgung beschränkt oder von der Strafverfolgung abgesehen wird (z. B. nach §§ 153a, 154, 154a StPO).

An Entscheidungen im strafgerichtlichen Verfahren ist die Finanzbehörde nicht gebunden (BFH-Urteil vom 10. 10. 1972, VII R 117/69, BStBl 1973 II S. 68). Im Allgemeinen kann sich das Finanzamt die tatsächlichen Feststellungen, Beweiswürdigungen und rechtlichen Beurteilungen des Strafverfahrens zu eigen machen, wenn und soweit es zu der Überzeugung gelangt ist, dass diese zutreffend sind und keine substantiierten Einwendungen gegen die Feststellungen im Strafurteil erhoben werden (vgl. BFH-Urteil vom 13. 7. 1994, I R 112/93, BStBl 1995 II S. 198).

1.4   Der zeitliche und sachliche Umfang der Nachentrichtungspflicht von Zinsen nach § 371 Abs. 3 AO hat keine Auswirkung auf die Berechnung und Festsetzung von Hinterziehungszinsen nach § 235 AO. Daher sind Hinterziehungszinsen auch dann festzusetzen, wenn die Zahlung der Hinterziehungszinsen für die Wirksamkeit einer Selbstanzeige bzw. den Ausgang des Strafverfahrens nach § 371 Abs. 3 Satz 2 AO unerheblich ist.

2. Gegenstand der Verzinsung

2.1 Hinterziehungszinsen sind festzusetzen für
- verkürzte Steuern; darunter fallen auch keine oder zu geringe Steuervorauszahlungen und der Solidaritätszuschlag. Landesgesetzlich geregelte Steuern sind nur zu verzinsen, wenn dies im Gesetz angeordnet ist,
- ungerechtfertigt erlangte Steuervorteile (z. B. zu Unrecht erlangte Steuervergütungen),
- zu Unrecht erlangte Steuervergünstigungen (z. B. Steuerbefreiungen und Steuerermäßigungen),
- ungerechtfertigt erlangte Prämien und Zulagen, auf die § 370 Abs. 1 bis 4, § 371, § 375 Abs. 1 und § 376 AO entsprechend anzuwenden sind (z. B. Wohnungsbauprämien, Arbeitnehmer-Sparzulagen und Zulagen nach § 83 EStG).

Hinterziehungszinsen sind nicht festzusetzen bei erschlichener Investitionszulage und Eigenheimzulage, weil insoweit ein Subventionsbetrug und keine Steuerhinterziehung vorliegt.

2.2 Hinterziehungszinsen sind für jede Steuerart und jeden Besteuerungszeitraum (Veranlagungszeitraum, Voranmeldungszeitraum, Vorauszahlungszeitraum) oder Besteuerungszeitpunkt gesondert zu berechnen und festzusetzen.

Einzelne, aufeinanderfolgende Steuerhinterziehungen sind nicht als eine Tat zu würdigen, sondern als selbständige Taten zu behandeln. Das gilt auch, wenn das Finanzamt die Besteuerungsgrundlagen nach § 162 AO geschätzt hat.

2.3 Wenn die Steuerhinterziehung zu keiner Nachforderung führt, erfolgt keine Zinsfestsetzung. Soweit infolge Kompensation der mit der Steuerhinterziehung zusammenhängenden Besteuerungsgrundlagen mit anderen steuermindernden Besteuerungsgrundlagen (z. B. nach § 177 AO) kein Zahlungsanspruch entstanden ist, unterbleibt daher eine Zinsfestsetzung. Das strafrechtliche Kompensationsverbot des § 370 Abs. 4 Satz 3 AO gilt nicht bei der Verzinsung nach § 235 AO. Bemessungsgrundlage der Hinterziehungszinsen ist daher nicht die Steuer, die sich allein bei Einbeziehung der vorsätzlich verschwiegenen Besteuerungsgrundlagen in die ursprüngliche Steuerfestsetzung ergeben würde, sondern die tatsächliche Nachforderung, die sich aus dem Bescheid ergibt, in dem die bisher nicht oder unzutreffend erklärten Besteuerungsgrundlagen erstmals erfasst werden.

3. Zinsschuldner

3.1 Nach § 235 Abs. 1 Satz 2 AO ist derjenige Zinsschuldner, zu dessen Vorteil die Steuern hinterzogen worden sind. Durch die Vorschrift soll ausschließlich der steuerliche Vorteil des Steuerschuldners abgeschöpft werden. Der steuerliche Vorteil liegt darin, dass die geschuldete Steuer erst verspätet gezahlt wird. Allein der Steuerschuldner kann daher Zinsschuldner für hinterzogene Steuern i. S. d. § 235 Abs. 1 Sätze 1 und 2 AO sein, und zwar unabhängig davon, ob er an der Steuerhinterziehung beteiligt war (vgl. BFH-Urteile vom 27. 6. 1991, V R 9/86, BStBl II S. 822, vom 18. 7. 1991, V R 72/87, BStBl II S. 781, und vom 27. 9. 1991, VI R 159/89, BStBl 1992 II S. 163).

Sind Steuerschuldner Gesamtschuldner (§ 44 AO), ist jeder Gesamtschuldner auch Zinsschuldner. Dies gilt auch dann, wenn bei zusammenveranlagten Ehegatten/Lebenspartnern der Tatbestand der Steuerhinterziehung nur in der Person eines der Ehegatten/Lebenspartner erfüllt ist. Da in diesem Fall beide Ehegatten/Lebenspartner Schuldner der Hinterziehungszinsen sind, kann nach § 239 Abs. 1 Satz 1 i.V. m. § 155 Abs. 3 AO ein zusammengefasster Zinsbescheid an die Ehegatten/Lebenspartner ergehen (vgl. BFH-Urteil vom 13. 10. 1994, IV R 100/93, BStBl 1995 II S. 484).

3.2 § 235 Abs. 1 Satz 3 AO regelt in Ergänzung des § 235 Abs. 1 Satz 2 AO nur die Fälle, in denen der Steuerschuldner nicht Zinsschuldner ist, weil die Steuern nicht zu seinem Vorteil hinterzogen worden sind. In diesen Fällen ist der Entrichtungspflichtige Zinsschuldner. Hinsichtlich hinterzogener Steuerabzugsbeträge ist daher nicht der Steuerschuldner, sondern der Entrichtungspflichtige Zinsschuldner, wenn dieser die Steuer zwar einbehalten, aber nicht an das Finanzamt abgeführt hat. Dagegen ist der Steuerschuldner nach § 235 Abs. 1 Satz 2 AO Zinsschuldner, wenn der Entrichtungspflichtige die hinterzogene Abzugsteuer (zum Vorteil des Steuerschuldners) nicht einbehalten hat (BFH-Urteile vom 5.11.1993, VI R 16/93, BStBl 1994 II S. 557, und vom 16.2.1996, I R 73/95, BStBl II S. 592).

3.3 Die in §§ 34, 35 AO bezeichneten Vertreter, Vermögensverwalter und Verfügungsberechtigten sind nicht Entrichtungspflichtige und nicht Schuldner der Hinterziehungszinsen (vgl. BFH-Urteile vom 18.7.1991, V R 72/87, BStBl II S. 781, und vom 27.9.1991, VI R 159/89, BStBl 1992 II S. 163). Dieser Personenkreis kann aber sowohl für hinterzogene Steuern als auch für Hinterziehungszinsen haften (vgl. §§ 69 und 71 AO).

4. Zinslauf

4.1 Beginn des Zinslaufs

4.1.1 Der Zinslauf beginnt mit dem Eintritt der Verkürzung oder der Erlangung des Steuervorteils (§ 235 Abs. 2 Satz 1 AO), d. h. sobald die Tat im strafrechtlichen Sinn vollendet ist. Wären die hinterzogenen Beträge ohne die Steuerhinterziehung erst später fällig geworden, z. B. bei einer Abschlusszahlung, beginnt die Verzinsung erst mit Ablauf des Fälligkeitstags (§ 235 Abs. 2 Satz 2 AO).

4.1.2 Bei **Fälligkeitssteuern** (z. B. Umsatzsteuer-Vorauszahlungen, Lohnsteuer) tritt die Verkürzung im Zeitpunkt der gesetzlichen Fälligkeit ein. Dies gilt auch dann, wenn keine (Vor-)Anmeldung abgegeben wurde. Bei Abgabe einer unrichtigen oder unvollständigen zustimmungsbedürftigen Steueranmeldung tritt die Verkürzung erst dann ein, wenn die Zustimmung nach § 168 Satz 2 AO dem Steuerpflichtigen bekannt geworden ist (z. B. Auszahlung oder Umbuchung des Guthabens oder Erklärung der Aufrechnung; vgl. AEAO zu § 168, Nr. 3).

Lässt sich nicht ohne weiteres feststellen, welchem Voranmeldungszeitraum hinterzogene Beträge zeitlich zuzuordnen sind, ist zugunsten des Zinsschuldners von einem Beginn des Zinslaufs mit dem letzten gesetzlichen Fälligkeitszeitpunkt für das betroffene Jahr auszugehen (bei Unternehmern ohne Dauerfristverlängerung ist dies der 10.1. des jeweiligen Folgejahrs).

4.1.3 Bei **Veranlagungssteuern** tritt die Verkürzung im Fall der Abgabe einer unrichtigen oder unvollständigen Steuererklärung mit dem Tag der Bekanntgabe des auf dieser Erklärung beruhenden Steuerbescheids (§§ 122, 124 AO) ein; der Beginn des Zinslaufs verschiebt sich jedoch dann auf den Ablauf des Fälligkeitstags, wenn sich bereits aufgrund dieser Erklärung eine Abschlusszahlung ergeben hatte oder wenn sich – im Falle einer festgesetzten Erstattung – ohne die Steuerhinterziehung eine Abschlusszahlung ergeben hätte (vgl. AEAO zu § 235, Nr. 4.1.1 Satz 2).

Hat der Steuerpflichtige keine Steuererklärung abgegeben und ist aus diesem Grunde die Steuerfestsetzung unterblieben, so ist die Steuer zu dem Zeitpunkt verkürzt, zu dem die Veranlagungsarbeiten für das betreffende Kalenderjahr im Wesentlichen abgeschlossen waren. Dieser Zeitpunkt ist zugleich Zinslaufbeginn.

Hat das Finanzamt die Steuer aber zuvor wegen Nichtabgabe der Steuererklärung aufgrund geschätzter Besteuerungsgrundlagen (§ 162 AO) zu niedrig festgesetzt, tritt die Verkürzung bereits mit Bekanntgabe dieses Steuerbescheids ein. In diesem Fall beginnt der Zinslauf i. d. R. mit Ablauf des Fälligkeitstags (vgl. AEAO zu § 235, Nr. 4.1.1 Satz 2).

Bei der Verzinsung von **Vorauszahlungen auf Veranlagungssteuern** beginnt der Zinslauf gesondert für jeden Vorauszahlungszeitraum mit Ablauf des jeweiligen Fälligkeitstags.

4.2 Ende des Zinslaufs

4.2.1 Der Zinslauf endet mit der Zahlung der hinterzogenen Steuer (§ 235 Abs. 3 Satz 1 AO). Erlischt der zu verzinsende Anspruch durch Aufrechnung, gilt der Tag, an dem die Schuld des Aufrechnenden fällig wird, als Tag der Zahlung (§ 238 Abs. 1 Satz 3 AO). Bei der Festsetzung von Hinterziehungszinsen auf Vorauszahlungen (bei Veranlagungs- und Fälligkeitssteuern) endet der Zinslauf mit dem Zeitpunkt der Zahlung der hinterzogenen Steuer, spätestens aber mit dem Ablauf des Fälligkeitstags der Jahressteuer.

4.2.2 Hinterziehungszinsen werden nicht für Zeiten festgesetzt, für die ein Säumniszuschlag entsteht, die Zahlung gestundet oder die Vollziehung ausgesetzt ist (§ 235 Abs. 3 Satz 2 AO), ohne dass es dabei auf die tatsächliche Erhebung von Säumniszuschlägen oder die Zahlung von Stundungs- und/oder Aussetzungszinsen ankommt. Der Zinslauf endet daher spätestens mit Ablauf des Fälligkeitstags.

4.2.3 Wird der Steuerbescheid nach Ende des Zinslaufs aufgehoben, geändert oder nach § 129 AO berichtigt, so bleiben die bis dahin entstandenen Zinsen unberührt (§ 235 Abs. 3 Satz 3 AO).

5. Höhe der Hinterziehungszinsen

5.1 Berechnung der Hinterziehungszinsen im Allgemeinen

5.1.1 Die Hinterziehungszinsen betragen für jeden vollen Monat des Zinslaufs 0,5 % (§ 238 Abs. 1 Satz 1 und 2 AO).

Für die Berechnung der Zinsen wird der zu verzinsende Betrag auf den nächsten durch 50 € teilbaren Betrag abgerundet (§ 238 Abs. 2 AO). Abzurunden ist jeweils der einzelne zu verzinsende Anspruch, d. h. jede einzelne hinterzogene Vorauszahlung/Voranmeldung und die Jahresabschlusszahlung jeweils für sich genommen (vgl. AEAO zu § 238, Nr. 2).

Im Falle von Teilzahlungen eines zu verzinsenden Anspruchs wird nur der Gesamtbetrag gerundet. Eine sich daraus ergebende Abrundungsspitze wird für Zwecke der Verzinsung bei der letzten Teilzahlung abgezogen.

Auch die Rundungsregelung und Kleinbetragsregelung hinsichtlich der Festsetzung der Zinsen gem. § 239 Abs. 2 AO sind für jeden einzelnen Zinsanspruch gesondert anzuwenden (vgl. AEAO zu § 239, Nr. 3).

5.1.2 Zur Vermeidung einer Doppelverzinsung im Hinterziehungsfall sind Zinsen nach § 233a AO, die für denselben Zeitraum festgesetzt wurden, auf die festzusetzenden Hinterziehungszinsen anzurechnen (§ 235 Abs. 4 AO).

5.2 Berechnung der Hinterziehungszinsen auf Vorauszahlungen

5.2.1 Die Bemessungsgrundlage von Hinterziehungszinsen auf Vorauszahlungen entspricht grundsätzlich dem (Mehr-)Betrag, der ohne Steuerhinterziehung festgesetzt worden wäre. Sie ist aber begrenzt auf die Abschlusszahlung aufgrund der Jahressteuerfestsetzung (vgl. AEAO zu § 235, Nr. 2.3). Dieser Betrag ist gleichmäßig auf die hinterzogenen Vorauszahlungszeiträume des jeweiligen Kalenderjahrs zu verteilen.

5.2.2 Auf Vorauszahlungen entfallen keine Zinsen gem. § 233a AO. Wird die der Verzinsung nach § 233a AO unterliegende Jahressteuer erst nach Ablauf der Karenzzeit festgesetzt, überschneidet sich der Zinslauf der Hinterziehungszinsen auf Vorauszahlungen mit dem Zinslauf der Nachzahlungszinsen nach § 233a AO auf die Jahressteuer. In diesen Fällen sind Zinsen gem. § 233a AO auf festzusetzende Hinterziehungszinsen auf Vorauszahlungen anzurechnen.

5.3 Beispiele zur Berechnung der Hinterziehungszinsen

Beispiel 1:
Der Steuerpflichtige machte in der Einkommensteuererklärung 2011 vorsätzlich unrichtige oder unvollständige Angaben. Er hatte bereits für die Vorjahre Vorauszahlungen zu leisten und konnte somit damit rechnen, dass durch die unzutreffende Steuererklärung auch die Vorauszahlungen für die Folgejahre zu niedrig festgesetzt werden. Der Einkommensteuerbescheid 2011 wie auch der Vorauszahlungsbescheid 2012 ergingen am 15.6.2012 erklärungsgemäß (Bekanntgabe nach § 122 Abs. 2 Nr. 1 AO am 18.6.2012, Fälligkeit am 18.7.2012). Bei einer zutreffenden Steuererklärung hätte sich für 2011 ein Einkommensteuer-Mehrbetrag in Höhe von 10.000 € zuzüglich 550 € Solidaritätszuschlag ergeben. Die Einkommensteuer-Vorauszahlungen für III/2012 und IV/2012 wurden um jeweils 5.000 € zuzüglich 275 € Solidaritätszuschlag zu niedrig festgesetzt.

Die zutreffende Steuererklärung für die Einkommensteuer 2012 führte zu einer Festsetzung von 34.000 € Einkommensteuer zuzüglich 1.870 € Solidaritätszuschlag (Bescheid vom 14.6.2013, Fälligkeit am 17.7.2013) und zur zukünftig korrekten Festsetzung von Vorauszahlungen. Es waren keine Steuerabzugsbeträge anzurechnen. Die Abschlusszahlung von 14.000 € Einkommensteuer zuzüglich 770 € Solidaritätszuschlag wurde bei Fälligkeit beglichen. Gleichzeitig erging der Änderungsbescheid für die Einkommensteuer 2011. Die hinterzogenen Steuern wurden am 17.7.2013 fällig und auch gezahlt. Der Einkommensteuerbescheid 2013 vom 20.6.2014 ergab keine Abschlusszahlung.

Lösung:
2011:
Für die Einkommensteuer 2011 beginnt der Zinslauf für die Hinterziehungszinsen am 19.7.2012 (Tag nach dem Fälligkeitstag) und endet am 17.7.2013 mit der Begleichung der Abschlusszahlung, so dass Zinsen für 11 volle Monate festzusetzen sind (§ 235 Abs. 2 und 3 AO).

Festzusetzende Hinterziehungszinsen:

Steuer	Bemessungs-grundlage	Zinsen
ESt	10.000 €	450 € (5,5 % von 10.000 € = 550 €, abzgl. 100 € nach § 235 Abs. 4 AO anzurechnende § 233a-AO-Zinsen)
SolZ	550 €	30 € (5,5 % von 550 € = 30,25 €, abgerundet gem. § 239 Abs. 2 Satz 1 AO auf 30 €)

2012:
Die Vorauszahlungen zur Einkommensteuer und zum Solidaritätszuschlag 2012 hatte der Steuerpflichtige erstmalig zum 10.9.2012 (erster Fälligkeitstermin des fehlerhaften Vorauszahlungsbescheids) hinterzogen. Der Zinslauf beginnt mit Ablauf des jeweiligen Fälligkeitstags der Vorauszahlungen, d.h. für das III. Quartal am 11.9.2012 und für das IV. Quartal am 11.12.2012, und endet mit der Fälligkeit der Abschlusszahlungen aufgrund des Jahressteuerbescheids 2012 am 17.7.2013.

Hinterziehungszinsen sind
- für die hinterzogene Einkommensteuer-Vorauszahlung und die hinterzogene Solidaritätszuschlagsvorauszahlung III/2012 vom 11.9.2012 bis 17.7.2013 (mithin für 10 Monate)
- für die hinterzogene Einkommensteuer-Vorauszahlung und die hinterzogene Solidaritätszuschlagsvorauszahlung IV/2012 vom 11.12.2012 bis 17.7.2013 (mithin für 7 Monate)

zu berechnen und festzusetzen.
Bemessungsgrundlage für die Zinsberechnung sind jeweils 5.000 € (ESt) bzw. jeweils 275 € (SolZ), die gem. § 238 Abs. 2 AO auf 250 € abgerundet werden.

Festzusetzende Hinterziehungszinsen:

Steuer/Vorauszahlung	Bemessungsgrundlage	Zinsen
ESt III/2012	5.000 €	250 € (5 % von 5.000 €)
SolZ III/2012	250 €	12 € (5 % von 250 € = 12,50 €, abgerundet gem. § 239 Abs. 2 Satz 1 AO auf 12 €)
ESt IV/2012	5.000 €	175 € (3,5 % von 5.000 €)
SolZ IV/2012	250 €	0 € (3,5 % von 250 € = 8,75 €, abgerundet gem. § 239 Abs. 2 Satz 1 AO auf 8 €; nach § 239 Abs. 2 Satz 2 AO erfolgt insoweit keine Zinsfestsetzung, vgl. AEAO zu § 239, Nr. 3)

2013:
Für die Einkommensteuer 2013 werden keine Hinterziehungszinsen auf die Vorauszahlungen festgesetzt, da der Einkommensteuerbescheid 2013 vom 20. 6. 2014 zu keiner Abschlusszahlung führte.

Beispiel 2:
Wie Beispiel 1, jedoch betrug die Abschlusszahlung zur Einkommensteuer für 2012 lediglich 4.000 € und zum Solidaritätszuschlag 220 €.
Die zutreffende Steuererklärung für die Einkommensteuer 2012 führte zu einer Festsetzung von 24.000 € Einkommensteuer zuzüglich 1.320 € Solidaritätszuschlag (Bescheid vom 14. 6. 2013). Es waren keine Steuerabzugsbeträge anzurechnen. Die Abschlusszahlung von 4.000 € Einkommensteuer zuzüglich 220 € Solidaritätszuschlag wurde bei Fälligkeit am 17. 7. 2013 beglichen.
Lösung:
Für 2011 und 2013 ergeben sich keine Änderungen.
2012:
Wegen des Zinslaufs und der Anzahl der (vollen) Zinsmonate ergeben sich keine Änderungen.
Die Bemessungsgrundlage für die Zinsberechnung auf die Vorauszahlungen wird auf den Nachforderungsbetrag der Einkommensteuer 2012 (hier 4.000 €) bzw. Solidaritätszuschlag (220 €) begrenzt. Diese Beträge sind gleichmäßig auf die hinterzogenen Vorauszahlungszeiträume zu verteilen. Daraus ergibt sich für das III. und IV. Quartal eine Bemessungsgrundlage von jeweils 2.000 € (ESt) bzw. jeweils 110 € (SolZ), die gem. § 238 Abs. 2 AO auf 100 € abgerundet werden.
Festzusetzende Hinterziehungszinsen:

Steuer/Vorauszahlung	Bemessungsgrundlage	Zinsen
ESt III/2012	2.000 €	100 € (5 % von 2.000 €)
SolZ III/2012	110 €	0 € (5 % von 100 € = 5 €; nach § 239 Abs. 2 Satz 2 AO erfolgt insoweit keine Zinsfestsetzung)
ESt IV/2012	2.000 €	70 € (3,5 % von 2.000 €)
SolZ IV/2012	110 €	0 € (3,5 % von 100 € = 3,50 €, abgerundet gem. § 239 Abs. 2 Satz 1 AO auf 3 €; nach § 239 Abs. 2 Satz 2 AO erfolgt insoweit keine Zinsfestsetzung)

6. Verfahren

6.1 Sind Steuern zum Vorteil der Gesellschafter einer Personengesellschaft hinterzogen worden, hat das Betriebsfinanzamt die Berechnungsgrundlagen der Hinterziehungszinsen gesondert und einheitlich festzustellen (§ 239 Abs. 3 Nr. 2 AO).

6.2 Die Zinsen für hinterzogene Realsteuern (insbes. Gewerbesteuer) sind von der hebeberechtigten Gemeinde zu berechnen, festzusetzen und zu erheben, wenn ihr die Festsetzung der Realsteuer übertragen worden ist. Die Berechnungsgrundlagen werden vom

Finanzamt nach § 239 Abs. 3 Nr. 2 AO festgestellt. Dieser Messbescheid ist Grundlagenbescheid für den von der Gemeinde zu erlassenden Zinsbescheid.

Die Geltendmachung der Haftung für Hinterziehungszinsen zur Gewerbesteuer durch Haftungsbescheid setzt nicht voraus, dass zuvor gegenüber dem Zinsschuldner oder dem Haftungsschuldner Tatbestand und Umfang der Steuerhinterziehung gesondert festgestellt worden sind (BVerwG-Beschluss vom 16.9.1997, 8 B 143/97, BStBl II S. 782).

6.3 Werden Zinsen für mehrere Ansprüche aus dem Steuerschuldverhältnis (vgl. AEAO zu § 235, Nr. 2.2) äußerlich verbunden in einem Sammelbescheid festgesetzt, muss dieser Sammelbescheid erkennen lassen, in welcher Höhe für den einzelnen Anspruch Zinsen festgesetzt worden sind (vgl. BFH-Urteil vom 26.11.2014, X R 18/13, BFH/NV 2015 S. 785).

7. Verjährung

Die Festsetzungsfrist für Hinterziehungszinsen beträgt ein Jahr (§ 239 Abs. 1 Satz 1 AO). Sie beginnt mit Ablauf des Kalenderjahrs, in dem die Festsetzung der hinterzogenen Steuern unanfechtbar geworden ist, jedoch nicht vor Ablauf des Kalenderjahrs, in dem ein eingeleitetes Strafverfahren rechtskräftig abgeschlossen worden ist (§ 239 Abs. 1 Satz 2 Nr. 3 AO). Ein Strafverfahren hat nur dann Einfluss auf die für die Hinterziehungszinsen geltende Festsetzungsfrist, wenn es bis zum Ablauf des Jahres eingeleitet wird, in dem die hinterzogenen Steuern unanfechtbar festgesetzt wurden (BFH-Urteil vom 24.8.2001, VI R 42/94, BStBl II S. 782).

Zu § 236 – Prozesszinsen auf Erstattungsbeträge:

1. Voraussetzung für die Zahlung von Erstattungszinsen an den Steuerpflichtigen ist, dass eine festgesetzte Steuer herabgesetzt oder eine Steuervergütung gewährt – oder erhöht – wird. Die Steuerherabsetzung oder die Gewährung (Erhöhung) der Steuervergütung muss erfolgt sein:
    a) durch eine rechtskräftige gerichtliche Entscheidung;
    b) aufgrund einer rechtskräftigen gerichtlichen Entscheidung, z. B. in den Fällen, in denen das Gericht nach § 100 Abs. 1 Satz 1, Abs. 2 Sätze 2 und 3 oder Abs. 3 FGO den angefochtenen Verwaltungsakt aufhebt und das Finanzamt die Steuer niedriger festsetzt oder eine (höhere) Steuervergütung gewährt;
    c) durch Aufhebung oder Änderung des angefochtenen Verwaltungsakts sowie durch Erlass des beantragten Verwaltungsakts, wenn sich der Rechtsstreit bei Gericht dadurch rechtskräftig erledigt;
    d) durch einen sog. Folgebescheid nach § 175 Abs. 1 Satz 1 Nr. 1 AO oder § 35b GewStG in den Fällen, in denen sich der Rechtsstreit bei Gericht gegen den Grundlagenbescheid (z. B. Feststellungsbescheid, Steuermessbescheid) durch oder aufgrund einer gerichtlichen Entscheidung (Buchstaben a und b) bzw. durch einen Verwaltungsakt (Buchstabe c) rechtskräftig erledigt; der Steuerpflichtige, dem gegenüber der Folgebescheid ergangen ist, muss nicht Kläger im Verfahren gegen den Grundlagenbescheid gewesen sein (BFH-Urteil vom 17.1.2007, X R 19/06, BStBl II S. 506).

Ohne Bedeutung ist, aus welchen Gründen die Steuerherabsetzung oder die Gewährung (Erhöhung) der Steuervergütung erfolgt ist. Das abgeschlossene gerichtliche Verfahren muss aber hierfür ursächlich gewesen sein (BFH-Urteil vom 15.10.2003, X R 48/01, BStBl 2004 II S. 169).

Wird ein ändernder oder ersetzender Verwaltungsakt nach § 68 FGO Gegenstand des Klageverfahrens, ist für die Verzinsung das Ergebnis des gegen den neuen Verwaltungsakt fortgeführten Klageverfahrens maßgebend. Dies gilt auch, wenn ein angefochtener Vorauszahlungsbescheid durch die Jahressteuerfestsetzung ersetzt wird (vgl. AEAO zu § 365, Nr. 2).

Durch die Überleitung auf den neuen Verfahrensgegenstand tritt noch keine Rechtsstreiterledigung i. S. d. § 236 Abs. 1 Satz 1 AO ein (BFH-Urteil vom 14. 7. 1993, I R 33/93, BFH/NV 1994 S. 438).
2. Zu verzinsen ist nur der zuviel entrichtete Steuerbetrag oder die zuwenig gewährte Steuervergütung. Sofern also der Rechtsbehelf zwar zu einer Herabsetzung der Steuer oder zu einer Gewährung (Erhöhung) der Steuervergütung führt, nicht aber oder nicht in gleichem Umfang zu einer Steuererstattung oder Auszahlung einer Steuervergütung, kommt insoweit eine Verzinsung nicht in Betracht.
3. Der zu verzinsende Betrag ist auf den nächsten durch fünfzig Euro teilbaren Betrag abzurunden. Hat der Steuerpflichtige die zu erstattende Steuerschuld in Raten entrichtet, wird die Abrundung nur einmal bei der Rate mit der kürzesten Laufzeit vorgenommen.
4. Der Anspruch auf Erstattungszinsen entsteht mit der Rechtskraft der gerichtlichen Entscheidung oder der Unanfechtbarkeit des geänderten Verwaltungsakts. Ein Gerichtsbescheid (§ 90a FGO) wirkt als Urteil. Er gilt aber als nicht ergangen, wenn gegen ihn die Revision nicht zugelassen wurde und rechtzeitig mündliche Verhandlung beantragt worden ist.
5. Erstattungszinsen sind für die Zeit vom Tag der Rechtshängigkeit, frühestens jedoch vom Tag der Zahlung des Steuerbetrages an bis zum Tag der Auszahlung des zu verzinsenden Steuer- oder Steuervergütungsbetrages zu berechnen und zu zahlen. Rechtshängig ist die Streitsache erst mit dem Tag, an dem die Klage bei Gericht erhoben wird (§ 66 Abs. 1 i. V. m. § 64 Abs. 1 FGO). Wird die Klage zur Fristwahrung beim Finanzamt angebracht (§ 47 Abs. 2 FGO), ist die Streitsache mit dem Tag der Anbringung zwar anhängig, nicht aber rechtshängig. Auch in diesem Fall wird die Streitsache erst mit dem Eingang der Klage beim Gericht rechtshängig. Das Gleiche gilt bei einer Sprungklage (§ 45 FGO). Stimmt die Behörde der Sprungklage nicht zu oder gibt das Gericht die Klage an die Behörde ab, ist die Sprungklage als außergerichtlicher Rechtsbehelf zu behandeln; die Rechtshängigkeit entfällt somit rückwirkend. Wird ein ändernder oder ersetzender Verwaltungsakt nach § 68 FGO Gegenstand des Klageverfahrens, berührt dies nicht den Tag der Rechtshängigkeit der Streitsache.
6. Erstattungszinsen sind von Amts wegen zu zahlen. Es ist nicht erforderlich, dass der Steuerpflichtige einen Antrag stellt.
7. Die Zahlung von Erstattungszinsen entfällt, soweit durch Entscheidung des Gerichts einem Steuerpflichtigen die Kosten des Verfahrens nach § 137 Satz 1 FGO auferlegt worden sind, weil die Herabsetzung der Steuer oder die Gewährung (Erhöhung) der Steuervergütung auf Tatsachen beruhte, die dieser früher hätte geltend machen oder beweisen können und müssen (§ 236 Abs. 3 AO).
8. Bei den Realsteuern obliegt die Festsetzung und Zahlung von Erstattungszinsen den Gemeinden. Diesen sind deshalb – soweit erforderlich – die zur Berechnung und Festsetzung der Zinsen notwendigen Daten mitzuteilen.

Zu § 237 – Zinsen bei Aussetzung der Vollziehung:

1. Die Zinsregelung gilt sowohl für das außergerichtliche als auch für das gerichtliche Rechtsbehelfsverfahren.
2. Voraussetzung für die Erhebung von Aussetzungszinsen beim Steuerpflichtigen ist, dass die Vollziehung eines Steuerbescheids, eines Bescheids über die Rückforderung einer Steuervergütung oder – nach Aussetzung eines Einkommensteuer-, Körperschaftsteuer- oder Feststellungsbescheids – eines Gewerbesteuermessbescheids oder Gewerbesteuerbescheids ausgesetzt worden ist. Die Verzinsung tritt auch dann ein, wenn nach Anfechtung eines Grundlagenbescheids die Vollziehung eines Folgebescheids ausgesetzt wird. Auch wenn ein Grundlagenbescheid nicht auf den Vorschriften der §§ 179 ff. AO beruht oder wenn die Anfechtung des Grundlagenbescheids die Vollziehungsaussetzung eines an-

deren Grundlagenbescheids und der hierauf beruhenden Folgebescheide gem. § 361 Abs. 3 Satz 1 AO oder § 69 Abs. 2 Satz 4 FGO auslöst, tritt die Verzinsung ein.

3. Bei teilweiser Aussetzung der Vollziehung eines angefochtenen Verwaltungsakts bezieht sich die Zinspflicht nur auf den ausgesetzten Steuerbetrag.

4. Aussetzungszinsen sind zu erheben, soweit ein Einspruch oder eine Anfechtungsklage endgültig erfolglos geblieben ist. Ohne Bedeutung ist, aus welchen Gründen der Rechtsbehelf im Ergebnis erfolglos war (BFH-Urteil vom 27.11.1991, X R 103/89, BStBl 1992 II S. 319). Aussetzungszinsen sind demnach zu erheben,

   a) wenn der Steuerpflichtige aufgrund einer bestandskräftigen Einspruchsentscheidung oder aufgrund eines rechtskräftigen gerichtlichen Urteils ganz oder teilweise unterlegen ist,

   b) wenn das Einspruchsverfahren oder gerichtliche Verfahren nach der Rücknahme des Einspruchs, der Klage oder der Revision rechtskräftig abgeschlossen wird,

   c) wenn der angefochtene Verwaltungsakt – ohne dem Rechtsbehelfsantrag voll zu entsprechen – geändert wird und sich der Rechtsstreit endgültig erledigt,

   d) soweit der Rechtsbehelf aufgrund einer unanfechtbar gewordenen Teil-Einspruchsentscheidung (§ 367 Abs. 2a AO) oder Allgemeinverfügung (§ 367 Abs. 2b AO) oder aufgrund eines unanfechtbar gewordenen Teilurteils (§ 98 FGO) endgültig keinen Erfolg hatte, unabhängig davon, inwieweit das Rechtsbehelfsverfahren im Übrigen wegen weiterer Streitpunkte anhängig bleibt.

Wird ein ändernder oder ersetzender Verwaltungsakt nach § 365 Abs. 3 AO oder nach § 68 FGO Gegenstand des Rechtsbehelfsverfahrens, ist für die Verzinsung das Ergebnis des gegen den neuen Verwaltungsakt fortgeführten Einspruchs- bzw. Klageverfahrens maßgebend. Dies gilt auch, wenn ein angefochtener Vorauszahlungsbescheid durch die Jahressteuerfestsetzung ersetzt wird (vgl. AEAO zu § 365, Nr. 2).

Für die Entscheidung, wann der Einspruch oder die Anfechtungsklage endgültig ohne Erfolg geblieben ist und somit die einjährige Frist für die Festsetzung von Aussetzungszinsen (§ 239 Abs. 1 Satz 2 Nr. 5 AO) in Lauf gesetzt wurde, ist auch dann auf den Zeitpunkt des Abschlusses des Einspruchsverfahrens oder des Verfahrens vor dem Finanzgericht oder dem BFH abzustellen, wenn sich hieran ein Verfassungsbeschwerdeverfahren anschließt (BFH-Urteil vom 11.2.1987, II R 176/84, BStBl II S. 320; BFH-Beschluss vom 14.6.2007, VII B 185/06, BFH/NV S. 2055; vgl. auch AEAO zu § 361, Nr. 1.3).

5. Aussetzungszinsen sind nicht zu erheben, wenn die Fälligkeit des streitigen Steueranspruchs, z. B. aufgrund einer Stundung (§ 222 AO), hinausgeschoben war oder Vollstreckungsaufschub (§ 258 AO) gewährt wurde.

6. Aussetzungszinsen sind vom Tag des Eingangs des außergerichtlichen Rechtsbehelfs, frühestens vom Tag der Fälligkeit an, oder von der Rechtshängigkeit an bis zu dem Tag zu erheben, an dem die nach § 361 AO oder nach § 69 FGO gewährte Aussetzung der Vollziehung endet. Wird die Aussetzung der Vollziehung erst später gewährt, werden Zinsen erst vom Tag des Beginns der Vollziehungsaussetzung erhoben.

7. Bei den Realsteuern obliegt die Festsetzung und Erhebung der Aussetzungszinsen den Gemeinden. Diesen sind deshalb – soweit erforderlich – die für die Berechnung und Festsetzung der Zinsen notwendigen Daten mitzuteilen.

8. Wegen der einjährigen Frist für die Festsetzung von Aussetzungszinsen wird auf den AEAO zu § 237, Nr. 4 (letzter Absatz) und auf § 239 Abs. 1 Satz 1, Satz 2 Nr. 5 AO verwiesen. Soweit der Rechtsbehelf durch eine Teil-Einspruchsentscheidung (§ 367 Abs. 2a AO), eine Allgemeinverfügung (§ 367 Abs. 2b AO) oder ein Teilurteil (§ 98 FGO) zurückgewiesen wurde (vgl. AEAO zu § 237, Nr. 4 erster Absatz Buchstabe d), beginnt die Festsetzungsfrist bereits mit dem Eintritt der Unanfechtbarkeit dieser Entscheidung.

Zu § 238 – Höhe und Berechnung der Zinsen:

1. Ein voller Zinsmonat (§ 238 Abs. 1 Satz 2 AO) ist erreicht, wenn der Tag, an dem der Zinslauf (ggf. unter Berücksichtigung des § 108 Abs. 3 AO) endet, hinsichtlich seiner Zahl dem Tag entspricht, der dem Tag vorhergeht, an dem die Frist begann (BFH-Urteil vom 24. 7. 1996, X R 119/92, BStBl 1997 II S. 6).
2. Abzurunden ist jeweils der einzelne zu verzinsende Anspruch. Bei der Zinsberechnung sind die Ansprüche zu trennen, wenn Steuerart, Zeitraum (Teilzeitraum) oder der Tag des Beginns des Zinslaufs voneinander abweichen. Im Falle von Teilzahlungen wird nur der Gesamtbetrag gerundet.

Zu § 239 – Festsetzung der Zinsen:

1. Zinsen werden durch Zinsbescheid festgesetzt; die Formvorschriften für Steuerbescheide (§ 157 Abs. 1, ggf. § 87a Abs. 4 AO) gelten entsprechend. Der Mindestinhalt des Zinsbescheids richtet sich nach § 157 Abs. 1 Sätze 2 und 3, § 119 Abs. 3 AO. Der Bescheid kann nach § 129 AO berichtigt oder nach §§ 172 ff. AO aufgehoben oder geändert werden. Als Rechtsbehelf gegen den Zinsbescheid sowie gegen die Ablehnung, Erstattungszinsen nach §§ 233a, 236 AO zu zahlen, ist der Einspruch gegeben. Zum Rechtsbehelfsverfahren gegen die Entscheidung über eine Billigkeitsmaßnahme vgl. AEAO zu § 347, Nr. 4.
2. Nach Ablauf der Festsetzungsfrist von einem Jahr können Zinsen nicht mehr festgesetzt werden. Wegen der Frist für die Festsetzung von Aussetzungszinsen vgl. AEAO zu § 237, Nr. 4 (letzter Absatz). Der Anspruch auf festgesetzte Zinsen erlischt durch Zahlungsverjährung (§§ 228 ff. AO), ggf. aber auch schon früher mit dem Erlöschen des Hauptanspruchs (§ 232 AO).
3. Bei der Zinsfestsetzung ist die Rundung zugunsten des Steuerpflichtigen zu beachten (§ 239 Abs. 2 Satz 1 AO). Die Kleinbetragsregelung des § 239 Abs. 2 Satz 2 AO (Zinsen unter zehn Euro werden nicht festgesetzt) ist auf die für eine Einzelforderung berechneten Zinsen anzuwenden (vgl. AEAO zu § 238, Nr. 2).
4. Zur Anrechnung von Erstattungs- und Nachzahlungszinsen nach § 233a AO bei der Festsetzung von Stundungs-, Hinterziehungs-, Prozess- und Aussetzungszinsen vgl. AEAO zu § 233a, Nrn. 65 ff. und AEAO zu § 235, Nr. 5.2.

Zu § 240 – Säumniszuschläge:

1. Säumnis tritt ein, wenn die Steuer oder die zurückzuzahlende Steuervergütung nicht bis zum Ablauf des Fälligkeitstages entrichtet wird. Sofern – wie bei den Fälligkeitssteuern – die Steuer ohne Rücksicht auf die erforderliche Steuerfestsetzung oder Steueranmeldung fällig wird, tritt die Säumnis nicht ein, bevor die Steuer festgesetzt oder die Steueranmeldung abgegeben worden ist. Bei Fälligkeitssteuern ist daher wie folgt zu verfahren:
    a) Gibt der Steuerpflichtige seine Voranmeldung oder Anmeldung erst nach Ablauf des Fälligkeitstages ab, so sind Säumniszuschläge bei verspätet geleisteter Zahlung nicht vom Ablauf des im Einzelsteuergesetz bestimmten Fälligkeitstages an, sondern erst von dem auf den Tag des Eingangs der Voranmeldung oder Anmeldung folgenden Tag an (ggf. unter Gewährung der Zahlungs-Schonfrist nach § 240 Abs. 3 AO) zu berechnen. Entsprechendes gilt für den Mehrbetrag, der sich ergibt, wenn der Steuerpflichtige seine Voranmeldung oder Anmeldung nachträglich berichtigt und sich dadurch die Steuer erhöht.
    b) Setzt das Finanzamt eine Steuer wegen Nichtabgabe der Voranmeldung oder Anmeldung fest, so sind Säumniszuschläge für verspätet geleistete Zahlung nicht vom Ablauf des im Einzelsteuergesetz bestimmten Fälligkeitstages an, sondern erst von dem Tag an (ggf. unter Gewährung der Zahlungs-Schonfrist nach § 240 Abs. 3 AO) zu erheben, der auf den letzten Tag der vom Finanzamt gesetzten Zahlungsfrist folgt. Dieser Tag bleibt

für die Berechnung der Säumniszuschläge auch dann maßgebend, wenn der Steuerpflichtige nach Ablauf der vom Finanzamt gesetzten Zahlungsfrist seine Voranmeldung oder Anmeldung abgibt. Entsprechendes gilt, wenn das Finanzamt eine auf einer Voranmeldung oder Anmeldung beruhende Steuerschuld höher festsetzt, als sie sich aus der Voranmeldung oder Anmeldung ergibt, oder eine von ihm festgesetzte Steuer durch Korrektur der Steuerfestsetzung erhöht.

2. Im Falle der Aufhebung oder Änderung der Steuerfestsetzung oder ihrer Berichtigung nach § 129 AO bleiben die bis dahin verwirkten Säumniszuschläge bestehen (§ 240 Abs. 1 Satz 4 AO). Das gilt auch, wenn die ursprüngliche, für die Bemessung der Säumniszuschläge maßgebende Steuer in einem Rechtsbehelfsverfahren herabgesetzt wird. Säumniszuschläge sind nicht zu entrichten, soweit sie sich auf Steuerbeträge beziehen, die durch (nachträgliche) Anrechnung von Lohn-, Kapitalertrag- oder Körperschaftsteuer entfallen sind, weil insoweit zu keiner Zeit eine rückständige Steuer i. S. d. § 240 Abs. 1 Satz 4 AO vorgelegen hat (BFH-Urteil vom 24. 3. 1992, VII R 39/91, BStBl II S. 956).

3. Der Säumniszuschlag ist von den Gesamtschuldnern nur in der Höhe anzufordern, in der er entstanden wäre, wenn die Säumnis nur bei einem Gesamtschuldner eingetreten wäre; der Ausgleich findet zwischen den Gesamtschuldnern nach bürgerlichem Recht statt.

4. Säumniszuschläge sind nicht zu entrichten, wenn Verspätungszuschläge, Zinsen, Säumniszuschläge, Zwangsgelder und Kosten (steuerliche Nebenleistungen) nicht rechtzeitig gezahlt werden.

5. Säumniszuschläge entstehen kraft Gesetzes allein durch Zeitablauf ohne Rücksicht auf ein Verschulden des Steuerpflichtigen (BFH-Urteil vom 17. 7. 1985, I R 172/79, BStBl 1986 II S. 122). Sie stellen in erster Linie ein Druckmittel zur Durchsetzung fälliger Steuerforderungen dar, sind aber auch eine Gegenleistung für das Hinausschieben der Zahlung und ein Ausgleich für den angefallenen Verwaltungsaufwand (BFH-Urteil vom 29. 8. 1991, V R 78/86, BStBl II S. 906). Soweit diese Zielsetzung durch die verwirkten Säumniszuschläge nicht mehr erreicht werden kann, ist ihre Erhebung sachlich unbillig, so dass sie nach § 227 AO ganz oder teilweise erlassen werden können.
Im Einzelnen kommt ein Erlass in Betracht:
a) bei plötzlicher Erkrankung des Steuerpflichtigen, wenn er selbst dadurch an der pünktlichen Zahlung gehindert war und es dem Steuerpflichtigen seit seiner Erkrankung bis zum Ablauf der Zahlungsfrist nicht möglich war, einen Vertreter mit der Zahlung zu beauftragen;
b) bei einem bisher pünktlichen Steuerzahler, dem ein offenbares Versehen unterlaufen ist. Wer seine Steuern laufend unter Ausnutzung der Schonfrist des § 240 Abs. 3 AO zahlt, ist kein pünktlicher Steuerzahler (BFH-Urteil vom 15. 5. 1990, VII R 7/88, BStBl II S. 1007);
c) wenn einem Steuerpflichtigen die rechtzeitige Zahlung der Steuern wegen Zahlungsunfähigkeit und Überschuldung nicht mehr möglich war (BFH-Urteil vom 8. 3. 1984, I R 44/80, BStBl II S. 415). Zu erlassen ist regelmäßig die Hälfte der verwirkten Säumniszuschläge (BFH-Urteil vom 16. 7. 1997, XI R 32/96, BStBl 1998 II S. 7);
d) bei einem Steuerpflichtigen, dessen wirtschaftliche Leistungsfähigkeit durch nach § 258 AO bewilligte oder sonst hingenommene Ratenzahlungen unstreitig bis an die äußerste Grenze ausgeschöpft worden ist. Zu erlassen ist regelmäßig die Hälfte der verwirkten Säumniszuschläge (BFH-Urteil vom 22. 6. 1990, III R 150/85, BStBl 1991 II S. 864);
e) wenn die Voraussetzungen für einen Erlass der Hauptschuld nach § 227 AO oder für eine zinslose Stundung der Steuerforderung nach § 222 AO im Säumniszeitraum vorliegen (BFH-Urteil vom 23. 5. 1985, V R 124/79, BStBl II S. 489). Lagen nur die Voraussetzungen für eine verzinsliche Stundung der Hauptforderung vor, ist die Hälfte der verwirkten Säumniszuschläge zu erlassen;
f) soweit die angefochtene Steuerfestsetzung später aufgehoben oder zu Gunsten des Steuerpflichtigen geändert wird und der Steuerpflichtige alle außergerichtlichen und gerichtlichen Möglichkeiten ausgeschöpft hat, um die Aussetzung der Vollziehung zu

erreichen, diese aber – obwohl möglich und geboten – abgelehnt worden ist. Der Steuerpflichtige ist so zu stellen, als hätte er den gebotenen einstweiligen Rechtsschutz erlangt, weshalb die betroffenen Säumniszuschläge in voller Höhe zu erlassen sind (vgl. BFH-Urteil vom 24. 4. 2014, V R 52/13, BStBl 2015 II S. 106);

g) in sonstigen Fällen sachlicher Unbilligkeit.

Die Möglichkeit eines weitergehenden Erlasses aus persönlichen Billigkeitsgründen bleibt unberührt. Zum Erlass von Säumniszuschlägen bei einer Überschneidung mit Nachzahlungszinsen vgl. AEAO zu § 233a, Nr. 64.

6. In Stundungs- und Aussetzungsfällen sowie bei der Herabsetzung von Vorauszahlungen gilt Folgendes:

a) Stundung

Wird eine Stundung vor Fälligkeit beantragt, aber erst nach Fälligkeit bewilligt, so ist die Stundung mit Wirkung vom Fälligkeitstag an auszusprechen. Die Schonfrist (§ 240 Abs. 3 AO) ist vom neuen Fälligkeitstag an zu gewähren.

Wird eine Stundung vor Fälligkeit beantragt, aber erst nach Fälligkeit abgelehnt, so kann im Allgemeinen eine Frist zur Zahlung der rückständigen Steuern bewilligt werden. Diese Zahlungsfrist soll eine Woche grundsätzlich nicht überschreiten. Die Schonfrist (§ 240 Abs. 3 AO) ist vom Ende der Zahlungsfrist an zu gewähren. Bei Zahlung bis zum Ablauf der Schonfrist sind keine Säumniszuschläge zu erheben.

Wird eine Stundung nach Fälligkeit beantragt und bewilligt, so ist die Stundung vom Eingangstag des Antrags an auszusprechen, sofern nicht besondere Gründe eine Stundung schon vom Fälligkeitstag an rechtfertigen. Bereits entstandene Säumniszuschläge sind in die Stundungsverfügung einzubeziehen. Die Schonfrist (§ 240 Abs. 3 AO) ist zu gewähren.

Wird eine Stundung nach Fälligkeit beantragt und abgelehnt, so verbleibt es bei dem ursprünglichen Fälligkeitstag, sofern nicht besondere Gründe eine Frist zur Zahlung der rückständigen Steuern rechtfertigen. Die Zahlungsfrist soll eine Woche grundsätzlich nicht überschreiten. Die Schonfrist (§ 240 Abs. 3 AO) ist vom Ende der Zahlungsfrist an zu gewähren. Bei Zahlung bis zum Ablauf der Schonfrist sind keine Säumniszuschläge zu erheben.

Wird bei Bewilligung einer Stundung erst nach Ablauf der Schonfrist (§ 240 Abs. 3 AO) gezahlt, sind Säumniszuschläge vom Ablauf des neuen Fälligkeitstages an zu berechnen. Wird im Falle der Ablehnung einer Stundung die eingeräumte Zahlungsfrist (zuzüglich der Schonfrist nach § 240 Abs. 3 AO) nicht eingehalten, sind Säumniszuschläge vom Ablauf des ursprünglichen Fälligkeitstages an zu berechnen.

b) Aussetzung der Vollziehung

Wird ein rechtzeitig gestellter Antrag auf Aussetzung der Vollziehung nach Fälligkeit abgelehnt, so kann im Allgemeinen eine Frist zur Zahlung der rückständigen Steuern bewilligt werden. Die Zahlungsfrist soll eine Woche grundsätzlich nicht überschreiten. Die Schonfrist (§ 240 Abs. 3 AO) ist vom Ende der Zahlungsfrist an zu gewähren. Bei Zahlung bis zum Ablauf der Schonfrist sind keine Säumniszuschläge zu erheben.

c) Herabsetzung von Vorauszahlungen

Wird einem rechtzeitig gestellten Antrag auf Herabsetzung von Vorauszahlungen erst nach Fälligkeit entsprochen, sind Säumniszuschläge auf den Herabsetzungsbetrag nicht zu erheben.

Wird ein rechtzeitig gestellter Antrag auf Herabsetzung von Vorauszahlungen nach Fälligkeit abgelehnt, so kann im Allgemeinen eine Frist zur Zahlung der rückständigen Steuern bewilligt werden. Die Zahlungsfrist soll eine Woche grundsätzlich nicht überschreiten. Die Schonfrist (§ 240 Abs. 3 AO) ist vom Ende der Zahlungsfrist an zu gewähren. Bei Zahlung bis zum Ablauf der Schonfrist sind keine Säumniszuschläge zu erheben.

Wird einer der vorbezeichneten Anträge mit dem Ziel gestellt, sich der rechtzeitigen Zahlung der Steuer zu entziehen (Missbrauchsfälle), ist keine Zahlungsfrist zu bewilligen.

7. Mit einem Verwaltungsakt nach § 258 AO verzichtet die Vollstreckungsbehörde auf Vollstreckungsmaßnahmen; an der Fälligkeit der Steuerschuld ändert sich dadurch jedoch nichts (s. auch BFH-Urteil vom 15. 3. 1979, IV R 174/78, BStBl II S. 429). Für die Dauer eines bekannt gegebenen Vollstreckungsaufschubs sind daher grundsätzlich Säumniszuschläge zu erheben; auf diese Rechtslage ist der Steuerpflichtige bei Bekanntgabe des Vollstreckungsaufschubs hinzuweisen (siehe Abschn. 7 Abs. 3 VollStrA). Die Möglichkeit, von der Erhebung von Säumniszuschlägen aus Billigkeitsgründen nach § 227 AO ganz oder teilweise abzusehen, bleibt unberührt (vgl. AEAO zu § 240, Nr. 5 Abs. 2).

8. Macht der Steuerpflichtige geltend, die Säumniszuschläge seien nicht oder nicht in der angeforderten Höhe entstanden, so ist sein Vorbringen – auch wenn es bspw. als „Erlassantrag" bezeichnet ist – als Antrag auf Erteilung eines Bescheids nach § 218 Abs. 2 AO anzusehen, da nur in diesem Verfahren entschieden werden kann, ob und inwieweit Säumniszuschläge entstanden sind (ständige Rechtsprechung, vgl. z. B. BFH-Urteil vom 12. 8. 1999, VII R 92/98, BStBl II S. 751). Bestreitet der Steuerpflichtige nicht die Entstehung der Säumniszuschläge dem Grunde und der Höhe nach, sondern wendet er sich gegen deren Anforderung im engeren Sinne (Leistungsgebot, § 254 AO), ist sein Vorbringen als Einspruch (§ 347 AO) anzusehen. Das Vorbringen des Steuerpflichtigen ist als Erlassantrag zu werten, wenn sachliche oder persönliche Billigkeitsgründe geltend gemacht werden.

Zu §§ 241 bis 248 – Sicherheitsleistung:

1. Die Vorschriften regeln nur die Art und das Verfahren der Sicherheitsleistung. Wann und ggf. in welcher Höhe Sicherheiten zu leisten sind, ergibt sich aus anderen Vorschriften der Abgabenordnung (siehe z. B. § 109 Abs. 3, § 165 Abs. 1, §§ 221, 222, 223, 361 Abs. 2 AO) oder aus Einzelsteuergesetzen (§ 18f UStG). Die Erzwingung von Sicherheiten richtet sich nach § 336 AO, ihre Verwertung nach § 327 AO. Die Kosten der Sicherheitsleistung treffen den Steuerpflichtigen.

2. Die für die Bundesfinanzverwaltung bekannt gegebenen Bestimmungen über Formen der Sicherheitsleistung im Bereich der von der Zollverwaltung verwalteten Steuern und Abgaben – SiLDV – (Vorschriftensammlung Bundesfinanzverwaltung E – VSF – Kennungen S 1450 und Z 0915) sind – soweit sie Formen der Sicherheitsleistung in Verbrauchsteuerverfahren betreffen – für den Bereich der Besitz- und Verkehrsteuern entsprechend anzuwenden.

Zu § 251 – Insolvenzverfahren:

Inhaltsübersicht

1.	**Allgemeines**
2.	**Voraussetzung für die Eröffnung des Verfahrens**
2.1	Eröffnungsgründe
2.1.1	Zahlungsunfähigkeit
2.1.2	Drohende Zahlungsunfähigkeit
2.1.3	Überschuldung
2.2	Eröffnungsantrag
2.3	Rechtsbehelfe
3.	**Insolvenzeröffnungsverfahren**
3.1	Sicherungsmaßnahmen
3.2	Besonderheiten bei beantragter Eigenverwaltung

4.	**Eröffnung des Verfahrens**
4.1	Wirkung der Eröffnung des Verfahrens
4.1.1	Allgemeines
4.1.2	Unterbrechungswirkung (analog § 240 ZPO)
4.1.3	Auswirkungen auf bei Insolvenzeröffnung anhängige Rechtsbehelfsverfahren und Anträge auf Aussetzung der Vollziehung
4.1.4	Auswirkungen auf Stundung und Vollstreckungsaufschub
4.1.5	Wirkungen auf Verfahren gegen Dritte
4.2	Stellung und steuerliche Pflichten des Insolvenzverwalters
4.3	Verwaltungsakte im Insolvenzverfahren
4.3.1	Vor Insolvenzeröffnung begründete Ansprüche
4.3.2	Nach Insolvenzeröffnung begründete Ansprüche
4.3.3	Beispiele für Bescheiderläuterungen bei Bekanntgabe an den Insolvenzverwalter
4.4	Besonderheiten bei der gesonderten Feststellung von Besteuerungsgrundlagen
4.4.1	Personengesellschaften
4.4.1.1	Insolvenz der Personengesellschaft
4.4.1.2	Insolvenz eines (oder mehrerer) Gesellschafters der Personengesellschaft
4.4.2	Sonstige Feststellungen von Besteuerungsgrundlagen
4.5	Auskunftsrechte des Insolvenzverwalters gegenüber dem Finanzamt
5.	**Insolvenzforderungen**
5.1	Begriff
5.2	Geltendmachung von Insolvenzforderungen
5.3	Insolvenzforderungen im Prüfungstermin; Auswirkung auf das Besteuerungsverfahren
5.3.1	Vom Insolvenzverwalter oder einem Gläubiger bestrittene Forderungen
5.3.1.1	Nicht titulierte Forderungen
5.3.1.2	Titulierte Forderungen
5.3.1.2.1	Nicht bestandskräftiger und nicht angefochtener Steuerbescheid
5.3.1.2.2	Angefochtener Steuerbescheid
5.3.1.2.3	Bestandskräftiger Steuerbescheid
5.3.2	Vom Schuldner bestrittene Forderungen
5.3.3	Feststellung der Forderung zur Tabelle
5.3.4	Feststellungsbescheid gem. § 251 Abs. 3 AO
5.3.5	Änderung von zur Insolvenztabelle festgestellten Steuerforderungen
6.	**Sonstige Masseverbindlichkeiten (§ 55 InsO)**
6.1	Begründung von sonstigen Masseverbindlichkeiten
6.2	Durchsetzung von sonstigen Masseverbindlichkeiten
7.	**Insolvenzfreies Vermögen**
8.	**Aufrechnung im Insolvenzverfahren**
9.	**Verteilung der Steuerforderungen und -erstattungsansprüche auf die insolvenzrechtlichen Vermögensbereiche**
9.1	Einkommensteuer
9.1.1	Einzelveranlagung
9.1.2	Zusammenveranlagung
9.1.3	Berücksichtigung von Verlustvor- und -rückträgen
9.1.4	Einkommensteuererstattungen
9.2	Umsatzsteuer
10.	**Befriedigung der Insolvenzgläubiger**
11.	**Insolvenzplan**
12.	**Verbraucherinsolvenzverfahren nach §§ 304 ff. InsO**
12.1	Außergerichtlicher Einigungsversuch
12.2	Schuldenbereinigungsverfahren
12.3	Eröffnetes Insolvenzverfahren

A. I. Zu § 251 AO

13. Eigenverwaltung
13.1 Vorbereitung einer Sanierung nach § 270b InsO
13.2 Eröffnung des Insolvenzverfahrens
14. Vorgehensweise nach Aufhebung des Insolvenzverfahrens
15. Restschuldbefreiung
15.1 Laufzeit der Abtretungserklärung
15.2 Ausgenommene Forderungen
15.3 Erteilung der Restschuldbefreiung

1. Allgemeines
Ist über das Vermögen eines Steuerpflichtigen (Schuldner) das Insolvenzverfahren eröffnet worden, können die Finanzbehörden ihre Ansprüche während der Dauer des Verfahrens nur nach den Vorschriften der Insolvenzordnung geltend machen (§ 251 Abs. 2 Satz 1 AO). Die Vorschriften der Abschnitte 57 bis 64 der Vollstreckungsanweisung (VollstrA) sind anzuwenden.

2. Voraussetzung für die Eröffnung des Verfahrens

2.1 Eröffnungsgründe
Nach § 16 InsO sind Gründe für die Eröffnung des Insolvenzverfahrens
– die Zahlungsunfähigkeit (§ 17 InsO),
– die drohende Zahlungsunfähigkeit (§ 18 InsO) und
– die Überschuldung (§ 19 InsO).
Die gleichen Eröffnungsgründe gelten auch in Nachlassinsolvenzverfahren (§ 320 InsO).

2.1.1 Zahlungsunfähigkeit
Allgemeiner Eröffnungsgrund ist die Zahlungsunfähigkeit des Schuldners. Sie ist in der Regel anzunehmen, wenn der Schuldner seine Zahlungen eingestellt hat (§ 17 InsO). Leistet der Schuldner noch einzelne Zahlungen, bleiben aber nicht unwesentliche Verbindlichkeiten unerfüllt, ändert dies grundsätzlich nichts an der Zahlungsunfähigkeit (BGH-Urteil vom 10. 7. 2003, IX ZR 89/02, DB S. 2383).

Zahlungsunfähigkeit ist weiterhin regelmäßig anzunehmen, wenn der Schuldner nicht in der Lage ist, binnen drei Wochen 90 % seiner fälligen Gesamtverbindlichkeiten auszugleichen (BGH-Urteil vom 24. 5. 2005, IX ZR 123/04, NJW S. 3062).

2.1.2 Drohende Zahlungsunfähigkeit
Bei Eigenanträgen des Schuldners ist auch die drohende Zahlungsunfähigkeit Eröffnungsgrund (§ 18 Abs. 1 InsO). Der Schuldner droht zahlungsunfähig zu werden, wenn er voraussichtlich nicht in der Lage sein wird, die bestehenden Zahlungspflichten im Zeitpunkt der Fälligkeit zu erfüllen (§ 18 Abs. 2 InsO).

2.1.3 Überschuldung
Bei juristischen Personen, Personengesellschaften ohne eine persönlich haftende natürliche Person ist daneben die Überschuldung ein eigenständiger Eröffnungsgrund (§ 19 InsO). Eine Überschuldung liegt vor, wenn das Vermögen des Schuldners die bestehenden Verbindlichkeiten nicht mehr deckt, es sei denn, die Fortführung des Unternehmens ist nach den Umständen überwiegend wahrscheinlich (§ 19 Abs. 2 Satz 1 InsO). Eine Ausnahme gilt in den Fällen des § 19 Abs. 3 Satz 2 InsO.

2.2 Eröffnungsantrag
Das Insolvenzverfahren wird nur auf schriftlichen Antrag eröffnet. Antragsberechtigt sind sowohl die Gläubiger als auch der Schuldner (§ 13 Abs. 1 Satz 2 InsO). Den Antrag

auf Eröffnung des Insolvenzverfahrens kann außer bei drohender Zahlungsunfähigkeit jeder Gläubiger stellen, der ein rechtliches Interesse an der Eröffnung hat und seinen Anspruch sowie den Eröffnungsgrund glaubhaft macht (§ 14 Abs. 1 InsO). Das rechtliche Interesse eines Gläubigers fehlt beispielsweise dann, wenn er aufgrund eines Aussonderungsrechts innerhalb wie außerhalb des Verfahrens in gleicher Weise Befriedigung erlangen kann.

Bei vollstreckbaren Rückständen ist die Finanzbehörde im Rahmen pflichtgemäßer Ermessensausübung gehalten, bei Vorliegen eines Insolvenzgrundes einen Insolvenzantrag zu stellen.

Nach § 14 Abs. 1 Satz 2 InsO wird ein Insolvenzantrag nicht alleine dadurch unzulässig, dass die Forderung erfüllt wird. Ein von der Finanzbehörde gestellter Insolvenzantrag kann weiterhin trotz Tilgung der Forderungen aufrechterhalten bleiben.

2.3 Rechtsbehelfe

Die Stellung eines Antrag auf Eröffnung eines Insolvenzverfahrens über das Vermögen des Schuldners durch die Finanzbehörde ist kein Verwaltungsakt, sondern stellt schlichtes hoheitliches Handeln dar, dessen Überprüfung dem Finanzgericht und nicht dem Insolvenzgericht obliegt (vgl. BFH-Beschluss vom 31. 8. 2011, VII B 59/11, BFH/NV S. 2105). Dem Steuerpflichtigen stehen als Rechtsbehelfe hiergegen die allgemeine Leistungsklage (§ 40 Abs. 1 FGO) bzw. im vorläufigen Rechtsschutzverfahren der Antrag auf Erlass einer einstweiligen Anordnung (§ 114 FGO) zu (vgl. BFH-Beschluss vom 12. 8. 2011, VII B 159/10, BFH/NV S. 2104).

Über den Insolvenzantrag selbst entscheidet das Insolvenzgericht. Gegen eine ablehnende Entscheidung des Insolvenzgerichts über den Insolvenzantrag steht dem antragstellenden Gläubiger das Rechtsmittel der sofortigen Beschwerde zu (§ 34 Abs. 1 InsO). Die Beschwerde ist binnen einer Notfrist von zwei Wochen bei dem Insolvenzgericht einzulegen (§§ 4 und 6 InsO, § 569 ZPO). Die Frist beginnt mit der Verkündung der Entscheidung oder, wenn diese nicht verkündet wird, mit deren Zustellung (§ 6 Abs. 2 InsO). Gegen die Entscheidung des Beschwerdegerichts ist die Rechtsbeschwerde gegeben, soweit sie zugelassen ist (§ 574 ZPO). Die Rechtsbeschwerde ist binnen einer Notfrist von einem Monat nach Zustellung des Beschlusses über die sofortige Beschwerde bei dem Rechtsbeschwerdegericht einzulegen (§ 575 ZPO).

3. Insolvenzeröffnungsverfahren
3.1 Sicherungsmaßnahmen

Die häufigste Sicherungsmaßnahme ist neben dem Vollstreckungsverbot die Anordnung der vorläufigen Insolvenzverwaltung gem. § 21 Abs. 2 Nr. 1 i. V. m. § 22 InsO. Wird diese Anordnung mit dem Erlass eines allgemeinen Verfügungsverbots nach § 21 Abs. 2 Nr. 2 InsO verbunden, geht die Verwaltungs- und Verfügungsbefugnis über das Schuldnervermögen auf den vorläufigen Insolvenzverwalter über. Aufgrund seiner umfassenden Befugnisse wird dieser als „starker" vorläufiger Insolvenzverwalter bezeichnet. Im Besteuerungsverfahren hat der „starke" vorläufige Insolvenzverwalter die gleiche Stellung (§ 34 Abs. 3 AO) wie der Insolvenzverwalter im eröffneten Verfahren (vgl. AEAO zu § 251, Nr. 4.2). Die vom „starken" vorläufigen Insolvenzverwalter begründeten Verbindlichkeiten gelten nach Verfahrenseröffnung als Masseverbindlichkeiten i. S. d. § 55 Abs. 2 InsO (vgl. AEAO zu § 251, Nr. 6.1). Für hierauf bezogene Verwaltungsakte ist er im Insolvenzeröffnungsverfahren Bekanntgabeadressat (vgl. AEAO zu § 251, Nr. 4.3.2). Mit Bestellung des „starken" vorläufigen Insolvenzverwalters tritt bereits die Unterbrechungswirkung analog zu § 240 Satz 2 ZPO ein, weshalb ab diesem Zeitpunkt insbesondere keine Steuerbescheide mehr für solche Steuern erlassen werden dürfen, die vor Bestellung des „starken" vorläufigen Insolvenzverwalters begründet worden sind (vgl. AEAO zu § 251, Nr. 4.1.2). Eine vom Schuldner vor Bestellung eines „starken" vorläufigen Insolvenzverwalters erteilte Empfangsvollmacht ist weiterhin zu beachten, sofern

A. I. Zu § 251 AO

sie nicht vom „starken" vorläufigen Insolvenzverwalter widerrufen oder das Insolvenzverfahren eröffnet wurde.

Soweit das Gericht vom Erlass eines allgemeinen Verfügungsverbots absieht und die Rechte des vorläufigen Insolvenzverwalters individuell bestimmt, handelt es sich um einen sog. „schwachen" vorläufigen Insolvenzverwalter. Dieser ist nicht Vermögensverwalter i. S. d. § 34 Abs. 3 AO; daher obliegen die steuerlichen Pflichten, insbesondere die Steuererklärungspflicht, weiterhin dem Schuldner. Steuerbescheide sind daher an den Schuldner zu richten und diesem bekannt zu geben, soweit kein Empfangsbevollmächtigter bestellt ist.

Der „schwache" vorläufige Insolvenzverwalter kann in der Regel keine Masseverbindlichkeiten begründen (vgl. BGH-Urteil vom 18. 7. 2002, IX ZR 195/01, DB S. 2011). Aufgrund der Regelung des § 55 Abs. 4 InsO gelten jedoch Steuerverbindlichkeiten des Schuldners, die vom vorläufigen Insolvenzverwalter oder vom Schuldner mit Zustimmung des vorläufigen Insolvenzverwalters begründet werden, nach Eröffnung des Insolvenzverfahrens als Masseverbindlichkeiten. Zu Einzelheiten der Anwendung des § 55 Abs. 4 InsO siehe BMF-Schreiben vom 20. 5. 2015, BStBl I S. 476, ergänzt durch BMF-Schreiben vom 18. 11. 2015, BStBl I S. 886.

Aus der Bestellung eines Gutachters durch das Insolvenzgericht ergeben sich keine Auswirkungen auf das Besteuerungsverfahren des Schuldners.

3.2 Besonderheiten bei beantragter Eigenverwaltung

Zu der Möglichkeit der Vorbereitung einer Sanierung nach § 270b InsO vgl. AEAO zu § 251, Nr. 13.1.

4. Eröffnung des Verfahrens

4.1 Wirkung der Eröffnung des Verfahrens

4.1.1 Allgemeines

Mit der Eröffnung des Insolvenzverfahrens verliert der Schuldner die Befugnis, sein zur Insolvenzmasse gehörendes Vermögen zu verwalten und darüber zu verfügen (§ 80 Abs. 1 InsO), sofern keine Eröffnung unter Anordnung der Eigenverwaltung erfolgt (§ 270 Abs. 1 Satz 1 InsO, vgl. AEAO zu § 251, Nr. 13.2). Die Verwaltungs- und Verfügungsrechte werden durch den Insolvenzverwalter ausgeübt (§ 34 Abs. 3 AO).

Die Insolvenzmasse erfasst das gesamte Vermögen einschließlich der Geschäftsbücher (§ 36 Abs. 2 Nr. 1 InsO), das dem Schuldner zur Zeit der Eröffnung des Verfahrens gehört und das er während des Verfahrens erlangt (sog. Neuerwerb, § 35 InsO). Nicht zur Insolvenzmasse gehören die unpfändbaren Gegenstände i. S. d. § 36 InsO, das Vermögen aus einer nach § 35 Abs. 2 InsO freigegebenen Tätigkeit (sog. insolvenzfreies Vermögen, vgl. AEAO zu § 251, Nr. 7) und das nach Ende der Abtretungsfrist bei erteilter Restschuldbefreiung erworbene Vermögen (§ 300a Abs. 1 Satz 1 InsO).

Die Eröffnung des Verfahrens hat weiter die Wirkung, dass alle im letzten Monat vor dem Eröffnungsantrag oder nach diesem Antrag durch Zwangsvollstreckung erlangten Sicherungsrechte ihre Wirksamkeit verlieren (§ 88 InsO). Im Verbraucherinsolvenzverfahren (vgl. AEAO zu § 251, Nr. 12) verlängert sich die Frist nach § 88 Abs. 2 InsO auf drei Monate.

Mit der Eröffnung des Verfahrens können bis zu diesem Zeitpunkt begründete Ansprüche aus dem Steuerschuldverhältnis (Insolvenzforderungen, vgl. AEAO zu § 251, Nr. 5.1) nur noch nach Maßgabe der InsO geltend gemacht werden. Dies gilt auch für Ansprüche, auf die steuerliche Verfahrensvorschriften entsprechend anzuwenden sind (z. B. Rückforderung von Investitionszulage).

4.1.2 Unterbrechungswirkung (analog § 240 ZPO)

Das Steuerfestsetzungsverfahren, das Rechtsbehelfsverfahren und der Lauf der Rechtsbehelfsfristen werden, soweit sie die Insolvenzmasse betreffen und abstrakt dazu geeignet sind, sich auf zur Tabelle anzumeldende Steuerforderungen auszuwirken, analog zu § 240 ZPO unterbrochen (vgl. BFH-Urteil vom 24. 8. 2004, VIII R 14/02, BStBl 2005 II S. 246).

Eine Verfahrensunterbrechung tritt nicht ein, wenn keine Forderungen gegenüber der Insolvenzmasse für Zeiträume vor Insolvenzeröffnung geltend zu machen sind (z. B. im Falle einer Erstattung für die Masse; BFH-Urteil vom 13. 5. 2009, XI R 63/07, BStBl 2010 II S. 11).

Zur Unterbrechungswirkung bei der gesonderten und einheitlichen Feststellung von Besteuerungsgrundlagen vgl. AEAO zu § 251, Nr. 4.4.

Die Ermittlungsrechte und -pflichten der Finanzbehörde (§ 88 AO) und die Mitwirkungspflichten des Schuldners, des vorläufigen Insolvenzverwalters und des Insolvenzverwalters (§ 34 Abs. 3 AO) bleiben von der Unterbrechungswirkung unberührt. Die Pflicht zur handels- und steuerrechtlichen Rechnungslegung ergibt sich aus § 155 InsO.

4.1.3 Auswirkungen auf bei Insolvenzeröffnung anhängige Rechtsbehelfsverfahren und Anträge auf Aussetzung der Vollziehung

Wird während eines anhängigen außergerichtlichen oder gerichtlichen Rechtsbehelfsverfahrens das Insolvenzverfahren eröffnet, so wird das Rechtsbehelfsverfahren grundsätzlich unterbrochen, soweit es die Insolvenzmasse betrifft (Nr. 4.1 des AEAO zu § 251). Die Unterbrechung endet, wenn das Rechtsbehelfsverfahren nach den für das Insolvenzrecht geltenden Vorschriften aufgenommen (vgl. hierzu AEAO zu § 251, Nr. 5.3.1.2.2) oder das Insolvenzverfahren beendet wird.

Ein noch nicht beschiedener Antrag auf Aussetzung der Vollziehung nach § 361 AO bzw. § 69 FGO wird durch die Eröffnung des Insolvenzverfahrens unzulässig (vgl. BFH-Urteil vom 27. 11. 1974, I R 185/73, BStBl 1975 II S. 208). Eine gewährte Aussetzung der Vollziehung erledigt sich mit der Eröffnung des Insolvenzverfahrens (siehe § 124 Abs. 2 AO i.V. m. § 41 Abs. 1 InsO). Die Beträge sind zur Tabelle anzumelden (vgl. AEAO zu § 251, Nr. 5.2).

4.1.4 Auswirkungen auf Stundung und Vollstreckungsaufschub

Noch nicht beschiedene Anträge auf Stundung und Vollstreckungsaufschub werden durch die Eröffnung des Insolvenzverfahrens unzulässig. Gewährte Stundungen oder Vollstreckungsaufschübe erledigen sich mit der Eröffnung des Insolvenzverfahrens (siehe § 124 Abs. 2 i.V. m. § 41 Abs. 1 InsO). Die Beträge sind zur Tabelle anzumelden (vgl. AEAO zu § 251, Nr. 5.2).

4.1.5 Wirkungen auf Verfahren gegen Dritte

Verfahren gegen Dritte, die sich nicht in Insolvenz befinden, bleiben grundsätzlich von den Wirkungen der Eröffnung des Insolvenzverfahrens unberührt. Dies gilt z. B. für das Besteuerungsverfahren des nichtinsolventen Ehegatten/Lebenspartners des Schuldners, für das Besteuerungsverfahren der nichtinsolventen Gesellschafter einer Personengesellschaft und für Haftungsverfahren gegen GmbH-Geschäftsführer.

4.2 Stellung und steuerliche Pflichten des Insolvenzverwalters

Der Insolvenzverwalter hat als Vermögensverwalter (§ 34 Abs. 3 AO) die steuerlichen Pflichten des Schuldners zu erfüllen. Er ist daher u. a. gem. § 149 Abs. 1 AO i.V. m. den Einzelsteuergesetzen verpflichtet, Steuererklärungen für den Schuldner abzugeben. Die Steuererklärungspflicht besteht sowohl für Besteuerungszeiträume nach Eröffnung des

Insolvenzverfahrens als auch für Besteuerungszeiträume vor Eröffnung des Insolvenzverfahrens, soweit der Schuldner noch keine Steuererklärungen abgegeben hat.
Der Insolvenzverwalter hat die steuerlichen Pflichten des Schuldners jedoch nur insoweit zu erfüllen, als seine Verfügungsbefugnis reicht. Soweit Besteuerungsgrundlagen den insolvenzfreien Bereich betreffen, insbesondere Umsätze bzw. Einkünfte aus dem nach § 35 Abs. 2 InsO freigegebenen oder pfändungsfreien Vermögen, ist daher nicht der Insolvenzverwalter, sondern der Schuldner zur Erklärung verpflichtet, z. B. zur Abgabe von Umsatzsteuererklärungen für das freigegebene Unternehmen. Entsprechendes gilt für die Erklärung zu Besteuerungsgrundlagen, die den mit dem Schuldner zusammenveranlagten Ehegatten/Lebenspartner betreffen. Soweit die Steuergesetze die eigenhändige Unterzeichnung einer Steuererklärung vorschreiben, muss die Steuererklärung vom Insolvenzverwalter eigenhändig (mit-)unterschrieben werden; dies gilt auch im Fall einer Antragsveranlagung gem. § 46 Abs. 2 Nr. 8 EStG.
Für die Steuererklärungspflicht des Insolvenzverwalters ist es i. d. R. unerheblich, ob die Insolvenzmasse über ausreichende Mittel verfügt, um diese Erklärungen durch einen Dritten erstellen zu lassen (BFH-Urteil vom 23. 8. 1994, VII R 143/92, BStBl 1995 II S. 194). Soweit der Insolvenzverwalter verpflichtet ist, Steuererklärungen einschließlich Steueranmeldungen abzugeben, und er dieser Verpflichtung nicht nachkommt, sind Zwangsmaßnahmen (§§ 328, 329 AO) gegen ihn zulässig. Dies gilt auch, wenn aus den angeforderten Erklärungen voraussichtlich nicht mit steuerlichen Auswirkungen zu rechnen ist (sogenannte „Null-Erklärungen" vgl. BFH-Urteil vom 6. 11. 2012, VII R 72/11, BStBl 2013 II S. 141). In massearmen Verfahren kann jedoch regelmäßig von der Anwendung von Zwangsmitteln abgesehen werden; die Besteuerungsgrundlagen sind dann zu schätzen.
Erkennt der Insolvenzverwalter während des Verfahrens, dass der Schuldner für die Zeit vor Insolvenzeröffnung unrichtige oder unvollständige Erklärungen abgegeben hat und dass es dadurch zu einer Verkürzung von Steuern kommen kann oder bereits gekommen ist, ist er nach § 153 Abs. 1 AO verpflichtet, die unrichtigen oder unvollständigen Steuererklärungen zu berichtigen oder zu vervollständigen.
Die Steuererklärungspflicht des Insolvenzverwalters endet grundsätzlich mit Aufhebung des Insolvenzverfahrens. Soweit Steuererklärungen vor Aufhebung des Insolvenzverfahrens vom Insolvenzverwalter abzugeben waren, besteht diese Verpflichtung über diesen Zeitpunkt hinaus fort, soweit der frühere Insolvenzverwalter dieser Verpflichtung noch tatsächlich nachkommen kann (§§ 34, 36 AO).
Für Zeiträume nach der Aufhebung des Insolvenzverfahrens obliegen die steuerlichen Pflichten dem Schuldner.

4.3 Verwaltungsakte im Insolvenzverfahren

4.3.1 Vor Insolvenzeröffnung begründete Ansprüche

Während des Insolvenzverfahrens dürfen hinsichtlich Insolvenzforderungen grundsätzlich keine Bescheide über die Festsetzung von Ansprüchen aus dem Steuerschuldverhältnis und keine Bescheide, die Besteuerungsgrundlagen feststellen oder Steuermessbeträge festsetzen, welche die Höhe der zur Insolvenztabelle anzumeldenden Steuerforderungen beeinflussen können, erlassen werden. Ein gleichwohl erlassener Steuerbescheid über einen Steueranspruch, der eine Insolvenzforderung betrifft, ist unwirksam (BFH-Urteil vom 18. 12. 2002, I R 33/01, BStBl 2003 II S. 630).

Steuerfestsetzungen i. H. v. 0 €, deren Besteuerungsgrundlagen in einen verbleibenden Verlustvortrag nach § 10d EStG eingehen können, sind ebenfalls unwirksam, da sie abstrakt geeignet sind, sich auf anzumeldende Steuerforderungen auszuwirken, vgl. § 10d Abs. 4 Satz 4 EStG.

Bescheide, die einen Erstattungsanspruch zugunsten der Insolvenzmasse festsetzen, oder Festsetzungen von Steuermessbeträgen, die sich für den Schuldner vorteilhaft auswirken, können ergehen, sofern sie nicht abstrakt geeignet sind, sich auf anzumeldende Steuerforderungen auszuwirken (z. B. über einen Verlustvortrag nach § 10d EStG). Beispielsweise ist das Finanzamt berechtigt, Umsatzsteuerbescheide zu erlassen, in denen eine negative Umsatzsteuer für einen Besteuerungszeitraum vor Eröffnung des Insolvenzverfahrens festgesetzt wird, sofern sich daraus keine Zahllast ergibt (BFH-Urteil vom 13. 5. 2009, XI R 63/07, BStBl 2010 II S. 11).

Eine Steuerfestsetzung hat außerdem zu erfolgen, wenn der Insolvenzverwalter ausdrücklich die Erteilung eines Steuerbescheids beantragt, auch wenn sie sich auf anzumeldende Steuerforderungen auswirken kann. Ein solcher Antrag ist erforderlich, wenn der Insolvenzverwalter die Anrechnung von Steuerabzugsbeträgen und/oder Vorauszahlungen begehrt mit dem Ziel ihrer (teilweisen) Erstattung zugunsten der Insolvenzmasse. Die Abgabe einer gesetzlich vorgeschriebenen Steuererklärung ist, mit Ausnahme der Fälle des § 46 Abs. 2 Nr. 8 EStG (vgl. BFH-Urteil vom 20. 1. 2016, VI R 14/15, BStBl II S. 380), kein Antrag auf Erteilung eines Steuerbescheids (vgl. AEAO zu § 171, Nr. 2).

Weiterhin können folgende Verwaltungsakte ergehen:
- Verwaltungsakte nach § 251 Abs. 3 AO (ggf. neben einer Bekanntgabe an den widersprechenden Gläubiger, § 179 Abs. 1 InsO),
- Gewerbesteuermessbetragsbescheide (§ 184 AO) und Zerlegungsbescheide (§ 188 AO) nach einem Widerspruch gegen die Anmeldung von Gewerbesteuerforderungen zur Insolvenztabelle durch die erhebungsberechtigte Körperschaft (BFH-Urteil vom 2. 7. 1997, I R 11/97, BStBl 1998 II S. 428),
- Bescheide, die Besteuerungsgrundlagen feststellen, die eine vom Insolvenzverwalter im Prüfungstermin bestrittene Steuerforderung betreffen (BFH-Urteil vom 1. 4. 2003, I R 51/02, BStBl II S. 779; zu Feststellungsbescheiden vgl. auch AEAO zu § 251, Nr. 4.4).

Für diese Verwaltungsakte ist Bekanntgabeadressat (vgl. AEAO zu § 122, Nr. 1.4) der Insolvenzverwalter.

In Fällen der Eigenverwaltung (vgl. AEAO zu § 251, Nr. 13) ist der Schuldner Bekanntgabeadressat.

Zu Verbindlichkeiten nach § 55 Abs. 2 und 4 InsO vgl. AEAO zu § 251, Nr. 3.1.

4.3.2 Nach Insolvenzeröffnung begründete Ansprüche

Verwaltungsakte, die die Insolvenzmasse betreffen, dürfen erlassen werden. Bekanntgabeadressat aller die Insolvenzmasse betreffenden Verwaltungsakte ist der Insolvenzverwalter. Dies gilt insbesondere für die Bekanntgabe von

- Steuerbescheiden oder Steuermessbetragsbescheiden wegen Steueransprüchen, die nach der Verfahrenseröffnung begründet und damit sonstige Masseverbindlichkeiten sind,
- Verwaltungsakten nach § 218 Abs. 2 AO,
- Steuerbescheiden wegen Steueransprüchen, die aufgrund einer neuen beruflichen oder gewerblichen, nicht vom Insolvenzverwalter freigegebenen Tätigkeit des Schuldners begründet sind (sog. Neuerwerb, § 35 InsO).

Verwaltungsakte, die das insolvenzfreie Vermögen betreffen, sind an den Schuldner zu richten und diesem bekannt zu geben.

4.3.3 Beispiele für Bescheiderläuterungen bei Bekanntgabe an den Insolvenzverwalter

„Der Bescheid ergeht an Sie als Verwalter/vorläufiger Verwalter im Insolvenzverfahren/Verfahren über den Antrag auf Eröffnung des Insolvenzverfahrens über das Vermögen des Schuldners ..."

Die Erläuterung ist, soweit erforderlich, zur Klarstellung zu ergänzen:
„Die Steuerfestsetzung betrifft die Festsetzung der Umsatzsteuer als sonstige Masseverbindlichkeit."
„Die Festsetzung des Gewerbesteuermessbetrags dient der erhebungsberechtigten Körperschaft als Grundlage zur Fortführung des weiteren Verfahrens aufgrund des Widerspruchs gegen die Anmeldung der Gewerbesteuerforderung zur Tabelle."

4.4 Besonderheiten bei der gesonderten Feststellung von Besteuerungsgrundlagen

4.4.1 Personengesellschaften

4.4.1.1 Insolvenz der Personengesellschaft

Das Insolvenzverfahren einer Personengesellschaft umfasst nur das Gesamthandsvermögen, nicht jedoch das persönliche Vermögen der Gesellschafter oder das Sonderbetriebsvermögen einzelner Gesellschafter.

Zivilrechtlich wird die Personengesellschaft durch die Eröffnung des Insolvenzverfahrens aufgelöst (§ 728 Abs. 1 BGB, § 131 Abs. 1 Nr. 3, § 161 Abs. 2 HGB). Steuerrechtlich besteht sie zunächst fort (vgl. AEAO zu § 122, Nr. 2.7.1).

Ist ausschließlich über das Vermögen der Gesellschaft – nicht aber auch über das Vermögen eines Gesellschafters – ein Insolvenzverfahren eröffnet worden, unterbricht diese Verfahrenseröffnung das (Gewinn-)Feststellungsverfahren nicht, weil dessen steuerlichen Folgen nicht die Insolvenzmasse, sondern ausschließlich die Gesellschafter treffen (BFH-Urteil vom 24. 7. 1990, VIII R 194/84, BStBl 1992 II S. 508).

Daher sind weiterhin Feststellungserklärungen abzugeben. Die Pflicht zur Abgabe der Feststellungserklärung obliegt wie bisher den Beteiligten (§§ 179 Abs. 1, 181 Abs. 2 AO), nicht dem Insolvenzverwalter. Dieser ist nur dann zur Abgabe der Feststellungserklärung verpflichtet, wenn er Insolvenzverwalter im Insolvenzverfahren über das Vermögen eines Beteiligten ist. Seine ggf. bestehende Pflicht zur Abgabe einer Gewerbesteuererklärung bleibt davon unberührt.

Der Insolvenzverwalter über das Vermögen einer Personengesellschaft ist vorbehaltlich des § 5b Abs. 2 EStG zur elektronischen Übermittlung der E-Bilanz gem. § 5b Abs. 1 EStG verpflichtet, wenn ihm die Abgabepflicht für eine Steuer- oder Feststellungserklärung obliegt, für die die E-Bilanz von Bedeutung ist (insbesondere die Gewerbesteuererklärung oder die Erklärung über die gesonderte und einheitliche Feststellung der Besteuerungsgrundlagen). In diesem Fall hat er auch die nach § 51 Abs. 4 Nr. 1b EStG vom BMF im Einvernehmen mit den obersten Finanzbehörden der Länder bestimmten Mussangaben, die die Feststellungsbeteiligten betreffen, an das Finanzamt zu übermitteln.

Zur Bekanntgabe von Feststellungsbescheiden, wenn die Gesellschaft durch die Eröffnung des Insolvenzverfahrens aufgelöst wird, vgl. Nr. 2.5.5 des AEAO zu § 122.

4.4.1.2 Insolvenz eines (oder mehrerer) Gesellschafters der Personengesellschaft

Mit der Eröffnung des Insolvenzverfahrens über das Vermögen eines Feststellungsbeteiligten wird das (Gewinn-)Feststellungsverfahren ausschließlich hinsichtlich der Feststellung des Anteils des in der Insolvenz befindlichen Gesellschafters unterbrochen. Diese Unterbrechung hindert den Fortgang des (Gewinn-)Feststellungsverfahrens gegenüber den übrigen Beteiligten nicht. Insoweit wird vom Grundsatz der Einheitlichkeit des Feststellungsverfahrens (§ 179 Abs. 2 Satz 2 AO) abgewichen.

Sobald dem für die Besteuerung eines Feststellungsbeteiligten zuständigen Finanzamt bekannt wird, dass über das Vermögen dieses Steuerpflichtigen das Insolvenzverfahren eröffnet worden ist, hat es das für die Durchführung der gesonderten und einheitlichen Feststellung zuständige Finanzamt unverzüglich hierüber zu unterrichten.

Wenn im Zeitpunkt der Insolvenzeröffnung noch kein (Gewinn-)Feststellungsbescheid vorliegt, gilt für die Besteuerung des Anteils des insolventen Beteiligten Folgendes:

Eine Unterscheidung zwischen Insolvenz- und Masseforderungen ist bereits im (Gewinn-)Feststellungsbescheid gegenüber dem in Insolvenz befindlichen Mitunternehmer vorzunehmen.

Werden durch die gesonderte und einheitliche Feststellung gegenüber dem Schuldner (insolventer Feststellungsbeteiligter) sowohl Besteuerungsgrundlagen, welche der Anmeldung von Insolvenzforderungen dienen, als auch Besteuerungsgrundlagen, welche der Festsetzung von Masseforderungen dienen, festgestellt, so sind die Besteuerungsgrundlagen, welche der Anmeldung von Insolvenzforderungen dienen, gesondert aufzuführen. Dieser Bescheid ist dem Insolvenzverwalter bekannt zu geben. Dabei ist darauf hinzuweisen, dass der Bescheid, soweit er Besteuerungsgrundlagen betrifft, die der Anmeldung von Insolvenzforderungen dienen, lediglich ein „informatorischer Bescheid" über die Berechnungsgrundlage ist (vgl. BFH-Urteil vom 24. 8. 2004, VIII R 14/02, BStBl 2005 II S. 246).

Zuständig für die Anmeldung der Forderungen zur Tabelle ist und bleibt das für die Besteuerung des Schuldners zuständige Finanzamt. Es nimmt bei Bedarf auch am Prüfungstermin teil.

Wird die von dem Finanzamt angemeldete Forderung im Prüfungstermin bestritten, hat das für die Besteuerung des Schuldners zuständige Finanzamt einen Feststellungsbescheid nach § 251 Abs. 3 AO zu erlassen, der auf Feststellung zur Insolvenztabelle gerichtet ist. Der Feststellungsbescheid nach § 251 Abs. 3 AO ist an die widersprechenden Insolvenzgläubiger bzw. den widersprechenden Insolvenzverwalter zu richten.

Wird kein Einspruch gegen den Feststellungsbescheid nach § 251 Abs. 3 AO eingelegt, gilt die Forderung als festgestellt. Die Berichtigung der Tabelle ist von dem für die Besteuerung des Schuldners zuständigen Finanzamt zu beantragen.

Wird gegen den Feststellungsbescheid nach § 251 Abs. 3 AO Einspruch eingelegt und damit begründet, dass die festgestellte Forderung auf einer Gewinnfeststellung beruht, ist das Gewinnfeststellungsverfahren wieder aufzunehmen. Der Rechtsstreit über den Feststellungsbescheid nach § 251 Abs. 3 AO ist bis zu der abschließenden Entscheidung in dem Gewinnfeststellungsverfahren gem. § 363 Abs. 1 AO auszusetzen.

An diesem Gewinnfeststellungsverfahren sind anstelle des Schuldners die im Prüfungstermin widersprechenden Insolvenzgläubiger bzw. der widersprechende Insolvenzverwalter beteiligt; ihnen ist deshalb auch ein sog. „verkürzter" Gewinnfeststellungsbescheid (§ 183 Abs. 2 Satz 2 AO) bekannt zu geben (BFH-Urteil vom 24. 8. 2004, VIII R 14/02, a. a. O.).

Die Entscheidung im Gewinnfeststellungsverfahren ist bei der Entscheidung über den Feststellungsbescheid nach § 251 Abs. 3 AO zu berücksichtigen. Die Berichtigung der Tabelle beim Insolvenzgericht ist dann von dem für die Besteuerung des Schuldners zuständigen Finanzamt zu beantragen.

4.4.2 Sonstige Feststellungen von Besteuerungsgrundlagen

Gesonderte Feststellungen von Besteuerungsgrundlagen, denen die abstrakte Eignung fehlt, sich auf anzumeldende Steuerforderungen auszuwirken (z. B. Feststellung des steuerlichen Einlagekontos gem. § 27 KStG), oder wenn der Insolvenzverwalter die Feststellung ausdrücklich beantragt hat (vgl. BFH-Urteil vom 18. 12. 2002, I R 33/01, BStBl 2003 II S. 630), sind zulässig. Die Abgabe einer gesetzlich vorgeschriebenen Feststellungserklärung ist kein Antrag auf Erteilung eines Feststellungsbescheids (vgl. AEAO zu § 171, Nr. 2).

4.5 Auskunftsrechte des Insolvenzverwalters gegenüber dem Finanzamt

Der Schuldner selbst hat nach der AO keinen Anspruch auf Akteneinsicht oder Übersendung eines Kontoauszuges, sondern nur ein Recht darauf, dass die Finanzbehörde über seinen Antrag auf Akteneinsicht bzw. seinen Antrag auf Übersendung eines Kontoauszuges nach pflichtgemäßem Ermessen entscheidet. Der Insolvenzverwalter hat keinen darüber hinausgehenden Anspruch (vgl. BFH-Urteil vom 19. 3. 2013, II R 17/11, BStBl II S. 639, und BFH-Beschluss vom 15. 9. 2010, II B 4/10, BFH/NV 2011 S. 2).

Bei Auskunftsanträgen des Insolvenzverwalters nach der AO hat das Finanzamt bei der Ermessensausübung zu berücksichtigen, ob ein berechtigtes Interesse substantiiert dargelegt wurde oder ein solches erkennbar ist, insbesondere ob die begehrte Auskunft der Wahrnehmung von Rechten oder Pflichten im konkreten Besteuerungsverfahren dienen kann (vgl. BFH-Beschluss vom 14. 4. 2011, VII B 201/10, BFH/NV S. 1296). Fehlt es daran, kann die Erteilung einer Auskunft oder die Übersendung von Kontoauszügen abgelehnt werden (vgl. BFH-Urteil vom 19. 3. 2013, II R 17/11, a. a. O.).

Ein Auskunftsanspruch des Insolvenzverwalters allein wegen des Verdachts anfechtbarer Zahlungen auf Steuerschulden gegenüber dem Finanzamt besteht nicht (BGH-Urteil vom 13. 8. 2009, IX ZR 58/06, HFR 2010 S. 299). Der Insolvenzverwalter muss mögliche der Anfechtung unterliegende Rechtshandlungen selbst ermitteln. Das Finanzamt ist nicht verpflichtet, durch Herausgabe von Unterlagen oder durch Erteilung von Auskünften zur Ermittlung von Insolvenzanfechtungstatbeständen beizutragen.

Außersteuerliche Auskunftsrechte des Insolvenzverwalters zur Vorbereitung der Geltendmachung von Anfechtungsansprüchen nach §§ 129 ff. InsO können sich nach den jeweils einschlägigen Regelungen eines IFG ergeben, wenn der Schuldner zustimmt (§ 30 Abs. 4 Nr. 3 AO).

5. Insolvenzforderungen

5.1 Begriff

Eine Insolvenzforderung ist eine zur Zeit der Eröffnung des Insolvenzverfahrens begründete Forderung des Gläubigers gegen den Schuldner (§ 38 InsO). Der Zeitpunkt der steuerrechtlichen Entstehung der Forderung ist für diese Einordnung unmaßgeblich, so dass eine Abgabenforderung – unabhängig von der steuerrechtlichen Entstehung – immer dann als Insolvenzforderung anzusehen ist, wenn ihr Rechtsgrund zum Zeitpunkt der Verfahrenseröffnung bereits gelegt war bzw. der den Steueranspruch begründende Tatbestand nach den steuerrechtlichen Vorschriften bereits vor der Insolvenzeröffnung vollständig verwirklicht und damit abgeschlossen war, es sei denn, dass der Tatbestand der § 55 Abs. 2 oder 4 InsO erfüllt ist.

Ist die Steuerforderung im Zeitpunkt der Eröffnung des Insolvenzverfahrens noch nicht gem. § 38 AO entstanden (z. B. Eröffnung im Laufe des Umsatzsteuer-Voranmeldungszeitraums), ist nur der zum Eröffnungszeitpunkt bereits begründete Teilsteuerforderung Insolvenzforderung. Der nach Eröffnung begründete Teil ist Masseforderung.

Abgabenansprüche, die lediglich begründet, aber noch nicht fällig sind, gelten im Zeitpunkt der Verfahrenseröffnung als fällig (§ 41 InsO).

Beispiel 1 (Umsatzsteuer)

Die Umsatzsteuerforderung entsteht bei Sollversteuerung erst mit Ablauf des Voranmeldungszeitraums, in dem die Leistungen ausgeführt worden sind (§ 13 Abs. 1 Nr. 1 Buchstabe a UStG). Dagegen ist sie grundsätzlich bereits begründet, soweit die Leistung erbracht ist.

Im Falle der Istversteuerung nach § 20 UStG entsteht die Umsatzsteuerforderung erst mit Ablauf des Voranmeldungszeitraums, in dem das Entgelt vereinnahmt worden ist (§ 13 Abs. 1 Nr. 1 Buchstabe b UStG). Insolvenzrechtlich begründet ist sie bereits im Zeitpunkt der Vereinnahmung des Entgelts (BFH-Urteil vom 29. 1. 2009, V R 64/07, BStBl II S. 682). Das Gleiche gilt für die Anzahlungsbesteuerung nach § 13 Abs. 1 Nr. 1 Buchstabe a Satz 4 UStG.

Zur Verteilung auf die einzelnen Vermögensbereiche vgl. AEAO zu § 251, Nr. 9.2.

Beispiel 2 (Vorsteuerrückforderung)
Der Vorsteuerrückforderungsanspruch (§ 17 Abs. 1 Satz 2 i.V. m. § 17 Abs. 2 Nr. 1 UStG) entsteht ebenfalls erst mit Ablauf des Voranmeldungszeitraums. Er ist aber zur Zeit der Bestellung eines vorläufigen Insolvenzverwalters mit Zustimmungsvorbehalt oder Bestellung eines vorläufigen Insolvenzverwalters, dem die Verwaltungs- und Verfügungsbefugnis über das Vermögen des Schuldners übertragen worden ist, begründet, weil die Uneinbringlichkeit bereits zu diesem Zeitpunkt vorlag (BMF-Schreiben vom 20. 5. 2015, BStBl I S. 476). Spätestens ist der Vorsteuerrückforderungsanspruch mit der Eröffnung des Insolvenzverfahrens begründet (BFH-Urteil vom 22. 10. 2009, V R 14/08, BStBl 2011 II S. 988, und vom 9. 12. 2010, V R 22/10, BStBl 2011 II S. 996).

Beispiel 3 (Lohnsteuer)
Die Lohnsteuer entsteht in dem Zeitpunkt, in dem der Arbeitslohn dem Arbeitnehmer zufließt (§§ 38 Abs. 2, 41a Abs. 1 EStG). Sie ist regelmäßig auch in diesem Zeitpunkt begründet i. S. v. § 38 InsO, unabhängig davon, für welchen Zeitraum die Lohnzahlungen erfolgen.

Beispiel 4 (Rückforderung Investitionszulage)
Der Anspruch auf Rückforderung einer gewährten Investitionszulage ist vor Eröffnung des Insolvenzverfahrens begründet, wenn das zulagenbegünstigte Wirtschaftsgut vor Eröffnung des Insolvenzverfahrens bereits zulagenschädlich verwendet wurde (z. B. Veräußerung oder Umqualifizierung von Anlagevermögen in Umlaufvermögen).

Die nach Eröffnung des Insolvenzverfahrens durch den Insolvenzverwalter erfolgte zulagenschädliche Verwendung des Wirtschaftsgutes führt ebenfalls zu einer Insolvenzforderung. Der Rückforderungsanspruch war schon vor der Eröffnung begründet, weil das vom Schuldner geschaffene öffentlich-rechtliche Verhältnis zur Finanzbehörde, aus dem später der Rückforderungsanspruch entstanden ist, zum Zeitpunkt der Verfahrenseröffnung bereits bestand.

Beispiel 5 (Kraftfahrzeugsteuer)
Die auf Zeiträume vor Verfahrenseröffnung bzw. vor Bestellung eines „starken" vorläufigen Insolvenzverwalters entfallende Steuer gehört zu den Insolvenzforderungen. Es ist eine Aufteilung des Besteuerungszeitraums und Berechnung der Kraftfahrzeugsteuer nach Monaten, u. U. nach Tagen vorzunehmen (BFH-Urteil vom 16. 11. 2004, VII R 62/03, BStBl 2005 II S. 309, und BFH Beschluss vom 8. 7. 1997, VII B 89/97, BFH/NV 1998 S. 86).

Beispiel 6 (Einkommen- und Körperschaftsteuer)
Die Einkommen- und Körperschaftsteuer auf die bis zur Insolvenzeröffnung erzielten Einkünfte stellt eine Insolvenzforderung dar.
Für die Zuordnung der Einkünfte und für die Verteilung der Steuer auf die einzelnen Vermögensbereiche vgl. AEAO zu § 251, Nr. 9.1.

Verspätungszuschläge sind Insolvenzforderungen (BFH-Beschluss vom 19. 1. 2005, VII B 286/04, BFH/NV S. 1001), wenn sie auf Fristversäumnissen des Schuldners bis zur Insolvenzeröffnung beruhen.

Zinsen nach §§ 233 ff. AO auf Insolvenzforderungen für Zeiträume bis zur Eröffnung des Insolvenzverfahrens sind zur Insolvenztabelle anzumelden.

Säumniszuschläge und Zinsen, die seit Eröffnung des Insolvenzverfahrens auf Insolvenzforderungen entstanden sind, sowie rückständige Bußgelder und Zwangsgelder sind nachrangige Insolvenzforderungen i. S. d. § 39 InsO.

5.2 Geltendmachung von Insolvenzforderungen

Insolvenzforderungen sind schriftlich beim Insolvenzverwalter anzumelden (§ 174 Abs. 1 InsO). Liegt der Forderung eine Steuerstraftat des Schuldners nach §§ 370, 373 oder 374 AO zugrunde, sind neben dem Grund und dem Betrag der Forderung auch die Tatsachen, aus denen sich nach Einschätzung der Finanzbehörde eine entsprechende Steuerstraftat ergibt, anzugeben. Zu diesen Forderungen gehören auch die entstandenen Zinsansprüche wie z. B. Hinterziehungszinsen (vgl. BFH-Urteil vom 20. 3. 2012, VII R 12/11, BStBl II S. 491). Im Zeitpunkt der Anmeldung zur Tabelle muss noch keine rechtskräftige Verurteilung wegen einer Steuerstraftat vorliegen. Der Insolvenzverwalter führt eine Tabelle, in die er jede angemeldete Forderung mit den in § 174 Abs. 2, 3 InsO genannten Angaben einzutragen hat (§§ 174, 175 InsO). Nachrangige Insolvenzforderungen sind nur auf besondere Aufforderung durch das Insolvenzgericht hin anzumelden (§ 174 Abs. 3 InsO).

5.3 Insolvenzforderungen im Prüfungstermin; Auswirkung auf das Besteuerungsverfahren

Wegen der Auswirkungen auf das Steuerfestsetzungs- und Rechtsbehelfsverfahren ist für die weitere Bearbeitung zunächst zu unterscheiden, ob die Forderung im Prüfungstermin (§ 29 Abs. 1 Nr. 2 InsO) bestritten wurde.

5.3.1 Vom Insolvenzverwalter oder einem Gläubiger bestrittene Forderungen

Ist eine angemeldete Abgabenforderung nach Grund und Höhe im Prüfungstermin bestritten worden, was z. B. auch bei „vorläufigem Bestreiten" oder „auflösend bedingter Feststellung" gegeben ist (vgl. BFH-Beschluss vom 16. 3. 2016, V B 41/15, BFH/NV S. 1073), muss weiter differenziert werden, ob der Anspruch tituliert ist.

Von einer „Titulierung" im insolvenzrechtlichen Sinne ist auszugehen, wenn vor Insolvenzeröffnung ein Bescheid bekannt gegeben oder eine Steueranmeldung abgegeben worden ist. Arrestanordnungen sind keine Titel i. S. d. § 179 InsO.

Nicht titulierte Ansprüche sind Steuerforderungen, die im Zeitpunkt der Verfahrenseröffnung begründet (§ 38 InsO, vgl. AEAO zu § 251, Nr. 5.1) waren, für die aber bis zur Insolvenzeröffnung noch kein Steuerbescheid wirksam bekannt gegeben wurde oder für die noch keine Steueranmeldung abgegeben wurde oder diese erst nach Verfahrenseröffnung beim Finanzamt eingegangen ist.

5.3.1.1 Nicht titulierte Forderungen

Wird eine nicht titulierte Forderung bestritten, stellt das Finanzamt das Bestehen der Abgabenforderung durch Feststellungsbescheid nach § 251 Abs. 3 AO fest. Inhalts- und Bekanntgabeadressat ist der Bestreitende (Insolvenzverwalter oder -gläubiger; § 179 Abs. 1 InsO).

5.3.1.2 Titulierte Forderungen

Wird eine titulierte Abgabenforderung bestritten, obliegt es dem Bestreitenden, den Widerspruch zu verfolgen (§ 179 Abs. 2 InsO). Es bleibt dem Finanzamt unbenommen – insbesondere zur Erlangung des Stimmrechts (§ 77 InsO) –, das durch die Verfahrenseröffnung unterbrochene Verfahren selbst aufzunehmen (grundlegend BVerwG-Urteil vom 29. 4. 1988, 8 C 73/85, NJW 1989 S. 314 und Abschnitt 60 Abs. 7 VollstrA).

5.3.1.2.1 Nicht bestandskräftiger und nicht angefochtener Steuerbescheid

War der Steuerbescheid vor Eröffnung des Verfahrens noch nicht bestandskräftig und wurde noch kein Rechtsbehelf eingelegt, ist der Lauf der Rechtsbehelfsfrist durch die Eröffnung des Verfahrens unterbrochen. Das Finanzamt hat dem Bestreitenden die Aufnahme des Rechtsstreits zu erklären (analog § 240 ZPO). Mit der Bekanntgabe dieser Erklärung beginnt die durch die Verfahrenseröffnung unterbrochene Einspruchsfrist neu zu laufen.

Legt der Bestreitende gegen den Steuerbescheid Einspruch ein, ist das Einspruchsverfahren nach den allgemeinen Vorschriften durchzuführen. Ist der Einspruch begründet, ist eine (neue) Steuerberechnung an den Bestreitenden zu übersenden; die Forderungsanmeldung ist ggf. zu berichtigen. Hat der Einspruch keinen Erfolg, sind der Einspruch und ein ggf. vorliegender Widerspruch gegen die Anmeldung zur Tabelle mit der Einspruchsentscheidung als unbegründet zurückzuweisen und die bestrittenen Steueransprüche als Insolvenzforderungen festzustellen (BFH-Urteil vom 23. 2. 2005, VII R 63/03, BStBl II S. 591).

5.3.1.2.2 Angefochtener Steuerbescheid

War der Steuerbescheid vor Eröffnung des Insolvenzverfahrens noch nicht bestandskräftig und vom Schuldner oder dem vorläufigen „starken" Insolvenzverwalter mit einem zulässigen Einspruch oder einer zulässigen Klage angefochten, hat der Insolvenzverwalter die Möglichkeit – ggf. nach entsprechender Aufforderung durch das Finanzamt –, das Rechtsbehelfsverfahren aufzunehmen und fortzuführen. Das vom Insolvenzverwalter aufgenommene Einspruchsverfahren ist vom Finanzamt weiter zu betreiben.

Nimmt der Insolvenzverwalter trotz Aufforderung durch das Finanzamt seinen Widerspruch gegen die Forderungsanmeldung innerhalb einer angemessenen Frist nicht zurück und den Rechtsstreit von sich auch nicht auf, nimmt das Finanzamt das Einspruchsverfahren auf und führt dieses fort (BFH-Urteil vom 13.11.2007, VII R 61/06, BStBl 2008 II S. 790).

Das Einspruchsverfahren wird in dem Verfahrensstand fortgesetzt, in dem es bei seiner Unterbrechung zum Stillstand gekommen ist.

Bei einem begründeten Einspruch ist eine Steuerberechnung an den Insolvenzverwalter zu übersenden und die Forderungsanmeldung zu berichtigen.

Kann dem Einspruch in der Sache (Höhe der festgesetzten Steuer) nicht in vollem Umfang entsprochen werden, ist er durch Einspruchsentscheidung (u.U. teilweise) als unbegründet zurückzuweisen. Die Einspruchsentscheidung ist dem Insolvenzverwalter als Einspruchsführer bekannt zu geben. In diesen Fällen ist kein Feststellungsbescheid gem. § 251 Abs. 3 AO zu erlassen.

Die Einspruchsentscheidung muss sich sowohl auf die Rechtmäßigkeit der Steuerforderung als auch auf die rechtmäßige Beanspruchung der Steuerforderung als Insolvenzforderung erstrecken. Dazu ist im Tenor über den Einspruch gegen die Steuerfestsetzung und über den im Prüfungstermin erhobenen Widerspruch zu entscheiden (BFH-Urteil vom 23.2.2005, VII R 63/03, BStBl II S. 591).

Beispiel der Tenorierung:
Der Einspruch gegen den Bescheid vom ... wird als unbegründet zurückgewiesen.
Die zur Insolvenztabelle angemeldeten Forderungen werden wie folgt als Insolvenzforderungen festgestellt:
(Aufstellung der geltend gemachten Steuerforderungen nebst Säumniszuschlägen wie beim Insolvenzfeststellungsbescheid).

Soweit wegen der streitigen Steuer eine Anmeldung zur Tabelle (§ 175 InsO) vorgenommen wurde, ist die Anmeldung im Anschluss an den Erlass der Einspruchsentscheidung entsprechend zu berichtigen.

Eine Verböserung in der Einspruchsentscheidung ist hingegen unzulässig, da die Verböserung einer nicht zulässigen erstmaligen Festsetzung einer Steuerschuld gleichstehen würde. Die ggf. höhere Steuerforderung muss durch Anmeldung zur Insolvenztabelle geltend gemacht werden.

Falls beim Finanzgericht oder beim BFH Rechtsbehelfsverfahren anhängig sind, informiert die Finanzbehörde das Gericht über das Ergebnis des Prüfungstermins.

Wurden vor Eröffnung des Insolvenzverfahrens neben einem Steuerbescheid auch damit unmittelbar im Zusammenhang stehende Bescheide, wie insbesondere Verlustfeststellungsbescheide oder Gewerbesteuermessbescheide, die zumindest die abstrakte Eignung haben, sich auf Insolvenzforderungen auszuwirken, angefochten, können bei Streitigkeiten über Besteuerungsgrundlagen, die gleichermaßen für die festzustellende Forderung als auch die zugehörigen Bescheide von Bedeutung sind, nicht nur das durch die Insolvenzeröffnung unterbrochene Verfahren bezüglich des angefochtenen Steuerbescheids, sondern auch die unterbrochenen Verfahren für die angefochtenen zugehörigen Bescheide wieder aufgenommen werden (vgl. Urteil des FG Köln vom 10.8.2017, 13 K 1849/13, EFG S. 1807).

5.3.1.2.3 Bestandskräftiger Steuerbescheid

War die Abgabenforderung vor der Eröffnung des Insolvenzverfahrens bereits bestandskräftig festgesetzt, wirkt die Bestandskraft auch gegen den Widersprechenden. Diesem obliegt die Verfolgung seines Widerspruchs. Dabei muss er das Verfahren in der Lage übernehmen, in der es sich bei Eröffnung des Insolvenzverfahrens befand. Liegen keine Wiedereinsetzungsgründe vor und sind die Voraussetzungen der Korrekturvorschriften (insbesondere §§ 129 ff., 164, 165, 172 ff. AO) nicht erfüllt, erlässt das Finanzamt einen Feststellungsbescheid nach § 251 Abs. 3 AO und stellt die Bestandskraft der angemeldeten Forderung fest (BFH-Urteil vom 23. 2. 2010, VII R 48/07, BStBl II S. 562).

5.3.2 Vom Schuldner bestrittene Forderungen

Auch dem Schuldner steht das Widerspruchsrecht zu. Dieser Widerspruch steht jedoch der Feststellung der Forderung nicht entgegen (§ 178 Abs. 1 Satz 2 InsO).

Trotz Widerspruchs des Schuldners tritt die Rechtskraftwirkung des Tabelleneintrags ein (§ 178 Abs. 3 InsO). Soweit der Schuldner die zur Tabelle angemeldete Forderung bestreitet, wirkt der Tabelleneintrag nach Insolvenzbeendigung nicht gegen den Schuldner (§ 201 Abs. 2 InsO); insbesondere ist keine Vollstreckung aus der Eintragung in die Tabelle wie aus einem vollstreckbaren Urteil gegen den Schuldner zulässig (vgl. hierzu AEAO zu § 251, Nr. 5.3.4).

Im Falle einer titulierten Forderung obliegt es dem Schuldner, binnen einer Frist von einem Monat, beginnend ab dem Prüfungstermin oder im schriftlichen Verfahren mit dem Bestreiten der Forderung, den Widerspruch zu verfolgen. Nach fruchtlosem Ablauf dieser Frist gilt ein Widerspruch als nicht erhoben (§ 184 Abs. 2 InsO).

Erfolgt der Widerspruch des Schuldners rechtzeitig, kann ein unterbrochenes Einspruchsverfahren vom Finanzamt gegenüber dem Schuldner fortgeführt werden (§ 184 Abs. 1 Satz 2 InsO).

Haben sowohl der Insolvenzverwalter als auch der Schuldner widersprochen, ist es zulässig, den unterbrochenen Rechtsstreit sowohl gegen den Insolvenzverwalter als auch gegen den Schuldner aufzunehmen und damit denselben Rechtsstreit einmal gegen den Insolvenzverwalter auf Feststellung der Forderung zur Insolvenztabelle und zum anderen auf Feststellung der Forderung gegenüber dem Schuldner fortzuführen. Es handelt sich dabei um zwei miteinander verbundene Rechtsbehelfe mit verschiedenen Rechtsbehelfsbegehren (BFH-Urteil vom 13. 11. 2007, VII R 61/06, BStBl 2008 II S. 790).

Wird eine nicht titulierte Forderung vom Schuldner bestritten, kann das Finanzamt das Bestehen der Abgabenforderung durch Bescheid nach § 251 Abs. 3 AO feststellen (§ 180 Abs. 1 Satz 1 InsO). Dieser Bescheid ist an den Schuldner zu richten und diesem bekannt zu geben.

Widerspricht der Schuldner der Anmeldung einer Forderung i. S. v. § 302 Nr. 1 InsO, kann das Finanzamt bis zur Aufhebung des Insolvenzverfahrens – unabhängig von einer Titulierung – einen Feststellungsbescheid i. S. v. § 251 Abs. 3 AO mit dem Ziel erlassen, die Forderung von der Restschuldbefreiung auszunehmen, wenn der Schuldner im Zusammenhang mit den angemeldeten Forderungen wegen einer Steuerstraftat nach den §§ 370, 373 oder 374 AO rechtskräftig verurteilt worden ist; ein ergangener Strafbefehl, gegen den kein Einspruch erhoben worden ist, steht einem rechtskräftigen Urteil gleich (§ 410 Abs. 3 StPO).

Erfolgt die rechtskräftige Verurteilung erst nach Beendigung des Insolvenzverfahrens, siehe AEAO zu § 251, Nr. 15.2.

5.3.3 Feststellung der Forderung zur Tabelle

Werden die angemeldeten Forderungen im Prüfungstermin weder vom Insolvenzverwalter noch von einem Insolvenzgläubiger bestritten oder wird ein erhobener Widerspruch beseitigt, so gelten sowohl die titulierten als auch die nicht titulierten Forderungen als festgestellt (§ 178 Abs. 1 InsO).

Die Eintragung der Feststellung zur Tabelle wirkt gegenüber dem Insolvenzverwalter und den übrigen Insolvenzgläubigern wie ein rechtskräftiges Urteil (§ 178 Abs. 3 InsO), unabhängig davon, ob ein Steuerbescheid ergangen ist. Zur Möglichkeit der Änderung eines festgestellten Tabelleneintrags vgl. AEAO zu § 251, Nr. 5.3.5.

Nach Abschluss des Insolvenzverfahrens kann der Insolvenzgläubiger aus der Eintragung in die Tabelle wie aus einem vollstreckbaren Urteil die Zwangsvollstreckung gegen den Schuldner betreiben, sofern nicht Restschuldbefreiung eingetreten ist oder noch ein Widerspruch des Schuldners vorliegt (vgl. AEAO zu § 251, Nr. 5.3.2) vorliegt.

Die widerspruchslose Feststellung einer Steuerforderung zur Insolvenztabelle bewirkt zwar die Erledigung eines wegen dieser Forderung geführten Finanzrechtsstreits in der Hauptsache, beendet aber nicht zugleich die Unterbrechung (vgl. AEAO zu § 251, Nrn. 4.1.2 und 4.1.3) des finanzgerichtlichen Verfahrens (BFH-Beschluss vom 14. 5. 2013, X B 134/12, BStBl II S. 585).

5.3.4 Feststellungsbescheid gem. § 251 Abs. 3 AO

Der Feststellungsbescheid nach § 251 Abs. 3 AO ist kein Steuerbescheid i. S. v. §§ 155 ff. AO. Eine Korrektur richtet sich nach den §§ 129 bis 131 AO.

5.3.5 Änderung von zur Insolvenztabelle festgestellten Steuerforderungen

Der widerspruchslosen Eintragung in die Insolvenztabelle kommt dieselbe Wirkung wie der beim Bestreiten vorzunehmenden Feststellung gem. § 185 InsO i. V. m. § 251 Abs. 3 AO zu und kann wie diese zugunsten des Schuldners unter den Voraussetzungen des § 130 AO korrigiert werden (BFH-Urteile vom 24. 11. 2011, V R 13/11, BStBl 2012 II S. 298, und vom 24. 11. 2011, V R 20/10, BFH/NV 2012 S. 711).

Eine Nachmeldung von Insolvenzforderungen zur Tabelle für Besteuerungszeiträume, für die bereits ein festgestellter Tabelleneintrag vorliegt, ist zulässig (vgl. BGH-Urteil vom 19. 1. 2012, IX ZR 4/11, ZInsO S. 488).

6. Sonstige Masseverbindlichkeiten (§ 55 InsO)

6.1 Begründung von sonstigen Masseverbindlichkeiten

Die durch die Handlungen des Insolvenzverwalters oder in anderer Weise durch die Verwaltung, Verwertung und Verteilung der Insolvenzmasse nach der Eröffnung des Insolvenzverfahrens begründeten Abgabenforderungen (sonstige Masseverbindlichkeiten nach § 55 Abs. 1 InsO) sind vorweg zu begleichen (§ 53 InsO). Nach der Insolvenzeröffnung sind die Abgabenansprüche begründet, wenn der einzelne (unselbständige) Besteuerungstatbestand nach der Insolvenzeröffnung vollständig verwirklicht wurde (BFH-Urteile vom 8. 3. 2012, V R 24/11, BStBl II S. 466, vom 25. 7. 2012, VII R 29/11, BStBl 2013 II S. 36, und vom 16. 5. 2013, IV R 23/11, BStBl II S. 759). Dazu gehören insbesondere

- nach Eröffnung des Insolvenzverfahrens begründete Umsatzsteuer,
- nach Eröffnung des Insolvenzverfahrens vereinnahmte Umsatzsteuer aus Umsätzen vor Eröffnung des Insolvenzverfahrens. Dies gilt sowohl bei Istversteuerung (BFH-Urteil vom 29. 1. 2009, V R 64/07, BStBl II S. 682) als auch bei Sollversteuerung (BFH-Urteil vom 9. 12. 2010, V R 22/10, BStBl 2011 II S. 996),
- Umsatzsteuer aufgrund Vorsteuerberichtigung i. S. v. § 15a UStG (BFH-Urteile vom 9. 2. 2011, XI R 35/09, BStBl II S. 1000, und vom 8. 3. 2012, V R 24/11, a. a. O.),

- Einkommensteuer/Körperschaftsteuer, die sich auf Einkünfte aus der Verwaltung oder der Verwertung der Masse gründet. Die Steuerschuld stellt auch dann in voller Höhe eine Masseverbindlichkeit dar, wenn der (tatsächlich) zur Masse gelangte Erlös nicht ausreicht, um die aus der Verwertungshandlung resultierende Einkommen-/ Körperschaftsteuerforderung zu befriedigen (vgl. BFH-Urteil vom 16.5.2013, IV R 23/11, a. a. O.),
- Einkommensteuer eines in Insolvenz befindlichen Mitunternehmers, die auf seinem nach Insolvenzeröffnung begründeten Gewinnanteil beruht (vgl. BFH-Urteil vom 18.5.2010, X R 60/08, BStBl 2011 II S. 429),
- Gewerbesteuer bei Weiterführung des Gewerbebetriebs durch den Insolvenzverwalter,
- Lohnsteuer auf nach Eröffnung des Insolvenzverfahrens ausgezahlte Arbeitslöhne,
- Kraftfahrzeugsteuer für den laufenden Entrichtungszeitraum ab der Verfahrenseröffnung und für alle danach beginnenden Entrichtungszeiträume, sofern das Fahrzeug Teil der Insolvenzmasse ist (vgl. BFH-Urteile vom 13.4.2011, II R 49/09, BStBl II S. 944, und vom 8.9.2011, II R 54/10, BStBl 2012 II S. 149).

Weitere Masseverbindlichkeiten sind
- Verbindlichkeiten, die von einem vorläufigen Insolvenzverwalter begründet worden sind, auf den die Verfügungsbefugnis über das Vermögen des Schuldners übergegangen ist (§ 55 Abs. 2 Satz 1 InsO) sowie
- Verbindlichkeiten des Schuldners aus dem Steuerschuldverhältnis, die von einem vorläufigen Insolvenzverwalter oder vom Schuldner mit Zustimmung eines vorläufigen Insolvenzverwalters begründet worden sind (§ 55 Abs. 4 InsO). Zur Anwendung des § 55 Abs. 4 InsO siehe BMF-Schreiben vom 20.5.2015, BStBl I S. 476, ergänzt durch BMF-Schreiben vom 18.11.2015, BStBl I S. 886.

Die als Masseverbindlichkeiten entstehenden Abgabenansprüche sind durch Steuerbescheid geltend zu machen (BFH-Urteil vom 6.7.2011, II R 34/10, BFH/NV 2012 S. 10). Der Insolvenzverwalter ist Bekanntgabeadressat (vgl. AEAO zu § 122, Nr. 1.4). Die Masse betreffende Verwaltungsakte können nicht durch die Bekanntgabe an den Schuldner wirksam werden. Der Insolvenzverwalter ist verpflichtet, die entsprechenden Steuererklärungen einschließlich Steueranmeldungen abzugeben (vgl. AEAO zu § 251, Nr. 4.2).

Er ist dem Massegläubiger zum Schadensersatz verpflichtet, wenn er durch eine Rechtshandlung eine Masseverbindlichkeit begründet, die aus der Masse nicht voll erfüllt werden kann, und er bei der Begründung der Verbindlichkeit erkennen konnte, dass die Masse voraussichtlich zur Erfüllung nicht ausreichen würde (§ 61 InsO). Der Schadensersatzanspruch kann nur zivilrechtlich geltend gemacht werden.

Sind die Kosten des Insolvenzverfahrens gedeckt, reicht die Insolvenzmasse jedoch nicht aus, um die fälligen sonstigen Masseverbindlichkeiten zu erfüllen, hat der Insolvenzverwalter dem Insolvenzgericht die Masseunzulänglichkeit anzuzeigen (§ 208 Abs. 1 Satz 1 InsO).

Die Rangfolge der Vorwegbefriedigung von Masseverbindlichkeiten richtet sich nach § 209 InsO. Zunächst werden die Kosten des Insolvenzverfahrens, das sind die Gerichtskosten und die Vergütung des Insolvenzverwalters sowie ggf. des Gläubigerausschusses, danach die Neumasseverbindlichkeiten (Verbindlichkeiten, die nach Anzeige der Masseunzulänglichkeit begründet wurden) und schließlich die Altmasseverbindlichkeiten befriedigt.

6.2 Durchsetzung von sonstigen Masseverbindlichkeiten

Werden sonstige Masseverbindlichkeiten vom Insolvenzverwalter nicht entrichtet, ist dieser zur unverzüglichen Zahlung aufzufordern. Die Vollstreckung gegen die Masse richtet sich nach den allgemeinen Vorschriften der AO. Grundsätzlich ist während der

Dauer des Insolvenzverfahrens die Vollstreckung in die Insolvenzmasse durch Massegläubiger – vorbehaltlich § 90 Abs. 1 InsO – zulässig, weil § 89 InsO nur für Insolvenzgläubiger gilt. Mit der Anzeige der Masseunzulänglichkeit greift allerdings für Massegläubiger das Vollstreckungsverbot wegen Altmasseverbindlichkeiten i. S. v. § 209 Abs. 1 Nr. 3 InsO (§ 210 InsO). Ein gesetzlich verankertes Vollstreckungsverbot für Neumassegläubiger enthält die InsO nicht. Der Insolvenzverwalter kann die Zahlung auf Neumasseverbindlichkeiten verweigern, sobald sich herausstellt, dass die Masse nicht zur vollen Befriedigung aller Neumassegläubiger ausreicht. Für diese greift der Grundsatz der Gleichbehandlung sämtlicher Gläubiger, so dass lediglich eine quotale Befriedigung verlangt werden kann.

7. Insolvenzfreies Vermögen

Übt der Schuldner eine selbständige Tätigkeit aus oder beabsichtigt er, demnächst eine solche Tätigkeit auszuüben, hat der Insolvenzverwalter ihm gegenüber zu erklären, ob Vermögen aus der selbständigen Tätigkeit zur Insolvenzmasse gehört und ob Ansprüche aus dieser Tätigkeit im Insolvenzverfahren geltend gemacht werden können, § 35 Abs. 2 Satz 1 InsO. Die Wirksamkeit der Erklärung wird dabei allerdings nicht vom Insolvenzgericht überprüft. Das Amtsgericht übernimmt lediglich die Vorgaben des Insolvenzverwalters, d. h., der Zugang der Erklärung beim Schuldner ist vom Insolvenzverwalter gegenüber dem Finanzamt nachzuweisen. Eine einmal erteilte Freigabeerklärung ist für den Insolvenzverwalter unwiderruflich. Unterlässt der Insolvenzverwalter in Kenntnis der selbständigen Tätigkeit des Schuldners (z. B. nach entsprechender Information durch das Finanzamt) die Abgabe der Erklärung nach § 35 Abs. 2 Satz 1 InsO, stellen die durch die selbständige Tätigkeit des Insolvenzschuldners begründeten Verbindlichkeiten Masseverbindlichkeiten nach § 55 Abs. 1 Nr. 1 InsO dar.

Steuererstattungsansprüche innerhalb dieses freigegebenen Neuerwerbes stehen immer dem Schuldner zu. Das Finanzamt kann – sofern keine Aufrechnungslage besteht – nach Bekanntgabe der Freigabe solche Guthaben aus dem insolvenzfreien Neuerwerb nur noch schuldbefreiend an ihn leisten. Steuerzahlungen für das insolvenzfreie Vermögen sind vom Schuldner zu leisten.

Einkommensteuernachzahlungen, die auf Einkünften aus nichtselbständiger Tätigkeit oder Renten beruhen, stellen Forderungen gegen das insolvenzfreie Vermögen dar (BFH-Urteile vom 24. 2. 2011, VI R 21/10, BStBl II S. 520 sowie vom 27. 7. 2011, VI R 9/11, BFH/NV S. 2111 f.).

8. Aufrechnung im Insolvenzverfahren

Für die Aufrechnung in Insolvenzfällen gelten die allgemeinen Grundsätze der § 226 AO i. V. m. §§ 387 ff. BGB, es sind jedoch die Aufrechnungsverbote der §§ 95 und 96 InsO zu beachten.

Die Steuerberechnung nach §§ 16 ff. UStG ist keine Aufrechnung, so dass sie auch nicht den Beschränkungen der §§ 94 ff. InsO unterliegt (BFH-Urteile vom 24. 11. 2011, V R 13/11, BStBl 2012 II S. 298, und vom 25. 7. 2012, VII R 30/11, BFH/NV 2013 S. 603).

War ein Gläubiger zum Zeitpunkt der Eröffnung des Insolvenzverfahrens zur Aufrechnung berechtigt, so kann die Aufrechnung auch noch im Insolvenzverfahren erklärt werden (§ 94 InsO). Zur Aufrechnung im Planverfahren vgl. AEAO zu § 251, Nr. 11; zur Aufrechnung im Restschuldbefreiungsverfahren vgl. AEAO zu § 251, Nr. 15.2.

Nach § 95 Abs. 1 InsO kann (noch) nicht aufgerechnet werden, wenn die aufzurechnenden Forderungen oder eine von ihnen aufschiebend bedingt oder noch nicht fällig sind. Die Aufrechnung kann erst erfolgen, wenn die Voraussetzungen (Unbedingtheit oder Fälligkeit) eingetreten sind; hierbei ist die Fälligkeitsfiktion des § 41 InsO nicht anzuwenden. Es gilt allein die steuerrechtliche Fälligkeit (§ 220 AO).

A. I. Zu § 251 AO

Wird über das Vermögen des Schuldners ein Insolvenzverfahren eröffnet, werden die in diesem Zeitpunkt entstandenen Steuerforderungen des Finanzamts – vorbehaltlich spezieller steuergesetzlicher Fälligkeitsbestimmungen – fällig, ohne dass es dafür ihrer Festsetzung oder Feststellung durch Verwaltungsakt oder einer Anmeldung der Forderung zur Tabelle bedürfte (BFH-Urteil vom 4. 5. 2004, VII R 45/03, BStBl II S. 815). Die Befugnis, mit Haftungsansprüchen i. S. d. § 73 AO, die vor Eröffnung des Insolvenzverfahrens begründet worden sind, gegen vorinsolvenzliche Erstattungsansprüche der Organgesellschaft gem. § 226 AO aufzurechnen, besteht auch im Falle einer Insolvenz der Organgesellschaft. Der vorherige Erlass eines Haftungsbescheides, die Feststellung der Haftungsforderung oder deren Anmeldung zur Insolvenztabelle ist nicht erforderlich (BFH-Urteil vom 10. 5. 2007, VII R 18/05, BStBl II S. 914). Entsteht der Steuererstattungsanspruch dem Grunde nach vor Erteilung der Restschuldbefreiung, so kann die Aufrechnung ungeachtet der noch nicht erfolgten Festsetzung des Steuererstattungsanspruchs bereits nach dessen Entstehung erklärt werden.

Eine Aufrechnung ist unzulässig,

– wenn ein Insolvenzgläubiger erst nach der Eröffnung des Insolvenzverfahrens etwas zur Masse schuldig geworden ist (§ 96 Abs. 1 Nr. 1 InsO).

Beispiel:

Eine vor der Verfahrenseröffnung fällige Umsatzsteuerforderung kann nicht gegen einen Vorsteuererstattungsanspruch aufgerechnet werden, der aufgrund von Umsätzen nach Eröffnung des Insolvenzverfahrens begründet ist.

Eine Aufrechnung ist aber zulässig, wenn die Gegenforderung und die Hauptforderung vor Verfahrenseröffnung begründet worden sind.

Beispiel:

Die Eröffnung des Insolvenzverfahrens erfolgt am 2. 11. 2011. Die Einkommensteuer 2010 wurde als Insolvenzforderung zur Tabelle angemeldet. Die nach Eröffnung des Verfahrens durchgeführte Festsetzung der Umsatzsteuer 2010 (vgl. AEAO zu § 251, Nr. 4.3.1) führte zu einer Erstattung.

Mit dem Anspruch auf Einkommensteuernachzahlung 2010 kann gegen den Umsatzsteuererstattungsanspruch 2010 aufgerechnet werden.

Wurden beide Ansprüche nach der Verfahrenseröffnung im Bereich der Insolvenzmasse begründet, ist eine Aufrechnung ebenfalls zulässig.

– wenn ein Insolvenzgläubiger die Möglichkeit der Aufrechnung durch eine anfechtbare Rechtshandlung erlangt hat (§ 96 Abs. 1 Nr. 3 InsO).

Beispiel:

Die Vorsteuer aus der Vergütung des vorläufigen Insolvenzverwalters, welche nach Insolvenzeröffnung in Rechnung gestellt wurde, kann regelmäßig mit zur Zeit der Insolvenzeröffnung bestehenden Forderungen des Finanzamts nicht aufgerechnet werden. Die Rechtshandlung, die der Vorsteuervergütung zugrunde liegt, ist in der kritischen Zeit vor Insolvenzeröffnung erfolgt und stellt daher häufig eine anfechtbare Rechtshandlung dar (vgl. BFH-Urteile vom 2. 11. 2010, VII R 6/10, BStBl 2011 II S. 374, und VII R 62/10, BStBl 2011 II S. 439).

Lagen zum Zeitpunkt der Begründung der Gegenforderung und der Hauptforderung die Anfechtungsvoraussetzungen der §§ 129 ff. InsO nicht vor, ist die Aufrechnung zulässig.

Beispiel:

Die Insolvenzeröffnung erfolgte am 3. 3. 2012 aufgrund des Insolvenzantrags vom 2. 11. 2011. Es wurde eine Umsatzsteuervoranmeldung für Oktober 2011 mit einem Umsatzsteuerguthaben eingereicht, bei der die Guthaben aus Wareneinkäufen aus Juni 2011 beruhen, die Rechnung aber erst im Oktober 2011 erstellt wurde. Die Umsatzsteuervoranmeldung April 2011 führte zu einer Nachzahlung, die zur Tabelle angemeldet wurde.

Das Guthaben aus der Umsatzsteuervoranmeldung Oktober 2011 kann mit der Umsatzsteuer April 2011 aufgerechnet werden.

oder

– wenn ein Gläubiger, dessen Forderung aus dem insolvenzfreien Vermögen des Schuldners zu erfüllen ist, etwas zur Insolvenzmasse schuldet (§ 96 Abs. 1 Nr. 4 InsO).

Beispiel:
Der Schuldner hat aus seiner freigegebenen selbständigen Tätigkeit Umsatzsteuer in Höhe von 10 000 € zu zahlen. Gleichzeitig steht der Insolvenzmasse aus Umsätzen, die der Insolvenzverwalter getätigt hat, eine Umsatzsteuererstattung von 5 000 € zu.
Eine Aufrechnung der Umsatzsteuererstattung zur Masse mit der Zahllast aus dem insolvenzfreien Vermögen ist nicht möglich.
Eine Aufrechnung eines Erstattungsanspruchs aus dem insolvenzfreien Vermögen mit Insolvenzforderungen ist aber zulässig (BFH-Beschluss vom 1. 9. 2010, VII R 35/08, BStBl 2011 II S. 336).

Beispiel:
Der Schuldner erzielt nach der Insolvenzeröffnung ausschließlich Einkünfte aus einer freigegebenen selbständigen Tätigkeit i. H. v. 10 500 € und leistet Einkommensteuervorauszahlungen i. H. v. 400 €. Die Jahressteuer wird auf 150 € festgesetzt.
Der Erstattungsanspruch i. H. v. 250 € steht dem Schuldner zu, weil er die Vorauszahlungen aus dem freigegebenen Vermögen geleistet hat.
Eine Aufrechnung mit Insolvenzforderungen ist möglich.

9. Verteilung der Steuerforderungen und -erstattungsansprüche auf die insolvenzrechtlichen Vermögensbereiche

Ansprüche aus dem Steuerschuldverhältnis können sich gegen unterschiedliche insolvenzrechtliche Vermögensbereiche (vorinsolvenzrechtlicher Vermögensteil, Insolvenzmasse, ggf. insolvenzfreies Vermögen) richten.

9.1 Einkommensteuer

Die Einkommensteuer ist eine Jahressteuer, die mit Ablauf des Kalenderjahres entsteht (zur Entstehung der Einkommensteuervorauszahlungen siehe § 37 Abs. 1 EStG). Die einheitlich ermittelte Jahressteuer ist grundsätzlich im Verhältnis der Einkünfte der verschiedenen insolvenzrechtlichen Vermögensbereichen zuzuordnen. Die Verteilung der Einkünfte auf die einzelnen Vermögensbereiche hat nach Maßgabe der in den einzelnen Abschnitten zu berücksichtigenden Besteuerungsmerkmale insbesondere unter Beachtung der Gewinnermittlungsvorschriften (§ 4 Abs. 1 EStG oder § 4 Abs. 3 EStG) zu erfolgen (BFH-Urteil vom 9. 12. 2014, X R 12/12, BFH/NV 2015 S. 988). Da eine konkrete Zuordnung häufig nicht möglich ist, können die Einkünfte im Schätzungswege zeitanteilig zugeordnet werden, es sei denn, dies führt zu einer offensichtlich unzutreffenden Verteilung z. B. bei Aufdeckung stiller Reserven (BFH-Urteil vom 29. 3. 1984, IV R 271/83, BStBl II S. 602), Auflösung von Rückstellungen oder Einkünften aus insolvenzfreiem Vermögen.

Beispiel:
Das Insolvenzgericht eröffnete am 1. 7. 01 das Insolvenzverfahren. Der Steuerpflichtige erzielte im Jahr 01 insgesamt Einkünfte von 100 000 €. Hiervon entfallen 60 000 € auf die Veräußerung eines Grundstücks durch den Insolvenzverwalter im Oktober 01. Weitere Einkünfte i. H. v. 10 000 € entfallen auf den Gewinn aus einer vom Insolvenzverwalter freigegebenen selbständigen Tätigkeit des Schuldners. Hinsichtlich der restlichen Einkünfte von 30 000 € ist eine Zuordnung auf Zeiträume vor Insolvenzeröffnung und nach Insolvenzeröffnung nicht möglich.
Die Verteilung hat vorrangig nach Zuordnung zu den Geschäftsvorfällen zu erfolgen, da eine zeitanteilige Verteilung aller Einkünfte hier zu einem unzutreffenden Ergebnis führen würde.

A. I. Zu § 251 AO

	Einkünfte	Durch vorinsolvenz-rechtliches Vermögen begründet (vorinsolvenzlicher Vermögensbereich)	Durch Insolvenz-masse begründet (Insolvenzmasse)	Insolvenz-freies Vermögen
Zuordnung nach Geschäftsvorfällen	70 000 €		60 000 €	10 000 €
Zeitanteilig zuge-ordnet	30 000 €	15 000 €	15 000 €	0 €
Summe	**100 000 €**	**15 000 €**	**75 000 €**	**10 000 €**

9.1.1 Einzelveranlagung

Die einheitlich ermittelte Jahressteuer ist im ermittelten Verhältnis der Einkünfte (vgl. AEAO zu § 251, Nr. 9.1) den verschiedenen insolvenzrechtlichen Vermögens-bereichen zuzuordnen.

Beispiel 1:
Das Insolvenzgericht eröffnete auf einen Insolvenzantrag vom 1.6.01 das Insolvenzverfahren über das Vermögen des Schuldners am 1.9.01. Der Steuerpflichtige erzielte im Jahr 01 insgesamt Einkünfte von 120 000 €. Hiervon entfallen 100 000 € auf Zeiträume vor Insolvenz-eröffnung und je 10 000 € auf Einkünfte der Insolvenzmasse (einschließlich Einkünfte i. S. v. § 55 Abs. 4 InsO) und des insolvenzfreien Vermögens. Die einheitlich ermittelte Einkommen-steuer beträgt insgesamt 12 000 €.

Die einheitlich ermittelte Steuer ist den insolvenzrechtlichen Vermögensbereichen im Ver-hältnis der Einkünfte aus den unterschiedlichen Vermögensbereichen zu der Summe der Ein-künfte zuzuordnen:

$$\text{Anteiliger Steuerbetrag} = \frac{\text{anteilige Einkünfte des Vermögensbereichs}}{\text{Summe der Einkünfte}} \times \text{Gesamtsteuerbetrag}$$

	Summe	vorinsolvenzlicher Vermögensbereich	Insolvenzmasse	Insolvenzfreies Vermögen
Einkünfte	120 000 €	100 000 €	10 000 €	10 000 €
Steuer	12 000 €	10 000 €	1 000 €	1 000 €

Die einheitlich ermittelte Steuer wird in Höhe des auf den jeweiligen insolvenzrecht-lichen Vermögensbereich entfallenden Betrages gegenüber diesem festgesetzt (In-solvenzmasse bzw. insolvenzfreies Vermögen) oder berechnet. Vorauszahlungen und Steuerabzugsbeträge werden im Rahmen der Anrechnungsverfügung bei dem insol-venzrechtlichen Vermögensbereich berücksichtigt, aus dem sie geleistet wurden. Steuererstattungsansprüche aufgrund von Steuervorauszahlungen oder Steuer-abzugsbeträgen entstehen in den jeweiligen Vermögensbereichen im Zeitpunkt der Entrichtung der Steuer bzw. des Einbehalts der Steuerabzugsbeträge unter der auf-schiebenden Bedingung, dass am Ende des Veranlagungszeitraums die geschuldete Steuer geringer ist als die Summe aus geleisteten Vorauszahlungen und Steuer-abzugsbeträgen, vgl. § 36 Abs. 4 EStG (BFH-Urteil vom 29.1.1991, VII R 45/90, BFH/NV S. 791). Eine Verrechnung von Erstattungs- mit Nachzahlungsbeträgen verschie-dener Vermögensbereiche im Rahmen der Jahresveranlagung ist nicht statthaft (BFH-Urteil vom 24.2.2015, VII R 27/14, BStBl II S. 993). Die Möglichkeit einer Auf-rechnung z. B. eines Guthabens im vorinsolvenzrechtlichen oder freigegebenen Ver-mögen mit Insolvenzforderungen unter Beachtung insbesondere der §§ 94 ff. InsO bleibt unberührt.

Beispiel 2 (Fortsetzung von Beispiel 1):
Am 10. 3. 01 zahlte der Schuldner 600 € Vorauszahlungen. Die festgesetzte Vorauszahlung für das II. Quartal zahlte er nicht. Am 10. 9. 01 und am 10. 12. 01 zahlte der Insolvenzverwalter jeweils 600 € Vorauszahlungen. Das Finanzamt setzte gegen den Schuldner keine Vorauszahlungen für das insolvenzfreie Vermögen fest.

	Summe	vorinsolvenzlicher Vermögensbereich	Insolvenzmasse	Insolvenzfreies Vermögen
Einkünfte	120 000 €	100 000 €	10 000 €	10 000 €
Steuer	12 000 €	10 000 €	1 000 €	1 000 €
Abzgl. geleistete VZ	1 800 €	600 €	1 200 €	0 €
Ergebnis		9 400 €	−200 €	1 000 €

Zur Tabelle sind 9 400 € als Insolvenzforderung anzumelden. Die auf die Insolvenzmasse entfallende Steuer i. H. v. 1 000 € ist gegenüber dem Insolvenzverwalter festzusetzen. Das sich nach Anrechnung der geleisteten Vorauszahlungen ergebende Guthaben i. H. v. 200 € ist vorbehaltlich der Aufrechnungsmöglichkeit mit weiteren Masseverbindlichkeiten an die Insolvenzmasse zu erstatten. Die auf das insolvenzfreie Vermögen entfallende Steuer i. H. v. 1 000 € ist gegenüber dem Schuldner festzusetzen und der Schuldner zur Zahlung aufzufordern.

9.1.2 Zusammenveranlagung

Im Fall der Zusammenveranlagung von Ehegatten/Lebenspartnern zur Einkommensteuer wirken sich aufgrund der Gesamtschuldnerschaft (§ 44 Abs. 1 AO) die Einkünfte des nicht insolventen Ehegatten/Lebenspartners auch auf die gegenüber den jeweiligen insolvenzrechtlichen Vermögensbereichen festzusetzenden Steuern bzw. zu berechnenden und zur Tabelle anzumeldenden Steuerforderungen aus, so dass eine Verteilung der Einkünfte des nicht insolventen Ehegatten/Lebenspartners auf die unterschiedlichen insolvenzrechtlichen Vermögensbereiche zu erfolgen hat.

Die Verteilung der Einkünfte des nicht insolventen Ehegatten/Lebenspartners auf den Zeitraum vor und nach Insolvenzeröffnung erfolgt zeitanteilig, es sei denn, diese Verteilung ist offensichtlich unzutreffend. Die Verteilung der Einkünfte des nicht insolventen Ehegatten/Lebenspartners, die nach der Insolvenzeröffnung entstanden sind, auf die Insolvenzmasse sowie das insolvenzfreie Vermögen erfolgt im Verhältnis der Einkünfte des insolventen Ehegatten/Lebenspartners in diesen insolvenzrechtlichen Vermögensbereichen.

Beispiel 3:
Das Insolvenzgericht eröffnete am 1. 10. 01 das Insolvenzverfahren über das Vermögen des Schuldners. Der insolvente Ehegatte/Lebenspartner erzielte im Jahr 01 insgesamt Einkünfte von 120 000 €. Hiervon entfallen 100 000 € auf Zeiträume vor Insolvenzeröffnung und 15 000 € auf Einkünfte der Insolvenzmasse sowie 5 000 € auf das insolvenzfreie Vermögen. Der nichtinsolvente Ehegatte/Lebenspartner erzielte 60 000 € im gesamten Jahr. Die einheitlich ermittelte Einkommensteuer beträgt insgesamt 18 000 €. Vorauszahlungen leisteten die Steuerpflichtigen sowie der Insolvenzverwalter nicht.
Die einheitlich ermittelte Steuer ist den insolvenzrechtlichen Vermögensbereichen im Verhältnis der Einkünfte aus den unterschiedlichen Vermögensbereichen zu den Gesamteinkünften beider Ehegatten/Lebenspartner zuzuordnen:

1. Schritt:
Für die Zuordnung der vorinsolvenzrechtlichen und der nachinsolvenzrechtlichen Einkünfte des nicht in Insolvenz befindlichen Ehegatten/Lebenspartners sind die Einkünfte der Ehegatten/Lebenspartner zeitanteilig zu verteilen:

	Summe	vorinsolvenzlicher Vermögensbereich	Insolvenzmasse	Insolvenzfreies Vermögen
Einkünfte insolventer Ehegatte/Lebenspartner (s. Sachverhalt Bsp. 3)	120 000 €	100 000 €	15 000 €	5 000 €
Einkünfte nicht insolventer Ehegatte/ Lebenspartner	60 000 €	45 000 €	15 000 €	

Die vorinsolvenzrechtlichen Einkünfte des nichtinsolventen Ehegatten/Lebenspartners betragen 45 000 € ($9/12$ von 60 000 €).

2. Schritt:
In einem zweiten Schritt sind die nachinsolvenzrechtlichen Einkünfte des nicht in Insolvenz befindlichen Ehegatten/Lebenspartners (15 000 €) auf den Vermögensbereich Insolvenzmasse und, sofern vorhanden, auf das insolvenzfreie Vermögen zu verteilen.

Für diese Zuordnung sind die nachinsolvenzrechtlichen Einkünfte des nichtinsolventen Ehegatten/Lebenspartners nach dem Verhältnis der Einkünfte des insolventen Ehegatten/Lebenspartners in den Vermögensbereichen Insolvenzmasse und insolvenzfreies Vermögen zu verteilen.

	Summe	vorinsolvenzlicher Vermögensbereich	Insolvenzmasse	Insolvenzfreies Vermögen
Einkünfte				
insolventer Ehegatte/ Lebenspartner (s. Sachverhalt)	120 000 €	100 000 €	20 000 € → 15 000 € ($3/4$)	5 000 € ($1/4$)
nicht insolventer Ehegatte/Lebenspartner (s. 1. Schritt)	60 000 €	45 000 €	15 000 € → 11 250 € ($3/4$)	3 750 € ($1/4$)
Zwischensumme	180 000 €	145 000 €	26 250 €	8 750 €
Steuer	18 000 €	14 500 €	2 625 €	875 €

Ergebnis zu Beispiel 3:
Insolvenzforderungen sind i. H. v. 14 500 € zur Tabelle anzumelden. Gegen den Insolvenzverwalter sind Masseforderungen i. H. v. 2 625 € festzusetzen und gegen den insolventen Schuldner 875 € für den insolvenzfreien Bereich. Gegen den nicht insolventen Ehegatten/Lebenspartner ist eine Steuer i. H. v. 18 000 € festzusetzen, da er insoweit Gesamtschuldner ist.

Vorauszahlungen/anzurechnende Steuerabzugsbeträge
Sind Vorauszahlungen gegen den nicht insolventen Ehegatten/Lebenspartner festgesetzt und geleistet worden, sind diese Vorauszahlungen entsprechend des Zahlungszeitpunkts auf die vor- und nachinsolvenzrechtlichen Vermögensbereiche zu verteilen. Die Verteilung innerhalb der nachinsolvenzrechtlichen Vermögensbereiche Insolvenzmasse und insolvenzfreies Vermögen erfolgt im Verhältnis der Einkünfte des insolventen Ehegatten/Lebenspartners in diesem Vermögensbereich. Dies gilt entsprechend für die Zuordnung der anzurechnenden Steuerabzugsbeträge des nicht insolventen Ehegatten/Lebenspartners.

Beispiel 4 (Fortsetzung von Beispiel 3):
Der Schuldner leistete keine Vorauszahlungen. Am 10.12.01 zahlte der Insolvenzverwalter 600 € Vorauszahlungen. Das Finanzamt setzte gegen den Schuldner keine Vorauszahlungen für das insolvenzfreie Vermögen fest. Der nicht insolvente Ehegatte/Lebenspartner leistete Vorauszahlungen zu den jeweiligen Fälligkeitszeitpunkten i. H. v. insgesamt 400 € (jeweils 100 €).

	Summe	vorinsolvenzlicher Vermögensbereich	Insolvenzmasse	Insolvenzfreies Vermögen
Einkünfte				
insolventer Ehegatte/Lebenspartner (s. Sachverhalt)	120 000 €	100 000 €	15 000 €	5 000 €
nicht insolventer Ehegatte/Lebenspartner (s. 1. + 2. Schritt)	60 000 €	45 000 €	11 250 €	3 750 €
Zwischensumme	180 000 €	145 000 €	26 250 €	8 750 €
Steuer	18 000 €	14 500 €	2 625 €	875 €
abzgl. geleistete VZ InsO-Schuldner	–	–	–	–
abzgl. geleistete VZ InsO-Verwalter	600 €	–	600 €	–
abzgl. geleistete VZ nicht insolventer Ehegatte/Lebenspartner	400 €	300 €	100 € → 75 € ($^3/_4$)	25 € ($^1/_4$)
Ergebnis	17 000 €	14 200 €	1 950 €	850 €

600 € geleistete Vorauszahlungen sind im Bereich der Insolvenzmasse abzuziehen. Die Vorauszahlungen i. H. v. 300 €, die der nicht insolvente Ehegatte/Lebenspartner vor der Insolvenzeröffnung geleistet hatte, sind im Bereich der Insolvenzforderungen abzuziehen. Die Vorauszahlung für das IV. Quartal i. H. v. 100 € ist im Verhältnis $^3/_4$ zu $^1/_4$ (= Verhältnis der Einkünfte des insolventen Ehegatten/Lebenspartners in diesem Bereich) in den Bereichen Insolvenzmasse und insolvenzfreies Vermögen zu berücksichtigen.

Insolvenzforderungen sind i. H. v. 14 200 € zur Tabelle anzumelden. Der Insolvenzverwalter ist zur Zahlung von Masseverbindlichkeiten i. H. v. 1 950 € und der Schuldner für den insolvenzfreien Bereich i. H. v. 850 € aufzufordern.

Gegenüber dem nicht insolventen Ehegatten/Lebenspartner erfolgt eine Steuerfestsetzung i. H. v. 18 000 €. Ferner ist er als Gesamtschuldner zur Zahlung von 17 000 € aufzufordern.

9.1.3 Berücksichtigung von Verlustvor- und -rückträgen

Durch die Berücksichtigung des verbleibenden Verlustvortrags aus dem Vorjahr und dem Verlustrücktrag aus dem Folgejahr bei der Ermittlung des Aufteilungsquotienten wird die Herkunft der negativen Einkünfte aus Zeiträumen vor oder nach Eröffnung des Insolvenzverfahrens entsprechend der insolvenzrechtlichen Begründetheit (§ 38 InsO) berücksichtigt. Zudem wird der Vorgabe des § 10d Abs. 1 und Abs. 2 EStG Rechnung getragen, wonach nicht ausgeglichene negative Einkünfte vorrangig vor Sonderausgaben, außergewöhnlichen Belastungen und sonstigen Abzugsbeträgen abzuziehen sind.

A. I. Zu § 251 AO

Das Antragsrecht nach § 10d Abs. 1 Satz 5 EStG (Verzicht bzw. Beschränkung des Verlustrücktrags) steht jeweils demjenigen zu, dem die Verfügungsbefugnis über den Vermögensbereich obliegt, in dem der jeweilige Verlust entstanden ist.
Der zum 31.12. eines Jahres verbleibende Verlustvortrag ist vorrangig von den Einkünften des Vermögensbereichs abzuziehen, in dem er begründet worden ist. Ein übersteigender verbleibender Verlustvortrag ist quotal von den vom Insolvenzverwalter erzielten Einkünften und von insolvenzfreien Einkünften abzuziehen.
Die vorstehend beschriebene Berücksichtigung der Verlustvorträge erfolgt auch in den Fällen, in denen aufgrund von § 251 Abs. 2 Satz 1 AO und § 87 InsO nur eine Berechnung des Verlustvortrags durchgeführt worden ist.

Beispiel 5:
Gegen den Insolvenzschuldner wird für 00 eine Einkommensteuer von 0 € festgesetzt. Ein Verlustvortrag wird nicht festgestellt. Im Jahr 01 erzielt der Insolvenzschuldner Einkünfte aus Gewerbebetrieb i. S. v. § 15 EStG i. H. v. –5 000 €. Im Jahr 02, dem Jahr der Insolvenzeröffnung, erzielt der Insolvenzschuldner Einkünfte aus Gewerbebetrieb gem. § 15 EStG i. H. v. insgesamt –40 000 €, davon entfallen –15 000 € auf den vorinsolvenzrechtlichen Vermögensbereich und –25 000 € auf die Insolvenzmasse.
Im folgenden Jahr erzielt der Insolvenzschuldner Einkünfte i.␣V. 30 000 €. Hiervon entfallen 3 000 € auf Einkünfte der Insolvenzmasse (Einkünfte aus Gewerbebetrieb gem. § 15 EStG) sowie 27 000 € auf das insolvenzfreie Vermögen (Einkünfte aus nichtselbständiger Tätigkeit gem. § 19 EStG). Vorauszahlungen leistete der Insolvenzverwalter nicht. Die anzurechnenden Beträge sind geringer als die Jahressteuer.
Der verbleibende Verlustvortrag, der aus dem Bereich der Insolvenzmasse entstammt, ist zunächst mit den positiven Einkünften der Insolvenzmasse i. H. v. 3 000 € zu verrechnen. Der danach verbleibende Verlustvortrag i. H. v. 42 000 € (Summe der anteiligen Verlustvorträge im vorinsolvenzrechtlichen Bereich sowie im Bereich der Insolvenzmasse) ist quotal (27 000 € x 20 000 € / 42 000 € = 12 857 € sowie 27 000 € x 22 000 € / 42 000 € = 14 143 €) mit den positiven Einkünften aus dem Bereich des insolvenzfreien Vermögens zu verrechnen.
Der vortragsfähige Verlust entwickelt sich wie folgt:

VZ	vorinsolvenzlicher Vermögensbereich	Insolvenzmasse	Insolvenzfreies Vermögen	Summe
Verlustvortrag 31.12.01	–5 000 €			–5 000 €
Einkünfte 02	–15 000 €	–25 000 €		
Verlustvortrag 31.12.02	–20 000 €	–25 000 €		–45 000 €
Einkünfte Insolvenzmasse 03		3 000 €		
Zwischensumme	–20 000 €	–22 000 €		–42 000 €
Einkünfte insolvenzfreies Vermögen 03			27 000 €	
Verlustabzug	12 857 €	14 143 €	–27 000 €	
Verlustvortrag 31.12.03	–7 143 €	–7 857 €	0 €	–15 000 €

Der Verlustrücktrag nach § 10d Abs. 1 EStG aus dem Veranlagungszeitraum nach Insolvenzeröffnung (Folgejahr) ist zunächst von den Einkünften desjenigen Vermögensbereichs abzuziehen, in welchem im Folgejahr nicht ausgeglichene negative Einkünfte angefallen sind. Ein danach verbleibender Verlustrücktrag ist ggf. dem zweiten Vermögensbereich (Masseverbindlichkeit bzw. insolvenzfreier Bereich) zuzuordnen. Ein etwaiger Rest ist schließlich von den Einkünften abzuziehen, die auf den Zeitraum vor Eröffnung des Insolvenzverfahrens entfallen.

9.1.4 Einkommensteuererstattungen

Einkommensteuererstattungen, die sich bei einer nach Insolvenzeröffnung vorgenommenen Veranlagung ergeben, stellen, soweit sie nicht ausnahmsweise dem insolvenzfreien Vermögen zuzurechnen sind, grundsätzlich Vermögenswerte der Insolvenzmasse dar (§ 35 Abs. 1 InsO). Sie sind daher grundsätzlich an die Insolvenzmasse auszukehren, sofern keine Aufrechnungsmöglichkeit besteht.

Einkommensteuererstattungen, die während des Insolvenzverfahrens begründet werden und aus einer Lohnsteuerüberzahlung resultieren, gehören in vollem Umfang zur Insolvenzmasse (vgl. BFH-Beschluss vom 29. 1. 2010, VII B 188/09, BFH/NV S. 1243).

Hat der Schuldner nach Freigabe der selbständigen Tätigkeit Einkommensteuervorauszahlungen aus dem insolvenzfreien Vermögen geleistet und ergeben sich hieraus Einkommensteuererstattungen, fallen diese grundsätzlich in das insolvenzfreie Vermögen und sind vorbehaltlich der Aufrechnung an den Schuldner auszukehren (vgl. BFH-Urteil vom 26. 11. 2014, VII R 32/13, BStBl 2015 II S. 561).

Ergibt sich bei Ehegatten/Lebenspartnern bei der Zusammenveranlagung eine Steuererstattung, liegt im Gegensatz zur Gesamtschuldnerschaft bei Steuerschulden keine Gesamtgläubigerschaft vor. Für die Verteilung zwischen ihnen sind die sich aus § 37 Abs. 2 AO ergebenden Grundsätze anzuwenden (vgl. AEAO zu § 37 und BMF-Schreiben vom 14. 1. 2015, BStBl I S. 83). Vorauszahlungen aufgrund eines an beide Ehegatten/Lebenspartner gemeinsam gerichteten Vorauszahlungsbescheids ohne individuelle Tilgungsbestimmung sind unabhängig davon, ob die Ehegatten/Lebenspartner später zusammen oder getrennt veranlagt werden, zunächst auf die festgesetzten Steuern beider Ehegatten/Lebenspartner anzurechnen (BFH-Urteil vom 22. 3. 2011, VII R 42/10, BStBl II S. 607). Dies gilt auch für die vom nicht insolventen Ehegatten/Lebenspartner nach Insolvenzeröffnung ohne individuelle Tilgungsbestimmung geleisteten Vorauszahlungen (BFH-Urteil vom 30. 9. 2008, VII R 18/08, BStBl 2009 II S. 38).

Ergibt sich aus dieser Verteilung ein Erstattungsbetrag für den insolventen Ehegatten/Lebenspartner, so ist der Erstattungsbetrag auf den vor- und nachinsolvenzlichen Zeitraum unter Berücksichtigung der sich in den Vermögensbereichen aufgrund der dort zu berücksichtigenden geleisteten Vorauszahlungen und Steuerabzugsbeträgen ggf. ergebenden Guthaben zu verteilen. Zahlungen des Insolvenzverwalters werden für die Verteilung des Erstattungsbetrages nach § 37 Abs. 2 AO dem insolventen Ehegatten/Lebenspartner zugerechnet, wobei der Insolvenzverwalter ausschließlich die auf die Insolvenzmasse entfallende Steuerschuld zahlt.

Beispiel 6:
Im Rahmen einer Zusammenveranlagung von Ehegatten/Lebenspartnern, bei denen sich nur ein Ehegatte/Lebenspartner in Insolvenz befindet, ergibt sich eine Jahressteuer von 18 000 €, die i. H. v. 14 500 € auf den vorinsolvenzrechtlichen Vermögensteil und i. H. v. 3 500 € auf die Insolvenzmasse entfällt.

Folgende geleistete Vorauszahlungen sind anzurechnen:

– Schuldner		10 000 €
– Insolvenzverwalter		600 €
sowie		
– Nicht insolventer Ehegatte/Lebenspartner	bis zur Insolvenzeröffnung	300 €
	nach Insolvenzeröffnung	8 100 €

Vorauszahlungen und Steuerabzugsbeträge werden bei den insolvenzrechtlichen Vermögensbereichen berücksichtigt, aus denen sie geleistet wurden.

	Summe	vorinsolvenzlicher Vermögensbereich	Insolvenzmasse	
Steuer	18 000 €	14 500 €	3 500 €	
abzgl. geleistete VZ InsO-Schuldner	10 000 €	10 000 €	–	
abzgl. geleistete VZ InsO-Verwalter	600 €	–	600 €	
abzgl. geleistete VZ nicht insolventer Ehegatte/Lebenspartner	8 400 €	300 €	8 100 €	
Zwischensumme	–1 000 €	4 200 €	–5 200 €	
	–515,79 €	–484,21 €	–2 779,31 €	–2 420,69 €

Die Verteilung des Erstattungsbetrages auf die Ehegatten/Lebenspartner erfolgt zunächst nach § 37 Abs. 2 AO.

Die anschließende Verteilung des auf den insolventen Ehegatten/Lebenspartner entfallenden Erstattungsbetrages auf den vor- und nachinsolvenzlichen Zeitraum erfolgt unter Berücksichtigung des sich im Vermögensbereich Insolvenzmasse ergebenden Guthabens aufgrund der dort zu berücksichtigenden geleisteten Vorauszahlungen und Steuerabzugsbeträge.

1. Verteilung des Erstattungsbetrages der Veranlagung zwischen den Ehegatten/Lebenspartnern

Insolventer Ehegatte/Lebenspartner:

$-1\,000\,€ \times [(^1/_2 \times 10\,000\,€) + 600\,€ + (^1/_2 \times 8\,400\,€)/19\,000\,€] = \underline{-515,79\,€}$.

Nicht insolventer Ehegatte/Lebenspartner:

$-1\,000\,€ \times [(^1/_2 \times 10\,000\,€) + (^1/_2 \times 8\,400\,€)/19\,000\,€] = \underline{-484,21\,€}$.

2. Verteilung des nachinsolvenzlichen Erstattungsbetrages zwischen den Ehegatten/Lebenspartnern

Insolventer Ehegatte/Lebenspartner:

$-5\,200\,€ \times [600\,€ + (^1/_2 \times 8\,100\,€)/8\,700\,€] = \underline{-2\,779,31\,€}$.

Nicht insolventer Ehegatte/Lebenspartner:

$-5\,200\,€ \times [^1/_2 \times 8\,100\,€/8\,700\,€] = \underline{-2\,420,69\,€}$.

Die nachinsolvenzlich begründete Einkommensteuer i. H. v. 3 500 € ist gegenüber dem Insolvenzverwalter festzusetzen und der sich nach Anrechnung der geleisteten Vorauszahlungen für die Insolvenzmasse ergebende Erstattungsanspruch i. H. v. 2 779,31 € an diese vorbehaltlich der Aufrechnungsmöglichkeit mit Masseverbindlichkeiten zu erstatten.

Zur Insolvenztabelle ist eine Forderung i. H. v. 2 263,52 € (= 2 779,31 € – 515,79 €) anzumelden, die sich aus dem auf den insolventen Ehegatten/Lebenspartner aus der Veranlagung entfallenden Erstattungsbetrag i. H. v. 515,79 € unter Berücksichtigung des nachinsolvenzlichen Erstattungsbetrages i. H. v. 2 779,31 € zusammensetzt. Gegenüber dem nicht insolventen Ehegatten/Lebenspartner erfolgt eine Steuerfestsetzung i. H. v. 18 000 €. Der anteilig aus der Jahresveranlagung auf diesen entfallende Erstattungsbetrag i. H. v. 484,21 € ist vorbehaltlich etwaiger Aufrechnungsmöglichkeiten zu erstatten.

9.2 Umsatzsteuer

Durch die Eröffnung des Insolvenzverfahrens über das Vermögen des leistenden Unternehmers kommt es zu einer Aufspaltung des Unternehmens in mehrere selbständige Unternehmensteile. Dabei handelt es sich um die Insolvenzmasse und das vom Insolvenzverwalter freigegebene Vermögen sowie einen vorinsolvenzrechtlichen Unternehmensteil. Dies gilt auch in den Fällen der Eröffnung unter Anordnung der Eigenverwaltung (§ 270 Abs. 1 Satz 1 InsO) sowie in den Fällen der Bestellung eines vorläufigen Insolvenzverwalters, wenn für den Schuldner ein allgemeines Verfügungsverbot angeordnet worden ist (§ 21 Abs. 2 Nr. 2 InsO). Bei den selbständigen Unternehmensteilen handelt es sich um die Insolvenzmasse und das vom Insolvenzverwalter freigegebene Vermögen sowie um einen vorinsolvenzrechtlichen Unternehmensteil. Die Eingangs- und Ausgangsumsätze sind dem Unternehmensteil zuzuordnen, der sie ausgeführt hat.

Zur Wahrung des Grundsatzes der Unternehmenseinheit reicht es aus, dass die Summe der für alle Unternehmensteile insgesamt festgesetzten oder angemeldeten Umsatzsteuer der Umsatzsteuer für das gesamte Unternehmen entspricht (vgl. BFH-Urteil vom 9. 12. 2010, V R 22/10, BStBl 2011 II S. 996).

Dabei können Erstattungsansprüche zugunsten eines Unternehmensteils entstehen, während sich für denselben Besteuerungszeitraum Nachforderungen gegen einen anderen Unternehmensteil ergeben können.

Zu den Einzelheiten wird insbesondere auf Abschnitt 17.1 Abs. 11 bis 16 UStAE sowie auf das BMF-Schreiben vom 20. 5. 2015, BStBl I S. 476, ergänzt durch BMF-Schreiben vom 18. 11. 2015, BStBl I S. 886, verwiesen.

Hinsichtlich der Verwertung von Sicherungsgut wird insbesondere auf Abschnitt 1.2 UStAE und auf das BMF-Schreiben vom 30. 4. 2014, BStBl I S. 816, verwiesen.

10. Befriedigung der Insolvenzgläubiger

Die Insolvenzordnung sieht zur Befriedigung der Insolvenzgläubiger grundsätzlich die Verwertung der Insolvenzmasse und die Verteilung des Erlöses nach den Vorschriften der Insolvenzordnung vor (§§ 159 ff., 187 ff. InsO). Abweichend dazu kann die Befriedigung der Gläubiger und die Verwertung der Insolvenzmasse und deren Verteilung an die Beteiligten durch einen Insolvenzplan (§§ 217 ff. InsO) geregelt werden. Die Entscheidung über den Fortgang des Verfahrens (Stilllegung oder Fortführung, Verfahren nach den Vorschriften der InsO oder nach den Regelungen eines Insolvenzplanes) trifft die Gläubigerversammlung.

11. Insolvenzplan

In einem Insolvenzplan (§§ 217 ff. InsO), der vom Insolvenzverwalter – ggf. im Auftrag der Gläubigerversammlung (§ 157 InsO) – oder vom Schuldner selbst eingebracht werden kann, können abweichend von den gesetzlichen Regelungen des Insolvenzverfahrens z. B. geregelt werden:

– die Befriedigung der Gläubiger (einschließlich der Absonderungsgläubiger),
– die Verwertung der Insolvenzmasse,
– die Verteilung der Insolvenzmasse an die Beteiligten und
– die Inanspruchnahme des Schuldners nach Verfahrensbeendigung.

Über die Wirksamkeit eines Insolvenzplans stimmen die Gläubiger in Gruppen ab, soweit ihnen gem. § 77 InsO ein Stimmrecht im Verfahren eingeräumt ist (§§ 222, 235 ff. InsO).

§ 225a InsO sieht für ab dem 1.3.2012 beantragte Insolvenzverfahren die Möglichkeit der Umwandlung von Gläubigerforderungen in Mitgliedschafts- oder Anteilsrechte („Debt-Equity-Swap") vor, die die zustimmende Erklärung des betroffenen Gläubigers voraussetzt. Diese Zustimmung zu erteilen, obliegt der steuerverwaltenden Körperschaft (§ 252 AO). Eine Zustimmung zur Umwandlung von Gläubigerforderungen in Anteils- oder Mitgliedschaftsrechte darf nur unter Beachtung der einschlägigen Vorschriften (insbesondere Haushaltsordnungen) der jeweiligen steuerverwaltenden Körperschaft erfolgen. Die Voraussetzungen zum Erwerb von Beteiligungen an privatrechtlichen Unternehmen und damit zur Zustimmung zu einem derartigen Plan liegen regelmäßig nicht vor, da die unternehmerische Betätigung des Landes oder des Bundes auf die Verfolgung von wichtigen Interessen des Landes bzw. des Bundes zu beschränken ist.

Weist das Insolvenzgericht den Plan nicht zurück, hat das Finanzamt zu prüfen, ob sämtliche angemeldeten Ansprüche enthalten sind und das Finanzamt durch den Plan nicht schlechter gestellt wird, als es ohne den Plan stünde.

Soweit auf Steuerforderungen, die Gegenstand des Insolvenzplans sind, verzichtet wurde, werden diese mit Bestätigung des Plans zu unvollkommenen Forderungen. Sie sind zwar erfüllbar, können aber grundsätzlich gegen den Schuldner nicht mehr geltend gemacht werden. Die Möglichkeit der Inanspruchnahme Dritter im Wege der Haftung bleibt bestehen, soweit nicht ein Haftungsausschluss nach § 227 Abs. 2 InsO in Betracht kommt.

Ein bei Eröffnung des Insolvenzverfahrens bestehendes Aufrechnungsrecht bleibt auch dann erhalten, wenn die aufgerechnete Gegenforderung nach einem rechtskräftig bestätigten Insolvenzplan als erlassen gilt (BGH-Urteil vom 19.5.2011, IX ZR 222/08, WM S. 1182).

Auf Abschnitt 61 VollstrA wird hingewiesen.

12. Verbraucherinsolvenzverfahren nach §§ 304 ff. InsO

Die nachstehenden Ausführungen gelten für nach dem 30.6.2014 beantragte Insolvenzverfahren. Für vor dem 1.7.2014 beantragte Verfahren gelten die Ausführungen des AEAO zu § 251, Nr. 12 in der Fassung vom 31.1.2014, BStBl I S. 290.

Natürliche Personen, die keine selbständige gewerbliche oder freiberufliche Tätigkeit ausüben oder ausgeübt haben, können das Verbraucherinsolvenzverfahren nach §§ 304 ff. InsO beantragen. Dies gilt auch für Personen, die eine selbständige Tätigkeit ausgeübt haben, wenn ihre Vermögensverhältnisse überschaubar sind und gegen sie keine Forderungen aus Arbeitsverhältnissen bestehen. Überschaubar sind Vermögensverhältnisse, wenn der Schuldner zu dem Zeitpunkt, zu dem der Antrag auf Eröffnung des Insolvenzverfahrens gestellt wird, weniger als 20 Gläubiger hat. Forderungen aus Arbeitsverhältnissen sind nicht nur die Ansprüche der ehemaligen Arbeitnehmer selbst, sondern auch die Forderungen von Sozialversicherungsträgern und Finanzämtern (z.B. Lohnsteuerforderungen). Der geschäftsführende Alleingesellschafter einer GmbH übt eine selbständige wirtschaftliche Tätigkeit aus. Wird dieser für Lohnsteuerrückstände der GmbH in Haftung genommen, handelt es sich um Forderungen aus Arbeitsverhältnissen i.S.d. § 304 Abs. 1 InsO (BGH-Beschluss vom 22.9.2005, IX ZR 55/04, WM S. 918).

Das Verfahren gliedert sich in drei Abschnitte. Zunächst hat der Schuldner eine außergerichtliche Einigung mit seinen Gläubigern ernsthaft anzustreben (AEAO zu § 251, Nr. 12.1). Gelingt ihm dies nicht, wird auf seinen Antrag ein gerichtliches Schuldenbereinigungsverfahren durchgeführt (AEAO zu § 251, Nr. 12.2). Scheitert auch dies, schließt sich ein Insolvenzverfahren an (AEAO zu § 251, Nr. 12.3).

12.1 Außergerichtlicher Einigungsversuch

Der Schuldner hat den Gläubigern und damit ggf. auch dem Finanzamt zum Zweck der außergerichtlichen Einigung unter anderem z.B. ein Vermögensverzeichnis, eine Aufstellung seiner Verbindlichkeiten und Gläubiger sowie einen Plan zur Schuldenregulierung vorzulegen (vgl. § 305 Abs. 1 InsO).

Das Finanzamt kann nur im Rahmen einer persönlichen Billigkeitsmaßnahme Ansprüche aus dem Steuerschuldverhältnis abweichend festsetzen, stunden oder erlassen. Wird ein Erlass gewährt, erlischt der Anspruch aus dem Steuerschuldverhältnis gem. § 47 AO.
Zu den vom Finanzamt zu beachtenden Grundsätzen bei der Bearbeitung von Anträgen auf außergerichtliche Schuldenbereinigung i. S. v. § 305 Abs. 1 Nr. 1 InsO wird auf das BMF-Schreiben vom 11. 1. 2002, BStBl I S. 132, hingewiesen.

12.2 Schuldenbereinigungsverfahren

Scheitert der ernsthafte Versuch des Schuldners, eine außergerichtliche Einigung herbeizuführen, so kann er die Eröffnung des Insolvenzverfahrens beantragen.

Mit einem Antrag auf Eröffnung des Insolvenzverfahrens hat der Schuldner die in § 305 Abs. 1 InsO genannten Unterlagen und Erklärungen, insbesondere einen Schuldenbereinigungsplan, vorzulegen. Bei einem inhaltlich ordnungsgemäßen Antrag erklärt das Insolvenzgericht das Insolvenzverfahren bis zur Entscheidung über den Schuldenbereinigungsplan für ruhend (§ 306 Abs. 1 Satz 1 InsO). Das Insolvenzgericht stellt den vom Schuldner genannten Gläubigern gem. § 307 Abs. 1 InsO den Schuldenbereinigungsplan und die Vermögensübersicht zur Stellungnahme binnen einer Notfrist von einem Monat zu.

Das Finanzamt hat die vom Gericht zugestellte Vermögensübersicht und den Schuldenbereinigungsplan unter Beteiligung aller in Betracht kommenden Dienststellen unverzüglich daraufhin zu überprüfen, ob alle bis zum Ablauf der vom Gericht genannten Frist entstandenen Abgabenansprüche (zum Beispiel entstandene, aber noch nicht festgesetzte Abgabenforderungen) aufgenommen worden sind. Noch nicht festgesetzte oder angemeldete Steueransprüche, die bis zum Ablauf der Notfrist entstehen, sind erforderlichenfalls im Schätzungswege zu ermitteln.

Während das Verfahren über den Antrag auf Eröffnung des Insolvenzverfahrens ruht (§ 306 Abs. 1 Satz 1 InsO), sind – unabhängig von etwaigen Sicherungsmaßnahmen des Insolvenzgerichts (§ 306 Abs. 2 InsO) – alle Verwaltungsakte weiterhin dem Schuldner bekannt zu geben.

Gibt das Finanzamt innerhalb der Frist von einem Monat keine Stellungnahme ab, gilt dies nach § 307 Abs. 2 Satz 1 InsO als Einverständnis.

Die unterlassene Ergänzung der Abgabenforderungen hat – falls keine Wiedereinsetzungsgründe vorliegen – die Folge, dass nicht oder nicht in der richtigen Höhe geltend gemachte Forderungen nach § 308 Abs. 3 Satz 2 InsO erlöschen, wenn der Schuldenbereinigungsplan angenommen wird.

Der Schuldenbereinigungsplan gilt als angenommen, wenn
- alle Gläubiger zugestimmt haben,
- kein Gläubiger Einwendungen erhoben hat oder
- die Zustimmung eines oder mehrerer Gläubiger nach § 309 InsO ersetzt wird.

Die Zustimmung des Finanzamts orientiert sich an den im BMF-Schreiben vom 11. 1. 2002, BStBl I S. 132, dargestellten Grundsätzen zur außergerichtlichen Einigung. Dabei ist zu beachten, dass akzessorische Sicherheiten (z. B. Zwangshypothek) erlöschen, wenn der Plan keine abweichende Regelung vorsieht. Erforderlichenfalls sind daher entsprechende Einwendungen gegen den Plan zu erheben.

Da bei Nichterfüllung des Plans eine Wiederauflebensklausel gesetzlich nicht vorgesehen ist, soll das Finanzamt in seiner Stellungnahme auf eine solche hinwirken.

Das Insolvenzgericht ersetzt die Zustimmung eines Gläubigers unter den Voraussetzungen des § 309 Abs. 1 InsO und hat dazu den Betroffenen zu hören. Eine gerichtliche Ersetzung der Zustimmung ist jedoch nach § 309 Abs. 3 InsO ausgeschlossen, wenn das Finanzamt glaubhaft macht, dass die Angaben des Schuldners im Schuldenbereinigungsplan dem Grunde oder der Höhe nach unrichtig sind und es deshalb nicht angemessen beteiligt wird.

Das Insolvenzgericht entscheidet über die Ersetzung durch Beschluss. Dagegen stehen dem Antragsteller und dem Gläubiger, dessen Zustimmung ersetzt wird, die sofortige Beschwerde zu (§ 309 Abs. 2 Satz 3 InsO).

Der angenommene Schuldenbereinigungsplan hat nach § 308 Abs. 1 Satz 2 InsO die Wirkung eines (Prozess-)Vergleichs i. S. d. § 794 Abs. 1 Nr. 1 ZPO.

§ 308 Abs. 3 InsO stellt im Interesse des Gläubigerschutzes klar, dass Gläubiger, die keine Möglichkeit der Mitwirkung an dem Schuldenbereinigungsplan hatten, keinen Rechtsverlust erleiden. Dies ist allerdings nur denkbar, wenn dem Finanzamt kein Schuldenbereinigungsplan zur Stellungnahme zugestellt wurde. Allerdings kann sich der Gläubiger der Wirkung des Schuldenbereinigungsplans nicht durch eine unvollständige Forderungsaufstellung, unterlassene oder unzureichende Nachbesserung des Schuldenbereinigungsplans entziehen.

Das Verfahren über den Eröffnungsantrag wird wieder aufgenommen, wenn das Insolvenzgericht nach Anhörung des Schuldners zu der Überzeugung gelangt, dass der Schuldenbereinigungsplan voraussichtlich nicht angenommen wird (§ 306 Abs. 1 Satz 3 InsO) oder Einwendungen gegen den Schuldenbereinigungsplan erhoben werden, die vom Gericht nicht gem. § 309 InsO durch gerichtliche Zustimmung ersetzt werden (§ 311 InsO). Ein erneuter Antrag des Schuldners ist nicht erforderlich.

Soweit ein Gläubiger einen Antrag auf Eröffnung des Insolvenzverfahrens stellt und der Schuldner keinen Eigenantrag nachreicht (§ 306 Abs. 3 InsO), findet ein Schuldenbereinigungsverfahren nicht statt. In diesem Fall ist – wie im Fall des Scheiterns des Schuldenbereinigungsverfahrens – ein Insolvenzverfahren durchzuführen.

Im Übrigen wird auf Abschnitt 63 VollstrA hingewiesen.

12.3 Eröffnetes Insolvenzverfahren

Grundsätzlich sind die Bestimmungen für das Regelinsolvenzverfahren anzuwenden.

Auch ein Insolvenzplan kann durchgeführt werden (siehe AEAO zu § 251, Nr. 11). Dies gilt auch für Verfahren, die vor dem 1. 7. 2014 beantragt worden sind (Artikel 103h EGInsO). Die Regelungen zur Eigenverwaltung gelten jedoch nicht (§ 270 Abs. 1 Satz 3 InsO).

Im Übrigen wird auf Abschnitt 63 VollstrA hingewiesen.

13. Eigenverwaltung

Die Vorschriften der Eigenverwaltung gelten nicht für Verbraucherinsolvenzverfahren i. S. v. §§ 304 ff. InsO (§ 270 Abs. 1 Satz 3 InsO).

13.1 Vorbereitung einer Sanierung nach § 270b InsO

Bei einer angestrebten Sanierung nach § 270b InsO kann das Insolvenzgericht auf Antrag des Schuldners eine Frist zur Vorlage eines Insolvenzplans bestimmen (§ 270b Abs. 1 Satz 1 InsO). Die Frist darf höchstens drei Monate betragen.

Stimmt das Gericht dem Antrag des Schuldners zu, hat es einen vorläufigen Sachwalter (§ 270a Abs. 1 InsO) zu bestellen und kann vorläufige Maßnahmen nach § 21 Abs. 1 und 2 Nr. 1a, 3 bis 5 InsO anordnen. Auf Antrag des Schuldners hat es ein Vollstreckungsverbot nach § 21 Abs. 2 Nr. 3 InsO anzuordnen. Des Weiteren hat das Gericht auf Antrag des Schuldners anzuordnen, dass der Schuldner Masseverbindlichkeiten begründet. § 55 Abs. 2 InsO gilt entsprechend.

Spätestens nach Ablauf der Frist nach § 270b Abs. 1 Satz 1 InsO hat das Gericht über den Antrag auf Insolvenzeröffnung zu entscheiden. Ist es dem Schuldner innerhalb der Frist nach § 270b Abs. 1 Satz 1 InsO gelungen, dem Gericht einen Insolvenzplan vorzulegen, so wird über den Plan im eröffneten Insolvenzverfahren nach den allgemeinen Vorschriften über den Insolvenzplan entschieden.

13.2 Eröffnung des Insolvenzverfahrens

Auf Antrag des Schuldners oder der Gläubigerversammlung kann das Insolvenzgericht die Eigenverwaltung der Insolvenzmasse gem. §§ 270 ff. InsO unter der Aufsicht eines Sachwalters anordnen, wenn dadurch nicht Gläubigerinteressen beeinträchtigt werden (z. B. durch Verfahrensverzögerung).

Die insolvenzrechtlichen Vorschriften bleiben durch die Eigenverwaltung – von wenigen Ausnahmen abgesehen – unberührt. Im Grunde sind nur Befugnisse des Insolvenzverwalters auf den Schuldner selbst zu übertragen. Insolvenzforderungen sind schriftlich beim Sachwalter zur Tabelle anzumelden (§ 270c InsO).

Auswirkungen auf das Besteuerungsverfahren (z. B. die Veranlagungszeiträume) ergeben sich durch die Anordnung der Eigenverwaltung nicht. Umsatzsteuerlich kommt es aber mit der Eröffnung des Insolvenzverfahrens zu einer Aufspaltung des Unternehmens in mehrere Unternehmensteile, zwischen denen einzelne umsatzsteuerrechtliche Berechtigungen und Verpflichtungen nicht miteinander verrechnet werden können. Zu den Einzelheiten vgl. AEAO zu § 251, Nr. 9.2 sowie UStAE Abschnitt 17.1 Abs. 11. Da der Schuldner im Fall der Eigenverwaltung jedoch selbst rechtsgeschäftlich mit Verfügungsbefugnis handeln kann, der Sachwalter demgegenüber nur Kontroll- und Aufsichtspflichten ausübt, ist der Schuldner selbst steuerlich als Vertreter der Insolvenzmasse i. S. v. §§ 34, 35 AO anzusehen. Daher ist er Bekanntgabeadressat für alle die Insolvenzmasse betreffenden Verwaltungsakte.

Die Eigenverwaltung kann auf Antrag der Gläubigerversammlung, des Schuldners oder eines Gläubigers, der entsprechende Gründe glaubhaft zu machen hat, aufgehoben werden (§ 272 InsO).

14. Vorgehensweise nach Aufhebung des Insolvenzverfahrens

Mit Aufhebung des Insolvenzverfahrens erhält der Schuldner die Verwaltungs- und Verfügungsbefugnis über sein Vermögen zurück.

Die Aufrechnungsverbote der §§ 95 und 96 InsO gelten nicht mehr. Steuererstattungsansprüche unterliegen nicht mehr dem Insolvenzbeschlag, es sei denn, es liegt eine wirksame Anordnung der Nachtragsverteilung bzw. der wirksame Vorbehalt der Nachtragsverteilung vor. Mit dem Vorbehalt oder der Anordnung einer Nachtragsverteilung tritt hinsichtlich des einzelnen Erstattungsanspruchs erneut die Insolvenzbeschlagnahme ein (BFH-Urteil vom 28. 2. 2012, VII R 36/11, BStBl II S. 451). Soweit sich aus dem Beschluss des Insolvenzgerichts nicht ausdrücklich etwas anderes ergibt, ist anzunehmen, dass der Insolvenzbeschlag hinsichtlich aller Steuerarten fortbesteht, die bis zur Aufhebung des Insolvenzverfahrens (insolvenzrechtlich) begründet worden sind (BFH-Urteil vom 20. 9. 2016, VII R 10/15, BFH/NV 2017 S. 442). Ein nicht hinreichend bestimmter Beschluss entfaltet keinen Insolvenzbeschlag.

Steuerbescheide sind an den Steuerpflichtigen zu richten und diesem bekannt zu geben. Aus diesem Grund ist für das Jahr der Insolvenzaufhebung z. B. nur eine Einkommensteuerfestsetzung durchzuführen, in der sowohl der Massezeitraum wie auch der Zeitraum nach Abschluss des Verfahrens zusammengefasst werden. Der Schuldner ist auch hinsichtlich der nach Eröffnung des Insolvenzverfahrens begründeten Steuerforderungen weiterhin Steuerschuldner (vgl. BFH-Beschluss vom 23. 8. 1993, V B 135/91, BFH/NV 1994 S. 186). Somit können die während des Bestehens des Insolvenzverfahrens begründeten Steuerschulden nach Aufhebung des Insolvenzverfahrens gegenüber dem Steuerpflichtigen geltend gemacht und auch vollstreckt werden (vgl. BFH-Urteil vom 28. 11. 2017, VII R 1/16, BStBl 2018 II S. 457).

A. I. Zu § 251 AO

Zur Frage der Prozessführungsbefugnis des Insolvenzverwalters und der Auswirkungen auf noch anhängige Rechtsbehelfsverfahren zu Masseverbindlichkeiten bei Beendigung des Insolvenzverfahrens vgl. BFH-Urteil vom 6. 7. 2011, II R 34/10, BFH/NV 2012 S. 10.

Änderungen von zur Insolvenztabelle angemeldeten und festgestellten Steuerforderungen, denen der Insolvenzschuldner nicht widersprochen hat oder dessen Widerspruch beseitigt worden ist, sind nach Aufhebung des Insolvenzverfahrens nur möglich, wenn die Voraussetzungen für eine Änderung der festgestellten Forderung nach § 130 AO vorliegen.

Schließt sich nach der Aufhebung des Insolvenzverfahrens das Restschuldbefreiungsverfahren an, kann wegen dieser Forderungen nicht vollstreckt, sondern lediglich aufgerechnet werden.

Zur Insolvenztabelle angemeldete, nicht titulierte Forderungen, für die keine Feststellung erfolgt ist, können nach Aufhebung des Insolvenzverfahrens gegenüber dem Steuerpflichtigen unter Beachtung der Ablaufhemmung nach § 171 Abs. 13 AO erstmals geltend gemacht werden (z. B. zum Zwecke der Aufrechnung). Die Erteilung einer Restschuldbefreiung gilt vorbehaltlich § 302 InsO auch für diese Forderungen.

Nach rechtskräftiger Bestätigung eines Insolvenzplans ist eine Änderung einer vorinsolvenzlich erfolgten Steuerfestsetzung nicht mehr möglich (BFH-Urteil vom 22. 10. 2014, I R 39/13, BStBl 2015 II S. 577).

Während des laufenden Insolvenzverfahrens ohne rechtlichen Grund an den Insolvenzverwalter ausbezahlte Ansprüche aus dem Steuerschuldverhältnis können nach Aufhebung des Insolvenzverfahrens vom früheren Insolvenzverwalter zurückgefordert werden, wenn die Zahlung auf dessen Anderkonto eingegangen war (BFH-Beschluss vom 12. 8. 2013, VII B 188/12, ZIP S. 2370). Hiervon zu unterscheiden ist die Rechtslage bei Zahlungen auf ein sog. Sonderkonto, das vom Insolvenzverwalter für den Schuldner als Kontoinhaber (Fremdkonto) eingerichtet wird und bei dem der Insolvenzverwalter lediglich aufgrund seiner treuhänderischen Stellung verfügungsberechtigt ist. Gehen Zahlungen auf ein solches Sonderkonto ein, fallen sie in das Schuldnervermögen und damit in die Insolvenzmasse. Rückforderungen sind somit nicht gegen den Insolvenzverwalter persönlich, sondern nur gegen ihn in seiner Eigenschaft als Insolvenzverwalter geltend zu machen (BFH-Beschluss vom 12. 8. 2013, VII B 188/12, a. a. O.).

15. Restschuldbefreiung

Die nachstehenden Ausführungen gelten für nach dem 30. 6. 2014 beantragte Insolvenzverfahren. Für vor dem 1. 7. 2014 beantragte Verfahren gelten die Ausführungen des AEAO zu § 251, Nr. 15 in der Fassung vom 31. 1. 2014, BStBl I S. 290.

15.1 Laufzeit der Abtretungserklärung

Ist der Schuldner eine natürliche Person, so sieht die Insolvenzordnung die Möglichkeit der Restschuldbefreiung vor. Hierzu hat der Schuldner rechtzeitig einen Antrag auf Restschuldbefreiung beim Insolvenzgericht zu stellen (§ 287 Abs. 1 InsO). Um die Restschuldbefreiung zu erlangen, hat der Schuldner den pfändbaren Teil seiner Bezüge für einen Zeitraum von 6 Jahren – beginnend ab der Eröffnung des Insolvenzverfahrens – an einen Treuhänder abzutreten (§ 287 Abs. 2 InsO). Zwischen der Beendigung des Insolvenzverfahrens und dem Ende der Abtretungsfrist hat der Schuldner die Obliegenheiten gem. § 295 InsO zu erfüllen.

Der Treuhänder kehrt das Erlangte jährlich nach der im Schlussverzeichnis festgelegten Quote an die Gläubiger aus (§ 292 Abs. 1 Satz 2 InsO).

Das Insolvenzgericht stellt durch öffentlich bekannt zu machenden Beschluss zu Beginn des Verfahrens fest, ob der Antrag auf Restschuldbefreiung zulässig ist und dass der Schuldner Restschuldbefreiung erlangt, wenn er den Obliegenheiten gem. § 295 InsO nachkommt und keine Versagungsgründe nach §§ 290, 297 bis 298 InsO vorliegen (§ 287a InsO).

357

Das Finanzamt hat zu prüfen, ob nach § 290 Abs. 1 InsO ein Grund vorliegt, die Restschuldbefreiung zu versagen. Es hat insbesondere festzustellen, ob der Schuldner zur Vermeidung von Steuerzahlungen in den letzten drei Jahren vor dem Antrag auf Eröffnung des Insolvenzverfahrens oder nach dem Antrag schuldhaft schriftlich unrichtige oder unvollständige Angaben über seine wirtschaftlichen Verhältnisse im Rahmen von Anträgen auf Vollstreckungsaufschub, in Vermögensverzeichnissen, Erlass- und Stundungsanträgen oder Steuererklärungen gemacht hat (§ 290 Abs. 1 Nr. 2 InsO).

Liegen Versagungsgründe nach § 290 InsO vor, so soll das Finanzamt bis zum Schlusstermin oder bis zur Entscheidung über die Einstellung des Verfahrens wegen Masseunzulänglichkeit die Versagung der Restschuldbefreiung schriftlich beantragen und glaubhaft machen (§ 290 Abs. 2 InsO). Wird dieser Antrag vom Insolvenzgericht abgewiesen, kann sofortige Beschwerde erhoben werden (§ 290 Abs. 3 InsO). Stellt sich nach dem Schlusstermin heraus, dass Versagungsgründe vorlagen, kann ein Antrag auf Versagung der Restschuldbefreiung binnen sechs Monaten nach Kenntniserlangung durch den Gläubiger nachgeholt werden (§ 297a InsO).

Nach Beendigung des Insolvenzverfahrens, aber noch während der Laufzeit der Abtretungserklärung sind Vollstreckungsmaßnahmen wegen der Insolvenzforderungen in das Vermögen des Schuldners unzulässig (§ 294 Abs. 1 InsO). Aufrechnungen gegen Steuererstattungsansprüche des Schuldners sind aber zulässig, es sei denn, es liegt ein Vorbehalt oder eine wirksame Anordnung der Nachtragsverteilung für diesen Anspruch vor.

Verwaltungsakte sind wieder an den Schuldner zu richten und diesem bekannt zu geben, da der hier zu bestellende Treuhänder keine Befugnis hat, das Vermögen des Schuldners zu verwalten oder über dieses zu verfügen (§ 292 InsO).

Steuererstattungsansprüche nach Aufhebung des Insolvenzverfahrens gehören nicht zu den abtretbaren Bezügen i. S. d. § 287 InsO und können vorbehaltlich der Anordnung einer Nachtragsverteilung mit Insolvenzforderungen aufgerechnet werden (BGH-Urteil vom 21. 7. 2005, IX ZR 115/04, NJW S. 2988).

Endet bei erteilter Restschuldbefreiung die Abtretungsfrist vor Beendigung des Insolvenzverfahrens, gehören die dann erworbenen Steuererstattungsansprüche nicht mehr zur Insolvenzmasse (§ 300a InsO) und können aufgerechnet werden.

15.2 Ausgenommene Forderungen

Neben Geldstrafen (§ 302 Nr. 2 InsO) und Verbindlichkeiten aus zinslosen Darlehen, die dem Schuldner zur Begleichung der Kosten des Insolvenzverfahrens gewährt wurden (§ 302 Nr. 3 InsO), sind folgende Verbindlichkeiten des Schuldners von der Restschuldbefreiung ausgenommen:

– Verbindlichkeiten aus vorsätzlich begangenen unerlaubten Handlungen (§ 302 Nr. 1 1. Alternative InsO)

– Verbindlichkeiten aus rückständigem gesetzlichen Unterhalt (§ 302 Nr. 1 2. Alternative InsO)

– Verbindlichkeiten aus dem Steuerschuldverhältnis, wenn der Schuldner im Zusammenhang damit wegen einer Steuerstraftat nach §§ 370, 373 oder 374 AO rechtskräftig verurteilt wurde (§ 302 Nr. 1 3. Alternative InsO)

Voraussetzung für eine Ausnahme von der Restschuldbefreiung bei den Verbindlichkeiten nach § 302 Nr. 1 InsO ist, dass der Gläubiger seine Forderung unter Angabe des Rechtsgrundes nach § 174 Abs. 2 InsO zur Tabelle angemeldet hat (vgl. AEAO zu § 251, Nr. 5.2).

Hat das Finanzamt bei der Forderungsanmeldung Tatsachen angegeben, aus denen sich eine Steuerstraftat des Schuldners nach §§ 370, 373 oder 374 AO ergibt, tritt die Ausnahme von der Erteilung der Restschuldbefreiung in folgenden Fällen ein:

A. I. Zu § 251 AO

- Das Gericht hat die Forderung eingetragen und der Schuldner hat der Anmeldung im Prüfungstermin nicht widersprochen.
- Der Schuldner hat der Anmeldung der Forderung widersprochen und die rechtskräftige Verurteilung wegen einer Steuerstraftat nach den §§ 370, 373 oder 374 AO ist vor Beendigung des Insolvenzverfahrens erfolgt. In diesem Fall kann der Widerspruch durch Feststellungsbescheid nach § 251 Abs. 3 AO beseitigt werden (vgl. AEAO zu § 251, Nr. 5.3.2).
- Der Schuldner hat der Anmeldung der Forderung widersprochen und die rechtskräftige Verurteilung wegen einer Steuerstraftat nach den §§ 370, 373 oder 374 AO ist erst nach Beendigung des Insolvenzverfahrens erfolgt. Da die insolvenzrechtliche Nachhaftung für hinterzogene Steuern auch nach Beendigung des Insolvenzverfahrens bestehen bleibt, ist es unbeachtlich, wann die rechtskräftige Verurteilung erfolgt. Widerspricht der Schuldner lediglich der rechtlichen Einordnung einer Steuerforderung als Anspruch im Sinne von § 302 Nr. 1 InsO (oder ist bei einem Widerspruch gegen den Rechtsgrund und die Höhe der Forderung der Widerspruch gegen die Höhe der Forderung beseitigt), ist dem Finanzamt auch nach Erteilung der Restschuldbefreiung aus der Eintragung der Forderung in der Tabelle – unabhängig vom Vorliegen einer rechtskräftigen Verurteilung wegen einer Steuerstraftat – ein Tabellenauszug zur Durchführung der Vollstreckung zu erteilen (vgl. BGH-Beschluss vom 3. 4. 2014, IX ZB 93/13, ZInsO 2014 S. 568). Nach Eintritt der Rechtskraft des Urteils kann das Finanzamt sogleich das Vollstreckungsverfahren aufnehmen (vgl. BGH-Urteil vom 2. 12. 2010, IX ZR 247/09, NJW 2011 S. 1133). Ob die Forderungen von der Restschuldbefreiung nach § 302 Nr. 1 InsO ausgenommen sind, kann der Vollstreckungsschuldner im Steuererhebungsverfahrens überprüfen lassen (z. B. Einspruch gegen Pfändungsmaßnahme, Antrag auf Erteilung eines Abrechnungsbescheides bei Aufrechnung). Für anschließende Klageverfahren ist der Finanzrechtsweg einschlägig.

15.3 Erteilung der Restschuldbefreiung

Nach Aufhebung des Insolvenzverfahrens hat der Schuldner ausschließlich die Obliegenheiten nach § 295 InsO zu erfüllen. Die Versagungsgründe des § 290 InsO gelten nicht mehr.

Wird dem Finanzamt bekannt, dass der Schuldner Obliegenheiten verletzt und dadurch die Befriedigung der Insolvenzgläubiger beeinträchtigt, soll es beim Insolvenzgericht Antrag auf Versagung der Restschuldbefreiung stellen und seine Angaben durch entsprechende Unterlagen glaubhaft machen (§ 296 Abs. 1 InsO). Gegen die Entscheidung des Gerichts ist die sofortige Beschwerde gegeben.

Ist die Laufzeit der Abtretungserklärung ohne vorherige Beendigung verstrichen, hat das Insolvenzgericht nach vorheriger Anhörung des Schuldners, des Treuhänders und der Gläubiger zu entscheiden, ob dem Schuldner die endgültige Restschuldbefreiung zu erteilen ist (§ 300 Abs. 1 Satz 1 InsO). Eine vorzeitige Erteilung der Restschuldbefreiung kommt in Betracht, wenn der Schuldner die Kosten des Verfahrens berichtigt hat und

- im Verfahren kein Insolvenzgläubiger eine Forderung angemeldet hat oder wenn die Forderungen der Insolvenzgläubiger befriedigt sind und der Schuldner die sonstigen Masseverbindlichkeiten berichtigt hat (§ 300 Abs. 1 Satz 2 Nr. 1 InsO),
- drei Jahre der Abtretungsfrist verstrichen sind, dem Insolvenzverwalter oder Treuhänder innerhalb dieses Zeitraums ein Betrag zugeflossen ist, der eine Befriedigung der Forderungen der Insolvenzgläubiger in Höhe von mindestens 35 % ermöglicht (§ 300 Abs. 1 Satz 2 Nr. 2 InsO), und der Schuldner Angaben zur Herkunft der Mittel macht (§ 300 Abs. 2 Satz 1 InsO) oder
- fünf Jahre der Abtretungsfrist verstrichen sind (§ 300 Abs. 1 Satz 2 Nr. 3 InsO).

Erteilt das Insolvenzgericht die Restschuldbefreiung, wirkt diese gegen alle Insolvenzgläubiger. Die angemeldeten, aber nicht vollständig befriedigten Forderungen wandeln sich in unvollkommene Forderungen um. Das heißt, dass diese Forderungen zwar weiterhin erfüllbar, aber nicht mehr erzwingbar sind. Insoweit entfällt die Möglichkeit einer Aufrechnung gegen Guthaben mit diesen Forderungen, da die Aufrechnung voraussetzt, dass die zur Aufrechnung gestellte Forderung vollwirksam und fällig/erzwingbar ist. Dies gilt nicht, wenn bei Eröffnung des Insolvenzverfahrens die Aufrechnungslage bereits bestand (BGH-Urteil vom 19. 5. 2011, IX ZR 222/08, WM S. 1182). Weiterhin besteht die Möglichkeit, Haftungs- oder sonstige Gesamtschuldner in Anspruch zu nehmen (§ 301 Abs. 2 InsO).

Masseverbindlichkeiten werden von der Restschuldbefreiung nicht erfasst und können daher auch nach Erteilung der Restschuldbefreiung vollstreckt werden (vgl. BFH-Urteil vom 28. 11. 2017, VII R 1/16, BStBl 2018 II S. 457).

Gem. § 303 InsO kann die gewährte Restschuldbefreiung widerrufen werden, wenn innerhalb eines Jahres nach Rechtskraft des Beschlusses nachträglich ein Obliegenheitsverstoß oder eine Verurteilung des Schuldners wegen einer Insolvenzstraftat bekannt wird. Wenn der Schuldner Auskunfts- und Mitwirkungspflichten, die ihm nach der InsO obliegen, vorsätzlich verletzt hat, kann der nachträgliche Widerruf der Restschuldbefreiung innerhalb eines halben Jahres nach Rechtskraft des Beschlusses beantragt werden. Der begründete Antrag ist durch einen Gläubiger bei Gericht zu stellen. Vor dem Beschluss sind der Schuldner und der Insolvenzverwalter bzw. Treuhänder zu hören.

Vor § 347 – Außergerichtliches Rechtsbehelfsverfahren:

1. Das außergerichtliche Rechtsbehelfsverfahren nach der AO (Einspruchsverfahren) ist abzugrenzen
   - von den in der AO nicht geregelten nichtförmlichen Rechtsbehelfen (Gegenvorstellung, Sachaufsichtsbeschwerde, Dienstaufsichtsbeschwerde),
   - von dem Antrag, einen Verwaltungsakt zu berichtigen, zurückzunehmen, zu widerrufen, aufzuheben oder zu ändern (Korrekturantrag; §§ 129 bis 132, 172 bis 177 AO).

   Der förmliche Rechtsbehelf (Einspruch) unterscheidet sich von den Korrekturanträgen in folgenden Punkten:
   - Er hindert den Eintritt der formellen und materiellen Bestandskraft (zum Begriff der Bestandskraft vgl. AEAO vor §§ 172 bis 177, Nr. 1);
   - er kann zur Verböserung führen (§ 367 Abs. 2 Satz 2 AO); der Verböserungsgefahr kann der Steuerpflichtige aber durch rechtzeitige Rücknahme des Einspruchs entgehen;
   - er ermöglicht die Aussetzung der Vollziehung.

   In Zweifelsfällen ist ein Einspruch anzunehmen, da er die Rechte des Steuerpflichtigen umfassender wahrt als ein Korrekturantrag.

2. Das Einspruchsverfahren ist nicht kostenpflichtig. Steuerpflichtige und Finanzbehörden haben jeweils ihre eigenen Aufwendungen zu tragen. Auf die Kostenerstattung nach § 139 FGO, auch für das außergerichtliche Vorverfahren, wird hingewiesen.

Zu § 347 – Statthaftigkeit des Einspruchs:

1. Das Einspruchsverfahren ist nur eröffnet, wenn ein Verwaltungsakt (auch ein nichtiger Verwaltungsakt oder ein Scheinverwaltungsakt) angegriffen wird oder der Einspruchsführer sich gegen den Nichterlass eines Verwaltungsakts wendet. Verwaltungsakt ist z. B. auch die Ablehnung eines Realakts (vgl. AEAO zu § 364) oder die Ablehnung der Erteilung einer verbindlichen Auskunft.

2. Der Einspruch ist auch gegeben, wenn ein Verwaltungsakt aufgehoben, geändert, zurückgenommen oder widerrufen oder ein Antrag auf Erlass eines Verwaltungsakts abgelehnt wird. Gleiches gilt, wenn die Finanzbehörde einen Verwaltungsakt wegen einer offenbaren Unrichtigkeit gem. § 129 AO berichtigt oder es ablehnt, die beantragte Berichtigung eines

A. I. Zu § 350 AO

Verwaltungsakts durchzuführen (BFH-Urteil vom 13.12.1983, VIII R 67/81, BStBl 1984 II S. 511). Gegen Entscheidungen über die schlichte Änderung (§ 172 Abs. 1 Satz 1 Nr. 2 Buchstabe a AO) ist ebenfalls der Einspruch gegeben (BFH-Urteil vom 27.10.1993, XI R 17/93, BStBl 1994 II S. 439); dies gilt nicht, soweit der Antrag auf schlichte Änderung durch eine Allgemeinverfügung nach § 172 Abs. 3 AO zurückgewiesen wurde (§ 348 Nr. 6 AO).

3. Beantragt der Steuerpflichtige bei einer Steuerfestsetzung unter Vorbehalt der Nachprüfung (§ 164 AO) oder bei einer vorläufigen Steuerfestsetzung (§ 165 AO) die Aufhebung dieser Nebenbestimmungen, ist gegen den ablehnenden Bescheid der Einspruch gegeben. Wird der Vorbehalt nach § 164 AO aufgehoben, kann der Steuerpflichtige gegen die dann als Steuerfestsetzung ohne Vorbehalt der Nachprüfung wirkende Steuerfestsetzung uneingeschränkt Einspruch einlegen. Soweit eine vorläufige Steuerfestsetzung endgültig durchgeführt oder für endgültig erklärt wird, gilt dies nur, soweit die Vorläufigkeit reichte. Gegen die Aufhebung des Nachprüfungsvorbehalts in der Einspruchsentscheidung ist die Klage, nicht ein erneuter Einspruch gegeben (BFH-Urteil vom 4.8.1983, IV R 216/82, BStBl 1984 II S. 85). Das gilt entsprechend, wenn in einer Einspruchsentscheidung die bisher vorläufige Steuerfestsetzung für endgültig erklärt wird.

4. Gegen eine Ermessensentscheidung über eine Billigkeitsmaßnahme nach § 163 Abs. 1 AO ist auch dann ein gesonderter Einspruch gegeben, wenn sie mit der Steuerfestsetzung verbunden ist (§ 163 Abs. 2 AO). Entsprechendes gilt für die mit einer Zinsfestsetzung verbundene Billigkeitsentscheidung nach § 234 Abs. 2 oder § 237 Abs. 4 AO.

5. § 347 Abs. 1 Satz 1 Nr. 3 AO beschränkt i.V. m. § 348 Nr. 3 und 4 AO in Steuerberatungsangelegenheiten das Einspruchsverfahren auf Streitigkeiten über
   - die Ausübung (insbesondere die Zulässigkeit) der Hilfe in Steuersachen einschließlich der Rechtsverhältnisse der Lohnsteuerhilfevereine,
   - die Voraussetzungen für die Berufsausübung der Steuerberater und Steuerbevollmächtigten (mit Ausnahme der Entscheidungen der Zulassungs- und der Prüfungsausschüsse),
   - die Vollstreckung wegen Handlungen und Unterlassungen.

6. In anderen Angelegenheiten (§ 347 Abs. 1 Satz 1 Nr. 4 AO) sind die Vorschriften über das Einspruchsverfahren z. B. für anwendbar erklärt worden durch:
   - Landesgesetze, die Steuern betreffen, die der Landesgesetzgebung unterliegen und durch Landesfinanzbehörden verwaltet werden,
   - Gesetze zur Durchführung der Verordnungen des Rates der Europäischen Union,

   soweit diese Gesetze die Anwendbarkeit der AO-Vorschriften vorsehen.

   Soweit Gesetze die für Steuervergütungen geltenden Vorschriften für entsprechend anwendbar erklären, ist das Einspruchsverfahren bereits nach § 347 Abs. 1 Satz 1 Nr. 1 AO eröffnet (z. B. EigZulG, InvZulG, WoPG und 5. VermBG).

Zu § 350 – Beschwer:

1. Eine Beschwer ist nicht nur dann schlüssig geltend gemacht, wenn eine Rechtsverletzung oder Ermessenswidrigkeit gerügt wird, sondern auch dann, wenn der Einspruchsführer eine günstigere Ermessensentscheidung begehrt. Aus nicht gesondert festgestellten Besteuerungsgrundlagen (§ 157 Abs. 2 AO) ergibt sich keine Beschwer.

2. Bei einer zu niedrigen Festsetzung kann eine Beschwer dann bestehen, wenn eine höhere Festsetzung, z. B. aufgrund des Bilanzzusammenhangs, sich in Folgejahren günstiger auswirkt (BFH-Urteil vom 27.5.1981, I R 123/77, BStBl 1982 II S. 211) oder wenn durch die begehrte höhere Steuerfestsetzung die Anrechnung von Steuerabzugsbeträgen ermöglicht wird und aufgrund dessen ein geringerer Betrag als bisher entrichtet werden muss (BFH-Urteil vom 8.11.1985, VI R 238/80, BStBl 1986 II S. 186, und BFH-Beschluss vom 3.2.1993, I B 90/92, BStBl II S. 426).

3. Bei einer Nullfestsetzung besteht grundsätzlich keine Beschwer. Dies gilt nicht in folgenden Fällen:
   a) Mit dem Einspruch wird eine Steuervergütung begehrt (z. B. die Festsetzung einer negativen Umsatzsteuer).
   b) Durch den Einspruch soll die Anwendung des § 10d Abs. 4 Satz 5 EStG i. d. F. des JStG 2010 (vom Steuerbescheid abweichende Berücksichtigung von Besteuerungsgrundlagen bei der Feststellung des verbleibenden Verlustvortrags) ermöglicht werden.
   c) Es wird eine Steuerbefreiung nach § 5 Abs. 1 Nr. 9 KStG (BFH-Urteil vom 13. 7. 1994, I R 5/93, BStBl 1995 II S. 134) begehrt.
   d) Die der Steuerfestsetzung zugrunde liegenden Besteuerungsgrundlagen sind für ein anderes steuerliches oder außersteuerliches Verfahren bindend (vgl. BFH-Urteil vom 20. 12. 1994, IX R 80/92, BStBl 1995 II S. 537). Eine derartige Bindungswirkung besteht beispielsweise für das BAföG-Verfahren oder einen Beihilfeanspruch nach der BBhV oder vergleichbaren landesrechtlichen Regelungen hinsichtlich der Einkünfte (vgl. BFH-Urteile vom 20. 12. 1994, IX R 124/92, BStBl 1995 II S. 628, und vom 19. 2. 2013, IX R 31/11, BFH/NV S. 1075), nicht aber hinsichtlich der außergewöhnlichen Belastungen (BFH-Urteil vom 29. 5. 1996, III R 49/93, BStBl II S. 654) und auch nicht für das Wohngeldverfahren nach dem WoGG (BFH-Urteil vom 24. 1. 1975, VI R 148/72, BStBl II S. 382).
4. Wird durch Einspruch die Änderung eines Grundlagenbescheids begehrt, kommt es für die schlüssige Geltendmachung der Beschwer nicht auf die Auswirkungen in den Folgebescheiden an.
5. Beschwert sein kann nicht nur derjenige, für den ein Verwaltungsakt bestimmt ist, sondern auch derjenige, der von ihm betroffen ist.
6. Eine weitere, in der AO nicht ausdrücklich genannte Zulässigkeitsvoraussetzung ist das Vorliegen eines Rechtsschutzbedürfnisses, d. h. eines schutzwürdigen, berücksichtigungswerten Interesses an der begehrten Entscheidung im Einspruchsverfahren.
Die Möglichkeit, einen Antrag auf schlichte Änderung (§ 172 Abs. 1 Satz 1 Nr. 2 Buchstabe a AO) zu stellen, beseitigt nicht das Rechtsschutzbedürfnis für einen Einspruch, da dieser die Rechte des Steuerpflichtigen umfassender wahrt (vgl. AEAO vor § 347, Nr. 1). Wendet sich der Steuerpflichtige gegen denselben Verwaltungsakt sowohl mit einem Einspruch als auch mit einem Antrag auf schlichte Änderung, ist nur das Einspruchsverfahren durchzuführen (BFH-Urteil vom 27. 9. 1994, VIII R 36/89, BStBl 1995 II S. 353).
Wird mit dem Einspruch ausschließlich die angebliche Verfassungswidrigkeit einer Rechtsnorm gerügt, fehlt grundsätzlich das Rechtsschutzbedürfnis, wenn die Finanzbehörde den angefochtenen Verwaltungsakt spätestens in der Einspruchsverfahren hinsichtlich des strittigen Punktes für vorläufig erklärt hat (BFH-Beschlüsse vom 10. 11. 1993, X B 83/93, BStBl 1994 II S. 119, und vom 22. 3. 1996, III B 173/95, BStBl II S. 506). Trotz vorläufiger Steuerfestsetzung kann aber ein Rechtsschutzbedürfnis anzunehmen sein, wenn der Einspruchsführer besondere Gründe materiell-rechtlicher oder verfahrensrechtlicher Art substantiiert geltend macht oder Aussetzung der Vollziehung begehrt (BFH-Urteil vom 30. 9. 2010, III R 39/08, BStBl 2011 II S. 11; zur Aussetzung der Vollziehung wegen verfassungsrechtlicher Zweifel vgl. AEAO zu § 361, Nr. 2.5.4).

Zu § 351 – Bindungswirkung anderer Verwaltungsakte:

1. Wird ein Bescheid angegriffen, der einen unanfechtbaren Bescheid geändert hat, ist die Sache nach § 367 Abs. 2 Satz 1 AO in vollem Umfang erneut zu prüfen. Geändert werden kann aber aufgrund der Anfechtung der Änderungsbescheid nur in dem Umfang, in dem er vom ursprünglichen Bescheid abweicht; diese Beschränkung bezieht sich z. B. beim Steuerbescheid auf den festgesetzten Steuerbetrag. Einwendungen, die bereits gegen die ursprüngliche Steuerfestsetzung vorgebracht werden konnten, können auch gegen den Änderungsbescheid vorgetragen werden. Ist z. B. im Änderungsbescheid eine höhere Steuer fest-

gesetzt worden, kann die ursprünglich festgesetzte Steuer nicht unterschritten werden; ist dagegen im Änderungsbescheid eine niedrigere Steuer festgesetzt worden, kann der Steuerpflichtige nicht eine weitere Herabsetzung erreichen.

2. Etwas anderes gilt, soweit sich aus den Vorschriften über die Aufhebung oder die Änderung von Verwaltungsakten, z. B. wegen neuer Tatsachen, ein Rechtsanspruch auf Änderung des unanfechtbaren Bescheids ergibt.

   Beispiele:
   a) Ein Steuerbescheid wird nach § 173 Abs. 1 Nr. 1 AO zuungunsten des Steuerpflichtigen geändert. Der Steuerpflichtige kann mit dem Einspruch geltend machen, dass Tatsachen i. S. d. § 173 Abs. 1 Nr. 2 AO unberücksichtigt geblieben sind, die die Mehrsteuern im Ergebnis nicht nur ausgleichen, sondern sogar zu einer Erstattung führen.
   b) Ein Steuerbescheid wird nach § 173 Abs. 1 Nr. 2 AO zugunsten des Steuerpflichtigen geändert. Der Steuerpflichtige kann mit dem Einspruch geltend machen, dass Tatsachen i. S. d. Vorschrift, die zu einer weitergehenden Erstattung führen, unberücksichtigt geblieben sind.

3. § 351 Abs. 1 AO gilt nach seinem Wortlaut nur für änderbare Bescheide, nicht hingegen für die sonstigen Verwaltungsakte, die den Vorschriften über die Rücknahme (§ 130 AO) und den Widerruf (§ 131 AO) unterliegen (BFH-Urteil vom 24.7.1984, VII R 122/80, BStBl II S. 791). § 351 Abs. 1 AO bleibt aber zu beachten, wenn ein änderbarer Verwaltungsakt nach § 129 AO berichtigt worden ist (vgl. AEAO zu § 129, Nr. 5).

4. Ein Einspruch gegen einen Folgebescheid, mit welchem nur Einwendungen gegen den Grundlagenbescheid geltend gemacht werden, ist unbegründet, nicht unzulässig (BFH-Urteil vom 2.9.1987, I R 162/84, BStBl 1988 II S. 142).

Zu § 352 – Einspruchsbefugnis bei der einheitlichen Feststellung:

1. Die Regelungen des § 352 AO zur Einspruchsbefugnis bei einheitlichen Feststellungsbescheiden gelten unabhängig von der Art der in die Feststellung einbezogenen Besteuerungsgrundlagen.

2. Nach Absatz 1 Nr. 1 erste Alternative können gegen einheitliche Feststellungsbescheide die zur Vertretung berufenen Geschäftsführer Einspruch einlegen.

3. Betrifft die einheitliche Feststellung eine Personengruppe, die keinen Geschäftsführer hat (z. B. eine Erbengemeinschaft), so gilt – soweit kein Fall i. S. d. Absatzes 1 Nr. 3 bis 5 vorliegt – nach Absatz 1 Nr. 1 zweite Alternative i. V. m. Absatz 2 Folgendes:

   a) Haben die Feststellungsbeteiligten gem. § 183 Abs. 1 Satz 1 AO bzw. § 6 Abs. 1 Satz 1 der V zu § 180 Abs. 2 AO einen gemeinsamen Empfangsbevollmächtigten bestellt, so ist nach Absatz 2 Satz 1 ausschließlich dieser einspruchsbefugt, soweit das Finanzamt dem Belehrungsgebot nach Absatz 2 Satz 3 nachgekommen ist.

   b) Haben die Feststellungsbeteiligten keinen gemeinsamen Empfangsbevollmächtigten bestellt oder ist ein solcher (z. B. wegen Widerrufs der Vollmacht) nicht mehr vorhanden, steht die Einspruchsbefugnis dem nach § 183 Abs. 1 Satz 2 AO gesetzlich fingierten Empfangsbevollmächtigten (Vertretungs- bzw. Verwaltungsberechtigter) zu (Absatz 2 Satz 2 erster Halbsatz erste Alternative). Dies gilt nicht, wenn der gesetzlich fingierte Empfangsbevollmächtigte Geschäftsführer ist; in diesem Fall richtet sich die Einspruchsbefugnis nach Absatz 1 Nr. 1 erste Alternative.

   c) Ist auch ein gesetzlich fingierter Empfangsbevollmächtigter nicht vorhanden, steht die Einspruchsbefugnis dem nach § 183 Abs. 1 Satz 3 bis 5 AO bzw. § 6 Abs. 1 Satz 3 bis 5 der V zu § 180 Abs. 2 AO von der Finanzbehörde bestimmten Empfangsbevollmächtigten zu (Absatz 2 Satz 2 erster Halbsatz zweite Alternative). Benennen die Feststellungsbeteiligten nach einer Aufforderung i. S. d. § 183 Abs. 1 Satz 3 bis 5 AO bzw. des § 6 Abs. 1 Satz 3 bis 5 der V zu § 180 Abs. 2 AO eine andere als die von der Finanzbehörde vorgeschlagene Person als Empfangsbevollmächtigten, richtet sich die Einspruchsbefugnis nach Absatz 2 Satz 1.

d) Ist weder ein von den Feststellungsbeteiligten bestellter noch ein gesetzlich fingierter oder ein von der Finanzbehörde bestimmter Empfangsbevollmächtigter vorhanden, ist jeder Feststellungsbeteiligte einspruchsbefugt (Absatz 1 Nr. 2).

e) Die grundsätzliche Beschränkung der Einspruchsbefugnis auf den von den Feststellungsbeteiligten bestellten, den gesetzlich fingierten bzw. den von der Finanzbehörde bestimmten Empfangsbevollmächtigten greift nur ein, wenn die Beteiligten in der Feststellungserklärung des betreffenden Jahres oder in der Aufforderung zur Benennung eines Empfangsbevollmächtigten (§ 183 Abs. 1 Satz 3 und 4 AO, § 6 Abs. 1 Satz 3 und 4 der V zu § 180 Abs. 2 AO) über die Einspruchsbefugnis des Empfangsbevollmächtigten belehrt worden sind (Absatz 2 Satz 3).

f) Ferner hat jeder Feststellungsbeteiligte das Recht, für seine Person der Einspruchsbefugnis des gesetzlich fingierten bzw. des von der Finanzbehörde bestimmten – nicht aber der Einspruchsbefugnis des von den Feststellungsbeteiligten bestellten – Empfangsbevollmächtigten zu widersprechen (Absatz 2 Satz 2 zweiter Halbsatz). Der widersprechende Feststellungsbeteiligte ist dann selbst einspruchsbefugt (Absatz 1 Nr. 2). Der Widerspruch ist gegenüber der das Feststellungsverfahren durchführenden Finanzbehörde spätestens bis zum Ablauf der Einspruchsfrist zu erheben. Ein nicht schriftlich bzw. elektronisch erklärter Widerspruch ist unter Datumsangabe aktenkundig zu machen.

Zu § 353 – Einspruchsbefugnis des Rechtsnachfolgers:

Die Rechtsnachfolge tritt ein,

1. bevor einer der in § 353 AO genannten Bescheide ergangen ist:

   Nach § 182 Abs. 2 Satz 2, § 184 Abs. 1 Satz 4, §§ 185 und 190 AO wirkt der Bescheid gegen den Rechtsnachfolger nur dann, wenn er ihm bekannt gegeben wird;

2. nach der Bekanntgabe eines in § 353 AO genannten Bescheids, aber noch innerhalb der Einspruchsfrist:

   Der Rechtsnachfolger kann innerhalb der – schon laufenden – Frist Einspruch einlegen (§ 353 AO);

3. nach Ablauf der Einspruchsfrist für einen in § 353 AO genannten Bescheid:

   Der Bescheid wirkt gegenüber dem Rechtsnachfolger, ohne dass dieser die Möglichkeit des Einspruchs hat (§ 182 Abs. 2 Satz 1, § 184 Abs. 1 Satz 4, §§ 185 und 190 AO);

4. während eines Einspruchsverfahrens gegen einen in § 353 AO genannten Bescheid:

   Der Gesamtrechtsnachfolger tritt in der Rechtsstellung des Rechtsvorgängers als Verfahrensbeteiligter ein; seiner Hinzuziehung bedarf es nicht. Beim Einzelrechtsnachfolger hat die Finanzbehörde seine Hinzuziehung zum Verfahren zu prüfen (§§ 359, 360 AO);

5. während die Frist zur Erhebung der Klage läuft:

   Da auch in diesem Fall der Bescheid gegen den Rechtsnachfolger wirkt (§ 353 AO), kann dieser nur innerhalb der für den Rechtsvorgänger maßgebenden Frist gem. § 40 Abs. 2 FGO Klage erheben;

6. während eines finanzgerichtlichen Verfahrens:

   Bei Gesamtrechtsnachfolge (z. B. bei Erbfolge oder bei Verschmelzung von Gesellschaften) wird das Verfahren bis zur Aufnahme durch den Rechtsnachfolger unterbrochen (§ 155 FGO; § 239 ZPO), es sei denn, der Rechtsvorgänger war durch einen Prozessbevollmächtigten vertreten (§ 155 FGO; §§ 239, 246 ZPO). Bei Einzelrechtsnachfolge (z. B. bei Kauf) hat das Finanzgericht zu prüfen, ob der Rechtsnachfolger beizuladen ist (§§ 57, 60 FGO).

Zu § 355 – Einspruchsfrist:

1. Die Einspruchsfrist beträgt einen Monat. Sie beginnt im Fall des § 355 Abs. 1 Satz 1 AO mit Bekanntgabe (§ 122 AO), im Fall des § 355 Abs. 1 Satz 2 erster Halbsatz AO mit Eingang der Steueranmeldung bei der Finanzbehörde und im Fall des § 355 Abs. 1 Satz 2 zweiter Halbsatz AO mit Bekanntwerden der formfreien Zustimmung des Finanzamts zu laufen. Wurde der Steuerpflichtige schriftlich bzw. elektronisch über die Zustimmung unterrichtet (z. B. zusammen mit einer Abrechnungsmitteilung), ist grundsätzlich davon auszugehen, dass ihm die Zustimmung am dritten Tag nach Aufgabe zur Post bzw. nach der Absendung bekannt geworden ist; zu diesem Zeitpunkt beginnt demnach auch erst die Einspruchsfrist zu laufen. Ist keine Mitteilung ergangen, ist regelmäßig davon auszugehen, dass dem Steuerpflichtigen die Zustimmung frühestens mit der Zahlung (§ 224 Abs. 3 AO) der Steuervergütung oder des Mindersolls bekannt geworden ist.

2. Zur Wiedereinsetzung in den vorigen Stand nach unterlassener Anhörung eines Beteiligten bzw. wegen fehlender Begründung des Verwaltungsakts (§ 126 Abs. 3 i.V. m. § 110 AO) vgl. AEAO zu § 91, Nr. 3 und AEAO zu § 121, Nr. 3.

3. Zur Unterbrechung der Einspruchsfrist durch Eröffnung des Insolvenzverfahrens vgl. AEAO zu § 251, Nr. 4.1.2 und Nr. 5.3.1.2.1.

Zu § 357 – Einlegung des Einspruchs:

1. Der Einspruch ist schriftlich oder elektronisch einzureichen oder zur Niederschrift zu erklären. Ein elektronisch erhobener Einspruch bedarf keiner qualifizierten elektronischen Signatur (BFH-Urteil vom 13. 5. 2015, III R 26/14, BStBl II S. 790; vgl. AEAO zu § 87a, Nr. 3.2.4). Ein Einspruch kann auch durch Telefax, auch durch Computerfax, eingelegt werden (vgl. BFH-Urteil vom 22. 6. 2010, VIII R 38/08, BStBl II S. 1017 zur Klageerhebung).

2. Nach § 357 Abs. 2 Satz 4 AO genügt die Einlegung des Einspruchs bei einer unzuständigen Behörde, sofern der Einspruch innerhalb der Einspruchsfrist einer der Behörden übermittelt wird, bei der er nach § 357 Abs. 2 Sätze 1 bis 3 AO angebracht werden kann; der Steuerpflichtige trägt jedoch das Risiko der rechtzeitigen Übermittlung. Kann eine Behörde leicht und einwandfrei erkennen, dass sie für einen bei ihr eingegangenen Einspruch nicht und welche Finanzbehörde zuständig ist, hat sie diesen Einspruch unverzüglich an die zuständige Finanzbehörde weiterzuleiten. Geschieht dies nicht und wird dadurch die Einspruchsfrist versäumt, kommt Wiedereinsetzung in den vorigen Stand (§ 110 AO) in Betracht (BVerfG-Beschluss vom 2. 9. 2002, 1 BvR 476/01, BStBl II S. 835).

3. Wird ein Einspruch bei einem Wechsel der örtlichen Zuständigkeit nach Erlass eines Verwaltungsakts entgegen § 357 Abs. 2 Satz 1 AO bereits bei der nach § 367 Abs. 1 Satz 2 AO zur Entscheidung berufenen anderen Finanzbehörde eingelegt, gilt auch in diesem Fall § 357 Abs. 2 Satz 4 AO. Der Einspruch muss der alten Behörde innerhalb der Einspruchsfrist übermittelt werden, damit diese die Anwendung des § 26 Satz 2 AO prüfen kann; wird der Einspruch nicht rechtzeitig übermittelt, können die Voraussetzungen des § 110 AO gegeben sein.

4. Wird gegen einen Bescheid, der mehrere Verwaltungsakte enthält, Einspruch eingelegt, ist ggf. durch Auslegung zu ermitteln, gegen welchen Verwaltungsakt sich der Einspruch richtet. Hierbei ist von Bedeutung, welches materiell-rechtliche Begehren der Einspruchsführer mit seinem Rechtsbehelf verfolgt. Wird z. B. gegen einen Bescheid über Einkommensteuer, Solidaritätszuschlag und Kirchensteuer Einspruch eingelegt und erhebt der Einspruchsführer nur Einwendungen gegen die Rechtmäßigkeit der Festsetzung des Solidaritätszuschlags, werden damit nicht zugleich auch die Festsetzungen der Einkommensteuer und der Kirchensteuer angefochten (BFH-Urteil vom 19. 8. 2013, X R 44/11, BStBl 2014 II S. 234).

Zu § 360 – Hinzuziehung zum Verfahren:

1. Entsprechend der Regelung in § 60 FGO über die Beiladung wird zwischen notwendiger (§ 360 Abs. 3 AO) und einfacher Hinzuziehung (§ 360 Abs. 1 AO) unterschieden.
2. § 360 Abs. 1 Satz 2 AO ist entsprechend auf § 360 Abs. 3 AO anzuwenden; der Einspruchsführer erhält damit die Möglichkeit, durch Rücknahme seines Einspruchs die Hinzuziehung zu vermeiden.
3. Bei Zusammenveranlagung (z. B. von Ehegatten/Lebenspartnern bei der Einkommensteuer) wird es sich regelmäßig empfehlen, von der Möglichkeit der einfachen Hinzuziehung (§ 360 Abs. 1 AO) Gebrauch zu machen. Das gilt auch dann, wenn der hinzuzuziehende Ehegatte/ Lebenspartner nicht über eigene Einkünfte verfügt.
4. Will das Finanzamt den angefochtenen Verwaltungsakt gem. § 172 Abs. 1 Satz 1 Nr. 2 Buchstabe a AO ändern, ohne dem Antrag des Einspruchsführers der Sache nach zu entsprechen, ist auch die Zustimmung des notwendig Hinzugezogenen einzuholen; Gleiches empfiehlt sich bei einfacher Hinzuziehung.

Zu § 361 – Aussetzung der Vollziehung:

Inhaltsübersicht:
1. Anwendungsbereich des § 361 AO und des § 69 Abs. 2 FGO/Abgrenzung zur gerichtlichen Vollziehungsaussetzung und zur Stundung
2. Voraussetzungen für eine Vollziehungsaussetzung
3. Summarisches Verfahren/Vollstreckung bei anhängigem Vollziehungsaussetzungsantrag/ Zuständigkeit
4. Berechnung der auszusetzenden Steuer
4.1 Die streitbefangene Steuer ist kleiner als die Abschlusszahlung
4.2 Die streitbefangene Steuer ist kleiner als die Abschlusszahlung einschließlich nicht geleisteter Vorauszahlungen
4.3 Die streitbefangene Steuer ist größer als die Abschlusszahlung
4.4 Die streitbefangene Steuer ist größer als die Abschlusszahlung einschließlich nicht geleisteter Vorauszahlungen
4.5 Die Steuerfestsetzung führt zu einer Erstattung
4.6 Sonderfälle
4.7 Außersteuerliche Verwaltungsakte
5. Aussetzung der Vollziehung von Grundlagenbescheiden
6. Aussetzung der Vollziehung von Folgebescheiden
7. Aufhebung der Vollziehung durch das Finanzamt
8. Dauer der Aussetzung/Aufhebung der Vollziehung
8.1 Beginn der Aussetzung/Aufhebung der Vollziehung
8.2 Ende der Aussetzung/Aufhebung der Vollziehung
9. Nebenbestimmungen zur Aussetzung/Aufhebung der Vollziehung
9.1 Widerrufsvorbehalt
9.2 Sicherheitsleistung
10. Ablehnung der Vollziehungsaussetzung
11. Rechtsbehelfe
12. Aussetzungszinsen

1. Anwendungsbereich des § 361 AO und des § 69 Abs. 2 FGO/Abgrenzung zur gerichtlichen Vollziehungsaussetzung und zur Stundung

1.1 § 361 AO regelt die Aussetzung der Vollziehung durch die Finanzbehörde während eines Einspruchsverfahrens. § 69 Abs. 2 FGO erlaubt es der Finanzbehörde, während eines Klageverfahrens die Vollziehung auszusetzen.

A. I. Zu § 361 AO

1.2 Die Rechtsgrundlagen für eine Vollziehungsaussetzung durch das Finanzgericht ergeben sich aus § 69 Abs. 3, 4, 6 und 7 FGO. Das Finanzgericht kann die Vollziehung – unter den einschränkenden Voraussetzungen des § 69 Abs. 4 FGO – auch schon vor Erhebung der Anfechtungsklage aussetzen (vgl. AEAO zu § 361, Nr. 11).

1.3 Demjenigen, der eine Verfassungsbeschwerde erhoben hat, kann für diesen Verfahrensabschnitt keine Aussetzung der Vollziehung gewährt werden (§ 32 BVerfGG; siehe BFH-Urteil vom 11. 2. 1987, II R 176/84, BStBl II S. 320).

1.4 Liegen nebeneinander die gesetzlichen Voraussetzungen sowohl für eine Stundung als auch für eine Aussetzung der Vollziehung vor, wird im Regelfall auszusetzen sein.

1.5 Zu den Auswirkungen der Eröffnung des Insolvenzverfahrens auf das Verfahren der Aussetzung der Vollziehung vgl. AEAO zu § 251, Nr. 4.1.3.

2. Voraussetzungen für eine Vollziehungsaussetzung

2.1 Die zuständige Finanzbehörde (vgl. AEAO zu § 361, Nr. 3.3) soll auf Antrag die Vollziehung aussetzen, wenn ernstliche Zweifel an der Rechtmäßigkeit des angefochtenen Verwaltungsakts bestehen oder wenn die Vollziehung für den Betroffenen eine unbillige, nicht durch überwiegende öffentliche Interessen gebotene Härte zur Folge hätte (§ 361 Abs. 2 Satz 2 AO; § 69 Abs. 2 Satz 2 FGO). Die Finanzbehörde kann auch ohne Antrag die Vollziehung aussetzen (§ 361 Abs. 2 Satz 1 AO; § 69 Abs. 2 Satz 1 FGO). Von dieser Möglichkeit ist insbesondere dann Gebrauch zu machen, wenn der Rechtsbehelf offensichtlich begründet ist, der Abhilfebescheid aber voraussichtlich nicht mehr vor Fälligkeit der geforderten Steuer ergehen kann.

2.2 Eine Vollziehungsaussetzung ist nur möglich, wenn der Verwaltungsakt, dessen Vollziehung ausgesetzt werden soll, angefochten und das Rechtsbehelfsverfahren noch nicht abgeschlossen ist (Ausnahme: Folgebescheide i. S. d. § 361 Abs. 3 Satz 1 AO und des § 69 Abs. 2 Satz 4 FGO; vgl. AEAO zu § 361, Nr. 6). Eine Vollziehungsaussetzung kommt daher nicht in Betracht, wenn der Steuerpflichtige statt eines Rechtsbehelfs einen Änderungsantrag, z. B. nach § 164 Abs. 2 Satz 2 AO oder nach § 172 Abs. 1 Satz 1 Nr. 2 Buchstabe a AO, bei der Finanzbehörde einreicht.

2.3 Die Aussetzung der Vollziehung setzt Vollziehbarkeit des Verwaltungsakts voraus.

2.3.1 Vollziehbar sind insbesondere
- die eine (positive) Steuer festsetzenden Steuerbescheide (vgl. AEAO zu § 361, Nr. 4),
- Steuerbescheide über 0 €, die einen vorhergehenden Steuerbescheid über einen negativen Betrag ändern (BFH-Beschluss vom 28. 11. 1974, V B 52/73, BStBl 1975 II S. 239),
- Vorauszahlungsbescheide bis zum Erlass des Jahressteuerbescheids (BFH-Beschluss vom 4. 6. 1981, VIII B 31/80, BStBl II S. 767; vgl. AEAO zu § 361, Nr. 8.2.2),
- Bescheide, mit denen der Vorbehalt der Nachprüfung aufgehoben wird (BFH-Beschluss vom 1. 6. 1983, III B 40/82, BStBl II S. 622),
- Verwaltungsakte nach § 218 Abs. 2 AO, die eine Zahlungsschuld feststellen (BFH-Beschluss vom 10. 11. 1987, VII B 137/87, BStBl 1988 II S. 43),
- Mitteilungen nach § 141 Abs. 2 AO über die Verpflichtung zur Buchführung (BFH-Beschluss vom 6. 12. 1979, IV B 32/79, BStBl 1980 II S. 427),
- Leistungsgebote (BFH-Beschluss vom 31. 10. 1975, VIII B 14/74, BStBl 1976 II S. 258),
- der Widerruf einer Stundung (BFH-Beschluss vom 8. 6. 1982, VIII B 29/82, BStBl II S. 608),
- die völlige oder teilweise Ablehnung eines Antrags auf einen Lohnsteuer-Freibetrag (§ 39a EStG; vgl. BFH-Beschlüsse vom 29. 4. 1992, VI B 152/91, BStBl II S. 752, und vom 17. 3. 1994, VI B 154/93, BStBl II S. 567),
- Außenprüfungsanordnungen (vgl. AEAO zu § 196, Nr. 1).

2.3.2 Nicht vollziehbar sind insbesondere
- erstmalige Steuerbescheide über 0 €, auch wenn der Steuerpflichtige die Festsetzung einer negativen Steuer begehrt (BFH-Urteil vom 17.12.1981, V R 81/81, BStBl 1982 II S. 149, BVerfG-Beschluss vom 23.6.1982, 1 BvR 254/82, StRK FGO § 69 R 244),
- auf eine negative Steuerschuld lautende Steuerbescheide, wenn der Steuerpflichtige eine Erhöhung des negativen Betrags begehrt (BFH-Beschluss vom 28.11.1974, V B 44/74, BStBl 1975 II S. 240),
- Verwaltungsakte, die den Erlass oder die Korrektur eines Verwaltungsakts ablehnen, z. B. Ablehnung eines Änderungsbescheids (BFH-Beschlüsse vom 24.11.1970, II B 42/70, BStBl 1971 II S. 110, und vom 25.3.1971, II B 47/69, BStBl II S. 334), Ablehnung der Herabsetzung bestandskräftig festgesetzter Vorauszahlungen (BFH-Beschluss vom 27.3.1991, I B 187/90, BStBl II S. 643), Ablehnung einer Stundung (BFH-Beschluss vom 8.6.1982, VIII B 29/82, BStBl II S. 608) oder eines Erlasses (BFH-Beschluss vom 24.9.1970, II B 28/70, BStBl II S. 813),
- die Ablehnung einer Billigkeitsmaßnahme i. S. d. § 163 AO,
- die Ablehnung der Erteilung einer Freistellungsbescheinigung nach § 44a Abs. 5 EStG (BFH-Beschluss vom 27.7.1994, I B 246/93, BStBl II S. 899) oder einer Freistellung vom Quellensteuerabzug nach § 50a Abs. 4 EStG (BFH-Beschluss vom 13.4.1994, I B 212/93, BStBl II S. 835),
- verbindliche Auskünfte (§ 89 Abs. 2 AO; § 2 StAuskV), verbindliche Zusagen (§§ 204 bis 207 AO) und Lohnsteueranrufungsauskünfte (§ 42e EStG), unabhängig davon, ob sie der Rechtsauffassung des Steuerpflichtigen entsprechen oder nicht, sowie die Ablehnung, eine verbindliche Auskunft, eine verbindliche Zusage oder eine Lohnsteueranrufungsauskunft zu erteilen.

2.3.3 Zur Vollziehbarkeit von Feststellungsbescheiden vgl. AEAO zu § 361, Nr. 5.1.
2.3.4 Vorläufiger Rechtsschutz gegen einen nicht vollziehbaren Verwaltungsakt kann nur durch eine einstweilige Anordnung nach § 114 FGO gewährt werden.
2.4 Bei der Entscheidung über Anträge auf Aussetzung der Vollziehung ist der gesetzliche Ermessensspielraum im Interesse der Steuerpflichtigen stets voll auszuschöpfen.
2.5 Zur Aussetzung berechtigende ernstliche Zweifel an der Rechtmäßigkeit des angefochtenen Verwaltungsakts bestehen, wenn eine summarische Prüfung (vgl. AEAO zu § 361, Nr. 3.4) ergibt, dass neben den für die Rechtmäßigkeit sprechenden Umständen gewichtige gegen die Rechtmäßigkeit sprechende Gründe zutage treten, die Unentschiedenheit oder Unsicherheit in der Beurteilung der Rechtsfragen oder Unklarheit in der Beurteilung der Tatfragen bewirken. Dabei brauchen die für die Unrechtmäßigkeit des Verwaltungsakts sprechenden Bedenken nicht zu überwiegen, d. h. ein Erfolg des Steuerpflichtigen muss nicht wahrscheinlicher sein als ein Misserfolg (BFH-Beschlüsse vom 10.2.1967, III B 9/66, BStBl III S. 182, und vom 28.11.1974, V B 52/73, BStBl 1975 II S. 239).
2.5.1 Bei der Abschätzung der Erfolgsaussichten sind nicht nur die BFH-Rechtsprechung und die einschlägigen Verwaltungsanweisungen, sondern auch die Entscheidungen des zuständigen Finanzgerichts zu beachten.
2.5.2 Ernstliche Zweifel an der Rechtmäßigkeit des Verwaltungsakts werden im Allgemeinen zu bejahen sein,
- wenn die Behörde bewusst oder unbewusst von einer für den Antragsteller günstigen Rechtsprechung des BFH abgewichen ist (BFH-Beschluss vom 15.2.1967, VI S 2/66, BStBl III S. 256),
- wenn der BFH noch nicht zu der Rechtsfrage Stellung genommen hat und die Finanzgerichte unterschiedliche Rechtsauffassungen vertreten (BFH-Beschluss vom 10.5.1968, III B 55/67, BStBl II S. 610),

- wenn die Gesetzeslage unklar ist, die streitige Rechtsfrage vom BFH noch nicht entschieden ist, im Schrifttum Bedenken gegen die Rechtsauslegung des Finanzamt erhoben werden und die Finanzverwaltung die Zweifelsfrage in der Vergangenheit nicht einheitlich beurteilt hat (BFH-Beschlüsse vom 22.9.1967, VI B 59/67, BStBl 1968 II S. 37, und vom 19.8.1987, V B 56/85, BStBl II S. 830),
- wenn eine Rechtsfrage von zwei obersten Bundesgerichten oder zwei Senaten des BFH unterschiedlich entschieden worden ist (BFH-Beschlüsse vom 22.11.1968, VI B 87/68, BStBl 1969 II S. 145, und vom 21.11.1974, IV B 39/74, BStBl 1975 II S. 175) oder widersprüchliche Urteile desselben BFH-Senats vorliegen (BFH-Beschluss vom 5.2.1986, I B 39/85, BStBl II S. 490).

2.5.3 Dagegen werden ernstliche Zweifel im Allgemeinen zu verneinen sein,
- wenn der Verwaltungsakt der höchstrichterlichen Rechtsprechung entspricht (BFH-Beschlüsse vom 24.2.1967, VI B 15/66, BStBl III S. 341, und vom 11.3.1970, I B 50/68, BStBl II S. 569), und zwar auch dann, wenn einzelne Finanzgerichte eine von der höchstrichterlichen Rechtsprechung abweichende Auffassung vertreten,
- wenn der Rechtsbehelf unzulässig ist (BFH-Beschlüsse vom 24.11.1970, II B 42/70, BStBl 1971 II S. 110, und vom 25.3.1971, II B 47/69, BStBl II S. 334).

2.5.4 An die Zweifel hinsichtlich der Rechtmäßigkeit des angefochtenen Verwaltungsakts sind, wenn die Verfassungswidrigkeit einer angewandten Rechtsnorm geltend gemacht wird, keine strengeren Anforderungen zu stellen als im Falle der Geltendmachung fehlerhafter Rechtsanwendung. Die Begründetheit des Aussetzungsantrags ist nicht nach den Grundsätzen zu beurteilen, die für eine einstweilige Anordnung durch das BVerfG nach § 32 BVerfGG gelten (BFH-Beschluss vom 10.2.1984, III B 40/83, BStBl II S. 454). Eine Aussetzung der Vollziehung ist nicht allein deshalb abzulehnen, weil im Fall einer tatsächlich festgestellten Verfassungswidrigkeit zu erwarten ist, dass das BVerfG lediglich die Unvereinbarkeit eines Gesetzes mit dem GG ausspricht und dem Gesetzgeber nur eine Nachbesserungspflicht für die Zukunft aufgeben wird (BFH-Beschluss vom 21.11.2013, II B 46/13, BStBl 2014 II S. 263).

Im Hinblick auf den Geltungsanspruch jedes formell verfassungsgemäß zustande gekommenen Gesetzes muss aber der Antragsteller zusätzlich ein besonderes berechtigtes Interesse an der Gewährung vorläufigen Rechtsschutzes haben. Geboten ist eine Interessenabwägung zwischen der einer Aussetzung der Vollziehung entgegenstehenden Gefährdung der öffentlichen Haushaltsführung und den für eine Aussetzung der Vollziehung sprechenden individuellen Interessen des Antragstellers an der Gewährung vorläufigen Rechtsschutzes (vgl. BFH-Beschlüsse vom 6.11.1987, III B 101/86, BStBl 1988 II S. 134, vom 1.4.2010, II B 168/09, BStBl II S. 558, und vom 25.11.2014, VII B 65/14, BStBl 2015 II S. 207). Als Ergebnis dieser Interessenabwägung kann somit trotz ernstlicher Zweifel an der Verfassungsmäßigkeit einer angewandten Vorschrift eine Aussetzung der Vollziehung abzulehnen sein. Diese Grundsätze gelten nicht nur, wenn zweifelhaft ist, ob eine Norm materiell verfassungsgemäß ist, sondern auch dann, wenn Zweifel an der formellen Verfassungsmäßigkeit einer Norm bestehen (BFH-Beschluss vom 9.3.2012, VII B 171/11, BStBl II S. 418). Würde eine Aussetzung der Vollziehung im Ergebnis zur vorläufigen Nichtanwendung eines ganzen Gesetzes führen, hat das Interesse an einer geordneten Haushaltsführung Vorrang, wenn der durch die Vollziehung des angefochtenen Verwaltungsakts eintretende Eingriff beim Steuerpflichtigen als eher gering einzustufen ist und dieser Eingriff keine dauerhaften nachteiligen Wirkungen hat; ob ernstliche Zweifel an der Verfassungsmäßigkeit des Gesetzes bestehen, muss dann i.d.R. nicht geprüft werden (vgl. BFH-Beschlüsse vom 1.4.2010, II B 168/09, und vom 25.11.2014, VII B 65/14, jeweils a.a.O.). Dem Interesse des Antragstellers an der Gewährung der Aussetzung der Vollziehung ist nicht allein deshalb der Vorrang einzuräumen, weil ein Gericht einen Beschluss über eine Vorlage an das BVerfG erlassen hat (BFH-Beschluss vom 25.11.2014, VII B 65/14, a.a.O.).

2.5.5 Auch Zweifel an der Vereinbarkeit einer deutschen Rechtsnorm mit dem Recht der Europäischen Union können „ernstliche Zweifel" begründen und somit zu einer Aussetzung der Vollziehung führen. Dem Interesse des Antragstellers an der Gewährung vorläufigen Rechtsschutzes ist nicht allein deshalb der Vorrang gegenüber dem Interesse an einer geordneten Haushaltsführung einzuräumen, weil ein Gericht ein Vorabentscheidungsersuchen an den EuGH beschlossen hat (BFH-Beschluss vom 25.11.2014, VII B 65/14, BStBl 2015 II S.207). Eine derartige Interessenabwägung ist aber jedenfalls dann nicht vorzunehmen, wenn sich die europarechtlichen Zweifel aus einem möglichen Verstoß gegen die Grundfreiheiten ergeben, die in den EU-Mitgliedstaaten unmittelbar anwendbares Recht sind (BFH-Beschlüsse vom 14.2.2006, VIII B 107/04, BStBl II S.523, und vom 25.11.2014, VII B 65/14, a.a.O.).

2.5.6 Die Gefährdung des Steueranspruchs ist – wenn ernstliche Zweifel an der Rechtmäßigkeit des Verwaltungsakts bestehen – für sich allein kein Grund, die Aussetzung der Vollziehung abzulehnen. Steuerausfälle können dadurch vermieden werden, dass die Aussetzung von einer Sicherheitsleistung abhängig gemacht wird (vgl. AEAO zu § 361, Nr. 9.2).

2.6 Eine Aussetzung der Vollziehung wegen unbilliger Härte kommt in Betracht, wenn bei sofortiger Vollziehung dem Betroffenen Nachteile drohen würden, die über die eigentliche Realisierung des Verwaltungsakts hinausgehen, indem sie vom Betroffenen ein Tun, Dulden oder Unterlassen fordern, dessen nachteilige Folgen nicht mehr oder nur schwer rückgängig gemacht werden können oder existenzbedrohend sind. Der Antragsteller muss seine wirtschaftliche Lage im Einzelnen vortragen und glaubhaft machen (BFH-Beschluss vom 25.11.2014, VII B 65/14, BStBl 2015 II S.207). Eine Vollziehungsaussetzung wegen unbilliger Härte ist zu versagen, wenn der Rechtsbehelf offensichtlich keine Aussicht auf Erfolg hat (BFH-Beschlüsse vom 21.12.1967, V B 26/67, BStBl 1968 II S.84, und vom 19.4.1968, IV B 3/66, BStBl II S.538).

2.7 Durch Aussetzung der Vollziehung darf die Entscheidung in der Hauptsache nicht vorweggenommen werden (BFH-Beschluss vom 22.7.1980, VII B 3/80, BStBl II S.592).

3. Summarisches Verfahren/Vollstreckung bei anhängigem Vollziehungsaussetzungsantrag/Zuständigkeit

3.1 Über Anträge auf Aussetzung der Vollziehung ist unverzüglich zu entscheiden. Solange über einen entsprechenden bei der Finanzbehörde gestellten Antrag noch nicht entschieden ist, sollen Vollstreckungsmaßnahmen unterbleiben, es sei denn, der Antrag ist aussichtslos, bezweckt offensichtlich nur ein Hinausschieben der Vollstreckung oder es besteht Gefahr im Verzug.

3.2 Stellt der Steuerpflichtige einen Antrag auf Aussetzung der Vollziehung nach § 69 Abs. 3 FGO beim Finanzgericht, ist die Vollstreckungsstelle darüber zu unterrichten. Die Vollstreckungsstelle entscheidet, ob im Einzelfall von Vollstreckungsmaßnahmen abzusehen ist. Vor Einleitung von Vollstreckungsmaßnahmen ist mit dem Finanzgericht Verbindung aufzunehmen (s. Abschn. 5 Abs. 4 Satz 3 VollstrA). Die Verpflichtung des Finanzamts, unverzüglich selbst zu prüfen, ob eine Aussetzung der Vollziehung in Betracht kommt, und ggf. die Aussetzung der Vollziehung selbst auszusprechen, bleibt unberührt.

3.3 Für die Entscheidung über die Aussetzung der Vollziehung ist ohne Rücksicht auf die Steuerart und die Höhe des Steuerbetrages das Finanzamt zuständig, das den angefochtenen Verwaltungsakt erlassen hat. Ein zwischenzeitlich eingetretener Zuständigkeitswechsel betrifft grundsätzlich auch das Aussetzungsverfahren (§ 367 Abs. 1 Satz 2 i.V. m. § 26 Satz 2 AO).

3.4 Die Entscheidung über die Aussetzung der Vollziehung ergeht in einem summarischen Verfahren. Die Begründetheit des Rechtsbehelfs ist im Rahmen dieses Verfahrens nur in einem begrenzten Umfang zu prüfen. Bei der Prüfung sind nicht präsente Beweismittel ausgeschlossen (vgl. BFH-Beschlüsse vom 23.7.1968, II B 17/68, BStBl II S.589, und vom 19.5.1987, VIII B 104/85, BStBl 1988 II S. 5). Die Sachentscheidungsvoraussetzungen für die Vollziehungsaussetzung (z. B. Anhängigkeit eines förmlichen Rechtsbehelfs, Zuständigkeit) sind eingehend und nicht nur summarisch zu prüfen (vgl. BFH-Beschluss vom 21.4.1971, VII B 106/69, BStBl II S. 702).

4. Berechnung der auszusetzenden Steuer

Die Höhe der auszusetzenden Steuer ist in jedem Fall zu berechnen; eine pauschale Bestimmung (z. B. ausgesetzte Steuer = Abschlusszahlung) ist nicht vorzunehmen.

Bei Steuerbescheiden sind die Aussetzung und die Aufhebung der Vollziehung auf die festgesetzte Steuer, vermindert um die anzurechnenden Steuerabzugsbeträge, um die anzurechnende Körperschaftsteuer und um die festgesetzten Vorauszahlungen, beschränkt; dies gilt nicht, wenn die Aussetzung oder Aufhebung der Vollziehung zur Abwendung wesentlicher Nachteile nötig erscheint (§ 361 Abs. 2 Satz 4 AO; § 69 Abs. 2 Satz 8 und Abs. 3 Satz 4 FGO). Diese Regelung ist verfassungsgemäß (BFH-Beschlüsse vom 2.11.1999, I B 49/99, BStBl 2000 II S. 57, und vom 24.1.2000, X B 99/99, BStBl II S. 559). Zum Begriff „wesentliche Nachteile" vgl. AEAO zu § 361, Nr. 4.6.1.

Vorauszahlungen sind auch dann „festgesetzt" i. S. d. § 361 Abs. 2 Satz 4 AO, § 69 Abs. 2 Satz 8 FGO, wenn der Vorauszahlungsbescheid in der Vollziehung ausgesetzt war (BFH-Beschluss vom 24.1.2000, X B 99/99, BStBl II S. 559; vgl. AEAO zu § 361, Nrn. 4.2, 4.4 und 8.2.2).

Steuerabzugsbeträge sind bei der Ermittlung der auszusetzenden Steuer auch dann zu berücksichtigen, wenn sie erst im Rechtsbehelfsverfahren geltend gemacht werden und die Abrechnung des angefochtenen Steuerbescheids zu korrigieren ist.

Wird ein Steuerbescheid zum Nachteil des Steuerpflichtigen geändert oder gem. § 129 AO berichtigt, kann hinsichtlich des sich ergebenden Mehrbetrags die Aussetzung der Vollziehung unabhängig von den Beschränkungen des § 361 Abs. 2 Satz 4 AO bzw. des § 69 Abs. 2 Satz 8 FGO gewährt werden.

Es sind folgende Fälle zu unterscheiden (in den Beispielsfällen 4.1 bis 4.5 wird jeweils davon ausgegangen, dass ein Betrag von 5 000 € streitbefangen ist und in dieser Höhe auch ernstliche Zweifel an der Rechtmäßigkeit der angefochtenen Steuerfestsetzung bestehen sowie kein Ausnahmefall des Vorliegens wesentlicher Nachteile – vgl. AEAO zu § 361, Nr. 4.6.1 – gegeben ist):

4.1 Die streitbefangene Steuer ist kleiner als die Abschlusszahlung

Beispiel 1:

festgesetzte Steuer	15 000 €
festgesetzte und entrichtete Vorauszahlungen	8 000 €
Abschlusszahlung	7 000 €
streitbefangene Steuer	5 000 €

Die Vollziehung ist i. H. v. 5 000 € auszusetzen. Der Restbetrag i. H. v. 2 000 € ist am Fälligkeitstag zu entrichten.

Beispiel 2:

festgesetzte Umsatzsteuer	0 €
Summe der festgesetzten Umsatzsteuer-Vorauszahlungen	./. 7 000 €
Abschlusszahlung	7 000 €
streitbefangene Steuer	5 000 €

Die Vollziehung ist i. H. v. 5 000 € auszusetzen. Der Restbetrag i. H. v. 2 000 € ist am Fälligkeitstag zu entrichten.

4.2 Die streitbefangene Steuer ist kleiner als die Abschlusszahlung einschließlich nicht geleisteter Vorauszahlungen

Beispiel 1:

festgesetzte Steuer	15 000 €
festgesetzte Vorauszahlungen	8 000 €
entrichtete Vorauszahlungen	5 000 €
rückständige Vorauszahlungen	3 000 €
anzurechnende Steuerabzugsbeträge	4 000 €
Abschlusszahlung (einschließlich der rückständigen Vorauszahlungsbeträge, da nach § 36 Abs. 2 Nr. 1 EStG nur die entrichteten Vorauszahlungen anzurechnen sind)	6 000 €
streitbefangene Steuer	5 000 €

Die Vollziehung ist nur i. H. v. 3 000 € auszusetzen (15 000 € – festgesetzte Steuer – ./. 8 000 € – festgesetzte Vorauszahlungen – ./. 4 000 € – anzurechnende Steuerabzugsbeträge –). Die rückständigen Vorauszahlungen i. H. v. 3 000 € sind sofort zu entrichten.

Beispiel 2:

festgesetzte Steuer	15 000 €
festgesetzte Vorauszahlungen	8 000 €
Vollziehungsaussetzung des Vorauszahlungsbescheids i. H. v.	3 000 €
entrichtete Vorauszahlungen	5 000 €
anzurechnende Steuerabzugsbeträge	4 000 €
Abschlusszahlung (einschließlich der in der Vollziehung ausgesetzten Vorauszahlungen)	6 000 €
streitbefangene Steuer	5 000 €

Die Vollziehung ist nur i. H. v. 3 000 € auszusetzen (15 000 € – festgesetzte Steuer – ./. 8 000 € – festgesetzte Vorauszahlungen – ./. 4 000 € – anzurechnende Steuerabzugsbeträge –). Die in der Vollziehung ausgesetzten Vorauszahlungen i. H. v. 3 000 € sind innerhalb der von der Finanzbehörde zu setzenden Frist (vgl. AEAO zu § 361, Nr. 8.2.2) zu entrichten. Der Restbetrag der Abschlusszahlung (3 000 €) muss nicht geleistet werden, solange die Aussetzung der Vollziehung wirksam ist.

4.3 Die streitbefangene Steuer ist größer als die Abschlusszahlung

Beispiel:

festgesetzte Steuer	15 000 €
festgesetzte und entrichtete Vorauszahlungen	8 000 €
anzurechnende Steuerabzugsbeträge	4 000 €
Abschlusszahlung	3 000 €
streitbefangene Steuer	5 000 €

Die Vollziehung ist nur i. H. v. 3 000 € auszusetzen (15 000 € – festgesetzte Steuer – ./. 8 000 € – festgesetzte Vorauszahlungen – ./. 4 000 € – anzurechnende Steuerabzugsbeträge –). Die Abschlusszahlung muss nicht geleistet werden, solange die Aussetzung der Vollziehung wirksam ist.

4.4 Die streitbefangene Steuer ist größer als die Abschlusszahlung einschließlich nicht geleisteter Vorauszahlungen

Beispiel 1:

festgesetzte Steuer	15 000 €
festgesetzte Vorauszahlungen	8 000 €
entrichtete Vorauszahlungen	5 000 €
rückständige Vorauszahlungen	3 000 €
anzurechnende Steuerabzugsbeträge	6 000 €
Abschlusszahlung (einschließlich der rückständigen Vorauszahlungen)	4 000 €
streitbefangene Steuer	5 000 €

Die Vollziehung ist nur i. H. v. 1 000 € auszusetzen (15 000 € – festgesetzte Steuer – ./. 8 000 € – festgesetzte Vorauszahlungen – ./. 6 000 € – anzurechnende Steuerabzugsbeträge –). Die rückständigen Vorauszahlungen i. H. v. 3 000 € sind sofort zu entrichten.

Beispiel 2:

festgesetzte Steuer	15 000 €
festgesetzte Vorauszahlungen	8 000 €
Vollziehungsaussetzung des Vorauszahlungsbescheids i. H. v.	3 000 €
entrichtete Vorauszahlungen	5 000 €
anzurechnende Steuerabzugsbeträge	6 000 €
Abschlusszahlung (einschließlich der in der Vollziehung ausgesetzten Vorauszahlungen)	4 000 €
streitbefangene Steuer	5 000 €

Die Vollziehung ist nur i. H. v. 1 000 € auszusetzen (15 000 € – festgesetzte Steuer – ./. 8 000 € – festgesetzte Vorauszahlungen – ./. 6 000 € – anzurechnende Steuerabzugsbeträge –). Die in der Vollziehung ausgesetzten Vorauszahlungen i. H. v. 3 000 € sind innerhalb der von der Finanzbehörde zu setzenden Frist (vgl. AEAO zu § 361, Nr. 8.2.2) zu entrichten. Der Restbetrag der Abschlusszahlung (1 000 €) muss nicht geleistet werden, solange die Aussetzung der Vollziehung wirksam ist.

4.5 Die Steuerfestsetzung führt zu einer Erstattung

Beispiel 1:

festgesetzte Steuer	15 000 €
festgesetzte und entrichtete Vorauszahlungen	12 000 €
anzurechnende Steuerabzugsbeträge	5 000 €
Erstattungsbetrag	2 000 €
streitbefangene Steuer	5 000 €

Eine Aussetzung der Vollziehung ist nicht möglich (15 000 € – festgesetzte Steuer – ./. 12 000 € – festgesetzte Vorauszahlungen – ./. 5 000 € – anzurechnende Steuerabzugsbeträge –).

Beispiel 2:

Nach einem Erstbescheid gem. Beispiel 1 ergeht ein Änderungsbescheid:

festgesetzte Steuer nunmehr	16 000 €
festgesetzte und entrichtete Vorauszahlungen	12 000 €
anzurechnende Steuerabzugsbeträge	5 000 €
neuer Erstattungsbetrag	1 000 €
Rückforderung der nach dem Erstbescheid geleisteten Erstattung (Leistungsgebot) i. H. v.	1 000 €
streitbefangene Steuer	5 000 €

Der Änderungsbescheid kann i. H. v. 1 000 € in der Vollziehung ausgesetzt werden.

Beispiel 3:

Nach einem Erstbescheid gem. Beispiel 1 ergeht ein Änderungsbescheid:

festgesetzte Steuer nunmehr	18 000 €
festgesetzte und entrichtete Vorauszahlungen	12 000 €
anzurechnende Steuerabzugsbeträge	5 000 €
Abschlusszahlung neu	1 000 €
Leistungsgebot über (Abschlusszahlung – 1 000 € – zuzüglich der nach dem Erstbescheid geleisteten Erstattung – 2 000 € –)	3 000 €
streitbefangene Steuer	5 000 €

Der Änderungsbescheid kann i. H. v. 3 000 € in der Vollziehung ausgesetzt werden.

4.6 Sonderfälle

4.6.1 Die Beschränkung der Aussetzung bzw. Aufhebung der Vollziehung von Steuerbescheiden auf den Unterschiedsbetrag zwischen festgesetzter Steuer und Vorleistungen (festgesetzte Vorauszahlungen, anzurechnende Steuerabzugsbeträge, anzurechnende Körperschaftsteuer) gilt nicht, wenn die Aussetzung oder Aufhebung der

Vollziehung zur Abwendung wesentlicher Nachteile nötig erscheint (vgl. AEAO zu § 361, Nr. 4 zweiter Absatz).

Für die Beurteilung, wann „wesentliche Nachteile" vorliegen, sind die von der BFH-Rechtsprechung zur einstweiligen Anordnung nach § 114 FGO entwickelten Grundsätze heranzuziehen (BFH-Beschluss vom 22. 12. 2003, IX B 177/02, BStBl 2004 II S. 367). „Wesentliche Nachteile" liegen demnach vor, wenn durch die Versagung der Vollziehungsaussetzung bzw. Vollziehungsaufhebung unmittelbar und ausschließlich die wirtschaftliche oder persönliche Existenz des Steuerpflichtigen bedroht sein würde (BFH-Beschluss vom 22. 12. 2003, IX B 177/02, a. a. O.).

Keine „wesentlichen Nachteile" sind – für sich allein gesehen – allgemeine Folgen, die mit der Steuerzahlung verbunden sind, beispielsweise
- ein Zinsverlust (BFH-Beschluss vom 27. 7. 1994, I B 246/93, BStBl II S. 899),
- eine zur Bezahlung der Steuern notwendige Kreditaufnahme (BFH-Beschlüsse vom 12. 4. 1984, VIII B 115/82, BStBl II S. 492, und vom 2. 11. 1999, I B 49/99, BStBl 2000 II S. 57),
- ein Zurückstellen betrieblicher Investitionen oder eine Einschränkung des gewohnten Lebensstandards (BFH-Beschluss vom 12. 4. 1984, VIII B 115/82, a. a. O.).

„Wesentliche Nachteile" liegen auch vor, wenn der BFH oder ein Finanzgericht von der Verfassungswidrigkeit einer streitentscheidenden Vorschrift überzeugt ist und deshalb diese Norm gem. Art. 100 Abs. 1 GG dem BVerfG zur Prüfung vorgelegt hat (BFH-Beschluss vom 22. 12. 2003, IX B 177/02, a. a. O.). Für eine Vorlage an den EuGH wegen europarechtlicher Zweifel (vgl. AEAO zu § 361, Nr. 2.5.5) gilt dies nicht, da das vorlegende Gericht nicht von einem Verstoß gegen Europarecht überzeugt sein muss.

Wurde ein Grundlagenbescheid angefochten, sind erst bei der Vollziehungsaussetzung des Folgebescheids die Regelungen des § 361 Abs. 2 Satz 4 AO bzw. des § 69 Abs. 2 Satz 8 und Abs. 3 Satz 4 FGO zu beachten (vgl. AEAO zu § 361, Nr. 4 zweiter Absatz, Nr. 5.1 letzter Absatz und Nr. 6 letzter Absatz). Folglich ist auch erst in diesem Verfahren zu prüfen, ob „wesentliche Nachteile" vorliegen.

4.6.2 In Fällen, in denen die Vollziehung des angefochtenen Steuerbescheids auszusetzen ist, bei Erfolg des Rechtsbehelfs aber andere Steuerbescheide zuungunsten des Rechtsbehelfsführers zu ändern sind, kann die Aussetzung der Vollziehung des angefochtenen Steuerbescheids nicht auf den Unterschiedsbetrag der steuerlichen Auswirkungen begrenzt werden (BFH-Urteil vom 10. 11. 1994, IV R 44/94, BStBl 1995 II S. 814).

4.7 Außersteuerliche Verwaltungsakte

Die vorstehenden Ausführungen gelten sinngemäß für außersteuerliche Verwaltungsakte, auf die die Vorschriften des § 361 AO und des § 69 FGO entsprechend anzuwenden sind (z. B. Bescheide für Investitionszulagen, Wohnungsbauprämien, Arbeitnehmer-Sparzulagen). Die Vollziehung eines Bescheids, der beispielsweise eine Investitionszulage nach Auffassung des Antragstellers zu niedrig festsetzt, kann daher nicht ausgesetzt werden. Ein Bescheid, der eine gewährte Investitionszulage zurückfordert, ist dagegen ein vollziehbarer und aussetzungsfähiger Verwaltungsakt.

5. Aussetzung der Vollziehung von Grundlagenbescheiden

5.1 Auch die Vollziehung von Grundlagenbescheiden (insbesondere Feststellungs- und Steuermessbescheiden) kann unter den allgemeinen Voraussetzungen – Anhängigkeit eines Rechtsbehelfs (vgl. AEAO zu § 361, Nr. 2.2), vollziehbarer Verwaltungsakt (vgl. AEAO zu § 361, Nr. 2.3), ernstliche Zweifel (vgl. AEAO zu § 361, Nr. 2.5) oder unbillige Härte (vgl. AEAO zu § 361, Nr. 2.6) – ausgesetzt werden.

Eine Aussetzung der Vollziehung ist daher insbesondere möglich bei
- Bescheiden über die gesonderte Feststellung von Besteuerungsgrundlagen nach § 180 Abs. 1 Satz 1 Nr. 2 AO,
- Feststellungsbescheiden nach der V zu § 180 Abs. 2 AO,
- Feststellungsbescheiden nach §§ 27, 28 und 38 KStG,
- Gewerbesteuermessbescheiden,
- Grundsteuermessbescheiden,
- Einheitswertbescheiden (§ 180 Abs. 1 Satz 1 Nr. 1 AO i.V. m. § 19 BewG),
- Bescheiden über die Feststellung von Grundbesitzwerten (§ 151 BewG),
- Feststellungsbescheiden nach § 17 Abs. 2 und 3 GrEStG.

Nach der Rechtsprechung des BFH kommt eine Vollziehungsaussetzung auch in Betracht bei
- Verlustfeststellungsbescheiden, soweit die Feststellung eines höheren Verlustes begehrt wird (BFH-Beschlüsse vom 10. 7. 1979, VIII B 84/78, BStBl II S. 567, und vom 25. 10. 1979, IV B 68/79, BStBl 1980 II S. 66),
- Feststellungsbescheiden, die Anteile einzelner Gesellschafter auf 0 € feststellen und angefochten werden, weil diese Gesellschafter den Ansatz von Verlustanteilen begehren (BFH-Beschluss vom 22. 10. 1980, I S 1/80, BStBl 1981 II S. 99),
- Feststellungsbescheiden, die eine Mitunternehmerschaft einzelner Beteiligter verneinen (BFH-Beschluss vom 10. 7. 1980, IV B 77/79, BStBl II S. 697),
- negativen Gewinn-/Verlustfeststellungsbescheiden, d. h. Bescheiden, die den Erlass eines Gewinn(Verlust-)feststellungsbescheids ablehnen (Beschluss des Großen Senats des BFH vom 14. 4. 1987, GrS 2/85, BStBl II S. 637),
- Bescheiden nach § 15a Abs. 4 EStG über die Feststellung eines verrechenbaren Verlustes (BFH-Beschluss vom 2. 3. 1988, IV B 95/87, BStBl II S. 617).

Soweit in einem Grundlagenbescheid Feststellungen enthalten sind, die Gegenstand eines anderen Feststellungsverfahrens waren, ist die Vollziehung des Grundlagenbescheids nach § 361 Abs. 3 Satz 1 AO bzw. § 69 Abs. 2 Satz 4 FGO auszusetzen (vgl. AEAO zu § 361, Nr. 6).

Die Beschränkungen des § 361 Abs. 2 Satz 4 AO bzw. des § 69 Abs. 2 Satz 8 und Abs. 3 Satz 4 FGO (vgl. AEAO zu § 361, Nr. 4 zweiter Absatz) sind erst bei der Aussetzung der Vollziehung des Folgebescheids zu beachten (vgl. AEAO zu § 361, Nr. 6 letzter Absatz).

5.2 Die Aussetzung der Vollziehung eines Feststellungsbescheids kann auf Gewinnanteile einzelner Gesellschafter beschränkt werden, auch wenn der Rechtsstreit die Gewinnanteile aller Gesellschafter berührt (BFH-Beschluss vom 7. 11. 1968, IV B 47/68, BStBl 1969 II S. 85). Wird vorläufiger Rechtsschutz nicht von der Gesellschaft, sondern nur von einzelnen Gesellschaftern beantragt, sind nur diese am Verfahren der Aussetzung der Vollziehung beteiligt; eine Hinzuziehung der übrigen Gesellschafter zum Verfahren ist nicht notwendig (BFH-Beschlüsse vom 22. 10. 1980, I S 1/80, BStBl 1981 II S. 99, und vom 5. 5. 1981, VIII B 26/80, BStBl II S. 574).

5.3 Im Verwaltungsakt über die Aussetzung der Vollziehung eines Feststellungsbescheids müssen im Falle der gesonderten und einheitlichen Feststellung die ausgesetzten Besteuerungsgrundlagen auf die einzelnen Beteiligten aufgeteilt werden. Außerdem sollte ggf. darauf hingewiesen werden, dass eine Erstattung von geleisteten Vorauszahlungen, Steuerabzugsbeträgen und anzurechnender Körperschaftsteuer im Rahmen der Aussetzung der Vollziehung des Folgebescheids grundsätzlich nicht erfolgen (vgl. AEAO zu § 361, Nr. 4 zweiter Absatz und Nr. 6 letzter Absatz). Die Vollziehung eines negativen Feststellungsbescheids (vgl. AEAO zu § 361, Nr. 5.1, vorletzter Beispielsfall) ist mit der Maßgabe auszusetzen, dass bis zur bestandskräftigen/rechtskräftigen Entscheidung im Hauptverfahren von einem Verlust von x € auszugehen sei, der sich auf die Beteiligten wie folgt verteile: ... (Beschluss des Großen Senats des BFH vom 14. 4. 1987, GrS 2/85, BStBl II S. 637).

5.4 Unterrichtungspflicht

5.4.1 Ist die Aussetzung der Vollziehung eines Grundlagenbescheids beantragt worden, kann über den Antrag aber nicht kurzfristig entschieden werden, sollen die für die Erteilung der Folgebescheide zuständigen Finanzämter, ggf. Gemeinden, unterrichtet werden.
Wegen der Unterrichtung der Gemeinden über anhängige Einspruchsverfahren gegen Realsteuermessbescheide vgl. AEAO zu § 184.

5.4.2 Die Wohnsitzfinanzämter der Beteiligten sind von der Aussetzung der Vollziehung eines Feststellungsbescheids zu unterrichten. In diese Mitteilungen ist ggf. der Hinweis über die grundsätzliche Nichterstattung von Steuerbeträgen (vgl. AEAO zu § 361, Nr. 4 zweiter Absatz, Nr. 5.1 letzter Absatz und Nr. 6 letzter Absatz) aufzunehmen. Entsprechendes gilt für den Beginn und das Ende der Aussetzung der Vollziehung (vgl. AEAO zu § 361, Nr. 8.1.3 und 8.2.1).

5.4.3 Wird die Vollziehung eines Realsteuermessbescheids ausgesetzt, ist die Gemeinde hierüber zu unterrichten.

6. Aussetzung der Vollziehung von Folgebescheiden

Nach der Aussetzung der Vollziehung eines Grundlagenbescheids ist die Vollziehung der darauf beruhenden Folgebescheide von Amts wegen auszusetzen, und zwar auch dann, wenn die Folgebescheide nicht angefochten wurden (§ 361 Abs. 3 Satz 1 AO; § 69 Abs. 2 Satz 4 FGO). Entsprechendes gilt, wenn bei Rechtsbehelfen gegen außersteuerliche Grundlagenbescheide die aufschiebende Wirkung eintritt, angeordnet oder wiederhergestellt oder die Vollziehung ausgesetzt wird.

Ist der Folgebescheid vor Erlass des Grundlagenbescheids ergangen und berücksichtigt er nach Auffassung des Steuerpflichtigen die noch gesondert festzustellenden Besteuerungsgrundlagen nicht oder – bei einer Schätzung nach § 162 Abs. 5 AO – in unzutreffender Höhe, kann unter den allgemeinen Voraussetzungen die Vollziehung ausgesetzt werden. Dies gilt entsprechend, wenn Einwendungen gegen die Wirksamkeit der Bekanntgabe eines ergangenen Grundlagenbescheids erhoben werden (BFH-Beschluss vom 25. 3. 1986, III B 6/85, BStBl II S. 477, und BFH-Urteil vom 15. 4. 1988, III R 26/85, BStBl II S. 660).

Ein Antrag auf Vollziehungsaussetzung eines Einkommensteuerbescheids, der mit Zweifeln an der Rechtmäßigkeit der Entscheidungen in einem wirksam ergangenen positiven oder negativen Gewinnfeststellungsbescheid begründet wird, ist mangels Rechtsschutzbedürfnisses unzulässig (BFH-Urteil vom 29. 10. 1987, VIII R 413/83, BStBl 1988 II S. 240). Zulässig ist dagegen ein Antrag auf Vollziehungsaussetzung eines Folgebescheids, der mit ernstlichen Zweifeln an der wirksamen Bekanntgabe eines Grundlagenbescheids begründet wird (BFH-Beschluss vom 15. 4. 1988, III R 26/85, BStBl II S. 660).

Bei der Aussetzung der Vollziehung des Folgebescheids sind ggf. die Beschränkungen des § 361 Abs. 2 Satz 4 AO bzw. des § 69 Abs. 2 Satz 8 und Abs. 3 Satz 4 FGO (vgl. AEAO zu § 361, Nr. 4 zweiter Absatz) zu beachten. Erst in diesem Verfahren ist ggf. auch zu prüfen, ob „wesentliche Nachteile" (vgl. AEAO zu § 361, Nr. 4.6.1) vorliegen.

7. Aufhebung der Vollziehung durch das Finanzamt

7.1 Die Finanzbehörden sind befugt, im Rahmen eines Verfahrens nach § 361 AO oder nach § 69 Abs. 2 FGO auch die Aufhebung der Vollziehung anzuordnen (§ 361 Abs. 2 Satz 3 AO; § 69 Abs. 2 Satz 7 FGO). Die Ausführungen in den Nrn. 2.1 bis 4.6 gelten entsprechend.

7.2 Die Aufhebung der Vollziehung bewirkt die Rückgängigmachung bereits durchgeführter Vollziehungsmaßnahmen. Dies gilt auch, soweit eine Steuer „freiwillig", d. h. abgesehen vom Leistungsgebot ohne besondere Einwirkungen des Finanzamts (wie Mahnung, Postnachnahme, Beitreibungsmaßnahmen), entrichtet worden ist (BFH-Beschluss vom 22. 7. 1977, III B 34/74, BStBl II S. 838). Durch die Aufhebung der Vollziehung erhält der Rechtsbehelfsführer einen Erstattungsanspruch (§ 37 Abs. 2 AO) in Höhe des Aufhebungsbetrags, da der rechtliche Grund für die Zahlung nachträglich weggefallen ist. Durch Aufhebung der Vollziehung kann aber grundsätzlich nicht die Erstattung von geleisteten Vorauszahlungsbeträgen, Steuerabzugsbeträgen oder anrechenbarer Körperschaftsteuer erreicht werden (vgl. AEAO zu § 361, Nr. 4 zweiter Absatz).

Beispiel:

festgesetzte Steuer	15 000 €
festgesetzte und entrichtete Vorauszahlungen	5 000 €
anzurechnende Steuerabzugsbeträge	7 000 €
entrichtete Abschlusszahlung	3 000 €

An der Rechtmäßigkeit der Steuerfestsetzung bestehen i. H. v. 5 000 € ernstliche Zweifel; der Sonderfall des Vorliegens „wesentlicher Nachteile" ist nicht gegeben. Nach Aufhebung der Vollziehung ist ein Betrag i. H. v. 3 000 € zu erstatten (15 000 € – festgesetzte Steuer – ./. 5 000 € – festgesetzte Vorauszahlungen – ./. 7 000 € – anzurechnende Steuerabzugsbeträge –).

7.3 Wird die Vollziehung einer Steueranmeldung aufgehoben, dürfen die entrichteten Steuerbeträge nur an den Anmeldenden erstattet werden. Dies gilt auch, wenn – wie z. B. in den Fällen des Lohnsteuerabzugs nach § 38 EStG oder des Steuerabzugs nach § 50a Abs. 4 EStG – der Anmeldende lediglich Entrichtungspflichtiger, nicht aber Steuerschuldner ist (BFH-Beschluss vom 13. 8. 1997, I B 30/97, BStBl II S. 700).

7.4 Bei der Aufhebung der Vollziehung ist zu bestimmen, ob die Aufhebung rückwirken soll oder nicht. Für die Beurteilung dieser Frage ist maßgeblich, ab welchem Zeitpunkt ernstliche Zweifel an der Rechtmäßigkeit des Verwaltungsakts erkennbar vorlagen (BFH-Beschluss vom 10. 12. 1986, I B 121/86, BStBl 1987 II S. 389; vgl. AEAO zu § 361, Nr. 8.1.1). Durch rückwirkende Aufhebung der Vollziehung entfallen bereits entstandene Säumniszuschläge (BFH-Beschluss vom 10. 12. 1986, I B 121/86, a. a. O.). Vollstreckungsmaßnahmen bleiben bestehen, soweit nicht ihre Aufhebung ausdrücklich angeordnet (§ 257 Abs. 1 Nr. 1 i. V. m. Abs. 2 Satz 3 AO) oder die Rückwirkung der Aufhebung der Vollziehung verfügt worden ist.

8. Dauer der Aussetzung/Aufhebung der Vollziehung

8.1 Beginn der Aussetzung/Aufhebung der Vollziehung

8.1.1 Wird der Antrag auf Aussetzung/Aufhebung der Vollziehung vor Fälligkeit der strittigen Steuerforderung bei der Finanzbehörde eingereicht und begründet, ist die Aussetzung/Aufhebung der Vollziehung im Regelfall ab Fälligkeitstag für die strittigen Steuerbeträge auszusprechen; vgl. AEAO zu § 361, Nr. 7.4. Ein späterer Zeitpunkt kommt in Betracht, wenn der Steuerpflichtige – z. B. in Schätzungsfällen – die Begründung des Rechtsbehelfs oder des Aussetzungsantrags unangemessen hinausgezögert hat und die Finanzbehörde deshalb vorher keine ernstlichen Zweifel an der Rechtmäßigkeit des angefochtenen Verwaltungsakts zu haben brauchte (vgl. BFH-Beschluss vom 10. 12. 1986, I B 121/86, BStBl 1987 II S. 389).

8.1.2 Wird die Aussetzung/Aufhebung der Vollziehung nach Fälligkeit der strittigen Steuerforderung beantragt und begründet, gilt Nr. 8.1.1 Satz 2 entsprechend.

8.1.3 Bei der Aussetzung/Aufhebung der Vollziehung von Grundlagenbescheiden (vgl. AEAO zu § 361, Nr. 5) ist als Beginn der Aussetzung/Aufhebung der Vollziehung der Tag der Bekanntgabe des Grundlagenbescheids zu bestimmen, wenn der Rechtsbehelf oder der Antrag auf Aussetzung/Aufhebung der Vollziehung vor Ablauf der Einspruchsfrist begründet wurde. Bei später eingehender Begründung gilt Nr. 8.1.1 Satz 2 des AEAO zu § 361 entsprechend.

8.1.4 Trifft die Finanzbehörde keine Aussage über den Beginn der Aussetzung/Aufhebung der Vollziehung, wirkt die Aussetzung/Aufhebung der Vollziehung ab Bekanntgabe der Aussetzungsverfügung/Aufhebungsverfügung (§ 124 Abs. 1 Satz 1 AO).

8.1.5 Der Beginn der Aussetzung/Aufhebung der Vollziehung eines Folgebescheids (vgl. AEAO zu § 361, Nr. 6 und 8.1.3) richtet sich nach dem Beginn der Aussetzung/Aufhebung der Vollziehung des Grundlagenbescheids (vgl. BFH-Beschluss vom 10. 12. 1986, I B 121/86, BStBl 1987 II S. 389).

8.2 Ende der Aussetzung/Aufhebung der Vollziehung

8.2.1 Die Aussetzung/Aufhebung der Vollziehung ist grundsätzlich nur für eine Rechtsbehelfsstufe zu bewilligen (BFH-Beschluss vom 3. 1. 1978, VII S 13/77, BStBl II S. 157). Das Ende der Aussetzung/Aufhebung der Vollziehung ist in der Verfügung zu bestimmen. Soweit nicht eine datumsmäßige Befristung angebracht ist, sollte das Ende bei Entscheidungen über die Aussetzung/Aufhebung der Vollziehung während des außergerichtlichen oder gerichtlichen Rechtsbehelfsverfahrens auf einen Monat nach Bekanntgabe der Einspruchsentscheidung bzw. nach Verkündung oder Zustellung des Urteils oder einen Monat nach dem Eingang einer Erklärung über die Rücknahme des Rechtsbehelfs festgelegt werden. Einer Aufhebung der Aussetzungs-/Aufhebungsverfügung bedarf es in einem solchen Fall nicht. Die Aussetzung/Aufhebung der Vollziehung eines Folgebescheids ist bis zur Beendigung der Aussetzung/Aufhebung der Vollziehung des Grundlagenbescheids und für den Fall, dass der Rechtsbehelf gegen den Grundlagenbescheid zu einer Änderung des Folgebescheids führt, bis zum Ablauf eines Monats nach Bekanntgabe des geänderten Folgebescheids zu befristen.

8.2.2 Wird der in der Vollziehung ausgesetzte Verwaltungsakt geändert oder ersetzt, erledigt sich die bisher gewährte Aussetzung/Aufhebung der Vollziehung, ohne dass es einer Aufhebung der Vollziehungsaussetzungs(aufhebungs)verfügung bedarf. Für eine eventuelle Nachzahlung der bisher in der Vollziehung ausgesetzten Beträge kann dem Steuerpflichtigen i. d. R. eine einmonatige Zahlungsfrist eingeräumt werden.

In den Fällen des § 365 Abs. 3 AO bzw. des § 68 FGO ist auf der Grundlage des neuen Verwaltungsakts erneut über die Aussetzung bzw. Aufhebung der Vollziehung zu entscheiden. Dies gilt auch, wenn ein in der Vollziehung ausgesetzter Vorauszahlungsbescheid durch die Jahressteuerfestsetzung ersetzt wird (vgl. AEAO zu § 365, Nr. 2).

9. Nebenbestimmungen zur Aussetzung/Aufhebung der Vollziehung

9.1 Widerrufsvorbehalt

Der Verwaltungsakt über die Aussetzung/Aufhebung der Vollziehung ist grundsätzlich mit dem Vorbehalt des Widerrufs zu versehen.

9.2 Sicherheitsleistung

9.2.1 Die Finanzbehörde kann die Aussetzung oder Aufhebung der Vollziehung von einer Sicherheitsleistung abhängig machen (§ 361 Abs. 2 Satz 5 AO; § 69 Abs. 2 Satz 3 FGO). Die Entscheidung hierüber ist nach pflichtgemäßem Ermessen zu treffen.

9.2.2 Die Anordnung der Sicherheitsleistung muss vom Grundsatz der Verhältnismäßigkeit bestimmt sein (BVerfG-Beschluss vom 24. 10. 1975, 1 BvR 266/75, StRK FGO § 69 R 171). Sie ist geboten, wenn die wirtschaftliche Lage des Steuerpflichtigen die Steuerforderung als gefährdet erscheinen lässt (BFH-Beschlüsse vom 8. 3. 1967, VI B 50/66, BStBl III S. 294, und vom 22. 6. 1967, I B 7/67, BStBl III S. 512). Die Anordnung einer Sicherheitsleistung ist z. B. gerechtfertigt, wenn der Steuerbescheid nach erfolglosem Rechtsbehelf im Ausland vollstreckt werden müsste (BFH-Urteil vom 27. 8. 1970, V R 102/67, BStBl 1971 II S. 1). Dies gilt auch, wenn in einem Mitgliedstaat der EU zu vollstrecken wäre, es sei denn, mit diesem Staat besteht ein Abkommen, welches eine Vollstreckung unter gleichen Bedingungen wie im Inland gewährleistet (BFH-Beschluss vom 3.2.1977, V B 6/76, BStBl II S. 351; zur zwischenstaatlichen Vollstreckungshilfe siehe BMF-Merkblatt vom 29.2.2012, BStBl I S. 244). Eine Sicherheitsleistung ist unzumutbar, wenn die Zweifel an der Rechtmäßigkeit des Verwaltungsakts so bedeutsam sind, dass mit großer Wahrscheinlichkeit seine Aufhebung zu erwarten ist (BFH-Beschluss vom 22.12.1969, V B 115/69, BStBl 1970 II S. 127).

9.2.3 Kann ein Steuerpflichtiger trotz zumutbarer Anstrengung eine Sicherheit nicht leisten, darf eine Sicherheitsleistung bei Aussetzung/Aufhebung der Vollziehung wegen ernstlicher Zweifel an der Rechtmäßigkeit des angefochtenen Verwaltungsakts nicht verlangt werden; Aussetzung/Aufhebung der Vollziehung wegen unbilliger Härte darf jedoch bei Gefährdung des Steueranspruchs nur gegen Sicherheitsleistung bewilligt werden (BFH-Beschluss vom 9.4.1968, I B 73/67, BStBl II S. 456).

9.2.4 Zur Sicherheitsleistung bei der Aussetzung der Vollziehung von Grundlagenbescheiden s. § 361 Abs. 3 Satz 3 AO und § 69 Abs. 2 Satz 6 FGO. Hiernach entscheiden über die Sicherheitsleistung die für den Erlass der Folgebescheide zuständigen Finanzämter bzw. Gemeinden. Das für den Erlass des Grundlagenbescheids zuständige Finanzamt darf jedoch anordnen, dass die Aussetzung der Vollziehung von keiner Sicherheitsleistung abhängig zu machen ist. Das kann z.B. der Fall sein, wenn der Rechtsbehelf wahrscheinlich erfolgreich sein wird.

9.2.5 Zu den möglichen Arten der Sicherheitsleistung s. § 241 AO.

9.2.6 Die Anordnung einer Sicherheitsleistung ist eine unselbständige Nebenbestimmung in Form einer aufschiebenden Bedingung; sie kann daher nicht selbständig, sondern nur zusammen mit der Entscheidung über die Aussetzung/Aufhebung der Vollziehung angefochten werden (BFH-Urteil vom 31.10.1973, I R 249/72, BStBl 1974 II S. 118, und BFH-Beschluss vom 20.6.1979, IV B 20/79, BStBl II S. 666). Eine Aussetzung/Aufhebung der Vollziehung gegen Sicherheitsleistung wird erst wirksam, wenn die Sicherheitsleistung erbracht worden ist. In dem Verwaltungsakt über die Aussetzung/Aufhebung der Vollziehung ist deshalb eine Frist für die Sicherheitsleistung zu setzen. Wird die Sicherheit innerhalb der Frist nicht erbracht, ist der Steuerpflichtige auf die Rechtsfolgen hinzuweisen und zur Zahlung aufzufordern.

10. Ablehnung der Vollziehungsaussetzung

Zur Erhebung von Säumniszuschlägen nach Ablehnung eines Antrags auf Vollziehungsaussetzung vgl. AEAO zu § 240, Nr. 6 Buchstabe b.

Hat das Finanzamt einen Aussetzungsantrag abgelehnt, ist i.d.R. unter Beachtung der Grundsätze des § 258 AO (siehe Abschn. 7 VollstrA) zu vollstrecken, auch wenn die Entscheidung des Finanzamts vom Steuerpflichtigen angefochten worden ist. Über die Ablehnung des Aussetzungsbegehrens ist die Vollstreckungsstelle zu unterrichten.

11. Rechtsbehelfe

Gegen die Entscheidung der Finanzbehörde über die Aussetzung/Aufhebung der Vollziehung ist der Einspruch gegeben. Das Gericht kann nur nach § 69 Abs. 3 FGO angerufen werden; eine Klagemöglichkeit ist insoweit nicht gegeben (§ 361 Abs. 5 AO; § 69 Abs. 7 FGO).

Der Antrag auf Aussetzung/Aufhebung der Vollziehung durch das Gericht ist nur zulässig, wenn die Finanzbehörde einen Antrag auf Aussetzung/Aufhebung der Vollziehung ganz oder zum Teil abgelehnt hat. Dies gilt nicht, wenn die Finanzbehörde über den Antrag ohne Mitteilung eines zureichenden Grundes in angemessener Frist sachlich nicht entschieden hat oder eine Vollstreckung droht (§ 69 Abs. 4 FGO). Eine teilweise Antragsablehnung i.S.d. § 69 Abs. 4 Satz 1 FGO liegt auch vor, wenn die Finanzbehörde die Aussetzung/Aufhebung der Vollziehung von einer Sicherheitsleistung abhängig gemacht hat (vgl. AEAO zu § 361, Nr. 9.2), nicht aber, wenn eine im Übrigen antragsgemäße Aussetzung/Aufhebung der Vollziehung unter Widerrufsvorbehalt (vgl. AEAO zu § 361, Nr. 9.1) gewährt wurde (BFH-Beschluss vom 12.5.2000, VI B 266/98, BStBl II S. 536).

12. Aussetzungszinsen

Wegen der Erhebung von Aussetzungszinsen siehe § 237 AO, wegen der nur einjährigen Festsetzungsfrist vgl. AEAO zu § 237, Nr. 4 und 8.

Zu § 362 – Rücknahme des Einspruchs:

1. Für die Rücknahme eines Einspruchs gelten die Formvorschriften für einen Einspruch sinngemäß (§ 362 Abs. 1 Satz 2 AO). Die Rücknahme ist daher schriftlich oder elektronisch oder zur Niederschrift zu erklären. Eine elektronisch erklärte Rücknahme bedarf keiner qualifizierten elektronischen Signatur (vgl. AEAO zu § 357, Nr. 1).

2. Die Rücknahme führt nur zum Verlust des eingelegten Einspruchs, nicht der Einspruchsmöglichkeit schlechthin. Der Einspruch kann daher innerhalb der Einspruchsfrist erneut erhoben werden.

3. Eine Unwirksamkeit der Einspruchsrücknahme ist grundsätzlich innerhalb eines Jahres nach Eingang der Rücknahmeerklärung bei der für die Einlegung des Einspruchs zuständigen Finanzbehörde (§ 362 Abs. 1 Satz 2, § 357 Abs. 2 AO) geltend zu machen. Ein späteres Geltendmachen ist nur in Fällen höherer Gewalt zulässig (§ 362 Abs. 2 Satz 2, § 110 Abs. 3 AO). Nach einem fristgerechten Geltendmachen der Unwirksamkeit der Rücknahme ist das Einspruchsverfahren wieder aufzunehmen und in der Sache zu entscheiden. Sind die vorgetragenen Gründe für die Unwirksamkeit der Einspruchsrücknahme nicht stichhaltig, ist der Einspruch als unzulässig zu verwerfen.

Zu § 363 – Aussetzung und Ruhen des Verfahrens:

1. Die nach § 363 Abs. 2 Satz 1 AO erforderliche Zustimmung des Einspruchsführers zur Verfahrensruhe aus Zweckmäßigkeitsgründen sollte aus Gründen der Klarheit immer schriftlich oder elektronisch erteilt werden.

2. Voraussetzung für eine Verfahrensruhe nach § 363 Abs. 2 Satz 2 AO ist, dass der Einspruchsführer in der Begründung seines Einspruchs die strittige, auch für seinen Steuerfall entscheidungserhebliche Rechtsfrage darlegt und sich hierzu konkret auf ein beim EuGH, beim BVerfG oder bei einem obersten Bundesgericht anhängiges Verfahren beruft (BFH-Urteile vom 26. 9. 2006, X R 39/05, BStBl 2007 II S. 222, und vom 30. 9. 2010, III R 39/08, BStBl 2011 II S. 11). Eine nach § 363 Abs. 2 Satz 2 AO eingetretene Verfahrensruhe endet, wenn das Gerichtsverfahren, auf das sich der Einspruchsführer berufen hat, abgeschlossen ist. Dies gilt auch, wenn gegen diese Gerichtsentscheidung Verfassungsbeschwerde erhoben wird und der Einspruchsführer sich nicht auf dieses neue Verfahren beruft (BFH-Urteil vom 30. 9. 2010, III R 39/08, a. a. O.). Endet demnach die Verfahrensruhe, bedarf es insoweit keiner Fortsetzungsmitteilung nach § 363 Abs. 2 Satz 4 AO und somit grundsätzlich auch keiner Ermessensentscheidung (BFH-Urteil vom 26. 9. 2006, X R 39/05, a. a. O.), soweit nicht im Einzelfall eine Verfahrensruhe aus Zweckmäßigkeitsgründen nach § 363 Abs. 2 Satz 1 AO angemessen erscheint.

3. Sind die Voraussetzungen für eine Verfahrensaussetzung oder Verfahrensruhe erfüllt, kann über den Einspruch insoweit nicht entschieden werden, und zwar weder durch eine Einspruchsentscheidung noch durch den Erlass eines Änderungsbescheids. Über Fragen, die nicht Anlass der Verfahrensaussetzung oder Verfahrensruhe sind, kann dagegen durch Erlass einer Teil-Einspruchsentscheidung (§ 367 Abs. 2a AO) oder eines Teilabhilfebescheids entschieden werden. Dabei wird i. d. R. zur Herbeiführung der Bestandskraft eine Teil-Einspruchsentscheidung zweckmäßig sein (vgl. AEAO zu § 367, Nr. 6). Auch der Erlass von Änderungsbescheiden aus außerhalb des Einspruchsverfahrens liegenden Gründen (z. B. Folgeänderung gem. § 175 Abs. 1 Satz 1 Nr. 1 AO) bleibt zulässig. Änderungsbescheide werden gem. § 365 Abs. 3 AO Gegenstand des anhängigen Verfahrens.

4. Eine Fortsetzungsmitteilung gem. § 363 Abs. 2 Satz 4 AO kann in sämtlichen Fällen des § 363 Abs. 2 AO ergehen. Über ihren Erlass ist nach pflichtgemäßem Ermessen zu entscheiden; die Ermessenserwägungen sind dem Einspruchsführer mitzuteilen (BFH-Urteil vom 26. 9. 2006, X R 39/05, BStBl 2007 II S. 222). Ein zureichender Grund für den Erlass einer Fortsetzungsmitteilung liegt insbesondere dann vor, wenn ein weiteres gerichtliches Musterverfahren herbeigeführt werden soll, wenn bereits eine Entscheidung des EuGH, des BVerfG oder des obersten Bundesgerichts in einem Parallelverfahren ergangen ist oder wenn das Begehren des Einspruchsführers letztlich darauf abzielt, seinen Steuerfall „offen zu halten", um von künftigen Änderungen der höchstrichterlichen Rechtsprechung zu derzeit nicht strittigen Fragen zu „profitieren" (BFH-Urteil vom 26. 9. 2006, X R 39/05, a. a. O.).

Teilt die Finanzbehörde nach § 363 Abs. 2 Satz 4 AO die Fortsetzung des bisher ruhenden Einspruchsverfahrens mit, soll sie vor Erlass einer Einspruchsentscheidung den Beteiligten Gelegenheit geben, sich erneut zu äußern.

5. Zur Unterbrechung eines Einspruchsverfahrens durch eine Insolvenzeröffnung vgl. AEAO zu § 251, Nr. 4.1; zur Aufnahme eines unterbrochenen Einspruchsverfahrens vgl. AEAO zu § 251, Nrn. 5.3.1.2.2 und 5.3.2; zur Erledigung eines Einspruchsverfahrens vgl. AEAO zu § 251, Nr. 5.3.4.

Zu § 364 – Mitteilung der Besteuerungsunterlagen:

Den Beteiligten sind die Besteuerungsunterlagen mitzuteilen, wenn sie dies beantragt haben oder wenn die Einspruchsbegründung dazu Anlass gibt. Wenn die Finanzbehörde es für zweckmäßig hält, kann sie Akteneinsicht gewähren. Hierbei ist sicherzustellen, dass Verhältnisse eines anderen nicht unbefugt offenbart werden. Die Ablehnung eines Antrags auf Akteneinsicht ist mit dem Einspruch anfechtbar. Für das finanzgerichtliche Verfahren gilt § 78 FGO.

Zu § 364a – Erörterung des Sach- und Rechtsstands:

1. § 364a AO soll eine einvernehmliche Erledigung der Einspruchsverfahren fördern und Streitfälle von den Finanzgerichten fernhalten. Ziel einer mündlichen Erörterung kann auch eine „tatsächliche Verständigung" (vgl. BMF-Schreiben vom 30. 7. 2008, BStBl I S. 831) sein.
2. Einem Antrag auf mündliche Erörterung soll grundsätzlich entsprochen werden. Dies gilt nicht, wenn bei mehr als 10 Beteiligten kein gemeinsamer Vertreter nach Absatz 2 bestellt wird oder wenn die beantragte Erörterung offensichtlich nur der Verfahrensverschleppung dient.
3. Antragsbefugt sind nur Einspruchsführer, nicht aber hinzugezogene Personen. Hinzugezogene können aber von Amts wegen zu einer mündlichen Erörterung geladen werden (§ 364a Abs. 1 Satz 2 und 3 AO).
4. Keine Verpflichtung zur mündlichen Erörterung besteht, wenn das Finanzamt dem Einspruch abhelfen will oder solange das Einspruchsverfahren nach § 363 AO ausgesetzt ist oder ruht.
5. Die mündliche Erörterung kann in geeigneten Fällen auch telefonisch durchgeführt werden. Im Hinblick auf die Pflicht zur Wahrung des Steuergeheimnisses (§ 30 AO) muss sich das Finanzamt dann aber über die Identität des Gesprächspartners vergewissern.

Zu § 364b – Fristsetzung:

1. § 364b AO soll dem Missbrauch des Einspruchsverfahrens zu rechtsbehelfsfremden Zwecken entgegenwirken. Von der Möglichkeit der Fristsetzung nach § 364b AO sollte daher insbesondere in Einspruchsverfahren, die einen Schätzungsbescheid nach Nichtabgabe der Steuererklärung betreffen, Gebrauch gemacht werden.

2. Eine Fristsetzung nach § 364b AO kann nur gegenüber einem Einspruchsführer, nicht gegenüber einem Hinzugezogenen (§ 360 AO) ergehen. Die Frist soll mindestens einen Monat betragen. Ein eventueller Nachprüfungsvorbehalt (§ 164 AO) ist spätestens mit der Fristsetzung aufzuheben.

3. Erklärungen und Beweismittel, die erst nach Ablauf der vom Finanzamt – insbesondere unter Beachtung des Belehrungsgebots (§ 364b, Abs. 3 AO) – wirksam gesetzten Frist vorgebracht werden, können im Einspruchsverfahren allenfalls im Rahmen einer Verböserung nach § 367 Abs. 2 Satz 2 AO berücksichtigt werden. Außerhalb des Einspruchsverfahrens bestehende Korrekturvorschriften (z. B. § 173 AO) bleiben zwar unberührt, werden aber i. d. R. nicht einschlägig sein.

4. Geht ein Antrag auf Fristverlängerung vor Fristablauf beim Finanzamt ein, kann die Frist gem. § 109 AO verlängert werden. Geht der Antrag nach Ablauf der Frist beim Finanzamt ein, kann nur nach § 110 AO Wiedereinsetzung in den vorigen Stand gewährt werden. Über Einwendungen gegen die Fristsetzung ist – soweit nicht abgeholfen wird – im Rahmen der Entscheidung über den Einspruch gegen den Steuerbescheid zu entscheiden.

5. Zu den Wirkungen einer nach § 364b AO gesetzten Ausschlussfrist für ein nachfolgendes Klageverfahren vgl. § 76 Abs. 3 FGO. Die Finanzbehörde kann trotz einer rechtmäßigen Fristsetzung in einem nachfolgenden Klageverfahren einen Abhilfebescheid gem. § 172 Abs. 1 Satz 1 Nr. 2 Buchstabe a AO erlassen.

Zu § 365 – Anwendung von Verfahrensvorschriften:

1. Die Aufklärungspflicht der Einspruchsbehörde wird von der Zumutbarkeit begrenzt (vgl. AEAO zu § 88, Nr. 1)

   Nach dem BFH-Urteil vom 11.12.1984, VIII R 131/76, BStBl 1985 II S. 354 können im Hinblick auf die Gesetzmäßigkeit und Gleichmäßigkeit der Besteuerung keine Vergleiche über Steueransprüche abgeschlossen werden. Eine „tatsächliche Verständigung" über schwierig zu ermittelnde tatsächliche Umstände ist aber zulässig und bindend (vgl. BMF-Schreiben vom 30.7.2008, BStBl I S. 831).

2. Wird während des Einspruchsverfahrens der angefochtene Verwaltungsakt geändert oder ersetzt, wird der neue Verwaltungsakt Gegenstand des Einspruchsverfahrens (§ 365 Abs. 3 Satz 1 AO); der Einspruch muss aber zulässig sein (BFH-Urteil vom 13.4.2000, V R 56/99, BStBl II S. 490). Dies gilt entsprechend, wenn ein Verwaltungsakt wegen einer offenbaren Unrichtigkeit gem. § 129 AO berichtigt wird oder wenn ein Verwaltungsakt an die Stelle eines angefochtenen – z. B. wegen eines Bekanntgabemangels – unwirksamen Verwaltungsakts tritt (§ 365 Abs. 3 Satz 2 AO).

   Bei einem Teilwiderruf oder einer Teilrücknahme bleibt der Verwaltungsakt – wenn auch eingeschränkt – bestehen und der Einspruch damit ebenfalls anhängig (BFH-Urteil vom 28.1.1982, V R 100/80, BStBl II S. 292).

   Eine Ersetzung i. S. d. § 365 Abs. 3 AO liegt auch vor, wenn sich ein mit dem Einspruch angefochtener Vorauszahlungsbescheid mit Wirksamwerden der Jahressteuerfestsetzung erledigt (BFH-Urteil vom 4.11.1999, V R 35/98, BStBl 2000 II S. 454).

   Die Regelungen des § 365 Abs. 3 AO gelten nur für das Einspruchsverfahren; insbesondere bleiben Beitreibungsmaßnahmen nur auf der Grundlage eines wirksamen Verwaltungsakts zulässig.

   Wegen des Erlasses eines Änderungsbescheids vor oder nach Ergehen einer Teil-Einspruchsentscheidung vgl. AEAO zu § 367, Nr. 6.5.

Zu § 366 – Form, Inhalt und Erteilung der Einspruchsentscheidung:

1. Für die Bekanntgabe der Einspruchsentscheidung gelten §§ 122 und 122a AO. Wegen der Bekanntgabe an Bevollmächtigte vgl. AEAO zu § 122, Nr. 1.7; wegen der Bekanntgabe durch Telefax vgl. AEAO zu § 122, Nrn. 1.8.1.2 und 1.8.2.2.
2. Eine förmliche Zustellung der Einspruchsentscheidung ist nur erforderlich, wenn sie ausdrücklich angeordnet wird (§ 122 Abs. 5 Satz 1 AO). Sie sollte insbesondere dann angeordnet werden, wenn ein eindeutiger Nachweis des Zugangs für erforderlich gehalten wird. Zum Zustellungsverfahren vgl. AEAO zu § 122, Nrn. 3 und 4.5.
3. In den Gründen der Einspruchsentscheidung sollen Wiedergabe des Tatbestandes und Darlegung der rechtlichen Erwägungen der entscheidenden Behörde getrennt sein. Auf Zulässigkeitsfragen ist nur einzugehen, wenn hierzu begründeter Anlass besteht, etwa in den Fällen der §§ 354 Abs. 2, 362 Abs. 2 AO oder bei ernsthaften Zweifeln am Vorliegen einzelner Zulässigkeitsvoraussetzungen. Hinweis auf § 358 AO.

Enthält die Einspruchsentscheidung entgegen § 366 AO keine oder eine unrichtige Rechtsbehelfsbelehrung, beträgt die Klagefrist nach § 55 Abs. 2 FGO ein Jahr statt eines Monats.

Zu § 367 – Entscheidung über den Einspruch:

1. Jeder nach Erlass eines Verwaltungsakts eintretende Zuständigkeitswechsel bewirkt auch eine Zuständigkeitsänderung im Einspruchsverfahren. Die Einspruchsvorgänge sind daher mit den übrigen Akten abzugeben. Die zunächst zuständige Behörde kann jedoch unter Wahrung der Interessen der Beteiligten aus Zweckmäßigkeitsgründen das Einspruchsverfahren fortführen, wenn das neu zuständige Finanzamt zustimmt. Zu den Auswirkungen eines Zuständigkeitswechsels auf das Einspruchsverfahren siehe auch BMF-Schreiben vom 10.10.1995, BStBl I S. 664.
2. Gem. § 132 AO gelten die Vorschriften über Rücknahme, Widerruf, Aufhebung und Änderung von Verwaltungsakten auch während des Einspruchsverfahrens (vgl. AEAO zu § 365, Nr. 2).
2.1 Aufgrund der im Einspruchsverfahren geltenden umfassenden Überprüfungsmöglichkeit nach § 367 Abs. 2 Satz 1 AO ist die Finanzbehörde jedoch nicht an die Voraussetzungen der Korrekturvorschriften §§ 130 ff., 172 ff. AO gebunden (BFH-Urteil vom 10.3.2016, III R 2/15, BStBl II S. 508).
2.2 Will die Finanzbehörde den angefochtenen Verwaltungsakt zum Nachteil des Einspruchsführers ändern, muss der Einspruchsführer auf die Möglichkeit einer verbösernden Entscheidung unter Angabe von Gründen hingewiesen und ihm Gelegenheit gegeben werden, sich hierzu zu äußern (§ 367 Abs. 2 Satz 2 AO). Dieser Hinweis ist nur dann – ausnahmsweise – entbehrlich, wenn sich die Änderung zum Nachteil des Einspruchsführers durch Einspruchsrücknahme nicht hätte vermeiden lassen. Ist zweifelhaft, ob eine solche Änderung noch möglich ist, darf auf diesen Hinweis nicht verzichtet werden (vgl. BFH-Urteil vom 22.3.2006, XI R 24/05, BStBl II S. 576).
2.3 Die Finanzbehörde ist auch dann noch zum Erlass einer verbösernden Einspruchsentscheidung gemäß § 367 Abs. 2 Satz 2 AO berechtigt, wenn
   – sie zuvor einen Änderungsbescheid erlassen hat, in dem sie dem Einspruchsbegehren teilweise entsprochen, jedoch nicht in voller Höhe abgeholfen hat (sog. Teilabhilfebescheid; vgl. BFH-Urteil vom 6.9.2006, XI R 51/05, BStBl 2007 II S. 83), oder
   – ein Verwaltungsakt, mit dem die Finanzbehörde einem Antrag auf eine Billigkeitsmaßnahme nach §§ 163, 222 oder 227 AO nur teilweise stattgegeben hat, mit dem Einspruch angefochten wird (BFH-Urteil vom 10.3.2016, III R 2/15, BStBl II S. 508).
2.4 Nimmt der Steuerpflichtige seinen Einspruch zurück, ist eine Änderung zum Nachteil des Steuerpflichtigen nur noch möglich, wenn dies nach den Vorschriften über Aufhebung, Änderung, Rücknahme oder Widerruf von Verwaltungsakten zulässig ist.

3. Zu den Auswirkungen einer Teilabhilfe auf das Einspruchsverfahren vgl. AEAO zu § 365, Nr. 2.

Stellt ein Steuerpflichtiger nach Einspruchseinlegung einen Antrag bezüglich eines bisher nicht geltend gemachten Streitpunkts, ist dieser Antrag als Erweiterung des Einspruchsantrags, verbunden mit der Anregung, dem Einspruch insoweit durch Erlass eines Teilabhilfebescheids stattzugeben, auszulegen. Ist der Antrag begründet, kann während des Einspruchsverfahrens ein geänderter Verwaltungsakt erlassen werden. Dieser wird dann gem. § 365 Abs. 3 AO Gegenstand des Einspruchsverfahrens. Ist der Antrag unbegründet, ist über ihn in der Einspruchsentscheidung zu befinden; die Ablehnung durch gesonderten Verwaltungsakt ist während eines anhängigen Einspruchsverfahrens nicht zulässig.

4. Zur Möglichkeit der Änderung eines im Einspruchsverfahren bestätigten oder geänderten Verwaltungsakts vgl. AEAO zu § 172, Nrn. 3 und 4.

5. Es ist zulässig, den Vorbehalt der Nachprüfung (§ 164 AO) auch in der Entscheidung über den Einspruch aufrechtzuerhalten (BFH-Urteil vom 12. 6. 1980, IV R 23/79, BStBl II S. 527). In diesen Fällen braucht die Angelegenheit nicht umfassender geprüft zu werden als in dem Verfahren, das dem Erlass der angefochtenen Vorbehaltsfestsetzung vorangegangen ist.

Der Vorbehalt der Nachprüfung ist jedoch aufzuheben, wenn im Einspruchsverfahren eine abschließende Prüfung i. S. d. § 164 Abs. 1 AO durchgeführt wird. Die Aufhebung des Vorbehalts bedarf regelmäßig keiner besonderen Begründung. Insbesondere kann insoweit auch ein Hinweis nach § 367 Abs. 2 Satz 2 AO unterbleiben (BFH-Urteil vom 10. 7. 1996, I R 5/96, BStBl 1997 II S. 5).

Es ist auch statthaft, nach Hinweis auf die Verböserungsmöglichkeit einen Verwaltungsakt erstmalig in der Einspruchsentscheidung mit einer Nebenbestimmung zu versehen (BFH-Urteil vom 12. 6. 1980, IV R 23/79, a. a. O.). Ist ein Bescheid, der auf einer Schätzung beruht, ohne Nachprüfungsvorbehalt ergangen und wird nach Klageerhebung die Steuererklärung eingereicht, kann der daraufhin ergehende Änderungsbescheid nur mit Zustimmung des Steuerpflichtigen unter Nachprüfungsvorbehalt gestellt werden (BFH-Urteil vom 30. 10. 1980, IV R 168-170/79, BStBl 1981 II S. 150).

6. Teil-Einspruchsentscheidung

6.1 Der Erlass einer Teil-Einspruchsentscheidung (§ 367 Abs. 2a AO) steht im Ermessen der Finanzbehörde, muss aber sachdienlich sein. Dies ist der Fall, wenn ein Teil des Einspruchs entscheidungsreif ist, während über einen anderen Teil des Einspruchs zunächst nicht entschieden werden kann, weil z. B. insoweit die Voraussetzungen für eine Verfahrensruhe nach § 363 Abs. 2 Satz 2 AO vorliegen oder hinsichtlich des nicht entscheidungsreifen Teils des Einspruchs noch Ermittlungen zur Sach- oder Rechtslage erforderlich sind. Zu unbenannten Streitpunkten besteht grundsätzlich Entscheidungsreife, es sei denn, die umfassende Prüfung des Steuerfalls (§ 367 Abs. 2 Satz 1 AO) ergibt Aufklärungsbedarf (BFH-Urteil vom 14. 3. 2012, X R 50/09, BStBl II S. 536).

Eine Teil-Einspruchsentscheidung wird somit insbesondere dann sachdienlich sein, wenn

– der Einspruchsführer strittige Rechtsfragen aufwirft, die Gegenstand eines beim EuGH, beim BVerfG oder bei einem obersten Bundesgericht anhängigen Verfahrens sind,

– der Einspruchsführer sich auf dieses Verfahren beruft,

– der Erlass einer Fortsetzungsmitteilung gem. § 363 Abs. 2 Satz 4 AO (vgl. AEAO zu § 363, Nr. 4) nicht in Betracht kommt und

– der Einspruch im Übrigen entscheidungsreif ist.

6.2 Eine Teil-Einspruchsentscheidung ist auch dann sachdienlich, wenn sie dem Interesse der Finanzverwaltung an einer zeitnahen Entscheidung über den entscheidungsreifen Teil eines Einspruchs dient, der ersichtlich nur zu dem Zweck eingelegt wurde, die Steuerfestsetzung nicht bestandskräftig werden zu lassen (BFH-Urteile vom 30. 9. 2010, III

R 39/08, BStBl 2011 II S. 11, und vom 14. 3. 2012, X R 50/09, BStBl II S. 536). Um neuen Masseneinsprüchen entgegenzuwirken, soll in Fällen, in denen mit dem Einspruch ausschließlich das Ziel verfolgt wird, im Hinblick auf anhängige Gerichtsverfahren mit Breitenwirkung den angefochtenen Verwaltungsakt nicht bestandskräftig werden zu lassen, möglichst zeitnah eine Teil-Einspruchsentscheidung erlassen werden, wenn und soweit der Einspruch nicht durch die Beifügung eines Vorläufigkeitsvermerks gem. § 165 Abs. 1 Satz 2 Nr. 3 oder 4 AO erledigt werden kann.

6.3 Es besteht keine über § 367 Abs. 2 Satz 2 AO („Verböserungshinweis") hinausgehende Verpflichtung, dem Einspruchsführer vor Erlass einer Teil-Einspruchsentscheidung rechtliches Gehör zu gewähren, damit dieser prüfen kann, ob er noch Einwendungen vorträgt. Die Finanzbehörde ist auch nicht verpflichtet, dem Einspruchsführer vor Erlass einer Teil-Einspruchsentscheidung eine Frist nach § 364b Abs. 1 Nr. 1 AO zu setzen (BFH-Urteil vom 14. 3. 2012, X R 50/09, BStBl II S. 536).

6.4 In der Teil-Einspruchsentscheidung ist genau zu bestimmen, hinsichtlich welcher Teile des Verwaltungsakts Bestandskraft nicht eintreten soll, um die Reichweite der Teil-Einspruchsentscheidung zu definieren. Durch Angabe der betreffenden Besteuerungsgrundlage(n) wird hinreichend bestimmt, hinsichtlich welcher Teile Bestandskraft nicht eintreten soll; es ist nicht erforderlich und i. d. R. auch nicht möglich, den Teil der Steuer zu beziffern, dessen Festsetzung nicht bestandskräftig werden soll (BFH-Urteile vom 30. 9. 2010, III R 39/08, BStBl 2011 II S. 11, und vom 14. 3. 2012, X R 50/09, BStBl II S. 536). Die Bestimmung, hinsichtlich welcher Teile des Verwaltungsakts Bestandskraft nicht eintreten soll, ist Teil des Tenors der Teil-Einspruchsentscheidung und weder Nebenbestimmung noch Grundlagenbescheid. Sie kann daher nur durch Klage gegen die Teil-Einspruchsentscheidung angegriffen werden. Soweit anhängige Verfahren vor dem EuGH, dem BVerfG oder einem obersten Bundesgericht Anlass für eine Teil-Einspruchsentscheidung/Verfahrensruhe sind (vgl. AEAO zu § 367, Nr. 6.1 zweiter Absatz), sind diese nicht im Tenor, sondern in der Begründung der Teil-Einspruchsentscheidung zu benennen.

Ist der Erlass einer Teil-Einspruchsentscheidung sachdienlich (vgl. AEAO zu § 367, Nrn. 6.1 und 6.2), ist das der Finanzbehörde eingeräumte Entschließungsermessen in einer Weise vorgeprägt, dass es keiner über die Darlegung der Sachdienlichkeit hinausgehenden Begründung bedarf, warum eine Teil-Einspruchsentscheidung erlassen wird (BFH-Urteile vom 30. 9. 2010, III R 39/08, und vom 14. 3. 2012, X R 50/09, jeweils a. a. O.).

6.5 Ergeht vor Erlass der Teil-Einspruchsentscheidung ein Änderungsbescheid, wird dieser neue Bescheid Gegenstand des Einspruchsverfahrens (§ 365 Abs. 3 AO) und somit auch Gegenstand der Teil-Einspruchsentscheidung. Bei der Bestimmung, inwieweit Bestandskraft nicht eintreten soll, ist vom Inhalt des neuen Bescheids auszugehen. Soll nach Ergehen der Teil-Einspruchsentscheidung ein Änderungsbescheid erlassen werden, ist zuvor zu prüfen, inwieweit dem Änderungsbescheid die Bindungswirkung der Teil-Einspruchsentscheidung entgegensteht.

6.6 Die Teil-Einspruchsentscheidung hat nicht zur Folge, dass stets noch eine förmliche „End-Einspruchsentscheidung" ergehen muss. Das Einspruchsverfahren kann beispielsweise auch dadurch abgeschlossen werden, dass die Finanzbehörde dem Einspruch hinsichtlich der zunächst „offen" gebliebenen Frage abhilft, der Steuerpflichtige seinen Einspruch zurücknimmt oder eine Allgemeinverfügung nach § 367 Abs. 2b AO ergeht. Wird die wirksam ergangene Teil-Einspruchsentscheidung bestandskräftig, kann im weiteren Verfahren über den „noch offenen" Teil der angefochtenen Steuerfestsetzung nicht mit Erfolg geltend gemacht werden, die in der Teil-Einspruchsentscheidung vertretene Rechtsauffassung entspreche nicht dem Gesetz. Dies ist auch in einem eventuellen Klageverfahren gegen eine „End-Einspruchsentscheidung" zu beachten.

7. Allgemeinverfügung

7.1 Wegen der Erledigung von Masseneinsprüchen und Massenanträgen durch eine Allgemeinverfügung vgl. § 367 Abs. 2b sowie § 172 Abs. 3 AO.

7.2 Ergeht eine Allgemeinverfügung nach § 367 Abs. 2b AO, bleibt das Einspruchsverfahren im Übrigen anhängig. Gegenstand des Einspruchsverfahrens ist der angefochtene Verwaltungsakt und nicht ein Teil der Besteuerungsgrundlagen oder ein einzelner Streitpunkt. Auch wenn sich die Allgemeinverfügung auf sämtliche vom Einspruchsführer vorgebrachte Einwendungen erstreckt, ist deshalb das Einspruchsverfahren im Übrigen fortzuführen. Dies gilt nicht, soweit bereits eine Teil-Einspruchsentscheidung (§ 367 Abs. 2a AO) ergangen ist, die den „noch offen bleibenden" Teil des Einspruchs auf den Umfang beschränkt hat, der Gegenstand der Allgemeinverfügung ist. Über die Rechtsfrage, die Gegenstand der Allgemeinverfügung war, kann in einer eventuell notwendig werdenden Einspruchsentscheidung (§ 366, § 367 Abs. 1 AO) nicht erneut entschieden werden. Zu berücksichtigen ist dann, dass für eine Klage nach einer Zurückweisung des Einspruchs durch Allgemeinverfügung und für eine Klage nach Erlass einer Einspruchsentscheidung durch die örtlich zuständige Finanzbehörde unterschiedliche Fristen gelten.

7.3 Unzulässige Einsprüche werden von einer nach § 367 Abs. 2b AO ergehenden Allgemeinverfügung grundsätzlich nicht erfasst, da der Ausgang des Verfahrens, das bei einem der in § 367 Abs. 2b Satz 1 AO angeführten Gerichte anhängig war, für diese Einsprüche i. d. R. nicht entscheidungserheblich ist. Wenn dagegen die Frage der Zulässigkeit eines Einspruchs Gegenstand des Verfahrens bei einem der in § 367 Abs. 2b Satz 1 AO angeführten Gerichte war, kann eine Allgemeinverfügung insoweit auch unzulässige Einsprüche erfassen. Ansonsten sind unzulässige Einsprüche möglichst zeitnah durch Einspruchsentscheidung zu verwerfen, falls sie vom Einspruchsführer nicht zurückgenommen werden.

8. Insolvenzverfahren

Zur Verfahrensweise in Insolvenzfällen vgl. AEAO zu § 251, Nrn. 5.3 ff. und Nr. 14.

A. I. Anlage zu § 46 AO

Anlage zum AEAO zu § 46:

ACHTUNG
Beachten Sie unbedingt die Hinweise in Abschnitt V. des Formulars!
Zutreffendes bitte ankreuzen bzw. leserlich ausfüllen!

Eingangsstempel

Finanzamt

Raum für Bearbeitungsvermerke

☐ **Abtretungsanzeige** ☐ **Verpfändungsanzeige**

I. Abtretende(r) / Verpfänder(in)

Familienname bzw. Firma (bei Gesellschaften)	Vorname	Geburtsdatum
	Steuernummer	
Ehegatte/Lebenspartner: Familienname	Vorname	Geburtsdatum
Anschrift(en)		

II. Abtretungsempfänger(in) / Pfandgläubiger(in)

Name / Firma und Anschrift

III. Anzeige

Folgender Erstattungs- bzw. Vergütungsanspruch ist abgetreten / verpfändet worden:
1. **Bezeichnung des Anspruchs:**

☐ Einkommensteuer-Veranlagung Für Kalenderjahr _____   ☐ Umsatzsteuerfestsetzung für Kalenderjahr _____

☐ _____ Für Zeitraum _____   ☐ Umsatzsteuervoranmeldung für Monat bzw. Quartal / Jahr _____

☐ _____ Für Kalenderjahr _____

☐

2. **Umfang der Abtretung bzw. Verpfändung:**

☐ **VOLL**-Abtretung / Verpfändung   **Hinweis:** Die Vollabtretung umfasst auch Erstattungsansprüche aufgrund künftiger Änderungen der Steuerfestsetzung(en), die nicht auf Verlustrückträgen (§ 10d EStG) oder rückwirkenden Ereignissen (§ 175 AO) aus Zeiträumen nach Eingang der Abtretungsanzeige / Verpfändungsanzeige bei der Finanzbehörde beruhen.

☐ **TEIL**-Abtretung / Verpfändung in Höhe von _____ Euro

3. **Grund der Abtretung / Verpfändung:**
(kurze stichwortartige Kennzeichnung des der Abtretung zugrunde liegenden schuldrechtlichen Lebenssachverhaltes)

4. a) Es handelt sich um eine Sicherungsabtretung oder Verpfändung als Sicherheit:
☐ Ja ☐ Nein

b) Die Abtretung / Verpfändung erfolgte geschäftsmäßig:
☐ Ja ☐ Nein

Abtretungsanzeige BMF 07/2015

Anlage zu § 46 AO　　　　　　　　　　　　　　　　　　　　　　　　　　　　　　A. I.

Seite 2

5. Der Abtretungsempfänger / Pfandgläubiger ist ein Unternehmen, dem das Betreiben von Bankgeschäften erlaubt ist:

☐ Ja ☐ Nein

IV. Überweisung / Verrechnung

Der abgetretene / verpfändete Betrag soll ausgezahlt werden durch:

☐ **Überweisung** auf Konto IBAN (International Bank Account Number; internationale Kontonummer)　　**BIC** (Business Identifier Code; Internationale Bankleitzahl)

Geldinstitut (Zweigstelle) und Ort

Kontoinhaber, wenn abweichend von Abschnitt II.

☐ **Verrechnung** mit Steuerschulden des / der Abtretungsempfängers(in) / Pfandgläubigers(in)

beim Finanzamt　　　　　　　　　　　Steuernummer

Steuerart　　　　　　　　　　　　　　Zeitraum

(für genauere Anweisungen bitte einen gesonderten Verrechnungsantrag beifügen!)

V. Wichtige Hinweise

Unterschreiben Sie bitte kein Formular, das nicht ausgefüllt ist oder dessen Inhalt Sie nicht verstehen!

Prüfen Sie bitte sorgfältig, ob sich eine Abtretung für Sie überhaupt lohnt! Denn das Finanzamt bemüht sich, Erstattungs- und Vergütungsansprüche schnell zu bearbeiten.

Vergleichen Sie nach Erhalt des Steuerbescheids den Erstattungsbetrag mit dem Betrag, den Sie gegebenenfalls im Wege der Vorfinanzierung erhalten haben.

Denken Sie daran, dass die Abtretung aus unterschiedlichen Gründen unwirksam sein kann, dass das Finanzamt dies aber nicht zu prüfen braucht! Der geschäftsmäßige Erwerb von Steuererstattungsansprüchen ist nur Kreditinstituten (Banken und Sparkassen) im Rahmen von Sicherungsabtretungen gestattet. Die Abtretung an andere Unternehmen und Privatpersonen ist nur zulässig, wenn diese nicht geschäftsmäßig handeln. Haben Sie z.B. Ihren Anspruch an eine Privatperson abgetreten, die den Erwerb von Steuererstattungsansprüchen geschäftsmäßig betreibt, dann ist die Abtretung unwirksam. Hat aber das Finanzamt den Erstattungsbetrag bereits an die / die von Ihnen angegebenen neuen Gläubiger ausgezahlt, dann kann es nicht mehr in Anspruch genommen werden, das heißt: Sie haben selbst dann keinen Anspruch mehr gegen das Finanzamt auf den Erstattungsanspruch, wenn die Abtretung nicht wirksam ist.

Abtretungen / Verpfändungen können gem. § 46 Abs. 2 AO dem Finanzamt erst dann wirksam angezeigt werden, wenn der abgetretene / verpfändete Erstattungsanspruch entstanden ist. Der Erstattungsanspruch entsteht nicht vor Ablauf des Besteuerungszeitraums (bei der Einkommensteuer / Lohnsteuer: grundsätzlich Kalenderjahr; bei der Umsatzsteuer: Monat, Kalendervierteljahr bzw. Kalenderjahr).

Die Anzeige ist an das für die Besteuerung des / der Abtretenden / Verpfändenden zuständige Finanzamt zu richten. So ist z.B. für den Erstattungsanspruch aus der Einkommensteuer-Veranlagung das Finanzamt zuständig, in dessen Bereich der / die Abtretende / Verpfändende seinen / ihren Wohnsitz hat.

Bitte beachten Sie, dass neben den beteiligten Personen bzw. Gesellschaften auch der abgetretene / verpfändete Erstattungsanspruch für die Finanzbehörde zweifelsfrei erkennbar sein muss. Die Angaben in Abschnitt III. der Anzeige dienen dazu, die gewünschte Abtretung / Verpfändung schnell und problemlos ohne weitere Rückfragen erledigen zu können!

Die Abtretungs- / Verpfändungsanzeige ist sowohl von dem / der Abtretenden / Verpfändenden als auch von dem / der Abtretungsempfänger(in) / Pfandgläubiger(in) zu unterschreiben. Dies gilt z.B. auch, wenn der / die zeichnungsberechtigte Vertreter(in) einer abtretenden juristischen Person (z.B. GmbH) oder sonstigen Gesellschaft und der / die Abtretungsempfänger(in) / Pfandgläubiger(in) personengleich sind (2 Unterschriften).

VI. Unterschriften

1. Abtretende(r) / Verpfänder(in) lt. Abschnitt I. – Persönliche Unterschrift –
   Ort, Datum

   (Werden bei der **Einkommensteuer-Zusammenveranlagung** die Ansprüche beider Ehegatten/Lebenspartner abgetreten, ist unbedingt erforderlich, dass **beide Ehegatten/Lebenspartner** persönlich unterschreiben.)

2. Abtretungsempfänger(in) / Pfandgläubiger(in) lt. Abschnitt II. – Unterschrift unbedingt erforderlich –
   Ort, Datum

A. I. Anlage zu § 60 AO

Anlage zu Nr. 5 des AEAO zu § 60:

Anlage zu Nr. 5 des AEAO zu § 60

**Muster einer Erklärung
der Ordensgemeinschaften**

1. Der – Die ....
   (Bezeichnung der Ordensgemeinschaft)
   mit dem Sitz in ....
   ist eine anerkannte Ordensgemeinschaft der Katholischen Kirche.

2. Der - Die ....
   verfolgt ausschließlich und unmittelbar kirchliche, gemeinnützige oder mildtätige Zwecke, und zwar insbesondere durch

3. Überschüsse aus der Tätigkeit der Ordensgemeinschaft werden nur für die satzungsmäßigen Zwecke verwendet. Den Mitgliedern stehen keine Anteile an den Überschüssen zu. Ferner erhalten die Mitglieder weder während der Zeit ihrer Zugehörigkeit zu der Ordensgemeinschaft noch im Fall ihres Ausscheidens noch bei Auflösung oder Aufhebung der Ordensgemeinschaft irgendwelche Zuwendungen oder Vermögensvorteile aus deren Mitteln. Es darf keine Person durch Ausgaben, die den Zwecken der Ordensgemeinschaft fremd sind, oder durch unverhältnismäßig hohe Vergütungen begünstigt werden.

4. Der - Die ....
   wird vertreten durch ....

(Ort) (Datum)

(Unterschrift des Ordensobern)

A. II. Einkommensteuer-Richtlinien 2012 (EStR 2012)
v. 16. 12. 2005 (BStBl I Sondernummer 1/2005), geändert durch Einkommensteuer-Änderungsrichtlinien 2008 (EStÄR 2008) v. 18. 12. 2008 (BStBl I S. 1017) und Einkommensteuer-Änderungsrichtlinien 2012 (EStÄR 2012) v. 25. 3. 2013 (BStBl I S. 276), mit amtlichen Hinweisen i. d. F. des Amtlichen Einkommensteuer-Handbuchs 2018

Inhaltsübersicht

		Seite
Einführung		401
Zu § 1 EStG		
R 1.	Steuerpflicht	401
Zu § 2 EStG		
R 2.	Umfang der Besteuerung	404
Zu § 2a EStG		
R 2a.	Negative ausländische Einkünfte	406
Zu § 3 EStG		
R 3.0	Steuerbefreiungen nach anderen Gesetzen, Verordnungen und Verträgen	410
Zu § 3 Nr. 2 EStG		
R 3.2		411
Zu § 3 Nr. 26a EStG		
R 3.26a		415
Zu § 3 Nr. 29 EStG		
R 3.29		415
Zu § 3 Nr. 40 EStG		
R 3.40	Teileinkünfteverfahren	417
Zu § 3 Nr. 44 EStG		
R 3.44		417
Zu § 4 EStG		
R 4.1	Betriebsvermögensvergleich	419
R 4.2	Betriebsvermögen	421
R 4.3	Einlagen und Entnahmen	443
R 4.4	Bilanzberichtigung und Bilanzänderung	450
R 4.5	Einnahmenüberschussrechnung	454
R 4.6	Wechsel der Gewinnermittlungsart	461

R 4.7	Betriebseinnahmen und -ausgaben	463
R 4.8	Rechtsverhältnisse zwischen Angehörigen	471
R 4.9	Abziehbare Steuern – unbesetzt –	479
R 4.10	Geschenke, Bewirtung, andere die Lebensführung berührende Betriebsausgaben	480
R 4.11	Besondere Aufzeichnung	488
R 4.12	Entfernungspauschale, nicht abziehbare Fahrtkosten, Reisekosten und Mehraufwendungen bei doppelter Haushaltsführung	489
R 4.13	Abzugsverbot für Sanktionen	491
R 4.14	Abzugsverbot für Zuwendungen i. S. d. § 4 Abs. 5 Satz 1 Nr. 10 EStG	493

Zu § 4a EStG

R 4a.	Gewinnermittlung bei einem vom Kalenderjahr abweichenden Wirtschaftsjahr	494

Zu § 4b EStG

R 4b.	Direktversicherung	497

Zu § 4c EStG

R 4c.	Zuwendungen an Pensionskassen	499

Zu § 4d EStG

R 4d.	Zuwendungen an Unterstützungskassen	500

Zu § 5 EStG

R 5.1	Allgemeines zum Betriebsvermögensvergleich nach § 5 EStG – unbesetzt –	508
R 5.2	Ordnungsmäßige Buchführung	509
R 5.3	Bestandsaufnahme des Vorratsvermögens	512
R 5.4	Bestandsmäßige Erfassung des beweglichen Anlagevermögens	514
R 5.5	Immaterielle Wirtschaftsgüter	516
R 5.6	Rechnungsabgrenzungen	520
R 5.7	Rückstellungen	524

Zu § 6 EStG

R 6.1	Anlagevermögen und Umlaufvermögen	536
R 6.2	Anschaffungskosten	538
R 6.3	Herstellungskosten	542
R 6.4	Aufwendungen im Zusammenhang mit einem Grundstück	545
R 6.5	Zuschüsse für Anlagegüter	554
R 6.6	Übertragung stiller Reserven bei Ersatzbeschaffung	556
R 6.7	Teilwert	560
R 6.8	Bewertung des Vorratsvermögens	564
R 6.9	Bewertung nach unterstellten Verbrauchs- und Veräußerungsfolgen	567
R 6.10	Bewertung von Verbindlichkeiten – unbesetzt –	569

R 6.11	Bewertung von Rückstellungen	571
R 6.12	Bewertung von Entnahmen und Einlagen	574
R 6.13	Bewertungsfreiheit für geringwertige Wirtschaftsgüter und Bildung eines Sammelpostens	576
R 6.14	Unentgeltliche Übertragung von Betrieben, Teilbetrieben und Mitunternehmeranteilen – unbesetzt –	580
R 6.15	Überführung und Übertragung von Einzelwirtschaftsgütern	581

Zu § 6a EStG

R 6a.	Rückstellungen für Pensionsverpflichtungen	581

Zu § 6b EStG

R 6b.1	Ermittlung des Gewinns aus der Veräußerung bestimmter Anlagegüter i. S. d. § 6b EStG	596
R 6b.2	Übertragung aufgedeckter stiller Reserven und Rücklagenbildung nach § 6b EStG	598
R 6b.3	Sechs-Jahres-Frist i. S. d. § 6b Abs. 4 Satz 1 Nr. 2 EStG	604

Zu § 6c EStG

R 6c.	Übertragung stiller Reserven bei der Veräußerung bestimmter Anlagegüter bei der Ermittlung des Gewinns nach § 4 Abs. 3 EStG oder nach Durchschnittssätzen	605

Zu § 7 EStG

R 7.1	Abnutzbare Wirtschaftsgüter	607
R 7.2	Wirtschaftsgebäude, Mietwohnneubauten und andere Gebäude	610
R 7.3	Bemessungsgrundlage für die AfA	612
R 7.4	Höhe der AfA	616
R 7.5	Absetzung für Substanzverringerung	625

Zu § 7a EStG

R 7a.	Gemeinsame Vorschriften für erhöhte Absetzungen und Sonderabschreibungen	626

Zu § 7d EStG

R 7d.	Weitergeltung der Anordnungen zu § 7d EStG	631

Zu § 7f EStG

R 7f.	Weitergeltung der Anordnungen zu § 7f EStG	631

Zu § 7h EStG

R 7h.	Erhöhte Absetzungen nach § 7h EStG von Aufwendungen für bestimmte Maßnahmen an Gebäuden in Sanierungsgebieten und städtebaulichen Entwicklungsbereichen	631

Zu § 7i EStG

R 7i.	Erhöhte Absetzungen nach § 7i EStG von Aufwendungen für bestimmte Baumaßnahmen an Baudenkmalen	635

Zu § 9a EStG

R 9a. Pauschbeträge für Werbungskosten 637

Zu § 9b EStG

R 9b. Auswirkungen der Umsatzsteuer auf die Einkommensteuer 637

Zu § 10 EStG

R 10.1 Sonderausgaben (Allgemeines) 639
R 10.2 Unterhaltsleistungen an den geschiedenen oder dauernd getrennt lebenden Ehegatten 640
R 10.3 Versorgungsleistungen 641
R 10.3a Versorgungsausgleich – unbesetzt – 642
R 10.4 Vorsorgeaufwendungen (Allgemeines) 643
R 10.5 Versicherungsbeiträge 643
R 10.6 Nachversteuerung von Versicherungsbeiträgen 645
R 10.7 Kirchensteuern und Kirchenbeiträge 646
R 10.8 Kinderbetreuungskosten – unbesetzt – 647
R 10.9 Aufwendungen für die Berufsausbildung 647
R 10.10 Schulgeld 649
R 10.11 Kürzung des Vorwegabzugs bei der Günstigerprüfung – unbesetzt – 650

Zu § 10b EStG

R 10b.1 Ausgaben zur Förderung steuerbegünstigter Zwecke i. S. d. § 10b Abs. 1 und 1a EStG 652
R 10b.2 Zuwendungen an politische Parteien 656
R 10b.3 Begrenzung des Abzugs der Ausgaben für steuerbegünstigte Zwecke 657

Zu § 10d EStG

R 10d. Verlustabzug 658

Zu § 10f EStG

R 10f. Steuerbegünstigung für zu eigenen Wohnzwecken genutzte Baudenkmale und Gebäude in Sanierungsgebieten und städtebaulichen Entwicklungsbereichen 664

Zu § 10g EStG

R 10g. Steuerbegünstigung für schutzwürdige Kulturgüter, die weder zur Einkunftserzielung noch zu eigenen Wohnzwecken genutzt werden 665

Zu § 11 EStG

R 11. Vereinnahmung und Verausgabung 666

Zu § 11a EStG

R 11a. Sonderbehandlung von Erhaltungsaufwand bei Gebäuden in Sanierungsgebieten und städtebaulichen Entwicklungsbereichen 670

Zu § 11b EStG

| R 11b. | Sonderbehandlung von Erhaltungsaufwand bei Baudenkmalen | 670 |

Zu § 12 EStG

R 12.1	Abgrenzung der Kosten der Lebensführung von den Betriebsausgaben und Werbungskosten – unbesetzt –	670
R 12.2	Studienreisen, Fachkongresse – unbesetzt –	674
R 12.3	Geldstrafen und ähnliche Rechtsnachteile	675
R 12.4	Nichtabziehbare Steuern und Nebenleistungen – unbesetzt –	676
R 12.5	Zuwendungen	677
R 12.6	Wiederkehrende Leistungen – unbesetzt –	677

Zu § 13 EStG

R 13.1	Freibetrag für Land- und Forstwirte	677
R 13.2	Abgrenzung der gewerblichen und landwirtschaftlichen Tierzucht und Tierhaltung	678
R 13.3	Land- und forstwirtschaftliches Betriebsvermögen – unbesetzt –	681
R 13.4	Rechtsverhältnisse zwischen Angehörigen in einem landwirtschaftlichen Betrieb – unbesetzt –	682
R 13.5	Ermittlung des Gewinns aus Land- und Forstwirtschaft	684
R 13.6	Buchführung bei Gartenbaubetrieben, Saatzuchtbetrieben, Baumschulen und ähnlichen Betrieben	686

Zu § 13a EStG

| R 13a.1 | Anwendung der Gewinnermittlung nach Durchschnittssätzen | 687 |
| R 13a.2 | Ermittlung des Gewinns aus Land- und Forstwirtschaft nach Durchschnittssätzen | 688 |

Zu § 14 EStG

| R 14. | Wechsel im Besitz von Betrieben, Teilbetrieben und Betriebsteilen | 690 |

Zu § 15 EStG

R 15.1	Selbständigkeit	693
R 15.2	Nachhaltigkeit – unbesetzt –	696
R 15.3	Gewinnerzielungsabsicht – unbesetzt –	697
R 15.4	Beteiligung am allgemeinen wirtschaftlichen Verkehr – unbesetzt –	700
R 15.5	Abgrenzung des Gewerbebetriebs von der Land- und Forstwirtschaft	702
R 15.6	Abgrenzung des Gewerbebetriebs von der selbständigen Arbeit – unbesetzt –	708
R 15.7	Abgrenzung des Gewerbebetriebs von der Vermögensverwaltung	719
R 15.8	Mitunternehmerschaft	735
R 15.9	Steuerliche Anerkennung von Familiengesellschaften	747
R 15.10	Verlustabzugsbeschränkungen nach § 15 Abs. 4 EStG	753

Zu § 15a EStG

R 15a.	Verluste bei beschränkter Haftung	755

Zu § 16 EStG

R 16.	Veräußerung des gewerblichen Betriebs	763

Zu § 17 EStG

R 17.	Veräußerung von Anteilen an einer Kapitalgesellschaft oder Genossenschaft	791

Zu § 18 EStG

R 18.1	Abgrenzung der selbständigen Arbeit gegenüber anderen Einkunftsarten	805
R 18.2	Betriebsvermögen – unbesetzt –	807
R 18.3	Veräußerungsgewinn nach § 18 Abs. 3 EStG	809

Zu § 20 EStG

R 20.1	Werbungskosten bei Einkünften aus Kapitalvermögen	811
R 20.2	Einnahmen aus Kapitalvermögen	813

Zu § 21 EStG

R 21.1	Erhaltungsaufwand und Herstellungsaufwand	818
R 21.2	Einnahmen und Werbungskosten	819
R 21.3	Verbilligt überlassene Wohnung	827
R 21.4	Miet- und Pachtverträge zwischen Angehörigen und Partnern einer nichtehelichen Lebensgemeinschaft	828
R 21.5	Behandlung von Zuschüssen	830
R 21.6	Miteigentum und Gesamthand	832
R 21.7	Substanzausbeuterecht – unbesetzt –	833

Zu § 22 EStG

R 22.1	Besteuerung von wiederkehrenden Bezügen mit Ausnahme der Leibrenten	834
R 22.2	Wiederkehrende Bezüge bei ausländischen Studenten und Schülern – unbesetzt –	835
R 22.3	Besteuerung von Leibrenten und anderen Leistungen i. S. d. § 22 Nr. 1 Satz 3 Buchstabe a Doppelbuchstabe aa EStG	835
R 22.4	Besteuerung von Leibrenten i. S. d. § 22 Nr. 1 Satz 3 Buchstabe a Doppelbuchstabe bb EStG	837
R 22.5	Renten nach § 2 Abs. 2 der 32. DV zum Umstellungsgesetz (UGDV)	841
R 22.6	Versorgungsleistungen – unbesetzt –	841
R 22.7	Leistungen auf Grund eines schuldrechtlichen Versorgungsausgleichs – unbesetzt –	842
R 22.8	Besteuerung von Leistungen i. S. d. § 22 Nr. 3 EStG	842
R 22.9	Besteuerung von Bezügen i. S. d. § 22 Nr. 4 EStG	845
R 22.10	Besteuerung von Leistungen i. S. d. § 22 Nr. 5 EStG – unbesetzt –	846

Zu § 24 EStG

R 24.1	Begriff der Entschädigung i. S. d. § 24 Nr. 1 EStG	851
R 24.2	Nachträgliche Einkünfte	854

Zu § 24a EStG

R 24a.	Altersentlastungsbetrag	856

Zu § 25 EStG

R 25.	Verfahren bei der Veranlagung von Ehegatten nach § 26a EStG	857

Zu § 26 EStG

R 26.	Voraussetzungen für die Anwendung des § 26 EStG	858

Zu § 26a EStG

R 26a.	Veranlagung von Ehegatten nach § 26a EStG	860

Zu § 26b EStG

R 26b.	Zusammenveranlagung von Ehegatten nach § 26b EStG	861

Zu § 31 EStG

R 31.	Familienleistungsausgleich	862

Zu § 32 EStG

R 32.1	Im ersten Grad mit dem Stpfl. verwandte Kinder – unbesetzt –	865
R 32.2	Pflegekinder	866
R 32.3	Allgemeines zur Berücksichtigung von Kindern	868
R 32.4	Kinder, die Arbeit suchen – unbesetzt –	868
R 32.5	Kinder, die für einen Beruf ausgebildet werden – unbesetzt –	870
R 32.6	Kinder, die sich in einer Übergangszeit befinden – unbesetzt –	874
R 32.7	Kinder, die mangels Ausbildungsplatz ihre Berufsausbildung nicht beginnen oder fortsetzen können	875
R 32.8	Kinder, die ein freiwilliges soziales oder ökologisches Jahr oder freiwillige Dienste leisten – unbesetzt –	877
R 32.9	Kinder, die wegen körperlicher, geistiger oder seelischer Behinderung außerstande sind, sich selbst zu unterhalten	877
R 32.10	Erwerbstätigkeit – unbesetzt –	884
R 32.11	Verlängerungstatbestände bei Arbeit suchenden Kindern und Kindern in Berufsausbildung – unbesetzt –	890
R 32.12	Höhe der Freibeträge für Kinder in Sonderfällen	891
R 32.13	Übertragung der Freibeträge für Kinder	892

Zu § 32b EStG

R 32b.	Progressionsvorbehalt	894

Zu § 32d EStG

R 32d.	Gesonderter Tarif für Einkünfte aus Kapitalvermögen	898

Zu § 33 EStG

R 33.1	Außergewöhnliche Belastungen allgemeiner Art	899
R 33.2	Aufwendungen für existentiell notwendige Gegenstände	899
R 33.3	Aufwendungen wegen Pflegebedürftigkeit und erheblich eingeschränkter Alltagskompetenz	900
R 33.4	Aufwendungen wegen Krankheit und Behinderung sowie für Integrationsmaßnahmen	901

Zu § 33a EStG

R 33a.1	Aufwendungen für den Unterhalt und eine etwaige Berufsausbildung	915
R 33a.2	Freibetrag zur Abgeltung des Sonderbedarfs eines sich in Berufsausbildung befindenden, auswärtig untergebrachten, volljährigen Kindes	921
R 33a.3	Zeitanteilige Ermäßigung nach § 33a Abs. 3 EStG	922

Zu § 33b EStG

R 33b.	Pauschbeträge für behinderte Menschen, Hinterbliebene und Pflegepersonen	924

Zu § 34 EStG

R 34.1	Umfang der steuerbegünstigten Einkünfte	927
R 34.2	Steuerberechnung unter Berücksichtigung der Tarifermäßigung	928
R 34.3	Besondere Voraussetzungen für die Anwendung des § 34 Abs. 1 EStG	932
R 34.4	Anwendung des § 34 Abs. 1 EStG auf Einkünfte aus der Vergütung für eine mehrjährige Tätigkeit (§ 34 Abs. 2 Nr. 4 EStG)	934
R 34.5	Anwendung der Tarifermäßigung nach § 34 Abs. 3 EStG	937

Zu § 34b EStG

R 34b.1	Gewinnermittlung	938
R 34b.2	Ordentliche und außerordentliche Holznutzungen	939
R 34b.3	Ermittlung der Einkünfte aus außerordentlichen Holznutzungen	940
R 34b.4	Ermittlung der Steuersätze	941
R 34b.5	Umfang der Tarifvergünstigung	944
R 34b.6	Voraussetzungen für die Anwendung der Tarifvergünstigung	946
R 34b.7	Billigkeitsmaßnahmen nach § 34b Abs. 5 EStG	947
R 34b.8	Rücklage nach § 3 des Forstschäden-Ausgleichsgesetzes	948

Zu § 34c EStG

R 34c.	Anrechnung und Abzug ausländischer Steuern	949

Zu § 35 EStG

R 35.	Steuerermäßigung bei Einkünften aus Gewerbebetrieb – unbesetzt –	954

Zu § 36 EStG

R 36.	Anrechnung von Steuervorauszahlungen und von Steuerabzugsbeträgen	955

Zu § 37 EStG

R 37. Einkommensteuer-Vorauszahlung 956

Zu § 44b EStG

R 44b.1 Erstattung von Kapitalertragsteuer durch das BZSt nach den §§ 44b und 45b EStG 959

R 44b.2 Einzelantrag beim BZSt (§ 44b EStG) 960

Zu § 45b EStG

R 45b. Sammelantrag beim BZSt (§ 45b EStG) 961

Zu § 46 EStG

R 46.1 Veranlagung nach § 46 Abs. 2 Nr. 2 EStG 962

R 46.2 Veranlagung nach § 46 Abs. 2 Nr. 8 EStG 962

R 46.3 Härteausgleich – unbesetzt – 963

Zu § 49 EStG

R 49.1 Beschränkte Steuerpflicht bei Einkünften aus Gewerbebetrieb 964

R 49.2 Beschränkte Steuerpflicht bei Einkünften aus selbständiger Arbeit 966

R 49.3 Bedeutung der Besteuerungsmerkmale im Ausland bei beschränkter Steuerpflicht 966

Zu § 50 EStG

R 50. Bemessungsgrundlage für die Einkommensteuer und Steuerermäßigung für ausländische Steuern 967

Zu § 50a EStG

R 50a.1 Steuerabzug bei Lizenzgebühren, Vergütungen für die Nutzung von Urheberrechten und bei Veräußerungen von Schutzrechten usw. 968

R 50a.2 Berechnung des Steuerabzugs nach § 50a EStG in besonderen Fällen – unbesetzt – 969

Zu § 50c EStG

R 50c. Wertminderung von Anteilen durch Gewinnausschüttungen 970

Zu § 55 EStG

R 55. Bodengewinnbesteuerung 972

Anhang

Anhang 1: Übersicht über die Berichtigung des Gewinns bei Wechsel der Gewinnermittlungsart (Anlage zu R 4.6 EStR) 977

Anhang 2: Übersicht über die degressiven Absetzungen für Gebäude nach § 7 Abs. 5 EStG (zu R 7.4 EStR) 978

Anhang 3: Verzeichnis ausländischer Steuern in Nicht-DBA-Staaten, die der deutschen Einkommensteuer entsprechen (zu R 34c EStR) 980

Einführung*)1)

(1) Die Einkommensteuer-Richtlinien in der geänderten Fassung (Einkommensteuer-Richtlinien 2012 – EStR 2012) sind Weisungen an die Finanzbehörden zur einheitlichen Anwendung des Einkommensteuerrechts, zur Vermeidung unbilliger Härten und zur Verwaltungsvereinfachung.
(2) Die EStR 2012 sind für die Veranlagung zur Einkommensteuer ab dem VZ 2012 anzuwenden. Die EStR 2012 sind auch für frühere VZ anzuwenden, soweit sie lediglich eine Erläuterung der Rechtslage darstellen.
(3) Anordnungen, die mit den nachstehenden Richtlinien im Widerspruch stehen, sind nicht mehr anzuwenden.
(4) Diesen Richtlinien liegt, soweit im Einzelnen keine andere Fassung angegeben ist, das Einkommensteuergesetz i. d. F. der Bekanntmachung vom 8.10.2009 (BGBl I S. 3366, 3862), zuletzt geändert durch Artikel 1 des Gesetzes zur Änderung und Vereinfachung der Unternehmensbesteuerung und des steuerlichen Reisekostenrechts vom 20.2.2013 (BGBl I S. 285), zu Grunde.
(5) Die Anordnungen, die in den Vorschriften über den Steuerabzug vom Arbeitslohn (Lohnsteuer) und in den dazu ergangenen Lohnsteuer-Richtlinien über die Ermittlung der Einkünfte aus nichtselbständiger Arbeit enthalten sind, gelten entsprechend auch für die Veranlagung zur Einkommensteuer.

Zu § 1 EStG

R 1. Steuerpflicht

¹Unbeschränkt steuerpflichtig gem. § 1 Abs. 2 EStG sind insbesondere von der Bundesrepublik Deutschland ins Ausland entsandte deutsche Staatsangehörige, die Mitglied einer diplomatischen Mission oder konsularischen Vertretung sind – einschließlich der zu ihrem Haushalt gehörenden Angehörigen –, soweit die Voraussetzungen des § 1 Abs. 2 EStG erfüllt sind. ²Für einen ausländischen Ehegatten gilt dies auch, wenn er die Staatsangehörigkeit des Empfangsstaates besitzt. ³Für die Anwendung des § 1a Abs. 1 Nr. 2 EStG ist Voraussetzung, dass der Stpfl. selbst als unbeschränkt Stpfl. nach § 1 Abs. 3 EStG zu behandeln ist; die Einkunftsgrenzen des § 1 Abs. 3 Satz 2 und des § 1a Abs. 1 Nr. 2 Satz 3 EStG sind daher nacheinander gesondert zu prüfen**).

Zu § 1a EStG

H 1a

Allgemeines
Die unbeschränkte Einkommensteuerpflicht erstreckt sich auf sämtliche inländische und ausländische Einkünfte, soweit nicht für bestimmte Einkünfte abweichende Regelungen bestehen, z. B. in DBA oder in anderen zwischenstaatlichen Vereinbarungen.

---

*) Die Einkommensteuer-Richtlinien 2005 (EStR 2005) i. d. F. vom 16.12.2005 (BStBl I Sondernummer 1/2005) unter Berücksichtigung der Einkommensteuer-Richtlinien 2008 (EStR 2008) vom 18.12.2008 (BStBl I S. 1017) sind mit den Abweichungen, die sich aus der Änderung von Rechtsvorschriften für die Zeit bis zum 31.12.2011 ergeben, letztmals für die Veranlagung zur Einkommensteuer des VZ 2011 weiter anzuwenden.
**) R 1 Satz 3 überholt >H 1a (Einkünfteermittlung zur Bestimmung der Einkunftsgrenzen).
1) Die amtlichen (*-)Fußnoten wurden aus den Fassungen der amtlichen Einkommensteuer-Handbücher übernommen.

Auslandskorrespondenten
>BMF vom 13. 3. 1998 (BStBl I S. 351)

Auslandslehrkräfte und andere nicht entsandte Arbeitnehmer
Befinden sich an deutsche Auslandsschulen vermittelte Lehrer und andere nicht entsandte Arbeitnehmer in einem Dienstverhältnis zu einer inländischen juristischen Person des öffentlichen Rechts, beziehen hierfür Arbeitslohn aus einer inländischen öffentlichen Kasse (>BMF vom 9. 7. 1990 – BStBl I S. 324) und sind in den USA (>BMF vom 10. 11. 1994 – BStBl I S. 853) bzw. Kolumbien und Ecuador (>BMF vom 17. 6. 1996 – BStBl I S. 688) tätig, ergibt sich ihre unbeschränkte Einkommensteuerpflicht grundsätzlich bereits aus § 1 Abs. 2 EStG.

Beschränkte Steuerpflicht nach ausländischem Recht
Ob eine Person in dem Staat, in dem sie ihren Wohnsitz oder gewöhnlichen Aufenthalt hat, lediglich in einem der beschränkten Einkommensteuerpflicht ähnlichen Umfang zu einer Steuer vom Einkommen herangezogen wird (§ 1 Abs. 2 Satz 2 EStG), ist nach den Vorschriften des maßgebenden ausländischen Steuerrechts zu prüfen (>BFH vom 22. 2. 2006 – BStBl 2007 II S. 106).

Diplomaten und sonstige Beschäftigte ausländischer Vertretungen in der Bundesrepublik
>§ 3 Nr. 29 EStG

Doppelbesteuerungsabkommen
>Verzeichnis der Abkommen zur Vermeidung der Doppelbesteuerung[1]

Einkünfteermittlung zur Bestimmung der Einkunftsgrenzen
- Die Einkünfteermittlung nach § 1 Abs. 3 Satz 2 EStG vollzieht sich in zwei Stufen. Zunächst ist in einem ersten Schritt die Summe der Welteinkünfte zu ermitteln. Dabei sind sämtliche Einkünfte, unabhängig davon, ob sie im In- oder Ausland erzielt wurden, nach deutschem Recht zu ermitteln. In einem zweiten Schritt sind die Welteinkünfte in Einkünfte, die der deutschen Einkommensteuer unterliegen, und in Einkünfte, die diese Voraussetzungen nicht erfüllen, aufzuteilen. Überschreiten die so ermittelten ausländischen Einkünfte die absolute Wesentlichkeitsgrenze des § 1 Abs. 3 Satz 2 i. V. m. § 1a Abs. 1 Nr. 2 Satz 3 EStG, ist eine Zusammenveranlagung zur Einkommensteuer auch dann ausgeschlossen, wenn sie, nach dem Recht des Wohnsitzstaates ermittelt, unterhalb der absoluten Wesentlichkeitsgrenze liegen (>BFH vom 20. 8. 2008 – BStBl 2009 II S. 708).
- Der Abgeltungsteuer unterliegende Kapitaleinkünfte sind in die Berechnung der Einkunftsgrenzen einzubeziehen (>BFH vom 12. 8. 2015 – BStBl 2016 II S. 201).
- Bei der Frage, ob Ehegatten die Einkunftsgrenzen (relative oder absolute Wesentlichkeitsgrenze) für das Wahlrecht zur Zusammenveranlagung in Fällen der fiktiven unbeschränkten Einkommensteuerpflicht (§ 1 Abs. 3 EStG) wahren, ist im Rahmen einer einstufigen Prüfung nach § 1a Abs. 1 Nr. 2 EStG auf die Einkünfte beider Ehegatten abzustellen und der Grundfreibetrag zu verdoppeln (>BFH vom 6. 5. 2015 – BStBl II S. 957).

Erweiterte beschränkte Steuerpflicht
>§§ 2 und 5 AStG

---

[1] Für 2018 siehe BMF vom 17. 1. 2018 – BStBl I S. 239. Für 2019 siehe BMF vom 17. 1. 2019 – BStBl I S. 31.

Erweiterte unbeschränkte Steuerpflicht und unbeschränkte Steuerpflicht auf Antrag
- § 1 Abs. 2 bzw. § 1 Abs. 3 i.V. m. § 1a Abs. 2 EStG:
  Im Ausland bei internationalen Organisationen beschäftigte Deutsche fallen nicht unter § 1 Abs. 2 oder § 1 Abs. 3 i.V. m. § 1a Abs. 2 EStG, da sie ihren Arbeitslohn nicht aus einer inländischen öffentlichen Kasse beziehen. Mitarbeiter des Goethe-Instituts mit Wohnsitz im Ausland stehen nicht zu einer inländischen juristischen Person des öffentlichen Rechts in einem Dienstverhältnis und sind daher nicht nach § 1 Abs. 2 EStG unbeschränkt einkommensteuerpflichtig (>BFH vom 22. 2. 2006 – BStBl 2007 II S. 106).
- BMF vom 8. 10. 1996 (BStBl I S. 1191) – Auszug –:
  Billigkeitsregelung in Fällen, in denen ein Stpfl. und sein nicht dauernd getrennt lebender Ehegatte zunächst unter den Voraussetzungen des § 1 Abs. 2 EStG unbeschränkt einkommensteuerpflichtig sind bzw. unter den Voraussetzungen des § 1 Abs. 3 i.V. m. § 1a Abs. 2 EStG auf Antrag als unbeschränkt steuerpflichtig behandelt werden,
  - der Stpfl. dann aus dienstlichen Gründen in das Inland versetzt wird,
  - der nicht dauernd getrennt lebende Ehegatte aus persönlichen Gründen noch für kurze Zeit im Ausland verbleibt und
  - die Voraussetzungen des § 1a Abs. 1 EStG nicht erfüllt sind.
- >BMF vom 20. 10. 2016 (BStBl I S. 1183);
  Berücksichtigung ausländischer Verhältnisse; Ländergruppeneinteilung ab 2017.
- Die in § 1 Abs. 3 Satz 3 EStG aufgeführten inländischen Einkünfte, die nach einem DBA nur der Höhe nach beschränkt besteuert werden dürfen, sind in die inländische Veranlagung gem. § 46 Abs. 2 Nr. 7 Buchstabe b i.V. m. § 1 Abs. 3 EStG einzubeziehen (>BFH vom 13. 11. 2002 – BStBl 2003 II S. 587).

Europäischer Wirtschaftsraum
Mitgliedstaaten des EWR sind die Mitgliedstaaten der EU, Island, Norwegen und Liechtenstein.

Freistellung von deutschen Abzugsteuern
>§ 50d EStG, Besonderheiten im Falle von DBA

Schiffe
Schiffe unter Bundesflagge rechnen auf hoher See zum Inland (>BFH vom 12. 11. 1986 – BStBl 1987 II S. 377).

Unbeschränkte Steuerpflicht – auf Antrag –
- >BMF vom 30. 12. 1996 (BStBl I S. 1506)
- Die zum Nachweis der Höhe der nicht der deutschen Steuer unterliegenden Einkünfte erforderliche Bescheinigung der zuständigen ausländischen Steuerbehörde ist auch dann vorzulegen, wenn der Stpfl. angibt, keine derartigen Einkünfte erzielt zu haben (sog. Nullbescheinigung). Die Verwendung eines bestimmten Vordrucks für die Bescheinigung ist gesetzlich nicht vorgeschrieben (>BFH vom 8. 9. 2010 – BStBl 2011 II S. 447).

Wechsel der Steuerpflicht
>§ 2 Abs. 7 Satz 3 EStG

Wohnsitz/Gewöhnlicher Aufenthalt in der Schweiz
§ 1a Abs. 1 EStG ist bei Staatsangehörigen eines Mitgliedstaates der EU oder eines EWR-Staates bei Vorliegen der übrigen Voraussetzungen auch anwendbar, wenn
- der Empfänger der Leistungen i. S. d. Nr. 1 und 1a,
- die ausgleichsberechtigte Person i. S. d. Nr. 1b oder
- der Ehegatte/Lebenspartner i. S. d. Nr. 2

seinen/ihren Wohnsitz oder gewöhnlichen Aufenthalt in der Schweiz haben (>BMF vom 16. 9. 2013 – BStBl I S. 1325).

Zu § 2 EStG

| R 2. | Umfang der Besteuerung |

(1) Das zu versteuernde Einkommen ist wie folgt zu ermitteln:
1		Summe der Einkünfte aus den Einkunftsarten
2	=	S. d. E.
3	−	Altersentlastungsbetrag (§ 24a EStG)
4	−	Entlastungsbetrag für Alleinerziehende (§ 24b EStG)
5	−	Freibetrag für Land- und Forstwirte (§ 13 Abs. 3 EStG)
6	+	Hinzurechnungsbetrag (§ 52 Abs. 3 Satz 5[*] EStG sowie § 8 Abs. 5 Satz 2 AIG)
7	=	Gesamtbetrag der Einkünfte (§ 2 Abs. 3 EStG)
8	−	Verlustabzug nach § 10d EStG
9	−	Sonderausgaben (§§ 10, 10a, 10b, 10c EStG)
10	−	außergewöhnliche Belastungen (§§ 33 bis 33b EStG)
11	−	Steuerbegünstigung der zu Wohnzwecken genutzten Wohnungen, Gebäude und Baudenkmale sowie der schutzwürdigen Kulturgüter (§§ 10e bis 10i EStG, § 52 Abs. 21 Satz 6 EStG i. d. F. vom 16. 4. 1997, BGBl I S. 821 und § 7 FördG)
12	+	Erstattungsüberhänge (§ 10 Abs. 4b Satz 3 EStG)
13	+	zuzurechnendes Einkommen gem. § 15 Abs. 1 AStG[**]
14	=	Einkommen (§ 2 Abs. 4 EStG)
15	−	Freibeträge für Kinder (§§ 31, 32 Abs. 6 EStG)
16	−	Härteausgleich nach § 46 Abs. 3 EStG, § 70 EStDV
17	=	z. v. E. (§ 2 Abs. 5 EStG).

(2) Die festzusetzende Einkommensteuer ist wie folgt zu ermitteln:
1 Steuerbetrag
 a) nach § 32a Abs. 1, 5, § 50 Abs. 1 Satz 2 EStG
  oder
 b) nach dem bei Anwendung des Progressionsvorbehalts (§ 32b EStG) oder der Steuersatzbegrenzung sich ergebenden Steuersatz

2	+	Steuer auf Grund Berechnung nach den §§ 34, 34b EStG
3	+	Steuer auf Grund der Berechnung nach § 34a Abs. 1, 4 bis 6 EStG
4	=	tarifliche Einkommensteuer (§ 32a Abs. 1, 5 EStG)
5	−	Minderungsbetrag nach Punkt 11 Ziffer 2 des Schlussprotokolls zu Artikel 23 DBA Belgien in der durch Artikel 2 des Zusatzabkommens vom 5. 11. 2002 geänderten Fassung (BGBl 2003 II S. 1615)
6	−	ausländische Steuern nach § 34c Abs. 1 und 6 EStG, § 12 AStG
7	−	Steuerermäßigung nach § 35 EStG
8	−	Steuerermäßigung für Stpfl. mit Kindern bei Inanspruchnahme erhöhter Absetzungen für Wohngebäude oder der Steuerbegünstigungen für eigengenutztes Wohneigentum (§ 34f Abs. 1 und 2 EStG)

---

[*]) Jetzt § 52 Abs. 2 Satz 3 EStG.
[**]) Eine Hinzurechnung entfällt ab VZ 2013, da diese bereits im Rahmen der Einkünfteermittlung vorzunehmen ist (>§ 15 Abs. 1 AStG in der durch das AmtshilfeRLUmsG geänderten Fassung).

9	–	Steuerermäßigung bei Zuwendungen an politische Parteien und unabhängige Wählervereinigungen (§ 34g EStG)
10	–	Steuerermäßigung nach § 34f Abs. 3 EStG
11	–	Steuerermäßigung nach § 35a EStG
12	–	Ermäßigung bei Belastung mit Erbschaftsteuer (§ 35b EStG)
13	+	Steuer auf Grund Berechnung nach § 32d Abs. 3 und 4 EStG
14	+	Steuern nach § 34c Abs. 5 EStG
15	+	Nachsteuer nach § 10 Abs. 5 EStG i.V. m. § 30 EStDV
16	+	Zuschlag nach § 3 Abs. 4 Satz 2 Forstschäden-Ausgleichsgesetz
17	+	Anspruch auf Zulage für Altersvorsorge, wenn Beiträge als Sonderausgaben abgezogen worden sind (§ 10a Abs. 2 EStG)
18	+	Anspruch auf Kindergeld oder vergleichbare Leistungen, soweit in den Fällen des § 31 EStG das Einkommen um Freibeträge für Kinder gemindert wurde
19	=	festzusetzende Einkommensteuer (§ 2 Abs. 6 EStG).

H 2

Keine Einnahmen oder Einkünfte
Bei den folgenden Leistungen handelt es sich nicht um Einnahmen oder Einkünfte:
– Arbeitnehmer-Sparzulagen (§ 13 Abs. 3 VermBG)
– Investitionszulagen nach dem InvZulG
– Neue Anteilsrechte auf Grund der Umwandlung von Rücklagen in Nennkapital (§§ 1, 7 KapErhStG)
– Wohnungsbau-Prämien (§ 6 WoPG)

Lebenspartner und Lebenspartnerschaften
§ 2 Abs. 8 EStG gilt nur für Lebenspartner und Lebenspartnerschaften i. S. d. § 1 Abs. 1 LPartG. Andere Lebensgemeinschaften fallen nicht unter diese Vorschrift, selbst wenn die Partner ihre Rechtsbeziehungen auf eine vertragliche Grundlage gestellt haben (>BFH vom 26. 6. 2014 – BStBl II S. 829 und vom 26. 4. 2017 – BStBl II S. 903).

Liebhaberei
bei Einkünften aus
– Land- und Forstwirtschaft >H 13.5 (Liebhaberei),
– Gewerbebetrieb >H 15.3 (Abgrenzung der Gewinnerzielungsabsicht zur Liebhaberei), >H 16 (2) Liebhaberei,
– selbständiger Arbeit >H 18.1 (Gewinnerzielungsabsicht),
– Vermietung und Verpachtung >H 21.2 (Einkünfteerzielungsabsicht).

Preisgelder
– >BMF vom 5. 9. 1996 (BStBl I S. 1150) unter Berücksichtigung der Änderung durch BMF vom 23. 12. 2002 (BStBl 2003 I S. 76).
– Fernseh-Preisgelder >BMF vom 30. 5. 2008 (BStBl I S. 645).

Steuersatzbegrenzung
Bei der Festsetzung der Einkommensteuer ist in den Fällen der Steuersatzbegrenzung die rechnerische Gesamtsteuer quotal aufzuteilen und sodann der Steuersatz für die der Höhe nach nur beschränkt zu besteuernden Einkünfte zu ermäßigen (>BFH vom 13. 11. 2002 – BStBl 2003 II S. 587).

Zu § 2a EStG

| R 2a. | **Negative ausländische Einkünfte** |

Einkünfte derselben Art

(1) ¹Einkünfte der jeweils selben Art nach § 2a Abs. 1 EStG sind grundsätzlich alle unter einer Nummer aufgeführten Tatbestände, für die die Anwendung dieser Nummer nicht nach § 2a Abs. 2 EStG ausgeschlossen ist. ²Die Nummern 3 und 4 sind zusammenzufassen. ³Negative Einkünfte nach Nummer 7, die mittelbar auf einen bei der inländischen Körperschaft verwirklichten Tatbestand der Nummern 1 bis 6 zurückzuführen sind, dürfen beim Anteilseigner mit positiven Einkünften der Nummer 7 ausgeglichen werden, wenn die Einkünfte auf Tatbestände derselben Nummer oder im Falle der Nummern 3 und 4 dieser beiden Nummern zurückzuführen sind. ⁴Einkünfte der Nummer 7 sind auch mit Einkünften nach der jeweiligen Nummer auszugleichen, auf deren Tatbestände die Einkünfte der Nummer 7 zurückzuführen sind. ⁵Positive Einkünfte aus einem Staat können nicht mit negativen Einkünften derselben Art aus demselben Staat aus vorhergehenden Veranlagungszeiträumen ausgeglichen werden, wenn hinsichtlich der positiven Einkünfte eine im DBA vorgesehene Rückfallklausel eingreift und die positiven Einkünfte deshalb als Besteuerungsgrundlage zu erfassen sind.

Betriebsstättenprinzip

(2) ¹Für jede ausländische Betriebsstätte ist gesondert zu prüfen, ob negative Einkünfte vorliegen. ²Negative Einkünfte aus einer nicht aktiven gewerblichen Betriebsstätte dürfen nicht mit positiven Einkünften aus einer aktiven gewerblichen Betriebsstätte ausgeglichen werden.

Prüfung der Aktivitätsklausel

(3) ¹Ob eine gewerbliche Betriebsstätte ausschließlich oder fast ausschließlich eine aktive Tätigkeit nach § 2a Abs. 2 EStG zum Gegenstand hat, ist für jedes Wirtschaftsjahr gesondert zu prüfen. ²Maßgebend ist hierfür das Verhältnis der Bruttoerträge. ³Soweit es sich um Verluste zu Beginn bzw. am Ende einer Tätigkeit handelt, ist nach der funktionalen Betrachtungsweise festzustellen, ob diese Verluste im Hinblick auf die aufzunehmende oder anlaufende aktive Tätigkeit entstanden oder nach Ende der Tätigkeit durch diese verursacht worden sind.

Gesamtrechtsnachfolge

(4) Soweit im Rahmen des UmwStG ein Verlust i. S. d. § 10d Abs. 4 Satz 2 EStG übergeht, geht auch die Verpflichtung zur Nachversteuerung nach § 52 Abs. 3 Satz 5, 6 und 8 EStG*) über.

Umwandlung

(5) Umwandlung i. S. d. § 52 Abs. 3 Satz 8 EStG*) ist nicht nur eine solche nach dem Umwandlungsgesetz oder i. S. d. UmwStG, d. h. eine Einbringung der ausländischen Betriebsstätte in eine Kapitalgesellschaft gegen Gewährung von Gesellschaftsrechten, vielmehr jede Form des „Aufgehens" der Betriebsstätte in eine Kapitalgesellschaft.

Verlustausgleich

(6) Negative und positive Einkünfte nach § 2a Abs. 1 EStG sind in der Weise miteinander auszugleichen, dass die positiven und ggf. tarifbegünstigten Einkünfte um die negativen Einkünfte der jeweils selben Art und aus demselben Staat, in den Fällen des § 2a Abs. 1 Satz 1 Nr. 6 Buchstabe b derselben Art, zu vermindern sind.

---

*) Jetzt § 52 Abs. 2 Satz 3 EStG.

Zusammenveranlagung

(7) Bei zusammenveranlagten Ehegatten sind negative Einkünfte nach § 2a Abs. 1 EStG des einen Ehegatten mit positiven Einkünften des anderen Ehegatten der jeweils selben Art und aus demselben Staat, in den Fällen des § 2a Abs. 1 Satz 1 Nr. 6 Buchstabe b derselben Art, auszugleichen oder zu verrechnen, soweit sie nicht mit eigenen positiven Einkünften ausgeglichen oder verrechnet werden können.

Anwendung von § 3 Nr. 40, § 3c EStG

(8) Die Verrechnung von negativen Einkünften nach § 2a Abs. 1 EStG mit positiven Einkünften der jeweils selben Art und aus demselben Staat, in den Fällen des § 2a Abs. 1 Satz 1 Nr. 6 Buchstabe b derselben Art, erfolgt jeweils nach Anwendung des § 3 Nr. 40 und des § 3c EStG.

H 2a

Allgemeines

§ 2a Abs. 1 EStG schränkt für die dort abschließend aufgeführten Einkünfte aus Quellen in Drittstaaten den Verlustausgleich und Verlustabzug ein. Hiervon ausgenommen sind nach § 2a Abs. 2 EStG insbesondere negative Einkünfte aus einer gewerblichen Betriebsstätte in einem Drittstaat, die die dort genannten Aktivitätsvoraussetzungen erfüllt. Der eingeschränkte Verlustausgleich bedeutet, dass die negativen Einkünfte nur mit positiven Einkünften derselben Art (>R 2a) und aus demselben Staat ausgeglichen werden dürfen. Darüber hinaus dürfen sie in den folgenden VZ mit positiven Einkünften derselben Art und aus demselben Staat verrechnet werden. Die in einem VZ nicht ausgeglichenen oder verrechneten negativen Einkünfte sind zum Schluss des VZ gesondert festzustellen. Die Regelungen in § 2a Abs. 1 und 2 EStG wirken sich bei negativen Einkünften aus Drittstaaten, mit denen kein DBA besteht oder mit denen ein DBA besteht, nach dem die Einkünfte von der deutschen Besteuerung freigestellt sind, unmittelbar auf die Besteuerungsgrundlage aus. Bei nach DBA steuerfreien Einkünften wirkt sich § 2a Abs. 1 und 2 EStG im Rahmen des Progressionsvorbehalts auf den Steuersatz aus (>H 32b und >BFH vom 17.11.1999 – BStBl 2000 II S. 605).

Demgegenüber ermöglichte § 2a Abs. 3 EStG in der bis einschließlich VZ 1998 geltenden Fassung (Bekanntmachung vom 16.4.1997 – BGBl I S. 821, nachfolgend EStG a. F.) auf Antrag den Verlustausgleich und Verlustabzug für Verluste aus gewerblichen Betriebsstätten in einem ausländischen Staat, mit dem ein DBA besteht, wenn die Einkünfte nach dem DBA in Deutschland steuerbefreit und die Aktivitätsvoraussetzungen des § 2a Abs. 2 EStG a. F. erfüllt sind. Fallen in einem späteren VZ insgesamt positive gewerbliche Einkünfte aus diesem Staat an, ist eine >Nachversteuerung durchzuführen. In diesem Fall ist ein Betrag bis zur Höhe des abgezogenen Verlustes bei der Ermittlung des G. d. E. hinzuzurechnen (§ 52 Abs. 2 EStG i.V. m. § 2a Abs. 3 Satz 3 bis 6 EStG a. F.).

Beteiligungen an inländischen Körperschaften mit Drittstaatenbezug (§ 2a Abs. 1 Satz 1 Nr. 7 EStG)

Beispiel 1 (Einkünfte nur nach § 2a Abs. 1 Satz 1 Nr. 7 EStG):

Der Stpfl. hält im Betriebsvermögen eine Beteiligung an der inländischen Kapitalgesellschaft A, die eine nicht aktive gewerbliche Betriebsstätte im Staat X hat. Außerdem hat er im Privatvermögen eine Beteiligung an der inländischen Kapitalgesellschaft B, die ebenfalls über eine nicht aktive gewerbliche Betriebsstätte im Staat X (kein EU-/EWR-Staat) verfügt. Während die A in den Jahren 01 bis 03 in ihrer ausländischen Betriebsstätte Verluste erleidet, erzielt die B in diesem Zeitraum Gewinne. Im Jahr 02 nimmt der Stpfl. eine Teilwertabschreibung auf die Beteiligung an der A vor. Im Jahr 03 veräußert der Stpfl. die Beteiligung an der B und erzielt hieraus einen Veräußerungsgewinn nach § 17 EStG.

Die Gewinnminderung auf Grund der Teilwertabschreibung in 02 erfüllt einen Tatbestand des § 2a Abs. 1 Satz 1 Nr. 7 (hier Buchstabe a) i.V. m. Nr. 2 EStG.

Die Veräußerung der Beteiligung an der B in 03 erfüllt einen Tatbestand des § 2a Abs. 1 Satz 1 Nr. 7 (hier Buchstabe c) i.V. m. Nr. 2 EStG. Die negativen Einkünfte aus der Teilwertabschreibung in 02 sind daher in 03 mit dem Veräußerungsgewinn zu verrechnen.

Beispiel 2 (Einkünfte nach § 2a Abs. 1 Satz 1 Nr. 7 und Nr. 1 bis 6 EStG):
Der Stpfl. hat eine nicht aktive gewerbliche Betriebsstätte im Staat X und eine Beteiligung an einer inländischen Kapitalgesellschaft A, die in X ebenfalls eine nicht aktive gewerbliche Betriebsstätte unterhält. Während der Stpfl. mit seiner ausländischen Betriebsstätte Gewinne erzielt, erleidet die ausländische Betriebsstätte der A Verluste. Der Stpfl. veräußert die Beteiligung an der A mit Verlust.

Die negativen Einkünfte aus der Veräußerung der Beteiligung erfüllen einen Tatbestand des § 2a Abs. 1 Satz 1 Nr. 7 (Buchstabe a oder c) i.V. m. Nr. 2 EStG. Sie sind mit den positiven Einkünften aus der eigengewerblichen ausländischen Betriebsstätte auszugleichen, da diese Betriebsstätte den Tatbestand des § 2a Abs. 1 Satz 1 Nr. 2 EStG erfüllt.

Betriebsstätte
>§ 12 AO

Einkünfteermittlung
Die Einkünfte sind unabhängig von der Einkünfteermittlung im Drittstaat nach den Vorschriften des deutschen Einkommensteuerrechts zu ermitteln. Dabei sind alle Betriebsausgaben oder Werbungskosten zu berücksichtigen, die mit den im Drittstaat erzielten Einnahmen in wirtschaftlichem Zusammenhang stehen.

Einkunftsart i. S. d. § 2a Abs. 1 EStG
– Welche Einkunftsart i. S. d. § 2a Abs. 1 EStG vorliegt, richtet sich nur nach den im Drittstaat gegebenen Merkmalen (sog. isolierende Betrachtungsweise; >BFH vom 21.8.1990 – BStBl 1991 II S. 126).
Eine nach deutschem Steuerrecht gebotene Umqualifizierung durch § 8 Abs. 2 KStG ist ohne Bedeutung (>BFH vom 31. 3. 2004 – BStBl II S. 742).

Nachversteuerung
– **Allgemeines**
§ 2a Abs. 3 EStG in der bis einschließlich VZ 1998 geltenden Fassung (Bekanntmachung vom 16. 4. 1997 – BGBl I S. 821, nachfolgend EStG a. F.) ermöglichte auf Antrag den Verlustausgleich und Verlustabzug für Verluste aus gewerblichen Betriebsstätten in einem ausländischen Staat, mit dem ein DBA besteht, wenn die Einkünfte nach dem DBA in Deutschland steuerbefreit sind und die Aktivitätsvoraussetzungen des § 2a Abs. 2 EStG a. F. erfüllt sind.
§ 2a Abs. 3 i. d. F. der Bekanntmachung vom 16. 4. 1997 (BGBl I S. 821) lautete:
„(3) ¹Sind nach einem Abkommen zur Vermeidung der Doppelbesteuerung bei einem unbeschränkt Steuerpflichtigen aus einer in einem ausländischen Staat belegenen Betriebsstätte stammende Einkünfte aus gewerblicher Tätigkeit von der Einkommensteuer zu befreien, so ist auf Antrag des Steuerpflichtigen ein Verlust, der sich nach den Vorschriften des inländischen Steuerrechts bei diesen Einkünften ergibt, bei der Ermittlung des Gesamtbetrags der Einkünfte abzuziehen, soweit er vom Steuerpflichtigen ausgeglichen oder abgezogen werden könnte, wenn die Einkünfte nicht von der Einkommensteuer zu befreien wären, und soweit er nach diesem Abkommen zu befreiende positive Einkünfte aus gewerblicher Tätigkeit aus anderen in diesem ausländischen Staat belegenen Betriebsstätten übersteigt. ²Soweit der Verlust dabei nicht ausgeglichen wird, ist bei Vorliegen der Voraussetzungen des § 10d der Verlustabzug zulässig. ³Der nach den Sätzen 1 und 2 abgezogene Betrag ist, soweit sich in einem der folgenden Veranlagungszeiträume bei den nach diesem Abkommen zu befreienden Einkünften aus gewerblicher Tätigkeit aus in diesem ausländischen Staat belegenen Betriebsstätten insgesamt ein positiver Betrag ergibt, in dem betreffenden Veranlagungszeitraum bei der Ermittlung des Gesamtbetrags der Einkünfte wieder hinzuzurechnen. ⁴Satz 3 ist nicht anzuwenden, wenn der Steuerpflichtige nachweist, daß nach

den für ihn geltenden Vorschriften des ausländischen Staates ein Abzug von Verlusten in anderen Jahren als dem Verlustjahr allgemein nicht beansprucht werden kann. ⁵Der am Schluß eines Veranlagungszeitraums nach den Sätzen 3 und 4 der Hinzurechnung unterliegende und noch nicht hinzugerechnete (verbleibende) Betrag ist gesondert festzustellen; § 10d Abs. 3 gilt entsprechend. ⁶In die gesonderte Feststellung nach Satz 5 einzubeziehen ist der nach § 2 Abs. 1 Satz 3 und 4 des Gesetzes über steuerliche Maßnahmen bei Auslandsinvestitionen der deutschen Wirtschaft vom 18. August 1969 (BGBl I S. 1214), das zuletzt durch Artikel 8 des Gesetzes vom 25. Juli 1988 (BGBl I S. 1093) geändert worden ist, der Hinzurechnung unterliegende und noch nicht hinzugerechnete Betrag."

Fallen in einem späteren VZ insgesamt positive gewerbliche Einkünfte aus diesem Staat an, ist eine Nachversteuerung durchzuführen. In diesem Fall ist ein Betrag bis zur Höhe des abgezogenen Verlustes bei der Ermittlung des G. d. E. hinzuzurechnen (§ 52 Abs. 2 EStG i. V. m. § 2a Abs. 3 Satz 3 bis 6 EStG a. F.).

Der nach § 2a Abs. 3 Satz 1 und 2 EStG a. F. abgezogene Betrag ist, soweit sich in einem der folgenden VZ bei den nach diesem Abkommen zu befreienden Einkünften aus gewerblicher Tätigkeit aus in diesem ausländischen Staat belegenen Betriebsstätten insgesamt ein positiver Betrag ergibt, in dem betreffenden VZ bei der Ermittlung des G. d. E. wieder hinzuzurechnen (§ 2a Abs. 3 Satz 3 EStG a. F.). § 2a Abs. 3 Satz 3 EStG a. F. ist auch dann anzuwenden, wenn nach den Vorschriften des ausländischen Staates ein Abzug von Verlusten in anderen Jahren als dem Verlustjahr allgemein nicht beansprucht werden kann (>§ 52 Abs. 2 Satz 3 EStG). Der am Schluss eines VZ nach den § 2a Abs. 3 Satz 3 und 4 EStG a. F. der Hinzurechnung unterliegende und noch nicht hinzugerechnete (verbleibende) Betrag ist gesondert festzustellen; § 10d Abs. 4 EStG gilt entsprechend. In die gesonderte Feststellung nach § 2a Abs. 1 Satz 5 einzubeziehen ist der nach § 2 Abs. 1 Satz 3 und 4 AIG der Hinzurechnung unterliegende und noch nicht hinzugerechnete Betrag.
>§ 52 Abs. 2 Satz 3 EStG

Eine Nachversteuerung kommt nach § 52 Abs. 2 Satz 3 EStG außerdem in Betracht, soweit eine in einem ausländischen Staat belegene Betriebsstätte
– in eine Kapitalgesellschaft umgewandelt,
– übertragen oder
– aufgegeben

wird. Die Nachversteuerung erfolgt in diesen Fällen auf folgender Rechtsgrundlage:
Wird eine in einem ausländischen Staat belegene Betriebsstätte
1. in eine Kapitalgesellschaft umgewandelt oder
2. entgeltlich oder unentgeltlich übertragen oder
3. aufgegeben, jedoch die ursprünglich von der Betriebsstätte ausgeübte Geschäftstätigkeit ganz oder teilweise von einer Gesellschaft, an der der inländische Stpfl. zu mindestens 10 % unmittelbar oder mittelbar beteiligt ist, oder von einer ihm nahestehenden Person i. S. d. § 1 Abs. 2 AStG fortgeführt,

ist ein nach § 2a Abs. 3 Satz 1 und 2 EStG a. F. abgezogener Verlust, soweit er nach § 2a Abs. 3 Satz 3 EStG a. F. nicht wieder hinzugerechnet worden ist oder nicht noch hinzuzurechnen ist, im VZ der Umwandlung, Übertragung oder Aufgabe in entsprechender Anwendung des § 2a Abs. 3 Satz 3 EStG a. F. dem G. d. E. hinzuzurechnen. Dies gilt entsprechend bei Beendigung der unbeschränkten Einkommensteuerpflicht durch Aufgabe des Wohnsitzes oder des gewöhnlichen Aufenthalts sowie bei Beendigung der Ansässigkeit im Inland auf Grund der Bestimmungen eines DBA.
>§ 52 Abs. 2 Satz 3 EStG

– **Einzelfragen**
  – Nachversteuerung auch, wenn sich Verluste nur auf Grund deutscher Gewinnermittlungsvorschriften ergeben haben; Gleiches gilt, wenn in dem ausländischen Staat wegen vorgeschriebener pauschalierter Gewinnermittlung keine Verluste ausgewiesen werden können.

Zu § 3 EStG   R 3.0   A. II.

- In Veräußerungsfällen ist bei der Hinzurechnung weder der Freibetrag nach § 16 Abs. 4 EStG noch die Tarifermäßigung nach § 34 EStG zu gewähren (>BFH vom 16. 11. 1989 – BStBl 1990 II S. 204).
- Nachversteuerung auch hinsichtlich der Verluste, die vor 1982 abgezogen worden sind (>BFH vom 20. 9. 1989 – BStBl 1990 II S. 112).
- Wird eine Personengesellschaft im Ausland als juristische Person besteuert, steht dies der Anwendung des § 52 Abs. 2 Satz 3 EStG i. V. m. § 2a Abs. 3 Satz 3, 5 und 6 EStG a. F. nicht entgegen (>BFH vom 16. 11. 1989 – BStBl 1990 II S. 204).
- Die Entscheidung, ob und in welcher Weise sich positive gewerbliche Einkünfte i. S. d. § 52 Abs. 2 Satz 3 EStG i. V. m. § 2a Abs. 3 Satz 3, 5 und 6 EStG a. F. auswirken, ist im Veranlagungsverfahren zu treffen. Im Rahmen eines evtl. Feststellungsverfahrens hat das Betriebsstättenfinanzamt lediglich sämtliche tatsächlichen und rechtlichen Voraussetzungen festzustellen (>BFH vom 21. 8. 1990 – BStBl 1991 II S. 126).

Prüfung der Aktivitätsklausel

- Sowohl der Handel mit Grundstücken als auch derjenige mit Rechten fallen nicht unter den Begriff „Lieferung von Waren" i. S. d. § 2a Abs. 2 EStG (>BFH vom 18. 7. 2001 – BStBl 2003 II S. 48).
- Der Handel mit Jagd- und Sportmunition ist keine Lieferung von Waffen i. S. d. § 2a Abs. 2 EStG (>BFH vom 30. 4. 2003 – BStBl II S. 918).
- Auf einem Datenträger verkörperte Standardsoftware ist „Ware" i. S. d. § 2a Abs. 2 EStG (>BFH vom 28. 10. 2008 – BStBl 2009 II S. 527).

Verlustabzug in Erbfällen

- negative ausländische Einkünfte i. S. d. § 2a Abs. 1 EStG >R 10d Abs. 9 Satz 9
- Nachversteuerung gem. § 2a Abs. 3 EStG a. F. >R 10d Abs. 9 Satz 13
- Hinzurechnung bei Verlusten nach § 2 AIG >R 10d Abs. 9 Satz 14

Verluste bei beschränkter Haftung (§ 15a EStG)

>R 15a Abs. 5

Verluste aus VZ vor 1992

Negative ausländische Einkünfte, die in den VZ 1985 bis 1991 entstanden und bis zum VZ 1991 einschließlich nicht ausgeglichen worden sind, sind in die VZ ab 1992 zeitlich unbegrenzt vorzutragen (>BFH vom 30. 6. 2005 – BStBl II S. 641).

Zu § 3 EStG

| R 3.0 | **Steuerbefreiungen nach anderen Gesetzen, Verordnungen und Verträgen** |

[1]Gesetze und Verordnungen, die die Deckung des Landbedarfs der öffentlichen Hand regeln, bestimmen zum Teil, dass Geschäfte und Verhandlungen, die der Durchführung der Landbeschaffung und der Landentschädigung dienen, von allen Gebühren und Steuern des Bundes, der Länder und der sonstigen öffentlichen Körperschaften befreit sind. [2]Die Befreiung erstreckt sich nicht auf die Einkommensteuer für Gewinne aus diesen Rechtsgeschäften.

H 3.0

Steuerbefreiungen auf Grund zwischenstaatlicher Vereinbarungen
>Anlage zum BMF-Schreiben vom 18. 3. 2013 (BStBl I S. 404)

Steuerbefreiungen nach anderen Gesetzen, Verordnungen und Verträgen
- Unterschiedsbeträge nach § 17 Abs. 1 Arbeitssicherstellungsgesetz;
- Leistungen nach § 17 Conterganstiftungsgesetz.

Zu § 3 Nr. 1 EStG

H 3.1

Allgemeines
- Leistungen aus der gesetzlichen Kranken- und Unfallversicherung sind Bar- und Sachleistungen (>§§ 21-22 SGB I).
- Zur Rechtsnachfolge bei diesen Leistungen (>§§ 56-59 SGB I).

Krankenversicherung
Steuerfrei sind auch Leistungen aus einer ausländischen Krankenversicherung (>BFH vom 26. 5. 1998 – BStBl II S. 581).

Unfallversicherung
Die Steuerfreiheit kann auch für Leistungen aus einer ausländischen gesetzlichen Unfallversicherung in Betracht kommen (>BFH vom 7. 8. 1959 – BStBl III S. 462).

Zu § 3 Nr. 2 EStG

R 3.2

[1]Aus dem Ausland bezogenes Arbeitslosengeld gehört nicht zu den nach § 3 Nr. 2 EStG steuerfreien Leistungen. [2]Es handelt sich dabei um wiederkehrende Bezüge i. S. d. § 22 Nr. 1 EStG, die ggf. nach dem DBA mit einem ausländischen Staat steuerfrei sein können.

H 3.2

Existenzgründerzuschuss
Zuschüsse zur Förderung von Existenzgründern aus Mitteln des Europäischen Sozialfonds und aus Landesmitteln sind nicht steuerfrei, wenn sie nicht der Aufstockung des Überbrückungsgeldes nach dem SGB III dienen (>BFH vom 26. 6. 2002 – BStBl II S. 697).

Leistungen nach dem SGB III
>R 3.2 LStR 2015

Zu § 3 Nr. 5 EStG

| H 3.5 |

Geld- und Sachbezüge an Wehrpflichtige und Zivildienstleistende
>H 3.5 LStH 2018

Zu § 3 Nr. 6 EStG

| H 3.6 |

Bezüge aus EU-Mitgliedstaaten

§ 3 Nr. 6 EStG ist auch auf Bezüge von Kriegsbeschädigten und gleichgestellten Personen anzuwenden, die aus öffentlichen Mitteln anderer EU-Mitgliedstaaten gezahlt werden (>BFH vom 22.1.1997 – BStBl II S. 358).

Gesetzliche Bezüge der Wehr- und Zivildienstbeschädigten, Kriegsbeschädigten, ihrer Hinterbliebenen und der ihnen gleichgestellten Personen
>R 3.6 LStR 2015

Zu § 3 Nr. 7 EStG

| H 3.7 |

Allgemeines

Steuerfrei sind insbesondere folgende Leistungen, soweit sie nicht in Form zurückzahlbarer Darlehen, z. B. Eingliederungsdarlehen, gewährt werden:

Flüchtlingshilfegesetz (FlüHG)
- Laufende Beihilfe – Beihilfe zum Lebensunterhalt.
- Besondere laufende Beihilfe (§§ 10 bis 16a FlüHG).

Lastenausgleichsgesetz (LAG)
- Hauptentschädigung – einschließlich des Zinszuschlags – i. S. d. § 250 Abs. 3 und des § 252 Abs. 2 LAG – (§§ 243 bis 252, 258 LAG).
- Kriegsschadenrente – Unterhaltshilfe und Entschädigungsrente – (§§ 261 bis 292c LAG).
- Hausratentschädigungen (§§ 293 bis 297 LAG), Leistungen aus dem Härtefonds (§§ 301, 301a, 301b LAG).
- Leistungen auf Grund sonstiger Förderungsmaßnahmen (§ 302 LAG).

Zu § 3 Nr. 8 EStG

H 3.8

Wiedergutmachungsleistungen
>Bundesentschädigungsgesetz
>Bundesgesetz zur Wiedergutmachung nationalsozialistischen Unrechts in der Kriegsopferversorgung
>Bundesgesetz zur Wiedergutmachung nationalsozialistischen Unrechts in der Kriegsopferversorgung für Berechtigte im Ausland
>Entschädigungsrentengesetz
>Wiedergutmachungsrecht der Länder

Zu § 3 Nr. 11 EStG

H 3.11

Beihilfen
Entscheidendes Merkmal der Beihilfe ist ihre Unentgeltlichkeit und Einseitigkeit. Leistungen, die im Rahmen eines entgeltlichen Austauschgeschäfts erbracht werden, können nicht als Beihilfe qualifiziert werden. Danach sind die von den Jugendämtern an Vollzeitpflegeeltern geleisteten >Pflegegelder nach § 3 Nr. 11 EStG steuerfrei. Demgegenüber sind Pflegesätze, die an ein erwerbsmäßig betriebenes Kinderhaus für die Unterbringung von Kindern gezahlt werden, keine Beihilfen i. S. d. § 3 Nr. 11 EStG (>BFH vom 23. 9. 1998 – BStBl 1999 II S. 133).

Beihilfen und Unterstützungen, die wegen Hilfsbedürftigkeit gewährt werden
>R 3.11 LStR 2015

Beihilfen zu Lebenshaltungskosten
können die Erziehung und Ausbildung, nicht aber die Wissenschaft und Kunst unmittelbar fördern (>BFH vom 27. 4. 2006 – BStBl II S. 755).

Erziehungs- und Ausbildungsbeihilfen
>H 3.11 (Steuerfreiheit nach § 3 Nr. 11 EStG) LStH 2018

Öffentliche Stiftung
Eine öffentliche Stiftung liegt vor, wenn
  a) die Stiftung selbst juristische Person des öffentlichen Rechts ist
     oder
  b) das Stiftungsvermögen im Eigentum einer juristischen Person des öffentlichen Rechts steht
     oder
  c) die Stiftung von einer juristischen Person des öffentlichen Rechts verwaltet wird.
Zur Definition der öffentlichen Stiftung >BVerfGE 15; S. 46, 66
Im Übrigen richtet sich der Begriff nach Landesrecht.

Pflegegeld
- Zur einkommensteuerrechtlichen Behandlung der Geldleistungen für Kinder in **Vollzeitpflege**, für die Erziehung in einer Tagesgruppe, für Heimerziehung/Erziehung in sonstiger betreuter Wohnform, für die intensive sozialpädagogische Einzelbetreuung sowie für die Unterbringung/Betreuung bei Inobhutnahme von Kindern und Jugendlichen >BMF vom 22.10.2018 (BStBl I S. 1109).
- Zur Behandlung der Geldleistungen für Kinder in **Kindertagespflege** >BMF vom 11.11.2016 (BStBl I S. 1236)
- >Beihilfen

Zu § 3 Nr. 12 EStG

| H 3.12 |

Aufwandsentschädigungen aus öffentlichen Kassen
>R 3.12 LStR 2015
>H 3.11 (Öffentliche Kassen) LStH 2018

Zu § 3 Nr. 13 EStG

| H 3.13 |

Reisekostenvergütungen, Umzugskostenvergütungen und Trennungsgelder aus öffentlichen Kassen
>R 3.13 LStR 2015
>H 3.11 (Öffentliche Kassen) LStH 2018

Zu § 3 Nr. 14 EStG

| H 3.14 |

Zuschüsse zur Krankenversicherung der Rentner
Die Steuerbefreiung gilt auch für Zuschüsse gem. §§ 106 und 315 SGB VI.

Zu § 3 Nr. 26 EStG

| H 3.26 |

Steuerbefreiung für nebenberufliche Tätigkeiten
>R 3.26 LStR 2015

Zu § 3 Nr. 26a EStG

R 3.26a

(1) Voraussetzung der Begünstigung des § 3 Nr. 26a EStG ist, unabhängig davon, ob die nebenberufliche Tätigkeit im Dienst oder Auftrag einer juristischen Person des öffentlichen Rechts oder einer unter § 5 Abs. 1 Nr. 9 KStG fallenden Einrichtung ausgeübt wird, dass die Tätigkeit der Förderung gemeinnütziger, mildtätiger und kirchlicher Zwecke dient.
(2) Bei Vorliegen auch der übrigen gesetzlichen Voraussetzungen können ehrenamtlich tätige Schiedsrichter im Amateurbereich – im Gegensatz zu Amateursportlern – die Steuerbefreiung nach § 3 Nr. 26a EStG in Anspruch nehmen.

H 3.26a

Anwendungsschreiben
>BMF vom 21. 11. 2014 (BStBl I S. 1581)

Zu § 3 Nr. 26b EStG

H 3.26b

Anwendungsschreiben
>BMF vom 21. 11. 2014 (BStBl I S. 1581)

Zu § 3 Nr. 29 EStG

R 3.29

§ 3 Nr. 29 EStG findet auf Wahlkonsuln keine Anwendung.

H 3.29

Wiener Übereinkommen
- vom 18. 4. 1961 über diplomatische Beziehungen (WÜD), für die Bundesrepublik Deutschland in Kraft getreten am 11. 12. 1964 (BGBl II S. 959),
- vom 24. 4. 1963 über konsularische Beziehungen (WÜK), für die Bundesrepublik Deutschland in Kraft getreten am 7. 10. 1971 (BGBl 1969 II S. 1587).

Inhalte:
1. Nach dem WÜD ist u. a. ein Diplomat einer ausländischen Mission und nach dem WÜK ein Konsularbeamter einer ausländischen konsularischen Vertretung, sofern er weder die deutsche Staatsangehörigkeit besitzt noch im Geltungsbereich des EStG ständig ansässig ist, im Geltungsbereich des EStG von allen staatlichen, regionalen und kommunalen Personal- und Realsteuern oder -abgaben befreit (Artikel 34 WÜD – Artikel 49 Abs. 1 und Artikel 71 Abs. 1 WÜK).

2. Die Befreiung gilt u. a. nicht für Steuern und sonstige Abgaben von privaten Einkünften, deren Quelle sich im Empfangsstaat befindet. Das bedeutet, dass ein ausländischer Diplomat oder ein ausländischer Konsularbeamter nur mit seinen inländischen Einkünften i. S. d. § 49 EStG steuerpflichtig ist und auch dann nur, soweit nicht § 3 Nr. 29 EStG eingreift oder in einem DBA abweichende Regelungen getroffen sind. Die bezeichneten Personen sind somit im Geltungsbereich des EStG nur beschränkt einkommensteuerpflichtig (§ 1 Abs. 4 EStG).
3. Gleiches gilt auch
   a) für die zum Haushalt eines ausländischen Diplomaten gehörenden Familienmitglieder, wenn sie nicht die deutsche Staatsangehörigkeit besitzen (Artikel 37 Abs. 1 WÜD),
   b) für die Familienmitglieder, die im gemeinsamen Haushalt eines Konsularbeamten einer ausländischen konsularischen Vertretung leben (Artikel 49 Abs. 1 WÜK), wenn sie weder die deutsche Staatsangehörigkeit besitzen noch im Geltungsbereich des EStG ständig ansässig sind (Artikel 71 Abs. 2 WÜK).
4. Familienmitglieder i. S. d. beiden Wiener Übereinkommen sind:
   a) der Ehegatte und die minderjährigen Kinder der privilegierten Person, vorausgesetzt, dass sie mit ihr in einem Haushalt leben. Eine vorübergehende Abwesenheit, z. B. zum auswärtigen Studium, ist hierbei ohne Bedeutung.
   b) die volljährigen unverheirateten Kinder sowie die Eltern und Schwiegereltern der privilegierten Person – unter der Voraussetzung der Gegenseitigkeit –, soweit sie mit der privilegierten Person in einem Haushalt leben und von ihr wirtschaftlich abhängig sind. Die Frage der wirtschaftlichen Abhängigkeit ist nach den Einkommens- und Vermögensverhältnissen des betreffenden Familienmitglieds von der Steuerverwaltung des Aufenthaltsstaates zu beurteilen. Diese Beurteilung erfolgt im Einzelfall nach der Abgabe einer Erklärung über das Einkommen und das Vermögen des betreffenden Familienmitglieds.
5. Für andere als die unter Nummer 4 genannten Personen (entferntere Verwandte der privilegierten Person in gerader Linie oder in der Seitenlinie) kommt eine Anwendung des Artikels 37 WÜD oder des Artikels 49 WÜK grundsätzlich nicht in Betracht. In besonderen Fällen prüft das Auswärtige Amt im Einvernehmen mit den zuständigen Bundesressorts, ob die besonderen Umstände dieses Falles eine andere Entscheidung rechtfertigen.
6. Die Mitglieder/Bediensteten des Verwaltungs- und technischen Personals ausländischer Missionen/konsularischer Vertretungen und die zu ihrem Haushalt gehörenden sowie die mit ihnen im gemeinsamen Haushalt lebenden Familienmitglieder sind wie Diplomaten/Konsularbeamte zu behandeln, wenn sie weder deutsche Staatsangehörige noch im Geltungsbereich des EStG ständig ansässig sind (Artikel 37 Abs. 2 WÜD, Artikel 49 Abs. 1 und Artikel 71 Abs. 2 WÜK).
7. Bei Mitgliedern des dienstlichen Hauspersonals einer ausländischen Mission bzw. einer ausländischen konsularischen Vertretung sind die Dienstbezüge im Geltungsbereich des EStG steuerfrei, wenn diese Personen weder deutsche Staatsangehörige noch im Geltungsbereich des EStG ständig ansässig sind (Artikel 37 Abs. 3 WÜD – Artikel 49 Abs. 2 und Artikel 71 Abs. 2 WÜK).
8. Bei privaten Hausangestellten sind die Bezüge, die sie von Mitgliedern einer ausländischen Mission auf Grund ihres Arbeitsverhältnisses erhalten, steuerfrei, wenn sie weder deutsche Staatsangehörige noch im Geltungsbereich des EStG ständig ansässig sind (Artikel 37 Abs. 4 WÜD).
9. Anderen Mitgliedern des Personals einer ausländischen Mission und privaten Hausangestellten, die deutsche Staatsangehörige sind oder die im Geltungsbereich des EStG ständig ansässig sind, steht Steuerfreiheit nur insoweit zu, als besondere Regelungen, z. B. in DBA, für den Geltungsbereich des EStG getroffen sind (Artikel 38 Abs. 2 WÜD).
10. Vom Tage des Inkrafttretens des WÜD bzw. des WÜK ist die Verwaltungsanordnung der Bundesregierung vom 13. 10. 1950 (MinBlFin 1950 S. 631) nur noch auf Mitglieder solcher

ausländischer Missionen oder ausländischer konsularischer Vertretungen und die dort bezeichneten Bediensteten anzuwenden, deren Entsendestaat dem WÜD oder dem WÜK noch nicht rechtswirksam beigetreten ist.

Zu § 3 Nr. 40 EStG

R 3.40 Teileinkünfteverfahren

Bei der Veräußerung einbringungsgeborener Anteile ist R 3.40 EStR 2008 weiter anzuwenden.

H 3.40

Wertaufholungen

Wertaufholungen nach § 6 Abs. 1 Nr. 2 Satz 3 EStG, denen in früheren Jahren sowohl voll steuerwirksame als auch nur teilweise steuerwirksame Abschreibungen von Anteilen auf den niedrigeren Teilwert vorangegangen sind, sind zunächst mit den nur teilweise steuerwirksamen und erst danach – mit der Folge der vollen Steuerpflicht daraus resultierender Gewinne – mit den voll steuerwirksamen Teilwertabschreibungen zu verrechnen (>BFH vom 19. 8. 2009 – BStBl 2010 II S. 760).

Zu § 3 Nr. 42 EStG

H 3.42

Fulbright-Abkommen

Neues Fulbright-Abkommen vom 20. 11. 1962, in Kraft getreten am 24. 1. 1964, >BGBl 1964 II S. 27, 215.

Zu § 3 Nr. 44 EStG

R 3.44

[1]Die Prüfung, ob die Voraussetzungen für die Steuerfreiheit der Stipendien vorliegen, hat für inländische Stipendiengeber das Finanzamt vorzunehmen, das für die Veranlagung des Stipendiengebers zur Körperschaftsteuer zuständig ist oder zuständig wäre, wenn der Geber steuerpflichtig wäre. [2]Dieses Finanzamt hat auf Anforderung des Stipendienempfängers oder des für ihn zuständigen Finanzamts eine Bescheinigung über die Voraussetzungen des § 3 Nr. 44 Satz 3 EStG zu erteilen. [3]Auch eine in der EU oder dem EWR ansässige Körperschaft, Personenvereinigung oder Vermögensmasse i. S. d. § 5 Abs. 1 Nr. 9 KStG kann steuerfreie Stipendien vergeben, soweit sie bei sinngemäßer Anwendung der §§ 51 ff. AO gemeinnützig wäre und ein Amtshilfeabkommen mit dem Ansässigkeitsstaat besteht. [4]Das Vorliegen der Voraussetzungen der §§ 51 ff. AO hat der Stipendienempfänger gegenüber dem für ihn zuständigen Finanzamt durch Vorlage entsprechender Unterlagen (z. B. Satzung, Tätigkeitsbericht) nachzuweisen.

H 3.44

Beihilfen zum Lebensunterhalt

- Die Steuerbefreiung von Forschungsstipendien nach § 3 Nr. 44 EStG umfasst sowohl die der Erfüllung der Forschungsaufgaben (Sachbeihilfen) als auch die der Bestreitung des Lebensunterhalts dienenden Zuwendungen (>BFH vom 20. 3. 2003 – BStBl 2004 II S. 190).
- Zum Lebensunterhalt gehören die Mittel, die benötigt werden, um dem Stpfl. ein menschenwürdiges Leben in einem sozialen Umfeld zu sichern. Er umfasst die unentbehrlichen Aufwendungen für Wohnung, Verpflegung, Kleidung, Ausbildung, Gesundheit, angemessene Freizeitgestaltung und andere notwendige Ausgaben dieser Art. Dabei ist das Alter des Stpfl., seine akademische Vorbildung sowie dessen nach der Verkehrsauffassung typische Lebenshaltungskosten in seiner sozialen Situation zu berücksichtigen. Das Stipendium übersteigt den für die Bestreitung des Lebensunterhalts erforderlichen Betrag nicht, wenn es über die zuvor aus einem Beschäftigungsverhältnis bezogenen Einnahmen nicht wesentlich hinausgeht (>BFH vom 24. 2. 2015 – BStBl II S. 691).

Stipendien

Zwischen einem nach § 3 Nr. 44 EStG steuerfrei gewährten Stipendium für Studienzwecke und den im Zusammenhang mit dem Stipendium entstehenden Mehraufwendungen besteht regelmäßig ein unmittelbarer wirtschaftlicher Zusammenhang i. S. d. § 3c EStG (>BFH vom 9. 11. 1976 – BStBl 1977 II S. 207).

Zu § 3 Nr. 45 EStG

H 3.45

Verfassungsmäßigkeit

Soweit § 3 Nr. 45 EStG auf Arbeitnehmer beschränkt ist, liegt darin keine Verletzung des Gleichheitssatzes (>BFH vom 21. 6. 2006 – BStBl II S. 715).

Zu § 3 Nr. 65 EStG

H 3.65

Insolvenzsicherung
>R 3.65 LStR 2015

Zu § 3c EStG

H 3c

Anwendung des Teileinkünfteverfahrens in der steuerlichen Gewinnermittlung (für Beteiligungen von nicht mehr als 25 %)
>BMF vom 23. 10. 2013 (BStBl I S. 1269)

Hinzurechnungsbetrag
Hinzurechnungen nach §§ 7, 10 AStG sind keine Einnahmen i. S. d. § 3c Abs. 1 EStG (>BFH vom 7. 9. 2005 – BStBl 2006 II S. 537).

Verfassungsmäßigkeit
§ 3c Abs. 2 Satz 2 EStG i. d. F. des JStG 2010 (jetzt: Satz 7) ist verfassungsgemäß (>BFH vom 2. 9. 2014 – BStBl 2015 II S. 257).

Zusammenhang mit steuerfreien Einnahmen
Ein unmittelbarer wirtschaftlicher Zusammenhang mit steuerfreien Einnahmen liegt vor, wenn Einnahmen und Ausgaben durch dasselbe Ereignis veranlasst sind. Dies ist der Fall, wenn steuerfreie Einnahmen dazu bestimmt sind, Aufwendungen zu ersetzen, die mit Einkünften i. S. d. § 2 EStG in wirtschaftlichem Zusammenhang stehen. Daraus folgt, dass die Steuerfreiheit von Einnahmen, die der Erstattung von Ausgaben dienen, durch § 3c Abs. 1 EStG rückgängig gemacht wird. Eine Aufteilung der Ausgaben in einen abziehbaren und einen nicht abziehbaren Teil nach dem Verhältnis der steuerfreien zu den steuerpflichtigen Einnahmen kommt nicht in Betracht. Diese Wirkungsweise des § 3c Abs. 1 EStG rechtfertigt sich daraus, dass erstattete Ausgaben den Stpfl. nicht belasten und daher seine steuerpflichtigen Einkünfte auch nicht mindern dürfen (>BFH vom 27. 4. 2006 – BStBl II S. 755).

Zu § 4 EStG

R 4.1 Betriebsvermögensvergleich

Betriebe der Land- und Forstwirtschaft

(1) ¹Bei einem Betrieb der Land- und Forstwirtschaft ist der Gewinn durch Betriebsvermögensvergleich nach § 4 Abs. 1 EStG zu ermitteln, wenn der Land- und Forstwirt nach den §§ 140, 141 AO verpflichtet ist, für diesen Betrieb Bücher zu führen und auf Grund jährlicher Bestandsaufnahmen Abschlüsse zu machen. ²Werden für den Betrieb freiwillig Bücher geführt und auf Grund jährlicher Bestandsaufnahmen Abschlüsse gemacht, ist der Gewinn doch durch Betriebsvermögensvergleich nach § 4 Abs. 1 EStG zu ermitteln, wenn der Antrag nach § 13a Abs. 2 EStG gestellt worden ist oder der Gewinn aus anderen Gründen nicht nach § 13a EStG zu ermitteln ist.

Gewerbliche Betriebe

(2) ¹Bei einem gewerblichen Betrieb, für den die Verpflichtung besteht, Bücher zu führen und auf Grund jährlicher Bestandsaufnahmen Abschlüsse zu machen oder für den freiwillig Bücher geführt und regelmäßig Abschlüsse gemacht werden, muss der Gewerbetreibende den Gewinn durch Betriebsvermögensvergleich nach § 5 EStG ermitteln. ²Für Handelsschiffe im internationalen Verkehr kann der Gewinn auf Antrag nach § 5a EStG ermittelt werden. ³Werden für einen gewerblichen Betrieb, für den Buchführungspflicht besteht, keine Bücher geführt, oder ist die Buchführung nicht ordnungsmäßig (>R 5.2 Abs. 2), ist der Gewinn nach § 5 EStG unter Berücksichtigung der Verhältnisse des Einzelfalles, unter Umständen unter Anwendung von Richtsätzen, zu schätzen. ⁴Das Gleiche gilt, wenn für einen gewerblichen Betrieb freiwillig Bücher geführt und Abschlüsse gemacht werden, die Buchführung jedoch nicht ordnungsmäßig ist. ⁵Bei gewerblichen Betrieben, bei denen die Voraussetzungen der Sätze 1 bis 4 nicht vorliegen, kann der Gewinn durch Einnahmenüberschussrechnung nach § 4 Abs. 3 EStG ermittelt werden, wenn der Gewerbetreibende für den Betrieb diese Gewinnermittlungsart gewählt hat.

Personengesellschaften

(3) Absätze 1 und 2 gelten sinngemäß.

Beteiligung an einer ausländischen Personengesellschaft
(4) ¹Sind unbeschränkt steuerpflichtige Personen an einer ausländischen Personengesellschaft beteiligt, die im Inland weder eine Betriebsstätte unterhält, noch einen ständigen Vertreter bestellt hat, ist der Gewinn der Personengesellschaft zur Ermittlung der Höhe der Gewinnanteile der unbeschränkt steuerpflichtigen Personen nach § 4 Abs. 1 oder 3 EStG zu ermitteln. ²Eine Buchführungspflicht nach § 140 AO kann auch eine ausländische Rechtsnorm begründen. ³Bei der Gewinnermittlung nach § 4 Abs. 1 EStG sind alle Geschäftsvorfälle unter Beachtung der Grundsätze ordnungsmäßiger Buchführung zu berücksichtigen, auch wenn sie in einer ausländischen Währung ausgewiesen sind. ⁴Das Ergebnis einer in ausländischer Währung aufgestellten Steuerbilanz ist in Euro nach einem Umrechnungsverfahren umzurechnen, das nicht gegen die deutschen Grundsätze ordnungsmäßiger Buchführung verstößt.

Ordnungsmäßigkeit der Buchführung
(5) ¹Für die Ordnungsmäßigkeit der Buchführung bei Gewinnermittlung nach § 4 Abs. 1 EStG gelten R 5.2 bis 5.4 sinngemäß. ²§ 141 Abs. 1 und § 142 AO bleiben unberührt.

H 4.1

Aufzeichnungs- und Buchführungspflichten
- von Angehörigen der freien Berufe >H 18.2 (Aufzeichnungspflicht)
- für das steuerliche Sonderbetriebsvermögen einer Personengesellschaft (>R 4.2 Abs. 2) nach § 141 Abs. 1 AO obliegen nicht dem einzelnen Gesellschafter, sondern der Personengesellschaft (>BFH vom 23. 10. 1990 – BStBl 1991 II S. 401); Übertragung auf die Mitunternehmer ist nicht zulässig (>BFH vom 11. 3. 1992 – BStBl II S. 797). Die Gewinnermittlung für das Sonderbetriebsvermögen hat hierbei nach dem gleichen Gewinnermittlungszeitraum und nach der gleichen Gewinnermittlungsart wie bei der Personengesellschaft zu erfolgen (>BFH vom 11. 12. 1986 – BStBl 1987 II S. 553 und vom 11. 3. 1992 – BStBl II S. 797).

Gewinnermittlung
- Bei Beteiligung an ausländischer Personengesellschaft:
  - >R 4.1 Abs. 4 und BFH vom 13. 9. 1989 – BStBl 1990 II S. 57
  - Für Zwecke der Anwendung des Progressionsvorbehalts auf Gewinnanteile ist R 4.1 Abs. 4 entsprechend anzuwenden (>BFH vom 22. 5. 1991 – BStBl 1992 II S. 94).
  - Ist die Personengesellschaft zur Buchführung und zur Aufstellung von Abschlüssen verpflichtet oder tut sie dies freiwillig, steht dem Mitunternehmer für die inländische Gewinnermittlung kein eigenes Wahlrecht zu, seinen Gewinn durch Einnahmenüberschussrechnung zu ermitteln (>BFH vom 25. 6. 2014 – BStBl 2015 II S. 141).
- Bei Handelsschiffen im internationalen Verkehr:
  >BMF vom 12. 6. 2002 (BStBl I S. 614) unter Berücksichtigung der Änderungen durch BMF vom 31. 10. 2008 (BStBl I S. 956) und vom 10. 9. 2013 (BStBl I S. 1152)
- Bei Land- und Forstwirtschaft:
  - >R 13.5
  - >Buchführung in land- und forstwirtschaftlichen Betrieben >BMF vom 15. 12. 1981 (BStBl I S. 878)

Gewinnschätzung
- Bei einem gewerblichen Betrieb, für den keine Buchführungspflicht besteht, für den freiwillig keine Bücher geführt werden und für den nicht festgestellt werden kann, dass der Stpfl. die Gewinnermittlung nach § 4 Abs. 3 EStG gewählt hat (>BFH vom 30. 9. 1980 – BStBl 1981 II S. 301), ist der Gewinn nach § 4 Abs. 1 EStG unter Berücksichtigung der Verhältnisse des

Einzelfalles, unter Umständen unter Anwendung von Richtsätzen, zu schätzen. Hat der Stpfl. dagegen für den Betrieb zulässigerweise die Gewinnermittlung nach § 4 Abs. 3 EStG gewählt, ist auch eine Gewinnschätzung in dieser Gewinnermittlungsart durchzuführen (>BFH vom 2. 3. 1982 – BStBl 1984 II S. 504).
- bei abweichendem Wj. >R 4a Abs. 4
- bei einem Freiberufler, der seinen Gewinn für ein vom Kj. abweichendes Wj. ermittelt hat, >H 4a (Freiberufler)

Sanierungsgewinn (Altregelung)
Die Regelungen des BMF vom 27. 3. 2003 (BStBl I S. 240; ergänzt durch BMF vom 22. 12. 2009 – BStBl 2010 I S. 18; sog. Sanierungserlass) verstoßen gegen den Grundsatz der Gesetzmäßigkeit der Verwaltung (>BFH vom 28. 11. 2016 – BStBl 2017 II S. 393). Zur zeitlichen Anwendung der vorgenannten Schreiben und zu weiteren Übergangsregelungen >BMF vom 27. 4. 2017 (BStBl I S. 741). Die Finanzverwaltung sieht sich an die mit o. g. BMF-Schreiben vom 27. 4. 2017 veröffentlichte Vertrauensschutzregelung im Umgang mit Altfällen (Schuldenerlass bis einschließlich 8. 2. 2017) durch den Willen des Gesetzgebers weiterhin gebunden (>BMF vom 29. 3. 2018 – BStBl I S. 588).

R 4.2	Betriebsvermögen

Allgemeines
(1) ¹Wirtschaftsgüter, die ausschließlich und unmittelbar für eigenbetriebliche Zwecke des Stpfl. genutzt werden oder dazu bestimmt sind, sind notwendiges Betriebsvermögen. ²Eigenbetrieblich genutzte Wirtschaftsgüter sind auch dann notwendiges Betriebsvermögen, wenn sie nicht in der Buchführung und in den Bilanzen ausgewiesen sind. ³Wirtschaftsgüter, die in einem gewissen objektiven Zusammenhang mit dem Betrieb stehen und ihn zu fördern bestimmt und geeignet sind, können – bei Gewinnermittlung durch Betriebsvermögensvergleich (>R 4.1) oder durch Einnahmenüberschussrechnung (>R 4.5) – als gewillkürtes Betriebsvermögen behandelt werden. ⁴Wirtschaftsgüter, die nicht Grundstücke oder Grundstücksteile sind und die zu mehr als 50 % eigenbetrieblich genutzt werden, sind in vollem Umfang notwendiges Betriebsvermögen. ⁵Werden sie zu mehr als 90 % privat genutzt, gehören sie in vollem Umfang zum notwendigen Privatvermögen. ⁶Bei einer betrieblichen Nutzung von mindestens 10 % bis zu 50 % ist eine Zuordnung dieser Wirtschaftsgüter zum gewillkürten Betriebsvermögen in vollem Umfang möglich. ⁷Wird ein Wirtschaftsgut in mehreren Betrieben des Stpfl. genutzt, ist die gesamte eigenbetriebliche Nutzung maßgebend.

Betriebsvermögen bei Personengesellschaften
(2) ¹Das Betriebsvermögen i. S. d. Absatzes 1 umfasst bei einer Personengesellschaft sowohl die Wirtschaftsgüter, die zum Gesamthandsvermögen der Mitunternehmer gehören, als auch diejenigen Wirtschaftsgüter, die einem, mehreren oder allen Mitunternehmern gehören (Sonderbetriebsvermögen). ²Wirtschaftsgüter, die einem, mehreren oder allen Mitunternehmern gehören und die nicht Gesamthandsvermögen der Mitunternehmer der Personengesellschaft sind, gehören zum notwendigen Betriebsvermögen, wenn sie entweder unmittelbar dem Betrieb der Personengesellschaft dienen (Sonderbetriebsvermögen I) oder unmittelbar zur Begründung oder Stärkung der Beteiligung des Mitunternehmers an der Personengesellschaft eingesetzt werden sollen (Sonderbetriebsvermögen II). ³Solche Wirtschaftsgüter können zum gewillkürten Betriebsvermögen gehören, wenn sie objektiv geeignet und subjektiv dazu bestimmt sind, den Betrieb der Gesellschaft (Sonderbetriebsvermögen I) oder die Beteiligung des Gesellschafters (Sonderbetriebsvermögen II) zu fördern. ⁴Auch ein einzelner Gesellschafter kann gewillkürtes Sonderbetriebsvermögen bilden.

Gebäudeteile, die selbständige Wirtschaftsgüter sind
(3) ¹Gebäudeteile, die nicht in einem einheitlichen Nutzungs- und Funktionszusammenhang mit dem Gebäude stehen, sind selbständige Wirtschaftsgüter. ²Ein Gebäudeteil ist selbständig, wenn er besonderen Zwecken dient, mithin in einem von der eigentlichen Gebäudenutzung verschiedenen Nutzungs- und Funktionszusammenhang steht. ³Selbständige Gebäudeteile in diesem Sinne sind:
1. Betriebsvorrichtungen (>R 7.1 Abs. 3);
2. Scheinbestandteile (>R 7.1 Abs. 4);
3. Ladeneinbauten, >Schaufensteranlagen, Gaststätteneinbauten, Schalterhallen von Kreditinstituten sowie ähnliche Einbauten, die einem schnellen Wandel des modischen Geschmacks unterliegen; als Herstellungskosten dieser Einbauten kommen nur Aufwendungen für Gebäudeteile in Betracht, die statisch für das gesamte Gebäude unwesentlich sind, z. B. Aufwendungen für Trennwände, Fassaden, Passagen sowie für die Beseitigung und Neuerrichtung von nichttragenden Wänden und Decken;
4. sonstige >Mietereinbauten;
5. sonstige selbständige Gebäudeteile (>Absatz 4).

⁴Dachintegrierte Fotovoltaikanlagen (z. B. in Form von Solardachsteinen) sind wie selbständige bewegliche Wirtschaftsgüter zu behandeln.

Unterschiedliche Nutzungen und Funktionen eines Gebäudes
(4) ¹Wird ein Gebäude teils eigenbetrieblich, teils fremdbetrieblich, teils zu eigenen und teils zu fremden Wohnzwecken genutzt, ist jeder der vier unterschiedlich genutzten Gebäudeteile ein besonderes Wirtschaftsgut, weil das Gebäude in verschiedenen Nutzungs- und Funktionszusammenhängen steht. ²Wohnräume, die wegen Vermietung an Arbeitnehmer des Stpfl. notwendiges Betriebsvermögen sind, gehören zu dem eigenbetrieblich genutzten Gebäudeteil. ³Die Vermietung zu hoheitlichen, zu gemeinnützigen oder zu Zwecken eines Berufsverbands gilt als fremdbetriebliche Nutzung. ⁴Wird ein Gebäude oder Gebäudeteil fremdbetrieblich genutzt, handelt es sich auch dann um ein einheitliches Wirtschaftsgut, wenn es verschiedenen Personen zu unterschiedlichen betrieblichen Nutzungen überlassen wird. ⁵Eine Altenteilerwohnung ist im Falle der Entnahme nach § 13 Abs. 4 EStG stets als besonderes Wirtschaftsgut anzusehen.

Abgrenzung der selbständigen von den unselbständigen Gebäudeteilen
(5) ¹Ein Gebäudeteil ist unselbständig, wenn er der eigentlichen Nutzung als Gebäude dient. ²>Unselbständige Gebäudeteile sind auch räumlich vom Gebäude getrennt errichtete Baulichkeiten, die in einem so engen Nutzungs- und Funktionszusammenhang mit dem Gebäude stehen, dass es ohne diese Baulichkeiten als unvollständig erscheint.

Aufteilung der Anschaffungs- oder Herstellungskosten bei Gebäudeteilen
(6) ¹Die Anschaffungs- oder Herstellungskosten des gesamten Gebäudes sind auf die einzelnen Gebäudeteile aufzuteilen. ²Für die Aufteilung ist das Verhältnis der Nutzfläche eines Gebäudeteiles zur Nutzfläche des ganzen Gebäudes maßgebend, es sei denn, die Aufteilung nach dem Verhältnis der Nutzflächen führt zu einem unangemessenen Ergebnis. ³Von einer solchen Aufteilung kann aus Vereinfachungsgründen abgesehen werden, wenn sie aus steuerlichen Gründen nicht erforderlich ist. ⁴Die Nutzfläche ist in sinngemäßer Anwendung der Verordnung zur Berechnung der Wohnfläche (Wohnflächenverordnung – WoFlV) vom 25.11.2003 (BGBl I S. 2346) in der jeweils geltenden Fassung zu ermitteln.

Grundstücke und Grundstücksteile als notwendiges Betriebsvermögen
(7) ¹Grundstücke und Grundstücksteile, die ausschließlich und unmittelbar für eigenbetriebliche Zwecke des Stpfl. genutzt werden, gehören regelmäßig zum notwendigen Betriebsvermögen. ²Wird ein Teil eines Gebäudes eigenbetrieblich genutzt, gehört der zum Gebäude gehö-

rende Grund und Boden anteilig zum notwendigen Betriebsvermögen; in welchem Umfang der Grund und Boden anteilig zum Betriebsvermögen gehört, ist unter Berücksichtigung der Verhältnisse des Einzelfalles zu ermitteln.

Grundstücksteile von untergeordnetem Wert

(8) [1]Eigenbetrieblich genutzte Grundstücksteile brauchen nicht als Betriebsvermögen behandelt zu werden, wenn ihr Wert nicht mehr als ein Fünftel des gemeinen Werts des gesamten Grundstücks und nicht mehr als 20.500 Euro beträgt (§ 8 EStDV). [2]Dabei ist auf den Wert des Gebäudeteiles zuzüglich des dazugehörenden Grund und Bodens abzustellen. [3]Bei der Prüfung, ob der Wert eines Grundstücksteiles mehr als ein Fünftel des Werts des ganzen Grundstücks beträgt, ist in der Regel das Verhältnis der Nutzflächen zueinander zugrunde zu legen. [4]Ein Grundstücksteil ist mehr als 20.500 Euro wert, wenn der Teil des gemeinen Werts des ganzen Grundstücks, der nach dem Verhältnis der Nutzflächen zueinander auf den Grundstücksteil entfällt, 20.500 Euro übersteigt. [5]Führt der Ansatz der Nutzflächen zu einem unangemessenen Wertverhältnis der beiden Grundstücksteile, ist bei ihrer Wertermittlung anstelle der Nutzflächen der Rauminhalt oder ein anderer im Einzelfall zu einem angemessenen Ergebnis führender Maßstab zugrunde zu legen. [6]Sind >Zubehörräume (Nebenräume) vorhanden, kann der Stpfl. die Aufteilung auch nach dem Verhältnis der Haupträume vornehmen. [7]Beträgt der Wert eines eigenbetrieblich genutzten Grundstücksteiles nicht mehr als ein Fünftel des gesamten Grundstückswerts und nicht mehr als 20.500 Euro, besteht ein Wahlrecht, den Grundstücksteil weiterhin als Betriebsvermögen zu behandeln oder zum Teilwert zu entnehmen. [8]Zur Berücksichtigung von Betriebsausgaben, wenn der Grundstücksteil zu Recht nicht als Betriebsvermögen behandelt wird >R 4.7 Abs. 2 Satz 4.

Grundstücke und Grundstücksteile als gewillkürtes Betriebsvermögen

(9) [1]Grundstücke oder Grundstücksteile, die nicht eigenbetrieblich genutzt werden und weder eigenen Wohnzwecken dienen, noch Dritten zu Wohnzwecken unentgeltlich überlassen sind, sondern z. B. zu Wohnzwecken oder zur gewerblichen Nutzung an Dritte vermietet sind, können als gewillkürtes Betriebsvermögen behandelt werden, wenn die Grundstücke oder die Grundstücksteile in einem gewissen objektiven Zusammenhang mit dem Betrieb stehen und ihn zu fördern bestimmt und geeignet sind. [2]Wegen dieser Voraussetzungen bestehen für den Ansatz von Wirtschaftsgütern als gewillkürtes Betriebsvermögen Einschränkungen, die sich nicht nur aus den Besonderheiten des einzelnen Betriebs, sondern auch aus der jeweiligen Einkunftsart ergeben können. [3]Daher können Land- und Forstwirte Mietwohn- und Geschäftshäuser, die sie auf zugekauftem, bisher nicht zum Betriebsvermögen gehörenden Grund und Boden errichtet oder einschließlich Grund und Boden erworben haben, regelmäßig nicht als Betriebsvermögen behandeln. [4]Dagegen kann ein Land- und Forstwirt, der sein bisher land- und forstwirtschaftlich genutztes Grundstück bebaut und das Gebäude an Betriebsfremde vermietet, dieses als gewillkürtes Betriebsvermögen behandeln, wenn dadurch das Gesamtbild der land- und forstwirtschaftlichen Tätigkeit nicht wesentlich verändert wird. [5]In Grenzfällen hat der Stpfl. darzutun, welche Beziehung das Grundstück oder der Grundstücksteil zu seinem Betrieb hat und welche >vernünftigen wirtschaftlichen Überlegungen ihn veranlasst haben, das Grundstück oder den Grundstücksteil als gewillkürtes Betriebsvermögen zu behandeln. [6]Wird ein Gebäude oder ein Gebäudeteil als gewillkürtes Betriebsvermögen behandelt, gehört auch der dazugehörende Grund und Boden zum Betriebsvermögen.

Einheitliche Behandlung des Grundstücks

(10) [1]Auch wenn ein Grundstück zu mehr als der Hälfte die Voraussetzungen für die Behandlung als Betriebsvermögen (>Absätze 7 und 9) erfüllt, können weitere Grundstücksteile, bei denen die Voraussetzungen des Absatzes 9 nicht vorliegen, nicht als Betriebsvermögen behandelt werden; Ausnahmen gelten für Baudenkmale bei den Einkünften aus Land- und Forstwirtschaft (§ 13 Abs. 2 Nr. 2 und Abs. 4 EStG). [2]Soweit das Grundstück bzw. Gebäude vor dem 1.1.1999

angeschafft, hergestellt oder eingelegt worden ist, gelten die Anweisungen in R 13 Abs. 10 Sätze 1, 3 und 4 EStR 1999 weiter.

Grundstücke und Grundstücksteile im Gesamthandsvermögen einer Personengesellschaft

(11) ¹Gehört ein Grundstück zum Gesamthandsvermögen der Mitunternehmer einer Personengesellschaft, gehört es grundsätzlich zum notwendigen Betriebsvermögen. ²Dies gilt auch dann, wenn bei der Einbringung des Grundstücks oder Grundstücksteiles in das Betriebsvermögen der Personengesellschaft vereinbart worden ist, dass Gewinne und Verluste aus dem Grundstück oder Grundstücksteil ausschließlich dem einbringenden Gesellschafter zugerechnet werden. ³Dient ein im Gesamthandseigentum der Gesellschafter einer Personengesellschaft stehendes Grundstück teilweise der privaten Lebensführung eines, mehrerer oder aller Mitunternehmer der Gesellschaft, braucht der andere Grundstücksteil nicht als Betriebsvermögen behandelt zu werden, wenn für diesen Grundstücksteil die Grenzen des § 8 EStDV nicht überschritten sind; Absatz 8 Satz 2 ff. ist entsprechend anzuwenden.

Grundstücke und Grundstücksteile im Sonderbetriebsvermögen

(12) ¹Grundstücke oder Grundstücksteile, die nicht Gesamthandsvermögen der Mitunternehmer der Personengesellschaft sind, sondern einem, mehreren oder allen Mitunternehmern gehören, aber dem Betrieb der Personengesellschaft ausschließlich und unmittelbar dienen, sind als Sonderbetriebsvermögen notwendiges Betriebsvermögen der Personengesellschaft. ²Dient ein Grundstück dem Betrieb der Personengesellschaft nur zum Teil, sind die den Mitunternehmern zuzurechnenden Grundstücksteile lediglich mit ihrem betrieblich genutzten Teil notwendiges Sonderbetriebsvermögen. ³Betrieblich genutzte Grundstücksteile, die im Verhältnis zum Wert des ganzen Grundstücks – nicht im Verhältnis zum Wert des Grundstücksteiles des Gesellschafters – von untergeordnetem Wert sind (>§ 8 EStDV), brauchen nicht als Sonderbetriebsvermögen behandelt zu werden. ⁴Jeder Mitunternehmer kann dieses Wahlrecht ausüben; sind mehrere Gesellschafter zugleich Eigentümer dieses Grundstücks, braucht das Wahlrecht nicht einheitlich ausgeübt zu werden. ⁵Absatz 8 Satz 2 ff. ist entsprechend anzuwenden.

Keine Bindung an die Einheitsbewertung oder Bedarfsbewertung

(13) Für die einkommensteuerrechtliche Behandlung von Grundstücken und Grundstücksteilen als Betriebsvermögen kommt es nicht darauf an, wie ein Grundstück bei der Einheitsbewertung oder Bedarfsbewertung behandelt worden ist.

Erweiterte Anwendung

(14) Die Absätze 7 bis 13 gelten entsprechend für das Wohnungseigentum und das Teileigentum i. S. d. WEG sowie für auf Grund eines Erbbaurechts errichtete Gebäude.

Verbindlichkeiten

(15) ¹Mit der Entnahme eines fremdfinanzierten Wirtschaftsgutes des Anlagevermögens wird die zur Finanzierung des Wirtschaftsgutes aufgenommene betriebliche Schuld zu einer privaten Schuld. ²Umgekehrt wird mit der Einlage eines fremdfinanzierten Wirtschaftsgutes die zur Finanzierung des Wirtschaftsgutes aufgenommene private Schuld zu einer betrieblichen Schuld. ³Wird ein betrieblich genutztes, fremdfinanziertes Wirtschaftsgut veräußert, oder scheidet es aus der Vermögenssphäre des Stpfl. aus, wird die zur Finanzierung des Wirtschaftsgutes aufgenommene Schuld eine privat veranlasste Schuld, soweit der Veräußerungserlös oder eine andere für das Ausscheiden des Wirtschaftsgutes erhaltene Leistung entnommen wird.

Betriebsvermögen bei Schätzung des Gewinns oder bei Gewinnermittlung nach § 13a Abs. 3 bis 6 EStG[*]

(16) Wird der Gewinn geschätzt (>R 4.1 Abs. 2) oder nach § 13a Abs. 3 bis 6 EStG[*] ermittelt, kommt gewillkürtes Betriebsvermögen nur in den Fällen des § 13a Abs. 6 Satz 2 EStG[**], des Wechsels der Gewinnermittlungsart und der Nutzungsänderung in Betracht (>§ 4 Abs. 1 Satz 6 und 7 EStG).

| H 4.2 (1) |

Anwartschaften auf Hinterbliebenenversorgung bei Betriebsaufspaltung
Im Fall einer Betriebsaufspaltung sind Anwartschaften auf Hinterbliebenenversorgung, die auf einer dem Geschäftsführer der Betriebs-Kapitalgesellschaft erteilten Pensionszusage beruhen, im Besitzunternehmen auch dann nicht bereits während der Anwartschaftszeit zu aktivieren, wenn in der Betriebs-Kapitalgesellschaft die Zuführungsbeträge zur Pensionsrückstellung, soweit sie auf die Hinterbliebenenversorgung entfallen, als verdeckte Gewinnausschüttung zu beurteilen sind (>BFH vom 23. 3. 2011 – BStBl 2012 II S. 188).

Beteiligungen
- Eine Beteiligung gehört zum notwendigen Betriebsvermögen, wenn sie dazu bestimmt ist, die betriebliche Betätigung des Stpfl. entscheidend zu fördern oder wenn sie dazu dient, den Absatz von Produkten des Stpfl. zu gewährleisten (>BFH vom 2. 9. 2008 – BStBl 2009 II S. 634).
- **Anteil eines Steuerberaters an einer GmbH**, deren Betrieb der Steuerberatungspraxis wesensfremd ist, gehört auch dann nicht zum Betriebsvermögen, wenn er in der Absicht erworben wurde, das steuerliche Mandat der GmbH zu erlangen (>BFH vom 22. 1. 1981 – BStBl II S. 564), oder wenn die anderen Gesellschafter der GmbH Mandanten des Steuerberaters sind und der Beteiligung wirtschaftliches Eigengewicht beizumessen ist (>BFH vom 23. 5. 1985 – BStBl II S. 517). Der Anteil eines Steuerberaters an einer GmbH gehört dagegen zum notwendigen Betriebsvermögen, wenn er ihn zur Begleichung seiner Honoraransprüche auf dem Zweck erhält, ihn später unter Realisierung einer Wertsteigerung zu veräußern (>BFH vom 1. 2. 2001 – BStBl II S. 546).
- **Anteil an Wohnungsbau-GmbH** kann zum notwendigen Betriebsvermögen eines Malermeisters gehören (>BFH vom 8. 12. 1993 – BStBl 1994 II S. 296).
- Freiwillig gezeichnete **Genossenschaftsanteile** sind nur dann notwendiges Betriebsvermögen, wenn sie für den Betrieb eine konkrete und unmittelbare Funktion besitzen (>BFH vom 4. 2. 1998 – BStBl II S. 301).
- Die Zuordnung der Beteiligung an einer Komplementär-GmbH zum notwendigen Betriebsvermögen eines Betriebsaufspaltungs-Besitzunternehmens wird nicht schon dadurch ausgeschlossen, dass die Komplementär-GmbH weder zum Besitzunternehmen noch zur Betriebs-Kapitalgesellschaft unmittelbare Geschäftsbeziehungen unterhält. In derartigen Fällen setzt eine Zuordnung zum notwendigen Betriebsvermögen voraus, dass die Komplementär-GmbH entscheidenden Einfluss auf den Geschäftsbetrieb der Gesellschaft (GmbH & Co. KG) besitzt, die auf Grund ihrer intensiven und dauerhaften Geschäftsbeziehungen zum Betriebsunternehmen die gewerbliche Betätigung des Stpfl. entscheidend fördert. Weiterhin ist erforderlich, dass der Stpfl. seinerseits durch das Halten der Beteiligung an der

---

[*] Jetzt § 13a Abs. 3 bis 7 EStG.
[**] Jetzt § 13a Abs. 7 Satz 1 EStG.

Komplementär-GmbH in der Lage ist, deren Einfluss auf das geschäftliche Verhalten der GmbH & Co. KG maßgeblich zu fördern (>BFH vom 12.6.2013 – BStBl II S. 907).
- >Wertpapiere
- >H 18.2 (Geldgeschäfte)

Bodenschatz
- Zu der Frage, wann ein im Eigentum des Grundstückseigentümers stehender Bodenschatz als Wirtschaftsgut entsteht und ob ein solches Wirtschaftsgut dem Betriebs- oder Privatvermögen zuzuordnen ist >BMF vom 7.10.1998 (BStBl I S. 1221).
- Das selbständige Wirtschaftsgut Bodenschatz stellt weder notwendiges noch gewillkürtes Betriebsvermögen eines land- und forstwirtschaftlichen Betriebs dar, wenn es ausschließlich zum Zweck des gewerblichen Abbaus durch Dritte erworben wurde (>BFH vom 24.1.2008 – BStBl 2009 II S. 449).
- Land- und Forstwirte können im eigenen Grund und Boden entdeckte Bodenschätze, deren Ausbeute einem Pächter übertragen ist, nicht als gewillkürtes Betriebsvermögen behandeln (>BFH vom 28.10.1982 – BStBl 1983 II S. 106).
- >H 6.12

Darlehensforderung eines Steuerberaters gegen seinen Mandanten ist notwendiges Betriebsvermögen, wenn das Darlehen gewährt wurde, um eine Honorarforderung zu retten (>BFH vom 22.4.1980 – BStBl II S. 571).

Dividendenansprüche
Keine phasengleiche Aktivierung von Dividendenansprüchen bei Beteiligung einer Kapitalgesellschaft an einer anderen Kapitalgesellschaft, wenn nicht durch objektiv nachprüfbare Umstände belegt ist, dass am maßgeblichen Bilanzstichtag ein unwiderruflicher Entschluss zur Ausschüttung eines bestimmten Betrags vorliegt >BFH vom 7.2.2007 (BStBl 2008 II S. 340). Dies gilt auch für die Bilanzierung von Gewinnansprüchen in Fällen, in denen Gesellschafter einer Kapitalgesellschaft bilanzierende Einzelunternehmer oder Personengesellschaften sind, sowie in Fällen einer Betriebsaufspaltung, wenn sich die Beteiligung an einer Kapitalgesellschaft im Sonderbetriebsvermögen II des Gesellschafters einer Personengesellschaft befindet. Die Rechtsgrundsätze gelten auch für Bilanzstichtage nach In-Kraft-Treten des BiRiLiG (>BFH vom 31.10.2000 – BStBl 2001 II S. 185).
>aber Zinsansprüche aus Genussrechten

Durchlaufende Posten
Durchlaufende Posten sind auch bei Betriebsvermögensvergleich grundsätzlich gewinnneutral zu behandeln. Die Gewinnneutralität ergibt sich durch Aktivierung bzw. Passivierung gleich hoher Wertzugänge und Wertabgänge. Bei Gewinnermittlung durch Betriebsvermögensvergleich setzt die Gewinnneutralität nicht voraus, dass das Geschäft erkennbar in fremdem Namen und für fremde Rechnung getätigt wird. Die Gewinnneutralität findet ihre Grenze in § 159 AO (>BFH vom 13.8.1997 – BStBl 1998 II S. 161).

Eiserne Verpachtung
Zur Gewinnermittlung bei der Verpachtung von Betrieben mit Substanzerhaltungspflicht des Pächters nach §§ 582a, 1048 BGB >BMF vom 21.2.2002 (BStBl I S. 262)

Erwerb mit betrieblichen Mitteln
Ein Wirtschaftsgut gehört nicht schon allein deshalb zum notwendigen Betriebsvermögen, weil es mit betrieblichen Geldmitteln erworben wurde (>BFH vom 18.12.1996 – BStBl 1997 II S. 351).

Forderungen
- Gem. § 252 Abs. 1 Nr. 4 zweiter Halbsatz HGB sind Forderungen nur zu berücksichtigen, wenn sie am Abschlussstichtag realisiert sind. Diese Voraussetzung liegt vor, wenn eine Forderung entweder rechtlich bereits entstanden ist oder die für die Entstehung wesentlichen wirtschaftlichen Ursachen im abgelaufenen Geschäftsjahr gesetzt worden sind und der Kaufmann mit der künftigen rechtlichen Entstehung des Anspruchs fest rechnen kann. Dies ist z. B. der Fall, wenn der Leistungsverpflichtete die von ihm geschuldete Erfüllungshandlung erbracht hat; danach sind Provisionsansprüche aus Vermittlungsleistungen mit Abschluss des jeweiligen Kaufvertrages und der Vereinbarung des Leistungsentgeltes, spätestens mit der Lieferung an den Auftraggeber, realisiert (>BFH vom 3. 8. 2005 – BStBl 2006 II S. 20).
- Nicht entstandene Rückgriffsansprüche sind als Forderungen nur zu berücksichtigen, soweit sie einem Ausfall der Forderung unmittelbar nachfolgen und nicht bestritten sind (>BFH vom 8. 11. 2000 – BStBl 2001 II S. 349).
- Umstrittene Forderungen können erst am Schluss des Wj. angesetzt werden, in dem über den Anspruch rechtskräftig entschieden wird oder in dem eine Einigung mit dem Schuldner zustande kommt (>BFH vom 14. 3. 2006 – BStBl II S. 650).

Gewillkürtes Betriebsvermögen
- Die Stpfl. haben kein (freies) Wahlrecht, gewillkürtes Betriebsvermögen oder Privatvermögen zu bilden. Vielmehr muss für die Bildung gewillkürten Betriebsvermögens eine betriebliche Veranlassung gegeben sein. Die Wirtschaftsgüter müssen objektiv „betriebsdienlich" sein. Die Willkürung muss ihr auslösendes Moment im Betrieb haben. Deshalb muss der Stpfl. darlegen, welche Beziehung das Wirtschaftsgut zum Betrieb hat und welche vernünftigen wirtschaftlichen Überlegungen ihn veranlasst haben, das Wirtschaftsgut als Betriebsvermögen zu behandeln (>BFH vom 24. 2. 2000 – BStBl II S. 297).
- Die Zuordnung eines Wirtschaftsguts zum gewillkürten Betriebsvermögen bei Einlage muss unmissverständlich in einer Weise kundgemacht werden, dass ein sachverständiger Dritter ohne weitere Erklärung des Stpfl. die Zugehörigkeit zum Betriebsvermögen erkennen kann (>BFH vom 22. 9. 1993 – BStBl 1994 II S. 172).
- Die Zuordnung zum gewillkürten Betriebsvermögen erfordert, dass der notwendige Widmungsakt zeitnah in den Büchern oder in Aufzeichnungen dokumentiert wird (>BFH vom 27. 6. 2006 – BStBl II S. 874).
- Die Widmung setzt einen klar nach außen in Erscheinung tretenden Willensentschluss des Stpfl. voraus. Eine vom Finanzamt vorgenommene Zuordnung zum Betriebsvermögen führt selbst dann nicht zu einer solchen Widmung, wenn der Stpfl. die Auffassung des Finanzamts nur deshalb übernommen hat, weil er glaubte, ihr nicht mit Erfolg entgegentreten zu können (>BFH vom 10. 10. 2017 – BStBl 2018 II S. 181).
- Die Einlage von Wirtschaftsgütern als gewillkürtes Betriebsvermögen ist nicht zulässig, wenn erkennbar ist, dass die betreffenden Wirtschaftsgüter dem Betrieb keinen Nutzen, sondern nur Verluste bringen werden (>BFH vom 19. 2. 1997 – BStBl II S. 399).

Gewinnrealisierung
- Der Zeitpunkt der Gewinnrealisierung wird beim Verkauf von Vermögensgegenständen im Allgemeinen als erfüllt angesehen, wenn der Vermögensgegenstand ausgeliefert, der Anspruch auf die Gegenleistung entstanden und die Gefahr des zufälligen Untergangs auf den Käufer übergegangen ist. Die Forderung aus dem Verkauf eines Grundstücks ist demnach mit dem Übergang von Besitz, Gefahr, Nutzen und Lasten realisiert (>BFH vom 8. 9. 2005 – BStBl 2006 II S. 26).
- Gewinnrealisierung ist bei Übertragung des wirtschaftlichen Eigentums an einem Grundstück auch anzunehmen, wenn der Käufer am Bilanzstichtag des Veräußerungsjahres noch das Recht hat, unter bestimmten Voraussetzungen vom Kaufvertrag zurückzutreten (>BFH

vom 25.1.1996 – BStBl 1997 II S. 382). Zur Bildung einer Rückstellung >H 5.7 (1) Rückabwicklung.

– Der Gewinn aus einer Inkassotätigkeit ist realisiert, wenn und soweit dem Unternehmer für eine selbständig abrechenbare und vergütungsfähige (Teil-)Leistung gegenüber seinem Auftraggeber ein prinzipiell unentziehbarer Provisionsanspruch zusteht (>BFH vom 29.11.2007 – BStBl 2008 II S. 557).

– Die Gewinnrealisierung tritt bei Planungsleistungen eines Ingenieurs nicht erst mit der Abnahme oder Stellung der Honorarschlussrechnung ein, sondern bereits dann, wenn der Anspruch auf Abschlagszahlung nach § 8 Abs. 2 Honorarordnung für Architekten und Ingenieure (HOAI) a. F. entstanden ist (>BFH vom 14.5.2014 – BStBl II S. 968). Die Anwendung der Grundsätze dieses Urteils wird auf Abschlagszahlungen nach § 8 Abs. 2 HOAI a. F. (gilt für Leistungen, die bis zum 17.8.2009 vertraglich vereinbart wurden) begrenzt (>BMF vom 15.3.2016 – BStBl I S. 279).

– Der Provisionsanspruch des Handelsvertreters ist nicht zu aktivieren, solange er unter der aufschiebenden Bedingung der Ausführung des Geschäftes steht. Provisionsvorschüsse sind beim Empfänger als „erhaltene Anzahlungen" zu passivieren. Mit den Provisionsvorschüssen im Zusammenhang stehende Aufwendungen sind nicht als „unfertige Leistungen" zu aktivieren, wenn kein Wirtschaftsgut entstanden ist (>BFH vom 26.4.2018 – BStBl II S. 536).

Gold

– **Barrengold** kommt als gewillkürtes Betriebsvermögen jedenfalls für solche gewerblichen Betriebe nicht in Betracht, die nach ihrer Art oder Kapitalausstattung kurzfristig auf Liquidität für geplante Investitionen angewiesen sind (>BFH vom 18.12.1996 – BStBl 1997 II S. 351).

– **Zahngold**, zum notwendigen Betriebsvermögen eines Zahnarztes gehört nicht nur das zu sofortiger betrieblicher Verwendung angeschaffte Zahngold, sondern auch das aus Goldabfällen stammende Altgold sowie in der Regel das zu Beistellungszwecken erworbene Dentalgold (>BFH vom 12.3.1992 – BStBl 1993 II S. 36); der Erwerb von **Feingold** ist nicht betrieblich veranlasst (>BFH vom 17.4.1986 – BStBl II S. 607).

Instandhaltungsanspruch

Übernimmt der Pächter vertraglich die nach der gesetzlichen Regelung dem Verpächter obliegende Pflicht zur Instandhaltung der verpachteten Sache, ist der Instandhaltungsanspruch des Verpächters auch dann nicht zu aktivieren, wenn sich der Pächter mit der Instandhaltung im Rückstand befindet. Ist Pächter eine Personengesellschaft, wird der Instandhaltungsanspruch des verpachtenden Gesellschafters auch dann nicht nach den Grundsätzen der korrespondierenden Bilanzierung in dessen Sonderbilanz aktiviert, wenn die Gesellschaft in der Gesamthandsbilanz eine Rückstellung für rückständige Instandhaltungsverpflichtungen gebildet hat (>BFH vom 12.2.2015 – BStBl 2017 II S. 668).

Instandhaltungsrückstellung

Ein bilanzierender Stpfl., dem eine Eigentumswohnung gehört und der Zahlungen in eine von der Wohnungseigentümergemeinschaft gebildete Instandhaltungsrückstellung geleistet hat, muss seine Beteiligung an der Instandhaltungsrückstellung mit dem Betrag der geleisteten und noch nicht verbrauchten Einzahlungen aktivieren (>BFH vom 5.10.2011 – BStBl 2012 II S. 244).

Kreditgrundlage/Liquiditätsreserve

– Wirtschaftsgüter, die weder zum notwendigen Betriebsvermögen noch zum notwendigen Privatvermögen gehören, können als gewillkürtes Betriebsvermögen berücksichtigt werden, wenn sie objektiv geeignet und vom Betriebsinhaber erkennbar dazu bestimmt sind, den

Betrieb zu fördern. Förderungsmöglichkeiten in diesem Sinne bieten Wirtschaftsgüter insbesondere auch, wenn sie als **Kreditgrundlage** oder **Liquiditätsreserve** geeignet sind oder z. B. **höhere Erträge** bringen. In Betracht kommen neben Bargeld oder Bankguthaben vor allem risikofreie und leicht liquidierbare Wertpapiere (>BFH vom 18.12.1996 – BStBl 1997 II S. 351 und vom 19.2.1997 – BStBl II S. 399).

>aber Termin- und Optionsgeschäfte

- Ein Wirtschaftsgut gehört nicht schon allein deshalb zum notwendigen Betriebsvermögen, weil es mit betrieblichen Mitteln erworben wurde oder der **Sicherung betrieblicher Kredite** dient (>BFH vom 13.8.1964 – BStBl III S. 502).
- >H 4.2 (2) Sonderbetriebsvermögen

Leasing
>Anhang 21[1)]

Lebensversicherungen

- Ein Anspruch aus einer Versicherung gehört zum notwendigen Privatvermögen, soweit das versicherte Risiko privater Natur und mithin der Abschluss der Versicherung privat veranlasst ist. Dies ist insbesondere der Fall, wenn die Versicherung von einem Unternehmen auf das Leben oder den Todesfall des (Mit-)Unternehmers oder eines nahen Angehörigen abgeschlossen wird (>BFH vom 14.3.1996 – BStBl 1997 II S. 343).
- Schließt ein Unternehmen einen Versicherungsvertrag auf das Leben oder den Tod eines fremden Dritten ab, und ist Bezugsberechtigter nicht der Dritte, sondern das Unternehmen, kann der Anspruch auf die Versicherungsleistung zum Betriebsvermögen gehören (>BFH vom 14.3.1996 – BStBl 1997 II S. 343).
- Ansprüche aus Lebensversicherungsverträgen, die zur Tilgung oder Sicherung betrieblicher Darlehen dienen oder zu dienen bestimmt sind, werden durch die Abtretung oder Beleihung oder durch eine Hinterlegung der Police nicht zu Betriebsvermögen. Eine von einer Personengesellschaft auf das Leben ihrer Gesellschafter abgeschlossene Lebensversicherung (Teilhaberversicherung) gehört auch dann nicht zum Betriebsvermögen, wenn die Versicherungsleistungen zur Abfindung der Hinterbliebenen im Falle des Todes eines Gesellschafters verwendet werden sollen (>BFH vom 6.2.1992 – BStBl II S. 653).
- Schließt eine Personenhandelsgesellschaft eine Lebensversicherung auf das Leben eines Angehörigen eines Gesellschafters ab, können Ansprüche und Verpflichtungen aus dem Vertrag dem Betriebsvermögen zuzuordnen sein, wenn der Zweck der Vertragsgestaltung darin besteht, Mittel für die Tilgung betrieblicher Kredite anzusparen und das für Lebensversicherungen charakteristische Element der Absicherung des Todesfallrisikos bestimmter Personen demgegenüber in den Hintergrund tritt. Der Anspruch der Gesellschaft gegen den Versicherer ist in Höhe des geschäftsplanmäßigen Deckungskapitals zum Bilanzstichtag zu aktivieren. Die diesen Betrag übersteigenden Anteile der Prämienzahlungen sind als Betriebsausgaben abziehbar (>BFH vom 3.3.2011 – BStBl II S. 552).

Nutzungsänderung

- >H 4.2 (4)
- >H 4.3 (2-4)

---

1) = Anhang 21 Amtliches Einkommensteuer-Handbuch 2018, hier nicht wiedergegeben, mit BMF-Schreiben vom 19.4.1971 (BStBl I S. 264), vom 21.3.1972 (BStBl I S. 188), vom 22.12.1975 – IV B 2 - S 2170 - 161/75 und vom 23.12.1991 (BStBl 1992 I S. 13).

Nutzungsrechte/Nutzungsvorteile

- Unentgeltlich erworbene Nutzungsrechte/Nutzungsvorteile sind keine selbständigen Wirtschaftsgüter (>BFH vom 26. 10. 1987 – BStBl 1988 II S. 348).
- Zur Berücksichtigung von Eigenaufwand und Drittaufwand >H 4.7 (Eigenaufwand für ein fremdes Wirtschaftsgut), (Drittaufwand).
- Nutzt ein Ehegatte einen Gebäudeteil eines im Miteigentum stehenden Einfamilienhauses für betriebliche Zwecke insgesamt in Ausübung seines Rechtes als Miteigentümer, ergibt sich für die über seinen Miteigentumsanteil hinausgehende Nutzung kein gesondertes Nutzungsrecht, das ein Wirtschaftsgut im Betriebsvermögen des Stpfl. bildet und stille Reserven entstehen lassen könnte. Die betriebliche Nutzung entfällt mit ihrer Beendigung steuerneutral (>BMF vom 16. 12. 2016 – BStBl I S. 1431).
- Die baurechtliche Nutzungsmöglichkeit von Grund und Boden stellt kein selbständiges Wirtschaftsgut „Nutzungsrecht" dar, sondern lediglich einen für den Grund und Boden wertbildenden Faktor (>BFH vom 10. 3. 2016 – BStBl II S. 984).

Schadensersatzforderung

Eine bestrittene Schadensersatzforderung ist auch nach Betriebsaufgabe noch Betriebsvermögen (>BFH vom 10. 2. 1994 – BStBl II S. 564).

Steuererstattungsansprüche

Zum Zeitpunkt der Aktivierung von in einem Musterverfahren gerichtlich bestätigten Steuererstattungsansprüchen, die vom Finanzamt bestritten worden waren, >BFH vom 31. 8. 2011 (BStBl 2012 II S. 190)

Termin- und Optionsgeschäfte

Branchenuntypische Termin- und Optionsgeschäfte sind dem betrieblichen Bereich regelmäßig auch dann nicht zuzuordnen, wenn generell die Möglichkeit besteht, damit Gewinne zu erzielen. Branchenuntypische Termingeschäfte sind betrieblich veranlasst, wenn sie der Absicherung unternehmensbedingter Kursrisiken dienen und nach Art, Inhalt und Zweck ein Zusammenhang mit dem Betrieb besteht, wobei das einzelne Termingeschäft nach den im Zeitpunkt des Vertragsabschlusses bekannten Umständen geeignet und dazu bestimmt sein muss, das Betriebskapital tatsächlich zu verstärken. Unbedingte Termingeschäfte und Optionsgeschäfte scheiden auch unter dem Gesichtspunkt einer betrieblichen Liquiditätsreserve im Falle branchenfremder Betätigungen als gewillkürtes Betriebsvermögen aus, da sie auf Grund ihres spekulativen Charakters in die Nähe von Spiel und Wette zu rücken sind (>BFH vom 19. 2. 1997 – BStBl II S. 399). Die Zuordnung von (Devisen-)Termingeschäften zum gewillkürten Betriebsvermögen setzt neben einem eindeutigen, nach außen manifestierten Widmungsakt des Unternehmers voraus, dass die Geschäfte im Zeitpunkt ihrer Widmung zu betrieblichen Zwecken objektiv geeignet sind, das Betriebskapital zu verstärken. Die objektive Eignung solcher Geschäfte zur Förderung des Betriebes ist bei branchenfremden Unternehmen nicht ohne weiteres ausgeschlossen, unterliegt aber wegen der hohen Risikoträchtigkeit der Geschäfte strengen Anforderungen (>BFH vom 20. 4. 1999 – BStBl II S. 466).

Umsatzsteuererstattungsansprüche

Umsatzsteuererstattungsansprüche aufgrund einer Rechnungskorrektur sind im Jahr der Rechnungskorrektur zu aktivieren (>BFH vom 15. 3. 2012 – BStBl II S. 719).

Vorsteueransprüche

können bereits zu einem Zeitpunkt aktiviert werden, in dem noch keine berichtigten Rechnungen vorliegen (>BFH vom 12. 5. 1993 – BStBl II S. 786).

Wertpapiere
- können gewillkürtes Betriebsvermögen eines Gewerbebetriebs sein, wenn nicht bereits bei ihrem Erwerb oder ihrer Einlage erkennbar ist, dass sie dem Betrieb keinen Nutzen, sondern nur Verluste bringen (>BFH vom 18.10.2006 – BStBl 2007 II S. 259). Die Zurechnung von Wertpapieren zum gewillkürten Betriebsvermögen scheidet nicht allein deshalb aus, weil sie in spekulativer Absicht, mit Kredit erworben und Kursverluste billigend in Kauf genommen wurden (>BFH vom 19.2.1997 – BStBl II S. 399).
- werden durch ihre Verpfändung für Betriebskredite in der Regel nicht zum notwendigen Betriebsvermögen (>BFH vom 17.3.1966 – BStBl III S. 350).
- Erwirbt ein Rüben anbauender Landwirt Aktien einer Zuckerfabrik, die satzungsgemäß mit Anbau- und Lieferverpflichtung verbunden sind, spricht eine tatsächliche Vermutung dafür, dass er diese Wertpapiere nicht als bloße Kapitalanlage, sondern zu betrieblichen Zwecken angeschafft hat und dass ihm andererseits diese Aktien aber auch nur aus betrieblichen Gründen überlassen wurden. Diese Aktien sind auch dann notwendiges Betriebsvermögen, wenn die damit verbundenen Rechte und Pflichten viele Jahre nicht beansprucht oder eingefordert worden sind (>BFH vom 11.12.2003 – BStBl 2004 II S. 280).
- Werden einem selbstständigen Kursmakler Anteile einer AG zur Erfüllung seiner Courtageforderung übertragen, gelangen diese im Erwerbszeitpunkt in das Betriebsvermögen (>BFH vom 29.9.2016 – BStBl 2017 II S. 339).

Wertpapierfonds
Der Anspruch auf Ausschüttungen eines Wertpapierfonds ist zu aktivieren, sobald nach den Vertragsbedingungen ein unmittelbarer schuldrechtlicher Anspruch auf Ausschüttung entstanden ist und ein konstitutiver Ausschüttungsbeschluss dazu nicht erforderlich ist (>BFH vom 18.5.1994 – BStBl 1995 II S. 54). Sofern in den Vertragsbedingungen lediglich ausgeführt wird, dass ordentliche Erträge grundsätzlich ausgeschüttet werden, führt dies alleine noch nicht zur Entstehung eines Ausschüttungsanspruchs. Vielmehr entsteht ein Ausschüttungsanspruch in diesen Fällen erst durch die Konkretisierung im Ausschüttungsbeschluss (>BMF vom 18.8.2009 – BStBl I S. 931, Rz. 28).

Windpark
- Ein Windpark besteht aus mehreren selbständigen Wirtschaftsgütern. Jede Windkraftanlage, die in einem Windpark betrieben wird, stellt mit Fundament einschließlich des dazugehörigen Transformators nebst der verbindenden Verkabelung ein zusammengesetztes Wirtschaftsgut dar. Daneben ist die Verkabelung von den Transformatoren bis zum Stromnetz des Energieversorgers zusammen mit der Übergabestation als weiteres zusammengesetztes Wirtschaftsgut zu behandeln, soweit dadurch mehrere Windkraftanlagen miteinander verbunden werden. Auch die Zuwegung stellt ein eigenständiges Wirtschaftsgut dar (>BFH vom 14.4.2011 – BStBl II S. 696).
- >H 7.4 (Nutzungsdauer)

Wirtschaftsgut
- **Auffüllrecht**
  Das Recht, ein Grundstück mit Klärschlamm zu verfüllen, ist kein vom Grund und Boden verselbständigtes Wirtschaftsgut (>BFH vom 20.3.2003 – BStBl II S. 878).
- **Begriff.**
  Wirtschaftsgüter sind Sachen, Rechte oder tatsächliche Zustände, konkrete Möglichkeiten oder Vorteile für den Betrieb, deren Erlangung der Kaufmann sich etwas kosten lässt, die einer besonderen Bewertung zugänglich sind und zumindest mit dem Betrieb übertragen werden können (>BFH vom 19.6.1997 – BStBl II S. 808). Der Begriff des Wirtschaftsgutes setzt nicht voraus, dass es dem Betrieb einen Nutzen für mehrere Jahre bringt (>BFH vom 26.11.2014 – BStBl 2015 II S. 325).

- **Eingetauschte Wirtschaftsgüter**
  Für notwendiges Betriebsvermögen eingetauschte Wirtschaftsgüter werden grundsätzlich zunächst (notwendiges) Betriebsvermögen (>BFH vom 18.12.1996 – BStBl 1997 II S. 351).
  >H 6b.1 (Entnahme, Tausch)
- **Leitungsanlagen**
  als selbständige Wirtschaftsgüter >BMF vom 30. 5. 1997 (BStBl I S. 567).
- **Verlustbringende Wirtschaftsgüter**
  Wirtschaftsgüter, die bisher im Privatvermögen geführt wurden, dürfen nicht in das – gewillkürte – Betriebsvermögen aufgenommen werden, wenn damit lediglich der Zweck verfolgt wird, sich bereits abzeichnende Verluste aus dem Privatvermögen in den betrieblichen Bereich zu verlagern. Entsprechendes gilt, wenn beim Erwerb des Wirtschaftsgutes bereits erkennbar ist, dass der Erwerb dem Betrieb keinen Nutzen, sondern nur Verluste bringen kann (>BFH vom 19. 2. 1997 – BStBl II S. 399).

Zinsansprüche aus Genussrechten
Zinsansprüche aus Genussrechten entstehen im Gegensatz zu >Dividendenansprüchen nicht erst durch einen Gewinnverwendungsbeschluss als selbständiges Recht, sondern bereits mit Ablauf des zugrunde liegenden Zinszeitraums. Sie sind daher in der Bilanz des Wirtschaftsjahres zu aktivieren, in dem der Zinszeitraum abläuft. Dies gilt auch dann, wenn nach den Genussrechtsbedingungen der Schuldner die Ansprüche nicht bedienen muss, solange hierdurch bei ihm ein Bilanzverlust entstehen oder sich erhöhen würde (>BFH vom 18. 12. 2002 – BStBl 2003 II S. 400).

Zuzahlung des Veräußerers
>H 6.2

H 4.2 (2)

Anteile an Kapitalgesellschaften
- Die Beteiligung an einer Kapitalgesellschaft gehört zum notwendigen Sonderbetriebsvermögen II des Mitunternehmers, wenn sie der Begründung oder Stärkung seiner Beteiligung an der Mitunternehmerschaft dient. Eine Stärkung der Beteiligung an der Mitunternehmerschaft ist dann gegeben, wenn die Beteiligung an der Kapitalgesellschaft für das Unternehmen der Mitunternehmerschaft wirtschaftlich vorteilhaft ist oder der Mitunternehmerstellung selbst dient, weil durch die Beteiligung an der Kapitalgesellschaft der Einfluss des Gesellschafters in der Mitunternehmerschaft steigt bzw. gestärkt wird (>BFH vom 16. 4. 2015 – BStBl II S. 705).
- Notwendiges Sonderbetriebsvermögen II liegt vor, wenn zwischen dem Unternehmen der Personengesellschaft und dem der Kapitalgesellschaft eine enge wirtschaftliche Verflechtung besteht und der Mitunternehmer – ggf. zusammen mit anderen Mitunternehmern der Personengesellschaft – die Kapitalgesellschaft beherrscht und die Kapitalgesellschaft nicht in erheblichem Umfang anderweitig tätig ist (>BFH vom 23. 1. 2001 – BStBl II S. 825).
- Die Beteiligung des Gesellschafters einer Besitzpersonengesellschaft an der Betriebskapitalgesellschaft gehört zu seinem notwendigen Sonderbetriebsvermögen II bei der Besitzpersonengesellschaft (>BFH vom 16. 4. 1991 – BStBl II S. 832).
- Die Beteiligung an einer Kapitalgesellschaft kann auch dann notwendiges Sonderbetriebsvermögen II des Gesellschafters einer Personengesellschaft sein, wenn die Beteiligung keinen beherrschenden Einfluss vermittelt. Dies ist z. B. der Fall, wenn die Personengesellschaft von der in der gleichen Branche tätigen Kapitalgesellschaft organisatorisch und wirtschaftlich abhängig ist (>BFH vom 3. 3. 1998 – BStBl II S. 383). Die Unterhaltung von Geschäfts-

beziehungen zu einer Kapitalgesellschaft, wie sie üblicherweise auch mit anderen Unternehmen bestehen, reicht selbst dann, wenn diese Beziehungen besonders intensiv sind, nicht aus, um die Anteile des Gesellschafters einer Personengesellschaft an der Kapitalgesellschaft als notwendiges Sonderbetriebsvermögen II anzusehen (>BFH vom 28. 6. 2006 – BStBl 2007 II S. 378 und vom 13. 2. 2008 – BStBl 2009 II S. 414).

- Beteiligt sich der Gesellschafter einer GmbH an dieser als atypisch stiller Gesellschafter, so gehört der Anteil an der GmbH zu seinem Sonderbetriebsvermögen II, sofern nicht die GmbH noch einer anderen Geschäftstätigkeit von nicht ganz untergeordneter Bedeutung nachgeht (>BFH vom 15. 10. 1998 – BStBl 1999 II S. 286).
- Der Geschäftsanteil eines Kommanditisten an der Kommanditisten-GmbH derselben KG gehört dann zu seinem Sonderbetriebsvermögen II bei der KG, wenn die Kommanditisten-GmbH keiner eigenen Geschäftstätigkeit nachgeht und ihr alleiniger Zweck die Beteiligung an der KG in einem erheblichen Umfang ist (>BFH vom 23. 1. 2001 – BStBl II S. 825).
- Sonderbetriebsvermögen II ist zu bejahen, wenn sich der Kommanditist einer GmbH & Co. KG an der Komplementär-GmbH beteiligt, es sei denn, dass die Komplementär-GmbH außer ihrer Geschäftsführungstätigkeit für die KG noch einen eigenen Geschäftsbetrieb von nicht ganz untergeordneter Bedeutung ausübt. Eine Minderheitsbeteiligung des Kommanditisten an einer geschäftsführungsbefugten Komplementär-GmbH von weniger als 10 % ist aber nicht dem Sonderbetriebsvermögen II zuzuordnen, wenn – ausgehend vom gesetzlich normierten Regelfall – in den Angelegenheiten der Gesellschaft die Abstimmung nach der Mehrheit der abgegebenen Stimmen erfolgt. Dies gilt auch, wenn die Komplementär-GmbH außergewöhnlich hoch am Gewinn beteiligt ist (>BFH vom 16. 4. 2015 – BStBl II S. 705).

Darlehen an Gesellschafter
>H 4.3 (2-4) Personengesellschaften

Gesellschafterforderung
- Um eine schuldrechtliche Forderung des Gesellschafters gegen die Gesellschaft und nicht um Eigenkapital der Gesellschaft handelt es sich bei einem Gesellschafterkonto dann, wenn der Gesellschafter insoweit einen unentziehbaren, nur nach den §§ 362 bis 397 BGB erlöschenden Anspruch gegen die Gesellschaft haben soll, der auch in der Insolvenz der Gesellschaft wie eine Forderung eines Dritten geltend gemacht werden kann und der noch vor der eigentlichen Auseinandersetzung über das Gesellschaftsvermögen zu erfüllen ist, also nicht lediglich einen Teil des Auseinandersetzungsguthabens darstellt (>BFH vom 26. 6. 2007 – BStBl 2008 II S. 103).
- Die korrespondierende Bilanzierung der Darlehensforderung eines Personengesellschafters in dessen Sonderbilanz und in der Gesamthandsbilanz der Gesellschaft endet mit dem Ausscheiden des Gesellschafters aus der Gesellschaft. Ab diesem Zeitpunkt verliert die in der Gesamthandsbilanz ausgewiesene Darlehensverbindlichkeit der Gesellschaft ihre Funktion als funktionales Eigenkapital und stellt entsprechend ihrem Bilanzausweis Fremdkapital dar. Umfasst der Erwerb des Mitunternehmeranteils auch die Gesellschafter-Darlehensforderung, wandelt sich diese von Fremdkapital (wieder) in funktionales Eigenkapital der Gesellschaft um. In der Sonderbilanz des Neugesellschafters ist die Forderung mit dessen Anschaffungskosten zu aktivieren. Demgegenüber ist die Darlehensverbindlichkeit in der Gesamthandsbilanz in unveränderter Höhe auszuweisen (>BFH vom 16. 3. 2017 – BStBl II S. 943).
- >BMF vom 30. 5. 1997 (BStBl I S. 627), Tz. 4

Lebensversicherungen
>H 4.2 (1)

Nießbrauch
>H 4.3 (2-4) Keine Entnahme des Grundstücks oder Grundstücksteils

Nießbrauch an Gesellschaftsanteil
>H 15.8 (1) Nießbrauch

Sonderbetriebseinnahmen und -ausgaben
>H 4.7

Sonderbetriebsvermögen
- **Ausgleichsanspruch** eines Kommanditisten
  >H 15.8 (1)
- Bei **Betriebsaufspaltung**
  >H 15.7 (4) Sonderbetriebsvermögen
- Bei **ehelicher Gütergemeinschaft**
  >H 4.2 (12) Gütergemeinschaft
- Die **Einlage von Wirtschaftsgütern des gewillkürten Sonderbetriebsvermögens** muss mit der gleichen Eindeutigkeit geschehen wie die Einlage eines Wirtschaftsgutes des gewillkürten Betriebsvermögens in ein Einzelunternehmen. Besondere Bedeutung kommt dabei der buchmäßigen Behandlung zu, wenn diese auch nicht stets entscheidend ist (>BFH vom 23. 10. 1990 – BStBl 1991 II S. 401).
  >H 4.2 (1) Gewillkürtes Betriebsvermögen
- Bei **Land- und Forstwirtschaft oder freiberuflicher Tätigkeit**
  Notwendiges und gewillkürtes Sonderbetriebsvermögen kann es auch bei Mitunternehmern geben, die sich zur gemeinsamen Ausübung eines land- und forstwirtschaftlichen Betriebes oder eines freien Berufs zusammengeschlossen haben (>BFH vom 2. 12. 1982 – BStBl 1983 II S. 215).
- Zur **Unterscheidung** zwischen Sonderbetriebsvermögen I und Sonderbetriebsvermögen II >BFH vom 7. 7. 1992 (BStBl 1993 II S. 328).
- Für die Zuordnung von Sicherheiten zum notwendigen passiven Sonderbetriebsvermögen einer Personengesellschaft für Verbindlichkeiten einer GmbH, die in wirtschaftlicher Verbindung zur Personengesellschaft steht, an der aber nur die Personengesellschaft, nicht jedoch der Gesellschafter beteiligt ist, kommt es – wie bei der Zurechnung von Wirtschaftsgütern zum aktiven Sonderbetriebsvermögen – maßgebend auf den Veranlassungszusammenhang an. Der erforderliche Veranlassungszusammenhang kann nur bejaht werden, wenn die Sicherheitsbestellung ausschließlich und eindeutig durch die Beteiligung an der Personengesellschaft veranlasst ist und dies der Mitunternehmer erforderlichenfalls nachweist. Im Rahmen der zur Feststellung des Veranlassungszusammenhangs notwendigen Gesamtwürdigung kommt der Frage, inwieweit die Sicherheiten zu markt- bzw. fremdüblichen Bedingungen gewährt worden sind, besondere Bedeutung zu (>BFH vom 27. 6. 2006 – BStBl II S. 874).

H 4.2 (3)

Abgrenzung
Zur Abgrenzung zwischen dem Gebäude und solchen Bestandteilen, die nicht der Gebäudenutzung selbst, sondern einem davon verschiedenen Zweck dienen >BFH vom 30. 1. 1995 (BStBl II S. 281)

Mietereinbauten

- >BMF vom 15. 1. 1976 (BStBl I S. 66); zur Höhe der AfA bei unbeweglichen Wirtschaftsgütern aber >H 7.4.

- Mietereinbauten und -umbauten sind in der Bilanz des Mieters zu aktivieren, wenn es sich um gegenüber dem Gebäude selbständige Wirtschaftsgüter (verschiedener Nutzungs- und Funktionszusammenhang) handelt, für die der Mieter Herstellungskosten aufgewendet hat, die Wirtschaftsgüter seinem Betriebsvermögen zuzurechnen sind und die Nutzung durch den Mieter zur Einkünfteerzielung sich erfahrungsgemäß über einen Zeitraum von mehr als einem Jahr erstreckt (>BFH vom 15. 10. 1996 – BStBl 1997 II S. 533). Das gegenüber dem Gebäude selbständige, materielle Wirtschaftsgut kann beweglich oder unbeweglich sein. Ein bewegliches Wirtschaftsgut liegt vor, wenn der Mieter sachenrechtlicher Eigentümer ist (Scheinbestandteil, § 95 BGB) oder eine Betriebsvorrichtung (§ 68 Abs. 2 Nr. 2 BewG) des Mieters besteht. Dagegen handelt es sich bei dem besonderen Zwecken dienenden und daher in einem von der eigentlichen Gebäudenutzung verschiedenen Nutzungs- und Funktionszusammenhang stehenden Gebäudebestandteil um ein unbewegliches Wirtschaftsgut. Das gilt auch für einen Gebäudebestandteil, der im wirtschaftlichen Eigentum des Mieters steht (>BFH vom 11. 6. 1997 – BStBl II S. 774).

- Mietereinbauten als selbständige Wirtschaftsgüter beim Mieter auf Grund wirtschaftlichen Eigentums >BFH vom 28. 7. 1993 (BStBl 1994 II S. 164) und vom 11. 6. 1997 (BStBl II S. 774).

Schaufensteranlage

und Beleuchtungsanlage zum Schaufenster sind auch bei Neubauten selbständige Gebäudeteile (>BFH vom 29. 3. 1965 – BStBl III S. 291).

H 4.2 (4)

Mehrere Baulichkeiten

sind selbständige Wirtschaftsgüter, auch wenn sie auf demselben Grundstück errichtet wurden und in einem einheitlichen Nutzungs- und Funktionszusammenhang stehen, z. B. Anbauten bei Gebäuden, es sei denn, sie sind baulich derart miteinander verbunden, dass die Teile des Bauwerks nicht ohne weitere erhebliche Bauaufwendungen voneinander getrennt werden können (>BFH vom 5. 12. 1974 – BStBl 1975 II S. 344, vom 21. 7. 1977 – BStBl 1978 II S. 78 und vom 15. 9. 1977 – BStBl 1978 II S. 123), oder sie besitzen keine eigene Standfestigkeit (>BFH vom 25. 1. 2007 – BStBl II S. 586).

Miteigentum

Jeder nach R 4.2 Abs. 4 Satz 1 selbständige Gebäudeteil ist in so viele Wirtschaftsgüter aufzuteilen, wie Gebäudeeigentümer vorhanden sind (>BFH vom 9. 7. 1992 – BStBl II S. 948).

Nutzung im Rahmen mehrerer Betriebe

- Dient ein Gebäude (Gebäudeteil) ausschließlich eigenbetrieblichen Zwecken, ist eine weitere Aufteilung auch dann nicht vorzunehmen, wenn es (er) im Rahmen mehrerer selbständiger (eigener) Betriebe genutzt wird.

- Von selbständigen Wirtschaftsgütern ist bei gleichen Nutzungsverhältnissen jedoch dann auszugehen, wenn das Gebäude (der Gebäudeteil) nach dem WEG in **Teileigentum** aufgeteilt wurde.

(>BFH vom 29. 9. 1994 – BStBl 1995 II S. 72)

Nutzungsänderung
- Ein zunächst betrieblich genutzter Gebäudeteil verliert ohne Entnahmehandlung seine Eigenschaft als Betriebsvermögen nicht dadurch, dass er zu fremden Wohnzwecken vermietet wird und sich in dem Gebäude ein weiterer zu fremden Wohnzwecken vermieteter Gebäudeteil befindet, der zum Privatvermögen gehört (>BFH vom 10.11.2004 – BStBl 2005 II S. 334).
- Die Nutzungsänderung eines bisher zum Privatvermögen gehörenden Gebäudeteils, der nunmehr für fremdgewerbliche Zwecke genutzt wird, führt nicht zur Zwangseinlage ins Betriebsvermögen, auch wenn ein weiterer, schon vorher für fremdbetriebliche Zwecke vermieteter Gebäudeteil dem gewillkürten Betriebsvermögen zugeordnet worden ist (>BFH vom 21.4.2005 – BStBl II S. 604).

Selbständige Wirtschaftsgüter
- nach Nutzung und Funktion des Gebäudeteils >BFH vom 30.1.1995 (BStBl II S. 281)
- Bei der Zuordnung zum Betriebsvermögen ist bei selbständigen Gebäudeteilen auf den Raum als Ganzes abzustellen; dieser ist die kleinste Einheit, die einer gesonderten Zuordnung fähig ist (>BFH vom 10.10.2017 – BStBl 2018 II S. 181). Bei mehreren Gebäudeeigentümern >Miteigentum

---

H 4.2 (5)

Unselbständige Gebäudeteile
sind z. B.:
- Bäder und Schwimmbecken in Hotels,
- Heizungsanlagen, Be- und Entlüftungsanlagen, Klimaanlagen, Warmwasseranlagen und Müllschluckanlagen, außer wenn sie ganz oder überwiegend einem Betriebsvorgang dienen,
- Sprinkleranlagen, außer wenn mit ihnen das Gewerbe unmittelbar betrieben wird,
- Beleuchtungsanlagen, außer Spezialbeleuchtungsanlagen, die nicht zur Gebäudebeleuchtung erforderlich sind,
- Personenaufzüge, Rolltreppen oder Rollsteige, die zur Bewältigung des Publikumsverkehrs dienen,

(>Gleich lautende Erlasse der obersten Finanzbehörden der Länder vom 5.6.2013 – BStBl I S. 734).
- Umzäunung oder Garage bei einem Wohngebäude (>BFH vom 15.12.1977 – BStBl 1978 II S. 210 und vom 28.6.1983 – BStBl 1984 II S. 196); aber >H 7.1 (Garagen).

H 4.2 (7)

Anteilige Zugehörigkeit des Grund und Bodens
Der Grund und Boden gehört grundsätzlich im Verhältnis der Zugehörigkeit des Gebäudes oder Gebäudeteils zum Betriebsvermögen (>BFH vom 27.1.1977 – BStBl II S. 388 und vom 12.7.1979 – BStBl 1980 II S. 5).

Eigenaufwand für ein fremdes Wirtschaftsgut
>H 4.7

Ferienwohnung

Ferienwohnungen, die ein Stpfl. unter Einschaltung seines auf die Vermittlung von Immobilien, Mietverträgen und Verträgen über Ferienobjekte gerichteten Gewerbebetriebs vermietet, können zum notwendigen Betriebsvermögen des Gewerbebetriebs gehören (>BFH vom 13.11.1996 – BStBl 1997 II S. 247).

Land- und forstwirtschaftlicher Betrieb

– Erwirbt ein Landwirt einen langfristig verpachteten landwirtschaftlichen Betrieb in der erkennbaren Absicht, die Bewirtschaftung dieses Betriebes alsbald zu übernehmen, entsteht vom Erwerb an notwendiges Betriebsvermögen, wenn der Bewirtschaftungswille sich auch in einem überschaubaren Zeitraum verwirklichen lässt (>BFH vom 12.9.1991 – BStBl 1992 II S. 134).

– Eine vom Verpächter hinzuerworbene landwirtschaftliche Nutzfläche wird notwendiges Betriebsvermögen des verpachteten Betriebs, wenn sie nach dem Erwerb in das Pachtverhältnis einbezogen wird, und zwar selbst dann, wenn sie im Zeitpunkt des Erwerbs noch anderweitig verpachtet war (>BFH vom 24.9.1998 – BStBl 1999 II S. 55).

– Zum Vorliegen eines Forstbetriebs oder Forstteilbetriebs und zur Betriebsvermögenseigenschaft von forstwirtschaftlichen Flächen >BMF vom 18.5.2018 (BStBl I S. 689)

Miteigentum

Gehört ein Grundstück nur teilweise dem Betriebsinhaber, kann es nur insoweit Betriebsvermögen sein, als es dem Betriebsinhaber gehört; das gilt auch dann, wenn ein Grundstück Ehegatten gemeinsam gehört (>BFH vom 23.11.1995 – BStBl 1996 II S. 193).

Rettung einer betrieblichen Forderung

Ein Grundstück, das zur Rettung einer betrieblichen Forderung ersteigert wird, ist notwendiges Betriebsvermögen (>BFH vom 11.11.1987 – BStBl 1988 II S. 424).

Umlegungsverfahren

Die Betriebsvermögenseigenschaft eines in das Umlegungsverfahren eingebrachten Grundstücks setzt sich nur insoweit an dem zugeteilten Grundstück fort, als dieses in Erfüllung des Sollanspruchs gem. § 56 Abs. 1 Satz 1 BauGB zugeteilt wird. Die Zuordnung des den Sollanspruch übersteigenden ideellen Teils des Grundstücks zum Betriebs- oder Privatvermögen ist eigenständig nach den allgemeinen Grundsätzen zu beurteilen (>BFH vom 23.9.2009 – BStBl 2010 II S. 270).

Vermietung an Arbeitnehmer

Grundstücke, die an Arbeitnehmer vermietet werden, sind notwendiges Betriebsvermögen des Arbeitgebers, wenn für die Vermietung gerade an Arbeitnehmer betriebliche Gründe maßgebend waren (>BFH vom 1.12.1976 – BStBl 1977 II S. 315).

Zeitpunkt der erstmaligen Zugehörigkeit zum Betriebsvermögen

Eigenbetrieblich genutzte Grundstücke und Grundstücksteile sind ab ihrer endgültigen Funktionszuweisung notwendiges Betriebsvermögen, auch wenn der konkrete Einsatz im Betrieb erst in der Zukunft liegt; das gilt auch dann, wenn es an einer Willenserklärung des Stpfl. oder eines Ausweises in der Buchführung und in den Bilanzen fehlt (>BFH vom 6.3.1991 – BStBl II S. 829).

Zu § 4 EStG   R 4.2   A. II.

H 4.2 (8)

Einlage
des Grundstücksteils im Zeitpunkt des Überschreitens der absoluten Wertgrenze >BFH vom 21.7.1967 (BStBl III S. 752).

Zubehörräume
- i. S. d. § 2 Abs. 3 Nr. 1 WoFlV brauchen in die Berechnung des eigenbetrieblich genutzten Anteils nicht einbezogen zu werden (>BFH vom 21. 2. 1990 – BStBl II S. 578).
- >H 4.7 (Nebenräume)

H 4.2 (9)

Beispiele für zulässigerweise gebildetes gewillkürtes Betriebsvermögen:
- Ein von einem freiberuflich Tätigen zur künftigen Betriebserweiterung erworbenes Grundstück kann gewillkürtes Betriebsvermögen sein (>BFH vom 15. 4. 1981 – BStBl II S. 618).
- Ein Gewerbetreibender kann in der Regel Grundstücke, die nicht zum notwendigen Privatvermögen gehören, z. B. Mietwohngrundstücke, als Betriebsvermögen behandeln, es sei denn, dass dadurch das Gesamtbild der gewerblichen Tätigkeit so verändert wird, dass es den Charakter einer Vermögensnutzung im nicht gewerblichen Bereich erhält (>BFH vom 10. 12. 1964 – BStBl 1965 III S. 377).

Besonderheiten bei land- und forstwirtschaftlichen Betrieben
- Für die Willkürung eines Wirtschaftsguts muss es in Bezug auf die betreffende land- und forstwirtschaftliche Tätigkeit von der Sache oder vom Gegenstand her objektiv geeignet sein, den land- und forstwirtschaftlichen Betrieb zu fördern; es muss in einem gewissen objektiven Zusammenhang mit dem Betrieb stehen. Gewillkürtes Betriebsvermögen in der Land- und Forstwirtschaft können nur verpachtete land- und forstwirtschaftlich genutzte Grundstücke und alle Wirtschaftsgüter sein, deren Nutzung innerhalb der Land- und Forstwirtschaft möglich ist (>aber R 4.2 Abs. 9 Satz 4). Wirtschaftsgüter, die dem Betrieb der Land- und Forstwirtschaft wesensfremd sind und denen eine sachliche Beziehung zum Betrieb fehlt, können auch nicht im Wege der Willkürung zum Betriebsvermögen werden (>BFH vom 28. 10. 1982 – BStBl 1983 II S. 106).
- Werden bisher zum notwendigen Betriebsvermögen gehörende Grundstücke entgeltlich zu fremden Wohn- oder Geschäftszwecken genutzt und so umgestaltet, dass sie einer land- und forstwirtschaftlichen Nutzung nicht mehr zugeführt werden können, wird das Gesamtbild der land- und forstwirtschaftlichen Tätigkeit nicht wesentlich verändert, wenn der Umfang dieser Grundstücke nicht mehr als 10 % der Gesamtfläche des Betriebs beträgt (>BFH vom 24. 3. 2011 – BStBl II S. 692 bei Bestellung von Erbbaurechten zur Errichtung von Wohngebäuden; >BFH vom 22. 8. 2002 – BStBl 2003 II S. 16 bei Bebauung und Vermietung).

Gewillkürtes Sonderbetriebsvermögen
>H 4.2 (12)

Nachweis der Zuordnung zum gewillkürten Betriebsvermögen
Die Zuordnung eines Wirtschaftsguts zum gewillkürten Betriebsvermögen ist unmissverständlich in einer solchen Weise zu dokumentieren, dass ein sachverständiger Dritter ohne weitere Erklärung des Stpfl. die Zugehörigkeit des Wirtschaftsguts zum Betriebsvermögen erkennen kann (>BFH vom 2. 10. 2003 – BStBl 2004 II S. 985 und BMF vom 17. 11. 2004 – BStBl I S. 1064).

Umlegungsverfahren
>H 4.2 (7)

Verlustbringende Grundstücke und Grundstücksteile
>H 4.2 (1) Wirtschaftsgut (Verlustbringende Wirtschaftsgüter)

Vernünftige wirtschaftliche Überlegungen für die Behandlung als gewillkürtes Betriebsvermögen
Darlegungspflicht durch den Stpfl.
- >BFH vom 22. 11. 1960 (BStBl 1961 III S. 97) zum Fall eines Bäckermeisters.
- >BFH vom 1. 12. 1960 (BStBl 1961 III S. 154) zum Fall einer Rechtsanwalts- und Notarpraxis.

H 4.2 (11)

Ausnahme bei privater Nutzung
- Ein zum Gesamthandsvermögen gehörendes Wirtschaftsgut kann nicht Betriebsvermögen sein, wenn es ausschließlich oder fast ausschließlich der privaten Lebensführung eines, mehrerer oder aller Mitunternehmer der Gesellschaft dient. Deshalb ist z. B. ein zum Gesamthandsvermögen gehörendes Einfamilienhaus, das unentgeltlich von einem Gesellschafter nicht nur vorübergehend für eigene Wohnzwecke genutzt wird, steuerlich nicht Betriebsvermögen der Personengesellschaft. Dann handelt es sich um notwendiges Privatvermögen der Gesellschafter (>BFH vom 16. 3. 1983 – BStBl II S. 459).
- >H 4.7 (Teilentgeltliche Überlassung)

H 4.2 (12)

Angehörige eines Gesellschafters
Wohnung, die an den im Einzelunternehmen tätigen Sohn eines Einzelunternehmers zu Wohnzwecken vermietet ist, bleibt bei Einbringung des Unternehmens in eine KG (Sonder-)Betriebsvermögen, wenn das Gebäude weiterhin als (Sonder-)Betriebsvermögen bilanziert wird und objektive Merkmale fehlen, die darauf schließen lassen, dass eine spätere Verwendung als Werkswohngebäude ausgeschlossen erscheint (>BFH vom 11. 10. 1979 – BStBl 1980 II S. 40).

Gewillkürtes Sonderbetriebsvermögen
- Grundstücke oder Grundstücksteile im **Allein- oder Miteigentum** eines oder mehrerer Mitunternehmer können gewillkürtes Sonderbetriebsvermögen dieser Mitunternehmer sein (>BFH vom 3. 12. 1964 – BStBl 1965 III S. 92, vom 23. 7. 1975 – BStBl 1976 II S. 180 und vom 21. 10. 1976 – BStBl 1977 II S. 150).
- **Mietwohngrundstück** als gewillkürtes Sonderbetriebsvermögen eines Gesellschafters >BFH vom 17. 5. 1990 (BStBl 1991 II S. 216).
- >R 4.2 Abs. 9

Gütergemeinschaft
Wird eine im gemeinsamen Eigentum von Eheleuten stehende und im gemeinsamen land- und forstwirtschaftlichen Betrieb bewirtschaftete Forstfläche in das Alleineigentum eines Ehegatten übertragen, spricht eine tatsächliche Vermutung dafür, dass die bestehenden wirtschaftlichen Beziehungen aufrechterhalten bleiben und es sich nunmehr um Sonderbetriebsvermögen des

Ehegatten, nicht aber um einen selbständigen Forstbetrieb handelt (>BFH vom 16.2.1995 – BStBl II S. 592).

Miteigentum von Nichtgesellschaftern
Zum notwendigen Sonderbetriebsvermögen einer Personengesellschaft sind die den Gesellschaftern zustehenden Anteile an einem Grundstück zu rechnen, das der Personengesellschaft dient, sich aber im Eigentum einer Gesamthandsgemeinschaft (z.B. Erbengemeinschaft) befindet, an der auch Nichtgesellschafter beteiligt sind (>BFH vom 18.3.1958 – BStBl III S. 262).

Notwendiges Sonderbetriebsvermögen
– Stellt ein Gesellschafter einer Personengesellschaft, deren Gesellschaftszweck in der **Errichtung und Vermarktung von Eigentumswohnungen im Bauherrenmodell** besteht, ein ihm gehörendes Grundstück für diese Zwecke zur Verfügung, ist das Grundstück dem notwendigen Sonderbetriebsvermögen zuzurechnen (>BFH vom 19.2.1991 – BStBl II S. 789).
– An die Personengesellschaft zur betrieblichen Nutzung **vermietete Grundstücke oder Grundstücksteile**, die im Eigentum eines oder mehrerer Gesellschafter stehen, sind notwendiges Sonderbetriebsvermögen (>BFH vom 2.12.1982 – BStBl 1983 II S. 215). Das gilt auch bei Weitervermietung des Grundstücks oder Grundstücksteils durch die Gesellschaft (>BFH vom 23.5.1991 – BStBl II S. 800).
– Zur Frage, ob bei einer mitunternehmerischen Betriebsaufspaltung oder bei der Vermietung an eine Schwester-Personengesellschaft notwendiges Sonderbetriebsvermögen vorliegt >BMF vom 28.4.1998 (BStBl I S. 583).

Überlassung zu Wohnzwecken
Ein Grundstück, das ein Gesellschafter einer Personengesellschaft einem anderen Gesellschafter für dessen Wohnzwecke unentgeltlich überlässt, ist notwendiges Privatvermögen (>BFH vom 8.2.1996 – BStBl II S. 308).

Untervermietung
Vermietet der Gesellschafter einer Personengesellschaft einem Dritten ein Grundstück, damit dieser es der Gesellschaft zur betrieblichen Nutzung überlässt, ist das Grundstück Sonderbetriebsvermögen des Gesellschafters (>BFH vom 15.1.1981 – BStBl II S. 314); das gilt auch
– wenn der Gesellschafter das Grundstück zu einem Zeitpunkt erworben und an den Dritten vermietet hat, in dem er noch nicht Gesellschafter war; das Grundstück wird dann in dem Zeitpunkt Sonderbetriebsvermögen, in dem er in die Gesellschaft eintritt (>BFH vom 9.9.1993 – BStBl 1994 II S. 250);
– in Bezug auf den Grund und Boden bei Bestellung eines Erbbaurechts zugunsten des Dritten, der das von ihm errichtete Gebäude der Gesellschaft überlässt (>BFH vom 7.4.1994 – BStBl II S. 796);
– für ein Grundstück, das der Gesellschafter einer Personengesellschaft an einen Dritten vermietet, damit dieser es der Gesellschaft im Rahmen eines Pachtvertrages zur Nutzung überlässt, selbst wenn der Mietvertrag langfristig, der Pachtvertrag jedoch (nur) auf unbestimmte Dauer abgeschlossen ist (>BFH vom 24.2.2005 – BStBl II S. 578).

H 4.2 (15)

Ablösung einer Schuld
Wird eine Schuld zur Ablösung einer bereits bestehenden Schuld aufgenommen, rechnet die neue Schuld nur insoweit zum Betriebsvermögen, als die abgelöste Schuld betrieblich veranlasst war (>BFH vom 15.11.1990 – BStBl 1991 II S. 226).

Aufwandsbeiträge bei Franchiseverträgen
Von Franchisenehmern in einen „gemeinsamen Werbeetat" eingezahlte und zum Bilanzstichtag noch nicht verbrauchte zweckgebundene Werbebeiträge sind beim Franchisegeber als sonstige Verbindlichkeiten auszuweisen und demgemäß erfolgsneutral zu behandeln (>BFH vom 22.8.2007 – BStBl 2008 II S. 284).

Betriebsaufgabe oder -veräußerung im Ganzen
- **Schulden**, die während des Bestehens des Betriebs entstanden sind, bleiben betrieblich veranlasst, wenn der Betrieb insgesamt veräußert oder aufgegeben wird und soweit der Veräußerungserlös oder die Verwertung von Aktivvermögen zur Tilgung einer zurückbehaltenen, ehemals betrieblichen Schuld nicht ausreichen (>BFH vom 21.11.1989 – BStBl 1990 II S. 213 und vom 12.11.1997 – BStBl 1998 II S. 144). Wird der Veräußerungserlös nicht zur Tilgung der zurückbehaltenen Schuld verwendet, oder wird Aktivvermögen entnommen und dadurch einer Verwertung entzogen, mindert sich die betrieblich veranlasste Schuld um den Betrag des Veräußerungserlöses oder um den Verkehrswert des entnommenen Aktivvermögens (>BFH vom 11.12.1980 – BStBl 1981 II S. 463), es sei denn, mit dem Veräußerungserlös wird ein anderes Betriebsvermögen erworben. Die zurückbehaltene Schuld rechnet dann zu dem neu erworbenen Betriebsvermögen (>BFH vom 7.8.1990 – BStBl 1991 II S. 14). Werden die in das Privatvermögen überführten Wirtschaftsgüter im Rahmen einer anderen Einkunftsart genutzt, stehen die durch die ursprünglich betrieblichen Verbindlichkeiten verursachten Schuldzinsen nun in wirtschaftlichem Zusammenhang mit dieser neuen Einkunftsart und können bei dieser ggf. als Betriebsausgaben oder Werbungskosten steuerlich geltend gemacht werden (>BFH vom 28.3.2007 – BStBl II S. 642).
- **Zurück behaltene Verbindlichkeiten** bleiben Betriebsschulden, soweit bei Aufgabe oder Veräußerung eines Betriebes der Verwertung von Aktivvermögen oder der Tilgung von Betriebsschulden Hindernisse entgegen stehen. Dies betrifft nur solche Verwertungshindernisse, die ihren Grund in der ursprünglich betrieblichen Sphäre haben. Nicht tilgbare frühere Betriebsschulden bleiben solange noch betrieblich veranlasst, bis ein etwaiges Verwertungshindernis entfallen ist (>BFH vom 28.3.2007 – BStBl II S. 642).
- Eine betrieblich veranlasste **Rentenverpflichtung** ist nach Betriebsaufgabe weiterhin als Betriebsschuld zu behandeln, wenn sie zwar durch die bei der Aufgabe erzielten Erlöse hätte abgelöst werden können, der Rentenberechtigte der Ablösung aber nicht zugestimmt hat (>BFH vom 22.9.1999 – BStBl 2000 II S. 120).
- Zahlt der Gesellschafter einer **Personengesellschaft** Zinsen für Verbindlichkeiten, die die Gesellschaft bei Aufgabe ihres Betriebs nicht getilgt hat, obwohl ihr bei ordnungsgemäßer Abwicklung ausreichende Mittel zur Verfügung gestanden hätten, kann er die Zinsen nicht als (nachträgliche) Betriebsausgaben abziehen. Das gilt auch für Zinsen auf Verbindlichkeiten, die einem Gesellschafter im wirtschaftlichen Zusammenhang mit seinem Sonderbetriebsvermögen entstanden sind, wenn er die Aktivwerte dieses Vermögens bei Beendigung seiner Mitunternehmerstellung nicht zur Tilgung der Verbindlichkeiten verwendet. Zahlt ein Gesellschafter aber Zinsen für fortbestehende Gesellschaftsverbindlichkeiten, so muss er sich nicht entgegenhalten lassen, dass er die Aktivwerte seines Sonderbetriebsvermögens zur Tilgung dieser Verbindlichkeiten hätte einsetzen können (>BFH vom 13.2.1996 – BStBl II S. 291).

Betriebsschuld
- Eine Verbindlichkeit gehört zum Betriebsvermögen, wenn sie durch den Betrieb veranlasst ist (Betriebsschuld). Für die Bestimmung des Veranlassungszusammenhangs ist allein die Verwendung der aufgenommenen Mittel ausschlaggebend. Eine für Betriebszwecke aufgenommene Verbindlichkeit ist unabhängig davon eine Betriebsschuld, ob der Stpfl. die fremdfinanzierten betrieblichen Aufwendungen auch durch eigene Mittel hätte bestreiten können oder ob der Betrieb über aktives Betriebsvermögen oder stille Reserven verfügt. Die betriebliche Veranlassung einer Verbindlichkeit wird nicht dadurch berührt, dass der be-

triebliche Fremdmittelbedarf auf Entnahmen beruht; >aber Finanzierung von Entnahmen. Eine Verbindlichkeit ist aber nicht deshalb eine Betriebsschuld, weil Eigenmittel für betriebliche Zwecke eingesetzt worden sind und aus diesem Grunde Fremdmittel für private Zwecke aufgenommen werden mussten; >Umschuldung Privatschuld in Betriebsschuld (>BFH vom 8. 12. 1997 – BStBl 1998 II S. 193).

– Werden die von einem Versicherungsmakler für Rechnung der Versicherungsgesellschaften vereinnahmten Versicherungsbeiträge (durchlaufende Posten) abredewidrig für private Zwecke verwendet und damit dessen Betriebsvermögen entzogen, werden zugleich die Auskehrungsverbindlichen in Privatschulden umqualifiziert (>BFH vom 15. 5. 2008 – BStBl II S. 715).

Finanzierung von Entnahmen
Werden Fremdmittel nicht zur Finanzierung betrieblicher Aufwendungen, sondern tatsächlich zur Finanzierung einer Entnahme aufgenommen, liegt keine Betriebsschuld vor. Ein solcher Fall ist gegeben, wenn dem Betrieb keine entnahmefähigen Barmittel zur Verfügung stehen und die Entnahme erst dadurch möglich wird, dass Fremdmittel in das Unternehmen fließen. Unerheblich ist, ob die Fremdmittel einem betrieblichen Konto zufließen, von welchem zuvor wegen fehlender Barmittel mit schulderhöhender Wirkung aus privaten Gründen Beträge abgebucht wurden (>BFH vom 8. 12. 1997 – BStBl 1998 II S. 193).

Fortfall der Rentenverpflichtung
Der Wegfall einer zum Erwerb eines betrieblichen Grundstücks eingegangenen Rentenverpflichtung infolge des Todes des Rentenberechtigten führt zu ihrer erfolgswirksamen Ausbuchung in der Bilanz zum Ende des betreffenden Wj. Das gilt auch, wenn die Rentenverpflichtung in früheren Wj. im Rahmen einer Bilanzberichtigung erfolgsneutral eingebucht worden ist (>BFH vom 26. 6. 1996 – BStBl II S. 601).

Gemischt genutztes Grundstück
Wird durch einheitlichen Kaufvertrag ein gemischt genutztes Grundstück erworben und die Kaufpreisschuld teils mit Fremd-, teils mit Eigenmitteln beglichen, ohne dass eine Zuordnung der Finanzierungsmittel erfolgt, sind die Zinszahlungen nur im Verhältnis des betrieblich zum privat genutzten Anteil als Betriebsausgabe abziehbar. Keine vorrangige Tilgung des privat veranlassten Teils (>BFH vom 7. 11. 1991 – BStBl 1992 II S. 141). Im Falle einer Zuordnung der Finanzierungsmittel gelten die Grundsätze des BMF-Schreibens vom 16. 4. 2004 (BStBl I S. 464) entsprechend für Grundstücke, die teilweise betrieblich und privat genutzt werden.

Optionsprämie
Für die Verpflichtung des Veräußerers einer Option (Stillhalter), auf Verlangen des Optionsberechtigten innerhalb der Optionsfrist den Optionsgegenstand zu verkaufen oder zu kaufen (Call/Put-Option), ist eine Verbindlichkeit in Höhe der dafür vereinnahmten Prämie auszuweisen; die Verbindlichkeit ist erst bei Ausübung oder Verfall der Option auszubuchen. Für das die Höhe der Optionsprämie übersteigende Risiko darf nach § 5 Abs. 4a Satz 1 EStG keine Rückstellung für drohende Verluste gebildet werden (>BMF vom 12. 1. 2004 – BStBl I S. 192).

Rangrücktrittsvereinbarungen
Zur Passivierung von Verbindlichkeiten bei Vereinbarung eines einfachen oder qualifizierten Rangrücktritts >BMF vom 8. 9. 2006 (BStBl I S. 497).

Rückverkaufsoption
Zur bilanzsteuerrechtlichen Beurteilung der Rückverkaufsoption im Kfz-Handel >BMF vom 12. 10. 2011 (BStBl I S. 967)

Schadensersatz für GmbH-Verbindlichkeiten
- Wird der Gesellschafter einer vermögenslosen GmbH für deren Verbindlichkeiten im Wege des Durchgriffs in Anspruch genommen, sind die Verbindlichkeiten in seinem Einzelunternehmen Gewinn mindernd zu passivieren, wenn seine zum Ersatz verpflichtende Handlung dessen Betriebseinnahmen erhöhte (>BFH vom 6.3.2003 – BStBl II S. 658).
- >H 6.2 (Beteiligung an einer Kapitalgesellschaft)

Schuldzinsenabzug nach § 4 Abs. 4a EStG
- >BMF vom 2.11.2018 (BStBl I S. 1207)
- >BMF vom 12.6.2006 (BStBl I S. 416) zur Berücksichtigung von vor dem 1.1.1999 entstandenen Unterentnahmen

Sekundärfolgenrechtsprechung
>H 4.7 (Schuldzinsen)

Umsatzsteuer
Zu Unrecht ausgewiesene Umsatzsteuer ist, wenn keine Steuerhinterziehung vorliegt, in dem Jahr zu passivieren, in dem sie durch den Ausweis in der Rechnung entstanden ist (>BFH vom 15.3.2012 – BStBl II S. 719).

Umschuldung Privatschuld in Betriebsschuld
Werden Eigenmittel für betriebliche Zwecke und deshalb Fremdmittel für private Zwecke verwendet, begründet die Fremdmittelaufnahme keine Betriebsschuld. Ein privates Darlehen kann nicht durch eine bloße wirtschaftliche Umschuldung in eine Betriebsschuld umgewandelt werden. Werden aber im Betrieb erzielte Einnahmen zur Tilgung eines privaten Darlehens entnommen und wird deshalb ein neues Darlehen zur Finanzierung von betrieblichen Aufwendungen aufgenommen, stellt das neue Darlehen eine Betriebsschuld dar (>BFH vom 8.12.1997 – BStBl 1998 II S. 193).

H 4.2 (16)

Beibehaltung von gewillkürtem Betriebsvermögen
nach einer Nutzungsänderung >R 4.3 Abs. 3

R 4.3 **Einlagen und Entnahmen**

Einlagen
(1) ¹Gegenstand von Einlagen können abnutzbare und nicht abnutzbare, materielle und immaterielle Wirtschaftsgüter aller Art sein, unabhängig davon, ob sie dem Anlage- oder dem Umlaufvermögen zuzuordnen sind. ²Einer Einlage steht die Begründung des Besteuerungsrechts der Bundesrepublik Deutschland hinsichtlich des Gewinns aus der Veräußerung eines Wirtschaftsgutes gleich (Verstrickung). ³Darunter fällt insbesondere die Überführung eines Wirtschaftsgutes aus einer ausländischen Betriebsstätte, deren Einkünfte nach einem DBA von der inländischen Besteuerung freigestellt sind, ins Inland.

Entnahmen
(2) ¹Ein Wirtschaftsgut wird entnommen, wenn es aus dem betrieblichen in den privaten oder einen anderen betriebsfremden Bereich übergeht. ²Einer Entnahme für betriebsfremde Zwecke

steht auch der Ausschluss oder die Beschränkung des Besteuerungsrechts der Bundesrepublik Deutschland hinsichtlich des Gewinns aus der Veräußerung oder der Nutzung eines Wirtschaftsgutes gleich (Entstrickung). [3]Neben der Überführung eines Wirtschaftsgutes vom Inland in eine ausländische Betriebsstätte nach § 4 Abs. 1 Satz 4 EStG (Entnahme eines Wirtschaftsgutes) fällt darunter insbesondere die Nutzung eines Wirtschaftsgutes, das einer inländischen Betriebsstätte des Stpfl. zuzuordnen ist, durch eine ausländische Betriebsstätte (Entnahme der Nutzung), deren Einkünfte nach einem DBA von der inländischen Besteuerung freigestellt sind oder bei der Besteuerung ausländischer Steuern nach § 34c EStG oder nach § 26 KStG oder auf Grund eines DBA anzurechnen sind. [4]Eine Entnahme liegt nicht vor in Fällen einer Strukturänderung eines Betriebs mit der Folge, dass die Einkünfte aus dem Betrieb einer anderen Einkunftsart zuzurechnen sind (z. B. wenn ein land- und forstwirtschaftlicher Betrieb wegen Überschreitens der Grenzen des § 13 Abs. 1 Nr. 1 EStG zu einem Gewerbebetrieb wird oder wenn eine freiberufliche Praxis durch Übergang i. S. d. § 6 Abs. 3 EStG auf nicht qualifizierte Rechtsnachfolger zu einem Gewerbebetrieb wird).

Entnahmehandlung

(3) [1]Eine Entnahme erfordert regelmäßig eine Entnahmehandlung, die von einem Entnahmewillen getragen wird. [2]Wirtschaftsgüter, die zur Zeit der Aufnahme in das Betriebsvermögen zulässigerweise zum Betriebsvermögen gerechnet worden sind, bleiben daher grundsätzlich so lange Betriebsvermögen, bis sie durch eine eindeutige, unmissverständliche – ausdrückliche oder schlüssige – >Entnahmehandlung des Stpfl. Privatvermögen werden. [3]Bei buchführenden Stpfl. bietet die Buchung einen wesentlichen Anhalt, ob und wann ein Wirtschaftsgut entnommen worden ist. [4]Eine Entnahme liegt auch ohne Entnahmeerklärung oder Entnahmebuchung vor, wenn der Stpfl. die bisherige betriebliche oder berufliche Nutzung eines Wirtschaftsgutes auf Dauer so ändert, dass es seine Beziehung zum Betrieb verliert und dadurch zu notwendigem Privatvermögen wird. [5]Eine Nutzungsänderung, durch die das Wirtschaftsgut zwar seinen Charakter als notwendiges Betriebsvermögen verliert, jedoch nicht zu notwendigem Privatvermögen wird, ist ohne eindeutige Entnahmeerklärung des Stpfl. keine Entnahme des Wirtschaftsgutes; das gilt auch bei Gewinnermittlung nach § 13a EStG (§ 4 Abs. 1 Satz 7 EStG) sowie bei Vollschätzung.

Gegenstand einer Entnahme

(4) [1]Gegenstand einer Entnahme können alle Wirtschaftsgüter sein, die zum notwendigen oder gewillkürten Betriebsvermögen gehören, also auch immaterielle (Einzel-)Wirtschaftsgüter, z. B. ein Verlagswert, sowie Nutzungen und Leistungen, auch wenn sie in der Bilanz nicht angesetzt werden können. [2]Im Fall des gewerblichen Betriebs einer Fotovoltaikanlage ist der private Verbrauch des Stroms keine private Verwendung der Anlage, sondern eine Sachentnahme des produzierten Stroms.

H 4.3 (1)

Banküberweisung
Eine Einlage ist bei Zahlung durch Banküberweisung erst geleistet, wenn die Gutschrift auf dem Empfängerkonto erfolgt ist (>BFH vom 11. 12. 1990 – BStBl 1992 II S. 232).

Bodenschatz
>H 4.2 (1)

Einlage bei Ausbuchung einer Verbindlichkeit
>H 6.12

Gewillkürtes Betriebsvermögen
>H 4.2 (1)

Immaterielle Wirtschaftsgüter
>R 5.5 Abs. 3 Satz 3

Nutzungsänderung
>H 4.2 (4)

Nutzungsrechte/Nutzungsvorteile
Die bloße Nutzung eines fremden Wirtschaftsguts zu betrieblichen Zwecken kann nicht eingelegt werden; dies gilt auch für unentgeltlich erworbene dingliche oder obligatorische Nutzungsrechte (>BFH vom 26. 10. 1987 – BStBl 1988 II S. 348 und vom 20. 9. 1990 – BStBl 1991 II S. 82).

Personengesellschaften
Die Einbringung von Einzelwirtschaftsgütern des Privatvermögens in das betriebliche Gesamthandsvermögen einer Personengesellschaft oder anderen Gesamthandsgemeinschaft gegen Gewährung von Gesellschaftsrechten stellt keine Einlage, sondern einen tauschähnlichen Vorgang dar (>BMF vom 29. 3. 2000 – BStBl I S. 462 und vom 11. 7. 2011 – BStBl I S. 713 unter Berücksichtigung BMF vom 26. 7. 2016 – BStBl I S. 684).

Sacheinlage in das Vermögen einer Kapitalgesellschaft
Ein Wirtschaftsgut, das dem Vermögen einer Kapitalgesellschaft im Rahmen einer Überpari-Emission als Sacheinlage zugeführt worden ist, ist auch im Hinblick auf jenen Teilbetrag des Einbringungswertes, der über den Nennbetrag der Stammeinlageverpflichtung des Einlegenden hinausgeht und gem. § 272 Abs. 2 Nr. 1 HGB in die Kapitalrücklage einzustellen ist, ein vollentgeltlicher Vorgang und keine verdeckte Einlage (>BFH vom 24. 4. 2007 – BStBl 2008 II S. 253).

Unterlassene Bilanzierung
Die nachträgliche Aktivierung eines zum notwendigen Betriebsvermögen gehörenden Wirtschaftsguts, das bisher nicht bilanziert worden ist, ist keine Einlage. Es handelt sich vielmehr um eine fehlerberichtigende Einbuchung (>BFH vom 24. 10. 2001 – BStBl 2002 II S. 75); >H 4.4

Verdeckte Einlage
– Verdeckte Einlage ist die Zuwendung eines bilanzierbaren Vermögensvorteils aus gesellschaftsrechtlichen Gründen ohne Entgelt in Gestalt von Gesellschaftsrechten. Als verdeckte Einlage sind nur Wirtschaftsgüter geeignet, die das Vermögen der Kapitalgesellschaft durch den Ansatz oder die Erhöhung eines Aktivpostens oder durch den Wegfall oder die Verminderung eines Passivpostens vermehrt haben (>BFH vom 6. 11. 2003 – BStBl 2004 II S. 416).
– **Verdeckte Einlage eines Geschäfts- oder Firmenwerts**, der bei Veräußerung eines Einzelunternehmens an eine GmbH unentgeltlich übergeht, >BFH vom 24. 3. 1987 (BStBl II S. 705); >H 5.5 (Geschäfts- oder Firmenwert/Praxiswert)
– Maßgebendes Kriterium für einen Übergang des Geschäfts- oder Firmenwerts von einem Einzelunternehmen auf eine Kapitalgesellschaft im Wege der verdeckten Einlage ist, dass dem nutzenden Unternehmen die materiellen und immateriellen Wirtschaftsgüter sowie die sonstigen Faktoren, welche sich im Geschäfts- oder Firmenwert niederschlagen, auf einer vertraglichen Grundlage überlassen werden, die Nutzung auf Dauer angelegt ist und kein Rechtsanspruch auf Rückgabe dieser Wirtschaftsgüter besteht (>BFH vom 2. 9. 2008 – BStBl 2009 II S. 634).

Vorbehaltsnießbrauch
- In den Fällen der Einräumung eines Vorbehaltsnießbrauchs liegt hinsichtlich des Nießbrauchsrechts im Ergebnis keine Einlage vor (>BFH vom 16.12.1988 – BStBl 1989 II S. 763).
- >H 4.3 (2-4)
- >H 4.7 (Nießbrauch) zu Betriebsausgaben eines Nießbrauchers

---

H 4.3 (2–4)

Altenteilerwohnung
>R 4.2 Abs. 4 Satz 5

Entnahmehandlung
- Für die Eindeutigkeit einer Entnahmehandlung ist ein Verhalten des Stpfl. erforderlich, durch das die Verknüpfung des Wirtschaftsgutes mit dem Betriebsvermögen unmissverständlich gelöst wird. Es bedarf nicht stets einer buchmäßigen Darstellung der Entnahme. Es kann auch ein anderes schlüssiges Verhalten genügen, durch das die Verbindung des Wirtschaftsguts zum Betrieb gelöst wird (>BFH vom 9.8.1989 – BStBl 1990 II S. 128 und vom 25.6.2003 – BStBl 2004 II S. 403).
- Der Tatbestand der Entnahme ist auch erfüllt, wenn dem Stpfl. die an die Entnahme geknüpften Rechtsfolgen, insbesondere die Gewinnverwirklichung, nicht bewusst werden (>BFH vom 31.1.1985 – BStBl II S. 395).
- Die Entnahme eines Wirtschaftsguts, das nicht zum notwendigen Privatvermögen geworden ist, erfordert eine unmissverständliche, von einem Entnahmewillen getragene Entnahmehandlung und darüber hinaus, dass der Stpfl. die naheliegenden steuerlichen Folgerungen aus der Entnahme gezogen hat. Eine fehlende Eindeutigkeit der Entnahmehandlung geht zulasten des Stpfl. (>BFH vom 29.9.2016 – BStBl 2017 II S. 339).
- >Nachweispflicht
- >Nutzungsänderung
- >Personengesellschaften
- >Schenkung

Entstrickung
Zur passiven Entstrickung auf Grund erstmaliger Anwendung eines DBA >BMF vom 26.10.2018 (BStBl I S. 1104)

Erbauseinandersetzung und vorweggenommene Erbfolge
- >BMF vom 14.3.2006 (BStBl I S. 253) unter Berücksichtigung der Änderungen durch BMF vom 27.12.2018 (BStBl 2019 I S. 11)
- >BMF vom 13.1.1993 (BStBl I S. 80) unter Berücksichtigung der Änderungen durch BMF vom 26.2.2007 (BStBl I S. 269)

Geschäfts- oder Firmenwert
- Ein Geschäfts- oder Firmenwert kann nicht wie andere Einzelwirtschaftsgüter für sich entnommen werden, da er nur im Rahmen eines lebenden Betriebs, Teilbetriebs oder Mitunternehmeranteils übertragen werden kann (>BFH vom 24.11.1982 – BStBl 1983 II S. 113).
- >Verlagswert

Gewinnrealisierung

Steuerpflichtiger Entnahmegewinn ist der gesamte Unterschiedsbetrag zwischen dem Entnahmewert (§ 6 Abs. 1 Nr. 4 EStG) und dem Buchwert des entnommenen Wirtschaftsguts im Zeitpunkt der Entnahme. Das gilt auch dann, wenn das Wirtschaftsgut vor der Entnahme auch privat genutzt und die private Nutzung als Entnahme behandelt worden ist (>BFH vom 24. 9. 1959 – BStBl III S. 466; >Nutzungsentnahme). Zur Feststellung des Entnahmewerts von Nutzungen und Leistungen können die für die Bewertung von Sachbezügen entwickelten Grundsätze herangezogen werden (>BFH vom 22. 7. 1988 – BStBl II S. 995).

Grundstücke oder Grundstücksteile

– Wird auf einem bisher unbebauten Betriebsgrundstück ein zum Privatvermögen gehörendes Gebäude (z. B. ein auf Dauer zu eigenen Wohnzwecken bestimmtes Gebäude) errichtet, wird der Grund und Boden durch die Bebauung entnommen (>BFH vom 27. 1. 1977 – BStBl II S. 388, vom 11. 3. 1980 – BStBl II S. 740 und vom 14. 5. 2009 – BStBl II S. 811). Eine anteilige Entnahme des Grund und Bodens liegt vor, wenn auf einem Betriebsgrundstück ein Gebäude errichtet wird, das teilweise Privatvermögen ist (>BFH vom 24. 11. 1982 – BStBl 1983 II S. 365). Ggf. bleibt der Entnahmegewinn außer Ansatz (>§ 13 Abs. 5, § 15 Abs. 1 Satz 3 und § 18 Abs. 4 Satz 1 EStG).
– >Personengesellschaften

Incentive-Reisen
>BMF vom 14. 10. 1996 (BStBl I S. 1192)

Keine Entnahme des Grundstücks oder Grundstücksteils
liegt ohne Hinzutreten weiterer Umstände in folgenden Fällen vor:
– **Erbbaurecht** – Belastung eines land- und forstwirtschaftlich genutzten Grundstücks mit einem entgeltlich eingeräumten Erbbaurecht, wenn der vereinbarte Erbbauzins nicht weniger als 10 % des ortsüblichen Erbbauzinses beträgt und die Nutzungsänderung nicht mehr als 10 % der Gesamtfläche des Betriebs erfasst (>BFH vom 24. 3. 2011 – BStBl II S. 692).
– **Erklärung von Einkünften aus Vermietung und Verpachtung,** ohne dass der Stpfl. die naheliegenden steuerrechtlichen Folgerungen aus einer Entnahme zieht, wie Gewinnrealisierung nach § 6 Abs. 1 Nr. 4 EStG, unabhängig davon, ob innerhalb oder außerhalb der Buchführung (>BFH vom 9. 8. 1989 – BStBl 1990 II S. 128).
– **Gebäudeabriss,** wenn die betriebliche Nutzung der Freifläche möglich ist (>BFH vom 6. 11. 1991 – BStBl 1993 II S. 391).
– Im **Hinzuerwerb** eines im Privatvermögen verbleibenden Miteigentumsanteils an einem Grundstück im Wege der Erbfolge liegt keine Entnahme des zum gewillkürten Betriebsvermögen gehörenden Anteils (>BFH vom 8. 3. 1990 – BStBl 1994 II S. 559).
– **Landwirtschaftlich genutzte Grundstücke**
  – bei denen keine ertragreiche Bewirtschaftung mehr möglich ist (>BFH vom 12. 11. 1992 – BStBl 1993 II S. 430).
  – bei Bebauung ursprünglich landwirtschaftlicher Grundstücke mit Einfamilienhäusern, die anschließend an betriebsfremde Personen vermietet werden, wenn die Nutzungsänderung nur eine Fläche erfasst, die im Vergleich zur Gesamtfläche des Betriebs von geringer Bedeutung ist (>BFH vom 22. 8. 2002 – BStBl 2003 II S. 16), >H 4.2 (9) Besonderheiten bei land- und forstwirtschaftlichen Betrieben.
  – Ursprünglich landwirtschaftlich genutzte Flächen eines Betriebs, die verpachtet wurden und nach Ablauf des Pachtverhältnisses nicht wieder aktiv bewirtschaftet werden, sondern brach liegen, bleiben Betriebsvermögen und können nur durch eindeutige Erklärung dem Finanzamt gegenüber entnommen werden (>BFH vom 17. 1. 2002 – BStBl II S. 356).

- Ohne Entnahmeerklärung verlieren ursprünglich landwirtschaftlich genutzte Grundstücke durch eine Nutzungsänderung, die nicht zu notwendigem Privatvermögen führt, ihre Eigenschaft als landwirtschaftliches Betriebsvermögen nur, wenn eine eindeutige Entnahmehandlung vorliegt. Deshalb scheidet ein zuvor zum notwendigen Betriebsvermögen gehörendes Grundstück nicht bereits dadurch aus dem Betriebsvermögen aus, dass es als Bauland behandelt wird und im Hinblick auf die geringe Größe und die umliegende Bebauung nicht mehr landwirtschaftlich genutzt werden kann (>BFH vom 14.5.2009 – BStBl II S. 811).
- **Nießbrauch** – ein Grundstück, das zum Sonderbetriebsvermögen des Gesellschafters einer GbR gehört, wird durch die Bestellung eines Nießbrauchs am Gesellschaftsanteil und am Grundstück grundsätzlich nicht entnommen (>BFH vom 1.3.1994 – BStBl 1995 II S. 241).
- **Nutzung** – nur vorübergehende Nutzung zu eigenen Wohnzwecken (>BFH vom 17.1.1974 – BStBl II S. 240).
- **Nutzungsänderung**
  - Bisher betrieblich genutzte und seitdem ungenutzte (freie) Grundstücksflächen, deren spätere betriebliche Nutzung möglich bleibt, verbleiben ohne eine von einem Entnahmewillen getragene Entnahmehandlung im Betriebsvermögen (>BFH vom 6.11.1991 – BStBl 1993 II S. 391).
  - Ein zunächst betrieblich genutzter Gebäudeteil verliert seine Eigenschaft als Betriebsvermögen nicht dadurch, dass er zu fremden Wohnzwecken vermietet wird und sich in dem Gebäude ein weiterer zu fremden Wohnzwecken vermieteter Gebäudeteil befindet, der zum Privatvermögen gehört (>BFH vom 10.11.2004 – BStBl 2005 II S. 334).
- **Nutzungsrecht** – Belastung eines Grundstücks mit der Einräumung eines unentgeltlichen Nutzungsrechts und anschließende Anmietung vom Nutzungsberechtigten durch den Grundstückseigentümer (>BFH vom 11.11.1988 – BStBl 1989 II S. 872).

Nachweispflicht

Wer sich darauf beruft, dass ein als Betriebsvermögen ausgewiesenes Wirtschaftsgut vor vielen Jahren entnommen worden sei, muss die Entnahmehandlung nachweisen (>BFH vom 23.11.2000 – BStBl 2001 II S. 232).

Nutzungsänderung

Vermindert sich der Umfang der betrieblichen Nutzung eines Kfz, das dem gewillkürten Betriebsvermögen eines Unternehmens in einem früheren VZ wegen einer mehr als 10 %-igen betrieblichen Nutzung zugeordnet wurde, in einem Folgejahr auf unter 10 %, ändert dies an der Zuordnung zum gewillkürten Betriebsvermögen nichts, weil eine solche Nutzungsänderung allein keine Entnahme darstellt (>BFH vom 21.8.2012 – BStBl 2013 II S. 117).

Nutzungsentnahme

- Grundstücke oder Grundstücksteile >BFH vom 11.11.1988 (BStBl 1989 II S. 872) und >H 4.7 (Teilentgeltliche Überlassung)
- Betrieblicher Pkw bei Unfall auf Privatfahrt >BFH vom 24.5.1989 (BStBl 1990 II S. 8); >R 4.7 Abs. 1 Satz 3 bis 5
- Betrieblicher Pkw bei Diebstahl auf Privatfahrt (>BFH vom 18.4.2007 – BStBl II S. 762); >Private Kraftfahrzeugnutzung

Personengesellschaften

- Die Übertragung eines Einzelwirtschaftsguts aus dem betrieblichen Gesamthandsvermögen einer Personengesellschaft oder anderen Gesamthandsgemeinschaft in das Privatvermögen eines Gesellschafters gegen Minderung von Gesellschaftsrechten stellt keine Entnahme, sondern einen tauschähnlichen Vorgang dar (>BMF vom 29.3.2000 – BStBl I S. 462 und vom 11.7.2011 – BStBl I S. 713 unter Berücksichtigung BMF vom 26.7.2016 – BStBl I S. 684).

– Eine (anteilige) Entnahme liegt nicht vor, wenn ein Wirtschaftsgut des Gesamthandsvermögens einer Personengesellschaft zu fremdüblichen Bedingungen an einen Gesellschafter veräußert wird (>BFH vom 28.7.1998 – BStBl 1999 II S. 53).

– Eine Entnahme liegt vor, wenn ein zum Gesamthandsvermögen einer Personengesellschaft gehörendes Betriebsgrundstück durch einen oder mehrere Gesellschafter mit Zustimmung der Gesellschaft für private Wohnzwecke des oder der Gesellschafter bebaut wird (>BFH vom 30.6.1987 – BStBl 1988 II S. 418). Eine Entnahme des Grundstücks liegt dagegen nicht vor, wenn der Gesellschafter ein der Personengesellschaft gehörendes Grundstück für private Zwecke bebaut und nachfolgend zu fremdüblichen Bedingungen erwirbt (>BFH vom 28.7.1998 – BStBl 1999 II S. 53).

– Wird ein Wirtschaftsgut aus dem Gesamthandsvermögen einer Personengesellschaft mit Zustimmung aller Gesellschafter derart entnommen, dass es Eigentum nur eines Gesellschafters wird, wird der Entnahmegewinn allen Gesellschaftern zugerechnet, falls die stillen Reserven dem begünstigten Gesellschafter geschenkt worden sind (>BFH vom 28.9.1995 – BStBl 1996 II S. 276).

– Gewährt eine Personengesellschaft einem Gesellschafter ein Darlehen ohne betriebliche Veranlassung, gehört dieses Darlehen privatrechtlich weiter zum Gesamthandsvermögen. Da das Darlehen steuerlich nicht zum Betriebsvermögen gehört, ist es als Entnahme zu behandeln, die allen Gesellschaftern anteilig unter Minderung ihrer Kapitalkonten zuzurechnen ist (>BFH vom 9.5.1996 – BStBl II S. 642). Eine Entnahme und kein Darlehen liegt auch vor, wenn neben dem festen Kapitalkonto lediglich ein weiteres Konto zur Erfassung von Gewinnen, Einlagen und Entnahmen der Gesellschafter geführt wird, auf dem auch Verluste verbucht werden (>BFH vom 27.6.1996 – BStBl 1997 II S. 36).

– Werden die Mittel zur Begleichung der Beiträge zu einer Lebensversicherung von der Personengesellschaft dem Gesellschafter in Form eines Darlehens überlassen und dient die Versicherungsprämie der Absicherung von Verbindlichkeiten der Personengesellschaft, kann eine betriebliche Veranlassung für die Darlehensgewährung vorliegen, auch wenn der Versicherungsanspruch selbst nicht Betriebsvermögen ist (>BFH vom 16.10.2014 – BStBl 2015 II S. 267).

Private Kraftfahrzeugnutzung

– Ertragsteuerliche Erfassung der Nutzung eines betrieblichen Kraftfahrzeugs zu Privatfahrten, zu Fahrten zwischen Wohnung und Betriebsstätte sowie zu Familienheimfahrten nach § 4 Abs. 5 Satz 1 Nr. 6 und § 6 Abs. 1 Nr. 4 Satz 1 bis 3 EStG (>BMF vom 18.11.2009 – BStBl I S. 1326 unter Berücksichtigung der Änderungen durch BMF vom 15.11.2012 – BStBl I S. 1099).

– Nutzung eines betrieblichen Kraftfahrzeugs für private Fahrten, Fahrten zwischen Wohnung und Betriebsstätte/erster Tätigkeitsstätte und Familienheimfahrten; Nutzung von Elektro- und Hybridelektrofahrzeugen (>BMF vom 5.6.2014 – BStBl I S. 835).

– Zerstörung eines betrieblichen Kraftfahrzeugs anlässlich einer Privatfahrt >BFH vom 24.5.1989 (BStBl 1990 II S. 8) und R 4.7 Abs. 1 Satz 3 bis 5.

– Wird der zum Betriebsvermögen gehörende Pkw während einer privat veranlassten Nutzung gestohlen, ist der Vermögensverlust nicht gewinnmindernd zu berücksichtigen (>BFH vom 18.4.2007 – BStBl II S. 762).

– >Nutzungsänderung

Schenkung
– Bei der schenkweisen Übertragung eines Wirtschaftsguts fehlt es an einer >Entnahmehandlung, wenn der Stpfl. wirtschaftlicher Eigentümer bleibt (>BFH vom 5. 5. 1983 – BStBl II S. 631).
– >Personengesellschaften

Verlagswert
– Entnahme als Einzelwirtschaftsgut möglich (>BFH vom 24. 11. 1982 – BStBl 1983 II S. 113).
– >Geschäfts- oder Firmenwert

Verlustdeckung bei einer Schwester-KG
Die Gewinnverwendung zur Deckung des Verlusts einer Schwester-KG ist eine Entnahme (>BFH vom 26. 1. 1995 – BStBl II S. 589).

Vorbehaltsnießbrauch
– Wird ein Wirtschaftsgut aus außerbetrieblichen Gründen einem Dritten unter Vorbehalt des Nießbrauchs unentgeltlich übereignet und auf Grund des Nießbrauchsrechts weiterhin betrieblich genutzt, wird das Wirtschaftsgut insgesamt entnommen, nicht nur ein um den Wert des Nießbrauchs geminderter Teil des Wirtschaftguts (>BFH vom 28. 2. 1974 – BStBl II S. 481, vom 2. 8. 1983 – BStBl II S. 735 und vom 8. 12. 1983 – BStBl 1984 II S. 202).
– >Nutzungsentnahme

Wettbewerbsverbot
Wird der Gesellschafter einer Personengesellschaft oder der Gesellschafter-Geschäftsführer ihrer Komplementär-GmbH im Handelszweig der Personengesellschaft tätig, kann dadurch ein Schadensersatzanspruch der Gesellschaft wegen Verstoßes gegen das Wettbewerbsverbot entstehen. Verzichten die anderen Gesellschafter ohne betriebliche Veranlassung auf die Geltendmachung des Anspruchs, liegt eine Entnahme der Forderung vor. Ein Schadensersatzanspruch entsteht allerdings nicht, wenn die anderen Gesellschafter mit der Tätigkeit des Gesellschafters ausdrücklich oder stillschweigend einverstanden waren; zu einer Entnahme kommt es dann nicht (>BFH vom 23. 3. 1995 – BStBl II S. 637).

Wochenendhaus
Wird ein Wochenendhaus auf einem Betriebsgrundstück errichtet, werden Grund und Boden und das Wochenendhaus erst dann notwendiges Privatvermögen und damit entnommen, wenn die Absicht der künftigen Verwendung des Wochenendhauses zu eigenen Wohnzwecken in Erklärungen oder in einem eindeutigen Verhalten des Stpfl. zum Ausdruck kommt (>BFH vom 29. 4. 1970 – BStBl II S. 754).

R 4.4 Bilanzberichtigung und Bilanzänderung

Bilanzberichtigung
(1) [1]Ist ein Ansatz in der Bilanz unrichtig, kann der Stpfl. nach § 4 Abs. 2 Satz 1 EStG den Fehler durch eine entsprechende Mitteilung an das Finanzamt berichtigen (Bilanzberichtigung). [2]Ein Ansatz in der Bilanz ist unrichtig, wenn er unzulässig ist, d. h., wenn er gegen zwingende Vorschriften des Einkommensteuerrechts oder des Handelsrechts oder gegen die einkommensteuerrechtlich zu beachtenden handelsrechtlichen Grundsätze ordnungsmäßiger Buchführung verstößt. [3]*Eine Bilanzberichtigung ist unzulässig, wenn der Bilanzansatz im Zeitpunkt der Bilanzaufstellung subjektiv richtig ist.* [4]*Subjektiv richtig ist jede der im Zeitpunkt der Bilanzaufstellung der kaufmännischen Sorgfalt entsprechende Bilanzierung.* [5]*Entspricht ein Bilanzansatz im Zeitpunkt*

der Bilanzaufstellung den Grundsätzen höchstrichterlicher Rechtsprechung, wird dieser durch eine Änderung der Rechtsprechung nicht unrichtig. ⁶Hat der Stpfl. entsprechend der im Zeitpunkt der Bilanzaufstellung bestehenden Verwaltungsauffassung bilanziert, hält er aber einen davon abweichenden Ansatz für richtig, ist eine Bilanzberichtigung bei einer Änderung der Verwaltungsauffassung auf Grund höchstrichterlicher Rechtsprechung zulässig, wenn er durch Zusätze oder Vermerke bei der Aufstellung der Bilanz dokumentiert hat, dass er einen von der Verwaltungsauffassung abweichenden Ansatz begehrt. ⁷Die Dokumentation ist zusammen mit der Steuererklärung beim Finanzamt einzureichen. ⁸Soweit keine steuerlichen Ansatz- oder Bewertungsvorbehalte gelten, ist ein von der Handelsbilanz abweichender Ansatz in der Steuerbilanz als ausreichende Dokumentation anzusehen.[1] ⁹Soweit eine Bilanzberichtigung nicht möglich ist, ist der falsche Bilanzansatz grundsätzlich in der Schlussbilanz des ersten Jahres, dessen Veranlagung geändert werden kann, erfolgswirksam richtig zu stellen. ¹⁰Bei Land- und Forstwirten mit vom Kalenderjahr abweichendem Wirtschaftsjahr müssen beide Veranlagungen, denen die Schlussbilanz zugrunde liegt (>§ 4a Abs. 2 Nr. 1 EStG), geändert werden können.

Bilanzänderung
(2) ¹Wenn steuerrechtlich, in den Fällen des § 5 EStG auch handelsrechtlich, verschiedene Ansätze für die Bewertung eines Wirtschaftsgutes zulässig sind und der Stpfl. demgemäß zwischen mehreren Wertansätzen wählen kann, trifft er durch die Einreichung der Steuererklärung an das Finanzamt seine Entscheidung. ²Eine Änderung dieser Entscheidung zugunsten eines anderen zulässigen Ansatzes ist eine Bilanzänderung. ³Eine Bilanzänderung liegt nicht vor, wenn sich einem Stpfl. erst nach Einreichung der Bilanz die Möglichkeit eröffnet, erstmalig sein Wahlrecht auszuüben. ⁴Eine Bilanzänderung ist zulässig, wenn sie in einem engen zeitlichen und sachlichen Zusammenhang mit einer Bilanzberichtigung steht und soweit die Auswirkung der Bilanzberichtigung auf den Gewinn reicht. ⁵Ein enger zeitlicher und sachlicher Zusammenhang zwischen Bilanzberichtigung und Bilanzänderung setzt voraus, dass sich beide Maßnahmen auf dieselbe Bilanz beziehen und die Bilanzänderung unverzüglich nach der Bilanzberichtigung vorgenommen wird. ⁶Bei einer Mitunternehmerschaft beziehen sich beide Maßnahmen auf die Bilanz der Mitunternehmerschaft (Gesamthandsbilanz, Ergänzungsbilanz und Sonderbilanz); beispielsweise kann eine Bilanzberichtigung in der Gesamthandsbilanz eine Bilanzänderung in der Ergänzungsbilanz oder Sonderbilanz des Mitunternehmers oder der Mitunternehmer zulassen.

H 4.4

Berichtigung einer Bilanz, die einer bestandskräftigen Veranlagung zu Grunde liegt
- Die Berichtigung einer Bilanz, die einer bestandskräftigen Veranlagung zu Grunde liegt, ist nur insoweit möglich, als die Veranlagung nach den Vorschriften der AO, insbesondere nach § 164 Abs. 1, § 173 oder § 175 Abs. 1 Satz 1 Nr. 2 AO, noch geändert werden kann oder die Bilanzberichtigung sich auf die Höhe der veranlagten Steuer nicht auswirken würde (>BFH vom 27. 3. 1962 – BStBl III S. 273 und vom 5. 9. 2001 – BStBl 2002 II S. 134).
- Die Berichtigung eines unrichtigen Bilanzansatzes in einer **Anfangsbilanz** ist nicht zulässig, wenn diese Bilanz der Veranlagung eines früheren Jahres als Schlussbilanz zugrunde gelegen hat, die nach den Vorschriften der AO nicht mehr geändert werden kann, oder wenn der sich bei einer Änderung dieser Veranlagung ergebende höhere Steueranspruch wegen Ablaufs der Festsetzungsfrist erloschen wäre (>BFH vom 29. 11. 1965 – BStBl 1966 III S. 142). Unter Durchbrechung des Bilanzenzusammenhangs kann eine Berichtigung der Anfangsbilanz des ersten Jahres, bei dessen Veranlagung sich die Berichtigung auswirken kann, ausnahmsweise in Betracht kommen, wenn ein Stpfl. zur Erlangung beachtlicher ungerechtfertigter Steuervorteile bewusst einen Aktivposten zu hoch oder einen Passivposten zu niedrig

---

1) Sätze 3 bis 8 überholt durch BFH vom 31. 1. 2013 (BStBl II S. 317), >H 4.4 (Bilanzberichtigung).

angesetzt hat, ohne dass die Möglichkeit besteht, die Veranlagung des Jahres zu ändern, bei der sich der unrichtige Bilanzansatz ausgewirkt hat (>BFH vom 3.7.1956 – BStBl III S. 250).

Bilanzänderung

- Der enge zeitliche und sachliche Zusammenhang zwischen Bilanzberichtigung und Bilanzänderung setzt voraus, dass sich beide Maßnahmen auf dieselbe Bilanz beziehen. Die Änderung der Bilanz eines bestimmten Wj. ist danach unabhängig von der Frage, auf welche Wirtschaftsgüter oder Rechnungsabgrenzungsposten sich die Berichtigung dieser Bilanz bezieht, bis zur Höhe des gesamten Berichtigungsbetrages zulässig. Ein zeitlicher Zusammenhang liegt darüber hinaus nur vor, wenn die Bilanz unverzüglich nach einer Bilanzberichtigung geändert wird (>BMF vom 18.5.2000 – BStBl I S. 587).
- Der Zusammenhang einer Bilanzänderung mit einer Bilanzberichtigung liegt auch dann vor, wenn sich die Gewinnänderung im Rahmen der Bilanzberichtigung aus der Nicht- oder der fehlerhaften Verbuchung von Entnahmen und Einlagen ergibt (>BFH vom 31.5.2007 – BStBl 2008 II S. 665); außerbilanzielle Gewinnerhöhungen berühren dagegen keinen Bilanzansatz und ermöglichen deshalb keine Bilanzänderung (>BMF vom 13.8.2008 – BStBl I S. 845).
- Im Rahmen einer zulässigen Bilanzänderung kann der Stpfl. ihm zustehende, im Jahr der Bilanzänderung aber noch nicht oder nicht in voller Höhe geltend gemachte Sonderabschreibungen erstmals oder mit einem höheren Betrag in Anspruch nehmen. Dies gilt auch dann, wenn er die im Jahr der Bilanzänderung noch nicht ausgeschöpften Sonderabschreibungen in den Bilanzen der Folgejahre schon beansprucht hat (>BFH vom 25.10.2007 – BStBl 2008 II S. 226).

Bilanzberichtigung

- Eine Bilanzberichtigung darf nur der Stpfl. selbst vornehmen (>BFH vom 13.6.2006 – BStBl 2007 II S. 94). Hält das Finanzamt eine Bilanz für fehlerhaft, darf es diese Bilanz der Besteuerung nicht zugrunde legen und muss eine eigene Gewinnermittlung durch Betriebsvermögensvergleich mit ggf. auf der Grundlage der Bilanz abgeänderten Werten vornehmen (>BFH vom 4.11.1999 – BStBl 2000 II S. 129 und vom 31.1.2013 – BStBl II S. 317).
- Das Finanzamt ist auch dann nicht an die rechtliche Beurteilung gebunden, die der vom Stpfl. aufgestellten Bilanz und deren einzelnen Ansätzen zugrunde liegt, wenn diese Beurteilung aus der Sicht eines ordentlichen und gewissenhaften Kaufmanns im Zeitpunkt der Bilanzaufstellung vertretbar war. Das gilt auch für eine in diesem Zeitpunkt von der Verwaltung und Rechtsprechung praktizierte, später aber geänderte Rechtsauffassung (>BFH vom 31.1.2013 – BStBl II S. 317).
- Eine Bilanz kann berichtigt werden, wenn ein darin enthaltener Ansatz nicht gegen Grundsätze ordnungsmäßiger Buchführung, sondern nur gegen steuerrechtliche Vorschriften verstößt. Kann eine Bilanz auf verschiedenen Wegen berichtigt werden, obliegt die Auswahl des Korrekturwegs dem Unternehmer (>BFH vom 14.3.2006 – BStBl II S. 799).
- **Absetzung für Abnutzung:** Sind in den Vorjahren im Hinblick auf eine zu niedrige Bemessungsgrundlage zu wenig AfA geltend gemacht worden, kann die letzte Anfangsbilanz gewinnneutral berichtigt werden, indem der richtige höhere Anfangswert gekürzt um die tatsächlich vorgenommenen Absetzungsbeträge in die Bilanz eingestellt wird (>BFH vom 29.10.1991 – BStBl 1992 II S. 512, 516). >H 7.4 (Unterlassene oder überhöhte AfA).
- Die Voraussetzungen für eine Bilanzberichtigung sind für die Einkommensteuer und Gewerbesteuer gesondert zu prüfen. Eine Bilanzberichtigung für Zwecke der Gewerbesteuer hindert daher nicht die entsprechende einkommensteuerrechtliche Korrektur in einem späteren VZ (>BFH vom 6.9.2000 – BStBl 2001 II S. 106).
- Bewertung von mit land- und forstwirtschaftlichem Grund und Boden im Zusammenhang stehenden Milchlieferrechten >BMF vom 5.11.2014 (BStBl I S. 1503), Rn. 20 ff.

- Sind in den Vorjahren Sonderabschreibungen im Rahmen einer zulässigen Bilanzänderung anderweitig verteilt worden, sind nach den Grundsätzen des Bilanzenzusammenhangs nunmehr fehlerhafte Ansätze in den Bilanzen der Folgejahre zu berichtigen (>BFH vom 25. 10. 2007 – BStBl 2008 II S. 226).
- Maßgebender Zeitpunkt für die Bestimmung, welche Bilanz zu berichtigen ist (Bilanz der Fehlerquelle oder eine spätere Bilanz), ist der Zeitpunkt der Einspruchsentscheidung, weil das Finanzamt darin abschließend über die Frage der Bilanzberichtigung befindet (>BFH vom 19. 7. 2011 – BStBl II S. 1017).

Einnahmenüberschussrechnung
>H 4.5 (1) Änderung der Einnahmenüberschussrechnung

Fehlerhafte Gewinnverteilung bei Personengesellschaften
Bei einer Personengesellschaft ist die fehlerhafte Gewinnverteilung, die einer bestandskräftigen Feststellung zu Grunde liegt, in der Schlussbilanz des ersten noch änderbaren Feststellungszeitraums richtig zu stellen (>BFH vom 11. 2. 1988 – BStBl II S. 825). Die Fehlerkorrektur ist nicht zulässig, wenn für den dem Feststellungszeitraum der Berichtigung vorangegangenen Feststellungszeitraum eine Feststellung nicht durchgeführt wurde und wegen Ablaufs der Feststellungsfrist nicht nachgeholt werden kann (>BFH vom 28. 1. 1992 – BStBl II S. 881).

Nachträgliche Auflösung des negativen Kapitalkontos eines Kommanditisten
Ist das negative Kapitalkonto des Kommanditisten zu Unrecht nicht aufgelöst worden und die Veranlagung bestandskräftig, kann auf Grund des Bilanzenzusammenhangs die Auflösung im Folgejahr nachgeholt werden (>BFH vom 10. 12. 1991 – BStBl 1992 II S. 650).

Nicht erkannte Mitunternehmerschaft
Wurde unter Verkennung einer Mitunternehmerschaft eine Bilanz für ein Einzelunternehmen vorgelegt, ist die Inanspruchnahme des § 6b EStG in der erstmalig vorgelegten Bilanz der Mitunternehmerschaft keine Bilanzänderung i. S. d. § 4 Abs. 2 Satz 2 EStG (>BFH vom 18. 8. 2005 – BStBl 2006 II S. 165).

Realteilung
Im Fall der Realteilung mit Buchwertfortführung kann ein gewinnwirksamer Bilanzierungsfehler der realgeteilten Personengesellschaft nach den Grundsätzen des formellen Bilanzenzusammenhangs bei den Realteilern berichtigt werden (>BFH vom 20. 10. 2015 – BStBl 2016 II S. 596).

Richtigstellung eines unrichtigen Bilanzansatzes
Ein unrichtiger Bilanzansatz ist in der ersten Schlussbilanz richtig zu stellen, in der dies unter Beachtung der für den Eintritt der Bestandskraft und der Verjährung maßgebenden Vorschriften möglich ist, und zwar grundsätzlich erfolgswirksam. Anzusetzen ist der Wert, mit dem das Wirtschaftsgut bei von vornherein zutreffender bilanzieller Behandlung – also bei Beachtung sämtlicher Gewinnermittlungsvorschriften – in dieser Bilanz erscheinen würde (>BFH vom 10. 12. 1997 – BStBl 1998 II S. 377). Die Korrektur eines fehlerhaften Bilanzansatzes setzt voraus, dass noch ein Bilanzierungsfehler vorliegt (>BFH vom 11. 2. 1998 – BStBl II S. 503).

Tausch
Eine beim Tausch unterbliebene Ausbuchung des hingetauschten Wirtschaftsguts und Einbuchung einer Forderung auf Lieferung des eingetauschten Wirtschaftsguts ist in der ersten noch änderbaren Schlussbilanz erfolgswirksam nachzuholen (>BFH vom 14. 12. 1982 – BStBl 1983 II S. 303).

Unterlassene Bilanzierung

- Die rechtliche Beurteilung der **Zugehörigkeit eines Wirtschaftsguts** zum notwendigen Betriebsvermögen wird nicht dadurch berührt, dass es bisher nicht bilanziert worden ist. Ein Wirtschaftsgut des notwendigen Betriebsvermögens ist bei unterlassener Aktivierung mit dem Wert einzubuchen, der sich ergeben würde, wenn das Wirtschaftsgut von Anfang an richtig bilanziert worden wäre. In diesem Fall ist bei der Ermittlung des Einbuchungswerts eine „Schattenrechnung" (Absetzung der bisher unterlassenen AfA-Beträge von den Anschaffungs- oder Herstellungskosten) durchzuführen (>BFH vom 24.10.2001 – BStBl 2002 II S. 75).
- Im Fall eines **„nicht erkannten Gewerbebetriebs"**, für den erst in einem späteren Wirtschaftsjahr nach der Betriebseröffnung mit der Bilanzierung begonnen wird, sind bei erstmaliger Bilanzaufstellung die Grundsätze des formellen Bilanzenzusammenhangs unbeachtlich. Der erste Bilanzansatz eines zuvor nicht bilanzierten Wirtschaftsguts des notwendigen Betriebsvermögens bemisst sich nach dem Wert, mit dem es bei von Beginn an richtiger Bilanzierung zu Buche stehen würde. Die Einbuchung in die Anfangsbilanz erfolgt gewinnneutral (>BFH vom 26.11.2008 – BStBl 2009 II S. 407).

Unterlassene Erfassung einer Entnahme
Erfolgsneutrale Ausbuchung bei unterlassener Erfassung einer Entnahme (>BFH vom 21.10.1976 – BStBl 1977 II S. 148)

Verbindlichkeiten
Eine Verbindlichkeit,
- die gewinnwirksam zu Unrecht passiviert worden ist, ist grundsätzlich gewinnerhöhend aufzulösen (>BFH vom 22.1.1985 – BStBl II S. 308),
- deren gewinnmindernde Passivierung der Stpfl. nicht bewusst rechtswidrig oder willkürlich unterlassen hat, ist gewinnmindernd einzustellen (>BFH vom 2.5.1984 – BStBl II S. 695).

Dies gilt auch dann, wenn der Betrieb inzwischen unentgeltlich, also unter Fortführung der Buchwerte, auf einen anderen übertragen wurde (>BFH vom 9.6.1964 – BStBl 1965 III S. 48) oder wenn der Betrieb zulässigerweise zum Buchwert in eine Personengesellschaft eingebracht wurde (>BFH vom 8.12.1988 – BStBl 1989 II S. 407).

Wahlrecht eines Mitunternehmers
Mitunternehmerbezogene Wahlrechte sind von dem Mitunternehmer persönlich auszuüben. Grundsätzlich wird vermutet, dass die Sonderbilanz mit dem Mitunternehmer abgestimmt ist. Diese Vermutung gilt nicht bei einem ausgeschiedenen Gesellschafter. In diesen Fällen ist die von der Mitunternehmerschaft aufgestellte Sonderbilanz keine Bilanz, die das Änderungsverbot des § 4 Abs. 2 Satz 2 EStG auslöst (>BFH vom 25.1.2006 – BStBl II S. 418).

Zu Unrecht bilanziertes Wirtschaftsgut des Privatvermögens
Ein zu Unrecht bilanziertes Wirtschaftsgut des Privatvermögens ist gewinnneutral auszubuchen (>BFH vom 26.2.1976 – BStBl II S. 378).

R 4.5 Einnahmenüberschussrechnung

Anwendungsbereich
(1) ¹Der Stpfl. kann nach § 4 Abs. 3 EStG als Gewinn den Überschuss der Betriebseinnahmen über die Betriebsausgaben ansetzen, wenn er auf Grund gesetzlicher Vorschriften (>R 4.1 Abs. 1, 2 und 4) nicht verpflichtet ist, Bücher zu führen und regelmäßig Abschlüsse zu machen, er dies auch nicht freiwillig tut, und sein Gewinn nicht nach Durchschnittssätzen (§ 13a EStG) zu er-

mitteln ist. ²Die Buchführung wegen der Eigenschaft des Betriebs als Testbetrieb für den agrarpolitischen Bericht der Bundesregierung oder als Betrieb des Informationsnetzes landwirtschaftlicher Buchführung (INLB) und die Auflagenbuchführung entsprechend den Richtlinien des Bundesministeriums für Ernährung, Landwirtschaft und Verbraucherschutz schließen die Gewinnermittlung nach § 4 Abs. 3 EStG nicht aus. ³Der Gewinn eines Stpfl. ist nach den für diese Gewinnermittlungsart maßgebenden Grundsätzen zu ermitteln, wenn der Betrieb zwar die Voraussetzungen für die Gewinnermittlung nach § 13a EStG erfüllt, aber ein Antrag nach § 13a Abs. 2 EStG gestellt worden ist.

Zeitliche Erfassung von Betriebseinnahmen und -ausgaben

(2) ¹Bei der Gewinnermittlung nach § 4 Abs. 3 EStG sind die Betriebseinnahmen und die Betriebsausgaben nach den Grundsätzen des § 11 EStG zu erfassen. ²Das gilt auch für Vorschüsse, Teil- und Abschlagszahlungen. ³Hat ein Stpfl. Gelder in fremdem Namen und für fremde Rechnung verausgabt, ohne dass er entsprechende Gelder vereinnahmt, kann er in dem Wirtschaftsjahr, in dem er nicht mehr mit einer Erstattung der verausgabten Gelder rechnen kann, eine Betriebsausgabe in Höhe des nicht erstatteten Betrags absetzen. ⁴Soweit der nicht erstattete Betrag in einem späteren Wirtschaftsjahr erstattet wird, ist er als Betriebseinnahme zu erfassen.

Abnutzbare und nicht abnutzbare Anlagegüter

(3) ¹Zu den Betriebseinnahmen gehören auch die Einnahmen aus der Veräußerung von abnutzbaren und nicht abnutzbaren Anlagegütern sowie vereinnahmte Umsatzsteuerbeträge. ²Die Anschaffungs- oder Herstellungskosten für Anlagegüter, die der Abnutzung unterliegen, z. B. Einrichtungsgegenstände, Maschinen, der Geschäfts- oder Firmenwert oder der Praxiswert, dürfen nur im Wege der AfA auf die Nutzungsdauer des Wirtschaftsgutes verteilt werden, sofern nicht die Voraussetzungen des § 6 Abs. 2 oder Abs. 2a EStG anzuwenden ist. ³Neben den Vorschriften über die AfA, die Absetzung für Substanzverringerung, die Bewertungsfreiheit für geringwertige Wirtschaftsgüter oder die Bildung eines Sammelpostens gelten auch die Regelungen über erhöhte Absetzungen und über Sonderabschreibungen. ⁴Die vorgenommenen Abschreibungen sind in die besonderen, laufend zu führenden Verzeichnisse des Anlagevermögens aufzunehmen. ⁵Die Anschaffungs- oder Herstellungskosten oder der an deren Stelle tretende Wert sind bei nicht abnutzbaren Wirtschaftsgütern des Anlagevermögens, z. B. Grund und Boden, Genossenschaftsanteile, Wald einschließlich Erstaufforstung, erst im Zeitpunkt des Zuflusses des Veräußerungserlöses oder im Zeitpunkt der Entnahme als Betriebsausgaben zu berücksichtigen, soweit die Aufwendungen vor dem 1. 1. 1971 nicht bereits zum Zeitpunkt der Zahlung abgesetzt worden sind.

Leibrenten

(4) ¹Erwirbt ein Stpfl. mit Gewinnermittlung nach § 4 Abs. 3 EStG ein Wirtschaftsgut des Anlagevermögens oder des Umlaufvermögens i. S. d. § 4 Abs. 3 Satz 4 EStG gegen eine Leibrente, ergeben sich die Anschaffungskosten für dieses Wirtschaftsgut aus dem Barwert der Leibrentenverpflichtung. ²Die einzelnen Rentenzahlungen sind in Höhe ihres Zinsanteiles Betriebsausgaben. ³Der Zinsanteil ergibt sich aus dem Unterschiedsbetrag zwischen den Rentenzahlungen einerseits und dem jährlichen Rückgang des Barwerts der Leibrentenverpflichtung andererseits. ⁴Aus Vereinfachungsgründen ist es nicht zu beanstanden, wenn die einzelnen Rentenzahlungen in voller Höhe mit dem Barwert der ursprünglichen Rentenverpflichtung verrechnet werden; sobald die Summe der Rentenzahlungen diesen Wert übersteigt, sind die darüber hinausgehenden Rentenzahlungen in vollem Umfang als Betriebsausgabe abzusetzen. ⁵Bei vorzeitigem Fortfall der Rentenverpflichtung ist der Betrag als Betriebseinnahme anzusetzen, der nach Abzug aller bis zum Fortfall geleisteten Rentenzahlungen von dem ursprünglichen Barwert verbleibt. ⁶Erwirbt ein Stpfl. mit Gewinnermittlung nach § 4 Abs. 3 EStG Wirtschaftsgüter des Umlaufvermögens – mit Ausnahme der in § 4 Abs. 3 Satz 4 EStG aufgeführten Wirtschaftsgüter – gegen

Zu § 4 EStG R 4.5 A. II.

eine Leibrente, stellen die Rentenzahlungen zum Zeitpunkt ihrer Verausgabung in voller Höhe Betriebsausgaben dar. [7]Der Fortfall einer solchen Leibrentenverpflichtung führt nicht zu einer Betriebseinnahme.

Raten und Veräußerungsrenten

(5) [1]Veräußert der Stpfl. Wirtschaftsgüter i. S. d. § 4 Abs. 3 Satz 4 EStG gegen einen in Raten zu zahlenden Kaufpreis oder gegen eine Veräußerungsrente, ist in jedem Wirtschaftsjahr in Höhe der in demselben Wirtschaftsjahr zufließenden Kaufpreisraten oder Rentenzahlungen ein Teilbetrag der Anschaffungs- oder Herstellungskosten als Betriebsausgaben abzusetzen. [2]Bei der Veräußerung abnutzbarer Wirtschaftsgüter des Anlagevermögens kann der Stpfl. hinsichtlich der noch nicht im Wege der AfA als Betriebsausgaben berücksichtigten Anschaffungs- oder Herstellungskosten, abweichend von den allgemeinen Grundsätzen, entsprechend verfahren. [3]Wird die Kaufpreisforderung uneinbringlich, ist der noch nicht abgesetzte Betrag in dem Wirtschaftsjahr als Betriebsausgabe zu berücksichtigen, in dem der Verlust eintritt.

Betriebsveräußerung oder -aufgabe

(6) [1]Veräußert ein Stpfl., der den Gewinn nach § 4 Abs. 3 EStG ermittelt, den Betrieb, ist der Stpfl. so zu behandeln, als wäre er im Augenblick der Veräußerung zunächst zur Gewinnermittlung durch Betriebsvermögensvergleich nach § 4 Abs. 1 EStG übergegangen (Wechsel der Gewinnermittlungsart, >R 4.6). [2]Dies gilt auch bei der Veräußerung eines Teilbetriebs oder des gesamten Mitunternehmeranteiles und bei der Aufgabe*⁾ eines Betriebs sowie in den Fällen der Einbringung, unabhängig davon, ob die Einbringung zu Buch-, Zwischen- oder gemeinen Werten erfolgt.

H 4.5 (1)

Änderung der Einnahmenüberschussrechnung

Die Vorschriften über die Bilanzberichtigung (§ 4 Abs. 2 Satz 1 EStG) und die Bilanzänderung (§ 4 Abs. 2 Satz 2 EStG) sind auf die Einnahmenüberschussrechnung nicht anwendbar (>BFH vom 21. 6. 2006 – BStBl II S. 712 und vom 30. 8. 2001 – BStBl 2002 II S. 49).

Anlage EÜR
>H 25

Ergänzungsrechnung

Bei der Gewinnermittlung nach § 4 Abs. 3 EStG sind die Anschaffungskosten eines Gesellschafters für den Erwerb seiner mitunternehmerischen Beteiligung in einer steuerlichen Ergänzungsrechnung nach Maßgabe der Grundsätze über die Aufstellung von Ergänzungsbilanzen zu erfassen, wenn sie in der Einnahmenüberschussrechnung der Gesamthand nicht berücksichtigt werden können (>BFH vom 24. 6. 2009 – BStBl II S. 993).

Gewinnschätzung nach den Grundsätzen des § 4 Abs. 3 EStG
>H 4.1 (Gewinnschätzung)

---

*⁾ Bei der Realteilung ohne Spitzenausgleich einer Mitunternehmerschaft, die ihren Gewinn durch Einnahmenüberschussrechnung ermittelt, besteht aber keine Verpflichtung zur Erstellung einer Realteilungsbilanz nebst Übergangsgewinnermittlung, wenn die Buchwerte fortgeführt werden und die Mitunternehmer unter Aufrechterhaltung dieser Gewinnermittlungsart ihre Tätigkeit in Einzelunternehmen weiterbetreiben (>BFH vom 11. 4. 2013 – BStBl 2014 II S. 242).

Wahl der Gewinnermittlungsart
- Die Entscheidung eines Stpfl., seinen Gewinn durch Einnahmenüberschussrechnung zu ermitteln, muss sich nach außen dokumentiert haben. Das Sammeln z. B. der maßgebenden Einnahmebelege reicht hierfür aus (>BFH vom 13. 10. 1989 – BStBl 1990 II S. 287).
- Der Stpfl. muss die dem Finanzamt gegenüber wirksam getroffene Entscheidung, den Gewinn durch Einnahmenüberschussrechnung zu ermitteln, nicht jährlich wiederholen (>BFH vom 24. 9. 2008 – BStBl 2009 II S. 368).
- Zeichnet ein nicht buchführungspflichtiger Stpfl. nur Einnahmen und Ausgaben auf, kann er nicht verlangen, dass seiner Besteuerung ein nach § 4 Abs. 1 EStG geschätzter Gewinn zugrunde gelegt wird (>BFH vom 2. 3. 1978 – BStBl II S. 431). Durch den Verzicht auf die Aufstellung einer Eröffnungsbilanz und auf die Einrichtung einer den jeweiligen Stand des Vermögens darstellenden Buchführung hat er die Gewinnermittlung durch Einnahmenüberschussrechnung gewählt. Diese Wahl kann nachträglich nicht geändert werden (>BFH vom 5. 11. 2015 – BStBl 2016 II S. 468).
- Die Wahl der Gewinnermittlung durch Einnahmenüberschussrechnung kann nicht unterstellt werden, wenn der Stpfl. bestreitet, betriebliche Einkünfte erzielt zu haben (>BFH vom 8. 3. 1989 – BStBl II S. 714).
- Erzielt ein Stpfl. Gewinneinkünfte und hat er die Gewinnermittlung durch Einnahmenüberschussrechnung gewählt, ist er daran auch gebunden, wenn seine Einkünfte nicht mehr als freiberuflich, sondern als gewerblich eingestuft werden (>BFH vom 8. 10. 2008 – BStBl 2009 II S. 238).
- Das Recht zur Wahl der Gewinnermittlung durch Einnahmenüberschussrechnung entfällt erst mit der Erstellung eines Abschlusses und nicht bereits mit der Einrichtung einer Buchführung oder der Aufstellung einer Eröffnungsbilanz (>BFH vom 19. 3. 2009 – BStBl II S. 659).
- Das Recht zur Wahl der Gewinnermittlung durch Einnahmenüberschussrechnung wird durch tatsächliche Handhabung ausgeübt. Die endgültige Wahl wird z. B. durch Übersendung der Gewinnermittlung an das Finanzamt zum Ausdruck gebracht. Nach wirksam ausgeübter Wahl ist ein Wechsel der Gewinnermittlungsart für das gleiche Wj. auch vor Eintritt der Bestandskraft nur bei Vorliegen eines besonderen Grundes zulässig. Dazu zählt nicht der bloße Irrtum über die steuerlichen Folgen dieser Wahl (>BFH vom 2. 6. 2016 – BStBl 2017 II S. 154).
- Das Wahlrecht zur Gewinnermittlung durch Einnahmenüberschussrechnung ist grundsätzlich nicht dadurch ausgeübt, dass der Stpfl. die vermeintlichen Überschusseinkünfte durch Gegenüberstellung der Einnahmen und Werbungskosten ermittelt hat (>BFH vom 30. 1. 2013 – BStBl II S. 684).
- Ist eine ausländische Personengesellschaft zur Buchführung und zur Aufstellung von Abschlüssen verpflichtet oder tut sie dies freiwillig, steht dem Mitunternehmer für die inländische Gewinnermittlung kein eigenes Wahlrecht zu, seinen Gewinn durch Einnahmenüberschussrechnung zu ermitteln (>BFH vom 25. 6. 2014 – BStBl 2015 II S. 141).
- >H 4.6 (Wechsel zum Betriebsvermögensvergleich)

H 4.5 (2)

Darlehen
Geldbeträge, die dem Betrieb durch die Aufnahme von Darlehen zugeflossen sind, stellen keine Betriebseinnahmen und Geldbeträge, die zur Tilgung von Darlehen geleistet werden, keine Betriebsausgaben dar (>BFH vom 8. 10. 1969 – BStBl 1970 II S. 44).

Darlehens- und Beteiligungsverlust
Darlehensverluste und der Verlust von Beteiligungen an Kapitalgesellschaften können nur dann wie Betriebsausgaben abgesetzt werden, wenn besondere Umstände ihre ausschließliche Zugehörigkeit zur betrieblichen Sphäre ergeben (>BFH vom 2. 9. 1971 – BStBl 1972 II S. 334, vom 11. 3. 1976 – BStBl II S. 380 und vom 23. 11. 1978 – BStBl 1979 II S. 109). Für den Zeitpunkt und den Umfang einer etwaigen Berücksichtigung derartiger Verluste ist maßgeblich, wann und in welcher Höhe die für das Darlehen oder die Beteiligung aufgewendeten Mittel endgültig verloren gegangen sind (>BFH vom 23. 11. 1978 – BStBl 1979 II S. 109).

Diebstahl
Ein durch Diebstahl eingetretener Geldverlust führt nur dann zu einer Betriebsausgabe, wenn der betriebliche Zusammenhang anhand konkreter und objektiv greifbarer Anhaltspunkte festgestellt ist (>BFH vom 28. 11. 1991 – BStBl 1992 II S. 343).

Durchlaufende Posten
In fremdem Namen und auf fremde Rechnung beigetriebene Beträge verlieren ihre Eigenschaft als durchlaufende Posten nicht dadurch, dass der Stpfl. sie für eigene Zwecke verwendet. Veruntreute Fremdgelder stellen keine steuerbaren Einnahmen aus der jeweiligen Einkunftsart dar (>BFH vom 16. 12. 2014 – BStBl 2015 II S. 643).

Fremdwährungsdarlehen
Die Mehrausgaben, die sich bei der Tilgung eines Fremdwährungsdarlehens nach einer Kurssteigerung der ausländischen Währung ergeben, sind im Zeitpunkt der Zahlung als Betriebsausgabe, umgerechnet in Euro, abzuziehen; wird infolge eines Kursrückgangs der ausländischen Währung ein geringerer als der ursprünglich zugeflossene Betrag zurückgezahlt, ist der Unterschiedsbetrag, umgerechnet in Euro, im Zeitpunkt der Zahlung als Betriebseinnahme zu erfassen (>BFH vom 15. 11. 1990 – BStBl 1991 II S. 228).

Gold
Physisches Gold ist entsprechend seiner Zweckbestimmung im Betrieb dem Anlage- oder Umlaufvermögen zuzuordnen. Dem Umlaufvermögen zuzuordnendes physisches Gold stellt keine den Wertpapieren vergleichbare nicht verbriefte Forderungen oder Rechte i. S. d. § 4 Abs. 3 Satz 4 Variante 3 EStG dar (>BFH vom 19. 1. 2017 – BStBl II S. 456 und S. 466).

Investitionszuschüsse bei Einnahmenüberschussrechnung
>H 6.5

Rückdeckungsanspruch
Ein Rückdeckungsanspruch stellt eine Forderung gegen den Versicherer dar, die zum Umlaufvermögen gehört. Der Erwerb eines Rückdeckungsanspruchs ist regelmäßig keine von § 4 Abs. 3 Satz 4 EStG erfasste Anschaffung von Wertpapieren und vergleichbaren, nicht verbrieften Forderungen und Rechten des Umlaufvermögens (>BFH vom 12. 12. 2017 – BStBl 2018 II S. 387).

Sacheinnahmen
sind wie Geldeingänge in dem Zeitpunkt als Betriebseinnahme zu erfassen, in dem der Sachwert zufließt (>BFH vom 12. 3. 1992 – BStBl 1993 II S. 36).

Tauschvorgänge
Durch die Lieferung von zum Betriebsvermögen gehörenden Wirtschaftsgütern im Tausch gegen andere Wirtschaftsgüter hat der Stpfl. eine Betriebseinnahme i. S. d. § 4 Abs. 3 EStG realisiert, da ihm dadurch ein geldwerter Gegenstand zugegangen ist und dieser Zugang im Hinblick

auf die Hingabe von Betriebsgegenständen betrieblich veranlasst ist. Ob die erlangte Gegenleistung in den betrieblichen oder in den privaten Bereich des Stpfl. gelangt ist, hat dafür keine Bedeutung. Eine Betriebseinnahme setzt nicht voraus, dass die erlangte Leistung Betriebsvermögen wird (>BFH vom 17. 4. 1986 – BStBl II S. 607).

Vereinnahmte Umsatzsteuerbeträge
>H 9b (Gewinnermittlung nach § 4 Abs. 3 EStG und Ermittlung des Überschusses der Einnahmen über die Werbungskosten)

Vorschusszahlung
- Vorschussweise gezahlte Honorare sind auch dann zugeflossen, wenn im Zeitpunkt der Veranlagung feststeht, dass sie teilweise zurückzuzahlen sind; das „Behaltendürfen" ist nicht Merkmal des Zuflusses (>BFH vom 13. 10. 1989 – BStBl 1990 II S. 287).
- Nicht rückzahlbare Zahlungen, die ein Verlag zum Zweck der Vorfinanzierung erwarteter GEMA-Zahlungen an den Urheber erbringt und die mit den Ausschüttungen der GEMA zu verrechnen sind, sind unabhängig davon, ob sie als vorzeitige Teilerfüllung einer Vergütungspflicht des Verlages anzusehen sind, mit dem Zufluss als Betriebseinnahmen zu erfassen (>BFH vom 2. 8. 2016 – BStBl 2017 II S. 310).

Wirtschaftsjahr
§ 11 Abs. 1 Satz 2 EStG ist auch bei abweichendem Wj. in der Land- und Forstwirtschaft anzuwenden (>BFH vom 23. 9. 1999 – BStBl 2000 II S. 121).

Zahngold
Ausgaben eines Zahnarztes mit Gewinnermittlung nach § 4 Abs. 3 EStG für Zahngold (>H 4.2 (1) Gold) bilden auch dann Betriebsausgaben, wenn der angeschaffte Goldvorrat den Verbrauch für einige Jahre deckt (>BFH vom 12. 7. 1990 – BStBl 1991 II S. 13 und vom 12. 3. 1992 – BStBl 1993 II S. 36); Indiz dafür ist der Verbrauch der Vorräte innerhalb eines Zeitraums von maximal sieben Jahren oder der Nachweis, dass bei Anschaffung mit einem Verbrauch innerhalb dieses Zeitraums zu rechnen war (>BFH vom 26. 5. 1994 – BStBl II S. 750).

Zufluss von Betriebseinnahmen
- **Provisionszahlungen** >H 11 (Provisionen)
- **Zahlungen des Auftraggebers an ein Versorgungswerk** als Betriebseinnahmen des Auftragnehmers im Zeitpunkt des Eingangs beim Versorgungswerk (>BFH vom 1. 10. 1993 – BStBl 1994 II S. 179).
- **Veräußerungserlös** – der Erlös aus dem Verkauf eines Wirtschaftsgutes ist stets im Jahr des Zuflusses anzusetzen (>BFH vom 16. 2. 1995 – BStBl II S. 635); bei Inanspruchnahme des § 6c EStG >aber R 6c Abs. 1 Satz 3 und 4.

H 4.5 (3)

Eiserne Verpachtung
Zur Gewinnermittlung bei der Verpachtung von Betrieben mit Substanzerhaltungspflicht des Pächters nach §§ 582a, 1048 BGB >BMF vom 21. 2. 2002 (BStBl I S. 262)

Minderung des Buchwerts bei Holzeinschlag
>BMF vom 16. 5. 2012 (BStBl I S. 595)

Veräußerung abnutzbarer Wirtschaftsgüter/Unterlassene AfA
Soweit Anschaffungs- oder Herstellungskosten für abnutzbare Wirtschaftsgüter des Anlagevermögens bis zur Veräußerung noch nicht im Wege der AfA berücksichtigt worden sind, sind sie grundsätzlich (Besonderheit: >R 4.5 Abs. 5) im Wirtschaftsjahr der Veräußerung als Betriebsausgaben abzusetzen, soweit die AfA nicht willkürlich unterlassen worden sind (>BFH vom 16. 2. 1995 – BStBl II S. 635). Eine Nachholung unterlassener AfA-Beträge kommt dagegen nicht in Betracht für Zeiträume, in denen das Wirtschaftsgut zu Unrecht nicht als Betriebsvermögen erfasst worden war (>BFH vom 22. 6. 2010 – BStBl II S. 1035).

H 4.5 (4)

Fortfall der Rentenverpflichtung
Fällt die zur Anschaffung von Wirtschaftsgütern des Anlagevermögens eingegangene Rentenverpflichtung fort, z. B. bei Tod des Rentenberechtigten, liegt eine Betriebseinnahme in Höhe des Barwertes vor, den die Rentenverpflichtung im Augenblick ihres Fortfalls hatte (>BFH vom 31. 8. 1972 – BStBl 1973 II S. 51).

Nachträgliche Erhöhung der Rente
Die infolge einer Wertsicherungsklausel nachträglich eingetretene Erhöhung einer Rente ist in vollem Umfang beim Betriebsausgabenabzug im Zeitpunkt der jeweiligen Zahlung zu berücksichtigen (>BFH vom 23. 2. 1984 – BStBl II S. 516 und vom 23. 5. 1991 – BStBl II S. 796).

H 4.5 (6)

Einbringungsgewinn
Im Fall der Einnahmenüberschussrechnung muss der Einbringungsgewinn auf der Grundlage einer Einbringungsbilanz und einer Eröffnungsbilanz der Gesellschaft ermittelt werden (>BFH vom 18. 10. 1999 – BStBl 2000 II S. 123).

Fehlende Schlussbilanz
Ist auf den Zeitpunkt der Betriebsveräußerung eine Schlussbilanz nicht erstellt worden, und hat dies nicht zur Erlangung ungerechtfertigter Steuervorteile geführt, sind in späteren Jahren gezahlte abziehbare Betriebssteuern und andere Aufwendungen, die durch den veräußerten oder aufgegebenen Betrieb veranlasst sind, nachträgliche Betriebsausgaben (>BFH vom 13. 5. 1980 – BStBl II S. 692).

Nachträgliche Betriebsausgaben
>H 24.2 (Nachträgliche Werbungskosten/Betriebsausgaben)

Tod eines Gesellschafters
Hat eine Personengesellschaft ihren Gewinn durch Einnahmenüberschussrechnung ermittelt, ist sie zur Feststellung der für die Berechnung des Veräußerungsgewinns erforderlichen Buchwerte im Fall der Übernahme aller Wirtschaftsgüter der Personengesellschaft durch die verbleibenden Gesellschafter bei Ableben eines Gesellschafters so zu behandeln, als wäre sie im Augenblick des Todes des Gesellschafters zur Gewinnermittlung nach § 4 Abs. 1 EStG übergegangen. Der Übergangsgewinn ist anteilig dem verstorbenen Gesellschafter zuzurechnen, auch wenn er im Wesentlichen auf der Zurechnung auf die anderen Gesellschafter übergehender Honorarforderungen beruht (>BFH vom 13. 11. 1997 – BStBl 1998 II S. 290).

Übergangsgewinn

Die wegen des Übergangs von der Einnahmenüberschussrechnung zum Betriebsvermögensvergleich erforderlichen Hinzurechnungen und Abrechnungen sind nicht bei dem Veräußerungsgewinn, sondern bei dem laufenden Gewinn des Wj. vorzunehmen, in dem die Veräußerung stattfindet (>BFH vom 23.11.1961 – BStBl 1962 III S. 199); die dem Gewinn hinzuzurechnenden Beträge können nicht verteilt werden (>BFH vom 13.9.2001 – BStBl 2002 II S. 287).

R 4.6	Wechsel der Gewinnermittlungsart

Wechsel zum Betriebsvermögensvergleich

(1) ¹Neben den Fällen des Übergangs von der Gewinnermittlung nach § 4 Abs. 3 EStG zur Gewinnermittlung nach § 4 Abs. 1 oder § 5 EStG ist eine >Gewinnberichtigung auch erforderlich, wenn nach einer Einnahmenüberschussrechnung im folgenden Jahr der Gewinn nach § 13a Abs. 3 bis 5 EStG[*)] ermittelt wird. ²Bei dem Übergang zur Gewinnermittlung durch Betriebsvermögensvergleich kann zur Vermeidung von Härten auf Antrag des Stpfl. der Übergangsgewinn (Saldo aus Zu- und Abrechnungen) gleichmäßig entweder auf das Jahr des Übergangs und das folgende Jahr oder auf das Jahr des Übergangs und die beiden folgenden Jahre verteilt werden. ³Wird der Betrieb vor Ablauf des Verteilungszeitraums veräußert oder aufgegeben, erhöhen die noch nicht berücksichtigten Beträge den laufenden Gewinn des letzten Wirtschaftsjahres. ⁴Die zum Anlagevermögen gehörenden nicht abnutzbaren Wirtschaftsgüter und die in § 4 Abs. 3 Satz 4 EStG genannten Wirtschaftsgüter des Umlaufvermögens sind in der Eröffnungsbilanz mit dem Wert nach § 4 Abs. 3 Satz 5 EStG anzusetzen.

Wechsel zur Einnahmenüberschussrechnung

(2) Beim Übergang von der Gewinnermittlung durch Betriebsvermögensvergleich (§ 4 Abs. 1 oder § 5 EStG) zur Gewinnermittlung nach § 4 Abs. 3 EStG sind die durch den Wechsel der Gewinnermittlungsart bedingten Hinzurechnungen und Abrechnungen im ersten Jahr nach dem Übergang zur Gewinnermittlung nach § 4 Abs. 3 EStG vorzunehmen.

H 4.6

Ansatz- oder Bewertungswahlrechte

gelten beim Übergang zum Betriebsvermögensvergleich als nicht ausgeübt (>BFH zu § 13a EStG vom 14.4.1988 – BStBl II S. 672).

Bewertung von Wirtschaftsgütern

Die einzelnen Wirtschaftsgüter sind beim Übergang zum Betriebsvermögensvergleich mit den Werten anzusetzen, mit denen sie zu Buch stehen würden, wenn von Anfang an der Gewinn durch Betriebsvermögensvergleich ermittelt worden wäre (>BFH vom 23.11.1961 – BStBl 1962 III S. 199).

Erneuter Wechsel der Gewinnermittlungsart

Nach einem Wechsel der Gewinnermittlungsart ist der Stpfl. grundsätzlich für drei Wj. an diese Wahl gebunden. Nur bei Vorliegen eines besonderen wirtschaftlichen Grundes (z. B. Einbringung nach § 24 UmwStG) kann er vor Ablauf dieser Frist zurück wechseln (>BFH vom 9.11.2000 – BStBl 2001 II S. 102).

[*)] Teilweise überholt für Wj., die nach dem 30.12.2015 enden >BMF vom 10.11.2015 (BStBl I S. 877).

Gewinnberichtigungen beim Wechsel der Gewinnermittlungsart
- **Wechsel zum Betriebsvermögensvergleich**
  Der Übergang von der Einnahmenüberschussrechnung zum Betriebsvermögensvergleich erfordert, dass Betriebsvorgänge, die bisher nicht berücksichtigt worden sind, beim ersten Betriebsvermögensvergleich berücksichtigt werden (>BFH vom 28. 5. 1968 – BStBl II S. 650 und vom 24. 1. 1985 – BStBl II S. 255).
- **Wechsel zur Einnahmenüberschussrechnung**
  Soweit sich die Betriebsvorgänge, die den durch den Wechsel der Gewinnermittlungsart bedingten Korrekturen entsprechen, noch nicht im ersten Jahr nach dem Übergang zur Einnahmenüberschussrechnung ausgewirkt haben, können die Korrekturen auf Antrag grundsätzlich in dem Jahr vorgenommen werden, in dem sich die Betriebsvorgänge auswirken (>BFH vom 17. 1. 1963 – BStBl III S. 228).

Gewinnschätzung bei Einnahmenüberschussrechnung
>H 4.1 (Gewinnschätzung)

Keine Verteilung des Übergangsgewinns
- beim Übergang vom Betriebsvermögensvergleich zur Einnahmenüberschussrechnung (>BFH vom 3. 10. 1961 – BStBl III S. 565).
- bei Betriebsveräußerung oder Betriebsaufgabe (>BFH vom 13. 9. 2001 – BStBl 2002 II S. 287).
- bei Einbringung eines Betriebs in eine Personengesellschaft zu Buchwerten (>BFH vom 13. 9. 2001 – BStBl 2002 II S. 287).

Keine Verteilung des Übergangsverlusts
Ein Übergangsverlust, der bei einem Wechsel von der Einnahmenüberschussrechnung zur Gewinnermittlung durch Betriebsvermögensvergleich entsteht, ist nicht auf das Jahr des Übergangs und die beiden Folgejahre zu verteilen (>BFH vom 23. 7. 2013 – BStBl II S. 820).

Land- und Forstwirtschaft
- Bewertung von Vieh in der Übergangsbilanz >H 13.3 (Übergang zur Buchführung)
- Wird zugleich mit dem Übergang von der Einnahmenüberschussrechnung zum Betriebsvermögensvergleich ein landwirtschaftlicher Betrieb infolge Strukturwandels zum Gewerbebetrieb, ist die Gewinnberichtigung bei den Einkünften aus Gewerbebetrieb vorzunehmen; es liegen keine nachträglichen Einkünfte aus Land- und Forstwirtschaft vor (>BFH vom 1. 7. 1981 – BStBl II S. 780).
- Wechsel der Gewinnermittlung allgemein >R 13.5 Abs. 2

Übersicht über die Berichtigung des Gewinns bei Wechsel der Gewinnermittlungsart
>Anlage[1)]

Unterbliebene Gewinnkorrekturen
- Eine bei einem früheren Übergang vom Betriebsvermögensvergleich zur Einnahmenüberschussrechnung oder umgekehrt zu Unrecht unterbliebene Gewinnkorrektur darf bei der aus Anlass eines erneuten Wechsels in der Gewinnermittlungsart erforderlich gewordenen Gewinnkorrektur nicht berücksichtigt werden, soweit der Fehler nicht mehr berichtigt werden kann (>BFH vom 23. 7. 1970 – BStBl II S. 745).

---

1) = Anlage (zu R 4.6) Amtliches Einkommensteuer-Handbuch 2018, hier abgedruckt als Anhang 1.

– Wird ein Betrieb unentgeltlich auf einen Dritten übertragen, sind Hinzurechnungen und Abrechnungen, die infolge des Übergangs zu einer anderen Gewinnermittlungsart oder infolge Schätzung des Gewinns bei dem Rechtsvorgänger zu Recht nicht berücksichtigt worden sind, in der Weise bei dem Erwerber zu berücksichtigen, in der sie ohne die unentgeltliche Übertragung des Betriebs bei dem Rechtsvorgänger zu berücksichtigen gewesen wären (>BFH vom 1. 4. 1971 – BStBl II S. 526 und vom 7. 12. 1971 – BStBl 1972 II S. 338).

Wechsel zum Betriebsvermögensvergleich

Bei einem Wechsel von der Einnahmenüberschussrechnung zum Betriebsvermögensvergleich hat der Stpfl. das Wahlrecht zum Betriebsvermögensvergleich erst dann wirksam ausgeübt, wenn er zeitnah eine Eröffnungsbilanz aufstellt, eine ordnungsmäßige kaufmännische Buchführung einrichtet und aufgrund von Bestandsaufnahmen einen Abschluss macht (>BFH vom 19. 10. 2005 – BStBl 2006 II S. 509).

R 4.7	Betriebseinnahmen und -ausgaben

Betriebseinnahmen und -ausgaben bei gemischt genutzten Wirtschaftsgütern

(1) ¹Gehört ein Wirtschaftsgut zum Betriebsvermögen, sind Aufwendungen einschließlich AfA, soweit sie der privaten Nutzung des Wirtschaftsgutes zuzurechnen sind, keine Betriebsausgaben. ²Gehört ein Wirtschaftsgut zum Privatvermögen, sind die Aufwendungen einschließlich AfA, die durch die betriebliche Nutzung des Wirtschaftsgutes entstehen, Betriebsausgaben. ³Wird ein Wirtschaftsgut des Betriebsvermögens während seiner Nutzung zu privaten Zwecken des Stpfl. zerstört, tritt bezüglich der stillen Reserven, die sich bis zu seiner Zerstörung gebildet haben, keine Gewinnrealisierung ein. ⁴In Höhe des Restbuchwerts liegt eine Nutzungsentnahme vor. ⁵Eine Schadensersatzforderung für das während der privaten Nutzung zerstörte Wirtschaftsgut ist als >Betriebseinnahme zu erfassen, wenn und soweit sie über den Restbuchwert hinausgeht. ⁶Die Leistung der Kaskoversicherung wegen Diebstahls eines zum Betriebsvermögen gehörenden Pkw ist unabhängig von einer Nutzung zu privaten Zwecken in vollem Umfang Betriebseinnahme, wenn der Pkw während einer betrieblichen Nutzung gestohlen wurde. ⁷Wurde der Pkw während einer privaten Nutzung gestohlen, gilt Satz 5 entsprechend.

Betriebseinnahmen und -ausgaben bei Grundstücken

(2) ¹Entgelte aus eigenbetrieblich genutzten Grundstücken oder Grundstücksteilen, z. B. Einnahmen aus der Vermietung von Sälen in Gastwirtschaften, sind >Betriebseinnahmen. ²Das Gleiche gilt für alle Entgelte, die für die Nutzung von Grundstücken oder Grundstücksteilen erzielt werden, die zum gewillkürten Betriebsvermögen gehören. ³Aufwendungen für Grundstücke oder Grundstücksteile, die zum Betriebsvermögen gehören, sind vorbehaltlich des § 4 Abs. 5 Satz 1 Nr. 6b EStG stets Betriebsausgaben; dies gilt auch im Falle einer >teilentgeltlichen Überlassung aus außerbetrieblichen Gründen. ⁴Aufwendungen für einen Grundstücksteil (einschließlich AfA), der eigenbetrieblich genutzt wird, sind vorbehaltlich des § 4 Abs. 5 Satz 1 Nr. 6b EStG auch dann Betriebsausgaben, wenn der Grundstücksteil wegen seines untergeordneten Wertes (>§ 8 EStDV, R 4.2 Abs. 8) nicht als Betriebsvermögen behandelt wird.

Bewirtungen

(3) Der Vorteil aus einer Bewirtung i. S. d. § 4 Abs. 5 Satz 1 Nr. 2 EStG ist aus Vereinfachungsgründen beim bewirteten Stpfl. nicht als Betriebseinnahme zu erfassen.

H 4.7

Abgrenzung der Betriebsausgaben von den nicht abziehbaren Kosten der Lebensführung
>H 12.1 – H 12.2

Auflösung des Mietvertrags
Aufwendungen für vorzeitige Auflösung des Mietvertrags über eine Wohnung sind Betriebsausgaben bei ausschließlich betrieblich veranlasster Verlegung des Lebensmittelpunkts (>BFH vom 1. 12. 1993 – BStBl 1994 II S. 323).

Betreuervergütung
Vergütungen für einen ausschließlich zur Vermögenssorge bestellten Betreuer stellen Betriebsausgaben bei den mit dem verwalteten Vermögen erzielten Einkünften dar, sofern die Tätigkeit des Betreuers weder einer kurzfristigen Abwicklung des Vermögens noch der Verwaltung ertraglosen Vermögens dient (>BFH vom 14. 9. 1999 – BStBl 2000 II S. 69).

Betriebseinnahmen
sind in Anlehnung an § 8 Abs. 1 und § 4 Abs. 4 EStG alle Zugänge in Geld oder Geldeswert, die durch den Betrieb veranlasst sind. Ein Wertzuwachs ist betrieblich veranlasst, wenn insoweit ein nicht nur äußerlicher, sondern sachlicher, wirtschaftlicher Zusammenhang gegeben ist (>BFH vom 14. 3. 2006 – BStBl II S. 650).

Drittaufwand
– Trägt ein Dritter Kosten, die durch die Einkünfteerzielung des Stpfl. veranlasst sind, können sie als so genannter Drittaufwand nicht Betriebsausgaben oder Werbungskosten des Stpfl. sein. Bei **Anschaffungs- oder Herstellungskosten** liegt Drittaufwand vor, wenn ein Dritter sie trägt und das angeschaffte oder hergestellte Wirtschaftsgut vom Stpfl. zur Erzielung von Einkünften genutzt wird (>BFH vom 23. 8. 1999 – BStBl II S. 782, 785). Deshalb kommt die Berücksichtigung einer AfA oder einer Aufwandsverteilung für einen vom Nichteigentümer-Ehegatten betrieblich genutzten Gebäudeteil als Betriebsausgabe grundsätzlich nicht in Betracht, wenn das Darlehen zur Finanzierung der Anschaffungskosten des Gebäudes allein vom Eigentümer-Ehegatten aufgenommen wurde und die Zahlungen zur Tilgung dieses Darlehens von einem gemeinsamen Oder-Konto der Eheleute geleistet werden (>BFH vom 21. 2. 2017 – BStBl II S. 819).
– Aufwendungen eines Dritten können allerdings im Falle der so genannten **Abkürzung des Zahlungswegs** als Aufwendungen des Stpfl. zu werten sein; Abkürzung des Zahlungswegs bedeutet die Zuwendung eines Geldbetrags an den Stpfl. in der Weise, dass der Zuwendende im Einvernehmen mit dem Stpfl. dessen Schuld tilgt, statt ihm den Geldbetrag unmittelbar zu geben, wenn also der Dritte für Rechnung des Stpfl. an dessen Gläubiger leistet (>BFH vom 23. 8. 1999 – BStBl II S. 782, 785).
– **Erhaltungsaufwendungen** eines Dritten sind auch dann Betriebsausgaben oder Werbungskosten des Stpfl., wenn sie auf einem von einem Dritten im eigenen Namen, aber im Interesse des Stpfl. abgeschlossenen Werkvertrag beruhen und der Dritte die geschuldete Zahlung auch selbst leistet – abgekürzter Vertragsweg (>BFH vom 28. 9. 2010 – BStBl 2011 II S. 271). Bei Kreditverbindlichkeiten und anderen Dauerschuldverhältnissen (z. B. Miet- und Pachtverträge) kommt eine Berücksichtigung der Zahlung unter dem Gesichtspunkt der Abkürzung des Vertragswegs nicht in Betracht (>BMF vom 7. 7. 2008 – BStBl I S. 717). Deshalb können Schuldzinsen, die ein Ehegatte auf seine Darlehensverbindlichkeit zahlt, vom anderen Ehegatten auch dann nicht als Betriebsausgaben oder Werbungskosten abgezogen werden, wenn die Darlehensbeträge zur Anschaffung von Wirtschaftsgütern zur Einkünfteerzielung verwendet wurden (>BFH vom 24. 2. 2000 – BStBl II S. 314 und vom 21. 2. 2017 –

BStBl II S. 819). Bezahlt hingegen der andere Ehegatte die Zinsen aus eigenen Mitteln, bilden sie bei ihm abziehbare Betriebsausgaben oder Werbungskosten (>BFH vom 2.12.1999 – BStBl 2000 II S. 312).
– Nehmen Ehegatten **gemeinsam ein gesamtschuldnerisches Darlehen** zur Finanzierung eines Wirtschaftsguts auf, das nur einem von ihnen gehört und von diesem zur Einkünfteerzielung genutzt wird, sind die Schuldzinsen in vollem Umfang bei den Einkünften des Eigentümer-Ehegatten als Betriebsausgaben oder Werbungskosten abziehbar (>BFH vom 2.12.1999 – BStBl 2000 II S. 310 und 312).
– Werden die **laufenden Aufwendungen** für ein Wirtschaftsgut, das dem nicht einkünfteerzielenden Ehegatten gehört, gemeinsam getragen, kann der das Wirtschaftsgut einkünfteerzielend nutzende (andere) Ehegatte nur die nutzungsorientierten Aufwendungen (z. B. bei einem Arbeitszimmer die anteiligen Energiekosten und die das Arbeitszimmer betreffenden Reparaturkosten) als Betriebsausgaben oder Werbungskosten geltend machen (>BFH vom 23.8.1999 – BStBl II S. 782, 786).
– Nutzt ein Miteigentümer allein eine Wohnung zu betrieblichen oder beruflichen Zwecken und werden die Darlehen zum Erwerb der Wohnung gemeinsam aufgenommen und Zins und Tilgung von einem gemeinsamen Konto beglichen, kann er AfA und Schuldzinsen nur entsprechend seinem Miteigentumsanteil als Betriebsausgaben oder Werbungskosten geltend machen. Entsprechendes gilt für gemeinschaftlich getragene andere grundstücksorientierte Aufwendungen, z. B. Grundsteuer, allgemeine Reparaturkosten, Versicherungsprämien (>BFH vom 6.12.2017 – BStBl 2018 II S. 355).

Druckbeihilfen
Die einem Verlag von Autoren für die Veröffentlichung des Werkes gewährten Druckbeihilfen sind Betriebseinnahmen (>BFH vom 3.7.1997 – BStBl 1998 II S. 244).

Eigenaufwand für ein fremdes Wirtschaftsgut
– Trägt ein Stpfl. aus betrieblichem Anlass die Anschaffungs- oder Herstellungskosten für ein Gebäude, das im Alleineigentum oder Miteigentum eines Dritten steht, mit dessen Zustimmung und darf er den Eigentumsanteil des Dritten unentgeltlich nutzen, ist der Stpfl. wirtschaftlicher Eigentümer des Gebäudes, wenn ihm bei Beendigung der Nutzung dem Dritten gegenüber ein Anspruch auf Entschädigung aus einer vertraglichen Vereinbarung oder gesetzlich (§§ 951, 812 BGB) zusteht. Dem Hersteller eines Gebäudes auf einem fremden Grundstück steht in der Regel ein Ersatzanspruch gem. §§ 951, 812 BGB zu, wenn er die Baulichkeit auf Grund eines Nutzungsrechts im eigenen Interesse und ohne Zuwendungsabsicht errichtet hat. Entsprechendes gilt für Gebäudeteile (>BFH vom 14.5.2002 – BStBl II S. 741 und vom 25.6.2003 – BStBl 2004 II S. 403).
– Ist der Stpfl. nicht wirtschaftlicher Eigentümer und hat er Anschaffungs- oder Herstellungskosten für ein im Miteigentum oder in fremdem Eigentum stehendes Gebäude im betrieblichen Interesse getragen, wird dieser Aufwand bei ihm als Posten für die Verteilung eigenen Aufwands aktiviert und ist nach den für Gebäude im Privatvermögen geltenden AfA-Regeln abzuschreiben (>BFH vom 9.3.2016 – BStBl II S. 976). Ein bei Beendigung der Nutzung noch nicht abgeschriebener Restwert wird erfolgsneutral ausgebucht und ist dem Eigentümer des Wirtschaftsguts als Anschaffungs- oder Herstellungskosten zuzurechnen (>BMF vom 16.12.2016 – BStBl I S. 1431).
– Zum eigenen Aufwand des Unternehmer-Ehegatten für die Errichtung von Betriebsgebäuden auf einem ihm zusammen mit dem Nichtunternehmer-Ehegatten oder auf einem dem Nichtunternehmer-Ehegatten allein gehörenden Grundstück >BMF vom 16.12.2016 (BStBl I S. 1431).
– Eine Aufwandsverteilung (>BMF vom 16.12.2016 – BStBl I S. 1431) für einen vom Nichteigentümer-Ehegatten betrieblich genutzten Gebäudeteil setzt voraus, dass dieser die Anschaffungs- oder Herstellungskosten getragen hat. Zahlungen von einem gemeinsamen

Konto der Ehegatten gelten unabhängig davon, aus wessen Mitteln das Guthaben auf dem Konto stammt, jeweils für Rechnung desjenigen geleistet, der den Betrag schuldet, sofern keine besonderen Vereinbarungen getroffen wurden (>BFH vom 21. 2. 2017 – BStBl II S. 819).

– Ehegatten, die gemeinsam die Herstellungskosten des von ihnen bewohnten Hauses getragen haben und die darin jeweils einen Raum zur Einkünfteerzielung nutzen, können jeweils die auf diesen Raum entfallenden Herstellungskosten für die Dauer dieser Nutzung als Betriebsausgaben oder Werbungskosten (AfA und Aufwandsverteilung nach Gebäudegrundsätzen, >BMF vom 16. 12. 2016 – BStBl I S. 1431) geltend machen. Die Bemessungsgrundlage für die auf den jeweiligen Raum entfallende AfA und Aufwandsverteilung ist zu schätzen, soweit die Herstellungskosten nicht eindeutig dem Raum zugeordnet werden können. Maßstab ist das Verhältnis der Nutz- oder Wohnflächen (>BFH vom 23. 8. 1999 – BStBl II S. 774).

– Beteiligt sich ein Stpfl. (Ehegatte) finanziell an den Anschaffungs- oder Herstellungskosten eines Hauses, das dem anderen Ehegatten gehört, und nutzt er Räume dieses Gebäudes zur Einkünfteerzielung, kann er die auf diese Räume entfallenden eigenen Aufwendungen grundsätzlich als Betriebsausgaben oder Werbungskosten (Aufwandsverteilung nach Gebäudegrundsätzen, >BMF vom 16. 12. 2016 – BStBl I S. 1431) abziehen. Bemessungsgrundlage der Aufwandsverteilung sind die auf diese Räume entfallenden Anschaffungs- oder Herstellungskosten, soweit sie der Kostenbeteiligung des Stpfl. entsprechen (>BFH vom 23. 8. 1999 – BStBl II S. 778).

– Der Stpfl. trägt die Herstellungskosten für ein fremdes, aber zu betrieblichen Zwecken genutztes Gebäude auch dann im eigenen betrieblichen Interesse, wenn er als Gegenleistung für die Nutzungsbefugnis des Grundstücks auf einen Ersatzanspruch verzichtet (>BFH vom 25. 2. 2010 – BStBl II S. 670).

Eigenprovisionen

Provisionen, die ein Versicherungsvertreter vom Versicherungsunternehmen für den Abschluss eigener privater Versicherungen (z. B. Lebensversicherungen für sich oder seine Ehefrau) in gleicher Weise erhält wie für die Vermittlung von Versicherungsabschlüssen mit Dritten (sog. Eigenprovisionen), sind Betriebseinnahmen (>BFH vom 27. 5. 1998 – BStBl II S. 618). Das Gleiche gilt für Vergütungen, die ein Vermittler von Beteiligungen an Personengesellschaften von einem Dritten für die Zeichnung eigener Beteiligungen an diesen Gesellschaften erhält. Sie sind nicht in der Gewinnermittlung der Personengesellschaft (als Sonderbetriebseinnahmen oder Minderung der anteilig auf den Vermittler entfallenden Anschaffungskosten) zu berücksichtigen (>BFH vom 14. 3. 2012 – BStBl II S. 498).

Entschädigungen

Neben Förderzinsen zum Abbau von Bodenschätzen gezahlte Entschädigungen für entgangene/entgehende Einnahmen sind Betriebseinnahmen, wenn die Flächen im Betriebsvermögen bleiben (>BFH vom 15. 3. 1994 – BStBl II S. 840).

Erbschaft

Eine für den Betrieb eines Stpfl. (z. B. Altenheim) bestimmte Erbschaft ist als Betriebseinnahme zu versteuern (>BFH vom 14. 3. 2006 – BStBl II S. 650).

Fachtagung

Der geldwerte Vorteil aus der Teilnahme an einer vom Geschäftspartner organisierten Fachtagung, die den üblichen Rahmen geschäftlicher Gespräche überschreitet, ist Betriebseinnahme (>BFH vom 26. 9. 1995 – BStBl 1996 II S. 273).

Fonds, geschlossene
Zur Abgrenzung zwischen Betriebsausgaben, Anschaffungskosten und Herstellungskosten
>BMF vom 20. 10. 2003 (BStBl I S. 546)

Gemischt genutzte Wirtschaftsgüter
– Werden nicht zum Betriebsvermögen gehörende Wirtschaftsgüter auch betrieblich genutzt, können Aufwendungen einschließlich der AfA, die durch die betriebliche Nutzung entstehen, als Betriebsausgaben abgesetzt werden, wenn die betriebliche Nutzung nicht nur von untergeordneter Bedeutung ist und der betriebliche Nutzungsanteil sich leicht und einwandfrei anhand von Unterlagen nach objektiven, nachprüfbaren Merkmalen – ggf. im Wege der Schätzung – von den nicht abziehbaren Kosten der Lebenshaltung trennen lässt (>BFH vom 13. 3. 1964 – BStBl III S. 455).
– Zu Fahrtkosten bei Geschäftsreisen >R 4.12 Abs. 2

Gewinnanteile des stillen Gesellschafters
Die an den typisch stillen Gesellschafter gezahlten Gewinnanteile sind insoweit keine Betriebsausgaben, als der Geschäftsinhaber die Vermögenseinlage des stillen Gesellschafters zu privaten Zwecken verwendet hat (>BFH vom 6. 3. 2003 – BStBl II S. 656).

Incentive-Reisen
>BMF vom 14. 10. 1996 (BStBl I S. 1192)

Losveranstaltungen
– Wird von einer Provision das Entgelt für Lose unmittelbar einbehalten und werden die Gewinne in vollem Umfang durch die Losentgelte finanziert, ist der Erwerb der Lose bereits Teil der Einkommensverwendung. Die Vorteile daraus stehen mit der Einkommenserzielung in keinem steuerlich relevanten Sachzusammenhang. Dies gilt auch dann, wenn die Lose nur von solchen Personen erworben werden können, die Leistungen gegenüber dem die Auslosung vornehmenden Unternehmen erbracht haben (z. B. selbständige Außendienstmitarbeiter einer Bausparkasse) (>BFH vom 2. 9. 2008 – BStBl 2010 II S. 548).
– Der Gewinn aus Losen, die Vertriebsmitarbeiter für die Erzielung bestimmter Umsätze erhalten, ist betrieblich veranlasst (>BFH vom 2. 9. 2008 – BStBl 2010 II S. 550).

Mobilfunkdienstleistungsverträge
Vergünstigungen im Zusammenhang mit dem Abschluss von Mobilfunkdienstleistungsverträgen als Betriebseinnahmen >BMF vom 20. 6. 2005 (BStBl I S. 801), Rdnr. 11 ff.

Nachträgliche Betriebsausgaben
>H 24.2 (Nachträgliche Werbungskosten/Betriebsausgaben)

Nebenräume
Werden betrieblich oder beruflich genutzte Nebenräume in die Kostenberechnung einbezogen, sind die abziehbaren Kosten nach dem Verhältnis des gesamten betrieblich oder beruflich genutzten Bereiches (betrieblich oder beruflich genutzte Haupt- und Nebenräume) zu der Gesamtfläche aller Räume des Gebäudes aufzuteilen (>BMF vom 6. 10. 2017 – BStBl I S. 1320, Rdnr. 6a).

Nießbrauch

- Aufwendungen des Stpfl. im Zusammenhang mit dem betrieblich genutzten Grundstück oder Grundstücksteil sind Betriebsausgaben; hierzu gehören auch die abschreibbaren Anschaffungs- oder Herstellungskosten, die der Stpfl. selbst getragen hat (>BFH vom 16.12.1988 – BStBl 1989 II S. 763 und vom 20.9.1989 – BStBl 1990 II S. 368).
- Der Vermächtnisnießbraucher ist nicht berechtigt, AfA auf Anschaffungs- oder Herstellungskosten des Erblassers in Anspruch zu nehmen (>BFH vom 28.9.1995 – BStBl 1996 II S. 440).

Nutzungsausfallentschädigung

Die Entschädigung für den Nutzungsausfall eines Wirtschaftsgutes des Betriebsvermögens ist eine Betriebseinnahme. Unerheblich ist, ob der Schaden im Zuge betrieblicher oder privater Nutzung eingetreten ist. Setzt der Stpfl. die Aufwendungen für die private Nutzung eines Kfz nach § 6 Abs. 1 Nr. 4 Satz 3 EStG an, mindert eine Nutzungsausfallentschädigung die Gesamtaufwendungen für das Kfz (>BFH vom 27.1.2016 – BStBl II S. 534).

Photovoltaikanlage

Wird eine Photovoltaikanlage betrieben, die auf das Dach eines im Übrigen nicht der Einkünfteerzielung dienenden Gebäudes aufgesetzt ist, können anteilige Gebäudekosten nicht als Betriebsausgaben im Wege der sog. Aufwandseinlage bei der Ermittlung der gewerblichen Einkünfte des Betriebs „Stromerzeugung" berücksichtigt werden. Die Photovoltaikanlage als Betriebsvorrichtung und das Gebäude stellen jeweils eigenständige Wirtschaftsgüter dar (>BFH vom 17.10.2013 – BStBl 2014 II S. 372).

Praxisausfallversicherung

Eine Praxisausfallversicherung, durch die im Falle einer krankheitsbedingten Arbeitsunfähigkeit des Stpfl. die fortlaufenden Kosten seines Betriebes ersetzt werden, gehört dessen Lebensführungsbereich an. Die Beiträge zu dieser Versicherung stellen daher keine Betriebsausgaben dar, die Versicherungsleistung ist nicht steuerbar. Wird neben dem privaten Risiko der Erkrankung zugleich aber ein betriebliches Risiko versichert (z. B. die behördlich verfügte Quarantäne gegen einen Arzt), steht § 12 Nr. 1 EStG dem Abzug der hierauf entfallenden Versicherungsbeiträge als Betriebsausgaben nicht entgegen. Maßstab für den anteiligen Betriebsausgabenabzug ist das Verhältnis der Prämien mit und ohne betrieblichen Versicherungsanteil (>BFH vom 19.5.2009 – BStBl 2010 II S. 168).

Preisgelder als Betriebseinnahmen

>BMF vom 5.9.1996 (BStBl I S. 1150) unter Berücksichtigung der Änderung durch BMF vom 23.12.2002 (BStBl 2003 I S. 76)

Provisionen für die Vermittlung von Anteilen an Personengesellschaften

Vergütungen, die ein Vermittler von Beteiligungen an Personengesellschaften von einem Dritten dafür erhält, dass er Dritten Anteile an Personengesellschaften vermittelt, an denen er auch selbst beteiligt ist, sind Betriebseinnahmen im Rahmen seiner gewerblichen Tätigkeit. Sie sind nicht in der Gewinnermittlung der Personengesellschaft zu berücksichtigen (>BFH vom 14.3.2012 – BStBl II S. 498).

Prozesskosten

die einem Erben im Zusammenhang mit der Anfechtung des Testaments entstehen, stellen auch dann keine Betriebsausgaben dar, wenn zum Nachlass ein Gewerbebetrieb gehört (>BFH vom 17.6.1999 – BStBl II S. 600).

Risikolebensversicherung
Beiträge für eine Risikolebensversicherung sind nicht betrieblich veranlasst, weil dadurch das Leben des Versicherungsnehmers und nicht ein betriebliches Risiko abgesichert wird (>BFH vom 23. 4. 2013 – BStBl II S. 615).

Schadensersatz als Betriebseinnahme
Bei Schadensersatzleistungen eines Steuerberaters oder seines Haftpflichtversicherers wegen vermeidbar zuviel entrichteter Steuern kommt es entscheidend darauf an, ob die Entrichtung der Steuer zu einer Betriebsausgabe führt oder in die außerbetriebliche Sphäre fällt. Schadensersatz wegen einer zu hohen Einkommensteuerfestsetzung ist daher beim Mandanten keine Betriebseinnahme. Schadensersatz wegen einer zu hohen Körperschaftsteuerfestsetzung ist beim Mandanten Betriebseinnahme (>BFH vom 18. 6. 1998 – BStBl II S. 621).

Schätzung von Betriebsausgaben
– Von tatsächlich geleisteten Betriebsausgaben kann grundsätzlich nur ausgegangen werden, wenn deren betriebliche Veranlassung und Höhe nachgewiesen ist. Gelingt dieser Nachweis der Höhe nach nicht, obwohl offensichtlich Ausgaben angefallen sein müssen, sind die nicht feststellbaren Besteuerungsgrundlagen zu schätzen (§ 162 Abs. 2 Satz 2 AO). Die Schätzung muss insgesamt in sich schlüssig, wirtschaftlich vernünftig und möglich sein. Eine grobe, griffweise Schätzung kann diesen Anforderungen nur genügen, wenn keinerlei Möglichkeiten zur näheren Präzisierung der Schätzungsmethode, wie z. B. durch Anlehnung an die Richtsatzsammlung oder anhand von Erfahrungswerten der Finanzverwaltung bezüglich bestimmten Aufwandes, besteht. Die geltend gemachten Betriebsausgaben sind um angemessene Unsicherheitsabschläge zu kürzen. Nach der Schätzung ist zu prüfen, ob und inwieweit die fehlende Benennung der Zahlungsempfänger gem. § 160 AO dem Abzug der geschätzten Ausgaben entgegensteht (>BFH vom 24. 6. 1997 – BStBl 1998 II S. 51).
– >Verhältnis von Betriebsausgaben und Werbungskostenpauschale

Schuldzinsen
– Schuldzinsenabzug nach § 4 Abs. 4a EStG,
  >BMF vom 2. 11. 2018 (BStBl I S. 1207)
  >BMF vom 12. 6. 2006 (BStBl I S. 416) zur Berücksichtigung von vor dem 1. 1. 1999 entstandenen Unterentnahmen
– Schuldzinsen aus der Finanzierung von
  – Pflichtteilsverbindlichkeiten,
  – Vermächtnisschulden,
  – Erbersatzverbindlichkeiten,
  – Zugewinnausgleichsschulden,
  – Abfindungsschulden nach der Höfeordnung,
  – Abfindungsschulden im Zusammenhang mit der Vererbung eines Anteils an einer Personengesellschaft im Wege der qualifizierten Nachfolgeklausel oder im Wege der qualifizierten Eintrittsklausel,
  dürfen nicht als Betriebsausgaben oder Werbungskosten abgezogen werden (>BMF vom 11. 8. 1994 – BStBl I S. 603).
– >H 4.2 (15) (Betriebsschuld)

Sonderbetriebseinnahmen und -ausgaben
– Erträge und Aufwendungen des Gesellschafters einer in § 15 Abs. 1 Satz 1 Nr. 2 EStG genannten Personengesellschaft, die durch seine Beteiligung an der Gesellschaft veranlasst sind, sind bei ihm als Sonderbetriebseinnahmen oder -ausgaben zu erfassen und müssen auch Eingang in die einheitliche Gewinnfeststellung finden. Von Sonderbetriebsausgaben,

die den Gewinnanteil des Gesellschafters mindern, sind die Betriebsausgaben abzugrenzen, die nur den Gewinn des eigenen Gewerbebetriebs des Gesellschafters mindern, z. B. eigene Rechts- und Beratungskosten (>BFH vom 18. 5. 1995 – BStBl 1996 II S. 295).
- Schuldzinsen für vom Gesellschafter übernommene Darlehensschulden der Mitunternehmerschaft sind als Sonderbetriebsausgaben des Gesellschafters abziehbar, wenn mit der Schuldübernahme eine vom Gesellschafter zu erbringende Einlageverpflichtung erfüllt wird. Wird eine andere Verpflichtung durch die Schuldübernahme erfüllt, liegen Sonderbetriebsausgaben vor, wenn mit der Schuldübernahme eine das Sonderbetriebsvermögen betreffende Verbindlichkeit des Gesellschafters erfüllt wird (>BFH vom 28. 10. 1999 – BStBl 2000 II S. 390).
- >H 15.8 (3) Tätigkeitsvergütungen
- >Eigenprovisionen

Sponsoring
>BMF vom 18. 2. 1998 (BStBl I S. 212)

Steuerberatungskosten
Zuordnung der Steuerberatungskosten zu den Betriebsausgaben, Werbungskosten oder Kosten der Lebensführung >BMF vom 21. 12. 2007 (BStBl 2008 I S. 256)

Teilentgeltliche Überlassung
Die teilentgeltliche Überlassung von Grundstücken oder Grundstücksteilen aus außerbetrieblichen Gründen ist als Nutzungsentnahme zu behandeln (>BFH vom 24. 3. 2011 – BStBl II S. 692).

Unentgeltliche Übertragung eines Grundstücks oder Grundstücksteils an eine betriebsfremde Person unter Vorbehalt eines Nutzungsrechts für betriebliche Zwecke
Aufwendungen des Stpfl. im Zusammenhang mit dem betrieblich genutzten Grundstück oder Grundstücksteil sind Betriebsausgaben (>BFH vom 26. 10. 1987 – BStBl 1988 II S. 348); hierzu gehört auch die AfA auf Anschaffungs- oder Herstellungskosten, die der Stpfl. selbst getragen hat (>BFH vom 16. 12. 1988 – BStBl 1989 II S. 763 und vom 20. 9. 1989 – BStBl 1990 II S. 368); Bemessungsgrundlage für die künftige AfA ist der Entnahmewert (Teilwert/Buchwert >R 7.3 Abs. 6, R 7.4 Abs. 11; >BFH vom 20. 9. 1989 – BStBl 1990 II S. 368).

Veräußerung eines zum Betriebsvermögen gehörenden auch privat genutzten Wirtschaftsguts
Wird ein zum Betriebsvermögen gehörendes Wirtschaftsgut, das teilweise privat genutzt worden ist, veräußert, ist der gesamte Veräußerungserlös Betriebseinnahme (>BFH vom 24. 9. 1959 – BStBl III S. 466).

Verhältnis von Betriebsausgaben und Werbungskostenpauschale
Aufwendungen für unterschiedliche Einkunftsarten sind – ggf. im Schätzungswege – in Betriebsausgaben und Werbungskosten aufzuteilen und den jeweiligen Einkunftsarten, durch die sie veranlasst sind, zuzuordnen. Der Stpfl. kann eine beliebige Bestimmung treffen und neben der Werbungskostenpauschale sämtliche nachgewiesenen Aufwendungen als Betriebsausgaben geltend machen (>BFH vom 10. 6. 2008 – BStBl II S. 937).

Veruntreute Betriebseinnahmen
- Veruntreut ein Gesellschafter Betriebseinnahmen der Personengesellschaft, indem er veranlasst, dass in Kundenrechnungen der Gesellschaft ein Konto angegeben wird, von dem die übrigen Gesellschafter keine Kenntnis haben, und verwendet er anschließend die dortigen Zahlungseingänge für private Zwecke, ist die nach Aufdeckung des Vorgangs an die Mitgesellschafter geleistete Ausgleichszahlung nicht betrieblich veranlasst, wenn Inhaber

des Kontos die Gesellschaft ist, die Zahlungseingänge als Betriebseinnahme der Gesellschaft behandelt werden und der Gewinn nach dem allgemeinen Schlüssel verteilt wird. Eine betriebliche Veranlassung liegt vor, wenn die veruntreuten Gelder dem Gesellschafter allein als Einkünfte zugerechnet worden sind (>BFH vom 8.6.2000 – BStBl II S. 670).
- Entgehen der Gesellschaft Einnahmen, weil ein Mitunternehmer die der Gesellschaft zustehenden Einnahmen auf ein eigenes Konto leitet, handelt es sich bei den Einnahmen um Sonderbetriebseinnahmen des ungetreuen Mitunternehmers (>BFH vom 22.6.2006 – BStBl II S. 838).
- Unberechtigte Entnahmen führen beim ungetreuen Gesellschafter, anders als im Fall der Umleitung von der Gesellschaft zustehenden Betriebseinnahmen auf das eigene Konto, nicht zu Betriebseinnahmen (>BFH vom 14.12.2000 – BStBl 2001 II S. 238).

VIP-Logen
- Aufwendungen für VIP-Logen in Sportstätten >BMF vom 22.8.2005 (BStBl I S. 845) unter Berücksichtigung der Änderungen durch BMF vom 19.5.2015 (BStBl I S. 468), Rz. 15.
- Anwendung der Vereinfachungsregelungen auf ähnliche Sachverhalte >BMF vom 11.7.2006 (BStBl I S. 447) unter Berücksichtigung der Änderungen durch BMF vom 19.5.2015 (BStBl I S. 468), Rz. 15.

Vorweggenommene Betriebsausgaben
- sind abziehbar bei ausreichend bestimmbarem Zusammenhang zwischen den Aufwendungen und der Einkunftsart (>BFH vom 15.4.1992 – BStBl II S. 819); die Zahlung einer in einem Ausbildungsverhältnis begründeten Vertragsstrafe kann zu Betriebsausgaben führen (>BFH vom 22.6.2006 – BStBl 2007 II S. 4).
- bei Aufwendungen für eine berufliche Fort- und Weiterbildung >BMF vom 22.9.2010 (BStBl I S. 721).
- bei vergeblicher Investition in ein betrügerisches Modell über den Erwerb von tatsächlich nicht existierenden Blockheizkraftwerken >BFH vom 7.2.2018 (BStBl II S. 630).

Wahlkampfkosten
eines Bewerbers um ein ehrenamtliches Stadtratsmandat, aus dem Einkünfte i. S. d. § 18 Abs. 1 Nr. 3 EStG bezogen werden, können als Betriebsausgaben abzugsfähig sein (>BFH vom 25.1.1996 – BStBl II S. 431).

Zwangsverwaltung
Zur Ermittlung der Einkünfte für den Zeitraum einer Zwangsverwaltung >BMF vom 3.5.2017 (BStBl I S. 718), Rn. 28-32

R 4.8 Rechtsverhältnisse zwischen Angehörigen

Arbeitsverhältnisse zwischen Ehegatten
(1) Arbeitsverhältnisse zwischen Ehegatten können steuerrechtlich nur anerkannt werden, wenn sie ernsthaft vereinbart und entsprechend der Vereinbarung tatsächlich durchgeführt werden.

Arbeitsverhältnisse mit Personengesellschaften
(2) ¹Für die einkommensteuerrechtliche Beurteilung des Arbeitsverhältnisses eines Ehegatten mit einer Personengesellschaft, die von dem anderen Ehegatten auf Grund seiner wirtschaftlichen Machtstellung beherrscht wird, z. B. in der Regel bei einer Beteiligung zu mehr als 50 %, gelten die Grundsätze für die steuerliche Anerkennung von Ehegattenarbeitsverhältnissen im

Allgemeinen entsprechend. ²Beherrscht der Mitunternehmer-Ehegatte die Personengesellschaft nicht, kann allgemein davon ausgegangen werden, dass der mitarbeitende Ehegatte in der Gesellschaft die gleiche Stellung wie ein fremder Arbeitnehmer hat und das Arbeitsverhältnis deshalb steuerrechtlich anzuerkennen ist.

Arbeitsverhältnisse zwischen Eltern und Kindern
(3) ¹Für die bürgerlich-rechtliche Wirksamkeit eines Arbeits- oder Ausbildungsvertrages mit einem minderjährigen Kind ist die Bestellung eines Ergänzungspflegers nicht erforderlich. ²>Arbeitsverhältnisse mit Kindern unter 15 Jahren verstoßen jedoch im Allgemeinen gegen das >Jugendarbeitsschutzgesetz; sie sind nichtig und können deshalb auch steuerrechtlich nicht anerkannt werden. ³Die Gewährung freier Wohnung und Verpflegung kann als Teil der Arbeitsvergütung zu behandeln sein, wenn die Leistungen auf arbeitsvertraglichen Vereinbarungen beruhen.

H 4.8

Arbeitsverhältnisse mit Kindern
- >Aushilfstätigkeiten von Kindern
- Beruht die Mitarbeit von Kindern im elterlichen Betrieb auf einem Ausbildungs- oder Arbeitsverhältnis, so gelten für dessen steuerrechtliche Anerkennung den Ehegatten-Arbeitsverhältnissen entsprechende Grundsätze (>BFH vom 10. 3. 1988 – BStBl II S. 877 und vom 29. 10. 1997 – BStBl 1998 II S. 149).
- >Bildungsaufwendungen für Kinder
- Ein steuerrechtlich anzuerkennendes Arbeitsverhältnis bei Hilfeleistungen von Kindern im elterlichen Betrieb liegt nicht vor bei geringfügigen oder typischerweise privaten Verrichtungen (>BFH vom 9. 12. 1993 – BStBl 1994 II S. 298); >Gelegentliche Hilfeleistung.
- >Unterhalt

Arbeitsverhältnisse zwischen Ehegatten
- **Betriebliche Altersversorgung, Direktversicherung.**
  >H 4b (Arbeitnehmer-Ehegatten)
- **Der steuerrechtlichen Anerkennung eines Arbeitsverhältnisses steht entgegen:**
  = Arbeitnehmer-Ehegatte hebt monatlich vom betrieblichen Bankkonto des Arbeitgeber-Ehegatten einen größeren Geldbetrag ab und teilt diesen selbst auf in das benötigte Haushaltsgeld und den ihm zustehenden monatlichen Arbeitslohn (>BFH vom 20. 4. 1989 – BStBl II S. 655).
  = Fehlen einer Vereinbarung über die Höhe des Arbeitslohns (>BFH vom 8. 3. 1962 – BStBl III S. 218).
  = Langzeitige Nichtauszahlung des vereinbarten Arbeitslohns zum üblichen Zahlungszeitpunkt; statt dessen z. B. jährliche Einmalzahlung (>BFH vom 14. 10. 1981 – BStBl 1982 II S. 119). Das gilt auch dann, wenn das Arbeitsverhältnis bereits seit mehreren Jahren ordnungsgemäß durchgeführt wurde und im Veranlagungsjahr Lohnsteuer und Sozialabgaben abgeführt wurden (>BFH vom 25. 7. 1991 – BStBl II S. 842).
  = Wechselseitige Verpflichtung zur Arbeitsleistung; ein Arbeitsvertrag ist nicht durchführbar, wenn sich Ehegatten, die beide einen Betrieb unterhalten, wechselseitig verpflichten, mit ihrer vollen Arbeitskraft jeweils im Betrieb des anderen tätig zu sein. Wechselseitige Teilzeitarbeitsverträge können jedoch anerkannt werden, wenn die Vertragsgestaltungen insgesamt einem >Fremdvergleich standhalten (>BFH vom 12. 10. 1988 – BStBl 1989 II S. 354).

- **Der steuerrechtlichen Anerkennung eines Arbeitsverhältnisses kann entgegenstehen:**
  - = Arbeitslohnzahlung in Form von Schecks, die der Arbeitnehmer-Ehegatte regelmäßig auf das private Konto des Arbeitgeber-Ehegatten einzahlt (>BFH vom 28.2.1990 – BStBl II S. 548).
  - = Überweisung des Arbeitsentgelts des Arbeitnehmer-Ehegatten auf ein Konto des Arbeitgeber-Ehegatten, über das dem Arbeitnehmer-Ehegatten nur ein Mitverfügungsrecht zusteht (>BFH vom 24.3.1983 – BStBl II S. 663), oder auf ein Bankkonto des Gesellschafterehegatten, über das dem Arbeitnehmer-Ehegatten nur ein Mitverfügungsrecht zusteht (>BFH vom 20.10.1983 – BStBl 1984 II S. 298).
- **Der steuerrechtlichen Anerkennung eines Arbeitsverhältnisses steht nicht entgegen:**
  - = Darlehensgewährung des Arbeitnehmer-Ehegatten an den Arbeitgeber-Ehegatten in Höhe des Arbeitsentgelts ohne rechtliche Verpflichtung, nachdem dieses in die Verfügungsmacht des Arbeitnehmer-Ehegatten gelangt ist. Das gilt auch, wenn der Arbeitnehmer-Ehegatte jeweils im Fälligkeitszeitpunkt über den an ihn ausgezahlten Nettoarbeitslohn ausdrücklich dadurch verfügt, dass er den Auszahlungsanspruch in eine Darlehensforderung umwandelt (>BFH vom 17.7.1984 – BStBl 1986 II S. 48). Werden dagegen Arbeits- und Darlehensvereinbarungen von Ehegatten in einer Weise miteinander verknüpft, dass das Arbeitsentgelt ganz oder teilweise bereits als Darlehen behandelt wird, bevor es in die Verfügungsmacht des Arbeitnehmer-Ehegatten gelangt ist, so ist zur Anerkennung des Arbeitsverhältnisses erforderlich, dass auch der Darlehensvertrag wie ein unter Fremden üblicher Vertrag mit eindeutigen Zins- und Rückzahlungsvereinbarungen abgeschlossen und durchgeführt wird (>BFH vom 23.4.1975 – BStBl II S. 579).
  - = Schenkung – Laufende Überweisung des Arbeitsentgelts auf ein Sparbuch des Arbeitnehmer-Ehegatten, von dem dieser ohne zeitlichen Zusammenhang mit den Lohnzahlungen größere Beträge abhebt und dem Arbeitgeber-Ehegatten schenkt (>BFH vom 4.11.1986 – BStBl 1987 II S. 336).
  - = Teilüberweisung des Arbeitsentgelts als vermögenswirksame Leistungen nach dem Vermögensbildungsgesetz auf Verlangen des Arbeitnehmer-Ehegatten auf ein Konto des Arbeitgeber-Ehegatten oder auf ein gemeinschaftliches Konto beider Ehegatten (>BFH vom 19.9.1975 – BStBl 1976 II S. 81).
  - = Überweisung des Arbeitsentgelts auf ein Bankkonto des Arbeitnehmer-Ehegatten, für das der Arbeitgeber-Ehegatte unbeschränkte Verfügungsvollmacht besitzt (>BFH vom 16.1.1974 – BStBl II S. 294).
  - = Vereinbartes Arbeitsentgelt ist unüblich niedrig, es sei denn, das Arbeitsentgelt ist so niedrig bemessen, dass es nicht mehr als Gegenleistung für eine begrenzte Tätigkeit des Arbeitnehmer-Ehegatten angesehen werden kann, weil ein rechtsgeschäftlicher Bindungswille fehlt (>BFH vom 22.3.1990 – BStBl II S. 776).
  - >Gehaltsumwandlung, -verzicht
  - = Zahlung des Arbeitsentgelts auf ein „Oder-Konto" bei im übrigen ernsthaft vereinbarten und tatsächlich durchgeführten Ehegatten-Arbeitsverhältnissen (>BVerfG vom 7.11.1995 – BStBl 1996 II S. 34).
- **Direktversicherung**
  >H 4b (Arbeitnehmer-Ehegatten)
- **Gehaltsumwandlung, -verzicht**
  - = Begnügt sich der Arbeitnehmer-Ehegatte mit unangemessen niedrigen Aktivbezügen, ist die Dienstleistung in einen entgeltlichen und einen unentgeltlichen Teil zu zerlegen. Betrieblich veranlasst ist nur der entgeltliche Teil. Verzichtet der Arbeitnehmer-Ehegatte ganz auf sein Arbeitsentgelt, ist von einer in vollem Umfang privat veranlassten familiären Mitarbeit auszugehen. Entsprechendes gilt, wenn ein Arbeitnehmer-Ehegatte ohne entsprechende Absicherung seines Anspruchs zugunsten eines erst viele Jahre später fäl-

lig werdenden Ruhegehalts auf seine Aktivbezüge verzichtet (>BFH vom 25. 7. 1995 – BStBl 1996 II S. 153).
= >BMF vom 9. 1. 1986 (BStBl I S. 7)
– **Rückstellungen für Pensionsverpflichtungen**
= Bei einer Pensionszusage an den Arbeitnehmer-Ehegatten, die an die Stelle einer fehlenden Anwartschaft aus der gesetzlichen Rentenversicherung getreten ist, können sich die Rückstellungsbeträge grundsätzlich nicht gewinnmindernd auswirken, soweit die Aufwendungen die wirtschaftliche Funktion der Arbeitnehmerbeiträge haben. Fiktive Arbeitgeberbeiträge in der Zeit zwischen dem Beginn des steuerrechtlich anerkannten Arbeitsverhältnisses und der Erteilung der Pensionszusage können nicht als Betriebsausgaben berücksichtigt werden (>BFH vom 14. 7. 1989 – BStBl II S. 969).
= >H 6a (9)
– **Rückwirkung**
Rückwirkende Vereinbarungen sind steuerrechtlich nicht anzuerkennen (>BFH vom 29. 11. 1988 – BStBl 1989 II S. 281).
– **Sonderzuwendungen**
wie z. B. Weihnachts- und Urlaubsgelder, Sonderzulagen, Tantiemen, können dann als Betriebsausgaben abgezogen werden, wenn sie vor Beginn des Leistungsaustauschs klar und eindeutig vereinbart worden sind und auch einem >Fremdvergleich standhalten (>BFH vom 26. 2. 1988 – BStBl II S. 606 und vom 10. 3. 1988 – BStBl II S. 877).
– **Unterarbeitsverhältnis**
Ist ein Arbeitnehmer wegen anderer beruflicher Verpflichtungen nicht in der Lage, ein Aufgabengebiet in vollem Umfang selbst zu betreuen, kommt ein Ehegatten-Unterarbeitsverhältnis hierüber jedenfalls dann nicht in Betracht, wenn solche Tätigkeiten sonst ehrenamtlich von Dritten unentgeltlich übernommen werden (>BFH vom 22. 11. 1996 – BStBl 1997 II S. 187).
– **Zukunftssicherung**
Voraussetzungen für die Anerkennung von Maßnahmen zur Zukunftssicherung bei Ehegatten-Arbeitsverhältnissen >H 6a (9) und H 4b (Arbeitnehmer-Ehegatten).

Aushilfstätigkeiten von Kindern
Bei Verträgen über Aushilfstätigkeiten von Kindern ist der >Fremdvergleich im Einzelfall vorzunehmen (>BFH vom 9. 12. 1993 – BStBl 1994 II S. 298).

Bildungsaufwendungen für Kinder
– Ausbildungs- oder Fortbildungsaufwendungen für Kinder sind in der Regel nicht abziehbare Lebenshaltungskosten. Aufwendungen für die Fortbildung von im Betrieb mitarbeitenden Kindern (z. B. für den Besuch einer Meisterfachschule) sind Betriebsausgaben, wenn die hierzu getroffenen Vereinbarungen klar und eindeutig sind und nach Inhalt und Durchführung dem zwischen Fremden Üblichen entsprechen, insbesondere auch Bindungsfristen und Rückzahlungsklauseln enthalten (>BFH vom 14. 12. 1990 – BStBl 1991 II S. 305).
– Aufwendungen für den Meisterlehrgang eines nicht im Betrieb mitarbeitenden Kindes sind nicht allein deshalb Betriebsausgaben, weil sie eine spätere Unternehmensnachfolge vorbereiten sollen (>BFH vom 29. 10. 1997 – BStBl 1998 II S. 149).
– Die Aufwendungen für die Facharztausbildung des als Nachfolger vorgesehenen Kindes sind ohne den Nachweis, dass sie auch für fremde Dritte im Betrieb des Stpfl. oder üblicherweise in anderen – nach Größe und Branche – vergleichbaren Betrieben getätigt worden wären, nicht betrieblich veranlasst (>BFH vom 6. 11. 2012 – BStBl 2013 II S. 309).

Darlehensverhältnisse zwischen Angehörigen
- >BMF vom 23.12.2010 (BStBl 2011 I S. 37) unter Berücksichtigung der Änderungen durch BMF vom 29.4.2014 (BStBl I S. 809)
- >Personengesellschaften; – Abtretung
- >Personengesellschaften; – Darlehen
- **Schenkungsbegründetes Darlehen**
  = Die Kürze der zwischen Schenkung und Darlehensgewährung liegenden Zeit begründet keine unwiderlegbare Vermutung für die gegenseitige Abhängigkeit der beiden Verträge (>BFH vom 18.1.2001 – BStBl II S. 393 und BMF vom 23.12.2010 – BStBl 2011 I S. 37, Rdnr. 12). Dem gegenüber kann bei einem längeren Abstand zwischen Schenkungs- und Darlehensvertrag eine auf einem Gesamtplan beruhende sachliche Verknüpfung bestehen (>BFH vom 22.1.2002 – BStBl II S. 685).
  = Geht dem Darlehen eines minderjährigen Kindes an einen Elternteil eine Schenkung des anderen Elternteils voraus, und liegt diesen Rechtsgeschäften ein Gesamtplan der Eltern zur Schaffung von steuerlich abziehbaren Aufwendungen zugrunde (= sachliche Abhängigkeit), so kann hierin auch bei zeitlicher Unabhängigkeit zwischen Schenkung und Darlehen ein Missbrauch von Gestaltungsmöglichkeiten des Rechts (§ 42 AO) liegen (>BFH vom 26.3.1996 – BStBl II S. 443).
  = Ein Darlehensvertrag zwischen einer Personengesellschaft und dem Kind des beherrschenden Gesellschafters über einen Geldbetrag, den das Kind zuvor von diesem geschenkt bekommen hat, ist nicht anzuerkennen, wenn zwischen Schenkung und Darlehensvertrag eine auf einem Gesamtplan beruhende sachliche Verknüpfung besteht (>BFH vom 22.2.2002 – BStBl II S. 685).
- >Sicherung des Darlehensanspruchs
- **Verknüpfung von Arbeits- und Darlehensvereinbarungen zwischen Ehegatten**
  >Arbeitsverhältnisse zwischen Ehegatten, – Der steuerrechtlichen Anerkennung eines Arbeitsverhältnisses steht nicht entgegen, = Darlehensgewährung

Eheschließung
Mehrere Jahre vor der Ehe abgeschlossene ernsthafte Arbeitsverträge zwischen den Ehegatten sind steuerrechtlich in der Regel auch nach der Eheschließung anzuerkennen, wenn sich mit der Eheschließung in der Tätigkeit des im Betrieb beschäftigten Ehegatten nichts ändert und auch die Auszahlung des Arbeitsentgelts vor und nach der Heirat in gleicher Weise vollzogen wird (>BFH vom 21.10.1966 – BStBl 1967 III S. 22).

Erbfolgeregelungen
- Ertragsteuerliche Behandlung der Erbengemeinschaft und ihrer Auseinandersetzung >BMF vom 14.3.2006 (BStBl I S. 253) unter Berücksichtigung der Änderungen durch BMF vom 27.12.2018 (BStBl 2019 I S. 11)
- Ertragsteuerliche Behandlung der vorweggenommenen Erbfolge >BMF vom 13.1.1993 (BStBl I S. 80) unter Berücksichtigung der Änderungen durch BMF vom 26.2.2007 (BStBl I S. 269)
- Einkommensteuerrechtliche Behandlung von wiederkehrenden Leistungen im Zusammenhang mit einer Vermögensübertragung >BMF vom 11.3.2010 (BStBl I S. 227) unter Berücksichtigung der Änderungen durch BMF vom 6.5.2016 (BStBl I S. 476)

Fremdvergleich
- **Angehörigen** steht es frei, ihre Rechtsverhältnisse untereinander so zu gestalten, dass sie steuerlich möglichst günstig sind. Die steuerrechtliche Anerkennung des Vereinbarten setzt voraus, dass die Verträge zivilrechtlich wirksam zustande gekommen sind (>BMF vom 23.12.2010 – BStBl 2011 I S. 37 unter Berücksichtigung der Änderungen durch BMF vom

29. 4. 2014 – BStBl I S. 809), inhaltlich dem zwischen Fremden Üblichen entsprechen und so auch durchgeführt werden. Maßgebend für die Beurteilung ist die Gesamtheit der objektiven Gegebenheiten. Dabei kann einzelnen dieser Beweisanzeichen je nach Lage des Falles im Rahmen der Gesamtbetrachtung eine unterschiedliche Bedeutung zukommen. Dementsprechend schließt nicht jede Abweichung vom Üblichen notwendigerweise die steuerrechtliche Anerkennung des Vertragsverhältnisses aus. An den Nachweis, dass es sich um ein ernsthaftes Vertragsverhältnis handelt, sind um so strengere Anforderungen zu stellen, je mehr die Umstände auf eine private Veranlassung des Rechtsverhältnisses hindeuten (>BFH vom 28. 1. 1997 – BStBl II S. 655).
- Die Grundsätze des sog. Fremdvergleichs rechtfertigen es nicht, an Stelle der im Vertrag tatsächlich vereinbarten Leistung der Besteuerung eine höhere Gegenleistung unter Hinweis darauf zugrunde zu legen, dass eine solche unter fremden Dritten gefordert (und erbracht) worden wäre (>BFH vom 31. 5. 2001 – BStBl II S. 756).
- Leistet der als Arbeitnehmer beschäftigte Angehörige unbezahlte Mehrarbeit über seine vertragliche Stundenzahl hinaus, steht dies der Annahme, das Arbeitsverhältnis sei tatsächlich durchgeführt worden, grundsätzlich nicht entgegen. Etwas anderes gilt nur, wenn die vereinbarte Vergütung nicht mehr als Gegenleistung für die Tätigkeit des Angehörigen angesehen werden kann und deshalb auf das Fehlen eines Rechtsbindungswillens zu schließen ist (>BFH vom 17. 7. 2013 – BStBl II S. 1015).
- >H 6a (9)
- **Personengesellschaften** – Die Grundsätze des Fremdvergleichs gelten entsprechend für die Verträge einer Personengesellschaft, die von nahen Angehörigen des anderen Vertragspartners beherrscht wird. Hierbei kommt es auf den rechtlichen und wirtschaftlichen Gehalt des jeweiligen Geschäfts und nicht auf die Bezeichnung durch die Vertragsparteien an (>BFH vom 9. 5. 1996 – BStBl II S. 642). Schließt eine Personengesellschaft aufeinander abgestimmte Arbeitsverträge mit den Angehörigen ihrer Gesellschafter, bei denen keiner der Gesellschafter als allein beherrschend angesehen werden kann, ist der Fremdvergleich bei jedem einzelnen Arbeitsvertrag durchzuführen (>BFH vom 20. 10. 1983 – BStBl 1984 II S. 298). Ein Gesellschafter, der nicht in der Lage ist, für sich allein einen beherrschenden Einfluss auszuüben, ist dann einem beherrschenden Gesellschafter gleichzustellen, wenn er gemeinsam mit anderen Gesellschaftern einen Gegenstand von gemeinsamem Interesse in gegenseitiger Abstimmung regelt (>BFH vom 18. 12. 2001 – BStBl 2002 II S. 353).
- >Personengesellschaften; – Abtretung
- >Personengesellschaften; – Darlehen
- >Umdeutung
- **Umfang**
    = Der Fremdvergleich ist nur einheitlich für den gesamten Vertrag anzustellen. Das Herauslösen einzelner Vertragsteile, wie z. B. einzelner Tätigkeiten aus einem Arbeitsvertrag, ist nicht möglich. Der Vertrag kann auch nicht mit Blick auf diese Vertragsteile teilweise steuerrechtlich anerkannt werden, wenn der Vertrag im Übrigen dem Fremdvergleich standhält (>BFH vom 9. 12. 1993 – BStBl 1994 II S. 298).
    = Wird zur Finanzierung eines Kaufvertrags zwischen nahen Angehörigen ein Darlehensvertrag mit einer Bank abgeschlossen, sind die in dem Darlehensvertrag getroffenen Vereinbarungen auch dann nicht in den Fremdvergleich hinsichtlich des Kaufvertrags einzubeziehen, wenn der Verkäufer zugleich Sicherungsgeber ist (>BFH vom 15. 10. 2002 – BStBl 2003 II S. 243).
    = >Mehrere Verträge zwischen Angehörigen

Gelegentliche Hilfeleistung
Arbeitsverträge über gelegentliche Hilfeleistungen durch Angehörige sind steuerrechtlich nicht anzuerkennen, weil sie zwischen fremden Personen nicht vereinbart worden wären (>BFH vom 9. 12. 1993 – BStBl 1994 II S. 298).

Gesellschaftsverträge zwischen Angehörigen
- >R 15.9
- >Umdeutung

Gewinnanteile aus geschenkter typisch stiller Beteiligung
Werden Geldbeträge vom Betriebsinhaber an seine minderjährigen Kinder mit der Auflage zugewendet, diese ihm wieder als Einlage im Rahmen einer typisch stillen Beteiligung zur Verfügung zu stellen, sind die Gewinnanteile nicht als Betriebsausgaben abziehbar, wenn eine Verlustbeteiligung ausgeschlossen ist (>BFH vom 21. 10. 1992 – BStBl 1993 II S. 289).

Mehrere Verträge zwischen Angehörigen
Bei der Prüfung, ob die Leistungsbeziehungen zwischen nahen Angehörigen dem >Fremdvergleich standhalten, sind mehrere zeitlich und sachlich zusammenhängende Verträge nicht isoliert, sondern in ihrer Gesamtheit zu würdigen (>BFH vom 13. 12. 1995 – BStBl 1996 II S. 180).

Miet- und Pachtverträge zwischen Angehörigen
- >R 21.4
- >Sonstige Rechtsverhältnisse zwischen Angehörigen

Minderjährige Kinder
- **Ergänzungspfleger** – Bei Verträgen zwischen Eltern und minderjährigen Kindern, die nicht Arbeitsverträge sind (>R 4.8 Abs. 3), ist ein Ergänzungspfleger zu bestellen, damit die Vereinbarungen bürgerlich-rechtlich wirksam zustande kommen und so eine klare Trennung bei der Verwaltung des Kindesvermögens und des elterlichen Vermögens gewährleistet ist (>BFH vom 23. 4. 1992 – BStBl II S. 1024 und BMF vom 30. 9. 2013 – BStBl I S. 1184, Rz. 4).
- **Schwebend unwirksame Verträge, Insichgeschäfte** – Die klaren und ernsthaft gewollten Vereinbarungen (>Fremdvergleich) müssen zu Beginn des maßgeblichen Rechtsverhältnisses oder bei Änderung des Verhältnisses für die Zukunft getroffen werden. Ein Insichgeschäft i. S. d. § 181 BGB ist solange – schwebend – unwirksam, bis die Wirksamkeit z. B. durch Bestellung eines Ergänzungspflegers oder mit Erreichen der Volljährigkeit eines minderjährigen Kindes nachgeholt wird. Die nachträgliche Genehmigung des Rechtsgeschäftes hat zivilrechtlich zur Folge, dass die schwebende Unwirksamkeit des Vertrages rückwirkend entfällt (§ 108 Abs. 3, § 184 Abs. 1 BGB). Steuerrechtlich entfaltet sie grundsätzlich keine Rückwirkung. Im Regelfall sind die steuerrechtlichen Folgerungen erst von dem Zeitpunkt an zu ziehen, zu dem die schwebende Unwirksamkeit entfallen ist (>BFH vom 31. 10. 1989 – BStBl 1992 II S. 506), es sei denn, die steuerrechtliche Rückwirkung ist ausdrücklich gesetzlich zugelassen (§ 41 Abs. 1 AO).

Nichteheliche Lebensgemeinschaften
Die für die steuerrechtliche Beurteilung von Verträgen zwischen Ehegatten geltenden Grundsätze können nicht auf Verträge zwischen Partner einer nichtehelichen Lebensgemeinschaft – ausgenommen eingetragene Lebenspartnerschaften – übertragen werden (>BFH vom 14. 4. 1988 – BStBl II S. 670 und >R 21.4).

Personengesellschaften
- **Abtretung** – Tritt der Gesellschafter einer Personengesellschaft ihm gegen die Gesellschaft zustehende Darlehensansprüche zur Ablösung von Pflichtteilsansprüchen an einen Angehörigen ab, der die Beträge der Gesellschaft weiterhin als Darlehen belässt, so sind die an den neuen Darlehensgläubiger gezahlten Darlehenszinsen Betriebsausgaben der Personengesellschaft. Der Betriebsausgabenabzug kann nicht vom Ergebnis eines >Fremdvergleichs

hinsichtlich der Darlehensbedingungen abhängig gemacht werden, wenn der Abtretende die Gesellschaft nicht beherrscht (>BFH vom 15.12.1988 – BStBl 1989 II S. 500).
- >Arbeitsverhältnisse zwischen Ehegatten
- >Darlehensverhältnisse zwischen Angehörigen
- >Fremdvergleich
- **Vermögen einer Personengesellschaft** kann nicht als Vermögen des Gesellschafterehegatten angesehen werden. Deshalb liegt ein Vermögenszugang beim Arbeitnehmer-Ehegatten auch dann vor, wenn das Arbeitsentgelt auf ein gemeinschaftliches Konto der Ehegatten überwiesen wird, über das jeder Ehegatte ohne Mitwirkung des anderen verfügen kann (>BFH vom 24.3.1983 – BStBl II S. 663).
- Keine betriebliche Veranlassung bei Vergabe eines zinslosen und ungesicherten **Darlehens** durch eine Personengesellschaft an ihren Gesellschafter. Die Frage der betrieblichen Veranlassung der Geldhingabe ist auf der Grundlage eines Fremdvergleichs zu beurteilen (>BFH vom 9.5.1996 – BStBl II S. 642). Wird neben dem (festen) Kapitalkonto lediglich ein weiteres Konto zur Erfassung von Gewinnen, Einlagen und Entnahmen der Gesellschafter geführt, handelt es sich nicht um ein Darlehenskonto, wenn auf dem Konto auch Verluste verbucht werden (>BFH vom 27.6.1996 – BStBl 1997 II S. 36).
- >Sicherung des Darlehensanspruchs
- Unterbeteiligung von Kindern an einer vermögensverwaltenden Personengesellschaft >H 21.6 (Unterbeteiligung an einer Personengesellschaft)

Rechtsfolgen bei fehlender Anerkennung
- Ist ein **Arbeitsverhältnis** steuerrechtlich nicht anzuerkennen, so sind Lohnzahlungen einschließlich einbehaltener und abgeführter Lohn- und Kirchensteuerbeträge, für den mitarbeitenden Ehegatten einbehaltene und abgeführte Sozialversicherungsbeiträge (Arbeitgeber- und Arbeitnehmeranteil) und vermögenswirksame Leistungen, die der Arbeitgeber-Ehegatte nach dem Vermögensbildungsgesetz erbringt, nicht als Betriebsausgaben abziehbar (>BFH vom 8.2.1983 – BStBl II S. 496 und vom 10.4.1990 – BStBl II S. 741).
- Zinsen aus einem ertragsteuerlich nicht anzuerkennenden **Darlehen** unter nahen Angehörigen sind keine Betriebsausgaben; beim Empfänger sind sie keine Einkünfte aus Kapitalvermögen (>BFH vom 2.8.1994 – BStBl 1995 II S. 264).

Scheidungsklausel
Erwirbt ein Ehegatte (A) mit vom anderen Ehegatten (B) geschenkten Mitteln ein Grundstück, welches für betriebliche Zwecke an B vermietet wird, begründet weder die Schenkung der Mittel, die Vereinbarung zwischen den Ehegatten für den Fall der Beendigung des Güterstandes auf andere Weise als den Tod, das erworbene Grundstück auf den anderen Ehegatten zu übertragen (sog. Scheidungsklausel), noch die B eingeräumte Möglichkeit zu seinen Gunsten oder zugunsten eines Dritten eine Auflassungsvormerkung in das Grundbuch eintragen zu lassen, wirtschaftliches Eigentum des B (>BFH vom 4.2.1998 – BStBl II S. 542).

Schenkung
- >Arbeitsverhältnisse zwischen Ehegatten; – Der steuerrechtlichen Anerkennung eines Arbeitsverhältnisses steht nicht entgegen; = Schenkung
- >Darlehensverhältnisse zwischen Angehörigen; – Schenkungsbegründetes Darlehen

Sicherung des Darlehensanspruchs
- Bei einem Darlehen einer Personengesellschaft an ihren Gesellschafter kann nicht ein künftiger Gewinnanteil des Gesellschafters als Sicherheit angesehen werden. Unüblich ist auch die Unverzinslichkeit eines Darlehens (>BFH vom 9.5.1996 – BStBl II S. 642).

- Die fehlende verkehrsübliche Sicherung des Darlehensanspruchs wird bei langfristigen Darlehen zwischen nahen Angehörigen als Indiz für die außerbetriebliche Veranlassung des Darlehens gewertet, wobei als langfristig jedenfalls Darlehen mit einer Laufzeit von mehr als vier Jahren angesehen werden (>BFH vom 9. 5. 1996 – BStBl II S. 642). Eine langfristige Darlehensvereinbarung zwischen Eltern und Kindern kann trotz teilweise fehlender Sicherheiten steuerrechtlich anerkannt werden, wenn die Kinder bei Darlehensabschluss bereits volljährig sind, nicht mehr im Haushalt der Eltern leben und wirtschaftlich von den Eltern unabhängig sind (>BFH vom 18. 12. 1990 – BStBl 1991 II S. 911).

Sonstige Rechtsverhältnisse zwischen Angehörigen
- Für die einkommensteuerrechtliche Beurteilung von Miet- und Pachtverträgen, Darlehensverträgen und ähnlichen Verträgen sind die Grundsätze zur steuerlichen Anerkennung von Ehegatten-Arbeitsverhältnissen entsprechend anzuwenden (>BFH vom 28. 1. 1997 – BStBl II S. 655).
- >Fremdvergleich

Umdeutung
Die steuerliche Beurteilung muss von dem ausgehen, was die Stpfl. rechtsgültig vereinbart haben, und zwar auch dann, wenn die Vereinbarung aus privater Veranlassung von dem abweicht, was unter fremden Dritten üblich ist. Haben die Beteiligten einen Gesellschaftsvertrag über eine Unterbeteiligung abgeschlossen, und kann der Gesellschaftsvertrag wegen der nicht fremdüblichen Ausgestaltung zu Lasten der Unterbeteiligung steuerlich nicht anerkannt werden, kann an die Stelle des wirksam abgeschlossenen Gesellschaftsvertrags für die steuerliche Beurteilung **nicht** ein tatsächlich **nicht** existenter Vertrag über ein partiarisches Darlehen gesetzt werden (>BFH vom 6. 7. 1995 – BStBl 1996 II S. 269).

Unterhalt
Beschränkt sich der Stpfl. darauf, dem mitarbeitenden Kind Unterhalt zu gewähren (Beköstigung, Bekleidung, Unterkunft und Taschengeld), so liegen steuerlich nicht abziehbare Lebenshaltungskosten vor (>BFH vom 19. 8. 1971 – BStBl 1972 II S. 172).

Wirtschaftsüberlassungsvertrag
- Bei nach dem 31. 12. 2007 abgeschlossenen Wirtschaftsüberlassungsverträgen liegt keine begünstigte Vermögensübertragung im Zusammenhang mit Versorgungsleistungen vor (>BMF vom 11. 3. 2010 – BStBl I S. 227, Rzn. 22, 81).
- Die auf einem nach dem 31. 12. 2007 abgeschlossenen Wirtschaftsüberlassungsvertrag beruhenden Leistungen können als Betriebsausgaben abziehbar sein. Dies gilt auch, wenn einzelne Regelungen im Wirtschaftsüberlassungsvertrag einem Fremdvergleich nicht standhalten, solange diesen nicht ein derartiges Gewicht zukommt, dass dies unter Berücksichtigung des Gesamtbilds der Verhältnisse die Nichtanerkennung des gesamten Vertragsverhältnisses rechtfertigt (>BFH vom 12. 7. 2017 – BStBl 2018 II S. 461).

Wohnungsüberlassung an geschiedenen oder dauernd getrennt lebenden Ehegatten
>H 21.4 (Vermietung an Unterhaltsberechtigte)

R 4.9	**Abziehbare Steuern**

– unbesetzt –

| H 4.9 |

Änderung von bestandskräftigen Veranlagungen
Mehrbeträge an abziehbaren Steuern, die sich durch eine Betriebsprüfung ergeben haben, sind für sich allein keine neuen Tatsachen i. S. d. § 173 Abs. 1 Nr. 2 AO, die eine Änderung der bestandskräftigen Veranlagungen der Jahre rechtfertigen würden, zu denen die >Mehrsteuern wirtschaftlich gehören (>BFH vom 10. 8. 1961 – BStBl III S. 534).

Mehrsteuern
Ändern sich die Mehrsteuern bis zur Bestandskraft der Veranlagungen, sind die Änderungen bei diesen Veranlagungen zu berücksichtigen (>BFH vom 19. 12. 1961 – BStBl 1962 III S. 64).

Rückstellung für künftige Steuernachforderungen
Die Behauptung des Stpfl., dass nach allgemeiner Erfahrung bei einer Betriebsprüfung mit Steuernachforderungen zu rechnen ist, rechtfertigt nicht die Bildung einer Rückstellung (>BFH vom 13. 1. 1966 – BStBl III S. 189). Abzugsfähige Steuern sind grundsätzlich dem Jahr zu belasten, zu dem sie wirtschaftlich gehören (>BFH vom 3. 12. 1969 – BStBl 1970 II S. 229). Dagegen ist eine Rückstellung für hinterzogene Steuern bis zur Bilanzaufstellung erst zu dem Bilanzstichtag zu bilden, zu dem der Stpfl. mit der Aufdeckung der Steuerhinterziehung rechnen musste, bei einer Außen- oder Steuerfahndungsprüfung frühestens mit der Beanstandung einer bestimmten Sachbehandlung durch den Prüfer (>BFH vom 27. 11. 2001 – BStBl 2002 II S. 731 und vom 22. 8. 2012 – BStBl 2013 II S. 76).

| R 4.10 | **Geschenke, Bewirtung, andere die Lebensführung berührende Betriebsausgaben**

Allgemeines
(1) ¹Durch § 4 Abs. 5 Satz 1 Nr. 1 bis 7 i. V. m. Abs. 7 EStG wird der Abzug von betrieblich veranlassten Aufwendungen, die die Lebensführung des Stpfl. oder anderer Personen berühren, eingeschränkt. ²Vor Anwendung dieser Vorschriften ist stets zu prüfen, ob die als Betriebsausgaben geltend gemachten Aufwendungen z. B. für Repräsentation, Bewirtung und Unterhaltung von Geschäftsfreunden, Reisen, Kraftfahrzeughaltung bereits zu den nicht abziehbaren Kosten der Lebensführung i. S. d. § 12 Nr. 1 EStG gehören. ³Die nach § 4 Abs. 5 und 7 EStG nicht abziehbaren Betriebsausgaben sind keine Entnahmen i. S. d. § 4 Abs. 1 Satz 2 EStG.

Geschenke
(2) ¹Nach § 4 Abs. 5 Satz 1 Nr. 1 EStG dürfen Aufwendungen für betrieblich veranlasste Geschenke (>Geschenk) an natürliche Personen, die nicht Arbeitnehmer des Stpfl. sind, oder an juristische Personen grundsätzlich nicht abgezogen werden. ²Personen, die zu dem Stpfl. auf Grund eines Werkvertrages oder eines Handelsvertretervertrages in ständiger Geschäftsbeziehung stehen, sind den Arbeitnehmern des Stpfl. nicht gleichgestellt. ³Entstehen die Aufwendungen für ein Geschenk in einem anderen Wirtschaftsjahr als dem, in dem der Gegenstand geschenkt wird, und haben sich die Aufwendungen in dem Wirtschaftsjahr, in dem sie gemacht wurden, gewinnmindernd ausgewirkt, ist, wenn ein Abzug nach § 4 Abs. 5 Satz 1 Nr. 1 EStG ausgeschlossen ist, im Wirtschaftsjahr der Schenkung eine entsprechende Gewinnerhöhung vorzunehmen. ⁴Das Abzugsverbot greift nicht, wenn die zugewendeten Wirtschaftsgüter beim Empfänger ausschließlich betrieblich genutzt werden können.

(3) ¹Zu den Anschaffungs- oder Herstellungskosten eines Geschenks zählen auch die Kosten einer Kennzeichnung des Geschenks als Werbeträger sowie die Umsatzsteuer (>§ 9b EStG), wenn der Abzug als Vorsteuer ohne Berücksichtigung des § 15 Abs. 1a UStG ausgeschlossen ist; Ver-

packungs- und Versandkosten gehören nicht dazu. ²Übersteigen die Anschaffungs- oder Herstellungskosten eines Geschenks an einen Empfänger oder, wenn an einen Empfänger im Wirtschaftsjahr mehrere Geschenke gegeben werden, die Anschaffungs- oder Herstellungskosten aller Geschenke an diesen Empfänger die Freigrenze gem. § 4 Abs. 5 Satz 1 Nr. 1 EStG, entfällt der Abzug in vollem Umfang.

(4) ¹Ein >Geschenk setzt eine unentgeltliche Zuwendung an einen Dritten voraus. ²Die Unentgeltlichkeit ist nicht gegeben, wenn die Zuwendung als Entgelt für eine bestimmte Gegenleistung des Empfängers anzusehen ist. ³Sie wird jedoch nicht schon dadurch ausgeschlossen, dass mit der Zuwendung der Zweck verfolgt wird, Geschäftsbeziehungen zu sichern oder zu verbessern oder für ein Erzeugnis zu werben. ⁴Ein Geschenk i. S. d. § 4 Abs. 5 Satz 1 Nr. 1 EStG ist danach regelmäßig anzunehmen, wenn ein Stpfl. einem Geschäftsfreund oder dessen Beauftragten ohne rechtliche Verpflichtung und ohne zeitlichen oder sonstigen unmittelbaren Zusammenhang mit einer Leistung des Empfängers eine Bar- oder Sachzuwendung gibt. ⁵Keine Geschenke sind beispielsweise

1. Kränze und Blumen bei Beerdigungen,
2. Spargeschenkgutscheine der Kreditinstitute und darauf beruhende Gutschriften auf dem Sparkonto anlässlich der Eröffnung des Sparkontos oder weitere Einzahlungen,
3. Preise anlässlich eines Preisausschreibens oder einer Auslobung.

⁶Zu den Geschenken i. S. d. § 4 Abs. 5 Satz 1 Nr. 1 EStG rechnen ebenfalls nicht die Bewirtung, die damit verbundene Unterhaltung und die Beherbergung von Personen aus geschäftlichem Anlass (>Absätze 5 ff.).

Bewirtung und Bewirtungsaufwendungen

(5) ¹Eine >Bewirtung i. S. d. § 4 Abs. 5 Satz 1 Nr. 2 EStG liegt vor, wenn Personen beköstigt werden. ²Dies ist stets dann der Fall, wenn die Darreichung von Speisen und/oder Getränken eindeutig im Vordergrund steht. ³Bewirtungsaufwendungen sind Aufwendungen für den Verzehr von Speisen, Getränken und sonstigen Genussmitteln. ⁴Dazu können auch Aufwendungen gehören, die zwangsläufig im Zusammenhang mit der Bewirtung anfallen, wenn sie im Rahmen des insgesamt geforderten Preises von untergeordneter Bedeutung sind, wie z. B. Trinkgelder und Garderobengebühren. ⁵Die Beurteilung der Art der Aufwendungen richtet sich grundsätzlich nach der Hauptleistung. ⁶Werden dem bewirtenden Stpfl. die Bewirtungsaufwendungen im Rahmen eines Entgelts ersetzt (z. B. bei einer Seminargebühr oder einem Beförderungsentgelt), unterliegen diese Aufwendungen nicht der in § 4 Abs. 5 Satz 1 Nr. 2 EStG festgelegten Kürzung. ⁷Dies gilt nur, wenn die Bewirtung in den Leistungsaustausch einbezogen ist. ⁸Die nach § 15 Abs. 1a UStG nichtabziehbare Vorsteuer unterliegt dem Abzugsverbot des § 12 Nr. 3 EStG. ⁹Keine Bewirtung liegt vor bei

1. Gewährung von Aufmerksamkeiten in geringem Umfang (wie Kaffee, Tee, Gebäck), z. B. anlässlich betrieblicher Besprechungen, wenn es sich hierbei um eine übliche Geste der Höflichkeit handelt; die Höhe der Aufwendungen ist dabei nicht ausschlaggebend,
2. Produkt-/Warenverkostungen, z. B. im Herstellungsbetrieb, beim Kunden, beim (Zwischen-)Händler, bei Messeveranstaltungen; hier besteht ein unmittelbarer Zusammenhang mit dem Verkauf der Produkte oder Waren. ²Voraussetzung für den unbeschränkten Abzug ist, dass nur das zu veräußernde Produkt und ggf. Aufmerksamkeiten (z. B. Brot anlässlich einer Weinprobe) gereicht werden. ³Diese Aufwendungen können als Werbeaufwand unbeschränkt als Betriebsausgaben abgezogen werden. ⁴Entsprechendes gilt, wenn ein Dritter mit der Durchführung der Produkt-/Warenverkostung beauftragt war.

¹⁰Solche Aufwendungen können unbegrenzt als Betriebsausgaben abgezogen werden.

Betrieblicher und geschäftlicher Anlass

(6) ¹Betrieblich veranlasste Aufwendungen für die Bewirtung von Personen können geschäftlich oder nicht geschäftlich (>Absatz 7) bedingt sein. ²Ein geschäftlicher Anlass besteht insbesondere bei der Bewirtung von Personen, zu denen schon Geschäftsbeziehungen bestehen oder zu

denen sie angebahnt werden sollen. ³Auch die Bewirtung von Besuchern des Betriebs, z. B. im Rahmen der Öffentlichkeitsarbeit ist geschäftlich veranlasst. ⁴Bei geschäftlichem Anlass sind die Bewirtungsaufwendungen nach § 4 Abs. 5 Satz 1 Nr. 2 Satz 1 EStG nicht zum Abzug zugelassen, soweit sie den dort genannten Prozentsatz der angemessenen und nachgewiesenen Aufwendungen übersteigen. ⁵Hierbei sind zunächst folgende Kosten auszuscheiden:

1. Teile der Bewirtungskosten, die privat veranlasst sind;
2. Teile der Bewirtungsaufwendungen, die nach allgemeiner Verkehrsauffassung als unangemessen anzusehen sind (>Angemessenheit);
3. Bewirtungsaufwendungen, deren Höhe und betriebliche Veranlassung nicht nachgewiesen sind (>Absatz 8);
4. Bewirtungsaufwendungen, die wegen Verletzung der besonderen Aufzeichnungspflichten nicht abgezogen werden können (>§ 4 Abs. 7 EStG, R 4.11);
5. Aufwendungen, die nach ihrer Art keine Bewirtungsaufwendungen sind (z. B. Kosten für eine Musikkapelle anlässlich einer Informations- oder Werbeveranstaltung und andere Nebenkosten), es sei denn, sie sind von untergeordneter Bedeutung (z. B. Trinkgelder >Absatz 5); solche Aufwendungen sind in vollem Umfang abziehbar, wenn die übrigen Voraussetzungen vorliegen.

⁶Die verbleibenden Aufwendungen fallen unter die Abzugsbegrenzung. ⁷Die Abzugsbegrenzung gilt bei der Bewirtung von Personen aus geschäftlichem Anlass auch für den Teil der Aufwendungen, der auf den an der Bewirtung teilnehmenden Stpfl. oder dessen Arbeitnehmer entfällt. ⁸Aufwendungen für die Bewirtung von Personen aus geschäftlichem Anlass in der Wohnung des Stpfl. gehören regelmäßig nicht zu den Betriebsausgaben, sondern zu den Kosten der Lebensführung (§ 12 Nr. 1 EStG). ⁹Bei Bewirtungen in einer betriebseigenen Kantine wird aus Vereinfachungsgründen zugelassen, dass die Aufwendungen nur aus den Sachkosten der verabreichten Speisen und Getränke sowie den Personalkosten ermittelt werden; es ist nicht zu beanstanden, wenn – im Wirtschaftsjahr einheitlich – je Bewirtung ein Betrag von 15 Euro angesetzt wird, wenn dieser Ansatz nicht zu einer offenbar unzutreffenden Besteuerung führt. ¹⁰Unter dem Begriff „betriebseigene Kantine" sind alle betriebsinternen Einrichtungen zu verstehen, die es den Arbeitnehmern des Unternehmens ermöglichen, Speisen und Getränke einzunehmen, und die für fremde Dritte nicht ohne weiteres zugänglich sind. ¹¹Auf die Bezeichnung der Einrichtung kommt es nicht an; zu Kantinen können deshalb auch Einrichtungen gehören, die im Betrieb als „Casino" oder „Restaurant" bezeichnet werden.

(7) ¹Nicht geschäftlich, sondern allgemein betrieblich veranlasst ist ausschließlich die Bewirtung von Arbeitnehmern des bewirtenden Unternehmens. ²Geschäftlich veranlasst ist danach die Bewirtung von Arbeitnehmern von gesellschaftsrechtlich verbundenen Unternehmen (z. B. Mutter- oder Tochterunternehmen) und mit ihnen vergleichbaren Personen. ³Nur in dem Maße, wie die Aufwendungen auf die nicht geschäftlich veranlasste Bewirtung von Arbeitnehmern des bewirtenden Unternehmens entfallen, können sie unbegrenzt abgezogen werden. ⁴Bei Betriebsfesten ist die Bewirtung von Angehörigen oder von Personen, die zu ihrer Gestaltung beitragen, unschädlich.

Nachweis

(8) ¹Der Nachweis der Höhe und der betrieblichen Veranlassung der Aufwendungen durch schriftliche Angaben zu Ort, Tag, Teilnehmer und Anlass der Bewirtung sowie Höhe der Aufwendungen ist gesetzliches Tatbestandsmerkmal für den Abzug der Bewirtungsaufwendungen als Betriebsausgaben. ²Bei Bewirtung in einer Gaststätte genügen neben der beizufügenden Rechnung Angaben zu dem Anlass und den Teilnehmern der Bewirtung; auch hierbei handelt es sich um ein gesetzliches Tatbestandsmerkmal für den Abzug der Bewirtungsaufwendungen als Betriebsausgaben. ³Aus der Rechnung müssen sich Name und Anschrift der Gaststätte sowie der Tag der Bewirtung ergeben. ⁴Die Rechnung muss auch den Namen des bewirtenden Stpfl. ent-

halten; dies gilt nicht, wenn der Gesamtbetrag der Rechnung 150 Euro[*)] nicht übersteigt. [5]Die schriftlichen Angaben können auf der Rechnung oder getrennt gemacht werden. [6]Erfolgen die Angaben getrennt von der Rechnung, müssen das Schriftstück über die Angaben und die Rechnung grundsätzlich zusammengefügt werden. [7]Ausnahmsweise genügt es, den Zusammenhang dadurch darzustellen, dass auf der Rechnung und dem Schriftstück über die Angaben Gegenseitigkeitshinweise angebracht werden, so dass Rechnung und Schriftstück jederzeit zusammengefügt werden können. [8]Die Rechnung muss den Anforderungen des § 14 UStG genügen und maschinell erstellt und registriert sein. [9]Die in Anspruch genommenen Leistungen sind nach Art, Umfang, Entgelt und Tag der Bewirtung in der Rechnung gesondert zu bezeichnen; die für den Vorsteuerabzug ausreichende Angabe „Speisen und Getränke" und die Angabe der für die Bewirtung in Rechnung gestellten Gesamtsumme sind für den Betriebsausgabenabzug nicht ausreichend.

(9) [1]Zur Bezeichnung der Teilnehmer der Bewirtung ist grundsätzlich die Angabe ihres Namens erforderlich. [2]Auf die Angabe der Namen kann jedoch verzichtet werden, wenn ihre Feststellung dem Stpfl. nicht zugemutet werden kann. [3]Das ist z.B. bei Bewirtungen anlässlich von Betriebsbesichtigungen durch eine größere Personenzahl und bei vergleichbaren Anlässen der Fall. [4]In diesen Fällen sind die Zahl der Teilnehmer der Bewirtung sowie eine die Personengruppe kennzeichnende Sammelbezeichnung anzugeben. [5]Die Angaben über den Anlass der Bewirtung müssen den Zusammenhang mit einem geschäftlichen Vorgang oder einer Geschäftsbeziehung erkennen lassen.

Gästehäuser

(10) [1]Nach § 4 Abs. 5 Satz 1 Nr. 3 EStG können Aufwendungen für Einrichtungen, die der Bewirtung oder Beherbergung von Geschäftsfreunden dienen (Gästehäuser) und sich außerhalb des Orts des Betriebs des Stpfl. befinden, nicht abgezogen werden. [2]Dagegen können Aufwendungen für Gästehäuser am Ort des Betriebs oder für die Unterbringung von Geschäftsfreunden in fremden Beherbergungsbetrieben, soweit sie ihrer Höhe nach angemessen sind (>Absatz 12), als Betriebsausgaben berücksichtigt werden. [3]Als „Betrieb" gelten in diesem Sinne auch Zweigniederlassungen und Betriebsstätten mit einer gewissen Selbständigkeit, die üblicherweise von Geschäftsfreunden besucht werden.

(11) [1]Zu den nicht abziehbaren Aufwendungen für Gästehäuser i.S.d. § 4 Abs. 5 Satz 1 Nr. 3 EStG gehören sämtliche mit dem Gästehaus im Zusammenhang stehenden Ausgaben einschließlich der Absetzung für Abnutzung. [2]Wird die Beherbergung und Bewirtung von Geschäftsfreunden in einem Gästehaus außerhalb des Orts des Betriebs gegen Entgelt vorgenommen, und erfordert das Gästehaus einen ständigen Zuschuss, ist dieser Zuschuss nach § 4 Abs. 5 Satz 1 Nr. 3 EStG nicht abziehbar.

Angemessenheit von Aufwendungen

(12) Als die Lebensführung berührende Aufwendungen, die auf ihre >Angemessenheit zu prüfen sind, kommen insbesondere in Betracht
1. die Kosten der Übernachtung anlässlich einer Geschäftsreise,
2. die Aufwendungen für die Unterhaltung und Beherbergung von Geschäftsfreunden, soweit der Abzug dieser Aufwendungen nicht schon nach den Absätzen 1, 10 und 11 ausgeschlossen ist,
3. die Aufwendungen für die Unterhaltung von Personenkraftwagen (>Kraftfahrzeug) und für die Nutzung eines Flugzeugs,
4. die Aufwendungen für die Ausstattung der Geschäftsräume, z. B. der Chefzimmer und Sitzungsräume.

[*)] Ab 1.1.2017 250 Euro (§ 14 UStG i.V. m. § 33 UStDV).

H 4.10 (1)

Abgrenzung
der Betriebsausgaben von den Lebenshaltungskosten >H 12.1 – H 12.2

Ähnliche Zwecke i. S. d. § 4 Abs. 5 Satz 1 Nr. 4 EStG
– Unter den Begriff der Aufwendungen für ähnliche Zwecke fallen Aufwendungen, die der sportlichen Betätigung, der Unterhaltung von Geschäftsfreunden, der Freizeitgestaltung oder der Repräsentation des Stpfl. dienen. Die Ähnlichkeit mit den im Gesetz genannten Zwecken (Jagd, Fischerei, Segel- oder Motorjacht) kann sich entweder aus Besonderheiten hinsichtlich des Ortes und Rahmens der Veranstaltung (Beschaffenheit, Lage, Ausstattung) oder einem besonderen qualitativ hochwertigen Unterhaltungsprogramm am Ort der Veranstaltung ergeben (>BFH vom 13. 7. 2016 – BStBl 2017 II S. 161).
– >Golfturnier

Ferienwohnung
Mehraufwendungen für Verpflegung und Reisekosten im Zusammenhang mit einem mehrwöchigen Aufenthalt in der eigenen, sonst gewerblich genutzten Ferienwohnung sind nur dann Betriebsausgaben, wenn der Aufenthalt während der normalen Arbeitszeit vollständig mit Arbeiten für die Wohnung ausgefüllt war (>BFH vom 25. 11. 1993 – BStBl 1994 II S. 350).

Golfturnier
– Die Aufwendungen für die Durchführung eines Golfturniers einschließlich der Aufwendungen für die Bewirtung der Turnierteilnehmer und Dritter im Rahmen einer sich an das Golfturnier anschließenden Abendveranstaltung sind nicht abziehbare Betriebsausgaben gem. § 4 Abs. 5 Satz 1 Nr. 4 EStG. Dies gilt auch dann, wenn beide Veranstaltungen auch dem Zweck dienen, Spenden für die Finanzierung einer Wohltätigkeitsveranstaltung zu generieren (>BFH vom 16. 12. 2015 – BStBl 2017 II S. 224).
– Das Betriebsausgabenabzugsverbot nach § 4 Abs. 5 Satz 1 Nr. 4 EStG gilt nicht für Aufwendungen im Zusammenhang mit einer Golfturnierreihe mit freier Teilnahmemöglichkeit für jeden Interessenten, zu deren Finanzierung sich ein Brauereibetrieb gegenüber seinen Geschäftspartnern, denen die organisatorische Verantwortung der Veranstaltung obliegt (hier: Vereine/Gastronomiebetriebe), im Rahmen von Bierliefervereinbarungen vertraglich verpflichtet (>BFH vom 14. 10. 2015 – BStBl 2017 II S. 222).

Häusliches Arbeitszimmer
>BMF vom 6. 10. 2017 (BStBl I S. 1320)

Segel- oder Motorjachten
– Segel- oder Motorjachten als „schwimmendes Konferenzzimmer" >BFH vom 3. 2. 1993 (BStBl II S. 367)
– Aufwendungen für Wege zwischen Wohnung und Betriebsstätte >H 4.12 (Motorboot)
– Die Anwendbarkeit des Abzugsverbots nach § 4 Abs. 5 Satz 1 Nr. 4 EStG hängt nicht von der Art des Wasserfahrzeugs, sondern von dessen konkreter Bestimmung ab, wobei die Bestimmung durch den Fahrzeugtyp indiziert sein kann (>BFH vom 10. 5. 2001 – BStBl II S. 575).
– Kosten für eine Schiffsreise (z. B. für eine sog. Regattabegleitfahrt) mit Geschäftspartnern sind grundsätzlich nicht als Betriebsausgaben abziehbar, wenn ein Zusammenhang mit der Unterhaltung der Teilnehmer oder der Repräsentation des Unternehmens nicht ausgeschlossen werden kann (>BFH vom 2. 8. 2012 – BStBl II S. 824).

Sozialeinrichtungen
§ 4 Abs. 5 EStG ist nach seinem Sinn und Zweck nicht auf Aufwendungen für betriebliche Sozialeinrichtungen anwendbar (>BFH vom 30. 7. 1980 – BStBl 1981 II S. 58).

Veräußerung von Wirtschaftsgütern i. S. d. § 4 Abs. 5 EStG
Zur Berechnung des Veräußerungsgewinns ist als Buchwert der Wert anzusetzen, der sich unter Berücksichtigung der Absetzungen ergibt, die nicht abziehbare Aufwendungen i. S. d. § 4 Abs. 5 oder 7 EStG waren (>BFH vom 12. 12. 1973 – BStBl 1974 II S. 207).

VIP-Logen
– Aufwendungen für VIP-Logen in Sportstätten >BMF vom 22. 8. 2005 (BStBl I S. 845) unter Berücksichtigung der Änderungen durch BMF vom 19. 5. 2015 (BStBl I S. 468), Rz. 15.
– Anwendung der Vereinfachungsregelungen auf ähnliche Sachverhalte >BMF vom 11. 7. 2006 (BStBl I S. 447) unter Berücksichtigung der Änderungen durch BMF vom 19. 5. 2015 (BStBl I S. 468), Rz. 15.

H 4.10 (2–4)

Freigrenze für Geschenke nach § 4 Abs. 5 Satz 1 Nr. 1 EStG
>H 9b

Geschenk
Ob eine Vermögenszuwendung unentgeltlich als Geschenk oder entgeltlich gemacht wird, entscheidet nach bürgerlichem Recht die hierüber zwischen den Beteiligten getroffene Vereinbarung. Ein Geschenk liegt nur vor, wenn beide Seiten über die Unentgeltlichkeit einig sind. Daher liegt schon dann kein Geschenk vor, wenn eine Seite von der Entgeltlichkeit der Zuwendung ausgeht (>BFH vom 23. 6. 1993 – BStBl II S. 806).

Selbständige Tätigkeit eines Angestellten
Übt ein Angestellter unter Mithilfe anderer Angestellter desselben Arbeitgebers auch eine selbständige Tätigkeit aus, handelt es sich bei diesen Mitarbeitern nicht um Arbeitnehmer des Angestellten und zugleich selbständig Tätigen (>BFH vom 8. 11. 1984 – BStBl 1985 II S. 286).

H 4.10 (5–9)

Angemessenheit
– Die Angemessenheit ist vor allem nach den jeweiligen Branchenverhältnissen zu beurteilen (>BFH vom 14. 4. 1988 – BStBl II S. 771).
– >H 4.10 (12)

Anlass der Bewirtung
Angaben wie „Arbeitsgespräch", „Infogespräch" oder „Hintergrundgespräch" als Anlass der Bewirtung sind nicht ausreichend (>BFH vom 15. 1. 1998 – BStBl II S. 263).

Aufteilung von Bewirtungsaufwendungen in einen betrieblichen und einen privaten Teil
Der eigene Verzehraufwand eines Gewerbetreibenden in Gaststätten, in denen er seine Waren mit Hilfe von aufgestellten Automaten vertreibt, ist nur insoweit als betrieblich veranlasster

Aufwand abziehbar, wie im Einzelnen nachgewiesen wird, dass dabei die private Lebensführung als unbedeutend in den Hintergrund getreten ist (>BFH vom 14. 4. 1988 – BStBl II S. 771).

Bewirtung
Eine Bewirtung i. S. d. § 4 Abs. 5 Satz 1 Nr. 2 EStG liegt nur vor, wenn die Darreichung von Speisen und/oder Getränken eindeutig im Vordergrund steht (>BFH vom 16. 2. 1990 – BStBl II S. 575). Keine Bewirtungsaufwendungen sind daher Aufwendungen für die Darbietung anderer Leistungen (wie insbesondere Varieté, Striptease und Ähnliches), wenn der insgesamt geforderte Preis in einem offensichtlichen Missverhältnis zum Wert der verzehrten Speisen und/oder Getränke steht (>BFH vom 16. 2. 1990 – BStBl II S. 575); solche Aufwendungen sind insgesamt nach § 4 Abs. 5 Satz 1 Nr. 7 EStG zu beurteilen (>R 4.10 Abs. 12) und ggf. aufzuteilen. Die nach Aufteilung auf eine Bewirtung entfallenden Aufwendungen unterliegen sodann der Abzugsbegrenzung des § 4 Abs. 5 Satz 1 Nr. 2 EStG.

Bewirtung im gastronomischen Unternehmensbereich
Die Abzugsbegrenzung findet keine Anwendung, wenn die Bewirtungsaufwendungen entweder anlässlich einer Bewirtung von zahlenden Gästen (z. B. bei der Bewirtung von Fluggästen durch eine Fluggesellschaft) oder durch Präsentation bestimmter Speisen zu Werbezwecken anfallen (>BFH vom 7. 9. 2011 – BStBl 2012 II S. 194).

Bewirtung im Rahmen eines Leistungsaustauschs
Das Abzugsverbot gilt nicht bei Aufwendungen eines Gaststättenbetreibers für die Bewirtung von Busfahrern als Gegenleistung für das Zuführen von potenziellen Kunden (>BFH vom 26. 4. 2018 – BStBl II S. 750).

Bewirtung mehrerer Personen
Werden mehrere Personen bewirtet, müssen grundsätzlich die Namen aller Teilnehmer der Bewirtung, ggf. auch des Stpfl. und seiner Arbeitnehmer angegeben werden (>BFH vom 25. 2. 1988 – BStBl II S. 581).

Bewirtung von Personen aus geschäftlichem Anlass
– Keine Betriebseinnahme >R 4.7 Abs. 3
– Steuerliche Anerkennung der Aufwendungen als Betriebsausgaben nach R 4.10 Abs. 6 >BMF vom 21. 11. 1994 (BStBl I S. 855)

Journalisten
Journalisten können die nach § 4 Abs. 5 Satz 1 Nr. 2 Satz 1 EStG geforderten Angaben zu Teilnehmern und Anlass einer Bewirtung in der Regel nicht unter Berufung auf das Pressegeheimnis verweigern (>BFH vom 15. 1. 1998 – BStBl II S. 263).

Nachholung von Angaben
Die zum Nachweis von Bewirtungsaufwendungen erforderlichen schriftlichen Angaben müssen zeitnah gemacht werden (>BFH vom 25. 3. 1988 – BStBl II S. 655). Die Namensangabe darf vom Rechnungsaussteller auf der Rechnung oder durch eine sie ergänzende Urkunde nachgeholt werden (>BFH vom 27. 6. 1990 – BStBl II S. 903 und vom 2. 10. 1990 – BStBl 1991 II S. 174).

Name des bewirtenden Stpfl.
Angabe ist Voraussetzung für den Nachweis der betrieblichen Veranlassung (>BFH vom 13. 7. 1994 – BStBl II S. 894).

Schulungsveranstaltung
Bewirtet ein Unternehmen im Rahmen einer Schulungsveranstaltung Personen, die nicht seine Arbeitnehmer sind, unterliegt der Bewirtungsaufwand der Abzugsbeschränkung gem. § 4 Abs. 5 Satz 1 Nr. 2 EStG (>BFH vom 18. 9. 2007 – BStBl 2008 II S. 116).

Schweigepflicht
Rechtsanwälte können die nach § 4 Abs. 5 Satz 1 Nr. 2 EStG erforderlichen Angaben zu Teilnehmern und Anlass einer Bewirtung in der Regel nicht unter Berufung auf die anwaltliche Schweigepflicht verweigern (>BFH vom 26. 2. 2004 – BStBl II S. 502).

Unterschrift
Das zum Nachweis der betrieblichen Veranlassung der Bewirtung vom Stpfl. erstellte Schriftstück ist von diesem zu unterschreiben (>BFH vom 15. 1. 1998 – BStBl II S. 263).

Unvollständige Angaben
Sind die Angaben lückenhaft, können die Aufwendungen auch dann nicht abgezogen werden, wenn der Stpfl. ihre Höhe und betriebliche Veranlassung in anderer Weise nachweist oder glaubhaft macht (>BFH vom 30. 1. 1986 – BStBl II S. 488).

H 4.10 (10–11)

Ferienhausüberlassung an Arbeitnehmer
Aufwendungen des Arbeitgebers für seinen Arbeitnehmern unentgeltlich zur Verfügung gestellte Ferienhäuser sind unbegrenzt als Betriebsausgaben abziehbar und zwar auch dann, wenn die Ferienhäuser im Ausland belegen sind (>BFH vom 9. 4. 1997 – BStBl II S. 539).

Ort des Betriebs
Der Ort des Betriebs ist regelmäßig die politische Gemeinde (>BFH vom 9. 4. 1968 – BStBl II S. 603).

H 4.10 (12)

Angemessenheit
Bei der Prüfung der Angemessenheit von Aufwendungen nach § 4 Abs. 5 Satz 1 Nr. 7 EStG ist darauf abzustellen, ob ein ordentlicher und gewissenhafter Unternehmer angesichts der erwarteten Vorteile die Aufwendungen ebenfalls auf sich genommen hätte. Neben der Größe des Unternehmens, der Höhe des längerfristigen Umsatzes und des Gewinns sind vor allem die Bedeutung des Repräsentationsaufwands für den Geschäftserfolg und seine Üblichkeit in vergleichbaren Betrieben als Beurteilungskriterien heranzuziehen (>BFH vom 20. 8. 1986 – BStBl II S. 904, vom 26. 1. 1988 – BStBl II S. 629 und vom 14. 4. 1988 – BStBl II S. 771).

Hubschrauber
Bei der Angemessenheitsprüfung ist darauf abzustellen, ob ein ordentlicher und gewissenhafter Unternehmer einen Hubschrauber angesichts der erwarteten Vorteile und Kosten ebenfalls als Transportmittel eingesetzt hätte. Dies ist von Fall zu Fall neu zu entscheiden. Sollte sich dabei ergeben, dass die Kosten des Hubschraubers dessen Nutzen deutlich übersteigen, ist ein Teil der Hubschrauberkosten nicht als Betriebsausgaben abziehbar (>BFH vom 27. 2. 1985 – BStBl II S. 458).

Kraftfahrzeug
Die Anschaffungskosten eines als „unangemessen" anzusehenden Kfz fallen als solche nicht unmittelbar unter das Abzugsverbot. Bei Zugehörigkeit des Fahrzeugs zum Betriebsvermögen sind sie vielmehr in vollem Umfang zu aktivieren (>BFH vom 8.10.1987 – BStBl II S. 853). Ob und inwieweit ein unangemessener betrieblicher Repräsentationsaufwand i. S. d. § 4 Abs. 5 Satz 1 Nr. 7 EStG bei Beschaffung und Unterhaltung eines Kfz vorliegt, ist danach zu beurteilen, ob ein ordentlicher und gewissenhafter Unternehmer – ungeachtet seiner Freiheit, den Umfang seiner Erwerbsaufwendungen selbst bestimmen zu dürfen – angesichts der erwarteten Vorteile und Kosten die Aufwendungen ebenfalls auf sich genommen hätte (>BFH vom 29.4.2014 – BStBl II S. 679). Zu den unter das Abzugsverbot des § 4 Abs. 5 Satz 1 Nr. 7 EStG fallenden Kraftfahrzeugaufwendungen gehört vor allem die AfA nach § 7 Abs. 1 EStG. Diese kann nur insoweit als Betriebsausgabe abgezogen werden, als sie auf den als „angemessen" anzusehenden Teil der Anschaffungskosten entfällt. Die übrigen Betriebskosten (Kfz-Steuer und Versicherung, Kraftstoff, Instandsetzungs-, Wartungs- und Pflegekosten, Garagenmiete usw.) werden in der Regel nicht als „unangemessen" i. S. d. § 4 Abs. 5 Satz 1 Nr. 7 EStG anzusehen sein, da diese Aufwendungen auch für ein „angemessenes" Fahrzeug angefallen wären (>BFH vom 8.10.1987 – BStBl II S. 853).

| R 4.11 | **Besondere Aufzeichnung** |

(1) ¹Das Erfordernis der besonderen Aufzeichnung ist erfüllt, wenn für jede der in § 4 Abs. 7 EStG bezeichneten Gruppen von Aufwendungen ein besonderes Konto oder eine besondere Spalte geführt wird. ²Es ist aber auch ausreichend, wenn für diese Aufwendungen zusammengenommen ein Konto oder eine Spalte geführt wird. ³In diesem Fall muss sich aus jeder Buchung oder Aufzeichnung die Art der Aufwendung ergeben. ⁴Das gilt auch dann, wenn verschiedene Aufwendungen bei einem Anlass zusammentreffen, z. B. wenn im Rahmen einer Bewirtung von Personen aus geschäftlichem Anlass Geschenke gegeben werden.

(2) ¹Bei den Aufwendungen für Geschenke muss der Name des Empfängers aus der Buchung oder dem Buchungsbeleg zu ersehen sein. ²Aufwendungen für Geschenke gleicher Art können in einer Buchung zusammengefasst werden (Sammelbuchung), wenn

1. die Namen der Empfänger der Geschenke aus einem Buchungsbeleg ersichtlich sind oder
2. im Hinblick auf die Art des zugewendeten Gegenstandes, z. B. Taschenkalender, Kugelschreiber, und wegen des geringen Werts des einzelnen Geschenks die Vermutung besteht, dass die Freigrenze gem. § 4 Abs. 5 Satz 1 Nr. 1 EStG bei dem einzelnen Empfänger im Wirtschaftsjahr nicht überschritten wird; eine Angabe der Namen der Empfänger ist in diesem Fall nicht erforderlich.

| H 4.11 |

Besondere Aufzeichnung

– Die Pflicht zur besonderen Aufzeichnung ist erfüllt, wenn diese Aufwendungen fortlaufend, zeitnah und bei Gewinnermittlung durch Betriebsvermögensvergleich auf besonderen Konten im Rahmen der Buchführung gebucht oder bei Einnahmenüberschussrechnung von Anfang an getrennt von den sonstigen Betriebsausgaben einzeln aufgezeichnet werden (>BFH vom 22.1.1988 – BStBl II S. 535).

– Statistische Zusammenstellungen oder die geordnete Sammlung von Belegen genügen nur dann, wenn zusätzlich die Summe der Aufwendungen periodisch und zeitnah auf einem besonderen Konto eingetragen wird oder vergleichbare Aufzeichnungen geführt werden (>BFH vom 26.2.1988 – BStBl II S. 613).

- Eine Aufzeichnung auf besonderen Konten liegt nicht vor, wenn die bezeichneten Aufwendungen auf Konten gebucht werden, auf denen auch nicht besonders aufzeichnungspflichtige Aufwendungen gebucht sind (>BFH vom 10.1.1974 – BStBl II S. 211 und vom 19.8.1980 – BStBl II S. 745). Bei der Aufzeichnung von Bewirtungsaufwendungen ist es jedoch nicht erforderlich, dass getrennte Konten für Aufwendungen für die Bewirtung von Personen aus geschäftlichem Anlass und für Aufwendungen für die Bewirtung von Personen aus sonstigen betrieblichem Anlass geführt werden (>BFH vom 19.8.1999 – BStBl 2000 II S. 203).
- Zur besonderen Aufzeichnung von Aufwendungen für ein häusliches Arbeitszimmer >BMF vom 6.10.2017 (BStBl I S. 1320), Rdnr. 25.

Verstoß gegen die besondere Aufzeichnungspflicht

Ein Verstoß gegen die besondere Aufzeichnungspflicht nach § 4 Abs. 7 EStG hat zur Folge, dass die nicht besonders aufgezeichneten Aufwendungen nicht abgezogen werden können (>BFH vom 22.1.1988 – BStBl II S. 535). Dies gilt nicht für eine Fehlbuchung, die sich nach dem Rechtsgedanken des § 129 Satz 1 AO als offenbare Unrichtigkeit darstellt (>BFH vom 19.8.1999 – BStBl 2000 II S. 203).

R 4.12 Entfernungspauschale, nicht abziehbare Fahrtkosten, Reisekosten und Mehraufwendungen bei doppelter Haushaltsführung

Aufwendungen für Wege zwischen Wohnung und Betriebsstätte

(1) ¹Die Regelungen in den LStR zu Aufwendungen für Wege zwischen Wohnung und regelmäßiger Arbeitsstätte*⁾ sind entsprechend anzuwenden. ²Ein Betriebsausgabenabzug in Höhe der Entfernungspauschale nach § 4 Abs. 5 Satz 1 Nr. 6 Satz 2 EStG kommt auch dann in Betracht, wenn die nach § 4 Abs. 5 Satz 1 Nr. 6 Satz 3 EStG ermittelten Werte geringer sind als die Entfernungspauschale. ³Wird an einem Tag aus betrieblichen oder beruflichen Gründen der Weg zwischen Wohnung und Betriebsstätte mehrfach zurückgelegt, darf die Entfernungspauschale nur einmal pro Tag berücksichtigt werden. ⁴Die Regelung des § 4 Abs. 5 Satz 1 Nr. 6 EStG gilt nicht für Fahrten zwischen Betriebsstätten. ⁵Unter Betriebsstätte ist im Zusammenhang mit Geschäftsreisen (Absatz 2), anders als in § 12 AO, die (von der Wohnung getrennte) Betriebsstätte zu verstehen. ⁶Das ist der Ort, an dem oder von dem aus die betrieblichen Leistungen erbracht werden. ⁷Die Betriebsstätte eines See- und Hafenlotsen ist danach nicht das häusliche Arbeitszimmer, sondern das Lotsrevier oder die Lotsenstation.

Reisekosten

(2) ¹Die Regelungen in den LStR zu Reisekosten sind sinngemäß anzuwenden. ²Der Ansatz pauschaler Kilometersätze ist nur für private Beförderungsmittel zulässig.

Mehraufwendungen bei doppelter Haushaltsführung

(3) Die Regelungen in den LStR zu Mehraufwendungen bei doppelter Haushaltsführung sind entsprechend anzuwenden.

---

*⁾ Jetzt erster Tätigkeitsstätte.

H 4.12

Abzug als Werbungskosten
Zum Abzug von Aufwendungen für Wege zwischen Wohnung und erster Tätigkeitsstätte sowie Fahrten nach § 9 Abs. 1 Satz 3 Nr. 4a Satz 3 EStG und von Mehraufwendungen bei doppelter Haushaltsführung von Arbeitnehmern als Werbungskosten >R 9.10 und R 9.11 LStR 2015 sowie >H 9.10 und H 9.11 LStH 2018.

Behinderte Menschen
– Auch bei Stpfl., die zu dem in § 9 Abs. 2 EStG bezeichneten Personenkreis gehören, kann grundsätzlich nur eine Hin- und Rückfahrt für jeden Arbeitstag berücksichtigt werden (>BFH vom 2. 4. 1976 – BStBl II S. 452).
– Nachweis der Behinderung >§ 65 EStDV, H 33b (Nachweis der Behinderung).

Betriebsstätte
>BMF vom 23. 12. 2014 (BStBl 2015 I S. 26)

Doppelte Haushaltsführung
>BMF vom 23. 12. 2014 (BStBl 2015 I S. 26)

Gesamtaufwendungen für das Kraftfahrzeug
– >BMF vom 18. 11. 2009 (BStBl I S. 1326) unter Berücksichtigung der Änderungen durch BMF vom 15. 11. 2012 – BStBl I S. 1099), Rdnr. 32
– Bei Nutzung von Elektro- und Hybridelektrofahrzeugen >BMF vom 5. 6. 2014 (BStBl I S. 835)
– Bei Nutzung von Brennstoffzellenfahrzeugen >BMF vom 24. 1. 2018 (BStBl I S. 272)

Miterledigung betrieblicher Angelegenheiten
Werden anlässlich einer Fahrt zwischen Wohnung und Betriebsstätte oder umgekehrt andere betriebliche oder berufliche Angelegenheiten miterledigt, können die dadurch bedingten Mehraufwendungen in voller Höhe als Betriebsausgaben abgezogen werden (>BFH vom 17. 2. 1977 – BStBl II S. 543).

Motorboot
Aufwendungen für Wege zwischen Wohnung und Betriebsstätte mit einem Motorboot (Jacht) sind nicht generell nach § 4 Abs. 5 Satz 1 Nr. 4 EStG vom steuerlichen Abzug ausgeschlossen, sondern unterliegen der Abzugsbegrenzung nach § 4 Abs. 5 Satz 1 Nr. 6 EStG (>BFH vom 10. 5. 2001 – BStBl II S. 575).

Pauschbeträge für Verpflegungsmehraufwendungen bei Auslandsgeschäftsreisen
>BMF vom 8. 11. 2017 (BStBl I S. 1457)

Pkw-Nutzung für Familienheimfahrten
Die Abzugsbegrenzung für Familienheimfahrten nach § 4 Abs. 5 Satz 1 Nr. 6 EStG ist verfassungsgemäß (>BFH vom 19. 6. 2013 – BStBl II S. 812).

Reisekosten
>BMF vom 23. 12. 2014 (BStBl 2015 I S. 26)

Wege zwischen Wohnung und Betriebsstätte
- >BMF vom 23. 12. 2014 (BStBl 2015 I S. 26)
- >BMF vom 18. 11. 2009 (BStBl I S. 1326 unter Berücksichtigung der Änderungen durch BMF vom 15. 11. 2012 – BStBl I S. 1099)
- Bei Nutzung von Elektro- und Hybridelektrofahrzeugen >BMF vom 5. 6. 2014 (BStBl I S. 835)
- Bei Nutzung von Brennstoffzellenfahrzeugen >BMF vom 24. 1. 2018 (BStBl I S. 272)

R 4.13 Abzugsverbot für Sanktionen

Abzugsverbot

(1) [1]Geldbußen, Ordnungsgelder und Verwarnungsgelder, die von einem Gericht oder einer Behörde in der Bundesrepublik Deutschland oder von Organen der Europäischen Gemeinschaften festgesetzt werden, dürfen nach § 4 Abs. 5 Satz 1 Nr. 8 Satz 1 EStG den Gewinn auch dann nicht mindern, wenn sie betrieblich veranlasst sind. [2]Dasselbe gilt für Leistungen zur Erfüllung von Auflagen oder Weisungen, die in einem berufsgerichtlichen Verfahren erteilt werden, soweit die Auflagen oder Weisungen nicht lediglich der Wiedergutmachung des durch die Tat verursachten Schadens dienen (§ 4 Abs. 5 Satz 1 Nr. 8 Satz 2 EStG). [3]Dagegen gilt das Abzugsverbot nicht für Nebenfolgen vermögensrechtlicher Art, z. B. die Abführung des Mehrerlöses nach § 8 des Wirtschaftsstrafgesetzes, den Verfall nach § 29a OWiG und die Einziehung nach § 22 OWiG.

Geldbußen

(2) [1]Zu den Geldbußen rechnen alle Sanktionen, die nach dem Recht der Bundesrepublik Deutschland so bezeichnet sind, insbesondere Geldbußen nach dem Ordnungswidrigkeitenrecht einschließlich der nach § 30 OWiG vorgesehenen Geldbußen gegen juristische Personen oder Personenvereinigungen, Geldbußen nach den berufsgerichtlichen Gesetzen des Bundes oder der Länder, z. B. der Bundesrechtsanwaltsordnung, der Bundesnotarordnung, der Patentanwaltsordnung, der Wirtschaftsprüferordnung oder dem Steuerberatungsgesetz sowie Geldbußen nach den Disziplinargesetzen des Bundes oder der Länder. [2]Geldbußen, die von Organen der Europäischen Union festgesetzt werden, sind Geldbußen nach den Artikeln 101, 102, 103 Abs. 2 des Vertrages über die Arbeitsweise der Europäischen Union (AEUV) insbesondere i. V. m. Artikel 23 Abs. 2 der Verordnung (EG) Nr. 1/2003 des Rates vom 16. 12. 2002. [3]Betrieblich veranlasste Geldbußen, die von Gerichten oder Behörden anderer Staaten festgesetzt werden, fallen nicht unter das Abzugsverbot.

Einschränkung des Abzugsverbotes für Geldbußen

(3) [1]Das Abzugsverbot für Geldbußen, die von Gerichten oder Behörden in der Bundesrepublik Deutschland oder von Organen der Europäischen Union verhängt werden, gilt uneingeschränkt für den Teil, der die rechtswidrige und vorwerfbare Handlung ahndet. [2]Für den Teil, der den rechtswidrig erlangten wirtschaftlichen Vorteil abschöpft, gilt das Abzugsverbot für die Geldbuße nur dann uneingeschränkt, wenn bei der Berechnung des Vermögensvorteils die darauf entfallende ertragsteuerliche Belastung – ggf. im Wege der Schätzung – berücksichtigt worden ist. [3]Macht der Stpfl. durch geeignete Unterlagen glaubhaft, dass diese ertragsteuerliche Belastung nicht berücksichtigt und der gesamte rechtswidrig erlangte Vermögensvorteil abgeschöpft wurde, darf der auf die Abschöpfung entfallende Teil der Geldbuße als Betriebsausgabe abgezogen werden. [4]Die von der Europäischen Kommission festgesetzten Geldbußen wegen Verstoßes gegen das Wettbewerbsrecht enthalten keinen Anteil, der den rechtswidrig erlangten wirtschaftlichen Vorteil abschöpft, und unterliegen in vollem Umfang dem Betriebsausgabenabzugsverbot.

Ordnungsgelder

(4) ¹Ordnungsgelder sind die nach dem Recht der Bundesrepublik Deutschland so bezeichneten Unrechtsfolgen, die namentlich in den Verfahrensordnungen oder in verfahrensrechtlichen Vorschriften anderer Gesetze vorgesehen sind, z. B. das Ordnungsgeld gegen einen Zeugen wegen Verletzung seiner Pflicht zum Erscheinen und das Ordnungsgeld nach § 890 ZPO wegen Verstoßes gegen eine nach einem Vollstreckungstitel (z. B. Urteil) bestehende Verpflichtung, eine Handlung zu unterlassen oder die Vornahme einer Handlung zu dulden. ²Nicht unter das Abzugsverbot fallen Zwangsgelder.

Verwarnungsgelder

(5) Verwarnungsgelder sind die in § 56 OWiG so bezeichneten geldlichen Einbußen, die dem Betroffenen aus Anlass einer geringfügigen Ordnungswidrigkeit, z. B. wegen falschen Parkens, mit seinem Einverständnis auferlegt werden, um der Verwarnung Nachdruck zu verleihen.

| H 4.13 |

Abschöpfung

Bemisst sich die wegen eines Wettbewerbsverstoßes festgesetzte Geldbuße – über den regulären gesetzlichen Höchstbetrag hinaus – unter Einbeziehung des durch die Zuwiderhandlung erlangten Mehrerlöses, wird zugleich der erlangte wirtschaftliche Vorteil abgeschöpft. Hat die Bußgeldbehörde die Ertragsteuern, die auf diesen Vorteil entfallen, bei der Festsetzung nicht berücksichtigt, mindert die Geldbuße bis zu den gesetzlich zulässigen Höchstbeträgen den Gewinn. Darauf, dass sich der abschöpfende Teil der einheitlichen Geldbuße eindeutig abgrenzen lässt, kommt es nicht an (>BFH vom 9. 6. 1999 – BStBl II S. 658).

Abzugsverbot für Geldstrafen, die in einem anderen Staat festgesetzt werden

>R 12.3

Ausländisches Gericht

Von ausländischem Gericht verhängte Geldstrafe kann bei Widerspruch zu wesentlichen Grundsätzen der deutschen Rechtsordnung Betriebsausgabe sein (>BFH vom 31. 7. 1991 – BStBl 1992 II S. 85).

EU-Geldbußen

Eine von der Europäischen Kommission wegen eines Kartellrechtsverstoßes verhängte Geldbuße, die sich nach dem Grundbetrag i. S. d. Art. 23 Abs. 3 EG-Verordnung 1/2003 bemisst, enthält keinen Abschöpfungsanteil (>BFH vom 7. 11. 2013 – BStBl 2014 II S. 306).

Leistungen zur Erfüllung von Auflagen oder Weisungen

Hinsichtlich des Abzugsverbots von Leistungen zur Erfüllung von Auflagen und Weisungen, die in einem berufsgerichtlichen Verfahren erteilt werden, >H 12.3.

Rückstellungen

>H 5.7 (1) Nicht abziehbare Betriebsausgaben

Verfahrenskosten
Bei betrieblich veranlassten Sanktionen sind die mit diesen zusammenhängenden Verfahrenskosten, insbesondere Gerichts- und Anwaltsgebühren, auch dann abziehbare Betriebsausgaben, wenn die Sanktion selbst nach § 4 Abs. 5 Satz 1 Nr. 8 EStG vom Abzug ausgeschlossen ist (>BFH vom 19. 2. 1982 – BStBl II S. 467).

R 4.14	**Abzugsverbot für Zuwendungen i. S. d. § 4 Abs. 5 Satz 1 Nr. 10 EStG**

[1]Zuwendungen i. S. d. § 4 Abs. 5 Satz 1 Nr. 10 EStG dürfen nicht als Betriebsausgaben abgezogen werden, wenn mit der Zuwendung von Vorteilen objektiv gegen das Straf- oder Ordnungswidrigkeitenrecht verstoßen wird; auf ein Verschulden des Zuwendenden, auf die Stellung eines Strafantrags oder auf eine tatsächliche Ahndung kommt es nicht an. [2]Mit der Anknüpfung an die Tatbestände des Straf- und Ordnungswidrigkeitenrechts werden auch Leistungen an ausländische Amtsträger und Abgeordnete vom Abzugsverbot erfasst. [3]Wird dem Finanzamt auf Grund einer Mitteilung des Gerichts, der Staatsanwaltschaft oder einer Verwaltungsbehörde nach § 4 Abs. 5 Satz 1 Nr. 10 Satz 2 EStG erstmals bekannt, dass eine rechtswidrige Handlung i. S. d. § 4 Abs. 5 Satz 1 Nr. 10 Satz 1 EStG vorliegt, ist der Steuerbescheid nach den Vorschriften der AO zu ändern.

H 4.14

Mitteilungspflicht
Bei Vorteilszuwendungen, die als Betriebsausgaben berücksichtigt wurden, besteht ein Verdacht i. S. d. § 4 Abs. 5 Satz 1 Nr. 10 Satz 3 EStG, der die Information der Strafverfolgungsbehörden gebietet, wenn ein Anfangsverdacht i. S. d. Strafrechts gegeben ist. Es müssen also zureichende tatsächliche Anhaltspunkte für eine Tat nach § 4 Abs. 5 Satz 1 Nr. 10 Satz 1 EStG vorliegen (>BFH vom 14. 7. 2008 – BStBl II S. 850).

Umfang des Abzugsverbots
Das für die „Zuwendung von Vorteilen sowie damit zusammenhängende Aufwendungen" geltende Abzugsverbot des § 4 Abs. 5 Satz 1 Nr. 10 EStG erfasst nicht nur die Bestechungsgelder als solche, sondern auch die Kosten eines nachfolgenden Strafverfahrens sowie Aufwendungen, die auf Grund einer im Strafurteil ausgesprochenen Verfallsanordnung entstehen. Zur Vermeidung einer verfassungswidrigen Doppelbelastung gilt das Abzugsverbot für verfallene Beträge jedoch nicht, wenn das Strafgericht die Ertragsteuerbelastung bei der Bemessung des Verfallsbetrags nicht mindernd berücksichtigt hat (>BFH vom 14. 5. 2014 – BStBl II S. 684).

Zuwendungen
– Abzugsverbot für die Zuwendung von Vorteilen i. S. d. § 4 Abs. 5 Satz 1 Nr. 10 EStG >BMF vom 10. 10. 2002 (BStBl I S. 1031)
– Tatbestände des Straf- und Ordnungswidrigkeitenrechts i. S. d. § 4 Abs. 5 Satz 1 Nr. 10 EStG sind:
  – § 108b StGB (Wählerbestechung),
  – § 108e StGB (Bestechung von Mandatsträgern),
  – § 265c Abs. 2 und 4 StGB (Sportwettbetrug),
  – § 265d Abs. 2 und 4 StGB (Manipulation von berufssportlichen Wettbewerben),
  – § 299 Abs. 2 StGB (Bestechung im geschäftlichen Verkehr),
  – § 299b StGB (Bestechung im Gesundheitswesen),
  – § 333 StGB (Vorteilsgewährung),

- § 334 StGB (Bestechung),
- § 335a StGB (Vorteilsgewährung und Bestechung ausländischer und internationaler Bediensteter),
- Artikel 2 § 2 des Gesetzes zur Bekämpfung internationaler Bestechung (Bestechung ausländischer Abgeordneter im Zusammenhang mit internationalem geschäftlichen Verkehr),
- § 119 Abs. 1 des Betriebsverfassungsgesetzes (Straftaten gegen Betriebsverfassungsorgane und ihre Mitglieder),
- § 81 Abs. 3 Nr. 2 i.V. m. § 21 Abs. 2 des Gesetzes gegen Wettbewerbsbeschränkungen (Vorteilsgewährung für wettbewerbsbeschränkendes Verhalten),
- § 405 Abs. 3 Nr. 7 AktG (Vorteilsgewährung in Bezug auf das Stimmverhalten in der Hauptversammlung),
- § 152 Abs. 1 Nr. 2 GenG (Vorteilsgewährung in Bezug auf das Abstimmungsverhalten in der Generalversammlung),
- § 23 Abs. 1 Nr. 3 des Gesetzes über Schuldverschreibungen aus Gesamtemissionen – SchVG (Vorteilsgewährung in Bezug auf die Abstimmung in der Gläubigerversammlung).

H 4.15

Abzugsverbot für Gewerbesteuer

Das Abzugsverbot für die Gewerbesteuer ist verfassungsgemäß (>BFH vom 16. 1. 2014 – DStDI II S. 531 und vom 10. 9. 2015 – BStBl II S. 1046).

Zu § 4a EStG

R 4a. **Gewinnermittlung bei einem vom Kalenderjahr abweichenden Wirtschaftsjahr**

Umstellung des Wirtschaftsjahres

(1) ¹Eine Umstellung des Wirtschaftsjahres liegt nicht vor, wenn ein Stpfl., der Inhaber eines Betriebs ist, einen weiteren Betrieb erwirbt und für diesen Betrieb ein anderes Wirtschaftsjahr als der Rechtsvorgänger wählt. ²Werden mehrere bisher getrennt geführte Betriebe eines Stpfl. zu einem Betrieb zusammengefasst, und führt der Stpfl. das abweichende Wirtschaftsjahr für einen der Betriebe fort, liegt keine zustimmungsbedürftige Umstellung des Wirtschaftsjahres vor.

Zustimmung des Finanzamts zum abweichenden Wirtschaftsjahr

(2) ¹Das Wahlrecht zur Bestimmung des Wirtschaftsjahres kann durch die Erstellung des Jahresabschlusses oder außerhalb des Veranlagungsverfahrens ausgeübt werden. ²Bei Umstellung des Wirtschaftsjahres nach § 4a Abs. 1 Satz 2 Nr. 3 EStG ist dem Antrag zu entsprechen, wenn der Stpfl. Bücher führt, in denen die Betriebseinnahmen und die Betriebsausgaben für den land- und forstwirtschaftlichen Betrieb und für den Gewerbebetrieb getrennt aufgezeichnet werden, und der Stpfl. für beide Betriebe getrennte Abschlüsse fertigt. ³Die Geldkonten brauchen nicht getrennt geführt zu werden.

Abweichendes Wirtschaftsjahr bei Betriebsverpachtung

(3) Sind die Einkünfte aus der Verpachtung eines gewerblichen Betriebs Einkünfte aus Gewerbebetrieb (>R 16 Abs. 5*)), kann der Verpächter ein abweichendes Wirtschaftsjahr beibehalten, wenn die Voraussetzungen des § 4a Abs. 1 Satz 2 Nr. 2 oder Nr. 3 Satz 2 EStG weiterhin erfüllt sind.

Gewinnschätzung bei abweichendem Wirtschaftsjahr

(4) Wird bei einem abweichenden Wirtschaftsjahr der Gewinn geschätzt, ist die Schätzung nach dem abweichenden Wirtschaftsjahr vorzunehmen.

Zeitpunkt der Gewinnrealisierung

(5) Der Gewinn aus der Veräußerung oder Aufgabe eines Mitunternehmeranteiles ist auch dann im Jahr der Veräußerung oder Aufgabe zu versteuern, wenn die Mitunternehmerschaft ein abweichendes Wirtschaftsjahr hat.

H 4a

Antrag auf Umstellung des Wirtschaftsjahres außerhalb des Veranlagungsverfahrens

Über einen außerhalb des Veranlagungsverfahrens gestellten Antrag auf Erteilung der Zustimmung zur Umstellung des Wj. hat das Finanzamt durch besonderen Bescheid zu entscheiden (>BFH vom 24. 1. 1963 – BStBl III S. 142).

Ausscheiden einzelner Gesellschafter

Das Ausscheiden eines Gesellschafters aus einer fortbestehenden Personengesellschaft führt nicht zur Bildung eines Rumpfwirtschaftsjahres (>BFH vom 24. 11. 1988 – BStBl 1989 II S. 312). Der Gewinn wird im Kj. des Ausscheidens bezogen (>BFH vom 18. 8. 2010 – BStBl II S. 1043).

Betriebsaufspaltung

Wählt eine im Wege der Betriebsaufspaltung entstandene Betriebsgesellschaft ein vom Kj. abweichendes Wj., ist dies keine zustimmungsbedürftige Umstellung (>BFH vom 27. 9. 1979 – BStBl 1980 II S. 94).

Doppelstöckige Personengesellschaft

— Wählt eine Personenobergesellschaft, die selbst keine aktive Wirtschaftstätigkeit ausübt, ihr Wj. in der Weise, dass dieses kurze Zeit vor dem Wj. der Personenuntergesellschaft endet, liegt hierin eine missbräuchliche Gestaltung, da die Gewinne der Untergesellschaft nicht im laufenden VZ, sondern einen VZ später steuerlich erfasst werden und hierdurch eine einjährige „Steuerpause" eintritt; dies gilt nicht nur bei der zustimmungspflichtigen Umstellung des Wj., sondern auch bei der – nicht zustimmungsbedürftigen – Festlegung des vom Kj. abweichenden Wj. anlässlich der Betriebseröffnung (>BFH vom 18. 12. 1991 – BStBl 1992 II S. 486).

— Legt eine Personenobergesellschaft ihr Wj. abweichend von den Wj. der Untergesellschaft fest, liegt hierin jedenfalls dann kein Missbrauch von Gestaltungsmöglichkeiten des Rechts, wenn dadurch die Entstehung eines Rumpfwirtschaftsjahres vermieden wird (>BFH vom 9. 11. 2006 – BStBl 2010 II S. 230).

---

*) Jetzt § 16 Abs. 3b EStG.

Freiberufler
- Ermittelt ein Freiberufler seinen Gewinn für ein vom Kj. abweichendes Wj., kann die Gewinnermittlung der Besteuerung nicht zugrunde gelegt werden. Der im Kj. bezogene Gewinn ist im Wege der Schätzung zu ermitteln. Dies kann in der Regel durch eine zeitanteilige Aufteilung der für die abweichenden Wj. ermittelten Gewinne erfolgen (>BFH vom 23. 9. 1999 – BStBl 2000 II S. 24).
- Eine in das Handelsregister eingetragene KG, die nur Einkünfte aus selbständiger Arbeit erzielt, kann kein vom Kj. abweichendes Wj. bilden (>BFH vom 18. 5. 2000 – BStBl II S. 498).

Gewinnschätzung
>H 4.1

Rumpfwirtschaftsjahr
- Bei der Umstellung des Wj. darf nur ein Rumpfwirtschaftsjahr entstehen (>BFH vom 7. 2. 1969 – BStBl II S. 337).
- H 6b.2 (Wirtschaftsjahr)

Umwandlung
- In der Umwandlung oder Einbringung eines Einzelunternehmens in eine neu gegründete Personengesellschaft liegt eine Neueröffnung eines Betriebes. Der Zeitpunkt der Umwandlung oder Einbringung ist das Ende des Wj. des bisherigen Einzelunternehmens und der Beginn des ersten Wj. der neugegründeten Personengesellschaft (>BFH vom 26. 5. 1994 – BStBl II S. 891).
- Wird ein bisher als Personengesellschaft geführter Betrieb nach Ausscheiden der Mitgesellschafter als Einzelunternehmen fortgeführt, liegt darin die Eröffnung eines neuen Betriebes mit der Folge, dass das Wj. der Personengesellschaft im Zeitpunkt der Umwandlung endet und das erste Wj. des Einzelunternehmens beginnt (>BFH vom 10. 2. 1989 – BStBl II S. 519).

Verpachtung eines Betriebs der Land- und Forstwirtschaft
Sind die Einkünfte aus der Verpachtung eines Betriebs der Land- und Forstwirtschaft als Einkünfte aus Land- und Forstwirtschaft zu behandeln, ist für die Ermittlung des Gewinns weiterhin das nach § 4a Abs. 1 Satz 2 Nr. 1 EStG oder § 8c EStDV in Betracht kommende abweichende Wj. maßgebend (>BFH vom 11. 3. 1965 – BStBl III S. 286).

Wirtschaftsjahr bei Land- und Forstwirten
Das Wj. bei Land- und Forstwirten richtet sich nach der Art der Bewirtschaftung. Eine unschädliche andere land- oder forstwirtschaftliche Nutzung in geringem Umfang i. S. d. § 8c Abs. 1 Satz 2 EStDV liegt nur vor, wenn der Vergleichswert der anderen land- oder forstwirtschaftlichen Nutzung etwa 10 % des Wertes der gesamten land- und forstwirtschaftlichen Nutzungen nicht übersteigt (>BFH vom 3. 12. 1987 – BStBl 1988 II S. 269).

Wirtschaftsjahr für den Gewerbebetrieb eines Land- und Forstwirts
Kann ein Land- und Forstwirt erst nach Beginn des Wj. für seinen Betrieb erkennen, dass sich aus diesem Betrieb ein Gewerbebetrieb herausgelöst hat, reicht es für die Ausübung des Wahlrechts zur Bestimmung eines dem land- und forstwirtschaftlichen Wj. entsprechenden Wj. für den Gewerbebetrieb aus, wenn er dem Finanzamt einen einheitlichen Jahresabschluss für den Gesamtbetrieb verbunden mit einer sachlich nachvollziehbaren Aufteilung des Gewinns auf den land- und forst-wirtschaftlichen Betrieb und den Gewerbebetrieb vorlegt. Das Finanzamt erklärt konkludent seine Zustimmung, wenn es im Einkommensteuerbescheid der Steuererklärung folgt (>BFH vom 7. 11. 2013 – BStBl 2015 II S. 226).

Zustimmungsbedürftige Umstellung des Wirtschaftsjahrs
- Die Zustimmung ist nur dann zu erteilen, wenn der Stpfl. in der Organisation des Betriebs gelegene **gewichtige Gründe** für die Umstellung des Wj. anführen kann; es ist jedoch nicht erforderlich, dass die Umstellung des Wj. betriebsnotwendig ist (>BFH vom 9.1.1974 – BStBl II S. 238).
- Die Umstellung des Wj. eines im Wege der **Gesamtrechtsnachfolge** auf Erben übergegangenen Unternehmens auf einen vom Kj. abweichenden Zeitraum bedarf der Zustimmung des Finanzamtes (>BFH vom 22.8.1968 – BStBl 1969 II S. 34).
- Wird die Umstellung des Wj. wegen **Inventurschwierigkeiten** begehrt, kann die Zustimmung zur Umstellung des Wj. zu versagen sein, wenn die Buchführung nicht ordnungsmäßig ist und auch nicht sichergestellt ist, dass durch die Umstellung des Wj. die Mängel der Buchführung beseitigt werden (>BFH vom 9.11.1966 – BStBl 1967 III S. 111).
- Will ein Pächter sein Wj. auf das vom Kj. abweichende **Pachtjahr** umstellen, weil dieses in mehrfacher Beziehung für die Abrechnung mit dem Verpächter maßgebend ist, ist die Zustimmung im allgemeinen zu erteilen (>BFH vom 8.10.1969 – BStBl 1970 II S. 85).
- Bei Forstbetrieben bedarf die Umstellung eines mit dem Kj. übereinstimmenden Wj. auf das sog. **Forstwirtschaftsjahr** (1.10.-30.9.) der Zustimmung des Finanzamts (>BFH vom 23.9.1999 – BStBl 2000 II S. 5).
- Die Erlangung einer „Steuerpause" oder anderer steuerlicher Vorteile ist kein betrieblicher Grund, der die Zustimmung des Finanzamts zur Umstellung des Wj. rechtfertigt (>BFH vom 24.4.1980 – BStBl 1981 II S. 50 und vom 15.6.1983 – BStBl II S. 672).

Zu § 4b EStG

| R 4b. | **Direktversicherung** |

Begriff

(1) [1]Eine Direktversicherung ist eine Lebensversicherung auf das Leben des Arbeitnehmers, die durch den Arbeitgeber abgeschlossen worden ist und bei der der Arbeitnehmer oder seine Hinterbliebenen hinsichtlich der Leistungen des Versicherers ganz oder teilweise bezugsberechtigt sind (>§ 1b Abs. 2 Satz 1 Betriebsrentengesetz). [2]Dasselbe gilt für eine Lebensversicherung auf das Leben des Arbeitnehmers, die nach Abschluss durch den Arbeitnehmer vom Arbeitgeber übernommen worden ist. [3]Dagegen liegt begrifflich keine Direktversicherung vor, wenn der Arbeitgeber für den Ehegatten eines verstorbenen früheren Arbeitnehmers eine Lebensversicherung abschließt. [4]Als Versorgungsleistungen können Leistungen der Alters-, Invaliditäts- oder Hinterbliebenenversorgung in Betracht kommen. [5]Es ist gleichgültig, ob es sich um Kapitalversicherungen – einschließlich Risikoversicherungen –, Rentenversicherungen oder fondsgebundene Lebensversicherungen handelt und welche >Laufzeit vereinbart wird. [6]Unfallversicherungen sind keine Lebensversicherungen, auch wenn bei Unfall mit Todesfolge eine Leistung vorgesehen ist. [7]Dagegen gehören Unfallzusatzversicherungen und Berufsunfähigkeitszusatzversicherungen, die im Zusammenhang mit Lebensversicherungen abgeschlossen werden, sowie selbständige Berufsunfähigkeitsversicherungen und Unfallversicherungen mit Prämienrückgewähr, bei denen der Arbeitnehmer Anspruch auf die Prämienrückgewähr hat, zu den Direktversicherungen.

(2) [1]Die Bezugsberechtigung des Arbeitnehmers oder seiner Hinterbliebenen muss vom Versicherungsnehmer (Arbeitgeber) der Versicherungsgesellschaft gegenüber erklärt werden (§ 159 VVG). [2]Die Bezugsberechtigung kann widerruflich oder unwiderruflich sein; bei widerruflicher Bezugsberechtigung sind die Bedingungen eines Widerrufes steuerlich unbeachtlich. [3]Unbeachtlich ist auch, ob die Anwartschaft des Arbeitnehmers arbeitsrechtlich bereits unverfallbar ist.

Behandlung bei der Gewinnermittlung

(3) ¹Die Beiträge zu Direktversicherungen sind sofort abziehbare Betriebsausgaben. ²Eine Aktivierung der Ansprüche aus der Direktversicherung kommt beim Arbeitgeber vorbehaltlich Satz 5 erst in Betracht, wenn eine der in § 4b EStG genannten Voraussetzungen weggefallen ist, z. B. wenn der Arbeitgeber von einem Widerrufsrecht Gebrauch gemacht hat. ³In diesen Fällen ist der Anspruch grundsätzlich mit dem geschäftsplanmäßigen Deckungskapital der Versicherungsgesellschaft zu aktivieren zuzüglich eines etwa vorhandenen Guthabens aus Beitragsrückerstattungen; soweit die Berechnung des Deckungskapitals nicht zum Geschäftsplan gehört, tritt an die Stelle des geschäftsplanmäßigen Deckungskapitals der nach § 169 Abs. 4 VVG berechnete Zeitwert. ⁴Die Sätze 1 bis 3 gelten auch für Versicherungen gegen Einmalprämie; bei diesen Versicherungen kommt eine Aktivierung auch nicht unter dem Gesichtspunkt der Rechnungsabgrenzung in Betracht, da sie keinen Aufwand für eine „bestimmte Zeit" (§ 5 Abs. 5 Satz 1 Nr. 1 EStG) darstellen. ⁵Sind der Arbeitnehmer oder seine Hinterbliebenen nur für bestimmte Versicherungsfälle oder nur hinsichtlich eines Teiles der Versicherungsleistungen bezugsberechtigt, sind die Ansprüche aus der Direktversicherung insoweit zu aktivieren, als der Arbeitgeber bezugsberechtigt ist.

(4) ¹Die Verpflichtungserklärung des Arbeitgebers nach § 4b Satz 2 EStG muss an dem Bilanzstichtag schriftlich vorliegen, an dem die Ansprüche aus dem Versicherungsvertrag ganz oder zum Teil abgetreten oder beliehen sind. ²Liegt diese Erklärung nicht vor, sind die Ansprüche aus dem Versicherungsvertrag dem Arbeitgeber zuzurechnen.

Sonderfälle

(5) Die Absätze 1 bis 4 gelten entsprechend für Personen, die nicht Arbeitnehmer sind, für die jedoch aus Anlass ihrer Tätigkeit für das Unternehmen Direktversicherungen abgeschlossen worden sind (§ 17 Abs. 1 Satz 2 Betriebsrentengesetz), z. B. Handelsvertreter und Zwischenmeister.

H 4b

Abgrenzung der Direktversicherung von einem Sparvertrag

Ist das für eine Versicherung typische Todesfallwagnis und bereits bei Vertragsabschluss das Rentenwagnis ausgeschlossen, liegt ein atypischer Sparvertrag und keine begünstigte Direktversicherung vor (>BFH vom 9.11.1990 − BStBl 1991 II S. 189 und R 40b.1 Abs. 2 Satz 2 bis 4 LStR 2015).

Arbeitnehmer-Ehegatten

Zur steuerlichen Behandlung von Aufwendungen für die betriebliche Altersversorgung des mitarbeitenden Ehegatten >BMF vom 4.9.1984 (BStBl I S. 495), ergänzt durch BMF vom 9.1.1986 (BStBl I S. 7). Die Aufwendungen sind nur als Betriebsausgaben anzuerkennen, soweit sie einem Fremdvergleich (>H 4.8) standhalten.

Beleihung von Versicherungsansprüchen

Vorauszahlungen auf die Versicherungsleistung (sog. Policendarlehen) stehen einer Beleihung des Versicherungsanspruchs gleich (>BFH vom 19.12.1973 − BStBl 1974 II S. 237).

Gesellschafter-Geschäftsführer

Der ertragsteuerlichen Anerkennung einer zu Gunsten des beherrschenden Gesellschafter-Geschäftsführers einer Kapitalgesellschaft abgeschlossenen Direktversicherung steht nicht entgegen, dass als vertraglicher Fälligkeitstermin für die Erlebensleistung das 65. Lebensjahr des Begünstigten vereinbart wird.

Hinterbliebenenversorgung für den Lebensgefährten
>BMF vom 25. 7. 2002 (BStBl I S. 706)

Konzerngesellschaft
>R 40b.1 Abs. 1 Satz 3 LStR 2015

Überversorgung
- Zur bilanzsteuerrechtlichen Berücksichtigung von überdurchschnittlich hohen Versorgungsanwartschaften (Überversorgung) >BMF vom 3.11.2004 (BStBl I S. 1045) und vom 13.12.2012 (BStBl 2013 I S. 35).
- >H 6a (17)

Zu § 4c EStG

| R 4c. | **Zuwendungen an Pensionskassen** |

Pensionskassen
(1) Als Pensionskassen sind sowohl rechtsfähige Versorgungseinrichtungen i. S. d. § 1b Abs. 3 Satz 1 Betriebsrentengesetz als auch rechtlich unselbständige Zusatzversorgungseinrichtungen des öffentlichen Dienstes i. S. d. § 18 Betriebsrentengesetz anzusehen, die den Leistungsberechtigten (Arbeitnehmer und Personen i. S. d. § 17 Abs. 1 Satz 2 Betriebsrentengesetz sowie deren Hinterbliebene) auf ihre Leistungen einen Rechtsanspruch gewähren.

Zuwendungen
(2) [1]Der Betriebsausgabenabzug kommt sowohl für laufende als auch für einmalige Zuwendungen in Betracht. [2]Zuwendungen an eine Pensionskasse sind auch abziehbar, wenn die Kasse ihren Sitz oder ihre Geschäftsleitung im Ausland hat.
(3) [1]Zuwendungen zur Abdeckung von Fehlbeträgen sind auch dann abziehbar, wenn sie nicht auf einer entsprechenden Anordnung der Versicherungsaufsichtsbehörde beruhen. [2]Für die Frage, ob und in welcher Höhe ein Fehlbetrag vorliegt, ist das Vermögen der Kasse nach den handelsrechtlichen Grundsätzen ordnungsmäßiger Buchführung unter Berücksichtigung des von der Versicherungsaufsichtsbehörde genehmigten Geschäftsplans bzw. der in § 4c Abs. 1 Satz 2 EStG genannten Unterlagen anzusetzen. [3]Für Pensionskassen mit Sitz oder Geschäftsleitung im Ausland sind die für inländische Pensionskassen geltenden Grundsätze anzuwenden.
(4) [1]Zuwendungen an die Kasse dürfen als Betriebsausgaben nicht abgezogen werden, soweit die Leistungen der Kasse, wenn sie vom Trägerunternehmen unmittelbar erbracht würden, bei diesem nicht betrieblich veranlasst wären. [2]Nicht betrieblich veranlasst sind z. B. Leistungen der Kasse an den Inhaber (Unternehmer, Mitunternehmer) des Trägerunternehmens oder seine Angehörigen. [3]Für Angehörige gilt das Verbot nicht, soweit die Zuwendungen im Rahmen eines steuerlich anzuerkennenden Arbeitsverhältnisses gemacht werden (>R 4.8). [4]Die allgemeinen Gewinnermittlungsgrundsätze bleiben durch § 4c Abs. 2 EStG unberührt; auch bei nicht unter das Abzugsverbot fallenden Zuwendungen ist daher zu prüfen, ob sie nach allgemeinen Bilanzierungsgrundsätzen zu aktivieren sind, z. B. bei Zuwendungen, die eine Gesellschaft für ein Tochterunternehmen erbringt.
(5) [1]Für Zuwendungen, die vom Trägerunternehmen nach dem Bilanzstichtag geleistet werden, ist bereits zum Bilanzstichtag ein Passivposten zu bilden, sofern zu diesem Zeitpunkt eine entsprechende Verpflichtung besteht (Bestimmung in der Satzung oder im Geschäftsplan der Kasse, Anordnung der Aufsichtsbehörde). [2]Werden Fehlbeträge der Kasse abgedeckt, ohne dass hierzu eine Verpflichtung des Trägerunternehmens besteht, kann in sinngemäßer Anwendung des § 4d Abs. 2 EStG zum Bilanzstichtag eine Rückstellung gebildet werden, wenn innerhalb ei-

nes Monats nach Aufstellung oder Feststellung der Bilanz des Trägerunternehmens die Zuwendung geleistet oder die Abdeckung des Fehlbetrags verbindlich zugesagt wird.

H 4c

Hinterbliebenenversorgung für den Lebensgefährten
>BMF vom 25. 7. 2002 (BStBl I S. 706)

Zusatzversorgungseinrichtung
Eine nicht rechtsfähige Zusatzversorgungseinrichtung des öffentlichen Dienstes ist eine Pensionskasse i. S. d. § 4c EStG (>BFH vom 22. 9. 1995 – BStBl 1996 II S. 136).

Zu § 4d EStG

R 4d. **Zuwendungen an Unterstützungskassen**

Unterstützungskasse

(1) [1]Für die Höhe der abziehbaren Zuwendungen an die >Unterstützungskasse kommt es nicht darauf an, ob die Kasse von der Körperschaftsteuer befreit ist oder nicht. [2]Wegen der Zuwendungen an Unterstützungskassen bei Bildung von Pensionsrückstellungen für die gleichen Versorgungsleistungen an denselben Empfängerkreis >R 6a Abs. 15.

Leistungsarten

(2) [1]Bei den von der Kasse aus Anlass einer Tätigkeit für das Trägerunternehmen erbrachten Leistungen muss es sich um Leistungen der Alters-, Invaliditäts- oder Hinterbliebenenversorgung oder um Leistungen bei Arbeitslosigkeit oder zur Hilfe in sonstigen Notlagen handeln. [2]Für die Frage, ob Leistungen der betrieblichen Altersversorgung vorliegen, ist ausschließlich § 1 Betriebsrentengesetz maßgebend. [3]Werden Leistungen in Aussicht gestellt, die mit denen einer Kapitallebensversicherung mit steigender Todesfallleistung vergleichbar sind, müssen diese nicht die in den LStR geforderten Voraussetzungen an den Mindesttodesfallschutz erfüllen. [4]Der Bezug von Leistungen der Altersversorgung setzt mindestens die Vollendung des 60. Lebensjahres voraus; nur in berufsspezifischen Ausnahmefällen kann eine niedrigere Altersgrenze zwischen 55 und 60 in Betracht kommen. [5]Für Zusagen, die nach dem 31. 12. 2011 erteilt werden, tritt an die Stelle des 60. Lebensjahres regelmäßig das 62. Lebensjahr. [6]Für andere als die vorgenannten Leistungen sind Zuwendungen im Sinne von § 4d EStG durch das Trägerunternehmen mit steuerlicher Wirkung nicht möglich. [7]Zu den lebenslänglich laufenden Leistungen gehören alle laufenden (wiederkehrenden) Leistungen, soweit sie nicht von vornherein nur für eine bestimmte Anzahl von Jahren oder bis zu einem bestimmten Lebensalter des Leistungsberechtigten vorgesehen sind. [8]Vorbehalte, nach denen Leistungen an den überlebenden Ehegatten bei einer Wiederverheiratung oder Invaliditätsrenten bei einer Wiederaufnahme einer Arbeitstätigkeit wegfallen, berühren die Eigenschaft der Renten als lebenslänglich laufende Leistung nicht. [9]Dasselbe gilt, wenn eine Invaliditätsrente bei Erreichen einer bestimmten Altersgrenze von einer Altersrente der Unterstützungskasse abgelöst wird. [10]Keine lebenslänglich laufenden Leistungen sind z. B. Überbrückungszahlungen für eine bestimmte Zeit, Waisenrenten, abgekürzte Invaliditätsrenten und zeitlich von vornherein begrenzte Leistungen an den überlebenden Ehegatten.

Zuwendungen zum Deckungskapital

(3) ¹Das Deckungskapital für die bereits laufenden Leistungen (§ 4d Abs. 1 Satz 1 Nr. 1 Satz 1 Buchstabe a EStG) kann der Kasse sofort bei Beginn der Leistungen oder, solange der Leistungsempfänger lebt, in einem späteren Wirtschaftsjahr in einem Betrag oder verteilt auf mehrere Wirtschaftsjahre zugewendet werden. ²Mithin kann
1. das Deckungskapital für eine Rente an einen früheren Arbeitnehmer in dem Zeitraum, in dem der frühere Arbeitnehmer Leistungsempfänger ist,
2. das Deckungskapital für eine Rente an den überlebenden Ehegatten in dem Zeitraum, in dem dieser Leistungsempfänger ist, und
3. das Deckungskapital für eine Rente im Falle der Ehescheidung oder der Aufhebung einer eingetragenen Lebenspartnerschaft an den Ausgleichsberechtigten nach dem VersAusglG in dem Zeitraum, in dem dieser Leistungsempfänger ist,

zugewendet werden. ³Das Deckungskapital für die Rente an den überlebenden Ehegatten kann selbst dann ungeschmälert zugewendet werden, wenn das Deckungskapital für die Rente an den früheren Arbeitnehmer bereits voll zugewendet war. ⁴Auf die Anrechnung des im Deckungskapital für die Rente an den früheren Arbeitnehmer enthaltenen Anteiles für die Anwartschaft auf Rente an den überlebenden Ehegatten wird aus Praktikabilitätsgründen verzichtet. ⁵Das für die Zuwendungen maßgebende Deckungskapital ist jeweils nach dem erreichten Alter des Leistungsempfängers zu Beginn der Leistungen oder zum Zeitpunkt der Leistungserhöhung und nach der Höhe der Jahresbeträge dieser Leistungen zu berechnen; das Alter des Leistungsberechtigten ist nach dem bürgerlichen Recht (§ 187 Abs. 2 Satz 2, § 188 Abs. 2 BGB) zu bestimmen. ⁶Bei den am 1.1.1975 bereits laufenden Leistungen ist für die Bemessung weiterer Zuwendungen auf das Deckungskapital von der als Anlage 1 dem Einkommensteuergesetz beigefügten Tabelle und von dem Lebensalter auszugehen, das der Berechtigte am 1.1.1975 erreicht hat; auf das so ermittelte Deckungskapital sind die früheren Zuwendungen zum Deckungskapital anzurechnen. ⁷Lässt sich in den Fällen, in denen ein Trägerunternehmen die nach dem Zuwendungsgesetz (ZuwG) vom 26.3.1952 (BGBl I S. 206) höchstzulässigen Jahreszuwendungen nicht ausgeschöpft und die Zuwendungen nicht nach den im ZuwG aufgeführten Kategorien gegliedert hat, nicht mehr feststellen, welcher Teil dieser Zuwendungen auf das Deckungskapital vorgenommen wurde, kann das Trägerunternehmen die Gliederung der früheren Zuwendungen nach eigener Entscheidung vornehmen.

Zuwendungen zum Reservepolster

(4) ¹Für die Ermittlung der Höhe der zulässigen Zuwendungen zum Reservepolster nach § 4d Abs. 1 Satz 1 Nr. 1 Satz 1 Buchstabe b EStG besteht ein Wahlrecht. ²Das Trägerunternehmen kann entweder von den jährlichen Versorgungsleistungen ausgehen, welche die jeweils begünstigten Leistungsanwärter im letzten Zeitpunkt der Anwartschaft, spätestens im Zeitpunkt des Erreichens der Regelaltersgrenze der gesetzlichen Rentenversicherung (§§ 35 und 235 SGB VI), nach dem Leistungsplan der Kasse erhalten können (Grundsatzregelung). ³Stattdessen kann auch vom Durchschnittsbetrag der von der Kasse im Wirtschaftsjahr tatsächlich gewährten lebenslänglich laufenden Leistungen ausgegangen werden (Sonderregelung). ⁴Das Trägerunternehmen hat in dem Wirtschaftsjahr, ab dem dieses Wahlrecht besteht bzw. in dem erstmals Leistungen über eine Unterstützungskasse zugesagt werden, zu entscheiden, ob die Ermittlung der Höhe der Zuwendungen zum Reservepolster nach der Grundsatzregelung oder der Sonderregelung erfolgen soll. ⁵An die getroffene Wahl ist es grundsätzlich fünf Wirtschaftsjahre lang gebunden. ⁶Die für das Wirtschaftsjahr zulässigen Zuwendungen zum Reservepolster ergeben sich, wenn auf den jeweils ermittelten Betrag die nach § 4d Abs. 1 Satz 1 Nr. 1 Satz 1 Buchstabe b Satz 1 EStG maßgebenden Prozentsätze angewandt werden; im Falle der Sonderregelung ist das Ergebnis mit der Anzahl der berücksichtigungsfähigen Leistungsanwärter zu vervielfältigen. ⁷Wird die Zuwendungshöhe nach der Grundsatzregelung berechnet, sind die dem einzelnen Leistungsanwärter jeweils schriftlich zugesagten erreichbaren Leistungen nach den Verhältnissen am Ende des Wirtschaftsjahres der Kasse maßgebend. ⁸Änderungen, die erst nach dem Bilanzstichtag wirksam werden, sind nur zu berücksichtigen, wenn sie am Bilanzstichtag

bereits feststehen. [9]Die Leistungen sind jeweils bezogen auf die einzelnen zulässigen Zuwendungssätze getrennt zu erfassen, wobei im Falle des § 4d Abs. 1 Satz 1 Nr. 1 Satz 1 Buchstabe b Satz 1 Doppelbuchstabe aa EStG jeweils gesondert die Leistungen der Invaliditätsversorgung bzw. Hinterbliebenenversorgung und im Falle des Doppelbuchstabens bb die Leistungen der Altersversorgung zu berücksichtigen sind. [10]Wird die Zuwendungshöhe nach der Sonderregelung berechnet, ist vom Durchschnittsbetrag der von der Kasse in ihrem Wirtschaftsjahr tatsächlich gewährten lebenslänglich laufenden Leistungen auszugehen. [11]Zur Vereinfachung kann statt einer genaueren Berechnung als Durchschnittsbetrag der Betrag angenommen werden, der sich ergibt, wenn die Summe der im Wirtschaftsjahr der Kasse tatsächlich gezahlten lebenslänglich laufenden Leistungen durch die Zahl der am Ende ihres Wirtschaftsjahres vorhandenen berücksichtigungsfähigen Leistungsempfänger geteilt wird. [12]Auf diesen Durchschnittsbetrag sind die Zuwendungssätze von jeweils 25 %, 12 % oder 6 % anzuwenden.

Leistungsanwärter

(5) [1]Der Kreis der Leistungsanwärter umfasst grundsätzlich alle Arbeitnehmer und ehemaligen Arbeitnehmer des Trägerunternehmens, die von der Unterstützungskasse schriftlich zugesagte Leistungen erhalten können, soweit sie nicht bereits Empfänger lebenslänglich laufender Leistungen sind. [2]Bei Zusagen von Hinterbliebenenversorgung ohne Altersversorgung gilt die Person als Leistungsanwärter, bei deren Ableben die Hinterbliebenenversorgung einsetzt; hierbei ist nicht zu prüfen, ob Angehörige vorhanden sind, die Anspruch auf eine Versorgung haben. [3]Angehörige des Unternehmers oder von Mitunternehmern des Trägerunternehmens dürfen nur als Leistungsanwärter berücksichtigt werden, soweit ein steuerlich anzuerkennendes Arbeitsverhältnis (>R 4.8) vorliegt. [4]Personen, die mit einer unverfallbaren Anwartschaft aus dem Trägerunternehmen ausgeschieden sind, gehören unter den vorstehenden Voraussetzungen zu den Leistungsanwärtern, solange die Kasse mit einer späteren Inanspruchnahme zu rechnen hat; sofern der Kasse nicht bereits vorher bekannt ist, dass Leistungen nicht zu gewähren sind, braucht bei diesen Personen die Frage, ob die Kasse mit einer Inanspruchnahme zu rechnen hat, erst nach Erreichen der Altersgrenze geprüft zu werden. [5]Personen, bei denen bis zum Ablauf des auf das Erreichen der Altersgrenze folgenden Wirtschaftsjahres nicht feststeht, dass die Kasse mit einer Inanspruchnahme zu rechnen hat, gehören vom Ende dieses Wirtschaftsjahres an nicht mehr zu den Leistungsanwärtern.

Rückgedeckte Unterstützungskasse

Allgemeines

(6) [1]Soweit die Unterstützungskasse die einem Leistungsempfänger oder einem Leistungsanwärter zugesagten Leistungen ganz oder teilweise durch den Abschluss einer Versicherung abgesichert hat, liegt eine rückgedeckte Unterstützungskasse vor. [2]Ist der Betriebsausgabenabzug nach § 4d Abs. 1 Satz 1 Nr. 1 Satz 1 Buchstabe c EStG ausgeschlossen, können die Zuwendungen im Rahmen des § 4d Abs. 1 Satz 1 Nr. 1 Satz 1 Buchstabe a und b EStG abgezogen werden. [3]Die Voraussetzungen für den Betriebsausgabenabzug nach § 4d Abs. 1 Satz 1 Nr. 1 Satz 1 Buchstabe c EStG sind auch dann erfüllt, wenn die Unterstützungskasse ihre Ansprüche aus von ihr abgeschlossenen Rückdeckungsversicherungsverträgen an die begünstigten Arbeitnehmer verpfändet, denen sie Leistungen in Aussicht gestellt hat.

Zuwendungen für Leistungsempfänger

(7) [1]Werden die zugesagten Leistungen erst nach Eintritt des Versorgungsfalles rückgedeckt, können hierfür Einmalprämien mit steuerlicher Wirkung zugewendet werden. [2]§ 4d Abs. 1 Satz 1 Nr. 1 Satz 1 Buchstabe c Satz 2 bis 4 EStG ist nicht anzuwenden.

Zuwendungen für Leistungsanwärter

(8) ¹Das Trägerunternehmen kann den für den einzelnen Leistungsanwärter an die Kasse zugewendeten Betrag der Versicherungsprämie nur als Betriebsausgaben geltend machen, wenn die Unterstützungskasse laufende Prämien zu entrichten hat. ²Dies ist bei Zusagen einer Altersversorgung der Fall, wenn es sich um eine Versicherung handelt, bei der in jedem Jahr zwischen Vertragsabschluss und Zeitpunkt, für den erstmals Leistungen der Altersversorgung vorgesehen sind, Prämien zu zahlen sind. ³Der Zeitpunkt, für den erstmals Leistungen der Altersversorgung vorgesehen sind, darf nicht vor Vollendung des 55. Lebensjahres des begünstigten Leistungsanwärters liegen. ⁴Werden Leistungen der Invaliditäts- oder Hinterbliebenenversorgung rückversichert, muss die abgeschlossene Versicherung eine Mindestlaufzeit bis zu dem Zeitpunkt haben, in dem der Leistungsanwärter sein 55. Lebensjahr vollendet. ⁵Eine Versicherung mit kürzerer Laufzeit ist nur begünstigt, wenn feststeht, dass im Anschluss an die Laufzeit des Versicherungsvertrages eine Zusage auf Altersversorgung besteht; ist diese rückgedeckt, müssen die Voraussetzungen der Sätze 2 und 3 erfüllt sein. ⁶Der Abzug der Zuwendungen als Betriebsausgabe ist in dem Wirtschaftsjahr ausgeschlossen, in dem die Kasse zu irgendeinem Zeitpunkt die Ansprüche aus der Versicherung zur Sicherung eines Darlehens verwendet. ⁷Soweit einem Leistungsanwärter vor Vollendung des 28. Lebensjahres (bei erstmaliger Zusage vor dem 1.1.2001: des 30. Lebensjahres, bei erstmaliger Zusage nach dem 31.12.2008: des 27. Lebensjahres) Zusagen mit vertraglicher Unverfallbarkeit gewährt werden, können hierfür laufende Prämien als Zuwendungen nur berücksichtigt werden, wenn die Bestimmungen der vertraglichen Unverfallbarkeit mindestens den Berechnungsvorschriften des § 2 Betriebsrentengesetz entsprechen.

Kürzung der als Betriebsausgabe abzugsfähigen Prämien

(9) ¹Laufende Prämien sind bezogen auf die notwendige und vereinbarte Versicherungssumme nur begünstigt, wenn sie der Höhe nach entweder gleich bleiben oder steigen. ²Eine gleich bleibende Prämie liegt in diesen Fällen auch vor, wenn die von der Unterstützungskasse jährlich zu zahlende Prämie mit Gewinngutschriften aus dem Versicherungsvertrag verrechnet wird. ³In diesen Fällen kann der Kasse nur der verbleibende Restbetrag steuerbegünstigt zugewendet werden. ⁴Entsprechendes gilt, wenn die Gewinngutschriften durch die Kasse nicht mit fälligen Prämien verrechnet und auch nicht zur Erhöhung der Rückdeckungsquote hinsichtlich der bestehenden Zusage verwendet werden. ⁵Beruht die Verminderung der Beiträge auf einer Änderung der Versorgungszusage und sind die Prämien nach der Vertragsänderung mindestens in konstanter Höhe bis zum Eintritt des Versorgungsfalles zu zahlen, sind die Zuwendungen weiterhin als Betriebsausgaben abzugsfähig; Entsprechendes gilt bei der Änderung von Entgeltumwandlungsvereinbarungen. ⁶Eine Änderung der Versorgungszusage liegt auch dann vor, wenn der Arbeitgeber auf Verlangen des Arbeitnehmers eine Entgeltumwandlung im Wege einer vertraglichen Vereinbarung reduziert. ⁷Dies gilt unabhängig davon, aus welchem Grund die Gehaltsumwandlung vermindert wird. ⁸Sinkende Beiträge an eine rückgedeckte Unterstützungskasse führen auch dann (ausnahmsweise) nicht zu einer Versagung des Betriebsausgabenabzugs, wenn sich die Beitragsminderung aus gesetzlich vorgegebenen Faktoren ergibt (z. B. aus der Erhöhung der Beitragsbemessungsgrenzen in der gesetzlichen Rentenversicherung) und die Prämienzahlungen nach der Minderung mindestens in konstanter Höhe bis zum Eintritt des Versorgungsfalles zu leisten sind.

Nachweispflicht

(10) Das Trägerunternehmen hat die Voraussetzungen des § 4d Abs. 1 Satz 1 Nr. 1 Satz 1 Buchstabe c EStG im Jahr der Zuwendung nachzuweisen.

Zuwendungen für nicht lebenslänglich laufende Leistungen

(11) – unbesetzt –

Lohn- und Gehaltssumme

(12) ¹Zur Lohn- und Gehaltssumme i. S. d. § 4d Abs. 1 Satz 1 Nr. 2 EStG gehören alle Arbeitslöhne i. S. d. § 19 Abs. 1 Satz 1 Nr. 1 EStG, soweit sie nicht von der Einkommensteuer befreit sind. ²Zuschläge für Mehrarbeit und für Sonntags-, Feiertags- und Nachtarbeit gehören zur Lohn- und Gehaltssumme, auch soweit sie steuerbefreit sind. ³Wegen der Vergütungen an Personen, die nicht Arbeitnehmer sind, >Absatz 15.

Kassenvermögen der Unterstützungskasse

(13) ¹Zuwendungen an eine Unterstützungskasse sind beim Trägerunternehmen nur abziehbar, soweit am Schluss des Wirtschaftsjahres der Kasse das tatsächliche Kassenvermögen nicht höher ist als das zulässige Kassenvermögen (§ 4d Abs. 1 Satz 1 Nr. 1 Satz 2 bis 7 und Nr. 2 Satz 2 bis 6 EStG). ²Dabei ist die Unterstützungskasse bei der Ermittlung ihres zulässigen Kassenvermögens nicht an die Bewertungsmethode gebunden, die das Trägerunternehmen bei der Ermittlung des Dotierungsrahmens zum Reservepolster (>Absatz 4) angewandt hat. ³Weicht das Wirtschaftsjahr der Kasse von dem des Trägerunternehmens ab, ist für die Frage, ob das tatsächliche Kassenvermögen das zulässige Kassenvermögen übersteigt, das Wirtschaftsjahr der Kasse maßgebend, das vor dem Ende des Wirtschaftsjahres des Trägerunternehmens endet. ⁴Bei Kassen, die sowohl lebenslänglich laufende als auch nicht lebenslänglich laufende Leistungen gewähren, ist sowohl das tatsächliche als auch das zulässige Kassenvermögen für beide Gruppen von Leistungen gemeinsam festzustellen.

Sonderfälle

(14) ¹Bei Konzern- und Gruppenkassen ist die Bemessungsgrundlage für die Zuwendungen zum Reservepolster für jedes Trägerunternehmen gesondert nach den bei diesen Unternehmen vorliegenden Tatbeständen zu errechnen. ²Die auf das einzelne Trägerunternehmen entfallenden Teile des tatsächlichen und zulässigen Kassenvermögens sind ebenfalls jeweils getrennt fest zustellen.

(15) ¹Bei der Berechnung der Zuwendungen können neben den Arbeitnehmern auch Personen berücksichtigt werden, die nicht Arbeitnehmer sind, z. B. Handelsvertreter, wenn ihnen nach der Satzung der Unterstützungskasse Leistungen aus Anlass ihrer Tätigkeit für ein Trägerunternehmen zugesagt worden sind (§ 17 Abs. 1 Satz 2 Betriebsrentengesetz). ²Die Provisionszahlungen oder sonstigen Entgelte an diese Personen sind zur Lohn- und Gehaltssumme i. S. d. § 4d Abs. 1 Satz 1 Nr. 2 EStG zu rechnen.

H 4d (1)

Allgemeines

>BMF vom 28. 11. 1996 (BStBl I S. 1435):
1. Konzeptions- und Verwaltungskosten,
2. Leistungsanwärter und Leistungsempfänger,
3. Ermittlung der Rückdeckungsquote,
4. Verwendung von Gewinngutschriften,
5. Unterbrechung der laufenden Beitragszahlung oder Beitragseinstellung,
6. Rückdeckungsversicherungen für unter 30jährige Leistungsanwärter,
7. zulässiges Kassenvermögen bei abweichender Fälligkeit der Versorgungs- und Versicherungsleistungen,
8. Übergangsregelung nach § 52 Abs. 5 Satz 2 EStG a. F.,
9. zulässiges Kassenvermögen für nicht lebenslänglich laufende Leistungen,
10. tatsächliches Kassenvermögen und überhöhte Zuwendungen.

Hinterbliebenenversorgung für den Lebensgefährten
>BMF vom 25. 7. 2002 (BStBl I S. 706)

Übertragung von Unterstützungskassenzusagen auf Pensionsfonds
Zur Übertragung von Unterstützungskassenzusagen auf Pensionsfonds nach § 4d Abs. 3 und § 4e Abs. 3 EStG i. V. m. § 3 Nr. 66 EStG >BMF vom 26. 10. 2006 (BStBl I S. 709) und vom 10. 7. 2015 (BStBl I S. 544).

Überversorgung
Zur bilanzsteuerrechtlichen Berücksichtigung von überdurchschnittlich hohen Versorgungsanwartschaften (Überversorgung) >BMF vom 3. 11. 2004 (BStBl I S. 1045) und vom 13. 12. 2012 (BStBl 2013 I S. 35).
>H 6a (17)

Unterstützungskasse
Eine Unterstützungskasse ist eine rechtsfähige Versorgungseinrichtung, die auf ihre Leistungen keinen Rechtsanspruch gewährt (>BFH vom 5. 11. 1992 – BStBl 1993 II S. 185, >§ 1b Abs. 4 Betriebsrentengesetz).

Versorgungsausgleich
Zu den Auswirkungen des Gesetzes zur Strukturreform des Versorgungsausgleiches (VAStrRefG) auf Unterstützungskassen >BMF vom 12. 11. 2010 (BStBl I S. 1303).

Zuwendungen
Zuwendungen i. S. d. § 4d EStG sind Vermögensübertragungen, die die Unterstützungskasse einseitig bereichern und nicht auf einem Leistungsaustausch beruhen. Es ist unerheblich, ob die Zuwendung auf einer Verpflichtung des Trägerunternehmens beruht oder freiwillig erfolgt (>BFH vom 5. 11. 1992 – BStBl 1993 II S. 185).

H 4d (2)

Lebenslänglich laufende Leistungen
Auch einmalige Kapitalleistungen einer Unterstützungskasse in geringem Umfang sind als lebenslänglich laufende Leistungen i. S. v. § 4d EStG anzusehen (>BFH vom 15. 6. 1994 – BStBl 1995 II S. 21).

H 4d (3)

Berechnungsbeispiel für die Zuwendung zum Deckungskapital
Deckungskapital zum 31.12.01 für die in 01 beginnenden laufenden Leistungen von jährlich 1.000 € an die männlichen Leistungsempfänger
A (63 Jahre): 12 × 1.000 € =   12.000 €
B (58 Jahre): 13 × 1.000 € =   13.000 €
                               25.000 €

Der Kasse werden hiervon 01 nur 10.000 € zugewendet.
Im Wj. 02 oder in späteren Wj. können der Kasse für die Leistungen an diese Empfänger nach § 4d Abs. 1 Satz 1 Nr. 1 Satz 1 Buchstabe a EStG insgesamt 25.000 € – 10.000 € = 15.000 € zugewendet werden.

Zu § 4d EStG   R 4d.   A. II.

| H 4d (4) |

Ermittlungszeitpunkt
für die Höhe der Zuwendungen an eine Unterstützungskasse >BMF vom 7.1.1994 (BStBl I S. 18).

Näherungsverfahren
Zur Berücksichtigung von Renten aus der gesetzlichen Rentenversicherung >BMF vom 15.3.2007 (BStBl I S. 290) und vom 5.5.2008 (BStBl I S. 570).

| H 4d (6–10) |

Rückdeckungsversicherung
Der Betriebsausgabenabzug von Zuwendungen an eine rückgedeckte Unterstützungskasse nach § 4d Abs. 1 Satz 1 Nr. 1 Satz 1 Buchstabe c EStG ist bei einer Beleihung oder Abtretung von Ansprüchen aus der Rückdeckungsversicherung ausgeschlossen. Die Inanspruchnahme von Vorauszahlungen steht einer Beleihung gleich (>BFH vom 28.2.2002 – BStBl II S. 358).

Zweifelsfragen bei Zuwendungen an rückgedeckte Unterstützungskassen
>BMF vom 31.1.2002 (BStBl I S. 214):
1. Versicherung gegen laufende Einmalbeiträge
2. Sinkende Beiträge auf Grund einer Bemessung nach variablen Gehaltsbestandteilen
>H 4d (1) Allgemeines

| H 4d (11) |

Beispiel:
Lohn- und Gehaltssumme des Trägerunternehmens im Wj. 01 .... 1.000.000 €
Die Zuwendung beträgt 01 1.000 € und liegt damit unter der möglichen Zuwendung von 0,2 % von 1.000.000 € = 2.000 €.
Lohn- und Gehaltssumme 02 bis 05 je...................................... 1.200.000 €
Zuwendungen 02 bis 05 je 0,2 % von 1.200.000 €, zusammen .... 9.600 €
Kassenleistungen 01 bis 05 zusammen .... 4.000 €
Lohn- und Gehaltssumme 06 .... 1.500.000 €
Tatsächliche Kassenleistungen 06 .... 12.000 €
In 06 können der Kasse statt der normalen Zuwendung von 0,2 % von 1.500.000 € = 3.000 € zugewendet werden:
– die tatsächlichen Kassenleistungen 06 von .... 12.000 €
– der aus den vorangegangenen 5 Wj. noch nicht durch Leistungen aufgezehrten Zuwendungen (10.600 € – 4.000 € =) .... 6.600 €
                                                                            5.400 €

| H 4d (13) |

Beispiel:
Tatsächliches Kassenvermögen einer Unterstützungskasse mit lebenslänglich laufenden und nicht lebenslänglich laufenden Leistungen am 31.12.02 vor der Zuwendung für 02 720.000 €.
Die Kasse zahlt an bereits laufenden jährlichen Altersrenten seit 01 an 14 Berechtigte insgesamt 33.600 €, d. h. durchschnittlich 2.400 €.
Das Deckungskapital hierfür betrug bei Beginn der Leistungen im Jahr 01 340.000 €, zum 31.12.02 336.000 € (340.000 € voll zugewendet).

Am 1.1.02 kommen 3 laufende Leistungen mit je 2.400 € Jahresrente hinzu (Alter der männlichen Berechtigten 65 Jahre). Die Kasse hat daneben insgesamt 80 Leistungsanwärter, denen nach dem 31.12.2000 vom Trägerunternehmen eine Zusage erteilt wurde. Diesen ist nach den Verhältnissen zum 31.12.02 eine Jahresrente von je 2.400 € zugesagt. 10 Leistungsanwärter haben am 31.12.02 das 28. Lebensjahr noch nicht vollendet. 10 Leistungsanwärter haben zu diesem Zeitpunkt das 50. Lebensjahr vollendet. Die Lohn- und Gehaltssumme des Trägerunternehmens beträgt in allen Jahren je 1.500.000 €.

Der Kasse können 02 folgende Beträge zugewendet werden:
a) Das Deckungskapital für die neu hinzugekommenen laufenden Leistungen in Höhe
   von $11 \times 2.400 \, € \times 3 =$ .... 79.200 €
b) Zuwendungen zum Reservepolster für lebenslänglich laufende Leistungen:
   aa) Nach dem Grundsatz:
       2.400 €, hiervon 25 % (§ 4d Abs. 1 Satz 1 Nr. 1 Satz 1 Buchstabe b Satz 1 Doppelbuchstabe bb EStG) = 600 €, vervielfältigt mit der Zahl der berücksichtigungsfähigen Leistungsanwärter: $600 \, € \times 70 =$ .... 42.000 €
   bb) Nach der Sonderregelung:
       Durchschnitt der laufenden Leistungen 02:
       $33.600 \, € + (3 \times 2.400 \, €) = 40.800 \, € : 17$ Empfänger = 2.400 €, hiervon 25 % (§ 4d Abs. 1 Satz 1 Nr. 1 Satz 1 Buchstabe b Satz 1 Doppelbuchstabe bb EStG) = 600 €, vervielfältigt mit der Zahl der berücksichtigungsfähigen Leistungsanwärter:
       $600 \, € \times 10 =$ .... 6.000 €
c) Zuwendungen für nicht lebenslänglich laufende Leistungen:
   0,2 % von 1.500.000 € = 3.000 €

Der Zuwendungsumfang beträgt
- unter Berücksichtigung von   b) aa) .... 124.200 €
- und unter Berücksichtigung von   b) bb) .... 88.200 €

Zulässiges Kassenvermögen am 31.12.02:
Deckungskapital für die laufenden Leistungen (336.000 + 79.200 =) .... 415.200 €
Reservepolster für lebenslänglich laufende Leistungen
- nach b) aa) $42.000 \, € \times 8 =$ .... 336.000 €
- nach b) bb) $6.000 \, € \times 8 =$ .... 48.000 €
Reservepolster für nicht lebenslänglich laufende Leistungen (1 % von 1.500.000 € =) ... 15.000 €

Das tatsächliche Kassenvermögen von bisher 720.000 € würde nach der Zuwendung von 124.200 € – b) aa) – insgesamt 844.200 € betragen und damit das zulässige Kassenvermögen von (415.200 € + 336.000 € + 15.000 €) 766.200 € um 78.000 € übersteigen. Es sind deshalb nicht 124.200 €, sondern nur (124.200 € – 78.000 €) 46.200 € der Zuwendungen als Betriebsausgaben abziehbar. Unter Berücksichtigung des Zuwendungsumfangs unter b) bb) beträgt das zulässige Kassenvermögen nur (415.200 € + 48.000 € + 15.000 €) 478.200 €. In diesem Fall kann die Zuwendung in 02 nicht als Betriebsausgabe abgezogen werden.

H 4d (14)

Zuwendungen an mehrere Kassen
Leistet ein Trägerunternehmen Zuwendungen an mehrere Unterstützungskassen, sind diese Kassen bei der Ermittlung der Höhe der steuerbegünstigten Zuwendungen i. S. v. § 4d EStG als Einheit zu behandeln (>§ 4d Abs. 1 Satz 3 EStG). Soweit danach der Betriebsausgabenabzug nach § 4d Abs. 1 Satz 3 EStG beschränkt ist, gilt dies auch für den Fall, dass bei getrennter Betrachtung infolge der Unterdotierung einer oder mehrerer Kassen der Abzug nicht beschränkt wäre. Daran ändert sich selbst dann nichts, wenn sich der durch die Kassen begünstigte Kreis der Arbeitnehmer nicht überschneidet (>BFH vom 8.11.1989 – BStBl 1990 II S. 210).

Zu § 4e EStG

> H 4e

Pensionsfonds
Als Pensionsfonds i. S. d. § 236 VAG sind nur rechtsfähige Versorgungseinrichtungen in der Rechtsform einer AG oder eines Pensionsfondsvereins auf Gegenseitigkeit anzusehen, die den Leistungsberechtigten (Arbeitnehmer, ehemalige Arbeitnehmer und Personen i. S. d. § 17 Abs. 1 Satz 2 Betriebsrentengesetz) einen eigenen Anspruch ausschließlich auf Altersversorgungsleistungen gegen den Pensionsfonds einräumen (>§§ 236, 237 VAG).

Übertragung von Versorgungszusagen auf Pensionsfonds
Zur Übertragung von Versorgungsverpflichtungen und Versorgungsanwartschaften auf Pensionsfonds nach § 4e Abs. 3 EStG i. V. m. § 3 Nr. 66 EStG >BMF vom 26. 10. 2006 (BStBl I S. 709) und vom 10. 7. 2015 (BStBl I S. 544).

Zu § 4f EStG

> H 4f

Aufwandsverteilung bei Verpflichtungsübertragungen
Zur steuerlichen Berücksichtigung des Aufwandes im Zusammenhang mit der Übertragung von Verpflichtungen, mit Schuldbeitritten und Erfüllungsübernahmen mit vollständiger oder teilweiser Schuldfreistellung >BMF vom 30. 11. 2017 (BStBl I S. 1619)

Zu § 4h EStG

> H 4h

Anwendungsschreiben
>BMF vom 4. 7. 2008 (BStBl I S. 718)

Zu § 5 EStG

> R 5.1   **Allgemeines zum Betriebsvermögensvergleich nach § 5 EStG**

– unbesetzt –

> H 5.1

Besonderes, laufend zu führendes Verzeichnis
>BMF vom 12. 3. 2010 (BStBl I S. 239), Rn. 19 ff.

Betriebsvermögensvergleich für gewerbliche Betriebe
>R 4.1 Abs. 2

Bodengewinnbesteuerung
>H 55 (Abschreibung auf den niedrigeren Teilwert, Bodengewinnbesteuerung)

Buchführungspflicht einer Personenhandelsgesellschaft
für ihr gesamtes Betriebsvermögen (>R 4.2 Abs. 2) einschließlich etwaigen Sonderbetriebsvermögens der Gesellschafter ergibt sich aus § 141 AO (>BFH vom 23. 10. 1990 – BStBl 1991 II S. 401 und vom 11. 3. 1992 – BStBl II S. 797).

Buchführungs- und Aufzeichnungspflichten nach anderen Gesetzen
>AEAO zu § 140 AO

Gesetzliche Vorschriften
– für die Buchführung und den Jahresabschluss i. S. d. § 5 Abs. 1 Satz 1 EStG sind insbesondere die handelsrechtlichen Vorschriften (§§ 238, 240, 241a, 242, 264-264c, 336, 340a und 341a HGB) und die Vorschriften des § 141 AO.
– für die Buchführungspflicht können auch ausländische Rechtsnormen sein (>R 4.1 Abs. 4 Satz 2 und BFH vom 25. 6. 2014 – BStBl 2015 II S. 141).

Gewinnermittlung für Sonderbetriebsvermögen der Gesellschafter
einer gewerblich tätigen Personenhandelsgesellschaft (>R 4.2 Abs. 2) richtet sich ebenfalls nach § 5 EStG; sie erfolgt in der Weise, dass die Steuerbilanz der Gesellschaft mit den Ergebnissen etwaiger Ergänzungsbilanzen und den Sonderbilanzen der Gesellschafter zusammengefasst wird (>BFH vom 11. 3. 1992 – BStBl II S. 797).

Handelsregister
– **Eintragung im Handelsregister** ist für Annahme eines Gewerbebetriebs allein nicht entscheidend (>BFH vom 29. 1. 1952 – BStBl III S. 99 und vom 14. 2. 1956 – BStBl III S. 103).
– **Personengesellschaft** – Ist eine Personengesellschaft in das Handelsregister eingetragen, so besteht die Vermutung, dass gewerbliche Einkünfte vorliegen (>BFH vom 6. 10. 1977 – BStBl 1978 II S. 54). Diese Vermutung kann durch den Nachweis widerlegt werden, dass die Personengesellschaft eindeutig kein Handelsgewerbe betreibt (>BFH vom 19. 3. 1981 – BStBl II S. 527).

Maßgeblichkeit
Zur Maßgeblichkeit der handelsrechtlichen Grundsätze ordnungsmäßiger Buchführung für die steuerliche Gewinnermittlung >BMF vom 12. 3. 2010 (BStBl I S. 239) unter Berücksichtigung der Änderungen durch BMF vom 22. 6. 2010 (BStBl I S. 597).

R 5.2	**Ordnungsmäßige Buchführung**

Kreditgeschäfte und ihre periodenweise Erfassung
(1) [1]Bei Kreditgeschäften sind die Entstehung der Forderungen und Schulden und ihre Tilgung grundsätzlich als getrennte Geschäftsvorfälle zu behandeln. [2]Bei einer doppelten Buchführung ist für Kreditgeschäfte in der Regel ein Kontokorrentkonto, unterteilt nach Schuldnern und Gläubigern, zu führen. [3]Es ist jedoch nicht zu beanstanden, wenn Waren- und Kostenrechnungen, die innerhalb von acht Tagen nach Rechnungseingang oder innerhalb der ihrem gewöhnli-

chen Durchlauf durch den Betrieb entsprechenden Zeit beglichen werden, kontokorrentmäßig nicht erfasst werden. ⁴Werden bei der Erstellung der Buchführung die Geschäftsvorfälle nicht laufend, sondern nur periodenweise gebucht, ist es nicht zu beanstanden, wenn die Erfassung der Kreditgeschäfte eines Monats im Grundbuch bis zum Ablauf des folgenden Monats erfolgt, sofern durch organisatorische Vorkehrungen sichergestellt ist, dass Buchführungsunterlagen bis zu ihrer Erfassung im Grundbuch nicht verloren gehen, z. B. durch laufende Nummerierung der eingehenden und ausgehenden Rechnungen oder durch ihre Ablage in besonderen Mappen oder Ordnern. ⁵Neben der Erfassung der Kreditgeschäfte in einem Grundbuch müssen die unbaren Geschäftsvorfälle, aufgegliedert nach Geschäftspartnern, kontenmäßig dargestellt werden. ⁶Dies kann durch Führung besonderer Personenkonten oder durch eine geordnete Ablage der nicht ausgeglichenen Rechnungen (Offene-Posten-Buchhaltung) erfüllt werden. ⁷Ist die Zahl der Kreditgeschäfte verhältnismäßig gering, gelten hinsichtlich ihrer Erfassung die folgenden Erleichterungen:

a) Besteht kein laufender unbarer Geschäftsverkehr mit Geschäftspartnern, müssen für jeden Bilanzstichtag über die an diesem Stichtag bestehenden Forderungen und Schulden Personenübersichten aufgestellt werden.

b) Einzelhändler und Handwerker können Krediteinkäufe und Kreditverkäufe kleineren Umfangs vereinfacht buchen. ²Es genügt, wenn sie die Wareneinkäufe auf Kredit im Wareneingangsbuch in einer besonderen Spalte als Kreditgeschäfte kennzeichnen und den Tag der Begleichung der Rechnung vermerken. ³Bei Kreditverkäufen reicht es aus, wenn sie einschließlich der Zahlung in einer Kladde festgehalten werden, die als Teil der Buchführung aufzubewahren ist. ⁴Außerdem müssen in beiden Fällen für jeden Bilanzstichtag Personenübersichten aufgestellt werden.

Mängel der Buchführung

(2) ¹Enthält die Buchführung formelle Mängel, ist ihre Ordnungsmäßigkeit nicht zu beanstanden, wenn das sachliche Ergebnis der Buchführung dadurch nicht beeinflusst wird und die Mängel kein erheblicher Verstoß gegen die Anforderungen an die >zeitgerechte Erfassung der Geschäftsvorfälle, die besonderen Anforderungen bei Kreditgeschäften, die Aufbewahrungsfristen sowie die Besonderheiten bei der Buchführung auf Datenträgern sind. ²Enthält die Buchführung materielle Mängel, z. B. wenn Geschäftsvorfälle nicht oder falsch gebucht sind, wird ihre Ordnungsmäßigkeit dadurch nicht berührt, wenn es sich dabei um unwesentliche Mängel handelt, z. B. wenn nur unbedeutende Vorgänge nicht oder falsch dargestellt sind. ³Die Fehler sind dann zu berichtigen, oder das Buchführungsergebnis ist durch eine Zuschätzung richtig zu stellen. ⁴Bei schwerwiegenden materiellen Mängeln gilt R 4.1 Abs. 2 Satz 3.

H 5.2

Allgemeines

Zur Führung von Büchern und Aufzeichnungen >§§ 140 bis 148 AO

Aufbewahrungspflichten

- >§ 147 AO (Ordnungsvorschriften für die Aufbewahrung von Unterlagen).
- AEAO zu § 147 AO
- Haben Rechnungen usw. Buchfunktion, z. B. bei der Offene-Posten-Buchhaltung, so sind sie so lange wie Bücher aufzubewahren (§ 146 Abs. 5 i. V. m. § 147 Abs. 3 AO).
- Aufbewahrung digitaler Unterlagen bei Bargeschäften >BMF vom 26.11.2010 (BStBl I S. 1342).

Aufzeichnungspflichten
Besondere Aufzeichnungspflichten nach § 4 Abs. 7 EStG >R 4.11

Belegablage
Anforderungen an eine geordnete und übersichtliche Belegablage >BFH vom 16. 9. 1964 (BStBl III S. 654) und vom 23. 9. 1966 (BStBl 1967 III S. 23)

Beweiskraft der Buchführung
>AEAO zu § 158 AO

Freie Berufe
Die Angehörigen der freien Berufe, die ihren Gewinn nach § 4 Abs. 1 EStG auf Grund ordnungsmäßiger Buchführung ermitteln, müssen bei der Buchung der Geschäftsvorfälle die allgemeinen Regeln der kaufmännischen Buchführung befolgen (>BFH vom 18. 2. 1966 – BStBl III S. 496). Das in § 252 Abs. 1 Nr. 4 2. Halbsatz HGB geregelte Realisationsprinzip findet auch für die Gewinnermittlung bilanzierender Freiberufler Anwendung (>BFH vom 10. 9. 1998 – BStBl 1999 II S. 21).

Gesellschafterwechsel
Eine Personengesellschaft ist nicht verpflichtet, auf den Stichtag eines Gesellschafterwechsels eine Zwischenbilanz aufzustellen (>BFH vom 9. 12. 1976 – BStBl 1977 II S. 241).

Grundbuchaufzeichnungen
Die Funktion der Grundbuchaufzeichnungen kann auf Dauer auch durch eine geordnete und übersichtliche Belegablage erfüllt werden (§ 239 Abs. 4 HGB; § 146 Abs. 5 AO).

Grundsätze ordnungsmäßiger Buchführung (GoB)
- Eine Buchführung ist ordnungsmäßig, wenn die für die kaufmännische Buchführung erforderlichen Bücher geführt werden, die Bücher förmlich in Ordnung sind und der Inhalt sachlich richtig ist (>BFH vom 24. 6. 1997 – BStBl 1998 II S. 51).
- Ein bestimmtes Buchführungssystem ist nicht vorgeschrieben; allerdings muss bei Kaufleuten die Buchführung den Grundsätzen der doppelten Buchführung entsprechen (§ 242 Abs. 3 HGB). Im Übrigen muss die Buchführung so beschaffen sein, dass sie einem sachverständigen Dritten innerhalb angemessener Zeit einen Überblick über die Geschäftsvorfälle und über die Vermögenslage des Unternehmens vermitteln kann. Die Geschäftsvorfälle müssen sich in ihrer Entstehung und Abwicklung verfolgen lassen (§ 238 Abs. 1 HGB; >auch BFH vom 18. 2. 1966 – BStBl III S. 496 und vom 23. 9. 1966 – BStBl 1967 III S. 23). Grundsätze zur ordnungsmäßigen Führung und Aufbewahrung von Büchern, Aufzeichnungen und Unterlagen in elektronischer Form sowie zum Datenzugriff (GoBD) >BMF vom 14. 11. 2014 (BStBl I S. 1450).
- Bei Aufstellung der Bilanz sind alle wertaufhellenden Umstände zu berücksichtigen, die für die Verhältnisse am Bilanzstichtag von Bedeutung sind (>BFH vom 20. 8. 2003 – BStBl II S. 941). Als „wertaufhellend" sind nur die Umstände zu berücksichtigen, die zum Bilanzstichtag bereits objektiv vorlagen und nach dem Bilanzstichtag, aber vor dem Tag der Bilanzerstellung lediglich bekannt oder erkennbar wurden (>BFH vom 19. 10. 2005 – BStBl 2006 II S. 371).
- >Zeitgerechte Erfassung

Inventurunterlagen
Vorlage der Inventurunterlagen >BFH vom 25. 3. 1966 (BStBl III S. 487)

Jahresabschluss
Der Jahresabschluss muss „innerhalb der einem ordnungsmäßigen Geschäftsgang entsprechenden Zeit" (§ 243 Abs. 3 HGB) aufgestellt werden (>BFH vom 6.12.1983 – BStBl 1984 II S. 227); bei Kapitalgesellschaften gilt § 264 Abs. 1 HGB; bei bestimmten Personenhandelsgesellschaften gilt § 264a i.V. m. § 264 Abs. 1 HGB, soweit nicht § 264b HGB zur Anwendung kommt; bei Versicherungsunternehmen gilt § 341a Abs. 1 HGB.

Kontokorrentkonto
Eine Buchführung ohne Kontokorrentkonto kann ordnungsmäßig sein, wenn die Honorarforderungen der Zeitfolge nach in einem Hilfsbuch erfasst sind und wenn der Stpfl. oder ein sachverständiger Dritter daraus in angemessener Zeit einen Überblick über die Außenstände gewinnen kann (>BFH vom 18. 2. 1966 – BStBl III S. 496).

Mikrofilmaufnahmen
Verwendung zur Erfüllung gesetzlicher Aufbewahrungspflichten >BMF vom 1. 2. 1984 (BStBl I S. 155).

Personenübersichten
Wo ein laufender unbarer Geschäftsverkehr mit Geschäftsfreunden, der im Interesse der erforderlichen Übersicht die Führung eines kontenmäßig gegliederten Geschäftsfreundebuches sachlich notwendig macht, nicht gegeben ist, genügt es, wenn die unbaren Geschäftsvorfälle in Tagebüchern zeitfolgemäßig aufgezeichnet und im Kontokorrentbuch lediglich die am Bilanzstichtag bestehenden Forderungen und Schulden ausgewiesen werden (>BFH vom 23. 2. 1951 – BStBl III S. 75).

Zeitgerechte Erfassung
Die Eintragungen in den Geschäftsbüchern und die sonst erforderlichen Aufzeichnungen müssen vollständig, richtig, zeitgerecht und geordnet vorgenommen werden (§ 239 Abs. 2 HGB). Die zeitgerechte Erfassung der Geschäftsvorfälle erfordert – mit Ausnahme des baren Zahlungsverkehrs – keine tägliche Aufzeichnung. Es muss jedoch ein zeitlicher Zusammenhang zwischen den Vorgängen und ihrer buchmäßigen Erfassung bestehen (>BFH vom 25. 3. 1992 – BStBl II S. 1010).

R 5.3 Bestandsaufnahme des Vorratsvermögens

Inventur
(1) [1]Die >Inventur für den Bilanzstichtag braucht nicht am Bilanzstichtag vorgenommen zu werden. [2]Sie muss aber zeitnah – in der Regel innerhalb einer Frist von zehn Tagen vor oder nach dem Bilanzstichtag – durchgeführt werden. [3]Dabei muss sichergestellt sein, dass die Bestandsveränderungen zwischen dem Bilanzstichtag und dem Tag der Bestandsaufnahme anhand von Belegen oder Aufzeichnungen ordnungsgemäß berücksichtigt werden. [4]Können die Bestände aus besonderen, insbesondere klimatischen Gründen nicht zeitnah, sondern erst in einem größeren Zeitabstand vom Bilanzstichtag aufgenommen werden, sind an die Belege und Aufzeichnungen über die zwischenzeitlichen Bestandsveränderungen strenge Anforderungen zu stellen.

Zeitverschobene Inventur
(2) [1]Nach § 241 Abs. 3 HGB kann die jährliche körperliche Bestandsaufnahme ganz oder teilweise innerhalb der letzten drei Monate vor oder der ersten zwei Monate nach dem Bilanzstichtag durchgeführt werden. [2]Der dabei festgestellte Bestand ist nach Art und Menge in einem besonderen Inventar zu verzeichnen, das auch auf Grund einer >permanenten Inventur erstellt wer-

den kann. ³Der in dem besonderen Inventar erfasste Bestand ist auf den Tag der Bestandsaufnahme (Inventurstichtag) nach allgemeinen Grundsätzen zu bewerten. ⁴Der sich danach ergebende Gesamtwert des Bestands ist dann wertmäßig auf den Bilanzstichtag fortzuschreiben oder zurückzurechnen. ⁵Der Bestand braucht in diesem Fall auf den Bilanzstichtag nicht nach Art und Menge festgestellt zu werden; es genügt die Feststellung des Gesamtwerts des Bestands auf den Bilanzstichtag. ⁶Die Bestandsveränderungen zwischen dem Inventurstichtag und dem Bilanzstichtag brauchen ebenfalls nicht nach Art und Menge aufgezeichnet zu werden. ⁷Sie müssen nur wertmäßig erfasst werden. ⁸Das Verfahren zur wertmäßigen Fortschreibung oder Rückrechnung des Gesamtwerts des Bestands am Inventurstichtag auf den Bilanzstichtag muss den Grundsätzen ordnungsmäßiger Buchführung entsprechen. ⁹Die Fortschreibung des Warenbestands kann dabei nach der folgenden Formel vorgenommen werden, wenn die Zusammensetzung des Warenbestands am Bilanzstichtag von der des Warenbestands am Inventurstichtag nicht wesentlich abweicht: Wert des Warenbestands am Bilanzstichtag = Wert des Warenbestands am Inventurstichtag zuzüglich Wareneingang abzüglich Wareneinsatz (Umsatz abzüglich des durchschnittlichen Rohgewinns). ¹⁰Voraussetzung für die Inanspruchnahme von steuerlichen Vergünstigungen, für die es auf die Zusammensetzung der Bestände am Bilanzstichtag ankommt, wie z. B. bei der Bewertung nach § 6 Abs. 1 Nr. 2a EStG, ist jedoch, dass die tatsächlichen Bestände dieser Wirtschaftsgüter am Bilanzstichtag durch körperliche Bestandsaufnahme oder durch >permanente Inventur nachgewiesen werden.

Nichtanwendbarkeit der permanenten und der zeitverschobenen Inventur
(3) Eine >permanente oder eine zeitverschobene Inventur ist nicht zulässig
1. für Bestände, bei denen durch Schwund, Verdunsten, Verderb, leichte Zerbrechlichkeit oder ähnliche Vorgänge ins Gewicht fallende unkontrollierbare Abgänge eintreten, es sei denn, dass diese Abgänge auf Grund von Erfahrungssätzen schätzungsweise annähernd zutreffend berücksichtigt werden können;
2. für Wirtschaftsgüter, die – abgestellt auf die Verhältnisse des jeweiligen Betriebs – besonders wertvoll sind.

Fehlerhafte Bestandsaufnahme
(4) ¹Fehlt eine körperliche Bestandsaufnahme, oder enthält das Inventar in formeller oder materieller Hinsicht nicht nur unwesentliche Mängel, ist die Buchführung nicht als ordnungsmäßig anzusehen. ²R 5.2 Abs. 2 gilt entsprechend.

Anwendungsbereich
(5) Die Absätze 1 bis 4 gelten entsprechend für Stpfl., die nach § 141 Abs. 1 AO verpflichtet sind, Bücher zu führen und auf Grund jährlicher Bestandsaufnahme regelmäßig Abschlüsse zu machen, oder die freiwillig Bücher führen und regelmäßig Abschlüsse machen.

H 5.3

Inventur
– Nach § 240 Abs. 2, § 242 Abs. 1 und 2 HGB haben Kaufleute für den Schluss eines jeden Geschäftsjahrs ein Inventar, eine Bilanz und eine Gewinn- und Verlustrechnung aufzustellen. Das Inventar, in dem die einzelnen Vermögensgegenstände nach Art, Menge und unter Angabe ihres Werts genau zu verzeichnen sind (>BFH vom 23. 6. 1971 – BStBl II S. 709), ist auf Grund einer **körperlichen Bestandsaufnahme** (Inventur) zu erstellen.
– Inventurerleichterungen >§ 241 Abs. 1 HGB, >R 6.8 Abs. 4, >H 6.8 (Festwert), (Gruppenbewertung)
– >Permanente Inventur

Permanente Inventur
Auf Grund des § 241 Abs. 2 HGB kann das Inventar für den Bilanzstichtag auch ganz oder teilweise auf Grund einer **permanenten Inventur** erstellt werden. Der Bestand für den Bilanzstichtag kann in diesem Fall nach Art und Menge anhand von Lagerbüchern (Lagerkarteien) festgestellt werden, wenn die folgenden Voraussetzungen erfüllt sind:
1. In den Lagerbüchern und Lagerkarteien müssen alle Bestände und alle Zugänge und Abgänge einzeln nach Tag, Art und Menge (Stückzahl, Gewicht oder Kubikinhalt) eingetragen werden. Alle Eintragungen müssen belegmäßig nachgewiesen werden.
2. In jedem Wj. muss mindestens einmal durch körperliche Bestandsaufnahme geprüft werden, ob das Vorratsvermögen, das in den Lagerbüchern oder Lagerkarteien ausgewiesen wird, mit den tatsächlich vorhandenen Beständen übereinstimmt (>BFH vom 11.11.1966 – BStBl 1967 III S. 113). Die Prüfung braucht nicht gleichzeitig für alle Bestände vorgenommen zu werden. Sie darf sich aber nicht nur auf Stichproben oder die Verprobung eines repräsentativen Querschnitts beschränken; die Regelung in § 241 Abs. 1 HGB bleibt unberührt. Die Lagerbücher und Lagerkarteien sind nach dem Ergebnis der Prüfung zu berichtigen. Der Tag der körperlichen Bestandsaufnahme ist in den Lagerbüchern oder Lagerkarteien zu vermerken.
3. Über die Durchführung und das Ergebnis der körperlichen Bestandsaufnahme sind Aufzeichnungen (Protokolle) anzufertigen, die unter Angabe des Zeitpunkts der Aufnahme von den aufnehmenden Personen zu unterzeichnen sind. Die Aufzeichnungen sind wie Handelsbücher zehn Jahre aufzubewahren.

Zeitliche Erfassung von Waren
Gekaufte Waren gehören wirtschaftlich zum Vermögen des Kaufmanns, sobald er die Verfügungsmacht in Gestalt des unmittelbaren oder mittelbaren Besitzes an ihr erlangt hat. Dies ist bei „schwimmender" Ware erst nach Erhalt des Konnossements oder des Auslieferungsscheins der Fall (>BFH vom 3.8.1988 – BStBl 1989 II S. 21).

| R 5.4 | **Bestandsmäßige Erfassung des beweglichen Anlagevermögens** |

Allgemeines
(1) ¹Nach § 240 Abs. 2 HGB, §§ 140 und 141 AO besteht die Verpflichtung, für jeden Bilanzstichtag auch ein Verzeichnis der Gegenstände des beweglichen Anlagevermögens aufzustellen (Bestandsverzeichnis). ²In das Bestandsverzeichnis müssen sämtliche beweglichen Gegenstände des Anlagevermögens, auch wenn sie bereits in voller Höhe abgeschrieben sind, aufgenommen werden. ³Das gilt nicht für geringwertige Wirtschaftsgüter (§ 6 Abs. 2 EStG), für Wirtschaftsgüter, die in einem Sammelposten erfasst werden (§ 6 Abs. 2a EStG), und für die mit einem >Festwert angesetzten Wirtschaftsgüter. ⁴Das Bestandsverzeichnis muss
1. die genaue Bezeichnung des Gegenstandes und
2. seinen Bilanzwert am Bilanzstichtag

enthalten. ⁵Das Bestandsverzeichnis ist auf Grund einer jährlichen körperlichen Bestandsaufnahme aufzustellen; R 5.3 Abs. 1 bis 3 gilt sinngemäß.

Zusammenfassen mehrerer Gegenstände
(2) ¹Gegenstände, die eine geschlossene Anlage bilden, können statt in ihren einzelnen Teilen als Gesamtanlage in das Bestandsverzeichnis eingetragen werden, z. B. die einzelnen Teile eines Hochofens einschließlich Zubehör, die einzelnen Teile einer Breitbandstraße einschließlich Zubehör, die Überlandleitungen einschließlich der Masten usw. eines Elektrizitätswerks, die entsprechenden Anlagen von Gas- und Wasserwerken sowie die Wasser-, Gas- und sonstigen Rohrleitungen innerhalb eines Fabrikationsbetriebs. ²Voraussetzung ist, dass die AfA auf die Gesamtanlage einheitlich vorgenommen werden. ³Gegenstände der gleichen Art können unter

Angabe der Stückzahl im Bestandsverzeichnis zusammengefasst werden, wenn sie in demselben Wirtschaftsjahr angeschafft sind, die gleiche Nutzungsdauer und die gleichen Anschaffungskosten haben und nach der gleichen Methode abgeschrieben werden.

Bestandsaufnahme und Wertanpassung bei Festwerten

(3) ¹Für Gegenstände des beweglichen Anlagevermögens, die zulässigerweise mit einem >Festwert angesetzt worden sind, ist im Regelfall an jedem dritten spätestens aber an jedem fünften Bilanzstichtag eine körperliche Bestandsaufnahme vorzunehmen. ²Übersteigt der für diesen Bilanzstichtag ermittelte Wert den bisherigen Festwert um mehr als 10 %, ist der ermittelte Wert als neuer Festwert maßgebend. ³Der bisherige Festwert ist so lange um die Anschaffungs- und Herstellungskosten der im Festwert erfassten und nach dem Bilanzstichtag des vorangegangenen Wirtschaftsjahres angeschafften oder hergestellten Wirtschaftsgüter aufzustocken, bis der neue Festwert erreicht ist. ⁴Ist der ermittelte Wert niedriger als der bisherige Festwert, kann der Stpfl. den ermittelten Wert als neuen Festwert ansetzen. ⁵Übersteigt der ermittelte Wert den bisherigen Festwert um nicht mehr als 10 %, kann der bisherige Festwert beibehalten werden.

Keine Inventur bei fortlaufendem Bestandsverzeichnis

(4) ¹Der Stpfl. braucht die jährliche körperliche Bestandsaufnahme (>Absatz 1) für steuerliche Zwecke nicht durchzuführen, wenn er jeden Zugang und jeden Abgang laufend in das Bestandsverzeichnis einträgt und die am Bilanzstichtag vorhandenen Gegenstände des beweglichen Anlagevermögens auf Grund des fortlaufend geführten Bestandsverzeichnisses ermittelt werden können; in diesem Fall müssen aus dem Bestandsverzeichnis außer den in Absatz 1 bezeichneten Angaben noch ersichtlich sein:

1. der Tag der Anschaffung oder Herstellung des Gegenstandes,
2. die Höhe der Anschaffungs- oder Herstellungskosten oder, wenn die Anschaffung oder Herstellung vor dem 21. 6. 1948*⁾ oder im Beitrittsgebiet**⁾ vor dem 1. 7. 1990 erfolgt ist, die in Euro umgerechneten Werte der DM-Eröffnungsbilanz,
3. der Tag des Abgangs.

²Wird das Bestandsverzeichnis in der Form einer Anlagekartei geführt, ist der Bilanzansatz aus der Summe der einzelnen Bilanzwerte (>Absatz 1 Satz 4 Nr. 2) der Anlagekartei nachzuweisen. ³Ist das Bestandsverzeichnis nach den einzelnen Zugangsjahren und Abschreibungssätzen gruppenweise geordnet, kann auf die Angabe des Bilanzwerts am Bilanzstichtag für den einzelnen Gegenstand (>Absatz 1 Satz 4 Nr. 2) verzichtet werden, wenn für jede Gruppe in besonderen Zusammenstellungen die Entwicklung der Bilanzwerte unter Angabe der Werte der Abgänge und des Betrags der AfA summenmäßig festgehalten wird. ⁴Die in Absatz 1 Satz 4 Nr. 1 und unter den in Satz 1 Nr. 1 bis 3 bezeichneten Angaben müssen auch in diesem Fall für den einzelnen Gegenstand aus dem Bestandsverzeichnis ersichtlich sein. ⁵Die Sachkonten der Geschäftsbuchhaltung können als Bestandsverzeichnis gelten, wenn sie die in Absatz 1 und unter den in Satz 1 Nr. 1 bis 3 bezeichneten Angaben enthalten und wenn durch diese Angaben die Übersichtlichkeit der Konten nicht beeinträchtigt wird.

Erleichterungen

(5) Das Finanzamt kann unter Abweichung von den Absätzen 1 bis 4 für einzelne Fälle Erleichterungen bewilligen.

---

*) Für Berlin-West: 1. 4. 1949; für das Saargebiet: 6. 7. 1959.

**) Das in Artikel 3 des Einigungsvertrags genannte Gebiet >Einigungsvertragsgesetz vom 23. 9. 1990 (BGBl II S. 885, 890).

> H 5.4

Festwert
- >H 6.8
- Kein Zugang von Wirtschaftsgütern des Anlagevermögens, deren Nutzungsdauer zwölf Monate nicht übersteigt (kurzlebige Wirtschaftsgüter) zum Festwert (>BFH vom 26.8.1993 – BStBl 1994 II S. 232).
- Voraussetzungen für den Ansatz von Festwerten sowie deren Bemessung bei der Bewertung des beweglichen Anlagevermögens und des Vorratsvermögens >BMF vom 8.3.1993 (BStBl I S. 276).

Fehlende Bestandsaufnahme
Ein materieller Mangel der Buchführung kann auch vorliegen, wenn die körperliche Bestandsaufnahme nach R 5.4 Abs. 1 fehlt oder unvollständig ist, es sei denn, dass eine körperliche Bestandsaufnahme nach R 5.4 Abs. 4 nicht erforderlich ist (>BFH vom 14.12.1966 – BStBl 1967 III S. 247).

Fehlendes Bestandsverzeichnis
Fehlt das Bestandsverzeichnis oder ist es unvollständig, so kann darin ein materieller Mangel der Buchführung liegen (>BFH vom 14.12.1966 – BStBl 1967 III S. 247).

R 5.5 Immaterielle Wirtschaftsgüter

Allgemeines
(1) [1]Als >immaterielle (unkörperliche) Wirtschaftsgüter kommen in Betracht: Rechte, rechtsähnliche Werte und sonstige Vorteile. [2]Trivialprogramme sind abnutzbare bewegliche und selbständig nutzbare Wirtschaftsgüter. [3]Computerprogramme, deren Anschaffungskosten nicht mehr als 410 Euro[*)] betragen, sind wie Trivialprogramme zu behandeln. [4]>Keine immateriellen Wirtschaftsgüter sind die nicht selbständig bewertbaren geschäftswertbildenden Faktoren.

Entgeltlicher Erwerb
(2) [1]Für >immaterielle Wirtschaftsgüter des Anlagevermögens ist ein Aktivposten nur anzusetzen, wenn sie entgeltlich erworben (§ 5 Abs. 2 EStG) oder in das Betriebsvermögen eingelegt (>R 4.3 Abs. 1) wurden. [2]Ein >immaterielles Wirtschaftsgut ist entgeltlich erworben worden, wenn es durch einen Hoheitsakt oder ein Rechtsgeschäft gegen Hingabe einer bestimmten Gegenleistung übergegangen oder eingeräumt worden ist. [3]Es ist nicht erforderlich, dass das Wirtschaftsgut bereits vor Abschluss des Rechtsgeschäfts bestanden hat; es kann auch erst durch den Abschluss des Rechtsgeschäfts entstehen, z. B. bei entgeltlich erworbenen Belieferungsrechten. [4]Ein entgeltlicher Erwerb eines >immateriellen Wirtschaftsgutes liegt auch bei der Hingabe eines sog. verlorenen Zuschusses vor, wenn der Zuschussgeber von dem Zuschussempfänger eine bestimmte Gegenleistung erhält oder eine solche nach den Umständen zu erwarten ist oder wenn der Zuschussgeber durch die Zuschusshingabe einen besonderen Vorteil erlangt, der nur für ihn wirksam ist.

Kein Aktivierungsverbot
(3) [1]Das Aktivierungsverbot des § 5 Abs. 2 EStG wird nicht wirksam, wenn ein beim Rechtsvorgänger aktiviertes >immaterielles Wirtschaftsgut des Anlagevermögens im Rahmen der unent-

---

*) Bei Anschaffung ab dem 1.1.2018: 800 Euro.

geltlichen Übertragung eines Betriebs, Teilbetriebs oder Mitunternehmeranteiles auf einen anderen übergeht (>Geschäfts- oder Firmenwert/Praxiswert). [2]In diesem Fall hat der Erwerber dieses immaterielle Wirtschaftsgut mit dem Betrag zu aktivieren, mit dem es beim Rechtsvorgänger aktiviert war (§ 6 Abs. 3 EStG). [3]Das Aktivierungsverbot findet auch dann keine Anwendung, wenn ein >immaterielles Wirtschaftsgut des Anlagevermögens eingelegt wird.

H 5.5

Abgrenzung zu materiellen Wirtschaftsgütern
Zur Einordnung von Wirtschaftsgütern mit materiellen und immateriellen Komponenten, wird vorrangig auf das wirtschaftliche Interesse abgestellt, d. h. wofür der Kaufpreis gezahlt wird (Wertrelation) und ob es dem Erwerber überwiegend auf den materiellen oder den immateriellen Gehalt ankommt. Daneben wird auch danach unterschieden, ob der Verkörperung eine eigenständige Bedeutung zukommt oder ob sie lediglich als „Träger" den immateriellen Gehalt festhalten soll. Bücher und Tonträger sind als materielle Wirtschaftsgüter anzusehen (>BFH vom 30. 10. 2008 – BStBl 2009 II S. 421).

Arzneimittelzulassungen
- Eine entgeltlich erworbene Arzneimittelzulassung ist dem Grunde nach ein abnutzbares Wirtschaftsgut (>BMF vom 12. 7. 1999 – BStBl I S. 686).
- >Warenzeichen (Marke)

Auffüllrecht
Das Recht, ein Grundstück mit Klärschlamm zu verfüllen, ist kein vom Grund und Boden verselbständigtes Wirtschaftsgut (>BFH vom 20. 3. 2003 – BStBl II S. 878).

Belieferungsrechte aus Abonnentenverträgen
Gelegentlich eines Erwerbs von Belieferungsrechten aus Abonnentenverträgen entstandene Aufwendungen begründen noch nicht den entgeltlichen Erwerb eines immateriellen Wirtschaftsguts (>BFH vom 3. 8. 1993 – BStBl 1994 II S. 444).

Emissionsberechtigungen
Ertragsteuerliche Behandlung von Emissionsberechtigungen nach dem Treibhausgas-Emissionshandelsgesetz >BMF vom 6. 12. 2005 (BStBl I S. 1047) unter Berücksichtigung der Änderungen durch BMF vom 7. 3. 2013 (BStBl I S. 275).

Erbbaurecht
Das Erbbaurecht ist als grundstücksgleiches Recht i. S. d. BGB ein Vermögensgegenstand i. S. d. Handelsrechts und ein Wirtschaftsgut i. S. d. Steuerrechts. Es gehört zum Sachanlagevermögen und ist damit kein immaterielles Wirtschaftsgut (>BFH vom 4. 6. 1991 – BStBl 1992 II S. 70).

Geschäfts- oder Firmenwert/Praxiswert
- Firmenwert bei vorweggenommener Erbfolge >BMF vom 13. 1. 1993 (BStBl I S. 80) unter Berücksichtigung der Änderungen durch BMF vom 26. 2. 2007 (BStBl I S. 269).
- Geschäfts- oder Firmenwert, der bei Veräußerung eines Einzelunternehmens an eine GmbH unentgeltlich übergeht, kann Gegenstand einer verdeckten Einlage sein (>BFH vom 24. 3. 1987 – BStBl II S. 705); zu den hierfür maßgebenden Kriterien >H 4.3 (1) Verdeckte Einlage.

- Unterscheidung zwischen Geschäftswert und Praxiswert >BFH vom 13.3.1991 (BStBl II S. 595).
- Unterscheidung zwischen (selbständigen) immateriellen Einzelwirtschaftsgütern und (unselbständigen) geschäftswertbildenden Faktoren >BFH vom 7.11.1985 (BStBl 1986 II S. 176) und vom 30.3.1994 (BStBl II S. 903).
- Das „Vertreterrecht" eines Handelsvertreters ist ein immaterielles Wirtschaftsgut, das nicht mit einem Geschäfts- oder Firmenwert gleichzusetzen ist (>BFH vom 12.7.2007 – BStBl II S. 959).
- Bei der Aufteilung eines Unternehmens in Teilbetriebe geht der Geschäftswert nicht notwendigerweise unter (>BFH vom 27.3.1996 – BStBl II S. 576).
- Wird einem ausscheidenden Mitunternehmer eine Abfindung gezahlt, die auch den selbst geschaffenen, bisher nicht bilanzierten Geschäftswert abgilt, ist der darauf entfallende Anteil der Abfindung als derivativer Geschäftswert zu aktivieren. Der auf den originären Geschäftswert entfallende Anteil bleibt außer Ansatz (>BFH vom 16.5.2002 – BStBl 2003 II S. 10).
- Der Geschäftswert ist Ausdruck der Gewinnchancen eines Unternehmens, soweit diese nicht auf einzelnen Wirtschaftsgütern oder der Person des Unternehmers beruhen, sondern auf dem Betrieb eines lebenden Unternehmens (>BFH vom 26.11.2009 – BStBl 2010 II S. 609).
- Orientiert sich der für eine Arztpraxis mit Vertragsarztsitz zu zahlende Kaufpreis ausschließlich am Verkehrswert, so ist in dem damit abgegoltenen Praxiswert der Vorteil aus der Zulassung als Vertragsarzt untrennbar enthalten (>BFH vom 9.8.2011 – BStBl II S. 875). Dies gilt auch, wenn ein Zuschlag zum Verkehrswert (Überpreis) gezahlt wird (>BFH vom 21.2.2017 – BStBl II S. 689). Die Vertragsarztzulassung kann nur dann Gegenstand eines gesonderten Veräußerungsgeschäftes sein und sich damit zu einem selbständigen Wirtschaftsgut konkretisieren, wenn die Leistung für die Zulassung ohne eine Praxisübernahme erfolgt, weil der Vertragsarztsitz an einen anderen Ort verlegt wird (>BFH vom 9.8.2011 – BStBl II S. 875 und vom 21.2.2017 – BStBl II S. 694).
- >H 6.1 (Geschäfts- oder Firmenwert), (Praxiswert/Sozietätspraxiswert).

Gewinnermittlung nach § 4 Abs. 1 oder Abs. 3 EStG
R 5.5 gilt bei der Gewinnermittlung nach § 4 Abs. 1 und 3 EStG sinngemäß (>§ 141 Abs. 1 Satz 2 AO, BFH vom 8.11.1979 – BStBl 1980 II S. 146).

Güterfernverkehrskonzessionen
- Keine AfA von entgeltlich erworbenen Güterfernverkehrskonzessionen (>BFH vom 4.12.1991 – BStBl 1992 II S. 383 und vom 22.1.1992 – BStBl II S. 529).
- Zur Abschreibung auf den niedrigeren Teilwert >BMF vom 12.3.1996 – BStBl I S. 372.

Immaterielle Wirtschaftsgüter des Anlagevermögens
Unentgeltliche Übertragung zwischen Schwestergesellschaften führt zur verdeckten Gewinnausschüttung an die Muttergesellschaft und anschließende verdeckte Einlage in die begünstigte Schwestergesellschaft (>BFH vom 20.8.1986 – BStBl 1987 II S. 455).

Immaterielle Wirtschaftsgüter
sind u. a.
- Belieferungsrechte, Optionsrechte, Konzessionen (>BFH vom 10.8.1989 – BStBl 1990 II S. 15).
- Computerprogramme (>BFH vom 3.7.1987 – BStBl II S. 728, S. 787, vom 28.7.1994 – BStBl II S. 873 und vom 18.5.2011 – BStBl II S. 865), siehe aber >Keine immateriellen Wirtschaftsgüter.

- Datensammlungen, die speziell für den Stpfl. erhoben werden und auch nur von diesem verwertet werden dürfen (>BFH vom 30. 10. 2008 – BStBl 2009 II S. 421).
- Domain-Namen (>BFH vom 19. 10. 2006 – BStBl 2007 II S. 301), >H 7.1 (Domain-Namen).
- Filmrechte (>BFH vom 20. 9. 1995 – BStBl 1997 II S. 320 und >BMF vom 23. 2. 2001 – BStBl I S. 175 unter Berücksichtigung der Änderungen durch BMF vom 5. 8. 2003 – BStBl I S. 406).
- Kaufoption aus einem Pkw-Leasingvertrag (>BFH vom 26. 11. 2014 – BStBl 2015 II S. 325).
- Lizenzen, ungeschützte Erfindungen, Gebrauchsmuster, Fabrikationsverfahren, Know-how, Tonträger in der Schallplattenindustrie (>BFH vom 28. 5. 1979 – BStBl II S. 734).
- Patente, Markenrechte, Urheberrechte, Verlagsrechte (>BFH vom 24. 11. 1982 – BStBl 1983 II S. 113).
- Rezeptur eines Pflanzenschutzmittels (>BFH vom 8. 9. 2011 – BStBl 2012 II S. 122).
- Rückverkaufsoption im Kfz-Handel (>BMF vom 12. 10. 2011 – BStBl I S. 967).
- Spielerlaubnisse nach Maßgabe des Lizenzspielerstatuts des Deutschen Fußballbundes (>BFH vom 14. 12. 2011 – BStBl 2012 II S. 238).
- Vertragsarztzulassung, wenn sie nicht zum Praxiswert gehört (>BFH vom 21. 2. 2017 – BStBl II S. 694).
- Wiederbepflanzungsrechte im Weinbau (>BFH vom 6. 12. 2017 – BStBl 2018 II S. 353), >H 13.3 (Wiederbepflanzungsrechte im Weinbau).
- Zuckerrübenlieferrechte (>BMF vom 25. 6. 2008 – BStBl I S. 682, Rz. 23).

Keine immateriellen Wirtschaftsgüter
sondern materielle (körperliche) und zugleich abnutzbare bewegliche Wirtschaftsgüter sind, wenn sie nicht unter anderen rechtlichen Gesichtspunkten, z. B. als Kundenkartei oder Verlagsarchiv, als immaterielle Wirtschaftsgüter anzusehen sind, Computerprogramme (>Immaterielle Wirtschaftsgüter), die keine Befehlsstruktur enthalten, sondern nur Bestände von Daten, die allgemein bekannt und jedermann zugänglich sind, z. B. mit Zahlen und Buchstaben (>BFH vom 5. 2. 1988 – BStBl II S. 737 und vom 2. 9. 1988 – BStBl 1989 II S. 160).

Kein entgeltlicher Erwerb
liegt u. a. vor bei
- Aufwendungen, die nicht Entgelt für den Erwerb eines Wirtschaftsguts von einem Dritten, sondern nur Arbeitsaufwand oder sonstiger Aufwand, z. B. Honorar für Dienstleistungen, für einen im Betrieb selbst geschaffenen Wert oder Vorteil sind (>BFH vom 26. 2. 1975 – BStBl II S. 443).
- Aufwendungen, die lediglich einen Beitrag zu den Kosten einer vom Stpfl. mitbenutzten Einrichtung bilden, z. B. Beiträge zum Ausbau einer öffentlichen Straße oder zum Bau einer städtischen Kläranlage; diese Aufwendungen gehören zu den nicht aktivierbaren Aufwendungen für einen selbstgeschaffenen Nutzungsvorteil (>BFH vom 26. 2. 1980 – BStBl II S. 687 und vom 25. 8. 1982 – BStBl 1983 II S. 38).
- selbstgeschaffenen >immateriellen Wirtschaftsgütern, z. B. Patenten (>BFH vom 8. 11. 1979 – BStBl 1980 II S. 146).

Kundenstamm
- Der Kundenstamm ist beim Erwerb eines Unternehmens in der Regel kein selbständig bewertbares >immaterielles Wirtschaftsgut, sondern ein geschäftswertbildender Faktor (>BFH vom 16. 9. 1970 – BStBl 1971 II S. 175 und vom 25. 11. 1981 – BStBl 1982 II S. 189).
- Kundenstamm und Lieferantenbeziehungen, die selbständig übertragen werden können, sind immaterielle Wirtschaftsgüter und nicht identisch mit dem Geschäfts- oder Firmenwert (>BFH vom 26. 11. 2009 – BStBl 2010 II S. 609).

Mietereinbauten
Einbauten oder Umbauten des Mieters sind als Herstellungskosten eines materiellen Wirtschaftsguts zu aktivieren, wenn sie unmittelbar besonderen Zwecken dienen und in diesem Sinne in einem von der eigentlichen Gebäudenutzung verschiedenen Funktionszusammenhang stehen (>BFH vom 26. 2. 1975 – BStBl II S. 443 und BMF vom 15. 1. 1976 – BStBl I S. 66).

Milchlieferrechte
>BMF vom 5. 11. 2014 (BStBl I S. 1503)

Nutzungsrechte
die durch Baumaßnahmen des Nutzungsberechtigten entstanden sind
>H 4.7 (Eigenaufwand für ein fremdes Wirtschaftsgut)

Pensionszusagen
Ansprüche aus Pensionszusagen nach dem Betriebsrentengesetz können nicht aktiviert werden (>BFH vom 14. 12. 1988 – BStBl 1989 II S. 323).

Schwebende Arbeitsverträge
mit im Unternehmen tätigen Arbeitnehmern sind keine >immateriellen Wirtschaftsgüter, sondern nicht selbständig bewertbare geschäftswertbildende Faktoren (>BFH vom 7. 11. 1985 – BStBl 1986 II S. 176).

Softwaresysteme
Bilanzsteuerliche Beurteilung von Aufwendungen zur Einführung eines betriebswirtschaftlichen Softwaresystems (ERP-Software) >BMF vom 10. 11. 2005 (BStBl I S. 1025).

Vertreterrecht
Löst ein Handelsvertreter durch Vereinbarung mit dem Geschäftsherrn den Ausgleichsanspruch (§ 89b HGB) seines Vorgängers in einer bestimmten Höhe ab, erwirbt er damit entgeltlich ein immaterielles Wirtschaftsgut „Vertreterrecht" (>BFH vom 18. 1. 1989 – BStBl II S. 549). Dieses ist nicht mit einem Geschäfts- oder Firmenwert gleichzusetzen (>BFH vom 12. 7. 2007 – BStBl II S. 959).

Warenzeichen (Marke)
Ein entgeltlich erworbenes Warenzeichen (Marke) ist dem Grunde nach ein abnutzbares Wirtschaftsgut (>BMF vom 12. 7. 1999 – BStBl I S. 686).

R 5.6 Rechnungsabgrenzungen

Transitorische Posten
(1) [1]Nach § 5 Abs. 5 Satz 1 EStG ist die Rechnungsabgrenzung auf die sog. transitorischen Posten beschränkt. [2]Es kommen danach für die Rechnungsabgrenzung in der Regel nur Ausgaben und Einnahmen in Betracht, die vor dem Abschlussstichtag angefallen, aber erst der Zeit nach dem Abschlussstichtag zuzurechnen sind.

Bestimmte Zeit nach dem Abschlussstichtag
(2) Die Bildung eines Rechnungsabgrenzungspostens ist nur zulässig, soweit die vor dem Abschlussstichtag angefallenen Ausgaben oder Einnahmen Aufwand oder Ertrag für eine >bestimmte Zeit nach dem Abschlussstichtag darstellen.

(3) ¹Antizipative Posten (Ausgaben oder Einnahmen nach dem Bilanzstichtag, die Aufwand oder Ertrag für einen Zeitraum vor diesem Tag darstellen), dürfen als Rechnungsabgrenzungsposten nur in den Fällen des § 5 Abs. 5 Satz 2 EStG ausgewiesen werden. ²Soweit sich aus den ihnen zu Grunde liegenden Geschäftsvorfällen bereits Forderungen oder Verbindlichkeiten ergeben haben, sind sie als solche zu bilanzieren.

H 5.6

Abschlussgebühren
können eine (Gegen-)leistung darstellen, die dem jeweiligen Bausparvertrag als Entgelt für den eigentlichen Vertragsabschluss zuzuordnen sind, sie wirken sich unmittelbar mit ihrer Vereinnahmung erfolgswirksam aus und sind bilanziell nicht passiv abzugrenzen (>BFH vom 11. 2. 1998 – BStBl II S. 381).

Auflösung von Rechnungsabgrenzungsposten im Zusammenhang mit Zinsaufwand
Der Rechnungsabgrenzungsposten ist ratierlich über die gesamte Darlehenslaufzeit, bei Tilgungs- oder Abzahlungsdarlehen degressiv nach der Zinsstaffelmethode und bei Endfälligkeitsdarlehen linear, aufzulösen. Bei vorzeitiger Sondertilgung des Darlehens ist der Rechnungsabgrenzungsposten im Verhältnis der Sondertilgung zu dem Gesamtdarlehensbetrag aufzulösen (>BFH vom 24. 6. 2009 – BStBl II S. 781).

Ausbeuteverträge
Vorausgezahlte Ausbeuteentgelte für Bodenschätze, mit deren Abbau vor dem Bilanzstichtag bereits begonnen wurde, sind in einen Rechnungsabgrenzungsposten einzustellen, der über die jährlich genau festzustellende Fördermenge aufzulösen ist; ist mit dem Abbau vor dem Bilanzstichtag noch nicht begonnen worden, ist das vorausgezahlte Entgelt als Anzahlung zu behandeln (>BFH vom 25. 10. 1994 – BStBl 1995 II S. 312).

Bestimmte Zeit nach dem Abschlussstichtag
liegt vor:
– Wenn die abzugrenzenden Ausgaben und Einnahmen für einen bestimmten nach dem Kj. bemessenen Zeitraum bezahlt oder vereinnahmt werden, z. B. monatliche, vierteljährliche, halbjährliche **Mietvorauszahlungen** oder Zahlung der Miete im Voraus für einen Messestand für eine zeitlich feststehende Messe (>BFH vom 9. 12. 1993 – BStBl 1995 II S. 202).
– Bei **Übernahme von Erschließungskosten und Kanalanschlussgebühren durch den Erbbauberechtigten** (>BFH vom 17. 4. 1985 – BStBl II S. 617).
– Bei zeitlich nicht begrenzten Dauerleistungen (>BFH vom 9. 12. 1993 – BStBl 1995 II S. 202, BMF vom 15. 3. 1995 – BStBl I S. 183 und BFH vom 15. 2. 2017 – BStBl II S. 884).

liegt nicht vor:
– Wenn sich der Zeitraum nur durch **Schätzung** ermitteln lässt (>BFH vom 3. 11. 1982 – BStBl 1983 II S. 132).
– Bei planmäßiger oder betriebsgewöhnlicher **Nutzungsdauer** eines abnutzbaren Sachanlageguts (>BFH vom 22. 1. 1992 – BStBl II S. 488).

Darlehen mit fallenden Zinssätzen
Der Darlehensnehmer hat bei einer Vereinbarung fallender Zinssätze einen aktiven Rechnungsabgrenzungsposten zu bilden, wenn im Falle einer vorzeitigen Vertragsbeendigung die anteilige Erstattung der bereits gezahlten Zinsen verlangt werden kann oder wenn das Darlehensverhältnis nur aus wichtigem Grund gekündigt werden kann und keine konkreten Anhaltspunkte für eine solche vorzeitige Beendigung bestehen (>BFH vom 27. 7. 2011 – BStBl 2012 II S. 284).

Dauerschuldverhältnis

– Die Entschädigung für die Aufhebung eines für eine bestimmte Laufzeit begründeten Schuldverhältnisses kann nicht in einen passiven Rechnungsabgrenzungsposten eingestellt werden (>BFH vom 23. 2. 2005 – BStBl II S. 481).

– Eine Vergütung, die der Kreditgeber für seine Bereitschaft zu einer für ihn nachteiligen Änderung der Vertragskonditionen vom Kreditnehmer vereinnahmt hat, ist in der Bilanz des Kreditgebers nicht passiv abzugrenzen (>BFH vom 7. 3. 2007 – BStBl II S. 697).

Erbbaurecht

Für im Voraus gezahlte Erbbauzinsen ist ein Rechnungsabgrenzungsposten zu bilden (>BFH vom 20. 11. 1980 – BStBl 1981 II S. 398).

Ertragszuschüsse

Für Ertragszuschüsse ist ggf. ein passiver Rechnungsabgrenzungsposten zu bilden (>BFH vom 5. 4. 1984 – BStBl II S. 552).

Film- und Fernsehfonds

– Filmherstellungskosten >BMF vom 23. 2. 2001 (BStBl I S. 175) unter Berücksichtigung der Änderungen durch BMF vom 5. 8. 2003 (BStBl I S. 406), Tzn. 34 und 35.

– Zahlt ein Filmproduktionsfonds dem zum Alleinvertrieb des Films berechtigten Lizenznehmer einen Einmalbetrag für Medien, Marketing- und Kinostartkosten (Vermarktungskostenzuschuss), kann darin ungeachtet der Bezeichnung als verlorener Zuschuss die Gewährung eines partiarischen Darlehens gesehen werden, wenn mit der Zahlung eine Erhöhung der Lizenzgebühren verbunden und die Rückzahlung des Betrages abgesichert ist. Folglich dürfen weder in Höhe des vollen Vermarktungskostenzuschusses Betriebsausgaben angesetzt noch ein aktiver Rechnungsabgrenzungsposten berücksichtigt werden (>BFH vom 21. 5. 2015 – BStBl II S. 772).

Finanzierungskosten

– Für ein bei der Ausgabe einer festverzinslichen Schuldverschreibung mit bestimmter Laufzeit vereinbartes Disagio ist in der Steuerbilanz ein Rechnungsabgrenzungsposten zu aktivieren (>BFH vom 29. 11. 2006 – BStBl 2009 II S. 955).

– >H 6.10 (Damnum, Kreditbedingungen, Umschuldung, Vermittlungsprovision, Zinsfestschreibung)

Forfaitierung von Forderungen aus Leasing-Verträgen

>BMF vom 9. 1. 1996 (BStBl I S. 9) und >BFH vom 24. 7. 1996 (BStBl 1997 II S. 122)

Abweichend von Abschnitt III 2 Buchstabe b des BMF-Schreibens vom 9. 1. 1996 ist bei der sog. Restwertforfaitierung aus Teilamortisationsverträgen die Zahlung des Dritten an den Leasinggeber steuerlich als ein Darlehen an den Leasinggeber zu beurteilen. Die Forfaitierungserlöse sind von ihm nicht als Erträge aus zukünftigen Perioden passiv abzugrenzen, sondern als Verbindlichkeiten auszuweisen und bis zum Ablauf der Grundmietzeit ratierlich aufzuzinsen (>BFH vom 8. 11. 2000 – BStBl 2001 II S. 722).

Garantiegebühr

Wegen vereinnahmter Garantiegebühr gebildeter passiver Rechnungsabgrenzungsposten ist während der Garantiezeit insoweit aufzulösen, als die Vergütung auf den bereits abgelaufenen Garantiezeitraum entfällt (>BFH vom 23. 3. 1995 – BStBl II S. 772).

Gewinnermittlung nach § 4 Abs. 1 EStG
R 5.6 gilt bei der Gewinnermittlung nach § 4 Abs. 1 EStG sinngemäß (>§ 141 Abs. 1 Satz 2 AO, BFH vom 20. 11. 1980 – BStBl 1981 II S. 398).

Honorare
Sind im Voraus erhaltene Honorare zeitraumbezogen und besteht für den gesamten Zeitraum eine Dauerverpflichtung, ist für die anteilig auf folgende Wj. entfallenden Honorare ein passiver Rechnungsabgrenzungsposten zu bilden (>BFH vom 10. 9. 1998 – BStBl 1999 II S. 21).

Investitionszuschüsse
– Soweit Zuschüsse zu Anschaffungs- oder Herstellungskosten eines Wirtschaftsgutes geleistet werden, sind sie nicht passiv abzugrenzen (>BFH vom 22. 1. 1992 – BStBl II S. 488).
– >R 6.5

Kraftfahrzeugsteuer
Für gezahlte Kraftfahrzeugsteuer ist ein Rechnungsabgrenzungsposten zu aktivieren, soweit die Steuer auf die voraussichtliche Zulassungszeit des Fahrzeuges im nachfolgenden Wj. entfällt (>BFH vom 19. 5. 2010 – BStBl II S. 967).

Leasingvertrag mit degressiven Leasingraten – Behandlung beim Leasingnehmer
– **Immobilienleasing**
  Bilanzsteuerrechtlich ist die Summe der während der vertraglichen Grundmietzeit geschuldeten Jahresmieten in jährlich gleichbleibenden Beträgen auf die Grundmietzeit zu verteilen und demgemäß der Teil der vertraglichen Jahresmieten, der in den ersten Jahren der Grundmietzeit über den sich für die gesamte Grundmietzeit ergebenden Jahresaufwand hinaus geht, zu aktivieren (>BFH vom 12. 8. 1982 – BStBl II S. 696 und >BMF vom 10. 10. 1983 – BStBl I S. 431).

– **Mobilienleasing**
  Für degressive Raten beim Leasing beweglicher Wirtschaftsgüter des Anlagevermögens ist kein aktiver Rechnungsabgrenzungsposten zu bilden (>BFH vom 28. 2. 2001 – BStBl II S. 645).

Maklerprovision
Für Maklerprovisionen im Zusammenhang mit dem Abschluss eines Mietvertrages kann kein aktiver Rechnungsabgrenzungsposten gebildet werden (>BFH vom 19. 6. 1997 – BStBl II S. 808).

Mobilfunkdienstleistungsverträge
Vergünstigungen im Zusammenhang mit dem Abschluss von Mobilfunkdienstleistungsverträgen >BMF vom 20. 6. 2005 (BStBl I S. 801) und >BFH vom 15. 5. 2013 (BStBl II S. 730)

Öffentlich Private Partnerschaft – ÖPP – (auch Public Private Partnership – PPP –)
– Zum A-Modell >BMF vom 4. 10. 2005 (BStBl I S. 916)
– Zur Anwendbarkeit auf andere Modelle und zur Bildung eines Passivpostens für künftige Instandhaltungsaufwendungen >BMF vom 27. 5. 2013 (BStBl I S. 722)

Öffentlich-rechtliche Verpflichtungen
Die Bildung passiver Rechnungsabgrenzungsposten ist nicht auf Fälle beschränkt, in denen Vorleistungen im Rahmen eines gegenseitigen Vertrags erbracht werden (>BFH vom 26. 6. 1979 – BStBl II S. 625). Sie kann auch in Fällen geboten sein, in denen die gegenseitigen Verpflichtungen ihre Grundlage im öffentlichen Recht haben (>BFH vom 17. 9. 1987 – BStBl 1988 II S. 327).

Zu § 5 EStG   R 5.7   A. II.

Urlaubsgeld bei abweichendem Wirtschaftsjahr
Es hängt von den Vereinbarungen der Vertragspartner ab, ob Urlaubsgeld, das bei einem abweichenden Wj. vor dem Bilanzstichtag für das gesamte Urlaubjahr bezahlt wird, anteilig aktiv abzugrenzen ist (>BFH vom 6. 4. 1993 – BStBl II S. 709).

Zeitbezogene Gegenleistung
Der Vorleistung des einen Vertragsteils muss eine zeitbezogene Gegenleistung des Vertragspartners gegenüberstehen (>BFH vom 11. 7. 1973 – BStBl II S. 840 und vom 4. 3. 1976 – BStBl 1977 II S. 380) und der Zeitraum, auf den sich die Vorleistung des einen Vertragsteils bezieht, muss bestimmt sein (>BFH vom 7. 3. 1973 – BStBl II S. 565).

Zinszuschuss
– Der kapitalisiert ausgezahlte Zinszuschuss für die Aufnahme eines langjährigen Kapitalmarktdarlehens ist passiv abzugrenzen (>BFH vom 24. 6. 2009 – BStBl II S. 781).
– >Auflösung von Rechnungsabgrenzungsposten im Zusammenhang mit Zinsaufwand

R 5.7 Rückstellungen

Bilanzieller Ansatz von Rückstellungen
(1) [1]Die nach den handelsrechtlichen Grundsätzen ordnungsmäßiger Buchführung gem. § 249 HGB anzusetzenden Rückstellungen sind auch in der steuerlichen Gewinnermittlung (Steuerbilanz) zu bilden, soweit eine betriebliche Veranlassung besteht und steuerliche Sondervorschriften, z. B. § 5 Abs. 2a, 3, 4, 4a, 4b, 6 und § 6a EStG, nicht entgegenstehen. [2]Ungeachtet des Abzugsverbotes des § 4 Abs. 5b EStG ist in der Steuerbilanz eine Gewerbesteuerrückstellung zu bilden; dadurch verursachte Gewinnauswirkungen sind außerbilanziell zu neutralisieren.

Rückstellungen für ungewisse Verbindlichkeiten
Grundsätze
(2) Eine Rückstellung für ungewisse Verbindlichkeiten ist nur zu bilden, wenn
1. es sich um eine Verbindlichkeit gegenüber einem anderen oder eine öffentlich-rechtliche Verpflichtung handelt,
2. die Verpflichtung vor dem Bilanzstichtag wirtschaftlich verursacht ist und
3. mit einer Inanspruchnahme aus einer nach ihrer Entstehung oder Höhe ungewissen Verbindlichkeit ernsthaft zu rechnen ist und
4. die Aufwendungen in künftigen Wirtschaftsjahren nicht zu Anschaffungs- oder Herstellungskosten für ein Wirtschaftsgut führen.

Verpflichtung gegenüber einem anderen
(3) [1]Die Bildung einer Rückstellung für ungewisse Verbindlichkeiten setzt – als Abgrenzung zur >Aufwandsrückstellung – eine Verpflichtung gegenüber einem anderen voraus. [2]Die Verpflichtung muss den Verpflichteten wirtschaftlich wesentlich belasten. [3]Die Frage, ob eine Verpflichtung den Stpfl. wesentlich belastet, ist nicht nach dem Aufwand für das einzelne Vertragsverhältnis, sondern nach der Bedeutung der Verpflichtung für das Unternehmen zu beurteilen.

Öffentlich-rechtliche Verpflichtung
(4) [1]Auch eine öffentlich-rechtliche Verpflichtung kann Grundlage für eine Rückstellung für ungewisse Verbindlichkeiten sein; zur Abgrenzung von nicht zulässigen reinen Aufwandsrückstellungen ist jedoch Voraussetzung, dass die Verpflichtung hinreichend konkretisiert ist, d. h., es muss ein inhaltlich bestimmtes Handeln durch Gesetz oder Verwaltungsakt innerhalb eines be-

stimmbaren Zeitraums vorgeschrieben und an die Verletzung der Verpflichtung müssen Sanktionen geknüpft sein. ²Ergibt sich eine öffentlich-rechtliche Verpflichtung nicht unmittelbar aus einem Gesetz, sondern setzt sie den Erlass einer behördlichen Verfügung (Verwaltungsakt) voraus, ist eine Rückstellung für ungewisse Verbindlichkeiten erst zu bilden, wenn die zuständige Behörde einen vollziehbaren Verwaltungsakt erlassen hat, der ein bestimmtes Handeln vorschreibt.

Wirtschaftliche Verursachung
(5) ¹Rückstellungen für ungewisse Verbindlichkeiten sind erstmals im Jahresabschluss des Wirtschaftsjahres zu bilden, in dem sie wirtschaftlich verursacht sind. ²Die Annahme einer wirtschaftlichen Verursachung setzt voraus, dass der Tatbestand, an den das Gesetz oder der Vertrag die Verpflichtung knüpft, im Wesentlichen verwirklicht ist. ³Die Erfüllung der Verpflichtung darf nicht nur an Vergangenes anknüpfen, sondern muss auch Vergangenes abgelten.

Wahrscheinlichkeit der Inanspruchnahme
(6) ¹Rückstellungen für ungewisse Verbindlichkeiten setzen in tatsächlicher Hinsicht voraus, dass die Verbindlichkeiten, die den Rückstellungen zu Grunde liegen, bis zum Bilanzstichtag entstanden sind oder aus Sicht am Bilanzstichtag mit einiger Wahrscheinlichkeit entstehen werden und der Stpfl. spätestens bei Bilanzaufstellung ernsthaft damit rechnen muss, hieraus in Anspruch genommen zu werden. ²Die Wahrscheinlichkeit der Inanspruchnahme ist auf Grund objektiver, am Bilanzstichtag vorliegender und spätestens bei Aufstellung der Bilanz erkennbarer Tatsachen aus der Sicht eines sorgfältigen und gewissenhaften Kaufmanns zu beurteilen; es müssen mehr Gründe für als gegen die Inanspruchnahme sprechen.

Rückstellungen für Erfüllungsrückstand bei schwebenden Geschäften
Schwebende Geschäfte
(7) ¹Schwebende Geschäfte sind gegenseitige Verträge i. S. d. §§ 320 ff. BGB (z. B. Dauerschuldverhältnisse wie Arbeits- oder Mietverträge), die von den Beteiligten noch nicht voll erfüllt sind. ²Noch zu erbringende unwesentliche Nebenleistungen stehen der Beendigung des Schwebezustandes nicht entgegen. ³Verpflichtungen aus schwebenden Geschäften werden nicht passiviert, es sei denn, das Gleichgewicht von Leistung und Gegenleistung ist durch Erfüllungsrückstände gestört; in diesen Fällen sind Rückstellungen für Erfüllungsrückstand auszuweisen.

Erfüllungsrückstand
(8) ¹Ein Erfüllungsrückstand entsteht, wenn ein Vertragspartner seine Leistung erbracht hat, der andere Vertragspartner die entsprechende Gegenleistung jedoch noch schuldet. ²Eine Fälligkeit der vertraglich noch geschuldeten Leistung zum Bilanzstichtag ist nicht erforderlich. ³Erfüllungsrückstände eines Vermieters liegen z. B. vor, wenn sich die allgemeine Pflicht zur Erhaltung der vermieteten Sache in der Notwendigkeit einzelner Erhaltungsmaßnahmen konkretisiert hat und der Vermieter die Maßnahmen unterlässt. ⁴Die wirtschaftliche Verursachung der Verpflichtung richtet sich nach Absatz 5.

Einzelfälle
Leistungen auf Grund eines Sozialplans
(9) ¹Rückstellungen für Leistungen auf Grund eines Sozialplans nach den §§ 111, 112 des Betriebsverfassungsgesetzes sind insbesondere unter Beachtung der Grundsätze in den Absätzen 5 und 6 im Allgemeinen ab dem Zeitpunkt zulässig, in dem der Unternehmer den Betriebsrat über die geplante Betriebsänderung nach § 111 Satz 1 des Betriebsverfassungsgesetzes unterrichtet hat. ²Die Voraussetzungen für die Bildung von Rückstellungen für ungewisse Verbindlichkeiten liegen am Bilanzstichtag auch vor, wenn der Betriebsrat erst nach dem Bilanzstichtag, aber vor der Aufstellung oder Feststellung der Bilanz unterrichtet wird und der Unterneh-

mer sich bereits vor dem Bilanzstichtag zur Betriebsänderung entschlossen oder schon vor dem Bilanzstichtag eine wirtschaftliche Notwendigkeit bestanden hat, eine zur Aufstellung eines Sozialplans verpflichtende Maßnahme durchzuführen. ³Soweit vorzeitig betriebliche Pensionsleistungen bei alsbaldigem Ausscheiden infolge der Betriebsänderung erbracht werden, richtet sich die Rückstellungsbildung ausschließlich nach § 6a EStG. ⁴Die vorstehenden Grundsätze gelten sinngemäß für Leistungen, die auf Grund einer auf Tarifvertrag oder Betriebsvereinbarung beruhenden vergleichbaren Vereinbarung zu erbringen sind.

Patent-, Urheber- oder ähnliche Schutzrechte

(10) ¹Rückstellungen für ungewisse Verbindlichkeiten wegen Benutzung einer offengelegten, aber noch nicht patentgeschützten Erfindung sind nur unter den Voraussetzungen zulässig, die nach § 5 Abs. 3 EStG für Rückstellungen wegen Verletzung eines Patentrechts gelten. ²Das Auflösungsgebot in § 5 Abs. 3 EStG bezieht sich auf alle Rückstellungsbeträge, die wegen der Verletzung ein und desselben Schutzrechts passiviert worden sind. ³Hat der Stpfl. nach der erstmaligen Bildung der Rückstellung das Schutzrecht weiterhin verletzt und deshalb die Rückstellung in den folgenden Wirtschaftsjahren erhöht, beginnt für die Zuführungsbeträge keine neue Frist. ⁴Nach Ablauf der Drei-Jahres-Frist sind weitere Rückstellungen wegen Verletzung desselben Schutzrechts nicht zulässig, solange Ansprüche nicht geltend gemacht worden sind.

Instandhaltung und Abraumbeseitigung

(11) ¹Die nach den Grundsätzen des § 249 Abs. 1 Satz 2 Nr. 1 HGB gebildete Rückstellung ist auch in der Steuerbilanz anzusetzen. ²Das Gleiche gilt für die Bildung von Rückstellungen für unterlassene Aufwendungen für Abraumbeseitigungen, die im folgenden Wirtschaftsjahr nachgeholt werden. ³Bei unterlassener Instandhaltung muss es sich um Erhaltungsarbeiten handeln, die bis zum Bilanzstichtag bereits erforderlich gewesen wären, aber erst nach dem Bilanzstichtag durchgeführt werden. ⁴Rückstellungen für Abraumbeseitigungen auf Grund rechtlicher Verpflichtungen sind nach § 249 Abs. 1 Satz 1 HGB (ungewisse Verbindlichkeit) zu bilden.

Kulanzleistungen

(12) Rückstellungen nach § 249 Abs. 1 Satz 2 Nr. 2 HGB für Gewährleistungen, die ohne rechtliche Verpflichtungen erbracht werden, sind nur zulässig, wenn sich der Kaufmann den Gewährleistungen aus geschäftlichen Erwägungen nicht entziehen kann.

Auflösung von Rückstellungen

(13) Rückstellungen sind aufzulösen, soweit die Gründe hierfür entfallen.

H 5.7 (1)

Bewertung von Rückstellungen
>R 6.11

Drohverlust
- Optionsprämie
  >H 4.2 (15)
- Rückverkaufsoption
  >H 4.2 (15)
- Teilwertabschreibung
  Die Teilwertabschreibung hat gegenüber der Drohverlustrückstellung Vorrang. Das Verbot der Rückstellungen für drohende Verluste (§ 5 Abs. 4a Satz 1 EStG) erfasst nur denjenigen

Teil des Verlustes, der durch die Teilwertabschreibung nicht verbraucht ist (>BFH vom 7.9.2005 – BStBl 2006 II S. 298).

Eiserne Verpachtung
Zur Gewinnermittlung bei der Verpachtung von Betrieben mit Substanzerhaltungspflicht des Pächters nach §§ 582a, 1048 BGB >BMF vom 21.2.2002 (BStBl I S. 262).

ERA-Anpassungsfonds in der Metall- und Elektroindustrie
>BMF vom 2.4.2007 (BStBl I S. 301)

Gewinnermittlung nach § 4 Abs. 1 EStG
Die Grundsätze über Rückstellungen gelten sinngemäß bei Gewinnermittlung nach § 4 Abs. 1 EStG (>§ 141 Abs. 1 Satz 2 AO und BFH vom 20.11.1980 – BStBl 1981 II S. 398).

Handelsrechtliches Passivierungswahlrecht
Besteht handelsrechtlich ein Wahlrecht zur Bildung einer Rückstellung, darf die Rückstellung steuerrechtlich nicht gebildet werden (>BMF vom 12.3.2010 – BStBl I S. 239).

Jubiläumszuwendungen
Zu den Voraussetzungen für die Bildung von Rückstellungen für Zuwendungen anlässlich eines Dienstjubiläums >BMF vom 8.12.2008 (BStBl I S. 1013).

Künftige Anschaffungs- oder Herstellungskosten
Das Passivierungsverbot nach § 5 Abs. 4b Satz 1 EStG erfasst auch in künftigen Wj. als Anschaffungs- oder Herstellungskosten eines Wirtschaftsgutes zu aktivierende Aufwendungen, die zu keinem Ertrag mehr führen können (>BFH vom 8.11.2016 – BStBl 2017 II S. 768).

Nicht abziehbare Betriebsausgaben
Eine handelsbilanziell gebildete und damit für das Steuerrecht maßgebliche Rückstellung ist außerbilanziell zu neutralisieren, soweit der Rückstellung nicht abziehbare Betriebsausgaben i. S. d. § 4 Abs. 5 EStG zugrunde liegen (>BFH vom 7.11.2013 – BStBl 2014 II S. 306).

Rückabwicklung
Für die Bildung von Rückstellungen im Zusammenhang mit Rückgewährschuldverhältnissen ist wie folgt zu differenzieren:
– Ein Verkäufer darf wegen seiner Verpflichtung zur Rückerstattung dann keine Rückstellung bilden, wenn er am Bilanzstichtag mit einem Rücktritt vom Kaufvertrag, bei Verbraucherverträgen mit Widerrufs- oder Rückgaberecht mit dessen Ausübung, nicht rechnen muss; das gilt auch dann, wenn noch vor der Aufstellung der Bilanz der Rücktritt erklärt bzw. das Widerrufs- oder Rückgaberecht ausgeübt wird.
– Ist jedoch bereits am Bilanzstichtag eine Vertragsauflösung durch Erklärung des Rücktritts bzw. Ausübung des Widerrufs- oder Rückgaberechts wahrscheinlich, so ist eine Rückstellung für ungewisse Verbindlichkeiten wegen des Risikos der drohenden Vertragsauflösung zu bilden. Ist der Verkäufer auf Grund eines Rücktrittsrechts bzw. eines Widerrufs- oder Rückgaberechts verpflichtet, die bereits verkaufte und übergebene Sache wieder zurückzunehmen, steht die Vorschrift des § 5 Abs. 4b Satz 1 EStG der Rückstellungsbildung nicht entgegen. Die Rückstellung ist in Höhe der Differenz zwischen dem zurückzugewährenden Kaufpreis und dem Buchwert des veräußerten Wirtschaftsguts zu bilden. Sie neutralisiert damit lediglich den Veräußerungsgewinn.

(>BMF vom 21.2.2002 – BStBl I S. 335).

H 5.7 (3)

Abrechnungsverpflichtung
Für die sich aus § 14 VOB/B ergebende Verpflichtung zur Abrechnung gegenüber dem Besteller ist eine Rückstellung zu bilden (>BFH vom 25.2.1986 – BStBl II S. 788); entsprechendes gilt für die Abrechnungsverpflichtung nach den allgemeinen Bedingungen für die Gasversorgung/Elektrizitätsversorgung (>BFH vom 18.1.1995 – BStBl II S. 742).

Aufwandsrückstellungen
können in der Steuerbilanz nicht gebildet werden (>BFH vom 8.10.1987 – BStBl 1988 II S. 57, vom 12.12.1991 – BStBl 1992 II S. 600 und vom 8.11.2000 – BStBl 2001 II S. 570); Ausnahmen >R 5.7 Abs. 11.

Faktischer Leistungszwang
Eine Rückstellung für ungewisse Verbindlichkeiten ist nicht nur für Verpflichtungen aus einem am Bilanzstichtag bestehenden Vertrag zu bilden, sondern auch für Verpflichtungen, die sich aus einer Branchenübung ergeben (faktischer Leistungszwang). Dies ist z. B. der Fall, wenn ein Unternehmen von seinen Kunden Zuschüsse zu den Herstellungskosten für Werkzeuge erhält, die es bei der Preisgestaltung für die von ihm mittels dieser Werkzeuge herzustellenden und zu liefernden Produkte preismindernd berücksichtigen muss; die Rückstellung ist über die voraussichtliche Dauer der Lieferverpflichtung aufzulösen (>BFH vom 29.11.2000 – BStBl 2002 II S. 655).

Gesellschaftsvertraglich begründete Pflicht zur Prüfung des Jahresabschlusses
Für die Verpflichtung zur Prüfung des Jahresabschlusses einer Personengesellschaft darf eine Rückstellung nicht gebildet werden, wenn diese Verpflichtung ausschließlich durch den Gesellschaftsvertrag begründet worden ist (>BFH vom 5.6.2014 – BStBl II S. 886).

Honorar-Rückzahlungsverpflichtung
Eine Rückstellung für mögliche Honorar-Rückzahlungsverpflichtungen kann nur gebildet werden, wenn am Bilanzstichtag mehr Gründe für als gegen das Bestehen einer solchen Verpflichtung sprechen. Ein gegen eine dritte Person in einer vergleichbaren Sache ergangenes erstinstanzliches Urteil genügt für sich allein noch nicht, um für das Bestehen einer entsprechenden Verbindlichkeit überwiegende Gründe annehmen zu können (>BFH vom 19.10.2005 – BStBl 2006 II S. 371). Dagegen ist für eine nach Maßgabe des § 106 Abs. 5a SGB V zu erwartende Honorar-Rückzahlungsverpflichtung an eine Kassenärztliche Vereinigung eine Rückstellung für ungewisse Verbindlichkeiten zu passivieren (>BFH vom 5.11.2014 – BStBl 2015 II S. 523).

Kostenüberdeckung
Ist eine sog. Kostenüberdeckung nach Maßgabe öffentlich-rechtlicher Vorschriften in der folgenden Kalkulationsperiode auszugleichen (Rückgabe der Kostenüberdeckung durch entsprechende Preiskalkulation der Folgeperiode), liegt eine rückstellungsfähige ungewisse Verbindlichkeit vor (>BFH vom 6.2.2013 – BStBl II S. 954).

Provisionsfortzahlungen an einen Handelsvertreter
Eine Passivierung als Verbindlichkeit oder Rückstellung ist anders als bei einem Ausgleichsanspruch eines Handelsvertreters (>H 5.7 (5)) grundsätzlich möglich, wenn die Zahlung unabhängig von aus der ehemaligen Tätigkeit stammenden zukünftigen erheblichen Vorteilen des vertretenen Unternehmens ist und sie nicht für ein Wettbewerbsverbot vorgenommen wird.

Steht die Provisionsverpflichtung unter einer aufschiebenden Bedingung, ist die Wahrscheinlichkeit des Eintritts der Bedingung zu prüfen (>BMF vom 21. 6. 2005 – BStBl I S. 802).

Werkzeugkostenzuschuss
>Faktischer Leistungszwang

H 5.7 (4)

Konkretisierung öffentlich-rechtlicher Verpflichtungen
– Die Bildung von Rückstellungen für öffentlich-rechtliche Verpflichtungen setzt eine hinreichende Konkretisierung voraus. Konkretisiert wird eine derartige Pflicht regelmäßig durch einen konkreten Gesetzesbefehl oder durch einen Rechtsakt, z. B. Verwaltungsakt, Verfügung oder Abschluss einer entsprechenden verwaltungsrechtlichen Vereinbarung (>BFH vom 25. 1. 2017 – BStBl II S. 780).
– Allgemeine öffentliche Leitsätze, z. B. die Verpflichtung der Wohnungsbauunternehmen, im Interesse der Volkswirtschaft die errichteten Wohnungen zu erhalten, rechtfertigen keine Rückstellung (>BFH vom 26. 5. 1976 – BStBl II S. 622).

Rückstellungen für öffentlich-rechtliche Verpflichtungen sind u. a. zulässig für:
– Verpflichtung zur Aufstellung der Jahresabschlüsse (>BFH vom 20. 3. 1980 – BStBl II S. 297).
– Verpflichtung zur Buchung laufender Geschäftsvorfälle des Vorjahres (>BFH vom 25. 3. 1992 – BStBl II S. 1010).
– Gesetzliche Verpflichtung zur Prüfung der Jahresabschlüsse, zur Veröffentlichung des Jahresabschlusses im Bundesanzeiger, zur Erstellung des Lageberichts und zur Erstellung der die Betriebssteuern des abgelaufenen Jahres betreffenden Steuererklärungen (>BFH vom 23. 7. 1980 – BStBl 1981 II S. 62, 63), aber >H 5.7 (3) Gesellschaftsvertraglich begründete Pflicht zur Prüfung des Jahresabschlusses.
– Verpflichtung zur Aufbewahrung von Geschäftsunterlagen gem. § 257 HGB und § 147 AO (>BFH vom 19. 8. 2002 – BStBl 2003 II S. 131).
– Verpflichtungen zur Wiederaufbereitung (Recycling) und Entsorgung von Bauschutt (>BFH vom 25. 3. 2004 – BStBl 2006 II S. 644 und vom 21. 9. 2005 – BStBl 2006 II S. 647). § 5 Abs. 4b EStG ist zu beachten.
– Verpflichtungen für die Entsorgung der ab dem 13. 8. 2005 in Verkehr gebrachten Energiesparlampen, wenn sich diese Pflichten durch den Erlass einer Abholanordnung nach § 16 Abs. 5 Elektro- und Elektronikgerätegesetz hinreichend konkretisiert haben (>BFH vom 25. 1. 2017 – BStBl II S. 780).
– Zulassungskosten (Gebühren) für ein neu entwickeltes Pflanzenschutzmittel (>BFH vom 8. 9. 2011 – BStBl 2012 II S. 122).
– eine nach Maßgabe des § 106 Abs. 5a SGB V zu erwartende Honorar-Rückzahlungsverpflichtung an eine Kassenärztliche Vereinigung (>BFH vom 5. 11. 2014 – BStBl 2015 II S. 523).

nicht zulässig für:
– Verpflichtung zur Durchführung der Hauptversammlung (>BFH vom 23. 7. 1980 – BStBl 1981 II S. 62).
– Künftige Betriebsprüfungskosten, solange es an einer Prüfungsanordnung fehlt (>BFH vom 24. 8. 1972 – BStBl 1973 II S. 55); das gilt nicht für Großbetriebe >BMF vom 7. 3. 2013 (BStBl I S. 274).
– Künftige Beitragszahlungen an den Pensionssicherungsverein (>BFH vom 6. 12. 1995 – BStBl 1996 II S. 406).

- Kammerbeiträge (z. B. zur Handwerkskammer) eines künftigen Beitragsjahres, die sich nach der Höhe des in einem vergangenen Steuerjahr erzielten Gewinns bemessen (>BFH vom 5.4.2017 – BStBl II S. 900).
- Verpflichtung zur Erstellung der Einkommensteuererklärung und der Erklärung zur gesonderten und einheitlichen Feststellung des Gewinns einer Personengesellschaft (>BFH vom 24.11.1983 – BStBl 1984 II S. 301).
- Verpflichtung zur Entsorgung eigenen Abfalls (>BFH vom 8.11.2000 – BStBl 2001 II S. 570).
- Gesetzliche Verpflichtungen, wenn die Rechtsnorm eine Frist für die Erfüllung enthält und diese am Bilanzstichtag noch nicht abgelaufen ist (>BFH vom 13.12.2007 – BStBl 2008 II S. 516, vom 6.2.2013 – BStBl II S. 686 und vom 17.10.2013 – BStBl 2014 II S. 302).
- Gesetzliche Wartungsverpflichtungen vor Ablauf der zulässigen Betriebszeit (>BFH vom 9.11.2016 – BStBl 2017 II S. 379).

Sanierungsverpflichtungen
Zur Bildung von Rückstellungen für Verpflichtungen zur Sanierung von schadstoffbelasteten Grundstücken >BMF vom 11.5.2010 (BStBl I S. 495).

H 5.7 (5)

Aktienoptionsprogramme
Rückstellungen für Verbindlichkeiten aus Aktienoptionsprogrammen können nicht gebildet werden, wenn die Ausübung der Optionen von am Bilanzstichtag noch ungewissen künftigen Ereignissen abhängt. Dabei ist der Grad der Wahrscheinlichkeit des Eintritts dieser Ereignisse unerheblich (>BFH vom 15.3.2017 – BStBl II S. 1043).

Altersteilzeitverpflichtungen
Zur bilanziellen Berücksichtigung von Altersteilzeitverpflichtungen nach dem Altersteilzeitgesetz (AltTZG) >BMF vom 28.3.2007 (BStBl I S. 297) unter Berücksichtigung der Änderungen durch BMF vom 11.3.2008 (BStBl I S. 496) und vom 22.10.2018 (BStBl I S. 1112).

Arbeitsfreistellung
Rückstellungen für Verpflichtungen zur Gewährung von Vergütungen für die Zeit der Arbeitsfreistellung vor Ausscheiden aus dem Dienstverhältnis und Jahreszusatzleistungen im Jahr des Eintritts des Versorgungsfalls (>BMF vom 11.11.1999 – BStBl I S. 959 und vom 28.3.2007 – BStBl I S. 297).

Ausgleichsanspruch eines Handelsvertreters
- Eine Rückstellung für die Verpflichtung zur Zahlung eines Ausgleichs an einen Handelsvertreter nach § 89b HGB ist vor Beendigung des Vertragsverhältnisses nicht zulässig, da wesentliche Voraussetzung für einen solchen Ausgleich ist, dass dem Unternehmer aus der früheren Tätigkeit des Vertreters mit hoher Wahrscheinlichkeit noch nach Beendigung des Vertragsverhältnisses erhebliche Vorteile erwachsen (>BFH vom 20.1.1983 – BStBl II S. 375).
- Zur Abgrenzung gegenüber einer Provisionsfortzahlung > 5.7 (3) Provisionsfortzahlungen an einen Handelsvertreter

Beihilfen an Pensionäre
Für die Verpflichtung, Pensionären und aktiven Mitarbeitern während der Zeit ihres Ruhestandes in Krankheits-, Geburts- und Todesfällen Beihilfen zu gewähren, ist eine Rückstellung zu bilden (>BFH vom 30.1.2002 – BStBl 2003 II S. 279).

Entstandene Verpflichtungen

Eine am Bilanzstichtag bereits rechtlich entstandene öffentlich-rechtliche Verpflichtung ist zu diesem Zeitpunkt auch wirtschaftlich verursacht (>BFH vom 17.10.2013 – BStBl 2014 II S. 302).

Garantierückstellungen

Garantierückstellungen, mit denen das Risiko künftigen Aufwands durch kostenlose Nacharbeiten oder durch Ersatzlieferungen oder aus Minderungen oder Schadenersatzleistungen wegen Nichterfüllung auf Grund gesetzlicher oder vertraglicher Gewährleistungen erfasst werden soll, können bei Vorliegen der entsprechenden Voraussetzungen als Einzelrückstellungen für die bis zum Tag der Bilanzaufstellung bekannt gewordenen einzelnen Garantiefälle oder als Pauschalrückstellung gebildet werden. Für die Bildung von Pauschalrückstellungen ist Voraussetzung, dass der Kaufmann auf Grund der Erfahrungen in der Vergangenheit mit einer gewissen Wahrscheinlichkeit mit Garantieinanspruchnahmen rechnen muss oder dass sich aus der branchenmäßigen Erfahrung und der individuellen Gestaltung des Betriebs die Wahrscheinlichkeit ergibt, Garantieleistungen erbringen zu müssen (>BFH vom 30.6.1983 – BStBl 1984 II S. 263 und vom 24.3.1999 – BStBl 2001 II S. 612).

Gutscheine

Für Gutscheine, die einen Anspruch auf preisermäßigte künftige Leistungen gewähren, können im Ausgabejahr keine Rückstellungen gebildet werden (>BFH vom 19.9.2012 – BStBl 2013 II S. 123).

Nachbetreuungsleistungen bei Hörgeräte-Akustikern

Nachbetreuungsverpflichtungen sind im Zeitpunkt der Veräußerung der Hörhilfen auch wirtschaftlich verursacht (>BMF vom 12.10.2005 – BStBl I S. 953).

Prozesskosten

Bei am Bilanzstichtag noch nicht anhängigen Verfahren/Instanzen fehlt es grundsätzlich an der wirtschaftlichen Verursachung (>BFH vom 6.12.1995 – BStBl 1996 II S. 406).

Sonderzahlungen an Versorgungseinrichtungen

Für Sonderzahlungen an Versorgungseinrichtungen zur Schließung künftiger Deckungslücken können wegen fehlender wirtschaftlicher Verursachung vor dem Bilanzstichtag keine Rückstellungen gebildet werden (>BFH vom 27.1.2010 – BStBl II S. 614).

Wartungsverpflichtung

Gesetzliche Wartungsverpflichtungen sind wirtschaftlich nicht in der Vergangenheit verursacht, da wesentliches Merkmal der Überholungsverpflichtung das Erreichen der zulässigen Betriebszeit ist. Dagegen kann bei einer privatrechtlichen Verpflichtung zur Übernahme künftiger Wartungsaufwendungen die Bildung einer Rückstellung für ungewisse Verbindlichkeiten in Betracht kommen, wenn bei Beendigung des Vertrages kein Anspruch auf Rückerstattung der Beträge besteht und der Stpfl. deshalb mit den vereinbarten Beträgen belastet bleibt (>BFH vom 9.11.2016 – BStBl 2017 II S. 379).

Zinszahlung

Eine Verpflichtung zur Zinszahlung ist am Bilanzstichtag nur insoweit wirtschaftlich verursacht, als damit eine Zeitspanne vor dem Bilanzstichtag abgegolten wird (>BFH vom 6.12.1995 – BStBl 1996 II S. 406).

Zu § 5 EStG   R 5.7   A. II.

Zuwendungen aus Anlass eines Geschäfts- oder Firmenjubiläums
Für rechtsverbindlich zugesagte Zuwendungen aus Anlass eines Geschäfts- oder Firmenjubiläums, die sich nach der Dauer der Betriebszugehörigkeit der einzelnen Mitarbeiter bemessen, ist eine Rückstellung in dem Umfang zu bilden, in dem die Anspruchsvoraussetzungen durch die vergangene Betriebszugehörigkeit des jeweiligen Mitarbeiters erfüllt sind. Die Regelung für Zuwendungen aus Anlass eines Dienstjubiläums (§ 5 Abs. 4 EStG) gilt dafür nicht (>BFH vom 29. 11. 2000 – BStBl 2004 II S. 41).

H 5.7 (6)

Allgemeines
Eine Inanspruchnahme ist wahrscheinlich, wenn der Stpfl. nach den Umständen, die am Bilanzstichtag objektiv vorlagen und bis zum Zeitpunkt der Bilanzerstellung bekannt oder erkennbar wurden, ernstlich damit rechnen musste, aus der Verpflichtung in Anspruch genommen zu werden. Er darf im Hinblick auf seine Inanspruchnahme nicht die pessimistischste Alternative wählen; für die Inanspruchnahme müssen mehr Gründe dafür als dagegen sprechen (>BFH vom 19. 10. 2005 – BStBl 2006 II S. 371).

Entdeckung
Die Wahrscheinlichkeit der Inanspruchnahme ist gegeben, wenn die anspruchsbegründenden Tatsachen bis zum Tag der Bilanzaufstellung entdeckt sind (>BFH vom 2. 10. 1992 – BStBl 1993 II S. 153).

Hinterzogene Steuern
Hinterzogene Lohnsteuer ist vom Arbeitgeber in dem Zeitpunkt zurückzustellen, in dem er mit seiner Haftungsinanspruchnahme ernsthaft rechnen muss (>BFH vom 16. 2. 1996 – BStBl II S. 592).

Patronatserklärungen
Die Passivierung von Rückstellungen für Verpflichtungen aus sog. harten Patronatserklärungen setzt voraus, dass die Gefahr der Inanspruchnahme aus der Verpflichtung ernsthaft droht. Eine Inanspruchnahme aus einer konzerninternen Patronatserklärung der Muttergesellschaft für ein Tochterunternehmen droht dann nicht, wenn das Schuldnerunternehmen zwar in der Krise ist, innerhalb des Konzerns ein Schwesterunternehmen aber die erforderliche Liquidität bereitstellt und auf Grund der gesellschaftsrechtlichen Verbundenheit nicht damit zu rechnen ist, dass dieses Schwesterunternehmen Ansprüche gegen die Muttergesellschaft geltend machen wird (>BFH vom 25. 10. 2006 – BStBl 2007 II S. 384).

Schadensersatz
- Bei einseitigen Verbindlichkeiten ist die Wahrscheinlichkeit der Inanspruchnahme erst gegeben, wenn der Gläubiger die sich aus ihnen ergebende (mögliche) Berechtigung kennt. Dies gilt auch für öffentlich-rechtliche Verbindlichkeiten (>BFH vom 19. 10. 1993 – BStBl II S. 891).
- Bei privat-rechtlichen Schadensersatzansprüchen ist entweder die Kenntnis des Gläubigers von den den Schadensersatzanspruch begründenden Umständen oder zumindest eine derartige unmittelbar bevorstehende Kenntniserlangung erforderlich (>BFH vom 25. 4. 2006 – BStBl II S. 749).
- Bei der Bildung von Rückstellungen für Schadensersatzforderungen ist zwischen der Wahrscheinlichkeit des Bestehens der Verpflichtung und der Wahrscheinlichkeit der tatsächlichen Inanspruchnahme hieraus zu unterscheiden, da die beiden Voraussetzungen inne-

wohnenden Risiken unterschiedlich hoch zu bewerten sein können. Ist nach einem von fachkundiger dritter Seite erstellten Gutachten das Unterliegen im Prozess am Bilanzstichtag nicht überwiegend wahrscheinlich, scheidet die Bildung einer Rückstellung aus (>BFH vom 16.12.2014 – BStBl 2015 II S. 759).

| H 5.7 (8) |

Erfüllungsrückstand

– Ein Erfüllungsrückstand liegt insbesondere vor, wenn der Schuldner einer Verpflichtung nicht nachgekommen ist, die er im abgelaufenen Wj. hätte erfüllen müssen (>BFH vom 3.12.1991 – BStBl 1993 II S. 89). Die noch **ausstehende Gegenleistung** muss eine Vorleistung abgelten und ihr damit synallagmatisch zweckgerichtet und zeitlich zuordenbar sein (>BFH vom 5.4.2006 – BStBl II S. 593).

– Wegen der Verpflichtung, eine am Bilanzstichtag bestehende Darlehensverbindlichkeit – mit fest vereinbarter Vertragslaufzeit und ohne ordentliche Kündigungsmöglichkeit – in späteren Jahren höher zu verzinsen (Darlehen mit steigenden Zinssätzen), ist in der Bilanz grundsätzlich eine Verbindlichkeit oder eine Rückstellung wegen eines wirtschaftlichen Erfüllungsrückstandes auszuweisen (>BFH vom 25.5.2016 – BStBl II S. 930).

– Für die Verpflichtung zur **Lohnfortzahlung im Krankheitsfall** kann keine Rückstellung gebildet werden (>BFH vom 27.6.2001 – BStBl II S. 758).

– Für die **Verpflichtung eines Vermieters**, den Mietgegenstand zum Ende der Mietzeit zu veräußern und den Veräußerungserlös insoweit an den Mieter auszuzahlen, als er einen vertraglich vereinbarten, unter dem Buchwert zum Vertragsende liegenden Restwert übersteigt, ist eine anzusammelnde und abzuzinsende Rückstellung in der Höhe zu passivieren, in der der vereinbarte Restwert unter dem Buchwert des Mietgegenstands liegt (>BFH vom 21.9.2011 – BStBl 2012 II S. 197).

– Für Verpflichtungen zur **Nachbetreuung bereits abgeschlossener Versicherungen** sind Rückstellungen wegen Erfüllungsrückstandes zu bilden (>BMF vom 20.11.2012 – BStBl I S. 1100, BFH vom 12.12.2013 – BStBl 2014 II S. 517 und vom 27.2.2014 – BStBl II S. 675, ber. S. 919).

| H 5.7 (10) |

Patentverletzung

– Die Bildung einer Rückstellung wegen Verletzung fremder Patentrechte nach § 5 Abs. 3 Satz 1 Nr. 2 EStG setzt nicht voraus, dass der Patentinhaber von der Rechtsverletzung Kenntnis erlangt hat.

– Wird ein und dasselbe Schutzrecht in mehreren Jahren verletzt, bestimmt sich der Ablauf der dreijährigen Auflösungsfrist i. S. d. § 5 Abs. 3 Satz 2 EStG nach der erstmaligen Rechtsverletzung.

(>BFH vom 9.2.2006 – BStBl II S. 517).

H 5.7 (11)

Turnusmäßige Erhaltungsarbeiten
Bei Erhaltungsarbeiten, die erfahrungsgemäß in ungefähr gleichem Umfang und in gleichen Zeitabständen anfallen und turnusgemäß durchgeführt werden, liegt in der Regel keine unterlassene Instandhaltung vor (>BFH vom 15. 2. 1955 – BStBl III S. 172).

H 5.7 (12)

Garantierückstellung
>H 5.7 (5)

Geschäftliche Erwägungen
Geschäftliche Erwägungen sind anzunehmen, wenn am Bilanzstichtag unter Berücksichtigung des pflichtgemäßen Ermessens des vorsichtigen Kaufmanns damit zu rechnen ist, dass Kulanzleistungen auch in Zukunft bewilligt werden müssen (>BFH vom 6. 4. 1965 – BStBl III S. 383).

H 5.7 (13)

Auflösung
Rückstellungen sind auch dann aufzulösen, wenn
– nach dem Bilanzstichtag, aber vor der Bilanzerstellung Umstände bekannt werden, die am Bilanzstichtag objektiv vorlagen, aus denen sich ergibt, dass mit einer Inanspruchnahme nicht mehr zu rechnen ist (>BFH vom 30. 1. 2002 – BStBl II S. 688).
– die Verbindlichkeit trotz weiterbestehender rechtlicher Verpflichtung keine wirtschaftliche Belastung mehr darstellt (>BFH vom 22. 11. 1988 – BStBl 1989 II S. 359).

Erfolgsneutrale Auflösung
Eine Rückstellung ist erfolgsneutral aufzulösen, wenn der Wegfall der Voraussetzungen für ihre Bildung und Beibehaltung auf Umständen beruht, die als Einlage i. S. d. § 4 Abs. 1 Satz 8 EStG zu beurteilen sind (>BFH vom 12. 4. 1989 – BStBl II S. 612).

Rechtsmittel
– Eine Rückstellung wegen einer gerichtsanhängigen Schadensersatzverpflichtung ist erst aufzulösen, wenn über die Verpflichtung endgültig und rechtskräftig ablehnend entschieden ist (>BFH vom 27. 11. 1997 – BStBl 1998 II S. 375).
– Eine Rückstellung ist nicht aufzulösen, wenn der Stpfl. in einer Instanz obsiegt hat, der Prozessgegner gegen diese Entscheidung aber noch ein Rechtsmittel einlegen kann (>BFH vom 30. 1. 2002 – BStBl II S. 688).
– Ein nach dem Bilanzstichtag, aber vor dem Zeitpunkt der Bilanzaufstellung erfolgter Verzicht des Prozessgegners auf ein Rechtsmittel wirkt nicht auf die Verhältnisse am Bilanzstichtag zurück (>BFH vom 30. 1. 2002 – BStBl II S. 688).

Schadensersatz
>Rechtsmittel

Verhandlungen

Wird am Bilanzstichtag über den Wegfall einer Verpflichtung verhandelt, so rechtfertigt dies die Auflösung einer gebildeten Rückstellung grundsätzlich nicht (>BFH vom 17.11.1987 – BStBl 1988 II S. 430).

H 5.8

Verpflichtungsübernahmen

Zur bilanziellen Berücksichtigung von Verpflichtungsübernahmen, Schuldbeitritten und Erfüllungsübernahmen mit vollständiger oder teilweiser Schuldfreistellung >BMF vom 30.11.2017 (BStBl I S. 1619)

Zu § 5a EStG

H 5a

Allgemeines

>BMF vom 12.6.2002 (BStBl I S. 614) unter Berücksichtigung der Änderungen durch BMF vom 31.10.2008 (BStBl I S. 956) und vom 10.9.2013 (BStBl I S. 1152); Rz. 12 Satz 2 bis Rz. 14 sind überholt und nicht mehr anzuwenden (>BFH vom 16.1.2014 – BStBl II S. 774).

Feststellung eines Unterschiedsbetrags

Ein Unterschiedsbetrag ist nur für diejenigen Wirtschaftsgüter festzustellen, die in der Steuerbilanz des Wj., das der erstmaligen Anwendung der Tonnagebesteuerung vorangeht, anzusetzen sind (>BFH vom 29.11.2012 – BStBl 2013 II S. 324).

Hilfsgeschäft

Die Veräußerung eines Schiffs stellt nur dann ein Hilfsgeschäft i. S. d. § 5a Abs. 2 Satz 2 EStG dar, wenn dieses Schiff zunächst in der Absicht eingesetzt wurde, langfristig Handelsschiffe i. S. d. § 5a EStG zu betreiben. Der Erwerb und die Veräußerung eines Schiffes mit dem Ziel, aus dem Veräußerungserlös erst ein anderes i. S. d. § 5a EStG langfristig betriebenes Handelsschiff zu erwerben, ist kein Hilfsgeschäft nach § 5a Abs. 2 Satz 2 EStG (>BFH vom 26.9.2013 – BStBl 2014 II S. 253).

Hinzurechnung einer Sondervergütung nach § 5a Abs. 4a Satz 3 EStG

Sondervergütungen i. S. d. § 15 Abs. 1 Satz 1 Nr. 2 EStG sind auch in den Jahren vor Indienststellung eines Handelsschiffes dem nach § 5a Abs. 1 EStG pauschal ermittelten Gewinn (dieser beträgt mangels Tonnage und mangels Betriebstagen 0 Euro) in vollem Umfang nach § 5a Abs. 4a Satz 3 EStG hinzuzurechnen (>BFH vom 6.2.2014 – BStBl II S. 522).

Hinzurechnung eines Unterschiedsbetrags nach § 5a Abs. 4 Satz 3 Nr. 3 EStG

Der in dem Jahr des Ausscheidens eines Gesellschafters hinsichtlich des auf ihn entfallenden Anteils gem. § 5a Abs. 4 Satz 3 Nr. 3 EStG dem Gewinn hinzuzurechnende Unterschiedsbetrag nach § 5a Abs. 4 Satz 1 EStG führt nicht zu einem nach den §§ 16, 34 EStG steuerbegünstigten Veräußerungsgewinn (>BFH vom 19.7.2011 – BStBl II S. 878).

Langfristiger Betrieb von Handelsschiffen
Die Anwendung der Gewinnermittlung nach der Tonnage setzt die Absicht zum langfristigen Betrieb von Handelsschiffen im internationalen Verkehr voraus. Wird der schuldrechtliche Vertrag über die Veräußerung eines Schiffes schon innerhalb eines Jahres seit dem Zeitpunkt geschlossen, zu dem erstmals alle übrigen Voraussetzungen des § 5a EStG vorlagen (Jahresfrist), spricht eine widerlegbare Vermutung dafür, dass schon zu Beginn der Jahresfrist nicht die nach § 5a EStG erforderliche Absicht zum langfristigen Betrieb von Handelsschiffen bestand (>BFH vom 26. 9. 2013 – BStBl 2014 II S. 253).

Zu § 5b EStG

H 5b

Allgemeines
Anwendungsschreiben zur Veröffentlichung der Taxonomie >BMF vom 28. 9. 2011 (BStBl I S. 855)

Anlagenspiegel
Ein Anlagenspiegel ist für Wj., die nach dem 31. 12. 2016 beginnen, zwingend zu übermitteln (>BMF vom 24. 5. 2016 – BStBl I S. 500).

Atypische stille Gesellschaft
>BMF vom 24. 11. 2017 (BStBl I S. 1543)

Taxonomie
- >BMF vom 16. 5. 2017 (BStBl I S. 776)
- >BMF vom 6. 6. 2018 (BStBl I S. 714)

Zu § 6 EStG

R 6.1   **Anlagevermögen und Umlaufvermögen**

(1) ¹Zum Anlagevermögen gehören die Wirtschaftsgüter, die bestimmt sind, dauernd dem Betrieb zu dienen. ²Ob ein Wirtschaftsgut zum Anlagevermögen gehört, ergibt sich aus dessen Zweckbestimmung, nicht aus seiner Bilanzierung. ³Ist die Zweckbestimmung nicht eindeutig feststellbar, kann die Bilanzierung Anhaltspunkt für die Zuordnung zum Anlagevermögen sein. ⁴Zum Anlagevermögen können immaterielle Wirtschaftsgüter, Sachanlagen und Finanzanlagen gehören. ⁵Zum abnutzbaren Anlagevermögen gehören insbesondere die auf Dauer dem Betrieb gewidmeten Gebäude, technischen Anlagen und Maschinen sowie die Betriebs- und Geschäftsausstattung. ⁶Zum nicht abnutzbaren Anlagevermögen gehören insbesondere Grund und Boden, Beteiligungen und andere Finanzanlagen, wenn sie dazu bestimmt sind, dauernd dem Betrieb zu dienen. ⁷Ein Wirtschaftsgut des Anlagevermögens, dessen Veräußerung beabsichtigt ist, bleibt so lange Anlagevermögen, wie sich seine bisherige Nutzung nicht ändert, auch wenn bereits vorbereitende Maßnahmen zu seiner Veräußerung getroffen worden sind. ⁸Bei Grundstücken des Anlagevermögens, die bis zu ihrer Veräußerung unverändert genutzt werden, ändert somit selbst eine zum Zwecke der Veräußerung vorgenommene Parzellierung des Grund und Bodens oder Aufteilung des Gebäudes in Eigentumswohnungen nicht die Zugehörigkeit zum Anlagevermögen.

(2) Zum Umlaufvermögen gehören die Wirtschaftsgüter, die zur Veräußerung, Verarbeitung oder zum Verbrauch angeschafft oder hergestellt worden sind, insbesondere Roh-, Hilfs- und Betriebsstoffe, Erzeugnisse und Waren, Kassenbestände.

H 6.1

Anlagevermögen
– Begriff >§ 247 Abs. 2 HGB
– Umfang >Gliederungsschema in § 266 Abs. 2 HGB

Baumbestand
Der in einem selbständigen Nutzungs- und Funktionszusammenhang stehende Baumbestand gehört als Wirtschaftsgut zum nicht abnutzbaren Anlagevermögen eines Forstbetriebs (>BMF vom 16. 5. 2012 – BStBl I S. 595).

Erwerb von Wirtschaftsgütern kurz vor Betriebsveräußerung
Wirtschaftsgüter, die zum Zweck der dauerhaften Einbindung in einen bereits bestehenden Geschäftsbetrieb erworben werden, sind auch dann im Anlagevermögen auszuweisen, wenn die gesamte organisatorische Einheit (Betrieb einschließlich erworbener Wirtschaftsgüter) kurze Zeit später mit der Absicht der Weiterführung veräußert wird (>BFH vom 10. 8. 2005 – BStBl 2006 II S. 58).

Filme
In echter Auftragsproduktion hergestellte Filme sind immaterielle Wirtschaftsgüter des Umlaufvermögens (>BFH vom 20. 9. 1995 – BStBl 1997 II S. 320).

Geschäfts- oder Firmenwert
– Zur bilanzsteuerlichen Behandlung des Geschäfts- oder Firmenwerts und sog. firmenwertähnlicher Wirtschaftsgüter >BMF vom 20. 11. 1986 (BStBl I S. 532).
– >H 5.5 (Geschäfts- oder Firmenwert/Praxiswert)

Gewerblicher Grundstückshandel
>BMF vom 26. 3. 2004 (BStBl I S. 434), Tz. 33

Grund und Boden eines land- und forstwirtschaftlichen Betriebs
>BMF vom 26. 3. 2004 (BStBl I S. 434), Tz. 27

Halbfertige Bauten auf fremdem Grund und Boden
– werden als Vorräte dem Umlaufvermögen zugeordnet (>BFH vom 7. 9. 2005 – BStBl 2006 II S. 298).
– >H 6.7

Leergut in der Getränkeindustrie
>BFH vom 9. 1. 2013 (BStBl 2019 II S. 150):
– Leergut ist nach seiner Art unterschiedlich zu beurteilen: Der Eigentumsübergang erstreckt sich bei Einheitsleergut nicht nur auf den Inhalt, sondern auch auf die Flaschen und die Kästen selbst (BGH-Urteil vom 9. 7. 2007 – II ZR 233/05, BGHZ 173, 159). Bei Brunneneinheitsleergut und Individualleergut erstreckt sich der Eigentumsübergang allein auf den Inhalt der Flaschen und Kästen.

- Für die Verpflichtung zur Rückzahlung des erhaltenen Pfandgeldes für Brunneneinheitsleergut und Individualleergut ist eine Verbindlichkeit auszuweisen. Die Pfandverbindlichkeiten können um Bruch und Schwund zu mindern sein.
- Ausführungen zu Mehr- und Minderrücknahmen bei einem Leergutpool.

Musterhäuser
rechnen zum Anlagevermögen (>BFH vom 31. 3. 1977 – BStBl II S. 684).

Praxiswert/Sozietätspraxiswert
>BFH vom 24. 2. 1994 (BStBl II S. 590)

Rohstoff
Zum Begriff des Rohstoffs und seiner Zuordnung zum Umlauf-(Vorrats-)vermögen >BFH vom 2. 12. 1987 (BStBl 1988 II S. 502).

Umlaufvermögen
Umfang >Gliederungsschema in § 266 Abs. 2 HGB

Vorführ- und Dienstwagen
rechnen zum Anlagevermögen (>BFH vom 17. 11. 1981 – BStBl 1982 II S. 344).

| R 6.2 | **Anschaffungskosten** |

[1]Wird ein Wirtschaftsgut gegen Übernahme einer >Rentenverpflichtung erworben, kann der als >Anschaffungskosten zu behandelnde Barwert der Rente abweichend von den §§ 12 ff. BewG auch nach versicherungsmathematischen Grundsätzen berechnet werden. [2]Dagegen sind die Anschaffungskosten eines Wirtschaftsgutes, das mittels Ratenkauf ohne gesonderte Zinsvereinbarung erworben wird, stets mit dem nach §§ 12 ff. BewG ermittelten Barwert im Zeitpunkt der Anschaffung anzusetzen.

| H 6.2 |

Ablösezahlungen im Profifußball
Zahlungen an den abgebenden Verein für den Transfer von Spielern sind aktivierungspflichtige Anschaffungskosten. Zu aktivieren sind auch die an Spielervermittler gezahlten Provisionen, soweit sie im Zusammenhang mit Vereinswechseln von Spielern gezahlt werden. Hingegen sind gezahlte Provisionen, die für Spieler gezahlt werden, die ablösefrei zu einem anderen Verein wechseln, als sofort abziehbare Betriebsausgaben zu behandeln. Gleiches gilt für Ausbildungs- und Förderungsentschädigungen, die für ablösefrei zu einem anderen Verein gewechselte Spieler gezahlt werden (>BFH vom 14. 12. 2011 – BStBl 2012 II S. 238).

Anschaffungskosten
Begriff und Umfang >§ 255 Abs. 1 HGB

Ausländische Währung
- Bei einem Anschaffungsgeschäft in ausländischer Währung ist der Wechselkurs im Anschaffungszeitpunkt für die Berechnung der Anschaffungskosten maßgebend (>BFH vom 16. 12. 1977 – BStBl 1978 II S. 233).

- Ist der in einer Fremdwährung geleistete Einzahlungsbetrag eines Gesellschafters in die Kapitalrücklage der Gesellschaft, durch den sich die Anschaffungskosten seiner Beteiligung erhöht haben, später an den Gesellschafter zurückzuzahlen und hat sich der – in € – berechnete Wert jenes Betrags inzwischen durch einen Kursverlust der fremden Währung vermindert, entsteht für den Gesellschafter auch dann kein sofort abziehbarer Aufwand, wenn er die Beteiligung im Betriebsvermögen hält. Der Anspruch auf die Rückzahlung ist bei Gewinnermittlung durch Bestandsvergleich mit demjenigen Wert anzusetzen, der sich unter Berücksichtigung des Wechselkurses am Tag der Darlehensgewährung oder – im Fall der dauernden Wertminderung – eines ggf. niedrigeren Kurses am Bilanzstichtag ergibt (>BFH vom 27. 4. 2000 – BStBl 2001 II S. 168).

Ausschüttung aus dem steuerlichen Einlagekonto i. S. d. § 27 KStG

Die Ausschüttung aus dem Eigenkapital nach § 27 KStG verringert wie eine >Rückzahlung aus Kapitalherabsetzung die Anschaffungskosten der Beteiligung an einer Kapitalgesellschaft.

>BMF vom 4. 6. 2003 (BStBl I S. 366)

>BFH vom 16. 3. 1994 (BStBl II S. 527) und vom 19. 7. 1994 (BStBl 1995 II S. 362)

Ausschüttungen aus dem steuerlichen Einlagekonto i. S. d. § 27 KStG sind als Beteiligungsertrag zu erfassen, soweit sie den Buchwert übersteigen (>BFH vom 20. 4. 1999 – BStBl II S. 647).

Beteiligung an einer Kapitalgesellschaft

- Die Anschaffungskosten einer betrieblichen Beteiligung an einer Kapitalgesellschaft umfassen neben den ursprünglichen Anschaffungskosten auch die Nachschüsse sowie alle sonstigen Kapitalzuführungen durch die Gesellschafter, die auf der Ebene der Kapitalgesellschaft zu offenen oder verdeckten Einlagen führen. Sie umschließen – anders als im Bereich des § 17 EStG (>R 17 Abs. 5) – nicht die Zuführung von Fremdkapital, wie die Gewährung von Darlehen, oder die Bürgschaftsleistungen von Gesellschaftern; die entsprechende Darlehensforderung ist vielmehr ein eigenständiges Wirtschaftsgut im Betriebsvermögen des Gesellschafters (>BFH vom 20. 4. 2005 – BStBl II S. 694).

- Die Zusammenlegung von GmbH-Anteilen lässt die Anschaffungskosten der betroffenen Anteile unberührt. Sie setzen sich in dem neu entstandenen Anteil fort (>BFH vom 9. 11. 2017 – BStBl II S. 575).

Disagio

Dem Veräußerer erstattete Damnum-/Disagiobeträge gehören beim Erwerber zu den Anschaffungskosten, wenn deren verpflichtende Erstattung im Kaufvertrag als Teil des Kaufpreises vereinbart worden ist (>BFH vom 17. 2. 1981 – BStBl II S. 466).

Einlagenrückgewähr

>Kapitalherabsetzung (Rückzahlung aus Kapitalherabsetzung)

>Ausschüttung aus dem steuerlichen Einlagekonto i. S. d. § 27 KStG

Erbauseinandersetzung und vorweggenommene Erbfolge

Anschaffungskosten bei Erbauseinandersetzung und vorweggenommener Erbfolge >BMF vom 14. 3. 2006 (BStBl I S. 253) unter Berücksichtigung der Änderungen durch BMF vom 27. 12. 2018 (BStBl 2019 I S. 11) und >BMF vom 13. 1. 1993 (BStBl I S. 80) unter Berücksichtigung der Änderungen durch BMF vom 26. 2. 2007 (BStBl I S. 269).

Erbbaurecht

- Zu den Anschaffungskosten des Wirtschaftsguts „Erbbaurecht" gehören auch einmalige Aufwendungen wie Grunderwerbsteuer, Maklerprovision, Notar- und Gerichtsgebühren, jedoch nicht vorausgezahlte oder in einem Einmalbetrag gezahlte Erbbauzinsen (>BFH vom 4.6.1991 – BStBl 1992 II S. 70 und vom 8.11.2017 – BStBl 2018 II S. 518).
- Beim Erwerb eines „bebauten" Erbbaurechts entfallen die gesamten Anschaffungskosten auf das Gebäude, wenn der Erwerber dem bisherigen Erbbauberechtigten nachweislich ein Entgelt nur für den Gebäudeanteil gezahlt hat, während er gegenüber dem Erbbauverpflichteten (Grundstückseigentümer) nur zur Zahlung des laufenden Erbbauzinses verpflichtet ist (>BFH vom 15.11.1994 – BStBl 1995 II S. 374).
- >H 6.4 (Erschließungs-, Straßenanlieger- und andere Beiträge)

Forderung auf Rückzahlung eines Fremdwährungsdarlehens

In der Bilanz ist der Anspruch auf Rückzahlung eines in Fremdwährung gewährten Darlehens mit demjenigen Wert anzusetzen, der sich unter Berücksichtigung des Wechselkurses am Tag der Darlehensgewährung oder – im Fall der dauernden Wertminderung – eines ggf. niedrigeren Kurses am Bilanzstichtag ergibt (>BFH vom 27.4.2000 – BStBl 2001 II S. 168).

Gemeinkosten

gehören nicht zu den Anschaffungskosten (>BFH vom 13.4.1988 – BStBl II S. 892).

Grunderwerbsteuer

- **bei Anteilsvereinigung:** Die infolge einer Sacheinlage von Gesellschaftsanteilen auf Grund Anteilsvereinigung ausgelöste Grunderwerbsteuer ist von der aufnehmenden Gesellschaft nicht als Anschaffungs(neben)kosten der eingebrachten Anteile zu aktivieren (>BFH vom 20.4.2011 – BStBl II S. 761).
- **bei Gesellschafterwechsel:** Die infolge eines Wechsels im Gesellschafterbestand ausgelösten Grunderwerbsteuern nach § 1 Abs. 2a GrEStG stellen keine Anschaffungs(neben)kosten der erworbenen Kommanditanteile oder des vorhandenen Grundbesitzes der Objektgesellschaft dar (>BFH vom 2.9.2014 – BStBl 2015 II S. 260).

Grundstücke
>H 6.4

Kapitalherabsetzung

- **Rückzahlung aus Kapitalherabsetzung**
  Die Rückzahlung aus Kapitalherabsetzung verringert die Anschaffungskosten der Beteiligung an einer Kapitalgesellschaft, soweit die Rückzahlung nicht zu den Einnahmen i. S. d. § 20 Abs. 1 Nr. 2 EStG rechnet (>BFH vom 29.6.1995 – BStBl II S. 725 und BMF vom 4.6.2003 – BStBl I S. 366).
- **Kapitalherabsetzung durch Einziehung von Aktien**
  Bei einer vereinfachten Kapitalherabsetzung durch Einziehung unentgeltlich zur Verfügung gestellter Aktien (§ 237 Abs. 3 Nr. 1, Abs. 4 und 5 AktG) gehen die anteiligen Buchwerte der von einem Aktionär zur Einziehung zur Verfügung gestellten Aktien mit deren Übergabe auf die dem Aktionär verbleibenden Aktien anteilig über, soweit die Einziehung bei diesen Aktien zu einem Zuwachs an Substanz führt. Soweit die Einziehung der von dem Aktionär zur Verfügung gestellten Aktien bei den Aktien anderer Aktionäre zu einem Zuwachs an Substanz führt, ist der auf die eingezogenen Aktien entfallende anteilige Buchwert von dem Aktionär ergebniswirksam auszubuchen (>BFH vom 10.8.2005 – BStBl 2006 II S. 22).

Mitunternehmeranteil
- Für den Erwerber stellen die Aufwendungen zum Erwerb des Anteils einschließlich eines negativen Kapitalkontos Anschaffungskosten dar; ggf. sind sie oder Teile davon als Ausgleichsposten in der Ergänzungsbilanz des Erwerbers zu berücksichtigen (>BFH vom 21. 4. 1994 – BStBl II S. 745).
- Ist die Abfindung eines ausscheidenden Gesellschafters geringer als sein Kapitalkonto, sind in der Steuerbilanz in Höhe der Differenz die Buchwerte der bilanzierten Wirtschaftsgüter abzustocken. Buchwerte für Bargeld und Guthaben bei Geldinstituten können infolge des Nominalwertprinzips nicht abgestockt werden. Ist der Differenzbetrag höher als die möglichen Abstockungen, muss im Übrigen ein passiver Ausgleichsposten gebildet werden, der mit künftigen Verlusten zu verrechnen und spätestens bei Beendigung der Beteiligung gewinnerhöhend aufzulösen ist (>BFH vom 12. 12. 1996 – BStBl 1998 II S. 180).
- Zur Abschreibung von Mehrwerten in einer Ergänzungsbilanz >BMF vom 19. 12. 2016 (BStBl 2017 I S. 34).

Nebenkosten
gehören zu den Anschaffungskosten, soweit sie dem Wirtschaftsgut einzeln zugeordnet werden können (>BFH vom 13. 10. 1983 – BStBl 1984 II S. 101). Sie können nur dann aktiviert werden, wenn auch die Anschaffungs(haupt)kosten aktiviert werden können (>BFH vom 19. 6. 1997 – BStBl II S. 808).

Preisnachlass oder Rabatt
Der Preisnachlass, der nicht von dem Verkäufer (Hersteller), sondern von dem Händler (Agent) aus dessen Provision gewährt wird, mindert ebenso wie ein vom Verkäufer gewährter Rabatt die Anschaffungskosten (>BFH vom 22. 4. 1988 – BStBl II S. 901).

Rentenverpflichtung
Der Barwert einer übernommenen Rentenverpflichtung ist grundsätzlich nach den §§ 12 ff. BewG zu ermitteln (>BFH vom 31. 1. 1980 – BStBl II S. 491).
>aber R 6.2

Rückzahlung einer offenen Gewinnausschüttung
>H 17 (5)

Schuldübernahmen
- Schuldübernahmen rechnen zu den Anschaffungskosten (>BFH vom 31. 5. 1972 – BStBl II S. 696 und vom 2. 10. 1984 – BStBl 1985 II S. 320).
- >Erbauseinandersetzung und vorweggenommene Erbfolge

Skonto
Die Anschaffungskosten von Wirtschaftsgütern mindern sich weder im Anschaffungszeitpunkt noch zum nachfolgenden Bilanzstichtag um einen möglichen Skontoabzug, sondern erst im Zeitpunkt seiner tatsächlichen Inanspruchnahme (>BFH vom 27. 2. 1991 – BStBl II S. 456).

Tätigkeitsvergütungen
>H 15.8 (3)

Vorsteuerbeträge
Zur Behandlung von Vorsteuerbeträgen, die nach dem UStG nicht abgezogen werden können, als Anschaffungskosten >§ 9b Abs. 1 EStG.

Wahlrecht eines Mitunternehmers
>H 4.4

Waren
Werden die Anschaffungskosten von Waren nach dem Verkaufswertverfahren durch retrograde Berechnung in der Weise ermittelt, dass von den ausgezeichneten Preisen die kalkulierte Handelsspanne abgezogen wird, ist dieses Verfahren nicht zu beanstanden; bei am Bilanzstichtag bereits herabgesetzten Preisen darf jedoch nicht von der ursprünglich kalkulierten Handelsspanne, sondern nur von dem verbleibenden Verkaufsaufschlag ausgegangen werden (>BFH vom 27. 10. 1983 – BStBl 1984 II S. 35).

Wertaufholungsgebot bei Beteiligungen
– Für die Bemessung der Anschaffungskosten einer Beteiligung ist im Rahmen des steuerlichen Wertaufholungsgebotes als Obergrenze auf die historischen Anschaffungskosten der Beteiligung und nicht auf den unter Anwendung des sog. Tauschgutachtens fortgeführten Buchwert abzustellen (>BFH vom 24. 4. 2007 – BStBl II S. 707).
– Zu jedem Bilanzstichtag ist zu prüfen, ob (irgend)ein Grund für eine Bewertung unterhalb der historischen Anschaffungskosten vorliegt. Eine gewinnerhöhende Wertaufholung ist z. B. auch dann vorzunehmen, wenn nach einer ausschüttungsbedingten Teilwertabschreibung von Anteilen an einer Kapitalgesellschaft diese später wieder werthaltig werden, weil der Kapitalgesellschaft durch einen begünstigten Einbringungsvorgang neues Betriebsvermögen zugeführt wird (>BFH vom 8. 11. 2016 – BStBl 2017 II S. 1002).
– >H 3.40 (Wertaufholungen)

Wertsicherungsklausel
Die Anschaffungskosten eines gegen Übernahme einer Rentenverpflichtung erworbenen Wirtschaftsguts bleiben unverändert, wenn sich der Barwert der Rentenverpflichtung auf Grund einer Wertsicherungsklausel nachträglich erhöht (>BFH vom 27. 1. 1998 – BStBl II S. 537).

Zuzahlung des Veräußerers
Zuzahlungen im Rahmen eines Anschaffungsvorgangs führen nicht zum passiven Ausweis „negativer Anschaffungskosten". Vielmehr ist beim Erwerber ein passiver Ausgleichsposten auszuweisen, es sei denn, die Zuzahlung ist als Entgelt für eine gesonderte Leistung des Erwerbers, beispielsweise für eine Übernahme einer Bürgschaft, anzusehen (>BFH vom 26. 4. 2006 – BStBl II S. 656).

Zwangsversteigerung
Zu den Anschaffungskosten beim Erwerb eines Grundstücks im Zwangsversteigerungsverfahren gehört nicht nur das Gebot nebst den dazugehörigen Kosten, zu denen dem die Zwangsversteigerung betreibenden Grundpfandgläubiger das Grundstück zugeschlagen wird, sondern auch die gemäß § 91 des Zwangsversteigerungsgesetzes erloschenen nachrangigen eigenen Grundpfandrechte des Gläubigers, soweit sie nicht ausgeboten sind, wenn ihr Wert durch den Verkehrswert des ersteigerten Grundstücks gedeckt ist (>BFH vom 11. 11. 1987 – BStBl 1988 II S. 424).

R 6.3	**Herstellungskosten**

(1) In die Herstellungskosten eines Wirtschaftsgutes sind auch angemessene Teile der notwendigen Materialgemeinkosten und Fertigungsgemeinkosten (>Absatz 2), der angemessenen Kosten der allgemeinen Verwaltung, der angemessenen Aufwendungen für soziale Einrichtungen

des Betriebs, für freiwillige soziale Leistungen und für die betriebliche Altersversorgung (>Absatz 3) sowie der Wertverzehr von Anlagevermögen, soweit er durch die Herstellung des Wirtschaftsgutes veranlasst ist (>Absatz 4), einzubeziehen.[*]

(2) Zu den Materialgemeinkosten und den Fertigungsgemeinkosten gehören u. a. auch die Aufwendungen für folgende Kostenstellen:
- Lagerhaltung, Transport und Prüfung des Fertigungsmaterials,
- Vorbereitung und Kontrolle der Fertigung,
- Werkzeuglager,
- Betriebsleitung, Raumkosten, Sachversicherungen,
- Unfallstationen und Unfallverhütungseinrichtungen der Fertigungsstätten,
- Lohnbüro, soweit in ihm die Löhne und Gehälter der in der Fertigung tätigen Arbeitnehmer abgerechnet werden.

(3) ¹Zu den Kosten für die allgemeine Verwaltung gehören u. a. die Aufwendungen für Geschäftsleitung, Einkauf und Wareneingang, Betriebsrat, Personalbüro, Nachrichtenwesen, Ausbildungswesen, Rechnungswesen – z. B. Buchführung, Betriebsabrechnung, Statistik und Kalkulation –, Feuerwehr, Werkschutz sowie allgemeine Fürsorge einschließlich Betriebskrankenkasse. ²Zu den Aufwendungen für soziale Einrichtungen gehören z. B. Aufwendungen für Kantine einschließlich der Essenszuschüsse sowie für Freizeitgestaltung der Arbeitnehmer. ³Freiwillige soziale Leistungen sind nur Aufwendungen, die nicht arbeitsvertraglich oder tarifvertraglich vereinbart worden sind; hierzu können z. B. Jubiläumsgeschenke, Wohnungs- und andere freiwillige Beihilfen, Weihnachtszuwendungen oder Aufwendungen für die Beteiligung der Arbeitnehmer am Ergebnis des Unternehmens gehören. ⁴Aufwendungen für die betriebliche Altersversorgung sind Beiträge an Direktversicherungen und Pensionsfonds, Zuwendungen an Pensions- und Unterstützungskassen sowie Zuführungen zu Pensionsrückstellungen.

(4) ¹Als Wertverzehr des Anlagevermögens, soweit er der Fertigung der Erzeugnisse gedient hat, ist grundsätzlich der Betrag anzusetzen, der bei der Bilanzierung des Anlagevermögens als AfA berücksichtigt ist. ²Es ist nicht zu beanstanden, wenn der Stpfl., der bei der Bilanzierung des beweglichen Anlagevermögens die AfA in fallenden Jahresbeträgen vorgenommen hat, bei der Berechnung der Herstellungskosten der Erzeugnisse die AfA in gleichen Jahresbeträgen (§ 7 Abs. 1 Satz 1 und 2 EStG) berücksichtigt. ³In diesem Fall muss der Stpfl. jedoch dieses Absetzungsverfahren auch dann bei der Berechnung der Herstellungskosten beibehalten, wenn gegen Ende der Nutzungsdauer die AfA in fallenden Jahresbeträgen niedriger sind als die AfA in gleichen Jahresbeträgen. ⁴Der Wertverzehr des der Fertigung dienenden Anlagevermögens ist bei der Berechnung der Herstellungskosten der Erzeugnisse auch dann in Höhe der sich nach den Anschaffungs- oder Herstellungskosten des Anlagevermögens ergebenden AfA in gleichen Jahresbeträgen zu berücksichtigen, wenn der Stpfl. Bewertungsfreiheiten, Sonderabschreibungen oder erhöhte Absetzungen in Anspruch genommen und diese nicht in die Herstellungskosten der Erzeugnisse einbezogen hat. ⁵Der Wertverzehr von Wirtschaftsgütern i. S. d. § 6 Abs. 2 oder 2a EStG darf nicht in die Berechnung der Herstellungskosten der Erzeugnisse einbezogen werden. ⁶Teilwertabschreibungen auf das Anlagevermögen i. S. d. § 6 Abs. 1 Nr. 1 Satz 2 EStG sind bei der Berechnung der Herstellungskosten der Erzeugnisse nicht zu berücksichtigen.

(5) ¹Das handelsrechtliche Bewertungswahlrecht für Fremdkapitalzinsen gilt auch für die steuerliche Gewinnermittlung. ²Sind handelsrechtlich Fremdkapitalzinsen in die Herstellungskosten einbezogen worden, sind sie gem. § 5 Abs. 1 Satz 1 erster Halbsatz EStG auch in der steuerlichen Gewinnermittlung als Herstellungskosten zu beurteilen.

(6) ¹Die Steuern vom Einkommen gehören nicht zu den steuerlich abziehbaren Betriebsausgaben und damit auch nicht zu den Herstellungskosten. ²Entsprechendes gilt für die Gewerbesteuer (§ 4 Abs. 5b EStG). ³Die Umsatzsteuer gehört zu den Vertriebskosten, die die Herstellungskosten nicht berühren.

---

[*] Teilweise überholt durch § 6 Abs. 1 Nr. 1b EStG.

(7) Wird ein Betrieb infolge teilweiser Stilllegung oder mangelnder Aufträge nicht voll ausgenutzt, sind die dadurch verursachten Kosten bei der Berechnung der Herstellungskosten nicht zu berücksichtigen.
(8) Bei am Bilanzstichtag noch nicht fertig gestellten Wirtschaftsgütern (>halbfertige Arbeiten) ist es für die Aktivierung der Herstellungskosten unerheblich, ob die bis zum Bilanzstichtag angefallenen Aufwendungen bereits zur Entstehung eines als Einzelheit greifbaren Wirtschaftsgutes geführt haben.
(9) Soweit die Absätze 1 und 3 von R 6.3 Abs. 4 EStR 2008 abweichen, darf R 6.3 Abs. 4 EStR 2008 weiterhin für Wirtschaftsgüter angewendet werden, mit deren Herstellung vor Veröffentlichung der EStÄR 2012 im Bundessteuerblatt begonnen wurde.[*]

H 6.3

Abraumvorrat
Kosten der Schaffung eines Abraumvorrats bei der Mineralgewinnung sind Herstellungskosten (>BFH vom 23.11.1978 – BStBl 1979 II S. 143).

Ausnutzung von Produktionsanlagen
Die nicht volle Ausnutzung von Produktionsanlagen führt nicht zu einer Minderung der in die Herstellungskosten einzubeziehenden Fertigungsgemeinkosten, wenn sich die Schwankung in der Kapazitätsausnutzung aus der Art der Produktion, wie z. B. bei einer Zuckerfabrik als Folge der Abhängigkeit von natürlichen Verhältnissen, ergibt (>BFH vom 15. 2. 1966 – BStBl III S. 468).
>R 6.3 Abs. 7

Bewertungswahlrecht
Ein handelsrechtliches Bewertungswahlrecht führt steuerrechtlich zum Ansatz des höchsten nach Handels- und Steuerrecht zulässigen Werts, soweit nicht auch steuerrechtlich ein inhaltsgleiches Wahlrecht besteht (>BFH vom 21. 10. 1993 – BStBl 1994 II S. 176).

Geldbeschaffungskosten
gehören nicht zu den Herstellungskosten (>BFH vom 24. 5. 1968 – BStBl II S. 574).

Halbfertige Arbeiten
Bei Wirtschaftsgütern, die am Bilanzstichtag noch nicht fertiggestellt sind, mit deren Herstellung aber bereits begonnen worden ist, sind die bis zum Bilanzstichtag angefallenen Herstellungskosten zu aktivieren, soweit nicht von ihrer Einbeziehung abgesehen werden kann (>BFH vom 23. 11. 1978 –*BStBl 1979 II S. 143).
>H 6.1 und >H 6.7 (Halbfertige Bauten auf fremdem Grund und Boden)

Herstellungskosten
Begriff und Umfang >§ 255 Abs. 2 HGB sowie BFH vom 4. 7. 1990 (BStBl II S. 830)

Kalkulatorische Kosten
Kalkulatorische Kosten sind nicht tatsächlich entstanden und rechnen deshalb **nicht** zu den Herstellungskosten. Das gilt z. B. für:
– **Zinsen für Eigenkapital** (>BFH vom 30. 6. 1955 – BStBl III S. 238).

---

[*]) Überholt, jetzt § 6 Abs. 1 Nr. 1b EStG.

- **Wert der eigenen Arbeitsleistung** (fiktiver Unternehmerlohn des Einzelunternehmers >BFH vom 10. 5. 1995 – BStBl II S. 713); nicht dagegen Tätigkeitsvergütung i. S. d. § 15 Abs. 1 Satz 1 Nr. 2 EStG, die dem Gesellschafter von der Gesellschaft im Zusammenhang mit der Herstellung eines Wirtschaftsguts gewährt wird (>BFH vom 8. 2. 1996 – BStBl II S. 427) >H 6.4 (Arbeitsleistung).

Vorsteuerbeträge
Zur Behandlung von Vorsteuerbeträgen, die nach dem UStG nicht abgezogen werden können, als Herstellungskosten >§ 9b Abs. 1 EStG.

Zinsen für Fremdkapital
>§ 255 Abs. 3 HGB sowie R 6.3 Abs. 5

R 6.4 Aufwendungen im Zusammenhang mit einem Grundstück

Anschaffungsnahe Herstellungskosten
(1) ¹Zu den Instandsetzungs- und Modernisierungsmaßnahmen i. S. d. § 6 Abs. 1 Nr. 1a EStG gehört auch die Beseitigung versteckter Mängel. ²Bei teilentgeltlichem Erwerb des Gebäudes können anschaffungsnahe Herstellungskosten nur im Verhältnis zum entgeltlichen Teil des Erwerbsvorgangs gegeben sein.

Kinderspielplatz
(2) ¹Entstehen dem Stpfl. Aufwendungen für die Anlage eines Kinderspielplatzes im Zusammenhang mit der Errichtung eines Wohngebäudes, liegen nur dann Herstellungskosten des Gebäudes vor, wenn die Gemeinde als Eigentümerin den Kinderspielplatz angelegt und dafür Beiträge von den Grundstückseigentümern erhoben hat. ²In allen anderen Fällen (Errichtung des Spielplatzes auf einem Grundstück des Stpfl. oder als gemeinsamer Spielplatz mit anderen Hauseigentümern) entsteht durch die Aufwendungen ein selbständig zu bewertendes Wirtschaftsgut, dessen Nutzungsdauer im Allgemeinen mit zehn Jahren angenommen werden kann.

H 6.4

Abbruchkosten
Wird ein Gebäude oder ein Gebäudeteil abgerissen, sind für die steuerrechtliche Behandlung folgende Fälle zu unterscheiden:
1. Der Stpfl. hatte das Gebäude auf einem ihm bereits gehörenden Grundstück errichtet,
2. der Stpfl. hat das Gebäude in der Absicht erworben, es als Gebäude zu nutzen (Erwerb ohne Abbruchabsicht),
3. der Stpfl. hat das Gebäude zum Zweck des Abbruchs erworben (Erwerb mit Abbruchabsicht),
4. der Stpfl. plant den Abbruch eines zum Privatvermögen gehörenden Gebäudes und die Errichtung eines zum Betriebsvermögen gehörenden Gebäudes (Einlage mit Abbruchabsicht),

aber: >Abbruchkosten bei vorheriger Nutzung außerhalb der Einkünfteerzielung.
In den Fällen der Nr. 1 und 2 sind im Jahr des Abbruchs die Abbruchkosten und der Restbuchwert des abgebrochenen Gebäudes sofort abziehbare Betriebsausgaben (zu Nr. 1 >BFH vom 21. 6. 1963 – BStBl III S. 477 und vom 28. 3. 1973 – BStBl II S. 678, zu Nr. 2 >BFH vom 12. 6. 1978 – BStBl II S. 620). Dies gilt auch bei einem in Teilabbruchabsicht erworbenen Gebäude für die

Teile, deren Abbruch nicht geplant war. Die darauf entfallenden Abbruchkosten und der anteilige Restbuchwert sind ggf. im Wege der Schätzung zu ermitteln (>BFH vom 15.10.1996 – BStBl 1997 II S. 325).

Im Fall der Nr. 3 gilt Folgendes:
  a) War das Gebäude technisch oder wirtschaftlich nicht verbraucht, gehören sein Buchwert und die Abbruchkosten, wenn der Abbruch des Gebäudes mit der Herstellung eines neuen Wirtschaftsguts in einem engen wirtschaftlichen Zusammenhang steht, zu den Herstellungskosten dieses Wirtschaftsguts, sonst zu den Anschaffungskosten des Grund und Bodens (>BFH vom 4.12.1984 – BStBl 1985 II S. 208). Müssen bei einem in Teilabbruchabsicht erworbenen Gebäude umfangreichere Teile als geplant abgerissen werden, gehören die Abbruchkosten und der Restwert des abgerissenen Gebäudes insoweit zu den Herstellungskosten des neuen Gebäudes, als sie auf Gebäudeteile entfallen, die bei Durchführung des im Erwerbszeitpunkt geplanten Umbaus ohnehin hätten entfernt werden sollen. Dieser Anteil ist ggf. im Wege der Schätzung zu ermitteln (>BFH vom 15.10.1996 – BStBl 1997 II S. 325).
  b) War das Gebäude im Zeitpunkt des Erwerbs objektiv wertlos, entfällt der volle Anschaffungspreis auf den Grund und Boden (>BFH vom 15.2.1989 – BStBl II S. 604); für die Abbruchkosten gilt Buchstabe a entsprechend.

Wird mit dem Abbruch eines Gebäudes innerhalb von drei Jahren nach dem Erwerb begonnen, spricht der Beweis des ersten Anscheins dafür, dass der Erwerber das Gebäude in der Absicht erworben hat, es abzureißen. Der Stpfl. kann diesen Anscheinsbeweis durch den Gegenbeweis entkräften, z. B. dass es zu dem Abbruch erst aufgrund eines ungewöhnlichen Geschehensablaufs gekommen ist. Damit ist nicht ausgeschlossen, dass in besonders gelagerten Fällen, z. B. bei großen Arrondierungskäufen, auch bei einem Zeitraum von mehr als drei Jahren zwischen Erwerb und Beginn des Abbruchs der Beweis des ersten Anscheins für einen Erwerb in Abbruchabsicht spricht (>BFH vom 12.6.1978 – BStBl II S. 620). Für den Beginn der Dreijahresfrist ist in der Regel der Abschluss des obligatorischen Rechtsgeschäfts maßgebend (>BFH vom 6.2.1979 – BStBl II S. 509).

Im Fall der Nr. 4 gehören der Wert des abgebrochenen Gebäudes und die Abbruchkosten zu den Herstellungskosten des neu zu errichtenden Gebäudes; der Einlagewert des Gebäudes ist nicht schon deshalb mit 0 Euro anzusetzen, weil sein Abbruch beabsichtigt ist (>BFH vom 9.2.1983 – BStBl II S. 451).

Abbruchkosten bei vorheriger Nutzung außerhalb der Einkünfteerzielung
Wurde das abgebrochene Gebäude zuvor zu eigenen Wohnzwecken oder anderen nicht einkommensteuerlich relevanten Zwecken genutzt, stehen die Abbruchkosten und ggf. die Absetzungen für außergewöhnliche Abnutzung ausschließlich im Zusammenhang mit dem Neubau und bilden Herstellungskosten des neuen Gebäudes (>BFH vom 16.4.2002 – BStBl II S. 805).

Abgrenzung der selbständigen von den unselbständigen Gebäudeteilen
>R 4.2 Abs. 5

Abgrenzung von Anschaffungs-, Herstellungskosten und Erhaltungsaufwendungen
>R 21.1 und >BMF vom 18.7.2003 (BStBl I S. 386)

Ablöse- und Abstandszahlungen
  – an Mieter oder Pächter >Entschädigungs- oder Abfindungszahlungen
  – >Stellplätze
  – Aufwendungen zur Ablösung des Erbbaurechts zählen zu den Herstellungskosten des anschließend auf dem Grundstück nach dem Abriss der vorhandenen Bebauung neu errichteten Gebäudes (>BFH vom 13.12.2005 – BStBl 2006 II S. 461).

Abtragung unselbständiger Gebäudeteile
>Baumängelbeseitigung

Anschaffungskosten des Grund und Bodens
- >Erdarbeiten
- >Erschließungs-, Straßenanlieger- und andere Beiträge
- >Hausanschlusskosten
- >Zwangsräumung

Anschaffungsnahe Herstellungskosten
- Zur zeitlichen Anwendung >BMF vom 20. 10. 2017 (BStBl I S. 1447)
- Nicht zu den anschaffungsnahen Herstellungskosten gehören Aufwendungen für Instandsetzungsmaßnahmen zur Beseitigung eines Schadens, welcher im Zeitpunkt der Anschaffung noch nicht vorhanden war und nachweislich erst später durch schuldhaftes Verhalten eines Dritten am Gebäude verursacht worden ist (>BFH vom 9. 5. 2017 – BStBl 2018 II S. 9).
- Zu anschaffungsnahen Herstellungskosten können auch unvermutete Aufwendungen für Renovierungsmaßnahmen führen, die lediglich dazu dienen, Schäden zu beseitigen, welche aufgrund eines langjährigen vertragsgemäßen Gebrauchs der Mietsache durch den Nutzungsberechtigten entstanden sind. Dies gilt auch, wenn im Zeitpunkt der Anschaffung vorhandene, dem Stpfl. bei Erwerb aber verborgen gebliebene Mängel behoben werden (>BFH vom 13. 3. 2018 – BStBl II S. 533).

Arbeitsleistung
Zu den Herstellungskosten des Gebäudes zählt nicht der Wert der eigenen Arbeitsleistung (>BFH vom 10. 5. 1995 – BStBl II S. 713).
>H 6.3 (Kalkulatorische Kosten)
>Tätigkeitsvergütung

Ausgleichsbeträge nach § 154 BauGB
Die anlässlich einer städtebaulichen Sanierungsmaßnahme zu zahlenden Ausgleichs- oder Ablösungsbeträge sind
- als Anschaffungs- oder Herstellungskosten zu behandeln, wenn das Grundstück in seiner Substanz oder seinem Wesen verändert wird (z. B. bei einer erstmaligen Erschließung oder bei Maßnahmen zur Verbesserung der Bebaubarkeit) oder
- als Werbungskosten/Betriebsausgaben sofort abziehbar, wenn z. B. vorhandene Anlagen ersetzt oder modernisiert werden.

Die Erhöhung des Grundstückswerts allein führt noch nicht zu Anschaffungs-/Herstellungskosten.
Die Aufwendungen sind nur dann als Anschaffungs-/Herstellungskosten zu behandeln, wenn
- die Bodenwerterhöhung 10 % überschreitet und
- die Bodenwerterhöhung auf Verbesserungen der Erschließung und/oder Bebaubarkeit beruht.

>BMF vom 8. 9. 2003 (BStBl I S. 489) einschließlich Vordruck „Bescheinigung über sanierungsrechtliche Ausgleichs- oder Ablösungsbeträge nach dem Baugesetzbuch (§ 154 BauGB)"

Außenanlagen
Hofbefestigungen und Straßenzufahrt stehen grundsätzlich mit einem Betriebsgebäude in keinem einheitlichen Nutzungs- und Funktionszusammenhang. Die Aufwendungen gehören daher nicht zu den Herstellungskosten des Gebäudes (>BFH vom 1. 7. 1983 – BStBl II S. 686).
>Erdarbeiten
>Gartenanlage

Baumängelbeseitigung
Aufwendungen zur Beseitigung von Baumängeln vor Fertigstellung des Gebäudes (mangelhafte Bauleistungen) gehören zu den Herstellungskosten des Gebäudes (>BFH vom 31.3.1992 – BStBl II S. 805). Das gilt auch dann, wenn sie zwar bei der Herstellung des Gebäudes aufgetreten, aber erst nach seiner Fertigstellung behoben worden sind (>BFH vom 1.12.1987 – BStBl 1988 II S. 431) sowie in den Fällen, in denen noch während der Bauzeit unselbständige Gebäudeteile wieder abgetragen werden müssen (>BFH vom 30.8.1994 – BStBl 1995 II S. 306).
>H 7.4 (AfaA)
>Prozesskosten
>Vorauszahlungen

Baumaterial aus Enttrümmerung
Zu den Herstellungskosten des Gebäudes gehört auch der Wert des bei der Enttrümmerung eines kriegszerstörten Gebäudes gewonnenen und wieder verwendeten Baumaterials (>BFH vom 5.12.1963 – BStBl 1964 III S. 299).

Bauplanungskosten
Zu den Herstellungskosten des Gebäudes gehören auch vergebliche Planungskosten, wenn der Stpfl. die ursprüngliche Planung zwar nicht verwirklicht, später aber ein die beabsichtigten Zwecke erfüllendes Gebäude erstellt (>BFH vom 29.11.1983 – BStBl 1984 II S. 303, 306) und den Aufwendungen tatsächlich erbrachte Leistungen gegenüberstehen (>BFH vom 8.9.1998 – BStBl 1999 II S. 20).
>Honorare

Bauzeitversicherung
Beiträge für die Bauzeitversicherung gehören nicht zu den Herstellungskosten des Gebäudes. Sie können nach den allgemeinen Grundsätzen als (vorweggenommene) Betriebsausgaben oder Werbungskosten abgezogen werden (>BFH vom 25.2.1976 – BStBl 1980 II S. 294).

Betriebsvorrichtungen
Aufwendungen für das Entfernen von Betriebsvorrichtungen gehören zu den Herstellungskosten des Gebäudes, wenn dieses dadurch wesentlich verbessert wird (>BFH vom 25.1.2006 – BStBl II S. 707).

Dingliche Belastungen
Erwirbt ein Stpfl. ein mit einem dinglichen Nutzungsrecht belastetes Grundstück, führt er seinem Vermögen ein um dieses Nutzungsrecht eingeschränktes Eigentum an diesem Grundstück zu. Dingliche Belastungen begründen keine Verbindlichkeiten, deren Übernahme zu Anschaffungskosten des Grundstücks führt (>BFH vom 17.11.2004 – BStBl 2008 II S. 296).

Eigenkapitalvermittlungsprovision
und andere Gebühren bei geschlossenen Fonds
>BMF vom 20.10.2003 (BStBl I S. 546)

Einbauküche
Bei einer Einbauküche mit ihren einzelnen Elementen (Spüle, Herd, Einbaumöbel, Elektrogeräte, Arbeitsplatte) handelt es sich grundsätzlich um ein einheitliches Wirtschaftsgut, das über einen Zeitraum von zehn Jahren abzuschreiben ist. Aufwendungen für die vollständige Erneuerung einer Einbauküche sind dann nicht als Erhaltungsaufwand abziehbar (>BFH vom 3.8.2016 – BStBl 2017 II S. 437).

Einbauten als unselbständige Gebäudeteile

Aufwendungen für Einbauten als unselbständige Gebäudeteile gehören zu den Herstellungskosten des Gebäudes, soweit die unselbständigen Gebäudeteile nicht Betriebsvorrichtungen sind (>BFH vom 26.11.1973 – BStBl 1974 II S. 132).

Entschädigungs- oder Abfindungszahlungen

an Mieter oder Pächter für vorzeitige Räumung eines Grundstücks zur Errichtung eines Gebäudes gehören zu den Herstellungskosten des neuen Gebäudes (>BFH vom 9.2.1983 – BStBl II S. 451).

Erdarbeiten

- **Buschwerk und Bäume**
  Zu den Herstellungskosten eines Gebäudes oder einer Außenanlage rechnen neben den Aufwendungen für die beim Bau anfallenden üblichen Erdarbeiten auch die Kosten für das Freimachen des Baugeländes von Buschwerk und Bäumen, soweit dies für die Herstellung des Gebäudes und der Außenanlage erforderlich ist (>BFH vom 26.8.1994 – BStBl 1995 II S. 71).

- **Hangabtragung**
  Die beim Bau eines Gebäudes regelmäßig anfallenden Erdarbeiten (Abtragung, Lagerung, Einplanierung bzw. Abtransport des Mutterbodens, der Aushub des Bodens für die Baugrube, seine Lagerung und ggf. sein Abtransport) gehören zu den Herstellungskosten des Gebäudes und der Außenanlage. Aufwendungen, die unmittelbar der erstmaligen oder einer wesentlich verbesserten Nutzung des Wirtschaftsguts Grund und Boden dienen, sind unter der Voraussetzung, dass der Grund und Boden durch diese Maßnahmen eine über seinen ursprünglichen Zustand hinausgehende wesentliche Verbesserung erfährt, nachträgliche Herstellungskosten des Grund und Bodens, ansonsten sofort abziehbare Betriebsausgaben (>BFH vom 27.1.1994 – BStBl II S. 512).

Erschließungs-, Straßenanlieger- und andere Beiträge

- **Ansiedlungsbeitrag**
  Der vom Käufer eines Grundstücks gezahlte Ansiedlungsbeitrag gehört nicht zu den Herstellungskosten des Gebäudes, sondern zu den Anschaffungskosten des Grundstücks (Grund und Boden), wenn die Zahlung dieses Beitrags lediglich in Erfüllung einer Verpflichtung des ausschließlich Grund und Boden betreffenden Kaufvertrags erfolgt ist (>BFH vom 9.12.1965 – BStBl 1966 III S. 191).

- **Erbbaurecht**
  Wird ein Gebäude im Erbbaurecht errichtet und zahlt der Erbbauberechtigte den Erschließungsbeitrag, gehört der Beitrag weder ganz noch teilweise zu den Herstellungskosten des im Erbbaurecht errichteten Gebäudes (>BFH vom 22.2.1967 – BStBl III S. 417).
  >H 5.6 (Erbbaurecht), (Bestimmte Zeit nach dem Abschlussstichtag)
  >H 6.2
  >H 21.2

- **Erstmalige Beiträge, Ersetzung, Modernisierung**
  Beiträge zur Finanzierung erstmaliger Anlagen sind nachträgliche Anschaffungskosten des Grund und Bodens, wenn durch die Baumaßnahmen, für die die Beiträge geleistet worden sind, eine Werterhöhung des Grund und Bodens eintritt, die unabhängig von der Bebauung des Grundstücks und dem Bestand eines auf dem Grundstück errichteten Gebäudes ist, und die Beiträge in einem Sachbezug zum Grundstück stehen. Werden hingegen Erschließungsanlagen ersetzt oder modernisiert, führen Erschließungsbeiträge zu Erhaltungsaufwendungen, es sei denn, das Grundstück wird hierdurch ausnahmsweise in seiner Substanz

oder in seinem Wesen verändert (>BFH vom 22.3.1994 – BStBl II S. 842, vom 3.7.1997 – BStBl II S. 811, vom 3.8.2005 – BStBl 2006 II S. 369 und vom 20.7.2010 – BStBl 2011 II S. 35).

Erhaltungsaufwendungen sind daher

a) nachträgliche Straßenbaukostenbeiträge für ein bereits durch eine Straße erschlossenes Grundstück, die eine Gemeinde für die bauliche Veränderung des Straßenbelags und des Gehwegs zur Schaffung einer verkehrsberuhigten Zone erhebt (>BFH vom 22.3.1994 – BStBl II S. 842),

b) die Kanalanschlussgebühren, wenn eine eigene Sickergrube oder Kläranlage ersetzt wird (>BFH vom 13.9.1984 – BStBl 1985 II S. 49 und vom 4.11.1986 – BStBl 1987 II S. 333). Werden durch eine einheitliche Erschließungsmaßnahme bisher als Weideland genutzte Flächen bebaubar, handelt es sich bei den darauf entfallenden Abwasserbeiträgen jedoch um nachträgliche Anschaffungskosten für den Grund und Boden, auch wenn ein Wohngebäude, das mit erschlossen wird, bereits über eine Sickergrube verfügte (>BFH vom 11.12.2003 – BStBl 2004 II S. 282).

– **Flächenbeiträge**

Ein Flächenbeitrag nach § 58 Abs. 1 BauGB kann zu nachträglichen Anschaffungskosten des Grund und Bodens führen, und zwar auch dann, wenn ein förmliches Umlegungsverfahren durch privatrechtliche Vereinbarungen vermieden wurde (>BFH vom 6.7.1989 – BStBl 1990 II S. 126).

– **Privatstraße**

Aufwendungen des Erwerbers eines Grundstücks für eine von einem Dritten zu errichtende Privatstraße stellen auch dann Anschaffungskosten eines selbständigen abnutzbaren Wirtschaftsgutes dar, wenn die Straße der erstmaligen Erschließung des Grundstücks dient (>BFH vom 19.10.1999 – BStBl 2000 II S. 257).

– **Zweit- oder Zusatzerschließung**

Beiträge für die Zweit- oder Zusatzerschließung eines Grundstücks durch eine weitere Straße sind nachträgliche Anschaffungskosten des Grund und Bodens, wenn sich der Wert des Grundstücks auf Grund einer Erweiterung der Nutzbarkeit oder einer günstigeren Lage erhöht. Das gilt auch dann, wenn ein durch einen Privatweg an das öffentliche Straßennetz angebundenes Grundstück zusätzlich durch eine erstmals errichtete öffentliche Straße erschlossen wird (>BFH vom 12.1.1995 – BStBl II S. 632, vom 7.11.1995 – BStBl 1996 II S. 89 und 190 und vom 19.12.1995 – BStBl 1996 II S. 134) oder auch wenn das Grundstück mittels eingetragener Zufahrtsbaulast auf dem Nachbargrundstück eine erweiterte Nutzbarkeit und damit ein besonderes, über den bisherigen Zustand hinausgehendes Gepräge erlangt (>BFH vom 20.7.2010 – BStBl 2011 II S. 35).

Fahrtkosten

des Stpfl. zur Baustelle gehören in tatsächlicher Höhe zu den Herstellungskosten (>BFH vom 10.5.1995 – BStBl II S. 713).

Gartenanlage

Die zu einem Gebäude gehörende Gartenanlage ist ein selbständiges Wirtschaftsgut (>BFH vom 30.1.1996 – BStBl 1997 II S. 25).
>Umzäunung
>R 21.1 Abs. 3

Gebäude

Begriff >R 7.1 Abs. 5

Gebäudebestandteile
>Einbauküche
>Heizungsanlagen
>Kassettendecken
>Waschmaschine
>R 7.1 Abs. 6
>H 4.2 (5) unselbständige Gebäudeteile

Generalüberholung
>BMF vom 18. 7. 2003 (BStBl I S. 386)

Grunderwerbsteuer
- Aussetzungszinsen für Grunderwerbsteuer gehören nicht zu den Anschaffungskosten (>BFH vom 25. 7. 1995 – BStBl II S. 835).
- Säumniszuschläge zur Grunderwerbsteuer rechnen zu den Anschaffungskosten des Grundstücks (>BFH vom 14. 1. 1992 – BStBl II S. 464).

Hausanschlusskosten
- **Anlagen zur Ableitung von Abwässern**
  Der von den Hauseigentümern an die Gemeinde zu zahlende Kanalbaubeitrag (Kanalanschlussgebühr) gehört zu den nachträglichen Anschaffungskosten des Grund und Bodens. Die Aufwendungen der Hauseigentümer für die Herstellung der Zuleitungsanlagen von dem Haus zu dem öffentlichen Kanal (Hausanschlusskosten) einschließlich der so genannten Kanalanstichgebühr gehören dagegen zu den Herstellungskosten des Gebäudes (>BFH vom 24. 11. 1967 – BStBl 1968 II S. 178).
- **Anschlüsse an Versorgungsnetze (Strom, Gas, Wasser, Wärme)**
  Die Kosten für den Anschluss eines Hauses an Versorgungsnetze gehören zu den Herstellungskosten des Gebäudes (>BFH vom 15. 1. 1965 – BStBl III S. 226). Werden hingegen vorhandene Anschlüsse ersetzt, handelt es sich um Erhaltungsaufwendungen. Erhaltungsaufwendungen sind auch Aufwendungen für den erstmaligen Anschluss an das Erdgasnetz im Zusammenhang mit der Umstellung einer bereits vorhandenen Heizungsanlage.

Heizungsanlagen
Eine in ein Gebäude eingebaute Heizungsanlage ist regelmäßig als Gebäudebestandteil anzusehen. Für die Annahme einer Betriebsvorrichtung ist es nicht ausreichend, wenn eine Heizungsanlage für einen Betrieb auf Grund brandschutzrechtlicher Bestimmungen oder einfachgesetzlicher Umweltschutzbestimmungen vorgeschrieben ist. Entscheidend ist, ob die Gegenstände von ihrer Funktion her unmittelbar zur Ausübung des Gewerbes benutzt werden (>BFH vom 7. 9. 2000 – BStBl 2001 II S. 253).

Honorare
Hat der Stpfl. ein zur Erzielung von Einkünften bestimmtes Gebäude geplant, aber nicht errichtet, und muss er deshalb an den Architekten ein gesondertes Honorar für Bauüberwachung und Objektbetreuung zahlen, ohne dass der Architekt solche Leistungen tatsächlich erbracht hat, gehören diese Aufwendungen nicht zu den Herstellungskosten eines später errichteten anderen Gebäudes, sondern sind als Betriebsausgaben/Werbungkosten abziehbar (>BFH vom 8. 9. 1998 – BStBl 1999 II S. 20).
>Bauplanungskosten

Instandsetzung
>BMF vom 18. 7. 2003 (BStBl I S. 386)
Renovierungskosten, die der Veräußerer der Wohnung im Kaufvertrag in Rechnung stellt, sind Bestandteil des Kaufpreises und deshalb Anschaffungskosten der Wohnung (>BFH vom 17. 12. 1996 – BStBl 1997 II S. 348).

Kassettendecken
Die Aufwendungen für eine abgehängte, mit einer Beleuchtungsanlage versehene Kassettendecke eines Büroraums gehören zu den Herstellungskosten des Gebäudes, weil die Kassettendecke Gebäudebestandteil und nicht Betriebsvorrichtung ist (>BFH vom 8. 10. 1987 – BStBl 1988 II S. 440).

Modernisierung
>BMF vom 18. 7. 2003 (BStBl I S. 386)

Prozesskosten
teilen als Folgekosten das rechtliche Schicksal der Aufwendungen, um die gestritten wurde. Gehören die Aufwendungen, um die gestritten wurde, zu den Herstellungskosten eines Gebäudes, gilt dies auch für die Prozesskosten (>BFH vom 1. 12. 1987 – BStBl 1988 II S. 431).

Restitutionsverfahren
Im Restitutionsverfahren nach dem VermG zum Ausgleich von Instandsetzungs- und Modernisierungsaufwendungen an einem rückübertragenen Gebäude geleistete Zahlungen stellen Anschaffungskosten dar (>BFH vom 11. 1. 2005 – BStBl II S. 477).

Stellplätze
Aufwendungen für die Ablösung der Verpflichtung zur Errichtung von Stellplätzen gehören auch dann zu den Herstellungskosten eines Gebäudes, wenn eine Verpflichtung zur nachträglichen Herstellung von Stellplätzen bei bereits bestehenden baulichen Anlagen abgelöst wird (>BFH vom 8. 3. 1984 – BStBl II S. 702). Bei (Nutzungs-)Änderung eines Gebäudes gehören sie zu den Herstellungskosten, wenn die zur Änderung führende Baumaßnahme als Herstellung i. S. v. § 255 Abs. 2 HGB anzusehen ist (>BFH vom 6. 5. 2003 – BStBl II S. 710).

Tätigkeitsvergütung
Zahlt eine Personengesellschaft, die ein Betriebsgebäude errichtet, einem ihrer Gesellschafter für die Bauaufsicht und für die Koordinierung der Handwerkerarbeiten Arbeitslohn, gehört dieser auch dann zu den Herstellungskosten des Gebäudes, wenn es sich um eine Tätigkeitsvergütung i. S. d. § 15 Abs. 1 Satz 1 Nr. 2 EStG handelt (>BFH vom 8. 2. 1996 – BStBl II S. 427).
>H 6.3 (Kalkulatorische Kosten)
>Arbeitsleistung

Umzäunung
Aufwendungen für die Umzäunung eines Mietwohngrundstücks (z. B. Maschendrahtzaun) können in einem einheitlichen Nutzungs- und Funktionszusammenhang mit dem Gebäude stehen und gehören daher in der Regel zu den Gebäudeherstellungskosten (>BFH vom 15. 12. 1977 – BStBl 1978 II S. 210). Ein solcher Zusammenhang ist bei einem Betriebsgrundstück jedoch im Allgemeinen zu verneinen (>BFH vom 1. 7. 1983 – BStBl II S. 686). Diese Grundsätze gelten auch für angemessene Aufwendungen für das Anpflanzen von Hecken, Büschen und Bäumen an den Grundstücksgrenzen (lebende Umzäunung) (>BFH vom 30. 6. 1966 – BStBl III S. 541).

Versorgungsnetz
>Erschließungs-, Straßenanlieger- und andere Beiträge
>Hausanschlusskosten

Vorauszahlungen auf Herstellungskosten
für die der Stpfl. infolge Insolvenz des Bauunternehmers keine Bauleistungen erhalten hat und die er auch nicht zurückerlangen kann, gehören nicht zu den Herstellungskosten des Gebäudes, sondern können unter den allgemeinen Voraussetzungen als Betriebsausgaben bzw. Werbungskosten abgezogen werden. Stehen ihnen jedoch Herstellungsleistungen des Bauunternehmers gegenüber, gehören sie zu den Herstellungskosten eines Gebäudes, selbst wenn die Herstellungsleistungen mangelhaft sind (>BFH vom 31. 3. 1992 – BStBl II S. 805). Vorauszahlungen auf Anschaffungskosten können als Betriebsausgaben oder Werbungskosten abgezogen werden, wenn das Anschaffungsgeschäft nicht zustande gekommen ist und eine Rückzahlung nicht erlangt werden kann (>BFH vom 28. 6. 2002 – BStBl II S. 758).
>Baumängelbeseitigung

Wärmerückgewinnungsanlage
Eine Wärmerückgewinnungsanlage ist nicht schon deshalb als Betriebsvorrichtung zu beurteilen, weil es sich bei den Kühlzellen, deren abgegebene Wärme durch die Anlage aufbereitet wird, um eine Betriebsvorrichtung handelt. Eine Betriebsvorrichtung kann jedoch dann vorliegen, wenn die Anlage dem in einem Gebäude ausgeübten Gewerbebetrieb unmittelbar dient und der Zweck, das Gebäude zu beheizen und mit Warmwasser zu versorgen, demgegenüber in den Hintergrund tritt (>BFH vom 5. 9. 2002 – BStBl II S. 877).

Waschmaschine
Eine Waschmaschine ist kein Gebäudebestandteil, sondern ein selbständiges bewegliches Wirtschaftsgut. Das gilt auch dann, wenn sie auf einem Zementsockel angeschraubt ist und den Mietern gegen Entgelt zur Verfügung steht (>BFH vom 30. 10. 1970 – BStBl 1971 II S. 95).

Wesentliche Verbesserung
– >BMF vom 18. 7. 2003 (BStBl I S. 386)
– Baumaßnahmen an einem betrieblich genutzten Gebäude oder Gebäudeteil führen zu einer wesentlichen Verbesserung i. S. d. § 255 Abs. 2 Satz 1 Alternative 3 HGB, wenn durch sie eine neue betriebliche Gebrauchs- oder Verwendungsmöglichkeit (>BFH vom 25. 1. 2006 – BStBl II S. 707) oder eine höherwertige (verbesserte) Nutzbarkeit (>BFH vom 25. 9. 2007 – BStBl 2008 II S. 218) geschaffen wird.

Wohnrechtsablösung
Aufwendungen für die Wohnrechtsablösung durch den Miterben führen zu nachträglichen Anschaffungskosten (>BFH vom 28. 11. 1991 – BStBl 1992 II S. 381 und vom 3. 6. 1992 – BStBl 1993 II S. 98).

Zwangsräumung
Wird ein unbebautes, besetztes Grundstück zwangsweise geräumt, um es anschließend teilweise bebauen und teilweise als Freifläche vermieten zu können, sind die Aufwendungen für die Zwangsräumung, soweit sie die zu bebauende Fläche betreffen, Herstellungskosten der später errichteten Gebäude, und soweit sie die Freifläche betreffen, Anschaffungskosten des Grund und Bodens (>BFH vom 18. 5. 2004 – BStBl II S. 872).

| R 6.5 | **Zuschüsse für Anlagegüter** |

Begriff des Zuschusses

(1) [1]Ein Zuschuss ist ein Vermögensvorteil, den ein Zuschussgeber zur Förderung eines – zumindest auch – in seinem Interesse liegenden Zwecks dem Zuschussempfänger zuwendet. [2]Fehlt ein Eigeninteresse des Leistenden, liegt kein Zuschuss vor. [3]In der Regel wird ein Zuschuss auch nicht vorliegen, wenn ein unmittelbarer wirtschaftlicher Zusammenhang mit einer Leistung des Zuschussempfängers feststellbar ist.

Wahlrecht

(2) [1]Werden Anlagegüter mit Zuschüssen aus öffentlichen oder privaten Mitteln angeschafft oder hergestellt, hat der Stpfl. ein >Wahlrecht. [2]Er kann die Zuschüsse als Betriebseinnahmen ansetzen; in diesem Fall werden die Anschaffungs- oder Herstellungskosten der betreffenden Wirtschaftsgüter durch die Zuschüsse nicht berührt. [3]Er kann die Zuschüsse aber auch erfolgsneutral behandeln; in diesem Fall dürfen die Anlagegüter, für die die Zuschüsse gewährt worden sind, nur mit den Anschaffungs- oder Herstellungskosten bewertet werden, die der Stpfl. selbst, also ohne Berücksichtigung der Zuschüsse aufgewendet hat. [4]Weicht die Bewertung von der Handelsbilanz ab, sind die entsprechenden Anlagegüter in ein besonderes, laufend zu führendes Verzeichnis aufzunehmen (§ 5 Abs. 1 Satz 2 EStG).

Nachträglich gewährte Zuschüsse

(3) [1]Werden Zuschüsse, die erfolgsneutral behandelt werden, erst nach der Anschaffung oder Herstellung von Anlagegütern gewährt, sind sie nachträglich von den gebuchten Anschaffungs- oder Herstellungskosten abzusetzen. [2]Ebenso ist zu verfahren, wenn die Anlagen mit Hilfe eines Darlehens angeschafft oder hergestellt worden sind und der nachträglich gewährte Zuschuss auf dieses Darlehen verrechnet oder zur Tilgung des Darlehens verwendet wird.

Im Voraus gewährte Zuschüsse

(4) [1]Werden Zuschüsse gewährt, die erfolgsneutral behandelt werden sollen, wird aber das Anlagegut ganz oder teilweise erst in einem auf die Gewährung des Zuschusses folgenden Wirtschaftsjahr angeschafft oder hergestellt, kann in Höhe der – noch – nicht verwendeten Zuschussbeträge eine steuerfreie Rücklage gebildet werden, die im Wirtschaftsjahr der Anschaffung oder Herstellung auf das Anlagegut zu übertragen ist. [2]Zur Erfüllung der Aufzeichnungspflichten nach § 5 Abs. 1 Satz 2 EStG ist bei der Bildung der steuerfreien Rücklage der Ansatz in der Steuerbilanz ausreichend. [3]Die Aufnahme des Wirtschaftsguts in das besondere Verzeichnis ist erst bei Übertragung der Rücklage erforderlich.

| H 6.5 | |

Baukostenzuschüsse bei Energieversorgungsunternehmen

Nicht rückzahlbare Beiträge (Baukostenzuschüsse), die Versorgungsunternehmen dem Kunden als privatem oder gewerblichem Endabnehmer oder dem Weiterverteiler im Zusammenhang mit der Herstellung des Versorgungsanschlusses als Baukostenzuschüsse in Rechnung stellen, sind Zuschüsse i. S. v. R 6.5. Das gilt für von Windkraftanlagenbetreibern gezahlte Baukostenzuschüsse bei Energieversorgungsunternehmen entsprechend (>BMF vom 27. 5. 2003 – BStBl I S. 361).

Betriebsunterbrechungsversicherung

– Leistungen der Betriebsunterbrechungsversicherung sind keine Zuschüsse (>BFH vom 29. 4. 1982 – BStBl II S. 591).

– >H 6.6 (1) Entschädigung

Geld- oder Bauleistungen

des Mieters zur Erstellung eines Gebäudes sind keine Zuschüsse, sondern zusätzliches Nutzungsentgelt für die Gebrauchsüberlassung des Grundstücks (>BFH vom 28. 10. 1980 – BStBl 1981 II S. 161).

Investitionszulagen sind keine Zuschüsse

§ 13 InvZulG 2010

Investitionszuschüsse bei Einnahmenüberschussrechnung

Erhält ein Stpfl., der seinen Gewinn nach § 4 Abs. 3 EStG ermittelt, für die Anschaffung oder Herstellung bestimmter Wirtschaftsgüter öffentliche Investitionszuschüsse, mindern diese die Anschaffungs- oder Herstellungskosten bereits im Jahr der Bewilligung und nicht im Jahr der Auszahlung. Sofern der Stpfl. den Zuschuss sofort als Betriebseinnahme versteuern will, muss er das entsprechende Wahlrecht ebenfalls im Jahr der Zusage ausüben (>BFH vom 29. 11. 2007 – BStBl 2008 II S. 561).

Mieterzuschüsse

>R 21.5 Abs. 3

Nachträglich gewährte Zuschüsse

Zur AfA >R 7.3 Abs. 4

Öffentliche Zuschüsse unter Auflage

>H 21.5 (Zuschüsse)

Rechnungsabgrenzungsposten

>H 5.6 (Investitionszuschüsse)

Wahlrecht

Das Wahlrecht, Investitionszuschüsse aus öffentlichen Mitteln nicht als Betriebseinnahmen zu erfassen, sondern von den Anschaffungs- bzw. Herstellungskosten des bezuschussten Wirtschaftsguts abzusetzen (>R 6.5 Abs. 2), ist rechtens (>BFH vom 5. 6. 2003 – BStBl II S. 801). Mit der Bildung von Wertberichtigungsposten nach der KHBV übt ein Krankenhausträger das Wahlrecht im Sinne einer Minderung der Anschaffungs- oder Herstellungskosten der mit Fördermitteln angeschafften oder hergestellten Anlagegüter aus (>BFH vom 26. 11. 1996 – BStBl 1997 II S. 390).

R 6.6 Übertragung stiller Reserven bei Ersatzbeschaffung

Allgemeines

(1) ¹Die Gewinnverwirklichung durch Aufdeckung stiller Reserven kann in bestimmten Fällen der Ersatzbeschaffung vermieden werden. ²Voraussetzung ist, dass
1. ein Wirtschaftsgut des Anlage- oder Umlaufvermögens infolge höherer Gewalt oder infolge oder zur Vermeidung eines behördlichen Eingriffs gegen >Entschädigung aus dem Betriebsvermögen ausscheidet,
2. innerhalb einer bestimmten Frist ein funktionsgleiches Wirtschaftsgut (Ersatzwirtschaftsgut) angeschafft oder hergestellt wird, auf dessen Anschaffungs- oder Herstellungskosten die aufgedeckten stillen Reserven übertragen werden, und
3. das Wirtschaftsgut wegen der Abweichung von der Handelsbilanz in ein besonderes laufend zu führendes Verzeichnis aufgenommen wird (§ 5 Abs. 1 Satz 2 EStG).

Höhere Gewalt – behördlicher Eingriff

(2) ¹Höhere Gewalt liegt vor, wenn das Wirtschaftsgut infolge von Elementarereignissen wie z. B. Brand, Sturm oder Überschwemmung sowie durch andere unabwendbare Ereignisse wie z. B. Diebstahl oder unverschuldeten Unfall ausscheidet; eine Mithaftung auf Grund Betriebsgefahr ist unschädlich. ²Fälle eines behördlichen Eingriffs sind z. B. Maßnahmen zur Enteignung oder Inanspruchnahme für Verteidigungszwecke.

Übertragung aufgedeckter stiller Reserven

(3) ¹Bei einem ausgeschiedenen Betriebsgrundstück mit aufstehendem Gebäude können beim Grund und Boden und beim Gebäude aufgedeckte stille Reserven jeweils auf neu angeschafften Grund und Boden oder auf ein neu angeschafftes oder hergestelltes Gebäude übertragen werden. ²Soweit eine Übertragung der bei dem Grund und Boden aufgedeckten stillen Reserven auf die Anschaffungskosten des erworbenen Grund und Bodens nicht möglich ist, können die stillen Reserven auf die Anschaffungs- oder Herstellungskosten des Gebäudes übertragen werden. ³Entsprechendes gilt für die bei dem Gebäude aufgedeckten stillen Reserven.

Rücklage für Ersatzbeschaffung

(4) ¹Soweit am Schluss des Wirtschaftsjahrs, in dem das Wirtschaftsgut aus dem Betriebsvermögen ausgeschieden ist, noch keine Ersatzbeschaffung vorgenommen wurde, kann in Höhe der aufgedeckten stillen Reserven eine steuerfreie Rücklage gebildet werden, wenn zu diesem Zeitpunkt eine Ersatzbeschaffung ernstlich geplant und zu erwarten ist. ²Die Nachholung der Rücklage für Ersatzbeschaffung in einem späteren Wirtschaftsjahr ist nicht zulässig. ³Eine Rücklage, die auf Grund des Ausscheidens eines beweglichen Wirtschaftsgutes gebildet wurde, ist am Schluss des ersten auf ihre Bildung folgenden Wirtschaftsjahres gewinnerhöhend aufzulösen, wenn bis dahin ein Ersatzwirtschaftsgut weder angeschafft noch hergestellt worden ist. ⁴Die Frist von einem Jahr verlängert sich bei einer Rücklage, die auf Grund des Ausscheidens eines Wirtschaftsgutes i. S. d. § 6b Abs. 1 Satz 1 EStG gebildet wurde, auf vier Jahre; bei neu hergestellten Gebäuden verlängert sich die Frist auf sechs Jahre. ⁵Die Frist von einem Jahr kann im Einzelfall angemessen auf bis zu vier Jahre verlängert werden, wenn der Stpfl. glaubhaft macht, dass die Ersatzbeschaffung noch ernstlich geplant und zu erwarten ist, aber aus besonderen Gründen noch nicht durchgeführt werden konnte. ⁶Eine Verlängerung auf bis zu sechs Jahre ist möglich, wenn die Ersatzbeschaffung im Zusammenhang mit der Neuherstellung eines Gebäudes i. S. d. Satzes 4 zweiter Halbsatz erfolgt. ⁷Zur Erfüllung der Aufzeichnungspflichten nach § 5 Abs. 1 Satz 2 EStG ist bei der Bildung der steuerfreien Rücklage der Ansatz in der Steuerbilanz ausreichend. ⁸Im Zeitpunkt der Ersatzbeschaffung ist die Rücklage durch Übertragung auf die Anschaffungs- oder Herstellungskosten des Ersatzwirtschaftsgutes aufzulösen. ⁹Absatz 3 gilt entsprechend.

Gewinnermittlung nach § 4 Abs. 3 EStG

(5) ¹Die vorstehenden Grundsätze gelten bei Gewinnermittlung durch Einnahmenüberschussrechnung sinngemäß. ²Ist die Entschädigungsleistung höher als der im Zeitpunkt des Ausscheidens noch nicht abgesetzte Teil der Anschaffungs- oder Herstellungskosten, kann der darüber hinausgehende Betrag im Wirtschaftsjahr der Ersatzbeschaffung von den Anschaffungs- oder Herstellungskosten des Ersatzwirtschaftsgutes sofort voll abgesetzt werden. ³Fließt die Entschädigungsleistung nicht in dem Wirtschaftsjahr zu, in dem der Schaden entstanden ist, ist es aus Billigkeitsgründen nicht zu beanstanden, wenn der Stpfl. den noch nicht abgesetzten Betrag der Anschaffungs- oder Herstellungskosten des ausgeschiedenen Wirtschaftsgutes in dem Wirtschaftsjahr berücksichtigt, in dem die Entschädigung geleistet wird. ⁴Wird der Schaden nicht in dem Wirtschaftsjahr, in dem er eingetreten ist oder in dem die Entschädigung gezahlt wird, ist es aus Billigkeitsgründen auch nicht zu beanstanden, wenn sowohl der noch nicht abgesetzte Betrag der Anschaffungs- oder Herstellungskosten des ausgeschiedenen Wirtschaftsgutes als auch die Entschädigungsleistung erst in dem Wirtschaftsjahr berücksichtigt werden, in dem der Schaden beseitigt wird. ⁵Voraussetzung ist, dass die Anschaffung oder Herstellung eines Ersatzwirtschaftsgutes am Schluss des Wirtschaftsjahres, in dem der Schadensfall eingetreten ist, ernstlich geplant und zu erwarten ist und das Ersatzwirtschaftsgut bei beweglichen Gegenständen bis zum Schluss des ersten, bei Wirtschaftgütern i. S. d. § 6b Abs. 1 Satz 1 EStG bis zum Schluss des vierten und bei neu hergestellten Gebäuden bis zum Schluss des sechsten Wirtschaftsjahres, das auf das Wirtschaftsjahr des Eintritts des Schadensfalles folgt, angeschafft oder hergestellt oder bestellt worden ist. ⁶Absatz 4 Satz 5 und 6 gilt entsprechend.

Gewinnermittlung nach Durchschnittssätzen

(6) Wird der Gewinn nach Durchschnittssätzen gem. § 13a EStG ermittelt, sind das zwangsweise Ausscheiden von Wirtschaftgütern und die damit zusammenhängenden Entschädigungsleistungen auf Antrag nicht zu berücksichtigen, wenn eine Ersatzbeschaffung zeitnah vorgenommen wird; die Fristen in Absatz 4 Satz 3 bis 6 gelten entsprechend.

Beschädigung

(7) ¹Erhält der Stpfl. für ein Wirtschaftsgut, das infolge höherer Gewalt oder eines behördlichen Eingriffs beschädigt worden ist, eine Entschädigung, kann in Höhe der Entschädigung eine Rücklage gebildet werden, wenn das Wirtschaftsgut erst in einem späteren Wirtschaftsjahr repariert wird. ²Die Rücklage ist im Zeitpunkt der Reparatur in voller Höhe aufzulösen. ³Ist die Reparatur bei beweglichen Gegenständen am Ende des ersten und bei Wirtschaftgütern i. S. d. § 6b Abs. 1 Satz 1 EStG Ende des vierten auf die Bildung der Rücklage folgenden Wirtschaftsjahres noch nicht durchgeführt, ist die Rücklage zu diesem Zeitpunkt aufzulösen. ⁴Absatz 4 Satz 5 und 7 gilt entsprechend.

H 6.6 (1)

Aufdeckung stiller Reserven

Das Unterlassen der Aufdeckung stiller Reserven in bestimmten Fällen der Ersatzbeschaffung ist aus einer einschränkenden Auslegung des Realisationsgrundsatzes herzuleiten; es gibt keinen durchgängigen Gewinnrealisierungszwang für sämtliche Veräußerungsvorgänge (>BFH vom 14.11.1990 – BStBl 1991 II S. 222).

Einlage

Die Einlage eines Wirtschaftsguts in das Betriebsvermögen ist keine Ersatzbeschaffung (>BFH vom 11.12.1984 – BStBl 1985 II S. 250).

Entnahme

Eine Gewinnverwirklichung kann nicht durch Ersatzbeschaffung vermieden werden, wenn ein Wirtschaftsgut durch Entnahme aus dem Betriebsvermögen ausscheidet (>BFH vom 24. 5. 1973 – BStBl II S. 582).

Entschädigung

- Eine Entschädigung i. S. v. R 6.6 Abs. 1 liegt nur vor, soweit sie für das aus dem Betriebsvermögen ausgeschiedene Wirtschaftsgut als solches und nicht für Schäden gezahlt worden ist, die die Folge des Ausscheidens aus dem Betriebsvermögen sind (z. B. Entschädigungen für künftige Nachteile beim Wiederaufbau, Ertragswertentschädigung für die Beeinträchtigung des verbleibenden Betriebs); ausnahmsweise können auch Zinsen in die Entschädigung im Sinne von R 6.6 Abs. 1 einzubeziehen sein (>BFH vom 29. 4. 1982 – BStBl II S. 568).
- Leistungen einer Betriebsunterbrechungsversicherung, soweit diese die Mehrkosten für die beschleunigte Wiederbeschaffung eines durch Brand zerstörten Wirtschaftsguts übernimmt, sind Entschädigungen i. S. v. R 6.6 Abs. 1 (>BFH vom 9. 12. 1982 – BStBl 1983 II S. 371).
- Es ist nicht schädlich, wenn die Entschädigung für das ausgeschiedene Wirtschaftsgut in einem Sachwert besteht, der Privatvermögen wird (>BFH vom 19. 12. 1972 – BStBl 1973 II S. 297).
- Wird einem vorsteuerabzugsberechtigten Unternehmer anlässlich eines Versicherungsfalls der Wiederbeschaffungswert einschließlich Umsatzsteuer ersetzt, ist auch die Umsatzsteuer Teil der Entschädigung (>BFH vom 24. 6. 1999 – BStBl II S. 561).

Ersatzwirtschaftsgut

- Ein Ersatzwirtschaftsgut setzt nicht nur ein der Art nach funktionsgleiches Wirtschaftsgut voraus, es muss auch funktionsgleich genutzt werden (>BFH vom 29. 4. 1999 – BStBl II S. 488).
- Rücklagen für Ersatzbeschaffung können nur gebildet werden, wenn das Ersatzwirtschaftsgut in demselben Betrieb angeschafft oder hergestellt wird, dem auch das entzogene Wirtschaftsgut diente. Das gilt nicht, wenn die durch Enteignung oder höhere Gewalt entstandene Zwangslage zugleich den Fortbestand des bisherigen Betriebes selbst gefährdet oder beeinträchtigt hat (>BFH vom 22. 1. 2004 – BStBl II S. 421).

Veräußerung

Scheidet ein Wirtschaftsgut infolge einer behördlichen Anordnung oder zur Vermeidung eines behördlichen Eingriffs durch Veräußerung aus dem Betriebsvermögen aus, tritt an die Stelle der Entschädigung der Veräußerungserlös (>BFH vom 12. 6. 2001 – BStBl II S. 830).

H 6.6 (2)

Behördlicher Eingriff

ist zu **bejahen**

- bei Enteignung (>BFH vom 14. 11. 1990 – BStBl 1991 II S. 222),
- bei behördlichen Bauverboten (>BFH vom 17. 10. 1961 – BStBl III S. 566 und vom 6. 5. 1971 – BStBl II S. 664),
- bei behördlich angeordneter Betriebsunterbrechung (>BFH vom 8. 10. 1975 – BStBl 1976 II S. 186).

ist zu **verneinen**
- bei Ausübung eines Wiederkaufsrechts durch die Gemeinde (>BFH vom 21. 2. 1978 – BStBl II S. 428),
- bei Aufstellung eines Bebauungsplans, der die bisherige Nutzung des Grundstücks wegen Bestandsschutzes unberührt lässt, selbst wenn dadurch eine sinnvolle Betriebserweiterung oder -umstellung ausgeschlossen wird; bei Veräußerungen zur Durchführung erforderlicher Maßnahmen zur Strukturanpassung kann aber eine Gewinnverwirklichung unter den Voraussetzungen der §§ 6b, 6c EStG vermieden werden (>BFH vom 14. 11. 1990 – BStBl 1991 II S. 222),
- bei Veräußerung infolge einer wirtschaftlichen Zwangslage, selbst wenn die Unterlassung der Veräußerung unter Berücksichtigung aller Umstände eine wirtschaftliche Fehlmaßnahme gewesen wäre (>BFH vom 20. 8. 1964 – BStBl III S. 504),
- bei Tausch von Grundstücken oder Veräußerung eines Grundstücks und Erwerb eines Ersatzgrundstücks, wenn lediglich ein gewisses öffentliches Interesse an den Maßnahmen besteht (>BFH vom 29. 3. 1979 – BStBl II S. 412),
- bei privatrechtlich bedingten Zwangssituationen auf Grund zivilrechtlicher Vorgaben, z. B. bei der Übertragung von Aktien gegen Barabfindung gem. § 327a AktG, sog. Squeeze-out (>BFH vom 13. 10. 2010 – BStBl 2014 II S. 943).

Höhere Gewalt
ist zu **bejahen**
- bei Abriss eines Gebäudes wegen erheblicher, kurze Zeit nach der Fertigstellung auftretender Baumängel (>BFH vom 18. 9. 1987 – BStBl 1988 II S. 330),
- bei Ausscheiden eines Wirtschaftsgutes infolge eines unverschuldet erlittenen Verkehrsunfalls (>BFH vom 14. 10. 1999 – BStBl 2001 II S. 130); >auch R 6.6 Abs. 2 Satz 1.

ist zu **verneinen**
- bei Unbrauchbarwerden einer Maschine infolge eines Material- oder Konstruktionsfehlers oder eines Bedienungsfehlers (>BFH vom 15. 5. 1975 – BStBl II S. 692).

H 6.6 (3)

Buchwert
Wegen des Begriffs Buchwert >R 6b.1 Abs. 2

Mehrentschädigung
Scheidet ein Wirtschaftsgut gegen Barzahlung und gegen Erhalt eines Ersatzwirtschaftsguts aus dem Betriebsvermögen aus oder wird die für das Ausscheiden eines Wirtschaftsguts erhaltene Entschädigung nicht in voller Höhe zur Beschaffung eines Ersatzwirtschaftsguts verwendet, dürfen die aufgedeckten stillen Reserven nur anteilig auf das Ersatzwirtschaftsgut übertragen werden (>BFH vom 3. 9. 1957 – BStBl III S. 386).

Beispiel:
Letzter Buchwert des ausgeschiedenen Wirtschaftsguts . . . . 30.000 €
Entschädigung oder Gegenleistung für das ausgeschiedene Wirtschaftsgut
(Wert des ‚Ersatzwirtschaftsguts zuzüglich der erhaltenen Barzahlung) . . . . 50.000 €
Aufgedeckte stille Reserven . . . . 20.000 €
Anschaffungs- oder Herstellungskosten des Ersatzwirtschaftsguts . . . . 40.000 €
Zu übertragende stille Reserven anteilig
$\frac{20.000 \times 40.000}{50.000}$ . . . . 16.000 €
Das Ersatzwirtschaftsgut wird angesetzt mit (40.000 € – 16.000 € =) . . . . 24.000 €
Steuerpflichtiger Gewinn in Höhe der nicht übertragbaren stillen Reserven
(20.000 € – 16.000 € =) . . . . 4.000 €

Teilwertabschreibung
Eine Teilwertabschreibung auf das Ersatzwirtschaftsgut ist nur möglich, wenn der nach der Übertragung der stillen Reserven verbleibende Betrag höher ist als der Teilwert (>BFH vom 5. 2. 1981 – BStBl II S. 432).

Übertragung aufgedeckter stiller Reserven
Die zu übertragenden stillen Reserven bemessen sich auch dann nach dem Unterschied zwischen der Entschädigung und dem Buchwert des ausgeschiedenen Wirtschaftsguts, wenn die Entschädigung höher ist als der Teilwert (>BFH vom 9. 12. 1982 – BStBl 1983 II S. 371).

Vorherige Anschaffung
Die Gewinnverwirklichung wegen eines behördlichen Eingriffs kann auch vermieden werden, wenn das Ersatzwirtschaftsgut vor dem Eingriff angeschafft oder hergestellt wurde. Erforderlich ist jedoch ein ursächlicher Zusammenhang zwischen Veräußerung und Ersatzbeschaffung (>BFH vom 12. 6. 2001 – BStBl II S. 830).

H 6.6 (4)

Betriebsaufgabe/Betriebsveräußerung
Wegen der Besteuerung eines Gewinns aus der Auflösung einer Rücklage für Ersatzbeschaffung anlässlich der Veräußerung oder Aufgabe eines Betriebs >H 16 (9) Rücklage.

H 6.6 (5)

Wechsel der Gewinnermittlungsart
Eine Rücklage für Ersatzbeschaffung kann auch fortgeführt werden, wenn der Stpfl. von der Gewinnermittlung durch Betriebsvermögensvergleich zur Einnahmenüberschussrechnung übergeht (>BFH vom 29. 4. 1999 – BStBl II S. 488).

H 6.6 (7)

Beispiel für den Fall der Beschädigung
Beschädigung des Wirtschaftsguts im Jahr 01, Versicherungsleistung auf Grund der Beschädigung im Jahr 01 50.000 €; Schadensbeseitigung im Jahr 02, Reparaturaufwand 49.000 €.

Rücklage für Ersatzbeschaffung im Jahr 01 (Entschädigung 50.000 €)	50.000 €
Reparaturaufwand im Jahr 02	49.000 €
Erfolgswirksame Rücklagenauflösung im Jahr 02 in voller Höhe	50.000 €
Steuerpflichtiger Gewinn	1.000 €

Gewinnübertragung
Wegen der Gewinne, die bei der Veräußerung bestimmter Anlagegüter entstanden und nach § 6b oder § 6c EStG begünstigt sind, >auch R 6b.1 bis R 6c.

R 6.7	**Teilwert**

[1]Der Teilwert kann nur im Wege der >Schätzung nach den Verhältnissen des Einzelfalles ermittelt werden. [2]Zur Ermittlung des niedrigeren Teilwerts bestehen >Teilwertvermutungen. [3]Die

Teilwertvermutung kann widerlegt werden. [4]Sie ist widerlegt, wenn der Stpfl. anhand konkreter Tatsachen und Umstände darlegt und nachweist, dass die Anschaffung oder Herstellung eines bestimmten Wirtschaftsgutes von Anfang an eine Fehlmaßnahme war, oder dass zwischen dem Zeitpunkt der Anschaffung oder Herstellung und dem maßgeblichen Bilanzstichtag Umstände eingetreten sind, die die Anschaffung oder Herstellung des Wirtschaftsgutes nachträglich zur Fehlmaßnahme werden lassen. [5]Die Teilwertvermutung ist auch widerlegt, wenn der Nachweis erbracht wird, dass die >Wiederbeschaffungskosten am Bilanzstichtag niedriger als der vermutete Teilwert sind. [6]Der Nachweis erfordert es, dass die behaupteten Tatsachen objektiv feststellbar sind.

H 6.7

Abbruchabsicht
Bei der Ermittlung des Teilwerts eines Gebäudes ist die Abbruchabsicht nicht zu berücksichtigen (>BFH vom 7.12.1978 – BStBl 1979 II S. 729).

Beteiligung
Zur Bestimmung des Teilwerts einer Beteiligung >BFH vom 7.11.1990 (BStBl 1991 II S. 342) und vom 6.11.2003 (BStBl 2004 II S. 416).

Einlage
Teilwert bei Einlage im Zusammenhang mit einer Betriebseröffnung
>H 6.12 (Teilwert)
>BFH vom 29.4.1999 (BStBl 2004 II S. 639)

Ersatzteile im Kfz-Handel
>BFH vom 24.2.1994 (BStBl II S. 514)

Fehlmaßnahme
Eine Fehlmaßnahme liegt unabhängig von der Ertragslage des Betriebs vor, wenn der wirtschaftliche Nutzen der Anschaffung oder Herstellung eines Wirtschaftsguts bei objektiver Betrachtung deutlich hinter dem für den Erwerb oder die Herstellung getätigten Aufwand zurückbleibt und demgemäß dieser Aufwand so unwirtschaftlich war, dass er von einem gedachten Erwerber des gesamten Betriebs im Kaufpreis nicht honoriert würde (>BFH vom 20.5.1988 – BStBl 1989 II S. 269).
>Überpreis

Forderungen
- Der Wertberichtigung von Forderungen steht nicht entgegen, dass sie nach dem Tage der Bilanzerstellung (teilweise) erfüllt worden sind und der Gläubiger den Schuldner weiterhin beliefert hat (>BFH vom 20.8.2003 – BStBl II S. 941).
- Bei Forderungen aus Schuldscheindarlehen kann im Allgemeinen aus dem Anstieg der Marktzinsen nicht auf einen unter den Anschaffungskosten liegenden Teilwert geschlossen werden (>BFH vom 19.5.1998 – BStBl 1999 II S. 277).
- Gekündigte Darlehensforderungen, bei denen Erlöse nur noch aus der Verwertung der Sicherheiten aber nicht mehr aus Zinszahlungen zu erwarten sind, sind im Rahmen einer Teilwertabschreibung auf den Betrag der voraussichtlichen Erlöse zu vermindern und auf den Zeitpunkt abzuzinsen, zu dem mit dem Eingang der Erlöse zu rechnen ist (>BFH vom 24.10.2006 – BStBl 2007 II S. 469).

Zu § 6 EStG　　　　　　　　　　　　R 6.7　　　　　　　　　　　　A. II.

- Bei einer eingeschränkten Solvenz des Schuldners eines ungekündigten Darlehens hängt die Abzinsung vom Umfang der noch zu erwartenden Teilleistungen ab (>BFH vom 24.10.2006 – BStBl 2007 II S. 469).
- Der Teilwert einer Forderung des Besitzunternehmens gegen die Betriebsgesellschaft kann nur nach den Maßstäben abgeschrieben werden, die für die Teilwertberichtigung der Beteiligung am Betriebsunternehmen durch das Besitzunternehmen bestehen; es ist eine Gesamtbetrachtung der Ertragsaussichten von Besitz- und Betriebsunternehmen notwendig (>BFH vom 14.10.2009 – BStBl 2010 II S. 274).
- Die auf der Unverzinslichkeit einer im Anlagevermögen gehaltenen Forderung beruhende Teilwertminderung ist keine voraussichtlich dauernde Wertminderung (>BMF vom 2.9.2016 – BStBl I S. 995, Rn. 15).

Halbfertige Bauten auf fremdem Grund und Boden
- Halbfertige Bauten auf fremdem Grund und Boden sind mit den Herstellungskosten der halbfertigen Arbeiten, ohne die in solchen Arbeiten ruhenden, im laufenden Geschäftsbetrieb noch nicht aufzudeckenden Gewinnanteile anzusetzen. Bei der Einbringung zum gemeinen Wert oder Zwischenwerten nach dem UmwStG gehören zum gemeinen Wert halbfertiger Arbeiten auch darin enthaltene anteilige Gewinne (>BFH vom 10.7.2002 – BStBl II S. 784).
- Eine >Teilwertabschreibung auf halbfertige Bauten auf fremdem Grund und Boden ist hinsichtlich des gesamten Verlusts aus dem noch nicht abgewickelten Auftrag bis zur Höhe der aktivierten Herstellungskosten zulässig und nicht auf den dem jeweiligen Fertigungsstand entsprechenden Anteil begrenzt. Die Höhe der Teilwertabschreibung ist nach der retrograden Bewertungsmethode (>H 6.8) zu ermitteln. Eine >Teilwertabschreibung ist regelmäßig nicht zulässig, wenn
  - die Verpflichtung zur Fertigstellung des Bauvorhabens entfallen ist,
  - selbständige Teilleistungen abgenommen werden oder
  - die Aufträge bewusst verlustbringend kalkuliert werden (>BFH vom 7.9.2005 – BStBl 2006 II S. 298); >Verlustprodukte.
- >H 6.1

Investitionszuschüsse
mindern grundsätzlich nicht den Teilwert der bezuschussten Wirtschaftsgüter (>BFH vom 19.7.1995 – BStBl 1996 II S. 28).

Retrograde Wertermittlung
Bei der retrograden Ermittlung des Teilwerts von Wirtschaftsgütern können nach dem Bilanzstichtag entstehende Selbstkosten nur insoweit berücksichtigt werden, als auch ein gedachter Erwerber sie berechtigterweise geltend machen könnte (>BFH vom 9.11.1994 – BStBl 1995 II S. 336).
>H 6.8 (Retrograde Bewertungsmethode)

Schätzung
Im Rahmen der Schätzung des Teilwerts gelten die Wiederbeschaffungskosten als Ober- und der Einzelveräußerungspreis als Untergrenze (>BFH vom 25.8.1983 – BStBl 1984 II S. 33).

Teilwertabschreibung
- Zur Teilwertabschreibung, zur voraussichtlich dauernden Wertminderung und zum Wertaufholungsgebot >BMF vom 2.9.2016 (BStBl I S. 995).
- Die Teilwertabschreibung hat gegenüber der Drohverlustrückstellung Vorrang. Das Verbot der Rückstellungen für drohende Verluste (§ 5 Abs. 4a Satz 1 EStG) erfasst nur denjenigen

Teil des Verlustes, der durch die Teilwertabschreibung nicht verbraucht ist (>BFH vom 7.9.2005 – BStBl 2006 II S. 298).
- Keine Teilwertabschreibung bei Einnahmenüberschussrechnung (>BFH vom 5.11.2015 – BStBl 2016 II S. 468).
- Zur Teilwertabschreibung schadstoffbelasteter Grundstücke >BMF vom 11.5.2010 (BStBl I S. 495).
- Zur Anwendung des Teileinkünfteverfahrens bei Teilwertabschreibungen auf Darlehensforderungen (für Beteiligungen von nicht mehr als 25%) >BMF vom 23.10.2013 (BStBl I S. 1269).
- >H 17 (8) Einlage einer wertgeminderten Beteiligung
- >H 6.12 (Bodenschatz)

Teilwertbegriff

Der Teilwert ist ein ausschließlich objektiver Wert, der von der Marktlage am Bilanzstichtag bestimmt wird; es ist unerheblich, ob die Zusammensetzung und Nutzbarkeit eines Wirtschaftsguts von besonderen Kenntnissen und Fertigkeiten des Betriebsinhabers abhängt (>BFH vom 31.1.1991 – BStBl II S. 627).

Teilwertvermutungen

1. Im Zeitpunkt des Erwerbs oder der Fertigstellung eines Wirtschaftsguts entspricht der Teilwert den Anschaffungs- oder Herstellungskosten (>BFH vom 13.4.1988 – BStBl II S. 892; nicht ohne weiteres anwendbar bei Erwerb eines Unternehmens oder Mitunternehmeranteils >BFH vom 6.7.1995 – BStBl II S. 831).
2. Bei nicht abnutzbaren Wirtschaftsgütern des Anlagevermögens entspricht der Teilwert auch zu späteren, dem Zeitpunkt der Anschaffung oder Herstellung nachfolgenden Bewertungsstichtagen den Anschaffungs- oder Herstellungskosten (>BFH vom 21.7.1982 – BStBl II S. 758).
3. Bei abnutzbaren Wirtschaftsgütern des Anlagevermögens entspricht der Teilwert zu späteren, dem Zeitpunkt der Anschaffung oder Herstellung nachfolgenden Bewertungsstichtagen den um die lineare AfA verminderten Anschaffungs- oder Herstellungskosten (>BFH vom 30.11.1988 – BStBl 1989 II S. 183).
4. Bei Wirtschaftsgütern des Umlaufvermögens entspricht der Teilwert grundsätzlich den Wiederbeschaffungskosten. Der Teilwert von zum Absatz bestimmten Waren hängt jedoch auch von deren voraussichtlichem Veräußerungserlös (Börsen- oder Marktpreis) ab (>BFH vom 27.10.1983 – BStBl 1984 II S. 35).
5. Der Teilwert einer Beteiligung entspricht im Zeitpunkt ihres Erwerbs den Anschaffungskosten. Für ihren Wert sind nicht nur die Ertragslage und die Ertragsaussichten, sondern auch der Vermögenswert und die funktionale Bedeutung des Beteiligungsunternehmens, insbesondere im Rahmen einer Betriebsaufspaltung, maßgebend (>BFH vom 6.11.2003 – BStBl 2004 II S. 416).

Überpreis

Die >Teilwertvermutung gilt auch bei Zahlung eines Überpreises. Ein beim Erwerb eines Grundstücks gezahlter Überpreis rechtfertigt allein keine Teilwertabschreibung auf den niedrigeren Vergleichswert zu einem späteren Bilanzstichtag. Eine Berufung auf eine >Fehlmaßnahme allein im Hinblick auf die Zahlung eines Überpreises ist ausgeschlossen. Der Überpreis nimmt jedoch an einer aus anderen Gründen gerechtfertigten Teilwertabschreibung in dem Verhältnis teil, das dem gegenüber dem Anschaffungszeitpunkt gesunkenen Vergleichswert entspricht (>BFH vom 7.2.2002 – BStBl II S. 294).

Unrentabler Betrieb
Zur Abschreibung auf den niedrigeren Teilwert bei unrentablem Betrieb >BFH vom 1.3.1994 (BStBl II S. 569) und vom 20.9.1989 (BStBl 1990 II S. 206)

Verlustprodukte
Eine Teilwertabschreibung ist bei sog. „bewussten Verlustprodukten" jedenfalls dann nicht zulässig, wenn das Unternehmen Gewinne erzielt (>BFH vom 29.4.1999 – BStBl II S. 681).

Vorzugspreise einer Gemeinde
Bei der Ermittlung des Teilwerts eines Grundstücks sind Vorzugspreise, die eine Gemeinde Erwerbern vergleichbarer Grundstücke aus ansiedlungspolitischen Gründen einräumt, nur zu berücksichtigen, wenn die Gemeinde dadurch nachhaltig, über längere Zeit und mit in etwa gleichbleibenden Beträgen in das Marktgeschehen eingreift, so dass zum Bilanzstichtag auch andere Eigentümer ihre Grundstücke nicht teurer verkaufen können (>BFH vom 8.9.1994 – BStBl 1995 II S. 309).

Wertaufholungsgebot
- Zum Wertaufholungsgebot >BMF vom 2.9.2016 (BStBl I S. 995)
- >H 6.2 (Wertaufholungsgebot bei Beteiligungen)

Wiederbeschaffungskosten
umfassen auch die Anschaffungsnebenkosten (>BFH vom 29.4.1999 – BStBl 2004 II S. 639).

Zeitpunkt der Teilwertabschreibung
Eine Teilwertabschreibung kann nur zum Bilanzstichtag und nicht auf einen beliebigen Tag zwischen zwei Bilanzstichtagen vorgenommen werden (>BFH vom 5.2.1981 – BStBl II S. 432).

R 6.8 Bewertung des Vorratsvermögens

Niedrigerer Teilwert
(1) ¹Wirtschaftsgüter des Vorratsvermögens, insbesondere Roh-, Hilfs- und Betriebsstoffe, unfertige und fertige Erzeugnisse sowie Waren, sind nach § 6 Abs. 1 Nr. 2 EStG mit ihren Anschaffungs- oder Herstellungskosten (>R 6.2 und 6.3) anzusetzen. ²Ist der Teilwert (>R 6.7) am Bilanzstichtag auf Grund einer voraussichtlich dauernden Wertminderung niedriger, kann dieser angesetzt werden. ³Die Vornahme einer außerplanmäßigen Abschreibung in der Handelsbilanz ist nicht zwingend in der Steuerbilanz durch eine Teilwertabschreibung nachzuvollziehen; der Stpfl. kann darauf auch verzichten. ⁴Bei einer Abweichung von der Handelsbilanz sind die Wirtschaftsgüter in besondere, laufend zu führende Verzeichnisse aufzunehmen (§ 5 Abs. 1 Satz 2 EStG).
(2) ¹Der Teilwert von Wirtschaftsgütern des Vorratsvermögens, deren Einkaufspreis am Bilanzstichtag unter die Anschaffungskosten gesunken ist, deckt sich in der Regel mit deren Wiederbeschaffungskosten am Bilanzstichtag, und zwar auch dann, wenn mit einem entsprechenden Rückgang der Verkaufspreise nicht gerechnet zu werden braucht. ²Bei der Bestimmung des Teilwerts von nicht zum Absatz bestimmten Vorräten (z. B. >Ärztemuster) kommt es nicht darauf an, welcher Einzelveräußerungspreis für das jeweilige Wirtschaftsgut erzielt werden könnte. ³Sind Wirtschaftsgüter des Vorratsvermögens, die zum Absatz bestimmt sind, durch Lagerung, Änderung des modischen Geschmacks oder aus anderen Gründen im Wert gemindert, ist als niedriger Teilwert der Betrag anzusetzen, der von dem voraussichtlich erzielbaren Veräußerungserlös nach Abzug des durchschnittlichen Unternehmergewinns und des nach dem Bilanzstichtag noch anfallenden betrieblichen Aufwands verbleibt. ⁴Im Regelfall kann davon ausgegangen werden, dass der Teilwert dem Betrag entspricht, der sich nach Kürzung des erziel-

baren Verkaufserlöses um den nach dem Bilanzstichtag noch anfallenden Teil des durchschnittlichen Rohgewinnaufschlags ergibt. [5]Soweit es dem Stpfl. auf Grund der tatsächlichen Gegebenheiten des Betriebs, z. B. wegen Fehlens entsprechender Warenwirtschaftssysteme, nicht möglich ist, die für die Ermittlung des Teilwerts nach Satz 3 (sog. >Subtraktionsmethode) notwendigen Daten zu Grunde zu legen, ist es nicht zu beanstanden, wenn der Teilwert nach folgender Formel ermittelt wird (sog. >Formelmethode):

$X = Z : (1 + Y1 + Y2 \times W)$.

[6]Dabei sind:
- X der zu suchende Teilwert
- Z der erzielbare Verkaufspreis
- Y1 der Durchschnittsunternehmergewinnprozentsatz (bezogen auf die Anschaffungskosten)
- Y2 der Rohgewinnaufschlagsrest
- W der Prozentsatz an Kosten, der noch nach Abzug des durchschnittlichen Unternehmergewinnprozentsatzes vom Rohgewinnaufschlagssatz nach dem Bilanzstichtag anfällt.

[7]Macht ein Stpfl. für Wertminderungen eine Teilwertabschreibung geltend, muss er die voraussichtliche dauernde Wertminderung nachweisen. [8]Dazu muss er Unterlagen vorlegen, die aus den Verhältnissen seines Betriebs gewonnen sind und die eine sachgemäße Schätzung des Teilwerts ermöglichen. [9]In der Regel sind die tatsächlich erzielten Verkaufspreise für die im Wert geminderten Wirtschaftsgüter in der Weise und in einer so großen Anzahl von Fällen nachzuweisen, dass sich daraus ein repräsentativer Querschnitt für die zu bewertenden Wirtschaftsgüter ergibt und allgemeine Schlussfolgerungen gezogen werden können. [10]Bei Wirtschaftsgütern des Vorratsvermögens, für die ein Börsen- oder Marktpreis besteht, darf dieser nicht überschritten werden, es sei denn, dass der objektive Wert der Wirtschaftsgüter höher ist oder nur vorübergehende, völlig außergewöhnliche Umstände den Börsen- oder Marktpreis beeinflusst haben; der Wertansatz darf jedoch die Anschaffungs- oder Herstellungskosten nicht übersteigen.

Einzelbewertung

(3) [1]Die Wirtschaftsgüter des Vorratsvermögens sind grundsätzlich einzeln zu bewerten. [2]Enthält das Vorratsvermögen am Bilanzstichtag Wirtschaftsgüter, die im Verkehr nach Maß, Zahl oder Gewicht bestimmt werden (vertretbare Wirtschaftsgüter) und bei denen die Anschaffungs- oder Herstellungskosten wegen Schwankungen der Einstandspreise im Laufe des Wirtschaftsjahres im einzelnen nicht mehr einwandfrei feststellbar sind, ist der Wert dieser Wirtschaftsgüter zu schätzen. [3]In diesen Fällen stellt die Durchschnittsbewertung (Bewertung nach dem gewogenen Mittel der im Laufe des Wirtschaftsjahres erworbenen und gegebenenfalls zu Beginn des Wirtschaftsjahres vorhandenen Wirtschaftsgüter) ein zweckentsprechendes Schätzungsverfahren dar.

Gruppenbewertung

(4) [1]Zur Erleichterung der Inventur und der Bewertung können gleichartige Wirtschaftsgüter des Vorratsvermögens jeweils zu einer Gruppe zusammengefasst und mit dem gewogenen Durchschnittswert angesetzt werden. [2]Die Gruppenbildung und >Gruppenbewertung darf nicht gegen die Grundsätze ordnungsmäßiger Buchführung verstoßen. [3]Gleichartige Wirtschaftsgüter brauchen für die Zusammenfassung zu einer Gruppe (>R 6.9 Abs. 3) nicht gleichwertig zu sein. [4]Es muss jedoch für sie ein Durchschnittswert bekannt sein. [5]Das ist der Fall, wenn bei der Bewertung der gleichartigen Wirtschaftsgüter ein ohne Weiteres feststellbarer, nach den Erfahrungen der betreffenden Branche sachgemäßer Durchschnittswert verwendet wird. [6]Macht der Stpfl. glaubhaft, dass in seinem Betrieb in der Regel die zuletzt beschafften Wirtschaftsgüter zuerst verbraucht oder veräußert werden – das kann sich z. B. aus der Art der Lagerung ergeben –, kann diese Tatsache bei der Ermittlung der Anschaffungs- oder Herstellungskosten berücksichtigt werden. [7]Zur Bewertung nach unterstelltem Verbrauchsfolgeverfahren >R 6.9.

H 6.8

Ärztemuster
Ein als unverkäuflich gekennzeichnetes Ärztemuster ist grundsätzlich mit den Herstellungskosten zu aktivieren (>BFH vom 30.1.1980 – BStBl II S. 327).

Beispiele für die Bewertung von Wirtschaftsgütern des Vorratsvermögens, die durch Lagerung, Änderung des modischen Geschmacks oder aus anderen Gründen im Wert gemindert sind (>R 6.8 Abs. 2 ff.):
- Subtraktionsmethode
  Die Anwendung der Subtraktionsmethode setzt voraus, dass aus der Betriebsabrechnung die nach dem Bilanzstichtag bei den einzelnen Kostenarten noch jeweils anfallenden Kosten ersichtlich sind.

  Beispiel:
  Der Stpfl. hat einen Warenbestand einer zu bewertenden Gruppe mit Anschaffungskosten von 10.000 €. Der Rohgewinnaufschlagssatz für diese Warengruppe beträgt 100 %. Der noch erzielbare Verkaufspreis beträgt 40 % des ursprünglichen Verkaufspreises (40 % von 20.000 € = 8.000 €). Der durchschnittliche Unternehmergewinn beträgt 5 % des noch erzielbaren Verkaufspreises (= 400 €). Nach dem Bilanzstichtag fallen ausweislich der Betriebsabrechnung noch 70 % der betrieblichen Kosten an. Die betrieblichen Kosten errechnen sich ausgehend von dem ursprünglich geplanten Verkaufspreis (20.000 €), der um die Anschaffungskosten und den durchschnittlichen Unternehmergewinn, bezogen auf den ursprünglichen Verkaufspreis (5 % von 20.000 € = 1.000 €), vermindert wird.
  Niedrigerer Teilwert = voraussichtlich erzielbarer Verkaufserlös ./. durchschnittlicher Unternehmergewinn ./. des nach dem Bilanzstichtag noch anfallenden betrieblichen Aufwands
  X = 8.000 € ./. 400 € ./. 70 % von 9.000 € (ursprünglicher Verkaufspreis 20.000 € ./. durchschnittlicher Unternehmergewinn 1.000 € ./. Anschaffungskosten 10.000 €)
  X = 8.000 € ./. 400 € ./. 6.300 €
  X = 1.300 €

- Formelmethode
  In den Fällen, in denen der Stpfl. keine Betriebsabrechnung hat, die die für die Ermittlung des Teilwerts nach der Subtraktionsmethode notwendigen Daten liefert, ist es nicht zu beanstanden, die Formelmethode zu Grunde zu legen.

  Beispiel:
  Der Stpfl. hat einen Warenbestand einer zu bewertenden Gruppe mit Anschaffungskosten von 10.000 €. Sein durchschnittlicher Rohgewinnaufschlagssatz beträgt 150 % der Anschaffungskosten. Der noch erzielbare Verkaufspreis beträgt 75 % des ursprünglichen Verkaufspreises (75 % von 25.000 € = 18.750 €). Der durchschnittliche Unternehmergewinn beträgt 5 % des ursprünglichen Verkaufspreises, entspricht 12,5 % der Anschaffungskosten. Die nach dem Bilanzstichtag noch anfallenden betrieblichen Kosten, d. h. der dann noch anfallende Kostenanteil des ursprünglichen Rohgewinnaufschlagssatzes ohne den hierin enthaltenen Gewinnanteil, werden mit 60 % geschätzt.
  X = 18.750 € : (1 + 12,5 % + 137,5 % × 60 %)
  X = 18.750 € : (1 + 0,125 + 0,825)
  X = 18.750 € : 1,95
  X = 9.615 €

Ersatzteile im Kfz-Handel
>H 6.7

Festwert
Begriff und Zulässigkeit >§ 240 Abs. 3 i.V. m. § 256 Satz 2 HGB
Ansatzvoraussetzungen und Bemessung >BMF vom 8. 3. 1993 (BStBl I S. 276)
Bestandsaufnahme und Wertanpassung >R 5.4 Abs. 3 Satz 2 bis 5
>H 5.4

Der Festwert darf nur der Erleichterung der Inventur und der Bewertung, nicht jedoch dem Ausgleich von Preisschwankungen, insbesondere Preissteigerungen, dienen (>BFH vom 1.3.1955 – BStBl III S. 144 und vom 3.3.1955 – BStBl III S. 222).

Gruppenbewertung
>§ 240 Abs. 4 i.V. m. § 256 Satz 2 HGB

Retrograde Bewertungsmethode
Die verlustfreie Bewertung von Waren und sonstigem Vorratsvermögen ist nicht auf die Bewertung großer Warenlager beschränkt, bei denen es technisch schwierig ist, die Wareneinstandspreise im Einzelnen zu ermitteln, sie kann auch bei individualisierbaren Wirtschaftsgütern mit bekannten Anschaffungskosten und selbst dann eine geeignete Methode zur Ermittlung des Teilwerts sein, wenn am Bilanzstichtag der kalkulierte oder der nach den Erfahrungen der Vergangenheit voraussichtlich erzielbare Veräußerungserlös den Anschaffungskosten entspricht oder darunter liegt. Bei der retrograden Bestimmung des Teilwerts sind als Selbstkosten insbesondere die noch anfallenden Verkaufs-, Vertriebs- und Reparaturkosten sowie ggf. auch anteilige betriebliche Fixkosten zu berücksichtigen (>BFH vom 25.7.2000 – BStBl 2001 II S. 566).
>H 6.7 (Retrograde Wertermittlung)

Wertlosigkeit
Wirtschaftsgüter, die wertlos oder so gut wie wertlos sind, dürfen auch von Stpfl., die den Gewinn nach § 4 Abs. 1 EStG ermitteln, nicht mit den Anschaffungs- oder Herstellungskosten ausgewiesen werden (>BFH vom 1.12.1950 – BStBl 1951 III S. 10).

R 6.9	**Bewertung nach unterstellten Verbrauchs- und Veräußerungsfolgen**

Allgemeines
(1) [1]Andere Bewertungsverfahren mit unterstellter Verbrauchs- oder Veräußerungsfolge als die in § 6 Abs. 1 Nr. 2a EStG genannte Lifo-Methode sind steuerrechtlich nicht zulässig. [2]Die Anwendung der Lifo-Methode setzt nicht voraus, dass der Stpfl. die Wirtschaftsgüter auch in der Handelsbilanz nach dieser Methode bewertet. [3]Eine Einzelbewertung der Wirtschaftsgüter in der Handelsbilanz steht der Anwendung der Lifo-Methode nicht entgegen. [4]Bei einer Abweichung von der Handelsbilanz sind die Wirtschaftsgüter in besondere, laufend zu führende Verzeichnisse aufzunehmen (§ 5 Abs. 1 Satz 2 EStG).

Grundsätze ordnungsmäßiger Buchführung
(2) [1]Die Lifo-Methode muss den handelsrechtlichen Grundsätzen ordnungsmäßiger Buchführung entsprechen. [2]Das bedeutet nicht, dass die Lifo-Methode mit der tatsächlichen Verbrauchs- oder Veräußerungsfolge übereinstimmen muss; sie darf jedoch, wie z. B. bei leicht verderblichen Waren, nicht völlig unvereinbar mit dem betrieblichen Geschehensablauf sein. [3]Die Lifo-Methode muss nicht auf das gesamte Vorratsvermögen angewandt werden. [4]Sie darf auch bei der Bewertung der Materialbestandteile unfertiger oder fertiger Erzeugnisse angewandt werden, wenn der Materialbestandteil dieser Wirtschaftsgüter in der Buchführung getrennt erfasst wird und dies handelsrechtlichen Grundsätzen ordnungsmäßiger Buchführung entspricht.

Gruppenbildung
(3) [1]Für die Anwendung der Lifo-Methode können gleichartige Wirtschaftsgüter zu Gruppen zusammengefasst werden. [2]Zur Beurteilung der Gleichartigkeit sind die kaufmännischen Gepflogenheiten, insbesondere die marktübliche Einteilung in Produktklassen unter Beachtung der Unternehmensstruktur, und die allgemeine Verkehrsanschauung heranzuziehen. [3]Wirtschafts-

güter mit erheblichen Qualitätsunterschieden sind nicht gleichartig. [4]Erhebliche Preisunterschiede sind Anzeichen für Qualitätsunterschiede.

Methoden der Lifo-Bewertung

(4) [1]Die Bewertung nach der Lifo-Methode kann sowohl durch permanente Lifo als auch durch Perioden-Lifo erfolgen. [2]Die permanente Lifo setzt eine laufende mengen- und wertmäßige Erfassung aller Zu- und Abgänge voraus. [3]Bei der Perioden-Lifo wird der Bestand lediglich zum Ende des Wirtschaftsjahres bewertet. [4]Dabei können Mehrbestände mit dem Anfangsbestand zu einem neuen Gesamtbestand zusammengefasst oder als besondere Posten (Layer) ausgewiesen werden. [5]Bei der Wertermittlung für die Mehrbestände ist von den Anschaffungs- oder Herstellungskosten der ersten Lagerzugänge des Wirtschaftsjahres oder von den durchschnittlichen Anschaffungs- oder Herstellungskosten aller Zugänge des Wirtschaftsjahres auszugehen. [6]Minderbestände sind beginnend beim letzten Layer zu kürzen.

Wechsel der Bewertungsmethoden

(5) [1]Von der Lifo-Methode kann in den folgenden Wirtschaftsjahren nur mit Zustimmung des Finanzamts abgewichen werden (§ 6 Abs. 1 Nr. 2a Satz 3 EStG). [2]Der Wechsel der Methodenwahl bei Anwendung der Lifo-Methode (>Absatz 4) bedarf nicht der Zustimmung des Finanzamts. [3]Der Grundsatz der >Bewertungsstetigkeit ist jedoch zu beachten.

Niedrigerer Teilwert

(6) [1]Wird der Ansatz des niedrigeren Teilwerts gewählt (§ 6 Abs. 1 Nr. 2 Satz 2 EStG), ist der Teilwert der zu einer Gruppe zusammengefassten Wirtschaftsgüter mit dem Wertansatz, der sich nach Anwendung der Lifo-Methode ergibt, zu vergleichen. [2]Hat der Stpfl. Layer gebildet (>Absatz 4), ist der Wertansatz des einzelnen Layer mit dem Teilwert zu vergleichen und kann gegebenenfalls gesondert auf den niedrigeren Teilwert abgeschrieben werden.

Übergang zur Lifo-Methode

(7) Der beim Übergang zur Lifo-Methode vorhandene Warenbestand ist mit dem steuerrechtlich zulässigen Wertansatz fortzuführen, den der Stpfl. in der Handelsbilanz des Wirtschaftsjahres gewählt hat, das dem Wirtschaftsjahr des Übergangs zur Lifo-Methode vorangeht (Ausgangswert).

H 6.9

Bewertungsstetigkeit
>§ 252 Abs. 1 Nr. 6 HGB

Gebrauchtwagen
Keine Anwendung der sog. Lifo-Methode >BFH vom 20. 6. 2000 (BStBl 2001 II S. 636)

Grundsätze ordnungsmäßiger Buchführung
Eine Bewertung nach der sog. Lifo-Methode entspricht nicht den handelsrechtlichen Grundsätzen ordnungsmäßiger Buchführung und ist deshalb auch steuerrechtlich ausgeschlossen, wenn Vorräte mit – absolut betrachtet – hohen Erwerbsaufwendungen in Frage stehen, die Anschaffungskosten ohne Weiteres identifiziert und den einzelnen Vermögensgegenständen angesichts derer individueller Merkmale ohne Schwierigkeiten zugeordnet werden können (>BFH vom 20. 6. 2000 – BStBl 2001 II S. 636).

Lifo-Methode
>BMF vom 12. 5. 2015 (BStBl I S. 462)

R 6.10 Bewertung von Verbindlichkeiten

– unbesetzt –

H 6.10

Abzinsung
Grundsätze für die Abzinsung von Verbindlichkeiten nach § 6 Abs. 1 Nr. 3 EStG >BMF vom 26. 5. 2005 (BStBl I S. 699)

Anschaffungskosten
Als Anschaffungskosten einer Verbindlichkeit gilt der Nennwert (Rückzahlungsbetrag) der Verbindlichkeit (>BFH vom 4. 5. 1977 – BStBl II S. 802).

Bearbeitungsgebühren
Gebühren, die ein Schuldner an ein Kreditinstitut für die Übernahme einer Bürgschaft zu zahlen hat, sind auf die Zeit, für die sich das Kreditinstitut vertraglich verbürgt hat, aktiv abzugrenzen (>BFH vom 19. 1. 1978 – BStBl II S. 262).

Damnum
Darlehensschulden, bei denen der dem Schuldner zugefallene Betrag (Ausgabebetrag) niedriger als der Rückzahlungsbetrag ist, sind mit dem Rückzahlungsbetrag anzusetzen; der Unterschiedsbetrag (Agio, Disagio, Damnum, Abschluss-, Bearbeitungs- oder Verwaltungsgebühren) ist als Rechnungsabgrenzungsposten auf die Laufzeit des Darlehens zu verteilen (>BFH vom 19. 1. 1978 – BStBl II S. 262).
>aber Zinsfestschreibung

Eiserne Verpachtung
Zur Gewinnermittlung bei der Verpachtung von Betrieben mit Substanzerhaltungspflicht des Pächters nach §§ 582a, 1048 BGB >BMF vom 21. 2. 2002 (BStBl I S. 262)

Fremdwährungsverbindlichkeiten
Voraussichtlich dauernde Werterhöhung bei Kursschwankungen unterliegenden Verbindlichkeiten (>BMF vom 2. 9. 2016 – BStBl I S. 995).

Kreditbedingungen
Eine Verbesserung der allgemeinen Kreditbedingungen seit der Darlehensaufnahme rechtfertigt es nicht, einen bei der Kreditaufnahme aktivierten Rechnungsabgrenzungsposten niedriger anzusetzen (>BFH vom 20. 11. 1969 – BStBl 1970 II S. 209).

Optionsprämie
>H 4.2 (15)

Rangrücktrittsvereinbarungen
Zur Passivierung von Verbindlichkeiten bei Vereinbarung eines einfachen oder qualifizierten Rangrücktritts >BMF vom 8. 9. 2006 (BStBl I S. 497)

Rentenverpflichtungen
- Rentenverpflichtungen sind – vorbehaltlich >R 6a – mit dem Barwert anzusetzen (>BFH vom 31. 1. 1980 – BStBl II S. 491).
- Ergibt sich bei einer betrieblichen Versorgungsrente aus dem Inhalt der Versorgungszusage, dass eine rechtliche Abhängigkeit zwischen den Pensionszahlungen und der Erzielung von Gewinnen aus dem Betrieb nicht gegeben ist, kann die Passivierung der Rentenverpflichtung nicht mit der Begründung versagt werden, die Rentenzahlungen belasteten die Gewinne späterer Jahre (>BFH vom 7. 4. 1994 – BStBl II S. 740).

Umschuldung
Im Falle einer Umschuldung ist der bisherige Rechnungsabgrenzungsposten nur dann in voller Höhe aufzulösen, wenn die abgegrenzten Beträge in keinem wirtschaftlichen Zusammenhang mit dem neuen oder veränderten Darlehen stehen (>BFH vom 13. 3. 1974 – BStBl II S. 359).

Verbindlichkeiten mit steigenden Zinssätzen
Wegen der Verpflichtung, eine am Bilanzstichtag bestehende Darlehensverbindlichkeit – mit fest vereinbarter Vertragslaufzeit und ohne ordentliche Kündigungsmöglichkeit – in späteren Jahren höher zu verzinsen (Darlehen mit steigenden Zinssätzen), ist in der Bilanz grundsätzlich eine Verbindlichkeit oder eine Rückstellung wegen eines wirtschaftlichen Erfüllungsrückstandes auszuweisen. Für die Höhe des zu passivierenden Erfüllungsrückstandes ist auf die dem Vertrag zu Grunde liegende Durchschnittsverzinsung abzustellen. Die so ermittelte Zinsverbindlichkeit ist grundsätzlich abzuzinsen (>BFH vom 25. 5. 2016 – BStBl II S. 930).

Verjährung
Eine Verbindlichkeit ist gewinnerhöhend auszubuchen, wenn anzunehmen ist, dass sich der Schuldner auf deren Verjährung beruft (>BFH vom 9. 2. 1993 – BStBl II S. 543).

Vermittlungsprovision
Aufwendungen, die dem Darlehensnehmer im Zusammenhang mit der Darlehensaufnahme durch Zahlungen an Dritte entstehen, z. B. Vermittlungsprovisionen, sind Betriebsausgaben des Jahres, in dem sie anfallen (>BFH vom 4. 5. 1977 – BStBl II S. 802).

Wohnungsbaudarlehen
Abzinsung >BMF vom 23. 8. 1999 (BStBl I S. 818)

Zahlungsunfähigkeit
Der Umstand, dass der Schuldner bei Fälligkeit der Verpflichtung zahlungsunfähig ist, rechtfertigt allein keine gewinnerhöhende Ausbuchung der Verbindlichkeit (>BFH vom 9. 2. 1993 – BStBl II S. 747).

Zinsfestschreibung
Ist der Zinsfestschreibungszeitraum kürzer als die Darlehenslaufzeit, ist der Rechnungsabgrenzungsposten für ein Disagio, Damnum, etc. auf diesen Zeitraum zu verteilen (>BFH vom 21. 4. 1988 – BStBl 1989 II S. 722).

| R 6.11 | **Bewertung von Rückstellungen** |

Gegenrechnung von Vorteilen
(1) [1]Die Gegenrechnung setzt voraus, dass am Bilanzstichtag nach den Umständen des jeweiligen Einzelfalles mehr Gründe für als gegen den Eintritt des Vorteils sprechen. [2]Die Möglichkeit, dass künftig wirtschaftliche Vorteile eintreten könnten, genügt für die Gegenrechnung nicht. [3]Bei Rückstellungen, die in einem vor dem 1.1.2005 endenden Wirtschaftsjahr gebildet wurden, kann für die Gewinnauswirkung, die sich in einem vor dem 1.1.2005 endenden Wirtschaftsjahr aus der erstmaligen Anwendung von Satz 1 ergibt, jeweils in Höhe von neun Zehnteln eine gewinnmindernde Rücklage gebildet werden, die in den folgenden neuen Wirtschaftsjahren jeweils mit mindestens einem Neuntel gewinnerhöhend aufzulösen ist (Auflösungszeitraum); sonstige gewinnwirksame Änderungen der Bewertung der Rückstellung bleiben unberücksichtigt. [4]Satz 3 ist nur anzuwenden, wenn die Gegenrechnung nicht auf einer vertraglichen Vereinbarung beruht. [5]Scheidet eine Rückstellung, für die eine Rücklage nach Satz 3 gebildet wurde, während des Auflösungszeitraums aus dem Betriebsvermögen aus, ist auch die Rücklage zum Ende des Wirtschaftsjahres des Ausscheidens in vollem Umfang gewinnerhöhend aufzulösen.

Ansammlung
(2) [1]In den Fällen, in denen der laufende Betrieb des Unternehmens im wirtschaftlichen Sinne ursächlich für die Entstehung der Verpflichtung ist, ist der Rückstellungsbetrag durch jährliche Zuführungsraten in den Wirtschaftsjahren anzusammeln. [2]Dies ist insbesondere der Fall bei Verpflichtungen zur Erneuerung oder zum Abbruch von Betriebsanlagen. [3]Verpflichtungen, die von Jahr zu Jahr nicht nur im wirtschaftlichen Sinne, sondern tatsächlich zunehmen, sind bezogen auf den am Bilanzstichtag tatsächlich entstandenen Verpflichtungsumfang zu bewerten. [4]Dies ist beispielsweise der Fall bei Verpflichtungen zur Rekultivierung oder zum Auffüllen abgebauter Hohlräume. [5]Die Summe der in früheren Wirtschaftsjahren angesammelten Rückstellungsraten ist am Bilanzstichtag auf das Preisniveau dieses Stichtages anzuheben. [6]Der Aufstockungsbetrag ist der Rückstellung in einem Einmalbetrag zuzuführen; eine gleichmäßige Verteilung auf die einzelnen Jahre bis zur Erfüllung der Verbindlichkeit kommt insoweit nicht in Betracht.

Niedrigerer handelsrechtlicher Wert
(3) [1]Mit Ausnahme der Pensionsrückstellungen darf die Höhe der Rückstellung in der Steuerbilanz den zulässigen Ansatz in der Handelsbilanz nicht überschreiten. [2]Für den Gewinn, der sich aus der erstmaligen Anwendung des Gesetzes zur Modernisierung des Bilanzrechts (Bilanzrechtsmodernisierungsgesetz – BilMoG) vom 25.5.2009 (BGBl I S. 1102) durch die Auflösung von Rückstellungen ergibt, die bereits in dem vor dem 1.1.2010 endenden Wirtschaftsjahr passiviert wurden, kann jeweils i. H. v. 14/15 eine gewinnmindernde Rücklage passiviert werden, die in den folgenden vierzehn Wirtschaftsjahren jeweils mit mindestens 1/15 gewinnerhöhend aufzulösen ist (Auflösungszeitraum). [3]Besteht eine Verpflichtung, für die eine Rücklage passiviert wurde, bereits vor Ablauf des maßgebenden Auflösungszeitraums nicht mehr, ist die insoweit verbleibende Rücklage zum Ende des Wirtschaftsjahres des Wegfalls der Verpflichtung in vollem Umfang gewinnerhöhend aufzulösen; Entsprechendes gilt, wenn sich der Verpflichtungsumfang innerhalb des Auflösungszeitraums verringert.

H 6.11

Abzinsung
Grundsätze für die Abzinsung von Rückstellungen nach § 6 Abs. 1 Nr. 3a Buchstabe e EStG >BMF vom 26. 5. 2005 (BStBl I S. 699)

Altersteilzeitverpflichtungen
Zur Bewertung von Rückstellungen für Altersteilzeitverpflichtungen nach dem Altersteilzeitgesetz (AltTZG) >BMF vom 28. 3. 2007 – BStBl I S. 297 unter Berücksichtigung der Änderungen durch BMF vom 11. 3. 2008 (BStBl I S. 496) und vom 22. 10. 2018 (BStBl I S. 1112)

Ansammlung
Bei Ansammlungsrückstellungen ist das Stichtagsprinzip zu beachten. Wird beispielsweise das einer Beseitigungspflicht für Bauten auf fremdem Grund und Boden zugrunde liegende Rechtsverhältnis über das Vertragsende hinaus fortgesetzt (Änderung des bisherigen Vertrages oder Begründung eines neuen Rechtsverhältnisses), ist der verlängerte Nutzungszeitraum bei der Rückstellungsbewertung zu berücksichtigen (>BFH vom 2. 7. 2014 – BStBl II S. 979).

Arbeitsfreistellung
Rückstellungen für Verpflichtungen zur Gewährung von Vergütungen für die Zeit der Arbeitsfreistellung vor Ausscheiden aus dem Dienstverhältnis und Jahreszusatzleistungen im Jahr des Eintritts des Versorgungsfalls (>BMF vom 11. 11. 1999 – BStBl I S. 959)

Aufbewahrung von Geschäftsunterlagen
- Die Rückstellung ist in Höhe des voraussichtlichen Erfüllungsbetrags zu bilden. Hierbei ist zu berücksichtigen, welche Unterlagen tatsächlich aufbewahrungspflichtig sind und wie lange die Aufbewahrungspflicht für die einzelnen Unterlagen noch besteht. Für die Berechnung der Rückstellung sind nur diejenigen Unterlagen zu berücksichtigen, die zum betreffenden Bilanzstichtag entstanden sind (>BFH vom 18. 1. 2011 – BStBl II S. 496).
- Eine Rückstellung für die Verpflichtung zur Aufbewahrung von Geschäftsunterlagen kann Finanzierungskosten (Zinsen) für die zur Aufbewahrung genutzten Räume auch dann enthalten, wenn die Anschaffung/Herstellung der Räume nicht unmittelbar (einzel)finanziert worden ist, sondern der Aufbewahrungspflichtige seine gesamten liquiden Eigen- und Fremdmittel in einen „Pool" gegeben und hieraus sämtliche Aufwendungen seines Geschäftsbetriebs finanziert hat (sog. Poolfinanzierung). Voraussetzung für die Berücksichtigung der Zinsen (als Teil der notwendigen Gemeinkosten) ist in diesem Fall, dass sie sich durch Kostenschlüsselung verursachungsgerecht der Anschaffung/Herstellung der Räume zuordnen lassen und dass sie angemessen sind (>BFH vom 11. 10. 2012 – BStBl 2013 II S. 676).

Deponien
Zur Bewertung der Rückstellungen für Aufwendungen zur Stilllegung, Rekultivierung und Nachsorge von Deponien >BMF vom 25. 7. 2005 (BStBl I S. 826) und BFH vom 5. 5. 2011 (BStBl 2012 II S. 98)

Eiserne Verpachtung
Zur Gewinnermittlung bei der Verpachtung von Betrieben mit Substanzerhaltungspflicht des Pächters nach §§ 582a, 1048 BGB >BMF vom 21. 2. 2002 (BStBl I S. 262)

Gratifikationen
Bei der Rückstellung für die Verpflichtung zur Gewährung einer Gratifikation ist die Fluktuation mindernd zu berücksichtigen (>BFH vom 7.7.1983 – BStBl II S. 753).

Jubiläumszuwendungen
Zur Bewertung von Rückstellungen für Zuwendungen anlässlich eines Dienstjubiläums >BMF vom 8.12.2008 (BStBl I S. 1013)

Nachbetreuung abgeschlossener Versicherungen
– Zur Bewertung von Rückstellungen für Verpflichtungen zur Nachbetreuung bereits abgeschlossener Versicherungen (>BMF vom 20.11.2012 – BStBl I S. 1100).
– Ist der Stpfl. vertraglich zur Betreuung von Versicherungsverträgen verpflichtet und erbringt er tatsächlich auch entsprechende Nachbetreuungsleistungen, hat er Aufzeichnungen zu führen, die so konkret und spezifiziert sein müssen, dass eine angemessene Schätzung der Höhe der zu erwartenden Betreuungsaufwendungen sowie des Zeitraums bis zum Beginn der erstmaligen Durchführung von Betreuungsmaßnahmen (Abzinsungszeitraum) möglich ist. Kann er keine der Rechtsprechung entsprechenden Aufzeichnungen über den Umfang der Betreuungsleistungen vorlegen, muss sich die dann vorzunehmende Schätzung des Betreuungsaufwandes im Hinblick auf die den Stpfl. treffende Darlegungs- und Beweislast im unteren Rahmen bewegen (>BFH vom 12.12.2013 – BStBl 2014 II S. 517).

Rückabwicklung
>H 5.7 (1)

Rückgriffsansprüche
(Unbestrittene) Rückgriffsansprüche sind bei der Bewertung von Rückstellungen zu berücksichtigen, wenn sie nicht als eigenständige Forderung zu aktivieren sind und derart in einem unmittelbaren Zusammenhang mit der drohenden Inanspruchnahme stehen, dass sie dieser wenigstens teilweise spiegelbildlich entsprechen, sie in rechtlich verbindlicher Weise der Entstehung oder Erfüllung der Verbindlichkeit zwangsläufig nachfolgen und sie vollwertig sind (>BFH vom 17.2.1993 – BStBl II S. 437 und vom 3.8.1993 – BStBl 1994 II S. 444).

Schadenrückstellungen der Versicherungswirtschaft
>BMF vom 20.10.2016 (BStBl I S. 1145)

Sparprämien
Rückstellungen für die Leistung einer Sparprämie bei Ablauf eines Sparvertrags sind über die Laufzeit des Sparvertrages anzusammeln und abzuzinsen (>BFH vom 15.7.1998 – BStBl II S. 728).

Urlaubsverpflichtung
Bei der Ermittlung der Höhe der rückständigen Urlaubsverpflichtung sind das Bruttoarbeitsentgelt, die Arbeitgeberanteile zur Sozialversicherung, das Urlaubsgeld und andere lohnabhängige Nebenkosten zu berücksichtigen. Nicht zu berücksichtigen sind jährlich vereinbarte Sondervergütungen (z. B. Weihnachtsgeld, Tantiemen oder Zuführungen zu Pensions- und Jubiläumsrückstellungen) sowie Gehaltssteigerungen nach dem Bilanzstichtag (>BFH vom 6.12.1995 – BStBl 1996 II S. 406).

Verbindlichkeiten mit steigenden Zinssätzen
>H 6.10

Verwendung von Wirtschaftsgütern

Können Wirtschaftsgüter, z. B. Roh-, Hilfs- und Betriebsstoffe oder unfertige Erzeugnisse, die bereits am Bilanzstichtag vorhanden waren, bei der Erfüllung von Sachleistungsverpflichtungen verwendet werden, sind sie mit ihren Buchwerten zu berücksichtigen (>BFH vom 26. 6. 1975 – BStBl II S. 700).

Weihnachtsgeld

In einer Rückstellung für zu zahlendes Weihnachtsgeld bei abweichendem Wj. kann nur der Teil der Vergütung berücksichtigt werden, der bei zeitproportionaler Aufteilung des Weihnachtsgeldes auf die Zeit vom Beginn des Kj. bis zum Bilanzstichtag entfällt (>BFH vom 26. 6. 1980 – BStBl II S. 506).

R 6.12 Bewertung von Entnahmen und Einlagen

(1) ¹Bei Einlage eines abnutzbaren Wirtschaftsgutes innerhalb von drei Jahren nach der Anschaffung oder Herstellung sind die Anschaffungs- oder Herstellungskosten um AfA nach § 7 EStG, erhöhte Absetzungen sowie etwaige Sonderabschreibungen zu kürzen, die auf den Zeitraum zwischen der Anschaffung oder der Herstellung des Wirtschaftsgutes und der Einlage entfallen. ²In diesen Fällen sind die Anschaffungs- oder Herstellungskosten auch dann um die AfA nach § 7 EStG zu kürzen, wenn das Wirtschaftsgut nach einer Nutzung außerhalb der Einkunftsarten eingelegt wird.

(2) ¹Die einer Entnahme gleichgestellte Entstrickung ist mit dem gemeinen Wert anzusetzen. ²Der gemeine Wert entspricht regelmäßig dem Fremdvergleichspreis.

(3) Das Buchwertprivileg des § 6 Abs. 1 Nr. 4 Satz 4 EStG findet auch dann Anwendung, wenn die übernehmende steuerbegünstigte Körperschaft das ihr unentgeltlich zur Verwendung für steuerbegünstigte Zwecke i. S. d. § 10b Abs. 1 Satz 1 EStG überlassene Wirtschaftsgut zeitnah weiterveräußert.

H 6.12

Anteilsvereinigung bei verdeckter Einlage

Die in Folge der Einlage auf Grund Anteilsvereinigung entstehenden Grunderwerbsteuern erhöhen weder den Teilwert der eingelegten Anteile noch sind sie den bereits vorher gehaltenen (Alt-)Anteilen als nachträgliche Anschaffungs(neben)kosten zuzurechnen (>BFH vom 14. 3. 2011 – BStBl 2012 II S. 281).

Bausparvertrag

Einlage eines nicht zugeteilten Bausparvertrags ins Betriebsvermögen höchstens mit den gezahlten Bauspareinlagen einschließlich der aufgelaufenen Guthabenzinsen und der Abschlussgebühren (>BFH vom 13. 1. 1994 – BStBl II S. 454).

Bodenschatz

Ein im eigenen Grund und Boden entdecktes Kiesvorkommen ist ein materielles Wirtschaftsgut, das bei Zuführung zum Betriebsvermögen mit dem Teilwert zu bewerten ist. Es dürfen aber weder AfS noch **Teilwertabschreibungen** aufwandswirksam vorgenommen werden (>BFH vom 4. 12. 2006 – BStBl 2007 II S. 508 und vom 4. 2. 2016 – BStBl II S. 607).

Buchwertprivileg
- bei Betriebsaufgabe >R 16 Abs. 2 Satz 7
- zulässig bei Entnahmen im Fall des Übergangs von Sonderbetriebsvermögen auf den Erben, wenn die Gesellschaft auf Grund einer Fortsetzungsklausel mit den bisherigen Gesellschaftern fortgeführt wird (>BFH vom 5. 2. 2002 – BStBl 2003 II S. 237).

Einlage bei Ausbuchung einer Verbindlichkeit
Darf eine Verbindlichkeit nach § 5 Abs. 2a EStG nicht mehr passiviert werden, ist der daraus resultierende Wegfallgewinn bei gesellschaftsrechtlicher Verursachung durch eine Einlage in Höhe des werthaltigen Teils der Forderung zu neutralisieren (>BFH vom 10. 8. 2016 – BStBl 2017 II S. 670).

Einlage eines Anteils an einer Kapitalgesellschaft
- Die Einlage eines Anteils an einer Kapitalgesellschaft ist mit den Anschaffungskosten zu bewerten, wenn der Stpfl. an der Gesellschaft im Zeitpunkt der Einlage i. S. v. § 17 Abs. 1 oder 6 EStG beteiligt ist. Dem steht nicht entgegen, dass es sich bei dem eingelegten Geschäftsanteil selbst nicht um eine Beteiligung i. S. v. § 17 Abs. 1 oder 6 EStG handelt. Erforderlich und ausreichend ist vielmehr, dass der Stpfl. an der Kapitalgesellschaft überhaupt i. S. v. § 17 Abs. 1 oder 6 EStG beteiligt ist (>BFH vom 5. 6. 2008 – BStBl II S. 965).
- Einlagen von Beteiligungen i. S. v. § 17 EStG in ein Betriebsvermögen sind mit den Anschaffungskosten zu bewerten. Die Grundsätze der Entscheidung des BVerfG vom 7. 7. 2010 (BStBl 2011 II S. 86) sind erst im Zeitpunkt der Veräußerung durch außerbilanzielle Korrektur des Gewinns aus der Veräußerung der Beteiligung anzuwenden (>BMF vom 21. 12. 2011 – BStBl 2012 I S. 42 unter Berücksichtigung der Änderungen durch BMF vom 16. 12. 2015 – BStBl 2016 I S. 11).

Einlage einer wertgeminderten Beteiligung
>H 17 (8)

Einlagewert nach vorangegangener Entnahme
Der Einlagewert nach § 6 Abs. 1 Nr. 5 Satz 3 EStG ist auch dann anzusetzen, wenn die vorangegangene Entnahme aus dem Betriebsvermögen steuerfrei gewesen ist (>BFH vom 20. 4. 2005 – BStBl II S. 698).

Geringwertiges Wirtschaftsgut
Sind bei Einlage innerhalb von drei Jahren nach der Anschaffung oder Herstellung die Anschaffungs- oder Herstellungskosten während der Zugehörigkeit des Wirtschaftsguts zum Privatvermögen nach § 9 Abs. 1 Satz 3 Nr. 7 Satz 2 EStG in voller Höhe als Werbungskosten abgesetzt worden, beträgt der Einlagewert 0 € (>BFH vom 27. 1. 1994 – BStBl II S. 638).

Nutzungen
Die Entnahme von Nutzungen ist mit den tatsächlichen Selbstkosten des Stpfl. zu bewerten (>BFH vom 24. 5. 1989 – BStBl 1990 II S. 8).

Private Kraftfahrzeugnutzung
- >BMF vom 18. 11. 2009 (BStBl I S. 1326) unter Berücksichtigung der Änderungen durch BMF vom 15. 11. 2012 (BStBl I S. 1099)
- Bei Nutzung von Elektro- und Hybridelektrofahrzeugen >BMF vom 5. 6. 2014 (BStBl I S. 835)
- Bei Nutzung von Brennstoffzellenfahrzeugen >BMF vom 24. 1. 2018 (BStBl I S. 272)
- >H 12.4 (Umsatzsteuer bei Anwendung der 1 %-Regelung)

Teilwert
- Bei Einlagen im Zusammenhang mit einer Betriebseröffnung entspricht der Teilwert grundsätzlich dem gemeinen Wert der eingelegten Wirtschaftsgüter. Anschaffungsnebenkosten sind dabei zu berücksichtigen (>BFH vom 29.4.1999 – BStBl 2004 II S. 639).
- Ein geschenktes Wirtschaftsgut ist auch dann mit dem Teilwert ins Betriebsvermögen des Beschenkten einzulegen, wenn der Schenker das eingelegte Wirtschaftsgut innerhalb der letzten drei Jahre vor der Einlage angeschafft, hergestellt oder entnommen hat (>BFH vom 14.7.1993 – BStBl 1994 II S. 15).

Übertragung eines Kommanditanteils unter dem Buchwert des Anteils
Annahme einer Einlage in Höhe der Differenz zwischen fortzuführendem Buchwert und fehlendem oder niedrigerem Erwerbspreis bei privat veranlasster unentgeltlicher oder teilentgeltlicher Übertragung eines Kommanditanteils unter dem Buchwert des Anteils (>BFH vom 7.2.1995 – BStBl II S. 770).

Verdeckte Einlage
- Die Bewertung der verdeckten Einlage einer Beteiligung i. S. d. § 17 Abs. 1 Satz 1 EStG bei der aufnehmenden Kapitalgesellschaft erfolgt mit dem Teilwert (>BMF vom 2.11.1998 – BStBl I S. 1227 und BFH vom 4.3.2011 – BStBl 2012 II S. 341).
- Behandlung der Einbringung zum Privatvermögen gehörender Wirtschaftsgüter in das betriebliche Gesamthandsvermögen einer Personengesellschaft >BMF vom 29.3.2000 (BStBl I S. 462) und BMF vom 11.7.2011 (BStBl I S. 713) unter Berücksichtigung BMF vom 26.7.2016 (BStBl I S. 684).
- Anteile an einer Kapitalgesellschaft, die eine juristische Person des öffentlichen Rechts in eine Tochtergesellschaft eingelegt hat, sind bei der Tochtergesellschaft mit dem Teilwert und nicht mit den Anschaffungskosten anzusetzen (>BFH vom 14.3.2011 – BStBl 2012 II S. 281).

R 6.13	**Bewertungsfreiheit für geringwertige Wirtschaftsgüter und Bildung eines Sammelpostens**

(1) ¹Die Frage, ob ein Wirtschaftsgut des Anlagevermögens selbständig nutzungsfähig ist, stellt sich regelmäßig für solche Wirtschaftsgüter, die in einem Betrieb zusammen mit anderen Wirtschaftsgütern genutzt werden. ²Für die Entscheidung in dieser Frage ist maßgeblich auf die betriebliche Zweckbestimmung des Wirtschaftsgutes abzustellen. ³Hiernach ist ein Wirtschaftsgut des Anlagevermögens einer selbständigen Nutzung nicht fähig, wenn folgende Voraussetzungen kumulativ vorliegen:
1. Das Wirtschaftsgut kann nach seiner betrieblichen Zweckbestimmung nur zusammen mit anderen Wirtschaftsgütern des Anlagevermögens genutzt werden,
2. das Wirtschaftsgut ist mit den anderen Wirtschaftsgütern des Anlagevermögens in einen ausschließlichen betrieblichen Nutzungszusammenhang eingefügt, d. h., es tritt mit den in den Nutzungszusammenhang eingefügten anderen Wirtschaftsgütern des Anlagevermögens nach außen als einheitliches Ganzes in Erscheinung, wobei für die Bestimmung dieses Merkmals im Einzelfall die Festigkeit der Verbindung, ihre technische Gestaltung und ihre Dauer von Bedeutung sein können,
3. das Wirtschaftsgut ist mit den anderen Wirtschaftsgütern des Anlagevermögens technisch abgestimmt.

⁴Dagegen bleiben Wirtschaftsgüter, die zwar in einen betrieblichen Nutzungszusammenhang mit anderen Wirtschaftsgütern eingefügt und technisch aufeinander abgestimmt sind, dennoch selbständig nutzungsfähig, wenn sie nach ihrer betrieblichen Zweckbestimmung auch ohne die anderen Wirtschaftsgüter im Betrieb genutzt werden können (z. B. Müllbehälter eines

Müllabfuhrunternehmens). ⁵Auch Wirtschaftsgüter, die nach ihrer betrieblichen Zweckbestimmung nur mit anderen Wirtschaftsgütern genutzt werden können, sind selbständig nutzungsfähig, wenn sie nicht in einen Nutzungszusammenhang eingefügt sind, so dass die zusammen nutzbaren Wirtschaftsgüter des Betriebs nach außen nicht als ein einheitliches Ganzes in Erscheinung treten (z. B. Bestecke, Trivialprogramme). ⁶Selbständig nutzungsfähig sind ferner Wirtschaftsgüter, die nach ihrer betrieblichen Zweckbestimmung nur zusammen mit anderen Wirtschaftsgütern genutzt werden können, technisch mit diesen Wirtschaftsgütern aber nicht abgestimmt sind (z. B. Paletten, Einrichtungsgegenstände).

(2) Bei der Beurteilung der Frage, ob die Anschaffungs- oder Herstellungskosten für das einzelne Wirtschaftsgut 150 Euro*⁾, 410 Euro**⁾ oder 1.000 Euro nicht übersteigen, ist,
1. wenn von den Anschaffungs- oder Herstellungskosten des Wirtschaftsgutes ein Betrag nach § 6b oder § 6c EStG abgesetzt worden ist, von den nach § 6b Abs. 6 EStG maßgebenden
2. wenn die Anschaffungs- oder Herstellungskosten nach § 7g Abs. 2 Satz 2 EStG gewinnmindernd herabgesetzt wurden, von den geminderten
3. wenn das Wirtschaftsgut mit einem erfolgsneutral behandelten Zuschuss aus öffentlichen oder privaten Mitteln nach R 6.5 angeschafft oder hergestellt worden ist, von den um den Zuschuss gekürzten
4. und wenn von den Anschaffungs- oder Herstellungskosten des Wirtschaftsgutes ein Betrag nach R 6.6 abgesetzt worden ist, von den um diesen Betrag gekürzten

Anschaffungs- oder Herstellungskosten auszugehen.

(3) Stellt ein Stpfl. ein selbständig bewertungsfähiges und selbständig nutzungsfähiges Wirtschaftsgut aus erworbenen Wirtschaftsgütern her, muss die Sofortabschreibung gem. § 6 Abs. 2 EStG oder die Einstellung in den Sammelposten gem. § 6 Abs. 2a EStG in dem Wirtschaftsjahr erfolgen, in dem das Wirtschaftsgut fertig gestellt worden ist.

(4) ¹Wurden die Anschaffungs- oder Herstellungskosten eines Wirtschaftsguts gem. § 6 Abs. 2 oder Abs. 2a Satz 4 EStG im Jahr der Anschaffung oder Herstellung in voller Höhe als Betriebsausgaben abgesetzt, sind in späteren Wirtschaftsjahren nachträgliche Anschaffungs- oder Herstellungskosten im Jahr ihrer Entstehung ebenfalls in voller Höhe als Betriebsausgaben zu behandeln. ²Dies gilt unabhängig davon, ob sie zusammen mit den ursprünglichen Anschaffungs- oder Herstellungskosten den Betrag von 410 Euro**⁾ bzw. im Falle der Bildung des Sammelpostens gem. § 6 Abs. 2a EStG von 150 Euro*⁾ übersteigen.

(5) ¹Für jedes Wirtschaftsjahr, in dem vom einheitlich für alle Anlagegüter i. S. d. § 6 Abs. 2a EStG auszuübenden Antragsrecht zur Bildung eines Sammelpostens Gebrauch gemacht wurde, ist ein gesonderter Sammelposten zu bilden. ²Nachträgliche Anschaffungs- oder Herstellungskosten, die nicht im Wirtschaftsjahr der Anschaffung oder Herstellung angefallen sind, erhöhen den Sammelposten des Wirtschaftsjahres, in dem die nachträglichen Anschaffungs- oder Herstellungskosten anfallen. ³Macht der Stpfl. in diesem Wirtschaftsjahr vom Wahlrecht nach § 6 Abs. 2a EStG keinen Gebrauch, beschränkt sich der Sammelposten auf die nachträglichen Anschaffungs- oder Herstellungskosten der betroffenen Wirtschaftsgüter. ⁴Dies gilt unabhängig davon, ob die nachträglichen Anschaffungs- oder Herstellungskosten zusammen mit den ursprünglichen Anschaffungs- oder Herstellungskosten den Betrag von 1.000 Euro übersteigen.

(6) ¹Der Sammelposten i. S. d. § 6 Abs. 2a EStG ist kein Wirtschaftsgut, sondern eine Rechengröße und damit beispielsweise einer Teilwertabschreibung nicht zugänglich. ²Ein Sammelposten i. S. d. § 6 Abs. 2a EStG wird nicht dadurch vermindert, dass ein oder mehrere darin erfasste Wirtschaftsgüter durch Veräußerung oder Entnahme oder auf Grund höherer Gewalt (R 6.6 Abs. 2) aus dem Betriebsvermögen des Stpfl. ausscheiden. ³Dies gilt auch für Wirtschaftsgüter,

---

*) Bei Anschaffung, Herstellung oder Einlage in das Betriebsvermögen ab 1. 1. 2018: 250 Euro > § 52 Abs. 12 Satz 6 EStG.

**) Bei Anschaffung, Herstellung oder Einlage in das Betriebsvermögen ab 1. 1. 2018: 800 Euro > § 52 Abs. 12 Satz 4 EStG.

die nach § 6 Abs. 3 EStG zusammen mit einem Teilbetrieb übertragen, nach § 6 Abs. 5 EStG in ein anderes Betriebsvermögen überführt oder übertragen oder nach den §§ 20, 24 UmwStG zusammen mit einem Teilbetrieb in eine Kapital- oder Personengesellschaft eingebracht werden.

H 6.13

Allgemeines
Zweifelsfragen zur bilanziellen Behandlung geringwertiger Wirtschaftsgüter und zum Sammelposten >BMF vom 30. 9. 2010 (BStBl I S. 755)

Einlage
Zur Einlage von geringwertigen Wirtschaftsgütern, für die die Bewertungsfreiheit bereits während der Zugehörigkeit zum Privatvermögen in Anspruch genommen wurde >H 6.12 (Geringwertiges Wirtschaftsgut)

Private Mitbenutzung
Hat ein Stpfl. die Anschaffungs- oder Herstellungskosten eines geringwertigen Wirtschaftsguts im Jahr der Anschaffung oder Herstellung in voller Höhe als Betriebsausgaben abgesetzt, muss er den Teil der Aufwendungen, der dem privaten Nutzungsanteil entspricht, während der Nutzungszeit des Wirtschaftsguts dem Gewinn jeweils in dem Umfang hinzurechnen, der der tatsächlichen Nutzung in jedem Wj. entspricht (>BFH vom 13. 3. 1964 – BStBl III S. 455).

Selbständige Bewertbarkeit bzw. Nutzungsfähigkeit
Die selbständige Nutzungsfahigkeit verbundener oder gemeinsam genutzter Wirtschaftsgüter ist kein Kriterium bei der Beurteilung der selbständigen Bewertbarkeit. Ein selbständig bewertbares Wirtschaftsgut liegt vor, wenn es in seiner Einzelheit von Bedeutung und bei einer Veräußerung greifbar ist. Ob es auch selbständig genutzt werden kann, hängt neben dem Zweck, den zwei oder mehrere bewegliche Sachen gemeinsam zu erfüllen haben, vor allem vom Grad der Festigkeit einer eventuell vorgenommenen Verbindung (§ 93 BGB), dem Zeitraum, auf den eine eventuelle Verbindung oder die gemeinsame Nutzung angelegt sind, sowie dem äußeren Erscheinungsbild ab. Erscheinen die beweglichen Gegenstände danach für sich genommen unvollständig oder erhält ein Gegenstand ohne den oder die anderen gar ein negatives Gepräge, ist regelmäßig von einem einheitlichen Wirtschaftsgut auszugehen; Entsprechendes gilt für Sachen, die in einen unbeweglichen Gegenstand eingebaut werden (>BFH vom 5. 9. 2002 – BStBl II S. 877).

ABC der selbständig nutzungsfähigen Wirtschaftsgüter
- Ausstellungsgegenstände – einzelne Gegenstände, die zu einer Verkaufsausstellung (z. B. Sanitärausstellung) zusammengefasst sind, es sei denn, einzelne der zu der Ausstellung zusammengefassten Wirtschaftsgüter haben ihre selbständige Bewertbarkeit dadurch verloren, dass sie fest und auf längere Dauer mit anderen Gegenständen verbunden sind und nur in dieser technischen Verbundenheit ihren bestimmungsgemäßen Zweck erfüllen können, z. B. Badewanne und Armaturen (>BFH vom 9. 8. 2001 – BStBl II S. 842),
- Bestecke in Gaststätten, Hotels, Kantinen (>BFH vom 19. 11. 1953 – BStBl 1954 III S. 18),
- Bibliothek eines Rechtsanwalts (>BFH vom 17. 5. 1968 – BStBl II S. 566),
- Bücher einer Leih- oder Fachbücherei (>BFH vom 8. 12. 1967 – BStBl 1968 II S. 149),
- Einrichtungsgegenstände in Läden, Werkstätten, Büros, Hotels, Gaststätten u. ä. – auch als Erstausstattung und in einheitlichem Stil (>BFH vom 29. 7. 1966 – BStBl 1967 III S. 61),
- Fässer/Flaschen (>BFH vom 1. 7. 1981 – BStBl 1982 II S. 246),

- Grundausstattung einer Kfz-Werkstatt mit Spezialwerkzeugen (>BFH vom 17.5.1968 – BStBl II S. 571),
- Instrumentarium eines Arztes, auch als Grundausstattung (>BFH vom 17.5.1968 – BStBl II S. 566),
- Kisten (>BFH vom 1.7.1981 – BStBl 1982 II S. 246),
- Lampen als selbständige Wirtschaftsgüter (Steh-, Tisch- und Hängelampen; >BFH vom 17.5.1968 – BStBl II S. 567),
- Leergut (>BFH vom 1.7.1981 – BStBl 1982 II S. 246),
- Legehennen in eiererzeugenden Betrieben,
- Möbel in Hotels und Gaststätten, auch als Erstausstattung (>BFH vom 17.5.1968 – BStBl II S. 566),
- Müllbehälter eines Müllabfuhrunternehmens, auch Systemmüllbehälter,
- Musterbücher und -kollektionen im Tapeten- und Buchhandel (>BFH vom 25.11.1965 – BStBl 1966 III S. 86),
- Notfallkoffer eines Arztes und darin enthaltene Geräte wie Sauerstoffflasche, Beatmungsbeutel, Absauggerät (>BFH vom 7.9.2000 – BStBl 2001 II S. 41),
- Paletten zum Transport und zur Lagerung von Waren (>BFH vom 9.12.1977 – BStBl 1978 II S. 322 und vom 25.8.1989 – BStBl 1990 II S. 82),
- Regale, die aus genormten Stahlregalteilen zusammengesetzt und nach ihrer betrieblichen Zweckbestimmung in der Regel auf Dauer in dieser Zusammensetzung genutzt werden (>BFH vom 26.7.1979 – BStBl 1980 II S. 176) sowie Regale, die zu Schrankwänden zusammengesetzt sind (>BFH vom 9.8.2001 – BStBl 2002 II S. 100),
- Ruhebänke als Werbeträger,
- Schallplatten,
- Schreibtischkombinationsteile, die nicht fest miteinander verbunden sind, wie z.B. Tisch, Rollcontainer, Computerbeistelltisch (>BFH vom 21.7.1998 – BStBl II S. 789) sowie einzelne Elemente einer aus genormten Teilen zusammengesetzten und verschraubten Schreibtischkombination, es sei denn, das einzelne Element ist aus technischen Gründen (z.B. wegen fehlender Standfestigkeit) nicht selbständig nutzungsfähig (>BFH vom 9.8.2001 – BStBl 2002 II S. 100),
- Schriftenminima in einem Druckereibetrieb (>BFH vom 18.11.1975 – BStBl 1976 II S. 214),
- Spezialbeleuchtungsanlagen in einem Schaufenster (>BFH vom 5.3.1974 – BStBl II S. 353),
- Spinnkannen einer Weberei (>BFH vom 9.12.1977 – BStBl 1978 II S. 322),
- Straßenleuchten (>BFH vom 28.3.1973 – BStBl 1974 II S. 2),
- Tonbandkassetten,
- Transportkästen in einer Weberei zum Transport von Garnen (>BFH vom 17.5.1968 – BStBl II S. 568),
- Trivialprogramme (>R 5.5 Abs. 1),
- Videokassetten,
- Wäsche in Hotels (>BFH vom 17.5.1968 – BStBl II S. 566).

ABC der nicht selbständig nutzungsfähigen Wirtschaftsgüter
- Beleuchtungsanlage als Lichtband zur Beleuchtung in Fabrikräumen und Werkhallen (>BFH vom 5.10.1956 – BStBl III S. 376) oder zur Beleuchtung einzelner Stockwerke eines Wohnhauses (>BFH vom 5.3.1974 – BStBl II S. 353),
- Bestuhlung in Kinos und Theatern (>BFH vom 5.10.1966 – BStBl III S. 686),
- Bohrer i.V. m. Werkzeugmaschinen (>Maschinenwerkzeuge),
- Drehbank mit als Antrieb eingebautem Elektromotor (>BFH vom 14.12.1966 – BStBl 1967 III S. 247),
- Drehstähle i.V. m. Werkzeugmaschinen (>Maschinenwerkzeuge),

- EDV-Kabel nebst Zubehör zur Vernetzung einer EDV-Anlage: Kabel, die als Verlängerung der Verbindung der Peripheriegeräte mit der Zentraleinheit genutzt werden, sind zwar selbständig bewertungsfähig, nicht jedoch selbständig nutzungsfähig und somit keine geringwertigen Wirtschaftsgüter (>BFH vom 25. 11. 1999 – BStBl 2002 II S. 233),
- Elektromotor zum Einzelantrieb einer Maschine, einer Drehbank oder eines Webstuhls (>BFH vom 16. 12. 1958 – BStBl 1959 III S. 77),
- Ersatzteile für Maschinen usw. (>BFH vom 17. 5. 1968 – BStBl II S. 568),
- Formen (>BFH vom 9. 3. 1967 – BStBl III S. 283),
- Formplatten (>BFH vom 30. 3. 1967 – BStBl III S. 302),
- Fräser i. V. m. Werkzeugmaschinen (>Maschinenwerkzeuge),
- Gerüst- und Schalungsteile sowie Schalungstafeln, die genormt und technisch aufeinander abgestimmt sind (>BFH vom 29. 7. 1966 – BStBl 1967 III S. 151),
- Kühlkanäle (>BFH vom 17. 4. 1985 – BStBl 1988 II S. 126),
- Leuchtstoffröhren (>Beleuchtungsanlage),
- Lichtbänder (>Beleuchtungsanlage),
- Lithographien (>BFH vom 15. 3. 1991 – BStBl II S. 682),
- Maschinenwerkzeuge und -verschleißteile (>BFH vom 6. 10. 1995 – BStBl 1996 II S. 166),
- Peripheriegeräte einer PC-Anlage; dies gilt nicht für so genannte Kombinations-Geräte und für externe Datenspeicher (>BFH vom 19. 2. 2004 – BStBl II S. 958),
- Pflanzen von Dauerkulturen (>BFH vom 30. 11. 1978 – BStBl 1979 II S. 281),
- Regalteile (>BFH vom 20. 11. 1970 – BStBl 1971 II S. 155; zu Regalen aus genormten Stahlregalteilen >Beispiele für selbständig nutzungsfähige Wirtschaftsgüter),
- Sägeblätter in Diamantsägen und -gattern (>BFH vom 19. 10. 1972 – BStBl 1973 II S. 53),
- Stanzwerkzeuge i. V. m. Werkzeugmaschinen (>Maschinenwerkzeuge),
- Webstuhlmotor (>Elektromotor),
- Werkzeuge (>Maschinenwerkzeuge).

| R 6.14 | **Unentgeltliche Übertragung von Betrieben, Teilbetrieben und Mitunternehmeranteilen** |

– unbesetzt –

| H 6.14 |

Anteile an einer Betriebskapitalgesellschaft
sind wesentliche Betriebsgrundlagen i. S. d. funktionalen Betrachtungsweise (>BFH vom 4. 7. 2007 – BStBl II S. 772).

Beteiligung an einer Kapitalgesellschaft
Eine das gesamte Nennkapital umfassende Beteiligung an einer Kapitalgesellschaft ist kein Teilbetrieb i. S. d. § 6 Abs. 3 EStG (>BFH vom 20. 7. 2005 – BStBl 2006 II S. 457).

Realteilung
>BMF vom 19. 12. 2018 (BStBl 2019 I S. 6)

Unentgeltliche Übertragung von Mitunternehmeranteilen mit Sonderbetriebsvermögen
>BMF vom 3. 3. 2005 (BStBl I S. 458) unter Berücksichtigung der Änderungen durch BMF vom 7. 12. 2006 (BStBl I S. 766, Tzn. 22 und 23)

| R 6.15 | **Überführung und Übertragung von Einzelwirtschaftsgütern** |

In den Fällen des § 6 Abs. 5 Satz 4 EStG ist rückwirkend auf den Zeitpunkt der Übertragung der Teilwert auch dann anzusetzen, wenn die bis zur Übertragung entstandenen stillen Reserven durch Erstellung einer Ergänzungsbilanz dem übertragenden Gesellschafter zugeordnet worden sind, durch die Übertragung jedoch keine Änderung des Anteils des übertragenden Gesellschafters an dem übertragenen Wirtschaftsgut eingetreten ist*).

| H 6.15 |

Allgemeines

Zu Zweifelsfragen zur Überführung und Übertragung von einzelnen Wirtschaftsgütern >BMF vom 8.12.2011 (BStBl I S. 1279)

Einmann-GmbH & Co. KG

Wird ein Wirtschaftsgut durch den an einer KG zu 100 % beteiligten Kommanditisten aus dessen (Sonder-)Betriebsvermögen nach § 6 Abs. 5 Satz 3 EStG in das Gesamthandsvermögen der KG übertragen, ist für die Übertragung nicht deshalb rückwirkend der Teilwert anzusetzen, weil die KG – bei unveränderten Beteiligungsverhältnissen – das Wirtschaftsgut innerhalb der Sperrfrist des § 6 Abs. 5 Satz 4 EStG veräußert. Dies gilt auch dann, wenn das Wirtschaftsgut in der Gesamthandsbilanz der KG mit dem bisherigen Buchwert ausgewiesen und deshalb für den Übertragenden keine negative Ergänzungsbilanz erstellt worden ist (>BFH vom 31.7.2013 – BStBl 2015 I S. 450 und vom 26.6.2014 – BStBl 2015 II S. 463).

Zu § 6a EStG

| R 6a. | **Rückstellungen für Pensionsverpflichtungen** |

Zulässigkeit von Pensionsrückstellungen

(1) ¹Nach § 249 HGB müssen für unmittelbare Pensionszusagen Rückstellungen in der Handelsbilanz gebildet werden. ²Entsprechend dem Grundsatz der Maßgeblichkeit der Handelsbilanz hat die handelsrechtliche Passivierungspflicht die Passivierungspflicht für Pensionszusagen in der Steuerbilanz dem Grunde, aber nicht der Höhe nach zur Folge, wenn die Voraussetzungen des § 6a Abs. 1 und 2 EStG vorliegen. ³Für laufende Pensionen und Anwartschaften auf Pensionen, die vor dem 1.1.1987 rechtsverbindlich zugesagt worden sind (Altzusagen), gilt nach Artikel 28 des Einführungsgesetzes zum HGB in der durch Gesetz vom 19.12.1985 (BGBl I S. 2355, BStBl 1986 I S. 94) geänderten Fassung weiterhin das handels- und steuerrechtliche Passivierungswahlrecht; insoweit sind die Anweisungen in Abschnitt 41 EStR 1984 mit Ausnahme des Absatzes 24 Satz 5 und 6 weiter anzuwenden. ⁴Für die Frage, wann eine Pension oder eine Anwartschaft auf eine Pension rechtsverbindlich zugesagt worden ist, ist die erstmalige, zu einem Rechtsanspruch führende arbeitsrechtliche Verpflichtungserklärung maßgebend. ⁵Für Pensionsverpflichtungen, für die der Berechtigte einen Rechtsanspruch auf Grund einer unmittelbaren Zusage nach dem 31.12.1986 erworben hat (>Neuzusagen), gelten die folgenden Absätze.

---

*) >aber H 6.15 (Einmann-GmbH & Co. KG).

Rechtsverbindliche Verpflichtung

(2) ¹Eine rechtsverbindliche Pensionsverpflichtung ist z. B. gegeben, wenn sie auf Einzelvertrag, Gesamtzusage (Pensionsordnung), Betriebsvereinbarung, Tarifvertrag oder Besoldungsordnung beruht. ²Bei Pensionsverpflichtungen, die nicht auf Einzelvertrag beruhen, ist eine besondere Verpflichtungserklärung gegenüber dem einzelnen Berechtigten nicht erforderlich. ³Ob eine rechtsverbindliche Pensionsverpflichtung vorliegt, ist nach arbeitsrechtlichen Grundsätzen zu beurteilen. ⁴Für ausländische Arbeitnehmer sind Pensionsrückstellungen unter den gleichen Voraussetzungen zu bilden wie für inländische Arbeitnehmer.

Schädlicher Vorbehalt

(3) ¹Ein schädlicher Vorbehalt i. S. d. § 6a Abs. 1 Nr. 2 EStG liegt vor, wenn der Arbeitgeber die Pensionszusage nach freiem Belieben, d. h. nach seinen eigenen Interessen ohne Berücksichtigung der Interessen des Pensionsberechtigten widerrufen kann. ²Ein Widerruf nach freiem Belieben ist nach dem Urteil des Bundesarbeitsgerichtes (BAG) vom 14. 12. 1956 (BStBl 1959 I S. 258) gegenüber einem noch aktiven Arbeitnehmer im Allgemeinen zulässig, wenn die Pensionszusage eine der folgenden Formeln
„freiwillig und ohne Rechtsanspruch",
„jederzeitiger Widerruf vorbehalten",
„ein Rechtsanspruch auf die Leistungen besteht nicht",
„die Leistungen sind unverbindlich"
oder ähnliche Formulierungen enthält, sofern nicht besondere Umstände eine andere Auslegung rechtfertigen. ³Solche besonderen Umstände liegen nicht schon dann vor, wenn das Unternehmen in der Vergangenheit tatsächlich Pensionszahlungen geleistet oder eine Rückdeckungsversicherung abgeschlossen hat oder Dritten gegenüber eine Verpflichtung zur Zahlung von Pensionen eingegangen ist oder wenn die unter den oben bezeichneten Vorbehalten gegebene Pensionszusage die weitere Bestimmung enthält, dass der Widerruf nur nach „billigem Ermessen" ausgeübt werden darf oder dass im Falle eines Widerrufes die gebildeten Rückstellungen dem Versorgungszweck zu erhalten sind. ⁴Vorbehalte der oben bezeichneten Art in einer Pensionszusage schließen danach die Bildung von Rückstellungen für Pensionsanwartschaften aus. ⁵Befindet sich der Arbeitnehmer bereits im Ruhestand oder steht er unmittelbar davor, ist der Widerruf von Pensionszusagen, die unter den oben bezeichneten Vorbehalten erteilt worden sind, nach dem BAG-Urteil vom 14. 12. 1956 nicht mehr nach freiem Belieben, sondern nur noch nach billigem Ermessen (>Absatz 4) zulässig. ⁶Enthält eine Pensionszusage die oben bezeichneten allgemeinen Widerrufsvorbehalte, ist die Rückstellungsbildung vorzunehmen, sobald der Arbeitnehmer in den Ruhestand tritt; dies gilt auch hinsichtlich einer etwa zugesagten Hinterbliebenenversorgung.

Unschädlicher Vorbehalt

(4) ¹Ein unschädlicher Vorbehalt i. S. d. § 6a Abs. 1 Nr. 2 EStG liegt vor, wenn der Arbeitgeber den Widerruf der Pensionszusage bei geänderten Verhältnissen nur nach billigem Ermessen (§ 315 BGB), d. h. unter verständiger Abwägung der berechtigten Interessen des Pensionsberechtigten einerseits und des Unternehmens andererseits aussprechen kann. ²Das gilt in der Regel für die Vorbehalte, die eine Anpassung der zugesagten Pensionen an nicht voraussehbare künftige Entwicklungen oder Ereignisse, insbesondere bei einer wesentlichen Verschlechterung der wirtschaftlichen Lage des Unternehmens, einer wesentlichen Änderung der Sozialversicherungsverhältnisse oder der Vorschriften über die steuerliche Behandlung der Pensionsverpflichtungen oder bei einer Treupflichtverletzung des Arbeitnehmers vorsehen. ³Danach sind z. B. die folgenden Vorbehalte als unschädlich anzusehen:

1. als allgemeiner Vorbehalt:
    „Die Firma behält sich vor, die Leistungen zu kürzen oder einzustellen, wenn die bei Erteilung der Pensionszusage maßgebenden Verhältnisse sich nachhaltig so wesentlich geändert haben, dass der Firma die Aufrechterhaltung der zugesagten Leistungen auch unter

objektiver Beachtung der Belange des Pensionsberechtigten nicht mehr zugemutet werden kann";

2. als spezielle Vorbehalte:
   „Die Firma behält sich vor, die zugesagten Leistungen zu kürzen oder einzustellen, wenn

   a) die wirtschaftliche Lage des Unternehmens sich nachhaltig so wesentlich verschlechtert hat, dass ihm eine Aufrechterhaltung der zugesagten Leistungen nicht mehr zugemutet werden kann, oder

   b) der Personenkreis, die Beiträge, die Leistungen oder das Pensionierungsalter bei der gesetzlichen Sozialversicherung oder anderen Versorgungseinrichtungen mit Rechtsanspruch sich wesentlich ändern, oder

   c) die rechtliche, insbesondere die steuerrechtliche Behandlung der Aufwendungen, die zur planmäßigen Finanzierung der Versorgungsleistungen von der Firma gemacht werden oder gemacht worden sind, sich so wesentlich ändert, dass der Firma die Aufrechterhaltung der zugesagten Leistungen nicht mehr zugemutet werden kann, oder

   d) der Pensionsberechtigte Handlungen begeht, die in grober Weise gegen Treu und Glauben verstoßen oder zu einer fristlosen Entlassung berechtigen würden",

   oder inhaltlich ähnliche Formulierungen. [4]Hat der Arbeitnehmer die Möglichkeit, anstelle einer bisher zugesagten Altersversorgung eine Erhöhung seiner laufenden Bezüge zu verlangen, liegt hierin kein schädlicher Vorbehalt.

Vorbehalt (Sonderfälle)

(5) [1]In besonderen Vorbehalten werden oft bestimmte wirtschaftliche Tatbestände bezeichnet, bei deren Eintritt die zugesagten Pensionsleistungen gekürzt oder eingestellt werden können. [2]Es wird z. B. vereinbart, dass die Pensionen gekürzt oder eingestellt werden können, wenn der Umsatz, der Gewinn oder das Kapital eine bestimmte Grenze unterschreiten oder wenn mehrere Verlustjahre vorliegen oder wenn die Pensionsleistungen einen bestimmten Prozentsatz der Lohn- und Gehaltssumme überschreiten. [3]Diese Vorbehalte sind nur dann als unschädlich anzusehen, wenn sie in dem Sinne ergänzt werden, es müsse bei den bezeichneten Tatbeständen eine so erhebliche und nachhaltige Beeinträchtigung der Wirtschaftslage des Unternehmens vorliegen, dass es dem Unternehmen nicht mehr zumutbar ist, die Pensionszusage aufrechtzuerhalten, oder dass es aus unternehmerischer Verantwortung geboten erscheint, die Versorgungsleistungen einzuschränken oder einzustellen.

(6) [1]Der Vorbehalt, dass der Pensionsanspruch erlischt, wenn das Unternehmen veräußert wird oder aus anderen Gründen ein Wechsel des Unternehmers eintritt (sog. Inhaberklausel), ist steuerlich schädlich. [2]Entsprechendes gilt für Vorbehalte oder Vereinbarungen, nach denen die Haftung aus einer Pensionszusage auf das Betriebsvermögen beschränkt wird, es sei denn, es gilt eine gesetzliche Haftungsbeschränkung für alle Verpflichtungen gleichermaßen, wie z. B. bei Kapitalgesellschaften.

Schriftform

(7) [1]Für die nach § 6a Abs. 1 Nr. 3 EStG vorgeschriebene Schriftform kommt jede schriftliche Festlegung in Betracht, aus der sich der Pensionsanspruch nach Art und Höhe ergibt, z. B. Einzelvertrag, Gesamtzusage (Pensionsordnung), Betriebsvereinbarung, Tarifvertrag, Gerichtsurteil. [2]Bei Gesamtzusagen ist eine schriftliche Bekanntmachung in geeigneter Form nachzuweisen, z. B. durch ein Protokoll über den Aushang im Betrieb. [3]Die Schriftform muss am Bilanzstichtag vorliegen. [4]Für Pensionsverpflichtungen, die auf betrieblicher Übung oder auf dem >Grundsatz der Gleichbehandlung beruhen, kann wegen der fehlenden Schriftform keine Rückstellung gebildet werden; dies gilt auch dann, wenn arbeitsrechtlich (§ 1b Abs. 1 Satz 4 Betriebsrentengesetz) eine unverfallbare Anwartschaft besteht, es sei denn, dem Arbeitnehmer ist beim Ausscheiden eine schriftliche Auskunft nach § 4a Betriebsrentengesetz erteilt worden. [5]Pensionsrückstellungen müssen insoweit vorgenommen werden, als sich die Versorgungsleistungen aus

der schriftlichen Festlegung dem Grunde und der Höhe nach ergeben. ⁶Zahlungsbelege allein stellen keine solche Festlegung dar.

Beherrschende Gesellschafter-Geschäftsführer von Kapitalgesellschaften
(8) ¹Für die Bildung von Pensionsrückstellungen für beherrschende Gesellschafter-Geschäftsführer von Kapitalgesellschaften ist zu unterstellen, dass die Jahresbeträge nach § 6a Abs. 3 Satz 2 Nr. 1 Satz 3 EStG vom Beginn des Dienstverhältnisses, frühestens vom nach Absatz 10 Satz 3 maßgebenden Alter, bis zur vertraglich vorgesehenen Altersgrenze, mindestens jedoch bis zum folgenden geburtsjahrabhängigen Pensionsalter aufzubringen sind*):

für Geburtsjahrgänge	Pensionsalter
bis 1952	65
ab 1953 bis 1961	66
ab 1962	67

²Als Beginn des Dienstverhältnisses gilt der Eintritt in das Unternehmen als Arbeitnehmer. ³Das gilt auch dann, wenn der Geschäftsführer die Pensionszusage erst nach Erlangung der beherrschenden Stellung erhalten hat. ⁴Absatz 11 Satz 1, 3 bis 6, 8, 9 und 13 bis 15 ist nicht anzuwenden**). ⁵Für anerkannt schwer behinderte Menschen kann geburtsjahrabhängig eine vertragliche Altersgrenze wie folgt zugrunde gelegt werden*):

für Geburtsjahrgänge	Pensionsalter
bis 1952	60
ab 1953 bis 1961	61
ab 1962	62

Ehegatten-Arbeitsverhältnisse
(9) – unbesetzt –

Höhe der Pensionsrückstellung
(10) ¹Als Beginn des Dienstverhältnisses ist ein früherer Zeitpunkt als der tatsächliche Dienstantritt zugrunde zu legen (sog. Vordienstzeiten), wenn auf Grund gesetzlicher Vorschriften Zeiten außerhalb des Dienstverhältnisses als Zeiten der Betriebszugehörigkeit gelten, z. B. § 8 Abs. 3 des Soldatenversorgungsgesetzes, § 6 Abs. 2 des Arbeitsplatzschutzgesetzes. ²Bei der Ermittlung des Teilwertes einer Pensionsverpflichtung sind folgende Mindestalter zu beachten:

Erteilung der Pensionszusage	maßgebendes Mindestalter
vor dem 1. 1. 2001	30
nach dem 31. 12. 2000 und vor dem 1. 1. 2009	28
nach dem 31. 12. 2008	27

³Ergibt sich durch die Anrechnung von Vordienstzeiten ein fiktiver Dienstbeginn, der vor der Vollendung des nach Satz 2 maßgebenden Lebensjahres des Berechtigten liegt, gilt das Dienstverhältnis als zu Beginn des Wirtschaftsjahres begonnen, bis zu dessen Mitte der Berechtigte dieses Lebensjahr vollendet (>§ 6a Abs. 3 Satz 2 Nr. 1 letzter Satz EStG).
(11) ¹Bei der Ermittlung des Teilwertes der Pensionsanwartschaft ist das vertraglich vereinbarte Pensionsalter zugrunde zu legen (Grundsatz). ²Der Stpfl. kann für alle oder für einzelne Pensionsverpflichtungen von einem höheren Pensionsalter ausgehen, sofern mit einer Beschäftigung

---

*) R 6a Abs. 8 Satz 1 letzter Teilsatz und Satz 5 EStR zum Mindestpensionsalter bei der Bildung von Pensionsrückstellungen für beherrschende Gesellschafter-Geschäftsführer sind nicht weiter anzuwenden (>BMF vom 9. 12. 2016 – BStBl I S. 1427).

**) Abweichend von R 6a Abs. 8 Satz 4 EStR ist R 6a Abs. 11 Satz 1 EStR (grundsätzliche Zugrundelegung des vertraglich vereinbarten Pensionsalters) anzuwenden (>BMF vom 9. 12. 2016 – BStBl I S. 1427).

des Arbeitnehmers bis zu diesem Alter gerechnet werden kann (erstes Wahlrecht). ³Bei der Ermittlung des Teilwertes der Pensionsanwartschaft nach § 6a Abs. 3 EStG kann mit Rücksicht auf § 6 Betriebsrentengesetz anstelle des vertraglichen Pensionsalters nach Satz 1 für alle oder für einzelne Pensionsverpflichtungen als Zeitpunkt des Eintritts des Versorgungsfalles der Zeitpunkt der frühestmöglichen Inanspruchnahme der vorzeitigen Altersrente aus der gesetzlichen Rentenversicherung angenommen werden (zweites Wahlrecht). ⁴Voraussetzung für die Ausübung des zweiten Wahlrechtes ist, dass in der Pensionszusage festgelegt ist, in welcher Höhe Versorgungsleistungen von diesem Zeitpunkt an gewährt werden. ⁵Bei der Ausübung des zweiten Wahlrechtes braucht nicht geprüft zu werden, ob ein Arbeitnehmer die sozialversicherungsrechtlichen Voraussetzungen für die vorzeitige Inanspruchnahme der Altersrente erfüllen wird. ⁶Das zweite Wahlrecht kann unabhängig von der Wahl des Pensionsalters für die Berechnung der unverfallbaren Versorgungsanwartschaften nach § 2 Betriebsrentengesetz ausgeübt werden. ⁷Das erste Wahlrecht ist in der Bilanz des Wirtschaftsjahres auszuüben, in dem mit der Bildung der Pensionsrückstellung begonnen wird. ⁸Das zweite Wahlrecht ist in der Bilanz des Wirtschaftsjahres auszuüben, in dem die Festlegung nach Satz 4 getroffen worden ist. ⁹Hat der Stpfl. das zweite Wahlrecht ausgeübt und ändert sich danach der Zeitpunkt der frühestmöglichen Inanspruchnahme der vorzeitigen Altersrente aus der gesetzlichen Rentenversicherung (z. B. Beendigung des Arbeitsverhältnisses), ist die Änderung zum Ende des betreffenden Wirtschaftsjahres zu berücksichtigen; ist in diesem Wirtschaftsjahr die Festlegung nach Satz 4 für den neuen Zeitpunkt nicht getroffen worden, ist das vertragliche Pensionsalter nach Satz 1 bei der Ermittlung des Teilwertes der Pensionsanwartschaft zugrunde zu legen. ¹⁰Die gegenüber einem Berechtigten getroffene Wahl gilt einheitlich für die gesamte Pensionsverpflichtung, einschließlich einer etwaigen Entgeltumwandlung im Sinne von § 1 Abs. 2 Betriebsrentengesetz. ¹¹Der Rückstellungsbildung kann nur die Pensionsleistung zugrunde gelegt werden, die zusagegemäß bis zu dem Pensionsalter erreichbar ist, für das sich der Stpfl. bei Ausübung der Wahlrechte entscheidet. ¹²Setzt der Arbeitnehmer nach Erreichen dieses Alters seine Tätigkeit fort und erhöht sich dadurch sein Ruhegehaltanspruch, ist der Rückstellung in dem betreffenden Wirtschaftsjahr der Unterschiedsbetrag zwischen der nach den vorstehenden Sätzen höchstzulässigen Rückstellung (Soll-Rückstellung) und dem versicherungsmathematischen Barwert der um den Erhöhungsbetrag vermehrten Pensionsleistungen zuzuführen. ¹³Hat der Stpfl. bei der Ermittlung des Teilwertes der Pensionsanwartschaft bereits bisher vom zweiten Wahlrecht Gebrauch gemacht, ist er bei einer Änderung des frühestmöglichen Pensionsalters auf Grund einer gesetzlichen Neuregelung auch künftig an diese Entscheidung gebunden; Satz 4 ist zu beachten. ¹⁴Für die sich wegen der Änderung des frühestmöglichen Pensionsalters ergebende Änderung der Teilwerte der Pensionsanwartschaft gilt das Nachholverbot, das sich aus § 6a Abs. 4 EStG herleitet, nicht. ¹⁵Liegen die in Satz 4 genannten Voraussetzungen für die Anwendung des zweiten Wahlrechtes am Bilanzstichtag nicht vor, ist das vertragliche Pensionsalter nach Satz 1 bei der Ermittlung des Teilwertes der Pensionsanwartschaft zugrunde zu legen.

Entgeltumwandlungen

(12) ¹Für Pensionsverpflichtungen, die auf nach dem 31.12.2000 vereinbarten Entgeltumwandlungen im Sinne von § 1 Abs. 2 Betriebsrentengesetz beruhen, ist vor Vollendung des 28. Lebensjahrs (für nach dem 31.12.2008 erstmals erteilte Pensionszusagen: des 27. Lebensjahres) des Pensionsberechtigten eine Rückstellung in Höhe des Barwerts der nach den §§ 1 und 2 Betriebsrentengesetz unverfallbaren künftigen Pensionsleistungen zu bilden (§ 6a Abs. 2 Nr. 1 zweite Alternative und § 6a Abs. 3 Satz 2 Nr. 1 Satz 6 zweiter Halbsatz EStG); nach Vollendung des 28. Lebensjahres (für nach dem 31.12.2008 erstmals erteilte Pensionszusagen: des 27. Lebensjahres) des Pensionsberechtigten ist für diese Pensionsverpflichtungen für die Ermittlung des Teilwertes nach § 6a Abs. 3 Satz 2 Nr. 1 Satz 1 EStG eine Vergleichsrechnung erforderlich. ²Dabei sind der Wert nach § 6a Abs. 3 Satz 2 Nr. 1 Satz 1 erster Halbsatz EStG und der Barwert der unverfallbaren künftigen Pensionsleistungen zu berechnen; der höhere Wert ist anzusetzen. ³Bei der Vergleichsrechnung sind die für einen Berechtigten nach dem 31.12.2000 vereinbarten Entgeltumwandlungen als Einheit zu behandeln. ⁴Die Regelungen des Satzes 1 gelten nicht für

Pensionsverpflichtungen, soweit sie auf Grund einer vertraglichen Vereinbarung unverfallbar sind.

Arbeitgeberwechsel[*]
(13) Übernimmt ein Stpfl. in einem Wirtschaftsjahr eine Pensionsverpflichtung gegenüber einem Arbeitnehmer, der bisher in einem anderen Unternehmen tätig gewesen ist, unter gleichzeitiger Übernahme von Vermögenswerten, ist bei der Ermittlung des Teilwertes der Verpflichtung der Jahresbetrag i. S. d. § 6a Abs. 3 Satz 2 Nr. 1 EStG so zu bemessen, dass zu Beginn des Wirtschaftsjahres der Übernahme der Barwert der Jahresbeträge zusammen mit den übernommenen Vermögenswerten gleich dem Barwert der künftigen Pensionsleistungen ist; dabei darf sich kein negativer Jahresbetrag ergeben.

Berücksichtigung von Renten aus der gesetzlichen Rentenversicherung
(14) Sieht die Pensionszusage vor, dass die Höhe der betrieblichen Rente in bestimmter Weise von der Höhe der Renten aus der gesetzlichen Rentenversicherung abhängt, darf die Pensionsrückstellung in diesen Fällen nur auf der Grundlage der von dem Unternehmen nach Berücksichtigung der Renten aus der gesetzlichen Rentenversicherung tatsächlich noch selbst zu zahlenden Beträge berechnet werden.

Doppelfinanzierung
(15) [1]Wenn die gleichen Versorgungsleistungen an denselben Empfängerkreis sowohl über eine Pensions- oder Unterstützungskasse oder einen Pensionsfonds als auch über Pensionsrückstellungen finanziert werden sollen, ist die Bildung einer Pensionsrückstellung nicht zulässig. [2]Eine schädliche Überschneidung liegt dagegen nicht vor, wenn es sich um verschiedene Versorgungsleistungen handelt, z. B. bei der Finanzierung der Invaliditäts-Renten über Pensions- oder Unterstützungskassen und der Altersrenten über Pensionsrückstellungen oder der Finanzierung rechtsverbindlich zugesagter Leistungen über Rückstellungen und darüber hinausgehender freiwilliger Leistungen über eine Unterstützungskasse.

Handelsvertreter
(16) [1]Sagt der Unternehmer dem selbständigen Handelsvertreter eine Pension zu, muss sich der Handelsvertreter die versprochene Versorgung nach § 89b Abs. 1 Satz 1 Nr. 3 HGB[**] auf seinen Ausgleichsanspruch anrechnen lassen. [2]Die Pensionsverpflichtung des Unternehmers wird also durch die Ausgleichsverpflichtung nicht gemindert, es sei denn, es ist etwas anderes vereinbart.

Stichtagsprinzip
(17) [1]Für die Bildung der Pensionsrückstellung sind die Verhältnisse am Bilanzstichtag maßgebend. [2]Änderungen der Bemessungsgrundlagen, die erst nach dem Bilanzstichtag wirksam werden, sind zu berücksichtigen, wenn sie am Bilanzstichtag bereits feststehen. [3]Danach sind Erhöhungen von Anwartschaften und laufenden Renten, die nach dem Bilanzstichtag eintreten, in die Rückstellungsberechnung zum Bilanzstichtag einzubeziehen, wenn sowohl ihr Ausmaß als auch der Zeitpunkt ihres Eintritts am Bilanzstichtag feststehen. [4]Wird die Höhe der Pension z. B. von Bezugsgrößen der gesetzlichen Rentenversicherungen beeinflusst, sind künftige Änderungen dieser Bezugsgrößen, die am Bilanzstichtag bereits feststehen, z. B. die ab 1.1. des Folgejahres geltende Beitragsbemessungsgrenze, bei der Berechnung der Pensionsrückstellung zum Bilanzstichtag zu berücksichtigen. [5]Die für das Folgejahr geltenden Bezugsgrößen stehen in dem Zeitpunkt fest, in dem die jeweilige Sozialversicherungs-Rechengrößenverordnung im Bundesgesetzblatt verkündet wird.

---

[*] >§ 5 Abs. 7 Satz 4 EStG.
[**] Jetzt § 89b Abs. 1 Satz 1 Nr. 2 HGB.

Inventurerleichterung

(18) ¹Die Pensionsverpflichtungen sind grundsätzlich auf Grund einer körperlichen Bestandsaufnahme (Feststellung der pensionsberechtigten Personen und der Höhe ihrer Pensionsansprüche) für den Bilanzstichtag zu ermitteln. ²In Anwendung von § 241 Abs. 3 HGB kann der für die Berechnung der Pensionsrückstellungen maßgebende Personenstand auch auf einen Tag (Inventurstichtag) innerhalb von drei Monaten vor oder zwei Monaten nach dem Bilanzstichtag aufgenommen werden, wenn sichergestellt ist, dass die Pensionsverpflichtungen für den Bilanzstichtag ordnungsgemäß bewertet werden können. ³Es ist nicht zu beanstanden, wenn im Falle der Vorverlegung der Bestandsaufnahme bei der Berechnung der Pensionsrückstellungen wie folgt verfahren wird:

1. Die für den Inventurstichtag festgestellten Pensionsverpflichtungen sind bei der Berechnung der Pensionsrückstellungen für den Bilanzstichtag mit ihrem Wert vom Bilanzstichtag anzusetzen.
2. Aus Vereinfachungsgründen können bei der Berechnung der Pensionsrückstellungen für den Bilanzstichtag die folgenden Veränderungen der Pensionsverpflichtungen, die in der Zeit vom Inventurstichtag bis zum Bilanzstichtag eintreten, unberücksichtigt bleiben:
   a) Veränderungen, die auf biologischen Ursachen, z. B. Tod, Invalidität, beruhen;
   b) Veränderungen durch normale Zu- oder Abgänge von pensionsberechtigten Personen oder durch Übergang in eine andere Gehalts- oder Pensionsgruppe, z. B. Beförderung.
   ²Außergewöhnliche Veränderungen, z. B. Stilllegung oder Eröffnung eines Teilbetriebs, bei Massenentlassungen oder bei einer wesentlichen Erweiterung des Kreises der pensionsberechtigten Personen, sind bei der Rückstellungsberechnung für den Bilanzstichtag zu berücksichtigen.
   ²Allgemeine Leistungsänderungen für eine Gruppe von Verpflichtungen, die nicht unter Satz 1 Buchstabe a oder b fallen, sind bei der Rückstellungsberechnung für den Bilanzstichtag mindestens näherungsweise zu berücksichtigen; für den folgenden Bilanzstichtag ist der sich dann ergebende tatsächliche Wert anzusetzen.
3. Soweit Veränderungen der Pensionsverpflichtungen nach Nummer 2 bei der Berechnung der Rückstellungen für den Bilanzstichtag unberücksichtigt bleiben, sind sie zum nächsten Bilanzstichtag bis zur steuerlich zulässigen Höhe zu berücksichtigen.
4. Werden werterhöhende Umstände, die nach Nummer 2 bei der Berechnung der Rückstellungen für den Bilanzstichtag unberücksichtigt bleiben können, dennoch in die Rückstellungsberechnung einbezogen, sind bei der Rückstellungsberechnung auch wertmindernde Umstände, die nach Nummer 2 außer Betracht bleiben können, zu berücksichtigen.
5. Die Nummern 2 bis 4 gelten nicht, wenn bei einem Stpfl. am Inventurstichtag nicht mehr als 20 Pensionsberechtigte vorhanden sind. ²Sie gelten ferner nicht für Vorstandsmitglieder und Geschäftsführer von Kapitalgesellschaften.

Ausscheiden eines Anwärters

(19) ¹Die Rückstellung für Pensionsverpflichtungen gegenüber einer Person, die mit einer unverfallbaren Versorgungsanwartschaft ausgeschieden ist, ist beizubehalten, solange das Unternehmen mit einer späteren Inanspruchnahme zu rechnen hat. ²Sofern dem Unternehmen nicht bereits vorher bekannt ist, dass Leistungen nicht zu gewähren sind, braucht die Frage, ob mit einer Inanspruchnahme zu rechnen ist, erst nach Erreichen der vertraglich vereinbarten Altersgrenze geprüft zu werden. ³Steht bis zum Ende des Wirtschaftsjahres, das auf das Wirtschaftsjahr des Erreichens der Altersgrenze folgt, die spätere Inanspruchnahme nicht fest, ist die Rückstellung zu diesem Zeitpunkt aufzulösen.

Zuführung zur Pensionsrückstellung

(20) Nach § 249 HGB i. V. m. § 6a Abs. 4 EStG muss in einem Wirtschaftsjahr der Rückstellung der Unterschiedsbetrag zwischen dem Teilwert am Schluss des Wirtschaftsjahres und dem Teilwert am Schluss des vorangegangenen Wirtschaftsjahres zugeführt werden.

Auflösung der Pensionsrückstellung

(21) ¹Auflösungen oder Teilauflösungen in der Steuerbilanz sind nur insoweit zulässig, als sich die Höhe der Pensionsverpflichtung gemindert hat. ²Wird die Pensionszusage widerrufen (>Absätze 3 bis 6), ist die Pensionsrückstellung in der nächstfolgenden Bilanz gewinnerhöhend aufzulösen und ist erst wieder zu passivieren, wenn die Zusage mit unschädlichen Vorbehalten wieder in Kraft gesetzt wird (z. B. durch rechtskräftiges Urteil oder Vergleich). ³Ist die Rückstellung ganz oder teilweise aufgelöst worden, ohne dass sich die Pensionsverpflichtung entsprechend geändert hat, ist die Steuerbilanz insoweit unrichtig. ⁴Dieser Fehler ist im Wege der Bilanzberichtigung (>R 4.4) zu korrigieren. ⁵Dabei ist die Rückstellung in Höhe des Betrags anzusetzen, der nicht hätte aufgelöst werden dürfen, höchstens jedoch mit dem Teilwert der Pensionsverpflichtung.

(22) ¹Nach dem Zeitpunkt des vertraglich vorgesehenen Eintritts des Versorgungsfalles oder eines gewählten früheren Zeitpunktes (>zweites Wahlrecht, Absatz 11 Satz 3) ist die Pensionsrückstellung in jedem Wirtschaftsjahr in Höhe des Unterschiedsbetrages zwischen dem versicherungsmathematischen Barwert der künftigen Pensionsleistungen am Schluss des Wirtschaftsjahres und der am Schluss des vorangegangenen Wirtschaftsjahres passivierten Pensionsrückstellung gewinnerhöhend aufzulösen; die laufenden Pensionsleistungen sind dabei als Betriebsausgaben abzusetzen. ²Eine Pensionsrückstellung ist auch dann in Höhe des Unterschiedsbetrages nach Satz 1 aufzulösen, wenn der Pensionsberechtigte nach dem Zeitpunkt des vertraglich vorgesehenen Eintritts des Versorgungsfalles noch weiter gegen Entgelt tätig bleibt („technischer Rentner"), es sei denn, dass bereits die Bildung der Rückstellung auf die Zeit bis zu dem voraussichtlichen Ende der Beschäftigung des Arbeitnehmers verteilt worden ist (>Absatz 11). ³Ist für ein Wirtschaftsjahr, das nach dem Zeitpunkt des vertraglich vorgesehenen Eintritts des Versorgungsfalles endet, die am Schluss des vorangegangenen Wirtschaftsjahres ausgewiesene Rückstellung niedriger als der versicherungsmathematische Barwert der künftigen Pensionsleistungen am Schluss des Wirtschaftsjahres, darf die Rückstellung erst von dem Wirtschaftsjahr ab aufgelöst werden, in dem der Barwert der künftigen Pensionsleistungen am Schluss des Wirtschaftsjahres niedriger ist als der am Schluss des vorangegangenen Wirtschaftsjahres ausgewiesene Betrag der Rückstellung. ⁴In dem Wirtschaftsjahr, in dem eine bereits laufende Pensionsleistung herabgesetzt wird oder eine Hinterbliebenenrente beginnt, darf eine bisher ausgewiesene Rückstellung, die höher ist als der Barwert, nur bis zur Höhe dieses Barwerts aufgelöst werden.

Rückdeckungsversicherung

(23) ¹Eine aufschiebend bedingte Abtretung des Rückdeckungsanspruchs an den pensionsberechtigten Arbeitnehmer für den Fall, dass der Pensionsanspruch durch bestimmte Ereignisse gefährdet wird, z. B. bei Insolvenz des Unternehmens, wird – soweit er nicht im Insolvenzfall nach § 9 Abs. 2 Betriebsrentengesetz auf den Träger der Insolvenzsicherung übergeht – erst wirksam, wenn die Bedingung eintritt (§ 158 Abs. 1 BGB). ²Die Rückdeckungsversicherung behält deshalb bis zum Eintritt der Bedingung ihren bisherigen Charakter bei. ³Wird durch Eintritt der Bedingung die Abtretung an den Arbeitnehmer wirksam, wird die bisherige Rückdeckungsversicherung zu einer Direktversicherung.

H 6a (1)

Beihilfen an Pensionäre

- Die Verpflichtung, Pensionären und aktiven Mitarbeitern während der Zeit ihres Ruhestandes in Krankheits-, Geburts- und Todesfällen Beihilfen zu gewähren, ist keine Pensionsverpflichtung (>BFH vom 30. 1. 2002 – BStBl 2003 II S. 279).
- >H 5.7 (5)

Einstandspflicht
Die Verpflichtung des Arbeitgebers, wegen des nicht ausreichenden Vermögens einer Unterstützungskasse für den Ausfall von Versorgungsleistungen gegenüber seinen Arbeitnehmern einstehen zu müssen, erfüllt die Voraussetzungen für eine Pensionsrückstellung nicht. Das gilt auch für Versorgungsverpflichtungen des Erwerbers eines Betriebs, auf den die Arbeitsverhältnisse mit den durch die Unterstützungskasse begünstigten Arbeitnehmern nach § 613a BGB übergegangen sind (>BFH vom 16.12.2002 – BStBl 2003 II S. 347).

Gewinnabhängige Pensionsleistungen
– Am Bilanzstichtag bereits feststehende gewinnabhängige Pensionsleistungen sind zu berücksichtigen, wenn und soweit sie dem Grunde und der Höhe nach eindeutig bestimmt sind und die Erhöhung der Versorgungsleistungen schriftlich durch eine Ergänzung der Pensionszusage festgeschrieben wurde (>BMF vom 18.10.2013 – BStBl I S. 1268).
– >H 6a (7) Schriftformerfordernis

Hinterbliebenenversorgung für den Lebensgefährten
>BMF vom 25.7.2002 (BStBl I S. 706)

Jahreszusatzleistungen
Für Jahreszusatzleistungen im Jahr des Eintritts des Versorgungsfalls darf eine Rückstellung nach § 6a EStG nicht gebildet werden >BMF vom 11.11.1999 (BStBl I S. 959, RdNr. 23).

Nur-Pensionszusagen
Für eine sog. Nur-Pensionszusage kann keine Rückstellung nach § 6a EStG gebildet werden, wenn dieser Verpflichtung keine ernsthaft vereinbarte Entgeltumwandlung zugrunde liegt (>BMF vom 13.12.2012 – BStBl 2013 I S. 35).

Pensionsleistungen ohne Ausscheiden aus dem Dienstverhältnis
Zur bilanzsteuerrechtlichen Berücksichtigung von Versorgungsleistungen, die ohne die Voraussetzung des Ausscheidens aus dem Dienstverhältnis gewährt werden >BMF vom 18.9.2017 (BStBl I S. 1293).

Pensionsverpflichtungen innerhalb einer GmbH & Co. KG
– Zur Pensionszusage an einen Gesellschafter durch die Komplementär-GmbH >BMF vom 29.1.2008 (BStBl I S. 317), RdNrn. 12-14.
– Sagt die Komplementär-GmbH einer GmbH & Co. KG ihrem gesellschaftsfremden Geschäftsführer eine Pension zu und kann sie nach dem Gesellschaftsvertrag von der KG Ersatz der Versorgungsleistungen verlangen, ist die bei der GmbH zu bildende Pensionsrückstellung durch einen Aufwendungsersatzanspruch zu neutralisieren. Bei der KG ist eine Rückstellung für ungewisse Verbindlichkeiten zu bilden, deren Höhe sich nach § 6a EStG bestimmt (>BFH vom 7.2.2002 – BStBl 2005 II S. 88).

Personengesellschaft
Bilanzsteuerliche Behandlung von Pensionszusagen einer Personengesellschaft an einen Gesellschafter und dessen Hinterbliebene >BMF vom 29.1.2008 (BStBl I S. 317)

Vererbliche Versorgungsanwartschaften und Versorgungsleistungen
Sieht eine Pensionszusage die Vererblichkeit von Versorgungsanwartschaften oder Versorgungsleistungen vor und sind nach der Zusage vorrangig Hinterbliebene entsprechend der Rdnr. 4 des BMF vom 6.12.2017 (BStBl 2018 I S. 147) Erben, ist die Pensionsverpflichtung nach § 6a EStG anzusetzen und zu bewerten. Im Vererbungsfall ist für die Bewertung der Leistungen,

Zu § 6a EStG   R 6a.   A. II.

soweit sie nicht an Hinterbliebene im o. g. Sinne erbracht werden, § 6 EStG maßgebend (>BMF vom 18. 9. 2017 – BStBl I S. 1293).

Verpflichtungsübernahmen, Schuldbeitritte und Erfüllungsübernahmen
Zur bilanziellen Berücksichtigung von Verpflichtungsübernahmen, Schuldbeitritten und Erfüllungsübernahmen mit vollständiger oder teilweiser Schuldfreistellung im Zusammenhang mit Pensionsverpflichtungen >BMF vom 30. 11. 2017 (BStBl I S. 1619)

Versorgungsausgleich
Zu den Auswirkungen des Gesetzes zur Strukturreform des Versorgungsausgleiches (VAStrRefG) auf Pensionszusagen >BMF vom 12. 11. 2010 (BStBl I S. 1303)

H 6a (3)

Abfindungsklauseln
Zu schädlichen Abfindungsklauseln in Pensionszusagen >BMF vom 6. 4. 2005 (BStBl I S. 619) und vom 1. 9. 2005 (BStBl I S. 860)

Externe Versorgungsträger
Werden die künftigen Pensionsleistungen aus einer Versorgungszusage voraussichtlich von einem externen Versorgungsträger (z. B. Versorgungskasse) erbracht, scheidet die Bildung einer Rückstellung nach § 6a EStG aus (>BFH vom 5. 4. 2006 – BStBl II S. 688 und vom 8. 10. 2008 – BStBl 2010 II S. 186). Zur Anwendung der vorgenannten Urteile, zur Abgrenzung des sog. Umlageverfahrens vom sog. Erstattungsverfahren und allgemein zur Bildung von Pensionsrückstellungen nach § 6a EStG bei Erbringung der Versorgungsleistungen durch externe Versorgungsträger >BMF vom 26. 1. 2010 (BStBl I S. 138).

Übertragung auf eine Unterstützungskasse
Ist vereinbart, dass die Pensionsverpflichtung nach Eintritt des Versorgungsfalles auf eine Unterstützungskasse übertragen wird, kann eine Rückstellung nicht gebildet werden (>BMF vom 2. 7. 1999 – BStBl I S. 594).

H 6a (4)

Abfindungsklauseln
Zu unschädlichen Abfindungsklauseln in Pensionszusagen >BMF vom 6. 4. 2005 (BStBl I S. 619) und vom 1. 9. 2005 (BStBl I S. 860)

H 6a (6)

Gewichtung des Widerrufsvorbehalts
Bei der Beurteilung, ob ein schädlicher oder unschädlicher Vorbehalt vorliegt, ist ein strenger Maßstab anzulegen (>BFH vom 6. 10. 1967 – BStBl 1968 II S. 90).

H 6a (7)

Grundsatz der Gleichbehandlung

Die wegen arbeitsrechtlicher Entscheidungen notwendige Ergänzung einer bestehenden Witwenversorgung um eine Witwerversorgung ist erst wirksam, wenn die Ergänzung schriftlich vorgenommen wurde.

Schriftformerfordernis

- Voraussetzung für die steuerliche Anerkennung einer Pensionsrückstellung nach § 6a EStG ist u. a. eine schriftlich erteilte Pensionszusage. Die Vereinbarung muss neben dem Zusagezeitpunkt eindeutige und präzise Angaben zu Art, Form, Voraussetzungen und Höhe der in Aussicht gestellten künftigen Leistungen enthalten. Sofern es zur eindeutigen Ermittlung der in Aussicht gestellten Leistungen erforderlich ist, sind auch Angaben für die versicherungsmathematische Ermittlung der Höhe der Versorgungsverpflichtung (z. B. anzuwendender Rechnungszinsfuß oder anzuwendende biometrische Ausscheidewahrscheinlichkeiten) schriftlich festzulegen. Sind diese Angaben nicht vorhanden, scheidet die Bildung einer Pensionsrückstellung jedenfalls in der Steuerbilanz aus (>BMF vom 28. 8. 2001 – BStBl I S. 594).

- Eine schriftliche Pensionszusage liegt auch dann vor, wenn der Verpflichtete eine schriftliche Erklärung mit dem erforderlichen Inhalt abgibt und der Berechtigte die Zusage nach den Regeln des Zivilrechtes (z. B. durch mündliche Erklärung) annimmt (>BFH vom 27. 4. 2005 – BStBl II S. 702).

- Am Bilanzstichtag bereits feststehende gewinnabhängige Pensionsleistungen sind bei der Bewertung einzubeziehen, wenn und soweit sie dem Grunde und der Höhe nach eindeutig bestimmt sind und die Erhöhung der Versorgungsleistungen schriftlich durch eine Ergänzung der Pensionszusage gem. § 6a Abs. 1 Nr. 3 EStG festgeschrieben werden. Unabhängig vom maßgebenden Gewinnentstehungsjahr können die zusätzlichen Versorgungsleistungen wegen des Schriftformerfordernisses erstmals an dem der schriftlichen Festschreibung folgenden Bilanzstichtag bei der Rückstellungsbewertung berücksichtigt werden (>BMF vom 18. 10. 2013 – BStBl I S. 1268).

H 6a (9)

Anerkennungsgrundsätze

An den Nachweis der Ernsthaftigkeit von Pensionszusagen an >Arbeitnehmer-Ehegatten sind mit Rücksicht auf die besonderen persönlichen Beziehungen der Vertragspartner strenge Anforderungen zu stellen. Es ist insbesondere zu prüfen, ob die Pensionszusage nach den Umständen des Einzelfalls dem Grunde und der Höhe nach angemessen ist (>BFH vom 14. 7. 1989 – BStBl II S. 969). Für Pensionszusagen, die im Rahmen eines steuerlich anzuerkennenden Arbeitsverhältnisses dem >Arbeitnehmer-Ehegatten gegeben werden, sind Pensionsrückstellungen zu bilden, wenn

1. eine ernstlich gewollte, klar und eindeutig vereinbarte Verpflichtung vorliegt,
2. die Zusage dem Grunde nach angemessen ist und
3. der Arbeitgeber-Ehegatte auch tatsächlich mit der Inanspruchnahme aus der gegebenen Pensionszusage rechnen muss.

(>BMF vom 4. 9. 1984 – BStBl I S. 495 und vom 9. 1. 1986 – BStBl I S. 7).

Arbeitnehmer-Ehegatten
Pensionszusagen zwischen Ehegatten, die im Rahmen von steuerlich anzuerkennenden Arbeitsverhältnissen (>R 4.8) erteilt werden, sind auch steuerlich zu beachten und berechtigen zur Bildung von Pensionsrückstellungen (>BVerfG vom 22. 7. 1970 – BStBl II S. 652).

Fremdvergleich
Eine betriebliche Veranlassung einer Pensionszusage an einen Arbeitnehmer, der naher Angehöriger des Arbeitgebers ist, ist nicht allein deshalb zu verneinen, weil keine fremden Arbeitnehmer mit vergleichbaren Tätigkeitsmerkmalen im Betrieb beschäftigt werden und auch bei anderen Betrieben gleicher Größenordnung keine vergleichbaren Beschäftigungsverhältnisse ermittelt werden können.
Maßgebend ist eine Gesamtwürdigung aller Umstände des konkreten Einzelfalls (>BFH vom 18. 12. 2001 – BStBl 2002 II S. 353).

Rückdeckungsversicherung
Prämienzahlungen für eine Rückdeckungsversicherung einer Pensionszusage an den Arbeitnehmer-Ehegatten können als Betriebsausgaben behandelt werden, wenn auch die Pensionszusage als rückstellungsfähig anerkannt werden kann (>BMF vom 4. 9. 1984 – BStBl I S. 495).

Verpflichtungsumfang
Für die Bildung der Pensionsrückstellung bei Pensionszusagen zwischen Ehegatten in Einzelunternehmen kommt nur eine Zusage auf Alters-, Invaliden- und Waisenrente in Betracht (>BMF vom 4. 9. 1984 – BStBl I S. 495).

Witwen-/Witwerversorgung
Eine Zusage auf Witwen- oder Witwerversorgung ist im Rahmen von Ehegatten-Pensionszusagen in Einzelunternehmen nicht rückstellungsfähig, da hier bei Eintritt des Versorgungsfalls Anspruch und Verpflichtung in einer Person zusammenfallen (>BMF vom 4. 9. 1984 – BStBl I S. 495); dies gilt auch dann, wenn in der Zusage vereinbart ist, dass sie durch eine mögliche Eheschließung oder Betriebsveräußerung nicht berührt wird.

H 6a (10)

Betriebsübergang
Für die Anwendung des § 613a BGB ist entscheidend, ob das im Zeitpunkt des Betriebsübergangs bestehende Dienstverhältnis als Arbeitsverhältnis anzusehen ist (>BFH vom 10. 8. 1994 – BStBl 1995 II S. 250).

Rechnungsgrundlagen
Zur Anerkennung unternehmensspezifischer und modifizierter biometrischer Rechnungsgrundlagen bei der Bewertung der Pensionsverpflichtungen nach § 6a EStG >BMF vom 9. 12. 2011 (BStBl I S. 1247)

Richttafeln 2018 G
>BMF vom 19. 10. 2018 (BStBl I S. 1107)

Tatsächlicher Dienstantritt
Bei der Ermittlung des Diensteintrittsalters ist – unabhängig vom Bestehen eines Rumpfwirtschaftsjahres – auf den Beginn des Kj. des Diensteintritts abzustellen (>BFH vom 21. 8. 2007 –

BStBl 2008 II S. 513). Als Beginn des Dienstverhältnisses ist grundsätzlich der tatsächliche Dienstantritt im Rahmen des bestehenden Dienstverhältnisses anzusehen (>BFH vom 25.5.1988 – BStBl II S. 720); das Dienstverhältnis wird nicht unterbrochen, wenn der Stpfl. auf Grund gesetzlicher Vorschriften in die Pflichten des Dienstverhältnisses eintritt (z. B. § 613a BGB).

Verpflichtungsübernahmen, Schuldbeitritte und Erfüllungsübernahmen

Zur bilanziellen Berücksichtigung von Verpflichtungsübernahmen, Schuldbeitritten und Erfüllungsübernahmen mit vollständiger oder teilweiser Schuldfreistellung im Zusammenhang mit Pensionsverpflichtungen >BMF vom 30.11.2017 (BStBl I S. 1619)

Vordienstzeiten

Zur Berücksichtigung von vertraglichen Vordienstzeiten >BMF vom 22.12.1997 (BStBl I S. 1020) und >BFH vom 7.2.2002 (BStBl 2005 II S. 88)

H 6a (11)

Pensionsalter

Zum maßgebenden Pensionsalter bei der Bewertung von Versorgungszusagen >BMF vom 9.12.2016 (BStBl I S. 1427)

H 6a (12)

Übertragung von Pensionszusagen auf Pensionsfonds

Zur Übertragung von Versorgungsverpflichtungen und Versorgungsanwartschaften auf Pensionsfonds nach § 4e Abs. 3 EStG i. V. m. § 3 Nr. 66 EStG >BMF vom 26.10.2006 (BStBl I S. 709) und vom 10.7.2015 (BStBl I S. 544)

H 6a (14)

Näherungsverfahren

Zur Berücksichtigung von Renten aus der gesetzlichen Rentenversicherung >BMF vom 15.3.2007 (BStBl I S. 290) und vom 5.5.2008 (BStBl I S. 570)

H 6a (15)

Überschneidung

Die Bildung von Pensionsrückstellungen und Zuwendungen an Pensions- und Unterstützungskassen schließen sich gegenseitig aus (>BFH vom 22.1.1958 – BStBl III S. 186).

H 6a (17)

Mehrjährige Gehaltssteigerung (Beispiel):
Ein Arbeitnehmer hat eine Pensionszusage in Höhe von 10 % des letzten vor Eintritt des Versorgungsfalls bezogenen Gehalts. Am 10.12.01 wird rechtsverbindlich vereinbart, dass sich das derzeitige Gehalt von 3.000 € mit Wirkung vom 1.4.02 auf 3.150 € und mit Wirkung vom 1.2.03 auf 3.250 € erhöht. Die dadurch vereinbarten Erhöhungen des Pensionsanspruchs von 15 € monatlich zum 1.4.02 und von 10 € monatlich zum 1.2.03 sind bereits bei der Rückstellungsberechnung zum 31.12.01 zu berücksichtigen.

Steigerungen der Versorgungsansprüche
Fest zugesagte prozentuale Rentenerhöhungen sind bei der Bewertung der Pensionsrückstellung zu berücksichtigen (>BFH vom 17. 5. 1995 – BStBl 1996 II S. 423); Entsprechendes gilt für zugesagte prozentuale Steigerungen der Rentenanwartschaft (>BFH vom 25. 10. 1995 – BStBl 1996 II S. 403).
Mögliche künftige Anpassungen nach § 16 Abs. 1 Betriebsrentengesetz sind nicht rückstellungsfähig (>BFH vom 6. 12. 1995 – BStBl 1996 II S. 406).

Überversorgung
– Zur bilanzsteuerrechtlichen Berücksichtigung von überdurchschnittlich hohen Versorgungsanwartschaften (Überversorgung) >BMF vom 3. 11. 2004 (BStBl I S. 1045) und vom 13. 12. 2012 (BStBl 2013 I S. 35).
– Wird eine Versorgungszusage trotz dauerhaft reduzierter Aktivbezüge nicht ihrerseits vermindert, liegt eine Überversorgung vor, die zu einer Kürzung der Pensionsrückstellung nach § 6a EStG führt (>BFH vom 27. 3. 2012 – BStBl II S. 665).

Wertpapiergebundene Pensionszusagen
Pensionsrückstellungen können nur insoweit gebildet werden, als der Versorgungsanspruch auf die garantierte Mindestleistung entfällt. Zusätzliche Leistungen, die vom Wert bestimmter Wertpapiere (z. B. Fondsanteile, Aktien) zu einem festgelegten künftigen Zeitpunkt (z. B. Eintritt des Versorgungsfalles) abhängen, sind nicht zu berücksichtigen (>BMF vom 17. 12. 2002 – BStBl I S. 1397).

H 6a (19)

Ablösung der Rente
Bei der Bewertung einer Pensionsverpflichtung kann eine Ablösungsvereinbarung erst berücksichtigt werden, wenn sie feststeht (>BFH vom 7. 4. 1994 – BStBl II S. 740).

H 6a (20)

Nachholverbot
– Das Nachholverbot gilt nicht, wenn am Schluss des vorangegangenen Wj. eine Pensionsverpflichtung bestand, für die in der Vorjahresbilanz keine Rückstellung gebildet werden konnte. Entsprechendes gilt, wenn zwar in der Vorjahresbilanz eine Pensionsrückstellung gebildet werden durfte, diese aber nur einen Teil der bestehenden Verpflichtung abdecken durfte (>BFH vom 8. 10. 2008 – BStBl 2010 I S. 186).

- Ist eine Rückstellung nicht gebildet worden, weil ihr die BFH-Rechtsprechung entgegenstand, so führt die Aufgabe dieser Rechtsprechung nicht dazu, dass für die Zeit bis zur Aufgabe dieser Rechtsprechung das Nachholverbot des § 6a Abs. 4 EStG gilt. Die Rückstellung kann spätestens in dem Jahr, in dem die Rechtsprechung aufgegeben wird, in vollem Umfang nachgeholt werden (>BFH vom 7. 4. 1994 – BStBl II S. 740).
- Das Nachholverbot ist auch bei Pensionsrückstellungen anzuwenden, die in einem vorangegangenen Wj. auf Grund einer zulässigen Bewertungsmethode niedriger als möglich bewertet worden sind (>BFH vom 10. 7. 2002 – BStBl 2003 II S. 936).
- Beruht der fehlende oder fehlerhafte Ansatz einer Pensionsrückstellung auf einen Rechtsirrtum, ist das Nachholverbot anzuwenden. Das gilt unabhängig davon, ob nach den Umständen des jeweiligen Einzelfalles eine willkürliche Gewinnverschiebung anzunehmen ist (>BMF vom 11. 12. 2003 – BStBl I S. 746).
- Wurde infolge eines Berechnungsfehlers eine Pensionsrückstellung in einer früheren Bilanz mit einem Wert angesetzt, der unterhalb des Teilwerts liegt, greift das Nachholverbot (>BFH vom 14. 1. 2009 – BStBl II S. 457).
- Das Nachholverbot geht dem Grundsatz des formellen Bilanzenzusammenhangs vor (>BFH vom 13. 2. 2008 – BStBl II S. 673).

H 6a (23)

Begriff der Rückdeckungsversicherung
Eine Rückdeckungsversicherung liegt vor, wenn
- dem Arbeitnehmer ausreichend bestimmt eine Versorgung aus den Mitteln des Arbeitgebers zugesagt ist,
- zur Gewährleistung der Mittel für die Ausführung dieser Versorgung eine Sicherung geschaffen ist,
- die Sicherung nicht zusätzlich den Belangen des Arbeitnehmers dient, sondern allein oder überwiegend den Belangen des Arbeitgebers zu dienen bestimmt ist.

Das ist gewährleistet, wenn der Arbeitgeber Versicherungsnehmer, alleiniger Prämienzahler und Bezugsberechtigter auf die Versicherungsleistungen ist (>BFH vom 28. 6. 2001 – BStBl 2002 II S. 724).

Getrennte Bilanzierung
Der Rückdeckungsanspruch einerseits und die Pensionsverpflichtung andererseits stellen unabhängig voneinander zu bilanzierende Wirtschaftsgüter dar (>BFH vom 25. 2. 2004 – BStBl II S. 654). Eine Saldierung des Rückdeckungsanspruches mit der Pensionsrückstellung ist auch dann nicht zulässig, wenn eine solche nicht passiviert werden muss, weil es sich um eine Altzusage (>R 6a Abs. 1 Satz 3) handelt (>BFH vom 28. 6. 2001 – BStBl 2002 II S. 724). Auch bei Rückdeckung in voller Höhe (kongruente Rückdeckung) ist eine Saldierung nicht zulässig (>BFH vom 25. 2. 2004 – BStBl II S. 654).

Rückdeckungsanspruch
- Ansprüche aus der Rückdeckung von Pensionsverpflichtungen sind als Forderungen grundsätzlich mit ihren Anschaffungskosten anzusetzen. Das sind die bis zum jeweiligen Bilanzstichtag vom Versicherungsnehmer unmittelbar aufgewendeten Sparanteile der Versicherungsprämien (Sparbeiträge) zzgl. der Zinsansprüche sowie der Guthaben aus Überschussbeteiligungen. Hierfür ist das vom Versicherer jeweils nachgewiesene Deckungskapital (Deckungsrückstellung) die Bewertungsgrundlage und der Bewertungsmaßstab. Hierzu gehören alle aus dem Versicherungsvertragsverhältnis resultierenden Ansprüche gegen den Versicherer (z. B. Guthaben aus Überschussbeteiligungen, verzinslichen Ansammlungen, An-

wartschaft auf Hinterbliebenenleistungen usw.). Eine Begrenzung des Bilanzansatzes auf den Betrag der passivierten Pensionsrückstellung ist nicht zulässig (>BFH vom 25.2.2004 – BStBl II S. 654).

- Der Anspruch aus der Rückdeckung einer Zusage auf Hinterbliebenenversorgung ist mit dem vom Versicherer nachgewiesenen Deckungskapital (Deckungsrückstellung) zu aktivieren (>BFH vom 9.8.2006 – BStBl II S. 762).

- Der Anspruch aus einer Kapitallebensversicherung, die mit einer Berufsunfähigkeits-Zusatzversicherung kombiniert ist, ist auch nach Eintritt der Berufsunfähigkeit als ein einheitliches Wirtschaftsgut zu aktivieren und mit dem Rechnungszinssatz zu bemessen, den der Versicherer für die Berechnung der Deckungsrückstellung für die Lebensversicherung verwendet hat (>BFH vom 10.6.2009 – BStBl 2010 II S. 32).

Teilwertabschreibung

Eine Teilwertabschreibung von Ansprüchen aus der Rückdeckung von Pensionsverpflichtungen kommt nur in Betracht, wenn besondere Anhaltspunkte vorliegen, die den Abschluss der Rückdeckungsversicherung als geschäftliche Fehlmaßnahme erscheinen lassen. Die Tatsache, dass der Rückkaufswert einer Versicherung das angesammelte Deckungskapital regelmäßig unterschreitet, rechtfertigt keine Teilwertabschreibung auf diesen Wert, solange der Rückkauf nicht beabsichtigt ist oder wenn der Rückkauf mit Rentenbeginn ausgeschlossen ist (>BFH vom 25.2.2004 – BStBl II S. 654).

Vereinfachungsregelung

Wegen einer Vereinfachungsregelung bei der Aktivierung des Rückdeckungsanspruches >BMF vom 30.6.1975 (BStBl I S. 716), A IV Abs. 25.

Zu § 6b EStG

| R 6b.1 | **Ermittlung des Gewinns aus der Veräußerung bestimmter Anlagegüter i. S. d. § 6b EStG** |

Begriff der Veräußerung

(1) [1]Es ist ohne Bedeutung, ob der Unternehmer das Wirtschaftsgut freiwillig veräußert oder ob die Veräußerung unter Zwang erfolgt, z. B. infolge oder zur Vermeidung eines behördlichen Eingriffs oder im Wege einer Zwangsversteigerung. [2]Die Veräußerung setzt den Übergang eines Wirtschaftsgutes von einer Person auf eine andere voraus. [3]Auch der Tausch von Wirtschaftsgütern ist eine Veräußerung. [4]Die Überführung von Wirtschaftsgütern aus einem Betrieb in einen anderen Betrieb des Stpfl. und die Überführung von Wirtschaftsgütern aus dem Betriebsvermögen in das Privatvermögen sowie das Ausscheiden von Wirtschaftsgütern infolge höherer Gewalt sind keine Veräußerungen. [5]In den Fällen des rückwirkenden Teilwertansatzes nach § 6 Abs. 5 Satz 4 EStG ist eine Gewinnübertragung nach § 6b EStG zulässig, wenn die Übertragung des Wirtschaftsgutes entgeltlich (z. B. gegen Gewährung von Gesellschaftsrechten) erfolgt ist.

Buchwert

(2) [1]Buchwert ist der Wert, der sich für das Wirtschaftsgut im Zeitpunkt seiner Veräußerung ergeben würde, wenn für diesen Zeitpunkt eine Bilanz aufzustellen wäre. [2]Das bedeutet, dass bei abnutzbaren Anlagegütern auch noch AfA nach § 7 EStG, erhöhte Absetzungen sowie etwaige Sonderabschreibungen für den Zeitraum vom letzten Bilanzstichtag bis zum Veräußerungszeitpunkt vorgenommen werden können. [3]Eine Wertaufholung nach § 6 Abs. 1 Nr. 1 Satz 4 oder § 7 Abs. 1 Satz 7 EStG ist vorzunehmen.

| H 6b.1 |

Abbruchkosten
Kosten für den anlässlich einer Veräußerung des Grund und Bodens erfolgten Abbruch eines Gebäudes stellen laufenden Aufwand dar und haben keine Auswirkung auf die Höhe des Veräußerungsgewinns i. S. d. § 6b Abs. 2 EStG (>BFH vom 27. 2. 1991 – BStBl II S. 628).

Aufwuchs auf Grund und Boden
– Begriff
  Aufwuchs auf dem Grund und Boden sind die Pflanzen, die auf dem Grund und Boden gewachsen und noch darin verwurzelt sind (>BFH vom 7. 5. 1987 – BStBl II S. 670).
– Veräußerungsvorgänge
  Die Anwendung des § 6b EStG ist auch dann möglich, wenn Aufwuchs auf Grund und Boden und der dazugehörige Grund und Boden in engem sachlichen (wirtschaftlichen) und zeitlichen Zusammenhang an zwei verschiedene Erwerber veräußert werden und die Veräußerungen auf einem einheitlichen Veräußerungsentschluss beruhen (>BFH vom 7. 5. 1987 – BStBl II S. 670).

Entnahme
Erwirbt der Stpfl. für die Hingabe eines Wirtschaftsguts ein Wirtschaftsgut des Privatvermögens oder wird er dafür von einer privaten Schuld befreit, liegt eine nach § 6b EStG nicht begünstigte Entnahme vor (>BFH vom 23. 6. 1981 – BStBl 1982 II S. 18); siehe aber >Tausch.

Grund und Boden
– Der Begriff „Grund und Boden" umfasst nur den „nackten" Grund und Boden >BFH vom 24. 8. 1989 (BStBl II S. 1016).
– Das Recht, ein Grundstück mit Klärschlamm zu verfüllen, ist kein vom Grund und Boden verselbständigtes Wirtschaftsgut (>BFH vom 20. 3. 2003 – BStBl II S. 878).
– Die baurechtliche Möglichkeit, ein Grundstück mit einer Windenergieanlage zu bebauen, stellt kein selbständiges Wirtschaftsgut dar, sondern lediglich einen für den Grund und Boden wertbildenden Faktor (>BFH vom 10. 3. 2016 – BStBl II S. 984).

Nicht begünstigte Wirtschaftsgüter
Zum Grund und Boden rechnen nicht
– Gebäude,
– Bodenschätze, soweit sie als Wirtschaftsgut bereits entstanden sind,
– Eigenjagdrechte (>BMF vom 23. 6. 1999 – BStBl I S. 593),
– grundstücksgleiche Rechte,
– Be- und Entwässerungsanlagen,
– stehendes Holz,
– Obst- und Baumschulanlagen,
– Korbweidenkulturen,
– Rebanlagen,
– Spargelanlagen,
– Feldinventar,
– Rechte, den Grund und Boden zu nutzen (>BFH vom 24. 8. 1989 – BStBl II S. 1016).

Tausch
Bei tauschweiser Hingabe eines betrieblichen Wirtschaftsguts setzt die Inanspruchnahme des § 6b EStG voraus, dass der Anspruch auf das eingetauschte Wirtschaftsgut (zunächst) Betriebsvermögen wird (>BFH vom 29. 6. 1995 – BStBl 1996 II S. 60); siehe aber >Entnahme.

Umlegungs- und Flurbereinigungsverfahren
Zwischen Grundstücken, die in ein Umlegungs- oder Flurbereinigungsverfahren eingebracht werden und den daraus im Zuteilungswege erlangten Grundstücken besteht Identität, soweit die eingebrachten und erlangten Grundstücke wertgleich sind; eine Gewinnrealisierung nach Tauschgrundsätzen tritt insoweit nicht ein (>BFH vom 13. 3. 1986 – BStBl II S. 711).

Veräußerung
ist die entgeltliche Übertragung des wirtschaftlichen Eigentums an einem Wirtschaftsgut (>BFH vom 27. 8. 1992 – BStBl 1993 II S. 225).

Veräußerung aus dem Gesamthandsvermögen
Veräußert eine Personengesellschaft ein Wirtschaftsgut aus dem Gesamthandsvermögen an einen Gesellschafter zu Bedingungen, die bei entgeltlichen Veräußerungen zwischen Fremden üblich sind, und wird das Wirtschaftsgut bei dem Erwerber Privatvermögen, ist der dabei realisierte Gewinn insgesamt, d. h. auch soweit der Erwerber als Gesellschafter am Vermögen der veräußernden Personengesellschaft beteiligt ist, ein begünstigungsfähiger Veräußerungsgewinn (>BFH vom 10. 7. 1980 – BStBl 1981 II S. 84).

Zeitpunkt des Übergangs des wirtschaftlichen Eigentums
– Das wirtschaftliche Eigentum ist in dem Zeitpunkt übertragen, in dem die Verfügungsmacht (Herrschaftsgewalt) auf den Erwerber übergeht. In diesem Zeitpunkt scheidet das Wirtschaftsgut bestandsmäßig aus dem Betriebsvermögen des veräußernden Stpfl. aus und darf dementsprechend (auch handelsrechtlich) nicht mehr bilanziert werden (>BFH vom 27. 2. 1986 – BStBl II S. 552).
– >H 4.2 (1) Gewinnrealisierung

R 6b.2 **Übertragung aufgedeckter stiller Reserven und Rücklagenbildung nach § 6b EStG**

Abzug des begünstigten Gewinns
(1) [1]Voraussetzung für den Abzug des begünstigten Gewinns von den Anschaffungs- oder Herstellungskosten eines Wirtschaftsgutes nach § 6b Abs. 1, 3 oder 10 EStG ist, dass das Wirtschaftsgut wegen der Abweichung von der Handelsbilanz in ein besonderes, laufend zu führendes Verzeichnis aufgenommen wird (>§ 5 Abs. 1 Satz 2 EStG). [2]Nach § 6b Abs. 1 oder Abs. 10 Satz 1 bis 3 EStG kann der Abzug nur in dem Wirtschaftsjahr vorgenommen werden, in dem der begünstigte Gewinn entstanden ist (Veräußerungsjahr). [3]Ist das Wirtschaftsgut in diesem Wirtschaftsjahr angeschafft oder hergestellt worden, ist der Abzug von den gesamten in diesem Wirtschaftsjahr angefallenen Anschaffungs- oder Herstellungskosten vorzunehmen. [4]Dies gilt unabhängig davon, ob das Wirtschaftsgut vor oder nach der Veräußerung angeschafft oder hergestellt worden ist. [5]Ist das Wirtschaftsgut in dem Wirtschaftsjahr angeschafft oder hergestellt worden, das dem Veräußerungsjahr vorangegangen ist, ist der Abzug nach § 6b Abs. 1 EStG von dem Buchwert nach § 6b Abs. 5 EStG vorzunehmen. [6]Sind im Veräußerungsjahr noch nachträgliche Anschaffungs- oder Herstellungskosten angefallen, ist der Abzug von dem um diese Kosten erhöhten Buchwert vorzunehmen. [7]Nach § 6b Abs. 3 oder Abs. 10 EStG kann der Abzug nur in dem Wirtschaftsjahr vorgenommen werden, in dem das Wirtschaftsgut angeschafft oder

hergestellt worden ist. [8]Der Abzug ist von den gesamten in diesem Wirtschaftsjahr angefallenen Anschaffungs- oder Herstellungskosten des Wirtschaftsgutes vorzunehmen. [9]Bei nachträglichen Herstellungskosten, die durch die Erweiterung, den Ausbau oder den Umbau eines Gebäudes entstehen, ist der Abzug nach § 6b Abs. 1, Abs. 3 oder Abs. 10 EStG unabhängig vom Zeitpunkt der ursprünglichen Anschaffung oder Herstellung dieses Wirtschaftsgutes zulässig.

Rücklagenbildung

(2) [1]Zur Erfüllung der Aufzeichnungspflichten nach § 5 Abs. 1 Satz 2 EStG ist bei der Bildung der steuerfreien Rücklage der Ansatz in der Steuerbilanz ausreichend. [2]Die Aufnahme des Wirtschaftsguts in das besondere Verzeichnis ist erst bei Übertragung der Rücklage erforderlich.

(3) [1]Rücklagen nach § 6b Abs. 3 oder Abs. 10 EStG können in der Bilanz in einem Posten zusammengefasst werden. [2]In der Buchführung muss aber im Einzelnen nachgewiesen werden, bei welchen Wirtschaftsgütern der in die Rücklage eingestellte Gewinn entstanden und auf welche Wirtschaftsgüter er übertragen oder wann die Rücklage gewinnerhöhend aufgelöst worden ist.

Rücklagenauflösung

(4) Wird der Gewinn des Stpfl. in einem Wirtschaftsjahr, das in den nach § 6b Abs. 3 oder Abs. 10 EStG maßgebenden Zeitraum fällt, geschätzt, weil keine Bilanz aufgestellt wurde, ist die Rücklage in diesem Wirtschaftsjahr gewinnerhöhend aufzulösen und ein Betrag in Höhe der Rücklage im Rahmen der Gewinnschätzung zu berücksichtigen.

Gewinnzuschlag

(5) [1]Der >Gewinnzuschlag nach § 6b Abs. 7 oder Abs. 10 EStG ist in den Fällen vorzunehmen, in denen ein Abzug von den Anschaffungs- oder Herstellungskosten begünstigter Wirtschaftsgüter nicht oder nur teilweise vorgenommen worden ist und die Rücklage oder der nach Abzug verbleibende Rücklagenbetrag aufgelöst wird. [2]Ein Gewinnzuschlag ist demnach auch vorzunehmen, soweit die Auflösung einer Rücklage vor Ablauf der in § 6b Abs. 3 oder Abs. 10 EStG genannten Fristen erfolgt (vorzeitige Auflösung der Rücklage).

Übertragungsmöglichkeiten

(6) [1]Ein Stpfl. kann den begünstigten Gewinn, der in einem als Einzelunternehmen geführten Betrieb entstanden ist, vorbehaltlich der Regelung in § 6b Abs. 4 Satz 2 EStG auf Wirtschaftsgüter übertragen, die

1. zu demselben oder einem anderen als Einzelunternehmen geführten Betrieb des Stpfl. gehören oder
2. zum Betriebsvermögen einer Personengesellschaft gehören, an der der Stpfl. als Mitunternehmer beteiligt ist, soweit die Wirtschaftsgüter dem Stpfl. als Mitunternehmer zuzurechnen sind.

[2]Ein Stpfl. kann den begünstigten Gewinn aus der Veräußerung eines Wirtschaftsgutes, das zu seinem Sonderbetriebsvermögen bei einer Mitunternehmerschaft gehört, vorbehaltlich der Regelung in § 6b Abs. 4 Satz 2 EStG auf Wirtschaftsgüter übertragen, die

1. zu demselben Sonderbetriebsvermögen des Stpfl. oder zum Sonderbetriebsvermögen des Stpfl. bei einer anderen Personengesellschaft gehören oder
2. zum Gesamthandsvermögen der Personengesellschaft, der das veräußerte Wirtschaftsgut gedient hat, oder zum Gesamthandsvermögen einer anderen Personengesellschaft gehören, soweit die Wirtschaftsgüter dem Stpfl. als Mitunternehmer zuzurechnen sind, oder
3. zu einem als Einzelunternehmen geführten Betrieb des Stpfl. gehören.

[3]Wegen der Rücklage bei Betriebsveräußerung oder -aufgabe >Absatz 10.

(7) Der begünstigte Gewinn aus der Veräußerung eines Wirtschaftsgutes, das zum Gesamthandsvermögen einer Personengesellschaft gehört, kann übertragen werden
1. auf Wirtschaftsgüter, die zum Gesamthandsvermögen der Personengesellschaft gehören,
2. auf Wirtschaftsgüter, die zum Sonderbetriebsvermögen eines Mitunternehmers der Personengesellschaft gehören, aus deren Betriebsvermögen das veräußerte Wirtschaftsgut ausgeschieden ist, soweit der begünstigte Gewinn anteilig auf diesen Mitunternehmer entfällt,
3. vorbehaltlich der Regelung in § 6b Abs. 4 Satz 2 EStG auf Wirtschaftsgüter, die zum Betriebsvermögen eines anderen als Einzelunternehmen geführten Betriebs eines Mitunternehmers gehören, soweit der begünstigte Gewinn anteilig auf diesen Mitunternehmer entfällt,
4. vorbehaltlich der Regelung in § 6b Abs. 4 Satz 2 EStG auf Wirtschaftsgüter, die zum Gesamthandsvermögen einer anderen Personengesellschaft oder zum Sonderbetriebsvermögen des Mitunternehmers bei einer anderen Personengesellschaft gehören, soweit diese Wirtschaftsgüter dem Mitunternehmer der Gesellschaft, aus deren Betriebsvermögen das veräußerte Wirtschaftsgut ausgeschieden ist, zuzurechnen sind und soweit der begünstigte Gewinn anteilig auf diesen Mitunternehmer entfällt.

(8) [1]Wird der begünstigte Gewinn, der bei der Veräußerung eines Wirtschaftsgutes entstanden ist, bei den Anschaffungs- oder Herstellungskosten eines Wirtschaftsgutes eines anderen Betriebs des Stpfl. berücksichtigt, ist er erfolgsneutral dem Kapitalkonto der für den veräußernden Betrieb aufzustellenden Bilanz hinzuzurechnen. [2]Gleichzeitig ist ein Betrag in Höhe des begünstigten Gewinns von den Anschaffungs- oder Herstellungskosten der in dem anderen Betrieb angeschafften oder hergestellten Wirtschaftsgüter erfolgsneutral (zu Lasten des Kapitalkontos) abzusetzen. [3]Eine nach § 6b Abs. 3 oder Abs. 10 EStG gebildete Rücklage kann auf einen anderen Betrieb erst in dem Wirtschaftsjahr übertragen werden, in dem der Abzug von den Anschaffungs- oder Herstellungskosten bei Wirtschaftsgütern des anderen Betriebs vorgenommen wird.

Rücklage bei Änderung der Unternehmensform

(9) [1]Bei der Umwandlung eines Einzelunternehmens in eine Personengesellschaft kann der bisherige Einzelunternehmer eine von ihm gebildete Rücklage in einer Ergänzungsbilanz weiterführen. [2]Wird eine Personengesellschaft in ein Einzelunternehmen umgewandelt, kann der den Betrieb fortführende Gesellschafter eine Rücklage der Gesellschaft insoweit weiterführen, als sie (anteilig) auf ihn entfällt. [3]Bei der Realteilung einer Personengesellschaft unter Fortführung entsprechender Einzelunternehmen kann die Rücklage anteilig in den Einzelunternehmen fortgeführt werden.

>Rücklage bei Betriebsveräußerung

(10) [1]Veräußert ein Stpfl. seinen Betrieb, zu dessen Betriebsvermögen eine Rücklage i. S. d. § 6b Abs. 3 oder Abs. 10 EStG gehört, oder bildet er eine solche Rücklage anlässlich der Betriebsveräußerung, kann er die Rücklage noch für die Zeit weiterführen, für die sie ohne Veräußerung des Betriebs zulässig gewesen wäre. [2]Wegen der Übertragungsmöglichkeit >Absatz 6 und 7. [3]Wird eine Rücklage, die nicht anlässlich der Betriebsveräußerung gebildet worden ist, weitergeführt, kann für den Veräußerungsgewinn der Freibetrag nach § 16 Abs. 4 EStG und eine Tarifermäßigung nach § 34 EStG nur in Anspruch genommen werden, wenn die Rücklage keine stillen Reserven enthält, die bei der Veräußerung einer wesentlichen Grundlage des Betriebs aufgedeckt worden sind. [4]Liegen die Voraussetzungen für die Weiterführung der Rücklage nicht oder nicht mehr vor, ist sie gewinnerhöhend aufzulösen. [5]Wird eine Rücklage allerdings im Rahmen einer Betriebsveräußerung aufgelöst, gehört der dabei entstehende Gewinn zum Veräußerungsgewinn. [6]Diese Grundsätze gelten bei der Veräußerung eines Mitunternehmeranteiles, bei der Auflösung einer Personengesellschaft und bei der Aufgabe eines Betriebs entsprechend.

Wechsel der Gewinnermittlungsart

(11) ¹Geht ein Stpfl. während des Zeitraums, für den eine nach § 6b Abs. 3 oder Abs. 10 EStG gebildete Rücklage fortgeführt werden kann, von der Gewinnermittlung nach § 4 Abs. 1 oder § 5 EStG zur Gewinnermittlung nach § 4 Abs. 3 EStG oder nach Durchschnittssätzen (§ 13a EStG) über, gelten für die Fortführung und die Übertragungsmöglichkeiten dieser Rücklage die Vorschriften des § 6c EStG. ²Geht der Stpfl. von der Gewinnermittlung nach § 4 Abs. 3 EStG oder nach Durchschnittssätzen (§ 13a EStG) zur Gewinnermittlung nach § 4 Abs. 1 oder § 5 EStG über und sind im Zeitpunkt des Wechsels der Gewinnermittlungsart nach § 6c EStG begünstigte Gewinne noch nicht aufzulösen, ist in Höhe der noch nicht übertragenen Gewinne eine Rücklage in der Übergangsbilanz auszuweisen. ³Für die weitere Behandlung dieser Rücklage gelten die Vorschriften des § 6b EStG.

Gewinne aus der Veräußerung von Anteilen an Kapitalgesellschaften

(12) ¹Für die Berechnung des Höchstbetrages nach § 6b Abs. 10 Satz 1 EStG ist der einzelne Mitunternehmer als Stpfl. anzusehen, mit der Folge, dass der Höchstbetrag von 500.000 Euro für jeden Mitunternehmer zur Anwendung kommt. ²Dabei ist für die zeitliche Zuordnung der Gewinne bei abweichendem Wirtschaftsjahr auf den VZ abzustellen, dem die entstandenen Gewinne aus der Veräußerung nach § 4a EStG zuzuordnen sind.

(13) ¹Eine Übertragung des Gewinns auf die in dem der Veräußerung vorangegangenen Wirtschaftsjahr angeschafften oder hergestellten Wirtschaftsgüter sieht § 6b Abs. 10 Satz 1 EStG (anders als § 6b Abs. 1 Satz 1 EStG) ausdrücklich nicht vor. ²Eine Übertragung des Gewinns ist auf die frühestens im gleichen Wirtschaftsjahr angeschafften oder hergestellten Reinvestitionsgüter möglich.

H 6b.2

Anschaffungszeitpunkt

Gehen Besitz, Nutzen und Lasten eines Wirtschaftsguts erst zum ersten Tag des folgenden Wj. über, ist das Wirtschaftsgut erst in diesem Wj. angeschafft (>BFH vom 7. 11. 1991 – BStBl 1992 II S. 398).

Buchwert

Bei der Ermittlung des für die Berechnung des übertragbaren Gewinns maßgeblichen Buchwerts sind alle Bewertungsregeln des § 6 EStG zu beachten, auch die Regelungen zur Wertaufholung (>BFH vom 9. 11. 2017 – BStBl 2018 II S. 575).

Eigenaufwand für ein fremdes Wirtschaftsgut

Die Übertragung einer Rücklage auf Eigenaufwand, den der Stpfl. im betrieblichen Interesse für ein im Miteigentum oder in fremdem Eigentum stehendes Gebäude geleistet hat (>H 4.7), ist nicht zulässig (>BMF vom 16. 12. 2016 – BStBl I S. 1431, Rdnr. 3). Wurde in der Vergangenheit anders verfahren, sind die dadurch entstandenen stillen Reserven nach den Grundsätzen zur Bilanzberichtigung gewinnerhöhend aufzulösen (>BMF vom 16. 12. 2016 – BStBl I S. 1431, Rdnr. 4 mit Übergangsregelung).

Einlage

Die Einlage eines Wirtschaftsguts in das Betriebsvermögen ist keine Anschaffung i. S. d. § 6b EStG (>BFH vom 11. 12. 1984 – BStBl 1985 II S. 250).

Zu § 6b EStG   R 6b.2   A. II.

Gewinnzuschlag

Die Rücklage hat auch dann während des ganzen Wj. bestanden, wenn sie buchungstechnisch bereits während des laufenden Wj. aufgelöst worden ist (>BFH vom 26.10.1989 – BStBl 1990 II S. 290).

Beispiel zur Berechnung des Gewinnzuschlags

Ein Stpfl., dessen Wj. mit dem Kj. übereinstimmt, veräußert am 1.2.01 ein Wirtschaftsgut. Der nach § 6b EStG begünstigte Gewinn beträgt 400.000 €. Der Stpfl. bildet in der Bilanz des Jahres 01 eine Rücklage in Höhe von 400.000 €, die er auch in den Bilanzen der Jahre 02 und 03 ausweist. Am 1.10.04 erwirbt er ein begünstigtes Wirtschaftsgut, dessen Anschaffungskosten 300.000 € betragen. Der Stpfl. nimmt einen gewinnmindernden Abzug von 300.000 € vor und löst die gesamte Rücklage gewinnerhöhend auf.
Der Gewinn aus der Auflösung der Rücklage beträgt 400.000 € – davon werden 300.000 € nach § 6b Abs. 3 Satz 4 EStG und 100.000 € nach § 6b Abs. 3 Satz 5 EStG aufgelöst. Bemessungsgrundlage für den Gewinnzuschlag sind 100.000 €. Die Rücklage hat in den Wj. 01 bis 04 bestanden. Der Gewinnzuschlag ist für jedes volle Wj. des Bestehens der Rücklage vorzunehmen; das sind die Wj. 02 bis 04, denn im Wj. 04 kann die Auflösung der Rücklage erst zum Bilanzabschluss und nicht bereits zum Zeitpunkt der Wiederanlage erfolgen.
Der Gewinnzuschlag beträgt 3 × 6 % von 100.000 € = 18.000 €.

Herstellungsbeginn

– Der für die Verlängerung der Auflösungsfrist nach § 6b Abs. 3 Satz 3 EStG maßgebende Herstellungsbeginn kann die Einreichung des Bauantrags sein (>BFH vom 15.10.1981 – BStBl 1982 II S. 63).

– Ein vor Einreichung des Bauantrags durchgeführter Gebäudeabbruch zum Zweck der Errichtung eines Neubaus kann als Beginn der Herstellung in Betracht kommen (>BFH vom 12.6.1978 – BStBl II S. 620).

Mittelbare Grundstücksschenkung

Eine Rücklage kann nicht auf ein im Wege der mittelbaren Grundstücksschenkung erworbenes Grundstück übertragen werden (>BFH vom 23.4.2009 – BStBl 2010 II S. 664).

Rücklage bei Betriebsveräußerung

– Gewinne aus der Auflösung von Rücklagen, die nicht im Rahmen eines Gewinns aus einer Betriebsveräußerung oder -aufgabe angefallen sind, sind nicht tarifbegünstigt (>BFH vom 4.2.1982 – BStBl II S. 348).

– Die Zulässigkeit der Rücklage nach § 6b Abs. 3 EStG setzt nicht voraus, dass die Mittel aus der Rücklage für eine Reinvestition noch zur Verfügung stehen und eine konkrete Reinvestitionsabsicht besteht. Es genügt, dass die spätere Übertragung der Rücklage auf ein begünstigtes Reinvestitionsobjekt am Bilanzstichtag objektiv möglich ist (>BFH vom 12.12.2000 – BStBl 2001 II S. 282).

– Nicht der Gewerbesteuer unterliegende Gewinne aus der Veräußerung oder Aufgabe eines Gewerbebetriebs können, soweit sie nach § 6b Abs. 1 Satz 1 EStG begünstigte Wirtschaftsgüter entfallen, auf Wirtschaftsgüter eines land- und forstwirtschaftlichen Betriebs oder einer selbständigen Tätigkeit übertragen werden (>BFH vom 30.8.2012 – BStBl II S. 877).

Rücklagenauflösung

Voraussetzung für die Übertragung der Rücklage ist, dass das Gebäude bis zum Schluss des sechsten Wj. nach Bildung der Rücklage fertiggestellt wird. Die Rücklage kann in diesem Fall zum Ende des vierten auf die Bildung folgenden Wj. nur noch in der Höhe der noch zu erwartenden Herstellungskosten für das Gebäude beibehalten werden (>BFH vom 26.10.1989 – BStBl 1990 II S. 290).

Rücklagenbildung

- Die Rücklage ist in der Bilanz des Wj. zu bilden, in dem der Veräußerungsgewinn entstanden ist; es handelt sich um die Ausübung eines Bilanzierungswahlrechts (>BFH vom 30. 3. 1989 – BStBl II S. 560). Das Bilanzierungswahlrecht für die Bildung und Auflösung der Rücklage ist immer durch entsprechenden Bilanzansatz im „veräußernden" Betrieb auszuüben, auch wenn sie auf Wirtschaftsgüter eines anderen Betriebs des Stpfl. übertragen werden soll (>BFH vom 19. 12. 2012 – BStBl 2013 II S. 313).
- Wird der Gewinn vom Finanzamt geschätzt, weil der Stpfl. keine Bilanz erstellt hat, ist die Bildung der Rücklage nicht zulässig (>BFH vom 24. 1. 1990 – BStBl II S. 426).
- Bei Mitunternehmern ist die Entscheidung, ob die Voraussetzungen für die Bildung einer Rücklage vorliegen, im Gewinnfeststellungsverfahren zu treffen (>BFH vom 25. 7. 1979 – BStBl 1980 II S. 43).

Veräußerungspreis

Der Stpfl. kann die Rücklage, die er für den Gewinn aus der Veräußerung eines Wirtschaftsguts gebildet hat, rückwirkend (§ 175 Abs. 1 Satz 1 Nr. 2 AO) aufstocken, wenn sich der Veräußerungspreis in einem späteren VZ erhöht (>BFH vom 13. 9. 2000 – BStBl 2001 II S. 641). Er kann sie rückwirkend bilden, wenn durch diese Erhöhung erstmalig ein Veräußerungsgewinn entsteht (>BFH vom 10. 3. 2016 – BStBl II S. 984).

Wahlrecht eines Mitunternehmers
>H 4.4

Wirtschaftsjahr

Im Fall der unentgeltlichen Betriebsübernahme während des laufenden Wj. ist das entstehende Rumpfwirtschaftsjahr beim Betriebsübergeber mit dem entstehenden Rumpfwirtschaftsjahr beim Betriebsübernehmer zu verklammern und lediglich als ein Wj. i. S. d. § 6b Abs. 3 und 7 EStG zu werten (>BFH vom 23. 4. 2009 – BStBl 2010 II S. 664).

Zeitliche Zuordnung von Gewinnen aus der Veräußerung von Anteilen an Kapitalgesellschaften

Beispiel:
A betreibt ein Einzelunternehmen und ist außerdem als Mitunternehmer zu 50 % an der A-B OHG beteiligt, die gewerbliche Einkünfte erzielt. Im Einzelunternehmen entspricht das Wj. dem Kj. Die OHG hat ein abweichendes Wj. vom 1.7. bis 30.6.
A veräußert in seinem Einzelunternehmen im Jahr 02 Anteile an Kapitalgesellschaften mit einem Gewinn von 400.000 €. Auch die A-B OHG veräußert Anteile an Kapitalgesellschaften mit einem Gewinn von 400.000 €, wovon 200.000 € anteilig auf A entfallen, im Februar 02 (Variante 1) oder im November 02 (Variante 2).

Rechtsfolgen
Variante 1:
  a) **Einzelunternehmen:**
     Der Gewinn aus der Veräußerung (400.000 €) ist dem VZ 02 zuzuordnen.
  b) **A-B OHG:**
     Der Gewinn des abweichenden Wj. 01/02 ist im VZ 02 steuerlich zu erfassen. Aus diesem Grund ist der Gewinn aus der Veräußerung (Gewinnanteil des A: 200.000 €) ebenfalls dem VZ 02 zuzuordnen.
  c) **Höchstbetrag 500.000 €:**
     Da dem VZ 02 Gewinne des A aus der Veräußerung von Anteilen an Kapitalgesellschaften in Höhe von insgesamt 600.000 € zuzuordnen sind, kommt bei ihm der Höchstbetrag von 500.000 € zum Tragen. A kann wählen, in welchem Unternehmen er den über den Höchstbetrag hinaus gehenden Gewinn von 100.000 € als laufenden Gewinn, der ggf. dem Teileinkünfteverfahren unterliegt, ansetzt.

Variante 2:

a) **Einzelunternehmen:**
Der Gewinn aus der Veräußerung (400.000 €) ist dem VZ 02 zuzuordnen.

b) **A-B OHG:**
Der Gewinn des abweichenden Wj. 02/03 ist im VZ 03 steuerlich zu erfassen. Aus diesem Grund ist der Gewinn aus der Veräußerung (Gewinnanteil des A: 200.000 €) ebenfalls dem VZ 03 zuzuordnen.

c) **Höchstbetrag 500.000 €:**
Da die Gewinne des A aus der Veräußerung von Anteilen an Kapitalgesellschaften in Höhe von 400.000 € dem VZ 02 und in Höhe von 200.000 € dem VZ 03 zuzuordnen sind, ist der Höchstbetrag von 500.000 € in keinem der beiden VZ überschritten.

R 6b.3	Sechs-Jahres-Frist i. S. d. § 6b Abs. 4 Satz 1 Nr. 2 EStG

(1) [1]Zur Frage der Zugehörigkeit eines Wirtschaftsgutes zum Anlagevermögen >R 6.1. [2]Wirtschaftsgüter, die sechs Jahre zum Betriebsvermögen des Stpfl. gehört haben, können in der Regel als Anlagevermögen angesehen werden, es sei denn, dass besondere Gründe vorhanden sind, die einer Zurechnung zum Anlagevermögen entgegenstehen. [3]Hat der Stpfl. mehrere inländische Betriebsstätten oder Betriebe, deren Einkünfte zu verschiedenen Einkunftsarten gehören, ist die Sechs-Jahres-Frist auch dann gewahrt, wenn das veräußerte Wirtschaftsgut innerhalb der letzten sechs Jahre zum Betriebsvermögen verschiedener Betriebe oder Betriebsstätten des Stpfl. gehörte.

(2) Ist ein neues Wirtschaftsgut unter Verwendung von gebrauchten Wirtschaftsgütern hergestellt worden, ist die Voraussetzung des § 6b Abs. 4 Satz 1 Nr. 2 EStG nur erfüllt, wenn seit der Fertigstellung dieses Wirtschaftsgutes sechs Jahre vergangen sind und das Wirtschaftsgut seit dieser Zeit ununterbrochen zum Anlagevermögen einer inländischen Betriebsstätte des veräußernden Stpfl. gehört hat.

(3) [1]Die Dauer der Zugehörigkeit eines Wirtschaftsgutes zum Betriebsvermögen wird durch nachträgliche Herstellungskosten nicht berührt. [2]Das gilt auch dann, wenn es sich bei den nachträglichen Herstellungskosten um Aufwendungen für einen Ausbau, einen Umbau oder eine Erweiterung eines Gebäudes handelt. [3]Entstehen dagegen durch Baumaßnahmen selbständige Gebäudeteile, gilt Absatz 2 entsprechend.

(4) Bei einem Wirtschaftsgut, das an Stelle eines infolge höherer Gewalt oder infolge oder zur Vermeidung eines behördlichen Eingriffs aus dem Betriebsvermögen ausgeschiedenen Wirtschaftsgutes angeschafft oder hergestellt worden ist (Ersatzwirtschaftsgut im Sinne von R 6.6 Abs. 1 Satz 2 Nr. 2), ist die Sechsjahresfrist erfüllt, wenn das zwangsweise ausgeschiedene Wirtschaftsgut und das Ersatzwirtschaftsgut zusammen sechs Jahre zum Anlagevermögen des Stpfl. gehört haben.

(5) Werden beim Übergang eines Betriebs oder Teilbetriebs die Buchwerte fortgeführt, ist für die Berechnung der Sechs-Jahres-Frist des § 6b Abs. 4 Satz 1 Nr. 2 EStG die Besitzzeit des Rechtsvorgängers der Besitzzeit des Rechtsnachfolgers hinzuzurechnen.

(6) [1]Sind Anteile an einer Kapitalgesellschaft durch Kapitalerhöhung aus Gesellschaftsmitteln entstanden, ist der Besitzzeit dieser (neuen) Anteilsrechte die Besitzzeit der (alten) Anteilsrechte hinzuzurechnen, auf die die (neuen) Anteilsrechte entfallen sind. [2]Der Besitzzeit von Bezugsrechten ist die Besitzzeit der (alten) Anteilsrechte hinzuzurechnen, von denen sie abgespalten sind. [3]Anteilsrechte, die bei einer Kapitalerhöhung gegen Leistung einer Einlage erworben worden sind, können jedoch nicht – auch nicht teilweise – als mit den aus den alten Anteilsrechten abgespaltenen Bezugsrechten wirtschaftlich identisch angesehen werden. [4]Sie erfüllen deshalb nur dann die Voraussetzung des § 6b Abs. 4 Satz 1 Nr. 2 EStG, wenn sie selbst mindestens sechs Jahre ununterbrochen zum Anlagevermögen einer inländischen Betriebsstätte des Stpfl. gehört haben.

| H 6b.3 |

Baulandumlegungen
>H 6b.1 (Umlegungs- und Flurbereinigungsverfahren)

Erbauseinandersetzung/vorweggenommene Erbfolge
Wegen der Besitzzeitanrechnung im Falle der Erbauseinandersetzung und der vorweggenommenen Erbfolge >BMF vom 14. 3. 2006 (BStBl I S. 253) unter Berücksichtigung der Änderungen durch BMF vom 27. 12. 2018 (BStBl 2019 I S. 11) und >BMF vom 13. 1. 1993 (BStBl I S. 80) unter Berücksichtigung der Änderungen durch BMF vom 26. 2. 2007 (BStBl I S. 269)

| H 6b.4 |

Zweifelsfragen im Zusammenhang mit § 6b Abs. 2a EStG
>BMF vom 7. 3. 2018 (BStBl I S. 309)

Zu § 6c EStG

| R 6c. | **Übertragung stiller Reserven bei der Veräußerung bestimmter Anlagegüter bei der Ermittlung des Gewinns nach § 4 Abs. 3 EStG oder nach Durchschnittssätzen** |

(1) [1]Für die Ermittlung des nach § 6c EStG begünstigten Gewinns gilt § 6b Abs. 2 EStG entsprechend. [2]Danach ist bei der Veräußerung eines nach § 6c EStG begünstigten Wirtschaftsgutes ohne Rücksicht auf den Zeitpunkt des Zufließens des Veräußerungspreises als Gewinn der Betrag begünstigt, um den der Veräußerungspreis nach Abzug der Veräußerungskosten die Aufwendungen für das veräußerte Wirtschaftsgut übersteigt, die bis zu seiner Veräußerung noch nicht als Betriebsausgaben abgesetzt worden sind. [3]Der Veräußerungspreis ist also in voller Höhe im Veräußerungszeitpunkt als Betriebseinnahme zu behandeln, auch wenn er nicht gleichzeitig zufließt. [4]Der (früher oder später) tatsächlich zufließende Veräußerungserlös bleibt außer Betracht, wird also nicht als Betriebseinnahme angesetzt. [5]Ein nach § 6c EStG i.V. m. § 6b Abs. 1 Satz 1 EStG vorgenommener Abzug von den Anschaffungs- oder Herstellungskosten begünstigter Investitionen ist als Betriebsausgabe zu behandeln. [6]Soweit der Stpfl. im Jahr der Veräußerung keinen Abzug in Höhe des begünstigten Gewinns von den Anschaffungs- und Herstellungskosten der im Veräußerungsjahr durchgeführten begünstigten Neuinvestitionen und auch keinen Abzug von dem Betrag nach § 6b Abs. 5 EStG der im Vorjahr angeschafften oder hergestellten begünstigten Wirtschaftsgüter vornimmt, kann er im Jahr der Veräußerung eine fiktive Betriebsausgabe absetzen. [7]Diese Betriebsausgabe ist innerhalb des Zeitraums, in dem bei einem buchführenden Stpfl. eine nach § 6b Abs. 3 EStG gebildete Rücklage auf Neuinvestitionen übertragen werden kann (Übertragungsfrist), durch fiktive Betriebseinnahmen in Höhe der Beträge auszugleichen, die nach § 6c EStG i.V. m. § 6b Abs. 3 EStG von den Anschaffungs- oder Herstellungskosten begünstigter Investitionen abgezogen und als Betriebsausgabe behandelt werden. [8]In Höhe des am Ende der Übertragungsfrist verbleibenden Betrags ist eine (sich in vollem Umfang gewinnerhöhend auswirkende) Betriebseinnahme anzusetzen. [9]Soweit nur für einen Teil des Veräußerungsgewinnes § 6c EStG in Anspruch genommen wird, gelten vorstehende Regelungen für den entsprechenden Teil des Veräußerungserlöses bzw. Veräußerungsgewinns.

(2) [1]Wird der Gewinn vom Finanzamt geschätzt, ist der Abzug nicht zulässig. [2]Wird der Gewinn des Stpfl. in einem Wirtschaftsjahr, das in den nach § 6b Abs. 3 EStG maßgebenden Zeitraum

fällt, geschätzt, ist ein Zuschlag in Höhe des ursprünglichen Abzugsbetrags vorzunehmen; § 6b Abs. 7 EStG ist zu beachten.

(3) § 6b Abs. 10 EStG ist entsprechend anzuwenden.

| H 6c |

Antrag auf Rücklage

Wird der Gewinn nach § 4 Abs. 3 EStG ermittelt und ein Antrag auf Rücklage nach § 6b EStG gestellt, ist der Antrag dahin auszulegen, dass ein Abzug nach § 6c Abs. 1 EStG begehrt wird (>BFH vom 30. 1. 2013 – BStBl II S. 684).

Berechnungsbeispiel

Ein Stpfl., der den Gewinn nach § 4 Abs. 3 EStG ermittelt, hat ein Werkstattgebäude für 15.000 € veräußert, auf das im Veräußerungszeitpunkt noch insgesamt 3.000 € AfA hätten vorgenommen werden können. Die Veräußerungskosten betragen 1.000 €. Der Stpfl. will für den bei der Veräußerung erzielten Gewinn § 6c EStG in Anspruch nehmen. Er nimmt im Veräußerungsjahr für 4.000 € und in den beiden folgenden Wj. für 1.000 € und 2.000 € nach § 6b Abs. 1 Satz 3 EStG begünstigte Erweiterungen an seinem Ladengebäude vor.

Der Veräußerungserlös gilt ohne Rücksicht darauf, wann er tatsächlich zufließt, als im Veräußerungsjahr vereinnahmt. Entsprechend gelten die Veräußerungskosten als im Veräußerungsjahr verausgabt. Die Veräußerung des Werkstattgebäudes führt deshalb zu einem nach § 6c EStG begünstigten Gewinn von 15.000 € (Veräußerungserlös) – 3.000 € („Restbuchwert") – 1.000 € (Veräußerungskosten) = 11.000 €. Da der Stpfl. im Veräußerungsjahr von den Anschaffungs- oder Herstellungskosten der in diesem Jahr vorgenommenen Neuinvestitionen einen Abzug von 4.000 € vornimmt, liegt in Höhe dieser 4.000 € eine Betriebsausgabe vor, so dass sich von dem Gewinn aus der Veräußerung des Gebäudes nur noch ein Betrag von (11.000 – 4.000) = 7.000 € auswirkt. In Höhe dieser 7.000 € kann der Stpfl. im Veräußerungsjahr noch eine fiktive Betriebsausgabe absetzen und damit den bei der Veräußerung entstandenen Gewinn neutralisieren.

In dem auf die Veräußerung folgenden Wj. nimmt er von den Anschaffungs- oder Herstellungskosten der Neuinvestitionen einen Abzug von 1.000 € vor, der als Betriebsausgabe zu behandeln ist. Er hat infolgedessen eine fiktive Betriebseinnahme von 1.000 € anzusetzen, um den Vorgang zu neutralisieren.

Im zweiten auf die Veräußerung folgenden Wj. nimmt er von den Anschaffungs- oder Herstellungskosten der Neuinvestitionen einen Abzug von 2.000 € vor, der als Betriebsausgabe zu behandeln ist. Er hat deshalb in diesem Wj. eine fiktive Betriebseinnahme von 2.000 € anzusetzen, um den Vorgang zu neutralisieren.

Durch die beiden fiktiven Betriebseinnahmen von 1.000 € und 2.000 € ist die fiktive Betriebsausgabe im Jahr der Veräußerung von 7.000 € bis auf einen Betrag von 4.000 € ausgeglichen. In Höhe dieses Betrags hat der Stpfl. spätestens im vierten auf die Veräußerung folgenden Wj. eine weitere (sich in vollem Umfang gewinnerhöhend auswirkende) fiktive Betriebseinnahme anzusetzen, wenn er nicht bis zum Schluss des vierten auf die Veräußerung folgenden Wj. mit der Herstellung eines neuen Gebäudes begonnen hat.

Soweit der Stpfl. einen Abzug von den Anschaffungs- oder Herstellungskosten angeschaffter oder hergestellter Wirtschaftsgüter vorgenommen hat, kann er von dem Wirtschaftsgut keine AfA, erhöhte Absetzungen oder Sonderabschreibungen mehr vornehmen.

Veräußerungspreis

>H 6b.2

Wechsel der Gewinnermittlungsart

Zur Behandlung eines nach §§ 6b, 6c EStG begünstigten Gewinns bei Wechsel der Gewinnermittlung >R 6b.2 Abs. 11.

Zeitpunkt der Wahlrechtsausübung

Das Wahlrecht der Gewinnübertragung nach § 6c EStG kann bis zum Eintritt der formellen Bestandskraft der Steuerfestsetzung ausgeübt werden; seine Ausübung ist auch nach Ergehen eines Urteils in der Tatsacheninstanz bis zum Ablauf der Rechtsmittelfrist zulässig. In diesem Fall ist die Steuerfestsetzung in entsprechender Anwendung des § 175 Abs. 1 Satz 1 Nr. 2 AO zu ändern (>BFH vom 30. 8. 2001 – BStBl 2002 II S. 49).

Zweifelsfragen im Zusammenhang mit § 6b Abs. 2a EStG
>H 6b.4

Zu § 7 EStG

| R 7.1 | **Abnutzbare Wirtschaftsgüter** |

Allgemeines

(1) AfA ist vorzunehmen für
1. bewegliche Wirtschaftsgüter (§ 7 Abs. 1 Satz 1, 2, 4 bis 7 EStG),
2. immaterielle Wirtschaftsgüter (§ 7 Abs. 1 Satz 1 bis 5 und 7 EStG),
3. >unbewegliche Wirtschaftsgüter, die keine Gebäude oder Gebäudeteile sind (§ 7 Abs. 1 Satz 1, 2, 5 und 7 EStG), und
4. Gebäude und Gebäudeteile (§ 7 Abs. 1 Satz 5 und Abs. 4, 5 und 5a EStG),

die zur Erzielung von Einkünften verwendet werden und einer >wirtschaftlichen oder technischen Abnutzung unterliegen.

>Bewegliche Wirtschaftsgüter

(2) ¹Bewegliche Wirtschaftsgüter können nur Sachen (§ 90 BGB), Tiere (§ 90a BGB) und Scheinbestandteile (§ 95 BGB) sein. ²Schiffe und Flugzeuge sind auch dann bewegliche Wirtschaftsgüter, wenn sie im Schiffsregister bzw. in der Luftfahrzeugrolle eingetragen sind.

(3) ¹>Betriebsvorrichtungen sind selbständige Wirtschaftsgüter, weil sie nicht in einem einheitlichen Nutzungs- und Funktionszusammenhang mit dem Gebäude stehen. ²Sie gehören auch dann zu den beweglichen Wirtschaftsgütern, wenn sie wesentliche Bestandteile eines Grundstücks sind.

(4) ¹>Scheinbestandteile entstehen, wenn bewegliche Wirtschaftsgüter zu einem vorübergehenden Zweck in ein Gebäude eingefügt werden. ²Einbauten zu vorübergehenden Zwecken sind auch
1. die vom Stpfl. für seine eigenen Zwecke vorübergehend eingefügten Anlagen,
2. die vom Vermieter oder Verpächter zur Erfüllung besonderer Bedürfnisse des Mieters oder Pächters eingefügten Anlagen, deren Nutzungsdauer nicht länger als die Laufzeit des Vertragsverhältnisses ist.

>Gebäude und >Gebäudeteile

(5) ¹Für den Begriff des Gebäudes sind die Abgrenzungsmerkmale des Bewertungsrechts maßgebend. ²Ein Gebäude ist ein Bauwerk auf eigenem oder fremdem Grund und Boden, das Menschen oder Sachen durch räumliche Umschließung Schutz gegen äußere Einflüsse gewährt, den Aufenthalt von Menschen gestattet, fest mit dem Grund und Boden verbunden, von einiger Beständigkeit und standfest ist.

Zu § 7 EStG R 7.1 A. II.

(6) Zu den selbständigen unbeweglichen Wirtschaftsgütern i. S. d. § 7 Abs. 5a EStG gehören insbesondere Mietereinbauten und -umbauten, die keine Scheinbestandteile oder Betriebsvorrichtungen sind, Ladeneinbauten und ähnliche Einbauten (>R 4.2 Abs. 3 Satz 3 Nr. 3) sowie sonstige selbständige Gebäudeteile i. S. d. >R 4.2 Abs. 3 Satz 3 Nr. 5.

| H 7.1 |

Arzneimittelzulassungen
Eine entgeltlich erworbene Arzneimittelzulassung ist dem Grunde nach ein abnutzbares Wirtschaftsgut (>BMF vom 12. 7. 1999 – BStBl I S. 686).

Betriebsvorrichtungen
Zur Abgrenzung von den Betriebsgrundstücken sind die allgemeinen Grundsätze des Bewertungsrechts anzuwenden >§ 68 Abs. 2 Nr. 2, § 99 Abs. 1 Nr. 1 BewG; gleich lautende Erlasse der obersten Finanzbehörden der Länder vom 5. 6. 2013 (BStBl I S. 734).

Bewegliche Wirtschaftsgüter
Immaterielle Wirtschaftsgüter (>R 5.5 Abs. 1) gehören nicht zu den beweglichen Wirtschaftsgütern (>BFH vom 22. 5. 1979 – BStBl II S. 634).

Domain-Namen
Aufwendungen, die für die Übertragung eines Domain-Namens an den bisherigen Domaininhaber geleistet werden, sind Anschaffungskosten für ein in der Regel nicht abnutzbares immaterielles Wirtschaftsgut (>BFH vom 19. 10. 2006 – BStBl 2007 II S. 301).

Drittaufwand
>H 4.7

Eigenaufwand für ein fremdes Wirtschaftsgut
>H 4.7

Garagen
Garagen, die auf dem Gelände eines großen Mietwohnungskomplexes nachträglich errichtet werden, sind dann als selbständige Wirtschaftsgüter gesondert abzuschreiben, wenn ihre Errichtung nicht Bestandteil der Baugenehmigung für das Mietwohngebäude war und kein enger Zusammenhang zwischen der Nutzung des Wohnungen und der Garagen besteht, weil die Zahl der Garagen hinter der Zahl der Wohnungen deutlich zurückbleibt und die Garagen zum Teil an Dritte vermietet sind (>BFH vom 22. 9. 2005 – BStBl 2006 II S. 169).

Gebäude
- Ein Container ist ein Gebäude, wenn er nach seiner individuellen Zweckbestimmung für eine dauernde Nutzung an einem Ort aufgestellt ist und seine Beständigkeit durch die ihm zugedachte Ortsfestigkeit auch im äußeren Erscheinungsbild deutlich wird (>BFH vom 23. 9. 1988 – BStBl 1989 II S. 113).
- Ein sog. Baustellencontainer ist kein Gebäude, da es an der Ortsfestigkeit fehlt (>BFH vom 18. 6. 1986 – BStBl II S. 787).
- Bürocontainer, die auf festen Fundamenten ruhen, sind Gebäude (>BFH vom 25. 4. 1996 – BStBl II S. 613).

- Eine Tankstellenüberdachung mit einer Fläche von mehr als 400 m² ist ein Gebäude (>BFH vom 28. 9. 2000 – BStBl 2001 II S. 137).
- Musterhäuser der Fertighausindustrie sind Gebäude. Dies gilt auch dann, wenn das Musterhaus primär Präsentations- und Werbezwecken dient (>BFH vom 23. 9. 2008 – BStBl 2009 II S. 986).

Gebäudeteile
- Gebäudeteile sind selbständige Wirtschaftsgüter und deshalb gesondert abzuschreiben, wenn sie mit dem Gebäude nicht in einem einheitlichen Nutzungs- und Funktionszusammenhang stehen (>BFH vom 26. 11. 1973 – BStBl 1974 II S. 132).
- >R 4.2 Abs. 3

Geschäfts- oder Firmenwert
Zur Abschreibung des Geschäfts- oder Firmenwerts >BMF vom 20. 11. 1986 (BStBl I S. 532)

Mietereinbauten
- Mieterein- und -umbauten als unbewegliche Wirtschaftsgüter, die keine Gebäude oder Gebäudeteile sind >BMF vom 15. 1. 1976 (BStBl I S. 66)
- Zur Höhe der AfA bei Mietereinbauten >H 7.4

Nießbrauch und andere Nutzungsrechte
- Zur Abschreibung bei Bestellung eines Nießbrauchs oder eines anderen Nutzungsrechts bei Einkünften aus Vermietung und Verpachtung >BMF vom 30. 9. 2013 (BStBl I S. 1184).
- Berücksichtigung von Aufwendungen bei der unentgeltlichen Nutzungsüberlassung von Gebäuden oder Gebäudeteilen (Eigen- und Drittaufwand) >H 4.7 (Drittaufwand, Eigenaufwand für ein fremdes Wirtschaftsgut).

Praxiswert
Zur Abschreibung des Praxiswerts >BFH vom 24. 2. 1994 (BStBl II S. 590)

Scheinbestandteile
Eine Einfügung zu einem vorübergehenden Zweck ist anzunehmen, wenn die Nutzungsdauer der eingefügten beweglichen Wirtschaftsgüter länger als die Nutzungsdauer ist, für die sie eingebaut werden, die eingefügten beweglichen Wirtschaftsgüter auch nach ihrem Ausbau noch einen beachtlichen Wiederverwendungswert repräsentieren und nach den Umständen, insbesondere nach Art und Zweck der Verbindung, damit gerechnet werden kann, dass sie später wieder entfernt werden (>BFH vom 24. 11. 1970 – BStBl 1971 II S. 157 und vom 4. 12. 1970 – BStBl 1971 II S. 165).

Unbewegliche Wirtschaftsgüter, die keine Gebäude oder Gebäudeteile sind
- Außenanlagen wie Einfriedungen bei Betriebsgrundstücken (>BFH vom 2. 6. 1971 – BStBl II S. 673),
- Hof- und Platzbefestigungen, Straßenzufahrten und Umzäunungen bei Betriebsgrundstücken (>BFH vom 1. 7. 1983 – BStBl II S. 686 und vom 10. 10. 1990 – BStBl 1991 II S. 59), wenn sie nicht ausnahmsweise Betriebsvorrichtungen sind (>BFH vom 30. 4. 1976 – BStBl II S. 527), nicht aber Umzäunungen bei Wohngebäuden, wenn sie in einem einheitlichen Nutzungs- und Funktionszusammenhang mit dem Gebäude stehen (>BFH vom 30. 6. 1966 – BStBl III S. 541 und vom 15. 12. 1977 – BStBl 1978 II S. 210 sowie R 21.1 Abs. 3 Satz 1).

Vertragsarztzulassung

Aufwendungen für den entgeltlichen Erwerb einer unbefristet erteilten Vertragsarztzulassung sind Anschaffungskosten für ein nicht abnutzbares immaterielles Wirtschaftsgut, wenn die Vertragsarztzulassung nicht zum Praxiswert gehört (>BFH vom 21. 2. 2017 – BStBl II S. 694).

Warenzeichen (Marke)

Ein entgeltlich erworbenes Warenzeichen (Marke) ist dem Grunde nach ein abnutzbares Wirtschaftsgut (>BMF vom 12. 7. 1999 – BStBl I S. 686).

Wirtschaftliche oder technische Abnutzung

- Ständig in Gebrauch befindliche Möbelstücke unterliegen einer technischen Abnutzung, auch wenn die Gegenstände schon 100 Jahre alt sind und im Wert steigen (>BFH vom 31. 1. 1986 – BStBl II S. 355).
- Gemälde eines anerkannten Meisters sind keine abnutzbaren Wirtschaftsgüter (>BFH vom 2. 12. 1977 – BStBl 1978 II S. 164).
- Sammlungs- und Anschauungsobjekte sind keine abnutzbaren Wirtschaftsgüter (>BFH vom 9. 8. 1989 – BStBl 1990 II S. 50).

Wirtschaftsüberlassungsvertrag

Bei Überlassung der Nutzung eines landwirtschaftlichen Betriebs im Rahmen eines sog. Wirtschaftsüberlassungsvertrags steht dem Eigentümer und Nutzungsverpflichteten die AfA für die in seinem Eigentum verbliebenen Wirtschaftsgüter auch weiterhin zu (>BFH vom 23. 1. 1992 – BStBl 1993 II S. 327 und BMF vom 29. 4. 1993 – BStBl I S. 337).

R 7.2 Wirtschaftsgebäude, Mietwohnneubauten und andere Gebäude

>Wohnzwecke

(1) ¹Ein Gebäude dient Wohnzwecken, wenn es dazu bestimmt und geeignet ist, Menschen auf Dauer Aufenthalt und Unterkunft zu ermöglichen. ²Wohnzwecken dienen auch Wohnungen, die aus besonderen betrieblichen Gründen an Betriebsangehörige überlassen werden, z. B. Wohnungen für den Hausmeister, für das Fachpersonal, für Angehörige der Betriebsfeuerwehr und für andere Personen, auch wenn diese aus betrieblichen Gründen unmittelbar im Werksgelände ständig einsatzbereit sein müssen. ³Gebäude dienen nicht Wohnzwecken, soweit sie zur vorübergehenden Beherbergung von Personen bestimmt sind, wie z. B. Ferienwohnungen sowie Gemeinschaftsunterkünfte, in denen einzelne Plätze, z. B. für ausländische Flüchtlinge, zur Verfügung gestellt werden.

(2) Zu den Räumen, die Wohnzwecken dienen, gehören z. B.
1. die Wohn- und Schlafräume, Küchen und Nebenräume einer Wohnung,
2. die zur räumlichen Ausstattung einer Wohnung gehörenden Räume, wie Bodenräume, Waschküchen, Kellerräume, Trockenräume, Speicherräume, Vorplätze, Bade- und Duschräume, Fahrrad- und Kinderwagenräume usw., gleichgültig, ob sie zur Benutzung durch den einzelnen oder zur gemeinsamen Benutzung durch alle Hausbewohner bestimmt sind, und
3. die zu einem Wohngebäude gehörenden Garagen.

(3) ¹Räume, die sowohl Wohnzwecken als auch gewerblichen oder beruflichen Zwecken dienen, sind, je nachdem, welchem Zweck sie überwiegend dienen, entweder ganz den Wohnzwecken oder ganz den gewerblichen oder beruflichen Zwecken dienenden Räumen zuzurechnen. ²Das häusliche Arbeitszimmer des Mieters ist zur Vereinfachung den Wohnzwecken dienenden Räumen zuzurechnen.

> **Bauantrag**

(4) ¹Unter Bauantrag ist das Schreiben zu verstehen, mit dem die landesrechtlich vorgesehene Genehmigung für den beabsichtigten Bau angestrebt wird. ²Zeitpunkt der Beantragung einer Baugenehmigung ist der Zeitpunkt, zu dem der Bauantrag bei der nach Landesrecht zuständigen Behörde gestellt wird; maßgebend ist regelmäßig der Eingangsstempel dieser Behörde. ³Das gilt auch dann, wenn die Bauplanung nach Beantragung der Baugenehmigung geändert wird, ohne dass ein neuer Bauantrag erforderlich ist. ⁴Ist ein Bauantrag abgelehnt worden und die Baugenehmigung erst auf Grund eines neuen Antrags erteilt worden, ist Zeitpunkt der Antragstellung der Eingang des neuen Bauantrags bei der zuständigen Behörde. ⁵Bei baugenehmigungsfreien Bauvorhaben, für die Bauunterlagen einzureichen sind, ist der Zeitpunkt maßgebend, zu dem die Bauunterlagen eingereicht werden. ⁶Bei baugenehmigungsfreien Bauvorhaben, für die keine Bauunterlagen einzureichen sind, tritt an die Stelle des Bauantrags der Beginn der Herstellung.

> **Obligatorischer Vertrag**

(5) Ein obligatorischer Vertrag über den Erwerb eines Grundstücks (Kaufvertrag oder Kaufanwartschaftsvertrag) ist zu dem Zeitpunkt rechtswirksam abgeschlossen, zu dem er notariell beurkundet ist.

H 7.2

Bauantrag
- Anträge, die die Finanzierung des geplanten Baus betreffen, sowie sog. Bauvoranfragen bei der Baugenehmigungsbehörde sind nicht als Bauanträge anzusehen, weil sie nicht die Erlangung der Baugenehmigung, sondern nur die Klärung von Vorfragen zum Ziel haben (>BFH vom 28. 3. 1966 – BStBl III S. 454 und vom 7. 3. 1980 – BStBl II S. 411).
- Wird die Bauplanung nach Beantragung der Baugenehmigung so grundlegend geändert, dass ein neuer Bauantrag gestellt werden muss, ist Zeitpunkt der Antragstellung der Eingang des neuen Bauantrags bei der zuständigen Behörde (>BFH vom 28. 9. 1982 – BStBl 1983 II S. 146).
- Die Bauanzeige steht einem Bauantrag gleich (>BFH vom 18. 4. 1990 – BStBl II S. 754).

Obligatorischer Vertrag
Mit einem obligatorischen Erwerbsvertrag wird zum einen eine beidseitige Bindung von Voreigentümer und Erwerber definiert, zum anderen – notariell beurkundet – ein objektiv eindeutiger Zeitpunkt hierfür festgelegt (>BFH vom 19. 2. 2013 – BStBl II S. 482). Ein obligatorischer Vertrag gilt auch dann in dem Zeitpunkt der notariellen Beurkundung als rechtswirksam abgeschlossen, wenn der Vertrag erst nach Eintritt einer aufschiebenden Bedingung oder nach Ablauf einer Frist wirksam werden soll oder noch einer Genehmigung bedarf; bei einem Vertragsabschluss durch einen Vertreter ohne Vertretungsmacht gilt der obligatorische Vertrag im Zeitpunkt der Abgabe der Genehmigungserklärung durch den Vertretenen als rechtswirksam abgeschlossen (>BFH vom 2. 2. 1982 – BStBl II S. 390).

Wohnzwecke
- Die Nutzung zu Wohnzwecken setzt die Eignung der betreffenden Räume zur eigenständigen Haushaltsführung und die tatsächliche und rechtliche Sachherrschaft der Bewohner über sie voraus. Die Räume müssen überdies als Mindestausstattung eine Heizung, eine Küche, ein Bad und eine Toilette enthalten. Die überlassenen Wohneinheiten müssen aber nicht notwendig mit einem eigenen Bad/WC oder einer eigenen Küche ausgestattet sein. Das Merkmal „Wohnzwecken dienen" kann auch dann erfüllt sein, wenn die Möglichkeit

des Einbaus einer Kochgelegenheit oder die Möglichkeit der Mitbenutzung von Küche und Bad/WC gegeben ist. Die tatsächliche und rechtliche Sachherrschaft über die Räume haben die Bewohner dann, wenn sie die ihnen überlassenen Zimmer abschließen und anderen Personen den Zutritt verwehren können. Auch die Unterbringung in einem Mehrbettzimmer steht der Beurteilung einer Nutzung zu Wohnzwecken nicht entgegen. Unerheblich ist, ob und in welchem Umfang der Bewohner in den Räumen neben dem Wohnen weitere Dienstleistungen in Anspruch nimmt (>BFH vom 30.9.2003 – BStBl 2004 II S. 223 – zum Pflegezimmer; BStBl 2004 II S. 225 zum betreuten Wohnen; BStBl 2004 II S. 221 und BFH vom 15.12.2005 – BStBl 2006 II S. 559 zum Pflegeheim).
- Wohnungen, deren einzelne Zimmer in der Regel für zwölf Monate an obdachlose Suchtkranke vermietet werden, um sie auf ein selbständiges Wohnen vorzubereiten, dienen Wohnzwecken (>BFH vom 15.12.2005 – BStBl 2006 II S. 561).
- Das häusliche Arbeitszimmer eines Arbeitnehmers im eigenen Haus dient nicht Wohnzwecken (>BFH vom 30.6.1995 – BStBl II S. 598).
- Ein Gebäude, das Ferienwohnungen enthält, die für kürzere Zeiträume an wechselnde Feriengäste vermietet werden, dient nicht Wohnzwecken (>BFH vom 14.3.2000 – BStBl 2001 II S. 66).

| R 7.3 | **Bemessungsgrundlage für die AfA** |

Entgeltlicher Erwerb und Herstellung

(1) ¹Bemessungsgrundlage für die AfA sind grundsätzlich die Anschaffungs- oder Herstellungskosten des Wirtschaftsgutes oder der an deren Stelle tretende Wert, z. B. § 6 Abs. 5 Satz 4 bis 6, § 7a Abs. 9, § 7b Abs. 1 Satz 2 und § 7g Abs. 2 Satz 2 EStG; §§ 10 und 10a EStDV. ²Wird ein teilfertiges Gebäude erworben und fertig gestellt, gehören zu den Herstellungskosten die Anschaffungskosten des teilfertigen Gebäudes und die Herstellungskosten zur Fertigstellung des Gebäudes.

>Fertigstellung von Teilen eines Gebäudes zu verschiedenen Zeitpunkten

(2) Wird bei der Errichtung eines zur unterschiedlichen Nutzung bestimmten Gebäudes zunächst ein zum Betriebsvermögen gehörender Gebäudeteil und danach ein zum Privatvermögen gehörender Gebäudeteil fertig gestellt, hat der Stpfl. ein Wahlrecht, ob er vorerst in die AfA-Bemessungsgrundlage des fertig gestellten Gebäudeteiles die Herstellungskosten des noch nicht fertig gestellten Gebäudeteiles einbezieht oder ob er hierauf verzichtet.

Unentgeltlicher Erwerb

(3) Bei unentgeltlich erworbenen Wirtschaftsgütern sind § 6 Abs. 3 und 4 EStG und § 11d EStDV sowohl im Falle der Gesamtrechtsnachfolge als auch im Falle der Einzelrechtsnachfolge anzuwenden.

Zuschüsse, Übertragung stiller Reserven

(4) ¹Ist dem Stpfl. im Jahr der Anschaffung oder Herstellung eines Wirtschaftsgutes für dieses Wirtschaftsgut ein Zuschuss bewilligt worden, den er nach R 6.5 erfolgsneutral behandelt, oder hat er einen Abzug nach § 6b Abs. 1, 3 oder 10 EStG oder nach R 6.6 vorgenommen, ist die AfA von den um den Zuschuss oder Abzugsbetrag geminderten Anschaffungs- oder Herstellungskosten zu bemessen. ²Ist dem Stpfl. der Zuschuss in einem auf das Jahr der Anschaffung oder Herstellung folgenden Wirtschaftsjahr bewilligt worden oder hat er den Abzug zulässigerweise in einem auf das Jahr der Anschaffung oder Herstellung des Wirtschaftsgutes folgenden Wirtschaftsjahr vorgenommen, bemisst sich die weitere AfA in den Fällen des § 7 Abs. 4 Satz 1 und Abs. 5 EStG ebenfalls nach den um den Zuschuss- oder Abzugsbetrag geminderten Anschaf-

fungs- oder Herstellungskosten, in allen anderen Fällen nach dem um den Zuschuss- oder Abzugsbetrag geminderten Buchwert oder Restwert des Wirtschaftsgutes.

>Nachträgliche Herstellungskosten
(5) ¹Sind nachträgliche Herstellungsarbeiten an einem Wirtschaftsgut so umfassend, dass hierdurch ein anderes Wirtschaftsgut entsteht, ist die weitere AfA nach der Summe aus dem Buchwert oder Restwert des bisherigen Wirtschaftsgutes und nach den nachträglichen Herstellungskosten zu bemessen. ²Aus Vereinfachungsgründen kann der Stpfl. bei unbeweglichen Wirtschaftsgütern von der Herstellung eines anderen Wirtschaftsgutes ausgehen, wenn der im zeitlichen und sachlichen Zusammenhang mit der Herstellung des Wirtschaftsgutes angefallene Bauaufwand zuzüglich des Werts der Eigenleistung nach überschlägiger Berechnung den Verkehrswert des bisherigen Wirtschaftsgutes übersteigt.

Einlage, Entnahme, Nutzungsänderung und Übergang zur Buchführung
(6) ¹Bei Wirtschaftsgütern, die der Stpfl. aus einem Betriebsvermögen in das Privatvermögen überführt hat, ist die weitere AfA nach dem Teilwert (§ 6 Abs. 1 Nr. 4 Satz 1 EStG) oder gemeinen Wert (§ 16 Abs. 3 Satz 6 bis 8 EStG) zu bemessen, mit dem das Wirtschaftsgut bei der Überführung steuerlich erfasst worden ist. ²Dagegen bleiben die Anschaffungs- oder Herstellungskosten oder der an deren Stelle tretende Wert des Wirtschaftsgutes für die weitere AfA als Bemessungsgrundlage maßgebend, wenn

1. a) ein Gebäude nach vorhergehender Nutzung zu eigenen Wohnzwecken oder zu fremden Wohnzwecken auf Grund unentgeltlicher Überlassung zur Erzielung von Einkünften i. S. d. § 21 EStG oder
   b) ein bewegliches Wirtschaftsgut nach einer Nutzung außerhalb der Einkunftsarten zur Erzielung von Einkünften i. S. d. § 2 Abs. 1 Satz 1 Nr. 4 bis 7 EStG
   verwendet wird oder
2. ein Wirtschaftsgut nach vorhergehender Gewinnermittlung durch Schätzung oder nach Durchschnittssätzen (§ 13a EStG) bilanziert wird.

H 7.3

Anschaffungskosten
- bei Erbauseinandersetzung >BMF vom 14. 3. 2006 (BStBl I S. 253) unter Berücksichtigung der Änderungen durch BMF vom 27. 12. 2018 (BStBl 2019 I S. 11)
- bei Modernisierung von Gebäuden >BMF vom 18. 7. 2003 (BStBl I S. 386)
- bei vorweggenommener Erbfolge >BMF vom 13. 1. 1993 (BStBl I S. 80) unter Berücksichtigung der Änderungen durch BMF vom 26. 2. 2007 (BStBl I S. 269)
- Bei Tieren in land- und forstwirtschaftlich tätigen Betrieben sind die Anschaffungs- oder Herstellungskosten zur Berechnung der AfA um den Schlachtwert zu mindern >BMF vom 14. 11. 2001 (BStBl I S. 864), Rn. 24.
- Bei Schiffen sind die Anschaffungs- oder Herstellungskosten zur Berechnung der AfA um den Schrottwert zu mindern (>BFH vom 22. 7. 1971 – BStBl II S. 800).
- Aufwendungen für Baumaßnahmen, mit denen der Verkäufer einer Eigentumswohnung oder eine seiner Firmen zeitgleich mit dem Abschluss des Kaufvertrags beauftragt wird, gehören zu den Anschaffungskosten der Eigentumswohnung (>BFH vom 17. 12. 1996 – BStBl 1997 II S. 348).
- Bei Erwerb einer Eigentumswohnung gehört der im Kaufpreis enthaltene Anteil für das in der Instandhaltungsrückstellung angesammelte Guthaben nicht zu den Anschaffungskosten der Eigentumswohnung (>BFH vom 9. 10. 1991 – BStBl 1992 II S. 152).

- Zu den Anschaffungskosten gehören auch die Übernahme von Verbindlichkeiten des Veräußerers sowie Aufwendungen des Erwerbers zur Beseitigung bestehende Beschränkung seiner Eigentümerbefugnis i. S. d. § 903 BGB (z. B. Ablösung dinglicher Nutzungsrechte wie Erbbaurecht, Vermächtnisnießbrauch oder Wohnungsrecht) oder Zahlungen aufgrund der Anfechtung des Kaufvertrags durch einen Gläubiger nach § 3 Abs. 2 AnfG (>BFH vom 17. 4. 2007 – BStBl II S. 956).
- Anschaffungskosten bei Einbringung von Miteigentumsanteilen an Grundstücken in eine vermögensverwaltende Personengesellschaft bemessen sich nach dem gemeinen Wert des hingegebenen Gebäudeteils. Soweit ein Gesellschafter an zwei Gebäuden Anteile (hinzu)erworben hat, ist der gemeine Wert des hingegebenen Gebäudeteils nach dem Verhältnis der gemeinen Werte der erworbenen Anteile aufzuteilen (>BFH vom 2. 4. 2008 – BStBl II S. 679).
- Bringen die Miteigentümer mehrerer Grundstücke ihre Miteigentumsanteile in eine Personengesellschaft mit Vermietungseinkünften ein, sind keine Anschaffungsvorgänge gegeben, soweit die den Gesellschaftern nach der Übertragung ihrer Miteigentumsanteile nach § 39 Abs. 2 Nr. 2 AO zuzurechnenden Anteile an den Grundstücken ihre bisherigen Miteigentumsanteile nicht übersteigen (>BFH vom 2. 4. 2008 – BStBl II S. 679).

Dachgeschoss
Baumaßnahmen an einem Dachgeschoss >BMF vom 10. 7. 1996 (BStBl I S. 689)

Einlage eines Wirtschaftsguts
- Zur Bemessungsgrundlage für die AfA nach Einlage von zuvor zur Erzielung von Überschusseinkünften genutzten Wirtschaftsgütern >BMF vom 27. 10. 2010 (BStBl I S. 1204).
- Die Einbringung von Wirtschaftsgütern des Privatvermögens in eine gewerbliche Personengesellschaft gegen die Gewährung von Gesellschaftsrechten begründet keine Einlage i. S. v. § 7 Abs. 1 Satz 5 EStG (>BFH vom 24. 1. 2008 – BStBl 2011 II S. 617).

Fertigstellung von Teilen eines Gebäudes zu verschiedenen Zeitpunkten
Bei der Errichtung eines zur unterschiedlichen Nutzung bestimmten Gebäudes sind die Herstellungskosten des noch nicht fertig gestellten selbständigen Gebäudeteils in die AfA-Bemessungsgrundlage des bereits fertig gestellten Gebäudeteils einzubeziehen (>BFH vom 9. 8. 1989 – BStBl 1991 II S. 132). Vgl. aber das Wahlrecht nach >R 7.3 Abs. 2.

Kaufpreisaufteilung
- Eine vertragliche Kaufpreisaufteilung ist der Berechnung der AfA zu Grunde zu legen, sofern sie zum einen nicht nur zum Schein getroffen wurde sowie keinen Gestaltungsmissbrauch darstellt und zum anderen unter Berücksichtigung der Gesamtumstände die realen Wertverhältnisse widerspiegelt und wirtschaftlich haltbar erscheint (>BFH vom 16. 9. 2015 – BStBl 2016 II S. 397).
- Fehlt eine vertragliche Kaufpreisaufteilung oder kann diese nicht der Besteuerung zugrunde gelegt werden, sind die Anschaffungskosten eines bebauten Grundstücks nicht nach der sog. Restwertmethode, sondern nach dem Verhältnis der Verkehrswerte oder Teilwerte auf den Grund und Boden und auf das Gebäude aufzuteilen (>BFH vom 10. 10. 2000 – BStBl 2001 II S. 183 und vom 16. 9. 2015 – BStBl 2016 II S. 397). Das gilt auch bei der Anschaffung von Eigentumswohnungen; dabei rechtfertigt die eingeschränkte Nutzungs- und Verfügungsmöglichkeit des Wohnungseigentümers hinsichtlich seines Bodenanteils keinen niedrigeren Wertansatz des Bodenanteils (>BFH vom 15. 1. 1985 – BStBl II S. 252).
- Aufteilung der Anschaffungskosten bei Erwerb eines Gebäudes mit mehreren Wohnungen, von denen eine Wohnung mit einem Wohnrecht belastet ist >BMF vom 30. 9. 2013 (BStBl I S. 1184, Rz. 50).

Mittelbare Grundstücksschenkung
Bei mittelbarer Grundstücksschenkung bemisst sich die AfA nach den vom Schenker getragenen Anschaffungskosten (>BFH vom 4. 10. 2016 – BStBl 2017 II S. 343).

Nachträgliche Anschaffungs- oder Herstellungskosten
- Sind für ein Wirtschaftsgut nachträgliche Anschaffungs- oder Herstellungskosten aufgewendet worden, ohne dass hierdurch ein anderes Wirtschaftsgut entstanden ist, bemisst sich die weitere AfA
  - in den Fällen des § 7 Abs. 4 Satz 1 und Abs. 5 EStG nach der bisherigen Bemessungsgrundlage zuzüglich der nachträglichen Anschaffungs- oder Herstellungskosten (>BFH vom 20. 2. 1975 – BStBl II S. 412 und vom 20. 1. 1987 – BStBl II S. 491).
  - in den Fällen des § 7 Abs. 1, Abs. 4 Satz 2 und § 7 Abs. 2 EStG nach dem Buchwert oder Restwert zuzüglich der nachträglichen Anschaffungs- oder Herstellungskosten (>BFH vom 25. 11. 1970 – BStBl 1971 II S. 142).
- Zu den nachträglichen Anschaffungskosten gehören Abwehrkosten zur Befriedigung eines den Kaufvertrag nach § 3 Abs. 2 AnfG anfechtenden Gläubigers (>BFH vom 17. 4. 2007 – BStBl II S. 956).

Keine nachträglichen Herstellungskosten, sondern Herstellungskosten für ein anderes Wirtschaftsgut entstehen, wenn das bisherige Wirtschaftsgut im Wesen geändert und so tiefgreifend umgestaltet oder in einem solchen Ausmaß erweitert wird, dass die eingefügten neuen Teile der Gesamtsache das Gepräge geben und die verwendeten Altteile bedeutungs- und wertmäßig untergeordnet erscheinen. Das kann z. B. der Fall sein bei
- einem mit dem Gebäude verschachtelten Anbau (>BFH vom 25. 1. 2007 – BStBl II S. 586),
- Umbau einer einfachen Scheune in eine Pferdeklinik (>BFH vom 26. 1. 1978 – BStBl II S. 280),
- Umbau eines alten Gasthofs in eine moderne Gastwirtschaft (>BFH vom 26. 1. 1978 – BStBl II S. 363),
- Umbau einer Hochdruck-Rotationsmaschine zu einer Flachdruck-(Offset)maschine (>BFH vom 6. 12. 1991 – BStBl 1992 II S. 452),
- Umgestaltung von Pflanztischen in ein automatisches Tischbewässerungssystem (>BFH vom 28. 9. 1990 – BStBl 1991 II S. 361),
- Umbau einer Mühle zu einem Wohnhaus (>BFH vom 31. 3. 1992 – BStBl II S. 808).

Überführung in das Privatvermögen
- Bei der Überführung eines Wirtschaftsguts in das Privatvermögen ist die AfA auch dann nach dem Wert zu bemessen, mit dem das Wirtschaftsgut steuerlich erfasst worden ist, wenn er falsch ermittelt worden ist (>BMF vom 30. 10. 1992 – BStBl I S. 651).
- Die AfA ist nach den ursprünglichen Anschaffungs- oder Herstellungskosten zu bemessen, wenn bei einer vorangegangenen Überführung eines Wirtschaftsguts in das Privatvermögen der Entnahmegewinn kraft gesetzlicher Regelung außer Ansatz geblieben ist (>BFH vom 3. 5. 1994 – BStBl II S. 749). Das Gleiche gilt, wenn die Überführung nicht erkannt und in Folge dessen die stillen Reserven nicht erfasst worden sind und steuerliche Konsequenzen nicht mehr gezogen werden können (>BFH vom 14. 12. 1999 – BStBl 2000 II S. 656).
- Die AfA ist im Fall einer Betriebsaufgabe auch dann nach dem gemeinen Wert zu bemessen, wenn der Gewinn wegen des Freibetrags nach § 16 Abs. 4 EStG steuerfrei ist (>BFH vom 14. 12. 1999 – BStBl 2000 II S. 656).

| R 7.4 | **Höhe der AfA** |

Beginn der AfA

(1) ¹AfA ist vorzunehmen, sobald ein Wirtschaftsgut angeschafft oder hergestellt ist. ²Ein Wirtschaftsgut ist im Zeitpunkt seiner >Lieferung angeschafft. ³Ist Gegenstand eines Kaufvertrages über ein Wirtschaftsgut auch dessen Montage durch den Verkäufer, ist das Wirtschaftsgut erst mit der Beendigung der Montage geliefert. ⁴Wird die Montage durch den Stpfl. oder in dessen Auftrag durch einen Dritten durchgeführt, ist das Wirtschaftsgut bereits bei Übergang der wirtschaftlichen Verfügungsmacht an den Stpfl. geliefert; das zur Investitionszulage ergangene BFH-Urteil vom 2.9.1988 (BStBl II S.1009) ist ertragsteuerrechtlich nicht anzuwenden. ⁵Ein Wirtschaftsgut ist zum Zeitpunkt seiner >Fertigstellung hergestellt.

AfA im Jahr der Anschaffung, Herstellung oder Einlage

(2) ¹Der auf das Jahr der Anschaffung oder Herstellung entfallende AfA-Betrag vermindert sich zeitanteilig für den Zeitraum, in dem das Wirtschaftsgut nach der Anschaffung oder Herstellung nicht zur Erzielung von Einkünften verwendet wird; dies gilt auch für die AfA nach § 7 Abs. 5 EStG. ²Bei Wirtschaftsgütern, die im Laufe des Wirtschaftsjahres in das Betriebsvermögen eingelegt werden, gilt § 7 Abs. 1 Satz 4 EStG entsprechend.

Bemessung der AfA nach der >Nutzungsdauer

(3) ¹Die AfA ist grundsätzlich so zu bemessen, dass die Anschaffungs- oder Herstellungskosten nach Ablauf der betriebsgewöhnlichen Nutzungsdauer des Wirtschaftsgutes voll abgesetzt sind. ²Bei einem Gebäude gilt Satz 1 nur, wenn die technischen oder wirtschaftlichen Umstände dafür sprechen, dass die tatsächliche Nutzungsdauer eines Wirtschaftsgebäudes (§ 7 Abs. 4 Satz 1 Nr. 1 EStG) weniger als 33 Jahre (bei Bauantrag/obligatorischem Vertrag nach dem 31.12.2000) oder 25 Jahre (bei Bauantrag/obligatorischem Vertrag vor dem 1.1.2001) bzw. eines anderen Gebäudes weniger als 50 Jahre (bei vor dem 1.1.1925 fertig gestellten Gebäuden weniger als 40 Jahre) beträgt. ³Satz 2 gilt entsprechend bei Mietereinbauten und -umbauten, die keine Scheinbestandteile oder Betriebsvorrichtungen sind.

Bemessung der linearen AfA bei Gebäuden nach typisierten Prozentsätzen

(4) ¹In anderen als den in Absatz 3 Satz 2 und 3 bezeichneten Fällen sind die in § 7 Abs. 4 Satz 1 EStG genannten AfA-Sätze maßgebend. ²Die Anwendung niedrigerer AfA-Sätze ist ausgeschlossen. ³Die AfA ist bis zur vollen Absetzung der Anschaffungs- oder Herstellungskosten vorzunehmen.

Wahl der AfA-Methode

(5) ¹Anstelle der AfA in gleichen Jahresbeträgen (§ 7 Abs. 1 Satz 1 und 2 EStG) kann bei beweglichen Wirtschaftsgütern des Anlagevermögens AfA nach Maßgabe der Leistung (§ 7 Abs. 1 Satz 6 EStG) vorgenommen werden, wenn deren Leistung in der Regel erheblich schwankt und deren Verschleiß dementsprechend wesentliche Unterschiede aufweist. ²Voraussetzung für AfA nach Maßgabe der Leistung ist, dass der auf das einzelne Wirtschaftsjahr entfallende Umfang der Leistung nachgewiesen wird. ³Der Nachweis kann z. B. bei einer Maschine durch ein die Anzahl der Arbeitsvorgänge registrierendes Zählwerk, einen Betriebsstundenzähler oder bei einem Kraftfahrzeug durch den Kilometerzähler geführt werden.

(6) ¹Die degressive AfA nach § 7 Abs. 5 EStG ist nur mit den in dieser Vorschrift vorgeschriebenen Staffelsätzen[1)] zulässig. ²Besteht ein Gebäude aus sonstigen selbständigen Gebäudeteilen (>R 4.2 Abs. 3 Satz 3 Nr. 5), sind für die einzelnen Gebäudeteile unterschiedliche AfA-Methoden und AfA-Sätze zulässig.

---

1) Siehe dazu Anhang 1 I Amtliches Einkommensteuer-Handbuch 2018; hier abgedruckt als Anhang 2.

> **Wechsel der AfA-Methode bei Gebäuden**

(7) ¹Ein Wechsel der AfA-Methode ist bei Gebäuden vorzunehmen, wenn
1. ein Gebäude in einem auf das Jahr der Anschaffung oder Herstellung folgenden Jahr die Voraussetzungen des § 7 Abs. 4 Satz 1 Nr. 1 EStG erstmals erfüllt oder
2. ein Gebäude in einem auf das Jahr der Anschaffung oder Herstellung folgenden Jahr die Voraussetzungen des § 7 Abs. 4 Satz 1 Nr. 1 EStG nicht mehr erfüllt oder
3. ein nach § 7 Abs. 5 Satz 1 Nr. 3 EStG abgeschriebener Mietwohnneubau nicht mehr Wohnzwecken dient.

²In den Fällen des Satzes 1 Nr. 1 ist die weitere AfA nach § 7 Abs. 4 Satz 1 Nr. 1 EStG, in den Fällen des Satzes 1 Nr. 2 und 3 ist die weitere AfA nach § 7 Abs. 4 Satz 1 Nr. 2 Buchstabe a EStG zu bemessen.

Ende der AfA

(8) ¹Bei Wirtschaftsgütern, die im Laufe eines Wirtschaftsjahres oder Rumpfwirtschaftsjahres veräußert oder aus dem Betriebsvermögen entnommen werden oder nicht mehr zur Erzielung von Einkünften i. S. d. § 2 Abs. 1 Satz 1 Nr. 4 bis 7 EStG dienen, kann für dieses Jahr nur der Teil des auf ein Jahr entfallenden AfA-Betrags abgesetzt werden, der dem Zeitraum zwischen dem Beginn des Jahres und der Veräußerung, Entnahme oder Nutzungsänderung entspricht. ²Das gilt entsprechend, wenn im Laufe eines Jahres ein Wirtschaftsgebäude künftig Wohnzwecken dient oder ein nach § 7 Abs. 5 Satz 1 Nr. 3 EStG abgeschriebener Mietwohnneubau künftig nicht mehr Wohnzwecken dient.

> **AfA nach nachträglichen Anschaffungs- oder Herstellungskosten**

(9) ¹Bei nachträglichen Herstellungskosten für Wirtschaftsgüter, die nach § 7 Abs. 1, 2 oder 4 Satz 2 EStG abgeschrieben werden, ist die Restnutzungsdauer unter Berücksichtigung des Zustands des Wirtschaftsgutes im Zeitpunkt der Beendigung der nachträglichen Herstellungsarbeiten neu zu schätzen. ²In den Fällen des § 7 Abs. 4 Satz 2 EStG ist es aus Vereinfachungsgründen nicht zu beanstanden, wenn die weitere AfA nach dem bisher angewandten Prozentsatz bemessen wird. ³Bei der Bemessung der AfA für das Jahr der Entstehung von nachträglichen Anschaffungs- und Herstellungskosten sind diese so zu berücksichtigen, als wären sie zu Beginn des Jahres aufgewendet worden. ⁴Ist durch die nachträglichen Herstellungsarbeiten ein anderes Wirtschaftsgut entstanden (>R 7.3 Abs. 5), ist die weitere AfA nach § 7 Abs. 1 oder 4 Satz 2 EStG und der voraussichtlichen Nutzungsdauer des anderen Wirtschaftsgutes oder nach § 7 Abs. 4 Satz 1 EStG zu bemessen. ⁵Die degressive AfA nach § 7 Abs. 5 EStG ist nur zulässig, wenn das andere Wirtschaftsgut ein Neubau ist.

AfA nach Einlage, Entnahme oder Nutzungsänderung oder nach Übergang zur Buchführung

(10) ¹Nach einer Einlage, Entnahme oder Nutzungsänderung eines Wirtschaftsgutes oder nach Übergang zur Buchführung (>R 7.3 Abs. 6) ist die weitere AfA wie folgt vorzunehmen:
1. Hat sich die AfA-Bemessungsgrundlage für das Wirtschaftsgut geändert (>R 7.3 Abs. 6), ist die weitere AfA nach § 7 Abs. 1, 2 oder 4 Satz 2 EStG und der tatsächlichen künftigen Nutzungsdauer oder nach § 7 Abs. 4 Satz 1 EStG zu bemessen.
2. ¹Bleiben die Anschaffungs- oder Herstellungskosten des Wirtschaftsgutes als Bemessungsgrundlage der AfA maßgebend (>R 7.3 Abs. 6 Satz 2), ist die weitere AfA grundsätzlich nach dem ursprünglich angewandten Absetzungsverfahren zu bemessen. ²Die AfA kann nur noch bis zu dem Betrag abgezogen werden, der von der Bemessungsgrundlage nach Abzug von AfA, erhöhten Absetzungen und Sonderabschreibungen verbleibt (>AfA-Volumen). ³Ist für das Wirtschaftsgut noch nie AfA vorgenommen worden, ist die AfA nach § 7 Abs. 1, 2 oder 4 Satz 2 EStG und der tatsächlichen gesamten Nutzungsdauer oder nach § 7 Abs. 4 Satz 1 oder Abs. 5 EStG zu bemessen. ⁴Nach dem Übergang zur Buchführung oder zur Einkünfteerzielung kann die AfA nur noch bis zu dem Betrag abgezogen werden, der von der

Bemessungsgrundlage nach Abzug der Beträge verbleibt, die entsprechend der gewählten AfA-Methode auf den Zeitraum vor dem Übergang entfallen.
²Besteht ein Gebäude aus mehreren selbständigen Gebäudeteilen und wird der Nutzungsumfang eines Gebäudeteiles infolge einer Nutzungsänderung des Gebäudes ausgedehnt, bemisst sich die weitere AfA von der neuen Bemessungsgrundlage insoweit nach § 7 Abs. 4 EStG.
³Das Wahlrecht nach Satz 1 Nr. 2 Satz 3 und 4 bleibt unberührt.

Absetzungen für außergewöhnliche technische oder wirtschaftliche Abnutzung bei Gebäuden

(11) ¹Absetzungen für außergewöhnliche technische oder wirtschaftliche Abnutzung (>AfaA) sind nach dem Wortlaut des Gesetzes nur bei Gebäuden zulässig, bei denen die AfA nach § 7 Abs. 4 EStG bemessen wird. ²AfaA sind jedoch auch bei Gebäuden nicht zu beanstanden, bei denen AfA nach § 7 Abs. 5 EStG vorgenommen wird.

H 7.4

AfaA

– Wird ein im Privatvermögen gehaltenes Fahrzeug bei einer betrieblich veranlassten Fahrt infolge eines Unfalls beschädigt und nicht repariert, ist die Vermögenseinbuße im Wege der AfaA nach § 7 Abs. 1 Satz 7 EStG gewinnmindernd zu berücksichtigen. Die bei der Bemessung der AfaA zu Grunde zu legenden Anschaffungskosten sind um die (normale) AfA zu kürzen, die der Stpfl. hätte in Anspruch nehmen können, wenn er das Fahrzeug ausschließlich zur Einkünfteerzielung verwendet hätte (>BFH vom 24. 11. 1994 – BStBl 1995 II S. 318).

– AfaA sind grundsätzlich im Jahr des Schadenseintritts, spätestens jedoch im Jahr der Entdeckung des Schadens vorzunehmen (>BFH vom 1. 12. 1992 – BStBl 1994 II S. 11 und 12). Dies gilt unabhängig von evtl. Ersatzansprüchen gegen eine Versicherung (>BFH vom 13. 3. 1998 – BStBl II S. 443).

– Eine AfaA setzt voraus, dass die wirtschaftliche Nutzbarkeit eines Wirtschaftsguts durch außergewöhnliche Umstände gesunken ist (>BFH vom 8. 7. 1980 – BStBl II S. 743) oder das Wirtschaftsgut eine Substanzeinbuße (technische Abnutzung) erleidet (>BFH vom 24. 1. 2008 – BStBl 2009 II S. 449).

– Baumängel vor Fertigstellung eines Gebäudes rechtfertigen keine AfaA (>BFH vom 31. 3. 1992 – BStBl II S. 805); auch wenn infolge dieser Baumängel noch in der Bauphase unselbständige Gebäudeteile wieder abgetragen werden (>BFH vom 30. 8. 1994 – BStBl 1995 II S. 306); dies gilt auch, wenn die Baumängel erst nach der Fertigstellung oder Anschaffung entdeckt werden (>BFH vom 27. 1. 1993 – BStBl II S. 702 und vom 14. 1. 2004 – BStBl II S. 592).

– AfaA aus wirtschaftlichen Gründen können abgezogen werden, wenn sich nach der Kündigung des Mietverhältnisses herausstellt, dass das auf die Bedürfnisse des Mieters ausgerichtete Gebäude nicht mehr oder nur noch eingeschränkt nutzbar ist und auch durch eine (nicht steuerbare) Veräußerung nicht mehr sinnvoll verwendet werden kann (>BFH vom 17. 9. 2008 – BStBl 2009 II S. 301).

Eine AfaA ist vorzunehmen, wenn

– ein Gebäude durch Abbruch, Brand oder ähnliche Ereignisse aus dem Betriebsvermögen ausgeschieden ist (>BFH vom 7. 5. 1969 – BStBl II S. 464),

– bei einem Umbau bestimmte Teile eines Gebäudes ohne vorherige Abbruchabsicht entfernt werden (>BFH vom 15. 10. 1996 – BStBl 1997 II S. 325) oder

– ein Gebäude abgebrochen wird >H 6.4 (Abbruchkosten).

Eine AfaA ist nicht vorzunehmen, wenn
- ein zum Privatvermögen gehörendes objektiv technisch oder wirtschaftlich noch nicht verbrauchtes Gebäude abgerissen wird, um ein unbebautes Grundstück veräußern zu können (>BFH vom 6.3.1979 – BStBl II S. 551), oder wenn es in der Absicht eines grundlegenden Umbaus erworben wird (>BFH vom 4.12.1984 – BStBl 1985 II S. 208 und 20.4.1993 – BStBl II S. 504),
- im Verfahren nach dem WEG die Nutzung von erworbenen Gebäudeteilen als Wohnung untersagt wird, sich darin ein dem Kaufobjekt von vornherein anhaftender Mangel zeigt und die Parteien des Kaufvertrages die Gewährleistung hinsichtlich der Nutzungsmöglichkeiten der Sache ausgeschlossen haben (>BFH vom 14.1.2004 – BStBl II S. 592),
- die bestehende Substanz zum Abbau eines Bodenschatzes weiterhin vorhanden ist und auch abgebaut werden kann (>BFH vom 24.1.2008 – BStBl 2009 II S. 449).

AfA nach einer Nutzungsänderung
Beispiele:
1. AfA-Verbrauch bei Umwidmung eines Gebäudes zur Einkünfteerzielung
   Eine im Jahr 01 fertig gestellte und am 1.12.01 erworbene Eigentumswohnung wird vom Dezember 01 bis Februar 03 vom Stpfl. selbst bewohnt und ab März 03 vermietet.
   Der Stpfl. hat ab dem Jahr 03 die Wahl zwischen der linearen AfA nach § 7 Abs. 4 Satz 1 Nr. 2 EStG (Fall 1) und der degressiven AfA nach § 7 Abs. 5 Satz 1 Nr. 3 Buchstabe c EStG (Fall 2).

		Fall 1		Fall 2
Anschaffungskosten im Jahr 01		300.000 €		300.000 €
AfA-Verbrauch				
im Jahr 01	¹/₁₂ von 2 %	500 €	4 %	12.000 €
im Jahr 02	2 %	6.000 €	4 %	12.000 €
im Jahr 03	²/₁₂ von 2 %	1.000 €	²/₁₂ von 4 %	2.000 €
insgesamt		7.500 €		26.000 €
verbleibendes AfA-Volumen		292.500 €		274.000 €
AfA ab Übergang zur Einkünfteerzielung				
im Jahr 03	¹⁰/₁₂ von 2 %	5.000 €	¹⁰/₁₂ von 4 %	10.000 €
ab Jahr 04	je 2 %	6.000 €		
im Jahr 04 bis 10			je 4 %	12.000 €
im Jahr 11 bis 18			je 2,5 %	7.500 €
ab Jahr 19			je 1,25 %	3.750 €

2. AfA bei Änderung des Nutzungsumfangs eines Gebäudeteils
   Von den gesamten Herstellungskosten in Höhe von 600.000 € eines zum Betriebsvermögen gehörenden Gebäudes, das je zur Hälfte eigenbetrieblichen Zwecken und fremden Wohnzwecken dient, entfallen je 300.000 € auf die beiden selbständigen Gebäudeteile. Der eigenbetrieblich genutzte Gebäudeteil wird nach § 7 Abs. 5 Satz 1 Nr. 1 EStG degressiv, der zu fremden Wohnzwecken genutzte Gebäudeteil nach § 7 Abs. 4 Satz 1 Nr. 2 EStG linear abgeschrieben. Die jährliche AfA beträgt
   a) für den eigenbetrieblich genutzten Gebäudeteil
      10 % von 300.000 € = 30.000 €,
   b) für den zu fremden Wohnzwecken genutzten Gebäudeteil
      2 % von 300.000 € = 6.000 €.

   Vom Beginn des 3. Jahres an wird die eigenbetriebliche Nutzung auf ein Drittel des bisher zu Wohnzwecken genutzten Gebäudeteils ausgedehnt. Von diesem Zeitpunkt an beträgt die AfA-Bemessungsgrundlage für den eigenbetrieblich genutzten Gebäudeteil 400.000 €, für den zu fremden Wohnzwecken genutzten Gebäudeteil 200.000 €. Für den nunmehr eigenbetrieblich genutzten Teil des bisher zu fremden Wohnzwecken genutzten Gebäudeteils ist die lineare AfA künftig mit dem höheren AfA-Satz des § 7 Abs. 4 Satz 1 Nr. 1 EStG vorzunehmen. Die AfA beträgt somit im 3. Jahr
   a) für den eigenbetrieblich genutzten Gebäudeteil
      10 % von 300.000 € = 30.000 €,
      + 3 % von 100.000 € = 3.000 €,
   b) für den zu fremden Wohnzwecken genutzten Gebäudeteil
      2 % von 200.000 € = 4.000 €.

Zu § 7 EStG   R 7.4   A. II.

AfA nach nachträglichen Anschaffungs- oder Herstellungskosten

Beispiele:
1. Degressive AfA nach § 7 Abs. 2 EStG bei nachträglichen Herstellungskosten
   Für ein im Jahre 01 angeschafftes bewegliches Wirtschaftsgut mit einer betriebsgewöhnlichen Nutzungsdauer von 12 Jahren, für das degressive AfA von $(8\,^1/_3\,\% \times 2 =)$ $16\,^2/_3\,\%$ vorgenommen worden ist, werden im Jahre 06 nachträgliche Herstellungskosten aufgewendet. Danach beträgt die neu geschätzte Restnutzungsdauer 8 Jahre.
   Restwert Ende 05   4.100 €
   nachträgliche Herstellungskosten 06   + 3.900 €
   Bemessungsgrundlage ab 06   8.000 €

   Die degressive AfA im Jahre 06 beträgt $(12{,}5\,\% \times 2$, höchstens jedoch) 20 % von 8.000 €.

2. Lineare AfA nach § 7 Abs. 4 Satz 1 Nr. 2 EStG bei nachträglichen Herstellungskosten
   Ein zu Beginn des Jahres 01 angeschafftes Gebäude, für das lineare AfA nach § 7 Abs. 4 Satz 1 Nr. 2 EStG vorgenommen worden ist, wird im Jahre 24 erweitert. Die Restnutzungsdauer beträgt danach noch mindestens 50 Jahre.
   Anschaffungskosten im Jahr 01   200.000 €
   AfA in den Jahren 01 bis 23: $23 \times 2\,\% = 92.000$ €
   nachträgliche Herstellungskosten im Jahr 24   +100.000 €
   Bemessungsgrundlage ab Jahr 24   300.000 €

   Vom Jahr 24 bis zur vollen Absetzung des Betrags von 208.000 € (Restwert 108.000 € zuzüglich nachträglicher Herstellungskosten 100.000 €) beträgt die AfA jährlich 2 % von 300.000 € = 6.000 €.

3. Degressive AfA nach § 7 Abs. 5 EStG bei nachträglichen Herstellungskosten
   Ein im Jahr 01 fertig gestelltes Gebäude, für das degressive AfA nach § 7 Abs. 5 Satz 1 Nr. 1 EStG vorgenommen worden ist, wird im Jahr 06 erweitert.
   Herstellungskosten im Jahr 01   200.000 €
   AfA in den Jahren 01 bis 04: $4 \times 10\,\% = 80.000$ €
   AfA im Jahr 05: $1 \times 5\,\% = 10.000$ €
   nachträgliche Herstellungskosten im Jahr 06   + 80.000 €
   Bemessungsgrundlage ab Jahr 06   280.000 €

   In den Jahren 06 und 07 beträgt die AfA je $5\,\% = 14.000$ € (insgesamt 28.000 €); in den Jahren 08 bis 25 beträgt die AfA je $2{,}5\,\% = 7.000$ € (insgesamt 126.000 €).
   Herstellungskosten im Jahr 01   200.000 €
   AfA in den Jahren 01 bis 04   − 80.000 €
   AfA im Jahr 05   − 10.000 €
   nachträgliche Herstellungskosten im Jahr 06   + 80.000 €
   AfA in den Jahren 06 und 07   − 28.000 €
   AfA in den Jahren 08 bis 25   − 126.000 €
   Restwert 31.12.25   36.000 €

   Ab dem Jahr 26 bis zur vollen Absetzung des Restwerts von 36.000 € beträgt die AfA nach § 7 Abs. 4 Satz 1 Nr. 1 i. V. m. § 52 Abs. 15 Satz 2 EStG 4 % von 280.000 € = 11.200 €, soweit keine kürzere Restnutzungsdauer i. S. d. § 7 Abs. 4 Satz 2 EStG vorliegt.

AfA-Tabellen
- Zur Anwendung der amtlichen AfA-Tabellen >BMF vom 6. 12. 2001 (BStBl I S. 860).
- Wer eine von den amtlichen AfA-Tabellen abweichende Nutzungsdauer geltend macht, hat entsprechende Gründe substantiiert vorzutragen (>BFH vom 14. 4. 2011 – BStBl II S. 696).

AfA-Volumen
- Übergang von der Schätzung zur Buchführung
  Die Buchwerte der abnutzbaren Anlagegüter sind, ausgehend von den Anschaffungs- oder Herstellungskosten, vermindert um die übliche AfA zu schätzen; übliche AfA ist die AfA in gleichen Jahresbeträgen nach einer den amtlichen AfA-Tabellen zu entnehmenden Nutzungsdauer. Für den Zeitraum der Schätzung können weder der Stpfl. noch das Finanzamt eine von den amtlichen AfA-Tabellen abweichende Nutzungsdauer geltend machen (>BFH vom 5. 12. 1985 – BStBl 1986 II S. 390).

- Übergang von der Gewinnermittlung nach Durchschnittssätzen zur Buchführung
  - Zur Ermittlung der in die Übergangsbilanz einzustellenden Buchwerte der abnutzbaren Anlagegüter sind die Anschaffungs- oder Herstellungskosten beweglicher Anlagegüter um die übliche AfA zu mindern, die den amtlichen AfA-Tabellen zu entnehmen sind. Das Wesen der Gewinnermittlung nach Durchschnittssätzen schließt Abweichungen von den sich hiernach ergebenden AfA-Sätzen aus (>BFH vom 12.12.1985 – BStBl 1986 II S. 392).
  - Vorhandene geringwertige Wirtschaftsgüter, die vor dem 1.1.2008 angeschafft oder hergestellt worden sind, sind in der Übergangsbilanz mit ihren Anschaffungs- oder Herstellungskosten, vermindert um die AfA nach § 7 EStG, anzusetzen, die während der Gewinnermittlung nach Durchschnittssätzen angefallen wäre. Es kann nicht unterstellt werden, dass in dieser Zeit das Wahlrecht gem. § 6 Abs. 2 EStG a. F. ausgeübt worden ist (>BFH vom 17.3.1988 – BStBl II S. 770).
  - Beim Wechsel von der Gewinnermittlung nach Durchschnittssätzen zum Bestandsvergleich bestimmen sich die in die Übergangsbilanz einzustellenden Buchwerte landwirtschaftlicher Betriebsgebäude nach den Anschaffungs- oder Herstellungskosten, gemindert um die im Zeitpunkt der Errichtung und im Laufe der Nutzung der Gebäude übliche AfA. Die besonderen betrieblichen Verhältnisse sind auch dann unbeachtlich, wenn für diesen Zeitraum amtliche AfA-Tabellen nicht zur Verfügung gestanden haben (>BFH vom 5.6.2003 – BStBl II S. 801).
- Umwidmung eines Wirtschaftsguts in den Bereich der Einkünfteerzielung
  Werden Wirtschaftsgüter des bisher nicht der Einkünfteerzielung dienenden Vermögens umgewidmet und nunmehr zur Erzielung von Überschusseinkünften genutzt, sind die Anschaffungs- oder Herstellungskosten auf die Gesamtnutzungsdauer einschließlich der Zeit vor der Umwidmung zu verteilen. Als Werbungskosten (AfA) ist nur der Teil der Anschaffungs- oder Herstellungskosten abziehbar, der auf die Zeit nach der Umwidmung entfällt. § 6 Abs. 1 Nr. 5 Satz 1 EStG ist nicht entsprechend anwendbar (>BFH vom 14.2.1989 – BStBl II S. 922; >H 6.12 Geringwertiges Wirtschaftsgut).

Degressive AfA in Erwerbsfällen
§ 7 Abs. 5 Satz 2 EStG schließt die Inanspruchnahme der degressiven AfA nach § 7 Abs. 5 EStG durch den Erwerber nur für das Jahr der Fertigstellung aus. Im folgenden Jahr kann der Erwerber zur degressiven AfA übergehen (>BFH vom 3.4.2001 – BStBl II S. 599).

Degressive AfA nach Einlage
Die degressive AfA nach einer Einlage ist nur zulässig, wenn das Gebäude bis zum Ende des Jahres der Fertigstellung in ein Betriebsvermögen eingelegt wird (>BFH vom 18.5.2010 – BStBl 2014 II S. 13).

Entnahme eines Gebäudes
- Für ein Gebäude, das **im Jahr der Fertigstellung** aus dem Betriebsvermögen entnommen worden ist, ist die Inanspruchnahme der degressiven AfA nach § 7 Abs. 5 EStG für den Zeitraum der Zugehörigkeit zum Privatvermögen ausgeschlossen, wenn für das Gebäude bereits während der Zugehörigkeit zum Betriebsvermögen degressive AfA in Anspruch genommen worden ist. Im folgenden Jahr kann der Stpfl. zur degressiven AfA übergehen (>BFH vom 3.4.2001 – BStBl II S. 599).
- Für ein Gebäude, das **nach dem Jahr der Fertigstellung** unter Aufdeckung der stillen Reserven entnommen worden ist, kann die degressive AfA nach § 7 Abs. 5 EStG nicht mehr vorgenommen werden (>BFH vom 8.11.1994 – BStBl 1995 II S. 170).

Ergänzungsbilanz eines Mitunternehmers
Zur Abschreibung von Mehrwerten in einer Ergänzungsbilanz >BMF vom 19.12.2016 (BStBl 2017 I S. 34).

Fertigstellung

- Ein Wirtschaftsgut ist fertig gestellt, sobald es seiner Zweckbestimmung entsprechend genutzt werden kann (>BFH vom 20. 2. 1975 – BStBl II S. 412 und vom 21. 7. 1989 – BStBl II S. 906).
- Ein Gebäude ist fertig gestellt, wenn die wesentlichen Bauarbeiten abgeschlossen sind und der Bau so weit errichtet ist, dass der Bezug der Wohnungen zumutbar ist oder dass das Gebäude für den Betrieb in all seinen wesentlichen Bereichen nutzbar ist (>BFH vom 21. 7. 1989 – BStBl II S. 906).
- Ein Gebäude ist nicht fertig gestellt, wenn Türen, Böden und der Innenputz noch fehlen (>BFH vom 21. 7. 1989 – BStBl II S. 906).
- Auf die Höhe der noch ausstehenden Herstellungskosten im Verhältnis zu den gesamten Herstellungskosten des Gebäudes kommt es nicht an (>BFH vom 16. 12. 1988 – BStBl 1989 II S. 203).
- Gebäudeteile, die auf Grund ihrer unterschiedlichen Funktion selbständige Wirtschaftsgüter sind, sind fertig gestellt, sobald diese Teile bestimmungsgemäß nutzbar sind (>BFH vom 9. 8. 1989 – BStBl 1991 II S. 132). Zur AfA-Bemessungsgrundlage >R 7.3 Abs. 2.
- Eine Eigentumswohnung ist mit der Bezugsfertigkeit fertig gestellt, auch wenn zu diesem Zeitpunkt zivilrechtlich noch kein Wohneigentum begründet und die Teilungserklärung noch nicht abgegeben worden ist (>BFH vom 26. 1. 1999 – BStBl II S. 589).
- Gebrauchstiere sind bei der ersten Ingebrauchnahme fertig gestellt (>BMF vom 14. 11. 2001 – BStBl I S. 864).
- Die bestimmungsgemäße Nutzbarkeit einer Dauerkultur beginnt mit ihrer Ertragsreife (>BMF vom 17. 9. 1990 – BStBl I S. 420).

Lieferung

- Ein Wirtschaftsgut ist geliefert, wenn der Erwerber nach dem Willen der Vertragsparteien darüber wirtschaftlich verfügen kann; das ist in der Regel der Fall, wenn Eigenbesitz, Gefahr, Nutzen und Lasten auf den Erwerber übergehen (>BFH vom 28. 4. 1977 – BStBl II S. 553).
- Liegt der Zeitpunkt des Übergangs eines Wirtschaftsguts auf den Erwerber im Schnittpunkt von zwei Zeiträumen, ist das Wirtschaftsgut mit Beginn des zweiten Zeitraums geliefert (>BFH vom 7. 11. 1991 – BStBl 1992 II S. 398).
- Wirtschaftlicher Übergang bei Leasing- und Mietkauf-Verträgen >BMF vom 28. 6. 2001 (BStBl I S. 379), Rz. 144.

Mietereinbauten

- Bei Mietereinbauten und -umbauten, die keine Scheinbestandteile oder Betriebsvorrichtungen sind, bestimmt sich die AfA abweichend von Nr. 10 des BMF-Schreibens vom 15. 1. 1976 (BStBl I S. 66) nach den für Gebäude geltenden Grundsätzen >BFH vom 15. 10. 1996 (BStBl 1997 II S. 533).
- Zur Nutzungsdauer von Ladeneinbauten, Schaufensteranlagen und Gaststätteneinbauten >BMF vom 15. 12. 2000 (BStBl I S. 1532), Tz. 3.7.

Musterhäuser

Der Abschreibungssatz gem. § 7 Abs. 4 Satz 1 Nr. 1 EStG gilt auch für Musterhäuser. In die Bemessung der tatsächlichen Nutzungsdauer gem. § 7 Abs. 4 Satz 2 EStG ist bei Musterhäusern auch der Zeitraum einer nach dem Ausscheiden aus dem Betrieb sich voraussichtlich anschließenden Nutzung des Hauses als Wohngebäude einzubeziehen. Das gilt auch für auf fremdem Grund und Boden errichtete Fertighäuser, die zum Zwecke der Veräußerung demontiert und andernorts wieder aufgebaut werden müssen (>BFH vom 23. 9. 2008 – BStBl 2009 II S. 986).

Nachträgliche Anschaffungs- oder Herstellungskosten
- Werden nachträgliche Anschaffungs- oder Herstellungskosten für Wirtschaftsgüter aufgewendet, die nach § 7 Abs. 1, Abs. 2 oder Abs. 4 Satz 2 EStG abgeschrieben werden, bemisst sich die AfA vom Jahr der Entstehung der nachträglichen Anschaffungs- oder Herstellungskosten an nach der Restnutzungsdauer (>BFH vom 25.11.1970 – BStBl 1971 II S. 142).
- Werden nachträgliche Anschaffungs- oder Herstellungskosten für Gebäude aufgewendet, die nach § 7 Abs. 4 Satz 1 oder Abs. 5 EStG abgeschrieben werden, ist der für das Gebäude geltende Prozentsatz anzuwenden (>BFH vom 20.2.1975 – BStBl II S. 412 und vom 20.1.1987 – BStBl II S. 491).
- Wird in den Fällen des § 7 Abs. 4 Satz 1 EStG auf diese Weise die volle Absetzung innerhalb der tatsächlichen Nutzungsdauer nicht erreicht, kann die AfA vom Zeitpunkt der Beendigung der nachträglichen Herstellungsarbeiten an nach der Restnutzungsdauer des Gebäudes bemessen werden (>BFH vom 7.6.1977 – BStBl II S. 606).

Neubau
- Die AfA nach § 7 Abs. 5 EStG kann nur bei Neubauten in Anspruch genommen werden. Bei Umbauten, Ausbauten und Modernisierungsmaßnahmen liegt ein Neubau nicht bereits dann vor, wenn sich dadurch die Zweckbestimmung des Gebäudes ändert. Er entsteht nur, wenn die eingefügten Neubauteile dem Gesamtgebäude das Gepräge geben, so dass es in bautechnischer Hinsicht neu ist. Das ist dann der Fall, wenn die tragenden Gebäudeteile (z. B. Fundamente, tragende Außen- und Innenwände, Geschossdecken und die Dachkonstruktion) in überwiegendem Umfang ersetzt werden (>BFH vom 25.5.2004 – BStBl II S. 783).
- Bei Anbauten liegt ein Neubau vor, wenn
  - dadurch selbständige Wirtschaftsgüter i. S. d. R 4.2 geschaffen werden oder
  - sie mit dem bestehenden Gebäude verschachtelt sind und die Neubauteile dem Gesamtgebäude das Gepräge geben; hierfür sind regelmäßig die Größen- und Wertverhältnisse der Alt- und Neubauteile maßgebend (>BFH vom 25.1.2007 – BStBl II S. 586).
- Für Eigentumswohnungen, die durch die rechtliche Umwandlung eines bestehenden Gebäudes geschaffen werden, kann keine AfA nach § 7 Abs. 5 EStG in Anspruch genommen werden (>BFH vom 24.11.1992 – BStBl 1993 II S. 188).
- Für neu geschaffene Wohnungen, die in einem einheitlichen Nutzungs- und Funktionszusammenhang mit einer bereits vorhandenen Wohnung stehen, kann keine AfA nach § 7 Abs. 5 EStG in Anspruch genommen werden (>BFH vom 7.7.1998 – BStBl II S. 625).
- Zur degressiven AfA nach § 7 Abs. 5 EStG bei Baumaßnahmen an einem Dachgeschoss >BMF vom 10.7.1996 (BStBl I S. 689).

Nutzungsdauer
- >AfA-Tabellen
- Anschaffungs- oder Herstellungskosten eines Wirtschaftsguts sind nur dann nach § 7 EStG zu verteilen, wenn die Nutzungsdauer des Wirtschaftsguts zwölf Monate (Jahreszeitraum im Sinne eines Zeitraums von 365 Tagen) übersteigt (>BFH vom 26.8.1993 – BStBl 1994 II S. 232).
- Die Nutzungsdauer eines Wirtschaftsguts entspricht regelmäßig dem Zeitraum, in dem es sich technisch abnutzt. Eine kürzere wirtschaftliche Nutzungsdauer liegt nicht vor, wenn das Wirtschaftsgut zwar nicht mehr entsprechend der ursprünglichen Zweckbestimmung rentabel nutzbar ist, aber noch einen erheblichen Verkaufswert hat (>BFH vom 14.4.2011 – BStBl II S. 696).
- Die AfA auf das entgeltlich erworbene immaterielle Wirtschaftsgut „Vertreterrecht" (Ablösung des dem Vorgänger-Vertreter zustehenden Ausgleichsanspruchs durch Vereinbarung mit dem Geschäftsherrn) bemisst sich nach der für den Einzelfall zu bestimmenden betriebsgewöhnlichen Nutzungsdauer. Die Regelung des § 7 Abs. 1 Satz 3 EStG zur betriebs-

gewöhnlichen Nutzungsdauer des Geschäfts- oder Firmenwerts findet auf das Vertreterrecht keine Anwendung (>BFH vom 12. 7. 2007 – BStBl II S. 959).
- Zur Nutzungsdauer des Geschäfts- oder Firmenwerts, des Praxiswerts und sog. firmenwertähnlicher Wirtschaftsgüter >BMF vom 20. 11. 1986 (BStBl I S. 532) und BFH vom 24. 2. 1994 (BStBl II S. 590).
- Begriff der Nutzungsdauer eines Gebäudes >§ 11c Abs. 1 EStDV.
- Die Absicht, ein zunächst noch genutztes Gebäude abzubrechen oder zu veräußern, rechtfertigt es nicht, eine kürzere Nutzungsdauer des Gebäudes zugrunde zu legen (>BFH vom 15. 12. 1981 – BStBl 1982 II S. 385).
- Eine Verkürzung der Nutzungsdauer kann erst angenommen werden, wenn die Gebäudeabbruchvorbereitungen soweit gediehen sind, dass die weitere Nutzung in der bisherigen oder einer anderen Weise so gut wie ausgeschlossen ist (>BFH vom 8. 7. 1980 – BStBl II S. 743).
- Die der tatsächlichen Nutzungsdauer entsprechende AfA kann erst vorgenommen werden, wenn der Zeitpunkt der Nutzungsbeendigung des Gebäudes fest steht, z. B. weil sich der Stpfl. verpflichtet hat, das Gebäude zu einem bestimmten Zeitpunkt abzubrechen (>BFH vom 22. 8. 1984 – BStBl 1985 II S. 126).
- Nutzungsdauer für Ladeneinbauten, Schaufensteranlagen und Gaststätteneinbauten >BMF vom 15. 12. 2000 (BStBl I S. 1532), Tz. 3.7.
- Zur Nutzungsdauer der Wirtschaftsgüter eines Windparks >BFH vom 14. 4. 2011 (BStBl II S. 696) und vom 1. 2. 2012 (BStBl II S. 407).

Rückgängigmachung des Anschaffungsvorgangs
Eine AfA ist nicht zu gewähren, wenn der Anschaffungsvorgang in vollem Umfang rückgängig gemacht wird. Auf den Zeitpunkt der Rückzahlung der Aufwendungen, die als Anschaffungskosten geltend gemacht worden sind, kommt es nicht an (>BFH vom 19. 12. 2007 – BStBl 2008 II S. 480).

Teil des auf ein Jahr entfallenden AfA-Betrags
- Die AfA nach § 7 Abs. 5 EStG ist im Jahr der Anschaffung oder Herstellung eines Gebäudes in Höhe des vollen Jahresbetrags abzuziehen (>BFH vom 19. 2. 1974 – BStBl II S. 704); >aber R 7.4 Abs. 2 Satz 1.
- Bei Veräußerung eines Gebäudes kann die degressive AfA nach § 7 Abs. 5 EStG nur zeitanteilig abgezogen werden (>BFH vom 18. 8. 1977 – BStBl II S. 835).

Unterlassene oder überhöhte AfA
- **AfA – Allgemein**

  Ist AfA nach § 7 Abs. 1 oder Abs. 4 Satz 2 EStG oder § 7 Abs. 2 EStG unterblieben, kann sie in der Weise nachgeholt werden, dass die noch nicht abgesetzten Anschaffungs- oder Herstellungskosten (Buchwert) entsprechend der bei dem Wirtschaftsgut angewandten Absetzungsmethode auf die noch verbleibende Restnutzungsdauer verteilt werden (>BFH vom 21. 2. 1967 – BStBl III S. 386 und vom 3. 7. 1980 – BStBl 1981 II S. 255).
- **Lineare Gebäude-AfA**

  Ist AfA nach § 7 Abs. 4 Satz 1 EStG überhöht vorgenommen worden oder unterblieben und hat sich die tatsächliche Nutzungsdauer des Gebäudes nicht geändert, sind weiterhin die gesetzlich vorgeschriebenen Prozentsätze anzusetzen, so dass sich ein anderer Abschreibungszeitraum als von 25, 33, 40 oder 50 Jahren ergibt (>BFH vom 3. 7. 1984 – BStBl II S. 709, vom 20. 1. 1987 – BStBl II S. 491 und vom 11. 12. 1987 – BStBl 1988 II S. 335). Die Berichtigung zu hoch vorgenommener und verfahrensrechtlich nicht mehr änderbarer AfA ist bei Gebäuden im Privatvermögen in der Weise vorzunehmen, dass die gesetzlich vorgeschriebenen Abschreibungssätze auf die bisherige Bemessungsgrundlage bis zur vollen

Absetzung des noch vorhandenen Restbuchwerts angewendet werden (>BFH vom 21.11.2013 – BStBl 2014 II S. 563).
- **Degressive Gebäude-AfA**
Ist AfA nach § 7 Abs. 5 EStG überhöht vorgenommen worden, ist die weitere AfA während des verbleibenden Abschreibungszeitraums weiterhin von den ungekürzten Anschaffungs- oder Herstellungskosten vorzunehmen (>BFH vom 4.5.1993 – BStBl II S. 661).
- **Betriebsvermögen**
Bisher unterlassene AfA kann nicht nachgeholt werden, wenn ein Wirtschaftsgut des notwendigen Betriebsvermögens im Wege der Fehlerberichtigung erstmals als Betriebsvermögen ausgewiesen wird (>BFH vom 24.10.2001 – BStBl 2002 II S. 75). Dies gilt wegen des Prinzips der Gesamtgewinngleichheit entsprechend auch bei der Gewinnermittlung durch Einnahmenüberschussrechnung, wenn das Wirtschaftsgut verspätet als Betriebsvermögen erfasst wird (>BFH vom 22.6.2010 – BStBl II S. 1035).
- **Unberechtigte Steuervorteile**
AfA, die unterblieben ist, um dadurch unberechtigte Steuervorteile zu erlangen, darf nicht nachgeholt werden (>BFH vom 3.7.1980 – BStBl 1981 II S. 255 und vom 20.1.1987 – BStBl II S. 491).

Verlustzuweisungsgesellschaft
Geht eine Verlustzuweisungsgesellschaft nach ihrem Betriebskonzept von einer erheblich längeren Nutzungsdauer eines Wirtschaftsguts als in den amtlichen AfA-Tabellen angegeben aus und beruht ihre Betriebsführung überwiegend auf diesem Umstand, wird die in ihrem Betriebskonzept zugrunde gelegte Nutzungsdauer angewandt. Unberührt davon bleiben Wirtschaftsgüter, wenn der für die Anschaffung oder Herstellung maßgebliche obligatorische Vertrag oder gleichstehende Rechtsakt vor dem 5.3.1999 rechtswirksam abgeschlossen und das Wirtschaftsgut vor dem 1.1.2001 angeschafft oder hergestellt wurde (>BMF vom 15.6.1999 – BStBl I S. 543).

Wechsel der AfA-Methode bei Gebäuden
Der Wechsel zwischen den AfA-Methoden nach § 7 Abs. 5 EStG sowie zwischen den AfA-Methoden nach § 7 Abs. 4 EStG und § 7 Abs. 5 EStG ist unzulässig (>BFH vom 10.3.1987 – BStBl II S. 618 und vom 29.5.2018 – BStBl II S. 646).
>aber: Degressive AfA in Erwerbsfällen.

| R 7.5 | **Absetzung für Substanzverringerung** |

[1]Absetzungen für Substanzverringerung (AfS) sind beim unentgeltlichen Erwerb eines >Bodenschatzes nur zulässig, soweit der Rechtsvorgänger Anschaffungskosten für ein Wirtschaftsgut aufgewendet hat. [2]AfS sind vorzunehmen, sobald mit dem Abbau des Bodenschatzes begonnen wird. [3]Sie berechnen sich nach dem Verhältnis der im Wirtschaftsjahr geförderten Menge des Bodenschatzes zur gesamten geschätzten Abbaumenge. [4]AfS, die unterblieben sind, um dadurch unberechtigte Steuervorteile zu erlangen, dürfen nicht nachgeholt werden.

| H 7.5 |

Bodenschatz
- Bei Bodenschätzen, die ein Stpfl. auf einem ihm gehörenden Grundstück im Privatvermögen entdeckt und in sein (Sonder-)Betriebsvermögen einlegt, sind AfS nicht zulässig (>BFH vom 4.12.2006 – BStBl 2007 II S. 508 und vom 4.2.2016 – BStBl II S. 607).
- >H 4.2 (1)

Zu § 7a EStG

Unterbliebene AfS
Unterbliebene AfS kann in der Weise nachgeholt werden, dass sie in gleichen Beträgen auf die restliche Nutzungsdauer verteilt wird (>BFH vom 21.2.1967 – BStBl III S. 460).

Zu § 7a EStG

| R 7a. | **Gemeinsame Vorschriften für erhöhte Absetzungen und Sonderabschreibungen** |

Allgemeines
(1) [1]Die Vorschriften des § 7a EStG sind auch auf alle erhöhten Absetzungen und Sonderabschreibungen anzuwenden, die ihre Rechtsgrundlage nicht im Einkommensteuergesetz haben. [2]§ 7a EStG ist nur dann nicht anzuwenden, wenn oder soweit dies in der jeweiligen Vorschrift über die erhöhten Absetzungen oder Sonderabschreibungen ausdrücklich bestimmt ist.

Begünstigungszeitraum
(2) [1]Der Begünstigungszeitraum i. S. d. § 7a Abs. 1 Satz 1 EStG umfasst die in der jeweiligen Vorschrift bestimmte Anzahl von Jahren. [2]Er verkürzt sich bei den Sonderabschreibungen nach § 4 Abs. 3 FördG und bei den erhöhten Absetzungen auf die Jahre, in denen die insgesamt zulässigen Sonderabschreibungen oder erhöhten Absetzungen tatsächlich vorgenommen worden sind. [3]Der Begünstigungszeitraum für Anzahlungen auf Anschaffungskosten und für Teilherstellungskosten endet mit Ablauf des Jahres, das dem Jahr der Anschaffung oder Herstellung oder der Beendigung nachträglicher Herstellungsarbeiten vorangeht. [4]Im Jahr der Anschaffung oder Herstellung beginnt ein neuer Begünstigungszeitraum für die Anschaffungs- oder Herstellungskosten.

Nachträgliche Anschaffungs- oder Herstellungskosten im Begünstigungszeitraum
(3) [1]Nachträgliche Anschaffungs- oder Herstellungskosten i. S. d. § 7a Abs. 1 Satz 1 und 2 EStG sind im Jahr ihrer Entstehung so zu berücksichtigen, als wären sie zu Beginn des Jahres aufgewendet worden. [2]§ 7a Abs. 1 EStG ist nicht anzuwenden, wenn nachträgliche Herstellungskosten selbständig abgeschrieben werden, z. B. nach den §§ 7h oder 7i EStG oder nach § 4 Abs. 3 FördG, oder wenn nachträgliche Herstellungsarbeiten so umfassend sind, dass hierdurch ein anderes Wirtschaftsgut entsteht (>R 7.3 Abs. 5).

Minderung der Anschaffungs- oder Herstellungskosten im Begünstigungszeitraum
(4) [1]Nachträgliche Minderungen der Anschaffungs- oder Herstellungskosten i. S. d. § 7a Abs. 1 Satz 3 EStG sind im Jahr der Minderung so zu berücksichtigen, als wäre die Minderung zu Beginn des Jahres eingetreten. [2]Zuschüsse mindern die Bemessungsgrundlage im Jahr der Bewilligung des Zuschusses. [3]Wird ein Zuschuss zurückgezahlt, ist der Rückforderungsbetrag im Jahr des Entstehens der Rückforderungsverpflichtung der bisherigen Bemessungsgrundlage für die AfA, für die erhöhten Absetzungen und für die Sonderabschreibungen hinzuzurechnen und so zu berücksichtigen, als wäre der Betrag zu Beginn des Jahres zurückgefordert. [4]Die Sätze 2 und 3 gelten sinngemäß
1. bei Gewinnermittlung durch Betriebsvermögensvergleich oder Einnahmenüberschussrechnung und
2. bei Ermittlung der Einkünfte durch Überschuss der Einnahmen über die Werbungskosten.

Anzahlungen auf Anschaffungskosten
(5) [1]>Anzahlungen auf Anschaffungskosten sind Zahlungen, die nach dem rechtswirksamen Abschluss des obligatorischen Vertrages (>R 7.2 Abs. 5) und vor der Lieferung eines Wirtschaftsgutes auf die endgültigen Anschaffungskosten geleistet werden, soweit sie diese nicht überstei-

gen. ²Ohne Bedeutung ist, ob die Zahlungen verzinst werden oder zu einer Kaufpreisminderung führen. ³Anzahlungen auf die Anschaffungskosten eines bebauten Grundstücks sind jeweils nach dem voraussichtlichen Verhältnis der Verkehrswerte oder Teilwerte auf den Grund und Boden und das Gebäude aufzuteilen. ⁴Keine Anzahlungen sind >willkürlich geleistete Zahlungen. ⁵Zahlungen können auch dann willkürlich sein, wenn sie vertraglich vereinbart sind. ⁶Eine Zahlung gilt nicht als willkürlich, wenn das Wirtschaftsgut spätestens im folgenden Jahr geliefert wird. ⁷Bei Erwerb eines Gebäudes ist die Willkürlichkeit von Zahlungen auch nicht anzunehmen, soweit im Jahr der Zahlung und im folgenden Kalenderjahr voraussichtlich eine Gegenleistung erbracht wird, die die Anforderung eines Teilbetrags nach § 3 Abs. 2 MaBV rechtfertigen würde. ⁸Soweit die Zahlungen willkürlich sind, sind sie in dem Jahr als Anzahlung zu berücksichtigen, das dem Jahr vorausgeht, in dem die Anforderung eines entsprechenden Teilbetrags nach § 3 Abs. 2 MaBV voraussichtlich gerechtfertigt wäre. ⁹Keine Anzahlungen sind auch Zahlungen auf ein Treuhand- oder Notaranderkonto sowie Zahlungen, die im Interesse des Stpfl. einem Konto gutgeschrieben werden, über das der Zahlungsempfänger nicht frei verfügen kann. ¹⁰Keine Anzahlungen sind deshalb Zahlungen, die der Stpfl. unter der Bedingung geleistet hat, dass das Konto des Zahlungsempfängers zugunsten des Stpfl. gesperrt ist. ¹¹Die Anerkennung einer Zahlung als Anzahlung wird jedoch nicht ausgeschlossen, wenn der Stpfl. bedingungslos gezahlt und der Zahlungsempfänger über den Zahlungsbetrag verfügt hat, indem er seine Kaufpreisforderung abgetreten oder das Konto verpfändet hat, z. B. um eine Bankbürgschaft zugunsten des Stpfl. zu erhalten. ¹²Dabei ist es ohne Bedeutung, ob die Abtretung oder Verpfändung vor oder nach dem Zeitpunkt der Zahlung wirksam geworden ist.

Teilherstellungskosten

(6) ¹Zu den >Teilherstellungskosten eines Gebäudes gehören auch die Aufwendungen für das bis zum Ende des Wirtschaftsjahres auf der Baustelle angelieferte, aber noch nicht verbaute Baumaterial. ²Unerheblich ist, ob in dem Wirtschaftsjahr bereits Zahlungen für Teilherstellungskosten geleistet sind. ³Auch bei Teilzahlungen an einen Unternehmer, der beauftragt ist, ein Bauobjekt als Generalunternehmer zu einem Festpreis herzustellen, bemessen sich die AfA, erhöhten Absetzungen und Sonderabschreibungen nur nach den tatsächlich entstandenen Teilherstellungskosten. ⁴Soweit sich die Zahlungen am Baufortschritt ausrichten, können sie aus Vereinfachungsgründen als Anhaltspunkt für die Höhe der entstandenen Teilherstellungskosten dienen.

Kumulationsverbot

(7) Das Kumulationsverbot nach § 7a Abs. 5 EStG bezieht sich nicht auf die Fälle, in denen nachträgliche Anschaffungs- oder Herstellungskosten Gegenstand einer eigenen Abschreibungsvergünstigung sind und sowohl für das Wirtschaftsgut in seinem ursprünglichen Zustand als auch für die nachträglichen Anschaffungs- oder Herstellungskosten Abschreibungsvergünstigungen auf Grund verschiedener Vorschriften in Betracht kommen.

Verlustklausel

(8) ¹Die Verlustklausel des § 7a Abs. 6 EStG i. d. F. der Bekanntmachung vom 21. 6. 1979 (BGBl I S. 721, BStBl I S. 379) ist im Rahmen der Übergangsregelung zu § 15a EStG (§ 52 Abs. 22 und 33 EStG*)) weiter anzuwenden, und zwar wegen der Betriebsbezogenheit der Verlustklausel auf das gesamte Betriebsergebnis. ²Im Rahmen dieser Übergangsregelung ist die Verlustklausel bei allen erhöhten Absetzungen und Sonderabschreibungen anzuwenden, die für zu einem Betriebsvermögen gehörende Wirtschaftsgüter in Anspruch genommen werden, soweit die Anwendung der Verlustklausel nicht ausdrücklich eingeschränkt oder ausgeschlossen worden ist.

---

*) Jetzt § 52 Abs. 24 EStG.

AfA bei Gebäuden nach Ablauf des Begünstigungszeitraums
(9) ¹Bei Gebäuden, für die Sonderabschreibungen nach § 58 Abs. 1 EStG, nach § 3 ZRFG, nach den §§ 3 und 4 FördG oder nach § 76 EStDV a. F. oder erhöhte Absetzungen nach § 14 Abs. 1 oder § 14a Abs. 4 oder § 14d Abs. 1 Nr. 2 oder § 15 Abs. 2 Satz 2 BerlinFG oder nach § 14a BerlinFG 1976 i. d. F. der Bekanntmachung vom 18. 2. 1976 (BGBl I S. 353, BStBl I S. 102) und den vorherigen Fassungen dieser Vorschrift vorgenommen worden sind, ist die lineare AfA in Anlehnung an § 7 Abs. 4 Satz 1 EStG nach einem um den Begünstigungszeitraum verminderten Abschreibungszeitraum von 25 Jahren, 33 Jahren, 40 Jahren oder 50 Jahren zu bemessen. ²In den Fällen des § 76 EStDV a. F. ist die Restwertabschreibung höchstens nach dem um den Begünstigungszeitraum verminderten Abschreibungszeitraum von 30 Jahren (§ 76 Abs. 4 Satz 3 EStDV a. F.) zu bemessen. ³Die Regelung nach Satz 1 gilt nicht, wenn der Restwert nach Ablauf eines Begünstigungszeitraums den Anschaffungs- oder Herstellungskosten des Gebäudes oder dem an deren Stelle tretenden Wert hinzuzurechnen ist (z. B. § 7b Abs. 2 Satz 3, § 7c Abs. 5 Satz 1 EStG, § 82a Abs. 1 Satz 2 EStDV) oder nach einem festen Prozentsatz abzuschreiben ist (z. B. § 7b Abs. 1 Satz 2 EStG).

AfA bei anderen Wirtschaftsgütern nach Ablauf des Begünstigungszeitraums
(10) ¹Die Restnutzungsdauer des Wirtschaftsgutes ist bei Beginn der Restwertabschreibung neu zu schätzen. ²Es ist jedoch nicht zu beanstanden, wenn für die weitere Bemessung der AfA die um den Begünstigungszeitraum verminderte ursprüngliche Nutzungsdauer des Wirtschaftsgutes als Restnutzungsdauer zugrunde gelegt wird. ³Wurden für ein Wirtschaftsgut neben den Sonderabschreibungen nach § 7g Abs. 5 EStG AfA nach § 7 Abs. 2 EStG vorgenommen, kann dieses auch nach Ablauf des maßgebenden Begünstigungszeitraums weiterhin nach § 7 Abs. 2 EStG abgeschrieben werden.

H / a

Anzahlungen auf Anschaffungskosten
a) Begriff
Vorleistungen, die in Erfüllung eines zu einem späteren Zeitpunkt noch zu vollziehenden Anschaffungsgeschäfts erbracht werden (>BFH vom 2. 6. 1978 – BStBl II S. 475 und vom 21. 11. 1980 – BStBl 1981 II S. 179).
Keine Anzahlungen auf Anschaffungskosten sind Zahlungen gelegentlich eines Anschaffungsgeschäfts, durch die eine Tilgung der Kaufpreisschuld nicht eintritt (>BFH vom 4. 3. 1983 – BStBl II S. 509).
Eine Wechselhingabe kann nicht als in Erfüllung eines Anschaffungsgeschäfts erbracht angesehen werden, wenn sie für den Empfänger keinen wirtschaftlichen Wert hat (>BFH vom 28. 11. 1980 – BStBl 1981 II S. 286).
b) Abschlagszahlungen nach MaBV
Nach § 3 Abs. 2 MaBV in der ab 1. 6. 1997 anzuwendenden Fassung (BGBl 1997 I S. 272) ist der Bauträger ermächtigt, Abschlagszahlungen entsprechend dem Bauablauf in bis zu sieben Teilbeträgen anzufordern, wobei die Teilbeträge aus den folgenden Prozentsätzen zusammengesetzt werden können:
30 % der Vertragssumme in den Fällen, in denen Eigentum an einem Grundstück übertragen werden soll, oder 20 % der Vertragssumme in den Fällen, in denen ein Erbbaurecht bestellt oder übertragen werden soll, nach Beginn der Erdarbeiten,
von der restlichen Vertragssumme
  40 % nach Rohbaufertigstellung, einschließlich Zimmererarbeiten,
   8 % für die Herstellung der Dachflächen und Dachrinnen,
   3 % für die Rohinstallation der Heizungsanlagen,
   3 % für die Rohinstallation der Sanitäranlagen,

3 % für die Rohinstallation der Elektroanlagen,
10 % für den Fenstereinbau, einschließlich der Verglasung,
6 % für den Innenputz, ausgenommen Beiputzarbeiten,
3 % für den Estrich,
4 % für Fliesenarbeiten im Sanitärbereich,
12 % nach Bezugsfertigkeit und Zug um Zug gegen Besitzübergabe,
3 % für die Fassadenarbeiten,
5 % nach vollständiger Fertigstellung.

Über die Teilbeträge nach § 3 Abs. 2 MaBV hinausgehende Zahlungen sind nicht willkürlich, wenn der Bauträger Sicherheit nach § 7 MaBV geleistet hat und keine Anhaltspunkte für eine willkürliche Zahlung gegeben sind (>BFH vom 14. 1. 2004 – BStBl II S. 750).

c) Zeitpunkt
Anzahlungen sind nicht schon im Zeitpunkt der Diskontierung des Wechsels aufgewendet, wenn der Diskonterlös für die Laufzeit des Wechsels auf einem Festgeldkonto angelegt wird und der Diskontnehmer während der Laufzeit des Wechsels nicht über den Wechselgegenwert verfügen kann (>BFH vom 30. 10. 1986 – BStBl 1987 II S. 137).
Zeitpunkt der Anzahlung ist grundsätzlich der Zeitpunkt, in dem der Schuldner seiner Bank den Überweisungsauftrag erteilt hat (>BFH vom 22. 5. 1987 – BStBl II S. 673).

Beispiele
1. Nachträgliche Anschaffungs- oder Herstellungskosten
   An einem im Januar 01 angeschafften beweglichen Wirtschaftsgut mit einer betriebsgewöhnlichen Nutzungsdauer von 10 Jahren, für das im Jahr 01 die nach § 7g EStG zulässigen Sonderabschreibungen von 20 % und die lineare AfA in Anspruch genommen worden sind, werden nachträgliche Herstellungsarbeiten vorgenommen und im Jahr 05 beendet. Die nachträglichen Herstellungskosten entstehen im Dezember 04 und im Januar 05.

Anschaffungskosten		10.000 €
Abschreibungen 01 bis 03:		
a) 3 × 10 % von 10.000 €		−3.000 €
b) 20 % von 10.000 €		−2.000 €
Buchwert 31.12.03		5.000 €
nachträgliche Herstellungskosten 04		+1.800 €
		6.800 €
Abschreibungen 04:		
a) 10 % von 11.800 €		−1.180 €
b) 20 % von 11.800 €	2.360 €	
abzüglich bisherige Sonderabschreibungen	2.000 €	−360 €
Buchwert 31.12.04		5.260 €
nachträgliche Herstellungskosten 05		+200 €
		5.460 €
Abschreibungen 05:		
a) 10 % von 12.000 €		−1.200 €
b) 20 % von 12.000 €	2.400 €	
abzüglich bisherige Sonderabschreibungen	2.360 €	−40 €
Restwert 31.12.05		4.220 €

2. Minderung der Anschaffungs- oder Herstellungskosten
   An einem Gebäude werden im Jahr 01 Baumaßnahmen i. S. d. § 7i EStG durchgeführt. Im Februar 03 wird ein Zuschuss bewilligt.

Herstellungskosten	100.000 €
Erhöhte Absetzungen 01 bis 02: 2 × 10 % von 100.000 €	−20.000 €
Buchwert 31.12.02	80.000 €
Zuschuss 03	−40.000 €
	40.000 €
Erhöhte Absetzungen 03 bis 08: 6 × 10 % von 60.000 € =	−36.000 €
Erhöhte Absetzungen 09 (Rest)	−4.000 €
Buchwert 31.12.09	0 €

3. Rückforderung eines Zuschusses
   Sachverhalt wie in Beispiel 2 mit der Ergänzung, dass der Zuschuss im Jahr 04 zurückgefordert wird.

Herstellungskosten	100.000 €
Erhöhte Absetzungen 01 bis 02: 2 × 10 % von 100.000 €	−20.000 €
Buchwert 31.12.02	80.000 €
Zuschuss 03	−40.000 €
	40.000 €
Erhöhte Absetzungen 03: 10 % von 60.000 €	−6.000 €
Buchwert 31.12.03	34.000 €
Rückforderung Zuschuss 04	+40.000 €
	74.000 €
Erhöhte Absetzungen 04 bis 10: 7 × 10 % von 100.000 €	−70.000 €
Restwert 31.12.10	4.000 €

4. AfA bei Gebäuden nach Ablauf des Begünstigungszeitraums
   Für ein im Januar 01 hergestelltes Wirtschaftsgebäude sind in den Jahren 01 bis 03 die nach § 4 FördG zulässigen Sonderabschreibungen vorgenommen worden. Nach Ablauf des Begünstigungszeitraums am 31.12.05 beträgt die restliche Abschreibungsdauer des Gebäudes noch 20 Jahre.

Herstellungskosten	500.000 €
Abschreibungen 01 bis 03: 3 × 4 % = 12 % =	−60.000 €
Sonderabschreibungen 50 % =	−250.000 €
Abschreibungen 04 und 05: 2 × 4 % = 8 % =	−40.000 €
Restwert 31.12.05 = Bemessungsgrundlage ab 06	150.000 €

   Vom Jahr 06 an beträgt die AfA jeweils 5 % = 7.500 € jährlich.

Degressive AfA

Die AfA nach § 7 Abs. 5 EStG gehört nicht zu den erhöhten Absetzungen (>BFH vom 25. 5. 2004 – BStBl II S. 783). § 7a Abs. 4 EStG bezieht sich nur auf die kumulative Inanspruchnahme von Sonderabschreibungen und degressiver AfA in ein und demselben VZ (>BFH vom 14. 3. 2006 BStBl II S. 799).

Mehrere Beteiligte

- Sind Wirtschaftsgüter mehreren Beteiligten zuzurechnen, so können erhöhte Absetzungen und Sonderabschreibungen grundsätzlich nur einheitlich von allen Beteiligten in Anspruch genommen werden (>BFH vom 7. 8. 1986 – BStBl II S. 910).
- >R 21.6 Satz 3
- Nur der Gesellschafter, nicht die Personengesellschaft, ist zur Inanspruchnahme der erhöhten Absetzungen berechtigt. Scheidet ein Gesellschafter nach Durchführung der begünstigten Maßnahmen aus der Gesellschaft aus und übernehmen die übrigen Gesellschafter dessen Anteil (Anwachsung), so sind jedem der verbliebenen Gesellschafter nur in Höhe seiner ursprünglichen Beteiligung begünstigte Herstellungskosten zuzurechnen (>BFH vom 17. 7. 2001 – BStBl II S. 760).
- Übernimmt im Rahmen der Liquidation einer vermögensverwaltenden Personengesellschaft ein Gesellschafter das weitgehend aus einem einzigen Wirtschaftsgut bestehende Gesellschaftsvermögen im Wege der Übertragung von Aktiva und Passiva, liegt hierin keine Anschaffung eines Unternehmens, sondern eine Gesamtrechtsnachfolge des zuletzt verbleibenden Gesellschafters in das Gesellschaftsvermögen der Gesellschaft (>BFH vom 25. 6. 2002 – BStBl II S. 756).

Teilherstellungskosten

Teilherstellungskosten sind die Aufwendungen, die bis zum Ende des Wj. durch den Verbrauch von Gütern und die Inanspruchnahme von Diensten für die Herstellung eines Wirtschaftsgutes entstanden sind (>BFH vom 15. 11. 1985 – BStBl 1986 II S. 367).
Anzahlungen auf Teilherstellungskosten sind nicht begünstigt (>BFH vom 10. 3. 1982 – BStBl II S. 426).

Verzeichnis

Das nach § 7a Abs. 8 EStG erforderliche Verzeichnis braucht erst im Zeitpunkt der Inanspruchnahme der erhöhten Absetzungen oder Sonderabschreibungen erstellt zu werden (>BFH vom 9. 8. 1984 – BStBl 1985 II S. 47).

Willkürlich geleistete Zahlungen

Willkürlich geleistete Zahlungen sind keine Anzahlungen (>BFH vom 3. 2. 1987 – BStBl II S. 492).

Zu § 7d EStG

| R 7d. | **Weitergeltung der Anordnungen zu § 7d EStG** |

R 77 EStR 1993 ist weiter anzuwenden.

Zu § 7f EStG

| R 7f. | **Weitergeltung der Anordnungen zu § 7f EStG** |

R 82 EStR 1999 ist weiter anzuwenden.

Zu § 7g EStG

| H 7g |

Investitionsabzugsbetrag (Inanspruchnahme in vor dem 1. 1. 2016 endenden Wj.)
Zu Zweifelsfragen zum Investitionsabzugsbetrag nach § 7g Abs. 1 bis 4 und 7 EStG >BMF vom 20. 11. 2013 (BStBl I S. 1493) unter Berücksichtigung der Änderungen durch BMF vom 20. 3. 2017 (BStBl I S. 423), Rn. 60

Investitionsabzugsbetrag (Inanspruchnahme in nach dem 31. 12. 2015 endenden Wj.)
Zu Zweifelsfragen zu den Investitionsabzugsbeträgen nach § 7g Abs. 1 bis 4 und 7 EStG i. d. F. des StÄndG 2015 vom 2. 11. 2015 (BGBl I S. 1834) >BMF vom 20. 3. 2017 (BStBl I S. 423)

Zu § 7h EStG

| R 7h. | **Erhöhte Absetzungen nach § 7h EStG von Aufwendungen für bestimmte Maßnahmen an Gebäuden in Sanierungsgebieten und städtebaulichen Entwicklungsbereichen** |

(1) Den Miteigentümern eines Gebäudes stehen erhöhte Absetzungen nach § 7h EStG grundsätzlich im Verhältnis ihrer Eigentumsanteile zu; auf R 21.6 wird hingewiesen.
(2) Wird ein Gebäude, bei dem erhöhte Absetzungen nach § 7h EStG vorgenommen werden, aus dem Betriebsvermögen in das Privatvermögen oder umgekehrt überführt, ist eine sich dabei ergebende Erhöhung oder Minderung der Bemessungsgrundlage dem Teil des Gebäudes zuzuordnen, für den keine erhöhten Absetzungen nach § 7h EStG gewährt werden.

(3) ¹Werden erhöhte Absetzungen nach § 7h EStG in Anspruch genommen, braucht aus Vereinfachungsgründen das Vorliegen der Voraussetzungen nur für den VZ geprüft zu werden, in dem die begünstigten Baumaßnahmen fertig gestellt worden sind. ²Die Nachholung versehentlich unterlassener erhöhter Absetzungen nach § 7h EStG ist nicht möglich.

(4) ¹Die zuständige Gemeindebehörde hat nach den länderspezifischen >Bescheinigungsrichtlinien zu prüfen,

1. ob das Gebäude in einem förmlich festgelegten Sanierungsgebiet oder städtebaulichen Entwicklungsbereich belegen ist,
2. ob Modernisierungs- und Instandsetzungsmaßnahmen i.S.d. § 177 BauGB oder andere Maßnahmen i.S.d. § 7h Abs. 1 Satz 2 EStG durchgeführt worden sind,
3. in welcher Höhe Aufwendungen, die die vorstehenden Voraussetzungen erfüllen, angefallen sind,
4. inwieweit Zuschüsse aus öffentlichen Mitteln durch eine der für Sanierungsgebiete oder städtebaulichen Entwicklungsbereiche zuständigen Behörde bewilligt worden sind oder nach Ausstellung der Bescheinigung bewilligt werden (Änderung der Bescheinigung).

²Die Bescheinigung unterliegt weder in rechtlicher noch in tatsächlicher Hinsicht der Nachprüfung durch die Finanzbehörden. ³Es handelt sich hierbei um einen Verwaltungsakt in Form eines Grundlagenbescheides, an den die Finanzbehörden im Rahmen des gesetzlich vorgegebenen Umfangs gebunden sind (§ 175 Abs. 1 Satz 1 Nr. 1 AO). ⁴Ist jedoch offensichtlich, dass die Bescheinigung für Maßnahmen erteilt worden ist, bei denen die Voraussetzungen nicht vorliegen, hat die Finanzbehörde ein Remonstrationsrecht, d.h. sie kann die Gemeindebehörde zur Überprüfung veranlassen sowie um Rücknahme oder Änderung der Bescheinigung nach Maßgabe des § 48 Abs. 1 VwVfG bitten. ⁵Die Gemeindebehörde ist verpflichtet, dem Finanzamt die Rücknahme oder Änderung der Bescheinigung mitzuteilen (§ 4 Mitteilungsverordnung).

(5) Die Finanzbehörden haben zu prüfen,

1. ob die vorgelegte Bescheinigung von der zuständigen Gemeindebehörde ausgestellt worden ist,
2. ob die bescheinigten Aufwendungen steuerrechtlich dem Gebäude i.S.d. § 7h Abs. 1 EStG zuzuordnen sind,
3. ob die bescheinigten Aufwendungen zu den Herstellungskosten oder den nach § 7h Abs. 1 Satz 3 EStG begünstigten Anschaffungskosten, zu den sofort abziehbaren Betriebsausgaben oder Werbungskosten, insbesondere zum Erhaltungsaufwand, oder zu den nicht abziehbaren Ausgaben gehören,
4. ob weitere Zuschüsse für die bescheinigten Aufwendungen gezahlt werden oder worden sind,
5. ob die Aufwendungen bei einer Einkunftsart oder bei einem zu eigenen Wohnzwecken genutzten Gebäude wie Sonderausgaben (>§ 10f EStG) berücksichtigt werden können,
6. in welchem VZ die erhöhten Absetzungen, die Verteilung von Erhaltungsaufwand (>§ 11a EStG) oder der Abzug wie Sonderausgaben (>§ 10f EStG) erstmals in Anspruch genommen werden können.

(6) ¹Eine begünstigte Maßnahme i.S.d. § 7h Abs. 1 Satz 1 EStG liegt auch vor, wenn die Modernisierungs- und Instandhaltungsmaßnahmen auf Grund einer konkreten vertraglichen Vereinbarung zwischen Eigentümer und Gemeinde durchgeführt werden. ²Die Prüfungs- und Bescheinigungspflicht i.S.d. Absatzes 4 besteht auch in diesen Fällen. ³Baumaßnahmen, die ohne konkrete vertragliche Vereinbarung auf freiwilliger Grundlage durchgeführt werden, sind von dem Begünstigungstatbestand des § 7h Abs. 1 Satz 1 EStG nicht erfasst.

(7) Für die Begünstigung von Modernisierungs- und Instandsetzungsmaßnahmen i.S.d. § 177 BauGB ist es unschädlich, wenn die zugrunde liegende Sanierungssatzung während oder nach Durchführung der Maßnahmen aufgehoben wird.

H 7h

Bauherrenmodelle
Zu den Besonderheiten bei Baumaßnahmen i. S. d. §§ 7h und 7i EStG im Rahmen von Bauherrenmodellen >BMF vom 20. 10. 2003 (BStBl I S. 546), RdNr. 10.

Begünstigte Baumaßnahmen
– Begünstigt sind nur Herstellungskosten an einem im Sanierungsgebiet liegenden, bestehenden Gebäude, nicht hingegen der Neubau oder Wiederaufbau von Gebäuden (>BFH vom 2. 9. 2008 – BStBl 2009 II S. 596).
– Auch Aufwendungen für eine Eigentumswohnung, mit der neuer Wohnraum geschaffen wird, können begünstigt sein, wenn und soweit sie sich auf den Altbaubestand beziehen und die Voraussetzungen des § 7h Abs. 1 und 2 EStG erfüllen. Es ist unerheblich, ob und mit welchem Anteil die begünstigten Aufwendungen das Sondereigentum oder das Gemeinschaftseigentum betreffen (>BFH vom 10. 10. 2017 – BStBl 2018 II S. 272).

Bescheinigungsrichtlinien
Übersicht über die Veröffentlichung der länderspezifischen Bescheinigungsrichtlinien >BMF vom 10. 11. 2000 (BStBl I S. 1513) und vom 8. 11. 2004 (BStBl I S. 1049)[*].

Bindungswirkung der Bescheinigung
– Die Bindungswirkung der Bescheinigung umfasst nicht die persönliche Abzugsberechtigung (>BFH vom 21. 8. 2001 – BStBl 2003 II S. 910).
– Allein die Gemeinde prüft, ob Modernisierungs- und Instandsetzungsmaßnahmen i. S. d. § 177 BauGB durchgeführt wurden. Auf Grund der Wertungen des BauGB ist zu entscheiden, wie die Begriffe „Modernisierung" und „Instandsetzung" zu verstehen sind und ob darunter auch ein Neubau im bautechnischen Sinne zu subsumieren ist. Es besteht keine Bindungswirkung in Bezug auf die Höhe der begünstigten Kosten (>BFH vom 22. 10. 2014 – BStBl 2015 II S. 367, vom 6. 12. 2016 – BStBl 2017 II S. 523 und vom 17. 4. 2018 – BStBl II S. 597).

Gleichstehender Rechtsakt
An den einem obligatorischen Erwerbsvertrag gleichstehenden Rechtsakt sind hinsichtlich seiner Rechtsbindung und der Rechtsklarheit dieselben Anforderungen zu stellen wie an den obligatorischen Erwerbsvertrag. Es bedarf einer formgerechten schuldrechtlichen Erwerbsverpflichtung, von der sich kein Beteiligter mehr einseitig lösen kann. Hierzu zählt insbesondere der Erbfall, der Zuschlag im Zwangsversteigerungsverfahren oder der Erwerb von Anteilen an einer Personengesellschaft. Ein unwiderrufliches Kaufangebot begründet weder eine beidseitige Verpflichtung noch definiert es einen konkreten Erwerbszeitpunkt und stellt mithin keinen gleichstehenden Rechtsakt i. S. d. §§ 7h, 7i EStG dar (>BFH vom 19. 2. 2013 – BStBl II S. 482).

Nichtvorliegen der Bescheinigung
– Fehlt es an einer Bescheinigung nach § 7h Abs. 2 EStG, z. B. weil die Gemeindebehörde keine den formellen Anforderungen entsprechende Bescheinigung erstellt hat, geht die Prüfungsbefugnis nicht auf das Finanzamt über; dieses ist allenfalls zur vorläufigen Schätzung nach § 162 Abs. 5 AO befugt (>BFH vom 10. 10. 2017 – BStBl 2018 II S. 272).
– >H 7i

---

[*] Übersicht teilweise überholt.

Objektbezogenheit der Bescheinigung
- Erhöhte Absetzungen können für eine Eigentumswohnung geltend gemacht werden, wenn die Bescheinigung objektbezogen ausgestellt wird. Bei einem aus mehreren Eigentumswohnungen bestehenden Gebäude muss für jede einzelne Eigentumswohnung eine Bescheinigung ausgestellt werden (>BFH vom 6. 5. 2014 – BStBl 2015 II S. 581 und vom 10. 10. 2017 – BStBl 2018 II S. 272).
- Besteht ein Gebäude aus mehreren selbständigen unbeweglichen Wirtschaftsgütern, weil es in verschiedenen Nutzungs- und Funktionszusammenhängen steht (z. B. fremde Wohnzwecke; eigene Wohnzwecke), ist eine objektbezogene Bescheinigung für den jeweiligen Gebäudeteil erforderlich. Eine Bescheinigung, die sich lediglich auf das Gesamtgebäude bezieht, genügt nicht (>BFH vom 6. 12. 2016 – BStBl 2017 II S. 523).

Personengesellschaft
Erhöhte Absetzungen nach Ausscheiden eines Gesellschafters >H 7a (Mehrere Beteiligte)

Verwaltungsverfahrensgesetz
§ 48 VwVfG – Rücknahme eines rechtswidrigen Verwaltungsaktes
„(1) ¹Ein rechtswidriger Verwaltungsakt kann, auch nachdem er unanfechtbar geworden ist, ganz oder teilweise mit Wirkung für die Zukunft oder für die Vergangenheit zurückgenommen werden. ²Ein Verwaltungsakt, der ein Recht oder einen rechtlich erheblichen Vorteil begründet oder bestätigt hat (begünstigender Verwaltungsakt), darf nur unter den Einschränkungen der Absätze 2 bis 4 zurückgenommen werden.
(2) ¹Ein rechtswidriger Verwaltungsakt, der eine einmalige oder laufende Geldleistung oder teilbare Sachleistung gewährt oder hierfür Voraussetzung ist, darf nicht zurückgenommen werden, soweit der Begünstigte auf den Bestand des Verwaltungsaktes vertraut hat und sein Vertrauen unter Abwägung mit dem öffentlichen Interesse an einer Rücknahme schutzwürdig ist. ²Das Vertrauen ist in der Regel schutzwürdig, wenn der Begünstigte gewährte Leistungen verbraucht oder eine Vermögensdisposition getroffen hat, die er nicht mehr oder nur unter unzumutbaren Nachteilen rückgängig machen kann. ³Auf Vertrauen kann sich der Begünstigte nicht berufen, wenn er
1. den Verwaltungsakt durch arglistige Täuschung, Drohung oder Bestechung erwirkt hat;
2. den Verwaltungsakt durch Angaben erwirkt hat, die in wesentlicher Beziehung unrichtig oder unvollständig waren;
3. die Rechtswidrigkeit des Verwaltungsaktes kannte oder infolge grober Fahrlässigkeit nicht kannte.

⁴In den Fällen des Satzes 3 wird der Verwaltungsakt in der Regel mit Wirkung für die Vergangenheit zurückgenommen.
(3) ¹Wird ein rechtswidriger Verwaltungsakt, der nicht unter Absatz 2 fällt, zurückgenommen, so hat die Behörde dem Betroffenen auf Antrag den Vermögensnachteil auszugleichen, den dieser dadurch erleidet, dass er auf den Bestand des Verwaltungsaktes vertraut hat, soweit sein Vertrauen unter Abwägung mit dem öffentlichen Interesse schutzwürdig ist. ²Absatz 2 Satz 3 ist anzuwenden. ³Der Vermögensnachteil ist jedoch nicht über den Betrag des Interesses hinaus zu ersetzen, das der Betroffene an dem Bestand des Verwaltungsaktes hat. ⁴Der auszugleichende Vermögensnachteil wird durch die Behörde festgesetzt. ⁵Der Anspruch kann nur innerhalb eines Jahres geltend gemacht werden; die Frist beginnt, sobald die Behörde den Betroffenen auf sie hingewiesen hat.
(4) ¹Erhält die Behörde von Tatsachen Kenntnis, welche die Rücknahme eines rechtswidrigen Verwaltungsaktes rechtfertigen, so ist die Rücknahme nur innerhalb eines Jahres seit dem Zeitpunkt der Kenntnisnahme zulässig. ²Dies gilt nicht im Falle des Absatzes 2 Satz 3 Nr. 1.
(5) Über die Rücknahme entscheidet nach Unanfechtbarkeit des Verwaltungsaktes die nach § 3 zuständige Behörde; dies gilt auch dann, wenn der zurückzunehmende Verwaltungsakt von einer anderen Behörde erlassen worden ist."

Zu § 7i EStG

| R 7i. | **Erhöhte Absetzungen nach § 7i EStG von Aufwendungen für bestimmte Baumaßnahmen an Baudenkmalen** |

(1) R 7h Abs. 1 bis 3 gilt entsprechend.

(2) ¹Die nach Landesrecht zuständige Denkmalbehörde hat zu prüfen und zu bescheinigen,
1. ob das Gebäude oder der Gebäudeteil nach den landesrechtlichen Vorschriften ein Baudenkmal ist,
2. ob die Baumaßnahmen nach Art und Umfang
    a) zur Erhaltung des Gebäudes oder Gebäudeteiles als Baudenkmal oder zu seiner sinnvollen Nutzung,
    b) bei einem Gebäude, das Teil einer geschützten Gesamtanlage oder Gebäudegruppe ist, zur Erhaltung des schützenswerten äußeren Erscheinungsbildes der Gesamtanlage oder Gebäudegruppe

    erforderlich waren,
3. ob die Arbeiten vor Beginn und bei Planungsänderungen vor Beginn der geänderten Vorhaben mit der Bescheinigungsbehörde abgestimmt waren,
4. in welcher Höhe Aufwendungen, die die vorstehenden Voraussetzungen erfüllen, angefallen sind,
5. ob und in welcher Höhe Zuschüsse aus öffentlichen Mitteln durch eine der für den Denkmalschutz oder Denkmalpflege zuständigen Behörden bewilligt worden sind oder nach Ausstellung der Bescheinigung bewilligt werden (Änderung der Bescheinigung).

²R 7h Abs. 4 Satz 2 bis 5 gilt entsprechend.

(3) ¹Die Finanzbehörden haben zu prüfen,
1. ob die vorgelegte Bescheinigung von der nach Landesrecht zuständigen oder der von den Landesregierungen bestimmten Behörde ausgestellt worden ist,
2. ob die bescheinigten Aufwendungen zu den Herstellungskosten oder den nach § 7i Abs. 1 Satz 5 EStG begünstigten Anschaffungskosten, zu den sofort abziehbaren Betriebsausgaben oder Werbungskosten, insbesondere zum Erhaltungsaufwand, oder zu den nicht abziehbaren Ausgaben gehören,
3. ob die bescheinigten Aufwendungen steuerrechtlich dem Gebäude oder Gebäudeteil i. S. d. § 7i Abs. 1 EStG zuzurechnen sind,
4. ob weitere Zuschüsse für die bescheinigten Aufwendungen gezahlt werden oder worden sind,
5. ob die Aufwendungen bei einer Einkunftsart oder bei einem zu eigenen Wohnzwecken genutzten Gebäude wie Sonderausgaben (>§ 10f EStG) berücksichtigt werden können,
6. in welchem VZ die erhöhten Absetzungen, die Verteilung von Erhaltungsaufwand (>§ 11b EStG) oder der Abzug wie Sonderausgaben (>§ 10f EStG) erstmals in Anspruch genommen werden können.

²Fällt die Eigenschaft als Baudenkmal innerhalb des Begünstigungszeitraums weg, können die erhöhten Absetzungen ab dem Jahr, das auf den Wegfall folgt, nicht weiter in Anspruch genommen werden.

H 7i

Bauherrenmodelle
Zu den Besonderheiten bei Baumaßnahmen i. S. d. §§ 7h und 7i EStG im Rahmen von Bauherrenmodellen >BMF vom 20. 10. 2003 (BStBl I S. 546), RdNr. 10.

Bescheinigungsbehörde
Übersicht über die zuständigen Bescheinigungsbehörden >BMF vom 4. 6. 2015 (BStBl I S. 506)

Bescheinigungsrichtlinien
Übersicht über die Veröffentlichung der länderspezifischen Bescheinigungsrichtlinien >BMF vom 10. 11. 2000 (BStBl I S. 1513) und vom 8. 11. 2004 (BStBl I S. 1049)[*]

Bindungswirkung der Bescheinigung
– Sind die bescheinigten Aufwendungen steuerrechtlich den (nachträglichen) Herstellungskosten eines selbständigen, vom Baudenkmal getrennten Wirtschaftsguts (z. B. den Außenanlagen, dem Grund und Boden, einer getrennt vom Baudenkmal errichteten Tiefgarage) zuzurechnen, sind die Finanzbehörden nicht an die Bescheinigung gebunden (>BFH vom 15. 10. 1996 – BStBl 1997 II S. 176). Ob ein zusätzlich errichtetes Bauwerk einen Bestandteil des als Denkmal geschützten Gebäudes oder ein selbständiges neues Gebäude bildet, ist keine denkmalrechtliche, sondern eine steuerrechtliche Frage, die von den Finanzbehörden eigenständig zu prüfen ist (>BFH vom 14. 1. 2003 – BStBl II S. 916).
– Sind die bescheinigten Aufwendungen den nachträglichen Herstellungskosten des Baudenkmals zuzurechnen, sind die Finanzbehörden an die Bescheinigung auch dann gebunden, wenn diese unzutreffend ist. Das Remonstrationsrecht der Finanzbehörden (>R 7i Abs. 2 Satz 2) bleibt unberührt (>BFH vom 5. 11. 1996 – BStBl 1997 II S. 244).
– Die Bindungswirkung der Bescheinigung umfasst nicht die persönliche Abzugsberechtigung (>BFH vom 6. 3. 2001 – BStBl II S. 796).
– Die Voraussetzungen des § 7i EStG sind nicht erfüllt, wenn die Bescheinigung keine Angaben zur Höhe der begünstigten Aufwendungen enthält (>BFH vom 11. 6. 2002 – BStBl 2003 II S. 578).

Gleichstehender Rechtsakt
>H 7h

Neubau
Denkmal i. S. d. § 7i EStG kann steuerrechtlich auch ein Neubau im bautechnischen Sinne sein. Nicht förderungsfähig sind hingegen der Wiederaufbau oder die völlige Neuerrichtung des Gebäudes (>BFH vom 24. 6. 2009 – BStBl II S. 960).

Nichtvorliegen der Bescheinigung
– Das Finanzamt hat bei Nichtvorliegen der Bescheinigung eine überprüfbare Ermessensentscheidung darüber zu treffen, ob und in welcher Höhe es die erhöhten Absetzungen im Wege der Schätzung nach § 162 Abs. 5 AO anerkennt. Gegen die vorläufige Anerkennung spricht, wenn die vom Stpfl. vorgelegten Unterlagen keine Informationen darüber enthalten, auf welche einzelnen Baumaßnahmen sich die Kosten bezogen haben und ob die Aufwendungen konkret Herstellungskosten für begünstigte Maßnahmen darstellen (>BFH vom 14. 5. 2014 – BStBl 2015 II S. 12).
– >H 7h

---

[*] Übersicht teilweise überholt.

Objektbezogenheit der Bescheinigung
>H 7h

Personengesellschaft
Erhöhte Absetzungen nach Ausscheiden eines Gesellschafters >H 7a (Mehrere Beteiligte)

Teilherstellungskosten
Die erhöhten Absetzungen nach § 7i EStG können hinsichtlich einzelner Baumaßnahmen bereits im Jahr des Abschlusses der jeweiligen Maßnahme und nicht erst bei Beendigung der Gesamtbaumaßnahme vorgenommen werden, wenn die einzelne Baumaßnahme von anderen sachlich abgrenzbar und als solche abgeschlossen ist (>BFH vom 20. 8. 2002 – BStBl 2003 II S. 582).

Veräußerung
Im Jahr der Veräußerung des Baudenkmals kann der Stpfl. die erhöhten Absetzungen mit dem vollen Jahresbetrag in Anspruch nehmen (>BFH vom 18. 6. 1996 – BStBl II S. 645).

Zu § 9a EStG

| R 9a. | **Pauschbeträge für Werbungskosten** |

Die Pauschbeträge für Werbungskosten sind nicht zu ermäßigen, wenn die unbeschränkte Steuerpflicht lediglich während eines Teiles des Kalenderjahres bestanden hat.

| H 9a |

Beschränkt Einkommensteuerpflichtige
Zur Anwendung der Pauschbeträge für Werbungskosten bei beschränkt Einkommensteuerpflichtigen >§ 50 Abs. 1 Satz 3 bis 5 EStG

Zu § 9b EStG

| R 9b. | **Auswirkungen der Umsatzsteuer auf die Einkommensteuer** |

Allgemeines
(1) ¹Soweit ein Vorsteuerbetrag nach § 15 UStG umsatzsteuerrechtlich nicht abgezogen werden darf, ist er den Anschaffungs- oder Herstellungskosten des zugehörigen Wirtschaftsgutes zuzurechnen. ²Diese Zurechnung gilt sowohl für Wirtschaftsgüter des Anlagevermögens als auch für Wirtschaftsgüter des Umlaufvermögens. ³In die Herstellungskosten sind die auf den Materialeinsatz und die Gemeinkosten entfallenden nicht abziehbaren Vorsteuerbeträge einzubeziehen.

Zu § 9b EStG R 9b. A. II.

Wertgrenzen

(2) ¹Für die Frage, ob bei den Wirtschaftsgütern i. S. d. § 6 Abs. 2 oder 2a oder § 9 Abs. 1 Satz 3 Nr. 7 Satz 2 EStG die Grenzen von 150*⁾, 1.000 oder 410 Euro**⁾ überschritten sind, ist stets von den Anschaffungs- oder Herstellungskosten abzüglich eines darin enthaltenen Vorsteuerbetrags, also von dem reinen Warenpreis ohne Vorsteuer (Nettowert), auszugehen. ²Ob der Vorsteuerbetrag umsatzsteuerrechtlich abziehbar ist, spielt in diesem Fall keine Rolle. ³Dagegen sind für die Bemessung der Freigrenze für Geschenke nach § 4 Abs. 5 Satz 1 Nr. 1 EStG die Anschaffungs- oder Herstellungskosten einschließlich eines umsatzsteuerrechtlich nicht abziehbaren Vorsteuerbetrags maßgebend; dabei bleibt § 15 Abs. 1a UStG unberücksichtigt.

Nicht abziehbare Vorsteuerbeträge nach § 15 Abs. 1a UStG

(3) ¹Die nach § 15 Abs. 1a UStG nicht abziehbaren Vorsteuerbeträge unterliegen dem Abzugsverbot des § 12 Nr. 3 EStG. ²§ 9b EStG findet insoweit keine Anwendung.

H 9b

Freigrenze für Geschenke nach § 4 Abs. 5 Satz 1 Nr. 1 EStG

Beispiele:

Ein Unternehmer erwirbt ein Geschenk, dessen Bruttokaufpreis 40,46 € beträgt (darin enthaltene Vorsteuer 19 % = 6,46 €).

   a) Bei Unternehmern mit Umsätzen, die zum Vorsteuerabzug berechtigen, ist für die Bemessung der Freigrenze auf den Nettowarenwert i. H. v. 34 € abzustellen. Die Freigrenze von 35 € wird nicht überschritten.

   b) Bei Unternehmern mit Umsätzen, die nicht zum Vorsteuerabzug berechtigen, ist für die Bemessung der Freigrenze auf den Bruttowarenwert abzustellen. Die Freigrenze von 35 € wird überschritten.

Gewinnermittlung nach § 4 Abs. 3 EStG und Ermittlung des Überschusses der Einnahmen über die Werbungskosten

Die vereinnahmten Umsatzsteuerbeträge (für den Umsatz geschuldete Umsatzsteuer und vom Finanzamt erstattete Vorsteuer) gehören im Zeitpunkt ihrer Vereinnahmung zu den Betriebseinnahmen oder Einnahmen, die verausgabten Umsatzsteuerbeträge (gezahlte Vorsteuer und an das Finanzamt abgeführte Umsatzsteuerbeträge) im Zeitpunkt ihrer Verausgabung zu den Betriebsausgaben oder Werbungskosten, es sei denn, dass die Vorsteuerbeträge nach R 9b Abs. 1 den Anschaffungs- oder Herstellungskosten des zugehörigen Wirtschaftsguts zuzurechnen sind und diese nicht sofort abziehbar sind (>BFH vom 29. 6. 1982 – BStBl II S. 755). § 4 Abs. 3 Satz 2 EStG findet insoweit keine Anwendung (>BFH vom 19. 2. 1975 – BStBl II S. 441). Hierbei spielt es keine Rolle, ob der Stpfl. zum Vorsteuerabzug berechtigt ist und ob er seine Umsätze nach den allgemeinen umsatzsteuerrechtlichen Vorschriften versteuert oder ob die Umsatzsteuer nach § 19 Abs. 1 UStG nicht erhoben wird.

Irrtümlich erstattete Vorsteuerbeträge

Nicht abziehbare Vorsteuerbeträge sind auch bei zunächst irrtümlicher Erstattung Herstellungskosten des Wirtschaftsguts (>BFH vom 4. 6. 1991 – BStBl II S. 759).

---

   *) Bei Anschaffung oder Herstellung ab 1. 1. 2018: 250 Euro >§ 52 Abs. 12 Satz 6 EStG.
   **) Bei Anschaffung oder Herstellung ab 1. 1. 2018: 800 Euro >§ 52 Abs. 12 Satz 4 EStG.

Umsatzsteuerlich fehlgeschlagene Option
Bei umsatzsteuerlich fehlgeschlagener Option führt die Rückzahlung der Vorsteuererstattung nicht zu Werbungskosten bei den Einkünften aus Vermietung und Verpachtung (>BFH vom 13.11.1986 – BStBl 1987 II S. 374).

Zu § 10 EStG

| R 10.1 | **Sonderausgaben (Allgemeines)** |

Bei Ehegatten, die nach § 26b EStG zusammen zur Einkommensteuer veranlagt werden, kommt es für den Abzug von Sonderausgaben nicht darauf an, ob sie der Ehemann oder die Ehefrau[*] geleistet hat.

| H 10.1 |

Abkürzung des Zahlungsweges
Bei den Sonderausgaben kommt der Abzug von Aufwendungen eines Dritten auch unter dem Gesichtspunkt der Abkürzung des Vertragswegs nicht in Betracht (>BMF vom 7.7.2008 – BStBl I S. 717).

Abzugshöhe/Abzugszeitpunkt
– Sonderausgaben sind in dem VZ abziehbar, in dem sie geleistet worden sind (§ 11 Abs. 2 EStG). Dies gilt auch, wenn sie der Stpfl. mit Darlehensmitteln bestritten hat (>BFH vom 15.3.1974 – BStBl II S. 513). Sie dürfen nur dann bei der Ermittlung des Einkommens abgezogen werden, wenn der Stpfl. tatsächlich und endgültig wirtschaftlich belastet ist. Steht im Zeitpunkt der Zahlung, ggf. auch im Zeitpunkt der Erstattung noch nicht fest, ob der Stpfl. durch die Zahlung endgültig wirtschaftlich belastet bleibt (z. B. bei Kirchensteuer im Falle der Aufhebung der Vollziehung), sind sie im Jahr des Abflusses abziehbar (>BFH vom 24.4.2002 – BStBl II S. 569).

Werden gezahlte Sonderausgaben in einem späteren VZ an den Stpfl. erstattet, ist der Erstattungsbetrag aus Gründen der Praktikabilität im Erstattungsjahr mit gleichartigen Sonderausgaben zu verrechnen mit der Folge, dass die abziehbaren Sonderausgaben des Erstattungsjahres entsprechend gemindert werden. Ist im Jahr der Erstattung der Sonderausgaben an den Stpfl. ein Ausgleich mit gleichartigen Aufwendungen nicht oder nicht in voller Höhe möglich, so ist der Sonderausgabenabzug des Jahres der Verausgabung insoweit um die nachträgliche Erstattung zu mindern; ein bereits bestandskräftiger Bescheid ist nach § 175 Abs. 1 Satz 1 Nr. 2 AO zu ändern (>BFH vom 7.7.2004 – BStBl II S. 1058 und BMF vom 11.7.2002 – BStBl I S. 667). Ob die Sonderausgaben gleichartig sind, richtet sich nach deren Sinn und Zweck sowie deren wirtschaftlichen Bedeutung und Auswirkungen für den Stpfl. Bei Versicherungsbeiträgen kommt es auf die Funktion der Versicherung und das abgesicherte Risiko an (>BFH vom 21.7.2009 – BStBl 2010 II S. 38). Ab VZ 2012 ist entsprechend § 10 Abs. 4b Satz 2 und 3 EStG zu verfahren (>BMF vom 24.5.2017 – BStBl I S. 820, Rz. 203, 204).

– Kirchensteuer >H 10.7 (Willkürliche Zahlungen)

---

[*] Gilt auch für gleichgeschlechtliche Ehegatten (>Gesetz zur Einführung des Rechts auf Eheschließung für Personen gleichen Geschlechts vom 20.7.2017 – BGBl I S. 2787).

Erstattungsüberhänge
>BMF vom 24. 5. 2017 (BStBl I S. 820), Rz. 203, 204

R 10.2 | Unterhaltsleistungen an den geschiedenen oder dauernd getrennt lebenden Ehegatten

(1) Der Antrag nach § 10 Abs. 1 Nr. 1 EStG[*] kann auf einen Teilbetrag der Unterhaltsleistungen beschränkt werden.
(2) ¹Die Zustimmung wirkt auch dann bis auf Widerruf, wenn sie im Rahmen eines Vergleichs erteilt wird. ²Die Zustimmung zum Abzug von Unterhaltsleistungen als Sonderausgaben dem Grunde nach wirkt auch für die Erhöhung des Höchstbetrags nach § 10 Abs. 1 Nr. 1 Satz 2 EStG[**]. ³Dies gilt unabhängig davon, wann die Zustimmung erteilt wurde.
(3) Leistet jemand Unterhalt an mehrere Empfänger, sind die Unterhaltsleistungen an jeden bis zum Höchstbetrag abziehbar.

H 10.2

Allgemeines
– Durch Antrag und Zustimmung werden alle in dem betreffenden VZ geleisteten Unterhaltsaufwendungen zu Sonderausgaben umqualifiziert. Für den Abzug ist es unerheblich, ob es sich um einmalige oder laufende Leistungen bzw. Nachzahlungen oder Vorauszahlungen handelt. Ein Abzug als außergewöhnliche Belastung ist nicht möglich, auch nicht, soweit sie den für das Realsplitting geltenden Höchstbetrag übersteigen (>BFH vom 7. 11. 2000 – BStBl 2001 II S. 338).
– Antrag und Zustimmung zum begrenzten Realsplitting können nicht – auch nicht übereinstimmend – zurückgenommen oder nachträglich beschränkt werden (>BFH vom 22. 9. 1999 – BStBl 2000 II S. 218).
– Ein Einkommensteuerbescheid ist nach § 175 Abs. 1 Satz 1 Nr. 2 AO zu ändern, wenn nach Eintritt der Bestandskraft
    – sowohl die Zustimmung erteilt als auch der Antrag nach § 10 Abs. 1a Nr. 1 Satz 1 EStG gestellt werden (>BFH vom 12. 7. 1989 – BStBl II S. 957) oder
    – der Antrag i. V. m. einer nachträglichen Zustimmungserweiterung ausgedehnt wird (>BFH vom 28. 6. 2006 – BStBl 2007 II S. 5).
– Ein Einkommensteuerbescheid ist nach § 175 Abs. 1 Satz 1 Nr. 2 AO nicht zu ändern, wenn der Antrag auf Realsplitting erst nach Bestandskraft des Einkommensteuerbescheids gestellt wird, obwohl die Zustimmungserklärung des Unterhaltsempfängers dem Geber bereits vor Eintritt der Bestandskraft vorlag (>BFH vom 20. 8. 2014 – BStBl 2015 II S. 138).

Erbe
Unterhaltsleistungen, die der Erbe nach § 1586b BGB an den geschiedenen Ehegatten des Erblassers zu erbringen hat, sind nicht als Sonderausgaben abzugsfähig (>BFH vom 12. 11. 1997 – BStBl 1998 II S. 148).

Nicht unbeschränkt steuerpflichtiger Empfänger
Ist der Empfänger nicht unbeschränkt steuerpflichtig, kann ein Abzug der Unterhaltsleistungen bei Vorliegen der Voraussetzungen des § 1a Abs. 1 Nr. 1 EStG oder auf Grund eines DBA in Be-

---
[*] Jetzt § 10 Abs. 1a Nr. 1 EStG.
[**] Jetzt § 10 Abs. 1a Nr. 1 Satz 2 EStG.

tracht kommen. Entsprechende Regelungen gibt es z. B. in den DBA Kanada, Artikel 18 Abs. 3 Buchst. d und Protokoll Nr. 8 (BStBl 2002 I S. 505, 521) und den USA, Artikel 18 Abs. 3 und Protokoll Nr. 15 (BStBl 2008 I S. 766) sowie in der mit der Schweiz getroffenen Verständigungsvereinbarung, § 21 Abs. 2 Deutsch-Schweizerische Konsultationsvereinbarungsverordnung (BStBl 2011 I S. 146).

Rechtsanwaltskosten
Rechtsanwaltskosten, die ein Stpfl. aufwendet, um die Zustimmung seines geschiedenen oder dauernd getrennt lebenden unbeschränkt steuerpflichtigen Ehegatten zum begrenzten Realsplitting zu erlangen, sind keine Unterhaltsleistungen (>BFH vom 10. 3. 1999 – BStBl II S. 522).

Unterhaltsleistungen
Es ist unerheblich, ob die Unterhaltsleistungen freiwillig oder auf Grund gesetzlicher Unterhaltspflicht erbracht werden. Auch als Unterhalt erbrachte Sachleistungen sind zu berücksichtigen (>BFH vom 12. 4. 2000 – BStBl 2002 II S. 130).

Wohnungsüberlassung
Bei unentgeltlicher Wohnraumüberlassung kann der Mietwert als Sonderausgabe abgezogen werden. Befindet sich die überlassene Wohnung im Miteigentum des geschiedenen oder dauernd getrennt lebenden Ehegatten, kann der überlassende Ehegatte neben dem Mietwert seines Miteigentumsanteils auch die von ihm auf Grund der Unterhaltsvereinbarung getragenen verbrauchsunabhängigen Kosten für den Miteigentumsanteil des anderen Ehegatten als Sonderausgabe abziehen (>BFH vom 12. 4. 2000 – BStBl 2002 II S. 130).
Zur Wohnungsüberlassung an den geschiedenen oder dauernd getrennt lebenden Ehegatten bei Abschluss eines Mietvertrages >H 21.4 (Vermietung an Unterhaltsberechtigte)

Zustimmung
- Die Finanzbehörden sind nicht verpflichtet zu prüfen, ob die Verweigerung der Zustimmung rechtsmissbräuchlich ist (>BFH vom 25. 7. 1990 – BStBl II S. 1022).
- Im Fall der rechtskräftigen Verurteilung zur Erteilung der Zustimmung (§ 894 Abs. 1 ZPO; >BFH vom 25. 10. 1988 – BStBl 1989 II S. 192) wirkt sie nur für das Kj., das Gegenstand des Rechtsstreits war.
- Stimmt der geschiedene oder dauernd getrennt lebende Ehegatte dem der Höhe nach beschränkten Antrag auf Abzug der Unterhaltszahlungen als Sonderausgaben zu, beinhaltet dies keine der Höhe nach unbeschränkte Zustimmung für die Folgejahre (>BFH vom 14. 4. 2005 – BStBl II S. 825).
- Der **Widerruf** der Zustimmung muss vor Beginn des Kj., für den er wirksam werden soll, erklärt werden. Er ist gegenüber dem Wohnsitzfinanzamt sowohl des Unterhaltsleistenden als auch des Unterhaltsempfängers möglich. Wird er gegenüber dem Wohnsitzfinanzamt des Unterhaltsempfängers erklärt, ist das Wissen dieser Behörde für die Änderungsbefugnis nach § 173 Abs. 1 Nr. 1 AO des für die Veranlagung des Unterhaltsleistenden zuständigen Finanzamtes ohne Bedeutung (>BFH vom 2. 7. 2003 – BStBl II S. 803).

R 10.3	**Versorgungsleistungen**

(1) Versorgungsleistungen, die mit steuerbefreiten Einkünften, z. B. auf Grund eines DBA, in wirtschaftlichem Zusammenhang stehen, können nicht als Sonderausgaben abgezogen werden.
(2) [1]Versorgungsleistungen, die freiwillig oder auf Grund einer freiwillig begründeten Rechtspflicht geleistet werden, sind grundsätzlich nicht als Sonderausgaben abziehbar. [2]Das gilt auch

für Zuwendungen an eine gegenüber dem Stpfl. oder seinem Ehegatten gesetzlich unterhaltsberechtigte Person oder an deren Ehegatten (§ 12 Nr. 2 EStG).

H 10.3

Ablösung eines Nießbrauchs oder eines anderen Nutzungsrechts
- >BMF vom 11. 3. 2010 (BStBl I S. 227) unter Berücksichtigung der Änderungen durch BMF vom 6. 5. 2016 (BStBl I S. 476), Rz. 25 und 85
- >BMF vom 30. 9. 2013 (BStBl I S. 1184, Rz. 55-67)

Altenteilsleistung
Der Wert unbarer Altenteilsleistungen ist nach § 2 Abs. 2 SvEV vom 21. 12. 2006 (BGBl I S. 3385) in der für den jeweiligen VZ geltenden Fassung zu schätzen (>BFH vom 18. 12. 1990 – BStBl 1991 II S. 354).

Beerdigungskosten
Soweit der Vermögensübernehmer kein Erbe und vertraglich zur Übernahme der durch den Tod des letztverstorbenen Vermögensübergebers entstandenen Beerdigungskosten verpflichtet ist, kann er die durch den Tod des letztverstorbenen Vermögensübergebers entstandenen Beerdigungskosten als dauernde Last abziehen (>BFH vom 19. 1. 2010 – BStBl II S. 544). Ist er hingegen Alleinerbe, sind die Beerdigungskosten auch dann nicht abziehbar, wenn er sich vertraglich zur Übernahme dieser Kosten verpflichtet hat (>BFH vom 19. 1. 2010 – BStBl 2011 II S. 162)

Erbbauzinsen
Erbbauzinsen, die im Zusammenhang mit der Selbstnutzung einer Wohnung im eigenen Haus anfallen, können nicht als dauernde Last abgezogen werden (>BFH vom 24. 10. 1990 – BStBl 1991 II S. 175).

Schuldzinsen
Schuldzinsen zur Finanzierung von als Sonderausgaben abziehbaren privaten Versorgungsleistungen sind nicht als Versorgungsleistungen abziehbar (>BFH vom 14. 11. 2001 – BStBl 2002 II S. 413).

Vermögensübertragung im Zusammenhang mit Versorgungsleistungen
>BMF vom 11. 3. 2010 (BStBl I S. 227) unter Berücksichtigung der Änderungen durch BMF vom 6. 5. 2016 (BStBl I S. 476)

Vorweggenommene Erbfolge
Zur ertragsteuerlichen Behandlung der vorweggenommenen Erbfolge >BMF vom 13. 1. 1993 (BStBl I S. 80) unter Berücksichtigung der Änderungen durch BMF vom 26. 2. 2007 (BStBl I S. 269)

R 10.3a Versorgungsausgleich

– unbesetzt –

| H 10.3a |

Versorgungsausgleich i. S. d. § 10 Abs. 1a Nr. 4 EStG
Zur einkommensteuerrechtlichen Behandlung der Leistungen auf Grund eines schuldrechtlichen Versorgungsausgleichs >BMF vom 9. 4. 2010 (BStBl I S. 323)

| R 10.4 | **Vorsorgeaufwendungen (Allgemeines)** |

[1]Nach § 10 Abs. 1 Nr. 3 Satz 2 EStG können eigene Beiträge des Kindes zur Basiskranken- und gesetzlichen Pflegeversicherung im Rahmen des Sonderausgabenabzugs bei den Eltern berücksichtigt werden, wenn diese das Kind, für das sie Anspruch auf einen Freibetrag nach § 32 Abs. 6 EStG oder auf Kindergeld haben, durch Unterhaltsleistungen in Form von Bar- oder Sachleistungen (z. B. Unterkunft und Verpflegung) unterstützen. [2]Ob das Kind über eigene Einkünfte verfügt, ist insoweit ohne Bedeutung. [3]Allerdings können die Basiskranken- und gesetzlichen Pflegeversicherungsbeiträge des Kindes insgesamt nur einmal als Vorsorgeaufwendungen berücksichtigt werden. [4]Entweder erfolgt die Berücksichtigung nach § 10 Abs. 1 Nr. 3 Satz 2 EStG bei den Eltern oder nach § 10 Abs. 1 Nr. 3 Satz 1 EStG beim Kind.

| H 10.4 |

Abzug von Vorsorgeaufwendungen
– Zum Sonderausgabenabzug für Beiträge nach § 10 Abs. 1 Nr. 2 bis 3a EStG >BMF vom 24. 5. 2017 (BStBl I S. 820) unter Berücksichtigung der Ergänzung durch BMF vom 6. 11. 2017 (BStBl I S. 1455)
– Zur Verfassungsmäßigkeit der beschränkten Abziehbarkeit von Altersvorsorgeaufwendungen >BFH vom 18. 11. 2009 (BStBl 2010 II S. 414) und vom 9. 12. 2009 (BStBl 2010 II S. 348)

Beitragsrückerstattungen
Zur steuerlichen Behandlung von Bonusleistungen einer gesetzlichen Krankenversicherung (§ 65a SGB V) >BMF vom 6. 12. 2016 (BStBl I S. 1426) und vom 24. 5. 2017 (BStBl I S. 820), Rz. 88, 89

Berufsständische Versorgungseinrichtungen
Liste der berufsständischen Versorgungseinrichtungen, die den gesetzlichen Rentenversicherungen vergleichbare Leistungen i. S. d. § 10 Abs. 1 Nr. 2 Satz 1 Buchstabe a EStG erbringen >BMF vom 8. 7. 2014 (BStBl I S. 1098)

Höchstbetragsregelung
Die Regelung über die beschränkte Abziehbarkeit von sonstigen Vorsorgeaufwendungen (§ 10 Abs. 1 Nr. 3a EStG) ist verfassungsrechtlich nicht zu beanstanden (>BFH vom 9. 9. 2015 – BStBl II S. 1043).

| R 10.5 | **Versicherungsbeiträge** |

[1]Wird ein Kraftfahrzeug teils für berufliche und teils für private Zwecke benutzt, kann der Stpfl. den Teil seiner Aufwendungen für die Kfz-Haftpflichtversicherung, der dem Anteil der privaten

Zu § 10 EStG　　　　　　　　　　　R 10.5　　　　　　　　　　　A. II.

Nutzung entspricht, im Rahmen des § 10 EStG als Sonderausgaben abziehen. ²Werden Aufwendungen für Wege zwischen Wohnung und Arbeitsstätte oder Familienheimfahrten mit eigenem Kraftfahrzeug in Höhe der Entfernungspauschale nach § 9 Abs. 1 Satz 3 Nr. 4 EStG abgezogen, können die Aufwendungen für die Kfz-Haftpflichtversicherung zur Vereinfachung in voller Höhe als Sonderausgaben anerkannt werden.

H 10.5

Beiträge an ausländische Sozialversicherungsträger
Zur Aufteilung der an ausländische Sozialversicherungsträger geleisteten Globalbeiträge zur Berücksichtigung der Vorsorgeaufwendungen im Rahmen des Sonderausgabenabzugs >BMF vom 9. 10. 2017 (BStBl I S. 1326)

Erbschaftsteuerversicherung
- Zum Begriff der Erbschaftsteuerversicherung >BMF vom 1. 10. 2009 (BStBl I S. 1172), Rz. 30.
- Die Beiträge gehören zu den sonstigen Vorsorgeaufwendungen nach § 10 Abs. 1 Nr. 3a EStG (>BMF vom 24. 5. 2017 – BStBl I S. 820, Rz. 121-124).

Kapitalwahlrecht
Für vor dem 1. 10. 1996 abgeschlossene Verträge ist Abschnitt 88 Abs. 1 Satz 4 EStR 1987 weiter anzuwenden. Abschnitt 88 Abs. 1 Satz 4 EStR 1987 lautet: „Beiträge zu Rentenversicherungen mit Kapitalwahlrecht gegen laufende Beitragsleistung können als Sonderausgaben abgezogen werden, wenn die Auszahlung des Kapitals frühestens zu einem Zeitpunkt nach Ablauf von zwölf Jahren seit Vertragsabschluss verlangt werden kann."

Keine Sonderausgaben
Die als Sonderausgaben zu berücksichtigenden Aufwendungen sind in § 10 EStG abschließend aufgezählt. Nicht benannte Aufwendungen können nicht als Sonderausgaben abgezogen werden (>BFH vom 4. 2. 2010 – BStBl II S. 617). Hierzu zählen z. B. Beiträge für eine
- Hausratversicherung,
- Kaskoversicherung,
- Rechtsschutzversicherung,
- Sachversicherung.

Krankentagegeldversicherung
Die Beiträge gehören zu den sonstigen Vorsorgeaufwendungen nach § 10 Abs. 1 Nr. 3a EStG (>BMF vom 24. 5. 2017 – BStBl I S. 820, Rz. 121-124).

Lebensversicherung (Vertragsabschluss vor dem 1. 1. 2005)
- Allgemeines/Grundsätze
  - >BMF vom 22. 8. 2002 (BStBl I S. 827) unter Berücksichtigung der Änderungen durch BMF vom 1. 10. 2009 (BStBl I S. 1188)
  - >Auszug aus dem EStG 2002 in der am 31. 12. 2004 geltenden Fassung
  - >Verzeichnis der ausländischen Versicherungsunternehmen, denen die Erlaubnis zum Betrieb eines nach § 10 Abs. 1 Nr. 2 EStG a. F. begünstigten Versicherungszweigs im Inland erteilt ist – Stand: 1. 1. 2004
- Beiträge zu Lebensversicherungen mit Teilleistungen auf den Erlebensfall vor Ablauf der Mindestvertragsdauer von zwölf Jahren sind auch nicht teilweise als Sonderausgaben abziehbar (>BFH vom 27. 10. 1987 – BStBl 1988 II S. 132).

- Einsatz von Lebensversicherungen zur Tilgung oder Sicherung von Darlehen >BMF vom 15. 6. 2000 (BStBl I S. 1118) und vom 16. 7. 2012 (BStBl I S. 686).

Loss-of-Licence-Versicherung

Beiträge zur Berufsunfähigkeitsversicherung eines Flugzeugführers sind regelmäßig Sonderausgaben, keine Werbungskosten (>BFH vom 13. 4. 1976 – BStBl II S. 599).

Pflegekrankenversicherung

Die Beiträge zu einer ergänzenden Pflegekrankenversicherung gehören zu den sonstigen Vorsorgeaufwendungen nach § 10 Abs. 1 Nr. 3a EStG (>BMF vom 24. 5. 2017 – BStBl I S. 820, Rz. 121-124).

Pflegerentenversicherung

Die Beiträge gehören zu den sonstigen Vorsorgeaufwendungen nach § 10 Abs. 1 Nr. 3a EStG (>BMF vom 24. 5. 2017 – BStBl I S. 820, Rz. 121-124).

Unfallversicherung

- Zuordnung von Versicherungsbeiträgen zu Werbungskosten oder Sonderausgaben >BMF vom 28. 10. 2009 (BStBl I S. 1275), Tz. 4.
- Soweit die Beiträge nicht den Werbungskosten zuzuordnen sind, liegen sonstige Vorsorgeaufwendungen nach § 10 Abs. 1 Nr. 3a EStG vor (>BMF vom 24. 5. 2017 – BStBl I S. 820, Rz. 121-124).

Versorgungsbeiträge Selbständiger

Beiträge, für die eine gesetzliche Leistungspflicht besteht, stellen, auch soweit sie auf die sog. „alte Last" entfallen, regelmäßig keine Betriebsausgaben dar, wenn sie gleichzeitig der eigenen Versorgung oder der Versorgung der Angehörigen dienen (>BFH vom 13. 4. 1972 – BStBl II S. 728 und 730).

Sie können in diesem Fall als Sonderausgaben im Rahmen des § 10 EStG abgezogen werden.

Vertragseintritt

Wer in den Lebensversicherungsvertrag eines anderen eintritt, kann nur die nach seinem Eintritt fällig werdenden Beiträge als Sonderausgaben abziehen; der Eintritt gilt nicht als neuer Vertragsabschluss (>BFH vom 9. 5. 1974 – BStBl II S. 633).

R 10.6 Nachversteuerung von Versicherungsbeiträgen

[1]Bei einer Nachversteuerung nach § 30 EStDV wird der Steuerbescheid des Kalenderjahres, in dem die Versicherungsbeiträge für Versicherungen i. S. d. § 10 Abs. 1 Nr. 3 Buchstabe b EStG als Sonderausgaben berücksichtigt worden sind, nicht berichtigt. [2]Es ist lediglich festzustellen, welche Steuer für das jeweilige Kalenderjahr festzusetzen gewesen wäre, wenn der Stpfl. die Versicherungsbeiträge nicht geleistet hätte. [3]Der Unterschiedsbetrag zwischen dieser Steuer und der seinerzeit festgesetzten Steuer ist als Nachsteuer für das Kalenderjahr zu erheben, in dem das steuerschädliche Ereignis eingetreten ist.

| H 10.6 |

Nachsteuer

Bei Berechnung der Nachsteuer nach § 10 Abs. 5 EStG findet § 177 AO keine Anwendung; bisher nicht geltend gemachte Aufwendungen können nicht nachgeschoben werden (>BFH vom 15.12.1999 – BStBl 2000 II S. 292).

Nachversteuerung für Versicherungsbeiträge bei Ehegatten im Falle ihrer getrennten Veranlagung

Sind die Ehegatten in einem dem VZ 1990 vorangegangenen Kj. nach § 26a EStG in der für das betreffende Kj. geltenden Fassung getrennt veranlagt worden und waren in ihren zusammengerechneten Sonderausgaben mit Ausnahme des Abzugs für den steuerbegünstigten nicht entnommenen Gewinn und des Verlustabzugs Versicherungsbeiträge enthalten, für die eine Nachversteuerung durchzuführen ist, ist nach Abschnitt 109a EStR 1990 zu verfahren.

Veräußerung von Ansprüchen aus Lebensversicherungen

Die Veräußerung von Ansprüchen aus Lebensversicherungen führt weder zu einer Nachversteuerung der als Sonderausgaben abgezogenen Versicherungsbeiträge noch zur Besteuerung eines etwaigen Überschusses des Veräußerungserlöses über die eingezahlten Versicherungsbeiträge (>BMF vom 22.8.2002 – BStBl I S. 827, RdNr. 32 unter Berücksichtigung der Änderungen durch BMF vom 1.10.2009 – BStBl I S. 1188).

| R 10.7 | **Kirchensteuern und Kirchenbeiträge**

(1) [1]Beiträge der Mitglieder von Religionsgemeinschaften (Kirchenbeiträge), die mindestens in einem Land als Körperschaft des öffentlichen Rechts anerkannt sind, aber während des ganzen Kalenderjahres keine Kirchensteuer erheben, sind aus Billigkeitsgründen wie Kirchensteuern abziehbar. [2]Voraussetzung ist, dass der Stpfl. über die geleisteten Beiträge eine Empfangsbestätigung der Religionsgemeinschaft vorlegt. [3]Der Abzug ist bis zur Höhe der Kirchensteuer zulässig, die in dem betreffenden Land von den als Körperschaften des öffentlichen Rechts anerkannten Religionsgemeinschaften erhoben wird. [4]Bei unterschiedlichen Kirchensteuersätzen ist der höchste Steuersatz maßgebend. [5]Die Sätze 1 bis 4 sind nicht anzuwenden, wenn der Stpfl. gleichzeitig als Mitglied einer öffentlich-rechtlichen Religionsgemeinschaft zur Zahlung von Kirchensteuer verpflichtet ist.

(2) Kirchenbeiträge, die nach Absatz 1 nicht wie Kirchensteuer als Sonderausgaben abgezogen werden, können im Rahmen des § 10b EStG steuerlich berücksichtigt werden.

| H 10.7 |

Beiträge an Religionsgemeinschaften (R 10.7 Abs. 1 Satz 1 bis 3 EStR)

Die in R 10.7 Abs. 1 getroffene Regelung stellt eine Billigkeitsmaßnahme (§ 163 AO) dar, die zwingend anzuwenden ist. Der höchstmögliche Abzug beträgt 8 % bzw. 9 % der festgesetzten Einkommensteuer auf das um die Beiträge geminderte z.v. E.; § 51a Abs. 1 und 2 EStG ist anzuwenden (>BFH vom 10.10.2001 – BStBl 2002 II S. 201 und vom 12.6.2002 – BStBl 2003 II S. 281).

Kirchensteuern an Religionsgemeinschaften in EU-/EWR-Staaten
Auch Kirchensteuerzahlungen an Religionsgemeinschaften, die in einem anderen EU-Mitgliedstaat oder in einem EWR-Staat belegen sind und die bei Inlandsansässigkeit als Körperschaften des öffentlichen Rechts anzuerkennen wären, sind als Sonderausgabe nach § 10 Abs. 1 Nr. 4 EStG abziehbar. Das betrifft die Staaten Finnland (evangelisch-lutherische und orthodoxe Staatskirchen) und Dänemark (evangelisch-lutherische Staatskirche). Soweit in den vorgenannten Staaten andere Religionsgemeinschaften ansässig sind, sind für die fiktive Einordnung als Körperschaft des öffentlichen Rechts die zuständigen Innen- oder Kultusbehörden einzubeziehen (>BMF vom 16. 11. 2010 – BStBl I S. 1311).

Kirchensteuern des Erblassers
Zahlungen auf offene Kirchensteuern des Erblassers durch den Erben sind bei diesem im Jahr der Zahlung als Sonderausgabe abziehbar (>BFH vom 21. 7. 2016 – BStBl 2017 II S. 256).

Kirchensteuern i. S. d. § 10 Abs. 1 Nr. 4 EStG
Sie sind Geldleistungen, die von den als Körperschaften des öffentlichen Rechts anerkannten Religionsgemeinschaften von ihren Mitgliedern auf Grund gesetzlicher Vorschriften erhoben werden. Die Kirchensteuer wird in der Regel als Zuschlagsteuer zur Einkommen- bzw. Lohnsteuer erhoben. Kirchensteuern können aber nach Maßgabe der Gesetze auch erhoben werden als Kirchensteuern vom Einkommen, vom Vermögen, vom Grundbesitz und als Kirchgeld. **Keine Kirchensteuern** sind freiwillige Beiträge, die an öffentlich-rechtliche Religionsgemeinschaften oder andere religiöse Gemeinschaften entrichtet werden.

Willkürliche Zahlungen
Kirchensteuern sind grundsätzlich in dem VZ als Sonderausgabe abzugsfähig, in dem sie tatsächlich entrichtet wurden, soweit es sich nicht um willkürliche, die voraussichtliche Steuerschuld weit übersteigende Zahlungen handelt (>BFH vom 25. 1. 1963 – BStBl III S. 141).

R 10.8	Kinderbetreuungskosten

– unbesetzt –

H 10.8

Abzugsbeschränkung
Die Beschränkung des Abzugs von Kinderbetreuungskosten auf zwei Drittel der Aufwendungen und einen Höchstbetrag von 4.000 Euro je Kind ist verfassungsgemäß (>BFH vom 9. 2. 2012 – BStBl II S. 567).

Anwendungsschreiben
>BMF vom 14. 3. 2012 (BStBl I S. 307)

R 10.9	Aufwendungen für die Berufsausbildung

(1) [1]Erhält der Stpfl. zur unmittelbaren Förderung seiner Ausbildung steuerfreie Bezüge, mit denen Aufwendungen i. S. d. § 10 Abs. 1 Nr. 7 EStG abgegolten werden, entfällt insoweit der Sonderausgabenabzug. [2]Das gilt auch dann, wenn die zweckgebundenen steuerfreien Bezüge erst

nach Ablauf des betreffenden Kalenderjahres gezahlt werden. ³Zur Vereinfachung ist eine Kürzung der für den Sonderausgabenabzug in Betracht kommenden Aufwendungen nur dann vorzunehmen, wenn die steuerfreien Bezüge ausschließlich zur Bestreitung der in § 10 Abs. 1 Nr. 7 EStG bezeichneten Aufwendungen bestimmt sind. ⁴Gelten die steuerfreien Bezüge dagegen ausschließlich oder teilweise Aufwendungen für den Lebensunterhalt ab – ausgenommen solche für auswärtige Unterbringung –, z. B. Berufsausbildungsbeihilfen nach § 59 SGB III, Leistungen nach den §§ 12 und 13 BAföG, sind die als Sonderausgaben geltend gemachten Berufsausbildungsaufwendungen nicht zu kürzen.

Nachlaufende Studiengebühren
(2) Staatlich gestundete Studienbeiträge, die erst nach Abschluss des Studiums gezahlt werden (sog. nachlaufende Studiengebühren), sind nach den allgemeinen Grundsätzen des § 11 Abs. 2 EStG im Jahr der Zahlung der gestundeten Beiträge und somit auch nach Abschluss der Berufsausbildung als Sonderausgaben abziehbar.

H 10.9

Aufwendungen i. S. d. § 10 Abs. 1 Nr. 7 EStG:
– **Arbeitsmittel**
   Die für Arbeitsmittel i. S. d. § 9 Abs. 1 Satz 3 Nr. 6 EStG geltenden Vorschriften sind sinngemäß anzuwenden. Schafft ein Stpfl. abnutzbare Wirtschaftsgüter von mehrjähriger Nutzungsdauer an, sind im Rahmen des § 10 Abs. 1 Nr. 7 EStG nur die auf die Nutzungsdauer verteilten Anschaffungskosten als Sonderausgaben abziehbar (>BFH vom 7. 5. 1993 – BStBl II S. 676).
   Die Anschaffungs- oder Herstellungskosten von Arbeitsmitteln einschließlich der Umsatzsteuer können im Jahr der Anschaffung oder Herstellung in voller Höhe als Sonderausgaben abgesetzt werden, wenn sie ausschließlich der Umsatzsteuer für das einzelne Arbeitsmittel 800 € nicht übersteigen (>R 9.12 LStR 2015).
– **häusliches Arbeitszimmer**
   >BMF vom 6. 10. 2017 (BStBl I S. 1320),
– **Fachliteratur**
   >BFH vom 28. 11. 1980 (BStBl 1981 II S. 309),
– **Mehraufwand für Verpflegung**
   >BFH vom 3. 12. 1974 (BStBl 1975 II S. 356),
   >R 9.6 LStR 2015,
– **Mehraufwand wegen doppelter Haushaltsführung**
   >R 9.11 LStR 2015.

Ausbildungsdarlehen/Studiendarlehen
– Abzugshöhe/Abzugszeitpunkt >H 10.1
– Aufwendungen zur Tilgung von Ausbildungs-/Studiendarlehen gehören nicht zu den abziehbaren Aufwendungen i. S. d. § 10 Abs. 1 Nr. 7 EStG (>BFH vom 15. 3. 1974 – BStBl II S. 513).
– Zinsen für ein Ausbildungsdarlehen gehören zu den abziehbaren Aufwendungen, auch wenn sie nach Abschluss der Berufsausbildung gezahlt werden (>BFH vom 28. 2. 1992 – BStBl II S. 834).
– Ist ein Ausbildungsdarlehen nebst Zuschlag zurückzuzahlen, sind die Aufwendungen für den Zuschlag Ausbildungs- und keine Werbungskosten, wenn damit nachträglich die im Zusammenhang mit der Berufsausbildung gewährten Vorteile abgegolten werden sollen und wenn der Zuschlag nicht weitaus überwiegend als Druckmittel zur Einhaltung der vorver-

traglichen Verpflichtung zur Eingehung eines langfristigen Arbeitsverhältnisses dienen soll (>BFH vom 28. 2.1992 – BStBl II S. 834).

Aus- und Fortbildung
>R 9.2 LStR 2015

Auswärtige Unterbringung
Ein Student, der seinen Lebensmittelpunkt an den Studienort verlagert hat, ist regelmäßig nicht auswärts untergebracht (>BFH vom 19. 9. 2012 – BStBl 2013 II S. 284).

Beruf
Der angestrebte Beruf muss nicht innerhalb bestimmter bildungspolitischer Zielvorstellungen des Gesetzgebers liegen (>BFH vom 18. 12. 1987 – BStBl 1988 II S. 494).

Berufsausbildungskosten
Aufwendungen für die erstmalige Berufsausbildung oder ein Erststudium >BMF vom 22. 9. 2010 (BStBl I S. 721)

Deutschkurs
Aufwendungen eines in Deutschland lebenden Ausländers für den Erwerb von Deutschkenntnissen sind nicht als Aufwendungen für die Berufsausbildung abziehbar (>BFH vom 15. 3. 2007 – BStBl II S. 814).

Habilitation
Aufwendungen eines wissenschaftlichen Assistenten an einer Hochschule für seine Habilitation sind Werbungskosten i. S. v. § 9 EStG (>BFH vom 7. 8. 1967 – BStBl III S. 778).

Klassenfahrt
Aufwendungen eines Berufsschülers für eine im Rahmen eines Ausbildungsdienstverhältnisses als verbindliche Schulveranstaltung durchgeführte Klassenfahrt sind in der Regel Werbungskosten (>BFH vom 7. 2. 1992 – BStBl II S. 531).

Studienreisen
>R 12.2

Umschulung
Aufwendungen für eine Umschulungsmaßnahme, die die Grundlage dafür bildet, von einer Berufs- oder Erwerbsart zu einer anderen überzuwechseln, können vorab entstandene Werbungskosten sein (>BFH vom 4. 12. 2002 – BStBl 2003 II S. 403).

R 10.10 **Schulgeld**

Kind als Vertragspartner
(1) ¹Schulgeldzahlungen eines Stpfl. sind bei diesem auch dann nach § 10 Abs. 1 Nr. 9 EStG abziehbar, wenn dessen unterhaltsberechtigtes Kind selbst Vertragspartner der Schule ist. ²Hat der Stpfl. für das sich in der Ausbildung befindende Kind einen Anspruch auf einen Freibetrag nach § 32 Abs. 6 EStG oder auf Kindergeld, ist davon auszugehen, dass die erforderliche Unterhaltsberechtigung des Kindes besteht.

Schulbesuche im Ausland
(2) ¹Zu den nach § 10 Abs. 1 Nr. 9 EStG abziehbaren Sonderausgaben gehören u. a. Schulgeldzahlungen für den Besuch einer im EU-/EWR-Raum belegenen Bildungsstätte, wenn der Besuch mit dem „International Baccalaureate" (Internationales Abitur) abschließen soll. ²Für die Anerkennung mehrjähriger Auslandsschulbesuche ist die Vorlage einer einmaligen Prognoseentscheidung der im Einzelfall zuständigen Behörde (z. B. Zeugnisanerkennungsstelle) ausreichend.

| H 10.10 |

Allgemeines
- >BMF vom 9. 3. 2009 (BStBl I S. 487)
- Der Abzug von Schulgeldzahlungen setzt nicht voraus, dass die Eltern selbst Vertragspartner des mit der Privatschule abgeschlossenen Vertrages sind (>BFH vom 9. 11. 2011 – BStBl 2012 II S. 321).

Aufwendungen für den Schulbesuch als außergewöhnliche Belastungen
>H 33.1 – 33.4 (Schulbesuch)

Privatschule in der Schweiz
Schulgeld, das an eine schweizerische Privatschule gezahlt wird, kann nicht als Sonderausgabe abgezogen werden. Hierin liegt keine Verletzung der Kapitalverkehrsfreiheit. Das Freizügigkeitsabkommen zwischen der Europäischen Gemeinschaft und ihren Mitgliedstaaten und der Schweiz vom 21. 6. 1999 (BGBl 2001 II S. 811) gewährt keinen Anspruch auf Gleichbehandlung mit Privatschulen, die in der EU oder im EWR belegen sind (>BFH vom 9. 5. 2012 – BStBl II S. 585).

Spendenabzug
Zum Spendenabzug von Leistungen der Eltern an gemeinnützige Schulvereine – Schulen in freier Trägerschaft >BMF vom 4. 1. 1991 (BStBl 1992 I S. 266)

| R 10.11 | **Kürzung des Vorwegabzugs bei der Günstigerprüfung**

– unbesetzt –

| H 10.11 |

Allgemeines
Ist nach § 10 Abs. 4a EStG in den Kj. 2005 bis 2019 der Abzug der Vorsorgeaufwendungen nach Absatz 1 Nr. 2 und 3 in der für das Kj. 2004 geltenden Fassung des § 10 Abs. 3 EStG mit den in § 10 Abs. 4a EStG genannten Höchstbeträgen für den Vorwegabzug günstiger, ist der sich danach ergebende Betrag anstelle des Abzugs nach Absatz 3 und 4 anzusetzen.
§ 10 Abs. 3 EStG in der für das Kj. 2004 geltenden Fassung lautet:
„(3) Für Vorsorgeaufwendungen gelten je Kalenderjahr folgende Höchstbeträge:
1. ein Grundhöchstbetrag von   1.334 Euro,
   im Fall der Zusammenveranlagung von Ehegatten von   2.668 Euro;
2. ein Vorwegabzug von   3.068 Euro,
   im Fall der Zusammenveranlagung von Ehegatten von   6.136 Euro.

²Diese Beträge sind zu kürzen um 16 vom Hundert der Summe der Einnahmen
  a) aus nichtselbständiger Arbeit im Sinne des § 19 ohne Versorgungsbezüge im Sinne des § 19 Abs. 2, wenn für die Zukunftssicherung des Steuerpflichtigen Leistungen im Sinne des § 3 Nr. 62 erbracht werden oder der Steuerpflichtige zum Personenkreis des § 10c Abs. 3 Nr. 1 oder 2 gehört, und
  b) aus der Ausübung eines Mandats im Sinne des § 22 Nr. 4;
3. für Beiträge nach Absatz 1 Nr. 2 Buchstabe c ein zusätzlicher Höchstbetrag von 184 Euro für Steuerpflichtige, die nach dem 31. Dezember 1957 geboren sind;
4. Vorsorgeaufwendungen, die die nach den Nummern 1 bis 3 abziehbaren Beträge übersteigen, können zur Hälfte, höchstens bis zu 50 vom Hundert des Grundhöchstbetrags abgezogen werden (hälftiger Höchstbetrag)."

Bemessungsgrundlage für die Kürzung des Vorwegabzugs
– Einnahmen aus einem früheren Beschäftigungsverhältnis
  Der Vorwegabzug für Vorsorgeaufwendungen ist auch für VZ nach Beendigung des Beschäftigungsverhältnisses zu kürzen, wenn in wirtschaftlichem Zusammenhang mit der früheren Beschäftigung stehender Arbeitslohn nachträglich an den Stpfl. ausgezahlt wird und dieser durch arbeitgeberfinanzierte Zukunftssicherungsleistungen oder Altersversorgungsansprüche begünstigt worden war (>BFH vom 20. 12. 2006 – BStBl 2007 II S. 823).
– Entlassungsentschädigung
  Zu den Einnahmen aus nichtselbständiger Arbeit, die Bemessungsgrundlage für die Kürzung des Vorwegabzugs für Vorsorgeaufwendungen sind, gehört auch eine vom Arbeitgeber gezahlte Entlassungsentschädigung, für die kein Arbeitgeberbeitrag zu leisten war (>BFH vom 16. 10. 2002 – BStBl 2003 II S. 343).
– Mehrere Beschäftigungsverhältnisse
  Bei mehreren Beschäftigungsverhältnissen sind für die Kürzung des Vorwegabzugs für Vorsorgeaufwendungen nur die Einnahmen aus den Beschäftigungsverhältnissen zu berücksichtigen, in deren Zusammenhang die Voraussetzungen für eine Kürzung des Vorwegabzugs für Vorsorgeaufwendungen erfüllt sind (>BFH vom 26. 2. 2004 – BStBl II S. 720).
– Zukunftssicherungsleistungen
  – Zum Begriff der Zukunftssicherungsleistungen i. S. d. § 3 Nr. 62 EStG >R 3.62 LStR 2015.
  – Die Höhe der vom Arbeitgeber erbrachten Zukunftssicherungsleistungen i. S. d. § 3 Nr. 62 EStG ist für den Umfang der Kürzung des Vorwegabzugs ohne Bedeutung (>BFH vom 16. 10. 2002 – BStBl 2003 II S. 183).
  – Der Vorwegabzug ist auch dann zu kürzen, wenn der Arbeitgeber Zukunftssicherungsleistungen während des VZ nur zeitweise erbringt oder nur Beiträge zur Kranken- und Pflegeversicherung leistet (>BFH vom 16. 10. 2002 – BStBl 2003 II S. 288).
  – Der Vorwegabzug für Vorsorgeaufwendungen ist auch dann zu kürzen, wenn das Anwartschaftsrecht auf Altersversorgung nicht unverfallbar ist oder wirtschaftlich nicht gesichert erscheint. Diese Kürzung ist nicht rückgängig zu machen, wenn eine Pensionszusage in späteren Jahren widerrufen wird (>BFH vom 28. 7. 2004 – BStBl 2005 II S. 94).
– Zusammenveranlagte Ehegatten
  Bei der Kürzung des zusammenveranlagten Ehegatten gemeinsam zustehenden Vorwegabzugs für Vorsorgeaufwendungen ist in die Bemessungsgrundlage nur der Arbeitslohn desjenigen Ehegatten einzubeziehen, für den Zukunftssicherungsleistungen i. S. d. § 3 Nr. 62 EStG erbracht worden sind oder der zum Personenkreis des § 10c Abs. 3 Nr. 1 oder 2 EStG gehört (>BFH vom 3. 12. 2003 – BStBl 2004 II S. 709).

Gesellschafter-Geschäftsführer von Kapitalgesellschaften
>BMF vom 22. 5. 2007 (BStBl I S. 493)

Höchstbetrag nach § 10 Abs. 3 EStG
Der Höchstbetrag ist nicht zu kürzen:
- wenn der Arbeitgeber für die Zukunftssicherung des Stpfl. keine Leistungen i. S. d. Absatzes 3 erbracht hat. Werden später Beiträge für einen bestimmten Zeitraum nachentrichtet, ist dieser Vorgang ein rückwirkendes Ereignis i. S. d. § 175 Abs. 1 Satz 1 Nr. 2 AO; der Höchstbetrag ist zu kürzen (>BFH vom 21. 1. 2004 – BStBl II S. 650),
- wenn einem Gesellschafter-Geschäftsführer einer GmbH im Anstellungsvertrag ein Anspruch auf Ruhegehalt eingeräumt wird, dessen Art und Höhe erst später per Gesellschafterbeschluss bestimmt werden soll und die GmbH keine Aufwendungen zur Sicherstellung der künftigen Altersversorgung tätigt (>BFH vom 14. 6. 2000 – BStBl 2001 II S. 28),
- bei nach § 4 SGB VI auf Antrag Pflichtversicherten (>BFH vom 19. 5. 1999 – BStBl 2001 II S. 64).

Zu § 10a EStG

H 10a

Private Altersvorsorge
>BMF vom 21. 12. 2017 (BStBl 2018 I S. 93)

Zu § 10b EStG

R 10b.1 **Ausgaben zur Förderung steuerbegünstigter Zwecke i. S. d. § 10b Abs. 1 und 1a EStG**

Begünstigte Ausgaben
(1) ¹Mitgliedsbeiträge, sonstige Mitgliedsumlagen und Aufnahmegebühren sind nicht abziehbar, wenn die diese Beträge erhebende Einrichtung Zwecke bzw. auch Zwecke verfolgt, die in § 10b Abs. 1 Satz 8 EStG genannt sind. ²Zuwendungen, die mit der Auflage geleistet werden, sie an eine bestimmte natürliche Person weiterzugeben, sind nicht abziehbar. ³Zuwendungen können nur dann abgezogen werden, wenn der Zuwendende endgültig wirtschaftlich belastet ist. ⁴Bei Sachzuwendungen aus einem Betriebsvermögen darf zuzüglich zu dem Entnahmewert i. S. d. § 6 Abs. 1 Nr. 4 EStG auch die bei der Entnahme angefallene Umsatzsteuer abgezogen werden.

Durchlaufspenden
(2) ¹Das Durchlaufspendenverfahren ist keine Voraussetzung für die steuerliche Begünstigung von Zuwendungen. ²Inländische juristische Personen des öffentlichen Rechts, die Gebietskörperschaften sind, und ihre Dienststellen sowie inländische kirchliche juristische Personen des öffentlichen Rechts können jedoch ihnen zugewendete Spenden – nicht aber Mitgliedsbeiträge, sonstige Mitgliedsumlagen und Aufnahmegebühren – an Zuwendungsempfänger i. S. d. § 10b Abs. 1 Satz 2 EStG weiterleiten. ³Die Durchlaufstelle muss die tatsächliche Verfügungsmacht über die Spendenmittel erhalten. ⁴Dies geschieht in der Regel (anders insbesondere bei >Sachspenden) durch Buchung auf deren Konto. ⁵Die Durchlaufstelle muss die Vereinnahmung der Spenden und ihre Verwendung (Weiterleitung) getrennt und unter Beachtung der haushaltsrechtlichen Vorschriften nachweisen. ⁶Vor der Weiterleitung der Spenden an eine nach § 5 Abs. 1 Nr. 9 KStG steuerbefreite Körperschaft, Personenvereinigung oder Vermögensmasse muss sie prüfen, ob die Zuwendungsempfängerin wegen Verfolgung gemeinnütziger, mildtätiger oder kirchlicher Zwecke i. S. d. § 5 Abs. 1 Nr. 9 KStG anerkannt oder vorläufig anerkannt wor-

den ist und ob die Verwendung der Spenden für diese Zwecke sichergestellt ist. [7]Die Zuwendungsbestätigung darf nur von der Durchlaufstelle ausgestellt werden.

Nachweis der Zuwendungen
(3) [1]Zuwendungen nach den §§ 10b und 34g EStG sind grundsätzlich durch eine vom Empfänger nach amtlich vorgeschriebenem Vordruck erstellte Zuwendungsbestätigung nachzuweisen. [2]Die Zuwendungsbestätigung kann auch von einer durch Auftrag zur Entgegennahme von Zahlungen berechtigten Person unterschrieben werden.

Maschinell erstellte Zuwendungsbestätigung
(4) [1]Als Nachweis reicht eine maschinell erstellte Zuwendungsbestätigung ohne eigenhändige Unterschrift einer zeichnungsberechtigten Person aus, wenn der Zuwendungsempfänger die Nutzung eines entsprechenden Verfahrens dem zuständigen Finanzamt angezeigt hat. [2]Mit der Anzeige ist zu bestätigen, dass folgende Voraussetzungen erfüllt sind und eingehalten werden:
1. die Zuwendungsbestätigungen entsprechen dem amtlich vorgeschriebenen Vordruck,
2. die Zuwendungsbestätigungen enthalten die Angabe über die Anzeige an das Finanzamt,
3. eine rechtsverbindliche Unterschrift wird beim Druckvorgang als Faksimile eingeblendet oder es wird beim Druckvorgang eine solche Unterschrift in eingescannter Form verwendet,
4. das Verfahren ist gegen unbefugten Eingriff gesichert,
5. das Buchen der Zahlungen in der Finanzbuchhaltung und das Erstellen der Zuwendungsbestätigungen sind miteinander verbunden und die Summen können abgestimmt werden, und
6. Aufbau und Ablauf des bei der Zuwendungsbestätigung angewandten maschinellen Verfahrens sind für die Finanzbehörden innerhalb angemessener Zeit prüfbar (analog § 145 AO); dies setzt eine Dokumentation voraus, die den Anforderungen der Grundsätze ordnungsmäßiger DV-gestützter Buchführungssysteme genügt.

[3]Die Regelung gilt nicht für Sach- und Aufwandsspenden.

Prüfungen
(5) [1]Ist der Empfänger einer Zuwendung eine inländische juristische Person des öffentlichen Rechts, eine inländische öffentliche Dienststelle oder ein inländisch amtlich anerkannter Verband der freien Wohlfahrtspflege einschließlich seiner Mitgliedsorganisationen, kann im Allgemeinen davon ausgegangen werden, dass die Zuwendungen für steuerbegünstigte Zwecke verwendet werden. [2]Das gilt auch dann, wenn der Verwendungszweck im Ausland verwirklicht wird.

H 10b.1

Anwendungsschreiben
>BMF vom 18.12.2008 (BStBl 2009 I S. 16) und BMF vom 15.9.2014 (BStBl I S. 1278)

Auflagen
Zahlungen an eine steuerbegünstigte Körperschaft zur Erfüllung einer Auflage nach § 153a StPO oder § 56b StGB sind nicht als Spende abziehbar (>BFH vom 19.12.1990 – BStBl 1991 II S. 234).

Aufwandsspenden
>BMF vom 25.11.2014 (BStBl I S.1584) unter Berücksichtigung der Änderungen durch BMF vom 24.8.2016 (BStBl I S.994)

Beitrittsspende
Eine anlässlich der Aufnahme in einen Golfclub geleistete Zahlung ist keine Zuwendung i.S.d. § 10b Abs. 1 EStG, wenn derartige Zahlungen von den Neueintretenden anlässlich ihrer Aufnahme erwartet und zumeist auch gezahlt werden (sog. Beitrittsspende). Die geleistete Zahlung ist als >Gegenleistung des Neumitglieds für den Erwerb der Mitgliedschaft und die Nutzungsmöglichkeit der Golfanlagen anzusehen (>BFH vom 2.8.2006 – BStBl 2007 II S.8).

Crowdfunding
Spendenrechtliche Beurteilung von „Crowdfunding" >BMF vom 15.12.2017 (BStBl 2018 I S.246)

Durchlaufspendenverfahren
- >BMF vom 7.11.2013 (BStBl I S.1333) ergänzt durch BMF vom 26.3.2014 (BStBl I S.791)
- Eine Durchlaufspende ist nur dann abziehbar, wenn der Letztempfänger für denjenigen VZ, für den die Spende steuerlich berücksichtigt werden soll, wegen des begünstigten Zwecks von der Körperschaftsteuer befreit ist (>BFH vom 5.4.2006 – BStBl 2007 II S.450).
- Für den Abzug von Sachspenden im Rahmen des Durchlaufspendenverfahrens ist erforderlich, dass der Durchlaufstelle das Eigentum an der Sache verschafft wird. Bei Eigentumserwerb durch Einigung und Übergabeersatz (§§ 930, 931 BGB) ist die körperliche Übergabe der Sache an die Durchlaufstelle nicht erforderlich; es sind aber eindeutige Gestaltungsformen zu wählen, die die tatsächliche Verfügungsfreiheit der Durchlaufstelle über die Sache sicherstellen und eine Überprüfung des Ersterwerbs der Durchlaufstelle und des Zweiterwerbs der begünstigten gemeinnützigen Körperschaft ermöglichen.

Elternleistungen an gemeinnützige Schulvereine (Schulen in freier Trägerschaft) und entsprechende Fördervereine
- Als steuerlich begünstigte Zuwendungen kommen nur freiwillige Leistungen der Eltern in Betracht, die über den festgesetzten Elternbeitrag hinausgehen (>BMF vom 4.1.1991 – BStBl 1992 I S.266). Setzt ein Schulträger das Schulgeld so niedrig an, dass der normale Betrieb der Schule nur durch die Leistungen der Eltern an einen Förderverein aufrechterhalten werden kann, die dieser satzungsgemäß an den Schulträger abzuführen hat, handelt es sich bei diesen Leistungen um ein Entgelt, welches im Rahmen eines Leistungsaustausches erbracht wird und nicht um steuerlich begünstigte Zuwendungen (>BFH vom 12.8.1999 – BStBl 2000 II S.65).
- >§ 10 Abs. 1 Nr. 9 EStG

Gebrauchte Kleidung als Sachspende (Abziehbarkeit und Wertermittlung)
Bei gebrauchter Kleidung stellt sich die Frage, ob sie überhaupt noch einen gemeinen Wert (Marktwert) hat. Wird ein solcher geltend gemacht, sind die für eine Schätzung maßgeblichen Faktoren wie Neupreis, Zeitraum zwischen Anschaffung und Weggabe und der tatsächliche Erhaltungszustand durch den Stpfl. nachzuweisen (>BFH vom 23.5.1989 – BStBl II S.879).

Gegenleistung
- Ein Zuwendungsabzug ist ausgeschlossen, wenn die Ausgaben zur Erlangung einer Gegenleistung des Empfängers erbracht werden. Eine Aufteilung der Zuwendung in ein angemessenes Entgelt und eine den Nutzen übersteigende unentgeltliche Leistung scheidet bei ei-

ner einheitlichen Leistung aus. Auch im Fall einer Teilentgeltlichkeit fehlt der Zuwendung insgesamt die geforderte Uneigennützigkeit (>BFH vom 2. 8. 2006 – BStBl 2007 II S. 8).
– >Beitrittsspende

Rückwirkendes Ereignis
Die Erteilung der Zuwendungsbestätigung nach § 50 EStDV ist kein rückwirkendes Ereignis i. S. d. § 175 Abs. 1 Satz 1 Nr. 2 AO (>§ 175 Abs. 2 Satz 2 AO).

Sachspenden
Zur Zuwendungsbestätigung >BMF vom 7. 11. 2013 (BStBl I S. 1333) ergänzt durch BMF vom 26. 3. 2014 (BStBl I S. 791)

Spenden in das zu erhaltende Vermögen
– >BMF vom 15. 9. 2014 (BStBl I S. 1278)
– Zuwendungen an eine rechtsfähige Stiftung sind vor deren Anerkennung nicht als Sonderausgaben abziehbar (>BFH vom 11. 2. 2015 – BStBl II S. 545)

Spendenhaftung
Die Ausstellerhaftung nach § 10b Abs. 4 Satz 2 1. Alternative EStG betrifft grundsätzlich den in § 10b Abs. 1 Satz 2 EStG genannten Zuwendungsempfänger (z. B. Kommune, gemeinnütziger Verein). Die Haftung einer natürlichen Person kommt allenfalls dann in Frage, wenn diese Person außerhalb des ihr zugewiesenen Wirkungskreises handelt. Die Ausstellerhaftung setzt Vorsatz oder grobe Fahrlässigkeit voraus. Grobe Fahrlässigkeit liegt z. B. bei einer Kommune vor, wenn nicht geprüft wird, ob der Verein, der die Zuwendung erhält, gemeinnützig ist (>BFH vom 24. 4. 2002 – BStBl 2003 II S. 128). Unrichtig ist eine Zuwendungsbestätigung, deren Inhalt nicht der objektiven Sach- und Rechtslage entspricht. Das ist z. B. dann der Fall, wenn die Bestätigung Zuwendungen ausweist, das Entgelt für Leistungen sind (>BFH vom 12. 8. 1999 – BStBl 2000 II S. 65). Bei rückwirkender Aberkennung der Gemeinnützigkeit haftet eine Körperschaft nicht wegen Fehlverwendung, wenn sie die Zuwendung zu dem in der Zuwendungsbestätigung angegebenen begünstigten Zweck verwendet (>BFH vom 10. 9. 2003 – BStBl 2004 II S. 352).

Sponsoring
>BMF vom 18. 2. 1998 (BStBl I S. 212)

Vermächtniszuwendungen
Aufwendungen des Erben zur Erfüllung von Vermächtniszuwendungen an gemeinnützige Einrichtungen sind weder beim Erben (>BFH vom 22. 9. 1993 – BStBl II S. 874) noch beim Erblasser (>BFH vom 23. 10. 1996 – BStBl 1997 II S. 239) als Zuwendungen nach § 10b Abs. 1 EStG abziehbar.

Vertrauensschutz
– Der Schutz des Vertrauens in die Richtigkeit einer Zuwendungsbestätigung erfasst nicht Gestaltungen, in denen die Bescheinigung zwar inhaltlich unrichtig ist, der in ihr ausgewiesene Sachverhalt aber ohnehin keinen Abzug rechtfertigt (>BFH vom 5. 4. 2006 – BStBl 2007 II S. 450).
– Eine >Zuwendungsbestätigung begründet keinen Vertrauensschutz, wenn für den Leistenden der Zahlung angesichts der Begleitumstände klar erkennbar ist, dass die Zahlung in einem Gegenleistungsverhältnis steht (>BFH vom 2. 8. 2006 – BStBl 2007 II S. 8).
– >Beitrittsspende
– >Gegenleistung

Zuwendungsbestätigung (§ 50 EStDV)
- Die Zuwendungsbestätigung ist eine unverzichtbare sachliche Voraussetzung für den Zuwendungsabzug. Die Bestätigung hat jedoch nur den Zweck einer Beweiserleichterung hinsichtlich der Verwendung der Zuwendung und ist nicht bindend (>BFH vom 23.5.1989 – BStBl II S. 879). Entscheidend ist u. a. der Zweck, der durch die Zuwendung tatsächlich gefördert wird (>BFH vom 15.12.1999 – BStBl 2000 II S. 608).
- Eine Zuwendungsbestätigung wird vom Finanzamt nicht als Nachweis für den Zuwendungsabzug anerkannt, wenn das Datum der Anlage zum Körperschaftsteuerbescheid oder des Freistellungsbescheides länger als 5 Jahre bzw. das Datum der Feststellung der Einhaltung der satzungsmäßigen Voraussetzungen nach § 60a Abs. 1 AO länger als 3 Jahre seit Ausstellung des Bescheides zurückliegt (§ 63 Abs. 5 AO).
- Eine Aufteilung von Zuwendungen in abziehbare und nichtabziehbare Teile je nach satzungsgemäßer und nichtsatzungsgemäßer anteiliger Verwendung der Zuwendung ist unzulässig (>BFH vom 7.11.1990 – BStBl 1991 II S. 547).
- Zur Erstellung und Verwendung der Zuwendungsbestätigungen:
    - >BMF vom 7.11.2013 (BStBl I S. 1333) ergänzt durch BMF vom 26.3.2014 (BStBl I S. 791).
    - Elektronisch in Form von schreibgeschützten Dateien >BMF vom 6.2.2017 (BStBl I S. 287).

Zuwendungsempfänger im EU-/EWR-Ausland
Der ausländische Zuwendungsempfänger muss nach der Satzung, dem Stiftungsgeschäft oder der sonstigen Verfassung und nach der tatsächlichen Geschäftsführung ausschließlich und unmittelbar gemeinnützigen, mildtätigen oder kirchlichen Zwecken dienen (§§ 51 bis 68 AO). Den Nachweis hierfür hat der inländische Spender durch Vorlage geeigneter Belege zu erbringen (>BMF vom 16.5.2011 – BStBl I S. 559, BFH vom 17.9.2013 – BStBl 2014 II S. 440 und vom 21.1.2015 – BStBl II S. 588).

| R 10b.2 | **Zuwendungen an politische Parteien** |

[1]Zuwendungen an politische Parteien sind nur dann abziehbar, wenn die Partei bei Zufluss der Zuwendung als politische Partei i. S. d. § 2 PartG[*)] anzusehen ist. [2]Der Stpfl. hat dem Finanzamt die Zuwendungen grundsätzlich durch eine von der Partei nach amtlich vorgeschriebenem Vordruck erstellte Zuwendungsbestätigung nachzuweisen. [3]R 10b.1 Abs. 3 Satz 2 und Abs. 4 gilt entsprechend.

| H 10b.2 |

Kommunale Wählervereinigungen
Spenden an kommunale Wählervereinigungen sind nicht nach § 10b Abs. 2 EStG begünstigt (>BFH vom 20.3.2017 – BStBl II S. 1122).

Parteiengesetz
>Parteiengesetz vom 31.1.1994 (BGBl I S. 149), zuletzt geändert durch Artikel 1 des Gesetzes zur Änderung des Parteiengesetzes und anderer Gesetze vom 10.7.2018 (BGBl I S. 1116).

[*)] Politische Partei i. S. d. § 2 PartG, die nicht gemäß § 18 Abs. 7 des PartG von der staatlichen Teilfinanzierung ausgeschlossen ist, >§ 10b Abs. 2 Satz 1 EStG i. d. F. des Gesetzes zum Ausschluss verfassungsfeindlicher Parteien von der Parteienfinanzierung.

Zuwendungsbestätigung (§ 50 EStDV)

- >BMF vom 7.11.2013 (BStBl I S. 1333) ergänzt durch BMF vom 26.3.2014 (BStBl I S. 791).
- Elektronisch in Form von schreibgeschützten Dateien >BMF vom 6.2.2017 (BStBl I S. 287).

R 10b.3   Begrenzung des Abzugs der Ausgaben für steuerbegünstigte Zwecke

Alternativgrenze

(1) ¹Zu den gesamten Umsätzen i. S. d. § 10b Abs. 1 Satz 1 Nr. 2 EStG gehören außer den steuerbaren Umsätzen i. S. d. § 1 UStG auch nicht steuerbare >Umsätze. ²Der alternative Höchstbetrag wird bei einem Mitunternehmer von dem Teil der Summe der gesamten Umsätze und der im Kalenderjahr aufgewendeten Löhne und Gehälter der Personengesellschaft berechnet, der dem Anteil des Mitunternehmers am Gewinn der Gesellschaft entspricht.

Stiftungen

(2)[1] Der besondere Abzugsbetrag nach § 10b Abs. 1a EStG steht bei zusammenveranlagten Ehegatten jedem Ehegatten einzeln zu, wenn beide Ehegatten als Spender auftreten.

H 10b.3

Höchstbetrag in Organschaftsfällen

- >R 9 Abs. 5 KStR 2015
- Ist ein Stpfl. an einer Personengesellschaft beteiligt, die Organträger einer körperschaftsteuerrechtlichen Organschaft ist, bleibt bei der Berechnung des Höchstbetrags der abziehbaren Zuwendungen nach § 10b Abs. 1 EStG auf Grund des G. d. E. das dem Stpfl. anteilig zuzurechnende Einkommen der Organgesellschaft außer Ansatz (>BFH vom 23.1.2002 – BStBl 2003 II S. 9).

Kreditinstitute

Die Gewährung von Krediten und das Inkasso von Schecks und Wechsel erhöht die „Summe der gesamten Umsätze". Die Erhöhung bemisst sich jedoch nicht nach den Kreditsummen, Schecksummen und Wechselsummen, Bemessungsgrundlage sind vielmehr die Entgelte, die der Stpfl. für die Kreditgewährungen und den Einzug der Schecks und Wechsel erhält (>BFH vom 4.12.1996 – BStBl 1997 II S. 327).

Umsätze

Zur „Summe der gesamten Umsätze" gehören die steuerbaren (steuerpflichtige und steuerfreie >BFH vom 4.12.1996 – BStBl 1997 II S. 327) sowie die nicht steuerbaren Umsätze (>R 10b.3 Abs. 1 Satz 1). Ihre Bemessung richtet sich nach dem Umsatzsteuerrecht (>BFH vom 4.12.1996 – BStBl 1997 II S. 327).

---

[1] Absatz 2 überholt auf Grund der Änderung des § 10b Abs. 1a Satz 1 EStG durch das Ehrenamtsstärkungsgesetz.

Zu § 10d EStG

R 10d. **Verlustabzug**

Vornahme des Verlustabzugs nach § 10d EStG

(1) Der Altersentlastungsbetrag (§ 24a EStG), der Freibetrag für Land- und Forstwirte (§ 13 Abs. 3 EStG) und der Entlastungsbetrag für Alleinerziehende (§ 24b EStG) werden bei der Ermittlung des Verlustabzugs nicht berücksichtigt.

Begrenzung des Verlustabzugs

(2) [1]Die Begrenzung des Verlustrücktrags auf 511.500 Euro[*] (Höchstbetrag) bezieht sich auf den einzelnen Stpfl., der die negativen Einkünfte erzielt hat. [2]Bei zusammenveranlagten Ehegatten verdoppelt sich der Höchstbetrag auf 1.023.000 Euro[**] und kann unabhängig davon, wer von beiden Ehegatten die positiven oder die negativen Einkünfte erzielt hat, ausgeschöpft werden. [3]Bei Personengesellschaften und Personengemeinschaften gilt der Höchstbetrag für jeden Beteiligten. [4]Über die Frage, welcher Anteil an den negativen Einkünften der Personengesellschaft oder Personengemeinschaft auf den einzelnen Beteiligten entfällt, ist im Bescheid über die gesonderte und einheitliche Feststellung zu entscheiden. [5]Inwieweit diese anteiligen negativen Einkünfte beim einzelnen Beteiligten nach § 10d EStG abziehbar sind, ist im Rahmen der Einkommensteuerveranlagung zu beurteilen. [6]In Organschaftsfällen (§ 14 KStG) bezieht sich der Höchstbetrag auf den Organträger. [7]Er ist bei diesem auf die Summe der Ergebnisse aller Mitglieder des Organkreises anzuwenden. [8]Ist der Organträger eine Personengesellschaft, ist Satz 3 zu beachten. [9]Die Sätze 1 bis 8 gelten entsprechend bei der Begrenzung des Verlustvortrags.

Wahlrecht

(3) [1]Der Antrag nach § 10d Abs. 1 Satz 5 EStG kann bis zur Bestandskraft des auf Grund des Verlustrücktrags geänderten Steuerbescheids gestellt werden. [2]Wird der Einkommensteuerbescheid des Rücktragsjahres gem. § 10d Abs. 1 Satz 3 EStG geändert, weil sich die Höhe des Verlusts im Entstehungsjahr ändert, kann das Wahlrecht nur im Umfang des Erhöhungsbetrags neu ausgeübt werden. [3]Der Antrag nach § 10d Abs. 1 Satz 5 EStG kann der Höhe nach beschränkt werden.

Verfahren bei Arbeitnehmern

(4) [1]Soll bei einem Arbeitnehmer ein Verlustabzug berücksichtigt werden, muss er dies beantragen, es sei denn, er wird bereits aus anderen Gründen zur Einkommensteuer veranlagt. [2]Erfolgt für einen VZ keine Veranlagung, kann der in diesem VZ berücksichtigungsfähige Verlustabzug vorbehaltlich Satz 4 nicht in einem anderen VZ geltend gemacht werden. [3]Der auf den Schluss des vorangegangenen VZ festgestellte verbleibende Verlustvortrag ist in diesen Fällen in Höhe der positiven Summe der Einkünfte des VZ, in dem keine Veranlagung erfolgte, ggf. bis auf 0 Euro, zu mindern und gesondert festzustellen. [4]Für den VZ der Verlustentstehung erfolgt jedoch keine Minderung des verbleibenden Verlustvortrags, soweit der Arbeitnehmer nach § 10d Abs. 1 Satz 5 EStG auf den Verlustrücktrag verzichtet hat.

Änderung des Verlustabzugs

(5) [1]Der Steuerbescheid für den dem Verlustentstehungsjahr vorangegangenen VZ ist vorbehaltlich eines Antrags nach § 10d Abs. 1 Satz 5 EStG nach § 10d Abs. 1 Satz 3 EStG zu ändern, wenn sich bei der Ermittlung der abziehbaren negativen Einkünfte für das Verlustentstehungsjahr Änderungen ergeben, die zu einem höheren oder niedrigeren Verlustrücktrag führen. [2]Auch

---

*) Ab VZ 2013: 1.000.000 Euro.
**) Ab VZ 2013: 2.000.000 Euro.

in diesen Fällen gilt die Festsetzungsfrist des § 10d Abs. 1 Satz 4 Halbsatz 2 EStG. ³Wirkt sich die Änderung eines Verlustrücktrags oder -vortrags auf den Verlustvortrag aus, der am Schluss eines VZ verbleibt, sind die betroffenen Feststellungsbescheide i. S. d. § 10d Abs. 4 EStG nach § 10d Abs. 4 Satz 4 EStG zu ändern. ⁴Die bestandskräftige Feststellung eines verbleibenden Verlustvortrags kann nur nach § 10d Abs. 4 Satz 4 und 5 EStG geändert werden, wenn der Steuerbescheid, der die in die Feststellung eingeflossenen geänderten Verlustkomponenten enthält, nach den Änderungsvorschriften der AO zumindest dem Grunde nach noch geändert werden könnte.

Zusammenveranlagung von Ehegatten

(6) ¹Bei der Berechnung des verbleibenden Verlustabzugs ist zunächst ein Ausgleich mit den anderen Einkünften des Ehegatten vorzunehmen, der die negativen Einkünfte erzielt hat. ²Verbleibt bei ihm ein negativer Betrag bei der Ermittlung des G. d. E., ist dieser mit dem positiven Betrag des anderen Ehegatten auszugleichen. ³Ist der G. d. E. negativ und wird dieser nach § 10d Abs. 1 EStG nicht oder nicht in vollem Umfang zurückgetragen, ist der verbleibende Betrag als Verlustvortrag gesondert festzustellen. ⁴Absatz 1 findet entsprechende Anwendung. ⁵Bei dieser Feststellung sind die negativen Einkünfte auf die Ehegatten nach dem Verhältnis aufzuteilen, in dem die auf den einzelnen Ehegatten entfallenden Verluste im VZ der Verlustentstehung zueinander stehen.

Gesonderte Feststellung des verbleibenden Verlustvortrags

(7) ¹Bei der gesonderten Feststellung des verbleibenden Verlustvortrags ist eine Unterscheidung nach Einkunftsarten und Einkunftsquellen nur insoweit vorzunehmen, als negative Einkünfte besonderen Verlustverrechnungsbeschränkungen unterliegen. ²Über die Höhe der im Verlustentstehungsjahr nicht ausgeglichenen negativen Einkünfte wird im Steuerfestsetzungsverfahren für das Verlustrücktragsjahr und hinsichtlich des verbleibenden Verlustvortrags für die dem Verlustentstehungsjahr folgenden VZ im Feststellungsverfahren nach § 10d Abs. 4 EStG bindend entschieden. ³Der Steuerbescheid des Verlustentstehungsjahres ist daher weder Grundlagenbescheid für den Einkommensteuerbescheid des Verlustrücktragsjahres noch für den Feststellungsbescheid nach § 10d Abs. 4 EStG. ⁴Der Feststellungsbescheid nach § 10d Abs. 4 EStG ist nach § 182 Abs. 1 AO Grundlagenbescheid für die Einkommensteuerfestsetzung des Folgejahres und für den an den nachfolgenden Feststellungszeitpunkt zu erlassenden Feststellungsbescheid. ⁵Er ist kein Grundlagenbescheid für den Steuerbescheid eines Verlustrücktragsjahres (§ 10d Abs. 1 EStG). ⁶Der verbleibende Verlustvortrag ist auf 0 Euro festzustellen, wenn die in dem Verlustentstehungsjahr nicht ausgeglichenen negativen Einkünfte in vollem Umfang zurückgetragen werden. ⁷Der verbleibende Verlustvortrag ist auch dann auf 0 Euro festzustellen, wenn ein zum Schluss des vorangegangenen VZ festgestellter verbleibender Verlustvortrag in einem folgenden VZ „aufgebraucht" worden ist.

Verlustfeststellung bei „Unterbrechung" der (un-)beschränkten Steuerpflicht

(8) ¹Der auf den Schluss eines VZ gesondert festgestellte verbleibende Verlustvortrag eines unbeschränkt oder beschränkt Stpfl. kann nach mehreren VZ, in denen der Stpfl. weder unbeschränkt noch beschränkt steuerpflichtig war, mit positiven Einkünften, die der Stpfl. nach erneuter Begründung der Steuerpflicht erzielt, verrechnet werden. ²Dies gilt selbst dann, wenn in der Zwischenzeit keine gesonderte Feststellung des verbleibenden Verlustvortrags nach § 10d Abs. 4 EStG beantragt und durchgeführt wurde. ³Folgejahr (Absatz 7 Satz 4) ist in diesen Fällen der VZ, in dem erstmals wieder die rechtlichen Voraussetzungen für einen Verlustabzug nach § 10d Abs. 2 EStG vorliegen.

Verlustabzug in Erbfällen

(9) ¹Zum Todeszeitpunkt nicht aufgezehrte Verluste des Erblassers können im Todesjahr nur in den Verlustausgleich nach § 2 Abs. 3 EStG bei der Veranlagung des Erblassers einfließen (Aus-

gleich mit positiven Einkünften des Erblassers). ²Sie können grundsätzlich nicht im Rahmen des Verlustausgleichs und -abzugs bei der Veranlagung des Erben berücksichtigt werden. ³Werden Ehegatten jedoch für das Todesjahr zusammen veranlagt, sind Verluste des verstorbenen Ehegatten aus dem Todesjahr zu verrechnen und Verlustvorträge des verstorbenen Ehegatten abzuziehen, § 26b EStG. ⁴Werden die Ehegatten für das Todesjahr nach §§ 26, 26b EStG zusammen veranlagt und erfolgt für das Vorjahr ebenfalls eine Zusammenveranlagung, ist ein Rücktrag des nicht ausgeglichenen Verlusts des Erblassers in das Vorjahr möglich. ⁵Werden die Ehegatten für das Todesjahr zusammen veranlagt und erfolgt für das Vorjahr eine Veranlagung nach § 26a EStG, ist ein Rücktrag des noch nicht ausgeglichenen Verlusts des Erblassers nur bei der Veranlagung des Erblassers zu berücksichtigen (§ 62d Abs. 1 EStDV). ⁶Werden die Ehegatten für das Todesjahr nach § 26a EStG veranlagt und erfolgt für das Vorjahr eine Zusammenveranlagung, ist ein Rücktrag des nicht ausgeglichenen Verlusts des Erblassers in das Vorjahr möglich (§ 62d Abs. 2 Satz 1 EStDV). ⁷Werden die Ehegatten für das Todesjahr nach § 26a EStG veranlagt und erfolgt auch für das Vorjahr eine Veranlagung nach § 26a EStG, ist ein Rücktrag des noch nicht ausgeglichenen Verlusts des Erblassers nur bei der Veranlagung des Erblassers zu berücksichtigen. ⁸Für den hinterbliebenen Ehegatten sind für den Verlustvortrag und die Anwendung der sog. Mindestbesteuerung nach § 10d Abs. 2 EStG allein die auf ihn entfallenden nicht ausgeglichenen negativen Einkünfte maßgeblich. ⁹Die Nichtübertragbarkeit von Verlusten auf die Erben gilt ebenso für die Regelungen in § 2a Abs. 1, § 20 Abs. 6, § 22 Nr. 3 Satz 4 EStG. ¹⁰Gleiches gilt für Verluste nach § 22 Nr. 2 i. V. m. § 23 Abs. 3 Satz 7 bis 10 EStG, es sei denn, der Erbfall tritt bereits vor der verlustbehafteten Veräußerung ein. ¹¹Der zum Todeszeitpunkt nicht ausgeglichene Verlust nach § 15 Abs. 4 Satz 1 und 2 EStG darf nur in den Fällen auf den Erben übergehen, in denen der Betrieb, Teilbetrieb oder Mitunternehmeranteil nach § 6 Abs. 3 EStG auf diesen übergeht. ¹²Im Erbfall übertragbar sind Verluste gem. § 15a und § 15b EStG. ¹³Beim Erben ist gem. § 2a Abs. 3 EStG a. F. eine Hinzurechnung der vom Erblasser erzielten Verluste vorzunehmen (Nachversteuerungsregelung). ¹⁴Auch bei erzielten Verlusten nach § 2 AIG ist eine Hinzurechnung der vom Erblasser erzielten Verluste beim Erben durchzuführen.

H 10d

Änderung von Steuerbescheiden infolge Verlustabzugs

- **Erneute Ausübung des Wahlrechts der Veranlagungsart**

    Ehegatten können das Wahlrecht der Veranlagungsart (z. B. Einzelveranlagung) grundsätzlich bis zur Unanfechtbarkeit eines Berichtigungs- oder Änderungsbescheids ausüben und die einmal getroffene Wahl innerhalb dieser Frist frei widerrufen. § 351 Abs. 1 AO kommt insoweit nicht zur Anwendung (>BFH vom 19. 5. 1999 – BStBl II S. 762).

- **Rechtsfehlerkompensation**

    Mit der Gewährung des Verlustrücktrags ist insoweit eine **Durchbrechung der Bestandskraft** des für das Rücktragsjahr ergangenen Steuerbescheids verbunden, als – ausgehend von der bisherigen Steuerfestsetzung und den dafür ermittelten Besteuerungsgrundlagen – die Steuerschuld durch die Berücksichtigung des Verlustabzugs gemindert würde. Innerhalb dieses punktuellen Korrekturspielraums sind zugunsten und zuungunsten des Stpfl. **Rechtsfehler** i. S. d. § 177 AO zu berichtigen (>BFH vom 27. 9. 1988 – BStBl 1989 II S. 225).

- **Rücktrag aus verjährtem Verlustentstehungsjahr**

    Im Verlustentstehungsjahr nicht ausgeglichene Verluste sind in einen vorangegangenen, nicht festsetzungsverjährten VZ auch dann zurückzutragen, wenn für das Verlustentstehungsjahr selbst bereits Festsetzungsverjährung eingetreten ist (>BFH vom 27. 1. 2010 – BStBl II S. 1009).

Besondere Verrechnungskreise

Im Rahmen des § 2b, § 15 Abs. 4 Satz 1 und 2 sowie Satz 3 bis 5 und 6 bis 8, § 22 Nr. 2, 3 und § 23 EStG gelten gesonderte Verlustverrechnungsbeschränkungen (besondere Verrechnungskreise) >BMF vom 29.11.2004 (BStBl I S. 1097).

Bindungswirkung

- Der erstmalige Erlass oder die Änderung eines Bescheides über die gesonderte Feststellung des verbleibenden Verlustvortrags ist ausgeschlossen, wenn ein nacherklärter Verlust in der bestandskräftigen Steuerfestsetzung nicht berücksichtigt worden ist, eine Änderung des Steuerbescheides nach Maßgabe der Änderungsvorschriften der AO ausgeschlossen ist und die Aufhebung, Änderung oder Berichtigung des Steuerbescheides nicht ausschließlich mangels Auswirkung auf die Höhe der festzusetzenden Steuer unterbleibt (>BFH vom 9.5.2017 – BStBl II S. 1049, vom 12.7.2016 – BStBl 2018 II S. 699 und vom 16.5.2018 – BStBl II S. 752). Auch eine nach § 351 Abs. 1 AO beschränkte Anfechtbarkeit einer geänderten Steuerfestsetzung ist zu beachten (>BFH vom 12.7.2016 – BStBl 2018 II S. 699).
- Für nicht feststellungsverjährte Jahre kann ein Verlustvortrag auch dann erstmals gesondert festgestellt werden, wenn für das Verlustentstehungsjahr kein Einkommensteuerbescheid existiert und auch nicht mehr erlassen werden kann, weil bereits Festsetzungsverjährung eingetreten ist (>BFH vom 13.1.2015 – BStBl II S. 829).

Insolvenzverfahren (Konkurs-/Vergleichs- und Gesamtvollstreckungsverfahren)

Verluste, die der Stpfl. vor und während des Konkursverfahrens erlitten hat, sind dem Grunde nach in vollem Umfang ausgleichsfähig und nach § 10d EStG abzugsfähig (>BFH vom 4.9.1969 – BStBl II S. 726).

Sanierungsgewinn (Altregelung)

Die Regelungen des BMF vom 27.3.2003 (BStBl I S. 240; ergänzt durch BMF vom 22.12.2009 – BStBl 2010 I S. 18; sog. Sanierungserlass) verstoßen gegen den Grundsatz der Gesetzmäßigkeit der Verwaltung (>BFH vom 28.11.2016 – BStBl 2017 II S. 393). Zur zeitlichen Anwendung der vorgenannten Schreiben und zu weiteren Übergangsregelungen >BMF vom 27.4.2017 (BStBl I S. 741). Die Finanzverwaltung sieht sich an die mit o. g. BMF-Schreiben vom 27.4.2017 veröffentlichte Vertrauensschutzregelung im Umgang mit Altfällen (Schuldenerlass bis einschließlich 8.2.2017) durch den Willen des Gesetzgebers weiterhin gebunden (>BMF vom 29.3.2018 – BStBl I S. 588).

Verlustabzug bei Ehegatten

>§ 62d EStDV

Verlustabzug in Erbfällen

- Der Erbe kann einen vom Erblasser nicht genutzten Verlust nach § 10d EStG nicht bei seiner eigenen Veranlagung geltend machen (>BFH vom 17.12.2007 – BStBl 2008 II S. 608).
- >R 10d Abs. 9

Verlustvortragsbegrenzung – Beispiel

Zusammenveranlagte Stpfl. (Verlustvortragsbegrenzung; Auswirkung bei Zusammenveranlagung, Feststellung des verbleibenden Verlustvortrags)

		Ehemann	Ehefrau
Spalte 1	2	3	4
Einkünfte im lfd. VZ aus			
§ 15		1.750.000	1.250.000
§ 22 Nr. 2 i. V. m. § 23		2.500.000	500.000
§ 22 Nr. 3		250.000	250.000
Verbleibender Verlustabzug aus dem vorangegangen VZ			
nach § 10d Abs. 2		6.000.000	2.000.000
§ 22 Nr. 2 i. V. m. § 23		500.000	4.500.000
§ 22 Nr. 3			1.000.000
Berechnung der S. d. E. im lfd. VZ			
§ 15		1.750.000	1.250.000
§ 22 Nr. 2 i. V. m. § 23		2.500.000	500.000
Verlustvortrag aus dem vorangegangenen VZ			
Höchstbetragsberechnung			
S. d. E. § 22 Nr. 2 i. V. m. § 23	3.000.000		
unbeschränkt abziehbar	2.000.000		
Verbleiben	1.000.000		
davon 60 %	600.000		
Höchstbetrag	2.600.000		
Verhältnismäßige Aufteilung			
Ehemann:			
$\frac{500.000 \times 2.600.000}{5.000.000}$	260.000		
Ehefrau:			
$\frac{4.500.000 \times 2.600.000}{5.000.000}$	2.340.000		

Spalte 1	2	Ehemann 3	Ehefrau 4
Verlustvortrag max. in Höhe der positiven Einkünfte		260.000	500.000
Zwischensumme		2.240.000	0
Übertragung Verlustvolumen 2.340.000 – 500.000	1.840.000	1.840.000	
Einkünfte § 22 Nr. 2 i.V. m. § 23		400.000	0
§ 22 Nr. 3		250.000	250.000
Verlustvortrag aus dem vorangegangenen VZ max. in Höhe der positiven Einkünfte		250.000	250.000
Einkünfte § 22 Nr. 3		0	0
S. d. E.		2.150.000	1.250.000
G. d. E.		3.400.000	
Verlustvortrag § 10d			
Berechnung Höchstbetrag			
G. d. E.	3.400.000		
unbeschränkt abziehbar	2.000.000		
Verbleiben	1.400.000		
davon 60 %	840.000		
Höchstbetrag	2.840.000	2.840.000	
Verhältnismäßige Aufteilung			
Ehemann: $\frac{6.000.000 \times 2.840.000}{8.000.000}$	2.130.000		
Ehefrau: $\frac{2.000.000 \times 2.840.000}{8.000.000}$	710.000		

		Ehemann	Ehefrau
Spalte 1	2	3	4
Berechnung des festzustellenden verbleibenden Verlustvortrags zum 31.12. des lfd. VZ:			
Verlustvortrag zum 31.12. des vorangegangenen VZ		6.000.000	2.000.000
Abzüglich Verlustvortrag in den lfd. VZ		2.130.000	710.000
Verbleibender Verlustvortrag zum 31.12. des lfd. VZ		3.870.000	1.290.000
Verlustvortrag zum 31.12. des vorangegangenen VZ aus § 22 Nr. 2 i.V. m. § 23		500.000	4.500.000
Abzüglich Verlustvortrag in den lfd. VZ		260.000	2.340.000
Verbleibender Verlustvortrag aus § 22 Nr. 2 i.V. m. § 23 zum 31.12. des lfd. VZ		240.000	2.160.000
Verlustvortrag zum 31.12. des vorangegangenen VZ aus § 22 Nr. 3			1.000.000
Abzüglich Verlustvortrag in den lfd. VZ			500.000
Verbleibender Verlustvortrag aus § 22 Nr. 3 zum 31.12. des lfd. VZ			500.000

Wahlrecht zum Verlustrücktrag
Der Antrag, vom Verlustrücktrag nach § 10d Abs. 1 Satz 1 EStG ganz oder teilweise abzusehen, kann bis zur Bestandskraft des den verbleibenden Verlustvortrag feststellenden Bescheids i. S. d. § 10d Abs. 4 EStG geändert oder widerrufen werden (>BFH vom 17. 9. 2008 – BStBl 2009 II S. 639).

Zu § 10f EStG

R 10f. **Steuerbegünstigung für zu eigenen Wohnzwecken genutzte Baudenkmale und Gebäude in Sanierungsgebieten und städtebaulichen Entwicklungsbereichen**

R 7h und R 7i gelten entsprechend.

H 10f

Bescheinigungsbehörde für Baudenkmale
Übersicht über die zuständigen Bescheinigungsbehörden >BMF vom 4. 6. 2015 (BStBl I S. 506)

Bescheinigungsrichtlinien
Übersicht über die Veröffentlichung der länderspezifischen Bescheinigungsrichtlinien >BMF vom 10. 11. 2000 (BStBl I S. 1513) und vom 8. 11. 2004 (BStBl I S. 1049)[*]

Nichtvorliegen der Bescheinigung
Das Finanzamt hat bei Nichtvorliegen der Bescheinigung eine überprüfbare Ermessensentscheidung darüber zu treffen, ob und in welcher Höhe es den Abzugsbetrag im Wege der Schätzung nach § 162 Abs. 5 AO anerkennt (>BFH vom 14. 5. 2014 – BStBl 2015 II S. 12).

Zuschüsse
Im öffentlichen Interesse geleistete Zuschüsse privater Dritter mindern die Aufwendungen für ein zu eigenen Wohnzwecken genutztes Baudenkmal, da der Stpfl. in Höhe der Zuschüsse nicht wirtschaftlich belastet ist. Die Aufwendungen sind deshalb nicht wie Sonderausgaben abziehbar (>BFH vom 20. 6. 2007 – BStBl II S. 879).

Zu § 10g EStG

R 10g. **Steuerbegünstigung für schutzwürdige Kulturgüter, die weder zur Einkunftserzielung noch zu eigenen Wohnzwecken genutzt werden**

(1) ¹Die Bescheinigungsbehörde hat zu prüfen,
1. ob die Maßnahmen
   a) an einem Kulturgut i. S. d. § 10g Abs. 1 Satz 2 EStG durchgeführt worden sind,
   b) erforderlich waren,
   c) in Abstimmung mit der zuständigen Stelle durchgeführt worden sind,
2. in welcher Höhe Aufwendungen, die die vorstehenden Voraussetzungen erfüllen, angefallen sind,
3. inwieweit Zuschüsse aus öffentlichen Mitteln durch eine der für Denkmal- oder Archivpflege zuständigen Behörden bewilligt worden sind oder nach Ausstellung der Bescheinigung bewilligt werden (Änderung der Bescheinigung).

²R 7h Abs. 4 Satz 2 bis 5 gilt entsprechend.

(2) Die Finanzbehörden haben zu prüfen,
1. ob die vorgelegte Bescheinigung von der nach Landesrecht zuständigen oder der von der Landesregierung bestimmten Behörde ausgestellt worden ist,
2. ob die bescheinigte Maßnahme an einem Kulturgut durchgeführt worden ist, das im Eigentum des Stpfl. steht,
3. ob das Kulturgut im jeweiligen Kalenderjahr weder zur Erzielung von Einkünften i. S. d. § 2 EStG genutzt worden ist noch Gebäude oder Gebäudeteile zu eigenen Wohnzwecken genutzt und die Aufwendungen nicht nach § 10e Abs. 6 oder § 10h Satz 3 EStG abgezogen worden sind,
4. inwieweit die Aufwendungen etwaige aus dem Kulturgut erzielte Einnahmen übersteigen,

---
*) Übersicht teilweise überholt.

Zu § 11 EStG

5. ob die bescheinigten Aufwendungen steuerrechtlich dem Kulturgut i. S. d. § 10g EStG zuzuordnen und keine Anschaffungskosten sind,
6. ob weitere Zuschüsse für die bescheinigten Aufwendungen gezahlt werden oder worden sind,
7. in welchem VZ die Steuerbegünstigung erstmals in Anspruch genommen werden kann.

H 10g

Bescheinigungsbehörde
Übersicht über die zuständigen Bescheinigungsbehörden >BMF vom 4. 6. 2015 (BStBl I S. 506)

Zu § 11 EStG

R 11. **Vereinnahmung und Verausgabung**

¹Die Vereinnahmung durch einen Bevollmächtigten reicht für die Annahme des Zuflusses beim Stpfl. aus. ²Daher sind Honorare von Privatpatienten, die ein Arzt durch eine privatärztliche Verrechnungsstelle einziehen lässt, dem Arzt bereits mit dem Eingang bei dieser Stelle zugeflossen.

H 11

Allgemeines
- **Zufluss von Einnahmen** erst mit der Erlangung der wirtschaftlichen Verfügungsmacht über ein in Geld oder Geldeswert bestehendes Wirtschaftsgut (>BFH vom 21. 11. 1989 – BStBl 1990 II S. 310, vom 8. 10. 1991 – BStBl 1992 II S. 174 und vom 11. 11. 2009 – BStBl 2010 II S. 746). Verfügungsmacht wird in der Regel erlangt im Zeitpunkt des Eintritts des Leistungserfolges oder der Möglichkeit, den Leistungserfolg herbeizuführen (>BFH vom 21. 11. 1989 – BStBl 1990 II S. 310). Sie muss nicht endgültig erlangt sein (>BFH vom 13. 10. 1989 – BStBl 1990 II S. 287).
- **Kurze Zeit** bei regelmäßig wiederkehrenden Einnahmen ist in der Regel ein Zeitraum bis zu zehn Tagen; innerhalb dieses Zeitraums müssen die Zahlungen fällig und geleistet worden sein (>BFH vom 24. 7. 1986 – BStBl 1987 II S. 16). Auf die Fälligkeit im Jahr der wirtschaftlichen Zugehörigkeit kommt es nicht an (>BFH vom 23. 9. 1999 – BStBl 2000 II S. 121).
- Für den **Abfluss von Ausgaben** gelten diese Grundsätze entsprechend.
- Bei einer nach § 108 Abs. 3 AO hinausgeschobenen Fälligkeit ist eine regelmäßig wiederkehrende Steuerzahlung nur dann im Jahr ihrer wirtschaftlichen Zugehörigkeit abziehbar, wenn sie innerhalb des Zehn-Tages-Zeitraums geleistet wurde (>BFH vom 11. 11. 2014 – BStBl 2015 II S. 285 und vom 27. 6. 2018 – BStBl II S. 781).

Arbeitslohn
>§ 38a Abs. 1 Satz 2 und 3 EStG, R 38.2 LStR 2015

Arzthonorar
Die Honorare fließen dem Arzt grundsätzlich erst mit Überweisung seines Anteils durch die kassenärztliche Vereinigung zu (>BFH vom 20. 2. 1964 – BStBl III S. 329).
Die Einnahmen von der **kassenärztlichen Vereinigung** stellen regelmäßig wiederkehrende Einnahmen dar (>BFH vom 6. 7. 1995 – BStBl 1996 II S. 266).

Aufrechnung
Die Aufrechnung mit einer fälligen Gegenforderung stellt eine Leistung i. S. d. § 11 Abs. 2 EStG dar (>BFH vom 19. 4. 1977 – BStBl II S. 601).

Damnum
– Bei **vereinbarungsgemäßer** Einbehaltung eines Damnums bei Auszahlung eines Tilgungsdarlehens ist im Zeitpunkt der Kapitalauszahlung ein Abfluss anzunehmen (>BFH vom 10. 3. 1970 – BStBl II S. 453). Bei ratenweiser Auszahlung des Darlehens kommt eine entsprechende Aufteilung des Damnums nur in Betracht, wenn keine Vereinbarung der Vertragsparteien über den Abflusszeitpunkt des Damnums vorliegt (>BFH vom 26. 6. 1975 – BStBl II S. 880).

– Soweit für ein Damnum ein **Tilgungsstreckungsdarlehen** aufgenommen wird, fließt das Damnum mit den Tilgungsraten des Tilgungsstreckungsdarlehens ab (>BFH vom 26. 11. 1974 – BStBl 1975 II S. 330).

– Ein Damnum, das ein Darlehensschuldner vor Auszahlung eines aufgenommenen Darlehens zahlt, ist im VZ seiner Leistung als Werbungskosten abziehbar, es sei denn, dass die Vorauszahlung des Damnums von keinen sinnvollen wirtschaftlichen Erwägungen getragen wird (>BFH vom 3. 2. 1987 – BStBl II S. 492). Ist ein Damnum nicht mehr als drei Monate vor Auszahlung der Darlehensvaluta oder einer ins Gewicht fallenden Teilauszahlung des Darlehens (mindestens 30 % der Darlehensvaluta einschließlich Damnum) geleistet worden, kann davon ausgegangen werden, dass ein wirtschaftlich vernünftiger Grund besteht (>BMF vom 20. 10. 2003 – BStBl I S. 546, RdNr. 15).

– Damnum-/Disagiovereinbarungen mit Geschäftsbanken sind regelmäßig als marktüblich anzusehen. Diese Vermutung kann durch besondere Umstände wie beispielsweise Kreditunwürdigkeit des Darlehensnehmers, atypische Vertragsgestaltungen oder persönliche Beziehungen der Beteiligten zueinander widerlegt werden (>BFH vom 8. 3. 2016 – BStBl II S. 646).

Forderungsübergang
Zufluss beim Stpfl., wenn der Betrag beim neuen Gläubiger eingeht (>BFH vom 16. 3. 1993 – BStBl II S. 507).

Gesamtgläubiger
Stehen mehreren Stpfl. als Gesamtgläubigern Einnahmen zu und vereinbaren sie mit dem Schuldner, dass dieser nur an einen bestimmten Gesamtgläubiger leisten soll, so tritt bei jedem der Gesamtgläubiger anteilsmäßig ein Zufluss in dem Zeitpunkt ein, in dem die Einnahmen bei dem bestimmten Gesamtgläubiger eingehen (>BFH vom 10. 12. 1985 – BStBl 1986 II S. 342).

Gewinnausschüttung
>H 20.2 (Zuflusszeitpunkt bei Gewinnausschüttungen)

Gutschrift
Zufluss beim Stpfl. im Zeitpunkt der Gutschrift in den Büchern des Verpflichteten (Schuldners), wenn eine eindeutige und unbestrittene Leistungsverpflichtung des Schuldners besteht (diesem also insbesondere kein Leistungsverweigerungsrecht zusteht oder er sich erkennbar auf zivilrechtliche Einwendungen und Einreden gegen die Forderung des Stpfl. nicht berufen will) und der Schuldner in diesem Zeitpunkt zur Zahlung des Betrages in der Lage gewesen wäre, also nicht zahlungsunfähig war (>BFH vom 10. 7. 2001 – BStBl II S. 646 und vom 30. 10. 2001 – BStBl 2002 II S. 138).

Leasing-Sonderzahlung

Verwendet ein Arbeitnehmer einen geleasten Pkw für berufliche Zwecke und macht er dafür die tatsächlichen Kosten geltend, gehört eine bei Leasingbeginn zu erbringende Sonderzahlung in Höhe der anteiligen beruflichen Nutzung des Pkw zu den sofort abziehbaren Werbungskosten; es handelt sich bei ihr nicht um Anschaffungskosten des obligatorischen Nutzungsrechts an dem Pkw, die nur in Form von Absetzungen für Abnutzung als Werbungskosten berücksichtigt werden könnten (>BFH vom 5. 5. 1994 – BStBl II S. 643).

Novation

Vereinbaren Gläubiger und Schuldner, dass der Geldbetrag fortan aus einem anderen Rechtsgrund geschuldet wird (Novation), kann ein Zufluss und gleichzeitiger Wiederabfluss des Geldbetrages beim Gläubiger vorliegen (>BFH vom 10. 7. 2001 – BStBl II S. 646 und vom 30. 10. 2001 – BStBl 2002 II S. 138).

Nutzungsrechte

Räumt der Arbeitgeber dem Arbeitnehmer im Hinblick auf das Dienstverhältnis unentgeltlich ein Nutzungsrecht an einer Wohnung ein, fließt dem Arbeitnehmer der geldwerte Vorteil nicht im Zeitpunkt der Bestellung des Nutzungsrechts in Höhe des kapitalisierten Wertes, sondern fortlaufend in Höhe des jeweiligen Nutzungswertes der Wohnung zu (>BFH vom 26. 5. 1993 – BStBl II S. 686).

Pachtzahlungen in der Land- und Forstwirtschaft

Ermittelt ein Land- und Forstwirt seinen Gewinn nach der Einnahmenüberschussrechnung, hat er laufende Pachtzahlungen in dem Wj. zu erfassen, zu dem sie wirtschaftlich gehören, wenn sie kurze Zeit vor Beginn oder nach Ende dieses Wj. fällig sind und zufließen; auf die Fälligkeit im Jahr der wirtschaftlichen Zugehörigkeit kommt es nicht an (>BFH vom 23. 9. 1999 – BStBl 2000 II S. 121).

Provisionen

Bei der Einnahmenüberschussrechnung sind Provisionen auch dann zugeflossen, wenn sie auf einem Kautionskonto zur Sicherung von Gegenforderungen des Versicherungsunternehmens gutgeschrieben werden (>BFH vom 24. 3. 1993 – BStBl II S. 499). Dagegen sind Beträge, die von dem Versicherungsunternehmen einem für den Vertreter gebildeten Stornoreservekonto gutgeschrieben werden, nicht zugeflossen, wenn die Beträge im Zeitpunkt der Gutschrift nicht fällig waren und das Guthaben nicht verzinst wird (>BFH vom 12. 11. 1997 – BStBl 1998 II S. 252).

Auch wenn feststeht, dass erhaltene Provisionsvorschüsse in späteren Jahren zurückzuzahlen sind, ist bei der Einnahmenüberschussrechnung ein Zufluss anzunehmen (>BFH vom 13. 10. 1989 – BStBl 1990 II S. 287).

Scheck

- Der Zufluss erfolgt grundsätzlich mit Entgegennahme. Dies gilt auch dann, wenn die zugrunde liegende Vereinbarung wegen eines gesetzlichen Verbots oder wegen Sittenwidrigkeit nichtig ist (>BFH vom 20. 3. 2001 – BStBl II S. 482); die sofortige Bankeinlösung darf jedoch nicht durch zivilrechtliche Vereinbarung eingeschränkt sein (>BFH vom 30. 10. 1980 – BStBl 1981 II S. 305).
- Der Abfluss erfolgt grundsätzlich mit Hingabe; für den Bereich der erhöhten Absetzungen und Sonderabschreibungen auf Anzahlungen aber >§ 7a Abs. 2 Satz 5 EStG.
- Der Abfluss erfolgt bei Scheckübermittlung mit der Übergabe an die Post bzw. dem Einwurf in den Briefkasten des Zahlungsempfängers (>BFH vom 24. 9. 1985 – BStBl 1986 II S. 284).

Schneeballsystem
- Zufluss von Scheinrenditen bei einem Schneeballsystem (>BFH vom 28.10.2008 – BStBl 2009 II S. 190)
- >H 20.2 (Schneeballsystem)

Sperrkonto
Zinsen auf einem Sperrkonto fließen dem Stpfl. im Zeitpunkt der Gutschrift auf dem Sperrkonto zu, soweit die Kontosperre auf einer freien Vereinbarung zwischen dem Leistenden und dem Stpfl. beruht (>BFH vom 28.9.2011 – BStBl 2012 II S. 315).

Stille Gesellschaft
- Für den Zufluss der Gewinnanteile eines typisch stillen Gesellschafters gilt § 11 EStG; für Zwecke des Kapitalertragsteuerabzugs ist § 44 Abs. 3 EStG maßgeblich (>BFH vom 28.11.1990 – BStBl 1991 II S. 313).
- >H 20.1 und H 20.2 (Stiller Gesellschafter)

Stundung
Wird die Fälligkeit eines auszuzahlenden Zinsanspruchs einvernehmlich hinausgeschoben, stellt dies lediglich eine Stundung und keine den Zufluss begründende Verfügung des Gläubigers über Kapitalerträge dar (>BFH vom 20.10.2015 – BStBl 2016 II S. 342).

Überweisung
Abfluss im Zeitpunkt des Eingangs des Überweisungsauftrags bei der Überweisungsbank, wenn das Konto die nötige Deckung aufweist oder ein entsprechender Kreditrahmen vorhanden ist; andernfalls im Zeitpunkt der Lastschrift (>BFH vom 6.3.1997 – BStBl II S. 509).

Umsatzsteuervorauszahlungen/-erstattungen
- Umsatzsteuervorauszahlungen sind regelmäßig wiederkehrende Ausgaben. Dies gilt für Umsatzsteuererstattungen entsprechend (>BFH vom 1.8.2007 – BStBl 2008 II S. 282).
- Bei nach § 108 Abs. 3 AO hinausgeschobener Fälligkeit >Allgemeines

Verrechnung
>Aufrechnung

Wechsel
Zufluss mit Einlösung oder Diskontierung des zahlungshalber hingegebenen Wechsels (>BFH vom 5.5.1971 – BStBl II S. 624). Entsprechendes gilt für den Abfluss.

Werbungskosten bei sonstigen Einkünften
>H 22.8 (Werbungskosten)
>H 23 (Werbungskosten)

Wirtschaftsjahr
§ 11 EStG ist auch bei abweichendem Wj. anzuwenden (>BFH vom 23.9.1999 – BStBl 2000 II S. 121).

Zu § 11a EStG

| R 11a. | **Sonderbehandlung von Erhaltungsaufwand bei Gebäuden in Sanierungsgebieten und städtebaulichen Entwicklungsbereichen** |

R 7h gilt entsprechend.

| H 11a |

Bescheinigungsrichtlinien
Übersicht über die Veröffentlichung der länderspezifischen Bescheinigungsrichtlinien >BMF vom 10.11.2000 (BStBl I S. 1513) und vom 8.11.2004 (BStBl I S. 1049)[*]

Verteilung von Erhaltungsaufwand
>R 21.1 Abs. 6

Zu § 11b EStG

| R 11b. | **Sonderbehandlung von Erhaltungsaufwand bei Baudenkmalen** |

R 7i gilt entsprechend.

| H 11b |

Bescheinigungsbehörde
Übersicht über die zuständigen Bescheinigungsbehörden >BMF vom 4.6.2015 (BStBl I S. 506)

Bescheinigungsrichtlinien
Übersicht über die Veröffentlichung der länderspezifischen Bescheinigungsrichtlinien >BMF vom 10.11.2000 (BStBl I S. 1513) und vom 8.11.2004 (BStBl I S. 1049)[*]

Verteilung von Erhaltungsaufwand
>R 21.1 Abs. 6

Zu § 12 EStG

| R 12.1 | **Abgrenzung der Kosten der Lebensführung von den Betriebsausgaben und Werbungskosten** |

– unbesetzt –

---
[*] Übersicht teilweise überholt.

A. II.   R 12.1   Zu § 12 EStG

H 12.1

Allgemeines
Bei der Entscheidung, ob nicht abziehbare Aufwendungen für die Lebenshaltung vorliegen, kommt es im Allgemeinen weniger auf den objektiven Charakter des angeschafften Gegenstands an, sondern vielmehr auf die Funktion des Gegenstands im Einzelfall, also den tatsächlichen Verwendungszweck (>BFH vom 20. 5. 2010 – BStBl II S. 723).

Ausbildungs- und Fortbildungsaufwendungen für Kinder
– Aufwendungen der Eltern für die Ausbildung oder die berufliche Fortbildung ihrer Kinder gehören grundsätzlich zu den nicht abziehbaren Lebenshaltungskosten (>BFH vom 29. 10. 1997 – BStBl 1998 II S. 149).
– >H 4.8 (Bildungsaufwendungen für Kinder)
– Ausnahme: >§ 10 Abs. 1 Nr. 9 EStG

Berufliche Tätigkeit während einer Ferienreise
Reist ein Stpfl. zur Erholung und zur Aktualisierung von Lehrbüchern an einen Ferienort, ist regelmäßig von einer nicht unwesentlichen privaten Mitveranlassung auszugehen, die bei fehlender Trennbarkeit der Reise in einen beruflichen und einen privaten Teil den Abzug der Aufwendungen als Betriebsausgaben ausschließt (>BFH vom 7. 5. 2013 – BStBl II S. 808).

Berufsausbildungskosten
Aufwendungen für die erstmalige Berufsausbildung oder ein Erststudium >BMF vom 22. 9. 2010 (BStBl I S. 721)

Bewirtungskosten
– >§ 4 Abs. 5 Satz 1 Nr. 2 EStG
– >R 4.10 Abs. 5 bis 9
– Aufwendungen für die Bewirtung von Geschäftsfreunden in der Wohnung des Stpfl. sind regelmäßig in vollem Umfang Kosten der Lebensführung (>R 4.10 Abs. 6 Satz 8). Das Gleiche gilt für Aufwendungen des Stpfl. für die Bewirtung von Geschäftsfreunden anlässlich seines Geburtstages in einer Gaststätte (>BFH vom 12. 12. 1991 – BStBl 1992 II S. 524).
– >Gemischte Aufwendungen
– >Karnevalsveranstaltungen

Brille
>Medizinisch-technische Hilfsmittel und Geräte

Bücher
Aufwendungen eines Publizisten für Bücher allgemeinbildenden Inhalts sind Kosten der Lebensführung (>BFH vom 21. 5. 1992 – BStBl II S. 1015).

Deutschkurs
Aufwendungen eines in Deutschland lebenden Ausländers für den Erwerb von Deutschkenntnissen sind regelmäßig nichtabziehbare Kosten der Lebensführung (>BFH vom 15. 3. 2007 – BStBl II S. 814 und >BMF vom 6. 7. 2010 – BStBl I S. 614, Rn. 19).

Einbürgerungskosten
Aufwendungen für die Einbürgerung sind Kosten der Lebensführung (>BFH vom 18.5.1984 – BStBl II S. 588 und >BMF vom 6.7.2010 – BStBl I S. 614, Rn. 19).

Erbstreitigkeiten
Der Erbfall selbst stellt im Gegensatz zur Erbauseinandersetzung einen einkommensteuerrechtlich irrelevanten privaten Vorgang dar mit der Folge, dass die Aufwendungen für die Verfolgung eigener Rechte in einem Streit über das Erbrecht der Privatvermögenssphäre zuzuordnen sind (>BFH vom 17.6.1999 – BStBl II S. 600).

Feier mit beruflicher und privater Veranlassung
Aufwendungen für eine Feier mit sowohl beruflichem als auch privatem Anlass können teilweise als Werbungskosten abziehbar sein. Der als Werbungskosten abziehbare Betrag kann anhand der Herkunft der Gäste aus dem beruflichen/privaten Umfeld abgegrenzt werden, wenn die Einladung der Gäste aus dem beruflichen Umfeld (nahezu) ausschließlich beruflich veranlasst ist. Hiervon kann insbesondere dann auszugehen sein, wenn nicht nur ausgesuchte Gäste aus dem beruflichen Umfeld eingeladen werden, sondern die Einladungen nach abstrakten berufsbezogenen Kriterien (z. B. alle Auszubildenden, alle Zugehörigen einer bestimmten Abteilung) ausgesprochen werden (>BFH vom 8.7.2015 – BStBl II S. 1013).

Führerschein
Aufwendungen für den Erwerb des Pkw-Führerscheins sind grundsätzlich Kosten der Lebensführung (>BFH vom 5.8.1977 – BStBl II S. 834 und >BMF vom 6.7.2010 – BStBl I S. 614, Rn. 19).

Gemischte Aufwendungen
Bei gemischt veranlassten Aufwendungen besteht kein generelles Aufteilungs- und Abzugsverbot (>BFH vom 21.9.2009 – BStBl 2010 II S. 672); zu den Folgerungen >BMF vom 6.7.2010 (BStBl I S. 614).

Geschenke an Geschäftsfreunde
>§ 4 Abs. 5 Satz 1 Nr. 1 EStG
>R 4.10 Abs. 2 bis 4

Gesellschaftliche Veranstaltungen
Aufwendungen, die durch die Teilnahme an gesellschaftlichen Veranstaltungen, z. B. eines Berufs-, Fach- oder Wirtschaftsverbandes oder einer Gewerkschaft, entstanden sind, sind stets Kosten der Lebensführung und zwar auch dann, wenn die gesellschaftlichen Veranstaltungen im Zusammenhang mit einer rein fachlichen oder beruflichen Tagung oder Sitzung standen (>BFH vom 1.8.1968 – BStBl II S. 713).
>Gemischte Aufwendungen
>Karnevalsveranstaltungen
>Kulturelle Veranstaltungen

Hörapparat
>Medizinisch-technische Hilfsmittel und Geräte

Karnevalsveranstaltungen
Aufwendungen für die Einladung von Geschäftspartnern zu Karnevalsveranstaltungen sind Lebenshaltungskosten (>BFH vom 29.3.1994 – BStBl II S. 843).

Kleidung und Schuhe
Als Kosten der Lebensführung nicht abziehbar, selbst wenn der Stpfl. sie ausschließlich bei der Berufsausübung trägt (>BFH vom 18.4.1991 – BStBl II S. 751 und >BMF vom 6.7.2010 – BStBl I S. 614, Rn. 4).
Ausnahme: typische Berufskleidung >R 3.31 LStR 2015 und H 9.12 (Berufskleidung) LStH 2018

Körperpflegemittel, Kosmetika
Als Kosten der Lebensführung nicht abziehbar (>BFH vom 6.7.1989 – BStBl 1990 II S. 49 und >BMF vom 6.7.2010 – BStBl I S. 614, Rn. 4).

Kontoführungsgebühren
Pauschale Kontoführungsgebühren sind nach dem Verhältnis beruflich und privat veranlasster Kontenbewegungen aufzuteilen (>BFH vom 9.5.1984 – BStBl II S. 560).

Konzertflügel einer Musiklehrerin
Kann ein Arbeitsmittel i. S. d. § 9 Abs. 1 Satz 3 Nr. 6 EStG sein (>BFH vom 21.10.1988 – BStBl 1989 II S. 356).

Kulturelle Veranstaltungen
Aufwendungen für den Besuch sind regelmäßig keine Werbungskosten, auch wenn dabei berufliche Interessen berührt werden (>BFH vom 8.2.1971 – BStBl II S. 368 betr. Musiklehrerin und >BMF vom 6.7.2010 – BStBl I S. 614, Rn. 4).

Kunstwerke
Aufwendungen für Kunstwerke zur Ausschmückung eines Arbeits- oder Dienstzimmers sind Kosten der Lebensführung (>BFH vom 12.3.1993 – BStBl II S. 506).

Medizinisch-technische Hilfsmittel und Geräte
Aufwendungen für technische Hilfsmittel zur Behebung körperlicher Mängel können als reine Kosten der Lebensführung nicht abgezogen werden, auch wenn die Behebung des Mangels im beruflichen Interesse liegt.
>BFH vom 8.4.1954 (BStBl III S. 174) – Hörapparat
>BFH vom 28.9.1990 (BStBl 1991 II S. 27) – Bifokalbrille
>BFH vom 23.10.1992 (BStBl 1993 II S. 193) – Sehbrille

Nachschlagewerk
– Allgemeines Nachschlagewerk eines Lehrers ist regelmäßig dem privaten Lebensbereich zuzuordnen (>BFH vom 29.4.1977 – BStBl II S. 716).
– Allgemeines englisches Nachschlagewerk eines Englischlehrers kann Arbeitsmittel i. S. d. § 9 Abs. 1 Satz 3 Nr. 6 EStG sein (>BFH vom 16.10.1981 – BStBl 1982 II S. 67).

Personalcomputer
Eine private Mitbenutzung ist für den vollständigen Betriebsausgaben- bzw. Werbungskostenabzug unschädlich, wenn diese einen Anteil von etwa 10 % nicht übersteigt. Bei einem höheren privaten Nutzungsanteil sind die Kosten eines gemischt genutzten PC aufzuteilen. § 12 Nr. 1 Satz 2 EStG steht einer solchen Aufteilung nicht entgegen (>BFH vom 19.2.2004 – BStBl II S. 958).

Sponsoring
>BMF vom 18.2.1998 (BStBl I S. 212)

Steuerberatungskosten

Zuordnung der Steuerberatungskosten zu den Betriebsausgaben, Werbungskosten oder Kosten der Lebensführung >BMF vom 21.12.2007 (BStBl 2008 I S. 256)

Strafverfahren

>H 12.3 (Kosten des Strafverfahrens/der Strafverteidigung)

Tageszeitung

Aufwendungen für den Bezug regionaler wie überregionaler Tageszeitungen gehören zu den unter § 12 Nr. 1 Satz 2 EStG fallenden Lebenshaltungskosten (>BFH vom 7.9.1989 – BStBl 1990 II S. 19 und >BMF vom 6.7.2010 – BStBl I S. 614, Rn. 4 und 17).

Telefonanschluss in einer Wohnung

Grund- und Gesprächsgebühren sind Betriebsausgaben oder Werbungskosten, soweit sie auf die beruflich geführten Gespräche entfallen. Der berufliche Anteil ist aus dem – ggf. geschätzten – Verhältnis der beruflich und der privat geführten Gespräche zu ermitteln (>BFH vom 21.11.1980 – BStBl 1981 II S. 131). Zur Aufteilung der Gebühren >R 9.1 Abs. 5 LStR 2015.

Videorecorder eines Lehrers

Aufwendungen für einen Videorecorder sind regelmäßig Kosten der Lebensführung (>BFH vom 27.9.1991 – BStBl 1992 II S. 195).

R 12.2 Studienreisen, Fachkongresse

– unbesetzt –

H 12.2

Allgemeines

Aufwendungen können nur berücksichtigt werden, wenn sie durch die Einkunftserzielung veranlasst sind. Bei gemischt veranlassten Aufwendungen besteht kein generelles Aufteilungs- und Abzugsverbot (>BFH vom 21.9.2009 – BStBl 2010 II S. 672); zu den Folgerungen >BMF vom 6.7.2010 (BStBl I S. 614).

Incentive-Reisen

>BMF vom 14.10.1996 (BStBl I S. 1192)

Nachweis der Teilnahme

Bei betrieblicher/beruflicher Veranlassung sind Aufwendungen für die Teilnahme an einem Kongress nur abziehbar, wenn feststeht, dass der Stpfl. an den Veranstaltungen teilgenommen hat (>BFH vom 4.8.1977 – BStBl II S. 829). An den Nachweis der Teilnahme sind strenge Anforderungen zu stellen; der Nachweis muss sich auf jede Einzelveranstaltung beziehen, braucht jedoch nicht in jedem Fall durch Anwesenheitstestat geführt zu werden (>BFH vom 13.2.1980 – BStBl II S. 386 und vom 11.1.2007 – BStBl II S. 457).

| R 12.3 | Geldstrafen und ähnliche Rechtsnachteile |

¹Aufwendungen i. S. d. § 12 Nr. 4 EStG können auch dann nicht abgezogen werden, wenn die Geldstrafen und ähnlichen Rechtsnachteile außerhalb des Geltungsbereichs des Gesetzes verhängt, angeordnet oder festgesetzt werden, es sei denn, sie widersprechen wesentlichen Grundsätzen der deutschen Rechtsordnung (ordre public). ²Die Einziehung von Gegenständen, die – neben der Hauptstrafe oder nachträglich nach § 76 StGB oder unter den Voraussetzungen des § 76a StGB selbständig – in den Fällen des § 74 Abs. 2 Nr. 1 oder § 76a StGB angeordnet oder festgesetzt worden ist, stellt eine Rechtsfolge vermögensrechtlicher Art mit überwiegendem Strafcharakter dar. ³Die mit dem Verfall von Gegenständen bzw. dem Verfall von Tatentgelten (§ 73 StGB) verbundene Vermögenseinbuße dient hingegen der Gewinnabschöpfung und damit in erster Linie dem Ausgleich unrechtmäßiger Vermögensverschiebungen. ⁴Ein Strafcharakter kann deshalb in der Regel nicht angenommen werden.

| H 12.3 |

Abführung von Mehrerlösen
>R 4.13

Geldbußen
>R 4.13

Kosten des Strafverfahrens/der Strafverteidigung
a) Die dem Strafverfahren zugrundeliegende Tat wurde in Ausübung der betrieblichen oder beruflichen Tätigkeit begangen:
   – Kosten sind Betriebsausgaben oder Werbungskosten, da sie weder Strafe noch strafähnliche Rechtsfolge sind (>BFH vom 19. 2. 1982 – BStBl II S. 467).
   – Kosten des Strafverfahrens in Zusammenhang mit Bestechungsgeldern >H 4.14 Umfang des Abzugsverbots.
b) Die dem Strafverfahren zugrundeliegende Tat beruht auf privaten Gründen oder ist sowohl privat als auch betrieblich (beruflich) veranlasst:
   Aufwendungen sind nicht abziehbare Kosten der Lebensführung. Das gilt auch für Kosten eines Wiederaufnahmeverfahrens nach strafrechtlicher Verurteilung mit disziplinarrechtlichen Folgen (>BFH vom 13. 12. 1994 – BStBl 1995 II S. 457).

Leistungen zur Erfüllung von Auflagen oder Weisungen
– sind nicht abziehbar:
   – bei Strafaussetzung zur Bewährung,
   – bei Verwarnung mit dem Strafvorbehalt, einen Geldbetrag zugunsten einer gemeinnützigen Einrichtung oder der Staatskasse zu zahlen oder sonst gemeinnützige Leistungen zu erbringen (§ 56b Abs. 2 Satz 1 Nr. 2 und 3, § 59a Abs. 2 StGB),
   – bei Einstellung des Verfahrens (§ 153a Abs. 1 Satz 1 Nr. 2 und 3 StPO); Gleiches gilt bei Einstellung des Verfahrens nach dem Jugendgerichtsgesetz und im Gnadenverfahren.
– sind ausnahmsweise abziehbar:
   bei Ausgleichszahlungen an das geschädigte Tatopfer zur Wiedergutmachung des durch die Tat verursachten Schadens auf Grund einer Auflage nach § 56b Abs. 2 Satz 1 Nr. 1 StGB (>BFH vom 15. 1. 2009 – BStBl 2010 II S. 111).

Ordnungsgelder
>R 4.13

Strafverfahren
>Kosten des Strafverfahrens/der Strafverteidigung

Strafverteidigungskosten
>Kosten des Strafverfahrens/der Strafverteidigung

Verwarnungsgelder
>R 4.13

| R 12.4 | **Nichtabziehbare Steuern und Nebenleistungen** |

– unbesetzt –

| H 12.4 |

Nebenleistungen
Die folgenden Nebenleistungen (§ 3 Abs. 4 AO) sind nicht abziehbar, soweit sie auf die in § 12 Nr. 3 EStG genannten Steuerarten entfallen:
- Aussetzungszinsen (§ 237 AO),
- Gebühren für verbindliche Auskünfte (§ 89 Abs. 3 AO),
- Hinterziehungszinsen (§ 235 AO),
- Kosten bei Inanspruchnahme von Finanzbehörden (§ 178a AO),
- Nachforderungszinsen (§ 233a AO),
- Säumniszuschläge (§ 240 AO),
- Stundungszinsen (§ 234 AO),
- Verspätungszuschläge (§ 152 AO),
- Verzögerungsgelder (§ 146 Abs. 2b AO),
- Zuschlag wegen der Nichtvorlage oder Unbrauchbarkeit von Aufzeichnungen (§ 162 Abs. 4 AO),
- Zwangsgelder (§ 329 AO).

Personensteuern
- Einkommensteuer, einschl. ausländische Steuern vom Einkommen, soweit nicht § 34c Abs. 2 oder 3 EStG anzuwenden ist,
- Erbschaftsteuer,
- Kapitalertragsteuer,
- Kirchensteuer,
- Lohnsteuer,
- Solidaritätszuschlag,
- Vermögensteuer.

Umsatzsteuer bei Anwendung der 1 %-Regelung
Die nach § 12 Nr. 3 EStG nicht abziehbare Umsatzsteuer ist bei Anwendung der 1 %-Regelung (§ 6 Abs. 1 Nr. 4 Satz 2 EStG) nach umsatzsteuerrechtlichen Maßstäben zu ermitteln. Dabei kommt es nicht auf die tatsächlich festgesetzte Umsatzsteuer an, weil der Umsatzsteuerbescheid kein Grundlagenbescheid für den Einkommensteuerbescheid ist (>BFH vom 7.12.2010 – BStBl 2011 II S. 451).

R 12.5	**Zuwendungen**

[1]Spenden und Mitgliedsbeiträge gehören auch dann zu den Kosten der Lebensführung, wenn sie durch betriebliche Erwägungen mit veranlasst werden. [2]Der Stpfl. kann sie nur im Rahmen der §§ 10b, 34g EStG abziehen.

R 12.6	**Wiederkehrende Leistungen**

– unbesetzt –

H 12.6

Abgrenzung zwischen Unterhalts- und Versorgungsleistungen
Einkommensteuerrechtliche Behandlung von wiederkehrenden Leistungen im Zusammenhang mit einer Vermögensübertragung >BMF vom 11.3.2010 (BStBl I S. 227) unter Berücksichtigung der Änderungen durch BMF vom 6.5.2016 (BStBl I S. 476).

Gesetzlich unterhaltsberechtigt
sind alle Personen, die nach bürgerlichem Recht gegen den Stpfl. oder seinen Ehegatten einen gesetzlichen Unterhaltsanspruch haben können. Die Unterhaltsberechtigung setzt insoweit zivilrechtlich die Unterhaltsbedürftigkeit der unterhaltenen Person voraus (sog. konkrete Betrachtungsweise) (>BFH vom 5.5.2010 – BStBl 2011 II S. 115), >H 33a.1 (Unterhaltsberechtigung).

Unterhaltsleistungen
– an den geschiedenen oder dauernd getrennt lebenden Ehegatten fallen unter das Abzugsverbot des § 12 Nr. 2 EStG.
– die den Rahmen der gesetzlichen Unterhaltspflicht übersteigen, fallen unter das Abzugsverbot des § 12 Nr. 2 EStG (>BFH vom 10.4.1953 – BStBl III S. 157).
Ausnahmen:
>§ 10 Abs. 1a Nr. 1 EStG
>§ 33a Abs. 1 EStG

Zu § 13 EStG

R 13.1	**Freibetrag für Land- und Forstwirte**

[1]Sind mehrere Personen an dem Betrieb beteiligt (Gesellschaft, Gemeinschaft), steht der Freibetrag jedem der Beteiligten zu. [2]§ 13 Abs. 3 EStG gilt auch für nachträgliche Einkünfte aus

Land- und Forstwirtschaft. ³Der Freibetrag wird auch einem Stpfl. ungeschmälert gewährt, der einen Betrieb der Land- und Forstwirtschaft im Laufe eines VZ übernommen hat oder veräußert bzw. aufgibt.

H 13.1

Zusammenveranlagung
Alle Einkünfte aus Land- und Forstwirtschaft sind vor Berücksichtigung des Freibetrags nach § 13 Abs. 3 EStG zusammenzurechnen (>BFH vom 25. 2. 1988 – BStBl II S. 827).

R 13.2 Abgrenzung der gewerblichen und landwirtschaftlichen Tierzucht und Tierhaltung

Feststellung der Tierbestände

(1) ¹Bei der Feststellung der Tierbestände ist von den regelmäßig und nachhaltig im Wirtschaftsjahr erzeugten und den im Durchschnitt des Wirtschaftsjahres gehaltenen Tieren auszugehen. ²Als erzeugt gelten Tiere, deren Zugehörigkeit zum Betrieb sich auf eine Mastperiode oder auf einen Zeitraum von weniger als einem Jahr beschränkt und die danach verkauft oder verbraucht werden. ³Die übrigen Tiere sind mit dem Durchschnittsbestand des Wirtschaftsjahres zu erfassen. ⁴Abweichend von den Sätzen 2 und 3 ist bei Mastrindern mit einer Mastdauer von weniger als einem Jahr, bei Kälbern und Jungvieh, bei Schafen unter einem Jahr und bei Damtieren unter einem Jahr stets vom Jahresdurchschnittsbestand auszugehen. ⁵Der ermittelte Tierbestand ist zum Zwecke der Abgrenzung der landwirtschaftlichen Tierzucht und Tierhaltung von der gewerblichen in Vieheinheiten (VE) umzurechnen, wobei folgender Umrechnungsschlüssel maßgebend ist:

1. Für Tiere, die nach dem Durchschnittsbestand zu erfassen sind:

Alpakas:	0,08	VE
Damtiere:		
Damtiere unter 1 Jahr	0,04	VE
Damtiere 1 Jahr und älter	0,08	VE
Geflügel:		
Legehennen (einschließlich einer normalen Aufzucht zur Ergänzung des Bestandes)	0,02	VE
Legehennen aus zugekauften Junghennen	0,0183	VE
Zuchtputen, -enten, -gänse	0,04	VE
Kaninchen:		
Zucht- und Angorakaninchen	0,025	VE
Lamas:	0,10	VE
Pferde:		
Pferde unter drei Jahren und Kleinpferde	0,70	VE
Pferde drei Jahre und älter	1,10	VE
Rindvieh:		
Kälber und Jungvieh unter 1 Jahr (einschließlich Mastkälber, Starterkälber und Fresser)	0,30	VE
Jungvieh 1 bis 2 Jahre alt	0,70	VE
Färsen (älter als 2 Jahre)	1,00	VE
Masttiere (Mastdauer weniger als 1 Jahr)	1,00	VE
Kühe (einschließlich Mutter- und Ammenkühe mit den dazugehörigen Saugkälbern)	1,00	VE
Zuchtbullen, Zugochsen	1,20	VE

Schafe:
Schafe unter 1 Jahr (einschließlich Mastlämmer)	0,05	VE
Schafe 1 Jahr und älter	0,10	VE

Schweine:
Zuchtschweine (einschließlich Jungzuchtschweine über etwa 90 kg)	0,33	VE

Strauße:
Zuchttiere 14 Monate und älter	0,32	VE
Jungtiere/Masttiere unter 14 Monate	0,25	VE

Ziegen:
	0,08	VE

2. Für Tiere, die nach ihrer Erzeugung zu erfassen sind:

Geflügel:

Jungmasthühner		
(bis zu 6 Durchgänge je Jahr – schwere Tiere)	0,0017	VE
(mehr als 6 Durchgänge je Jahr – leichte Tiere)	0,0013	VE
Junghennen	0,0017	VE
Mastenten	0,0033	VE
Mastenten in der Aufzuchtphase	0,0011	VE
Mastenten in der Mastphase	0,0022	VE
Mastputen		
aus selbst erzeugten Jungputen	0,0067	VE
aus zugekauften Jungputen	0,0050	VE
Jungputen (bis etwa 8 Wochen)	0,0017	VE
Mastgänse	0,0067	VE

Kaninchen:
Mastkaninchen	0,0025	VE

Rindvieh:
Masttiere (Mastdauer 1 Jahr und mehr)	1,00	VE

Schweine:
Leichte Ferkel (bis etwa 12 kg)	0,01	VE
Ferkel (über etwa 12 bis etwa 20 kg)	0,02	VE
Schwere Ferkel und leichte Läufer (über etwa 20 bis etwa 30 kg)	0,04	VE
Läufer (über etwa 30 bis etwa 45 kg)	0,06	VE
Schwere Läufer (über etwa 45 bis etwa 60 kg)	0,08	VE
Mastschweine	0,16	VE
Jungzuchtschweine bis etwa 90 kg	0,12	VE

Wenn Schweine aus zugekauften Tieren erzeugt werden, ist dies bei der Umrechnung in VE entsprechend zu berücksichtigen:

Beispiel:
Mastschweine aus zugekauften Läufern 0,16 VE – 0,06 VE = 0,10 VE

Zuordnung

(2) [1]Übersteigt die Zahl der Vieheinheiten nachhaltig den für die maßgebende Fläche angegebenen Höchstsatz, gehört der darüber hinausgehende Tierbestand zur gewerblichen Tierzucht und Tierhaltung. [2]Es kann jedoch ein Zweig des Tierbestandes immer nur im Ganzen zur landwirtschaftlichen oder gewerblichen Tierzucht und Tierhaltung gehören. [3]Hat ein Betrieb einen Tierbestand mit mehreren Zweigen, richtet sich deren Zuordnung nach ihrer Flächenabhängigkeit. [4]Der gewerblichen Tierzucht und Tierhaltung sind zunächst die weniger flächenabhängigen Zweige des Tierbestandes zuzurechnen. [5]Weniger flächenabhängig ist die Erzeugung und Haltung von Schweinen und Geflügel, mehr flächenabhängig die Erzeugung und Haltung von Pferden, Rindvieh und Schafen. [6]Innerhalb der beiden Gruppen der weniger oder mehr flächen-

abhängigen Tierarten ist jeweils zuerst der >Zweig der gewerblichen Tierzucht und Tierhaltung zuzurechnen, der die größere Zahl von VE hat. [7]Für die Frage, ab wann eine landwirtschaftliche oder eine gewerbliche Tierzucht und Tierhaltung vorliegt, ist R 15.5 Abs. 2 entsprechend anzuwenden.

Regelmäßig landwirtschaftlich genutzte Fläche (>§ 51 Abs. 1a BewG)
(3) [1]Dazu gehören:
- die selbst bewirtschafteten eigenen Flächen,
- die selbst bewirtschafteten zugepachteten Flächen,
- Flächen, die auf Grund öffentlicher Förderungsprogramme stillgelegt werden.

[2]Nicht dazu gehören:
- Abbauland,
- Geringstland,
- Unland,
- Hof- und Gebäudeflächen,
- weinbaulich genutzte Flächen,
- forstwirtschaftlich genutzte Flächen,
- innerhalb der gärtnerischen Nutzung die Nutzungsteile Gemüse-, Blumen- und Zierpflanzenbau und Baumschulen.

[3]Mit der Hälfte sind zu berücksichtigen:
- Obstbaulich genutzte Flächen, die so angelegt sind, dass eine regelmäßige landwirtschaftliche Unternutzung stattfindet.

[4]Mit einem Viertel sind zu berücksichtigen:
- Almen,
- Hutungen.

Gemeinschaftliche Tierhaltung
(4) Die vorstehenden Grundsätze der Absätze 1 bis 3 sind bei gemeinschaftlicher Tierhaltung entsprechend anzuwenden.

H 13.2

Hektarberechnung
Bei der Anwendung des § 13 Abs. 1 Nr. 1 EStG ist der letzte angefangene Hektar anteilig zu berücksichtigen (>BFH vom 13. 7. 1989 – BStBl II S. 1036).

Pferdehaltung
- Die Ausbildung von Pferden zu Renn- und Turnierpferden ist dem Bereich der Land- und Forstwirtschaft zuzurechnen, wenn der Betrieb seiner Größe nach eine ausreichende Futtergrundlage bietet, die Pferde nicht nur ganz kurzfristig dort verbleiben und nach erfolgter Ausbildung an Dritte veräußert werden. Das gilt auch dann, wenn die Tiere nicht im Betrieb selbst aufgezogen, sondern als angerittene Pferde erworben werden (>BFH vom 31. 3. 2004 – BStBl II S. 742).
- Ein landwirtschaftlicher Betrieb wird nicht dadurch zu einem Gewerbebetrieb, dass er Pferde zukauft, sie während einer nicht nur kurzen Aufenthaltsdauer zu hochwertigen Reitpferden ausbildet und dann weiterverkauft (>BFH vom 17. 12. 2008 – BStBl 2009 II S. 453).

Zweige des Tierbestandes bei jeder Tierart
>§ 51 Abs. 3 BewG (als Zweig gilt bei jeder Tierart für sich):
- Zugvieh
- Zuchtvieh
- Mastvieh
- übriges Nutzvieh.

Zuchtvieh gilt nur dann als eigener Zweig, wenn die erzeugten Jungtiere überwiegend zum Verkauf bestimmt sind, andernfalls ist es dem Zweig zuzurechnen, dessen Zucht und Haltung es überwiegend dient.

| R 13.3 | **Land- und forstwirtschaftliches Betriebsvermögen** |

– unbesetzt –

| H 13.3 |

Baumbestand
Zur steuerlichen Behandlung des Baumbestandes >BMF vom 16. 5. 2012 (BStBl I S. 595)

Betrieb
- Lag nach der Einheitswertfeststellung ein landwirtschaftlicher Betrieb mit Wohn- und Wirtschaftsteil vor und überstieg die Größe der bewirtschafteten Fläche die für die Abgrenzung von einer privaten Gartenbewirtschaftung entwickelte Grenze von 3.000 m^2, ist auch einkommensteuerrechtlich von einem landwirtschaftlichen Betrieb auszugehen, sofern die Beweisanzeichen nicht erschüttert werden (>BFH vom 5. 5. 2011 – BStBl II S. 792).
- Ein Grundstück, welches mehr als 100 km von der Hofstelle entfernt liegt, kann regelmäßig weder dem notwendigen noch dem gewillkürten Betriebsvermögen eines aktiv bewirtschafteten oder eines verpachteten landwirtschaftlichen Betriebs zugeordnet werden (>BFH vom 19. 7. 2011 – BStBl 2012 II S. 93).
- Zum Vorliegen eines Forstbetriebs oder Forstteilbetriebs >BMF vom 18. 5. 2018 (BStBl I S. 689)

Bewertung von Pflanzenbeständen in Baumschulen
>BMF vom 27. 6. 2014 (BStBl I S. 1094) und vom 5. 10. 2018 (BStBl I S. 1037)

Bewertung von Tieren
>BMF vom 14. 11. 2001 (BStBl I S. 864)

Bewertungswahlrecht
Das einmal in Anspruch genommene Wahlrecht bindet den Landwirt grundsätzlich auch für die Zukunft (>BFH vom 14. 4. 1988 – BStBl II S. 672 und vom 17. 3. 1988 – BStBl II S. 770).

Eiserne Verpachtung
Zur Gewinnermittlung bei der Verpachtung von Betrieben mit Substanzerhaltungspflicht des Pächters nach §§ 582a, 1048 BGB >BMF vom 21. 2. 2002 (BStBl I S. 262)

Forstwirtschaft
Zur Behandlung von forstwirtschaftlichen Flächen als Betriebsvermögen eines Erwerbsbetriebs
>BMF vom 18. 5. 2018 (BStBl I S. 689)

Übergang zur Buchführung
- Bei Übergang zur Buchführung haben Land- und Forstwirte ein Wahlrecht, ob sie das Vieh in der Übergangsbilanz nach § 6 Abs. 1 EStG mit einzeln ermittelten Anschaffungs-/Herstellungskosten oder mit Durchschnittswerten bewerten, wenn bis zum Zeitpunkt des Übergangs zur Buchführung der Gewinn nach Durchschnittssätzen auf Grund des § 13a EStG ermittelt (>BFH vom 1. 10. 1992 – BStBl 1993 II S. 284) oder geschätzt worden ist (>BFH vom 4. 6. 1992 – BStBl 1993 II S. 276).
- Wechselt der Stpfl. zur Gewinnermittlung nach § 4 Abs. 1 EStG, nachdem er von der Gewinnermittlung nach § 13a EStG zur Gewinnermittlung nach § 4 Abs. 3 EStG übergegangen war, ist bei der Bewertung der Tiere die Bewertungsmethode zugrunde zu legen, die beim Wechsel der Gewinnermittlung zu § 4 Abs. 3 EStG angewandt wurde (>BFH vom 16. 6. 1994 – BStBl II S. 932).

Wiederbepflanzungsrechte im Weinbau
Wiederbepflanzungsrechte im Weinbau sind immaterielle Wirtschaftsgüter. Es handelt sich bei diesen Rechten um nichtabnutzbare Wirtschaftsgüter, wenn ein Ende der Beschränkung des Weinbaus in der EU zum maßgeblichen Bilanzstichtag nicht absehbar ist (>BFH vom 6. 12. 2017 – BStBl 2018 II S. 353).

Zuordnung zum Betriebsvermögen eines im Zeitpunkt des Erwerbs verpachteten Grundstücks
- Ein landwirtschaftliches Grundstück, welches im Zeitpunkt des Erwerbs an einen Dritten verpachtet ist, gehört unmittelbar zum notwendigen Betriebsvermögen eines land- und forstwirtschaftlichen Betriebs, wenn die beabsichtigte Eigenbewirtschaftung in einem Zeitraum von bis zu zwölf Monaten erfolgt.
- Dies gilt gleichermaßen bei einem Verpachtungsbetrieb, wenn das hinzuerworbene Grundstück, welches im Zeitpunkt des Erwerbs an einen Dritten verpachtet ist, in einem Zeitraum von bis zu zwölf Monaten von dem bisherigen Betriebspächter bewirtschaftet wird.
- Ist eine Eigen- bzw. Fremdnutzung des hinzuerworbenen Grundstücks durch den Inhaber bzw. den Pächter des land- und forstwirtschaftlichen Betriebs nicht innerhalb von zwölf Monaten möglich, kann dieses durch eine eindeutige Zuweisungsentscheidung dem gewillkürten Betriebsvermögen des Eigen- bzw. Verpachtungsbetriebs zugeordnet werden.

(>BFH vom 19. 7. 2011 – BStBl 2012 II S. 93)

| R 13.4 | **Rechtsverhältnisse zwischen Angehörigen in einem landwirtschaftlichen Betrieb** |

– unbesetzt –

| H 13.4 |

Alleinunternehmerschaft
Hat ein Ehegatte sein Nutzungsrecht an seinen eigenen Grundstücken dem anderen Ehegatten auf Grund eines nachgewiesenen Nutzungsüberlassungsvertrags überlassen, kann dies die Alleinunternehmerschaft des anderen Ehegatten begründen (>BFH vom 14. 8. 1986 – BStBl 1987 II S. 20 und vom 22. 1. 2004 – BStBl II S. 500).

Arbeitsverhältnisse zwischen Angehörigen
>R 4.8

Familiengesellschaft
Eine Familiengesellschaft ist auch auf dem Gebiet der Land- und Forstwirtschaft grundsätzlich anzuerkennen (>BFH vom 29. 5. 1956 – BStBl III S. 246). >R 15.9 ist entsprechend anzuwenden.

Gütergemeinschaft
>H 4.2 (12)
>H 15.9 (1)

Mitunternehmerschaft zwischen Ehegatten
Ehegatten können in der Land- und Forstwirtschaft ohne ausdrücklichen Gesellschaftsvertrag eine Mitunternehmerschaft bilden, wenn jeder der Ehegatten einen erheblichen Teil der selbst bewirtschafteten land- und forstwirtschaftlichen Grundstücke zur Verfügung stellt. Dabei kommt es nicht darauf an, ob dem Ehegatten das Fruchtziehungsrecht an den zur Verfügung gestellten Grundstücken als Alleineigentümer, als Miteigentümer oder als Pächter zusteht. Der zur Begründung einer konkludenten Mitunternehmerschaft erhebliche Teil der selbst bewirtschafteten Flächen muss mindestens 10 % der insgesamt land- und forstwirtschaftlich genutzten Eigentumsflächen betragen. Dagegen kann ohne vorliegende Vereinbarungen über ein Gesellschaftsverhältnis nicht von einer Mitunternehmerschaft ausgegangen werden, wenn jeder Ehegatte einen eigenen landwirtschaftlichen Betrieb unterhält. Für diesen Fall genügt die Selbstbewirtschaftung von landwirtschaftlichen Flächen der Ehegatten nicht, um eine konkludente Mitunternehmerschaft zu begründen. Vielmehr ist erforderlich, dass die Ehegatten die Grundstücke gemeinsam in einem Betrieb bewirtschaften, so dass von einer gemeinsamen Zweckverfolgung ausgegangen werden kann (>BFH vom 25. 9. 2008 – BStBl 2009 II S. 989).

Von einer Mitunternehmerschaft kann ohne vorliegende Vereinbarungen über ein Gesellschaftsverhältnis nicht ausgegangen werden, wenn
- den Ehegatten gemeinsam gehörende Grundstücke für Zwecke einer Baumschule genutzt werden, weil die Erzeugnisse einer Baumschule weder Früchte noch wesentliche Bestandteile des Grundstücks darstellen (>BFH vom 14. 8. 1986 – BStBl 1987 II S. 23),
- einem Ehegatten der Grund und Boden und dem anderen Ehegatten das Inventar gehört (>BFH vom 26. 11. 1992 – BStBl 1993 II S. 395),
- ein Ehegatte lediglich auf der familiären Grundlage der ehelichen Lebensgemeinschaft geringfügige Flächen des anderen Ehegatten mitbewirtschaftet (>BFH vom 2. 2. 1989 – BStBl II S. 504),
- einem Ehegatten der Grund und Boden und dem anderen Ehegatten nur die Hofstelle oder ein Anteil daran gehört (>BFH vom 27. 1. 1994 – BStBl II S. 462),
- einem Ehegatten der Grund und Boden gehört und der andere Ehegatte ausschließlich Pachtflächen beisteuert (>BFH vom 7. 10. 1982 – BStBl 1983 II S. 73 und vom 22. 1. 2004 – BStBl II S. 500).

Nutzungsüberlassungsvertrag zwischen Ehegatten
>Alleinunternehmerschaft

Rechtsverhältnisse zwischen Angehörigen
- >R 4.8
- Ein nachträglich vor dem Arbeitsgericht mit Erfolg geltend gemachter Vergütungsanspruch wegen fehlgeschlagener Hofübergabe führt im steuerlichen Sinne nicht automatisch zu Einkünften aus nichtselbständiger Arbeit oder Einkünften aus Land- und Forstwirtschaft.

Die Zahlungen sind als sonstige Einkünfte i. S. d. § 22 Nr. 3 EStG zu erfassen (>BFH vom 8. 5. 2008 – BStBl II S. 868).

Wirtschaftsüberlassungsvertrag
Ein Wirtschaftsüberlassungsvertrag kann auch vorliegen, wenn die Nutzung einer anderen Person als dem künftigen Hoferben überlassen wird (>BFH vom 26. 11. 1992 – BStBl 1993 II S. 395).
>H 4.8
>H 7.1

R 13.5 Ermittlung des Gewinns aus Land- und Forstwirtschaft

Gewinnschätzung
(1) ¹Bei Land- und Forstwirten, die zur Buchführung verpflichtet sind, aber keine ordnungsmäßigen Bücher führen, ist der Gewinn im Einzelfall zu schätzen. ²Land- und Forstwirte, die weder zur Buchführung verpflichtet sind noch die Voraussetzungen des § 13a Abs. 1 Satz 1 Nr. 2 bis 4 EStG*⁾ erfüllen, können den Gewinn entweder nach § 4 Abs. 1 EStG oder nach § 4 Abs. 3 EStG ermitteln. ³Haben sie keine Bücher i. S. d. § 4 Abs. 1 EStG geführt und auch die Betriebseinnahmen und Betriebsausgaben i. S. d. § 4 Abs. 3 EStG nicht aufgezeichnet, ist der Gewinn zu schätzen. ⁴Richtsätze, die von den Finanzbehörden aufgestellt werden, können dabei als Anhalt dienen.

Wechsel der Gewinnermittlungsart
(2) ¹Geht ein Land- und Forstwirt zur Gewinnermittlung durch Betriebsvermögensvergleich über, ist für die Aufstellung der Übergangsbilanz nach den Grundsätzen in R 4.6 zu verfahren. ²Bei einem Wechsel der Gewinnermittlung ist zu beachten, dass die Gewinnermittlung nach § 13a Abs. 3 bis 5 EStG**⁾ in diesem Zusammenhang der nach § 4 Abs. 1 EStG gleichzustellen ist. ³Beim Übergang von der Gewinnermittlung nach § 13a Abs. 3 bis 5 EStG**⁾ zur Gewinnermittlung durch Betriebsvermögensvergleich sind die in die Übergangsbilanz einzustellenden Buchwerte der abnutzbaren Anlagegüter zu schätzen. ⁴Dazu sind die Anschaffungs- oder Herstellungskosten beweglicher Anlagegüter um die üblichen Absetzungen zu mindern, die den amtlichen >AfA-Tabellen zu entnehmen sind. ⁵Geringwertige Wirtschaftsgüter i. S. d. § 6 Abs. 2 EStG, die nach dem 31. 12. 2007 und vor dem 1. 1. 2010 angeschafft oder hergestellt worden sind, sind nicht anzusetzen. ⁶Der Sammelposten nach § 6 Abs. 2a EStG für Wirtschaftsgüter, die nach dem 31. 12. 2007 und vor dem 1. 1. 2010 angeschafft oder hergestellt worden sind, ist mit dem Wert zu berücksichtigen, der sich bei Gewinnermittlung nach § 4 Abs. 1 EStG ergeben hätte.

Nichtanwendung der Nutzungswertbesteuerung nach § 13 Abs. 2 Nr. 2 i. V. m. Abs. 4 EStG im Beitrittsgebiet
(3) § 13 Abs. 2 Nr. 2 EStG kommt im Beitrittsgebiet nicht zur Anwendung.

Entnahme nach § 13 Abs. 5 EStG
(4) ¹Die Steuerfreiheit des Entnahmegewinns nach § 13 Abs. 5 EStG kommt bei Land- und Forstwirten auch dann in Betracht, wenn der entsprechende Grund und Boden erst nach dem 31. 12. 1986 Betriebsvermögen geworden ist. ²§ 13 Abs. 5 EStG findet auch im Beitrittsgebiet Anwendung.

---

*) Jetzt § 13a Abs. 1 Satz 1 Nr. 2 bis 5 oder Satz 2 EStG.
**) Jetzt § 13a Abs. 4 und 6 EStG.

H 13.5

Amtliche AfA-Tabellen
Die besonderen betrieblichen Verhältnisse sind auch dann unbeachtlich, wenn für diesen Zeitraum amtliche AfA-Tabellen nicht mehr zur Verfügung gestanden haben (>BFH vom 10.12.1992 – BStBl 1993 II S. 344).

Anbauverzeichnis
>§ 142 AO

Beteiligung am allgemeinen wirtschaftlichen Verkehr
Die Annahme von Einkünften aus Land- und Forstwirtschaft setzt eine Beteiligung am allgemeinen wirtschaftlichen Verkehr voraus (>BFH vom 13.12.2001 – BStBl 2002 II S. 80).

Ersatzflächenpool
Einrichtung von Ersatzflächenpools durch Land- und Forstwirte für die Vornahme von Ausgleichsmaßnahmen nach den Naturschutzgesetzen >BMF vom 3.8.2004 (BStBl I S. 716)

Forstwirtschaft
Der erhöhte Betriebsausgabenpauschsatz nach § 4 Abs. 1 Forstschäden-Ausgleichsgesetz ist nicht von Einnahmen aus Kalamitätsnutzungen abzusetzen, die in einem Wj. nach Auslaufen einer Einschlagsbeschränkung steuerlich zu erfassen sind (>BFH vom 3.2.2010 – BStBl II S. 546).

Liebhaberei
>H 15.3

Schätzung nach Richtsätzen
– Auch bei Gewinnermittlung nach § 4 Abs. 3 EStG berechtigt eine Verletzung der Mitwirkungspflicht zur Schätzung nach Richtsätzen (>BFH vom 15.4.1999 – BStBl 1999 II S. 481).
– Bei einer Richtsatzschätzung können keine individuellen Gewinn mindernden Besonderheiten des Betriebs berücksichtigt werden (>BFH vom 29.3.2001 – BStBl II S. 484).

Wechsel der Gewinnermittlungsart
>R 4.6
>H 7.4 (AfA-Volumen)
>Anlage (zu R 4.6)

Wohnungen im land- und forstwirtschaftlichen Betriebsvermögen, die unter § 13 Abs. 4 und 5 EStG fallen
– Zum erforderlichen und üblichen Umfang des zur Wohnung gehörenden Grund und Bodens >BMF vom 4.6.1997 (BStBl I S. 630) und vom 2.4.2004 (BStBl I S. 442).
– Bei Abwahl der Nutzungswertbesteuerung ist für die Frage der steuerfreien Entnahme des Grund und Bodens auf den Nutzungs- und Funktionszusammenhang zum Entnahmezeitpunkt abzustellen. Der Nutzungs- und Funktionszusammenhang mit der Wohnung ist auch dann bereits im Zeitpunkt der Abwahl der Nutzungsbesteuerung gelöst, wenn die Nutzungsänderung der Grundstücksfläche tatsächlich erst nach dem Abwahlzeitpunkt erfolgt, die Kausalkette für die spätere Nutzungsänderung indes schon vor dem Abwahlzeitpunkt unwiderruflich in Gang gesetzt worden ist (>BFH vom 24.4.2008 – BStBl II S. 707).

- Für die Bestimmung des zur Wohnung gehörenden Grund und Bodens sind die tatsächlichen örtlichen Verhältnisse zum Entnahmezeitpunkt und die zukünftige mögliche Nutzung maßgebend (>BFH vom 26.9.2001 – BStBl II S. 762).

- Der zur Wohnung gehörende Grund und Boden kann auch eine in einiger Entfernung vom Hofgrundstück belegene Gartenfläche umfassen, sofern diese vor und nach der Entnahme des Wohnhauses als Hausgarten genutzt wurde (>BFH vom 26.9.2001 – BStBl 2002 II S. 78).

- Die Nutzungswertbesteuerung kann rückwirkend abgewählt werden. Eine Altenteilerwohnung und der dazugehörende Grund und Boden gelten zu dem Zeitpunkt als entnommen, bis zu dem der Nutzungswert letztmals angesetzt wurde. Nach dem für die rückwirkende Abwahl der Nutzungswertbesteuerung bestimmten Zeitpunkt kann weder eine Nutzungsänderung noch eine Veräußerung der Wohnung und des dazugehörenden Grund und Bodens einen Einfluss auf die Steuerbefreiung haben (>BFH vom 6.11.2003 – BStBl 2004 II S. 419).

- Ein bilanziertes Grundstück kann nach der Veräußerung dann nicht mehr rückwirkend zu einem vorangegangenen Bilanzstichtag entnommen werden, wenn diese Bilanz erst nach der Veräußerung des Grundstücks aufgestellt wird (>BFH vom 12.9.2002 – BStBl II S. 815).

- Das Entnahmeprivileg des § 13 Abs. 4 Satz 6 Nr. 2 EStG enthält keine Objektbeschränkung. Nach dieser Vorschrift kann sich die steuerfreie Entnahme daher auch auf mehrere an Dritte vermietete Wohnungen beziehen, wenn diese nach der Entnahme als eine Wohnung genutzt werden und die Gesamtfläche dem konkreten Wohnbedarf angemessen ist (>BFH vom 11.12.2003 – BStBl 2004 II S. 277).

- Unabhängig von der Gewinnermittlungsart sind Aufwendungen für Erhaltungsmaßnahmen, die noch vor der Abwahl der Nutzungswertbesteuerung an der zu eigenen Wohnzwecken genutzten Wohnung oder einer Altenteilerwohnung durchgeführt werden, auch dann in vollem Umfang als Betriebsausgaben abziehbar, wenn die Zahlung erst nach Ablauf der Nutzungswertbesteuerung erfolgt (>BFH vom 13.2.2003 – BStBl II S. 837).

- Die Anwendung des § 13 Abs. 4 Satz 6 Nr. 2 EStG erfordert eine auf Dauer angelegte private Nutzung durch den Betriebsinhaber oder den Altenteiler (>BFH vom 1.7.2004 – BStBl II S. 947).

- Die steuerfreie Entnahme des Grund und Bodens zur Errichtung einer Altenteilerwohnung setzt voraus, dass diese Wohnung nach ihrer Fertigstellung auch tatsächlich von einem Altenteiler genutzt wird (>BFH vom 13.10.2005 – BStBl 2006 II S. 68).

R 13.6 Buchführung bei Gartenbaubetrieben, Saatzuchtbetrieben, Baumschulen und ähnlichen Betrieben

[1]Auch bei Gartenbaubetrieben, Saatzuchtbetrieben, Baumschulen und ähnlichen Betrieben ist ein Anbauverzeichnis zu führen (§ 142 AO). [2]Ist einer dieser Betriebe ein Gewerbebetrieb i. S. d. § 15 EStG, ist § 142 AO nicht unmittelbar anwendbar. [3]Dennoch hat der Stpfl. Bücher zu führen, die inhaltlich diesem Erfordernis entsprechen. [4]Andernfalls ist die Buchführung nicht so gestaltet, dass sie die zuverlässige Aufzeichnung aller Geschäftsvorfälle und des Vermögens ermöglicht und gewährleistet.

Zu § 13a EStG

| R 13a.1 | **Anwendung der Gewinnermittlung nach Durchschnittssätzen**[*)]

Zugangsvoraussetzungen (§ 13a Abs. 1 EStG)
(1) ¹Die Gewinnermittlung nach Durchschnittssätzen ist nur anwendbar, wenn selbst bewirtschaftete Flächen der landwirtschaftlichen Nutzung vorhanden sind. ²Bei der Prüfung, ob die Grenze des § 13a Abs. 1 Satz 1 Nr. 3 EStG überschritten ist, sind R 13.2 Abs. 1 sowie die Grundsätze von R 15.5 Abs. 2 zum Strukturwandel entsprechend anzuwenden. ³Für die Prüfung der Zugangsvoraussetzungen des § 13a Abs. 1 Satz 1 Nr. 2 und 4 EStG >R 13a.2 Abs. 1 und 2.

Wegfall der Voraussetzungen zur Gewinnermittlung nach Durchschnittssätzen
(2) ¹Die Mitteilung nach § 13a Abs. 1 Satz 2 EStG soll innerhalb einer Frist von einem Monat vor Beginn des folgenden Wirtschaftsjahres bekanntgegeben werden. ²Bis zum Beginn dieses Wirtschaftsjahres ist der Gewinn noch nach Durchschnittssätzen zu ermitteln.

Rückkehr zur Gewinnermittlung nach Durchschnittssätzen
(3) ¹Das Wort „letztmalig" in § 13a Abs. 1 Satz 2 EStG bedeutet nicht, dass eine Rückkehr zur Gewinnermittlung nach Durchschnittssätzen zu einem späteren Zeitpunkt ausgeschlossen ist. ²Der Gewinn ist erneut nach Durchschnittssätzen zu ermitteln, wenn die Voraussetzungen des § 13a Abs. 1 Satz 1 EStG wieder gegeben sind und ein Antrag nach § 13a Abs. 2 EStG nicht gestellt wird. ³Bestand für den Land- und Forstwirt Buchführungspflicht nach § 141 Abs. 1 AO, ist außerdem zuvor die Feststellung der Finanzbehörde erforderlich, dass die Voraussetzungen für die Buchführungspflicht nach § 141 Abs. 1 AO nicht mehr vorliegen (§ 141 Abs. 2 Satz 2 AO). ⁴Bei einem Land- und Forstwirt, der weder buchführungspflichtig ist noch die sonstigen Voraussetzungen des § 13a Abs. 1 Satz 1 EStG erfüllt und dessen Gewinn nach § 4 Abs. 1 oder 3 EStG ermittelt wird, ist der Gewinn bereits ab dem folgenden Wirtschaftsjahr nach Durchschnittssätzen zu ermitteln, wenn bis zum Beginn dieses Wirtschaftsjahres die Voraussetzungen des § 13a Abs. 1 Satz 1 EStG wieder erfüllt sind; § 141 Abs. 2 Satz 2 AO ist nur bei wegfallender Buchführungspflicht anzuwenden. ⁵Einer Mitteilung der Finanzbehörde bedarf es insoweit nicht. ⁶Ist eine Mitteilung nach § 13a Abs. 1 Satz 2 EStG über den Wegfall der Voraussetzungen des § 13a Abs. 1 Satz 1 EStG ergangen und liegen bis zum Beginn des auf die Bekanntgabe der Mitteilung folgenden Wirtschaftsjahres die Voraussetzungen für die Gewinnermittlung nach Durchschnittssätzen wieder vor, hat das Finanzamt die Rechtswirkungen dieser Mitteilung zu beseitigen; § 13a EStG ist weiterhin anzuwenden.

Gewinnermittlung auf Grund eines Antrags i. S. d. § 13a Abs. 2 EStG
(4) ¹Ein Land- und Forstwirt, der seinen Gewinn auf Antrag nach § 13a Abs. 2 EStG für vier aufeinanderfolgende Wirtschaftsjahre nach § 4 Abs. 1 oder 3 EStG ermittelt, ist damit vorübergehend aus der Gewinnermittlung nach Durchschnittssätzen ausgeschieden. ²Dabei ist Folgendes zu beachten:
1. Wird innerhalb des Vierjahreszeitraums eine der Buchführungsgrenzen des § 141 Abs. 1 AO überschritten, ist der Land- und Forstwirt rechtzeitig vor Beginn des nächstfolgenden Wirtschaftsjahres auf den Beginn der Buchführungspflicht hinzuweisen.
2. Werden innerhalb des Vierjahreszeitraums die Voraussetzungen des § 13a Abs. 1 Satz 1 Nr. 2 bis 4 EStG nicht mehr erfüllt, ist der Land und Forstwirt vor Beginn des nächstfolgenden Wirtschaftsjahres darauf hinzuweisen, dass der Gewinn nicht mehr nach Durchschnittssätzen zu ermitteln ist.

---
*) R 13a.1 ist letztmals anzuwenden für Wj., die vor dem 31.12.2015 enden >BMF vom 10.11.2015 (BStBl I S. 877), RdNr. 90.

3. Ist der Land- und Forstwirt vor Beginn eines Wirtschaftsjahres innerhalb des Vierjahreszeitraums darauf hingewiesen worden, dass der Gewinn nicht mehr nach Durchschnittssätzen zu ermitteln bzw. dass eine der Buchführungsgrenzen überschritten ist, verkürzt sich der Vierjahreszeitraum entsprechend. ²Die Rechtsfolge des § 13a Abs. 2 Satz 2 EStG tritt nicht ein, wenn der Land- und Forstwirt für den verkürzten Vierjahreszeitraum den Gewinn nach § 4 Abs. 1 oder 3 EStG ermittelt hat.

4. Nach Ablauf des Vierjahreszeitraums ist der Gewinn wieder nach Durchschnittssätzen zu ermitteln, wenn die Voraussetzungen des § 13a Abs. 1 Satz 1 EStG

   a) erfüllt sind und der Land- und Forstwirt von der Möglichkeit der erneuten Ausübung des Wahlrechtes (§ 13a Abs. 2 EStG) keinen Gebrauch macht,

   b) nicht mehr erfüllt sind, der Land- und Forstwirt aber noch nicht zur Buchführung aufgefordert oder darauf hingewiesen worden ist, dass der Gewinn nicht mehr nach Durchschnittssätzen zu ermitteln ist.

R 13a.2 Ermittlung des Gewinns aus Land- und Forstwirtschaft nach Durchschnittssätzen[*]

Ermittlung des Grundbetrags (§ 13a Abs. 4 EStG)

(1) ¹Bei der Ermittlung des Grundbetrags sind alle selbst bewirtschafteten Flächen landwirtschaftlicher Nutzung i. S. d. § 34 Abs. 2 Nr. 1 Buchstabe a BewG ohne Sonderkulturen (§ 52 BewG) zu berücksichtigen. ²Dazu gehören die in R 13.2 Abs. 3 Satz 1 genannten Flächen sowie die auf die landwirtschaftliche Nutzung entfallenden Hof- und Gebäudeflächen jedoch ohne den zur Wohnung gehörenden Grund und Boden; dies gilt auch, soweit die Flächen als Grundvermögen bewertet wurden. ³Maßgebend ist der Umfang der selbst bewirtschafteten Fläche zu Beginn des Wirtschaftsjahres. ⁴Der Hektarwert ist nach den Vorschriften des BewG zu ermitteln. ⁵Aus Vereinfachungsgründen kann als Hektarwert – auch in Fällen der Zupachtung von Einzelflächen – der im Einheitswert des Betriebs enthaltene oder der aus dem Ersatzwirtschaftswert abzuleitende Hektarwert für landwirtschaftliche Nutzungen ohne Sonderkulturen angesetzt werden. ⁶Hierbei ist der festgestellte Einheitswert bzw. der im Rahmen der Grundsteuermessbetragsveranlagung ermittelte Ersatzwirtschaftswert heranzuziehen, der auf den letzten Zeitpunkt festgestellt bzw. ermittelt worden ist, der vor dem Beginn des Wirtschaftsjahres liegt oder mit dem Beginn des Wirtschaftsjahres zusammenfällt, für den der Gewinn zu ermitteln ist. ⁷Fortschreibungen und Nachfeststellungen, die nach Bestandskraft des Steuerbescheides ergehen, bleiben unberücksichtigt. ⁸Werden in den alten Ländern ausschließlich zugepachtete Flächen bewirtschaftet, ist der Hektarwert der größten Fläche maßgebend. ⁹Werden im Beitrittsgebiet ausschließlich zugepachtete Flächen bewirtschaftet, gilt Satz 5 entsprechend.

Zuschläge für Sondernutzungen (§ 13a Abs. 5 EStG)

(2) ¹Jede in § 34 Abs. 2 Nr. 1 Buchstabe b bis d BewG genannte Nutzung ist als einzelne Sondernutzung anzusehen. ²Bei der sonstigen land- und forstwirtschaftlichen Nutzung gilt jede einzelne Nutzungsart als selbständige Sondernutzung. ³Für die Frage, mit welchem Wert die selbst bewirtschafteten Sondernutzungen aus dem Einheitswert oder aus dem Ersatzwirtschaftswert abzuleiten sind, ist Absatz 1 entsprechend anzuwenden. ⁴Für Sondernutzungen, deren Wert 500 DM nicht übersteigt, kommt ein Zuschlag nach § 13a Abs. 5 EStG nicht in Betracht. ⁵Beträgt der Wert der Sondernutzung mehr als 2.000 DM und ist der Stpfl. nicht nach § 13a Abs. 1 Satz 2 EStG auf den Wegfall der Voraussetzungen für die Gewinnermittlung nach § 13a EStG hingewiesen worden, ist auch für diese Sondernutzung nur ein Zuschlag von 512 Euro zu machen.

---

[*] R 13a.2 ist letztmals anzuwenden für Wj., die vor dem 31.12.2015 enden >BMF vom 10.11.2015 (BStBl I S. 877), RdNr. 90.

Sondergewinne (§ 13a Abs. 6 EStG)

(3) ¹§ 13a Abs. 6 EStG enthält eine abschließende Aufzählung der zu berücksichtigenden Betriebsvorgänge. ²In die Gewinnkorrektur aus forstwirtschaftlicher Nutzung sind alle Erträge einzubeziehen, die aus der Nutzung von Flächen der Forstwirtschaft erzielt werden. ³Die Veräußerung oder Entnahme von Wirtschaftsgütern des übrigen Anlagevermögens umfasst auch immaterielle Wirtschaftsgüter, wie z. B. ein Milchlieferrecht im Zusammenhang mit einer >Betriebsumstellung. ⁴Ein Zusammenhang zwischen der Veräußerung eines Wirtschaftsgutes und einer Betriebsumstellung wird nicht dadurch gelöst, dass das Wirtschaftsgut in einem anderen Wirtschaftsjahr als dem der Betriebsumstellung veräußert wird, um etwa eine günstige Marktsituation auszunutzen. ⁵Eine Nutzungsänderung des Wirtschaftsgutes steht einer Erfassung der Gewinnkorrektur nicht entgegen. ⁶Als Dienstleistungen und vergleichbare Tätigkeiten, die dem Bereich der Land- und Forstwirtschaft zugerechnet werden, sind die in R 15.5 genannten Tätigkeiten innerhalb der dort genannten Grenzen zu verstehen, wenn sie nicht für andere Betriebe der Land- und Forstwirtschaft erbracht werden. ⁷Bei der Nutzungsüberlassung von Wirtschaftsgütern des Betriebsvermögens sind die vereinnahmten Miet- und Pachtzinsen nicht als Gewinnkorrektur nach § 13a Abs. 6 EStG zu erfassen, sondern nach § 13a Abs. 3 Satz 1 Nr. 4 EStG, da es sich insofern nicht um Dienstleistungen und vergleichbare Tätigkeiten handelt, und zwar auch, soweit die Nutzungsüberlassung gegenüber anderen Betrieben der Land- und Forstwirtschaft erbracht wird. ⁸Bei der Gewinnermittlung nach § 13a Abs. 6 Satz 3 EStG ist von den Einnahmen einschließlich der Umsatzsteuer auszugehen.

Vereinnahmte Miet- und Pachtzinsen (§ 13a Abs. 3 Satz 1 Nr. 4 EStG)

(4) ¹Als vereinnahmte Miet- und Pachtzinsen sind sämtliche Gegenleistungen für entgeltliche Nutzungsüberlassungen anzusehen. ²Der Begriff umfasst die Entgelte für die Überlassung von Wirtschaftsgütern des Betriebsvermögens wie z. B. Grund und Boden, Gebäude, Mietwohnungen, bewegliche oder immaterielle Wirtschaftsgüter. ³Auf die Bezeichnung des Vertrages über eine Nutzungsüberlassung kommt es nicht an. ⁴Werden Wirtschaftsgüter des Betriebsvermögens im Zusammenhang mit Dienstleistungen und vergleichbaren Tätigkeiten überlassen und ist die Dienstleistung hierbei nur von untergeordneter Bedeutung, sind die Gewinne daraus als Miet- oder Pachteinnahmen nach § 13a Abs. 3 Satz 1 Nr. 4 EStG und nicht als Sondergewinne nach § 13a Abs. 6 Nr. 3 EStG zu behandeln (>Absatz 3 Satz 7). ⁵Prämien, die für die Stilllegung landwirtschaftlicher Nutzflächen auf Grund öffentlicher Förderungsprogramme gezahlt werden, sind nicht als Miet- und Pachtzinsen anzusehen und deshalb durch den Ansatz des Grundbetrages nach § 13a Abs. 4 EStG abgegolten.

Vereinnahmte Kapitalerträge (§ 13a Abs. 3 Satz 1 Nr. 5 EStG)

(5) Bei Kapitalerträgen kommt ein Abzug von Betriebsausgaben vorbehaltlich des § 13a Abs. 3 Satz 2 EStG nicht in Betracht.

Verausgabte Pachtzinsen, Schuldzinsen und dauernde Lasten (§ 13a Abs. 3 Satz 2 EStG)

(6) ¹Schuldzinsen und dauernde Lasten sind abzugsfähig, soweit sie Betriebsausgaben sind; § 4 Abs. 4a EStG ist nicht zu beachten. ²Dies gilt auch für auf Sondernutzungen entfallende Beträge. ³Schuldzinsen, die im Zusammenhang mit einer Wohnung i. S. d. § 13 Abs. 2 Nr. 2 EStG stehen, sind – solange die Nutzungswertbesteuerung fortbesteht – abzusetzen, obwohl der Nutzungswert der Wohnung mit dem Ansatz des Grundbetrags abgegolten ist. ⁴Der Abzug von Pachtzinsen, Schuldzinsen und dauernden Lasten darf insgesamt nicht zu einem Verlust führen. ⁵Diese Begrenzung des Abzugs bezieht sich auf den gesamten nach den Vorschriften des § 13a EStG zu ermittelnden Gewinn.

Rumpfwirtschaftsjahr/Verlängertes Wirtschaftsjahr
(7) ¹Ist der Gewinn nach § 13a EStG für ein Rumpfwirtschaftsjahr zu ermitteln, sind der Grundbetrag und die Zuschläge für Sondernutzungen nur anteilig anzusetzen. ²Dies gilt entsprechend, wenn sich das bisherige Wirtschaftsjahr bei Umstellung des Wirtschaftsjahres nach § 8c Abs. 2 Satz 2 oder 3 EStDV verlängert.

H 13a[1)]

Allgemeines
>BMF vom 10.11.2015 (BStBl I S. 877)

Zu § 14 EStG

R 14. **Wechsel im Besitz von Betrieben, Teilbetrieben und Betriebsteilen**

Veräußerungsgewinn
(1) ¹Entschädigungen, die bei der Veräußerung eines Betriebs oder Teilbetriebs im Veräußerungspreis enthalten sind, sind – vorbehaltlich der Absätze 2 und 3 – bei der Ermittlung des steuerpflichtigen Veräußerungsgewinns zugrunde zu legen. ²Die vertragliche Bezeichnung der einzelnen Teile des Veräußerungspreises ist nicht für deren steuerliche Behandlung entscheidend. ³Besondere Anlagen und Kulturen auf dem oder im Grund und Boden, die zum beweglichen Anlagevermögen oder zum Umlaufvermögen gehören, sind grundsätzlich als eigene Wirtschaftsgüter zu behandeln. ⁴Gesonderte Entgelte, die neben dem Kaufpreis für den Grund und Boden für besondere Eigenschaften des Grund und Bodens (z. B. „Geil und Gare") gezahlt werden, sind Teil des Veräußerungspreises für den Grund und Boden. ⁵Bei nichtbuchführenden Land- und Forstwirten ist der Gewinn aus der Veräußerung oder Aufgabe eines Betriebs oder Teilbetriebs nach den Grundsätzen des § 4 Abs. 1 EStG zu ermitteln und im VZ der Veräußerung oder Aufgabe nach § 14 EStG zu versteuern. ⁶Beim Übergang zum Betriebsvermögensvergleich ist davon auszugehen, dass von Bewertungswahlrechten, z. B. für Vieh und Feldinventar, kein Gebrauch gemacht wurde.

Bewertung von Feldinventar/stehender Ernte
(2) ¹Das Feldinventar/die stehende Ernte einer abgrenzbaren landwirtschaftlichen Nutzfläche ist jeweils als selbständiges Wirtschaftsgut des Umlaufvermögens anzusehen. ²Feldinventar ist die auf Grund einer Feldbestellung auf einer landwirtschaftlichen Nutzfläche vorhandene Kultur mit einer Kulturdauer von bis zu einem Jahr. ³Stehende Ernte ist der auf einer landwirtschaftlichen Nutzfläche vorhandene Bestand an erntereifem Feldinventar. ⁴Befinden sich auf einer abgrenzbaren landwirtschaftlichen Nutzfläche verschiedene Kulturarten, liegen entsprechend verschiedene selbständige Wirtschaftsgüter vor. ⁵Die Wirtschaftsgüter Feldinventar/stehende Ernte werden mit den Anschaffungs- oder Herstellungskosten einzeln bewertet (§ 6 Abs. 1 Nr. 2 Satz 1 EStG). ⁶Anstelle der tatsächlichen Anschaffungs- oder Herstellungskosten kann bei einer Einzelbewertung unter den Voraussetzungen des § 6 Abs. 1 Nr. 2 Satz 2 EStG auch der niedrigere Teilwert zum Ansatz kommen (>R 6.8 Abs. 1 Satz 2). ⁷Für einzelne Wirtschaftsgüter jeweils einer Kulturart kann bei der Inventur und der Bewertung eine Gruppe gebildet werden (>R 6.8 Abs. 4). ⁸Für die Bewertung können entweder betriebsindividuelle Durchschnittswerte oder standardisierte Werte (z. B. BMELV-Jahresabschluss) zugrunde gelegt werden.

---

1) Hinweise für Wirtschaftsjahre, die nach dem 30.12.2015 enden.

Vereinfachungsregelung zur Bewertung des Feldinventars/der stehenden Ernte

(3) ¹Bei landwirtschaftlichen Betrieben oder bei landwirtschaftlichen Teilbetrieben kann zur Vereinfachung der Bewertung von einer Aktivierung der Wirtschaftsgüter des Feldinventars/der stehenden Ernte abgesehen werden. ²Voraussetzung hierfür ist, dass in der Schlussbilanz des Betriebs für vorangegangene Wirtschaftsjahre oder bei einem Wechsel zum Betriebsvermögensvergleich bzw. bei einem Wechsel von der Gewinnermittlung nach Durchschnittssätzen zur Einnahmenüberschussrechnung im Rahmen der Übergangsbilanz keine Aktivierung eines Wirtschaftsguts Feldinventar/stehende Ernte vorgenommen wurde. ³Das gilt insbesondere auch bei unentgeltlicher Rechtsnachfolge oder einem Strukturwandel von einem Gewerbebetrieb zu einem Betrieb der Land- und Forstwirtschaft. ⁴Die Vereinfachungsregelung kann nicht gesondert für einzelne Wirtschaftsgüter des Feldinventars/der stehenden Ernte, sondern nur einheitlich, bezogen auf das gesamte Feldinventar/die stehende Ernte eines Betriebs, angewendet werden. ⁵Das gilt auch dann, wenn sich der Umfang der Wirtschaftsgüter Feldinventar/stehende Ernte ändert (z. B. durch Erwerb oder Zupachtung von Flächen, Änderung der Anbauverhältnisse). ⁶Hat ein Verpächter die Vereinfachungsregelung angewendet, kann er im Fall der eisernen Verpachtung seines Betriebs von einer Aktivierung der auf Rückgabe des Feldinventars/der stehenden Ernte gerichteten Sachwertforderung absehen. ⁷Die Verpachtung führt insoweit zu keiner Gewinnrealisierung.

Teilbetrieb

(4) ¹Die Veräußerung eines land- und forstwirtschaftlichen >Teilbetriebs liegt vor, wenn ein organisatorisch mit einer gewissen Selbständigkeit ausgestatteter Teil eines Betriebs der Land- und Forstwirtschaft veräußert wird. ²Der veräußerte Teilbetrieb muss im Wesentlichen die Möglichkeit bieten, künftig als selbständiger Betrieb geführt werden zu können, auch wenn dies noch einzelne Ergänzungen oder Änderungen bedingen sollte.

Veräußerung forstwirtschaftlicher Betriebe, Teilbetriebe oder einzelner forstwirtschaftlicher Grundstücksflächen

(5) Hinsichtlich des Verkaufserlöses, der auf das stehende Holz entfällt, gilt das Folgende:

1. ¹Gewinne, die bei der Veräußerung oder Aufgabe eines forstwirtschaftlichen Betriebs oder Teilbetriebs für das stehende Holz erzielt werden, sind nach § 14 EStG zu versteuern. ²Veräußerungsgewinn ist hierbei der Betrag, um den der Veräußerungspreis nach Abzug der Veräußerungskosten den Wert des Betriebsvermögens übersteigt, der nach § 4 Abs. 1 EStG für den Zeitpunkt der Veräußerung ermittelt wird. ³Ist kein Bestandsvergleich für das stehende Holz vorgenommen worden und hat der Veräußerer den forstwirtschaftlichen Betrieb oder Teilbetrieb schon am 21. 6. 1948*⁾ besessen, ist der Gewinn aus der Veräußerung des stehenden Holzes so zu ermitteln, dass dem auf das stehende Holz entfallenden Veräußerungspreis der Betrag gegenübergestellt wird, mit dem das stehende Holz in dem für den 21. 6. 1948*⁾ maßgebenden Einheitswert des forstwirtschaftlichen Betriebs oder Teilbetriebs enthalten war. ⁴Hat der Veräußerer den forstwirtschaftlichen Betrieb oder Teilbetrieb nach dem 20. 6. 1948**⁾ erworben, sind bei der Ermittlung des Veräußerungsgewinns die steuerlich noch nicht berücksichtigten Anschaffungs- oder Erstaufforstungskosten für das stehende Holz dem auf das stehende Holz entfallenden Veräußerungserlös gegenüberzustellen. ⁵Bei Veräußerungen im Beitrittsgebiet ist der Buchwert zum 1. 7. 1990 in den Fällen, in denen kein Bestandsvergleich für das stehende Holz vorgenommen wurde, gem. § 52 Abs. 1 DMBilG unter Anwendung der Richtlinien für die Ermittlung und Prüfung des Verkehrswertes von Waldflächen und für Nebenentschädigungen (Waldwertermittlungs-Richtlinien 1991 – WaldR91 – BAnZ 100a vom 5. 6. 1991) zu ermitteln. ⁶Die Steuer

---

*) Im Saarland: 20. 11. 1947.
**) Im Saarland: 19. 11. 1947.

auf den Veräußerungsgewinn ist nach § 34 Abs. 1 oder auf Antrag nach § 34 Abs. 3 EStG zu berechnen (§ 34 Abs. 2 Nr. 1 EStG).

2. ¹Die auf das stehende Holz entfallenden Einnahmen aus der Veräußerung einzelner forstwirtschaftlicher Grundstücksflächen, die keinen forstwirtschaftlichen >Teilbetrieb bilden, gehören zu den laufenden Einnahmen des Wirtschaftsjahres. ²Für die Ermittlung des Gewinns gelten die Grundsätze des § 4 Abs. 1 EStG. ³Nummer 1 Satz 3 bis 5 ist entsprechend anzuwenden.

Freibetrag
(6) Die Gewährung des Freibetrags nach § 14 Satz 2 i. V. m. § 16 Abs. 4 EStG ist ausgeschlossen, wenn dem Stpfl. für eine Veräußerung oder Aufgabe, die nach dem 31. 12. 1995 erfolgt ist, ein Freibetrag nach § 14 Satz 2, § 16 Abs. 4 oder § 18 Abs. 3 EStG bereits gewährt worden ist.

H 14

Betriebsverkleinerung
- Eine Verkleinerung eines land- und forstwirtschaftlichen Betriebs führt nicht zu einer Betriebsaufgabe (>BFH vom 12. 11. 1992 – BStBl 1993 II S. 430).
- Zur Verkleinerung eines Forstbetriebs oder forstwirtschaftlichen Teilbetriebs >BMF vom 18. 5. 2018 (BStBl I S. 689), Tz. V

Eiserne Verpachtung
Zur Gewinnermittlung bei der Verpachtung von Betrieben mit Substanzerhaltungspflicht des Pächters nach §§ 582a, 1048 BGB >BMF vom 21. 2. 2002 (BStBl I S. 262)

Feldinventar
Ein Landwirt, der das Feldinventar aktiviert hat, ist daran grundsätzlich auch für die Zukunft gebunden und hat keinen Anspruch darauf, aus Billigkeitsgründen zu einem Verzicht auf die Bewertung wechseln zu können (>BFH vom 18. 3. 2010 – BStBl 2011 II S. 654). Andererseits bindet das in R 14 Abs. 3 eingeräumte Wahlrecht, auf die Aktivierung der Feldbestände zu verzichten, den Landwirt nicht für die Zukunft (>BFH vom 6. 4. 2000 – BStBl II S. 422).

Körperschaft des öffentlichen Rechts als Erbin
Setzt ein Stpfl. eine Körperschaft des öffentlichen Rechts zur Erbin seines land- und forstwirtschaftlichen Betriebes ein, so führt das im Zeitpunkt des Todes zu einer Betriebsaufgabe in der Person des Erblassers (>BFH vom 19. 2. 1998 – BStBl II S. 509).

Parzellenweise Verpachtung
>H 16 (5)

Rückverpachtung
Eine Betriebsveräußerung liegt auch vor, wenn alle wesentlichen Grundlagen eines Betriebs veräußert und sogleich an den Veräußerer zurückverpachtet werden (>BFH vom 28. 3. 1985 – BStBl II S. 508).

Teilbetrieb
- >R 14 Abs. 4 und 5 sowie >R 16 Abs. 3
- Zur Teilbetriebseigenschaft einzelner forstwirtschaftlicher Flächen >BMF vom 18. 5. 2018 (BStBl I S. 689), Tz. III.

Verpachtung

Verpächter hat Wahlrecht zwischen Betriebsaufgabe und Fortführung des Betriebs (>BFH vom 15.10.1987 – BStBl 1988 II S. 260 und vom 28.11.1991 – BStBl 1992 II S. 521).

Zu § 15 EStG

| R 15.1 | Selbständigkeit |

Versicherungsvertreter

(1) [1]Versicherungsvertreter, die Versicherungsverträge selbst vermitteln (sog. Spezialagenten), sind in vollem Umfang als selbständig anzusehen. [2]Das gilt auch dann, wenn sie neben Provisionsbezügen ein mäßiges festes Gehalt bekommen. [3]Soweit ein Spezialagent nebenbei auch Verwaltungsaufgaben und die Einziehung von Prämien oder Beiträgen übernommen hat, sind die Einnahmen daraus als Entgelte für selbständige Nebentätigkeit zu behandeln. [4]Es ist dabei unerheblich, ob sich z. B. Inkassoprovisionen auf Versicherungen beziehen, die der Spezialagent selbst geworben hat, oder auf andere Versicherungen. [5]Versicherungsvertreter, die mit einem eigenen Büro für einen bestimmten Bezirk sowohl den Bestand zu verwalten als auch neue Geschäfte abzuschließen haben und im Wesentlichen auf Provisionsbasis arbeiten, sind in der Regel Gewerbetreibende.

Hausgewerbetreibende und Heimarbeiter

(2) [1]Hausgewerbetreibende sind im Gegensatz zu Heimarbeitern, deren Tätigkeit als nichtselbständige Arbeit anzusehen ist, selbständige Gewerbetreibende. [2]Die Begriffe des >Hausgewerbetreibenden und des >Heimarbeiters sind im HAG bestimmt. [3]Wie bei Heimarbeitern ist die Tätigkeit der nach § 1 Abs. 2 Buchstabe a HAG gleichgestellten Personen, „die in der Regel allein oder mit ihren Familienangehörigen in eigener Wohnung oder selbstgewählter Betriebsstätte eine sich in regelmäßigen Arbeitsvorgängen wiederholende Arbeit im Auftrag eines anderen gegen Entgelt ausüben, ohne dass ihre Tätigkeit als gewerblich anzusehen oder dass der Auftraggeber ein Gewerbetreibender oder Zwischenmeister ist", als nichtselbständige Arbeit anzusehen. [4]Dagegen sind die nach § 1 Abs. 2 Buchstaben b bis d HAG gleichgestellten Personen wie Hausgewerbetreibende selbständige Gewerbetreibende. [5]Über die Gleichstellung mit Hausgewerbetreibenden entscheiden nach dem HAG die von den zuständigen Arbeitsbehörden errichteten Heimarbeitsausschüsse. [6]Für die Unterscheidung von Hausgewerbetreibenden und Heimarbeitern ist von dem Gesamtbild des einzelnen Falles auszugehen. [7]Heimarbeiter ist nicht, wer fremde Hilfskräfte beschäftigt oder die Gefahr des Unternehmens, insbesondere auch wegen wertvoller Betriebsmittel, trägt. [8]Auch eine größere Anzahl von Auftraggebern und ein größeres Betriebsvermögen können die Eigenschaft als Hausgewerbetreibender begründen. [9]Die Tatsache der Zahlung von Sozialversicherungsbeiträgen durch den Auftraggeber ist für die Frage, ob ein Gewerbebetrieb vorliegt, ohne Bedeutung.

Sozialversicherungspflicht

(3) Arbeitnehmerähnliche Selbständige i. S. d. § 2 Satz 1 Nr. 9 SGB VI sind steuerlich regelmäßig selbständig tätig.

| H 15.1 |

Allgemeines

– Voraussetzung für die Annahme eines Gewerbebetriebes ist die Selbständigkeit der Tätigkeit, d. h., die Tätigkeit muss auf eigene Rechnung (Unternehmerrisiko) und auf eigene Ver-

antwortung (Unternehmerinitiative) ausgeübt werden (>BFH vom 27. 9. 1988 – BStBl 1989 II S. 414).
- Eine nur schwach ausgeprägte, aber im Kern gleichwohl gegebene Unternehmerinitiative kann durch ein eindeutig vorhandenes Unternehmerrisiko dergestalt ausgeglichen werden, dass in der Gesamtschau die für die Annahme gewerblicher Einkünfte erforderliche Selbständigkeit der Betätigung zu bejahen ist (>BFH vom 7. 2. 2018 – BStBl II S. 630).

Freie Mitarbeit
Vertraglich vereinbarte freie Mitarbeit kann Arbeitsverhältnis begründen (>BFH vom 24. 7. 1992 – BStBl 1993 II S. 155).

Generalagent
Bei den sog. Generalagenten kommt eine Aufteilung der Tätigkeit in eine selbständige und in eine nichtselbständige Tätigkeit im Allgemeinen nicht in Betracht. Im Allgemeinen ist der Generalagent ein Gewerbetreibender, wenn er das Risiko seiner Tätigkeit trägt, ein Büro mit eigenen Angestellten unterhält, trotz der bestehenden Weisungsgebundenheit in der Gestaltung seines Büros und seiner Zeiteinteilung weitgehend frei ist, der Erfolg seiner Tätigkeit nicht unerheblich von seiner Tüchtigkeit und Initiative abhängt und ihn die Beteiligten selbst als Handelsvertreter und nicht als Arbeitnehmer bezeichnen (>BFH vom 3. 10. 1961 – BStBl III S. 567). Dies gilt auch für Generalagenten eines Krankenversicherungsunternehmens (>BFH vom 13. 4. 1967 – BStBl III S. 398).

Gesamtbeurteilung
Für die Frage, ob ein Stpfl. selbständig oder nichtselbständig tätig ist, kommt es nicht allein auf die vertragliche Bezeichnung, die Art der Tätigkeit oder die Form der Entlohnung an. Entscheidend ist das Gesamtbild der Verhältnisse. Es müssen die für und gegen die Selbständigkeit sprechenden Umstände gegeneinander abgewogen werden; die gewichtigeren Merkmale sind dann für die Gesamtbeurteilung maßgebend (>BFH vom 12. 10. 1989 – BStBl 1990 II S. 64 und vom 18. 1. 1991 – BStBl II S. 409).

Handelsvertreter
Ein Handelsvertreter ist auch dann selbständig tätig, wenn Betriebsvermögen nur in geringem Umfang vorhanden ist (>BFH vom 31. 10. 1974 – BStBl 1975 II S. 115 und BVerfG vom 25. 10. 1977 – BStBl 1978 II S. 125).

Hausgewerbetreibender
Hausgewerbetreibender ist, „wer in eigener Arbeitsstätte (eigener Wohnung oder Betriebsstätte) mit nicht mehr als zwei fremden Hilfskräften oder Heimarbeitern im Auftrag von Gewerbetreibenden oder Zwischenmeistern Waren herstellt, bearbeitet oder verpackt, wobei er selbst wesentlich am Stück mitarbeitet, jedoch die Verwertung der Arbeitsergebnisse dem unmittelbar oder mittelbar auftraggebenden Gewerbetreibenden überlässt. Beschafft der Hausgewerbetreibende die Roh- und Hilfsstoffe selbst oder arbeitet er vorübergehend unmittelbar für den Absatzmarkt, wird hierdurch seine Eigenschaft als Hausgewerbetreibender nicht beeinträchtigt" (>§ 2 Abs. 2 HAG).

Heimarbeiter
Heimarbeiter ist, „wer in selbstgewählter Arbeitsstätte (eigener Wohnung oder selbstgewählter Betriebsstätte) allein oder mit seinen Familienangehörigen im Auftrag von Gewerbetreibenden oder Zwischenmeistern erwerbsmäßig arbeitet, jedoch die Verwertung der Arbeitsergebnisse dem unmittelbar oder mittelbar auftraggebenden Gewerbetreibenden überlässt. Beschafft der Heimarbeiter die Roh- und Hilfsstoffe selbst, wird hierdurch seine Eigenschaft als Heimarbeiter nicht beeinträchtigt" (>§ 2 Abs. 1 HAG).

Natürliche Personen
Natürliche Personen können z.T. selbständig, z.T. nichtselbständig tätig sein (>BFH vom 3.7.1991 – BStBl II S. 802).

Nebentätigkeit und Aushilfstätigkeit
Zur Abgrenzung zwischen selbständiger und nichtselbständiger Tätigkeit >R 19.2 LStR 2015.

Reisevertreter
Bei einem Reisevertreter ist im Allgemeinen Selbständigkeit anzunehmen, wenn er die typische Tätigkeit eines Handelsvertreters i. S. d. § 84 HGB ausübt, d. h. Geschäfte für ein anderes Unternehmen vermittelt oder abschließt und ein geschäftliches Risiko trägt. Nichtselbständigkeit ist jedoch gegeben, wenn der Reisevertreter in das Unternehmen seines Auftraggebers derart eingegliedert ist, dass er dessen Weisungen zu folgen verpflichtet ist. Ob eine derartige Unterordnung unter den geschäftlichen Willen des Auftraggebers vorliegt, richtet sich nach der von dem Reisevertreter tatsächlich ausgeübten Tätigkeit und der Stellung gegenüber seinem Auftraggeber (>BFH vom 16.1.1952 – BStBl III S. 79). Der Annahme der Nichtselbständigkeit steht nicht ohne weiteres entgegen, dass die Entlohnung nach dem Erfolg der Tätigkeit vorgenommen wird. Hinsichtlich der Bewegungsfreiheit eines Vertreters kommt es bei der Abwägung, ob sie für eine Selbständigkeit oder Nichtselbständigkeit spricht, darauf an, ob das Maß der Bewegungsfreiheit auf der eigenen Machtvollkommenheit des Vertreters beruht oder Ausfluss des Willens des Geschäftsherrn ist (>BFH vom 7.12.1961 – BStBl 1962 III S. 149).

Selbständigkeit
– Ein **Arztvertreter** kann selbständig tätig sein (>BFH vom 10.4.1953 – BStBl III S. 142).
– **Bauhandwerker** sind bei nebenberuflicher „**Schwarzarbeit**" in der Regel nicht Arbeitnehmer des Bauherrn (>BFH vom 21.3.1975 – BStBl II S. 513).
– Übt der **Beratungsstellenleiter eines Lohnsteuerhilfevereins** seine Tätigkeit als freier Mitarbeiter aus, ist er selbständig tätig (>BFH vom 10.12.1987 – BStBl 1988 II S. 273).
– Ein früherer **Berufssportler,** der wiederholt entgeltlich bei industriellen Werbeveranstaltungen mitwirkt, ist selbständig tätig (>BFH vom 3.11.1982 – BStBl 1983 II S. 182).
– Ein **Bezirksstellenleiter bei Lotto- und Totogesellschaften** ist regelmäßig selbständig tätig (>BFH vom 14.9.1967 – BStBl 1968 II S. 193).
– Ein **Fahrlehrer,** der gegen eine tätigkeitsbezogene Vergütung unterrichtet, ist in der Regel selbständig tätig, auch wenn ihm keine Fahrschulerlaubnis erteilt worden ist (>BFH vom 17.10.1996 – BStBl 1997 II S. 188).
– Ein **ausländisches Fotomodell**, das zur Produktion von Werbefilmen kurzfristig im Inland tätig wird, kann selbständig tätig sein (>BFH vom 14.6.2007 – BStBl 2009 II S. 931).
– Ein **(Berufs-)Fotomodell**, das nur von Fall zu Fall und vorübergehend zu Werbeaufnahmen herangezogen wird, ist selbständig tätig (>BFH vom 8.6.1967 – BStBl III S. 618).
– Ein **Fußball-Nationalspieler,** dem der DFB Anteile an den durch die zentrale Vermarktung der Fußball-Nationalmannschaft erwirtschafteten Werbeeinnahmen überlässt, kann selbständig tätig sein (>BFH vom 22.2.2012 – BStBl II S. 511).
– Ein **Gerichtsreferendar,** der neben der Tätigkeit bei Gericht für einen Rechtsanwalt von Fall zu Fall tätig ist, steht zu diesem nicht in einem Arbeitsverhältnis, sondern ist selbständig tätig (>BFH vom 22.3.1968 – BStBl II S. 455).
– Ein **Gesellschafter-Geschäftsführer** einer Baubetreuungs-GmbH, der neben dieser Tätigkeit als Makler und Finanzierungsvermittler tätig ist, ist auch insoweit selbständig tätig, als er sich zu Garantieleistungen nicht nur Dritten, sondern auch seiner Gesellschaft gegenüber gesondert verpflichtet und sich solche Dienste gesondert vergüten lässt (>BFH vom 8.3.1989 – BStBl II S. 572).

- Ein **Knappschaftsarzt**, der neben dieser Tätigkeit eine freie Praxis ausübt, ist auch hinsichtlich seiner Knappschaftspraxis in der Regel selbständig tätig (>BFH vom 3.7.1959 – BStBl III S. 344).
- **Zur Abgrenzung zwischen selbständiger und nichtselbständiger Tätigkeit** von **Künstlern** und verwandten Berufen >BMF vom 5.10.1990 (BStBl I S. 638) unter Berücksichtigung der Neufassung der Anlage durch BMF vom 9.7.2014 (BStBl I S. 1103); bei der Beurteilung darf nicht einseitig auf die Verpflichtung zur Teilnahme an Proben abgestellt werden (>BFH vom 30.5.1996 – BStBl II S. 493).
- Ein Notar, der außerdem zum **Notariatsverweser** bestellt ist, übt auch dieses Amt selbständig aus (>BFH vom 12.9.1968 – BStBl II S. 811).
- Ein **Rechtsanwalt**, der zudem eine Tätigkeit **als Lehrbeauftragter** an einer Hochschule ausübt, kann auch insoweit selbständig tätig sein (>BFH vom 17.7.1958 – BStBl III S. 360).
- Eine **nebenberufliche Lehrkraft** erzielt in der Regel Einkünfte aus selbständiger Arbeit (>BFH vom 4.10.1984 – BStBl 1985 II S. 51).
- Bestimmt ein **Rundfunkermittler** im Wesentlichen selbst den Umfang der Tätigkeit und sind seine Einnahmen weitgehend von der Eigeninitiative abhängig, ist er selbständig tätig (>BFH vom 2.12.1998 – BStBl 1999 II S. 534).
- Ein **Spitzensportler,** der Sportgeräte öffentlich deutlich sichtbar benutzt, ist mit dem entgeltlichen Werben selbständig tätig (>BFH vom 19.11.1985 – BStBl 1986 II S. 424).
- **Nebenberufliche Vertrauensleute einer Buchgemeinschaft** sind keine Arbeitnehmer des Buchclubs, sondern selbständig tätig (>BFH vom 11.3.1960 – BStBl III S. 215).
- Eine **Werbedame**, die von ihren Auftraggebern von Fall zu Fall für jeweils kurzfristige Werbeaktionen beschäftigt wird, kann selbständig tätig sein (>BFH vom 14.6.1985 – BStBl II S. 661).
- >H 19.0 LStH 2018

Versicherungsvertreter
Selbständige Versicherungsvertreter üben auch dann eine gewerbliche Tätigkeit aus, wenn sie nur für ein einziges Versicherungsunternehmen tätig sein dürfen (>BFH vom 26.10.1977 – BStBl 1978 II S. 137). >Generalagent.

| R 15.2 | **Nachhaltigkeit** |

– unbesetzt –

| H 15.2 |

Einmalige Handlung
Eine einmalige Handlung stellt keine nachhaltige Betätigung dar, wenn sie nicht weitere Tätigkeiten des Stpfl. (zumindest Dulden, Unterlassen) auslöst (>BFH vom 14.11.1963 – BStBl 1964 III S. 139).
>Wiederholungsabsicht

Mehrzahl selbständiger Handlungen
Nachhaltig sind auch Einzeltätigkeiten, die Teil einer in organisatorischer, technischer und finanzieller Hinsicht aufeinander abgestimmten Gesamttätigkeit sind (>BFH vom 21.8.1985 – BStBl 1986 II S. 88).

Nachhaltigkeit – Einzelfälle
- Bankgeschäfte eines **Bankangestellten**, die in fortgesetzter Untreue zu Lasten der Bank getätigt werden, sind nachhaltig (>BFH vom 3. 7. 1991 – BStBl II S. 802).
- Zur Nachhaltigkeit bei Veräußerung von Grundstücken im Rahmen eines gewerblichen Grundstückshandels >BMF vom 26. 3. 2004 (BStBl I S. 434).
- >H 18.1 (Nachhaltige Erfindertätigkeit)
- Zu den Voraussetzungen, unter denen der Erwerb eines Wirtschaftsguts **zum Zweck** der späteren **Veräußerung** als nachhaltige Tätigkeit zu beurteilen ist >BFH vom 28. 4. 1977 (BStBl II S. 728) und vom 8. 7. 1982 (BStBl II S. 700).

Wertpapiere
Besteht beim An- und Verkauf festverzinslicher Wertpapiere eine Wiederholungsabsicht, kann die Tätigkeit nachhaltig sein (>BFH vom 31. 7. 1990 – BStBl 1991 II S. 66 und vom 6. 3. 1991 – BStBl II S. 631).

Wiederholungsabsicht
Eine Tätigkeit ist nachhaltig, wenn sie auf Wiederholung angelegt ist. Da die Wiederholungsabsicht eine innere Tatsache ist, kommt den tatsächlichen Umständen besondere Bedeutung zu. Das Merkmal der Nachhaltigkeit ist daher bei einer Mehrzahl von gleichartigen Handlungen im Regelfall zu bejahen (>BFH vom 23. 10. 1987 – BStBl 1988 II S. 293 und vom 12. 7. 1991 – BStBl 1992 II S. 143). Bei **erkennbarer** Wiederholungsabsicht kann bereits eine einmalige Handlung den Beginn einer fortgesetzten Tätigkeit begründen (>BFH vom 31. 7. 1990 – BStBl 1991 II S. 66).

Zeitdauer
Die Zeitdauer einer Tätigkeit allein lässt nicht auf die Nachhaltigkeit schließen (>BFH vom 21. 8. 1985 – BStBl 1986 II S. 88).

Zurechnung der Tätigkeit eines Anderen
Bedingen sich die Aktivitäten zweier selbständiger Rechtssubjekte gegenseitig und sind sie derart miteinander verflochten, dass sie nach der Verkehrsanschauung als einheitlich anzusehen sind, können bei der Prüfung der Nachhaltigkeit die Handlungen des Einen dem Anderen zugerechnet werden (>BFH vom 12. 7. 2007 – BStBl II S. 885).

| R 15.3 | **Gewinnerzielungsabsicht** |

– unbesetzt –

| H 15.3 |

Abgrenzung der Gewinnerzielungsabsicht zur Liebhaberei
- bei einem **Architekten** >BFH vom 12. 9. 2002 (BStBl 2003 II S. 85),
- bei einem **Bootshandel** mit langjährigen Verlusten >BFH vom 21. 7. 2004 (BStBl II S. 1063),
- bei einem **Erfinder** >BFH vom 14. 3. 1985 (BStBl II S. 424),
- bei Vermietung einer **Ferienwohnung** >BFH vom 5. 5. 1988 (BStBl II S. 778),
- beim Betrieb eines **Gästehauses** >BFH vom 13. 12. 1984 (BStBl 1985 II S. 455),
- bei einem als sog. **Generationenbetrieb** geführten Unternehmen >BFH vom 24. 8. 2000 (BStBl II S. 674),

- bei einem gewerblichen **Grundstückshandel** >BFH vom 5. 4. 2017 (BStBl II S. 1130),
- bei einem unverändert fortgeführten regelmäßig Verluste bringenden **Großhandelsunternehmen** >BFH vom 19. 11. 1985 (BStBl 1986 II S. 289),
- bei einem **Künstler** >BFH vom 6. 3. 2003 (BStBl II S. 602),
- bei Vercharterung eines **Motorbootes** >BFH vom 28. 8. 1987 (BStBl 1988 II S. 10),
- bei einer **Pferdezucht** >BFH vom 27. 1. 2000 (BStBl II S. 227),
- bei einem hauptberuflich tätigen **Rechtsanwalt** >BFH vom 22. 4. 1998 (BStBl II S. 663) und vom 14. 12. 2004 (BStBl 2005 II S. 392),
- bei Betrieb einer **Reitschule** >BFH vom 15. 11. 1984 (BStBl 1985 II S. 205),
- bei einem **Schriftsteller** >BFH vom 23. 5. 1985 (BStBl II S. 515),
- bei einem **Steuerberater** >BFH vom 31. 5. 2001 (BStBl 2002 II S. 276),
- bei Betrieb eines **Trabrennstalls** >BFH vom 19. 7. 1990 (BStBl 1991 II S. 333).

Anlaufverluste
- Verluste der Anlaufzeit sind steuerlich nicht zu berücksichtigen, wenn die Tätigkeit von Anfang an erkennbar ungeeignet ist, auf Dauer einen Gewinn zu erbringen (>BFH vom 23. 5. 1985 – BStBl II S. 515 und vom 28. 8. 1987 – BStBl 1988 II S. 10).
- Bei der Totalgewinnprognose ist zu berücksichtigen, dass sich z. B. bei Künstlern und Schriftstellern positive Einkünfte vielfach erst nach einer längeren Anlaufzeit erzielen lassen (>BFH vom 23. 5. 1985 – BStBl II S. 515 und vom 6. 3. 2003 – BStBl II S. 602).
- Beruht die Entscheidung zur Neugründung eines Gewerbebetriebs im Wesentlichen auf den persönlichen Interessen und Neigungen des Stpfl., sind die entstehenden Verluste nur dann für die Dauer einer betriebsspezifischen Anlaufphase steuerlich zu berücksichtigen, wenn der Stpfl. zu Beginn seiner Tätigkeit ein schlüssiges Betriebskonzept erstellt hat, das ihn zu der Annahme veranlassen durfte, durch die gewerbliche Tätigkeit werde insgesamt ein positives Gesamtergebnis erzielt werden können. Besteht ein solches Betriebskonzept hingegen nicht und war der Betrieb bei objektiver Betrachtung nach seiner Art, nach der Gestaltung der Betriebsführung und nach den gegebenen Ertragsaussichten von vornherein zur Erzielung eines Totalgewinns nicht in der Lage, folgt daraus, dass der Stpfl. die verlustbringende Tätigkeit nur aus im Bereich seiner Lebensführung liegenden persönlichen Gründen oder Neigungen ausgeübt hat (>BFH vom 23. 5. 2007 – BStBl II S. 874).
- Als betriebsspezifische Anlaufzeit bis zum Erforderlichwerden größerer Korrektur- und Umstrukturierungsmaßnahmen wird ein Zeitraum von weniger als fünf Jahren nur im Ausnahmefall in Betracht kommen. Daneben ist die Dauer der Anlaufphase vor allem vom Gegenstand und von der Art des jeweiligen Betriebs abhängig, so dass sich der Zeitraum, innerhalb dessen das Unterbleiben einer Reaktion auf bereits eingetretene Verluste für sich betrachtet noch nicht als Beweisanzeichen für eine mangelnde Gewinnerzielungsabsicht herangezogen werden kann, nicht allgemeinverbindlich festlegen lässt (>BFH vom 23. 5. 2007 – BStBl II S. 874).

Betriebszweige
Wird sowohl eine Landwirtschaft als auch eine Forstwirtschaft betrieben, ist die Frage der Gewinnerzielungsabsicht getrennt nach **Betriebszweigen** zu beurteilen (>BFH vom 13. 12. 1990 – BStBl 1991 II S. 452).

Beweisanzeichen
- **Betriebsführung**
  Beweisanzeichen für das Vorliegen einer Gewinnerzielungsabsicht ist eine Betriebsführung, bei der der Betrieb nach seiner Wesensart und der Art seiner Bewirtschaftung auf die Dauer gesehen dazu geeignet und bestimmt ist, mit Gewinn zu arbeiten. Dies erfordert eine in die Zukunft gerichtete langfristige Beurteilung, wofür die Verhältnisse eines bereits abgelaufe-

nen Zeitraums wichtige Anhaltspunkte bieten können (>BFH vom 5.5.1988 – BStBl II S. 778).

– **Umstrukturierungsmaßnahmen**
  Geeignete Umstrukturierungsmaßnahmen können ein gewichtiges Indiz für das Vorhandensein einer Gewinnerzielungsabsicht darstellen, wenn nach dem damaligen Erkenntnishorizont aus der Sicht eines wirtschaftlich vernünftig denkenden Betriebsinhabers eine hinreichende Wahrscheinlichkeit dafür bestand, dass sie innerhalb eines überschaubaren Zeitraums zum Erreichen der Gewinnzone führen würden (>BFH vom 21.7.2004 – BStBl II S. 1063).

– **Verlustperioden**
  Bei längeren Verlustperioden muss für das Fehlen einer Gewinnerzielungsabsicht aus weiteren Beweisanzeichen die Feststellung möglich sein, dass der Stpfl. die Tätigkeit nur aus den im Bereich seiner Lebensführung liegenden persönlichen Gründen und Neigungen ausübt (>BFH vom 19.11.1985 – BStBl 1986 II S. 289). Fehlende Reaktionen auf bereits eingetretene hohe Verluste und das unveränderte Beibehalten eines verlustbringenden Geschäftskonzepts sind ein gewichtiges Beweisanzeichen für eine fehlende Gewinnerzielungsabsicht. An die Feststellung persönlicher Gründe und Motive, die den Stpfl. zur Weiterführung seines Unternehmens bewogen haben könnten, sind in diesen Fällen keine hohen Anforderungen zu stellen (>BFH vom 17.11.2004 – BStBl 2005 II S. 336).

Land- und Forstwirtschaft
– Betriebszweige: Wird sowohl eine Landwirtschaft als auch eine Forstwirtschaft betrieben, ist die Frage der Gewinnerzielungsabsicht getrennt nach Betriebszweigen zu beurteilen (>BFH vom 13.12.1990 – BStBl 1991 II S. 452).
– Pachtbetrieb Landwirtschaft: Der Beurteilungszeitraum für die Totalgewinnprognose bei einem landwirtschaftlichen Pachtbetrieb erstreckt sich nur auf die Dauer des Pachtverhältnisses. Dies gilt auch dann, wenn das Pachtverhältnis lediglich eine Vorstufe zu der später geplanten unentgeltlichen Hofübergabe ist (>BFH vom 11.10.2007 – BStBl 2008 II S. 465).
– Zur Gewinnerzielungsabsicht bei einer forstwirtschaftlichen Tätigkeit >BMF vom 18.5.2018 (BStBl I S. 689), Tz. IV

Personengesellschaft
– gewerblich geprägte Personengesellschaft >R 15.8 Abs. 6
– umfassend gewerbliche Personengesellschaft >H 15.8 (5) Gewinnerzielungsabsicht

Persönliche Gründe
Im Lebensführungsbereich liegende persönliche Gründe für die Fortführung einer verlustbringenden Tätigkeit
– können sich aus der Befriedigung persönlicher Neigungen oder der Erlangung wirtschaftlicher Vorteile außerhalb der Einkommenssphäre ergeben (>BFH vom 19.11.1985 – BStBl 1986 II S. 289 und vom 31.5.2001 – BStBl 2002 II S. 276),
– liegen vor, wenn die Fortführung der verlustbringenden Tätigkeit den Abzug von Gehaltszahlungen an nahe Angehörige ermöglichen soll (>BFH vom 26.2.2004 – BStBl II S. 455),
– können wegen des mit dem ausgeübten Beruf verbundenen Sozialprestiges vorliegen (>BFH vom 14.12.2004 – BStBl 2005 II S. 392).

Selbstkostendeckung
Ohne Gewinnerzielungsabsicht handelt, wer Einnahmen nur erzielt, um seine Selbstkosten zu decken (>BFH vom 22.8.1984 – BStBl 1985 II S. 61).

Totalgewinn

Gewinnerzielungsabsicht ist das Streben nach Betriebsvermögensmehrung in Gestalt eines Totalgewinns. Dabei ist unter dem Begriff „Totalgewinn" bei neu eröffneten Betrieben das positive Gesamtergebnis des Betriebs von der Gründung bis zur Veräußerung, Aufgabe oder Liquidation zu verstehen. Bei bereits bestehenden Betrieben sind für die Gewinnprognose die in der Vergangenheit erzielten Gewinne ohne Bedeutung. Am Ende einer Berufstätigkeit umfasst der anzustrebende Totalgewinn daher nur die verbleibenden Jahre (>BFH vom 26. 2. 2004 – BStBl II S. 455). Es kommt auf die Absicht der Gewinnerzielung an, nicht darauf, ob ein Gewinn tatsächlich erzielt worden ist (>BFH vom 25. 6. 1984 – BStBl II S. 751). Der Aufgabegewinn wird durch Gegenüberstellung des Aufgabe-Anfangsvermögens und des Aufgabe-Endvermögens ermittelt. Da Verbindlichkeiten im Anfangs- und Endvermögen jeweils – mangels stiller Reserven – mit denselben Werten enthalten sind, wirken sie sich auf die Höhe des Aufgabegewinns nicht aus (>BFH vom 17. 6. 1998 – BStBl II S. 727).

Treu und Glauben

Folgt das Finanzamt der Darstellung des Stpfl., wonach eine Gewinnerzielungsabsicht vorliegt, kann dieser seine Darstellung nicht ohne triftigen Grund als von Anfang an falsch bezeichnen; ein solches Verhalten würde gegen die Grundsätze von Treu und Glauben verstoßen (>BFH vom 10. 10. 1985 – BStBl 1986 II S. 68).

Verlustzuweisungsgesellschaft

Bei einer Personengesellschaft, die nach Art ihrer Betriebsführung keinen Totalgewinn erreichen kann und deren Tätigkeit nach der Gestaltung des Gesellschaftsvertrags und seiner tatsächlichen Durchführung allein darauf angelegt ist, ihren Gesellschaftern Steuervorteile dergestalt zu vermitteln, dass durch Verlustzuweisungen andere Einkünfte nicht und die Verlustanteile letztlich nur in Form buchmäßiger Veräußerungsgewinne versteuert werden müssen, liegt der Grund für die Fortführung der verlustbringenden Tätigkeit allein im Lebensführungsbereich der Gesellschafter. Bei derartigen sog. Verlustzuweisungsgesellschaften ist zu vermuten, dass sie zunächst keine Gewinnerzielungsabsicht haben. Bei ihnen liegt in der Regel eine Gewinnerzielungsabsicht erst von dem Zeitpunkt an vor, in dem nach dem Urteil eines ordentlichen Kaufmanns ein Totalgewinn wahrscheinlich erzielt werden kann (>BFH vom 12. 12. 1995 – BStBl 1996 II S. 219).

Vorläufige Steuerfestsetzung

In Zweifelsfällen ist die Veranlagung gem. § 165 AO vorläufig durchzuführen (>BFH vom 25. 10. 1989 – BStBl 1990 II S. 278).

Wegfall des negativen Kapitalkontos

>H 15.8 (1) Nachversteuerung des negativen Kapitalkontos

Zeitliche Begrenzung der Beteiligung

Die zeitliche Begrenzung der Beteiligung kann eine fehlende Gewinnerwartung bedingen (>BFH vom 10. 11. 1977 – BStBl 1978 II S. 15).

R 15.4 Beteiligung am allgemeinen wirtschaftlichen Verkehr

– unbesetzt –

H 15.4

Allgemeines
Eine Beteiligung am wirtschaftlichen Verkehr liegt vor, wenn ein Stpfl. mit Gewinnerzielungsabsicht nachhaltig am Leistungs- oder Güteraustausch teilnimmt. Damit werden solche Tätigkeiten aus dem gewerblichen Bereich ausgeklammert, die zwar von einer Gewinnerzielungsabsicht getragen werden, aber nicht auf einen Leistungs- oder Güteraustausch gerichtet sind, z. B. Bettelei. Die Teilnahme am allgemeinen Wirtschaftsverkehr erfordert, dass die Tätigkeit des Stpfl. nach außen hin in Erscheinung tritt, er sich mit ihr an eine – wenn auch begrenzte – Allgemeinheit wendet und damit seinen Willen zu erkennen gibt, ein Gewerbe zu betreiben (>BFH vom 9. 7. 1986 – BStBl II S. 851).

Einschaltung Dritter
– Der Stpfl. muss nicht in eigener Person am allgemeinen Wirtschaftsverkehr teilnehmen. Es reicht aus, dass eine derartige Teilnahme für seine Rechnung ausgeübt wird (>BFH vom 31. 7. 1990 – BStBl 1991 II S. 66).
– Eine Beteiligung am allgemeinen wirtschaftlichen Verkehr kann auch dann gegeben sein, wenn der Stpfl. nur ein Geschäft mit einem Dritten tätigt, sich dieser aber in Wirklichkeit und nach außen erkennbar nach Bestimmung des Stpfl. an den allgemeinen Markt wendet (>BFH vom 13. 12. 1995 – BStBl 1996 II S. 232).

Gewerblicher Grundstückshandel
>BMF vom 26. 3. 2004 (BStBl I S. 434), Tz. 4

Kundenkreis
– Eine Beteiligung am allgemeinen wirtschaftlichen Verkehr kann auch bei einer Tätigkeit für nur einen bestimmten Vertragspartner vorliegen (>BFH vom 9. 7. 1986 – BStBl II S. 851 und vom 12. 7. 1991 – BStBl 1992 II S. 143), insbesondere wenn die Tätigkeit nach Art und Umfang dem Bild einer unternehmerischen Marktteilnahme entspricht (>BFH vom 22. 1. 2003 – BStBl II S. 464); dies gilt auch, wenn der Stpfl. vertraglich an Geschäftsbeziehungen zu weiteren Personen gehindert ist (>BFH vom 15. 12. 1999 – BStBl 2000 II S. 404).
– Eine Beteiligung am allgemeinen wirtschaftlichen Verkehr kann auch vorliegen, wenn Leistungen entgeltlich nur Angehörigen gegenüber erbracht werden (>BFH vom 13. 12. 2001 – BStBl 2002 II S. 80).

Sexuelle Dienstleistungen
– Telefonsex führt zu Einkünften aus Gewerbebetrieb (>BFH vom 23. 2. 2000 – BStBl II S. 610).
– Selbständig tätige Prostituierte erzielen Einkünfte aus Gewerbebetrieb (>BFH vom 20. 2. 2013 – BStBl II S. 441).

Teilnahme an Turnierpokerspielen
Die Teilnahme an Turnierpokerspielen kann als Gewerbebetrieb zu qualifizieren sein (>BFH vom 16. 9. 2015 – BStBl 2016 II S. 48).

Wettbewerbsausschluss
Die Beteiligung am allgemeinen wirtschaftlichen Verkehr kann auch dann bestehen, wenn der Wettbewerb der Gewerbetreibenden untereinander ausgeschlossen ist (>BFH vom 13. 12. 1963 – BStBl 1964 III S. 99).

| R 15.5 | **Abgrenzung des Gewerbebetriebs von der Land- und Forstwirtschaft** |

Allgemeine Grundsätze
(1) ¹Land- und Forstwirtschaft ist die planmäßige Nutzung der natürlichen Kräfte des Bodens zur Erzeugung von Pflanzen und Tieren sowie die Verwertung der dadurch selbstgewonnenen Erzeugnisse. ²Als Boden i. S. d. Satzes 1 gelten auch Substrate und Wasser. ³Ob eine land- und forstwirtschaftliche Tätigkeit vorliegt, ist jeweils nach dem Gesamtbild der Verhältnisse zu entscheiden. ⁴Liegen teils gewerbliche und teils land- und forstwirtschaftliche Tätigkeiten vor, sind die Tätigkeiten zu trennen, wenn dies nach der Verkehrsauffassung möglich ist. ⁵Dies gilt auch dann, wenn sachliche und wirtschaftliche Bezugspunkte zwischen den verschiedenen Tätigkeiten bestehen. ⁶Sind die verschiedenen Tätigkeiten jedoch derart miteinander verflochten, dass sie sich unlösbar gegenseitig bedingen, liegt eine einheitliche Tätigkeit vor. ⁷Eine solche einheitliche Tätigkeit ist danach zu qualifizieren, ob das land- und forstwirtschaftliche oder das gewerbliche Element überwiegt. ⁸Bei in Mitunternehmerschaft (>R 15.8) geführten Betrieben ist § 15 Abs. 3 Nr. 1 EStG anzuwenden; Tätigkeiten, die dem Grunde und der Höhe nach innerhalb der nachfolgenden Grenzen liegen, gelten dabei als land- und forstwirtschaftlich.

Strukturwandel
(2) ¹Durch Strukturwandel einer bisher der Land- und Forstwirtschaft zugerechneten Tätigkeit kann neben der Land- und Forstwirtschaft ein Gewerbebetrieb entstehen. ²In diesen Fällen beginnt der Gewerbebetrieb zu dem Zeitpunkt, zu dem diese Tätigkeit dauerhaft umstrukturiert wird. ³Hiervon ist z. B. auszugehen, wenn dem bisherigen Charakter der Tätigkeit nicht mehr entsprechende Investitionen vorgenommen, vertragliche Verpflichtungen eingegangen oder Wirtschaftsgüter angeschafft werden und dies jeweils dauerhaft dazu führt, dass die in den folgenden Absätzen genannten Grenzen erheblich überschritten werden. ⁴In allen übrigen Fällen liegen nach Ablauf eines Zeitraums von drei aufeinander folgenden Wirtschaftsjahren Einkünfte aus Gewerbebetrieb vor. ⁵Der Dreijahreszeitraum bezieht sich auf die nachfolgenden Umsatzgrenzen und beginnt bei einem Wechsel des Betriebsinhabers nicht neu. ⁶Die vorstehenden Grundsätze gelten für den Strukturwandel von einer gewerblichen Tätigkeit zu einer land- und forstwirtschaftlichen Tätigkeit entsprechend.

Nebenbetrieb
(3) ¹Ein Nebenbetrieb muss den Hauptbetrieb fördern und ergänzen und durch den Hauptbetrieb geprägt werden. ²Der Nebenbetrieb muss in funktionaler Hinsicht vom Hauptbetrieb abhängig sein. ³Die Verbindung darf nicht nur zufällig oder vorübergehend und nicht ohne Nachteil für den Hauptbetrieb lösbar sein. ⁴Ein Nebenbetrieb der Land- und Forstwirtschaft liegt daher vor, wenn
1. überwiegend im eigenen Hauptbetrieb erzeugte Rohstoffe be- oder verarbeitet werden und die dabei gewonnenen Erzeugnisse überwiegend für den Verkauf bestimmt sind

oder

2. ein Land- und Forstwirt Umsätze aus der Übernahme von Rohstoffen (z. B. organische Abfälle) erzielt, diese be- oder verarbeitet und die dabei gewonnenen Erzeugnisse nahezu ausschließlich im Hauptbetrieb verwendet

und

die Erzeugnisse im Rahmen einer ersten Stufe der Be- oder Verarbeitung, die noch dem land- und forstwirtschaftlichen Bereich zuzuordnen ist, hergestellt werden. ⁵Die Be- oder Verarbeitung eigener Erzeugnisse im Rahmen einer zweiten Stufe der Be- oder Verarbeitung ist eine gewerbliche Tätigkeit. ⁶Die Be- oder Verarbeitung fremder Erzeugnisse ist stets eine gewerbliche Tätigkeit. ⁷Unter den Voraussetzungen des Absatzes 11 können die Erzeugnisse nach den Sätzen 5 und 6 noch der Land- und Forstwirtschaft zugerechnet werden, wenn sie im Rahmen der Direktvermarktung abgesetzt werden. ⁸Ein Nebenbetrieb kann auch vorliegen, wenn er ausschließlich von Land- und Forstwirten gemeinschaftlich betrieben wird und nur in deren Hauptbetrieben erzeugte Rohstoffe im Rahmen einer ersten Stufe der Be- oder Verarbeitung be- oder verarbeitet werden, oder nur Erzeugnisse gewonnen werden, die ausschließlich in diesen Betrieben verwendet werden. [9]Nebenbetriebe sind auch Substanzbetriebe (Abbauland – § 43 BewG), z. B. Sandgruben, Kiesgruben, Torfstiche, wenn die gewonnene Substanz überwiegend im eigenen Hauptbetrieb verwendet wird.

Unmittelbare Verwertung organischer Abfälle

(4) [1]Die Entsorgung organischer Abfälle (z. B. Klärschlamm) in einem selbst bewirtschafteten land- und forstwirtschaftlichen Betrieb ist nur dann der Land- und Forstwirtschaft zuzurechnen, wenn sie im Rahmen einer Be- oder Verarbeitung i. S. d. Absatzes 3 geschieht oder die in Absatz 1 Satz 1 genannten Voraussetzungen im Vordergrund stehen. [2]Das Einsammeln, Abfahren und Sortieren organischer Abfälle, das mit der Ausbringung auf Flächen oder der Verfütterung an Tiere des selbst bewirtschafteten land- und forstwirtschaftlichen Betriebs in unmittelbarem sachlichem Zusammenhang steht, ist eine land- und forstwirtschaftliche Tätigkeit. [3]Andernfalls gelten Absätze 9 und 10.

Eigene und fremde Erzeugnisse

(5) [1]Als eigene Erzeugnisse gelten alle land- und forstwirtschaftlichen Erzeugnisse, die im Rahmen des Erzeugungsprozesses im eigenen Betrieb gewonnen werden. [2]Hierzu gehören auch Erzeugnisse der ersten Stufe der Be- oder Verarbeitung und zugekaufte Waren, die als Roh-, Hilfs- oder Betriebsstoffe im Erzeugungsprozess verwendet werden. [3]Rohstoffe sind Waren, die im Rahmen des Erzeugungsprozesses weiterkultiviert werden (z. B. Jungtiere, Saatgut oder Jungpflanzen). [4]Hilfsstoffe sind Waren, die als nicht überwiegender Bestandteil in eigene Erzeugnisse eingehen (z. B. Futtermittelzusätze, Siliermittel, Starterkulturen und Lab zur Milchverarbeitung, Trauben, Traubenmost und Verschnittwein zur Weinerzeugung, Verpackungsmaterial sowie Blumentöpfe für die eigene Produktion oder als handelsübliche Verpackung). [5]Betriebsstoffe sind Waren, die im Erzeugungsprozess verwendet werden (z. B. Düngemittel, Treibstoff und Heizöl). [6]Unerheblich ist, ob die zugekaufte Ware bereits ein land- und forstwirtschaftliches Urprodukt im engeren Sinne oder ein gewerbliches Produkt darstellt. [7]Als fremde Erzeugnisse gelten alle zur Weiterveräußerung zugekauften Erzeugnisse, Produkte oder Handelswaren, die nicht im land- und forstwirtschaftlichen Erzeugungsprozess des eigenen Betriebs verwendet werden. [8]Dies gilt unabhängig davon, ob es sich um betriebstypische bzw. -untypische Erzeugnisse, Handelsware zur Vervollständigung einer für die Art des Erzeugungsbetriebs üblichen Produktpalette oder andere Waren aller Art handelt. [9]Werden zugekaufte Roh-, Hilfs- oder Betriebsstoffe weiterveräußert, gelten diese zum Zeitpunkt der Veräußerung als fremde Erzeugnisse. [10]Dies gilt unabhängig davon, ob die Veräußerung gelegentlich (z. B. Verkauf von Diesel im Rahmen der Nachbarschaftshilfe) oder laufend (z. B. Verkauf von Blumenerde) erfolgt. [11]Die hieraus erzielten Umsätze sind bei der Abgrenzung entsprechend zu berücksichtigen.

Absatz eigener Erzeugnisse i. V. m. fremden und gewerblichen Erzeugnissen

(6) [1]Werden ausschließlich eigene Erzeugnisse (Absatz 5 Satz 1) abgesetzt, stellt dies eine Vermarktung im Rahmen der Land- und Forstwirtschaft dar, selbst wenn diese Erzeugnisse über ein eigenständiges Handelsgeschäft oder eine Verkaufsstelle (z. B. Großhandelsbetrieb, Einzelhandelsbetrieb, Ladengeschäft, Marktstand oder Verkaufswagen) abgesetzt werden. [2]Unerheblich ist die Anzahl der Verkaufsstellen oder ob die Vermarktung in räumlicher Nähe zum Betrieb erfolgt. [3]Werden durch einen Land- und Forstwirt neben eigenen Erzeugnissen auch fremde (Absatz 5 Satz 7) oder gewerbliche Erzeugnisse (Absatz 3 Satz 5 und 6) abgesetzt, liegen eine land- und forstwirtschaftliche und eine gewerbliche Tätigkeit vor. [4]Diese gewerbliche Tätigkeit kann unter den Voraussetzungen des Absatzes 11 noch der Land- und Forstwirtschaft zugerechnet werden. [5]Dagegen ist der ausschließliche Absatz fremder oder gewerblicher Erzeugnisse von Beginn an stets eine gewerbliche Tätigkeit. [6]Auf die Art und den Umfang der Veräußerung kommt es dabei nicht an.

Absatz eigener Erzeugnisse i. V. m. Dienstleistungen

(7) ¹Die Dienstleistung eines Land- und Forstwirts im Zusammenhang mit dem Absatz eigener Erzeugnisse, die über den Transport und das Einbringen von Pflanzen hinausgeht (z. B. Grabpflege, Gartengestaltung), stellt grundsätzlich eine einheitlich zu beurteilende Tätigkeit mit Vereinbarungen über mehrere Leistungskomponenten dar (gemischter Vertrag). ²Dabei ist von einer einheitlich gewerblichen Tätigkeit auszugehen, wenn nach dem jeweiligen Vertragsinhalt der Umsatz aus den Dienstleistungen und den fremden Erzeugnissen überwiegt. ³Die gewerbliche Tätigkeit kann unter den Voraussetzungen des Absatzes 11 noch der Land- und Forstwirtschaft zugerechnet werden.

Absatz eigen erzeugter Getränke i. V. m. besonderen Leistungen

(8) ¹Der Ausschank von eigen erzeugten Getränken i. S. d. Absatzes 5, z. B. Wein, ist lediglich eine Form der Vermarktung und somit eine land- und forstwirtschaftliche Tätigkeit. ²Werden daneben durch einen Land- und Forstwirt Speisen und andere Getränke abgegeben, liegt insoweit eine gewerbliche Tätigkeit vor, die unter den Voraussetzungen des Absatzes 11 noch der Land- und Forstwirtschaft zugerechnet werden kann.

Verwendung von Wirtschaftsgütern

(9) ¹Verwendet ein Land- und Forstwirt Wirtschaftsgüter seines land- und forstwirtschaftlichen Betriebsvermögens, indem er diese Dritten entgeltlich überlässt oder mit ihnen für Dritte Dienstleistungen verrichtet, stellt dies eine gewerbliche Tätigkeit dar. ²Dies gilt auch, wenn in diesem Zusammenhang fremde Erzeugnisse verwendet werden. ³Unter den Voraussetzungen des Absatzes 11 kann die Tätigkeit noch der Land- und Forstwirtschaft zugerechnet werden, wenn der Einsatz für eigene land- und forstwirtschaftliche Zwecke einen Umfang von 10 % nicht unterschreitet. ⁴Dagegen liegt ohne weiteres von Beginn an stets eine gewerbliche Tätigkeit vor, wenn ein Land- und Forstwirt Wirtschaftsgüter, die er eigens zu diesem Zweck angeschafft hat, für Dritte verwendet.

Land- und forstwirtschaftliche Dienstleistungen

(10) ¹Sofern ein Land- und Forstwirt Dienstleistungen ohne Verwendung von eigenen Erzeugnissen oder eigenen Wirtschaftsgütern verrichtet, ist dies eine gewerbliche Tätigkeit. ²Unter den Voraussetzungen des Absatzes 11 kann die Tätigkeit noch der Land- und Forstwirtschaft zugerechnet werden, wenn ein funktionaler Zusammenhang mit typisch land- und forstwirtschaftlichen Tätigkeiten besteht.

Abgrenzungsregelungen

(11) ¹Gewerbliche Tätigkeiten, die nach den Absätzen 3 bis 8 dem Grunde nach die Voraussetzungen für eine Zurechnung zur Land- und Forstwirtschaft erfüllen, sind nur dann typisierend der Land- und Forstwirtschaft zuzurechnen, wenn die Umsätze aus diesen Tätigkeiten dauerhaft (Absatz 2) insgesamt nicht mehr als ein Drittel des Gesamtumsatzes und nicht mehr als 51.500 Euro im Wirtschaftsjahr betragen. ²Diese Grenzen gelten für die Tätigkeiten nach den Absätzen 9 und 10 entsprechend. ³Voraussetzung hierfür ist, dass die Umsätze aus den Tätigkeiten i. S. v. Satz 1 und 2 dauerhaft (Absatz 2) insgesamt nicht mehr als 50 % des Gesamtumsatzes betragen. ⁴Anderenfalls liegen hinsichtlich dieser Tätigkeiten unter den Voraussetzungen des Strukturwandels Einkünfte aus Gewerbebetrieb vor. ⁵Der daneben bestehende Betrieb der Land- und Forstwirtschaft bleibt hiervon unberührt. ⁶Bei der Ermittlung der Umsätze ist von den Betriebseinnahmen (ohne Umsatzsteuer) auszugehen. ⁷Soweit es auf den Gesamtumsatz ankommt, ist hierunter die Summe der Betriebseinnahmen (ohne Umsatzsteuer) zu verstehen.

Energieerzeugung

(12) ¹Bei der Erzeugung von Energie, z. B. durch Wind-, Solar- oder Wasserkraft, handelt es sich nicht um die planmäßige Nutzung der natürlichen Kräfte des Bodens i. S. d. Absatzes 1 Satz 1. ²Der Absatz von Strom und Wärme führt zu Einkünften aus Gewerbebetrieb. ³Die Erzeugung von Biogas kann eine Tätigkeit i. S. d. Absatzes 3 sein.

Beherbergung von Fremden

(13) ¹Die Abgrenzung der Einkünfte aus Gewerbebetrieb gegenüber denen aus Land- und Forstwirtschaft richtet sich bei der Beherbergung von Fremden nach den Grundsätzen von R 15.7. ²Aus Vereinfachungsgründen ist keine gewerbliche Tätigkeit anzunehmen, wenn weniger als vier Zimmer und weniger als sechs Betten zur Beherbergung von Fremden bereitgehalten werden und keine Hauptmahlzeit gewährt wird.

(14) Soweit sich aus den Absätzen 1 bis 13 für einen Stpfl. Verschlechterungen gegenüber R 15.5 EStR 2008 ergeben, kann R 15.5 EStR 2008 für diejenigen Wirtschaftsjahre weiter angewandt werden, die vor der Veröffentlichung der EStÄR 2012 im Bundessteuerblatt[1] beginnen.

H 15.5

Abgrenzung

Beispiel zur Prüfung der Umsatzgrenzen:

Ein land- und forstwirtschaftlicher Betrieb erzielt aus eigenen und fremden Erzeugnissen insgesamt einen Umsatz von 130.000 € zuzüglich Umsatzsteuer. Davon wurde ein Umsatzanteil in Höhe von 45.000 € zuzüglich Umsatzsteuer aus der Veräußerung zugekaufter Erzeugnisse und zugekaufter Handelswaren erzielt. Ferner führt der Betrieb Dienstleistungen mit eigenen Maschinen für andere Land- und Forstwirte und die örtliche Gemeinde aus. Daraus werden jeweils 15.000 € Umsatz zuzüglich Umsatzsteuer erzielt.

Lösung:

Die gekauften und weiterveräußerten Erzeugnisse, Produkte und Handelswaren sind fremde Erzeugnisse (R 15.5 Abs. 5 Satz 7 EStR), da sie nicht im Rahmen des Erzeugungsprozesses im eigenen Betrieb verwendet wurden. Die Summe der Betriebseinnahmen ohne Umsatzsteuer aus eigenen Erzeugnissen und fremden Erzeugnisse sowie der Dienstleistungen (R 15.5 Abs. 9 und 10 EStR) beträgt 160.000 €.

Die Umsätze aus fremden Erzeugnissen in Höhe von 45.000 € ohne Umsatzsteuer überschreiten weder die relative Grenze von einem Drittel des Gesamtumsatzes (= 53.333 €) noch die absolute Grenze von 51.500 € (R 15.5 Abs. 11 Satz 1 EStR).

Die Umsätze aller Dienstleistungen in Höhe von 30.000 € ohne Umsatzsteuer überschreiten weder die relative Grenze von einem Drittel des Gesamtumsatzes (= 53.333 €) noch die absolute Grenze von 51.500 € (R 15.5 Abs. 11 Satz 2 EStR). Es ist unerheblich, ob es sich beim Leistungsempfänger um einen Land- und Forstwirt handelt.

Die Umsätze aus den Tätigkeitsbereichen Absatz von fremden Erzeugnissen und Dienstleistungen überschreiten mit insgesamt 75.000 € nicht die Grenze von 50 % des Gesamtumsatzes (= 160.000 € × 50 % = 80.000 €; R 15.5 Abs. 11 Satz 3 EStR). Damit liegt insgesamt ein land- und forstwirtschaftlicher Betrieb vor.

Beispiel zur Abgrenzung der Tätigkeiten und Zuordnung von Wirtschaftsgütern:

Landwirt L richtet im Wj. 2013/2014 in einem zum Betriebsvermögen gehörenden Wirtschaftsgebäude einen Hofladen ein, der zu 40 % dem Verkauf von eigenen land- und forstwirtschaftlichen Erzeugnissen dient und zu 60 % dem Verkauf von fremden Erzeugnissen. Die Umsätze des Betriebs entwickeln sich wie folgt:

	Nettogesamtumsatz	Nettoumsatz fremde Erzeugnisse
2013/2014	175.000 €	25.000 €
2014/2015	190.000 €	40.000 €
2015/2016	205.000 €	55.000 €
2016/2017	210.000 €	60.000 €
2017/2018	210.000 €	60.000 €

---

1) Veröffentlicht am 28. 3. 2013.

Lösung:
a) **Abgrenzung**

Der im Wj. 2013/2014 eingerichtete Hofladen steht aufgrund des Verkaufs eigener land- und forstwirtschaftlicher Erzeugnisse in engem sachlichem Zusammenhang mit dem land- und forstwirtschaftlichen Betrieb. Nach R 15.5 Abs. 6 EStR ist der Zu- und Verkauf fremder Erzeugnisse grundsätzlich eine gewerbliche Tätigkeit. Nach R 15.5 Abs. 11 Satz 1 EStR werden sämtliche im Hofladen erzielten Umsätze der Land- und Forstwirtschaft zugerechnet, wenn der nachhaltige Umsatzanteil sämtlicher Verkäufe von fremden Erzeugnissen (R 15.5 Abs. 5 Satz 7 EStR) nicht mehr als ¹/₃ des Gesamtumsatzes des land- und forstwirtschaftlichen Betriebs und nicht mehr als 51.500 € im Wj. beträgt.

In den Wj. 2013/2014 bis 2014/2015 sind die Voraussetzungen für eine Zurechnung zur Land- und Forstwirtschaft erfüllt. Ab dem Wj. 2015/2016 wird die absolute Grenze von 51.500 € überschritten. Nach R 15.5 Abs. 2 EStR entsteht jedoch erst mit Ablauf des Wj. 2017/2018 ein gesonderter Gewerbebetrieb (Drei-Jahres-Frist; allmählicher Strukturwandel).

b) **Behandlung des Wirtschaftsgebäudes**

Das Wirtschaftsgebäude wird eigenbetrieblich zu 60 % für gewerbliche Tätigkeiten genutzt, so dass der Hofladen mit dem dazu gehörenden Grund und Boden grundsätzlich gewerbliches Betriebsvermögen wäre. Da die Nutzung für land- und forstwirtschaftliche Tätigkeiten jedoch mindestens 10 % beträgt (>R 15.5 Abs. 9 Satz 3 EStR), hat es der Stpfl. in der Hand, den Umfang seiner betrieblichen Tätigkeit und seiner Betriebsausgaben zu bestimmen (>BFH vom 4.7.1990 – BStBl II S. 817 und vom 22.1.2004 – BStBl II S. 512). Das Wirtschaftsgebäude kann deshalb aufgrund der Funktionszuweisung des Stpfl. auch über das Wj. 2017/2018 hinaus dem land- und forstwirtschaftlichen Betriebsvermögen zugeordnet werden.

Baumschulen

R 15.5 Abs. 5 gilt auch für Baumschulbetriebe. In solchen Betrieben ist die Aufzucht von sog. Kostpflanzen üblich. Kostpflanzen sind Pflanzen, die der Baumschulbetrieb aus selbst gestelltem Samen oder selbst gestellten Pflanzen in fremden Betrieben aufziehen lässt. Kostpflanzen sind eigene (nicht fremde) Erzeugnisse, wenn die in Kost gegebenen Sämereien oder Pflanzen in der Verfügungsgewalt des Kostgebers (des Baumschulbetriebs) bleiben und der Kostnehmer (der Betrieb, der die Aufzucht durchführt) die Rücklieferungsverpflichtung gegenüber dem Kostgeber hat. Dabei kommt es nicht darauf an, dass der Kostgeber die hingegebenen Pflanzen im eigenen land- oder forstwirtschaftlichen Betrieb erzeugt hat (>BFH vom 16.12.1976 – BStBl 1977 II S. 272).

Bewirtschaftungsvertrag

Ein mit einem Pachtvertrag gekoppelter Bewirtschaftungsvertrag vermittelt dem Verpächter nur dann Einkünfte aus Land- und Forstwirtschaft, wenn die Verträge nach dem Willen der Vertragsparteien auf den Verkauf der Ernte gerichtet sind. Ist hingegen nicht von einem Verkauf der Ernte auszugehen, weil neben einem festen Pachtzins lediglich ein Kostenersatz als Bewirtschaftungsentgelt vereinbart wurde, ist von einem Dienstleistungsvertrag und insofern von gewerblichen Einkünften auszugehen (>BFH vom 29.11.2001 – BStBl 2002 II S. 221).

Grundstücksverkäufe

– Die Veräußerung land- und forstwirtschaftlich genutzter Grundstücke ist ein Hilfsgeschäft eines land- und forstwirtschaftlichen Betriebs und nicht Gegenstand eines selbständigen gewerblichen Unternehmens. Etwas anderes gilt allerdings dann, wenn der Landwirt wiederholt innerhalb eines überschaubaren Zeitraums land- und forstwirtschaftliche Grundstücke oder Betriebe in Gewinnabsicht veräußert, die er bereits in der Absicht einer Weiterveräußerung erworben hatte (>BFH vom 28.6.1984 – BStBl II S. 798).
– >BMF vom 26.3.2004 (BStBl I S. 434), Tz. 27

Klärschlamm

Ein Landwirt, der auch einen Gewerbebetrieb für Klärschlammtransporte unterhält, erzielt mit den Einnahmen für den Transport und die Ausbringung von Klärschlamm auch insoweit Einkünfte aus Gewerbebetrieb und nicht aus Landwirtschaft, als er den Klärschlamm mit Maschinen des Gewerbebetriebs auf selbstbewirtschafteten Feldern ausbringt (>BFH vom 8.11.2007 – BStBl 2008 II S. 356).

Nebenbetrieb
Ein Nebenbetrieb (>R 15.5 Abs. 3) kann auch vorliegen, wenn die von einem Mitunternehmer ausgeübte Tätigkeit dem gemeinsam mit anderen geführten landwirtschaftlichen Hauptbetrieb zu dienen bestimmt ist (>BFH vom 22.1.2004 – BStBl II S. 512).

Reitpferde
- Die Entscheidung, ob die mit der Unterhaltung eines Pensionsstalles und der Erteilung von Reitunterricht verbundene Haltung oder Zucht von Pferden einen Gewerbebetrieb oder einen Betrieb der Land- und Forstwirtschaft darstellt, ist nach den Umständen des Einzelfalles zu treffen. Die Pensionsreitpferdehaltung rechnet auch dann zur landwirtschaftlichen Tierhaltung i.S.d. § 13 Abs. 1 Nr. 1 Satz 2 EStG, wenn den Pferdeeinstellern Reitanlagen einschließlich Reithalle zur Verfügung gestellt werden (>BFH vom 23.9.1988 – BStBl 1989 II S. 111).
- Die Vermietung von Pferden zu Reitzwecken ist bei vorhandener flächenmäßiger Futtergrundlage als landwirtschaftlich anzusehen, wenn keine weiteren ins Gewicht fallenden Leistungen erbracht werden, die nicht der Landwirtschaft zuzurechnen sind (>BFH vom 24.1.1989 – BStBl II S. 416).
- Ein landwirtschaftlicher Betrieb wird nicht dadurch zu einem Gewerbebetrieb, dass er Pferde zukauft, sie während einer nicht nur kurzen Aufenthaltsdauer zu hochwertigen Reitpferden ausbildet und dann weiterverkauft (>BFH vom 17.12.2008 – BStBl 2009 II S. 453).

Schlossbesichtigung
Gewinne aus Schlossbesichtigung gehören zu den Einkünften aus Gewerbebetrieb (>BFH vom 7.8.1979 – BStBl 1980 II S. 633).

Strukturwandel
Zur Abgrenzung eines allmählichen von einem sofortigen Strukturwandel >BFH vom 19.2.2009 (BStBl II S. 654)

Tierzucht
- Zur Frage der Abgrenzung der landwirtschaftlichen Tierzucht und Tierhaltung (§ 13 Abs. 1 Nr. 1 EStG) von der gewerblichen Tierzucht und Tierhaltung >R 13.2.
- Die Unterhaltung einer Brüterei, in der Küken aus Bruteiern gewonnen und als Eintagsküken weiterveräußert werden, stellt einen Gewerbebetrieb dar, nicht aber eine gewerbliche Tierzucht oder Tierhaltung i.S.d. § 15 Abs. 4 Satz 1 und 2 EStG (>BFH vom 14.9.1989 – BStBl 1990 II S. 152).
- Die Aufzucht und Veräußerung von Hunden ist eine gewerbliche Tätigkeit (>BFH vom 30.9.1980 – BStBl 1981 II S. 210).
- Die Züchtung und das Halten von Kleintieren ohne Bezug zur land- und forstwirtschaftlichen Urproduktion stellt ungeachtet einer vorhandenen Futtergrundlage eine gewerbliche Tätigkeit dar (>BFH vom 16.12.2004 – BStBl 2005 II S. 347).
- Die Unterhaltung einer Nerzzucht gehört nicht zum Bereich der land- und forstwirtschaftlichen Urproduktion (>BFH vom 19.12.2002 – BStBl 2003 II S. 507).

Weinbau, Perlwein und Sekt
>BMF vom 19.10.2017 (BStBl I S. 1431)

Zu § 15 EStG · R 15.6 · A. II.

| R 15.6 | Abgrenzung des Gewerbebetriebs von der selbständigen Arbeit |

– unbesetzt –

| H 15.6 |

Allgemeines
Die für einen Gewerbebetrieb geltenden positiven Voraussetzungen
– Selbständigkeit (>R 15.1),
– Nachhaltigkeit (>H 15.2),
– Gewinnerzielungsabsicht (>H 15.3) und
– Beteiligung am allgemeinen wirtschaftlichen Verkehr (>H 15.4)
gelten auch für die selbständige Arbeit i. S. d. § 18 Abs. 1 Nr. 1 und 2 EStG. Erfordert die Ausübung eines in § 18 Abs. 1 Nr. 1 EStG genannten Berufes eine gesetzlich vorgeschriebene Berufsausbildung, übt nur derjenige, der auf Grund dieser Berufsausbildung berechtigt ist, die betreffende Berufsbezeichnung zu führen, diesen Beruf aus (>BFH vom 1.10.1986 – BStBl 1987 II S. 116). Eine sonstige selbständige Tätigkeit i. S. d. § 18 Abs. 1 Nr. 3 EStG wird in der Regel gelegentlich und nur ausnahmsweise nachhaltig ausgeübt (>BFH vom 28.6.2001 – BStBl 2002 II S. 338).

Abgrenzung selbständige Arbeit/Gewerbebetrieb
a) **Beispiele für selbständige Arbeit**
Altenpfleger, soweit keine hauswirtschaftliche Versorgung der Patienten erfolgt (>BMF vom 22.10.2004 – BStBl I S. 1030),
Berufsbetreuer i. S. v. §§ 1896 ff. BGB; die Tätigkeit fällt in der Regel unter § 18 Abs. 1 Nr. 3 EStG (>BFH vom 15.6.2010 – BStBl II S. 909 und S. 906),
Diätassistent (>BMF vom 22.10.2004 – BStBl I S. 1030),
EDV-Berater übt im Bereich der Systemsoftware regelmäßig eine ingenieurähnliche Tätigkeit aus. Im Bereich der Entwicklung von Anwendersoftware ist die Tätigkeit des EDV-Beraters nur dann als selbständige Tätigkeit zu qualifizieren, wenn er die Entwicklung der Anwendersoftware durch eine klassische ingenieursmäßige Vorgehensweise (Planung, Konstruktion, Überwachung) betreibt und er über eine Ausbildung, die der eines Ingenieurs vergleichbar ist, verfügt (>BFH vom 4.5.2004 – BStBl II S. 989),
Ergotherapeut (>BMF vom 22.10.2004 – BStBl I S. 1030),
Fachkrankenpfleger für Krankenhaushygiene (>BFH vom 6.9.2006 – BStBl 2007 II S. 177),
Hebamme/Entbindungspfleger (>BMF vom 22.10.2004 – BStBl I S. 1030),
Industrie-Designer; auch im Bereich zwischen Kunst und Gewerbe kann gewerblicher Verwendungszweck eine künstlerische Tätigkeit nicht ausschließen (>BFH vom 14.12.1976 – BStBl 1977 II S. 474),
Insolvenzverwalter (>BFH vom 11.8.1994 – BStBl II S. 936), >sonstige selbständige Arbeit,
IT-Projektleiter, wenn dieser über Kenntnisse und Fähigkeiten verfügt, die in Breite und Tiefe denen eines Diplom-Informatikers entsprechen (>BFH vom 22.9.2009 – BStBl 2010 II S. 404),
Kfz-Sachverständiger, dessen Gutachtertätigkeit mathematisch-technische Kenntnisse voraussetzt, wie sie üblicherweise nur durch eine Berufsausbildung als Ingenieur erlangt werden (>BFH vom 10.11.1988 – BStBl 1989 II S. 198),
Kindererholungsheim; der Betrieb eines Kindererholungsheims kann ausnahmsweise eine freiberufliche Tätigkeit darstellen, wenn die Kinder in erster Linie zum Zweck einer planmäßigen körperlichen, geistigen und sittlichen Erziehung auswärts untergebracht sind und

die freiberufliche Tätigkeit der Gesamtleistung des Heimes das Gepräge gibt (>BFH vom 9.4.1975 – BStBl II S. 610),

Kinder- und Jugendlichenpsychotherapeut (>BMF vom 22.10.2004 – BStBl I S. 1030),

Kompasskompensierer auf Seeschiffen (>BFH vom 14.11.1957 – BStBl 1958 III S. 3),

Krankenpfleger/Krankenschwester, soweit keine hauswirtschaftliche Versorgung der Patienten erfolgt (>BMF vom 22.10.2004 – BStBl I S. 1030 und BFH vom 22.1.2004 – BStBl II S. 509),

Kunsthandwerker, der von ihm selbst entworfene Gegenstände herstellt (>BFH vom 26.9.1968 – BStBl 1969 II S. 70); handwerkliche und künstlerische Tätigkeit können nebeneinander vorliegen (>BFH vom 11.7.1991 – BStBl II S. 889),

Logopäde (>BMF vom 22.10.2004 – BStBl I S. 1030),

Masseur (staatlich geprüft), Heilmasseur, soweit diese nicht lediglich oder überwiegend kosmetische oder Schönheitsmassagen durchführen (>BMF vom 22.10.2004 – BStBl I S. 1030),

Medizinischer Bademeister, soweit dieser auch zur Feststellung des Krankheitsbefunds tätig wird oder persönliche Heilbehandlungen am Körper des Patienten vornimmt (>BMF vom 22.10.2004 – BStBl I S. 1030),

Medizinisch-technischer Assistent (>BMF vom 22.10.2004 – BStBl I S. 1030),

Modeschöpfer; beratende Tätigkeit eines im Übrigen als Künstler anerkannten Modeschöpfers kann künstlerisch sein (>BFH vom 2.10.1968 – BStBl 1969 II S. 138),

Orthoptist (>BMF vom 22.10.2004 – BStBl I S. 1030),

Patentberichterstatter mit wertender Tätigkeit (>BFH vom 2.12.1970 – BStBl 1971 II S. 233),

Podologe/Medizinischer Fußpfleger (>BMF vom 22.10.2004 – BStBl I S. 1030),

Psychologischer Psychotherapeut, Kinder- und Jugendlichenpsychotherapeut (>BMF vom 22.10.2004 – BStBl I S. 1030),

Rettungsassistent (>BMF vom 22.10.2004 – BStBl I S. 1030),

Schiffseichaufnehmer (>BFH vom 5.11.1970 – BStBl 1971 II S. 319),

Synchronsprecher, der bei der Synchronisierung ausländischer Spielfilme mitwirkt (>BFH vom 3.8.1978 – BStBl 1979 II S. 131 und vom 12.10.1978 – BStBl 1981 II S. 706),

Tanz- und Unterhaltungsorchester, wenn es einen bestimmten Qualitätsstandard erreicht (>BFH vom 19.8.1982 – BStBl 1983 II S. 7),

Umweltauditor mit einem abgeschlossenen Chemiestudium (>BFH vom 17.1.2007 – BStBl II S. 519),

Verfahrenspfleger i. S. d. FamFG; die Tätigkeit fällt in der Regel unter § 18 Abs. 1 Nr. 3 EStG (>BFH vom 15.6.2010 – BStBl II S. 909 und S. 906),

Werbung; Tätigkeit eines Künstlers im Bereich der Werbung kann künstlerisch sein, wenn sie als eigenschöpferische Leistung zu werten ist (>BFH vom 11.7.1991 – BStBl 1992 II S. 353),

Zahnpraktiker (>BMF vom 22.10.2004 – BStBl I S. 1030),

Zwangsverwalter; die Tätigkeit fällt in der Regel unter § 18 Abs. 1 Nr. 3 EStG (>BFH vom 12.12.2001 – BStBl 2002 II S. 202); aber >Sonstige selbständige Arbeit

b) **Beispiele für Gewerbebetrieb**

Altenpfleger, soweit auch eine hauswirtschaftliche Versorgung der Patienten erfolgt (>BMF vom 22.10.2004 – BStBl I S. 1030),

Anlageberater/Finanzanalyst (>BFH vom 2.9.1988 – BStBl 1989 II S. 24),

Ärztepropagandist (>BFH vom 27.4.1961 – BStBl III S. 315),

Apotheken-Inventurbüro (>BFH vom 15.6.1965 – BStBl III S. 556),

Apothekenrezeptabrechner (>BFH vom 28.3.1974 – BStBl II S. 515),

Architekt, der bei Ausübung einer beratenden Tätigkeit an der Vermittlung von Geschäftsabschlüssen mittelbar beteiligt ist (>BFH vom 14.6.1984 – BStBl 1985 II S. 15) oder der schlüsselfertige Gebäude errichten lässt; die Gewerblichkeit erstreckt sich in diesem Fall auch auf ggf. erbrachte Ingenieur- oder Architektenleistungen (>BFH vom 18.10.2006 – BStBl 2008 II S. 54),
Artist (>BFH vom 16.3.1951 – BStBl III S. 97),
Baubetreuer (Bauberater), die sich lediglich mit der wirtschaftlichen (finanziellen) Betreuung von Bauvorhaben befassen (>BFH vom 29.5.1973 – BStBl 1974 II S. 447 und vom 30.5.1973 – BStBl II S. 668),
Bauleiter (>BFH vom 22.1.1988 – BStBl II S. 497 und vom 11.8.1999 – BStBl 2000 II S. 31), es sei denn, seine Ausbildung entspricht derjenigen eines Architekten (>BFH vom 12.10.1989 – BStBl 1990 II S. 64) oder eines (Wirtschafts-)Ingenieurs (>BFH vom 6.9.2006 – BStBl 2007 II S. 118),
Beratungsstellenleiter eines Lohnsteuerhilfevereins (>BFH vom 10.12.1987 – BStBl 1988 II S. 273),
Berufssportler (>BFH vom 22.1.1964 – BStBl III S. 207),
Bezirksschornsteinfegermeister (>BFH vom 13.11.1996 – BStBl 1997 II S. 295),
Blindenführhundeschule (>BFH vom 9.5.2017 – BStBl II S. 911),
Bodybuilding-Studio, wenn unterrichtende Tätigkeit nur die Anfangsphase der Kurse prägt und im Übrigen den Kunden Trainingsgeräte zur freien Verfügung stehen (>BFH vom 18.4.1996 – BStBl II S. 573),
Buchhalter (>BFH vom 28.6.2001 – BStBl 2002 II S. 338),
Buchmacher (>RFH vom 22.2.1939 – RStBl S. 576),
Bühnenvermittler (>BFH vom 15.4.1970 – BStBl II S. 517),
Clinical Research Associate (CRA) mit einer im Wesentlichen im Bereich der Planung, Durchführung und Evaluation klinischer Studien ausgeübten Tätigkeit (>BFH vom 25.4.2017 – BStBl II S. 908),
Datenschutzbeauftragter (>BFH vom 5.6.2003 – BStBl II S. 761),
Detektiv (>RFH vom 15.7.1942 – RStBl S. 989),
Dispacheur (>BFH vom 26.11.1992 – BStBl 1993 II S. 235),
EDV-Berater übt keine ingenieurähnliche Tätigkeit aus, wenn er im Bereich der Anwendersoftware die Entwicklung qualifizierter Software nicht durch eine klassische ingenieurmäßige Vorgehensweise (Planung, Konstruktion, Überwachung) betreibt und wenn er keine Ausbildung, die der eines Ingenieurs vergleichbar ist, besitzt (>BFH vom 4.5.2004 – BStBl II S. 989),
Erbensucher (>BFH vom 24.2.1965 – BStBl III S. 263),
Fahrschule, wenn der Inhaber nicht die Fahrlehrererlaubnis besitzt (>BFH vom 4.10.1966 – BStBl III S. 685),
Finanz- und Kreditberater (>BFH vom 13.4.1988 – BStBl II S. 666),
Fitness-Studio; keine unterrichtende Tätigkeit, wenn Kunden im Wesentlichen in Gerätebedienung eingewiesen und Training in Einzelfällen überwacht wird (>BFH vom 13.1.1994 – BStBl II S. 362),
Fotograf, der Werbeaufnahmen macht; Werbeaufnahmen macht auch, wer für Zeitschriften Objekte auswählt und zum Zweck der Ablichtung arrangiert, um die von ihm oder einem anderen Fotografen dann hergestellten Aufnahmen zu veröffentlichen (>BFH vom 19.2.1998 – BStBl II S. 441),
Fotomodell (>BFH vom 8.6.1967 – BStBl III S. 618),
Gutachter auf dem Gebiet der Schätzung von Einrichtungsgegenständen und Kunstwerken (>BFH vom 22.6.1971 – BStBl II S. 749),
Havariesachverständiger (>BFH vom 22.6.1965 – BStBl III S. 593),
Hellseher (>BFH vom 30.3.1976 – BStBl II S. 464),

Hersteller künstlicher Menschenaugen (>BFH vom 25.7.1968 – BStBl II S. 662),
Industriepropagandisten (>RFH vom 25.3.1938 – RStBl S. 733), Ingenieur als **Werber für Lieferfirmen** (>RFH vom 30.8.1939 – RStBl 1940 S. 14),
Inventurbüro (>BFH vom 28.11.1968 – BStBl 1969 II S. 164),
Kfz-Sachverständiger ohne Ingenieurexamen, dessen Tätigkeit keine mathematisch-technischen Kenntnisse wie die eines Ingenieurs voraussetzt (>BFH vom 9.7.1992 – BStBl 1993 II S. 100),
Klavierstimmer (>BFH vom 22.3.1990 – BStBl II S. 643),
Konstrukteur, der überwiegend Bewehrungspläne fertigt (>BFH vom 5.10.1989 – BStBl 1990 II S. 73),
Krankenpfleger/Krankenschwester, soweit auch eine hauswirtschaftliche Versorgung der Patienten erfolgt (>BFH vom 22.1.2004 – BStBl II S. 509),
Kükensortierer (>BFH vom 16.8.1955 – BStBl III S. 295),
Künstleragenten (>BFH vom 18.4.1972 – BStBl II S. 624),
Makler (>RFH vom 1.6.1938 – RStBl S. 842),
Marktforschungsberater (>BFH vom 27.2.1992 – BStBl II S. 826),
Masseur (staatlich geprüft), **Heilmasseur,** wenn diese lediglich oder überwiegend kosmetische oder Schönheitsmassagen durchführen (>BFH vom 26.11.1970 – BStBl 1971 II S. 249),
Moderator von Verkaufssendungen (>BFH vom 16.9.2014 – BStBl 2015 II S. 217),
Personalberater, der seinen Auftraggebern von ihm ausgesuchte Kandidaten für eine zu besetzende Stelle vermittelt (>BFH vom 19.9.2002 – BStBl 2003 II S. 25),
Pilot (>BFH vom 16.5.2002 – BStBl II S. 565),
Politikberater, dessen Schwerpunkt der Berufstätigkeit in der umfangreichen Informationsbeschaffung rund um spezielle aktuelle Gesetzgebungsvorhaben und der diesbezüglichen Berichterstattung gegenüber seinen Auftraggebern liegt (>BFH vom 14.5.2014 – BStBl 2015 II S. 128),
Probenehmer für Erze, Metalle und Hüttenerzeugnisse (>BFH vom 14.11.1972 – BStBl 1973 II S. 183),
Promotionsberater (>BFH vom 8.10.2008 – BStBl 2009 II S. 238),
Rechtsbeistand, der mit Genehmigung des Landgerichtspräsidenten Auszüge aus Gerichtsakten für Versicherungsgesellschaften fertigt (>BFH vom 18.3.1970 – BStBl II S. 455),
Restaurator, es sei denn, er beschränkt sich auf die Erstellung von Gutachten und Veröffentlichungen und wird daher wissenschaftlich tätig oder die Tätigkeit betrifft ein Kunstwerk, dessen Beschädigung ein solches Ausmaß aufweist, dass seine Wiederherstellung eine eigenschöpferische Leistung des Restaurators erfordert (>BFH vom 4.11.2004 – BStBl 2005 II S. 362),
Rezeptabrechner für Apotheken (>BFH vom 28.3.1974 – BStBl II S. 515),
Rundfunkermittler, der im Auftrag einer Rundfunkanstalt Schwarzhörer aufspürt (>BFH vom 2.12.1998 – BStBl 1999 II S. 534),
Rundfunksprecher entfaltet in der Regel keine künstlerische Tätigkeit (>BFH vom 20.6.1962 – BStBl III S. 385 und vom 24.10.1963 – BStBl III S. 589),
Schadensregulierer im Auftrag einer Versicherungsgesellschaft (>BFH vom 29.8.1961 – BStBl III S. 505),
Schiffssachverständiger, wenn er überwiegend reine Schadensgutachten (im Unterschied zu Gutachten über Schadens- und Unfallursachen) erstellt (>BFH vom 21.3.1996 – BStBl II S. 518),
Spielerberater von Berufsfußballspielern (>BFH vom 26.11.1998 – BStBl 1999 II S. 167),
Treuhänderische Tätigkeit eines Rechtsanwaltes für Bauherrengemeinschaften (>BFH vom 1.2.1990 – BStBl II S. 534) sowie eines Wirtschaftsprüfers bei einem Immobilienfonds (>BFH vom 18.10.2006 – BStBl 2007 II S. 266),

Übersetzer, der die beauftragten Sprachen nicht selbst beherrscht, sondern Übersetzungen in nicht unerheblichem Umfang hinzukauft (>BFH vom 21.2.2017 – BStBl 2018 II S. 4),
Vereidigter Kursmakler (>BFH vom 13.9.1955 – BStBl III S. 325),
Versicherungsberater (>BFH vom 16.10.1997 – BStBl 1998 II S. 139),
Versicherungsvertreter, selbständiger; übt auch dann eine gewerbliche Tätigkeit aus, wenn er nur für ein einziges Versicherungsunternehmen tätig sein darf (>BFH vom 26.10.1977 – BStBl 1978 II S. 137),
Versteigerer (>BFH vom 24.1.1957 – BStBl III S. 106),
Vortragswerber (>BFH vom 5.7.1956 – BStBl III S. 255),
Werbeberater (>BFH vom 16.1.1974 – BStBl II S. 293),
Wirtschaftswissenschaftler, der sich auf ein eng begrenztes Tätigkeitsgebiet, z. B. die Aufnahme und Bewertung von Warenbeständen in einem bestimmten Wirtschaftszweig, spezialisiert und diese Tätigkeit im Wesentlichen von zahlreichen Hilfskräften in einem unternehmensartig organisierten Großbüro ausführen lässt (>BFH vom 28.11.1968 – BStBl 1969 II S. 164),
Zolldeklarant (>BFH vom 21.9.1989 – BStBl 1990 II S. 153).

Ähnliche Berufe

– Ob ein ähnlicher Beruf vorliegt, ist durch Vergleich mit einem bestimmten Katalogberuf festzustellen (>BFH vom 5.7.1973 – BStBl II S. 730).
– Ein Beruf ist einem der Katalogberufe ähnlich, wenn er in wesentlichen Punkten mit ihm verglichen werden kann. Dazu gehören die Vergleichbarkeit der **Ausbildung** und der beruflichen **Tätigkeit** (>BFH vom 12.10.1989 – BStBl 1990 II S. 64).
– >Autodidakt
– Der Nachweis **ingenieurähnlicher Tätigkeiten** kann nicht durch die Tätigkeit erbracht werden, die auch anhand von Formelsammlungen und praktischen Erfahrungen ausgeübt werden kann (>BFH vom 11.7.1991 – BStBl II S. 878). Demgegenüber werden an die Breite der Tätigkeit geringere Anforderungen gestellt (>BFH vom 14.3.1991 – BStBl II S. 769). Dies gilt nicht für die dem **beratenden Betriebswirt** ähnlichen Berufe; bei diesen muss sich die Beratungstätigkeit wenigstens auf einen betrieblichen Hauptbereich der Betriebswirtschaft beziehen (>BFH vom 12.10.1989 – BStBl 1990 II S. 64).
– Ein **Hochbautechniker** mit den einem Architekten vergleichbaren theoretischen Kenntnissen übt auch in den Veranlagungszeiträumen eine architektenähnliche Tätigkeit aus, in denen er lediglich als Bauleiter tätig wird (>BFH vom 12.10.1989 – BStBl 1990 II S. 64).
– Ist für die Ausübung des Katalogberufes eine **staatliche Erlaubnis** erforderlich, kann die ohne staatliche Erlaubnis entfaltete Tätigkeit nicht ähnlich sein (>BFH vom 13.2.2003 – BStBl II S. 721).
– >Heil- und Heilhilfsberufe
– Eine Vergleichbarkeit der Ausbildung erfordert, dass der Tiefe und der Breite nach das Wissen des Kernbereichs des jeweiligen Fachstudiums nachgewiesen wird. Vertiefte Kenntnisse auf einem Teilgebiet des Fachstudiums reichen für eine freiberufliche Tätigkeit nicht aus (>BFH vom 18.4.2007 – BStBl II S. 781).

Autodidakt

Verfügt der Stpfl. nicht über einen entsprechenden Studienabschluss (Autodidakt), muss er eine diesem vergleichbare Tiefe und Breite seiner Vorbildung nachweisen. Da der Nachweis durch Teilnahme an Kursen oder Selbststudium auch den Erfolg der autodidaktischen Ausbildung mit umfasst, ist dieser Beweis regelmäßig schwer zu erbringen (>BFH vom 14.3.1991 – BStBl II S. 769).

– Der Autodidakt kann aber ausnahmsweise den Nachweis der erforderlichen theoretischen Kenntnisse anhand eigener praktischer Arbeiten erbringen. Hierbei ist erforderlich, dass sei-

ne Tätigkeit besonders anspruchsvoll ist und nicht nur der Tiefe, sondern auch der Breite nach zumindest das Wissen des Kernbereichs eines Fachstudiums voraussetzt und den Schwerpunkt seiner Arbeit bildet (>BFH vom 9.7.1992 – BStBl 1993 II S. 100). Die praktischen Arbeiten müssen so beschaffen sein, dass aus ihnen auf eine Ausbildung, einen Kenntnisstand und eine Qualifikation geschlossen werden kann, die durch den Kernbereich eines Fachstudiums vermittelt wird (>BFH vom 11.8.1999 – BStBl 2000 II S. 31). Es ist unschädlich, wenn die Kenntnisse in einem Hauptbereich des Fachstudiums unzureichend sind, der Stpfl. jedoch insgesamt eine entsprechende Abschlussprüfung an einer Hochschule, Fachhochschule oder Berufsakademie bestehen würde (>BFH vom 19.9.2002 – BStBl 2003 II S. 27 und vom 28.8.2003 – BStBl II S. 919).
– Der Nachweis der erforderlichen theoretischen Kenntnisse kann auch mittels einer Wissensprüfung durch einen Sachverständigen erbracht werden (>BFH vom 26.6.2002 – BStBl II S. 768). Eine erfolgreich bestandene Wissensprüfung führt nur dann zur Anerkennung einer freiberufsähnlichen Tätigkeit, wenn sie den Rückschluss auf den Kenntnisstand des Stpfl. im zu beurteilenden VZ zulässt (>BFH vom 20.10.2016 – BStBl 2017 II S. 882).
– Ein abgebrochenes Studium reicht zum Nachweis einer autodidaktischen Ausbildung nicht aus (>BFH vom 4.5.2000 – BStBl II S. 616).

Erbauseinandersetzung
>BMF vom 14.3.2006 (BStBl I S. 253) unter Berücksichtigung der Änderungen durch BMF vom 27.12.2018 (BStBl 2019 I S. 11)

Erzieherische Tätigkeit
– Eine freiberufliche erzieherische Tätigkeit kann ohne Ablegung einer fachlichen Prüfung ausgeübt werden (>BFH vom 25.4.1974 – BStBl II S. 642). Eine Beratungstätigkeit, die auf Lösung von Problemen in einem bestimmten Teilbereich zwischenmenschlicher Beziehungen gerichtet ist, ist nicht erzieherisch; Voraussetzung jeder erzieherischen Tätigkeit i. S. d. § 18 Abs. 1 Nr. 1 EStG ist, dass die ganze Persönlichkeit geformt wird (>BFH vom 11.6.1997 – BStBl II S. 687).
– Leistet der Stpfl. Erziehungshilfe, indem er die betreuten Kinder zeitweise in seinen Haushalt aufnimmt, erzielt er Einkünfte aus einer freiberuflichen Tätigkeit, wenn die Erziehung der Gesamtheit der Betreuungsleistung das Gepräge gibt (>BFH vom 2.10.2003 – BStBl 2004 II S. 129).
– Eine erzieherische Tätigkeit erfordert ein Tätigwerden gegenüber Menschen (>BFH vom 9.5.2017 – BStBl II S. 911).

Gemischte Tätigkeit
– **Allgemeines**
  Wird neben einer freiberuflichen eine gewerbliche Tätigkeit ausgeübt, sind die beiden Tätigkeiten steuerlich entweder getrennt oder einheitlich zu behandeln.
– **Getrennte Behandlung**
  Die Tätigkeiten sind zu trennen, sofern dies nach der Verkehrsauffassung möglich ist (>BFH vom 2.10.2003 – BStBl 2004 II S. 363). Betätigt sich eine natürliche Person sowohl gewerblich als auch freiberuflich und besteht zwischen den Tätigkeiten kein sachlicher und wirtschaftlicher Zusammenhang, werden nebeneinander Einkünfte aus Gewerbebetrieb und aus selbständiger Arbeit erzielt. Aber auch wenn zwischen den Betätigungen gewisse sachliche und wirtschaftliche Berührungspunkte bestehen – also eine gemischte Tätigkeit vorliegt –, sind die Betätigungen regelmäßig getrennt zu erfassen (>BFH vom 11.7.1991 – BStBl 1992 II S. 353). Sind die Einkünfte nicht bereits vom Stpfl. getrennt ermittelt worden, muss eine Trennung ggf. im Wege der Schätzung erfolgen (>BFH vom 18.1.1962 – BStBl III S. 131).

- **Einheitliche Behandlung**

  Eine einheitliche Tätigkeit liegt nur vor, wenn die verschiedenen Tätigkeiten derart miteinander verflochten sind, dass sie sich gegenseitig unlösbar bedingen (>BFH vom 11.7.1991 – BStBl 1992 II S. 413). Schuldet ein Stpfl. seinem Auftraggeber einen einheitlichen Erfolg, ist die zur Durchführung des Auftrags erforderliche Tätigkeit regelmäßig als einheitliche zu beurteilen (>BFH vom 18.10.2006 – BStBl 2008 II S. 54). Werden in einem Betrieb nur gemischte Leistungen erbracht, ist der Betrieb danach zu qualifizieren, welche der einzelnen Tätigkeiten der Gesamttätigkeit das Gepräge gibt (>BFH vom 2.10.2003 – BStBl 2004 II S. 363).

- **Beispiele**
  - Der Ankauf und Verkauf von Waren ist grundsätzlich der freiberuflichen Tätigkeit derart wesensfremd, dass er zur Gewerblichkeit führt (>H 15.8 (5) Einheitliche Gesamtbetätigung; >BFH vom 24.4.1997 – BStBl II S. 567).
  - Werden von Architekten i.V.m. gewerblichen Grundstücksverkäufen Architektenaufträge jeweils in getrennten Verträgen vereinbart und durchgeführt, liegen zwei getrennte Tätigkeiten vor (>BFH vom 23.10.1975 – BStBl 1976 II S. 152).
  - >Heil- und Heilhilfsberufe
  - Ein Rechtsanwalt, der den Vertriebsunternehmen oder Initiatoren von Bauherren-Modellen Interessenten am Erwerb von Eigentumswohnungen nachweist oder der entsprechende Verträge vermittelt, ist insoweit nicht freiberuflich tätig (>BFH vom 1.2.1990 – BStBl II S. 534).
  - Ist ein Steuerberater für eine Bauherrengemeinschaft als Treuhänder tätig, können einzelne für die Treugeber erbrachte Leistungen, die zu den typischerweise von Steuerberatern ausgeübten Tätigkeiten gehören, als freiberuflich gewertet werden, wenn sie von den gewerblichen Treuhänderleistungen abgrenzbar sind (>BFH vom 21.4.1994 – BStBl II S. 650). Eine getrennte steuerliche Behandlung ist jedoch nicht möglich, wenn ein Steuerberater, der einem Vertriebsunternehmen Interessenten an den Eigentumswohnungen nachweist oder Verträge über den Erwerb vermittelt, Abnehmer bezüglich der Eigentumswohnungen steuerlich berät; die von dem Vertriebsunternehmen durch Pauschalhonorar mit vergütete Beratung ist Teil der einheitlichen gewerblichen Betätigung (>BFH vom 9.8.1983 – BStBl 1984 II S. 129).
  - Ein Wirtschaftsprüfer übt eine gewerbliche Tätigkeit aus, soweit er als Treuhänder bei einem Immobilienfonds tätig wird (>BFH vom 18.10.2006 – BStBl 2007 II S. 266).

Gesellschaft
- Schließen sich Angehörige eines freien Berufs zu einer Personengesellschaft zusammen, haben die Gesellschafter nur dann freiberufliche Einkünfte, wenn alle Gesellschafter, ggf. auch die Kommanditisten, die Merkmale eines freien Berufs erfüllen. Kein Gesellschafter darf nur kapitalmäßig beteiligt sein oder Tätigkeiten ausüben, die keine freiberuflichen sind (>BFH vom 11.6.1985 – BStBl II S. 584 und vom 9.10.1986 – BStBl 1987 II S. 124). Dies gilt ungeachtet des Umfangs der Beteiligung (>BFH vom 28.10.2008 – BStBl 2009 II S. 642). Eine Personengesellschaft, die sich aus Angehörigen unterschiedlicher freier Berufe zusammensetzt, ist nicht bereits vom Grundsatz her als gewerbliche Mitunternehmerschaft einzustufen (>BFH vom 23.11.2000 – BStBl 2001 II S. 241). Beratende Bauingenieure können im Rahmen einer GbR, auch wenn sie nur in geringem Umfang tätig werden, eigenverantwortlich tätig sein (>BFH vom 20.4.1989 – BStBl II S. 727). Eine an einer KG als Mitunternehmerin beteiligte GmbH ist selbst dann eine berufsfremde Person, wenn ihre sämtlichen Gesellschafter und ihr Geschäftsführer Angehörige eines freien Berufs sind (>BFH vom 17.1.1980 – BStBl II S. 336 und vom 8.4.2008 – BStBl II S. 681). Das gilt auch dann, wenn die GmbH als alleinige Komplementärin lediglich eine Haftungsvergütung erhält, am Vermögen und Gewinn der KG nicht teilhat und von der Geschäftsführung ausgeschlossen ist (>BFH vom 10.10.2012 – BStBl 2013 II S. 79).

- Ein an einer interprofessionellen Freiberufler-Personengesellschaft beteiligter Volks- oder Betriebswirt, der dort lediglich kaufmännische Leitungsaufgaben oder sonstige Managementtätigkeiten übernimmt, ist nicht beratend und damit nicht freiberuflich tätig (>BFH vom 28. 10. 2008 – BStBl 2009 II S. 642).
- Eine Personengesellschaft entfaltet keine freiberufliche Tätigkeit, wenn sie als Holdinggesellschaft geschäftsleitende, kontrollierende und koordinierende kaufmännische Funktionen innerhalb einer Gruppe von freiberuflichen Unternehmen wahrnimmt (>BFH vom 28. 10. 2008 – BStBl 2009 II S. 647).
- Üben Personengesellschaften auch nur zum Teil eine gewerbliche Tätigkeit aus, so ist ihr gesamter Betrieb als gewerblich zu behandeln >R 15.8 (5). Zur steuerrechtlichen Behandlung des Verkaufs von Kontaktlinsen nebst Pflegemitteln, von Mundhygieneartikeln sowie von Tierarzneimitteln durch ärztliche Gemeinschaftspraxen >BMF vom 14. 5. 1997 (BStBl I S. 566). Zur steuerrechtlichen Anerkennung der Ausgliederung der gewerblichen Tätigkeit auf eine personenidentische Gesellschaft (Schwestergesellschaft) >auch BFH vom 19. 2. 1998 (BStBl II S. 603).
- Bei mehrstöckigen Personengesellschaften entfaltet die Untergesellschaft nur dann eine freiberufliche Tätigkeit, wenn neben den unmittelbar beteiligten Gesellschaftern auch sämtliche Gesellschafter der Obergesellschaft die Merkmale des freien Berufs erfüllen und als solche in der Untergesellschaft tätig sind (>BFH vom 28. 10. 2008 – BStBl 2009 II S. 642).
- Stellen ein Kameramann und ein Tontechniker als Gesellschafter einer Personengesellschaft für Fernsehanstalten mit Originalton unterlegtes Filmmaterial über aktuelle Ereignisse her, sind sie als Bildberichterstatter freiberuflich i. S. d. § 18 Abs. 1 Nr. 1 EStG tätig (>BFH vom 20. 12. 2000 – BStBl 2002 II S. 478).

Heil- und Heilhilfsberufe
- Soweit Heil- oder Heilhilfsberufe nicht zu den Katalogberufen zählen, ist ein solcher Beruf einem der in § 18 Abs. 1 Nr. 1 Satz 2 EStG genannten Katalogberufe ähnlich, wenn das typische Bild des Katalogberufs mit seinen wesentlichen Merkmalen dem Gesamtbild des zu beurteilenden Berufs vergleichbar ist. Dazu gehören die Vergleichbarkeit der jeweils ausgeübten Tätigkeit nach den sie charakterisierenden Merkmalen, die Vergleichbarkeit der Ausbildung und die Vergleichbarkeit der Bedingungen, an die das Gesetz die Ausübung des zu vergleichenden Berufs knüpft.
Abweichend von den vorgenannten Grundsätzen stellt die Zulassung des jeweiligen Stpfl. oder die regelmäßige Zulassung seiner Berufsgruppe nach § 124 Abs. 2 SGB V durch die zuständigen Stellen der gesetzlichen Krankenkassen ein ausreichendes Indiz für das Vorliegen einer dem Katalogberuf des Krankengymnasten ähnlichen Tätigkeit dar. Fehlt es an dieser Zulassung, kann durch ein Gutachten nachgewiesen werden, ob die Ausbildung, die Erlaubnis und die Tätigkeit des Stpfl. mit den Erfordernissen des § 124 Abs. 2 Satz 1 Nr. 1 bis 3 SGB V vergleichbar sind (>BMF vom 22. 10. 2004 – BStBl I S. 1030).
Ob ein im Vergleich zu einem Katalogberuf i. S. d. § 18 Abs. 1 Nr. 1 Satz 2 EStG ähnlicher Beruf vorliegt, bestimmt sich nach ertragsteuerlichen Grundsätzen und nicht nach den im Zusammenhang mit der richtlinienkonformen Auslegung des § 4 Nr. 14 UStG entwickelten Maßstäben (>BFH vom 25. 4. 2017 – BStBl II S. 908).
- Betreibt ein Arzt ein **Krankenhaus**, liegt eine freiberufliche Tätigkeit vor, wenn es ein notwendiges Hilfsmittel für die ärztliche Tätigkeit darstellt und aus dem Krankenhaus ein besonderer Gewinn nicht angestrebt wird (>RFH vom 15. 3. 1939 – RStBl S. 853). Entsprechendes gilt hinsichtlich einer von einem Arzt oder von einem Heilpraktiker, Physiotherapeuten (Krankengymnasten), Heilmasseur betriebenen **medizinischen Badeanstalt** (>BFH vom 26. 11. 1970 – BStBl 1971 II S. 249).
- Ist eine von einem Arzt betriebene Klinik, ein Kurheim oder Sanatorium ein gewerblicher Betrieb, gehören grundsätzlich auch seine im Rahmen dieses Betriebes erzielten Einnahmen aus ärztlichen Leistungen zu den Einnahmen aus Gewerbebetrieb, wenn ein ganzheitliches Heilverfahren praktiziert wird, für das ein einheitliches Entgelt zu entrichten ist (>BFH vom

12.11.1964 – BStBl 1965 III S. 90). Ein Arzt, der eine Privatklinik betreibt, erzielt jedoch dann gewerbliche Einkünfte aus dem Betrieb der Klinik und freiberufliche Einkünfte aus den von ihm erbrachten stationären ärztlichen Leistungen, wenn die Leistungen der Klinik einerseits und die ärztlichen Leistungen andererseits gesondert abgerechnet werden und sich nicht gegenseitig unlösbar bedingen (>BFH vom 2.10.2003 – BStBl 2004 II S. 363). Das gilt entsprechend, wenn der Betrieb einer medizinischen Badeanstalt als Gewerbebetrieb anzusehen ist.
- **Tierärzte**, die **Medikamente oder Impfstoffe** gegen Entgelt abgeben, sind gewerblich tätig (>BFH vom 1.2.1979 – BStBl II S. 574 und vom 27.7.1978 – BStBl II S. 686 sowie BMF vom 14.5.1997 – BStBl I S. 566).
- Der Verkauf von **Kontaktlinsen nebst Pflegemitteln** und von **Mundhygieneartikeln** ist eine gewerbliche Tätigkeit (>BMF vom 14.5.1997 – BStBl I S. 566).

Künstlerische Tätigkeit

- Eine künstlerische Tätigkeit liegt vor, wenn die Arbeiten nach ihrem Gesamtbild **eigenschöpferisch** sind und über eine hinreichende Beherrschung der Technik hinaus eine bestimmte **künstlerische Gestaltungshöhe** erreichen (>BFH vom 11.7.1991 – BStBl 1992 II S. 353). Dabei ist nicht jedes einzelne von dem Künstler geschaffene Werk für sich, sondern die gesamte von ihm im VZ ausgeübte Tätigkeit zu würdigen (>BFH vom 11.7.1960 – BStBl III S. 453).
- Im Übrigen ist aber bei der Entscheidung der Frage, ob ein bisher freiberuflich Tätiger Gewerbetreibender wird, nicht auf die möglicherweise besonders gelagerten Umstände eines einzelnen VZ abzustellen, sondern zu prüfen, ob die **allgemeine Tendenz** zur Entwicklung eines Gewerbebetriebes hingeht (>BFH vom 24.7.1969 – BStBl 1970 II S. 86).
- Da die künstlerische Tätigkeit in besonderem Maße **persönlichkeitsbezogen** ist, kann sie als solche nur anerkannt werden, wenn der Künstler auf sämtliche zur Herstellung eines Kunstwerks erforderlichen Tätigkeiten den entscheidenden gestaltenden Einfluss ausübt (>BFH vom 2.12.1980 – BStBl 1981 II S. 170).
- Zum Verfahren bei Vorliegen einander widersprechender **Gutachten** (>BFH vom 11.7.1991 – BStBl II S. 889).

Laborleistungen

- >BMF vom 12.2.2009 (BStBl I S. 398)
- >Mithilfe anderer Personen

Mitarbeit eines angestellten Berufsträgers

- Betreuen ein selbständig tätiger und ein angestellter Ingenieur jeweils einzelne Projekte eigenverantwortlich und leitend, ist trotz der gleichartigen Tätigkeit eine – ggf. im Schätzungswege vorzunehmende – Aufteilung der Einkünfte nicht ausgeschlossen mit der Folge, dass die vom Unternehmensinhaber selbst betreuten Projekte der freiberuflichen Tätigkeit zuzuordnen sind, und nur die vom Angestellten betreuten Projekte zu gewerblichen Einkünften führen (>BFH vom 8.10.2008 – BStBl 2009 II S. 143).
- Selbständige Ärzte üben ihren Beruf grundsätzlich auch dann leitend und eigenverantwortlich aus, wenn sie ärztliche Leistungen von angestellten Ärzten erbringen lassen. Voraussetzung dafür ist, dass sie auf Grund ihrer Fachkenntnisse durch regelmäßige und eingehende Kontrolle maßgeblich auf die Tätigkeit ihres angestellten Fachpersonals patientenbezogen Einfluss nehmen, dass die Leistung den Stempel der Persönlichkeit des Stpfl. trägt. Dies ist jedenfalls dann der Fall, wenn der selbständige Arzt die jeweils anstehenden Voruntersuchungen bei den Patienten durchführt, die Behandlungsmethode festlegt und sich die Behandlung problematischer Fälle vorbehält (>BFH vom 16.7.2014 – BStBl 2015 II S. 216).

Mithilfe anderer Personen
Fachlich vorgebildete Arbeitskräfte sind nicht nur Angestellte, sondern auch Subunternehmer (>BFH vom 23. 5. 1984 – BStBl II S. 823 und vom 20. 12. 2000 – BStBl 2002 II S. 478). Die Beschäftigung von fachlich vorgebildeten Mitarbeitern steht der Annahme einer freiberuflichen Tätigkeit nicht entgegen, wenn der Berufsträger auf Grund eigener Fachkenntnisse **leitend** tätig wird und auch hinsichtlich der für den Beruf typischen Tätigkeit **eigenverantwortlich** mitwirkt (>BFH vom 1. 2. 1990 – BStBl II S. 507); im Fall eines Schulleiters genügt es, dass er eigenständig in den Unterricht anderer Lehrkräfte eingreift, indem er die Unterrichtsveranstaltungen mitgestaltet und ihnen damit den **Stempel seiner Persönlichkeit** gibt (>BFH vom 23. 1. 1986 – BStBl II S. 398). Die leitende und eigenverantwortliche Tätigkeit des Berufsträgers muss sich auf die **Gesamttätigkeit** seiner Berufspraxis erstrecken; es genügt somit nicht, wenn sich die auf persönlichen Fachkenntnissen beruhende Leitung und eigene Verantwortung auf einen Teil der Berufstätigkeit beschränkt (>BFH vom 5. 12. 1968 – BStBl 1969 II S. 165). Freiberufliche Arbeit leistet der Berufsträger nur, wenn die Ausführung jedes einzelnen ihm erteilten Auftrags ihm und nicht dem fachlichen Mitarbeiter, den Hilfskräften, den technischen Hilfsmitteln oder dem Unternehmen als Ganzem zuzurechnen ist, wobei in einfachen Fällen eine fachliche Überprüfung der Arbeitsleistung des Mitarbeiters genügt (>BFH vom 1. 2. 1990 – BStBl II S. 507). Danach ist z. B. in den folgenden Fällen eine **gewerbliche Tätigkeit** anzunehmen:
– Ein Stpfl. unterhält ein **Übersetzungsbüro,** ohne dass er selbst über Kenntnisse in den Sprachen verfügt, auf die sich die Übersetzungstätigkeit erstreckt.
– Ein **Architekt** befasst sich vorwiegend mit der Beschaffung von Aufträgen und lässt die fachliche Arbeit durch Mitarbeiter ausführen.
– Ein **Ingenieur** beschäftigt fachlich vorgebildete Arbeitskräfte und übt mit deren Hilfe eine Beratungstätigkeit auf mehreren Fachgebieten aus, die er nicht beherrscht oder nicht leitend bearbeitet (>BFH vom 11. 9. 1968 – BStBl II S. 820).
>auch Mitarbeit eines angestellten Berufsträgers
– Ein Stpfl. betreibt eine **Fahrschule,** besitzt jedoch nicht die Fahrlehrererlaubnis (>BFH vom 4. 10. 1966 – BStBl III S. 685).
– Ein Stpfl. ist Inhaber einer **Privatschule** und beschäftigt eine Anzahl von Lehrkräften, ohne durch eigenen Unterricht sowie durch das Mitgestalten des von anderen Lehrkräften erteilten Unterrichts eine überwiegend eigenverantwortliche Unterrichtstätigkeit auszuüben (>BFH vom 6. 11. 1969 – BStBl 1970 II S. 214 und vom 13. 12. 1973 – BStBl 1974 II S. 213); das Gleiche gilt für **Reitunterricht** auf einem Reiterhof >BFH vom 16. 11. 1978 (BStBl 1979 II S. 246).
– Ein **Facharzt für Laboratoriumsmedizin** hat nicht ausreichend Zeit für die persönliche Mitwirkung am einzelnen Untersuchungsauftrag (>BFH vom 21. 3. 1995 – BStBl II S. 732).
– Ein **Krankenpfleger** überlässt Pflegeleistungen weitgehend seinen Mitarbeitern (>BFH vom 5. 6. 1997 – BStBl II S. 681).
– Ein **Bildberichterstatter** gibt Aufträge an andere Kameraleute und Tontechniker weiter, ohne insoweit auf die Gestaltung des Filmmaterials Einfluss zu nehmen (>BFH vom 20. 12. 2000 – BStBl 2002 II S. 478).
– Die Einkünfte einer **Ärzte-GbR** sind insgesamt solche aus Gewerbebetrieb, wenn die GbR auch Vergütungen aus ärztlichen Leistungen erzielt, die in nicht unerheblichem Umfang ohne leitende und eigenverantwortliche Beteiligung der Mitunternehmer-Gesellschafter erbracht werden (>BFH vom 3. 11. 2015 – BStBl 2016 II S. 381).

Der Berufsträger darf weder die Leitung noch die Verantwortlichkeit einem Geschäftsführer oder Vertreter übertragen. Eine leitende und eigenverantwortliche Tätigkeit ist jedoch dann noch gegeben, wenn ein Berufsträger nur **vorübergehend,** z. B. während einer Erkrankung, eines Urlaubs oder der Zugehörigkeit zu einer gesetzgebenden Körperschaft oder der Mitarbeit in einer Standesorganisation, seine Berufstätigkeit nicht selbst ausüben kann.
Diese Grundsätze gelten bei den Einkünften nach § 18 Abs. 1 Nr. 3 EStG entsprechend (>BFH vom 15. 12. 2010 – BStBl 2011 II S. 506 und vom 26. 1. 2011 – BStBl II S. 498).

Rechts- und wirtschaftsberatende Berufe
- Zu der freien Berufstätigkeit eines Wirtschaftsprüfers, vereidigten Buchprüfers, Steuerberaters, Steuerbevollmächtigten usw. können auch die Prüfungen der laufenden Eintragungen in den Geschäftsbüchern, die Prüfung der Inventur, die Durchführung des Hauptabschlusses und die Aufstellung der Steuererklärungen gehören. Die Bücherführung für andere Personen, z. B. durch einen Steuerberater oder einen Steuerbevollmächtigten, ist ebenfalls grundsätzlich eine freiberufliche Tätigkeit (>RFH vom 8. 3. 1939 – RStBl S. 577 und BFH vom 12. 9. 1951 – BStBl III S. 197).
- >Gemischte Tätigkeit

Schriftstellerische Tätigkeit
- Ein Schriftsteller muss für die Öffentlichkeit schreiben und es muss sich um den Ausdruck eigener Gedanken handeln, mögen sich diese auch auf rein tatsächliche Vorgänge beziehen. Es ist nicht erforderlich, dass das Geschriebene einen wissenschaftlichen oder künstlerischen Inhalt hat. Der Schriftsteller braucht weder Dichter noch Künstler noch Gelehrter zu sein (>BFH vom 14. 5. 1958 – BStBl III S. 316).
- Die selbständige Entwicklung von Softwarelernprogrammen ist dann eine schriftstellerische Tätigkeit, wenn eigene Gedanken verfasst werden und die Programme für die Öffentlichkeit bestimmt sind (>BFH vom 10. 9. 1998 – BStBl 1999 II S. 215).
- Das Verfassen von Anleitungen zum Umgang mit technischen Geräten ist eine schriftstellerische Tätigkeit, wenn der auf der Grundlage mitgeteilter Daten erstellte Text als eine eigenständige gedankliche Leistung des Autors erscheint (>BFH vom 25. 4. 2002 – BStBl II S. 475).

Sonstige selbständige Arbeit
- Eine Tätigkeit ist auch eine sonstige selbstständige Arbeit i. S. d. § 18 Abs. 1 Nr. 3 EStG, wenn sie den dort aufgeführten Tätigkeiten (Vollstreckung von Testamenten, Vermögensverwaltung, Tätigkeit als Aufsichtsratsmitglied) ähnlich ist (>BFH vom 28. 8. 2003 – BStBl 2004 II S. 112).
- Eine Tätigkeit als **Aufsichtsratsmitglied** i. S. d. § 18 Abs. 1 Nr. 3 EStG übt derjenige aus, der mit der Überwachung der Geschäftsführung einer Gesellschaft beauftragt ist. Dies ist dann nicht der Fall, wenn vom Beauftragen im Wesentlichen Aufgaben der Geschäftsführung wahrgenommen werden (>BFH vom 28. 8. 2003 – BStBl 2004 II S. 112).
- Einkünfte aus einer Tätigkeit als Insolvenzverwalter oder aus der Zwangsverwaltung von Liegenschaften gehören, auch wenn sie von Rechtsanwälten erzielt werden, grundsätzlich zu den Einkünften aus sonstiger selbständiger Arbeit i. S. d. § 18 Abs. 1 Nr. 3 EStG (>BFH vom 15. 12. 2010 – BStBl 2011 II S. 506).
- Bei den Einkünften aus sonstiger selbständiger Arbeit i. S. v. § 18 Abs. 1 Nr. 3 EStG ist § 18 Abs. 1 Nr. 1 Satz 3 und 4 EStG entsprechend anzuwenden (>BFH vom 15. 12. 2010 – BStBl 2011 II S. 506 und vom 26. 1. 2011 – BStBl II S. 498).

Unterrichtende Tätigkeit
- Der Betrieb einer **Unterrichtsanstalt** ist dann als Ausübung eines freien Berufs anzusehen, wenn der Inhaber über entsprechende Fachkenntnisse verfügt und den Betrieb der Schule eigenverantwortlich leitet (>Mithilfe anderer Personen). Für eine spezifisch individuelle Leistung, wie es die Lehrtätigkeit ist, gelten dabei **besonders enge Maßstäbe** (>BFH vom 1. 4. 1982 – BStBl II S. 589).
- Ein der Schule angeschlossenes **Internat** rechnet zur freiberuflichen Tätigkeit, wenn das Internat ein notwendiges Hilfsmittel für die Schule ist und das Internat keine besondere Gewinnquelle neben der Schule bildet (>BFH vom 30. 6. 1964 – BStBl III S. 630). Für die Behandlung der beiden Betriebe als gemischte Tätigkeit und ihre getrennte steuerliche Behandlung

(>**Gemischte Tätigkeit**). Eine freiberufliche erzieherische Tätigkeit kann ohne Ablegung einer fachlichen Prüfung ausgeübt werden (>BFH vom 25. 4. 1974 – BStBl II S. 642).
- Der Betrieb eines **Fitness-Studios** stellt keine unterrichtende Tätigkeit dar, wenn sich die persönliche Betreuung der Kunden im Wesentlichen auf die Einweisung in die Handhabung der Geräte und die Überwachung des Trainings in Einzelfällen beschränkt (>BFH vom 13. 1. 1994 – BStBl II S. 362). Dies gilt auch bei einem **Bodybuilding-Studio**, wenn die unterrichtende Tätigkeit nur die Anfangsphase der Kurse prägt und im Übrigen den Kunden Trainingsgeräte zur freien Verfügung stehen (>BFH vom 18. 4. 1996 – BStBl II S. 573).
- Der Betrieb einer **Tanzschule** durch eine GbR ist gewerblich, wenn diese auch einen Getränkeverkauf mit Gewinnerzielungsabsicht betreibt (>BFH vom 18. 5. 1995 – BStBl II S. 718).
- Eine unterrichtende Tätigkeit erfordert ein Tätigwerden gegenüber Menschen (>BFH vom 9. 5. 2017 – BStBl II S. 911).

Verpachtung nach Erbfall
Das Ableben eines Freiberuflers führt weder zu einer Betriebsaufgabe noch geht das der freiberuflichen Tätigkeit dienende Betriebsvermögen durch den Erbfall in das Privatvermögen der Erben über (>BFH vom 14. 12. 1993 – BStBl 1994 II S. 922). Die vorübergehende Verpachtung einer freiberuflichen Praxis durch den Erben oder Vermächtnisnehmer führt dann nicht zur Betriebsaufgabe, wenn er im Begriff ist, die für die beabsichtigte Praxisfortführung erforderliche freiberufliche Qualifikation zu erlangen (>BFH vom 12. 3. 1992 – BStBl 1993 II S. 36).

Wissenschaftliche Tätigkeit
Wissenschaftlich tätig wird nicht nur, wer schöpferische oder forschende Arbeit leistet – reine Wissenschaft –, sondern auch, wer das aus der Forschung hervorgegangene Wissen und Erkennen auf konkrete Vorgänge anwendet – angewandte Wissenschaft –. Keine wissenschaftliche Tätigkeit liegt vor, wenn sie im Wesentlichen in einer praxisorientierten Beratung besteht (>BFH vom 27. 2. 1992 – BStBl II S. 826).

R 15.7	**Abgrenzung des Gewerbebetriebs von der Vermögensverwaltung**

Allgemeines
(1) [1]Die bloße Verwaltung eigenen Vermögens ist regelmäßig keine gewerbliche Tätigkeit. [2]Vermögensverwaltung liegt vor, wenn sich die Betätigung noch als Nutzung von Vermögen im Sinne einer Fruchtziehung aus zu erhaltenden Substanzwerten darstellt und die Ausnutzung substantieller Vermögenswerte durch Umschichtung nicht entscheidend in den Vordergrund tritt. [3]Ein Gewerbebetrieb liegt dagegen vor, wenn eine selbständige nachhaltige Betätigung mit Gewinnabsicht unternommen wird, sich als Beteiligung am allgemeinen wirtschaftlichen Verkehr darstellt und über den Rahmen einer Vermögensverwaltung hinausgeht. [4]Die Verpachtung eines Gewerbebetriebs ist grundsätzlich nicht als Gewerbebetrieb anzusehen >aber R 16 Abs. 5*[)].

Vermietung und Verpachtung von Grundvermögen
(2) [1]Ein Gewerbebetrieb ist in der Regel gegeben bei der Vermietung von Ausstellungsräumen, Messeständen und bei der ständig wechselnden kurzfristigen Vermietung von Sälen, z. B. für Konzerte. [2]Die Beherbergung in Gaststätten ist stets ein Gewerbebetrieb.

Vermietung beweglicher Gegenstände
(3) [1]Die Vermietung beweglicher Gegenstände (z. B. Pkw, Wohnmobile, Boote) führt grundsätzlich zu sonstigen Einkünften i. S. d. § 22 Nr. 3 EStG, bei in ein inländisches oder ausländisches

---
*) Jetzt § 16 Abs. 3b EStG.

öffentliches Register eingetragenen beweglichen Sachen (Schiffe, Flugzeuge) zu Einkünften i. S. d. § 21 Abs. 1 Satz 1 Nr. 1 EStG oder bei Sachinbegriffen zu Einkünften i. S. d. § 21 Abs. 1 Satz 1 Nr. 2 EStG. ²Eine gewerbliche Tätigkeit liegt vor, wenn im Zusammenhang mit der Vermietung ins Gewicht fallende Sonderleistungen erbracht werden oder der Umfang der Tätigkeit eine unternehmerische Organisation erfordert.

Betriebsaufspaltung – Allgemeines
(4) – unbesetzt –

Betriebsaufspaltung – Sachliche Verflechtung
(5) – unbesetzt –

Betriebsaufspaltung – Personelle Verflechtung
(6) – unbesetzt –

Betriebsaufspaltung – Zusammenrechnung von Ehegattenanteilen
(7) – unbesetzt –

Betriebsaufspaltung – Zusammenrechnung der Anteile von Eltern und Kindern
(8) ¹Eine personelle Verflechtung liegt vor, wenn einem Elternteil oder beiden Elternteilen und einem minderjährigen Kind an beiden Unternehmen jeweils zusammen die Mehrheit der Stimmrechte zuzurechnen sind. ²Ist beiden Elternteilen an einem Unternehmen zusammen die Mehrheit der Stimmrechte zuzurechnen und halten sie nur zusammen mit dem minderjährigen Kind am anderen Unternehmen die Mehrheit der Stimmrechte, liegt, wenn das Vermögenssorgerecht beiden Elternteilen zusteht, grundsätzlich ebenfalls eine personelle Verflechtung vor. ³Hält nur ein Elternteil an dem einen Unternehmen die Mehrheit der Stimmrechte und hält er zusammen mit dem minderjährigen Kind die Mehrheit der Stimmrechte an dem anderen Unternehmen, liegt grundsätzlich keine personelle Verflechtung vor; auch in diesem Fall kann aber eine personelle Verflechtung anzunehmen sein, wenn das Vermögenssorgerecht allein beim beteiligten Elternteil liegt oder wenn das Vermögenssorgerecht bei beiden Elternteilen liegt und zusätzlich zur ehelichen Lebensgemeinschaft gleichgerichtete wirtschaftliche Interessen der Ehegatten vorliegen. ⁴Ist nur einem Elternteil an dem einen Unternehmen die Mehrheit der Stimmrechte zuzurechnen und halten an dem anderen Unternehmen beide Elternteile zusammen mit dem minderjährigen Kind die Mehrheit der Stimmrechte, liegt grundsätzlich keine personelle Verflechtung vor, es sei denn, die Elternanteile können zusammengerechnet werden und das Vermögenssorgerecht steht beiden Elternteilen zu.

Wertpapiergeschäfte
(9) – unbesetzt –

H 15.7 (1)

Beginn der Betriebsverpachtung
Verfahren >BFH vom 13. 11. 1963 (BStBl 1964 III S. 124)
>Oberste Finanzbehörden der Länder (BStBl 1965 II S. 4 ff.)

Betriebsaufspaltung/Gewerblicher Grundstückshandel
Gehört ein Grundstück zum Betriebsvermögen (Umlaufvermögen) eines gewerblichen Grundstückshandels und wird es im Rahmen einer Betriebsaufspaltung als eine wesentliche Betriebs-

grundlage an ein Betriebsunternehmen vermietet, wird das Grundstück unter Fortführung des Buchwerts notwendiges Betriebsvermögen (Anlagevermögen) bei dem Besitzunternehmen (>BFH vom 21. 6. 2001 – BStBl 2002 II S. 537).

Einkunftsermittlung
- Bei im Betriebsvermögen gehaltenen Beteiligungen an vermögensverwaltenden Personengesellschaften >BMF vom 29. 4. 1994 (BStBl I S. 282) und vom 8. 6. 1999 (BStBl I S. 592) und >BFH vom 11. 4. 2005 (BStBl II S. 679)
- Überträgt ein gewerblich tätiger Gesellschafter einer vermögensverwaltenden Personengesellschaft (sog. Zebragesellschaft) ein Wirtschaftsgut seines Betriebsvermögens in das Gesamthandsvermögen der vermögensverwaltenden Personengesellschaft, führt dies nicht zur Aufdeckung der stillen Reserven bei dem Gesellschafter, soweit dieser an der Zebragesellschaft betrieblich beteiligt ist. Dies gilt auch dann, wenn die Übertragung zu fremdüblichen Bedingungen erfolgt. Die auf die betriebliche Beteiligung entfallenden stillen Reserven sind erst bei der Veräußerung des Wirtschaftsguts durch die Zebragesellschaft aufzudecken (>BFH vom 26. 4. 2012 – BStBl 2013 II S. 142).

Erwerb von „gebrauchten" Lebensversicherungen
Die Grenze der privaten Vermögensverwaltung zum Gewerbebetrieb wird nicht überschritten, wenn der Erwerb und das Halten „gebrauchter" Lebensversicherungen sowie der Einzug der Versicherungssumme bei Fälligkeit den Beginn und das Ende einer in erster Linie auf Fruchtziehung gerichteten Tätigkeit darstellen. Ein ausreichendes Indiz für die Qualifikation der Tätigkeit als Gewerbebetrieb ergibt sich weder aus dem Anlagevolumen oder dem Umfang der getätigten Rechtsgeschäfte noch aus der Einschaltung eines Vermittlers. Eine gewerbliche Tätigkeit kommt nur in Betracht, wenn sich der Erwerber wie ein Händler oder Dienstleister verhält (>BFH vom 11. 10. 2012 – BStBl 2013 II S. 538).

Gewerblicher Grundstückshandel
- >BMF vom 26. 3. 2004 (BStBl I S. 434)
- Veräußert der Alleingesellschafter-Geschäftsführer einer GmbH ein von ihm erworbenes unaufgeteiltes Mehrfamilienhaus an die GmbH, die er zur Aufteilung bevollmächtigt und die die entstandenen vier Eigentumswohnungen noch im selben Jahr an verschiedene Erwerber veräußert, können die Aktivitäten der GmbH nur dem Anteilseigner zugerechnet werden, wenn die Voraussetzungen eines Gestaltungsmissbrauchs vorliegen. Für einen Gestaltungsmissbrauch kann insbesondere neben weiteren Umständen sprechen, dass die Mittel für den an den Anteilseigner zu entrichtenden Kaufpreis zu einem erheblichen Teil erst aus den Weiterverkaufserlösen zu erbringen sind (>BFH vom 18. 3. 2004 – BStBl II S. 787).
- In der Einschaltung von nahen Angehörigen in eigene Grundstücksgeschäfte des Stpfl. kann ein Gestaltungsmissbrauch i. S. d. § 42 AO liegen (>BFH vom 15. 3. 2005 – BStBl II S. 817).
- Die Zwischenschaltung einer GmbH, die die Errichtung und Vermarktung von Wohnungen übernimmt, ist grundsätzlich nicht missbräuchlich, wenn die GmbH nicht funktionslos ist, d. h. wenn sie eine wesentliche – wertschöpfende – eigene Tätigkeit (z. B. Bebauung des erworbenen Grundstücks) ausübt. Die von der GmbH veräußerten Wohnungen sind dann nicht als Objekt i. S. d. Drei-Objekt-Grenze zu berücksichtigen (>BFH vom 17. 3. 2010 – BStBl II S. 622).
- Im Rahmen des Folgebescheids darf der Gewinn aus der Veräußerung eines Anteils an einer grundbesitzenden Personengesellschaft auch dann in einen laufenden Gewinn im Rahmen eines vom Stpfl. betriebenen gewerblichen Grundstückshandels umqualifiziert werden, wenn er im Grundlagenbescheid als Veräußerungsgewinn bezeichnet worden ist (>BFH vom 18. 4. 2012 – BStBl II S. 647).

- Ein gewerblicher Grundstückshandel setzt Gewinnerzielungsabsicht voraus. Die Gewinnerzielungsabsicht kann nachträglich entfallen. Obliegt es dem gewerblichen Händler zu bebauender Grundstücke, mit Rücksicht auf eine längere Verlustphase Umstrukturierungsmaßnahmen zu treffen, hat er geänderte konkrete Nutzungskonzepte zu entwickeln und zu verfolgen. Die Hoffnung auf einen Veräußerungsgewinn jenseits einer Haltefrist von zehn Jahren ist regelmäßig privater Natur. Wird der Betrieb weder umstrukturiert noch aufgegeben, kommt es infolge Strukturwandels zur Liebhaberei (>BFH vom 5.4.2017 – BStBl II S. 1130).

Goldhandel
Ob der Ankauf und Verkauf von Gold als Gewerbebetrieb anzusehen ist, muss anhand der Besonderheiten von Goldgeschäften beurteilt werden. Ein kurzfristiger und häufiger Umschlag des Goldbestands sowie der Einsatz von Fremdkapital können Indizien für eine gewerbliche Tätigkeit sein. Die Grundsätze des Wertpapierhandels (>H 15.7 (9) An- und Verkauf von Wertpapieren) sind auf den Handel mit physischem Gold nicht übertragbar (>BFH vom 19.1.2017 – BStBl II S. 456).

Handel mit Beteiligungen
Die Gründung oder der Erwerb von mehreren GmbHs, die Ausstattung der Gesellschaften mit Güterfernverkehrsgenehmigungen und die anschließende Veräußerung dieser Beteiligungen begründet eine gewerbliche Tätigkeit (>BFH vom 25.7.2001 – BStBl II S. 809).

Teilbetrieb
Die Verpachtung eines Teilbetriebs führt nicht zu Einkünften aus Vermietung und Verpachtung, wenn sie im Rahmen des gesamten Betriebs vorgenommen wird (>BFH vom 5.10.1976 – BStBl 1977 II S. 42).

Venture Capital Fonds/Private Equity Fonds
Zur Abgrenzung der privaten Vermögensverwaltung vom Gewerbebetrieb bei Venture Capital Fonds und Private Equity Fonds >BMF vom 16.12.2003 (BStBl 2004 I S. 40 – berichtigt BStBl 2006 I S. 632)
>aber Tz. 20 Satz 2 überholt durch BFH vom 9.8.2006 (BStBl 2007 II S. 279)

H 15.7 (2)

Arbeiterwohnheim
Der Betrieb eines Arbeiterwohnheims ist im Allgemeinen als Gewerbebetrieb zu beurteilen (>BFH vom 18.1.1973 – BStBl II S. 561).

Architekten/Bauunternehmer
Die Errichtung von Häusern durch Architekten oder Bauunternehmer zum Zweck späterer Vermietung stellt keine gewerbliche Tätigkeit dar, auch wenn sie in großem Umfang erfolgt und erhebliche Fremdmittel eingesetzt werden (>BFH vom 12.3.1964 – BStBl III S. 364).

Campingplatz
Der Inhaber eines Campingplatzes ist gewerblich tätig, wenn er über die Vermietung der einzelnen Plätze für das Aufstellen von Zelten und Wohnwagen hinaus wesentliche Nebenleistungen erbringt, wie die Zurverfügungstellung sanitärer Anlagen und ihrer Reinigung, die Trinkwasserversorgung, die Stromversorgung für die Gesamtanlage und die einzelnen Standplätze, Abwässer- und Müllbeseitigung, Instandhaltung, Pflege und Überwachung des Platzes (>BFH vom

6. 10. 1982 – BStBl 1983 II S. 80). Das gilt auch, wenn die Benutzer überwiegend sog. Dauercamper sind (>BFH vom 27. 1. 1983 – BStBl II S. 426).

Einkaufszentrum
Die Vermietung eines Einkaufszentrums ist nicht deshalb als Gewerbebetrieb anzusehen, weil der Vermieter die für ein Einkaufszentrum üblichen Infrastruktureinrichtungen bereitstellt oder werbe- und verkaufsfördernde Maßnahmen für das Gesamtobjekt durchführt.
Unschädlich sind Sonderleistungen, die nicht über das hinausgehen, was die Nutzung der Räume zu dem von den Mietern vorausgesetzten gewerblichen Zweck ermöglicht, und die nicht als eigenständiges Herantreten an den Markt verstanden werden können. Letzteres ist nicht anzunehmen, wenn die Sonderleistung im (jedenfalls überwiegenden) wirtschaftlichen Interesse des Vermieters erbracht wird und nicht wirtschaftliche Interessen des Empfängers im Vordergrund stehen (>BFH vom 14. 7. 2016 – BStBl 2017 II S. 175).

Ferienwohnung
Bei Vermietung einer Ferienwohnung ist ein Gewerbebetrieb gegeben, wenn sämtliche der folgenden Voraussetzungen vorliegen:
1. Die Wohnung muss für die Führung eines Haushalts voll eingerichtet sein, z. B. Möblierung, Wäsche und Geschirr enthalten. Sie muss in einem reinen Feriengebiet im Verband mit einer Vielzahl gleichartig genutzter Wohnungen liegen, die eine einheitliche Wohnanlage bilden.
2. die Werbung für die kurzfristige Vermietung der Wohnung an laufend wechselnde Mieter und die Verwaltung der Wohnung müssen von einer für die einheitliche Wohnanlage bestehenden Feriendienstorganisation durchgeführt werden.
3. die Wohnung muss jederzeit zur Vermietung bereitgehalten werden, und es muss nach Art der Rezeption eines Hotels laufend Personal anwesend sein, das mit den Feriengästen Mietverträge abschließt und abwickelt und dafür sorgt, dass die Wohnung in einem Ausstattungs-, Erhaltungs- und Reinigungszustand ist und bleibt, der die sofortige Vermietung zulässt (>BFH vom 25. 6. 1976 – BStBl II S. 728).

Ein Gewerbebetrieb ist auch anzunehmen, wenn eine hotelmäßige Nutzung der Ferienwohnung vorliegt oder die Vermietung nach Art einer Fremdenpension erfolgt. Ausschlaggebend ist, ob wegen der Häufigkeit des Gästewechsels oder im Hinblick auf zusätzlich zur Nutzungsüberlassung erbrachte Leistungen, z. B. Bereitstellung von Wäsche und Mobiliar, Reinigung der Räume, Übernahme sozialer Betreuung, eine Unternehmensorganisation erforderlich ist, wie sie auch in Fremdenpensionen vorkommt (>BFH vom 28. 6. 1984 – BStBl 1985 II S. 211).
>H 4.2 (7)

Fremdenpension
Die Beherbergung in Fremdenpensionen ist stets ein Gewerbebetrieb (>BFH vom 11. 7. 1984 – BStBl II S. 722).

Gewerblicher Charakter der Vermietungstätigkeit
– Um der Tätigkeit der Vermögensverwaltung gewerblichen Charakter zu verleihen, müssen besondere Umstände hinzutreten. Diese können darin bestehen, dass die Verwaltung des Grundbesitzes in Folge des ständigen und schnellen Wechsels der Mieter eine Tätigkeit erfordert, die über das bei langfristigen Vermietungen übliche Maß hinausgeht, oder dass der Vermieter zugleich Leistungen erbringt, die eine bloße Vermietungstätigkeit überschreiten. Das entscheidende Merkmal liegt also darin, dass die bloße Vermögensnutzung hinter der Bereitstellung einer einheitlichen gewerblichen Organisation zurücktritt (>BFH vom 21. 8. 1990 – BStBl 1991 II S. 126).
– >Einkaufszentrum

Parkplatz
Der Betrieb eines Parkplatzes für Kurzparker ist eine gewerbliche Betätigung (>BFH vom 9.4.2003 – BStBl II S. 520).

Tennisplätze
Ein Gewerbebetrieb ist in der Regel bei der Vermietung von Tennisplätzen gegeben (>BFH vom 25.10.1988 – BStBl 1989 II S. 291).

Umfangreicher Grundbesitz
Die Vermietung und Verpachtung von Grundvermögen stellt auch dann eine bloße Vermögensverwaltung dar, wenn der vermietete Grundbesitz sehr umfangreich ist und der Verkehr mit vielen Mietern erhebliche Verwaltungsarbeit erforderlich macht (>BFH vom 21.8.1990 – BStBl 1991 II S. 126) oder die vermieteten Räume gewerblichen Zwecken dienen (>BFH vom 17.1.1961 – BStBl III S. 233).

Untervermietung
Die Untervermietung von kleinen Flächen (Läden, Ständen) stellt keine gewerbliche Betätigung dar, wenn keine besonderen Umstände hinzutreten (>BFH vom 18.3.1964 – BStBl III S. 367).

Verklammerung zu einer einheitlichen Tätigkeit
- Der Ankauf, die Vermietung und der Verkauf von unbeweglichen Wirtschaftsgütern können zu einer einheitlichen, die private Vermögensverwaltung überschreitenden Tätigkeit verklammert sein. Eine Verklammerung kann auch dann zu bejahen sein, wenn die Wirtschaftsgüter veräußert werden, nachdem die in § 23 Abs. 1 Satz 1 EStG genannten Haltefristen abgelaufen sind (>BFH vom 28.9.2017 – BStBl 2018 II S. 89).
- Zu beweglichen Wirtschaftsgütern >H 15.7 (3)

Vermietung möblierter Zimmer
Die Vermietung, auch Untervermietung, möblierter Zimmer ist keine gewerbliche Tätigkeit. An dieser Beurteilung ändert sich auch dann nichts, wenn außer der Nutzungsüberlassung als Nebenleistung die Reinigung der Räume, die Gestellung des Frühstücks und dergleichen besonders erbracht werden. Eine gewerbliche Tätigkeit ist jedoch bei der Überlassung von Wohnraum gegeben, wenn die Nutzung des Vermögens hinter der Bereitstellung einer dem Beherbergungsbetrieb vergleichbaren Organisation zurücktritt (>BFH vom 11.7.1984 – BStBl II S. 722).

H 15.7 (3)

Abgrenzung zur vermögensverwaltenden Tätigkeit
- **Allgemein**
  >BMF vom 1.4.2009 (BStBl I S. 515)
- **Austausch vor Ablauf der Nutzungsdauer**
  Allein aus dem Umstand, dass vermietete bewegliche Wirtschaftsgüter vor Ablauf der gewöhnlichen oder tatsächlichen Nutzungsdauer gegen neuere, funktionstüchtigere Wirtschaftsgüter ausgetauscht werden, kann nicht auf eine gewerbliche Tätigkeit des Vermietungsunternehmens geschlossen werden. Der Bereich der privaten Vermögensverwaltung wird nur dann verlassen, wenn die Gebrauchsüberlassung der vermieteten Gegenstände gegenüber der Veräußerung in den Hintergrund tritt (>BFH vom 31.5.2007 – BStBl II S. 768).

- **Flugzeug**
  >BMF vom 1. 4. 2009 (BStBl I S. 515) und BFH vom 1. 8. 2013 (BStBl II S. 910)
- **Wohnmobil**
  Die Vermietung nur eines Wohnmobils an wechselnde Mieter ist in der Regel keine gewerbliche Tätigkeit (>BFH vom 12. 11. 1997 – BStBl 1998 II S. 774). Der Erwerb, die Vermietung und Veräußerung von Wohnmobilen sind jedoch gewerblich, wenn die einzelnen Tätigkeiten sich gegenseitig bedingen und derart verflochten sind, dass sie nach der Verkehrsanschauung als einheitlich anzusehen sind (>BFH vom 22. 1. 2003 – BStBl II S. 464).
- **Verklammerung zu einer einheitlichen Tätigkeit**
  Besteht das Geschäftskonzept einer Fondsgesellschaft in dem Ankauf, der Vermietung und dem Verkauf beweglicher Wirtschaftsgüter (hier: Container), ist eine Verklammerung dieser Teilakte zu einer einheitlichen Tätigkeit rechtlich nur dann zulässig, wenn bereits im Zeitpunkt der Aufnahme der Geschäftstätigkeit festgestanden hat, dass sich das erwartete positive Gesamtergebnis nur unter Einbeziehung des Erlöses aus dem Verkauf der vermieteten/verleasten Wirtschaftsgüter erzielen lässt. Wird im Prospekt einer Fondsgesellschaft (auch) ein Geschäftskonzept vorgestellt, dessen Ergebnisprognose ein positives Gesamtergebnis ohne Einbeziehung eines Veräußerungserlöses in Aussicht stellt, spricht dies regelmäßig gegen die Annahme einer einheitlichen Tätigkeit. Etwas anderes gilt jedoch, wenn konkrete Anhaltspunkte vorliegen, die die Verwirklichung des Geschäftskonzepts unter Beachtung der in der Prognose gemachten Angaben von vornherein ausgeschlossen erscheinen lassen.
  Die Verklammerung der Teilakte bedingt, dass die Grenze der privaten Vermögensverwaltung überschritten wird. Sie führt außerdem dazu, dass der Verkauf der vermieteten/verleasten Wirtschaftsgüter als Teilakt der laufenden Geschäftstätigkeit anzusehen ist, selbst wenn die bisherige unternehmerische Tätigkeit insgesamt eingestellt wird (>BFH vom 8. 6. 2017 – BStBl II S. 1053 und 1061).
- Eine Verklammerung kann auch dann zu bejahen sein, wenn die Wirtschaftsgüter veräußert werden, nachdem die in § 23 Abs. 1 Satz 1 EStG genannten Haltefristen abgelaufen sind (>BFH vom 28. 9. 2017 – BStBl 2018 II S. 89).
- Zu unbeweglichen Wirtschaftsgütern >H 15.7 (2)

H 15.7 (4)

Allgemeines
Eine Betriebsaufspaltung liegt vor, wenn ein Unternehmen (Besitzunternehmen) eine wesentliche Betriebsgrundlage an eine gewerblich tätige Personen- oder Kapitalgesellschaft (Betriebsunternehmen) zur Nutzung überlässt (sachliche Verflechtung) und eine Person oder mehrere Personen zusammen (Personengruppe) sowohl das Besitzunternehmen als auch das Betriebsunternehmen in dem Sinne beherrschen, dass sie in der Lage sind, in beiden Unternehmen einen einheitlichen geschäftlichen Betätigungswillen durchzusetzen (personelle Verflechtung). Liegen die Voraussetzungen einer personellen und sachlichen Verflechtung vor, ist die Vermietung oder Verpachtung keine Vermögensverwaltung mehr, sondern eine gewerbliche Vermietung oder Verpachtung. Das Besitzunternehmen ist Gewerbebetrieb (>BFH vom 12. 11. 1985 – BStBl 1986 II S. 296).

Bürgschaft für die Betriebskapitalgesellschaft
Eine Bürgschaft, die ein Gesellschafter der Besitzpersonengesellschaft für Verbindlichkeiten der Betriebskapitalgesellschaft übernimmt, ist durch den Betrieb der Besitzpersonengesellschaft veranlasst und gehört zu seinem negativen Sonderbetriebsvermögen II bei der Besitzpersonen-

gesellschaft, wenn die Übernahme der Bürgschaft zu nicht marktüblichen (fremdüblichen) Bedingungen erfolgt. Die Inanspruchnahme aus einer solchen Bürgschaft führt nicht zu nachträglichen Anschaffungskosten der Anteile an der Betriebskapitalgesellschaft (>BFH vom 18.12.2001 – BStBl 2002 II S. 733).

Darlehen
– Gewähren die Gesellschafter der Betriebskapitalgesellschaft bei deren Gründung ein Darlehen, dessen Laufzeit an die Dauer ihrer Beteiligung an dieser Gesellschaft gebunden ist, gehört dieses Darlehen zu ihrem notwendigen Sonderbetriebsvermögen II bei der Besitzpersonengesellschaft (>BFH vom 10.11.1994 – BStBl 1995 II S. 452). Dies gilt auch für ein ungesichertes, unkündbares Darlehen der Gesellschafter der Besitzpersonengesellschaft an die Betriebskapitalgesellschaft, für das Zinsen erst zum Ende der Laufzeit des Darlehens gezahlt werden sollen (>BFH vom 19.10.2000 – BStBl 2001 II S. 335).
– Gewährt die Besitzpersonengesellschaft einer Kapitalgesellschaft, die Geschäftspartner der Betriebskapitalgesellschaft ist, ein Darlehen, gehört dieses zum notwendigen Betriebsvermögen der Besitzpersonengesellschaft (>BFH vom 25.11.2004 – BStBl 2005 II S. 354 und vom 20.4.2005 – BStBl II S. 694).

Dividendenansprüche
>H 4.2 (1)

Eigentümergemeinschaft
Vermietet eine Eigentümergemeinschaft, an der der Besitzunternehmer nicht beherrschend beteiligt ist, ein Grundstück an die Betriebskapitalgesellschaft, ist die anteilige Zuordnung des Grundstücks zum Betriebsvermögen des Besitzunternehmens davon abhängig, ob die Vermietung an die Betriebskapitalgesellschaft durch die betrieblichen Interessen des Besitzunternehmens veranlasst ist (>BFH vom 2.12.2004 – BStBl 2005 II S. 340).

Forderungen
Zur Teilwertabschreibung einer Forderung des Besitzunternehmens gegen eine Betriebskapitalgesellschaft >H 6.7

Geschäftswert
Werden bei der Begründung einer Betriebsaufspaltung sämtliche Aktiva und Passiva einschließlich der Firma mit Ausnahme des Immobilienvermögens auf die Betriebskapitalgesellschaft übertragen und das vom Besitzunternehmen zurückbehaltene Betriebsgrundstück der Betriebskapitalgesellschaft langfristig zur Nutzung überlassen, geht der im bisherigen (Einzel-)Unternehmen entstandene (originäre) Geschäftswert grundsätzlich auf die Betriebskapitalgesellschaft über (>BFH vom 16.6.2004 – BStBl 2005 II S. 378).

Gewinnausschüttungen
Gewinnausschüttungen einer Betriebskapitalgesellschaft an das Besitzunternehmen für die Zeit vor der Betriebsaufspaltung sind als Einnahmen aus Gewerbebetrieb zu qualifizieren, wenn der Gewinnverteilungsbeschluss nach Begründung der Betriebsaufspaltung gefasst worden ist (>BFH vom 14.9.1999 – BStBl 2000 II S. 255).

Kapitalerhöhung bei der Betriebskapitalgesellschaft
Wird von dem Besitzunternehmer ein Anteil an der Betriebskapitalgesellschaft gegen Leistung einer Einlage übertragen, die niedriger ist als der Wert des übernommenen Anteils, liegt in Höhe der Differenz zwischen dem Wert des übernommenen Anteils und der geleisteten Einlage eine Entnahme vor (>BFH vom 16.4.1991 – BStBl II S. 832 und vom 17.11.2005 – BStBl 2006 II S. 287).

Mitunternehmerische Betriebsaufspaltung

- Das Rechtsinstitut der Betriebsaufspaltung zwischen Schwesterpersonengesellschaften hat Vorrang vor den Rechtsfolgen aus §15 Abs. 1 Satz 1 Nr. 2 EStG (>BFH vom 23.4.1996 – BStBl 1998 II S. 325 und vom 24.11.1998 – BStBl 1999 II S. 483).
  >BMF vom 28.4.1998 (BStBl I S. 583) mit Übergangsregelung
- Vermieten die Miteigentümer einer Bruchteilsgemeinschaft ein Grundstück als wesentliche Betriebsgrundlage an eine von ihnen beherrschte Betriebspersonengesellschaft, ist regelmäßig davon auszugehen, dass sich die Miteigentümer zumindest konkludent zu einer GbR (= Besitzpersonengesellschaft) zusammengeschlossen haben (>BFH vom 18.8.2005 – BStBl II S. 830).
- Die Überlassung eines Praxisgrundstücks seitens einer ganz oder teilweise personenidentischen Miteigentümergemeinschaft an eine Freiberufler-GbR begründet keine mitunternehmerische Betriebsaufspaltung (>BFH vom 10.11.2005 – BStBl 2006 II S. 173).
- Überlässt eine ansonsten vermögensverwaltende Personengesellschaft Wirtschaftsgüter im Rahmen einer mitunternehmerischen Betriebsaufspaltung, stellen diese für die Dauer der Betriebsaufspaltung Betriebsvermögen der Besitzgesellschaft dar. Sofern auch die Voraussetzungen für Sonderbetriebsvermögen bei der Betriebspersonengesellschaft erfüllt sind, lebt diese Eigenschaft mit Ende der Betriebsaufspaltung durch Wegfall der personellen Verflechtung wieder auf (>BFH vom 30.8.2007 – BStBl 2008 II S. 129).

Notwendiges Betriebsvermögen

- Notwendiges Betriebsvermögen des Besitzunternehmens können auch Wirtschaftsgüter sein, die keine wesentlichen Betriebsgrundlagen des Betriebsunternehmens darstellen. Allerdings muss ihre Überlassung in einem unmittelbaren wirtschaftlichen Zusammenhang mit der Überlassung wesentlicher Betriebsgrundlagen stehen. Dies gilt auch für Patente und Erfindungen unabhängig davon, ob sie bereits mit Begründung der Betriebsaufspaltung oder zu einem späteren Zeitpunkt überlassen werden (>BFH vom 23.9.1998 – BStBl 1999 II S. 281).
- Gehört ein Grundstück zum Betriebsvermögen (Umlaufvermögen) eines gewerblichen Grundstückshandels und wird es im Rahmen einer Betriebsaufspaltung als eine wesentliche Betriebsgrundlage an ein Betriebsunternehmen vermietet, wird das Grundstück unter Fortführung des Buchwerts notwendiges Betriebsvermögen (Anlagevermögen) bei dem Besitzunternehmen (>BFH vom 21.6.2001 – BStBl 2002 II S. 537).
- >Eigentümergemeinschaft
- Die Anteile des Besitzunternehmers an einer anderen Kapitalgesellschaft, welche intensive und dauerhafte Geschäftsbeziehungen zur Betriebskapitalgesellschaft unterhält, gehören zum notwendigen Betriebsvermögen des Besitzunternehmens. Gewährt der Besitzunternehmer dieser anderen Kapitalgesellschaft zu deren Stützung in der Krise ein Darlehen, gehört der Anspruch auf Rückzahlung grundsätzlich ebenfalls zum notwendigen Betriebsvermögen des Besitzunternehmens (>BFH vom 20.4.2005 – BStBl II S. 694).

Nur-Besitzgesellschafter

Die gewerbliche Tätigkeit des Besitzunternehmens umfasst auch die Anteile und Einkünfte der Personen, die nur am Besitzunternehmen beteiligt sind (>BFH vom 2.8.1972 – BStBl II S. 796).

Pensionsanspruch gegenüber der Betriebskapitalgesellschaft

Die Pensionsanwartschaft des Besitzunternehmers gegenüber der Betriebskapitalgesellschaft, deren Gesellschafter-Geschäftsführer er ist, gehört nicht zu seinem Betriebsvermögen, sondern zum Privatvermögen (>BFH vom 18.4.2002 – BStBl 2003 II S. 149).

Sonderbetriebsvermögen

- Wird ein Wirtschaftsgut im Eigentum eines einzelnen Gesellschafters der Besitzpersonengesellschaft unmittelbar an eine Betriebskapitalgesellschaft verpachtet, kann es Sonderbetriebsvermögen II bei der Besitzpersonengesellschaft darstellen, wenn die Nutzungsüberlassung seitens des Gesellschafters nicht durch betriebliche oder private Interessen des Gesellschafters, sondern primär durch die betrieblichen Interessen der Besitzpersonengesellschaft oder der Betriebskapitalgesellschaft und somit gesellschaftlich veranlasst ist (>BFH vom 10. 6. 1999 – BStBl II S. 715). Diese Grundsätze gelten nicht, wenn es sich beim Betriebsunternehmen um eine Personengesellschaft handelt, an der der überlassende Gesellschafter beteiligt ist; das überlassene Wirtschaftsgut stellt dann Sonderbetriebsvermögen I des Gesellschafters bei der Betriebspersonengesellschaft dar. Diese Zuordnung geht der als Sonderbetriebsvermögen II bei der Besitzpersonengesellschaft vor (>BFH vom 18. 8. 2005 – BStBl II S. 830).
- Verpachtet eine Besitzpersonengesellschaft das gesamte Betriebsvermögen an eine Betriebskapitalgesellschaft und wird dabei auch das Betriebsgrundstück, das einigen Gesellschaftern der Besitzpersonengesellschaft gehört, von diesen an die Betriebskapitalgesellschaft vermietet, gehören die Einkünfte aus der Vermietung des Grundstückes zum gewerblichen Steuerbilanzgewinn der Besitzpersonengesellschaft (>BFH vom 15. 5. 1975 – BStBl II S. 781).
- Das Sonderbetriebsvermögen I umfasst nicht nur die der Betriebspersonengesellschaft bereits tatsächlich zur Nutzung überlassenen, sondern auch die bereits zuvor angeschafften, aber für eine spätere Nutzungsüberlassung endgültig bestimmten Wirtschaftsgüter (>BFH vom 7. 12. 2000 – BStBl 2001 II S. 316).
- Anteile eines Gesellschafters der Besitzpersonengesellschaft an einer Kapitalgesellschaft, die mit der Betriebskapitalgesellschaft in einer für diese vorteilhaften und nicht nur kurzfristigen Geschäftsbeziehung steht, sind notwendiges Sonderbetriebsvermögen II des Gesellschafters der Besitzpersonengesellschaft (>BFH vom 25. 11. 2004 – BStBl 2005 II S. 354).
- Die Annahme, dass ein vom Gesellschafter der Besitzpersonengesellschaft erworbenes Wirtschaftsgut für die betriebliche Nutzung der Betriebsgesellschaft bestimmt sei, rechtfertigt allein nicht den Schluss, dass es sich um Sonderbetriebsvermögen des Gesellschafters bei der Besitzpersonengesellschaft handelt, wenn es durch die Betriebsgesellschaft tatsächlich nie genutzt wurde (>BFH vom 17. 12. 2008 – BStBl 2009 II S. 371).
- >Bürgschaft für die Betriebskapitalgesellschaft
- >Darlehen
- >H 4.2 (2) Anteile an Kapitalgesellschaften

Teileinkünfteverfahren
Zur Anwendung des Teileinkünfteverfahrens in der steuerlichen Gewinnermittlung (für Beteiligungen von nicht mehr als 25 %) >BMF vom 23. 10. 2013 (BStBl I S. 1269)

Umfassend gewerbliche Besitzpersonengesellschaft
- Die Überlassung von Wirtschaftsgütern an ein Betriebsunternehmen hat zur Folge, dass sämtliche Einkünfte der im Übrigen nicht gewerblich tätigen Besitzpersonengesellschaft solche aus Gewerbebetrieb sind (>BFH vom 13. 11. 1997 – BStBl 1998 II S. 254).
- Vermieten die Gesellschafter einer Besitz-GbR als Bruchteilseigentümer Wohnungen an fremde Benutzer, so erzielen sie keine gewerblichen Einkünfte, wenn die Wohnungen nicht als (gewillkürtes) Sonderbetriebsvermögen ausgewiesen sind (>BFH vom 27. 8. 1998 – BStBl 1999 II S. 279).

Wohnungseigentümergemeinschaft
Eine Wohnungseigentümergemeinschaft i. S. d. § 10 WEG erzielt regelmäßig gewerbliche Einkünfte als Besitzunternehmen, wenn die einzelnen Wohnungen auf Grund einer Gebrauchs-

regelung (§ 15 WEG) an eine personenidentische Betriebskapitalgesellschaft vermietet werden (>BFH vom 10. 4. 1997 – BStBl II S. 569).

H 15.7 (5)

Beginn der sachlichen Verflechtung
- Für den Beginn der sachlichen Verflechtung ist allein die tatsächliche Überlassung von wesentlichen Betriebsgrundlagen zur Nutzung ausschlaggebend. Es ist ohne Bedeutung, ob die Überlassung (zunächst) unentgeltlich erfolgt oder ob sie auf einer schuldrechtlichen oder dinglichen Grundlage beruht (>BFH vom 12. 12. 2007 – BStBl 2008 II S. 579).
- Die Bestellung eines Erbbaurechts an einem unbebauten Grundstück führt mit Abschluss des Vertrages zu einer sachlichen Verflechtung, wenn eine Bebauung für die betrieblichen Zwecke des Betriebsunternehmens vorgesehen ist (>BFH vom 19. 3. 2002 – BStBl II S. 662).

Eigentum des Besitzunternehmens
Eine sachliche Verflechtung ist auch dann gegeben, wenn verpachtete wesentliche Betriebsgrundlagen nicht im Eigentum des Besitzunternehmens stehen (>BFH vom 12. 10. 1988 – BStBl 1989 II S. 152).

Erbbaurecht
- Bestellt der Eigentümer an einem unbebauten Grundstück ein Erbbaurecht und errichtet der Erbbauberechtigte ein Gebäude, das er an ein Betriebsunternehmen vermietet, fehlt zwischen dem Eigentümer und dem Betriebsunternehmen die für die Annahme einer Betriebsaufspaltung erforderliche sachliche Verflechtung (>BFH vom 24. 9. 2015 – BStBl 2016 II S. 154).
- >Beginn der sachlichen Verflechtung

Leihe
Auch eine leihweise Überlassung wesentlicher Betriebsgrundlagen kann eine Betriebsaufspaltung begründen (>BFH vom 24. 4. 1991 – BStBl II S. 713).

Wesentliche Betriebsgrundlage
- **des Betriebsunternehmens**
  Die sachlichen Voraussetzungen einer Betriebsaufspaltung liegen auch dann vor, wenn das überlassene Wirtschaftsgut bei dem Betriebsunternehmen nur eine der wesentlichen Betriebsgrundlagen darstellt (>BFH vom 21. 5. 1974 – BStBl II S. 613).
- **Betriebszweck/-führung**
  Wesentliche Grundlagen eines Betriebs sind Wirtschaftsgüter vor allem des Anlagevermögens, die zur Erreichung des Betriebszwecks erforderlich sind und ein besonderes wirtschaftliches Gewicht für die Betriebsführung bei dem Betriebsunternehmen haben (>BFH vom 26. 1. 1989 – BStBl II S. 455 und vom 24. 8. 1989 – BStBl II S. 1014).
- **Büro-/Verwaltungsgebäude**
  Ein Büro- und Verwaltungsgebäude ist jedenfalls dann eine wesentliche Betriebsgrundlage, wenn es die räumliche und funktionale Grundlage für die Geschäftstätigkeit des Betriebsunternehmens bildet (>BFH vom 23. 5. 2000 – BStBl II S. 621).
- **Einfamilienhaus**
  Als einziges Büro (Sitz der Geschäftsleitung) genutzte Räume in einem Einfamilienhaus stellen auch dann eine wesentliche Betriebsgrundlage dar, wenn sie nicht für Zwecke des Betriebsunternehmens besonders hergerichtet und gestaltet sind. Das gilt jedenfalls dann,

wenn der Gebäudeteil nicht die in § 8 EStDV genannten Grenzen unterschreitet (>BFH vom 13.7.2006 – BStBl II S. 804).

– **Ersetzbarkeit**
Ein Grundstück ist auch dann eine wesentliche Betriebsgrundlage, wenn das Betriebsunternehmen jederzeit am Markt ein für seine Belange gleichwertiges Grundstück mieten oder kaufen kann (>BFH vom 26.5.1993 – BStBl II S. 718).

– **Fabrikationsgrundstücke**
Grundstücke, die der Fabrikation dienen, gehören regelmäßig zu den wesentlichen Betriebsgrundlagen im Rahmen einer Betriebsaufspaltung (>BFH vom 12.9.1991 – BStBl 1992 II S. 347 und vom 26.3.1992 – BStBl II S. 830).

– **Filialbetriebe**
Das einzelne Geschäftslokal eines Filialeinzelhandelsbetriebs ist in aller Regel auch dann eine wesentliche Betriebsgrundlage, wenn auf das Geschäftslokal weniger als 10 % der gesamten Nutzfläche des Unternehmens entfällt. Dabei ist es unbeachtlich, wenn das einzelne Geschäftslokal Verluste erwirtschaftet (>BFH vom 19.3.2009 – BStBl II S. 803).

– **Immaterielle Wirtschaftsgüter**
Für die Begründung einer Betriebsaufspaltung ist ausreichend, wenn dem Betriebsunternehmen immaterielle Wirtschaftsgüter, z. B. der Firmenname oder Erfindungen, überlassen werden, die dem Besitzunternehmen gehören (>BFH vom 6.11.1991 – BStBl 1992 II S. 415).

– **Serienfabrikate**
Bei beweglichen Wirtschaftsgütern zählen auch Serienfabrikate zu den wesentlichen Betriebsgrundlagen (>BFH vom 24.8.1989 – BStBl II S. 1014).

– **Stille Reserven**
Ein Wirtschaftsgut ist nicht allein deshalb als wesentliche Betriebsgrundlage im Rahmen einer Betriebsaufspaltung anzusehen, weil in ihm erhebliche stille Reserven ruhen (>BFH vom 24.8.1989 – BStBl II S. 1014).

– **Systemhalle**
Eine sog. Systemhalle kann wesentliche Betriebsgrundlage sein, wenn sie auf die Bedürfnisse des Betriebsunternehmens zugeschnitten ist (>BFH vom 5.9.1991 – BStBl 1992 II S. 349).

– **Wirtschaftliche Bedeutung**
Ein Grundstück ist nur dann keine wesentliche Betriebsgrundlage, wenn es für das Betriebsunternehmen lediglich von geringer wirtschaftlicher Bedeutung ist (>BFH vom 4.11.1992 – BStBl 1993 II S. 245).

H 15.7 (6)

Allgemeines
Eine personelle Verflechtung liegt vor, wenn die hinter beiden Unternehmen stehenden Personen einen einheitlichen geschäftlichen Betätigungswillen haben (>BFH vom 8.11.1971 – BStBl 1972 II S. 63).

Beherrschungsidentität
– Ein einheitlicher geschäftlicher Betätigungswille setzt nicht voraus, dass an beiden Unternehmen die gleichen Beteiligungen derselben Personen bestehen (>BFH vom 8.11.1971 – BStBl 1972 II S. 63). Es genügt, dass die Personen, die das Besitzunternehmen tatsächlich beherrschen, in der Lage sind, auch in dem Betriebsunternehmen ihren Willen durchzusetzen (>BMF vom 7.10.2002 – BStBl I S. 1028). Ein einheitlicher geschäftlicher Betätigungswille ist auch bei wechselseitiger Mehrheitsbeteiligung von zwei Personen am Besitzunternehmen und am Betriebsunternehmen anzunehmen (>BFH vom 24.2.2000 – BStBl II S. 417).

- In den Fällen, in denen sämtliche Anteile des Betriebsunternehmens einem einzigen Gesellschafter-Geschäftsführer gehören, kommt es darauf an, ob dieser seinen Willen auch in dem Besitzunternehmen durchsetzen kann (>BFH vom 5. 2. 1981 – BStBl II S. 376 und vom 11. 11. 1982 – BStBl 1983 II S. 299).
- Die personelle Verflechtung einer GbR mit einer Betriebskapitalgesellschaft ist auch dann gegeben, wenn der Gesellschafter-Geschäftsführer der GbR, der zugleich alleiniger Geschäftsführer der Betriebskapitalgesellschaft ist, zwar von der GbR nicht vom Verbot des Selbstkontrahierens befreit ist, auf Grund seiner beherrschenden Stellung in der Betriebskapitalgesellschaft aber bewirken kann, dass auf Seiten der Betriebskapitalgesellschaft nicht er selbst als deren Vertreter auftritt (>BFH vom 24. 8. 2006 – BStBl 2007 II S. 165).
- Ist eine eingetragene Genossenschaft Rechtsträgerin des Betriebsunternehmens und zugleich Mehrheitsgesellschafterin der Besitzpersonengesellschaft, liegt eine personelle Verflechtung vor, wenn die Gesellschafter der Besitzpersonengesellschaft für Abschluss und Beendigung von Miet- oder Pachtverträgen gemeinsam zur Geschäftsführung und Vertretung der Gesellschaft befugt sind und dabei mit Stimmenmehrheit nach Anteilen am Kapital der Gesellschaft entscheiden (>BFH vom 8. 9. 2011 – BStBl 2012 II S. 136).

Betriebs-AG
Im Verhältnis zu einem Betriebsunternehmen in der Rechtsform der AG kommt es darauf an, ob sich auf Grund der Befugnis, die Mitglieder der geschäftsführenden Organe des Betriebsunternehmens zu bestellen und abzuberufen, in dem Betriebsunternehmen auf Dauer nur ein geschäftlicher Betätigungswille entfalten kann, der vom Vertrauen der das Besitzunternehmen beherrschenden Person getragen ist und demgemäß mit deren geschäftlichen Betätigungswillen grundsätzlich übereinstimmt (>BFH vom 28. 1. 1982 – BStBl II S. 479); dies gilt auch für eine börsennotierte AG (>BFH vom 23. 3. 2011 – BStBl II S. 778).

Einstimmigkeitsabrede
>BMF vom 7. 10. 2002 (BStBl I S. 1028) mit Übergangsregelung

Faktische Beherrschung
>BMF vom 7. 10. 2002 (BStBl I S. 1028)
Die Fähigkeit der das Besitzunternehmen beherrschenden Personen, ihren geschäftlichen Betätigungswillen in dem Betriebsunternehmen durchzusetzen, erfordert nicht notwendig einen bestimmten Anteilsbesitz an dem Betriebsunternehmen; sie kann ausnahmsweise auch auf Grund einer durch die Besonderheiten des Einzelfalls bedingten tatsächlichen Machtstellung in dem Betriebsunternehmen gegeben sein (>BFH vom 16. 6. 1982 – BStBl II S. 662). Faktische Beherrschung ist z. B. anzunehmen, wenn der Alleininhaber des Besitzunternehmens und alleinige Geschäftsführer der Betriebskapitalgesellschaft auf Grund tatsächlicher Machtstellung jederzeit in der Lage ist, die Stimmenmehrheit in der Betriebskapitalgesellschaft zu erlangen (>BFH vom 29. 1. 1997 – BStBl II S. 437).
Keine faktische Beherrschung ist anzunehmen
- bei einer auf Lebenszeit eingeräumten Geschäftsführerstellung in dem Betriebsunternehmen für den Besitzunternehmer (>BFH vom 26. 7. 1984 – BStBl II S. 714 und vom 26. 10. 1988 – BStBl 1989 II S. 155).
- bei Beteiligung nicht völlig fachunkundiger Gesellschafter an dem Betriebsunternehmen (>BFH vom 9. 9. 1986 – BStBl 1987 II S. 28 und vom 12. 10. 1988 – BStBl 1989 II S. 152).
- bei einem größeren Darlehensanspruch gegen die Betriebskapitalgesellschaft, wenn der Gläubiger nicht vollständig die Geschäftsführung an sich zieht (>BFH vom 1. 12. 1989 – BStBl 1990 II S. 500).
- in den Fällen, in denen die das Besitzunternehmen beherrschenden Ehemänner bzw. Ehefrauen bei der Betriebskapitalgesellschaft, deren Anteile von den Ehefrauen bzw. Ehemännern gehalten werden, angestellt sind und vertraglich die Gesellschaftsanteile den Ehefrau-

en bzw. Ehemännern entzogen werden können, falls das Arbeitsverhältnis des jeweiligen Ehemanns bzw. der jeweiligen Ehefrau beendet wird (>BFH vom 15.10.1998 – BStBl 1999 II S. 445).

Gütergemeinschaft
Gehören sowohl die überlassenen wesentlichen Betriebsgrundlagen als auch die Mehrheit der Anteile an der Betriebskapitalgesellschaft zum Gesamtgut einer ehelichen Gütergemeinschaft, sind die Voraussetzungen der personellen Verflechtung erfüllt (>BFH vom 26.11.1992 – BStBl 1993 II S. 876).

Insolvenz des Betriebsunternehmens
Die Eröffnung des Insolvenzverfahrens über das Vermögen des Betriebsunternehmens führt zur Beendigung der personellen Verflechtung und zur Betriebsaufgabe des Besitzunternehmens, wenn nicht das laufende Insolvenzverfahren mit anschließender Fortsetzung des Betriebsunternehmens aufgehoben oder eingestellt wird (>BFH vom 6.3.1997 – BStBl II S. 460).

Interessengegensätze
Ein einheitlicher geschäftlicher Betätigungswille ist nicht anzunehmen, wenn nachgewiesen wird, dass zwischen den an dem Besitzunternehmen und dem Betriebsunternehmen beteiligten Personen tatsächlich Interessengegensätze aufgetreten sind (>BFH vom 15.5.1975 – BStBl II S. 781).

Mehrheit der Stimmrechte
Für die Durchsetzung eines einheitlichen geschäftlichen Betätigungswillens in einem Unternehmen ist in der Regel der Besitz der Mehrheit der Stimmrechte erforderlich (>BFH vom 28.11.1979 – BStBl 1980 II S. 162 und vom 18.2.1986 – BStBl II S. 611). Ein Besitzunternehmer beherrscht die Betriebskapitalgesellschaft auch, wenn er zwar über die einfache Stimmrechtsmehrheit und nicht über die im Gesellschaftsvertrag vorgeschriebene qualifizierte Mehrheit verfügt, er aber als Gesellschafter-Geschäftsführer deren Geschäfte des täglichen Lebens beherrscht, sofern ihm die Geschäftsführungsbefugnis nicht gegen seinen Willen entzogen werden kann (>BFH vom 30.11.2005 – BStBl 2006 II S. 415); aber >Faktische Beherrschung.

Mittelbare Beteiligung
– Den maßgeblichen Einfluss auf das Betriebsunternehmen kann einem Gesellschafter auch eine mittelbare Beteiligung gewähren (>BFH vom 23.7.1981 – BStBl 1982 II S. 60, vom 22.1.1988 – BStBl II S. 537 und vom 29.11.2017 – BStBl 2018 II S. 426).
– Der beherrschende Einfluss auf das Betriebsunternehmen bleibt erhalten, wenn das Betriebsgrundstück einer zwischengeschalteten GmbH zur Weitervermietung an das Betriebsunternehmen überlassen wird (>BFH vom 28.11.2001 – BStBl 2002 II S. 363).

Personengruppentheorie
Für die Beherrschung von Besitz- und Betriebsunternehmen reicht es aus, wenn an beiden Unternehmen mehrere Personen beteiligt sind, die zusammen beide Unternehmen beherrschen. Dies gilt auch für Familienangehörige (>BFH vom 28.5.1991 – BStBl II S. 801).

Stimmrechtsausschluss
– **Allgemeines**
  Sind an der Besitzpersonengesellschaft neben den das Betriebsunternehmen beherrschenden Personen weitere Gesellschafter oder Bruchteilseigentümer beteiligt, können die auch an dem Betriebsunternehmen beteiligten Personen an der Ausübung des Stimmrechts in der Besitzpersonengesellschaft bei einem Rechtsgeschäft mit dem Betriebsunternehmen

ausgeschlossen sein. Eine tatsächliche Beherrschung der Besitzpersonengesellschaft ist dann nicht möglich (>BFH vom 9.11.1983 – BStBl 1984 II S. 212).
– **tatsächliche Handhabung**
Eine personelle Verflechtung liegt nicht vor, wenn ein Gesellschafter des Besitzunternehmens von der Ausübung des Stimmrechts in dem Besitzunternehmen bei der Vornahme von Rechtsgeschäften des Besitzunternehmens mit dem Betriebsunternehmen ausgeschlossen ist. Entscheidend ist dabei die tatsächliche Handhabung (>BFH vom 12.11.1985 – BStBl 1986 II S. 296).
– **bei Betriebskapitalgesellschaft**
Für die Frage der personellen Verflechtung ist allerdings nicht ausschlaggebend, ob der beherrschende Gesellschafter der Betriebskapitalgesellschaft bei Beschlüssen über Geschäfte mit dem Besitzunternehmen vom ihm zustehenden Stimmrecht ausgeschlossen ist. Sofern nämlich diese Rechtsgeschäfte zur laufenden Geschäftsführung der Betriebskapitalgesellschaft gehören, besteht kein Anlass, hierüber einen Beschluss der Gesellschafterversammlung herbeizuführen (>BFH vom 26.1.1989 – BStBl II S. 455).

Testamentsvollstrecker
– Der einheitliche geschäftliche Betätigungswille der hinter Besitz- und Betriebsunternehmen stehenden Personen kann nicht durch einen Testamentsvollstrecker ersetzt werden (>BFH vom 13.12.1984 – BStBl 1985 II S. 657).
– Für die Beurteilung der personellen Verflechtung ist das Handeln eines Testamentsvollstreckers den Erben zuzurechnen (>BFH vom 5.6.2008 – BStBl II S. 858).

| H 15.7 (7) |

Allgemeines
Eine Zusammenrechnung von Ehegattenanteilen kommt grundsätzlich nicht in Betracht, es sei denn, dass zusätzlich zur ehelichen Lebensgemeinschaft ausnahmsweise Beweisanzeichen vorliegen, die für gleichgerichtete wirtschaftliche Interessen der Ehegatten sprechen (>BVerfG vom 12.3.1985 – BStBl II S. 475, BMF vom 18.11.1986 – BStBl I S. 537).

Wiesbadener Modell
Ist an dem Besitzunternehmen der eine Ehegatte und an dem Betriebsunternehmen der andere Ehegatte beteiligt, liegt eine Betriebsaufspaltung nicht vor (>BFH vom 30.7.1985 – BStBl 1986 II S. 359 und vom 9.9.1986 – BStBl 1987 II S. 28).
>H 4.8 (Scheidungsklausel)

| H 15.7 (8) |

Wegfall der personellen Verflechtung durch Eintritt der Volljährigkeit
>R 16 Abs. 2 Satz 3 ff.

| H 15.7 (9) |

An- und Verkauf von Wertpapieren
– Ob der An- und Verkauf von Wertpapieren als Vermögensverwaltung oder als eine gewerbliche Tätigkeit anzusehen ist, hängt, wenn eine selbständige und nachhaltige, mit Gewinn-

erzielungsabsicht betriebene Tätigkeit vorliegt, entscheidend davon ab, ob die Tätigkeit sich auch als Beteiligung am allgemeinen wirtschaftlichen Verkehr darstellt. Der fortgesetzte An- und Verkauf von Wertpapieren reicht für sich allein, auch wenn er einen erheblichen Umfang annimmt und sich über einen längeren Zeitraum erstreckt, zur Annahme eines Gewerbebetriebs nicht aus, solange er sich in den gewöhnlichen Formen, wie sie bei Privatleuten die Regel bilden, abspielt (>BFH vom 19. 2. 1997 – BStBl II S. 399, vom 29. 10. 1998 – BStBl 1999 II S. 448 und vom 20. 12. 2000 – BStBl 2001 II S. 706).

- Der An- und Verkauf von Optionskontrakten selbst in größerem Umfang begründet im Allgemeinen keinen Gewerbebetrieb. Eine gewerbliche Betätigung setzt jedenfalls voraus, dass der Stpfl. sich wie ein bankentypischer Händler verhält (>BFH vom 20. 12. 2000 – BStBl 2001 II S. 706).

- Der Rahmen einer privaten Vermögensverwaltung wird unabhängig vom Umfang der Beteiligung überschritten, wenn die Wertpapiere nicht nur auf eigene Rechnung, sondern untrennbar damit verbunden in erheblichem Umfang auch für fremde Rechnung erworben und wieder veräußert werden, zur Durchführung der Geschäfte mehrere Banken eingeschaltet werden, die Wertpapiergeschäfte mit Krediten finanziert werden, aus den Geschäften für fremde Rechnung Gewinne erzielt werden sollen und alle Geschäfte eine umfangreiche Tätigkeit erfordern (>BFH vom 4. 3. 1980 – BStBl II S. 389).

- Der An- und Verkauf von Wertpapieren überschreitet grundsätzlich noch nicht den Rahmen einer privaten Vermögensverwaltung, wenn die entfaltete Tätigkeit dem Bild eines „Wertpapierhandelsunternehmens" i. S. d. § 1 Abs. 3d Satz 2 KWG bzw. eines „Finanzunternehmens" i. S. d. § 1 Abs. 3 KWG nicht vergleichbar ist. Für ein Wertpapierhandelsunternehmen ist ein Tätigwerden „für andere", vor allem ein Tätigwerden „für fremde Rechnung" kennzeichnend. Finanzunternehmen werden zwar – insoweit nicht anders als private Anleger – für eigene Rechnung tätig, zeichnen sich aber dadurch aus, dass sie den Handel mit institutionellen Partnern betreiben, also nicht lediglich über eine Depotbank am Marktgeschehen teilnehmen (>BFH vom 30. 7. 2003 – BStBl 2004 II S. 408).

Devisentermingeschäfte/Optionsgeschäfte

Die für Wertpapiergeschäfte maßgebenden Grundsätze für die Abgrenzung zwischen gewerblicher Tätigkeit und privater Vermögensverwaltung gelten auch bei Devisen- und Edelmetall-Termingeschäften in der Art von offenen oder verdeckten Differenzgeschäften (>BFH vom 6. 12. 1983 – BStBl 1984 II S. 132). Dies gilt ebenso für Optionsgeschäfte (>BFH vom 19. 2. 1997 – BStBl II S. 399).

>H 4.2 (1) Termin- und Optionsgeschäfte

Kapitalanlage mit Einfluss auf die Geschäftsführung

Zur Annahme eines die Gewerblichkeit begründenden besonderen Umstandes reicht es nicht aus, wenn mit dem Ankauf von Wertpapieren eine Dauerkapitalanlage mit bestimmendem Einfluss auf die Geschäftsführung einer Kapitalgesellschaft gesucht und erreicht wird (>BFH vom 4. 3. 1980 – BStBl II S. 389).

Pfandbriefe

Auch der An- und Verkauf von Pfandbriefen unter gezielter Ausnutzung eines sog. „grauen" Markts kann eine gewerbliche Tätigkeit begründen (>BFH vom 2. 4. 1971 – BStBl II S. 620).

Wertpapiergeschäfte eines Bankiers

Betreibt ein Bankier Wertpapiergeschäfte, die üblicherweise in den Bereich seiner Bank fallen, die aber auch im Rahmen einer privaten Vermögensverwaltung getätigt werden können, so sind diese dem betrieblichen Bereich zuzuordnen, wenn sie der Bankier in der Weise abwickelt, dass er häufig wiederkehrend dem Betrieb Mittel entnimmt, Kauf und Verkauf über die Bank abschließt und die Erlöse alsbald wieder dem Betrieb zuführt (>BFH vom 19.1.1977 – BStBl II S. 287).

R 15.8 Mitunternehmerschaft

Allgemeines

(1) – unbesetzt –

Mehrstöckige Personengesellschaft

(2) [1]§ 15 Abs. 1 Satz 1 Nr. 2 EStG ist auch bei mehrstöckigen Personengesellschaften anzuwenden, wenn eine ununterbrochene Mitunternehmerkette besteht. [2]Vergütungen der Untergesellschaft an einen Gesellschafter der Obergesellschaft für Tätigkeiten im Dienste der Untergesellschaft mindern daher den steuerlichen Gewinn der Untergesellschaft nicht; überlässt ein Gesellschafter der Obergesellschaft der Untergesellschaft z. B. ein Grundstück für deren betriebliche Zwecke, ist das Grundstück notwendiges Sonderbetriebsvermögen der Untergesellschaft.

Gewinnverteilung

(3) – unbesetzt –

Einkommensteuerliche Behandlung des persönlich haftenden Gesellschafters einer Kommanditgesellschaft auf Aktien

(4) – unbesetzt –

Umfassend gewerbliche Personengesellschaft

(5) [1]Personengesellschaften i. S. d. § 15 Abs. 3 Nr. 1 EStG sind außer der OHG und der KG diejenigen sonstigen Gesellschaften, bei denen die Gesellschafter als Unternehmer (Mitunternehmer) des Gewerbebetriebs anzusehen sind. [2]Auch die Partenreederei und die Unterbeteiligungsgesellschaft sind Personengesellschaften i. S. d. § 15 Abs. 3 Nr. 1 EStG. [3]Die eheliche Gütergemeinschaft ist nicht umfassend gewerblich tätig i. S. d. § 15 Abs. 3 Nr. 1 EStG.

Gewerblich geprägte Personengesellschaft

(6) [1]Eine gewerblich geprägte Personengesellschaft liegt nicht vor, wenn ein nicht persönlich haftender Gesellschafter auf gesetzlicher oder gesellschaftsrechtlicher Grundlage im Innenverhältnis der Gesellschafter zueinander zur Geschäftsführung befugt ist. [2]Dies gilt unabhängig davon, ob der zur Geschäftsführung befugte Gesellschafter eine natürliche Person oder eine Kapitalgesellschaft ist. [3]Eine gewerbliche Prägung ist selbst dann nicht gegeben, wenn der beschränkt haftende Gesellschafter neben dem persönlich haftenden Gesellschafter zur Geschäftsführung befugt ist. [4]Die Übertragung aller Gesellschaftsanteile an der Komplementär-GmbH in das Gesamthandsvermögen einer nicht gewerblich tätigen Kommanditgesellschaft, bei der die GmbH alleinige Komplementärin ist, führt allein nicht zum Wegfall der gewerblichen Prägung. [5]Befinden sich die Geschäftsanteile einer Komplementär-GmbH im Gesamthandsvermögen der GmbH & Co. KG, deren Geschäfte sie führt, mit der Folge, dass die Komplementär-GmbH die sie selbst betreffenden Gesellschafterrechte selbst ausübt und dieser Interessenkonflikt durch einen aus den Kommanditisten der GmbH & Co. KG bestehenden Beirat gelöst wird, führt die Einrichtung eines Beirats mangels einer organschaftlichen Geschäftsführungsbefugnis für sich allein nicht zum Wegfall der gewerblichen Prägung der GmbH & Co. KG.

H 15.8 (1)

Allgemeines
Mitunternehmer i. S. d. § 15 Abs. 1 Satz 1 Nr. 2 EStG ist, wer zivilrechtlich Gesellschafter einer Personengesellschaft ist und eine gewisse unternehmerische Initiative entfalten kann sowie unternehmerisches Risiko trägt. Beide Merkmale können jedoch im Einzelfall mehr oder weniger ausgeprägt sein (>BFH vom 25. 6. 1984 – BStBl II S. 751 und vom 15. 7. 1986 – BStBl II S. 896).
>Mitunternehmerinitiative
>Mitunternehmerrisiko
>Gesellschafter

Ausgleichsanspruch eines Kommanditisten
Ein Ausgleichsanspruch gegen die KG, der einem Kommanditisten zusteht, weil er Schulden der KG beglichen hat, gehört zu dessen Sonderbetriebsvermögen. Ein Verlust wird erst dann realisiert, wenn der Anspruch gegen die KG wertlos wird; dies ist erst im Zeitpunkt der Beendigung der Mitunternehmerstellung, also beim Ausscheiden des Gesellschafters oder bei Beendigung der Gesellschaft der Fall (>BFH vom 5. 6. 2003 – BStBl II S. 871).

Betriebsvermögen bei atypisch stiller Gesellschaft
Der Inhaber des Handelsgewerbes, an dem sich ein anderer atypisch still beteiligt, verfügt auch während des Bestehens der atypisch stillen Gesellschaft über ein eigenes Betriebsvermögen, das neben dem mitunternehmerischen Betriebsvermögen der atypisch stillen Gesellschaft besteht (>BFH vom 1. 3. 2018 – BStBl II S. 587).

Bürgschaftsinanspruchnahme
>Ausgleichsanspruch eines Kommanditisten

Büro-/Praxisgemeinschaft
Im Unterschied zu einer Gemeinschaftspraxis (Mitunternehmerschaft) hat eine Büro- und Praxisgemeinschaft lediglich den Zweck, den Beruf in gemeinsamen Praxisräumen auszuüben und bestimmte Kosten von der Praxisgemeinschaft tragen zu lassen und umzulegen. Ein einheitliches Auftreten nach außen genügt nicht, um aus einer Bürogemeinschaft eine Mitunternehmerschaft werden zu lassen. Gleiches gilt für die gemeinsame Beschäftigung von Personal und die gemeinsame Nutzung von Einrichtungsgegenständen. Entscheidend ist, dass bei einer Büro- und Praxisgemeinschaft keine gemeinschaftliche, sondern eine individuelle Gewinnerzielung beabsichtigt ist, und auch der Praxiswert dem einzelnen Beteiligten zugeordnet bleibt (>BFH vom 14. 4. 2005 – BStBl II S. 752).

Erbengemeinschaft
Eine Erbengemeinschaft kann nicht Gesellschafterin einer werbenden Personengesellschaft sein. Jedem Miterben steht deshalb ein seinem Erbteil entsprechender Gesellschaftsanteil zu (>BFH vom 1. 3. 1994 – BStBl 1995 II S. 241).

Europäische wirtschaftliche Interessenvereinigung (EWIV)
Die EWIV unterliegt nach § 1 des Gesetzes zur Ausführung der EWG-Verordnung über die Europäische wirtschaftliche Interessenvereinigung (EWIV-Ausführungsgesetz vom 14. 4. 1988 – BGBl I S. 514, zuletzt geändert durch Art. 16 des Gesetzes zur Modernisierung des GmbH-Rechts und zur Bekämpfung von Missbräuchen vom 23. 10. 2008 – BGBl I S. 2026) den für eine OHG geltenden Rechtsvorschriften. Dies gilt auch für das Steuerrecht.

Gesellschafter

- Ob ein Gesellschafter Mitunternehmer ist, beurteilt sich für alle Personengesellschaften nach gleichen Maßstäben (>BFH vom 29.4.1981 – BStBl II S. 663 und vom 25.6.1981 – BStBl II S. 779). In Ausnahmefällen reicht auch eine einem Gesellschafter einer Personengesellschaft wirtschaftlich vergleichbare Stellung aus, z. B. als Beteiligter an einer Erben-, Güter- oder Bruchteilsgemeinschaft, als Beteiligter einer „fehlerhaften Gesellschaft" i. S. d. Zivilrechts oder als Unterbeteiligter (>BFH vom 25.6.1984 – BStBl II S. 751). Auch Gesellschafter einer OHG oder KG erzielen nur dann Einkünfte aus Gewerbebetrieb, wenn sie Mitunternehmer des gewerblichen Unternehmens sind (>BFH vom 8.2.1979 – BStBl II S. 405).
- Erhält ein (Schein-)Gesellschafter eine von der Gewinnsituation abhängige, nur nach dem eigenen Umsatz bemessene Vergütung und ist er zudem von einer Teilhabe an den stillen Reserven der Gesellschaft ausgeschlossen, kann wegen des danach nur eingeschränkt bestehenden Mitunternehmerrisikos eine Mitunternehmerstellung nur dann bejaht werden, wenn eine besonders ausgeprägte Mitunternehmerinitiative vorliegt. Hieran fehlt es, wenn zwar eine gemeinsame Geschäftsführungsbefugnis besteht, von dieser aber tatsächlich wesentliche Bereiche ausgenommen sind (>BFH vom 3.11.2015 – BStBl 2016 II S. 383).
- >Verdeckte Mitunternehmerschaft

Gesellschafterausschluss bei Scheidung
>Wirtschaftliches Eigentum

Innengesellschaft

- Im Fall einer GbR, die als reine Innengesellschaft ausgestaltet ist, rechtfertigt die Übernahme eines erheblichen unternehmerischen Risikos bereits das Bestehen einer Mitunternehmerschaft (>BFH vom 19.2.1981 – BStBl II S. 602, vom 28.10.1981 – BStBl 1982 II S. 186 und vom 9.10.1986 – BStBl 1987 II S. 124).
- Der Inhaber eines Betriebs ist regelmäßig schon allein wegen seiner unbeschränkten Außenhaftung und des ihm allein möglichen Auftretens im Rechtsverkehr Mitunternehmer einer Innengesellschaft, die zum Zwecke der stillen Beteiligung an seinem Unternehmen gegründet wurde. Dies gilt auch dann, wenn dem Inhaber des Betriebs im Innenverhältnis neben einem festen Vorabgewinn für seine Tätigkeit keine weitere Gewinnbeteiligung zusteht und die Geschäftsführungsbefugnis weitgehend von der Zustimmung des stillen Beteiligten abhängt (>BFH vom 10.5.2007 – BStBl II S. 927).
- Ist eine Person oder eine Personenmehrheit an einzelnen Tätigkeiten des Unternehmens einer KG als Innengesellschafterin beteiligt, führt dies nur dann zur Annahme eines eigenständigen Gewerbebetriebs, wenn der betroffene Geschäftsbereich in Form einer wirtschaftlichen Einheit von den weiteren Tätigkeitsfeldern des Unternehmens hinreichend sachlich abgegrenzt ist (>BFH vom 23.4.2009 – BStBl 2010 II S. 40).

Komplementär

- Eine Komplementär-GmbH ist auch dann Mitunternehmerin, wenn sie am Gesellschaftskapital nicht beteiligt ist (>BFH vom 11.12.1986 – BStBl 1987 II S. 553).
- Die Mitunternehmerstellung des Komplementärs wird nicht dadurch ausgeschlossen, dass er weder am Gewinn und Verlust der KG noch an deren Vermögen beteiligt ist (>BFH vom 25.4.2006 – BStBl II S. 595).
- Der Komplementär ist auch dann Mitunternehmer, wenn er keine Kapitaleinlage erbracht hat und im Innenverhältnis (zu dem Kommanditisten) wie ein Angestellter behandelt und von der Haftung freigestellt wird (>BFH vom 11.6.1985 – BStBl 1987 II S. 33 und vom 14.8.1986 – BStBl 1987 II S. 60).

Miterben

Gehört zum Nachlass ein Gewerbebetrieb, sind die Miterben Mitunternehmer (>BFH vom 5.7.1990 – BStBl II S. 837 sowie >BMF vom 14.3.2006 – BStBl I S. 253 unter Berücksichtigung der Änderungen durch BMF vom 27.12.2018 – BStBl 2019 I S. 11). Zur Erbengemeinschaft als Gesellschafter >Erbengemeinschaft.

Mitunternehmerinitiative

Mitunternehmerinitiative bedeutet vor allem Teilhabe an den unternehmerischen Entscheidungen, wie sie Gesellschaftern oder diesen vergleichbaren Personen als Geschäftsführern, Prokuristen oder anderen leitenden Angestellten obliegen. Ausreichend ist schon die Möglichkeit zur Ausübung von Gesellschafterrechten, die wenigstens den Stimm-, Kontroll- und Widerspruchsrechten angenähert sind, die einem Kommanditisten nach dem HGB zustehen oder die den gesellschaftsrechtlichen Kontrollrechten nach § 716 Abs. 1 BGB entsprechen (>BFH vom 25.6.1984 – BStBl II S. 751, S. 769). Ein Kommanditist ist beispielsweise dann mangels Mitunternehmerinitiative kein Mitunternehmer, wenn sowohl sein Stimmrecht als auch sein Widerspruchsrecht durch Gesellschaftsvertrag faktisch ausgeschlossen sind (>BFH vom 11.10.1988 – BStBl 1989 II S. 762).

Mitunternehmerrisiko

- Mitunternehmerrisiko trägt im Regelfall, wer am Gewinn und Verlust des Unternehmens und an den **stillen Reserven** einschließlich eines etwaigen Geschäftswerts beteiligt ist (>BFH vom 25.6.1984 – BStBl II S. 751). Je nach den Umständen des Einzelfalls können jedoch auch andere Gesichtspunkte, z.B. eine besonders ausgeprägte unternehmerische Initiative, verbunden mit einem bedeutsamen Beitrag zur Kapitalausstattung des Unternehmens in den Vordergrund treten (>BFH vom 27.2.1980 – BStBl 1981 II S. 210). Eine Vereinbarung über die Beteiligung an den stillen Reserven ist nicht ausschlaggebend, wenn die stillen Reserven für den Gesellschafter keine wesentliche wirtschaftliche Bedeutung haben (>BFH vom 5.6.1986 – BStBl II S. 802). Ein Kommanditist, der nicht an den stillen Reserven einschließlich eines etwaigen Geschäftswerts beteiligt ist und nach dem Gesellschaftsvertrag nur eine übliche Verzinsung seiner Kommanditeinlage erhält, trägt kein Mitunternehmerrisiko und ist deshalb auch dann nicht Mitunternehmer, wenn seine gesellschaftsrechtlichen Mitwirkungsrechte denjenigen eines Kommanditisten entsprechen (>BFH vom 28.10.1999 – BStBl 2000 II S. 183).

- Eine Beteiligung am unternehmerischen Risiko liegt bei beschränkt haftenden Gesellschaftern von Personenhandelsgesellschaften, insbesondere bei Kommanditisten, und bei atypisch stillen Gesellschaftern nicht vor, wenn wegen der rechtlichen oder tatsächlichen **Befristung** ihrer gesellschaftlichen Beteiligung eine Teilhabe an der von der Gesellschaft beabsichtigten Betriebsvermögensmehrung in Form eines entnahmefähigen laufenden Gewinns oder eines die Einlage übersteigenden Abfindungsguthabens oder eines Gewinns aus der Veräußerung des Gesellschaftsanteils nicht zu erwarten ist (>BFH vom 25.6.1984 – BStBl II S. 751). Die zeitliche Befristung und die fehlende Gewinnerwartung können sich aus den Umständen des Einzelfalls ergeben (>BFH vom 10.11.1977 – BStBl 1978 II S. 15).

- Mitunternehmerrisiko setzt voraus, dass der Gesellschafter zugunsten der Gesellschaft sein eigenes Vermögen belastet, sei es in Gestalt einer Haftung gegenüber Gläubigern der Gesellschaft, sei es durch Erbringung eines sein Vermögen belastenden Gesellschafterbeitrags (>BFH vom 13.7.2017 – BStBl II S. 1133).

Nachversteuerung des negativen Kapitalkontos

Der Betrag des beim Ausscheiden aus der Gesellschaft oder bei Auflösung der Gesellschaft zu versteuernden negativen Kapitalkontos (>BFH vom 10.11.1980 – BStBl 1981 II S. 164) ist kein Gewinn aus einer Betriebsvermögensmehrung. Der beim Wegfall eines negativen Kapitalkontos des Kommanditisten zu erfassende Gewinn erlaubt es deshalb nicht, die Teilnahme an einer Betriebsvermögensmehrung im Sinne einer Beteiligung am unternehmerischen Risiko als gegeben anzusehen (>BFH vom 25. 6. 1984 – BStBl II S. 751).

Nießbrauch
Bei Bestellung eines Nießbrauchs am Gesellschaftsanteil bleibt der Nießbrauchsverpflichtete Mitunternehmer (>BFH vom 1. 3. 1994 – BStBl 1995 II S. 241).

Organgesellschaft
Einer Mitunternehmereigenschaft der Komplementär-GmbH steht nicht entgegen, dass sie Organ des Kommanditisten ist (>BFH vom 10. 11. 1983 – BStBl 1984 II S. 150).

Partnerschaftsgesellschaft
Zur zivilrechtlichen Rechtsform der Partnerschaftsgesellschaft >Partnerschaftsgesellschaftsgesetz (PartGG) vom 25. 7. 1994 (BGBl I S. 1744), zuletzt geändert durch Artikel 1 des Gesetzes zur Einführung einer Partnerschaftsgesellschaft mit beschränkter Berufshaftung und zur Änderung des Berufsrechts der Rechtsanwälte, Patentanwälte, Steuerberater und Wirtschaftsprüfer vom 15. 7. 2013 (BGBl I S. 2386).

Stiller Gesellschafter
- Bei einem stillen Gesellschafter ohne Unternehmerinitiative kommt der vermögensrechtlichen Stellung besondere Bedeutung zu (>BFH vom 25. 6. 1981 – BStBl 1982 II S. 59). Um als Mitunternehmer angesehen werden zu können, muss ein solcher stiller Gesellschafter einen Anspruch auf Beteiligung am tatsächlichen Zuwachs des Gesellschaftsvermögens unter Einschluss der stillen Reserven und eines Geschäftswerts haben (>BFH vom 27. 5. 1993 – BStBl 1994 II S. 700). Ohne eine Beteiligung an den stillen Reserven kann ein stiller Gesellschafter dann Mitunternehmer sein, wenn der Unternehmer ihm abweichend von der handelsrechtlichen Regelung ermöglicht, wie ein Unternehmer auf das Schicksal des Unternehmens Einfluss zu nehmen (>BFH vom 28. 1. 1982 – BStBl II S. 389). Beteiligt sich der beherrschende Gesellschafter und alleinige Geschäftsführer einer GmbH an dieser auch noch als stiller Gesellschafter mit einer erheblichen Vermögenseinlage unter Vereinbarung einer hohen Gewinnbeteiligung sowie der Verpflichtung, die Belange bestimmter Geschäftspartner persönlich wahrzunehmen, so handelt es sich um eine atypisch stille Gesellschaft – Mitunternehmerschaft – (>BFH vom 15. 12. 1992 – BStBl 1994 II S. 702). Gesamthandsvermögen braucht nicht vorhanden zu sein (>BFH vom 8. 7. 1982 – BStBl II S. 700).
- Bei einer GmbH und Still kann sich die Entfaltung einer stark ausgeprägten Mitunternehmerinitiative des stillen Gesellschafters auch aus dessen Stellung als Geschäftsführer der GmbH als Inhaberin des Handelsgewerbes ergeben (>BFH vom 13. 7. 2017 – BStBl II S. 1133).

Strohmannverhältnis
Wer in eigenem Namen, aber für Rechnung eines anderen ein Einzelunternehmen führt oder persönlich haftender Gesellschafter einer Personengesellschaft ist, wird, sofern das Treuhandverhältnis den Geschäftspartnern gegenüber nicht offen gelegt wird, regelmäßig allein wegen seiner unbeschränkten Haftung zum (Mit-)Unternehmer. Dies gilt auch dann, wenn er den Weisungen des Treugebers unterliegt und im Innenverhältnis von jeglicher Haftung freigestellt ist (>BFH vom 4. 11. 2004 – BStBl 2005 II S. 168).

Testamentsvollstreckung
Ein Kommanditist, dessen Kommanditanteil durch Testamentsvollstreckung treuhänderisch verwaltet wird und dessen Gewinnanteile an einen Unterbevollmächtigten herauszugeben sind, ist dennoch Mitunternehmer (>BFH vom 16. 5. 1995 – BStBl II S. 714).

Treugeber
Bei einem Treuhandverhältnis, dessen Gegenstand die Mitgliedschaft in einer Personengesellschaft ist, müssen die die Mitunternehmerstellung kennzeichnenden Merkmale in der Person des Treugebers vorliegen (>BFH vom 21. 4. 1988 – BStBl 1989 II S. 722).

Verdeckte Mitunternehmerschaft
- Mitunternehmer kann auch sein, wer nicht als >Gesellschafter, sondern z. B. als Arbeitnehmer oder Darlehensgeber bezeichnet ist, wenn die Vertragsbeziehung als Gesellschaftsverhältnis anzusehen ist (>BFH vom 11. 12. 1980 – BStBl 1981 II S. 310). Allerdings sind die zwischen den Beteiligten bestehenden Rechtsbeziehungen bei der Beurteilung der Gesellschaftereigenschaft sowohl zivil- als auch steuerrechtlich nicht allein nach deren formaler Bezeichnung zu würdigen, sondern nach den von ihnen gewollten Rechtswirkungen und der sich danach ergebenden zutreffenden rechtlichen Einordnung (>BFH vom 13. 7. 1993 – BStBl 1994 II S. 282).
- Eine Mitunternehmerschaft setzt ein zivilrechtliches Gesellschaftsverhältnis oder ausnahmsweise ein wirtschaftlich vergleichbares Gemeinschaftsverhältnis voraus. Eine Mitunternehmerschaft liegt danach auch vor, wenn mehrere Personen durch gemeinsame Ausübung der Unternehmerinitiative und gemeinsame Übernahme des Unternehmerrisikos auf einen bestimmten Zweck hin tatsächlich zusammenarbeiten. Erforderlich für ein stillschweigend begründetes Gesellschaftsverhältnis ist auch ein entsprechender Verpflichtungswille (>BFH vom 1. 8. 1996 – BStBl 1997 II S. 272). Mitunternehmerinitiative und -risiko dürfen nicht lediglich auf einzelne Schuldverhältnisse zurückzuführen sein. Die Bündelung von Risiken aus derartigen Austauschverhältnissen unter Vereinbarung angemessener und leistungsbezogener Entgelte begründet noch kein gesellschaftsrechtliches Risiko (>BFH vom 13. 7. 1993 – BStBl 1994 II S. 282). Tatsächliche Einflussmöglichkeiten allein genügen allerdings nicht (>BFH vom 2. 9. 1985 – BStBl 1986 II S. 10).
- Das Vorliegen einer verdeckten Mitunternehmerschaft zwischen nahen Angehörigen darf nicht unter Heranziehung eines Fremdvergleichs beurteilt werden (>BFH vom 8. 11. 1995 – BStBl 1996 II S. 133).
- Der Geschäftsführer der Komplementär-GmbH ist nicht schon auf Grund des bloßen Abschlusses des Geschäftsführervertrages mit der GmbH als verdeckter Mitunternehmer der KG anzusehen (>BFH vom 1. 8. 1996 – BStBl 1997 II S. 272). Der alleinige Gesellschafter-Geschäftsführer der Komplementär-GmbH ist verdeckter Mitunternehmer der Familien-GmbH & Co. KG, wenn er für die Geschäftsführung unangemessene gewinnabhängige Bezüge erhält und sich – wie bisher als Einzelunternehmer – als Herr des Unternehmens verhält (>BFH vom 21. 9. 1995 – BStBl 1996 II S. 66).

Vermietung zwischen Schwester-Personengesellschaften
Wirtschaftsgüter, die eine gewerblich tätige oder gewerblich geprägte Personengesellschaft an eine ganz oder teilweise personenidentische Personengesellschaft (Schwestergesellschaft) vermietet, gehören zum Betriebsvermögen der vermietenden Personengesellschaft und nicht zum Sonderbetriebsvermögen bei der nutzenden Personengesellschaft. Dies gilt auch, wenn leistende Gesellschaft eine gewerblich geprägte atypisch stille Gesellschaft ist (>BFH vom 26. 11. 1996 – BStBl 1998 II S. 328; >BMF vom 28. 4. 1998 – BStBl I S. 583 mit Übergangsregelung).

Wirtschaftliches Eigentum an einem Mitunternehmeranteil
- Ist in einem Gesellschaftsvertrag vereinbart, dass die Ehefrau im Scheidungsfall aus der Gesellschaft ausgeschlossen werden kann und ihr Ehemann an ihre Stelle tritt, ist der Kommanditanteil der Ehefrau dem Ehemann gem. § 39 Abs. 2 Nr. 1 Satz 1 AO zuzurechnen (>BFH vom 26. 6. 1990 – BStBl 1994 II S. 645).
- Dem Erwerber eines Anteils an einer Personengesellschaft kann die Mitunternehmerstellung bereits vor der zivilrechtlichen Übertragung des Gesellschaftsanteils zuzurechnen sein.

Voraussetzung dafür ist, dass der Erwerber rechtsgeschäftlich eine auf den Erwerb des Gesellschaftsanteils gerichtete, rechtlich geschützte Position erworben hat, die ihm gegen seinen Willen nicht mehr entzogen werden kann, und Mitunternehmerrisiko sowie Mitunternehmerinitiative vollständig auf ihn übergegangen sind (>BFH vom 1.3.2018 – BStBl II S. 539).

H 15.8 (2)

Unterbeteiligung

Tätigkeitsvergütungen einer OHG an atypisch still Unterbeteiligte eines Gesellschafters gehören nach § 15 Abs. 1 Satz 1 Nr. 2 Satz 2 EStG zu den Einkünften aus Gewerbebetrieb (>BFH vom 2.10.1997 – BStBl 1998 II S. 137).

H 15.8 (3)

Abweichung des Steuerbilanzgewinns vom Handelsbilanzgewinn

Der zwischen Gesellschaftern einer Personengesellschaft vereinbarte Gewinnverteilungsschlüssel bezieht sich grundsätzlich auf den Handelsbilanzgewinn. Weicht dieser vom Steuerbilanzgewinn deshalb ab, weil er durch die Auflösung von Bilanzierungshilfen geringer ist als der Steuerbilanzgewinn, müssen bei der Anwendung des Gewinnverteilungsschlüssels auf den Steuerbilanzgewinn Korrekturen hinsichtlich der Gesellschafter angebracht werden, die bei der Bildung der Bilanzierungshilfe an dem Unternehmen noch nicht beteiligt waren (>BFH vom 22.5.1990 – BStBl II S. 965).

Angemessenheit der Gewinnverteilung bei stiller Beteiligung von anteils- und beteiligungsidentischen Schwesterpersonengesellschaften

Kann ein angemessener Gewinnanteil der stillen Gesellschafterin nicht durch einen konkreten Fremdvergleich ermittelt werden, sind die Grundsätze zu Familienpersonengesellschaften entsprechend anzuwenden. Soweit ihr Gewinnanteil eine angemessene Höhe übersteigt, ist er dem Mitunternehmer zuzurechnen (>BFH vom 21.9.2000 – BStBl 2001 II S. 299).

Ausländische Personengesellschaft

Die zu § 15 Abs. 1 Satz 1 Nr. 2 EStG entwickelten Gewinnermittlungsgrundsätze gelten auch bei grenzüberschreitenden mitunternehmerischen Beteiligungen (>BFH vom 24.3.1999 – BStBl 2000 II S. 399).

Außerbetrieblich veranlasster Gewinn- und Verlustverteilungsschlüssel

Eine außerbetrieblich veranlasste Änderung des Gewinn- und Verlustverteilungsschlüssels bei einer Personengesellschaft, d. h. eine Änderung, die ihre Erklärung nicht in den Verhältnissen der Gesellschaft findet, ist ertragsteuerlich unbeachtlich (>BFH vom 23.8.1990 – BStBl 1991 II S. 172).

Forderungsverzicht im Zusammenhang mit einem Gesellschafterwechsel

Bei einem Wechsel der Gesellschafter einer Personengesellschaft ist der Ertrag aus einem Forderungsverzicht dem Neugesellschafter zuzurechnen, wenn nach den im konkreten Fall getroffenen Vereinbarungen der Neugesellschafter die betreffenden Verbindlichkeiten anstelle des Altgesellschafters wirtschaftlich tragen sollte. Ist vereinbart, dass der Neugesellschafter die betreffenden Verbindlichkeiten nicht wirtschaftlich tragen soll, ist der Ertrag dem Altgesellschafter zuzurechnen, der durch den Erlass der Schulden von seiner Haftung entbunden wird (>BFH vom 22.1.2015 – BStBl II S. 389).

Gewinnverteilung bei GmbH & atypisch stiller Gesellschaft
Beteiligt sich der Gesellschafter einer Kapitalgesellschaft an dieser zugleich als atypisch stiller Gesellschafter und verzichtet die Kapitalgesellschaft im Interesse des stillen Gesellschafters auf eine fremdübliche Gewinnbeteiligung, wird der Kapitalgesellschaft bei der gesonderten und einheitlichen Feststellung der Einkünfte der atypisch stillen Gesellschaft der angemessene Gewinnanteil zugerechnet (>BFH vom 18.6.2015 – BStBl II S. 935).

Gewinnzurechnung
Einem aus einer Personengesellschaft ausgeschiedenen Mitunternehmer ist der gemeinschaftlich erzielte laufende Gewinn auch dann anteilig zuzurechnen, wenn die verbleibenden Mitunternehmer die Auszahlung verweigern, weil der ausgeschiedene Mitunternehmer ihnen Schadenersatz in übersteigender Höhe schuldet. Dies gilt auch, wenn der Anspruch des ausgeschiedenen Mitunternehmers zivilrechtlich der sog. Durchsetzungssperre unterliegt und deshalb nicht mehr isoliert, sondern nur noch als Abrechnungsposten im Rahmen des Rechtsstreits um den Auseinandersetzungsanspruch geltend gemacht werden kann (>BFH vom 15.11.2011 – BStBl 2012 II S. 207).

GmbH-Beteiligung
Bei Beteiligung einer Personenhandelsgesellschaft an einer Kapitalgesellschaft gehören die Gewinnausschüttung ebenso wie die anzurechnende Kapitalertragsteuer und der Solidaritätszuschlag zu den Einkünften aus Gewerbebetrieb i. S. d. § 15 Abs. 1 Satz 1 Nr. 2 EStG. Das Anrechnungsguthaben steht den Gesellschaftern (Mitunternehmern) zu. Maßgebend für die Verteilung ist der allgemeine Gewinnverteilungsschlüssel (>BFH vom 22.11.1995 – BStBl 1996 II S. 531).

Kapitalkontenverzinsung
Hat der Gesellschafter ein Verrechnungskonto zu verzinsen, das einen Sollsaldo aufweist und auf der Aktivseite der Gesellschaftsbilanz aufzuführen ist, kann dieses Konto entweder eine Darlehensforderung gegen den Gesellschafter dokumentieren oder aber als (negativer) Bestandteil des Kapitalkontos anzusehen sein. Handelt es sich um einen Bestandteil des Kapitalkontos, dient die Verzinsung allein der zutreffenden Gewinnverteilung und führt nicht zu einer Erhöhung des Gewinns (>BFH vom 4.5.2000 – BStBl 2001 II S. 171).

Mehrgewinne eines ausgeschiedenen Gesellschafters auf Grund späterer Betriebsprüfung
Mehrgewinne, die sich für den ausgeschiedenen Gesellschafter auf Grund einer späteren Betriebsprüfung ergeben, sind ihm nach dem vereinbarten Gewinnverteilungsschlüssel zuzurechnen, sofern die Gesellschaft eine Einheitsbilanz erstellt. Die Zurechnung wird nicht durch die Höhe der Abfindung begrenzt. Kann für ein sich danach ergebendes positives Kapitalkonto keine nachträgliche Abfindung erlangt werden, erleidet der Ausgeschiedene einen Veräußerungsverlust (>BFH vom 24.10.1996 – BStBl 1997 II S. 241).

Nachträgliche Erhöhung des Kapitalkontos eines ausgeschiedenen Kommanditisten
Scheidet ein Kommanditist nach Auffüllung seines negativen Kapitalkontos ohne Abfindung aus der KG aus, ergibt sich aber auf Grund einer späteren Betriebsprüfung ein positives Kapitalkonto, entsteht für die verbliebenen Gesellschafter in diesem Umfang kein Anwachsungsgewinn. Der Betrag ist von ihnen für Abstockungen auf ihre Anteile an den Wirtschaftsgütern der Gesellschaft zu verwenden (>BFH vom 24.10.1996 – BStBl 1997 II S. 241).

Organträger-Personengesellschaft
Das Einkommen einer Organgesellschaft ist entsprechend dem allgemeinen Gewinnverteilungsschlüssel nur den Gesellschaftern einer Organträger-Personengesellschaft zuzurechnen, die im Zeitpunkt der Einkommenszurechnung an der Organträgerin beteiligt sind (>BFH vom 28. 2. 2013 – BStBl II S. 494).

Pensionszusagen
Bilanzsteuerliche Behandlung von Pensionszusagen einer Personengesellschaft an einen Gesellschafter und dessen Hinterbliebene >BMF vom 29. 1. 2008 (BStBl I S. 317)

Rückwirkende Änderung
Eine rückwirkende Änderung der Gewinnverteilung während eines Wj. hat keinen Einfluss auf die Zurechnung des bis dahin entstandenen Gewinns oder Verlusts (>BFH vom 7. 7. 1983 – BStBl 1984 II S. 53).

Tätigkeitsvergütungen
– Haben die Gesellschafter einer Personengesellschaft im Gesellschaftsvertrag vereinbart, dass die Tätigkeitsvergütung als Aufwand behandelt und auch dann gezahlt werden soll, wenn ein Verlust erwirtschaftet wird, ist dies bei tatsächlicher Durchführung der Vereinbarung auch steuerlich mit der Folge anzuerkennen, dass die Vergütung kein Gewinnvorab, sondern eine Sondervergütung i. S. d. § 15 Abs. 1 Satz 1 Nr. 2, 2. Halbsatz EStG ist. Steht die Sondervergütung in Zusammenhang mit der Anschaffung oder Herstellung eines Wirtschaftsguts, gehört sie zu den Anschaffungs- oder Herstellungskosten (>BFH vom 13. 10. 1998 – BStBl 1999 II S. 284 und vom 23. 1. 2001 – BStBl II S. 621).
– Nicht unter den Begriff der Tätigkeitsvergütung fallen die **Lieferung von Waren** im Rahmen eines Kaufvertrags zwischen dem Gesellschafter und der Gesellschaft oder sonstige zu fremdüblichen Bedingungen geschlossene Veräußerungsgeschäfte zwischen Gesellschaft und Gesellschafter. Ein derartiges Veräußerungsgeschäft liegt auch vor, wenn der Gesellschafter zur Herbeiführung des der Gesellschaft geschuldeten Erfolgs nicht nur Arbeit zu leisten, sondern auch Waren von nicht untergeordnetem Wert zu liefern hat, z. B. bei einem Werkvertrag (>BFH vom 28. 10. 1999 – BStBl 2000 II S. 339).
– Das Entgelt, das der Kommanditist einer GmbH & Co. KG für seine Tätigkeit als **Geschäftsführer der Komplementär-GmbH** bezieht, ist als Vergütung i. S. d. § 15 Abs. 1 Satz 1 Nr. 2 EStG zu beurteilen, und zwar auch dann wenn der Anstellungsvertrag des Geschäftsführer-Gesellschafters nicht mit der KG, sondern der Komplementär-GmbH abgeschlossen wurde. Hat eine Komplementär-GmbH neben ihrer Funktion als Geschäftsführerin der GmbH und Co. KG noch einen eigenen wirtschaftlichen Geschäftsbereich, kann eine Aufteilung der Tätigkeitsvergütung an den Geschäftsführer der Komplementär-GmbH, der gleichzeitig Kommanditist der KG ist, geboten sein (>BFH vom 6. 7. 1999 – BStBl II S. 720).
– Erbringt ein Kommanditist, der zugleich Alleingesellschafter und Geschäftsführer der Komplementär-GmbH und einer Schwester-Kapitalgesellschaft der GmbH & Co. KG ist, über die **zwischengeschaltete Schwester-Kapitalgesellschaft** Dienstleistungen an die KG, sind die hierfür gezahlten Vergütungen als Sonderbetriebseinnahmen des Kommanditisten zu erfassen (>BFH vom 6. 7. 1999 – BStBl II S. 720).
– Die von einem **Drittunternehmer** geleisteten Zahlungen sind Tätigkeitsvergütungen, wenn die Leistung des Gesellschafters letztlich der Personengesellschaft und nicht dem Drittunternehmen zugute kommen soll, sich hinreichend von der Tätigkeit des Gesellschafters für den übrigen Geschäftsbereich des Drittunternehmens abgrenzen lässt und wenn die Personengesellschaft dem Drittunternehmer die Aufwendungen für die Leistungen an den Gesellschafter ersetzt (>BFH vom 7. 12. 2004 – BStBl 2005 II S. 390).
– **Arbeitgeberanteile zur Sozialversicherung** eines Mitunternehmers, der sozialversicherungsrechtlich als Arbeitnehmer angesehen wird, gehören – unabhängig davon, ob sie dem Mit-

unternehmer zufließen – zu den Vergütungen, die er von der Gesellschaft für seine Tätigkeit im Dienste der Gesellschaft bezogen hat (>BFH vom 30. 8. 2007 – BStBl II S. 942).

Tod eines Gesellschafters
Ein bei Ableben eines Gesellschafters und Übernahme aller Wirtschaftsgüter der Personengesellschaft durch die verbleibenden Gesellschafter nach R 4.5 Abs. 6 zu ermittelnder Übergangsgewinn ist anteilig dem verstorbenen Gesellschafter zuzurechnen, auch wenn er im Wesentlichen auf der Zurechnung auf die anderen Gesellschafter übergehender Honorarforderungen beruht (>BFH vom 13. 11. 1997 – BStBl 1998 II S. 290).

Verzicht auf einen Gewinnanteil zwecks Tilgung einer Kaufpreisverpflichtung
>BFH vom 27. 10. 2015 (BStBl 2016 II S. 600)

Vorabanteile
Wird bei einer KG im Zusammenhang mit einer Erhöhung des Kommanditkapitals der gesellschaftsvertragliche Gewinn- und Verlustverteilungsschlüssel dahin geändert, dass künftige Gewinne oder Verluste in begrenztem Umfang nur auf die Kommanditisten verteilt werden, die weitere Kommanditeinlagen erbringen, oder dass diese Kommanditisten „Vorabanteile" von künftigen Gewinnen oder Verlusten erhalten, ist der neue Gewinn- und Verlustverteilungsschlüssel im Allgemeinen auch der einkommensteuerrechtlichen Gewinn- und Verlustverteilung zu Grunde zu legen (>BFH vom 7. 7. 1983 – BStBl 1984 II S. 53 und vom 17. 3. 1987 – BStBl II S. 558).

H 15.8 (4)

Allgemeines
Der persönlich haftende Gesellschafter einer KGaA ist nach § 15 Abs. 1 Satz 1 Nr. 3 EStG wie ein Gewerbetreibender zu behandeln. Der von ihm im Rahmen der KGaA erzielte anteilige Gewinn ist ihm einkommensteuerrechtlich unmittelbar zuzurechnen (>BFH vom 21. 6. 1989 – BStBl II S. 881).

Ausschüttungen
Ausschüttungen auf die Kommanditaktien sind im Zeitpunkt des Zuflusses als Einnahmen aus Kapitalvermögen zu erfassen (>BFH vom 21. 6. 1989 – BStBl II S. 881).

Gewinnermittlungsart
Der Gewinnanteil des persönlich haftenden Gesellschafters einer KGaA einschließlich seiner Sondervergütungen, Sonderbetriebseinnahmen und Sonderbetriebsausgaben ist durch Betriebsvermögensvergleich zu ermitteln (>BFH vom 21. 6. 1989 – BStBl II S. 881).

Sonderbetriebsvermögen
Der persönlich haftende Gesellschafter kann wie ein Mitunternehmer (§ 15 Abs. 1 Satz 1 Nr. 2 EStG) Sonderbetriebsvermögen haben. Die ihm gehörenden Kommanditaktien sind weder Betriebsvermögen noch Sonderbetriebsvermögen (>BFH vom 21. 6. 1989 – BStBl II S. 881).

Wirtschaftsjahr
Das Wj. stimmt mit dem Wj. der KGaA überein (>BFH vom 21. 6. 1989 – BStBl II S. 881).

H 15.8 (5)

Ärztliche Gemeinschaftspraxen
>BMF vom 14. 5. 1997 (BStBl I S. 566) und BFH vom 19. 2. 1998 (BStBl II S. 603)

Atypisch stille Gesellschaft
Übt der Inhaber einer Steuerberatungspraxis neben seiner freiberuflichen auch eine gewerbliche Tätigkeit aus, und ist an seinem Unternehmen ein Steuerberater atypisch still beteiligt, sind gem. § 15 Abs. 3 Nr. 1 EStG sämtliche Einkünfte der Mitunternehmerschaft gewerblich (>BFH vom 10. 8. 1994 – BStBl 1995 II S. 171).

Bagatellgrenze
Eine Umqualifizierung nach § 15 Abs. 3 Nr. 1 EStG in Einkünfte aus Gewerbebetrieb tritt nicht ein, wenn die originär gewerblichen Nettoumsatzerlöse 3 % der Gesamtnettoumsatzerlöse der Gesellschaft und den Betrag von 24.500 € im VZ nicht übersteigen (>BFH vom 27. 8. 2014 – BStBl 2015 II S. 996, S. 999 und S. 1002).

Beteiligung an einer gewerblich tätigen Mitunternehmerschaft
Bei Beteiligung einer vermögensverwaltenden Personengesellschaft an einer gewerblich tätigen Mitunternehmerschaft mit abweichendem Wj. tritt die Abfärbewirkung nur ein, wenn der Obergesellschaft im betreffenden Kj. nach Maßgabe des § 4a Abs. 2 Nr. 2 EStG ein Gewinnanteil zugewiesen ist (>BFH vom 26. 6. 2014 – BStBl II S. 972).

Betriebsaufspaltung
>H 15.7 (4) Umfassend gewerbliche Besitzpersonengesellschaft

Einheitliche Gesamtbetätigung
- Eine Umqualifizierung nach § 15 Abs. 3 Nr. 1 EStG kommt nicht in Betracht, wenn eine gemischte Tätigkeit als einheitliche Gesamtbetätigung anzusehen ist. Eine solche Tätigkeit muss vielmehr unabhängig von der „Abfärbetheorie" danach qualifiziert werden, welche Tätigkeit der Gesamtbetätigung das Gepräge gibt (>BFH vom 24. 4. 1997 – BStBl II S. 567).
- >H 15.6 (Gemischte Tätigkeit)

Erbengemeinschaft
Die Erbengemeinschaft ist nicht umfassend gewerblich tätig i. S. d. § 15 Abs. 3 Nr. 1 EStG (>BFH vom 23. 10. 1986 – BStBl 1987 II S. 120).

GbR
Die GbR, bei der die Gesellschafter als Mitunternehmer des Betriebs anzusehen sind, ist umfassend gewerblich tätig (>BFH vom 11. 5. 1989 – BStBl II S. 797).

Gewerbesteuerbefreiung
Übt eine Personengesellschaft auch eine gewerbliche Tätigkeit aus, ist die Tätigkeit auch dann infolge der „Abfärberegelung" des § 15 Abs. 3 Nr. 1 EStG insgesamt als gewerblich anzusehen, wenn die gewerbliche Tätigkeit von der Gewerbesteuer befreit ist (>BFH vom 30. 8. 2001 – BStBl 2002 II S. 152).

Gewerbliche Einkünfte im Sonderbereich des Gesellschafters
Bei einer freiberuflich tätigen Personengesellschaft kommt es nicht zu einer Abfärbung gem. § 15 Abs. 3 Nr. 1 EStG ihrer Einkünfte im Gesamthandsbereich, wenn ein Gesellschafter gewerbliche Einkünfte im Sonderbereich erzielt (>BFH vom 28. 6. 2006 – BStBl 2007 II S. 378).

Gewinnerzielungsabsicht
Wegen der Einheitlichkeit des Gewerbebetriebs einer Personengesellschaft sind deren gemischte Tätigkeiten zunächst insgesamt als gewerblich einzuordnen. Erst dann ist für jeden selbständigen Tätigkeitsbereich die Gewinnerzielungsabsicht zu prüfen (>BFH vom 25. 6. 1996 – BStBl 1997 II S. 202).

H 15.8 (6)

Atypisch stille Gesellschaft
Die atypisch stille Gesellschaft kann als solche i. S. v. § 15 Abs. 3 Nr. 2 EStG durch den tätigen Gesellschafter gewerblich geprägt sein (>BFH vom 26. 11. 1996 – BStBl 1998 II S. 328).

Ausländische Kapitalgesellschaft
Eine ausländische Kapitalgesellschaft, die nach ihrem rechtlichen Aufbau und ihrer wirtschaftlichen Gestaltung einer inländischen Kapitalgesellschaft entspricht, ist geeignet, eine Personengesellschaft gewerblich zu prägen (>BFH vom 14. 3. 2007 – BStBl II S. 924).

Betriebsunterbrechung
Ruht der Gewerbebetrieb einer Personengesellschaft, kann diese keine gewerblich geprägte Gesellschaft sein, da die Einkünfte aus ruhendem Gewerbebetrieb originär gewerbliche Einkünfte darstellen (>BFH vom 9. 11. 2017 – BStBl 2018 II S. 227).

Einheits-GmbH & Co. KG
Der gewerblichen Prägung einer Einheits-GmbH & Co. KG (GmbH & Co. KG, bei der die Geschäftsanteile an der Komplementär-GmbH von der KG gehalten werden) steht nicht entgegen, dass der im Grundsatz allein geschäftsführungsbefugten Komplementärin im Gesellschaftsvertrag der KG die Geschäftsführungsbefugnis betreffend die Ausübung der Gesellschafterrechte aus oder an den Geschäftsanteilen an der Komplementär-GmbH entzogen und diese auf die Kommanditisten übertragen wird (>BFH vom 13. 7. 2017 – BStBl II S. 1126).

Einkünfteerzielungsabsicht
Auch bei einer gewerblich geprägten Personengesellschaft ist die Einkünfteerzielungsabsicht zu prüfen. Hierbei kommt es auf die Absicht zur Erzielung eines Totalgewinns einschließlich etwaiger steuerpflichtiger Veräußerungs- oder Aufgabegewinne an. Für die Zeit des Bestehens der gewerblichen Prägung muss die Absicht vorhanden sein, einen gewerblichen Totalgewinn zu erzielen (>BFH vom 25. 9. 2008 – BStBl 2009 II S. 266). Es ist zu vermuten, dass die von einer gewerblich geprägten Personengesellschaft und ihren Gesellschaftern angestrebte, aber bis zur Liquidation der Gesellschaft niemals aufgenommene wirtschaftliche Tätigkeit auf Erzielung eines Gewinns ausgerichtet war, wenn keine Anhaltspunkte dafür bestehen, dass die Tätigkeit verlustgeneigt hätte sein können oder dass die gewerbliche Prägung später hätte entfallen sollen (>BFH vom 30. 10. 2014 – BStBl 2015 II S. 380).

GbR
Eine GbR, an der mindestens eine natürliche Person beteiligt ist, kann keine gewerblich geprägte Personengesellschaft i. S. d. § 15 Abs. 3 Nr. 2 EStG sein, weil die persönliche Haftung eines Ge-

sellschafters einer GbR gesellschaftsrechtlich nicht ausgeschlossen werden kann (>BMF vom 17.3.2014 – BStBl I S. 555). Es ist unerheblich, ob und ggf. in welchem Umfang seine Haftung individualvertraglich im Einzelfall ausgeschlossen ist (>BFH vom 22.9.2016 – BStBl 2017 II S. 116).

Geschäftsführung

Bei einer GmbH & Co. KG, deren alleinige Geschäftsführerin die Komplementär-GmbH ist, ist der zur Führung der Geschäfte der GmbH berufene Kommanditist nicht wegen dieser Geschäftsführungsbefugnis auch als zur Führung der Geschäfte der KG berufen anzusehen (>BFH vom 23.5.1996 – BStBl II S. 523).

Prägung durch andere Personengesellschaften

Eine selbst originär gewerblich tätige Personengesellschaft kann eine nur eigenes Vermögen verwaltende GbR, an der sie beteiligt ist, gewerblich prägen (>BFH vom 8.6.2000 – BStBl 2001 II S. 162).

Umlaufvermögen

Eine vermögensverwaltend tätige, aber gewerblich geprägte Personengesellschaft i.S.d. § 15 Abs. 3 Nr. 2 EStG kann nicht nur Anlage-, sondern auch Umlaufvermögen haben (>BFH vom 19.1.2017 – BStBl II S. 466).

R 15.9 Steuerliche Anerkennung von Familiengesellschaften

Grundsätze

(1) – unbesetzt –

Schenkweise begründete Beteiligungen von Kindern

(2) [1]Behält ein Elternteil sich bei der unentgeltlichen Einräumung einer >Unterbeteiligung an einem Anteil an einer Personengesellschaft das Recht vor, jederzeit eine unentgeltliche Rückübertragung der Anteile von dem Kind zu verlangen, wird keine Einkunftsquelle auf das Kind übertragen. [2]Gleiches gilt bei schenkweiser Übertragung eines Gesellschaftsanteiles mit Rückübertragungsverpflichtung.

Gewinnverteilung bei Familiengesellschaften

(3) [1]Unabhängig von der Anerkennung der Familiengesellschaft als solcher ist zu prüfen, ob auch die von der Gesellschaft vorgenommene Gewinnverteilung steuerlich zu übernehmen ist. [2]Steht die Gewinnverteilung in offensichtlichem Missverhältnis zu den Leistungen der Gesellschafter, kann ein Missbrauch i.S.d. § 42 AO vorliegen.

Typisch stille Gesellschaft

(4) – unbesetzt –

Gewinnbeteiligung bei typisch stiller Beteiligung

(5) – unbesetzt –

H 15.9 (1)

Allgemeines

Die Anerkennung einer OHG, KG, GbR oder atypisch stillen Gesellschaft setzt voraus, dass eine Mitunternehmerschaft vorliegt, der Gesellschaftsvertrag zivilrechtlich wirksam ist und auch verwirklicht wird und dass die tatsächliche Gestaltung der Dinge mit ihrer formellen Gestaltung übereinstimmt, insbesondere die aufgenommenen Familienangehörigen auch volle Gesellschafterrechte genießen (>BFH vom 8. 8.1979 – BStBl II S. 768 und vom 3. 5.1979 – BStBl II S. 515). Einer OHG oder einer KG kann die steuerliche Anerkennung nicht lediglich mit der Begründung versagt werden, dass außerbetriebliche, z. B. steuerliche und familienrechtliche Gesichtspunkte den Abschluss des Gesellschaftsvertrags veranlasst haben (>BFH vom 22. 8.1951 – BStBl 1951 III S. 181).

Buchwertabfindung

Ein Kommanditist, der vom persönlich haftenden Gesellschafter ohne Weiteres zum Buchwert aus der Gesellschaft ausgeschlossen werden kann, ist nicht Mitunternehmer (>BFH vom 29. 4.1981 – BStBl II S. 663). Entsprechendes gilt, wenn die für den Fall des jederzeit möglichen Ausschlusses vereinbarte Abfindung nicht auch die **Beteiligung am Firmenwert** umfasst (>BFH vom 15. 10.1981 – BStBl 1982 II S. 342).

Gütergemeinschaft

Die eheliche Gütergemeinschaft ist ein den in § 15 Abs. 1 Satz 1 Nr. 2 EStG genannten Gesellschaftsverhältnissen vergleichbares Gemeinschaftsverhältnis und kann damit eine Mitunternehmerschaft begründen (>BFH vom 16. 2.1995 – BStBl II S. 592 und vom 18. 8. 2005 – BStBl 2006 II S. 165).
>H 4.2 (12)

Rückübertragungsverpflichtung

Werden Kommanditanteile schenkweise mit der Maßgabe übertragen, dass der Schenker ihre Rückübertragung jederzeit ohne Angabe von Gründen einseitig veranlassen kann, ist der Beschenkte nicht als Mitunternehmer anzusehen (>BFH vom 16. 5.1989 – BStBl II S. 877).

Tatsächliche Gewinnaufteilung

Der Gewinn aus einer Familienpersonengesellschaft ist einem bisher als Alleininhaber tätig gewesenen Gesellschafter zuzurechnen, wenn der Gewinn tatsächlich nicht aufgeteilt, sondern diesem Gesellschafter allein belassen worden ist (>BFH vom 6. 11. 1964 – BStBl 1965 III S. 52).

H 15.9 (2)

Allgemeines

Schenkweise von ihren Eltern in eine KG aufgenommene Kinder können nur Mitunternehmer sein, wenn ihnen wenigstens annäherungsweise diejenigen Rechte eingeräumt sind, die einem Kommanditisten nach dem HGB zukommen. Maßstab ist das nach dem HGB für den Kommanditisten vorgesehene Regelstatut (>BFH vom 24. 7.1986 – BStBl 1987 II S. 54). Dazu gehören auch die gesetzlichen Regelungen, die im Gesellschaftsvertrag abbedungen werden können (>BMF vom 5. 10.1989 – BStBl I S. 378). Entsprechendes gilt für am Gesellschaftsanteil der Eltern unterbeteiligte Kinder (>BFH vom 24. 7.1986 – BStBl 1987 II S. 54). Sie sind nicht Mitunternehmer, wenn ihre Rechtsstellung nach dem Gesamtbild zugunsten der Eltern in einer Weise beschränkt ist, wie dies in Gesellschaftsverträgen zwischen Fremden nicht üblich ist (>BFH vom 8.2.1979 – BStBl II S. 405 und vom 3.5.1979 – BStBl II S. 515). Die schenkweise begründete Rechtsstellung der Kinder entspricht in diesen Fällen ihrem wirtschaftlichen Gehalt nach häufig dem Versprechen einer erst künftigen Kapitalübertragung (>BFH vom 8.2.1979 – BStBl II S. 405 und vom 3.5.1979 – BStBl II S. 515). Die Gewinngutschriften auf die Unterbeteiligung sind deshalb bei dem Elternteil keine Sonderbetriebsausgaben, sondern nichtabzugsfähige Zuwendungen i. S. d. § 12 EStG (>BFH vom 18.7.1974 – BStBl II S. 740). Der schenkweisen Aufnahme steht gleich, wenn den Kindern die Mittel für die Kommanditeinlage darlehensweise unter Bedingungen zur Verfügung gestellt werden, die unter Fremden nicht üblich sind (>BFH vom 5.7.1979 – BStBl II S. 670). Sind die in eine Gesellschaft im Wege der Schenkung aufgenommenen Kinder nach den vorstehenden Grundsätzen nicht als Mitunternehmer anzusehen, können ihnen die vertraglichen Gewinnanteile nicht als eigene Einkünfte aus Gewerbebetrieb zugerechnet werden. In Höhe dieser Gewinnanteile liegt regelmäßig eine nach § 12 EStG unbeachtliche Einkommensverwendung der Eltern vor (>BFH vom 22.1.1970 – BStBl II S. 416).

Alter des Kindes

Bei der Würdigung des Gesamtbildes in Grenzfällen kann für die Anerkennung als Mitunternehmer sprechen, dass die Vertragsgestaltung den objektiven Umständen nach darauf abgestellt ist, die Kinder oder Enkel an das Unternehmen heranzuführen, um dessen Fortbestand zu sichern (>BFH vom 6.4.1979 – BStBl II S. 620). Dies ist nicht der Fall, wenn die Kinder wegen ihres Alters nicht die für eine Heranführung an das Unternehmen erforderliche Reife besitzen (>BFH vom 5.7.1979 – BStBl II S. 670).

Befristete Gesellschafterstellung

Ist die Gesellschafterstellung eines Kindes von vornherein nur befristet etwa auf die Zeit, in der das Kind vermutlich unterhaltsbedürftig ist und eine persönliche Aktivität als Gesellschafter noch nicht entfalten wird, kann eine Mitunternehmerschaft nicht anerkannt werden (>BFH vom 29.1.1976 – BStBl II S. 324). Dagegen kann eine Mitunternehmerschaft minderjähriger Kinder, die als Kommanditisten einer Familien-KG im Schenkungswege beteiligt wurden, nicht schon deshalb verneint werden, weil der Vater nach dem Gesellschaftsvertrag berechtigt ist, die Gesellschafterstellung eines Kindes zum Ende des Jahres der Erreichung der Volljährigkeit zu kündigen (>BFH vom 23.6.1976 – BStBl II S. 678).

Familiengerichtliche Genehmigung

Beteiligt ein Stpfl. sein durch einen Pfleger vertretenes minderjähriges Kind an seinem Unternehmen, hängt die steuerliche Anerkennung des Vertrags auch dann, wenn die Beteiligten nach dem Vertrag gehandelt haben, von der familiengerichtlichen Genehmigung ab, die nicht als stillschweigend erteilt angesehen werden kann (>BFH vom 4.7.1968 – BStBl II S. 671). Die zivilrechtliche Rückwirkung der familiengerichtlichen Genehmigung eines Vertrags über den Erwerb eines Anteils an einer Personengesellschaft durch einen Minderjährigen kann steuerlich nicht berücksichtigt werden, wenn die familiengerichtliche Genehmigung nicht unverzüglich nach Abschluss des Gesellschaftsvertrags beantragt und in angemessener Frist erteilt wird (>BFH vom 5.3.1981 – BStBl II S. 435).

Kündigung

Die Mitunternehmerstellung eines minderjährigen Kommanditisten kann durch das dem Komplementär eingeräumte Kündigungsrecht beeinträchtigt werden (>BMF vom 5.10.1989 – BStBl I S. 378).

>Befristete Gesellschafterstellung

Rückfallklausel
Eine Rückfallklausel, nach der die Unterbeteiligung ersatzlos an den Vater zurückfällt, wenn das Kind vor dem Vater stirbt und keine leiblichen ehelichen Abkömmlinge hinterlässt, steht der steuerrechtlichen Anerkennung der Unterbeteiligung nicht entgegen (>BFH vom 27.1.1994 – BStBl II S. 635).

Umdeutung in Darlehensgewährung
Ein zivilrechtlich wirksam abgeschlossener, aber steuerlich nicht anerkannter Gesellschaftsvertrag kann für die steuerliche Beurteilung nicht in einen Darlehensvertrag umgedeutet werden (>BFH vom 6.7.1995 – BStBl 1996 II S. 269).

Unterbeteiligung
Eine Unterbeteiligung am OHG-Anteil des Vaters mit Ausschluss der Unterbeteiligten von stillen Reserven und Firmenwert im Falle der Kündigung durch den Vater sowie Einschränkung der Gewinnentnahme- und Kontrollrechte der Unterbeteiligten kann steuerlich nicht anerkannt werden (>BFH vom 6.7.1995 – BStBl 1996 II S. 269).

Verfügungsbeschränkungen
Behalten sich die Eltern die Verwaltung der Kommanditbeteiligungen der Kinder vor, sind die Kinder nicht Mitunternehmer (>BFH vom 25.6.1981 – BStBl II S. 779). Überlassen Eltern ihren minderjährigen Kindern Anteile am Betriebsvermögen einer von ihnen gebildeten Personengesellschaft unter der Auflage, dass die Kinder über die auf ihre Anteile entfallenden Gewinnanteile nur in dem von den Eltern gebilligten Umfang verfügen dürfen, so liegt eine zur Gewinnverteilung auch auf die Kinder führende Mitunternehmerschaft nicht vor (>BFH vom 4.8.1971 – BStBl 1972 II S. 10). Wird ein nicht mitarbeitendes Kind ohne Einlage als Gesellschafter aufgenommen, ist es in der Regel im Jahr der Aufnahme kein Mitunternehmer, wenn es sich nur verpflichtet, einen Teil seines künftigen Gewinnanteils zur Bildung eines Kapitalanteils stehenzulassen (>BFH vom 1.2.1973 – BStBl II S. 221). Das gilt auch, wenn das Kind zwar zu einer Bareinlage verpflichtet sein soll, diese aber nur aus einem von den Eltern gewährten und aus dem ersten Gewinnanteil des Kindes wieder getilgten Darlehen leistet (>BFH vom 1.2.1973 – BStBl II S. 526). Ist in dem Gesellschaftsvertrag einer Familienpersonengesellschaft, durch den die minderjährigen Kinder des Hauptgesellschafters als Kommanditisten in die KG aufgenommen werden, bestimmt, dass Beschlüsse in der Gesellschafterversammlung – abweichend vom Einstimmigkeitsprinzip des § 119 Abs. 1 HGB – mit einfacher Mehrheit zu fassen sind, steht diese Vertragsklausel der Anerkennung der Kinder als Mitunternehmer nicht entgegen; eine solche Klausel ist dahin auszulegen, dass sie nur Beschlüsse über die laufenden Geschäfte der KG betrifft (>BFH vom 7.11.2000 – BStBl 2001 II S. 186).

H 15.9 (3)

Allgemeines
Beteiligt ein Stpfl. nicht im Betrieb mitarbeitende nahe Familienangehörige in der Weise als Kommanditisten oder atypisch stille Gesellschafter an einem Betrieb, dass er ihnen Gesellschaftsanteile schenkweise überträgt, kann mit steuerlicher Wirkung eine Gewinnverteilung nur anerkannt werden, die auf längere Sicht zu einer auch unter Berücksichtigung der gesellschaftsrechtlichen Beteiligung der Mitunternehmer angemessenen Verzinsung des tatsächlichen (gemeinen) Wertes der Gesellschaftsanteile führt (>BFH vom 29.5.1972 – BStBl 1973 II S. 5). Die Gewinnverteilung wird im Allgemeinen dann nicht zu beanstanden sein, wenn der vereinbarte Gewinnverteilungsschlüssel eine durchschnittliche Rendite von nicht mehr als 15 % des tatsächlichen Wertes der Beteiligung ergibt (>BFH vom 24.7.1986 – BStBl 1987 II S. 54). Ist

eine Gewinnverteilung nach den vorstehenden Grundsätzen unangemessen, ist die Besteuerung so vorzunehmen, als ob eine angemessene Gewinnverteilung getroffen worden wäre (>BFH vom 29. 3. 1973 – BStBl II S. 650), d. h. Gewinnanteile, die die angemessene Begrenzung übersteigen, sind dann den anderen Gesellschaftern zuzurechnen, sofern nicht auch bei ihnen Begrenzungen zu beachten sind (>BFH vom 29. 5. 1972 – BStBl 1973 II S. 5). Bei der Beantwortung der Frage, ob eine Gewinnverteilung angemessen ist, ist in der Regel von der durchschnittlichen Rendite eines Zeitraums von fünf Jahren auszugehen. Außerdem sind alle im Zeitpunkt des Vertragsabschlusses bekannten Tatsachen und die sich aus ihnen für die Zukunft ergebenden wahrscheinlichen Entwicklungen zu berücksichtigen (>BFH vom 29. 5. 1972 – BStBl 1973 II S. 5).

Beteiligung an den stillen Reserven
Ist vertraglich bestimmt, dass der Gesellschafter nicht oder unter bestimmten Voraussetzungen nicht an den stillen Reserven beteiligt sein soll, ist ein Abschlag zu machen; das gilt auch, wenn der Gesellschafter in der Verfügung über seinen Anteil oder in der Befugnis, Gewinn zu entnehmen, beschränkt ist (>BFH vom 29. 3. 1973 – BStBl II S. 489).

Buchwertabfindung
Behält sich ein Elternteil anlässlich der unentgeltlichen Übertragung eines Gesellschaftsanteiles auf die Kinder das Recht vor, das Gesellschaftsverhältnis zu kündigen, das Unternehmen allein fortzuführen und die Kinder mit dem Buchwert ihres festen Kapitalanteils abzufinden, ist bei Prüfung der Angemessenheit des vereinbarten Gewinnverteilungsschlüssels von dem Buchwert des übertragenen Gesellschaftsanteils auszugehen (>BFH vom 13. 3. 1980 – BStBl II S. 437).

Eigene Mittel
Sind die Geschäftsanteile ganz oder teilweise mit eigenen Mitteln von den aufgenommenen Familienangehörigen erworben worden, bildet die unter Fremden übliche Gestaltung den Maßstab für die Prüfung, ob die Gewinnverteilung angemessen ist (>BFH vom 4. 6. 1973 – BStBl II S. 866).

Entnahmegewinn bei Schenkung
>H 4.3 (2-4) Personengesellschaften

Unterbeteiligung
Hat ein Stpfl. seinem Kind eine mitunternehmerschaftliche Unterbeteiligung von 10 % an seinem Kommanditanteil an einer zwischen fremden Personen bestehenden KG geschenkt, dann kann die für die Unterbeteiligung vereinbarte quotale Gewinnbeteiligung (hier: 10 %) auch dann steuerlich anzuerkennen sein, wenn sie zu einem Gewinn des unterbeteiligten Kindes von mehr als 15 % des Wertes der Unterbeteiligung (>Allgemeines) führt. Eine vereinbarte quotale Gewinnbeteiligung ist steuerlich anzuerkennen, auch wenn mit dem Gewinnanteil des Stpfl. an der KG nur die Überlassung des Haftkapitals vergütet wird oder wenn damit zusätzlich nur solche Gesellschafterbeiträge des Stpfl. abgegolten werden, die anteilig auch dem unterbeteiligten Kind zuzurechnen sind (>BFH vom 9. 10. 2001 – BStBl 2002 II S. 460).

Veränderung der Gewinnverteilung
Eine als angemessen anzusehende Gewinnverteilung bleibt grundsätzlich so lange bestehen, bis eine wesentliche Veränderung der Verhältnisse dergestalt eintritt, dass auch bei einer Mitunternehmerschaft zwischen fremden Personen die Gewinnverteilung geändert würde (>BFH vom 29. 5. 1972 – BStBl 1973 II S. 5).

Verfügungsbeschränkungen
>Beteiligung an den stillen Reserven

H 15.9 (4)

Allgemeines

Kommanditisten, die nicht als Mitunternehmer anzuerkennen sind, können im Innenverhältnis unter Umständen die Stellung von typischen stillen Gesellschaftern erlangt haben (>BFH vom 29.4.1981 – BStBl II S. 663 und vom 6.7.1995 – BStBl 1996 II S. 269). Beteiligt ein Stpfl. nahe Angehörige an seinem Unternehmen als stille Gesellschafter, kann diese Beteiligung steuerlich nur anerkannt werden, wenn die Gesellschaftsverträge klar vereinbart, bürgerlich-rechtlich wirksam und ernstlich gewollt sind, tatsächlich durchgeführt werden, wirtschaftlich zu einer Änderung der bisherigen Verhältnisse führen und die Verträge keine Bedingungen enthalten, unter denen fremde Dritte Kapital als stille Einlage nicht zur Verfügung stellen würden (>BFH vom 8.3.1984 – BStBl II S. 623 und vom 31.5.1989 – BStBl 1990 II S. 10).

Auszahlung/Gutschrift von Gewinnanteilen

Ein Vertrag über eine stille Gesellschaft zwischen Familienangehörigen ist nur dann durchgeführt, wenn die Gewinnanteile entweder ausbezahlt werden oder im Falle einer Gutschrift eindeutig bis zur Auszahlung jederzeit abrufbar gutgeschrieben bleiben (>BFH vom 18.10.1989 – BStBl 1990 II S. 68).

Familiengerichtliche Genehmigung

Beteiligt ein Stpfl. sein durch einen Pfleger vertretenes minderjähriges Kind an seinem Unternehmen und ist das Kind auch am Verlust beteiligt, so hängt die steuerliche Anerkennung des Vertrags auch dann, wenn die Beteiligten nach dem Vertrag gehandelt haben, von der familiengerichtlichen Genehmigung ab, die nicht als stillschweigend erteilt angesehen werden kann (>BFH vom 4.7.1968 – BStBl II S. 671).

Verlustbeteiligung

Ist ein schenkweise still beteiligtes minderjähriges Kind nicht am Verlust der Gesellschaft beteiligt, kann eine stille Beteiligung steuerlich nicht anerkannt werden (>BFH vom 21.10.1992 – BStBl 1993 II S. 289); zu Angehörigen >BMF vom 23.12.2010 (BStBl 2011 I S. 37), Rdnr. 15.

H 15.9 (5)

Allgemeines

Die Höhe der Gewinnbeteiligung wird bei typischer stiller Beteiligung steuerlich nur zugrunde gelegt, soweit sie wirtschaftlich angemessen ist (>BFH vom 19.2.2009 – BStBl II S. 798).

Eigene Mittel

- Stammt die Kapitalbeteiligung des stillen Gesellschafters nicht aus der Schenkung des Unternehmers, sondern wird sie aus eigenen Mitteln des stillen Gesellschafters geleistet, ist in der Regel eine Gewinnverteilungsabrede angemessen, die im Zeitpunkt der Vereinbarung bei vernünftiger kaufmännischer Beurteilung eine durchschnittliche Rendite von 25 % der >Einlage erwarten lässt, wenn der stille Gesellschafter nicht am Verlust beteiligt ist (>BFH vom 14.2.1973 – BStBl II S. 395).

- Ist der stille Gesellschafter auch am Verlust beteiligt, ist in der Regel ein Satz von bis zu 35 % der >Einlage noch angemessen (>BFH vom 16.12.1981 – BStBl 1982 II S. 387).

Einlage

Der tatsächliche Wert einer typischen stillen Beteiligung ist regelmäßig gleich ihrem Nennwert (>BFH vom 29.3.1973 – BStBl II S. 650).

Schenkweise eingeräumte stille Beteiligung

- Stammt die Kapitalbeteiligung des stillen Gesellschafters in vollem Umfang aus einer Schenkung des Unternehmers, ist in der Regel eine Gewinnverteilungsabrede angemessen, die im Zeitpunkt der Vereinbarung bei vernünftiger kaufmännischer Beurteilung eine durchschnittliche Rendite von 15 % der Einlage erwarten lässt, wenn der Beschenkte am Gewinn und Verlust beteiligt ist; ist eine Beteiligung am Verlust ausgeschlossen, ist bei einem steuerlich anerkannten stillen Gesellschaftsverhältnis in der Regel ein Satz von 12 % der >Einlage angemessen (>BFH vom 29.3.1973 – BStBl II S. 650).
- >BMF vom 23.12.2010 (BStBl 2011 I S. 37), Rdnr. 15.

Veränderung der tatsächlichen Verhältnisse

Eine zunächst angemessene Rendite muss bei Veränderung der tatsächlichen Verhältnisse (hier: nicht erwarteter Gewinnsprung) nach dem Maßstab des Fremdvergleichs korrigiert werden (>BFH vom 19.2.2009 – BStBl II S. 798).

| R 15.10 | **Verlustabzugsbeschränkungen nach § 15 Abs. 4 EStG** |

Betreibt ein Stpfl. gewerbliche Tierzucht oder Tierhaltung in mehreren selbständigen Betrieben, kann der in einem Betrieb erzielte Gewinn aus gewerblicher Tierzucht oder Tierhaltung mit dem in einem anderen Betrieb des Stpfl. erzielten Verlust aus gewerblicher Tierzucht oder Tierhaltung bis zum Betrag von 0 Euro verrechnet werden.

| H 15.10 |

Abschreibungs- oder Buchverluste

Von § 15 Abs. 4 Satz 1 und 2 EStG werden alle Verluste aus gewerblicher Tierzucht oder gewerblicher Tierhaltung erfasst, nicht nur Abschreibungs- oder Buchverluste (>BFH vom 5.2.1981 – BStBl II S. 359).

Brüterei

Die Unterhaltung einer Brüterei durch einen Gewerbetreibenden stellt keine gewerbliche Tierzucht oder Tierhaltung dar (>BFH vom 14.9.1989 – BStBl 1990 II S. 152).

Doppelstöckige Personengesellschaft

Die Verlustausgleichs- und -abzugsbeschränkung für Verluste einer Untergesellschaft aus gewerblicher Tierzucht und Tierhaltung wirkt sich auch auf die Besteuerung der Gesellschafter der Obergesellschaft aus. Ein solcher Verlust ist zwingend und vorrangig mit Gewinnen aus der Veräußerung der Beteiligung an der Obergesellschaft zu verrechnen, soweit dieser anteilig mittelbar auf Wirtschaftsgüter der Untergesellschaft entfällt (>BFH vom 1.7.2004 – BStBl 2010 II S. 157).

Ehegatten
Bei der Zusammenveranlagung von Ehegatten sind Verluste aus gewerblicher Tierzucht oder Tierhaltung des einen Ehegatten mit Gewinnen des anderen Ehegatten aus gewerblicher Tierzucht oder Tierhaltung auszugleichen (>BFH vom 6.7.1989 – BStBl II S. 787).

Gemischte Betriebe
Wird in einem einheitlichen Betrieb neben gewerblicher Tierzucht oder gewerblicher Tierhaltung noch eine andere gewerbliche Tätigkeit ausgeübt, darf der Verlust aus der gewerblichen Tierzucht oder Tierhaltung nicht mit einem Gewinn aus der anderen gewerblichen Tätigkeit verrechnet werden (>BFH vom 21.9.1995 – BStBl 1996 II S. 85).

Gewerbliche Tierzucht oder gewerbliche Tierhaltung
Ist jede Tierzucht oder Tierhaltung, der nach den Vorschriften des § 13 Abs. 1 EStG i.V. m. §§ 51 und 51a BewG keine ausreichenden landwirtschaftlichen Nutzflächen als Futtergrundlage zur Verfügung stehen (>BFH vom 12.8.1982 – BStBl 1983 II S. 36; >R 13.2).

Landwirtschaftliche Tätigkeit
Wird neben einer Tierzucht oder Tierhaltung, die für sich gesehen als landwirtschaftliche Tätigkeit einzuordnen wäre, eine gewerbliche Tätigkeit ausgeübt, ist § 15 Abs. 4 Satz 1 und 2 EStG nicht anzuwenden. Das gilt auch, wenn die Tierzucht oder Tierhaltung im Rahmen einer Personengesellschaft erfolgt, deren Einkünfte zu den Einkünften aus Gewerbebetrieb gehören, oder sich die Tierzucht oder Tierhaltung als Nebenbetrieb der gewerblichen Tätigkeit darstellt (>BFH vom 1.2.1990 – BStBl 1991 II S. 625).

Lohnmast
§ 15 Abs. 4 Satz 1 und 2 EStG ist auch anzuwenden, soweit der Gewerbetreibende die Tiermast im Wege der Lohnmast auf Auftragnehmer übertragen hat, die ihrerseits Einkünfte aus Land- und Forstwirtschaft beziehen (>BFH vom 8.11.2000 – BStBl 2001 II S. 349).

Pelztierzucht
Das Ausgleichs- und Abzugsverbot für Verluste aus gewerblicher Tierzucht oder gewerblicher Tierhaltung gilt nicht für Verluste aus einer Nerzzucht (>BFH vom 19.12.2002 – BStBl 2003 II S. 507).

Personengesellschaft
>Landwirtschaftliche Tätigkeit

Termingeschäft
- Ein strukturierter EUR-Zinsswap mit CMS-Spread-Koppelung (CMS Spread Ladder Swap) ist ein unter § 15 Abs. 4 Satz 3 EStG fallendes Termingeschäft (>BFH vom 20.8.2014 – BStBl 2015 II S. 177).
- Sog. echte (ungedeckte) Daytrading-Geschäfte sind von dem Begriff des Termingeschäfts in § 15 Abs. 4 Satz 3 EStG umfasst (>BFH vom 21.2.2018 – BStBl II S. 637).
- Index-Partizipationszertifikate werden nicht vom Begriff des Termingeschäfts in § 15 Abs. 4 Satz 3 EStG umfasst (>BFH vom 4.12.2014 – BStBl 2015 II S. 483).
- Termingeschäfte, die aus wirtschaftlicher Sicht rein auf die „physische" Lieferung des Basiswertes gerichtet sind, werden von dem Tatbestand des § 15 Abs. 4 Satz 3 EStG nicht umfasst. Aus wirtschaftlicher Sicht nicht auf „physische" Lieferung, sondern auf Differenzausgleich gerichtet sind jedoch Devisentermingeschäfte auch dann, wenn Eröffnungsgeschäft und Gegengeschäft „brutto" abgewickelt werden. Dies setzt zwar nicht die Nämlichkeit des

Vertragspartners voraus; erforderlich ist aber, dass das Gegengeschäft zeitlich vor Fälligkeit des Eröffnungsgeschäfts abgeschlossen worden ist (>BFH vom 6.7.2016 – BStBl 2018 II S. 124).

Verlustabzug in Erbfällen
Verluste i. S. d. § 15 Abs. 4 Satz 1 und 2 EStG >R 10d Abs. 9 Satz 11

Verlustabzugsbeschränkung nach § 15 Abs. 4 Satz 3 und 4 EStG
- Die Ausgleichs- und Abzugsbeschränkung für Verluste aus betrieblichen Termingeschäften ist jedenfalls in den Fällen, in denen es nicht zu einer Definitivbelastung kommt, verfassungsgemäß (>BFH vom 28.4.2016 – BStBl II S. 739 und vom 6.7.2016 – BStBl 2018 II S. 124).
- Der Tatbestand des § 15 Abs. 4 Satz 3 EStG setzt keine Spekulationsabsicht des Stpfl. voraus (>BFH vom 6.7.2016 – BStBl 2018 II S. 124).
- Reicht die im Außenverhältnis aus einem Termingeschäft berechtigte bzw. verpflichtete Holdinggesellschaft die Chancen und Risiken aus diesem Geschäft im Innenverhältnis insgesamt an ein gruppeninternes Unternehmen weiter, ist die Verlustausgleichs- und -abzugsbeschränkung des § 15 Abs. 4 Satz 3 EStG allein auf Ebene des aus dem Geschäft tatsächlich belasteten operativ tätigen Unternehmens anzuwenden. Die Absicherung von Geschäften des gewöhnlichen Geschäftsbetriebs i. S. v. § 15 Abs. 4 Satz 4 zweite Alternative EStG setzt nicht nur einen subjektiven Sicherungszusammenhang, sondern auch einen objektiven Nutzungs- und Funktionszusammenhang zwischen dem Grund- und dem Absicherungsgeschäft voraus. Das Sicherungsgeschäft muss deshalb auch dazu geeignet sein, Risiken aus dem Grundgeschäft zu kompensieren (>BFH vom 20.8.2014 – BStBl 2015 II S. 177).

Verlustabzugsbeschränkung nach § 15 Abs. 4 Satz 6 bis 8 EStG
Zur Behandlung von Verlusten aus atypisch stillen Gesellschaften, Unterbeteiligungen oder sonstigen Innengesellschaften an Kapitalgesellschaften >BMF vom 19.11.2008 (BStBl I S. 970)

Verlustvor- und -rücktrag
Zur Anwendung des § 10d EStG im Rahmen des § 15 Abs. 4 Satz 1 und 2 EStG >BMF vom 29.11.2004 (BStBl I S. 1097)

Zu § 15a EStG

| R 15a. | **Verluste bei beschränkter Haftung** |

Zusammentreffen von Einlage- und Haftungsminderung
(1) Treffen Einlage- und Haftungsminderung in einem Wirtschaftsjahr zusammen, ist die Einlageminderung vor der Haftungsminderung im Rahmen des § 15a Abs. 3 EStG zu berücksichtigen.

Sonderbetriebsvermögen
(2) [1]Verluste, die der Gesellschafter im Bereich seines Sonderbetriebsvermögens erleidet, sind grundsätzlich unbeschränkt ausgleichs- und abzugsfähig. [2]Sie sind ausnahmsweise nicht unbeschränkt ausgleichs- und abzugsfähig, wenn sich das Sonderbetriebsvermögen im Gesamthandseigentum einer anderen Gesellschaft befindet, bei der für die Verluste der Gesellschafter ihrerseits § 15a EStG gilt. [3]Sofern auf Ebene der anderen Gesellschaft selbst eine Feststellung

nach § 15a Abs. 4 EStG in Betracht kommt, ist die Ausgleichs-/Abzugsbeschränkung nach § 15a EStG in Bezug auf den Bereich Sonderbetriebsvermögen erst bei dieser Feststellung zu berücksichtigen.

Außenhaftung des Kommanditisten nach § 15a Abs. 1 Satz 2 und 3 EStG

(3) ¹Der erweiterte Verlustausgleich oder -abzug im Jahr der Entstehung des Verlustes bei der KG setzt u. a. voraus, dass derjenige, dem der Anteil zuzurechnen ist und der deshalb den Verlustanteil bei seiner persönlichen Steuerveranlagung ausgleichen oder abziehen will, am Bilanzstichtag namentlich im Handelsregister eingetragen ist. ²Die Anmeldung zur Eintragung im Handelsregister reicht nicht aus. ³Dies gilt auch, wenn die Eintragung z. B. wegen Überlastung des Handelsregistergerichts oder wegen firmenrechtlicher Bedenken des Gerichts noch nicht vollzogen ist. ⁴Bei Treuhandverhältnissen i. S. d. § 39 AO und bei Unterbeteiligungen, die ein beschränkt haftender Unternehmer einem Dritten an seinem Gesellschaftsanteil einräumt, reicht für den erweiterten Verlustausgleich oder -abzug die Eintragung des Treuhänders oder des Hauptbeteiligten im Handelsregister nicht aus. ⁵Der erweiterte Verlustausgleich nach § 15a Abs. 1 Satz 2 und 3 EStG kommt nicht in Betracht, wenn sich die Haftung des Kommanditisten aus § 176 HGB ergibt. ⁶Nach der Konzeption des § 15a EStG kann der Kommanditist Verluste insgesamt maximal bis zur Höhe seiner Einlage zuzüglich einer etwaigen überschießenden Außenhaftung nach § 171 Abs. 1 HGB steuerlich geltend machen. ⁷Daher darf auch bei einer über mehrere Bilanzstichtage bestehenden Haftung das Verlustausgleichsvolumen nach § 15a Abs. 1 Satz 2 und 3 EStG insgesamt nur einmal in Anspruch genommen werden. ⁸Die spätere haftungsbeendende Einlageleistung schafft auch nach Ablauf des Elf-Jahreszeitraums nach § 15a Abs. 3 EStG kein zusätzliches Verlustausgleichspotential. ⁹Das Verlustausgleichspotential nach § 15a Abs. 1 Satz 2 und 3 EStG darf auch dann nur einmal in Anspruch genommen werden, wenn die Außenhaftung des Kommanditisten auf Grund von Entnahmen nach § 172 Abs. 4 Satz 2 HGB wieder auflebt.

Steuerbefreiung nach § 16 Abs. 4 EStG bei verrechenbaren Verlusten

(4) Bezugsgröße der Steuerbefreiung des § 16 Abs. 4 EStG ist der Veräußerungsgewinn nach der Minderung um die verrechenbaren Verluste.

Ausländische Verluste

(5) ¹Auf den Anteil am Verlust aus ausländischen Betriebsstätten ist auf Ebene der Gesellschaft § 15a EStG anzuwenden. ²Ergibt sich nach Anwendung des § 15a EStG ein ausgleichsfähiger Verlust, ist des Weiteren – getrennt nach Staaten – festzustellen, ob und ggf. inwieweit es sich um einen Verlust aus einer aktiven Tätigkeit i. S. d. § 2a Abs. 2 EStG handelt oder um einen Verlust, der den Verlustausgleichsbeschränkungen des § 2a Abs. 1 Satz 1 Nr. 2 EStG unterliegt (Verlust aus passiver Tätigkeit). ³Soweit ein Verlust aus passiver Tätigkeit vorliegt, ist auf Ebene des Gesellschafters zu prüfen, ob ein Ausgleich mit positiven Einkünften derselben Art aus demselben Staat in Betracht kommt. ⁴Die vorstehenden Grundsätze gelten auch für ausländische Personengesellschaften unter den Voraussetzungen des § 15a Abs. 5 Nr. 3 EStG.

Verlustzurechnung nach § 52 Abs. 33 Satz 4 EStG*) beim Ausscheiden von Kommanditisten

(6) ¹In Höhe der nach § 52 Abs. 33 Satz 3 EStG**) als Gewinn zuzurechnenden Beträge sind bei den anderen Mitunternehmern unter Berücksichtigung der für die Zurechnung von Verlusten geltenden Grundsätze nach Maßgabe des Einzelfalles Verlustanteile anzusetzen (§ 52 Abs. 33 Satz 4 EStG***). ²Das bedeutet, dass im Falle der Auflösung der Gesellschaft diese Verlustanteile ausschließlich bei den unbeschränkt haftenden Mitunternehmern anzusetzen sind. ³In den Fäl-

---

*) Jetzt § 52 Abs. 24 EStG.
**) Jetzt § 52 Abs. 24 Satz 3 EStG.
***) Jetzt § 52 Abs. 24 Satz 4 EStG.

len des Ausscheidens von Mitgesellschaftern ohne Auflösung der Gesellschaft sind bei den Mitunternehmern, auf die der Anteil des Ausscheidenden übergeht, in Höhe der in dem Anteil enthaltenen und auf sie übergehenden stillen Reserven Anschaffungskosten zu aktivieren. [4]In Höhe des Teilbetrags des negativen Kapitalkontos, der die stillen Reserven einschließlich des Firmenwerts übersteigt, sind bei den Mitunternehmern, auf die der Anteil übergeht, Verlustanteile anzusetzen. [5]Soweit die übernehmenden Mitunternehmer beschränkt haften, ist bei ihnen die Beschränkung des Verlustausgleichs nach § 15a EStG zu beachten.

H 15a

Allgemeines
Die Frage der Zurechnung von Einkünften wird durch die Regelung des § 15a Abs. 1 bis 4 EStG nicht berührt. Verlustanteile, die der Kommanditist nach § 15a Abs. 1 Satz 1 EStG nicht ausgleichen oder abziehen darf, werden diesem nach Maßgabe der vom BFH für die Zurechnung von Einkünften entwickelten Grundsätze zugerechnet (>BFH vom 10. 11. 1980 – BStBl 1981 II S. 164, vom 19. 3. 1981 – BStBl II S. 570, vom 26. 3. 1981 – BStBl II S. 572, vom 5. 5. 1981 – BStBl II S. 574, vom 26. 5. 1981 – BStBl II S. 668 und 795 und vom 22. 1. 1985 – BStBl 1986 II S. 136). Daher mindern diese Verlustanteile auch die Gewinne, die dem Kommanditisten in späteren Wj. aus seiner Beteiligung an der Kommanditgesellschaft zuzurechnen sind.

Anwendungsbereich
§ 15a EStG gilt für sämtliche Kommanditgesellschaften, nicht nur für Verlustzuweisungsgesellschaften (>BFH vom 9. 5. 1996 – BStBl II S. 474).

Auflösung des negativen Kapitalkontos
- Bei einem vorzeitigen Fortfall des negativen Kapitalkontos kann eine überschießende Außenhaftung des Kommanditisten nicht gewinnmindernd berücksichtigt werden (>BFH vom 26. 9. 1996 – BStBl 1997 II S. 277).
- >H 16 (4) Negatives Kapitalkonto

Beispiele
1. **Grundfall**
   Die eingetragene Hafteinlage des Kommanditisten beträgt 200.000 €.
   tatsächlich geleistete Einlage (= Kapitalkonto 01.01.01) . . . . 110.000 €
   Verlustanteil des Kommanditisten 01 . . . . 300.000 €
   Kapitalkonto 31.12.01 . . . . −190.000 €
   Lösung:
   ausgleichsfähig   nach § 15a Abs. 1 Satz 1 EStG . . . . 110.000 €
                      nach § 15a Abs. 1 Satz 2 und 3 EStG . . . . 90.000 €
   verrechenbar   nach § 15a Abs. 2 EStG . . . . 100.000 €

2. **Spätere Rückzahlung der Hafteinlage**
   Die eingetragene Hafteinlage des Kommanditisten beträgt 200.000 €.
   Jahr 01:   tatsächlich geleistete Einlage
              (= Kapitalkonto 01.01.01) . . . . 100.000 €
              Verlustanteil 01 . . . . 250.000 €
              Lösung:
              ausgleichsfähig   nach § 15a Abs. 1 Satz 1 EStG . . . . 100.000 €
                                   nach § 15a Abs. 1 Satz 2 und 3 EStG . . . . 100.000 €
              verrechenbar   nach § 15a Abs. 2 EStG . . . . 50.000 €

Jahr 02: Resteinzahlung Haftkapital .... 100.000 €
          Verlustanteil 02 ....   50.000 €
          Lösung:
          ausgleichsfähig (R 15a Abs. 3 Satz 8) ....   0 €
          verrechenbar nach § 15a Abs. 2 EStG .... 50.000 €
Jahr 03: Rückzahlung Kommanditeinlage ....   60.000 €
          Verlustanteil 03 ....   40.000 €
          Lösung:
          ausgleichsfähig (R 15a Abs. 3 Satz 9) ....   0 €
          verrechenbar nach § 15a Abs. 2 EStG .... 40.000 €
          Keine Gewinnzurechnung nach § 15a Abs. 3 Satz 1 EStG, weil die Außenhaftung auf Grund der Einlageminderung in Höhe von 60.000 € wieder auflebt.

3. **Gewinne und Entnahmen bei vorhandenem verrechenbaren Verlust**
   Die eingetragene Hafteinlage des Kommanditisten beträgt 200.000 €.
   Jahr 01: tatsächlich geleistete Einlage
             (= Kapitalkonto 01.01.01) .... 200.000 €
             Verlustanteil 01 .... 220.000 €
             Kapitalkonto 31.12.01 .... − 20.000 €
             Lösung:
             ausgleichsfähig nach § 15a Abs. 1 Satz 1 EStG .... 200.000 €
             verrechenbar nach § 15a Abs. 2 EStG ....   20.000 €
   Jahr 02: Entnahme 02 ....   60.000 €
             Gewinnanteil 02 ....   40.000 €
             Kapitalkonto 31.12.02 .... − 40.000 €
             Lösung:
             zu versteuernder Gewinnanteil:
             Gewinnanteil (vor § 15a Abs. 2 EStG) ....   40.000 €
             abzgl. verrechenbarer Verlust 01 .... − 20.000 €
             in 02 zu versteuern ....   20.000 €
             Gewinnzurechnung nach § 15a Abs. 3 Satz 1 EStG ....   0 €
             Keine Gewinnzurechnung nach § 15a Abs. 3 Satz 1 EStG, weil durch die Einlageminderung in 02 die Außenhaftung des Kommanditisten i. S. d. § 15a Abs. 1 Satz 2 EStG in Höhe von 60.000 € wieder auflebt.[*]

4. **Liquidation – § 52 Abs. 24 Satz 3 EStG**
   Die eingetragene Hafteinlage des Kommanditisten beträgt 200.000 €.
   bis zum Zeitpunkt der Liquidation tatsächlich geleistete Einlage .... 100.000 €
   bis zum Zeitpunkt der Liquidation ausgleichsfähige Verluste .... 200.000 €
   negatives Kapitalkonto im Zeitpunkt der Liquidation .... −100.000 €
   anteiliger Liquidationsgewinn .... a) ....   50.000 €
                                                                b) .... 110.000 €
   Der Liquidationsgewinn wird zunächst zur Auffüllung des negativen Kapitalkontos verwandt.
   Im Fall a) braucht der Kommanditist das verbleibende negative Kapitalkonto nicht aufzufüllen.
   Im Fall b) erhält der Kommanditist nach Auffüllung seines negativen Kapitalkontos noch 10.000 € ausbezahlt.
   Lösungen:
   Fall a)   Liquidationsgewinn ....   50.000 €
             Wegfall des negativen Kapitalkontos..........................   50.000 €
             Veräußerungsgewinn i. S. d. § 16 EStG .... 100.000 €
   Fall b)   Veräußerungsgewinn i. S. d. § 16 EStG .... 110.000 €
             (keine Nachversteuerung des negativen Kapitalkontos, da es durch den Liquidationsgewinn gedeckt ist)

BGB-Innengesellschaft
- Verluste des nicht nach außen auftretenden Gesellschafters einer BGB-Innengesellschaft, die zu einem negativen Kapitalkonto geführt haben, sind nicht ausgleichsfähig, sondern nur nach § 15a EStG verrechenbar. Das gilt auch dann, wenn sich der Gesellschafter gegenüber dem tätigen Gesellschafter zum Verlustausgleich verpflichtet hat (>BFH vom 10. 7. 2001 – BStBl 2002 II S. 339).
- Die im Interesse des gemeinsamen Unternehmens eingegangenen Verpflichtungen eines BGB-Innengesellschafters gegenüber Gläubigern des Geschäftsinhabers begründen keinen erweiterten Verlustausgleich. Die Inanspruchnahme aus solchen Verpflichtungen ist als Einlage zu behandeln, die für frühere Jahre festgestellte verrechenbare Verluste nicht ausgleichsfähig macht (>BFH vom 5. 2. 2002 – BStBl II S. 464).

Bürgschaft
Eine Gewinnzurechnung auf Grund des Wegfalls des negativen Kapitalkontos ist nicht vorzunehmen, wenn der ausscheidende Kommanditist damit rechnen muss, dass er aus einer Bürgschaft für die KG in Anspruch genommen wird (>BFH vom 12. 7. 1990 – BStBl 1991 II S. 64).

Einlagen
- Einlagen, die vor dem 25. 12. 2008 zum Ausgleich eines negativen Kapitalkontos geleistet und im Wj. der Einlage nicht durch ausgleichsfähige Verluste verbraucht worden sind (>§ 52 Abs. 33 Satz 6 EStG i. d. F. des Artikels 1 des Gesetzes vom 19. 12. 2008 – BGBl I S. 2794), schaffen Verlustausgleichspotential für spätere Wj. (>BFH vom 26. 6. 2007 – BStBl II S. 934 und BMF vom 19. 11. 2007 – BStBl I S. 823). Dies gilt auch für Einlagen eines atypisch stillen Gesellschafters (>BFH vom 20. 9. 2007 – BStBl 2008 II S. 118).
- Leistet der Kommanditist zusätzlich zu der im Handelsregister eingetragenen, nicht voll eingezahlten Hafteinlage eine weitere Sach- oder Bareinlage, kann er im Wege einer negativen Tilgungsbestimmung die Rechtsfolge herbeiführen, dass die Haftungsbefreiung nach § 171 Abs. 1 2. Halbsatz HGB nicht eintritt. Das führt dazu, dass die Einlage nicht mit der eingetragenen Hafteinlage zu verrechnen ist, sondern im Umfang ihres Wertes die Entstehung oder Erhöhung eines negativen Kapitalkontos verhindert und auf diese Weise nach § 15a Abs. 1 Satz 1 EStG zur Ausgleichs- und Abzugsfähigkeit von Verlusten führt (>BFH vom 11. 10. 2007 – BStBl 2009 II S. 135 und vom 16. 10. 2008 – BStBl 2009 II S. 272).

Formwechsel mit steuerlicher Rückwirkung
Wird eine GmbH in eine KG formwechselnd und nach § 2 i. V. m. § 9 UmwStG rückwirkend umgewandelt, ist für Zwecke der Bestimmung der den Rückwirkungszeitraum betreffenden verrechenbaren Verluste i. S. v. § 15a EStG auch die Haftungsverfassung des entstandenen Rechtsträgers (KG) auf den steuerlichen Übertragungsstichtag zurückzubeziehen. Dabei ist nach den aus der Rückwirkungsfiktion abgeleiteten steuerlichen Kapitalkontenständen zu bestimmen, in welcher Höhe den Kommanditisten ausgleichsfähige Verluste nach § 15a Abs. 1 Satz 1 EStG (Verlustausgleich gem. geleisteter Einlagen) zuzurechnen sind. Auch die Haftsumme für den erweiterten Verlustausgleich ist gem. § 15a Abs. 1 Satz 2 und 3 EStG rückwirkend zu berücksichtigen (>BFH vom 3. 2. 2010 – BStBl II S. 942).

Gewinnzurechnung nach § 15a Abs. 3 EStG
- Die Frage, ob eine Gewinnzurechnung nach § 15a Abs. 3 EStG vorzunehmen ist, ist im Rahmen des Verfahrens zur gesonderten und einheitlichen Feststellung der Besteuerungsgrundlagen gem. § 179 Abs. 2 Satz 2, § 180 Abs. 1 Satz 1 Nr. 2 Buchstabe a AO zu klären (>BFH vom 20. 11. 2014 – BStBl 2015 II S. 532).
- Wird bei Bestehen eines negativen Kapitalkontos eine die Haftsumme übersteigende Pflichteinlage (z. B. ein Agio) entnommen, kommt es insoweit bis zur Höhe der Haftsumme zum Wiederaufleben der nach § 15a Abs. 1 Satz 2 EStG zu berücksichtigenden Haftung, so

dass eine Gewinnzurechnung nach § 15a Abs. 3 Satz 1 EStG zu unterbleiben hat (>BFH vom 6. 3. 2008 – BStBl II S. 676).
- Eine Übertragung der Gewinnzurechnung nach § 15a Abs. 3 EStG auf eine andere Kommanditbeteiligung des Mitunternehmers ist nicht möglich. Gewinne und Verluste i. S. d. § 15a EStG müssen aus derselben Einkunftsquelle stammen (>BFH vom 20. 11. 2014 – BStBl 2015 II S. 532).

Kapitalkonto
- Zum Umfang des Kapitalkontos i. S. d. § 15a Abs. 1 Satz 1 EStG >BMF vom 30. 5. 1997 (BStBl I S. 627).
- Beteiligungskonto/Forderungskonto >BMF vom 30. 5. 1997 (BStBl I S. 627), BFH vom 23. 1. 2001 (BStBl II S. 621) und BFH vom 16. 10. 2008 (BStBl 2009 II S. 272).
- Finanzplandarlehen sind Darlehen, die nach den vertraglichen Bestimmungen während des Bestehens der Gesellschaft vom Kommanditisten nicht gekündigt werden können und im Fall des Ausscheidens oder der Liquidation der Gesellschaft mit einem evtl. bestehenden negativen Kapitalkonto verrechnet werden. Sie erhöhen das Kapitalkonto i. S. d. § 15a EStG (>BFH vom 7. 4. 2005 – BStBl II S. 598).

Saldierung von Ergebnissen aus dem Gesellschaftsvermögen mit Ergebnissen aus dem Sonderbetriebsvermögen

Keine Saldierung von Gewinnen und Verlusten aus dem Gesellschaftsvermögen mit Gewinnen und Verlusten aus dem Sonderbetriebsvermögen (>BMF vom 15. 12. 1993 – BStBl I S. 976 und BFH vom 13. 10. 1998 – BStBl 1999 II S. 163).

Sanierungsgewinn (Altregelung)

Die Regelungen des BMF vom 27. 3. 2003 (BStBl I S. 240; ergänzt durch BMF vom 22. 12. 2009 – BStBl 2010 I S. 18; sog. Sanierungserlass) verstoßen gegen den Grundsatz der Gesetzmäßigkeit der Verwaltung (>BFH vom 28. 11. 2016 – BStBl 2017 II S. 393). Zur zeitlichen Anwendung der vorgenannten Schreiben und zu weiteren Übergangsregelungen >BMF vom 27. 4. 2017 (BStBl I S. 741). Die Finanzverwaltung sieht sich an die mit o. g. BMF-Schreiben vom 27. 4. 2017 veröffentlichte Vertrauensschutzregelung im Umgang mit Altfällen (Schuldenerlass bis einschließlich 8. 2. 2017) durch den Willen des Gesetzgebers weiterhin gebunden (>BMF vom 29. 3. 2018 – BStBl I S. 588).

Stille Reserven

Bei Anwendung des § 15a EStG sind vorhandene stille Reserven nicht zu berücksichtigen (>BFH vom 9. 5. 1996 – BStBl II S. 474).

Übernahme des negativen Kapitalkontos

In Veräußerungsfällen findet § 52 Abs. 24 EStG keine Anwendung (>BFH vom 21. 4. 1994 – BStBl II S. 745). Die Übernahme eines negativen Kapitalkontos führt beim eintretenden Kommanditisten auch dann nicht zu einem sofort ausgleichs- oder abzugsfähigen Verlust, wenn es nicht durch stille Reserven im Betriebsvermögen gedeckt ist (>BFH vom 14. 6. 1994 – BStBl 1995 II S. 246). Entsprechendes gilt, wenn nach dem Gesellschafterwechsel die neu eingetretenen Gesellschafter Einlagen leisten (>BFH vom 19. 2. 1998 – BStBl 1999 II S. 266). Für den Erwerber stellen die gesamten Aufwendungen zum Erwerb des Anteils einschließlich des negativen Kapitalkontos Anschaffungskosten dar (>BFH vom 21. 4. 1994 – BStBl II S. 745). Dies gilt auch, wenn der Kommanditanteil an einen Mitgesellschafter veräußert wird (>BFH vom 21. 4. 1994 – BStBl II S. 745).

Unentgeltliche Übertragung
- Der verrechenbare Verlust des ausscheidenden Gesellschafters einer zweigliedrigen KG geht bei einer unentgeltlichen Übertragung eines Mitunternehmeranteils auf den das Unternehmen fortführenden Gesellschafter über. Die Zurechnung des verrechenbaren Verlustes hat im Rahmen der gesonderten Feststellung nach § 15a Abs. 4 EStG zu erfolgen (>BFH vom 10. 3. 1998 – BStBl 1999 II S. 269).
- Überträgt ein Kommanditist unentgeltlich einen Teil seiner Beteiligung an der KG, geht der verrechenbare Verlust anteilig auf den Übernehmer über, wenn diesem auch das durch die Beteiligung vermittelte Gewinnbezugsrecht übertragen wird (>BFH vom 1. 3. 2018 – BStBl II S. 527).

Unwahrscheinlichkeit der Inanspruchnahme bei Gesellschaften mit Einkünften aus Vermietung und Verpachtung
>BMF vom 30. 6. 1994 (BStBl I S. 355)

Verfassungsmäßigkeit
- Es bestehen keine ernsthaften Zweifel an der Verfassungsmäßigkeit des § 15a EStG (>BFH vom 19. 5. 1987 – BStBl 1988 II S. 5 und vom 9. 5. 1996 – BStBl II S. 474).
- Die Beschränkung des erweiterten Verlustausgleichs und Verlustabzugs auf den Fall der Haftung des Kommanditisten nach § 171 Abs. 1 HGB begegnet keinen verfassungsrechtlichen Bedenken (>BFH vom 14. 12. 1999 – BStBl 2000 II S. 265).

Verlustabzug in Erbfällen
>R 10d Abs. 9 Satz 12

Verlustabzugsbeschränkung nach § 15 Abs. 4 Satz 6 bis 8 EStG
Zum Verhältnis der Verlustabzugsbeschränkung bei Verlusten aus atypisch stillen Gesellschaften, Unterbeteiligungen oder sonstigen Innengesellschaften an Kapitalgesellschaften zu § 15a EStG >BMF vom 19. 11. 2008 (BStBl I S. 970)

Verlustausgleich
- Der erweiterte Verlustausgleich kommt bei Kommanditisten von Altbetrieben auch in Betracht, wenn ihnen vor 1985 ausgleichsfähige Verluste zugerechnet worden sind, die zu einem negativen Kapitalkonto in Höhe ihres Haftungsbetrags geführt haben (>BFH vom 26. 8. 1993 – BStBl 1994 II S. 627).
- Der erweiterte Verlustausgleich kommt nicht in Betracht, wenn sich die Haftung des Kommanditisten aus anderen Vorschriften als § 171 Abs. 1 HGB ergibt (>BFH vom 14. 12. 1999 – BStBl 2000 II S. 265).
- Die im Interesse des gemeinsamen Unternehmens eingegangenen Verpflichtungen eines BGB-Innengesellschafters oder eines atypisch stillen Gesellschafters gegenüber Gläubigern des Geschäftsinhabers begründen keinen erweiterten Verlustausgleich (>BFH vom 5. 2. 2002 – BStBl II S. 464 und BFH vom 11. 3. 2003 – BStBl II S. 705).
- Der erweiterte Verlustausgleich des Kommanditisten mindert sich um den Teil der im Handelsregister eingetragenen Hafteinlage, der der Beteiligung des atypisch still Unterbeteiligten an der Unterbeteiligungsgesellschaft mit dem Kommanditisten entspricht (>BFH vom 19. 4. 2007 – BStBl II S. 868).

Verlustverrechnung bei Einlageminderung
Der einem Kommanditisten bei einer Einlageminderung als fiktiver Gewinn zuzurechnende Betrag ist nach § 15a Abs. 3 Satz 2 EStG auf den Betrag der Verlustanteile begrenzt, der im Jahr der Einlageminderung und in den zehn vorangegangenen Jahren ausgleichsfähig war. Für die Er-

mittlung dieses begrenzten Betrags sind die ausgleichsfähigen Verlustanteile mit den Gewinnanteilen zu saldieren, mit denen sie hätten verrechnet werden können, wenn sie nicht ausgleichsfähig, sondern lediglich verrechenbar i. S. d. § 15a Abs. 2 EStG gewesen wären. Hierbei kommt die fiktive Saldierung eines Verlustanteils mit einem Gewinnanteil eines vorangegangenen Jahres nicht in Betracht (>BFH vom 20. 3. 2003 – BStBl II S. 798).

Verrechenbare Werbungskostenüberschüsse
>H 20.1 (Stiller Gesellschafter)
>H 21.2 (Sinngemäße Anwendung des § 15a EStG)

Vertraglicher Haftungsausschluss bei Gesellschaftern mit Einkünften aus Vermietung und Verpachtung
- Trotz vertraglichem Haftungsausschluss liegt keine Haftungsbeschränkung nach § 15a Abs. 5 Nr. 2 EStG vor, wenn ein Teil der Gesellschafter für die Verbindlichkeiten der GbR bürgt und die übrigen Gesellschafter die bürgenden Gesellschafter intern von der Inanspruchnahme aus der Bürgschaft freistellen (>BFH vom 25. 7. 1995 – BStBl 1996 II S. 128).
- Zur Haftungsbeschränkung bei einer GbR >BMF vom 18. 7. 2000 (BStBl I S. 1198) und vom 28. 8. 2001 (BStBl I S. 614).

Wechsel der Rechtsstellung eines Gesellschafters
- Allein auf Grund des Wechsels der Rechtsstellung eines Kommanditisten in diejenige eines unbeschränkt haftenden Gesellschafters (z. B. auf Grund der Umwandlung der Gesellschaft) ist der für ihn bisher festgestellte verrechenbare Verlust nicht in einen ausgleichsfähigen Verlust umzuqualifizieren (>BFH vom 14. 10. 2003 – BStBl 2004 II S. 115). Die bisher festgestellten verrechenbaren Verluste können jedoch über den Wortlaut des § 15a Abs. 2 EStG hinaus mit künftigen Gewinnanteilen des Gesellschafters verrechnet werden (>BFH vom 14. 10. 2003 – BStBl 2004 II S. 115). Findet der Wechsel in die Rechtsstellung eines unbeschränkt haftenden Gesellschafters innerhalb eines Wj. statt, ist § 15a EStG für das gesamte Wj. nicht anzuwenden (>BFH vom 14. 10. 2003 – BStBl 2004 II S. 118).
- Wechselt der Komplementär während des Wj. in die Rechtsstellung eines Kommanditisten, ist § 15a EStG für das gesamte Wj. und damit für den dem Gesellschafter insgesamt zuzurechnenden Anteil am Ergebnis der KG zu beachten (>BFH vom 14. 10. 2003 – BStBl 2004 II S. 118).
- Der Wechsel der Gesellschafterstellung findet zum Zeitpunkt des entsprechenden Gesellschafterbeschlusses statt. Der Zeitpunkt des Antrages auf Eintragung im Handelsregister ist unmaßgeblich (>BFH vom 12. 2. 2004 – BStBl II S. 423).

Zu § 15b EStG

H 15b

Anwendungsschreiben
>BMF vom 17. 7. 2007 (BStBl I S. 542)

Verfassungsmäßigkeit
§ 15b ist bezogen auf das Tatbestandsmerkmal einer „modellhaften Gestaltung" hinreichend bestimmt (>BFH vom 6. 2. 2014 – BStBl II S. 465).

Verlustabzug in Erbfällen
>R 10d Abs. 9 Satz 12

Zu § 16 EStG

| R 16. | **Veräußerung des gewerblichen Betriebs** |

Betriebsveräußerung im Ganzen

(1) ¹Eine Veräußerung des ganzen Gewerbebetriebs liegt vor, wenn der Betrieb mit seinen wesentlichen Grundlagen gegen Entgelt in der Weise auf einen Erwerber übertragen wird, dass der Betrieb als geschäftlicher Organismus fortgeführt werden kann. ²Nicht erforderlich ist, dass der Erwerber den Betrieb tatsächlich fortführt.

Betriebsaufgabe im Ganzen

(2) ¹Eine Betriebsaufgabe erfordert eine Willensentscheidung oder Handlung des Stpfl., die darauf gerichtet ist, den Betrieb als selbständigen Organismus nicht mehr in seiner bisherigen Form bestehen zu lassen. ²Der Begriff der Betriebsaufgabe erfordert nicht, dass der bisherige Unternehmer künftig keine unternehmerische Tätigkeit mehr ausübt. ³Liegt eine Betriebsaufgabe deshalb vor, weil bei einer Betriebsaufspaltung die personelle Verflechtung durch Eintritt der Volljährigkeit bisher minderjähriger Kinder wegfällt, wird dem Stpfl. auf Antrag aus Billigkeitsgründen das Wahlrecht zur Fortsetzung der gewerblichen Tätigkeit im Rahmen einer Betriebsverpachtung (>Absatz 5) auch dann eingeräumt, wenn nicht alle wesentlichen Betriebsgrundlagen an das Betriebsunternehmen verpachtet sind. ⁴Wird danach die Betriebsverpachtung nicht als Betriebsaufgabe behandelt, können in diesen Fällen weiterhin die auf einen Betrieb bezogenen Steuervergünstigungen (z. B. Übertragung stiller Reserven nach den §§ 6b und 6c EStG, erhöhte Absetzungen und Sonderabschreibungen) gewährt werden. ⁵Eine Betriebsaufgabe liegt auch vor, wenn die Voraussetzungen für eine gewerblich geprägte Personengesellschaft wegfallen. ⁶Ist Gegenstand der Verpachtung ein Betrieb im Ganzen, gilt Absatz 5 entsprechend. ⁷Im Rahmen einer Betriebsaufgabe kann auch das Buchwertprivileg nach § 6 Abs. 1 Nr. 4 Satz 4 und 5 EStG in Anspruch genommen werden.

Teilbetriebsveräußerung und Teilbetriebsaufgabe

(3) ¹Ein Teilbetrieb ist ein mit einer gewissen Selbständigkeit ausgestatteter, organisch geschlossener Teil des Gesamtbetriebs, der für sich betrachtet alle Merkmale eines Betriebs i. S. d. Einkommensteuergesetzes aufweist und für sich lebensfähig ist. ²Eine völlig selbständige Organisation mit eigener Buchführung ist nicht erforderlich. ³Für die Annahme einer Teilbetriebsveräußerung genügt nicht die Möglichkeit einer technischen Aufteilung des Betriebs. ⁴Notwendig ist die Eigenständigkeit des Teiles. ⁵Ein Stpfl. kann deshalb bestimmte abgegrenzte Tätigkeitsgebiete nicht durch eine organisatorische Verselbständigung und durch gesonderten Vermögens- und Ergebnisausweis zu einem Teilbetrieb machen. ⁶Die Veräußerung der Beteiligung an einer Kapitalgesellschaft, die das gesamte Nennkapital der Gesellschaft umfasst, gilt als Veräußerung eines Teilbetriebes (§ 16 Abs. 1 Satz 1 Nr. 1 Satz 2 EStG), wenn die gesamte Beteiligung an der Kapitalgesellschaft zum Betriebsvermögen eines einzelnen Stpfl. oder einer Personengesellschaft gehört und die gesamte Beteiligung im Laufe eines Wirtschaftsjahres veräußert wird. ⁷§ 16 Abs. 1 Satz 1 Nr. 1 Satz 2 EStG ist auf den Gewinn aus der Veräußerung einer Beteiligung, die das gesamte Nennkapital einer Kapitalgesellschaft umfasst, auch dann anwendbar, wenn die Beteiligung im Eigentum eines oder mehrerer Mitunternehmer derselben Personengesellschaft stand und steuerlich zum Betriebsvermögen der Personengesellschaft gehörte. ⁸§ 16 Abs. 1 Satz 1 Nr. 1 Satz 2 EStG ist nicht anwendbar, wenn die Beteiligung an der Kapitalgesellschaft teilweise auch zum Privatvermögen des Stpfl. gehört.

Veräußerung und Aufgabe eines Mitunternehmeranteiles
(4) – unbesetzt –

Betriebsverpachtung im Ganzen
(5) – unbesetzt –

Unentgeltliche Betriebsübertragung
(6) – unbesetzt –

Teilentgeltliche Betriebsübertragung
(7) – unbesetzt –

Begriff der wesentlichen Betriebsgrundlage
(8) – unbesetzt –

Abgrenzung des Veräußerungs- bzw. Aufgabegewinns vom laufenden Gewinn
(9) – unbesetzt –

Veräußerungspreis
(10) – unbesetzt –

Betriebsveräußerung gegen wiederkehrende Bezüge
(11) [1]Veräußert ein Stpfl. seinen Betrieb gegen eine Leibrente, hat er ein Wahlrecht. [2]Er kann den bei der Veräußerung entstandenen Gewinn sofort versteuern. [3]In diesem Fall ist § 16 EStG anzuwenden. [4]Veräußerungsgewinn ist der Unterschiedsbetrag zwischen dem nach den Vorschriften des BewG ermittelten Barwert der Rente, vermindert um etwaige Veräußerungskosten des Stpfl., und dem Buchwert des steuerlichen Kapitalkontos im Zeitpunkt der Veräußerung des Betriebs. [5]Die in den Rentenzahlungen enthaltenen Ertragsanteile sind sonstige Einkünfte i. S. d. § 22 Nr. 1 Satz 3 Buchstabe a Doppelbuchstabe bb EStG. [6]Der Stpfl. kann stattdessen die Rentenzahlungen als nachträgliche Betriebseinnahmen i. S. d. § 15 i. V. m. § 24 Nr. 2 EStG behandeln. [7]In diesem Fall entsteht ein Gewinn, wenn der Kapitalanteil der wiederkehrenden Leistungen das steuerliche Kapitalkonto des Veräußerers zuzüglich etwaiger Veräußerungskosten des Veräußerers übersteigt; der in den wiederkehrenden Leistungen enthaltene Zinsanteil stellt bereits im Zeitpunkt des Zuflusses nachträgliche Betriebseinnahmen dar. [8]Für Veräußerungen, die vor dem 1.1.2004 erfolgt sind, gilt R 139 Abs. 11 EStR 2001. [9]Die Sätze 1 bis 8 gelten sinngemäß, wenn ein Betrieb gegen einen festen Barpreis und eine Leibrente veräußert wird; das Wahlrecht bezieht sich jedoch nicht auf den durch den festen Barpreis realisierten Teil des Veräußerungsgewinns. [10]Bei der Ermittlung des Barwerts der wiederkehrenden Bezüge ist von einem Zinssatz von 5,5 % auszugehen, wenn nicht vertraglich ein anderer Satz vereinbart ist.

Veräußerungskosten
(12) – unbesetzt –

Gewährung des Freibetrags
(13) [1]Über die Gewährung des Freibetrags wird bei der Veranlagung zur Einkommensteuer entschieden. [2]Dies gilt auch im Falle der Veräußerung eines Mitunternehmeranteiles; in diesem Fall ist im Verfahren zur gesonderten und einheitlichen Gewinnfeststellung nur die Höhe des auf den Gesellschafter entfallenden Veräußerungsgewinns festzustellen. [3]Veräußert eine Personengesellschaft, bei der die Gesellschafter als Mitunternehmer anzusehen sind, ihren ganzen Gewerbebetrieb, steht den einzelnen Mitunternehmern für ihren Anteil am Veräußerungs-

gewinn nach Maßgabe ihrer persönlichen Verhältnisse der Freibetrag in voller Höhe zu. [4]Der Freibetrag ist dem Stpfl. nur einmal zu gewähren; nicht verbrauchte Teile des Freibetrags können nicht bei einer anderen Veräußerung in Anspruch genommen werden. [5]Die Gewährung des Freibetrags nach § 16 Abs. 4 EStG ist ausgeschlossen, wenn dem Stpfl. für eine Veräußerung oder Aufgabe, die nach dem 31.12.1995 erfolgt ist, ein Freibetrag nach § 14 Satz 2, § 16 Abs. 4 oder § 18 Abs. 3 EStG bereits gewährt worden ist. [6]Wird der zum Betriebsvermögen eines Einzelunternehmers gehörende Mitunternehmeranteil im Zusammenhang mit der Veräußerung des Einzelunternehmens veräußert, ist die Anwendbarkeit des § 16 Abs. 4 EStG für beide Vorgänge getrennt zu prüfen. [7]Liegen hinsichtlich beider Vorgänge die Voraussetzungen des § 16 Abs. 4 EStG vor, kann der Stpfl. den Abzug des Freibetrags entweder bei der Veräußerung des Einzelunternehmens oder bei der Veräußerung des Mitunternehmeranteiles beantragen. [8]Die Veräußerung eines Anteils an einer Mitunternehmerschaft (Obergesellschaft), zu deren Betriebsvermögen die Beteiligung an einer anderen Mitunternehmerschaft gehört (mehrstöckige Personengesellschaft), stellt für die Anwendbarkeit des § 16 Abs. 4 EStG einen einheitlich zu beurteilenden Veräußerungsvorgang dar. [9]In den Fällen des § 16 Abs. 2 Satz 3 und Abs. 3 Satz 5 EStG ist für den Teil des Veräußerungsgewinns, der nicht als laufender Gewinn gilt, der volle Freibetrag zu gewähren; der Veräußerungsgewinn, der als laufender Gewinn gilt, ist bei der Kürzung des Freibetrags nach § 16 Abs. 4 Satz 3 EStG nicht zu berücksichtigen. [10]Umfasst der Veräußerungsgewinn auch einen Gewinn aus der Veräußerung von Anteilen an Körperschaften, Personenvereinigungen oder Vermögensmassen, ist für die Berechnung des Freibetrags der nach § 3 Nr. 40 Satz 1 Buchstabe b i.V. m. § 3c Abs. 2 EStG steuerfrei bleibende Teil nicht zu berücksichtigen.

Dauernde Berufsunfähigkeit

(14) [1]Zum Nachweis der dauernden Berufsunfähigkeit reicht die Vorlage eines Bescheides des Rentenversicherungsträgers aus, wonach die Berufsunfähigkeit oder Erwerbsunfähigkeit i. S. d. gesetzlichen Rentenversicherung vorliegt. [2]Der Nachweis kann auch durch eine amtsärztliche Bescheinigung oder durch die Leistungspflicht einer privaten Versicherungsgesellschaft, wenn deren Versicherungsbedingungen an einen Grad der Berufsunfähigkeit von mindestens 50 % oder an eine Minderung der Erwerbsfähigkeit wegen Krankheit oder Behinderung auf weniger als sechs Stunden täglich anknüpfen, erbracht werden. [3]Der Freibetrag nach § 16 Abs. 4 EStG kann gewährt werden, wenn im Zeitpunkt der Veräußerung oder Aufgabe eine dauernde Berufsunfähigkeit vorliegt; eine Kausalität zwischen der Veräußerung oder Aufgabe und der Berufsunfähigkeit ist nicht erforderlich.

H 16 (1)

Aufgabe der bisherigen Tätigkeit

— Voraussetzung einer Betriebsveräußerung ist, dass der Veräußerer die mit dem veräußerten Betriebsvermögen verbundene Tätigkeit aufgibt (>BFH vom 12.6.1996 – BStBl II S. 527).
— Die gelegentliche Vermittlung von Verträgen durch einen aus dem aktiven Erwerbsleben ausgeschiedenen Versicherungsvertreter kann sich in finanzieller, wirtschaftlicher und organisatorischer Hinsicht grundlegend von dem Gewerbebetrieb, den er als Versicherungsbezirksdirektor unterhalten hat, unterscheiden und steht in diesem Fall einer Betriebsveräußerung nicht entgegen (>BFH vom 18.12.1996 – BStBl 1997 II S. 573).
— Eine Aufgabe der bisherigen Tätigkeit und somit eine begünstigte Veräußerung i. S. d. § 16 EStG liegt auch dann vor, wenn der Veräußerer als selbständiger Unternehmer nach der Veräußerung des Betriebs für den Erwerber tätig wird (>BFH vom 17.7.2008 – BStBl 2009 II S. 43).
— Die Tarifbegünstigung eines Veräußerungsgewinns setzt nicht voraus, dass der Stpfl. jegliche gewerbliche Tätigkeit einstellt. Erforderlich ist lediglich, dass er die in dem veräußerten

Betrieb bislang ausgeübte Tätigkeit einstellt und die diesbezüglich wesentlichen Betriebsgrundlagen veräußert (>BFH vom 3.4.2014 – BStBl II S. 1000).
- >H 18.3 (Veräußerung)

Betriebsfortführung
Werden nicht der Betriebsorganismus, sondern nur wichtige Betriebsmittel übertragen, während der Stpfl. das Unternehmen in derselben oder in einer veränderten Form fortführt, liegt keine Betriebsveräußerung vor (>BFH vom 3.10.1984 – BStBl 1985 II S. 131).

Betriebsübertragung im Zusammenhang mit wiederkehrenden Leistungen
>BMF vom 11.3.2010 (BStBl I S. 227) unter Berücksichtigung der Änderungen durch BMF vom 6.5.2016 (BStBl I S. 476)

Funktionsfähiger Betrieb
Eine Betriebsveräußerung setzt voraus, dass im Veräußerungszeitpunkt schon ein funktionsfähiger Betrieb gegeben ist, jedoch nicht, dass der Veräußerer mit den veräußerten wesentlichen Betriebsgrundlagen tatsächlich bereits eine gewerbliche Tätigkeit ausgeübt hat (>BFH vom 3.4.2014 – BStBl II S. 1000).

Gewerblich geprägte Personengesellschaft
Besteht die Tätigkeit einer gewerblich geprägten Personengesellschaft sowohl in der Nutzung von Grundbesitz als auch in der Nutzung von Kapitalvermögen, liegt eine nach §§ 16, 34 EStG begünstigte Betriebsveräußerung nur vor, wenn die wesentlichen Grundlagen beider Tätigkeitsbereiche veräußert werden (>BFH vom 12.12.2000 – BStBl 2001 II S. 282).

Gewinnermittlung
Hält der Veräußerer Wirtschaftsgüter, die nicht zu den wesentlichen Betriebsgrundlagen gehören, zurück, um sie später bei sich bietender Gelegenheit zu veräußern, ist eine Gewinnermittlung auf Grund Betriebsvermögensvergleichs hinsichtlich dieser Wirtschaftsgüter nach der Betriebsveräußerung nicht möglich (>BFH vom 22.2.1978 – BStBl II S. 430).

Maßgeblicher Zeitpunkt
- Für die Entscheidung, ob eine Betriebsveräußerung im Ganzen vorliegt, ist auf den Zeitpunkt abzustellen, in dem das wirtschaftliche Eigentum an den veräußerten Wirtschaftsgütern übertragen wird (>BFH vom 3.10.1984 – BStBl 1985 II S. 245).
- >H 16 (4)

Personengesellschaft
- Bei einer Personengesellschaft ist es nicht erforderlich, dass die Gesellschafter gleichzeitig mit der Betriebsveräußerung die Auflösung beschließen (>BFH vom 4.2.1982 – BStBl II S. 348).
- Die Veräußerung des gesamten Gewerbebetriebs durch eine Personengesellschaft an einen Gesellschafter ist abzugrenzen von der Veräußerung eines Mitunternehmeranteils. Dabei ist auf die vertraglichen Vereinbarungen abzustellen. Haben die Vertragsparteien den Vertrag tatsächlich wie eine Betriebsveräußerung an den Gesellschafter behandelt, eine Schlussbilanz eingereicht und den Veräußerungsgewinn den Gesellschaftern dem allgemeinen Gewinnverteilungsschlüssel entsprechend zugerechnet, liegt eine Betriebsveräußerung im Ganzen an den Gesellschafter vor (>BFH vom 20.2.2003 – BStBl II S. 700).
- >H 16 (4) Negatives Kapitalkonto

Verdeckte Einlage
Zur verdeckten Einlage bei Verkauf eines Betriebes an eine Kapitalgesellschaft >BFH vom 24. 3. 1987 (BStBl II S. 705) und vom 1. 7. 1992 (BStBl 1993 II S. 131)

Zurückbehaltene Wirtschaftsgüter
- Die Annahme einer Betriebsveräußerung im Ganzen wird nicht dadurch ausgeschlossen, dass der Veräußerer Wirtschaftsgüter, die **nicht zu den wesentlichen Betriebsgrundlagen** gehören, zurückbehält (>BFH vom 26. 5. 1993 – BStBl II S. 710). Das gilt auch, wenn einzelne, nicht zu den wesentlichen Betriebsgrundlagen gehörende Wirtschaftsgüter in zeitlichem Zusammenhang mit der Veräußerung in das Privatvermögen überführt oder anderen betriebsfremden Zwecken zugeführt werden (>BFH vom 24. 3. 1987 – BStBl II S. 705 und vom 29. 10. 1987 – BStBl 1988 II S. 374).
- Wird eine eingeführte Bezeichnung für einen Betrieb nicht mitverkauft, sondern im Rahmen eines Franchisevertrags zur Nutzung überlassen, sind nicht alle wesentlichen Betriebsgrundlagen übertragen worden. Eine begünstigte Betriebsveräußerung liegt in diesen Fällen nicht vor (>BFH vom 20. 3. 2017 – BStBl II S. 992).

H 16 (2)

Allgemeines
Die Aufgabe eines Gewerbebetriebs im Ganzen ist anzunehmen, wenn alle wesentlichen Betriebsgrundlagen innerhalb kurzer Zeit (>Zeitraum für die Betriebsaufgabe) und damit in einem einheitlichen Vorgang – nicht nach und nach – entweder in das Privatvermögen überführt oder an verschiedene Erwerber veräußert oder teilweise veräußert und teilweise in das Privatvermögen überführt werden und damit der Betrieb als selbständiger Organismus des Wirtschaftslebens zu bestehen aufhört (>BFH vom 24. 6. 1976 – BStBl II S. 670, vom 29. 10. 1981 – BStBl 1982 II S. 381 und vom 18. 12. 1990 – BStBl 1991 II S. 512).
Eine Betriebsaufgabe liegt nicht vor,
- wenn die Wirtschaftsgüter nach und nach im Laufe mehrerer Wj. an Dritte veräußert werden oder in das Privatvermögen überführt werden (>BFH vom 10. 9. 1957 – BStBl III S. 414),
- wenn der Betriebsinhaber den Entschluss zur Betriebsaufgabe lediglich dokumentiert hat. Erforderlich ist darüber hinaus die Umsetzung dieses Entschlusses durch Veräußerung oder Entnahme von wesentlichen Betriebsgrundlagen (>BFH vom 30. 8. 2007 – BStBl 2008 II S. 113).

>Betriebsunterbrechung
>Betriebsverlegung
>Strukturwandel

Aufgabegewinn
- Als gemeiner Wert eines Grundstücks in einem Sanierungsgebiet ist der Wert anzusetzen, der nach § 153 Abs. 1 BauGB (früher § 23 Abs. 2 Städtebauförderungsgesetz) Werterhöhungen unberücksichtigt lässt, die lediglich durch die Aussicht auf Sanierung, durch ihre Vorbereitung oder ihre Durchführung eingetreten sind, ohne dass der Stpfl. diese Wertsteigerungen durch eigene Aufwendungen zulässigerweise bewirkt hat – sog. Eingangswert – (>BFH vom 29. 8. 1996 – BStBl 1997 II S. 317).
- >H 16 (10) Nachträgliche Änderungen des Veräußerungspreises oder des gemeinen Werts
- Wird im Rahmen einer Betriebsaufgabe ein betrieblich genutzter Grundstücksteil in das Privatvermögen überführt, ist zur Ermittlung des Aufgabegewinns der gemeine Wert des gesamten Grundstücks regelmäßig nach dem Nutzflächenverhältnis und nicht nach dem Verhältnis von Ertragswerten aufzuteilen (>BFH vom 15. 2. 2001 – BStBl 2003 II S. 635).

- Weder handels- noch steuerrechtlich besteht eine Verpflichtung, eine Aufgabebilanz zusätzlich zur letzten Schlussbilanz aufzustellen (>BFH vom 3. 7. 1991 – BStBl II S. 802).
- Beendigung der Nutzungsberechtigung als Miteigentümer >H 4.2 (1) Nutzungsrechte/Nutzungsvorteile

Beendigung einer Betriebsaufspaltung
- Entfallen die tatbestandlichen Voraussetzungen einer Betriebsaufspaltung z. B. durch Wegfall der personellen Verflechtung zwischen Besitzunternehmen und Betriebskapitalgesellschaft, ist dieser Vorgang in der Regel als Betriebsaufgabe des Besitzunternehmens zu beurteilen mit der Folge, dass die im Betriebsvermögen des früheren Besitzunternehmens enthaltenen stillen Reserven aufzulösen sind (>BFH vom 13. 12. 1983 – BStBl 1984 II S. 474 und vom 15. 12. 1988 – BStBl 1989 II S. 363); aber >R 16 Abs. 2 Satz 3 ff.
- Zu einer Betriebsaufgabe durch Beendigung der Betriebsaufspaltung kommt es, wenn die vom Besitzunternehmen an die Betriebskapitalgesellschaft verpachteten Wirtschaftsgüter veräußert und infolgedessen keine wesentlichen Betriebsgrundlagen mehr überlassen werden. Das verbliebene Betriebsvermögen, einschließlich der Anteile an der Betriebskapitalgesellschaft, wird dann zu Privatvermögen (>BFH vom 22. 10. 2013 – BStBl 2014 II S. 158).
- Die Beendigung einer Betriebsaufspaltung führt nicht zur Betriebsaufgabe bei der Besitzpersonengesellschaft, wenn auch die Voraussetzungen einer Betriebsverpachtung vorlagen (>BMF vom 17. 10. 1994 – BStBl I S. 771 und BFH vom 23. 4. 1996 – BStBl 1998 II S. 325 und vom 17. 4. 2002 – BStBl II S. 527). Die für die Einstellung der werbenden Tätigkeit durch den Unternehmer geltenden Grundsätze (>Betriebsunterbrechung) sind bei der Beendigung der Betriebsaufspaltung gleichermaßen zu beachten (>BFH vom 14. 3. 2006 – BStBl II S. 591).
- Wird eine Betriebsaufspaltung dadurch beendet, dass die Betriebs-GmbH auf eine AG verschmolzen und das Besitzunternehmen in die AG eingebracht wird, kann dieser Vorgang gewinnneutral gestaltet werden, wenn das Besitzunternehmen nicht nur wegen der Betriebsaufspaltung gewerblich tätig war. Andernfalls führt die Verschmelzung zur Aufgabe des Gewerbebetriebs mit der Folge, dass dieser nicht mehr zu Buchwerten eingebracht werden kann (>BFH vom 24. 10. 2000 – BStBl 2001 II S. 321).
- >H 15.7 (6) Insolvenz des Betriebsunternehmens

Betriebsunterbrechung
- Stellt ein Unternehmer seine gewerbliche Tätigkeit ein, liegt darin nicht notwendigerweise eine Betriebsaufgabe. Die Einstellung kann auch nur als Betriebsunterbrechung zu beurteilen sein, die den Fortbestand des Betriebs unberührt lässt. Die Betriebsunterbrechung kann darin bestehen, dass der Betriebsinhaber die gewerbliche Tätigkeit ruhen lässt oder darin, dass er die wesentlichen Betriebsgrundlagen verpachtet. Gibt er keine Aufgabeerklärung ab, ist davon auszugehen, dass er beabsichtigt, den unterbrochenen Betrieb künftig wieder aufzunehmen, sofern die zurückbehaltenen Wirtschaftsgüter dies ermöglichen (>BFH vom 22. 9. 2004 – BStBl 2005 II S. 160, vom 14. 3. 2006 – BStBl II S. 591 und vom 9. 11. 2017 – BStBl 2018 II S. 227).
- Eine Betriebsunterbrechung im engeren Sinne und keine Aufgabe des Gewerbebetriebs kann bei dem vormaligen Besitzunternehmen auch dann vorliegen, wenn das Betriebsunternehmen die werbende Geschäftstätigkeit endgültig eingestellt hat (>BFH vom 14. 3. 2006 – BStBl II S. 591).
- Betriebsaufgabeerklärung >H 16 (5)
- Eine Betriebsunterbrechung, die nicht als Betriebsaufgabe anzusehen ist und deshalb auch nicht zur Aufdeckung der stillen Reserven führt, liegt vor, wenn bei Einstellung der werbenden Tätigkeit die Absicht vorhanden und die Verwirklichung der Absicht nach den äußerlich erkennbaren Umständen wahrscheinlich ist, den Betrieb in gleichartiger oder ähnlicher Weise wieder aufzunehmen, so dass der stillgelegte und der eröffnete Betrieb als identisch anzusehen sind (>BFH vom 17. 10. 1991 – BStBl 1992 II S. 392). Dies ist nicht der Fall, wenn

nach Einstellung der werbenden Tätigkeit keine wesentlichen Betriebsgrundlagen mehr vorhanden sind, die einem später identitätswahrend fortgeführten Betrieb dienen könnten (>BFH vom 26. 2. 1997 – BStBl II S. 561).
– Betreibt ein Unternehmen, das zuvor auf dem Gebiet des Bauwesens, des Grundstückshandels und der Grundstücksverwaltung tätig war, nur noch Grundstücksverwaltung, ist hierin regelmäßig eine bloße Betriebsunterbrechung zu sehen, solange gegenüber dem Finanzamt nicht die Betriebsaufgabe erklärt wird und die zurückbehaltenen Wirtschaftsgüter jederzeit die Wiederaufnahme des Betriebes erlauben (>BFH vom 28. 9. 1995 – BStBl 1996 II S. 276).
– >Eröffnung eines neuen Betriebs
– >H 16 (5) Betriebsfortführungsfiktion

Betriebsverlegung
– Keine Betriebsaufgabe, sondern eine Betriebsverlegung liegt vor, wenn der alte und der neue Betrieb bei wirtschaftlicher Betrachtung und unter Berücksichtigung der Verkehrsauffassung wirtschaftlich identisch sind (>BFH vom 24. 6. 1976 – BStBl II S. 670 und vom 28. 6. 2001 – BStBl 2003 II S. 124), wovon regelmäßig auszugehen ist, wenn die wesentlichen Betriebsgrundlagen in den neuen Betrieb überführt werden (>BFH vom 24. 6. 1976 – BStBl II S. 672).
– Überträgt ein Bezirkshändler, der Produkte eines Unternehmens über Beraterinnen im sog. Heimvorführungs-Vertriebssystem verkauft, die Rechte aus seinen Verträgen mit den Beraterinnen entgeltlich auf einen Dritten und erwirbt er gleichzeitig die Rechtspositionen aus den Verträgen eines anderen Bezirkshändlers mit dessen Beraterinnen, um in Fortführung seines bisherigen Bezirkshändlervertrages die Produkte des Unternehmens an einem anderen Ort zu vertreiben, liegt weder eine Betriebsveräußerung noch eine Betriebsaufgabe vor (>BFH vom 9. 10. 1996 – BStBl 1997 II S. 236).

Bewertung von Unternehmen und Anteilen an Kapitalgesellschaften
Bei der Bewertung von Unternehmen und Anteilen an Kapitalgesellschaften sind die bewertungsrechtlichen Regelungen gem. den gleich lautenden Erlassen der obersten Finanzbehörden der Länder vom 17. 5. 2011 (BStBl I S. 606) zu den §§ 11, 95 bis 109 und 199 ff. BewG für ertragsteuerliche Zwecke entsprechend anzuwenden (>BMF vom 22. 9. 2011 – BStBl I S. 859).

Buchwertprivileg
Das Buchwertprivileg nach § 6 Abs. 1 Nr. 4 Satz 4 EStG ist auch zulässig im Fall des Übergangs von Sonderbetriebsvermögen auf den Erben und Überführung ins Privatvermögen im Rahmen eines betriebsaufgabeähnlichen Vorgangs (>BFH vom 5. 2. 2002 – BStBl 2003 II S. 237).

Eröffnung eines neuen Betriebs
Eine Betriebsaufgabe kann auch dann gegeben sein, wenn der Stpfl. einen neuen Betrieb – auch der gleichen Branche – beginnt, sofern der bisher geführte betriebliche Organismus aufhört zu bestehen und sich der neue Betrieb in finanzieller, wirtschaftlicher und organisatorischer Hinsicht von dem bisherigen Betrieb unterscheidet (>BFH vom 18. 12. 1996 – BStBl 1997 II S. 573).
>Betriebsunterbrechung
>Betriebsverlegung

Gewerblicher Grundstückshandel
– Die entgeltliche Bestellung von Erbbaurechten an (allen) zugehörigen Grundstücken führt nicht zur Aufgabe eines gewerblichen Grundstückshandels, sondern stellt lediglich einen Geschäftsvorfall des weiter bestehenden gewerblichen Grundstückshandels dar (>BFH vom 22. 4. 1998 – BStBl II S. 665).

- >BMF vom 26. 3. 2004 (BStBl I S. 434), Tz. 35
- Im Rahmen des Folgebescheids darf der Gewinn aus der Veräußerung eines Anteils an einer grundbesitzenden Personengesellschaft auch dann in einen laufenden Gewinn im Rahmen eines vom Stpfl. betriebenen gewerblichen Grundstückshandels umqualifiziert werden, wenn er im Grundlagenbescheid als Veräußerungsgewinn bezeichnet worden ist (>BFH vom 18. 4. 2012 – BStBl II S. 647).

Handelsvertreter
Eine Betriebsaufgabe liegt nicht vor, wenn ein Handelsvertreter seine bisherigen Vertretungen beendet, um anschließend eine andere Vertretung zu übernehmen; dies gilt auch für den Fall der erstmaligen Übernahme einer Generalvertretung (>BFH vom 19. 4. 1966 – BStBl III S. 459).

Insolvenzverfahren
Der Gewerbebetrieb einer Personengesellschaft wird regelmäßig nicht schon mit der Eröffnung des Insolvenzverfahrens über das Gesellschaftsvermögen aufgegeben (>BFH vom 19. 1. 1993 – BStBl II S. 594).

Körperschaft als Erbin
Erbt eine Körperschaft Betriebsvermögen einer natürlichen Person, ist grundsätzlich § 6 Abs. 3 EStG anwendbar. Dies gilt auch, wenn Erbin eine Körperschaft des öffentlichen Rechts ist, die den übergehenden Betrieb als steuerpflichtigen Betrieb gewerblicher Art i. S. d. § 1 Abs. 1 Nr. 6, § 4 Abs. 1 KStG fortführt (>BFH vom 19. 2. 1998 – BStBl II S. 509). Für Betriebe der Land- und Forstwirtschaft >aber H 14 (Körperschaft des öffentlichen Rechts als Erbin).

Landwirtschaft
- Eine Betriebsaufgabe liegt regelmäßig nicht vor, wenn ein Landwirt seinen auf eigenen Flächen betriebenen Hof an seinen Sohn verpachtet und er diesem zugleich das lebende und tote Inventar schenkt (>BFH vom 18. 4. 1991 – BStBl II S. 833).
- Die Begründung einer Betriebsaufspaltung durch Vermietung wesentlicher Betriebsgrundlagen an eine GmbH schließt die vorangehende steuerbegünstigte Aufgabe eines land- und forstwirtschaftlichen Betriebs, zu dessen Betriebsvermögen die zur Nutzung überlassenen Wirtschaftsgüter gehörten, nicht aus, wenn der Stpfl. zuvor seine landwirtschaftliche Betätigung beendet hat (>BFH vom 30. 3. 2006 – BStBl II S. 652).

Liebhaberei
- Der Übergang von einem Gewerbebetrieb zu einem einkommensteuerlich unbeachtlichen Liebhabereibetrieb stellt grundsätzlich keine Betriebsaufgabe dar, es sei denn, der Stpfl. erklärt selbst die Betriebsaufgabe (>BFH vom 11. 5. 2016 – BStBl 2017 II S. 112). Auf den Zeitpunkt des Übergangs zur Liebhaberei ist für jedes Wirtschaftsgut des Anlagevermögens der Unterschiedsbetrag zwischen dem gemeinen Wert und dem Wert, der nach § 4 Abs. 1 oder nach § 5 EStG anzusetzen wäre, gesondert und bei mehreren Beteiligten einheitlich festzustellen (>§ 8 der VO zu § 180 Abs. 2 AO vom 19. 12. 1986 – BStBl 1987 I S. 2, zuletzt geändert durch Art. 4 der VO vom 18. 7. 2016 – BStBl I S. 725).
- Die Veräußerung oder Aufgabe eines Liebhabereibetriebs ist eine Betriebsveräußerung oder -aufgabe i. S. v. § 16 Abs. 1 und 3 EStG. Der Veräußerungs- oder Aufgabegewinn hieraus ist nur steuerpflichtig, soweit er auf die einkommensteuerlich relevante Phase des Betriebs entfällt. Der steuerpflichtige Teil des Gewinns ist im Jahr der Veräußerung oder Aufgabe zu versteuern. Er entspricht der Höhe nach im Grundsatz den nach § 8 der VO zu § 180 Abs. 2 AO auf den Zeitpunkt des Übergangs zur Liebhaberei gesondert festgestellten stillen Reserven. Eine negative Wertentwicklung während der Liebhabereiphase berührt die Steuerpflicht des auf die einkommensteuerlich relevante Phase entfallenden Gewinnanteils nicht. Die Veräußerung eines Liebhabereibetriebs kann daher auch dann zu einem steuerpflichti-

gen Gewinn führen, wenn der erzielte Erlös die festgestellten stillen Reserven nicht erreicht (>BFH vom 11.5.2016 – BStBl 2017 II S. 112).
– Ermittelt der Stpfl. seinen Gewinn durch Einnahmenüberschussrechnung, ist er nicht verpflichtet, im Zeitpunkt des Strukturwandels zur Liebhaberei zum Betriebsvermögensvergleich überzugehen und einen daraus resultierenden Übergangsgewinn zu ermitteln und zu versteuern. Hat ein solcher Stpfl. in dem Zeitraum, in dem er noch mit Gewinnerzielungsabsicht handelte, die Anschaffungskosten für ein Wirtschaftsgut des Umlaufvermögens als Betriebsausgaben abgesetzt, so stellt auch nach Wegfall der Gewinnerzielungsabsicht die Verwirklichung eines Realisationsakts in Bezug auf dieses Wirtschaftsgut (Veräußerung oder Entnahme des Wirtschaftsguts, Veräußerung oder Aufgabe des Liebhabereibetriebs) dem Grunde nach einen Steuertatbestand dar. Der Höhe nach ist derjenige Betrag als nachträgliche Betriebseinnahme anzusetzen und zu versteuern, der für das einzelne Wirtschaftsgut des Umlaufvermögens im Zeitpunkt des Strukturwandels zur Liebhaberei in eine Übergangsbilanz einzustellen gewesen wäre (>BFH vom 11.5.2016 – BStBl II S. 939).

Realteilung
>BMF vom 19.12.2018 (BStBl 2019 I S. 6)

Strukturwandel
Eine Betriebsaufgabe liegt nicht vor, wenn der Betrieb als selbständiger Organismus in dem der inländischen Besteuerung unterliegenden Gebiet weitergeführt wird und die Einkünfte des Stpfl. aus dem Betrieb lediglich in Folge Strukturwandels rechtlich anders eingeordnet werden, weil z. B. ein bisher als gewerblich behandelter Betrieb infolge Einschränkung des Zukaufs oder Erweiterung des Eigenanbaues zu einem land- und forstwirtschaftlichen Betrieb wird (>BFH vom 10.2.1972 – BStBl II S. 455 und vom 26.4.1979 – BStBl II S. 732).

Zeitlich gestreckte Betriebsaufgabe
– Bei einer Betriebsaufgabe ist der Wert des Betriebsvermögens wie bei der Betriebsveräußerung durch eine Bilanz zu ermitteln. Diese Bilanz (zu Buchwerten) ist auch bei einer zeitlich gestreckten Betriebsaufgabe einheitlich und umfassend auf einen bestimmten Zeitpunkt zu erstellen. Das ist zweckmäßigerweise der Zeitpunkt der Beendigung der betrieblichen Tätigkeit, zu dem die Schlussbilanz zur Ermittlung des laufenden Gewinns aufzustellen ist. Unabhängig davon bestimmt sich der Zeitpunkt der Gewinnverwirklichung für die einzelnen Aufgabevorgänge (Veräußerung oder Überführung ins Privatvermögen) nach allgemeinen Gewinnrealisierungsgrundsätzen (>BFH vom 19.5.2005 – BStBl II S. 637).
– BMF vom 20.12.2005 (BStBl 2006 I S. 7)

Zeitraum für die Betriebsaufgabe
Der Begriff „kurzer Zeitraum" (>Allgemeines) darf nicht zu eng aufgefasst werden; maßgebender Gesichtspunkt ist, ob man die Aufgabehandlungen wirtschaftlich noch als einen einheitlichen Vorgang werten kann (>BFH vom 16.9.1966 – BStBl 1967 III S. 70 und vom 8.9.1976 – BStBl 1977 II S. 66). Bei einem Zeitraum von mehr als 36 Monaten kann nicht mehr von einem wirtschaftlich einheitlichen Vorgang ausgegangen werden (>BFH vom 26.4.2001 – BStBl II S. 798). Die Betriebsaufgabe beginnt mit vom Aufgabeentschluss getragenen Handlungen, die objektiv auf die Auflösung des Betriebs als selbständiger Organismus des Wirtschaftslebens gerichtet sind (>BFH vom 5.7.1984 – BStBl II S. 711). Der Zeitraum für die Betriebsaufgabe endet mit der Veräußerung der letzten wesentlichen Betriebsgrundlage bzw. mit deren Überführung in das Privatvermögen. Es ist nicht auf den Zeitpunkt abzustellen, in dem die stillen Reserven des Betriebs im Wesentlichen oder nahezu vollständig aufgedeckt worden sind (>BFH vom 26.5.1993 – BStBl II S. 710). Der Abwicklungszeitraum kann nicht dadurch abgekürzt werden, dass Wirtschaftsgüter, die bei Aufgabe des Betriebs nicht veräußert worden sind, formell in das

Privatvermögen überführt werden, um sie anschließend privat zu veräußern. In solchen Fällen setzt der Stpfl. in der Regel seine unternehmerische Tätigkeit fort (>BFH vom 12.12.2000 – BStBl 2001 II S. 282).

Zwangsweise Betriebsaufgabe
Der Annahme einer Betriebsaufgabe steht nicht entgegen, dass der Stpfl. zur Einstellung des Gewerbebetriebs gezwungen wird; auch Ereignisse, die von außen auf den Betrieb einwirken, können zu einer Betriebsaufgabe führen (>BFH vom 3. 7. 1991 – BStBl II S. 802).

H 16 (3)

Auflösung einer Kapitalgesellschaft
Wird eine Kapitalgesellschaft in der Weise aufgelöst, dass ihr Vermögen auf den Alleingesellschafter übertragen wird, der die gesamte Beteiligung im Betriebsvermögen hält, liegt darin die nach § 16 Abs. 1 Satz 1 Nr. 1 Satz 2 EStG begünstigte Aufgabe eines Teilbetriebs. Der Begünstigung steht auch nicht entgegen, dass die untergehende Kapitalgesellschaft Betriebsunternehmen im Rahmen einer Betriebsaufspaltung war (>BFH vom 4. 10. 2006 – BStBl 2009 II S. 772).

Auflösung stiller Reserven
Keine Teilbetriebsveräußerung oder -aufgabe liegt vor, wenn
- bei der Einstellung eines Teilbetriebs Wirtschaftsgüter von nicht untergeordneter Bedeutung, in denen erhebliche stille Reserven enthalten sind, als Betriebsvermögen in einen anderen Teilbetrieb desselben Stpfl. übernommen werden und deshalb die stillen Reserven nicht aufgelöst werden dürfen (>BFH vom 28. 10. 1964 – BStBl 1965 III S. 88 und vom 30. 10. 1974 – BStBl 1975 II S. 232);
- bei der Einstellung der Produktion eines Zweigwerks nicht alle wesentlichen stillen Reserven – vor allem die in den Grundstücken enthaltenen – aufgelöst werden (>BFH vom 26. 9. 1968 – BStBl 1969 II S. 69);
- in dem zurückbehaltenen Wirtschaftsgut erhebliche stille Reserven vorhanden sind (>BFH vom 26. 4. 1979 – BStBl II S. 557); dies gilt auch dann, wenn das zurückbehaltene Wirtschaftsgut überwiegend von einem noch verbleibenden Restbetrieb genutzt wird (>BFH vom 13. 2. 1996 – BStBl II S. 409);
- wesentliche Betriebsgrundlagen, auch wenn sie keine erheblichen stillen Reserven enthalten, in den Hauptbetrieb verbracht werden (>BFH vom 19. 1. 1983 – BStBl II S. 312).

Beendigung der betrieblichen Tätigkeit
Eine Teilbetriebsveräußerung erfordert nicht, dass der Veräußerer seine gewerblichen Tätigkeiten in vollem Umfang beendet. Es ist ausreichend, wenn er die gewerbliche Tätigkeit aufgibt, die sich auf die veräußerten wesentlichen Betriebsgrundlagen bezieht (>BFH vom 9. 8. 1989 – BStBl II S. 973). Das Auswechseln der Produktionsmittel unter Fortführung des Tätigkeitsgebiets stellt jedoch keine Teilbetriebsveräußerung dar (>BFH vom 3. 10. 1984 – BStBl 1985 II S. 245).

Betriebsaufspaltung
Erwirbt die Besitzpersonengesellschaft einen Teil des Betriebs von der Betriebsgesellschaft zurück, um ihn selbst fortzuführen, kann die Grundstücksverwaltung ein Teilbetrieb der bisherigen Besitzgesellschaft sein. Ein von dem zurück erworbenen operativen Betrieb genutztes Grundstück der Besitzgesellschaft wird dann mit dem Rückerwerb wesentliche Betriebsgrundlage dieses Teilbetriebs (>BFH vom 20. 1. 2005 – BStBl II S. 395). Die Anteile an einer Betriebskapitalgesellschaft sind wesentliche Betriebsgrundlagen des Besitzunternehmens (>BFH vom 4. 7. 2007 – BStBl II S. 772).

Brauerei
Bei einer Brauerei ist eine von ihr betriebene Gastwirtschaft ein selbständiger Teilbetrieb (>BFH vom 3. 8. 1966 – BStBl 1967 III S. 47).

Entnahme einer Beteiligung
Die Entnahme einer Beteiligung an einer Kapitalgesellschaft, die das gesamte Nennkapital umfasst, ist als Aufgabe eines Teilbetriebs (>Teilbetriebsaufgabe) anzusehen; das gilt auch für die Entnahme aus dem Gesellschaftsvermögen einer Personenhandelsgesellschaft (>BFH vom 24. 6. 1982 – BStBl II S. 751).

Fahrschule
Bei der Veräußerung einer Niederlassung einer Fahrschule kann es sich um die Veräußerung eines Teilbetriebs handeln (>BFH vom 24. 8. 1989 – BStBl 1990 II S. 55). Wird ein Betriebsteil einer Fahrschule veräußert, kann dessen Eigenständigkeit nicht allein aus dem Grund verneint werden, dass dem Betriebsteil im Zeitpunkt der Veräußerung nicht mindestens ein Schulungsfahrzeug zugeordnet ist (>BFH vom 5. 6. 2003 – BStBl II S. 838).

Fertigungsbetrieb
Bei einem Fertigungsbetrieb mit mehreren Produktionszweigen liegen in der Regel keine selbständigen Teilbetriebe vor, wenn für die einzelnen Produktionen wesentliche Maschinen nur für alle Produktionsabteilungen zur Verfügung stehen (>BFH vom 8. 9. 1971 – BStBl 1972 II S. 118).

Filialen und Zweigniederlassungen
Teilbetriebe können insbesondere Filialen und Zweigniederlassungen sein. Werden Zweigniederlassungen oder Filialen eines Unternehmens veräußert, ist die Annahme einer Teilbetriebsveräußerung nicht deshalb ausgeschlossen, weil das Unternehmen im Übrigen andernorts weiterhin eine gleichartige gewerbliche Tätigkeit ausübt; erforderlich für die Annahme einer Teilbetriebsveräußerung ist aber, dass das Unternehmen mit der Veräußerung des entsprechenden Betriebsteils einen eigenständigen Kundenkreis aufgibt (>BFH vom 24. 8. 1989 – BStBl 1990 II S. 55). Eine Einzelhandelsfiliale ist nur dann Teilbetrieb, wenn dem dort beschäftigten leitenden Personal eine Mitwirkung beim Wareneinkauf und bei der Preisgestaltung dieser Filiale eingeräumt ist (>BFH vom 12. 9. 1979 – BStBl 1980 II S. 51).

Gaststätten
Räumlich getrennte Gaststätten sind in der Regel Teilbetriebe (>BFH vom 18. 6. 1998 – BStBl II S. 735).
>Brauerei

Güternah- und Güterfernverkehr
Betreibt ein Stpfl. im Rahmen seines Unternehmens den Güternah- und den Güterfernverkehr oder z. B. ein Reisebüro und die Personenbeförderung mit Omnibussen, liegen zwei Teilbetriebe nur dann vor, wenn beide Tätigkeitsarten nicht nur als Geschäftszweige des einheitlichen Unternehmens betrieben werden, sondern auch innerhalb dieses einheitlichen Unternehmens mit einer gewissen Selbständigkeit ausgestattet sind (>BFH vom 20. 2. 1974 – BStBl II S. 357 und vom 27. 6. 1978 – BStBl II S. 672).

Grundstücksverwaltung
Eine Grundstücksverwaltung bildet im Rahmen eines Gewerbebetriebs nur dann einen Teilbetrieb, wenn sie als solche ausnahmsweise auch außerhalb des Gewerbebetriebes gewerblichen Charakter hätte (>BFH vom 24. 4. 1969 – BStBl II S. 397).

Handelsvertreter
Ein Teilbetrieb kann auch dann vorliegen, wenn der Unternehmensbereich statt von einem Angestellten von einem selbständigen Handelsvertreter geleitet wird (>BFH vom 2.8.1978 – BStBl 1979 II S. 15).

Maßgeblicher Zeitpunkt
– Ob eine Summe von Wirtschaftsgütern einen Teilbetrieb darstellt, ist nach den tatsächlichen Verhältnissen im Zeitpunkt der Veräußerung zu entscheiden. Dies gilt auch dann, wenn die Wirtschaftsgüter die Eigenschaft als Teile eines Teilbetriebs erst durch die Zerstörung einer wesentlichen Betriebsgrundlage verloren haben (>BFH vom 16.7.1970 – BStBl II S. 738).
– >H 16 (4)

Schiffe
Die Veräußerung eines Schiffes stellt lediglich dann eine Teilbetriebsveräußerung dar, wenn das Schiff die wesentliche Grundlage eines selbständigen Zweigunternehmens bildet und das Zweigunternehmen dabei im Ganzen veräußert wird (>BFH vom 13.1.1966 – BStBl III S. 168).

Sonderbetriebsvermögen
Ein Grundstück, das dem Betrieb einer Personengesellschaft dient, ist nicht schon deshalb ein Teilbetrieb, weil es im Sondereigentum eines Gesellschafters steht (>BFH vom 12.4.1967 – BStBl III S. 419 und vom 5.4.1979 – BStBl II S. 554).

Spediteur
Verkauft ein Spediteur, der auch mit eigenen Fernlastzügen das Frachtgeschäft betreibt, seine Fernlastzüge an verschiedene Erwerber und betreut er in der Folgezeit seine bisherigen Kunden über die Spedition unter Einschaltung fremder Frachtführer weiter, liegt weder eine Teilbetriebsveräußerung noch eine Teilbetriebsaufgabe vor (>BFH vom 22.11.1988 – BStBl 1989 II S. 357).

Tankstellen
Die einzelnen Tankstellen eines Kraftstoff-Großhandelsunternehmens bilden nicht schon deshalb Teilbetriebe, weil sie von Pächtern betrieben werden (>BFH vom 13.2.1980 – BStBl II S. 498).

Teilbetriebe im Aufbau
Die §§ 16 und 34 EStG sind auch auf im Aufbau befindliche Teilbetriebe anzuwenden, die ihre werbende Tätigkeit noch nicht aufgenommen haben. Ein im Aufbau befindlicher Teilbetrieb liegt erst dann vor, wenn die wesentlichen Betriebsgrundlagen bereits vorhanden sind und bei zielgerechter Weiterverfolgung des Aufbauplans ein selbständig lebensfähiger Organismus zu erwarten ist (>BFH vom 3.4.2014 – BStBl II S. 1000).

Teilbetriebsaufgabe
– Die Grundsätze über die Veräußerung eines Teilbetriebs gelten für die Aufgabe eines Teilbetriebs entsprechend (>BFH vom 15.7.1986 – BStBl II S. 896). Die Aufgabe eines Teilbetriebs setzt voraus, dass die Abwicklung ein wirtschaftlich einheitlicher Vorgang ist (>BFH vom 16.9.1966 – BStBl 1967 III S. 70 und vom 8.9.1976 – BStBl 1977 II S. 66). Eine Teilbetriebsaufgabe ist nicht anzunehmen, wenn ein bisher als gewerblicher Teilbetrieb geführter land- und forstwirtschaftlicher Besitz aus dem gewerblichen Betriebsvermögen ausgegliedert und als selbständiger Betrieb der Land- und Forstwirtschaft geführt wird, sofern die einkommensteuerliche Erfassung der stillen Reserven gewährleistet ist (>BFH vom 9.12.1986 – BStBl 1987 II S. 342).

- Die Veräußerung aller Grundstücke des im Rahmen einer Betriebsaufspaltung bestehenden grundstücksverwaltenden Teilbetriebs an verschiedene Erwerber stellt eine Aufgabe dieses Teilbetriebs dar. Der dabei erzielte Gewinn ist jedenfalls dann begünstigt, wenn zeitgleich auch das zuvor in den operativ tätigen Teilbetrieb übergegangene und zu diesem gehörende Grundstück veräußert wird (>BFH vom 20. 1. 2005 – BStBl II S. 395).

>Auflösung stiller Reserven

Teilbetriebsveräußerung
Die Anteile an einer Betriebskapitalgesellschaft sind wesentliche Betriebsgrundlagen des Besitzunternehmens. Diese können nicht (quotal) den jeweiligen Teilbetrieben, sondern nur dem Besitzunternehmen insgesamt zugeordnet werden. Werden die Anteile an der Betriebskapitalgesellschaft nicht mitveräußert, kann daher von einer begünstigten Teilbetriebsveräußerung nicht ausgegangen werden (>BFH vom 4. 7. 2007 – BStBl II S. 772).

Vermietung von Ferienwohnungen
Ein Stpfl., der ein Hotel betreibt und außerdem in einem Appartementhaus Ferienwohnungen vermietet, kann mit der Vermietungstätigkeit die Voraussetzungen eines Teilbetriebs erfüllen (>BFH vom 23. 11. 1988 – BStBl 1989 II S. 376).

Wohnungsbauunternehmen
Bei einem Wohnungsbauunternehmen, dem Wohnungen in mehreren Städten gehören und das hiervon seinen in einer Stadt belegenen Grundbesitz veräußert, liegt auch dann nicht die Veräußerung eines Teilbetriebs vor, wenn für den veräußerten Grundbesitz ein hauptamtlicher Verwalter bestellt ist (>BFH vom 27. 3. 1969 – BStBl II S. 464).

Zurückbehaltene Wirtschaftsgüter
>Auflösung stiller Reserven

H 16 (4)

Abfindung unter Buchwert
Bleibt beim Ausscheiden eines Gesellschafters die Abfindung hinter dem Buchwert seines Mitunternehmeranteiles zurück, wird ein Gewinn von den verbleibenden Gesellschaftern jedenfalls dann nicht erzielt, wenn das Geschäft in vollem Umfang entgeltlich erfolgt ist (>BFH vom 12. 12. 1996 – BStBl 1998 II S. 180).

Aufnahme eines Gesellschafters in ein Einzelunternehmen
>BMF vom 11. 11. 2011 (BStBl I S. 1314), Randnr. 24.01 ff. unter Berücksichtigung BMF vom 26. 7. 2016 (BStBl I S. 684)

Auseinandersetzung einer Zugewinngemeinschaft
Die Grundsätze über die Erbauseinandersetzung eines sog. Mischnachlasses (gewinnneutrale Realteilung) sind nicht auf die Aufteilung gemeinschaftlichen Vermögens bei Beendigung einer ehelichen Zugewinngemeinschaft anzuwenden (>BFH vom 21. 3. 2002 – BStBl II S. 519).

Betriebsveräußerung an einen Gesellschafter
>H 16 (1) Personengesellschaft

Buchwertübertragung von Mitunternehmeranteilen

Der Begünstigung des Gewinns aus der Veräußerung eines Mitunternehmeranteils an einer Obergesellschaft nach den §§ 16, 34 EStG steht nicht entgegen, dass im Zusammenhang mit der Veräußerung Mitunternehmeranteile der Obergesellschaft an einer Unterpersonengesellschaft zu Buchwerten in das Gesamthandsvermögen einer weiteren Personengesellschaft ausgegliedert werden (>BFH vom 25. 2. 2010 – BStBl II S. 726).

Buchwertübertragung von wesentlichen Betriebsgrundlagen

Der Gewinn aus der Veräußerung eines Mitunternehmeranteils ist nicht nach §§ 16, 34 EStG begünstigt, wenn auf Grund einheitlicher Planung und in engem zeitlichen Zusammenhang mit der Anteilsveräußerung wesentliche Betriebsgrundlagen der Personengesellschaft ohne Aufdeckung sämtlicher stillen Reserven aus dem Betriebsvermögen der Gesellschaft ausgeschieden sind (>BFH vom 6. 9. 2000 – BStBl 2001 II S. 229).

Erbauseinandersetzung

- >BMF vom 14. 3. 2006 (BStBl I S. 253) unter Berücksichtigung der Änderungen durch BMF vom 27. 12. 2018 (BStBl 2019 I S. 11)
- Wird nach dem Tod des Gesellschafters einer unternehmerisch tätigen Personengesellschaft ein Streit darüber, wer infolge seiner Stellung als Erbe Gesellschafter geworden ist, durch einen Vergleich beigelegt, auf Grund dessen jemand gegen Erhalt eines Geldbetrags auf die Geltendmachung seiner Rechte als Erbe verzichtet, und war diese Person gesellschaftsrechtlich nicht von der Rechtsnachfolge in den Gesellschaftsanteil ausgeschlossen, steht sie einem Miterben gleich, der im Rahmen einer Erbauseinandersetzung aus der Personengesellschaft ausscheidet. Die Abfindung führt in einem solchen Fall zu einem nach §§ 16, 34 EStG begünstigten Gewinn (>BFH vom 16. 5. 2013 – BStBl II S. 858).

Ermittlung des Veräußerungsgewinns

- Scheidet ein Gesellschafter durch Veräußerung seiner (gesamten) Beteiligung aus einer Personenhandelsgesellschaft aus, ist der Veräußerungsgewinn oder -verlust der Unterschied zwischen dem Veräußerungspreis und dem Buchwert seiner Beteiligung (>BFH vom 27. 5. 1981 – BStBl 1982 II S. 211).
- Die ursprünglichen Anschaffungskosten eines i. S. d. § 17 EStG beteiligten Gesellschafters für den Erwerb der Gesellschaftsanteile einer GmbH mindern, nachdem die GmbH formwechselnd in eine Personengesellschaft umgewandelt worden ist, nicht den Gewinn aus einer späteren Veräußerung des Mitunternehmeranteils (>BFH vom 12. 7. 2012 – BStBl II S. 728).
- Da das Einkommen einer Organgesellschaft nur den Mitunternehmern einer Organträger-Personengesellschaft zuzurechnen ist, die im Zeitpunkt der Einkommenszurechnung an der Organträgerin beteiligt sind, sind Entgelte, die auf Grund der Übertragung des Gewinnbezugsrechts eines unterjährig ausgeschiedenen Mitunternehmers an diesen gezahlt werden, im Rahmen der Ermittlung des Veräußerungsgewinns zu berücksichtigen (>BFH vom 28. 2. 2013 – BStBl II S. 494).

Gesellschafterforderungen

- Wird im Zuge der Veräußerung eines Gesellschaftsanteils auch eine Darlehensforderung veräußert, erhöht das dafür erhaltene Entgelt den Veräußerungserlös. Liegt das Entgelt unter dem Nennbetrag der Forderung, führt dies zu einem weiteren Veräußerungsverlust im Sonderbetriebsvermögen (>BFH vom 16. 3. 2017 – BStBl II S. 943).
- Bleibt eine Forderung des Gesellschafters gegenüber der Gesellschaft nach seinem Ausscheiden bestehen, ist der gemeine Wert dieser Forderung bei der Ermittlung des Veräuße-

rungsgewinns wie ein Veräußerungserlös zu behandeln. Verzichtet der Gesellschafter beim Ausscheiden auf die Forderung, ergibt sich keine Gewinnauswirkung (>BFH vom 12.12.1996 – BStBl 1998 II S. 180).

Gesellschaftsrechtliche Befugnisse
Der Verzicht auf die Ausübung gesellschaftsrechtlicher Befugnisse ist keine Veräußerung eines Mitunternehmeranteils (>BFH vom 6.11.1991 – BStBl 1992 II S. 335).

Maßgeblicher Zeitpunkt
Der Veräußerungszeitpunkt ist der Zeitpunkt des Übergangs des wirtschaftlichen Eigentums. Erfolgt die Veräußerung unter einer aufschiebenden Bedingung, geht das wirtschaftliche Eigentum grundsätzlich erst mit dem Eintritt der Bedingung auf den Erwerber über, wenn ihr Eintritt nicht allein vom Willen und Verhalten des Erwerbers abhängt (>BFH vom 25.6.2009 – BStBl 2010 II S. 182).

Nachträgliche Erhöhung des Kapitalkontos eines ausgeschiedenen Kommanditisten
>H 15.8 (3)

Negatives Kapitalkonto
– Beim Ausscheiden eines Mitunternehmers unter Übernahme eines negativen Kapitalkontos ohne Abfindungszahlung kann eine entgeltliche oder unentgeltliche Übertragung eines Mitunternehmeranteils vorliegen. Ein Erwerbsverlust entsteht beim übernehmenden Mitunternehmer jedoch nicht (>BFH vom 10.3.1998 – BStBl 1999 II S. 269).
– Scheidet ein Kommanditist gegen Entgelt aus einer KG aus, ist ein von ihm nicht auszugleichendes negatives Kapitalkonto bei der Berechnung seines Veräußerungsgewinns in vollem Umfang zu berücksichtigen. Es kommt nicht darauf an, aus welchen Gründen das Kapitalkonto negativ geworden ist (>BFH vom 9.7.2015 – BStBl II S. 954).
– In den Fällen, in denen das negative Kapitalkonto des Kommanditisten bei Aufgabe oder Veräußerung des Betriebs durch die Gesellschaft wegfällt, ist dieser Gewinn ein nach den §§ 16, 34 EStG begünstigter Veräußerungs- oder Aufgabegewinn. Soweit jedoch schon früher feststeht, dass ein Ausgleich des negativen Kapitalkontos des Kommanditisten mit künftigen Gewinnanteilen nicht mehr in Betracht kommt, ist dieser Zeitpunkt für die Auflösung des negativen Kapitalkontos maßgebend (>BFH vom 30.3.2017 – BStBl II S. 896). Dieser Gewinn ist als laufender Gewinn zu erfassen (>BFH vom 10.11.1980 – BStBl 1981 II S. 164). Ist das negative Kapitalkonto des Kommanditisten zu Unrecht nicht aufgelöst worden und die Veranlagung bestandskräftig, kann die Auflösung im Folgejahr nach den Grundsätzen des formellen Bilanzenzusammenhangs nachgeholt werden (>BFH vom 10.12.1991 – BStBl 1992 II S. 650 und vom 30.6.2005 – BStBl II S. 809).
– Die Besteuerung des Veräußerungsgewinns aus der Auflösung eines negativen Kapitalkontos ist sachlich unbillig, wenn dieses durch Verluste entstanden ist, für die die Möglichkeit des Verlustabzugs nach § 10d EStG nicht genutzt werden konnte (>BFH vom 26.10.1994 – BStBl 1995 II S. 297), oder durch Verluste aus gewerblicher Tierzucht entstanden ist, die sich wegen § 15 Abs. 4 EStG nicht ausgewirkt haben (>BFH vom 25.1.1996 – BStBl II S. 289).

Realteilung
>BMF vom 19.12.2018 (BStBl 2019 I S. 6)

Sonderbetriebsvermögen
– Die §§ 16, 34 EStG finden bei der Veräußerung oder Aufgabe eines Mitunternehmeranteils keine Anwendung, wenn gleichzeitig wesentliche Betriebsgrundlagen des Sonderbetriebsvermögens zum Buchwert in ein anderes Betriebs- oder Sonderbetriebsvermögen des Mit-

unternehmers überführt (>BFH vom 19.3.1991 – BStBl II S.635 und vom 2.10.1997 – BStBl 1998 II S.104) oder unentgeltlich auf den Erwerber des Mitunternehmeranteils übertragen werden (>BFH vom 6.12.2000 – BStBl 2003 II S.194). Zur Überführung einer 100%-Beteiligung an einer Kapitalgesellschaft >H 34.5 (Ausgliederung einer 100%-Beteiligung an einer Kapitalgesellschaft).
- Eine nach §§ 16, 34 EStG begünstigte Aufgabe des gesamten Mitunternehmeranteils liegt auch vor, wenn anlässlich der unentgeltlichen Übertragung eines Mitunternehmeranteils ein Wirtschaftsgut des Sonderbetriebsvermögens, das zu den wesentlichen Betriebsgrundlagen gehört, zurückbehalten und in das Privatvermögen überführt wird; zum Mitunternehmeranteil zählt neben dem Anteil am Vermögen der Gesellschaft auch etwaiges Sonderbetriebsvermögen (>BFH vom 31.8.1995 – BStBl II S.890 und vom 24.8.2000 – BStBl 2005 II S.173 sowie BMF vom 3.3.2005 – BStBl I S.458 unter Berücksichtigung der Änderungen durch BMF vom 7.12.2006 – BStBl I S.766, Tzn. 22 und 23).
- >R 4.2 Abs. 2

Tausch von Mitunternehmeranteilen
Der Tausch von Mitunternehmeranteilen führt grundsätzlich zur Gewinnrealisierung (>BFH vom 8.7.1992 – BStBl II S.946).

Tod eines Gesellschafters
Die entgeltliche Übernahme aller Wirtschaftsgüter einer Personengesellschaft durch die verbleibenden Gesellschafter bei Ableben eines Gesellschafters führt zur Veräußerung eines Mitunternehmeranteils. Ein nach R 4.5 Abs. 6 zu ermittelnder Übergangsgewinn ist anteilig dem verstorbenen Gesellschafter zuzurechnen, auch wenn er im Wesentlichen auf der Zurechnung auf die anderen Gesellschafter übergehender Honorarforderungen beruht (>BFH vom 13.11.1997 – BStBl 1998 II S.290).

Unentgeltliche Übertragung an Dritte
Die unentgeltliche Übertragung eines Mitunternehmeranteils auf einen fremden Dritten führt zu einem Veräußerungsverlust in Höhe des Buchwerts des Kapitalkontos, sofern der Übertragende nicht die Absicht hatte, den Empfänger unentgeltlich zu bereichern (>BFH vom 26.6.2002 – BStBl 2003 II S.112).

H 16 (5)

Betriebsaufgabeerklärung
Erklärt der Unternehmer ausdrücklich, den Betrieb endgültig eingestellt zu haben, kann er sich später nicht darauf berufen, diese rechtsgestaltende Erklärung sei wirkungslos, weil ihm nicht bewusst gewesen sei, dass mit der Betriebsaufgabe auch die stillen Reserven des verpachteten Betriebsgrundstücks aufzudecken seien (>BFH vom 22.9.2004 – BStBl 2005 II S.160).

Betriebsfortführungsfiktion
Anwendungsschreiben zu § 16 Abs. 3b EStG >BMF vom 22.11.2016 (BStBl I S.1326)

Betriebsgrundstück als alleinige wesentliche Betriebsgrundlage
Wird nur das Betriebsgrundstück, ggf. i.V.m. Betriebsvorrichtungen, verpachtet, liegt nur dann eine Betriebsverpachtung im Ganzen vor, wenn das Grundstück die alleinige wesentliche Betriebsgrundlage darstellt. Dies ist regelmäßig bei Groß- und Einzelhandelsunternehmen sowie bei Hotel- und Gaststättenbetrieben der Fall (>BFH vom 28.8.2003 – BStBl 2004 II S.10).

Betriebsüberlassungsvertrag
Ein unentgeltlicher Betriebsüberlassungsvertrag steht einem Pachtvertrag gleich (>BFH vom 7.8.1979 – BStBl 1980 II S. 181).

Betriebsvermögen
>H 4.2 (7) Land- und forstwirtschaftlicher Betrieb

Branchenfremde Verpachtung
Bei einer branchenfremden Verpachtung kommt es nicht zu einer Zwangsbetriebsaufgabe, wenn der Verpächter den Betrieb nach Ablauf des Nutzungsverhältnisses ohne wesentliche Änderung fortführen kann (>BFH vom 28.8.2003 – BStBl 2004 II S. 10).

Eigenbewirtschaftung
Eine Betriebsverpachtung setzt voraus, dass der Betrieb zuvor von dem Verpächter oder im Fall des unentgeltlichen Erwerbs von seinem Rechtsvorgänger selbst bewirtschaftet worden ist (>BFH vom 20.4.1989 – BStBl II S. 863 und BMF vom 23.11.1990 – BStBl I S. 770).

Eiserne Verpachtung
Zur Gewinnermittlung bei der Verpachtung von Betrieben mit Substanzerhaltungspflicht des Pächters nach §§ 582a, 1048 BGB >BMF vom 21.2.2002 (BStBl I S. 262)

Form und Inhalt der Betriebsaufgabeerklärung
Zu Form und Inhalt der Betriebsaufgabeerklärung >BFH vom 15.10.1987 (BStBl 1988 II S. 257, 260)

Gaststättenverpachtung
Eine gewerbliche Gaststättenverpachtung wird nicht bereits deshalb zum „Gaststättenhandel", weil innerhalb von fünf Jahren mehr als drei der verpachteten Gaststätten verkauft werden; für die verbleibenden Teilbetriebe erlischt das Verpächterwahlrecht nicht (>BFH vom 18.6.1998 – BStBl II S. 735).

Gemeinsames Eigentum von Pächter und Verpächter an wesentlichen Betriebsgrundlagen
Die Fortführung eines Betriebes im Wege der Betriebsverpachtung ist grundsätzlich nicht möglich, wenn wesentliche Betriebsgegenstände von einem Miteigentümer an einen anderen Miteigentümer verpachtet werden und der Betrieb vor der Verpachtung vom Verpächter und Pächter gemeinsam (z.B. in der Rechtsform einer GbR) geführt worden ist (>BFH vom 22.5.1990 – BStBl II S. 780).

Geschäfts- oder Firmenwert
Wird zu Beginn oder während der Verpachtung des Gewerbebetriebs die Betriebsaufgabe erklärt, ist bei der Ermittlung des Aufgabegewinns weder ein originärer noch ein derivativer Geschäfts- oder Firmenwert anzusetzen. Der Geschäfts- oder Firmenwert ist dann zur Versteuerung heranzuziehen, wenn bei einer späteren Veräußerung des Unternehmens ein Entgelt für ihn geleistet wird (>BFH vom 30.1.2002 – BStBl II S. 387).

Mitunternehmer
Die Fortführung eines Betriebs im Wege der Verpachtung ist auch dann möglich, wenn ein Gesellschafter bei der Beendigung einer gewerblich tätigen Personengesellschaft wesentliche Betriebsgegenstände behält und an einen früheren Mitgesellschafter verpachtet (>BFH vom 14.12.1978 – BStBl 1979 II S. 300).

Parzellenweise Verpachtung
Die parzellenweise Verpachtung der Grundstücke eines land- und forstwirtschaftlichen Betriebs steht der Annahme einer Betriebsverpachtung nicht grundsätzlich entgegen (>BFH vom 28.11.1991 – BStBl 1992 II S. 521).

Personengesellschaft
Das Verpächterwahlrecht kann bei Personengesellschaften nur einheitlich ausgeübt werden (>BFH vom 17.4.1997 – BStBl 1998 II S. 388).

Produktionsunternehmen
Wird bei Verpachtung eines Produktionsunternehmens der gesamte, umfangreiche Maschinenpark veräußert, hat unbeschadet einer möglichen kurzfristigen Wiederbeschaffbarkeit einzelner Produktionsmaschinen der Verpächter jedenfalls eine wesentliche Betriebsgrundlage nicht zur Nutzung überlassen, so dass die übrigen Wirtschaftsgüter zwangsweise entnommen werden und eine Betriebsaufgabe vorliegt (>BFH vom 17.4.1997 – BStBl 1998 II S. 388).

Rechtsnachfolger
Im Fall des unentgeltlichen Erwerbs eines verpachteten Betriebs hat der Rechtsnachfolger des Verpächters das Wahlrecht, das erworbene Betriebsvermögen während der Verpachtung fortzuführen (>BFH vom 17.10.1991 – BStBl 1992 II S. 392).

Sonderbetriebsvermögen
Ein Wirtschaftsgut des Sonderbetriebsvermögens, das bisher alleinige wesentliche Betriebsgrundlage des Betriebs einer Personengesellschaft war, kann auch dann Gegenstand einer Betriebsverpachtung sein, wenn die Personengesellschaft liquidiert wurde (>BFH vom 6.11.2008 – BStBl 2009 II S. 303).

Umgestaltung wesentlicher Betriebsgrundlagen
– Werden anlässlich der Verpachtung eines Gewerbebetriebs die wesentlichen Betriebsgrundlagen so umgestaltet, dass sie nicht mehr in der bisherigen Form genutzt werden können, entfällt grundsätzlich die Möglichkeit, das Betriebsvermögen fortzuführen; damit entfällt auch die Möglichkeit der Betriebsverpachtung (>BFH vom 15.10.1987 – BStBl 1988 II S. 257, 260).
  >Branchenfremde Verpachtung
– Veräußerungen und Entnahmen von Grundstücken berühren das Fortbestehen eines im Ganzen verpachteten land- und forstwirtschaftlichen Betriebs nur dann, wenn die im Eigentum des Verpächters verbleibenden Flächen nicht mehr ausreichen, um nach Beendigung des Pachtverhältnisses einen land- und forstwirtschaftlichen Betrieb zu bilden. Das Schicksal der Wirtschaftsgebäude ist für die Annahme einer Zwangsbetriebsaufgabe unerheblich (>BMF vom 1.12.2000 – BStBl I S. 1556). Ein verpachteter landwirtschaftlicher Betrieb wird nicht mit der Folge einer Zwangsbetriebsaufgabe dadurch zerschlagen, dass der Verpächter nach einem Brandschaden die mitverpachteten Wirtschaftsgebäude nicht wieder aufbaut, sondern die landwirtschaftlichen Nutzflächen nach Auflösung der ursprünglichen Pachtverträge erneut verpachtet und die Hofstelle veräußert (>BFH vom 26.6.2003 – BStBl II S. 755).

Verpächterwahlrecht
– Zweifelsfragen im Zusammenhang mit der Ausübung des Verpächterwahlrechts >BMF vom 17.10.1994 (BStBl I S. 771)
– Wird ein im Ganzen verpachteter Betrieb teilentgeltlich veräußert, setzt sich das Verpächterwahlrecht beim Erwerber fort (>BFH vom 6.4.2016 – BStBl II S. 710).

Wesentliche Betriebsgrundlagen
– Wesentliche Betriebsgrundlagen sind jedenfalls die Wirtschaftsgüter, die zur Erreichung des Betriebszwecks erforderlich sind und denen ein besonderes wirtschaftliches Gewicht für die Betriebsführung zukommt (>BFH vom 17.4.1997 – BStBl 1998 II S. 388). Dabei ist maßgeblich auf die sachlichen Erfordernisse des Betriebs abzustellen – sog. funktionale Betrachtungsweise (>BFH vom 11.10.2007 – BStBl 2008 II S. 220). Für diese Beurteilung kommt es auf die Verhältnisse des verpachtenden, nicht auf diejenigen des pachtenden Unternehmens an (>BFH vom 28.8.2003 – BStBl 2004 II S. 10).
– Bei einem Autohaus (Handel mit Neu- und Gebrauchtfahrzeugen einschließlich angeschlossenem Werkstattservice) sind das speziell für dessen Betrieb hergerichtete Betriebsgrundstück samt Gebäuden und Aufbauten sowie die fest mit dem Grund und Boden verbundenen Betriebsvorrichtungen im Regelfall die alleinigen wesentlichen Betriebsgrundlagen. Demgegenüber gehören die beweglichen Anlagegüter, insbesondere die Werkzeuge und Geräte, regelmäßig auch dann nicht zu den wesentlichen Betriebsgrundlagen, wenn diese im Hinblick auf die Größe des Autohauses ein nicht unbeträchtliches Ausmaß einnehmen (>BFH vom 11.10.2007 – BStBl 2008 II S. 220 und vom 18.8.2009 – BStBl 2010 II S. 222).
– >Produktionsunternehmen

H 16 (6)

Betriebsaufgabe
Werden nicht die wesentlichen Grundlagen eines Betriebs oder Teilbetriebs, sondern nur Teile des Betriebsvermögens unentgeltlich übertragen, während der andere Teil der Wirtschaftsgüter in das Privatvermögen übernommen wird, liegt eine Betriebsaufgabe vor. Der begünstigte Veräußerungsgewinn ist in diesem Fall der Unterschiedsbetrag zwischen den Buchwerten und den gemeinen Werten sowohl der unentgeltlich übertragenen als auch der in das Privatvermögen übernommenen Wirtschaftsgüter, vermindert um etwaige Veräußerungskosten (>BFH vom 27.7.1961 – BStBl III S. 514).

Erbauseinandersetzung
Zur Annahme einer unentgeltlichen Betriebsübertragung mit der Folge der Anwendung des § 6 Abs. 3 EStG im Zusammenhang mit einer Erbauseinandersetzung >BMF vom 14.3.2006 (BStBl I S. 253) unter Berücksichtigung der Änderungen durch BMF vom 27.12.2018 (BStBl 2019 I S. 11).

Körperschaft als Erbin
>H 16 (2)

Nießbrauch
Unentgeltlichkeit liegt auch vor, wenn sich der Übertragende den Nießbrauch an dem Betrieb vorbehält (>BMF vom 13.1.1993 – BStBl I S. 80, Tz. 24 i.V. m. Tz. 10).

Übertragung der wesentlichen Betriebsgrundlagen
Für die unentgeltliche Übertragung eines Betriebs oder Teilbetriebs ist Voraussetzung, dass mindestens die wesentlichen Grundlagen des Betriebs oder Teilbetriebs unentgeltlich übertragen worden sind (>BFH vom 7.8.1979 – BStBl 1980 II S. 181). Die wesentlichen Betriebsgrundlagen müssen durch einen einheitlichen Übertragungsakt auf den Erwerber überführt werden; eine in mehrere, zeitlich aufeinanderfolgende Einzelakte aufgespaltene Gesamtübertragung kann nur dann als einheitlicher Übertragungsakt angesehen werden, wenn sie auf einem einheitlichen Willensentschluss beruht und zwischen den einzelnen Übertragungsvorgängen ein zeitlicher und sachlicher Zusammenhang besteht (>BFH vom 12.4.1989 – BStBl II S. 653).

Übertragung zwischen Ehegatten
Die Übertragung eines Betriebs zwischen Ehegatten auf Grund eines Vermögensauseinandersetzungsvertrags im Zusammenhang mit der Beendigung einer Zugewinngemeinschaft ist ein entgeltliches Geschäft (>BFH vom 31. 7. 2002 – BStBl 2003 II S. 282).

Unentgeltliche Übertragung eines Mitunternehmeranteils
– Zweifelsfragen im Zusammenhang mit der unentgeltlichen Übertragung von Mitunternehmeranteilen mit Sonderbetriebsvermögen sowie Anteilen von Mitunternehmeranteilen mit Sonderbetriebsvermögen >BMF vom 3. 3. 2005 (BStBl I S. 458) unter Berücksichtigung der Änderungen durch BMF vom 7. 12. 2006 (BStBl I S. 766, Tzn. 22 und 23).
– Überträgt ein Vater einen Kommanditanteil unentgeltlich auf seine Kinder und wird der Anteil alsbald von den Kindern an Dritte veräußert, kann in der Person des Vaters ein Aufgabegewinn entstehen (>BFH vom 15. 7. 1986 – BStBl II S. 896).

Verdeckte Einlage
Keine unentgeltliche Betriebsübertragung liegt bei verdeckter Einlage eines Einzelunternehmens in eine GmbH vor (>BFH vom 18. 12. 1990 – BStBl 1991 II S. 512 und >BMF vom 3. 3. 2005 – BStBl I S. 458, Tz. 2).

Vorweggenommene Erbfolge
Zur Betriebsübertragung im Rahmen der vorweggenommenen Erbfolge >BMF vom 13. 1. 1993 (BStBl I S. 80) unter Berücksichtigung der Änderungen durch BMF vom 26. 2. 2007 (BStBl I S. 269) und BMF vom 11. 3. 2010 (BStBl I S. 227).

Zurückbehaltene Wirtschaftsgüter
Werden die wesentlichen Grundlagen eines Betriebs, eines Teilbetriebs oder eines Mitunternehmeranteils unentgeltlich übertragen und behält der Stpfl. Wirtschaftsgüter zurück, die innerhalb eines kurzen Zeitraums veräußert oder in das Privatvermögen überführt werden, ist die teilweise Aufdeckung der stillen Reserven nicht steuerbegünstigt (>BFH vom 19. 2. 1981 – BStBl II S. 566).
>Betriebsaufgabe

H 16 (7)

Einheitstheorie
Die sog. Einheitstheorie ist nur in den Fällen der teilentgeltlichen Betriebsveräußerung, nicht jedoch bei einer teilentgeltlichen Betriebsaufgabe anzuwenden (>BFH vom 22. 10. 2013 – BStBl 2014 II S. 158).

Negatives Kapitalkonto
Bei einer teilentgeltlichen Betriebsübertragung im Wege der vorweggenommenen Erbfolge ist der Veräußerungsgewinn auch dann gem. § 16 Abs. 2 EStG zu ermitteln, wenn das Kapitalkonto negativ ist (>BMF vom 13. 1. 1993 – BStBl I S. 80 unter Berücksichtigung der Änderungen durch BMF vom 26. 2. 2007 (BStBl I S. 269) sowie BFH vom 16. 12. 1992 – BStBl 1993 II S. 436).

Veräußerungsgewinn
Bei der teilentgeltlichen Veräußerung eines Betriebs, Teilbetriebs, Mitunternehmeranteils oder des Anteils eines persönlich haftenden Gesellschafters einer Kommanditgesellschaft auf Aktien ist der Vorgang nicht in ein voll entgeltliches und ein voll unentgeltliches Geschäft aufzuteilen.

Der Veräußerungsgewinn i. S. d. § 16 Abs. 2 EStG ist vielmehr durch Gegenüberstellung des Entgelts und des Wertes des Betriebsvermögens oder des Wertes des Anteils am Betriebsvermögen zu ermitteln (>BFH vom 10. 7. 1986 – BStBl II S. 811 sowie BMF vom 13. 1. 1993 – BStBl I S. 80 unter Berücksichtigung der Änderungen durch BMF vom 26. 2. 2007 – BStBl I S. 269).

H 16 (8)

Begriff der wesentlichen Betriebsgrundlage
Ob ein Wirtschaftsgut zu den wesentlichen Betriebsgrundlagen gehört, ist nach der funktional-quantitativen Betrachtungsweise zu entscheiden. Zu den wesentlichen Betriebsgrundlagen gehören in der Regel auch Wirtschaftsgüter, die funktional gesehen für den Betrieb, Teilbetrieb oder Mitunternehmeranteil nicht erforderlich sind, in denen aber erhebliche stille Reserven gebunden sind (>BFH vom 2. 10. 1997 – BStBl 1998 II S. 104 und vom 10. 11. 2005 – BStBl 2006 II S. 176).

Gebäude/Gebäudeteile
- Bei einem Möbelhändler ist z. B. das Grundstück, in dem sich die Ausstellungs- und Lagerräume befinden, die wesentliche Betriebsgrundlage (>BFH vom 4. 11. 1965 – BStBl 1966 III S. 49 und vom 7. 8. 1990 – BStBl 1991 II S. 336).
- Das Gleiche gilt für ein Grundstück, das zum Zweck des Betriebs einer Bäckerei und Konditorei sowie eines Cafe-Restaurants und Hotels besonders gestaltet ist (>BFH vom 7. 8. 1979 – BStBl 1980 II S. 181).
- Das Dachgeschoss eines mehrstöckigen Hauses ist eine funktional wesentliche Betriebsgrundlage, wenn es zusammen mit den übrigen Geschossen einheitlich für den Betrieb genutzt wird (>BFH vom 14. 2. 2007 – BStBl II S. 524).

Immaterielle Wirtschaftsgüter
- Wesentliche Betriebsgrundlagen können auch immaterielle Wirtschaftsgüter sein (>BFH vom 9. 10. 1996 – BStBl 1997 II S. 236). Darauf, ob diese immateriellen Werte selbständig bilanzierungsfähig sind, kommt es nicht an (>BFH vom 16. 12. 2009 – BStBl 2010 II S. 808).
- Eine eingeführte Bezeichnung für einen Betrieb kann zu den wesentlichen Betriebsgrundlagen gehören (>BFH vom 20. 3. 2017 – BStBl II S. 992).

Maschinen und Einrichtungsgegenstände
Maschinen und Einrichtungsgegenstände rechnen zu den wesentlichen Betriebsgrundlagen, soweit sie für die Fortführung des Betriebs unentbehrlich oder nicht jederzeit ersetzbar sind (>BFH vom 19. 1. 1983 – BStBl II S. 312).

Produktionsunternehmen
Bei einem Produktionsunternehmen gehören zu den wesentlichen Betriebsgrundlagen die für die Produktion bestimmten und auf die Produktion abgestellten Betriebsgrundstücke und Betriebsvorrichtungen (>BFH vom 12. 9. 1991 – BStBl 1992 II S. 347).

Umlaufvermögen
Wirtschaftsgüter des Umlaufvermögens, die ihrem Zweck nach zur Veräußerung oder zum Verbrauch bestimmt sind, bilden allein regelmäßig nicht die wesentliche Grundlage eines Betriebs. Nach den Umständen des Einzelfalles können Waren bei bestimmten Betrieben jedoch zu den wesentlichen Grundlagen des Betriebs gehören (>BFH vom 24. 6. 1976 – BStBl II S. 672).

H 16 (9)

Abfindung eines Pensionsanspruchs

Wird der gegenüber einer Personengesellschaft bestehende Pensionsanspruch eines Gesellschafters anlässlich der Aufgabe des Betriebs der Gesellschaft abgefunden, mindert sich hierdurch der Aufgabegewinn der Gesellschaft; beim Gesellschafter stellt die Abfindung eine Sondervergütung dar, die seinen Anteil am Aufgabegewinn erhöht (>BFH vom 20. 1. 2005 – BStBl II S. 559).

Abwicklungsgewinne

Gewinne, die während und nach der Aufgabe eines Betriebs aus normalen Geschäften und ihrer Abwicklung anfallen, gehören nicht zu dem begünstigten Aufgabegewinn (>BFH vom 25. 6. 1970 – BStBl II S. 719).

Aufgabegewinn bei Veräußerung von Wirtschaftsgütern

Bei gleichzeitiger Veräußerung von Wirtschaftsgütern im Rahmen einer Betriebsaufgabe entsteht der Aufgabegewinn mit Übertragung des wirtschaftlichen Eigentums an den Wirtschaftsgütern (>BFH vom 17. 10. 1991 – BStBl 1992 II S. 392).

Ausgleichsanspruch nach § 89b HGB

– Zum laufenden Gewinn gehören der Ausgleichsanspruch des selbständigen Handelsvertreters nach § 89b HGB (>BFH vom 5. 12. 1968 – BStBl 1969 II S. 196) sowie die Ausgleichszahlungen an Kommissionsagenten in entsprechender Anwendung des § 89b HGB (>BFH vom 19. 2. 1987 – BStBl II S. 570). Dies gilt auch, wenn der Anspruch auf Ausgleichsleistung durch den Tod des Handelsvertreters entstanden ist und der Erbe den Betrieb aufgibt (>BFH vom 9. 2. 1983 – BStBl II S. 271). Zahlungen des nachfolgenden Handelsvertreters an seinen Vorgänger sind als laufender Gewinn zu behandeln (>BFH vom 25. 7. 1990 – BStBl 1991 II S. 218).

– Nicht zum Ausgleichsanspruch nach § 89b HGB gehören Ansprüche eines Versicherungsvertreters aus einer mit Beiträgen des Versicherungsunternehmens aufgebauten Alters- und Hinterbliebenenversorgung (Lebensversicherung), die auf den Ausgleichsanspruch nach § 89b Abs. 5 HGB angerechnet werden sollen. Die Auszahlung aus einem solchen Vertrag ist nicht den Einkünften aus Gewerbebetrieb zuzuordnen (>BFH vom 8. 12. 2016 – BStBl 2017 II S. 630).

Betriebseinbringung

– Geht anlässlich der Einbringung eines Mitunternehmeranteiles in eine Kapitalgesellschaft nach § 20 UmwStG bisheriges Sonderbetriebsvermögen eines Gesellschafters in dessen Privatvermögen über, ist das **Sonderbetriebsvermögen** mit dem gemeinen Wert nach § 16 Abs. 3 Satz 7 EStG anzusetzen und durch Vergleich mit dessen Buchwert der sich ergebende Veräußerungsgewinn zu ermitteln (>BFH vom 28. 4. 1988 – BStBl II S. 829).

– Bei Einbringung eines Betriebs zu Buchwerten in eine Personengesellschaft ist der Gewinn aus der Überführung eines nicht zu den wesentlichen Betriebsgrundlagen gehörenden Wirtschaftsguts in das Privatvermögen kein begünstigter Veräußerungsgewinn (>BFH vom 29. 10. 1987 – BStBl 1988 II S. 374).

– Zur Einbringung eines Einzelunternehmens mit Zuzahlung >BMF vom 11. 11. 2011 (BStBl I S. 1314), Randnr. 24.08 ff.

Einheitliches Geschäftskonzept

Der Gewinn aus der Veräußerung von Wirtschaftsgütern des Anlagevermögens gehört zum laufenden Gewinn, wenn die Veräußerung Bestandteil eines einheitlichen Geschäftskonzepts der unternehmerischen Tätigkeit ist (>BMF vom 1.4.2009 – BStBl I S. 515 und BFH vom 1.8.2013 – BStBl II S. 910).

Gaststättenverpachtung

Eine gewerbliche Gaststättenverpachtung wird nicht bereits deshalb zum „Gaststättenhandel", weil innerhalb von fünf Jahren mehr als drei der verpachteten Gaststätten verkauft werden; die Veräußerung jeder Gaststätte stellt daher eine Teilbetriebsveräußerung dar (>BFH vom 18.6.1998 – BStBl II S. 735).

Gewerblicher Grundstückshandel

Der Gewinn aus gewerblichem Grundstückshandel gehört zum laufenden Gewinn aus normalen Geschäften, auch wenn der gesamte Grundstücksbestand (Umlaufvermögen) in einem einheitlichen Vorgang veräußert wird (>BFH vom 25.1.1995 – BStBl II S. 388 und BMF vom 26.3.2004 – BStBl I S. 434, Tz. 35). Entsprechendes gilt für die Veräußerung eines Mitunternehmeranteils jedenfalls dann, wenn zum Betriebsvermögen der Personengesellschaft nahezu ausschließlich Grundstücke des Umlaufvermögens gehören (>BFH vom 14.12.2006 – BStBl 2007 II S. 777).

Hinzurechnung eines Unterschiedsbetrags nach § 5a Abs. 4 Satz 3 Nr. 3 EStG

>H 5a

Mitunternehmeranteil

Veräußert der Gesellschafter einer Personengesellschaft seinen Mitunternehmeranteil an einen Mitgesellschafter und entnimmt er im Einverständnis mit dem Erwerber und den Mitgesellschaftern vor der Übertragung des Gesellschaftsanteils bestimmte Wirtschaftsgüter des Gesellschaftsvermögens, gehört der daraus entstehende Entnahmegewinn zum begünstigten Veräußerungsgewinn (>BFH vom 24.8.1989 – BStBl 1990 II S. 132).

Organschaft

Ist Organträger eine natürliche Person oder eine Personengesellschaft, stellen die Gewinne aus der Veräußerung von Teilbetrieben der Organgesellschaft keine Gewinne i. S. d. § 16 EStG dar (>BFH vom 22.1.2004 – BStBl II S. 515).

Personengesellschaft

– Hat eine Personengesellschaft ihren Betrieb veräußert, ist der Anteil eines Gesellschafters am Veräußerungsgewinn auch dann begünstigt, wenn ein anderer Gesellschafter **§ 6b EStG** in Anspruch genommen hat (>BFH vom 30.3.1989 – BStBl II S. 558).

– Hinsichtlich der **Übertragung** von Teilen der **Festkapitalkonten** verschiedener Gesellschafter einer Personenhandelsgesellschaft auf einen neu eintretenden Gesellschafter bei gleichzeitiger Übertragung von Anteilen an den Sonderkonten >BFH vom 27.5.1981 (BStBl 1982 II S. 211).

Räumungsverkauf

Der Gewinn aus einem Räumungsverkauf gehört nicht zu dem begünstigten Aufgabegewinn (>BFH vom 29.11.1988 – BStBl 1989 II S. 602).

Rücklage

Zum Veräußerungsgewinn gehören auch Gewinne, die sich bei der Veräußerung eines Betriebs aus der Auflösung von steuerfreien Rücklagen, z. B. Rücklage für Ersatzbeschaffung, Rücklage nach § 6b EStG, ergeben (>BFH vom 25. 6. 1975 – BStBl II S. 848 und vom 17. 10. 1991 – BStBl 1992 II S. 392). Die spätere Auflösung einer anlässlich der Betriebsveräußerung gebildeten Rücklage nach § 6b EStG ist jedoch kein Veräußerungsgewinn (>BFH vom 4. 2. 1982 – BStBl II S. 348).

Rückstellung

Der Gewinn aus der Auflösung einer Rückstellung ist nicht zum Veräußerungsgewinn zu rechnen, wenn die Auflösung der Rückstellung und die Betriebsveräußerung in keinem rechtlichen oder ursächlichen, sondern lediglich in einem gewissen zeitlichen Zusammenhang miteinander stehen (>BFH vom 15. 11. 1979 – BStBl 1980 II S. 150).

Sachwertabfindung

– Werden zur Tilgung einer Abfindungsschuld gegenüber einem ausgeschiedenen Mitunternehmer Wirtschaftsgüter veräußert, ist der dabei entstehende Gewinn als laufender Gewinn zu behandeln (>BFH vom 28. 11. 1989 – BStBl 1990 II S. 561).
– Die für die Sachwertabfindung geltenden Grundsätze sind auch anzuwenden, wenn die ausscheidenden Gesellschafter einer Personengesellschaft durch Abtretung einer noch nicht realisierten Forderung aus einem Grundstückskaufvertrag abgefunden werden (>BFH vom 23. 11. 1995 – BStBl 1996 II S. 194).
– Zur Abgrenzung der Realteilung i. S. d. § 16 Abs. 3 Satz 2 ff. EStG von der Sachwertabfindung >BMF vom 19. 12. 2018 (BStBl 2019 I S. 6), Abschnitt II

Selbsterzeugte Waren

Gewinne aus der Veräußerung von selbsterzeugten Waren an Handelsvertreter, die bisher den Verkauf der Erzeugnisse an Einzelhändler nur vermittelt haben, können zum begünstigten Aufgabegewinn gehören (>BFH vom 1. 12. 1988 – BStBl 1989 II S. 368).

Teilbetriebsveräußerung

Wird im zeitlichen Zusammenhang mit einer Teilbetriebsveräußerung ein wirtschaftlich nicht dem Teilbetrieb dienender Grundstücksteil in das Privatvermögen überführt, gehört der bei diesem Entnahmevorgang verwirklichte Gewinn nicht zum Veräußerungsgewinn nach § 16 EStG (>BFH vom 18. 4. 1973 – BStBl II S. 700).

Umlaufvermögen

Gewinne aus der Veräußerung von Umlaufvermögen gehören zum Aufgabegewinn, wenn die Veräußerung nicht den Charakter einer normalen gewerblichen Tätigkeit hat, sondern die Waren, z. B. an frühere Lieferanten, veräußert werden (>BFH vom 2. 7. 1981 – BStBl II S. 798).

Verbindlichkeiten

Der Erlass einer Verbindlichkeit, die bei Betriebsaufgabe oder -veräußerung im Betriebsvermögen verbleibt, erhöht den Gewinn i. S. d. § 16 EStG. Wird die Verbindlichkeit nachträglich erlassen, ist dieser Gewinn rückwirkend zu erhöhen (>BFH vom 6. 3. 1997 – BStBl II S. 509).

Versicherungsleistungen

Entschließt sich der Unternehmer nach einem Brandschaden wegen der Betriebszerstörung zur Betriebsaufgabe, gehört der Gewinn aus der Realisierung der stillen Reserven, der dadurch entsteht, dass die auf die Anlagegüter entfallenden Versicherungsleistungen die Buchwerte übersteigen, zum Aufgabegewinn (>BFH vom 11. 3. 1982 – BStBl II S. 707).

Wertaufholung
Der Gewinn aus einer Wertaufholung auf den Zeitpunkt der Veräußerung ist als laufender Gewinn zu erfassen (>BFH vom 9. 11. 2017 – BStBl 2018 II S. 575).

Wettbewerbsverbot
Kommt der Verpflichtung zum Wettbewerbsverbot keine eigenständige wirtschaftliche Bedeutung zu, gehört das dafür gezahlte Entgelt zum Veräußerungsgewinn nach § 16 Abs. 1 EStG (>BFH vom 23. 2. 1999 – BStBl II S. 590).

H 16 (10)

Forderungsausfall
Scheidet ein Kommanditist aus einer KG aus und bleibt sein bisheriges Gesellschafterdarlehen bestehen, ist, wenn diese Forderung später wertlos wird, sein Veräußerungs- bzw. Aufgabegewinn mit steuerlicher Wirkung für die Vergangenheit gemindert (>BFH vom 14. 12. 1994 – BStBl 1995 II S. 465).

Nachträgliche Änderungen des Veräußerungspreises oder des gemeinen Werts
– Ein später auftretender **Altlastenverdacht** mindert nicht den gemeinen Wert eines Grundstücks im Zeitpunkt der Aufgabe (>BFH vom 1. 4. 1998 – BStBl II S. 569).
– Die **Herabsetzung des Kaufpreises** für einen Betrieb auf Grund von Einwendungen des Käufers gegen die Rechtswirksamkeit des Kaufvertrages ist ein rückwirkendes Ereignis, das zur Änderung des Steuer-/Feststellungsbescheides führt, dem der nach dem ursprünglich vereinbarten Kaufpreis ermittelte Veräußerungsgewinn zugrunde liegt (>BFH vom 23. 6. 1988 – BStBl 1989 II S. 41).
– Wird bei der Veräußerung eines Wirtschaftsguts im Rahmen einer Betriebsaufgabe eine **nachträgliche Kaufpreiserhöhung** vereinbart, erhöht die spätere Nachzahlung den begünstigten Aufgabegewinn im Kj. der Betriebsaufgabe (>BFH vom 31. 8. 2006 – BStBl II S. 906).
– Die Zahlung von **Schadensersatzleistungen** für betriebliche Schäden nach Betriebsaufgabe beeinflusst die Höhe des begünstigten Aufgabegewinns, weil sie ein rückwirkendes Ereignis auf den Zeitpunkt der Betriebsaufgabe darstellt (>BFH vom 10. 2. 1994 – BStBl II S. 564).
– Die **spätere vergleichsweise Festlegung eines strittigen Veräußerungspreises** ist auf den Zeitpunkt der Realisierung des Veräußerungsgewinns zurückzubeziehen (>BFH vom 26. 7. 1984 – BStBl II S. 786).
– Wird ein Grundstück im Rahmen einer Betriebsaufgabe veräußert und zu einem späteren Zeitpunkt der **Kaufpreis** aus Gründen, die im Kaufvertrag angelegt waren, **gemindert**, ist der tatsächlich erzielte Veräußerungserlös bei der Ermittlung des Aufgabegewinnes zu berücksichtigen. Gleiches gilt, wenn der **ursprüngliche Kaufvertrag aufgehoben** und das Grundstück zu einem geringeren Preis an neue Erwerber veräußert wird (>BFH vom 12. 10. 2005 – BStBl 2006 II S. 307).
– Wird die **gestundete Kaufpreisforderung** für die Veräußerung eines Gewerbebetriebs in einem späteren VZ ganz oder teilweise **uneinbringlich**, stellt dies ein Ereignis mit steuerlicher Rückwirkung auf den Zeitpunkt der Veräußerung dar (>BFH vom 19. 7. 1993 – BStBl II S. 897).
– Hält der Erwerber eines Gewerbebetriebs seine Zusage, den Veräußerer von der **Haftung** für alle vom Erwerber übernommenen Betriebsschulden **freizustellen**, nicht ein und wird der Veräußerer deshalb in einem späteren VZ aus einem als Sicherheit für diese Betriebsschulden bestellten Grundpfandrecht in Anspruch genommen, liegt ein Ereignis mit steuerlicher Rückwirkung auf den Zeitpunkt der Veräußerung vor (>BFH vom 19. 7. 1993 – BStBl II S. 894).

– Der **Tod des Rentenberechtigten** ist bei der Veräußerung gegen abgekürzte Leibrente und bei sog. Sofortversteuerung des Veräußerungsgewinns kein rückwirkendes Ereignis (>BFH vom 19. 8. 1999 – BStBl 2000 II S. 179).

Sachgüter
Soweit der Veräußerungspreis nicht in Geld, sondern in Sachgütern besteht, ist dieser mit dem gemeinen Wert (§ 9 BewG) der erlangten Sachgüter grundsätzlich im Zeitpunkt der Veräußerung zu bewerten. Für die Bewertung kommt es aber auf die Verhältnisse im Zeitpunkt der Erfüllung der Gegenleistungspflicht an, wenn diese von den Verhältnissen im Zeitpunkt der Entstehung des Veräußerungsgewinns abweichen. Eine Veränderung der wertbestimmenden Umstände wirkt materiell-rechtlich auf den Zeitpunkt der Entstehung des Veräußerungsgewinns zurück (>BFH vom 13. 10. 2015 – BStBl 2016 II S. 212).

Schuldenübernahme durch Erwerber
– Teil des Veräußerungspreises ist auch eine Verpflichtung des Erwerbers, den Veräußerer von einer privaten Schuld gegenüber einem Dritten durch befreiende Schuldübernahme oder durch Schuldbeitritt mit befreiender Wirkung, im Innenverhältnis freizustellen. Gleiches gilt für die Verpflichtung zur Freistellung von einer dinglichen Last, die ihrem Rechtsinhalt nach einer rein schuldrechtlichen Verpflichtung gleichwertig ist, z. B. Übernahme einer Nießbrauchslast (>BFH vom 12. 1. 1983 – BStBl II S. 595).
– Bei der Berechnung des Gewinns aus einer Betriebsveräußerung sind vom Erwerber übernommene betriebliche Verbindlichkeiten, die auf Grund von Rückstellungsverboten in der Steuerbilanz (z. B. für Jubiläumszuwendungen und für drohende Verluste aus schwebenden Geschäften) nicht passiviert worden sind, nicht gewinnerhöhend zum Veräußerungspreis hinzuzurechnen (>BFH vom 17. 10. 2007 – BStBl 2008 II S. 555).

H 16 (11)

Betriebsveräußerung gegen wiederkehrende Bezüge und festes Entgelt
Wird ein Betrieb gegen wiederkehrende Bezüge und ein festes Entgelt veräußert, besteht das Wahlrecht hinsichtlich der wiederkehrenden Bezüge auch dann, wenn sie von dritter Seite erbracht werden (>BFH vom 7. 11. 1991 – BStBl 1992 II S. 457).

Freibetrag
Der Freibetrag des § 16 Abs. 4 EStG und die Steuerbegünstigung nach § 34 EStG sind nicht zu gewähren, wenn bei der Veräußerung gegen wiederkehrende Bezüge die Zahlungen beim Veräußerer als laufende nachträgliche Einkünfte aus Gewerbebetrieb i. S. d. § 15 i. V. m. § 24 Nr. 2 EStG behandelt werden (>BFH vom 21. 12. 1988 – BStBl 1989 II S. 409). Wird ein Betrieb gegen festen Kaufpreis und Leibrente veräußert, ist für die Ermittlung des Freibetrags nach § 16 Abs. 4 EStG nicht allein auf den durch den festen Barpreis realisierten Veräußerungsgewinn abzustellen, sondern auch der Kapitalwert der Rente als Teil des Veräußerungspreises zu berücksichtigen (>BFH vom 17. 8. 1967 – BStBl 1968 II S. 75). Der Freibetrag kann jedoch höchstens in Höhe des durch den festen Kaufpreis realisierten Teil des Veräußerungsgewinns gewährt werden (>BFH vom 21. 12. 1988 – BStBl 1989 II S. 409).

Gewinn- oder umsatzabhängiger Kaufpreis
Wird ein Betrieb, Teilbetrieb oder Mitunternehmeranteil gegen einen gewinnabhängigen oder umsatzabhängigen Kaufpreis veräußert, ist das Entgelt zwingend als laufende nachträgliche Betriebseinnahme im Jahr des Zuflusses in der Höhe zu versteuern, in der die Summe der Kaufpreiszahlungen das – ggf. um Einmalleistungen gekürzte – Schlusskapitalkonto zuzüglich der Veräußerungskosten überschreitet (>BFH vom 14. 5. 2002 – BStBl II S. 532).

Kaufpreisstundung

Eine gestundete Kaufpreisforderung ist bei der Ermittlung des Veräußerungsgewinns mit dem gemeinen Wert anzusetzen (>BFH vom 19.1.1978 – BStBl II S. 295).

Ratenzahlungen

Veräußert ein Stpfl. seinen Betrieb gegen einen in Raten zu zahlenden Kaufpreis, sind die Grundsätze der R 16 Abs. 11 Satz 1 bis 9 mit der Maßgabe anzuwenden, dass an die Stelle des nach den Vorschriften des Bewertungsgesetzes ermittelten Barwerts der Rente der Barwert der Raten tritt, wenn die Raten während eines mehr als zehn Jahre dauernden Zeitraums zu zahlen sind und die Ratenvereinbarung sowie die sonstige Ausgestaltung des Vertrags eindeutig die Absicht des Veräußerers zum Ausdruck bringen, sich eine Versorgung zu verschaffen (>BFH vom 23.1.1964 – BStBl III S. 239 und vom 12.6.1968 – BStBl II S. 653).

Tod des Rentenberechtigten

Der Tod des Rentenberechtigten ist bei der Veräußerung gegen abgekürzte Leibrente und bei sog. Sofortversteuerung des Veräußerungsgewinns kein rückwirkendes Ereignis (>BFH vom 19.8.1999 – BStBl 2000 II S. 179).

Zeitrente

Das Wahlrecht zwischen einer begünstigten Sofortbesteuerung eines Veräußerungsgewinns und einer nicht begünstigten Besteuerung nachträglicher Einkünfte aus Gewerbebetrieb besteht auch bei der Veräußerung gegen eine Zeitrente mit einer langen, nicht mehr überschaubaren Laufzeit, wenn sie auch mit dem Nebenzweck vereinbart ist, dem Veräußerer langfristig eine etwaige zusätzliche Versorgung zu schaffen (>BFH vom 26.7.1984 – BStBl II S. 829).

Zuflussbesteuerung

>BMF vom 3.8.2004 (BStBl I S. 1187)

H 16 (12)

Rentenverpflichtung

Die Leistungen zur Ablösung einer freiwillig begründeten Rentenverpflichtung i.S.d. § 12 Nr. 2 EStG sind keine Veräußerungskosten (>BFH vom 20.6.2007 – BStBl 2008 II S. 99).

Veräußerungskosten

Veräußerungskosten mindern auch dann den begünstigten Veräußerungsgewinn, wenn sie in einem VZ vor der Veräußerung entstanden sind (>BFH vom 6.10.1993 – BStBl 1994 II S. 287).

Vorfälligkeitsentschädigung

Eine Vorfälligkeitsentschädigung, die zu zahlen ist, weil im Rahmen einer Betriebsveräußerung ein betrieblicher Kredit vorzeitig abgelöst wird, gehört jedenfalls dann zu den Veräußerungskosten, wenn der Veräußerungserlös zur Tilgung der Schulden ausreicht (>BFH vom 25.1.2000 – BStBl II S. 458).

H 16 (13)

Erbfall
Wird ein Veräußerungsgeschäft vor dem Erbfall abgeschlossen, aber erst nach dem Erbfall wirksam, steht der Freibetrag nur dem Erben nach dessen persönlichen Verhältnissen zu (>BFH vom 9. 6. 2015 – BStBl 2016 II S. 216).

Freibetrag
– Aufteilung des Freibetrages und Gewährung der Tarifermäßigung bei Betriebsaufgaben über zwei Kj.,
  Freibetrag bei teilentgeltlicher Veräußerung im Wege der vorweggenommenen Erbfolge, Vollendung der Altersgrenze in § 16 Abs. 4 und § 34 Abs. 3 EStG nach Beendigung der Betriebsaufgabe oder -veräußerung, aber vor Ablauf des VZ der Betriebsaufgabe oder -veräußerung,
  >BMF vom 20. 12. 2005 (BStBl 2006 I S. 7)
– Der Freibetrag für Betriebsveräußerungs- oder -aufgabegewinne kann auch bei Veräußerung oder Aufgabe mehrerer Betriebe, Teilbetriebe oder Mitunternehmeranteile innerhalb desselben VZ nur für einen einzigen Veräußerungs- oder Aufgabegewinn in Anspruch genommen werden (>BFH vom 27. 10. 2015 – BStBl 2016 II S. 278).

Personenbezogenheit
Der Freibetrag nach § 16 Abs. 4 EStG wird personenbezogen gewährt; er steht dem Stpfl. für alle Gewinneinkunftsarten insgesamt nur einmal zu. Dabei kommt es nicht darauf an, ob der Freibetrag zu Recht gewährt worden ist oder nicht (>BFH vom 21. 7. 2009 – BStBl II S. 963).

Teileinkünfteverfahren
Beispiel:
A veräußert sein Einzelunternehmen. Der Veräußerungserlös beträgt 200.000 €, der Buchwert des Kapitalkontos 70.000 €. Im Betriebsvermögen befindet sich eine Beteiligung an einer GmbH, deren Buchwert 20.000 € beträgt. Der auf die GmbH-Beteiligung entfallende Anteil am Veräußerungserlös beträgt 50.000 €.
Der aus der Veräußerung des GmbH-Anteils erzielte Gewinn ist nach § 3 Nr. 40 Satz 1 Buchstabe b, § 3c Abs. 2 EStG in Höhe von (30.000 € ./. 12.000 € =) 18.000 € steuerpflichtig. Der übrige Veräußerungsgewinn beträgt (150.000 € ./. 50.000 € =) 100.000 €. Der Freibetrag ist vorrangig mit dem Veräußerungsgewinn zu verrechnen, auf den das Teileinkünfteverfahren anzuwenden ist (>BFH vom 14. 7. 2010 – BStBl II S. 1011).

	Insgesamt	Ermäßigt zu besteuern	Teileinkünfteverfahren
Veräußerungsgewinn nach § 16 EStG	118.000 €	100.000 €	18.000 €
Freibetrag nach § 16 Abs. 4 EStG	45.000 €	27.000 €	18.000 €
Steuerpflichtig	73.000 €	73.000 €	0 €

Zweifelsfragen im Zusammenhang mit § 6b Abs. 2a EStG
>BMF vom 7. 3. 2018 (BStBl I S. 309)

H 16 (14)

Berufsunfähigkeit im sozialversicherungsrechtlichen Sinne
Berufsunfähig sind Versicherte, deren Erwerbsfähigkeit wegen Krankheit oder Behinderung im Vergleich zur Erwerbsfähigkeit von körperlich, geistig und seelisch gesunden Versicherten mit

ähnlicher Ausbildung und gleichwertigen Kenntnissen und Fähigkeiten auf weniger als sechs Stunden gesunken ist (§ 240 Abs. 2 SGB VI).

Erbfolge
Wird ein im Erbwege übergegangener Betrieb von dem Erben aufgegeben, müssen die Voraussetzungen für die Gewährung des Freibetrags nach § 16 Abs. 4 EStG in der Person des Erben erfüllt sein (>BFH vom 19.5.1981 – BStBl II S. 665).

Zu § 17 EStG

| R 17. | **Veräußerung von Anteilen an einer Kapitalgesellschaft oder Genossenschaft** |

Abgrenzung des Anwendungsbereichs gegenüber anderen Vorschriften
(1) [1]§ 17 EStG gilt nicht für die Veräußerung von Anteilen an einer Kapitalgesellschaft, die zu einem Betriebsvermögen gehören. [2]In diesem Fall ist der Gewinn nach § 4 oder § 5 EStG zu ermitteln.

Beteiligung
(2) [1]Eine Beteiligung i. S. d. § 17 Abs. 1 Satz 1 EStG liegt vor, wenn der Stpfl. nominell zu mindestens 1 % am Nennkapital der Kapitalgesellschaft beteiligt ist oder innerhalb der letzten fünf Jahre vor der Veräußerung beteiligt war. [2]In den Fällen des § 17 Abs. 6 EStG (Erwerb der Anteile durch Sacheinlage oder durch Einbringung von Anteilen/Anteilstausch i. S. d. § 17 Abs. 1 Satz 1 EStG) führt auch eine nominelle Beteiligung von weniger als 1 % am Nennkapital zur Anwendung von § 17 Abs. 1 Satz 1 EStG.

Unentgeltlicher Erwerb von Anteilen oder Anwartschaften
(3) Überlässt der i. S. d. § 17 Abs. 1 Satz 1 EStG beteiligte Anteilseigner einem Dritten unentgeltlich das Bezugsrecht aus einer Kapitalerhöhung (Anwartschaft i. S. d. § 17 Abs. 1 Satz 3 EStG), sind die vom Dritten erworbenen Anteile teilweise nach § 17 Abs. 1 Satz 4 EStG steuerverhaftet (>Unentgeltlicher Anwartschaftserwerb).

Veräußerung von Anteilen
(4) Die Ausübung von Bezugsrechten durch die Altaktionäre bei Kapitalerhöhungen gegen Einlage ist keine Veräußerung i. S. d. § 17 Abs. 1 EStG.

Anschaffungskosten der Anteile
(5) [1]Eine Kapitalerhöhung aus Gesellschaftsmitteln erhöht die Anschaffungskosten der Beteiligung nicht. [2]Die Anschaffungskosten sind nach dem Verhältnis der Nennbeträge auf die vor der Kapitalerhöhung erworbenen Anteile und die neuen Anteile zu verteilen (>§ 3 Kapitalerhöhungssteuergesetz). [3]Für Anteile i. S. d. § 17 Abs. 1 EStG, die sich in Girosammelverwahrung befinden, sind die Anschaffungskosten der veräußerten Anteile nicht nach dem Fifo-Verfahren, sondern nach den durchschnittlichen Anschaffungskosten sämtlicher Anteile derselben Art zu bestimmen.

Veräußerungskosten
(6) Veräußerungskosten i. S. d. § 17 Abs. 2 EStG sind alle durch das Veräußerungsgeschäft veranlassten Aufwendungen.

Veräußerungsgewinn

(7) [1]Für eine in Fremdwährung angeschaffte oder veräußerte Beteiligung i. S. d. § 17 Abs. 1 Satz 1 EStG sind die Anschaffungskosten, der Veräußerungspreis und die Veräußerungskosten jeweils im Zeitpunkt ihrer Entstehung aus der Fremdwährung in Euro umzurechnen. [2]Wird eine Beteiligung i. S. d. § 17 Abs. 1 Satz 1 EStG gegen eine Leibrente oder gegen einen in Raten zu zahlenden Kaufpreis veräußert, gilt R 16 Abs. 11 entsprechend mit der Maßgabe, dass der Ertrags- oder Zinsanteil nach § 22 Nr. 1 Satz 3 Buchstabe a Doppelbuchstabe bb oder § 20 Abs. 1 Nr. 7 EStG zu erfassen ist.

Einlage einer wertgeminderten Beteiligung

(8) – unbesetzt –

Freibetrag

(9) Für die Berechnung des Freibetrags ist der nach § 3 Nr. 40 Satz 1 Buchstabe c i. V. m. § 3c Abs. 2 EStG steuerfrei bleibende Teil des Veräußerungsgewinns nicht zu berücksichtigen.

H 17 (1)

Handel mit Beteiligungen
>H 15.7 (1)

Umqualifizierung von Einkünften i. S. d. § 20 Abs. 2 Satz 1 Nr. 1 EStG in Einkünfte i. S. d. § 17 EStG
>BMF vom 16. 12. 2014 (BStBl 2015 I S. 24)

H 17 (2)

Ähnliche Beteiligungen
Die Einlage eines stillen Gesellschafters ist keine „ähnliche Beteiligung" i. S. d. § 17 Abs. 1 Satz 3 EStG (>BFH vom 28. 5. 1997 – BStBl II S. 724).

Anteile im Betriebsvermögen
Im Betriebsvermögen gehaltene Anteile zählen bei der Ermittlung der Beteiligungshöhe mit (>BFH vom 10. 11. 1992 – BStBl 1994 II S. 222).

Anwartschaftsrechte
Anwartschaften (Bezugsrechte) bleiben bei der Ermittlung der Höhe der Beteiligung grundsätzlich außer Betracht (>BFH vom 14. 3. 2006 – BStBl II S. 746 und vom 19. 2. 2013 – BStBl II S. 578).

Ausländische Kapitalgesellschaft
§ 17 EStG gilt auch für Anteile an einer ausländischen Kapitalgesellschaft, wenn die ausländische Gesellschaft mit einer deutschen AG oder GmbH vergleichbar ist (>BFH vom 21. 10. 1999 – BStBl 2000 II S. 424).

Durchgangserwerb
Ein Anteil, der bereits vor seinem Erwerb an einen Dritten abgetreten wird, erhöht die Beteiligung (>BFH vom 16. 5. 1995 – BStBl II S. 870).

Eigene Anteile

Werden von der **Kapitalgesellschaft eigene Anteile** gehalten, ist bei der Entscheidung, ob ein Stpfl. i. S. d. § 17 Abs. 1 Satz 1 EStG beteiligt ist, von dem um die eigenen Anteile der Kapitalgesellschaft verminderten Nennkapital auszugehen (>BFH vom 24. 9. 1970 – BStBl 1971 II S. 89).

Einbringungsgeborene Anteile aus Umwandlungen vor dem 13. 12. 2006

- Zur steuerlichen Behandlung von Gewinnen aus der Veräußerung von einbringungsgeborenen Anteilen >§ 21 UmwStG in der am 21. 5. 2003 geltenden Fassung (UmwStG a. F.) i. V. m. § 27 Abs. 3 Nr. 3 UmwStG; >BMF vom 25. 3. 1998 (BStBl I S. 268) unter Berücksichtigung der Änderungen durch BMF vom 21. 8. 2001 (BStBl I S. 543), Tz. 21.01-21.16.
- Einbringungsgeborene Anteile an einer Kapitalgesellschaft, die durch einen Antrag nach § 21 Abs. 2 Satz 1 Nr. 1 UmwStG a. F. entstrickt wurden, unterfallen der Besteuerung gem. § 17 Abs. 1 EStG. Veräußerungsgewinn nach § 17 Abs. 2 EStG in Bezug auf derartige Anteile ist der Betrag, um den der Veräußerungspreis den gemeinen Wert der Anteile (§ 21 Abs. 2 Satz 2 UmwStG a. F.) übersteigt (>BFH vom 24. 6. 2008 – BStBl II S. 872).

Fünfjahreszeitraum

- >BMF vom 20. 12. 2010 (BStBl 2011 I S. 16) unter Berücksichtigung der Änderungen durch BMF vom 16. 12. 2015 (BStBl 2016 I S. 10)
- Der Gewinn aus der Veräußerung einer Beteiligung von weniger als 1 % ist auch dann nach § 17 Abs. 1 Satz 1 EStG zu erfassen, wenn der Gesellschafter die Beteiligung erst neu erworben hat, nachdem er zuvor innerhalb des Fünfjahreszeitraums eine Beteiligung von mindestens 1 % insgesamt veräußert hat und mithin vorübergehend überhaupt nicht an der Kapitalgesellschaft beteiligt war (>BFH vom 20. 4. 1999 – BStBl II S. 650).
- Maßgeblich für die Berechnung des Fünfjahreszeitraums ist der Übergang des wirtschaftlichen und nicht des zivilrechtlichen Eigentums (>BFH vom 17. 2. 2004 – BStBl II S. 651).

Genussrechte

Eine „Beteiligung am Kapital der Gesellschaft" i. S. d. § 17 EStG liegt bei eingeräumten Genussrechten nicht schon dann vor, wenn diese eine Gewinnbeteiligung gewähren, sondern nur, wenn sie auch eine Beteiligung am Liquidationserlös der Gesellschaft vorsehen. Die Vereinbarung, dass das Genussrechtskapital erst nach der Befriedigung der übrigen Gesellschaftsgläubiger zurückzuzahlen ist (sog. Nachrangvereinbarung), verleiht dem Genussrecht noch keinen Beteiligungscharakter (>BFH vom 14. 6. 2005 – BStBl II S. 861).

Gesamthandsvermögen

- Bei der Veräußerung einer **Beteiligung, die sich im Gesamthandsvermögen (z. B. einer vermögensverwaltenden Personengesellschaft, Erbengemeinschaft)** befindet, ist für die Frage, ob eine Beteiligung i. S. d. § 17 Abs. 1 Satz 1 EStG vorliegt, nicht auf die Gesellschaft oder Gemeinschaft als solche, sondern auf die einzelnen Mitglieder abzustellen, da die Beteiligung nach § 39 Abs. 2 Nr. 2 AO den einzelnen Mitgliedern zuzurechnen ist – sog. Bruchteilsbetrachtung – (>BFH vom 7. 4. 1976 – BStBl II S. 557 und vom 9. 5. 2000 – BStBl II S. 686).
- Die Veräußerung von **Anteilen an einer Gesellschaft oder Gemeinschaft**, die ihrerseits eine Beteiligung an einer Kapitalgesellschaft hält, fällt unter § 17 EStG, wenn eine Beteiligung i. S. d. § 17 Abs. 1 Satz 1 EStG vorliegt. Hierbei ist nicht auf die Gesellschaft oder Gemeinschaft als solche, sondern auf das veräußernde Mitglied abzustellen, da die Beteiligung nach § 39 Abs. 2 Nr. 2 AO den einzelnen Mitgliedern zuzurechnen ist – sog. Bruchteilsbetrachtung – (>BFH vom 13. 7. 1999 – BStBl II S. 820 und vom 9. 5. 2000 – BStBl II S. 686).

Kurzfristige Beteiligung

Eine Beteiligung i. S. d. § 17 Abs. 1 Satz 1 EStG liegt bereits dann vor, wenn der Veräußerer oder bei unentgeltlichem Erwerb sein Rechtsvorgänger innerhalb des maßgebenden Fünfjahreszeitraums nur **kurzfristig** zu mindestens 1 % unmittelbar oder mittelbar an der Gesellschaft beteiligt war (>BFH vom 5. 10. 1976 – BStBl 1977 II S. 198). Auch Anteile, die der Stpfl. noch am Tage des **unentgeltlichen Erwerbs** veräußert, zählen mit (>BFH vom 7. 7. 1992 – BStBl 1993 II S. 331). Etwas anderes gilt, wenn im Rahmen eines Gesamtvertragskonzepts (= mehrere zeitgleich abgeschlossene, korrespondierende Verträge) die mit der übertragenen Beteiligung verbundenen Rechte von vorneherein nur für eine Beteiligung von weniger als 1 % übergehen sollten (>BFH vom 5. 10. 2011 – BStBl 2012 II S. 318).

Missbrauch

– Eine Beteiligung i. S. d. § 17 Abs. 1 Satz 1 EStG kann auch dann vorliegen, wenn der Veräußerer zwar formal nicht zu mindestens 1 % an der Kapitalgesellschaft beteiligt war, die Gestaltung der Beteiligungsverhältnisse jedoch **einen Missbrauch der Gestaltungsmöglichkeiten i. S. d. § 42 AO darstellt** (>BFH vom 27. 1. 1977 – BStBl II S. 754).

– **Anteilsrotation**
>BMF vom 3. 2. 1998 (BStBl I S. 207)

Mitgliedschaftsrechte an einer AG

Eine mögliche – durch die Kennzeichnung als Nennbetragsaktien anstatt als Stückaktien bedingte – formale Unrichtigkeit von Aktien hindert nicht den Erwerb des dann noch unverkörperten Mitgliedschaftsrechts (>BFH vom 7. 7. 2011 – BStBl 2012 II S. 20).

Mittelbare Beteiligung

– Besteht **neben einer unmittelbaren auch eine mittelbare Beteiligung** an der Gesellschaft, liegt eine Beteiligung i. S. d. § 17 Abs. 1 Satz 1 EStG vor, wenn die Zusammenrechnung eine Beteiligung von mindestens 1 % ergibt, unabhängig davon, ob der Stpfl. die die mittelbare Beteiligung vermittelnde Kapitalgesellschaft beherrscht oder nicht (>BFH vom 28. 6. 1978 – BStBl II S. 590 und vom 12. 6. 1980 – BStBl II S. 646).

– Der Gesellschafter einer Kapitalgesellschaft ist auch dann Beteiligter i. S. d. § 17 Abs. 1 Satz 1 EStG, wenn sich die Anteilsquote von mindestens 1 % erst durch – anteilige – Hinzurechnung von **Beteiligungen an der Kapitalgesellschaft** ergibt, **welche unmittelbar oder mittelbar von einer Personenhandelsgesellschaft gehalten werden,** an der der Gesellschafter der Kapitalgesellschaft als Mitunternehmer beteiligt ist (>BFH vom 10. 2. 1982 – BStBl II S. 392).

– Die Übernahme einer Bürgschaft für eine Gesellschaft durch einen nur mittelbar beteiligten Anteilseigner stellt keine nachträglichen Anschaffungskosten der unmittelbaren Beteiligung i. S. d. § 17 EStG dar (>BFH vom 4. 3. 2008 – BStBl II S. 575).

Nominelle Beteiligung

Die für die Anwendung des § 17 EStG maßgebliche Höhe einer Beteiligung ist bei einer GmbH aus den Geschäftsanteilen zu berechnen. Dies gilt auch, wenn in der GmbH-Satzung die Stimmrechte oder die Verteilung des Gewinns und des Liquidationserlöses abweichend von §§ 29, 72 GmbHG geregelt sind (>BFH vom 25. 11. 1997 – BStBl 1998 II S. 257 und vom 14. 3. 2006 – BStBl II S. 749).

Optionsrecht

Die Veräußerung einer Anwartschaft i. S. d. § 17 Abs. 1 Satz 3 EStG liegt vor, wenn eine schuldrechtliche Option auf den Erwerb einer Beteiligung (Call-Option) veräußert wird, die die wirtschaftliche Verwertung des bei der Kapitalgesellschaft eingetretenen Zuwachses an Vermögenssubstanz ermöglicht (>BFH vom 19. 12. 2007 – BStBl 2008 II S. 475).

Quotentreuhand
Der Annahme eines zivilrechtlich wirksamen Treuhandverhältnisses steht nicht entgegen, dass dieses nicht an einem selbständigen Geschäftsanteil, sondern – als sog. Quotentreuhand – lediglich an einem Teil eines solchen Geschäftsanteils vereinbart wird. Ein solcher quotaler Anteil ist ein Wirtschaftsgut i. S. d. § 39 Abs. 2 Nr. 1 Satz 2 AO und stellt damit einen treugutfähigen Gegenstand dar (>BFH vom 6. 10. 2009 – BStBl 2010 II S. 460).

Rückwirkende Schenkung
Entsteht durch den **Erwerb weiterer Anteile** eine Beteiligung von mindestens 1 %, kann diese nicht dadurch beseitigt werden, dass die erworbenen Anteile rückwirkend verschenkt werden (>BFH vom 18. 9. 1984 – BStBl 1985 II S. 55).

Unentgeltlicher Hinzuerwerb
Eine Beteiligung von weniger als 1 % wird nicht dadurch insgesamt zu einer Beteiligung i. S. d. § 17 Abs. 1 Satz 1 EStG, dass der Stpfl. einzelne Geschäftsanteile davon unentgeltlich von einem Beteiligten erworben hat, der eine Beteiligung von mindestens 1 % gehalten hat oder noch hält (>BFH vom 29. 7. 1997 – BStBl II S. 727).

H 17 (3)

Abgrenzung von entgeltlichem und unentgeltlichem Erwerb
Die bei Verträgen unter fremden Dritten bestehende Vermutung für das Vorliegen eines entgeltlichen Geschäfts ist im Fall der Übertragung eines Kapitalgesellschaftsanteils, für den der Zuwendende hohe Anschaffungskosten getragen hat, nicht alleine dadurch als widerlegt anzusehen, weil ein Freundschaftsverhältnis zwischen dem Zuwendenden und dem Empfänger besteht (>BFH vom 9. 5. 2017 – BStBl 2018 II S. 94).

Kapitalerhöhung nach unentgeltlichem Erwerb von Anteilen
Die nach einer Kapitalerhöhung aus Gesellschaftsmitteln zugeteilten neuen Aktien führen nicht zu einem gegenüber dem unentgeltlichen Erwerb der Altaktien selbständigen Erwerbsvorgang. Zwischen den Altaktien und den neuen Aktien besteht wirtschaftliche Identität (>BFH vom 25. 2. 2009 – BStBl II S. 658).

Unentgeltlicher Anwartschaftserwerb
Beispiel:
Alleingesellschafter A hat seine GmbH-Anteile für 80.000 € erworben. Der gemeine Wert der Anteile beträgt 400.000 €. Die GmbH erhöht ihr Stammkapital von 100.000 € auf 120.000 €. A ermöglicht seinem Sohn S, die neu ausgegebenen Anteile von nominal 20.000 € gegen Bareinlage von 50.000 € zu erwerben. Die neuen Anteile des S haben einen gemeinen Wert von 20.000 € : 120.000 € × (400.000 € + 50.000 €) = 75.000 € und sind zu (75.000 € – 50.000 €) : 75.000 € = 33,33 % unentgeltlich und zu 66,67 % entgeltlich erworben worden. Auf den unentgeltlich erworbenen Teil ist § 17 Abs. 1 Satz 1 und 4 EStG anzuwenden. Auf diesen Teil entfallen Anschaffungskosten des Rechtsvorgängers A i. S. d. § 17 Abs. 2 Satz 5 EStG in Höhe von 80.000 € × 25.000 € : 400.000 € = 5.000 €. Die verbleibenden Anschaffungskosten des A sind entsprechend auf 75.000 € zu kürzen (>BFH vom 6. 12. 1968 – BStBl 1969 II S. 105).

Vorbehaltsnießbrauch
>H 17 (4)

H 17 (4)

Allgemeines
- Veräußerung i. S. d. § 17 Abs. 1 EStG ist die entgeltliche Übertragung des rechtlichen oder zumindest des wirtschaftlichen Eigentums an einer Beteiligung auf einen anderen Rechtsträger (>BFH vom 11. 7. 2006 – BStBl 2007 II S. 296).
- Sieht ein vorab erstelltes Konzept vor, dass der vereinbarte Kaufpreis ganz oder teilweise unmittelbar als Schenkung von dem Veräußerer an den Erwerber zurückfließt, liegt in Höhe des zurückgeschenkten Betrags keine entgeltliche Übertragung vor (>BFH vom 22. 10. 2013 – BStBl 2014 II S. 158).
- >Wirtschaftliches Eigentum

Beendigung der unbeschränkten Steuerpflicht und gleichgestellte Sachverhalte mit Auslandsbezug
>§ 6 AStG

Bezugsrechte
- Veräußert ein i. S. d. § 17 Abs. 1 Satz 1 EStG Beteiligter ihm auf Grund seiner Anteile zustehende **Bezugsrechte auf weitere Beteiligungsrechte,** liegt auch insoweit eine Veräußerung i. S. d. § 17 Abs. 1 Satz 1 EStG vor (>BFH vom 20. 2. 1975 – BStBl II S. 505 und vom 19. 4. 2005 – BStBl II S. 762).
- Wird das **Stammkapital** einer GmbH **erhöht** und das Bezugsrecht einem Nichtgesellschafter gegen Zahlung eines Ausgleichs für die auf den neuen Geschäftsanteil übergehenden stillen Reserven eingeräumt, kann dies die Veräußerung eines Anteils an einer GmbH (Anwartschaft auf eine solche Beteiligung) sein. Wird dieser Ausgleich in Form eines Agios in die GmbH eingezahlt und in engem zeitlichen Zusammenhang damit wieder an die Altgesellschafter ausgezahlt, kann ein Missbrauch rechtlicher Gestaltungsmöglichkeiten (§ 42 AO) vorliegen. Die Zahlung an die Altgesellschafter ist dann als Entgelt für die Einräumung des Bezugsrechts zu behandeln (>BFH vom 13. 10. 1992 – BStBl 1993 II S. 477).

Einziehung
Ein Verlust nach § 17 EStG aus der Einziehung eines GmbH-Anteils nach § 34 GmbHG ist frühestens mit deren zivilrechtlicher Wirksamkeit zu berücksichtigen (>BFH vom 22. 7. 2008 – BStBl II S. 927).

Entstehung des Veräußerungsgewinns
Der Veräußerungsgewinn entsteht grundsätzlich im Zeitpunkt der Veräußerung und zwar auch dann, wenn der Kaufpreis gestundet wird (>BFH vom 20. 7. 2010 – BStBl II S. 969).

Rückübertragung
- Eine Rückübertragung auf Grund einer vor Kaufpreiszahlung geschlossenen Rücktrittsvereinbarung ist als Ereignis mit steuerlicher Rückwirkung auf den Zeitpunkt der Veräußerung der Beteiligung zurückzubeziehen (>BFH vom 21. 12. 1993 – BStBl 1994 II S. 648).
- Der Abschluss eines außergerichtlichen Vergleiches, mit dem die Vertragsparteien den Rechtsstreit über den Eintritt einer im Kaufvertrag vereinbarten auflösenden Bedingung beilegen, ist ein Ereignis mit steuerlicher Rückwirkung auf den Zeitpunkt der Veräußerung (>BFH vom 19. 8. 2003 – BStBl 2004 II S. 107).

- Die Rückabwicklung eines noch nicht beiderseits vollständig erfüllten Kaufvertrags ist aus der Sicht des früheren Veräußerers keine Anschaffung der zurückübertragenen Anteile, sondern sie führt bei ihm zum rückwirkenden Wegfall eines bereits entstandenen Veräußerungsgewinns (>BFH vom 6. 12. 2016 – BStBl 2017 II S. 673).
- Wird der Verkauf eines Anteils an einer Kapitalgesellschaft durch die Parteien des Kaufvertrages wegen Wegfalls der Geschäftsgrundlage tatsächlich und vollständig rückgängig gemacht, kann dieses Ereignis steuerlich auf den Zeitpunkt der Veräußerung zurückwirken (>BFH vom 28. 10. 2009 – BStBl 2010 II S. 539).

Teilentgeltliche Übertragung
Die Übertragung von Anteilen an einer Kapitalgesellschaft bei einer Beteiligung von mindestens 1 % im Wege einer gemischten Schenkung ist nach dem Verhältnis der tatsächlichen Gegenleistung zum Verkehrswert der übertragenen Anteile in eine voll entgeltliche Anteilsübertragung (Veräußerung i. S. d. § 17 Abs. 1 Satz 1 und Abs. 2 Satz 1 EStG) und eine voll unentgeltliche Anteilsübertragung (i. S. d. § 17 Abs. 1 Satz 4 und Abs. 2 Satz 5 EStG) aufzuteilen (>BFH vom 17. 7. 1980 – BStBl 1981 II S. 11).

Umwandlung nach ausländischem Recht
Als Auflösung i. S. d. § 17 Abs. 4 EStG ist die Umwandlung einer ausländischen Kapitalgesellschaft in eine Personengesellschaft anzusehen, wenn das maßgebende ausländische Recht in der Umwandlung eine Auflösung sieht (>BFH vom 22. 2. 1989 – BStBl II S. 794).

Vereinbarungstreuhand
Der Verlust aus der entgeltlichen Übertragung einer Beteiligung i. S. d. § 17 Abs. 1 Satz 1 EStG im Wege einer Vereinbarungstreuhand ist steuerrechtlich nur zu berücksichtigen, wenn die Beteiligung nach der Vereinbarung künftig fremdnützig für den Treugeber gehalten werden soll und die tatsächliche Durchführung der Vereinbarung vom Veräußerer nachgewiesen wird. Bei der Prüfung, ob ein Treuhandverhältnis tatsächlich gegeben ist, ist ein strenger Maßstab anzulegen (>BFH vom 15. 7. 1997 – BStBl 1998 II S. 152).

Vorbehaltsnießbrauch
Die Übertragung von Anteilen an Kapitalgesellschaften im Wege der vorweggenommenen Erbfolge unter Vorbehalt eines Nießbrauchsrechts stellt keine Veräußerung i. S. d. § 17 Abs. 1 EStG dar. Dies gilt auch dann, wenn das Nießbrauchsrecht später abgelöst wird und der Nießbraucher für seinen Verzicht eine Abstandszahlung erhält, sofern der Verzicht auf einer neuen Entwicklung der Verhältnisse beruht (>BFH vom 14. 6. 2005 – BStBl 2006 II S. 15 und vom 18. 11. 2014 – BStBl 2015 II S. 224).

Wertloser Anteil
Als Veräußerung kann auch die Übertragung eines wertlosen GmbH-Anteils angesehen werden (>BFH vom 5. 3. 1991 – BStBl II S. 630 und vom 18. 8. 1992 – BStBl 1993 II S. 34).

Wirtschaftliches Eigentum
- Der Übergang des wirtschaftlichen Eigentums an einem Kapitalgesellschaftsanteil ist nach § 39 AO zu beurteilen (>BFH vom 17. 2. 2004 – BStBl II S. 651 und vom 9. 10. 2008 – BStBl 2009 II S. 140). Dies gilt auch anlässlich der Begründung von Unterbeteiligungsrechten an dem Anteil (>BFH vom 18. 5. 2005 – BStBl II S. 857).
- Bei dem Verkauf einer Beteiligung geht das wirtschaftliche Eigentum jedenfalls dann über, wenn der Käufer des Anteils auf Grund eines (bürgerlich-rechtlichen) Rechtsgeschäfts bereits eine rechtlich geschützte, auf den Erwerb des Rechts gerichtete Position erworben hat, die ihm gegen seinen Willen nicht mehr entzogen werden kann, und die mit dem Anteil

- verbundenen wesentlichen Rechte sowie das Risiko der Wertminderung und die Chance einer Wertsteigerung auf ihn übergegangen sind. Diese Voraussetzungen müssen nicht in vollem Umfang erfüllt sein; entscheidend ist das Gesamtbild der Verhältnisse (>BFH vom 11. 7. 2006 – BStBl 2007 II S. 296).
- Bei dem Verkauf des Geschäftsanteils an einer GmbH ist regelmäßig erforderlich, dass dem Erwerber das Gewinnbezugsrecht und das Stimmrecht eingeräumt werden. Für den Übergang des Stimmrechts ist ausreichend, dass der Veräußerer verpflichtet ist, bei der Stimmabgabe die Interessen des Erwerbers wahrzunehmen (>BFH vom 17. 2. 2004 – BStBl II S. 651).
- Auch eine kurze Haltezeit kann wirtschaftliches Eigentum begründen, wenn dem Stpfl. der in der Zeit seiner Inhaberschaft erwirtschaftete Erfolg (einschließlich eines Substanzwertzuwachses) zusteht (>BFH vom 18. 5. 2005 – BStBl II S. 857).
- Erwerbsoptionen können die Annahme wirtschaftlichen Eigentums nur begründen, wenn nach dem typischen und für die wirtschaftliche Beurteilung maßgeblichen Geschehensablauf tatsächlich mit einer Ausübung des Optionsrechts gerechnet werden kann (>BFH vom 4. 7. 2007 – BStBl II S. 937). Hierauf kommt es nicht an, wenn nicht nur dem Käufer ein Ankaufsrecht, sondern auch dem Verkäufer ein Andienungsrecht im Überschneidungsbereich der vereinbarten Optionszeiträume zum selben Optionspreis eingeräumt wird, sog. wechselseitige Option oder Doppeloption (>BFH vom 11. 7. 2006 – BStBl 2007 II S. 296).
- Auch eine einjährige Veräußerungssperre von erhaltenen Anteilen hindert den Übergang des wirtschaftlichen Eigentums nicht (>BFH vom 28. 10. 2008 – BStBl 2009 II S. 45).
- Ein zivilrechtlicher Durchgangserwerb (in Gestalt einer logischen Sekunde) hat nicht zwangsläufig auch einen steuerrechtlichen Durchgangserwerb i. S. d. Innehabens wirtschaftlichen Eigentums in der Person des zivilrechtlichen Durchgangserwerbers zur Folge (>BFH vom 26. 1. 2011 – BStBl II S. 540).
- Besteht die Position eines Gesellschafters allein in der gebundenen Mitwirkung an einer inkongruenten Kapitalerhöhung, vermittelt sie kein wirtschaftliches Eigentum an einem Gesellschaftsanteil (>BFH vom 25. 5. 2011 – BStBl 2012 II S. 3).
- Werden im Rahmen eines Gesamtvertragskonzepts (= mehrere zeitgleich abgeschlossene, korrespondierende Verträge) GmbH-Anteile übertragen und deren Höhe durch eine Kapitalerhöhung auf weniger als 1 % reduziert, vermittelt die einer Kapitalerhöhung vorgreifliche Anteilsübertragung kein wirtschaftliches Eigentum an einer Beteiligung i. S. v. § 17 EStG, wenn nach dem Gesamtvertragskonzept die mit der übertragenen Beteiligung verbundenen Rechte von vorneherein nur für eine Beteiligung von weniger als 1 % übergehen sollten (>BFH vom 5. 10. 2011 – BStBl 2012 II S. 318).
- Wem Gesellschaftsanteile im Rahmen einer vorweggenommenen Erbfolge unter dem Vorbehalt des Nießbrauchs übertragen werden, erwirbt sie nicht i. s. v. § 17 Abs. 2 Satz 5 EStG, wenn sie weiterhin dem Nießbraucher nach § 39 Abs. 2 Nr. 1 AO zuzurechnen sind, weil dieser nach dem Inhalt der getroffenen Abrede alle mit der Beteiligung verbundenen wesentlichen Rechte (Vermögens- und Verwaltungsrechte) ausüben und im Konfliktfall effektiv durchsetzen kann (>BFH vom 24. 1. 2012 – BStBl II S. 308).

H 17 (5)

Ablösung eines Vorbehaltsnießbrauchs

Zahlungen für die Ablösung eines Vorbehaltsnießbrauchs an einer Beteiligung i. S. v. § 17 EStG stellen nachträgliche Anschaffungskosten auf die Beteiligung dar (>BFH vom 18. 11. 2014 – BStBl 2015 II S. 224).

Absenkung der Beteiligungsgrenze
Bei der Ermittlung des Veräußerungsgewinns ist der gemeine Wert der Anteile zum Zeitpunkt der Absenkung der Beteiligungsgrenze anzusetzen (>BVerfG vom 7. 7. 2010 – BStBl 2011 II S. 86 und BMF vom 20. 12. 2010 – BStBl 2011 I S. 16 unter Berücksichtigung der Änderungen durch BMF vom 16. 12. 2015 – BStBl 2016 I S. 10).

Allgemeines
>R 6.2

Bezugsrechte/Gratisaktien
- Das anlässlich einer Kapitalerhöhung entstehende konkrete Bezugsrecht auf neue Aktien führt zu einer Abspaltung der im Geschäftsanteil verkörperten Substanz und damit auch zu einer Abspaltung eines Teils der ursprünglichen Anschaffungskosten für die Altanteile; dieser Teil ist dem Bezugsrecht zuzuordnen (>BFH vom 19. 4. 2005 – BStBl II S. 762).
- Werden Kapitalgesellschaftsanteile im Anschluss an eine mit der Gewährung von kostenlosen Bezugsrechten oder von Gratisaktien verbundene Kapitalerhöhung veräußert, sind die ursprünglichen Anschaffungskosten der Kapitalgesellschaftsanteile um den auf die Bezugsrechte oder die Gratisaktien entfallenden Betrag nach der Gesamtwertmethode zu kürzen (>BFH vom 19. 12. 2000 – BStBl 2001 II S. 345).

Bürgschaft
- Auch eine Zahlung für die Freistellung von einer Bürgschaftsverpflichtung kann unter Umständen zu den Anschaffungskosten der Beteiligung gehören (>BFH vom 2. 10. 1984 – BStBl 1985 II S. 320).
- Die Bürgschaftsverpflichtung eines zahlungsunfähigen Gesellschafters erhöht nicht die Anschaffungskosten seiner Beteiligung (>BFH vom 8. 4. 1998 – BStBl II S. 660).
- Wird ein Gesellschafter vom Gläubiger der Kapitalgesellschaft aus einer eigenkapitalersetzenden Bürgschaft in Anspruch genommen und begleicht er seine Schuld vereinbarungsgemäß ratierlich, entstehen nachträgliche Anschaffungskosten nur in Höhe des Tilgungsanteils. Eine Teilzahlungsvereinbarung wirkt als rückwirkendes Ereignis i. S. v. § 175 Abs. 1 Satz 1 Nr. 2 AO auf den Zeitpunkt des Entstehens eines Veräußerungs- oder Auflösungsverlusts zurück (>BFH vom 20. 11. 2012 – BStBl 2013 II S. 378).
- >Drittaufwand

Darlehensverluste
Zur Berücksichtigung von Darlehensverlusten als nachträgliche Anschaffungskosten für Fälle, bei denen auf die Behandlung des Darlehens die Vorschriften des MoMiG anzuwenden sind >BMF vom 21. 10. 2010 (BStBl I S. 832).

Drittaufwand
- Wird einer GmbH durch einen nahen Angehörigen eines Gesellschafters ein Darlehen gewährt und kann die GmbH das Darlehen wegen Vermögenslosigkeit nicht zurückzahlen, kann der Wertverlust der Darlehensforderung bei der Ermittlung des Auflösungsgewinns des Gesellschafters nicht als nachträgliche Anschaffungskosten der Beteiligung berücksichtigt werden (>BFH vom 12. 12. 2000 – BStBl 2001 II S. 286). Gesondert zu prüfen ist, ob dem Gesellschafter das Darlehen unmittelbar zuzurechnen ist (>BMF vom 21. 10. 2010 – BStBl I S. 832).
- Die Inanspruchnahme des Ehegatten des Alleingesellschafters einer GmbH aus der Bürgschaft für ein der Gesellschaft in einer wirtschaftlichen Krise durch eine Bank gewährtes Darlehen erhöht die Anschaffungskosten der Beteiligung des Gesellschafters, soweit dieser verpflichtet ist, dem Ehegatten die Aufwendungen zu ersetzen (>BFH vom 12. 12. 2000 – BStBl 2001 II S. 385).

- Hat eine GmbH I, die vom Ehemann der Mehrheitsgesellschafterin einer weiteren GmbH (GmbH II) beherrscht wird, der GmbH II als „Darlehen" bezeichnete Beträge überlassen, die bei dem beherrschenden Gesellschafter der GmbH I als verdeckte Gewinnausschüttung besteuert worden sind, erhöht die Gewährung des „Darlehens" als mittelbare verdeckte Einlage die Anschaffungskosten der Mehrheitsgesellschafterin der GmbH II auf ihre Beteiligung (>BFH vom 12.12.2000 – BStBl 2001 II S. 234).

Gewinnvortrag und Jahresüberschuss
Wird ein Anteil an einer Kapitalgesellschaft veräußert, stellt der nicht ausgeschüttete Anteil am Gewinn dieser Kapitalgesellschaft keine Anschaffungskosten dar (>BFH vom 8.2.2011 – BStBl II S. 684).

Gutachtenkosten
>H 20.1 (Anschaffungskosten)

Kapitalerhöhung gegen Einlage
Eine Kapitalerhöhung gegen Einlage führt bei den bereits bestehenden Anteilen zu einer Substanzabspaltung mit der Folge, dass Anschaffungskosten der Altanteile im Wege der Gesamtwertmethode teilweise den Bezugsrechten bzw. den neuen Anteilen zuzuordnen sind (>BFH vom 21.1.1999 – BStBl II S. 638).

Kapitalrücklage
Die Einzahlung eines Gesellschafters in die Kapitalrücklage einer Gesellschaft, die dem deutschen Handelsrecht unterliegt, ist eine Einlage in das Gesellschaftsvermögen und erhöht die Anschaffungskosten seiner Beteiligung. Ist die empfangende Gesellschaft eine ausländische, ist nach dem jeweiligen ausländischen Handelsrecht zu beurteilen, ob die Einzahlung in die Kapitalrücklage die Anschaffungskosten der Beteiligung an der Gesellschaft erhöht oder zur Entstehung eines selbstständigen Wirtschaftsguts „Beteiligung an der Kapitalrücklage" führt (>BFH vom 27.4.2000 – BStBl 2001 II S. 168).

Nachweis der Kapitaleinzahlung
Der Nachweis der Einzahlung einer Stammeinlage im Hinblick auf daraus resultierende Anschaffungskosten i.S.v. § 17 Abs. 2 EStG muss nach langem Zeitablauf seit Eintragung der GmbH nicht zwingend allein durch den entsprechenden Zahlungsbeleg geführt werden. Vielmehr sind alle Indizien im Rahmen einer Gesamtwürdigung zu prüfen (>BFH vom 8.2.2011 – BStBl II S. 718).

Rückbeziehung von Anschaffungskosten
- Fallen nach der Veräußerung der Beteiligung noch Aufwendungen an, die nachträgliche Anschaffungskosten der Beteiligung sind, sind sie nach § 175 Abs. 1 Satz 1 Nr. 2 AO zu dem Veräußerungszeitpunkt zu berücksichtigen (>BFH vom 2.10.1984 – BStBl 1985 II S. 428).
- Fallen im Rahmen einer Nachtragsliquidation Aufwendungen an, die nachträgliche Anschaffungskosten der Beteiligung sind, handelt es sich um ein nachträgliches Ereignis, das die Höhe des Auflösungsgewinns oder -verlusts beeinflusst und nach § 175 Abs. 1 Satz 1 Nr. 2 AO zurück zu beziehen ist (>BFH vom 1.7.2014 – BStBl II S. 786).

Rückzahlung aus Kapitalherabsetzung
Setzt die Körperschaft ihr Nennkapital zum Zweck der Kapitalrückzahlung herab (§ 222 AktG, § 58 GmbHG), mindern die Rückzahlungsbeträge, soweit sie nicht Einnahmen i.S.d. § 20 Abs. 1 Nr. 2 EStG sind, nachträglich die Anschaffungskosten der Anteile (>BFH vom 29.6.1995 – BStBl II S. 725).

Rückzahlung einer offenen Gewinnausschüttung

Die Rückzahlung einer offenen Gewinnausschüttung führt zu nachträglichen Anschaffungskosten der Beteiligung (>BFH vom 29. 8. 2000 – BStBl 2001 II S. 173).

Schadensersatzleistungen

Leistet eine Wirtschaftsprüfungsgesellschaft wegen eines fehlerhaften Bestätigungsvermerks im Rahmen eines Vergleichs Schadensersatz an den Erwerber von Gesellschaftsanteilen, mindert dies beim Erwerber nicht die Anschaffungskosten der Anteile. Hat der Erwerber die Anteile bereits veräußert, erhöht die Zahlung der Wirtschaftsprüfungsgesellschaft auch nicht den Veräußerungserlös (>BFH vom 4. 10. 2016 – BStBl 2017 II S. 316).

Tilgung einer Verbindlichkeit nach Vollbeendigung der Gesellschaft

Als nachträgliche Anschaffungskosten können Aufwendungen des Stpfl. nur berücksichtigt werden, wenn sie sich auf die konkrete Beteiligung beziehen. Befriedigt ein Gesellschafter einer Kapitalgesellschaft einen Gläubiger dieser Kapitalgesellschaft, obwohl diese Verbindlichkeit wegen der Vollbeendigung der Kapitalgesellschaft nicht mehr besteht, ist der entsprechende Aufwand nicht (mehr) durch das Gesellschaftsverhältnis veranlasst und es liegen daher keine nachträglichen Anschaffungskosten vor (>BFH vom 9. 6. 2010 – BStBl II S. 1102).

Veräußerung nach Überführung in das Privatvermögen

Veräußert ein Gesellschafter Anteile an einer Kapitalgesellschaft, die er zuvor aus seinem Betriebsvermögen in sein Privatvermögen überführt hat, tritt der Teilwert oder der gemeine Wert dieser Anteile zum Zeitpunkt der Entnahme nur dann an die Stelle der (historischen) Anschaffungskosten, wenn durch die Entnahme die stillen Reserven tatsächlich aufgedeckt und bis zur Höhe des Teilwerts oder gemeinen Werts steuerrechtlich erfasst sind oder noch erfasst werden können (>BFH vom 13. 4. 2010 – BStBl II S. 790).

Verdeckte Einlage

- Begriff >H 4.3 (1)
- Zu den Anschaffungskosten i. S. d. § 17 Abs. 2 Satz 1 EStG gehören neben dem Anschaffungspreis der Anteile auch **weitere in Bezug auf die Anteile getätigte Aufwendungen,** wenn sie durch das Gesellschaftsverhältnis veranlasst und weder Werbungskosten noch Veräußerungskosten sind, wie z. B. Aufwendungen, die als verdeckte Einlagen zur Werterhöhung der Anteile beigetragen haben (>BFH vom 12. 2. 1980 – BStBl II S. 494).
- Zu den Anschaffungskosten i. S. d. § 17 Abs. 2 Satz 1 EStG gehört auch der gemeine Wert von Anteilen i. S. d. § 17 EStG, die verdeckt in eine Kapitalgesellschaft, an der nunmehr eine Beteiligung i. S. d. § 17 Abs. 1 Satz 1 EStG besteht, eingebracht worden sind. Dies gilt auch dann, wenn die verdeckte Einlage vor dem 1. 1. 1992 erfolgt ist (>BFH vom 18. 12. 2001 – BStBl 2002 II S. 463).
- >Drittaufwand

Wahlrecht bei teilweiser Veräußerung von GmbH-Anteilen

Wird die Beteiligung nicht insgesamt veräußert und wurden die **Anteile zu verschiedenen Zeitpunkten und zu verschiedenen Preisen erworben,** kann der Stpfl. bestimmen, welche Anteile oder Teile davon er veräußert. Für die Ermittlung des Veräußerungsgewinns (-verlustes) sind die tatsächlichen Anschaffungskosten dieser Anteile maßgebend (>BFH vom 10. 10. 1978 – BStBl 1979 II S. 77).

H 17 (6)

Fehlgeschlagene Veräußerung
Die Kosten der fehlgeschlagenen Veräußerung einer Beteiligung i. S. d. § 17 Abs. 1 Satz 1 EStG können weder als Veräußerungskosten nach § 17 Abs. 2 Satz 1 EStG noch als Werbungskosten bei den Einkünften aus Kapitalvermögen berücksichtigt werden (>BFH vom 17. 4. 1997 – BStBl 1998 II S. 102).

Verständigungsverfahren
Aufwendungen eines beschränkt Stpfl. im Zusammenhang mit einem Verständigungsverfahren wegen des Besteuerungsrechts hinsichtlich eines Gewinns aus der Veräußerung einer GmbH-Beteiligung stellen keine Veräußerungskosten dar (>BFH vom 9. 10. 2013 – BStBl 2014 II S. 102).

H 17 (7)

Anteilstausch
Beim Tausch von Anteilen an Kapitalgesellschaften bestimmt sich der Veräußerungspreis i. S. d. § 17 Abs. 2 Satz 1 EStG nach dem gemeinen Wert der erhaltenen Anteile. Für die Bewertung kommt es auf die Verhältnisse im Zeitpunkt der Erfüllung der Gegenleistungspflicht an, wenn diese von den Verhältnissen im Zeitpunkt der Entstehung des Veräußerungsgewinns abweichen. Eine Veränderung der wertbestimmenden Umstände wirkt materiell-rechtlich auf den Zeitpunkt der Entstehung des Veräußerungsgewinns zurück. Eine Veräußerungsbeschränkung ist bei der Bewertung nur zu berücksichtigen, wenn sie im Wirtschaftsgut selbst gründet und für alle Verfügungsberechtigten gilt (>BFH vom 28. 10. 2008 – BStBl 2009 II S. 45 und vom 13. 10. 2015 – BStBl 2016 II S. 212).

Auflösung und Kapitalherabsetzung
- Der Zeitpunkt der Gewinnverwirklichung ist bei einer Auflösung mit anschließender Liquidation normalerweise der Zeitpunkt des Abschlusses der Liquidation; erst dann steht fest, ob und in welcher Höhe der Gesellschafter mit einer Zuteilung und Rückzahlung von Vermögen der Gesellschaft rechnen kann, und ferner, welche nachträglichen Anschaffungskosten der Beteiligung anfallen und welche Veräußerungskosten/Auflösungskosten der Gesellschafter persönlich zu tragen hat. Ausnahmsweise kann der Zeitpunkt, in dem der Veräußerungsverlust realisiert ist, schon vor Abschluss der Liquidation liegen, wenn mit einer wesentlichen Änderung des bereits feststehenden Verlustes nicht mehr zu rechnen ist (>BFH vom 25. 1. 2000 – BStBl II S. 343). Dies gilt auch dann, wenn später eine Nachtragsliquidation angeordnet wird (>BFH vom 1. 7. 2014 – BStBl II S. 786). Bei der Prüfung, ob mit einer Auskehrung von Gesellschaftsvermögen an den Gesellschafter und mit einer wesentlichen Änderung der durch die Beteiligung veranlassten Aufwendungen nicht mehr zu rechnen ist, sind auch Sachverhalte zu berücksichtigen, die die Kapitalgesellschaft oder den Gesellschafter – wenn er Kaufmann wäre – zur Bildung einer Rückstellung verpflichten würden (>BFH vom 27. 11. 2001 – BStBl 2002 II S. 731).
- Ohne unstreitige greifbare Anhaltspunkte für eine Vermögenslosigkeit der Gesellschaft nach den vorstehenden Grundsätzen oder einen Auflösungsbeschluss der Gesellschafter entsteht ein Auflösungsverlust erst zum Zeitpunkt der Löschung der Gesellschaft im Handelsregister (>BFH vom 21. 1. 2004 – BStBl II S. 551).
- Zum Veräußerungspreis i. S. d. § 17 Abs. 4 Satz 2 EStG gehört auch die (anteilige) Rückzahlung des Stammkapitals (>BFH vom 6. 5. 2014 – BStBl II S. 682).
- Rückzahlung aus Kapitalherabsetzung >H 6.2, H 17 (5)

Besserungsoption

Vereinbaren die Vertragsparteien beim Verkauf eines Anteils an einer Kapitalgesellschaft eine Besserungsoption, welche dem Verkäufer ein Optionsrecht auf Abschluss eines Änderungsvertrages zum Kaufvertrag mit dem Ziel einer nachträglichen Beteiligung an der Wertentwicklung des Kaufgegenstands einräumt, stellt die spätere Ausübung des Optionsrechts kein rückwirkendes Ereignis dar (>BFH vom 23. 5. 2012 – BStBl II S. 675).

Bewertung von Anteilen an Kapitalgesellschaften

Bei der Bewertung von Anteilen an Kapitalgesellschaften sind die bewertungsrechtlichen Regelungen gem. den gleich lautenden Erlassen der obersten Finanzbehörden der Länder vom 17. 5. 2011 (BStBl I S. 606) zu den §§ 11, 95 bis 109 und 199 ff. BewG für ertragsteuerliche Zwecke entsprechend anzuwenden (>BMF vom 22. 9. 2011 – BStBl I S. 859).

Fehlgeschlagene Gründung

Im Zusammenhang mit der fehlgeschlagenen Gründung einer Kapitalgesellschaft entstandene Kosten können jedenfalls dann nicht als Liquidationsverlust i. S. d. § 17 Abs. 4 EStG abgezogen werden, wenn lediglich eine Vorgründungsgesellschaft bestanden hat (>BFH vom 20. 4. 2004 – BStBl II S. 597).

Fremdwährung

Zur Berechnung des Veräußerungsgewinns aus einer in ausländischer Währung angeschafften und veräußerten Beteiligung an einer Kapitalgesellschaft sind die Anschaffungskosten, der Veräußerungspreis und die Veräußerungskosten zum Zeitpunkt ihres jeweiligen Entstehens in Euro umzurechnen und nicht lediglich der Saldo des in ausländischer Währung errechneten Veräußerungsgewinns/Veräußerungsverlustes zum Zeitpunkt der Veräußerung (>BFH vom 24. 1. 2012 – BStBl II S. 564).

Kapitalerhöhung

Erwirbt ein Anteilseigner, nachdem der Umfang seiner Beteiligung auf unter 1 % gesunken ist, bei einer Kapitalerhöhung weitere Geschäftsanteile hinzu, ohne dass sich der %-Satz seiner Beteiligung ändert, dann ist auch der auf diese Anteile entfallende Veräußerungsgewinn gem. § 17 EStG zu erfassen (>BFH vom 10. 11. 1992 – BStBl 1994 II S. 222).

Rückkaufsrecht

Die Vereinbarung eines Rückkaufsrechts steht der Annahme eines Veräußerungsgeschäfts nicht entgegen. Zum Veräußerungspreis gehört auch der wirtschaftliche Vorteil eines Rückkaufsrechts mit wertmäßig beschränktem Abfindungsanspruch (>BFH vom 7. 3. 1995 – BStBl II S. 693).

Stichtagsbewertung

Der Veräußerungsgewinn i. S. d. § 17 Abs. 2 EStG entsteht im Zeitpunkt der Veräußerung. Bei der Ermittlung des Veräußerungsgewinns ist für alle beeinflussenden Faktoren eine Stichtagsbewertung grundsätzlich auf den Zeitpunkt der Veräußerung vorzunehmen. Das Zuflussprinzip des § 11 EStG gilt insoweit nicht. Für die Bewertung kommt es aber auf die Verhältnisse im Zeitpunkt der Erfüllung der Gegenleistungspflicht an, wenn diese von den Verhältnissen im Zeitpunkt der Entstehung des Veräußerungsgewinns abweichen. Eine Veränderung der wertbestimmenden Umstände wirkt materiell-rechtlich auf den Zeitpunkt der Entstehung des Veräußerungsgewinns zurück (>BFH vom 13. 10. 2015 – BStBl 2016 II S. 212).

Veräußerung gegen wiederkehrende Leistungen

- >BMF vom 3. 8. 2004 (BStBl I S. 1187), aber bei Wahl der Zuflussbesteuerung richtet sich die Besteuerung nach dem im Zeitpunkt des Zuflusses geltenden Recht. § 3 Nr. 40 Satz 1 Buchst. c Satz 1 EStG ist bei einer Veräußerung gegen wiederkehrende Leistung und Wahl der Zuflussbesteuerung auch dann anwendbar, wenn die Veräußerung vor Einführung des § 3 Nr. 40 EStG stattgefunden hat und diese Vorschrift im Zeitpunkt des Zuflusses für laufende Ausschüttungen aus der Gesellschaft anwendbar gewesen wäre (>BFH vom 18. 11. 2014 – BStBl 2015 II S. 526).

- Eine wahlweise Zuflussbesteuerung des Veräußerungsgewinns kommt nur in Betracht, wenn die wiederkehrenden Leistungen Versorgungscharakter haben. Fehlt es daran, entsteht der Gewinn im Zeitpunkt der Veräußerung (>BFH vom 20. 7. 2010 – BStBl II S. 969).

- >H 17 (4) Entstehung des Veräußerungsgewinns

Veräußerungspreis

- Bei rechtlich, wirtschaftlich und zeitlich verbundenen Erwerben von Aktienpaketen durch denselben Erwerber zu unterschiedlichen Entgelten muss der Veräußerungspreis für das einzelne Paket für steuerliche Zwecke abweichend von der zivilrechtlichen Vereinbarung aufgeteilt werden, wenn sich keine kaufmännisch nachvollziehbaren Gründe für die unterschiedliche Preisgestaltung erkennen lassen (>BFH vom 4. 7. 2007 – BStBl II S. 937).

- Verkauft eine Kapitalgesellschaft an einen ausscheidenden Gesellschafter im unmittelbaren wirtschaftlichen Zusammenhang mit der Anteilsveräußerung auf Veranlassung des Anteilserwerbers ein Grundstück zu einem unter dem Verkehrswert liegenden Preis, gehört der sich daraus für den Anteilsveräußerer ergebende geldwerte Vorteil zum Veräußerungspreis für den Anteil (>BFH vom 27. 8. 2014 – BStBl 2015 II S. 249).

Veräußerungsverlust

- War der Stpfl. nicht während der gesamten letzten fünf Jahre i. S. d. § 17 Abs. 1 Satz 1 EStG beteiligt, ist ein Veräußerungsverlust nach § 17 Abs. 2 Satz 6 Buchstabe b EStG nur insoweit anteilig zu berücksichtigen, als er auf die im Fünfjahreszeitraum erworbenen Anteile entfällt, deren Erwerb zu einer Beteiligung i. S. d. § 17 Abs. 1 Satz 1 EStG geführt hat (>BFH vom 20. 4. 2004 – BStBl II S. 556).

- Ein Auflösungsverlust i. S. d. § 17 Abs. 2 Satz 6 und Abs. 4 EStG ist auch zu berücksichtigen, wenn der Stpfl. eine Beteiligung i. S. d. § 17 Abs. 1 Satz 1 EStG an einer Kapitalgesellschaft erwirbt und die Beteiligung innerhalb der letzten fünf Jahre vor der Auflösung der Gesellschaft unter die Beteiligungsgrenze des § 17 Abs. 1 Satz 1 EStG abgesenkt wird (>BFH vom 1. 4. 2009 – BStBl II S. 810).

- Die verlustbringende Veräußerung eines Anteils an einer Kapitalgesellschaft an einen Mitanteilseigner ist nicht deshalb rechtsmissbräuchlich i. S. d. § 42 AO, weil der Veräußerer in engem zeitlichen Zusammenhang von einem anderen Anteilseigner dessen in gleicher Höhe bestehenden Anteil an derselben Kapitalgesellschaft erwirbt (>BFH vom 7. 12. 2010 – BStBl 2011 II S. 427).

Wettbewerbsverbot

Wird im Zusammenhang mit der Veräußerung einer Beteiligung i. S. d. § 17 Abs. 1 Satz 1 EStG an einer Kapitalgesellschaft ein Wettbewerbsverbot mit eigener wirtschaftlicher Bedeutung vereinbart, gehört die Entschädigung für das Wettbewerbsverbot nicht zu dem Veräußerungspreis i. S. d. § 17 Abs. 2 Satz 1 EStG (>BFH vom 21. 9. 1982 – BStBl 1983 II S. 289).

H 17 (8)

Einlage einer wertgeminderten Beteiligung
- Bei Einbringung einer wertgeminderten Beteiligung i. S. d. § 17 Abs. 1 Satz 1 EStG aus dem Privatvermögen in das betriebliche Gesamthandsvermögen einer Personengesellschaft gegen Gewährung von Gesellschaftsrechten entsteht ein Veräußerungsverlust, der im Zeitpunkt der Einbringung nach Maßgabe des § 17 Abs. 2 Satz 6 EStG zu berücksichtigen ist (>BMF vom 29. 3. 2000 – BStBl I S. 462).
- Eine Beteiligung i. S. d. § 17 EStG, deren Wert im Zeitpunkt der Einlage in das Einzelbetriebsvermögen unter die Anschaffungskosten gesunken ist, ist mit den Anschaffungskosten einzulegen. Wegen dieses Wertverlusts kann eine Teilwertabschreibung nicht beansprucht werden. Die Wertminderung ist erst in dem Zeitpunkt steuermindernd zu berücksichtigen, in dem die Beteiligung veräußert wird oder gem. § 17 Abs. 4 EStG als veräußert gilt, sofern ein hierbei realisierter Veräußerungsverlust nach § 17 Abs. 2 EStG zu berücksichtigen wäre (>BFH vom 2. 9. 2008 – BStBl 2010 II S. 162 und vom 29. 11. 2017 – BStBl 2018 II S. 426).

Einlage von Forderungen aus Gesellschafterdarlehen, die mit wertgeminderten Beteiligungen in Zusammenhang stehen
Die Grundsätze zur Bewertung der Einlage wertgeminderter Beteiligungen i. S. d. § 17 EStG in ein Betriebsvermögen sind entsprechend auf die Bewertung der Einlage solcher wertgeminderter Forderungen aus Gesellschafterdarlehen anzuwenden, deren Ausfall sich im Falle der weiteren Zugehörigkeit der Forderung und der korrespondierenden Beteiligung zum Privatvermögen bei der Verwirklichung eines Realisationstatbestandes nach § 17 EStG einkommensteuerrechtlich ausgewirkt hätte. Auch für eingelegte wertgeminderte Forderungen kommt keine Teilwertabschreibung in Betracht (>BFH vom 29. 11. 2017 – BStBl 2018 II S. 426).

Zu § 18 EStG

R 18.1   **Abgrenzung der selbständigen Arbeit gegenüber anderen Einkunftsarten**

Ärzte

(1) Die Vergütungen der Betriebsärzte, der Knappschaftsärzte, der nicht voll beschäftigten Hilfsärzte bei den Gesundheitsämtern, der Vertragsärzte und der Vertragstierärzte der Bundeswehr und anderer Vertragsärzte in ähnlichen Fällen gehören zu den Einkünften aus selbständiger Arbeit, unabhängig davon, ob neben der vertraglichen Tätigkeit eine eigene Praxis ausgeübt wird, es sei denn, dass besondere Umstände vorliegen, die für die Annahme einer nichtselbständigen Tätigkeit sprechen.

Erfinder

(2) [1]Planmäßige Erfindertätigkeit ist in der Regel freie Berufstätigkeit i. S. d. § 18 Abs. 1 Nr. 1 EStG, soweit die Erfindertätigkeit nicht im Rahmen eines Betriebs der Land- und Forstwirtschaft oder eines Gewerbebetriebs ausgeübt wird. [2]Wird die Erfindertätigkeit im Rahmen eines Arbeitsverhältnisses ausgeübt, dann ist der Arbeitnehmer als freier Erfinder zu behandeln, soweit er die Erfindung außerhalb seines Arbeitsverhältnisses verwertet. [3]Eine Verwertung außerhalb des Arbeitsverhältnisses ist auch anzunehmen, wenn ein Arbeitnehmer eine frei gewordene Diensterfindung seinem Arbeitgeber zur Auswertung überlässt, sofern der Verzicht des Arbeitgebers nicht als Verstoß gegen § 42 AO anzusehen ist.

Zu § 18 EStG   R 18.1   A. II.

H 18.1

Allgemeines
>R 15.1 (Selbständigkeit)
>H 15.6
>H 19.0 LStH 2018
>R 19.2 LStR 2015

Beispiele für selbständige Nebentätigkeit
- Beamter als Vortragender an einer Hochschule, Volkshochschule, Verwaltungsakademie oder bei Vortragsreihen ohne festen Lehrplan,
- Rechtsanwalt als Honorarprofessor ohne Lehrauftrag.

Die Einkünfte aus einer solchen Tätigkeit gehören in der Regel zu den Einkünften aus selbständiger Arbeit i. S. d. § 18 Abs. 1 Nr. 1 EStG (>BFH vom 4. 10. 1984 – BStBl 1985 II S. 51).

Gewinnerzielungsabsicht
Verluste über einen längeren Zeitraum sind für sich allein noch kein ausreichendes Beweisanzeichen für fehlende Gewinnerzielungsabsicht (>BFH vom 14. 3. 1985 – BStBl II S. 424).

Kindertagespflege
Zur ertragsteuerlichen Behandlung der Kindertagespflege >BMF vom 11. 11. 2016 (BStBl I S. 1236).

Lehrtätigkeit
Die nebenberufliche Lehrtätigkeit von Handwerksmeistern an Berufs- und Meisterschulen ist in der Regel als Ausübung eines freien Berufs anzusehen, wenn sich die Lehrtätigkeit ohne besondere Schwierigkeit von der Haupttätigkeit trennen lässt (>BFH vom 27. 1. 1955 – BStBl III S. 229).

Nachhaltige Erfindertätigkeit
- Keine Zufallserfindung, sondern eine planmäßige (nachhaltige) Erfindertätigkeit liegt vor, wenn es nach einem spontan geborenen Gedanken weiterer Tätigkeiten bedarf, um die Erfindung bis zur Verwertungsreife zu entwickeln (>BFH vom 18. 6. 1998 – BStBl II S. 567).
- Liegt eine Zufallserfindung vor, führt allein die Anmeldung der Erfindung zum Patent noch nicht zu einer nachhaltigen Tätigkeit (>BFH vom 10. 9. 2003 – BStBl 2004 II S. 218).

Patentveräußerung gegen Leibrente
a) **durch Erben des Erfinders:**
   Veräußert der Erbe die vom Erblasser als freiberuflichem Erfinder entwickelten Patente gegen Leibrente, so ist die Rente, sobald sie den Buchwert der Patente übersteigt, als laufende Betriebseinnahme und nicht als private Veräußerungsrente nur mit dem Ertragsanteil zu versteuern, es sei denn, dass die Patente durch eindeutige Entnahme vor der Veräußerung in das Privatvermögen überführt worden waren (>BFH vom 7. 10. 1965 – BStBl III S. 666).
b) **bei anschließender Wohnsitzverlegung ins Ausland:**
   Laufende Rentenzahlungen können als nachträglich erzielte Einkünfte aus selbständiger Arbeit im Inland steuerpflichtig sein (>BFH vom 28. 3. 1984 – BStBl II S. 664).

Prüfungstätigkeit
als Nebentätigkeit ist i.d.R. als Ausübung eines freien Berufs anzusehen (>BFH vom 14.3. und 2.4.1958 – BStBl III S. 255, 293).

Wiederholungshonorare/Erlösbeteiligungen
Bei Wiederholungshonoraren und Erlösbeteiligungen, die an ausübende Künstler von Hörfunk- oder Fernsehproduktionen als Nutzungsentgelte für die Übertragung originärer urheberrechtlicher Verwertungsrechte gezahlt werden, handelt es sich nicht um Arbeitslohn, sondern um Einkünfte i.S.d. § 18 EStG (>BFH vom 26.7.2006 – BStBl II S. 917).

| R 18.2 | **Betriebsvermögen** |

– unbesetzt –

| H 18.2 |

Aktienoption eines Aufsichtsratsmitglieds
Nimmt ein Aufsichtsrat einer nicht börsennotierten Aktiengesellschaft an einer Maßnahme zum Bezug neuer Aktien teil, die nur Mitarbeitern und Aufsichtsratsmitgliedern der Gesellschaft eröffnet ist, und hat er die Option, die von ihm gezeichneten Aktien innerhalb einer bestimmten Frist zum Ausgabekurs an die Gesellschaft zurückzugeben, erzielt er Einkünfte aus selbständiger Arbeit, wenn er die unter dem Ausgabepreis notierenden Aktien innerhalb der vereinbarten Frist zum Ausgabepreis an die Gesellschaft zurückgibt. Die Höhe der Einkünfte bemisst sich nach der Differenz zwischen Ausgabepreis und dem tatsächlichen Wert der Aktien im Zeitpunkt der Ausübung der Option. Der Zufluss erfolgt im Zeitpunkt der Ausübung der Option (>BFH vom 9.4.2013 – BStBl II S. 689).

Aufzeichnungspflicht
Eine Aufzeichnungspflicht von Angehörigen der freien Berufe kann sich z.B. ergeben aus:
– § 4 Abs. 3 Satz 5 EStG,
– § 6c EStG bei Gewinnen aus der Veräußerung bestimmter Anlagegüter,
– § 7a Abs. 8 EStG bei erhöhten Absetzungen und Sonderabschreibungen,
– § 41 EStG, Aufzeichnungspflichten beim Lohnsteuerabzug,
– § 22 UStG.

Betriebsausgabenpauschale
– Betriebsausgabenpauschale bei hauptberuflicher selbständiger schriftstellerischer oder journalistischer Tätigkeit, aus wissenschaftlicher, künstlerischer und schriftstellerischer Nebentätigkeit sowie aus nebenamtlicher Lehr- und Prüfungstätigkeit:
  Es ist nicht zu beanstanden, wenn bei der Ermittlung der vorbezeichneten Einkünfte die Betriebsausgaben wie folgt pauschaliert werden:
  a) bei hauptberuflicher selbständiger schriftstellerischer oder journalistischer Tätigkeit auf 30% der Betriebseinnahmen aus dieser Tätigkeit, höchstens jedoch 2.455 € jährlich,
  b) bei wissenschaftlicher, künstlerischer oder schriftstellerischer Nebentätigkeit (auch Vortrags- oder nebenberufliche Lehr- und Prüfungstätigkeit), soweit es sich nicht um eine Tätigkeit i.S.d. § 3 Nr. 26 EStG handelt, auf 25% der Betriebseinnahmen aus dieser Tätigkeit, höchstens jedoch 614 € jährlich. Der Höchstbetrag von 614 € kann für alle Nebentätigkeiten, die unter die Vereinfachungsregelung fallen, nur einmal gewährt werden.

Es bleibt den Stpfl. unbenommen, etwaige höhere Betriebsausgaben nachzuweisen. (>BMF vom 21.1.1994 – BStBl I S. 112).
- Zur Höhe und Aufteilung der Betriebsausgabenpauschale bei Geldleistungen an Kindertagespflegepersonen >BMF vom 11.11.2016 (BStBl I S. 1236).

Betriebsvermögen
Ein Wirtschaftsgut kann nur dann zum freiberuflichen Betriebsvermögen gehören, wenn zwischen dem Betrieb oder Beruf und dem Wirtschaftsgut eine objektive Beziehung besteht; das Wirtschaftsgut muss bestimmt und geeignet sein, dem Betrieb zu dienen bzw. ihn zu fördern. Wirtschaftsgüter, die der freiberuflichen Tätigkeit wesensfremd sind und bei denen eine sachliche Beziehung zum Betrieb fehlt, sind kein Betriebsvermögen (>BFH vom 14.11.1985 – BStBl 1986 II S. 182).
>Geldgeschäfte
>Gewillkürtes Betriebsvermögen

Buchführung
Werden freiwillig Bücher geführt und regelmäßig Abschlüsse gemacht, ist der Gewinn nach § 4 Abs. 1 EStG zu ermitteln. Ein nicht buchführungspflichtiger Stpfl., der nur Aufzeichnungen über Einnahmen und Ausgaben fertigt, kann nicht verlangen, dass sein Gewinn nach § 4 Abs. 1 EStG ermittelt wird (>BFH vom 2.3.1978 – BStBl II S. 431). Zur Gewinnermittlung >R 4.1 bis R 4.7.

Bürgschaft
Bürgschaftsaufwendungen eines Freiberuflers können ausnahmsweise Betriebsausgaben darstellen, wenn ein Zusammenhang mit anderen Einkünften ausscheidet und nachgewiesen wird, dass die Bürgschaftszusage ausschließlich aus betrieblichen Gründen erteilt wurde (>BFH vom 24.8.1989 – BStBl 1990 II S. 17).

Geldgeschäfte
- Geldgeschäfte (Darlehensgewährung, Beteiligungserwerb etc.) sind bei Angehörigen der freien Berufe in der Regel nicht betrieblich veranlasst, weil sie nicht dem Berufsbild eines freien Berufes entsprechen (>BFH vom 24.2.2000 – BStBl II S. 297). Ein Geldgeschäft ist nicht dem Betriebsvermögen eines Freiberuflers zuzuordnen, wenn es ein eigenes wirtschaftliches Gewicht hat. Dies ist auf Grund einer Abwägung der nach außen erkennbaren Motive zu beantworten. Ein eigenes wirtschaftliches Gewicht ist anzunehmen, wenn bei einem Geldgeschäft die Gewinnung eines Auftraggebers lediglich ein erwünschter Nebeneffekt ist. Dagegen ist ein eigenes wirtschaftliches Gewicht zu verneinen, wenn das Geschäft ohne die Aussicht auf neue Aufträge nicht zustande gekommen wäre (>BFH vom 31.5.2001 – BStBl II S. 828).
- Die GmbH-Beteiligung eines Bildjournalisten kann nicht allein deshalb als notwendiges Betriebsvermögen des freiberuflichen Betriebs beurteilt werden, weil er 99 % seiner Umsätze aus Autorenverträgen mit der GmbH erzielt, wenn diese Umsätze nur einen geringfügigen Anteil der Geschäftstätigkeit der GmbH ausmachen und es wegen des Umfangs dieser Geschäftstätigkeit und der Höhe der Beteiligung des Stpfl. an der GmbH nahe liegt, dass es dem Stpfl. nicht auf die Erschließung eines Vertriebswegs für seine freiberufliche Tätigkeit, sondern auf die Kapitalanlage ankommt (>BFH vom 12.1.2010 – BStBl II S. 612).

Dem Betriebsvermögen eines Freiberuflers **kann zugeordnet** werden:
- die Darlehensforderung eines Steuerberaters, wenn das Darlehen zur Rettung von Honorarforderungen gewährt wurde (>BFH vom 22.4.1980 – BStBl II S. 571).
- die Beteiligung eines Baustatikers an einer Wohnungsbau-AG (>BFH vom 23.11.1978 – BStBl 1979 II S. 109).

- die Beteiligung eines Architekten an einer Bauträgergesellschaft, sofern dies unerlässliche Voraussetzung für die freiberufliche Tätigkeit ist (>BFH vom 14. 1. 1982 – BStBl II S. 345).
- die Beteiligung eines Mediziners, der Ideen und Rezepturen für medizinische Präparate entwickelt, an einer Kapitalgesellschaft, die diese Präparate als Lizenznehmerin vermarktet (>BFH vom 26. 4. 2001 – BStBl II S. 798).
- >Bürgschaft

Dem Betriebsvermögen eines Freiberuflers **kann nicht zugeordnet** werden:
- ein Geldgeschäft, das ein Rechtsanwalt, Notar oder Steuerberater tätigt, um einen Mandanten neu zu gewinnen oder zu erhalten (>BFH vom 22. 1. 1981 – BStBl II S. 564).
- eine Beteiligung, die ein Steuerberater zusammen mit einem Mandanten auf dessen Veranlassung an einer Kapitalgesellschaft eingeht, deren Unternehmensgegenstand der freiberuflichen Betätigung wesensfremd ist, und die eigenes wirtschaftliches Gewicht hat (>BFH vom 23. 5. 1985 – BStBl II S. 517).
- eine Lebensversicherung, die ein Rechtsanwalt als Versicherungsnehmer und Versicherungsempfänger im Erlebensfall auf sein Leben oder das seines Sozius abschließt (>BFH vom 21. 5. 1987 – BStBl II S. 710).

Gewillkürtes Betriebsvermögen
- Der Umfang des Betriebsvermögens wird durch die Erfordernisse des Berufs begrenzt; ein Angehöriger der freien Berufe kann nicht in demselben Umfang gewillkürtes Betriebsvermögen bilden wie ein Gewerbetreibender (>BFH vom 24. 8. 1989 – BStBl 1990 II S. 17).
- Zur Bildung und zum Nachweis >BMF vom 17. 11. 2004 (BStBl I S. 1064)

Leibrente
Eine Leibrente als Gegenleistung für anwaltliche Betreuung ist den Einkünften aus freiberuflicher Tätigkeit zuzurechnen (>BFH vom 26. 3. 1987 – BStBl II S. 597).

Versorgungskasse
Besondere Zuschläge für einen Fürsorgefonds sind Betriebsausgaben, wenn die berufstätigen Ärzte keinerlei Rechte auf Leistungen aus dem Fürsorgefonds haben. Beiträge an die berufsständische Versorgungskasse zur Erlangung einer späteren Altersversorgung oder anderer Versorgungsansprüche sind Sonderausgaben (>BFH vom 13. 4. 1972 – BStBl II S. 728). Wegen der Behandlung als Sonderausgaben >H 10.5 (Versorgungsbeiträge Selbständiger).

R 18.3	**Veräußerungsgewinn nach § 18 Abs. 3 EStG**

Allgemeines
(1) Bei einer >Veräußerung oder Aufgabe i. S. d. § 18 Abs. 3 EStG gelten die Ausführungen in R 16 entsprechend.

Einbringung
(2) Bei Einbringung einer freiberuflichen Praxis in eine Personengesellschaft ist § 24 UmwStG anzuwenden.

Aufgabe
(3) Eine Aufgabe einer selbständigen Tätigkeit ist dann anzunehmen, wenn sie der betreffende Stpfl. mit dem Entschluss einstellt, die Tätigkeit weder fortzusetzen noch das dazugehörende Vermögen an Dritte zu übertragen.

Zu § 18 EStG   R 18.3   A. II.

Freibetrag

(4) Die Gewährung des Freibetrags nach § 18 Abs. 3 i.V. m. § 16 Abs. 4 EStG ist ausgeschlossen, wenn dem Stpfl. für eine Veräußerung oder Aufgabe, die nach dem 31. 12. 1995 erfolgt ist, ein Freibetrag nach § 14 Satz 2, § 16 Abs. 4 oder § 18 Abs. 3 EStG bereits gewährt worden ist.

| H 18.3 |

Einbringungsgewinn

– Bei einer Einbringung nach § 24 UmwStG besteht die Möglichkeit der steuerbegünstigten Auflösung sämtlicher stiller Reserven auch dann, wenn der Einbringende und die aufnehmende Gesellschaft ihren Gewinn nach § 4 Abs. 3 EStG ermitteln. Die steuerliche Begünstigung des Einbringungsgewinns setzt voraus, dass der Einbringungsgewinn auf der Grundlage einer Einbringungs- und einer Eröffnungsbilanz ermittelt worden ist (>BFH¨ vom 5. 4. 1984 – BStBl II S. 518 und vom 18. 10. 1999 – BStBl 2000 II S. 123); >auch R 4.5 Abs. 6 Satz 2.

– Zur entgeltlichen Aufnahme eines Sozius in eine freiberufliche Einzelpraxis >BMF vom 11. 11. 2011 (BStBl I S. 1314), Rdnr. 24.09.

Gesellschaftereintritt in bestehende freiberufliche Sozietät

§ 24 UmwStG umfasst auch die Aufnahme weiterer Gesellschafter (>BFH vom 23. 5. 1985 – BStBl II S. 695).

Veräußerung

1. **Einzelunternehmen**

   a) Eine **Veräußerung** i. S. d. § 18 Abs. 3 EStG **liegt vor**,

   wenn die für die Ausübung wesentlichen wirtschaftlichen Grundlagen, insbesondere die immateriellen Wirtschaftsgüter wie Mandantenstamm und Praxiswert, entgeltlich auf einen anderen übertragen werden. Die freiberufliche Tätigkeit in dem bisherigen örtlichen Wirkungskreis muss wenigstens für eine gewisse Zeit eingestellt werden. Unschädlich ist es, wenn der Veräußerer nach der Veräußerung frühere Mandanten auf Rechnung und im Namen des Erwerbers berät oder eine nichtselbständige Tätigkeit in der Praxis des Erwerbers ausübt (>BFH vom 18. 5. 1994 – BStBl II S. 925). Ebenfalls unschädlich ist auch die Fortführung einer freiberuflichen Tätigkeit in geringem Umfang, wenn die darauf entfallenden Umsätze in den letzten drei Jahren weniger als 10 % der gesamten Einnahmen ausmachten (>BFH vom 7. 11. 1991 – BStBl 1992 II S. 457 und vom 29. 10. 1992 – BStBl 1993 II S. 182).

   b) Eine **Veräußerung** i. S. d. § 18 Abs. 3 EStG **liegt nicht vor**, wenn

   – ein Steuerberater von seiner einheitlichen Praxis den Teil veräußert, der lediglich in der Erledigung von Buchführungsarbeiten bestanden hat (>BFH vom 14. 5. 1970 – BStBl II S. 566),

   – ein Steuerbevollmächtigter, der am selben Ort in einem einheitlichen örtlichen Wirkungskreis, jedoch in organisatorisch getrennten Büros, eine landwirtschaftliche Buchstelle und eine Steuerpraxis für Gewerbetreibende betreibt, die Steuerpraxis für Gewerbetreibende veräußert (>BFH vom 27. 4. 1978 – BStBl II S. 562),

   – ein unheilbar erkrankter Ingenieur aus diesem Grund sein technisches Spezialwissen und seine Berufserfahrung entgeltlich auf seinen einzigen Kunden überträgt (>BFH vom 26. 4. 1995 – BStBl 1996 II S. 4).

2. Mitunternehmeranteil

Wird der gesamte Mitunternehmeranteil an einer freiberuflich tätigen Personengesellschaft veräußert, muss die Tätigkeit im bisherigen Wirkungskreis für eine gewisse Zeit eingestellt werden (>BFH vom 23.1.1997 – BStBl II S. 498).

3. Teilbetrieb

– Eine begünstigte Teilbetriebsveräußerung setzt neben der Ausübung mehrerer ihrer Art nach verschiedener Tätigkeiten auch eine organisatorische Selbständigkeit der Teilbetriebe voraus. Ist ein Arzt als Allgemeinmediziner und auf arbeitsmedizinischem Gebiet tätig, übt er zwei verschiedene Tätigkeiten aus. Die Veräußerung eines dieser Praxisteile stellt eine tarifbegünstigte Teilpraxisveräußerung dar, sofern den Praxisteilen die notwendige organisatorische Selbständigkeit zukommt (>BFH vom 4.11.2004 – BStBl 2005 II S. 208).

– Eine begünstigte Teilpraxisveräußerung kann vorliegen, wenn ein Steuerberater eine Beratungspraxis veräußert, die er (neben anderen Praxen) als völlig selbständigen Betrieb erworben und bis zu ihrer Veräußerung im Wesentlichen unverändert fortgeführt hat (>BFH vom 26.6.2012 – BStBl II S. 777).

– Keine Teilbetriebsveräußerung bei Veräußerung der „Großtierpraxis" und Rückbehalt der „Kleintierpraxis" (>BFH vom 29.10.1992 – BStBl 1993 II S. 182).

Verpachtung

Beim Tod des Freiberuflers führt die vorübergehende Verpachtung einer freiberuflichen Praxis durch den Erben oder Vermächtnisnehmer bei fehlender Betriebsaufgabeerklärung nicht zur Betriebsaufgabe, wenn der Rechtsnachfolger in Begriff ist, die für die beabsichtigte Praxisfortführung erforderliche freiberufliche Qualifikation zu erlangen (>BFH vom 12.3.1992 – BStBl 1993 II S. 36).

Zu § 20 EStG

R 20.1 **Werbungskosten bei Einkünften aus Kapitalvermögen**

(1) ¹Aufwendungen sind, auch wenn sie gleichzeitig der Sicherung und Erhaltung des Kapitalstamms dienen, insoweit als Werbungskosten zu berücksichtigen, als sie zum Erwerb, Sicherung und Erhaltung von Kapitaleinnahmen dienen. ²Aufwendungen, die auf Vermögen entfallen, das nicht zur Erzielung von Kapitaleinkünften angelegt ist oder bei dem Kapitalerträge nicht mehr zu erwarten sind, können nicht als Werbungskosten berücksichtigt werden.
(2) ¹Nach den allgemeinen Grundsätzen können u.a. Bankspesen für die Depotverwaltung, Gebühren, Fachliteratur, Reisekosten zur Hauptversammlung, Verfahrensauslagen und Rechtsanwaltskosten als Werbungskosten berücksichtigt werden. ²Zum Abzug ausländischer Steuern wie Werbungskosten >R 34c.
(3) Absatz 1 und 2 gelten vorbehaltlich des § 2 Abs. 2 Satz 2 EStG.

H 20.1

Abgeltungsteuer – Allgemeines

Zu Einzelfragen zur Abgeltungsteuer >BMF vom 18.1.2016 (BStBl I S. 85) unter Berücksichtigung der Änderungen durch BMF vom 20.4.2016 (BStBl I S. 475), vom 16.6.2016 (BStBl I S. 527), vom 3.5.2017 (BStBl I S. 739), vom 19.12.2017 (BStBl 2018 I S. 52), vom 12.4.2018 (BStBl I S. 624) und vom 17.1.2019 (BStBl I S. 51)

Anschaffungskosten
- Ein beim Erwerb einer stillen Beteiligung an den Geschäftsinhaber entrichtetes Ausgabeaufgeld gehört zu den Anschaffungskosten der stillen Beteiligung (>BFH vom 23.11.2000 – BStBl 2001 II S. 24).
- Gutachtenkosten im Zusammenhang mit der Anschaffung von GmbH-Geschäftsanteilen sind Anschaffungsnebenkosten, wenn sie nach einer grundsätzlich gefassten Erwerbsentscheidung entstehen und die Erstellung des Gutachtens nicht lediglich eine Maßnahme zur Vorbereitung einer noch unbestimmten, erst später zu treffenden Erwerbsentscheidung darstellt (>BFH vom 27.3.2007 – BStBl 2010 II S. 159).
- Zahlt ein Stpfl., der einem Vermögensverwalter Vermögen zur Anlage auf dem Kapitalmarkt überlässt, ein gesondertes Entgelt für die Auswahl zwischen mehreren Gewinnstrategien des Vermögensverwalters (sog. Strategieentgelt), ist das Entgelt den Anschaffungskosten für den Erwerb der Kapitalanlagen zuzurechnen (>BFH vom 28.10.2009 – BStBl 2010 II S. 469).

Bond-Stripping
>BMF vom 11.11.2016 (BStBl I S. 1245)

Sinngemäße Anwendung des § 15a EStG
- Erst wenn die Gesellschaft endgültig von einer Schuld befreit wird, handelt es sich im Falle der Übernahme einer Gesellschaftsschuld durch den stillen Gesellschafter um die allein maßgebliche „geleistete Einlage" i. S. d. § 15a Abs. 1 Satz 1 EStG. Eine erst später erteilte Genehmigung einer Schuldübernahme durch den Gläubiger wirkt steuerrechtlich nicht auf den Zeitpunkt zurück, in dem der stille Gesellschafter sich dazu verpflichtet hatte (>BFH vom 16.10.2007 – BStBl 2008 II S. 126).
- >H 21.2

Stiller Gesellschafter
- Die Vereinbarung einer Beteiligung des stillen Gesellschafters am Gewinn des Geschäftsinhabers gilt im Zweifel auch für seine Beteiligung am Verlust. Der Verlustanteil ist dem stillen Gesellschafter nicht nur bis zum Verbrauch seiner Einlage, sondern auch in Höhe seines negativen Einlagekontos zuzurechnen. Spätere Gewinne sind gem. § 15a EStG zunächst mit den auf diesem Konto ausgewiesenen Verlusten zu verrechnen (>BFH vom 23.7.2002 – BStBl II S. 858).
- Ein an einer GmbH typisch still beteiligter Gesellschafter kann seinen Anteil an dem laufenden Verlust der GmbH nur dann berücksichtigen, wenn der Verlustanteil im Jahresabschluss der GmbH festgestellt oder vom Finanzamt geschätzt und von der Kapitaleinlage des stillen Gesellschafters abgebucht worden ist (>BFH vom 28.5.1997 – BStBl II S. 724 und vom 16.10.2007 – BStBl 2008 II S. 126). Die Abbuchung als Voraussetzung für die Verlustberücksichtigung entfällt jedoch, soweit durch den Verlustanteil ein negatives Einlagekonto entsteht. Der Verlustanteil entsteht mit seiner Berechnung nach § 232 Abs. 1 HGB auf der Grundlage des Jahresabschlusses des Geschäftsinhabers (>BFH vom 23.7.2002 – BStBl II S. 858).
- Zur Behandlung von Verlusten aus stillen Gesellschaften an Kapitalgesellschaften >BMF vom 19.11.2008 (BStBl I S. 970).
- >Anschaffungskosten

Verlustabzug in Erbfällen
Verluste i. S. d. § 20 Abs. 6 EStG >R 10d Abs. 9 Satz 9

Werbungskostenabzugsverbot nach § 20 Abs. 9 EStG
- Schuldzinsen, die nach der Veräußerung oder der Aufgabe einer wesentlichen Beteiligung i. S. d. § 17 Abs. 1 EStG anfallen, sind ab dem VZ 2009 grundsätzlich nicht mehr als Werbungskosten bei den Einkünften aus Kapitalvermögen abziehbar (>BFH vom 1. 7. 2014 – BStBl II S. 975 und vom 21. 10. 2014 – BStBl 2015 II S. 270).
- Das Werbungskostenabzugsverbot findet auch dann Anwendung, wenn Ausgaben, die nach dem 31. 12. 2008 getätigt wurden, mit Kapitalerträgen zusammenhängen, die bereits vor dem 1. 1. 2009 zugeflossen sind (>BFH vom 2. 12. 2014 – BStBl 2015 II S. 387 und vom 9. 6. 2015 – BStBl 2016 II S. 199).
- Gegen das Werbungskostenabzugsverbot bestehen keine verfassungsrechtlichen Bedenken (>BFH vom 1. 7. 2014 – BStBl II S. 975, vom 28. 1. 2015 – BStBl II S. 393 und vom 9. 6. 2015 – BStBl 2016 II S. 199).

R 20.2	**Einnahmen aus Kapitalvermögen**

[1]Auf Erträge aus Versicherungen auf den Erlebens- oder Todesfall ist bei Verträgen, die vor dem 1. 1. 2005 abgeschlossen worden sind, R 154 EStR 2003 weiter anzuwenden. [2]R 154 Satz 4 Buchstabe a EStR 2003 gilt nicht für Zinsen, die nach Ablauf der Mindestlaufzeit von 12 Jahren bei Weiterführung des Versicherungsvertrages gezahlt werden.

H 20.2

Abtretung
Zur Zurechnung von Zinsen bei Abtretung einer verzinslichen Forderung >BFH vom 8. 7. 1998 (BStBl 1999 II S. 123)

Betriebsaufspaltung
>H 15.7 (4) Gewinnausschüttungen

Einlagenrückgewähr
- Rückgewähr von Einlagen durch eine unbeschränkt steuerpflichtige Körperschaft; bilanzsteuerrechtliche Behandlung beim Empfänger >BMF vom 9. 1. 1987 (BStBl I S. 171).
- Der aus dem steuerlichen Einlagekonto i. S. d. § 27 KStG stammende Gewinnanteil ist beim Gesellschafter gemäß § 20 Abs. 1 Nr. 1 Satz 3 EStG als nicht steuerbare Einnahme zu behandeln. Dies gilt auch dann, wenn der Stpfl. an der ausschüttenden Körperschaft gemäß § 17 EStG beteiligt ist. Der Teil der Ausschüttung einer Körperschaft, der aus dem steuerlichen Einlagekonto i. S. d. § 27 KStG finanziert ist, führt zu einer Minderung der Anschaffungskosten der Beteiligung. Zur Veräußerung von Anteilen i. S. d. § 17 EStG (>BFH vom 19. 7. 1994 – BStBl 1995 II S. 362); zu den Auswirkungen bei § 20 Abs. 2 EStG >BMF vom 18. 1. 2016 (BStBl I S. 85), Rz. 92.
- Zur Bescheinigung der Leistungen, die als Abgang auf dem steuerlichen Einlagekonto zu berücksichtigen sind, durch die Kapitalgesellschaft >§ 27 Abs. 3 KStG.

Erstattungszinsen nach § 233a AO
- Erstattungszinsen sind steuerbare Einnahmen (>BFH vom 12. 11. 2013 – BStBl 2014 II S. 168 und vom 24. 6. 2014 – BStBl II S. 998).

- Aus Gründen sachlicher Härte sind auf Antrag Erstattungszinsen i.S.d. § 233a AO nach § 163 AO nicht in die Steuerbemessungsgrundlage einzubeziehen, soweit ihnen nicht abziehbare Nachforderungszinsen gegenüberstehen, die auf ein- und demselben Ereignis beruhen (>BMF vom 5.10.2000 – BStBl I S. 1508).

Erträge aus Lebensversicherungen (Vertragsabschluss vor dem 1.1.1974)
Zinsen aus Sparanteilen aus Beiträgen für vor dem 1.1.1974 abgeschlossene Lebensversicherungen sind nicht steuerbar (>BFH vom 29.5.2012 – BStBl 2013 II S. 115).

Erträge aus Lebensversicherungen (Vertragsabschluss vor dem 1.1.2005)
- >BMF vom 31.8.1979 (BStBl I S. 592) zur steuerlichen Behandlung der rechnungsmäßigen und außerrechnungsmäßigen Zinsen aus Lebensversicherungen.
- >BMF vom 13.11.1985 (BStBl I S. 661) zum Näherungsverfahren zur Berechnung der rechnungsmäßigen und außerrechnungsmäßigen Zinsen.
- >BMF vom 16.7.2012 (BStBl I S. 686) zur gesonderten Feststellung der Steuerpflicht von Zinsen aus einer Lebensversicherung.
- >BMF vom 15.6.2000 (BStBl I S. 1118) zu Finanzierungen unter Einsatz von Lebensversicherungsverträgen (Policendarlehen).
- Zinsen aus einer vor dem 1.1.2005 abgeschlossenen Kapitallebensversicherung, die nach Ablauf eines Zeitraums von mehr als 12 Jahren nach Vertragsabschluss bei Weiterführung gezahlt werden, sind in entsprechender Anwendung des § 20 Abs. 1 Nr. 6 Satz 2 EStG in der am 31.12.2004 geltenden Fassung steuerfrei (>BFH vom 12.10.2005 – BStBl 2006 II S. 251).
- Die Steuerbefreiung in § 20 Abs. 1 Nr. 6 Satz 2 EStG in der am 31.12.2004 geltenden Fassung für Zinsen aus Lebensversicherungen ist nicht an die Voraussetzungen des Sonderausgabenabzugs für die Versicherungsbeiträge geknüpft. Es ist daher unschädlich, wenn der ausländischen Lebensversicherungsgesellschaft die Erlaubnis zum Betrieb eines nach § 10 Abs. 2 Satz 1 Nr. 2 Buchstabe a EStG in der am 31.12.2004 geltenden Fassung begünstigten Versicherungszweigs im Inland nicht erteilt worden ist (>BFH vom 1.3.2005 – BStBl 2006 II S. 365).

Erträge aus Lebensversicherungen (Vertragsabschluss nach dem 31.12.2004)
Zur Besteuerung von Versicherungserträgen i.S.d. § 20 Abs. 1 Nr. 6 EStG >BMF vom 1.10.2009 (BStBl I S. 1172) unter Berücksichtigung der Änderungen durch BMF vom 6.3.2012 (BStBl I S. 238), vom 11.11.2016 (BStBl I S. 1238) und vom 29.9.2017 (BStBl I S. 1314) und >BMF vom 18.6.2013 (BStBl I S. 768).

Ferienwohnung
Überlässt eine AG satzungsgemäß ihren Aktionären Ferienwohnungen zur zeitlich vorübergehenden Nutzung nach Maßgabe eines Wohnberechtigungspunktesystems, erzielt der Aktionär mit der Nutzung Kapitalerträge (>BFH vom 16.12.1992 – BStBl 1993 II S. 399).

Hochzins- und Umtauschanleihen
>BMF vom 2.3.2001 (BStBl I S. 206)

Investmentanteile
>Investmentsteuergesetz vom 19.7.2016 (BGBl I S. 1730, zuletzt geändert durch Artikel 15 des Gesetzes zur Vermeidung von Umsatzsteuerausfällen beim Handel mit Waren im Internet und zur Änderung weiterer steuerlicher Vorschriften vom 11.12.2018 (BGBl I S. 2338)

Pflichtteilsansprüche

Verzichtet ein Kind gegenüber seinen Eltern auf künftige Pflichtteilsansprüche und erhält es dafür im Gegenzug von den Eltern wiederkehrende Zahlungen, so liegt darin kein entgeltlicher Leistungsaustausch und keine Kapitalüberlassung des Kindes an die Eltern, so dass in den wiederkehrenden Zahlungen auch kein einkommensteuerbarer Zinsanteil enthalten ist (>BFH vom 9.2.2010 – BStBl II S. 818). Anders ist die Rechtslage zu beurteilen, wenn der Erbfall bereits eingetreten ist und ein Pflichtteilsberechtigter vom Erben unter Anrechnung auf seinen Pflichtteil wiederkehrende Leistungen erhält. In einem solchen Fall ist das Merkmal der Überlassung von Kapital zur Nutzung i. S. d. § 20 Abs. 1 Nr. 7 EStG jedenfalls dann erfüllt, wenn der Bedachte rechtlich befugt ist, den niedrigeren Barwert im Rahmen seines Pflichtteilsanspruchs geltend zu machen (>BFH vom 26.11.1992 – BStBl 1993 II S. 298).

Rückgängigmachung einer Gewinnausschüttung

Die Gewinnausschüttung einer Kapitalgesellschaft bleibt bei dem Gesellschafter auch dann eine Einnahme aus Kapitalvermögen, wenn der Gewinnverteilungsbeschluss auf Grund eines Rückforderungsanspruchs der Gesellschaft rückgängig gemacht werden kann oder aufgehoben wird (>BFH vom 1.3.1977 – BStBl II S. 545). Das gilt auch bei einer Verpflichtung zur Rückzahlung einer offenen Gewinnausschüttung; die Rückzahlung stellt keine negative Einnahme dar (>BFH vom 29.8.2000 – BStBl 2001 II S. 173).

Schenkung unter Auflage

Wird ein geschenkter Geldbetrag entsprechend der Auflage des Schenkers vom Beschenkten angelegt, erzielt dieser hieraus auch dann Einkünfte aus Kapitalvermögen, wenn er die Erträge entsprechend einer weiteren Auflage weiterzuleiten hat (>BFH vom 26.11.1997 – BStBl 1998 II S. 190).

Schneeballsystem

- Beteiligt sich ein Kapitalanleger an einem sog. Schneeballsystem, mit dem ihm vorgetäuscht wird, in seinem Auftrag und für seine Rechnung würden Geschäfte auf dem Kapitalmarkt getätigt, ist der vom Kapitalanleger angenommene Sachverhalt der Besteuerung zugrunde zu legen (>BFH vom 14.12.2004 – BStBl 2005 II S. 739 und S. 746).
- Gutschriften aus Schneeballsystemen führen zu Einnahmen aus Kapitalvermögen, wenn der Betreiber des Schneeballsystems bei entsprechendem Verlangen des Anlegers zur Auszahlung der gutgeschriebenen Beträge leistungsbereit und leistungsfähig gewesen wäre. An der Leistungsbereitschaft des Betreibers des Schneeballsystems kann es fehlen, wenn er auf einen Auszahlungswunsch des Anlegers hin eine sofortige Auszahlung ablehnt und stattdessen über anderweitige Zahlungsmodalitäten verhandelt. Entscheidend ist, ob der Anleger in seinem konkreten Fall eine Auszahlung hätte erreichen können. Auf eine hypothetische Zahlung an alle Anleger ist nicht abzustellen (>BFH vom 16.3.2010 – BStBl 2014 II S. 147, vom 11.2.2014 – BStBl II S. 461 und vom 2.4.2014 – BStBl II S. 698).

Stiftung

- Können die Leistungsempfänger einer Stiftung unmittelbar oder mittelbar Einfluss auf das Ausschüttungsverhalten der Stiftung nehmen, handelt es sich bei den Leistungen um Einkünfte aus Kapitalvermögen i. S. d. § 20 Abs. 1 Nr. 9 EStG (>BFH vom 3.11.2010 – BStBl 2011 II S. 417).
- Unter § 20 Abs. 1 Nr. 9 EStG fallen alle wiederkehrenden oder einmaligen Leistungen einer Stiftung, die von den Beschluss fassenden Stiftungsgremien aus den Erträgen der Stiftung an den Stifter, seine Angehörigen oder deren Abkömmlinge ausgekehrt werden. Dies gilt auch, wenn die Leistungen anlässlich der Auflösung der Stiftung erbracht werden (>BMF vom 27.6.2006 – BStBl I S. 417).

Stiller Gesellschafter

- Zu den Einnahmen aus Kapitalvermögen gehören auch alle Vorteile, die ein typischer stiller Gesellschafter als Gegenleistung für die Überlassung der Einlage erhält, z. B. Bezüge auf Grund von Wertsicherungsklauseln oder von Kursgarantien, ein Damnum und ein Aufgeld. Dazu gehört auch ein im Fall der Veräußerung der stillen Beteiligung über den Betrag der Einlage hinaus erzielter Mehrerlös, soweit dieser auf einen Anteil am Gewinn eines bereits abgelaufenen Wj. entfällt (>BFH vom 11. 2. 1981 – BStBl II S. 465) oder soweit er ein anders bemessenes Entgelt für die Überlassung der Einlage darstellt (>BFH vom 14. 2. 1984 – BStBl II S. 580).
- Gewinnanteile aus einer stillen Beteiligung, die zur Wiederauffüllung einer durch Verluste geminderten Einlage dienen, sind Einnahmen aus Kapitalvermögen (>BFH vom 24. 1. 1990 – BStBl 1991 II S. 147); bei negativem Einlagekonto >H 20.1.
- Auch der Mehrheitsgesellschafter einer Kapitalgesellschaft kann daneben typisch stiller Gesellschafter der Kapitalgesellschaft sein, dessen Gewinnanteil zu den Einnahmen aus Kapitalvermögen gehört (>BFH vom 21. 6. 1983 – BStBl II S. 563).
- § 20 Abs. 1 Nr. 4 EStG ist auf Gewinnanteile aus typischen Unterbeteiligungen entsprechend anzuwenden (>BFH vom 28. 11. 1990 – BStBl 1991 II S. 313).
- Für die Annahme einer stillen Gesellschaft können – vor allem in Grenzfällen – von den Vertragsparteien gewählte Formulierungen indizielle Bedeutung haben; entscheidend ist, was die Vertragsparteien wirtschaftlich gewollt haben und ob der – unter Heranziehung aller Umstände zu ermittelnde – Vertragswille auf die Merkmale einer (stillen) Gesellschaft gerichtet ist (>BFH vom 28. 10. 2008 – BStBl 2009 II S. 190). Dabei darf der für eine stille Gesellschaft erforderliche gemeinsame Zweck der Gesellschafter nicht mit deren Motiven für ihre Beteiligung vermengt werden. Dass Kapitalanleger und Fondsgesellschaft beide das Ziel verfolgen, durch Handel an internationalen Finanzterminmärkten mittelfristig einen Kapitalzuwachs zu erreichen, reicht für die Annahme eines gemeinsamen Zwecks nicht aus. Ein gemeinsamer Zweck verlangt zwischen Anleger und Anlagegesellschaft ein substantielles „Mehr" als die bloße Kapitalhingabe und dessen Verwendung (>BFH vom 8. 4. 2008 – BStBl II S. 852).
- Stellt ein Kapitalanleger einem Unternehmer unter Gewährung einer Erfolgsbeteiligung Geldbeträge zur Verfügung, die dieser an Brokerfirmen für Börsentermingeschäfte oder an Fonds weiterleiten soll, kann eine solche Vereinbarung eine typisch stille Gesellschaft begründen (>BFH vom 28. 10. 2008 – BStBl 2009 II S. 190).

Stückzinsen
>BMF vom 18. 1. 2016 (BStBl I S. 85), Rzn. 49-51

Treuhandverhältnis
Der Treugeber als wirtschaftlicher Inhaber einer Kapitalforderung erzielt die Einkünfte aus Kapitalvermögen (>BFH vom 24. 11. 2009 – BStBl 2010 II S. 590).

Umqualifizierung von Einkünften i. S. des § 20 Abs. 2 Satz 1 Nr. 1 EStG in Einkünfte i. S. des § 17 EStG
>BMF vom 16. 12. 2014 (BStBl 2015 I S. 24)

Unverzinsliche Kaufpreisraten
Ein Zinsanteil ist auch in unverzinslichen Forderungen enthalten, deren Laufzeit mehr als ein Jahr beträgt und die zu einem bestimmten Zeitpunkt fällig werden (>BFH vom 21. 10. 1980 – BStBl 1981 II S. 160). Dies gilt auch dann, wenn die Vertragsparteien eine Verzinsung ausdrücklich ausgeschlossen haben (>BFH vom 25. 6. 1974 – BStBl 1975 II S. 431).

Verdeckte Gewinnausschüttung an nahestehende Personen

Die der nahestehenden Person zugeflossene verdeckte Gewinnausschüttung ist stets dem Gesellschafter als Einnahme zuzurechnen (>BMF vom 20. 5. 1999 – BStBl I S. 514).

Vermächtnisanspruch

Zinsen, die auf einer testamentarisch angeordneten Verzinsung eines erst fünf Jahre nach dem Tode des Erblassers fälligen betagten Vermächtnisanspruchs beruhen, sind beim Vermächtnisnehmer Einkünfte aus Kapitalvermögen (>BFH vom 20. 10. 2015 – BStBl 2016 II S. 342).

Zahlungseinstellung des Emittenten

Zur Behandlung der Einnahmen aus der Veräußerung oder Abtretung einer Kapitalanlage bei vorübergehender oder endgültiger Zahlungseinstellung des Emittenten >BMF vom 14. 7. 2004 (BStBl I S. 611).

Zinsen aus Rentennachzahlungen

Nicht zu den Rentennachzahlungen zählen darauf entfallende Zinsen. Diese gehören zu den Einkünften aus Kapitalvermögen gem. § 20 Abs. 1 Nr. 7 EStG (>BMF vom 19. 8. 2013 – BStBl I S. 1087 unter Berücksichtigung der Änderungen durch BMF vom 4. 7. 2016 – BStBl I S. 645, Rz. 196).

Zinsen und Nebenleistungen aus einer durch Versteigerung realisierten Grundschuld

Zinsen i. S. v. § 1191 Abs. 2 BGB, denen kein Kapitalnutzungsverhältnis zugrunde liegt, unterliegen wegen ihrer ausdrücklichen Erwähnung in § 20 Abs. 1 Nr. 5 EStG der Besteuerung. Sie sind demjenigen zuzurechnen, der im Zeitpunkt des Zuschlagsbeschlusses aus der Grundschuld berechtigt ist und bei dem deshalb erstmals der Anspruch auf Ersatz des Wertes der Grundschuld aus dem Versteigerungserlös entsteht. Dagegen ist der dem Grundschuldgläubiger aus dem Versteigerungserlös zufließende Betrag nicht steuerbar, soweit er auf eine Nebenleistung i. S. v. § 1191 Abs. 2 BGB entfällt (>BFH vom 11. 4. 2012 – BStBl II S. 496).

Zuflusszeitpunkt bei Gewinnausschüttungen

– **Grundsatz**

Einnahmen aus Kapitalvermögen sind zugeflossen, sobald der Stpfl. über sie wirtschaftlich verfügen kann (>BFH vom 8. 10. 1991 – BStBl 1992 II S. 174). Gewinnausschüttungen sind dem Gesellschafter schon dann zugeflossen, wenn sie ihm z. B. auf einem Verrechnungskonto bei der leistungsfähigen Kapitalgesellschaft gutgeschrieben worden sind, über das der Gesellschafter verfügen kann, oder wenn der Gesellschafter aus eigenem Interesse (z. B. bei einer Novation) seine Gewinnanteile in der Gesellschaft belässt (>BFH vom 14. 2. 1984 – BStBl II S. 480).

– **Beherrschender Gesellschafter/Alleingesellschafter**

Gewinnausschüttungen an den beherrschenden Gesellschafter oder an den Alleingesellschafter einer zahlungsfähigen Kapitalgesellschaft sind diesen in der Regel auch dann zum Zeitpunkt der Beschlussfassung über die Gewinnverwendung i. S. d. § 11 Abs. 1 Satz 1 EStG zugeflossen, wenn die Gesellschafterversammlung eine spätere Fälligkeit des Auszahlungsanspruchs beschlossen hat (>BFH vom 17. 11. 1998 – BStBl 1999 II S. 223). Die Zahlungsfähigkeit einer Kapitalgesellschaft ist auch dann gegeben, wenn diese zwar mangels eigener Liquidität die von ihr zu erbringende Ausschüttung nicht leisten kann, sie sich als beherrschende Gesellschafterin einer Tochter-Kapitalgesellschaft mit hoher Liquidität indes jederzeit bei dieser bedienen kann, um sich selbst die für ihre Ausschüttung erforderlichen Geldmittel zu verschaffen (>BFH vom 2. 12. 2014 – BStBl 2015 II S. 333).

– **Verschiebung des Auszahlungstags**
Zur Frage des Zeitpunkts des Zuflusses bei Verschiebung des Auszahlungstags, wenn eine Kapitalgesellschaft von mehreren Personen gemeinsam beherrscht wird oder die Satzung Bestimmungen über Gewinnabhebungen oder Auszahlungen zu einem späteren Zeitpunkt als dem Gewinnverteilungsbeschluss enthält, >BFH vom 21.10.1981 (BStBl 1982 II S. 139).

Zu § 21 EStG

R 21.1 Erhaltungsaufwand und Herstellungsaufwand

(1) ¹Aufwendungen für die Erneuerung von bereits vorhandenen Teilen, Einrichtungen oder Anlagen sind regelmäßig >Erhaltungsaufwand. ²Zum >Erhaltungsaufwand gehören z. B. Aufwendungen für den Einbau messtechnischer Anlagen zur verbrauchsabhängigen Abrechnung von Heiz- und Wasserkosten oder für den Einbau einer privaten Breitbandanlage und einmalige Gebühren für den Anschluss privater Breitbandanlagen an das öffentliche Breitbandnetz bei bestehenden Gebäuden.

(2) ¹Nach der Fertigstellung des Gebäudes ist >Herstellungsaufwand anzunehmen, wenn Aufwendungen durch den Verbrauch von Gütern und die Inanspruchnahme von Diensten für die Erweiterung oder für die über den ursprünglichen Zustand hinausgehende wesentliche Verbesserung eines Gebäudes entstehen (>§ 255 Abs. 2 Satz 1 HGB). ²Betragen die Aufwendungen nach Fertigstellung eines Gebäudes für die einzelne Baumaßnahme nicht mehr als 4.000 Euro (Rechnungsbetrag ohne Umsatzsteuer) je Gebäude, ist auf Antrag dieser Aufwand stets als Erhaltungsaufwand zu behandeln. ³Auf Aufwendungen, die der endgültigen Fertigstellung eines neu errichteten Gebäudes dienen, ist die Vereinfachungsregelung jedoch nicht anzuwenden.

(3) ¹Kosten für die gärtnerische Gestaltung der Grundstücksfläche bei einem Wohngebäude gehören nur zu den Herstellungskosten des Gebäudes, soweit diese Kosten für das Anpflanzen von Hecken, Büschen und Bäumen an den Grundstücksgrenzen („lebende Umzäunung") entstanden sind. ²Im Übrigen bildet die bepflanzte Gartenanlage ein selbständiges Wirtschaftsgut. ³Bei Gartenanlagen, die die Mieter mitbenutzen dürfen, und bei Vorgärten sind die Herstellungskosten der gärtnerischen Anlage gleichmäßig auf deren regelmäßig 10 Jahre betragende Nutzungsdauer zu verteilen. ⁴Aufwendungen für die Instandhaltung der Gartenanlagen können sofort abgezogen werden. ⁵Absatz 2 Satz 2 ist sinngemäß anzuwenden. ⁶Soweit Aufwendungen für den Nutzgarten des Eigentümers und für Gartenanlagen, die die Mieter nicht nutzen dürfen, entstehen, gehören sie zu den nach § 12 Nr. 1 EStG nicht abziehbaren Kosten (grundsätzlich Aufteilung nach der Zahl der zur Nutzung befugten Mietparteien). ⁷Auf die in Nutzgärten befindlichen Anlagen sind die allgemeinen Grundsätze anzuwenden.

(4) Die Merkmale zur Abgrenzung von Erhaltungs- und Herstellungsaufwand bei Gebäuden gelten bei selbständigen Gebäudeteilen (>hierzu R 4.2 Abs. 4 und Abs. 5) entsprechend.

(5) ¹Werden Teile der Wohnung oder des Gebäudes zu eigenen Wohnzwecken genutzt, sind die Herstellungs- und Anschaffungskosten sowie die Erhaltungsaufwendungen um den Teil der Aufwendungen zu kürzen, der nach objektiven Merkmalen und Unterlagen leicht und einwandfrei dem selbst genutzten Teil zugeordnet werden kann. ²Soweit sich die Aufwendungen nicht eindeutig zuordnen lassen, sind sie um den Teil, der auf eigene Wohnzwecke entfällt, nach dem Verhältnis der Nutzflächen zu kürzen.

(6) ¹Bei der Verteilung von Erhaltungsaufwand nach § 82b EStDV kann für die in dem jeweiligen VZ geleisteten Erhaltungsaufwendungen ein besonderer Verteilungszeitraum gebildet werden. ²Wird das Eigentum an einem Gebäude unentgeltlich auf einen anderen übertragen, kann der Rechtsnachfolger Erhaltungsaufwand noch in dem von seinem Rechtsvorgänger gewählten restlichen Verteilungszeitraum geltend machen. ³Dabei ist der Teil des Erhaltungsaufwands, der auf den VZ des Eigentumswechsels entfällt, entsprechend der Besitzdauer auf den Rechtsvorgänger und den Rechtsnachfolger aufzuteilen.

H 21.1

Abgrenzung von Anschaffungs-, Herstellungskosten und Erhaltungsaufwendungen
– bei Instandsetzung und Modernisierung von Gebäuden >BMF vom 18. 7. 2003 (BStBl I S. 386),
– Instandsetzungs- und Modernisierungsaufwendungen für ein Gebäude sind nicht allein deshalb als Herstellungskosten zu beurteilen, weil das Gebäude wegen Abnutzung und Verwahrlosung nicht mehr vermietbar ist, sondern nur bei schweren Substanzschäden an den für die Nutzbarkeit als Bau und die Nutzungsdauer des Gebäudes bestimmenden Teilen (>BFH vom 13. 10. 1998 – BStBl 1999 II S. 282),
– Bei der Prüfung, ob Herstellungsaufwand vorliegt, darf nicht auf das gesamte Gebäude abgestellt werden, sondern nur auf den entsprechenden Gebäudeteil, wenn das Gebäude in unterschiedlicher Weise genutzt wird und deshalb mehrere Wirtschaftsgüter umfasst (>BFH vom 25. 9. 2007 – BStBl 2008 II S. 218).

Anschaffungsnahe Herstellungskosten
>R 6.4 Abs. 1 und H 6.4

Erhaltungsaufwand
– Bei Instandsetzung und Modernisierung von Gebäuden >BMF vom 18. 7. 2003 (BStBl I S. 386)
– >H 21.2

Herstellungsaufwand nach Fertigstellung
– >BMF vom 18. 7. 2003 (BStBl I S. 386)
– Zu den Besonderheiten bei Teileigentum >BFH vom 19. 9. 1995 (BStBl 1996 II S. 131)

Verteilung des Erhaltungsaufwands nach § 82b EStDV
– Keine Übertragung des Anteils eines Jahres auf ein anderes Jahr (>BFH vom 26. 10. 1977 – BStBl 1978 II S. 367),
– Größere Erhaltungsaufwendungen, die das Finanzamt im Jahr ihrer Entstehung bestandskräftig zu Unrecht als Herstellungskosten behandelt hat, können gleichmäßig anteilig auf die Folgejahre verteilt werden. Der auf das Jahr der Entstehung entfallende Anteil der Aufwendungen bleibt dabei unberücksichtigt. Die AfA-Bemessungsgrundlage ist insoweit für die Folgejahre zu korrigieren (>BFH vom 27. 10. 1992 – BStBl 1993 II S. 591),
– Die Ausübung des Wahlrechts ist auch nach Eintritt der Festsetzungsverjährung für das Aufwandsentstehungsjahr möglich. Aufwendungen, die auf VZ entfallen, für die die Festsetzungsverjährung bereits eingetreten ist, dürfen dabei nicht abgezogen werden (>BFH vom 27. 10. 1992 – BStBl 1993 II S. 589). Dies gilt auch, wenn die Erhaltungsaufwendungen im Entstehungsjahr zu Unrecht als Herstellungskosten und in Form der AfA berücksichtigt worden sind (>BFH vom 24. 11. 1992 – BStBl 1993 II S. 593).

R 21.2 **Einnahmen und Werbungskosten**

(1) [1]Werden Teile einer selbst genutzten Eigentumswohnung, eines selbst genutzten Einfamilienhauses oder insgesamt selbst genutzten anderen Hauses vorübergehend vermietet und übersteigen die Einnahmen hieraus nicht 520 Euro im VZ, kann im Einverständnis mit dem Stpfl. aus Vereinfachungsgründen von der Besteuerung der Einkünfte abgesehen werden. [2]Satz 1 ist

bei vorübergehender Untervermietung von Teilen einer angemieteten Wohnung, die im Übrigen selbst genutzt wird, entsprechend anzuwenden.
(2) Zinsen, die Beteiligte einer Wohnungseigentümergemeinschaft aus der Anlage der Instandhaltungsrücklage erzielen, gehören zu den Einkünften aus Kapitalvermögen.
(3) Die Berücksichtigung von Werbungskosten aus Vermietung und Verpachtung kommt auch dann in Betracht, wenn aus dem Objekt im VZ noch keine Einnahmen erzielt werden, z. B. bei einem vorübergehend leer stehenden Gebäude.
(4) ¹Die Tätigkeit eines Stpfl. zur Erzielung von Einkünften aus Vermietung und Verpachtung besteht im Wesentlichen in der Verwaltung seines Grundbesitzes. ²Bei nicht umfangreichem Grundbesitz erfordert diese Verwaltung in der Regel keine besonderen Einrichtungen, z. B. Büro, sondern erfolgt von der Wohnung des Stpfl. aus. ³Regelmäßige Tätigkeitsstätte ist dann die Wohnung des Stpfl. ⁴Aufwendungen für gelegentliche Fahrten zu dem vermieteten Grundstück sind Werbungskosten i. S. d. § 9 Abs. 1 Satz 1 EStG.

H 21.2

Bauherrenmodell
- Zur Abgrenzung zwischen Werbungskosten, Anschaffungskosten und Herstellungskosten
  >BMF vom 20. 10. 2003 (BStBl I S. 546)
- >Fonds, geschlossene
- Schuldzinsen, die auf die Zeit zwischen Kündigung und Auseinandersetzung im Zusammenhang mit einer Beteiligung an einer Bauherrengemeinschaft entfallen, sind Werbungskosten, selbst wenn Einnahmen noch nicht erzielt worden sind (>BFH vom 4. 3. 1997 – BStBl II S. 610).

Drittaufwand
>H 4.7

Eigenaufwand für ein fremdes Wirtschaftsgut
>H 4.7

Einbauküche
>H 6.4

Einkünfteerzielungsabsicht
- bei Wohnobjekten
  >BMF vom 8. 10. 2004 (BStBl I S. 933)
- bei unbebauten Grundstücken
  >BMF vom 8. 10. 2004 (BStBl I S. 933), Rdnr. 29
- bei Gewerbeobjekten
  Bei der Vermietung von Gewerbeobjekten ist im Einzelfall festzustellen, ob der Stpfl. beabsichtigt, auf die voraussichtliche Dauer der Nutzung einen Überschuss der Einnahmen über die Werbungskosten zu erzielen (>BFH vom 20. 7. 2010 – BStBl II S. 1038 und vom 9. 10. 2013 – BStBl 2014 II S. 527).

Einnahmen
- Zahlungen, die wegen **übermäßiger Beanspruchung, vertragswidriger Vernachlässigung oder Vorenthaltung einer Miet- oder Pachtsache** geleistet werden (>BFH vom 22. 4. 1966 – BStBl III S. 395, vom 29. 11. 1968 – BStBl 1969 II S. 184 und vom 5. 5. 1971 – BStBl II S. 624).

- Guthabenzinsen aus einem **Bausparvertrag**, die in einem engen zeitlichen Zusammenhang mit einem der Einkunftserzielungsabsicht dienenden Grundstück stehen (>BFH vom 9.11.1982 – BStBl 1983 II S. 172 und BMF vom 28.2.1990 – BStBl I S. 124).
- **Abstandszahlungen** eines Mietinteressenten an Vermieter **für Entlassung aus Vormietvertrag** (>BFH vom 21.8.1990 – BStBl 1991 II S. 76).
- Von einem Kreditinstitut oder einem Dritten (z. B. Erwerber) **erstattete Damnumbeträge**, die als Werbungskosten abgezogen worden sind (>BFH vom 22.9.1994 – BStBl 1995 II S. 118). Keine Einnahmen aus Vermietung und Verpachtung liegen vor, wenn das Damnum **nur einen unselbständigen Rechnungsposten für die Bemessung einer Vorfälligkeitsentschädigung** darstellt (>BFH vom 19.2.2002 – BStBl 2003 II S. 126).
- **Umlagen und Nebenentgelte**, die der Vermieter für die Nebenkosten oder Betriebskosten erhebt (>BFH vom 14.12.1999 – BStBl 2000 II S. 197).
- **Vermietet ein Arbeitnehmer** ein in seinem Haus oder seiner Wohnung gelegenes, **von ihm genutztes Büro an seinen Arbeitgeber**, erzielt er daraus nur dann Einkünfte aus Vermietung und Verpachtung, wenn die Nutzung des Büros im vorrangigen Interesse seines Arbeitgebers erfolgt; in den übrigen Fällen ist die „Mietzahlung" als Arbeitslohn zu versteuern (>BMF vom 13.12.2005 – BStBl 2006 I S. 4).
- Einkünfte aus der Vermietung eines häuslichen Arbeitszimmers an den Auftraggeber eines Gewerbetreibenden sind Einkünfte aus Gewerbebetrieb, wenn die Vermietung ohne den Gewerbebetrieb nicht denkbar wäre (>BFH vom 13.12.2016 – BStBl 2017 II S. 450).
- Mietzahlungen des Arbeitgebers für eine vom Arbeitnehmer an den **Arbeitgeber vermietete Garage**, in der ein Dienstwagen untergestellt wird (>BFH vom 7.6.2002 – BStBl II S. 829).
- **Öffentliche Fördermittel** (Zuschüsse oder nicht rückzahlbare Darlehen), die ein Bauherr im Rahmen des sog. Dritten Förderungsweges für Belegungs- und Mietpreisbindungen erhält (>BFH vom 14.10.2003 – BStBl 2004 II S. 14).
- **Entgelte für die Inanspruchnahme** eines Grundstücks im Zuge baulicher Maßnahmen **auf dem Nachbargrundstück**, selbst wenn das Grundstück mit einem zu eigenen Wohnzwecken genutzten Gebäude bebaut ist (>BFH vom 2.3.2004 – BStBl II S. 507).
- Mietentgelte, die der **Restitutionsberechtigte** vom Verfügungsberechtigten nach **§ 7 Abs. 7 Satz 2 VermG** erlangt (>BFH vom 11.1.2005 – BStBl II S. 480).
- Die **Leistung aus einer Gebäudefeuerversicherung** führt beim Vermieter bis zur Höhe einer für den Schadensfall in Anspruch genommenen AfaA für das vermietete Gebäude zu Einnahmen aus Vermietung und Verpachtung, soweit er sie nach dem Versicherungsvertrag beanspruchen kann (>BFH vom 2.12.2014 – BStBl 2015 II S. 493).
- **Ausgleichszahlungen** aus der Auflösung von **Zinsswapgeschäften** gehören nicht zu den Einkünften aus Vermietung und Verpachtung (>BMF vom 18.1.2016 – BStBl I S. 85, Rz. 176).
- Die einmalige Entschädigung für ein Recht auf Überspannung eines im Privatvermögen befindlichen Grundstücks mit einer Stromleitung ist kein Entgelt für eine zeitlich begrenzte Nutzungsüberlassung, wenn das Überspannungsrecht weder schuldrechtlich noch dinglich auf eine zeitlich bestimmte oder absehbare Dauer beschränkt ist. Sie ist keine steuerbare Einnahme (>BFH vom 2.7.2018 – BStBl II S. 759).

Erbbaurecht

- Der Erbbauzins für ein Erbbaurecht an einem privaten Grundstück gehört zu den Einnahmen aus Vermietung und Verpachtung (>BFH vom 20.9.2006 – BStBl 2007 II S. 112).
- Vom Erbbauberechtigten neben Erbbauzins gezahlte Erschließungsbeiträge fließen dem Erbbauverpflichteten erst bei Realisierung des Wertzuwachses zu (>BFH vom 21.11.1989 – BStBl 1990 II S. 310). Der Erbbauberechtigte kann die von ihm gezahlten Erschließungskosten nur verteilt über die Laufzeit des Erbbaurechtes als Werbungskosten abziehen (>BMF vom 16.12.1991 – BStBl I S. 1011).

Zu § 21 EStG   R 21.2   A. II.

- Geht das vom Erbbauberechtigten in Ausübung des Erbbaurechts errichtete Gebäude nach Beendigung des Erbbaurechts entsprechend den Bestimmungen des Erbbaurechtsvertrages entschädigungslos auf den Erbbauverpflichteten über, führt dies beim Erbbauverpflichteten zu einer zusätzlichen Vergütung für die vorangegangene Nutzungsüberlassung (>BFH vom 11.12.2003 – BStBl 2004 II S. 353).

Erhaltungsaufwand
- Erhaltungsaufwendungen nach Beendigung der Vermietung und vor Beginn der Selbstnutzung sind grundsätzlich keine Werbungskosten. Ein Abzug kommt ausnahmsweise in Betracht, soweit sie mit Mitteln der einbehaltenen und als Einnahme erfassten Mietkaution finanziert werden, oder wenn sie zur Beseitigung eines Schadens gemacht werden, der die mit dem gewöhnlichen Gebrauch der Mietsache verbundene Abnutzung deutlich übersteigt, insbesondere eines mutwillig vom Mieter verursachten Schadens (>BFH vom 11.7.2000 – BStBl 2001 II S. 784),
- Aufwendungen für Erhaltungsmaßnahmen, die noch während der Vermietungszeit an einem anschließend selbstgenutzten Gebäude durchgeführt werden, sind grundsätzlich als Werbungskosten abziehbar (>BFH vom 10.10.2000 – BStBl 2001 II S. 787). Sie sind ausnahmsweise dann nicht als Werbungskosten abziehbar, wenn die Maßnahmen für die Selbstnutzung bestimmt sind und in die Vermietungszeit vorverlagert werden. Dies trifft insbesondere dann zu, wenn sie bei bereits gekündigtem Mietverhältnis objektiv nicht zur Wiederherstellung oder Bewahrung der Mieträume und des Gebäudes erforderlich sind (>BMF vom 26.11.2001 – BStBl I S. 868),
- Zur Abgrenzung zwischen Erhaltungs- und Herstellungsaufwendungen >R 21.1 und R 6.4.

Erschließungskosten
>H 6.4 (Erschließungs-, Straßenanlieger- und andere Beiträge)

Ferienwohnung
>BMF vom 8.10.2004 (BStBl I S. 933)

Finanzierungskosten
- Die **dingliche Belastung** von Grundstücken mit Hypotheken oder Grundschulden begründet für sich allein keinen wirtschaftlichen Zusammenhang des Darlehens mit den Einkünften aus Vermietung und Verpachtung. Maßgebend ist vielmehr der tatsächliche Verwendungszweck. Schuldzinsen für ein durch eine Hypothek auf einem weiteren Grundstück gesichertes Darlehen sind daher bei dem Grundstück zu berücksichtigen, für das das Darlehen verwendet wurde (>BFH vom 6.10.2004 – BStBl 2005 II S. 324). Nimmt der Stpfl. ein Darlehen auf, um Grundschulden, die er als Sicherheit für fremde Schulden bestellt hat, abzulösen, sind die für dieses Darlehen aufgewendeten Zinsen und Kreditkosten nicht als Werbungskosten bei seinen Einkünften aus Vermietung und Verpachtung abziehbar (>BFH vom 29.7.1997 – BStBl II S. 772),
- Unterlässt es der Stpfl., einen **allgemeinen Betriebskredit** nach Aufgabe seines Betriebes durch Veräußerung eines früheren Betriebsgrundstücks zu tilgen und vermietet er stattdessen das Grundstück vermögensverwaltend, wird die Verbindlichkeit bis zur Höhe des Grundstückswertes Privatvermögen. Die darauf entfallenden Schuldzinsen sind als Werbungskosten bei den Einkünften aus Vermietung und Verpachtung abziehbar (>BFH vom 19.8.1998 – BStBl 1999 II S. 353). Gleiches gilt, wenn der allgemeine Betriebskredit durch ein neues Darlehen abgelöst wird (>BFH vom 25.1.2001 – BStBl II S. 573),
- Finanzierungskosten für ein **unbebautes Grundstück** sind als vorab entstandene Werbungskosten abziehbar, wenn ein wirtschaftlicher Zusammenhang mit der späteren Bebauung und Vermietung des Gebäudes besteht (>BFH vom 8.2.1983 – BStBl II S. 554). Ein solcher wirtschaftlicher Zusammenhang ist auch bei Erwerb von **Bauerwartungsland** nicht aus-

geschlossen, wenn der Stpfl. damit rechnen kann, dass er das Grundstück in absehbarer Zeit bebauen darf und er seine erkennbare Bauabsicht nachhaltig zu verwirklichen versucht (>BFH vom 4.6.1991 – BStBl II S. 761),
- Zum Schuldzinsenabzug bei einem Darlehen für die Herstellung oder Anschaffung eines **teilweise vermieteten und teilweise selbstgenutzten Gebäudes** >BMF vom 16.4.2004 (BStBl I S. 464),
- Zum Abzug der Schuldzinsen als nachträgliche Werbungskosten bei Vermietung und Verpachtung nach Veräußerung des Mietobjekts oder nach Wegfall der Einkünfteerzielungsabsicht >BMF vom 27.7.2015 (BStBl I S. 581),
- Wird ein zur Finanzierung eines vermieteten Grundstücks aufgenommenes Darlehen unter Zahlung einer **Vorfälligkeitsentschädigung** getilgt, das Grundstück jedoch weiterhin zur Vermietung genutzt, ist die Vorfälligkeitsentschädigung als Werbungskosten bei den Einkünften aus Vermietung und Verpachtung abziehbar (>BFH vom 6.12.2005 – BStBl 2006 II S. 265). Für im Zuge der Veräußerung gezahlte Vorfälligkeitsentschädigung >BMF vom 27.7.2015 (BStBl I S. 581),
- Zu den Schuldzinsen gehören auch die **Nebenkosten der Darlehensaufnahme** und sonstige Kreditkosten einschließlich der Geldbeschaffungskosten. Danach sind auch **Notargebühren** zur Besicherung eines Darlehens (>BFH vom 1.10.2002 – BStBl 2003 II S. 399) oder **Abschlussgebühren** eines Bausparvertrags, der bestimmungsgemäß der Ablösung eines Finanzierungsdarlehens zum Erwerb einer vermieteten Immobilie dient (>BFH vom 1.10.2002 – BStBl 2003 II S. 398) als Werbungskosten abziehbare Schuldzinsen,
- **Damnum** oder **Zinsbegrenzungsprämie** sind in Höhe des vom jeweiligen Darlehensnehmer an das Kreditinstitut gezahlten Betrags als Werbungskosten abziehbar, soweit unter Berücksichtigung der jeweiligen Zinsbelastung die marktüblichen Beträge nicht überschritten werden (>BMF vom 20.10.2003 – BStBl I S. 546). Dem Veräußerer erstattete Damnum-/Disagiobeträge gehören beim Erwerber zu den Anschaffungskosten und sind nicht als Werbungskosten abziehbar, wenn die verpflichtende Erstattung des Damnums/Disagios im Kaufvertrag als Teil des Kaufpreises vereinbart worden ist. Sind hingegen die Konditionen für die Schuldübernahme und die damit verbundene Bezahlung des Damnums/Disagios unabhängig vom Kaufpreis des Grundstücks vereinbart worden und der Grundstückskauf nicht zwingend an die Schuldübernahme gekoppelt, kann die Damnumerstattung zu den eigenen Finanzierungskosten des Erwerbers zu rechnen sein, für die der Werbungskostenabzug zulässig ist (>BFH vom 17.2.1981 – BStBl II S. 466),
- Nehmen **Ehegatten gemeinsam ein gesamtschuldnerisches Darlehen** zur Finanzierung eines vermieteten Gebäudes auf, das einem von ihnen gehört, sind die Schuldzinsen in vollem Umfang als Werbungskosten bei den Einkünften aus Vermietung und Verpachtung des Eigentümerehegatten abziehbar, gleichgültig aus wessen Mitteln sie gezahlt werden (>BFH vom 2.12.1999 – BStBl 2000 II S. 310). Entsprechendes gilt für Schuldzinsen, die nach den Grundsätzen des BMF vom 27.7.2015 (BStBl I S. 581) als nachträgliche Werbungskosten abziehbar sind (>BFH vom 16.9.2015 – BStBl 2016 II S. 78),
- Nimmt ein **Ehegatte allein ein Darlehen** zur Finanzierung eines Gebäudes auf, das dem anderen Ehegatten gehört und von diesem zur Einkünfteerzielung genutzt wird, sind die vom Nichteigentümerehegatten gezahlten Schuldzinsen nicht abziehbar. Dies gilt selbst dann, wenn der Eigentümerehegatte für das Darlehen eine selbstschuldnerische Bürgschaft übernimmt und die auf seinem Gebäude lastenden Grundpfandrechte als Sicherheit einsetzt. Die Schuldzinsen können jedoch abgezogen werden, wenn der Eigentümerehegatte sie aus eigenen Mitteln bezahlt, z.B. wenn er seine Mieteinnahmen mit der Maßgabe auf das Konto des anderen Ehegatten überweist, dass dieser daraus die Schuldzinsen entrichten soll (>BFH vom 2.12.1999 – BStBl 2000 II S. 310 und S. 312),
- Nimmt der Eigentümer-Ehegatte alleine ein Darlehen zur Finanzierung eines Gebäudes auf, das der andere Ehegatte zur Einkünfteerzielung nutzt, scheidet ein Abzug der Schuldzinsen beim Nichteigentümer-Ehegatten aus, selbst wenn die Tilgung durch Zahlungen vom Oder-Konto der Ehegatten erfolgt (>BFH vom 21.2.2017 – BStBl I S. 819),

- Sind **Darlehen** zur Finanzierung eines vermieteten Gebäudes, das einem Ehegatten gehört, **teils von den Eheleuten gemeinschaftlich, teils allein vom Nichteigentümerehegatten** aufgenommen worden und wird der Zahlungsverkehr für die Immobilie insgesamt über ein Konto des Nichteigentümerehegatten abgewickelt, werden aus den vom Eigentümerehegatten auf dieses Konto geleiteten eigenen Mitteln (hier: Mieteinnahmen) vorrangig die laufenden Aufwendungen für die Immobilie und die Schuldzinsen für die gemeinschaftlich aufgenommenen Darlehen abgedeckt. Nur soweit die eingesetzten Eigenmittel (Mieteinnahmen) des Eigentümerehegatten darüber hinaus auch die allein vom Nichteigentümerehegatten geschuldeten Zinsen abzudecken vermögen, sind diese Zinsen als Werbungskosten des Eigentümerehegatten abziehbar (>BFH vom 4. 9. 2000 – BStBl 2001 II S. 785),

- Wird eine durch ein Darlehen finanzierte Immobilie **veräußert** und unter Aufrechterhaltung des Darlehens nur ein Teil des Verkaufserlöses dazu verwendet, durch die Anschaffung einer anderen Immobilie Einkünfte aus Vermietung und Verpachtung zu erzielen, können aus dem **fortgeführten Darlehen** nicht mehr an Schuldzinsen als Werbungskosten abgezogen werden als dem Anteil der Anschaffungskosten der neuen Immobilie an dem gesamten Verkaufserlös entspricht (>BFH vom 8. 4. 2003 – BStBl II S. 706),

- Schuldzinsen, die der Erwerber eines zum Vermieten bestimmten Grundstücks vereinbarungsgemäß für den **Zeitraum nach dem Übergang von Besitz, Nutzen, Lasten und Gefahren** bis zur später eintretenden Fälligkeit des Kaufpreises an den Veräußerer zahlt, sind als Werbungskosten abziehbar (>BFH vom 27. 7. 2004 – BStBl II S. 1002),

- Wird ein als Darlehen empfangener Geldbetrag nicht zur Begleichung von Aufwendungen im Zusammenhang mit der Vermietungstätigkeit genutzt, sondern in einen **Cash-Pool** eingebracht, aus dem später die Kosten bestritten werden, sind die Schuldzinsen nicht als Werbungskosten abziehbar (>BFH vom 29. 3. 2007 – BStBl II S. 645),

- Aufwendungen für ein zur Finanzierung von Versicherungsbeiträgen aufgenommenes **Darlehen** können als Werbungskosten abziehbar sein, wenn die **Kapitallebensversicherung** der Rückzahlung von Darlehen dient, die zum Erwerb von Mietgrundstücken aufgenommen worden sind (>BFH vom 25. 2. 2009 – BStBl II S. 459),

- **Bauzeitzinsen**, die während der Herstellungsphase, in der noch keine Vermietungsabsicht bestand, entstanden sind, stellen keine vorweggenommenen Werbungskosten dar. Sie können in die Herstellungskosten des Gebäudes einbezogen werden, wenn das fertiggestellte Gebäude durch Vermietung genutzt wird (>BFH vom 23. 5. 2012 – BStBl II S. 674).

Fonds, geschlossene

- Zur Abgrenzung zwischen Werbungskosten, Anschaffungskosten und Herstellungskosten >BMF vom 20. 10. 2003 (BStBl I S. 546).

- Provisionsrückzahlungen, die der Eigenkapitalvermittler Fondsgesellschaftern gewährt, mindern die Anschaffungskosten der Immobilie, weil die Provisionszahlungen zu den Anschaffungskosten gehören (>BFH vom 26. 2. 2002 – BStBl II S. 796).

Negative Einnahmen

Mietentgelte, die der Verfügungsberechtigte nach § 7 Abs. 7 Satz 2 VermG an den Restitutionsberechtigten herausgibt, sind im Jahr des Abflusses negative Einnahmen (>BFH vom 11. 1. 2005 – BStBl II S. 456).

Nießbrauch und andere Nutzungsrechte

Zur einkommensteuerrechtlichen Behandlung des Nießbrauchs und anderer Nutzungsrechte bei Einkünften aus Vermietung und Verpachtung >BMF vom 30. 9. 2013 (BStBl I S. 1184)

Sinngemäße Anwendung des § 15a EStG

- Zur Haftung und zur Unwahrscheinlichkeit der Inanspruchnahme eines Gesellschafters einer GbR mit Einkünften aus Vermietung und Verpachtung >BMF vom 30.6.1994 (BStBl I S. 355),
- Bei der Ermittlung des Ausgangswertes für die Höhe der verrechenbaren Werbungskostenüberschüsse gem. § 15a Abs. 4 Satz 1 i.V. m. § 21 Abs. 1 Satz 2 EStG der Gesellschafter einer KG mit positiven Einkünften aus Kapitalvermögen und negativen Einkünften aus Vermietung und Verpachtung sind die Einkünfte aus Kapitalvermögen einzubeziehen (>BFH vom 15.10.1996 – BStBl 1997 II S. 250),
- Der einem Kommanditisten zuzurechnende, nicht ausgeglichene oder abgezogene Verlustanteil ist auch mit Überschüssen aus privaten Veräußerungsgeschäften, die ihm in späteren Wj. aus dieser Beteiligung zuzurechnen sind, zu verrechnen (>BFH vom 2.9.2014 – BStBl 2015 II S. 263).

Sozialpädagogische Lebensgemeinschaft

Bei der Vermietung von gemeinschaftlich genutzten Räumen an den Betrieb einer sozialpädagogischen Lebensgemeinschaft stellt die Aufteilung nach der Zahl der Nutzer einer Wohnung einen objektiven Maßstab dar, der eine sichere und leichte Abgrenzung einer steuerbaren Raumnutzung von der privaten Wohnnutzung ermöglicht (>BFH vom 25.6.2009 – BStBl 2010 II S. 122).

Treuhandverhältnisse

- Zur Zurechnung von Einkünften aus Vermietung und Verpachtung bei Treuhandverhältnissen >BMF vom 1.9.1994 (BStBl I S. 604),
- Zur sinngemäßen Anwendung von § 15a Abs. 5 Nr. 2 EStG bei Treuhandverhältnissen >BFH vom 25.7.1995 (BStBl 1996 II S. 128).

Verrechenbare Werbungskostenüberschüsse

Bei der Ermittlung des Ausgangswertes für die Höhe der verrechenbaren Werbungskostenüberschüsse gem. § 15a Abs. 4 Satz 1 i.V. m. § 21 Abs. 1 Satz 2 EStG der Gesellschafter einer KG mit positiven Einkünften aus Kapitalvermögen und negativen Einkünften aus Vermietung und Verpachtung sind die Einkünfte aus Kapitalvermögen einzubeziehen (>BFH vom 15.10.1996 – BStBl 1997 II S. 250).

Werbungskosten

- >Erhaltungsaufwand,
- >Finanzierungskosten,
- >Zweitwohnungssteuer,
- Die nach dem WEG an den Verwalter gezahlten **Beiträge zur Instandhaltungsrücklage** sind erst bei Verausgabung der Beträge für Erhaltungsmaßnahmen als Werbungskosten abziehbar (>BFH vom 26.1.1988 – BStBl II S. 577),
- Als **dauernde Last** zu beurteilende wiederkehrende Leistungen zum Erwerb eines zum Vermieten bestimmten Grundstücks führen nur in Höhe des in ihnen enthaltenen **Zinsanteils** zu sofort abziehbaren Werbungskosten; in Höhe des Barwerts der dauernden Last liegen Anschaffungskosten vor, die, soweit der Barwert auf das Gebäude entfällt, in Form von AfA als Werbungskosten abziehbar sind (>BFH vom 9.2.1994 – BStBl 1995 II S. 47),
- **Aussetzungszinsen für Grunderwerbsteuer** eines zur Erzielung von Mieteinkünften dienenden Gebäudes gehören zu den sofort abzugsfähigen Werbungskosten (>BFH vom 25.7.1995 – BStBl II S. 835),

- Ein gesondertes Honorar für tatsächlich **nicht erbrachte Architektenleistung** gehört nicht zu den Herstellungskosten eines später errichteten anderen Gebäudes, sondern ist als Werbungskosten abziehbar (>BFH vom 8. 9. 1998 – BStBl 1999 II S. 20),
- **Vergütungen** für einen ausschließlich zur Vermögenssorge bestellten **Betreuer** stellen Werbungskosten bei den mit dem verwalteten Vermögen erzielten Einkünften dar, sofern die Tätigkeit des Betreuers weder einer kurzfristigen Abwicklung des Vermögens noch der Verwaltung ertraglosen Vermögens dient (>BFH vom 14. 9. 1999 – BStBl 2000 II S. 69),
- Auch nach Aufgabe der Einkünfteerzielungsabsicht können vorab entstandene **vergebliche Werbungskosten** abziehbar sein, wenn sie getätigt worden sind, um sich aus einer gescheiterten Investition zu lösen und so die Höhe der vergeblich aufgewendeten Kosten zu begrenzen (>BFH vom 15. 11. 2005 – BStBl 2006 II S. 258 und vom 7. 6. 2006 – BStBl II S. 803),
- Aufwendungen für ein **Schadstoff-Gutachten**, das der Feststellung der durch einen Mieter verursachten Bodenverunreinigungen dient, können als Werbungskosten abziehbar sein (>BFH vom 17. 7. 2007 – BStBl II S. 941),
- **Grunderwerbsteuer** nach § 1 Abs. 2a GrEStG **bei Gesellschafterwechsel** (>BFH vom 2. 9. 2014 – BStBl 2015 II S. 260),
- Aufwendungen für eine auf Dauer angelegte Testamentsvollstreckung können bei den aus der Verwaltung des Nachlasses erzielten Einkünften aus Vermietung und Verpachtung als Werbungskosten abgezogen werden. Werden aus dem Nachlass noch andere Einkünfte erzielt, kommt es für die Aufteilung der Aufwendungen auf die verschiedenen Einkunftsarten auf die Zusammensetzung des Nachlasses im jeweiligen VZ an, wenn sich der Anspruch des Testamentsvollstreckers nach dem Nachlasswert bemisst (>BFH vom 8. 11. 2017 – BStBl 2018 II S. 191).
- Zu verlorenen Aufwendungen bei gescheitertem Immobilienerwerb >BFH vom 9. 5. 2017 (BStBl 2018 II S. 168)

Keine Werbungskosten
- Aufwendungen zur **Schadensbeseitigung**, zu denen sich der Verkäufer im Kaufvertrag über sein Mietwohngrundstück verpflichtet hat (>BFH vom 23. 1. 1990 – BStBl II S. 465),
- Zahlungen anteiliger Grundstückserträge an den geschiedenen Ehegatten auf Grund eines **Scheidungsfolgevergleichs** zur Regelung des Zugewinnausgleichs (>BFH vom 8. 12. 1992 – BStBl 1993 II S. 434),
- **Veruntreute Geldbeträge** durch einen Miteigentümer (>BFH vom 20. 12. 1994 – BStBl 1995 II S. 534),
- Aufwendungen für die **geplante** Veräußerung eines Grundstücks, auch wenn das Grundstück tatsächlich weiterhin vermietet wird (>BFH vom 19. 12. 1995 – BStBl 1996 II S. 198),
- Aufwendungen, die auf eine Zeit entfallen, in der der Stpfl. die Absicht hatte, die angeschaffte oder hergestellte Wohnung **selbst zu beziehen**, auch wenn er sich anschließend zu deren Vermietung entschlossen hat (>BFH vom 23. 7. 1997 – BStBl 1998 II S. 15),
- Aufwendungen eines mit einem vermieteten Grundstück Beschenkten, die auf Grund eines **Rückforderungsanspruchs** des Schenkers wegen Verarmung gem. § 528 Abs. 1 BGB geleistet werden (>BFH vom 19. 12. 2000 – BStBl 2001 II S. 342),
- Aufwendungen, die allein oder ganz überwiegend durch die **Veräußerung** des Mietwohnobjekts veranlasst oder die im Rahmen einer Grundstücksveräußerung für vom Verkäufer zu erbringende Reparaturen angefallen sind; dies gilt auch dann, wenn die betreffenden Arbeiten noch während der Vermietungszeit durchgeführt werden (>BFH vom 14. 12. 2004 – BStBl 2005 II S. 343). Entsprechendes gilt bei einer gescheiterten Grundstücksveräußerung (>BFH vom 1. 8. 2012 – BStBl II S. 781),
- im **Restitutionsverfahren** nach dem VermG zum Ausgleich von Instandsetzungs- und Modernisierungsaufwendungen an einem rückübertragenen Gebäude geleistete Zahlungen (>BFH vom 11. 1. 2005 – BStBl II S. 477),

- **Abstandszahlungen** an den Mieter zur vorzeitigen Räumung der Wohnung, wenn der Vermieter deren Nutzung zu eigenen Wohnzwecken beabsichtigt (>BFH vom 7.7.2005 – BStBl II S. 760),
- **Verluste aus Optionsgeschäften**, auch dann nicht, wenn Mieteinnahmen dazu verwendet werden, die Optionsgeschäfte durchzuführen und beabsichtigt ist, die angelegten Beträge wiederum für Zwecke der Vermietung zu verwenden (>BFH vom 18.9.2007 – BStBl 2008 II S. 26),
- **Prozess- und Anwaltskosten**, die mit dem Antrag auf Auflösung einer Grundstücksgemeinschaft durch Verkauf des gemeinschaftlichen, bislang vermieteten Grundstücks im Wege der Teilungsversteigerung verbunden sind (>BFH vom 19.3.2013 – BStBl II S. 536),
- **Beiträge für Risikolebensversicherungen**, welche der Absicherung von Darlehen dienen, die zur Finanzierung der Anschaffungskosten einer der Einkünfteerzielung dienenden Immobilie aufgenommen werden (>BFH vom 13.10.2015 – BStBl 2016 II S. 210),
- die Vergütung des Verbraucherinsolvenztreuhänders; diese ist insgesamt dem Privatbereich des Stpfl. zuzuordnen und kann nicht – auch nicht anteilig – bei den Einkünften aus Vermietung und Verpachtung abgezogen werden (>BFH vom 4.8.2016 – BStBl 2017 II S. 276).

Zwangsverwaltung
Zur Ermittlung der Einkünfte für den Zeitraum einer Zwangsverwaltung >BMF vom 3.5.2017 (BStBl I S. 718), Rn. 28-32

Zweitwohnungssteuer
Die Zweitwohnungssteuer ist mit dem auf die Vermietung der Wohnung an wechselnde Feriengäste entfallenden zeitlichen Anteil als Werbungskosten abziehbar (>BFH vom 15.10.2002 – BStBl 2003 II S. 287).

R 21.3	**Verbilligt überlassene Wohnung**

¹In den Fällen des § 21 Abs. 2 EStG ist von der ortsüblichen Marktmiete für Wohnungen vergleichbarer Art, Lage und Ausstattung auszugehen. ²Die ortsübliche Marktmiete umfasst die ortsübliche Kaltmiete zuzüglich der nach der Betriebskostenverordnung umlagefähigen Kosten.

H 21.3

Einkünfteerzielungsabsicht bei verbilligter Überlassung einer Wohnung
>BMF vom 8.10.2004 (BStBl I S. 933)

Gewinneinkünfte
- § 21 Abs. 2 EStG ist auf Gewinneinkünfte nicht entsprechend anzuwenden (>BFH vom 29.4.1999 – BStBl II S. 652).
- >H 4.7 (Teilentgeltliche Überlassung)

Ortsübliche Marktmiete
- Unter ortsüblicher Miete für Wohnungen vergleichbarer Art, Lage und Ausstattung ist die ortsübliche Kaltmiete zuzüglich der nach der Betriebskostenverordnung umlagefähigen Kosten zu verstehen (>BFH vom 10.5.2016 – BStBl II S. 835).
- Bei der Überlassung von (teil-)möblierten Wohnungen ist für die Berechnung der ortsüblichen Miete grundsätzlich ein Möblierungszuschlag anzusetzen, der am Markt zu realisieren

ist. Soweit der Mietspiegel für die überlassenen Möbel einen prozentualen Zuschlag oder eine Erhöhung des Ausstattungsfaktors vorsieht, ist dies als marktüblich anzusehen. Lässt sich aus dem Mietspiegel kein am Markt realisierbarer Möblierungszuschlag entnehmen, kann ein erforderlicher Zuschlag auf der Grundlage des örtlichen Mietmarkts für möblierte Wohnungen ermittelt werden (z. B. durch Sachverständigengutachten oder Rückgriff auf aktuellere Entwicklungen auf dem maßgebenden Mietmarkt/Neuauflagen des örtlichen Mietspiegels). Ist ein marktüblicher Gebrauchswert für die überlassenen Möbel nicht zu ermitteln, kommt ein Möblierungszuschlag nicht in Betracht. Die Annahme eines Möblierungszuschlags in Höhe der monatlichen AfA für die überlassenen Möbel (zuzüglich eines Gewinnaufschlags) ist nicht zulässig (>BFH vom 6. 2. 2018 – BStBl II S. 522).

Überlassung an fremde Dritte
Die Nutzungsüberlassung ist in den Fällen des § 21 Abs. 2 EStG selbst dann in einen entgeltlichen und einen unentgeltlichen Teil aufzuteilen, wenn die Wohnung einem fremden Dritten überlassen wird und der Stpfl. aus vertraglichen oder tatsächlichen Gründen gehindert ist, das vereinbarte Entgelt zu erhöhen (>BFH vom 28. 1. 1997 – BStBl II S. 605).

R 21.4	**Miet- und Pachtverträge zwischen Angehörigen und Partnern einer nichtehelichen Lebensgemeinschaft**

Die für die steuerliche Beurteilung von Verträgen zwischen Ehegatten geltenden Grundsätze können nicht auf Verträge zwischen Partnern einer nichtehelichen Lebensgemeinschaft – ausgenommen eingetragene Lebenspartnerschaften – übertragen werden, es sei denn, dass der Vertrag die gemeinsam genutzte Wohnung betrifft.

H 21.4

Fremdvergleich
Im Rahmen des Fremdvergleichs (>H 4.8) schließt nicht jede Abweichung vom Üblichen notwendigerweise die steuerliche Anerkennung aus. Voraussetzung ist aber, dass die Hauptpflichten der Mietvertragsparteien wie Überlassen einer konkret bestimmten Mietsache und Höhe der zu entrichtenden Miete stets klar und eindeutig vereinbart sowie entsprechend dem Vereinbarten durchgeführt werden. Diese Anforderungen sind auch an nachträgliche Vertragsänderungen zu stellen (>BFH vom 20. 10. 1997 – BStBl 1998 II S. 106). Die steuerliche Anerkennung des Mietverhältnisses ist danach **nicht allein dadurch ausgeschlossen**, dass

– die Mieterin, nachdem der Vermieter sein Konto aufgelöst hat, die Miete wie mündlich vereinbart vorschüssig bar bezahlt (>BFH vom 7. 5. 1996 – BStBl 1997 II S. 196),

– keine schriftliche Vereinbarung hinsichtlich der Nebenkosten getroffen worden ist und z. B. der Umfang der auf die Wohnung entfallenden Nebenkosten unter Berücksichtigung der sonstigen Pflichten unbedeutend ist (>BFH vom 21. 10. 1997 – BStBl 1998 II S. 108 und vom 17. 2. 1998 – BStBl II S. 349),

– ein Mietvertrag mit einem Angehörigen nach seinem Inhalt oder in seiner Durchführung Mängel aufweist, die auch bei einem mit einem Fremden abgeschlossenen Mietverhältnis aufgetreten sind (>BFH vom 28. 6. 2002 – BStBl II S. 699),

– ein Ehegatte dem anderen seine an dessen Beschäftigungsort belegene und im Rahmen einer doppelten Haushaltsführung genutzte Wohnung zu fremdüblichen Bedingungen vermietet (>BFH vom 11. 3. 2003 – BStBl II S. 627),

– eine verbilligte Vermietung vorliegt (>BFH vom 22. 7. 2003 – BStBl II S. 806).

Das Mietverhältnis ist jedoch steuerlich **nicht anzuerkennen**, wenn
- die Mietzahlungen entgegen der vertraglichen Vereinbarung nicht regelmäßig, sondern in einem späteren Jahr in einem Betrag gezahlt werden (>BFH vom 19. 6. 1991 – BStBl 1992 II S. 75),
- nicht feststeht, dass die gezahlte Miete tatsächlich endgültig aus dem Vermögen des Mieters in das des Vermieters gelangt. Ein Beweisanzeichen dafür kann sich insbesondere daraus ergeben, dass der Mieter wirtschaftlich nicht oder nur schwer in der Lage ist, die Miete aufzubringen (>BFH vom 28. 1. 1997 – BStBl II S. 655),
- eine Einliegerwohnung zur Betreuung eines Kleinkindes an die Großeltern vermietet wird, die am selben Ort weiterhin über eine größere Wohnung verfügen (>BFH vom 14. 1. 1992 – BStBl II S. 549),
- Wohnräume im Haus der Eltern, die keine abgeschlossene Wohnung bilden, an volljährige unterhaltsberechtigte Kinder vermietet werden (>BFH vom 16. 1. 2003 – BStBl II S. 301).

Nichteheliche Lebensgemeinschaft
Keine einkommensteuerliche Anerkennung eines Mietverhältnisses zwischen Partnern einer nichtehelichen Lebensgemeinschaft über eine gemeinsam bewohnte Wohnung (>BFH vom 30. 1. 1996 – BStBl II S. 359).

Sicherungsnießbrauch
Die gleichzeitige Vereinbarung eines Nießbrauchs und eines Mietvertrages steht der steuerlichen Anerkennung des Mietverhältnisses jedenfalls dann nicht entgegen, wenn das dingliche Nutzungsrecht lediglich zur Sicherung des Mietverhältnisses vereinbart und nicht tatsächlich ausgeübt wird (>BFH vom 3. 2. 1998 – BStBl II S. 539).

Vermietung an Angehörige nach Grundstücksübertragung
Eine rechtsmissbräuchliche Gestaltung bei Mietverträgen unter Angehörigen liegt nicht vor, wenn der Mieter
- vor Abschluss des Mietvertrags das Grundstück gegen wiederkehrende Leistungen auf den Vermieter übertragen hat (>BFH vom 10. 12. 2003 – BStBl 2004 II S. 643),
- auf das im Zusammenhang mit der Grundstücksübertragung eingeräumte unentgeltliche Wohnungsrecht verzichtet und stattdessen mit dem neuen Eigentümer einen Mietvertrag abgeschlossen hat (>BFH vom 17. 12. 2003 – BStBl 2004 II S. 646).

Das Mietverhältnis ist jedoch wegen rechtsmissbräuchlicher Gestaltung steuerlich nicht anzuerkennen, wenn
- ein im Zusammenhang mit einer Grundstücksübertragung eingeräumtes unentgeltliches Wohnungsrecht gegen Vereinbarung einer dauernden Last aufgehoben und gleichzeitig ein Mietverhältnis mit einem Mietzins in Höhe der dauernden Last vereinbart wird (>BFH vom 17. 12. 2003 – BStBl 2004 II S. 648).

>Fremdvergleich

Vermietung an Unterhaltsberechtigte
Mietverträge mit Angehörigen sind nicht bereits deshalb rechtsmissbräuchlich, weil der Stpfl. dem Angehörigen gegenüber unterhaltsverpflichtet ist und die Miete aus den geleisteten Unterhaltszahlungen erbracht wird. Nicht rechtsmissbräuchlich ist daher ein Mietverhältnis mit:
- der unterhaltsberechtigten Mutter (>BFH vom 19. 12. 1995 – BStBl 1997 II S. 52),
- der volljährigen Tochter und deren Ehemann (>BFH vom 28. 1. 1997 – BStBl II S. 599),
- dem geschiedenen oder dauernd getrennt lebenden Ehegatten, wenn die Miete mit dem geschuldeten Barunterhalt verrechnet wird (>BFH vom 16. 1. 1996 – BStBl II S. 214); wird dagegen eine Wohnung auf Grund einer Unterhaltsvereinbarung zu Wohnzwecken überlas-

sen und dadurch der Anspruch des Unterhaltsberechtigten auf Barunterhalt vermindert, liegt kein Mietverhältnis vor (>BFH vom 17.3.1992 – BStBl II S. 1009); zum Abzug des Mietwerts als Sonderausgabe i. S. d. § 10 Abs. 1a Nr. 1 EStG >H 10.2 (Wohnungsüberlassung),
– unterhaltsberechtigten Kindern, auch wenn das Kind die Miete durch Verrechnung mit dem Barunterhalt der Eltern zahlt (>BFH vom 19.10.1999 – BStBl 2000 II S. 223 und S. 224) oder die Miete aus einer einmaligen Geldschenkung der Eltern bestreitet (>BFH vom 28.3.1995 – BStBl 1996 II S. 59). Das Mietverhältnis ist allerdings nicht anzuerkennen, wenn Eltern und Kinder noch eine Haushaltsgemeinschaft bilden (>BFH vom 19.10.1999 – BStBl 2000 II S. 224).

Vorbehaltsnießbrauch

Ist das mit dem Vorbehaltsnießbrauch belastete Grundstück vermietet, erzielt der Nießbraucher Einkünfte aus Vermietung und Verpachtung. Dies gilt auch, wenn der Nießbraucher das Grundstück dem Grundstückseigentümer entgeltlich zur Nutzung überlässt (>BMF vom 30.9.2013 – BStBl I S. 1184, Rz. 41).

Wechselseitige Vermietung und Gestaltungsmissbrauch

– Keine einkommensteuerliche Berücksichtigung, wenn planmäßig in etwa gleichwertige Wohnungen von Angehörigen angeschafft bzw. in Wohnungseigentum umgewandelt werden, um sie sogleich wieder dem anderen zu vermieten (>BFH vom 19.6.1991 – BStBl II S. 904 und vom 25.1.1994 – BStBl II S. 738).
– Mietrechtliche Gestaltungen sind insbesondere dann unangemessen i. S. v. § 42 AO, wenn derjenige, der einen Gebäudeteil für eigene Zwecke benötigt, einem anderen daran die wirtschaftliche Verfügungsmacht einräumt, um ihn anschließend wieder zurück zu mieten (>BFH vom 9.10.2013 – BStBl 2014 II S. 527).
– Überträgt der Alleineigentümer von zwei Eigentumswohnungen einem nahen Angehörigen nicht die an diesen vermietete, sondern die von ihm selbstgenutzte Wohnung, stellt das gleichzeitig für diese Wohnung abgeschlossene Mietverhältnis mit dem nahen Angehörigen keinen Gestaltungsmissbrauch i. S. d. § 42 AO dar (>BFH vom 12.9.1995 – BStBl 1996 II S. 158).

R 21.5 Behandlung von Zuschüssen

(1) ¹Zuschüsse zur Finanzierung von Baumaßnahmen aus öffentlichen oder privaten Mitteln, die keine Mieterzuschüsse sind (z. B. Zuschuss einer Flughafengesellschaft für den Einbau von Lärmschutzfenstern), gehören grundsätzlich nicht zu den Einnahmen aus Vermietung und Verpachtung. ²Handelt es sich bei den bezuschussten Aufwendungen um Herstellungskosten, sind ab dem Jahr der Bewilligung des AfA, die erhöhten Absetzungen oder die Sonderabschreibungen nach den um den Zuschuss verminderten Herstellungskosten zu bemessen; >R 7.3 Abs. 4 Satz 2 und R 7a Abs. 4. ³Das gilt auch bei Zufluss des Zuschusses in mehreren Jahren. ⁴Wird der Zuschuss zurückgezahlt, sind vom Jahr des Entstehens der Rückzahlungsverpflichtung an die AfA oder die erhöhten Absetzungen oder die Sonderabschreibungen von der um den Rückzahlungsbetrag erhöhten Bemessungsgrundlage vorzunehmen. ⁵Handelt es sich bei den bezuschussten Aufwendungen um Erhaltungsaufwendungen oder Schuldzinsen, sind diese nur vermindert um den Zuschuss als Werbungskosten abziehbar. ⁶Fällt die Zahlung des Zuschusses und der Abzug als Werbungskosten nicht in einen VZ, rechnet der Zuschuss im Jahr der Zahlung zu den Einnahmen aus Vermietung und Verpachtung. ⁷Wählt der Stpfl. eine gleichmäßige Verteilung nach §§ 11a, 11b EStG oder § 82b EStDV, mindern die gezahlten Zuschüsse im Jahr des Zuflusses die zu verteilenden Erhaltungsaufwendungen. ⁸Der verbleibende Betrag ist gleichmäßig auf den verbleibenden Abzugszeitraum zu verteilen. ⁹Soweit der Zuschuss die noch nicht berücksichtigten Erhaltungsaufwendungen übersteigt oder wird er erst nach Ablauf des Verteilungs-

zeitraums gezahlt, rechnet der Zuschuss zu den Einnahmen aus Vermietung und Verpachtung. [10]Hat der Stpfl. die Zuschüsse zurückgezahlt, sind sie im Jahr der Rückzahlung als Werbungskosten abzuziehen.

(2) Abweichend von Absatz 1 handelt es sich bei Zuschüssen, die keine Mieterzuschüsse sind, im Kalenderjahr des Zuflusses um Einnahmen aus Vermietung und Verpachtung, wenn sie eine Gegenleistung für die Gebrauchsüberlassung des Grundstücks darstellen (z. B. Zuschuss als Gegenleistung für eine Mietpreisbindung oder Nutzung durch einen bestimmten Personenkreis); § 11 Abs. 1 Satz 3 EStG ist zu beachten.

(3) [1]Vereinbaren die Parteien eines Mietverhältnisses eine Beteiligung des Mieters an den Kosten der Herstellung des Gebäudes oder der Mieträume oder lässt der Mieter die Mieträume auf seine Kosten wieder herrichten und einigt er sich mit dem Vermieter, dass die Kosten ganz oder teilweise verrechnet werden, entsteht dem Mieter ein Rückzahlungsanspruch, der in der Regel durch Anrechnung des vom Mieter aufgewandten Betrags (Mieterzuschuss) auf den Mietzins wie eine Mietvorauszahlung befriedigt wird. [2]Für Mieterzuschüsse ist § 11 Abs. 1 Satz 3 EStG zu beachten. [3]Als vereinnahmte Miete ist dabei jeweils die tatsächlich gezahlte Miete zuzüglich des anteiligen Vorauszahlungsbetrags anzusetzen. [4]Satz 3 gilt nur für die vereinnahmte Nettomiete, nicht für vereinnahmte Umsatzsteuerbeträge. [5]Die AfA nach § 7 EStG und die erhöhten Absetzungen oder Sonderabschreibungen sind von den gesamten Herstellungskosten (eigene Aufwendungen des Vermieters zuzüglich Mieterzuschüsse) zu berechnen. [6]Hat ein Mieter Kosten getragen, die als Erhaltungsaufwand zu behandeln sind, sind aus Vereinfachungsgründen nur die eigenen Kosten des Vermieters als Werbungskosten zu berücksichtigen. [7]Wird ein Gebäude während des Verteilungszeitraums veräußert, in ein Betriebsvermögen eingebracht oder nicht mehr zur Erzielung von Einkünften i. S. d. § 2 Abs. 1 Satz 1 Nr. 4 bis 7 EStG genutzt, ist der noch nicht als Mieteinnahme berücksichtigte Teil der Mietvorauszahlung in dem betreffenden VZ als Einnahme bei den Einkünften aus Vermietung und Verpachtung anzusetzen. [8]In Veräußerungsfällen erhöhen sich seine Mieteinnahmen insoweit nicht, als unberücksichtigte Zuschussteile entsprechende Minderung des Kaufpreises und Übernahme der Verpflichtung gegenüber den Mietern auf den Käufer übergegangen sind.

(4) Entfallen Zuschüsse auf eine eigengenutzte oder unentgeltlich an Dritte überlassene Wohnung, gilt Folgendes:
1. Handelt es sich bei den bezuschussten Aufwendungen um Herstellungs- oder Anschaffungskosten, für die der Stpfl. die Steuerbegünstigung nach § 10f Abs. 1 EStG oder § 7 FördG, die Eigenheimzulage oder die Investitionszulage nach § 4 InvZulG 1999 in Anspruch nimmt, gilt Absatz 1 Satz 2 bis 4 entsprechend.
2. Handelt es sich bei den bezuschussten Aufwendungen um Erhaltungsaufwand, für den der Stpfl. die Steuerbegünstigung nach § 10f Abs. 2 EStG oder § 7 FördG oder die Investitionszulage nach § 4 InvZulG 1999 in Anspruch nimmt, gilt Absatz 1 Satz 5 und 10 entsprechend.

H 21.5

Zuschüsse

- Zuschüsse, die eine Gemeinde für die Durchführung bestimmter Maßnahmen, die der Erhaltung, Erneuerung und funktionsgerechten Verwendung des Gebäudes dienen, unabhängig von der Nutzung des Gebäudes gewährt, mindern die Herstellungskosten und sind nicht als Einnahmen aus Vermietung und Verpachtung zu behandeln. Die Herstellungskosten sind auch dann um einen Zuschuss zu kürzen, wenn der Stpfl. im Vorjahr einen Zuschuss als Einnahme behandelt hatte (>BFH vom 26. 3. 1991 – BStBl 1992 II S. 999).
- Der Zuschuss einer Gemeinde zum Bau einer Tiefgarage ohne Vereinbarung einer Mietpreisbindung oder Nutzung durch bestimmte Personen mindert die Herstellungskosten. Die mit dem Zuschuss verbundene Verpflichtung, die Tiefgarage der Öffentlichkeit gegen Ent-

gelt zur Verfügung zu stellen, ist keine Gegenleistung des Empfängers (>BFH vom 23.3.1995 – BStBl II S. 702).
– Öffentliche Fördermittel (Zuschüsse oder nicht rückzahlbare Darlehen), die ein Bauherr im Rahmen des sog. Dritten Förderungswegs für Belegungs- und Mietpreisbindungen erhält, sind im Zuflussjahr Einnahmen aus Vermietung und Verpachtung (>BFH vom 14.10.2003 – BStBl 2004 II S. 14).

R 21.6	**Miteigentum und Gesamthand**

[1]Die Einnahmen und Werbungskosten sind den Miteigentümern grundsätzlich nach dem Verhältnis der nach bürgerlichem Recht anzusetzenden Anteile zuzurechnen. [2]Haben die Miteigentümer abweichende Vereinbarungen getroffen, sind diese maßgebend, wenn sie bürgerlich-rechtlich wirksam sind und hierfür wirtschaftlich vernünftige Gründe vorliegen, die grundstücksbezogen sind. [3]AfA oder erhöhte Absetzungen und Sonderabschreibungen können nur demjenigen Miteigentümer zugerechnet werden, der die Anschaffungs- oder Herstellungskosten getragen hat.

H 21.6

Abweichende Zurechnung
– Treffen Angehörige als Miteigentümer eine vom zivilrechtlichen Beteiligungsverhältnis abweichende Vereinbarung über die Verteilung der Einnahmen und Ausgaben, ist diese steuerrechtlich nur beachtlich, wenn sie in Gestaltung und Durchführung dem zwischen fremden Dritten Üblichen entspricht; Korrekturmöglichkeit einer unzutreffenden Verteilung im gerichtlichen Verfahren auch dann noch, wenn Gesamtüberschuss bestandskräftig festgestellt ist, weil lediglich die Verteilung des festgestellten Überschusses angefochten wurde (>BFH vom 31.3.1992 – BStBl II S. 890).
– Trägt der Gesellschafter einer GbR deren Werbungskosten über den seiner Beteiligung entsprechenden Anteil hinaus, sind ihm diese Aufwendungen im Rahmen der einheitlichen und gesonderten Feststellung der Einkünfte aus Vermietung und Verpachtung der Gesellschaft ausnahmsweise dann allein zuzurechnen, wenn insoweit weder eine Zuwendung an Mitgesellschafter beabsichtigt ist noch gegen diese ein durchsetzbarer Ausgleichsanspruch besteht (>BFH vom 23.11.2004 – BStBl 2005 II S. 454).

Einbringung von Miteigentumsanteilen
>H 7.3 (Anschaffungskosten)

Mietverhältnis zwischen GbR und Gesellschafter
Der Mietvertrag zwischen einer GbR und einem Gesellschafter ist steuerrechtlich nicht anzuerkennen, soweit diesem das Grundstück nach § 39 Abs. 2 Nr. 2 AO anteilig zuzurechnen ist (>BFH vom 18.5.2004 – BStBl II S. 898).

Miteigentum
A und B sind zu je $1/2$ Miteigentümer eines Hauses mit drei gleich großen Wohnungen. Wohnung 1 vermietet die Gemeinschaft an B zu Wohnzwecken, Wohnung 2 überlassen A und B ihren Eltern unentgeltlich zu Wohnzwecken, Wohnung 3 wird an Dritte vermietet.
Hinsichtlich Wohnung 3 ist davon auszugehen, dass A und B diese gemeinschaftlich vermieten (>BFH vom 26.1.1999 – BStBl II S. 360). Auch Wohnung 2 nutzen A und B durch die unentgeltliche Überlassung an die Eltern gemeinschaftlich.

Die Nutzung von Wohnung 1 durch B zu eigenen Wohnzwecken führt nicht zum vorrangigen „Verbrauch" seines Miteigentumsanteils. Bei gemeinschaftlichem Bruchteilseigentum wird die Sache selbst weder real noch ideell geteilt; geteilt wird nur die Rechtszuständigkeit am gemeinschaftlichen Gegenstand. Dementsprechend ist nicht das Gebäude, sondern – im Rahmen einer Vereinbarung nach § 745 Abs. 1 BGB – das Nutzungsrecht am Gebäude zwischen A und B aufgeteilt worden. A hat B – abweichend von § 743 Abs. 2 BGB – einen weiter gehenden Gebrauch der gemeinschaftlichen Sache eingeräumt. Hierfür stünde A ein Entschädigungsanspruch aus § 745 Abs. 2 BGB zu. Stattdessen hat er zugunsten von B gegen Entgelt auf sein Mitgebrauchsrecht verzichtet und B die Wohnung 1 zur Alleinnutzung überlassen. A erzielt insoweit Einkünfte aus Vermietung und Verpachtung (>BFH vom 18. 5. 2004 – BStBl II S. 929).

Unterbeteiligung an einer Personengesellschaft
Ein Unterbeteiligter an einer Personengesellschaft erzielt dann keine Einkünfte aus Vermietung und Verpachtung, wenn er nicht nach außen als Vermieter in Erscheinung tritt und der Hauptbeteiligte ihn nur auf schuldrechtlicher Grundlage am Einnahmeüberschuss und am Auseinandersetzungsguthaben beteiligt sowie ihm nur in bestimmten Gesellschaftsangelegenheiten Mitwirkungsrechte einräumt (>BFH vom 17. 12. 1996 – BStBl 1997 II S. 406).

R 21.7	**Substanzausbeuterecht**

– unbesetzt –

H 21.7

Abgrenzung Pacht-/Kaufvertrag
– Die zeitlich begrenzte Überlassung von Grundstücken zur Hebung der darin ruhenden Bodenschätze (sog. Ausbeuteverträge) ist grundsätzlich als Pachtvertrag zu beurteilen. Nur wenn sich der zu beurteilende Sachverhalt als Übertragung des überlassenen Gegenstands/ Rechts darstellt und der Vertrag keine wesentlichen veräußerungsatypischen Elemente enthält, können Ausbeuteverträge als Veräußerungsvorgänge angesehen werden. Ein solcher Ausnahmefall kann z. B. vorliegen
  – bei einem zeitlich begrenzten Abbau und der Lieferung einer fest begrenzten Menge an Bodensubstanz (>BFH vom 19. 7. 1994 – BStBl II S. 846),
  – bei endgültiger und unwiederbringlicher Veräußerung und Übertragung eines Rechts/ einer Abbaugerechtigkeit (>BFH vom 11. 2. 2014 – BStBl II S. 566),
– Einnahmen aus Vermietung und Verpachtung sind:
  – Entgelte für die Ausbeute von Bodenschätzen (>BFH vom 21. 7. 1993 – BStBl 1994 II S. 231 und vom 4. 12. 2006 – BStBl 2007 II S. 508),
  – Entgelt für die Überlassung eines Grundstücks, wenn dieses zwar bürgerlich-rechtlich übereignet wird, die Vertragsparteien aber die Rückübertragung nach Beendigung der Ausbeute vereinbaren (>BFH vom 5. 10. 1973 – BStBl 1974 II S. 130); dies gilt auch bei zusätzlicher Vereinbarung einer Steuerklausel, wenn diese dem Finanzamt nicht rechtzeitig offenbart wird (>BFH vom 24. 11. 1992 – BStBl 1993 II S. 296),
  – Entgelt aus dem Verkauf eines bodenschatzführenden Grundstücks, wenn die Auslegung der Bestimmungen des Kaufvertrags ergibt oder aus außerhalb des Vertrags liegenden Umständen zu ersehen ist, dass die Vertragsparteien keine dauerhafte Eigentumsübertragung, sondern eine zeitlich begrenzte Überlassung zur Substanzausbeute anstreben (>BFH vom 11. 2. 2014 – BStBl II S. 566).

Entschädigungen
Neben Förderzinsen zum Abbau von Bodenschätzen gezahlte Entschädigungen für entgangene/entgehende Einnahmen sind keine Einnahmen aus Vermietung und Verpachtung, sondern Betriebseinnahmen, wenn die Flächen im Betriebsvermögen bleiben (>BFH vom 15.3.1994 – BStBl II S. 840).

Wertminderung des Grund und Bodens
Wird die Substanz bislang land- und forstwirtschaftlich genutzten Grund und Bodens durch den Abbau eines Bodenvorkommens zerstört oder wesentlich beeinträchtigt, steht die Verlustausschlussklausel des § 55 Abs. 6 EStG der Berücksichtigung der Wertminderung als Werbungskosten bei den Einkünften aus Vermietung und Verpachtung entgegen (>BFH vom 16.10.1997 – BStBl 1998 II S. 185).

Zu § 22 EStG

| R 22.1 | **Besteuerung von wiederkehrenden Bezügen mit Ausnahme der Leibrenten** |

(1) ¹>Wiederkehrende Bezüge sind als sonstige Einkünfte nach § 22 Nr. 1 Satz 1 EStG zu erfassen, wenn sie nicht zu anderen Einkunftsarten gehören und soweit sie sich bei wirtschaftlicher Betrachtung nicht als Kapitalrückzahlungen, z. B. Kaufpreisraten, darstellen. ²>Wiederkehrende Bezüge setzen voraus, dass sie auf einem einheitlichen Entschluss oder einem einheitlichen Rechtsgrund beruhen und mit einer gewissen Regelmäßigkeit wiederkehren. ³Sie brauchen jedoch nicht stets in derselben Höhe geleistet zu werden. ⁴Deshalb können Studienzuschüsse, die für einige Jahre gewährt werden, wiederkehrende Bezüge sein.
(2) ¹Wiederkehrende Zuschüsse und sonstige Vorteile sind entsprechend der Regelung in § 12 Nr. 2 EStG und § 22 Nr. 1 Satz 2 EStG entweder vom Geber oder vom Empfänger zu versteuern. ²Soweit die Bezüge nicht auf Grund des § 3 EStG steuerfrei bleiben, sind sie vom Empfänger als wiederkehrende Bezüge zu versteuern, wenn sie der unbeschränkt steuerpflichtige Geber als Betriebsausgaben oder Werbungskosten abziehen kann.

| H 22.1 |

Stiftung
>H 20.2

Verpfändung eines GmbH-Anteils
Verpfändet ein an einem Darlehensverhältnis nicht beteiligter Dritter einen GmbH-Anteil zur Sicherung des Darlehens, kann die Vergütung, die der Dritte dafür erhält, entweder zu Einkünften aus wiederkehrenden Bezügen i. S. d. § 22 Nr. 1 Satz 1, 1. Halbsatz EStG oder zu Einkünften aus Leistungen i. S. d. § 22 Nr. 3 EStG führen (>BFH vom 14.4.2015 – BStBl II S. 795).

Vorweggenommene Erbfolge
- >BMF vom 11.3.2010 (BStBl I S. 227), Rz. 81
- Ein gesamtberechtigter Ehegatte versteuert ihm zufließende Altenteilsleistungen anlässlich einer vorweggenommenen Erbfolge im Regelfall auch dann nach § 22 Nr. 1 Satz 1 EStG, wenn er nicht Eigentümer des übergebenen Vermögens war. Der Abzugsbetrag nach § 24a EStG und der Pauschbetrag nach § 9a Satz 1 Nr. 3 EStG kann jedem Ehegatten gewährt werden, wenn er Einkünfte aus wiederkehrenden Bezügen hat (>BFH vom 22.9.1993 – BStBl 1994 II S. 107).

Wiederkehrende Bezüge sind nicht:
- Bezüge, die sich zwar wiederholen, bei denen aber die einzelne Leistung jeweils von einer neuen Entschlussfassung oder Vereinbarung abhängig ist (>BFH vom 20.7.1971 – BStBl 1972 II S. 170),
- Schadensersatzrenten zum Ausgleich vermehrter Bedürfnisse; sog. Mehrbedarfsrenten nach § 843 Abs. 1, 2. Alternative BGB (>BMF vom 15.7.2009 – BStBl I S. 836),
- Schadensersatzrenten, die nach § 844 Abs. 2 BGB für den Verlust von Unterhaltsansprüchen oder nach § 845 BGB für entgangene Dienste gewährt werden (>BMF vom 15.7.2009 – BStBl I S. 836),
- Schmerzensgeldrenten nach § 253 Abs. 2 BGB (>BMF vom 15.7.2009 – BStBl I S. 836),
- Unterhaltsleistungen, die ein unbeschränkt Stpfl. von seinem nicht unbeschränkt steuerpflichtigen geschiedenen oder dauernd getrennt lebenden Ehegatten erhält (>BFH vom 31.3.2004 – BStBl II S. 1047),
- wiederkehrende Leistungen in schwankender Höhe, die ein pflichtteilsberechtigter Erbe auf Grund letztwilliger Verfügung des Erblassers vom Erben unter Anrechnung auf seinen Pflichtteil für die Dauer von 15 Jahren erhält; sie sind mit ihrem Zinsanteil steuerbar (>BFH vom 26.11.1992 – BStBl 1993 II S. 298),
- wiederkehrende Zahlungen als Gegenleistung für den Verzicht eines zur gesetzlichen Erbfolge Berufenen auf seinen potentiellen künftigen Erb- und/oder Pflichtteil (>BFH vom 9.2.2010 – BStBl II S. 818).

R 22.2	**Wiederkehrende Bezüge bei ausländischen Studenten und Schülern**

– unbesetzt –

R 22.3	**Besteuerung von Leibrenten und anderen Leistungen i. S. d. § 22 Nr. 1 Satz 3 Buchstabe a Doppelbuchstabe aa EStG**

(1) ¹Eine Leibrente kann vorliegen, wenn die Bemessungsgrundlage für die Bezüge keinen oder nur unbedeutenden Schwankungen unterliegt. ²Veränderungen in der absoluten Höhe, die sich deswegen ergeben, weil die Bezüge aus gleichmäßigen Sachleistungen bestehen, stehen der Annahme einer Leibrente nicht entgegen.

(2) ¹Ist die Höhe einer Rente von mehreren selbständigen Voraussetzungen abhängig, kann einkommensteuerrechtlich eine lebenslängliche Leibrente erst ab dem Zeitpunkt angenommen werden, in dem die Voraussetzung für eine fortlaufende Gewährung der Rente in gleichmäßiger Höhe bis zum Lebensende des Berechtigten erstmals vorliegt. ²Wird die Rente schon vor diesem Zeitpunkt zeitlich begrenzt nach einer anderen Voraussetzung oder in geringerer Höhe voraussetzungslos gewährt, handelt es sich um eine abgekürzte Leibrente.

H 22.3

Allgemeines
Der Besteuerung nach § 22 Nr. 1 Satz 3 Buchstabe a Doppelbuchstabe aa EStG unterliegen Leibrenten und andere Leistungen aus den gesetzlichen Rentenversicherungen, den landwirtschaftlichen Alterskassen, den berufsständischen Versorgungseinrichtungen und aus Rentenversicherungen i. S. d. § 10 Abs. 1 Nr. 2 Buchstabe b EStG. Für die Besteuerung ist eine Unterscheidung dieser Leistungen zwischen Leibrente, abgekürzter Leibrente und Einmalzahlungen nur bei Anwendung der Öffnungsklausel von Bedeutung. Zu Einzelheiten zur Besteuerung >BMF vom 19.8.2013 (BStBl I S. 1087), insbesondere Rz. 190–237.

Begriff der Leibrente

- Der Begriff der Leibrente i. S. d. § 22 Nr. 1 Satz 3 Buchstabe a EStG ist ein vom bürgerlichen Recht (§§ 759 ff. BGB) abweichender steuerrechtlicher Begriff. Er setzt gleich bleibende Bezüge voraus, die für die Dauer der Lebenszeit einer Bezugsperson gezahlt werden (>BFH vom 15. 7. 1991 – BStBl 1992 II S. 78).
- Aus dem Erfordernis der Gleichmäßigkeit ergibt sich, dass eine Leibrente nicht gegeben ist, wenn die Bezüge von einer wesentlich schwankenden Größe abhängen, z. B. vom Umsatz oder Gewinn eines Unternehmens; das gilt auch dann, wenn die Bezüge sich nach einem festen Prozentsatz oder einem bestimmten Verteilungsschlüssel bemessen (>BFH vom 10. 10. 1963 – BStBl III S. 592, vom 27. 5. 1964 – BStBl III S. 475 und vom 25. 11. 1966 – BStBl 1967 III S. 178).
- Die Vereinbarung von Wertsicherungsklauseln oder so genannten Währungsklauseln, die nur der Anpassung der Kaufkraft an geänderte Verhältnisse dienen sollen, schließen die Annahme einer Leibrente nicht aus (>BFH vom 2. 12. 1966 – BStBl 1967 III S. 179 und vom 11. 8. 1967 – BStBl III S. 699). Unter diesem Gesichtspunkt liegt eine Leibrente auch dann vor, wenn ihre Höhe jeweils von der für Sozialversicherungsrenten maßgebenden Bemessungsgrundlage abhängt (>BFH vom 30. 11. 1967 – BStBl 1968 II S. 262). Ist auf die wertgesicherte Leibrente eine andere – wenn auch in unterschiedlicher Weise – wertgesicherte Leibrente anzurechnen, hat die Differenz zwischen beiden Renten ebenfalls Leibrentencharakter (>BFH vom 5. 12. 1980 – BStBl 1981 II S. 265).
- Eine grundsätzlich auf Lebensdauer einer Person zu entrichtende Rente bleibt eine Leibrente auch dann, wenn sie unter bestimmten Voraussetzungen, z. B. Wiederverheiratung, früher endet (>BFH vom 5. 12. 1980 – BStBl 1981 II S. 265).
- Durch die Einräumung eines lebenslänglichen Wohnrechts und die Versorgung mit elektrischem Strom und Heizung wird eine Leibrente nicht begründet (>BFH vom 2. 12. 1966 – BStBl 1967 III S. 243 und vom 12. 9. 1969 BStBl II S. 706).

Nachzahlung

- Eine Rentennachzahlung aus der gesetzlichen Rentenversicherung, die dem Rentenempfänger nach dem 31. 12. 2004 zufließt, wird mit dem Besteuerungsanteil gem. § 22 Nr. 1 Satz 3 Buchstabe a Doppelbuchstabe aa EStG besteuert, auch wenn sie für einen Zeitraum gezahlt wird, der vor dem Inkrafttreten des AltEinkG liegt (>BMF vom 19. 8. 2013 – BStBl I S. 1087, Rz. 191).
- Nicht zu den Rentennachzahlungen zählen darauf entfallende Zinsen. Diese gehören zu den Einkünften aus Kapitalvermögen gem. § 20 Abs. 1 Nr. 7 EStG (>BMF vom 19. 8. 2013 – BStBl I S. 1087 unter Berücksichtigung der Änderungen durch BMF vom 4. 7. 2016 – BStBl I S. 645, Rz. 196).
- Erfolgt die Nachzahlung einer rückwirkend zugebilligten Rente durch Erstattung an den Sozialleistungsträger für eine bisher gezahlten Sozialleistung (z. B. Kranken- oder Arbeitslosengeld), unterliegt die Rente bereits im Zeitpunkt des Zuflusses dieser Sozialleistung im Umfang der Erfüllungsfiktion nach § 103 Abs. 1 und 2, § 107 Abs. 1 SGB X mit dem zum rückwirkend zugebilligten Zeitpunkt der Rentenzahlung geltenden Besteuerungsanteil der Besteuerung nach § 22 Nr. 1 Satz 3 Buchstabe a Doppelbuchstabe aa EStG (>BMF vom 19. 8. 2013 – BStBl I S. 1087, Rz. 192). Sofern die Sozialleistungen dem Progressionsvorbehalt unterlegen haben, ist dieser rückgängig zu machen, soweit die Beträge zu einer Rente umgewidmet werden >R 32b Abs. 4.

Öffnungsklausel

Soweit die Leistungen auf vor dem 1. 1. 2005 gezahlten Beiträgen oberhalb des Betrags des Höchstbetrags zur gesetzlichen Rentenversicherung beruhen und der Höchstbetrag bis zum 31. 12. 2004 über einen Zeitraum von mindestens 10 Jahren überschritten wurde, unterliegt dieser Teil der Leistung auf Antrag der Besteuerung mit dem Ertragsanteil. Nur in diesen Fällen ist es von Bedeutung, ob es sich bei der Leistung um eine Leibrente (z. B. eine Altersrente), um eine abgekürzte Leibrente (z. B. eine Erwerbsminderungsrente oder eine kleine Witwenrente) oder um eine Einmalzahlung handelt. Für diesen Teil der Leistung ist R 22.4 zu beachten. Zu Einzelheiten zur Anwendung der Öffnungsklausel >BMF vom 19. 8. 2013 (BStBl I S. 1087), Rz. 238-269.

Verfassungsmäßigkeit
Die Besteuerung der Altersrenten mit dem Besteuerungsanteil des § 22 Nr. 1 Satz 3 Buchst. a Doppelbuchst. aa EStG ist verfassungsmäßig, sofern nicht gegen das Verbot der Doppelbesteuerung verstoßen wird (>BFH vom 6. 4. 2016 – BStBl II S. 733).

Werbungskosten
Einkommensteuerrechtliche Behandlung von Beratungs-, Prozess- und ähnlichen Kosten im Zusammenhang mit Rentenansprüchen >BMF vom 20. 11. 1997 (BStBl 1998 I S. 126).

R 22.4	**Besteuerung von Leibrenten i. S. d. § 22 Nr. 1 Satz 3 Buchstabe a Doppelbuchstabe bb EStG**

Erhöhung der Rente
(1) [1]Bei einer Erhöhung der Rente ist, falls auch das Rentenrecht eine zusätzliche Werterhöhung erfährt, der Erhöhungsbetrag als selbständige Rente anzusehen, für die der Ertragsanteil vom Zeitpunkt der Erhöhung an gesondert zu ermitteln ist; dabei ist unerheblich, ob die Erhöhung von vornherein vereinbart war oder erst im Laufe des Rentenbezugs vereinbart wird. [2]Ist eine Erhöhung der Rentenzahlung durch eine Überschussbeteiligung von vornherein im Rentenrecht vorgesehen, sind die der Überschussbeteiligung dienenden Erhöhungsbeträge Erträge dieses Rentenrechts; es tritt insoweit keine Werterhöhung des Rentenrechts ein. [3]Eine neue Rente ist auch nicht anzunehmen, soweit die Erhöhung in zeitlichem Zusammenhang mit einer vorangegangenen Herabsetzung steht oder wenn die Rente lediglich den gestiegenen Lebenshaltungskosten angepasst wird (Wertsicherungsklausel).

Herabsetzung der Rente
(2) Wird die Rente herabgesetzt, sind die folgenden Fälle zu unterscheiden:
1. [1]Wird von vornherein eine spätere Herabsetzung vereinbart, ist zunächst der Ertragsanteil des Grundbetrags der Rente zu ermitteln, d. h. des Betrags, auf den die Rente später ermäßigt wird. [2]Diesen Ertragsanteil muss der Berechtigte während der gesamten Laufzeit versteuern, da er den Grundbetrag bis zu seinem Tod erhält. [3]Außerdem hat er bis zum Zeitpunkt der Herabsetzung den Ertragsanteil des über den Grundbetrag hinausgehenden Rententeiles zu versteuern. [4]Dieser Teil der Rente ist eine abgekürzte Leibrente (§ 55 Abs. 2 EStDV), die längstens bis zum Zeitpunkt der Herabsetzung läuft.
2. Wird die Herabsetzung während des Rentenbezugs vereinbart und sofort wirksam, bleibt der Ertragsanteil unverändert.
3. [1]Wird die Herabsetzung während des Rentenbezugs mit der Maßgabe vereinbart, dass sie erst zu einem späteren Zeitpunkt wirksam wird, bleibt der Ertragsanteil bis zum Zeitpunkt der Vereinbarung unverändert. [2]Von diesem Zeitpunkt an ist Nummer 1 entsprechend anzuwenden. [3]Dabei sind jedoch das zu Beginn des Rentenbezugs vollendete Lebensjahr des Rentenberechtigten und insoweit, als die Rente eine abgekürzte Leibrente (§ 55 Abs. 2 EStDV) ist, die beschränkte Laufzeit ab Beginn des Rentenbezugs zugrunde zu legen.

Besonderheit bei der Ermittlung des Ertragsanteiles
(3) Setzt der Beginn des Rentenbezugs die Vollendung eines bestimmten Lebensjahres der Person voraus, von deren Lebenszeit die Dauer der Rente abhängt, und wird die Rente schon vom Beginn des Monats an gewährt, in dem die Person das bestimmte Lebensjahr vollendet hat, ist

dieses Lebensjahr bei der Ermittlung des Ertragsanteiles nach § 22 Nr. 1 Satz 3 Buchstabe a Doppelbuchstabe bb EStG zugrunde zu legen.

Abrundung der Laufzeit abgekürzter Leibrenten
(4) Bemisst sich bei einer abgekürzten Leibrente die beschränkte Laufzeit nicht auf volle Jahre, ist bei Anwendung der in § 55 Abs. 2 EStDV aufgeführten Tabelle die Laufzeit aus Vereinfachungsgründen auf volle Jahre abzurunden.

Besonderheiten bei Renten wegen teilweiser oder voller Erwerbsminderung
(5) ¹Bei Renten wegen verminderter Erwerbsfähigkeit handelt es sich regelmäßig um abgekürzte Leibrenten. ²Für die Bemessung der Laufzeit kommt es auf die vertraglichen Vereinbarungen oder die gesetzlichen Regelungen an. ³Ist danach der Wegfall oder die Umwandlung in eine Altersrente nicht bei Erreichen eines bestimmten Alters vorgesehen, sondern von anderen Umständen – z. B. Bezug von Altersrente aus der gesetzlichen Rentenversicherung – abhängig, ist grundsätzlich davon auszugehen, dass der Wegfall oder die Umwandlung in die Altersrente mit Vollendung des 65. Lebensjahres erfolgt. ⁴Legt der Bezieher einer Rente wegen verminderter Erwerbsfähigkeit jedoch schlüssig dar, dass der Wegfall oder die Umwandlung vor der Vollendung des 65. Lebensjahres erfolgen wird, ist auf Antrag auf den früheren Umwandlungszeitpunkt abzustellen; einer nach § 165 AO vorläufigen Steuerfestsetzung bedarf es insoweit nicht. ⁵Entfällt eine Rente wegen verminderter Erwerbsfähigkeit vor Vollendung des 65. Lebensjahres oder wird sie vor diesem Zeitpunkt in eine vorzeitige Altersrente umgewandelt, ist die Laufzeit bis zum Wegfall oder zum Umwandlungszeitpunkt maßgebend.

Besonderheiten bei Witwen-/Witwerrenten
(6) R 167 Abs. 8 und 9 EStR 2003 gilt bei Anwendung des § 22 Nr. 1 Satz 3 Buchstabe a Doppelbuchstabe bb Satz 2 EStG entsprechend.

Begriff der Leibrente
(7) R 22.3 gilt sinngemäß.

H 22.4

Beginn der Rente
Unter Beginn der Rente (Kopfleiste der in § 22 Nr. 1 Satz 3 Buchstabe a Doppelbuchstabe bb EStG aufgeführten Tabelle) ist bei Renten auf Grund von Versicherungsverträgen der Zeitpunkt zu verstehen, ab dem versicherungsrechtlich die Rente zu laufen beginnt; auch bei Rentennachzahlungen ist unter „Beginn der Rente" der Zeitpunkt zu verstehen, in dem der Rentenanspruch entstanden ist. Auf den Zeitpunkt des Rentenantrags oder der Zahlung kommt es nicht an (>BFH vom 6. 4. 1976 – BStBl II S. 452). Die Verjährung einzelner Rentenansprüche hat auf den „Beginn der Rente" keinen Einfluss (>BFH vom 30. 9. 1980 – BStBl 1981 II S. 155).

Begriff der Leibrente
>H 22.3

Bezüge aus einer ehemaligen Tätigkeit
– Bezüge, die nach § 24 Nr. 2 EStG zu den Gewinneinkünften rechnen oder die Arbeitslohn sind, sind nicht Leibrenten i. S. d. § 22 Nr. 1 Satz 3 Buchstabe a EStG; hierzu gehören z. B. betriebliche Versorgungsrenten aus einer ehemaligen Tätigkeit i. S. d. § 24 Nr. 2 EStG (>BFH vom 10. 10. 1963 – BStBl III S. 592).

- Ruhegehaltszahlungen an ehemalige NATO-Bedienstete sind grundsätzlich Einkünfte aus nichtselbständiger Arbeit (>BMF vom 3. 8. 1998 – BStBl I S. 1042 und BFH vom 22. 11. 2006 – BStBl 2007 II S. 402).

Ertragsanteil einer Leibrente

Beispiel:
Einem Ehepaar wird gemeinsam eine lebenslängliche Rente von 24.000 € jährlich mit der Maßgabe gewährt, dass sie beim Ableben des zuerst Sterbenden auf 15.000 € jährlich ermäßigt wird. Der Ehemann ist zu Beginn des Rentenbezugs 55, die Ehefrau 50 Jahre alt.

Es sind zu versteuern
a) bis zum Tod des zuletzt Sterbenden der Ertragsanteil des Sockelbetrags von 15.000 €. Dabei ist nach § 55 Abs. 1 Nr. 3 EStDV das Lebensalter der jüngsten Person, mithin der Ehefrau, zu Grunde zu legen. Der Ertragsanteil beträgt
30 % von 15.000 € = 4.500 € (§ 22 Nr. 1 Satz 3 Buchstabe a Doppelbuchstabe bb EStG);
b) außerdem bis zum Tod des zuerst Sterbenden der Ertragsanteil des über den Sockelbetrag hinausgehenden Rententeils von 9.000 €. Dabei ist nach § 55 Abs. 1 Nr. 3 EStDV das Lebensalter der ältesten Person, mithin des Ehemanns, zu Grunde zu legen. Der Ertragsanteil beträgt
26 % von 9.000 € = 2.340 € (§ 22 Nr. 1 Satz 3 Buchstabe a Doppelbuchstabe bb EStG).

Der jährliche Ertragsanteil beläuft sich somit auf (4.500 € + 2.340 € =) 6.840 €.
Bei der Ermittlung des Ertragsanteils einer lebenslänglichen Leibrente ist – vorbehaltlich des § 55 Abs. 1 Nr. 1 EStDV – von dem bei Beginn der Rente vollendeten Lebensjahr auszugehen (Kopfleiste der in § 22 Nr. 1 Satz 3 Buchstabe a Doppelbuchstabe bb EStG aufgeführten Tabelle).
Ist die Dauer einer Leibrente von der Lebenszeit mehrerer Personen abhängig, ist der Ertragsanteil nach § 55 Abs. 1 Nr. 3 EStDV zu ermitteln. Das gilt auch, wenn die Rente mehreren Personen, z. B. Ehegatten, gemeinsam mit der Maßgabe zusteht, dass sie beim Ableben des zuerst Sterbenden herabgesetzt wird. In diesem Fall ist bei der Ermittlung des Grundbetrags der Rente, d. h. des Betrags, auf den sie später ermäßigt wird, das Lebensjahr der jüngsten Person zugrunde zu legen. Für den Ertragsanteil des über den Grundbetrag hinausgehenden Rententeils ist das Lebensjahr der ältesten Person maßgebend.
Steht die Rente nur einer Person zu, z. B. dem Ehemann, und erhält eine andere Person, z. B. die Ehefrau, nur für den Fall eine Rente, dass sie die erste Person überlebt, so liegen zwei Renten vor, von denen die letzte aufschiebend bedingt ist. Der Ertragsanteil für diese Rente ist erst von dem Zeitpunkt an zu versteuern, in dem die Bedingung eintritt.

Fremdfinanzierte Rentenversicherung gegen Einmalbeitrag

- Zur Überschussprognose einer fremdfinanzierten Rentenversicherung gegen Einmalbeitrag >BFH vom 15. 12. 1999 (BStBl 2000 II S. 267), vom 16. 9. 2004 (BStBl 2006 II S. 228 und S. 234), vom 17. 8. 2005 (BStBl 2006 II S. 248), vom 20. 6. 2006 (BStBl II S. 870) und vom 22. 11. 2006 (BStBl 2007 II S. 390).
- Zur Höhe der auf die Kreditvermittlung entfallenden Provision >BFH vom 30. 10. 2001 (BStBl 2006 II S. 223) und vom 16. 9. 2004 (BStBl 2006 II S. 238).

Herabsetzung der Rente

Beispiele:
1. Die spätere Herabsetzung wird von vornherein vereinbart.
   A gewährt dem B eine lebenslängliche Rente von 8.000 € jährlich mit der Maßgabe, dass sie nach Ablauf von acht Jahren auf 5.000 € jährlich ermäßigt wird. B ist zu Beginn des Rentenbezugs 50 Jahre alt.
   B hat zu versteuern
   a) während der gesamten Dauer des Rentenbezugs – nach Abzug von Werbungskosten – den Ertragsanteil des Grundbetrags. Der Ertragsanteil beträgt nach der in § 22 Nr. 1 Satz 3 Buchstabe a Doppelbuchstabe bb EStG aufgeführten Tabelle 30 % von 5.000 € = 1.500 €;
   b) außerdem in den ersten acht Jahren den Ertragsanteil des über den Grundbetrag hinausgehenden Rententeils von 3.000 €. Dieser Teil der Rente ist eine abgekürzte Leibrente mit einer beschränkten Laufzeit von acht Jahren; der Ertragsanteil beträgt nach der in § 55 Abs. 2 EStDV aufgeführten Tabelle 9 % von 3.000 € = 270 €.

Der jährliche Ertragsanteil beläuft sich somit für die ersten acht Jahre ab Rentenbeginn auf (1.500 € + 270 € =) 1.770 €.

2. Die spätere Herabsetzung wird erst während des Rentenbezugs vereinbart.
A gewährt dem B ab 1.1.04 eine lebenslängliche Rente von jährlich 9.000 €. Am 1.1.06 wird vereinbart, dass die Rente vom 1.1.10 an auf jährlich 6.000 € herabgesetzt wird. B ist zu Beginn des Rentenbezugs 50 Jahre alt. Im VZ 05 beträgt der Ertragsanteil 30 % von 9.000 € = 2.700 € (§ 22 Nr. 1 Satz 3 Buchstabe a Doppelbuchstabe bb EStG).

Ab 1.1.06 hat B zu versteuern
a) während der gesamten weiteren Laufzeit des Rentenbezugs den Ertragsanteil des Sockelbetrags der Rente von 6.000 €. Der Ertragsanteil beträgt unter Zugrundelegung des Lebensalters zu Beginn des Rentenbezugs nach der in § 22 Nr. 1 Satz 3 Buchstabe a Doppelbuchstabe bb EStG aufgeführten Tabelle ab VZ 06: 30 % von 6.000 € = 1.800 €;
b) außerdem bis zum 31.12.09 den Ertragsanteil des über den Sockelbetrag hinausgehenden Rententeils von 3.000 €. Dieser Teil der Rente ist eine abgekürzte Leibrente mit einer beschränkten Laufzeit von sechs Jahren; der Ertragsanteil beträgt nach der in § 55 Abs. 2 EStDV aufgeführten Tabelle 7 % von 3.000 € = 210 €.

Der jährliche Ertragsanteil beläuft sich somit für die VZ 06 bis 09 auf (1.800 € + 210 € =) 2.010 €.

Kapitalabfindung
Wird eine Leibrente durch eine Kapitalabfindung abgelöst, unterliegt diese nicht der Besteuerung nach § 22 Nr. 1 Satz 3 Buchstabe a Doppelbuchstabe bb EStG (>BFH vom 23.4.1958 – BStBl III S. 277).

Leibrente, abgekürzt
– Abgekürzte Leibrenten sind Leibrenten, die auf eine bestimmte Zeit beschränkt sind und deren Ertragsanteil nach § 55 Abs. 2 EStDV bestimmt wird. Ist das Rentenrecht ohne Gegenleistung begründet worden (z. B. bei Vermächtnisrenten, nicht aber bei Waisenrenten aus Versicherungen), muss – vorbehaltlich R 22.4 Abs. 1 – die zeitliche Befristung, vom Beginn der Rente an gerechnet, regelmäßig einen Zeitraum von mindestens zehn Jahren umfassen; siehe aber auch >Renten wegen verminderter Erwerbsfähigkeit. Hierzu und hinsichtlich des Unterschieds von Zeitrenten und abgekürzten Leibrenten >BFH vom 7.8.1959 (BStBl III S. 463).
– Abgekürzte Leibrenten erlöschen, wenn die Person, von deren Lebenszeit sie abhängen, vor Ablauf der zeitlichen Begrenzung stirbt. Überlebt die Person die zeitliche Begrenzung, so endet die abgekürzte Leibrente mit ihrem Zeitablauf.

NATO-Bedienstete
Ruhegehaltszahlungen an ehemalige NATO-Bedienstete sind grundsätzlich Einkünfte aus nichtselbständiger Arbeit (>BMF vom 3.8.1998 – BStBl I S. 1042 und BFH vom 22.11.2006 – BStBl 2007 II S. 402).

Renten wegen verminderter Erwerbsfähigkeit
Bei Renten wegen teilweiser oder voller Erwerbsminderung, wegen Berufs- oder Erwerbsunfähigkeit handelt es sich stets um abgekürzte Leibrenten. Der Ertragsanteil bemisst sich grundsätzlich nach der Zeitspanne zwischen dem Eintritt des Versicherungsfalles (Begründung der Erwerbsminderung) und dem voraussichtlichen Leistungsende (z. B. Erreichen einer Altersgrenze oder Beginn der Altersrente bei einer kombinierten Rentenversicherung). Steht der Anspruch auf Rentengewährung unter der auflösenden Bedingung des Wegfalls der Erwerbsminderung und lässt der Versicherer das Fortbestehen der Erwerbsminderung in mehr oder minder regelmäßigen Abständen prüfen, wird hierdurch die zu berücksichtigende voraussichtliche Laufzeit nicht berührt. Wird eine Rente wegen desselben Versicherungsfalles hingegen mehrfach hintereinander auf Zeit bewilligt und schließen sich die Bezugszeiten unmittelbar aneinander an, liegt eine einzige abgekürzte Leibrente vor, deren voraussichtliche Laufzeit unter Berücksichti-

gung der jeweiligen Verlängerung und des ursprünglichen Beginns für jeden VZ neu zu bestimmen ist (>BFH vom 22.1.1991 – BStBl II S. 686).

Überschussbeteiligung

Wird neben der garantierten Rente aus einer Rentenversicherung eine Überschussbeteiligung geleistet, ist der Überschussanteil zusammen mit der garantierten Rente als einheitlicher Rentenbezug zu beurteilen (>BMF vom 26.11.1998 – BStBl I S. 1508 und BFH vom 22.8.2012 – BStBl 2013 II S. 158).

Vermögensübertragung

Einkommensteuerrechtliche Behandlung von wiederkehrenden Leistungen im Zusammenhang mit einer Vermögensübertragung >BMF vom 11.3.2010 (BStBl I S. 227), Rz. 81

Versorgungs- und Versicherungsrenten aus einer Zusatzversorgung

Von der Versorgungsanstalt des Bundes und der Länder (VBL) und vergleichbaren Zusatzversorgungseinrichtungen geleistete Versorgungs- und Versicherungsrenten für Versicherte und Hinterbliebene stellen grundsätzlich lebenslängliche Leibrenten dar. Werden sie neben einer Rente wegen verminderter Erwerbsfähigkeit aus der gesetzlichen Rentenversicherung gezahlt, sind sie als abgekürzte Leibrenten zu behandeln (>BFH vom 4.10.1990 – BStBl 1991 II S. 89). Soweit die Leistungen auf gefördertem Kapital i. S. d. § 22 Nr. 5 Satz 1 EStG beruhen, unterliegen sie der vollständig nachgelagerten Besteuerung; soweit sie auf nicht gefördertem Kapital beruhen, erfolgt die Besteuerung nach § 22 Nr. 5 Satz 2 Buchst. a EStG (>BMF vom 21.12.2017 – BStBl 2018 I S. 93).

Werbungskosten

>H 22.3

Wertsicherungsklausel

>H 22.3 (Begriff der Leibrente)

R 22.5 **Renten nach § 2 Abs. 2 der 32. DV zum Umstellungsgesetz (UGDV)**

Beträge, die nach § 2 Abs. 2 der 32. UGDV[*)] i.V. m. § 1 der Anordnung der Versicherungsaufsichtsbehörden über die Zahlung von Todesfall- und Invaliditätsversicherungssummen vom 15.11.1949[**)] unter der Bezeichnung „Renten" gezahlt werden, gehören nicht zu den wiederkehrenden Bezügen i. S. d. § 22 Nr. 1 EStG und sind deshalb nicht einkommensteuerpflichtig.

R 22.6 **Versorgungsleistungen**

– unbesetzt –

[*)] StuZBl 1949 S. 327.
[**)] Veröffentlichungen des Zonenamtes des Reichsaufsichtsamtes für das Versicherungswesen in Abw. 1949 S. 118.

H 22.6

Allgemeines
Einkommensteuerrechtliche Behandlung von wiederkehrenden Leistungen im Zusammenhang mit einer Vermögensübertragung >BMF vom 11.3.2010 (BStBl I S. 227) unter Berücksichtigung der Änderungen durch BMF vom 6.5.2016 (BStBl I S. 476)

Beerdigungskosten
Beim Erben stellen ersparte Beerdigungskosten Einnahmen nach § 22 Nr. 1b EStG dar, wenn ein Vermögensübernehmer kein Erbe und vertraglich zur Übernahme der durch den Tod des letztverstorbenen Vermögensübergebers entstandenen Beerdigungskosten verpflichtet ist (>BFH vom 19.1.2010 – BStBl II S. 544).

R 22.7 **Leistungen auf Grund eines schuldrechtlichen Versorgungsausgleichs**

– unbesetzt –

H 22.7

Allgemeines
Zur einkommensteuerrechtlichen Behandlung der Leistungen auf Grund eines schuldrechtlichen Versorgungsausgleichs >BMF vom 9.4.2010 (BStBl I S. 323)

R 22.8 **Besteuerung von Leistungen i. S. d. § 22 Nr. 3 EStG**

Haben beide zusammenveranlagten Ehegatten Einkünfte i. S. d. § 22 Nr. 3 EStG bezogen, ist bei jedem Ehegatten die in dieser Vorschrift bezeichnete Freigrenze – höchstens jedoch bis zur Höhe seiner Einkünfte i. S. d. § 22 Nr. 3 EStG – zu berücksichtigen.

H 22.8

Allgemeines
– Leistung i. S. d. § 22 Nr. 3 EStG ist jedes Tun, Dulden oder Unterlassen, das Gegenstand eines entgeltlichen Vertrags sein kann und das eine Gegenleistung auslöst (>BFH vom 21.9.2004 – BStBl 2005 II S. 44 und vom 8.5.2008 – BStBl II S. 868), sofern es sich nicht um Veräußerungsvorgänge oder veräußerungsähnliche Vorgänge im privaten Bereich handelt, bei denen ein Entgelt dafür erbracht wird, dass ein Vermögenswert in seiner Substanz endgültig aufgegeben wird (>BFH vom 28.11.1984 – BStBl 1985 II S. 264 und vom 10.9.2003 – BStBl 2004 II S. 218).
– Für das Vorliegen einer Leistung i. S. d. § 22 Nr. 3 EStG kommt es entscheidend darauf an, ob die Gegenleistung (das Entgelt) durch das Verhalten des Stpfl. ausgelöst wird. Allerdings setzt § 22 Nr. 3 EStG wie die übrigen Einkunftsarten die allgemeinen Merkmale der Einkünfteerzielung voraus. Der Leistende muss aber nicht bereits beim Erbringen seiner Leistung

eine Gegenleistung erwarten. Für die Steuerbarkeit ist ausreichend, dass er eine im wirtschaftlichen Zusammenhang mit seinem Tun, Dulden oder Unterlassen gewährte Gegenleistung als solche annimmt (>BFH vom 21. 9. 2004 – BStBl 2005 II S. 44).
– Hat der Stpfl. nicht die Möglichkeit, durch sein Verhalten (Leistung) das Entstehen des Anspruchs auf die Leistung des Vertragspartners positiv zu beeinflussen, genügt die Annahme der Leistung der Gegenseite nicht, um den fehlenden besteuerungsrelevanten Veranlassungszusammenhang zwischen Leistung und Gegenleistung herzustellen (>BFH vom 13. 3. 2018 – BStBl II S. 531).

Einnahmen aus Leistungen i. S. d. § 22 Nr. 3 EStG sind:
– **Bindungsentgelt (Stillhalterprämie)**, das beim Wertpapieroptionsgeschäft dem Optionsgeber gezahlt wird (>BFH vom 17. 4. 2007 – BStBl II S. 608),
– **Einmalige Bürgschaftsprovision** (>BFH vom 22. 1. 1965 – BStBl III S. 313),
– Entgelt für ein freiwilliges **Einsammeln und Verwerten leerer Flaschen** (>BFH vom 6. 6. 1973 – BStBl II S. 727),
– Entgelt für eine **Beschränkung der Grundstücksnutzung** (>BFH vom 9. 4. 1965 – BStBl III S. 361 und vom 26. 8. 1975 – BStBl 1976 II S. 62),
– Entgelt für die **Einräumung eines Vorkaufsrechts** (>BFH vom 30. 8. 1966 – BStBl 1967 III S. 69 und vom 10. 12. 1985 – BStBl 1986 II S. 340); bei späterer Anrechnung des Entgelts auf den Kaufpreis entfällt der Tatbestand des § 22 Nr. 3 EStG rückwirkend nach § 175 Abs. 1 Satz 1 Nr. 2 AO (>BFH vom 10. 8. 1994 – BStBl 1995 II S. 57),
– Entgelt für den **Verzicht** auf Einhaltung des gesetzlich vorgeschriebenen **Grenzabstands** eines auf dem Nachbargrundstück errichteten Gebäudes (>BFH vom 5. 8. 1976 – BStBl 1977 II S. 26),
– Entgelt für die **Abgabe eines zeitlich befristeten Kaufangebots** über ein Grundstück (>BFH vom 26. 4. 1977 – BStBl II S. 631),
– Entgelt für den **Verzicht** des Inhabers eines eingetragenen Warenzeichens auf seine **Abwehrrechte** (>BFH vom 25. 9. 1979 – BStBl 1980 II S. 114),
– Entgelt für ein vertraglich vereinbartes umfassendes **Wettbewerbsverbot** (>BFH vom 12. 6. 1996 – BStBl II S. 516 und vom 23. 2. 1999 – BStBl II S. 590),
– Entgelt für eine Vereinbarung, das **Bauvorhaben** des Zahlenden zu **dulden** (>BFH vom 26. 10. 1982 – BStBl 1983 II S. 404),
– Entgelt für die regelmäßige **Mitnahme eines Arbeitskollegen** auf der Fahrt zwischen Wohnung und Arbeitsstätte (>BFH vom 15. 3. 1994 – BStBl II S. 516),
– Vergütungen für die **Rücknahme des Widerspruchs** gegen den Bau und Betrieb eines Kraftwerks (>BFH vom 12. 11. 1985 – BStBl 1986 II S. 890),
– Entgelt für die **Duldung der Nutzung** von Teileigentum zum Betrieb eines Spielsalons an einen benachbarten Wohnungseigentümer (>BFH vom 21. 11. 1997 – BStBl 1998 II S. 133),
– **Eigenprovisionen**, wenn sie aus einmaligem Anlass und für die Vermittlung von Eigenverträgen gezahlt werden (>BFH vom 27. 5. 1998 – BStBl II S. 619),
– Entgelt für die **zeitweise Vermietung eines Wohnmobils** an wechselnde Mieter (>BFH vom 12. 11. 1997 – BStBl 1998 II S. 774); zur gewerblichen Wohnmobilvermietung >H 15.7 (3) Wohnmobil,
– **Bestechungsgelder**, die einem Arbeitnehmer von Dritten gezahlt worden sind (>BFH vom 16. 6. 2015 – BStBl II S. 1019),
– **Provision** für die Bereitschaft, mit seinen Beziehungen einem Dritten bei einer geschäftlichen Transaktion behilflich zu sein (>BFH vom 20. 4. 2004 – BStBl II S. 1072),
– Belohnung für einen **„werthaltigen Tipp"** (Hinweis auf die Möglichkeit einer Rechtsposition) durch Beteiligung am Erfolg bei Verwirklichung (>BFH vom 26. 10. 2004 – BStBl 2005 II S. 167),

- **Fernseh-Preisgelder**, wenn der Auftritt des Kandidaten und das gewonnene Preisgeld in einem gegenseitigen Leistungsverhältnis stehen (>BMF vom 30. 5. 2008 – BStBl I S. 645 und BFH vom 24. 4. 2012 – BStBl II S. 581),
- Nachträglich wegen fehlgeschlagener Hofübergabe geltend gemachte **Vergütungen für geleistete Dienste** (>BFH vom 8. 5. 2008 – BStBl II S. 868),
- Provisionen aus der ringweisen **Vermittlung von Lebensversicherungen** (>BFH vom 20. 1. 2009 – BStBl II S. 532),
- Vergütungen, die ein an einem Darlehensverhältnis nicht beteiligter Dritter dafür erhält, dass er einen GmbH-Anteil zur **Sicherung des Darlehens** verpfändet, soweit sie nicht zu den Einkünften nach § 22 Nr. 1 Satz 1 1. Halbsatz EStG gehören (>BFH vom 14. 4. 2015 – BStBl II S. 795),

Keine Einnahmen aus Leistungen i. S. d. § 22 Nr. 3 EStG sind:
- **Abfindungen an den Mieter einer Wohnung**, soweit er sie für vermögenswerte Einschränkungen seiner Mietposition erhält (>BFH vom 5. 8. 1976 – BStBl 1977 II S. 27),
- Entgeltliche **Abtretungen von Rückkaufsrechten** an Grundstücken (>BFH vom 14. 11. 1978 – BStBl 1979 II S. 298),
- Entschädigungen für eine **faktische Bausperre** (>BFH vom 12. 9. 1985 – BStBl 1986 II S. 252),
- Gewinne aus **Errichtung und Veräußerung von Kaufeigenheimen**, auch wenn die Eigenheime bereits vor Errichtung verkauft worden sind (>BFH vom 1. 12. 1989 – BStBl 1990 II S. 1054),
- **Streikunterstützungen** (>BFH vom 24. 10. 1990 – BStBl 1991 II S. 337),
- **Verzicht auf** ein testamentarisch vermachtes obligatorisches **Wohnrecht** gegen Entgelt im privaten Bereich (>BFH vom 9. 8. 1990 – BStBl III S. 1026),
- Vereinbarung wertmindernder Beschränkung des Grundstückseigentums gegen Entgelt zur **Vermeidung eines** ansonsten zulässigen **Enteignungsverfahrens** (>BFH vom 17. 5. 1995 – BStBl II S. 640),
- Zahlungen von einem pflegebedürftigen Angehörigen für seine **Pflege im Rahmen des familiären Zusammenlebens** (>BFH vom 14. 9. 1999 – BStBl II S. 776),
- Entgelte aus der **Vermietung eines** in die Luftfahrzeugrolle eingetragenen **Flugzeugs** (>BFH vom 2. 5. 2000 – BStBl II S. 467); >H 15.7 (3) Flugzeug,
- Entgelte aus **Telefonsex** (>BFH vom 23. 2. 2000 – BStBl II S. 610), >H 15.4 (Sexuelle Dienstleistungen),
- Entgelte für den **Verzicht auf ein dingliches Recht** (Aufhebung einer eingetragenen Dienstbarkeit alten Rechts) eines Grundstückseigentümers am Nachbargrundstück (>BFH vom 19. 12. 2000 – BStBl 2001 II S. 391),
- Erlöse aus der **Veräußerung einer Zufallserfindung** (>BFH vom 10. 9. 2003 – BStBl 2004 II S. 218),
- Entgelte für die Inanspruchnahme eines Grundstücks im Zuge **baulicher Maßnahmen auf dem Nachbargrundstück** (>BFH vom 2. 3. 2004 – BStBl II S. 507); >aber H 21.2 (Einnahmen),
- An den Versicherungsnehmer **weitergeleitete Versicherungsprovisionen** des Versicherungsvertreters (>BFH vom 2. 3. 2004 – BStBl II S. 506),
- Entgelte für **Verzicht auf Nachbarrechte** im Zusammenhang mit der Veräußerung des betreffenden Grundstücks (>BFH vom 18. 5. 2004 – BStBl II S. 874),
- Provision an den **Erwerber eines Grundstücks**, wenn der Provision keine eigene Leistung des Erwerbers gegenüber steht (>BFH vom 16. 3. 2004 – BStBl II S. 1046),
- **Reugeld** wegen Rücktritts vom Kaufvertrag z. B. über ein Grundstück des Privatvermögens (>BFH vom 24. 8. 2006 – BStBl 2007 II S. 44),

– Zahlungen für den **Verzicht auf** ein sich aus einem Aktienkauf- und Übertragungsvertrag ergebenden **Anwartschaftsrecht** (>BFH vom 19. 2. 2013 – BStBl II S. 578),
– Einmalige Entschädigungen für ein zeitlich nicht begrenztes Recht auf Überspannung eines zum Privatvermögen gehörenden Grundstücks mit einer Hochspannungsleitung. Sie sind keine steuerbaren Einnahmen (>BFH vom 2. 7. 2018 – BStBl II S. 759).

Rückzahlung von Einnahmen
Die Rückzahlung von Einnahmen i. S. d. § 22 Nr. 3 EStG in einem späteren VZ ist im Abflusszeitpunkt in voller Höhe steuermindernd zu berücksichtigen. Das Verlustausgleichsverbot und Verlustabzugsverbot des § 22 Nr. 3 Satz 3 EStG steht nicht entgegen (>BFH vom 26. 1. 2000 – BStBl II S. 396).

Steuerfreie Einnahmen nach § 3 Nr. 26a EStG
>BMF vom 21. 11. 2014 (BStBl I S. 1581), Tz. 10

Verfassungsmäßigkeit
Die Verlustausgleichbeschränkung des § 22 Nr. 3 Satz 3 EStG ist verfassungsgemäß (>BFH vom 16. 6. 2015 – BStBl II S. 1019).

Verlustabzug in Erbfällen
Verluste i. S. d. § 22 Nr. 3 Satz 4 EStG >R 10d Abs. 9 Satz 9

Verlustvor- und -rücktrag
Zur Anwendung des § 10d EStG im Rahmen des § 22 Nr. 3 EStG >BMF vom 29. 11. 2004 (BStBl I S. 1097)

Werbungskosten
Treffen mehrere Stpfl. die Abrede, sich ringweise Lebensversicherungen zu vermitteln und die dafür erhaltenen Provisionen an den jeweiligen Versicherungsnehmer weiterzugeben, kann die als Gegenleistung für die Vermittlung von der Versicherungsgesellschaft vereinnahmte und nach § 22 Nr. 3 EStG steuerbare Provision nicht um den Betrag der Provision als Werbungskosten gemindert werden, die der Stpfl. an den Versicherungsnehmer weiterleiten muss, wenn er umgekehrt einen Auskehrungsanspruch gegen denjenigen hat, der den Abschluss seiner Versicherung vermittelt (>BFH vom 20. 1. 2009 – BStBl II S. 532).

Zeitpunkt des Werbungskostenabzugs
Werbungskosten sind bei den Einkünften aus einmaligen (sonstigen) Leistungen auch dann im Jahre des Zuflusses der Einnahme abziehbar, wenn sie vor diesem Jahr angefallen sind oder nach diesem Jahr mit Sicherheit anfallen werden. Entstehen künftig Werbungskosten, die im Zuflussjahr noch nicht sicher vorhersehbar waren, ist die Veranlagung des Zuflussjahres gem. § 175 Abs. 1 Satz 1 Nr. 2 AO zu ändern (>BFH vom 3. 6. 1992 – BStBl II S. 1017).

| R 22.9 | **Besteuerung von Bezügen i. S. d. § 22 Nr. 4 EStG** |

[1]§ 22 Nr. 4 EStG umfasst nur solche Leistungen, die auf Grund des Abgeordnetengesetzes, des Europaabgeordnetengesetzes oder der entsprechenden Gesetze der Länder gewährt werden. [2]Leistungen, die außerhalb dieser Gesetze erbracht werden, z. B. Zahlungen der Fraktionen, unterliegen hingegen den allgemeinen Grundsätzen steuerlicher Beurteilung. [3]Gesondert gezahlte Tage- oder Sitzungsgelder sind nur dann nach § 3 Nr. 12 EStG steuerfrei, wenn sie nach bundes- oder landesrechtlicher Regelung als Aufwandsentschädigung gezahlt werden.

H 22.9

Werbungskosten
Soweit ein Abgeordneter zur Abgeltung von durch das Mandat veranlassten Aufwendungen eine nach § 3 Nr. 12 EStG steuerfreie Aufwandsentschädigung erhält, schließt dies nach § 22 Nr. 4 Satz 2 EStG den Abzug jeglicher mandatsbedingter Aufwendungen, auch von Sonderbeiträgen an eine Partei, als Werbungskosten aus (>BFH vom 29. 3. 1983 – BStBl II S. 601, vom 3. 12. 1987 – BStBl 1988 II S. 266, vom 8. 12. 1987 – BStBl 1988 II S. 433 und vom 23. 1. 1991 – BStBl II S. 396). Derzeit werden nur in Brandenburg, Nordrhein-Westfalen und Schleswig-Holstein keine steuerfreien Aufwandsentschädigungen gezahlt.
Kosten eines erfolglosen Wahlkampfes dürfen nach § 22 Nr. 4 Satz 3 EStG nicht als Werbungskosten abgezogen werden (>BFH vom 8. 12. 1987 – BStBl 1988 II S. 435).

R 22.10   **Besteuerung von Leistungen i. S. d. § 22 Nr. 5 EStG**

– unbesetzt –

H 22.10

Besteuerung von Leistungen nach § 22 Nr. 5 EStG
>BMF vom 21. 12. 2017 (BStBl 2018 I S. 93)

Mitteilung über steuerpflichtige Leistungen aus einem Altersvorsorgevertrag oder aus einer betrieblichen Altersversorgung
Amtlich vorgeschriebenes Vordruckmuster für Jahre ab 2018 >BMF vom 10. 4. 2018 (BStBl I S. 616)

Zu § 22a EStG

H 22a

Anwendungsschreiben
>BMF vom 7. 12. 2011 (BStBl I S. 1223)

Zu § 23 EStG

H 23

Anschaffung
Zu Anschaffungen im Rahmen der vorweggenommenen Erbfolge und bei Erbauseinandersetzung >BMF vom 13. 1. 1993 (BStBl I S. 80) unter Berücksichtigung der Änderungen durch BMF vom 26. 2. 2007 (BStBl I S. 269) und >BMF vom 14. 3. 2006 (BStBl I S. 253) unter Berücksichtigung der Änderungen durch BMF vom 27. 12. 2018 (BStBl 2019 I S. 11).
>Enteignung

Anschaffung ist auch
- die Abgabe eines Meistgebots in einer Zwangsversteigerung (>BFH vom 27. 8. 1997 – BStBl 1998 II S. 135),
- der Erwerb auf Grund eines Ergänzungsvertrags, wenn damit erstmalig ein Anspruch auf Übertragung eines Miteigentumsanteils rechtswirksam entsteht (>BFH vom 17. 12. 1997 – BStBl 1998 II S. 343),
- der entgeltliche Erwerb eines Anspruchs auf Rückübertragung eines Grundstücks nach dem VermG (Restitutionsanspruch) (>BFH vom 13. 12. 2005 – BStBl 2006 II S. 513),
- der Erwerb eines parzellierten und beplanten Grundstücks, das der Eigentümer auf Grund eines Rückübertragungsanspruchs dafür erhält, dass er bei der Veräußerung eines nicht parzellierten Grundstücks eine Teilfläche ohne Ansatz eines Kaufpreises überträgt (>BFH vom 13. 4. 2010 – BStBl II S. 792).

Keine Anschaffung ist
- der unentgeltliche Erwerb eines Wirtschaftsguts, z. B. durch Erbschaft, Vermächtnis oder Schenkung (>BFH vom 4. 7. 1950 – BStBl 1951 III S. 237, vom 22. 9. 1987 – BStBl 1988 II S. 250 und vom 12. 7. 1988 – BStBl II S. 942, >Veräußerungsfrist),
- der Erwerb kraft Gesetzes oder eines auf Grund gesetzlicher Vorschriften ergangenen Hoheitsaktes (>BFH vom 19. 4. 1977 – BStBl II S. 712 und vom 13. 4. 2010 – BStBl II S. 792),
- die Rückübertragung von enteignetem Grundbesitz oder dessen Rückgabe nach Aufhebung der staatlichen Verwaltung auf Grund des VermG vom 23. 9. 1990 i. d. F. der Bekanntmachung vom 21. 12. 1998 (BGBl I S. 4026, § 52 Abs. 2 Satz 2 D-Markbilanzgesetz i. d. F. vom 28. 7. 1994 – DMBilG – BGBl I S. 1842); >hierzu auch BMF vom 11. 1. 1993 – BStBl I S. 18,
- die Einbringung von Grundstücken durch Bruchteilseigentümer zu unveränderten Anteilen in eine personenidentische GbR mit Vermietungseinkünften (>BFH vom 6. 10. 2004 – BStBl 2005 II S. 324 und BFH vom 2. 4. 2008 – BStBl II S. 679),
- die unentgeltliche Einräumung eines Erbbaurechts an einem Grundstück. Vom Erbbauberechtigten getragene Erbbaurechtsvertragskosten, Kosten des Vollzugs der Urkunde und die Grunderwerbsteuer stellen lediglich Anschaffungsnebenkosten des Erbbaurechts und keine Gegenleistung für die Einräumung des Erbbaurechts dar (>BFH vom 8. 11. 2017 – BStBl 2018 II S. 518).

Anschaffungskosten
Der Begriff „Anschaffungskosten" in § 23 Abs. 3 Satz 1 EStG ist mit dem Begriff der Anschaffungskosten in § 6 Abs. 1 Nr. 1 und 2 EStG identisch (>BFH vom 19. 12. 2000 – BStBl 2001 II S. 345).

Enteignung
Veräußert ein Stpfl. zur Abwendung einer unmittelbar drohenden Enteignung ein Grundstück und erwirbt er in diesem Zusammenhang ein Ersatzgrundstück, liegt hierin keine Veräußerung und Anschaffung i. S. d. § 23 EStG (>BFH vom 29. 6. 1962 – BStBl III S. 387 und vom 16. 1. 1973 – BStBl II S. 445). Veräußertes und angeschafftes Grundstück bilden in diesem Fall für die Anwendung des § 23 EStG eine Einheit. Für die Berechnung der Veräußerungsfrist ist daher nicht der Tag der Anschaffung des Ersatzgrundstücks, sondern der Tag maßgebend, zu dem das veräußerte Grundstück angeschafft wurde (>BFH vom 5. 5. 1961 – BStBl III S. 385). Ersetzt der Stpfl. im Zusammenhang mit der drohenden Enteignung einer Teilfläche die nicht unmittelbar betroffenen Grundstücksteile, handelt es sich insoweit um eine Anschaffung und Veräußerung i. S. d. § 23 EStG (>BFH vom 7. 12. 1976 – BStBl 1977 II S. 209).

Fondsbeteiligung bei Schrottimmobilien
Zahlungen bei der Rückabwicklung von Immobilienfonds mit Schrottimmobilien können in ein steuerpflichtiges Veräußerungsentgelt und eine nicht steuerbare Entschädigungsleistung aufzuteilen sein. Maßgebend für die Kaufpreisaufteilung ist der Wert des Fonds im Veräußerungs-

zeitpunkt. Als Veräußerungserlös auf Ebene des Gesellschafters ist alles anzusehen, was der Anleger vom Erwerber für seine Beteiligung erhalten hat. Eine Erhöhung des Veräußerungserlöses um anteilige Verbindlichkeiten der Fondsgesellschaft erfolgt dann nicht, wenn der Veräußerer nicht von einer ihn belastenden Verbindlichkeit befreit wurde. Zum Veräußerungspreis gehört die Freistellung des Veräußerers von einer ihn betreffenden Verbindlichkeit, wenn der Veräußerer für die Verbindlichkeit zumindest haftete und der Erwerber in die Haftung eintritt (>BFH vom 6. 9. 2016 – BStBl 2018 II S. 323, 329 und 335, vom 31. 1. 2017 – BStBl 2018 II S. 341 und vom 11. 7. 2017 – BStBl 2018 II S. 348).

Freigrenze

- Haben beide zusammenveranlagten Ehegatten Veräußerungsgewinne erzielt, steht jedem Ehegatten die Freigrenze des § 23 Abs. 3 EStG – höchstens jedoch bis zur Höhe seines Gesamtgewinns aus privaten Veräußerungsgeschäften – zu (>BVerfG vom 21. 2. 1961 – BStBl I S. 55).
- >BMF vom 5. 10. 2000 (BStBl I S. 1383), Rz. 41

Fremdwährungsgeschäfte

Fremdwährungsbeträge können Gegenstand eines privaten Veräußerungsgeschäfts sein (>BMF vom 18. 1. 2016 – BStBl I S. 85, Rz. 131). Sie werden insbesondere angeschafft, indem sie gegen Umtausch von nationaler Währung erworben werden, und veräußert, indem sie in die nationale Währung zurückgetauscht oder in eine andere Fremdwährung umgetauscht werden. Werden Fremdwährungsguthaben als Gegenleistung für die Veräußerung von Wertpapieren entgegen genommen, werden beide Wirtschaftsgüter getauscht, d. h. die Wertpapiere veräußert und das Fremdwährungsguthaben angeschafft (>BFH vom 21. 1. 2014 – BStBl II S. 385).

Fristberechnung

>Veräußerungsfrist

Grundstücksgeschäfte

Zweifelsfragen bei der Besteuerung privater Grundstücksgeschäfte >BMF vom 5. 10. 2000 (BStBl I S. 1383) unter Berücksichtigung der Änderungen durch BMF vom 7. 2. 2007 (BStBl I S. 262)

Identisches Wirtschaftsgut

- Ein privates Veräußerungsgeschäft ist auch anzunehmen, wenn ein unbebautes Grundstück parzelliert und eine Parzelle innerhalb der Veräußerungsfrist veräußert wird (>BFH vom 19. 7. 1983 – BStBl 1984 II S. 26).
- Die Aufteilung eines Hausgrundstücks in Wohneigentum ändert nichts an der wirtschaftlichen Identität von angeschafftem und veräußertem Wirtschaftsgut (>BFH vom 23. 8. 2011 – BStBl 2013 II S. 1002).
- Eine wirtschaftliche Teilidentität zwischen angeschafftem und veräußertem Wirtschaftsgut ist ausreichend. Diese ist z. B. gegeben, wenn ein bei Anschaffung mit einem Erbbaurecht belastetes Grundstück lastenfrei veräußert wird (>BFH vom 12. 6. 2013 – BStBl II S. 1011).
- >Enteignung

Schuldzinsen

>Werbungskosten

Spekulationsabsicht

Für das Entstehen der Steuerpflicht ist es unerheblich, ob der Stpfl. in spekulativer Absicht gehandelt hat (>Beschluss des BVerfG vom 9.7.1969 – BStBl 1970 II S. 156 und BFH vom 2.5.2000 – BStBl II S. 469).

Veräußerung
>Enteignung
Als Veräußerung i. S. d. § 23 Abs. 1 EStG ist auch anzusehen
- unter besonderen Umständen die Abgabe eines bindenden Angebots (>BFH vom 23.9.1966 – BStBl 1967 III S. 73, vom 7.8.1970 – BStBl II S. 806 und vom 19.10.1971 – BStBl 1972 II S. 452).
- der Abschluss eines bürgerlich-rechtlich wirksamen, beide Vertragsparteien bindenden Vorvertrags (>BFH vom 13.12.1983 – BStBl 1984 II S. 311).
- unter den Voraussetzungen des § 41 Abs. 1 AO der Abschluss eines unvollständig beurkundeten und deswegen nach den § 313 Satz 1 BGB, § 125 HGB formunwirksamen Kaufvertrags (>BFH vom 15.12.1993 – BStBl 1994 II S. 687).
- die Übertragung aus dem Privatvermögen eines Gesellschafters in das betriebliche Gesamthandsvermögen einer Personengesellschaft gegen Gewährung von Gesellschaftsrechten (>BMF vom 29.3.2000 – BStBl I S. 462 und vom 11.7.2011 – BStBl I S. 713 unter Berücksichtigung BMF vom 26.7.2016 – BStBl I S. 684).
- die Veräußerung des rückübertragenen Grundstücks bei entgeltlichem Erwerb des Restitutionsanspruchs nach dem VermG (>BFH vom 13.12.2005 – BStBl 2006 II S. 513).

Keine Veräußerung ist
- die Rückabwicklung eines Anschaffungsgeschäfts wegen irreparabler Vertragsstörungen (>BFH vom 27.6.2006 – BStBl 2007 II S. 162).
- die in Erfüllung des Sachleistungsanspruches aus einer XETRA-Gold Inhaberschuldverschreibung erfolgte Einlösung und Auslieferung physischen Goldes (>BFH vom 6.2.2018 – BStBl II S. 525).

Veräußerungsfrist
- >Enteignung
- Die **nachträgliche Genehmigung** eines zunächst schwebend unwirksamen Vertrags durch einen der Vertragspartner wirkt für die Fristberechnung nicht auf den Zeitpunkt der Vornahme des Rechtsgeschäfts zurück (>BFH vom 2.10.2001 – BStBl 2002 II S. 10).
- Bei Veräußerung eines im Wege der **Gesamtrechtsnachfolge** erworbenen Wirtschaftsguts ist bei der Berechnung der Veräußerungsfrist von dem Zeitpunkt des entgeltlichen Erwerbs durch den Rechtsvorgänger auszugehen (>BFH vom 12.7.1988 – BStBl II S. 942). Das Gleiche gilt auch für ein im Wege der unentgeltlichen Einzelrechtsnachfolge erworbenes Wirtschaftsgut >§ 23 Abs. 1 Satz 3 EStG.
- Für die Berechnung der Veräußerungsfrist des § 23 Abs. 1 EStG ist grundsätzlich das der >Anschaffung oder >Veräußerung zu Grunde liegende **obligatorische Geschäft** maßgebend (>BFH vom 15.12.1993 – BStBl 1994 II S. 687 und vom 8.4.2014 – BStBl II S. 826); ein außerhalb der Veräußerungsfrist liegender Zeitpunkt des Eintritts einer aufschiebenden Bedingung des Veräußerungsgeschäfts ist unmaßgeblich (>BFH vom 10.2.2015 – BStBl II S. 487).

Veräußerungspreis
- Wird infolge von Meinungsverschiedenheiten über die Formgültigkeit des innerhalb der Veräußerungsfrist abgeschlossenen Grundstückskaufvertrages der Kaufpreis erhöht, kann der erhöhte Kaufpreis auch dann Veräußerungspreis i. S. v. § 23 Abs. 3 Satz 1 EStG sein,

wenn die Erhöhung nach Ablauf der Veräußerungsfrist vereinbart und beurkundet wird (>BFH vom 15.12.1993 – BStBl 1994 II S. 687).

– Zum Veräußerungspreis gehört auch das Entgelt für den Verzicht auf Nachbarrechte im Zusammenhang mit der Veräußerung des betreffenden Grundstücks (>BFH vom 18.5.2004 – BStBl II S. 874).

Veräußerungsverlust bei Ratenzahlung

Bei Zahlung des Veräußerungserlöses in verschiedenen VZ fällt der Veräußerungsverlust anteilig nach dem Verhältnis der Teilzahlungsbeträge zu dem Gesamtveräußerungserlös in den jeweiligen VZ der Zahlungszuflüsse an (>BFH vom 6.12.2016 – BStBl 2017 II S. 676).

Verfassungsmäßigkeit

Die Beschränkung des Verlustausgleichs bei privaten Veräußerungsgeschäften durch § 23 Abs. 3 Satz 8 (jetzt: Satz 7) EStG ist verfassungsgemäß (>BFH vom 18.10.2006 – BStBl 2007 II S. 259).

Verlustabzug in Erbfällen

Verluste i. S. d. § 22 Nr. 2 i.V. m. § 23 Abs. 3 Satz 7 bis 10 EStG >R 10d Abs. 9 Satz 10

Verlustvor- und -rücktrag

Zur Anwendung des § 10d EStG im Rahmen des § 23 EStG >BMF vom 29.11.2004 (BStBl I S. 1097).

Werbungskosten

– Werbungskosten sind grundsätzlich alle durch ein Veräußerungsgeschäft i. S. d. § 23 EStG veranlassten Aufwendungen (z. B. Schuldzinsen), die weder zu den (nachträglichen) Anschaffungs- oder Herstellungskosten des veräußerten Wirtschaftsguts gehören noch einer vorrangigen Einkunftsart zuzuordnen sind oder wegen privater Nutzung unter das Abzugsverbot des § 12 EStG fallen (>BFH vom 12.12.1996 – BStBl 1997 II S. 603).

– Durch ein privates Veräußerungsgeschäft veranlasste Werbungskosten sind – abweichend vom Abflussprinzip des § 11 Abs. 2 EStG – in dem Kj. zu berücksichtigen, in dem der Verkaufserlös zufließt (>BFH vom 17.7.1991 – BStBl II S. 916).

– Fließt der Verkaufserlös in mehreren VZ zu, sind sämtliche Werbungskosten zunächst mit dem im ersten Zuflussjahr erhaltenen Teilerlös und ein etwa verbleibender Werbungskostenüberschuss mit den in den Folgejahren erhaltenen Teilerlösen zu verrechnen (>BFH vom 3.6.1992 – BStBl II S. 1017).

– Planungsaufwendungen zur Baureifmachung eines unbebauten Grundstücks (Baugenehmigungsgebühren, Architektenhonorare) können abziehbar sein, wenn von Anfang an Veräußerungsabsicht bestanden hat (>BFH vom 12.12.1996 – BStBl 1997 II S. 603).

– Erhaltungsaufwendungen können abziehbar sein, soweit sie allein oder ganz überwiegend durch die Veräußerung des Mietobjekts veranlasst sind (>BFH vom 14.12.2004 – BStBl 2005 II S. 343).

– Wird ein Gebäude, das zu eigenen Wohnzwecken genutzt werden sollte, vor dem Selbstbezug und innerhalb der Veräußerungsfrist wieder veräußert, mindern nur solche Grundstücksaufwendungen den Veräußerungsgewinn, die auf die Zeit entfallen, in der der Stpfl. bereits zum Verkauf des Objekts entschlossen war (>BFH vom 16.6.2004 – BStBl 2005 II S. 91).

- Vorfälligkeitsentschädigungen, die durch die Verpflichtung zur lastenfreien Veräußerung von Grundbesitz veranlasst sind, sind zu berücksichtigen (>BFH vom 6.12.2005 – BStBl 2006 II S. 265).
- Aufwendungen können nicht als Werbungskosten bei den privaten Veräußerungsgeschäften berücksichtigt werden, wenn es tatsächlich nicht zu einer Veräußerung kommt (>BFH vom 1.8.2012 – BStBl II S. 781).

Wiederkehrende Leistungen
Zur Ermittlung des Gewinns bei Veräußerungsgeschäften gegen wiederkehrende Leistungen und bei der Umschichtung von nach § 10 Abs. 1a Nr. 2 EStG begünstigt übernommenem Vermögen >BMF vom 11.3.2010 (BStBl I S. 227), Rzn. 37-41, 65-79 und 88.

Zu § 24 EStG

| R 24.1 | **Begriff der Entschädigung i. S. d. § 24 Nr. 1 EStG** |

Der Entschädigungsbegriff des § 24 Nr. 1 EStG setzt in seiner zu Buchstabe a und b gleichmäßig geltenden Bedeutung voraus, dass der Stpfl. infolge einer Beeinträchtigung der durch die einzelne Vorschrift geschützten Güter einen finanziellen Schaden erlitten hat und die Zahlung unmittelbar dazu bestimmt ist, diesen Schaden auszugleichen.

| H 24.1 |

Abzugsfähige Aufwendungen
Bei der Ermittlung der Entschädigung i. S. d. § 24 Nr. 1 EStG sind von den Bruttoentschädigungen nur die damit in unmittelbarem Zusammenhang stehenden Betriebsausgaben oder Werbungskosten abzuziehen (>BFH vom 26.8.2004 – BStBl 2005 II S. 215).

Allgemeines
- § 24 EStG schafft keinen neuen Besteuerungstatbestand, sondern weist die in ihm genannten Einnahmen nur der Einkunftsart zu, zu der die entgangenen oder künftig entgehenden Einnahmen gehört hätten, wenn sie erzielt worden wären (>BFH vom 12.6.1996 – BStBl II S. 516).
- Wegen einer anstelle der Rückübertragung von enteignetem Grundbesitz gezahlten Entschädigung nach dem VermG vom 23.9.1990 i. d. F. vom 3.8.1992 >BMF vom 11.1.1993 (BStBl I S. 18).

Ausgleichszahlungen an Handelsvertreter
- Ausgleichszahlungen an Handelsvertreter nach § 89b HGB gehören auch dann zu den Entschädigungen i. S. d. § 24 Nr. 1 Buchstabe c EStG, wenn sie zeitlich mit der **Aufgabe der gewerblichen Tätigkeit** zusammenfallen (>BFH vom 5.12.1968 – BStBl 1969 II S. 196).
- Ausgleichszahlungen an **andere Kaufleute** als Handelsvertreter, z. B. **Kommissionsagenten oder Vertragshändler**, sind wie Ausgleichszahlungen an Handelsvertreter zu behandeln, wenn sie in entsprechender Anwendung des § 89b HGB geleistet werden (>BFH vom 12.10.1999 – BStBl 2000 II S. 220).
- Ausgleichszahlungen i. S. d. § 89b HGB gehören nicht zu den Entschädigungen nach § 24 Nr. 1 Buchstabe c EStG, wenn ein **Nachfolgevertreter** aufgrund eines selbständigen Vertrags mit seinem Vorgänger dessen Handelsvertretung oder Teile davon entgeltlich erwirbt. Ein

selbständiger Vertrag liegt aber nicht vor, wenn der Nachfolger es übernimmt, die vertretenen Firmen von Ausgleichsansprüchen freizustellen (>BFH vom 31. 5. 1972 – BStBl II S. 899 und vom 25. 7. 1990 – BStBl 1991 II S. 218).

Entschädigungen i. S. d. § 24 Nr. 1 Buchstabe a EStG

- Die Entschädigung i. S. d. § 24 Nr. 1 Buchstabe a EStG muss als **Ersatz** für unmittelbar entgangene oder entgehende **konkrete Einnahmen** gezahlt werden (>BFH vom 9. 7. 1992 – BStBl 1993 II S. 27).

- Für den Begriff der Entschädigung nach § 24 Nr. 1 Buchstabe a EStG ist **nicht entscheidend**, ob das zur Entschädigung führende **Ereignis ohne oder gegen den Willen** des Stpfl. eingetreten ist. Eine Entschädigung i. S. d. § 24 Nr. 1 Buchstabe a EStG kann vielmehr auch vorliegen, wenn der Stpfl. bei dem zum Einnahmeausfall führenden Ereignis selbst mitgewirkt hat. Ist dies der Fall, muss der Stpfl. bei Aufgabe seiner Rechte aber unter erheblichem wirtschaftlichen, rechtlichen oder tatsächlichen Druck gehandelt haben; keinesfalls darf er das schadenstiftende Ereignis aus eigenem Antrieb herbeigeführt haben. Der Begriff des Entgehens schließt freiwilliges Mitwirken oder gar die Verwirklichung eines eigenen Strebens aus (>BFH vom 20. 7. 1978 – BStBl 1979 II S. 9, vom 16. 4. 1980 – BStBl II S. 393, vom 9. 7. 1992 – BStBl 1993 II S. 27 und vom 4. 9. 2002 – BStBl 2003 II S. 177). Gibt ein Arbeitnehmer im Konflikt mit seinem Arbeitgeber nach und nimmt dessen Abfindungsangebot an, entspricht es dem Zweck des Merkmals der Zwangssituation, nicht schon wegen dieser gütlichen Einigung in Widerspruch stehender Interessenlage einen tatsächlichen Druck in Frage zu stellen (>BFH vom 29. 2. 2012 – BStBl II S. 569). Bei einer (einvernehmlichen) Auflösung des Arbeitsverhältnisses sind tatsächliche Feststellungen zu der Frage, ob der Arbeitnehmer dabei unter tatsächlichem Druck stand, regelmäßig entbehrlich (>BFH vom 13. 3. 2018 – BStBl II S. 709).

- Die an die Stelle der Einnahmen tretende Ersatzleistung nach § 24 Nr. 1 Buchstabe a EStG muss auf einer **neuen Rechts- oder Billigkeitsgrundlage** beruhen. Zahlungen, die zur Erfüllung eines Anspruchs geleistet werden, sind keine Entschädigungen i. S. d. § 24 Nr. 1 Buchstabe a EStG, wenn die vertragliche Grundlage bestehen geblieben ist und sich nur die Zahlungsmodalität geändert hat (>BFH vom 25. 8. 1993 – BStBl 1994 II S. 167, vom 10. 10. 2001 – BStBl 2002 II S. 181 und vom 6. 3. 2002 – BStBl II S. 516).

- **Entschädigungen** nach § 24 Nr. 1 Buchstabe a EStG sind:
  - Abfindung wegen **Auflösung eines Dienstverhältnisses**, wenn Arbeitgeber die Beendigung veranlasst hat (>BFH vom 20. 10. 1978 – BStBl 1979 II S. 176 und vom 22. 1. 1988 – BStBl II S. 525); hierzu gehören auch Vorruhestandsgelder, die auf Grund eines Manteltarifvertrags vereinbart werden (>BFH vom 16. 6. 2004 – BStBl II S. 1055),
  - Abstandszahlung eines **Mietinteressenten** für die Entlassung aus einem Vormietvertrag (>BFH vom 21. 8. 1990 – BStBl 1991 II S. 76),
  - Aufwandsersatz, soweit er über den Ersatz von Aufwendungen hinaus auch den **Ersatz von ausgefallenen steuerbaren Einnahmen** bezweckt (>BFH vom 26. 2. 1988 – BStBl II S. 615),
  - Abfindung anlässlich der **Liquidation** einer Gesellschaft an einen Gesellschafter-Geschäftsführer, wenn auch ein gesellschaftsfremder Unternehmer im Hinblick auf die wirtschaftliche Situation der Gesellschaft die Liquidation beschlossen hätte (>BFH vom 4. 9. 2002 – BStBl 2003 II S. 177),
  - Abfindung, die der Gesellschafter-Geschäftsführer, der seine GmbH-Anteile veräußert, für den **Verzicht auf seine Pensionsansprüche** gegen die GmbH erhält, falls der Käufer den Erwerb des Unternehmens von der Nichtübernahme der Pensionsverpflichtung abhängig macht (>BFH vom 10. 4. 2003 – BStBl II S. 748). Entsprechendes gilt für eine Entschädigung für die durch den Erwerber veranlasste **Aufgabe der Geschäftsführertätigkeit** (>BFH vom 13. 8. 2003 – BStBl 2004 II S. 106),

- Abfindung wegen **Auflösung eines Dienstverhältnisses**, auch wenn bereits bei Beginn des Dienstverhältnisses ein Ersatzanspruch für den Fall der betriebsbedingten Kündigung oder Nichtverlängerung des Dienstverhältnisses vereinbart wird (>BFH vom 10. 9. 2003 – BStBl 2004 II S. 349),
- Schadensersatz infolge einer schuldhaft **verweigerten Wiedereinstellung** (>BFH vom 6. 7. 2005 – BStBl 2006 II S. 55),
- Schadensersatz aus Amtshaftung als **Ersatz für entgangene Gehalts- und Rentenansprüche** infolge einer rechtswidrigen Abberufung als Bankvorstand (>BFH vom 12. 7. 2016 – BStBl 2017 II S. 158),
- Leistungen wegen einer **Körperverletzung** nur insoweit, als sie den Verdienstausfall ersetzen (>BFH vom 21. 1. 2004 – BStBl II S. 716),
- **Mietentgelte**, die der **Restitutionsberechtigte** vom Verfügungsberechtigten nach § 7 Abs. 7 Satz 2 VermG erlangt (>BFH vom 11. 1. 2005 – BStBl II S. 450),
- Abfindung wegen unbefristeter Reduzierung der Wochenarbeitszeit auf Grund eines Vertrags zur **Änderung des Arbeitsvertrags** (>BFH vom 25. 8. 2009 – BStBl 2010 II S. 1030),
- Abfindung wegen **Auflösung eines Beratungsvertrags**, wenn die Leistung trotz Beibehaltung der rechtlichen Selbständigkeit im Wesentlichen wie die eines Arbeitnehmers geschuldet wurde (>BFH vom 10. 7. 2012 – BStBl 2013 II S. 155),
- Entgelt, das bei vorzeitiger **Beendigung eines Genussrechtsverhältnisses**, das keine Beteiligung am Unternehmensvermögen vermittelt, als Ersatz für entgehende Einnahmen aus der Verzinsung von Genussrechtskapital gewährt wird (>BFH vom 11. 2. 2015 – BStBl II S. 647),
- Zahlung zur Abgeltung einer dem Stpfl. zustehenden Forderung, soweit diese auf einem **Entschädigungsanspruch aus einer Vergleichsvereinbarung** beruht (>BFH vom 25. 8. 2015 – BStBl II S. 1015),
- Entschädigungen ehrenamtlicher Richter für Verdienstausfall gem. § 18 des Justizvergütungs- und -entschädigungsgesetzes, wenn sie als Ersatz für entgangene Einnahmen gezahlt werden (>BFH vom 31. 1. 2017 – BStBl 2018 II S. 571).
- **Keine Entschädigungen** nach § 24 Nr. 1 Buchstabe a EStG sind:
- Abfindung, die bei Abschluss oder während des Arbeitsverhältnisses für den Verlust späterer **Pensionsansprüche** infolge Kündigung vereinbart wird (>BFH vom 6. 3. 2002 – BStBl II S. 516),
- Abfindung, die bei Fortsetzung des Arbeitnehmerverhältnisses für **Verzicht auf Tantiemeanspruch** gezahlt wird (>BFH vom 10. 10. 2001 – BStBl 2002 II S. 347),
- Abfindung nach vorausgegangener freiwilliger **Umwandlung zukünftiger Pensionsansprüche** (>BFH vom 6. 3. 2002 – BStBl II S. 516),
- Entgelt für den Verzicht auf ein testamentarisch vermachtes **obligatorisches Wohnrecht** (>BFH vom 9. 8. 1990 – BStBl II S. 1026),
- **Pensionsabfindung**, wenn der Arbeitnehmer nach Eheschließung zur Herstellung der ehelichen Lebensgemeinschaft gekündigt hat (>BFH vom 21. 6. 1990 – BStBl II S. 1020),
- **Streikunterstützung** (>BFH vom 24. 10. 1990 – BStBl 1991 II S. 337),
- Zahlung einer Vertragspartei, die diese wegen einer **Vertragsstörung** im Rahmen des Erfüllungsinteresses leistet, und zwar einschließlich der Zahlung für den **entgangenen Gewinn** i. S. d. § 252 BGB. Dies gilt unabhängig davon, ob der Stpfl. das Erfüllungsinteresse im Rahmen des bestehenden und verletzten Vertrags durchsetzt oder zur Abgeltung seiner vertraglichen Ansprüche einer ergänzenden vertraglichen Regelung in Form eines Vergleichs zustimmt (>BFH vom 27. 7. 1978 – BStBl 1979 II S. 66, 69, 71, vom 3. 7. 1986 – BStBl II S. 806, vom 18. 9. 1986 – BStBl 1987 II S. 25 und vom 5. 10. 1989 – BStBl 1990 II S. 155),
- Zahlung für das Überspannen von Grundstücken mit **Hochspannungsfreileitungen** (>BFH vom 19. 4. 1994 – BStBl II S. 640),

- Erlös für die **Übertragung von Zuckerrübenlieferrechten** eines Landwirtes (>BFH vom 28. 2. 2002 – BStBl II S. 658),
- Ersatz für **zurückzuzahlende Einnahmen** oder Ausgleich von Ausgaben, z. B. Zahlungen für (mögliche) Umsatzsteuerrückzahlungen bei Auflösung von Mietverhältnissen (>BFH vom 18. 10. 2011 – BStBl 2012 II S. 286),
- **Erstattungszinsen nach § 233a AO** (>BFH vom 12. 11. 2013 – BStBl 2014 II S. 168),
- Entschädigungen ehrenamtlicher Richter für Zeitversäumnis nach § 16 des Justizvergütungs- und -entschädigungsgesetzes, da diese Entschädigungen sowohl nach ihrem Wortlaut als auch nach ihrem Sinn und Zweck nicht an die Stelle von entgangenen oder entgehenden Einnahmen treten (>BFH vom 31. 1. 2017 – BStBl 2018 II S. 571).

Entschädigungen i. S. d. § 24 Nr. 1 Buchstabe b EStG
- § 24 Nr. 1 Buchstabe b EStG erfasst Entschädigungen, die als Gegenleistung für den Verzicht auf eine mögliche Einkunftserzielung gezahlt werden. Eine Entschädigung i. S. d. § 24 Nr. 1 Buchstabe b EStG liegt auch vor, wenn die Tätigkeit mit Willen oder mit Zustimmung des Arbeitnehmers aufgegeben wird. Der Ersatzanspruch muss nicht auf einer neuen Rechts- oder Billigkeitsgrundlage beruhen. Die Entschädigung für die Nichtausübung einer Tätigkeit kann auch als Hauptleistungspflicht vereinbart werden (>BFH vom 12. 6. 1996 – BStBl II S. 516).
- **Entschädigungen** nach § 24 Nr. 1 Buchstabe b EStG sind:
  - Abfindungszahlung, wenn der Stpfl. von einem ihm tarifvertraglich eingeräumten **Optionsrecht**, gegen Abfindung aus dem Arbeitsverhältnis auszuscheiden, Gebrauch macht (>BFH vom 8. 8. 1986 – BStBl 1987 II S. 106),
  - Entgelt für ein im Arbeitsvertrag vereinbartes **Wettbewerbsverbot** (>BFH vom 13. 2. 1987 – BStBl II S. 386 und vom 16. 3. 1993 – BStBl II S. 497),
  - Entgelt für ein **umfassendes Wettbewerbsverbot**, das im Zusammenhang mit der Beendigung eines Arbeitsverhältnisses vereinbart worden ist (>BFH vom 12. 6. 1996 – BStBl II S. 516),
  - Entgelt für ein **umfassendes Wettbewerbsverbot** auch dann, wenn die dadurch untersagten Tätigkeiten verschiedenen Einkunftsarten zuzuordnen sind (>BFH vom 23. 2. 1999 – BStBl II S. 590),
  - Abfindung, die ein angestellter **Versicherungsvertreter** von seinem Arbeitgeber für den Verzicht auf eine mögliche künftige Einkunftserzielung durch die Verkleinerung seines Bezirks erhält (>BFH vom 23. 1. 2001 – BStBl II S. 541).
- **Keine Entschädigungen** nach § 24 Nr. 1 Buchstabe b EStG sind:
  - Abfindung an Arbeitnehmer für die **Aufgabe eines gewinnabhängigen Tantiemeanspruchs** (>BFH vom 10. 10. 2001 – BStBl 2002 II S. 347),
  - Erlös für die **Übertragung von Zuckerrübenlieferrechten** eines Landwirtes (>BFH vom 28. 2. 2002 – BStBl II S. 658).

Steuerbegünstigung nach § 34 Abs. 1 Satz 1 EStG
Wegen der Frage, unter welchen Voraussetzungen Entschädigungen i. S. d. § 24 Nr. 1 EStG der Steuerbegünstigung nach § 34 Abs. 1 Satz 1 EStG unterliegen >R 34.3.

| R 24.2 | Nachträgliche Einkünfte |

(1) ¹Einkünfte aus einer ehemaligen Tätigkeit liegen vor, wenn sie in wirtschaftlichem Zusammenhang mit der ehemaligen Tätigkeit stehen, insbesondere ein Entgelt für die im Rahmen der ehemaligen Tätigkeit erbrachten Leistungen darstellen. ²Bezahlt ein Mitunternehmer nach Auf-

lösung der Gesellschaft aus seinem Vermögen betrieblich begründete Schulden eines anderen Gesellschafters, hat er einen nachträglichen gewerblichen Verlust, soweit er seine Ausgleichsforderung nicht verwirklichen kann.
(2) § 24 Nr. 2 EStG ist auch anzuwenden, wenn die nachträglichen Einkünfte einem Rechtsnachfolger zufließen.

H 24.2

Ermittlung der nachträglichen Einkünfte

Nach der Betriebsveräußerung oder Betriebsaufgabe anfallende nachträgliche Einkünfte sind in sinngemäßer Anwendung des § 4 Abs. 3 EStG zu ermitteln (>BFH vom 22. 2. 1978 – BStBl II S. 430).

Nachträgliche Einnahmen sind:
- **Ratenweise gezahltes Auseinandersetzungsguthaben** in Höhe des Unterschiedsbetrags zwischen Nennbetrag und Auszahlungsbetrag der Rate, wenn ein aus einer Personengesellschaft ausgeschiedener Gesellschafter verlangen darf, dass alljährlich die Rate nach dem jeweiligen Preis eines Sachwertes bemessen wird (>BFH vom 16. 7. 1964 – BStBl III S. 622).
- **Versorgungsrenten**, die auf früherer gewerblicher oder freiberuflicher Tätigkeit des Stpfl. oder seines Rechtsvorgängers beruhen (>BFH vom 10. 10. 1963 – BStBl III S. 592).

Nachträgliche Werbungskosten/Betriebsausgaben sind:
- **Betriebssteuern**, wenn bei Gewinnermittlung nach § 4 Abs. 3 EStG auf den Zeitpunkt der Betriebsaufgabe keine Schlussbilanz erstellt wurde, und dies nicht zur Erlangung ungerechtfertigter Steuervorteile geschah (>BFH vom 13. 5. 1980 – BStBl II S. 692).
- **Schuldzinsen** für Verbindlichkeiten, die bis zur Vollbeendigung eines Gewerbebetriebs trotz Verwertung des Aktivvermögens nicht abgedeckt werden, auch wenn die Verbindlichkeiten durch Grundpfandrechte an einem privaten Grundstück gesichert sind oder eine Umschuldung durchgeführt worden ist (>BFH vom 11. 12. 1980 – BStBl 1981 II S. 460, 461 und 462).
- **Schuldzinsen** für während des Bestehens des Betriebs entstandene und bei Betriebsveräußerung zurückbehaltene Verbindlichkeiten, soweit der Veräußerungserlös und der Verwertungserlös aus zurückbehaltenen Aktivwerten nicht zur Schuldentilgung ausreicht; darüber hinaus Schuldzinsen auch dann noch und so lange, als der Schuldentilgung Auszahlungshindernisse hinsichtlich des Veräußerungserlöses, Verwertungshindernisse hinsichtlich der zurückbehaltenen Aktivwerte oder Rückzahlungshindernisse hinsichtlich der früheren Betriebsschulden entgegenstehen (>BFH vom 19. 1. 1982 – BStBl II S. 321, vom 27. 11. 1984 – BStBl 1985 II S. 323 und vom 12. 11. 1997 – BStBl 1998 II S. 144); bei Personengesellschaften >H 4.2 (15) Betriebsaufgabe oder -veräußerung im Ganzen.
- **Schuldzinsen** für betrieblich begründete Verbindlichkeiten nach Übergang des Betriebs zur **Liebhaberei**, wenn und soweit die zugrunde liegenden Verbindlichkeiten nicht durch eine mögliche Verwertung von Aktivvermögen beglichen werden können (>BFH vom 15. 5. 2002 – BStBl II S. 809 und vom 31. 7. 2002 – BStBl 2003 II S. 282).
- **Zinsanteile von Rentenzahlungen**, wenn der Rentenberechtigte einer mit den Erlösen aus der Betriebsaufgabe möglichen Ablösung der betrieblich veranlassten Rentenverpflichtung nicht zustimmt (>BFH vom 22. 9. 1999 – BStBl 2000 II S. 120).
- Zum Abzug der Schuldzinsen als nachträgliche Werbungskosten bei Vermietung und Verpachtung nach **Veräußerung des Mietobjekts** oder nach **Wegfall der Einkünfteerzielungsabsicht** >BMF vom 27. 7. 2015 (BStBl I S. 581).

sind nicht:

- **Schuldzinsen**, soweit es der Stpfl. bei Aufgabe eines Gewerbebetriebes unterlässt, vorhandene Aktiva zur Tilgung der Schulden einzusetzen (>BFH vom 11.12.1980 – BStBl 1981 II S. 463 und vom 21.11.1989 – BStBl 1990 II S. 213), diese Schuldzinsen können jedoch Werbungskosten bei einer anderen Einkunftsart sein (>BFH vom 19.8.1998 – BStBl 1999 II S. 353 und vom 28.3.2007 – BStBl II S. 642, >H 21.2 – Finanzierungskosten –). Bei Personengesellschaften >H 4.2 (15) Betriebsaufgabe oder -veräußerung im Ganzen.

- **Schuldzinsen** für vom übertragenden Gesellschafter bei Veräußerung eines Gesellschaftsanteils mit befreiender Wirkung gegenüber der Gesellschaft und dem eintretendem Gesellschafter **übernommene Gesellschaftsschulden** (>BFH vom 28.1.1981 – BStBl II S. 464).

- **Schuldzinsen** für Verbindlichkeiten, die nicht während des Bestehens des Betriebs entstanden, sondern **Folge der Aufgabe oder Veräußerung des Betriebs** sind (>BFH vom 12.11.1997 – BStBl 1998 II S. 144).

Rechtsnachfolger

- Der **Begriff des Rechtsnachfolgers** umfasst sowohl den bürgerlich-rechtlichen Einzel- oder Gesamtrechtsnachfolger als auch denjenigen, dem z. B. aufgrund eines von einem Gewerbetreibenden abgeschlossenen Vertrags zugunsten Dritter (§ 328 BGB) Einnahmen zufließen, die auf der gewerblichen Betätigung beruhen (>BFH vom 25.3.1976 – BStBl II S. 487).

- Fließen **nachträgliche Einkünfte** dem Rechtsnachfolger zu, sind sie nach den in seiner Person liegenden Besteuerungsmerkmalen zu versteuern (>BFH vom 29.7.1960 – BStBl III S. 404).

- **Nachträglich zugeflossene Rentenzahlungen** werden dem Erben auch dann als nachträgliche Einkünfte zugerechnet, wenn sie vom Testamentsvollstrecker zur **Erfüllung von Vermächtnissen** verwendet werden (>BFH vom 24.1.1996 – BStBl II S. 287).

Zu § 24a EStG

| R 24a. | **Altersentlastungsbetrag** |

Allgemeines

(1) ¹Bei der Berechnung des Altersentlastungsbetrags sind Einkünfte aus Land- und Forstwirtschaft nicht um den Freibetrag nach § 13 Abs. 3 EStG zu kürzen. ²Kapitalerträge, die nach § 32d Abs. 1 und § 43 Abs. 5 EStG dem gesonderten Steuertarif für Einkünfte aus Kapitalvermögen unterliegen, sind in die Berechnung des Altersentlastungsbetrags nicht einzubeziehen. ³Sind in den Einkünften neben Leibrenten auch andere wiederkehrende Bezüge i. S. d. § 22 Nr. 1 EStG enthalten, ist der Werbungskosten-Pauschbetrag nach § 9a Satz 1 Nr. 3 EStG von den der Besteuerung nach § 22 Nr. 1 Satz 3 EStG unterliegenden Teilen der Leibrenten abzuziehen, soweit er diese nicht übersteigt. ⁴Der Altersentlastungsbetrag ist auf den nächsten vollen Euro-Betrag aufzurunden.

Berechnung bei Anwendung anderer Vorschriften

(2) Ist der Altersentlastungsbetrag außer vom Arbeitslohn noch von weiteren Einkünften zu berechnen und muss er für die Anwendung weiterer Vorschriften von bestimmten Beträgen abgezogen werden, ist davon auszugehen, dass er zunächst vom Arbeitslohn berechnet worden ist.

| H 24a |

Altersentlastungsbetrag bei Ehegatten
Im Fall der Zusammenveranlagung von Ehegatten ist der Altersentlastungsbetrag jedem Ehegatten, der die altersmäßigen Voraussetzungen erfüllt, nach Maßgabe der von ihm bezogenen Einkünfte zu gewähren (>BFH vom 22. 9. 1993 – BStBl 1994 II S. 107).

Berechnung des Altersentlastungsbetrags
Der Altersentlastungsbetrag ist von der S. d. E. zur Ermittlung des G. d. E. abzuziehen (>R 2).

Beispiel 1:
Der Stpfl. hat im VZ 2004 das 64. Lebensjahr vollendet. Im VZ 2018 wurden erzielt:

Arbeitslohn	14.000 €
darin enthalten:	
Versorgungsbezüge in Höhe von	6.000 €
Einkünfte aus selbständiger Arbeit	500 €
Einkünfte aus Vermietung und Verpachtung	–1.500 €

Der Altersentlastungsbetrag beträgt 40 % des Arbeitslohns (14.000 € abzüglich Versorgungsbezüge 6.000 € = 8.000 €), das sind 3.200 €, höchstens jedoch 1.900 €. Die Einkünfte aus selbständiger Arbeit und aus Vermietung und Verpachtung werden für die Berechnung des Altersentlastungsbetrags nicht berücksichtigt, weil ihre Summe negativ ist (–1.500 € + 500 € = –1.000 €).

Beispiel 2:
Wie Beispiel 1, jedoch hat der Stpfl. im VZ 2017 das 64. Lebensjahr vollendet.
Der Altersentlastungsbetrag beträgt 19,2 % des Arbeitslohnes (14.000 € abzüglich Versorgungsbezüge 6.000 € = 8.000 €), das sind 1.536 €, höchstens jedoch 912 €.

Lohnsteuerabzug
Die Berechnung des Altersentlastungsbetrags beim Lohnsteuerabzug hat keine Auswirkung auf die Berechnung im Veranlagungsverfahren (>R 39b.4 Abs. 3 LStR 2015).

Zu § 24b EStG

| H 24b |

Anwendungsschreiben
>BMF vom 23. 10. 2017 (BStBl I S. 1432)

Zu § 25 EStG

| R 25. | **Verfahren bei der Veranlagung von Ehegatten nach § 26a EStG**

(1) ¹Hat ein Ehegatte nach § 26 Abs. 2 Satz 1 EStG die Einzelveranlagung (§ 26a EStG) gewählt, ist für jeden Ehegatten eine Einzelveranlagung durchzuführen, auch wenn sich jeweils eine Steuerschuld von 0 Euro ergibt. ²*)Der bei einer Zusammenveranlagung der Ehegatten in Betracht kommende Betrag der außergewöhnlichen Belastungen ist grundsätzlich von dem Finanzamt zu ermitteln, das für die Veranlagung des Ehemannes zuständig ist.
(2)*) Für den VZ 2012 ist R 25 EStR 2008 weiter anzuwenden.

---

*) Für VZ ab 2013 ohne Bedeutung.

| H 25 |

Anlage EÜR
- Der amtlich vorgeschriebene Datensatz ist durch Datenfernübertragung authentifiziert zu übermitteln.
- Die Anlage AVEÜR sowie bei Mitunternehmerschaften die entsprechenden Anlagen sind notwendiger Bestandteil der EÜR.
- Übersteigen die im Wj. angefallenen Schuldzinsen, ohne die Berücksichtigung der Schuldzinsen für Darlehen zur Finanzierung von Anschaffungs- oder Herstellungskosten von Wirtschaftsgütern des Anlagevermögens, den Betrag von 2.050 Euro, sind bei Einzelunternehmen die in der Anlage SZ enthaltenen Angaben als notwendiger Bestandteil der EÜR an die Finanzverwaltung zu übermitteln.
(>BMF vom 17.10.2018 – BStBl I S. 1038 und vom 26.11.2018 – BStBl I S. 1216).
- § 60 Abs. 4 EStDV stellt eine wirksame Rechtsgrundlage für die Pflicht zur Abgabe der Anlage EÜR dar. Die Aufforderung zur Einreichung der Anlage EÜR ist ein Verwaltungsakt (>BFH vom 16.11.2011 – BStBl 2012 II S. 129).

Härteregelung
§ 46 Abs. 3 und 5 EStG ist auch bei solchen Arbeitnehmern anzuwenden, die mangels Vornahme eines Lohnsteuerabzugs nicht gem. § 46 EStG, sondern nach § 25 Abs. 1 EStG zu veranlagen sind, z. B. bei ausländischem Arbeitgeber (>BFH vom 27.11.2014 – BStBl 2015 II S. 793).

Steuererklärungspflicht gem. § 56 Satz 2 EStDV
Die Verpflichtung zur Abgabe der Einkommensteuererklärung nach § 56 Satz 2 EStDV wegen Feststellung eines verbleibenden Verlustvortrags gilt nur für den unmittelbar auf den festgestellten Verlustabzug folgenden VZ.
Ist der Stpfl. nach § 46 Abs. 2 Nr. 8 EStG nur auf seinen Antrag hin zur Einkommensteuer zu veranlagen, kommt er mit der Abgabe der Einkommensteuererklärung nicht nur seiner Erklärungspflicht gem. § 56 Satz 2 EStDV nach, sondern stellt zugleich einen Veranlagungsantrag i. S. d. § 46 Abs. 2 Nr. 8 Satz 2 EStG, der wiederum die Ablaufhemmung des § 171 Abs. 3 AO auslöst (>BFH vom 30.3.2017 – BStBl II S. 1046).

Unterzeichnung durch einen Bevollmächtigten
Kehrt ein ausländischer Arbeitnehmer auf Dauer in sein Heimatland zurück, kann dessen Einkommensteuer-Erklärung ausnahmsweise durch einen Bevollmächtigten unter Offenlegung des Vertretungsverhältnisses unterzeichnet werden (>BFH vom 10.4.2002 – BStBl II S. 455).

Zu § 26 EStG

| R 26. | **Voraussetzungen für die Anwendung des § 26 EStG**

Nicht dauernd getrennt lebend
(1) ¹Bei der Frage, ob Ehegatten als dauernd getrennt lebend anzusehen sind, wird einer auf Dauer herbeigeführten räumlichen Trennung regelmäßig eine besondere Bedeutung zukommen. ²Die eheliche Lebens- und Wirtschaftsgemeinschaft ist jedoch im Allgemeinen nicht aufgehoben, wenn sich die Ehegatten nur vorübergehend räumlich trennen, z. B. bei einem beruflich bedingten Auslandsaufenthalt eines der Ehegatten. ³Sogar in Fällen, in denen die Ehegatten infolge zwingender äußerer Umstände für eine nicht absehbare Zeit räumlich voneinander getrennt leben müssen, z. B. infolge Krankheit oder Verbüßung einer Freiheitsstrafe, kann die ehe-

liche Lebens- und Wirtschaftsgemeinschaft noch weiterbestehen, wenn die Ehegatten die erkennbare Absicht haben, die eheliche Verbindung in dem noch möglichen Rahmen aufrechtzuerhalten und nach dem Wegfall der Hindernisse die volle eheliche Gemeinschaft wiederherzustellen. [4]Ehegatten, von denen einer vermisst ist, sind im Allgemeinen nicht als dauernd getrennt lebend anzusehen.

Zurechnung gemeinsamer Einkünfte
(2) Gemeinsame Einkünfte der Ehegatten, z. B. aus einer Gesamthandsgesellschaft oder Gesamthandsgemeinschaft sind jedem Ehegatten, falls keine andere Aufteilung in Betracht kommt, zur Hälfte zuzurechnen.
(3)[*] Für den VZ 2012 ist R 26 EStR 2008 weiter anzuwenden.

H 26

Allgemeines
- Welche Personen **Ehegatten** i. S. d. § 26 Abs. 1 Satz 1 EStG sind, bestimmt sich **nach bürgerlichem Recht** (>BFH vom 21. 6. 1957 – BStBl III S. 300).
- Bei Ausländern sind die materiell-rechtlichen Voraussetzungen für jeden Beteiligten nach den Gesetzen des Staates zu beurteilen, dem er angehört. Die Anwendung eines ausländischen Gesetzes ist jedoch ausgeschlossen, wenn es gegen die guten Sitten oder den Zweck eines deutschen Gesetzes verstoßen würde (>BFH vom 6. 12. 1985 – BStBl 1986 II S. 390). Haben **ausländische Staatsangehörige**, von denen einer außerdem die deutsche Staatsangehörigkeit besitzt, im Inland eine Ehe geschlossen, die zwar nach dem gemeinsamen Heimatrecht, nicht aber nach deutschem Recht gültig ist, so handelt es sich nicht um Ehegatten i. S. d. § 26 Abs. 1 Satz 1 EStG (>BFH vom 17. 4. 1998 – BStBl II S. 473).
- Eine Ehe ist bei **Scheidung** nach § 1564 BGB **oder Aufhebung** nach § 1313 BGB erst mit Rechtskraft des Urteils aufgelöst; diese Regelung ist auch für das Einkommensteuerrecht maßgebend (>BFH vom 9. 3. 1973 – BStBl II S. 487).
- Ein Stpfl., dessen Ehegatte **verschollen oder vermisst** ist, gilt als verheiratet. Bei Kriegsgefangenen oder Verschollenen kann in der Regel ferner davon ausgegangen werden, dass sie vor Eintritt der Kriegsgefangenschaft oder Verschollenheit einen Wohnsitz im Inland gehabt haben (>BFH vom 3. 3. 1978 – BStBl II S. 372).
- Wird ein verschollener Ehegatte **für tot erklärt,** gilt der Stpfl. vom Tag der Rechtskraft des Todeserklärungsbeschlusses an als verwitwet (>§ 49 AO, BFH vom 24. 8. 1956 – BStBl III S. 310).

Ehegatte im Ausland
>§ 1a Abs. 1 Nr. 2 EStG
Die Antragsveranlagung einer Person mit inländischen Einkünften i. S. d. § 49 EStG nach § 1 Abs. 3 EStG ermöglicht im Grundsatz keine Zusammenveranlagung mit ihrem ebenfalls im Ausland wohnenden Ehegatten, wenn dieser selbst nicht unbeschränkt einkommensteuerpflichtig ist (>BFH vom 22. 2. 2006 – BStBl 2007 II S. 106).

Ehegatte ohne Einkünfte
Stellt ein Ehegatte, der keine Einkünfte erzielt hat, einen Antrag auf Einzelveranlagung, ist dieser selbst dann unbeachtlich, wenn dem anderen Ehegatten eine Steuerstraftat zur Last gelegt wird. Im Fall eines solchen Antrags sind die Ehegatten nach § 26 Abs. 3 EStG zusammen zu veranlagen, wenn der andere Ehegatte dies beantragt hat (>BFH vom 10. 1. 1992 – BStBl II S. 297).

---

[*] Für VZ ab 2013 ohne Bedeutung.

Getrenntleben

Ein dauerndes Getrenntleben ist anzunehmen, wenn die zum Wesen der Ehe gehörende Lebens- und Wirtschaftsgemeinschaft nach dem Gesamtbild der Verhältnisse auf die Dauer nicht mehr besteht. Dabei ist unter Lebensgemeinschaft die räumliche, persönliche und geistige Gemeinschaft der Ehegatten, unter Wirtschaftsgemeinschaft die gemeinsame Erledigung der die Ehegatten gemeinsam berührenden wirtschaftlichen Fragen ihres Zusammenlebens zu verstehen (>BFH vom 15. 6. 1973 – BStBl II S. 640).

In der Regel sind die Angaben der Ehegatten, sie lebten nicht dauernd getrennt, anzuerkennen, es sei denn, dass die äußeren Umstände das Bestehen einer ehelichen Lebens- und Wirtschaftsgemeinschaft fraglich erscheinen lassen (>BFH vom 5. 10. 1966 – BStBl 1967 III S. 84 und 110). In einem Scheidungsverfahren zum Getrenntleben getroffene Feststellungen (§ 1565 BGB) sind für die steuerliche Beurteilung nicht unbedingt bindend (>BFH vom 13. 12. 1985 – BStBl 1986 II S. 486).

Lebenspartner und Lebenspartnerschaften

>H 2

Tod eines Ehegatten

Die Wahl der Veranlagungsart ist auch nach dem Tod eines Ehegatten für das Jahr des Todes möglich, wobei an die Stelle des Verstorbenen dessen Erben treten. Falls die zur Wahl erforderlichen Erklärungen nicht abgegeben werden, wird nach § 26 Abs. 3 EStG unterstellt, dass eine Zusammenveranlagung gewählt wird, wenn der Erbe Kenntnis von seiner Erbenstellung und den steuerlichen Vorgängen des Erblassers hat. Bis zur Ermittlung des Erben ist grundsätzlich einzeln zu veranlagen (>BFH vom 21. 6. 2007 – BStBl II S. 770).

Wahl der Veranlagungsart

– Beantragen Ehegatten innerhalb der Frist für einen Einspruch gegen den Zusammenveranlagungsbescheid die Einzelveranlagung, ist das Finanzamt bei der daraufhin für jeden durchzuführenden Einzelveranlagung an die tatsächliche und rechtliche Beurteilung der Besteuerungsgrundlagen im Zusammenveranlagungsbescheid gebunden (>BFH vom 3. 3. 2005 – BStBl II S. 564).

– Ist ein Ehegatte von Amts wegen zu veranlagen und wird auf Antrag eines der beiden Ehegatten eine Einzelveranlagung durchgeführt, ist auch der andere Ehegatte zwingend einzeln zu veranlagen. Für die Veranlagung kommt es in einem solchen Fall auf das Vorliegen der Voraussetzungen des § 46 Abs. 2 EStG nicht mehr an (>BFH vom 21. 9. 2006 – BStBl 2007 II S. 11).

Zu § 26a EStG

| R 26a. | **Veranlagung von Ehegatten nach § 26a EStG** |

Für den VZ 2012 ist R 26a EStR 2008 weiter anzuwenden.[*)]

[*)] Für VZ ab 2013 ohne Bedeutung.

| H 26a |

Gütergemeinschaft
- Zur Frage der einkommensteuerrechtlichen Wirkung des Güterstands der allgemeinen Gütergemeinschaft zwischen Ehegatten >BFH-Gutachten vom 18. 2. 1959 (BStBl III S. 263),
- Gewerbebetrieb als Gesamtgut der in Gütergemeinschaft lebenden Ehegatten >H 15.9 (1) Gütergemeinschaft,
- Kein Gesellschaftsverhältnis, wenn die persönliche Arbeitsleistung eines Ehegatten in den Vordergrund tritt und im Betrieb kein nennenswertes ins Gesamtgut fallendes Kapital eingesetzt wird
(>BFH vom 20. 3. 1980 – BStBl II S. 634),
- Übertragung einer im gemeinsamen Ehegatteneigentum stehenden forstwirtschaftlich genutzten Fläche in das Alleineigentum eines Ehegatten >H 4.2 (12) Gütergemeinschaft,
- Ist die einkommensteuerrechtliche Auswirkung der Gütergemeinschaft zwischen Ehegatten streitig, ist hierüber im Verfahren der gesonderten und einheitlichen Feststellung (§§ 179, 180 AO) zu befinden (>BFH vom 23. 6. 1971 – BStBl II S. 730).

Kinderbetreuungskosten
>BMF vom 14. 3. 2012 (BStBl I S. 307), Rdnr. 27

Pauschbetrag für behinderte Menschen
Nach § 26a Abs. 2 Satz 2 EStG ist auf übereinstimmenden Antrag der Ehegatten der grundsätzlich einem Ehegatten zustehende Pauschbetrag für behinderte Menschen (§ 33b Abs. 1 bis 3 EStG) bei der Einzelveranlagung der Ehegatten jeweils zur Hälfte abzuziehen (>BFH vom 20. 12. 2017 – BStBl 2018 II S. 468).

Zugewinngemeinschaft
Jeder Ehegatte bezieht – wie bei der Gütertrennung – die Nutzungen seines Vermögens selbst (>§§ 1363 ff. BGB).

Zu § 26b EStG

| R 26b. | **Zusammenveranlagung von Ehegatten nach § 26b EStG**

Gesonderte Ermittlung der Einkünfte
(1) ¹Die Zusammenveranlagung nach § 26b EStG führt zwar zu einer Zusammenrechnung, nicht aber zu einer einheitlichen Ermittlung der Einkünfte der Ehegatten. ²Wegen des Verlustabzugs nach § 10d EStG wird auf § 62d Abs. 2 EStDV und R 10d Abs. 6 hingewiesen.

Feststellung gemeinsamer Einkünfte
(2) Gemeinsame Einkünfte zusammenzuveranlagender Ehegatten sind grundsätzlich gesondert und einheitlich festzustellen (§ 180 Abs. 1 Nr. 2 Buchstabe a*⁾ und § 179 Abs. 2 AO), sofern es sich nicht um Fälle geringer Bedeutung handelt (§ 180 Abs. 3 AO).

---
*⁾ Jetzt § 180 Abs. 1 Satz 1 Nr. 2 Buchstabe a AO.

H 26b

Feststellung gemeinsamer Einkünfte
Bei Ehegatten ist eine gesonderte und einheitliche Feststellung von Einkünften jedenfalls dann durchzuführen, wenn ein für die Besteuerung erhebliches Merkmal streitig ist, so auch, wenn zweifelhaft ist, ob Einkünfte vorliegen, an denen ggf. die Eheleute beteiligt sind (>BFH vom 17. 5. 1995 – BStBl II S. 640). Dies ist nicht erforderlich bei Fällen von geringer Bedeutung. Solche Fälle sind beispielsweise bei Mieteinkünften von zusammenzuveranlagenden Ehegatten (>BFH vom 20. 1. 1976 – BStBl II S. 305) und bei dem gemeinschaftlich erzielten Gewinn von zusammen zu veranlagenden Landwirts-Ehegatten (>BFH vom 4. 7. 1985 – BStBl II S. 576) gegeben, wenn die Einkünfte verhältnismäßig einfach zu ermitteln sind und die Aufteilung feststeht.

Gesonderte Ermittlung der Einkünfte
Bei der Zusammenveranlagung nach § 26b EStG sind ebenso wie bei der Einzelveranlagung nach § 26a EStG für jeden Ehegatten die von ihm bezogenen Einkünfte gesondert zu ermitteln (>BFH vom 25. 2. 1988 – BStBl II S. 827).

Zu § 31 EStG

R 31. **Familienleistungsausgleich**

>Prüfung der Steuerfreistellung
(1) – unbesetzt –

Anspruch auf Kindergeld
(2) ¹Bei der Prüfung der Steuerfreistellung ist auf das für den jeweiligen VZ zustehende Kindergeld oder die vergleichbare Leistung abzustellen, unabhängig davon, ob ein Antrag gestellt wurde oder eine Zahlung erfolgt ist. ²Dem Kindergeld vergleichbare Leistungen i. S. d. § 65 Abs. 1 Satz 1 EStG oder Leistungen auf Grund über- oder zwischenstaatlicher Rechtsvorschriften sind wie Ansprüche auf Kindergeld bis zur Höhe der Beträge nach § 66 EStG zu berücksichtigen. ³Auch ein Anspruch auf Kindergeld, dessen Festsetzung aus verfahrensrechtlichen Gründen nicht erfolgt ist, ist zu berücksichtigen.

Zurechnung des Kindergelds/zivilrechtlicher Ausgleich
(3) ¹Der Anspruch auf Kindergeld ist demjenigen zuzurechnen, der für das Kind Anspruch auf einen Kinderfreibetrag nach § 32 Abs. 6 EStG hat, auch wenn das Kindergeld an das Kind selbst oder einen Dritten (z. B. einen Träger von Sozialleistungen) ausgezahlt wird. ²Der Anspruch auf Kindergeld ist grundsätzlich beiden Elternteilen jeweils zur Hälfte zuzurechnen; dies gilt unabhängig davon, ob ein barunterhaltspflichtiger Elternteil Kindergeld über den zivilrechtlichen Ausgleich von seinen Unterhaltszahlungen abzieht, oder ein zivilrechtlicher Ausgleich nicht in Anspruch genommen wird. ³In den Fällen des § 32 Abs. 6 Satz 3 EStG und in den Fällen der Übertragung des Kinderfreibetrags (§ 32 Abs. 6 Satz 6, 1. Alternative EStG) ist dem Stpfl. der gesamte Anspruch auf Kindergeld zuzurechnen. ⁴Wird für ein Kind lediglich der Freibetrag für den Betreuungs- und Erziehungs- oder Ausbildungsbedarf übertragen (§ 32 Abs. 6 Satz 6, 2. Alternative EStG), bleibt die Zurechnung des Anspruchs auf Kindergeld hiervon unberührt.

Abstimmung zwischen Finanzämtern und Familienkassen
(4) ¹Kommen die Freibeträge für Kinder zum Abzug, hat das Finanzamt die Veranlagung grundsätzlich unter Berücksichtigung des Anspruchs auf Kindergeld durchzuführen. ²Ergeben sich

durch den Vortrag des Stpfl. begründete Zweifel am Bestehen eines Anspruchs auf Kindergeld, ist die Familienkasse zu beteiligen. [3]Wird von der Familienkasse bescheinigt, dass ein Anspruch auf Kindergeld besteht, übernimmt das Finanzamt grundsätzlich die Entscheidung der Familienkasse über die Berücksichtigung des Kindes. [4]Zweifel an der Richtigkeit der Entscheidung der einen Stelle (Finanzamt oder Familienkasse) oder eine abweichende Auffassung sind der Stelle, welche die Entscheidung getroffen hat, mitzuteilen. [5]Diese teilt der anderen Stelle mit, ob sie den Zweifeln Rechnung trägt bzw. ob sie sich der abweichenden Auffassung anschließt. [6]Kann im Einzelfall kein Einvernehmen erzielt werden, haben das Finanzamt und die Familienkasse der jeweils vorgesetzten Behörde zu berichten. [7]Bis zur Klärung der Streitfrage ist die Festsetzung unter dem Vorbehalt der Nachprüfung durchzuführen.

H 31

Hinzurechnung nach § 31 Satz 4 EStG
Für die Hinzurechnung ist allein entscheidend, ob ein Anspruch auf Kindergeld besteht. Der Kindergeldanspruch ist daher unabhängig davon, ob das Kindergeld tatsächlich gezahlt worden ist, hinzuzurechnen, wenn die Berücksichtigung von Freibeträgen nach § 32 Abs. 6 EStG rechnerisch günstiger ist als der Kindergeldanspruch (>BFH vom 13. 9. 2012 – BStBl 2013 II S. 228). Dies gilt auch dann, wenn ein Kindergeldantrag trotz des materiell-rechtlichen Bestehens des Anspruchs bestandskräftig abgelehnt worden ist (>BFH vom 15. 3. 2012 – BStBl 2013 II S. 226).

Prüfung der Steuerfreistellung
Die Vergleichsrechnung, bei der geprüft wird, ob das Kindergeld oder der Ansatz der Freibeträge nach § 32 Abs. 6 EStG für den Stpfl. vorteilhafter ist, wird für jedes Kind einzeln durchgeführt. Dies gilt auch dann, wenn eine Zusammenfassung der Freibeträge für zwei und mehr Kinder wegen der Besteuerung außerordentlicher Einkünfte günstiger wäre (>BFH vom 28. 4. 2010 – BStBl 2011 II S. 259).

Übersicht über vergleichbare ausländische Leistungen
>BZSt vom 16. 1. 2017 (BStBl I S. 151)

Über- und zwischenstaatliche Rechtsvorschriften
Über- und zwischenstaatliche Rechtsvorschriften i. S. v. R 31 Abs. 2 Satz 2 sind insbesondere folgende Regelungen:
- Verordnung (EG) Nr. 883/2004 des Europäischen Parlaments und des Rates vom 29. 4. 2004 zur Koordinierung der Systeme der sozialen Sicherheit (ABl EG Nr. L 200 vom 7. 6. 2004, S. 1), zuletzt geändert durch VO (EU) Nr. 2017/492 der Kommission vom 21. 3. 2017 (ABl Nr. L 76 vom 22. 3. 2017, S. 13), anzuwenden im Verhältnis zu den EU-Staaten seit 1. 5. 2010 (zu Kroatien seit 1. 7. 2013), zur Schweiz seit 1. 4. 2012 und zu den EWR-Staaten Island, Liechtenstein und Norwegen seit 1. 6. 2012, zu den Übergangsbestimmungen siehe Art. 87 VO (EG) Nr. 883/2004;
- Verordnung (EG) Nr. 987/2009 des Europäischen Parlaments und des Rates vom 16. 9. 2009 zur Festlegung der Modalitäten für die Durchführung der Verordnung (EG) Nr. 883/2004 über die Koordinierung der Systeme der sozialen Sicherheit (ABl Nr. L 284 vom 30. 10. 2009, S. 1), anzuwenden im Verhältnis zu den EU-Staaten seit 1. 5. 2010 (zu Kroatien seit 1. 7. 2013), zur Schweiz seit 1. 4. 2012 und zu den EWR-Staaten Island, Liechtenstein und Norwegen seit 1. 6. 2012, zu den Übergangsbestimmungen siehe Art. 93 VO (EG) Nr. 987/2009 i. V. m. Art. 87 VO (EG) Nr. 883/2004;

- die Verordnungen (EWG) Nr. 1408/71 und (EWG) Nr. 574/72 gültig bis zum 31. 5. 2012 im Verhältnis zu den EWR-Staaten Island, Liechtenstein und Norwegen. Gleiches gilt bis zur Übernahme der VO (EG) Nr. 883/2004 und 987/2009 im Verhältnis zur Schweiz (31. 3. 2012) und zu Drittstaatsangehörigen im Sinne der VO (EG) Nr. 859/2003; ·
- Verordnung (EU) Nr. 1231/2010 des Europäischen Parlaments und des Rates vom 24. 11. 2010 zur Ausdehnung der Verordnung (EG) Nr. 883/2004 und der Verordnung (EG) Nr. 987/2009 auf Drittstaatsangehörige, die ausschließlich aufgrund ihrer Staatsangehörigkeit nicht bereits unter diese Verordnungen fallen (ABl Nr. L 344 vom 29. 12. 2010, S. 1), gültig in allen Mitgliedstaaten der EU mit Ausnahme von Dänemark und Großbritannien;
- Verordnung (EG) Nr. 859/2003 des Rates vom 14. 5. 2003 zur Ausdehnung der Bestimmungen der Verordnung (EWG) Nr. 1408/71 und der Verordnung (EWG) Nr. 574/72 auf Drittstaatsangehörige, die ausschließlich aufgrund ihrer Staatsangehörigkeit nicht bereits unter diese Bestimmungen fallen (ABl EG Nr. L 124 vom 20. 5. 2003, S. 1), gültig im Verhältnis zu Großbritannien;
- EWR-Abkommen vom 2. 5. 1992 (BGBl 1993 II S. 226) i. d. F. des Anpassungsprotokolls vom 17. 3. 1993 (BGBl II S. 1294);
- Abkommen zwischen der Europäischen Gemeinschaft und ihren Mitgliedstaaten einerseits und der Schweizerischen Eidgenossenschaft andererseits über die Freizügigkeit vom 21. 6. 1999 (BGBl 2001 II S. 810), in Kraft getreten am 1. 6. 2002 (BGBl II S. 1692). Nach diesem Abkommen gelten die gemeinschaftsrechtlichen Koordinierungsvorschriften (Verordnungen (EG) Nr. 883/2004 und 987/2009) seit dem 1. 4. 2012 auch im Verhältnis zur Schweiz.

Auf Grund der vorstehenden Regelungen besteht grundsätzlich vorrangig ein Anspruch im Beschäftigungsstaat. Wenn die ausländische Familienleistung geringer ist und der andere Elternteil dem deutschen Recht der sozialen Sicherheit unterliegt, besteht Anspruch auf einen Unterschiedsbetrag zum Kindergeld in Deutschland.

- Bosnien und Herzegowina
  >Serbien/Montenegro
- Marokko

Abkommen zwischen der Bundesrepublik Deutschland und dem Königreich Marokko über Kindergeld vom 25. 3. 1981 (BGBl 1995 II S. 634 ff.) i. d. F. des Zusatzabkommens vom 22. 11. 1991 (BGBl 1995 II S. 640), beide in Kraft getreten am 1. 8. 1996 (BGBl II S. 1455);

- Mazedonien
  >Serbien/Montenegro
- Serbien/Montenegro

Abkommen zwischen der Bundesrepublik Deutschland und der Sozialistischen Föderativen Republik Jugoslawien über Soziale Sicherheit vom 12. 10. 1968 (BGBl 1969 II S. 1437) in Kraft getreten am 1. 9. 1969 (BGBl II S. 1568) i. d. F. des Änderungsabkommens vom 30. 9. 1974 (BGBl 1975 II S. 389) in Kraft getreten am 1. 1. 1975 (BGBl II S. 916).

Das vorgenannte Abkommen gilt im Verhältnis zu Bosnien und Herzegowina, Serbien sowie Montenegro uneingeschränkt fort, nicht jedoch im Verhältnis zur Republik Kroatien, zur Republik Slowenien und zur Republik Mazedonien;

- Türkei

Abkommen zwischen der Bundesrepublik Deutschland und der Republik Türkei über Soziale Sicherheit vom 30. 4. 1964 (BGBl 1965 II S. 1169 ff.) in Kraft getreten am 1. 11. 1965 (BGBl II S. 1588) i. d. F. des Zusatzabkommens vom 2. 11. 1984 zur Änderung des Abkommens (BGBl 1986 II S. 1040 ff.) in Kraft getreten am 1. 4. 1987 (BGBl II S. 188);

- Tunesien

Abkommen zwischen der Bundesrepublik Deutschland und der Tunesischen Republik über Kindergeld vom 20. 9. 1991 (BGBl 1995 II S. 642 ff.) in Kraft getreten am 1. 8. 1996 (BGBl II S. 2522).

Höhe des inländischen Kindergelds für Kinder in einzelnen Abkommensstaaten

Angaben in Euro je Monat	1. Kind	2. Kind	3. Kind	4. Kind	5. Kind	6. Kind	ab 7. Kind
Bosnien und Herzegowina	5,11	12,78	30,68	30,68	35,79	35,79	35,79
Kosovo	5,11	12,78	30,68	30,68	35,79	35,79	35,79
Marokko	5,11	12,78	12,78	12,78	12,78	12,78	–
Montenegro	5,11	12,78	30,68	30,68	35,79	35,79	35,79
Serbien	5,11	12,78	30,68	30,68	35,79	35,79	35,79
Türkei	5,11	12,78	30,68	30,68	35,79	35,79	35,79
Tunesien	5,11	12,78	12,78	12,78	–	–	–

Zivilrechtlicher Ausgleich
Verzichtet der zum Barunterhalt verpflichtete Elternteil durch gerichtlichen oder außergerichtlichen Vergleich auf die Anrechnung des hälftigen Kindergeldes auf den Kindesunterhalt, ist sein zivilrechtlicher Ausgleichsanspruch gleichwohl in die Prüfung der Steuerfreistellung des § 31 EStG einzubeziehen (>BFH vom 16. 3. 2004 – BStBl 2005 II S. 332). Sieht das Zivilrecht eines anderen Staates nicht vor, dass das Kindergeld die Unterhaltszahlung an das Kind mindert, ist der für das Kind bestehende Kindergeldanspruch dennoch bei der Prüfung der Steuerfreistellung nach § 31 EStG anzusetzen (>BFH vom 13. 8. 2002 – BStBl II S. 867 und vom 28. 6. 2012 – BStBl 2013 II S. 855).

Zurechnung des Kindergelds
Bei der Prüfung der Steuerfreistellung ist der gesamte Anspruch auf Kindergeld dem vollen Kinderfreibetrag gegenüberzustellen, wenn der halbe Kinderfreibetrag auf den betreuenden Elternteil übertragen wurde, weil der andere Elternteil seiner Unterhaltsverpflichtung gegenüber dem Kind nicht nachkam (>BFH vom 16. 3. 2004 – BStBl 2005 II S. 594).

Zu § 32 EStG

| R 32.1 | **Im ersten Grad mit dem Stpfl. verwandte Kinder** |

– unbesetzt –

| H 32.1 |

Anerkennung der Vaterschaft
Die Anerkennung der Vaterschaft begründet den gesetzlichen Vaterschaftstatbestand des § 1592 Nr. 2 BGB und bestätigt das zwischen dem Kind und seinem Vater von der Geburt an bestehende echte Verwandtschaftsverhältnis i. S. d. § 32 Abs. 1 Nr. 1 EStG. Bestandskräftige Einkommensteuerbescheide sind nach § 175 Abs. 1 Satz 1 Nr. 2 AO zu ändern und kindbedingte Steuervorteile zu berücksichtigen (>BFH vom 28. 7. 2005 – BStBl 2008 II S. 350).

Annahme als Kind
A 10.2 Abs. 1 und 3 DA-KG 2018:
„(1) Ein angenommenes minderjähriges Kind ist ein Kind i. S. v. § 32 Abs. 1 Nr. 1 EStG. Die Annahme wird vom Familiengericht ausgesprochen und durch Zustellung des Annahmebeschlusses an die annehmende Person rechtswirksam (§ 197 Abs. 2 FamFG). Mit der Annahme als Kind erlischt das Verwandtschaftsverhältnis des Kindes zu seinen leiblichen Eltern; nimmt ein Ehegatte oder Lebenspartner das Kind seines Ehegatten oder Lebenspartners an, erlischt das Verwandtschaftsverhältnis nur zu dem anderen Elternteil und dessen Verwandten (§ 1755 BGB).

(3) Wird eine volljährige Person als Kind angenommen, gilt diese ebenfalls als im ersten Grad mit der annehmenden Person verwandt. Das Verwandtschaftsverhältnis zu den leiblichen Eltern erlischt jedoch nur dann, wenn das Familiengericht der Annahme die Wirkung einer Minderjährigenannahme beigelegt hat (§ 1772 BGB). ..."

R 32.2	**Pflegekinder**

Pflegekindschaftsverhältnis
(1) ¹Ein Pflegekindschaftsverhältnis (§ 32 Abs. 1 Nr. 2 EStG) setzt voraus, dass das Kind im Haushalt der Pflegeeltern sein Zuhause hat und diese zu dem Kind in einer familienähnlichen, auf längere Dauer angelegten Beziehung wie zu einem eigenen Kind stehen z. B, wenn der Stpfl. ein Kind im Rahmen von Hilfe zur Erziehung in Vollzeitpflege (§§ 27, 33 SGB VIII) oder im Rahmen von Eingliederungshilfe (§ 35a Abs. 2 Nr. 3 SGB VIII) in seinen Haushalt aufnimmt, sofern das Pflegeverhältnis auf Dauer angelegt ist. ²Hieran fehlt es, wenn ein Kind von vornherein nur für eine begrenzte Zeit im Haushalt des Stpfl. Aufnahme findet. ³Kinder, die mit dem Ziel der Annahme vom Stpfl. in Pflege genommen werden (§ 1744 BGB), sind regelmäßig Pflegekinder. ⁴Zu Erwerbszwecken in den Haushalt aufgenommen sind z. B. Kostkinder. ⁵Hat der Stpfl. mehr als sechs Kinder in seinem Haushalt aufgenommen, spricht eine Vermutung dafür, dass es sich um Kostkinder handelt.

Kein Obhuts- und Pflegeverhältnis zu den leiblichen Eltern
(2) ¹Voraussetzung für ein Pflegekindschaftsverhältnis zum Stpfl. ist, dass das Obhuts- und Pflegeverhältnis zu den leiblichen Eltern nicht mehr besteht, d. h. die familiären Bindungen zu diesen auf Dauer aufgegeben sind. ²Gelegentliche Besuchskontakte allein stehen dem nicht entgegen.

Altersunterschied
(3) ¹Ein Altersunterschied wie zwischen Eltern und Kindern braucht nicht unbedingt zu bestehen. ²Dies gilt auch, wenn das zu betreuende Geschwister von Kind an wegen Behinderung pflegebedürftig war und das betreuende Geschwister die Stelle der Eltern, z. B. nach deren Tod, einnimmt. ³Ist das zu betreuende Geschwister dagegen erst im Erwachsenenalter pflegebedürftig geworden, wird im Allgemeinen ein dem Eltern-Kind-Verhältnis ähnliches Pflegeverhältnis nicht mehr begründet werden können.

H 32.2

Familienähnliches, auf längere Dauer berechnetes Band; nicht zu Erwerbszwecken
A 11.3 DA-KG 2018:
„(1) Ein familienähnliches Band wird allgemein dann angenommen, wenn zwischen der Pflegeperson und dem Kind ein Aufsichts-, Betreuungs- und Erziehungsverhältnis wie zwischen Eltern

und leiblichen Kind besteht. Es kommt nicht darauf an, ob die Pflegeeltern die Personensorge innehaben.
(2) Die nach § 32 Abs. 1 Nr. 2 EStG erforderliche familienähnliche Bindung muss von vornherein auf mehrere Jahre angelegt sein. Maßgebend ist nicht die tatsächliche Dauer der Bindung, wie sie sich aus rückschauender Betrachtung darstellt, sondern vielmehr die Dauer, die der Bindung nach dem Willen der Beteiligten bei der Aufnahme des Kindes zugedacht ist. Dabei kann bei einer von den Beteiligten beabsichtigten Dauer von mindestens zwei Jahren im Regelfall davon ausgegangen werden, dass ein Pflegekindschaftsverhältnis i. S. d. EStG begründet worden ist. Das Gleiche gilt, wenn ein Kind mit dem Ziel der Annahme als Kind in Pflege genommen wird.
(3) Ein familienähnliches Band kann auch noch begründet werden, wenn ein Kind kurz vor Eintritt der Volljährigkeit in den Haushalt der Pflegeperson aufgenommen wird. Die Aufnahme einer volljährigen Person, insbesondere eines volljährigen Familienangehörigen, in den Haushalt und die Sorge für diese Person begründet für sich allein regelmäßig kein Pflegekindschaftsverhältnis, selbst wenn die Person behindert ist. Wenn es sich bei der Person jedoch um einen schwer geistig oder seelisch behinderten Menschen handelt, der in seiner geistigen Entwicklung einem Kind gleichsteht, kann ein Pflegekindschaftsverhältnis unabhängig vom Alter der behinderten Person und der Pflegeeltern begründet werden. Die Wohn- und Lebensverhältnisse der behinderten Person müssen den Verhältnissen leiblicher Kinder vergleichbar sein und eine Zugehörigkeit der behinderten Person zur Familie widerspiegeln, außerdem muss in dem Eltern-Kind-Verhältnis vergleichbares Erziehungsverhältnis bestehen (siehe auch BFH vom 9. 2. 2012, III R 15/09, BStBl II S. 739).
(4) Anhaltspunkt für das Vorliegen einer familienähnlichen Bindung kann eine vom Jugendamt erteilte Pflegeerlaubnis nach § 44 SGB VIII sein. Sie ist jedoch nicht in jedem Fall vorgeschrieben, z. B. dann nicht, wenn das Kind der Pflegeperson vom Jugendamt vermittelt worden ist, wenn Pflegekind und Pflegeperson miteinander verwandt oder verschwägert sind, oder wenn es sich um eine nicht gewerbsmäßige Tagespflege handelt. Wird eine amtliche Pflegeerlaubnis abgelehnt bzw. eine solche widerrufen, kann davon ausgegangen werden, dass ein familienähnliches, auf längere Dauer angelegtes Band zwischen Pflegeperson und Kind nicht bzw. nicht mehr vorliegt.
(5) Ein Altersunterschied wie zwischen Eltern und Kindern braucht nicht unbedingt zu bestehen. Ein Pflegekindschaftsverhältnis kann daher auch zwischen Geschwistern, z. B. Waisen, gegeben sein (BFH vom 5. 8. 1977, VI R 187/74, BStBl II S. 832). Das Gleiche gilt ohne Rücksicht auf einen Altersunterschied, wenn der zu betreuende Geschwisterteil von Kind an wegen Behinderung pflegebedürftig war und der betreuende Teil die Stelle der Eltern, etwa nach deren Tod, einnimmt. Ist der zu betreuende Geschwisterteil dagegen erst nach Eintritt der Volljährigkeit pflegebedürftig geworden, so wird im Allgemeinen ein dem Eltern-Kind-Verhältnis ähnliches Pflegeverhältnis nicht mehr begründet werden können.
(6) Werden von einer Pflegeperson bis zu sechs Kinder in ihren Haushalt aufgenommen, ist davon auszugehen, dass die Haushaltsaufnahme nicht zu Erwerbszwecken erfolgt. Keine Pflegekinder sind sog. Kostkinder. Hat die Pflegeperson mehr als sechs Kinder in ihren Haushalt aufgenommen, spricht eine Vermutung dafür, dass es sich um Kostkinder handelt, vgl. R 32.2 Abs. 1 EStR 2012. In einem erwerbsmäßig betriebenen Heim (Kinderhaus) oder in einer sonstigen betreuten Wohnform nach § 34 SGB VIII untergebrachte Kinder sind keine Pflegekinder (BFH vom 23. 9. 1998, XI R 11/98, BStBl 1999 II S. 133 und BFH vom 2. 4. 2009, III R 92/06, BStBl 2010 II S. 345). Die sozialrechtliche Einordnung hat Tatbestandswirkung (BFH vom 2. 4. 2009, III R 92/06, BStBl 2010 II S. 345), d. h. sie ist ein Grundlagenbescheid, dem Bindungswirkung zukommt (vgl. V 19)."

Fehlendes Obhuts- und Pflegeverhältnis zu den Eltern
A 11.4 DA-KG 2018:
„(1) Ein Pflegekindschaftsverhältnis setzt des Weiteren voraus, dass ein Obhuts- und Pflegeverhältnis zu den Eltern nicht mehr besteht. Ob ein Obhuts- und Pflegeverhältnis zu den Eltern noch besteht, hängt vom Einzelfall ab und ist insbesondere unter Berücksichtigung des Alters

des Kindes, der Anzahl und der Dauer der Besuche der Eltern bei dem Kind sowie der Frage zu beurteilen, ob und inwieweit vor der Trennung bereits ein Obhuts- und Pflegeverhältnis des Kindes zu den Eltern bestanden hat (BFH vom 20.1.1995, III R 14/94, BStBl II S. 582 und BFH vom 7.9.1995, III R 95/93, BStBl 1996 II S. 63).

(2) Ein Pflegekindschaftsverhältnis liegt nicht vor, wenn die Pflegeperson nicht nur mit dem Kind, sondern auch mit einem Elternteil des Kindes in häuslicher Gemeinschaft lebt, und zwar selbst dann nicht, wenn der Elternteil durch eine Schul- oder Berufsausbildung in der Obhut und Pflege des Kindes beeinträchtigt ist (BFH vom 9.3.1989, VI R 94/88, BStBl II S. 680). Ein zwischen einem allein erziehenden Elternteil und seinem Kind im Kleinkindalter begründetes Obhuts- und Pflegeverhältnis wird durch die vorübergehende Abwesenheit des Elternteils nicht unterbrochen (BFH vom 12.6.1991, III R 108/89, BStBl 1992 II S. 20). Die Auflösung des Obhuts- und Pflegeverhältnisses des Kindes zu den Eltern kann i. d. R. angenommen werden, wenn ein noch nicht schulpflichtiges Kind mindestens ein Jahr lang bzw. ein noch schulpflichtiges Kind über zwei Jahre und länger keine ausreichenden Kontakte mehr hat (BFH vom 20.1.1995, III R 14/94, BStBl II S. 582 und BFH vom 7.9.1995, III R 95/93, BStBl 1996 II S. 63). Das Pflegekindschaftsverhältnis besteht dann nicht erst nach Ablauf dieses Zeitraums, sondern ab Aufnahme des Kindes in den Haushalt der Pflegeperson und Bestehen des familienähnlichen, auf längere Dauer berechneten Bandes. Diese Grundsätze gelten auch für Prognoseentscheidungen. Die Prognoseentscheidung basiert auf der Bewertung, ob zum Zeitpunkt der Entscheidung das Obhuts- und Pflegeverhältnis zu den abstammungsrechtlich zugeordneten Eltern besteht. Kein ausreichendes Obhuts- und Pflegeverhältnis liegt beispielsweise vor, wenn:

- ein Pflegekind von seinen Eltern nur gelegentlich im Haushalt der Pflegeperson besucht wird bzw. wenn es seine Eltern ebenfalls nur gelegentlich besucht,
- Besuche allein dem Zweck dienen, die vom Gericht oder Jugendamt festgelegten Besuchszeiten einzuhalten, oder
- die Kontakte mit den Eltern nicht geeignet sind, einen Beitrag für die Pflege und Obhut des Kindes zu leisten und Obhut und Pflege also im Wesentlichen durch die Pflegeperson erbracht werden.

(3) Bei unbegleiteten minderjährigen Flüchtlingen kann das fehlende Obhuts- und Pflegeverhältnis zu den Eltern unterstellt werden. Als unbegleiteter minderjähriger Flüchtling gilt ein minderjähriges Kind, das ohne Begleitung eines nach dem Gesetz oder der Praxis des betreffenden Staates für das Kind verantwortlichen Erwachsenen geflüchtet ist."

| R 32.3 | **Allgemeines zur Berücksichtigung von Kindern** |

[1]Ein Kind wird vom Beginn des Monats an, in dem die Anspruchsvoraussetzungen erfüllt sind, berücksichtigt. [2]Entsprechend endet die Berücksichtigung mit Ablauf des Monats, in dem die Anspruchsvoraussetzungen wegfallen (Monatsprinzip). [3]Für die Frage, ob ein Kind lebend geboren wurde, ist im Zweifel das Personenstandsregister des Standesamtes maßgebend. [4]Eine Berücksichtigung außerhalb des Zeitraums der unbeschränkten Steuerpflicht der Eltern ist – auch in den Fällen des § 2 Abs. 7 Satz 3 EStG – nicht möglich. [5]Ein vermisstes Kind ist bis zur Vollendung des 18. Lebensjahres zu berücksichtigen.

| R 32.4 | **Kinder, die Arbeit suchen** |

– unbesetzt –

| H 32.4 |

Erkrankung und Mutterschaft

A 14.2 DA-KG 2018:

„(1) Eine Berücksichtigung ist auch in einem Zeitraum möglich, in dem das Kind wegen Erkrankung nicht bei einer Agentur für Arbeit im Inland arbeitsuchend gemeldet ist. Die Erkrankung und das voraussichtliche Ende der Erkrankung sind durch eine Bescheinigung des behandelnden Arztes nachzuweisen; die Bescheinigung ist jeweils nach Ablauf von sechs Monaten zu erneuern. Ist nach den ärztlichen Feststellungen das voraussichtliche Ende der Erkrankung nicht absehbar, ist zu prüfen, ob das Kind wegen einer Behinderung nach § 32 Abs. 4 Satz 1 Nr. 3 EStG berücksichtigt werden kann. Wurde das Kind nicht bereits vor der Erkrankung nach § 32 Abs. 4 Satz 1 Nr. 1 EStG berücksichtigt, muss es seinen Willen, sich unmittelbar nach Wegfall der Hinderungsgründe bei der zuständigen Agentur für Arbeit im Inland arbeitsuchend zu melden, durch eine schriftliche Erklärung glaubhaft machen (vgl. V 6.1 Abs. 1 Satz 8). Meldet sich das Kind nach Wegfall der Hinderungsgründe nicht unmittelbar bei der zuständigen Agentur für Arbeit im Inland arbeitsuchend, ist die Festsetzung ab dem Monat, der dem Monat folgt, in dem die Hinderungsgründe wegfallen, nach § 70 Abs. 2 Satz 1 EStG aufzuheben. Für die Bearbeitung und Nachweisführung stehen die Vordrucke „Erklärung für ein erkranktes volljähriges Kind" und „Bearbeitungsbogen für ein erkranktes volljähriges Kind"*) zur Verfügung.

(2) Ein Kind, das wegen eines Beschäftigungsverbots nach §§ 3, 13 Abs. 1 Nr. 3 oder 16 MuSchG nicht bei einer Agentur für Arbeit im Inland arbeitsuchend gemeldet ist, kann nach § 32 Abs. 4 Satz 1 Nr. 1 EStG berücksichtigt werden. Das Gleiche gilt, wenn das Kind wegen unzulässiger Tätigkeiten und Arbeitsbedingungen nach §§ 11, 12 MuSchG nicht arbeitsuchend gemeldet ist. Die Schwangerschaft und der voraussichtliche Tag der Entbindung sind durch ein ärztliches Zeugnis oder das Zeugnis einer Hebamme oder eines Entbindungshelfers nachzuweisen. Ein Beschäftigungsverbot nach § 16 MuSchG ist durch ärztliches Zeugnis zu bestätigen. Die Nichtvermittelbarkeit wegen unzulässiger Tätigkeit nach §§ 11, 12 MuSchG ist durch eine Bescheinigung der Arbeitsvermittlung nachzuweisen. Satz 1 und 2 gelten unabhängig davon, ob das Kind nach dem Ende des Beschäftigungsverbots nach §§ 3, 13 Abs. 1 Nr. 3 oder 16 MuSchG die Meldung als Arbeitsuchender im Inland erneut vornimmt (BFH vom 13. 6. 2013, III R 58/12, BStBl 2014 II S. 834). Befindet sich das Kind jedoch in Elternzeit nach dem BEEG, wird es nur berücksichtigt, wenn es arbeitsuchend gemeldet ist."

Kinder, die Arbeit suchen

A 14.1 Abs. 1 und 2 DA-KG 2018:

„(1) Ein Kind, das das 18., aber noch nicht das 21. Lebensjahr vollendet hat, kann nach § 32 Abs. 4 Satz 1 Nr. 1 EStG berücksichtigt werden, wenn es nicht in einem Beschäftigungsverhältnis steht und bei einer Agentur für Arbeit im Inland arbeitsuchend gemeldet ist.

Einer Berücksichtigung stehen nicht entgegen:
- eine geringfügige Beschäftigung i. S. v. § 8 SGB IV bzw. § 8a SGB IV (vgl. A 20.3.3 Abs. 1 und 2),
- eine selbständige oder gewerbliche Tätigkeit von insgesamt weniger als 15 Stunden wöchentlich (vgl. BFH vom 18. 12. 2014, III R 9/14, BStBl 2015 II S. 653),
- die Zuweisung in Arbeitsgelegenheiten nach § 16d SGB II,
- wenn die Meldung als Arbeitsuchender nicht im Inland, sondern bei der staatlichen Arbeitsvermittlung in einem anderen EU- bzw. EWR-Staat oder in der Schweiz erfolgt ist.

A 23 und V 1.5.2 sind zu beachten.

---

*) Vordrucke der Familienkasse.

(2) Der Nachweis, dass ein Kind bei einer Agentur für Arbeit im Inland arbeitsuchend gemeldet ist, hat über eine Bescheinigung der zuständigen Agentur für Arbeit im Inland zu erfolgen. Hierfür steht der Vordruck „Bescheinigung über ein Kind ohne Ausbildungs- oder Arbeitsplatz"[*]) zur Verfügung. Es sind diesbezüglich keine weiteren Prüfungen durch die Familienkasse erforderlich. Auch der Nachweis der Arbeitslosigkeit oder des Bezugs von Arbeitslosengeld nach § 136 SGB III dient als Nachweis der Meldung als arbeitsuchend."

| R 32.5 | Kinder, die für einen Beruf ausgebildet werden |

– unbesetzt –

| H 32.5 |

Allgemeines
- >A 15 DA-KG 2018
- Als Berufsausbildung ist die Ausbildung für einen künftigen Beruf zu verstehen. In der Berufsausbildung befindet sich, wer sein Berufsziel noch nicht erreicht hat, sich aber ernstlich darauf vorbereitet (>BFH vom 9.6.1999 – BStBl II S. 706). Dem steht nicht entgegen, dass das Kind auf Grund der Art der jeweiligen Ausbildungsmaßnahme die Möglichkeit der Erzielung eigener Einkünfte erlangt (>BFH vom 16.4.2002 – BStBl II S. 523).

Beginn und Ende der Berufsausbildung
- Das Referendariat im Anschluss an die erste juristische Staatsprüfung gehört zur Berufsausbildung (>BFH vom 10.2.2000 – BStBl II S. 398).
- Ein Kind befindet sich nicht in Ausbildung, wenn es sich zwar an einer Universität immatrikuliert, aber tatsächlich das Studium noch nicht aufgenommen hat (>BFH vom 23.11.2001 – BStBl 2002 II S. 484).
- Ein Universitätsstudium ist in dem Zeitpunkt abgeschlossen, in dem eine nach dem einschlägigen Prüfungsrecht zur Feststellung des Studienerfolgs vorgesehene Prüfungsentscheidung ergangen ist oder ein Prüfungskandidat von der vorgesehenen Möglichkeit, sich von weiteren Prüfungsabschnitten befreien zu lassen, Gebrauch gemacht hat (>BFH vom 21.1.1999 – BStBl II S. 141). Die Berufsausbildung endet bereits vor Bekanntgabe des Prüfungsergebnisses, wenn das Kind nach Erbringung aller Prüfungsleistungen eine Vollzeiterwerbstätigkeit aufnimmt (>BFH vom 24.5.2000 – BStBl II S. 473).
- >A 15.10 DA-KG 2018

Behinderte Kinder, die für einen Beruf ausgebildet werden
>A 15.4 DA-KG 2018:
„Ein behindertes Kind wird auch dann für einen Beruf ausgebildet, wenn es durch gezielte Maßnahmen auf eine – wenn auch einfache – Erwerbstätigkeit vorbereitet wird, die nicht spezifische Fähigkeiten oder Fertigkeiten erfordert. Unter diesem Gesichtspunkt kann z. B. auch der Besuch einer Schule für behinderte Menschen, einer Heimsonderschule, das Arbeitstraining in einer Anlernwerkstatt oder die Förderung im Berufsbildungsbereich einer Werkstatt für behinderte Menschen den Grundtatbestand des § 32 Abs. 4 Satz 1 Nr. 2 Buchst. a EStG erfüllen."

---

[*]) Vordruck der Familienkasse.

Praktikum, Volontariat und Trainee-Programm

- >A 15.8 DA-KG 2018:

„(1) Während eines Praktikums wird ein Kind für einen Beruf ausgebildet, sofern dadurch Kenntnisse, Fähigkeiten und Erfahrungen vermittelt werden, die als Grundlagen für die Ausübung des angestrebten Berufs geeignet sind (vgl. BFH vom 9.6.1999, IV R 16/99, BStBl II S. 713) und es sich nicht lediglich um ein gering bezahltes Arbeitsverhältnis handelt. Das Praktikum muss für das angestrebte Berufsziel förderlich sein (BFH vom 15.7.2003, VIII R 79/99, BStBl II S. 843). Es sind auch der Vervollkommnung und Abrundung von Fähigkeiten und Kenntnissen dienende Maßnahmen einzubeziehen, die außerhalb eines geregelten Bildungsganges ergriffen werden und damit über das vorgeschriebene Maß hinausgehen. Es ist nicht erforderlich, dass die Ausbildungsmaßnahme einem im BBiG geregelten fest umrissenen Bildungsgang entspricht, sie in einer Ausbildungs- oder Studienordnung vorgeschrieben ist oder auf ein deutsches Studium angerechnet wird.

(2) Ein vorgeschriebenes Praktikum ist als notwendige fachliche Voraussetzung oder Ergänzung der eigentlichen Ausbildung an einer Schule, Hochschule oder sonstigen Ausbildungsstätte ohne weiteres anzuerkennen. Gleiches gilt für ein durch die Ausbildungs- oder Studienordnung empfohlenes Praktikum sowie für ein Praktikum, das in dem mit der späteren Ausbildungsstätte abgeschlossenen schriftlichen Ausbildungsvertrag oder der von dieser Ausbildungsstätte schriftlich gegebenen verbindlichen Ausbildungszusage vorgesehen ist.

(3) Ein Praktikum, das weder vorgeschrieben noch empfohlen ist, kann unter den Voraussetzungen des Abs. 1 für die Dauer berücksichtigt werden, in der ein ausreichender Bezug zum Berufsziel glaubhaft gemacht wird, längstens für zwölf Monate. Von einem ausreichenden Bezug kann ausgegangen werden, wenn dem Praktikum ein detaillierter Ausbildungsplan zu Grunde liegt, der darauf zielt, unter fachkundiger Anleitung für die Ausübung des angestrebten Berufs wesentliche Kenntnisse und Fertigkeiten zu vermitteln.

(4) Eine Tätigkeit kann für eine Dauer von bis zu drei Monaten als Praktikum berücksichtigt werden, wenn sie im Rahmen der Berufsorientierung dazu dient, Einblicke in Inhalte, Anforderungen, Strukturen und Themen des jeweiligen Berufsbildes zu vermitteln und es sich dabei nicht lediglich um ein gering bezahltes Arbeitsverhältnis handelt.

(5) Eine Volontärtätigkeit, die ein ausbildungswilliges Kind vor Annahme einer voll bezahlten Beschäftigung gegen geringe Entlohnung absolviert, ist berücksichtigungsfähig, wenn das Volontariat der Erlangung der angestrebten beruflichen Qualifikation dient und somit der Ausbildungscharakter im Vordergrund steht (vgl. BFH vom 9.6.1999, VI R 50/98, BStBl II S. 706; vgl. auch Anlernverhältnis, A 15.2 Satz 2); gleiches gilt für eine Tätigkeit als Trainee. Für eine Prägung durch Ausbildungszwecke spricht es, dass ein detaillierter Ausbildungsplan zu Grunde liegt, dass die Unterweisung auf qualifizierte Tätigkeiten ausgerichtet ist, dass auf der Grundlage der Ausbildung dem Kind eine den Lebensunterhalt selbständig sichernde Berufstätigkeit ermöglicht wird und dass die Höhe des Arbeitslohns dem eines Auszubildenden vergleichbar ist. Es darf sich dagegen nicht lediglich um ein gering bezahltes Arbeitsverhältnis handeln."

- Das Anwaltspraktikum eines Jurastudenten ist Berufsausbildung, auch wenn es weder gesetzlich noch durch die Studienordnung vorgeschrieben ist (>BFH vom 9.6.1999 – BStBl II S. 713).

- Zur Berufsausbildung eines Studenten der Anglistik, der einen Abschluss in diesem Studiengang anstrebt, gehört auch ein Auslandspraktikum als Fremdsprachenassistent an einer Schule in Großbritannien während eines Urlaubssemesters (>BFH vom 14.1.2000 – BStBl II S. 199).

Schulbesuch
- Zur Berufsausbildung gehört auch der Besuch von Allgemeinwissen vermittelnden Schulen wie Grund-, Haupt- und Oberschulen sowie von Fach- und Hochschulen. Auch der Besuch eines Colleges in den USA kann zur Berufsausbildung zählen (>BFH vom 9.6.1999 – BStBl II S. 705).
- >A 15.5 DA-KG 2018

Soldat in Aus-/Weiterbildung
In den Laufbahngruppen der Bundeswehr können folgende Berufsausbildungsmaßnahmen berücksichtigungsfähig sein:
- die Ausbildung eines Soldaten auf Zeit für seine spätere Verwendung in der Laufbahngruppe Mannschaft, wenn sie zu Beginn der Verpflichtungszeit erfolgt; die Ausbildung umfasst die Grundausbildung und die sich anschließende Dienstpostenausbildung (vgl. BFH vom 10.5.2012 – BStBl II S. 895); dies gilt auch für den freiwilligen Wehrdienst nach § 58b SG,
- die Ausbildung eines Soldaten auf Zeit oder Berufssoldaten in der Laufbahngruppe Unteroffizier (mit oder ohne Portepee) bzw. in der Laufbahngruppe Offizier (BFH vom 16.4.2002 und 15.7.2003 – BStBl 2002 II S. 523 und BStBl 2007 II S. 247); zur Ausbildung können auch zivilberufliche Aus- und Weiterbildungsmaßnahmen (sog. ZAW-Maßnahmen), das Studium an einer Bundeswehrhochschule oder an einer zivilen Hochschule zählen, auch wenn diese Maßnahmen über die jeweilige Ernennung hinaus andauern,
- die während des Wehrdienstes stattfindende Ausbildung zum Reserveoffizier (BFH vom 8.5.2014 – BStBl II S. 717),
- zusätzliche Weiterbildungen bzw. Ausbildungsmaßnahmen eines Soldaten, die grundsätzlich dazu geeignet sind, den Aufstieg in eine höhere Laufbahngruppe, den Einstieg in eine Laufbahngruppe oder den Laufbahnwechsel vom Unteroffizier ohne Portepee zum Unteroffizier mit Portepee zu ermöglichen (darunter fallen nicht in der Bundeswehr übliche Verwendungslehrgänge, die nach dem Erwerb der Laufbahnbefähigung absolviert werden, vgl. BFH vom 16.9.2015 – BStBl 2016 II S. 281).

Findet eine der oben genannten Maßnahmen zu Beginn der Verpflichtungszeit statt, können die ersten vier Monate ohne näheren Nachweis anerkannt werden, lediglich der Dienstantritt ist glaubhaft zu machen. Für die Prüfung der weiteren Berücksichtigung steht der Vordruck „Bescheinigung über die Ausbildung eines Soldaten/einer Soldatin bei der Bundeswehr"[*)] zur Verfügung (>A 15.2 Satz 3 bis 5 DA-KG 2018).

Sprachaufenthalt im Ausland
>A 15.9 DA-KG 2018:
„(1) Sprachaufenthalte im Ausland sind regelmäßig berücksichtigungsfähig, wenn der Erwerb der Fremdsprachenkenntnisse nicht dem ausbildungswilligen Kind allein überlassen bleibt, sondern Ausbildungsinhalt und Ausbildungsziel von einer fachlich autorisierten Stelle vorgegeben werden. Davon ist ohne weiteres auszugehen, wenn der Sprachaufenthalt mit anerkannten Formen der Berufsausbildung verbunden wird (z.B. Besuch einer allgemeinbildenden Schule, eines Colleges oder einer Universität). In allen anderen Fällen – insbesondere bei Auslandsaufenthalten im Rahmen von Au-pair-Verhältnissen – setzt die Anerkennung voraus, dass der Aufenthalt von einem theoretisch-systematischen Sprachunterricht in einer Fremdsprache begleitet wird (vgl. BFH vom 9.6.1999, VI R 33/98 und VI R 143/98, BStBl II S. 701 und S. 710 und BFH vom 19.2.2002, VIII R 83/00, BStBl II S. 469).
(2) Es kann regelmäßig eine ausreichende Ausbildung angenommen werden, wenn ein begleitender Sprachunterricht von wöchentlich zehn Unterrichtsstunden stattfindet. Das Leben in der Gastfamilie zählt nicht dazu. Ein Sprachaufenthalt im Ausland kann ebenfalls berücksichtigt werden, wenn der begleitende Sprachunterricht weniger als wöchentlich zehn Unterrichtsstun-

---
[*)] Vordruck der Familienkasse.

den umfasst, der Auslandsaufenthalt aber von einer Ausbildungs- oder Prüfungsordnung vorausgesetzt wird. Gleiches gilt, wenn der Sprachaufenthalt der Vorbereitung auf einen für die Zulassung zum Studium oder zu einer anderen Ausbildung erforderlichen Fremdsprachentest dient. Im Einzelnen gilt A 15.3."

>Umfang der zeitlichen Inanspruchnahme durch die Berufsausbildung

Umfang der zeitlichen Inanspruchnahme durch die Berufsausbildung
>A 15.3 Abs. 1 bis 3 DA-KG 2018:

„(1) Die Ausbildung ist berücksichtigungsfähig, wenn sich das Kind ernsthaft und nachhaltig auf das Erreichen eines bestimmten Berufsziels vorbereitet. Anders als z. B. bei einem Sprachunterricht im Ausland (vgl. A 15.9), ist bei einer Ausbildung in einem öffentlich-rechtlich geordneten Ausbildungsgang eine Prüfung der Ernsthaftigkeit, beispielsweise anhand zeitlicher Kriterien, regelmäßig nicht erforderlich (vgl. BFH vom 8. 9. 2016, III R 27/15, BStBl 2017 II S. 278).

(2) Sind bei Studenten die Semesterbescheinigungen aussagekräftig (durch Ausweis der Hochschulsemester), sind diese als Nachweis grundsätzlich ausreichend. Bestehen trotz aussagekräftiger Semesterbescheinigungen Zweifel an der Ernsthaftigkeit des Studiums, sollte die Ernsthaftigkeit durch Vorlage von Leistungsnachweisen („Scheine", Bescheinigungen des Betreuenden über Einreichung von Arbeiten zur Kontrolle), die Aufschluss über die Fortschritte des Lernenden geben, in den in A 15.10 Abs. 13 festgelegten Zeitpunkten belegt werden. Bei Ausbildungsgängen, die keine regelmäßige Präsenz an einer Ausbildungsstätte erfordern (insbesondere bei als Fernstudium angebotenen Fernlehrgängen), sollte die Ernsthaftigkeit nach Satz 2 geprüft werden.

(3) Es ist zwar kein zeitliches Mindestmaß an einer Ausbildungsmaßnahme zu fordern, gleichwohl kann die tatsächliche zeitliche Inanspruchnahme als Anhaltspunkt für die Ernsthaftigkeit der Ausbildung herangezogen werden. So kann beispielsweise eine tatsächliche Unterrichts- bzw. Ausbildungszeit von zehn Wochenstunden regelmäßig als ausreichende Ausbildung anerkannt werden. Eine Unterrichts- bzw. Ausbildungszeit von weniger als zehn Wochenstunden kann als ausreichende Ausbildung anerkannt werden, wenn z. B.

- das Kind zur Teilnahme am Schulunterricht zur Erfüllung der Schulpflicht verpflichtet ist (BFH vom 28. 4. 2010, III R 93/08, BStBl II S. 1060),
- der zusätzliche ausbildungsbezogene Zeitaufwand (z. B. für Vor- und Nachbereitung) über das übliche Maß hinausgeht oder
- die besondere Bedeutung der Maßnahme für das angestrebte Berufsziel dies rechtfertigt.

Üblich ist ein Zeitaufwand für die häusliche Vor- und Nacharbeit, welcher der Dauer der Unterrichts- bzw. Ausbildungszeit entspricht, sowie ein Zeitaufwand für den Weg von und zur Ausbildungsstätte bis zu einer Stunde für die einfache Wegstrecke. Über das übliche Maß hinaus geht der ausbildungsbezogene Zeitaufwand z. B.

- bei besonders umfangreicher Vor- und Nacharbeit oder
- wenn neben die Unterrichtseinheiten zusätzliche ausbildungsfördernde Aktivitäten bzw. die praktische Anwendung des Gelernten treten.

Die besondere Bedeutung der Maßnahme für das angestrebte Berufsziel rechtfertigt eine geringere Stundenanzahl, z. B. bei

- Erwerb einer qualifizierten Teilnahmebescheinigung,
- Prüfungsteilnahme,
- regelmäßigen Leistungskontrollen oder
- berufszielbezogener Üblichkeit der Durchführung einer solchen Maßnahme, wenn die Ausbildungsmaßnahme der üblichen Vorbereitung auf einen anerkannten Prüfungsabschluss dient oder wenn die einschlägigen Ausbildungs- oder Studienordnungen bzw. entsprechende Fachbereiche die Maßnahme vorschreiben oder empfehlen."

Unterbrechungszeiten
- Zur Berufsausbildung zählen Unterbrechungszeiten wegen Erkrankung oder Mutterschaft, nicht jedoch Unterbrechungszeiten wegen der Betreuung eines eigenen Kindes (>BFH vom 15.7.2003 – BStBl II S. 848).
- Ist für den Zeitraum eines Urlaubssemesters der Besuch von Vorlesungen und der Erwerb von Leistungsnachweisen nach hochschulrechtlichen Bestimmungen untersagt, sind für diesen Zeitraum die Voraussetzungen einer Berufsausbildung nicht erfüllt (>BFH vom 13.7.2004 – BStBl II S. 999).
- >A 15.10 Abs. 8 und A 15.11 DA-KG 2018

| R 32.6 | Kinder, die sich in einer Übergangszeit befinden |

– unbesetzt –

| H 32.6 |

Übergangszeit nach § 32 Abs. 4 Satz 1 Nr. 2 Buchst. b EStG
>A 16 Abs. 1 bis 4 DA-KG 2018:
„(1) Nach § 32 Abs. 4 Satz 1 Nr. 2 Buchst. b EStG besteht für ein Kind, das das 18., aber noch nicht das 25. Lebensjahr vollendet hat, Anspruch auf Kindergeld, wenn es sich in einer Übergangszeit von höchstens vier Monaten befindet, die zwischen zwei Ausbildungsabschnitten oder zwischen einem Ausbildungsabschnitt und der Ableistung
 - des freiwilligen Wehrdienstes nach § 58b SG (für Anspruchszeiträume ab 1.1.2015) oder
 - eines geregelten Freiwilligendienstes i. S. d. § 32 Abs. 4 Satz 1 Nr. 2 Buchst. d EStG (vgl. A 18)

liegt.
Kinder sind auch in Übergangszeiten von höchstens vier Monaten zwischen dem Abschluss der Ausbildung und dem Beginn eines der in Satz 1 genannten Dienste und Tätigkeiten zu berücksichtigen (vgl. BFH vom 25.1.2007, III R 23/06, BStBl 2008 II S. 664). Die Übergangszeit beginnt am Ende des unmittelbar vorangegangenen Ausbildungsabschnittes oder Dienstes, auch wenn das Kind zu diesem Zeitpunkt das 18. Lebensjahr noch nicht vollendet hat (BFH vom 16.4.2015, III R 54/13, BStBl 2016 II S. 25). Die Übergangszeit von höchstens vier Monaten ist nicht taggenau zu berechnen, sondern umfasst vier volle Kalendermonate (BFH vom 15.7.2003, VIII R 105/01, BStBl II S. 847). Endet z. B. ein Ausbildungsabschnitt im Juli, muss der nächste spätestens im Dezember beginnen.
(2) Übergangszeiten ergeben sich als vom Kind nicht zu vermeidende Zwangspausen, z. B. durch Rechtsvorschriften über den Ausbildungsverlauf, aus den festen Einstellungsterminen der Ausbildungsbetriebe oder den Einstellungsgewohnheiten staatlicher Ausbildungsinstitutionen. Eine Übergangszeit im Sinne einer solchen Zwangspause kann auch in Betracht kommen, wenn das Kind den vorangegangenen Ausbildungsplatz – ggf. auch aus von ihm zu vertretenden Gründen – verloren oder die Ausbildung abgebrochen hat. Als Ausbildungsabschnitt gilt jeder Zeitraum, der nach § 32 Abs. 4 Satz 1 Nr. 2 Buchst. a EStG zu berücksichtigen ist.
(3) Eine Berücksichtigung des Kindes während der Übergangszeit hat zu erfolgen, wenn es entweder bereits einen Ausbildungsplatz hat oder sich um einen Platz im nachfolgenden Ausbildungsabschnitt, der innerhalb des zeitlichen Rahmens des § 32 Abs. 4 Satz 1 Nr. 2 Buchst. b EStG beginnt, beworben hat. Gleichermaßen ist zu verfahren, wenn der Berechtigte bei Beendigung der Ausbildung des Kindes an einer allgemeinbildenden Schule oder in einem sonstigen Ausbildungsabschnitt glaubhaft erklärt, dass sich das Kind um einen solchen Ausbildungsplatz sobald wie möglich bewerben wird, und die Familienkasse unter Würdigung aller Umstände zu der

Überzeugung gelangt, dass die Fortsetzung der Ausbildung zu dem angegebenen Zeitpunkt wahrscheinlich ist. Entsprechend ist bei Übergangszeiten zwischen einem Ausbildungsabschnitt und einem Dienst bzw. einer Tätigkeit i. S. d. Abs. 1 Satz 1 zu verfahren.

(4) Eine Übergangszeit liegt nicht vor, wenn das Kind sich nach einem Ausbildungsabschnitt oder einem Dienst bzw. einer Tätigkeit i. S. d. Abs. 1 Satz 1 wegen Kindesbetreuung nicht um einen Anschlussausbildungsplatz bemüht."

R 32.7 Kinder, die mangels Ausbildungsplatz ihre Berufsausbildung nicht beginnen oder fortsetzen können

Allgemeines

(1) ¹Grundsätzlich ist jeder Ausbildungswunsch des Kindes anzuerkennen, es sei denn, dass seine Verwirklichung wegen der persönlichen Verhältnisse des Kindes ausgeschlossen erscheint. ²Dies gilt auch dann, wenn das Kind bereits eine abgeschlossene Ausbildung in einem anderen Beruf besitzt. ³Das Finanzamt kann verlangen, dass der Stpfl. die ernsthaften Bemühungen des Kindes um einen Ausbildungsplatz durch geeignete Unterlagen nachweist oder zumindest glaubhaft macht.

Ausbildungsplätze

(2) Ausbildungsplätze sind neben betrieblichen und überbetrieblichen insbesondere solche an Fach- und Hochschulen sowie Stellen, an denen eine in der Ausbildungs- oder Prüfungsordnung vorgeschriebene praktische Tätigkeit abzuleisten ist.

Ernsthafte Bemühungen um einen Ausbildungsplatz

(3) ¹Für die Berücksichtigung eines Kindes ohne Ausbildungsplatz ist Voraussetzung, dass es dem Kind trotz ernsthafter Bemühungen nicht gelungen ist, seine Berufsausbildung zu beginnen oder fortzusetzen. ²Als Nachweis der ernsthaften Bemühungen kommen z. B. Bescheinigungen der Agentur für Arbeit über die Meldung des Kindes als Bewerber um eine berufliche Ausbildungsstelle, Unterlagen über eine Bewerbung bei der Zentralen Vergabestelle von Studienplätzen, Bewerbungsschreiben unmittelbar an Ausbildungsstellen sowie deren Zwischennachricht oder Ablehnung in Betracht.

(4) ¹Die Berücksichtigung eines Kindes ohne Ausbildungsplatz ist ausgeschlossen, wenn es sich wegen Kindesbetreuung nicht um einen Ausbildungsplatz bemüht. ²Eine Berücksichtigung ist dagegen möglich, wenn das Kind infolge Erkrankung oder wegen eines Beschäftigungsverbots nach den §§ 3 und 6 Mutterschutzgesetz daran gehindert ist, seine Berufsausbildung zu beginnen oder fortzusetzen.

H 32.7

Erkrankung und Mutterschaft

>A 17.2 Abs. 1 Satz 1 bis 3 DA-KG 2018:

„(1) Eine Berücksichtigung ist nach § 32 Abs. 4 Satz 1 Nr. 2 Buchst. c EStG auch möglich, wenn das Kind infolge einer Erkrankung daran gehindert ist, sich um eine Berufsausbildung zu bemühen, sie zu beginnen oder fortzusetzen. Die Erkrankung und das voraussichtliche Ende der Erkrankung sind durch eine Bescheinigung des behandelnden Arztes nachzuweisen; die Bescheinigung ist jeweils nach Ablauf von sechs Monaten zu erneuern. Ist nach den ärztlichen Feststellungen das voraussichtliche Ende der Erkrankung nicht absehbar, ist zu prüfen, ob das Kind wegen einer Behinderung nach § 32 Abs. 4 Satz 1 Nr. 3 EStG berücksichtigt werden kann."

Kinder ohne Ausbildungsplatz
>A 17.1 Abs. 1 bis 3 DA-KG 2018:

„(1) Nach § 32 Abs. 4 Satz 1 Nr. 2 Buchst. c EStG ist ein Kind, das das 18., aber noch nicht das 25. Lebensjahr vollendet hat, zu berücksichtigen, wenn es eine Berufsausbildung – im Inland oder Ausland – mangels Ausbildungsplatz nicht beginnen oder fortsetzen kann. Der angestrebte Ausbildungsplatz muss nach § 32 Abs. 4 Satz 1 Nr. 2 Buchst. a EStG zu berücksichtigen sein. Ein Mangel eines Ausbildungsplatzes liegt sowohl in Fällen vor, in denen das Kind noch keinen Ausbildungsplatz gefunden hat, als auch dann, wenn ihm ein solcher bereits zugesagt wurde, es diesen aber aus schul-, studien- oder betriebsorganisatorischen Gründen erst zu einem späteren Zeitpunkt antreten kann (BFH vom 15. 7. 2003, VIII R 77/00, BStBl II S. 845). Kein Mangel eines Ausbildungsplatzes liegt dagegen vor, wenn das Kind die objektiven Anforderungen an den angestrebten Ausbildungsplatz nicht erfüllt oder wenn es im Falle des Bereitstehens eines Ausbildungsplatzes aus anderen Gründen am Antritt gehindert wäre, z. B. wenn es im Ausland arbeitsvertraglich gebunden ist (BFH vom 15. 7. 2003, VIII R 79/99, BStBl II S. 843). Hat das Kind noch keinen Ausbildungsplatz gefunden, hängt die Berücksichtigung davon ab, dass es ihm trotz ernsthafter Bemühungen nicht gelungen ist, seine Berufsausbildung zu beginnen oder fortzusetzen. Die Suche nach einem Ausbildungsplatz muss also bisher erfolglos verlaufen sein oder der nächste Ausbildungsabschnitt einer mehrstufigen Ausbildung kann mangels Ausbildungsplatz nicht begonnen werden. Beispiele für eine üblicherweise noch nicht abgeschlossene Berufsausbildung sind die Beendigung der Schulausbildung und die Ablegung des ersten Staatsexamens, wenn das zweite Staatsexamen für die Berufsausübung angestrebt wird. Grundsätzlich ist jeder Ausbildungswunsch des Kindes anzuerkennen. Die Bewerbung muss für den nächstmöglichen Ausbildungsbeginn erfolgen. Kann eine Bewerbung nicht abgegeben werden, z. B. für Studierwillige, weil das Verfahren bei der SfH noch nicht eröffnet ist, genügt zunächst eine schriftliche Erklärung des Kindes (vgl. V 6.1 Abs. 1 Satz 8), sich so bald wie möglich bewerben zu wollen.

(2) Der Berechtigte muss der Familienkasse die ernsthaften Bemühungen des Kindes um einen Ausbildungsplatz zum nächstmöglichen Beginn durch geeignete Unterlagen nachweisen oder zumindest glaubhaft machen. Eine Ausbildung wird nicht zum nächstmöglichen Zeitpunkt angestrebt, wenn das Kind aus von ihm zu vertretenden Gründen, z. B. wegen einer Erwerbstätigkeit oder der Ableistung eines freiwilligen Wehrdienstes, die Ausbildung erst zu einem späteren Zeitpunkt beginnen möchte. Ist eine Bewerbung erfolglos geblieben, sind für den anschließenden Zeitraum übliche und zumutbare Bemühungen nachzuweisen.

Als Nachweis kommen insbesondere folgende Unterlagen in Betracht:
– schriftliche Bewerbungen unmittelbar an Ausbildungsstellen sowie deren Zwischennachricht oder Ablehnung,
– die schriftliche Bewerbung bei der SfH,
– die schriftliche Bewerbung für den freiwilligen Wehrdienst,
– die schriftliche Zusage einer Ausbildungsstelle,
– die Bescheinigung über die Registrierung als Bewerber für einen Ausbildungsplatz oder für eine Bildungsmaßnahme bei einer Agentur für Arbeit oder bei einem anderen zuständigen Leistungsträger (Jobcenter; hierfür steht der Vordruck „Bescheinigung über ein Kind ohne Ausbildungs- oder Arbeitsplatz"[*]) zur Verfügung); in Zweifelsfällen ist die tatsächliche Bewerbereigenschaft, ggf. nach Rücksprache mit der zuständigen Agentur für Arbeit bzw. dem zuständigen Leistungsträger, festzustellen (vgl. BFH vom 18. 6. 2015, VI R 10/14, BStBl II S. 940),
– die von der Agentur für Arbeit für den Rentenversicherungsträger erstellte Bescheinigung über Anrechnungszeiten der Ausbildungssuche i. S. d. § 58 Abs. 1 Satz 1 Nr. 3a SGB VI.

(3) Das Kind kann für den Zeitraum berücksichtigt werden, in dem es auf einen Ausbildungsplatz wartet (BFH vom 7. 8. 1992, III R 20/92, BStBl 1993 II S. 103). Die Wartezeit beginnt bei-

---

[*]) Vordruck der Familienkasse.

spielsweise mit der Beendigung der Schulausbildung, einer (ersten) Ausbildung oder eines Ausbildungsabschnitts. Nimmt das Kind ernsthafte Bemühungen erst nach Ablauf des Folgemonats nach Wegfall eines anderen Berücksichtigungstatbestandes i. S. d. § 32 Abs. 4 Satz 1 Nr. 2 EStG auf, ist es ab dem Monat der ersten Bewerbung oder Registrierung zu berücksichtigen; Abs. 1 Satz 9 bleibt unberührt.

Beispiel 1
Das Kind legt die Abiturprüfung im April eines Jahres ab (offizielles Schuljahresende in diesem Land). Unmittelbar nach Ablegung der Abiturprüfung beabsichtigt das Kind, im Oktober des Jahres ein Studium zu beginnen, und bewirbt sich im Juli (Eröffnung des Verfahrens bei der SfH) um einen Studienplatz. Im September erhält das Kind jedoch die Absage der SfH. Das Kind möchte sich zum Sommersemester des nächsten Jahres erneut um einen Studienplatz bewerben.
Das Kind kann wie folgt berücksichtigt werden:
- bis einschließlich April als Kind, das für einen Beruf ausgebildet wird (§ 32 Abs. 4 Satz 1 Nr. 2 Buchst. a EStG),
- ab Mai durchgängig als Kind ohne Ausbildungsplatz (§ 32 Abs. 4 Satz 1 Nr. 2 Buchst. c EStG), von Mai bis September, weil es nach dem Schulabschluss die Ausbildung aufgrund des Vergabeverfahrens der SfH zunächst nicht fortsetzen konnte, und für den Zeitraum ab Oktober aufgrund der Absage der SfH und des weiter bestehenden Ausbildungswunsches. Abs. 1 Satz 9 und 10 und Abs. 2 Satz 3 sind zu beachten.

Beispiel 2
Das Kind legt die Abiturprüfung im April eines Jahres ab (offizielles Schuljahresende in diesem Land). Das Kind möchte sich zunächst orientieren und beabsichtigt, danach eine Berufsausbildung zu beginnen. Im August bewirbt sich das Kind schriftlich zum nächstmöglichen Zeitpunkt um einen Ausbildungsplatz, erhält im Januar des nachfolgenden Jahres eine schriftliche Zusage und nimmt im August die Ausbildung auf.
Das Kind kann nur in folgenden Zeiträumen berücksichtigt werden:
- bis einschließlich April als Kind, das für einen Beruf ausgebildet wird (§ 32 Abs. 4 Satz 1 Nr. 2 Buchst. a EStG),
- von August bis Juli des nachfolgenden Jahres als Kind ohne Ausbildungsplatz (§ 32 Abs. 4 Satz 1 Nr. 2 Buchst. c EStG),
- ab August des nachfolgenden Jahres als Kind, das für einen Beruf ausgebildet wird (§ 32 Abs. 4 Satz 1 Nr. 2 Buchst. a EStG)."

R 32.8 — **Kinder, die ein freiwilliges soziales oder ökologisches Jahr oder freiwillige Dienste leisten**

– unbesetzt –

H 32.8

Geregelte Freiwilligendienste
>A 18 DA-KG 2018

R 32.9 — **Kinder, die wegen körperlicher, geistiger oder seelischer Behinderung außerstande sind, sich selbst zu unterhalten**

¹Als Kinder, die wegen körperlicher, geistiger oder seelischer Behinderung außerstande sind, sich selbst zu unterhalten, kommen insbesondere Kinder in Betracht, deren Schwerbehinderung (§ 2 Abs. 2 SGB IX) festgestellt ist oder die einem schwer behinderten Menschen gleichgestellt sind (§ 2 Abs. 3 SGB IX). ²Ein Kind, das wegen seiner Behinderung außerstande ist, sich selbst zu unterhalten, kann bei Vorliegen der sonstigen Voraussetzungen über das 25. Lebensjahr hinaus

Zu § 32 EStG   R 32.9   A. II.

ohne altersmäßige Begrenzung berücksichtigt werden. ³Eine Berücksichtigung setzt voraus, dass die Behinderung, deretwegen das Kind nicht in der Lage ist, sich selbst zu unterhalten, vor Vollendung des 25. Lebensjahres eingetreten ist.

H 32.9

Altersgrenze
Die Altersgrenze, innerhalb derer die Behinderung eingetreten sein muss, ist nicht auf Grund entsprechender Anwendung des § 32 Abs. 5 Satz 1 EStG z. B. um den Zeitraum des vom Kind in früheren Jahren geleisteten Grundwehrdienstes zu verlängern (>BFH vom 2. 6. 2005 – BStBl II S. 756).

Außerstande sein, sich selbst zu unterhalten
- >A 19.4 DA-KG 2018:
  „(1) Bei behinderten Kindern ist grundsätzlich der notwendige Lebensbedarf den kindeseigenen Mitteln gegenüberzustellen (vgl. aber Abs. 3). Übersteigen die kindeseigenen Mittel nicht den notwendigen Lebensbedarf, ist das Kind außerstande, sich selbst zu unterhalten. Falls die kindeseigenen Mittel den notwendigen Lebensbedarf überschreiten und ungleichmäßig zufließen (z. B. durch eine Nachzahlung oder die erstmalige Zahlung einer Rente), ist zu prüfen, ab welchem vollen Monat das Kind in der Lage ist, sich selbst zu unterhalten. Führt eine Nachzahlung dazu, dass das Kind nicht länger außerstande ist, sich selbst zu unterhalten, ist die Kindergeldfestsetzung erst ab dem Folgemonat des Zuflusses aufzuheben (vgl. BFH vom 11. 4. 2013, III R 35/11, BStBl II S. 1037).
  (2) Der notwendige Lebensbedarf des behinderten Kindes setzt sich aus dem allgemeinen Lebensbedarf und dem individuellen behinderungsbedingten Mehrbedarf zusammen (vgl. BFH vom 15. 10. 1999, VI R 40/98 und VI R 182/98, BStBl 2000 II S. 75 und 79). Als allgemeiner Lebensbedarf ist der Grundfreibetrag nach § 32a Abs. 1 Satz 2 Nr. 1 EStG i. H. v. 9.000 Euro (für 2017: 8.820 Euro, für 2016: 8.652 Euro, für 2015: 8.472 Euro, für 2014: 8.354 Euro) anzusetzen; zum behinderungsbedingten Mehrbedarf vgl. Abs. 4 und 5. Die kindeseigenen Mittel setzen sich aus dem verfügbaren Nettoeinkommen nach A 19.5 und sämtlichen Leistungen Dritter nach A 19.6 zusammen; das Vermögen des Kindes gehört nicht zu den kindeseigenen Mitteln (BFH vom 19. 8. 2002, VIII R 17/02 und VIII R 51/01, BStBl 2003 II S. 88 und 91). Einzelheiten insbesondere zu Sonderzuwendungen und einmaligen Nachzahlungen siehe BMF-Schreiben vom 22. 11. 2010 Abschnitt VI – BStBl I S. 1346. Die Umrechnung von nicht auf Euro lautenden kindeseigenen Mitteln erfolgt nach H 8.1 (1-4) „Ausländische Währung" LStH 2018.
  (3) Übersteigen die kindeseigenen Mittel nicht den allgemeinen Lebensbedarf, ist davon auszugehen, dass das Kind außerstande ist, sich selbst zu unterhalten. Bei dieser vereinfachten Berechnung zählen zum verfügbaren Nettoeinkommen und den Leistungen Dritter keine Leistungen, die dem Kind wegen eines behinderungsbedingten Bedarfs zweckgebunden zufließen, insbesondere sind dies
    - Pflegegeld bzw. -zulage aus der gesetzlichen Unfallversicherung, nach § 35 BVG oder nach § 64 SGB XII,
    - Ersatz der Mehrkosten für den Kleider- und Wäscheverschleiß (z. B. § 15 BVG),
    - die Grundrente und die Schwerstbeschädigtenzulage nach § 31 BVG,
    - Leistungen der Pflegeversicherung (§ 3 Nr. 1a EStG),
    - Leistungen nach dem ContStifG*),
    - die Eingliederungshilfe bei voll- und teilstationärer Unterbringung.

---

*) Gesetz über die Conterganstiftung für behinderte Menschen (Conterganstiftungsgesetz).

Wird nach dieser Berechnung der allgemeine Lebensbedarf überschritten, ist eine ausführliche Berechnung (vgl. Abs. 1 Satz 1 und Vordruck „Berechnungsbogen zur Überprüfung der Selbstunterhaltsfähigkeit eines volljährigen behinderten Kindes"[*]) vorzunehmen.

(4) Zum behinderungsbedingten Mehrbedarf gehören alle mit einer Behinderung zusammenhängenden außergewöhnlichen Belastungen, z. B. Aufwendungen für die Hilfe bei den gewöhnlichen und regelmäßig wiederkehrenden Verrichtungen des täglichen Lebens, für die Pflege sowie für einen erhöhten Wäschebedarf. Sofern kein Einzelnachweis erfolgt, bemisst sich der behinderungsbedingte Mehrbedarf grundsätzlich in Anlehnung an den Pauschbetrag für behinderte Menschen des § 33b Abs. 3 EStG. Als Einzelnachweis sind beispielsweise zu berücksichtigen:

- sämtliche Leistungen nach dem SGB XII, ggf. abzüglich des Taschengeldes und des Verpflegungsanteils (vgl. Abs. 6 Satz 4 und Abs. 7 Satz 2),
- Pflegegeld aus der Pflegeversicherung (BFH vom 24. 8. 2004, VIII R 50/03, BStBl 2010 II S. 1052),
- Blindengeld (BFH vom 31. 8. 2006, VIII R 71/05, BStBl 2010 II S. 1054),
- Leistungen nach dem ContStifG[**]),
- Leistungen der Beihilfe zur Unterbringung.

Die Sätze 1 bis 3 sind bei allen behinderten Kindern unabhängig von ihrer Wohn- oder Unterbringungssituation anzuwenden. Erhält das Kind Eingliederungshilfe, sind die Abs. 6 und 7 zu beachten.

(5) Neben dem nach Abs. 4 ermittelten behinderungsbedingten Mehrbedarf (einschließlich Eingliederungshilfe) kann ein weiterer behinderungsbedingter Mehrbedarf angesetzt werden. Hierzu gehören alle übrigen durch die Behinderung bedingten Aufwendungen wie z. B. Operationskosten und Heilbehandlungen, Kuren, Arzt- und Arzneikosten; bestehen Zweifel darüber, ob die Aufwendungen durch die Behinderung bedingt sind, ist eine ärztliche Bescheinigung hierüber vorzulegen. Zum weiteren behinderungsbedingten Mehrbedarf zählen bei allen behinderten Kindern auch persönliche Betreuungsleistungen der Eltern, soweit sie über die nach Bescheinigung des Amtsarztes oder des behandelnden Arztes unbedingt erforderlich sind. Der hierfür anzusetzende Stundensatz beträgt 9 Euro; der sich daraus ergebende Betrag ist nur zu berücksichtigen, soweit er das nach Abs. 4 Satz 3 anzusetzende Pflegegeld übersteigt. Für die Bescheinigung des behandelnden Arztes steht der Vordruck „Ärztliche Bescheinigung über die persönlichen Betreuungsleistungen der Eltern"[*]) zur Verfügung. Fahrtkosten sind ebenfalls zu berücksichtigen (H 33.1 – 33.4 (Fahrtkosten behinderter Menschen) EStH 2017[***]). Mehraufwendungen, die einem behinderten Kind anlässlich einer Urlaubsreise durch Kosten für Fahrten, Unterbringung und Verpflegung einer Begleitperson entstehen, können ebenfalls i. H. v. bis zu 767 Euro pro Kalenderjahr als behinderungsbedingter Mehrbedarf berücksichtigt werden, sofern die Notwendigkeit ständiger Begleitung durch das Merkzeichen B im Ausweis nach SGB IX, den Vermerk „Die Notwendigkeit ständiger Begleitung ist nachgewiesen" im Feststellungsbescheid der nach § 152 Abs. 1 SGB IX zuständigen Behörde (vgl. BFH vom 4. 7. 2002, III R 58/98, BStBl II S. 765) oder durch Bescheinigung des behandelnden Arztes nachgewiesen ist. Wurden für nachgewiesenen bzw. glaubhaft gemachten behinderungsbedingten Mehrbedarf Leistungen durch einen Sozialleistungsträger erbracht, ist darauf zu achten, dass der Mehrbedarf nur einmal berücksichtigt wird. Die kindeseigenen Mittel, die an einen Sozialleistungsträger abgezweigt, übergeleitet oder diesem erstattet werden, mindern nicht den behinderungsbedingten Mehrbedarf des Kindes, sondern die Leistungen des Sozialleistungsträgers in entsprechender Höhe. Dies gilt auch für einen Kostenbeitrag der Eltern.

---

[*]) Vordruck der Familienkasse.
[**]) Gesetz über die Conterganstiftung für behinderte Menschen (Conterganstiftungsgesetz).
[***]) >Jetzt EStH 2018.

(6) Ein Kind ist vollstationär oder auf vergleichbare Weise untergebracht, wenn es nicht im Haushalt der Eltern lebt, sondern anderweitig auf Kosten eines Dritten untergebracht ist. Dies ist z. B. der Fall, wenn Leistungen nach SGB XII geleistet werden, beispielsweise Eingliederungshilfe oder Leistungen der Grundsicherung, nicht aber bei Leistungen nach SGB II. Dabei ist es unerheblich, ob es vollstationär versorgt wird, in einer eigenen Wohnung oder in sonstigen Wohneinrichtungen (z. B. betreutes Wohnen) lebt. Vollstationäre oder vergleichbare Unterbringung liegt auch dann vor, wenn sich das Kind zwar zeitweise (z. B. am Wochenende oder in den Ferien) im Haushalt der Eltern aufhält, der Platz im Heim, im Rahmen des betreuten Wohnens usw. aber durchgehend auch während dieser Zeit zur Verfügung steht. Die Ermittlung des behinderungsbedingten Mehrbedarfs erfolgt regelmäßig durch Einzelnachweis der Aufwendungen, indem die z. B. im Wege der Eingliederungshilfe übernommenen Kosten für die vollstationäre oder vergleichbare Unterbringung ggf. abzüglich des Taschengeldes und des nach der SvEV zu ermittelnden Wertes der Verpflegung angesetzt werden. Der Pauschbetrag für behinderte Menschen ist nicht neben den Kosten der Unterbringung zu berücksichtigen, da deren Ansatz einem Einzelnachweis entspricht. Liegt eine vollstationäre Heimunterbringung des behinderten Kindes vor, kann evtl. gezahltes Pflege- oder Blindengeld nicht neben der Eingliederungshilfe als behinderungsbedingter Mehrbedarf berücksichtigt werden. Der Berechtigte kann weiteren behinderungsbedingten Mehrbedarf glaubhaft machen (vgl. Abs. 5).

Beispiel

Die 27-jährige Tochter (Grad der Behinderung 100 seit Geburt, Merkzeichen „aG") eines Berechtigten ist vollstationär in einer Einrichtung für behinderte Menschen untergebracht; dort erhält sie täglich drei Mahlzeiten. An zwei Wochenenden im Monat und während des Urlaubs hält sie sich im Haushalt des Berechtigten auf. Die Kosten der Unterbringung in der Einrichtung von jährlich 40.000 Euro tragen der Sozialleistungsträger i. H. v. 34.300 Euro (Eingliederungshilfe nach SGB XII) und die Pflegeversicherung i. H. v. 5.700 Euro (Pflegegeld). Die Tochter bezieht eine private Rente von monatlich 800 Euro (ohne Abzüge). Hiervon rechnet der Sozialleistungsträger monatlich 650 Euro auf die Unterbringungskosten an. Der Tochter verbleiben von der Rente 150 Euro als Taschengeld. Der Berechtigte macht Fahrtkosten (2.000 km im Jahr) glaubhaft, für die kein Kostenersatz geleistet wird.

Lösung:
vereinfachte Berechnung für 2018
Brutto-Renteneinnahmen (800 Euro x 12) . . . . 9.600 Euro
Werbungskosten-Pauschbetrag (§ 9a Satz 1 Nr. 3 EStG) . . . . − 102 Euro
Kostenpauschale . . . . − 180 Euro
Summe . . . . 9.318 Euro

Da die kindeseigenen Mittel nach der vereinfachten Berechnung den allgemeinen Lebensbedarf in Höhe des Grundfreibetrags 2018 von 9.000 Euro übersteigen, muss eine ausführliche Berechnung durchgeführt werden.

ausführliche Berechnung für 2018
notwendiger Lebensbedarf
allgemeiner Lebensbedarf in Höhe des Grundfreibetrags . . . . 9.000 Euro
behinderungsbedingter Mehrbedarf*)
Kosten der vollstationären Unterbringung . . . . + 40.000 Euro
Verpflegungsanteil (SvEV; 246 Euro x 12) . . . . − 2.952 Euro
glaubhaft gemachte Fahrtkosten (2.000 km x 0,30 Euro) . . . . + 600 Euro
Summe . . . . 46.648 Euro

kindeseigene Mittel
Brutto-Renteneinnahmen (800 Euro x 12) . . . . 9.600 Euro
Werbungskosten-Pauschbetrag (§ 9a Satz 1 Nr. 3 EStG) . . . . − 102 Euro
Kostenpauschale . . . . − 180 Euro
Eingliederungshilfe
34.300 Euro abzüglich angerechnete Rente 650 Euro x 12 . . . . + 26.500 Euro
Pflegegeld . . . . + 5.700 Euro
Summe . . . . 41.518 Euro

---

*) kein Ansatz des Pauschbetrags für behinderte Menschen nach § 33b Abs. 3 EStG (vgl. A 19.4 Abs. 6 Satz 6).

Das Kind ist außerstande, sich selbst zu unterhalten, da die kindeseigenen Mittel den notwendigen Lebensbedarf nicht übersteigen. Es besteht ein Anspruch auf Kindergeld nach § 32 Abs. 4 Satz 1 Nr. 3 EStG.

(7) Ein Kind ist teilstationär untergebracht, wenn es z. B. bei seinen Eltern lebt und zeitweise in einer Einrichtung (Werkstatt für behinderte Menschen) betreut wird. Die Leistungen im Rahmen der Eingliederungshilfe abzüglich des nach SvEV zu bestimmenden Wertes der Verpflegung sind als behinderungsbedingter Mehrbedarf anzusetzen. Für die Pflege und Betreuung außerhalb der teilstationären Unterbringung ist neben dem behinderungsbedingten Mehrbedarf nach Satz 2 mindestens ein Betrag in Höhe des Pauschbetrags für behinderte Menschen nach § 33b Abs. 3 EStG als Bedarf des Kindes zu berücksichtigen. Der Berechtigte kann weiteren behinderungsbedingten Mehrbedarf glaubhaft machen (vgl. Abs. 5).

Beispiel

Im Haushalt eines Berechtigten lebt dessen 39-jähriger Sohn, der durch einen Unfall im Alter von 21 Jahren schwerbehindert wurde (Grad der Behinderung 100, Merkzeichen „H" und „B"). Er arbeitet tagsüber in einer Werkstatt für behinderte Menschen. Hierfür erhält er ein monatliches Arbeitsentgelt von 75 Euro. Die Kosten für die Beschäftigung in der Werkstatt von monatlich 1.250 Euro und die Fahrtkosten von 100 Euro monatlich für den arbeitstäglichen Transport zur Werkstatt trägt der Sozialhilfeträger im Rahmen der Eingliederungshilfe. Der Sohn bezieht daneben eine Rente wegen voller Erwerbsminderung aus der gesetzlichen Rentenversicherung von monatlich 300 Euro, wovon nach Abzug eines Eigenanteils zur gesetzlichen Kranken- und Pflegeversicherung i. H. v. 29 Euro noch 271 Euro ausgezahlt werden. Außerdem erhält er eine private Rente von monatlich 520 Euro. Der Berechtigte hat Mehraufwendungen von 767 Euro nachgewiesen, die anlässlich einer Urlaubsreise des Sohnes für Fahrten, Unterbringung und Verpflegung einer Begleitperson entstanden sind. Der Sohn beansprucht freies Mittagessen in der Werkstatt.

Lösung:
vereinfachte Berechnung für 2018
Einkünfte aus nichtselbständiger Tätigkeit § 19 EStG (75 Euro x 12) . . . . 900 Euro
Arbeitnehmer-Pauschbetrag (§ 9a Satz 1 Nr. 1 Buchst. a EStG) . . . . − 900 Euro
Brutto-Renteneinnahmen (300 Euro x 12 und 520 Euro x 12) . . . . + 9.840 Euro
Werbungskosten-Pauschbetrag (§ 9a Satz 1 Nr. 3 EStG) . . . . − 102 Euro
Kostenpauschale . . . . − 180 Euro
Sozialversicherungsbeiträge (29 Euro x 12) . . . . − 348 Euro
Summe . . . . 9.210 Euro

Da die kindeseigenen Mittel nach der vereinfachten Berechnung den allgemeinen Lebensbedarf in Höhe des Grundfreibetrags 2018 von 9.000 Euro übersteigen, muss eine ausführliche Berechnung durchgeführt werden.

ausführliche Berechnung für 2018
notwendiger Lebensbedarf
allgemeiner Lebensbedarf in Höhe des Grundfreibetrags . . . . 9.000 Euro
behinderungsbedingter Mehrbedarf
Pauschbetrag für behinderte Menschen (§ 33b Abs. 3 EStG) . . . . + 3.700 Euro
Kosten der Beschäftigung in der Werkstatt (1.250 Euro x 12) . . . . + 15.000 Euro
Verpflegungsanteil (SvEV für Mittag; 97 Euro x 12) . . . . − 1.164 Euro
Fahrtkosten zur Werkstatt (100 Euro x 12) . . . . + 1.200 Euro
Aufwendungen für Begleitperson anlässlich einer Urlaubsreise . . . . + 767 Euro
Summe   28.503 Euro

kindeseigene Mittel
Einkünfte aus nichtselbständiger Tätigkeit § 19 EStG (75 Euro x 12) . . . . 900 Euro
Arbeitnehmer-Pauschbetrag (§ 9a Satz 1 Nr. 1 Buchst. a EStG) . . . . − 900 Euro
Brutto-Renteneinnahmen (300 Euro x 12 und 520 Euro x 12) . . . . + 9.840 Euro
Werbungskosten-Pauschbetrag (§ 9a Satz 1 Nr. 3 EStG) . . . . − 102 Euro
Kostenpauschale . . . . − 180 Euro
Eingliederungshilfe für Werkstatt (1.250 Euro x 12) . . . . + 15.000 Euro
Eingliederungshilfe für Fahrten zur Werkstatt (100 Euro x 12) . . . . + 1.200 Euro
Sozialversicherungsbeiträge (29 Euro x 12) . . . . − 348 Euro
Summe   25.410 Euro

Das Kind ist außerstande, sich selbst zu unterhalten, da die kindeseigenen Mittel den notwendigen Lebensbedarf nicht übersteigen. Es besteht ein Anspruch auf Kindergeld nach § 32 Abs. 4 Satz 1 Nr. 3 EStG."

Nachweis der Behinderung
>A 19.2 Abs. 1 DA-KG 2018:
„Den Nachweis einer Behinderung kann der Berechtigte erbringen:
1. bei einer Behinderung, deren Grad auf mindestens 50 festgestellt ist, durch einen Ausweis nach dem SGB IX oder durch einen Bescheid der nach § 152 Abs. 1 SGB IX zuständigen Behörde,
2. bei einer Behinderung, deren Grad auf weniger als 50, aber mindestens 25 festgestellt ist,
    a) durch eine Bescheinigung der nach § 152 Abs. 1 SGB IX zuständigen Behörde auf Grund eines Feststellungsbescheids nach § 152 Abs. 1 SGB IX, die eine Äußerung darüber enthält, ob die Behinderung zu einer dauernden Einbuße der körperlichen Beweglichkeit geführt hat oder auf einer typischen Berufskrankheit beruht,
    b) wenn dem Kind wegen seiner Behinderung nach den gesetzlichen Vorschriften Renten oder andere laufende Bezüge zustehen, durch den Rentenbescheid oder einen entsprechenden Bescheid,
3. bei einer Einstufung in den Pflegegrad 4 oder 5 (bis 31. 12. 2016: in Pflegestufe III) nach dem SGB XI oder diesem entsprechenden Bestimmungen durch den entsprechenden Bescheid.

Der Nachweis der Behinderung kann auch in Form einer Bescheinigung bzw. eines Zeugnisses des behandelnden Arztes oder eines ärztlichen Gutachtens erbracht werden (BFH vom 16. 4. 2002, VIII R 62/99, BStBl II S. 738). Aus der Bescheinigung bzw. dem Gutachten muss Folgendes hervorgehen:
- Vorliegen der Behinderung,
- Beginn der Behinderung, soweit das Kind das 25. Lebensjahr vollendet hat, und
- Auswirkungen der Behinderung auf die Erwerbsfähigkeit des Kindes."

Suchtkrankheiten
Suchtkrankheiten können Behinderungen darstellen (>BFH vom 16. 4. 2002 – BStBl II S. 738).

Ursächlichkeit der Behinderung
>A 19.3 DA-KG 2018:
„(1) Die Behinderung muss ursächlich für die Unfähigkeit des Kindes sein, sich selbst zu unterhalten. Allein die Feststellung eines sehr hohen Grades der Behinderung rechtfertigt die Annahme der Ursächlichkeit jedoch nicht.
(2) Die Ursächlichkeit ist anzunehmen, wenn:
- die Unterbringung in einer Werkstatt für behinderte Menschen vorliegt,
- das Kind vollstationär in einer Behinderteneinrichtung untergebracht ist,
- Leistungen der Grundsicherung im Alter und bei Erwerbsminderung nach dem SGB XII bezogen werden,
- der Grad der Behinderung 50 oder mehr beträgt (vgl. A 19.2 Abs. 1 Satz 1 Nr. 1) und das Kind für einen Beruf ausgebildet wird,
- im Ausweis über die Eigenschaft als schwerbehinderter Mensch das Merkmal „H" (hilflos) eingetragen oder im Feststellungsbescheid festgestellt ist, dass die Voraussetzungen für das Merkmal „H" (hilflos) vorliegen oder
- eine volle Erwerbsminderungsrente gegenüber dem Kind bewilligt ist oder eine dauerhafte volle Erwerbsminderung nach § 45 SGB XII festgestellt ist.

Dem Merkzeichen „H" steht die Einstufung in die Pflegegrade 4 oder 5 (bis 31.12.2016: in Pflegestufe III) nach dem SGB XI oder diesem entsprechenden Bestimmungen gleich. Die Einstufung als schwerstpflegebedürftig ist durch Vorlage des entsprechenden Bescheides nachzuweisen.
(3) Liegt kein Fall des Absatzes 2 vor, ist zur Feststellung der Ursächlichkeit entweder
1. durch die Familienkassen eine Stellungnahme der Reha/SB-Stelle der Agentur für Arbeit (ggf. unter Beteiligung des Ärztlichen Dienstes bzw. des Berufspsychologischen Services der Bundesagentur für Arbeit) einzuholen (siehe Abs. 4) oder
2. durch den Berechtigten eine Bescheinigung des behandelnden Arztes beizubringen (siehe Abs. 5).

Eine Feststellung nach Nr. 1 schließt eine Feststellung nach Nr. 2 aus. Zur Überprüfung der Festsetzung vgl. A 19.1 Abs. 7 und 8.
(4) Über die Beteiligung der Reha/SB-Stelle der Agentur für Arbeit ist zu ermitteln,
– ob die Voraussetzungen für eine Mehrfachanrechnung gem. § 159 Abs. 1 SGB IX erfüllt sind oder
– ob das Kind nach Art und Umfang seiner Behinderung in der Lage ist, eine arbeitslosenversicherungspflichtige, mindestens 15 Stunden wöchentlich umfassende Beschäftigung unter den üblichen Bedingungen des für ihn in Betracht kommenden Arbeitsmarktes auszuüben.

Liegen die Voraussetzungen für eine Mehrfachanrechnung vor, kann unterstellt werden, dass die Ursächlichkeit der Behinderung gegeben ist, auch wenn es eine Erwerbstätigkeit von mehr als 15 Stunden wöchentlich ausüben könnte. Ist das Kind nicht in der Lage eine mindestens 15 Stunden wöchentlich umfassende Beschäftigung unter den üblichen Bedingungen des für ihn in Betracht kommenden Arbeitsmarktes auszuüben, kann unterstellt werden, dass die Ursächlichkeit der Behinderung gegeben ist. Für die Anfrage steht der Vordruck „Kindergeld für ein behindertes Kind; Beteiligung der Reha/SB-Stelle"*) zur Verfügung. Der Nachweis der Behinderung (vgl. A 19.2 Abs. 1) und ggf. vorhandene ärztliche Bescheinigungen sind beizufügen. Ist der Reha/SB-Stelle der Agentur für Arbeit allein aufgrund der vorgelegten Unterlagen eine Stellungnahme nicht möglich, teilt sie dies der Familienkasse auf der Rückseite des Vordrucks „Kindergeld für ein behindertes Kind; Beteiligung der Reha/SB-Stelle"*) mit und verweist auf die Möglichkeit der Einschaltung des Ärztlichen Dienstes bzw. des Berufspsychologischen Services der Bundesagentur für Arbeit. In diesem Fall schlägt die Familienkasse dem Berechtigten unter Verwendung des Vordrucks „Kindergeld für ein behindertes Kind – Beteiligung des Ärztlichen Dienstes bzw. Berufspsychologischen Services der Bundesagentur für Arbeit"*) vor, das Kind durch den Ärztlichen Dienst bzw. Berufspsychologischen Service der Bundesagentur für Arbeit begutachten zu lassen. Dabei ist er auf die Rechtsfolgen der Nichtfeststellbarkeit der Anspruchsvoraussetzungen hinzuweisen. Sofern der Berechtigte innerhalb der gesetzten Frist nicht widerspricht, leitet die Familienkasse erneut eine Anfrage der Reha/SB-Stelle zu, die ihrerseits die Begutachtung durch den Ärztlichen Dienst und ggf. den Berufspsychologischen Service veranlasst. Das Gutachten ist an die Reha/SB-Stelle zu senden, damit diese die Anfrage der Familienkasse beantworten kann. Das Gutachten verbleibt bei der Reha/SB-Stelle. Erscheint das Kind ohne Angabe von Gründen nicht zur Begutachtung, gibt der Ärztliche Dienst/Berufspsychologische Service die Unterlagen an die Reha/SB-Stelle zurück, die ihrerseits die Familienkasse unterrichtet. Wird die Begutachtung verweigert, ist die Ursächlichkeit nicht festgestellt.
(5) Wird zur Feststellung der Ursächlichkeit eine Bescheinigung des behandelnden Arztes beigebracht, muss aus dieser hervorgehen, in welchem zeitlichen Umfang das Kind aufgrund seiner Behinderung in der Lage ist, eine Erwerbstätigkeit auszuüben. Für die Bescheinigung des behandelnden Arztes steht der Vordruck „Ärztliche Bescheinigung zum möglichen Umfang der Erwerbstätigkeit"*) zur Verfügung. Abs. 4 Satz 3 gilt entsprechend.
(6) Die Behinderung muss nicht die einzige Ursache dafür sein, dass das Kind außerstande ist, sich selbst zu unterhalten. Eine Mitursächlichkeit ist ausreichend, wenn ihr nach den Gesamtumständen des Einzelfalls erhebliche Bedeutung zukommt (BFH vom 19.11.2008, III R 105/07,

---

*) Vordruck der Familienkasse.

Zu § 32 EStG R 32.10 A. II.

BStBl 2010 II S. 1057). Die Prüfung der Mitursächlichkeit kommt in den Fällen zum Tragen, in denen das Kind grundsätzlich in der Lage ist, eine Erwerbstätigkeit auf dem allgemeinen Arbeitsmarkt auszuüben (d. h. eine mindestens 15 Stunden wöchentlich umfassende Beschäftigung), die Behinderung der Vermittlung einer Arbeitsstelle jedoch entgegensteht. Eine allgemein ungünstige Situation auf dem Arbeitsmarkt oder andere Umstände (z. B. mangelnde Mitwirkung bei der Arbeitsvermittlung, Ablehnung von Stellenangeboten), die zur Arbeitslosigkeit des Kindes führen, begründen hingegen keine Berücksichtigung nach § 32 Abs. 4 Satz 1 Nr. 3 EStG. Auch wenn das Kind erwerbstätig ist, kann die Behinderung mitursächlich sein. Ist das Kind trotz seiner Erwerbstätigkeit nicht in der Lage, seinen notwendigen Lebensbedarf zu bestreiten (vgl. A 19.4), ist im Einzelfall zu prüfen, ob die Behinderung für die mangelnde Fähigkeit zum Selbstunterhalt mitursächlich ist (BFH vom 15. 3. 2012, III R 29/09, BStBl II S. 892).
(7) Die Ursächlichkeit der Behinderung für die Unfähigkeit des Kindes, sich selbst zu unterhalten, kann nicht angenommen werden, wenn es sich in Untersuchungs- oder Strafhaft befindet, auch dann nicht, wenn die Straftat durch die Behinderung gefördert wurde (BFH vom 30. 4. 2014, XI R 24/13, BStBl II S. 1014)."

| R 32.10 | **Erwerbstätigkeit** |

– unbesetzt –

| H 32.10 |

Ausschluss von Kindern auf Grund einer Erwerbstätigkeit
DMF vom 8. 2. 2016 (BStBl I S. 226)
– >A 20 DA-KG 2018:
„A 20.1 Allgemeines
(1) Ein über 18 Jahre altes Kind, das eine erstmalige Berufsausbildung oder ein Erststudium abgeschlossen hat und
– weiterhin für einen Beruf ausgebildet wird (§ 32 Abs. 4 Satz 1 Nr. 2 Buchst. a EStG),
– sich in einer Übergangszeit befindet (§ 32 Abs. 4 Satz 1 Nr. 2 Buchst. b EStG),
– seine Berufsausbildung mangels Ausbildungsplatz nicht beginnen oder fortsetzen kann (§ 32 Abs. 4 Satz 1 Nr. 2 Buchst. c EStG) oder
– einen Freiwilligendienst leistet (§ 32 Abs. 4 Satz 1 Nr. 2 Buchst. d EStG),
wird nach § 32 Abs. 4 Satz 2 EStG nur berücksichtigt, wenn es keiner anspruchsschädlichen Erwerbstätigkeit i. S. d. § 32 Abs. 4 Satz 3 EStG nachgeht (vgl. A 20.3).
Dies gilt auch, wenn die erstmalige Berufsausbildung vor Vollendung des 18. Lebensjahres abgeschlossen worden ist.
(2) Die Einschränkung des § 32 Abs. 4 Satz 2 EStG gilt nicht für Kinder ohne Arbeitsplatz i. S. v. § 32 Abs. 4 Satz 1 Nr. 1 EStG (vgl. A 14) und behinderte Kinder i. S. d. § 32 Abs. 4 Satz 1 Nr. 3 EStG (vgl. A 19).

A 20.2 **Erstmalige Berufsausbildung und Erststudium**
A 20.2.1 **Berufsausbildung nach § 32 Abs. 4 Satz 2 EStG**

(1) Eine Berufsausbildung i. S. d. § 32 Abs. 4 Satz 2 EStG liegt vor, wenn das Kind durch eine berufliche Ausbildungsmaßnahme die notwendigen fachlichen Fertigkeiten und Kenntnisse erwirbt, die zur Aufnahme eines Berufs befähigen. Voraussetzung ist, dass der Beruf durch eine Ausbildung in einem öffentlich-rechtlich geordneten Ausbildungsgang erlernt wird (BFH vom 6. 3. 1992, VI R 163/88, BStBl II S. 661) und der Ausbildungsgang durch eine Prüfung abgeschlossen wird.

Das Tatbestandsmerkmal „Berufsausbildung" nach § 32 Abs. 4 Satz 2 EStG ist enger gefasst als das Tatbestandsmerkmal „für einen Beruf ausgebildet werden" nach § 32 Abs. 4 Satz 1 Nr. 2 Buchst. a EStG (vgl. A 15). Es handelt sich bei einer „Berufsausbildung" i. S. v. Satz 2 stets auch um eine Maßnahme, in der das Kind nach Satz 1 „für einen Beruf ausgebildet wird". Jedoch ist nicht jede allgemein berufsqualifizierende Maßnahme gleichzeitig auch eine „Berufsausbildung". Der Abschluss einer solchen Maßnahme (z. B. der Erwerb eines Schulabschlusses, ein Volontariat oder ein freiwilliges Berufspraktikum) führt nicht bereits dazu, dass ein Kind, das im Anschluss weiterhin die Anspruchsvoraussetzungen nach § 32 Abs. 4 Satz 1 Nr. 2 EStG erfüllt, nur noch unter den weiteren Voraussetzungen der Sätze 2 und 3 berücksichtigt wird.

Beispiel:
Nach dem Abitur absolvierte ein 20-jähriges Kind ein Praktikum. Danach kann es eine Berufsausbildung mangels Ausbildungsplatz nicht beginnen und geht zur Überbrückung des Zeitraums zwischen Praktikum und Berufsausbildung einer Erwerbstätigkeit nach (30 Wochenstunden).
In der Zeit zwischen Praktikum und Beginn der Berufsausbildung erfüllt das Kind den Grundtatbestand des § 32 Abs. 4 Satz 1 Nr. 2 Buchst. c EStG. § 32 Abs. 4 Satz 2 und 3 EStG ist nicht einschlägig, da das Praktikum zwar das Tatbestandsmerkmal des § 32 Abs. 4 Satz 1 Nr. 2 Buchst. a EStG („für einen Beruf ausgebildet werden") erfüllt, jedoch keine „Berufsausbildung" i. S. d. § 32 Abs. 4 Satz 2 EStG darstellt. Der Kindergeldanspruch besteht somit unabhängig davon, wie viele Stunden das Kind in der Woche arbeitet.

(2) Zur Berufsausbildung zählen insbesondere:
1. Berufsausbildungsverhältnisse gem. § 1 Abs. 3, §§ 4 bis 52 BBiG bzw. §§ 21 bis 40 HwO. Der erforderliche Abschluss besteht hierbei in der erfolgreich abgelegten Abschlussprüfung i. S. d. § 37 BBiG und § 31 HwO. Gleiches gilt, wenn die Abschlussprüfung nach § 43 Abs. 2 BBiG ohne ein Ausbildungsverhältnis auf Grund einer entsprechenden schulischen Ausbildung abgelegt wird, die gem. den Voraussetzungen des § 43 Abs. 2 BBiG als im Einzelnen gleichwertig anerkannt ist;
2. mit Berufsausbildungsverhältnissen vergleichbare betriebliche Ausbildungsgänge außerhalb des Geltungsbereichs des BBiG (z. B. die Ausbildung zum Schiffsmechaniker nach der See-Berufsausbildungsverordnung);
3. die Ausbildung auf Grund der bundes- oder landesrechtlichen Ausbildungsregelungen für Berufe im Gesundheits- und Sozialwesen;
4. landesrechtlich geregelte Berufsabschlüsse an Berufsfachschulen;
5. die Berufsausbildung behinderter Menschen in anerkannten Berufsausbildungsberufen oder auf Grund von Regelungen der zuständigen Stellen in besonderen „Behinderten-Ausbildungsberufen";
6. die Berufsausbildung in einem öffentlich-rechtlichen Dienstverhältnis und
7. Maßnahmen zur Behebung von amtlich festgestellten Unterschieden zwischen einem im Ausland erworbenen Berufsabschluss und einem entsprechenden im Inland geregelten Berufsabschluss, z. B. Anpassungslehrgänge nach § 11 Berufsqualifikationsfeststellungsgesetz. Informationen zur Anerkennung ausländischer Berufsqualifikationen (z. B. zu den zuständigen Stellen) sind unter www.anerkennung-in-deutschland.de und www.bq-portal.de zu finden.

(3) Von Abs. 2 nicht erfasste Bildungsmaßnahmen werden einer Berufsausbildung i. S. d. § 32 Abs. 4 Satz 2 EStG gleichgestellt, wenn sie dem Nachweis einer Sachkunde dienen, die Voraussetzung zur Aufnahme einer fest umrissenen beruflichen Betätigung ist. Die Ausbildung muss in einem geordneten Ausbildungsgang erfolgen und durch eine staatliche oder staatlich anerkannte Prüfung abgeschlossen werden. Der erfolgreiche Abschluss der Prüfung muss Voraussetzung für die Aufnahme der beruflichen Betätigung sein. Die Ausbildung und der Abschluss müssen von Umfang und Qualität der Ausbildungsmaßnahmen und Prüfungen her grundsätzlich mit den Anforderungen vergleichbar sein, die bei Berufsausbildungsmaßnahmen i. S. d. Abs. 2 gestellt werden. Dazu gehört z. B. die Ausbildung zu Berufspiloten auf Grund der JAR-FCL 1 deutsch vom 15. 4. 2003, BAnz 2003 Nr. 80a.

(4) Abs. 1 bis 3 gelten entsprechend für Berufsausbildungen im Ausland, deren Abschlüsse inländischen Abschlüssen gleichgestellt sind. Bei Abschlüssen aus einem Mitgliedstaat der EU oder des EWR oder der Schweiz ist i. d. R. davon auszugehen, dass diese gleichgestellt sind.

A 20.2.2 Erstmalige Berufsausbildung

(1) Die Berufsausbildung ist als erstmalige Berufsausbildung anzusehen, wenn ihr keine andere abgeschlossene Berufsausbildung bzw. kein abgeschlossenes Hochschulstudium vorausgegangen ist. Wird ein Kind ohne entsprechende Berufsausbildung in einem Beruf tätig und führt es die zugehörige Berufsausbildung nachfolgend durch (nachgeholte Berufsausbildung), handelt es sich dabei um eine erstmalige Berufsausbildung.
(2) Maßnahmen nach A 20.2.1 Abs. 2 Nr. 7 sind als Teil der im Ausland erfolgten Berufsausbildung anzusehen.

A 20.2.3 Erststudium

(1) Ein Studium i. S. d. § 32 Abs. 4 Satz 2 EStG liegt vor, wenn es an einer Hochschule i. S. d. Hochschulgesetze der Länder absolviert wird. Hochschulen i. S. dieser Vorschrift sind Universitäten, Pädagogische Hochschulen, Kunsthochschulen, Fachhochschulen und sonstige Einrichtungen des Bildungswesens, die nach dem jeweiligen Landesrecht staatliche Hochschulen sind. Gleichgestellt sind private und kirchliche Bildungseinrichtungen sowie Hochschulen des Bundes, die nach dem jeweiligen Landesrecht als Hochschule anerkannt werden. Nach Landesrecht kann vorgesehen werden, dass bestimmte an Berufsakademien oder anderen Ausbildungseinrichtungen erfolgreich absolvierte Ausbildungsgänge einem abgeschlossenen Studium an einer Fachhochschule gleichwertig sind und die gleichen Berechtigungen verleihen. Soweit dies der Fall ist, stellt ein entsprechendes Studium ein Studium i. S. d. § 32 Abs. 4 Satz 2 EStG dar. Studien können auch als Fernstudien durchgeführt werden.
(2) Ein Studium stellt ein Erststudium i. S. d. § 32 Abs. 4 Satz 2 EStG dar, wenn es sich um eine Erstausbildung handelt. Es darf ihm kein anderes durch einen berufsqualifizierenden Abschluss beendetes Studium bzw. keine andere abgeschlossene nichtakademische Berufsausbildung i. S. v. A 20.2.1 und A 20.2.2 vorangegangen sein.
(3) Bei einem Wechsel des Studiums ohne Abschluss des zunächst betriebenen Studiengangs stellt das zunächst aufgenommene Studium kein abgeschlossenes Erststudium dar. Bei einer Unterbrechung eines Studiengangs ohne einen berufsqualifizierenden Abschluss und seiner späteren Weiterführung stellt der der Unterbrechung vorangegangene Studienteil kein abgeschlossenes Erststudium dar.
(4) Studien- und Prüfungsleistungen an ausländischen Hochschulen, die zur Führung eines ausländischen akademischen Grades berechtigen, der nach dem Recht des Landes, in dem der Gradinhaber seinen Wohnsitz oder gewöhnlichen Aufenthalt hat, anerkannt wird, sowie Studien- und Prüfungsleistungen, die von Staatsangehörigen eines Mitgliedstaats der EU oder von Vertragstaaten des EWR oder der Schweiz an Hochschulen dieser Staaten erbracht werden, sind nach diesen Grundsätzen inländischen Studien- und Prüfungsleistungen gleichzustellen. Für die Gleichstellung von Studien- und Prüfungsleistungen werden die in der Datenbank „anabin" (www.anabin.kmk.org) der Zentralstelle für ausländisches Bildungswesen beim Sekretariat der Kultusministerkonferenz aufgeführten Bewertungsvorschläge zugrunde gelegt.

A 20.2.4 Abschluss einer erstmaligen Berufsausbildung oder eines Erststudiums

(1) Eine erstmalige Berufsausbildung oder ein Erststudium sind grundsätzlich abgeschlossen, wenn sie das Kind zur Aufnahme eines Berufs befähigen. Wenn das Kind später eine weitere Ausbildung aufnimmt (z. B. Meisterausbildung nach mehrjähriger Berufstätigkeit aufgrund abgelegter Gesellenprüfung oder Masterstudium nach mehrjähriger Berufstätigkeit), handelt es sich um eine Zweitausbildung.

(2) Ist aufgrund objektiver Beweisanzeichen erkennbar, dass das Kind sein angestrebtes Berufsziel (vgl. A 15.1 Abs. 2) noch nicht erreicht hat, kann auch eine weiterführende Ausbildung noch als Teil der Erstausbildung zu qualifizieren sein (BFH vom 3. 7. 2014, III R 52/13, BStBl 2015 II S. 152). Abzustellen ist dabei darauf, ob die weiterführende Ausbildung in einem engen sachlichen Zusammenhang mit der nichtakademischen Ausbildung oder dem Erststudium steht und im engen zeitlichen Zusammenhang durchgeführt wird (BFH vom 15. 4. 2015, V R 27/14, BStBl 2016 II S. 163). Ein enger sachlicher Zusammenhang liegt vor, wenn die nachfolgende Ausbildung z. B. dieselbe Berufssparte oder denselben fachlichen Bereich betrifft. Ein enger zeitlicher Zusammenhang liegt vor, wenn das Kind die weitere Ausbildung zum nächstmöglichen Zeitpunkt aufnimmt oder sich bei mangelndem Ausbildungsplatz zeitnah zum nächstmöglichen Zeitpunkt für die weiterführende Ausbildung bewirbt. Unschädlich sind Verzögerungen, die z. B. aus einem zunächst fehlenden oder einem aus schul-, studien- oder betriebsorganisatorischen Gründen erst zu einem späteren Zeitpunkt verfügbaren Ausbildungsplatz resultieren. In Fällen von Erkrankung und Mutterschaft siehe A 17.2 Abs. 2. Setzt die weiterführende Ausbildung eine Berufstätigkeit voraus oder nimmt das Kind vor Beginn der weiterführenden Ausbildung eine Berufstätigkeit aus anderen Gründen auf, die zu einem verzögerten Beginn der weiteren Ausbildung führt, liegt regelmäßig mangels notwendigen engen Zusammenhangs keine einheitliche Erstausbildung vor (BFH vom 4. 2. 2016, III R 14/15, BStBl II S. 615).

(3) Für die Frage, ob eine erstmalige Berufsausbildung oder ein Erststudium nach § 32 Abs. 4 Satz 2 EStG abgeschlossen sind, kommt es nicht darauf an, ob die Berufsausbildung bzw. das Studium die besonderen Voraussetzungen für eine Erstausbildung im Sinne des § 9 Abs. 6 EStG erfüllen.

(4) Eine erstmalige Berufsausbildung ist grundsätzlich abgeschlossen, wenn die entsprechende Abschlussprüfung bestanden wurde (vgl. A 15.10 Abs. 3 ff.).

(5) Ein Studium wird, sofern zwischen Prüfung und Bekanntgabe des Prüfungsergebnisses noch keine Vollzeiterwerbstätigkeit im angestrebten Beruf ausgeübt wird, regelmäßig erst mit Bekanntgabe des Prüfungsergebnisses abgeschlossen (vgl. A 15.10 Abs. 9 ff.). Mit bestandener Prüfung wird i. d. R. ein Hochschulgrad verliehen. Hochschulgrade sind u. a. der Diplom-, Magister-, Bachelor- oder Mastergrad. Zwischenprüfungen stellen keinen Abschluss eines Studiums i. S. d. § 32 Abs. 4 Satz 2 EStG dar. Die von den Hochschulen angebotenen Studiengänge führen i. d. R. zu einem berufsqualifizierenden Abschluss. Im Zweifel ist davon auszugehen, dass die entsprechenden Prüfungen berufsqualifizierend sind.

(6) Der Bachelor- oder Bakkalaureusgrad einer inländischen Hochschule ist ein berufsqualifizierender Abschluss. Daraus folgt, dass der Abschluss eines Bachelorstudiengangs den Abschluss eines Erststudiums darstellt und ein nachfolgender Studiengang als weiteres Studium anzusehen ist. Wird hingegen ein Masterstudiengang besucht, der zeitlich und inhaltlich auf den vorangegangenen Bachelorstudiengang abgestimmt ist, so ist dieser Teil der Erstausbildung (BFH vom 3. 9. 2015, VI R 9/15, BStBl 2016 II S. 166). Bei sog. konsekutiven Masterstudiengängen an einer inländischen Hochschule ist von einem engen sachlichen Zusammenhang auszugehen.

(7) Werden zwei (oder ggf. mehrere) Studiengänge parallel studiert, die zu unterschiedlichen Zeiten abgeschlossen werden oder wird während eines Studiums eine Berufsausbildung abgeschlossen, stellt der nach dem Erreichen des ersten berufsqualifizierenden Abschlusses weiter fortgesetzte Studiengang vom Zeitpunkt dieses Abschlusses an grundsätzlich kein Erststudium mehr dar. Etwas anderes gilt nur, wenn die Studiengänge bzw. das Studium und die Berufsausbildung in einem engen sachlichen Zusammenhang stehen.

(8) Postgraduale Zusatz-, Ergänzungs- und Aufbaustudiengänge setzen den Abschluss eines ersten Studiums voraus und stellen daher grundsätzlich kein Erststudium dar. Dies gilt nicht, wenn ein solches Zusatz-, Ergänzungs- oder Aufbaustudium auf dem ersten Studienabschluss des Kindes aufbaut und in einem engen zeitlichen Zusammenhang aufgenommen wird. In diesen Fällen ist von einem einheitlichen Erststudium auszugehen.

(9) Als berufsqualifizierender Studienabschluss gilt auch der Abschluss eines Studiengangs, durch den die fachliche Eignung für einen beruflichen Vorbereitungsdienst oder eine berufliche Einführung vermittelt wird. Dazu zählt insbesondere der Vorbereitungsdienst der Rechts- oder Lehramtsreferendare. Daher ist z. B. mit dem ersten juristischen Staatsexamen die erstmalige Berufsausbildung grundsätzlich abgeschlossen. Ein in einem engen zeitlichen Zusammenhang aufgenommenes Referendariat zur Vorbereitung auf das zweite Staatsexamen ist jedoch Teil der erstmaligen Berufsausbildung.

(10) Dem Promotionsstudium und der Promotion durch die Hochschule geht regelmäßig ein abgeschlossenes Studium voran, sodass die erstmalige Berufsausbildung grundsätzlich bereits abgeschlossen ist. Wird die Vorbereitung auf die Promotion jedoch in einem engen zeitlichen Zusammenhang mit dem Erststudium durchgeführt, ist sie noch Teil der erstmaligen Ausbildung.

A 20.3 Anspruchsunschädliche Erwerbstätigkeit

Nach Abschluss einer erstmaligen Berufsausbildung oder eines Erststudiums wird ein Kind in den Fällen des § 32 Abs. 4 Satz 1 Nr. 2 EStG nur berücksichtigt, wenn es keiner anspruchsschädlichen Erwerbstätigkeit nachgeht. Ein Kind ist erwerbstätig, wenn es einer auf die Erzielung von Einkünften gerichteten Beschäftigung nachgeht, die den Einsatz seiner persönlichen Arbeitskraft erfordert (BFH vom 16. 5. 1975, VI R 143/73, BStBl II S. 537). Das ist der Fall bei einem Kind, das eine nichtselbständige Tätigkeit, eine land- und forstwirtschaftliche, eine gewerbliche oder eine selbständige Tätigkeit ausübt. Keine Erwerbstätigkeit ist insbesondere:
– ein Au-Pair-Verhältnis,
– die Verwaltung eigenen Vermögens.

Anspruchsunschädlich nach § 32 Abs. 4 Satz 3 EStG ist
– eine Erwerbstätigkeit mit bis zu 20 Stunden regelmäßiger wöchentlicher Arbeitszeit (vgl. A 20.3.1),
– ein Ausbildungsdienstverhältnis (vgl. A 20.3.2) oder
– ein geringfügiges Beschäftigungsverhältnis i. S. d. §§ 8 und 8a SGB IV (vgl. A 20.3.3).

Eine Erwerbstätigkeit im Rahmen eines geregelten Freiwilligendienstes nach § 32 Abs. 4 Satz 1 Nr. 2 Buchst. d EStG ist unschädlich.

A 20.3.1 Regelmäßige wöchentliche Arbeitszeit bis zu 20 Stunden

(1) Unschädlich für den Kindergeldanspruch ist eine Erwerbstätigkeit, wenn die regelmäßige wöchentliche Arbeitszeit insgesamt nicht mehr als 20 Stunden beträgt. Bei der Ermittlung der regelmäßigen wöchentlichen Arbeitszeit ist grundsätzlich die individuell vertraglich vereinbarte Arbeitszeit zu Grunde zu legen. Es sind nur Zeiträume ab dem Folgemonat nach Abschluss einer erstmaligen Berufsausbildung bzw. eines Erststudiums einzubeziehen.

(2) Eine vorübergehende (höchstens zwei Monate andauernde) Ausweitung der Beschäftigung auf mehr als 20 Stunden ist unbeachtlich, und zwar während des Zeitraumes innerhalb eines Kalenderjahres, in dem einer der Grundtatbestände des § 32 Abs. 4 Satz 1 Nr. 2 EStG erfüllt ist, die durchschnittliche wöchentliche Arbeitszeit nicht mehr als 20 Stunden beträgt. Durch einen Jahreswechsel wird eine vorübergehende Ausweitung nicht unterbrochen. Bei der Ermittlung der durchschnittlichen wöchentlichen Arbeitszeit sind nur volle Kalenderwochen mit gleicher Arbeitszeit anzusetzen.

Beispiel:
Die Tochter eines Berechtigten hat die Erstausbildung abgeschlossen und beginnt im Oktober 2017 mit dem Masterstudium. Gem. vertraglicher Vereinbarung ist sie ab dem 1. April 2018 mit einer wöchentlichen Arbeitszeit von 20 Stunden als Bürokraft beschäftigt. In den Semesterferien arbeitet sie – auf Grund einer zusätzlichen vertraglichen Vereinbarung – vom 1. August bis zur Kündigung am 30. September 2018 in Vollzeit mit 40 Stunden wöchentlich. Im Oktober 2018 vollendet sie ihr 25. Lebensjahr.

Somit ergeben sich folgende Arbeitszeiten pro voller Woche:
vom 1. April bis 31. Juli 2018 (17 Wochen und 3 Tage): 20 Stunden pro Woche
vom 1. August bis 30. September 2018 (8 Wochen und 5 Tage): 40 Stunden pro Woche
(= Ausweitung der Beschäftigung)
Die durchschnittliche wöchentliche Arbeitszeit beträgt 15,3 Stunden;
Berechnung:

$$\frac{(17\,\text{Wochen} \times 20\,\text{Std.}) + (8\,\text{Wochen} \times 40\,\text{Std.})}{43\,\text{Wochen}} = 15{,}3\,\text{Std.}$$

Das Kind ist aufgrund des Studiums bis einschließlich Oktober 2018 nach § 32 Abs. 4 Satz 1 Nr. 2 Buchst. a EStG zu berücksichtigen. Das Studium wird jedoch nach Abschluss einer Erstausbildung durchgeführt, so dass das Kind nach § 32 Abs. 4 Satz 2 und 3 EStG nur berücksichtigt werden kann, wenn die ausgeübte Erwerbstätigkeit anspruchsunschädlich ist. Da die Ausweitung der Beschäftigung des Kindes lediglich vorübergehend ist und gleichzeitig während des Vorliegens des Grundtatbestandes nach § 32 Abs. 4 Satz 1 Nr. 2 EStG die durchschnittliche wöchentliche Arbeitszeit 20 Stunden nicht übersteigt, ist die Erwerbstätigkeit anspruchsunschädlich. Das Kind ist von Januar bis einschließlich Oktober 2018 zu berücksichtigen.

Variante:

Würde das Kind während der Semesterferien dagegen vom 16. Juli bis 25. September 2018 (= mehr als zwei Monate) vollzeiterwerbstätig sein, wäre die Ausweitung der Erwerbstätigkeit nicht nur vorübergehend und damit diese Erwerbstätigkeit als anspruchsschädlich einzustufen. Dies gilt unabhängig davon, dass auch hier die durchschnittliche wöchentliche Arbeitszeit 20 Stunden nicht überschritten würde. Das Kind könnte demnach für den Monat August 2018 nicht berücksichtigt werden (vgl. auch A 20.4).

(3) Führt eine vorübergehende (höchstens zwei Monate andauernde) Ausweitung der Beschäftigung auf über 20 Wochenstunden dazu, dass die durchschnittliche wöchentliche Arbeitszeit insgesamt mehr als 20 Stunden beträgt, ist der Zeitraum der Ausweitung anspruchsschädlich, nicht der gesamte Zeitraum der Erwerbstätigkeit.

Beispiel:

Ein Kind hat seine Erstausbildung bereits abgeschlossen und befindet sich während des gesamten Kalenderjahres im Studium. Neben dem Studium übt das Kind ganzjährig eine Beschäftigung mit einer vertraglich vereinbarten Arbeitszeit von 20 Stunden wöchentlich aus. In der vorlesungsfreien Zeit von Juli bis August weitet das Kind seine wöchentliche Arbeitszeit vorübergehend auf 40 Stunden aus. Ab September beträgt die wöchentliche Arbeitszeit wieder 20 Stunden.

Durch die vorübergehende Ausweitung seiner Arbeitszeit erhöht sich die durchschnittliche wöchentliche Arbeitszeit des Kindes auf über 20 Stunden. Aus diesem Grund ist der Zeitraum der Ausweitung als anspruchsschädlich anzusehen. Für die Monate Juli und August entfällt daher nach § 32 Abs. 4 Satz 2 und 3 EStG der Anspruch.

(4) Mehrere nebeneinander ausgeübte Tätigkeiten (z. B. eine Erwerbstätigkeit nach Abs. 1 Satz 1 und eine geringfügige Beschäftigung nach A 20.3.3) sind anspruchsunschädlich, wenn dadurch insgesamt die 20-Stunden-Grenze des § 32 Abs. 4 Satz 3 EStG nicht überschritten wird. Hingegen ist eine innerhalb eines Ausbildungsdienstverhältnisses erbrachte Erwerbstätigkeit außer Betracht zu lassen.

A 20.3.2 Ausbildungsdienstverhältnis

(1) Die Erwerbstätigkeit im Rahmen eines Ausbildungsdienstverhältnisses ist stets anspruchsunschädlich. Ein solches liegt vor, wenn die Ausbildungsmaßnahme Gegenstand des Dienstverhältnisses ist (vgl. R 9.2 LStR 2015 und H 9.2 „Ausbildungsdienstverhältnis" LStH 2018; BFH vom 23. 6. 2015, III R 37/14, BStBl 2016 II S. 55). Hierzu zählen z. B.
- die Berufsausbildungsverhältnisse gemäß § 1 Abs. 3, §§ 4 bis 52 BBiG,
- ein Praktikum bzw. ein Volontariat, bei dem die Voraussetzungen nach A 15.8 vorliegen,
- das Referendariat bei Lehramtsanwärtern und Rechtsreferendaren zur Vorbereitung auf das zweite Staatsexamen,
- duale Studiengänge (siehe aber Abs. 2),
- das Dienstverhältnis von Beamtenanwärtern und Aufstiegsbeamten,
- eine Berufsausbildungsmaßnahme in einer Laufbahngruppe der Bundeswehr i. S. v. A 15.2 Satz 3,

- das Praktikum eines Pharmazeuten im Anschluss an den universitären Teil des Pharmaziestudiums,
- das im Rahmen der Ausbildung zum Erzieher abzuleistende Anerkennungsjahr.

Dagegen liegt kein Ausbildungsdienstverhältnis vor, wenn die Ausbildungsmaßnahme nicht Gegenstand des Dienstverhältnisses ist, auch wenn sie seitens des Arbeitgebers gefördert wird, z. B. durch ein Stipendium oder eine Verringerung der vertraglich vereinbarten Arbeitszeit.

(2) Bei berufsbegleitenden und berufsintegrierten dualen Studiengängen fehlt es häufig an einer Ausrichtung der Tätigkeit für den Arbeitgeber auf den Inhalt des Studiums, so dass in solchen Fällen die Annahme eines Ausbildungsdienstverhältnisses ausscheidet. Liegt hingegen eine Verknüpfung zwischen Studium und praktischer Tätigkeit vor, die über eine bloße thematische Verbindung zwischen der Fachrichtung des Studiengangs und der in dem Unternehmen ausgeübten Tätigkeit oder eine rein organisatorische Verzahnung hinausgeht, ist die Tätigkeit als im Rahmen eines Ausbildungsdienstverhältnisses ausgeübt zu betrachten. Eine entsprechende Ausrichtung der berufspraktischen Tätigkeit kann z. B. anhand der Studienordnung oder der Kooperationsvereinbarung zwischen Unternehmen und Hochschule glaubhaft gemacht werden.

A 20.3.3 Geringfügiges Beschäftigungsverhältnis

(1) Geringfügige Beschäftigungsverhältnisse nach § 32 Abs. 4 Satz 3 EStG sind:
- geringfügig entlohnte Beschäftigungen (§§ 8 Abs. 1 Nr. 1 und 8a SGB IV) und
- kurzfristige Beschäftigungen (§§ 8 Abs. 1 Nr. 2 SGB und 8a SGB IV).

(2) Bei der Beurteilung, ob ein geringfügiges Beschäftigungsverhältnis vorliegt, ist grundsätzlich die Einstufung des Arbeitgebers maßgeblich.

(3) Eine neben einem Ausbildungsdienstverhältnis ausgeübte geringfügige Beschäftigung ist unschädlich. Hinsichtlich einer neben einer Erwerbstätigkeit ausgeübten geringfügigen Beschäftigung vgl. A 20.3.1 Abs. 4 Satz 1.

A 20.4 Monatsprinzip

Liegen die Anspruchsvoraussetzungen des § 32 Abs. 4 Satz 1 bis 3 EStG wenigstens an einem Tag im Kalendermonat vor, besteht nach § 66 Abs. 2 EStG für diesen Monat Anspruch auf Kindergeld. Hat ein Kind eine erstmalige Berufsausbildung oder ein Erststudium abgeschlossen und erfüllt es weiterhin einen Anspruchstatbestand des § 32 Abs. 4 Satz 1 Nr. 2 EStG, entfällt der Kindergeldanspruch nur in den Monaten, in denen die anspruchsschädliche Erwerbstätigkeit den gesamten Monat umfasst. V 14.2 ist zu beachten.

Beispiel:
Ein Kind hat seine Erstausbildung abgeschlossen und studiert ab dem Jahr 2016. Ab dem 20. Juli 2018 nimmt es unbefristet eine anspruchsschädliche Erwerbstätigkeit auf.
Aufgrund des Studiums ist das Kind nach § 32 Abs. 4 Satz 1 Nr. 2 Buchst. a EStG zu berücksichtigen. Das Studium wird jedoch nach Abschluss einer erstmaligen Berufsausbildung durchgeführt, so dass das Kind nach § 32 Abs. 4 Satz 2 EStG nur berücksichtigt werden kann, wenn es keiner anspruchsschädlichen Erwerbstätigkeit nachgeht. Für die Monate August bis Dezember 2018 kann das Kind nicht berücksichtigt werden. Neben den Monaten Januar bis Juni kann das Kind auch im Juli berücksichtigt werden, da es wenigstens an einem Tag die Anspruchsvoraussetzung – keine anspruchsschädliche Erwerbstätigkeit – erfüllt."

| R 32.11 | **Verlängerungstatbestände bei Arbeit suchenden Kindern und Kindern in Berufsausbildung** |

– unbesetzt –

H 32.11

Dienste im Ausland

A 21 Abs. 5 DA-KG 2018:

„(5) Als Verlängerungstatbestände sind nicht nur der nach deutschem Recht geleistete GWD bzw. ZD sowie die Entwicklungshilfedienste nach dem EhfG oder dem ZDG zu berücksichtigen, sondern auch entsprechende Dienste nach ausländischen Rechtsvorschriften. Eine Berücksichtigung der nach ausländischen Rechtsvorschriften geleisteten Dienste ist jedoch grundsätzlich nur bis zur Dauer des deutschen gesetzlichen GWD oder ZD möglich. Dabei ist auf die zu Beginn des Auslandsdienstes maßgebende Dauer des deutschen GWD oder ZD abzustellen. Wird der gesetzliche GWD oder ZD in einem anderen EU- bzw. EWR-Staat geleistet, so ist nach § 32 Abs. 5 Satz 2 EStG die Dauer dieses Dienstes maßgebend, auch wenn dieser länger als die Dauer des entsprechenden deutschen Dienstes ist."

Entwicklungshelfer

- >Gesetz vom 18. 6. 1969 (BGBl I S. 549 – EhfG), zuletzt geändert durch Artikel 21 des Gesetzes vom 20. 12. 2011 (BGBl I S. 2854).
- Entwicklungshelfer sind deutsche Personen, die nach Vollendung ihres 18. Lebensjahres und auf Grund einer Verpflichtung für zwei Jahre gegenüber einem anerkannten Träger des Entwicklungsdienstes Tätigkeiten in Entwicklungsländern ohne Erwerbsabsicht ausüben (>§ 1 EhfG). Als Träger des Entwicklungsdienstes sind anerkannt:
    a) Deutsche Gesellschaft für internationale Zusammenarbeit (GIZ), Bonn/Eschborn,
    b) Arbeitsgemeinschaft für Entwicklungshilfe e.V. (AGEH), Köln,
    c) Evangelischer Entwicklungsdienst e.V. (EED/DÜ), Berlin,
    d) Internationaler Christlicher Friedensdienst e.V. (EIRENE), Neuwied,
    e) Weltfriedensdienst e.V. (WFD), Berlin,
    f) Christliche Fachkräfte International e.V. (CFI), Stuttgart,
    g) Forum Ziviler Friedensdienst e.V. (forumZFD), Bonn.

Ermittlung des Verlängerungszeitraums

A 21 Abs. 3 DA-KG 2018:

„(3) Bei der Ermittlung des Verlängerungszeitraums sind zunächst die Monate zu berücksichtigen, in denen mindestens an einem Tag ein Dienst bzw. eine Tätigkeit i. S. d. § 32 Abs. 5 Satz 1 EStG geleistet wurde. Dabei sind auch die Monate zu berücksichtigen, für die Anspruch auf Kindergeld bestand (vgl. BFH vom 5. 9. 2013, XI R 12/12, BStBl 2014 II S. 39)."

R 32.12 Höhe der Freibeträge für Kinder in Sonderfällen

Einem Stpfl., der die vollen Freibeträge für Kinder erhält, weil der andere Elternteil verstorben ist (§ 32 Abs. 6 Satz 3 EStG), werden Stpfl. in Fällen gleichgestellt, in denen

1. der Wohnsitz oder gewöhnliche Aufenthalt des anderen Elternteiles nicht zu ermitteln ist oder
2. der Vater des Kindes amtlich nicht feststellbar ist.

| H 32.12 |

Lebenspartner und Freibeträge für Kinder
>BMF vom 17.1.2014 (BStBl I S. 109)

| R 32.13 | **Übertragung der Freibeträge für Kinder**

Barunterhaltsverpflichtung
(1) ¹Bei dauernd getrennt lebenden oder geschiedenen Ehegatten sowie bei Eltern eines nichtehelichen Kindes ist der Elternteil, in dessen Obhut das Kind sich nicht befindet, grundsätzlich zur Leistung von Barunterhalt verpflichtet. ²Wenn die Höhe nicht durch gerichtliche Entscheidung, Verpflichtungserklärung, Vergleich oder anderweitig durch Vertrag festgelegt ist, können dafür die von den Oberlandesgerichten als Leitlinien aufgestellten Unterhaltstabellen, z. B. „Düsseldorfer Tabelle", einen Anhalt geben.

Der Unterhaltsverpflichtung im Wesentlichen nachkommen
(2) ¹Ein Elternteil kommt seiner Barunterhaltsverpflichtung gegenüber dem Kind im Wesentlichen nach, wenn er sie mindestens zu 75 % erfüllt. ²Der Elternteil, in dessen Obhut das Kind sich befindet, erfüllt seine Unterhaltsverpflichtung in der Regel durch die Pflege und Erziehung des Kindes (§ 1606 Abs. 3 BGB).

Maßgebender Verpflichtungszeitraum
(3) ¹Hat aus Gründen, die in der Person des Kindes liegen, oder wegen des Todes des Elternteiles die Unterhaltsverpflichtung nicht während des ganzen Kalenderjahres bestanden, ist für die Frage, inwieweit sie erfüllt worden ist, nur auf den Verpflichtungszeitraum abzustellen. ²Wird ein Elternteil erst im Laufe des Kalenderjahres zur Unterhaltszahlung verpflichtet, ist für die Prüfung, ob er seiner Barunterhaltsverpflichtung gegenüber dem Kind zu mindestens 75 % nachgekommen ist, nur der Zeitraum zu Grunde zu legen, für den der Elternteil zur Unterhaltsleistung verpflichtet wurde. ³Im Übrigen kommt es nicht darauf an, ob die unbeschränkte Steuerpflicht des Kindes oder der Eltern während des ganzen Kalenderjahres bestanden hat.

Verfahren
(4)*) ¹Wird die Übertragung des dem anderen Elternteil zustehenden Kinderfreibetrags beantragt, weil dieser seiner Unterhaltsverpflichtung gegenüber dem Kind für das Kalenderjahr nicht im Wesentlichen nachgekommen ist oder mangels Leistungsfähigkeit nicht unterhaltspflichtig ist, muss der Antragsteller die Voraussetzungen dafür darlegen; eine Übertragung des dem anderen Elternteil zustehenden Kinderfreibetrags scheidet für Zeiträume aus, in denen Unterhaltsleistungen nach dem Unterhaltsvorschussgesetz gezahlt worden sind. ²Dem betreuenden Elternteil ist auf Antrag der dem anderen Elternteil, in dessen Wohnung das minderjährige Kind nicht gemeldet ist, zustehende Freibetrag für den Betreuungs- und Erziehungs- oder Ausbildungsbedarf zu übertragen. ³Die Übertragung scheidet aus, wenn der Elternteil, bei dem das Kind nicht gemeldet ist, der Übertragung widerspricht, weil er Kinderbetreuungskosten trägt (z. B., weil er als barunterhaltsverpflichteter Elternteil ganz oder teilweise für einen sich aus Kindergartenbeiträgen ergebenden Mehrbedarf des Kindes aufkommt) oder das Kind regelmäßig in einem nicht unwesentlichen Umfang betreut (z. B., wenn eine außergerichtliche Vereinbarung über einen regelmäßigen Umgang an Wochenenden und in den Ferien vorliegt). ⁴Die

---

*) Die bisher in R 32.13 Abs. 4 Satz 2 EStR 2008 enthaltene Regelung, dass die Übertragung des Kinderfreibetrags stets auch zur Übertragung des Freibetrags für den Betreuungs- und Erziehungs- oder Ausbildungsbedarf führt, gilt weiterhin (>BMF vom 28.6.2013 – BStBl I S. 845, Rz. 5).

Voraussetzungen für die Übertragung sind monatsweise zu prüfen. [5]In Zweifelsfällen ist dem anderen Elternteil Gelegenheit zu geben, sich zum Sachverhalt zu äußern (§ 91 AO). [6]In dem Kalenderjahr, in dem das Kind das 18. Lebensjahr vollendet, ist eine Übertragung des Freibetrags für den Betreuungs- und Erziehungs- oder Ausbildungsbedarf nur für den Teil des Kalenderjahres möglich, in dem das Kind noch minderjährig ist. [7]Werden die Freibeträge für Kinder bei einer Veranlagung auf den Stpfl. übertragen, teilt das Finanzamt dies dem für den anderen Elternteil zuständigen Finanzamt mit. [8]Ist der andere Elternteil bereits veranlagt, ist die Änderung der Steuerfestsetzung, sofern sie nicht nach § 164 Abs. 2 Satz 1 oder § 165 Abs. 2 AO vorgenommen werden kann, nach § 175 Abs. 1 Satz 1 Nr. 2 AO durchzuführen. [9]Beantragt der andere Elternteil eine Herabsetzung der gegen ihn festgesetzten Steuer mit der Begründung, die Voraussetzungen für die Übertragung der Freibeträge für Kinder auf den Stpfl. lägen nicht vor, ist der Stpfl. unter den Voraussetzungen des § 174 Abs. 4 und 5 AO zu dem Verfahren hinzuzuziehen. [10]Obsiegt der andere Elternteil, kommt die Änderung der Steuerfestsetzung beim Stpfl. nach § 174 Abs. 4 AO in Betracht. [11]Dem Finanzamt des Stpfl. ist zu diesem Zweck die getroffene Entscheidung mitzuteilen.

H 32.13

Beispiele zu R 32.13 Abs. 3
A. Das Kind beendet im Juni seine Berufsausbildung und steht ab September in einem Arbeitsverhältnis. Seitdem kann es sich selbst unterhalten. Der zum Barunterhalt verpflichtete Elternteil ist seiner Verpflichtung nur für die Zeit bis einschließlich Juni nachgekommen. Er hat seine für 8 Monate bestehende Unterhaltsverpflichtung für 6 Monate, also zu 75 % erfüllt.
B. Der Elternteil, der bisher seiner Unterhaltsverpflichtung durch Pflege und Erziehung des Kindes voll nachgekommen ist, verzieht im August ins Ausland und leistet von da an keinen Unterhalt mehr. Er hat seine Unterhaltsverpflichtung, bezogen auf das Kj., nicht mindestens zu 75 % erfüllt.

Beurteilungszeitraum
Bei der Beurteilung der Frage, ob ein Elternteil seiner Unterhaltsverpflichtung gegenüber einem Kind nachgekommen ist, ist nicht auf den Zeitpunkt abzustellen, in dem der Unterhalt gezahlt worden ist, sondern auf den Zeitraum, für den der Unterhalt bestimmt ist (>BFH vom 11.12.1992 – BStBl 1993 II S. 397).

Freistellung von der Unterhaltsverpflichtung
Stellt ein Elternteil den anderen Elternteil von der Unterhaltsverpflichtung gegenüber einem gemeinsamen Kind gegen ein Entgelt frei, das den geschätzten Unterhaltsansprüchen des Kindes entspricht, behält der freigestellte Elternteil den Anspruch auf den (halben) Kinderfreibetrag (>BFH vom 25.1.1996 – BStBl 1997 II S. 21).

Konkrete Unterhaltsverpflichtung
Kommt ein Elternteil seiner konkret-individuellen Unterhaltsverpflichtung nach, so ist vom Halbteilungsgrundsatz auch dann nicht abzuweichen, wenn diese Verpflichtung im Verhältnis zum Unterhaltsbedarf des Kindes oder zur Unterhaltszahlung des anderen Elternteils gering ist (>BFH vom 25.7.1997 – BStBl 1998 II S. 433).

Steuerrechtliche Folgewirkungen der Übertragung
Infolge der Übertragung der Freibeträge für Kinder können sich bei den kindbedingten Steuerentlastungen, die vom Erhalt eines Freibetrags nach § 32 Abs. 6 EStG abhängen, Änderungen ergeben. Solche Folgeänderungen können zum Beispiel eintreten beim Entlastungsbetrag für Alleinerziehende (§ 24b EStG), beim Prozentsatz der zumutbaren Belastung (§ 33 Abs. 3 EStG),

beim Freibetrag nach § 33a Abs. 2 EStG und bei der Übertragung des dem Kind zustehenden Behinderten- oder Hinterbliebenen-Pauschbetrags (§ 33b Abs. 5 EStG).

Übertragung der Freibeträge für Kinder
>BMF vom 28. 6. 2013 (BStBl I S. 845)

Zu § 32a EStG

H 32a

Alleinerziehende
Die Besteuerung Alleinerziehender nach dem Grundtarif im Rahmen einer Einzelveranlagung anstelle einer Besteuerung nach dem Splittingtarif ist verfassungsgemäß (>BFH vom 29. 9. 2016 – BStBl 2017 II S. 259).

Auflösung der Ehe (außer durch Tod) und Wiederheirat eines Ehegatten
Ist eine Ehe, für die die Voraussetzungen des § 26 Abs. 1 EStG vorgelegen haben, im VZ durch Aufhebung oder Scheidung aufgelöst worden und ist der Stpfl. im selben VZ eine neue Ehe eingegangen, für die die Voraussetzungen des § 26 Abs. 1 Satz 1 EStG ebenfalls vorliegen, so kann nach § 26 Abs. 1 Satz 2 EStG für die aufgelöste Ehe das Wahlrecht zwischen Einzelveranlagung (§ 26a EStG) und Zusammenveranlagung (§ 26b EStG) nicht ausgeübt werden. Der andere Ehegatte, der nicht wieder geheiratet hat, ist mit dem von ihm bezogenen Einkommen nach dem Splitting-Verfahren zu besteuern (§ 32a Abs. 6 Satz 1 Nr. 2 EStG). Der Auflösung einer Ehe durch Aufhebung oder Scheidung steht die Nichtigerklärung einer Ehe gleich (>H 26 – Allgemeines).

Auflösung einer Ehe
Ist eine Ehe, die der Stpfl. im VZ des Todes des früheren Ehegatten geschlossen hat, im selben VZ wieder aufgelöst worden, so ist er für den folgenden VZ auch dann wieder nach § 32a Abs. 6 Satz 1 Nr. 1 EStG als Verwitweter zu behandeln, wenn die Ehe in anderer Weise als durch Tod aufgelöst worden ist (>BFH vom 9. 6. 1965 – BStBl III S. 590).

Dauerndes Getrenntleben im Todeszeitpunkt
Die Einkommensteuer eines verwitweten Stpfl. ist in dem VZ, der dem VZ des Todes folgt, nur dann nach dem Splittingtarif festzusetzen, wenn er und sein verstorbener Ehegatte im Zeitpunkt des Todes nicht dauernd getrennt gelebt haben (>BFH vom 27. 2. 1998 – BStBl II S. 350).

Todeserklärung eines verschollenen Ehegatten
>H 26 (Allgemeines)

Zu § 32b EStG

R 32b. **Progressionsvorbehalt**

Allgemeines
(1) [1]Entgelt-, Lohn- oder Einkommensersatzleistungen der gesetzlichen Krankenkassen unterliegen auch insoweit dem Progressionsvorbehalt nach § 32b Abs. 1 Satz 1 Nr. 1 Buchstabe b EStG, als sie freiwillig Versicherten gewährt werden. [2]Beim Übergangsgeld, das behinderten oder von Behinderung bedrohten Menschen nach den §§ 45 bis 52 SGB IX gewährt wird, handelt es sich

um steuerfreie Leistungen nach dem SGB III, SGB VI, SGB VII oder dem Bundesversorgungsgesetz, die dem Progressionsvorbehalt unterliegen. ³Leistungen nach der Berufskrankheitenverordnung sowie das Krankentagegeld aus einer privaten Krankenversicherung und Leistungen zur Sicherung des Lebensunterhalts und zur Eingliederung in Arbeit nach dem SGB II (sog. Arbeitslosengeld II) gehören nicht zu den Entgelt-, Lohn- oder Einkommensersatzleistungen, die dem Progressionsvorbehalt unterliegen.

(2) ¹In den Progressionsvorbehalt sind die Entgelt-, Lohn- und Einkommensersatzleistungen mit den Beträgen einzubeziehen, die als Leistungsbeträge nach den einschlägigen Leistungsgesetzen festgestellt werden. ²Kürzungen dieser Leistungsbeträge, die sich im Falle der Abtretung oder durch den Abzug von Versichertenanteilen an den Beiträgen zur Rentenversicherung, Arbeitslosenversicherung und ggf. zur Kranken- und Pflegeversicherung ergeben, bleiben unberücksichtigt. ³Der bei der Ermittlung der Einkünfte aus nichtselbständiger Arbeit nicht ausgeschöpfte Arbeitnehmer-Pauschbetrag ist auch von Entgelt-, Lohn- und Einkommensersatzleistungen abzuziehen.

Rückzahlung von Entgelt-, Lohn- oder Einkommensersatzleistungen

(3) ¹Werden die in § 32b Abs. 1 Satz 1 Nr. 1 EStG bezeichneten Entgelt-, Lohn- oder Einkommensersatzleistungen zurückgezahlt, sind sie von den im selben Kalenderjahr bezogenen Leistungsbeträgen abzusetzen, unabhängig davon, ob die zurückgezahlten Beträge im Kalenderjahr ihres Bezugs dem Progressionsvorbehalt unterlegen haben. ²Ergibt sich durch die Absetzung ein negativer Betrag, weil die Rückzahlungen höher sind als die im selben Kalenderjahr empfangenen Beträge oder weil den zurückgezahlten keine empfangenen Beträge gegenüber stehen, ist auch der negative Betrag bei der Ermittlung des besonderen Steuersatzes nach § 32b EStG zu berücksichtigen (negativer Progressionsvorbehalt). ³Aus Vereinfachungsgründen bestehen keine Bedenken, zurückgezahlte Beträge dem Kalenderjahr zuzurechnen, in dem der Rückforderungsbescheid ausgestellt worden ist. ⁴Beantragt der Stpfl., die zurückgezahlten Beträge dem Kalenderjahr zuzurechnen, in dem sie tatsächlich abgeflossen sind, hat er den Zeitpunkt des tatsächlichen Abflusses anhand von Unterlagen, z. B. Aufhebungs-/Erstattungsbescheide oder Zahlungsbelege, nachzuweisen oder glaubhaft zu machen.

Rückwirkender Wegfall von Entgelt-, Lohn- oder Einkommensersatzleistungen

(4) Fällt wegen der rückwirkenden Zubilligung einer Rente der Anspruch auf Sozialleistungen (z. B. Kranken- oder Arbeitslosengeld) rückwirkend ganz oder teilweise weg, ist dies am Beispiel des Krankengeldes steuerlich wie folgt zu behandeln:
1. ¹Soweit der Krankenkasse ein Erstattungsanspruch nach § 103 SGB X gegenüber dem Rentenversicherungsträger zusteht, ist das bisher gezahlte Krankengeld als Rentenzahlung anzusehen und nach § 22 Nr. 1 Satz 3 Buchstabe a EStG der Besteuerung zu unterwerfen. ²Das Krankengeld unterliegt insoweit nicht dem Progressionsvorbehalt nach § 32b EStG.
2. ¹Gezahlte und die Rentenleistung übersteigende Krankengeldbeträge i. S. d. § 50 Abs. 1 Satz 2 SGB V sind als Krankengeld nach § 3 Nr. 1 Buchstabe a EStG steuerfrei; § 32b EStG ist anzuwenden. ²Entsprechendes gilt für das Krankengeld, das vom Empfänger infolge rückwirkender Zubilligung einer Rente aus einer ausländischen gesetzlichen Rentenversicherung nach § 50 Abs. 1 Satz 3 SGB V an die Krankenkasse zurückzuzahlen ist.
3. Soweit die nachträgliche Feststellung des Rentenanspruchs auf VZ zurückwirkt, für die Steuerbescheide bereits ergangen sind, sind diese Steuerbescheide nach § 175 Abs. 1 Satz 1 Nr. 2 AO zu ändern.

Fehlende Entgelt-, Lohn- oder Einkommensersatzleistungen

(5) ¹Hat ein Arbeitnehmer trotz Arbeitslosigkeit kein Arbeitslosengeld erhalten, weil ein entsprechender Antrag abgelehnt worden ist, kann dies durch die Vorlage des Ablehnungsbescheids nachgewiesen werden; hat der Arbeitnehmer keinen Antrag gestellt, kann dies durch die Vorlage der vom Arbeitgeber nach § 312 SGB III ausgestellten Arbeitsbescheinigung im Ori-

ginal belegt werden. ²Kann ein Arbeitnehmer weder durch geeignete Unterlagen nachweisen noch in sonstiger Weise glaubhaft machen, dass er keine Entgelt-, Lohn- oder Einkommensersatzleistungen erhalten hat, kann das Finanzamt bei der für den Arbeitnehmer zuständigen Agentur für Arbeit (§ 327 SGB III) eine Bescheinigung darüber anfordern (Negativbescheinigung).

H 32b

Allgemeines
Ist für Einkünfte nach § 32b Abs. 1 EStG der Progressionsvorbehalt zu beachten, ist wie folgt zu verfahren:
1. Ermittlung des nach § 32a Abs. 1 EStG maßgebenden z.v. E.
2. Dem z.v. E. werden für die Berechnung des besonderen Steuersatzes die Entgelt-, Lohn- oder Einkommensersatzleistungen (§ 32b Abs. 1 Satz 1 Nr. 1 EStG) sowie die unter § 32b Abs. 1 Satz 1 Nr. 2 bis 5 EStG fallenden Einkünfte im Jahr ihrer Entstehung hinzugerechnet oder von ihm abgezogen. Der sich danach ergebende besondere Steuersatz ist auf das nach § 32a Abs. 1 EStG ermittelte z.v. E. anzuwenden.

Beispiele:

Fall	A	B
z.v. E. (§ 2 Abs. 5 EStG)	40.000 €	40.000 €
Fall A Arbeitslosengeld	10.000 €	
oder		
Fall B zurückgezahltes Arbeitslosengeld		3.000 €
Für die Berechnung des Steuersatzes maßgebendes z.v. E.	50.000 €	37.000 €
Steuer nach Splittingtarif	7.705 €	4.146 €
besonderer (= durchschnittlicher) Steuersatz	15,4100 %	11,2054 %
Die Anwendung des besonderen Steuersatzes auf das z.v. E. ergibt als Steuer	6.164 €	4.482 €

Ein Verlustabzug (§ 10d EStG) ist bei der Ermittlung des besonderen Steuersatzes nach § 32b Abs. 1 EStG nicht zu berücksichtigen.

Anwendung auf Lohnersatzleistungen
Der Progressionsvorbehalt für Lohnersatzleistungen ist verfassungsgemäß (>BVerfG vom 3.5.1995 – BStBl II S. 758).

Anwendung bei Stpfl. mit Einkünften aus nichtselbständiger Arbeit
>R 46.2

Arbeitnehmer-Pauschbetrag
Zur Berechnung des Progressionsvorbehalts sind steuerfreie Leistungen nach § 32b Abs. 1 Satz 1 Nr. 1 EStG nicht um den Arbeitnehmer-Pauschbetrag zu vermindern, wenn bei der Ermittlung der Einkünfte aus nichtselbständiger Arbeit den Pauschbetrag übersteigende Werbungskosten abgezogen wurden (>BFH vom 25.9.2014 – BStBl 2015 II S. 182).

Ausländische Einkünfte
Die Höhe ist nach dem deutschen Steuerrecht zu ermitteln (>BFH vom 20.9.2006 – BStBl 2007 II S. 756). Die steuerfreien ausländischen Einkünfte aus nichtselbständiger Arbeit i.S.d. § 32b Abs. 1 Satz 1 Nr. 2 bis 5 EStG sind als Überschuss der Einnahmen über die Werbungskosten zu berechnen. Dabei sind die tatsächlich angefallenen Werbungskosten bzw. der Arbeitnehmer-Pauschbetrag nach Maßgabe des § 32b Abs. 2 Satz 1 Nr. 2 Satz 2 EStG zu berücksichtigen.

Beispiel für Einkünfte aus nichtselbständiger Arbeit:
Der inländische steuerpflichtige Arbeitslohn beträgt 20.000 €; die Werbungskosten betragen 500 €. Der nach DBA/ATE unter Progressionsvorbehalt steuerfreie Arbeitslohn beträgt 10.000 €; im Zusammenhang mit der Erzielung des steuerfreien Arbeitslohns sind Werbungskosten in Höhe von 400 € tatsächlich angefallen.

Inländischer steuerpflichtiger Arbeitslohn	20.000 €
./. Arbeitnehmer-Pauschbetrag	
(§ 9a Satz 1 Nr. 1 Buchstabe a EStG)	./. 1.000 €
steuerpflichtige Einkünfte gem. § 19 EStG	19.000 €
Ausländische Progressionseinnahmen	10.000 €
./. Arbeitnehmer-Pauschbetrag	0 €
maßgebende Progressionseinkünfte	
(§ 32b Abs. 2 Satz 1 Nr. 2 Satz 2 EStG)	10.000 €

Ausländische Personengesellschaft
Nach einem DBA freigestellte Einkünfte aus der Beteiligung an einer ausländischen Personengesellschaft unterliegen auch dann dem Progressionsvorbehalt, wenn die ausländische Personengesellschaft in dem anderen Vertragsstaat als juristische Person besteuert wird (>BFH vom 4. 4. 2007 – BStBl II S. 521).

Ausländische Renteneinkünfte
Ausländische Renteneinkünfte sind im Rahmen des Progressionsvorbehalts mit dem Besteuerungsanteil (§ 22 Nr. 1 Satz 3 Buchstabe a Doppelbuchstabe aa EStG) und nicht mit dem Ertragsanteil zu berücksichtigen, wenn die Leistung der ausländischen Altersversorgung in ihrem Kerngehalt den gemeinsamen und typischen Merkmalen der inländischen Basisversorgung entspricht. Zu den wesentlichen Merkmalen der Basisversorgung gehört, dass die Renten erst bei Erreichen einer bestimmten Altersgrenze bzw. bei Erwerbsunfähigkeit gezahlt werden und als Entgeltersatzleistung der Lebensunterhaltssicherung dienen (>BFH vom 14. 7. 2010 – BStBl 2011 II S. 628).

Ausländische Sozialversicherungsbeiträge
Beiträge an die schweizerische Alters- und Hinterlassenenversicherung können nicht bei der Ermittlung des besonderen Steuersatzes im Rahmen des Progressionsvorbehaltes berücksichtigt werden (>BFH vom 18. 4. 2012 – BStBl II S. 721).

Ausländische Verluste
– Durch ausländische Verluste kann der Steuersatz auf Null sinken (>BFH vom 25. 5. 1970 – BStBl II S. 660).
– Drittstaatenverluste i. S. d. § 2a EStG werden nur nach Maßgabe des § 2a EStG berücksichtigt (>BFH vom 17. 11. 1999 – BStBl 2000 II S. 605).
– Ausländische Verluste aus der Veräußerung oder Aufgabe eines Betriebs, die nach einem DBA von der Bemessungsgrundlage der deutschen Steuer auszunehmen sind, unterfallen im Rahmen des Progressionsvorbehaltes nicht der sog. Fünftel-Methode (>BFH vom 1. 2. 2012 – BStBl II S. 405).

Datenübermittlung
Zur rückwirkenden Verrechnung zwischen Trägern der Sozialleistungen >BMF vom 16. 7. 2013 (BStBl I S. 922)

EU-Tagegeld
Zur steuerlichen Behandlung des von Organen der EU gezahlten Tagegeldes >BMF vom 12. 4. 2006 (BStBl I S. 340)

Grundfreibetrag

Es begegnet keinen verfassungsrechtlichen Bedenken, dass wegen der in § 32a Abs. 1 Satz 2 EStG angeordneten vorrangigen Anwendung des Progressionsvorbehalts des § 32b EStG auch ein z. v. E. unterhalb des Grundfreibetrags der Einkommensteuer unterliegt (>BFH vom 9. 8. 2001 – BStBl II S. 778).

Leistungen der gesetzlichen Krankenkasse

- Leistungen der gesetzlichen Krankenkasse für eine Ersatzkraft im Rahmen der Haushaltshilfe an nahe Angehörige (§ 38 Abs. 4 Satz 2 SGB V) unterliegen nicht dem Progressionsvorbehalt (>BFH vom 17. 6. 2005 – BStBl 2006 II S. 17).
- Die Einbeziehung des Krankengeldes, das ein freiwillig in einer gesetzlichen Krankenkasse versicherter Stpfl. erhält, in den Progressionsvorbehalt, ist verfassungsgemäß (>BFH vom 26. 11. 2008 – BStBl 2009 II S. 376).
- Auch nach der Einführung des sog. Basistarifs in der privaten Krankenversicherung ist es verfassungsrechtlich nicht zu beanstanden, dass zwar das Krankengeld aus der gesetzlichen Krankenversicherung, nicht aber das Krankentagegeld aus einer privaten Krankenversicherung in den Progressionsvorbehalt einbezogen wird (>BFH vom 13. 11. 2014 – BStBl 2015 II S. 563).

Steuerfreiheit einer Leibrente

Ist eine Leibrente sowohl nach einem DBA als auch nach § 3 Nr. 6 EStG steuerfrei, unterliegt sie nicht dem Progressionsvorbehalt (>BFH vom 22. 1. 1997 – BStBl II S. 358).

Vorfinanziertes Insolvenzgeld

Soweit Insolvenzgeld vorfinanziert wird, das nach § 188 Abs. 1 SGB III einem Dritten zusteht, ist die Gegenleistung für die Übertragung des Arbeitsentgeltanspruchs als Insolvenzgeld anzusehen. Die an den Arbeitnehmer gezahlten Entgelte hat dieser i. S. d. § 32b Abs. 1 Satz 1 Nr. 1 Buchstabe a EStG bezogen, wenn sie ihm nach den Regeln über die Überschusseinkünfte zugeflossen sind (>BFH vom 1. 3. 2012 – BStBl II S. 596).

Zeitweise unbeschränkte Steuerpflicht

- Besteht wegen Zu- oder Wegzugs nur zeitweise die unbeschränkte Steuerpflicht, sind die außerhalb der unbeschränkten Steuerpflicht im Kj. erzielten Einkünfte im Wege des Progressionsvorbehalts zu berücksichtigen, wenn diese nicht der beschränkten Steuerpflicht unterliegen (>BFH vom 15. 5. 2002 – BStBl II S. 660, vom 19. 12. 2001 – BStBl 2003 II S. 302 und vom 19. 11. 2003 – BStBl 2004 II S. 549).
- Vorab entstandene Werbungskosten im Zusammenhang mit einer beabsichtigten Tätigkeit im Ausland sind beim Progressionsvorbehalt zu berücksichtigen, wenn dies nicht durch ein DBA ausgeschlossen wird (>BFH vom 20. 9. 2006 – BStBl 2007 II S. 756).

Zu § 32d EStG

| R 32d. | **Gesonderter Tarif für Einkünfte aus Kapitalvermögen** |

Verrechnung von Kapitaleinkünften

(1) Verluste aus Kapitaleinkünften nach § 32d Abs. 1 EStG dürfen nicht mit positiven Erträgen aus Kapitaleinkünften nach § 32d Abs. 2 EStG verrechnet werden.

Nahe stehende Personen
(2) Anders als bei § 32d Abs. 2 Nr. 1 Buchstabe a EStG ist von einem Näheverhältnis i. S. d. § 32d Abs. 2 Nr. 1 Buchstabe b Satz 2 EStG zwischen Personengesellschaft und Gesellschafter nicht schon allein deshalb auszugehen, weil der Gesellschafter einer Kapitalgesellschaft, an der die Personengesellschaft beteiligt ist, ein Darlehen gewährt und dafür Zinszahlungen erhält.

Veranlagungsoption
(3) ¹§ 32d Abs. 2 Nr. 3 Satz 4 EStG dient der Verwaltungsvereinfachung in Form eines erleichterten Nachweises der Tatbestandsvoraussetzungen und ersetzt nicht das Vorliegen einer Beteiligung nach § 32d Abs. 2 Nr. 3 Satz 1 EStG. ²Sinkt die Beteiligung unter die Grenzen nach § 32d Abs. 2 Nr. 3 Satz 1 Buchstabe a oder b EStG, ist auch innerhalb der Frist des § 32d Abs. 2 Nr. 3 Satz 4 EStG ein Werbungskostenabzug unzulässig.

H 32d

Allgemeines
Einzelfragen zur Abgeltungsteuer >BMF vom 18. 1. 2016 (BStBl I S. 85) unter Berücksichtigung der Änderungen durch BMF vom 19. 12. 2017 (BStBl 2018 I S. 52), vom 12. 4. 2018 (BStBl I S. 624) und vom 17. 1. 2019 (BStBl I S. 51), Rzn. 132-151

Zu § 33 EStG

R 33.1 Außergewöhnliche Belastungen allgemeiner Art

¹§ 33 EStG setzt eine Belastung des Stpfl. auf Grund außergewöhnlicher und dem Grunde und der Höhe nach zwangsläufiger Aufwendungen voraus. ²Der Stpfl. ist belastet, wenn ein Ereignis in seiner persönlichen Lebenssphäre ihn zu Ausgaben zwingt, die er selbst endgültig zu tragen hat. ³Die Belastung tritt mit der Verausgabung ein. ⁴Zwangsläufigkeit dem Grunde nach wird in der Regel auf Aufwendungen des Stpfl. für sich selbst oder für Angehörige i. S. d. § 15 AO beschränkt sein. ⁵Aufwendungen für andere Personen können diese Voraussetzung nur ausnahmsweise erfüllen (sittliche Pflicht).

R 33.2 Aufwendungen für existentiell notwendige Gegenstände

Aufwendungen zur Wiederbeschaffung oder Schadensbeseitigung können im Rahmen des Notwendigen und Angemessenen unter folgenden Voraussetzungen als außergewöhnliche Belastung berücksichtigt werden:
1. Sie müssen einen existentiell notwendigen Gegenstand betreffen – dies sind Wohnung, Hausrat und Kleidung, nicht aber z. B. ein Pkw oder eine Garage.
2. Der Verlust oder die Beschädigung muss durch ein unabwendbares Ereignis wie Brand, Hochwasser, Kriegseinwirkung, Vertreibung, politische Verfolgung verursacht sein, oder von dem Gegenstand muss eine >Gesundheitsgefährdung ausgehen, die beseitigt werden muss und die nicht auf Verschulden des Stpfl. oder seines Mieters oder auf einen Baumangel zurückzuführen ist (z. B. bei Schimmelpilzbildung).
3. Dem Stpfl. müssen tatsächlich finanzielle Aufwendungen entstanden sein; ein bloßer Schadenseintritt reicht zur Annahme von Aufwendungen nicht aus.

4. Die Aufwendungen müssen ihrer Höhe nach notwendig und angemessen sein und werden nur berücksichtigt, soweit sie den Wert des Gegenstandes im Vergleich zu vorher nicht übersteigen.
5. Nur der endgültig verlorene Aufwand kann berücksichtigt werden, d. h. die Aufwendungen sind um einen etwa nach Schadenseintritt noch vorhandenen Restwert zu kürzen.
6. Der Stpfl. muss glaubhaft darlegen, dass er den Schaden nicht verschuldet hat und dass realisierbare Ersatzansprüche gegen Dritte nicht bestehen.
7. Ein Abzug scheidet aus, sofern der Stpfl. zumutbare Schutzmaßnahmen unterlassen oder eine allgemein zugängliche und übliche Versicherungsmöglichkeit nicht wahrgenommen hat.
8. Das schädigende Ereignis darf nicht länger als drei Jahre zurückliegen, bei Baumaßnahmen muss mit der Wiederherstellung oder Schadensbeseitigung innerhalb von drei Jahren nach dem schädigenden Ereignis begonnen worden sein.

R 33.3 Aufwendungen wegen Pflegebedürftigkeit und erheblich eingeschränkter Alltagskompetenz

Voraussetzungen und Nachweis

(1) [1]Zu dem begünstigten Personenkreis zählen pflegebedürftige Personen, bei denen mindestens ein Schweregrad der Pflegebedürftigkeit i. S. d. §§ 14, 15 SGB XI besteht und Personen, bei denen eine erhebliche Einschränkung der Alltagskompetenz nach § 45a SGB XI[*)] festgestellt wurde. [2]Der Nachweis ist durch eine Bescheinigung (z. B. Leistungsbescheid oder -mitteilung) der sozialen Pflegekasse oder des privaten Versicherungsunternehmens, das die private Pflegepflichtversicherung durchführt, oder nach § 65 Abs. 2 EStDV zu führen. [3]Pflegekosten von Personen, die nicht zu dem nach Satz 1 begünstigten Personenkreis zählen und ambulant gepflegt werden, können ohne weiteren Nachweis auch dann als außergewöhnliche Belastungen berücksichtigt werden, wenn sie von einem anerkannten Pflegedienst nach § 89 SGB XI gesondert in Rechnung gestellt worden sind.

Eigene Pflegeaufwendungen

(2) [1]Zu den Aufwendungen infolge Pflegebedürftigkeit und erheblich eingeschränkter Alltagskompetenz zählen sowohl Kosten für die Beschäftigung einer ambulanten Pflegekraft und/oder die Inanspruchnahme von Pflegediensten, von Einrichtungen der Tages- oder Nachtpflege, der Kurzzeitpflege oder von nach Landesrecht anerkannten niedrigschwelligen Betreuungsangeboten als auch Aufwendungen zur Unterbringung in einem Heim. [2]Wird bei einer Heimunterbringung wegen Pflegebedürftigkeit der private Haushalt aufgelöst, ist die >Haushaltsersparnis mit dem in § 33a Abs. 1 Satz 1 EStG genannten Höchstbetrag der abziehbaren Aufwendungen anzusetzen. [3]Liegen die Voraussetzungen nur während eines Teiles des Kalenderjahres vor, sind die anteiligen Beträge anzusetzen (1/360 pro Tag, 1/12 pro Monat).

Konkurrenz zu § 33a Abs. 3 EStG

(3) – unbesetzt –

Konkurrenz zu § 33b Abs. 3 EStG

(4) [1]Die Inanspruchnahme eines Pauschbetrages nach § 33b Abs. 3 EStG schließt die Berücksichtigung von Pflegeaufwendungen nach Absatz 2 im Rahmen des § 33 EStG aus. [2]Zur Berücksichtigung eigener Aufwendungen der Eltern für ein behindertes Kind >R 33b Abs. 2.

[*)] Durch das Zweite Pflegestärkungsgesetz wird die bisher nach § 45a SGB XI a. F. festgestellte erhebliche Einschränkung der Alltagskompetenz ab 1. 1. 2017 von den §§ 14 und 15 SGB XI mit erfasst.

Pflegeaufwendungen für Dritte

(5) Hat der pflegebedürftige Dritte im Hinblick auf sein Alter oder eine etwaige Bedürftigkeit dem Stpfl. Vermögenswerte zugewendet, z. B. ein Hausgrundstück, kommt ein Abzug der Pflegeaufwendungen nur in der Höhe in Betracht, wie die Aufwendungen den Wert des hingegebenen Vermögens übersteigen.

R 33.4 Aufwendungen wegen Krankheit und Behinderung sowie für Integrationsmaßnahmen

Nachweis

(1) [1]Der Nachweis von Krankheitskosten ist nach § 64 EStDV zu führen. [2]Bei Aufwendungen für eine Augen-Laser-Operation ist die Vorlage eines amtsärztlichen Attests nicht erforderlich. [3]Bei einer andauernden Erkrankung mit anhaltendem Verbrauch bestimmter Arznei-, Heil- und Hilfsmittel reicht die einmalige Vorlage einer Verordnung. [4]Wurde die Notwendigkeit einer Sehhilfe in der Vergangenheit durch einen Augenarzt festgestellt, genügt in den Folgejahren die Sehschärfenbestimmung durch einen Augenoptiker. [5]Als Nachweis der angefallenen Krankheitsaufwendungen kann auch die Vorlage der Erstattungsmitteilung der privaten Krankenversicherung oder der Beihilfebescheid einer Behörde ausreichen. [6]Diese Erleichterung entbindet den Stpfl. aber nicht von der Verpflichtung, dem Finanzamt die Zwangsläufigkeit, Notwendigkeit und Angemessenheit nicht erstatteter Aufwendungen auf Verlangen nachzuweisen. [7]Wurde die Notwendigkeit einer Kur offensichtlich im Rahmen der Bewilligung von Zuschüssen oder Beihilfen anerkannt, genügt bei Pflichtversicherten die Bescheinigung der Versicherungsanstalt und bei öffentlich Bediensteten der Beihilfebescheid.

Privatschulbesuch

(2) [1]Ist ein Kind ausschließlich wegen einer Behinderung im Interesse einer angemessenen Berufsausbildung auf den Besuch einer Privatschule (Sonderschule oder allgemeine Schule in privater Trägerschaft) mit individueller Förderung angewiesen, weil eine geeignete öffentliche Schule oder eine den schulgeldfreien Besuch ermöglichende geeignete Privatschule nicht zur Verfügung steht oder nicht in zumutbarer Weise erreichbar ist, ist das Schulgeld dem Grunde nach als außergewöhnliche Belastung nach § 33 EStG – neben einem auf den Stpfl. übertragbaren Pauschbetrag für behinderte Menschen – zu berücksichtigen. [2]Der Nachweis, dass der Besuch der Privatschule erforderlich ist, muss durch eine Bestätigung der zuständigen obersten Landeskultusbehörde oder der von ihr bestimmten Stelle geführt werden.

Kur

(3) [1]Kosten für Kuren im Ausland sind in der Regel nur bis zur Höhe der Aufwendungen anzuerkennen, die in einem dem Heilzweck entsprechenden inländischen Kurort entstehen würden. [2]Verpflegungsmehraufwendungen anlässlich einer Kur können nur in tatsächlicher Höhe nach Abzug der Haushaltsersparnis von 1/5 der Aufwendungen berücksichtigt werden.

Aufwendungen behinderter Menschen für Verkehrsmittel

(4) [1]Macht ein gehbehinderter Stpfl. neben den Aufwendungen für Privatfahrten mit dem eigenen Pkw auch solche für andere Verkehrsmittel (z. B. für Taxis) geltend, ist die als noch angemessen anzusehende jährliche Fahrleistung von 3.000 km (beim GdB von mindestens 80 oder GdB von mindestens 70 und Merkzeichen G) – bzw. von 15.000 km (bei Merkzeichen aG, Bl oder H) – entsprechend zu kürzen. [2]Die Aufwendungen für die behindertengerechte Umrüstung eines PKWs können im VZ des Abflusses als außergewöhnliche Belastungen neben den angemessenen Aufwendungen für Fahrten berücksichtigt werden. [3]Eine Verteilung auf mehrere VZ ist nicht zulässig.

Behinderungsbedingte Baukosten

(5) ¹Um- oder Neubaukosten eines Hauses oder einer Wohnung können im VZ des Abflusses eine außergewöhnliche Belastung darstellen, soweit die Baumaßnahme durch die Behinderung bedingt ist. ²Eine Verteilung auf mehrere VZ ist nicht zulässig. ³Für den Nachweis der Zwangsläufigkeit der Aufwendungen ist die Vorlage folgender Unterlagen ausreichend:
- der Bescheid eines gesetzlichen Trägers der Sozialversicherung oder der Sozialleistungen über die Bewilligung eines pflege- bzw. behinderungsbedingten Zuschusses (z. B. zur Verbesserung des individuellen Wohnumfeldes nach § 40 Abs. 4 SGB XI) oder
- das Gutachten des Medizinischen Dienstes der Krankenversicherung (MDK), des Sozialmedizinischen Dienstes (SMD) oder der Medicproof Gesellschaft für Medizinische Gutachten mbH.

Aufwendungen für Deutsch- und Integrationskurse

(6) ¹Aufwendungen für den Besuch von Sprachkursen, in denen Deutsch gelehrt wird, sind nicht als außergewöhnliche Belastungen abziehbar. ²Gleiches gilt für Integrationskurse, es sei denn, der Stpfl. weist durch Vorlage einer Bestätigung der Teilnahmeberechtigung nach § 6 Abs. 1 Satz 1 und 3 der Verordnung über die Durchführung von Integrationskursen für Ausländer und Spätaussiedler nach, dass die Teilnahme am Integrationskurs verpflichtend war und damit aus rechtlichen Gründen zwangsläufig erfolgte.

| H 33.1–33.4 |

Abkürzung des Zahlungsweges
Bei den außergewöhnlichen Belastungen kommt der Abzug von Aufwendungen eines Dritten auch unter dem Gesichtspunkt der Abkürzung des Vertragswegs nicht in Betracht (>BMF vom 7. 7. 2008 – BStBl I S. 717).

Adoption
Aufwendungen im Zusammenhang mit einer Adoption sind nicht zwangsläufig (>BFH vom 10. 3. 2015 – BStBl II S. 695).

Asbestbeseitigung
Die tatsächliche Zwangsläufigkeit von Aufwendungen zur Beseitigung von Asbest ist nicht anhand der abstrakten Gefährlichkeit von Asbestfasern zu beurteilen; erforderlich sind zumindest konkret zu befürchtende Gesundheitsgefährdungen. Denn die Notwendigkeit einer Asbestsanierung hängt wesentlich von der verwendeten Asbestart und den baulichen Gegebenheiten ab (>BFH vom 29. 3. 2012 – BStBl II S. 570).
>Gesundheitsgefährdung

Asyl
Die Anerkennung als Asylberechtigter lässt nicht ohne weiteres auf ein unabwendbares Ereignis für den Verlust von Hausrat und Kleidung schließen (>BFH vom 26. 4. 1991 – BStBl II S. 755).

Außergewöhnlich
Außergewöhnlich sind Aufwendungen, wenn sie nicht nur der Höhe, sondern auch ihrer Art und dem Grunde nach außerhalb des Üblichen liegen und insofern nur einer Minderheit entstehen. Die typischen Aufwendungen der Lebensführung sind aus dem Anwendungsbereich des § 33 EStG ungeachtet ihrer Höhe im Einzelfall ausgeschlossen (>BFH vom 29. 9. 1989 – BStBl 1990 II S. 418, vom 19. 5. 1995 – BStBl II S. 774, vom 22. 10. 1996 – BStBl 1997 II S. 558 und vom 12. 11. 1996 – BStBl 1997 II S. 387).

Aussteuer

Aufwendungen für die Aussteuer einer heiratenden Tochter sind regelmäßig nicht als zwangsläufig anzusehen. Dies gilt auch dann, wenn die Eltern ihrer Tochter keine Berufsausbildung gewährt haben (>BFH vom 3. 6. 1987 – BStBl II S. 779).

Begleitperson

Aufwendungen eines schwerbehinderten Menschen für eine Begleitperson bei Reisen sind nicht als außergewöhnliche Belastung abziehbar, wenn die Begleitperson ein Ehegatte ist, der aus eigenem Interesse an der Reise teilgenommen hat und für den kein durch die Behinderung des anderen Ehegatten veranlasster Mehraufwand angefallen ist (>BFH vom 7. 5. 2013 – BStBl II S. 808).

Behindertengerechte Ausstattung

– Mehraufwendungen für die notwendige behindertengerechte Gestaltung des individuellen Wohnumfelds sind außergewöhnliche Belastungen. Sie stehen so stark unter dem Gebot der sich aus der Situation ergebenden Zwangsläufigkeit, dass die Erlangung eines etwaigen Gegenwerts regelmäßig in den Hintergrund tritt. Es ist nicht erforderlich, dass die Behinderung auf einem nicht vorhersehbaren Ereignis beruht und deshalb ein schnelles Handeln des Stpfl. oder seiner Angehörigen geboten ist. Auch die Frage nach zumutbaren Handlungsalternativen stellt sich in solchen Fällen nicht (>BFH vom 24. 2. 2011 – BStBl II S. 1012).

– Behinderungsbedingte Umbaukosten einer Motoryacht sind keine außergewöhnlichen Belastungen (>BFH vom 2. 6. 2015 – BStBl II S. 775).

– R 33.4 Abs. 5

Bestattungskosten

eines nahen Angehörigen sind regelmäßig als außergewöhnliche Belastung zu berücksichtigen, soweit sie nicht aus dem Nachlass bestritten werden können und auch nicht durch Ersatzleistungen gedeckt sind (>BFH vom 24. 7. 1987 – BStBl II S. 715, vom 4. 4. 1989 – BStBl II S. 779 und vom 21. 2. 2018 – BStBl II S. 469). Leistungen aus einer Sterbegeldversicherung oder aus einer Lebensversicherung, die dem Stpfl. anlässlich des Todes eines nahen Angehörigen außerhalb des Nachlasses zufließen, sind auf die als außergewöhnliche Belastung anzuerkennenden Kosten anzurechnen (>BFH vom 19. 10. 1990 – BStBl 1991 II S. 140 und vom 22. 2. 1996 – BStBl II S. 413).

Zu den außergewöhnlichen Belastungen gehören nur solche Aufwendungen, die unmittelbar mit der eigentlichen Bestattung zusammenhängen. Nur mittelbar mit einer Bestattung zusammenhängende Kosten werden mangels Zwangsläufigkeit nicht als außergewöhnliche Belastung anerkannt. Zu diesen mittelbaren Kosten gehören z. B.:

– Aufwendungen für die Bewirtung von Trauergästen (>BFH vom 17. 9. 1987 – BStBl 1988 II S. 130),
– Aufwendungen für die Trauerkleidung (>BFH vom 12. 8. 1966 – BStBl 1967 III S. 364),
– Reisekosten für die Teilnahme an einer Bestattung eines nahen Angehörigen (>BFH vom 17. 6. 1994 – BStBl II S. 754).

Betreuervergütung

Vergütungen für einen ausschließlich zur Vermögenssorge bestellten Betreuer stellen keine außergewöhnlichen Belastungen, sondern Betriebsausgaben bzw. Werbungskosten bei den mit dem verwalteten Vermögen erzielten Einkünften dar, sofern die Tätigkeit des Betreuers weder einer kurzfristigen Abwicklung des Vermögens noch der Verwaltung ertraglosen Vermögens dient (>BFH vom 14. 9. 1999 – BStBl 2000 II S. 69).

Betrug
Durch Betrug veranlasste vergebliche Zahlungen für einen Grundstückskauf sind nicht zwangsläufig (>BFH vom 19. 5. 1995 – BStBl II S. 774).

Darlehen
– Werden die Ausgaben über Darlehen finanziert, tritt die Belastung bereits im Zeitpunkt der Verausgabung ein (>BFH vom 10. 6. 1988 – BStBl II S. 814).
– >Verausgabung

Diätverpflegung
– Aufwendungen, die durch Diätverpflegung entstehen, sind von der Berücksichtigung als außergewöhnliche Belastung auch dann ausgeschlossen, wenn die Diätverpflegung an die Stelle einer sonst erforderlichen medikamentösen Behandlung tritt (>BFH vom 21. 6. 2007 – BStBl II S. 880).
– Aufwendungen für Arzneimittel i. S. d. § 2 des Arzneimittelgesetzes unterfallen nicht dem Abzugsverbot für Diätverpflegung, wenn die Zwangsläufigkeit (medizinische Indikation) der Medikation durch ärztliche Verordnung nachgewiesen ist (>BFH vom 14. 4. 2015 – BStBl II S. 703).

Eltern-Kind-Verhältnis
Aufwendungen des nichtsorgeberechtigten Elternteils zur Kontaktpflege sind nicht außergewöhnlich (>BFH vom 27. 9. 2007 – BStBl 2008 II S. 287).

Ergänzungspflegervergütung
Wird für einen Minderjährigen im Zusammenhang mit einer Erbauseinandersetzung die Anordnung einer Ergänzungspflegschaft erforderlich, sind die Aufwendungen hierfür nicht als außergewöhnliche Belastungen zu berücksichtigen (>BFH vom 14. 9. 1999 – BStBl 2000 II S. 69).

Erpressungsgelder
Erpressungsgelder sind keine außergewöhnlichen Belastungen, wenn der Erpressungsgrund selbst und ohne Zwang geschaffen worden ist (>BFH vom 18. 3. 2004 – BStBl II S. 867).

Ersatz von dritter Seite
Ersatz und Unterstützungen von dritter Seite zum Ausgleich der Belastung sind von den berücksichtigungsfähigen Aufwendungen abzusetzen, es sei denn, die vertragsgemäße Erstattung führt zu steuerpflichtigen Einnahmen beim Stpfl. (>BFH vom 14. 3. 1975 – BStBl II S. 632 und vom 6. 5. 1994 – BStBl 1995 II S. 104). Die Ersatzleistungen sind auch dann abzusetzen, wenn sie erst in einem späteren Kj. gezahlt werden, der Stpfl. aber bereits in dem Kj., in dem die Belastung eingetreten ist, mit der Zahlung rechnen konnte (>BFH vom 21. 8. 1974 – BStBl 1975 II S. 14). Werden Ersatzansprüche gegen Dritte nicht geltend gemacht, entfällt die Zwangsläufigkeit, wobei die Zumutbarkeit Umfang und Intensität der erforderlichen Rechtsverfolgung bestimmt (>BFH vom 20. 9. 1991 – BStBl 1992 II S. 137 und vom 18. 6. 1997 – BStBl II S. 805). Der Verzicht auf die Inanspruchnahme von staatlichen Transferleistungen (z. B. Eingliederungshilfe nach § 35a SGB VIII) steht dem Abzug von Krankheitskosten als außergewöhnliche Belastungen nicht entgegen (>BFH vom 11. 11. 2010 – BStBl 2011 II S. 969). Der Abzug von Aufwendungen nach § 33 EStG ist ausgeschlossen, wenn der Stpfl. eine allgemein zugängliche und übliche Versicherungsmöglichkeit nicht wahrgenommen hat (>BFH vom 6. 5. 1994 – BStBl 1995 II S. 104). Dies gilt auch, wenn lebensnotwendige Vermögensgegenstände, wie Hausrat und Kleidung wiederbeschafft werden müssen (>BFH vom 26. 6. 2003 – BStBl 2004 II S. 47).

- **Hausratversicherung**
  Anzurechnende Leistungen aus einer Hausratversicherung sind nicht aufzuteilen in einen Betrag, der auf allgemein notwendigen und angemessenen Hausrat entfällt, und in einen solchen, der die Wiederbeschaffung von Gegenständen und Kleidungsstücken gehobenen Anspruchs ermöglichen soll (>BFH vom 30. 6. 1999 – BStBl II S. 766).
- **Krankenhaustagegeldversicherungen**
  Bis zur Höhe der durch einen Krankenhausaufenthalt verursachten Kosten sind die Leistungen abzusetzen, nicht aber Leistungen aus einer Krankentagegeldversicherung (>BFH vom 22. 10. 1971 – BStBl 1972 II S. 177).
- **Private Pflegezusatzversicherung**
  Das aus einer privaten Pflegezusatzversicherung bezogene Pflege(tage)geld mindert die abziehbaren Pflegekosten (>BFH vom 14. 4. 2011 – BStBl II S. 701).

Fahrtkosten, allgemein
Unumgängliche Fahrtkosten, die dem Grunde nach als außergewöhnliche Belastung zu berücksichtigen sind, sind bei Benutzung eines Pkw nur in Höhe der Kosten für die Benutzung eines öffentlichen Verkehrsmittels abziehbar, es sei denn, es bestand keine zumutbare öffentliche Verkehrsverbindung (>BFH vom 3. 12. 1998 – BStBl 1999 II S. 227).
>Fahrtkosten behinderter Menschen
>Familienheimfahrten
>Kur
>Mittagsheimfahrt
>Pflegeaufwendungen für Dritte
>Zwischenheimfahrten

Fahrtkosten behinderter Menschen
Kraftfahrzeugkosten behinderter Menschen können im Rahmen der Angemessenheit neben den Pauschbeträgen nur wie folgt berücksichtigt werden (>BMF vom 29. 4. 1996 – BStBl I S. 446 und vom 21. 11. 2001 – BStBl I S. 868):
1. **Bei geh- und stehbehinderten Stpfl. (GdB von mindestens 80 oder GdB von mindestens 70 und Merkzeichen G):**
   Aufwendungen für durch die Behinderung veranlasste unvermeidbare Fahrten sind als außergewöhnliche Belastung anzuerkennen, soweit sie nachgewiesen oder glaubhaft gemacht werden und angemessen sind.
   Aus Vereinfachungsgründen kann im Allgemeinen ein Aufwand für Fahrten bis zu 3.000 km im Jahr als angemessen angesehen werden.
2. **Bei außergewöhnlich gehbehinderten (Merkzeichen aG), blinden (Merkzeichen Bl) und hilflosen (Merkzeichen H) Menschen:**
   In den Grenzen der Angemessenheit dürfen nicht nur die Aufwendungen für durch die Behinderung veranlasste unvermeidbare Fahrten, sondern auch für Freizeit-, Erholungs- und Besuchsfahrten abgezogen werden. Die tatsächliche Fahrleistung ist nachzuweisen oder glaubhaft zu machen. Eine Fahrleistung von mehr als 15.000 km im Jahr liegt in aller Regel nicht mehr im Rahmen des Angemessenen (>BFH vom 2. 10. 1992 – BStBl 1993 II S. 286). Die Begrenzung auf jährlich 15.000 km gilt ausnahmsweise nicht, wenn die Fahrleistung durch eine berufsqualifizierende Ausbildung bedingt ist, die nach der Art und Schwere der Behinderung nur durch den Einsatz eines Pkw durchgeführt werden kann. In diesem Fall können weitere rein private Fahrten nur noch bis zu 5.000 km jährlich berücksichtigt werden (>BFH vom 13. 12. 2001 – BStBl 2002 II S. 198).
3. Ein höherer Aufwand als 0,30 €/km ist unangemessen und darf deshalb im Rahmen des § 33 EStG nicht berücksichtigt werden (>BFH vom 19. 5. 2004 – BStBl 2005 II S. 23). Das gilt

auch dann, wenn sich der höhere Aufwand wegen einer nur geringen Jahresfahrleistung ergibt (>BFH vom 18. 12. 2003 – BStBl 2004 II S. 453).

Die Kosten können auch berücksichtigt werden, wenn sie nicht beim behinderten Menschen selbst, sondern bei einem Stpfl. entstanden sind, auf den der Behinderten-Pauschbetrag nach § 33b Abs. 5 EStG übertragen worden ist; das gilt jedoch nur für solche Fahrten, an denen der behinderte Mensch selbst teilgenommen hat (>BFH vom 1. 8. 1975 – BStBl II S. 825).

Familienheimfahrten
Aufwendungen verheirateter Wehrpflichtiger für Familienheimfahrten sind keine außergewöhnliche Belastung (>BFH vom 5. 12. 1969 – BStBl 1970 II S. 210).

Formaldehydemission
>Gesundheitsgefährdung

Freiwillige Ablösungen
von laufenden Kosten für die Anstaltsunterbringung eines pflegebedürftigen Kindes sind nicht zwangsläufig (>BFH vom 14. 11. 1980 – BStBl 1981 II S. 130).

Gegenwert
- Die Erlangung eines Gegenwerts schließt insoweit die Belastung des Stpfl. aus. Ein Gegenwert liegt vor, wenn der betreffende Gegenstand oder die bestellte Leistung eine gewisse Marktfähigkeit besitzen, die in einem bestimmten Verkehrswert zum Ausdruck kommt (>BFH vom 4. 3. 1983 – BStBl II S. 378 und vom 29. 11. 1991 – BStBl 1992 II S. 290). Bei der Beseitigung eingetretener Schäden an einem Vermögensgegenstand, der für den Stpfl. von existenziell wichtiger Bedeutung ist, ergibt sich ein Gegenwert nur hinsichtlich von Wertverbesserungen, nicht jedoch hinsichtlich des verlorenen Aufwandes (>BFH vom 6. 5. 1994 – BStBl 1995 II S. 104).
- >Gesundheitsgefährdung
- >Behindertengerechte Ausstattung

Gesundheitsgefährdung
- Geht von einem Gegenstand des existenznotwendigen Bedarfs eine konkrete Gesundheitsgefährdung aus, die beseitigt werden muss (z. B. asbesthaltige Außenfassade des Hauses, Formaldehydemission von Möbeln), sind die Sanierungskosten und die Kosten für eine ordnungsgemäße Entsorgung des Schadstoffs aus tatsächlichen Gründen zwangsläufig entstanden. Die Sanierung muss im Zeitpunkt ihrer Durchführung unerlässlich sein (>BFH vom 9. 8. 2001 – BStBl 2002 II S. 240 und vom 23. 5. 2002 – BStBl II S. 592). Der Stpfl. ist verpflichtet, die medizinische Indikation der Maßnahmen nachzuweisen. Eines amts- oder vertrauensärztlichen Gutachtens bedarf es hierzu nicht (>BFH vom 11. 11. 2010 – BStBl 2011 II S. 966).
- Tauscht der Stpfl. gesundheitsgefährdende Gegenstände des existenznotwendigen Bedarfs aus, steht die Gegenwertlehre dem Abzug der Aufwendungen nicht entgegen. Der sich aus der Erneuerung ergebende Vorteil ist jedoch anzurechnen („Neu für Alt") (>BFH vom 11. 11. 2010 – BStBl 2011 II S. 966).
- Sind die von einem Gegenstand des existenznotwendigen Bedarfs ausgehenden konkreten Gesundheitsgefährdungen auf einen Dritten zurückzuführen und unterlässt der Stpfl. die Durchsetzung realisierbarer zivilrechtlicher Abwehransprüche, sind die Aufwendungen zur Beseitigung konkreter Gesundheitsgefährdungen nicht abziehbar (>BFH vom 29. 3. 2012 – BStBl II S. 570).
- >Mietzahlungen

Gutachter
Ergibt sich aus Gutachten die Zwangsläufigkeit von Aufwendungen gem. § 33 Abs. 2 EStG, können auch die Aufwendungen für das Gutachten berücksichtigt werden (>BFH vom 23. 5. 2002 – BStBl II S. 592).

Haushaltsersparnis
– Aufwendungen für die krankheits- oder pflegebedingte Unterbringung in einem Alten- oder Pflegeheim sind um eine Haushaltsersparnis, die der Höhe nach den ersparten Verpflegungs- und Unterbringungskosten entspricht, zu kürzen, es sei denn, der Pflegebedürftige behält seinen normalen Haushalt bei. Die Haushaltsersparnis des Stpfl. ist entsprechend dem in § 33a Abs. 1 EStG vorgesehenen Höchstbetrag für den Unterhalt unterhaltsbedürftiger Personen anzusetzen >R 33.3 Abs. 2 Satz 2 (>BFH vom 15. 4. 2010 – BStBl II S. 794 und vom 4. 10. 2017 – BStBl 2018 II S. 179).
– Sind beide Ehegatten krankheits- oder pflegebedingt in einem Alten- und Pflegeheim untergebracht, ist für jeden der Ehegatten eine Haushaltsersparnis anzusetzen (>BFH vom 4. 10. 2017 – BStBl 2018 II S. 179).
– Kosten der Unterbringung in einem Krankenhaus können regelmäßig ohne Kürzung um eine Haushaltsersparnis als außergewöhnliche Belastung anerkannt werden (>BFH vom 22. 6. 1979 – BStBl II S. 646).

Heileurythmie
Die Heileurythmie ist ein Heilmittel i. S. d. §§ 2 und 32 SGB V. Für den Nachweis der Zwangsläufigkeit von Aufwendungen im Krankheitsfall ist eine Verordnung eines Arztes oder Heilpraktikers nach § 64 Abs. 1 Nr. 1 EStDV ausreichend (>BFH vom 26. 2. 2014 – BStBl II S. 824).
>Wissenschaftlich nicht anerkannte Behandlungsmethoden

Heimunterbringung
– Aufwendungen eines nicht pflegebedürftigen Stpfl., der mit seinem pflegebedürftigen Ehegatten in ein Wohnstift übersiedelt, erwachsen nicht zwangsläufig (>BFH vom 14. 11. 2013 – BStBl 2014 II S. 456).
– Bei einem durch Krankheit veranlassten Aufenthalt in einem Seniorenheim oder -wohnstift sind die Kosten für die Unterbringung außergewöhnliche Belastungen. Der Aufenthalt kann auch krankheitsbedingt sein, wenn keine zusätzlichen Pflegekosten entstanden sind und kein Merkmal „H" oder „Bl" im Schwerbehindertenausweis festgestellt ist. Die Unterbringungskosten sind nach Maßgabe der für Krankheitskosten geltenden Grundsätze als außergewöhnliche Belastungen zu berücksichtigen, soweit sie nicht außerhalb des Rahmens des Üblichen liegen (>BFH vom 14. 11. 2013 – BStBl 2014 II S. 456).
– Kosten für die behinderungsbedingte Unterbringung in einer sozial-therapeutischen Einrichtung können außergewöhnliche Belastungen sein (>BFH vom 9. 12. 2010 – BStBl 2011 II S. 1011).
– >H 33a.1 (Abgrenzung zu § 33 EStG)

Kapitalabfindung von Unterhaltsansprüchen
Der Abzug einer vergleichsweise vereinbarten Kapitalabfindung zur Abgeltung sämtlicher möglicherweise in der Vergangenheit entstandener und künftiger Unterhaltsansprüche eines geschiedenen Ehegatten scheidet in aller Regel wegen fehlender Zwangsläufigkeit aus (>BFH vom 26. 2. 1998 – BStBl II S. 605).

Krankenhaustagegeldversicherung
Die Leistungen sind von den berücksichtigungsfähigen Aufwendungen abzusetzen (>BFH vom 22. 10. 1971 – BStBl 1972 II S. 177).

Krankentagegeldversicherung
Die Leistungen sind – im Gegensatz zu Leistungen aus einer Krankenhaustagegeldversicherung – kein Ersatz für Krankenhauskosten (>BFH vom 22. 10. 1971 – BStBl 1972 II S. 177).

Krankenversicherungsbeiträge
- Da Krankenversicherungsbeiträge ihrer Art nach Sonderausgaben sind, können sie auch bei an sich beihilfeberechtigten Angehörigen des öffentlichen Dienstes nicht als außergewöhnliche Belastung berücksichtigt werden, wenn der Stpfl. wegen seines von Kindheit an bestehenden Leidens keine Aufnahme in eine private Krankenversicherung gefunden hat (>BFH vom 29. 11. 1991 – BStBl 1992 II S. 293).
- Der Abzug der nicht als Sonderausgaben abziehbaren Krankenversicherungsbeiträge als außergewöhnliche Belastung scheidet aus (>BFH vom 29. 11. 2017 – BStBl 2018 II S. 230).

Krankheitskosten
- einschließlich Zuzahlungen sind außergewöhnliche Belastungen. Es ist verfassungsrechtlich nicht geboten, bei der einkommensteuerrechtlichen Berücksichtigung dieser Aufwendungen auf den Ansatz der zumutbaren Belastung zu verzichten (>BFH vom 2. 9. 2015 – BStBl 2016 II S. 151 und vom 21. 2. 2018 – BStBl II S. 469).
- für Unterhaltsberechtigte
Für einen Unterhaltsberechtigten aufgewendete Krankheitskosten können beim Unterhaltspflichtigen grundsätzlich nur insoweit als außergewöhnliche Belastung anerkannt werden, als der Unterhaltsberechtigte nicht in der Lage ist, die Krankheitskosten selbst zu tragen (>BFH vom 11. 7. 1990 – BStBl 1991 II S. 62). Ein schwerbehindertes Kind, das angesichts der Schwere und der Dauer seiner Erkrankung seinen Grundbedarf und behinderungsbedingten Mehrbedarf nicht selbst zu decken in der Lage ist und bei dem ungewiss ist, ob sein Unterhaltsbedarf im Alter durch Leistungen Unterhaltspflichtiger gedeckt werden kann, darf jedoch zur Altersvorsorge maßvoll Vermögen bilden. Die das eigene Vermögen des Unterhaltsempfängers betreffende Bestimmung des § 33a Abs. 1 Satz 4 EStG kommt im Rahmen des § 33 EStG nicht zur Anwendung (>BFH vom 11. 2. 2010 – BStBl II S. 621).

Künstliche Befruchtung wegen Krankheit
- Aufwendungen für eine künstliche Befruchtung, die einem Ehepaar zu einem gemeinsamen Kind verhelfen soll, das wegen Empfängnisunfähigkeit der Ehefrau sonst von ihrem Ehemann nicht gezeugt werden könnte (homologe künstliche Befruchtung), können außergewöhnliche Belastungen sein (>BFH vom 18. 6. 1997 – BStBl II S. 805). Dies gilt auch für ein nicht verheiratetes Paar, wenn die Richtlinien der ärztlichen Berufsordnungen beachtet werden, insbesondere eine fest gefügte Partnerschaft vorliegt und der Mann die Vaterschaft anerkennen wird (>BFH vom 10. 5. 2007 – BStBl II S. 871).
- Aufwendungen eines Ehepaares für eine medizinisch angezeigte künstliche Befruchtung mit dem Samen eines Dritten (heterologe künstliche Befruchtung) sind als Krankheitskosten zu beurteilen und damit als außergewöhnliche Belastung zu berücksichtigen (>BFH vom 16. 12. 2010 – BStBl 2011 II S. 414).
- Aufwendungen einer unfruchtbaren Frau für eine heterologe künstliche Befruchtung (d. h. durch Samenspende) durch In-vitro-Fertilisation im Ausland sind als außergewöhnliche Belastung auch dann zu berücksichtigen, wenn die Frau in einer gleichgeschlechtlichen Partnerschaft lebt (>BFH vom 5. 10. 2017 – BStBl 2018 II S. 350).
- Aufwendungen für eine künstliche Befruchtung nach vorangegangener freiwilliger Sterilisation sind keine außergewöhnlichen Belastungen (>BFH vom 3. 3. 2005 – BStBl II S. 566).
- Aufwendungen für eine künstliche Befruchtung im Ausland können als außergewöhnliche Belastung abgezogen werden, wenn die Behandlung nach inländischen Maßstäben mit dem Embryonenschutzgesetz oder anderen Gesetzen vereinbar ist (>BFH vom 17. 5. 2017 – BStBl 2018 II S. 344).

Kur

Kosten für eine Kurreise können als außergewöhnliche Belastung nur abgezogen werden, wenn die Kurreise zur Heilung oder Linderung einer Krankheit nachweislich notwendig ist und eine andere Behandlung nicht oder kaum erfolgversprechend erscheint (>BFH vom 12.6.1991 – BStBl II S. 763).

- **Erholungsurlaub/Abgrenzung zur Heilkur**

  Im Regelfall ist zur Abgrenzung einer Heilkur vom Erholungsurlaub ärztliche Überwachung zu fordern. Gegen die Annahme einer Heilkur kann auch die Unterbringung in einem Hotel oder Privatquartier anstatt in einem Sanatorium und die Vermittlung durch ein Reisebüro sprechen (>BFH vom 12.6.1991 – BStBl II S. 763).

- **Fahrtkosten**

  Als Fahrtkosten zum Kurort sind grundsätzlich die Kosten der öffentlichen Verkehrsmittel anzusetzen (>BFH vom 12.6.1991 – BStBl II S. 763). Die eigenen Kfz-Kosten können nur ausnahmsweise berücksichtigt werden, wenn besondere persönliche Verhältnisse dies erfordern (>BFH vom 30.6.1967 – BStBl III S. 655).

  Aufwendungen für Besuchsfahrten zu in Kur befindlichen Angehörigen sind keine außergewöhnliche Belastung (>BFH vom 16.5.1975 – BStBl II S. 536).

- **Nachkur**

  Nachkuren in einem typischen Erholungsort sind auch dann nicht abziehbar, wenn sie ärztlich verordnet sind; dies gilt erst recht, wenn die Nachkur nicht unter einer ständigen ärztlichen Aufsicht in einer besonderen Kranken- oder Genesungsanstalt durchgeführt wird (>BFH vom 4.10.1968 – BStBl 1969 II S. 179).

Medizinisch erforderliche auswärtige Unterbringung eines Kindes

Für den Begriff der „Behinderung" i. S. d. § 64 Abs. 1 Nr. 2 Satz 1 Buchst. c EStDV ist auf § 2 Abs. 1 SGB IX abzustellen. Danach sind Menschen behindert, wenn ihre körperliche Funktion, geistige Fähigkeit oder seelische Gesundheit mit hoher Wahrscheinlichkeit länger als sechs Monate von dem für das Lebensalter typischen Zustand abweichen und daher ihre Teilhabe am Leben in der Gesellschaft beeinträchtigt ist (>BFH vom 18.6.2015 – BStBl 2016 II S. 40).

Medizinische Fachliteratur

Aufwendungen eines Stpfl. für medizinische Fachliteratur sind auch dann nicht als außergewöhnliche Belastungen zu berücksichtigen, wenn die Literatur dazu dient, die Entscheidung für eine bestimmte Therapie oder für die Behandlung durch einen bestimmten Arzt zu treffen (>BFH vom 6.4.1990 – BStBl II S. 958, BFH vom 24.10.1995 – BStBl 1996 II S. 88).

Medizinische Hilfsmittel als Gebrauchsgegenstände des täglichen Lebens

Gebrauchsgegenstände des täglichen Lebens i. S. v. § 33 Abs. 1 SGB V sind nur solche technischen Hilfen, die getragen oder mit sich geführt werden können, um sich im jeweiligen Umfeld zu bewegen, zurechtzufinden und die elementaren Grundbedürfnisse des täglichen Lebens zu befriedigen. Ein Nachweis nach § 64 Abs. 1 Nr. 2 Satz 1 Buchst. e EStDV kann nur gefordert werden, wenn ein medizinisches Hilfsmittel diese Merkmale erfüllt. Ein Treppenlift erfüllt nicht die Anforderungen dieser Legaldefinition eines medizinischen Hilfsmittels, so dass die Zwangsläufigkeit von Aufwendungen für den Einbau eines Treppenlifts nicht formalisiert nachzuweisen ist (>BFH vom 6.2.2014 – BStBl II S. 458).

Mietzahlungen

Mietzahlungen für eine ersatzweise angemietete Wohnung können als außergewöhnliche Belastung zu berücksichtigen sein, wenn eine Nutzung der bisherigen eigenen Wohnung wegen Einsturzgefahr amtlich untersagt ist. Dies gilt jedoch nur bis zur Wiederherstellung der Bewohnbarkeit oder bis zu dem Zeitpunkt, in dem der Stpfl. die Kenntnis erlangt, dass eine Wiederherstellung der Bewohnbarkeit nicht mehr möglich ist (>BFH vom 21.4.2010 – BStBl II S. 965).

Mittagsheimfahrt

Aufwendungen für Mittagsheimfahrten stellen keine außergewöhnliche Belastung dar, auch wenn die Fahrten wegen des Gesundheitszustands oder einer Behinderung des Stpfl. angebracht oder erforderlich sind (>BFH vom 4.7.1975 – BStBl II S. 738).

Nachweis der Zwangsläufigkeit von krankheitsbedingten Aufwendungen

– Die in § 64 EStDV vorgesehenen Nachweise können nicht durch andere Unterlagen ersetzt werden (>BFH vom 15.1.2015 – BStBl II S. 586).

– Gegen die in § 64 Abs. 1 EStDV geregelten Nachweiserfordernisse bestehen keine verfassungsrechtlichen Bedenken (>BFH vom 21.2.2018 – BStBl II S. 469).

Neben den Pauschbeträgen für behinderte Menschen zu berücksichtigende Aufwendungen
>H 33b

Pflegeaufwendungen

– Ob die Pflegebedürftigkeit bereits vor Beginn des Heimaufenthalts oder erst später eingetreten ist, ist ohne Bedeutung (>BMF vom 20.1.2003 – BStBl I S. 89).

Aufwendungen wegen Pflegebedürftigkeit sind nur insoweit zu berücksichtigen, als die Pflegekosten die Leistungen der Pflegepflichtversicherung und das aus einer ergänzenden Pflegekrankenversicherung bezogene Pflege(tage)geld übersteigen (>BFH vom 14.4.2011 – BStBl II S. 701).

Pflegeaufwendungen für Dritte

Pflegeaufwendungen (z.B. Kosten für die Unterbringung in einem Pflegeheim), die dem Stpfl. infolge der Pflegebedürftigkeit einer Person erwachsen, der gegenüber der Stpfl. zum Unterhalt verpflichtet ist (z.B. seine Eltern oder Kinder), können grundsätzlich als außergewöhnliche Belastungen abgezogen werden, sofern die tatsächlich angefallenen Pflegekosten von den reinen Unterbringungskosten abgegrenzt werden können (>BFH vom 12.11.1996 – BStBl 1997 II S. 387). Zur Berücksichtigung von besonderem Unterhaltsbedarf einer unterhaltenen Person (z.B. wegen Pflegebedürftigkeit) neben typischen Unterhaltsaufwendungen >BMF vom 2.12.2002 (BStBl I S. 1389). Aufwendungen, die einem Stpfl. für die krankheitsbedingte Unterbringung eines Angehörigen in einem Heim entstehen, stellen als Krankheitskosten eine außergewöhnliche Belastung i. S. d. § 33 EStG dar (>BFH vom 30.6.2011 – BStBl 2012 II S. 876). Ob die Pflegebedürftigkeit bereits vor Beginn des Heimaufenthalts oder erst später eingetreten ist, ist ohne Bedeutung (>BMF vom 20.1.2003 – BStBl I S. 89). Abziehbar sind neben den Pflegekosten auch die im Vergleich zu den Kosten der normalen Haushaltsführung entstandenen Mehrkosten für Unterbringung und Verpflegung (>BFH vom 30.6.2011 – BStBl 2012 II S. 876).

– **Fahrtkosten**

Aufwendungen für Fahrten, um einen kranken Angehörigen, der im eigenen Haushalt lebt, zu betreuen und zu versorgen, können unter besonderen Umständen außergewöhnliche Belastungen sein. Die Fahrten dürfen nicht lediglich der allgemeinen Pflege verwandtschaftlicher Beziehungen dienen (>BFH vom 6.4.1990 – BStBl II S. 958 und vom 22.10.1996 – BStBl 1997 II S. 558).

- **Übertragung des gesamten sicheren Vermögens**
  >R 33.3 Abs. 5
  Aufwendungen für die Unterbringung und Pflege eines bedürftigen Angehörigen sind nicht als außergewöhnliche Belastung zu berücksichtigen, soweit der Stpfl. von dem Angehörigen dessen gesamtes sicheres Vermögen in einem Zeitpunkt übernommen hat, als dieser sich bereits im Rentenalter befand (>BFH vom 12. 11. 1996 – BStBl 1997 II S. 387).
- **Zwangsläufigkeit bei persönlicher Pflege**
  Aufwendungen, die durch die persönliche Pflege eines nahen Angehörigen entstehen, sind nur dann außergewöhnliche Belastungen, wenn die Übernahme der Pflege unter Berücksichtigung der näheren Umstände des Einzelfalls aus rechtlichen oder sittlichen Gründen i. S. d. § 33 Abs. 2 EStG zwangsläufig ist. Allein das Bestehen eines nahen Verwandtschaftsverhältnisses reicht für die Anwendung des § 33 EStG nicht aus. Bei der erforderlichen Gesamtbewertung der Umstände des Einzelfalls sind u. a. der Umfang der erforderlichen Pflegeleistungen und die Höhe der für den Stpfl. entstehenden Aufwendungen zu berücksichtigen (>BFH vom 22. 10. 1996 – BStBl 1997 II S. 558).

Rechtliche Pflicht
Zahlungen in Erfüllung rechtsgeschäftlicher Verpflichtungen erwachsen regelmäßig nicht zwangsläufig. Unter rechtliche Gründe i. S. v. § 33 Abs. 2 EStG fallen danach nur solche rechtlichen Verpflichtungen, die der Stpfl. nicht selbst gesetzt hat (>BFH vom 18. 7. 1986 – BStBl II S. 745 und vom 19. 5. 1995 – BStBl II S. 774).
>Kapitalabfindung von Unterhaltsansprüchen

Rentenversicherungsbeiträge
>Sittliche Pflicht

Sanierung eines selbst genutzten Gebäudes
Aufwendungen für die Sanierung eines selbst genutzten Wohngebäudes, nicht aber die Kosten für übliche Instandsetzungs- und Modernisierungsmaßnahmen oder die Beseitigung von Baumängeln, können als außergewöhnliche Belastung abzugsfähig sein, wenn
- durch die Baumaßnahmen konkrete Gesundheitsgefährdungen abgewehrt werden z. B. bei einem asbestgedeckten Dach (>BFH vom 29. 3. 2012 – BStBl II S. 570) >aber Asbestbeseitigung,
- unausweichliche Schäden beseitigt werden, weil eine konkrete und unmittelbar bevorstehende Unbewohnbarkeit des Gebäudes droht und daraus eine aufwändige Sanierung folgt z. B. bei Befall eines Gebäudes mit Echtem Hausschwamm (>BFH vom 29. 3. 2012 – BStBl II S. 572),
- vom Gebäude ausgehende unzumutbare Beeinträchtigungen behoben werden z. B. Geruchsbelästigungen (>BFH vom 29. 3. 2012 – BStBl II S. 574).

Der Grund für die Sanierung darf weder beim Erwerb des Grundstücks erkennbar gewesen noch vom Grundstückseigentümer verschuldet worden sein. Auch muss der Stpfl. realisierbare Ersatzansprüche gegen Dritte verfolgen, bevor er seine Aufwendungen steuerlich geltend machen kann und er muss sich den aus der Erneuerung ergebenden Vorteil anrechnen lassen („Neu für Alt"). Die Zwangsläufigkeit der Aufwendungen ist anhand objektiver Kriterien nachzuweisen.
>Gesundheitsgefährdung

Schadensersatzleistungen
können zwangsläufig sein, wenn der Stpfl. bei der Schädigung nicht vorsätzlich oder grob fahrlässig gehandelt hat (>BFH vom 3. 6. 1982 – BStBl II S. 749).

Scheidungskosten
Kosten eines Scheidungsverfahrens fallen unter das Abzugsverbot für Prozesskosten gem. § 33 Abs. 2 Satz 4 EStG (>BFH vom 18. 5. 2017 – BStBl II S. 988).

Schulbesuch
– Aufwendungen für den Privatschulbesuch eines Kindes werden durch die Vorschriften des Familienleistungsausgleichs und § 33a Abs. 2 EStG abgegolten und können daher grundsätzlich nur dann außergewöhnliche Belastungen sein, wenn es sich bei diesen Aufwendungen um unmittelbare Krankheitskosten handelt (>BFH vom 17. 4. 1997 – BStBl II S. 752).
– Außergewöhnliche Belastungen liegen nicht vor, wenn ein Kind ausländischer Eltern, die sich nur vorübergehend im Inland aufhalten, eine fremdsprachliche Schule besucht (>BFH vom 23. 11. 2000 – BStBl 2001 II S. 132).
– Aufwendungen für den Besuch einer Schule für Hochbegabte können außergewöhnliche Belastungen sein, wenn dies medizinisch angezeigt ist und es sich hierbei um unmittelbare Krankheitskosten handelt. Dies gilt auch für die Kosten einer auswärtigen der Krankheit geschuldeten Internatsunterbringung, selbst wenn diese zugleich der schulischen Ausbildung dient. Ein zusätzlicher Freibetrag nach § 33a Abs. 2 EStG kann nicht gewährt werden (>BFH vom 12. 5. 2011 – BStBl II S. 783).
– >H 33a.2 (Auswärtige Unterbringung)

Sittliche Pflicht
Eine die Zwangsläufigkeit von Aufwendungen begründende sittliche Pflicht ist nur dann zu bejahen, wenn diese so unabdingbar auftritt, dass sie ähnlich einer Rechtspflicht von außen her als eine Forderung oder zumindest Erwartung der Gesellschaft derart auf den Stpfl. einwirkt, dass ihre Erfüllung als eine selbstverständliche Handlung erwartet und die Missachtung dieser Erwartung als moralisch anstößig empfunden wird, wenn das Unterlassen der Aufwendungen also Sanktionen im sittlich-moralischen Bereich oder auf gesellschaftlicher Ebene zur Folge haben kann (>BFH vom 27. 10. 1989 – BStBl 1990 II S. 294 und vom 22. 10. 1996 – BStBl 1997 II S. 558). Die sittliche Pflicht gilt nur für unabdingbar notwendige Aufwendungen (>BFH vom 12. 12. 2002 – BStBl 2003 II S. 299). Bei der Entscheidung ist auf alle Umstände des Einzelfalles, insbesondere die persönlichen Beziehungen zwischen den Beteiligten, ihre Einkommens- und Vermögensverhältnisse sowie die konkrete Lebenssituation, bei der Übernahme einer Schuld auch auf den Inhalt des Schuldverhältnisses abzustellen (>BFH vom 24. 7. 1987 – BStBl II S. 715). Die allgemeine sittliche Pflicht, in Not geratenen Menschen zu helfen, kann allein die Zwangsläufigkeit nicht begründen (>BFH vom 8. 4. 1954 – BStBl III S. 188).
Zwangsläufigkeit kann vorliegen, wenn das Kind des Erblassers als Alleinerbe Nachlassverbindlichkeiten erfüllt, die auf existentiellen Bedürfnissen seines in Armut verstorbenen Elternteils unmittelbar vor oder im Zusammenhang mit dessen Tod beruhen (>BFH vom 24. 7. 1987 – BStBl II S. 715).
Nachzahlungen zur Rentenversicherung eines Elternteils sind nicht aus sittlichen Gründen zwangsläufig, wenn auch ohne die daraus entstehenden Rentenansprüche der Lebensunterhalt des Elternteils sichergestellt ist (>BFH vom 7. 3. 2002 – BStBl II S. 473).

Studiengebühren
Gebühren für die Hochschulausbildung eines Kindes sind weder nach § 33a Abs. 2 EStG noch nach § 33 EStG als außergewöhnliche Belastung abziehbar (>BFH vom 17. 12. 2009 – BStBl 2010 II S. 341).

Trinkgelder
Trinkgelder sind nicht zwangsläufig i. S. d. § 33 Abs. 2 EStG und zwar unabhängig davon, ob die zugrunde liegende Leistung selbst als außergewöhnliche Belastung zu beurteilen ist (>BFH vom 30. 10. 2003 – BStBl 2004 II S. 270 und vom 19. 4. 2012 – BStBl II S. 577).

Umschulungskosten
Kosten für eine Zweitausbildung sind dann nicht berücksichtigungsfähig, wenn die Erstausbildung nicht endgültig ihren wirtschaftlichen Wert verloren hat (>BFH vom 28. 8. 1997 – BStBl 1998 II S. 183).

Umzug
Umzugskosten sind unabhängig von der Art der Wohnungskündigung durch den Mieter oder Vermieter in der Regel nicht außergewöhnlich (>BFH vom 28. 2. 1975 – BStBl II S. 482 und vom 23. 6. 1978 – BStBl II S. 526).

Unterbringung eines nahen Angehörigen in einem Heim
>BMF vom 2. 12. 2002 (BStBl I S. 1389)

Unterhaltsverpflichtung
>Kapitalabfindung von Unterhaltsansprüchen
>Pflegeaufwendungen für Dritte

Urlaubsreise
Aufwendungen für die Wiederbeschaffung von Kleidungsstücken, die dem Stpfl. auf einer Urlaubsreise entwendet wurden, können regelmäßig nicht als außergewöhnliche Belastung angesehen werden, weil üblicherweise ein notwendiger Mindestbestand an Kleidung noch vorhanden ist (>BFH vom 3. 9. 1976 – BStBl II S. 712).

Verausgabung
Aus dem Zusammenhang der Vorschriften von § 33 Abs. 1 EStG und § 11 Abs. 2 Satz 1 EStG folgt, dass außergewöhnliche Belastungen für das Kj. anzusetzen sind, in dem die Aufwendungen tatsächlich geleistet worden sind (>BFH vom 30. 7. 1982 – BStBl II S. 744 und vom 10. 6. 1988 – BStBl II S. 814). Dies gilt grundsätzlich auch, wenn die Aufwendungen (nachträgliche) Anschaffungs- oder Herstellungskosten eines mehrjährig nutzbaren Wirtschaftsguts darstellen (>BFH vom 22. 10. 2009 – BStBl 2010 II S. 280).
>Darlehen
>Ersatz von dritter Seite

Verbraucherinsolvenzverfahren
Hat der Stpfl. die entscheidende Ursache für seine Zahlungsschwierigkeiten selbst gesetzt, kann die Insolvenztreuhändervergütung nicht als außergewöhnliche Belastung berücksichtigt werden (>BFH vom 4. 8. 2016 – BStBl 2017 II S. 273).

Vermögensebene
Auch Kosten zur Beseitigung von Schäden an einem Vermögensgegenstand können Aufwendungen i. S. v. § 33 EStG sein, wenn der Vermögensgegenstand für den Stpfl. von existenziell wichtiger Bedeutung ist. Eine Berücksichtigung nach § 33 EStG scheidet aus, wenn Anhaltspunkte für ein Verschulden des Stpfl. erkennbar oder Ersatzansprüche gegen Dritte gegeben sind oder wenn der Stpfl. eine allgemein zugängliche und übliche Versicherungsmöglichkeit nicht wahrgenommen hat (>BFH vom 6. 5. 1994 – BStBl 1995 II S. 104). Dies gilt auch, wenn lebensnotwendige Vermögensgegenstände wie Hausrat und Kleidung wiederbeschafft werden müssen (>BFH vom 26. 6. 2003 – BStBl 2004 II S. 47).
>R 33.2

Verschulden
Ein eigenes (ursächliches) Verschulden des Stpfl. schließt die Berücksichtigung von Aufwendungen zur Wiederherstellung von Vermögensgegenständen nach § 33 EStG aus (>BFH vom 6. 5. 1994 – BStBl 1995 II S. 104).
>Vermögensebene

Versicherung
Eine Berücksichtigung von Aufwendungen zur Wiederherstellung von Vermögensgegenständen nach § 33 EStG scheidet aus, wenn der Stpfl. eine allgemein zugängliche und übliche Versicherungsmöglichkeit nicht wahrgenommen hat (>BFH vom 6. 5. 1994 – BStBl 1995 II S. 104). Dies gilt auch, wenn lebensnotwendige Vermögensgegenstände, wie Hausrat und Kleidung wiederbeschafft werden müssen (>BFH vom 26. 6. 2003 – BStBl 2004 II S. 47).
>Ersatz von dritter Seite
>Vermögensebene
>Bestattungskosten

Wissenschaftlich nicht anerkannte Behandlungsmethoden
- Wissenschaftlich nicht anerkannt ist eine Behandlungsmethode dann, wenn Qualität und Wirksamkeit nicht dem allgemein anerkannten Stand der medizinischen Erkenntnisse entsprechen (>BFH vom 26. 6. 2014 – BStBl 2015 II S. 9).
- Maßgeblicher Zeitpunkt für die wissenschaftliche Anerkennung einer Behandlungsmethode i. S. d. § 64 Abs. 1 Nr. 2 Satz 1 Buchst. f EStDV ist der Zeitpunkt der Behandlung (>BFH vom 18. 6. 2015 – BStBl II S. 803).
- Die Behandlungsmethoden, Arznei- und Heilmittel der besonderen Therapierichtungen nach § 2 Abs. 1 Satz 2 SGB V (Phytotherapie, Homöopathie und Anthroposophie mit dem Heilmittel Heileurythmie) gehören nicht zu den wissenschaftlich nicht anerkannten Behandlungsmethoden. Der Nachweis der Zwangsläufigkeit von Aufwendungen im Krankheitsfall ist daher nicht nach § 64 Abs. 1 Nr. 2f EStDV[1] zu führen. Sofern es sich um Aufwendungen für Arznei-, Heil- und Hilfsmittel handelt, ist der Nachweis der Zwangsläufigkeit nach § 64 Abs. 1 Nr. 1 EStDV zu erbringen (>BFH vom 26. 2. 2014 – BStBl II S. 824).
- Bei einer Liposuktion handelt es sich um eine wissenschaftlich nicht anerkannte Methode zur Behandlung eines Lipödems (>BFH vom 18. 6. 2015 – BStBl II S. 803).

Wohngemeinschaft
Nicht erstattete Kosten für die behinderungsbedingte Unterbringung eines Menschen im arbeitsfähigen Alter in einer betreuten Wohngemeinschaft können außergewöhnliche Belastungen sein. Werden die Unterbringungskosten als Eingliederungshilfe teilweise vom Sozialhilfeträger übernommen, kann die Notwendigkeit der Unterbringung unterstellt werden (>BFH vom 23. 5. 2002 – BStBl II S. 567).

Zinsen
Zinsen für ein Darlehen können ebenfalls zu den außergewöhnlichen Belastungen zählen, soweit die Darlehensaufnahme selbst zwangsläufig erfolgt ist (>BFH vom 6. 4. 1990 – BStBl II S. 958); sie sind im Jahr der Verausgabung abzuziehen.

Zumutbare Belastung
Die Höhe der zumutbaren Belastung (§ 33 Abs. 3 Satz 1 EStG) wird gestaffelt ermittelt. Nur der Teil des Gesamtbetrags der Einkünfte, der die jeweilige Betragsstufe übersteigt, wird mit dem jeweils höheren Prozentsatz belastet (>BFH vom 19. 1. 2017 – BStBl II S. 684).

---

[1] Redaktionelles Versehen: >§ 64 Abs. 1 Nr. 2 Satz 1 Buchst. f EStDV.

Zwischenheimfahrten
Fahrtkosten aus Anlass von Zwischenheimfahrten können grundsätzlich nicht berücksichtigt werden. Dies gilt nicht für Kosten der Zwischenheimfahrten einer Begleitperson, die ein krankes, behandlungsbedürftiges Kind, das altersbedingt einer Begleitperson bedarf, zum Zwecke einer amtsärztlich bescheinigten Heilbehandlung von mehrstündiger Dauer gefahren und wieder abgeholt hat, wenn es der Begleitperson nicht zugemutet werden kann, die Behandlung abzuwarten (>BFH vom 3.12.1998 – BStBl 1999 II S. 227).

Zu § 33a EStG

| R 33a.1 | **Aufwendungen für den Unterhalt und eine etwaige Berufsausbildung** |

Gesetzlich unterhaltsberechtigte Person

(1) ¹Gesetzlich unterhaltsberechtigt sind Personen, denen gegenüber der Stpfl. nach dem BGB oder dem LPartG unterhaltsverpflichtet ist. ²Somit müssen die zivilrechtlichen Voraussetzungen eines Unterhaltsanspruchs vorliegen und die Unterhaltskonkurrenzen beachtet werden. ³Für den Abzug ist dabei die tatsächliche Bedürftigkeit des Unterhaltsempfängers erforderlich (sog. konkrete Betrachtungsweise). ⁴Eine Prüfung, ob im Einzelfall tatsächlich ein Unterhaltsanspruch besteht, ist aus Gründen der Verwaltungsvereinfachung nicht erforderlich, wenn die unterstützte Person unbeschränkt steuerpflichtig sowie dem Grunde nach (potenziell) unterhaltsberechtigt ist, tatsächlich Unterhalt erhält und alle übrigen Voraussetzungen des § 33a Abs. 1 EStG vorliegen; insoweit wird die Bedürftigkeit der unterstützten Person typisierend unterstellt. ⁵Gehört die unterhaltsberechtigte Person zum Haushalt des Stpfl., kann regelmäßig davon ausgegangen werden, dass ihm dafür Unterhaltsaufwendungen in Höhe des maßgeblichen Höchstbetrags erwachsen.

Arbeitskraft und Vermögen

(2) ¹Die zu unterhaltende Person muss zunächst ihr eigenes Vermögen, wenn es nicht geringfügig ist, einsetzen und verwerten. ²Hinsichtlich des vorrangigen Einsatzes und Verwertung der eigenen Arbeitskraft ist Absatz 1 Satz 4 entsprechend anzuwenden. ³Als geringfügig kann in der Regel ein Vermögen bis zu einem gemeinen Wert (Verkehrswert) von 15.500 Euro angesehen werden. ⁴Dabei bleiben außer Betracht:

1. Vermögensgegenstände, deren Veräußerung offensichtlich eine Verschleuderung bedeuten würde,
2. Vermögensgegenstände, die einen besonderen persönlichen Wert, z. B. Erinnerungswert, für den Unterhaltsempfänger haben oder zu seinem Hausrat gehören, und ein angemessenes Hausgrundstück im Sinne von § 90 Abs. 2 Nr. 8 SGB XII, wenn der Unterhaltsempfänger das Hausgrundstück allein oder zusammen mit Angehörigen bewohnt, denen es nach seinem Tode weiter als Wohnung dienen soll.

Einkünfte und Bezüge

(3) ¹Einkünfte sind stets in vollem Umfang zu berücksichtigen, also auch soweit sie zur Bestreitung des Unterhalts nicht zur Verfügung stehen oder die Verfügungsbefugnis beschränkt ist. ²Dies gilt auch für Einkünfte, die durch unvermeidbare Versicherungsbeiträge des Kindes gebunden sind. ³Bezüge i.S.v. § 33a Abs. 1 Satz 5 EStG sind alle Einnahmen in Geld oder Geldeswert, die nicht im Rahmen der einkommensteuerrechtlichen Einkunftsermittlung erfasst werden. ⁴Zu diesen Bezügen gehören insbesondere:

1. Kapitalerträge i. S. d. § 32d Abs. 1 EStG ohne Abzug des Sparer-Pauschbetrags nach § 20 Abs. 9 EStG,

2. die nicht der Besteuerung unterliegenden Teile der Leistungen (§ 22 Nr. 1 Satz 3 Buchstabe a Doppelbuchstabe aa EStG) und die Teile von Leibrenten, die den Ertragsanteil nach § 22 Nr. 1 Satz 3 Buchstabe a Doppelbuchstabe bb EStG übersteigen,
3. Einkünfte und Leistungen, soweit sie dem Progressionsvorbehalt unterliegen,
4. steuerfreie Einnahmen nach § 3 Nr. 1 Buchstabe a, Nr. 2b, 3, 5, 6, 11, 27, 44, 58 und § 3b EStG,
5. die nach § 3 Nr. 40 und 40a EStG steuerfrei bleibenden Beträge abzüglich der damit in Zusammenhang stehenden Aufwendungen i. S. d. § 3c EStG,
6. pauschal besteuerte Bezüge nach § 40a EStG,
7. Unterhaltsleistungen des geschiedenen oder dauernd getrennt lebenden Ehegatten, soweit sie nicht als sonstige Einkünfte i. S. d. § 22 Nr. 1a EStG erfasst sind,
8. Zuschüsse eines Trägers der gesetzlichen Rentenversicherung zu den Aufwendungen eines Rentners für seine Krankenversicherung.

⁵Bei der Feststellung der anzurechnenden Bezüge sind aus Vereinfachungsgründen insgesamt 180 Euro im Kalenderjahr abzuziehen, wenn nicht höhere Aufwendungen, die im Zusammenhang mit dem Zufluss der entsprechenden Einnahmen stehen, nachgewiesen oder glaubhaft gemacht werden. ⁶Ein solcher Zusammenhang ist z. B. bei Kosten eines Rechtsstreits zur Erlangung der Bezüge und bei Kontoführungskosten gegeben.

Opfergrenze, Ländergruppeneinteilung

(4) ¹Die >Opfergrenze ist unabhängig davon zu beachten, ob die unterhaltene Person im Inland oder im Ausland lebt. ²Die nach § 33a Abs. 1 Satz 6 EStG maßgeblichen Beträge sind anhand der >Ländergruppeneinteilung zu ermitteln.

Erhöhung des Höchstbetrages für Unterhaltsleistungen um Beiträge zur Kranken- und Pflegeversicherung

(5) ¹Der Höchstbetrag nach § 33a Abs. 1 Satz 1 EStG erhöht sich um die für die Absicherung der unterhaltsberechtigten Person aufgewandten Beiträge zur Kranken- und Pflegeversicherung nach § 10 Abs. 1 Nr. 3 EStG, wenn für diese beim Unterhaltsleistenden kein Sonderausgabenabzug möglich ist. ²Dabei ist es nicht notwendig, dass die Beiträge tatsächlich von dem Unterhaltsverpflichteten gezahlt oder erstattet wurden. ³Für diese Erhöhung des Höchstbetrages genügt es, wenn der Unterhaltsverpflichtete seiner Unterhaltsverpflichtung nachkommt. ⁴Die Gewährung von Sachunterhalt (z. B. Unterkunft und Verpflegung) ist ausreichend.

H 33a.1

Allgemeines zum Abzug von Unterhaltsaufwendungen

Abziehbare Aufwendungen i. S. d. § 33a Abs. 1 Satz 1 EStG sind solche für den typischen Unterhalt, d. h. die üblichen für den laufenden Lebensunterhalt bestimmten Leistungen, sowie Aufwendungen für eine Berufsausbildung. Dazu können auch gelegentliche oder einmalige Leistungen gehören. Diese dürfen aber regelmäßig nicht als Unterhaltsleistungen für Vormonate und auch nicht zur Deckung des Unterhaltsbedarfs für das Folgejahr berücksichtigt werden (>BFH vom 5. 5. 2010 – BStBl 2011 II S. 164 und vom 11. 11. 2010 – BStBl 2011 II S. 966). Den Aufwendungen für den typischen Unterhalt sind auch Krankenversicherungsbeiträge, deren Zahlung der Stpfl. übernommen hat, zuzurechnen (>BFH vom 31. 10. 1973 – BStBl 1974 II S. 86). Eine Kapitalabfindung, mit der eine Unterhaltsverpflichtung abgelöst wird, kann nur im Rahmen des § 33a Abs. 1 EStG berücksichtigt werden (>BFH vom 19. 6. 2008 – BStBl 2009 II S. 365).

Abgrenzung zu § 33 EStG

– Typische Unterhaltsaufwendungen – insbesondere für Ernährung, Kleidung, Wohnung, Hausrat und notwendige Versicherungen – können nur nach § 33a Abs. 1 EStG berücksichtigt werden. Erwachsen dem Stpfl. außer Aufwendungen für den typischen Unterhalt und eine Berufsausbildung Aufwendungen für einen besonderen Unterhaltsbedarf der unterhaltenen Person, z. B. Krankheitskosten, kommt dafür eine Steuerermäßigung nach § 33 EStG in Betracht (>BFH vom 19. 6. 2008 – BStBl 2009 II S. 365 und BMF vom 2. 12. 2002 – BStBl I S. 1389).

– Aufwendungen für die krankheitsbedingte Unterbringung von Angehörigen in einem Altenpflegeheim fallen unter § 33 EStG, während Aufwendungen für deren altersbedingte Heimunterbringung nur nach § 33a Abs. 1 EStG berücksichtigt werden können (>BFH vom 30. 6. 2011 – BStBl 2012 II S. 876).

– Zur Berücksichtigung von Aufwendungen wegen Pflegebedürftigkeit und erheblich eingeschränkter Alltagskompetenz >R 33.3, von Aufwendungen wegen Krankheit und Behinderung >R 33.4 und von Aufwendungen für existentiell notwendige Gegenstände >R 33.2.

Anrechnung eigener Einkünfte und Bezüge

– **Allgemeines**

Leistungen des Stpfl., die neben Unterhaltsleistungen aus einem anderen Rechtsgrund (z. B. Erbauseinandersetzungsvertrag) erbracht werden, gehören zu den anzurechnenden Einkünften und Bezügen der unterhaltenen Person (>BFH vom 17. 10. 1980 – BStBl 1981 II S. 158).

– **Ausbildungshilfen**

Ausbildungshilfen der Agentur für Arbeit mindern nur dann den Höchstbetrag des § 33a Abs. 1 EStG bei den Eltern, wenn sie Leistungen abdecken, zu denen die Eltern gesetzlich verpflichtet sind. Eltern sind beispielsweise nicht verpflichtet, ihrem Kind eine zweite Ausbildung zu finanzieren, der sich das Kind nachträglich nach Beendigung der ersten Ausbildung unterziehen will. Erhält das Kind in diesem Fall Ausbildungshilfen zur Finanzierung von Lehrgangsgebühren, Fahrtkosten oder Arbeitskleidung, sind diese nicht auf den Höchstbetrag anzurechnen (>BFH vom 4. 12. 2001 – BStBl 2002 II S. 195). Der Anspruch auf kindergeldähnliche Leistungen nach ausländischem Recht steht dem Kindergeldanspruch gleich (>BFH vom 4. 12. 2003 – BStBl 2004 II S. 275).

– **Einkünfte und Bezüge**

– >R 33a.1 Abs. 3

– Unvermeidbare Versicherungsbeiträge der unterhaltenen Person mindern die anzurechnenden Einkünfte i. S. d. § 33a Abs. 1 Satz 5 EStG nicht. Verfassungsrechtliche Bedenken hiergegen bestehen nicht (>BFH vom 18. 6. 2015 – BStBl II S. 928).

– **Elterngeld**

Das Elterngeld zählt in vollem Umfang und damit einschließlich des Sockelbetrags (§ 2 Abs. 4 BEEG) zu den anrechenbaren Bezügen (>BFH vom 20. 10. 2016 – BStBl 2017 II S. 194).

– **Leistungen für Mehrbedarf bei Körperschaden**

Leistungen, die nach bundes- oder landesgesetzlichen Vorschriften gewährt werden, um einen Mehrbedarf zu decken, der durch einen Körperschaden verursacht ist, sind keine anzurechnenden Bezüge (>BFH vom 22. 7. 1988 – BStBl II S. 830).

– **Zusammenfassendes Beispiel für die Anrechnung:**

Ein Stpfl. unterhält seinen 35-jährigen Sohn mit 150 € monatlich. Dieser erhält Arbeitslohn von jährlich 7.200 €. Davon wurden gesetzliche Sozialversicherungsbeiträge i. H. v. 1.459 € abgezogen (Krankenversicherung 568 €, Rentenversicherung 673 €, Pflegeversicherung 110 € und Arbeitslosenversicherung 108 €). Daneben erhält er seit seinem 30. Lebensjahr eine lebenslängliche Rente aus einer privaten Unfallversicherung i. H. v. 150 € monatlich.

Tatsächliche Unterhaltsleistungen			1.800 €
Ungekürzter Höchstbetrag			9.000 €
Erhöhungsbetrag nach § 33a Abs. 1 Satz 2 EStG			
Krankenversicherung		568 €	
abzüglich 4 % (>BMF vom 24. 5. 2017 – BStBl I S. 820, Rz. 83)		–22 €	
verbleiben		546 €	546 €
Pflegeversicherung		110 €	110 €
Erhöhungsbetrag			656 €
Ungekürzter Höchstbetrag und Erhöhungsbetrag gesamt			9.656 €
Einkünfte des Sohnes			
Arbeitslohn		7.200 €	
Arbeitnehmer-Pauschbetrag	1.000 €	1.000 €	
Einkünfte i. S. d. § 19 EStG		6.200 €	6.200 €
Leibrente		1.800 €	
Hiervon Ertragsanteil 44 %		792 €	
Werbungskosten-Pauschbetrag	102 €	102 €	
Einkünfte i. S. d. § 22 EStG		690 €	690 €
S. d. E.			6.890 €
Bezüge des Sohnes			
Steuerlich nicht erfasster Teil der Rente		1.008 €	
Kostenpauschale	180 €	180 €	
Bezüge		828 €	828 €
S. d. E. und Bezüge			7.718 €
anrechnungsfreier Betrag			–624 €
anzurechnende Einkünfte			7.094 € –7.094 €
Höchstbetrag			2.562 €
Abzugsfähige Unterhaltsleistungen			1.800 €

– **Zuschüsse**
Zu den ohne anrechnungsfreien Betrag anzurechnenden Zuschüssen gehören z. B. die als Zuschuss gewährten Leistungen nach dem BAföG, nach dem SGB III gewährte Berufsausbildungsbeihilfen und Ausbildungsgelder sowie Stipendien aus öffentlichen Mitteln. Dagegen sind Stipendien aus dem ERASMUS/SOKRATES-Programm der EU nicht anzurechnen, da die Stipendien nicht die üblichen Unterhaltsaufwendungen, sondern allein die anfallenden Mehrkosten eines Auslandsstudiums (teilweise) abdecken (>BFH vom 17. 10. 2001 – BStBl 2002 II S. 793).

Geringes Vermögen („Schonvermögen")
– Nicht gering kann auch Vermögen sein, das keine anzurechnenden Einkünfte abwirft; Vermögen ist auch dann zu berücksichtigen, wenn es die unterhaltene Person für ihren künftigen Unterhalt benötigt (>BFH vom 14. 8. 1997 – BStBl 1998 II S. 241).
– Bei Ermittlung des für den Unterhaltshöchstbetrag schädlichen Vermögens sind Verbindlichkeiten und Verwertungshindernisse vom Verkehrswert der aktiven Vermögensgegenstände, der mit dem gemeinen Wert nach dem BewG zu ermitteln ist, in Abzug zu bringen (Nettovermögen) (>BFH vom 11. 2. 2010 – BStBl II S. 628). Wertmindernd zu berücksichtigen sind dabei auch ein Nießbrauchsvorbehalt sowie ein dinglich gesichertes Veräußerungs- und Belastungsverbot (>BFH vom 29. 5. 2008 – BStBl 2009 II S. 361).
– Die Bodenrichtwerte nach dem BauGB sind für die Ermittlung des Verkehrswertes von Grundvermögen i. S. d. § 33a EStG nicht verbindlich (>BFH vom 11. 2. 2010 – BStBl II S. 628).
– Ein angemessenes Hausgrundstück i. S. d. § 90 Abs. 2 Nr. 8 SGB XII bleibt außer Betracht (>R 33a.1 Abs. 2).
§ 90 Abs. 2 Nr. 8 SGB XII hat folgenden Wortlaut:
„Einzusetzendes Vermögen
...

(2) Die Sozialhilfe darf nicht abhängig gemacht werden vom Einsatz oder von der Verwertung
...

8. eines angemessenen Hausgrundstücks, das von der nachfragenden Person oder einer anderen in den § 19 Abs. 1 bis 3 genannten Person allein oder zusammen mit Angehörigen ganz oder teilweise bewohnt wird und nach ihrem Tod von ihren Angehörigen bewohnt werden soll. Die Angemessenheit bestimmt sich nach der Zahl der Bewohner, dem Wohnbedarf (zum Beispiel behinderter, blinder oder pflegebedürftiger Menschen), der Grundstücksgröße, der Hausgröße, dem Zuschnitt und der Ausstattung des Wohngebäudes sowie dem Wert des Grundstücks einschließlich des Wohngebäudes,"

Geschiedene oder dauernd getrennt lebende Ehegatten
Durch Antrag und Zustimmung nach § 10 Abs. 1a Nr. 1 EStG werden alle in dem betreffenden VZ geleisteten Unterhaltsaufwendungen zu Sonderausgaben umqualifiziert. Ein Abzug als außergewöhnliche Belastung ist nicht möglich, auch nicht, soweit sie den für das Realsplitting geltenden Höchstbetrag übersteigen (>BFH vom 7. 11. 2000 – BStBl 2001 II S. 338). Sind für das Kj. der Trennung oder Scheidung die Vorschriften über die Ehegattenbesteuerung (§§ 26 bis 26b, § 32a Abs. 5 EStG) anzuwenden, dann können Aufwendungen für den Unterhalt des dauernd getrennt lebenden oder geschiedenen Ehegatten nicht nach § 33a Abs. 1 EStG abgezogen werden (>BFH vom 31. 5. 1989 – BStBl II S. 658).

Gleichgestellte Person
>BMF vom 7. 6. 2010 (BStBl I S. 582)

Haushaltsgemeinschaft
Lebt der Unterhaltsberechtigte mit bedürftigen Angehörigen in einer Haushaltsgemeinschaft und wird seine Rente bei der Berechnung der Sozialhilfe als Einkommen der Haushaltsgemeinschaft angerechnet, ist die Rente nur anteilig auf den Höchstbetrag des § 33a Abs. 1 Satz 1 EStG anzurechnen. In diesem Fall sind die Rente und die Sozialhilfe nach Köpfen aufzuteilen (>BFH vom 19. 6. 2002 – BStBl II S. 753).

Heimunterbringung
>Personen in einem Altenheim oder Altenwohnheim

Ländergruppeneinteilung
>BMF vom 20. 10. 2016 (BStBl I S. 1183)

Opfergrenze
>BMF vom 7. 6. 2010 (BStBl I S. 582), Rzn. 10-12

Personen in einem Altenheim oder Altenwohnheim
Zu den Aufwendungen für den typischen Unterhalt gehören grundsätzlich auch Kosten der Unterbringung in einem Altenheim oder Altenwohnheim (>BFH vom 29. 9. 1989 – BStBl 1990 II S. 418).

Personen im Ausland
– Zur Berücksichtigung von Aufwendungen für den Unterhalt >BMF vom 7. 6. 2010 (BStBl I S. 588)
– Ländergruppeneinteilung >BMF vom 20. 10. 2016 (BStBl I S. 1183)

Personen mit einer Aufenthaltserlaubnis nach § 23 Aufenthaltsgesetz
>BMF vom 27. 5. 2015 (BStBl I S. 474)

Unterhalt für mehrere Personen
Unterhält der Stpfl. mehrere Personen, die einen gemeinsamen Haushalt führen, so ist der nach § 33a Abs. 1 EStG abziehbare Betrag grundsätzlich für jede unterhaltsberechtigte oder gleichgestellte Person getrennt zu ermitteln. Der insgesamt nachgewiesene Zahlungsbetrag ist unterschiedslos nach Köpfen aufzuteilen (>BFH vom 12. 11. 1993 − BStBl 1994 II S. 731 und BMF vom 7. 6. 2010 − BStBl I S. 588, Rz. 19). Handelt es sich bei den unterhaltenen Personen um in Haushaltsgemeinschaft lebende Ehegatten, z. B. Eltern, sind die Einkünfte und Bezüge zunächst für jeden Ehegatten gesondert festzustellen und sodann zusammenzurechnen. Die zusammengerechneten Einkünfte und Bezüge sind um 1.248 € (zweimal 624 €) zu kürzen. Der verbleibende Betrag ist von der Summe der beiden Höchstbeträge abzuziehen (>BFH vom 15. 11. 1991 − BStBl 1992 II S. 245).

Unterhaltsanspruch der Mutter bzw. des Vaters eines nichtehelichen Kindes
§ 1615l BGB:
„(1) ¹Der Vater hat der Mutter für die Dauer von sechs Wochen vor und acht Wochen nach der Geburt des Kindes Unterhalt zu gewähren. ²Dies gilt auch hinsichtlich der Kosten, die infolge der Schwangerschaft oder der Entbindung außerhalb dieses Zeitraums entstehen.
(2) ¹Soweit die Mutter einer Erwerbstätigkeit nicht nachgeht, weil sie infolge der Schwangerschaft oder einer durch die Schwangerschaft oder die Entbindung verursachten Krankheit dazu außerstande ist, ist der Vater verpflichtet, ihr über die in Absatz 1 Satz 1 bezeichnete Zeit hinaus Unterhalt zu gewähren. ²Das Gleiche gilt, soweit von der Mutter wegen der Pflege oder Erziehung des Kindes eine Erwerbstätigkeit nicht erwartet werden kann. ³Die Unterhaltspflicht beginnt frühestens vier Monate vor der Geburt und besteht für mindestens drei Jahre nach der Geburt. ⁴Sie verlängert sich, solange und soweit dies der Billigkeit entspricht. ⁵Dabei sind insbesondere die Belange des Kindes und die bestehenden Möglichkeiten der Kinderbetreuung zu berücksichtigen.
(3) ¹Die Vorschriften über die Unterhaltspflicht zwischen Verwandten sind entsprechend anzuwenden. ²Die Verpflichtung des Vaters geht der Verpflichtung der Verwandten der Mutter vor. ³§ 1613 Abs. 2 gilt entsprechend. ⁴Der Anspruch erlischt nicht mit dem Tod des Vaters.
(4) ¹Wenn der Vater das Kind betreut, steht ihm der Anspruch nach Absatz 2 Satz 2 gegen die Mutter zu. ²In diesem Falle gilt Absatz 3 entsprechend."

Der gesetzliche Unterhaltsanspruch der Mutter eines nichtehelichen Kindes gegenüber dem Kindsvater nach § 1615l BGB ist vorrangig gegenüber der Unterhaltsverpflichtung ihrer Eltern mit der Folge, dass für die Kindsmutter der Anspruch ihrer Eltern auf Kindergeld oder Freibeträge für Kinder erlischt und für die Unterhaltsleistungen des Kindsvaters an sie eine Berücksichtigung nach § 33a Abs. 1 EStG in Betracht kommt (>BFH vom 19. 5. 2004 − BStBl II S. 943).

Unterhaltsberechtigung
− Dem Grunde nach gesetzlich unterhaltsberechtigt sind nach § 1601 BGB Verwandte in gerader Linie i. S. d. § 1589 Satz 1 BGB wie z. B. Kinder, Enkel, Eltern und Großeltern, sowie nach §§ 1360 ff., 1570 BGB Ehegatten untereinander. Voraussetzung für die Annahme einer gesetzlichen Unterhaltsberechtigung i. S. d. § 33a Abs. 1 EStG ist die tatsächliche Bedürftigkeit des Unterhaltsempfängers i. S. d. § 1602 BGB. Nach der sog. konkreten Betrachtungsweise kann die Bedürftigkeit des Unterhaltsempfängers nicht typisierend unterstellt werden. Dies führt dazu, dass die zivilrechtlichen Voraussetzungen eines Unterhaltsanspruchs (§§ 1601 − 1603 BGB) vorliegen müssen und die Unterhaltskonkurrenzen (§§ 1606 und 1608 BGB) zu beachten sind (>BMF vom 7. 6. 2010 − BStBl I S. 588, Rz. 8 und BFH vom 5. 5. 2010 − BStBl 2011 II S. 116).

- Bei landwirtschaftlich tätigen Angehörigen greift die widerlegbare Vermutung, dass diese nicht unterhaltsbedürftig sind, soweit der landwirtschaftliche Betrieb in einem nach den Verhältnissen des Wohnsitzstaates üblichen Umfang und Rahmen betrieben wird (>BFH vom 5.5.2010 – BStBl 2011 II S. 116).
- Für Inlandssachverhalte gilt die Vereinfachungsregelung in R 33a.1 Abs. 1 Satz 4 EStR.
- Die Unterhaltsberechtigung muss gegenüber dem Stpfl. oder seinem Ehegatten bestehen. Die Voraussetzungen für eine Ehegattenveranlagung nach § 26 Abs. 1 Satz 1 EStG müssen nicht gegeben sein (>BFH vom 27.7.2011 – BStBl II S. 965).

R 33a.2

Freibetrag zur Abgeltung des Sonderbedarfs eines sich in Berufsausbildung befindenden, auswärtig untergebrachten, volljährigen Kindes

Allgemeines

(1) [1]Den Freibetrag nach § 33a Abs. 2 EStG kann nur erhalten, wer für das in Berufsausbildung befindliche Kind einen Anspruch auf einen Freibetrag nach § 32 Abs. 6 EStG oder Kindergeld hat. [2]Der Freibetrag nach § 33a Abs. 2 EStG kommt daher für Kinder i. S. d. § 63 Abs. 1 EStG in Betracht.

Auswärtige Unterbringung

(2) [1]Eine auswärtige Unterbringung i. S. d. § 33a Abs. 2 Satz 1 EStG liegt vor, wenn ein Kind außerhalb des Haushalts der Eltern wohnt. [2]Dies ist nur anzunehmen, wenn für das Kind außerhalb des Haushalts der Eltern eine Wohnung ständig bereitgehalten und das Kind auch außerhalb des elterlichen Haushalts verpflegt wird. [3]Seine Unterbringung muss darauf angelegt sein, die räumliche Selbständigkeit des Kindes während seiner ganzen Ausbildung, z. B. eines Studiums, oder eines bestimmten Ausbildungsabschnitts, z. B. eines Studiensemesters oder -trimesters, zu gewährleisten. [4]Voraussetzung ist, dass die auswärtige Unterbringung auf eine gewisse Dauer angelegt ist. [5]Auf die Gründe für die auswärtige Unterbringung kommt es nicht an.

H 33a.2

Auswärtige Unterbringung
- **Asthma**
  Keine auswärtige Unterbringung des Kindes wegen Asthma (>BFH vom 26.6.1992 – BStBl 1993 II S. 212),
- **Aufwendungen für den Schulbesuch als außergewöhnliche Belastungen**
  Werden die Aufwendungen für den Schulbesuch als außergewöhnliche Belastungen berücksichtigt, kann kein zusätzlicher Freibetrag nach § 33a Abs. 2 EStG gewährt werden (>BFH vom 12.5.2011 – BStBl II S. 783),
- **Getrennte Haushalte beider Elternteile**
  Auswärtige Unterbringung liegt nur vor, wenn das Kind aus den Haushalten beider Elternteile ausgegliedert ist (>BFH vom 5.2.1988 – BStBl II S. 579),
- **Haushalt des Kindes in Eigentumswohnung des Stpfl.**
  Auswärtige Unterbringung liegt vor, wenn das Kind in einer Eigentumswohnung des Stpfl. einen selbständigen Haushalt führt (>BFH vom 26.1.1994 – BStBl II S. 544 und vom 25.1.1995 – BStBl II S. 378). Ein Freibetrag gem. § 33a Abs. 2 EStG wegen auswärtiger Unterbringung ist ausgeschlossen, wenn die nach dem EigZulG begünstigte Wohnung als Teil eines elterlichen Haushalts anzusehen ist (>BMF vom 21.12.2004 – BStBl 2005 I S. 305, Rz. 63),

– **Klassenfahrt**
Keine auswärtige Unterbringung, da es an der erforderlichen Dauer fehlt (>BFH vom 5. 11. 1982 – BStBl 1983 II S. 109),

– **Legasthenie**
Werden Aufwendungen für ein an Legasthenie leidendes Kind als außergewöhnliche Belastung i. S. d. § 33 EStG berücksichtigt (>§ 64 Abs. 1 Nr. 2 Buchstabe c EStDV), ist daneben ein Freibetrag nach § 33a Abs. 2 EStG wegen auswärtiger Unterbringung des Kindes nicht möglich (>BFH vom 26. 6. 1992 – BStBl 1993 II S. 278),

– **Praktikum**
Keine auswärtige Unterbringung bei Ableistung eines Praktikums außerhalb der Hochschule, wenn das Kind nur dazu vorübergehend auswärtig untergebracht ist (>BFH vom 20. 5. 1994 – BStBl II S. 699),

– **Sprachkurs**
Keine auswärtige Unterbringung bei dreiwöchigem Sprachkurs (>BFH vom 29. 9. 1989 – BStBl 1990 II S. 62),

– **Verheiratetes Kind**
Auswärtige Unterbringung liegt vor, wenn ein verheiratetes Kind mit seinem Ehegatten eine eigene Wohnung bezogen hat (>BFH vom 8. 2. 1974 – BStBl II S. 299).

Freiwilliges soziales Jahr
Die Tätigkeit im Rahmen eines freiwilligen sozialen Jahres ist grundsätzlich nicht als Berufsausbildung zu beurteilen (>BFH vom 24. 6. 2004 – BStBl 2006 II S. 294).

Ländergruppeneinteilung
>BMF vom 20. 10. 2016 (BStBl I S. 1183)

Studiengebühren
Gebühren für die Hochschulausbildung eines Kindes sind weder nach § 33a Abs. 2 EStG noch nach § 33 EStG als außergewöhnliche Belastung abziehbar (>BFH vom 17. 12. 2009 – BStBl 2010 II S. 341).

| R 33a.3 | **Zeitanteilige Ermäßigung nach § 33a Abs. 3 EStG** |

Ansatz bei unterschiedlicher Höhe des Höchstbetrags nach § 33a Abs. 1 EStG oder des Freibetrags nach § 33a Abs. 2 EStG
(1) Ist in einem Kalenderjahr der Höchstbetrag nach § 33a Abs. 1 EStG oder der Freibetrag nach § 33a Abs. 2 EStG in unterschiedlicher Höhe anzusetzen, z. B. bei Anwendung der Ländergruppeneinteilung für einen Teil des Kalenderjahres, wird für den Monat, in dem die geänderten Voraussetzungen eintreten, der jeweils höhere Betrag angesetzt.

Aufteilung der eigenen Einkünfte und Bezüge
(2) [1]Der Jahresbetrag der eigenen Einkünfte und Bezüge ist für die Anwendung des § 33a Abs. 3 Satz 2 EStG wie folgt auf die Zeiten innerhalb und außerhalb des Unterhaltszeitraums aufzuteilen:
1. Einkünfte aus nichtselbständiger Arbeit, sonstige Einkünfte sowie Bezüge nach dem Verhältnis der in den jeweiligen Zeiträumen zugeflossenen Einnahmen; die Grundsätze des § 11 Abs. 1 EStG gelten entsprechend; Pauschbeträge nach § 9a EStG und die Kostenpauschale nach R 33a.1 Abs. 3 Satz 5 sind hierbei zeitanteilig anzusetzen;
2. andere Einkünfte auf jeden Monat des Kalenderjahres mit einem Zwölftel.

²Der Stpfl. kann jedoch nachweisen, dass eine andere Aufteilung wirtschaftlich gerechtfertigt ist, wie es z. B. der Fall ist, wenn bei Einkünften aus selbständiger Arbeit die Tätigkeit erst im Laufe des Jahres aufgenommen wird oder wenn bei Einkünften aus nichtselbständiger Arbeit im Unterhaltszeitraum höhere Werbungskosten angefallen sind als bei verhältnismäßiger bzw. zeitanteiliger Aufteilung darauf entfallen würden.

H 33a.3

Allgemeines
- Der Höchstbetrag für den Abzug von Unterhaltsaufwendungen (§ 33a Abs. 1 EStG) und der Freibetrag nach § 33a Abs. 2 EStG sowie der anrechnungsfreie Betrag nach § 33a Abs. 1 Satz 5 EStG ermäßigen sich für jeden vollen Kalendermonat, in dem die Voraussetzungen für die Anwendung der betreffenden Vorschrift nicht vorgelegen haben, um je ein Zwölftel (§ 33a Abs. 3 Satz 1 EStG). Erstreckt sich das Studium eines Kindes einschließlich der unterrichts- und vorlesungsfreien Zeit über den ganzen VZ, kann davon ausgegangen werden, dass beim Stpfl. in jedem Monat Aufwendungen anfallen, so dass § 33a Abs. 3 Satz 1 EStG nicht zur Anwendung kommt (>BFH vom 22. 3. 1996 – BStBl 1997 II S. 30).
- Eigene Einkünfte und Bezüge der unterhaltenen Person sind nur anzurechnen, soweit sie auf den Unterhaltszeitraum entfallen (§ 33a Abs. 3 Satz 2 EStG). Leisten Eltern Unterhalt an ihren Sohn nur während der Dauer seines Wehrdienstes, unterbleibt die Anrechnung des Entlassungsgeldes nach § 9 des Wehrsoldgesetzes, da es auf die Zeit nach Beendigung des Wehrdienstes entfällt (>BFH vom 26. 4. 1991 – BStBl II S. 716).

Beispiel für die Aufteilung eigener Einkünfte und Bezüge auf die Zeiten innerhalb und außerhalb des Unterhaltszeitraums:

Der Stpfl. unterhält seine allein stehende im Inland lebende Mutter vom 15. April bis 15. September (Unterhaltszeitraum) mit insgesamt 3.500 €. Die Mutter bezieht ganzjährig eine monatliche Rente aus der gesetzlichen Rentenversicherung von 200 € (Besteuerungsanteil 50 %). Außerdem hat sie im Kj. Einkünfte aus Vermietung und Verpachtung in Höhe von 1.050 €.

Höchstbetrag für das Kj. 8.820 € (§ 33a Abs. 1 Satz 1 EStG)		
anteiliger Höchstbetrag für April bis September ($^{6}/_{12}$ von 9.000 € =)		4.500 €
Eigene Einkünfte der Mutter im Unterhaltszeitraum:		
Einkünfte aus Leibrenten		
Besteuerungsanteil 50 % von 2.400 € =	1.200 €	
abzgl. Werbungskosten-Pauschbetrag (§ 9a Satz 1 Nr. 3 EStG)	−102 €	
Einkünfte	1.098 €	
auf den Unterhaltszeitraum entfallen $^{6}/_{12}$		549 €
Einkünfte aus V + V	1.050 €	
auf den Unterhaltszeitraum entfallen $^{6}/_{12}$		525 €
S. d. E. im Unterhaltszeitraum		1.074 €
Eigene Bezüge der Mutter im Unterhaltszeitraum:		
steuerfreier Teil der Rente	1.200 €	
abzgl. Kostenpauschale	−180 €	
verbleibende Bezüge	1.020 €	
auf den Unterhaltszeitraum entfallen $^{6}/_{12}$		510 €
Summe der eigenen Einkünfte und Bezüge im Unterhaltszeitraum		1.584 €
abzgl. anteil. anrechnungsfreier Betrag ($^{6}/_{12}$ von 624 € =)		−312 €
anzurechnende Einkünfte und Bezüge	1.272 €	−1.272 €
abzuziehender Betrag		3.228 €

Besonderheiten bei Zuschüssen
Als Ausbildungshilfe bezogene Zuschüsse jeglicher Art, z. B. Stipendien für ein Auslandsstudium aus öffentlichen oder aus privaten Mitteln, mindern die zeitanteiligen Höchstbeträge nur der Kalendermonate, für die die Zuschüsse bestimmt sind (§ 33a Abs. 3 Satz 3 EStG). Liegen bei der unterhaltenen Person sowohl eigene Einkünfte und Bezüge als auch Zuschüsse vor, die als Aus-

bildungshilfe nur für einen Teil des Unterhaltszeitraums bestimmt sind, dann sind zunächst die eigenen Einkünfte und Bezüge anzurechnen und sodann die Zuschüsse zeitanteilig entsprechend ihrer Zweckbestimmung.

Beispiel:
Ein über 25 Jahre altes Kind des Stpfl. B studiert während des ganzen Kj., erhält von ihm monatliche Unterhaltsleistungen i. H. v. 500 € und gehört nicht zum Haushalt des Stpfl. Verlängerungstatbestände nach § 32 Abs. 5 EStG liegen nicht vor. Dem Kind fließt in den Monaten Januar bis Juni Arbeitslohn von 3.400 € zu, die Werbungskosten übersteigen nicht den Arbeitnehmer-Pauschbetrag. Für die Monate Juli bis Dezember bezieht es ein Stipendium aus öffentlichen Mitteln von 6.000 €.

ungekürzter Höchstbetrag nach § 33a Abs. 1 EStG für das Kj.		9.000 €
Arbeitslohn	3.400 €	
abzüglich Arbeitnehmer-Pauschbetrag	−1.000 €	
Einkünfte aus nichtselbständiger Arbeit	2.400 €	
anrechnungsfreier Betrag	−624 €	
anzurechnende Einkünfte	1.766 €	−1.766 €
verminderter Höchstbetrag nach § 33a Abs. 1 EStG		7.234 €
zeitanteiliger verminderter Höchstbetrag für Januar – Juni ($^{6}/_{12}$ von 7.234 €)		3.617 €
Unterhaltsleistungen Jan. – Juni (6 × 500 €)		3.000 €
abzugsfähige Unterhaltsleistungen Jan. – Juni		3.000 €
zeitanteiliger verminderter Höchstbetrag nach § 33a Abs. 1 EStG für Juli – Dez.		3.617 €
Ausbildungszuschuss (Auslandsstipendium)	6.000 €	
abzüglich Kostenpauschale	−180 €	
anzurechnende Bezüge	5.820 €	−5.820 €
Höchstbetrag nach § 33a Abs. 1 EStG für Juli – Dez.		0 €
abzugsfähige Unterhaltsleistungen Juli – Dez.		0 €

Zu § 33b EStG

R 33b. Pauschbeträge für behinderte Menschen, Hinterbliebene und Pflegepersonen

(1) [1]Ein Pauschbetrag für behinderte Menschen, der Hinterbliebenen-Pauschbetrag und der Pflege-Pauschbetrag können mehrfach gewährt werden, wenn mehrere Personen die Voraussetzungen erfüllen (z. B. Stpfl., Ehegatte, Kind), oder wenn eine Person die Voraussetzungen für verschiedene Pauschbeträge erfüllt. [2]Mit dem Pauschbetrag für behinderte Menschen werden die laufenden und typischen Aufwendungen für die Hilfe bei den gewöhnlichen und regelmäßig wiederkehrenden Verrichtungen des täglichen Lebens, für die Pflege sowie für einen erhöhten Wäschebedarf abgegolten. [3]Es handelt sich um Aufwendungen, die behinderten Menschen erfahrungsgemäß durch ihre Krankheit bzw. Behinderung entstehen und deren alleinige behinderungsbedingte Veranlassung nur schwer nachzuweisen ist. [4]Alle übrigen behinderungsbedingten Aufwendungen (z. B. Operationskosten sowie Heilbehandlungen, Kuren, Arznei- und Arztkosten, >Fahrtkosten) können daneben als außergewöhnliche Belastung nach § 33 EStG berücksichtigt werden.

(2) Unabhängig von einer Übertragung des Behinderten-Pauschbetrags nach § 33b Abs. 5 EStG können Eltern ihre eigenen zwangsläufigen Aufwendungen für ein behindertes Kind nach § 33 EStG abziehen.

(3) Eine Übertragung des Pauschbetrages für behinderte Menschen auf die Eltern eines Kindes mit Wohnsitz oder gewöhnlichem Aufenthalt im Ausland ist nur möglich, wenn das Kind als unbeschränkt steuerpflichtig behandelt wird (insbesondere § 1 Abs. 3 Satz 2, 2. Halbsatz EStG ist zu beachten).

(4) Ein Stpfl. führt die Pflege auch dann noch persönlich durch, wenn er sich zur Unterstützung zeitweise einer ambulanten Pflegekraft bedient.

(5) § 33b Abs. 6 Satz 6 EStG gilt auch, wenn nur ein Stpfl. den Pflege-Pauschbetrag tatsächlich in Anspruch nimmt.

(6) Der Pflege-Pauschbetrag nach § 33b Abs. 6 EStG kann neben dem nach § 33b Abs. 5 EStG vom Kind auf die Eltern übertragenen Pauschbetrag für behinderte Menschen in Anspruch genommen werden.
(7) Beiträge zur Rentenversicherung, Kranken- und Pflegeversicherung der pflegenden Person, die die Pflegekasse übernimmt, führen nicht zu Einnahmen i. S. d. § 33b Abs. 6 Satz 1 EStG.
(8) ¹Bei Beginn, Änderung oder Wegfall der Behinderung im Laufe eines Kalenderjahres ist stets der Pauschbetrag nach dem höchsten Grad zu gewähren, der im Kalenderjahr festgestellt war. ²Eine Zwölftelung ist nicht vorzunehmen. ³Dies gilt auch für den Hinterbliebenen- und Pflege-Pauschbetrag.
(9) Der Nachweis der Behinderung nach § 65 Abs. 1 Nr. 2 Buchstabe a EStDV gilt als geführt, wenn die dort genannten Bescheinigungen behinderten Menschen nur noch in elektronischer Form übermittelt werden und der Ausdruck einer solchen elektronisch übermittelten Bescheinigung vom Stpfl. vorgelegt wird.

H 33b

Allgemeines
- Zur Behinderung i. S. d. § 33b EStG >§ 152 SGB IX, zur Hilflosigkeit >§ 33b Abs. 6 EStG, zur Pflegebedürftigkeit >R 33.3 Abs. 1.
- Verwaltungsakte, die die Voraussetzungen für die Inanspruchnahme der Pauschbeträge feststellen (>§ 65 EStDV), sind Grundlagenbescheide i. S. d. § 171 Abs. 10 Satz 2 AO i. d. F. des ZollkodexAnpG vom 22. 12. 2014 (BStBl I S. 2417)[1] und § 175 Abs. 1 Satz 1 Nr. 1 AO. Auf Grund eines solchen Bescheides ist ggf. eine Änderung früherer Steuerfestsetzungen hinsichtlich der Anwendung des § 33b EStG nach § 175 Abs. 1 Satz 1 Nr. 1 AO unabhängig davon vorzunehmen, ob ein Antrag i. S. d. § 33b Abs. 1 EStG für den VZ dem Grunde nach bereits gestellt worden ist. Die Festsetzungsfrist des Einkommensteuerbescheides wird jedoch nur insoweit nach § 171 Abs. 10 Satz 1 AO gehemmt, wie der Grundlagenbescheid vor Ablauf der Festsetzungsfrist des Einkommensteuerbescheides bei der zuständigen Behörde beantragt worden ist.
- Einen Pauschbetrag von 3.700 € können behinderte Menschen unabhängig vom GdB erhalten, in deren Ausweis das Merkzeichen „Bl" oder „H" (>§ 152 Abs. 5 SGB IX) eingetragen ist.

Aufteilung des übertragenen Pauschbetrags für behinderte Menschen
>BMF vom 28. 6. 2013 (BStBl I S. 845)

Hinterbliebenen-Pauschbetrag
Zu den Gesetzen, die das BVG für entsprechend anwendbar erklären (§ 33b Abs. 4 Nr. 1 EStG), gehören:
- das Soldatenversorgungsgesetz (>§ 80),
- das ZDG (>§ 47),
- das Häftlingshilfegesetz (>§§ 4 und 5),
- das Gesetz über die Unterhaltsbeihilfe für Angehörige von Kriegsgefangenen (>§ 3),
- das Gesetz über die Bundespolizei (>§ 59 Abs. 1 i. V. m. dem Soldatenversorgungsgesetz),
- das Gesetz über das Zivilschutzkorps (>§ 46 i. V. m. dem Soldatenversorgungsgesetz),
- das Gesetz zur Regelung der Rechtsverhältnisse der unter Artikel 131 GG fallenden Personen (>§§ 66, 66a),
- das Gesetz zur Einführung des Bundesversorgungsgesetzes im Saarland (>§ 5 Abs. 1),

---

1) Redaktionelles Versehen: >i. d. F. des ZollkodexAnpG vom 22. 12. 2014 (BGBl I S. 2417).

- das Infektionsschutzgesetz (>§ 63),
- das Gesetz über die Entschädigung für Opfer von Gewalttaten (>§ 1 Abs. 1).

Nachweis der Behinderung
- Der Nachweis für die Voraussetzungen eines Pauschbetrages ist gem. § 65 EStDV zu führen (zum Pflege-Pauschbetrag >BFH vom 20. 2. 2003 – BStBl II S. 476). Nach § 152 Abs. 1 SGB IX zuständige Behörden sind die für die Durchführung des Bundesversorgungsgesetzes zuständigen Behörden (Versorgungsämter) und die gem. § 152 Abs. 1 S. 7 SGB IX nach Landesrecht für zuständig erklärten Behörden.
- Zum Nachweis der Behinderung von in Deutschland nicht steuerpflichtigen Kindern >BMF vom 8. 8. 1997 (BStBl I S. 1016).
- An die für die Gewährung des Pauschbetrags für behinderte Menschen und des Pflege-Pauschbetrags vorzulegenden Bescheinigungen, Ausweise oder Bescheide sind die Finanzbehörden gebunden (>BFH vom 5. 2. 1988 – BStBl II S. 436).
- Bei den Nachweisen nach § 65 Abs. 1 Nr. 2 Buchstabe b EStDV kann es sich z. B. um Rentenbescheide des Versorgungsamtes oder eines Trägers der gesetzlichen Unfallversicherung oder bei Beamten, die Unfallruhegeld beziehen, um einen entsprechenden Bescheid ihrer Behörde handeln. Der Rentenbescheid eines Trägers der gesetzlichen Rentenversicherung der Arbeiter und Angestellten genügt nicht (>BFH vom 25. 4. 1968 – BStBl II S. 606).

Neben den Pauschbeträgen für behinderte Menschen zu berücksichtigende Aufwendungen
Folgende Aufwendungen können neben den Pauschbeträgen für behinderte Menschen als außergewöhnliche Belastung nach § 33 EStG berücksichtigt werden:
- Operationskosten, Kosten für Heilbehandlungen, Arznei- und Arztkosten (>R 33b Abs. 1 EStR),
- Kraftfahrzeugkosten (>H 33.1-33.4 – Fahrtkosten behinderter Menschen sowie >R 33b Abs. 1 Satz 4 EStR),
- Führerscheinkosten für ein schwer geh- und stehbehindertes Kind (>BFH vom 26. 3. 1993 – BStBl II S. 749),
- Kosten für eine Heilkur (>BFH vom 11. 12. 1987 – BStBl 1988 II S. 275, >H 33.1-33.4 (Kur) sowie >R 33.4 Abs. 1 und 3),
- Schulgeld für den Privatschulbesuch des behinderten Kindes (>H 33.1-33.4 – Privatschule und >R 33.4 Abs. 2) sowie
- Kosten für die behindertengerechte Ausgestaltung des eigenen Wohnhauses (>R 33.4 Abs. 5 und H 33.1-33.4 – Behindertengerechte Ausstattung).

Pflegebedürftigkeit
>R 33.3 Abs. 1

Pflege-Pauschbetrag
- Eine sittliche Verpflichtung zur Pflege ist anzuerkennen, wenn eine enge persönliche Beziehung zu der gepflegten Person besteht (>BFH vom 29. 8. 1996 – BStBl 1997 II S. 199).
- Der Pflege-Pauschbetrag nach § 33b Abs. 6 EStG ist nicht nach der Zahl der Personen aufzuteilen, welche bei ihrer Einkommensteuerveranlagung die Berücksichtigung eines Pflegepauschbetrages begehren, sondern nach der Zahl der Stpfl., welche eine hilflose Person in ihrer Wohnung oder in der Wohnung des Pflegebedürftigen tatsächlich persönlich gepflegt haben (>BFH vom 14. 10. 1997 – BStBl 1998 II S. 20).
- Abgesehen von der Pflege durch Eltern (§ 33b Abs. 6 Satz 2 EStG) schließen Einnahmen der Pflegeperson für die Pflege unabhängig von ihrer Höhe die Gewährung des Pflege-Pauschbetrags aus. Hierzu gehört grundsätzlich auch das weitergeleitete Pflegegeld. Der Ausschluss von der Gewährung des Pflege-Pauschbetrags gilt nicht, wenn das Pflegegeld ledig-

lich treuhänderisch für den Pflegebedürftigen verwaltet wird und damit ausschließlich Aufwendungen des Pflegebedürftigen bestritten werden. In diesem Fall muss die Pflegeperson die konkrete Verwendung des Pflegegeldes nachweisen und ggf. nachträglich noch eine Vermögenstrennung durchführen (>BFH vom 21. 3. 2002 – BStBl II S. 417).

Übertragung des Pauschbetrags von einem im Ausland lebenden Kind

Der Pauschbetrag nach § 33b Abs. 3 EStG für ein behindertes Kind kann nicht nach § 33b Abs. 5 EStG auf einen im Inland unbeschränkt steuerpflichtigen Elternteil übertragen werden, wenn das Kind im Ausland außerhalb eines EU/EWR-Mitgliedstaates seinen Wohnsitz oder gewöhnlichen Aufenthalt hat und im Inland keine eigenen Einkünfte erzielt (>BFH vom 2. 6. 2005 – BStBl II S. 828; >auch R 33b Abs. 3).

Zu § 34 EStG

R 34.1 **Umfang der steuerbegünstigten Einkünfte**

(1) [1]§ 34 Abs. 1 EStG ist grundsätzlich bei allen Einkunftsarten anwendbar. [2]§ 34 Abs. 3 EStG ist nur auf Einkünfte i. S. d. § 34 Abs. 2 Nr. 1 EStG anzuwenden. [3]Die von der Summe der Einkünfte, dem Gesamtbetrag der Einkünfte und dem Einkommen abzuziehenden Beträge sind zunächst bei den nicht nach § 34 EStG begünstigten Einkünften zu berücksichtigen. [4]Liegen die Voraussetzungen für die Steuerermäßigung nach § 34 Abs. 1 EStG und § 34 Abs. 3 EStG nebeneinander vor, ist eine Verrechnung der noch nicht abgezogenen Beträge mit den außerordentlichen Einkünften in der Reihenfolge vorzunehmen, dass sie zu dem für den Stpfl. günstigsten Ergebnis führt. [5]Sind in dem Einkommen Einkünfte aus Land- und Forstwirtschaft enthalten und bestehen diese zum Teil aus außerordentlichen Einkünften, die nach § 34 EStG ermäßigt zu besteuern sind, ist hinsichtlich der Anwendung dieser Vorschrift der Freibetrag nach § 13 Abs. 3 EStG zunächst von den nicht nach § 34 EStG begünstigten Einkünften aus Land- und Forstwirtschaft abzuziehen. [6]Wird für einen Gewinn i. S. d. § 34 Abs. 2 Nr. 1 EStG die Tarifbegünstigung nach § 34a EStG in Anspruch genommen, scheidet die Anwendung des § 34 Abs. 3 EStG aus.

(2) Tarifbegünstigte Veräußerungsgewinne im Sinne der §§ 14, 16 und 18 Abs. 3 EStG liegen grundsätzlich nur vor, wenn die stillen Reserven in einem einheitlichen wirtschaftlichen Vorgang aufgedeckt werden.

(3) [1]Die gesamten außerordentlichen Einkünfte sind grundsätzlich bis zur Höhe des zu versteuernden Einkommens tarifbegünstigt. [2]In Fällen, in denen Verluste zu verrechnen sind, sind die vorrangig anzuwendenden besonderen Verlustverrechnungsbeschränkungen (z. B. § 2a Abs. 1, § 2b i. V. m. § 52 Abs. 4*[)], § 15 Abs. 4, § 15b EStG) zu beachten.

(4) [1]Veräußerungskosten sind bei der Ermittlung des tarifbegünstigten Veräußerungsgewinns erst im Zeitpunkt des Entstehens des Veräußerungsgewinns zu berücksichtigen, auch wenn sie bereits im VZ vor dem Entstehen des Veräußerungsgewinns angefallen sind. [2]Die übrigen außerordentlichen Einkünfte unterliegen der Tarifvergünstigung in dem VZ, in dem sie nach den allgemeinen Grundsätzen vereinnahmt werden, nur insoweit, als nicht in früheren VZ mit diesen Einkünften unmittelbar zusammenhängende Betriebsausgaben bzw. Werbungskosten die Einkünfte des Stpfl. gemindert haben.

---

*) Jetzt Abs. 3.

| H 34.1 |

Arbeitnehmer-Pauschbetrag
Der Arbeitnehmer-Pauschbetrag ist bei der Ermittlung der nach § 34 EStG begünstigten außerordentlichen Einkünfte aus nichtselbständiger Tätigkeit nur insoweit abzuziehen, als tariflich voll zu besteuernde Einnahmen dieser Einkunftsart dafür nicht mehr zur Verfügung stehen (>BFH vom 29.10.1998 – BStBl 1999 II S. 588).

Betriebsaufgabegewinn in mehreren Veranlagungszeiträumen
Erstreckt sich eine Betriebsaufgabe über zwei Kj. und fällt der Aufgabegewinn daher in zwei VZ an, kann die Tarifermäßigung nach § 34 Abs. 3 EStG für diesen Gewinn auf Antrag in beiden VZ gewährt werden. Der Höchstbetrag von fünf Millionen Euro ist dabei aber insgesamt nur einmal zu gewähren (>BMF vom 20.12.2005 – BStBl 2006 I S. 7).

Fortführung der bisherigen Tätigkeit
Voraussetzung einer Betriebsveräußerung i. S. d. §§ 16 und 34 EStG ist, dass der Veräußerer die mit dem veräußerten Betriebsvermögen verbundene gewerbliche Tätigkeit aufgibt (>BFH vom 12.6.1996 – BStBl II S. 527). Veräußert dagegen ein Land- und Forstwirt seinen Betrieb und pachtet er diesen unmittelbar nach der Veräußerung zurück, so ist auf den Veräußerungsgewinn i. S. d. § 14 EStG § 34 Abs. 1 oder 3 EStG anzuwenden (>BFH vom 28.3.1985 – BStBl II S. 508).

Freibetrag nach § 16 Abs. 4 EStG
>H 16 (13) Freibetrag und H 16 (13) Teileinkünfteverfahren

Geschäfts- oder Firmenwert
Wird für den bei der erklärten Betriebsaufgabe nicht in das Privatvermögen zu überführenden Geschäfts- oder Firmenwert (>H 16 (5)) später ein Erlös erzielt, ist der Gewinn nicht nach § 34 EStG begünstigt (>BFH vom 30.1.2002 – BStBl II S. 387).

Nicht entnommene Gewinne
Sind sowohl die Voraussetzungen für eine Tarifbegünstigung nach § 34a EStG als auch die Voraussetzungen für eine Begünstigung nach § 34 Abs. 1 EStG erfüllt, kann der Stpfl. wählen, welche Begünstigung er in Anspruch nehmen will (>BMF vom 11.8.2008 – BStBl I S. 838, Rn. 6).

Zweifelsfragen zu § 6b Abs. 2a EStG bei Betriebsveräußerung
>BMF vom 7.3.2018 (BStBl I S. 309)

| R 34.2 | **Steuerberechnung unter Berücksichtigung der Tarifermäßigung**

(1) ¹Für Zwecke der Steuerberechnung nach § 34 Abs. 1 EStG ist zunächst für den VZ, in dem die außerordentlichen Einkünfte erzielt worden sind, die Einkommensteuer zu ermitteln, die sich ergibt, wenn die in dem z. v. E. enthaltenen außerordentlichen Einkünfte nicht in die Bemessungsgrundlage einbezogen werden. ²Sodann ist in einer Vergleichsberechnung die Einkommensteuer zu errechnen, die sich unter Einbeziehung eines Fünftels der außerordentlichen Einkünfte ergibt. ³Bei diesen nach den allgemeinen Tarifvorschriften vorzunehmenden Berechnungen sind dem Progressionsvorbehalt (§ 32b EStG) unterliegende Einkünfte zu berücksichtigen. ⁴Der Unterschiedsbetrag zwischen beiden Steuerbeträgen ist zu verfünffachen und der sich so ergebende Steuerbetrag der nach Satz 1 ermittelten Einkommensteuer hinzuzurechnen.

A. II.   **R 34.2**   **Zu § 34 EStG**

(2) ¹Sind in dem z. v. E. auch Einkünfte enthalten, die nach § 34 Abs. 3 EStG oder § 34b Abs. 3 EStG ermäßigten Steuersätzen unterliegen, ist die jeweilige Tarifermäßigung unter Berücksichtigung der jeweils anderen Tarifermäßigung zu berechnen. ²Einkünfte, die nach § 34a Abs. 1 EStG mit einem besonderen Steuersatz versteuert werden, bleiben bei der Berechnung der Tarifermäßigung nach § 34 Abs. 1 EStG unberücksichtigt.

H 34.2

Berechnungsbeispiele

Beispiel 1:
Berechnung der Einkommensteuer nach § 34 Abs. 1 EStG
Der Stpfl., der Einkünfte aus Gewerbebetrieb und Vermietung und Verpachtung (einschließlich Entschädigung i. S. d. § 34 EStG) hat, und seine Ehefrau werden zusammen veranlagt. Es sind die folgenden Einkünfte und Sonderausgaben anzusetzen:

Einkünfte aus Gewerbebetrieb		45.000 €
Einkünfte aus Vermietung und Verpachtung		
– laufende Einkünfte		+5.350 €
– Einkünfte aus Entschädigung i. S. d. § 34 Abs. 2 Nr. 2 EStG		+25.000 €
G. d. E.		75.350 €
Sonderausgaben		–3.200 €
Einkommen		72.150 €
z. v. E.		72.150 €
z. v. E.	72.150 €	
abzgl. Einkünfte i. S. d. § 34 Abs. 2 Nr. 2 EStG	–25.000 €	
verbleibendes z. v. E.	47.150 €	
darauf entfallender Steuerbetrag		6.892 €
verbleibendes z. v. E.	47.150 €	
zuzüglich ⅕ der Einkünfte i. S. d. § 34 Abs. 2 Nr. 2 EStG	+5.000 €	
	52.150 €	
darauf entfallender Steuerbetrag	8.330 €	
abzüglich Steuerbetrag auf das verbleibende z. v. E.	–6.892 €	
Unterschiedsbetrag	1.438 €	
multipliziert mit Faktor 5	7.190 €	7.190 €
tarifliche Einkommensteuer		**14.082 €**

Beispiel 2:
Berechnung der Einkommensteuer nach § 34 Abs. 1 EStG bei negativem verbleibenden z. v. E.
Der Stpfl., der Einkünfte aus Gewerbebetrieb hat, und seine Ehefrau werden zusammen veranlagt. Die Voraussetzungen des § 34 Abs. 3 und § 16 Abs. 4 EStG liegen nicht vor. Es sind die folgenden Einkünfte und Sonderausgaben anzusetzen:

Einkünfte aus Gewerbebetrieb, laufender Gewinn	+5.350 €	
Veräußerungsgewinn (§ 16 EStG)	+225.000 €	230.350 €
Einkünfte aus Vermietung und Verpachtung		–45.000 €
G. d. E.		185.350 €
Sonderausgaben		–3.200 €
Einkommen/z. v. E.		182.150 €
Höhe der Einkünfte i. S. d. § 34 Abs. 2 EStG, die nach § 34 Abs. 1 EStG besteuert werden können; maximal aber bis zur Höhe des z. v. E.		182.150 €
z. v. E.	182.150 €	
abzüglich Einkünfte i. S. d. § 34 Abs. 2 EStG	–225.000 €	
verbleibendes z. v. E.	–42.850 €	
Damit ist das gesamte z. v. E. in Höhe von 182.150 € gem. § 34 EStG tarifbegünstigt.		
⅕ des z. v. E. (§ 34 Abs. 1 Satz 3 EStG)	36.430 €	
darauf entfallender Steuerbetrag	3.996 €	
multipliziert mit Faktor 5	19.980 €	
tarifliche Einkommensteuer		**19.980 €**

Beispiel 3:
Berechnung der Einkommensteuer nach § 34 Abs. 1 EStG mit Einkünften, die dem Progressionsvorbehalt unterliegen
(Entsprechende Anwendung des BFH-Urteils vom 22.9.2009 – BStBl 2010 II S. 1032)
Der Stpfl. hat Einkünfte aus nichtselbständiger Arbeit und aus Vermietung und Verpachtung (einschließlich einer Entschädigung i. S. d. § 34 EStG). Es sind folgende Einkünfte und Sonderausgaben anzusetzen:

Einkünfte aus nichtselbständiger Arbeit		10.000 €
Einkünfte aus Vermietung und Verpachtung		
– laufende Einkünfte		+ 60.000 €
– Einkünfte aus Entschädigung i. S. d. § 34 Abs. 2 Nr. 2 EStG		+ 30.000 €
G. d. E.		100.000 €
Sonderausgaben		– 3.200 €
Einkommen/z. v. E.		96.800 €
Arbeitslosengeld		20.000 €
z. v. E.	96.800 €	
abzüglich Einkünfte i. S. d. § 34 Abs. 2 Nr. 2 EStG	– 30.000 €	
verbleibendes z. v. E.	66.800 €	
zuzüglich Arbeitslosengeld § 32b Abs. 2 EStG	+ 20.000 €	
für die Berechnung des Steuersatzes gem. § 32b Abs. 2 EStG maßgebendes verbleibendes z. v. E.	86.800 €	
Steuer nach Grundtarif	27.834 €	
besonderer (= durchschnittlicher) Steuersatz § 32b Abs. 2 EStG	32,0668 %	
Steuerbetrag auf verbleibendes z. v. E. (66.800 €) unter Berücksichtigung des Progressionsvorbehalts		21.420 €
verbleibendes z. v. E.	66.800 €	
zuzüglich ¹/₅ der Einkünfte i. S. d. § 34 EStG	+ 6.000 €	
	72.800 €	
zuzüglich Arbeitslosengeld § 32b Abs. 2 EStG	+ 20.000 €	
für die Berechnung des Steuersatzes gem. § 32b Abs. 2 EStG maßgebendes z. v. E. mit ¹/₅ der außerordentlichen Einkünfte	92.800 €	
Steuer nach Grundtarif	30.354 €	
besonderer (= durchschnittlicher) Steuersatz	32,7091 %	
Steuerbetrag auf z. v. E. mit ¹/₅ der außerordentlichen Einkünfte (72.800 €) unter Berücksichtigung des Progressionsvorbehalts	23.812 €	
abzüglich Steuerbetrag auf das verbleibende z. v. E.	– 21.420 €	
Unterschiedsbetrag	2.392 €	
multipliziert mit Faktor 5	11.960 €	11.960 €
tarifliche Einkommensteuer		**33.380 €**

Beispiel 4:
Berechnung der Einkommensteuer nach § 34 Abs. 1 EStG bei negativem verbleibenden z. v. E. und Einkünften, die dem Progressionsvorbehalt unterliegen (>BFH vom 11.12.2012 – BStBl 2013 II S. 370)
Der Stpfl. hat Einkünfte aus nichtselbständiger Arbeit und aus Vermietung und Verpachtung (einschließlich einer Entschädigung i. S. d. § 34 EStG). Es sind folgende Einkünfte und Sonderausgaben anzusetzen:

Einkünfte aus nichtselbständiger Arbeit		10.000 €
Einkünfte aus Vermietung und Verpachtung		
– laufende Einkünfte		– 20.000 €
– Einkünfte aus Entschädigung i. S. d. § 34 Abs. 2 Nr. 2 EStG		+ 30.000 €
G. d. E.		20.000 €
Sonderausgaben		– 5.000 €
Einkommen/z. v. E.		15.000 €
Höhe der Einkünfte i. S. d. § 34 Abs. 2 EStG, die nach § 34 Abs. 1 besteuert werden können, maximal bis zur Höhe des z. v. E.		15.000 €
z. v. E.	15.000 €	
Abzüglich Einkünfte i. S. d. § 34 Abs. 2 EStG	– 30.000 €	
verbleibendes z. v. E.	– 15.000 €	

Damit ist das gesamte z.v. E. in Höhe von 15.000 € gem. § 34 EStG tarifbegünstigt.

⅕ des z.v. E. (§ 34 Abs. 1 Satz 3 EStG)		3.000 €
Arbeitslosengeld	40.000 €	
Abzüglich negatives verbleibendes z.v. E.	−15.000 €	
dem Progressionsvorbehalt unterliegende Bezüge werden nur insoweit berücksichtigt, als sie das negative verbleibende z.v. E. übersteigen	25.000 €	+25.000 €
für die Berechnung des Steuersatzes gem. § 32b Abs. 2 EStG maßgebendes verbleibendes z.v. E.		28.000 €
Steuer nach Grundtarif	4.736 €	
besonderer (= durchschnittlicher) Steuersatz	16,9143 %	
Steuerbetrag auf ⅕ des z.v. E. (3.000 €)	507 €	
multipliziert mit Faktor 5	2.535 €	
tarifliche Einkommensteuer		**2.535 €**

Beispiel 5:
Berechnung der Einkommensteuer bei Zusammentreffen der Vergünstigungen nach § 34 Abs. 1 EStG und § 34 Abs. 3 EStG

Der Stpfl., der Einkünfte aus Gewerbebetrieb hat, und seine Ehefrau werden zusammenveranlagt. Im Zeitpunkt der Betriebsveräußerung hatte der Stpfl. das 55. Lebensjahr vollendet. Es sind die folgenden Einkünfte und Sonderausgaben anzusetzen:

Einkünfte aus Gewerbebetrieb, laufender Gewinn		50.000 €
Veräußerungsgewinn (§ 16 EStG)	120.000 €	
davon bleiben nach § 16 Abs. 4 EStG steuerfrei	−45.000 €	+75.000 €
Einkünfte, die Vergütung für eine mehrjährige Tätigkeit sind		+100.000 €
Einkünfte aus Vermietung und Verpachtung		+3.500 €
G. d. E.		228.500 €
Sonderausgaben		−3.200 €
Einkommen/z. v. E.		225.300 €

1.   Steuerberechnung nach § 34 Abs. 1 EStG
1.1 Ermittlung des Steuerbetrags ohne Einkünfte nach § 34 Abs. 1 EStG

z.v. E.	225.300 €	
abzüglich Einkünfte nach § 34 Abs. 1 EStG	100.000 €	125.300 €
(darauf entfallender Steuerbetrag = 35.382 €)		
abzüglich Einkünfte nach § 34 Abs. 3 EStG		75.000 €
		50.300 €
darauf entfallender Steuerbetrag	7.790 €	

Für das z.v. E. ohne Einkünfte nach § 34 Abs. 1 EStG würde sich eine Einkommensteuer nach Splittingtarif von 35.382 € ergeben. Sie entspricht einem durchschnittlichen Steuersatz von 28,2378 %. Der ermäßigte Steuersatz beträgt mithin 56 % von 28,2378 % = 15,8132 %. Der ermäßigte Steuersatz ist höher als der mindestens anzusetzende Steuersatz in Höhe von 14 % (§ 34 Abs. 3 Satz 2 EStG). Daher ist der Mindeststeuersatz nicht maßgeblich. Mit dem ermäßigten Steuersatz gemäß § 34 Abs. 3 EStG zu versteuern: 15,8132 % von 75.000 € = 11.859 €.

Steuerbetrag nach § 34 Abs. 3 EStG (ohne Einkünfte nach § 34 Abs. 1 EStG)	11.859 €
zuzüglich Steuerbetrag von 50.300 € (= z.v. E. ohne Einkünfte nach § 34 Abs. 1 EStG und § 34 Abs. 3 EStG)	+7.790 €
Steuerbetrag ohne Einkünfte nach § 34 Abs. 1 EStG	19.649 €

1.2 Ermittlung des Steuerbetrags mit ⅕ der Einkünfte nach § 34 Abs. 1 EStG

z.v. E.	225.300 €
abzüglich Einkünfte nach § 34 Abs. 1 EStG	−100.000 €
zuzüglich ⅕ der Einkünfte nach § 34 Abs. 1 EStG	+20.000 €
	145.300 €
(darauf entfallender Steuerbetrag = 43.782 €)	
abzüglich Einkünfte nach § 34 Abs. 3 EStG	−75.000 €
	70.300 €
darauf entfallender Steuerbetrag	14.008 €

Für das z.v. E. ohne die Einkünfte nach § 34 Abs. 1 EStG zuzüglich ¹/₅ der Einkünfte nach § 34 Abs. 1 EStG würde sich eine Einkommensteuer nach Splittingtarif von 43.782 € ergeben. Sie entspricht einem durchschnittlichen Steuersatz von 30,1321 %. Der ermäßigte Steuersatz beträgt mithin 56 % von 30,1321 % = 16,8740 %. Der ermäßigte Steuersatz ist höher als der mindestens anzusetzende Steuersatz in Höhe von 14 % (§ 34 Abs. 3 Satz 2 EStG). Daher ist der Mindeststeuersatz nicht maßgeblich. Mit dem ermäßigten Steuersatz zu versteuern: 16,8740 % von 75.000 € = 12.655 €.

Steuerbetrag nach § 34 Abs. 3 EStG (unter Berücksichtigung von ¹/₅ der Einkünfte nach § 34 Abs. 1 EStG)	12.655 €
zuzüglich Steuerbetrag von 70.300 € (= z. v. E. ohne Einkünfte nach § 34 Abs. 3 und § 34 Abs. 1 EStG mit ¹/₅ der Einkünfte nach § 34 Abs. 1 EStG)	+ 14.008 €
Steuerbetrag mit ¹/₅ der Einkünfte nach § 34 Abs. 1 EStG	26.663 €

1.3 Ermittlung des Unterschiedsbetrages nach § 34 Abs. 1 EStG

Steuerbetrag mit ¹/₅ der Einkünfte nach § 34 Abs. 1 EStG	26.663 €
abzüglich Steuerbetrag ohne Einkünfte nach § 34 Abs. 1 EStG (>Nr. 1.1)	− 19.649 €
Unterschiedsbetrag	7.014 €
verfünffachter Unterschiedsbetrag nach § 34 Abs. 1 EStG	35.070 €

2. Steuerberechnung nach § 34 Abs. 3 EStG

z.v. E.	225.300 €	
abzüglich Einkünfte nach § 34 Abs. 1 EStG	− 100.000 €	
	125.300 €	
Steuerbetrag von 125.300 €		35.382 €
zuzüglich verfünffachter Unterschiedsbetrag nach § 34 Abs. 1 EStG (>Nr. 1.3)		+ 35.070 €
Summe		70.452 €

Ermittlung des ermäßigten Steuersatzes nach Splittingtarif auf der Grundlage des z. v. E.
70.452 €/225.300 € = 31,2703 %
Der ermäßigte Steuersatz beträgt mithin 56 % von 31,2703 % = 17,5114 %. Der ermäßigte Steuersatz ist höher als der mindestens anzusetzende Steuersatz in Höhe von 14 % (§ 34 Abs. 3 Satz 2 EStG) Daher ist der Mindeststeuersatz nicht maßgeblich. Mit dem ermäßigten Steuersatz zu versteuern: 17,5114 % von 75.000 € = 13.133 €.

Steuerbetrag nach § 34 Abs. 3 EStG	13.133 €

3. Berechnung der gesamten Einkommensteuer nach dem Splittingtarif entfallen auf das z. v. E. ohne begünstigte

Einkünfte (>Nr. 1.1)	7.790 €
verfünffachter Unterschiedsbetrag nach § 34 Abs. 1 EStG (>Nr. 1.3)	35.070 €
Steuer nach § 34 Abs. 3 EStG (>Nr. 2)	13.133 €
tarifliche Einkommensteuer	**55.993 €**

Negativer Progressionsvorbehalt
Unterliegen Einkünfte sowohl der Tarifermäßigung des § 34 Abs. 1 EStG als auch dem negativen Progressionsvorbehalt des § 32b EStG, ist eine integrierte Steuerberechnung nach dem Günstigkeitsprinzip vorzunehmen. Danach sind die Ermäßigungsvorschriften in der Reihenfolge anzuwenden, die zu einer geringeren Steuerbelastung führt, als dies bei ausschließlicher Anwendung des negativen Progressionsvorbehalts der Fall wäre (>BFH vom 15. 11. 2007 – BStBl 2008 II S. 375).

Verhältnis zu § 34b EStG
>R 34b.5 Abs. 2

R 34.3   **Besondere Voraussetzungen für die Anwendung des § 34 Abs. 1 EStG**

(1) Entschädigungen i. S. d. § 24 Nr. 1 EStG sind nach § 34 Abs. 1 i. V. m. Abs. 2 Nr. 2 EStG nur begünstigt, wenn es sich um außerordentliche Einkünfte handelt; dabei kommt es nicht darauf an, im Rahmen welcher Einkunftsart sie angefallen sind.

(2) ¹Die Nachzahlung von >Nutzungsvergütungen und Zinsen i. S. d. § 34 Abs. 2 Nr. 3 EStG muss einen Zeitraum von mehr als 36 Monaten umfassen. ²Es genügt nicht, dass sie auf drei Kalenderjahre entfällt.

H 34.3

Entlassungsentschädigungen
- >BMF vom 1. 11. 2013 (BStBl I S. 1326) unter Berücksichtigung der Änderungen durch BMF vom 4. 3. 2016 (BStBl I S. 277)
- Die Rückzahlung einer Abfindung ist auch dann im Abflussjahr zu berücksichtigen, wenn die Abfindung im Zuflussjahr begünstigt besteuert worden ist. Eine Lohnrückzahlung ist regelmäßig kein rückwirkendes Ereignis, das zur Änderung des Einkommensteuerbescheides des Zuflussjahres berechtigt (>BFH vom 4. 5. 2006 – BStBl II S. 911).

Entschädigung i. S. d. § 24 Nr. 1 EStG
>R 24.1

Entschädigung in zwei Veranlagungszeiträumen
- Außerordentliche Einkünfte i. S. d. § 34 Abs. 2 Nr. 2 EStG sind (nur) gegeben, wenn die zu begünstigenden Einkünfte in einem VZ zu erfassen sind (>BFH vom 21. 3. 1996 – BStBl II S. 416 und vom 14. 5. 2003 – BStBl II S. 881). Die Tarifermäßigung nach § 34 Abs. 1 EStG kann aber unter besonderen Umständen ausnahmsweise auch dann in Betracht kommen, wenn die Entschädigung nicht in einem Kj. zufließt, sondern sich auf zwei Kj. verteilt. Voraussetzung ist jedoch stets, dass die Zahlung der Entschädigung von vornherein in einer Summe vorgesehen war und nur wegen ihrer ungewöhnlichen Höhe und der besonderen Verhältnisse des Zahlungspflichtigen auf zwei Jahre verteilt wurde oder wenn der Entschädigungsempfänger – bar aller Existenzmittel – dringend auf den baldigen Bezug einer Vorauszahlung angewiesen war (>BFH vom 2. 9. 1992 – BStBl 1993 II S. 831).
- Bei Land- und Forstwirten mit einem vom Kj. abweichenden Wj. ist die Tarifermäßigung ausgeschlossen, wenn sich die außerordentlichen Einkünfte auf Grund der Aufteilungsvorschrift des § 4a Abs. 2 Nr. 1 Satz 1 EStG auf mehr als zwei VZ verteilen (>BFH vom 4. 4. 1968 – BStBl II S. 411).
- Planwidriger Zufluss
>BMF vom 1. 11. 2013 (BStBl I S. 1326), Rz. 16-19
- Die Ablösung wiederkehrender Bezüge aus einer Betriebs- oder Anteilsveräußerung durch eine Einmalzahlung kann als Veräußerungserlös auch dann tarifbegünstigt sein, wenn im Jahr der Betriebs- oder Anteilsveräußerung eine Einmalzahlung tarifbegünstigt versteuert worden ist, diese aber im Verhältnis zum Ablösebetrag als geringfügig (im Urteilsfall weniger als 1 %) anzusehen ist (>BFH vom 14. 1. 2004 – BStBl II S. 493).

Nutzungsvergütungen i. S. d. § 24 Nr. 3 EStG
- Werden Nutzungsvergütungen oder Zinsen i. S. d. § 24 Nr. 3 EStG für einen Zeitraum von mehr als drei Jahren nachgezahlt, ist der gesamte Nachzahlungsbetrag nach § 34 Abs. 2 Nr. 3 i. V. m. Absatz 1 EStG begünstigt. Nicht begünstigt sind Nutzungsvergütungen, die in einem Einmalbetrag für einen drei Jahre übersteigenden Nutzungszeitraum gezahlt werden und von denen ein Teilbetrag auf einen Nachzahlungszeitraum von weniger als drei Jahren und die im Übrigen auf den zukünftigen Nutzungszeitraum entfallen (>BFH vom 19. 4. 1994 – BStBl II S. 640).

- Die auf Grund eines Zwangsversteigerungsverfahrens von der öffentlichen Hand als Erstebeherin gezahlten sog. Bargebotszinsen stellen keine „Zinsen auf Entschädigungen" i. S. v. § 24 Nr. 3 EStG dar (>BFH vom 28. 4. 1998 – BStBl II S. 560).

Vorabentschädigungen
Teilzahlungen, die ein Handelsvertreter entsprechend seinen abgeschlossenen Geschäften laufend vorweg auf seine künftige Wettbewerbsentschädigung (§ 90a HGB) und auf seinen künftigen Ausgleichsanspruch (§ 89b HGB) erhält, führen in den jeweiligen VZ zu keiner >Zusammenballung von Einkünften und lösen deshalb auch nicht die Tarifermäßigung nach § 34 Abs. 1 EStG aus (>BFH vom 20. 7. 1988 – BStBl II S. 936).

Zinsen i. S. d. § 24 Nr. 3 EStG
>Nutzungsvergütungen

Zusammenballung von Einkünften
- Eine Entschädigung ist nur dann tarifbegünstigt, wenn sie zu einer Zusammenballung von Einkünften innerhalb eines VZ führt (>BFH vom 4. 3. 1998 – BStBl II S. 787).
>BMF vom 1. 11. 2013 (BStBl I S. 1326) unter Berücksichtigung der Änderungen durch BMF vom 4. 3. 2016 (BStBl I S. 277), Rz. 8-15
- Erhält ein Stpfl. wegen der Körperverletzung durch einen Dritten auf Grund von mehreren gesonderten und unterschiedliche Zeiträume betreffenden Vereinbarungen mit dessen Versicherung Entschädigungen als Ersatz für entgangene und entgehende Einnahmen, steht der Zufluss der einzelnen Entschädigungen in verschiedenen VZ der tarifbegünstigten Besteuerung jeder dieser Entschädigungen nicht entgegen (>BFH vom 21. 1. 2004 – BStBl II S. 716). Bei einem zeitlichen Abstand zweier selbständiger Entschädigungszahlungen von sechs Jahren fehlt der für die Beurteilung der Einheitlichkeit einer Entschädigungsleistung erforderliche zeitliche Zusammenhang (>BFH vom 11. 10. 2017 – BStBl 2018 II S. 706).

| R 34.4 | **Anwendung des § 34 Abs. 1 EStG auf Einkünfte aus der Vergütung für eine mehrjährige Tätigkeit (§ 34 Abs. 2 Nr. 4 EStG)** |

Allgemeines
(1) [1]§ 34 Abs. 2 Nr. 4 i. V. m. Abs. 1 EStG gilt grundsätzlich für alle Einkunftsarten. [2]§ 34 Abs. 1 EStG ist auch auf Nachzahlungen von Ruhegehaltsbezügen und von Renten i. S. d. § 22 Nr. 1 EStG anwendbar, soweit diese nicht für den laufenden VZ geleistet werden. [3]Voraussetzung für die Anwendung ist, dass auf Grund der Einkunftsermittlungsvorschriften eine >Zusammenballung von Einkünften eintritt, die bei Einkünften aus nichtselbständiger Arbeit auf wirtschaftlich vernünftigen Gründen beruht und bei anderen Einkünften nicht dem vertragsgemäßen oder dem typischen Ablauf entspricht.

Einkünfte aus nichtselbständiger Arbeit
(2) Bei Einkünften aus nichtselbständiger Arbeit kommt es nicht darauf an, dass die Vergütung für eine abgrenzbare Sondertätigkeit gezahlt wird, dass auf sie ein Rechtsanspruch besteht oder dass sie eine zwangsläufige Zusammenballung von Einnahmen darstellt.

Ermittlung der Einkünfte
(3) [1]Bei der Ermittlung der dem § 34 Abs. 2 Nr. 4 i. V. m. Abs. 1 EStG unterliegenden Einkünfte gilt R 34.1 Abs. 4 Satz 2. [2]Handelt es sich sowohl bei den laufenden Einnahmen als auch bei den außerordentlichen Bezügen um Versorgungsbezüge i. S. d. § 19 Abs. 2 EStG, können im Kalenderjahr des Zuflusses die Freibeträge für Versorgungsbezüge nach § 19 Abs. 2 EStG nur einmal abgezogen werden; sie sind zunächst bei den nicht nach § 34 EStG begünstigten Einkünften zu

berücksichtigen. ³Nur insoweit nicht verbrauchte Freibeträge für Versorgungsbezüge sind bei den nach § 34 EStG begünstigten Einkünften abzuziehen. ⁴Entsprechend ist bei anderen Einkunftsarten zu verfahren, bei denen ein im Rahmen der Einkünfteermittlung anzusetzender Freibetrag, oder Pauschbetrag abzuziehen ist. ⁵Werden außerordentliche Einkünfte aus nichtselbständiger Arbeit neben laufenden Einkünften dieser Art bezogen, ist bei den Einnahmen der Arbeitnehmer-Pauschbetrag oder der Pauschbetrag nach § 9a Satz 1 Nr. 1 Buchstabe b EStG insgesamt nur einmal abzuziehen, wenn insgesamt keine höheren Werbungskosten nachgewiesen werden. ⁶In anderen Fällen sind die auf die jeweiligen Einnahmen entfallenden tatsächlichen Werbungskosten bei diesen Einnahmen zu berücksichtigen.

| H 34.4 |

Arbeitslohn für mehrere Jahre

- Die Anwendung des § 34 Abs. 2 Nr. 4 i.V. m. § 34 Abs. 1 EStG setzt nicht voraus, dass der Arbeitnehmer die Arbeitsleistung erbringt; es genügt, dass der Arbeitslohn für mehrere Jahre gezahlt worden ist (>BFH vom 17. 7. 1970 – BStBl II S. 683).
- Liegen wirtschaftlich vernünftige Gründe für eine zusammengeballte Entlohnung vor, muss es sich nicht um einmalige und unübliche (Sonder-)Einkünfte für eine Tätigkeit handeln, die von der regelmäßigen Erwerbstätigkeit abgrenzbar ist oder auf einem besonderen Rechtsgrund beruht (>BFH vom 7. 5. 2015 – BStBl II S. 890).

Außerordentliche Einkünfte i. S. d. § 34 Abs. 2 Nr. 4 i.V. m. § 34 Abs. 1 EStG

1. § 34 Abs. 2 Nr. 4 i.V. m. § 34 Abs. 1 EStG ist z. B. **anzuwenden, wenn**
   - eine Lohnzahlung für eine Zeit, die vor dem Kj. liegt, deshalb nachträglich geleistet wird, weil der Arbeitgeber Lohnbeträge zu Unrecht einbehalten oder mangels flüssiger Mittel nicht in der festgelegten Höhe ausgezahlt hat (>BFH vom 17. 7. 1970 – BStBl II S. 683).
   - der Arbeitgeber Prämien mehrerer Kj. für eine Versorgung oder für eine Unfallversicherung des Arbeitnehmers deshalb voraus- oder nachzahlt, weil er dadurch günstigere Prämiensätze erzielt oder weil die Zusammenfassung satzungsgemäßen Bestimmungen einer Versorgungseinrichtung entspricht.
   - dem Stpfl. Tantiemen für mehrere Jahre in einem Kj. zusammengeballt zufließen (>BFH vom 11. 6. 1970 – BStBl II S. 639).
   - dem Stpfl. Zahlungen, die zur Abfindung von Pensionsanwartschaften geleistet werden, zufließen. Dem Zufluss steht nicht entgegen, dass der Ablösungsbetrag nicht an den Stpfl., sondern an einen Dritten gezahlt worden ist (>BFH vom 12. 4. 2007 – BStBl II S. 581).
   - Arbeitslohn aus einem Forderungsverzicht auf eine bereits erdiente (werthaltige) Pensionsanwartschaft vorliegt (>BFH vom 23. 8. 2017 – BStBl 2018 II S. 208).
2. § 34 Abs. 2 Nr. 4 i.V. m. § 34 Abs. 1 EStG ist z. B. **nicht anzuwenden** bei zwischen Arbeitgeber und Arbeitnehmer vereinbarten und regelmäßig ausgezahlten gewinnabhängigen Tantiemen, deren Höhe erst nach Ablauf des Wj. festgestellt werden kann; es handelt sich hierbei nicht um die Abgeltung einer mehrjährigen Tätigkeit (>BFH vom 30. 8. 1966 – BStBl III S. 545).
3. § 34 Abs. 2 Nr. 4 i.V. m. § 34 Abs. 1 EStG kann in besonders gelagerten **Ausnahmefällen** anzuwenden sein, wenn die Vergütung für eine mehrjährige nichtselbständige Tätigkeit dem Stpfl. aus wirtschaftlich vernünftigen Gründen nicht in einem Kj., sondern in zwei Kj. in Teilbeträgen zusammengeballt ausgezahlt wird (>BFH vom 16. 9. 1966 – BStBl 1967 III S. 2).

>Vergütung für eine mehrjährige Tätigkeit

Erstattungszinsen nach § 233a AO
Erstattungszinsen nach § 233a AO sind keine außerordentlichen Einkünfte (>BFH vom 12.11.2013 – BStBl 2014 II S. 168).

Gewinneinkünfte
Die Annahme außerordentlicher Einkünfte i. S. d. § 34 Abs. 2 Nr. 4 EStG setzt voraus, dass die Vergütung für mehrjährige Tätigkeiten eine Progressionswirkung typischerweise erwarten lässt. Dies kann bei Einkünften i. S. d. § 2 Abs. 2 Satz 1 Nr. 1 EStG dann der Fall sein, wenn
- der Stpfl. sich während mehrerer Jahre ausschließlich einer bestimmten Sache gewidmet und die Vergütung dafür in einem einzigen VZ erhalten hat oder
- eine sich über mehrere Jahre erstreckende Sondertätigkeit, die von der übrigen Tätigkeit des Stpfl. ausreichend abgrenzbar ist und nicht zum regelmäßigen Gewinnbetrieb gehört, in einem einzigen VZ entlohnt wird oder
- der Stpfl. für eine mehrjährige Tätigkeit eine Nachzahlung in einem Betrag aufgrund einer vorausgegangenen rechtlichen Auseinandersetzung erhalten hat

(>BFH vom 14.12.2006 – BStBl 2007 II S. 180),
- eine einmalige Sonderzahlung für langjährige Dienste auf Grund einer arbeitnehmerähnlichen Stellung geleistet wird (>BFH vom 7.7.2004 – BStBl 2005 II S. 276),
- durch geballte Nachaktivierung von Umsatzsteuer-Erstattungsansprüchen mehrerer Jahre ein Ertrag entsteht (>BFH vom 25.2.2014 – BStBl II S. 668 und vom 25.9.2014 – BStBl 2015 II S. 220),
- eine Nachzahlung der Kassenärztlichen Vereinigung, die insgesamt mehrere Jahre betrifft, ganz überwiegend in einem VZ ausgezahlt wird (>BFH vom 2.8.2016 – BStBl 2017 II S. 258).

Keine außerordentlichen Einkünfte liegen vor
- bei der Vereinnahmung eines berufsüblichen Honorars für die Bearbeitung eines mehrjährigen Mandats durch einen Rechtsanwalt (>BFH vom 30.1.2013 – BStBl 2018 II S. 696).

Jubiläumszuwendungen
Zuwendungen, die ohne Rücksicht auf die Dauer der Betriebszugehörigkeit lediglich aus Anlass eines Firmenjubiläums erfolgen, erfüllen die Voraussetzungen von § 34 Abs. 2 Nr. 4 EStG nicht (>BFH vom 3.7.1987 – BStBl II S. 820).

Nachzahlung von Versorgungsbezügen
§ 34 Abs. 2 Nr. 4 i.V. m. § 34 Abs. 1 EStG ist auch auf Nachzahlungen anwendbar, die als Ruhegehalt für eine ehemalige Arbeitnehmertätigkeit gezahlt werden (>BFH vom 28.2.1958 – BStBl III S. 169).

Tantiemen
>außerordentliche Einkünfte i. S. d. § 34 Abs. 2 Nr. 4 i.V. m. § 34 Abs. 1 EStG

Verbesserungsvorschläge
Die einem Arbeitnehmer gewährte Prämie für einen Verbesserungsvorschlag stellt keine Entlohnung für eine mehrjährige Tätigkeit i. S. d. § 34 Abs. 2 Nr. 4 i.V. m. § 34 Abs. 1 EStG dar, wenn sie nicht nach dem Zeitaufwand des Arbeitnehmers, sondern ausschließlich nach der Kostenersparnis des Arbeitgebers in einem bestimmten künftigen Zeitraum berechnet wird (>BFH vom 31.8.2016 – BStBl 2017 II S. 322).

Vergütung für eine mehrjährige Tätigkeit

Die Anwendung von § 34 Abs. 2 Nr. 4 i. V. m. § 34 Abs. 1 EStG ist nicht dadurch ausgeschlossen, dass die Vergütungen für eine mehrjährige Tätigkeit während eines Kj. in mehreren Teilbeträgen gezahlt werden (>BFH vom 11. 6. 1970 – BStBl II S. 639).

Versorgungsbezüge

– Versorgungsleistungen aus einer Pensionszusage, die an die Stelle einer in einem vergangenen Jahr erdienten variablen Vergütung (Bonus) treten, sind keine Entlohnung für eine mehrjährige Tätigkeit (>BFH vom 31. 8. 2016 – BStBl 2017 II S. 322).
– >Nachzahlung von Versorgungsbezügen

Zusammenballung von Einkünften

– Eine Zusammenballung von Einkünften ist nicht anzunehmen, wenn die Vertragsparteien die Vergütung bereits durch ins Gewicht fallende Teilzahlungen auf mehrere Kj. verteilt haben (>BFH vom 10. 2. 1972 – BStBl II S. 529).
– Bei der Veräußerung eines Mitunternehmeranteils fehlt es an einer Zusammenballung, wenn der Stpfl. zuvor auf Grund einheitlicher Planung und im zeitlichen Zusammenhang mit der Veräußerung einen Teil des ursprünglichen Mitunternehmeranteils ohne Aufdeckung der stillen Reserven übertragen hat (>BFH vom 9. 12. 2014 – BStBl 2015 II S. 529).
– Es fehlt an der erforderlichen Zusammenballung von Einkünften, wenn die Auszahlung der Gesamtvergütung in zwei VZ in etwa gleich großen Teilbeträgen erfolgt. Dabei ist es unerheblich, ob die Modalitäten des Zuflusses vereinbart oder dem Zahlungsempfänger aufgezwungen wurden (>BFH vom 2. 8. 2016 – BStBl 2017 II S. 258).

R 34.5 Anwendung der Tarifermäßigung nach § 34 Abs. 3 EStG

Berechnung

(1) ¹Für das gesamte zu versteuernde Einkommen i. S. d. § 32a Abs. 1 EStG – also einschließlich der außerordentlichen Einkünfte, soweit sie zur Einkommensteuer heranzuziehen sind – ist der Steuerbetrag nach den allgemeinen Tarifvorschriften zu ermitteln. ²Aus dem Verhältnis des sich ergebenden Steuerbetrags zu dem gerundeten zu versteuernden Einkommen ergibt sich der durchschnittliche Steuersatz, der auf vier Dezimalstellen abzurunden ist. ³56 % dieses durchschnittlichen Steuersatzes, mindestens 14 %, ist der anzuwendende ermäßigte Steuersatz.

Beschränkung auf einen Veräußerungsgewinn

(2) ¹Die Ermäßigung nach § 34 Abs. 3 Satz 1 bis 3 EStG kann der Stpfl. nur einmal im Leben in Anspruch nehmen, selbst dann, wenn der Stpfl. mehrere Veräußerungs- oder Aufgabegewinne innerhalb eines VZ erzielt. ²Dabei ist die Inanspruchnahme einer Steuerermäßigung nach § 34 EStG in VZ vor dem 1. 1. 2001 unbeachtlich (>§ 52 Abs. 47 Satz 8 EStG*). ³Wird der zum Betriebsvermögen eines Einzelunternehmers gehörende Mitunternehmeranteil im Zusammenhang mit der Veräußerung des Einzelunternehmens veräußert, ist die Anwendbarkeit des § 34 Abs. 3 EStG für beide Vorgänge getrennt zu prüfen. ⁴Liegen hinsichtlich beider Vorgänge die Voraussetzungen des § 34 Abs. 3 EStG vor, kann der Stpfl. die ermäßigte Besteuerung nach § 34 Abs. 3 EStG entweder für die Veräußerung des Einzelunternehmens oder für die Veräußerung des Mitunternehmeranteiles beantragen. ⁵Die Veräußerung eines Anteils an einer Mitunternehmer-

---

*) § 52 Abs. 47 Satz 8 EStG i. d. F. vor dem Gesetz zur Anpassung des nationalen Steuerrechts an den Beitritt Kroatiens zur EU und zur Änderung weiterer steuerlicher Vorschriften.

schaft (Obergesellschaft), zu deren Betriebsvermögen die Beteiligung an einer anderen Mitunternehmerschaft gehört (mehrstöckige Personengesellschaft), stellt für die Anwendbarkeit des § 34 Abs. 3 EStG einen einheitlich zu beurteilenden Veräußerungsvorgang dar.

Nachweis der dauernden Berufsunfähigkeit
(3) R 16 Abs. 14 gilt entsprechend.

H 34.5

Ausgliederung einer 100 %-Beteiligung an einer Kapitalgesellschaft
Der Gewinn aus der Aufgabe eines Betriebs unterliegt auch dann der Tarifbegünstigung, wenn zuvor im engen zeitlichen Zusammenhang mit der Betriebsaufgabe eine das gesamte Nennkapital umfassende Beteiligung an einer Kapitalgesellschaft zum Buchwert in ein anderes Betriebsvermögen übertragen oder überführt worden ist (>BFH vom 28. 5. 2015 – BStBl II S. 797).

Beispiel
>H 34.2 (Berechnungsbeispiele) Beispiel 5

Zu § 34a EStG

H 34a

Allgemeines
>BMF vom 11. 8. 2008 (BStBl I S. 838)

Zu § 34b EStG

R 34b.1 **Gewinnermittlung**

Allgemeines
(1) [1]Die Einkünfte aus Holznutzungen sind nach den Grundsätzen der jeweiligen Gewinnermittlungsart für jedes Wirtschaftsjahr gesondert zu ermitteln. [2]Eine Holznutzung liegt vor, wenn aus einem Wirtschaftsgut Baumbestand heraus Holz vom Grund und Boden getrennt wird und im Zuge der Aufarbeitung vom Anlagevermögen zum Umlaufvermögen wird. [3]Entsprechendes gilt, wenn Holz auf dem Stamm verkauft wird. [4]Mit der Zuordnung zum Umlaufvermögen ist der Holzvorrat mit den tatsächlichen Anschaffungs- oder Herstellungskosten zu bewerten.

Pauschalierung
(2) [1]Die Pauschalierung der Betriebsausgaben nach § 51 EStDV darf nur vorgenommen werden, wenn es zulässig ist, den Gewinn für die forstwirtschaftliche Nutzung des Betriebs nach den Grundsätzen des § 4 Abs. 3 EStG zu ermitteln und die zum Betrieb gehörenden forstwirtschaftlich genutzten Flächen i. S. d. § 34 Abs. 2 Nr. 1 Buchstabe b des Bewertungsgesetzes zum Beginn des Wirtschaftsjahres 50 Hektar nicht übersteigen. [2]Soweit unter diesen Voraussetzungen oder nach § 4 des Forstschäden-Ausgleichsgesetzes Gewinne aus Holznutzungen pauschal ermittelt werden, gelten die pauschalen Betriebsausgaben auch für die Ermittlung der nach § 34b EStG begünstigten Einkünfte aus außerordentlichen Holznutzungen.

Abweichende Wirtschaftsjahre
(3) Die für jedes Wirtschaftsjahr gesondert ermittelten Einkünfte für außerordentliche Holznutzungen sind bei abweichenden Wirtschaftsjahren – den übrigen laufenden Einkünften entsprechend – zeitanteilig und getrennt nach den Einkünften i. S. v. § 34b Abs. 2 i.V. m. Abs. 3 Nr. 1 und 2 EStG dem jeweiligen VZ zuzuordnen.

Mehrere Betriebe
(4) Unterhält ein Stpfl. mehrere Betriebe mit eigenständiger Gewinnermittlung, sind die Einkünfte aus außerordentlichen Holznutzungen nach § 34b Abs. 2 i.V. m. Abs. 3 Nr. 1 und 2 EStG für jeden Betrieb gesondert zu ermitteln und dem jeweiligen VZ zuzurechnen.

H 34b.1

Bewertung des Baumbestandes
Zur steuerlichen Behandlung des Baumbestandes >BMF vom 16. 5. 2012 (BStBl I S. 595)

Forstschäden-Ausgleichsgesetz
- >Anhang 20 I[1)]
- >H 13.5 (Forstwirtschaft)

Zeitliche Anwendung
Zur zeitlichen Anwendung der Tarifvorschrift des § 68 EStDV >BMF vom 16. 5. 2012 (BStBl I S. 594)

R 34b.2 **Ordentliche und außerordentliche Holznutzungen**

Definition
(1) [1]Außerordentliche Holznutzungen liegen vor, wenn bei einer Holznutzung die in § 34b Abs. 1 EStG genannten Voraussetzungen erfüllt sind. [2]Es ist unerheblich, ob sie in Nachhaltsbetrieben oder in aussetzenden Betrieben anfallen. [3]Alle übrigen Holznutzungen sind ordentliche Holznutzungen. [4]Die Veräußerung des Grund und Bodens einschließlich des Aufwuchses oder die Veräußerung des Grund und Bodens und des stehenden Holzes an denselben Erwerber in getrennten Verträgen ist keine Holznutzung i. S. d. § 34b EStG.

Zeitpunkt der Verwertung
(2) [1]§ 34b EStG begünstigt die Einkünfte aus der Verwertung von außerordentlichen Holznutzungen (>R 34b.1 Abs. 1) durch Veräußerung oder Entnahme. [2]Zeitpunkt der Verwertung ist in den Fällen der Gewinnermittlung nach § 4 Abs. 1 EStG der Zeitpunkt der Veräußerung oder Entnahme. [3]Soweit die Grundsätze des § 4 Abs. 3 EStG anzuwenden sind, ist der Zeitpunkt des Zuflusses der Einnahmen oder der Entnahme maßgebend.

Holznutzungen aus volks- und staatswirtschaftlichen Gründen
(3) [1]Eine Nutzung geschieht aus volks- oder staatswirtschaftlichen Gründen, wenn sie z. B. durch gesetzlichen oder behördlichen Zwang veranlasst worden ist. [2]Dies sind insbesondere Holznutzungen infolge einer Enteignung oder einer drohenden Enteignung, z. B. beim Bau von

---

1) = Anhang 20 I Amtliches Einkommensteuer-Handbuch 2018, hier nicht wiedergegeben, mit Forstschäden-Ausgleichsgesetz vom 26. 8. 1985 (BGBl I S. 1756).

Verkehrswegen. ³Ein Zwang kann dabei schon angenommen werden, wenn der Stpfl. nach den Umständen des Falles der Ansicht sein kann, dass er im Fall der Verweigerung des Verkaufs ein behördliches Enteignungsverfahren zu erwarten habe. ⁴Unter einem unmittelbar drohenden behördlichen Eingriff sind jedoch nicht diejenigen Verpflichtungen zu verstehen, die allein auf Grund der Waldgesetze vorzunehmen sind.

Holznutzungen infolge höherer Gewalt (Kalamitätsnutzungen)
(4) ¹Holznutzungen infolge höherer Gewalt liegen neben den in § 34b Abs. 1 Nr. 2 Satz 2 EStG genannten Fällen auch dann vor, wenn sie durch Naturereignisse verursacht sind, die im Gesetz nicht besonders aufgeführt sind. ²Kalamitätsnutzungen knüpfen stets an das Vorliegen eines außergewöhnlichen Naturereignisses im Sinne höherer Gewalt an. ³Eine Holznutzung infolge höherer Gewalt kann auch in einem Wirtschaftsjahr nach Eintritt des Schadensereignisses erfolgen. ⁴Zu den Holznutzungen infolge höherer Gewalt zählen nicht Schadensfälle von einzelnen Bäumen (z. B. Dürrhölzer, Schaden durch Blitzschlag), soweit sie sich im Rahmen der regelmäßigen natürlichen Abgänge halten.
(5) ¹Bei vorzeitigen Holznutzungen auf Grund von Schäden durch militärische Übungen sind dieselben Steuersätze wie für Holznutzungen infolge höherer Gewalt anzuwenden. ²Ersatzleistungen für Schäden, die sich beseitigen lassen, (z. B. Schäden an Wegen und Jungpflanzungen), sind nach R 6.6 zu behandeln.

H 34b.2

Höhere Gewalt
Außerordentliche Holznutzungen infolge gesetzlicher oder behördlicher Anordnungen gehören nicht zu den Holznutzungen infolge höherer Gewalt (>RFH vom 23. 8. 1939 – RStBl S. 1056).

Kalamitätsfolgehiebe
Muss ein nach einem Naturereignis stehengebliebener Bestand nach forstwirtschaftlichen Grundsätzen eingeschlagen werden (sog. Kalamitätsfolgehiebe), werden die daraus anfallenden Nutzungen steuerlich nur als Kalamitätsnutzungen begünstigt, wenn sie nicht in die planmäßige Holznutzung der nächsten Jahre einbezogen werden können, insbesondere aber, wenn nicht hiebreife Bestände eingeschlagen werden müssen (>BFH vom 11. 4. 1961 – BStBl III S. 276).

Rotfäule
kann nur insoweit zu einer Holznutzung infolge höherer Gewalt führen, als sie einen Schaden verursacht, der die Summe der im forstwirtschaftlichen Betrieb des Stpfl. regelmäßig und üblich anfallenden Schäden mengenmäßig in erheblichem Umfang übersteigt (>BFH vom 10. 10. 1963 – BStBl 1964 III S. 119).
>Erlasse der obersten Finanzbehörden der Länder vom 15. 6. 1967 (BStBl II S. 197)

R 34b.3   **Ermittlung der Einkünfte aus außerordentlichen Holznutzungen**

Grundsätze
(1) Zur Ermittlung der Einkünfte aus außerordentlichen Holznutzungen sind die mit allen Holznutzungen im Zusammenhang stehenden Betriebseinnahmen und Betriebsausgaben gesondert aufzuzeichnen.
(2) ¹Einnahmen aus sämtlichen Holznutzungen sind die Erlöse aus der Verwertung des Holzes, die der Gewinnermittlung des Wirtschaftsjahres zu Grunde gelegt wurden. ²Hierzu gehören insbesondere die Erlöse für das veräußerte Holz und der Teilwert für das entnommene Holz. ³Nicht

dazu gehören die Einnahmen aus Nebennutzungen und aus Verkäufen von Wirtschaftsgütern des Anlagevermögens. [4]Von den Einnahmen aus sämtlichen Holznutzungen sind die mit diesen Einnahmen in sachlichem Zusammenhang stehenden Betriebsausgaben des Wirtschaftsjahres abzuziehen, die der Gewinnermittlung des Wirtschaftsjahres zu Grunde gelegt wurden. [5]Dazu gehören insbesondere die festen und beweglichen Verwaltungskosten, Steuern, Zwangsbeiträge und die Betriebskosten. [6]Erhöhte AfA, Sonderabschreibungen sowie Buchwertminderungen und -abgänge sind zu berücksichtigen. [7]Eine Aktivierung von Holzvorräten ist keine Verwertung des Holzes. [8]Der Investitionsabzugsbetrag nach § 7g EStG ist weder als Einnahme noch als Ausgabe zu berücksichtigen, die mit einer Holznutzung in sachlichem Zusammenhang steht. [9]Zum Zeitpunkt der Erfassung der Einnahmen >R 34b.2 Abs. 2.

Pauschalierung

(3) [1]Im Fall der Pauschalierung nach § 51 EStDV oder § 4 des Forstschäden-Ausgleichsgesetzes gilt Absatz 2 entsprechend. [2]Die nicht mit den Pauschsätzen abgegoltenen, aber abzugsfähigen Wiederaufforstungskosten, Buchwertminderungen und -abgänge beim Wirtschaftsgut Baumbestand sind zusätzlich als Betriebsausgaben zu berücksichtigen.

Entschädigungen

(4) [1]Die Berücksichtigung von Entschädigungen und Zuschüssen richtet sich nach den Grundsätzen der maßgebenden Gewinnermittlung. [2]Die Zuordnung der Entschädigungen und Zuschüsse zu den Einnahmen aus Holznutzungen oder zu den übrigen Betriebseinnahmen oder -ausgaben richtet sich nach dem Grund der Zahlung. [3]Soweit für Entschädigungen die Tarifvergünstigung nach § 34 Abs. 1 i. V. m. § 24 Nr. 2 EStG in Anspruch genommen wird, sind die entsprechenden Betriebseinnahmen und die damit in sachlichem Zusammenhang stehenden Betriebsausgaben für Zwecke des § 34b EStG zur Vermeidung einer doppelten Berücksichtigung zu korrigieren.

R 34b.4 Ermittlung der Steuersätze

Durchschnittlicher Steuersatz

(1) [1]Für das gesamte z. v. E. i. S. d. § 32a Abs. 1 EStG – also einschließlich der Einkünfte aus außerordentlichen Holznutzungen – ist der Steuerbetrag nach den allgemeinen Tarifvorschriften zu ermitteln. [2]Aus dem Verhältnis des sich ergebenden Steuerbetrags zu dem gesamten z. v. E. ergibt sich der durchschnittliche Steuersatz, der auf vier Dezimalstellen abzurunden ist. [3]Die Hälfte bzw. ein Viertel dieses durchschnittlichen Steuersatzes ist der anzuwendende ermäßigte Steuersatz nach § 34b Abs. 3 EStG.

Anzuwendende Steuersätze

(2) [1]Der Umfang der ordentlichen Holznutzung ist für die Anwendung der Steuersätze nach § 34b Abs. 3 EStG ohne Bedeutung. [2]Für die Frage, mit welchen Steuersätzen die Einkünfte aus außerordentlichen Holznutzungen zu versteuern sind, ist die im Wirtschaftsjahr verwertete Holzmenge des Betriebs maßgebend. [3]Auf die Einkünfte aus außerordentlichen Holznutzungen des Betriebs ist die Hälfte des durchschnittlichen Steuersatzes i. S. d. Absatzes 1 anzuwenden, wenn die Voraussetzungen des § 68 EStDV nicht vorliegen.

(3) [1]Auf Einkünfte aus außerordentlichen Holznutzungen des Betriebs ist unter den Voraussetzungen des § 68 EStDV bis zur Höhe des Nutzungssatzes (Absatz 4) die Hälfte des durchschnittlichen Steuersatzes (§ 34b Abs. 3 Nr. 1 EStG) und für darüber hinausgehende außerordentliche Holznutzungen ein Viertel des durchschnittlichen Steuersatzes (§ 34b Abs. 3 Nr. 2 EStG) anzuwenden. [2]Hierzu sind die Einkünfte aus außerordentlichen Holznutzungen nach dem Verhältnis der Holzmengen zum Nutzungssatz aufzuteilen.

Nutzungssatz

(4) ¹Der Nutzungssatz i. S. d. § 34b Abs. 3 Nr. 2 EStG i.V. m. § 68 EStDV ist eine steuerliche Bemessungsgrundlage. ²Er muss den Nutzungen entsprechen, die unter Berücksichtigung der vollen jährlichen Ertragsfähigkeit des Waldes in Kubikmetern (Festmetern) objektiv nachhaltig im Betrieb erzielbar sind. ³Maßgebend für die Bemessung des Nutzungssatzes sind nicht die Nutzungen, die nach dem Willen des Betriebsinhabers in einem Zeitraum von zehn Jahren erzielt werden sollen (subjektiver Hiebsatz), sondern die Nutzungen, die unter Berücksichtigung der vollen Ertragsfähigkeit nachhaltig erzielt werden können (objektive Nutzungsmöglichkeit). ⁴Aus diesem Grunde kann sich der Hiebsatz der Forsteinrichtung vom Nutzungssatz unterscheiden. ⁵Die amtliche Anerkennung eines Betriebsgutachtens oder die Vorlage eines Betriebswerks schließt daher eine Prüfung durch den Forstsachverständigen der zuständigen Finanzbehörde nicht aus.

H 34b.4

Beispiel zur Verwertung des Holzes in einem Wj.

Grundsachverhalt:

Ein Forstwirt hat in seinem Betrieb (150 ha forstwirtschaftlich genutzte Fläche) einen Sturmschaden mit einem Gesamtumfang von 5.200 fm. Er hat außerdem noch 800 fm ordentliche Holznutzung. Die gesamte Holzmenge von 6.000 fm wird im gleichen Wj. veräußert. Die Einkünfte aus der Verwertung der Holznutzungen betragen insgesamt 180.000 €. Der Stpfl. hat kein gültiges Betriebswerk bzw. amtlich anerkanntes Betriebsgutachten.

Lösung:

a) **Zuordnung der Holzmengen**

Die ordentliche Holznutzung unterliegt im Umfang von 800 fm der regulären Besteuerung. Die außerordentliche Holznutzung infolge höherer Gewalt unterliegt mit 5.200 fm der Tarifvergünstigung des § 34b Abs. 3 Nr. 1 EStG im Umfang von 5.200 fm.

b) **Zuordnung der Steuersätze**

Einkünfte aus allen Holznutzungen	180.000 €
davon aus	
– ordentlichen Holznutzungen (800/6.000)	24.000 €
= Normalsteuersatz	
– außerordentlichen Holznutzungen (5.200/6.000)	156.000 €
= Steuersatz nach § 34b Abs. 3 Nr. 1 EStG (½)	

Abwandlung:

Der aufgrund eines Betriebswerks festgesetzte Nutzungssatz beträgt 1.000 fm.

a) **Zuordnung der Holzmengen**

Die ordentliche Holznutzung unterliegt im Umfang von 800 fm der regulären Besteuerung. Eine Auffüllung des Nutzungssatzes mit Kalamitätsnutzungen erfolgt nicht. Die außerordentliche Holznutzung infolge höherer Gewalt unterliegt mit 1.000 fm dem Steuersatz des § 34b Abs. 3 Nr. 1 EStG und mit 4.200 fm dem Steuersatz des § 34b Abs. 3 Nr. 2 EStG.

b) **Zuordnung der Steuersätze**

Einkünfte aus allen Holznutzungen	180.000 €
davon aus	
– ordentlichen Holznutzungen (800/6.000)	24.000 €
= Normalsteuersatz	
– a. o. Holznutzungen (1.000/6.000)	30.000 €
= Steuersatz nach § 34b Abs. 3 Nr. 1 EStG (½)	
– a. o. Holznutzungen (4.200/6.000)	126.000 €
= Steuersatz nach § 34b Abs. 3 Nr. 2 EStG (¼)	

Beispiel zur Verwertung des Holzes über mehrere Wirtschaftsjahre
Im Wj. 01 veräußert er die gesamte ordentliche Holznutzung von 800 fm und die Kalamitätsnutzung von 2.200 fm. Die Einkünfte aus der Verwertung der Holznutzungen betragen insgesamt 100.000 €. Im Wj. 02 veräußert er die restliche Kalamitätsnutzung von 3.000 fm und erzielt hieraus Einkünfte in Höhe von 80.000 €.

Lösung:
a) **Zuordnung der Steuersätze im Wj. 01**

Einkünfte aus allen Holznutzungen	100.000 €
davon aus	
– ordentlichen Holznutzungen (800/3.000)	26.666 €
= Normalsteuersatz	
– a. o. Holznutzungen bis zur Höhe des Nutzungssatzes (1.000/3.000)	33.334 €
= § 34b Abs. 3 Nr. 1 EStG ($^1/_2$)	
– a. o. Holznutzungen über dem Nutzungssatz (1.200/3.000)	40.000 €
= § 34b Abs. 3 Nr. 2 EStG ($^1/_4$)	

b) **Zuordnung der Steuersätze im Wj. 02**

Einkünfte aus allen Holznutzungen	80.000 €
davon aus	
– ordentlichen Holznutzungen (0/3.000)	0 €
= Normalsteuersatz	
– a. o. Holznutzungen bis zur Höhe des Nutzungssatzes (1.000/3.000)	26.666 €
= § 34b Abs. 3 Nr. 1 EStG ($^1/_2$)	
– a. o. Holznutzungen über dem Nutzungssatz (2.000/3.000)	53.334 €
= § 34b Abs. 3 Nr. 2 EStG ($^1/_4$)	

Beispiel zur Verwertung des Holzes in den Fällen des § 51 EStDV
Ein Stpfl. hat in seinem land- und forstwirtschaftlichen Betrieb 40 ha forstwirtschaftlich genutzte Fläche und ermittelt seinen Gewinn nach § 4 Abs. 3 EStG. Der Stpfl. hat kein amtlich anerkanntes Betriebsgutachten. In den Wj. 01 und 02 beantragt er die Anwendung von § 51 EStDV.
Im Wj. 01 sind ein Sturmschaden mit einem Gesamtumfang von 800 fm und 100 fm ordentliche Holznutzung angefallen. Neben der ordentlichen Holznutzung wird Kalamitätsholz im Umfang von 500 fm verwertet. Die Einnahmen aus der Verwertung der Holznutzungen betragen insgesamt 24.000 €. Es sind keine Buchwertminderungen und Wiederaufforstungskosten zu berücksichtigen.
Im Wj. 02 verwertet er das restliche Kalamitätsholz im Umfang von 300 fm und eine ordentliche Holznutzung im Umfang von 200 fm. Die Einnahmen aus der Verwertung der Holznutzungen betragen insgesamt 20.000 €. Der Stpfl. hat sofort abziehbare Wiederaufforstungskosten in Höhe von 6.000 € aufgewendet.

Lösung:
Die Einkünfte aus Holznutzungen im Wj. 01 betragen 10.800 € (Einnahmen 24.000 € abzüglich des Betriebsausgabenpauschsatzes nach § 51 Abs. 2 EStDV von 55 % = 13.200 €). Nach der Vereinfachungsregelung der R 34b.6 Abs. 3 EStR kann für die Berechnung des § 34b EStG ein Nutzungssatz von 5 fm/ha × 40 ha = 200 fm zu Grunde gelegt werden.

a) **Zuordnung der Steuersätze im Wj. 01**

Einkünfte aus allen Holznutzungen	10.800 €
davon aus	
– ordentlichen Holznutzungen (100/600)	1.800 €
= Normalsteuersatz	
– a. o. Holznutzungen bis zur Höhe des Nutzungssatzes (200/600)	3.600 €
= § 34b Abs. 3 Nr. 1 EStG ($^1/_2$)	
– a. o. Holznutzungen über dem Nutzungssatz (300/600)	5.400 €
= § 34b Abs. 3 Nr. 2 EStG ($^1/_4$)	

Die Einkünfte aus Holznutzungen im Wj. 02 betragen 3.000 € (Einnahmen 20.000 € abzüglich des Betriebsausgabenpauschsatzes nach § 51 Abs. 2 EStDV von 55 % = 11.000 € und der Wiederaufforstungskosten in Höhe von 6.000 €). Nach der Vereinfachungsregelung der R 34b.6 Abs. 3 EStR kann für die Berechnung des § 34b EStG ein Nutzungssatz von 5 fm/ha × 40 ha = 200 fm zu Grunde gelegt werden.

b) Zuordnung der Steuersätze im Wj. 02

Einkünfte aus allen Holznutzungen	3.000 €
davon aus	
– ordentlichen Holznutzungen (200/500)	1.200 €
= Normalsteuersatz	
– a. o. Holznutzungen bis zur Höhe des Nutzungssatzes (200/500)	1.200 €
= § 34b Abs. 3 Nr. 1 EStG ($^{1}/_{2}$)	
– a. o. Holznutzungen über dem Nutzungssatz (100/500)	600 €
= § 34b Abs. 3 Nr. 2 EStG ($^{1}/_{4}$)	

Richtlinien für die Bemessung von Nutzungssätzen
>BMF vom 17. 5. 2017 (BStBl I S. 783)

R 34b.5   **Umfang der Tarifvergünstigung**

Grundsätze
(1) ¹Die Tarifvergünstigung bei Einkünften aus außerordentlichen Holznutzungen nach § 34b EStG stellt eine Progressionsmilderung der dort bestimmten laufenden Einkünfte dar. ²Sie wird für einen Veranlagungszeitraum gewährt. ³Bei abweichenden Wirtschaftsjahren ist nach R 34b.1 Abs. 3 zu verfahren. ⁴Ergeben sich im VZ nach einer Saldierung (>R 34b.1 Abs. 3 und 4) insgesamt keine positiven Einkünfte aus außerordentlichen Holznutzungen, scheidet eine Tarifvergünstigung nach § 34b EStG aus. ⁵Bei der Berechnung der Tarifvergünstigung ist maximal das z. v. E. zugrunde zu legen.

Verhältnis zu § 34 EStG
(?) ¹Treffen Einkünfte aus außerordentlichen Holznutzungen i. S. d. § 34b EStG mit außerordentlichen Einkünften i. S. d. § 34 Abs. 2 EStG zusammen und übersteigen diese Einkünfte das z. v. E., sind die von der S. d. E., dem G. d. E. und dem Einkommen abzuziehenden Beträge zunächst bei den nicht nach § 34 EStG begünstigten Einkünften, danach bei den nach § 34 Abs. 1 EStG begünstigten Einkünften und danach bei den nach § 34 Abs. 3 EStG begünstigten Einkünften zu berücksichtigen, wenn der Stpfl. keine andere Zuordnung beantragt. ²Der Freibetrag nach § 13 Abs. 3 EStG darf dabei nur von Einkünften aus Land- und Forstwirtschaft abgezogen werden.

H 34b.5

Beispiel
Ein Stpfl. betreibt einen land- und forstwirtschaftlichen Einzelbetrieb (Wj. vom 1.7. – 30.6.) und ist daneben seit dem VZ 02 an einer forstwirtschaftlichen Mitunternehmerschaft beteiligt (Wj. = Kj.). Im Wj. 01/02 ist für den Einzelbetrieb eine Gesamtmenge Kalamitätsholz i. H. v. 1.200 fm anerkannt worden, die in den Wj. 01/02 – 03/04 verwertet wird. Der auf Grund eines Betriebswerks festgesetzte Nutzungssatz für den Einzelbetrieb beträgt 500 fm. Im Wj. 03/04 entstehen auf Grund von Wiederaufforstungskosten negative Einkünfte aus Holznutzungen. Für die Mitunternehmerschaft liegen Feststellungen des zuständigen Finanzamts vor. Aus der Verwertung von Holz hat der Stpfl. folgende Einkünfte erzielt:

Einzelbetrieb
Wj. 01/02

Einkünfte aus allen Holznutzungen (1.000 fm)	30.000 €
davon aus	
ordentlichen Holznutzungen (300 fm/1.000 fm)	9.000 €
außerordentlichen Holznutzungen nach § 34b Abs. 3 Nr. 1 EStG (500 fm/1.000 fm)	15.000 €
außerordentlichen Holznutzungen nach § 34b Abs. 3 Nr. 2 EStG (200 fm/1.000 fm)	6.000 €

Wj. 02/03
Einkünfte aus allen Holznutzungen (600 fm)   21.000 €
davon aus
ordentlichen Holznutzungen (200 fm/600 fm)   7.000 €
außerordentlichen Holznutzungen nach § 34b Abs. 3 Nr. 1 EStG (400 fm/600 fm)   14.000 €

Wj. 03/04
Einkünfte aus allen Holznutzungen (300 fm)   −6.000 €
davon aus
ordentlichen Holznutzungen (200 fm/300 fm)   −4.000 €
außerordentlichen Holznutzungen nach § 34b Abs. 3 Nr. 1 EStG (100 fm/300 fm)   −2.000 €

Im Wj. 04/05 fallen keine Einkünfte aus Holznutzungen an.

Mitunternehmerschaft
VZ 02
Einkünfte aus allen Holznutzungen   19.000 €
davon aus
ordentlichen Holznutzungen   5.000 €
außerordentlichen Holznutzungen nach § 34b Abs. 3 Nr. 1 EStG   4.000 €
außerordentlichen Holznutzungen nach § 34b Abs. 3 Nr. 2 EStG   10.000 €

VZ 03
Einkünfte aus allen Holznutzungen   9.000 €
davon aus
ordentlichen Holznutzungen   1.000 €
außerordentlichen Holznutzungen nach § 34b Abs. 3 Nr. 1 EStG   2.000 €
außerordentlichen Holznutzungen nach § 34b Abs. 3 Nr. 2 EStG   6.000 €

VZ 04
Einkünfte aus allen Holznutzungen   3.600 €
davon aus
ordentlichen Holznutzungen   1.200 €
außerordentlichen Holznutzungen nach § 34b Abs. 3 Nr. 1 EStG   2.400 €

Lösung:
Für die VZ 01 – 04 ergibt sich unter Berücksichtigung von § 4a Abs. 2 Nr. 1 EStG folgende Zuordnung der Einkünfte aus Holznutzungen:

	Einkünfte aus Holznutzungen	Zuordnung zu VZ			
	Wj.	VZ 01	VZ 02	VZ 03	VZ 04
ordentliche Holznutzungen (Normalsteuersatz)					
aus Wj. 01/02	9.000 €	4.500 €	4.500 €		
aus Wj. 02/03	7.000 €		3.500 €	3.500 €	
aus Wj. 03/04	−4.000 €			−2.000 €	−2.000 €
Mitunternehmerschaft	−		5.000 €	1.000 €	1.200 €
Summe (Normalsteuersatz)		4.500 €	13.000 €	2.500 €	−800 €

Einkünfte aus Holznutzungen		Zuordnung zu VZ		
Wj.	VZ 01	VZ 02	VZ 03	VZ 04
außerordentliche Holznutzungen nach § 34b Abs. 3 Nr. 1 EStG (¹/₂-Steuersatz)				
aus Wj. 01/02 15.000 €	7.500 €	7.500 €		
aus Wj. 02/03 14.000 €		7.000 €	7.000 €	
aus Wj. 03/04 −2.000 €			−1.000 €	−1.000 €
Mitunternehmerschaft −		4.000 €	2.000 €	2.400 €
Summe (¹/₂-Steuersatz)	7.500 €	18.500 €	8.000 €	1.400 €
außerordentliche Holznutzungen nach § 34b Abs. 3 Nr. 2 EStG (¹/₄-Steuersatz)				
aus Wj. 01/02 6.000 €	3.000 €	3.000 €		
Mitunternehmerschaft −		10.000 €	6.000 €	
Summe (¹/₄-Steuersatz)	3.000 €	13.000 €	6.000 €	

R 34b.6 Voraussetzungen für die Anwendung der Tarifvergünstigung

Aufstellung und Vorlage eines Betriebsgutachtens oder eines Betriebswerks

(1) ¹Für die Festsetzung des Nutzungssatzes i. S. d. § 34b Abs. 3 Nr. 2 EStG ist grundsätzlich ein amtlich anerkanntes Betriebsgutachten oder ein Betriebswerk erforderlich. ²Dieses soll nach § 68 Abs. 2 Satz 2 EStDV innerhalb eines Jahres nach dem Stichtag seiner Aufstellung dem Forstsachverständigen der zuständigen Finanzbehörde zur Überprüfung zugeleitet werden. ³Wird es nicht innerhalb eines Jahres übermittelt, kann dies im Fall nicht mehr nachprüfbarer Daten bei der Festsetzung eines Nutzungssatzes zu Lasten des Stpfl. gehen (z. B. durch Unsicherheitszuschläge). ⁴Enthält es Mängel (z. B. methodische Mängel, unzutreffende oder nicht mehr überprüfbare Naturaldaten), kann es zurückgewiesen werden; ein Gegengutachten der zuständigen Finanzbehörde ist nicht erforderlich.

(2) ¹Wird ein amtlich anerkanntes Betriebsgutachten oder ein Betriebswerk nicht fortlaufend aufgestellt oder wird es infolge einer Betriebsumstellung neu aufgestellt und schließt deshalb nicht an den vorherigen Zeitraum der Nutzungssatzfeststellung an, kann es im Schadensfalle nur berücksichtigt werden, wenn es spätestens auf den Anfang des Wirtschaftsjahres des Schadensereignisses aufgestellt wurde. ²Gleiches gilt für den Fall, dass ein amtlich anerkanntes Betriebsgutachten oder ein Betriebswerk erstmals nach einem Schadensereignis erstellt wird; Absatz 1 Satz 3 und 4 sind entsprechend anzuwenden.

Vereinfachungsregelung

(3) ¹Aus Vereinfachungsgründen kann bei Betrieben mit bis zu 50 Hektar forstwirtschaftlich genutzter Fläche, für die nicht bereits aus anderen Gründen ein amtlich anerkanntes Betriebsgutachten oder ein Betriebswerk vorliegt, auf die Festsetzung eines Nutzungssatzes verzichtet werden. ²In diesen Fällen ist bei der Anwendung des § 34b EStG ein Nutzungssatz von fünf Erntefestmetern ohne Rinde je Hektar zu Grunde zu legen.

Festsetzung eines Nutzungssatzes

(4) ¹Nach Prüfung der vorgelegten Unterlagen ist ein Nutzungssatz zu ermitteln und periodisch für einen Zeitraum von zehn Jahren festzusetzen. ²Er stellt eine unselbständige Besteuerungs-

grundlage dar und kann gegebenenfalls auch nachträglich geändert werden. ³Der festgesetzte Nutzungssatz muss zum Zeitpunkt der Veräußerung der außerordentlichen Holznutzungen gültig sein.

Nutzungsnachweis

(5) ¹Für den Nutzungsnachweis nach § 34b Abs. 4 Nr. 1 EStG genügt es, wenn der Stpfl. die Holznutzungen eines Wirtschaftsjahrs mengenmäßig getrennt nach ordentlichen und außerordentlichen Holznutzungen nachweist. ²Im Falle eines besonderen Schadensereignisses i. S. d. § 34b Abs. 5 EStG gelten zudem die Regelungen in R 34b.7 Abs. 1.

Kalamitätsmeldungen

(6) ¹Schäden infolge höherer Gewalt werden nur anerkannt, wenn sie nach Feststellung des Schadensfalls ohne schuldhaftes Zögern und vor Beginn der Aufarbeitung der zuständigen Finanzbehörde nach amtlichem Vordruck für jeden Betrieb gesondert mitgeteilt werden. ²Die Mitteilung darf nicht deshalb verzögert werden, weil der Schaden dem Umfang und der Höhe nach noch nicht feststeht.

R 34b.7 Billigkeitsmaßnahmen nach § 34b Abs. 5 EStG

Besonderer Steuersatz

(1) ¹Werden aus sachlichen Billigkeitsgründen die Regelungen des § 34b Abs. 5 EStG für ein Wirtschaftsjahr in Kraft gesetzt, bestimmt sich der Umfang des mit dem besonderen Steuersatz der Rechtsverordnung zu begünstigenden Kalamitätsholzes nach der für das betroffene Wirtschaftsjahr anerkannten Schadensmenge (Begünstigungsvolumen). ²Grundlage hierfür ist die nach der Aufarbeitung nachgewiesene Schadensmenge (>R 34b.6 Abs. 6). ³Das Begünstigungsvolumen wird durch Kalamitätsnutzungen gemindert, die dem Steuersatz nach § 34b Abs. 5 EStG unterworfen werden.

(2) ¹Die unter die Tarifvergünstigung nach § 34b Abs. 5 EStG fallenden Einkünfte werden im Wirtschaftsjahr der Verwertung des Kalamitätsholzes gesondert ermittelt. ²Daneben kann für andere Kalamitätsnutzungen die Tarifvergünstigung nach § 34b Abs. 3 EStG in Betracht kommen. ³Der besondere Steuersatz der Rechtsverordnung ist so lange zu berücksichtigen, bis das Begünstigungsvolumen nach Absatz 1 durch Kalamitätsnutzungen jeglicher Art aufgebraucht ist.

Bewertung von Holzvorräten

(3) Bei der Gewinnermittlung durch Betriebsvermögensvergleich kann nach Maßgabe der Rechtsverordnung für das darin benannte Wirtschaftsjahr von der Aktivierung des eingeschlagenen und unverkauften Kalamitätsholzes ganz oder teilweise abgesehen werden.

Weisungen im Rahmen einer Vielzahl von Einzelfällen

(4) ¹Die in § 34b Abs. 5 EStG vorgesehenen Billigkeitsmaßnahmen können nach Maßgabe der Absätze 1 bis 3 auch bei größeren, regional begrenzten Schadensereignissen, die nicht nur Einzelfälle betreffen, im Wege typisierender Verwaltungsanweisungen auf der Grundlage des § 163 der AO entsprechend angewendet werden. ²Darüber hinausgehende Billigkeitsmaßnahmen sind nur in begründeten Einzelfällen unter Berücksichtigung der sachlichen und persönlichen Unbilligkeit zulässig.

| H 34b.7 |

Beispiel

Ein Forstwirt hat im Wj. 01 eine Holzmenge von 10.000 fm aufgearbeitet. Davon sind 9.000 fm aufgrund eines besonders großen Sturmschadens als Kalamitätsholz angefallen. Der Vorrat an aufgearbeitetem und unverkauftem Kalamitätsholz vorangegangener Wj. beträgt 350 fm.

Der für die Wj. 00 bis 09 festgesetzte Nutzungssatz beträgt 1.500 fm.

Eine Einschlagsbeschränkung nach dem Forstschäden-Ausgleichsgesetz wurde nicht angeordnet. Die Bundesregierung hat mit Zustimmung des Bundesrats eine Rechtsverordnung erlassen, wonach zum Ausgleich des Sturmschadens das im Wj. 01 angefallene Kalamitätsholz einheitlich mit einem Viertel des durchschnittlichen Steuersatzes zu besteuern ist.

Im Wj. 01 veräußert er die ordentliche Holznutzung von 1.000 fm, das Kalamitätsholz vorangegangener Wj. von 350 fm und 3.000 fm Kalamitätsholz des Schadensjahres.

Im Wj. 02 veräußert er weitere 4.000 fm Kalamitätsholz aus dem Wj. 01.

Im Wj. 03 fallen weitere 500 fm Kalamitätsholz an, die er sofort veräußert. Zudem veräußert er noch die gesamte restliche Holzmenge von 2.000 fm.

Lösung:

Wj. 01

Die veräußerte ordentliche Holznutzung von 1.000 fm ist ohne Tarifvergünstigung zu besteuern. Das Kalamitätsholz im Umfang von 9.000 fm unterliegt im Wj. der Holznutzung infolge der Anordnung einem Viertel des durchschnittlichen Steuersatzes. Davon sind im Wj. 01 3.000 fm veräußert worden und unterliegen der besonderen Tarifvergünstigung. Dies gilt auch für den im Wj. 01 veräußerten Holzvorrat an Kalamitätsholz vorangegangener Wj. von 350 fm. Das verbleibende Begünstigungsvolumen nach § 34b Abs. 5 EStG beträgt 5.650 fm.

Wj. 02

Das veräußerte Kalamitätsholz von 4.000 fm unterliegt in vollem Umfang einem Viertel des durchschnittlichen Steuersatzes. Das verbleibende Begünstigungsvolumen nach § 34b Abs. 5 EStG beträgt 1.650 fm.

Wj. 03

Das veräußerte Kalamitätsholz von 2.500 fm unterliegt im Umfang von 1.650 fm dem besonderen Steuersatz nach § 34b Abs. 5 EStG. Die verbleibenden 850 fm liegen innerhalb des im Wj. 03 gültigen Nutzungssatzes; hierfür gilt der Steuersatz nach § 34b Abs. 3 Nr. 1 EStG.

| R 34b.8 | **Rücklage nach § 3 des Forstschäden-Ausgleichsgesetzes**

[1]Die Bildung einer steuerfreien Rücklage nach § 3 des Forstschäden-Ausgleichsgesetzes ist von den nutzungssatzmäßigen Einnahmen der vorangegangenen drei Wirtschaftsjahre abhängig. [2]Dabei sind Über- und Unternutzungen in den jeweiligen Wirtschaftsjahren nicht auszugleichen. [3]Übersteigt die tatsächliche Holznutzung eines Wirtschaftsjahres den Nutzungssatz nicht, so sind alle Einnahmen aus Holznutzungen des Wirtschaftsjahres als nutzungssatzmäßige Einnahmen zu berücksichtigen. [4]Übersteigt dagegen die tatsächliche Holznutzung im Wirtschaftsjahr den Nutzungssatz, sind zur Ermittlung der nutzungssatzmäßigen Einnahmen alle Einnahmen aus Holznutzungen im Verhältnis des Nutzungssatzes zur gesamten Holznutzung aufzuteilen. [5]Dies setzt voraus, dass für das Wirtschaftsjahr der Bildung einer Rücklage und der drei vorangegangenen Wirtschaftsjahre jeweils ein Nutzungssatz gültig ist. [6]Der durch die Rücklage verursachte Aufwand oder Ertrag ist bei der Ermittlung der Einkünfte aus außerordentlichen Holznutzungen nach § 34b Abs. 2 EStG zu berücksichtigen.

Zu § 34c EStG

| R 34c. | **Anrechnung und Abzug ausländischer Steuern** |

Umrechnung ausländischer Steuern
(1) [1]Die nach § 34c Abs. 1 und Abs. 6 EStG auf die deutsche Einkommensteuer anzurechnende oder nach § 34c Abs. 2, 3 und 6 EStG bei der Ermittlung der Einkünfte abzuziehende ausländische Steuer ist auf der Grundlage der von der Europäischen Zentralbank täglich veröffentlichten Euro-Referenzkurse umzurechnen. [2]Zur Vereinfachung ist die Umrechnung dieser Währungen auch zu den Umsatzsteuer-Umrechnungskursen zulässig, die monatlich im Bundessteuerblatt Teil I veröffentlicht werden.

Zu berücksichtigende ausländische Steuer
(2) [1]Entfällt eine zu berücksichtigende ausländische Steuer auf negative ausländische Einkünfte, die unter die Verlustausgleichsbeschränkung des § 2a Abs. 1 EStG fallen, oder auf die durch die spätere Verrechnung gekürzten positiven ausländischen Einkünfte, ist sie im Rahmen des Höchstbetrags (>Absatz 3) nach § 34c Abs. 1 EStG anzurechnen oder auf Antrag nach § 34c Abs. 2 EStG bei der Ermittlung der Einkünfte abzuziehen. [2]Bei Abzug erhöhen sich die – im VZ nicht ausgleichsfähigen – negativen ausländischen Einkünfte. [3]Die nach § 34c Abs. 1 und 6 anzurechnende ausländische Steuer ist nicht zu kürzen, wenn die entsprechenden Einnahmen nach § 3 Nr. 40 EStG teilweise steuerfrei sind.

Ermittlung des Höchstbetrags für die Steueranrechnung
(3) [1]Bei der Ermittlung des Höchstbetrags nach § 34c Abs. 1 Satz 2 EStG bleiben ausländische Einkünfte, die nach § 34c Abs. 5 EStG pauschal besteuert werden, und die Pauschsteuer außer Betracht. [2]Ebenfalls nicht zu berücksichtigen sind nach § 34c Abs. 1 Satz 3 EStG die ausländischen Einkünfte, die in dem Staat, aus dem sie stammen, nach dessen Recht nicht besteuert werden. [3]Die ausländischen Einkünfte sind für die deutsche Besteuerung unabhängig von der Einkünfteermittlung im Ausland nach den Vorschriften des deutschen Einkommensteuerrechts zu ermitteln. [4]Dabei sind alle Betriebsausgaben und Werbungskosten zu berücksichtigen, die mit den im Ausland erzielten Einnahmen in wirtschaftlichem Zusammenhang stehen. [5]Die § 3 Nr. 40 und § 3c Abs. 2 EStG sind zu beachten. [6]Bei zusammenveranlagten Ehegatten (>§ 26b EStG) ist für die Ermittlung des Höchstbetrags eine einheitliche Summe der Einkünfte zu bilden.*) [7]Haben zusammenveranlagte Ehegatten ausländische Einkünfte aus demselben Staat bezogen, sind für die nach § 68a EStDV für jeden einzelnen ausländischen Staat gesondert durchzuführende Höchstbetragsberechnung der anrechenbaren ausländischen Steuern die Einkünfte und anrechenbare Steuern der Ehegatten aus diesem Staat zusammenzurechnen. [8]Bei der Ermittlung des Höchstbetrags ist § 2a Abs. 1 EStG sowohl im VZ des Entstehens von negativen Einkünften als auch in den VZ späterer Verrechnung zu beachten.

Antragsgebundener Abzug ausländischer Steuern
(4) [1]Das Antragsrecht auf Abzug ausländischer Steuern bei der Ermittlung der Einkünfte nach § 34c Abs. 2 EStG muss für die gesamten Einkünfte und Steuern aus demselben Staat einheitlich ausgeübt werden. [2]Zusammenveranlagte Ehegatten müssen das Antragsrecht nach § 34c Abs. 2 EStG für ausländische Steuern auf Einkünfte aus demselben Staat nicht einheitlich ausüben. [3]Werden Einkünfte gesondert festgestellt, ist über den Steuerabzug im Feststellungsverfahren zu entscheiden. [4]Der Antrag ist grundsätzlich in der Feststellungserklärung zu stellen. [5]In Fällen der gesonderten und einheitlichen Feststellung kann jeder Beteiligte einen Antrag stellen. [6]Hat ein Stpfl. in einem VZ neben den festzustellenden Einkünften andere ausländische Einkünfte aus demselben Staat als Einzelperson und/oder als Beteiligter bezogen, ist die Ausübung oder

---

*) Satz 6 für VZ ab 2015 ohne Bedeutung.

Nichtausübung des Antragsrechts in der zuerst beim zuständigen Finanzamt eingegangenen Feststellungs- oder Steuererklärung maßgebend. [7]Der Antrag kann noch im Rechtsbehelfsverfahren mit Ausnahme des Revisionsverfahrens und, soweit es nach der AO zulässig ist, im Rahmen der Änderung von Steuerbescheiden nachgeholt oder zurückgenommen werden. [8]Die abzuziehende ausländische Steuer ist zu kürzen, soweit die entsprechenden Einnahmen nach § 3 Nr. 40 EStG teilweise steuerfrei sind.

Bestehen von DBA
(5) Sieht ein DBA die Anrechnung ausländischer Steuern vor, kann dennoch auf Antrag der nach innerstaatlichem Recht wahlweise eingeräumte Abzug der ausländischen Steuern bei der Ermittlung der Einkünfte beansprucht werden.

H 34c (1–2)

Anrechnung ausländischer Steuern bei Bestehen von DBA
>H 34c (5) Anrechnung

Festsetzung ausländischer Steuern
Eine Festsetzung i. S. d. § 34c Abs. 1 EStG kann auch bei einer Anmeldungssteuer vorliegen. Die Anrechnung solcher Steuern hängt von einer hinreichend klaren Bescheinigung des Anmeldenden über die Höhe der für den Stpfl. abgeführten Steuer ab (>BFH vom 5. 2. 1992 – BStBl II S. 607).

Nichtanrechenbare ausländische Steuern
>§ 34c Abs. 3 EStG

Verzeichnis ausländischer Steuern in Nicht-DBA-Staaten, die der deutschen Einkommensteuer entsprechen
>Anhang 12 II[1)]; die Entsprechung nicht aufgeführter ausländischer Steuern mit der deutschen Einkommensteuer wird erforderlichenfalls vom BMF festgestellt.

H 34c (3)

Anrechnung (bei)
- abweichender ausländischer Bemessungsgrundlage
  Keinen Einfluss auf die Höchstbetragsberechnung, wenn Einkünfteidentität dem Grunde nach besteht (>BFH vom 2. 2. 1994, Leitsatz 8 – BStBl II S. 727),
- abweichender ausländischer Steuerperiode möglich >BFH vom 4. 6. 1991 (BStBl 1992 II S. 187),
- schweizerischer Steuern bei sog. Pränumerando-Besteuerung mit Vergangenheitsbemessung >BFH vom 31. 7. 1991 (BStBl II S. 922),
- schweizerischer Abzugssteuern bei Grenzgängern
  § 34c EStG nicht einschlägig. Die Anrechnung erfolgt in diesen Fällen entsprechend § 36 EStG (>Artikel 15a Abs. 3 DBA Schweiz).

---

1) = Anhang 12 II Nr. 1 Amtliches Einkommensteuer-Handbuch 2018, hier abgedruckt als Anhang 3.

Ermittlung des Höchstbetrags für die Steueranrechnung

Beispiel:
Ein verheirateter Stpfl., der im Jahr 2005 das 65. Lebensjahr vollendet hatte, hat im Jahr 2018
Einkünfte aus Gewerbebetrieb .... 101.900 €
Einkünfte aus Vermietung und Verpachtung .... 5.300 €
Sonderausgaben .... 6.140 €

In den Einkünften aus Gewerbebetrieb sind Darlehenszinsen von einem ausländischen Schuldner im Betrag von 20.000 € enthalten, für die im Ausland eine Einkommensteuer von 2.500 € gezahlt werden musste. Nach Abzug der hierauf entfallenden Betriebsausgaben einschließlich Refinanzierungskosten betragen die ausländischen Einkünfte 6.500 €. Die auf die ausländischen Einkünfte entfallende anteilige deutsche Einkommensteuer ist wie folgt zu ermitteln:

S. d. E. (101.900 € + 5.300 € =) .... 107.200 €
Altersentlastungsbetrag .... −1.900 €
G. d. E. .... 105.300 €
Sonderausgaben .... −6.140 €
z. v. E. .... 99.160 €
Einkommensteuer nach dem Splittingtarif .... 24.530 €
Durchschnittlicher Steuersatz:
24.530 € x 100 / 99.160 = ... 24,7378 %
Höchstbetrag:
24,7378 % von 6.500 € = 1.607,96 €, aufgerundet .... 1.608 €

Nur bis zu diesem Betrag kann die ausländische Steuer angerechnet werden.

H 34c (5)

Allgemeines/Doppelbesteuerungsabkommen
Stand der DBA >Anhang 12 I[1)]

Anrechnung
Die Höhe der anzurechnenden ausländischen Steuern (§ 34c Abs. 6 Satz 2 EStG) ergibt sich aus den jeweiligen DBA. Danach ist regelmäßig die in Übereinstimmung mit dem DBA erhobene und nicht zu erstattende ausländische Steuer anzurechnen. Bei Dividenden, Zinsen und Lizenzgebühren sind das hiernach die nach den vereinbarten Quellensteuersätzen erhobenen Quellensteuern, die der ausländische Staat als Quellenstaat auf diese Einkünfte erheben darf. Nur diese Steuern sind in Übereinstimmung mit dem jeweiligen DBA erhoben und nicht zu erstatten. Eine Anrechnung von ausländischer Steuer kommt auch dann nur in Höhe der abkommensrechtlich begrenzten Quellensteuer in Betracht, wenn eine darüber hinausgehende ausländische Steuer wegen Ablaufs der Erstattungsfrist im ausländischen Staat nicht mehr erstattet werden kann (>BFH vom 15. 3. 1995 − BStBl II S. 580). Dies gilt nach der Neufassung des § 34c Abs. 1 Satz 1 EStG auch für Nicht-DBA-Fälle.

H 34c (6)

Pauschalierung
− Pauschalierung der Einkommensteuer für ausländische Einkünfte gem. § 34c Abs. 5 EStG
>BMF vom 10. 4. 1984 (BStBl I S. 252)

---

1) = Anhang 12 I Amtliches Einkommensteuer-Handbuch 2018, hier nicht wiedergegeben, mit Übersicht über Stand der Doppelbesteuerungsabkommen und anderer Abkommen im Steuerbereich sowie der Abkommensverhandlungen am 1. 1. 2019, BMF vom 17. 1. 2019 (BStBl I S. 31).

– Steuerliche Behandlung von Arbeitnehmereinkünften bei Auslandstätigkeiten (ATE) >BMF vom 31.10.1983 (BStBl I S. 470)

Zu § 34d EStG

H 34d

Ausländische Betriebsstätteneinkünfte

Ausländische Einkünfte aus Gewerbebetrieb, die durch eine in einem ausländischen Staat belegene Betriebsstätte erzielt worden sind, liegen auch dann vor, wenn der Stpfl. im Zeitpunkt der steuerlichen Erfassung dieser Einkünfte die Betriebsstätte nicht mehr unterhält. Voraussetzung ist, dass die betriebliche Leistung, die den nachträglichen Einkünften zugrunde liegt, von der ausländischen Betriebsstätte während der Zeit ihres Bestehens erbracht worden ist.
>§ 34d Nr. 2 Buchstabe a EStG
>BFH vom 15. 7.1964 (BStBl III S. 551)
>BFH vom 12.10.1978 (BStBl 1979 II S. 64)
>BFH vom 16. 7.1969 (BStBl 1970 II S. 56); dieses Urteil ist nur i. S. d. vorzitierten Rechtsprechung zu verstehen.

Zu § 34g EStG

H 34g

Kommunale Wählervereinigungen

Spenden an kommunale Wählervereinigungen sind nicht nach § 10b Abs. 2 EStG begünstigt (>BFH vom 20. 3. 2017 – BStBl II S. 1122).

Nachweis von Zuwendungen an politische Parteien

>BMF vom 7.11.2013 (BStBl I S. 1333) ergänzt durch BMF vom 26. 3. 2014 (BStBl I S. 791)

Zuwendungen an unabhängige Wählervereinigungen

>BMF vom 16. 6.1989 (BStBl I S. 239):
„Durch das Gesetz zur steuerlichen Begünstigung von Zuwendungen an unabhängige Wählervereinigungen vom 25. Juli 1988 (BStBl I S. 397) ist § 34g EStG ausgeweitet worden. Wie für Zuwendungen an politische Parteien wird nach § 34g Nr. 2 EStG auch für Mitgliedsbeiträge und Spenden an unabhängige Wählervereinigungen, die bestimmte Voraussetzungen erfüllen, eine Tarifermäßigung von 50 v. H. der Ausgaben, höchstens 600 DM[*] bzw. 1.200 DM[**] im Falle der Zusammenveranlagung von Ehegatten, gewährt. Die Vorschrift gilt nach Artikel 4 Nr. 11c des Haushaltsbegleitgesetzes 1989 (BStBl I S. 19) rückwirkend ab 1984.
Unter Bezugnahme auf das Ergebnis der Erörterungen mit den obersten Finanzbehörden der Länder gilt für die Anwendung der Vorschrift Folgendes:
1. Die Höchstbeträge von 600 DM[*] und 1.200 DM[**] im Fall der Zusammenveranlagung von Ehegatten gelten für Mitgliedsbeiträge und Spenden (Zuwendungen) an politische Parteien

---

[*] Ab 2002 825 Euro.
[**] Ab 2002 1.650 Euro.

nach § 34g Nr. 1 EStG und für Zuwendungen an unabhängige Wählervereinigungen nach § 34g Nr. 2 EStG gesondert und nebeneinander.

Als Ausgabe gilt auch die Zuwendung von Wirtschaftsgütern mit Ausnahme von Nutzungen und Leistungen. Zur Bewertung von Sachzuwendungen wird auf § 10b Abs. 3 EStG hingewiesen.

2. Die Tarifermäßigung nach § 34g Nr. 2 EStG wird nur für Mitgliedsbeiträge und Spenden an unabhängige Wählervereinigungen in der Rechtsform des eingetragenen oder des nichtrechtsfähigen Vereins gewährt. Ein Sonderausgabenabzug nach § 10b Abs. 2 EStG ist nicht möglich. Der Zweck einer unabhängigen Wählervereinigung ist auch dann als ausschließlich auf die in § 34g Nr. 2 Buchstabe a EStG genannten politischen Zwecke gerichtet anzusehen, wenn sie gesellige Veranstaltungen durchführt, die im Vergleich zu ihrer politischen Tätigkeit von untergeordneter Bedeutung sind, und wenn eine etwaige wirtschaftliche Betätigung ihre politische Tätigkeit nicht überwiegt. Ihr Zweck ist dagegen zum Beispiel nicht ausschließlich auf die politische Tätigkeit gerichtet, wenn sie neben dem politischen Zweck einen anderen Satzungszweck zum Beispiel gemeinnütziger oder wirtschaftlicher Art hat.

3. Die nach § 34g Nr. 2 Buchstabe b EStG ggf. erforderliche Anzeige gegenüber der zuständigen Wahlbehörde oder dem zuständigen Wahlorgan kann formlos in der Zeit vom ersten Tag nach der letzten Wahl bis zu dem Tag erfolgen, an dem die Anmeldefrist für die nächste Wahl abläuft. Die Anzeige kann der zuständigen Wahlbehörde oder dem zuständigen Wahlorgan bereits mehrere Jahre vor der nächsten Wahl zugehen. Sie muss ihr spätestens am Ende des Jahres vorliegen, für das eine Tarifermäßigung für Zuwendungen an die unabhängige Wählervereinigung beantragt wird. Spendenbestätigungen dürfen erst ausgestellt werden, wenn die Anzeige tatsächlich erfolgt ist.

4. Nach § 34g Satz 3 EStG wird die Steuerermäßigung für Beiträge und Spenden an eine unabhängige Wählervereinigung, die an der jeweils nächsten Wahl nicht teilgenommen hat, erst wieder gewährt, wenn sie sich mit eigenen Wahlvorschlägen an einer Wahl beteiligt hat. Diese einschränkende Regelung gilt nur für Beiträge und Spenden an unabhängige Wählervereinigungen, die der zuständigen Wahlbehörde vor einer früheren Wahl ihre Teilnahme angekündigt und sich dann entgegen dieser Mitteilung nicht an der Wahl beteiligt haben. Sie gilt nicht für unabhängige Wählervereinigungen, die sich an einer früheren Wahl zwar nicht beteiligt, eine Beteiligung an dieser Wahl aber auch nicht angezeigt haben.

Beispiele:

a) Der neugegründete Verein A teilt der zuständigen Wahlbehörde im Jahr 01 mit, dass er an der nächsten Kommunalwahl am 20.5.03 teilnehmen will. Er nimmt an dieser Wahl jedoch nicht teil, ebenso nicht an der folgenden Wahl im Jahr 08. Im Jahr 09 teilt er der Wahlbehörde mit, dass er an der nächsten Wahl am 5.4.13 teilnehmen will. An dieser Wahl nimmt er dann auch tatsächlich teil.

Die Steuerermäßigung nach § 34g Nr. 2 EStG kann gewährt werden für Beiträge und Spenden, die in der Zeit vom 1.1.01 bis zum 20.5.03 und vom 1.1.13 bis zum 5.4.13 an den Verein geleistet worden sind. In der Zeit vom 21.5.03 bis zum 31.12.12 geleistete Beiträge und Spenden sind nicht begünstigt. Nach dem 5.4.13 geleistete Beiträge und Spenden sind begünstigt, wenn der Verein bei der Wahl am 5.4.13 ein Mandat errungen hat oder noch im Jahr 13 anzeigt, dass er an der nächsten Wahl teilnehmen wird.

b) Der Verein B ist in der Wahlperiode 1 mit einem Mandat im Stadtrat vertreten. An der Wahl für die Wahlperiode 2 am 15.10.05 nimmt er nicht teil. Er hatte eine Teilnahme auch nicht angekündigt. Am 20.11.05 teilt er der zuständigen Wahlbehörde mit, dass er an der Wahl für die Wahlperiode 3 am 9.9.10 teilnehmen will.

Die Steuerermäßigung kann für alle bis zum 9.9.10 an den Verein geleisteten Beiträge und Spenden gewährt werden. Nach diesem Termin geleistete Beiträge und Spenden sind nur begünstigt, wenn der Verein an der Wahl am 9.9.10 teilgenommen hat.

c) Der Verein C wird im Jahr 01 gegründet. An der nächsten Kommunalwahl am 10.2.03 nimmt er nicht teil. Er hatte eine Teilnahme an dieser Wahl auch nicht angekündigt. Am 11.2.03 teilt er der zuständigen Wahlbehörde mit, dass er an der nächsten Wahl am 15.3.08 teilnehmen will.

Die Steuerermäßigung kann für Beiträge und Spenden gewährt werden, die ab dem 1.1.03 an den Verein geleistet worden sind. Nach dem 15.3.08 geleistete Beiträge und Spenden sind nur begünstigt, wenn der Verein tatsächlich an der Wahl am 15.3.08 teilgenommen hat und entweder erfolgreich war (mindestens ein Mandat) oder bei erfolgloser Teilnahme der zuständigen Wahlbehörde mitteilt, dass er auch an der folgenden Wahl teilnehmen will.

5. Eine Teilnahme an einer Wahl liegt nur vor, wenn die Wähler die Möglichkeit haben, die Wählervereinigung zu wählen. Der Wahlvorschlag der Wählervereinigung muss also auf dem Stimmzettel enthalten sein.
6. Der Stpfl. hat dem Finanzamt durch eine Spendenbestätigung der unabhängigen Wählervereinigung nachzuweisen, dass alle Voraussetzungen des § 34g EStG für die Gewährung der Tarifermäßigung erfüllt sind."*)

Zu § 35 EStG

| R 35. | **Steuerermäßigung bei Einkünften aus Gewerbebetrieb**

– unbesetzt –

| H 35 |

Allgemeines
>BMF vom 3.11.2016 (BStBl I S. 1187)

Zu § 35a EStG

| H 35a |

Anwendungsschreiben
>BMF vom 9.11.2016 (BStBl I S. 1213)

Zu § 35b EStG

| H 35b |

Allgemeines
Die nach § 35b Satz 1 EStG begünstigten Einkünfte müssen aus der Veräußerung eines Vermögensgegenstandes herrühren, der sowohl von Todes wegen erworben worden ist als auch tatsächlich der Erbschaftsteuer unterlegen hat; der in Anspruch genommene persönliche Freibetrag (§ 16 ErbStG) ist anteilig abzuziehen.
Die auf die begünstigten Einkünfte anteilig entfallende Einkommensteuer ist nach dem Verhältnis der begünstigten Einkünfte zur S.d. E. zu ermitteln (>BFH vom 13.3.2018 – BStBl II S. 593).

---

*) BMF vom 7.11.2013 (BStBl I S. 1333) ergänzt durch BMF vom 26.3.2014 (BStBl I S. 791).

Zusammentreffen von Erwerben von Todes wegen und Vorerwerben
Beim Zusammentreffen von Erwerben von Todes wegen und Vorerwerben ermittelt sich der Ermäßigungsprozentsatz des § 35b Satz 2 EStG durch Gegenüberstellung der anteiligen, auf die von Todes wegen erworbenen Vermögensteile entfallenden Erbschaftsteuer und des Betrags, der sich ergibt, wenn dem anteiligen steuerpflichtigen Erwerb (§ 10 Abs. 1 ErbStG) der anteilige Freibetrag nach § 16 ErbStG hinzugerechnet wird (>BFH vom 13. 3. 2018 – BStBl II S. 593).

Zu § 36 EStG

| R 36. | Anrechnung von Steuervorauszahlungen und von Steuerabzugsbeträgen |

¹Die Anrechnung von Kapitalertragsteuer setzt voraus, dass die der Anrechnung zugrunde liegenden Einnahmen bei der Veranlagung erfasst werden und der Anteilseigner die in § 45a Abs. 2 oder 3 EStG bezeichnete Bescheinigung im Original vorlegt*). ²Ob die Einnahmen im Rahmen der Einkünfte aus Kapitalvermögen anfallen oder bei einer anderen Einkunftsart, ist für die Anrechnung unerheblich. ³Bei der Bilanzierung abgezinster Kapitalforderungen erfolgt die Anrechnung der Kapitalertragsteuer stets im Erhebungsjahr, auch wenn die der Anrechnung zugrunde liegenden Einnahmen ganz oder teilweise bereits in früheren Jahren zu erfassen waren.

| H 36 |

Abtretung
Der Anspruch auf die Anrechnung von Steuerabzugsbeträgen kann nicht abgetreten werden. Abgetreten werden kann nur der Anspruch auf Erstattung von überzahlter Einkommensteuer, der sich durch den Anrechnungsbetrag ergibt. Der Erstattungsanspruch entsteht wie die zu veranlagende Einkommensteuer mit Ablauf des VZ. Die Abtretung wird erst wirksam, wenn sie der Gläubiger nach diesem Zeitpunkt der zuständigen Finanzbehörde anzeigt (§ 46 Abs. 2 AO).

Anrechnung
– Änderungen
  Die Vorschriften über die Aufhebung oder Änderung von Steuerfestsetzungen können – auch wenn im Einkommensteuerbescheid die Steuerfestsetzung und die Anrechnung technisch zusammengefasst sind – nicht auf die Anrechnung angewendet werden. Die Korrektur der Anrechnung richtet sich nach §§ 129 bis 131 AO. Zum Erlass eines Abrechnungsbescheides >§ 218 Abs. 2 AO.
  Die Anrechnung von Steuerabzugsbeträgen und Steuervorauszahlungen ist ein Verwaltungsakt mit Bindungswirkung. Diese Bindungswirkung muss auch beim Erlass eines Abrechnungsbescheids nach § 218 Abs. 2 AO beachtet werden. Deshalb kann im Rahmen eines Abrechnungsbescheides die Steueranrechnung zugunsten oder zuungunsten des Stpfl. nur dann geändert werden, wenn eine der Voraussetzungen der §§ 129 bis 131 AO gegeben ist (>BFH vom 15. 4. 1997 – BStBl II S. 787).
– bei Veranlagung
  Die Anrechnung von Steuerabzugsbeträgen ist unzulässig, soweit die Erstattung beantragt oder durchgeführt worden ist (§ 36 Abs. 2 Nr. 2 EStG).

---

*) Soweit der Stpfl. einen Antrag nach § 32d Abs. 4 oder Abs. 6 EStG stellt, ist es ab VZ 2017 für die Anrechnung ausreichend, wenn die Bescheinigung auf Verlangen des Finanzamts vorgelegt wird >§ 36 Abs. 2 Satz 3 EStG.

Durch einen bestandskräftig abgelehnten Antrag auf Erstattung von Kapitalertragsteuer wird die Anrechnung von Kapitalertragsteuer bei der Veranlagung zur Einkommensteuer nicht ausgeschlossen.

– Teil der Steuererhebung

Die Anrechnung von Steuervorauszahlungen (§ 36 Abs. 2 Nr. 1 EStG) und von erhobenen Steuerabzugsbeträgen (§ 36 Abs. 2 Nr. 2 EStG) auf die Einkommensteuer ist Teil der Steuererhebung (>BFH vom 14. 11. 1984 – BStBl 1985 II S. 216).

Investmentanteile
Zur Anrechnung von Kapitalertragsteuer bei Veräußerung oder Rückgabe eines Anteils an einem ausländischen thesaurierenden Investmentvermögen >BMF vom 17. 12. 2012 (BStBl 2013 I S. 54)

Personengesellschaft
>H 15.8 (3) GmbH-Beteiligung

Zu § 36a EStG

H 36a

Allgemeines
Anwendungsfragen zur Beschränkung der Anrechenbarkeit der Kapitalertragsteuer nach § 36a EStG >BMF vom 3. 4. 2017 (BStBl I S. 726) unter Berücksichtigung der Änderungen vom 20. 2. 2018 (BStBl I S. 308)

Zu § 37 EStG

R 37. | **Einkommensteuer-Vorauszahlung**

Bei der Veranlagung von Ehegatten nach § 26a EStG ist für die Ermittlung der 600-Euro-Grenze in § 37 Abs. 3 EStG die Summe der für beide Ehegatten in Betracht kommenden Aufwendungen und abziehbaren Beträge zugrunde zu legen.

H 37

Anpassung von Vorauszahlungen
Eine Anpassung ist auch dann noch möglich, wenn eine Einkommensteuererklärung für den abgelaufenen VZ bereits abgegeben worden ist (>BFH vom 27. 9. 1976 – BStBl 1977 II S. 33).

Erhöhung von Vorauszahlungen
Im Fall der Erhöhung einer Vorauszahlung zum nächsten Vorauszahlungstermin des laufenden Kj. gilt die Monatsfrist des § 37 Abs. 4 Satz 2 EStG nicht (>BFH vom 22. 8. 1974 – BStBl 1975 II S. 15 und vom 25. 6. 1981 – BStBl 1982 II S. 105).

Verteilung von Vorauszahlungen
Vorauszahlungen sind grundsätzlich in vier gleich großen Teilbeträgen zu leisten. Eine Ausnahme hiervon kommt auch dann nicht in Betracht, wenn der Stpfl. geltend macht, der Gewinn des laufenden VZ entstehe nicht gleichmäßig (>BFH vom 22. 11. 2011 – BStBl 2012 II S. 329).

Vorauszahlungen bei Arbeitnehmern
Die Festsetzung von Einkommensteuer-Vorauszahlungen ist auch dann zulässig, wenn der Stpfl. ausschließlich Einkünfte aus nichtselbständiger Arbeit erzielt, die dem Lohnsteuerabzug unterliegen (>BFH vom 20. 12. 2004 – BStBl 2005 II S. 358).

Zu § 37b EStG

| H 37b |

Allgemeines
Zur Pauschalierung der Einkommensteuer bei Sachzuwendungen >BMF vom 19. 5. 2015 (BStBl I S. 468) unter Berücksichtigung der Änderungen durch BMF vom 28. 6. 2018 (BStBl I S. 814)

Zu § 43 EStG

| H 43 |

Allgemeines
Einzelfragen zur Abgeltungsteuer >BMF vom 18. 1. 2016 (BStBl I S. 85) unter Berücksichtigung der Änderungen durch BMF vom 20. 4. 2016 (BStBl I S. 475), vom 16. 6. 2016 (BStBl I S. 527), vom 3. 5. 2017 (BStBl I S. 739), vom 19. 12. 2017 (BStBl 2018 I S. 52), vom 12. 4. 2018 (BStBl I S. 624) und vom 17. 1. 2019 (BStBl I S. 51)

Empfänger und Zeitpunkt der Datenlieferung
>BMF vom 24. 9. 2013 (BStBl I S. 1183)

Insolvenz
Der Abzug von Kapitalertragsteuer ist auch bei dem Gläubiger von Kapitalerträgen vorzunehmen, der in Insolvenz gefallen ist (>BFH vom 20. 12. 1995 – BStBl 1996 II S. 308).

Rückzahlung einer Dividende
>H 44b.1

Typische Unterbeteiligung
Der Gewinnanteil aus einer typischen Unterbeteiligung unterliegt der Kapitalertragsteuer. Der Zeitpunkt des Zuflusses bestimmt sich für die Zwecke der Kapitalertragsteuer nach dem vertraglich bestimmten Tag der Auszahlung (§ 44 Abs. 3 EStG) (>BFH vom 28. 11. 1990 – BStBl 1991 II S. 313).

Zu § 43b EStG

H 43b

Zuständige Behörde
Zuständige Behörde für die Durchführung des Erstattungs- oder Freistellungsverfahrens ist das Bundeszentralamt für Steuern, 53221 Bonn.

Zu § 44 EStG

H 44

Allgemeines
Einzelfragen zur Abgeltungsteuer >BMF vom 18.1.2016 (BStBl I S. 85) unter Berücksichtigung der Änderungen durch BMF vom 20.4.2016 (BStBl I S. 475), vom 16.6.2016 (BStBl I S. 527), vom 3.5.2017 (BStBl I S. 739), vom 19.12.2017 (BStBl 2018 I S. 52), vom 12.4.2018 (BStBl I S. 624) und vom 17.1.2019 (BStBl I S. 51)

Zuflusszeitpunkt
Eine Dividende gilt auch dann gem. § 44 Abs. 2 Satz 2 EStG als am Tag nach dem Gewinnausschüttungsbeschluss zugeflossen, wenn dieser bestimmt, die Ausschüttung solle nach einem bestimmten Tag erfolgen (>BFH vom 20.12.2006 – BStBl 2007 II S. 616).

Zu § 44a EStG

H 44a

Allgemeines
Einzelfragen zur Abgeltungsteuer >BMF vom 18.1.2016 (BStBl I S. 85) unter Berücksichtigung der Änderungen durch BMF vom 20.4.2016 (BStBl I S. 475), vom 16.6.2016 (BStBl I S. 527), vom 3.5.2017 (BStBl I S. 739), vom 19.12.2017 (BStBl 2018 I S. 52), vom 12.4.2018 (BStBl I S. 624) und vom 17.1.2019 (BStBl I S. 51)

Freistellungsauftrag
Muster des amtlich vorgeschriebenen Vordrucks >BMF vom 18.1.2016 (BStBl I S. 85) unter Berücksichtigung der Änderungen durch BMF vom 19.12.2017 (BStBl 2018 I S. 52), Anlage 2

Genossenschaften
Kapitalertragsteuer ist bei einer eingetragenen Genossenschaft auch dann zu erheben, wenn diese auf Dauer höher wäre als die gesamte festzusetzende Körperschaftsteuer, weil die Genossenschaft ihre Geschäftsüberschüsse an ihre Mitglieder rückvergütet (>BFH vom 10.7.1996 – BStBl 1997 II S. 38).

Insolvenz
– Im Insolvenzverfahren über das Vermögen einer Personengesellschaft kann dem Insolvenzverwalter keine NV-Bescheinigung erteilt werden (>BFH vom 9.11.1994 – BStBl 1995 II S. 255).

- Der Kapitalertragsteuerabzug gem. § 43 Abs. 1 EStG ist auch bei dem Gläubiger von Kapitalerträgen vorzunehmen, der in Insolvenz gefallen ist und bei dem wegen hoher Verlustvorträge die Kapitalertragsteuer auf Dauer höher wäre als die gesamte festzusetzende Einkommensteuer (sog. Überzahler). Eine solche Überzahlung beruht nicht auf Grund der „Art seiner Geschäfte" i. S. v. § 44a Abs. 5 EStG. Bei einem solchen Gläubiger von Kapitalerträgen kann deshalb auch nicht aus Gründen sachlicher Billigkeit vom Kapitalertragsteuerabzug abgesehen werden (>BFH vom 20. 12. 1995 – BStBl 1996 II S. 199).

Kommunale Unternehmen

Der Kapitalertragsteuerabzug ist auch bei einem kommunalen Unternehmen (z. B. Abwasserentsorgungsunternehmen) vorzunehmen, bei dem diese auf Dauer höher als die gesamte festzusetzende Körperschaftsteuer ist (>BFH vom 29. 3. 2000 – BStBl II S. 496).

Sammel-Steuerbescheinigungen

Zur Anwendung der Sammel-Steuerbescheinigung nach § 44a Abs. 10 Satz 4 EStG >BMF vom 16. 9. 2013 (BStBl I S. 1168).

Verlustvortrag/Verfassungsmäßigkeit

Kapitalertragsteuer ist auch dann zu erheben, wenn diese wegen hoher Verlustvorträge höher ist als die festzusetzende Einkommensteuer; § 44a Abs. 5 EStG ist verfassungsgemäß (>BFH vom 20. 12. 1995 – BStBl 1996 II S. 199).

Zu § 44b EStG

R 44b.1 **Erstattung von Kapitalertragsteuer durch das BZSt nach den §§ 44b und 45b[*)] EStG**

Liegen die Voraussetzungen für die Erstattung von Kapitalertragsteuer durch das BZSt nach den §§ 44b und 45b[*)] EStG vor, kann der Anteilseigner wählen, ob er die Erstattung im Rahmen

1. eines Einzelantrags (>R 44b.2) oder
2. eines Sammelantragsverfahrens (>R 45b[*)])

beansprucht[**)].

H 44b.1

Allgemeines

Einzelfragen zur Abgeltungsteuer >BMF vom 18. 1. 2016 (BStBl I S. 85) unter Berücksichtigung der Änderungen durch BMF vom 20. 4. 2016 (BStBl I S. 475), vom 16. 6. 2016 (BStBl I S. 527), vom 3. 5. 2017 (BStBl I S. 739), vom 19. 12. 2017 (BStBl 2018 I S. 52), vom 12. 4. 2018 (BStBl I S. 624) und vom 17. 1. 2019 (BStBl I S. 51).

[*)] § 45b EStG wurde durch Artikel 2 des AmtshilfeRLUmsG aufgehoben.
[**)] Erstattung von Kapitalertragsteuer durch das BZSt nach den §§ 44b Abs. 1 bis 4 und 45b EStG a. F. ist letztmals für Kapitalerträge anzuwenden, die vor dem 1. 1. 2013 zugeflossen sind.

Rückzahlung einer Dividende

Werden steuerpflichtige Kapitalerträge auf Grund einer tatsächlichen oder rechtlichen Verpflichtung in einem späteren Jahr zurückgezahlt, berührt die Rückzahlung den ursprünglichen Zufluss nicht. Eine Erstattung/Verrechnung der Kapitalertragsteuer, die von der ursprünglichen Dividende einbehalten und abgeführt worden ist, kommt deshalb nicht in Betracht (>BFH vom 13.11.1985 – BStBl 1986 II S. 193).

| R 44b.2 | **Einzelantrag beim BZSt (§ 44b EStG)** |

(1) Voraussetzungen für die Erstattung*):
1. Dem auf amtlichem Vordruck zu stellenden Antrag ist das Original
   – der vom zuständigen Wohnsitzfinanzamt ausgestellten Nichtveranlagungs-(NV-)Bescheinigung oder
   – der Bescheinigung i. S. d. § 44a Abs. 5 EStG

   beizufügen.
2. [1]Der Anteilseigner weist die Höhe der Kapitalertragsteuer durch die Urschrift der Steuerbescheinigung oder durch eine als solche gekennzeichnete Ersatzbescheinigung eines inländischen Kreditinstituts nach (§ 45a Abs. 2 oder 3 EStG). [2]Wird für Ehegatten ein gemeinschaftliches Depot unterhalten, ist es unter den Voraussetzungen des § 26 EStG nicht zu beanstanden, wenn die Bescheinigung auf den Namen beider Ehegatten lautet.

(2) [1]Eine NV-Bescheinigung ist nicht zu erteilen, wenn der Anteilseigner voraussichtlich von Amts wegen oder auf Antrag zur Einkommensteuer veranlagt wird. [2]Das gilt auch, wenn die Veranlagung voraussichtlich nicht zur Festsetzung einer Steuer führt. [3]Im Falle der Eheschließung hat der Anteilseigner eine vorher auf seinen Namen ausgestellte NV-Bescheinigung an das Finanzamt auch dann zurückzugeben, wenn die Geltungsdauer noch nicht abgelaufen ist. [4]Das Finanzamt hat auf Antrag eine neue NV-Bescheinigung auszustellen, wenn anzunehmen ist, dass für den unbeschränkt steuerpflichtigen Anteilseigner und seinen Ehegatten auch nach der Eheschließung eine Veranlagung zur Einkommensteuer nicht in Betracht kommt; bei Veranlagung auf Antrag gilt Satz 1 entsprechend. [5]Für Kapitalerträge, die nach einem Erbfall zugeflossen sind, berechtigt eine auf den Namen des Erblassers ausgestellte NV-Bescheinigung nicht zur Erstattung der Kapitalertragsteuer an die Erben.

(3) Für die Erstattung von Kapitalertragsteuer bei Kapitalerträgen i. S. d. § 43 Abs. 1 Satz 1 Nr. 2 EStG gelten die Absätze 1 und 2 entsprechend.

Zu § 45a EStG

| H 45a |

Steuerbescheinigung

Zur Ausstellung von Steuerbescheinigungen für Kapitalerträge nach § 45a Absatz 2 und 3 EStG >BMF vom 15.12.2017 (BStBl 2018 I S. 13) unter Berücksichtigung der Änderungen durch BMF vom 27.6.2018 (BStBl I S. 805)

---

*) Erstattung von Kapitalertragsteuer durch das BZSt nach den §§ 44b Abs. 1 bis 4 und 45b EStG a. F. ist letztmals für Kapitalerträge anzuwenden, die vor dem 1.1.2013 zugeflossen sind.

Zu § 45b EStG

R 45b. **Sammelantrag beim BZSt (§ 45b EStG)**[*]

(1) ¹Der Anteilseigner muss den Sammelantragsteller zu seiner Vertretung bevollmächtigt haben. ²Der Nachweis einer Vollmacht ist nur zu verlangen, wenn begründete Zweifel an der Vertretungsmacht bestehen. ³Abweichend von § 80 Abs. 1 Satz 2 AO ermächtigt bei einem Sammelantrag auf Erstattung von Kapitalertragsteuer die für die Antragstellung erteilte Vollmacht auch zum Empfang der Steuererstattungen.
(2) Die Anweisungen in R 44b.2 Abs. 1 gelten für den Sammelantrag mit folgenden Abweichungen:
1. Beauftragt der Anteilseigner einen in § 45b EStG genannten Vertreter, einen Sammelantrag beim BZSt zu stellen, hat er dem Vertreter das Original der NV-Bescheinigung, des Freistellungsauftrags oder der Bescheinigung i. S. d. § 44a Abs. 5, Abs. 7 oder Abs. 8 EStG vorzulegen.
2. ¹In den Sammelantrag auf Erstattung von Kapitalertragsteuer dürfen auch Einnahmen einbezogen werden, für die der Anteilseigner die Ausstellung einer Jahressteuerbescheinigung beantragt hat, wenn der Vertreter des Anteilseigners versichert, dass eine Steuerbescheinigung über zu erstattende Kapitalertragsteuer nicht erteilt worden ist. ²Das Gleiche gilt für Einnahmen, für die dem Anteilseigner eine Steuerbescheinigung ausgestellt worden ist, wenn der Vertreter des Anteilseigners versichert, dass die Bescheinigung als ungültig gekennzeichnet oder nach den Angaben des Anteilseigners abhanden gekommen oder vernichtet ist.

(3) Für die Erstattung von Kapitalertragsteuer bei Kapitalerträgen i. S. d. § 43 Abs. 1 Satz 1 Nr. 2 EStG gelten die Absätze 1 und 2 entsprechend.

H 45b

Sammelantragsverfahren nach § 45b EStG[*]
- Sammelanträge sind grundsätzlich elektronisch zu übermitteln. Für die elektronische Übermittlung gilt die Steuerdaten-Übermittlungs-Verordnung (StDÜV) vom 28. 1. 2003 (BGBl I S. 139), zuletzt geändert durch Steuervereinfachungsgesetz 2011 vom 1. 11. 2011 (BGBl I S. 2131).
- Zur Anwendung >BMF vom 16. 11. 2011 (BStBl I S. 1063).
- Zur Anwendung des Erstattungsverfahrens nach § 44b Abs. 6 Satz 1 bis 3 EStG ab dem 1. 1. 2011 für Korrekturen, erstmalige Anträge im Rahmen des Sammelantragsverfahrens und Korrekturen vor diesem Zeitpunkt >BMF vom 19. 3. 2010 (BStBl I S. 269).

Zu § 45e EStG

H 45e

Einführungsschreiben zur Zinsinformationsverordnung
>BMF vom 30. 1. 2008 (BStBl I S. 320) unter Berücksichtigung der Änderungen durch BMF vom 20. 9. 2013 (BStBl I S. 1182).

---
[*] § 45b EStG wurde durch Artikel 2 des AmtshilfeRLUmsG aufgehoben.

Zu § 46 EStG

Zinsinformationsverordnung vom 26. 1. 2004
- >BGBl I S.128 (BStBl I S.297), zuletzt geändert durch Artikel 2 der Dritten Verordnung zur Änderung steuerlicher Verordnungen vom 18. 7. 2016 (BGBl I S.1722)
- Für die Britischen Jungferninseln, Curacao, Guernsey, Jersey, Montserrat und die Insel Man ist die Zinsinformationsverordnung für nach dem 31. 12. 2015 zufließende Zinszahlungen nicht mehr anzuwenden (>BMF vom 29. 3. 2017 – BStBl I S. 704).
- Für Aruba und Sint Maarten ist die Zinsinformationsverordnung für nach dem 31. 12. 2016 zufließende Zinszahlungen nicht mehr anzuwenden (>BMF vom 3. 8. 2018 – BStBl I S. 981).

Zu § 46 EStG

| R 46.1 | **Veranlagung nach § 46 Abs. 2 Nr. 2 EStG** |

§ 46 Abs. 2 Nr. 2 EStG gilt auch für die Fälle, in denen der Stpfl. rechtlich in nur einem Dienstverhältnis steht, die Bezüge aber von verschiedenen öffentlichen Kassen ausgezahlt und gesondert nach Maßgabe der jeweiligen Lohnsteuerkarte[*] dem Steuerabzug unterworfen worden sind.

| R 46.2 | **Veranlagung nach § 46 Abs. 2 Nr. 8 EStG** |

(1) Die Vorschrift des § 46 Abs. 2 Nr. 8 EStG ist nur anwendbar, wenn der Arbeitnehmer nicht bereits nach den Vorschriften des § 46 Abs. 2 Nr. 1 bis 7 EStG zu veranlagen ist.
(2) Der Antrag ist innerhalb der allgemeinen Festsetzungsfrist von vier Jahren zu stellen.
(3) Sollen ausländische Verluste, die nach einem DBA bei der Ermittlung des z. v. E. (§ 2 Abs. 5 EStG) außer Ansatz geblieben sind, zur Anwendung des negativen Progressionsvorbehalts berücksichtigt werden, ist auf Antrag eine Veranlagung durchzuführen.
(4) [1]Hat ein Arbeitnehmer im VZ zeitweise nicht in einem Dienstverhältnis gestanden, so kann die Dauer der Nichtbeschäftigung z. B. durch eine entsprechende Bescheinigung der Agentur für Arbeit, wie einen Bewilligungsbescheid über das Arbeitslosengeld oder eine Bewilligung von Leistungen nach dem SGB III, belegt werden. [2]Kann ein Arbeitnehmer Zeiten der Nichtbeschäftigung durch geeignete Unterlagen nicht nachweisen oder in sonstiger Weise glaubhaft machen, ist dies kein Grund, die Antragsveranlagung nicht durchzuführen. [3]Ob und in welcher Höhe außer dem auf der Lohnsteuerbescheinigung ausgewiesenen Arbeitslohn weiterer Arbeitslohn zu berücksichtigen ist, hängt von dem im Einzelfall ermittelten Sachverhalt ab. [4]Für dessen Beurteilung gelten die Grundsätze der freien Beweiswürdigung.

| H 46.2 |

Abtretung/Verpfändung
- zur Abtretung bzw. Verpfändung des Erstattungsanspruchs >§ 46 AO sowie AEAO zu § 46,
- zum Entstehen des Erstattungsanspruchs >§ 38 AO i. V. m. § 36 Abs. 1 EStG.

Anlaufhemmung
Eine Anlaufhemmung gem. § 170 Abs. 2 Satz 1 Nr. 1 AO kommt in den Fällen des § 46 Abs. 2 Nr. 8 EStG nicht in Betracht (>BFH vom 14. 4. 2011 – BStBl II S. 746).

---

*) Jetzt Lohnsteuerabzugsmerkmale.

Antrag auf Veranlagung
Kommt eine Veranlagung des Stpfl. nach § 46 Abs. 2 EStG nicht in Betracht, können auch Grundlagenbescheide nicht über die Änderungsnorm des § 175 Abs. 1 Satz 1 Nr. 1 AO zu einer solchen führen (>BFH vom 9.2.2012 – BStBl II S. 750).

Ermittlung der Summe der Einkünfte
Unter der „Summe der Einkünfte" i. S. d. § 46 Abs. 2 Nr. 1 EStG ist derjenige Saldo zu verstehen, der nach horizontaler und vertikaler Verrechnung der Einkünfte verbleibt. Versagt das Gesetz – wie in § 23 Abs. 3 Satz 8 EStG im Falle eines Verlustes aus privaten Veräußerungsgeschäften – die Verrechnung eines Verlustes aus einer Einkunftsart mit Gewinnen bzw. Überschüssen aus anderen Einkunftsarten, fließt dieser Verlust nicht in die „Summe der Einkünfte" ein (>BFH vom 26.3.2013 – BStBl II S. 631).

Pfändung des Erstattungsanspruchs aus der Antragsveranlagung
>§ 46 AO sowie AEAO zu § 46

Rechtswirksamer Antrag
Ein Antrag auf Veranlagung zur Einkommensteuer ist nur dann rechtswirksam gestellt, wenn der amtlich vorgeschriebene Vordruck verwendet wird, dieser innerhalb der allgemeinen Festsetzungsfrist beim Finanzamt eingeht und bis dahin auch vom Arbeitnehmer eigenhändig unterschrieben ist (>BFH vom 10.10.1986 – BStBl 1987 II S. 77). Eine Einkommensteuererklärung ist auch dann „nach amtlich vorgeschriebenem Vordruck" abgegeben, wenn ein – auch einseitig – privat gedruckter oder fotokopierter Vordruck verwendet wird, der dem amtlichen Muster entspricht (>BFH vom 22.5.2006 – BStBl 2007 II S. 2).

Schätzungsbescheid
Für die Durchführung des Veranlagungsverfahrens bedarf es keines Antrags des Stpfl., wenn das Finanzamt das Veranlagungsverfahren von sich aus bereits durchgeführt und einen Schätzungsbescheid unter dem Vorbehalt der Nachprüfung erlassen hat. Dies gilt jedenfalls dann, wenn bei Erlass des Steuerbescheids aus der insoweit maßgeblichen Sicht des Finanzamts die Voraussetzungen für eine Veranlagung von Amts wegen vorlagen (>BFH vom 22.5.2006 – BStBl II S. 912).

R 46.3   **Härteausgleich**

– unbesetzt –

H 46.3

Abhängigkeit der Veranlagung vom Härteausgleich
Eine Veranlagung ist unabhängig vom Härteausgleich nach § 46 Abs. 3 EStG durchzuführen, auch wenn dieser im Ergebnis zu einem Betrag unter 410 Euro führt (>BFH vom 2.12.1971 – BStBl 1972 II S. 278).

Allgemeines
Bestehen die einkommensteuerpflichtigen Einkünfte, die nicht der Lohnsteuer zu unterwerfen waren, sowohl aus positiven Einkünften als auch aus negativen Einkünften (Verlusten), so wird ein Härteausgleich nur gewährt, wenn die Summe dieser Einkünfte abzüglich der darauf entfal-

lenden Beträge nach § 13 Abs. 3 und § 24a EStG einen positiven Einkunftsbetrag von nicht mehr als 410 Euro bzw. 820 Euro ergibt. Das gilt auch in den Fällen der Zusammenveranlagung von Ehegatten, in denen der eine Ehegatte positive und der andere Ehegatte negative Einkünfte, die nicht der Lohnsteuer zu unterwerfen waren, bezogen hat, und im Falle der Veranlagung nach § 46 Abs. 2 Nr. 4 EStG (>BFH vom 24. 4. 1961 – BStBl III S. 310).

Beispiel:
Ein Arbeitnehmer, der im Jahr 2005 das 65. Lebensjahr vollendet hatte und für den Lohnsteuerabzugsmerkmale nach § 39 Abs. 4 i. V. m. § 39a Abs. 1 Satz 1 Nr. 5 EStG (einschl. Freibetrag) gebildet wurden, hat neben seinen Einkünften aus nichtselbständiger Arbeit (Ruhegeld) in 2018 folgende Einkünfte bezogen:

Gewinn aus Land- und Forstwirtschaft		2.000 €
Verlust aus Vermietung und Verpachtung		−300 €
positive Summe dieser Einkünfte		1.700 €
Prüfung des Veranlagungsgrundes nach § 46 Abs. 2 Nr. 1 EStG:		
Summe der einkommensteuerpflichtigen Einkünfte, die nicht dem Steuerabzug vom Arbeitslohn unterlagen		1.700 €
Abzug nach § 13 Abs. 3 EStG	900 €	
Altersentlastungsbetrag nach § 24a EStG (40 % aus 1.700 € =)	+680 €	−1.580 €
		120 €
Die Voraussetzungen nach § 46 Abs. 2 Nr. 1 EStG sind nicht gegeben; der Arbeitnehmer ist nach § 46 Abs. 2 Nr. 4 EStG zu veranlagen.		
Härteausgleich nach § 46 Abs. 3 EStG:		
Betrag der einkommensteuerpflichtigen (Neben-)Einkünfte		1.700 €
Abzug nach § 13 Abs. 3 EStG		−900 €
Altersentlastungsbetrag nach § 24a EStG		−680 €
Vom Einkommen abziehbarer Betrag		120 €

Anwendung der §§ 34, 34b und 34c EStG
Würden Einkünfte, die nicht der Lohnsteuer zu unterwerfen waren, auf Grund eines Härteausgleichsbetrags in gleicher Höhe unversteuert bleiben, ist für die Anwendung dieser Ermäßigungsvorschriften kein Raum (>BFH vom 29. 5. 1963 – BStBl III S. 379 und vom 2. 12. 1971 – BStBl 1972 II S. 278).

Lohnersatzleistung
Der Härteausgleich nach § 46 Abs. 3 EStG ist nicht auf dem Progressionsvorbehalt unterliegende Lohnersatzleistungen anzuwenden (>BFH vom 5. 5. 1994 – BStBl II S. 654).

Zu § 48 EStG

H 48

Steuerabzug bei Bauleistungen
>BMF vom 27. 12. 2002 (BStBl I S. 1399) unter Berücksichtigung der Änderungen durch BMF vom 4. 9. 2003 (BStBl I S. 431)

Zu § 49 EStG

R 49.1 **Beschränkte Steuerpflicht bei Einkünften aus Gewerbebetrieb**

(1) [1]Einkünfte aus Gewerbebetrieb unterliegen nach § 49 Abs. 1 Nr. 2 Buchstabe a EStG auch dann der beschränkten Steuerpflicht, wenn im Inland keine Betriebsstätte unterhalten wird, sondern nur ein ständiger Vertreter für den Gewerbebetrieb bestellt ist (§ 13 AO). [2]Ist der stän-

dige Vertreter ein Kommissionär oder Makler, der Geschäftsbeziehungen für das ausländische Unternehmen im Rahmen seiner ordentlichen Geschäftstätigkeit unterhält, und ist die Besteuerung des ausländischen Unternehmens nicht durch ein DBA geregelt, sind die Einkünfte des ausländischen Unternehmens insoweit nicht der Besteuerung zu unterwerfen. ³Das gilt auch, wenn der ständige Vertreter ein Handelsvertreter (§ 84 HGB) ist, der weder eine allgemeine Vollmacht zu Vertragsverhandlungen und Vertragsabschlüssen für das ausländische Unternehmen besitzt noch über ein Warenlager dieses Unternehmens verfügt, von dem er regelmäßig Bestellungen für das Unternehmen ausführt.

(2) ¹Auf Einkünfte, die ein beschränkt Stpfl. durch den Betrieb eigener oder gecharterter Schiffe oder Luftfahrzeuge aus einem Unternehmen bezieht, dessen Geschäftsleitung sich in einem ausländischen Staat befindet, sind die Sätze 2 und 3 des Absatzes 1 nicht anzuwenden. ²Einkünfte aus Gewerbebetrieb, die ein Unternehmen im Rahmen einer internationalen Betriebsgemeinschaft oder eines Pool-Abkommens erzielt, unterliegen nach § 49 Abs. 1 Nr. 2 Buchstabe c EStG der beschränkten Steuerpflicht auch, wenn das die Beförderung durchführende Unternehmen mit Sitz oder Geschäftsleitung im Inland nicht als ständiger Vertreter des ausländischen Beteiligten anzusehen ist.

(3) Bei gewerblichen Einkünften, die durch im Inland ausgeübte oder verwertete künstlerische, sportliche, artistische, unterhaltende oder ähnliche Darbietungen erzielt werden, kommt es für die Begründung der beschränkten Steuerpflicht nicht darauf an, ob im Inland eine Betriebsstätte unterhalten wird oder ein ständiger Vertreter bestellt worden ist und ob die Einnahmen dem Darbietenden, dem die Darbietung Verwertenden oder einem Dritten zufließen.

(4) ¹Hat der Stpfl. im Falle des § 49 Abs. 1 Nr. 2 Buchstabe e EStG wegen Verlegung des Wohnsitzes in das Ausland den Vermögenszuwachs der Beteiligung i. S. d. § 17 Abs. 1 Satz 1 EStG nach § 6 AStG versteuert, ist dieser Vermögenszuwachs vom tatsächlich erzielten Veräußerungsgewinn abzusetzen (§ 6 Abs. 1 Satz 5 AStG). ²Ein sich dabei ergebender Verlust ist bei der Ermittlung der Summe der zu veranlagenden inländischen Einkünfte auszugleichen.

H 49.1

Anteilsveräußerung mit Verlust nach Wegzug ins EU-/EWR-Ausland
>§ 6 Abs. 6 AStG

Beschränkt steuerpflichtige inländische Einkünfte aus Gewerbebetrieb bei Verpachtung
liegen vor, solange der Verpächter für seinen Gewerbebetrieb im Inland einen ständigen Vertreter, gegebenenfalls den Pächter seines Betriebs, bestellt hat und während dieser Zeit weder eine Betriebsaufgabe erklärt noch den Betrieb veräußert (>BFH vom 13. 11. 1963 – BStBl 1964 III S. 124 und vom 12. 4. 1978 – BStBl II S. 494).

Besteuerung beschränkt steuerpflichtiger Einkünfte nach § 50a EStG
>BMF vom 25. 11. 2010 (BStBl I S. 1350)
>R 49.1 Abs. 3

Grenzüberschreitende Überlassung von Software und Datenbanken
>BMF vom 27. 10. 2017 (BStBl I S. 1448)

Nachträgliche Einkünfte aus Gewerbebetrieb im Zusammenhang mit einer inländischen Betriebsstätte
>H 34d sinngemäß

Schiff- und Luftfahrt
Pauschalierung der Einkünfte >§ 49 Abs. 3 EStG
Steuerfreiheit der Einkünfte bei Gegenseitigkeit mit ausländischem Staat >§ 49 Abs. 4 EStG >BMF vom 17.1.2019 (BStBl I S. 31) mit Verzeichnis der Staaten, die eine dem § 49 Abs. 4 EStG entsprechende Steuerbefreiung gewähren; Gegenseitigkeit wird erforderlichenfalls vom BMF festgestellt.

Ständiger Vertreter
kann auch ein inländischer Gewerbetreibender sein, der die Tätigkeit im Rahmen eines eigenen Gewerbebetriebs ausübt (>BFH vom 28.6.1972 – BStBl II S. 785).

Veräußerung von Dividendenansprüchen
Zur Veräußerung von Dividendenansprüchen durch Steuerausländer an Dritte >BMF vom 26.7.2013 (BStBl I S. 939)

Zweifelsfragen zur Besteuerung der Einkünfte aus Vermietung und Verpachtung
- Zur Vermietung und Verpachtung gem. § 49 Abs. 1 Nr. 2 Buchstabe f Doppelbuchstabe aa EStG >BMF vom 16.5.2011 (BStBl I S. 530)
- Zu den bei ausländischen Körperschaften nach § 49 Abs. 1 Nr. 2 Buchstabe f Satz 2 EStG als gewerblich fingierten Einkünften aus Vermietung und Verpachtung oder Veräußerung inländischen Grundbesitzes gehört nicht der Ertrag aus einem gläubigerseitigen Verzicht auf die Rückzahlung eines Darlehens, mit dem die Körperschaft den Erwerb der Immobilie finanziert hatte (>BFH vom 7.12.2016 – BStBl 2017 II S. 704).

R 49.2 Beschränkte Steuerpflicht bei Einkünften aus selbständiger Arbeit

[1]Zur Ausübung einer selbständigen Tätigkeit gehört z. B. die inländische Vortragstätigkeit durch eine im Ausland ansässige Person. [2]Eine Verwertung einer selbständigen Tätigkeit im Inland liegt z. B. vor, wenn ein beschränkt steuerpflichtiger Erfinder sein Patent einem inländischen Betrieb überlässt oder wenn ein beschränkt steuerpflichtiger Schriftsteller sein Urheberrecht an einem Werk auf ein inländisches Unternehmen überträgt.

H 49.2

Ausüben einer selbständigen Tätigkeit
setzt das persönliche Tätigwerden im Inland voraus (>BFH vom 12.11.1986 – BStBl 1987 II S. 372).

Beschränkt steuerpflichtige inländische Einkünfte eines im Ausland ansässigen Textdichters
>BFH vom 28.2.1973 (BStBl II S. 660)
>BFH vom 20.7.1988 (BStBl 1989 II S. 87)

R 49.3 Bedeutung der Besteuerungsmerkmale im Ausland bei beschränkter Steuerpflicht

(1) [1]Nach § 49 Abs. 2 EStG sind bei der Feststellung, ob inländische Einkünfte im Sinne der beschränkten Steuerpflicht vorliegen, die im Ausland gegebenen Besteuerungsmerkmale insoweit

außer Betracht zu lassen, als bei ihrer Berücksichtigung steuerpflichtige inländische Einkünfte nicht angenommen werden könnten (isolierende Betrachtungsweise). ²Danach unterliegen z. B. Einkünfte, die unter den Voraussetzungen des § 17 EStG aus der Veräußerung des Anteiles an einer Kapitalgesellschaft erzielt werden, auch dann der beschränkten Steuerpflicht (§ 49 Abs. 1 Nr. 2 Buchstabe e EStG), wenn der Anteil in einem ausländischen Betriebsvermögen gehalten wird.

(2) Vergütungen für die Überlassung der Nutzung oder des Rechts auf Nutzung von gewerblichem Know-how, die weder Betriebseinnahmen eines inländischen Betriebs sind noch zu den Einkünften i. S. d. § 49 Abs. 1 Nr. 1 bis 8 EStG gehören, sind als sonstige Einkünfte i. S. d. § 49 Abs. 1 Nr. 9 EStG beschränkt steuerpflichtig.

(3) ¹Wird für verschiedenartige Leistungen eine einheitliche Vergütung gewährt, z. B. für Leistungen i. S. d. § 49 Abs. 1 Nr. 3 oder 9 EStG, ist die Vergütung nach dem Verhältnis der einzelnen Leistungen aufzuteilen. ²Ist eine Trennung nicht ohne besondere Schwierigkeit möglich, kann die Gesamtvergütung zur Vereinfachung den sonstigen Einkünften i. S. d. § 49 Abs. 1 Nr. 9 EStG zugeordnet werden.

Zu § 50 EStG

| R 50. | **Bemessungsgrundlage für die Einkommensteuer und Steuerermäßigung für ausländische Steuern** |

¹§ 50 Abs. 3 EStG ist auch im Verhältnis zu Staaten anzuwenden, mit denen ein DBA besteht. ²Es ist in diesem Fall grundsätzlich davon auszugehen, dass Ertragsteuern, für die das DBA gilt, der deutschen Einkommensteuer entsprechen. ³Bei der Ermittlung des Höchstbetrags für Zwecke der Steueranrechnung (>R 34c) sind in die Summe der Einkünfte nur die Einkünfte einzubeziehen, die im Wege der Veranlagung besteuert werden.

| H 50 |

Anwendung des § 50 Abs. 5 Satz 2 Nr. 2 EStG (jetzt § 50 Abs. 2 Satz 2 Nr. 4 EStG i. d. F. des JStG 2009)
>BMF vom 30. 12. 1996 (BStBl I S. 1506)

Anwendung des § 50 Abs. 3 EStG
>R 34c gilt entsprechend.

Ausländische Kulturvereinigungen
– Zu Billigkeitsmaßnahmen nach § 50 Abs. 7 EStG (jetzt § 50 Abs. 4 EStG) bei ausländischen Kulturvereinigungen >BMF vom 20. 7. 1983 (BStBl I S. 382) – sog. Kulturorchestererlass – und BMF vom 30. 5. 1995 (BStBl I S. 336).
– Als „solistisch besetztes Ensemble" i. S. d. Tz. 4 des sog. Kulturorchestererlasses ist eine Formation jedenfalls dann anzusehen, wenn bei den einzelnen Veranstaltungen nicht mehr als fünf Mitglieder auftreten und die ihnen abverlangte künstlerische Gestaltungshöhe mit derjenigen eines Solisten vergleichbar ist (>BFH vom 7. 3. 2007 – BStBl 2008 II S. 186).

Europäische Vereinswettbewerbe von Mannschaftssportarten
>BMF vom 20. 3. 2008 (BStBl I S. 538)

Wechsel zwischen beschränkter und unbeschränkter Steuerpflicht
>§ 2 Abs. 7 Satz 3 EStG

Zu § 50a EStG

R 50a.1 Steuerabzug bei Lizenzgebühren, Vergütungen für die Nutzung von Urheberrechten und bei Veräußerungen von Schutzrechten usw.

¹Lizenzgebühren für die Verwertung gewerblicher Schutzrechte und Vergütungen für die Nutzung von Urheberrechten, deren Empfänger im Inland weder einen Wohnsitz noch ihren gewöhnlichen Aufenthalt haben, unterliegen nach § 49 Abs. 1 Nr. 2 Buchstabe f Doppelbuchstabe aa bzw. Nr. 6 EStG der beschränkten Steuerpflicht, wenn die Patente in die deutsche Patentrolle eingetragen sind oder wenn die gewerblichen Erfindungen oder Urheberrechte in einer inländischen Betriebsstätte oder in einer anderen Einrichtung verwertet werden. ²Als andere Einrichtungen sind öffentlich-rechtliche Rundfunkanstalten anzusehen, soweit sie sich in dem durch Gesetz oder Staatsvertrag bestimmten Rahmen mit der Weitergabe von Informationen in Wort und Bild beschäftigen und damit hoheitliche Aufgaben wahrnehmen, so dass sie nicht der Körperschaftsteuer unterliegen und damit auch keine Betriebsstätte begründen. ³In den übrigen Fällen ergibt sich die beschränkte Steuerpflicht für Lizenzgebühren aus § 49 Abs. 1 Nr. 2 Buchstabe a oder Nr. 9 EStG. ⁴Dem Steuerabzug unterliegen auch Lizenzgebühren, die den Einkünften aus selbständiger Arbeit zuzurechnen sind (§ 49 Abs. 1 Nr. 3 EStG).

H 50a.1

Kundenadressen
Einkünfte aus der Überlassung von Kundenadressen zur Nutzung im Inland fallen auch dann nicht gem. § 49 Abs. 1 Nr. 9 EStG unter die beschränkte Steuerpflicht, wenn die Adressen vom ausländischen Überlassenden nach Informationen über das Konsumverhalten der betreffenden Kunden selektiert wurden. Es handelt sich nicht um die Nutzungsüberlassung von Know-how, sondern von Datenbeständen (>BFH vom 13. 11. 2002 – BStBl 2003 II S. 249).

Rechteüberlassung
- Die entgeltliche Überlassung eines Rechts führt zu inländischen Einkünften, wenn die Rechteverwertung Teil einer gewerblichen oder selbständigen Tätigkeit im Inland (§ 49 Abs. 1 Nr. 2 Buchstabe a oder Nr. 3 EStG) ist oder die Überlassung zeitlich begrenzt zum Zwecke der Verwertung in einer inländischen Betriebsstätte oder anderen inländischen Einrichtung erfolgt (§ 49 Abs. 1 Nr. 6 EStG). Dies gilt auch dann, wenn das Recht vom originären beschränkt steuerpflichtigen Inhaber selbst überlassen wird, wie z. B. bei der Überlassung der Persönlichkeitsrechte eines Sportlers durch diesen selbst im Rahmen einer Werbekampagne (>BMF vom 2. 8. 2005 – BStBl I S. 844).
- Zu einem ausnahmsweise möglichen Betriebsausgaben- und Werbungskostenabzug >BMF vom 17. 6. 2014 (BStBl I S. 887)
- Zur grenzüberschreitenden Überlassung von Software und Datenbanken >BMF vom 27. 10. 2017 (BStBl I S. 1448)

Spezialwissen
Auch ein rechtlich nicht geschütztes technisches Spezialwissen, wie es in § 49 Abs. 1 Nr. 9 EStG aufgeführt ist, kann wie eine Erfindung zu behandeln sein, wenn sein Wert etwa dadurch greifbar ist, dass es in Lizenzverträgen zur Nutzung weitergegeben werden kann (>BFH vom 26. 10. 2004 – BStBl 2005 II S. 167).

Werbeleistungen eines ausländischen Motorsport-Rennteams
Eine ausländische Kapitalgesellschaft, die als Motorsport-Rennteam Rennwagen und Fahrer in einer internationalen Rennserie einsetzt, erbringt eine eigenständige sportliche Darbietung. Sie ist mit ihrer anteilig auf inländische Rennen entfallenden Vergütung für Werbeleistungen (auf den Helmen und Rennanzügen der Fahrer und auf den Rennwagen aufgebrachte Werbung) beschränkt steuerpflichtig (>BFH vom 6. 6. 2012 – BStBl 2013 II S. 430).

R 50a.2   **Berechnung des Steuerabzugs nach § 50a EStG in besonderen Fällen**

– unbesetzt –

H 50a.2

Allgemeines
- Zum Steuerabzug gem. § 50a EStG bei Einkünften beschränkt Steuerpflichtiger aus künstlerischen, sportlichen, artistischen, unterhaltenden oder ähnlichen Darbietungen >BMF vom 25. 11. 2010 (BStBl I S. 1350).
- Zur Haftung eines im Ausland ansässigen Vergütungsschuldners gem. § 50a Abs. 5 EStG auf der sog. zweiten Ebene >BFH vom 22. 8. 2007 (BStBl 2008 II S. 190).

Auslandskorrespondenten
>BMF vom 13. 3. 1998 (BStBl I S. 351)

Ausländische Kulturvereinigungen
>BMF vom 20. 7. 1983 (BStBl I S. 382) und BMF vom 30. 5. 1995 (BStBl I S. 336)

Doppelbesteuerungsabkommen
Nach § 50d Abs. 1 Satz 1 EStG sind die Vorschriften über die Einbehaltung, Abführung und Anmeldung der Steuer durch den Schuldner der Vergütung nach § 50a EStG ungeachtet eines DBA anzuwenden, wenn Einkünfte nach dem Abkommen nicht oder nur nach einem niedrigeren Steuersatz besteuert werden können (>BFH vom 13. 7. 1994 – BStBl 1995 II S. 129).

Fotomodelle
Zur Aufteilung von Gesamtvergütungen beim Steuerabzug von Einkünften beschränkt stpfl. Fotomodelle >BMF vom 9. 1. 2009 (BStBl I S. 362)

Sicherungseinbehalt nach § 50a Abs. 7 EStG
- Allgemeines >BMF vom 2. 8. 2002 (BStBl I S. 710)
- Sperrwirkung gem. § 48 Abs. 4 EStG >BMF vom 27. 12. 2002 (BStBl I S. 1399) unter Berücksichtigung der Änderungen durch BMF vom 4. 9. 2003 (BStBl I S. 431), Tz. 96 ff.

Steueranmeldung
- Im Falle einer Aussetzung (Aufhebung) der Vollziehung dürfen ausgesetzte Steuerbeträge nur an den Vergütungsschuldner und nicht an den Vergütungsgläubiger erstattet werden (>BFH vom 13. 8. 1997 – BStBl II S. 700 und BMF vom 25. 11. 2010 – BStBl I S. 1350, Rz. 68).
- Zu Inhalt und Wirkungen einer Steueranmeldung gem. § 73e EStDV und zur gemeinschaftsrechtskonformen Anwendung des § 50a EStG >BFH vom 7. 11. 2007 (BStBl 2008 II S. 228) und BMF vom 25. 11. 2010 (BStBl I S. 1350, Rz. 68).

Steuerbescheinigung nach § 50a Abs. 5 Satz 6 EStG
Das amtliche Muster ist auf der Internetseite des BZSt (www.bzst.bund.de) abrufbar.

Übersicht
Übernimmt der Schuldner der Vergütung die Steuer nach § 50a EStG und den Solidaritätszuschlag (sog. Nettovereinbarung), ergibt sich zur Ermittlung der Abzugsteuer in den Fällen des § 50a Abs. 2 Satz 1, erster Halbsatz und Satz 3 EStG folgender Berechnungssatz in %, der auf die jeweilige Netto-Vergütung anzuwenden ist:

Bei einer Netto-Vergütung in € Zufluss nach dem 31.12.2008	Berechnungssatz für die Steuer nach § 50a EStG in % der Netto-Vergütung	Berechnungssatz für den Solidaritätszuschlag in % der Netto-Vergütung
bis 250,00	0,00	0,00
mehr als 250,00	17,82	0,98

Zuständigkeit
Örtlich zuständig für den Erlass eines Nachforderungsbescheides gem. § 73g Abs. 1 EStDV gegen den Vergütungsgläubiger (Steuerschuldner) ist in Fällen des angeordneten Steuerabzugs gem. § 50a Abs. 7 EStG das für dessen Besteuerung zuständige Finanzamt und im Übrigen das Bundeszentralamt für Steuern (§ 73e Satz 1 und Satz 7 EStDV).

Zu § 50c EStG

| R 50c. | **Wertminderung von Anteilen durch Gewinnausschüttungen** |

In Fällen, in denen gem. § 52 Abs. 59 EStG*) ab dem VZ 2001 noch § 50c EStG i. d. F. des Gesetzes vom 24.3.1999 (Steuerentlastungsgesetz 1999/2000/2002, BGBl I S. 402) anzuwenden ist, gilt R 227d EStR 1999 weiter.

Zu § 50d EStG

| H 50d |

Abstandnahme vom Steuerabzug gem. § 50d Abs. 2 Satz 1 EStG bei sog. abgesetzten Beständen
>BMF vom 5.7.2013 (BStBl I S. 847)

Ansässigkeitsbestätigung
Zum vereinfachten Nachweis bei Bestätigungen nach § 50d Abs. 4 Satz 1 EStG >BMF vom 17.10.2017 (BStBl I S. 1644)

Anwendung der DBA auf Personengesellschaften
>BMF vom 26.9.2014 (BStBl I S. 1258)

---

*) § 52 Abs. 59 EStG i. d. F. vor dem Gesetz zur Anpassung des nationalen Steuerrechts an den Beitritt Kroatiens zur EU und zur Änderung weiterer steuerlicher Vorschriften.

Arbeitslohn nach DBA
>BMF vom 3. 5. 2018 (BStBl I S. 643)

Entlastungsberechtigung ausländischer Gesellschaften
Zur Anwendung des § 50d Abs. 3 EStG >BMF vom 24. 1. 2012 (BStBl I S. 171) unter Berücksichtigung >BMF vom 4. 4. 2018 (BStBl I S. 589)

Entlastung von deutscher Abzugsteuer gemäß § 50a EStG bei künstlerischer, sportlicher Tätigkeit oder ähnlichen Darbietungen
>BMF vom 25. 11. 2010 (BStBl I S. 1350)

Gestaltungsmissbrauch
Werden im Inland erzielte Einnahmen zur Vermeidung inländischer Steuer durch eine ausländische Kapitalgesellschaft „durchgeleitet", kann ein Missbrauch rechtlicher Gestaltungsmöglichkeiten auch dann vorliegen, wenn der Staat, in dem die Kapitalgesellschaft ihren Sitz hat, kein sog. Niedrigbesteuerungsland ist (>BFH vom 29. 10. 1997 – BStBl 1998 II S. 235).

Kontrollmeldeverfahren auf Grund von DBA
>BMF vom 18. 12. 2002 (BStBl I S. 1386)
>BMF vom 20. 5. 2009 (BStBl I S. 645)

Merkblatt des BMF
zur Entlastung von
– deutscher Abzugsteuer gemäß § 50a EStG auf Grund von DBA vom 7. 5. 2002 (BStBl I S. 521).
– deutscher Kapitalertragsteuer von Dividenden und bestimmten anderen Kapitalerträgen gemäß § 44d EStG a. F. (§ 43b EStG n. F.), den DBA oder sonstigen zwischenstaatlichen Abkommen vom 1. 3. 1994 (BStBl I S. 203).

Merkblatt des BZSt
zur Entlastung vom Steuerabzug i. S. v. § 50a EStG auf Grund von DBA
– bei Vergütungen an ausländische Künstler und Sportler vom 9. 10. 2002 (BStBl I S. 904).
– bei Lizenzgebühren und ähnlichen Vergütungen vom 9. 10. 2002 (BStBl I S. 916).
Das BZSt bietet aktuelle Fassungen seiner Merkblätter sowie die Bestellung von Antragsvordrucken im Internet an (www.bzst.bund.de).

Zuständige Behörde
Zuständige Behörde für das Erstattungs-, Freistellungs- und Kontrollmeldeverfahren ist das Bundeszentralamt für Steuern, 53221 Bonn.

Zu § 50i EStG

H 50i

Anwendung der DBA auf Personengesellschaften
>BMF vom 26. 9. 2014 (BStBl I S. 1258)

Anwendung des § 50i Abs. 2 EStG
>BMF vom 5. 1. 2017 (BStBl I S. 32)

Zu § 55 EStG

| R 55. | **Bodengewinnbesteuerung** |

Zu den Wirtschaftsgütern und Nutzungsbefugnissen nach § 55 Abs. 1 Satz 2 EStG gehören insbesondere Milchlieferrechte, Zuckerrübenlieferrechte, Weinanbaurechte, Bodenschätze und Eigenjagdrechte.

| H 55 |

Abschreibung auf den niedrigeren Teilwert
Abschreibung auf den niedrigeren Teilwert ist bei Grund und Boden, der mit dem Zweifachen des Ausgangsbetrags als Einlage anzusetzen war, auch dann ausgeschlossen, wenn für die Minderung des Werts des Grund und Bodens eine Entschädigung gezahlt und diese als Betriebseinnahme erfasst wird (>BFH vom 10. 8. 1978 – BStBl 1979 II S. 103).
Ein außer Betracht bleibender Veräußerungs- oder Entnahmeverlust kann nicht im Wege der Teilwertabschreibung vorweggenommen werden (>BFH vom 16. 10. 1997 – BStBl 1998 II S. 185).

Ackerprämienberechtigung (Ackerquote)
Ein immaterielles Wirtschaftsgut Ackerquote entsteht erst, wenn es in den Verkehr gebracht wurde (>BFH vom 30. 9. 2010 – BStBl 2011 II S. 406).

Ausschlussfrist
Versäumt ein Land- und Forstwirt es, rechtzeitig vor Ablauf der Ausschlussfrist die Feststellung des höheren Teilwerts nach § 55 Abs. 5 EStG zu beantragen, und ist auch die Wiedereinsetzung in den vorigen Stand wegen Ablaufs der Jahresfrist nicht mehr möglich, kann er aus Billigkeitsgründen nicht so gestellt werden, als hätte das Finanzamt den höheren Teilwert festgestellt (>BFH vom 26. 5. 1994 – BStBl II S. 833).

Bodengewinnbesteuerung
Zu Fragen der Bodengewinnbesteuerung >BMWF vom 29. 2. 1972 (BStBl I S. 102), Tz. 1 bis 6 und 9 bis 13.

Milchlieferrecht
- Zur Bewertung von mit land- und forstwirtschaftlichem Grund und Boden im Zusammenhang stehenden Milchlieferrechten >BMF vom 5. 11. 2014 (BStBl I S. 1503).
- Die Verlustausschlussklausel des § 55 Abs. 6 EStG ist bei der Entnahme bzw. der Veräußerung der Milchlieferrechte flurstücksbezogen anzuwenden (>BFH vom 22. 7. 2010 – BStBl 2011 II S. 210).

Verlustausschlussklausel
- Verlustausschlussklausel des § 55 Abs. 6 EStG zwingt bei Hinzuerwerb eines Miteigentumsanteils dazu, für den neu erworbenen Anteil als Buchwert die Anschaffungskosten getrennt von dem schon bisher diesem Miteigentümer gehörenden Anteil anzusetzen; gilt entsprechend bei Gesamthandseigentum. Bei einer **späteren Veräußerung** dieser Grundstücksflächen ist der **Veräußerungsgewinn** für beide Buchwerte gesondert zu ermitteln (>BFH vom 8. 8. 1985 – BStBl 1986 II S. 6).
- Für die Anwendung des § 55 Abs. 6 EStG ist unerheblich, auf welchen Umständen der Veräußerungsverlust oder Entnahmeverlust oder die Teilwertabschreibung des Grund und Bo-

dens beruhen. Demgemäß sind vom Abzugsverbot auch Wertminderungen betroffen, die nicht auf eine Veränderung der Preisverhältnisse, sondern auf tatsächliche Veränderungen am Grundstück zurückgehen. Überlässt ein Landwirt einem Dritten das Recht, ein Sandvorkommen – das in einem bisher landwirtschaftlich genutzten und weiterhin zum Betriebsvermögen rechnenden Grundstück vorhanden ist – abzubauen, so vollzieht sich die Nutzung des Sandvorkommens im Privatbereich und der Landwirt erzielt hieraus Einkünfte aus Vermietung und Verpachtung. Die von den Einnahmen aus dem Sandvorkommen abzuziehenden Werbungskosten können auch das Betriebsvermögen des Landwirts betreffen. Die dadurch bewirkte Vermögensminderung kann jedoch, weil nicht betrieblich veranlasst, den betrieblichen Gewinn nicht mindern; Ihr ist deswegen eine gewinnerhöhende Entnahme gegenüberzustellen. Die Höhe der Entnahme legt insoweit den Umfang der Werbungskosten bei den Einkünften aus Vermietung und Verpachtung fest (>BFH vom 16.10.1997 – BStBl 1998 II S. 185).

Zuckerrübenlieferrechte

Der Entnahmewert für nicht an Aktien gebundene Zuckerrübenlieferrechte ist um einen ggf. von dem Buchwert des Grund und Bodens abzuspaltenden Buchwert zu vermindern. Der abgespaltene Buchwert unterliegt ebenso wenig wie der Buchwert des Grund und Bodens vor der Abspaltung einer AfA (>BFH vom 9.9.2010 – BStBl 2011 II S. 171).

Zu § 62 EStG

H 62

Anspruchsberechtigung

>A 1-6 DA-KG 2018

Zu § 63 EStG

H 63

Berücksichtigung von Kindern

>R 32.1-32.11

>A 7-23 DA-KG 2018

Territoriale Voraussetzungen

>A 23.1 DA-KG 2018

Die territorialen Voraussetzungen gelten nicht, wenn die Voraussetzungen nach einem zwischenstaatlichen Abkommen über die Soziale Sicherheit >H 31 (Über- und zwischenstaatliche Rechtsvorschriften) erfüllt sind >A 23.2 Abs. 2 DA-KG 2018.

Zu § 64 EStG

| H 64 |

Haushaltsaufnahme
>A 9 und A 25.2 DA-KG 2018

Zusammentreffen mehrerer Ansprüche
>A 24-26 DA-KG 2018

Zu § 65 EStG

| H 65 |

Leistungen, die den Kindergeldanspruch ausschließen
>A 28 DA-KG 2018

Teilkindergeld
>A 29 DA-KG 2018

Vergleichbare ausländische Leistungen
>BZSt vom 16.1.2017 (BStBl I S. 151)

Zu § 66 EStG

| H 66 |

Anspruchszeitraum
>A 31 DA-KG 2018

Festsetzungsverjährung
>V 12 DA-KG 2018

Höhe des Kindergeldes
>A 30 DA-KG 2018

Zählkinder

Beispiel:
Ein Berechtigter hat aus einer früheren Beziehung zwei Kinder, für die die Mutter das Kindergeld erhält. Diese Kinder werden bei dem Berechtigten, der aus seiner jetzigen Beziehung zwei weitere Kinder hat, als Zählkinder berücksichtigt. Somit erhält er für sein zweitjüngstes (also sein drittes) Kind Kindergeld in Höhe von 200 € und für sein jüngstes (also sein viertes) Kind Kindergeld in Höhe von 225 €.

Zu § 67 EStG

> H 67

Antrag bei volljährigen Kindern
>V 5.4 DA-KG 2018

Antragstellung
>V 5 DA-KG 2018

Auskunfts- und Beratungspflicht der Familienkassen
>V 8 DA-KG 2018

Mitwirkungspflichten
>§ 68 EStG
>V 7 DA-KG 2018

Zuständigkeit
Dem BZSt obliegt die Durchführung des Familienleistungsausgleichs nach Maßgabe des § 31 EStG. Die Bundesagentur für Arbeit stellt dem BZSt zur Durchführung dieser Aufgaben ihre Dienststellen als Familienkassen zur Verfügung; die Fachaufsicht obliegt dem BZSt (§ 5 Abs. 1 Satz 1 Nr. 11 FVG).

Zu § 68 EStG

> H 68

Bescheinigungen für Finanzämter
>O 4.3 DA-KG 2018

Auskunftserteilung an Bezügestellen des öffentlichen Dienstes
>O 4.4 DA-KG 2018

Zu § 72 EStG

> H 72

Festsetzung und Zahlung des Kindergeldes an Angehörige des öffentlichen Dienstes
>V 1.2-3.3 DA-KG 2018

Zu § 74 EStG

H 74

Zahlung des Kindergeldes in Sonderfällen
>V 32-33 DA-KG 2018

Zu § 75 EStG

H 75

Aufrechnung
>V 27 DA-KG 2018

Zu § 76 EStG

H 76

Pfändung
>V 23 DA-KG 2018

Zu § 77 EStG

H 77

Rechtsbehelfsverfahren
>R 1-14 DA-KG 2018

Zu § 78 EStG

H 78

Sonderregelung für Berechtigte in den neuen Ländern
>A 27 DA-KG 2018

Zu § 79 EStG

H 79

Private Altersvorsorge
>BMF vom 21.12.2017 (BStBl 2018 I S. 93)

Anhang

Anhang 1: Übersicht über die Berichtigung des Gewinns bei Wechsel der Gewinnermittlungsart (Anlage zu R 4.6 EStR)

Übergang	Berichtigung des Gewinns im ersten Jahr nach dem Übergang:
1. von der Einnahmenüberschussrechnung zum Bestandsvergleich, zur Durchschnittssatzgewinnermittlung oder zur Richtsatzschätzung	Der Gewinn des ersten Jahres ist insbesondere um die folgenden Hinzurechnungen und Abrechnungen zu berichtigen: + Warenbestand + Warenforderungsanfangsbestand + Sonstige Forderungen − Warenschuldenanfangsbestand + Anfangsbilanzwert (Anschaffungskosten) der nicht abnutzbaren Wirtschaftsgüter des Anlagevermögens (mit Ausnahme des Grund und Bodens), soweit diese während der Dauer der Einnahmenüberschussrechnung angeschafft und ihre Anschaffungskosten vor dem 1.1.1971 als Betriebsausgaben abgesetzt wurden, ohne dass ein Zuschlag nach § 4 Abs. 3 Satz 2 EStG in den vor dem Steuerneuordnungsgesetz geltenden Fassungen gemacht wurde.
2. vom Bestandsvergleich, von der Durchschnittssatzgewinnermittlung oder von der Richtsatzschätzung zur Einnahmenüberschussrechnung	Der Überschuss der Betriebseinnahmen über die Betriebsausgaben ist im ersten Jahr insbesondere um die folgenden Hinzurechnungen und Abrechnungen zu berichtigen: + Warenschuldenbestand des Vorjahres − Warenendbestand des Vorjahres − Warenforderungsbestand des Vorjahres − Sonstige Forderungen. Sind in früheren Jahren Korrektivposten gebildet und noch nicht oder noch nicht in voller Höhe aufgelöst worden, ist dies bei Hinzurechnung des Unterschiedsbetrags zu berücksichtigen; noch nicht aufgelöste Zuschläge vermindern, noch nicht aufgelöste Abschläge erhöhen den Unterschiedsbetrag.

Bei der Anwendung der vorstehenden Übersicht ist Folgendes zu beachten:
– Die Übersicht ist nicht erschöpfend. Beim Wechsel der Gewinnermittlungsart sind auch andere als die oben bezeichneten Positionen durch Zu- und Abrechnungen zu berücksichtigen. Das gilt insbesondere für Rückstellungen sowie für die Rechnungsabgrenzungsposten, z. B. im Voraus gezahlte Miete und im Voraus vereinnahmte Zinsen, soweit die Einnahmen oder Ausgaben bei der Einnahmenüberschussrechnung nicht gem. § 11 Abs. 1 Satz 3 oder Abs. 2 Satz 3 EStG verteilt werden.
– Die Zu- und Abrechnungen unterbleiben für Wirtschaftsgüter des Umlaufvermögens und Schulden für Wirtschaftsgüter des Umlaufvermögens, die von § 4 Abs. 3 Satz 4 EStG erfasst werden. Zur zeitlichen Anwendung dieser Regelung >§ 52 Abs. 10 Satz 2 und 3 EStG[1]).

---

1) Jetzt § 52 Abs. 6 Satz 3 und 4 EStG.

Anhang 2: Übersicht über die degressiven Absetzungen für Gebäude nach § 7 Abs. 5 EStG (zu R 7.4 EStR)

	Zeitlicher Geltungsbereich	Begünstigte Objekte	Begünstigte Maßnahmen	AfA-Sätze	Gesetzliche Vorschriften
	1	2	3	4	5
1.	Fertigstellung nach dem 9.10.1962 und vor dem 1.1.1965 und Bauantrag nach dem 9.10.1962	Gebäude und Eigentumswohnungen, die zu mehr als 66 2/3 % Wohnzwecken dienen und nicht nach § 7b oder § 54 EStG begünstigt sind	Herstellung	12 x 3,5 % 20 x 2 % 18 x 1 %	§ 7 Abs. 5 Satz 2 EStG 1965
2.	Fertigstellung nach dem 31.12.1964 und vor dem 1.9.1977 und Bauantrag vor dem 9.5.1973	Gebäude und Eigentumswohnungen jeder Art, soweit nicht infolge der Beschränkungen unter Nr. 3 ausgeschlossen			§ 7 Abs. 5 Satz 1 EStG 1965, § 7 Abs. 5 Satz 1 EStG 1974/75, § 52 Abs. 8 Satz 2 EStG 1977
3.	Fertigstellung vor dem 1.2.1972 und Bauantrag nach dem 5.7.1970 und vor dem 1.2.1971	wie Nr. 2, soweit die Gebäude und Eigentumswohnungen nicht zum Anlagevermögen gehören oder soweit sie zu mehr als 66 2/3 % Wohnzwecken dienen			§ 1 Abs. 3 der 2. KonjVO
4.	Fertigstellung vor dem 1.9.1977 und Bauantrag nach dem 8.5.1973	Gebäude und Eigentumswohnungen, deren Nutzfläche zu mehr als 66 2/3 % mit Mitteln des sozialen Wohnungsbaus gefördert worden sind			§ 7 Abs. 5 Satz 2 EStG 1974/75, § 52 Abs. 8 Satz 2 EStG 1977
5.	Fertigstellung nach dem 31.8.1978 und vor dem 1.1.1979	Gebäude, selbständige Gebäudeteile, Eigentumswohnungen und Räume im Teileigentum jeder Art			§ 7 Abs. 5 EStG 1977, § 52 Abs. 8 Satz 1 EStG 1977, § 52 Abs. 8 Satz 2 EStG 1979
6.	Fertigstellung nach dem 31.12.1978 und vor dem 1.1.1983	wie Nr. 5, soweit im Ausland	Herstellung sowie Anschaffung, wenn Erwerb spätestens im Jahr der Fertigstellung	12 x 3,5 % 20 x 2 % 18 x 1 %	§ 7 Abs. 5 EStG 1979/81, § 52 Abs. 8 Satz 3 EStG 1981/85

	Zeitlicher Geltungs-bereich	Begünstigte Objekte	Begünstigte Maßnahmen	AfA-Sätze	Gesetzliche Vorschriften
	1	2	3	4	5
7.	Fertigstellung nach dem 31.12.1978 und a) Bauantrag und Herstellungsbeginn bzw. Abschluss des obligatorischen Vertrags vor dem 30.7.1981	Gebäude, Eigentumswohnungen und im Teileigentum stehende Räume, soweit im Inland		12 x 3,5 % 20 x 2 % 18 x 1 %	§ 7 Abs. 5 EStG 1979/81, § 52 Abs. 8 Satz 3 EStG 1981/83, § 7 Abs. 5 EStG 1981/83, § 52 Abs. 8 Sätze 1 und 2 EStG 1981/85,
	b) Bauantrag oder Herstellungsbeginn bzw. Abschluss des obligatorischen Vertrags nach dem 29.7.1981 (soweit nicht Nummer 8 und 9) und Bauantrag bzw. Abschluss des obligatorischen Vertrags vor dem 1.1.1995		Herstellung sowie Anschaffung, wenn Erwerb spätestens im Jahr der Fertigstellung	8 x 5 % 6 x 2,5 % 36 x 1,25 %	§ 7 Abs. 5 Nr. 2 EStG 1987, § 52 Abs. 8 Satz 2 EStG 1987, § 7 Abs. 5 Satz 1 Nr. 2 EStG 1990, § 52 Abs. 11 Satz 3 EStG 1990, § 7 Abs. 5 Satz 1 Nr. 2 EStG 1993
8.	Bauantrag nach dem 31.3.1985 und Bauantrag bzw. Abschluss des obligatorischen Vertrags vor dem 1.1.1994	Gebäude, Eigentumswohnungen und im Teileigentum stehende Räume, soweit sie zu einem Betriebsvermögen gehören und nicht Wohnzwecken dienen		4 x 10 % 3 x 5 % 18 x 2,5 %	§ 7 Abs. 5 Nr. 1 EStG 1987, § 52 Abs. 8 Satz 1 EStG 1987, § 7 Abs. 5 Satz 1 Nr. 1 EStG 1990, § 52 Abs. 11 Satz 2 EStG 1990, § 7 Abs. 5 Satz 1 Nr. 1 EStG 1993
9.	Bauantrag oder Anschaffung und Abschluss des obligatorischen Vertrags nach dem 28.2.1989 und Bauantrag bzw. Abschluss des obligatorischen Vertrags vor dem 1.1.1996	Gebäude, Eigentumswohnungen und im Teileigentum stehende Räume, soweit sie Wohnzwecken dienen		4 x 7 % 6 x 5 % 6 x 2 % 24 x 1,25 %	§ 7 Abs. 5 Satz 2 EStG 1990, § 52 Abs. 11 Satz 1 EStG 1990, § 7 Abs. 5 Satz 1 Nr. 3 Buchstabe a EStG 1993
10.	Bauantrag oder Abschluss des obligatorischen Vertrags nach dem 31.12.1995 und vor dem 1.1.2004	wie zu 9.		8 x 5 % 6 x 2,5 % 36 x 1,25 %	§ 7 Abs. 5 Satz 1 Nr. 3 Buchstabe b EStG 1996
11.	Bauantrag oder Abschluss des obligatorischen Vertrags nach dem 31.12.2003 und vor dem 1.1.2006	wie zu 9.		10 x 4 % 8 x 2,5 % 32 x 1,25 %	§ 7 Abs. 5 Satz 1 Nr. 3 Buchstabe c EStG 2002 i. d. F. des HBeglG 2004 i.V. m. dem Gesetz zum Einstieg in ein steuerliches Sofortprogramm

Anhang 3: Verzeichnis ausländischer Steuern in Nicht-DBA-Staaten, die der deutschen Einkommensteuer entsprechen (zu R 34c EStR)

Afghanistan
income tax (Einkommen- und Körperschaftsteuer),
rent tax (Steuer auf Einkünfte aus Vermietung),
corporate tax (Körperschaftsteuer)

Angola
imposto industrial (Steuer auf Einkünfte aus Gewerbebetrieb),
imposto sobre os rendimentos do trabalho (Steuer auf Einkünfte aus selbständiger und nichtselbständiger Arbeit),
imposto predial urbano (Steuer auf Einkünfte aus bebauten Grundstücken),
imposto sobre a aplicaçăo de capitais (Steuer auf Einkünfte aus Kapitalvermögen)

Antigua und Barbuda
individual income tax (Einkommensteuer)

Aquatorialguinea
impuesto sobre la renta de las personas fisicas (Einkommensteuer)

Äthiopien
income tax (Einkommen- und Körperschaftsteuer)

Barbados
income and corporate tax (Einkommen- und Körperschaftsteuer)

Benin
impôt général sur le revenue (allgemeine Einkommensteuer)

Bhutan
tax deducted at source oder salary tax (Steuer auf Löhne und Gehälter),
health contribution (Einkommensteuer)

Botsuana
income tax (Einkommen- und Körperschaftsteuer)

Brasilien
imposto de renda da pessoas fisicas (Einkommensteuer),
imposto de renda da pessoas juridicas (Körperschaftsteuer),
imposto de renda retido da fonte (Einkommensteuer als Quellensteuer auf Einkünfte von Steuerausländern),
Carnê-Leão do titular (Einkommensteuer als Anmeldung auf sonstige Einkünfte und Zahlungen aus dem Ausland)

Brunei
income tax (Einkommensteuer)

Burkina Faso
Impôt Unique sur les Traitements et Salaires – IUTS (Steuer auf Löhne und Gehälter)

Chile
impuesto a la renta (Einkommen- und Körperschaftsteuer),
impuesto global complementario (Zusatzsteuer auf das Gesamteinkommen),
impuesto adicional (Zusatzsteuer auf Einkunfte von Steuerausländern)

China (Taiwan)
individual consolidated income tax (Einkommensteuer der natürlichen Personen),
profit-seeking enterprise income tax (Einkommensteuer der gewerblichen Unternehmen)

China, Volksrepublik
(Special Administrative Region Hongkong), siehe Hongkong

Cookinseln
income tax (Einkommen- und Körperschaftsteuer)

Dominikanische Republik
impuesto sobre la renta (Einkommen- und Körperschaftsteuer),
contribucion adicional al impuesto sobre la renta (Zuschlag zur Einkommen- und Körperschaftsteuer)

El Salvador
impuesto sobre la renta (Einkommen- und Körperschaftsteuer)

Fidschi
income tax (Einkommen- und Körperschaftsteuer),
dividend tax (Quellensteuer auf Dividenden von Steuerinländern),
interest witholding tax (Quellensteuer auf Zinsen),
non-resident dividend witholding tax (Quellensteuer auf Dividenden Steuerausländer)

Gabun
impôt général sur le revenu des personnes physiques (allgemeine Einkommensteuer),
impôt sur le revenu des valeurs mobilières (Steuer auf Einkünfte aus Beteiligungen),
taxe complémentaire sur les salaires (Zusatzsteuer auf Einkünfte aus nichtselbständiger Arbeit),
impôt sur les sociétés (Körperschaftsteuer)

Gambia
income tax (Einkommen- und Körperschaftsteuer),
capital gains tax (Steuer auf Veräußerungsgewinne)

Gibraltar
income tax (Einkommen- und Körperschaftsteuer)

Grönland
Akileraarutissaq/Indkomstskat, Akileraarutit A-t/A-skat, Akileraarutit B-t/B-skat (Einkommensteuer)

Guatemala
impuesto sobre la renta (Einkommen- und Körperschaftsteuer)

Guernsey
income tax (Einkommensteuer)

Guinea
impôt général sur le revenu (Einkommensteuer),
impôt sur les traitements et salaires (Steuer auf Einkünfte aus nichtselbständiger Arbeit),
impôt sur les revenus non salariaux versés à des non résidents (Quellensteuer für Steuerausländer),

impôt sur les bénéfices industriels, commerciaux et non commerciaux (Steuer auf gewerbliche Einkünfte und auf Einkünfte aus selbständiger Arbeit),
impôt sur le revenu des capitaux mobiliers (Quellensteuer auf Kapitalerträge),
impôt sur les sociétés (Körperschaftsteuer)

Guyana
income tax (Einkommen- und Körperschaftsteuer),
corporation tax (Körperschaftsteuer),
capital gains tax (Steuer auf Veräußerungsgewinne)

Haiti
impôt sur le revenu (Einkommen- und Körperschaftsteuer)

Honduras
impuesto sobre la renta (Einkommen- und Körperschaftsteuer),
aportación solidaria temporal (Solidaritätszuschlag für Körperschaften)

Hongkong
profits tax (Gewinnsteuer),
salaries tax (Lohnsteuer),
property tax (Steuer auf Mieteinkünfte)

Irak
income tax (Einkommen- und Körperschaftsteuer)

Jordanien
income tax (Einkommen- und Körperschaftsteuer),
social welfare tax (Zuschlag auf die Einkommensteuer),
university tax (Steuer auf ausschüttungsfähige Gewinne)

Kambodscha
withholding tax on management and technical services (Quellensteuer auf Vergütungen für Dienstleistungen)

Kamerun
impôt sur le revenu des personnes physiques (Einkommensteuer),
impôt sur les sociétés (Körperschaftsteuer)

Katar
income tax (Körperschaftsteuer)

Kolumbien

impuesto sobre la renta (Einkommen- und Körperschaftsteuer einschließlich Zuschlag),

impuesto complementario des remesas (Zuschlag zur Einkommen- und Körperschaftsteuer bei Mittelabflüssen ins Ausland),

retencion en la fuente (Quellensteuer auf Dividenden, Zinsen, Lizenzen und technische Dienstleistungen)

Kongo, Demokratische Republik

impôt sur les revenus locatifs (Steuer auf Einkünfte aus Vermietung),

impôt mobilier (Steuer auf Kapitalerträge),

impôt professionnel (Steuer auf Erwerbseinkünfte),

contribution sur les revenus des personnes physiques (Einkommensteuer)

Kongo, Republik

impôt sur le revenu des personnes physiques (Einkommensteuer),

impôt complémentaire (Ergänzungsteuer zur Einkommensteuer),

impôt sur les sociétés (Körperschaftsteuer),

impôt sur le revenu des valeurs mobilières (Steuern auf Kapitalerträge),

taxe immobilières sur les loyers (Steuer auf Mieteinkünfte),

Impôt sur les plus-values résultant de la cession d'immeubles (Steuer auf Gewinne aus der Veräußerung von Grundvermögen)

Kuba

impuesto sobre utilidades (Gewinnsteuer),

impuesto sobre ingresos personales (Einkommensteuer)

Lesotho

income tax (Einkommen- und Körperschaftsteuer),

graded tax (Zusatzsteuer vom Einkommen)

Libanon

impôt sur le revenu (Einkommen- und Körperschaftsteuer),

Impôt sur les immeubles bâtis (Steuer auf Mieteinkünfte),

Distribution tax (Sondersteuer auf Dividendenzahlungen)

Libyen

income tax (Einkommen- und Körperschaftsteuer),

defense-tax (Zusatzsteuer auf alle Einkommen außer solchen aus Landwirtschaft)

Macau

imposto professional (Einkommensteuer)

Madagaskar

impôt général sur le revenu (Einkommensteuer),

impôt sur les bénéfices des sociétés (Körperschaftsteuer),

impôt sur les revenus des capitaux mobiliers (Steuer auf Kapitalerträge),

impôt sur la plus-value immobilière (Steuer auf Veräußerungsgewinne von Grundvermögen)

Malawi

income tax (Einkommen- und Körperschaftsteuer),

paye-tax (Lohnsteuer)

Mali

impôt général sur le revenu (Einkommensteuer),

impôt sur le bénéfice agricole (Steuer auf Einkünfte aus Land- und Forstwirtschaft),

impôt sur les revenus fonciers (Steuer auf Einkünfte aus Vermietung und Verpachtung),

impôt sur les revenus des valeurs mobilières (Steuer auf Kapitalerträge),

impôt sur les bénéfices industriels et commerciaux (Steuer auf gewerbliche und freiberufliche Einkünfte),

impôt sur les sociétés (Körperschaftsteuer)

Mauretanien

impôt général sur les revenus (Einkommensteuer),

impôt sur les bénéfices industriels et commerciaux (Steuer auf gewerbliche Gewinne),

impôt sur les revenus des capitaux mobiliers (Steuer auf Kapitalerträge),

impôt sur les bénéfices non commerciaux (Steuer auf nichtgewerbliche Einkünfte),

impôt sur les traitements et salaires (Steuer auf Einkünfte aus nichtselbständiger Arbeit)

Monaco
impôt sur les bénéfices des activités industrielles et commerciales (Steuer auf gewerbliche Gewinne)

Mosambik
imposto de rendimento das pessoas singulares (Einkommensteuer),
imposto sobre o rendimento das pessoas colectivas (Körperschaftsteuer)

Myanmar
income tax (Einkommen- und Körperschaftsteuer),
profits tax (Einkommensteuer)

Nepal
income tax (Einkommen- und Körperschaftsteuer),
surcharge on income tax (Zusatzsteuer),
tax on rental income (Steuer auf Einkünfte aus Vermietung und Verpachtung)

Nicaragua
impuesto sobre la renta (Einkommen- und Körperschaftsteuer)

Niederländische Antillen
inkomstenbelasting (Einkommensteuer),
winstbelasting (Körperschaftsteuer),
isular surcharge (Zusatzsteuer)

Niger
impôt général sur les revenus (Einkommensteuer),
impôt sur les bénéfices industriels, commerciaux et agricols (Steuer auf gewerbliche und landwirtschaftliche Einkünfte),
impôt sur les bénéfices des professions noncommerciales (Steuer auf nichtgewerbliche Einkünfte),
impôt sur les traitements publics et privés, les indemnités et émoluments, les salaires, les pensions ou indemnités annuelles et rentes viagères (Steuer auf öffentliche und private Bezüge, auf Entschädigungen, Löhne, Ruhegehälter, Leibrenten und Altersrenten),
impôt sur les revenus des capitaux mobiliers (Steuer auf Kapitalerträge)

Nigeria
personal income tax (Einkommensteuer),
companies income tax (Bundeskörperschaftsteuer),
petroleum profits tax (Steuer auf Einkünfte von Erdölunternehmen),
capital gains tax (Veräußerungsgewinnsteuer),
Directors' fees tax (Einkommensteuer für Aufsichtsratsvergütungen),
education tax (Ergänzungsabgabe für Körperschaften),
withholding tax (Quellensteuer für Beratungsleistungen (10 %), bzw. für Zahlungen aufgrund Liefer- und Agenturverträgen (5 %))

Oman
company income tax (Körperschaftsteuer),
profit tax on establishments (Gewinnsteuer auf Unternehmen)

Panama
impuesto sobre la renta (Einkommen- und Körperschaftsteuer),
impuesto complementario (Steuer auf nicht ausgeschüttete Gewinne von juristischen Personen),
impuesto sobre los dividendos (Quellensteuer auf Dividenden),
impuesto sobre la ganancia de capital (Steuer auf Veräußerungsgewinne von Anteilen an einer Kapitalgesellschaft)

Papua-Neuguinea
salary or wages tax (Lohnsteuer),
additional profits tax upon taxable additional profits from mining operations (zusätzliche Gewinnsteuer auf steuerbare zusätzliche Gewinne aus dem Bergbau),
additional profits tax upon taxable additional profits from petroleum operations (zusätzliche Gewinnsteuer auf steuerbare zusätzliche Gewinne aus dem Erdölgeschäft),
specific gains tax upon taxable specific gains (Steuer auf steuerbare spezifische Gewinne)

Paraguay
impuesto a la renta del servicio de carácter personal (Allgemeine Einkommensteuer),

impuesto a la renta de actividades comerciales, industriales o de servicios (Steuer auf gewerbliche Einkünfte),
impuesto a la renta de las actividades agropecuarias (Steuer auf Einkünfte aus Land- und Forstwirtschaft),
tributo único (Steuer auf gewerbliche Einkünfte natürlicher Personen)

Peru
impuesto a la renta (Einkommen- und Körperschaftsteuer)

Puerto Rico
income tax (Einkommen- und Körperschaftsteuer),
surtax (Zusatzsteuer)

Ruanda
income tax (Einkommen- und Körperschaftsteuer),
paye-tax (Lohnsteuer),
rental income tax (Steuer auf Einkünfte aus Vermietung und Verpachtung),
loans tax (Steuer auf Kapitalerträge),
withholding tax on service fees including management and technical service fees (Einkommensteuer auf Vergütungen für Dienstleistungen inklusive Management und technische Dienstleistungsvergütungen)

Salomonen
withholding tax (Abzugsteuer auf Dividendenerträge)

San Marino
imposta generale sui redditi (Einkommen- und Körperschaftsteuer)

Saudi-Arabien
income tax (Einkommen- und Körperschaftsteuer; 5 % für Betriebsstättengewinne, Dividenden, Zinsen und Honorare für technische und beratende Leistungen, 15 % für Lizenzgebühren und für Zahlungen für Dienstleistungen von der Hauptverwaltung und von verbundenen Unternehmen, 20 % für Managementgebühren)

Senegal
impôt sur le revenu des personnes physiques (Einkommensteuer),
impôt sur les sociétés (Körperschaftsteuer)

Seychellen
business tax (Einkommen- und Körperschaftsteuer)

Sierra Leone
income tax (Einkommen- und Körperschaftsteuer),
diamond industry profit tax (Sondersteuer für die Diamantenindustrie)

Somalia
income tax (Einkommen- und Körperschaftsteuer)

Sudan
income tax (Einkommen- und Körperschaftsteuer),
capital gains tax (Steuer auf Veräußerungsgewinne)

Suriname
inkomstenbelasting (Einkommen- und Körperschaftsteuer)

Swasiland
income tax (Einkommen- und Körperschaftsteuer),
graded tax (Zusatzsteuer zur Einkommensteuer),
branch profits tax (Zusatzsteuer zur Körperschaftsteuer für nicht ansässige Kapitalgesellschaften),
non-resident tax on interest (Steuer auf Zinserträge Nichtansässiger),
non-resident shareholder tax on dividends (Steuer auf Dividenden der Nichtansässigen)

Taiwan
siehe China (Taiwan)

Tansania, Vereinigte Republik
income tax (Einkommen- und Körperschaftsteuer),
capital gains tax (Steuer auf Veräußerungsgewinne)

Togo
impôt général sur le revenu des personnes physiques (Einkommensteuer),
impôt sur les sociétés (Körperschaftsteuer),
taxe complémentaire (Zusatzsteuer zur Einkommensteuer),
taxe sur le salaire (Lohnsteuer)

Tschad
L'Impôt sur le Revenu des Personnes physiques – IRPP

Uganda
income tax (Einkommen- und Körperschaftsteuer),

branch profits tax (Zuschlag zur Körperschaftsteuer),

graduated tax (Lokale Einkommensteuer),

withholding tax (Quellensteuer für Beratungsleistungen (15 %))

A. III. Lohnsteuer-Richtlinien 2015 (LStR 2015)
v. 10. 12. 2007 (BStBl I Sondernummer 1/2007), geändert durch Lohnsteuer-Änderungsrichtlinien 2011 (LStÄR 2011) v. 23. 11. 2010 (BStBl I S. 1325), Lohnsteuer-Änderungsrichtlinien 2013 (LStÄR 2013) v. 8. 7. 2013 (BStBl I S. 851) und Lohnsteuer-Änderungsrichtlinien 2015 (LStÄR 2015) v. 22. 10. 2014 (BStBl I S. 1344),
mit amtlichen Hinweisen i. d. F. des Amtlichen Lohnsteuer-Handbuchs 2019

Inhaltsübersicht

		Seite
Einführung		993

Zu § 3 Nr. 2 EStG

R 3.2	Leistungen nach dem Dritten Buch Sozialgesetzbuch (§ 3 Nr. 2 EStG)	994

Zu § 3 Nr. 4 EStG

R 3.4	Überlassung von Dienstkleidung und anderen Leistungen an bestimmte Angehörige des öffentlichen Dienstes (§ 3 Nr. 4 EStG)	995

Zu § 3 Nr. 6 EStG

R 3.6	Gesetzliche Bezüge der Wehr- und Zivildienstbeschädigten, Kriegsbeschädigten, ihrer Hinterbliebenen und der ihnen gleichgestellten Personen (§ 3 Nr. 6 EStG)	995

Zu § 3 Nr. 11 EStG

R 3.11	Beihilfen und Unterstützungen, die wegen Hilfsbedürftigkeit gewährt werden (§ 3 Nr. 11 EStG)	997

Zu § 3 Nr. 12 EStG

R 3.12	Aufwandsentschädigungen aus öffentlichen Kassen (§ 3 Nr. 12 Satz 2 EStG)	999

Zu § 3 Nr. 13 EStG

R 3.13	Reisekostenvergütungen, Umzugskostenvergütungen und Trennungsgelder aus öffentlichen Kassen (§ 3 Nr. 13 EStG)	1003

Zu § 3 Nr. 16 EStG

R 3.16	Steuerfreie Leistungen für Reisekosten, Umzugskosten und Mehraufwendungen bei doppelter Haushaltsführung außerhalb des öffentlichen Dienstes (§ 3 Nr. 16 EStG)	1004

Zu § 3 Nr. 26 EStG

R 3.26	Steuerbefreiung für nebenberufliche Tätigkeiten (§ 3 Nr. 26 EStG)	1004

Zu § 3 Nr. 28 EStG

R 3.28	Leistungen nach dem Altersteilzeitgesetz (AltTZG) (§ 3 Nr. 28 EStG)	1008

Zu § 3 Nr. 30 EStG
R 3.30 Werkzeuggeld (§ 3 Nr. 30 EStG) 1010

Zu § 3 Nr. 31 EStG
R 3.31 Überlassung typischer Berufskleidung (§ 3 Nr. 31 EStG) 1011

Zu § 3 Nr. 32 EStG
R 3.32 Sammelbeförderung von Arbeitnehmern zwischen Wohnung und erster Tätigkeitsstätte (§ 3 Nr. 32 EStG) 1012

Zu § 3 Nr. 33 EStG
R 3.33 Unterbringung und Betreuung von nicht schulpflichtigen Kindern (§ 3 Nr. 33 EStG) 1012

Zu § 3 Nr. 45 EStG
R 3.45 Betriebliche Datenverarbeitungs- und Telekommunikationsgeräte (§ 3 Nr. 45 EStG) 1014

Zu § 3 Nr. 50 EStG
R 3.50 Durchlaufende Gelder, Auslagenersatz (§ 3 Nr. 50 EStG) 1015

Zu § 3 Nr. 58 EStG
R 3.58 Zuschüsse und Zinsvorteile aus öffentlichen Haushalten (§ 3 Nr. 58 EStG) . 1018

Zu § 3 Nr. 59 EStG
R 3.59 Steuerfreie Mietvorteile (§ 3 Nr. 59 EStG) 1018

Zu § 3 Nr. 62 EStG
R 3.62 Zukunftssicherungsleistungen (§ 3 Nr. 62 EStG, § 2 Abs. 2 Nr. 3 LStDV) 1019

Zu § 3 Nr. 64 EStG
R 3.64 Kaufkraftausgleich (§ 3 Nr. 64 EStG) 1024

Zu § 3 Nr. 65 EStG
R 3.65 Insolvenzsicherung (§ 3 Nr. 65 EStG) 1025

Zu § 3b EStG
R 3b. Steuerfreiheit der Zuschläge für Sonntags-, Feiertags- oder Nachtarbeit (§ 3b EStG) 1027

Zu § 8 EStG
R 8.1 Bewertung der Sachbezüge (§ 8 Abs. 2 EStG) 1034
R 8.2 Bezug von Waren und Dienstleistungen (§ 8 Abs. 3 EStG) 1049

Zu § 9 EStG
R 9.1 Werbungskosten 1053
R 9.2 Aufwendungen für die Aus- und Fortbildung 1060
R 9.3 Ausgaben im Zusammenhang mit Berufsverbänden 1062
R 9.4 Reisekosten 1062

R 9.5	Fahrtkosten als Reisekosten	1063
R 9.6	Verpflegungsmehraufwendungen als Reisekosten	1066
R 9.7	Übernachtungskosten	1067
R 9.8	Reisenebenkosten	1069
R 9.9	Umzugskosten	1070
R 9.10	Aufwendungen für Wege zwischen Wohnung und erster Tätigkeitsstätte sowie Fahrten nach § 9 Abs. 1 Satz 3 Nr. 4a Satz 3 EStG	1073
R 9.11	Mehraufwendungen bei doppelter Haushaltsführung	1077
R 9.12	Arbeitsmittel	1084
R 9.13	Werbungskosten bei Heimarbeitern	1087

Zu § 19 EStG

R 19.1	Arbeitgeber	1092
R 19.2	Nebentätigkeit und Aushilfstätigkeit	1093
R 19.3	Arbeitslohn	1095
R 19.4	Vermittlungsprovisionen	1102
R 19.5	Zuwendungen bei Betriebsveranstaltungen	1103
R 19.6	Aufmerksamkeiten	1104
R 19.7	Berufliche Fort- oder Weiterbildungsleistungen des Arbeitgebers	1105
R 19.8	Versorgungsbezüge	1106
R 19.9	Zahlung von Arbeitslohn an die Erben oder Hinterbliebenen eines verstorbenen Arbeitnehmers	1109

Zu § 19a EStG

R 19a.	Steuerbegünstigte Überlassung von Vermögensbeteiligungen	1111

Zu § 38 EStG

R 38.1	Steuerabzug vom Arbeitslohn	1114
R 38.2	Zufluss von Arbeitslohn	1115
R 38.3	Einbehaltungspflicht des Arbeitgebers	1118
R 38.4	Lohnzahlung durch Dritte	1119
R 38.5	Lohnsteuerabzug durch Dritte	1120

Zu § 39 EStG

R 39.1	– unbesetzt –	1121
R 39.2	Änderungen und Ergänzungen der Lohnsteuerabzugsmerkmale	1122
R 39.3	Bescheinigung für den Lohnsteuerabzug	1122
R 39.4	Lohnsteuerabzug bei beschränkter Einkommensteuerpflicht	1123

Zu § 39a EStG

R 39a.1	Verfahren bei Bildung eines Freibetrags oder eines Hinzurechnungsbetrags	1125
R 39a.2	Freibetrag wegen negativer Einkünfte	1128
R 39a.3	Freibeträge bei Ehegatten	1129

Zu § 39b EStG

R 39b.1	– unbesetzt –	1130
R 39b.2	Laufender Arbeitslohn und sonstige Bezüge	1130
R 39b.3	Freibeträge für Versorgungsbezüge	1131
R 39b.4	Altersentlastungsbetrag beim Lohnsteuerabzug	1131
R 39b.5	Einbehaltung der Lohnsteuer vom laufenden Arbeitslohn	1131
R 39b.6	Einbehaltung der Lohnsteuer von sonstigen Bezügen	1133
R 39b.7	– unbesetzt –	1136
R 39b.8	Permanenter Lohnsteuer-Jahresausgleich	1137
R 39b.9	Besteuerung des Nettolohns	1138
R 39b.10	Anwendung von Doppelbesteuerungsabkommen	1139

Zu § 39c EStG

R 39c.	Lohnsteuerabzug durch Dritte ohne Lohnsteuerabzugsmerkmale	1140

Zu § 40 EStG

R 40.1	Bemessung der Lohnsteuer nach besonderen Pauschsteuersätzen (§ 40 Abs. 1 EStG)	1142
R 40.2	Bemessung der Lohnsteuer nach einem festen Pauschsteuersatz (§ 40 Abs. 2 EStG)	1145

Zu § 40a EStG

R 40a.1	Kurzfristig Beschäftigte und Aushilfskräfte in der Land- und Forstwirtschaft	1148
R 40a.2	Geringfügig entlohnte Beschäftigte	1152

Zu § 40b EStG

R 40b.1	Pauschalierung der Lohnsteuer bei Beiträgen zu Direktversicherungen und Zuwendungen an Pensionskassen für Versorgungszusagen, die vor dem 1.1.2005 erteilt wurden	1152
R 40b.2	Pauschalierung der Lohnsteuer bei Beiträgen zu einer Gruppenunfallversicherung	1161

Zu § 41 EStG

R 41.1	Aufzeichnungserleichterungen, Aufzeichnung der Religionsgemeinschaft	1162
R 41.2	Aufzeichnung des Großbuchstabens U	1162
R 41.3	Betriebsstätte	1162

Zu § 41a EStG

R 41a.1	Lohnsteuer-Anmeldung	1168
R 41a.2	Abführung der Lohnsteuer	1169

Zu § 41b EStG

R 41b.	Abschluss des Lohnsteuerabzugs	1169

Zu § 41c EStG

R 41c.1	Änderung des Lohnsteuerabzugs	1171
R 41c.2	Anzeigepflichten des Arbeitgebers	1172
R 41c.3	Nachforderung von Lohnsteuer	1173

Zu § 42b EStG

R 42b.	Durchführung des Lohnsteuer-Jahresausgleichs durch den Arbeitgeber	1175

Zu § 42d EStG

R 42d.1	Inanspruchnahme des Arbeitgebers	1176
R 42d.2	Haftung bei Arbeitnehmerüberlassung	1182
R 42d.3	Haftung bei Lohnsteuerabzug durch einen Dritten	1185

Zu § 42e EStG

R 42e.	Anrufungsauskunft	1186

Zu § 42f EStG

R 42f.	Lohnsteuer-Außenprüfung	1187

Einführung[1)2)]

(1) Die Lohnsteuer-Richtlinien in der geänderten Fassung (Lohnsteuer-Richtlinien 2015 – LStR 2015 –) enthalten im Interesse einer einheitlichen Anwendung des Lohnsteuerrechts durch die Finanzbehörden Erläuterungen der Rechtslage, Weisungen zur Auslegung des Einkommensteuergesetzes und seiner Durchführungsverordnungen sowie Weisungen zur Vermeidung unbilliger Härten und zur Verwaltungsvereinfachung.

(2) ¹Die LStR 2015 sind beim Steuerabzug vom Arbeitslohn für Lohnzahlungszeiträume anzuwenden, die nach dem 31.12.2014 enden, und für sonstige Bezüge, die dem Arbeitnehmer nach dem 31.12.2014 zufließen. ²Sie gelten auch für frühere Zeiträume, soweit sie geänderte Vorschriften des Einkommensteuergesetzes betreffen, die vor dem 1.1.2015 anzuwenden sind. ³Die LStR 2015 sind auch für frühere Jahre anzuwenden, soweit sie lediglich eine Erläuterung der Rechtslage darstellen. ⁴R 19a ist nur bis zum 31.12.2015 anzuwenden. ⁵Die obersten Finanzbehörden der Länder können mit Zustimmung des Bundesministeriums der Finanzen (BMF) die in den Lohnsteuer-Richtlinien festgelegten Höchst- und Pauschbeträge ändern, wenn eine Anpassung an neue Rechtsvorschriften oder an die wirtschaftliche Entwicklung geboten ist.

(3) Sämtliche Regelungen dieser Richtlinien zu Ehegatten und Ehen gelten entsprechend auch für Lebenspartner und Lebenspartnerschaften.

(4) Anordnungen, die mit den nachstehenden Richtlinien im Widerspruch stehen, sind nicht mehr anzuwenden.

(5) Diesen Richtlinien liegt, soweit im Einzelnen keine andere Fassung angegeben ist, das Einkommensteuergesetz i. d. F. der Bekanntmachung vom 8.10.2009 (BGBl I S. 3366, S. 3862, BStBl I S. 1346), zuletzt geändert durch Artikel 1 bis 3 des Gesetzes zur Anpassung des nationalen Steuerrechts an den Beitritt Kroatiens zur EU und zur Änderung weiterer steuerlicher Vorschriften vom 25.7.2014 (BGBl I S. 1266), zu Grunde.

Zu § 1 EStG

| H 1 |

Erweiterte unbeschränkte Steuerpflicht und unbeschränkte Steuerpflicht auf Antrag
>R 1 EStR, H 1a EStH

Zu § 2 EStG

| H 2 |

>R 2 EStR, H 2 EStH

---

1) Die Lohnsteuer-Richtlinien 2008 i. d. F. vom 10.12.2007 (BStBl I Sondernummer 1/2007), geändert durch die Lohnsteuer-Änderungsrichtlinien 2011 vom 23.11.2010 (BStBl I S. 1325) und die Lohnsteuer-Änderungsrichtlinien 2013 vom 8.7.2013 (BStBl I S. 851) – Lohnsteuer-Richtlinien 2013 –, sind mit den Abweichungen, die sich aus der Änderung von Rechtsvorschriften für die Zeit bis 31.12.2014 ergeben, letztmals anzuwenden für Lohnzahlungszeiträume, die vor dem 1.1.2015 enden, und für sonstige Bezüge, die dem Arbeitnehmer vor dem 1.1.2015 zufließen.

2) Die amtlichen (*-)Fußnoten wurden aus den Fassungen der amtlichen Lohnsteuer-Handbücher übernommen.

Zu § 3 EStG

H 3.0

Steuerbefreiungen nach anderen Gesetzen, Verordnungen und Verträgen
>R 3.0 EStR, H 3.0 EStH

Zwischenstaatliche Vereinbarungen
>BMF vom 18. 3. 2013 (BStBl I S. 404)

Zu § 3 Nr. 2 EStG

R 3.2   **Leistungen nach dem Dritten Buch Sozialgesetzbuch (§ 3 Nr. 2 EStG)**

(1) ¹Steuerfrei sind das Arbeitslosengeld und das Teilarbeitslosengeld nach dem Dritten Buch Sozialgesetzbuch. ²Etwaige spätere Zahlungen des Arbeitgebers an die Agentur für Arbeit auf Grund des gesetzlichen Forderungsübergangs (§ 115 SGB X) sind ebenfalls steuerfrei, wenn über das Vermögen des Arbeitgebers das Insolvenzverfahren eröffnet worden ist oder einer der Fälle des § 165 Abs. 1 Satz 2 Nr. 2 oder 3 SGB III vorliegt. ³Hat die Agentur für Arbeit in den Fällen der § 157 Abs. 3 und § 158 Abs. 4 SGB III zunächst Arbeitslosengeld gezahlt und zahlt der Arbeitnehmer dieses auf Grund dieser Vorschriften der Agentur für Arbeit zurück, bleibt die Rückzahlung mit Ausnahme des Progressionsvorbehalts (>R 32b EStR) ohne steuerliche Auswirkung (§ 3c EStG); der dem Arbeitnehmer vom Arbeitgeber nachgezahlte Arbeitslohn ist grundsätzlich steuerpflichtig.

(2) Steuerfrei sind außerdem das Insolvenzgeld (§ 165 SGB III) und Leistungen des Insolvenzverwalters oder des ehemaligen Arbeitgebers auf Grund von § 169 Satz 1 SGB III an die Bundesagentur für Arbeit oder Leistungen der Einzugsstelle an die Agentur für Arbeit auf Grund von § 175 Abs. 2 SGB III.

(3) Zu den steuerfreien Leistungen nach dem SGB III gehört auch das Wintergeld, das als Mehraufwands-Wintergeld zur Abgeltung der witterungsbedingten Mehraufwendungen bei Arbeit und als Zuschuss-Wintergeld für jede aus Arbeitszeitguthaben ausgeglichene Ausfallstunde (zur Vermeidung der Inanspruchnahme des Saison-Kurzarbeitergeldes) gezahlt wird (§ 102 SGB III).

(4) Steuerfrei sind auch das Übergangsgeld und der Gründungszuschuss, die behinderten oder von Behinderung bedrohten Menschen nach den §§ 45 bis 52 SGB IX bzw. § 33 Abs. 3 Nr. 5 SGB IX geleistet werden, weil es sich um Leistungen i. S. d. SGB III, SGB VI, SGB VII oder des Bundesversorgungsgesetzes (BVG) handelt.

H 3.2

Zahlungen des Arbeitgebers an die Agentur für Arbeit
Leistet der Arbeitgeber auf Grund des gesetzlichen Forderungsübergangs nach § 115 SGB X eine Lohnnachzahlung unmittelbar an die Arbeitsverwaltung, führt dies beim Arbeitnehmer zum Zufluss von Arbeitslohn (>BFH vom 15. 11. 2007 – BStBl 2008 II S. 375). Sind die Voraussetzungen von R 3.2 Abs. 1 Satz 2 nicht erfüllt, d. h. liegt kein Konkurs-, Gesamtvollstreckungs- oder Insolvenzverfahren vor, sind die Zahlungen des Arbeitgebers steuerpflichtiger Arbeitslohn (>BFH vom 16. 3. 1993 – BStBl II S. 507); in diesen Fällen ist R 39b.6 Abs. 3 zu beachten.

Zu § 3 Nr. 4 EStG

| R 3.4 | **Überlassung von Dienstkleidung und anderen Leistungen an bestimmte Angehörige des öffentlichen Dienstes (§ 3 Nr. 4 EStG)** |

¹Die Steuerfreiheit nach § 3 Nr. 4 Buchstabe a und b EStG gilt für sämtliche Dienstbekleidungsstücke, die die Angehörigen der genannten Berufsgruppen nach den jeweils maßgebenden Dienstbekleidungsvorschriften zu tragen verpflichtet sind. ²Zu den Angehörigen der Bundeswehr oder der Bundespolizei i. S. d. § 3 Nr. 4 EStG gehören nicht die Zivilbediensteten.

Zu § 3 Nr. 5 EStG

| H 3.5 |

Beispiele
Zu den nach § 3 Nr. 5 EStG steuerfreien Geld- und Sachbezügen gehören insbesondere
- der Wehrsold nach § 2 Abs. 1 WSG;
- die unentgeltliche truppenärztliche Versorgung nach § 6 WSG;
- das Taschengeld oder vergleichbare Geldleistungen, das Personen gezahlt wird, die einen in § 32 Abs. 4 Satz 1 Nr. 2 Buchstabe d EStG genannten Freiwilligendienst leisten.

Zu den nach anderen Vorschriften steuerfreien Geld- und Sachbezügen gehören insbesondere
- der doppelte Wehrsold bei Verwendung im Ausland nach § 2 Abs. 2 WSG (§ 3 Nr. 64 EStG);
- die unentgeltliche Verpflegung im Einsatz (§ 3 Nr. 4 Buchstabe c EStG);
- die unentgeltliche Unterkunft im Rahmen einer beruflichen Auswärtstätigkeit oder einer doppelten Haushaltsführung (§ 3 Nr. 13 oder Nr. 16 EStG);
- die Dienstbekleidung nach § 5 WSG (§ 3 Nr. 4 oder Nr. 31 EStG);
- Leistungen nach dem USG (§ 3 Nr. 48 EStG), u. a. das Dienstgeld bei Reservistendienst von bis zu drei Tagen nach § 11 USG oder die Reservistendienstleistungsprämien und Zuschläge nach § 10 USG;
- der Auslandsverwendungszuschlag nach § 8f WSG (§ 3 Nr. 64 EStG).

Zu den steuerpflichtigen Geld- und Sachbezügen gehören insbesondere
- der erhöhte Wehrsold für Soldaten und Soldatinnen mit besonderer zeitlicher Belastung nach § 2 Abs. 5 WSG;
- die unentgeltliche Unterkunft nach § 4 WSG, soweit diese nicht nach § 3 Nr. 13 oder Nr. 16 EStG steuerbefreit ist;
- der Wehrdienstzuschlag nach § 8c WSG;
- die als Ausgleich für mit bestimmten Verwendungen verbundene Belastung gewährte besondere Vergütung nach § 8g WSG;
- das Entlassungsgeld nach § 9 WSG;
- die unentgeltliche oder verbilligte Verpflegung und Unterkunft, die Personen erhalten, die einen in § 32 Abs. 4 Satz 1 Nr. 2 Buchstabe d EStG genannten Freiwilligendienst leisten.

Zu § 3 Nr. 6 EStG

| R 3.6 | **Gesetzliche Bezüge der Wehr- und Zivildienstbeschädigten, Kriegsbeschädigten, ihrer Hinterbliebenen und der ihnen gleichgestellten Personen (§ 3 Nr. 6 EStG)** |

(1) ¹Steuerfreie Bezüge nach § 3 Nr. 6 EStG sind die Leistungen nach dem BVG ohne Rücksicht darauf, ob sie sich unmittelbar aus diesem oder aus Gesetzen, die es für anwendbar erklären,

ergeben, ferner Leistungen nach den § 41 Abs. 2, §§ 63, 63a, 63b, 63e, 63f, 85 und 86 des Soldatenversorgungsgesetzes (SVG) sowie nach § 35 Abs. 5 und nach § 50 des Zivildienstgesetzes (ZDG). ²Zu den Gesetzen, die das BVG für anwendbar erklären, gehören
1. das SVG (§§ 80, 81b, 81e, 81f des Gesetzes),
2. das ZDG (§§ 47, 47b des Gesetzes),
3. das Häftlingshilfegesetz (§§ 4 und 5 des Gesetzes, § 8 des Gesetzes i.V. m. § 86 BVG),
4. das Gesetz über die Unterhaltsbeihilfe für Angehörige von Kriegsgefangenen (§ 3 des Gesetzes i.V. m. § 86 BVG),
5. das Gesetz über den Bundesgrenzschutz vom 18. 8. 1972 in der jeweils geltenden Fassung (§ 59 Abs. 1 des Gesetzes i.V. m. dem SVG),
6. das Gesetz zur Regelung der Rechtsverhältnisse der unter Artikel 131 des Grundgesetzes fallenden Personen (§§ 66, 66a des Gesetzes) unter Beachtung der Anwendungsregelung des § 2 Dienstrechtliches Kriegsfolgen-Abschlußgesetz,
7. das Gesetz zur Einführung des BVG im Saarland vom 16. 8. 1961 (§ 5 Abs. 1 des Gesetzes),
8. das Gesetz über die Entschädigung für Opfer von Gewalttaten (§§ 1, 10a des Gesetzes),
9. das Infektionsschutzgesetz (§ 60 des Gesetzes),
10. das Strafrechtliche Rehabilitierungsgesetz (§§ 21, 22 des Gesetzes),
11. das Verwaltungsrechtliche Rehabilitierungsgesetz (§§ 3, 4 des Gesetzes).

(2) Zu den nach § 3 Nr. 6 EStG versorgungshalber gezahlten Bezügen, die nicht auf Grund der Dienstzeit gewährt werden, gehören auch
1. Bezüge der Berufssoldaten der früheren Wehrmacht, der Angehörigen des Vollzugsdienstes der Polizei, des früheren Reichswasserschutzes, der Beamten der früheren Schutzpolizei der Länder sowie der früheren Angehörigen der Landespolizei und ihrer Hinterbliebenen,
2. die Unfallfürsorgeleistungen an Beamte auf Grund der §§ 32 bis 35, 38, 40, 41, 43 und 43a des Beamtenversorgungsgesetzes (BeamtVG), Unterhaltsbeiträge nach § 38a BeamtVG oder vergleichbarem Landesrecht, die einmalige Unfallentschädigung und die entsprechende Entschädigung für Hinterbliebene nach § 20 Abs. 4 und 5 des Einsatz-Weiterverwendungsgesetzes,
3. die Dienstbeschädigungsvollrenten und die Dienstbeschädigungsteilrenten nach den Versorgungsordnungen der Nationalen Volksarmee (VSO-NVA), der Volkspolizei, der Feuerwehr und des Strafvollzugs des Ministeriums des Innern (VSO-MdI), der DDR-Zollverwaltung (VSO-Zoll) und des Ministeriums für Staatssicherheit/Amtes für Nationale Sicherheit (VSO-MfS/AfNS) sowie der Dienstbeschädigungsausgleich, der ab dem 1. 1. 1997 nach dem Gesetz über einen Ausgleich für Dienstbeschädigungen im Beitrittsgebiet vom 11. 11. 1996 (BGBl I S. 1676) anstelle der vorbezeichneten Renten gezahlt wird.

H 3.6

Bezüge aus EU-Mitgliedstaaten
§ 3 Nr. 6 EStG ist auch auf Bezüge von Kriegsbeschädigten und gleichgestellten Personen anzuwenden, die aus öffentlichen Mitteln anderer EU-Mitgliedstaaten gezahlt werden (>BFH vom 22. 1. 1997 – BStBl II S. 358).

Erhöhtes Unfallruhegehalt nach § 37 BeamtVG
ist ein Bezug, der auf Grund der Dienstzeit gewährt wird, und somit nicht nach § 3 Nr. 6 EStG steuerbefreit ist (>BFH vom 29. 5. 2008 – BStBl 2009 II S. 150).

Unterhaltsbeitrag nach § 38 BeamtVG
ist ein Bezug, der „versorgungshalber" gezahlt wird und somit nach § 3 Nr. 6 EStG steuerbefreit ist (>BFH vom 16. 1. 1998 – BStBl II S. 303).

Zu § 3 Nr. 11 EStG

R 3.11   **Beihilfen und Unterstützungen, die wegen Hilfsbedürftigkeit gewährt werden (§ 3 Nr. 11 EStG)**

Beihilfen und Unterstützungen aus öffentlichen Mitteln

(1) Steuerfrei sind
1. Beihilfen in Krankheits-, Geburts- oder Todesfällen nach den Beihilfevorschriften des Bundes oder der Länder sowie Unterstützungen in besonderen Notfällen, die aus öffentlichen Kassen gezahlt werden;
2. Beihilfen in Krankheits-, Geburts- oder Todesfällen oder Unterstützungen in besonderen Notfällen an Arbeitnehmer von Körperschaften, Anstalten oder Stiftungen des öffentlichen Rechts auf Grund von Beihilfevorschriften (Beihilfegrundsätzen) oder Unterstützungsvorschriften (Unterstützungsgrundsätzen) des Bundes oder der Länder oder von entsprechenden Regelungen;
3. Beihilfen und Unterstützungen an Arbeitnehmer von Verwaltungen, Unternehmen oder Betrieben, die sich überwiegend in öffentlicher Hand befinden, wenn
   a) die Verwaltungen, Unternehmen oder Betriebe einer staatlichen oder kommunalen Aufsicht und Prüfung der Finanzgebarung bezüglich der Entlohnung und der Gewährung der Beihilfen unterliegen und
   b) die Entlohnung sowie die Gewährung von Beihilfen und Unterstützungen für die betroffenen Arbeitnehmer ausschließlich nach den für Arbeitnehmer des öffentlichen Dienstes geltenden Vorschriften und Vereinbarungen geregelt sind;
4. Beihilfen und Unterstützungen an Arbeitnehmer von Unternehmen, die sich nicht überwiegend in öffentlicher Hand befinden, z. B. staatlich anerkannte Privatschulen, wenn
   a) hinsichtlich der Entlohnung, der Reisekostenvergütungen und der Gewährung von Beihilfen und Unterstützungen nach den Regelungen verfahren wird, die für den öffentlichen Dienst gelten,
   b) die für die Bundesverwaltung oder eine Landesverwaltung maßgeblichen Vorschriften über die Haushalts-, Kassen- und Rechnungsführung und über die Rechnungsprüfung beachtet werden und
   c) das Unternehmen der Prüfung durch den Bundesrechnungshof oder einen Landesrechnungshof unterliegt.

Unterstützungen an Arbeitnehmer im privaten Dienst

(2) ¹Unterstützungen, die von privaten Arbeitgebern an einzelne Arbeitnehmer gezahlt werden, sind steuerfrei, wenn die Unterstützungen dem Anlass nach gerechtfertigt sind, z. B. in Krankheits- und Unglücksfällen. ²Voraussetzung für die Steuerfreiheit ist, dass die Unterstützungen
1. aus einer mit eigenen Mitteln des Arbeitgebers geschaffenen, aber von ihm unabhängigen und mit ausreichender Selbständigkeit ausgestatteten Einrichtung gewährt werden. ²Das gilt nicht für bürgerlich-rechtlich selbständige Unterstützungskassen, sondern auch für steuerlich selbständige Unterstützungskassen ohne bürgerlich-rechtliche Rechtspersönlichkeit, auf deren Verwaltung der Arbeitgeber keinen maßgebenden Einfluss hat;
2. aus Beträgen gezahlt werden, die der Arbeitgeber dem Betriebsrat oder sonstigen Vertretern der Arbeitnehmer zu dem Zweck überweist, aus diesen Beträgen Unterstützungen an die Arbeitnehmer ohne maßgebenden Einfluss des Arbeitgebers zu gewähren;
3. vom Arbeitgeber selbst erst nach Anhörung des Betriebsrats oder sonstiger Vertreter der Arbeitnehmer gewährt oder nach einheitlichen Grundsätzen bewilligt werden, denen der Betriebsrat oder sonstige Vertreter der Arbeitnehmer zugestimmt haben.

³Die Voraussetzungen des Satzes 2 Nr. 1 bis 3 brauchen nicht vorzuliegen, wenn der Betrieb weniger als fünf Arbeitnehmer beschäftigt. ⁴Die Unterstützungen sind bis zu einem Betrag von

600 Euro je Kalenderjahr steuerfrei. ⁵Der 600 Euro übersteigende Betrag gehört nur dann nicht zum steuerpflichtigen Arbeitslohn, wenn er aus Anlass eines besonderen Notfalls gewährt wird. ⁶Bei der Beurteilung, ob ein solcher Notfall vorliegt, sind auch die Einkommensverhältnisse und der Familienstand des Arbeitnehmers zu berücksichtigen; drohende oder bereits eingetretene Arbeitslosigkeit begründet für sich keinen besonderen Notfall im Sinne dieser Vorschrift. ⁷Steuerfrei sind auch Leistungen des Arbeitgebers zur Aufrechterhaltung und Erfüllung eines Beihilfeanspruchs nach beamtenrechtlichen Vorschriften sowie zum Ausgleich von Beihilfeaufwendungen früherer Arbeitgeber im Falle der Beurlaubung oder Gestellung von Arbeitnehmern oder des Übergangs des öffentlich-rechtlichen Dienstverhältnisses auf den privaten Arbeitgeber, wenn Versicherungsfreiheit in der gesetzlichen Krankenversicherung nach § 6 Abs. 1 Nr. 2 SGB V besteht.

H 3.11

Beamte bei Postunternehmen
>§ 3 Nr. 35 EStG

Beihilfen aus öffentlichen Haushalten

Für nicht nach R 3.11 Abs. 1 Nr. 3 oder 4 steuerfreie Beihilfen kann eine Steuerfreiheit in Betracht kommen, soweit die Mittel aus einem öffentlichen Haushalt stammen und über die Gelder nur nach Maßgabe der haushaltsrechtlichen Vorschriften des öffentlichen Rechts verfügt werden kann und ihre Verwendung einer gesetzlich geregelten Kontrolle unterliegt (>BFH vom 15. 11. 1983 – BStBl 1984 II S. 113); ist das Verhältnis der öffentlichen Mittel zu den Gesamtkosten im Zeitpunkt des Lohnsteuerabzugs nicht bekannt, so muss das Verhältnis ggf. geschätzt werden.

Beihilfen von einem Dritten

gehören regelmäßig zum steuerpflichtigen Arbeitslohn, wenn dies durch eine ausreichende Beziehung zwischen dem Arbeitgeber und dem Dritten gerechtfertigt ist (>BFH vom 27. 1. 1961 – BStBl III S. 167).

Erholungsbeihilfen und andere Beihilfen

gehören grundsätzlich zum steuerpflichtigen Arbeitslohn, soweit sie nicht ausnahmsweise als Unterstützungen anzuerkennen sind (>BFH vom 14. 1. 1954 – BStBl III S. 86, vom 4. 2. 1954 – BStBl III S. 111, vom 5. 7. 1957 – BStBl III S. 279 und vom 18. 3. 1960 – BStBl III S. 237).

Öffentliche Kassen

Öffentliche Kassen sind die Kassen der inländischen juristischen Personen des öffentlichen Rechts und solche Kassen, die einer Dienstaufsicht und Prüfung der Finanzgebarung durch die inländische öffentliche Hand unterliegen (>BFH vom 7. 8. 1986 – BStBl II S. 848). Zu den öffentlichen Kassen gehören danach neben den Kassen des Bundes, der Länder und der Gemeinden insbesondere auch die Kassen der öffentlich-rechtlichen Religionsgemeinschaften, die Ortskrankenkassen, Landwirtschaftliche Krankenkassen, Innungskrankenkassen und Ersatzkassen sowie die Kassen des Bundeseisenbahnvermögens, der Deutschen Bundesbank, der öffentlich-rechtlichen Rundfunkanstalten, der Berufsgenossenschaften, Gemeindeunfallversicherungsverbände, der Deutschen Rentenversicherung (Bund, Knappschaft-Bahn-See, Regionalträger) und die Unterstützungskassen der Postunternehmen sowie deren Nachfolgeunternehmen >§ 3 Nr. 35 EStG.

Öffentliche Stiftung
>H 3.11 EStH

Steuerfreiheit nach § 3 Nr. 11 EStG
- Voraussetzung ist eine offene Verausgabung nach Maßgabe der haushaltsrechtlichen Vorschriften und unter gesetzlicher Kontrolle (>BFH vom 9. 4. 1975 – BStBl II S. 577 und vom 15. 11. 1983 – BStBl 1984 II S. 113).
- Empfänger einer steuerfreien Beihilfe können nur Personen sein, denen sie im Hinblick auf den Zweck der Leistung bewilligt worden ist (>BFH vom 19. 6. 1997 – BStBl II S. 652).
- Zu den steuerfreien Erziehungs- und Ausbildungsbeihilfen gehören die Leistungen nach dem BAföG sowie die Ausbildungszuschüsse nach § 5 Abs. 4 SVG.
- Zu den steuerfreien Erziehungs- und Ausbildungsbeihilfen gehören nicht die Unterhaltszuschüsse an Beamte im Vorbereitungsdienst – Beamtenanwärter (>BFH vom 12. 8. 1983 – BStBl II S. 718), die zur Sicherstellung von Nachwuchskräften gezahlten Studienbeihilfen und die für die Fertigung einer Habilitationsschrift gewährten Beihilfen (>BFH vom 4. 5. 1972 – BStBl II S. 566).

Stipendien
>R 3.44 EStR, H 3.44 EStH

Zu § 3 Nr. 12 EStG

R 3.12 **Aufwandsentschädigungen aus öffentlichen Kassen (§ 3 Nr. 12 Satz 2 EStG)**

(1) ¹Öffentliche Dienste leisten grundsätzlich alle Personen, die im Dienst einer juristischen Person des öffentlichen Rechts stehen und hoheitliche (einschl. schlichter Hoheitsverwaltung) Aufgaben ausüben, die nicht der Daseinsvorsorge zuzurechnen sind. ²Keine öffentlichen Dienste im Sinne dieser Vorschrift leisten hingegen Personen, die in der fiskalischen Verwaltung tätig sind.

(2) ¹Voraussetzung für die Anerkennung als steuerfreie Aufwandsentschädigung nach § 3 Nr. 12 Satz 2 EStG ist, dass die gezahlten Beträge dazu bestimmt sind, Aufwendungen abzugelten, die steuerlich als Werbungskosten oder Betriebsausgaben abziehbar wären. ²Eine steuerfreie Aufwandsentschädigung liegt deshalb insoweit nicht vor, als die Entschädigung für Verdienstausfall oder Zeitverlust oder zur Abgeltung eines Haftungsrisikos gezahlt wird oder dem Empfänger ein abziehbarer Aufwand nicht oder offenbar nicht in Höhe der gewährten Entschädigung erwächst. ³Das Finanzamt hat das Recht und die Pflicht zu prüfen, ob die als Aufwandsentschädigung gezahlten Beträge tatsächlich zur Bestreitung eines abziehbaren Aufwands erforderlich sind. ⁴Dabei ist nicht erforderlich, dass der Stpfl. alle seine dienstlichen Aufwendungen bis ins Kleinste nachweist. ⁵Entscheidend ist auch nicht, welche Aufwendungen einem einzelnen Stpfl. in einem einzelnen Jahr tatsächlich erwachsen sind, sondern ob Personen in gleicher dienstlicher Stellung im Durchschnitt der Jahre abziehbare Aufwendungen etwa in Höhe der Aufwandsentschädigung erwachsen. ⁶Eine Nachprüfung ist nur geboten, wenn dazu ein Anlass von einigem Gewicht besteht. ⁷Werden im kommunalen Bereich ehrenamtlich tätigen Personen Bezüge unter der Bezeichnung Aufwandsentschädigung gezahlt, sind sie nicht nach § 3 Nr. 12 Satz 2 EStG steuerfrei, soweit sie auch den Aufwand an Zeit und Arbeitsleistung sowie den entgangenen Arbeitsverdienst und das Haftungsrisiko abgelten oder den abziehbaren Aufwand offensichtlich übersteigen.

(3) ¹Zur Erleichterung der Feststellung, inwieweit es sich in den Fällen des § 3 Nr. 12 Satz 2 EStG um eine steuerfreie Aufwandsentschädigung handelt, ist wie folgt zu verfahren:
²Sind die Anspruchsberechtigten und der Betrag oder auch ein Höchstbetrag der aus einer öffentlichen Kasse gewährten Aufwandsentschädigung durch Gesetz oder Rechtsverordnung bestimmt, ist die Aufwandsentschädigung
1. bei hauptamtlich tätigen Personen in voller Höhe steuerfrei,
2. bei ehrenamtlich tätigen Personen in Höhe von $^1/_3$ der gewährten Aufwandsentschädigung, mindestens 200 Euro monatlich steuerfrei.

³Sind die Anspruchsberechtigten und der Betrag oder auch ein Höchstbetrag nicht durch Gesetz oder Rechtsverordnung bestimmt, kann bei hauptamtlich und ehrenamtlich tätigen Personen in der Regel ohne weiteren Nachweis ein steuerlich anzuerkennender Aufwand von 200 Euro monatlich angenommen werden. ⁴Ist die Aufwandsentschädigung niedriger als 200 Euro monatlich, bleibt nur der tatsächlich geleistete Betrag steuerfrei. ⁵Bei Personen, die für mehrere Körperschaften des öffentlichen Rechts tätig sind, sind die steuerfreien monatlichen Mindest- und Höchstbeträge auf die Entschädigung zu beziehen, die von der einzelnen öffentlich-rechtlichen Körperschaft an diese Personen gezahlt wird. ⁶Aufwandsentschädigungen für mehrere Tätigkeiten bei einer Körperschaft sind für die Anwendung der Mindest- und Höchstbeträge zusammenzurechnen. ⁷Bei einer gelegentlichen ehrenamtlichen Tätigkeit sind die steuerfreien monatlichen Mindest- und Höchstbeträge nicht auf einen weniger als einen Monat dauernden Zeitraum der ehrenamtlichen Tätigkeit umzurechnen. ⁸Soweit der steuerfreie Monatsbetrag von 200 Euro nicht ausgeschöpft wird, ist eine Übertragung in andere Monate dieser Tätigkeiten im selben Kalenderjahr möglich. ⁹Maßgebend für die Ermittlung der Anzahl der in Betracht kommenden Monate ist die Dauer der ehrenamtlichen Funktion bzw. Ausübung im Kalenderjahr. ¹⁰Die für die Finanzverwaltung zuständige oberste Landesbehörde kann im Benehmen mit dem BMF und den obersten Finanzbehörden der anderen Länder Anpassungen an die im Lande gegebenen Verhältnisse vornehmen.

(4) ¹Die Empfänger von Aufwandsentschädigungen können dem Finanzamt gegenüber einen höheren steuerlich abziehbaren Aufwand glaubhaft machen; der die Aufwandsentschädigung übersteigende Aufwand ist als Werbungskosten oder Betriebsausgaben abziehbar. ²Wenn einer hauptamtlich tätigen Person neben den Aufwendungen, die durch die Aufwandsentschädigung ersetzt werden sollen, andere beruflich veranlasste Aufwendungen entstehen, sind diese unabhängig von der Aufwandsentschädigung als Werbungskosten abziehbar; in diesem Falle ist aber Absatz 3 nicht anzuwenden, sondern nach Absatz 2 Satz 3 bis 6 zu verfahren. ³Bei ehrenamtlich tätigen Personen sind alle durch die Tätigkeit veranlassten Aufwendungen als durch die steuerfreie Aufwandsentschädigung ersetzt anzusehen, so dass nur ein die Aufwandsentschädigung übersteigender Aufwand als Werbungskosten oder Betriebsausgaben abziehbar ist.

(5) ¹Von Pauschalentschädigungen, die Gemeinden oder andere juristische Personen des öffentlichen Rechts für eine gelegentliche ehrenamtliche Tätigkeit zahlen, darf ein Betrag bis zu 6 Euro täglich ohne nähere Prüfung als steuerfrei anerkannt werden. ²Bei höheren Pauschalentschädigungen hat das Finanzamt zu prüfen, ob auch ein Aufwand an Zeit und Arbeitsleistung sowie ein entgangener Verdienst abgegolten worden ist. ³Anstelle dieser Regelung kann auch Absatz 3 angewendet werden.

H 3.12

Allgemeines zu § 3 Nr. 12 Satz 2 EStG

Aufwandsentschädigungen, bei denen die Voraussetzungen des § 3 Nr. 12 Satz 1 EStG nicht vorliegen, sind nach § 3 Nr. 12 Satz 2 EStG nur steuerfrei, wenn sie aus öffentlichen Kassen (>H 3.11) an Personen gezahlt werden, die öffentliche Dienste für einen inländischen Träger öffentlicher Gewalt leisten (>BFH vom 3. 12. 1982 – BStBl 1983 II S. 219). Dabei kann es sich auch um eine Nebentätigkeit handeln. Aufwandsentschädigungen können nicht nur bei Personen steuerfrei sein, die öffentlich-rechtliche (hoheitliche) Dienste leisten, sondern auch bei Personen, die im Rahmen des öffentlichen Dienstes Aufgaben der schlichten Hoheitsverwaltung erfüllen (>BFH vom 15. 3. 1968 – BStBl II S. 437, vom 1. 4. 1971 – BStBl II S. 519 und vom 27. 2. 1976 – BStBl II S. 418).

Beamte bei Postunternehmen
>§ 3 Nr. 35 EStG

Begriff der Aufwandsentschädigung
- Zur Abgeltung von Werbungskosten/Betriebsausgaben >BFH vom 9. 7. 1992 (BStBl 1993 II S. 50) und vom 29. 11. 2006 (BStBl 2007 II S. 308)
- Zur Prüfung dieser Voraussetzung durch das Finanzamt >BFH vom 3. 8. 1962 (BStBl III S. 425) und vom 9. 6. 1989 (BStBl 1990 II S. 121 und 123)

Daseinsvorsorge

Beispiel:
Ein kirchlicher Verein erbringt Pflegeleistungen im Rahmen der Nachbarschaftshilfe.
Die den Pflegekräften gewährten Entschädigungen sind nicht nach § 3 Nr. 12 Satz 2 EStG steuerbefreit, da Pflegeleistungen zur Daseinsvorsorge gehören; ggf. kann eine Steuerbefreiung nach § 3 Nr. 26 oder Nr. 26a EStG in Betracht kommen.

Fiskalische Verwaltung
Keine öffentlichen Dienste i. S. d. § 3 Nr. 12 Satz 2 EStG leisten Personen, die in der fiskalischen Verwaltung tätig sind (>BFH vom 13. 8. 1971 – BStBl II S. 818, vom 9. 5. 1974 – BStBl II S. 631 und vom 31. 1. 1975 – BStBl II S. 563). Dies ist insbesondere dann der Fall, wenn sich die Tätigkeit für die juristische Person des öffentlichen Rechts ausschließlich oder überwiegend auf die Erfüllung von Aufgaben
1. in einem land- oder forstwirtschaftlichen Betrieb einer juristischen Person des öffentlichen Rechts oder
2. in einem **Betrieb gewerblicher Art** einer juristischen Person des öffentlichen Rechts i. S. d. § 1 Abs. 1 Nr. 6 KStG bezieht.

Ob es sich um einen Betrieb gewerblicher Art einer juristischen Person des öffentlichen Rechts handelt, beurteilt sich nach dem Körperschaftsteuerrecht (§ 4 KStG und R 4.1 KStR 2015). Hierbei kommt es nicht darauf an, ob der Betrieb gewerblicher Art von der Körperschaftsteuer befreit ist. Zu den Betrieben gewerblicher Art in diesem Sinne gehören insbesondere die von einer juristischen Person des öffentlichen Rechts unterhaltenen Betriebe, die der Versorgung der Bevölkerung mit Wasser, Gas, Elektrizität oder Wärme (>BFH vom 19. 1. 1990 – BStBl II S. 679), dem öffentlichen Verkehr oder dem Hafenbetrieb dienen, sowie die in der Rechtsform einer juristischen Person des öffentlichen Rechts betriebenen Sparkassen (>BFH vom 13. 8. 1971 – BStBl II S. 818).

Öffentliche Dienste
Ehrenamtliche Vorstandsmitglieder eines Versorgungswerks leisten öffentliche Dienste i. S. d. § 3 Nr. 12 Satz 2 EStG, wenn sich das Versorgungswerk als juristische Person des öffentlichen Rechts im Rahmen seiner gesetzlichen Aufgabenzuweisungen auf die Gewährleistung der Alters-, Invaliden- und Hinterbliebenenversorgung für seine Zwangsmitglieder beschränkt und dabei die insoweit bestehenden Anlagegrundsätze beachtet (>BFH vom 27. 8. 2013 – BStBl 2014 II S. 248).

Öffentliche Kassen
>H 3.11

Steuerlicher Aufwand
Zur Voraussetzung der Abgeltung steuerlich zu berücksichtigender Werbungskosten/Betriebsausgaben >BFH vom 3. 8. 1962 (BStBl III S. 425), vom 9. 6. 1989 (BStBl 1990 II S. 121 und 123), vom 9. 7. 1992 (BStBl 1993 II S. 50) und vom 29. 11. 2006 (BStBl 2007 II S. 308)

Übertragung nicht ausgeschöpfter steuerfreier Monatsbeträge (Beispiel)
Für öffentliche Dienste in einem Ehrenamt in der Zeit vom 1.1. bis 31.5. werden folgende Aufwandsentschädigungen im Sinne von § 3 Nr. 12 Satz 2 EStG und R 3.12 Abs. 3 Satz 3 LStR gezahlt: Januar 275 €, Februar 75 €, März 205 €, April 325 €, Mai 225 €; Zeitaufwand wird nicht vergütet. Für den Lohnsteuerabzug können die nicht ausgeschöpften steuerfreien Monatsbeträge i. H. v. 200 € wie folgt mit den steuerpflichtigen Aufwandsentschädigungen der anderen Lohnzahlungszeiträume dieser Tätigkeit verrechnet werden:

	Gezahlte Aufwandsentschädigung	Steuerliche Behandlung nach R 3.12 Abs. 3 Satz 3 LStR		Steuerliche Behandlung bei Übertragung nicht ausgeschöpfter steuerfreier Monatsbeträge	
		Steuerfrei sind:	Steuerpflichtig sind:	Steuerfreier Höchstbetrag:	Steuerpflichtig sind:
Januar	275 €	200 €	75 €	200 €	75 €
Februar	75 €	75 €	0 €	2x200 € = 400 €	0 € (275 + 75 − 400), Aufrollung des Januar
März	205 €	200 €	5 €	3x200 € = 600 €	0 € (275 + 75 + 205 − 600)
April	325 €	200 €	125 €	4x200 € = 800 €	80 € (275 + 75 + 205 + 325 − 800), Aufrollung des März
Mai	225 €	200 €	25 €	5x200 € = 1.000 €	105 € (275 + 75 + 205 + 325 + 225 − 1.000)
Summe	1.105 €	1.000 €	230 €	5x200 € = 1.000 €	105 €

Bei Verrechnung des nicht ausgeschöpften Freibetragsvolumens mit abgelaufenen Lohnzahlungszeiträumen ist im Februar der Lohnsteuereinbehalt für den Monat Januar und im April für den Monat März zu korrigieren.

Werbungskostenabzug bei Dienstaufwandsentschädigungen
Sollen steuerfrei gewährte Dienstaufwandsentschädigungen den gesamtem beruflich veranlassten Aufwand ersetzen, können Werbungskosten nur insoweit berücksichtigt werden, als diese die Entschädigung übersteigen. Dies gilt auch für die nicht durch die steuerfreie Reisekostenvergütung nach § 3 Nr. 13 EStG abgegoltenen Reisekosten, wenn auch diese durch die Dienstaufwandsentschädigung abgegolten werden (>BFH vom 19. 10. 2016 − BStBl 2017 II S. 345).

Zu § 3 Nr. 13 EStG

R 3.13 **Reisekostenvergütungen, Umzugskostenvergütungen und Trennungsgelder aus öffentlichen Kassen (§ 3 Nr. 13 EStG)**

(1) ¹Nach § 3 Nr. 13 EStG sind Leistungen (Geld und Sachbezüge) steuerfrei, die als Reisekostenvergütungen, Umzugskostenvergütungen oder Trennungsgelder aus einer öffentlichen Kasse gewährt werden; dies gilt nicht für Mahlzeiten, die dem Arbeitnehmer während einer beruflichen Auswärtstätigkeit oder im Rahmen einer doppelten Haushaltsführung vom Arbeitgeber oder auf dessen Veranlassung von einem Dritten zur Verfügung gestellt werden. ²Die Steuerfreiheit von Verpflegungszuschüssen ist auf die nach § 9 Abs. 4a EStG maßgebenden Beträge begrenzt. ³R 3.16 Satz 1 bis 3 ist entsprechend anzuwenden.

(2) ¹Reisekostenvergütungen sind die als solche bezeichneten Leistungen, die dem Grunde und der Höhe nach unmittelbar nach Maßgabe der reisekostenrechtlichen Vorschriften des Bundes oder der Länder gewährt werden. ²Reisekostenvergütungen liegen auch vor, soweit sie auf Grund von Tarifverträgen oder anderen Vereinbarungen (z. B. öffentlich-rechtliche Satzung) gewährt werden, die den reisekostenrechtlichen Vorschriften des Bundes oder eines Landes dem Grund und der Höhe nach voll umfänglich entsprechen. ³§ 12 Nr. 1 EStG bleibt unberührt.

(3) ¹Werden bei Reisekostenvergütungen aus öffentlichen Kassen die reisekostenrechtlichen Vorschriften des Bundes oder der Länder nicht oder nur teilweise angewendet, können auf diese Leistungen, die zu § 3 Nr. 16 EStG erlassenen Verwaltungsvorschriften angewendet werden. ²Im Übrigen kann auch eine Steuerbefreiung nach § 3 Nr. 12, Nr. 26, Nr. 26a oder 26b EStG in Betracht kommen; >R 3.12 und 3.26.

(4) ¹Die Absätze 2 und 3 gelten sinngemäß für Umzugskostenvergütungen und Trennungsgelder nach Maßgabe der umzugskosten- und reisekostenrechtlichen Vorschriften des Bundes und der Länder. ²Werden anlässlich eines Umzugs Verpflegungszuschüsse nach dem Bundesumzugskostengesetz (BUKG) gewährt, sind diese nur im Rahmen der zeitlichen Voraussetzungen des § 9 Abs. 4a EStG steuerfrei. ³Trennungsgeld, das bei täglicher Rückkehr zum Wohnort gewährt wird, ist nur in den Fällen des § 9 Abs. 1 Satz 3 Nr. 4a Satz 1 EStG steuerfrei. ⁴Trennungsgeld, das bei Bezug einer Unterkunft am Beschäftigungsort gewährt wird, ist regelmäßig nach Maßgabe von § 9 Abs. 1 Satz 3 Nr. 5 und Abs. 4a EStG steuerfrei. ⁵R 9.9 Abs. 2 Satz 1 ist entsprechend anzuwenden.

H 3.13

Beamte bei Postunternehmen
>§ 3 Nr. 35 EStG

Klimabedingte Kleidung
Der Beitrag zur Beschaffung klimabedingter Kleidung (§ 19 AUV) sowie der Ausstattungsbeitrag (§ 21 AUV) sind nicht nach § 3 Nr. 13 Satz 1 EStG steuerfrei (>BFH vom 27. 5. 1994 – BStBl 1995 II S. 17 und vom 12. 4. 2007 – BStBl II S. 536).

Mietbeiträge
anstelle eines Trennungsgelds sind nicht nach § 3 Nr. 13 EStG steuerfrei (>BFH vom 16. 7. 1971 – BStBl II S. 772).

Öffentliche Kassen
>H 3.11

Zu § 3 EStG   R 3.16, 3.26   A. III.

Pauschale Reisekostenvergütungen
Nach einer öffentlich-rechtlichen Satzung geleistete pauschale Reisekostenvergütungen können bei Beachtung von R 3.13 Abs. 2 Satz 2 auch ohne Einzelnachweis steuerfrei sein, sofern die Pauschale die tatsächlich entstandenen Reiseaufwendungen nicht ersichtlich übersteigt (>BFH vom 8.10.2008 – BStBl 2009 II S. 405).

Prüfung, ob Werbungskosten vorliegen
Es ist nur zu prüfen, ob die ersetzten Aufwendungen vom Grundsatz her Werbungskosten sind (>BFH vom 12.4.2007 – BStBl II S. 536). Daher sind z. B. Arbeitgeberleistungen im Zusammenhang mit Incentive-Reisen nicht nach § 3 Nr. 13 EStG steuerfrei (>R 3.13 Abs. 2 Satz 3), soweit diese dem Arbeitnehmer als geldwerter Vorteil zuzurechnen sind (>H 19.7).

Zu § 3 Nr. 16 EStG

| R 3.16 | **Steuerfreie Leistungen für Reisekosten, Umzugskosten und Mehraufwendungen bei doppelter Haushaltsführung außerhalb des öffentlichen Dienstes (§ 3 Nr. 16 EStG)** |

¹Zur Ermittlung der steuerfreien Leistungen (Geld und Sachbezüge) für Reisekosten dürfen die einzelnen Aufwendungsarten zusammengefasst werden; die Leistungen sind steuerfrei, soweit sie die Summe der nach § 9 Abs. 1 Satz 3 Nr. 4a Satz 1, 2 und 4, Nr. 5a und Abs. 4a EStG sowie R 9.8 zulässigen Leistungen nicht übersteigen. ²Hierbei können mehrere Reisen zusammengefasst abgerechnet werden. ³Dies gilt sinngemäß für Umzugskosten und für Mehraufwendungen bei einer doppelten Haushaltsführung. ⁴Wegen der Höhe der steuerfrei zu belassenden Leistungen für Reisekosten, Umzugskosten und Mehraufwendungen bei einer doppelten Haushaltsführung >§ 9 Abs. 1 Satz 3 Nr. 5 EStG und R 9.7 bis 9.9 und 9.11.

| H 3.16 |

Gehaltsumwandlung
Vergütungen zur Erstattung von Reisekosten können auch dann steuerfrei sein, wenn sie der Arbeitgeber aus umgewandeltem Arbeitslohn zahlt. Voraussetzung ist, dass Arbeitgeber und Arbeitnehmer die Lohnumwandlung vor der Entstehung des Vergütungsanspruchs vereinbaren (>BFH vom 27.4.2001 – BStBl II S. 601).

Zu § 3 Nr. 26 EStG

| R 3.26 | **Steuerbefreiung für nebenberufliche Tätigkeiten (§ 3 Nr. 26 EStG)** |

Begünstigte Tätigkeiten
(1) ¹Die Tätigkeiten als Übungsleiter, Ausbilder, Erzieher oder Betreuer haben miteinander gemeinsam, dass sie auf andere Menschen durch persönlichen Kontakt Einfluss nehmen, um auf diese Weise deren geistige und körperliche Fähigkeiten zu entwickeln und zu fördern. ²Gemeinsames Merkmal der Tätigkeiten ist eine pädagogische Ausrichtung. ³Zu den begünstigten Tätigkeiten gehören z. B. die Tätigkeit eines Sporttrainers, eines Chorleiters oder Orchesterdirigenten, die Lehr- und Vortragstätigkeit im Rahmen der allgemeinen Bildung und Ausbildung, z. B. Kurse und Vorträge an Schulen und Volkshochschulen, Mütterberatung, Erste-Hilfe-Kurse, Schwimm-Unterricht, oder im Rahmen der beruflichen Ausbildung und Fortbildung, nicht dagegen die

Ausbildung von Tieren, z. B. von Rennpferden oder Diensthunden. ⁴Die Pflege alter, kranker oder behinderter Menschen umfasst außer der Dauerpflege auch Hilfsdienste bei der häuslichen Betreuung durch ambulante Pflegedienste, z. B. Unterstützung bei der Grund- und Behandlungspflege, bei häuslichen Verrichtungen und Einkäufen, beim Schriftverkehr, bei der Altenhilfe entsprechend § 71 SGB XII, z. B. Hilfe bei der Wohnungs- und Heimplatzbeschaffung, in Fragen der Inanspruchnahme altersgerechter Dienste, und bei Sofortmaßnahmen gegenüber Schwerkranken und Verunglückten, z. B. durch Rettungssanitäter und Ersthelfer. ⁵Eine Tätigkeit, die ihrer Art nach keine übungsleitende, ausbildende, erzieherische, betreuende oder künstlerische Tätigkeit und keine Pflege alter, kranker oder behinderter Menschen ist, ist keine begünstigte Tätigkeit, auch wenn sie die übrigen Voraussetzungen des § 3 Nr. 26 EStG erfüllt, z. B. eine Tätigkeit als Vorstandsmitglied, als Vereinskassierer oder als Gerätewart bei einem Sportverein bzw. als ehrenamtlich tätiger Betreuer (§ 1896 Abs. 1 Satz 1, § 1908i Abs. 1 BGB), Vormund (§ 1773 Abs. 1 Satz 1 BGB) oder Pfleger (§§ 1909 ff., 1915 Abs. 1 Satz 1 BGB); ggf. ist § 3 Nr. 26a EStG bzw. 26b anzuwenden.

Nebenberuflichkeit

(2) ¹Eine Tätigkeit wird nebenberuflich ausgeübt, wenn sie – bezogen auf das Kalenderjahr – nicht mehr als ein Drittel der Arbeitszeit eines vergleichbaren Vollzeiterwerbs in Anspruch nimmt*⁾. ²Es können deshalb auch solche Personen nebenberuflich tätig sein, die im steuerrechtlichen Sinne keinen Hauptberuf ausüben, z. B. Hausfrauen, Vermieter, Studenten, Rentner oder Arbeitslose. ³Übt ein Stpfl. mehrere verschiedenartige Tätigkeiten i. S. d. § 3 Nr. 26 EStG aus, ist die Nebenberuflichkeit für jede Tätigkeit getrennt zu beurteilen. ⁴Mehrere gleichartige Tätigkeiten sind zusammenzufassen, wenn sie sich nach der Verkehrsanschauung als Ausübung eines einheitlichen Hauptberufs darstellen, z. B. Unterricht von jeweils weniger als dem dritten Teil des Pensums einer Vollzeitkraft in mehreren Schulen. ⁵Eine Tätigkeit wird nicht nebenberuflich ausgeübt, wenn sie als Teil der Haupttätigkeit anzusehen ist.

Arbeitgeber/Auftraggeber

(3) ¹Der Freibetrag wird nur gewährt, wenn die Tätigkeit im Dienst oder im Auftrag einer der in § 3 Nr. 26 EStG genannten Personen erfolgt. ²Als juristische Personen des öffentlichen Rechts kommen beispielsweise in Betracht Bund, Länder, Gemeinden, Gemeindeverbände, Industrie- und Handelskammern, Handwerkskammern, Rechtsanwaltskammern, Steuerberaterkammern, Wirtschaftsprüferkammern, Ärztekammern, Universitäten oder die Träger der Sozialversicherung. ³Zu den Einrichtungen i. S. d. § 5 Abs. 1 Nr. 9 des Körperschaftsteuergesetzes (KStG) gehören Körperschaften, Personenvereinigungen, Stiftungen und Vermögensmassen, die nach der Satzung oder dem Stiftungsgeschäft und nach der tatsächlichen Geschäftsführung ausschließlich und unmittelbar gemeinnützige, mildtätige oder kirchliche Zwecke verfolgen. ⁴Nicht zu den begünstigten Einrichtungen gehören beispielsweise Berufsverbände (Arbeitgeberverband, Gewerkschaft) oder Parteien. ⁵Fehlt es an einem begünstigten Auftraggeber/Arbeitgeber, kann der Freibetrag nicht in Anspruch genommen werden.

Förderung gemeinnütziger, mildtätiger und kirchlicher Zwecke

(4) ¹Die Begriffe der gemeinnützigen, mildtätigen und kirchlichen Zwecke ergeben sich aus den §§ 52 bis 54 der Abgabenordnung (AO). ²Eine Tätigkeit dient auch dann der selbstlosen Förderung begünstigter Zwecke, wenn sie diesen Zwecken nur mittelbar zugute kommt.

(5) ¹Wird die Tätigkeit im Rahmen der Erfüllung der Satzungszwecke einer juristischen Person ausgeübt, die wegen Förderung gemeinnütziger, mildtätiger oder kirchlicher Zwecke steuerbegünstigt ist, ist im Allgemeinen davon auszugehen, dass die Tätigkeit ebenfalls der Förderung dieser steuerbegünstigten Zwecke dient. ²Dies gilt auch dann, wenn die nebenberufliche Tätigkeit in einem so genannten Zweckbetrieb i. S. d. §§ 65 bis 68 AO ausgeübt wird, z. B. als neben-

---

*⁾ >H 3.26 (Nebenberuflichkeit).

beruflicher Übungsleiter bei sportlichen Veranstaltungen nach § 67a Abs. 1 AO, als nebenberuflicher Erzieher in einer Einrichtung über Tag und Nacht (Heimerziehung) oder sonstigen betreuten Wohnform nach § 68 Nr. 5 AO. ³Eine Tätigkeit in einem steuerpflichtigen wirtschaftlichen Geschäftsbetrieb einer im Übrigen steuerbegünstigten juristischen Person (§§ 64, 14 AO) erfüllt dagegen das Merkmal der Förderung gemeinnütziger, mildtätiger oder kirchlicher Zwecke nicht.
(6) ¹Der Förderung begünstigter Zwecke kann auch eine Tätigkeit für eine juristische Person des öffentlichen Rechts dienen, z. B. nebenberufliche Lehrtätigkeit an einer Universität, nebenberufliche Ausbildungstätigkeit bei der Feuerwehr, nebenberufliche Fortbildungstätigkeit für eine Anwalts- oder Ärztekammer. ²Dem steht nicht entgegen, dass die Tätigkeit in den Hoheitsbereich der juristischen Person des öffentlichen Rechts fallen kann.

Gemischte Tätigkeiten

(7) ¹Erzielt der Stpfl. Einnahmen, die teils für eine Tätigkeit, die unter § 3 Nr. 26 EStG fällt, und teils für eine andere Tätigkeit gezahlt werden, ist lediglich für den entsprechenden Anteil nach § 3 Nr. 26 EStG der Freibetrag zu gewähren. ²Die Steuerfreiheit von Bezügen nach anderen Vorschriften, z. B. nach § 3 Nr. 12, 13, 16 EStG, bleibt unberührt; wenn auf bestimmte Bezüge sowohl § 3 Nr. 26 EStG als auch andere Steuerbefreiungsvorschriften anwendbar sind, sind die Vorschriften in der Reihenfolge anzuwenden, die für den Stpfl. am günstigsten ist.

Höchstbetrag

(8) ¹Der Freibetrag nach § 3 Nr. 26 EStG ist ein Jahresbetrag. ²Dieser wird auch dann nur einmal gewährt, wenn mehrere begünstigte Tätigkeiten ausgeübt werden. ³Er ist nicht zeitanteilig aufzuteilen, wenn die begünstigte Tätigkeit lediglich wenige Monate ausgeübt wird.

Werbungskosten- bzw. Betriebsausgabenabzug

(9) ¹Ein Abzug von Werbungskosten bzw. Betriebsausgaben, die mit den steuerfreien Einnahmen nach § 3 Nr. 26 EStG in einem unmittelbaren wirtschaftlichen Zusammenhang stehen, ist nur dann möglich, wenn die Einnahmen aus der Tätigkeit und gleichzeitig auch die jeweiligen Ausgaben den Freibetrag übersteigen. ²In Arbeitnehmerfällen ist in jedem Falle der Arbeitnehmer-Pauschbetrag anzusetzen, soweit er nicht bei anderen Dienstverhältnissen verbraucht ist.

Lohnsteuerverfahren

(10) ¹Beim Lohnsteuerabzug ist eine zeitanteilige Aufteilung des steuerfreien Höchstbetrags nicht erforderlich; das gilt auch dann, wenn feststeht, dass das Dienstverhältnis nicht bis zum Ende des Kalenderjahres besteht. ²Der Arbeitnehmer hat dem Arbeitgeber jedoch schriftlich zu bestätigen, dass die Steuerbefreiung nicht bereits in einem anderen Dienst- oder Auftragsverhältnis berücksichtigt worden ist oder berücksichtigt wird. ³Diese Erklärung ist zum Lohnkonto zu nehmen.

H 3.26

Abgrenzung der Einkunftsart
>R 19.2, H 19.2

Aufteilung des steuerfreien Höchstbetrags im Lohnsteuerverfahren

Beispiel 1
Ein beim Verein A beschäftigter Jugendtrainer beendet zum 31.5. seine begünstigte Tätigkeit und nimmt ab 1.6. beim Verein B eine neue begünstigte Tätigkeit auf. Der Verein A hat den Arbeitslohn nach Abzug von insgesamt 1.000 Euro (= 5/12 des steuerfreien Höchstbetrags von 2.400 Euro) dem Lohnsteuerabzug unterworfen.

Auch der Verein B kann den Arbeitslohn nach Abzug von bis zu 1.400 Euro (= 7/12 des steuerfreien Höchstbetrags von 2.400 Euro) dem Lohnsteuerabzug unterwerfen. Voraussetzung ist, dass der Jugendtrainer dem Verein B schriftlich bestätigt, dass der Jahresbetrag in diesem Umfang nicht bereits in anderen Dienst- oder Auftragsverhältnissen berücksichtigt worden ist oder berücksichtigt wird.

Beispiel 2
Der Jugendtrainer ist zeitgleich bei den Vereinen A und B beschäftigt. Er bestätigt den Vereinen A und B jeweils schriftlich, dass die Steuerbefreiung im Umfang eines Teilbetrags von 1.200 Euro nicht bereits in einem anderen Dienst- oder Auftragsverhältnis berücksichtigt worden ist oder berücksichtigt wird. Eine alternative Aufteilung des steuerfreien Jahreshöchstbetrags von 2.400 Euro ist ebenfalls zulässig.

Begrenzung der Steuerbefreiung
Die Steuerfreiheit ist auch bei Einnahmen aus mehreren nebenberuflichen Tätigkeiten, z. B. Tätigkeit für verschiedene gemeinnützige Organisationen, und bei Zufluss von Einnahmen aus einer in mehreren Jahren ausgeübten Tätigkeit i. S. d. § 3 Nr. 26 EStG in einem Jahr auf einen einmaligen Jahresbetrag von 2.400 Euro begrenzt (>BFH vom 23. 6. 1988 – BStBl II S. 890 und vom 15. 2. 1990 – BStBl II S. 686).

Juristische Personen des öffentlichen Rechts in EU/EWR-Mitgliedstaaten
Zahlungen einer französischen Universität für eine nebenberufliche Lehrtätigkeit sind nach § 3 Nr. 26 EStG steuerfrei (>BFH vom 22. 7. 2008 – BStBl 2010 II S. 265).

Künstlerische Tätigkeit
Eine nebenberufliche künstlerische Tätigkeit liegt auch dann vor, wenn sie die eigentliche künstlerische (Haupt-)Tätigkeit nur unterstützt und ergänzt, sofern sie Teil des gesamten künstlerischen Geschehens ist (>BFH vom 18. 4. 2007 – BStBl II S. 702).

Mittelbare Förderung
eines begünstigten Zwecks reicht für eine Steuerfreiheit aus. So dient die Unterrichtung eines geschlossenen Kreises von Pflegeschülern an einem Krankenhaus mittelbar dem Zweck der Gesundheitspflege (>BFH vom 26. 3. 1992 – BStBl 1993 II S. 20).

Nebenberuflichkeit
– Selbst bei dienstrechtlicher Verpflichtung zur Übernahme einer Tätigkeit im Nebenamt unter Fortfall von Weisungs- und Kontrollrechten des Arbeitgebers kann Nebenberuflichkeit vorliegen (>BFH vom 29. 1. 1987 – BStBl II S. 783).
– Zum zeitlichen Umfang >BFH vom 30. 3. 1990 (BStBl II S. 854)
– **Beispiel 1**
   Ein ehrenamtlicher Helfer wird je nach Bedarf wöchentlich für 13 Stunden als Sanitäter oder Altenpfleger eingesetzt, für deren Tätigkeitsbereiche unterschiedliche tarifliche Arbeitszeiten vereinbart sind (41-Stunden-Woche bzw. 38,5-Stunden-Woche).
   Bei der Prüfung der Ein-Drittel-Grenze sind die tariflichen Arbeitszeiten aus Vereinfachungsgründen unbeachtlich. Daher ist bei einer regelmäßigen Wochenarbeitszeit von maximal 14 Stunden pauschalierend von einer nebenberuflichen Tätigkeit auszugehen. Im Einzelfall kann auch eine höhere tarifliche Arbeitszeit nachgewiesen werden.
– **Beispiel 2**
   Ein hauptberuflich beschäftigter Arbeitnehmer reduziert für einen befristeten Zeitraum seine Arbeitszeit auf 12 Stunden wöchentlich, um neben seiner Berufstätigkeit seine pflegebedürftige Mutter zu versorgen.
   Eine nebenberufliche Tätigkeit liegt nicht vor. Eine vorübergehende Reduzierung der regelmäßigen Wochenarbeitszeit führt nicht dazu, dass eine hauptberufliche Tätigkeit während des Zeitraums, für den die Reduzierung der Arbeitszeit gilt, als nebenberuflich angesehen werden kann.

– **Beispiel 3**
Ein Lehrer ist zu 50 % teilzeitbeschäftigt (14 Pflichtstunden wöchentlich).
Eine nebenberufliche Tätigkeit liegt nicht vor, da bei Lehrern zur Prüfung der Ein-Drittel-Grenze auf die Pflichtstunden (Deputat) bei Vollzeitbeschäftigung abzustellen ist.
– **Beispiel 4**
Ein Arbeitnehmer wird für einen Zeitraum von zwei Monaten als Lehrkraft in Vollzeit beschäftigt.
Eine nebenberufliche Tätigkeit liegt nicht vor. Eine typischerweise hauptberuflich ausgeübte Tätigkeit kann nicht wegen ihrer zeitlichen Befristung als nebenberuflich angesehen werden.

Prüfer
Die Tätigkeit als Prüfer bei einer Prüfung, die zu Beginn, im Verlaufe oder als Abschluss einer Ausbildung abgenommen wird, ist mit der Tätigkeit eines Ausbilders vergleichbar (>BFH vom 23. 6. 1988 – BStBl II S. 890).

Rundfunkessays
Die Tätigkeit als Verfasser und Vortragender von Rundfunkessays ist nicht nach § 3 Nr. 26 EStG begünstigt (>BFH vom 17. 10. 1991 – BStBl 1992 II S. 176).

Vergebliche Aufwendungen
Aufwendungen für eine Tätigkeit i. S. d. § 3 Nr. 26 EStG sind auch dann als vorweggenommene Betriebsausgaben abzugsfähig, wenn es nicht mehr zur Ausübung der Tätigkeit kommt; das Abzugsverbot des § 3c EStG steht dem nicht entgegen (>BFH vom 6. 7. 2005 – BStBl 2006 II S. 163).

Zu § 3 Nr. 26a EStG

H 3.26a

Allgemeine Grundsätze
> BMF vom 21. 11. 2014 (BStBl I S. 1581)

Zu § 3 Nr. 28 EStG

R 3.28 **Leistungen nach dem Altersteilzeitgesetz (AltTZG) (§ 3 Nr. 28 EStG)**

(1) [1]Aufstockungsbeträge und zusätzliche Beiträge zur gesetzlichen Rentenversicherung i. S. d. § 3 Abs. 1 Nr. 1 sowie Aufwendungen i. S. d. § 4 Abs. 2 AltTZG sind steuerfrei, wenn die Voraussetzungen des § 2 AltTZG, z. B. Vollendung des 55. Lebensjahres, Verringerung der tariflichen regelmäßigen wöchentlichen Arbeitszeit auf die Hälfte, vorliegen. [2]Die Vereinbarung über die Arbeitszeitverminderung muss sich zumindest auf die Zeit erstrecken, bis der Arbeitnehmer eine Rente wegen Alters beanspruchen kann. [3]Dafür ist nicht erforderlich, dass diese Rente ungemindert ist. [4]Der frühestmögliche Zeitpunkt, zu dem eine Altersrente in Anspruch genommen werden kann, ist die Vollendung des 60. Lebensjahres. [5]Die Steuerfreiheit kommt nicht mehr in Betracht mit Ablauf des Kalendermonats, in dem der Arbeitnehmer die Altersteilzeitarbeit beendet oder die für ihn geltende gesetzliche Altersgrenze für die Regelaltersrente erreicht hat (§ 5 Abs. 1 Nr. 1 AltTZG).

(2) [1]Die Leistungen sind auch dann steuerfrei, wenn der Förderanspruch des Arbeitgebers an die Bundesagentur für Arbeit nach § 5 Abs. 1 Nr. 2 und 3, Abs. 2 bis 4 AltTZG erlischt, nicht besteht oder ruht, z. B. wenn der frei gewordene Voll- oder Teilarbeitsplatz nicht wieder besetzt wird.

[2]Die Leistungen sind auch dann steuerfrei, wenn mit der Altersteilzeit erst nach dem 31.12.2009 begonnen wurde und diese nicht durch die Bundesagentur für Arbeit nach § 4 AltTZG gefördert wird (§ 1 Abs. 3 Satz 2 AltTZG). [3]Durch eine vorzeitige Beendigung der Altersteilzeit (Störfall) ändert sich der Charakter der bis dahin erbrachten Arbeitgeberleistungen nicht, weil das AltTZG keine Rückzahlung vorsieht. [4]Die Steuerfreiheit der Aufstockungsbeträge bleibt daher bis zum Eintritt des Störfalls erhalten.

(3) [1]Aufstockungsbeträge und zusätzliche Beiträge zur gesetzlichen Rentenversicherung sind steuerfrei, auch soweit sie über die im AltTZG genannten Mindestbeträge hinausgehen. [2]Dies gilt nur, soweit die Aufstockungsbeträge zusammen mit dem während der Altersteilzeit bezogenen Nettoarbeitslohn monatlich 100 % des maßgebenden Arbeitslohns nicht übersteigen. [3]Maßgebend ist bei laufendem Arbeitslohn der Nettoarbeitslohn, den der Arbeitnehmer im jeweiligen Lohnzahlungszeitraum ohne Altersteilzeit üblicherweise erhalten hätte; bei sonstigen Bezügen ist auf den unter Berücksichtigung des nach R 39b.6 Abs. 2 ermittelten voraussichtlichen Jahresnettoarbeitslohn unter Einbeziehung der sonstigen Bezüge bei einer unterstellten Vollzeitbeschäftigung abzustellen. [4]Unangemessene Erhöhungen vor oder während der Altersteilzeit sind dabei nicht zu berücksichtigen. [5]Aufstockungsbeträge, die in Form von Sachbezügen gewährt werden, sind steuerfrei, wenn die Aufstockung betragsmäßig in Geld festgelegt und außerdem vereinbart ist, dass der Arbeitgeber anstelle der Geldleistung Sachbezüge erbringen darf.

| H 3.28 |

Begrenzung auf 100 % des Nettoarbeitslohns

Beispiel 1 (laufend gezahlter Aufstockungsbetrag):

Ein Arbeitnehmer mit einem monatlichen Vollzeit-Bruttogehalt in Höhe von 8.750 € nimmt von der Vollendung des 62. bis zur Vollendung des 64. Lebensjahres Altersteilzeit in Anspruch. Danach scheidet er aus dem Arbeitsverhältnis aus.

Der Mindestaufstockungsbetrag nach § 3 Abs. 1 Nr. 1 Buchst. a Altersteilzeitgesetz beträgt 875 €. Der Arbeitgeber gewährt eine weitere freiwillige Aufstockung in Höhe von 3.000 € (Aufstockungsbetrag insgesamt 3.875 €). Der steuerfreie Teil des Aufstockungsbetrags ist wie folgt zu ermitteln:

a) Ermittlung des maßgebenden Arbeitslohns
   Bruttoarbeitslohn bei fiktiver Vollarbeitszeit .... 8.750 €
   ./. gesetzliche Abzüge (Lohnsteuer, Solidaritätszuschlag, Kirchensteuer,
       Sozialversicherungsbeiträge) .... 3.750 €
   = maßgebender Nettoarbeitslohn .... 5.000 €

b) Vergleichsberechnung
   Bruttoarbeitslohn bei Altersteilzeit .... 4.375 €
   ./. gesetzliche Abzüge (Lohnsteuer, Solidaritätszuschlag, Kirchensteuer,
       Sozialversicherungsbeiträge) .... 1.725 €
   = Zwischensumme .... 2.650 €
   + Mindestaufstockungsbetrag .... 875 €
   + freiwilliger Aufstockungsbetrag .... 3.000 €
   = Nettoarbeitslohn .... 6.525 €

Durch den freiwilligen Aufstockungsbetrag von 3.000 € ergäbe sich ein Nettoarbeitslohn bei der Altersteilzeit, der den maßgebenden Nettoarbeitslohn um 1.525 € übersteigen würde. Demnach sind steuerfrei:

Mindestaufstockungsbetrag .... 875 €
+ freiwilliger Aufstockungsbetrag .... 3.000 €
  abzgl. .... 1.525 € .... 1.475 €
= steuerfreier Aufstockungsbetrag .... 2.350 €

c) Abrechnung des Arbeitgebers
Bruttoarbeitslohn bei Altersteilzeit	4.375 €
+ steuerpflichtiger Aufstockungsbetrag	1.525 €
= steuerpflichtiger Arbeitslohn	5.900 €
./. gesetzliche Abzüge (Lohnsteuer, Solidaritätszuschlag, Kirchensteuer, Sozialversicherungsbeiträge)	2.300 €
= Zwischensumme	3.600 €
+ steuerfreier Aufstockungsbetrag	2.350 €
= Nettoarbeitslohn	5.950 €

Beispiel 2 (sonstiger Bezug als Aufstockungsbetrag):
Ein Arbeitnehmer in Altersteilzeit hätte bei einer Vollzeitbeschäftigung Anspruch auf ein monatliches Bruttogehalt in Höhe von 4.000 € sowie im März auf einen sonstigen Bezug (Ergebnisbeteiligung) in Höhe von 1.500 € (brutto).
Nach dem Altersteilzeitvertrag werden im März folgende Beträge gezahlt:

– laufendes Bruttogehalt	2.000 €
– laufende steuerfreie Aufstockung (einschließlich freiwilliger Aufstockung des Arbeitgebers)	650 €
– Brutto-Ergebnisbeteiligung (50 % der vergleichbaren Vergütung auf Basis einer Vollzeitbeschäftigung)	750 €
– Aufstockungsleistung auf die Ergebnisbeteiligung	750 €

a) Ermittlung des maßgebenden Arbeitslohns
jährlich laufender Bruttoarbeitslohn bei fiktiver Vollarbeitszeitbeschäftigung	48.000 €
+ sonstiger Bezug bei fiktiver Vollzeitbeschäftigung	1.500 €
./. gesetzliche jährliche Abzüge (Lohnsteuer, Solidaritätszuschlag, Kirchensteuer, Sozialversicherungsbeiträge)	18.100 €
= maßgebender Jahresnettoarbeitslohn	31.400 €

b) Vergleichsberechnung
jährlich laufender Bruttoarbeitslohn bei Altersteilzeit	24.000 €
+ steuerpflichtiger sonstiger Bezug bei Altersteilzeit	750 €
./. gesetzliche jährliche Abzüge (Lohnsteuer, Solidaritätszuschlag, Kirchensteuer, Sozialversicherungsbeiträge)	6.000 €
= Zwischensumme	18.750 €
+ Aufstockung Ergebnisbeteiligung	750 €
+ steuerfreie Aufstockung (12 x 650)	7.800 €
= Jahresnettoarbeitslohn	27.300 €

Durch die Aufstockung des sonstigen Bezugs wird der maßgebende Jahresnettoarbeitslohn von 31.400 € nicht überschritten. Demnach kann die Aufstockung des sonstigen Bezugs (im Beispiel: Aufstockung der Ergebnisbeteiligung) in Höhe von 750 € insgesamt steuerfrei bleiben.

Progressionsvorbehalt
Die Aufstockungsbeträge unterliegen dem Progressionsvorbehalt (>§ 32b Abs. 1 Satz 1 Nr. 1 Buchstabe g EStG). Zur Aufzeichnung und Bescheinigung >§ 41 Abs. 1 Satz 4 und § 41b Abs. 1 Satz 2 Nr. 5 EStG.

Zu § 3 Nr. 30 EStG

R 3.30 Werkzeuggeld (§ 3 Nr. 30 EStG)

¹Die Steuerbefreiung beschränkt sich auf die Erstattung der Aufwendungen, die dem Arbeitnehmer durch die betriebliche Benutzung eigener Werkzeuge entstehen. ²Als Werkzeuge sind allgemein nur Handwerkzeuge anzusehen, die zur leichteren Handhabung, zur Herstellung oder zur Bearbeitung eines Gegenstands verwendet werden; Musikinstrumente und deren Einzelteile gehören ebenso wie Datenverarbeitungsgeräte o. Ä. nicht dazu. ³Eine betriebliche Benutzung

der Werkzeuge liegt auch dann vor, wenn die Werkzeuge im Rahmen des Dienstverhältnisses außerhalb einer Betriebsstätte des Arbeitgebers eingesetzt werden, z. B. auf einer Baustelle. ⁴Ohne Einzelnachweis der tatsächlichen Aufwendungen sind pauschale Entschädigungen steuerfrei, soweit sie
1. die regelmäßigen Absetzungen für Abnutzung der Werkzeuge,
2. die üblichen Betriebs-, Instandhaltungs- und Instandsetzungskosten der Werkzeuge sowie
3. die Kosten der Beförderung der Werkzeuge

abgelten. ⁵Soweit Entschädigungen für Zeitaufwand des Arbeitnehmers gezahlt werden, z. B. für die ihm obliegende Reinigung und Wartung der Werkzeuge, gehören sie zum steuerpflichtigen Arbeitslohn.

H 3.30

Musikinstrumente
sind keine Werkzeuge (>BFH vom 21. 8. 1995 – BStBl II S. 906).

Zu § 3 Nr. 31 EStG

R 3.31 **Überlassung typischer Berufskleidung (§ 3 Nr. 31 EStG)**

(1) ¹Steuerfrei ist nach § 3 Nr. 31 erster Halbsatz EStG nicht nur die Gestellung, sondern auch die Übereignung typischer Berufskleidung durch den Arbeitgeber. ²Erhält der Arbeitnehmer die Berufsbekleidung von seinem Arbeitgeber zusätzlich zum ohnehin geschuldeten Arbeitslohn (>R 3.33 Abs. 5), ist anzunehmen, dass es sich um typische Berufskleidung handelt, wenn nicht das Gegenteil offensichtlich ist. ³Zur typischen Berufskleidung gehören Kleidungsstücke, die
1. als Arbeitsschutzkleidung auf die jeweils ausgeübte Berufstätigkeit zugeschnitten sind oder
2. nach ihrer z. B. uniformartigen Beschaffenheit oder dauerhaft angebrachten Kennzeichnung durch Firmenemblem objektiv eine berufliche Funktion erfüllen,

wenn ihre private Nutzung so gut wie ausgeschlossen ist. ⁴Normale Schuhe und Unterwäsche sind z. B. keine typische Berufskleidung.
(2) ¹Die Steuerbefreiung nach § 3 Nr. 31 zweiter Halbsatz EStG beschränkt sich auf die Erstattung der Aufwendungen, die dem Arbeitnehmer durch den beruflichen Einsatz typischer Berufskleidung in den Fällen entstehen, in denen der Arbeitnehmer z. B. nach Unfallverhütungsvorschriften, Tarifvertrag oder Betriebsvereinbarung einen Anspruch auf Gestellung von Arbeitskleidung hat, der aus betrieblichen Gründen durch die Barvergütung abgelöst wird. ²Die Barablösung einer Verpflichtung zur Gestellung von typischer Berufskleidung ist z. B. betrieblich begründet, wenn die Beschaffung der Kleidungsstücke durch den Arbeitnehmer für den Arbeitgeber vorteilhafter ist. ³Pauschale Barablösungen sind steuerfrei, soweit sie die regelmäßigen Absetzungen für Abnutzung und die üblichen Instandhaltungs- und Instandsetzungskosten der typischen Berufskleidung abgelten. ⁴Aufwendungen für die Reinigung gehören regelmäßig nicht zu den Instandhaltungs- und Instandsetzungskosten der typischen Berufsbekleidung.

H 3.31

Abgrenzung zwischen typischer Berufskleidung und bürgerlicher Kleidung
>BFH vom 18. 4. 1991 (BStBl II S. 751)

Lodenmantel
ist keine typische Berufskleidung (>BFH vom 19.1.1996 – BStBl II S. 202).

Zu § 3 Nr. 32 EStG

R 3.32 **Sammelbeförderung von Arbeitnehmern zwischen Wohnung und erster Tätigkeitsstätte (§ 3 Nr. 32 EStG)**

Die Notwendigkeit einer Sammelbeförderung ist z. B. in den Fällen anzunehmen, in denen
1. die Beförderung mit öffentlichen Verkehrsmitteln nicht oder nur mit unverhältnismäßig hohem Zeitaufwand durchgeführt werden könnte oder
2. der Arbeitsablauf eine gleichzeitige Arbeitsaufnahme der beförderten Arbeitnehmer erfordert.

H 3.32

Lohnsteuerbescheinigung
Bei steuerfreier Sammelbeförderung zwischen Wohnung und erster Tätigkeitsstätte sowie bei Fahrten nach § 9 Abs. 1 Satz 3 Nr. 4a Satz 3 EStG ist der Großbuchstabe F anzugeben >BMF-Schreiben zur Ausstellung von Lohnsteuerbescheinigungen, Anhang 23 I[1]).

Sammelbeförderung
Sammelbeförderung i. S. d. § 3 Nr. 32 EStG ist die durch den Arbeitgeber organisierte oder zumindest veranlasste Beförderung mehrerer Arbeitnehmer; sie darf nicht auf dem Entschluss eines Arbeitnehmers beruhen. Das Vorliegen einer Sammelbeförderung bedarf grundsätzlich einer besonderen Rechtsgrundlage. Dies kann ein Tarifvertrag oder eine Betriebsvereinbarung sein (>BFH vom 29.1.2009 – BStBl 2010 II S. 1067).

Zu § 3 Nr. 33 EStG

R 3.33 **Unterbringung und Betreuung von nicht schulpflichtigen Kindern (§ 3 Nr. 33 EStG)**

(1) ¹Steuerfrei sind zusätzliche Arbeitgeberleistungen (>Absatz 5) zur Unterbringung, einschl. Unterkunft und Verpflegung, und Betreuung von nicht schulpflichtigen Kindern des Arbeitnehmers in Kindergärten oder vergleichbaren Einrichtungen. ²Dies gilt auch, wenn der nicht beim Arbeitgeber beschäftigte Elternteil die Aufwendungen trägt. ³Leistungen für die Vermittlung einer Unterbringungs- und Betreuungsmöglichkeit durch Dritte sind nicht steuerfrei*). ⁴Zuwendungen des Arbeitgebers an einen Kindergarten oder eine vergleichbare Einrichtung, durch die er für die Kinder seiner Arbeitnehmer ein Belegungsrecht ohne Bewerbungsverfahren und Wartezeit erwirbt, sind den Arbeitnehmern nicht als geldwerter Vorteil zuzurechnen.

---
*) >aber § 3 Nr. 34a EStG.

1) = Anhang 23 I Amtliches Lohnsteuer-Handbuch 2019, hier nicht wiedergegeben, mit BMF-Schreiben vom 27.9.2017 (BStBl I S. 1339) unter Berücksichtigung der Änderung durch BMF-Schreiben vom 31.8.2018 (BStBl I S. 1009).

(2) ¹Es ist gleichgültig, ob die Unterbringung und Betreuung in betrieblichen oder außerbetrieblichen Kindergärten erfolgt. ²Vergleichbare Einrichtungen sind z. B. Schulkindergärten, Kindertagesstätten, Kinderkrippen, Tagesmütter, Wochenmütter und Ganztagspflegestellen. ³Die Einrichtung muss gleichzeitig zur Unterbringung und Betreuung von Kindern geeignet sein. ⁴Die alleinige Betreuung im Haushalt, z. B. durch Kinderpflegerinnen, Hausgehilfinnen oder Familienangehörige, genügt nicht. ⁵Soweit Arbeitgeberleistungen auch den Unterricht eines Kindes ermöglichen, sind sie nicht steuerfrei. ⁶Das Gleiche gilt für Leistungen, die nicht unmittelbar der Betreuung eines Kindes dienen, z. B. die Beförderung zwischen Wohnung und Kindergarten.

(3) ¹Begünstigt sind nur Leistungen zur Unterbringung und Betreuung von nicht schulpflichtigen Kindern. ²Ob ein Kind schulpflichtig ist, richtet sich nach dem jeweiligen landesrechtlichen Schulgesetz. ³Die Schulpflicht ist aus Vereinfachungsgründen nicht zu prüfen bei Kindern, die
1. das 6. Lebensjahr noch nicht vollendet haben oder
2. im laufenden Kalenderjahr das 6. Lebensjahr nach dem 30. Juni vollendet haben, es sei denn, sie sind vorzeitig eingeschult worden, oder
3. im laufenden Kalenderjahr das 6. Lebensjahr vor dem 1. Juli vollendet haben, in den Monaten Januar bis Juli dieses Jahres.

⁴Den nicht schulpflichtigen Kindern stehen schulpflichtige Kinder gleich, solange sie mangels Schulreife vom Schulbesuch zurückgestellt oder noch nicht eingeschult sind.

(4) ¹Sachleistungen an den Arbeitnehmer, die über den nach § 3 Nr. 33 EStG steuerfreien Bereich hinausgehen, sind regelmäßig mit dem Wert nach § 8 Abs. 2 Satz 1 EStG dem Arbeitslohn hinzuzurechnen. ²Barzuwendungen an den Arbeitnehmer sind nur steuerfrei, soweit der Arbeitnehmer dem Arbeitgeber die zweckentsprechende Verwendung nachgewiesen hat. ³Der Arbeitgeber hat die Nachweise im Original als Belege zum Lohnkonto aufzubewahren.

(5) ¹Die Zusätzlichkeitsvoraussetzung erfordert, dass die zweckbestimmte Leistung zu dem Arbeitslohn hinzukommt, den der Arbeitgeber arbeitsrechtlich schuldet. ²Wird eine zweckbestimmte Leistung unter Anrechnung auf den arbeitsrechtlich geschuldeten Arbeitslohn oder durch dessen Umwandlung gewährt, liegt keine zusätzliche Leistung vor. ³Eine zusätzliche Leistung liegt aber dann vor, wenn sie unter Anrechnung auf eine andere freiwillige Sonderzahlung, z. B. freiwillig geleistetes Weihnachtsgeld, erbracht wird. ⁴Unschädlich ist es, wenn der Arbeitgeber verschiedene zweckgebundene Leistungen zur Auswahl anbietet oder die übrigen Arbeitnehmer die freiwillige Sonderzahlung erhalten.

H 3.33

Zusätzlichkeitsvoraussetzung
>BMF vom 22. 5. 2013 (BStBl I S. 728)

Zu § 3 Nr. 39 EStG

H 3.39

Allgemeine Grundsätze
>BMF vom 8. 12. 2009 (BStBl I S. 1513)

Darlehensforderung
Darlehensforderungen i. S. d. § 2 Abs. 1 Nr. 1 Buchstabe k des 5. VermBG können in der Regel dann unter dem Nennwert bewertet werden, wenn die Forderung unverzinslich ist (>R B 12.1 Abs. 1 Nr. 1 ErbStR); eine Bewertung über dem Nennwert ist im Allgemeinen dann gerechtfer-

tigt, wenn die Forderung hochverzinst ist und von Seiten des Schuldners (Arbeitgebers) für längere Zeit unkündbar ist (>R B 12.1 Abs. 1 Nr. 2 ErbStR).

Wert der Vermögensbeteiligung
– Veräußerungssperren mindern den Wert der Vermögensbeteiligung nicht (>BMF vom 8. 12. 2009 – BStBl I S. 1513, Tz. 1.3).
– Der gemeine Wert nicht börsennotierter Aktien lässt sich nicht i. S. d. § 11 Abs. 2 Satz 2 BewG aus Verkäufen ableiten, wenn nach den Veräußerungen aber noch vor dem Bewertungsstichtag weitere objektive Umstände hinzutreten, die dafür sprechen, dass diese Verkäufe nicht mehr den gemeinen Wert der Aktien repräsentieren, und es an objektiven Maßstäben für Zu- und Abschläge fehlt, um von den festgestellten Verkaufspreisen der Aktien auf deren gemeinen Wert zum Bewertungsstichtag schließen zu können (>BFH vom 29. 7. 2010 – BStBl 2011 II S. 68).
– Der gemäß § 11 Abs. 2 Satz 2 BewG zu ermittelnde gemeine Wert nicht börsennotierter Aktien ist vorrangig aus der Wertbestätigung am Markt abzuleiten, also von dem Preis, der bei einer Veräußerung im gewöhnlichen Geschäftsverkehr tatsächlich erzielt wurde. Bei nicht börsennotierten Aktien kann der gemeine Wert grundsätzlich vom Wert der börsennotierten gattungsgleichen Aktien abgeleitet werden. Die grundsätzlich auf den Zeitpunkt des Lohnzuflusses stichtagsbezogen vorzunehmende Bewertung von Sachlohn gebietet es, den gemeinen Wert nicht börsennotierter Aktien aus Verkäufen abzuleiten, die am Bewertungsstichtag oder, wenn solche Verkäufe nicht feststellbar sind, möglichst in zeitlicher Nähe zum Bewertungsstichtag getätigt wurden (>BFH vom 1. 9. 2016 – BStBl 2017 II S. 149).

Zuflusszeitpunkt der Vermögensbeteiligung
>BMF vom 8. 12. 2009 (BStBl I S. 1513), Tz. 1.6

Zu § 3 Nr. 45 EStG

| R 3.45 | **Betriebliche Datenverarbeitungs- und Telekommunikationsgeräte (§ 3 Nr. 45 EStG)** |

[1]Die Privatnutzung betrieblicher Datenverarbeitungs- und Telekommunikationsgeräte durch den Arbeitnehmer ist unabhängig vom Verhältnis der beruflichen zur privaten Nutzung steuerfrei. [2]Die Steuerfreiheit umfasst auch die Nutzung von Zubehör und Software. [3]Sie ist nicht auf die private Nutzung im Betrieb beschränkt, sondern gilt beispielsweise auch für Mobiltelefone im Auto oder Personalcomputer in der Wohnung des Arbeitnehmers. [4]Die Steuerfreiheit gilt nur für die Überlassung zur Nutzung durch den Arbeitgeber oder auf Grund des Dienstverhältnisses durch einen Dritten. [5]In diesen Fällen sind auch die vom Arbeitgeber getragenen Verbindungsentgelte (Grundgebühr und sonstige laufende Kosten) steuerfrei. [6]Für die Steuerfreiheit kommt es nicht darauf an, ob die Vorteile zusätzlich zum ohnehin geschuldeten Arbeitslohn oder auf Grund einer Vereinbarung mit dem Arbeitgeber über die Herabsetzung von Arbeitslohn erbracht werden.

| H 3.45 |

Anwendungsbereich
Die auf Arbeitnehmer beschränkte Steuerfreiheit für die Vorteile aus der privaten Nutzung von betrieblichen Personalcomputern und Telekommunikationsgeräten (§ 3 Nr. 45 EStG) verletzt nicht den Gleichheitssatz (>BFH vom 21. 6. 2006 – BStBl II S. 715).

Beispiele für die Anwendung des § 3 Nr. 45 EStG:

Beispiel 1
Der Arbeitgeber least einen PC und überlässt dieses Gerät dem Arbeitnehmer zur ausschließlich privaten Nutzung. Gegenüber dem Leasinggeber schuldet der Arbeitgeber die Leasingraten. In entsprechender Höhe wird eine Herabsetzung des Bruttogehalts vereinbart (Gehaltsumwandlung).
Da die Steuerbefreiungsvorschrift des § 3 Nr. 45 EStG keine Zusätzlichkeitsvoraussetzung enthält, ist die Herabsetzung des Bruttogehalts im Wege der Gehaltsumwandlung anzuerkennen; die Vereinbarung einer etwaigen Rückfallklausel/Ausstiegsklausel steht der Anerkennung nicht entgegen.

Beispiel 2
Der Arbeitgeber „kauft" vom Arbeitnehmer ein Mobiltelefon zu einem nicht marktüblichen Preis von z. B. 1 Euro und stellt es anschließend dem Arbeitnehmer zur privaten Nutzung zur Verfügung. Die Verbindungsentgelte des Arbeitnehmers werden nach dem „Kauf" vom Arbeitgeber übernommen.
Eine Steuerbefreiung der Verbindungsentgelte nach § 3 Nr. 45 EStG kommt nicht in Betracht, da der Kaufvertrag einem Fremdvergleich nicht standhält und es sich somit bei der Zurverfügungstellung des Mobiltelefons nicht um ein betriebliches Telekommunikationsgerät des Arbeitgebers handelt.

Beispiele für begünstigte Geräte und Leistungen

- **Betriebliche Datenverarbeitungsgeräte und Telekommunikationsgeräte**
  Begünstigt sind u. a. Personalcomputer, Laptop, Handy, Smartphone, Tablet, Autotelefon.
  Regelmäßig nicht begünstigt sind Smart TV, Konsole, MP3-Player, Spielautomat, E-Book-Reader, Gebrauchsgegenstand mit eingebautem Mikrochip, Digitalkamera und digitaler Videocamcorder, weil es sich nicht um betriebliche Geräte des Arbeitgebers handelt. Nicht begünstigt ist auch ein vorinstalliertes Navigationsgerät im Pkw (>BFH vom 16. 2. 2005 – BStBl II S. 563).
- **System- und Anwendungsprogramme**
  Begünstigt sind u. a. im Betrieb des Arbeitgebers eingesetzte Betriebssysteme, Browser, Virenscanner, Softwareprogramme (z. B. Home-Use-Programme, Volumenlizenzvereinbarungen).
  Regelmäßig nicht begünstigt sind mangels Einsatz im Betrieb des Arbeitgebers u. a. Computerspiele.
- **Zubehör**
  Begünstigt sind u. a. betriebliche Monitore, Drucker, Beamer, Scanner, Modems, Netzwerkswitches, Router, Hubs, Bridges, ISDN-Karten, SIM-Karten, UMTS-Karte, LTE-Karten, Ladegeräte und Transportbehältnisse.
- **Dienstleistung**
  Begünstigt ist insbesondere die Installation oder Inbetriebnahme der begünstigten Geräte und Programme i. S. d. § 3 Nr. 45 EStG durch einen IT-Service des Arbeitgebers.

Zu § 3 Nr. 46 EStG

H 3.46

Anwendungsbereich
>BMF vom 14. 12. 2016 (BStBl I S. 1446)
>BMF vom 26. 10. 2017 (BStBl I S. 1439)

Zu § 3 Nr. 50 EStG

R 3.50 **Durchlaufende Gelder, Auslagenersatz (§ 3 Nr. 50 EStG)**

(1) [1]Durchlaufende Gelder oder Auslagenersatz liegen vor, wenn
1. der Arbeitnehmer die Ausgaben für Rechnung des Arbeitgebers macht, wobei es gleichgültig ist, ob das im Namen des Arbeitgebers oder im eigenen Namen geschieht, und
2. über die Ausgaben im Einzelnen abgerechnet wird.

²Dabei sind die Ausgaben des Arbeitnehmers bei ihm so zu beurteilen, als hätte der Arbeitgeber sie selbst getätigt. ³Die Steuerfreiheit der durchlaufenden Gelder oder des Auslagenersatzes nach § 3 Nr. 50 EStG ist hiernach stets dann ausgeschlossen, wenn die Ausgaben durch das Dienstverhältnis des Arbeitnehmers veranlasst sind (>R 19.3). ⁴Durchlaufende Gelder oder Auslagenersatz werden immer zusätzlich gezahlt, da sie ihrem Wesen nach keinen Arbeitslohn darstellen. ⁵Sie können daher auch keinen anderen Arbeitslohn ersetzen.

(2) ¹Pauschaler Auslagenersatz führt regelmäßig zu Arbeitslohn. ²Ausnahmsweise kann pauschaler Auslagenersatz steuerfrei bleiben, wenn er regelmäßig wiederkehrt und der Arbeitnehmer die entstandenen Aufwendungen für einen repräsentativen Zeitraum von drei Monaten im Einzelnen nachweist. ³Dabei können bei Aufwendungen für Telekommunikation auch die Aufwendungen für das Nutzungsentgelt einer Telefonanlage sowie für den Grundpreis der Anschlüsse entsprechend dem beruflichen Anteil der Verbindungsentgelte an den gesamten Verbindungsentgelten (Telefon und Internet) steuerfrei ersetzt werden. ⁴Fallen erfahrungsgemäß beruflich veranlasste Telekommunikationsaufwendungen an, können aus Vereinfachungsgründen ohne Einzelnachweis bis zu 20 % des Rechnungsbetrags, höchstens 20 Euro monatlich steuerfrei ersetzt werden. ⁵Zur weiteren Vereinfachung kann der monatliche Durchschnittsbetrag, der sich aus den Rechnungsbeträgen für einen repräsentativen Zeitraum von drei Monaten ergibt, für den pauschalen Auslagenersatz fortgeführt werden. ⁶Der pauschale Auslagenersatz bleibt grundsätzlich so lange steuerfrei, bis sich die Verhältnisse wesentlich ändern. ⁷Eine wesentliche Änderung der Verhältnisse kann sich insbesondere im Zusammenhang mit einer Änderung der Berufstätigkeit ergeben.

H 3.50

Allgemeines

- **Nicht** nach § 3 Nr. 50 EStG **steuerfrei**

    Ersatz von Werbungskosten

    Ersatz von Kosten der privaten Lebensführung des Arbeitnehmers

- **Steuerfrei** ist z. B. der Ersatz von Gebühren für ein geschäftliches Telefongespräch, das der Arbeitnehmer für den Arbeitgeber außerhalb des Betriebs führt.

Ersatz von Reparaturkosten

Ersetzt der Arbeitgeber auf Grund einer tarifvertraglichen Verpflichtung dem als Orchestermusiker beschäftigten Arbeitnehmer die Kosten der Instandsetzung des dem Arbeitnehmer gehörenden Musikinstruments, so handelt es sich dabei um steuerfreien Auslagenersatz (>BFH vom 28. 3. 2006 – BStBl II S. 473).

Garagenmiete

Stellt der Arbeitnehmer den Dienstwagen in einer von ihm angemieteten Garage unter, handelt es sich bei der vom Arbeitgeber erstatteten Garagenmiete um steuerfreien Auslagenersatz (>BFH vom 7. 6. 2002 – BStBl II S. 829).

Pauschaler Auslagenersatz

führt regelmäßig zu Arbeitslohn (>BFH vom 10. 6. 1966 – BStBl III S. 607). Er ist nur dann steuerfrei, wenn der Steuerpflichtige nachweist, dass die Pauschale den tatsächlichen Aufwendungen im Großen und Ganzen entspricht (>BFH vom 2. 10. 2003 – BStBl 2004 II S. 129).

>BMF vom 26. 10. 2017 (BStBl I S. 1439), Rdnr. 19a

Zu § 3 Nr. 51 EStG

H 3.51

Freiwillige Sonderzahlungen
an Arbeitnehmer eines konzernverbundenen Unternehmens sind keine steuerfreien Trinkgelder (>BFH vom 3. 5. 2007 – BStBl II S. 712).

Notarassessoren
Freiwillige Zahlungen von Notaren an Notarassessoren für deren Vertretungstätigkeit sind keine steuerfreien Trinkgelder (>BFH vom 10. 3. 2015 – BStBl II S. 767).

Spielbank
- Aus dem Spielbanktronc finanzierte Zahlungen an die Arbeitnehmer der Spielbank sind keine steuerfreien Trinkgelder (>BFH vom 18. 12. 2008 – BStBl 2009 II S. 820).
- Freiwillige Zahlungen von Spielbankkunden an die Saalassistenten einer Spielbank für das Servieren von Speisen und Getränken können steuerfreie Trinkgelder sein. Die Steuerfreiheit entfällt nicht dadurch, dass der Arbeitgeber als eine Art Treuhänder bei der Aufbewahrung und Verteilung der Gelder eingeschaltet ist (>BFH vom 18. 6. 2015 – BStBl 2016 II S. 751).

Zu § 3 Nr. 55 EStG

H 3.55

Übertragung der betrieblichen Altersversorgung
>BMF vom 6. 12. 2017 (BStBl 2018 I S. 147), Rz. 57 – 62

Zu § 3 Nr. 55a EStG

H 3.55a

Allgemeine Grundsätze
>BMF vom 21. 12. 2017 (BStBl 2018 I S. 93), Rz. 319
>BMF vom 19. 8. 2013 (BStBl I S. 1087), Rz. 270 ff.

Zu § 3 Nr. 55b EStG

H 3.55b

Allgemeine Grundsätze
>BMF vom 21. 12. 2017 (BStBl 2018 I S. 93), Rz. 323 – 324
>BMF vom 19. 8. 2013 (BStBl I S. 1087), Rz. 270 ff.

Zu § 3 Nr. 55c EStG

H 3.55c

Allgemeine Grundsätze
>BMF vom 6. 12. 2017 (BStBl 2018 I S. 147), Rz. 63
>BMF vom 21. 12. 2017 (BStBl 2018 I S. 93), Rz. 150 ff.

Zu § 3 Nr. 56 EStG

H 3.56

Allgemeine Grundsätze
>BMF vom 6. 12. 2017 (BStBl 2018 I S. 147), Rz. 76 – 82

Zu § 3 Nr. 58 EStG

R 3.58 **Zuschüsse und Zinsvorteile aus öffentlichen Haushalten (§ 3 Nr. 58 EStG)**

Öffentliche Haushalte i. S. d. § 3 Nr. 58 EStG sind die Haushalte des Bundes, der Länder, der Gemeinden, der Gemeindeverbände, der kommunalen Zweckverbände und der Sozialversicherungsträger.

Zu § 3 Nr. 59 EStG

R 3.59 **Steuerfreie Mietvorteile (§ 3 Nr. 59 EStG)**

[1]Steuerfrei sind Mietvorteile, die im Rahmen eines Dienstverhältnisses gewährt werden und die auf der Förderung nach dem Zweiten Wohnungsbaugesetz, dem Wohnungsbaugesetz für das Saarland, nach dem Wohnraumförderungsgesetz (WoFG) oder den Landesgesetzen zur Wohnraumförderung beruhen. [2]Mietvorteile, die sich aus dem Einsatz von Wohnungsfürsorgemitteln aus öffentlichen Haushalten ergeben, sind ebenfalls steuerfrei. [3]Bei einer Wohnung, die ohne Mittel aus öffentlichen Haushalten errichtet worden ist, gilt Folgendes: [4]Die Mietvorteile im Rahmen eines Dienstverhältnisses sind steuerfrei, wenn die Wohnung im Zeitpunkt ihres Bezugs durch den Arbeitnehmer für eine Förderung mit Mitteln aus öffentlichen Haushalten in Betracht gekommen wäre. [5]§ 3 Nr. 59 EStG ist deshalb nur auf Wohnungen anwendbar, die im Geltungszeitraum der in Satz 1 genannten Gesetze errichtet worden sind, d. h. auf Baujahrgänge ab 1957. [6]Es muss nicht geprüft werden, ob der Arbeitnehmer nach seinen Einkommensverhältnissen als Mieter einer geförderten Wohnung in Betracht kommt. [7]Der Höhe nach ist die Steuerbefreiung auf die Mietvorteile begrenzt, die sich aus der Förderung nach den in Satz 1 genannten Gesetzen ergeben würden. [8]§ 3 Nr. 59 EStG ist deshalb nicht anwendbar auf Wohnungen, für die der Förderzeitraum abgelaufen ist. [9]Wenn der Förderzeitraum im Zeitpunkt des Bezugs der Wohnung durch den Arbeitnehmer noch nicht abgelaufen ist, ist ein Mietvorteil bis zur Höhe des Teilbetrags steuerfrei, auf den der Arbeitgeber gegenüber der Vergleichsmiete verzichten müsste, wenn die Errichtung der Wohnung nach den in Satz 1 genannten Gesetzen gefördert worden wäre. [10]Der steuerfreie Teilbetrag verringert sich in dem Maße, in dem der Ar-

beitgeber nach den Förderregelungen eine höhere Miete verlangen könnte. [11]Mit Ablauf der Mietbindungsfrist läuft auch die Steuerbefreiung aus. [12]Soweit später zulässige Mieterhöhungen z. B. nach Ablauf des Förderzeitraums im Hinblick auf das Dienstverhältnis unterblieben sind, sind sie in den steuerpflichtigen Mietvorteil einzubeziehen.

H 3.59

Steuerfreie Mietvorteile im Zusammenhang mit einem Arbeitsverhältnis
R 3.59 Sätze 2 bis 4 LStR sind unabhängig vom BFH-Urteil vom 16. 2. 2005 (BStBl II S. 750) weiterhin anzuwenden (>BMF vom 10. 10. 2005 – BStBl I S. 959).

Zu § 3 Nr. 62 EStG

R 3.62   **Zukunftssicherungsleistungen (§ 3 Nr. 62 EStG, § 2 Abs. 2 Nr. 3 LStDV)**

Leistungen auf Grund gesetzlicher Verpflichtungen
(1) [1]Zu den nach § 3 Nr. 62 EStG steuerfreien Ausgaben des Arbeitgebers für die Zukunftssicherung des Arbeitnehmers (§ 2 Abs. 2 Nr. 3 LStDV) gehören insbesondere die Beitragsanteile des Arbeitgebers am Gesamtsozialversicherungsbeitrag (Rentenversicherung, Krankenversicherung, Pflegeversicherung, Arbeitslosenversicherung), Beiträge des Arbeitgebers nach § 172a SGB VI zu einer berufsständischen Versorgungseinrichtung für Arbeitnehmer, die nach § 6 Abs. 1 Satz 1 Nr. 1 SGB VI von der Versicherungspflicht in der gesetzlichen Rentenversicherung befreit sind, und Beiträge des Arbeitgebers nach § 249b SGB V und nach §§ 168 Abs. 1 Nr. 1b oder 1c, 172 Abs. 3 oder 3a, 276a Abs. 1 SGB VI für geringfügig Beschäftigte. [2]Dies gilt auch für solche Beitragsanteile, die auf Grund einer nach ausländischen Gesetzen bestehenden Verpflichtung an ausländische Sozialversicherungsträger, die den inländischen Sozialversicherungsträgern vergleichbar sind, geleistet werden. [3]Steuerfrei sind nach § 3 Nr. 62 EStG auch vom Arbeitgeber nach § 3 Abs. 3 Satz 3 SvEV übernommene Arbeitnehmeranteile am Gesamtsozialversicherungsbeitrag sowie Krankenversicherungsbeiträge, die der Arbeitgeber nach § 9 der Mutterschutz- und Elternzeitverordnung oder nach entsprechenden Rechtsvorschriften der Länder erstattet. [4]Zukunftssicherungsleistungen auf Grund einer tarifvertraglichen Verpflichtung sind dagegen nicht nach § 3 Nr. 62 EStG steuerfrei.
(2) Für Ausgaben des Arbeitgebers zur Kranken- und Pflegeversicherung des Arbeitnehmers gilt Folgendes:
1. [1]Die Beitragsteile und Zuschüsse des Arbeitgebers zur gesetzlichen Krankenversicherung und zur sozialen Pflegeversicherung eines gesetzlich krankenversicherungspflichtigen Arbeitnehmers sind steuerfrei, soweit der Arbeitgeber zur Tragung der Beiträge verpflichtet ist (§ 249 SGB V, § 58 SGB XI). [2]Der Zusatzbeitrag (§ 242 SGB V)[*)] sowie der Beitragszuschlag für Kinderlose i. H. v. 0,25 % (§ 55 Abs. 3 SGB XI) sind vom Arbeitnehmer allein zu tragen und können deshalb vom Arbeitgeber nicht steuerfrei erstattet werden.
2. [1]Zuschüsse des Arbeitgebers zur gesetzlichen Krankenversicherung und zur sozialen Pflegeversicherung oder privaten Pflege-Pflichtversicherung eines nicht gesetzlich krankenversicherungspflichtigen Arbeitnehmers, der in der gesetzlichen Krankenversicherung freiwillig versichert ist, sind nach § 3 Nr. 62 EStG steuerfrei, soweit der Arbeitgeber nach § 257 Abs. 1 SGB V und nach § 61 Abs. 1 SGB XI zur Zuschussleistung verpflichtet ist. [2]Soweit bei Beziehern von Kurzarbeitergeld ein fiktives Arbeitsentgelt maßgebend ist, bleiben die Arbeitgeberzuschüsse in voller Höhe steuerfrei (§ 257 Abs. 1 i. V. m. § 249 Abs. 2 SGB V). [3]Über-

---

*) Ab 2019 wird der Zusatzbeitrag vom Arbeitgeber und Arbeitnehmer je zur Hälfte getragen (GKV-Versichertenentlastungsgesetz). Ein Beitragsanteil des Arbeitnehmers am Zusatzbeitrag kann vom Arbeitgeber nicht steuerfrei erstattet werden.

steigt das Arbeitsentgelt nur auf Grund von einmalig gezahltem Arbeitsentgelt die Beitragsbemessungsgrenze und hat der Arbeitnehmer deshalb für jeden Monat die Höchstbeiträge an die Kranken- und Pflegekasse zu zahlen, sind die Arbeitgeberzuschüsse aus Vereinfachungsgründen entsprechend der Höchstbeiträge steuerfrei. [4]Dies gilt auch dann, wenn das im Krankheitsfall fortgezahlte Arbeitsentgelt die monatliche Beitragsbemessungsgrenze unterschreitet und der Arbeitnehmer dennoch für die Dauer der Entgeltfortzahlung die Höchstbeiträge an die Kranken- und Pflegekasse zu zahlen hat.

3. [1]Zuschüsse des Arbeitgebers zu den Kranken- und Pflegeversicherungsbeiträgen eines nicht gesetzlich krankenversicherungspflichtigen Arbeitnehmers, der eine private Kranken- und Pflege-Pflichtversicherung abgeschlossen hat, sind ebenfalls nach § 3 Nr. 62 EStG steuerfrei, soweit der Arbeitgeber nach § 257 Abs. 2 SGB V sowie nach § 61 Abs. 2 SGB XI zur Zuschussleistung verpflichtet ist. [2]Der Anspruch auf den Arbeitgeberzuschuss an den bei einem privaten Krankenversicherungsunternehmen versicherten Arbeitnehmer setzt voraus, dass der private Krankenversicherungsschutz Leistungen zum Inhalt hat, die ihrer Art nach auch den Leistungen des SGB V entsprechen. [3]Die Höhe des Arbeitgeberzuschusses bemisst sich nach § 257 Abs. 2 Satz 2 SGB V. [4]Eine leistungsbezogene Begrenzung des Zuschusses sieht § 257 Abs. 2 SGB V nicht vor, so dass Beiträge zur privaten Krankenversicherung im Rahmen des § 257 SGB V zuschussfähig sind, auch wenn der Krankenversicherungsvertrag Leistungserweiterungen enthält (§ 11 Abs. 1, § 257 Abs. 2 Satz 1 SGB V). [5]Die für Zwecke des Sonderausgabenabzugs bestehenden Regelungen der Krankenversicherungsbeitragsanteils-Ermittlungsverordnung (KVBEVO) bilden keine Grundlage für die Bemessung des Arbeitgeberzuschusses. [6]Nummer 2 Satz 3 und 4 gilt entsprechend. [7]Für die private Pflege-Pflichtversicherung gilt, dass der Versicherungsschutz Leistungen zum Inhalt haben muss, die nach Art und Umfang den Leistungen der sozialen Pflegeversicherung nach dem SGB XI entsprechen (§ 61 Abs. 2 Satz 1 SGB XI). [8]Die Höhe des Arbeitgeberzuschusses bemisst sich nach § 61 Abs. 2 Satz 2 SGB XI. [9]Der Arbeitgeber darf Zuschüsse zu einer privaten Krankenversicherung und zu einer privaten Pflege-Pflichtversicherung des Arbeitnehmers nur dann steuerfrei lassen, wenn der Arbeitnehmer eine Bescheinigung des Versicherungsunternehmens vorlegt, in der bestätigt wird, dass die Voraussetzungen des § 257 Abs. 2a SGB V und des § 61 Abs. 6 SGB XI vorliegen und dass es sich bei den vertraglichen Leistungen um Leistungen i. S. d. SGB V und SGB XI handelt. [10]Die Bescheinigung muss außerdem Angaben über die Höhe des für die vertraglichen Leistungen i. S. d. SGB V und SGB XI zu zahlenden Versicherungsbeitrags enthalten. [11]Der Arbeitgeber hat die Bescheinigung als Unterlage zum Lohnkonto aufzubewahren. [12]Soweit der Arbeitgeber die steuerfreien Zuschüsse unmittelbar an den Arbeitnehmer auszahlt, hat der Arbeitnehmer die zweckentsprechende Verwendung durch eine Bescheinigung des Versicherungsunternehmens über die tatsächlichen Kranken- und Pflege-Pflichtversicherungsbeiträge nach Ablauf eines jeden Kalenderjahres nachzuweisen; der Arbeitgeber hat diese Bescheinigung als Unterlage zum Lohnkonto aufzubewahren. [13]Diese Bescheinigung kann mit der Bescheinigung nach den Sätzen 9 und 10 verbunden werden.

Den gesetzlichen Pflichtbeiträgen gleichgestellte Zuschüsse

(3) [1]Nach § 3 Nr. 62 Satz 2 EStG sind den Ausgaben des Arbeitgebers für die Zukunftssicherung des Arbeitnehmers, die auf Grund gesetzlicher Verpflichtung geleistet werden, die Zuschüsse des Arbeitgebers gleichgestellt, die zu den Beiträgen des Arbeitnehmers für eine Lebensversicherung – auch für die mit einer betrieblichen Pensionskasse abgeschlossene Lebensversicherung –, für die freiwillige Versicherung in der gesetzlichen Rentenversicherung oder für eine öffentlich-rechtliche Versicherungs- oder Versorgungseinrichtung der Berufsgruppe geleistet werden, wenn der Arbeitnehmer von der Versicherungspflicht in der gesetzlichen Rentenversicherung nach einer der folgenden Vorschriften auf eigenen Antrag befreit worden ist:

1. § 18 Abs. 3 des Gesetzes über die Erhöhung der Einkommensgrenzen in der Sozialversicherung und der Arbeitslosenversicherung und zur Änderung der Zwölften Verordnung zum Aufbau der Sozialversicherung vom 13. 8. 1952 (BGBl I S. 437),

2. Artikel 2 § 1 des Angestelltenversicherungs-Neuregelungsgesetzes vom 23. 2. 1957 (BGBl I S. 88, 1074) oder Artikel 2 § 1 des Knappschaftsrentenversicherungs-Neuregelungsgesetzes vom 21. 5. 1957 (BGBl I S. 533), jeweils in der bis zum 30. 6. 1965 geltenden Fassung,
3. § 7 Abs. 2 des Angestelltenversicherungsgesetzes (AVG) i. d. F. des Artikels 1 des Angestelltenversicherungs-Neuregelungsgesetzes vom 23. 2. 1957 (BGBl I S. 88, 1074),
4. Artikel 2 § 1 des Angestelltenversicherungs-Neuregelungsgesetzes oder Artikel 2 § 1 des Knappschaftsrentenversicherungs-Neuregelungsgesetzes, jeweils i. d. F. des Rentenversicherungs-Änderungsgesetzes vom 9. 6. 1965 (BGBl I S. 476),
5. Artikel 2 § 1 des Zweiten Rentenversicherungs-Änderungsgesetzes vom 23. 12. 1966 (BGBl I S. 745),
6. Artikel 2 § 1 des Angestelltenversicherungs-Neuregelungsgesetzes oder Artikel 2 § 1 des Knappschaftsrentenversicherungs-Neuregelungsgesetzes, jeweils i. d. F. des Finanzänderungsgesetzes 1967 vom 21. 12. 1967 (BGBl I S. 1259),
7. Artikel 2 § 1 Abs. 2 des Angestelltenversicherungs-Neuregelungsgesetzes oder Artikel 2 § 1 Abs. 1a des Knappschaftsrentenversicherungs-Neuregelungsgesetzes, jeweils i. d. F. des Dritten Rentenversicherungs-Änderungsgesetzes vom 28. 7. 1969 (BGBl I S. 956),
8. § 20 des Gesetzes über die Sozialversicherung vom 28. 6. 1990 (GBl der Deutschen Demokratischen Republik I Nr. 38 S. 486) i. V. m. § 231a SGB VI i. d. F. des Gesetzes zur Herstellung der Rechtseinheit in der gesetzlichen Renten- und Unfallversicherung (Renten-Überleitungsgesetz – RÜG) vom 25. 7. 1991 (BGBl I S. 1606).

²Zuschüsse des Arbeitgebers i. S. d. § 3 Nr. 62 Satz 2 EStG liegen nicht vor, wenn der Arbeitnehmer kraft Gesetzes in der gesetzlichen Rentenversicherung versicherungsfrei ist. ³Den Beiträgen des Arbeitnehmers für eine freiwillige Versicherung in der allgemeinen Rentenversicherung stehen im Übrigen Beiträge für die freiwillige Versicherung in der knappschaftlichen Rentenversicherung oder für die Selbstversicherung/Weiterversicherung in der gesetzlichen Rentenversicherung gleich.

Höhe der steuerfreien Zuschüsse, Nachweis

(4) ¹Die Steuerfreiheit der Zuschüsse beschränkt sich nach § 3 Nr. 62 Satz 3 EStG im Grundsatz auf den Betrag, den der Arbeitgeber als Arbeitgeberanteil zur gesetzlichen Rentenversicherung aufzuwenden hätte, wenn der Arbeitnehmer nicht von der gesetzlichen Versicherungspflicht befreit worden wäre. ²Soweit der Arbeitgeber die steuerfreien Zuschüsse unmittelbar an den Arbeitnehmer auszahlt, hat dieser die zweckentsprechende Verwendung durch eine entsprechende Bescheinigung des Versicherungsträgers bis zum 30. April des folgenden Kalenderjahres nachzuweisen. ³Die Bescheinigung ist als Unterlage zum Lohnkonto aufzubewahren.

H 3.62

Ausländische Krankenversicherung

Die nach § 3 Nr. 62 Satz 1 EStG für die Steuerfreiheit vorausgesetzte gesetzliche Verpflichtung zu einer Zukunftssicherungsleistung des Arbeitgebers ergibt sich für einen Arbeitgeberzuschuss zu einer privaten Krankenversicherung aus § 257 Abs. 2a Satz 1 SGB V. § 257 Abs. 2a SGB V findet auch auf Steuerpflichtige Anwendung, die eine Krankenversicherung bei einem Versicherungsunternehmen abgeschlossen haben, das in einem anderen Land der EU seinen Sitz hat und ist vom Steuerpflichtigen nachzuweisen. Die Vorlage der Bescheinigung nach § 257 Abs. 2a SGB V ist nicht konstitutive Voraussetzung der Steuerbefreiung (>BFH vom 22. 7. 2008 – BStBl II S. 894).

Ausländische Versicherungsunternehmen

Zahlungen des Arbeitgebers an ausländische Versicherungsunternehmen sind nicht steuerfrei, wenn sie auf vertraglicher Grundlage entrichtet werden (>BFH vom 28. 5. 2009 – BStBl II S. 857).

Ausländischer Sozialversicherungsträger

- Arbeitgeberanteile zur ausländischen Sozialversicherung sind nicht steuerfrei, wenn sie auf vertraglicher Grundlage und damit freiwillig entrichtet werden (>BFH vom 18.5.2004 – BStBl II S. 1014).
- Zu Zuschüssen zu einer ausländischen gesetzlichen Krankenversicherung >BMF vom 30.1.2014 (BStBl I S. 210).
- Bei Beiträgen zu einer ausländischen gesetzlichen Rentenversicherung ist die Anwendung des § 3 Nr. 62 EStG nicht durch die inländische Beitragsbemessungsgrenze begrenzt (>BMF vom 27.7.2016 – BStBl I S. 759).

Beitragszuschlag

Der Beitragszuschlag für Kinderlose in der sozialen Pflegeversicherung i. H. v. 0,25 % ist vom Arbeitnehmer allein zu tragen und kann deshalb vom Arbeitgeber nicht steuerfrei erstattet werden (>§ 55 Abs. 3 i.V. m. § 58 Abs. 1 SGB XI).

Entscheidung des Sozialversicherungsträgers

Bei der Frage, ob die Ausgaben des Arbeitgebers für die Zukunftssicherung des Arbeitnehmers auf einer gesetzlichen Verpflichtung beruhen, ist der Entscheidung des zuständigen Sozialversicherungsträgers des Arbeitnehmers zu folgen, wenn sie nicht offensichtlich rechtswidrig ist (>BFH vom 6.6.2002 – BStBl 2003 II S. 34 und vom 21.1.2010 – BStBl II S. 703).

Gegenwärtiger Versicherungsstatus

Für die Steuerfreiheit von Arbeitgeberzuschüssen zu einer Lebensversicherung des Arbeitnehmers ist dessen gegenwärtiger Versicherungsstatus maßgeblich. Die Zuschüsse sind nicht nach § 3 Nr. 62 Satz 2 EStG steuerfrei, wenn der Arbeitnehmer als nunmehr beherrschender Gesellschafter-Geschäftsführer kraft Gesetzes rentenversicherungsfrei geworden ist, auch wenn er sich ursprünglich auf eigenen Antrag von der Rentenversicherungspflicht hatte befreien lassen (>BFH vom 10.10.2002 – BStBl II S. 886).

Gesetzliche Verpflichtung

- Beiträge für eine Krankenversicherung der Arbeitnehmer können steuerfrei sein, wenn der Arbeitgeber nach einer zwischenstaatlichen Verwaltungsvereinbarung, die ihrerseits auf einer gesetzlichen Ermächtigung beruht, zur Leistung verpflichtet ist (§ 3 Nr. 62 Satz 1 3. Alternative EStG; >BFH vom 14.4.2011 – BStBl II S. 767).
- Zuschüsse, die eine AG Vorstandsmitgliedern zur freiwilligen Weiterversicherung in der gesetzlichen Rentenversicherung oder einem Versorgungswerk gewährt, sind nicht nach § 3 Nr. 62 Satz 1 EStG steuerfrei (>BFH vom 24.9.2013 – BStBl 2014 II S. 124).

Gesetzlicher Beitragszuschuss des Arbeitgebers in der Pflege-Pflichtversicherung[*]

Beispiel:

Ein Arbeitgeber zahlt für Juli 2018 einem privat krankenversicherten Arbeitnehmer einen Zuschuss zur privaten Pflege-Pflichtversicherung in Höhe von 50 % des Gesamtbeitrags von 70 €. Die Beitragsbemessungsgrenze 2018 beträgt 53.100 € (mtl. 4.425,00 €). Der steuerfreie Betrag errechnet sich wie folgt:

---

[*] Für 2019 gilt voraussichtlich eine neue Beitragsbemessungsgrenze und voraussichtlich ein neuer Beitragssatz.

a) Die Betriebsstätte befindet sich in Sachsen (Arbeitgeberanteil: 0,775 %)
   1. Begrenzung
   4.425,00 € x 0,775 % = 34,29 € mtl. Arbeitgeberanteil
   2. Begrenzung
   Privater Pflege-Pflichtversicherungsbeitrag mtl.   70,00 €
   davon 50 %   35,00 €
   Vergleich
   1. Begrenzung   34,29 €
   2. Begrenzung   35,00 €
   damit steuerfreier Zuschuss des Arbeitgebers
   nach § 3 Nr. 62 EStG   34,29 €
   somit steuerpflichtiger Zuschuss des Arbeitgebers   0,71 €

b) Die Betriebsstätte befindet sich im übrigen Bundesgebiet (Arbeitgeberanteil: 1,275 %)
   1. Begrenzung
   4.425,00 € x 1,275 % = 56,42 € mtl. Arbeitgeberanteil
   2. Begrenzung
   Privater Pflege-Pflichtversicherungsbeitrag mtl.   70,00 €
   davon 50 %   35,00 €
   Vergleich
   1. Begrenzung   56,42 €
   2. Begrenzung   35,00 €
   damit steuerfreier Zuschuss des Arbeitgebers
   nach § 3 Nr. 62 EStG   35,00 €

Rückzahlung von Beitragsanteilen an den Arbeitgeber
Beitragsanteile am Gesamtsozialversicherungsbeitrag, die der Arbeitgeber ohne gesetzliche Verpflichtung übernommen hat, sind kein Arbeitslohn, wenn sie dem Arbeitgeber zurückgezahlt worden sind und der Arbeitnehmer keine Versicherungsleistungen erhalten hat (>BFH vom 27. 3. 1992 – BStBl II S. 663).

Umlagezahlungen
Umlagezahlungen des Arbeitgebers an die VBL sind Arbeitslohn (>§ 19 Abs. 1 Satz 1 Nr. 3 Satz 1 EStG); sie sind nicht nach § 3 Nr. 62 EStG steuerfrei (>BFH vom 7. 5. 2009 – BStBl 2010 II S. 194). Zur Steuerfreistellung >§ 3 Nr. 56 EStG

Zu § 3 Nr. 63 EStG

H 3.63

Allgemeine Grundsätze
>BMF vom 6. 12. 2017 (BStBl 2018 I S. 147), Rz. 23 – 50

Beiträge des Arbeitgebers
>BMF vom 6. 12. 2017 (BStBl 2018 I S. 147), Rz. 26

Umlagezahlungen
- Zur Abgrenzung gegenüber dem Kapitaldeckungsverfahren >BMF vom 6. 12. 2017 (BStBl 2018 I S. 147), Rz. 74, 77 – 82
- >§ 3 Nr. 56 EStG

Zu § 3 Nr. 63a EStG

| H 3.63a |

Allgemeine Grundsätze
>BMF vom 6.12.2017 (BStBl 2018 I S. 147), Rz. 51 – 52

Zu § 3 Nr. 64 EStG

| R 3.64 | **Kaufkraftausgleich (§ 3 Nr. 64 EStG)**

(1) ¹Wird einem Arbeitnehmer außerhalb des öffentlichen Dienstes von einem inländischen Arbeitgeber ein Kaufkraftausgleich gewährt, bleibt er im Rahmen des Absatzes 2 steuerfrei, wenn der Arbeitnehmer aus dienstlichen Gründen in ein Gebiet außerhalb des Inlands entsandt wird und dort für einen begrenzten Zeitraum einen Wohnsitz i. S. d. § 8 AO oder gewöhnlichen Aufenthalt i. S. d. § 9 AO hat. ²Eine Entsendung für einen begrenzten Zeitraum ist anzunehmen, wenn eine Rückkehr des Arbeitnehmers nach Beendigung der Tätigkeit vorgesehen ist. ³Es ist unerheblich, ob der Arbeitnehmer tatsächlich zurückkehrt oder nicht.
(2) ¹Der Umfang der Steuerfreiheit des Kaufkraftausgleichs bestimmt sich nach den Sätzen des Kaufkraftzuschlags zu den Auslandsdienstbezügen im öffentlichen Dienst. ²Die für die einzelnen Länder in Betracht kommenden Kaufkraftzuschläge werden im BStBl Teil I bekannt gemacht.
(3) ¹Die Zuschläge beziehen sich jeweils auf den Auslandsdienstort einer Vertretung der Bundesrepublik Deutschland und gelten, sofern nicht im Einzelnen andere Zuschläge festgesetzt sind, jeweils für den gesamten konsularischen Amtsbezirk der Vertretung. ²Die konsularischen Amtsbezirke der Vertretungen ergeben sich vorbehaltlich späterer Änderungen, die im Bundesanzeiger veröffentlicht werden, aus dem Verzeichnis der Vertretungen der Bundesrepublik Deutschland im Ausland.
(4) ¹Die regionale Begrenzung der Zuschlagssätze gilt auch für die Steuerbefreiung nach § 3 Nr. 64 EStG. ²Für ein Land, das von einer Vertretung der Bundesrepublik Deutschland nicht erfasst wird, kann jedoch der Zuschlagssatz angesetzt werden, der für einen vergleichbaren konsularischen Amtsbezirk eines Nachbarlandes festgesetzt worden ist.
(5) ¹Die Zuschlagssätze werden im öffentlichen Dienst auf 60 % der Dienstbezüge, die bei Verwendung im Inland zustehen, und der Auslandsdienstbezüge angewendet. ²Da eine vergleichbare Bemessungsgrundlage außerhalb des öffentlichen Dienstes regelmäßig nicht vorhanden ist, ist der steuerfreie Teil des Kaufkraftausgleichs durch Anwendung eines entsprechenden Abschlagssatzes nach den Gesamtbezügen einschl. des Kaufkraftausgleichs zu bestimmen. ³Dabei ist es gleichgültig, ob die Bezüge im Inland oder im Ausland ausgezahlt werden. ⁴Der Abschlagssatz errechnet sich nach folgender Formel:

$$\frac{\text{Zuschlagssatz} \times 600}{1\,000 + 6 \times \text{Zuschlagssatz}}$$

⁵Ergibt sich durch Anwendung des Abschlagssatzes ein höherer Betrag als der tatsächlich gewährte Kaufkraftausgleich, ist nur der niedrigere Betrag steuerfrei. ⁶Zu den Gesamtbezügen, auf die der Abschlagssatz anzuwenden ist, gehören nicht steuerfreie Reisekostenvergütungen und steuerfreie Vergütungen für Mehraufwendungen bei doppelter Haushaltsführung.
(6) ¹Wird ein Zuschlagssatz rückwirkend erhöht, ist der Arbeitgeber berechtigt, die bereits abgeschlossenen Lohnabrechnungen insoweit wiederaufzurollen und bei der jeweils nächstfolgenden Lohnzahlung die ggf. zu viel einbehaltene Lohnsteuer zu erstatten. ²Dabei ist § 41c Abs. 2 und 3 EStG anzuwenden. ³Die Herabsetzung eines Zuschlagssatzes ist erstmals bei der Lohn-

abrechnung des Arbeitslohns zu berücksichtigen, der für einen nach der Veröffentlichung der Herabsetzung beginnenden Lohnzahlungszeitraum gezahlt wird.

H 3.64

Abschlagssätze

Zuschlags-satz	Abschlags-satz	Zuschlags-satz	Abschlags-satz	Zuschlags-satz	Abschlags-satz
5	2,91	40	19,35	75	31,03
10	5,66	45	21,26	80	32,43
15	8,26	50	23,08	85	33,77
20	10,71	55	24,81	90	35,06
25	13,04	60	26,47	95	36,31
30	15,25	65	28,06	100	37,50
35	17,36	70	29,58		

EU-Recht
Eine Anwendung des § 3 Nr. 64 EStG auf die dem Kaufkraftausgleich vergleichbaren Auslandszahlungen ist aus EU-rechtlichen Gründen nicht erforderlich (>EuGH vom 15. 9. 2011 – BStBl 2013 II S. 56).

EU-Tagegeld
Das EU-Tagegeld ist Arbeitslohn. Es bleibt jedoch steuerfrei, soweit es auf steuerfreie Auslandsdienstbezüge angerechnet wird (>BMF vom 12. 4. 2006 – BStBl I S. 340).

Wohnungsgestellung
am ausländischen Dienstort >R 8.1 Abs. 6 Satz 10

Zu § 3 Nr. 65 EStG

R 3.65   **Insolvenzsicherung (§ 3 Nr. 65 EStG)**

(1) [1]Die Steuerbefreiung gilt für etwaige Beiträge des Trägers der Insolvenzsicherung an eine Pensionskasse oder an ein Lebensversicherungsunternehmen zur Versicherung seiner Verpflichtungen im Sicherungsfall. [2]Sie gilt auch für die Übertragung von Direktzusagen oder für Zusagen, die von einer Unterstützungskasse erbracht werden sollen, wenn die Betriebstätigkeit eingestellt und das Unternehmen liquidiert wird (§ 4 Abs. 4 des Betriebsrentengesetzes – BetrAVG). [3]Im Falle der Liquidation einer Kapitalgesellschaft greift die Steuerbefreiung auch bei der Übertragung von Versorgungszusagen, die an Gesellschafter-Geschäftsführer gegeben worden sind; dies gilt auch dann, wenn es sich um Versorgungszusagen an beherrschende Gesellschafter-Geschäftsführer handelt. [4]Die Sätze 2 und 3 gelten nicht bei einer Betriebsveräußerung, wenn das Unternehmen vom Erwerber fortgeführt wird.

(2) ¹Die Mittel für die Durchführung der Insolvenzsicherung werden auf Grund öffentlich-rechtlicher Verpflichtung durch Beiträge aller Arbeitgeber aufgebracht, die Leistungen der betrieblichen Altersversorgung unmittelbar zugesagt haben oder eine betriebliche Altersversorgung über eine Unterstützungskasse, eine Direktversicherung oder einen Pensionsfonds durchführen (§ 10 BetrAVG). ²Die Beiträge an den Träger der Insolvenzsicherung gehören damit als Ausgaben des Arbeitgebers für die Zukunftssicherung des Arbeitnehmers, die auf Grund gesetzlicher Verpflichtung geleistet werden, zu den steuerfreien Einnahmen i. S. d. § 3 Nr. 62 EStG.

(3) ¹Durch die Insolvenzsicherung der betrieblichen Altersversorgung werden nicht neue oder höhere Ansprüche geschaffen, sondern nur bereits vorhandene Ansprüche gegen Insolvenz geschützt. ²Die in Insolvenzfällen zu erbringenden Versorgungsleistungen des Trägers der Insolvenzsicherung bzw. bei Rückversicherung der Pensionskasse oder des Lebensversicherungsunternehmens behalten deshalb grundsätzlich ihren steuerlichen Charakter, als wäre der Insolvenzfall nicht eingetreten. ³Das bedeutet z. B., dass Versorgungsleistungen an einen Arbeitnehmer, die auf einer Pensionszusage beruhen oder die über eine Unterstützungskasse durchgeführt werden sollten, auch nach Eintritt des Insolvenzfalles und Übernahme der Leistungen durch ein Versicherungsunternehmen zu den Einnahmen aus nichtselbständiger Arbeit gehören.

(4) § 3 Nr. 65 Satz 1 Buchstabe c EStG ist in den Fällen der Übertragung oder Umwandlung einer Rückdeckungsversicherung (>R 40b.1 Abs. 3) nicht anwendbar.*⁾

H 3.65

Allgemeine Grundsätze
>BMF vom 6. 12. 2017 (BStBl 2018 I S. 147), Rz. 53 – 55

Zu § 3 Nr. 66 EStG

H 3.66

Allgemeines
>BMF vom 6. 12. 2017 (BStBl 2018 I S. 147), Rz. 56

Zu § 3 Nr. 67 EStG

H 3.67

Allgemeine Grundsätze
Wird einem Stpfl. für die Erziehung eines vor dem 1. Januar 2015 geborenen Kindes oder für die vor dem 1. Januar 2015 begonnene Pflege einer pflegebedürftigen Person ein Zuschlag nach den §§ 50a bis 50e BeamtVG oder nach den §§ 70 bis 74 SVG oder nach vergleichbaren Regelungen der Länder gewährt, sind für diesen Stpfl. sämtliche Zuschläge, die nach diesen Vorschriften für Zeiten nach dem 31. Dezember 2014 anzurechnen sind, nach § 3 Nr. 67 Buchstabe d EStG steuerfrei (>BMF vom 8. 3. 2016 – BStBl I S. 278).

---

*) >aber § 3 Nr. 65 Satz 1 Buchstabe d EStG.

Zu § 3b EStG

| R 3b. | **Steuerfreiheit der Zuschläge für Sonntags-, Feiertags- oder Nachtarbeit (§ 3b EStG)** |

Allgemeines

(1) ¹Die Steuerfreiheit setzt voraus, dass neben dem Grundlohn tatsächlich ein Zuschlag für Sonntags-, Feiertags- oder Nachtarbeit gezahlt wird. ²Ein solcher Zuschlag kann in einem Gesetz, einer Rechtsverordnung, einem Tarifvertrag, einer Betriebsvereinbarung oder einem Einzelarbeitsvertrag geregelt sein. ³Bei einer Nettolohnvereinbarung ist der Zuschlag nur steuerfrei, wenn er neben dem vereinbarten Nettolohn gezahlt wird. ⁴Unschädlich ist es, wenn neben einem Zuschlag für Sonntags-, Feiertags- oder Nachtarbeit, die gleichzeitig Mehrarbeit ist, keine gesonderte Mehrarbeitsvergütung oder ein Grundlohn gezahlt wird, mit dem die Mehrarbeit abgegolten ist. ⁵Auf die Bezeichnung der Lohnzuschläge kommt es nicht an. ⁶Die Barabgeltung eines Freizeitanspruchs oder eines Freizeitüberhangs oder Zuschläge wegen Mehrarbeit oder wegen anderer als durch die Arbeitszeit bedingter Erschwernisse oder Zulagen, die lediglich nach bestimmten Zeiträumen bemessen werden, sind keine begünstigten Lohnzuschläge. ⁷§ 3b EStG ist auch bei Arbeitnehmern anwendbar, deren Lohn nach § 40a EStG pauschal versteuert wird.

Grundlohn

(2) ¹Grundlohn ist nach § 3b Abs. 2 EStG der auf eine Arbeitsstunde entfallende Anspruch auf laufenden Arbeitslohn, den der Arbeitnehmer für den jeweiligen Lohnzahlungszeitraum auf Grund seiner regelmäßigen Arbeitszeit erwirbt. ²Im Einzelnen gilt Folgendes:
1. Abgrenzung des Grundlohns
    a) ¹Der Anspruch auf laufenden Arbeitslohn ist nach R 39b.2 vom Anspruch auf sonstige Bezüge abzugrenzen. ²Soweit Arbeitslohn-Nachzahlungen oder -Vorauszahlungen zum laufenden Arbeitslohn gehören, erhöhen sie den laufenden Arbeitslohn der Lohnzahlungszeiträume, für die sie nach- oder vorausgezahlt werden; § 41c EStG ist anzuwenden.
    b) ¹Ansprüche auf Sachbezüge, Aufwendungszuschüsse und vermögenswirksame Leistungen gehören zum Grundlohn, wenn sie laufender Arbeitslohn sind. ²Das Gleiche gilt für Ansprüche auf Zuschläge und Zulagen, die wegen der Besonderheit der Arbeit in der regelmäßigen Arbeitszeit gezahlt werden, z. B. Erschwerniszulagen oder Schichtzuschläge, sowie für Lohnzuschläge für die Arbeit in der nicht durch § 3b EStG begünstigten Zeit. ³Regelmäßige Arbeitszeit ist die für das jeweilige Dienstverhältnis vereinbarte Normalarbeitszeit.
    c) ¹Nicht zum Grundlohn gehören Ansprüche auf Vergütungen für Überstunden (Mehrarbeitsvergütungen), Zuschläge für Sonntags-, Feiertags- oder Nachtarbeit in der nach § 3b EStG begünstigten Zeit, und zwar auch insoweit, als sie wegen Überschreitens der dort genannten Zuschlagssätze steuerpflichtig sind. ²Dies gilt auch für steuerfreie und nach § 40 EStG pauschal besteuerte Bezüge. ³Zum Grundlohn gehören aber die nach § 3 Nr. 56 oder 63 EStG steuerfreien Beiträge des Arbeitgebers, soweit es sich um laufenden Arbeitslohn handelt.
2. Ermittlung des Grundlohnanspruchs für den jeweiligen Lohnzahlungszeitraum
    a) ¹Es ist der für den jeweiligen Lohnzahlungszeitraum vereinbarte Grundlohn i. S. d. Nummer 1 zu ermitteln (Basisgrundlohn). ²Werden die für den Lohnzahlungszeitraum zu zahlenden Lohnzuschläge nach den Verhältnissen eines früheren Lohnzahlungszeitraums bemessen, ist auch der Ermittlung des Basisgrundlohns der frühere Lohnzahlungszeitraum zugrunde zu legen. ³Werden die Zuschläge nach der Arbeitsleistung eines früheren Lohnzahlungszeitraums, aber nach dem Grundlohn des laufenden Lohnzahlungszeitraums bemessen, ist der Basisgrundlohn des laufenden Lohnzahlungszeitraums zugrunde zu legen. ⁴Soweit sich die Lohnvereinbarung auf andere Zeiträume als

auf den Lohnzahlungszeitraum bezieht, ist der Basisgrundlohn durch Vervielfältigung des vereinbarten Stundenlohns mit der Stundenzahl der regelmäßigen Arbeitszeit im Lohnzahlungszeitraum zu ermitteln. ⁵Bei einem monatlichen Lohnzahlungszeitraum ergibt sich die Stundenzahl der regelmäßigen Arbeitszeit aus dem 4,35fachen der wöchentlichen Arbeitszeit. ⁶Arbeitszeitausfälle, z. B. durch Urlaub oder Krankheit, bleiben außer Betracht.

b) ¹Zusätzlich ist der Teil des für den jeweiligen Lohnzahlungszeitraum zustehenden Grundlohns i. S. d. Nummer 1 zu ermitteln, dessen Höhe nicht von im Voraus bestimmbaren Verhältnissen abhängt (Grundlohnzusätze), z. B. der nur für einzelne Arbeitsstunden bestehende Anspruch auf Erschwerniszulagen oder Spätarbeitszuschläge oder der von der Zahl der tatsächlichen Arbeitstage abhängende Anspruch auf Fahrtkostenzuschüsse. ²Diese Grundlohnzusätze sind mit den Beträgen anzusetzen, die dem Arbeitnehmer für den jeweiligen Lohnzahlungszeitraum tatsächlich zustehen.

3. Umrechnung des Grundlohnanspruchs
¹Basisgrundlohn (Nummer 2 Buchstabe a) und Grundlohnzusätze (Nummer 2 Buchstabe b) sind zusammenzurechnen und durch die Zahl der Stunden der regelmäßigen Arbeitszeit im jeweiligen Lohnzahlungszeitraum zu teilen. ²Bei einem monatlichen Lohnzahlungszeitraum ist der Divisor mit dem 4,35fachen der wöchentlichen Arbeitszeit anzusetzen. ³Das Ergebnis ist der Grundlohn; er ist für die Berechnung des steuerfreien Anteils der Zuschläge für Sonntags-, Feiertags- und Nachtarbeit maßgebend, soweit er die Stundenlohnhöchstgrenze nach § 3b Abs. 2 Satz 1 EStG nicht übersteigt. ⁴Ist keine regelmäßige Arbeitszeit vereinbart, sind der Ermittlung des Grundlohns die im Lohnzahlungszeitraum tatsächlich geleisteten Arbeitsstunden zugrunde zu legen. ⁵Bei Stücklohnempfängern kann die Umrechnung des Stücklohns auf einen Stundenlohn unterbleiben.

4. Wird ein Zuschlag für Sonntags-, Feiertags- oder Nachtarbeit von weniger als einer Stunde gezahlt, ist bei der Ermittlung des steuerfreien Zuschlags für diesen Zeitraum der Grundlohn entsprechend zu kürzen.

5. Bei einer Beschäftigung nach dem AltTZG ist der Grundlohn nach § 3b Abs. 2 EStG so zu berechnen, als habe eine Vollzeitbeschäftigung bestanden.

Nachtarbeit an Sonntagen und Feiertagen

(3) ¹Wird an Sonntagen und Feiertagen oder in der zu diesen Tagen nach § 3b Abs. 3 Nr. 2 EStG gehörenden Zeit Nachtarbeit geleistet, kann die Steuerbefreiung nach § 3b Abs. 1 Nr. 2 bis 4 EStG neben der Steuerbefreiung nach § 3b Abs. 1 Nr. 1 EStG in Anspruch genommen werden. ²Dabei ist der steuerfreie Zuschlagssatz für Nachtarbeit mit dem steuerfreien Zuschlagssatz für Sonntags- oder Feiertagsarbeit auch dann zusammenzurechnen, wenn nur ein Zuschlag gezahlt wird. ³Zu den gesetzlichen Feiertagen i. S. d. § 3b Abs. 1 Nr. 3 EStG gehören der Oster- und der Pfingstsonntag auch dann, wenn sie in den am Ort der Arbeitsstätte geltenden Vorschriften nicht ausdrücklich als Feiertage genannt werden. ⁴Wenn für die einem Sonn- oder Feiertag folgende oder vorausgehende Nachtarbeit ein Zuschlag für Sonntags- oder Feiertagsarbeit gezahlt wird, ist dieser als Zuschlag für Nachtarbeit zu behandeln.

Feiertagsarbeit an Sonntagen

(4) ¹Ist ein Sonntag zugleich Feiertag, kann ein Zuschlag nur bis zur Höhe des jeweils in Betracht kommenden Feiertagszuschlags steuerfrei gezahlt werden. ²Das gilt auch dann, wenn nur ein Sonntagszuschlag gezahlt wird.

Zusammentreffen mit Mehrarbeitszuschlägen

(5) ¹Hat der Arbeitnehmer arbeitsrechtlich Anspruch auf Zuschläge für Sonntags-, Feiertags- oder Nachtarbeit und auf Zuschläge für Mehrarbeit und wird Mehrarbeit als Sonntags-, Feiertags- oder Nachtarbeit geleistet, sind folgende Fälle zu unterscheiden:

1. es werden sowohl die in Betracht kommenden Zuschläge für Sonntags-, Feiertags- oder Nachtarbeit als auch für Mehrarbeit gezahlt;

2. es wird nur der in Betracht kommende Zuschlag für Sonntags-, Feiertags- oder Nachtarbeit gezahlt, der ebenso hoch oder höher ist als der Zuschlag für Mehrarbeit;
3. es wird nur der Zuschlag für Mehrarbeit gezahlt;
4. es wird ein einheitlicher Zuschlag (Mischzuschlag) gezahlt, der höher ist als die jeweils in Betracht kommenden Zuschläge, aber niedriger als ihre Summe;
5. es wird ein einheitlicher Zuschlag (Mischzuschlag) gezahlt, der höher ist als die Summe der jeweils in Betracht kommenden Zuschläge.

[2]In den Fällen des Satzes 1 Nr. 1 und 2 ist von den gezahlten Zuschlägen der Betrag als Zuschlag für Sonntags-, Feiertags- oder Nachtarbeit zu behandeln, der dem arbeitsrechtlich jeweils in Betracht kommenden Zuschlag entspricht. [3]Im Falle des Satzes 1 Nr. 3 liegt ein Zuschlag i. S. d. § 3b EStG nicht vor. [4]In den Fällen des Satzes 1 Nr. 4 und 5 ist der Mischzuschlag im Verhältnis der in Betracht kommenden Einzelzuschläge in einen nach § 3b EStG begünstigten Anteil und einen nicht begünstigten Anteil aufzuteilen. [5]Ist für Sonntags-, Feiertags- oder Nachtarbeit kein Zuschlag vereinbart, weil z. B. Pförtner oder Nachtwächter ihre Tätigkeit regelmäßig zu den begünstigten Zeiten verrichten, bleibt von einem für diese Tätigkeiten gezahlten Mehrarbeitszuschlag kein Teilbetrag nach § 3b EStG steuerfrei.

Nachweis der begünstigten Arbeitszeiten

(6) [1]Steuerfrei sind nur Zuschläge, die für tatsächlich geleistete Sonntags-, Feiertags- oder Nachtarbeit gezahlt werden. [2]Zur vereinbarten und vergüteten Arbeitszeit gehörende Waschzeiten, Schichtübergabezeiten und Pausen gelten als begünstigte Arbeitszeit i. S. d. § 3b EStG, soweit sie in den begünstigten Zeitraum fallen. [3]Die tatsächlich geleistete Sonntags-, Feiertags- oder Nachtarbeit ist grundsätzlich im Einzelfall nachzuweisen. [4]Wird eine einheitliche Vergütung für den Grundlohn und die Zuschläge für Sonntags-, Feiertags- oder Nachtarbeit, ggf. unter Einbeziehung der Mehrarbeit und Überarbeit, gezahlt, weil Sonntags-, Feiertags- oder Nachtarbeit üblicherweise verrichtet wird, und werden deshalb die sonntags, feiertags oder nachts tatsächlich geleisteten Arbeitsstunden nicht aufgezeichnet, bleiben die in der einheitlichen Vergütung enthaltenen Zuschläge für Sonntags-, Feiertags- oder Nachtarbeiten grundsätzlich nicht nach § 3b EStG steuerfrei. [5]Zu einem erleichterten Nachweis >Absatz 7. [6]Sind die Einzelanschreibung und die Einzelbezahlung der geleisteten Sonntags-, Feiertags- oder Nachtarbeit wegen der Besonderheiten der Arbeit und der Lohnzahlungen nicht möglich, darf das Betriebsstättenfinanzamt den Teil der Vergütung, der als steuerfreier Zuschlag für Sonntags-, Feiertags- oder Nachtarbeit anzuerkennen ist, von Fall zu Fall feststellen. [7]Im Interesse einer einheitlichen Behandlung der Arbeitnehmer desselben Berufszweigs darf das Betriebsstättenfinanzamt die Feststellung nur auf Weisung der vorgesetzten Behörde treffen. [8]Die Weisung ist der obersten Landesfinanzbehörde vorbehalten, wenn die für den in Betracht kommenden Berufszweig maßgebende Regelung nicht nur im Bezirk der für das Betriebsstättenfinanzamt zuständigen vorgesetzten Behörde gilt. [9]Eine Feststellung nach Satz 6 kommt für solche Regelungen nicht in Betracht, durch die nicht pauschale Zuschläge festgesetzt, sondern bestimmte Teile eines nach Zeiträumen bemessenen laufenden Arbeitslohns als Zuschläge für Sonntags-, Feiertags- oder Nachtarbeit erklärt werden.

Pauschale Zuschläge

(7) [1]Werden Zuschläge für Sonntags-, Feiertags- oder Nachtarbeit als laufende Pauschale, z. B. Monatspauschale, gezahlt und wird eine Verrechnung mit den Zuschlägen, die für die einzeln nachgewiesenen Zeiten für Sonntags-, Feiertags- oder Nachtarbeit auf Grund von Einzelberechnungen zu zahlen wären, erst später vorgenommen, kann die laufende Pauschale oder ein Teil davon steuerfrei belassen werden, wenn

1. der steuerfreie Betrag nicht nach höheren als den in § 3b EStG genannten Prozentsätzen berechnet wird,

2. der steuerfreie Betrag nach dem durchschnittlichen Grundlohn und der durchschnittlichen im Zeitraum des Kalenderjahres tatsächlich anfallenden Sonntags-, Feiertags- oder Nachtarbeit bemessen wird,
3. die Verrechnung mit den einzeln ermittelten Zuschlägen jeweils vor der Erstellung der Lohnsteuerbescheinigung und somit regelmäßig spätestens zum Ende des Kalenderjahres oder beim Ausscheiden des Arbeitnehmers aus dem Dienstverhältnis erfolgt. ²Für die Ermittlung der im Einzelnen nachzuweisenden Zuschläge ist auf den jeweiligen Lohnzahlungszeitraum abzustellen. ³Dabei ist auch der steuerfreie Teil der einzeln ermittelten Zuschläge festzustellen und die infolge der Pauschalierung zu wenig oder zu viel einbehaltene Lohnsteuer auszugleichen,
4. bei der Pauschalzahlung erkennbar ist, welche Zuschläge im Einzelnen – jeweils getrennt nach Zuschlägen für Sonntags-, Feiertags- oder Nachtarbeit – abgegolten sein sollen und nach welchen Prozentsätzen des Grundlohns die Zuschläge bemessen worden sind,
5. die Pauschalzahlung tatsächlich ein Zuschlag ist, der neben dem Grundlohn gezahlt wird; eine aus dem Arbeitslohn rechnerisch ermittelte Pauschalzahlung ist kein Zuschlag.

²Ergibt die Einzelfeststellung, dass der dem Arbeitnehmer auf Grund der tatsächlich geleisteten Sonntags-, Feiertags- oder Nachtarbeit zustehende Zuschlag höher ist als die Pauschalzahlung, kann ein höherer Betrag nur steuerfrei sein, wenn und soweit der Zuschlag auch tatsächlich zusätzlich gezahlt wird; eine bloße Kürzung des steuerpflichtigen Arbeitslohns um den übersteigenden Steuerfreibetrag ist nicht zulässig. ³Diese Regelungen gelten sinngemäß, wenn lediglich die genaue Feststellung des steuerfreien Betrags im Zeitpunkt der Zahlung des Zuschlags schwierig ist und sie erst zu einem späteren Zeitpunkt nachgeholt werden kann.

Zeitversetzte Auszahlung

(8) ¹Die Steuerfreiheit von Zuschlägen für Sonntags-, Feiertags- oder Nachtarbeit bleibt auch bei zeitversetzter Auszahlung grundsätzlich erhalten. ²Voraussetzung ist jedoch, dass vor der Leistung der begünstigten Arbeit bestimmt wird, dass ein steuerfreier Zuschlag – ggf. teilweise – als Wertguthaben auf ein Arbeitszeitkonto genommen und getrennt ausgewiesen wird. ³Dies gilt z. B. in Fällen der Altersteilzeit bei Aufteilung in Arbeits- und Freistellungsphase (so genannte Blockmodelle).

H 3b

Abgrenzung Sonntags-/Feiertagszuschlag – Nachtzuschlag

Beispiel:
Ein Arbeitnehmer beginnt seine Nachtschicht am Sonntag, dem 1.5. um 22 Uhr und beendet sie am 2.5. um 7 Uhr.
Für diesen Arbeitnehmer sind Zuschläge zum Grundlohn bis zu folgenden Sätzen steuerfrei:
- 175 % für die Arbeit am 1.5. in der Zeit von 22 Uhr bis 24 Uhr (25 % für Nachtarbeit und 150 % für Feiertagsarbeit),
- 190 % für die Arbeit am 2.5. in der Zeit von 0 Uhr bis 4 Uhr (40 % für Nachtarbeit und 150 % für Feiertagsarbeit),
- 25 % für die Arbeit am 2.5. in der Zeit von 4 Uhr bis 6 Uhr.

Abgrenzung Spätarbeitszuschlag – andere Lohnzuschläge

Beispiel:
Auf Grund tarifvertraglicher Vereinbarung erhält ein Arbeitnehmer für die Arbeit in der Zeit von 18 bis 22 Uhr einen Spätarbeitszuschlag und für die in der Zeit von 19 bis 21 Uhr verrichteten Arbeiten eine Gefahrenzulage. Der für die Zeit von 20 bis 22 Uhr gezahlte Spätarbeitszuschlag ist ein nach § 3b EStG begünstigter Zuschlag für Nachtarbeit. Die Gefahrenzulage wird nicht für die Arbeit zu einer bestimmten Zeit gezahlt und ist deshalb auch insoweit kein Nachtarbeitszuschlag i. S. d. § 3b EStG, als sie für die Arbeit in der Zeit von 20 bis 21 Uhr gezahlt wird.

Aufteilung von Mischzuschlägen
>BFH vom 13.10.1989 (BStBl 1991 II S. 8)

Bereitschaftsdienste
- Ein Zeitzuschlag für ärztliche Bereitschaftsdienste wird auch dann nicht für tatsächlich geleistete Sonntags-, Feiertags- oder Nachtarbeit gezahlt, wenn die Bereitschaftsdienste überwiegend zu diesen Zeiten anfallen. Auch wenn die auf Sonntage, Feiertage und Nachtzeit entfallenden Bereitschaftsdienste festgestellt werden können, ist die Bereitschaftsdienstvergütung deshalb nicht steuerfrei (>BFH vom 24.11.1989 – BStBl 1990 II S. 315).
- Ist in begünstigten Zeiten des § 3b EStG Bereitschaft angeordnet, sind Zuschläge zur Bereitschaftsdienstvergütung steuerfrei, soweit sie die in § 3b EStG vorgesehenen Prozentsätze, gemessen an der Bereitschaftsdienstvergütung, nicht übersteigen (>BFH vom 27.8.2002 – BStBl II S. 883).
- Werden Bereitschaftsdienste pauschal zusätzlich zum Grundlohn ohne Rücksicht darauf vergütet, ob die Tätigkeit an einem Samstag oder einem Sonntag erbracht wird, handelt es sich nicht um steuerfreie Zuschläge für Sonntags-, Feiertags- oder Nachtarbeit i. S. d. § 3b Abs. 1 EStG (>BFH vom 29.11.2016 – BStBl 2017 II S. 718).

Durchschnittlicher Auszahlungsbetrag
Die Vereinbarung eines durchschnittlichen Auszahlungsbetrags pro tatsächlich geleisteter Arbeitsstunde steht der Steuerbefreiung nicht entgegen; der laufende Arbeitslohn kann der Höhe nach schwanken und durch eine Grundlohnergänzung aufgestockt werden (>BFH vom 17.6.2010 – BStBl 2011 II S. 43).

Einkünfte aus nichtselbständiger Arbeit
- Die Steuerfreiheit nach § 3b EStG setzt voraus, dass die Zuschläge ohne diese Vorschrift den Einkünften aus nichtselbständiger Arbeit zuzurechnen wären (>BFH vom 19.3.1997 – BStBl II S. 577).
- Zahlt eine Kapitalgesellschaft ihrem Gesellschafter-Geschäftsführer zusätzlich zu seinem Festgehalt Vergütungen für Sonntags-, Feiertags- und Nachtarbeit, liegt nur in Ausnahmefällen keine verdeckte Gewinnausschüttung vor (>BFH vom 14.7.2004 – BStBl 2005 II S. 307).
- Bezieht ein nicht beherrschender Gesellschafter, der zugleich leitender Angestellter der GmbH ist, neben einem hohen Festgehalt, Sonderzahlungen und einer Gewinntantieme zusätzlich Zuschläge für Sonntags-, Feiertags-, Mehr- und Nachtarbeit, können diese als verdeckte Gewinnausschüttung zu erfassen sein (>BFH vom 13.12.2006 – BStBl 2007 II S. 393).

Gefahrenzulage
Es ist von Verfassungs wegen nicht geboten, die Steuerbefreiung für Zuschläge, die für tatsächlich geleistete Sonntags-, Feiertags- oder Nachtarbeit gezahlt werden, auf Gefahrenzulagen und Zulagen im Kampfmittelräumdienst auszudehnen (>BFH vom 15.9.2011 – BStBl 2012 II S. 144).

Grundlohn

Beispiel 1:
Ein Arbeitnehmer in einem Drei-Schicht-Betrieb hat eine tarifvertraglich geregelte Arbeitszeit von 38 Stunden wöchentlich und einen monatlichen Lohnzahlungszeitraum. Er hat Anspruch – soweit es den laufenden Arbeitslohn ohne Sonntags-, Feiertags- oder Nachtarbeitszuschläge angeht – auf
- einen Normallohn von 8,50 € für jede im Lohnzahlungszeitraum geleistete Arbeitsstunde,
- einen Schichtzuschlag von 0,25 € je Arbeitsstunde,

Zu § 3b EStG R 3b. A. III.

- einen Zuschlag für Samstagsarbeit von 0,50 € für jede Samstagsarbeitsstunde,
- einen Spätarbeitszuschlag von 0,85 € für jede Arbeitsstunde zwischen 18.00 Uhr und 20.00 Uhr,
- einen Überstundenzuschlag von 2,50 € je Überstunde,
- eine Gefahrenzulage für unregelmäßig anfallende gefährliche Arbeiten von 1,50 € je Stunde,
- einen steuerpflichtigen, aber nicht pauschal versteuerten Fahrtkostenzuschuss von 3,00 € je Arbeitstag,
- eine vermögenswirksame Leistung von 40,00 € monatlich,
- Beiträge des Arbeitgebers zu einer Direktversicherung von 50,00 € monatlich.

Im Juni hat der Arbeitnehmer infolge Urlaubs nur an 10 Tagen insgesamt 80 Stunden gearbeitet. In diesen 80 Stunden sind enthalten:

– Regelmäßige Arbeitsstunden	76
– Überstunden insgesamt	4
– Samstagsstunden insgesamt	12
– Überstunden an Samstagen	2
– Spätarbeitsstunden insgesamt	16
– Überstunden mit Spätarbeit	2
– Stunden mit gefährlichen Arbeiten insgesamt	5
– Überstunden mit gefährlichen Arbeiten	1

Hiernach betragen

a) der Basisgrundlohn

8,50 € Stundenlohn x 38 Stunden x 4,35	1.405,05 €
0,25 € Schichtzuschlag x 38 Stunden x 4,35	41,33 €
Vermögenswirksame Leistungen	40,00 €
Beiträge zur Direktversicherung	50,00 €
insgesamt	1.536,38 €

b) die Grundlohnzusätze

0,50 € Samstagsarbeitszuschlag x 10 Stunden	5,00 €
0,85 € Spätarbeitszuschlag x 14 Stunden	11,90 €
1,50 € Gefahrenzulage x 4 Stunden	6,00 €
3,00 € Fahrtkostenzuschuss x 10 Arbeitstage	30,00 €
insgesamt	52,90 €

c) der Grundlohn des Lohnzahlungszeitraums insgesamt 1.589,28 €

d) der für die Begrenzung des steuerfreien Anteils der begünstigten Lohnzuschläge maßgebende Grundlohn

$$\frac{1.589,28 €}{38 \times 4,35} = \underline{9,61 €}$$

Beispiel 2:
Bei einem Arbeitnehmer mit tarifvertraglich geregelter Arbeitszeit von 37,5 Stunden wöchentlich und einem monatlichen Lohnzahlungszeitraum, dessen Sonntags-, Feiertags- und Nachtarbeitszuschläge sowie nicht im Voraus feststehende Bezüge sich nach den Verhältnissen des Vormonats bemessen, betragen für den Lohnzahlungszeitraum März

– der Basisgrundlohn	1.638,64 €
– die Grundlohnzusätze (bemessen nach den Verhältnissen im Monat Februar)	140,36 €
Im Februar betrug der Basisgrundlohn	1.468,08 €.

Für die Ermittlung des steuerfreien Anteils der Zuschläge für Sonntags-, Feiertags- oder Nachtarbeit, die dem Arbeitnehmer auf Grund der im Februar geleisteten Arbeit für den Lohnzahlungszeitraum März zustehen, ist von einem Grundlohn auszugehen, der sich aus

- dem Basisgrundlohn des Lohnzahlungszeitraums Februar
  (R 3b Abs. 2 Satz 2 Nr. 2 Buchst. a Satz 2) von   1.468,08 €
- und den Grundlohnzusätzen des Lohnzahlungszeitraums März
  (bemessen nach den Verhältnissen im Februar)   140,36 €

zusammensetzt.

Der für die Berechnung des steuerfreien Anteils der begünstigten Lohnzuschläge maßgebende Grundlohn beträgt

also $\dfrac{1.468{,}08\,€ + 140{,}36\,€}{37{,}5 \times 4{,}35} =$ 9,86 €.

Pauschale Zuschläge

- Die Steuerbefreiung setzt grundsätzlich Einzelaufstellungen der tatsächlich erbrachten Arbeitsstunden an Sonn- und Feiertagen oder zur Nachtzeit voraus (>BFH vom 28.11.1990 – BStBl 1991 II S. 293). Demgegenüber können pauschale Zuschläge dann steuerfrei sein, wenn und soweit sie als bloße Abschlagszahlungen oder Vorschüsse auf später einzeln abzurechnende Zuschläge geleistet werden (>BFH vom 23.10.1992 – BStBl 1993 II S. 314).
- Pauschale Zuschläge können steuerfrei sein, wenn sie als Abschlagszahlungen oder Vorschüsse für tatsächlich geleistete Sonntags-, Feiertags- oder Nachtarbeit gezahlt werden. Der fehlende Nachweis tatsächlich erbrachter Arbeitsleistungen kann nicht durch eine Modellrechnung ersetzt werden (>BFH vom 25.5.2005 – BStBl II S. 725).
- Pauschale Zuschläge sind nicht steuerfrei, wenn sie nicht als Abschlagszahlungen oder Vorschüsse auf Zuschläge für tatsächlich geleistete Sonntags-, Feiertags- oder Nachtarbeit gezahlt werden, sondern Teil einer einheitlichen Tätigkeitsvergütung sind (>BFH vom 16.12.2010 – BStBl 2012 II S. 288).
- Pauschale Zuschläge, die der Arbeitgeber ohne Rücksicht auf die Höhe der tatsächlich erbrachten Sonntags-, Feiertags- oder Nachtarbeit an den Arbeitnehmer leistet, sind nur dann nach § 3b EStG begünstigt, wenn sie nach dem übereinstimmenden Willen von Arbeitgeber und Arbeitnehmer als Abschlagszahlungen oder Vorschüsse für eine spätere Einzelabrechnung gemäß § 41b EStG geleistet werden. Diese Einzelabrechnung zum jährlichen Abschluss des Lohnkontos ist grundsächlich unverzichtbar. Auf sie kann im Einzelfall nur verzichtet werden, wenn die Arbeitsleistungen fast ausschließlich zur Nachtzeit zu erbringen und die pauschal geleisteten Zuschläge so bemessen sind, dass sie auch unter Einbeziehung von Urlaub und sonstigen Fehlzeiten – aufs Jahr bezogen – die Voraussetzungen der Steuerfreiheit erfüllen (>BFH vom 8.12.2011 – BStBl 2012 II S. 291).

Tatsächliche Arbeitsleistung

Soweit Zuschläge gezahlt werden, ohne dass der Arbeitnehmer in der begünstigten Zeit gearbeitet hat, z.B. bei Lohnfortzahlung im Krankheits- oder Urlaubsfall, bei Lohnfortzahlung an von der betrieblichen Tätigkeit freigestellte Betriebsratsmitglieder oder bei der Lohnfortzahlung nach dem Mutterschutzgesetz, sind sie steuerpflichtig (>BFH vom 3.5.1974 – BStBl II S. 646 und vom 26.10.1984 – BStBl 1985 II S. 57 und vom 27.5.2009 – BStBl II S. 730).

Wechselschichtzuschlag

- Zuschläge für Wechselschichtarbeit, die der Arbeitnehmer für seine Wechselschicht regelmäßig und fortlaufend bezieht, sind dem steuerpflichtigen Grundlohn zugehörig; sie sind auch während der durch § 3b EStG begünstigten Nachtzeit nicht steuerbefreit (>BFH vom 7.7.2005 – BStBl II S. 888).
- Die einem Polizeibeamten gezahlte Zulage für Dienst zu wechselnden Zeiten nach § 17a EZulV ist nicht nach § 3b EStG steuerfrei (>BFH vom 15.2.2017 – BStBl II S. 644).

Zeitwertkonto
Bei zeitversetzter Auszahlung bleibt die Steuerfreiheit nur für den Zuschlag als solchen erhalten (>R 3b Abs. 8). Eine darauf beruhende etwaige Verzinsung oder Wertsteigerung ist hingegen nicht steuerfrei (>BMF vom 17. 6. 2009 – BStBl I S. 1286).

Zuschlag zum Grundlohn
Ein Zuschlag wird nicht neben dem Grundlohn gezahlt, wenn er aus dem arbeitsrechtlich geschuldeten Arbeitslohn rechnerisch ermittelt wird, selbst wenn im Hinblick auf eine ungünstig liegende Arbeitszeit ein höherer Arbeitslohn gezahlt werden sollte (>BFH vom 28. 11. 1990 – BStBl 1991 II S. 296); infolgedessen dürfen auch aus einer Umsatzbeteiligung keine Zuschläge abgespalten und nach § 3b EStG steuerfrei gelassen werden.

Zu § 8 EStG

R 8.1	**Bewertung der Sachbezüge (§ 8 Abs. 2 EStG)**

Allgemeines
(1) ¹Fließt dem Arbeitnehmer Arbeitslohn in Form von Sachbezügen zu, sind diese ebenso wie Barlohnzahlungen entweder dem laufenden Arbeitslohn oder den sonstigen Bezügen zuzuordnen (>R 39b.2). ²Für die Besteuerung unentgeltlicher Sachbezüge ist deren Geldwert maßgebend. ³Erhält der Arbeitnehmer die Sachbezüge nicht unentgeltlich, ist der Unterschiedsbetrag zwischen dem Geldwert des Sachbezugs und dem tatsächlichen Entgelt zu versteuern. ⁴Der Geldwert ist entweder durch Einzelbewertung zu ermitteln (>Absatz 2) oder mit einem amtlichen Sachbezugswert anzusetzen (>Absatz 4). ⁵Besondere Bewertungsvorschriften gelten nach § 8 Abs. 3 EStG für den Bezug von Waren oder Dienstleistungen, die vom Arbeitgeber nicht überwiegend für den Bedarf seiner Arbeitnehmer hergestellt, vertrieben oder erbracht werden, soweit diese Sachbezüge nicht nach § 40 EStG pauschal versteuert werden (>R 8.2), sowie nach § 19a Abs. 2 EStG in der am 31. 12. 2008 geltenden Fassung (>R 19a) und § 3 Nr. 39 Satz 4 EStG für den Bezug von Vermögensbeteiligungen. ⁶Die Auszahlung von Arbeitslohn in Fremdwährung ist kein Sachbezug.

Einzelbewertung von Sachbezügen
(2) ¹Sachbezüge, für die keine amtlichen Sachbezugswerte (>Absatz 4) festgesetzt sind, die nicht nach § 8 Abs. 2 Satz 2 bis 5 EStG (>Absatz 9 und 10) oder § 8 Abs. 3 EStG (>R 8.2) zu bewerten sind, und die nicht nach § 8 Abs. 3 EStG bewertet werden, sind nach § 8 Abs. 2 Satz 1 EStG mit den um übliche Preisnachlässe geminderten üblichen Endpreisen am Abgabeort im Zeitpunkt der Abgabe anzusetzen. ²Bei einem umfangreichen Warenangebot, von dem fremde Letztverbraucher ausgeschlossen sind, kann der übliche Preis einer Ware auch auf Grund repräsentativer Erhebungen über die relative Preisdifferenz für die gängigsten Einzelstücke jeder Warengruppe ermittelt werden. ³Erhält der Arbeitnehmer eine Ware oder Dienstleistung, die nach § 8 Abs. 2 Satz 1 EStG zu bewerten ist, kann sie aus Vereinfachungsgründen mit 96 % des Endpreises bewertet werden, zu dem sie der Abgebende oder dessen Abnehmer fremden Letztverbrauchern im allgemeinen Geschäftsverkehr anbietet. ⁴Satz 3 gilt nicht, wenn als Endpreis der günstigste Preis am Markt angesetzt, ein Sachbezug durch eine (zweckgebundene) Geldleistung des Arbeitgebers verwirklicht oder ein Warengutschein mit Betragsangabe hingegeben wird.

Freigrenze nach § 8 Abs. 2 Satz 11 EStG
(3) ¹Bei der Prüfung der Freigrenze bleiben die nach § 8 Abs. 2 Satz 1 EStG zu bewertenden Vorteile, die nach §§ 37b, 40 EStG pauschal versteuert werden, außer Ansatz. ²Für die Feststellung, ob die Freigrenze des § 8 Abs. 2 Satz 11 EStG überschritten ist, sind die in einem Kalendermonat zufließenden und nach § 8 Abs. 2 Satz 1 EStG zu bewertenden Vorteile – auch soweit hierfür

Lohnsteuer nach § 39b Abs. 2 und 3 EStG einbehalten worden ist – zusammenzurechnen. [3]Außer Ansatz bleiben Vorteile, die nach § 8 Abs. 2 Satz 2 bis 10 oder Abs. 3, § 3 Nr. 39 oder nach § 19a EStG a. F. i. V. m. § 52 Abs. 27 EStG zu bewerten sind. [4]Auf Zukunftssicherungsleistungen des Arbeitgebers i. S. d. § 2 Abs. 2 Nr. 3 LStDV ist die Freigrenze nicht anwendbar. [5]Bei der monatlichen Überlassung einer Monatsmarke oder einer monatlichen Fahrberechtigung für ein Job-Ticket, das für einen längeren Zeitraum gilt, ist die Freigrenze anwendbar.

Amtliche Sachbezugswerte

(4) [1]Amtliche Sachbezugswerte werden durch die SvEV oder durch Erlasse der obersten Landesfinanzbehörden nach § 8 Abs. 2 Satz 10 EStG festgesetzt. [2]Die amtlichen Sachbezugswerte sind, soweit nicht zulässigerweise § 8 Abs. 3 EStG angewandt wird, ausnahmslos für die Sachbezüge maßgebend, für die sie bestimmt sind. [3]Die amtlichen Sachbezugswerte gelten auch dann, wenn in einem Tarifvertrag, einer Betriebsvereinbarung oder in einem Arbeitsvertrag für Sachbezüge höhere oder niedrigere Werte festgesetzt worden sind. [4]Sie gelten ausnahmsweise auch für Barvergütungen, wenn diese nur gelegentlich oder vorübergehend gezahlt werden, z. B. bei tageweiser auswärtiger Beschäftigung, für die Dauer einer Krankheit oder eines Urlaubs, und wenn mit der Barvergütung nicht mehr als der tatsächliche Wert der Sachbezüge abgegolten wird; geht die Barvergütung über den tatsächlichen Wert der Sachbezüge hinaus, ist die Barvergütung der Besteuerung zugrunde zu legen.

Unterkunft oder Wohnung

(5) [1]Für die Bewertung einer Unterkunft, die keine Wohnung ist (>Absatz 6 Satz 2 bis 4), ist der amtliche Sachbezugswert nach der SvEV maßgebend, soweit nicht zulässigerweise § 8 Abs. 3 EStG angewandt wird. [2]Dabei ist der amtliche Sachbezugswert grundsätzlich auch dann anzusetzen, wenn der Arbeitgeber die dem Arbeitnehmer überlassene Unterkunft gemietet und ggf. mit Einrichtungsgegenständen ausgestattet hat. [3]Eine Gemeinschaftsunterkunft liegt vor, wenn die Unterkunft beispielsweise durch Gemeinschaftswaschräume oder Gemeinschaftsküchen Wohnheimcharakter hat oder Zugangsbeschränkungen unterworfen ist.

(6) [1]Soweit nicht zulässigerweise § 8 Abs. 3 EStG angewandt wird, ist für die Bewertung einer Wohnung der ortsübliche Mietwert maßgebend. [2]Eine Wohnung ist eine in sich geschlossene Einheit von Räumen, in denen ein selbständiger Haushalt geführt werden kann. [3]Wesentlich ist, dass eine Wasserversorgung und -entsorgung, zumindest eine einer Küche vergleichbare Kochgelegenheit sowie eine Toilette vorhanden sind. [4]Danach stellt z. B. ein Einzimmerappartement mit Küchenzeile und WC als Nebenraum eine Wohnung dar, dagegen ist ein Wohnraum bei Mitbenutzung von Bad, Toilette und Küche eine Unterkunft. [5]Als ortsüblicher Mietwert ist die Miete anzusetzen, die für eine nach Baujahr, Art, Größe, Ausstattung, Beschaffenheit und Lage vergleichbare Wohnung üblich ist (Vergleichsmiete). [6]In den Fällen, in denen der Arbeitgeber vergleichbare Wohnungen in nicht unerheblichem Umfang an fremde Dritte zu einer niedrigeren als der üblichen Miete vermietet, ist die niedrigere Miete anzusetzen. [7]Die Vergleichsmiete gilt unabhängig davon, ob die Wohnung z. B. als Werks- und Dienstwohnung im Eigentum des Arbeitgebers oder dem Arbeitgeber auf Grund eines Belegungsrechts zur Verfügung steht oder von ihm angemietet worden ist. [8]Gesetzliche Mietpreisbeschränkungen sind zu beachten. [9]Stehen solche einem Mieterhöhungsverlangen entgegen, gilt dies jedoch nur, soweit die maßgebliche Ausgangsmiete den ortsüblichen Mietwert oder die gesetzlich zulässige Höchstmiete nicht unterschritten hat. [10]Überlässt der Arbeitgeber dem Arbeitnehmer im Rahmen einer Auslandstätigkeit eine Wohnung im Ausland, deren ortsübliche Miete 18 % des Arbeitslohns ohne Kaufkraftausgleich übersteigt, ist diese Wohnung mit 18 % des Arbeitslohns ohne Kaufkraftausgleich zuzüglich 10 % der darüber hinausgehenden ortsüblichen Miete zu bewerten.

Kantinenmahlzeiten und Essenmarken[1)]

(7) Für die Bewertung von Mahlzeiten, die arbeitstäglich an die Arbeitnehmer abgegeben werden, gilt Folgendes:

1. [1]Mahlzeiten, die durch eine vom Arbeitgeber selbst betriebene Kantine, Gaststätte oder vergleichbare Einrichtung abgegeben werden, sind mit dem maßgebenden amtlichen Sachbezugswert nach der SvEV zu bewerten. [2]Alternativ kommt eine Bewertung mit dem Endpreis i. S. d. § 8 Abs. 3 EStG in Betracht, wenn die Mahlzeiten überwiegend nicht für die Arbeitnehmer zubereitet werden.

2. [1]Mahlzeiten, die die Arbeitnehmer in einer nicht vom Arbeitgeber selbst betriebenen Kantine, Gaststätte oder vergleichbaren Einrichtung erhalten, sind vorbehaltlich der Nummer 4 ebenfalls mit dem maßgebenden amtlichen Sachbezugswert zu bewerten, wenn der Arbeitgeber auf Grund vertraglicher Vereinbarung durch Barzuschüsse oder andere Leistungen an die Mahlzeiten vertreibende Einrichtung, z. B. durch verbilligte Überlassung von Räumen, Energie oder Einrichtungsgegenständen, zur Verbilligung der Mahlzeiten beiträgt. [2]Es ist nicht erforderlich, dass die Mahlzeiten im Rahmen eines Reihengeschäfts zunächst an den Arbeitgeber und danach von diesem an die Arbeitnehmer abgegeben werden.

3. In den Fällen der Nummern 1 und 2 ist ein geldwerter Vorteil als Arbeitslohn zu erfassen, wenn und soweit der vom Arbeitnehmer für eine Mahlzeit gezahlte Preis (einschl. Umsatzsteuer) den maßgebenden amtlichen Sachbezugswert unterschreitet.

4. Bestehen die Leistungen des Arbeitgebers im Falle der Nummer 2 aus Barzuschüssen in Form von Essenmarken (Essensgutscheine, Restaurantschecks), die vom Arbeitgeber an die Arbeitnehmer verteilt und von einer Gaststätte oder vergleichbaren Einrichtung (Annahmestelle) bei der Abgabe einer Mahlzeit in Zahlung genommen werden, gilt Folgendes:

    a) [1]Es ist nicht die Essenmarke mit ihrem Verrechnungswert, sondern vorbehaltlich des Buchstaben b die Mahlzeit mit dem maßgebenden Sachbezugswert zu bewerten, wenn

    aa) tatsächlich eine Mahlzeit abgegeben wird. [2]Lebensmittel sind nur dann als Mahlzeit anzuerkennen, wenn sie zum unmittelbaren Verzehr geeignet oder zum Verbrauch während der Essenpausen bestimmt sind,

    bb) für jede Mahlzeit lediglich eine Essenmarke täglich in Zahlung genommen wird,

    cc) der Verrechnungswert der Essenmarke den amtlichen Sachbezugswert einer Mittagsmahlzeit um nicht mehr als 3,10 Euro übersteigt und

    dd) die Essenmarke nicht an Arbeitnehmer ausgegeben wird, die eine Auswärtstätigkeit ausüben.[*)]

    [2]Dies gilt auch dann, wenn zwischen dem Arbeitgeber und der Annahmestelle keine unmittelbaren vertraglichen Beziehungen bestehen, weil ein Unternehmen eingeschaltet ist, das die Essenmarken ausgibt. [3]Zur Erfüllung der Voraussetzungen nach Doppelbuchstabe bb hat der Arbeitgeber für jeden Arbeitnehmer die Tage der Abwesenheit z. B. infolge von Auswärtstätigkeiten, Urlaub oder Erkrankung festzustellen und die für diese Tage ausgegebenen Essenmarken zurückzufordern oder die Zahl der im Folgemonat auszugebenden Essenmarken um die Zahl der Abwesenheitstage zu vermindern. [4]Die Pflicht zur Feststellung der Abwesenheitstage und zur Anpassung der Zahl der Essenmarken im Folgemonat entfällt für Arbeitnehmer, die im Kalenderjahr durchschnittlich an nicht mehr als drei Arbeitstagen je Kalendermonat Auswärtstätigkeiten ausüben, wenn keiner dieser Arbeitnehmer im Kalendermonat mehr als 15 Essenmarken erhält.

    b) Bestehen die Leistungen des Arbeitgebers ausschließlich in der Hingabe von Essenmarken, ist auch unter den Voraussetzungen des Buchstaben a der Verrechnungswert der

---

[*)] >aber H 8.1 (7) Essenmarken nach Ablauf der Dreimonatsfrist bei Auswärtstätigkeit.

1) Zu arbeitstäglichen Zuschüssen zu Mahlzeiten ohne Verwendung von Essenmarken >BMF vom 24. 2. 2016 (BStBl I S. 238).

Essenmarke als Arbeitslohn anzusetzen, wenn dieser Wert den geldwerten Vorteil nach Nummer 3 unterschreitet.

c) ¹Wird der Arbeitsvertrag dahingehend geändert, dass der Arbeitnehmer anstelle von Barlohn Essenmarken erhält, vermindert sich dadurch der Barlohn in entsprechender Höhe. ²Die Essenmarken sind mit dem Wert anzusetzen, der sich nach den Buchstaben a oder b ergibt. ³Ohne Änderung des Arbeitsvertrags führt der Austausch von Barlohn durch Essenmarken nicht zu einer Herabsetzung des steuerpflichtigen Barlohns. ⁴In diesem Falle ist der Betrag, um den sich der ausgezahlte Barlohn verringert, als Entgelt für die Mahlzeit oder Essenmarke anzusehen und von dem nach Buchstabe a oder b maßgebenden Wert abzusetzen.

d) ¹Die von Annahmestellen eingelösten Essenmarken brauchen nicht an den Arbeitgeber zurückgegeben und von ihm nicht aufbewahrt zu werden, wenn der Arbeitgeber eine Abrechnung erhält, aus der sich ergibt, wie viele Essenmarken mit welchem Verrechnungswert eingelöst worden sind, und diese aufbewahrt. ²Dasselbe gilt, wenn ein Essenmarkenemittent eingeschaltet ist und der Arbeitgeber von diesem eine entsprechende Abrechnung erhält und aufbewahrt.

5. ¹Wenn der Arbeitgeber unterschiedliche Mahlzeiten zu unterschiedlichen Preisen teilentgeltlich oder unentgeltlich an die Arbeitnehmer abgibt oder Leistungen nach Nummer 2 zur Verbilligung der Mahlzeiten erbringt und die Lohnsteuer nach § 40 Abs. 2 EStG pauschal erhebt, kann der geldwerte Vorteil mit dem Durchschnittswert der Pauschalbesteuerung zugrunde gelegt werden. ²Die Durchschnittsbesteuerung braucht nicht tageweise durchgeführt zu werden, sie darf sich auf den gesamten Lohnzahlungszeitraum erstrecken. ³Bietet der Arbeitgeber bestimmte Mahlzeiten nur einem Teil seiner Arbeitnehmer an, z. B. in einem Vorstandskasino, sind diese Mahlzeiten nicht in die Durchschnittsberechnung einzubeziehen. ⁴Unterhält der Arbeitgeber mehrere Kantinen, ist der Durchschnittswert für jede einzelne Kantine zu ermitteln. ⁵Ist die Ermittlung des Durchschnittswerts wegen der Menge der zu erfassenden Daten besonders aufwendig, kann die Ermittlung des Durchschnittswerts für einen repräsentativen Zeitraum und bei einer Vielzahl von Kantinen für eine repräsentative Auswahl der Kantinen durchgeführt werden.

6. ¹Der Arbeitgeber hat die vom Arbeitnehmer geleistete Zahlung grundsätzlich in nachprüfbarer Form nachzuweisen. ²Der Einzelnachweis der Zahlungen ist nur dann nicht erforderlich,
   a) wenn gewährleistet ist, dass
      aa) die Zahlung des Arbeitnehmers für eine Mahlzeit den anteiligen amtlichen Sachbezugswert nicht unterschreitet oder
      bb) nach Nummer 4 der Wert der Essenmarke als Arbeitslohn zu erfassen ist oder
   b) wenn der Arbeitgeber die Durchschnittsberechnung nach Nummer 5 anwendet.

Mahlzeiten aus besonderem Anlass

(8) Für die steuerliche Erfassung und Bewertung von Mahlzeiten, die der Arbeitgeber oder auf dessen Veranlassung ein Dritter aus besonderem Anlass an Arbeitnehmer abgibt, gilt Folgendes:

1. ¹Mahlzeiten, die im ganz überwiegenden betrieblichen Interesse des Arbeitgebers an die Arbeitnehmer abgegeben werden, gehören nicht zum Arbeitslohn. ²Dies gilt für Mahlzeiten im Rahmen herkömmlicher Betriebsveranstaltungen nach Maßgabe der R 19.5*⁾, für ein sog. Arbeitsessen i. S. d. R 19.6 Abs. 2 sowie für die Beteiligung von Arbeitnehmern an einer geschäftlich veranlassten Bewirtung i. S. d. § 4 Abs. 5 Satz 1 Nr. 2 EStG.

2. ¹Mahlzeiten, die der Arbeitgeber als Gegenleistung für das Zurverfügungstellen der individuellen Arbeitskraft an seine Arbeitnehmer abgibt, sind mit ihrem tatsächlichen Preis anzusetzen. ²Dies gilt z. B. für eine während einer beruflich veranlassten Auswärtstätigkeit

---

*) Überholt ab 2015 durch § 19 Abs. 1 Satz 1 Nr. 1a EStG.

oder doppelten Haushaltsführung gestellte Mahlzeit, deren Preis die 60-Euro-Grenze i. S. d. § 8 Abs. 2 Satz 8 EStG übersteigt. ³Ein vom Arbeitnehmer an den Arbeitgeber oder an den Dritten gezahltes Entgelt ist auf den tatsächlichen Preis anzurechnen. ⁴Wird vom Arbeitgeber oder auf dessen Veranlassung von einem Dritten nur ein Essen, aber kein Getränk gestellt, ist das Entgelt, das der Arbeitnehmer für ein Getränk bei der Mahlzeit zahlt, nicht auf den tatsächlichen Preis der Mahlzeit anzurechnen.

Gestellung von Kraftfahrzeugen

(9) Überlässt der Arbeitgeber oder auf Grund des Dienstverhältnisses ein Dritter dem Arbeitnehmer ein Kraftfahrzeug zur privaten Nutzung, gilt Folgendes:

1. ¹Der Arbeitgeber hat den privaten Nutzungswert mit monatlich 1 % des inländischen Listenpreises des Kraftfahrzeugs anzusetzen. ²Kann das Kraftfahrzeug auch zu Fahrten zwischen Wohnung und erster Tätigkeitsstätte genutzt werden, ist grundsätzlich diese Nutzungsmöglichkeit unabhängig von der Nutzung des Fahrzeugs zu Privatfahrten zusätzlich mit monatlich 0,03 % des inländischen Listenpreises des Kraftfahrzeugs für jeden Kilometer der Entfernung zwischen Wohnung und erster Tätigkeitsstätte zu bewerten und dem Arbeitslohn zuzurechnen. ³Wird das Kraftfahrzeug zu Familienheimfahrten im Rahmen einer doppelten Haushaltsführung genutzt, erhöht sich der Wert nach Satz 1 für jeden Kilometer der Entfernung zwischen dem Beschäftigungsort und dem Ort des eigenen Hausstands um 0,002 % des inländischen Listenpreises für jede Fahrt, für die der Werbungskostenabzug nach § 9 Abs. 1 Satz 3 Nr. 5 Satz 5 EStG ausgeschlossen ist. ⁴Die Monatswerte nach den Sätzen 1 und 2 sind auch dann anzusetzen, wenn das Kraftfahrzeug dem Arbeitnehmer im Kalendermonat nur zeitweise zur Verfügung steht. ⁵Kürzungen der Werte, z. B. wegen einer Beschriftung des Kraftwagens, oder wegen eines privaten Zweitwagens sind nicht zulässig. ⁶Listenpreis i. S. d. Sätze 1 bis 3 ist – auch bei gebraucht erworbenen oder geleasten Fahrzeugen – die auf volle hundert Euro abgerundete unverbindliche Preisempfehlung des Herstellers für das genutzte Kraftfahrzeug im Zeitpunkt seiner Erstzulassung zuzüglich der Kosten für werkseitig im Zeitpunkt der Erstzulassung eingebaute Sonderausstattungen (z. B. Navigationsgeräte, Diebstahlsicherungssysteme) und der Umsatzsteuer; der Wert eines Autotelefons einschl. Freisprecheinrichtung sowie der Wert eines weiteren Satzes Reifen einschl. Felgen bleiben außer Ansatz. ⁷Bei einem Kraftwagen, der aus Sicherheitsgründen gepanzert ist, kann der Listenpreis des leistungsschwächeren Fahrzeugs zugrunde gelegt werden, das dem Arbeitnehmer zur Verfügung gestellt würde, wenn seine Sicherheit nicht gefährdet wäre. ⁸Kann das Kraftfahrzeug auch im Rahmen einer anderen Einkunftsart genutzt werden, ist diese Nutzungsmöglichkeit mit dem Nutzungswert nach Satz 1 abgegolten. ⁹Nummer 2 Satz 9 bis 16 gilt entsprechend.

2. ¹Der Arbeitgeber kann den privaten Nutzungswert abweichend von Nummer 1 mit den für das Kraftfahrzeug entstehenden Aufwendungen ansetzen, die auf die nach Nummer 1 zu erfassenden privaten Fahrten entfallen, wenn die Aufwendungen durch Belege und das Verhältnis der privaten zu den übrigen Fahrten durch ein ordnungsgemäßes Fahrtenbuch nachgewiesen werden. ²Dabei sind die dienstlich und privat zurückgelegten Fahrtstrecken gesondert und laufend im Fahrtenbuch nachzuweisen. ³Für dienstliche Fahrten sind grundsätzlich die folgenden Angaben erforderlich:
   a) Datum und Kilometerstand zu Beginn und am Ende jeder einzelnen Auswärtstätigkeit,
   b) Reiseziel und bei Umwegen auch die Reiseroute,
   c) Reisezweck und aufgesuchte Geschäftspartner.

   ⁴Für Privatfahrten genügen jeweils Kilometerangaben; für Fahrten zwischen Wohnung und erster Tätigkeitsstätte genügt jeweils ein kurzer Vermerk im Fahrtenbuch. ⁵Die Führung des Fahrtenbuchs kann nicht auf einen repräsentativen Zeitraum beschränkt werden, selbst wenn die Nutzungsverhältnisse keinen größeren Schwankungen unterliegen. ⁶Anstelle des Fahrtenbuchs kann ein Fahrtenschreiber eingesetzt werden, wenn sich daraus dieselben Erkenntnisse gewinnen lassen. ⁷Der private Nutzungswert ist der Anteil an den

Gesamtkosten des Kraftwagens, der dem Verhältnis der Privatfahrten zur Gesamtfahrtstrecke entspricht. ⁸Die insgesamt durch das Kraftfahrzeug entstehenden Aufwendungen i. S. d. § 8 Abs. 2 Satz 4 EStG (Gesamtkosten) sind als Summe der Nettoaufwendungen zuzüglich Umsatzsteuer zu ermitteln; dabei bleiben vom Arbeitnehmer selbst getragene Kosten außer Ansatz.*⁾ ⁹Zu den Gesamtkosten gehören nur solche Kosten, die dazu bestimmt sind, unmittelbar dem Halten und dem Betrieb des Kraftfahrzeugs zu dienen und im Zusammenhang mit seiner Nutzung typischerweise entstehen. ¹⁰Absetzungen für Abnutzung sind stets in die Gesamtkosten einzubeziehen; ihnen sind die tatsächlichen Anschaffungs- oder Herstellungskosten einschließlich der Umsatzsteuer zugrunde zu legen. ¹¹Nicht zu den Gesamtkosten gehören z. B. Beiträge für einen auf den Namen des Arbeitnehmers ausgestellten Schutzbrief, Straßen- oder Tunnelbenutzungsgebühren und Unfallkosten. ¹²Verbleiben nach Erstattungen durch Dritte Unfallkosten bis zur Höhe von 1 000 Euro (zuzüglich Umsatzsteuer) je Schaden, ist es aber nicht zu beanstanden, wenn diese als Reparaturkosten in die Gesamtkosten einbezogen werden; Satz 15 ist sinngemäß anzuwenden. ¹³Ist der Arbeitnehmer gegenüber dem Arbeitgeber wegen Unfallkosten nach allgemeinen zivilrechtlichen Regeln schadensersatzpflichtig (z. B. Privatfahrten, Trunkenheitsfahrten) und verzichtet der Arbeitgeber (z. B. durch arbeitsvertragliche Vereinbarungen) auf diesen Schadensersatz, liegt in Höhe des Verzichts ein gesonderter geldwerter Vorteil vor (§ 8 Abs. 2 Satz 1 EStG). ¹⁴Erstattungen durch Dritte (z. B. Versicherung) sind unabhängig vom Zahlungszeitpunkt zu berücksichtigen, so dass der geldwerte Vorteil regelmäßig in Höhe des vereinbarten Selbstbehalts anzusetzen ist. ¹⁵Hat der Arbeitgeber auf den Abschluss einer Versicherung verzichtet oder eine Versicherung mit einem Selbstbehalt von mehr als 1 000 Euro abgeschlossen, ist aus Vereinfachungsgründen so zu verfahren, als bestünde eine Versicherung mit einem Selbstbehalt in Höhe von 1 000 Euro, wenn es bei bestehender Versicherung zu einer Erstattung gekommen wäre. ¹⁶Liegt keine Schadensersatzpflicht des Arbeitnehmers vor (z. B. Fälle höherer Gewalt, Verursachung des Unfalls durch einen Dritten) oder ereignet sich der Unfall auf einer beruflich veranlassten Fahrt (Auswärtstätigkeit, die wöchentliche Familienheimfahrt bei doppelter Haushaltsführung oder Fahrten zwischen Wohnung und erster Tätigkeitsstätte), liegt vorbehaltlich Satz 13 kein geldwerter Vorteil vor.

3. ¹Der Arbeitgeber muss in Abstimmung mit dem Arbeitnehmer die Anwendung eines der Verfahren nach den Nummern 1 und 2 für jedes Kalenderjahr festlegen; das Verfahren darf bei demselben Kraftfahrzeug während des Kalenderjahres nicht gewechselt werden. ²Soweit die genaue Erfassung des privaten Nutzungswerts nach Nummer 2 monatlich nicht möglich ist, kann der Erhebung der Lohnsteuer monatlich ein Zwölftel des Vorjahresbetrags zugrunde gelegt werden. ³Nach Ablauf des Kalenderjahres oder nach Beendigung des Dienstverhältnisses ist der tatsächlich zu versteuernde Nutzungswert zu ermitteln und eine etwaige Lohnsteuerdifferenz nach Maßgabe der §§ 41c, 42b EStG auszugleichen. ⁴Bei der Veranlagung zur Einkommensteuer ist der Arbeitnehmer nicht an das für die Erhebung der Lohnsteuer gewählte Verfahren gebunden; Satz 1 2. Halbsatz gilt entsprechend.

4. ¹Zahlt der Arbeitnehmer an den Arbeitgeber oder auf dessen Weisung an einen Dritten zur Erfüllung einer Verpflichtung des Arbeitgebers (abgekürzter Zahlungsweg) für die außerdienstliche Nutzung (Nutzung zu privaten Fahrten, zu Fahrten zwischen Wohnung und erster Tätigkeitsstätte und zu Familienheimfahrten im Rahmen einer doppelten Haushaltsführung) des Kraftfahrzeugs ein Nutzungsentgelt, mindert dies den Nutzungswert. ²Zuschüsse des Arbeitnehmers zu den Anschaffungskosten können im Zahlungsjahr ebenfalls auf den privaten Nutzungswert angerechnet werden; in den Fällen der Nummer 2 gilt dies nur, wenn die für die AfA-Ermittlung maßgebenden Anschaffungskosten nicht um die Zuschüsse gemindert worden sind. ³Nach der Anrechnung im Zahlungsjahr verbleibende Zuschüsse können in den darauf folgenden Kalenderjahren auf den privaten Nutzungswert

---

*⁾ >BMF vom 4. 4. 2018 (BStBl I S. 592), Rdnrn. 54-55.

für das jeweilige Kraftfahrzeug angerechnet werden. ⁴Zuschussrückzahlungen sind Arbeitslohn, soweit die Zuschüsse den privaten Nutzungswert gemindert haben.
5. Die Nummern 1 bis 4 gelten bei Fahrten nach § 9 Abs. 1 Satz 3 Nr. 4a Satz 3 EStG entsprechend.

Gestellung eines Kraftfahrzeugs mit Fahrer
(10) ¹Wenn ein Kraftfahrzeug mit Fahrer zur Verfügung gestellt wird, ist der geldwerte Vorteil aus der Fahrergestellung zusätzlich zum Wert nach Absatz 9 Nr. 1 oder 2 als Arbeitslohn zu erfassen. ²Dieser geldwerte Vorteil bemisst sich grundsätzlich nach dem Endpreis i. S. d. § 8 Abs. 2 Satz 1 EStG einer vergleichbaren von fremden Dritten erbrachten Leistung. ³Es ist aus Vereinfachungsgründen nicht zu beanstanden, wenn der geldwerte Vorteil abweichend von Satz 2 wie folgt ermittelt wird:
1. ¹Stellt der Arbeitgeber dem Arbeitnehmer für Fahrten zwischen Wohnung und erster Tätigkeitsstätte oder Fahrten nach § 9 Abs. 1 Satz 3 Nr. 4a Satz 3 EStG ein Kraftfahrzeug mit Fahrer zur Verfügung, ist der für diese Fahrten nach Absatz 9 Nr. 1 oder 2 ermittelte Nutzungswert des Kraftfahrzeugs um 50 % zu erhöhen. ²Für die zweite und jede weitere Familienheimfahrt im Rahmen einer beruflich veranlassten doppelten Haushaltsführung erhöht sich der auf die einzelne Familienheimfahrt entfallende Nutzungswert nur dann um 50 %, wenn für diese Fahrt ein Fahrer in Anspruch genommen worden ist.
2. Stellt der Arbeitgeber dem Arbeitnehmer für andere Privatfahrten ein Kraftfahrzeug mit Fahrer zur Verfügung, ist der entsprechende private Nutzungswert des Kraftfahrzeugs wie folgt zu erhöhen:
   a) um 50 %, wenn der Fahrer überwiegend in Anspruch genommen wird,
   b) um 40 %, wenn der Arbeitnehmer das Kraftfahrzeug häufig selbst steuert,
   c) um 25 %, wenn der Arbeitnehmer das Kraftfahrzeug weit überwiegend selbst steuert.*)
3. Bei Begrenzung des pauschalen Nutzungswertes i. S. d. § 8 Abs. 2 Satz 2, 3 und 5 EStG auf die Gesamtkosten, ist der anzusetzende Nutzungswert um 50 % zu erhöhen, wenn das Kraftfahrzeug mit Fahrer zur Verfügung gestellt worden ist.
4. ¹Wenn einem Arbeitnehmer aus Sicherheitsgründen ein sondergeschütztes (gepanzertes) Kraftfahrzeug, das zum Selbststeuern nicht geeignet ist, mit Fahrer zur Verfügung gestellt wird, ist von der steuerlichen Erfassung der Fahrergestellung abzusehen. ²Es ist dabei unerheblich, in welcher Gefährdungsstufe der Arbeitnehmer eingeordnet ist.

H 8.1 (1–4)

44-Euro-Freigrenze
– Vorteile aus der Überlassung eines zinslosen oder zinsverbilligten Arbeitgeberdarlehens sind bei der Zusammenrechnung einzubeziehen (>BMF vom 19. 5. 2015 – BStBl I S. 484).
– Zu den Aufzeichnungserleichterungen für Sachbezüge i. S. d. § 8 Abs. 2 Satz 11 EStG >§ 4 Abs. 3 Satz 2 LStDV.
– Zur Anwendung der 44-Euro-Freigrenze auf Zukunftssicherungsleistungen >BMF vom … (BStBl I S. …).

Aktienoptionen
>H 38.2
>H 9.1

---

*) Dies gilt auch, wenn der Arbeitnehmer das Kfz ausschließlich selbst steuert >BMF vom 4. 4. 2018 (BStBl I S. 592), Rdnr. 40.

Arbeitgeberdarlehen
>BMF vom 19.5.2015 (BStBl I S. 484)

Ausländische Währung
Lohnzahlungen in einer gängigen ausländischen Währung sind Einnahmen in Geld und kein Sachbezug. Die Freigrenze des § 8 Abs. 2 Satz 11 EStG findet auf sie keine Anwendung (>BFH vom 27.10.2004 – BStBl 2005 II S. 135 und vom 11.11.2010 – BStBl 2011 II S. 383, 386 und 389). Umrechnungsmaßstab ist – soweit vorhanden – der auf den Umrechnungszeitpunkt bezogene Euro-Referenzkurs der Europäischen Zentralbank. Lohnzahlungen sind bei Zufluss des Arbeitslohns anhand der von der Europäischen Zentralbank veröffentlichten monatlichen Durchschnittsreferenzkurse umzurechnen, denen die im BStBl I veröffentlichten Umsatzsteuer-Umrechnungskurse entsprechen (>BFH vom 3.12.2009 – BStBl 2010 II S. 698).

Durchschnittswerte der von Luftfahrtunternehmen gewährten Flüge
>Gleich lautende Ländererlasse vom 16.10.2018 (BStBl I S. 1088)

Fahrrad
- Zur Ermittlung des geldwerten Vorteils bei Überlassung von (Elektro-)Fahrrädern >Gleich lautende Ländererlasse vom 23.11.2012 (BStBl I S. 1224).
- Zur lohnsteuerlichen Behandlung der Überlassung von (Elektro-)Fahrrädern an Arbeitnehmer in Leasingfällen >BMF vom 17.11.2017 (BStBl I S. 1546).

Geldleistung oder Sachbezug
- Sachbezüge i. S. d. § 8 Abs. 2 Satz 1 und 11 EStG sind alle nicht in Geld bestehenden Einnahmen. Ob Barlöhne oder Sachbezüge vorliegen, entscheidet sich nach dem Rechtsgrund des Zuflusses, also auf Grundlage der arbeitsvertraglichen Vereinbarungen danach, was der Arbeitnehmer vom Arbeitgeber beanspruchen kann. Es kommt nicht darauf an, auf welche Art und Weise der Arbeitgeber den Anspruch erfüllt und seinem Arbeitnehmer den zugesagten Vorteil verschafft (>BFH vom 11.11.2010 – BStBl 2011 II S. 383, 386 und 389).
- Sachbezug ist u. a.
  - eine Zahlung des Arbeitgebers an den Arbeitnehmer, die mit der Auflage verbunden ist, den empfangenen Geldbetrag nur in bestimmter Weise zu verwenden,
  - ein dem Arbeitnehmer durch den Arbeitgeber eingeräumtes Recht, bei einer Tankstelle zu tanken,
  - ein Gutschein über einen in Euro lautenden Höchstbetrag für Warenbezug.

  Ein Sachbezug liegt nicht vor, wenn der Arbeitnehmer anstelle der Sachleistung Barlohn verlangen kann.
- >Warengutscheine
- >Zukunftssicherungsleistungen
- Leistet der Arbeitgeber im Rahmen eines ausgelagerten Optionsmodells zur Vermögensbeteiligung der Arbeitnehmer Zuschüsse an einen Dritten als Entgelt für die Übernahme von Kursrisiken, führt dies bei den Arbeitnehmern zu Sachlohn, wenn die Risikoübernahme des Dritten auf einer vertraglichen Vereinbarung mit dem Arbeitgeber beruht; die Freigrenze des § 8 Abs. 2 Satz 11 EStG ist anwendbar (>BFH vom 13.9.2007 – BStBl 2008 II S. 204).
- Die Umwandlung von Barlohn in Sachlohn (Gehaltsumwandlung) setzt voraus, dass der Arbeitnehmer unter Änderung des Anstellungsvertrages auf einen Teil seines Barlohns verzichtet und ihm der Arbeitgeber stattdessen Sachlohn gewährt. Ob ein Anspruch auf Barlohn oder Sachlohn besteht, ist auf den Zeitpunkt bezogen zu entscheiden, zu dem der Arbeitnehmer über seinen Lohnanspruch verfügt (>BFH vom 6.3.2008 – BStBl II S. 530).

Geltung der Sachbezugswerte
- Die Sachbezugswerte nach der SvEV gelten nach § 8 Abs. 2 Satz 7 EStG auch für Arbeitnehmer, die nicht der gesetzlichen Rentenversicherungspflicht unterliegen.
- Die Sachbezugswerte gelten nicht, wenn die vorgesehenen Sachbezüge durch Barvergütungen abgegolten werden; in diesen Fällen sind grundsätzlich die Barvergütungen zu versteuern (>BFH vom 16. 3. 1962 – BStBl III S. 284).

GmbH-Anteile
Veräußert der Arbeitgeber oder eine diesem nahestehende Person eine Beteiligung an einer Kapitalgesellschaft an einen Arbeitnehmer oder umgekehrt, handelt es sich in der Regel nicht um eine Veräußerung im gewöhnlichen Geschäftsverkehr, da ein Einfluss des Arbeitsverhältnisses auf die Verkaufsmodalitäten jedenfalls nahe liegt. Eine Ableitung des gemeinen Werts aus Verkäufen kommt in diesem Fall regelmäßig nicht in Betracht. Er ist ggf. anhand eines Sachverständigengutachtens zu schätzen (>BFH vom 15. 3. 2018 – BStBl II S. 550).

Job-Ticket
>BMF vom 27. 1. 2004 (BStBl I S. 173), Tz. II. 1
- Ein geldwerter Vorteil ist nicht anzunehmen, wenn der Arbeitgeber seinen Arbeitnehmern ein Job-Ticket zu dem mit dem Verkehrsträger vereinbarten Preis überlässt. Ein Sachbezug liegt jedoch vor, soweit der Arbeitnehmer das Job-Ticket darüber hinaus verbilligt oder unentgeltlich vom Arbeitgeber erhält. § 8 Abs. 2 Satz 11 EStG (44-Euro-Freigrenze) findet Anwendung. Die vorstehenden Sätze gelten auch, wenn der Arbeitgeber dem Arbeitnehmer durch Vereinbarung mit einem Verkehrsbetrieb das Recht zum Erwerb einer vergünstigten Jahresnetzkarte (Job-Ticket) einräumt, soweit sich dies für den Arbeitnehmer als Frucht seiner Arbeit für den Arbeitgeber darstellt (>BMF vom 20. 1. 2015 – BStBl I S. 143 und BFH vom 14. 11. 2012 – BStBl 2013 II S. 382).
- Beispiel

Üblicher Preis für eine Monatsfahrkarte	100,00 €
Vom Verkehrsträger eingeräumte Job-Ticketermäßigung 10 %	10,00 €
Differenz	90,00 €
davon 96 % (>R 8.1 Abs. 2 Satz 3)	86,40 €
abzüglich Zuzahlung des Arbeitnehmers	45,00 €
Vorteil	41,40 €

    Unter der Voraussetzung, dass keine weiteren Sachbezüge im Sinne von § 8 Abs. 2 Satz 1 EStG im Monat gewährt werden, die zu einer Überschreitung der 44-Euro-Grenze führen, bleibt der Vorteil von 41,40 € außer Ansatz.
- Gilt das Job-Ticket für einen längeren Zeitraum (z. B. Jahreskarte), fließt der Vorteil insgesamt bei Überlassung des Job-Tickets zu (>BFH vom 12. 4. 2007 – BStBl II S. 719). Zum Zuflusszeitpunkt >H 38.2 (Zufluss von Arbeitslohn).

Rabatte von dritter Seite
>BMF vom 20. 1. 2015 (BStBl I S. 143)

Sachbezugswerte im Bereich der Seeschifffahrt und Fischerei
>Gleich lautende Erlasse der Länder Bremen, Hamburg, Mecklenburg-Vorpommern, Niedersachsen und Schleswig-Holstein vom 15. 6. 2015 (BStBl I S. 512).

Üblicher Endpreis
- >BMF vom 16. 5. 2013 (BStBl I S. 729, Tz. 3.1)
- Beim Erwerb eines Gebrauchtwagens vom Arbeitgeber ist nicht auf den Händlereinkaufspreis abzustellen, sondern auf den Preis, den das Fahrzeug unter Berücksichtigung der ver-

einbarten Nebenleistungen auf dem Gebrauchtwagenmarkt tatsächlich erzielen würde (Händlerverkaufspreis). Wird zur Bestimmung des üblichen Endpreises eine Schätzung erforderlich, kann sich die Wertermittlung an den im Rechtsverkehr anerkannten Marktübersichten für gebrauchte Pkw orientieren (>BFH vom 17.6.2005 – BStBl II S. 795).
- Der Wert einer dem Arbeitnehmer durch den Arbeitgeber zugewandten Reise kann grundsätzlich anhand der Kosten geschätzt werden, die der Arbeitgeber für die Reise aufgewendet hat (>BFH vom 18.8.2005 – BStBl 2006 II S. 30).
- Zur Einbeziehung von Versandkosten >BFH vom 6.6.2018 (BStBl II S. 764).

Wandeldarlehensvertrag
Der geldwerte Vorteil bemisst sich im Falle der Ausübung des Wandlungsrechts aus der Differenz zwischen dem Börsenpreis der Aktien an dem Tag, an dem der Arbeitnehmer die wirtschaftliche Verfügungsmacht über die Aktien erlangt, und den Erwerbsaufwendungen (>BFH vom 23.6.2005 – BStBl II S. 770 und vom 20.5.2010 – BStBl II S. 1069).

Wandelschuldverschreibung
>H 38.2

Warengutscheine
- **Beispiel**
    Der Arbeitgeber räumt seinem Arbeitnehmer das Recht ein, einmalig zu einem beliebigen Zeitpunkt bei einer Tankstelle auf Kosten des Arbeitgebers gegen Vorlage einer Tankkarte bis zu einem Betrag von 44 € zu tanken. Der Arbeitnehmer tankt im Februar für 46 €; der Betrag wird vom Konto des Arbeitgebers abgebucht.
    Unter der Voraussetzung, dass der Arbeitnehmer von seinem Arbeitgeber nicht anstelle der ausgehändigten Tankkarte Barlohn verlangen kann, liegt im Februar ein Sachbezug in Höhe der zugesagten 44 € vor. Er ist steuerfrei nach § 8 Abs. 2 Satz 11 EStG (44-Euro-Freigrenze), wenn dem Arbeitnehmer in diesem Monat keine weiteren Sachbezüge gewährt werden und der Arbeitgeber die übersteigenden 2 € vom Arbeitnehmer einfordert. Ein Abschlag von 4 % (>R 8.1 Abs. 2 Satz 3) ist nicht vorzunehmen, wenn der Sachbezug durch eine (zweckgebundene) Geldleistung des Arbeitgebers verwirklicht wird oder ein Warengutschein mit Betragsangabe hingegeben wird (>R 8.1 Abs. 2 Satz 4).
- **Zum Zuflusszeitpunkt** bei Warengutscheinen >R 38.2 Abs. 3

Zinsersparnisse
>Arbeitgeberdarlehen

Zukunftssicherungsleistungen
Zur Anwendung der 44-Euro-Freigrenze auf Zukunftssicherungsleistungen >BMF vom ... (BStBl I S. ...).

H 8.1 (5–6)

Erholungsheim
Wird ein Arbeitnehmer in einem Erholungsheim des Arbeitgebers oder auf Kosten des Arbeitgebers zur Erholung in einem anderen Beherbergungsbetrieb untergebracht oder verpflegt, so ist die Leistung mit dem entsprechenden Pensionspreis eines vergleichbaren Beherbergungsbetriebs am selben Ort zu bewerten; dabei können jedoch Preisabschläge in Betracht kommen, wenn der Arbeitnehmer z. B. nach der Hausordnung Bedingungen unterworfen wird, die für Hotels und Pensionen allgemein nicht gelten (>BFH vom 18.3.1960 – BStBl III S. 237).

Ortsüblicher Mietwert
- Überlässt der Arbeitgeber seinem Arbeitnehmer eine Wohnung zu einem Mietpreis, der innerhalb der Mietpreisspanne des örtlichen Mietspiegels für vergleichbare Wohnungen liegt, scheidet die Annahme eines geldwerten Vorteils regelmäßig aus (>BFH vom 17.8.2005 – BStBl 2006 II S. 71 und vom 11.5.2011 – BStBl II S. 946).
- Überlässt ein Arbeitgeber seinen Arbeitnehmern Wohnungen und werden Nebenkosten (z. T.) nicht erhoben, liegt eine verbilligte Überlassung und damit ein Sachbezug nur vor, soweit die tatsächlich erhobene Miete zusammen mit den tatsächlich abgerechneten Nebenkosten die ortsübliche Miete (Kaltmiete plus umlagefähige Nebenkosten) unterschreitet (>BFH vom 11.5.2011 – BStBl II S. 946).

Persönliche Bedürfnisse des Arbeitnehmers
Persönliche Bedürfnisse des Arbeitnehmers, z. B. hinsichtlich der Größe der Wohnung, sind bei der Höhe des Mietwerts nicht zu berücksichtigen (>BFH vom 8.3.1968 – BStBl II S. 435 und vom 2.10.1968 – BStBl 1969 II S. 73).

Steuerfreie Mietvorteile
>R 3.59

H 8.1 (7)

Arbeitstägliche Zuschüsse zu Mahlzeiten ohne Verwendung von Essenmarken
>BMF vom 24.2.2016 (BStBl I S. 238)

Begriff der Mahlzeit
Zu den Mahlzeiten gehören alle Speisen und Lebensmittel, die üblicherweise der Ernährung dienen, einschließlich der dazu üblichen Getränke (>BFH vom 21.3.1975 – BStBl II S. 486 und vom 7.11.1975 – BStBl 1976 II S. 50).

Essenmarken

> **Beispiele zu R 8.1 Abs. 7 Nr. 4 Buchst. b**
>
> **Beispiel 1:**
> Ein Arbeitnehmer erhält eine Essenmarke mit einem Wert von 1 €. Die Mahlzeit kostet 2 €.
>
> | | |
> |---|---:|
> | Preis der Mahlzeit | 2,00 € |
> | ./. Wert der Essenmarke | 1,00 € |
> | Zahlung des Arbeitnehmers | 1,00 € |
> | Sachbezugswert*⁾ der Mahlzeit | 3,30 € |
> | ./. Zahlung des Arbeitnehmers | 1,00 € |
> | Verbleibender Wert | 2,30 € |
> | Anzusetzen ist der niedrigere Wert der Essenmarke | 1,00 € |
>
> **Beispiel 2:**
> Ein Arbeitnehmer erhält eine Essenmarke mit einem Wert von 4 €. Die Mahlzeit kostet 4 €.
>
> | | |
> |---|---:|
> | Preis der Mahlzeit | 4,00 € |
> | ./. Wert der Essenmarke | 4,00 € |
> | Zahlung des Arbeitnehmers | 0,00 € |
> | Sachbezugswert*⁾ der Mahlzeit | 3,30 € |
> | ./. Zahlung des Arbeitnehmers | 0,00 € |
> | Verbleibender Wert | 3,30 € |
> | Anzusetzen ist der Sachbezugswert | 3,30 € |

---

*) Voraussichtlicher Wert 2019.

Beispiel 3:
Ein Arbeitnehmer erhält eine Essenmarke mit einem Wert von 6,33 €. Die vom Arbeitnehmer in einer Gaststätte eingenommene Mahlzeit kostet 10,00 €.

Wert der Essenmarke	6,33 €
Anzusetzender Sachbezugswert[*]	3,30 €
./. Zahlung des Arbeitnehmers	3,67 €
Geldwerter Vorteil	0,00 €

Essenmarken nach Ablauf der Dreimonatsfrist bei Auswärtstätigkeit

Üben Arbeitnehmer eine längerfristige berufliche Auswärtstätigkeit an derselben Tätigkeitsstätte aus, sind nach Ablauf von drei Monaten (§ 9 Abs. 4a Satz 6 und 7 EStG) an diese Arbeitnehmer ausgegebene Essenmarken (Essensgutscheine, Restaurantschecks) abweichend von R 8.1 Abs. 7 Nr. 4 Buchstabe a Satz 1 Doppelbuchstabe dd und Rz. 76 des BMF-Schreibens vom 24. 10. 2014 (BStBl I S. 1412) mit dem maßgebenden Sachbezugswert zu bewerten. Der Ansatz des Sachbezugswerts setzt voraus, dass die übrigen Voraussetzungen des R 8.1 Abs. 7 Nr. 4 Buchstabe a vorliegen (>BMF vom 5. 1. 2015 – BStBl I S. 119).

Essenmarken und Gehaltsumwandlung
– **Änderung des Arbeitsvertrags**
Wird der Arbeitsvertrag dahingehend geändert, dass der Arbeitnehmer anstelle von Barlohn Essenmarken erhält, so vermindert sich dadurch der Barlohn in entsprechender Höhe (>BFH vom 20. 8. 1997 – BStBl II S. 667).

Beispiel:
Der Arbeitgeber gibt dem Arbeitnehmer monatlich 15 Essenmarken. Im Arbeitsvertrag ist der Barlohn von 3.500 € im Hinblick auf die Essenmarken um 60 € auf 3.440 € herabgesetzt worden.
a) Beträgt der Verrechnungswert der Essenmarken jeweils 5 €, so ist dem Barlohn von 3.440 € der Wert der Mahlzeit mit dem Sachbezugswert[*] (15 x 3,30 € =) 49,50 € hinzuzurechnen.
b) Beträgt der Verrechnungswert der Essenmarken jeweils 7 €, so ist dem Barlohn von 3.440 € der Verrechnungswert der Essenmarken (15 x 7 € =) 105 € hinzuzurechnen.

– **Keine Änderung des Arbeitsvertrags**
Ohne Änderung des Arbeitsvertrags führt der Austausch von Barlohn durch Essenmarken nicht zu einer Herabsetzung des steuerpflichtigen Barlohns. In diesem Fall ist der Betrag, um den sich der ausgezahlte Barlohn verringert, als Entgelt für die Mahlzeit oder Essenmarke anzusehen und von dem für die Essenmarke maßgebenden Wert abzusetzen.

Beispiel:
Ein Arbeitnehmer mit einem monatlichen Bruttolohn von 3.500 € erhält von seinem Arbeitgeber 15 Essenmarken. Der Arbeitsvertrag bleibt unverändert. Der Arbeitnehmer zahlt für die Essenmarken monatlich 60 €.
a) Auf den Essenmarken ist jeweils ein Verrechnungswert von 7 € ausgewiesen.
Der Verrechnungswert der Essenmarke übersteigt den Sachbezugswert[*] von 3,30 € um mehr als 3,10 €. Die Essenmarken sind deshalb mit ihrem Verrechnungswert anzusetzen:

15 Essenmarken x 7 €	105,00 €
./. Entgelt des Arbeitnehmers	60,00 €
Vorteil	45,00 €

Dieser ist dem bisherigen Arbeitslohn von 3.500 € hinzuzurechnen.
b) Auf den Essenmarken ist jeweils ein Verrechnungswert von 5 € ausgewiesen.
Der Verrechnungswert der Essenmarke übersteigt den Sachbezugswert[*] von 3,30 € um nicht mehr als 3,10 €. Es ist deshalb nicht der Verrechnungswert der Essenmarken, sondern der Wert der erhaltenen Mahlzeiten mit dem Sachbezugswert anzusetzen.

---

[*] Voraussichtlicher Wert 2019.

15 Essenmarken x Sachbezugswert*) 3,30 €	49,50 €
./. Entgelt des Arbeitnehmers	60,00 €
Vorteil	0,00 €

Dem bisherigen Arbeitslohn von 3.500 € ist nichts hinzuzurechnen.

Sachbezugsbewertung
– Bewertung einer einzelnen Mahlzeit >BMF vom 21.12.2017 (BStBl 2018 I S. 63) für 2018 und vom 16.11.2018 (BStBl I S. 1231) für 2019
– **Beispiel zu R 8.1 Abs. 7 Nr. 3**

Der Arbeitnehmer zahlt 2 € für ein Mittagessen im Wert von 4 €.	
Sachbezugswert*) der Mahlzeit	3,30 €
./. Zahlung des Arbeitnehmers	2,00 €
geldwerter Vorteil	1,30 €

Hieraus ergibt sich, dass die steuerliche Erfassung der Mahlzeiten entfällt, wenn gewährleistet ist, dass der Arbeitnehmer für jede Mahlzeit mindestens einen Preis in Höhe des amtlichen Sachbezugswerts zahlt.

H 8.1 (8)

Allgemeines
Zur Behandlung der Mahlzeitengestellung nach der Reform des steuerlichen Reisekostenrechts >BMF vom 24.10.2014 (BStBl I S. 1412)

Individuell zu versteuernde Mahlzeiten
Mahlzeiten, die im Rahmen regelmäßiger Geschäftsleitungssitzungen abgegeben werden, sind mit dem tatsächlichen Preis anzusetzen (>BFH vom 4.8.1994 – BStBl 1995 II S. 59).

Reisekostenabrechnungen
>BMF vom 24.10.2014 (BStBl I S. 1412), Rz. 77 Beispiel 50 und Rz. 58 ff.

H 8.1 (9–10)

1 %-Regelung
Die 1 %-Regelung ist verfassungsrechtlich nicht zu beanstanden (>BFH vom 13.12.2012 – BStBl 2013 II S. 385).
>Gebrauchtwagen

Abgrenzung Kostenerstattung – Nutzungsüberlassung
– Erstattet der Arbeitgeber dem Arbeitnehmer für dessen eigenen PKW sämtliche Kosten, wendet er Barlohn und nicht einen Nutzungsvorteil i. S. d. § 8 Abs. 2 EStG zu (>BFH vom 6.11.2001 – BStBl 2002 II S. 164).
– Eine nach § 8 Abs. 2 Satz 2 bis 5 EStG zu bewertende Nutzungsüberlassung liegt vor, wenn der Arbeitnehmer das Kraftfahrzeug auf Veranlassung des Arbeitgebers least, dieser sämtliche Kosten des Kraftfahrzeugs trägt und im Innenverhältnis allein über die Nutzung des Kraftfahrzeugs bestimmt (>BFH vom 6.11.2001 – BStBl 2002 II S. 370).

---

*) Voraussichtlicher Wert 2019.

- Eine nach § 8 Abs. 2 Satz 2 bis 5 EStG zu bewertende Nutzungsüberlassung liegt nicht vor, wenn das vom Arbeitgeber geleaste Fahrzeug dem Arbeitnehmer auf Grund einer Sonderrechtsbeziehung im Innenverhältnis zuzurechnen ist, weil er gegenüber dem Arbeitgeber die wesentlichen Rechte und Pflichten des Leasingnehmers hat. Gibt der Arbeitgeber in diesem Fall vergünstigte Leasingkonditionen an den Arbeitnehmer weiter, liegt hierin ein nach § 8 Abs. 2 Satz 1 EStG zu bewertender geldwerter Vorteil (>BFH vom 18. 12. 2014 – BStBl II S. 670 – sog. Behördenleasing). Zur Dienstwagenbesteuerung in Leasingfällen, insbesondere bei Gehaltsumwandlung >BMF vom 4. 4. 2018 (BStBl I S. 592), Rdnr. 46 ff.

Allgemeine Grundsätze
>BMF vom 4. 4. 2018 (BStBl I S. 592)

Anscheinsbeweis
- Die unentgeltliche oder verbilligte Überlassung eines Dienstwagens durch den Arbeitgeber an den Arbeitnehmer für dessen Privatnutzung führt unabhängig davon, ob und in welchem Umfang der Arbeitnehmer das Fahrzeug tatsächlich privat nutzt, zu einem lohnsteuerlichen Vorteil. Ob der Arbeitnehmer den Beweis des ersten Anscheins, dass dienstliche Fahrzeuge, die zu privaten Zwecken zur Verfügung stehen, auch tatsächlich privat genutzt werden, durch die substantiierte Darlegung eines atypischen Sachverhalts zu entkräften vermag, ist für die Besteuerung des Nutzungsvorteils nach § 8 Abs. 2 Satz 2 EStG unerheblich (>BFH vom 21. 3. 2013 – BStBl II S. 700).
- >Nutzungsmöglichkeit

Elektro- und Hybridelektrofahrzeug
>BMF vom 5. 6. 2014 (BStBl I S. 835) und vom 14. 12. 2016 (BStBl I S. 1446)

Garage für den Dienstwagen
Wird ein Dienstwagen in der eigenen oder angemieteten Garage des Arbeitnehmers untergestellt und trägt der Arbeitgeber hierfür die Kosten, so ist bei der 1 %-Regelung kein zusätzlicher geldwerter Vorteil für die Garage anzusetzen (>BFH vom 7. 6. 2002 – BStBl II S. 829).

Gebrauchtwagen
Die 1 %-Regelung auf Grundlage des Bruttolistenneupreises begegnet insbesondere im Hinblick auf die dem Steuerpflichtigen zur Wahl gestellte Möglichkeit, den Nutzungsvorteil auch nach der Fahrtenbuchmethode zu ermitteln und zu bewerten, keinen verfassungsrechtlichen Bedenken (>BFH vom 13. 12. 2012 – BStBl 2013 II S. 385).

Kraftfahrzeuge
i. S. d. § 8 Abs. 2 EStG sind auch:
- Campingfahrzeuge (>BFH vom 6. 11. 2001 – BStBl 2002 II S. 370),
- Elektrofahrräder, die verkehrsrechtlich als Kraftfahrzeug einzuordnen sind >Gleich lautende Ländererlasse vom 23. 11. 2012 (BStBl I S. 1224),
- Kombinationskraftwagen, z. B. Geländewagen (>BFH vom 13. 2. 2003 – BStBl II S. 472), siehe aber auch >Werkstattwagen.

Nutzungsentgelt
Die zwingend vorgeschriebene Bewertung nach der 1 %-Regelung, sofern nicht von der Möglichkeit, ein Fahrtenbuch zu führen, Gebrauch gemacht wird, kann nicht durch Zahlung eines Nutzungsentgelts vermieden werden, selbst wenn dieses als angemessen anzusehen ist. Das vereinbarungsgemäß gezahlte Nutzungsentgelt ist von dem entsprechend ermittelten privaten Nutzungswert in Abzug zu bringen (>BFH vom 7. 11. 2006 – BStBl 2007 II S. 269).

Nutzungsmöglichkeit
- Die unentgeltliche oder verbilligte Überlassung eines Dienstwagens durch den Arbeitgeber an den Arbeitnehmer für dessen Privatnutzung führt unabhängig davon, ob und in welchem Umfang der Arbeitnehmer das Fahrzeug tatsächlich privat nutzt, zu einem lohnsteuerlichen Vorteil (>BFH vom 21. 3. 2013 – BStBl II S. 700).
- Bei der Beurteilung der Nutzungsmöglichkeit ist unter Berücksichtigung sämtlicher Umstände des Einzelfalls zu entscheiden, ob und welches betriebliche Fahrzeug dem Arbeitnehmer ausdrücklich oder doch zumindest konkludent auch zur privaten Nutzung überlassen ist. Steht nicht fest, dass der Arbeitgeber dem Arbeitnehmer einen Dienstwagen zur privaten Nutzung überlassen hat, kann auch der Beweis des ersten Anscheins diese fehlende Feststellung nicht ersetzen (>BFH vom 21. 3. 2013 – BStBl II S. 918 und S. 1044 und vom 18. 4. 2013 – BStBl II S. 920).

Ordnungsgemäßes Fahrtenbuch
- Ein ordnungsgemäßes Fahrtenbuch muss zeitnah und in geschlossener Form geführt werden und die zu erfassenden Fahrten einschließlich des an ihrem Ende erreichten Gesamtkilometerstands vollständig und in ihrem fortlaufenden Zusammenhang wiedergeben (>BFH vom 9. 11. 2005 – BStBl 2006 II S. 408). Kleinere Mängel führen nicht zur Verwerfung des Fahrtenbuchs, wenn die Angaben insgesamt plausibel sind (>BFH vom 10. 4. 2008 – BStBl II S. 768).
- Die erforderlichen Angaben müssen sich dem Fahrtenbuch selbst entnehmen lassen. Ein Verweis auf ergänzende Unterlagen ist nur zulässig, wenn der geschlossene Charakter der Fahrtenbuchaufzeichnungen dadurch nicht beeinträchtigt wird (>BFH vom 16. 3. 2006 – BStBl II S. 625).
- Ein ordnungsgemäßes Fahrtenbuch muss insbesondere Datum und hinreichend konkret bestimmt das Ziel der jeweiligen Fahrt ausweisen. Dem ist nicht entsprochen, wenn als Fahrtziele nur Straßennamen angegeben sind und diese Angaben erst mit nachträglich erstellten Aufzeichnungen präzisiert werden (>BFH vom 1. 3. 2012 – BStBl II S. 505).
- Mehrere Teilabschnitte einer einheitlichen beruflichen Reise können miteinander zu einer zusammenfassenden Eintragung verbunden werden, wenn die einzelnen aufgesuchten Kunden oder Geschäftspartner im Fahrtenbuch in der zeitlichen Reihenfolge aufgeführt werden (>BFH vom 16. 3. 2006 – BStBl II S. 625).
- Der Übergang von der beruflichen zur privaten Nutzung des Fahrzeugs ist im Fahrtenbuch durch Angabe des bei Abschluss der beruflichen Fahrt erreichten Gesamtkilometerstands zu dokumentieren (>BFH vom 16. 3. 2006 – BStBl II S. 625).
- Kann der Arbeitnehmer den ihm überlassenen Dienstwagen auch privat nutzen und wird über die Nutzung des Dienstwagens kein ordnungsgemäßes Fahrtenbuch geführt, ist der zu versteuernde geldwerte Vorteil nach der 1 %-Regelung zu bewerten. Eine Schätzung des Privatanteils anhand anderer Aufzeichnungen kommt nicht in Betracht (>BFH vom 16. 11. 2005 – BStBl 2006 II S. 410).

Schätzung des Privatanteils
Kann der Arbeitnehmer den ihm überlassenen Dienstwagen auch privat nutzen und wird über die Nutzung des Dienstwagens kein ordnungsgemäßes Fahrtenbuch geführt, ist der zu versteuernde geldwerte Vorteil nach der 1 %-Regelung zu bewerten. Eine Schätzung des Privatanteils anhand anderer Aufzeichnungen kommt nicht in Betracht (>BFH vom 16. 11. 2005 – BStBl 2006 II S. 410).

Schutzbrief
Übernimmt der Arbeitgeber die Beiträge für einen auf seinen Arbeitnehmer ausgestellten Schutzbrief, liegt darin die Zuwendung eines geldwerten Vorteils, der nicht von der Abgeltungswirkung der 1 %-Regelung erfasst wird (>BFH vom 14. 9. 2005 – BStBl 2006 II S. 72).

Straßenbenutzungsgebühren
Übernimmt der Arbeitgeber die Straßenbenutzungsgebühren für die mit einem Firmenwagen unternommenen Privatfahrten seines Arbeitnehmers, liegt darin die Zuwendung eines geldwerten Vorteils, der nicht von der Abgeltungswirkung der 1 %-Regelung erfasst wird (>BFH vom 14. 9. 2005 – BStBl 2006 II S. 72).

Verzicht auf Schadensersatz
Verzichtet der Arbeitgeber gegenüber dem Arbeitnehmer auf Schadensersatz nach einem während einer beruflichen Fahrt alkoholbedingt entstandenen Schaden am auch zur privaten Nutzung überlassenen Firmen-Pkw, so ist der dem Arbeitnehmer aus dem Verzicht entstehende Vermögensvorteil nicht durch die 1 %-Regelung abgegolten. Der als Arbeitslohn zu erfassende Verzicht auf Schadensersatz führt nur dann zu einer Steuererhöhung, wenn die Begleichung der Schadensersatzforderung nicht zum Werbungskostenabzug berechtigt. Ein Werbungskostenabzug kommt nicht in Betracht, wenn das auslösende Moment für den Verkehrsunfall die alkoholbedingte Fahruntüchtigkeit war (>BFH vom 24. 5. 2007 – BStBl II S. 766).

Werkstattwagen
Die 1 %-Regelung gilt nicht für Fahrzeuge, die auf Grund ihrer objektiven Beschaffenheit und Einrichtung typischerweise so gut wie ausschließlich nur zur Beförderung von Gütern bestimmt sind (>BFH vom 18. 12. 2008 – BStBl 2009 II S. 381).

R 8.2   Bezug von Waren und Dienstleistungen (§ 8 Abs. 3 EStG)

(1) ¹Die steuerliche Begünstigung bestimmter Sachbezüge der Arbeitnehmer nach § 8 Abs. 3 EStG setzt Folgendes voraus:
1. ¹Die Sachbezüge müssen dem Arbeitnehmer auf Grund seines Dienstverhältnisses zufließen. ²Steht der Arbeitnehmer im Kalenderjahr nacheinander oder nebeneinander in mehreren Dienstverhältnissen, sind die Sachbezüge aus jedem Dienstverhältnis unabhängig voneinander zu beurteilen. ³Auf Sachbezüge, die der Arbeitnehmer nicht unmittelbar vom Arbeitgeber erhält, ist § 8 Abs. 3 EStG grundsätzlich nicht anwendbar.
2. ¹Die Sachbezüge müssen in der Überlassung von Waren oder in Dienstleistungen bestehen. ²Zu den Waren gehören alle Wirtschaftsgüter, die im Wirtschaftsverkehr wie Sachen (§ 90 BGB) behandelt werden, also auch elektrischer Strom und Wärme. ³Als Dienstleistungen kommen alle anderen Leistungen in Betracht, die üblicherweise gegen Entgelt erbracht werden.
3. ¹Auf Rohstoffe, Zutaten und Halbfertigprodukte ist die Begünstigung anwendbar, wenn diese mengenmäßig überwiegend in die Erzeugnisse des Betriebs eingehen. ²Betriebs- und Hilfsstoffe, die mengenmäßig überwiegend nicht an fremde Dritte abgegeben werden, sind nicht begünstigt.
4. Bei jedem einzelnen Sachbezug, für den die Voraussetzungen des § 8 Abs. 3 und des § 40 Abs. 1 oder Abs. 2 Satz 1 Nr. 1, 2 oder 5 Satz 1 EStG gleichzeitig vorliegen, kann zwischen der Pauschalbesteuerung, der Anwendung des § 8 Abs. 3 EStG (mit Bewertungsabschlag und Rabatt-Freibetrag) und der Anwendung des § 8 Abs. 2 EStG (ohne Bewertungsabschlag und Rabatt-Freibetrag) gewählt werden.

²Die Begünstigung gilt sowohl für teilentgeltliche als auch für unentgeltliche Sachbezüge. ³Sie gilt deshalb z. B. für den Haustrunk im Brauereigewerbe, für die Freitabakwaren in der Tabakwarenindustrie und für die Deputate im Bergbau sowie in der Land- und Forstwirtschaft. ⁴Nachträgliche Gutschriften sind als Entgeltsminderung zu werten, wenn deren Bedingungen bereits in dem Zeitpunkt feststehen, in dem der Arbeitnehmer die Sachbezüge erhält. ⁵Zuschüsse eines Dritten sind nicht als Verbilligung zu werten, sondern ggf. als Lohnzahlungen durch Dritte zu versteuern.

(2) ¹Der steuerlichen Bewertung des Sachbezugs, der die Voraussetzungen des Absatzes 1 erfüllt, ist grundsätzlich der Endpreis (einschl. der Umsatzsteuer) zugrunde zu legen, zu dem der Arbeitgeber die konkrete Ware oder Dienstleistung fremden Letztverbrauchern im allgemeinen Geschäftsverkehr am Ende von Verkaufsverhandlungen durchschnittlich anbietet. ²Bei der Gewährung von Versicherungsschutz sind es die Beiträge, die der Arbeitgeber als Versicherer von fremden Versicherungsnehmern für diesen Versicherungsschutz durchschnittlich verlangt. ³Tritt der Arbeitgeber mit Letztverbrauchern außerhalb des Arbeitnehmerbereichs nicht in Geschäftsbeziehungen, ist grundsätzlich der Endpreis zugrunde zu legen, zu denen der dem Abgabeort des Arbeitgebers nächstansässige Abnehmer die konkrete Ware oder Dienstleistung fremden Letztverbrauchern anbietet. ⁴Dies gilt auch in den Fällen, in denen der Arbeitgeber nur als Kommissionär tätig ist. ⁵R 8.1 Abs. 2 Satz 2 ist sinngemäß anzuwenden. ⁶Für die Preisfeststellung ist grundsätzlich jeweils der Kalendertag maßgebend, an dem die Ware oder Dienstleistung an den Arbeitnehmer abgegeben wird. ⁷Fallen Bestell- und Liefertag auseinander, sind die Verhältnisse am Bestelltag für die Ermittlung des Angebotspreises maßgebend. ⁸Der um 4 % geminderte Endpreis ist der Geldwert des Sachbezugs; als Arbeitslohn ist der Unterschiedsbetrag zwischen diesem Geldwert und dem vom Arbeitnehmer gezahlten Entgelt anzusetzen. ⁹Arbeitslöhne dieser Art aus demselben Dienstverhältnis bleiben steuerfrei, soweit sie insgesamt den Rabatt-Freibetrag nach § 8 Abs. 3 EStG nicht übersteigen.

H 8.2

Allgemeines

Die Regelung des § 8 Abs. 3 EStG gilt nicht für
- Waren, die der Arbeitgeber überwiegend für seine Arbeitnehmer herstellt, z. B. Kantinenmahlzeiten, oder überwiegend an seine Arbeitnehmer vertreibt und Dienstleistungen, die der Arbeitgeber überwiegend für seine Arbeitnehmer erbringt,
- Sachbezüge, die nach § 40 Abs. 1 oder Abs. 2 Nr. 1 oder 2 EStG pauschal versteuert werden.

In diesen Fällen ist die Bewertung nach § 8 Abs. 2 EStG vorzunehmen.

Anwendung des Rabatt-Freibetrags

Der Rabatt-Freibetrag findet Anwendung bei
- Waren oder Dienstleistungen, die vom Arbeitgeber hergestellt, vertrieben oder erbracht werden (>BFH vom 15. 1. 1993 – BStBl II S. 356),
- Leistungen des Arbeitgebers, auch wenn sie nicht zu seinem üblichen Geschäftsgegenstand gehören (>BFH vom 7. 2. 1997 – BStBl II S. 363),
- der verbilligten Abgabe von Medikamenten an die Belegschaft eines Krankenhauses, wenn Medikamente dieser Art mindestens im gleichen Umfang an Patienten abgegeben werden (>BFH vom 27. 8. 2002 – BStBl II S. 881 und BStBl 2003 II S. 95),
- Waren, die ein Arbeitgeber im Auftrag und nach den Plänen und Vorgaben eines anderen produziert und damit Hersteller dieser Waren ist (>BFH vom 28. 8. 2002 – BStBl 2003 II S. 154 betr. Zeitungsdruck),
- Waren, die ein Arbeitgeber auf eigene Kosten nach seinen Vorgaben und Plänen von einem Dritten produzieren lässt oder zu deren Herstellung er damit vergleichbare sonstige gewichtige Beiträge erbringt (>BFH vom 1. 10. 2009 – BStBl 2010 II S. 204),
- verbilligter Überlassung einer Hausmeisterwohnung, wenn der Arbeitgeber Wohnungen zumindest in gleichem Umfang an Dritte vermietet und sich die Hausmeisterwohnung durch ihre Merkmale nicht in einem solchen Maße von anderen Wohnungen unterscheidet, dass sie nur als Hausmeisterwohnung genutzt werden kann (>BFH vom 16. 2. 2005 – BStBl II S. 529),

- Überlassung eines zinslosen oder zinsverbilligten Arbeitgeberdarlehens, wenn Darlehen gleicher Art und zu gleichen Konditionen überwiegend an betriebsfremde Dritte vergeben werden (>BMF vom 19. 5. 2015 – BStBl I S. 484),
- Mahlzeitengestellung im Rahmen einer Auswärtstätigkeit, wenn aus der Küche eines Flusskreuzfahrtschiffes neben den Passagieren auch die Besatzungsmitglieder verpflegt werden (>BFH vom 21. 1. 2010 – BStBl II S. 700),
- Fahrvergünstigungen, die die Deutsche Bahn AG Ruhestandsbeamten des Bundeseisenbahnvermögens gewährt (>BFH vom 26. 6. 2014 – BStBl 2015 II S. 39), soweit die übrigen Voraussetzungen des § 8 Abs. 3 EStG erfüllt sind.

Der Rabatt-Freibetrag findet keine Anwendung bei
- Arbeitgeberdarlehen, wenn der Arbeitgeber lediglich verbundenen Unternehmen Darlehen gewährt (>BFH vom 18. 9. 2002 – BStBl 2003 II S. 371),
- Arbeitgeberdarlehen, wenn der Arbeitgeber Darlehen dieser Art nicht an Fremde vergibt (>BFH vom 9. 10. 2002 – BStBl 2003 II S. 373 betr. Arbeitgeberdarlehen einer Landeszentralbank).

Aufteilung eines Sachbezugs

Die Aufteilung eines Sachbezugs zum Zwecke der Lohnsteuerpauschalierung ist nur zulässig, wenn die Pauschalierung der Lohnsteuer beantragt wird und die Pauschalierungsgrenze des § 40 Abs. 1 Satz 3 EStG überschritten wird (>BMF vom 19. 5. 2015 – BStBl I S. 484).

Berechnung des Rabatt-Freibetrags

Beispiel 1:
Ein Möbelhandelsunternehmen überlässt einem Arbeitnehmer eine Schrankwand zu einem Preis von 3.000 €; der durch Preisauszeichnung angegebene Endpreis dieser Schrankwand beträgt 4.500 €.
Zur Ermittlung des Sachbezugswerts ist der Endpreis um 4 % = 180 € zu kürzen, so dass sich nach Anrechnung des vom Arbeitnehmer gezahlten Entgelts ein Arbeitslohn von 1.320 € ergibt. Dieser Arbeitslohn überschreitet den Rabatt-Freibetrag von 1.080 € um 240 €, so dass dieser Betrag zu versteuern ist.
Würde der Arbeitnehmer im selben Kalenderjahr ein weiteres Möbelstück unter denselben Bedingungen beziehen, so käme der Rabatt-Freibetrag nicht mehr in Betracht; es ergäbe sich dann ein zu versteuernder Betrag von 1.320 € (Unterschiedsbetrag zwischen dem um 4 % = 180 € geminderten Endpreis von 4.500 € und dem Abgabepreis von 3.000 €).

Beispiel 2:
Der Arbeitnehmer eines Reisebüros hat für eine vom Arbeitgeber vermittelte Pauschalreise, die im Katalog des Reiseveranstalters zum Preis von 2.000 € angeboten wird, nur 1.500 € zu zahlen. Vom Preisnachlass entfallen 300 € auf die Reiseleistung des Veranstalters und 200 € auf die Vermittlung des Arbeitgebers, der insoweit keine Vermittlungsprovision erhält.
Die unentgeltliche Vermittlungsleistung ist nach § 8 Abs. 3 EStG mit ihrem um 4 % = 8 € geminderten Endpreis von 200 € zu bewerten, so dass sich ein Arbeitslohn von 192 € ergibt, der im Rahmen des Rabatt-Freibetrags von 1.080 € jährlich steuerfrei ist.
Auf die darüber hinausgehende Verbilligung der Pauschalreise um 300 € ist der Rabatt-Freibetrag nicht anwendbar, weil die Reiseveranstaltung nicht vom Arbeitgeber durchgeführt wird; sie ist deshalb nach § 8 Abs. 2 EStG zu bewerten. Nach R 8.1 Abs. 2 Satz 3 kann der für die Reiseleistung maßgebende Preis mit 1.728 € (96 % von 1.800 €) angesetzt werden, so dass sich ein steuerlicher Preisvorteil von 228 € ergibt.

Dienstleistungen

Die leih- oder mietweise Überlassung von Grundstücken, Wohnungen, möblierten Zimmern oder von Kraftfahrzeugen, Maschinen und anderen beweglichen Sachen sowie die Gewährung von Darlehen sind Dienstleistungen (>BFH vom 4. 11. 1994 – BStBl 1995 II S. 338).
Weitere Beispiele für Dienstleistungen sind:
- Beförderungsleistungen,
- Beratung,
- Datenverarbeitung,

- Kontenführung,
- Reiseveranstaltungen,
- Versicherungsschutz,
- Werbung.

Endpreis
- i. S. d. § 8 Abs. 3 EStG ist der am Ende von Verkaufsverhandlungen als letztes Angebot stehende Preis und umfasst deshalb auch die Rabatte (>BFH vom 26. 7. 2012 – BStBl 2013 II S. 400). Zur Anwendung >BMF vom 16. 5. 2013 (BStBl I S. 729, Tz. 3.2),
- beim Erwerb von Kraftfahrzeugen vom Arbeitgeber in der Automobilbranche >BMF vom 18. 12. 2009 (BStBl 2010 I S. 20) unter Berücksichtigung der Änderung durch >BMF vom 16. 5. 2013 (BStBl I S. 729, Rdnr. 8),
- bei Überlassung eines zinslosen oder zinsverbilligten Arbeitgeberdarlehens >BMF vom 19. 5. 2015 – BStBl I S. 484).

Sachbezüge an ehemalige Arbeitnehmer
Sachbezüge, die dem Arbeitnehmer ausschließlich wegen seines früheren oder künftigen Dienstverhältnisses zufließen, können nach § 8 Abs. 3 EStG bewertet werden (>BFH vom 8. 11. 1996 – BStBl 1997 II S. 330).

Sachbezüge von dritter Seite
- Erfassung und Bewertung
  >BMF vom 20. 1. 2015 (BStBl I S. 143)
- Einschaltung eines Dritten
  Die Einschaltung eines Dritten ist für die Anwendung des § 8 Abs. 3 EStG unschädlich, wenn der Arbeitnehmer eine vom Arbeitgeber hergestellte Ware auf dessen Veranlassung und Rechnung erhält (>BFH vom 4. 6. 1993 – BStBl II S. 687).

Vermittlungsprovision
- Ein Arbeitgeber, der den Abschluss von Versicherungsverträgen vermittelt, kann seinen Arbeitnehmern auch dadurch einen geldwerten Vorteil i. S. d. § 8 Abs. 3 Satz 1 EStG gewähren, dass er im Voraus auf die ihm zustehende Vermittlungsprovision verzichtet, sofern das Versicherungsunternehmen auf Grund dieses Verzichts den fraglichen Arbeitnehmern den Abschluss von Versicherungsverträgen zu günstigeren Tarifen gewährt, als das bei anderen Versicherungsnehmern der Fall ist (>BFH vom 30. 5. 2001 – BStBl 2002 II S. 230).
- Gibt der Arbeitgeber seine Provisionen, die er von Dritten für die Vermittlung von Versicherungsverträgen seiner Arbeitnehmer erhalten hat, an diese weiter, gewährt er Bar- und nicht Sachlohn (>BFH vom 23. 8. 2007 – BStBl 2008 II S. 52).

Wahlrecht
Liegen die Voraussetzungen des § 8 Abs. 3 EStG vor, kann der geldwerte Vorteil wahlweise nach § 8 Abs. 2 EStG ohne Bewertungsabschlag und ohne Rabattfreibetrag oder mit diesen Abschlägen auf der Grundlage des Endpreises des Arbeitgebers nach § 8 Abs. 3 EStG bewertet werden (>BFH vom 26. 7. 2012 – BStBl 2013 II S. 400 und 402). Dieses Wahlrecht ist sowohl im Lohnsteuerabzugsverfahren als auch im Veranlagungsverfahren anwendbar (>BMF vom 16. 5. 2013 – BStBl I S. 729, Tz. 3.3).

Waren und Dienstleistungen vom Arbeitgeber
- Die Waren oder Dienstleistungen müssen vom Arbeitgeber hergestellt, vertrieben oder erbracht werden (>BFH vom 15. 1. 1993 – BStBl II S. 356).

- Es ist nicht erforderlich, dass die Leistung des Arbeitgebers zu seinem üblichen Geschäftsgegenstand gehört (>BFH vom 7. 2. 1997 – BStBl II S. 363).

Zu § 9 EStG

| R 9.1 | **Werbungskosten** |

(1) ¹Zu den Werbungskosten gehören alle Aufwendungen, die durch den Beruf veranlasst sind. ²Werbungskosten, die die Lebensführung des Arbeitnehmers oder anderer Personen berühren, sind nach § 9 Abs. 5 i.V. m. § 4 Abs. 5 Satz 1 Nr. 7 EStG insoweit nicht abziehbar, als sie nach der allgemeinen Verkehrsauffassung als unangemessen anzusehen sind. ³Dieses Abzugsverbot betrifft nur seltene Ausnahmefälle; die Werbungskosten müssen erhebliches Gewicht haben und die Grenze der Angemessenheit erheblich überschreiten, wie z. B. Aufwendungen für die Nutzung eines Privatflugzeugs zu einer Auswärtstätigkeit.

(2) ¹Aufwendungen für Ernährung, Kleidung und Wohnung sowie Repräsentationsaufwendungen sind in der Regel Aufwendungen für die Lebensführung i. S. d. § 12 Nr. 1 EStG. ²Besteht bei diesen Aufwendungen ein Zusammenhang mit der beruflichen Tätigkeit des Arbeitnehmers, ist zu prüfen, ob und in welchem Umfang die Aufwendungen beruflich veranlasst sind. ³Hierbei gilt Folgendes:

1. Sind die Aufwendungen so gut wie ausschließlich beruflich veranlasst, z. B. Aufwendungen für typische Berufskleidung (>R 3.31), sind sie in voller Höhe als Werbungskosten abziehbar.
2. Sind die Aufwendungen nur zum Teil beruflich veranlasst und lässt sich dieser Teil der Aufwendungen nach objektiven Merkmalen leicht und einwandfrei von den Aufwendungen trennen, die ganz oder teilweise der privaten Lebensführung dienen, ist dieser Teil der Aufwendungen als Werbungskosten abziehbar; er kann ggf. geschätzt werden.
3. ¹Ein Abzug der Aufwendungen kommt insgesamt nicht in Betracht, wenn die – für sich gesehen jeweils nicht unbedeutenden – beruflichen und privaten Veranlassungsbeiträge so ineinander greifen, dass eine Trennung nicht möglich und eine Grundlage für die Schätzung nicht erkennbar ist. ²Das ist insbesondere der Fall, wenn es an objektivierbaren Kriterien für eine Aufteilung fehlt.
4. ¹Aufwendungen für die Ernährung gehören grundsätzlich zu den nach § 12 Nr. 1 EStG nicht abziehbaren Aufwendungen für die Lebensführung. ²Das Abzugsverbot nach § 12 Nr. 1 EStG gilt jedoch nicht für Verpflegungsmehraufwendungen, die z. B. als Reisekosten (>R 9.6) oder wegen einer aus beruflichem Anlass begründeten doppelten Haushaltsführung (>R 9.11) so gut wie ausschließlich durch die berufliche Tätigkeit veranlasst sind.

(3) Die Annahme von Werbungskosten setzt nicht voraus, dass im selben Kalenderjahr, in dem die Aufwendungen geleistet werden, Arbeitslohn zufließt.

(4) ¹Ansparleistungen für beruflich veranlasste Aufwendungen, z. B. Beiträge an eine Kleiderkasse zur Anschaffung typischer Berufskleidung, sind noch keine Werbungskosten; angesparte Beträge können erst dann abgezogen werden, wenn sie als Werbungskosten verausgabt worden sind. ²Hat ein Arbeitnehmer beruflich veranlasste Aufwendungen dadurch erspart, dass er entsprechende Sachbezüge erhalten hat, steht der Wert der Sachbezüge entsprechenden Aufwendungen gleich; die Sachbezüge sind vorbehaltlich der Abzugsbeschränkungen nach § 9 Abs. 1 Satz 3 Nr. 5, 7 und Abs. 5 EStG mit dem Wert als Werbungskosten abziehbar, mit dem sie als steuerpflichtiger Arbeitslohn erfasst worden sind. ³Steuerfreie Bezüge, auch soweit sie von einem Dritten – z. B. der Agentur für Arbeit – gezahlt werden, schließen entsprechende Werbungskosten aus.

(5) ¹Telekommunikationsaufwendungen sind Werbungskosten, soweit sie beruflich veranlasst sind. ²Weist der Arbeitnehmer den Anteil der beruflich veranlassten Aufwendungen an den Gesamtaufwendungen für einen repräsentativen Zeitraum von drei Monaten im Einzelnen nach,

kann dieser berufliche Anteil für den gesamten VZ zugrunde gelegt werden. ³Dabei können die Aufwendungen für das Nutzungsentgelt der Telefonanlage sowie für den Grundpreis der Anschlüsse entsprechend dem beruflichen Anteil der Verbindungsentgelte an den gesamten Verbindungsentgelten (Telefon und Internet) abgezogen werden. ⁴Fallen erfahrungsgemäß beruflich veranlasste Telekommunikationsaufwendungen an, können aus Vereinfachungsgründen ohne Einzelnachweis bis zu 20 % des Rechnungsbetrags, jedoch höchstens 20 Euro monatlich als Werbungskosten anerkannt werden. ⁵Zur weiteren Vereinfachung kann der monatliche Durchschnittsbetrag, der sich aus den Rechnungsbeträgen für einen repräsentativen Zeitraum von drei Monaten ergibt, für den gesamten VZ zugrunde gelegt werden. ⁶Nach R 3.50 Abs. 2 steuerfrei ersetzte Telekommunikationsaufwendungen mindern den als Werbungskosten abziehbaren Betrag.

H 9.1

Aktienoptionen

Erhält ein Arbeitnehmer von seinem Arbeitgeber nicht handelbare Aktienoptionsrechte, können die von ihm getragenen Aufwendungen im Zahlungszeitpunkt nicht als Werbungskosten berücksichtigt werden; sie mindern erst im Jahr der Verschaffung der verbilligten Aktien den geldwerten Vorteil. Verfällt das Optionsrecht, sind die Optionskosten im Jahr des Verfalls als vergebliche Werbungskosten abziehbar (>BFH vom 3. 5. 2007 – BStBl II S. 647).

Arbeitsgerichtlicher Vergleich

Es spricht regelmäßig eine Vermutung dafür, dass Aufwendungen für aus dem Arbeitsverhältnis folgende zivil- und arbeitsgerichtliche Streitigkeiten einen den Werbungskostenabzug rechtfertigenden hinreichend konkreten Veranlassungszusammenhang zu den Lohneinkünften aufweisen. Dies gilt grundsätzlich auch, wenn sich Arbeitgeber und Arbeitnehmer über solche streitigen Ansprüche im Rahmen eines arbeitsgerichtlichen Vergleichs einigen (>BFH vom 9. 2. 2012 – BStBl II S. 829).

Aufteilung von Aufwendungen bei mehreren Einkunftsarten

Erzielt ein Arbeitnehmer sowohl Einnahmen aus selbständiger als auch aus nichtselbständiger Arbeit, sind die durch diese Tätigkeiten veranlassten Aufwendungen den jeweiligen Einkunftsarten, ggf. nach einer im Schätzungswege vorzunehmenden Aufteilung der Aufwendungen, als Werbungskosten oder Betriebsausgaben zuzuordnen (>BFH vom 10. 6. 2008 – BStBl II S. 937).

Aufteilungs- und Abzugsverbot
>Gemischte Aufwendungen

Ausgleichszahlungen

Ausgleichszahlungen, die ein Arbeitnehmer, dem eine Altersversorgung nach beamtenrechtlichen Grundsätzen zugesagt worden ist, leistet, um bei einem Arbeitgeberwechsel die Anrechnung von Dienstzeiten durch den neuen Arbeitgeber zu erreichen, sind als Werbungskosten abziehbar (>BFH vom 19. 10. 2016 – BStBl 2017 II S. 999).

Auslandstätigkeit

Die auf eine Auslandstätigkeit entfallenden Werbungskosten, die nicht eindeutig den steuerfreien oder steuerpflichtigen Bezügen zugeordnet werden können, sind regelmäßig zu dem Teil nicht abziehbar, der dem Verhältnis der steuerfreien Einnahmen zu den Gesamteinnahmen während der Auslandstätigkeit entspricht (>BFH vom 11. 2. 1993 – BStBl II S. 450 und vom 11. 2. 2009 – BStBl 2010 II S. 536 – zu Aufwendungen eines Referendars).

Berufliche Veranlassung

Eine berufliche Veranlassung setzt voraus, dass objektiv ein >Zusammenhang mit dem Beruf besteht und in der Regel subjektiv die Aufwendungen zur Förderung des Berufs gemacht werden (>BFH vom 28. 11. 1980 – BStBl 1981 II S. 368).

Berufskrankheit

Aufwendungen zur Wiederherstellung der Gesundheit können dann beruflich veranlasst sein, wenn es sich um eine typische Berufskrankheit handelt oder der Zusammenhang zwischen der Erkrankung und dem Beruf eindeutig feststeht (>BFH vom 11. 7. 2013 – BStBl II S. 815).

Beteiligung am Arbeitgeberunternehmen

– Aufwendungen eines Arbeitnehmers zum Erwerb einer Beteiligung an seinem (ggf. künftigen) Arbeitgeber sind regelmäßig auch dann nicht als (vorab entstandene) Werbungskosten bei den Einkünften aus nichtselbständiger Arbeit abzugsfähig, wenn die Zahlung Voraussetzung für den Abschluss des Anstellungsvertrags ist (>BFH vom 17. 5. 2017 – BStBl II S. 1073).

– Schuldzinsen für Darlehen mit denen Arbeitnehmer den Erwerb von Gesellschaftsanteilen an ihrer Arbeitgeberin finanzieren, um damit die arbeitsvertragliche Voraussetzung für die Erlangung einer höher dotierten Position zu erfüllen, sind regelmäßig nicht bei den Einkünften aus nichtselbständiger Arbeit als Werbungskosten zu berücksichtigen (>BFH vom 5. 4. 2006 – BStBl II S. 654).

Bewirtungskosten

– Aufwendungen für die Feier eines Arbeitnehmers anlässlich eines persönlichen Ereignisses (z. B. Geburtstag) sind regelmäßig auch durch die gesellschaftliche Stellung veranlasst und nicht als Werbungskosten abziehbar (>BFH vom 19. 2. 1993 – BStBl II S. 403 und vom 15. 7. 1994 – BStBl II S. 896). Allerdings kann sich trotz des herausgehobenen persönlichen Ereignisses aus den übrigen Umständen des einzelnen Falls ergeben, dass die Kosten für eine solche Feier ausnahmsweise ganz oder teilweise beruflich veranlasst sind (>BFH vom 10. 11. 2016 – BStBl 2017 II S. 409).

– Bewirtungskosten, die einem Offizier für einen Empfang aus Anlass der Übergabe der Dienstgeschäfte (Kommandoübergabe) und der Verabschiedung in den Ruhestand entstehen, können als Werbungskosten zu berücksichtigen sein (>BFH vom 11. 1. 2007 – BStBl II S. 317).

– Bewirtungskosten eines angestellten Geschäftsführers mit variablen Bezügen anlässlich einer ausschließlich für Betriebsangehörige im eigenen Garten veranstalteten Feier zum 25-jährigen Dienstjubiläum können Werbungskosten sein (>BFH vom 1. 2. 2007 – BStBl II S. 459).

– Beruflich veranlasste Bewirtungskosten können ausnahmsweise auch dann vorliegen, wenn der Arbeitnehmer nicht variabel vergütet wird (>BFH vom 24. 5. 2007 – BStBl II S. 721).

– Aufwendungen für eine betriebsinterne Feier anlässlich eines berufsbezogenen Ereignisses (z. B. Dienstjubiläum) können (nahezu) ausschließlich beruflich veranlasst und damit als Werbungskosten zu berücksichtigen sein, wenn der Arbeitnehmer die Gäste nach abstrakten berufsbezogenen Kriterien einlädt (>BFH vom 20. 1. 2016 – BStBl II S. 744).

– Bewirtungskosten sind nur in Höhe von 70 % als Werbungskosten abzugsfähig (>§ 4 Abs. 5 Satz 1 Nr. 2 i. V. m. § 9 Abs. 5 EStG). Diese Abzugsbeschränkung gilt nur, wenn der Arbeitnehmer Bewirtender ist (>BFH vom 19. 6. 2008 – BStBl II S. 870). Sie gilt nicht, wenn der Arbeitnehmer nur Arbeitnehmer des eigenen Arbeitgebers bewirtet (>BFH vom 19. 6. 2008 – BStBl 2009 II S. 11).

Bürgerliche Kleidung
Aufwendungen für bürgerliche Kleidung sind auch bei außergewöhnlich hohen Aufwendungen nicht als Werbungskosten abziehbar (>BFH vom 6. 7. 1989 – BStBl 1990 II S. 49).

Bürgschaftsverpflichtung
- Tilgungskosten aus einer Bürgschaftsverpflichtung durch den Arbeitnehmer einer Gesellschaft können zu Werbungskosten bei den Einkünften aus nichtselbständiger Arbeit führen, wenn eine Gesellschafterstellung zwar vereinbart aber nicht zustande gekommen ist (>BFH vom 16. 11. 2011 – BStBl 2012 II S. 343).
- Erwerbsaufwand ist den Einkünften zuzurechnen, zu denen der engere und wirtschaftlich vorrangige Veranlassungszusammenhang besteht. Es kann nicht ausgeschlossen werden, dass auch im Fall einer gegenwärtig ausgeübten Erwerbstätigkeit die Inanspruchnahme aus einer Bürgschaftsverpflichtung wirtschaftlich vorrangig durch eine zunächst nur angestrebte andere Erwerbstätigkeit veranlasst und dementsprechend dieser zuzurechnen ist. Eine solche Zurechnung setzt allerdings voraus, dass diese künftige Erwerbstätigkeit schon hinreichend konkret feststeht; nur dann kann zwischen dieser und den Aufwendungen auch ein hinreichend konkreter und objektiv feststellbarer Veranlassungszusammenhang bestehen, der eine entsprechende Zurechnung rechtfertigt (>BFH vom 8. 7. 2015 – BStBl 2016 II S. 60 und vom 3. 9. 2015 – BStBl 2016 II S. 305).

Einbürgerung
Aufwendungen für die Einbürgerung sind nicht als Werbungskosten abziehbar (>BFH vom 18. 5. 1984 – BStBl II S. 588).

Ernährung
Aufwendungen für die Ernährung am Ort der ersten Tätigkeitsstätte sind auch dann nicht als Werbungskosten abziehbar, wenn der Arbeitnehmer berufsbedingt arbeitstäglich überdurchschnittlich oder ungewöhnlich lange von seiner Wohnung abwesend ist (>BFH vom 21. 1. 1994 – BStBl II S. 418).

Erziehungsurlaub/Elternzeit
Aufwendungen während eines Erziehungsurlaubs/einer Elternzeit können vorab entstandene Werbungskosten sein. Der berufliche Verwendungsbezug ist darzulegen, wenn er sich nicht bereits aus den Umständen von Umschulungs- oder Qualifizierungsmaßnahmen ergibt (>BFH vom 22. 7. 2003 – BStBl 2004 II S. 888).

Geldauflagen
Geldauflagen sind nicht als Werbungskosten abziehbar, soweit die Auflagen nicht der Wiedergutmachung des durch die Tat verursachten Schadens dienen (>BFH vom 22. 7. 2008 – BStBl 2009 II S. 151 und vom 15. 1. 2009 – BStBl 2010 II S. 111).

Geldbußen
Geldbußen sind nicht als Werbungskosten abziehbar (>BFH vom 22. 7. 2008 – BStBl 2009 II S. 151).

Gemischte Aufwendungen
- Bei gemischt veranlassten Aufwendungen besteht kein generelles Aufteilungs- und Abzugsverbot (>BFH vom 21. 9. 2009 – BStBl 2010 II S. 672); zu den Folgerungen >BMF vom 6. 7. 2010 (BStBl I S. 614).
- Gemischt veranlasste Aufwendungen für eine Feier aus beruflichem und privatem Anlass können teilweise als Werbungskosten abziehbar sein. Der als Werbungskosten abziehbare

Betrag kann dabei anhand der Herkunft der Gäste aus dem beruflichen/privaten Umfeld abgegrenzt werden (>BFH vom 8. 7. 2015 – BStBl II S. 1013).
- >H 9.2 (Auslandsgruppenreise)

Geschenke
Geschenke eines Arbeitnehmers anlässlich persönlicher Feiern sind nicht als Werbungskosten abziehbar (>BFH vom 1. 7. 1994 – BStBl 1995 II S. 273).

Körperpflege und Kosmetika
Aufwendungen für Körperpflege und Kosmetika sind auch bei außergewöhnlich hohen Aufwendungen nicht als Werbungskosten abziehbar (>BFH vom 6. 7. 1989 – BStBl 1990 II S. 49).

Kontoführungsgebühren
Kontoführungsgebühren sind Werbungskosten, soweit sie durch Gutschriften von Einnahmen aus dem Dienstverhältnis und durch beruflich veranlasste Überweisungen entstehen. Pauschale Kontoführungsgebühren sind ggf. nach dem Verhältnis beruflich und privat veranlasster Kontenbewegungen aufzuteilen (>BFH vom 9. 5. 1984 – BStBl II S. 560).

Kunstgegenstände
Aufwendungen für die Ausschmückung eines Dienstzimmers sind nicht als Werbungskosten abziehbar (>BFH vom 12. 3. 1993 – BStBl II S. 506).

Nachträgliche Werbungskosten
Werbungskosten können auch im Hinblick auf ein früheres Dienstverhältnis entstehen (>BFH vom 14. 10. 1960 – BStBl 1961 III S. 20).

Psychoseminar
Aufwendungen für die Teilnahme an psychologischen Seminaren, die nicht auf den konkreten Beruf zugeschnittene psychologische Kenntnisse vermittelt, sind auch dann nicht als Werbungskosten abziehbar, wenn der Arbeitgeber für die Teilnahme an den Seminaren bezahlten Bildungsurlaub gewährt (>BFH vom 6. 3. 1995 – BStBl II S. 393).

Reinigung von typischer Berufskleidung in privater Waschmaschine
>H 9.12 (Berufskleidung)

Sammelbeförderung
>BMF vom 31. 10. 2013 (BStBl I S. 1376)

Schulgeld
Schulgeldzahlungen an eine fremdsprachige Schule im Inland sind auch dann nicht als Werbungskosten abziehbar, wenn sich die ausländischen Eltern aus beruflichen Gründen nur vorübergehend im Inland aufhalten (>BFH vom 23. 11. 2000 – BStBl 2001 II S. 132).

Statusfeststellungsverfahren
Aufwendungen im Zusammenhang mit dem Anfrageverfahren nach § 7a SGB IV (sog. Statusfeststellungsverfahren) sind durch das Arbeitsverhältnis veranlasst und deshalb als Werbungskosten bei den Einkünften aus nichtselbständiger Arbeit zu berücksichtigen (>BFH vom 6. 5. 2010 – BStBl II S. 851).

Strafverteidigungskosten

Aufwendungen für die Strafverteidigung können Werbungskosten sein, wenn der Schuldvorwurf durch berufliches Verhalten veranlasst war (>BFH vom 19. 2. 1982 – BStBl II S. 467 und vom 18. 10. 2007 – BStBl 2008 II S. 223).

Übernachtung an der ersten Tätigkeitsstätte

Die Kosten für gelegentliche Hotelübernachtungen am Ort der ersten Tätigkeitsstätte sind Werbungskosten, wenn sie beruflich veranlasst sind. Für eine Tätigkeit an diesem Ort sind Verpflegungsmehraufwendungen nicht zu berücksichtigen (>BFH vom 5. 8. 2004 – BStBl II S. 1074).

Verlorener Zuschuss eines Gesellschafter-Geschäftsführers

Gewährt der Gesellschafter-Geschäftsführer einer GmbH, an der er nicht nur unwesentlich beteiligt ist, einen verlorenen Zuschuss, ist die Berücksichtigung als Werbungskosten regelmäßig abzulehnen (>BFH vom 26. 11. 1993 – BStBl 1994 II S. 242).

Verlust einer Beteiligung am Unternehmen des Arbeitgebers

- Der Verlust einer Beteiligung an einer GmbH kann selbst dann nicht als Werbungskosten berücksichtigt werden, wenn die Beteiligung am Stammkapital der GmbH Voraussetzung für die Beschäftigung als Arbeitnehmer der GmbH war (>BFH vom 12. 5. 1995 – BStBl II S. 644).

- Der Veräußerungsverlust aus einer Kapitalbeteiligung am Unternehmen des Arbeitgebers führt nur dann zu Werbungskosten, wenn ein erheblicher Veranlassungszusammenhang zum Dienstverhältnis besteht und nicht auf der Nutzung der Beteiligung als Kapitalertragsquelle beruht (>BFH vom 17. 9. 2009 – BStBl 2010 II S. 198).

Verlust einer Darlehensforderung gegen den Arbeitgeber

- Der Verlust einer Darlehensforderung gegen den Arbeitgeber ist als Werbungskosten zu berücksichtigen, wenn der Arbeitnehmer das Risiko, die Forderung zu verlieren, aus beruflichen Gründen bewusst auf sich genommen hat (>BFH vom 7. 5. 1993 – BStBl II S. 663).

- Die berufliche Veranlassung eines Darlehens wird nicht zwingend dadurch ausgeschlossen, dass der Darlehensvertrag mit dem alleinigen Gesellschafter-Geschäftsführer der Arbeitgeberin (GmbH) statt mit der insolvenzbedrohten GmbH geschlossen worden und die Darlehensvaluta an diesen geflossen ist. Maßgeblich sind der berufliche Veranlassungszusammenhang und der damit verbundene konkrete Verwendungszweck des Darlehens (>BFH vom 7. 2. 2008 – BStBl 2010 II S. 48).

- Auch wenn ein Darlehen aus im Gesellschaftsverhältnis liegenden Gründen gewährt wurde, kann der spätere Verzicht darauf durch das zugleich bestehende Arbeitsverhältnis veranlasst sein und dann insoweit zu Werbungskosten bei den Einkünften aus nichtselbständiger Arbeit führen, als die Darlehensforderung noch werthaltig ist (>BFH vom 25. 11. 2010 – BStBl 2012 II S. 24).

- Der Verlust einer aus einer Gehaltsumwandlung entstandenen Darlehensforderung eines Arbeitnehmers gegen seinen Arbeitgeber kann insoweit zu Werbungskosten bei den Einkünften aus nichtselbständiger Arbeit führen, als der Arbeitnehmer ansonsten keine Entlohnung für seine Arbeitsleistung erhalten hätte, ohne seinen Arbeitsplatz erheblich zu gefährden. Dabei ist der Umstand, dass ein außenstehender Dritter, insbesondere eine Bank, dem Arbeitgeber kein Darlehen mehr gewährt hätte, lediglich ein Indiz für eine beruflich veranlasste Darlehenshingabe, nicht aber unabdingbare Voraussetzung für den Werbungskostenabzug eines Darlehensverlustes (>BFH vom 10. 4. 2014 – BStBl II S. 850).

Versorgungszuschlag

Zahlt der Arbeitgeber bei beurlaubten Beamten ohne Bezüge einen Versorgungszuschlag, handelt es sich um steuerpflichtigen Arbeitslohn. In gleicher Höhe liegen beim Arbeitnehmer Werbungskosten vor; dies gilt auch, wenn der Arbeitnehmer den Versorgungszuschlag zahlt (>BMF vom 22.2.1991 – BStBl I S. 951).

Vertragsstrafe

Die Zahlung einer in einem Ausbildungsverhältnis begründeten Vertragsstrafe kann zu Werbungskosten führen (>BFH vom 22.6.2006 – BStBl 2007 II S. 4).

Videorecorder

Aufwendungen für einen Videorecorder sind – ohne Nachweis der weitaus überwiegenden beruflichen Nutzung – nicht als Werbungskosten abziehbar (>BFH vom 27.9.1991 – BStBl 1992 II S. 195).

Vorweggenommene Werbungskosten

Werbungskosten können auch im Hinblick auf ein künftiges Dienstverhältnis entstehen (>BFH vom 4.8.1961 – BStBl 1962 III S. 5 und vom 3.11.1961 – BStBl 1962 III S. 123). Der Berücksichtigung dieser Werbungskosten steht es nicht entgegen, dass der Arbeitnehmer Arbeitslosengeld oder sonstige für seinen Unterhalt bestimmte steuerfreie Leistungen erhält (>BFH vom 4.3.1977 – BStBl II S. 507), ggf. kommt ein Verlustabzug nach § 10d EStG in Betracht.

Werbegeschenke

Aufwendungen eines Arbeitnehmers für Werbegeschenke an Kunden seines Arbeitgebers sind Werbungskosten, wenn er tätig, um die Umsätze seines Arbeitgebers und damit seine erfolgsabhängigen Einkünfte zu steigern (>BFH vom 13.1.1984 – BStBl II S. 315). Aufwendungen für Werbegeschenke können ausnahmsweise auch dann Werbungskosten sein, wenn der Arbeitnehmer nicht variabel vergütet wird (>BFH vom 24.5.2007 – BStBl II S. 721). Die nach § 4 Abs. 5 Satz 1 Nr. 1 EStG maßgebende Wertgrenze von 35 Euro ist zu beachten (§ 9 Abs. 5 EStG).

Werbungskosten bei Insolvenzgeld

Werbungskosten, die auf den Zeitraum entfallen, für den der Arbeitnehmer Insolvenzgeld erhält, sind abziehbar, da kein unmittelbarer wirtschaftlicher Zusammenhang zwischen den Aufwendungen und dem steuerfreien Insolvenzgeld i.S.d. § 3c EStG besteht (>BFH vom 23.11.2000 – BStBl 2001 II S. 199).

Wohnungsnutzung zu beruflichen Zwecken

Nutzt ein Miteigentümer allein eine Wohnung zu beruflichen Zwecken und werden die Darlehen zum Erwerb der Wohnung gemeinsam aufgenommen und Zins und Tilgung von einem gemeinsamen Konto beglichen, kann er AfA und Schuldzinsen nur entsprechend seinem Miteigentumsanteil als Werbungskosten geltend machen. Entsprechendes gilt für gemeinschaftlich getragene andere grundstücksorientierte Aufwendungen, z. B. Grundsteuer, allgemeine Reparaturkosten, Versicherungsprämien (>BFH vom 6.12.2017 – BStBl 2018 II S. 355).

Zusammenhang mit dem Beruf

Ein Zusammenhang mit dem Beruf ist gegeben, wenn die Aufwendungen in einem wirtschaftlichen Zusammenhang mit der auf Einnahmeerzielung gerichteten Tätigkeit des Arbeitnehmers stehen (>BFH vom 1.10.1982 – BStBl 1983 II S. 17).

| R 9.2 | **Aufwendungen für die Aus- und Fortbildung**[*)]

¹Aufwendungen für den erstmaligen Erwerb von Kenntnissen, die zur Aufnahme eines Berufs befähigen, beziehungsweise für ein erstes Studium (Erstausbildung) sind Kosten der Lebensführung und nur als Sonderausgaben im Rahmen von § 10 Abs. 1 Nr. 7 EStG abziehbar. ²Werbungskosten liegen dagegen vor, wenn die erstmalige Berufsausbildung oder das Erststudium Gegenstand eines Dienstverhältnisses (Ausbildungsdienstverhältnis) ist. ³Unabhängig davon, ob ein Dienstverhältnis besteht, sind die Aufwendungen für die Fortbildung in dem bereits erlernten Beruf und für die Umschulungsmaßnahmen, die einen Berufswechsel vorbereiten, als Werbungskosten abziehbar. ⁴Das gilt auch für die Aufwendungen für ein weiteres Studium, wenn dieses in einem hinreichend konkreten, objektiv feststellbaren Zusammenhang mit späteren steuerpflichtigen Einnahmen aus der angestrebten beruflichen Tätigkeit steht.

| H 9.2 |

Allgemeine Grundsätze
>BMF vom 22. 9. 2010 (BStBl I S. 721)
>BMF vom ... (BStBl I S. ...)

Allgemein bildende Schulen
Aufwendungen für den Besuch allgemein bildender Schulen sind regelmäßig keine Werbungskosten (>BFH vom 22. 6. 2006 – BStBl II S. 717).

Ausbildungsdienstverhältnis

Beispiele:
– Referendariat zur Vorbereitung auf das zweite Staatsexamen (>BFH vom 10. 12. 1971 – BStBl 1972 II S. 251)
– Beamtenanwärter (>BFH vom 21. 1. 1972 – BStBl II S. 261)
– zum Studium abkommandierte oder beurlaubte Bundeswehroffiziere (>BFH vom 7. 11. 1980 – BStBl 1981 II S. 216 und vom 28. 9. 1984 – BStBl 1985 II S. 87)
– zur Erlangung der mittleren Reife abkommandierte Zeitsoldaten (>BFH vom 28. 9. 1984 – BStBl 1985 II S. 89)
– für ein Promotionsstudium beurlaubte Geistliche (>BFH vom 7. 8. 1987 – BStBl II S. 780)

Auslandsgruppenreise
– Aufwendungen für Reisen, die der beruflichen Fortbildung dienen, sind als Werbungskosten abziehbar, wenn sie unmittelbar beruflich veranlasst sind (z. B. das Aufsuchen eines Kunden des Arbeitgebers, das Halten eines Vortrags auf einem Fachkongress oder die Durchführung eines Forschungsauftrags) und die Verfolgung privater Interessen nicht den Schwerpunkt der Reise bildet (>BFH vom 21. 9. 2009 – BStBl 2010 II S. 672).
– Ein unmittelbarer beruflicher Anlass liegt nicht vor, wenn der Arbeitnehmer mit der Teilnahme an der Auslandsgruppenreise eine allgemeine Verpflichtung zur beruflichen Fortbildung erfüllt oder die Reise von einem Fachverband angeboten wird (>BFH vom 19. 1. 2012 – BStBl II S. 416); zur Abgrenzung gegenüber der konkreten beruflichen Verpflichtung zur Reiseteilnahme >BFH vom 9. 12. 2010 (BStBl 2011 II S. 522). Zur Aufteilung gemischt veranlass-

---
*) Beachte auch § 9 Abs. 6 EStG in der ab 2015 geltenden Fassung.

ter Aufwendungen bei auch beruflicher Veranlassung der Auslandsgruppenreise >H 9.1 (Gemischte Aufwendungen).

Deutschkurs
Aufwendungen eines in Deutschland lebenden Ausländers für das Erlernen der deutschen Sprache gehören regelmäßig auch dann zu den nicht abziehbaren Kosten der Lebensführung, wenn ausreichende Deutschkenntnisse für einen angestrebten Ausbildungsplatz förderlich sind (>BFH vom 15. 3. 2007 – BStBl II S. 814).

Erziehungsurlaub/Elternzeit
Aufwendungen während eines Erziehungsurlaubs/einer Elternzeit können vorab entstandene Werbungskosten sein. Der berufliche Verwendungsbezug ist darzulegen, wenn er sich nicht bereits aus den Umständen von Umschulungs- oder Qualifizierungsmaßnahmen ergibt (>BFH vom 22. 7. 2003 – BStBl 2004 II S. 888).

Fortbildung
– Aufwendungen von Führungskräften für Seminare zur Persönlichkeitsentfaltung können Werbungskosten sein (>BFH vom 28. 8. 2008 – BStBl 2009 II S. 108).
– Aufwendungen einer leitenden Redakteurin zur Verbesserung beruflicher Kommunikationsfähigkeit sind Werbungskosten (>BFH vom 28. 8. 2008 – BStBl 2009 II S. 106).
– Aufwendungen für den Erwerb des Verkehrsflugzeugführerscheins einschließlich Musterberechtigung können vorab entstandene Werbungskosten sein (>BFH vom 27. 10. 2011 – BStBl 2012 II S. 825 zum Rettungssanitäter). Die Aufwendungen für den Erwerb des Privatflugzeugführerscheins führen regelmäßig nicht zu Werbungskosten (>BFH vom 27. 5. 2003 – BStBl 2005 II S. 202). Bei einer durchgehenden Ausbildung zum Verkehrsflugzeugführer sind aber auch die Aufwendungen für den Erwerb des Privatflugzeugführerscheins als Werbungskosten abziehbar (>BFH vom 30. 9. 2008 – BStBl 2009 II S. 111).

Fremdsprachenunterricht
– Der Abzug der Aufwendungen für einen Sprachkurs kann nicht mit der Begründung versagt werden, er habe in einem anderen Mitgliedstaat der Europäischen Union stattgefunden (>BFH vom 13. 6. 2002 – BStBl 2003 II S. 765). Dies gilt auch für Staaten, auf die das Abkommen über den europäischen Wirtschaftsraum Anwendung findet (Island, Liechtenstein, Norwegen), und wegen eines bilateralen Abkommens, das die Dienstleistungsfreiheit festschreibt, auch für die Schweiz (>BMF vom 26. 9. 2003 – BStBl I S. 447).
– Ein Sprachkurs kann auch dann beruflich veranlasst sein, wenn er nur Grundkenntnisse oder allgemeine Kenntnisse in einer Fremdsprache vermittelt, diese aber für die berufliche Tätigkeit ausreichen. Die Kursgebühren sind dann als Werbungskosten abziehbar. Der Ort, an dem der Sprachkurs durchgeführt wird, kann ein Indiz für eine private Mitveranlassung sein. Die Reisekosten sind dann grundsätzlich in Werbungskosten und Kosten der privaten Lebensführung aufzuteilen (>H 9.1 – Gemischte Aufwendungen). Dabei kann auch ein anderer als der zeitliche Aufteilungsmaßstab anzuwenden sein (>BFH vom 24. 2. 2011 – BStBl II S. 796 zum Sprachkurs in Südafrika).
– Aufwendungen für eine zur Erteilung von Fremdsprachenunterricht in den eigenen Haushalt aufgenommene Lehrperson sind selbst bei einem konkreten Bezug zur Berufstätigkeit keine Fortbildungskosten (>BFH vom 8. 10. 1993 – BStBl 1994 II S. 114).

Klassenfahrt
Aufwendungen eines Berufsschülers für eine im Rahmen eines Ausbildungsdienstverhältnisses als verbindliche Schulveranstaltung durchgeführte Klassenfahrt sind in der Regel Werbungskosten (>BFH vom 7. 2. 1992 – BStBl II S. 531).

Ski- und Snowboardkurse
Aufwendungen von Lehrern für Snowboardkurse können als Werbungskosten bei den Einkünften aus nichtselbständiger Arbeit abziehbar sein, wenn ein konkreter Zusammenhang mit der Berufstätigkeit besteht (>BFH vom 22. 6. 2006 – BStBl II S. 782). Zu den Merkmalen der beruflichen Veranlassung >BFH vom 26. 8. 1988 (BStBl 1989 II S. 91).

Studienreisen und Fachkongresse
>R 12.2 EStR, H 12.2 EStH

R 9.3 Ausgaben im Zusammenhang mit Berufsverbänden

(1) ¹Ausgaben bei Veranstaltungen des Berufsstands, des Berufsverbands, des Fachverbands oder der Gewerkschaft eines Arbeitnehmers, die der Förderung des Allgemeinwissens der Teilnehmer dienen, sind nicht Werbungskosten, sondern Aufwendungen für die Lebensführung. ²Um nicht abziehbare Aufwendungen für die Lebensführung handelt es sich insbesondere stets bei den Aufwendungen, die der Arbeitnehmer aus Anlass von gesellschaftlichen Veranstaltungen der bezeichneten Organisation gemacht hat, und zwar auch dann, wenn die gesellschaftlichen Veranstaltungen im Zusammenhang mit einer rein fachlichen oder beruflichen Tagung oder Sitzung standen.
(2) ¹Bestimmte Veranstaltungen von Berufsständen und Berufsverbänden dienen dem Zweck, die Teilnehmer im Beruf fortzubilden, z. B. Vorlesungen bei Verwaltungsakademien oder Volkshochschulen, Fortbildungslehrgänge, fachwissenschaftliche Lehrgänge, fachliche Vorträge. ²Ausgaben, die dem Teilnehmer bei solchen Veranstaltungen entstehen, können Werbungskosten sein.

H 9.3

Ehrenamtliche Tätigkeit
Aufwendungen eines Arbeitnehmers im Zusammenhang mit einer ehrenamtlichen Tätigkeit für seine Gewerkschaft oder seinen Berufsverband können Werbungskosten sein (>BFH vom 28. 11. 1980 – BStBl 1981 II S. 368 und vom 2. 10. 1992 – BStBl 1993 II S. 53).

Mitgliedsbeiträge an einen Interessenverband
Mitgliedsbeiträge an einen Interessenverband sind Werbungskosten, wenn dieser als Berufsverband auch die spezifischen beruflichen Interessen des Arbeitnehmers vertritt. Dies ist nicht nur nach der Satzung, sondern auch nach der tatsächlichen Verbandstätigkeit zu beurteilen (>BFH vom 13. 8. 1993 – BStBl 1994 II S. 33).

Reiseaufwendungen für einen Berufsverband
Reiseaufwendungen eines Arbeitnehmers im Zusammenhang mit einer ehrenamtlichen Tätigkeit für seine Gewerkschaft oder seinen Berufsverband sind keine Werbungskosten, wenn der Schwerpunkt der Reise allgemeintouristischen Zwecken dient (>BFH vom 25. 3. 1993 – BStBl II S. 559).

R 9.4 Reisekosten

¹Reisekosten sind Fahrtkosten (>§ 9 Abs. 1 Satz 3 Nr. 4a EStG, R 9.5), Verpflegungsmehraufwendungen (>§ 9 Abs. 4a EStG, R 9.6), Übernachtungskosten (>§ 9 Abs. 1 Satz 3 Nr. 5a EStG, R 9.7)

und Reisenebenkosten (>R 9.8), soweit diese durch eine beruflich veranlasste Auswärtstätigkeit (>§ 9 Abs. 4a Satz 2 und 4 EStG) des Arbeitnehmers entstehen. ²Eine beruflich veranlasste Auswärtstätigkeit ist auch der Vorstellungsbesuch eines Stellenbewerbers. ³Erledigt der Arbeitnehmer im Zusammenhang mit der beruflich veranlassten Auswärtstätigkeit auch in einem mehr als geringfügigen Umfang private Angelegenheiten, sind die beruflich veranlassten von den privat veranlassten Aufwendungen zu trennen. ⁴Ist das nicht – auch nicht durch Schätzung – möglich, gehören die gesamten Aufwendungen zu den nach § 12 EStG nicht abziehbaren Aufwendungen für die Lebensführung (z. B. Bekleidungskosten oder Aufwendungen für andere allgemeine Reiseausrüstungen). ⁵Die berufliche Veranlassung der Auswärtstätigkeit, die Reisedauer und den Reiseweg hat der Arbeitnehmer aufzuzeichnen und anhand geeigneter Unterlagen, z. B. Fahrtenbuch (>R 8.1 Abs. 9 Nr. 2 Satz 3), Tankquittungen, Hotelrechnungen, Schriftverkehr, nachzuweisen oder glaubhaft zu machen.

H 9.4

Erstattung durch den Arbeitgeber
– Steuerfrei >§ 3 Nr. 13, 16 EStG, >R 3.13, 3.16
– Steuerfreie Arbeitgebererstattungen mindern die abziehbaren Werbungskosten auch dann, wenn sie erst im Folgejahr geleistet werden (>BFH vom 20. 9. 2006 – BStBl 2007 II S. 756).

Erste Tätigkeitsstätte
– Bestimmung der ersten Tätigkeitsstätte
  >BMF vom 24. 10. 2014 (BStBl I S. 1412), Rz. 5 ff.
– Erste Tätigkeitsstätte bei vollzeitigen Bildungsmaßnahmen
  >BMF vom 24. 10. 2014 (BStBl I S. 1412), Rz. 32 ff.

Seeleute
Bei Seeleuten ist das Schiff keine erste Tätigkeitsstätte (>BFH vom 19. 12. 2005 – BStBl 2006 II S. 378).

Weiträumiges Tätigkeitsgebiet
>BMF vom 24. 10. 2014 (BStBl I S. 1412), Rz. 40 ff.

R 9.5   **Fahrtkosten als Reisekosten**

Allgemeines
(1) ¹Fahrtkosten sind die tatsächlichen Aufwendungen, die dem Arbeitnehmer durch die persönliche Benutzung eines Beförderungsmittels entstehen. ²Bei öffentlichen Verkehrsmitteln ist der entrichtete Fahrpreis einschl. etwaiger Zuschläge anzusetzen. ³Benutzt der Arbeitnehmer sein Fahrzeug, ist der Teilbetrag der jährlichen Gesamtkosten dieses Fahrzeugs anzusetzen, der dem Anteil der zu berücksichtigenden Fahrten an der Jahresfahrleistung entspricht. ⁴Der Arbeitnehmer kann auf Grund der für einen Zeitraum von zwölf Monaten ermittelten Gesamtkosten für das von ihm gestellte Fahrzeug einen Kilometersatz errechnen, der so lange angesetzt werden darf, bis sich die Verhältnisse wesentlich ändern, z. B. bis zum Ablauf des Abschreibungszeitraums oder bis zum Eintritt veränderter Leasingbelastungen. ⁵Abweichend von Satz 3 können die Fahrtkosten auch mit den pauschalen Kilometersätzen gemäß § 9 Abs. 1 Satz 3 Nr. 4a Satz 2 EStG angesetzt werden. ⁶Aufwendungen für Fahrten nach § 9 Abs. 1 Satz 3 Nr. 4a Satz 3 EStG gehören nicht zu den Reisekosten.

Erstattung durch den Arbeitgeber
(2) ¹Der Arbeitnehmer hat seinem Arbeitgeber Unterlagen vorzulegen, aus denen die Voraussetzungen für die Steuerfreiheit der Erstattung und, soweit die Fahrtkosten bei Benutzung eines privaten Fahrzeugs nicht mit den pauschalen Kilometersätzen nach Absatz 1 Satz 5 erstattet werden, auch die tatsächlichen Gesamtkosten des Fahrzeugs ersichtlich sein müssen. ²Der Arbeitgeber hat diese Unterlagen als Belege zum Lohnkonto aufzubewahren. ³Wird dem Arbeitnehmer für die Auswärtstätigkeit im Rahmen seines Dienstverhältnisses ein Kraftfahrzeug zur Verfügung gestellt, darf der Arbeitgeber die pauschalen Kilometersätze nicht – auch nicht teilweise – steuerfrei erstatten.

| H 9.5 |

Allgemeines
BMF vom 24.10.2014 (BStBl I S. 1412), Rz. 35 ff.
– **Als Reisekosten** können die Aufwendungen für folgende Fahrten angesetzt werden:
  1. Fahrten zwischen Wohnung oder erster Tätigkeitsstätte und auswärtiger Tätigkeitsstätte oder Unterkunft i. S. d. Nummer 3 einschließlich sämtlicher Zwischenheimfahrten (>BFH vom 17.12.1976 – BStBl 1977 II S. 294 und vom 24.4.1992 – BStBl II S. 664); zur Abgrenzung dieser Fahrten von den Fahrten zwischen Wohnung und erster Tätigkeitsstätte >H 9.10 (Dienstliche Verrichtungen auf der Fahrt, Fahrtkosten),
  2. innerhalb desselben Dienstverhältnisses Fahrten zwischen mehreren auswärtigen Tätigkeitsstätten oder innerhalb eines weiträumigen Tätigkeitsgebietes (§ 9 Abs. 1 Satz 3 Nr. 4a Satz 4 EStG) und
  3. Fahrten zwischen einer Unterkunft am Ort der auswärtigen Tätigkeitsstätte oder in ihrem Einzugsbereich und auswärtiger Tätigkeitsstätte (>BFH vom 17.12.1976 – BStBl 1977 II S. 294).
– **Nicht als Reisekosten**, sondern mit der Entfernungspauschale sind die Aufwendungen für folgende Fahrten anzusetzen:
  1. Fahrten von der Wohnung zu einem bestimmten Sammelpunkt >§ 9 Abs. 1 Satz 3 Nr. 4a Satz 3 EStG, >BMF vom 24.10.2014 (BStBl I S. 1412), Rz. 37 ff.
  2. Fahrten von der Wohnung zu einem weiträumigen Tätigkeitsgebiet >§ 9 Abs. 1 Satz 3 Nr. 4a Satz 3 EStG, >BMF vom 24.10.2014 (BStBl I S. 1412), Rz. 40 ff.

Einzelnachweis
– Zu den Gesamtkosten eines Fahrzeugs gehören die Betriebsstoffkosten, die Wartungs- und Reparaturkosten, die Kosten einer Garage am Wohnort, die Kraftfahrzeugsteuer, die Aufwendungen für die Halterhaftpflicht- und Fahrzeugversicherungen, die Absetzungen für Abnutzung, wobei Zuschüsse nach der Kraftfahrzeughilfe-Verordnung für die Beschaffung eines Kraftfahrzeugs oder den Erwerb einer behinderungsbedingten Zusatzausstattung die Anschaffungskosten mindern (>BFH vom 14.6.2012 – BStBl II S. 835), sowie die Zinsen für ein Anschaffungsdarlehen (>BFH vom 1.10.1982 – BStBl 1983 II S. 17). Dagegen gehören nicht zu den Gesamtkosten z. B. Aufwendungen infolge von Verkehrsunfällen, Park- und Straßenbenutzungsgebühren, Aufwendungen für Insassen- und Unfallversicherungen sowie Verwarnungs-, Ordnungs- und Bußgelder; diese Aufwendungen sind mit Ausnahme der Verwarnungs-, Ordnungs- und Bußgelder ggf. als Reisenebenkosten abziehbar (>H 9.8).
– Bei einem geleasten Fahrzeug gehört eine Leasingsonderzahlung zu den Gesamtkosten (>BFH vom 5.5.1994 – BStBl II S. 643 und vom 15.4.2010 – BStBl II S. 805).
– Den Absetzungen für Abnutzung ist bei Personenkraftwagen und Kombifahrzeugen grundsätzlich eine Nutzungsdauer von 6 Jahren zugrunde zu legen. Bei einer hohen Fahrleistung kann auch eine kürzere Nutzungsdauer anerkannt werden. Bei Kraftfahrzeugen, die im Zeitpunkt der Anschaffung nicht neu gewesen sind, ist die entsprechende Restnutzungsdauer

unter Berücksichtigung des Alters, der Beschaffenheit und des voraussichtlichen Einsatzes des Fahrzeugs zu schätzen (>BMF vom 15.12.2000 – BStBl I S. 1532).
- Ein Teilnachweis der tatsächlichen Gesamtkosten ist möglich. Der nicht nachgewiesene Teil der Kosten kann geschätzt werden. Dabei ist von den für den Steuerpflichtigen ungünstigsten Umständen auszugehen (>BFH vom 7.4.1992 – BStBl II S. 854).
- Nicht zu den Gesamtkosten gehören die nach § 3 Nr. 46 EStG steuerfreien Vorteile sowie die nach § 40 Abs. 2 Satz 1 Nr. 6 EStG pauschal besteuerten Leistungen und Zuschüsse (>BMF vom 14.12.2016 – BStBl I S. 1446, Rdnr. 28).

Pauschale Kilometersätze
- >BMF vom 24.10.2014 (BStBl I S. 1412), Rz. 36
- Die pauschalen Kilometersätze können aus Vereinfachungsgründen auch dann angesetzt werden, wenn der Arbeitnehmer nach § 3 Nr. 46 EStG steuerfreie Vorteile oder nach § 40 Abs. 2 Satz 1 Nr. 6 EStG pauschal besteuerte Leistungen und Zuschüsse vom Arbeitgeber für dieses Elektrofahrzeug oder Hybridelektrofahrzeug erhält (>BMF vom 14.12.2016 – BStBl I S. 1446, Rdnr. 27).
- Neben den pauschalen Kilometersätzen (>BMF vom 24.10.2014 – BStBl I S. 1412, Rz. 36) können etwaige außergewöhnliche Kosten angesetzt werden, wenn diese durch Fahrten entstanden sind, für die die Kilometersätze anzusetzen sind. Außergewöhnliche Kosten sind nur die nicht voraussehbaren Aufwendungen für Reparaturen, die nicht auf Verschleiß (>BFH vom 17.10.1973 – BStBl 1974 II S. 186) oder die auf Unfallschäden beruhen, und Absetzungen für außergewöhnliche technische Abnutzung und Aufwendungen infolge eines Schadens, der durch den Diebstahl des Fahrzeugs entstanden ist (>BFH vom 25.5.1992 – BStBl 1993 II S. 44); dabei sind entsprechende Schadensersatzleistungen auf die Kosten anzurechnen.
- Kosten, die mit dem laufenden Betrieb eines Fahrzeugs zusammenhängen, wie z. B. Aufwendungen für eine Fahrzeug-Vollversicherung, sind keine außergewöhnlichen Kosten (>BFH vom 21.6.1991 – BStBl II S. 814 und vom 8.11.1991 – BStBl 1992 II S. 204). Mit den pauschalen Kilometersätzen ist auch eine Leasingsonderzahlung abgegolten (>BFH vom 15.4.2010 – BStBl II S. 805).
- Dienstreise-Kaskoversicherung >BMF vom 9.9.2015 (BStBl I S. 734):

  Seit dem 1.1.2014 sind die pauschalen Kilometersätze für die Benutzung von Kraftfahrzeugen im Rahmen von Auswärtstätigkeiten in § 9 Abs. 1 Satz 3 Nr. 4a EStG gesetzlich geregelt und gelten demzufolge unvermindert auch dann, wenn der Arbeitnehmer keine eigene Fahrzeug-Vollversicherung, sondern der Arbeitgeber eine Dienstreise-Kaskoversicherung für ein Kraftfahrzeug des Arbeitnehmers abgeschlossen hat. Das zum 2. Leitsatz des BFH-Urteils vom 27.6.1991 (BStBl 1992 II S. 365) ergangene BMF-Schreiben vom 31.3.1992 (BStBl I S. 270) „Dienstreise-Kaskoversicherung des Arbeitgebers für Kraftfahrzeuge des Arbeitnehmers und steuerfreier Fahrtkostenersatz" wird daher im Einvernehmen mit den obersten Finanzbehörden der Länder mit sofortiger Wirkung aufgehoben. Hat der Arbeitgeber eine Dienstreise-Kaskoversicherung für die seinen Arbeitnehmern gehörenden Kraftfahrzeuge abgeschlossen, führt die Prämienzahlung des Arbeitgebers auch weiterhin nicht zum Lohnzufluss bei den Arbeitnehmern (>BFH-Urteil vom 27.6.1991 – BStBl 1992 II S. 365 – 1. Leitsatz).

Werbungskostenabzug und Erstattung durch den Arbeitgeber
- Die als Reisekosten erfassten Fahrtkosten können als Werbungskosten abgezogen werden, soweit sie nicht vom Arbeitgeber steuerfrei erstattet worden sind (§ 3c EStG).
- Die Erstattung der Fahrtkosten durch den Arbeitgeber ist nach § 3 Nr. 16 EStG steuerfrei, soweit höchstens die als Werbungskosten abziehbaren Beträge erstattet werden (>BFH vom 21.6.1991 – BStBl II S. 814).

- Bei Sammelbeförderung durch den Arbeitgeber scheidet mangels Aufwands des Arbeitnehmers ein Werbungskostenabzug für diese Fahrten aus (>BFH vom 11.5.2005 – BStBl II S. 785).

- Aufwendungen für Besuchsfahrten eines Ehegatten zur auswärtigen Tätigkeitsstätte des anderen Ehegatten/Lebenspartners sind auch bei einer längerfristigen Auswärtstätigkeit des anderen Ehegatten/Lebenspartners grundsätzlich nicht als Werbungskosten abziehbar (>BFH vom 22.10.2015 – BStBl 2016 II S. 179).

| R 9.6 | Verpflegungsmehraufwendungen als Reisekosten |

Allgemeines

(1) ¹Die dem Arbeitnehmer tatsächlich entstandenen, beruflich veranlassten Mehraufwendungen für Verpflegung sind unter den Voraussetzungen des § 9 Abs. 4a EStG mit den dort genannten Pauschbeträgen anzusetzen. ²Der Einzelnachweis von Verpflegungsmehraufwendungen berechtigt nicht zum Abzug höherer Beträge.

Konkurrenzregelung

(2) Soweit für denselben Kalendertag Verpflegungsmehraufwendungen wegen einer Auswärtstätigkeit oder wegen einer doppelten Haushaltsführung (>R 9.11 Abs. 7) anzuerkennen sind, ist jeweils nur der höchste Pauschbetrag anzusetzen (>§ 9 Abs. 4a Satz 12 zweiter Halbsatz EStG).

Besonderheiten bei Auswärtstätigkeiten im Ausland

(3) ¹Für den Ansatz von Verpflegungsmehraufwendungen bei Auswärtstätigkeiten im Ausland gelten nach Staaten unterschiedliche Pauschbeträge (Auslandstagegelder), die vom BMF im Finvernehmen mit den obersten Finanzbehörden der Länder auf der Grundlage der höchsten Auslandstagegelder nach dem BRKG bekannt gemacht werden. ²Für die in der Bekanntmachung nicht erfassten Staaten ist der für Luxemburg geltende Pauschbetrag maßgebend; für die in der Bekanntmachung nicht erfassten Übersee- und Außengebiete eines Staates ist der für das Mutterland geltende Pauschbetrag maßgebend. ³Werden an einem Kalendertag Auswärtstätigkeiten im In- und Ausland durchgeführt, ist für diesen Tag das entsprechende Auslandstagegeld maßgebend, selbst dann, wenn die überwiegende Zeit im Inland verbracht wird. ⁴Im Übrigen ist beim Ansatz des Auslandstagegeldes Folgendes zu beachten:

1. ¹Bei Flugreisen gilt ein Staat in dem Zeitpunkt als erreicht, in dem das Flugzeug dort landet; Zwischenlandungen bleiben unberücksichtigt, es sei denn, dass durch sie Übernachtungen notwendig werden. ²Erstreckt sich eine Flugreise über mehr als zwei Kalendertage, ist für die Tage, die zwischen dem Tag des Abflugs und dem Tag der Landung liegen, das für Österreich geltende Tagegeld maßgebend.

2. ¹Bei Schiffsreisen ist das für Luxemburg geltende Tagegeld maßgebend. ²Für das Personal auf deutschen Staatsschiffen sowie für das Personal auf Schiffen der Handelsmarine unter deutscher Flagge auf Hoher See gilt das Inlandstagegeld. ³Für die Tage der Einschiffung und Ausschiffung ist das für den Hafenort geltende Tagegeld maßgebend.

| H 9.6 |

Allgemeines
>BMF vom 24.10.2014 (BStBl I S. 1412), Rz. 46 ff.

Dreimonatsfrist
>BMF vom 24. 10. 2014 (BStBl I S. 1412), Rz. 52 ff.

Erstattung durch den Arbeitgeber
- **steuerfrei** >§ 3 Nr. 13, 16 EStG, >R 3.13, 3.16
  Die Erstattung der Verpflegungsmehraufwendungen durch den Arbeitgeber ist steuerfrei, soweit keine höheren Beträge erstattet werden, als nach >§ 9 Abs. 4a EStG, >BMF vom 24. 10. 2014 (BStBl I S. 1412), Rz. 46 ff. als Reisekosten angesetzt werden dürfen. Eine zusammengefasste Erstattung unterschiedlicher Aufwendungen ist möglich >R 3.16 Satz 1. Zur Erstattung im Zusammenhang mit Mahlzeitengestellungen bei Auswärtstätigkeit >BMF vom 24. 10. 2014 (BStBl I S. 1412), Rz. 73 ff.
- **pauschale Versteuerung**
  bei Mahlzeitengestellungen
  >§ 40 Abs. 2 Satz 1 Nr. 1a EStG und BMF vom 24. 10. 2014 (BStBl I S. 1412), Rz. 93 ff.,
  bei Vergütungen für Verpflegungsmehraufwendungen
  >§ 40 Abs. 2 Satz 1 Nr. 4 EStG und BMF vom 24. 10. 2014 (BStBl I S. 1412), Rz. 58 ff.
- **Nachweise**
  Der Arbeitnehmer hat seinem Arbeitgeber Unterlagen vorzulegen, aus denen die Voraussetzungen für den Erstattungsanspruch ersichtlich sein müssen. Der Arbeitgeber hat diese Unterlagen als Belege zum Lohnkonto aufzubewahren (>BFH vom 6. 3. 1980 – BStBl II S. 289).

Mahlzeitengestellung und Verpflegungsmehraufwendungen
>BMF vom 24. 10. 2014 (BStBl I S. 1412), Rz. 64 ff. und 73 ff.

Pauschbeträge bei Auslandsreisen
>BMF vom 8. 11. 2017 (BStBl I S. 1457) ab 1. 1. 2018
>BMF vom 28. 11. 2018 (BStBl I S. 1354) ab 1. 1. 2019
>R 9.6 Abs. 3

Verpflegungsmehraufwendungen
- Arbeitnehmer haben bei einer beruflichen Auswärtstätigkeit einen Rechtsanspruch darauf, dass die gesetzlichen Pauschbeträge berücksichtigt werden (>BFH vom 4. 4. 2006 – BStBl II S. 567).
- Kürzung der Verpflegungspauschalen >§ 9 Abs. 4a Satz 8 ff. EStG und BMF vom 24. 10. 2014 (BStBl I S. 1412), Rz. 73 ff.

Werbungskostenabzug bei Reisekostenerstattung durch den Arbeitgeber
Wurden Reisekosten vom Arbeitgeber – ggf. teilweise – erstattet, ist der Werbungskostenabzug insgesamt auf den Betrag beschränkt, um den die Summe der abziehbaren Aufwendungen die steuerfreie Erstattung übersteigt (>BFH vom 15. 11. 1991 – BStBl 1992 II S. 367). Dabei ist es gleich, ob die Erstattung des Arbeitgebers nach § 3 Nr. 13, 16 EStG oder nach anderen Vorschriften steuerfrei geblieben ist, z. B. durch Zehrkostenentschädigungen i. S. d. § 3 Nr. 12 EStG (>BFH vom 28. 1. 1988 – BStBl II S. 635).

R 9.7 Übernachtungskosten

Allgemeines
(1) ¹Übernachtungskosten sind die tatsächlichen Aufwendungen, die dem Arbeitnehmer für die persönliche Inanspruchnahme einer Unterkunft zur Übernachtung entstehen. ²Ist die Unter-

kunft am auswärtigen Tätigkeitsort die einzige Wohnung/Unterkunft des Arbeitnehmers, liegt kein beruflich veranlasster Mehraufwand i. S. d. § 9 Abs. 1 Satz 3 Nr. 5a EStG vor.

Werbungskostenabzug

(2) Die tatsächlichen Übernachtungskosten können bei einer Auswärtstätigkeit als Reisekosten angesetzt und als Werbungskosten abgezogen werden, soweit sie nicht vom Arbeitgeber nach § 3 Nr. 13 oder 16 EStG steuerfrei ersetzt werden.

Erstattung durch den Arbeitgeber

(3) [1]Für jede Übernachtung im Inland darf der Arbeitgeber ohne Einzelnachweis einen Pauschbetrag von 20 Euro steuerfrei erstatten. [2]Bei Übernachtungen im Ausland dürfen die Übernachtungskosten ohne Einzelnachweis der tatsächlichen Aufwendungen mit Pauschbeträgen (Übernachtungsgelder) steuerfrei erstattet werden. [3]Die Pauschbeträge werden vom Bundesministerium der Finanzen im Einvernehmen mit den obersten Finanzbehörden der Länder auf der Grundlage der höchsten Auslandsübernachtungsgelder nach dem Bundesreisekostengesetz bekannt gemacht. [4]Sie richten sich nach dem Ort, der nach R 9.6 Abs. 3 Satz 4 Nummer 1 und 2 maßgebend ist. [5]Für die in der Bekanntmachung nicht erfassten Länder und Gebiete ist R 9.6 Abs. 3 Satz 2 anzuwenden. [6]Die Pauschbeträge dürfen nicht steuerfrei erstattet werden, wenn dem Arbeitnehmer die Unterkunft vom Arbeitgeber oder auf Grund seines Dienstverhältnisses von einem Dritten unentgeltlich oder teilweise unentgeltlich zur Verfügung gestellt wurde. [7]Auch bei Übernachtung in einem Fahrzeug ist die steuerfreie Zahlung der Pauschbeträge nicht zulässig. [8]Bei Benutzung eines Schlafwagens oder einer Schiffskabine dürfen die Pauschbeträge nur dann steuerfrei gezahlt werden, wenn die Übernachtung in einer anderen Unterkunft begonnen oder beendet worden ist.

| H 9.7 |

Allgemeines

>BMF vom 24. 10. 2014 (BStBl I S. 1412), Rz. 110 ff.

Steuerfreiheit der Arbeitgebererstattungen

Die Erstattung der Übernachtungskosten durch den Arbeitgeber ist steuerfrei

- aus öffentlichen Kassen in voller Höhe >§ 3 Nr. 13 EStG,
- bei Arbeitgebern außerhalb des öffentlichen Dienstes nach § 3 Nr. 16 EStG bis zur Höhe der tatsächlichen Aufwendungen oder bis zur Höhe der maßgebenden Pauschbeträge, d. h. bei Übernachtung im Inland 20 Euro, bei Übernachtung im Ausland >BMF vom 8. 11. 2017 (BStBl I S. 1457) ab 1. 1. 2018) und >BMF vom 28. 11. 2018 (BStBl I S. 1354) ab 1. 1. 2019.

Übernachtungskosten

- Die Übernachtungskosten sind für den Werbungskostenabzug grundsätzlich im Einzelnen nachzuweisen. Sie können geschätzt werden, wenn sie dem Grunde nach zweifelsfrei entstanden sind (>BFH vom 12. 9. 2001 – BStBl II S. 775).
- Übernachtet ein Kraftfahrer in der Schlafkabine seines LKW, sind die Pauschalen für Übernachtungen nicht anzuwenden (>BFH vom 28. 3. 2012 – BStBl II S. 926).

R 9.8 Reisenebenkosten

Allgemeines

(1) Reisenebenkosten werden unter den Voraussetzungen von R 9.4 Abs. 1 in tatsächlicher Höhe berücksichtigt und können als Werbungskosten abgezogen werden, soweit sie nicht vom Arbeitgeber steuerfrei erstattet wurden.

(2) – unbesetzt –

Steuerfreiheit der Arbeitgebererstattungen

(3) ¹Die Erstattung der Reisenebenkosten durch den Arbeitgeber ist nach § 3 Nr. 16 EStG steuerfrei, soweit sie die tatsächlichen Aufwendungen nicht überschreitet. ²Der Arbeitnehmer hat seinem Arbeitgeber Unterlagen vorzulegen, aus denen die tatsächlichen Aufwendungen ersichtlich sein müssen. ³Der Arbeitgeber hat diese Unterlagen als Belege zum Lohnkonto aufzubewahren.

H 9.8

Allgemeines

>BMF vom 24. 10. 2014 (BStBl I S. 1412), Rz. 124 ff.

Diebstahl

Wertverluste bei einem Diebstahl des für die Reise notwendigen persönlichen Gepäcks sind Reisenebenkosten (>BFH vom 30. 6. 1995 – BStBl II S. 744). Dies gilt nicht für den Verlust von >Geld oder >Schmuck.

Geld

Der Verlust einer Geldbörse führt nicht zu Reisenebenkosten (>BFH vom 4. 7. 1986 – BStBl II S. 771).

Geldbußen

>R 4.13 EStR

LKW-Fahrer

Zu den Reisenebenkosten bei LKW-Fahrern, die in ihrer Schlafkabine übernachten, >BMF vom 4. 12. 2012 (BStBl I S. 1249).

Ordnungsgelder

>R 4.13 EStR

Reisegepäckversicherung

Kosten für eine Reisegepäckversicherung, soweit sich der Versicherungsschutz auf eine beruflich bedingte Abwesenheit von einer ersten Tätigkeitsstätte beschränkt, sind Reisenebenkosten; zur Aufteilung der Aufwendungen für eine gemischte Reisegepäckversicherung >BFH vom 19. 2. 1993 (BStBl II S. 519).

Schaden
Wertverluste auf Grund eines Schadens an mitgeführten Gegenständen, die der Arbeitnehmer auf seiner Reise verwenden musste, sind Reisenebenkosten, wenn der Schaden auf einer reisespezifischen Gefährdung beruht (>BFH vom 30.11.1993 – BStBl 1994 II S. 256).

Schmuck
Der Verlust von Schmuck führt nicht zu Reisenebenkosten (>BFH vom 26.1.1968 – BStBl II S. 342).

Telefonkosten
Zu den Reisenebenkosten gehören auch die tatsächlichen Aufwendungen für private Telefongespräche, soweit sie der beruflichen Sphäre zugeordnet werden können (>BFH vom 5.7.2012 – BStBl 2013 II S. 282).

Unfallversicherung
Beiträge zu Unfallversicherungen sind Reisenebenkosten, soweit sie Berufsunfälle außerhalb einer ersten Tätigkeitsstätte abdecken; wegen der steuerlichen Behandlung von Unfallversicherungen, die das Unfallrisiko sowohl im beruflichen als auch im außerberuflichen Bereich abdecken >BMF vom 28.10.2009 (BStBl I S. 1275).

Verwarnungsgelder
>R 4.13 EStR

R 9.9 Umzugskosten

Allgemeines
(1) Kosten, die einem Arbeitnehmer durch einen beruflich veranlassten Wohnungswechsel entstehen, sind Werbungskosten.

Höhe der Umzugskosten
(2) ¹Bei einem beruflich veranlassten Wohnungswechsel können die tatsächlichen Umzugskosten grundsätzlich bis zur Höhe der Beträge als Werbungskosten abgezogen werden, die nach dem BUKG und der Auslandsumzugskostenverordnung (AUV) in der jeweils geltenden Fassung als Umzugskostenvergütung höchstens gezahlt werden könnten, mit Ausnahme der Pauschalen nach §§ 19, 21 AUV und der Auslagen (insbesondere Maklergebühren) für die Anschaffung einer eigenen Wohnung (Wohneigentum) nach § 9 Abs. 1 BUKG; die Pauschbeträge für Verpflegungsmehraufwendungen nach § 9 Abs. 4a EStG sind zu beachten. ²Werden die umzugskostenrechtlich festgelegten Grenzen eingehalten, ist nicht zu prüfen, ob die Umzugskosten Werbungskosten darstellen. ³Werden höhere Umzugskosten im Einzelnen nachgewiesen, ist insgesamt zu prüfen, ob und inwieweit die Aufwendungen Werbungskosten oder nicht abziehbare Kosten der Lebensführung sind, z.B. bei Aufwendungen für die Neuanschaffung von Einrichtungsgegenständen. ⁴Anstelle der in § 10 BUKG pauschal erfassten Umzugskosten können auch die im Einzelfall nachgewiesenen höheren Umzugskosten als Werbungskosten abgezogen werden. ⁵Ein Werbungskostenabzug entfällt, soweit die Umzugskosten vom Arbeitgeber steuerfrei erstattet worden sind (§ 3c EStG).

Erstattung durch den Arbeitgeber
(3) ¹Die Erstattung der Umzugskosten durch den Arbeitgeber ist steuerfrei, soweit keine höheren Beträge erstattet werden, als nach Absatz 2 als Werbungskosten abziehbar wären. ²Der Arbeitnehmer hat seinem Arbeitgeber Unterlagen vorzulegen, aus denen die tatsächlichen Auf-

wendungen ersichtlich sein müssen. ³Der Arbeitgeber hat diese Unterlagen als Belege zum Lohnkonto aufzubewahren.

H 9.9

Aufgabe der Umzugsabsicht
Wird vom Arbeitgeber eine vorgesehene Versetzung rückgängig gemacht, sind die dem Arbeitnehmer durch die Aufgabe seiner Umzugsabsicht entstandenen vergeblichen Aufwendungen als Werbungskosten abziehbar (>BFH vom 24. 5. 2000 – BStBl II S. 584).

Berufliche Veranlassung
Ein Wohnungswechsel ist z. B. beruflich veranlasst,
1. wenn durch ihn eine >erhebliche Verkürzung der Entfernung zwischen Wohnung und Tätigkeitsstätte eintritt und die verbleibende Wegezeit im Berufsverkehr als normal angesehen werden kann (>BFH vom 6. 11. 1986 – BStBl 1987 II S. 81). Es ist nicht erforderlich, dass der Wohnungswechsel mit einem Wohnortwechsel oder mit einem Arbeitsplatzwechsel verbunden ist,
2. wenn er im ganz überwiegenden betrieblichen Interesse des Arbeitgebers durchgeführt wird, insbesondere beim Beziehen oder Räumen einer Dienstwohnung, die aus betrieblichen Gründen bestimmten Arbeitnehmern vorbehalten ist, um z. B. deren jederzeitige Einsatzmöglichkeit zu gewährleisten (>BFH vom 28. 4. 1988 – BStBl II S. 777), oder
3. wenn er aus Anlass der erstmaligen Aufnahme einer beruflichen Tätigkeit, des Wechsels des Arbeitgebers oder im Zusammenhang mit einer Versetzung durchgeführt wird oder
4. wenn der eigene Hausstand zur Beendigung einer doppelten Haushaltsführung an den Beschäftigungsort verlegt wird (>BFH vom 21. 7. 1989 – BStBl II S. 917).

Die privaten Motive für die Auswahl der neuen Wohnung sind grundsätzlich unbeachtlich (>BFH vom 23. 3. 2001 – BStBl 2002 II S. 56).

Doppelte Haushaltsführung
>R 9.11

Doppelter Mietaufwand
Wegen eines Umzugs geleistete doppelte Mietzahlungen können beruflich veranlasst und deshalb in voller Höhe als Werbungskosten abziehbar sein. Diese Mietaufwendungen können jedoch nur zeitanteilig, und zwar für die neue Familienwohnung ab dem Kündigungs- bis zum Umzugstag und für die bisherige Wohnung ab dem Umzugstag, längstens bis zum Ablauf der Kündigungsfrist des bisherigen Mietverhältnisses, als Werbungskosten abgezogen werden (>BFH vom 13. 7. 2011 – BStBl 2012 II S. 104).

Eheschließung/Begründung einer Lebenspartnerschaft
Erfolgt ein Umzug aus Anlass einer Eheschließung von getrennten Wohnorten in eine gemeinsame Familienwohnung, so ist die berufliche Veranlassung des Umzugs eines jeden Ehegatten gesondert zu beurteilen (>BFH vom 23. 3. 2001 – BStBl II S. 585). Entsprechendes gilt für Lebenspartnerschaften (>§ 2 Abs. 8 EStG).

Erhebliche Fahrzeitverkürzung
– Eine erhebliche Verkürzung der Entfernung zwischen Wohnung und Tätigkeitsstätte ist anzunehmen, wenn sich die Dauer der täglichen Hin- und Rückfahrt insgesamt wenigstens zeitweise um mindestens eine Stunde ermäßigt (>BFH vom 22. 11. 1991 – BStBl 1992 II S. 494 und vom 16. 10. 1992 – BStBl 1993 II S. 610).

- Die Fahrzeitersparnisse beiderseits berufstätiger Ehegatten/Lebenspartner sind weder zusammenzurechnen (>BFH vom 27. 7. 1995 – BStBl II S. 728) noch zu saldieren (>BFH vom 21. 2. 2006 – BStBl II S. 598).
- Steht bei einem Umzug eine arbeitstägliche Fahrzeitersparnis von mindestens einer Stunde fest, sind private Gründe (z. B. Gründung eines gemeinsamen Haushalts aus Anlass einer Eheschließung/Begründung einer Lebenspartnerschaft, erhöhter Wohnbedarf wegen Geburt eines Kindes) unbeachtlich (>BFH vom 23. 3. 2001 – BStBl II S. 585 und BStBl 2002 II S. 56).

Höhe der Umzugskosten
- Zur Höhe der maßgebenden Beträge für umzugsbedingte Unterrichtskosten und sonstige Umzugsauslagen ab 1. 3. 2018, ab 1. 4. 2019 und ab 1. 3. 2020 >BMF vom 21. 9. 2018 (BStBl I S. 1027).
- Die umzugskostenrechtliche Beschränkung einer Mietausfallentschädigung für den bisherigen Wohnungsvermieter gilt nicht für den Werbungskostenabzug (>BFH vom 1. 12. 1993 – BStBl 1994 II S. 323).
- Nicht als Werbungskosten abziehbar sind die bei einem Grundstückskauf angefallenen Maklergebühren, auch soweit sie auf die Vermittlung einer vergleichbaren Mietwohnung entfallen würden (>BFH vom 24. 5. 2000 – BStBl II S. 586) sowie Aufwendungen für die Anschaffung von klimabedingter Kleidung und Wohnungsausstattung i. S. d. §§ 19 und 21 AUV (>BFH vom 20. 3. 1992 – BStBl 1993 II S. 192, vom 27. 5. 1994 – BStBl 1995 II S. 17 und vom 12. 4. 2007 – BStBl II S. 536).
- Der Werbungskostenabzug setzt eine Belastung mit Aufwendungen voraus. Das ist bei einem in Anlehnung an § 8 Abs. 3 BUKG ermittelten Mietausfall nicht der Fall. Als entgangene Einnahme erfüllt er nicht den Aufwendungsbegriff (>BFH vom 19. 4. 2012 – BStBl 2013 II S. 699).
- Zur steuerfreien Arbeitgebererstattung >R 9.9 Abs. 3
- Aufwendungen auf Grund der Veräußerung eines Eigenheims anlässlich eines beruflich bedingten Umzugs sind keine Werbungskosten bei den Einkünften aus nichtselbständiger Arbeit (>BFH vom 24. 5. 2000 – BStBl II S. 476).
- Veräußerungsverluste aus dem Verkauf eines Eigenheims einschließlich zwischenzeitlich angefallener Finanzierungskosten anlässlich eines beruflich bedingten Umzugs sind keine Werbungskosten bei den Einkünften aus nichtselbständiger Arbeit (>BFH vom 24. 5. 2000 – BStBl II S. 474).
- Bei einem beruflich veranlassten Umzug sind Aufwendungen für die Ausstattung der neuen Wohnung (z. B. Renovierungsmaterial, Gardinen, Rollos, Lampen, Telefonanschluss, Anschaffung und Installation eines Wasserboilers) nicht als Werbungskosten abziehbar (>BFH vom 17. 12. 2002 – BStBl 2003 II S. 314). Die Berücksichtigung der Pauschale nach § 10 BUKG bleibt unberührt >R 9.9 Abs. 2 Satz 2.

Rückumzug ins Ausland
Der Rückumzug ins Ausland ist bei einem ausländischen Arbeitnehmer, der unbefristet ins Inland versetzt wurde und dessen Familie mit ins Inland umzog und der bei Erreichen der Altersgrenze ins Heimatland zurückzieht, nicht beruflich veranlasst (>BFH vom 8. 11. 1996 – BStBl 1997 II S. 207); anders bei einer von vornherein befristeten Tätigkeit im Inland (>BFH vom 4. 12. 1992 – BStBl 1993 II S. 722).

Umzug ins Ausland
Umzugskosten im Zusammenhang mit einer beabsichtigten nichtselbständigen Tätigkeit im Ausland sind bei den inländischen Einkünften nicht als Werbungskosten abziehbar, wenn die Einkünfte aus der beabsichtigten Tätigkeit nicht der deutschen Besteuerung unterliegen (>BFH

vom 20.9.2006 – BStBl 2007 II S. 756). Zum Progressionsvorbehalt >H 32b (Zeitweise unbeschränkte Steuerpflicht) EStH.

Zwischenumzug
Die berufliche Veranlassung eines Umzugs endet regelmäßig mit dem Einzug in die erste Wohnung am neuen Arbeitsort. Die Aufwendungen für die Einlagerung von Möbeln für die Zeit vom Bezug dieser Wohnung bis zur Fertigstellung eines Wohnhauses am oder in der Nähe vom neuen Arbeitsort sind daher keine Werbungskosten (>BFH vom 21.9.2000 – BStBl 2001 II S. 70).

R 9.10 Aufwendungen für Wege zwischen Wohnung und erster Tätigkeitsstätte sowie Fahrten nach § 9 Abs. 1 Satz 3 Nr. 4a Satz 3 EStG

Maßgebliche Wohnung
(1) ¹Als Ausgangspunkt für die Wege kommt jede Wohnung des Arbeitnehmers in Betracht, die er regelmäßig zur Übernachtung nutzt und von der aus er seine erste Tätigkeitsstätte aufsucht. ²Als Wohnung ist z. B. auch ein möbliertes Zimmer, eine Schiffskajüte, ein Gartenhaus, ein auf eine gewisse Dauer abgestellter Wohnwagen oder ein Schlafplatz in einer Massenunterkunft anzusehen. ³Hat ein Arbeitnehmer mehrere Wohnungen, können Wege von und zu der von der ersten Tätigkeitsstätte weiter entfernt liegenden Wohnung nach § 9 Abs. 1 Satz 3 Nr. 4 Satz 6 EStG nur dann berücksichtigt werden, wenn sich dort der Mittelpunkt der Lebensinteressen des Arbeitnehmers befindet und sie nicht nur gelegentlich aufgesucht wird. ⁴Der Mittelpunkt der Lebensinteressen befindet sich bei einem verheirateten Arbeitnehmer[1] regelmäßig am tatsächlichen Wohnort seiner Familie. ⁵Die Wohnung kann aber nur dann ohne nähere Prüfung berücksichtigt werden, wenn sie der Arbeitnehmer mindestens sechsmal im Kalenderjahr aufsucht. ⁶Bei anderen Arbeitnehmern befindet sich der Mittelpunkt der Lebensinteressen an dem Wohnort, zu dem die engeren persönlichen Beziehungen bestehen. ⁷Die persönlichen Beziehungen können ihren Ausdruck besonders in Bindungen an Personen, z. B. Eltern, Verlobte, Freundes- und Bekanntenkreis, finden, aber auch in Vereinszugehörigkeiten und anderen Aktivitäten. ⁸Sucht der Arbeitnehmer diese Wohnung im Durchschnitt mindestens zweimal monatlich auf, ist davon auszugehen, dass sich dort der Mittelpunkt seiner Lebensinteressen befindet. ⁹Die Sätze 4 bis 8 gelten unabhängig davon, ob sich der Lebensmittelpunkt im Inland oder im Ausland befindet.

Fahrten mit einem zur Nutzung überlassenen Kraftfahrzeug
(2) ¹Ein Kraftfahrzeug ist dem Arbeitnehmer zur Nutzung überlassen, wenn es dem Arbeitnehmer vom Arbeitgeber unentgeltlich oder teilentgeltlich überlassen worden ist (>R 8.1 Abs. 9) oder wenn es der Arbeitnehmer von dritter Seite geliehen, gemietet oder geleast hat. ²Wird ein Kraftfahrzeug von einer anderen Person als dem Arbeitnehmer, dem das Kraftfahrzeug von seinem Arbeitgeber zur Nutzung überlassen ist, für Wege zwischen Wohnung und erster Tätigkeitsstätte benutzt, kann die andere Person die Entfernungspauschale nach § 9 Abs. 1 Satz 3 Nr. 4 EStG geltend machen; Entsprechendes gilt für den Arbeitnehmer, dem das Kraftfahrzeug von seinem Arbeitgeber überlassen worden ist, für Wege zwischen Wohnung und erster Tätigkeitsstätte im Rahmen eines anderen Dienstverhältnisses.

Behinderte Menschen i. S. d. § 9 Abs. 2 Satz 3 EStG
(3) ¹Ohne Einzelnachweis der tatsächlichen Aufwendungen können die Fahrtkosten nach den Regelungen in § 9 Abs. 1 Satz 3 Nr. 4a Satz 2 EStG angesetzt werden. ²Wird ein behinderter Arbeitnehmer im eigenen oder ihm zur Nutzung überlassenen Kraftfahrzeug arbeitstäglich von einem Dritten, z. B. dem Ehegatten, zu seiner ersten Tätigkeitsstätte gefahren und wieder abge-

---
[1] Bei Lebenspartnern gilt Entsprechendes >§ 2 Abs. 8 EStG.

Zu § 9 EStG R 9.10 A. III.

holt, können auch die Kraftfahrzeugkosten, die durch die Ab- und Anfahrten des Fahrers – die so genannten Leerfahrten – entstehen, in tatsächlicher Höhe oder in sinngemäßer Anwendung von § 9 Abs. 1 Satz 3 Nr. 4a Satz 2 EStG als Werbungskosten abgezogen werden. [3]Für den Nachweis der Voraussetzungen des § 9 Abs. 2 Satz 3 EStG ist § 65 EStDV entsprechend anzuwenden. [4]Für die Anerkennung der tatsächlichen Aufwendungen oder der Kilometersätze aus § 9 Abs. 1 Satz 3 Nr. 4a Satz 2 EStG und für die Berücksichtigung von Leerfahrten ist bei rückwirkender Festsetzung oder Änderung des Grads der Behinderung das Gültigkeitsdatum des entsprechenden Nachweises maßgebend.

Sammelpunkt oder weiträumiges Tätigkeitsgebiet i. S. d. § 9 Abs. 1 Satz 3 Nr. 4a Satz 3 EStG
(4) Die Absätze 1 bis 3 gelten bei Fahrten nach § 9 Abs. 1 Satz 3 Nr. 4a Satz 3 EStG entsprechend.

H 9.10

Allgemeine Grundsätze
>BMF vom 31. 10. 2013 (BStBl I S. 1376)

Anrechnung von Arbeitgebererstattungen auf die Entfernungspauschale
>BMF vom 31. 10. 2013 (BStBl I S. 1376), Tz. 1.9

Behinderte Menschen
- >BMF vom 31. 10. 2013 (BStBl I S. 1376), Tz. 3
- Auch bei Arbeitnehmern mit Behinderungen darf grundsätzlich nur eine Hin- und Rückfahrt arbeitstäglich, gegebenenfalls zusätzlich eine Rück- und Hinfahrt als Leerfahrt, berücksichtigt werden (>BFH vom 2. 4. 1976 – BStBl II S. 452).
- Zur Ermittlung der Absetzungen für Abnutzung sind die Anschaffungskosten um Zuschüsse nach der Kraftfahrzeughilfe-Verordnung zu mindern (>BFH vom 14. 6. 2012 – BStBl II S. 835).
- Wird bei einem behinderten Menschen der Grad der Behinderung herabgesetzt und liegen die Voraussetzungen des § 9 Abs. 2 Satz 3 EStG nach der Herabsetzung nicht mehr vor, ist dies ab dem im Bescheid genannten Zeitpunkt zu berücksichtigen. Aufwendungen für Wege zwischen Wohnung und erster Tätigkeitsstätte sowie für Fahrten nach § 9 Abs. 1 Satz 3 Nr. 4a Satz 3 EStG können daher ab diesem Zeitpunkt nicht mehr nach § 9 Abs. 2 Satz 3 EStG bemessen werden (>BFH vom 11. 3. 2014 – BStBl II S. 525).

Benutzung verschiedener Verkehrsmittel
>BMF vom 31. 10. 2013 (BStBl I S. 1376), Tz. 1.6

Dienstliche Verrichtungen auf der Fahrt
Eine Fahrt zwischen Wohnung und erster Tätigkeitsstätte liegt auch vor, wenn diese gleichzeitig zu dienstlichen Verrichtungen für den Arbeitgeber genutzt wird, z. B. Abholen der Post, sich dabei aber der Charakter der Fahrt nicht wesentlich ändert und allenfalls ein geringer Umweg erforderlich wird; die erforderliche Umwegstrecke ist als Auswärtstätigkeit zu werten (>BFH vom 12. 10. 1990 – BStBl 1991 II S. 134).

Fahrgemeinschaften
>BMF vom 31. 10. 2013 (BStBl I S. 1376), Tz. 1.5

Fahrtkosten
- **bei Antritt einer Auswärtstätigkeit von der ersten Tätigkeitsstätte**
  Hat der Arbeitnehmer eine erste Tätigkeitsstätte, ist die Entfernungspauschale auch dann anzusetzen, wenn der Arbeitnehmer seine erste Tätigkeitsstätte deshalb aufsucht, um von dort eine Auswärtstätigkeit anzutreten (>BFH vom 18.1.1991 – BStBl II S. 408).
- **bei einfacher Fahrt**
  Wird das Kraftfahrzeug lediglich für eine Hin- oder Rückfahrt benutzt, z. B. wenn sich an die Hinfahrt eine Auswärtstätigkeit anschließt, die an der Wohnung des Arbeitnehmers endet, so ist die Entfernungspauschale nur zur Hälfte anzusetzen (>BFH vom 26.7.1978 – BStBl II S. 661). Dasselbe gilt, wenn Hin- und Rückfahrt sich auf unterschiedliche Wohnungen beziehen (>BFH vom 9.12.1988 – BStBl 1989 II S. 296).
- **bei mehreren ersten Tätigkeitsstätten**
  Zum Ansatz der Entfernungspauschale bei mehreren ersten Tätigkeitsstätten in **mehreren Dienstverhältnissen** (>BMF vom 31.10.2013 – BStBl I S. 1376, Tz. 1.8)
- **bei Nutzung verschiedener Verkehrsmittel**
  >BMF vom 31.10.2013 (BStBl I S. 1376), Tz. 1.6
- **zu einem bestimmten Sammelpunkt**
  >§ 9 Abs. 1 Satz 3 Nr. 4a Satz 3 EStG und BMF vom 24.10.2014 (BStBl I S. 1412), Rz. 37 ff.
- **zu einem weiträumigen Tätigkeitsgebiet**
  >§ 9 Abs. 1 Satz 3 Nr. 4a Satz 3 EStG und BMF vom 24.10.2014 (BStBl I S. 1412), Rz. 40 ff.

Leasingsonderzahlung
Durch die Entfernungspauschale wird auch eine Leasingsonderzahlung abgegolten (>BFH vom 15.4.2010 – BStBl II S. 805).

Leerfahrten
- Wird ein Arbeitnehmer im eigenen Kraftfahrzeug von einem Dritten zu seiner ersten Tätigkeitsstätte gefahren oder wieder abgeholt, so sind die so genannten Leerfahrten selbst dann nicht zu berücksichtigen, wenn die Fahrten wegen schlechter öffentlicher Verkehrsverhältnisse erforderlich sind (>BFH vom 7.4.1989 – BStBl II S. 925).
- bei behinderten Menschen i. S. d. § 9 Abs. 2 Satz 3 EStG >R 9.10 Abs. 3

Mehrere Dienstverhältnisse
>BMF vom 31.10.2013 (BStBl I S. 1376), Tz. 1.8

Mehrere Wege an einem Arbeitstag
- >BMF vom 31.10.2013 (BStBl I S. 1376), Tz. 1.7
- Die Abgeltungswirkung der Entfernungspauschale greift auch dann ein, wenn wegen atypischer Dienstzeiten Wege zwischen Wohnung und erster Tätigkeitsstätte zweimal arbeitstäglich erfolgen (>BFH vom 11.9.2003 – BStBl II S. 893).

Parkgebühren
>BMF vom 31.10.2013 (BStBl I S. 1376), Tz. 4

Park and ride
>BMF vom 31.10.2013 (BStBl I S. 1376), Tz. 1.6

Umwegfahrten
>Dienstliche Verrichtungen auf der Fahrt
>Fahrgemeinschaften

Unfallschäden

Neben der Entfernungspauschale können nur Aufwendungen berücksichtigt werden für die Beseitigung von Unfallschäden bei einem Verkehrsunfall
- auf der Fahrt zwischen Wohnung und erster Tätigkeitsstätte (>BFH vom 23. 6. 1978 – BStBl II S. 457 und vom 14. 7. 1978 – BStBl II S. 595),
- auf einer Umwegfahrt zum Betanken des Fahrzeugs (>BFH vom 11. 10. 1984 – BStBl 1985 II S. 10),
- unter einschränkenden Voraussetzungen auf einer Leerfahrt des Ehegatten/Lebenspartners zwischen der Wohnung und der Haltestelle eines öffentlichen Verkehrsmittels oder auf der Abholfahrt des Ehegatten/Lebenspartners (>BFH vom 26. 6. 1987 – BStBl II S. 818 und vom 11. 2. 1993 – BStBl II S. 518),
- auf einer Umwegstrecke zur Abholung der Mitfahrer einer Fahrgemeinschaft unabhängig von der Gestaltung der Fahrgemeinschaft (>BFH vom 11. 7. 1980 – BStBl II S. 655).

Nicht berücksichtigt werden können die Folgen von Verkehrsunfällen
- auf der Fahrt unter Alkoholeinfluss (>BFH vom 6. 4. 1984 – BStBl II S. 434),
- auf einer Probefahrt (>BFH vom 23. 6. 1978 – BStBl II S. 457),
- auf einer Fahrt, die nicht von der Wohnung aus angetreten oder an der Wohnung beendet wird (>BFH vom 25. 3. 1988 – BStBl II S. 706),
- auf einer Umwegstrecke, wenn diese aus privaten Gründen befahren wird, z. B. zum Einkauf von Lebensmitteln oder um ein Kleinkind unmittelbar vor Arbeitsbeginn in den Hort zu bringen (>BFH vom 13. 3. 1996 – BStBl II S. 375).

Zu den **berücksichtigungsfähigen Unfallkosten** gehören auch Schadensersatzleistungen, die der Arbeitnehmer unter Verzicht auf die Inanspruchnahme seiner gesetzlichen Haftpflichtversicherung selbst getragen hat.

Nicht berücksichtigungsfähig sind dagegen
- die in den Folgejahren erhöhten Beiträge für die Haftpflicht- und Fahrzeugversicherung, wenn die Schadensersatzleistungen von dem Versicherungsunternehmen erbracht worden sind (>BFH vom 11. 7. 1986 – BStBl II S. 866),
- Finanzierungskosten, und zwar auch dann, wenn die Kreditfinanzierung des Fahrzeugs wegen Verlusts eines anderen Kraftfahrzeugs auf einer Fahrt von der Wohnung zur ersten Tätigkeitsstätte erforderlich geworden ist (>BFH vom 1. 10. 1982 – BStBl 1983 II S. 17),
- der so genannte merkantile Minderwert eines reparierten und weiterhin benutzten Fahrzeugs (>BFH vom 31. 1. 1992 – BStBl II S. 401),
- Reparaturaufwendungen infolge der Falschbetankung eines Kraftfahrzeugs auf der Fahrt zwischen Wohnung und erster Tätigkeitsstätte sowie auf Fahrten nach § 9 Abs. 1 Satz 3 Nr. 4a Satz 3 EStG (>BFH vom 20. 3. 2014 – BStBl II S. 849).

Lässt der Arbeitnehmer das unfallbeschädigte Fahrzeug nicht reparieren, kann die Wertminderung durch Absetzungen für außergewöhnliche Abnutzung (§ 7 Abs. 1 letzter Satz i. V. m. § 9 Abs. 1 Satz 3 Nr. 7 EStG) berücksichtigt werden (>BFH vom 21. 8. 2012 – BStBl 2013 II S. 171); Absetzungen sind ausgeschlossen, wenn die gewöhnliche Nutzungsdauer des Fahrzeugs bereits abgelaufen ist (>BFH vom 21. 8. 2012 – BStBl 2013 II S. 171).

>H 9.12 (Absetzung für Abnutzung)

Soweit die unfallbedingte Wertminderung durch eine Reparatur behoben worden ist, sind nur die tatsächlichen Reparaturkosten zu berücksichtigen (>BFH vom 27. 8. 1993 – BStBl 1994 II S. 235).

Verkehrsgünstigere Strecke
- >BMF vom 31. 10. 2013 (BStBl I S. 1376), Tz. 1.4
- Für die Entfernungspauschale ist die kürzeste Straßenverbindung auch dann maßgeblich, wenn diese mautpflichtig ist oder mit dem vom Arbeitnehmer verwendeten Verkehrsmittel

straßenverkehrsrechtlich nicht benutzt werden darf (>BFH vom 24. 9. 2013 – BStBl 2014 II S. 259).

Wohnung

- Ein Hotelzimmer oder eine fremde Wohnung, in denen der Arbeitnehmer nur kurzfristig aus privaten Gründen übernachtet, ist nicht Wohnung i. S. d. § 9 Abs. 1 EStG (>BFH vom 25. 3. 1988 – BStBl II S. 706).
- Der Mittelpunkt der Lebensinteressen befindet sich bei einem verheirateten Arbeitnehmer regelmäßig am tatsächlichen Wohnort seiner Familie (>BFH vom 10. 11. 1978 – BStBl 1979 II S. 219 und vom 3. 10. 1985 – BStBl 1986 II S. 95).
- Aufwendungen für Wege zwischen der ersten Tätigkeitsstätte und der Wohnung, die den örtlichen Mittelpunkt der Lebensinteressen des Arbeitnehmers darstellt, sind auch dann als Werbungskosten i. S. d. § 9 Abs. 1 Satz 3 Nr. 4 EStG zu berücksichtigen, wenn die Fahrt an der näher zur ersten Tätigkeitsstätte liegenden Wohnung unterbrochen wird (>BFH vom 20. 12. 1991 – BStBl 1992 II S. 306).
- Ob ein Arbeitnehmer seine weiter entfernt liegende Familienwohnung nicht nur gelegentlich aufsucht, ist anhand einer Gesamtwürdigung zu beurteilen. Fünf Fahrten im Kalenderjahr können bei entsprechenden Umständen ausreichend sein (>BFH vom 26. 11. 2003 – BStBl 2004 II S. 233; >R 9.10 Abs. 1 Satz 5).

R 9.11	**Mehraufwendungen bei doppelter Haushaltsführung**

Doppelte Haushaltsführung

(1) [1]Eine doppelte Haushaltsführung liegt nur vor, wenn der Arbeitnehmer außerhalb des Ortes seiner ersten Tätigkeitsstätte einen eigenen Hausstand unterhält und auch am Ort der ersten Tätigkeitsstätte wohnt; die Anzahl der Übernachtungen ist dabei unerheblich. [2]Eine doppelte Haushaltsführung liegt nicht vor, solange die auswärtige Beschäftigung als Auswärtstätigkeit anzuerkennen ist.

Berufliche Veranlassung

(2) [1]Das Beziehen einer Zweitwohnung ist regelmäßig bei einem Wechsel des Beschäftigungsorts auf Grund einer Versetzung, des Wechsels oder der erstmaligen Begründung eines Dienstverhältnisses beruflich veranlasst. [2]Beziehen beiderseits berufstätige Ehegatten[1)] am gemeinsamen Beschäftigungsort eine gemeinsame Zweitwohnung, liegt ebenfalls eine berufliche Veranlassung vor. [3]Auch die Mitnahme des nicht berufstätigen Ehegatten[1)] an den Beschäftigungsort steht der beruflichen Veranlassung einer doppelten Haushaltsführung nicht entgegen. [4]Bei Zuzug aus dem Ausland kann das Beziehen einer Zweitwohnung auch dann beruflich veranlasst sein, wenn der Arbeitnehmer politisches Asyl beantragt oder erhält. [5]Eine aus beruflichem Anlass begründete doppelte Haushaltsführung liegt auch dann vor, wenn ein Arbeitnehmer seinen Haupthausstand aus privaten Gründen vom Beschäftigungsort wegverlegt und er darauf in einer Wohnung am Beschäftigungsort einen Zweithaushalt begründet, um von dort seiner Beschäftigung weiter nachgehen zu können. [6]In den Fällen, in denen bereits zum Zeitpunkt der Wegverlegung des Lebensmittelpunktes vom Beschäftigungsort ein Rückumzug an den Beschäftigungsort geplant ist oder feststeht, handelt es sich hingegen nicht um eine doppelte Haushaltsführung i. S. d. § 9 Abs. 1 Satz 3 Nr. 5 EStG.

---

1) Bei Lebenspartnern gilt Entsprechendes >§ 2 Abs. 8 EStG.

Eigener Hausstand

(3) ¹Ein eigener Hausstand setzt eine eingerichtete, den Lebensbedürfnissen entsprechende Wohnung des Arbeitnehmers sowie die finanzielle Beteiligung an den Kosten der Lebensführung (laufende Kosten der Haushaltsführung) voraus. ²In dieser Wohnung muss der Arbeitnehmer einen Haushalt unterhalten, das heißt, er muss die Haushaltsführung bestimmen oder wesentlich mitbestimmen. ³Es ist nicht erforderlich, dass in der Wohnung am Ort des eigenen Hausstands hauswirtschaftliches Leben herrscht, z. B. wenn der Arbeitnehmer seinen nicht berufstätigen Ehegatten an den auswärtigen Beschäftigungsort mitnimmt oder der Arbeitnehmer nicht verheiratet ist. ⁴Die Wohnung muss außerdem der auf Dauer angelegte Mittelpunkt der Lebensinteressen des Arbeitnehmers sein. ⁵Bei größerer Entfernung zwischen dieser Wohnung und der Zweitwohnung, insbesondere bei einer Wohnung im Ausland, reicht bereits eine Heimfahrt im Kalenderjahr aus, um diese als Lebensmittelpunkt anzuerkennen, wenn in der Wohnung auch bei Abwesenheit des Arbeitnehmers hauswirtschaftliches Leben herrscht, an dem sich der Arbeitnehmer sowohl durch persönliche Mitwirkung als auch finanziell maßgeblich beteiligt. ⁶Bei Arbeitnehmern mit einer Wohnung in weit entfernt liegenden Ländern, z. B. Australien, Indien, Japan, Korea, Philippinen, gilt Satz 5 mit der Maßgabe, dass innerhalb von zwei Jahren mindestens eine Heimfahrt unternommen wird.

Ort der Zweitwohnung

(4) Eine Zweitwohnung in der Nähe des Beschäftigungsorts steht einer Zweitwohnung am Beschäftigungsort gleich.

Notwendige Mehraufwendungen

(5) ¹Als notwendige Mehraufwendungen wegen einer doppelten Haushaltsführung kommen in Betracht:

1. die Fahrtkosten aus Anlass der Wohnungswechsel zu Beginn und am Ende der doppelten Haushaltsführung sowie für wöchentliche Heimfahrten an den Ort des eigenen Hausstands (>Absatz 6) oder Aufwendungen für wöchentliche Familien-Ferngespräche,
2. Verpflegungsmehraufwendungen (>Absatz 7),
3. Aufwendungen für die Zweitwohnung (>Absatz 8) und
4. Umzugskosten (>Absatz 9).

²Führt der Arbeitnehmer mehr als eine Heimfahrt wöchentlich durch, kann er wählen, ob er die nach Satz 1 in Betracht kommenden Mehraufwendungen wegen doppelter Haushaltsführung oder die Fahrtkosten nach R 9.10 geltend machen will. ³Der Arbeitnehmer kann das Wahlrecht bei derselben doppelten Haushaltsführung für jedes Kalenderjahr nur einmal ausüben. ⁴Hat der Arbeitgeber die Zweitwohnung unentgeltlich oder teilentgeltlich zur Verfügung gestellt, sind die abziehbaren Fahrtkosten um diesen Sachbezug mit dem nach R 8.1 Abs. 5 und 6 maßgebenden Wert zu kürzen.

Notwendige Fahrtkosten

(6) Als notwendige Fahrtkosten sind anzuerkennen

1. die tatsächlichen Aufwendungen für die Fahrten anlässlich der Wohnungswechsel zu Beginn und am Ende der doppelten Haushaltsführung. ²Für die Ermittlung der Fahrtkosten ist § 9 Abs. 1 Satz 3 Nr. 4a Satz 1 und 2 EStG, R 9.5 Abs. 1 anzuwenden; zusätzlich können etwaige Nebenkosten nach Maßgabe von R 9.8 berücksichtigt werden,
2. die Entfernungspauschale nach § 9 Abs. 1 Satz 3 Nr. 5 Satz 6 EStG für jeweils eine tatsächlich durchgeführte Heimfahrt wöchentlich. ²Aufwendungen für Fahrten mit einem im Rahmen des Dienstverhältnisses zur Nutzung überlassenen Kraftfahrzeug können nicht angesetzt werden (>Absatz 10 Satz 7 Nr. 1).

Notwendige Verpflegungsmehraufwendungen
(7) ¹Die dem Arbeitnehmer im Rahmen einer doppelten Haushaltsführung tatsächlich entstandenen, beruflich veranlassten Mehraufwendungen für Verpflegung sind unter den Voraussetzungen des § 9 Abs. 4a Satz 12 und 13 EStG mit den dort genannten Pauschbeträgen anzusetzen. ²Ist der Tätigkeit am Beschäftigungsort eine Auswärtstätigkeit an diesem Beschäftigungsort unmittelbar vorausgegangen, ist deren Dauer auf die Dreimonatsfrist anzurechnen (>§ 9 Abs. 4a Satz 13 EStG). ³Verlegt der Arbeitnehmer seinen Lebensmittelpunkt i. S. d. Absatzes 3 aus privaten Gründen (>Absatz 2 Satz 5) vom Beschäftigungsort weg und begründet in seiner bisherigen Wohnung oder an einer anderen Unterkunft am Beschäftigungsort einen Zweithaushalt, um von dort seiner Beschäftigung weiter nachgehen zu können, liegen notwendige Verpflegungsmehraufwendungen nur vor, wenn und soweit der Arbeitnehmer am Beschäftigungsort zuvor nicht bereits drei Monate gewohnt hat; die Dauer eines unmittelbar der Begründung des Zweithaushalts am Beschäftigungsort vorausgegangenen Aufenthalts am Ort des Zweithaushalts ist auf die Dreimonatsfrist anzurechnen*⁾.

Notwendige Aufwendungen für die Zweitwohnung
(8) ¹Bei einer doppelten Haushaltsführung im Inland sind die tatsächlichen Kosten für die Zweitwohnung im Rahmen des Höchstbetrags nach § 9 Abs. 1 Satz 3 Nr. 5 Satz 4 EStG anzuerkennen. ²Aufwendungen für eine im Ausland gelegene Zweitwohnung sind zu berücksichtigen, soweit sie notwendig und angemessen sind. ³Steht die Zweitwohnung im Ausland im Eigentum des Arbeitnehmers, sind die Aufwendungen in der Höhe als notwendig anzusehen, in der sie der Arbeitnehmer als Mieter für eine nach Größe, Ausstattung und Lage angemessene Wohnung tragen müsste.

Umzugskosten
(9) ¹Umzugskosten anlässlich der Begründung, Beendigung oder des Wechsels einer doppelten Haushaltsführung sind vorbehaltlich des Satzes 4 Werbungskosten, wenn der Umzug beruflich veranlasst ist. ²Der Nachweis der Umzugskosten i. S. d. § 10 BUKG ist notwendig, weil für sie keine Pauschalierung möglich ist. ³Dasselbe gilt für die sonstigen Umzugsauslagen i. S. d. § 18 AUV bei Beendigung einer doppelten Haushaltsführung durch den Rückumzug eines Arbeitnehmers in das Ausland. ⁴Verlegt der Arbeitnehmer seinen Lebensmittelpunkt i. S. d. Absatzes 3 aus privaten Gründen (>Absatz 2 Satz 5) vom Beschäftigungsort weg und begründet in seiner bisherigen Wohnung am Beschäftigungsort einen Zweithaushalt, um von dort seiner Beschäftigung weiter nachgehen zu können, sind diese Umzugskosten keine Werbungskosten, sondern Kosten der privaten Lebensführung; Entsprechendes gilt für Umzugskosten, die nach Wegverlegung des Lebensmittelpunktes vom Beschäftigungsort durch die endgültige Aufgabe der Zweitwohnung am Beschäftigungsort entstehen; es sei denn, dass dieser Umzug wie z. B. im Falle eines Arbeitsplatzwechsels ausschließlich beruflich veranlasst ist. ⁵Für Umzugskosten, die nach Wegverlegung des Lebensmittelpunktes vom Beschäftigungsort für den Umzug in eine andere, ausschließlich aus beruflichen Gründen genutzte Zweitwohnung am Beschäftigungsort entstehen, gelten die Sätze 1 bis 3 entsprechend.

Erstattung durch den Arbeitgeber oder Werbungskostenabzug
(10) ¹Die notwendigen Mehraufwendungen nach den Absätzen 5 bis 9 können als Werbungskosten abgezogen werden, soweit sie nicht vom Arbeitgeber nach den folgenden Regelungen steuerfrei erstattet werden. ²Die Erstattung der Mehraufwendungen bei doppelter Haushaltsführung durch den Arbeitgeber ist nach § 3 Nr. 13 oder 16 EStG steuerfrei, soweit keine höheren Beträge erstattet werden, als nach Satz 1 als Werbungskosten abgezogen werden können. ³Dabei kann der Arbeitgeber bei Arbeitnehmern in den Steuerklassen III, IV oder V ohne Weiteres unterstellen, dass sie einen eigenen Hausstand haben, an dem sie sich auch finanziell betei-

---
*) Überholt durch BFH vom 8. 10. 2014 (BStBl 2015 II S. 336) >H 9.11 (5-10) Verpflegungsmehraufwendungen.

ligen. ⁴Bei anderen Arbeitnehmern darf der Arbeitgeber einen eigenen Hausstand nur dann anerkennen, wenn sie schriftlich erklären, dass sie neben einer Zweitwohnung am Beschäftigungsort außerhalb des Beschäftigungsorts einen eigenen Hausstand unterhalten, an dem sie sich auch finanziell beteiligen, und die Richtigkeit dieser Erklärung durch Unterschrift bestätigen. ⁵Diese Erklärung ist als Beleg zum Lohnkonto aufzubewahren. ⁶Das Wahlrecht des Arbeitnehmers nach Absatz 5 hat der Arbeitgeber nicht zu beachten. ⁷Darüber hinaus gilt Folgendes:

1. Hat der Arbeitgeber oder für dessen Rechnung ein Dritter dem Arbeitnehmer einen Kraftwagen zur Durchführung der Heimfahrten unentgeltlich überlassen, kommen ein Werbungskostenabzug und eine Erstattung von Fahrtkosten nicht in Betracht.
2. Verpflegungsmehraufwendungen dürfen nur bis zu den nach Absatz 7 maßgebenden Pauschbeträgen steuerfrei erstattet werden.
3. ¹Die notwendigen Aufwendungen für die Zweitwohnung an einem Beschäftigungsort im Inland dürfen ohne Einzelnachweis für einen Zeitraum von drei Monaten mit einem Pauschbetrag von 20 Euro und für die Folgezeit mit einem Pauschbetrag von 5 Euro je Übernachtung steuerfrei erstattet werden, wenn dem Arbeitnehmer die Zweitwohnung nicht unentgeltlich oder teilentgeltlich zur Verfügung gestellt worden ist. ²Bei einer Zweitwohnung im Ausland können die notwendigen Aufwendungen ohne Einzelnachweis für einen Zeitraum von drei Monaten mit dem für eine Auswärtstätigkeit geltenden ausländischen Übernachtungspauschbetrag und für die Folgezeit mit 40% dieses Pauschbetrags steuerfrei erstattet werden.
4. Bei der Erstattung der Mehraufwendungen durch den Arbeitgeber dürfen unter Beachtung von Nummer 1 bis 3 die einzelnen Aufwendungsarten zusammengefasst werden; in diesem Falle ist die Erstattung steuerfrei, soweit sie die Summe der nach Absatz 5 Nr. 1 bis 4 zulässigen Einzelerstattungen nicht übersteigt.

H 9.11 (1–4)

Beibehaltung der Wohnung

- Ist der doppelte Haushalt beruflich begründet worden, ist es unerheblich, ob in der Folgezeit auch die Beibehaltung beider Wohnungen beruflich veranlasst ist (>BFH vom 30.9.1988 – BStBl 1989 II S. 103) oder ob der gemeinsame Wohnsitz beiderseits berufstätiger Ehegatten/Lebenspartner über die Jahre gleich bleibt oder verändert wird (>BFH vom 30.10.2008 – BStBl 2009 II S. 153).
- Nach einer mehrmonatigen Beurlaubung kann in der alten Wohnung am früheren Beschäftigungsort auch erneut eine doppelte Haushaltsführung begründet werden (>BFH vom 8.7.2010 – BStBl 2011 II S. 47).

Berufliche Veranlassung

- >R 9.11 Abs. 2 und BMF vom 24.10.2014 (BStBl I S. 1412), Rz. 101
- Eine beruflich begründete doppelte Haushaltsführung liegt vor, wenn aus beruflicher Veranlassung in einer Wohnung am Beschäftigungsort ein zweiter (doppelter) Haushalt zum Hausstand des Stpfl. hinzutritt. Der Haushalt in der Wohnung am Beschäftigungsort ist beruflich veranlasst, wenn ihn der Stpfl. nutzt, um seinen Arbeitsplatz von dort aus erreichen zu können (>BFH vom 5.3.2009 – BStBl II S. 1012 und 1016).
- Eine aus beruflichem Anlass begründete doppelte Haushaltsführung kann auch dann vorliegen, wenn ein Stpfl. seinen Haupthausstand aus privaten Gründen vom Beschäftigungsort wegverlegt und er darauf in einer Wohnung am Beschäftigungsort einen Zweithaushalt begründet, um von dort seiner bisherigen Beschäftigung weiter nachgehen zu können (>BFH vom 5.3.2009 – BStBl II S. 1012 und 1016).

- Der berufliche Veranlassungszusammenhang einer doppelten Haushaltsführung wird nicht allein dadurch beendet, dass ein Arbeitnehmer seinen Familienhausstand innerhalb desselben Ortes verlegt (>BFH vom 4.4.2006 – BStBl II S. 714).

Beschäftigung am Hauptwohnsitz
Aufwendungen eines Arbeitnehmers für eine Zweitwohnung an einem auswärtigen Beschäftigungsort sind auch dann wegen doppelter Haushaltsführung als Werbungskosten abziehbar, wenn der Arbeitnehmer zugleich am Ort seines Hausstandes beschäftigt ist (>BFH vom 24.5.2007 – BStBl II S. 609).

Ehegatten/Lebenspartner
Bei verheirateten Arbeitnehmern kann für jeden Ehegatten eine doppelte Haushaltsführung beruflich veranlasst sein, wenn die Ehegatten außerhalb des Ortes ihres gemeinsamen Hausstands an verschiedenen Orten beschäftigt sind und am jeweiligen Beschäftigungsort eine Zweitwohnung beziehen (>BFH vom 6.10.1994 – BStBl 1995 II S. 184). Entsprechendes gilt für Lebenspartnerschaften (>§ 2 Abs. 8 EStG).

Eheschließung/Begründung einer Lebenspartnerschaft
Eine beruflich veranlasste doppelte Haushaltsführung liegt auch in den Fällen vor, in denen der eigene Hausstand nach der Eheschließung am Beschäftigungsort des ebenfalls berufstätigen Ehegatten begründet (>BFH vom 6.9.1977 – BStBl 1978 II S. 32, vom 20.3.1980 – BStBl II S. 455 und vom 4.10.1989 – BStBl 1990 II S. 321) oder wegen der Aufnahme einer Berufstätigkeit des Ehegatten an dessen Beschäftigungsort verlegt und am Beschäftigungsort eine Zweitwohnung des Arbeitnehmers begründet worden ist (>BFH vom 2.10.1987 – BStBl II S. 852). Entsprechendes gilt für Lebenspartnerschaften (>§ 2 Abs. 8 EStG).

Eigener Hausstand
- Die Wohnung muss grundsätzlich aus eigenem Recht, z. B. als Eigentümer oder als Mieter genutzt werden, wobei auch ein gemeinsames oder abgeleitetes Nutzungsrecht ausreichen kann (>BFH vom 5.10.1994 – BStBl 1995 II S. 180 und BMF vom 24.10.2014 – BStBl I S. 1412, Rz. 100). Ein eigener Hausstand wird auch anerkannt, wenn die Wohnung zwar allein vom Lebensgefährten des Arbeitnehmers angemietet wurde, dieser sich aber mit Duldung seines Lebensgefährten dauerhaft dort aufhält und sich finanziell in einem Umfang an der Haushaltsführung beteiligt, dass daraus auf eine gemeinsame Haushaltsführung geschlossen werden kann (>BFH vom 12.9.2000 – BStBl 2001 II S. 29).
- Bei einem alleinstehenden Arbeitnehmer ist zu prüfen, ob er einen eigenen Hausstand unterhält oder in einen fremden Haushalt eingegliedert ist; er muss sich an den Kosten auch finanziell beteiligen (>BMF vom 24.10.2014 – BStBl I S. 1412, Rz. 100).
- Ein eigener Hausstand liegt nicht vor bei Arbeitnehmern, die – wenn auch gegen Kostenbeteiligung – in den Haushalt der Eltern eingegliedert sind oder in der Wohnung der Eltern lediglich ein Zimmer bewohnen (>BFH vom 5.10.1994 – BStBl 1995 II S. 180).
- Ein Vorbehaltsnießbrauch zu Gunsten der Eltern an einem Zweifamilienhaus eines unverheirateten Arbeitnehmers schließt nicht aus, dass dieser dort einen eigenen Hausstand als Voraussetzung für eine doppelte Haushaltsführung unterhält, wenn gesichert ist, dass er die Wohnung nicht nur vorübergehend nutzen kann; bei dieser Prüfung kommt es auf den Fremdvergleich nicht an (>BFH vom 4.11.2003 – BStBl 2004 II S. 16).
- Unterhält ein unverheirateter Arbeitnehmer am Ort des Lebensmittelpunkts seinen Haupthausstand, so kommt es für das Vorliegen einer doppelten Haushaltsführung nicht darauf an, ob die ihm dort zur ausschließlichen Nutzung zur Verfügung stehenden Räumlichkeiten den bewertungsrechtlichen Anforderungen an eine Wohnung gerecht werden (>BFH vom 14.10.2004 – BStBl 2005 II S. 98).

Mittelpunkt der Lebensinteressen
Ob die außerhalb des Beschäftigungsortes belegene Wohnung des Arbeitnehmers als Mittelpunkt seiner Lebensinteressen anzusehen ist und deshalb seinen Hausstand darstellt, ist anhand einer Gesamtwürdigung aller Umstände des Einzelfalls festzustellen (>BFH vom 8.10.2014 – BStBl 2015 II S. 511 zu beiderseits berufstätigen Lebensgefährten).

Nutzung der Zweitwohnung
Es ist unerheblich, wie oft der Arbeitnehmer tatsächlich in der Zweitwohnung übernachtet (>BFH vom 9.6.1988 – BStBl II S. 990).

Private Veranlassung
>R 9.11 Abs. 2 Satz 6

Zeitlicher Zusammenhang
Es ist gleichgültig, ob die >Zweitwohnung in zeitlichem Zusammenhang mit dem Wechsel des Beschäftigungsorts, nachträglich (>BFH vom 9.3.1979 – BStBl II S. 520) oder im Rahmen eines Umzugs aus einer privat begründeten >Zweitwohnung (>BFH vom 26.8.1988 – BStBl 1989 II S. 89) bezogen worden ist.

Zweitwohnung am Beschäftigungsort
- Als Zweitwohnung am Beschäftigungsort kommt jede dem Arbeitnehmer entgeltlich oder unentgeltlich zur Verfügung stehende Unterkunft in Betracht, z. B. auch eine Eigentumswohnung, ein möbliertes Zimmer, ein Hotelzimmer, eine Gemeinschaftsunterkunft (>BFH vom 3.10.1985 – BStBl 1986 II S. 369) oder bei Soldaten die Unterkunft in der Kaserne (>BFH vom 20.12.1982 – BStBl 1983 II S. 269).
- Eine Wohnung dient dem Wohnen am Beschäftigungsort, wenn sie dem Arbeitnehmer ungeachtet von Gemeinde- oder Landesgrenzen ermöglicht, seine Arbeitsstätte täglich aufzusuchen (>BFH vom 19.4.2012 – BStBl II S. 833).
- >BMF vom 24.10.2014 (BStBl I S. 1412), Rz. 101

H 9.11 (5–10)

Drittaufwand
Der Abzug der Aufwendungen für die Zweitwohnung ist ausgeschlossen, wenn die Aufwendungen auf Grund eines Dauerschuldverhältnisses (z. B. Mietvertrag) von einem Dritten getragen werden (>BFH vom 13.3.1996 – BStBl II S. 375 und vom 24.2.2000 – BStBl II S. 314).

Eigene Zweitwohnung
Bei einer im Eigentum des Arbeitnehmers stehenden Zweitwohnung gilt Folgendes:
- Zu den Aufwendungen gehören auch die Absetzungen für Abnutzung, Hypothekenzinsen und Reparaturkosten (>BFH vom 3.12.1982 – BStBl 1983 II S. 467).
- >BMF vom 24.10.2014 (BStBl I S. 1412), Rz. 103

Erstattung durch den Arbeitgeber
- Steuerfrei >§ 3 Nr. 13, 16 EStG, R 3.13, 3.16 und BMF vom 24.10.2014 (BStBl I S. 1412), Rz. 108
- Steuerfreie Arbeitgebererstattungen mindern die abziehbaren Werbungskosten auch dann, wenn sie erst im Folgejahr geleistet werden (>BFH vom 20.9.2006 – BStBl 2007 II S. 756).

Familienheimfahrten

- Tritt der den doppelten Haushalt führende Ehegatte die wöchentliche Familienheimfahrt aus privaten Gründen nicht an, sind die Aufwendungen für die stattdessen durchgeführte Besuchsfahrt des anderen Ehegatten zum Beschäftigungsort keine Werbungskosten (>BFH vom 2. 2. 2011 – BStBl II S. 456). Ist der den doppelten Haushalt führende Ehegatte aus beruflichen Gründen an einer Familienheimfahrt gehindert, sind die Aufwendungen für die Besuchsfahrt des anderen Ehegatten zum Beschäftigungsort bis zur Höhe der für die unterlassene Familienheimfahrt berücksichtigungsfähigen Aufwendungen als Werbungskosten abziehbar (>BFH vom 21. 8. 1974 – BStBl 1975 II S. 64). Entsprechendes gilt für die Besuchsfahrten des Lebenspartners (>§ 2 Abs. 8 EStG).
- Die Entfernungspauschale für eine wöchentliche Familienheimfahrt im Rahmen einer doppelten Haushaltsführung kann aufwandsunabhängig in Anspruch genommen werden. Steuerfrei geleistete Reisekostenvergütungen und steuerfrei gewährte Freifahrten sind jedoch mindernd auf die Entfernungspauschale anzurechnen (>BFH vom 18. 4. 2013 – BStBl II S. 735).
- Aufwendungen für Familienheimfahrten des Arbeitnehmers mit einem vom Arbeitgeber überlassenen Dienstwagen berechtigen nach § 9 Abs. 1 Satz 3 Nr. 5 Satz 8 EStG nicht zum Werbungskostenabzug (>BFH vom 28. 2. 2013 – BStBl II S. 629).
- Wird bei einem behinderten Menschen der Grad der Behinderung herabgesetzt und liegen die Voraussetzungen des § 9 Abs. 2 Satz 3 EStG nach der Herabsetzung nicht mehr vor, ist dies ab dem im Bescheid genannten Zeitpunkt zu berücksichtigen. Aufwendungen für Familienheimfahrten können daher ab diesem Zeitpunkt nicht mehr nach § 9 Abs. 2 Satz 3 EStG bemessen werden (>BFH vom 11. 3. 2014 – BStBl II S. 525).

Kostenarten

Zu den einzelnen Kostenarten bei Vorliegen einer doppelten Haushaltsführung >BFH vom 4. 4. 2006 (BStBl II S. 567)

Pauschbeträge bei doppelter Haushaltsführung im Ausland

>BMF vom 8. 11. 2017 (BStBl I S. 1457) ab 1. 1. 2018 und >BMF vom 28. 11. 2018 (BStBl I S. 1354) ab 1. 1. 2019; zur Begrenzung auf 40 % >R 9.11 Abs. 10 Satz 7 Nr. 3 Satz 2

Telefonkosten

Anstelle der Aufwendungen für eine Heimfahrt an den Ort des eigenen Hausstands können die Gebühren für ein Ferngespräch bis zu einer Dauer von 15 Minuten mit Angehörigen, die zum eigenen Hausstand des Arbeitnehmers gehören, berücksichtigt werden (>BFH vom 18. 3. 1988 – BStBl II S. 988).

Übernachtungskosten

Die Übernachtungskosten sind für den Werbungskostenabzug grundsätzlich im Einzelnen nachzuweisen. Sie können geschätzt werden, wenn sie dem Grunde nach zweifelsfrei entstanden sind (>BFH vom 12. 9. 2001 – BStBl II S. 775).

Umzugskosten

- >R 9.11 Abs. 9
- Zu den notwendigen Mehraufwendungen einer doppelten Haushaltsführung gehören auch die durch das Beziehen oder die Aufgabe der Zweitwohnung verursachten tatsächlichen Umzugskosten (>BFH vom 29. 4. 1992 – BStBl II S. 667).
- >H 9.9 (Doppelter Mietaufwand)

Unfallschäden
>H 9.10

Unterkunftskosten
- bei doppelter Haushaltsführung **im Inland** >BMF vom 24.10.2014 (BStBl I S.1412), Rz.102 ff.
- bei doppelter Haushaltsführung **im Ausland** sind die tatsächlichen Mietkosten anzusetzen, soweit sie nicht überhöht sind (>BFH vom 16.3.1979 – BStBl II S.473). Entsprechendes gilt für die tatsächlich angefallenen Unterkunftskosten im eigenen Haus (>BFH vom 24.5.2000 – BStBl II S.474). Nicht überhöht sind Aufwendungen, die sich für eine Wohnung von 60 qm bei einem ortsüblichen Mietzins je qm für eine nach Lage und Ausstattung durchschnittliche Wohnung (Durchschnittsmietzins) ergeben würden (>BFH vom 9.8.2007 – BStBl II S.820).
- Ein **häusliches Arbeitszimmer** in der Zweitwohnung am Beschäftigungsort ist bei der Ermittlung der abziehbaren Unterkunftskosten nicht zu berücksichtigen; der Abzug der hierauf entfallenden Aufwendungen richtet sich nach § 4 Abs. 5 Satz 1 Nr. 6b EStG (>BFH vom 9.8.2007 – BStBl 2009 II S.722).
- Die Vorschriften über den Abzug notwendiger Mehraufwendungen wegen einer aus beruflichem Anlass begründeten doppelten Haushaltsführung stehen dem allgemeinen Werbungskostenabzug umzugsbedingt geleisteter Mietzahlungen nicht entgegen (>BFH vom 13.7.2011 – BStBl 2012 II S.104); >H 9.9 (Doppelter Mietaufwand).

Verpflegungsmehraufwendungen
- >R 9.11 Abs. 7 und BMF vom 24.10.2014 (BStBl I S.1412), Rz.57
- Die Begrenzung des Abzugs von Mehraufwendungen für die Verpflegung auf drei Monate bei einer aus beruflichem Anlass begründeten doppelten Haushaltsführung ist verfassungsgemäß (>BFH vom 8.7.2010 – BStBl 2011 II S.32).
- Verlegt ein Arbeitnehmer seinen Haupthausstand aus privaten Gründen vom Beschäftigungsort weg und nutzt daraufhin eine bereits vorhandene Wohnung am Beschäftigungsort aus beruflichen Gründen als Zweithaushalt (sog. Wegverlegungsfall), wird die doppelte Haushaltsführung mit Umwidmung der bisherigen Wohnung in einen Zweithaushalt begründet. Mit dem Zeitpunkt der Umwidmung beginnt in sog. Wegverlegungsfällen die Dreimonatsfrist für die Abzugsfähigkeit von Verpflegungsmehraufwendungen (>BFH vom 8.10.2014 – BStBl 2015 II S.336).

Wahlrecht
Wählt der Arbeitnehmer den Abzug der Fahrtkosten nach R 9.10, so kann er Verpflegungsmehraufwendungen nach R 9.11 Abs. 7 und Aufwendungen für die Zweitwohnung nach R 9.11 Abs. 8 auch dann nicht geltend machen, wenn ihm Fahrtkosten nicht an jedem Arbeitstag entstanden sind, weil er sich in Rufbereitschaft zu halten oder mehrere Arbeitsschichten nacheinander abzuleisten hatte (>BFH vom 2.10.1992 – BStBl 1993 II S.113).

R 9.12 Arbeitsmittel

[1]Die Anschaffungs- oder Herstellungskosten von Arbeitsmitteln einschl. der Umsatzsteuer können im Jahr der Anschaffung oder Herstellung in voller Höhe als Werbungskosten abgesetzt werden, wenn sie ausschließlich der Umsatzsteuer für das einzelne Arbeitsmittel die Grenze für geringwertige Wirtschaftsgüter nach § 9 Abs. 1 Satz 3 Nr. 7 Satz 2 EStG nicht übersteigen. [2]Hö-

here Anschaffungs- oder Herstellungskosten sind auf die Kalenderjahre der voraussichtlichen gesamten Nutzungsdauer des Arbeitsmittels zu verteilen und in jedem dieser Jahre anteilig als Werbungskosten zu berücksichtigen. ³Wird ein als Arbeitsmittel genutztes Wirtschaftsgut veräußert, ist ein sich eventuell ergebender Veräußerungserlös bei den Einkünften aus nichtselbständiger Arbeit nicht zu erfassen.

H 9.12

Absetzung für Abnutzung
- Außergewöhnliche technische oder wirtschaftliche Abnutzungen sind zu berücksichtigen (>BFH vom 29. 4. 1983 – BStBl II S. 586 – im Zusammenhang mit einem Diebstahl eingetretene Beschädigung an einem als Arbeitsmittel anzusehenden PKW).
- Eine technische Abnutzung kann auch dann in Betracht kommen, wenn wirtschaftlich kein Wertverzehr eintritt (>BFH vom 31. 1. 1986 – BStBl II S. 355 – als Arbeitsmittel ständig in Gebrauch befindliche Möbelstücke, >BFH vom 26. 1. 2001 – BStBl II S. 194 – im Konzertalltag regelmäßig bespielte Meistergeige).
- Wird ein Wirtschaftsgut nach einer Nutzung außerhalb der Einkunftsarten als Arbeitsmittel verwendet, so sind die weiteren AfA von den Anschaffungs- oder Herstellungskosten einschließlich Umsatzsteuer nach der voraussichtlichen gesamten Nutzungsdauer des Wirtschaftsguts in gleichen Jahresbeträgen zu bemessen. Der auf den Zeitraum vor der Verwendung als Arbeitsmittel entfallende Teil der Anschaffungs- oder Herstellungskosten des Wirtschaftsguts (fiktive AfA) gilt als abgesetzt (>BFH vom 14. 2. 1989 – BStBl II S. 922 und vom 2. 2. 1990 – BStBl II S. 684). Dies gilt auch für geschenkte Wirtschaftsgüter (>BFH vom 16. 2. 1990 – BStBl II S. 883).
- Der Betrag, der nach Umwidmung eines erworbenen oder geschenkten Wirtschaftsguts zu einem Arbeitsmittel nach Abzug der fiktiven AfA von den Anschaffungs- oder Herstellungskosten einschließlich Umsatzsteuer verbleibt, kann aus Vereinfachungsgründen im Jahr der erstmaligen Verwendung des Wirtschaftsguts als Arbeitsmittel in voller Höhe als Werbungskosten abgezogen werden, wenn er 800 Euro (für Anschaffungen nach dem 31. 12. 2017) nicht übersteigt (>BFH vom 16. 2. 1990 – BStBl II•S. 883).
- Die Peripherie-Geräte einer PC-Anlage sind regelmäßig keine geringwertigen Wirtschaftsgüter (>BFH vom 19. 2. 2004 – BStBl II S. 958).

Angemessenheit
Aufwendungen für ein Arbeitsmittel können auch dann Werbungskosten sein, wenn sie zwar ungewöhnlich hoch, aber bezogen auf die berufliche Stellung und die Höhe der Einnahmen nicht unangemessen sind.
>BFH vom 10. 3. 1978 (BStBl II S. 459) – Anschaffung eines Flügels durch eine am Gymnasium Musik unterrichtende Lehrerin
>BFH vom 21. 10. 1988 (BStBl 1989 II S. 356) – Anschaffung eines Flügels durch eine Musikpädagogin

Aufteilung der Anschaffungs- oder Herstellungskosten
- Betreffen Wirtschaftsgüter sowohl den beruflichen als auch den privaten Bereich des Arbeitnehmers, ist eine Aufteilung der Anschaffungs- oder Herstellungskosten in nicht abziehbare Aufwendungen für die Lebensführung und in Werbungskosten nur zulässig, wenn objektive Merkmale und Unterlagen eine zutreffende und leicht nachprüfbare Trennung ermöglichen und wenn außerdem der berufliche Nutzungsanteil nicht von untergeordneter Bedeutung ist (>BFH vom 19. 10. 1970 – BStBl 1971 II S. 17).

- Die Aufwendungen sind voll abziehbar, wenn die Wirtschaftsgüter ausschließlich oder ganz überwiegend der Berufsausübung dienen.
  >BFH vom 18. 2. 1977 (BStBl II S. 464) – Schreibtisch im Wohnraum eines Gymnasiallehrers
  >BFH vom 21. 10. 1988 (BStBl 1989 II S. 356) – Flügel einer Musikpädagogin
- Ein privat angeschaffter und in der privaten Wohnung aufgestellter Personalcomputer kann ein Arbeitsmittel sein. Eine private Mitbenutzung ist unschädlich, soweit sie einen Nutzungsanteil von etwa 10 % nicht übersteigt. Die Kosten eines gemischt genutzten PC sind aufzuteilen. § 12 Nr. 1 Satz 2 EStG steht einer solchen Aufteilung nicht entgegen (>BFH vom 19. 2. 2004 – BStBl II S. 958).

Ausstattung eines häuslichen Arbeitszimmers mit Arbeitsmittel
>BMF vom 6. 10. 2017 (BStBl I S. 1320)

Berufskleidung
- Begriff der typischen Berufskleidung
  >R 3.31
- Reinigung von typischer Berufskleidung in privater Waschmaschine
  Werbungskosten sind neben den unmittelbaren Kosten des Waschvorgangs (Wasser- und Energiekosten, Wasch- und Spülmittel) auch die Aufwendungen in Form der Abnutzung sowie Instandhaltung und Wartung der für die Reinigung eingesetzten Waschmaschine. Die Aufwendungen können ggf. geschätzt werden (>BFH vom 29. 6. 1993 – BStBl II S. 837 und 838).

Diensthund
Die Aufwendungen eines Polizei-Hundeführers für den ihm anvertrauten Diensthund sind Werbungskosten (>BFH vom 30. 6. 2010 – BStBl 2011 II S. 45).

Fachbücher und Fachzeitschriften
Bücher und Zeitschriften sind Arbeitsmittel, wenn sichergestellt ist, dass die erworbenen Bücher und Zeitschriften ausschließlich oder ganz überwiegend beruflichen Zwecken dienen.
Die allgemeinen Grundsätze zur steuerlichen Behandlung von Arbeitsmitteln gelten auch, wenn zu entscheiden ist, ob Bücher als Arbeitsmittel eines Lehrers zu würdigen sind. Die Eigenschaft eines Buchs als Arbeitsmittel ist bei einem Lehrer nicht ausschließlich danach zu bestimmen, in welchem Umfang der Inhalt eines Schriftwerks in welcher Häufigkeit Eingang in den abgehaltenen Unterricht gefunden hat. Auch die Verwendung der Literatur zur Unterrichtsvorbereitung oder die Anschaffung von Büchern und Zeitschriften für eine Unterrichtseinheit, die nicht abgehalten worden ist, kann eine ausschließliche oder zumindest weitaus überwiegende berufliche Nutzung der Literatur begründen (>BFH vom 20. 5. 2010 – BStBl 2011 II S. 723).

Medizinische Hilfsmittel
Aufwendungen für die Anschaffung medizinischer Hilfsmittel sind selbst dann nicht als Werbungskosten abziehbar, wenn sie ausschließlich am Arbeitsplatz benutzt werden.
>BFH vom 23. 10. 1992 (BStBl 1993 II S. 193) – Bildschirmbrille

Nachweis der beruflichen Nutzung
Bei der Anschaffung von Gegenständen, die nach der Lebenserfahrung ganz überwiegend zu Zwecken der Lebensführung angeschafft werden, gelten erhöhte Anforderungen an den Nachweis der beruflichen Nutzung.
>BFH vom 27. 9. 1991 (BStBl 1992 II S. 195) – Videorecorder
>BFH vom 15. 1. 1993 (BStBl II S. 348) – Spielecomputer

Transport
Anteilige Aufwendungen für den Transport von Arbeitsmitteln bei einem privat veranlassten Umzug sind nicht als Werbungskosten abziehbar (>BFH vom 21. 7. 1989 – BStBl II S. 972).

| R 9.13 | **Werbungskosten bei Heimarbeitern** |

(1) Bei Heimarbeitern i. S. d. Heimarbeitsgesetzes können Aufwendungen, die unmittelbar durch die Heimarbeit veranlasst sind, z. B. Miete und Aufwendungen für Heizung und Beleuchtung der Arbeitsräume, Aufwendungen für Arbeitsmittel und Zutaten sowie für den Transport des Materials und der fertig gestellten Waren, als Werbungskosten anerkannt werden, soweit sie die Heimarbeiterzuschläge nach Absatz 2 übersteigen.

(2) ¹Lohnzuschläge, die den Heimarbeitern zur Abgeltung der mit der Heimarbeit verbundenen Aufwendungen neben dem Grundlohn gezahlt werden, sind insgesamt aus Vereinfachungsgründen nach § 3 Nr. 30 und 50 EStG steuerfrei, soweit sie 10 % des Grundlohns nicht übersteigen. ²Die oberste Finanzbehörde eines Landes kann mit Zustimmung des BMF den Prozentsatz für bestimmte Gruppen von Heimarbeitern an die tatsächlichen Verhältnisse anpassen.

| H 9.14 |

Allgemeine Grundsätze
>BMF vom 6. 10. 2017 (BStBl I S. 1320)

Drittaufwand
>H 4.7 (Drittaufwand) und (Eigenaufwand für ein fremdes Wirtschaftsgut) EStH

Vermietung an den Arbeitgeber
>BMF vom 13. 12. 2005 (BStBl 2006 I S. 4)

Zu § 9a EStG

| H 9a |

Allgemeines
>R 9a EStR, H 9a EStH
Der Arbeitnehmer-Pauschbetrag ist auch dann nicht zu kürzen, wenn feststeht, dass keine oder nur geringe Werbungskosten angefallen sind (>BFH vom 10. 6. 2008 – BStBl II S. 937).

Zu § 10 EStG

| H 10 |

Sonderausgaben
>R 10.1 bis 10.11 EStR, H 10.1 bis 10.11 EStH

Zu § 11 EStG

H 11

Allgemeines
>H 11 EStH

Rückzahlung von Arbeitslohn
Arbeitslohnrückzahlungen sind nur dann anzunehmen, wenn der Arbeitnehmer an den Arbeitgeber die Leistungen, die bei ihm als Lohnzahlungen zu qualifizieren waren, zurückzahlt (>BFH vom 10. 8. 2010 – BStBl II S. 1074). Zurückgezahlter Arbeitslohn ist erst im Zeitpunkt des Abflusses steuermindernd zu berücksichtigen (>BFH vom 4. 5. 2006 – BStBl II S. 830 und 832); das gilt auch dann, wenn sich die Rückzahlung im Folgejahr steuerlich nicht mehr auswirkt (>BFH vom 7. 11. 2006 – BStBl 2007 II S. 315). Auch bei beherrschenden Gesellschaftern ist der Abfluss einer Arbeitslohnrückzahlung erst im Zeitpunkt der Leistung und nicht bereits im Zeitpunkt der Fälligkeit der Rückforderung anzunehmen (>BFH vom 14. 4. 2016 – BStBl II S. 778).

Zufluss von Arbeitslohn
>R 38.2

Zu § 19 EStG

H 19.0

Allgemeines
Wer Arbeitnehmer ist, ist unter Beachtung der Vorschriften des § 1 LStDV nach dem Gesamtbild der Verhältnisse zu beurteilen. Die arbeitsrechtliche und sozialversicherungsrechtliche Behandlung ist unmaßgeblich (>BFH vom 2. 12. 1998 – BStBl 1999 II S. 534). Wegen der Abgrenzung der für einen Arbeitnehmer typischen fremdbestimmten Tätigkeit von selbständiger Tätigkeit >BFH vom 14. 6. 1985 (BStBl II S. 661) und vom 18. 1. 1991 (BStBl II S. 409). Danach können für eine Arbeitnehmereigenschaft insbesondere folgende Merkmale sprechen:
– persönliche Abhängigkeit,
– Weisungsgebundenheit hinsichtlich Ort, Zeit und Inhalt der Tätigkeit,
– feste Arbeitszeiten,
– Ausübung der Tätigkeit gleich bleibend an einem bestimmten Ort,
– feste Bezüge,
– Urlaubsanspruch,
– Anspruch auf sonstige Sozialleistungen,
– Fortzahlung der Bezüge im Krankheitsfall,
– Überstundenvergütung,
– zeitlicher Umfang der Dienstleistungen,
– Unselbständigkeit in Organisation und Durchführung der Tätigkeit,
– kein Unternehmerrisiko,
– keine Unternehmerinitiative,
– kein Kapitaleinsatz,
– keine Pflicht zur Beschaffung von Arbeitsmitteln,
– Notwendigkeit der engen ständigen Zusammenarbeit mit anderen Mitarbeitern,
– Eingliederung in den Betrieb,

- Schulden der Arbeitskraft und nicht eines Arbeitserfolges,
- Ausführung von einfachen Tätigkeiten, bei denen eine Weisungsabhängigkeit die Regel ist.

Diese Merkmale ergeben sich regelmäßig aus dem der Beschäftigung zugrunde liegenden Vertragsverhältnis, sofern die Vereinbarungen ernsthaft gewollt sind und tatsächlich durchgeführt werden (>BFH vom 14.12.1978 – BStBl 1979 II S.188, vom 20.2.1979 – BStBl II S.414 und vom 24.7.1992 – BStBl 1993 II S.155). Dabei sind die für oder gegen ein Dienstverhältnis sprechenden Merkmale ihrer Bedeutung entsprechend gegeneinander abzuwägen. Die arbeitsrechtliche Fiktion eines Dienstverhältnisses ist steuerrechtlich nicht maßgebend (>BFH vom 8.5.2008 – BStBl II S.868).

Arbeitnehmereigenschaft
a) Beispiele für Arbeitnehmereigenschaft

Amateursportler können Arbeitnehmer sein, wenn die für den Trainings- und Spieleinsatz gezahlten Vergütungen nach dem Gesamtbild der Verhältnisse als Arbeitslohn zu beurteilen sind (>BFH vom 23.10.1992 – BStBl 1993 II S.303),

Apothekervertreter; ein selbständiger Apotheker, der als Urlaubsvertreter eines anderen selbständigen Apothekers gegen Entgelt tätig wird, ist Arbeitnehmer (>BFH vom 20.2.1979 – BStBl II S.414),

Artist ist Arbeitnehmer, wenn er seine Arbeitskraft einem Unternehmer für eine Zeitdauer, die eine Reihe von Veranstaltungen umfasst – also nicht lediglich für einige Stunden eines Abends – ausschließlich zur Verfügung stellt (>BFH vom 16.3.1951 – BStBl III S.97),

AStA-Mitglieder >BFH vom 22.7.2008 (BStBl II S.981),

Buchhalter >BFH vom 6.7.1955 (BStBl III S.256) und vom 13.2.1980 (BStBl II S.303),

Büfettier >BFH vom 31.1.1963 (BStBl III S.230),

Chefarzt; ein angestellter Chefarzt, der berechtigt ist, Privatpatienten mit eigenem Liquidationsrecht ambulant zu behandeln und die wahlärztlichen Leistungen im Rahmen seines Dienstverhältnisses erbringt (>BFH vom 5.10.2005 – BStBl 2006 II S.94),

Gelegenheitsarbeiter, die zu bestimmten, unter Aufsicht durchzuführenden Verlade- und Umladearbeiten herangezogen werden, sind auch dann Arbeitnehmer, wenn sie die Tätigkeit nur für wenige Stunden ausüben (>BFH vom 18.1.1974 – BStBl II S.301),

Heimarbeiter >R 15.1 Abs. 2 EStR,

Helfer von Wohlfahrtsverbänden; ehrenamtliche Helfer, die Kinder und Jugendliche auf Ferienreisen betreuen, sind Arbeitnehmer (>BFH vom 28.2.1975 – BStBl 1976 II S.134),

Musiker; nebenberuflich tätige Musiker, die in Gaststätten auftreten, sind nach der allgemeinen Lebenserfahrung Arbeitnehmer des Gastwirts; dies gilt nicht, wenn die Kapelle gegenüber Dritten als selbständige Gesellschaft oder der Kapellenleiter als Arbeitgeber der Musiker auftritt bzw. der Musiker oder die Kapelle nur gelegentlich spielt (>BFH vom 10.9.1976 – BStBl 1977 II S.178),

Oberarzt; ein in einer Universitätsklinik angestellter Oberarzt ist hinsichtlich der Mitarbeit in der Privatpraxis des Chefarztes dessen Arbeitnehmer (>BFH vom 11.11.1971 – BStBl 1972 II S.213),

Reisevertreter kann auch dann Arbeitnehmer sein, wenn er erfolgsabhängig entlohnt wird und ihm eine gewisse Bewegungsfreiheit eingeräumt ist, die nicht Ausfluss seiner eigenen Machtvollkommenheit ist (>BFH vom 7.12.1961 – BStBl 1962 III S.149);
>H 15.1 (Reisevertreter) EStH,

Sanitätshelfer des Deutschen Roten Kreuzes sind Arbeitnehmer, wenn die gezahlten Entschädigungen nicht mehr als pauschale Erstattung der Selbstkosten beurteilt werden können, weil sie die durch die ehrenamtliche Tätigkeit veranlassten Aufwendungen der einzelnen Sanitätshelfer regelmäßig nicht nur unwesentlich übersteigen (>BFH vom 4.8.1994 – BStBl II S.944),

Servicekräfte in einem Warenhaus >BFH vom 20.11.2008 (BStBl 2009 II S.374),

Stromableser können auch dann Arbeitnehmer sein, wenn die Vertragsparteien „freie Mitarbeit" vereinbart haben und das Ablesen in Ausnahmefällen auch durch einen zuverlässigen Vertreter erfolgen darf (>BFH vom 24. 7. 1992 – BStBl 1993 II S. 155),
Telefoninterviewer >BFH vom 29. 5. 2008 (BStBl II S. 933) und BFH vom 18. 6. 2015 (BStBl II S. 903),
Vorstandsmitglied einer Aktiengesellschaft >BFH vom 11. 3. 1960 (BStBl III S. 214),
Vorstandsmitglied einer Familienstiftung >BFH vom 31. 1. 1975 (BStBl II S. 358),
Vorstandsmitglied einer Genossenschaft >BFH vom 2. 10. 1968 (BStBl 1969 II S. 185).

b) **Beispiele für fehlende Arbeitnehmereigenschaft**
Arztvertreter >BFH vom 10. 4. 1953 (BStBl III S. 142),
Beratungsstellenleiter eines Lohnsteuerhilfevereins ist kein Arbeitnehmer, wenn er die Tätigkeit als freier Mitarbeiter ausübt (>BFH vom 10. 12. 1987 – BStBl 1988 II S. 273),
Bezirksstellenleiter bei Lotto- und Totogesellschaften >BFH vom 14. 9. 1967 (BStBl 1968 II S. 193),
Diakonissen sind keine Arbeitnehmerinnen des Mutterhauses (>BFH vom 30. 7. 1965 – BStBl III S. 525),
Fahrlehrer, die gegen eine tätigkeitsbezogene Vergütung unterrichten, sind in der Regel keine Arbeitnehmer, auch wenn ihnen keine Fahrschulerlaubnis erteilt worden ist >BFH vom 17. 10. 1996 (BStBl 1997 II S. 188),
Fotomodell; ein Berufsfotomodell ist kein Arbeitnehmer, wenn es nur von Fall zu Fall vorübergehend zu Aufnahmen herangezogen wird (>BFH vom 8. 6. 1967 – BStBl III S. 618); Entsprechendes gilt für ausländische Fotomodelle, die zur Produktion von Werbefilmen kurzfristig im Inland tätig werden (>BFH vom 14. 6. 2007 – BStBl 2009 II S. 931),
Gerichtsreferendar, der neben der Tätigkeit bei Gericht für einen Rechtsanwalt von Fall zu Fall tätig ist, steht zu dem Anwalt in der Regel nicht in einem Arbeitsverhältnis (>BFH vom 22. 3. 1968 BStBl II S. 455),
Gutachter >BFH vom 22. 6. 1971 (BStBl II S. 749),
Hausgewerbetreibender >R 15.1 Abs. 2 EStR,
Hausverwalter, die für eine Wohnungseigentümergemeinschaft tätig sind, sind keine Arbeitnehmer (>BFH vom 13. 5. 1966 – BStBl III S. 489),
Knappschaftsarzt >BFH vom 3. 7. 1959 (BStBl III S. 344),
Künstler; zur Frage der Selbständigkeit von Künstlern und verwandten Berufen >BMF vom 5. 10. 1990 (BStBl I S. 638),
Lehrbeauftragte >BFH vom 17. 7. 1958 (BStBl III S. 360),
Lotsen >BFH vom 21. 5. 1987 (BStBl II S. 625),
Nebenberufliche Lehrkräfte sind in der Regel keine Arbeitnehmer (>BFH vom 4. 10. 1984 – BStBl 1985 II S. 51); zur Abgrenzung zwischen nichtselbständiger und selbständiger Arbeit >R 19.2 und H 19.2 (Nebenberufliche Lehrtätigkeit),
Notariatsverweser >BFH vom 12. 9. 1968 (BStBl II S. 811),
Rundfunkermittler, die im Auftrage einer Rundfunkanstalt Schwarzhörer aufspüren, sind keine Arbeitnehmer, wenn die Höhe ihrer Einnahmen weitgehend von ihrem eigenen Arbeitseinsatz abhängt und sie auch im Übrigen – insbesondere bei Ausfallzeiten – ein Unternehmerrisiko in Gestalt des Entgeltrisikos tragen. Dies gilt unabhängig davon, dass sie nur für einen einzigen Vertragspartner tätig sind (>BFH vom 2. 12. 1998 – BStBl 1999 II S. 534),
Schwarzarbeiter; ein Bauhandwerker ist bei nebenberuflicher „Schwarzarbeit" in der Regel kein Arbeitnehmer des Bauherrn (>BFH vom 21. 3. 1975 – BStBl II S. 513),
Tutoren >BFH vom 21. 7. 1972 (BStBl II S. 738) und vom 28. 2. 1978 (BStBl II S. 387),
Versicherungsvertreter ist selbständig tätig und kein Arbeitnehmer, wenn er ein ins Gewicht fallendes Unternehmerrisiko trägt; die Art seiner Tätigkeit, ob werbende oder verwaltende, ist in der Regel nicht von entscheidender Bedeutung (>BFH vom 19. 2. 1959 –

BStBl III S. 425, vom 10.9.1959 – BStBl III S. 437, vom 3.10.1961 – BStBl III S. 567 und vom 13.4.1967 – BStBl III S. 398),
>R 15.1 Abs. 1 EStR, H 15.1 (Generalagent, Versicherungsvertreter) EStH,

Vertrauensleute einer Buchgemeinschaft; nebenberufliche Vertrauensleute einer Buchgemeinschaft sind keine Arbeitnehmer des Buchclubs (>BFH vom 11.3.1960 – BStBl III S. 215),

Werbedamen, die von ihren Auftraggebern von Fall zu Fall für jeweils kurzfristige Werbeaktionen beschäftigt werden, können selbständig sein (>BFH vom 14.6.1985 – BStBl II S. 661).

Ehegatten-Arbeitsverhältnis*⁾
>R 4.8 EStR und H 4.8 EStH

Einkunftserzielungsabsicht
Zur Abgrenzung der Einkunftserzielungsabsicht von einer einkommensteuerrechtlich unbeachtlichen Liebhaberei >BFH vom 28.8.2008 (BStBl 2009 II S. 243)

Eltern-Kind-Arbeitsverhältnis
Zur steuerlichen Anerkennung von Dienstverhältnissen zwischen Eltern und Kindern >BFH vom 9.12.1993 (BStBl 1994 II S. 298), >R 4.8 Abs. 3 EStR

Gesellschafter-Geschäftsführer
Ein Gesellschafter-Geschäftsführer einer Kapitalgesellschaft ist nicht allein auf Grund seiner Organstellung Arbeitnehmer. Es ist anhand der allgemeinen Merkmale (>Allgemeines) zu entscheiden, ob die Geschäftsführungsleistung selbständig oder nichtselbständig erbracht wird (>BMF vom 31.5.2007 – BStBl I S. 503 unter Berücksichtigung der Änderungen durch BMF vom 2.5.2011 – BStBl I S. 490).

Mitunternehmer
Zur Frage, unter welchen Voraussetzungen ein Arbeitnehmer Mitunternehmer i. S. d. § 15 Abs. 1 Nr. 2 EStG ist, >H 15.8 Abs. 1 (Verdeckte Mitunternehmerschaft) EStH

Nichteheliche Lebensgemeinschaft
– >H 4.8 EStH
– Ein hauswirtschaftliches Beschäftigungsverhältnis mit der nichtehelichen Lebensgefährtin kann nicht anerkannt werden, wenn diese zugleich Mutter des gemeinsamen Kindes ist (>BFH vom 19.5.1999 – BStBl II S. 764).

Selbständige Arbeit
Zur Abgrenzung einer Tätigkeit als Arbeitnehmer von einer selbständigen Tätigkeit >R 15.1 und 18.1 EStR

Weisungsgebundenheit
Die in § 1 Abs. 2 LStDV genannte Weisungsgebundenheit kann auf einem besonderen öffentlich-rechtlichen Gewaltverhältnis beruhen, wie z. B. bei Beamten und Richtern, oder Ausfluss des Direktionsrechts sein, mit dem ein Arbeitgeber die Art und Weise, Ort, Zeit und Umfang der zu erbringenden Arbeitsleistung bestimmt. Die Weisungsbefugnis kann eng, aber auch locker sein, wie z. B. bei einem angestellten Chefarzt, der fachlich weitgehend eigenverantwortlich

---

*⁾ Die dort aufgeführten Grundsätze gelten bei Lebenspartnern entsprechend (>§ 2 Abs. 8 EStG).

Zu § 19 EStG   R 19.1   A. III.

handelt; entscheidend ist, ob die beschäftigte Person einer etwaigen Weisung bei der Art und Weise der Ausführung der geschuldeten Arbeitsleistung zu folgen verpflichtet ist oder ob ein solches Weisungsrecht nicht besteht. Maßgebend ist das Innenverhältnis; die Weisungsgebundenheit muss im Auftreten der beschäftigten Person nach außen nicht erkennbar werden (>BFH vom 15. 7. 1987 – BStBl II S. 746). Die Eingliederung in einen Betrieb kann auch bei einer kurzfristigen Beschäftigung gegeben sein, wie z. B. bei einem Apothekervertreter als Urlaubsvertretung. Sie ist aber eher bei einfachen als bei gehobenen Arbeiten anzunehmen, z. B. bei einem Gelegenheitsarbeiter, der zu bestimmten unter Aufsicht durchzuführenden Arbeiten herangezogen wird. Die vorstehenden Kriterien gelten auch für die Entscheidung, ob ein so genannter Schwarzarbeiter Arbeitnehmer des Auftraggebers ist.

R 19.1 Arbeitgeber

[1]Neben den in § 1 Abs. 2 LStDV genannten Fällen kommt als Arbeitgeber auch eine natürliche oder juristische Person, ferner eine Personenvereinigung oder Vermögensmasse in Betracht, wenn ihr gegenüber die Arbeitskraft geschuldet wird. [2]Die Nachfolgeunternehmen der Deutschen Bundespost sind Arbeitgeber der bei ihnen Beschäftigten. [3]Arbeitgeber ist auch, wer Arbeitslohn aus einem früheren oder für ein künftiges Dienstverhältnis zahlt. [4]Bei internationaler Arbeitnehmerentsendung ist das in Deutschland ansässige Unternehmen, das den Arbeitslohn für die ihm geleistete Arbeit wirtschaftlich trägt, inländischer Arbeitgeber. [5]Arbeitgeber ist grundsätzlich auch, wer einem Dritten (Entleiher) einen Arbeitnehmer (Leiharbeitnehmer) zur Arbeitsleistung überlässt (Verleiher). [6]Zahlt im Falle unerlaubter Arbeitnehmerüberlassung der Entleiher anstelle des Verleihers den Arbeitslohn an den Arbeitnehmer, ist der Entleiher regelmäßig nicht Dritter, sondern Arbeitgeber im Sinne von § 38 Abs. 1 Satz 1 Nr. 1 EStG (>R 42d.2 Abs. 1). [7]Im Übrigen kommt es nicht darauf an, ob derjenige, dem die Arbeitskraft geschuldet wird, oder ein Dritter Arbeitslohn zahlt (>R 30.4).

H 19.1

Arbeitgeber
- Eine **GbR** kann Arbeitgeber im lohnsteuerlichen Sinne sein (>BFH vom 17. 2. 1995 – BStBl II S. 390).
- Ein **Sportverein** kann Arbeitgeber der von ihm eingesetzten Amateursportler sein (>BFH vom 23. 10. 1992 – BStBl 1993 II S. 303).
- Ein **Verein** ist auch dann Arbeitgeber, wenn nach der Satzung des Vereins Abteilungen mit eigenem Vertreter bestehen und diesen eine gewisse Selbständigkeit eingeräumt ist, so genannter Verein im Verein (>BFH vom 13. 3. 2003 – BStBl II S. 556).
- Arbeitgeber **kraft gesetzlicher Fiktion** ist für die in § 3 Nr. 65 Satz 2 und 3 EStG bezeichneten Leistungen die sie erbringende Pensionskasse oder das Unternehmen der Lebensversicherung (>§ 3 Nr. 65 Satz 4 EStG) und in den Fällen des § 3 Nr. 53 EStG die Deutsche Rentenversicherung Bund (>§ 38 Abs. 3 Satz 3 EStG).
- Arbeitslohn auszahlende **öffentliche Kasse** >§ 38 Abs. 3 Satz 2 EStG
- Bei **Arbeitnehmerentsendung** ist das in Deutschland ansässige aufnehmende Unternehmen, das den Arbeitslohn für die ihm geleistete Arbeit wirtschaftlich trägt, Arbeitgeber >§ 38 Abs. 1 Satz 2 EStG.

Kein Arbeitgeber
Die **Obergesellschaft eines Konzerns** (Organträger) ist auch dann nicht Arbeitgeber der Arbeitnehmer ihrer Tochtergesellschaften, wenn sie diesen Arbeitnehmern Arbeitslohn zahlt (>BFH vom 21. 2. 1986 – BStBl II S. 768).

R 19.2 | **Nebentätigkeit und Aushilfstätigkeit**

¹Bei einer nebenberuflichen Lehrtätigkeit an einer Schule oder einem Lehrgang mit einem allgemein feststehenden und nicht nur von Fall zu Fall aufgestellten Lehrplan sind die nebenberuflich tätigen Lehrkräfte in der Regel Arbeitnehmer, es sei denn, dass sie in den Schul- oder Lehrgangsbetrieb nicht fest eingegliedert sind. ²Hat die Lehrtätigkeit nur einen geringen Umfang, kann das ein Anhaltspunkt dafür sein, dass eine feste Eingliederung in den Schul- oder Lehrgangsbetrieb nicht vorliegt. ³Ein geringer Umfang in diesem Sinne kann stets angenommen werden, wenn die nebenberuflich tätige Lehrkraft bei der einzelnen Schule oder dem einzelnen Lehrgang in der Woche durchschnittlich nicht mehr als sechs Unterrichtsstunden erteilt. ⁴Auf nebenberuflich tätige Übungsleiter, Ausbilder, Erzieher, Betreuer oder ähnliche Personen sind die Sätze 1 bis 3 sinngemäß anzuwenden.

H 19.2

Allgemeines
- Ob eine Nebentätigkeit oder Aushilfstätigkeit in einem Dienstverhältnis oder selbständig ausgeübt wird, ist nach den allgemeinen Abgrenzungsmerkmalen (§ 1 Abs. 1 und 2 LStDV) zu entscheiden. Dabei ist die Nebentätigkeit oder Aushilfstätigkeit in der Regel für sich allein zu beurteilen. Die Art einer etwaigen Haupttätigkeit ist für die Beurteilung nur wesentlich, wenn beide Tätigkeiten unmittelbar zusammenhängen (>BFH vom 24.11.1961 – BStBl 1962 III S. 37).
- Zu der Frage, ob eine nebenberufliche oder ehrenamtliche Tätigkeit mit Überschusserzielungsabsicht ausgeübt wird, >BFH vom 23.10.1992 (BStBl 1993 II S. 303 – Amateurfußballspieler) und vom 4.8.1994 (BStBl II S. 944 – Sanitätshelfer).
- Gelegenheitsarbeiter, die zu bestimmten, unter Aufsicht durchzuführenden Arbeiten herangezogen werden, sind auch dann Arbeitnehmer, wenn sie die Tätigkeit nur für einige Stunden ausüben (>BFH vom 18.1.1974 – BStBl II S. 301).
- Bei nebenberuflich tätigen Musikern, die in Gaststätten auftreten, liegt ein Arbeitsverhältnis zum Gastwirt regelmäßig nicht vor, wenn der einzelne Musiker oder die Kapelle, der er angehört, nur gelegentlich – etwa nur für einen Abend oder an einem Wochenende – von dem Gastwirt verpflichtet wird. Ein Arbeitsverhältnis zum Gastwirt ist in der Regel auch dann zu verneinen, wenn eine Kapelle selbständig als Gesellschaft oder der Kapellenleiter als Arbeitgeber der Musiker aufgetreten ist (>BFH vom 10.9.1976 – BStBl 1977 II S. 178).

Nebenberufliche Lehrtätigkeit
- Bei **Lehrkräften**, die im Hauptberuf eine nichtselbständige Tätigkeit ausüben, liegt eine Lehrtätigkeit im Nebenberuf nur vor, wenn diese Lehrtätigkeit nicht zu den eigentlichen Dienstobliegenheiten des Arbeitnehmers aus dem Hauptberuf gehört. Die Ausübung der Lehrtätigkeit im Nebenberuf ist in der Regel als Ausübung eines freien Berufs anzusehen (>BFH vom 24.4.1959 – BStBl III S. 193), es sei denn, dass gewichtige Anhaltspunkte – z. B. Arbeitsvertrag unter Zugrundelegung eines Tarifvertrags, Anspruch auf Urlaubs- und Feiertagsvergütung – für das Vorliegen einer Arbeitnehmertätigkeit sprechen (>BFH vom 28.4.1972 – BStBl II S. 617 und vom 4.5.1972 – BStBl II S. 618).
- Auch bei nur geringem Umfang der Nebentätigkeit sind die **Lehrkräfte** als Arbeitnehmer anzusehen, wenn sie auf Grund eines als Arbeitsvertrag ausgestalteten Vertrags tätig werden oder wenn eine an einer Schule vollbeschäftigte Lehrkraft zusätzliche Unterrichtsstunden an derselben Schule oder an einer Schule gleicher Art erteilt (>BFH vom 4.12.1975 – BStBl 1976 II S. 291, 292).

- Die nebenberufliche Lehrtätigkeit von **Handwerksmeistern** an Berufs- und Meisterschulen ist in aller Regel keine nichtselbständige Tätigkeit.
- Bei **Angehörigen der freien Berufe** stellt eine Nebentätigkeit als Lehrbeauftragte an Hochschulen regelmäßig eine selbständige Tätigkeit dar (>BFH vom 4.10.1984 – BStBl 1985 II S. 51).

Nebenberufliche Prüfungstätigkeit
Eine Prüfungstätigkeit als Nebentätigkeit ist in der Regel als Ausübung eines freien Berufs anzusehen (>BFH vom 14.3.1958 – BStBl III S. 255, vom 2.4.1958 – BStBl III S. 293 und vom 29.1.1987 – BStBl II S. 783 wegen nebenamtlicher Prüfungstätigkeit eines Hochschullehrers).

Nebentätigkeit bei demselben Arbeitgeber
Einnahmen aus der Nebentätigkeit eines Arbeitnehmers, die er im Rahmen des Dienstverhältnisses für denselben Arbeitgeber leistet, für den er die Haupttätigkeit ausübt, sind Arbeitslohn, wenn dem Arbeitnehmer aus seinem Dienstverhältnis Nebenpflichten obliegen, die zwar im Arbeitsvertrag nicht ausdrücklich vorgesehen sind, deren Erfüllung der Arbeitgeber aber nach der tatsächlichen Gestaltung des Dienstverhältnisses und nach der Verkehrsauffassung erwarten darf, auch wenn er die zusätzlichen Leistungen besonders vergüten muss (>BFH vom 25.11.1971 – BStBl 1972 II S. 212).

Vermittlungsprovisionen
>R 19.4

Zuordnung in Einzelfällen
- Vergütungen, die **Angestellte eines Notars** für die Übernahme der Auflassungsvollmacht von den Parteien eines beurkundeten Grundstücksgeschäfts erhalten, können Arbeitslohn aus ihrem Dienstverhältnis sein (>BFH vom 9.12.1954 – BStBl 1955 III S. 55).
- Die Tätigkeit der bei Universitätskliniken angestellten **Assistenzärzte als Gutachter** ist unselbständig, wenn die Gutachten den Auftraggebern als solche der Universitätsklinik zugehen (>BFH vom 19.4.1956 – BStBl III S. 187).
- **Gemeindedirektor**, der auf Grund des Gesetzes betreffend die Oldenburgische Landesbrandkasse vom 6.8.1938 Mitglied der **Schätzungskommission** ist, bezieht aus dieser Tätigkeit keine Einkünfte aus nichtselbständiger Arbeit (>BFH vom 8.2.1972 – BStBl II S. 460).
- **Orchestermusiker**, die neben ihrer nichtselbständigen Haupttätigkeit im Orchester gelegentlich für ihren Arbeitgeber eine künstlerische Nebentätigkeit ausüben, können insoweit Einkünfte aus selbständiger Arbeit haben, als die Tätigkeit nicht zu den Nebenpflichten aus dem Dienstvertrag gehört (>BFH vom 25.11.1971 – BStBl 1972 II S. 212).
- Übernimmt ein **Richter** ohne Entlastung in seinem Amt zusätzlich die **Leitung einer Arbeitsgemeinschaft** für Rechtsreferendare, so besteht zwischen Haupt- und Nebentätigkeit kein unmittelbarer Zusammenhang. Ob die Nebentätigkeit selbständig ausgeübt wird, ist deshalb nach dem Rechtsverhältnis zu beurteilen, auf Grund dessen sie ausgeübt wird (>BFH vom 7.2.1980 – BStBl II S. 321).
- Einnahmen, die angestellte **Schriftleiter** aus freiwilliger **schriftstellerischer Nebentätigkeit** für ihren Arbeitgeber erzielen, können Einnahmen aus selbständiger Tätigkeit sein (>BFH vom 3.3.1955 – BStBl III S. 153).
- Das **Honorar**, das ein (leitender) Angestellter von seinem Arbeitgeber dafür erhält, dass er diesen bei **Verhandlungen über den Verkauf des Betriebes** beraten hat, gehört zu den Einnahmen aus nichtselbständiger Tätigkeit (>BFH vom 20.12.2000 – BStBl 2001 II S. 496).
- Prämien, die ein Verlagsunternehmen seinen **Zeitungsausträgern** für die **Werbung neuer Abonnenten** gewährt, sind dann kein Arbeitslohn, wenn die Zeitungsausträger weder recht-

lich noch faktisch zur Anwerbung neuer Abonnenten verpflichtet sind (>BFH vom 22.11.1996 – BStBl 1997 II S. 254).

R 19.3 Arbeitslohn

(1) ¹Arbeitslohn ist die Gegenleistung für das Zurverfügungstellen der individuellen Arbeitskraft. ²Zum Arbeitslohn gehören deshalb auch
1. die Lohnzuschläge für Mehrarbeit und Erschwerniszuschläge, wie Hitzezuschläge, Wasserzuschläge, Gefahrenzuschläge, Schmutzzulagen usw.,
2. Entschädigungen, die für nicht gewährten Urlaub gezahlt werden,
3. der auf Grund des § 7 Abs. 5 SVG gezahlte Einarbeitungszuschuss,
4. pauschale Fehlgeldentschädigungen, die Arbeitnehmern im Kassen- und Zähldienst gezahlt werden, soweit sie 16 Euro im Monat übersteigen,
5. Trinkgelder, Bedienungszuschläge und ähnliche Zuwendungen, auf die der Arbeitnehmer einen Rechtsanspruch hat.

(2) Nicht als Gegenleistung für das Zurverfügungstellen der individuellen Arbeitskraft und damit nicht als Arbeitslohn sind u. a. anzusehen
1. der Wert der unentgeltlich zur beruflichen Nutzung überlassenen Arbeitsmittel,
2. die vom Arbeitgeber auf Grund gesetzlicher Verpflichtung nach § 3 Abs. 2 Nr. 1 und Abs. 3 des Gesetzes über die Durchführung von Maßnahmen des Arbeitsschutzes zur Verbesserung der Sicherheit und des Gesundheitsschutzes der Beschäftigten bei der Arbeit (ArbSchG) i. V. m. § 6 der Verordnung über Sicherheit und Gesundheitsschutz bei der Arbeit an Bildschirmgeräten (BildscharbV) sowie der Verordnung zur arbeitsmedizinischen Vorsorge (ArbMedVV) übernommenen angemessenen Kosten für eine spezielle Sehhilfe, wenn auf Grund einer Untersuchung der Augen und des Sehvermögens durch eine fachkundige Person i. S. d. ArbMedVV die spezielle Sehhilfe notwendig ist, um eine ausreichende Sehfähigkeit in den Entfernungsbereichen des Bildschirmarbeitsplatzes zu gewährleisten,
3. übliche Sachleistungen des Arbeitgebers aus Anlass der Diensteinführung, eines Amts- oder Funktionswechsels, eines runden Arbeitnehmerjubiläums (>R 19.5 Abs. 2 Satz 4 Nr. 3) oder der Verabschiedung eines Arbeitnehmers; betragen die Aufwendungen des Arbeitgebers einschl. Umsatzsteuer mehr als 110 Euro*⁾ je teilnehmender Person, sind die Aufwendungen dem Arbeitslohn des Arbeitnehmers hinzuzurechnen; auch Geschenke bis zu einem Gesamtwert von 60 Euro sind in die 110-Euro-Grenze*⁾ einzubeziehen,
4. übliche Sachleistungen bei einem Empfang anlässlich eines runden Geburtstages eines Arbeitnehmers, wenn es sich unter Berücksichtigung aller Umstände des Einzelfalles um ein Fest des Arbeitgebers (betriebliche Veranstaltung) handelt. ²Die anteiligen Aufwendungen des Arbeitgebers, die auf den Arbeitnehmer selbst, seine Familienangehörigen sowie private Gäste des Arbeitnehmers entfallen, gehören jedoch zum steuerpflichtigen Arbeitslohn, wenn die Aufwendungen des Arbeitgebers mehr als 110 Euro*⁾ je teilnehmender Person betragen; auch Geschenke bis zu einem Gesamtwert von 60 Euro sind in die 110-Euro-Grenze*⁾ einzubeziehen,
5. pauschale Zahlungen des Arbeitgebers an ein Dienstleistungsunternehmen, das sich verpflichtet, alle Arbeitnehmer des Auftraggebers kostenlos in persönlichen und sozialen Angelegenheiten zu beraten und zu betreuen, beispielsweise durch die Übernahme der Vermittlung von Betreuungspersonen für Familienangehörige**⁾.

---

*) Die Regelungen sind ungeachtet von § 19 Abs. 1 Satz 1 Nr. 1a EStG ab 2015 weiterhin anzuwenden.
**) Zu individuellen Zahlungen >§ 3 Nr. 34a EStG.

(3) ¹Leistungen des Arbeitgebers, mit denen er Werbungskosten des Arbeitnehmers ersetzt, sind nur steuerfrei, soweit dies gesetzlich bestimmt ist. ²Somit sind auch steuerpflichtig
1. Vergütungen des Arbeitgebers zum Ersatz der dem Arbeitnehmer berechneten Kontoführungsgebühren,
2. Vergütungen des Arbeitgebers zum Ersatz der Aufwendungen des Arbeitnehmers für Fahrten zwischen Wohnung und erster Tätigkeitsstätte.

H 19.3

Abgrenzung zu anderen Einkunftsarten
– Abgrenzung des Arbeitslohns von den Einnahmen aus Kapitalvermögen >BFH vom 31.10.1989 (BStBl 1990 II S. 532).
– Zahlungen im Zusammenhang mit einer fehlgeschlagenen Hofübergabe sind kein Arbeitslohn, sondern Einkünfte nach § 22 Nr. 3 EStG (>BFH vom 8.5.2008 – BStBl II S. 868).
– Zur Abgrenzung von Arbeitslohn und privater Vermögensebene bei einem Gesellschafter-Geschäftsführer >BFH vom 19.6.2008 (BStBl II S. 826).
– Veräußerungsgewinn aus einer Kapitalbeteiligung an einem Unternehmen des Arbeitgebers >BFH vom 17.6.2009 (BStBl 2010 II S. 69) und BFH vom 4.10.2016 (BStBl 2017 II S. 790).
– Veräußerungsverluste aus einer Kapitalbeteiligung am Unternehmen des Arbeitgebers sind keine negativen Einnahmen bei den Einkünften aus nichtselbständiger Arbeit, wenn es an einem Veranlassungszusammenhang zum Dienstverhältnis mangelt (>BFH vom 17.9.2009 – BStBl 2010 II S. 198).
– Arbeitslohn im Zusammenhang mit der Veräußerung von GmbH-Anteilen (>BFH vom 30.6.2011 – BStBl II S. 948).
– Abgrenzung zwischen Arbeitslohn und gewerblichen Einkünften eines Fußballspielers (>BFH vom 22.2.2012 – BStBl II S. 511).
– Abgrenzung zwischen einer verdeckten Gewinnausschüttung und Arbeitslohn bei vertragswidriger Kraftfahrzeugnutzung durch den Gesellschafter-Geschäftsführer einer Kapitalgesellschaft >BMF vom 3.4.2012 (BStBl I S. 478).
– Abgrenzung des Arbeitslohns von den Einnahmen aus Kapitalvermögen beim Rückverkauf von Genussrechten im Zusammenhang mit der Beendigung des Dienstverhältnisses (>BFH vom 5.11.2013 – BStBl 2014 II S. 275).
– Zur Aufteilung einer Zahlung in Arbeitslohn und sonstige Einkünfte >BFH vom 11.7.2017 (BStBl 2018 II S. 86).

Allgemeines zum Arbeitslohnbegriff
Welche Einnahmen zum Arbeitslohn gehören, ist unter Beachtung der Vorschriften des § 19 Abs. 1 EStG und § 2 LStDV sowie der hierzu ergangenen Rechtsprechung zu entscheiden. Danach sind Arbeitslohn grundsätzlich alle Einnahmen in Geld oder Geldeswert, die durch ein individuelles Dienstverhältnis veranlasst sind. Ein **Veranlassungszusammenhang zwischen Einnahmen und einem Dienstverhältnis** ist anzunehmen, wenn die Einnahmen dem Empfänger nur mit Rücksicht auf das Dienstverhältnis zufließen und sich als Ertrag seiner nichtselbständigen Arbeit darstellen. Die letztgenannte Voraussetzung ist erfüllt, wenn sich die Einnahmen im weitesten Sinne als Gegenleistung für das Zurverfügungstellen der individuellen Arbeitskraft erweisen (>BFH vom 24.9.2013 – BStBl 2014 II S. 124). Eine solche Gegenleistung liegt nicht vor, wenn die Vergütungen die mit der Tätigkeit zusammenhängenden Aufwendungen nur unwesentlich übersteigen (>BFH vom 23.10.1992 – BStBl 1993 II S. 303). Die Zurechnung des geldwerten Vorteils zu einem erst künftigen Dienstverhältnis ist zwar nicht ausgeschlossen, bedarf aber der Feststellung eines eindeutigen Veranlassungszusammenhangs, wenn sich andere Ur-

sachen für die Vorteilsgewährung als Veranlassungsgrund aufdrängen (>BFH vom 20.5.2010 – BStBl II S. 1069).

Ebenfalls keine Gegenleistung sind Vorteile, die sich bei objektiver Würdigung aller Umstände nicht als Entlohnung, sondern lediglich als notwendige Begleiterscheinung betriebsfunktionaler Zielsetzungen erweisen. Ein rechtswidriges Tun ist keine beachtliche Grundlage einer solchen betriebsfunktionalen Zielsetzung (>BFH vom 14.11.2013 – BStBl 2014 II S. 278). Vorteile besitzen danach keinen Arbeitslohncharakter, wenn sie im ganz überwiegend eigenbetrieblichen Interesse des Arbeitgebers gewährt werden. Das ist der Fall, wenn sich aus den Begleitumständen wie zum Beispiel Anlass, Art und Höhe des Vorteils, Auswahl der Begünstigten, freie oder nur gebundene Verfügbarkeit, Freiwilligkeit oder Zwang zur Annahme des Vorteils und seine besondere Geeignetheit für den jeweils verfolgten betrieblichen Zweck ergibt, dass diese Zielsetzung ganz im Vordergrund steht und ein damit einhergehendes eigenes Interesse des Arbeitnehmers, den betreffenden Vorteil zu erlangen, vernachlässigt werden kann (>BFH vom 24.9.2013 – BStBl 2014 II S. 124 und die dort zitierte Rechtsprechung). Im Ergebnis handelt es sich um Leistungen des Arbeitgebers, die er im ganz überwiegenden betrieblichen Interesse erbringt. Ein ganz überwiegendes betriebliches Interesse muss über das an jeder Lohnzahlung bestehende betriebliche Interesse deutlich hinausgehen (>BFH vom 2.2.1990 – BStBl II S. 472). Gemeint sind Fälle, z. B. in denen ein Vorteil der Belegschaft als Gesamtheit zugewendet wird oder in denen der Arbeitnehmer ein Vorteil aufgedrängt wird, ohne dass ihm eine Wahl bei der Annahme des Vorteils bleibt und ohne dass der Vorteil eine Marktgängigkeit besitzt (>BFH vom 25.7.1986 – BStBl II S. 868).

Beispiele:
Zum Arbeitslohn gehören
- der verbilligte Erwerb von **Aktien vom Arbeitgeber** (oder einem Dritten), wenn der Vorteil dem Arbeitnehmer oder einem Dritten für die Arbeitsleistung des Arbeitnehmers gewährt wird (>BFH vom 7.5.2014 – BStBl II S. 904),
- die vom Arbeitgeber übernommenen Beiträge einer angestellten Rechtsanwältin zum deutschen **Anwaltverein** (>BFH vom 12.2.2009 – BStBl II S. 462),
- **Arbeitnehmeranteile** zur Arbeitslosen-, Kranken-, Pflege- und Rentenversicherung (Gesamtsozialversicherung), wenn der Arbeitnehmer hierdurch einen eigenen Anspruch gegen einen Dritten erwirbt (>BFH vom 16.1.2007 – BStBl II S. 579),
- die vom Arbeitgeber übernommenen Beiträge zur **Berufshaftpflichtversicherung** von Rechtsanwälten (>BFH vom 26.7.2007 – BStBl II S. 892),
- der geldwerte Vorteil aus dem verbilligten Erwerb einer GmbH-Beteiligung durch einen leitenden Arbeitnehmer des Arbeitgebers, selbst wenn nicht der Arbeitgeber, sondern ein Gesellschafter des Arbeitgebers die Beteiligung veräußert (>BFH vom 15.3.2018 – BStBl II S. 550); zur Bewertung >H 8.1 (1-4) GmbH-Anteile. Gleiches gilt für den verbilligten **Erwerb einer Beteiligung**, der im Hinblick auf eine spätere Beschäftigung als Geschäftsführer gewährt wird (>BFH vom 26.6.2014 – BStBl II S. 864) sowie den verbilligten Erwerb einer GmbH-Beteiligung durch eine vom Geschäftsführer des Arbeitgebers beherrschte GmbH, wenn nicht der Arbeitgeber selbst, sondern ein Gesellschafter des Arbeitgebers die Beteiligung veräußert (>BFH vom 1.9.2016 – BStBl 2017 II S. 69),
- die vom Arbeitgeber übernommenen **Bußgelder**, die gegen bei ihm angestellte Fahrer wegen Verstoßes gegen die Lenk- und Ruhezeit verhängt worden sind (>BFH vom 14.11.2013 – BStBl 2014 II S. 278),
- die unentgeltliche bzw. verbilligte **Überlassung eines Dienstwagens** durch den Arbeitgeber an den Arbeitnehmer für dessen Privatnutzung (>BFH vom 29.1.2009 – BStBl 2010 II S. 1067),
- **Entschädigungszahlungen**, die ein Feuerwehrbeamter für rechtswidrig geleistete Mehrarbeit erhält (>BFH vom 14.6.2016 – BStBl II S. 901),

- der **Forderungsverzicht** eines Gesellschafters einer Kapitalgesellschaft auf eine erdiente und werthaltige Pensionsanwartschaft in Höhe des Teilwerts, soweit mit dem Verzicht eine verdeckte Einlage erbracht wird (>BFH vom 9. 6. 1997 – BStBl 1998 II S. 307 und BFH vom 23. 8. 2017 – BStBl 2018 II S. 208),
- die vom Arbeitgeber übernommenen **Geldbußen und Geldauflagen** bei nicht ganz überwiegend eigenbetrieblichem Interesse (>BFH vom 22. 7. 2008 – BStBl 2009 II S. 151),
- die vom Arbeitgeber übernommenen Beiträge für die Mitgliedschaft in einem **Golfclub** (>BFH vom 21. 3. 2013 – BStBl II S. 700); zur Abgrenzung >BFH vom 17. 7. 2014 (BStBl 2015 II S. 41),
- Beiträge des Arbeitgebers zu einer privaten **Gruppenkrankenversicherung**, wenn der Arbeitnehmer einen eigenen unmittelbaren und unentziehbaren Rechtsanspruch gegen den Versicherer erlangt (>BFH vom 14. 4. 2011 – BStBl II S. 767),
- die vom Arbeitgeber übernommenen **Kammerbeiträge** für Geschäftsführer von Wirtschaftsprüfungs-/Steuerberatungsgesellschaften (>BFH vom 17. 1. 2008 – BStBl II S. 378),
- die kostenlose oder verbilligte Überlassung von qualitativ und preislich **hochwertiger Kleidungsstücke** durch den Arbeitgeber (>BFH vom 11. 4. 2006 – BStBl II S. 691), soweit es sich nicht um typische Berufskleidung handelt >R 3.31 Abs. 1; zum überwiegend eigenbetrieblichen Interesse bei Überlassung einheitlicher Kleidung >BFH vom 22. 6. 2006 (BStBl II S. 915),
- monatliche Zahlungen nach einer Betriebsvereinbarung (Sozialplan) zum **Ausgleich der durch Kurzarbeit** entstehenden Nachteile (>BFH vom 20. 7. 2010 – BStBl 2011 II S. 218),
- die innerhalb eines Dienstverhältnisses erzielten **Liquidationseinnahmen** eines angestellten Chefarztes aus einem eingeräumten Liquidationsrecht für gesondert berechenbare wahlärztliche Leistungen (>BFH vom 5. 10. 2005 – BStBl 2006 II S. 94),
- **Lohnsteuerbeträge**, soweit sie vom Arbeitgeber übernommen werden und kein Fall des § 40 Abs. 3 EStG vorliegt (>BFH vom 28. 2. 1992 – BStBl II S. 733). Bei den ohne entsprechende Nettolohnvereinbarung übernommenen Lohnsteuerbeträgen handelt es sich um Arbeitslohn des Kalenderjahres, in dem sie entrichtet worden sind und der Arbeitgeber auf den Ausgleichsanspruch gegen den Arbeitnehmer verzichtet (>BFH vom 29. 10. 1993 – BStBl 1994 II S. 197). Entsprechendes gilt für übernommene Kirchensteuerbeträge sowie für vom Arbeitgeber zu Unrecht angemeldete und an das Finanzamt endgültig abgeführte Lohnsteuerbeträge (>BFH vom 17. 6. 2009 – BStBl 2010 II S. 72),
- vom Arbeitgeber **nachträglich** an das Finanzamt **abgeführte Lohnsteuer** für zunächst als steuerfrei behandelten Arbeitslohn (>BFH vom 29. 11. 2000 – BStBl 2001 II S. 195),
- freiwillige Zahlungen von Notaren an **Notarassessoren** für deren Vertretungstätigkeit (>BFH vom 10. 3. 2015 – BStBl II S. 767),
- von einem Dritten verliehene **Preise**, die den Charakter eines leistungsbezogenen Entgelts haben und nicht eine Ehrung der Persönlichkeit des Preisträgers darstellen (>BFH vom 23. 4. 2009 – BStBl II S. 668),
- die vom Arbeitgeber übernommenen Kosten einer **Regenerationskur**; keine Aufteilung einer einheitlich zu beurteilenden Zuwendung (>BFH vom 11. 3. 2010 – BStBl II S. 763),
- geldwerte Vorteile anlässlich von **Reisen** (>H 19.7),
- **Zuschüsse**, die eine AG Vorstandsmitgliedern zur freiwilligen **Weiterversicherung** in der gesetzlichen **Rentenversicherung** oder einem **Versorgungswerk** gewährt (>BFH vom 24. 9. 2013 – BStBl 2014 II S. 124),
- Überschüsse aus dem **Rückverkauf** der vom Arbeitgeber erworbenen **Genussrechte**, wenn der Arbeitnehmer sie nur an den Arbeitgeber veräußern kann (>BFH vom 5. 11. 2013 – BStBl 2014 II S. 275),
- **Sachbezüge**, soweit sie zu geldwerten Vorteilen des Arbeitnehmers aus seinem Dienstverhältnis führen (>R 8.1 und 8.2),
- der **Erlass einer Schadensersatzforderung** des Arbeitgebers (>BFH vom 27. 3. 1992 – BStBl II S. 837), siehe auch H 8.1 (9-10) Verzicht auf Schadensersatz,

- Aufwendungen des Arbeitgebers für **Sicherheitsmaßnahmen** bei abstrakter berufsbedingter Gefährdung (>BFH vom 5.4.2006 – BStBl II S. 541); >aber BMF vom 30.6.1997 (BStBl I S. 696),
- vom Arbeitgeber übernommene **Steuerberatungskosten** (>BFH vom 21.1.2010 – BStBl II S. 639),
- **Surrogatleistungen** des Arbeitgebers auf Grund des Wegfalls von Ansprüchen im Rahmen der betrieblichen Altersversorgung (>BFH vom 7.5.2009 – BStBl 2010 II S. 130),
- die vom Arbeitgeber übernommenen festen und laufenden Kosten für einen **Telefonanschluss** in der Wohnung des Arbeitnehmers oder für ein **Mobiltelefon**, soweit kein betriebliches Gerät genutzt wird (>R 3.45), es sich nicht um Auslagenersatz nach R 3.50 handelt und die Telefonkosten nicht zu den Reisenebenkosten (>R 9.8), Umzugskosten (>R 9.9) oder Mehraufwendungen wegen doppelter Haushaltsführung (>R 9.11) gehören,
- die Nutzung vom Arbeitgeber gemieteter **Tennis- und Squashplätzen** (>BFH vom 27.9.1996 – BStBl 1997 II S. 146),
- **Umlagezahlungen** des Arbeitgebers an die Versorgungsanstalt des Bundes und der Länder (>BFH vom 7.5.2009 – BStBl 2010 II S. 194),
- ggf. Beiträge für eine und Leistungen aus einer **Unfallversicherung** (>BMF vom 28.10.2009 – BStBl I S. 1275),
- Leistungen aus **Unterstützungskassen** (>BFH vom 28.3.1958 – BStBl III S. 268), soweit sie nicht nach R 3.11 Abs. 2 steuerfrei sind,
- **Vermittlungsprovisionen** (>R 19.4),
- **Verzinsungen von Genussrechten**, wenn die Höhe der Verzinsung völlig unbestimmt ist und von einem aus Arbeitgeber und einem Vertreter der Arbeitnehmer bestehenden Partnerschaftsausschuss bestimmt wird (>BFH vom 21.10.2014 – BStBl 2015 II S. 593),
- Ausgleichszahlungen, die der Arbeitnehmer für seine in der Arbeitsphase erbrachten **Vorleistungen** erhält, wenn ein im Blockmodell geführtes Altersteilzeitarbeitsverhältnis vor Ablauf der vertraglich vereinbarten Zeit beendet wird (>BFH vom 15.12.2011 – BStBl 2012 II S. 415).

Nicht zum Arbeitslohn gehören
- **Aufmerksamkeiten** (>R 19.6),
- **Arbeitnehmeranteile am Gesamtsozialversicherungsbeitrag**, die der Arbeitgeber wegen der gesetzlichen Beitragslastverschiebung nachzuentrichten und zu übernehmen hat (§ 3 Nr. 62 EStG), es sei denn, dass Arbeitgeber und Arbeitnehmer eine Nettolohnvereinbarung getroffen haben oder der Arbeitgeber zwecks Steuer- und Beitragshinterziehung die Unmöglichkeit einer späteren Rückbelastung beim Arbeitnehmer bewusst in Kauf genommen hat (>BFH vom 29.10.1993 – BStBl 1994 II S. 194 und vom 13.9.2007 – BStBl 2008 II S. 58),
- Beiträge zur eigenen **Berufshaftpflichtversicherung** des Arbeitgebers (>BFH vom 19.11.2015 – BStBl 2016 II S. 301 zur Betriebshaftpflichtversicherung eines Krankenhauses, >BFH vom 19.11.2015 – BStBl 2016 II S. 303 zur Berufshaftpflichtversicherung einer Rechtsanwalts-GmbH und >BFH vom 10.3.2016 – BStBl II S. 621 zur Berufshaftpflichtversicherung einer Rechtsanwalts-GbR),
- Beiträge des Bundes nach **§ 15 FELEG** (>BFH vom 14.4.2005 – BStBl II S. 569),
- **Fort- oder Weiterbildungsleistungen** (>R 19.7),
- **Gestellung einheitlicher**, während der Arbeitszeit zu tragender bürgerliche **Kleidung**, wenn das eigenbetriebliche Interesse des Arbeitgebers im Vordergrund steht bzw. kein geldwerter Vorteil des Arbeitnehmers anzunehmen ist (>BFH vom 22.6.2006 – BStBl II S. 915); zur Überlassung höherwertiger Kleidung >BFH vom 11.4.2006 (BStBl II S. 691),
- **Leistungen zur Verbesserung der Arbeitsbedingungen**, z.B. die Bereitstellung von Aufenthalts- und Erholungsräumen sowie von betriebseigenen Dusch- und Badeanlagen; sie werden der Belegschaft als Gesamtheit und damit in überwiegendem betrieblichen Interesse zugewendet (>BFH vom 25.7.1986 – BStBl II S. 868),

- **Maßnahmen** des Arbeitgebers zur Vorbeugung spezifisch berufsbedingter Beeinträchtigungen der **Gesundheit**, wenn die Notwendigkeit der Maßnahmen zur Verhinderung krankheitsbedingter Arbeitsausfälle durch Auskünfte des medizinischen Dienstes einer Krankenkasse bzw. Berufsgenossenschaft oder durch Sachverständigengutachten bestätigt wird (>BFH vom 30. 5. 2001 – BStBl II S. 671),
- **Mietzahlungen** des Arbeitgebers für ein im Haus bzw. in der Wohnung des Arbeitnehmers gelegenes Arbeitszimmers, das der Arbeitnehmer für die Erbringung seiner Arbeitsleistung nutzt, wenn die Nutzung des Arbeitszimmers in vorrangigem Interesse des Arbeitgebers erfolgt (>BMF vom 13. 12. 2005 – BStBl 2006 I S. 4),
- **Nutzungsentgelt** für eine dem Arbeitgeber überlassene eigene **Garage**, in der ein Dienstwagen untergestellt wird (>BFH vom 7. 6. 2002 – BStBl II S. 829),
- **Rabatte**, die der Arbeitgeber nicht nur seinen Arbeitnehmern, sondern **auch fremden Dritten** üblicherweise einräumt (>BFH vom 26. 7. 2012 – BStBl 2013 II S. 402 zu Mitarbeiterrabatten in der Automobilbranche und BFH vom 10. 4. 2014 – BStBl 2015 II S. 191 zu Rabatten beim Abschluss von Versicherungsverträgen),
- **übliche Sachleistungen** des Arbeitgebers anlässlich einer betrieblichen Veranstaltung im Zusammenhang mit einem runden Geburtstag des Arbeitnehmers im Rahmen des R 19.3 Abs. 2 Nr. 4 LStR; zur Abgrenzung einer betrieblichen Veranstaltung von einem privaten Fest des Arbeitnehmers >BFH vom 28. 1. 2003 (BStBl II S. 724),
- **Schadensersatzleistungen**, soweit der Arbeitgeber zur Leistung gesetzlich verpflichtet ist oder soweit der Arbeitgeber einen zivilrechtlichen Schadensersatzanspruch des Arbeitnehmers wegen schuldhafter Verletzung arbeitsvertraglicher Fürsorgepflichten erfüllt (>BFH vom 20. 9. 1996 – BStBl 1997 II S. 144 und BFH vom 25. 4. 2018 – BStBl II S. 600); zur Aufteilung einer einheitlichen Zahlung in Arbeitslohn und Schadensersatz >BFH vom 9. 1. 2018 (BStBl II S. 582),
- **Vergütungen eines Sportvereins an Amateursportler**, wenn die Vergütungen die mit der Tätigkeit zusammenhängenden Aufwendungen nur unwesentlich übersteigen (>BFH vom 23. 10. 1992 – BStBl 1993 II S. 303),
- **Vergütungen für Sanitätshelfer des DRK**, wenn sie als pauschale Erstattung der Selbstkosten beurteilt werden können, weil sie die durch die ehrenamtliche Tätigkeit veranlassten Aufwendungen regelmäßig nur unwesentlich übersteigen (>BFH vom 4. 8. 1994 – BStBl II S. 944),
- vom Arbeitnehmer **veruntreute Beträge** (>BFH vom 13. 11. 2012 – BStBl 2013 II S. 929),
- **Vorsorgeuntersuchungen leitender Angestellter**
  >BFH vom 17. 9. 1982 (BStBl 1983 II S. 39),
- **Zuwendungen aus persönlichem Anlass (>R 19.6).**

Steuerfrei sind
- die Leistungen nach dem **AltTZG** nach § 3 Nr. 28 EStG (>R 3.28),
- **Aufwandsentschädigungen** nach § 3 Nr. 12 (>R 3.12) und Einnahmen bis zum Höchstbetrag nach § 3 Nr. 26 und 26a EStG (>R 3.26),
- durchlaufende Gelder und **Auslagenersatz** nach § 3 Nr. 50 EStG (>R 3.50),
- **Beihilfen und Unterstützungen**, die wegen Hilfsbedürftigkeit gewährt werden nach § 3 Nr. 11 EStG (>R 3.11),
- der Wert der unentgeltlich oder verbilligt überlassenen **Berufskleidung** sowie die Barablösung des Anspruchs auf Gestellung typischer Berufskleidung nach § 3 Nr. 31 EStG (>R 3.31),
- die Erstattung von Mehraufwendungen bei **doppelter Haushaltsführung** nach § 3 Nr. 13 und 16 EStG (>R 3.13, 3.16 und 9.11),
- **Fürsorgeleistungen** des Arbeitgebers zur besseren Vereinbarkeit von Familie und Beruf nach § 3 Nr. 34a EStG,
- die Maßnahmen der **Gesundheitsförderung** bis zum Höchstbetrag nach § 3 Nr. 34 EStG,

- der **Kaufkraftausgleich** nach § 3 Nr. 64 EStG (>R 3.64),
- Leistungen des Arbeitgebers für die Unterbringung und Betreuung von nicht schulpflichtigen **Kindern** nach § 3 Nr. 33 EStG (>R 3.33),
- der Ersatz von **Reisekosten** nach § 3 Nr. 13 und 16 EStG (>R 3.13, 3.16 und 9.4 bis 9.8),
- die betrieblich notwendige **Sammelbeförderung** des Arbeitnehmers nach § 3 Nr. 32 EStG (>R 3.32),
- **Studienbeihilfen und Stipendien** nach § 3 Nr. 11 und 44 EStG (>R 4.1 und R 3.44 EStR),
- vom Arbeitgeber nach R 3.50 Abs. 2 ersetzte Aufwendungen für **Telekommunikation**,
- geldwerte Vorteile aus der privaten Nutzung betrieblicher Personalcomputer und **Datenverarbeitungsgeräte** nach § 3 Nr. 45 EStG (>R 3.45),
- **Trinkgelder** nach § 3 Nr. 51 EStG,
- der Ersatz von **Umzugskosten** nach § 3 Nr. 13 und 16 EStG (>R 3.13, 3.16 und 9.9),
- der Ersatz von **Unterkunftskosten** sowie die unentgeltliche oder teilentgeltliche Überlassung einer Unterkunft nach
  § 3 Nr. 13 EStG (>R 3.13),
  § 3 Nr. 16 EStG (>R 9.7 und 9.11),
- der Ersatz von **Verpflegungskosten** nach
  § 3 Nr. 4 Buchstabe c EStG (>R 3.4),
  § 3 Nr. 12 EStG (>R 3.12),
  § 3 Nr. 13 EStG (>R 3.13),
  § 3 Nr. 16 EStG (>R 9.6 und 9.11),
  § 3 Nr. 26 EStG (>R 3.26),
- **Werkzeuggeld** nach § 3 Nr. 30 EStG (>R 3.30),
- **Zukunftssicherungsleistungen** des Arbeitgebers auf Grund gesetzlicher Verpflichtung und gleichgestellte Zuschüsse nach § 3 Nr. 62 EStG (>§ 2 Abs. 2 Nr. 3 LStDV und R 3.62),
- **Zuschläge** für Sonntags-, Feiertags- oder Nachtarbeit nach § 3b EStG (>R 3b).

Gehaltsverzicht
>R 3.33 und 38.2

Lohnverwendungsabrede
Arbeitslohn fließt nicht nur dadurch zu, dass der Arbeitgeber den Lohn auszahlt oder überweist, sondern auch dadurch, dass der Arbeitgeber eine mit dem Arbeitnehmer getroffene Lohnverwendungsabrede (eine konstitutive Verwendungsauflage) erfüllt. Keinen Lohn erhält der Arbeitnehmer hingegen dann, wenn der Arbeitnehmer auf Lohn verzichtet und keine Bedingungen an die Verwendung der freigewordenen Mittel knüpft (>BFH vom 23. 9. 1998 – BStBl 1999 II S. 98).

Lohnzahlung durch Dritte
Die Zuwendung eines Dritten kann Arbeitslohn sein, wenn sie als Entgelt für eine Leistung beurteilt werden kann, die der Arbeitnehmer im Rahmen seines Dienstverhältnisses für seinen Arbeitgeber erbringt, erbracht hat oder erbringen soll (>BFH vom 28. 2. 2013 – BStBl II S. 642). Bei Zuflüssen von dritter Seite können die Einnahmen insbesondere dann Ertrag der nichtselbständigen Arbeit sein, wenn sie
- auf Grund konkreter Vereinbarungen mit dem Arbeitgeber beruhen (>BFH vom 28. 3. 1958 – BStBl III S. 268 und vom 27. 1. 1961 – BStBl III S. 167 zu Leistungen aus einer **Unterstützungskasse**),
- auf Grund gesellschaftsrechtlicher oder geschäftlicher Beziehungen des Dritten zum Arbeitgeber gewährt werden (>BFH vom 21. 2. 1986 – BStBl II S. 768 zur unentgeltlichen oder teilentgeltlichen Überlassung von **Belegschaftsaktien** an Mitarbeiter verbundener Unterneh-

men und vom 1.9.2016 – BStBl 2017 II S. 69 zum verbilligten Erwerb einer GmbH-Beteiligung durch eine vom Geschäftsführer des Arbeitgebers beherrschte GmbH),
- dem Empfänger mit Rücksicht auf das Dienstverhältnis zufließen (>BFH vom 19.8.2004 – BStBl II S. 1076 zur Wohnungsüberlassung).
- >H 38.4 (Lohnzahlung durch Dritte)

Negativer Arbeitslohn
Wird ein fehlgeschlagenes Mitarbeiterbeteiligungsprogramm rückgängig gemacht, in dem zuvor vergünstigt erworbene Aktien an den Arbeitgeber zurückgegeben werden, liegen negative Einnahmen bzw. Werbungskosten vor (>BFH vom 17.9.2009 – BStBl 2010 II S. 299).

Pensionszusage, Ablösung
>BMF vom 4.7.2017 (BStBl I S. 883); zur Übertragung der betrieblichen Altersversorgung >§ 3 Nr. 55, Nr. 65 und Nr. 66 EStG und BMF vom 6.12.2017 (BStBl 2018 I S. 147), Rz. 53 ff.

Rabattgewährung durch Dritte
>BMF vom 20.1.2015 (BStBl I S. 143)

Rückzahlung von Arbeitslohn
Arbeitslohnrückzahlungen sind nur dann anzunehmen, wenn der Arbeitnehmer an den Arbeitgeber die Leistungen, die bei ihm als Lohnzahlungen zu qualifizieren waren, zurückzahlt. Der Veranlassungszusammenhang zum Arbeitsverhältnis darf aber nicht beendet worden sein (>BFH vom 10.8.2010 – BStBl II S. 1074 zum fehlgeschlagenen Grundstückserwerb vom Arbeitgeber).
>H 11

Zinsen
Soweit die Arbeitnehmer von Kreditinstituten und ihre Angehörigen auf ihre Einlagen beim Arbeitgeber höhere Zinsen erhalten als betriebsfremde Anleger, sind die zusätzlichen Zinsen durch das Dienstverhältnis veranlasst und dem Lohnsteuerabzug zu unterwerfen. Aus Vereinfachungsgründen ist es jedoch nicht zu beanstanden, wenn der Zusatzzins als Einnahmen aus Kapitalvermögen behandelt wird, sofern der dem Arbeitnehmer und seinen Angehörigen eingeräumte Zinssatz nicht mehr als 1 Prozentpunkt über dem Zinssatz liegt, den die kontoführende Stelle des Arbeitgebers betriebsfremden Anlegern im allgemeinen Geschäftsverkehr anbietet (>BMF vom 2.3.1990 – BStBl I S. 141).

Zufluss von Arbeitslohn
>R 38.2

Zum Lohnsteuerabzug
>R 38.4

R 19.4 Vermittlungsprovisionen

(1) ¹Erhalten Arbeitnehmer von ihren Arbeitgebern Vermittlungsprovisionen, sind diese grundsätzlich Arbeitslohn. ²Das Gleiche gilt für Provisionen, die ein Dritter an den Arbeitgeber zahlt und die dieser an den Arbeitnehmer weiterleitet.
(2) ¹Provisionszahlungen einer Bausparkasse oder eines Versicherungsunternehmens an Arbeitnehmer der Kreditinstitute für Vertragsabschlüsse, die während der Arbeitszeit vermittelt wer-

den, sind als Lohnzahlungen Dritter dem Lohnsteuerabzug zu unterwerfen. ²Wenn zum Aufgabengebiet des Arbeitnehmers der direkte Kontakt mit dem Kunden des Kreditinstituts gehört, z. B. bei einem Kunden- oder Anlageberater, gilt dies auch für die Provisionen der Vertragsabschlüsse außerhalb der Arbeitszeit.

H 19.4

Lohnsteuerabzug bei Vermittlungsprovisionen von Dritten
>R 38.4

Provisionen für Vertragsabschlüsse mit dem Arbeitnehmer

- Preisnachlässe des Arbeitgebers bei Geschäften, die mit dem Arbeitnehmer als Kunden abgeschlossen werden, sind als Preisvorteile nach § 8 Abs. 3 EStG zu erfassen, auch wenn sie als Provisionszahlungen bezeichnet werden (>BFH vom 22. 5. 1992 – BStBl II S. 840).
- Provisionszahlungen einer Bausparkasse oder eines Versicherungsunternehmens an Arbeitnehmer der Kreditinstitute bei Vertragsabschlüssen im Verwandtenbereich und für eigene Verträge unterliegen als Rabatte von dritter Seite dem Lohnsteuerabzug (>BMF vom 20. 1. 2015 – BStBl I S. 143).

Provisionen für im Innendienst Beschäftigte

Provisionen, die Versicherungsgesellschaften ihren im Innendienst beschäftigten Arbeitnehmern für die gelegentliche Vermittlung von Versicherungen zahlen, und Provisionen im Bankgewerbe für die Vermittlung von Wertpapiergeschäften sind Arbeitslohn, wenn die Vermittlungstätigkeit im Rahmen des Dienstverhältnisses ausgeübt wird (>BFH vom 7. 10. 1954 – BStBl 1955 III S. 17).

R 19.5 Zuwendungen bei Betriebsveranstaltungen*⁾

– nicht mehr abgedruckt –

H 19.5

Allgemeines
>BMF vom 14. 10. 2015 (BStBl I S. 832)

Gemischt veranlasste Veranstaltung

Sachzuwendungen an Arbeitnehmer anlässlich einer Veranstaltung, die sowohl Elemente einer Betriebsveranstaltung als auch einer sonstigen betrieblichen Veranstaltung enthält, sind grundsätzlich aufzuteilen (>BFH vom 16. 11. 2005 – BStBl 2006 II S. 444 und vom 30. 4. 2009 – BStBl II S. 726).

---

*⁾ R 19.5 LStR ist für alle nach dem 31. 12. 2014 endenden Lohnzahlungszeiträume sowie für VZ ab dem Jahr 2015 nicht mehr anzuwenden >BMF vom 14. 10. 2015 (BStBl I S. 832).

Zu § 19 EStG — **R 19.6** — **A. III.**

Incentive-Reisen
Incentive-Reisen, die der Arbeitgeber veranstaltet, um bestimmte Arbeitnehmer für besondere Leistungen zu entlohnen und zu weiteren Leistungen zu motivieren, sind keine Betriebsveranstaltungen (>BFH vom 9. 3. 1990 – BStBl II S. 711).

Verlosungsgewinne
Gewinne aus einer Verlosung, die gelegentlich einer Betriebsveranstaltung durchgeführt wurde, gehören zum Arbeitslohn, wenn an der Verlosung nicht alle an der Betriebsveranstaltung teilnehmenden Arbeitnehmer beteiligt werden, sondern die Verlosung nur einem bestimmten, herausgehobenen Personenkreis vorbehalten ist (>BFH vom 25. 11. 1993 – BStBl 1994 II S. 254).

Zuschuss
Beispiel:
Die Arbeitnehmer organisieren als einzige Betriebsveranstaltung in diesem Jahr ein Sommerfest, an dem 100 Arbeitnehmer teilnehmen; der Arbeitgeber zahlt dafür als Zuschuss 10.000 € in die Gemeinschaftskasse der Arbeitnehmer ein. Bei einer Verteilung des Zuschusses ergibt sich ein Pro-Kopf-Anteil von 100 €, der nach § 19 Abs. 1 Satz 1 Nr. 1a Satz 3 EStG nicht zu versteuern ist (>BFH vom 16. 11. 2005 – BStBl 2006 II S. 437).

R 19.6 Aufmerksamkeiten

(1) ¹Sachleistungen des Arbeitgebers, die auch im gesellschaftlichen Verkehr üblicherweise ausgetauscht werden und zu keiner ins Gewicht fallenden Bereicherung der Arbeitnehmer führen, gehören als bloße Aufmerksamkeiten nicht zum Arbeitslohn. ²Aufmerksamkeiten sind Sachzuwendungen bis zu einem Wert von 60 Euro, z. B. Blumen, Genussmittel, ein Buch oder ein Tonträger, die dem Arbeitnehmer oder seinen Angehörigen aus Anlass eines besonderen persönlichen Ereignisses zugewendet werden. ³Geldzuwendungen gehören stets zum Arbeitslohn, auch wenn ihr Wert gering ist.
(2) ¹Als Aufmerksamkeiten gehören auch Getränke und Genussmittel, die der Arbeitgeber den Arbeitnehmern zum Verzehr im Betrieb unentgeltlich oder teilentgeltlich überlässt, nicht zum Arbeitslohn. ²Dasselbe gilt für Speisen, die der Arbeitgeber den Arbeitnehmern anlässlich und während eines außergewöhnlichen Arbeitseinsatzes, z. B. während einer außergewöhnlichen betrieblichen Besprechung oder Sitzung, im ganz überwiegenden betrieblichen Interesse an einer günstigen Gestaltung des Arbeitsablaufes unentgeltlich oder teilentgeltlich überlässt und deren Wert 60 Euro nicht überschreitet.

H 19.6

Bewirtung von Arbeitnehmern
– Zur Gewichtung des Arbeitgeberinteresses an der Überlassung von Speisen und Getränken anlässlich und während eines außergewöhnlichen Arbeitseinsatzes (>BFH vom 5. 5. 1994 – BStBl II S. 771).
– Ein mit einer gewissen Regelmäßigkeit stattfindendes Arbeitsessen in einer Gaststätte am Sitz des Unternehmens führt bei den teilnehmenden Arbeitnehmern zu einem Zufluss von Arbeitslohn (>BFH vom 4. 8. 1994 – BStBl 1995 II S. 59).
– Zur Erfassung und Bewertung von Mahlzeiten, die der Arbeitgeber oder auf dessen Veranlassung ein Dritter aus besonderem Anlass an Arbeitnehmer abgibt (>R 8.1 Abs. 8).
– Die Verpflegung der Besatzungsmitglieder an Bord eines Flusskreuzfahrtschiffes ist dann kein Arbeitslohn, wenn das eigenbetriebliche Interesse des Arbeitgebers an einer Gemein-

schaftsverpflegung wegen besonderer betrieblicher Abläufe den Vorteil der Arbeitnehmer bei weitem überwiegt (>BFH vom 21.1.2010 – BStBl II S. 700).

Gelegenheitsgeschenke
Freiwillige Sonderzuwendungen (z. B. Lehrabschlussprämien) des Arbeitgebers an einzelne Arbeitnehmer, gehören grundsätzlich zum Arbeitslohn, und zwar auch dann, wenn mit ihnen soziale Zwecke verfolgt werden oder wenn sie dem Arbeitnehmer anlässlich besonderer persönlicher Ereignisse zugewendet werden; das gilt sowohl für Geld- als auch für Sachgeschenke (>BFH vom 22.3.1985 – BStBl II S. 641).

Warengutschein
>H 8.1 (1-4) Geldleistung oder Sachbezug
>R 38.2 Abs. 3 zum Zuflusszeitpunkt

R 19.7 Berufliche Fort- oder Weiterbildungsleistungen des Arbeitgebers

(1) ¹Berufliche Fort- oder Weiterbildungsleistungen des Arbeitgebers führen nicht zu Arbeitslohn, wenn diese Bildungsmaßnahmen im ganz überwiegenden betrieblichen Interesse des Arbeitgebers durchgeführt werden. ²Dabei ist es gleichgültig, ob die Bildungsmaßnahmen am Arbeitsplatz, in zentralen betrieblichen Einrichtungen oder in außerbetrieblichen Einrichtungen durchgeführt werden. ³Sätze 1 und 2 gelten auch für Bildungsmaßnahmen fremder Unternehmer, die für Rechnung des Arbeitgebers erbracht werden. ⁴Ist der Arbeitnehmer Rechnungsempfänger, ist dies für ein ganz überwiegend betriebliches Interesse des Arbeitgebers unschädlich, wenn der Arbeitgeber die Übernahme bzw. den Ersatz der Aufwendungen allgemein oder für die besondere Bildungsmaßnahme vor Vertragsabschluss schriftlich zugesagt hat.

(2) ¹Bei einer Bildungsmaßnahme ist ein ganz überwiegendes betriebliches Interesse des Arbeitgebers anzunehmen, wenn sie die Einsatzfähigkeit des Arbeitnehmers im Betrieb des Arbeitgebers erhöhen soll. ²Für die Annahme eines ganz überwiegenden betrieblichen Interesses des Arbeitgebers ist nicht Voraussetzung, dass der Arbeitgeber die Teilnahme an der Bildungsmaßnahme zumindest teilweise auf die Arbeitszeit anrechnet. ³Rechnet er die Teilnahme an der Bildungsmaßnahme zumindest teilweise auf die Arbeitszeit an, ist die Prüfung weiterer Voraussetzungen eines ganz überwiegenden betrieblichen Interesses des Arbeitgebers entbehrlich, es sei denn, es liegen konkrete Anhaltspunkte für den Belohnungscharakter der Maßnahme vor. ⁴Auch sprachliche Bildungsmaßnahmen sind unter den genannten Voraussetzungen dem ganz überwiegenden betrieblichen Interesse zuzuordnen, wenn der Arbeitgeber die Sprachkenntnisse in dem für den Arbeitnehmer vorgesehenen Aufgabengebiet verlangt. ⁵Von einem ganz überwiegenden betrieblichen Interesse ist auch bei dem SGB III entsprechenden Qualifikations- und Trainingsmaßnahmen auszugehen, die der Arbeitgeber oder eine zwischengeschaltete Beschäftigungsgesellschaft im Zusammenhang mit Auflösungsvereinbarungen erbringt. ⁶Bildet sich der Arbeitnehmer nicht im ganz überwiegenden betrieblichen Interesse des Arbeitgebers fort, gehört der nach § 8 Abs. 2 EStG zu ermittelnde Wert der vom Arbeitgeber erbrachten Fort- oder Weiterbildungsleistung zum Arbeitslohn. ⁷Der Arbeitnehmer kann ggf. den Wert einer beruflichen Fort- und Weiterbildung im Rahmen des § 9 Abs. 1 Satz 1 EStG als Werbungskosten (>R 9.2) oder im Rahmen des § 10 Abs. 1 Nr. 7 EStG als Sonderausgaben geltend machen.

(3)*⁾ Auch wenn Fort- oder Weiterbildungsleistungen nach den vorstehenden Regelungen nicht zu Arbeitslohn führen, können die Aufwendungen des Arbeitgebers, wie z. B. Reisekosten, die neben den Kosten für die eigentliche Fort- oder Weiterbildungsleistung anfallen und durch die

---

*) >R 9.11 (Mehraufwendungen bei doppelter Haushaltsführung), da die Bildungsstätte eine erste Tätigkeitsstätte darstellt.

Zu § 19 EStG   R 19.8   A. III.

Teilnahme des Arbeitnehmers an der Bildungsveranstaltung veranlasst sind, nach § 3 Nr. 13, 16 EStG (>R 9.4 bis R 9.8 und R 9.11) zu behandeln sein.

H 19.7

Deutschkurse
Berufliche Fort- oder Weiterbildungsleistungen des Arbeitgebers führen nach R 19.7 nicht zu Arbeitslohn, wenn diese Bildungsmaßnahmen im ganz überwiegenden betrieblichen Interesse des Arbeitgebers durchgeführt werden. Bei Flüchtlingen und anderen Arbeitnehmern, deren Muttersprache nicht Deutsch ist, sind Bildungsmaßnahmen zum Erwerb oder zur Verbesserung der deutschen Sprache dem ganz überwiegenden betrieblichen Interesse des Arbeitgebers zuzuordnen, wenn der Arbeitgeber die Sprachkenntnisse in dem für den Arbeitnehmer vorgesehenen Aufgabengebiet verlangt. Arbeitslohn kann bei solchen Bildungsmaßnahmen nur dann vorliegen, wenn konkrete Anhaltspunkte für den Belohnungscharakter der Maßnahme vorliegen (>BMF vom 4. 7. 2017 – BStBl I S. 882).

Incentive-Reisen
– Veranstaltet der Arbeitgeber so genannte Incentive-Reisen, um bestimmte Arbeitnehmer für besondere Leistungen zu belohnen und zu weiteren Leistungssteigerungen zu motivieren, erhalten die Arbeitnehmer damit einen steuerpflichtigen geldwerten Vorteil, wenn auf den Reisen ein Besichtigungsprogramm angeboten wird, das einschlägigen Touristikkreisen entspricht, und der Erfahrungsaustausch zwischen den Arbeitnehmern demgegenüber zurücktritt (>BFH vom 9. 3. 1990 – BStBl II S. 711).
– Ein geldwerter Vorteil entsteht nicht, wenn die Betreuungsaufgaben das Eigeninteresse des Arbeitnehmers an der Teilnahme des touristischen Programms in den Hintergrund treten lassen (>BFH vom 5. 9. 2006 – BStBl 2007 II S. 312).
– Selbst wenn ein Arbeitnehmer bei einer von seinem Arbeitgeber veranstalteten so genannten Händler-Incentive-Reise Betreuungsaufgaben hat, ist die Reise Arbeitslohn, wenn der Arbeitnehmer auf der Reise von seinem Ehegatten/Lebenspartner begleitet wird (>BFH vom 25. 3. 1993 – BStBl II S. 639).
– Eine Aufteilung von Sachzuwendungen an Arbeitnehmer in Arbeitslohn und Zuwendungen im eigenbetrieblichen Interesse ist grundsätzlich möglich (>BFH vom 18. 8. 2005 – BStBl 2006 II S. 30).
– >BMF vom 14. 10. 1996 (BStBl I S. 1192)
– Zum Begriff der Incentive-Reise >BMF vom 19. 5. 2015 (BStBl I S. 468), Rdnr. 10

Studiengebühren
Zur lohnsteuerlichen Behandlung der Übernahme von Studiengebühren für ein berufsbegleitendes Studium durch den Arbeitgeber >BMF vom 13. 4. 2012 (BStBl I S. 531)

Studienreisen, Fachkongresse
>R 12.2 EStR, H 12.2 EStH

R 19.8 Versorgungsbezüge

(1) Zu den nach § 19 Abs. 2 EStG steuerbegünstigten Versorgungsbezügen gehören auch:
 1. Sterbegeld i. S. d. § 18 Abs. 1, Abs. 2 Nr. 1 und Abs. 3 BeamtVG sowie entsprechende Bezüge im privaten Dienst. ²Nicht zu den steuerbegünstigten Versorgungsbezügen gehören Bezüge, die für den Sterbemonat auf Grund des Arbeitsvertrages als Arbeitsentgelt gezahlt wer-

den; besondere Leistungen an Hinterbliebene, die über das bis zum Erlöschen des Dienstverhältnisses geschuldete Arbeitsentgelt hinaus gewährt werden, sind dagegen Versorgungsbezüge,
2. Übergangsversorgung, die nach dem BAT oder diesen ergänzenden, ändernden oder ersetzenden Tarifverträgen sowie Übergangszahlungen nach § 47 Nr. 3 des Tarifvertrags für den öffentlichen Dienst der Länder (TV-L) an Angestellte im militärischen Flugsicherungsdienst, bei der Bundesanstalt für Flugsicherung im Flugsicherungsdienst, im Justizvollzugsdienst und im kommunalen feuerwehrtechnischen Dienst sowie an Luftfahrzeugführer von Messflugzeugen und an technische Luftfahrzeugführer gezahlt wird, einschl. des an Hinterbliebene zu zahlenden monatlichen Ausgleichsbetrages und einschl. des Ausgleichs, der neben der Übergangsversorgung zu zahlen ist, sowie die Übergangsversorgung, die nach § 7 des Tarifvertrags vom 30.11.1991 über einen sozialverträglichen Personalabbau im Bereich des Bundesministeriums der Verteidigung gezahlt wird,
3. die Bezüge der Beamten im einstweiligen Ruhestand,
4. die nach § 47 Abs. 4 Satz 2 des Bundesbeamtengesetzes (BBG) sowie entsprechender Vorschriften der Beamtengesetze der Länder gekürzten Dienstbezüge,
5. die Unterhaltsbeiträge nach den §§ 15 und 26 BeamtVG sowie nach § 69 BeamtVG oder entsprechenden landesrechtlichen Vorschriften,
6. die Versorgungsbezüge der vorhandenen, ehemals unter das G 131 und das Gesetz zur Regelung der Wiedergutmachung nationalsozialistischen Unrechts für Angehörige des öffentlichen Dienstes (BWGöD) fallenden früheren Angehörigen des öffentlichen Dienstes und ihrer Hinterbliebenen nach § 2 Abs. 1 Nr. 1 des Dienstrechtlichen Kriegsfolgen-Abschlussgesetzes (DKfAG) i.V. m. den §§ 69, 69a BeamtVG,
7. die Versorgungsbezüge der politischen Wahlbeamten auf Zeit,
8. das Ruhegehalt und der Ehrensold der ehemaligen Regierungsmitglieder einschl. der entsprechenden Hinterbliebenenbezüge, nicht dagegen das Übergangsgeld nach § 14 des Bundesministergesetzes sowie entsprechende Leistungen auf Grund von Gesetzen der Länder,
9. – unbesetzt –
10. Verschollenheitsbezüge nach § 29 Abs. 2 BeamtVG sowie entsprechende Leistungen nach den Beamtengesetzen der Länder,
11. Abfindungsrenten nach § 69 BeamtVG oder entsprechenden landesrechtlichen Vorschriften,
12. Unterhaltsbeihilfen nach den §§ 5 und 6 des baden-württembergischen Gesetzes zur einheitlichen Beendigung der politischen Säuberung vom 13. 7. 1953 (GBl S. 91),
13. Ehrensold der früheren ehrenamtlichen Bürgermeister und ihrer Hinterbliebenen nach § 6 des baden-württembergischen Gesetzes über die Aufwandsentschädigung der ehrenamtlichen Bürgermeister und der ehrenamtlichen Ortsvorsteher vom 19. 6. 1987 (GBl S. 281),
14. Ehrensold der früheren Bürgermeister und früheren Bezirkstagspräsidenten nach Artikel 59 des bayerischen Gesetzes über kommunale Wahlbeamte und Wahlbeamtinnen,
15. das Ruhegeld der vorhandenen, ehemals unter das G 131 und das BWGöD fallenden früheren Angestellten und Arbeiter der Freien und Hansestadt Hamburg nach § 2 Abs. 1 Nr. 5 DKfAG i.V. m. dem Hamburgischen Zusatzversorgungsgesetz,
16. Ehrensold der früheren ehrenamtlichen Bürgermeister und Kassenverwalter und ihrer Hinterbliebenen nach dem hessischen Gesetz über die Aufwandsentschädigungen und den Ehrensold der ehrenamtlichen Bürgermeister und der ehrenamtlichen Kassenverwalter der Gemeinden vom 7. 10. 1970 (GVBl I S. 635),
17. Ehrensold der früheren ehrenamtlichen Bürgermeister, Beigeordneten und Ortsvorsteher nach dem rheinland-pfälzischen Ehrensoldgesetz vom 18.12.1972 (GVBl S. 376),
18. Ruhegehalt und Versorgungsbezüge, die auf Grund des Artikels 3 der Anlage 1 des Saarvertrags (BGBl 1956 II S. 1587) an Personen gezahlt werden, die aus Anlass der Rückgliederung des Saarlandes in den Ruhestand versetzt worden sind,

19. die Bezüge der im Saarland nach dem 8.5.1945 berufenen Amtsbürgermeister und Verwaltungsvorsteher, die nach dem Gesetz zur Ergänzung der Gemeindeordnung vom 10.7.1953 (Amtsbl. S. 415) in den Ruhestand versetzt worden sind,
20. Ehrensold der früheren ehrenamtlichen Bürgermeister, Beigeordneten und Amtsvorsteher nach dem saarländischen Gesetz Nr. 987 vom 6.3.1974 (Amtsbl. S. 357),
21. Vorruhestandsleistungen, z. B. i. S. d. Vorruhestandsgesetzes, soweit der Arbeitnehmer im Lohnzahlungszeitraum das 63., bei Schwerbehinderten das 60. Lebensjahr vollendet hat.

(2) Nicht zu den nach § 19 Abs. 2 EStG steuerbegünstigten Versorgungsbezügen gehören insbesondere

1. das Übergangsgeld nach § 47 BeamtVG i.V.m. dessen § 67 Abs. 4 und entsprechende Leistungen auf Grund der Beamtengesetze der Länder sowie das Übergangsgeld nach § 47a BeamtVG,
2. das Übergangsgeld nach § 14 des Bundesministergesetzes und entsprechende Leistungen auf Grund der Gesetze der Länder.

(3) ¹Bezieht ein Versorgungsberechtigter Arbeitslohn aus einem gegenwärtigen Dienstverhältnis und werden deshalb, z. B. nach § 53 BeamtVG, die Versorgungsbezüge gekürzt, sind nur die gekürzten Versorgungsbezüge nach § 19 Abs. 2 EStG steuerbegünstigt; das Gleiche gilt, wenn Versorgungsbezüge nach der Ehescheidung gekürzt werden (§ 57 BeamtVG). ²Nachzahlungen von Versorgungsbezügen an nichtversorgungsberechtigte Erben eines Versorgungsberechtigten sind nicht nach § 19 Abs. 2 EStG begünstigt.

H 19.8

Altersgrenze
Die in § 19 Abs. 2 Satz 2 Nr. 2 Halbsatz 2 EStG für Versorgungsbezüge im privaten Dienst vorgesehenen Altersgrenzen sind verfassungsgemäß (>BFH vom 7.2.2013 – BStBl II S. 576).

Altersteilzeit
Bezüge, die in der Freistellungsphase im Rahmen der Altersteilzeit nach dem sog. Blockmodell erzielt werden, sind keine Versorgungsbezüge (>BFH vom 21.3.2013 – BStBl II S. 611).

Beamte – vorzeitiger Ruhestand
Bezüge nach unwiderruflicher Freistellung vom Dienst bis zur Versetzung in den Ruhestand gehören zu den Versorgungsbezügen (>BFH vom 12.2.2009 – BStBl II S. 460).

Beihilfen
Die an nichtbeamtete Versorgungsempfänger gezahlten Beihilfen im Krankheitsfall sind bei Erfüllung der altersmäßigen Voraussetzungen Versorgungsbezüge i. S. d. § 19 Abs. 2 Satz 2 Nr. 2 EStG (>BFH vom 6.2.2013 – BStBl II S. 572).

Emeritenbezüge entpflichteter Hochschullehrer
Zu den Versorgungsbezügen gehören auch Emeritenbezüge entpflichteter Hochschullehrer (>BFH vom 19.6.1974 – BStBl 1975 II S. 23 und vom 5.11.1993 – BStBl 1994 II S. 238).

Internationale Organisationen
Zu der Frage, welche Zahlungen internationaler Organisationen zu den Versorgungsbezügen gehören >BMF vom 19.8.2013 (BStBl I S. 1087), geändert durch BMF vom 1.6.2015 (BStBl I S. 475), Rz. 168, vom 4.7.2016 (BStBl I S. 645), vom 19.12.2016 (BStBl I S. 1433) und vom 24.5.2017 (BStBl I S. 820)

NATO-Bedienstete
Ruhegehaltsbezüge an ehemalige NATO-Bedienstete sind Versorgungsbezüge (>BFH vom 22.11.2006 – BStBl 2007 II S. 402).

Sterbegeld
Das nach den tarifvertraglichen Vorschriften im öffentlichen Dienst gezahlte Sterbegeld ist ein Versorgungsbezug (>BFH vom 8.2.1974 – BStBl II S. 303).

Übergangsgeld
Übergangsgeld, das nach den tarifvertraglichen Vorschriften im öffentlichen Dienst gewährt wird, ist ein Versorgungsbezug, wenn es wegen Berufsunfähigkeit oder Erwerbsunfähigkeit oder wegen Erreichens der tariflichen oder der so genannten flexiblen Altersgrenze gezahlt wird; beim Übergangsgeld, das wegen Erreichens einer Altersgrenze gezahlt wird, ist Voraussetzung, dass der Angestellte im Zeitpunkt seines Ausscheidens das 63., bei Schwerbehinderten das 60. Lebensjahr vollendet hat (>BFH vom 21.8.1974 – BStBl 1975 II S. 62).

Umfang der Besteuerung
Versorgungsbezüge sind in voller Höhe und nicht nur mit einem niedrigeren Betrag (z. B. Besteuerungsanteil nach § 22 EStG) als Arbeitslohn anzusetzen (>BFH vom 7.2.2013 – BStBl II S. 573).

Versorgungsbeginn
>BMF vom 19.8.2013 (BStBl I S. 1087), geändert durch BMF vom 10.4.2015 (BStBl I S. 256), Rz. 171a und 185

Versorgungsbezüge
>BMF vom 19.8.2013 (BStBl I S. 1087), geändert durch BMF vom 10.4.2015 (BStBl I S. 256), vom 1.6.2015 (BStBl I S. 475), Rz. 168 ff., vom 4.7.2016 (BStBl I S. 645), vom 19.12.2016 (BStBl I S. 1433) und vom 24.5.2017 (BStBl I S. 820).

Versorgungsfreibetrag
> Beispiel zur Bemessungsgrundlage des Versorgungsfreibetrags bei Sachbezügen
> Ein Arbeitnehmer scheidet zum 31.3. aus dem aktiven Dienst aus und erhält ab dem 1.4. eine Werkspension in Höhe von 300 €. Im April erhält er zusätzlich einen einmaligen Sachbezug in Höhe von 400 €.
> Sachbezüge, die ein Arbeitnehmer nach dem Ausscheiden aus dem aktiven Dienst zusammen mit dem Ruhegehalt erhält, gehören zu den Versorgungsbezügen i. S. d. § 19 Abs. 2 Satz 2 EStG. Die Bemessungsgrundlage beträgt:
> – laufender Bezug im ersten Versorgungsmonat
>   300 € x 12 Monate   3.600 €
> – Sachbezug   400 €
>   Bemessungsgrundlage   4.000 €

R 19.9 Zahlung von Arbeitslohn an die Erben oder Hinterbliebenen eines verstorbenen Arbeitnehmers

(1) ¹Arbeitslohn, der nach dem Tod des Arbeitnehmers gezahlt wird, darf grundsätzlich unabhängig vom Rechtsgrund der Zahlung nicht mehr nach den steuerlichen Merkmalen des Verstorbenen versteuert werden. ²Bei laufendem Arbeitslohn, der im Sterbemonat oder für den Sterbemonat gezahlt wird, kann der Steuerabzug aus Vereinfachungsgründen noch nach den steuerlichen Merkmalen des Verstorbenen vorgenommen werden; die Lohnsteuerbescheinigung ist jedoch auch in diesem Falle für den Erben auszustellen und zu übermitteln.

(2) ¹Zahlt der Arbeitgeber den Arbeitslohn an einen Erben oder einen Hinterbliebenen aus, ist der Lohnsteuerabzug vorbehaltlich des Absatzes 1 Satz 2 nur nach dessen Besteuerungsmerkmalen durchzuführen. ²Die an die übrigen Anspruchsberechtigten weitergegebenen Beträge stellen im Kalenderjahr der Weitergabe negative Einnahmen dar. ³Handelt es sich dabei um Versorgungsbezüge i. S. d. § 19 Abs. 2 EStG, ist für die Berechnung der negativen Einnahmen zunächst vom Bruttobetrag der an die anderen Anspruchsberechtigten weitergegebenen Beträge auszugehen; dieser Bruttobetrag ist sodann um den Unterschied zwischen den beim Lohnsteuerabzug berücksichtigten Freibeträgen für Versorgungsbezüge und den auf den verbleibenden Anteil des Zahlungsempfängers entfallenden Freibeträgen für Versorgungsbezüge zu kürzen. ⁴Die Auseinandersetzungszahlungen sind bei den Empfängern – ggf. vermindert um die Freibeträge für Versorgungsbezüge (§ 19 Abs. 2 EStG) – als Einkünfte aus nichtselbständiger Arbeit im Rahmen einer Veranlagung zur Einkommensteuer zu erfassen (§ 46 Abs. 2 Nr. 1 EStG).

(3) Für den Steuerabzug durch den Arbeitgeber gilt im Übrigen Folgendes:

1. Beim Arbeitslohn, der noch für die aktive Tätigkeit des verstorbenen Arbeitnehmers gezahlt wird, ist, wie dies bei einer Zahlung an den Arbeitnehmer der Fall gewesen wäre, zwischen laufendem Arbeitslohn, z. B. Lohn für den Sterbemonat oder den Vormonat, und sonstigen Bezügen, z. B. Erfolgsbeteiligung, zu unterscheiden.

2. ¹Der Arbeitslohn für den Sterbemonat stellt, wenn er arbeitsrechtlich für den gesamten Lohnzahlungszeitraum zu zahlen ist, keinen Versorgungsbezug i. S. d. § 19 Abs. 2 EStG dar. ²Besteht dagegen ein Anspruch auf Lohnzahlung nur bis zum Todestag, handelt es sich bei den darüber hinausgehenden Leistungen an die Hinterbliebenen um Versorgungsbezüge. ³Dies gilt entsprechend für den Fall, dass die arbeitsrechtlichen Vereinbarungen für den Sterbemonat lediglich die Zahlung von Hinterbliebenenbezügen vorsehen oder keine vertraglichen Abmachungen über die Arbeitslohnbemessung bei Beendigung des Dienstverhältnisses im Laufe des Lohnzahlungszeitraums bestehen. ⁴Auch in diesen Fällen stellt nur der Teil der Bezüge, der auf die Zeit nach dem Todestag entfällt, einen Versorgungsbezug dar. ⁵In den Fällen des Absatzes 1 Satz 2 sind die Freibeträge für Versorgungsbezüge nicht zu berücksichtigen.

3. ¹Das Sterbegeld ist ein Versorgungsbezug und stellt grundsätzlich einen sonstigen Bezug dar. ²Dies gilt auch für den Fall, dass als Sterbegeld mehrere Monatsgehälter gezahlt werden, weil es sich hierbei dem Grunde nach nur um die ratenweise Zahlung eines Einmalbetrages handelt. ³Die laufende Zahlung von Witwen- oder Hinterbliebenengeldern i. S. d. § 19 Abs. 1 Satz 1 Nr. 2 EStG durch den Arbeitgeber ist demgegenüber regelmäßig als laufender Arbeitslohn (Versorgungsbezug) zu behandeln.

4. ¹Soweit es sich bei den Zahlungen an die Erben oder Hinterbliebenen nicht um Versorgungsbezüge handelt, ist zu prüfen, ob der Altersentlastungsbetrag (§ 24a EStG) zum Ansatz kommt. ²Dabei ist auf das Lebensalter des jeweiligen Zahlungsempfängers abzustellen. ³Absatz 2 ist entsprechend anzuwenden.

5. ¹Soweit Zahlungen an im Ausland wohnhafte Erben oder Hinterbliebene erfolgen, bei denen die Voraussetzungen des § 1 Abs. 2 oder 3, § 1a EStG nicht vorliegen, ist bei beschränkt steuerpflichtigen Arbeitnehmern beim Steuerabzug nach den für Lohnzahlungen geltenden Vorschriften zu verfahren; wegen der Besonderheiten wird auf § 38b Abs. 1 Satz 2 Nr. 1 Buchstabe b, § 39 Abs. 2 und 3, § 39a Abs. 2 und 4, § 39b Abs. 1 und 2, § 39c Abs. 2 EStG hingewiesen. ²Dabei ist jedoch zu beachten, dass auf Grund eines Doppelbesteuerungsabkommens das Besteuerungsrecht dem Ansässigkeitsstaat zustehen kann.

H 19.9

Erben als Arbeitnehmer
Durch die Zahlung von dem Erblasser zustehenden Arbeitslohn an die Erben oder Hinterbliebenen werden diese steuerlich zu Arbeitnehmern; der Lohnsteuerabzug ist nach den Lohnsteuerabzugsmerkmalen (ggf. Steuerklasse VI) der Erben oder Hinterbliebenen durchzuführen (§ 1 Abs. 1 Satz 2 LStDV).

Weiterleitung von Arbeitslohn an Miterben

Beispiel:
Nach dem Tod des Arbeitnehmers A ist an die Hinterbliebenen B, C, D und E ein Sterbegeld von 4.000 € zu zahlen. Der Arbeitgeber zahlt den Versorgungsbezug an B im Jahr 2019 aus. Dabei wurde die Lohnsteuer nach den Lohnsteuerabzugsmerkmalen des B unter Berücksichtigung der Freibeträge für Versorgungsbezüge von 1.100 € (17,6 % von 4.000 € = 704 € zuzüglich 396 €) erhoben. B gibt im Jahr 2020 je ¼ des Bruttoversorgungsbezugs an C, D und E weiter (insgesamt 3.000 €).
Im Jahr 2019 ergeben sich lohnsteuerpflichtige Versorgungsbezüge:

Versorgungsbezüge	4.000 €
./. Versorgungsfreibetrag	704 €
./. Zuschlag zum Versorgungsfreibetrag	432 €
lohnsteuerpflichtige Versorgungsbezüge	2.900 €

Durch die Weitergabe im Jahr 2020 verbleibt B ein Anteil an den Versorgungsbezügen von 1.000 €. Hierauf entfällt ein Versorgungsfreibetrag in Höhe von 176 € (17,6 % von 1.000 €) zuzüglich eines Zuschlags zum Versorgungsfreibetrag von 396 €, also steuerpflichtige Versorgungsbezüge von 428 €. Bei B sind in 2020 negative Einnahmen in Höhe von 2.472 € (2.900 € ./. 428 €) anzusetzen.

Zu § 19a EStG

| R 19a. | **Steuerbegünstigte Überlassung von Vermögensbeteiligungen** |

– nicht mehr abgedruckt –

| H 19a |

Anwendungsregelung § 19a EStG
Die Übergangsregelung in § 52 Abs. 27 EStG zur Weiteranwendung des § 19a EStG in der am 31.12.2008 geltenden Fassung ist zum 31.12.2015 abgelaufen.

Nachfolgeregelung
>§ 3 Nr. 39 EStG

Zu § 24a EStG

| H 24a |

Allgemeines
>R 24a EStR, H 24a EStH

Zu § 24b EStG

| H 24b |

Allgemeine Grundsätze
>BMF vom 23.10.2017 (BStBl I S. 1432)

Freibetrag bei mehreren Kindern
>H 39a.1 (Beispiele)

Zu § 32 EStG

| H 32 |

Berücksichtigung von Kindern
>R 32 EStR, H 32 EStH

Zu § 32b EStG

| H 32b |

Progressionsvorbehalt
>R 32b EStR, H 32b EStH

Zu § 33 EStG

| H 33 |

Außergewöhnliche Belastungen allgemeiner Art
>R 33 EStR, H 33 EStH

Zu § 33a EStG

| H 33a |

Außergewöhnliche Belastung in besonderen Fällen
>R 33a EStR, H 33a EStH

Zu § 33b EStG

| H 33b |

Nachweis des Merkmals der „Hilflosigkeit"
>BMF vom 19. 8. 2016 (BStBl I S. 804)

Pauschbeträge für behinderte Menschen, Hinterbliebene und Pflegepersonen
>R 33b EStR, H 33b EStH

Zu § 34 EStG

```
H 34
```

Abzug des Arbeitnehmer-Pauschbetrags
>H 34.1 EStH

Allgemeines
>BMF vom 1.11.2013 (BStBl I S.1326) unter Berücksichtigung der Änderung durch BMF vom 4.3.2016 (BStBl I S. 277)

Arbeitslohn für mehrere Jahre
>H 34.4 EStH

Arbeitslohn für mehrjährige Tätigkeiten
>R 34.4 EStR und H 34.4 EStH

Entschädigungen
>R 34.3 EStR und H 34.3 EStH

Ermittlung der Einkünfte
>R 34.4 EStR

Fünftelungsregelung im Lohnsteuerabzugsverfahren
>H 39b.6 (Fünftelungsregelung)

Jubiläumszuwendungen
>H 34.4 EStH

Tantiemen
>H 34.4 EStH

Verbesserungsvorschläge
>H 34.4 EStH

Versorgungsbezüge, Nachzahlungen von
>H 34.4 EStH

Zusammenballung von Einkünften
>H 34.4 EStH

Zu § 34g EStG

```
H 34g
```

Zuwendungen an politische Parteien
>H 34g EStH

Zu § 35a EStG

| H 35a |

Allgemeine Grundsätze
>H 35a EStH

Zu § 37a EStG

| H 37a |

Kirchensteuer bei Pauschalierung der Lohn- und Einkommensteuer
>Gleich lautende Ländererlasse vom 8. 8. 2016 (BStBl I S. 773)

Zu § 37b EStG

| H 37b |

Kirchensteuer bei Pauschalierung der Lohn- und Einkommensteuer
>Gleich lautende Ländererlasse vom 8. 8. 2016 (BStBl I S. 773)

Sachzuwendungen an Arbeitnehmer
>BMF vom 19. 5. 2015 (BStBl I S. 468) unter Berücksichtigung der Änderungen durch BMF vom 28. 6. 2018 (BStBl I S. 814)

Zu § 38 EStG

| R 38.1 | **Steuerabzug vom Arbeitslohn**

[1]Der Lohnsteuer unterliegt grundsätzlich jeder von einem inländischen Arbeitgeber oder ausländischen Verleiher gezahlte Arbeitslohn (>R 38.3). [2]Es ist gleichgültig, ob es sich um laufende oder einmalige Bezüge handelt und in welcher Form sie gewährt werden. [3]Der Arbeitgeber hat Lohnsteuer unabhängig davon einzubehalten, ob der Arbeitnehmer zur Einkommensteuer veranlagt wird oder nicht. [4]Bei laufendem Arbeitslohn kommt es für die Beurteilung, ob Lohnsteuer einzubehalten ist, allein auf die Verhältnisse des jeweiligen Lohnzahlungszeitraums an; eine Ausnahme gilt, wenn der so genannte permanente Lohnsteuer-Jahresausgleich nach § 39b Abs. 2 Satz 12[*)] EStG durchgeführt wird (>R 39b.8).

---

*) Jetzt § 39b Abs. 2 Satz 12 ff. EStG.

H 38.1

Lohnsteuerabzug
- **Keine Befreiung durch Stundung oder Aussetzung der Vollziehung**
  Der Arbeitgeber kann von seiner Verpflichtung zur Einbehaltung der Lohnsteuer nicht – auch nicht durch Stundung oder Aussetzung der Vollziehung – befreit werden (>BFH vom 8. 2. 1957 – BStBl III S. 329).
- **Keine Prüfung, ob Jahreslohnsteuer voraussichtlich anfällt**
  Der Arbeitgeber hat die Frage, ob Jahreslohnsteuer voraussichtlich anfällt, nicht zu prüfen (>BFH vom 24. 11. 1961 – BStBl 1962 III S. 37).
- **Unzutreffender Steuerabzug**
  Ein unzutreffender Lohnsteuerabzug kann durch Einwendungen gegen die Lohnsteuerbescheinigung nicht berichtigt werden (>BFH vom 13. 12. 2007 – BStBl 2008 II S. 434).
- **Verhältnis Einbehaltungspflicht/Anzeigeverpflichtung**
  Die Anzeige des Arbeitgebers nach § 38 Abs. 4 Satz 2 EStG ersetzt die Erfüllung der Einbehaltungspflichten. Bei unterlassener Anzeige hat der Arbeitgeber die Lohnsteuer mit den Haftungsfolgen nicht ordnungsgemäß einbehalten (>BFH vom 9. 10. 2002 – BStBl II S. 884).

R 38.2 **Zufluss von Arbeitslohn**

(1) ¹Der Lohnsteuerabzug setzt den Zufluss von Arbeitslohn voraus. ²Hat der Arbeitgeber eine mit dem Arbeitnehmer getroffene Lohnverwendungsabrede erfüllt, ist Arbeitslohn zugeflossen.
(2) Die besondere Regelung für die zeitliche Zuordnung des – zugeflossenen – Arbeitslohns (§ 11 Abs. 1 Satz 4 i. V. m. § 38a Abs. 1 Satz 2 und 3 EStG) bleibt unberührt.
(3) ¹Der Zufluss des Arbeitslohns erfolgt bei einem Gutschein, der bei einem Dritten einzulösen ist, mit Hingabe des Gutscheins, weil der Arbeitnehmer zu diesem Zeitpunkt einen Rechtsanspruch gegenüber dem Dritten erhält. ²Ist der Gutschein beim Arbeitgeber einzulösen, fließt Arbeitslohn erst bei Einlösung des Gutscheins zu.

H 38.2

Aktienoptionen
- Bei nicht handelbaren Aktienoptionsrechten liegt weder bei Einräumung noch im Zeitpunkt der erstmaligen Ausübbarkeit ein Zufluss von Arbeitslohn vor (>BFH vom 20. 6. 2001 – BStBl II S. 689).
- Auch bei handelbaren Optionsrechten fließt ein geldwerter Vorteil grundsätzlich erst zu, wenn die Aktien unentgeltlich oder verbilligt in das wirtschaftliche Eigentum des Arbeitnehmers gelangen (>BFH vom 20. 11. 2008 – BStBl II S. 382).
- Bei einem entgeltlichen Verzicht auf ein Aktienankaufs- oder Vorkaufsrecht fließt ein geldwerter Vorteil nicht zum Zeitpunkt der Rechtseinräumung, sondern erst zum Zeitpunkt des entgeltlichen Verzichts zu (>BFH vom 19. 6. 2008 – BStBl II S. 826).
- Ein geldwerter Vorteil fließt nicht zu, solange dem Arbeitnehmer eine Verfügung über die im Rahmen eines Aktienoptionsplans erhaltenen Aktien rechtlich unmöglich ist (>BFH vom 30. 6. 2011 – BStBl II S. 923 zu vinkulierten Namensaktien). Im Gegensatz dazu stehen Sperr- und Haltefristen einem Zufluss nicht entgegen (>BFH vom 30. 9. 2008 – BStBl 2009 II S. 282).
- Der Vorteil aus einem vom Arbeitgeber eingeräumten Aktienoptionsrecht fließt dem Arbeitnehmer zu, wenn er das Recht ausübt oder anderweitig verwertet. Eine solche Verwer-

tung liegt insbesondere vor, wenn der Arbeitnehmer das Recht auf einen Dritten überträgt. Der Vorteil bemisst sich nach dem Wert des Rechts im Zeitpunkt der Verfügung darüber (>BFH vom 18. 9. 2012 – BStBl 2013 II S. 289).

Betriebliche Altersversorgung
- Allgemeines >BMF vom 6. 12. 2017 (BStBl 2018 I S. 147), Rz. 1 – 7.
- Ablösung einer Pensionszusage >BMF vom 4. 7. 2017 (BStBl I S. 883).
- zur Übertragung der betrieblichen Altersversorgung >§ 3 Nr. 55, Nr. 65 und Nr. 66 EStG und BMF vom 6. 12. 2017 (BStBl 2018 I S. 147), Rz. 53 – 63.
- Beitragsleistungen des Arbeitgebers für eine Direktversicherung seines Arbeitnehmers fließen in dem Zeitpunkt, in dem er seiner Bank einen entsprechenden Überweisungsauftrag erteilt (>BFH vom 7. 7. 2005 – BStBl II S. 726).
- Arbeitslohn aus Beiträgen des Arbeitgebers zu einer Direktversicherung des Arbeitnehmers für eine betriebliche Altersversorgung fließt dem Arbeitnehmer nicht schon mit Erteilung der Einzugsermächtigung durch den Arbeitgeber zugunsten des Versicherungsnehmers zu; der Zufluss erfolgt erst, wenn der Arbeitgeber den Versicherungsbeitrag tatsächlich leistet (>BFH vom 24. 8. 2017 – BStBl 2018 II S. 72).

Einräumung eines Wohnungsrechts
Die Einräumung eines dinglichen Wohnungsrechts führt zu einem laufenden monatlichen Zufluss von Arbeitslohn (>BFH vom 19. 8. 2004 – BStBl II S. 1076).

Gesellschafter-Geschäftsführer
Zum Zufluss von Gehaltsbestandteilen bei Nichtauszahlung >BMF vom 12. 5. 2014 (BStBl I S. 860)

Kein Zufluss von Arbeitslohn
Arbeitslohn fließt nicht zu bei
- Verzicht des Arbeitnehmers auf Arbeitslohnanspruch, wenn er nicht mit einer Verwendungsauflage hinsichtlich der freiwerdenden Mittel verbunden ist (>BFH vom 30. 7. 1993 – BStBl II S. 884);
- Verzicht des Arbeitnehmers auf Arbeitslohnanspruch zugunsten von Beitragsleistungen des Arbeitgebers an eine Versorgungseinrichtung, die dem Arbeitnehmer keine Rechtsansprüche auf Versorgungsleistungen gewährt (>BFH vom 27. 5. 1993 – BStBl 1994 II S. 246);
- Gutschriften beim Arbeitgeber zugunsten des Arbeitnehmers auf Grund eines Gewinnbeteiligungs- und Vermögensbildungsmodells, wenn der Arbeitnehmer über die gutgeschriebenen Beträge wirtschaftlich nicht verfügen kann (>BFH vom 14. 5. 1982 – BStBl II S. 469);
- Verpflichtung des Arbeitgebers im Rahmen eines arbeitsgerichtlichen Vergleichs zu einer Spendenzahlung, ohne dass der Arbeitnehmer auf die Person des Spendenempfängers Einfluss nehmen kann; diese Vereinbarung enthält noch keine zu Einkünften aus nichtselbständiger Arbeit führende Lohnverwendungsabrede (>BFH vom 23. 9. 1998 – BStBl 1999 II S. 98);
- Einräumung eines Anspruchs gegen den Arbeitgeber, sondern grundsätzlich erst durch dessen Erfüllung. Das gilt auch für den Fall, dass der Anspruch – wie ein solcher auf die spätere Verschaffung einer Aktie zu einem bestimmten Preis (Aktienoptionsrecht) – lediglich die Chance eines zukünftigen Vorteils beinhaltet (>BFH vom 24. 1. 2001 – BStBl II S. 509 und 512). Das gilt grundsätzlich auch bei handelbaren Optionsrechten (>BFH vom 20. 11. 2008 – BStBl 2009 II S. 382);
- Einbehalt eines Betrags vom Arbeitslohn durch den Arbeitgeber und Zuführung zu einer Versorgungsrückstellung (>BFH vom 20. 7. 2005 – BStBl II S. 890);

- rechtlicher Unmöglichkeit der Verfügung des Arbeitnehmers über Aktien (>BFH vom 30.6.2011 – BStBl II S.923 zu vinkulierten Namensaktien); im Gegensatz dazu stehen Sperr- und Haltefristen einem Zufluss nicht entgegen (>BFH vom 30.9.2008 – BStBl 2009 II S.282).

Verschiebung der Fälligkeit
Arbeitgeber und Arbeitnehmer können den Zeitpunkt des Zuflusses einer Abfindung oder eines Teilbetrags einer solchen beim Arbeitnehmer in der Weise steuerwirksam gestalten, dass sie deren ursprünglich vorgesehene Fälligkeit vor ihrem Eintritt auf einen späteren Zeitpunkt verschieben (>BFH vom 11.11.2009 – BStBl 2010 II S.746).

Wandelschuldverschreibung
- Wird im Rahmen eines Arbeitsverhältnisses durch Übertragung einer nicht handelbaren Wandelschuldverschreibung ein Anspruch auf die Verschaffung von Aktien eingeräumt, liegt ein Zufluss von Arbeitslohn nicht bereits durch die Übertragung der Wandelschuldverschreibung vor. Bei Ausübung des Wandlungsrechts fließt ein geldwerter Vorteil erst dann zu, wenn durch Erfüllung des Anspruchs das wirtschaftliche Eigentum an den Aktien verschafft wird. Geldwerter Vorteil ist die Differenz zwischen dem Börsenpreis der Aktien und den Erwerbsaufwendungen (>BFH vom 23.6.2005 – BStBl II S.766).
- Bei Verkauf eines Darlehens, das mit einem Wandlungsrecht zum Bezug von Aktien ausgestattet ist, fließt der geldwerte Vorteil im Zeitpunkt des Verkaufs zu (>BFH vom 23.6.2005 – BStBl II S.770).

Zeitwertkonten
>BMF vom 17.6.2009 (BStBl I S.1286)

Zufluss von Arbeitslohn
Arbeitslohn fließt zu bei
- wirtschaftlicher Verfügungsmacht des Arbeitnehmers über den Arbeitslohn (>BFH vom 30.4.1974 – BStBl II S.541); dies gilt auch bei Zahlungen ohne Rechtsgrund (>BFH vom 4.5.2006 – BStBl II S.832) sowie versehentlicher Überweisung, die der Arbeitgeber zurückfordern kann (>BFH vom 4.5.2006 – BStBl II S.830); zur Rückzahlung von Arbeitslohn >H 11;
- Zahlung, Verrechnung oder Gutschrift (>BFH vom 10.12.1985 – BStBl 1986 II S.342);
- Entgegennahme eines Schecks oder Verrechnungsschecks, wenn die bezogene Bank im Fall der sofortigen Vorlage den Scheckbetrag auszahlen oder gutschreiben würde und der sofortigen Vorlage keine zivilrechtlichen Abreden entgegenstehen (>BFH vom 30.10.1980 – BStBl 1981 II S.305);
- Einlösung oder Diskontierung eines zahlungshalber hingegebenen Wechsels (>BFH vom 5.5.1971 – BStBl II S.624);
- Verzicht des Arbeitgebers auf eine ihm zustehende Schadenersatzforderung gegenüber dem Arbeitnehmer in dem Zeitpunkt, in dem der Arbeitgeber zu erkennen gibt, dass er keinen Rückgriff nehmen wird (>BFH vom 29.3.1992 – BStBl II S.837);
- Überlassung einer Jahresnetzkarte mit uneingeschränktem Nutzungsrecht in voller Höhe im Zeitpunkt der Überlassung (>BFH vom 12.4.2007 – BStBl II S.719) oder im Zeitpunkt der Ausübung des Bezugsrechts durch Erwerb der Jahresnetzkarte (>BFH vom 14.11.2012 – BStBl 2013 II S.382);
- Ausgleichszahlungen, die der Arbeitnehmer für seine in der Arbeitsphase erbrachten Vorleistungen erhält, wenn ein im Blockmodell geführtes Altersteilzeitarbeitsverhältnis vor Ablauf der vertraglich vereinbarten Zeit beendet wird (>BFH vom 15.12.2011 – BStBl 2012 II S.415);
- >Wandelschuldverschreibung.

| R 38.3 | **Einbehaltungspflicht des Arbeitgebers** |

(1) ¹Zur Einbehaltung der Lohnsteuer vom Arbeitslohn ist jeder inländische Arbeitgeber verpflichtet. ²Für die Einbehaltung der Lohnsteuer seiner Leiharbeitnehmer hat der ausländische Verleiher nach § 38 Abs. 1 Satz 1 Nr. 2 EStG auch dann die gleichen Pflichten wie ein inländischer Arbeitgeber zu erfüllen, wenn er selbst nicht inländischer Arbeitgeber ist.

(2) Neben den im § 12 Satz 2 AO aufgeführten Einrichtungen sind Betriebsstätten auch Landungsbrücken (Anlegestellen von Schifffahrtsgesellschaften), Kontore und sonstige Geschäftseinrichtungen, die dem Unternehmer oder Mitunternehmer oder seinem ständigen Vertreter, z. B. einem Prokuristen, zur Ausübung des Gewerbes dienen.

(3) ¹Ständiger Vertreter nach § 13 AO kann hiernach z. B. auch eine Person sein, die eine Filiale leitet oder die Aufsicht über einen Bautrupp ausübt. ²Ständiger Vertreter ist jedoch z. B. nicht ein einzelner Monteur, der von Fall zu Fall Montagearbeiten im Inland ausführt.

(4) ¹Bei Bauausführungen oder Montagen ausländischer Arbeitgeber im Inland, die länger als sechs Monate (>§ 12 Satz 2 Nr. 8 AO) dauern, ist der ausländische Arbeitgeber zugleich als inländischer Arbeitgeber i. S. d. § 38 Abs. 1 Satz 1 Nr. 1 EStG anzusehen, gleichgültig ob die Bauausführung oder Montage nach dem Doppelbesteuerungsabkommen eine Betriebsstätte begründet. ²Begründet die Bauausführung oder Montage nach dem anzuwendenden Doppelbesteuerungsabkommen keine Betriebsstätte, sind die Arbeitslöhne, die an die im Inland eingesetzten ausländischen Arbeitnehmer gezahlt werden, in der Regel von der Lohnsteuer freizustellen, wenn sie sich höchstens an 183 Tagen im Kalenderjahr, bei bestimmten Doppelbesteuerungsabkommen in einem Zwölfmonatszeitraum im Inland aufhalten.

(5) ¹In den Fällen der Arbeitnehmerentsendung ist inländischer Arbeitgeber auch das in Deutschland ansässige Unternehmen, das den Arbeitslohn für die ihm geleistete Arbeit wirtschaftlich trägt. ²Hiervon ist insbesondere dann auszugehen, wenn die von dem anderen Unternehmen gezahlte Arbeitsvergütung dem deutschen Unternehmen weiterbelastet wird. ³Die Erfüllung der Arbeitgeberpflichten setzt nicht voraus, dass das inländische Unternehmen den Arbeitslohn im eigenen Namen und für eigene Rechnung auszahlt. ⁴Die Lohnsteuer entsteht bereits im Zeitpunkt der Arbeitslohnzahlung an den Arbeitnehmer, wenn das inländische Unternehmen auf Grund der Vereinbarung mit dem ausländischen Unternehmen mit einer Weiterbelastung rechnen kann; in diesem Zeitpunkt ist die Lohnsteuer vom inländischen Unternehmen zu erheben.

| H 38.3 |

Arbeitgeberbegriff

- >R 19.1, H 19.1
- Wirtschaftlicher Arbeitgeber bei Arbeitnehmerentsendung zwischen international verbundenen Unternehmen >BMF vom 3. 5. 2018 (BStBl I S. 643), Tz. 4.3.3

Inländischer Arbeitgeber

- Auch ein im Ausland ansässiger Arbeitgeber, der im Inland eine Betriebsstätte oder einen ständigen Vertreter hat, ist nach § 38 Abs. 1 Satz 1 Nr. 1 EStG inländischer Arbeitgeber (>BFH vom 5. 10. 1977 – BStBl 1978 II S. 205).
- Bei Arbeitnehmerentsendung ist das in Deutschland ansässige aufnehmende Unternehmen, das den Arbeitslohn für die ihm geleistete Arbeit wirtschaftlich trägt, Arbeitgeber >§ 38 Abs. 1 Satz 2 EStG.

Leiharbeitnehmer
Nach besonderen Regelungen in den Abkommen zur Vermeidung der Doppelbesteuerung ist entweder die 183-Tage-Klausel auf Leiharbeitnehmer nicht anwendbar oder mehrere Vertragsstaaten haben das Besteuerungsrecht (>BMF vom 3.5.2018 (BStBl I S. 643), Tz. 4.3.4).

Zuständiges Finanzamt
für ausländische Verleiher >H 41.3

R 38.4 Lohnzahlung durch Dritte

Unechte Lohnzahlung durch Dritte
(1) [1]Eine unechte Lohnzahlung eines Dritten ist dann anzunehmen, wenn der Dritte lediglich als Leistungsmittler fungiert. [2]Das ist z.B. der Fall, wenn der Dritte im Auftrag des Arbeitgebers leistet oder die Stellung einer Kasse des Arbeitgebers innehat. [3]Der den Dritten als Leistungsmittler einsetzende Arbeitgeber bleibt der den Arbeitslohn Zahlende und ist daher zum Lohnsteuerabzug verpflichtet (§ 38 Abs. 1 Satz 1 EStG).

Echte Lohnzahlung durch Dritte
(2) [1]Eine echte Lohnzahlung eines Dritten liegt dann vor, wenn dem Arbeitnehmer Vorteile von einem Dritten eingeräumt werden, die ein Entgelt für eine Leistung sind, die der Arbeitnehmer im Rahmen seines Dienstverhältnisses für den Arbeitgeber erbringt; hierzu gehören z.B. geldwerte Vorteile, die der Leiharbeitnehmer auf Grund des Zugangs zu Gemeinschaftseinrichtungen oder -diensten des Entleihers erhält (§ 13b AÜG). [2]In diesen Fällen hat der Arbeitgeber die Lohnsteuer einzubehalten und die damit verbundenen sonstigen Pflichten zu erfüllen, wenn er weiß oder erkennen kann, dass derartige Vergütungen erbracht werden (§ 38 Abs. 1 Satz 3 EStG). [3]Die dem Arbeitgeber bei der Lohnzahlung durch Dritte auferlegte Lohnsteuerabzugspflicht erfordert, dass dieser seine Arbeitnehmer auf ihre gesetzliche Verpflichtung (§ 38 Abs. 4 Satz 3 EStG) hinweist, ihm am Ende des jeweiligen Lohnzahlungszeitraums die von einem Dritten gewährten Bezüge anzugeben. [4]Kommt der Arbeitnehmer seiner Angabepflicht nicht nach und kann der Arbeitgeber bei der gebotenen Sorgfalt aus seiner Mitwirkung an der Lohnzahlung des Dritten oder aus der Unternehmensverbundenheit mit dem Dritten erkennen, dass der Arbeitnehmer zu Unrecht keine Angaben macht oder seine Angaben unzutreffend sind, hat der Arbeitgeber die ihm bekannten Tatsachen zur Lohnzahlung von dritter Seite dem Betriebsstättenfinanzamt anzuzeigen (§ 38 Abs. 4 Satz 3 zweiter Halbsatz EStG). [5]Die Anzeige hat unverzüglich zu erfolgen.

H 38.4

Abgrenzung zwischen echter und unechter Lohnzahlung durch Dritte
>R 38.4 und BFH vom 30.5.2001 (BStBl 2002 II S. 230)

Lohnsteuerabzug
Der Arbeitgeber ist insbesondere dann zum Lohnsteuerabzug verpflichtet (unechte Lohnzahlung durch Dritte >R 38.4 Abs. 1), wenn
- er in irgendeiner Form tatsächlich oder rechtlich in die Arbeitslohnzahlung eingeschaltet ist (>BFH vom 13.3.1974 – BStBl II S. 411),
- ein Dritter in der praktischen Auswirkung nur die Stellung einer zahlenden Kasse hat, z.B. selbständige Kasse zur Zahlung von Unterstützungsleistungen (>BFH vom 28.3.1958 – BStBl III S. 268) oder von Erholungsbeihilfen (>BFH vom 27.1.1961 – BStBl III S. 167).

Lohnzahlung durch Dritte
- Nachwuchsförderpreis des Arbeitgeberverbandes für die fachlichen Leistungen im Arbeitsverhältnis (>BFH vom 23. 4. 2009 – BStBl II S. 668),
- Bonuszahlung der Konzernmutter an die Arbeitnehmer der veräußerten Konzerntochter als Anerkennung für die geleistete Arbeit (>BFH vom 28. 2. 2013 – BStBl II S. 642),
- Verbilligter Erwerb von Vermögensbeteiligungen im Hinblick auf ein künftiges Beschäftigungsverhältnis (>BFH vom 26. 6. 2014 – BStBl II S. 864),
- Freiwillige Zahlungen von Notaren an Notarassessoren für deren Vertretungstätigkeit (>BFH vom 10. 3. 2015 – BStBl II S. 767),
- Verbilligte Pauschalreise an Reisebüromitarbeiter >H 8.2 (Berechnung des Rabatt-Freibetrags), Beispiel 2,
- >H 19.3 (Lohnzahlung durch Dritte).

Metergelder im Möbeltransportgewerbe
unterliegen in voller Höhe dem Lohnsteuerabzug, wenn auf sie ein Rechtsanspruch besteht (>BFH vom 9. 3. 1965 – BStBl III S. 426).

Rabatte von dritter Seite
Zur steuerlichen Behandlung der Rabatte, die Arbeitnehmern von dritter Seite eingeräumt werden >BMF vom 20. 1. 2015 (BStBl I S. 143)

Unerlaubte Arbeitnehmerüberlassung
>R 19.1 Satz 6

R 38.5   **Lohnsteuerabzug durch Dritte**

¹Die Übertragung der Arbeitgeberpflichten nach § 38 Abs. 3a Satz 2 ff. EStG auf einen Dritten kann vom Finanzamt auf schriftlichen Antrag zugelassen werden. ²Die Zustimmung kann nur erteilt werden, wenn der Dritte für den gesamten Arbeitslohn des Arbeitnehmers die Lohnsteuerabzugsverpflichtung übernimmt.

Zu § 38b EStG

H 38b

Familienstand
>R 26 EStR, H 26 EStH

Lebenspartner und Lebenspartnerschaften
>§ 2 Abs. 8 EStG, H 2 EStH

Steuerklasse in EU/EWR-Fällen
Ein Arbeitnehmer, der als Staatsangehöriger eines Mitgliedstaats der Europäischen Union (EU) oder der Staaten Island, Liechtenstein oder Norwegen (EWR) nach § 1 Abs. 1 EStG unbeschränkt einkommensteuerpflichtig ist, ist auf Antrag in die Steuerklasse III einzuordnen, wenn der Ehe-

gatte des Arbeitnehmers in einem EU/EWR-Mitgliedstaat oder in der Schweiz lebt (>§ 1a Abs. 1 Nr. 2 EStG). Es ist nicht erforderlich, dass der Ehegatte ebenfalls Staatsangehöriger eines EU/EWR-Mitgliedstaates ist. Auf die prozentuale oder absolute Höhe der nicht der deutschen Einkommensteuer unterliegenden Einkünfte beider Ehegatten kommt es nicht an.

Die Einreihung in die Steuerklasse III führt zur Veranlagungspflicht nach § 46 Abs. 2 Nr. 7 Buchstabe a EStG.

Ein allein stehender Arbeitnehmer, der Staatsangehöriger eines EU/EWR-Mitgliedstaates ist und nach § 1 Abs. 1 EStG unbeschränkt einkommensteuerpflichtig ist, ist in die Steuerklasse II einzureihen, wenn ihm der Entlastungsbetrag für Alleinerziehende zusteht.

Für die Änderung der Steuerklasse ist das Wohnsitzfinanzamt des im Inland lebenden Arbeitnehmers zuständig (>BMF vom 29. 9. 1995 – BStBl I S. 429, Tz. 1.1 unter Berücksichtigung der zwischenzeitlich eingetretenen Rechtsänderungen).

Zu § 39 EStG

R 39.1

– unbesetzt –

H 39.1

Allgemeines

Elektronische Lohnsteuerabzugsmerkmale (ELStAM); Lohnsteuerabzug im Verfahren der elektronischen Lohnsteuerabzugsmerkmale >BMF vom 8. 11. 2018 (BStBl I S. 1137)

Bescheinigung der Religionsgemeinschaft

– Die Bescheinigung der Religionsgemeinschaft ist verfassungsgemäß (>BVerfG vom 25. 5. 2001 – 1 BvR 2253/00). Dies gilt auch für die Eintragung „– –", aus der sich ergibt, dass der Steuerpflichtige keiner kirchensteuererhebungsberechtigten Religionsgemeinschaft angehört (>BVerfG vom 30. 9. 2002 – 1 BvR 1744/02).

– **Beispiele**

Konfessionszugehörigkeit		Eintragung im Feld
Arbeitnehmer	Ehegatte	Kirchensteuerabzug
ev	rk	ev rk
ev	ev	ev
rk	– –	rk
– –	ev	– –
– –	– –	– –

R 39.2 Änderungen und Ergänzungen der Lohnsteuerabzugsmerkmale[1]

Änderung der Steuerklassen

(1) ¹Wird die Ehe eines Arbeitnehmers durch Scheidung oder Aufhebung aufgelöst oder haben die Ehegatten die dauernde Trennung herbeigeführt, dürfen die gebildeten Steuerklassen im laufenden Kalenderjahr nicht geändert werden; es kommt nur ein Steuerklassenwechsel nach Absatz 2 in Betracht. ²Das gilt nicht, wenn bei einer durch Scheidung oder Aufhebung aufgelösten Ehe der andere Ehegatte im selben Kalenderjahr wieder geheiratet hat, von seinem neuen Ehegatten nicht dauernd getrennt lebt und er und sein neuer Ehegatte unbeschränkt einkommensteuerpflichtig sind; in diesen Fällen ist die beim nicht wieder verheirateten Ehegatten gebildete Steuerklasse auf Antrag in Steuerklasse III zu ändern, wenn die Voraussetzungen des § 38b Satz 2 Nr. 3 Buchstabe c Doppelbuchstabe aa EStG erfüllt sind.

Steuerklassenwechsel

(2) ¹Bei Ehegatten, die beide Arbeitslohn beziehen*⁾, sind auf gemeinsamen Antrag**⁾ der Ehegatten die gebildeten Steuerklassen wie folgt zu ändern:
1. Ist bei beiden Ehegatten die Steuerklasse IV gebildet worden, kann diese bei einem Ehegatten in Steuerklasse III und beim anderen Ehegatten in Steuerklasse V geändert werden.
2. Ist bei einem Ehegatten die Steuerklasse III und beim anderen Ehegatten die Steuerklasse V gebildet worden, können diese bei beiden Ehegatten in Steuerklasse IV geändert werden.
3. Ist bei einem Ehegatten die Steuerklasse III und beim anderen Ehegatten die Steuerklasse V gebildet worden, kann die Steuerklasse III des einen Ehegatten in Steuerklasse V und die Steuerklasse V des anderen Ehegatten in Steuerklasse III geändert werden.

²In einem Kalenderjahr kann jeweils nur ein Antrag gestellt werden. ³Neben dem in § 39 Abs. 6 Satz 4 EStG geregelten Fall ist ein weiterer Antrag möglich, wenn ein Ehegatte keinen steuerpflichtigen Arbeitslohn mehr bezieht oder verstorben ist, wenn sich die Ehegatten auf Dauer getrennt haben oder wenn ein Dienstverhältnis wieder aufgenommen wird, z. B. nach einer Arbeitslosigkeit oder einer Elternzeit.

Zahl der Kinderfreibeträge in den Fällen des § 32 Abs. 6 Satz 4 EStG

(3) Bei der Zahl der Kinderfreibeträge sind ermäßigte Kinderfreibeträge für nicht unbeschränkt einkommensteuerpflichtige Kinder nicht zu berücksichtigen.

R 39.3 Bescheinigung für den Lohnsteuerabzug

¹Ein Antrag nach § 39 Abs. 3 Satz 1 oder § 39e Abs. 8 Satz 1 EStG ist bis zum 31. 12. des Kalenderjahres zu stellen, für das die Bescheinigung für den Lohnsteuerabzug gilt. ²Die Bescheinigung der Steuerklasse I kann auch der Arbeitgeber beantragen, wenn dieser den Antrag nach § 39 Abs. 3 Satz 1 EStG im Namen des Arbeitnehmers stellt (§ 39 Abs. 3 Satz 3 EStG). ³Bezieht ein Arbeitnehmer gleichzeitig Arbeitslohn aus mehreren gegenwärtigen oder früheren Dienstverhältnissen, mit dem er der beschränkten Einkommensteuerpflicht unterliegt, hat das Finanzamt in der Bescheinigung für das zweite und jedes weitere Dienstverhältnis zu vermerken, dass die Steuerklasse VI anzuwenden ist. ⁴Bei Nichtvorlage der Bescheinigung hat der Arbeitgeber den Lohnsteuerabzug nach Maßgabe des § 39c Abs. 1 und 2 EStG vorzunehmen.

---

*) Überholt >§ 39 Abs. 6 Satz 3 EStG.
**) Zum einseitigen Antragsrecht eines Ehegatten >§ 38b Abs. 3 Satz 2 und 3 EStG.
1) Die Regelungen zu Ehegatten gelten auch für Lebenspartner (§ 2 Abs. 8 EStG).

| R 39.4 | **Lohnsteuerabzug bei beschränkter Einkommensteuerpflicht** |

Freibetrag oder Hinzurechnungsbetrag bei beschränkter Einkommensteuerpflicht
(1) ¹Nach § 39a Abs. 2 Satz 8 i. V. m. Abs. 4 EStG ist ein vom Arbeitnehmer zu beantragender Freibetrag oder Hinzurechnungsbetrag durch Aufteilung in Monatsbeträge, erforderlichenfalls in Wochen- und Tagesbeträge, jeweils auf die voraussichtliche Dauer des Dienstverhältnisses im Kalenderjahr gleichmäßig zu verteilen. ²Dabei sind ggf. auch die im Kalenderjahr bereits abgelaufenen Zeiträume desselben Dienstverhältnisses einzubeziehen, es sei denn, der Arbeitnehmer beantragt die Verteilung des Betrags auf die restliche Dauer des Dienstverhältnisses. ³Bei beschränkt einkommensteuerpflichtigen Arbeitnehmern, bei denen § 50 Abs. 1 Satz 4 EStG anzuwenden ist, sind Werbungskosten und Sonderausgaben insoweit einzutragen, als sie die zeitanteiligen Pauschbeträge (>§ 50 Abs. 1 Satz 5 EStG) übersteigen.

Ausübung oder Verwertung (§ 49 Abs. 1 Nr. 4 Buchstabe a EStG)
(2) ¹Die nichtselbständige Arbeit wird im Inland ausgeübt, wenn der Arbeitnehmer im Geltungsbereich des EStG persönlich tätig wird. ²Sie wird im Inland verwertet, wenn der Arbeitnehmer das Ergebnis einer außerhalb des Geltungsbereichs des EStG ausgeübten Tätigkeit im Inlands einem Arbeitgeber zuführt. ³Zu der im Inland ausgeübten oder verwerteten nichtselbständigen Arbeit gehört nicht die nichtselbständige Arbeit, die auf einem deutschen Schiff während seines Aufenthalts in einem ausländischen Küstenmeer, in einem ausländischen Hafen von Arbeitnehmern ausgeübt wird, die weder einen Wohnsitz noch ihren gewöhnlichen Aufenthalt im Inland haben. ⁴Unerheblich ist, ob der Arbeitslohn zu Lasten eines inländischen Arbeitgebers gezahlt wird. ⁵Arbeitgeber i. S. d. Satzes 2 ist die Stelle im Inland, z. B. eine Betriebsstätte oder der inländische Vertreter eines ausländischen Arbeitgebers, die unbeschadet des formalen Vertragsverhältnisses zu einem möglichen ausländischen Arbeitgeber die wesentlichen Rechte und Pflichten eines Arbeitgebers tatsächlich wahrnimmt; inländischer Arbeitgeber ist auch ein inländisches Unternehmen bezüglich der Arbeitnehmer, die bei rechtlich unselbständigen Betriebsstätten, Filialen oder Außenstellen im Ausland beschäftigt sind.

Befreiung von der beschränkten Einkommensteuerpflicht
(3) Einkünfte aus der Verwertung einer außerhalb des Geltungsbereichs des EStG ausgeübten nichtselbständigen Arbeit bleiben bei der Besteuerung außer Ansatz,
1. wenn zwischen der Bundesrepublik Deutschland und dem Wohnsitzstaat ein Doppelbesteuerungsabkommen besteht und nach R 39b.10 der Lohnsteuerabzug unterbleiben darf oder
2. in anderen Fällen, wenn nachgewiesen oder glaubhaft gemacht wird, dass von diesen Einkünften in dem Staat, in dem die Tätigkeit ausgeübt worden ist, eine der deutschen Einkommensteuer entsprechende Steuer tatsächlich erhoben wird. ²Auf diesen Nachweis ist zu verzichten bei Arbeitnehmern, bei denen die Voraussetzungen des Auslandstätigkeitserlasses vorliegen.

Künstler, Berufssportler, unterhaltend und ähnlich darbietende Personen sowie Artisten
(4) ¹Bezüge von beschränkt einkommensteuerpflichtigen Berufssportlern, darbietenden Künstlern (z. B. Musikern), werkschaffenden Künstlern (z. B. Schriftstellern, Journalisten und Bildberichterstattern), anderen unterhaltend oder ähnlich Darbietenden sowie Artisten unterliegen dem Lohnsteuerabzug, wenn sie zu den Einkünften aus nichtselbständiger Arbeit gehören und von einem inländischen Arbeitgeber i. S. d. § 38 Abs. 1 Satz 1 Nr. 1 EStG gezahlt werden. ²Von den Vergütungen der Berufssportler, darbietenden Künstler, Artisten und unterhaltend oder ähnlich darbietenden Personen (§ 50a Abs. 1 Nr. 1 EStG) wird die Einkommensteuer nach Maßgabe der §§ 50a, 50d EStG erhoben, wenn diese nicht von einem inländischen Arbeitgeber gezahlt werden.

H 39.4

Arbeitnehmer mit Wohnsitz
- **in Belgien**
  >Grenzgängerregelung nach dem Zusatzabkommen zum DBA Belgien (BGBl 2003 II S. 1615)
- **in Frankreich**
  >Zur Verständigungsvereinbarung zur 183-Tage-Regelung und zur Anwendung der Grenzgängerregelung >BMF vom 3. 4. 2006 (BStBl I S. 304)
- **in Luxemburg**
  >Verständigungsvereinbarung betreffend der Besteuerung von Berufskraftfahrern; Erweiterung der Verständigungsvereinbarung auf Lokomotivführer und Begleitpersonal >BMF vom 19. 9. 2011 (BStBl I S. 849)
- **in den Niederlanden**
  >Zur steuerlichen Behandlung von Alterseinkünften >BMF vom 24. 1. 2017 (BStBl I S. 147)
- **in der Schweiz**
  >Artikel 3 des Zustimmungsgesetzes vom 30. 9. 1993 (BStBl I S. 927)
  >Einführungsschreiben zur Neuregelung der Grenzgängerbesteuerung vom 19. 9. 1994 (BStBl I S. 683) unter Berücksichtigung der Änderungen durch BMF vom 18. 12. 2014 (BStBl 2015 I S. 22)
  >BMF vom 7. 7. 1997 (BStBl I S. 723) unter Berücksichtigung der Änderungen durch BMF vom 30. 9. 2008 (BStBl I S. 935)
  >Zur Verständigungsvereinbarung zur Behandlung von Arbeitnehmern im internationalen Transportgewerbe >BMF vom 29. 6. 2011 (BStBl I S. 621)
  >Zur Verständigungsvereinbarung zur Behandlung über die Besteuerung von fliegendem Personal >BMF vom 23. 7. 2012 (BStBl I S. 863)
- **in der Türkei**
  >Zur steuerlichen Behandlung von Alterseinkünften >BMF vom 11. 12. 2014 (BStBl 2015 I S. 92)

Auslandstätigkeitserlass
>BMF vom 31. 10. 1983, Anhang 7[1)]

Entschädigung
>BMF vom 3. 5. 2018 (BStBl I S. 643), Tz. 5.5.5

Künstler
>BMF vom 31. 7. 2002 (BStBl I S. 707) unter Berücksichtigung der Änderungen durch BMF vom 28. 3. 2013 (BStBl I S. 443)

Öffentliche Kassen
>H 3.11

Verwertungstatbestand
- >BFH vom 12. 11. 1986 (BStBl 1987 II S. 377, 379, 381, 383)

---

1) = Anhang 7 Amtliches Lohnsteuer-Handbuch 2019, hier nicht wiedergegeben, mit BMF-Schreiben vom 31. 10. 1983 (BStBl I S. 470).

— **Beispiel:**
Ein lediger Wissenschaftler wird im Rahmen eines Forschungsvorhabens in Südamerika tätig. Seinen inländischen Wohnsitz hat er aufgegeben. Er übergibt entsprechend den getroffenen Vereinbarungen seinem inländischen Arbeitgeber einen Forschungsbericht. Der Arbeitgeber sieht von einer kommerziellen Auswertung der Forschungsergebnisse ab.
Der Wissenschaftler ist mit den Bezügen, die er für die Forschungstätigkeit von seinem Arbeitgeber erhält, beschränkt einkommensteuerpflichtig nach § 1 Abs. 4 i.V. m. § 49 Abs. 1 Nr. 4 Buchstabe a EStG; sie unterliegen deshalb dem Lohnsteuerabzug.

Zu § 39a EStG

R 39a.1 Verfahren bei Bildung eines Freibetrags oder eines Hinzurechnungsbetrags[1]

Allgemeines
(1) Soweit die Gewährung eines Freibetrags wegen der Aufwendungen für ein Kind davon abhängt, dass der Arbeitnehmer für dieses Kind einen Anspruch auf einen Freibetrag nach § 32 Abs. 6 EStG oder auf Kindergeld erhält, ist diese Voraussetzung auch erfüllt, wenn dem Arbeitnehmer im Lohnsteuer-Abzugsverfahren ein Kinderfreibetrag zusteht, er aber auf die an sich mögliche Bildung einer Kinderfreibetragszahl für dieses Kind verzichtet hat oder Anspruch auf einen ermäßigten Freibetrag nach § 32 Abs. 6 EStG besteht.

Antragsgrenze
(2) Für die Feststellung, ob die Antragsgrenze nach § 39a Abs. 2 Satz 4 EStG überschritten wird, gilt Folgendes:
1. Soweit für Werbungskosten bestimmte Beträge gelten, z. B. für Verpflegungsmehraufwendungen und pauschale Kilometersätze bei Auswärtstätigkeit, für Wege zwischen Wohnung und erster Tätigkeitsstätte (> § 9 EStG), sind diese maßgebend.
2. ¹Bei Sonderausgaben i. S. d. § 10 Abs. 1 Nr. 1a, 1b und 4 EStG*) sind die tatsächlichen Aufwendungen anzusetzen, auch wenn diese Aufwendungen geringer sind als der Pauschbetrag. ²Für Sonderausgaben i. S. d. § 10 Abs. 1 Nr. 1, 5, 7 und 9 EStG**) sind höchstens die nach diesen Vorschriften berücksichtigungsfähigen Aufwendungen anzusetzen.
3. Zuwendungen an politische Parteien sind als Sonderausgaben auch zu berücksichtigen, soweit eine Steuerermäßigung nach § 34g Satz 1 Nr. 1 EStG in Betracht kommt, nicht hingegen Zuwendungen an Vereine i. S. d. § 34g Satz 1 Nr. 2 EStG.
4. Bei außergewöhnlichen Belastungen nach § 33 EStG ist von den dem Grunde und der Höhe nach anzuerkennenden Aufwendungen auszugehen; bei außergewöhnlicher Belastung nach § 33a und § 33b Abs. 6 EStG sind dagegen nicht die Aufwendungen, sondern die wegen dieser Aufwendungen abziehbaren Beträge maßgebend.
5. Vorsorgeaufwendungen (§ 10 Abs. 1 Nr. 2, 3 und 3a EStG) bleiben in jedem Fall außer Betracht, auch soweit sie die Vorsorgepauschale (§ 39b Abs. 2 Satz 5 Nr. 3 EStG) übersteigen.
6. ¹Bei Anträgen von Ehegatten, die beide unbeschränkt einkommensteuerpflichtig sind und nicht dauernd getrennt leben, ist die Summe der für beide Ehegatten in Betracht kommenden Aufwendungen und abziehbaren Beträge zugrunde zu legen. ²Die Antragsgrenze ist bei Ehegatten nicht zu verdoppeln.
7. Ist für beschränkt antragsfähige Aufwendungen bereits ein Freibetrag gebildet worden, ist bei einer Änderung dieses Freibetrags die Antragsgrenze nicht erneut zu prüfen.

---

*) Jetzt § 10 Abs. 1 Nr. 4 EStG und § 10 Abs. 1a Nr. 2 bis 4 EStG.
**) Jetzt § 10 Abs. 1 Nr. 5, 7 und 9 EStG sowie § 10 Abs. 1a Nr. 1 EStG.
1) Die Regelungen zu Ehegatten gelten auch für Lebenspartner (§ 2 Abs. 8 EStG).

(3) Die Antragsgrenze gilt nicht, soweit es sich um die Bildung eines Freibetrags für die in § 39a Abs. 1 Satz 1 Nr. 4 bis 7 EStG bezeichneten Beträge handelt.

(4) [1]Wird die Antragsgrenze überschritten oder sind Beträge i. S. d. Absatzes 3 zu berücksichtigen, hat das Finanzamt den Jahresfreibetrag festzustellen. [2]Bei der Berechnung des Jahresfreibetrags sind Werbungskosten nur zu berücksichtigen, soweit sie den maßgebenden Pauschbetrag für Werbungskosten nach § 9a Satz 1 Nr. 1 EStG übersteigen, Sonderausgaben mit Ausnahme der Vorsorgeaufwendungen nur anzusetzen, soweit sie den Sonderausgaben-Pauschbetrag (§ 10c EStG) übersteigen, und außergewöhnliche Belastungen (§ 33 EStG) nur einzubeziehen, soweit sie die zumutbare Belastung (>Absatz 5) übersteigen. [3]Zuwendungen an politische Parteien sind auch zu berücksichtigen, soweit eine Steuerermäßigung nach § 34g Satz 1 Nr. 1 EStG in Betracht kommt, nicht hingegen Zuwendungen an Vereine i. S. d. § 34g Satz 1 Nr. 2 EStG.

Freibetrag wegen außergewöhnlicher Belastung

(5) [1]Die zumutbare Belastung ist vom voraussichtlichen Jahresarbeitslohn des Arbeitnehmers und ggf. seines von ihm nicht dauernd getrennt lebenden, unbeschränkt einkommensteuerpflichtigen Ehegatten gekürzt um den Altersentlastungsbetrag (§ 24a EStG), die Freibeträge für Versorgungsbezüge (§ 19 Abs. 2 EStG) und die Werbungskosten (§§ 9, 9a und 9c EStG*)) zu berechnen. [2]Steuerfreie Einnahmen sowie alle Bezüge, für die die Lohnsteuer mit einem Pauschsteuersatz nach den §§ 37a, 37b, 40 bis 40b EStG erhoben wird, und etwaige weitere Einkünfte des Arbeitnehmers und seines Ehegatten bleiben außer Ansatz. [3]Bei der Anwendung der Tabelle in § 33 Abs. 3 EStG zählen als Kinder des Stpfl. die Kinder, für die er einen Anspruch auf einen Freibetrag nach § 32 Abs. 6 EStG oder auf Kindergeld erhält. [4]Bei der zumutbaren Belastung sind auch Kinder zu berücksichtigen, für die der Arbeitnehmer auf die Bildung einer Kinderfreibetragszahl auf der Lohnsteuerkarte verzichtet hat oder Anspruch auf einen ermäßigten Freibetrag nach § 32 Abs. 6 EStG besteht. [5]Ist im Kalenderjahr eine unterschiedliche Zahl von Kindern zu berücksichtigen, ist von der höheren Zahl auszugehen.

Freibetrag und Hinzurechnungsbetrag nach § 39a Abs. 1 Satz 1 Nr. 7 EStG

(6) [1]Arbeitnehmer mit mehr als einem Dienstverhältnis, deren Arbeitslohn aus dem ersten Dienstverhältnis niedriger ist als der Betrag, bis zu dem nach der Steuerklasse des ersten Dienstverhältnisses keine Lohnsteuer zu erheben ist, können die Übertragung bis zur Höhe dieses Betrags als Freibetrag im zweiten Dienstverhältnis mit der Steuerklasse VI beantragen. [2]Dabei kann der Arbeitnehmer den zu übertragenden Betrag selbst bestimmen. [3]Eine Verteilung auf mehrere weitere Dienstverhältnisse des Arbeitnehmers ist zulässig. [4]Für das erste Dienstverhältnis wird in diesen Fällen ein Hinzurechnungsbetrag in Höhe der abgerufenen Freibeträge nach den Sätzen 1 bis 3 gebildet oder ggf. mit einem Freibetrag nach § 39a Abs. 1 Satz 1 Nr. 1 bis 6 und 8 EStG verrechnet.

Umrechnung des Jahresfreibetrags oder des Jahreshinzurechnungsbetrags

(7) [1]Für die Umrechnung des Jahresfreibetrags in einen Freibetrag für monatliche Lohnzahlung ist der Jahresfreibetrag durch die Zahl der in Betracht kommenden Kalendermonate zu teilen. [2]Der Wochenfreibetrag ist mit $7/30$ und der Tagesfreibetrag mit $1/30$ des Monatsbetrags anzusetzen. [3]Der sich hiernach ergebende Monatsbetrag ist auf den nächsten vollen Euro-Betrag, der Wochenbetrag auf den nächsten durch 10 teilbaren Centbetrag und der Tagesbetrag auf den nächsten durch 5 teilbaren Centbetrag aufzurunden. [4]Die Sätze 1 bis 3 gelten für die Umrechnung des Jahreshinzurechnungsbetrags entsprechend.

---

*) § 9c EStG ist aufgehoben worden.

Änderung eines gebildeten Freibetrags oder Hinzurechnungsbetrags

(8) [1]Ist bereits ein Jahresfreibetrag gebildet worden und beantragt der Arbeitnehmer im Laufe des Kalenderjahres die Berücksichtigung weiterer Aufwendungen oder abziehbarer Beträge, wird der Jahresfreibetrag unter Berücksichtigung der gesamten Aufwendungen und abziehbaren Beträge des Kalenderjahres neu festgestellt; für die Berechnung des Monatsfreibetrags, Wochenfreibetrags usw. ist der Freibetrag um den Teil des bisherigen Freibetrags zu kürzen, der für den Zeitraum bis zur Wirksamkeit des neuen Freibetrags zu berücksichtigen war. [2]Der verbleibende Betrag ist auf die Zeit vom Beginn des auf die Antragstellung folgenden Kalendermonats bis zum Schluss des Kalenderjahres gleichmäßig zu verteilen. [3]Die Sätze 1 und 2 gelten für den Hinzurechnungsbetrag entsprechend.

H 39a.1

Allgemeines
Elektronische Lohnsteuerabzugsmerkmale (ELStAM); Lohnsteuerabzug im Verfahren der elektronischen Lohnsteuerabzugsmerkmale >BMF vom 8.11.2018 (BStBl I S. 1137)

Altersvorsorgeaufwendungen
Für Einzahlungen in einen Basisrentenvertrag (Rürup-Vertrag) kann kein Freibetrag gebildet werden (>BFH vom 10.11.2016 – BStBl 2017 II S. 715).

Beispiele
– **Umrechnung des Jahresfreibetrags**

Ein monatlich entlohnter Arbeitnehmer beantragt am 2.5. die Berücksichtigung eines Freibetrags. Es wird vom Finanzamt ein Freibetrag von 1.555 € festgestellt, der auf die Monate Juni bis Dezember (7 Monate) zu verteilen ist. Außer dem Jahresfreibetrag von 1.555 € ist ab 1.6. ein Monatsfreibetrag von 223 € zu berücksichtigen.

– **Erhöhung eines berücksichtigten Freibetrags**

Ein monatlich entlohnter Arbeitnehmer, für den mit Wirkung vom 1.1. an ein Freibetrag von 2.400 € (monatlich 200 €) berücksichtigt worden ist, macht am 10.3. weitere Aufwendungen von 963 € geltend. Es ergibt sich ein neuer Jahresfreibetrag von (2.400 € + 963 € =) 3.363 €. Für die Berechnung des neuen Monatsfreibetrags ab April ist der Jahresfreibetrag um die bei der Lohnsteuerberechnung bisher zu berücksichtigenden Monatsfreibeträge Januar bis März von (3 x 200 € =) 600 € zu kürzen. Der verbleibende Betrag von (3.363 € ./. 600 € =) 2.763 € ist auf die Monate April bis Dezember zu verteilen, so dass ab 1.4. ein Monatsfreibetrag von 307 € zu berücksichtigen ist. Für die abgelaufenen Lohnzahlungszeiträume Januar bis März bleibt der Monatsfreibetrag von 200 € unverändert.

– **Herabsetzung eines Freibetrags**

Ein monatlich entlohnter Arbeitnehmer, für den mit Wirkung vom 1.1. an ein Freibetrag von 4.800 € (monatlich 400 €) berücksichtigt worden ist, teilt dem Finanzamt am 10.3. mit, dass sich die Aufwendungen um 975 € vermindern. Es ergibt sich ein neuer Jahresfreibetrag von (4.800 € ./. 975 € =) 3.825 €. Für die Berechnung des neuen Monatsfreibetrags ab April ist der Jahresfreibetrag um die bei der Lohnsteuerberechnung bisher zu berücksichtigenden Monatsfreibeträge Januar bis März von (3 x 400 € =) 1.200 € zu kürzen. Der verbleibende Betrag von (3.825 € ./. 1.200 € =) 2.625 € ist auf die Monate April bis Dezember zu verteilen, so dass ab 1.4. ein Monatsfreibetrag von 292 € zu berücksichtigen ist. Für die abgelaufenen Lohnzahlungszeiträume Januar bis März bleibt der Monatsfreibetrag von 400 € unverändert.

- **Zweijährige Geltungsdauer des Freibetrags**

  Ein monatlich entlohnter Arbeitnehmer beantragt im Februar 01 die Berücksichtigung eines Freibetrags für die Dauer von zwei Jahren. Es wird vom Finanzamt ein Freibetrag von 3.000 € ermittelt, der für die Kalenderjahre 01 und 02 wie folgt zu verteilen ist:

  Für 01 ergibt sich für die Monate März bis Dezember ein Monatsfreibetrag von 300 € (3.000 € verteilt auf zehn Monate) und für 02 ergibt sich für die Monate Januar bis Dezember ein Monatsfreibetrag von 250 € (3.000 € verteilt auf zwölf Monate).

  Im Februar 02 teilt der Arbeitnehmer dem Finanzamt pflichtgemäß mit, dass sich für das Kalenderjahr 02 der Freibetrag auf 2.500 € verringert. Das Finanzamt ändert daraufhin den Jahresfreibetrag für 02 auf 2.500 €. Für die Berechnung des neuen Monatsfreibetrags ab März 02 ist der Jahresfreibetrag um die bei der Lohnsteuerberechnung bisher zu berücksichtigenden Monatsfreibeträge für Januar und Februar 02 von (2 x 250 € =) 500 € zu kürzen. Der verbleibende Betrag von (2.500 € ./. 500 € =) 2.000 € ist auf die Monate März bis Dezember 02 zu verteilen, so dass sich nunmehr ein herabgesetzter Monatsfreibetrag von 200 € ergibt (2.000 € verteilt auf zehn Monate). Für die abgelaufenen Lohnzahlungszeiträume Januar und Februar 02 bleibt der Monatsfreibetrag von 250 € unverändert.

- **Entlastungsbetrag für Alleinerziehende**

  Eine Alleinerziehende hat drei zu ihrem Haushalt gehörende minderjährige Kinder und beantragt im Januar den Entlastungsbetrag nach § 24b EStG für ihre drei Kinder.

  Für den Entlastungsbetrag für das erste Kind in Höhe von 1.908 € wird die Steuerklasse II gebildet. Für die beiden weiteren Kinder ist jeweils ein Erhöhungsbetrag von 240 € als Freibetrag zu berücksichtigen. Es ergibt sich somit ein Jahresfreibetrag von 480 € (2 x 240 €), der auf die Monate Januar bis Dezember zu verteilen ist, so dass ein Monatsbetrag von 40 € (480 € verteilt auf zwölf Monate) zu berücksichtigen ist. Die Antragsgrenze von 600 € ist insoweit nicht zu beachten (§ 39a Abs. 2 Satz 4 EStG).

Freibetrag wegen haushaltsnaher Beschäftigungsverhältnisse und haushaltsnaher Dienstleistungen
>BMF vom 9. 11. 2016 (BStBl I S. 1213)

Freibetrag wegen Anrechnung ausländischer Abzugsteuer
>BMF vom 3. 5. 2018 (BStBl I S. 643), Rn. 23 und 177

Freibetrag wegen negativer Einkünfte
>R 39a.2

R 39a.2 Freibetrag wegen negativer Einkünfte[1]

[1]In die Ermittlung eines Freibetrags wegen negativer Einkünfte sind sämtliche Einkünfte aus Land- und Forstwirtschaft, Gewerbebetrieb, selbständiger Arbeit, Vermietung und Verpachtung und die sonstigen Einkünfte einzubeziehen, die der Arbeitnehmer und sein von ihm nicht dauernd getrennt lebender unbeschränkt einkommensteuerpflichtiger Ehegatte voraussichtlich erzielen werden; negative Einkünfte aus Kapitalvermögen werden nur berücksichtigt, wenn sie nicht unter das Verlustausgleichsverbot des § 20 Abs. 6 Satz 2 EStG fallen (>§ 32d Abs. 2 EStG). [2]Das bedeutet, dass sich der Betrag der negativen Einkünfte des Arbeitnehmers z. B. um die positiven Einkünfte des Ehegatten vermindert. [3]Außer Betracht bleiben stets die Einkünfte aus nichtselbständiger Arbeit und positive Einkünfte aus Kapitalvermögen.

---

1) Die Regelungen zu Ehegatten gelten auch für Lebenspartner (§ 2 Abs. 8 EStG).

H 39a.2

Vermietung und Verpachtung
Negative Einkünfte aus Vermietung und Verpachtung eines Gebäudes können grundsätzlich erstmals für das Kalenderjahr berücksichtigt werden, das auf das Kalenderjahr der Fertigstellung oder der Anschaffung des Gebäudes folgt (§ 39a Abs. 1 Satz 1 Nr. 5 i. V. m. § 37 Abs. 3 EStG). Das Objekt ist angeschafft, wenn der Kaufvertrag abgeschlossen worden ist und Besitz, Nutzungen, Lasten und Gefahr auf den Erwerber übergegangen sind. Das Objekt ist fertig gestellt, wenn es nach Abschluss der wesentlichen Bauarbeiten bewohnbar ist; die Bauabnahme ist nicht erforderlich (>H 7.4 (Fertigstellung) EStH). Wird ein Objekt vor der Fertigstellung angeschafft, ist der Zeitpunkt der Fertigstellung maßgebend.

R 39a.3 **Freibeträge bei Ehegatten[1)]**

Werbungskosten
(1) ¹Werbungskosten werden für jeden Ehegatten gesondert ermittelt. ²Von den für den einzelnen Ehegatten ermittelten Werbungskosten ist jeweils der maßgebende Pauschbetrag für Werbungskosten nach § 9a Satz 1 Nr. 1 EStG abzuziehen.

Sonderausgaben
(2) ¹Sonderausgaben i. S. d. § 10 Abs. 1 Nr. 1, 1a, 1b, 4, 5, 7 und 9 und § 10b EStG*⁾ sind bei Ehegatten, die beide unbeschränkt einkommensteuerpflichtig sind und nicht dauernd getrennt leben, einheitlich zu ermitteln. ²Hiervon ist der Sonderausgaben-Pauschbetrag für Ehegatten abzuziehen.

Außergewöhnliche Belastungen
(3) Bei Ehegatten, die beide unbeschränkt einkommensteuerpflichtig sind und nicht dauernd getrennt leben, genügt es für die Anwendung der §§ 33, 33a und 33b Abs. 6 EStG (außergewöhnliche Belastungen), dass die Voraussetzungen für die Eintragung eines Freibetrags in der Person eines Ehegatten erfüllt sind.

Behinderten-Pauschbetrag
(4) ¹Für die Gewährung eines Behinderten-Pauschbetrags nach § 33b EStG ist es bei Ehegatten, die beide unbeschränkt einkommensteuerpflichtig sind und nicht dauernd getrennt leben, unerheblich, wer von ihnen die Voraussetzungen erfüllt. ²Liegen bei beiden Ehegatten die Voraussetzungen für die Gewährung eines Behinderten-Pauschbetrags vor, ist für jeden Ehegatten der in Betracht kommende Pauschbetrag zu gewähren; dies gilt auch, wenn nur einer von ihnen Arbeitnehmer ist.

Aufteilung des Freibetrags
(5) ¹Bei Ehegatten, die beide unbeschränkt einkommensteuerpflichtig sind und nicht dauernd getrennt leben, ist der Freibetrag grundsätzlich je zur Hälfte auf die Ehegatten aufzuteilen; auf Antrag der Ehegatten ist aber eine andere Aufteilung vorzunehmen (§ 39a Abs. 3 Satz 3 EStG). ²Eine Ausnahme gilt für einen Freibetrag wegen erhöhter Werbungskosten; dieser darf bei dem Ehegatten berücksichtigt werden, dem die Werbungskosten entstanden sind. ³Pauschbeträge für behinderte Menschen und Hinterbliebene dürfen abweichend von Satz 1 bei demjenigen als

---

*) Jetzt § 10 Abs. 1 Nr. 4, 5, 7 und 9 EStG, § 10 Abs. 1a EStG und § 10b EStG.
1) Die Regelungen zu Ehegatten gelten auch für Lebenspartner (§ 2 Abs. 8 EStG).

Freibetrag gebildet werden, der die Voraussetzungen für den Pauschbetrag erfüllt. ⁴Der Freibetrag bei Ehegatten ist vor der Berücksichtigung des Hinzurechnungsbetrags nach § 39a Abs. 1 Satz 1 Nr. 7 EStG aufzuteilen; der Hinzurechnungsbetrag selbst darf nicht aufgeteilt werden.

| H 39a.3 |

Pauschbeträge für behinderte Kinder
Wegen der Übertragung der Pauschbeträge für behinderte Kinder auf deren Eltern >R 33b EStR, H 33b EStH

Zu § 39b EStG

| R 39b.1 |

– unbesetzt –

| R 39b.2 | **Laufender Arbeitslohn und sonstige Bezüge**

(1) Laufender Arbeitslohn ist der Arbeitslohn, der dem Arbeitnehmer regelmäßig fortlaufend zufließt, insbesondere:
1. Monatsgehälter,
2. Wochen- und Tagelöhne,
3. Mehrarbeitsvergütungen,
4. Zuschläge und Zulagen,
5. geldwerte Vorteile aus der ständigen Überlassung von Dienstwagen zur privaten Nutzung,
6. Nachzahlungen und Vorauszahlungen, wenn sich diese ausschließlich auf Lohnzahlungszeiträume beziehen, die im Kalenderjahr der Zahlung enden,
7. Arbeitslohn für Lohnzahlungszeiträume des abgelaufenen Kalenderjahres, der innerhalb der ersten drei Wochen des nachfolgenden Kalenderjahres zufließt.

(2) ¹Ein sonstiger Bezug ist der Arbeitslohn, der nicht als laufender Arbeitslohn gezahlt wird. ²Zu den sonstigen Bezügen gehören insbesondere einmalige Arbeitslohnzahlungen, die neben dem laufenden Arbeitslohn gezahlt werden, z. B.:
1. dreizehnte und vierzehnte Monatsgehälter,
2. einmalige Abfindungen und Entschädigungen,
3. Gratifikationen und Tantiemen, die nicht fortlaufend gezahlt werden,
4. Jubiläumszuwendungen,
5. Urlaubsgelder, die nicht fortlaufend gezahlt werden, und Entschädigungen zur Abgeltung nicht genommenen Urlaubs,
6. Vergütungen für Erfindungen,
7. Weihnachtszuwendungen,
8. Nachzahlungen und Vorauszahlungen, wenn sich der Gesamtbetrag oder ein Teilbetrag der Nachzahlung oder Vorauszahlung auf Lohnzahlungszeiträume bezieht, die in einem anderen Jahr als dem der Zahlung enden, oder, wenn Arbeitslohn für Lohnzahlungszeiträume des abgelaufenen Kalenderjahres später als drei Wochen nach Ablauf dieses Jahres zufließt,

9. Ausgleichszahlungen für die in der Arbeitsphase erbrachten Vorleistungen auf Grund eines Altersteilzeitverhältnisses im Blockmodell, das vor Ablauf der vereinbarten Zeit beendet wird,
10. Zahlungen innerhalb eines Kalenderjahres als viertel- oder halbjährliche Teilbeträge.

R 39b.3 Freibeträge für Versorgungsbezüge

(1) ¹Werden Versorgungsbezüge als sonstige Bezüge gezahlt, ist § 39b Abs. 3 EStG anzuwenden. ²Danach dürfen die Freibeträge für Versorgungsbezüge von dem sonstigen Bezug nur abgezogen werden, soweit sie bei der Feststellung des maßgebenden Jahresarbeitslohns nicht verbraucht sind. ³Werden laufende Versorgungsbezüge erstmals gezahlt, nachdem im selben Kalenderjahr bereits Versorgungsbezüge als sonstige Bezüge gewährt worden sind, darf der Arbeitgeber die maßgebenden Freibeträge für Versorgungsbezüge bei den laufenden Bezügen nur berücksichtigen, soweit sie sich bei den sonstigen Bezügen nicht ausgewirkt haben. ⁴Von Arbeitslohn, von dem die Lohnsteuer nach §§ 40 bis 40b EStG mit Pauschsteuersätzen erhoben wird, dürfen die Freibeträge für Versorgungsbezüge nicht abgezogen werden.

(2) Durch die Regelungen des Absatzes 1 wird die steuerliche Behandlung der Versorgungsbezüge beim Lohnsteuer-Jahresausgleich durch den Arbeitgeber oder bei einer Veranlagung zur Einkommensteuer nicht berührt.

R 39b.4 Altersentlastungsbetrag beim Lohnsteuerabzug

(1) Der Altersentlastungsbetrag ist auch bei beschränkt einkommensteuerpflichtigen Arbeitnehmern abzuziehen (> § 50 Abs. 1 Satz 3 EStG).
(2) ¹Wird Arbeitslohn als sonstiger Bezug gezahlt, ist § 39b Abs. 3 EStG anzuwenden. ²Danach darf der Altersentlastungsbetrag von dem sonstigen Bezug nur abgezogen werden, soweit er bei der Feststellung des maßgebenden Jahresarbeitslohns nicht verbraucht ist. ³Wird laufender Arbeitslohn erstmals gezahlt, nachdem im selben Kalenderjahr ein Altersentlastungsbetrag bereits bei sonstigen Bezügen berücksichtigt worden ist, darf der Arbeitgeber den maßgebenden steuerfreien Höchstbetrag bei den laufenden Bezügen nur berücksichtigen, soweit er sich bei den sonstigen Bezügen nicht ausgewirkt hat. ⁴Von Arbeitslohn, von dem die Lohnsteuer nach §§ 40 bis 40b EStG mit Pauschsteuersätzen erhoben wird, darf der Altersentlastungsbetrag nicht abgezogen werden.

(3) Durch die Regelungen der Absätze 1 und 2 wird die steuerliche Behandlung des Altersentlastungsbetrags beim Lohnsteuer-Jahresausgleich durch den Arbeitgeber oder bei einer Veranlagung zur Einkommensteuer nicht berührt.

R 39b.5 Einbehaltung der Lohnsteuer vom laufenden Arbeitslohn

Allgemeines

(1) ¹Der Arbeitgeber hat die Lohnsteuer grundsätzlich bei jeder Zahlung vom Arbeitslohn einzubehalten (> § 38 Abs. 3 EStG). ²Reichen die dem Arbeitgeber zur Verfügung stehenden Mittel zur Zahlung des vollen vereinbarten Arbeitslohns nicht aus, hat er die Lohnsteuer von dem tatsächlich zur Auszahlung gelangenden niedrigeren Betrag zu berechnen und einzubehalten. ³Der Lohnsteuerermittlung sind jeweils die Lohnsteuerabzugsmerkmale (> § 39 EStG) zugrunde zu legen, die für den Tag gelten, an dem der Lohnzahlungszeitraum endet; dies gilt auch bei einem Wechsel des ersten Arbeitgebers (Hauptarbeitgeber) im Laufe des Lohnzahlungszeitraums. ⁴Für Lohnzahlungen vor Ende des betreffenden Lohnzahlungszeitraums sind zunächst die zu diesem

Zeitpunkt bereitgestellten Lohnsteuerabzugsmerkmale (§ 39e Abs. 5 EStG) zugrunde zu legen. [5]Werden nach einer solchen Lohnzahlung Lohnsteuerabzugsmerkmale bekannt, die auf den Lohnzahlungszeitraum zurückwirken, ist § 41c Abs. 1 Satz 1 Nr. 1 EStG anzuwenden.

Lohnzahlungszeitraum

(2) [1]Der Zeitraum, für den jeweils der laufende Arbeitslohn gezahlt wird, ist der Lohnzahlungszeitraum. [2]Ist ein solcher Zeitraum nicht feststellbar, tritt an seine Stelle die Summe der tatsächlichen Arbeitstage oder der tatsächlichen Arbeitswochen (>§ 39b Abs. 5 Satz 4 EStG). [3]Solange das Dienstverhältnis fortbesteht, sind auch solche in den Lohnzahlungszeitraum fallende Arbeitstage mitzuzählen, für die der Arbeitnehmer keinen steuerpflichtigen Arbeitslohn bezogen hat.

(3) [1]Wird der Arbeitslohn für einen Lohnzahlungszeitraum gezahlt, für den der steuerfreie Betrag oder der Hinzurechnungsbetrag den Lohnsteuerabzugsmerkmalen nicht unmittelbar entnommen werden kann, hat der Arbeitgeber für diesen Lohnzahlungszeitraum den zu berücksichtigenden Betrag selbst zu berechnen. [2]Er hat dabei von dem für den monatlichen Lohnzahlungszeitraum geltenden – also aufgerundeten – steuerfreien Betrag auszugehen.

Nachzahlungen, Vorauszahlungen

(4) [1]Stellen Nachzahlungen oder Vorauszahlungen laufenden Arbeitslohn dar (>R 39b.2 Abs. 1), ist die Nachzahlung oder Vorauszahlung für die Berechnung der Lohnsteuer den Lohnzahlungszeiträumen zuzurechnen, für die sie geleistet werden. [2]Es bestehen jedoch keine Bedenken, diese Nachzahlungen und Vorauszahlungen als sonstige Bezüge nach R 39b.6 zu behandeln, wenn nicht der Arbeitnehmer die Besteuerung nach Satz 1 verlangt; die Pauschalierung nach § 40 Abs. 1 Satz 1 Nr. 1 EStG ist nicht zulässig.

Abschlagszahlungen

(5) [1]Zahlt der Arbeitgeber den Arbeitslohn für den üblichen Lohnzahlungszeitraum nur in ungefährer Höhe (Abschlagszahlung) und nimmt er eine genaue Lohnabrechnung für einen längeren Zeitraum vor, braucht er nach § 39b Abs. 5 EStG die Lohnsteuer erst bei der Lohnabrechnung einzubehalten, wenn der Lohnabrechnungszeitraum fünf Wochen nicht übersteigt und die Lohnabrechnung innerhalb von drei Wochen nach Ablauf des Lohnabrechnungszeitraums erfolgt. [2]Die Lohnabrechnung gilt als abgeschlossen, wenn die Zahlungsbelege den Bereich des Arbeitgebers verlassen haben; auf den zeitlichen Zufluss der Zahlung beim Arbeitnehmer kommt es nicht an. [3]Wird die Lohnabrechnung für den letzten Abrechnungszeitraum des abgelaufenen Kalenderjahres erst im nachfolgenden Kalenderjahr, aber noch innerhalb der Dreiwochenfrist vorgenommen, handelt es sich um Arbeitslohn und einbehaltene Lohnsteuer dieses Lohnabrechnungszeitraums; der Arbeitslohn und die Lohnsteuer sind deshalb im Lohnkonto und in den Lohnsteuerbelegen des abgelaufenen Kalenderjahres zu erfassen. [4]Die einbehaltene Lohnsteuer ist aber für die Anmeldung und Abführung als Lohnsteuer des Kalendermonats bzw. Kalendervierteljahres zu erfassen, in dem die Abrechnung tatsächlich vorgenommen wird.

H 39b.5

Abschlagszahlungen

Beispiele zum Zeitpunkt der Lohnsteuereinbehaltung:

   A. Ein Arbeitgeber mit monatlichen Abrechnungszeiträumen leistet jeweils am 20. eines Monats eine Abschlagszahlung. Die Lohnabrechnung wird am 10. des folgenden Monats mit der Auszahlung von Spitzenbeträgen vorgenommen.

      Der Arbeitgeber ist berechtigt, auf eine Lohnsteuereinbehaltung bei der Abschlagszahlung zu verzichten und die Lohnsteuer erst bei der Schlussabrechnung einzubehalten.

B. Ein Arbeitgeber mit monatlichen Abrechnungszeiträumen leistet jeweils am 28. für den laufenden Monat eine Abschlagszahlung und nimmt die Lohnabrechnung am 28. des folgenden Monats vor.
Die Lohnsteuer ist bereits von der Abschlagszahlung einzubehalten, da die Abrechnung nicht innerhalb von drei Wochen nach Ablauf des Lohnabrechnungszeitraums erfolgt.

C. Auf den Arbeitslohn für Dezember werden Abschlagszahlungen geleistet. Die Lohnabrechnung erfolgt am 15.1.
Die dann einzubehaltende Lohnsteuer ist spätestens am 10.2. als Lohnsteuer des Monats Januar anzumelden und abzuführen. Sie gehört gleichwohl zum Arbeitslohn des abgelaufenen Kalenderjahres und ist in die Lohnsteuerbescheinigung für das abgelaufene Kalenderjahr aufzunehmen.

Nachzahlungen

Beispiel zur Berechnung der Lohnsteuer:

Ein Arbeitnehmer mit einem laufenden Bruttoarbeitslohn von 2.000 € monatlich erhält im September eine Nachzahlung von 400 € für die Monate Januar bis August.
Von dem Monatslohn von 2.000 € ist nach der maßgebenden Steuerklasse eine Lohnsteuer von 100 € einzubehalten. Von dem um die anteilige Nachzahlung erhöhten Monatslohn von 2.050 € ist eine Lohnsteuer von 115 € einzubehalten. Auf die anteilige monatliche Nachzahlung von 50 € entfällt mithin eine Lohnsteuer von 15 €. Dieser Betrag, vervielfacht mit der Zahl der in Betracht kommenden Monate, ergibt dann die Lohnsteuer für die Nachzahlung (15 € x 8 =) 120 €.

R 39b.6 Einbehaltung der Lohnsteuer von sonstigen Bezügen

Allgemeines

(1) [1]Von einem sonstigen Bezug ist die Lohnsteuer stets in dem Zeitpunkt einzubehalten, in dem er zufließt. [2]Der Lohnsteuerermittlung sind die Lohnsteuerabzugsmerkmale zugrunde zu legen, die zum Ende des Kalendermonats des Zuflusses gelten. [3]Der maßgebende Arbeitslohn (§ 39b Abs. 3 EStG) kann nach Abzug eines Freibetrags auch negativ sein.

Voraussichtlicher Jahresarbeitslohn

(2) [1]Zur Ermittlung der von einem sonstigen Bezug einzubehaltenden Lohnsteuer ist jeweils der voraussichtliche Jahresarbeitslohn des Kalenderjahres zugrunde zu legen, in dem der sonstige Bezug dem Arbeitnehmer zufließt. [2]Dabei sind der laufende Arbeitslohn, der für die im Kalenderjahr bereits abgelaufenen Lohnzahlungszeiträume zugeflossen ist, und die in diesem Kalenderjahr bereits gezahlten sonstigen Bezüge mit dem laufenden Arbeitslohn zusammenzurechnen, der sich voraussichtlich für die Restzeit des Kalenderjahres ergibt. [3]Statt dessen kann der voraussichtlich für die Restzeit des Kalenderjahres zu zahlende laufende Arbeitslohn durch Umrechnung des bisher zugeflossenen laufenden Arbeitslohns ermittelt werden. [4]Künftige sonstige Bezüge, deren Zahlung bis zum Ablauf des Kalenderjahres zu erwarten ist, sind nicht zu erfassen.

Sonstige Bezüge nach Ende des Dienstverhältnisses

(3) [1]Werden sonstige Bezüge gezahlt, nachdem der Arbeitnehmer aus dem Dienstverhältnis ausgeschieden ist, sind der Lohnsteuerermittlung die Lohnsteuerabzugsmerkmale zugrunde zu legen, die zum Ende des Kalendermonats des Zuflusses gelten. [2]Der voraussichtliche Jahresarbeitslohn ist auf der Grundlage der Angaben des Arbeitnehmers zu ermitteln. [3]Macht der Arbeitnehmer keine Angaben, ist der beim bisherigen Arbeitgeber zugeflossene Arbeitslohn auf einen Jahresbetrag hochzurechnen. [4]Eine Hochrechnung ist nicht erforderlich, wenn mit dem Zufließen von weiterem Arbeitslohn im Laufe des Kalenderjahres, z. B. wegen Alters oder Erwerbsunfähigkeit, nicht zu rechnen ist.

Zusammentreffen regulär und ermäßigt besteuerter sonstiger Bezüge
(4) Trifft ein sonstiger Bezug im Sinne von § 39b Abs. 3 Satz 1 bis 7 EStG mit einem sonstigen Bezug i. S. d. § 39b Abs. 3 Satz 9 EStG zusammen, ist zunächst die Lohnsteuer für den sonstigen Bezug i. S. d. § 39b Abs. 3 Satz 1 bis 7 EStG und danach die Lohnsteuer für den anderen sonstigen Bezug zu ermitteln.

Regulär zu besteuernde Entschädigungen
(5) ¹Liegen bei einer Entschädigung im Sinne des § 24 Nr. 1 EStG die Voraussetzungen für die Steuerermäßigung nach § 34 EStG nicht vor, ist die Entschädigung als regulär zu besteuernder sonstiger Bezug zu behandeln. ²Es ist aus Vereinfachungsgründen nicht zu beanstanden, wenn dieser sonstige Bezug bei der Anwendung des § 39b Abs. 2 Satz 5 Nr. 3 Buchstabe a bis c EStG berücksichtigt wird.

H 39b.6

Beispiele:
A. Berechnung des voraussichtlichen Jahresarbeitslohnes

Ein Arbeitgeber X zahlt im September einen sonstigen Bezug von 1.200 € an einen Arbeitnehmer. Der Arbeitnehmer hat seinem Arbeitgeber zwei Ausdrucke der elektronischen Lohnsteuerbescheinigungen seiner vorigen Arbeitgeber vorgelegt:
a) Dienstverhältnis beim Arbeitgeber A vom 1.1. bis 31.3.,
   Arbeitslohn   8.400 €
b) Dienstverhältnis beim Arbeitgeber B vom 1.5. bis 30.6.,
   Arbeitslohn   4.200 €

Der Arbeitnehmer war im April arbeitslos. Beim Arbeitgeber X steht der Arbeitnehmer seit dem 1.7. in einem Dienstverhältnis, er hat für die Monate Juli und August ein Monatsgehalt von 2.400 € bezogen, außerdem erhielt er am 20.8. einen sonstigen Bezug von 500 €. Vom ersten September an erhält er ein Monatsgehalt von 2.800 € zuzüglich eines weiteren halben (13.) Monatsgehalts am 1.12.

Der vom Arbeitgeber im September zu ermittelnde voraussichtliche Jahresarbeitslohn (ohne den sonstigen Bezug, für den die Lohnsteuer ermittelt werden soll) beträgt hiernach:
Arbeitslohn 1.1. bis 30.6. (8.400 € + 4.200 €)   12.600 €
Arbeitslohn 1.7. bis 31.8. (2 x 2.400 € + 500 €)   5.300 €
Arbeitslohn 1.9. bis 31.12. (voraussichtlich 4 x 2.800 €)   11.200 €
                                                                               29.100 €

Das halbe 13. Monatsgehalt ist ein zukünftiger sonstiger Bezug und bleibt daher außer Betracht.

Abwandlung 1:
Legt der Arbeitnehmer seinem Arbeitgeber X zwar den Nachweis über seine Arbeitslosigkeit im April, nicht aber die Ausdrucke der elektronischen Lohnsteuerbescheinigungen der Arbeitgeber A und B vor, ergibt sich folgender voraussichtliche Jahresarbeitslohn:
Arbeitslohn 1.1. bis 30.6. (5 x 2.800 €)   14.000 €
Arbeitslohn 1.7. bis 31.8. (2 x 2.400 € + 500 €)   5.300 €
Arbeitslohn 1.9. bis 31.12. (voraussichtlich 4 x 2.800 €)   11.200 €
                                                                               30.500 €

Abwandlung 2:
Ist dem Arbeitgeber X nicht bekannt, dass der Arbeitnehmer im April arbeitslos war, ist der Arbeitslohn für die Monate Januar bis Juni mit 6 x 2.800 € = 16.800 € zu berücksichtigen.

B. Berechnung des voraussichtlichen Jahresarbeitslohns bei Versorgungsbezügen i.V. m. einem sonstigen Bezug

Ein Arbeitgeber zahlt im April einem 65jährigen Arbeitnehmer einen sonstigen Bezug (Umsatzprovision für das vorangegangene Kalenderjahr) in Höhe von 5.000 €. Der Arbeitnehmer ist am 28.2.2019 in den Ruhestand getreten. Der Arbeitslohn betrug bis dahin monatlich 2.300 €. Seit dem 1.3.2019 erhält der Arbeitnehmer neben dem Altersruhegeld aus der gesetzlichen Rentenversicherung Versorgungsbezüge i. S. d. § 19 Abs. 2 EStG von monatlich 900 €. Außerdem hat das Finanzamt einen Jahresfreibetrag von 750 € festgesetzt.

Der maßgebende Jahresarbeitslohn, der zu versteuernde Teil des sonstigen Bezugs und die einzubehaltende Lohnsteuer sind wie folgt zu ermitteln:

I. Neben dem Arbeitslohn für die Zeit vom 1.1. bis 28.2. von (2 x 2.300 € =)   4.600,00 €
    gehören zum voraussichtlichen Jahresarbeitslohn die Versorgungsbezüge
    vom 1.3. an mit monatlich 900 €;
    voraussichtlich werden gezahlt
    (10 x 900 €)   9.000,00 €
    Der voraussichtliche Jahresarbeitslohn beträgt somit   13.600,00 €

II. Vom voraussichtlichen Jahresarbeitslohn sind folgende Beträge abzuziehen
    (>§ 39b Abs. 3 Satz 3 EStG):
    a) der zeitanteilige Versorgungsfreibetrag und der Zuschlag zum Versorgungsfreibetrag, unabhängig von der Höhe der bisher berücksichtigten Freibeträge für Versorgungsbezüge
    (17,6 % von 10.800 €[*] = 1.900,80 € höchstens 1.320 € zuzüglich 396 € =
    1.716 €, davon $^{10}/_{12}$)   1.430,00 €
    b) der Altersentlastungsbetrag unabhängig von der Höhe des bisher berücksichtigten Betrags
    (17,6 % von 4.600 € = 809,60 € höchstens 836 €)   809,60 €
    c) vom Finanzamt festgesetzter Freibetrag von jährlich   750,00 €
    Gesamtabzugsbetrag somit   2.989,60 €

III. Der maßgebende Jahresarbeitslohn beträgt somit (13.600 € ./. 2.989,60 € =)   10.610,40 €

IV. Von dem sonstigen Bezug in Höhe von   5.000,00 €
    ist der Altersentlastungsbetrag in Höhe von 17,6 %, höchstens jedoch der Betrag, um den der Jahreshöchstbetrag von 836 € den bei Ermittlung des maßgebenden Jahresarbeitslohns abgezogenen Betrag überschreitet, abzuziehen
    (17,6 % von 5.000 € = 880 €, höchstens 836 € abzüglich 809,60 €)   26,40 €
    Der zu versteuernde Teil des sonstigen Bezugs beträgt somit   4.973,60 €

V. Der maßgebende Jahresarbeitslohn einschließlich des sonstigen Bezugs beträgt somit
    (10.610,40 € + 4.973,60 €)   15.584,00 €

C. **Berechnung der Lohnsteuer beim gleichzeitigen Zufluss eines regulär und eines ermäßigt besteuerten sonstigen Bezugs**

Ein Arbeitgeber zahlt seinem Arbeitnehmer, dessen Jahresarbeitslohn 40.000 € beträgt, im Dezember einen sonstigen Bezug (Weihnachtsgeld) in Höhe von 3.000 € und daneben eine Jubiläumszuwendung von 2.500 €, von dem die Lohnsteuer nach § 39b Abs. 3 Satz 9 i.V. m. § 34 EStG einzubehalten ist.

Die Lohnsteuer ist wie folgt zu ermitteln:

		darauf entfallende Lohnsteuer	
Jahresarbeitslohn	40.000 €	9.000 €	
zzgl. Weihnachtsgeld	3.000 €		
	43.000 €	10.000 € = LSt auf das Weihnachtsgeld	1.000 €
zzgl. $^1/_5$ der Jubiläumszuwendung			
	500 €		
=	43.500 €	10.150 € = LSt auf $^1/_5$ der Jubiläumszuwendung = 150 € x 5	750 €
		LSt auf beide sonstigen Bezüge =	1.750 €

---

*) Maßgebend ist der erste Versorgungsbezug (900 €) x 12 Monate >§ 19 Abs. 2 Satz 4 EStG.

Zu § 39b EStG   R 39b.7   A. III.

D. Berechnung der Lohnsteuer bei einem ermäßigt besteuerten sonstigen Bezug im Zusammenspiel mit einem Freibetrag

Ein Arbeitgeber zahlt seinem ledigen Arbeitnehmer, dessen Jahresarbeitslohn 78.000 € beträgt, im Dezember eine steuerpflichtige Abfindung von 62.000 €, von der die Lohnsteuer nach § 39b Abs. 3 Satz 9 i.V. m. § 34 EStG einzubehalten ist. Das Finanzamt hat einen Freibetrag (Verlust V + V) i. H. v. 80.000 € festgesetzt.

Die Lohnsteuer ist wie folgt zu ermitteln:

Jahresarbeitslohn	78.000 €
abzüglich Freibetrag	80.000 €
	./. 2.000 €
zuzüglich Abfindung	62.000 €
Zwischensumme	60.000 €
Davon ⅕	12.000 €
darauf entfallende Lohnsteuer	200 €
Lohnsteuer auf die Abfindung (5 x 200 €)	1.000 €

Fünftelungsregelung
- >BMF vom 1.11.2013 (BStBl I S. 1326) geändert durch BMF vom 4.3.2016 (BStBl I S. 277)
- Die Fünftelungsregelung ist nicht anzuwenden, wenn sie zu einer höheren Steuer führt als die Besteuerung als nicht begünstigter sonstiger Bezug (>BMF vom 10.1.2000 – BStBl I S. 138).
- Bei Jubiläumszuwendungen kann der Arbeitgeber im Lohnsteuerabzugsverfahren eine Zusammenballung unterstellen, wenn die Zuwendung an einen Arbeitnehmer gezahlt wird, der voraussichtlich bis Ende des Kalenderjahres nicht aus dem Dienstverhältnis ausscheidet (>BMF vom 10.1.2000 – BStBl I S. 138).
- Bei Aktienoptionsprogrammen kann die Fünftelungsregelung angewendet werden, wenn die Laufzeit zwischen Einräumung und Ausübung der Optionsrechte mehr als 12 Monate beträgt und der Arbeitnehmer in dieser Zeit auch bei seinem Arbeitgeber beschäftigt ist. Dies gilt auch dann, wenn dem Arbeitnehmer wiederholt Aktienoptionen eingeräumt worden sind und die jeweilige Option nicht in vollem Umfang in einem Kalenderjahr ausgeübt worden ist (>BFH vom 18.12.2007 – BStBl 2008 II S. 294).

Regelmäßig wiederkehrende Einnahmen
Nach § 11 Abs. 1 Satz 2 EStG gelten regelmäßig wiederkehrende Einnahmen, die dem Stpfl. kurze Zeit vor Beginn oder kurze Zeit nach Beendigung des Kalenderjahres zugeflossen sind, als in dem Kalenderjahr bezogen, zu dem sie wirtschaftlich gehören. Diese Regelung ist auf sonstige Bezüge nicht anwendbar (>BFH vom 24.8.2017 – BStBl 2018 II S. 72).

Vergütung für eine mehrjährige Tätigkeit
>R 34.4 EStR, H 34.4 EStH

Wechsel der Art der Steuerpflicht
Bei der Berechnung der Lohnsteuer für einen sonstigen Bezug, der einem (ehemaligen) Arbeitnehmer nach einem Wechsel von der unbeschränkten in die beschränkte Steuerpflicht in diesem Kalenderjahr zufließt, ist der während der Zeit der unbeschränkten Steuerpflicht gezahlte Arbeitslohn im Jahresarbeitslohn zu berücksichtigen (>BFH vom 25.8.2009 – BStBl 2010 II S. 150).

R 39b.7

– unbesetzt –

H 39b.7

Ermittlung der Vorsorgepauschale im Lohnsteuerabzugsverfahren
>BMF vom 26.11.2013 (BStBl I S. 1532)

R 39b.8   **Permanenter Lohnsteuer-Jahresausgleich**[*)]

¹Nach § 39b Abs. 2 Satz 12 EStG darf das Betriebsstättenfinanzamt zulassen, dass die Lohnsteuer nach dem voraussichtlichen Jahresarbeitslohn ermittelt wird (so genannter permanenter Lohnsteuer-Jahresausgleich). ²Voraussetzung für den permanenten Lohnsteuer-Jahresausgleich ist, dass
1. der Arbeitnehmer unbeschränkt einkommensteuerpflichtig ist,
2. der Arbeitnehmer seit Beginn des Kalenderjahres ständig in einem Dienstverhältnis gestanden hat,
3. die zutreffende Jahreslohnsteuer (>§ 38a Abs. 2 EStG) nicht unterschritten wird,
4. bei der Lohnsteuerberechnung kein Freibetrag oder Hinzurechnungsbetrag zu berücksichtigen war,
5. das Faktorverfahren nicht angewandt wurde,
6. der Arbeitnehmer kein Kurzarbeitergeld einschl. Saison-Kurzarbeitergeld, keinen Zuschuss zum Mutterschaftsgeld nach dem Mutterschutzgesetz oder § 3 der Mutterschutz- und Elternzeitverordnung oder einer entsprechenden Landesregelung, keine Entschädigung für Verdienstausfall nach dem Infektionsschutzgesetz, keine Aufstockungsbeträge nach dem AltTZG und keine Zuschläge auf Grund § 6 Abs. 2 des Bundesbesoldungsgesetzes (BBesG) bezogen hat,
7. im Lohnkonto oder in der Lohnsteuerbescheinigung kein Großbuchstabe U eingetragen ist,
8. im Kalenderjahr im Rahmen der Vorsorgepauschale jeweils nicht nur zeitweise Beträge nach § 39b Abs. 2 Satz 5 Nr. 3 Buchstabe a bis d EStG oder der Beitragszuschlag nach § 39b Abs. 2 Satz 5 Nr. 3 Buchstabe c EStG berücksichtigt wurden und – bezogen auf den Teilbetrag der Vorsorgepauschale für die Rentenversicherung – der Arbeitnehmer innerhalb des Kalenderjahres durchgängig zum Anwendungsbereich nur einer Beitragsbemessungsgrenze (West oder Ost) gehörte und – bezogen auf den Teilbetrag der Vorsorgepauschale für die Rentenversicherung oder die gesetzliche Kranken- und soziale Pflegeversicherung – innerhalb des Kalenderjahres durchgängig ein Beitragssatz anzuwenden war,
9. der Arbeitnehmer keinen Arbeitslohn bezogen hat, der nach einem Doppelbesteuerungsabkommen oder nach dem Auslandstätigkeitserlass von der deutschen Lohnsteuer freigestellt ist.

³Auf die Steuerklasse des Arbeitnehmers kommt es nicht an. ⁴Sind die in Satz 2 bezeichneten Voraussetzungen erfüllt, gilt die Genehmigung des Betriebsstättenfinanzamts grundsätzlich als erteilt, wenn sie nicht im Einzelfall widerrufen wird. ⁵Die besondere Lohnsteuerermittlung nach dem voraussichtlichen Jahresarbeitslohn beschränkt sich im Übrigen auf den laufenden Arbeitslohn; für die Lohnsteuerermittlung von sonstigen Bezügen sind stets § 39b Abs. 3 EStG und R 39b.6 anzuwenden. ⁶Zur Anwendung des besonderen Verfahrens ist nach Ablauf eines jeden Lohnzahlungszeitraums oder – in den Fällen des § 39b Abs. 5 EStG – Lohnabrechnungszeitraums der laufende Arbeitslohn der abgelaufenen Lohnzahlungs- oder Lohnabrechnungszeiträume auf einen Jahresbetrag hochzurechnen, z. B. der laufende Arbeitslohn für die Monate Januar bis April × 3. ⁷Von dem Jahresbetrag sind die Freibeträge für Versorgungsbezüge (>§ 19 Abs. 2 EStG) und der Altersentlastungsbetrag (>§ 24a EStG) abzuziehen, wenn die Voraussetzun-

---

[*)] Zum permanenten Lohnsteuer-Jahresausgleich bei kurzfristig Beschäftigten in Steuerklasse VI >§ 39b Abs. 2 Satz 13 ff. EStG.

gen für den Abzug jeweils erfüllt sind. [8]Für den verbleibenden Jahreslohn ist die Jahreslohnsteuer zu ermitteln. [9]Dabei ist die für den Lohnzahlungszeitraum geltende Steuerklasse maßgebend. [10]Sodann ist der Teilbetrag der Jahreslohnsteuer zu ermitteln, der auf die abgelaufenen Lohnzahlungs- oder Lohnabrechnungszeiträume entfällt. [11]Von diesem Steuerbetrag ist die Lohnsteuer abzuziehen, die von dem laufenden Arbeitslohn der abgelaufenen Lohnzahlungs- oder Lohnabrechnungszeiträume bereits erhoben worden ist; der Restbetrag ist die Lohnsteuer, die für den zuletzt abgelaufenen Lohnzahlungs- oder Lohnabrechnungszeitraum zu erheben ist. [12]In den Fällen, in denen die maßgebende Steuerklasse während des Kalenderjahres gewechselt hat, ist anstelle der Lohnsteuer, die vom laufenden Arbeitslohn der abgelaufenen Lohnzahlungs- oder Lohnabrechnungszeiträume erhoben worden ist, die Lohnsteuer abzuziehen, die nach der zuletzt maßgebenden Steuerklasse vom laufenden Arbeitslohn bis zum vorletzten abgelaufenen Lohnzahlungs- oder Lohnabrechnungszeitraum zu erheben gewesen wäre.

R 39b.9 Besteuerung des Nettolohns

(1) [1]Will der Arbeitgeber auf Grund einer Nettolohnvereinbarung die auf den Arbeitslohn entfallende Lohnsteuer, den Solidaritätszuschlag, die Kirchensteuer und den Arbeitnehmeranteil am Gesamtsozialversicherungsbeitrag selbst tragen, sind die von ihm übernommenen Abzugsbeträge Teile des Arbeitslohns, die dem Nettolohn zur Steuerermittlung hinzugerechnet werden müssen. [2]Die Lohnsteuer ist aus dem Bruttoarbeitslohn zu berechnen, der nach Minderung um die übernommenen Abzugsbeträge den Nettolohn ergibt. [3]Dies gilt sinngemäß, wenn der Arbeitgeber nicht alle Abzugsbeträge übernehmen will. [4]Ein beim Lohnsteuerabzug zu berücksichtigender Freibetrag, die Freibeträge für Versorgungsbezüge, der Altersentlastungsbetrag und ein Hinzurechnungsbetrag sind beim Bruttoarbeitslohn zu berücksichtigen. [5]Führen mehrere Bruttoarbeitslöhne zum gewünschten Nettolohn, kann der niedrigste Bruttoarbeitslohn zugrunde gelegt werden.

(2) [1]Sonstige Bezüge, die netto gezahlt werden, z.B. Nettogratifikationen, sind nach § 39b Abs. 3 EStG zu besteuern. [2]R 39b.6 ist mit der Maßgabe anzuwenden, dass bei der Ermittlung des maßgebenden Jahresarbeitslohns der voraussichtliche laufende Jahresarbeitslohn und frühere, netto gezahlte sonstige Bezüge mit den entsprechenden Bruttobeträgen nach Absatz 1 anzusetzen sind. [3]Diese Bruttobeträge sind auch bei späterer Zahlung sonstiger Bezüge im selben Kalenderjahr bei der Ermittlung des maßgebenden Jahresarbeitslohns zugrunde zu legen.

(3) [1]Bei der manuellen Berechnung der Lohnsteuer anhand von Lohnsteuertabellen wird eine Nettolohnvereinbarung mit steuerlicher Wirkung nur anerkannt, wenn sich gegenüber der maschinellen Lohnsteuerberechnung keine Abweichungen ergeben. [2]Geringfügige Abweichungen auf Grund des Lohnstufenabstands (§ 51 Abs. 4 Nr. 1a EStG) sind hier jedoch unbeachtlich.

(4) Im Lohnkonto und in den Lohnsteuerbescheinigungen sind die nach den Absätzen 1 und 2 ermittelten Bruttoarbeitslöhne anzugeben.

H 39b.9

Anerkennung einer Nettolohnvereinbarung
Eine Nettolohnvereinbarung mit steuerlicher Wirkung kann nur bei einwandfreier Gestaltung anerkannt werden (>BFH vom 18.1.1957 – BStBl III S. 116, vom 18.5.1972 – BStBl II S. 816, vom 12.12.1979 – BStBl 1980 II S. 257 und vom 28.2.1992 – BStBl II S. 733).

Einkommensteuernachzahlung bei Nettolohnvereinbarung
Leistet der Arbeitgeber bei einer Nettolohnvereinbarung für den Arbeitnehmer eine Einkommensteuernachzahlung für einen vorangegangenen VZ, wendet er dem Arbeitnehmer Arbeitslohn zu, der dem Arbeitnehmer als sonstiger Bezug im Zeitpunkt der Zahlung zufließt. Der in

der Tilgung der persönlichen Einkommensteuerschuld des Arbeitnehmers durch den Arbeitgeber liegende Vorteil unterliegt der Einkommensteuer. Er ist deshalb auf einen Bruttobetrag hochzurechnen (>BFH vom 3. 9. 2015 – BStBl 2016 II S. 31).

Finanzrechtsweg bei Nettolohnvereinbarung
Bei einer Nettolohnvereinbarung ist für Streitigkeiten über die Höhe des in der Lohnsteuerbescheinigung auszuweisenden Bruttoarbeitslohn der Finanzrechtsweg nicht gegeben. Ein unzutreffender Lohnsteuerabzug kann durch Einwendungen gegen die Lohnsteuerbescheinigung nicht berichtigt werden (>BFH vom 13. 12. 2007 – BStBl 2008 II S. 434).

Steuerschuldner bei Nettolohnvereinbarung
bleibt der Arbeitnehmer (>BFH vom 19. 12. 1960 – BStBl 1961 III S. 170).

R 39b.10 Anwendung von Doppelbesteuerungsabkommen

¹Ist die Steuerbefreiung nach einem Doppelbesteuerungsabkommen antragsunabhängig, hat das Betriebsstättenfinanzamt gleichwohl auf Antrag eine Freistellungsbescheinigung zu erteilen. ²Das Finanzamt hat in der Bescheinigung den Zeitraum anzugeben, für den sie gilt. ³Dieser Zeitraum darf grundsätzlich drei Jahre nicht überschreiten und soll mit Ablauf eines Kalenderjahres enden. ⁴Die Bescheinigung ist vom Arbeitgeber als Beleg zum Lohnkonto aufzubewahren. ⁵Der Verzicht auf den Lohnsteuerabzug schließt die Berücksichtigung des Progressionsvorbehalts (>§ 32b EStG) bei einer Veranlagung des Arbeitnehmers zur Einkommensteuer nicht aus. ⁶Die Nachweispflicht nach § 50d Abs. 8 EStG betrifft nicht das Lohnsteuerabzugsverfahren.

H 39b.10

Abfindungen
>§ 50d Abs. 12 EStG
>BMF vom 3. 5. 2018 (BStBl I S. 643)

Antragsabhängige Steuerbefreiung nach DBA
Der Lohnsteuerabzug darf nur dann unterbleiben, wenn das Betriebsstättenfinanzamt bescheinigt, dass der Arbeitslohn nicht der deutschen Lohnsteuer unterliegt (>BFH vom 10. 5. 1989 – BStBl II S. 755).

Anwendung der 183-Tage-Klausel
>BMF vom 3. 5. 2018 (BStBl I S. 643)

Aufteilung des Arbeitslohns
>BMF vom 14. 3. 2017 (BStBl I S. 473) zur Ermittlung des steuerfreien und steuerpflichtigen Arbeitslohns nach den DBA und dem Auslandstätigkeitserlass

Doppelbesteuerungsabkommen
Stand 1. 1. 2018 >BMF vom 17. 1. 2018 (BStBl I S. 239)
Stand 1. 1. 2019 >BMF vom 17. 1. 2019 (BStBl I S. 31)

EU-Tagegeld
>BMF vom 12. 4. 2006 (BStBl I S. 340)

Zu § 39c EStG

Gastlehrkräfte
>BMF vom 10.1.1994 (BStBl I S. 14)

Organe einer Kapitalgesellschaft
>BMF vom 3.5.2018 (BStBl I S. 643)

Rückfallklausel
Die Rückfallklausel nach § 50d Abs. 8 EStG ist für das Lohnsteuerabzugsverfahren und die Fälle des Auslandstätigkeitserlasses nicht anzuwenden (>BMF vom 3.5.2018 – BStBl I S. 643). Das gilt auch für die Anwendung des § 50d Abs. 9 EStG (>BMF vom 14.3.2017 – BStBl I S. 473, Rdnr. 27).

Steuerabzugsrecht trotz DBA
Nach Art. 29 Abs. 1 DBA-USA wird das deutsche Recht zur Vornahme des Lohnsteuerabzugs nach innerstaatlichem Recht nicht berührt. Gemäß Art. 29 Abs. 2 DBA-USA ist die im Abzugsweg erhobene Steuer auf Antrag zu erstatten (>H 41c.1 Erstattungsantrag), soweit das DBA-USA ihre Erhebung einschränkt. Daher kann der Arbeitgeber ohne eine Freistellungsbescheinigung des Betriebsstättenfinanzamts nicht vom Steuereinbehalt absehen. Das gilt entsprechend für alle anderen DBA, die vergleichbare Regelungen enthalten (>BMF vom 25.6.2012 – BStBl I S. 692).

Zu § 39c EStG

R 39c. **Lohnsteuerabzug durch Dritte ohne Lohnsteuerabzugsmerkmale**

[1]Ist ein Dritter zum Lohnsteuerabzug verpflichtet, weil er tarifvertragliche Ansprüche eines Arbeitnehmers eines anderen Arbeitgebers unmittelbar zu erfüllen hat (§ 38 Abs. 3a Satz 1 EStG), kann der Dritte die Lohnsteuer für einen sonstigen Bezug unter den Voraussetzungen des § 39c Abs. 3 EStG mit 20 % unabhängig von den für den Arbeitnehmer geltenden Lohnsteuerabzugsmerkmalen ermitteln. [2]Es handelt sich dabei nicht um eine pauschale Lohnsteuer i. S. d. §§ 40 ff. EStG. [3]Schuldner der Lohnsteuer bleibt im Falle des § 39c Abs. 3 EStG der Arbeitnehmer. [4]Der versteuerte Arbeitslohn ist im Rahmen einer Einkommensteuerveranlagung des Arbeitnehmers zu erfassen und die pauschal erhobene Lohnsteuer auf die Einkommensteuerschuld anzurechnen. [5]Der Dritte hat daher dem Arbeitnehmer eine besondere Lohnsteuerbescheinigung auszustellen und die einbehaltene Lohnsteuer zu bescheinigen (§ 41b EStG).

H 39c

Fehlerhafte Bescheinigung
>H 41c.3 (Einzelfälle)

Grenzpendler
Ein Arbeitnehmer, der im Inland keinen Wohnsitz oder gewöhnlichen Aufenthalt hat, wird auf Antrag nach § 1 Abs. 3 EStG als unbeschränkt einkommensteuerpflichtig behandelt, wenn seine Einkünfte **zu mindestens 90 %** der deutschen Einkommensteuer unterliegen oder die nicht der deutschen Einkommensteuer unterliegenden Einkünfte **höchstens** 9.168 Euro[*] betragen.

---

[*] Die Ländergruppeneinteilung ist zu beachten, wonach eine Verringerung der Beträge in Betracht kommen kann >BMF vom 20.10.2016 (BStBl I S. 1183).

Ein Grenzpendler, der als Staatsangehöriger eines EU/EWR-Mitgliedstaates nach § 1 Abs. 3 EStG als unbeschränkt einkommensteuerpflichtig behandelt wird, ist auf Antrag in die **Steuerklasse III** einzuordnen, wenn der Ehegatte des Arbeitnehmers in einem EU/EWR-Mitgliedstaat oder in der Schweiz lebt (>§ 1a Abs. 1 Nr. 2 EStG). Es ist nicht erforderlich, dass der Ehegatte ebenfalls Staatsangehöriger eines EU/EWR-Mitgliedstaates ist. Voraussetzung ist jedoch, dass die Einkünfte beider Ehegatten zu mindestens 90 % der deutschen Einkommensteuer unterliegen oder ihre nicht der deutschen Einkommensteuer unterliegenden Einkünfte höchstens 18.336 Euro[*)] betragen. Die Steuerklasse ist in der Bescheinigung[**)] vom Betriebsstättenfinanzamt anzugeben.

Bei Grenzpendlern i. S. d. § 1 Abs. 3 EStG, die nicht Staatsangehörige eines EU/EWR-Mitgliedstaates sind, kann der Ehegatte steuerlich nicht berücksichtigt werden. Für diese Arbeitnehmer ist in der zu erteilenden Bescheinigung[**)] die **Steuerklasse I** oder für das zweite oder jedes weitere Dienstverhältnis die Steuerklasse VI anzugeben; in den Fällen des § 32a Abs. 6 EStG (= Witwensplitting) Steuerklasse III.

Die nicht der deutschen Einkommensteuer unterliegenden Einkünfte sind jeweils durch eine **Bescheinigung** der zuständigen ausländischen Steuerbehörde nachzuweisen.

Die Erteilung der Bescheinigung[**)] führt zur **Veranlagungspflicht** nach § 46 Abs. 2 Nr. 7 Buchstabe b EStG.

Für Arbeitnehmer, die im Ausland ansässig sind und nicht die Voraussetzungen des § 1 Abs. 2 oder § 1 Abs. 3 EStG erfüllen, ist weiterhin das **Bescheinigungsverfahren**[**)] anzuwenden (>BMF vom 29. 9. 1995 – BStBl I S. 429, Tz. 1.1 unter Berücksichtigung der zwischenzeitlich eingetretenen Rechtsänderungen).

Lohnsteuer-Ermäßigungsverfahren

Im Lohnsteuer-Ermäßigungsverfahren kann auf die Bestätigung der ausländischen Steuerbehörde in der Anlage Grenzpendler EU/EWR bzw. Anlage Grenzpendler außerhalb EU/EWR verzichtet werden, wenn für einen der beiden vorangegangenen Veranlagungszeiträume bereits eine von der ausländischen Steuerbehörde bestätigte Anlage vorliegt und sich die Verhältnisse nach Angaben des Steuerpflichtigen nicht geändert haben (>BMF vom 25. 11. 1999 – BStBl I S. 990).

Öffentlicher Dienst

Bei Angehörigen des öffentlichen Dienstes i. S. d. § 1 Abs. 2 Satz 1 Nr. 1 und 2 EStG ohne diplomatischen oder konsularischen Status, die nach § 1 Abs. 3 EStG auf Antrag als unbeschränkt einkommensteuerpflichtig behandelt werden und an einem ausländischen Dienstort tätig sind, sind die unter dem Stichwort >Grenzpendler genannten Regelungen zur Eintragung der Steuerklasse III auf Antrag entsprechend anzuwenden (>§ 1a Abs. 2 EStG). Dabei muss auf den Wohnsitz, den gewöhnlichen Aufenthalt, die Wohnung oder den Haushalt im Staat des ausländischen Dienstortes abgestellt werden. Danach kann auch bei außerhalb von EU/EWR-Mitgliedstaaten tätigen Beamten weiterhin die Steuerklasse III in Betracht kommen. Dagegen erfüllen ein pensionierter Angehöriger des öffentlichen Dienstes und ein im Inland tätiger Angehöriger des öffentlichen Dienstes, die ihren Wohnsitz außerhalb eines EU/EWR-Mitgliedstaates oder der Schweiz haben, nicht die Voraussetzungen des § 1a Abs. 2 EStG. Sie können aber ggf. als Grenzpendler in die Steuerklasse III eingeordnet werden, wenn der Ehegatte in einem EU/EWR-Mitgliedstaat oder in der Schweiz lebt (>BMF vom 29. 9. 1995 – BStBl I S. 429, Tz. 1.4 unter Berücksichtigung der zwischenzeitlich eingetretenen Rechtsänderungen).

---

*) Die Ländergruppeneinteilung ist zu beachten, wonach eine Verringerung der Beträge in Betracht kommen kann >BMF vom 20. 10. 2016 (BStBl I S. 1183).

**) Zur Erteilung von Bescheinigungen für diesen Personenkreis >§ 39 Abs. 3 EStG.

Zu § 39e EStG

> H 39e

Allgemeines
Elektronische Lohnsteuerabzugsmerkmale (ELStAM); Lohnsteuerabzug im Verfahren der elektronischen Lohnsteuerabzugsmerkmale >BMF vom 8.11.2018 (BStBl I S. 1137)

Antragsfrist
>R 39.3 Satz 1

Zu § 40 EStG

> R 40.1 **Bemessung der Lohnsteuer nach besonderen Pauschsteuersätzen (§ 40 Abs. 1 EStG)**

Größere Zahl von Fällen
(1) [1]Eine größere Zahl von Fällen ist ohne weitere Prüfung anzunehmen, wenn gleichzeitig mindestens 20 Arbeitnehmer in die Pauschalbesteuerung einbezogen werden. [2]Wird ein Antrag auf Lohnsteuerpauschalierung für weniger als 20 Arbeitnehmer gestellt, kann unter Berücksichtigung der besonderen Verhältnisse des Arbeitgebers und der mit der Pauschalbesteuerung angestrebten Vereinfachung eine größere Zahl von Fällen auch bei weniger als 20 Arbeitnehmern angenommen werden.

Beachtung der Pauschalierungsgrenze
(2) [1]Der Arbeitgeber hat anhand der Aufzeichnungen im Lohnkonto (>§ 4 Abs. 2 Nr. 8 Satz 1 LStDV) vor jedem Pauschalierungsantrag zu prüfen, ob die Summe aus den im laufenden Kalenderjahr bereits gezahlten sonstigen Bezügen, für die die Lohnsteuer mit einem besonderen Steuersatz erhoben worden ist, und aus dem sonstigen Bezug, der nunmehr an den einzelnen Arbeitnehmer gezahlt werden soll, die Pauschalierungsgrenze nach § 40 Abs. 1 Satz 3 EStG übersteigt. [2]Wird diese Pauschalierungsgrenze durch den sonstigen Bezug überschritten, ist der übersteigende Teil nach § 39b Abs. 3 EStG zu besteuern. [3]Hat der Arbeitgeber die Pauschalierungsgrenze mehrfach nicht beachtet, sind Anträge auf Lohnsteuerpauschalierung nach § 40 Abs. 1 Satz 1 Nr. 2 EStG nicht zu genehmigen.

Berechnung des durchschnittlichen Steuersatzes
(3) [1]Die Verpflichtung, den durchschnittlichen Steuersatz zu errechnen, kann der Arbeitgeber dadurch erfüllen, dass er
1. den Durchschnittsbetrag der pauschal zu versteuernden Bezüge,
2. die Zahl der betroffenen Arbeitnehmer nach Steuerklassen getrennt in folgenden drei Gruppen:
    a) Arbeitnehmer in den Steuerklassen I, II und IV,
    b) Arbeitnehmer in der Steuerklasse III und
    c) Arbeitnehmer in den Steuerklassen V und VI sowie
3. die Summe der Jahresarbeitslöhne der betroffenen Arbeitnehmer, gemindert um die nach § 39b Abs. 3 Satz 3 EStG abziehbaren Freibeträge und den Entlastungsbetrag für Alleinerziehende bei der Steuerklasse II[*], erhöht um den Hinzurechnungsbetrag.

---

*) Ab 2015 = 1.908 Euro (ohne Erhöhungsbeträge für weitere Kinder).

ermittelt. ²Hierbei kann aus Vereinfachungsgründen davon ausgegangen werden, dass die betroffenen Arbeitnehmer in allen Zweigen der Sozialversicherung versichert sind und keinen Beitragszuschlag für Kinderlose (§ 55 Abs. 3 SGB XI) leisten; die individuellen Verhältnisse auf Grund des Faktorverfahrens nach § 39f EStG bleiben unberücksichtigt. ³Außerdem kann für die Ermittlungen nach Satz 1 Nr. 2 und 3 eine repräsentative Auswahl der betroffenen Arbeitnehmer zugrunde gelegt werden. ⁴Zur Festsetzung eines Pauschsteuersatzes für das laufende Kalenderjahr können für die Ermittlung nach Satz 1 Nr. 3 auch die Verhältnisse des Vorjahres zugrunde gelegt werden. ⁵Aus dem nach Satz 1 Nr. 3 ermittelten Betrag hat der Arbeitgeber den durchschnittlichen Jahresarbeitslohn der erfassten Arbeitnehmer zu berechnen. ⁶Für jede der in Satz 1 Nr. 2 bezeichneten Gruppen hat der Arbeitgeber sodann den Steuerbetrag zu ermitteln, dem der Durchschnittsbetrag der pauschal zu versteuernden Bezüge unterliegt, wenn er dem durchschnittlichen Jahresarbeitslohn hinzugerechnet wird. ⁷Dabei ist für die Gruppe nach Satz 1 Nr. 2 Buchstabe a die Steuerklasse I, für die Gruppe nach Satz 1 Nr. 2 Buchstabe b die Steuerklasse III und für die Gruppe nach Satz 1 Nr. 2 Buchstabe c die Steuerklasse V maßgebend; der Durchschnittsbetrag der pauschal zu besteuernden Bezüge ist auf den nächsten durch 216 ohne Rest teilbaren Euro-Betrag aufzurunden. ⁸Durch Multiplikation der Steuerbeträge mit der Zahl der in der entsprechenden Gruppe erfassten Arbeitnehmer und Division der sich hiernach ergebenden Summe der Steuerbeträge durch die Gesamtzahl der Arbeitnehmer und den Durchschnittsbetrag der pauschal zu besteuernden Bezüge ist hiernach die durchschnittliche Steuerbelastung zu berechnen, der die pauschal zu besteuernden Bezüge unterliegen. ⁹Das Finanzamt hat den Pauschsteuersatz nach dieser Steuerbelastung so zu berechnen, dass unter Berücksichtigung der Übernahme der pauschalen Lohnsteuer durch den Arbeitgeber insgesamt nicht zu wenig Lohnsteuer erhoben wird. ¹⁰Die Prozentsätze der durchschnittlichen Steuerbelastung und des Pauschsteuersatzes sind mit einer Dezimalstelle anzusetzen, die nachfolgenden Dezimalstellen sind fortzulassen.

H 40.1

Berechnung des durchschnittlichen Steuersatzes

Die in R 40.1 Abs. 3 dargestellte Berechnung des durchschnittlichen Steuersatzes ist nicht zu beanstanden (>BFH vom 11.3.1988 – BStBl II S. 726). Kinderfreibeträge sind nicht zu berücksichtigen (>BFH vom 26.7.2007 – BStBl II S. 844).

Beispiel:
1. Der Arbeitgeber ermittelt für rentenversicherungspflichtige Arbeitnehmer
    a) den durchschnittlichen Betrag der pauschal zu besteuernden Bezüge mit 550 €,
    b) die Zahl der betroffenen Arbeitnehmer
        – in den Steuerklassen I, II und IV mit 20,
        – in der Steuerklasse III mit 12 und
        – in den Steuerklassen V und VI mit 3,
    c) die Summe der Jahresarbeitslöhne der betroffenen Arbeitnehmer nach Abzug aller Freibeträge mit 610.190 €; dies ergibt einen durchschnittlichen Jahresarbeitslohn von (610.190 € : 35 =) 17.434 €.
2. Die Erhöhung des durchschnittlichen Jahresarbeitslohns um den auf 648 € aufgerundeten Durchschnittsbetrag (>R 40.1 Abs. 3 Satz 7 zweiter Halbsatz) der pauschal zu besteuernden Bezüge ergibt für diesen Betrag folgende Jahreslohnsteuerbeträge:
    – in der Steuerklasse I = 160 €,
    – in der Steuerklasse III = 80 €,
    – in der Steuerklasse V = 180 €.

3. Die durchschnittliche Steuerbelastung der pauschal zu besteuernden Bezüge ist hiernach wie folgt zu berechnen:

$$\frac{20 \times 160 + 12 \times 80 + 3 \times 180}{35 \times 648} = 20{,}7\,\%.$$

4. Der Pauschsteuersatz beträgt demnach

$$\frac{100 \times 20{,}7}{100 - 20{,}7} = 26{,}1\,\%.$$

Bindung des Arbeitgebers an den Pauschalierungsbescheid
Der Arbeitgeber ist an seinen rechtswirksam gestellten Antrag auf Pauschalierung der Lohnsteuer gebunden, sobald der Lohnsteuer-Pauschalierungsbescheid wirksam wird (>BFH vom 5.3.1993 – BStBl II S. 692).

Bindung des Finanzamts an den Pauschalierungsbescheid
Wird auf den Einspruch des Arbeitgebers ein gegen ihn ergangener Lohnsteuer-Pauschalierungsbescheid aufgehoben, so kann der dort berücksichtigte Arbeitslohn bei der Veranlagung des Arbeitnehmers erfasst werden (>BFH vom 18.1.1991 – BStBl II S. 309).

Bindung des Finanzamts an eine Anrufungsauskunft
Hat der Arbeitgeber eine Anrufungsauskunft eingeholt und ist er danach verfahren, ist das Betriebsstättenfinanzamt im Lohnsteuer-Abzugsverfahren daran gebunden. Eine Nacherhebung der Lohnsteuer ist auch dann nicht zulässig, wenn der Arbeitgeber nach einer Lohnsteuer-Außenprüfung einer Pauschalierung nach § 40 Abs. 1 Satz 1 Nr. 2 EStG zugestimmt hat (>BFH vom 16.11.2005 – DStBl 2006 II S. 210).

Entstehung der pauschalen Lohnsteuer
In den Fällen des § 40 Abs. 1 Satz 1 Nr. 2 EStG ist der geldwerte Vorteil aus der Steuerübernahme des Arbeitgebers nicht nach den Verhältnissen im Zeitpunkt der Steuernachforderung zu versteuern. Vielmehr muss der für die pauschalierten Löhne nach den Verhältnissen der jeweiligen Zuflussjahre errechnete Bruttosteuersatz (>Beispiel Nr. 1 bis 3) jeweils auf den Nettosteuersatz (>Beispiel Nr. 4) der Jahre hochgerechnet werden, in denen die pauschalierten Löhne zugeflossen sind und in denen die pauschale Lohnsteuer entsteht (>BFH vom 6.5.1994 – BStBl II S. 715).

Kirchensteuer bei Pauschalierung der Lohn- und Einkommensteuer
>Gleich lautende Ländererlasse vom 8.8.2016 (BStBl I S. 773)

Pauschalierungsantrag
Derjenige, der für den Arbeitgeber im Rahmen der Lohnsteuer-Außenprüfung auftritt, ist in der Regel dazu befugt, einen Antrag auf Lohnsteuer-Pauschalierung zu stellen (>BFH vom 10.10.2002 – BStBl 2003 II S. 156).

Pauschalierungsbescheid
Die pauschalen Steuerbeträge sind im Pauschalierungsbescheid auf die einzelnen Jahre aufzuteilen (>BFH vom 18.7.1985 – BStBl 1986 II S. 152).

Pauschalierungsvoraussetzungen
Die pauschalierte Lohnsteuer darf nur für solche Einkünfte aus nichtselbständiger Arbeit erhoben werden, die dem Lohnsteuerabzug unterliegen, wenn der Arbeitgeber keinen Pauschalierungsantrag gestellt hätte (>BFH vom 10.5.2006 – BStBl II S. 669).

Wirkung einer fehlerhaften Pauschalbesteuerung
Eine fehlerhafte Pauschalbesteuerung ist für die Veranlagung zur Einkommensteuer nicht bindend (>BFH vom 10. 6. 1988 – BStBl II S. 981).

R 40.2 Bemessung der Lohnsteuer nach einem festen Pauschsteuersatz (§ 40 Abs. 2 EStG)

Allgemeines
(1) Die Lohnsteuer kann mit einem Pauschsteuersatz von 25 % erhoben werden
1. nach § 40 Abs. 2 Satz 1 Nr. 1 EStG für den Unterschiedsbetrag zwischen dem amtlichen Sachbezugswert und dem niedrigeren Entgelt, das der Arbeitnehmer für die Mahlzeiten entrichtet (>R 8.1 Abs. 7 Nr. 1 bis 3); ggf. ist der nach R 8.1 Abs. 7 Nr. 5 ermittelte Durchschnittswert der Besteuerung zugrunde zu legen. ²Bei der Ausgabe von Essenmarken ist die Pauschalversteuerung nur zulässig, wenn die Mahlzeit mit dem maßgebenden Sachbezugswert zu bewerten ist (>R 8.1 Abs. 7 Nr. 4 Buchstabe a) oder der Verrechnungswert der Essenmarke nach R 8.1 Abs. 7 Nr. 4 Buchstabe b anzusetzen ist;
1a. nach § 40 Abs. 2 Satz 1 Nr. 1a EStG für Mahlzeiten, die der Arbeitgeber oder auf seine Veranlassung ein Dritter den Arbeitnehmern bei einer Auswärtstätigkeit zur Verfügung stellt, wenn die Mahlzeit mit dem Sachbezugswert anzusetzen ist, z. B., weil die Abwesenheit von mehr als 8 Stunden nicht erreicht oder nicht dokumentiert wird (eintägige Auswärtstätigkeit) oder der Dreimonatszeitraum abgelaufen ist;
2. nach § 40 Abs. 2 Satz 1 Nr. 2 EStG für Zuwendungen bei Betriebsveranstaltungen, wenn die Betriebsveranstaltung oder die Zuwendung nicht üblich ist (>R 19.5)[*];
3. nach § 40 Abs. 2 Satz 1 Nr. 3 EStG für Erholungsbeihilfen, soweit sie nicht ausnahmsweise als steuerfreie Unterstützungen anzusehen sind und wenn sie nicht die in § 40 Abs. 2 Satz 1 Nr. 3 EStG genannten Grenzen übersteigen;
4. nach § 40 Abs. 2 Satz 1 Nr. 4 EStG für Vergütungen für Verpflegungsmehraufwendungen, die anlässlich einer Auswärtstätigkeit mit einer Abwesenheitsdauer von mehr als 8 Stunden oder für den An- und Abreisetag einer mehrtägigen Auswärtstätigkeit mit Übernachtung gezahlt werden, soweit die Vergütungen die in § 9 Abs. 4a Satz 3 bis 6 EStG bezeichneten ungekürzten Pauschbeträge um nicht mehr als 100 % übersteigen; die Pauschalversteuerung gilt nicht für die Erstattung von Verpflegungsmehraufwendungen wegen einer doppelten Haushaltsführung;
5. nach § 40 Abs. 2 Satz 1 Nr. 5 EStG für zusätzlich zum ohnehin geschuldeten Arbeitslohn unentgeltlich oder verbilligt übereignete Datenverarbeitungsgeräte, Zubehör und Internetzugang sowie für zusätzlich zum ohnehin geschuldeten Arbeitslohn gezahlte Zuschüsse des Arbeitgebers zu den Aufwendungen des Arbeitnehmers für die Internetnutzung.

Verhältnis zur Pauschalierung nach § 40 Abs. 1 Satz 1 Nr. 1
(2) Die nach § 40 Abs. 2 EStG pauschal besteuerten sonstigen Bezüge werden nicht auf die Pauschalierungsgrenze (>R 40.1 Abs. 2) angerechnet.

Erholungsbeihilfen
(3) ¹Bei der Feststellung, ob die im Kalenderjahr gewährten Erholungsbeihilfen zusammen mit früher gewährten Erholungsbeihilfen die in § 40 Abs. 2 Satz 1 Nr. 3 EStG bezeichneten Beträge übersteigen, ist von der Höhe der Zuwendungen im Einzelfall auszugehen. ²Die Jahreshöchstbeträge für den Arbeitnehmer, seinen Ehegatten[1] und seine Kinder sind jeweils gesondert zu betrachten. ³Die Erholungsbeihilfen müssen für die Erholung dieser Personen bestimmt sein

---

*) Überholt >BMF vom 14. 10. 2015 (BStBl I S. 832), Tz. 5.
1) Die Regelungen zu Ehegatten gelten auch für Lebenspartner (§ 2 Abs. 8 EStG).

und verwendet werden. ⁴Davon kann in der Regel ausgegangen werden, wenn die Erholungsbeihilfe im zeitlichen Zusammenhang mit einem Urlaub des Arbeitnehmers gewährt wird. ⁵Übersteigen die Erholungsbeihilfen im Einzelfall den maßgebenden Jahreshöchstbetrag, ist auf sie insgesamt entweder § 39b Abs. 3 EStG mit Ausnahme des Satzes 9 oder § 40 Abs. 1 Satz 1 Nr. 1 EStG anzuwenden.

Reisekosten

(4) ¹Die Pauschalversteuerung mit einem Pauschsteuersatz von 25 % nach § 40 Abs. 2 Satz 1 Nr. 4 EStG ist auf einen Vergütungsbetrag bis zur Summe der ungekürzten Verpflegungspauschalen nach § 9 Abs. 4a Satz 3 bis 6 EStG begrenzt. ²Für den darüber hinausgehenden Vergütungsbetrag kann weiterhin eine Pauschalversteuerung mit einem besonderen Pauschsteuersatz nach § 40 Abs. 1 Satz 1 Nr. 1 EStG in Betracht kommen. ³Zur Ermittlung des steuerfreien Vergütungsbetrags dürfen die einzelnen Aufwendungsarten zusammengefasst werden (>R 3.16 Satz 1). ⁴Aus Vereinfachungsgründen bestehen auch keine Bedenken, den Betrag, der den steuerfreien Vergütungsbetrag übersteigt, einheitlich als Vergütung für Verpflegungsmehraufwendungen zu behandeln, die in den Grenzen des § 40 Abs. 2 Satz 1 Nr. 4 EStG mit 25 % pauschal versteuert werden kann.

Datenverarbeitungsgeräte und Internet

(5) ¹Die Pauschalierung nach § 40 Abs. 2 Satz 1 Nr. 5 Satz 1 EStG kommt bei Sachzuwendungen des Arbeitgebers in Betracht. ²Hierzu rechnet die Übereignung von Hardware einschl. technischem Zubehör und Software als Erstausstattung oder als Ergänzung, Aktualisierung und Austausch vorhandener Bestandteile. ³Die Pauschalierung ist auch möglich, wenn der Arbeitgeber ausschließlich technisches Zubehör oder Software übereignet. ⁴Telekommunikationsgeräte, die nicht Zubehör eines Datenverarbeitungsgerätes sind oder nicht für die Internetnutzung verwendet werden können, sind von der Pauschalierung ausgeschlossen. ⁵Hat der Arbeitnehmer einen Internetzugang, sind die Barzuschüsse des Arbeitgebers für die Internetnutzung des Arbeitnehmers nach § 40 Abs. 2 Satz 1 Nr. 5 Satz 2 EStG pauschalierungsfähig. ⁶Zu den Aufwendungen für die Internetnutzung in diesem Sinne gehören sowohl die laufenden Kosten (z. B. Grundgebühr für den Internetzugang, laufende Gebühren für die Internetnutzung, Flatrate), als auch die Kosten der Einrichtung des Internetzugangs (z. B. Anschluss, Modem, Personalcomputer). ⁷Aus Vereinfachungsgründen kann der Arbeitgeber den vom Arbeitnehmer erklärten Betrag für die laufende Internetnutzung (Gebühren) pauschal versteuern, soweit dieser 50 Euro im Monat nicht übersteigt. ⁸Der Arbeitgeber hat diese Erklärung als Beleg zum Lohnkonto aufzubewahren. ⁹Bei höheren Zuschüssen zur Internetnutzung und zur Änderung der Verhältnisse gilt R 3.50 Abs. 2 sinngemäß. ¹⁰Soweit die pauschal besteuerten Bezüge auf Werbungskosten entfallen, ist der Werbungskostenabzug grundsätzlich ausgeschlossen. ¹¹Zu Gunsten des Arbeitnehmers sind die pauschal besteuerten Zuschüsse zunächst auf den privat veranlassten Teil der Aufwendungen anzurechnen. ¹²Aus Vereinfachungsgründen unterbleibt zu Gunsten des Arbeitnehmers eine Anrechnung auf seine Werbungskosten bei Zuschüssen bis zu 50 Euro im Monat.

Fahrten zwischen Wohnung und erster Tätigkeitsstätte

(6) ¹Die Lohnsteuer kann nach § 40 Abs. 2 Satz 2 EStG mit einem Pauschsteuersatz von 15 % erhoben werden. ²Maßgeblich für die Höhe des pauschalierbaren Betrages sind die tatsächlichen Aufwendungen des Arbeitnehmers für die Fahrten zwischen Wohnung und erster Tätigkeitsstätte oder Fahrten nach § 9 Abs. 1 Satz 3 Nr. 4a Satz 3 EStG, jedoch höchstens der Betrag, den der Arbeitnehmer nach § 9 Abs. 1 Satz 3 Nr. 4, Abs. 2 EStG als Werbungskosten geltend machen könnte.

H 40.2

Abwälzung der pauschalen Lohnsteuer
- bei bestimmten Zukunftssicherungsleistungen >H 40b.1 (Abwälzung der pauschalen Lohnsteuer)
- bei Fahrtkosten (>BMF vom 10. 1. 2000 – BStBl I S. 138)

  Beispiel:
  Ein Arbeitnehmer hat Anspruch auf einen Zuschuss zu seinen Pkw-Kosten für Fahrten zwischen Wohnung und erster Tätigkeitsstätte in Höhe der gesetzlichen Entfernungspauschale, so dass sich für den Lohnabrechnungszeitraum ein Fahrtkostenzuschuss von insgesamt 210 € ergibt. Arbeitgeber und Arbeitnehmer haben vereinbart, dass diese Arbeitgeberleistung pauschal besteuert werden und der Arbeitnehmer die pauschale Lohnsteuer tragen soll.
  Bemessungsgrundlage für die Anwendung des gesetzlichen Pauschsteuersatzes von 15 % ist der Bruttobetrag von 210 €.
  Als pauschal besteuerte Arbeitgeberleistung ist der Betrag von 210 € zu bescheinigen. Dieser Betrag mindert den nach § 9 Abs. 1 Satz 3 Nr. 4 EStG als Werbungskosten abziehbaren Betrag von 210 € auf 0 €.

- bei Teilzeitbeschäftigten >H 40a.1 (Abwälzung der pauschalen Lohnsteuer)

Bescheinigungspflicht für Fahrgeldzuschüsse
>§ 41b Abs. 1 Satz 2 Nr. 7 EStG

Betriebsveranstaltung
- Zum Begriff >BMF vom 14. 10. 2015 (BStBl I S. 832)
- Zur Pauschalversteuerung >BMF vom 14. 10. 2015 (BStBl I S. 832), Tz. 5
- Eine nur Führungskräften eines Unternehmens vorbehaltene Abendveranstaltung ist mangels Offenheit des Teilnehmerkreises keine Betriebsveranstaltung i. S. d. § 40 Abs. 2 Satz 1 Nr. 2 EStG (>BFH vom 15. 1. 2009 – BStBl II S. 476).
- Im Rahmen einer Betriebsveranstaltung an alle Arbeitnehmer überreichte Goldmünzen unterliegen nicht der Pauschalierungsmöglichkeit des § 40 Abs. 2 Satz 1 Nr. 2 EStG (>BFH vom 7. 11. 2006 – BStBl 2007 II S. 128).
- Während einer Betriebsveranstaltung überreichte Geldgeschenke, die kein zweckgebundenes Zehrgeld sind, können nicht nach § 40 Abs. 2 EStG pauschal besteuert werden (>BFH vom 7. 2. 1997 – BStBl II S. 365).

Erholungsbeihilfen
>H 3.11 (Erholungsbeihilfen und andere Beihilfen)

Fahrten zwischen Wohnung und erster Tätigkeitsstätte
>BMF vom 4. 4. 2018 (BStBl I S. 592)

Fahrtkostenzuschüsse
- als zusätzlich erbrachte Leistung >R 3.33 Abs. 5, BMF vom 22. 5. 2013 (BStBl I S. 728);
- können auch bei Anrechnung auf andere freiwillige Sonderzahlungen pauschal versteuert werden (>BFH vom 1. 10. 2009 – BStBl 2010 II S. 487);
- sind auch bei Teilzeitbeschäftigten i. S. d. § 40a EStG unter Beachtung der Abzugsbeschränkung bei der Entfernungspauschale nach § 40 Abs. 2 Satz 2 EStG pauschalierbar. Die pauschal besteuerten Beförderungsleistungen und Fahrtkostenzuschüsse sind in die Prüfung der Arbeitslohngrenzen des § 40a EStG nicht einzubeziehen (>§ 40 Abs. 2 Satz 3 EStG);
- Zur Pauschalbesteuerung von Fahrtkostenzuschüssen >BMF vom 31. 10. 2013 (BStBl I S. 1376).

Fehlerhafte Pauschalversteuerung
>H 40a.1 (Fehlerhafte Pauschalversteuerung)

Gestellung von Kraftfahrzeugen
- Die Vereinfachungsregelung von 15 Arbeitstagen monatlich gilt nicht bei der Einzelbewertung einer Kraftfahrzeuggestellung nach der sog. 0,002 %-Methode >BMF vom 4.4.2018 (BStBl I S. 592), Rdnr. 10.
- Zur Pauschalbesteuerung bei der Gestellung von Kraftfahrzeugen >BMF vom 31.10.2013 (BStBl I S. 1376).

Kirchensteuer bei Pauschalierung der Lohn- und Einkommensteuer
>Gleich lautende Ländererlasse vom 8.8.2016 (BStBl I S. 773)

Ladevorrichtung
Zur Pauschalversteuerung >BMF vom 14.12.2016 (BStBl I S. 1446), Rdnr. 22 – 26

Pauschalversteuerung von Reisekosten
- >BMF vom 24.10.2014 (BStBl I S. 1412), Rz. 58 ff.
- Beispiel:
    Ein Arbeitnehmer erhält wegen einer Auswärtstätigkeit von Montag 11 Uhr bis Mittwoch 20 Uhr mit kostenloser Übernachtung mit Frühstück lediglich pauschalen Fahrtkostenersatz von 250 €, dem eine Fahrstrecke mit eigenem Pkw von 500 km zugrunde liegt.
    Steuerfrei sind

    - eine Fahrtkostenvergütung von (500 x 0,30 € =)   150,00 €
    - Verpflegungspauschalen von
      (12 € + 19,20 € [24 € ./. 4,80 €] + 7,20 € [12 € ./. 4,80 €] =)   38,40 €
    insgesamt   188,40 €.

    Der Mehrbetrag von (250 € ./. 188,40 € =) 61,60 € kann mit einem Teilbetrag von 48 € pauschal mit 25 % versteuert werden. Bei einer Angabe in der Lohnsteuerbescheinigung sind 38,40 € einzutragen (>§ 41b Abs. 1 Satz 2 Nr. 10 EStG).

Wahlrecht
Das Wahlrecht des Arbeitgebers, die Lohnsteuer für geldwerte Vorteile bei Fahrten zwischen Wohnung und erster Tätigkeitsstätte nach § 40 Abs. 2 Satz 2 EStG zu pauschalieren, wird nicht durch einen Antrag, sondern durch Anmeldung der mit einem Pauschsteuersatz erhobenen Lohnsteuer ausgeübt. Ein dahingehender Antrag, der im finanzgerichtlichen Verfahren gestellt wird, ist unbeachtlich (>BFH vom 24.9.2015 – BStBl 2016 II S. 176).

Zu § 40a EStG

| R 40a.1 | **Kurzfristig Beschäftigte und Aushilfskräfte in der Land- und Forstwirtschaft** |

Allgemeines
(1) ¹Die Pauschalierung der Lohnsteuer nach § 40a Abs. 1 und 3 EStG ist sowohl für unbeschränkt als auch für beschränkt einkommensteuerpflichtige Aushilfskräfte zulässig. ²Bei der Prüfung der Voraussetzungen für die Pauschalierung ist von den Merkmalen auszugehen, die sich für das einzelne Dienstverhältnis ergeben. ³Es ist nicht zu prüfen, ob die Aushilfskraft noch in einem Dienstverhältnis zu einem anderen Arbeitgeber steht. ⁴Der Arbeitgeber darf die Pauschalbesteuerung nachholen, solange keine Lohnsteuerbescheinigung ausgeschrieben ist, eine

Lohnsteuer-Anmeldung noch berichtigt werden kann und noch keine Festsetzungsverjährung eingetreten ist. ⁵Der Arbeitnehmer kann Aufwendungen, die mit dem pauschal besteuerten Arbeitslohn zusammenhängen, nicht als Werbungskosten abziehen.

Gelegentliche Beschäftigung

(2) ¹Als gelegentliche, nicht regelmäßig wiederkehrende Beschäftigung ist eine ohne feste Wiederholungsabsicht ausgeübte Tätigkeit anzusehen. ²Tatsächlich kann es zu Wiederholungen der Tätigkeit kommen. ³Entscheidend ist, dass die erneute Tätigkeit nicht bereits von vornherein vereinbart worden ist. ⁴Es kommt dann nicht darauf an, wie oft die Aushilfskräfte tatsächlich im Laufe des Jahres tätig werden. ⁵Ob sozialversicherungsrechtlich eine kurzfristige Beschäftigung vorliegt oder nicht, ist für die Pauschalierung nach § 40a Abs. 1 EStG ohne Bedeutung.

Unvorhersehbarer Zeitpunkt

(3) ¹§ 40a Abs. 1 Satz 2 Nr. 2 EStG setzt voraus, dass das Dienstverhältnis dem Ersatz einer ausgefallenen oder dem akuten Bedarf einer zusätzlichen Arbeitskraft dient. ²Die Beschäftigung von Aushilfskräften, deren Einsatzzeitpunkt längere Zeit vorher feststeht, z. B. bei Volksfesten oder Messen, kann grundsätzlich nicht als unvorhersehbar und sofort erforderlich angesehen werden; eine andere Beurteilung ist aber z. B. hinsichtlich solcher Aushilfskräfte möglich, deren Einstellung entgegen dem vorhersehbaren Bedarf an Arbeitskräften notwendig geworden ist.

Bemessungsgrundlage für die pauschale Lohnsteuer

(4) ¹Zur Bemessungsgrundlage der pauschalen Lohnsteuer gehören alle Einnahmen, die dem Arbeitnehmer aus der Aushilfsbeschäftigung zufließen (>§ 2 LStDV). ²Steuerfreie Einnahmen bleiben außer Betracht. ³Der Arbeitslohn darf für die Ermittlung der pauschalen Lohnsteuer nicht um den Altersentlastungsbetrag (§ 24a EStG) gekürzt werden.

Pauschalierungsgrenzen

(5) ¹Bei der Prüfung der Pauschalierungsgrenzen des § 40a Abs. 1 und 3 EStG ist Absatz 4 entsprechend anzuwenden. ²Pauschal besteuerte Bezüge mit Ausnahme des § 40 Abs. 2 Satz 2 EStG sind bei der Prüfung der Pauschalierungsgrenzen zu berücksichtigen. ³Zur Beschäftigungsdauer gehören auch solche Zeiträume, in denen der Arbeitslohn wegen Urlaubs, Krankheit oder gesetzlicher Feiertage fortgezahlt wird.

Aushilfskräfte in der Land- und Forstwirtschaft

(6) ¹Eine Pauschalierung der Lohnsteuer nach § 40a Abs. 3 EStG für Aushilfskräfte in der Land- und Forstwirtschaft ist nur zulässig, wenn die Aushilfskräfte in einem Betrieb i. S. d. § 13 Abs. 1 EStG beschäftigt werden. ²Für Aushilfskräfte, die in einem Gewerbebetrieb i. S. d. § 15 EStG tätig sind, kommt die Pauschalierung nach § 40a Abs. 3 EStG selbst dann nicht in Betracht, wenn sie mit typisch land- und forstwirtschaftlichen Arbeiten beschäftigt werden; eine Pauschalierung der Lohnsteuer ist grundsätzlich zulässig, wenn ein Betrieb, der Land- und Forstwirtschaft betreibt, nur wegen seiner Rechtsform oder der Abfärbetheorie (§ 15 Abs. 3 Nr. 1 EStG) als Gewerbebetrieb gilt. ³Werden die Aushilfskräfte zwar in einem land- und forstwirtschaftlichen Betrieb i. S. d. § 13 Abs. 1 EStG beschäftigt, üben sie aber keine typische land- und forstwirtschaftliche Tätigkeit aus, z. B. Blumenbinder, Verkäufer, oder sind sie abwechselnd mit typisch land- und forstwirtschaftlichen und anderen Arbeiten betraut, z. B. auch im Gewerbebetrieb oder Nebenbetrieb desselben Arbeitgebers tätig, ist eine Pauschalierung der Lohnsteuer nach § 40a Abs. 3 EStG nicht zulässig.

H 40a.1

Abwälzung der pauschalen Lohnsteuer
>BMF vom 10. 1. 2000 (BStBl I S. 138)

Arbeitstag
Als Arbeitstag i. S. d. § 40a Abs. 1 Satz 2 Nr. 1 EStG ist grundsätzlich der Kalendertag zu verstehen. Arbeitstag kann jedoch auch eine auf zwei Kalendertage fallende Nachtschicht sein (>BFH vom 28. 1. 1994 – BStBl II S. 421).

Arbeitsstunde
Arbeitsstunde i. S. d. § 40a Abs. 4 Nr. 1 EStG ist die Zeitstunde. Wird der Arbeitslohn für kürzere Zeiteinheiten gezahlt, z. B. für 45 Minuten, ist der Lohn zur Prüfung der Pauschalierungsgrenze nach § 40a Abs. 4 Nr. 1 EStG entsprechend umzurechnen (>BFH vom 10. 8. 1990 – BStBl II S. 1092).

Aufzeichnungspflichten
- >§ 4 Abs. 2 Nr. 8 vorletzter Satz LStDV
- Als Beschäftigungsdauer ist jeweils die Zahl der tatsächlichen Arbeitsstunden (= 60 Minuten) in dem jeweiligen Lohnzahlungs- oder Lohnabrechnungszeitraum aufzuzeichnen (>BFH vom 10. 9. 1976 – BStBl 1977 II S. 17).
- Bei fehlenden oder fehlerhaften Aufzeichnungen ist die Lohnsteuerpauschalierung zulässig, wenn die Pauschalierungsvoraussetzungen auf andere Weise, z. B. durch Arbeitsnachweise, Zeitkontrollen, Zeugenaussagen, nachgewiesen oder glaubhaft gemacht werden (>BFH vom 12. 6. 1986 – BStBl II S. 681).

Fehlerhafte Pauschalversteuerung
Eine fehlerhafte Pauschalbesteuerung ist für die Veranlagung zur Einkommensteuer nicht bindend (>BFH vom 10. 6. 1988 – BStBl II S. 981).

Kirchensteuer bei Pauschalierung der Lohn- und Einkommensteuer
>Gleich lautende Ländererlasse vom 8. 8. 2016 (BStBl I S. 773)

Land- und Forstwirtschaft
- Abgrenzung Gewerbebetrieb – Betrieb der Land- und Forstwirtschaft >R 15.5 EStR
- Die Pauschalierung nach § 40a Abs. 3 EStG ist zulässig, wenn ein Betrieb, der Land- und Forstwirtschaft betreibt, ausschließlich wegen seiner Rechtsform als Gewerbebetrieb gilt (>BFH vom 5. 9. 1980 – BStBl 1981 II S. 76). Entsprechendes gilt, wenn der Betrieb nur wegen § 15 Abs. 3 Nr. 1 EStG (Abfärbetheorie) als Gewerbebetrieb anzusehen ist (>BFH vom 14. 9. 2005 – BStBl 2006 II S. 92).
- Die Pauschalierung der Lohnsteuer nach § 40a Abs. 3 EStG ist nicht zulässig, wenn der Betrieb infolge erheblichen Zukaufs fremder Erzeugnisse aus dem Tätigkeitsbereich des § 13 Abs. 1 EStG ausgeschieden und einheitlich als Gewerbebetrieb zu beurteilen ist. Etwas anderes gilt auch nicht für Neben- oder Teilbetriebe, die für sich allein die Merkmale eines land- und forstwirtschaftlichen Betriebs erfüllen (>BFH vom 3. 8. 1990 – BStBl II S. 1002).

Land- und forstwirtschaftliche Arbeiten
Das Schälen von Spargel durch Aushilfskräfte eines landwirtschaftlichen Betriebs zählt nicht zu den typisch land- und forstwirtschaftlichen Arbeiten i. S. d. § 40a Abs. 3 Satz 1 EStG (>BFH vom 8. 5. 2008 – BStBl 2009 II S. 40).

Land- und forstwirtschaftliche Fachkraft

- Ein Arbeitnehmer, der die Fertigkeiten für eine land- oder forstwirtschaftliche Tätigkeit im Rahmen einer Berufsausbildung erlernt hat, gehört zu den Fachkräften, ohne dass es darauf ankommt, ob die durchgeführten Arbeiten den Einsatz einer Fachkraft erfordern (>BFH vom 25.10.2005 – BStBl 2006 II S. 208).
- Hat ein Arbeitnehmer die erforderlichen Fertigkeiten nicht im Rahmen einer Berufsausbildung erworben, gehört er nur dann zu den land- und forstwirtschaftlichen Fachkräften, wenn er anstelle einer Fachkraft eingesetzt ist (>BFH vom 25.10.2005 – BStBl 2006 II S. 208).
- Ein Arbeitnehmer ist anstelle einer land- und forstwirtschaftlichen Fachkraft eingesetzt, wenn mehr als 25 % der zu beurteilenden Tätigkeit Fachkraft-Kenntnisse erfordern (>BFH vom 25.10.2005 – BStBl 2006 II S. 208).
- Traktorführer sind jedenfalls dann als Fachkräfte und nicht als Aushilfskräfte zu beurteilen, wenn sie den Traktor als Zugfahrzeug mit landwirtschaftlichen Maschinen führen (>BFH vom 25.10.2005 – BStBl 2006 II S. 204).

Land- und forstwirtschaftliche Saisonarbeiten

- Land- und forstwirtschaftliche Arbeiten fallen nicht ganzjährig an, wenn sie wegen der Abhängigkeit vom Lebensrhythmus der produzierten Pflanzen oder Tiere einen erkennbaren Abschluss in sich tragen. Dementsprechend können darunter auch Arbeiten fallen, die im Zusammenhang mit der Viehhaltung stehen (>BFH vom 25.10.2005 – BStBl 2006 II S. 206).
- Wenn die Tätigkeit des Ausmistens nicht laufend, sondern nur im Zusammenhang mit dem einmal jährlich erfolgenden Vieh-Austrieb auf die Weide möglich ist, handelt es sich um eine nicht ganzjährig anfallende Arbeit. Unschädlich ist, dass ähnliche Tätigkeiten bei anderen Bewirtschaftungsformen ganzjährig anfallen können (>BFH vom 25.10.2005 – BStBl 2006 II S. 206).
- Reinigungsarbeiten, die ihrer Art nach während des ganzen Jahres anfallen (hier: Reinigung der Güllekanäle und Herausnahme der Güllespalten), sind nicht vom Lebensrhythmus der produzierten Pflanzen oder Tiere abhängig und sind daher keine saisonbedingten Arbeiten (>BFH vom 25.10.2005 – BStBl 2006 II S. 204).
- Die Unschädlichkeitsgrenze von 25 % der Gesamtbeschäftigungsdauer bezieht sich auf ganzjährig anfallende land- und forstwirtschaftliche Arbeiten. Für andere land- und forstwirtschaftliche Arbeiten gilt sie nicht (>BFH vom 25.10.2005 – BStBl 2006 II S. 206).

Nachforderung pauschaler Lohnsteuer

Die Nachforderung pauschaler Lohnsteuer beim Arbeitgeber setzt voraus, dass dieser der Pauschalierung zustimmt (>BFH vom 20.11.2008 – BStBl 2009 II S. 374).

Nebenbeschäftigung für denselben Arbeitgeber

Übt der Arbeitnehmer für denselben Arbeitgeber neben seiner Haupttätigkeit eine Nebentätigkeit mit den Merkmalen einer kurzfristigen Beschäftigung oder Aushilfskraft aus, ist die Pauschalierung der Lohnsteuer nach § 40a Abs. 1 und 3 EStG ausgeschlossen (>§ 40a Abs. 4 Nr. 2 EStG).

Ruhegehalt neben kurzfristiger Beschäftigung

In einer kurzfristigen Beschäftigung kann die Lohnsteuer auch dann pauschaliert werden, wenn der Arbeitnehmer vom selben Arbeitgeber ein betriebliches Ruhegeld bezieht, das dem normalen Lohnsteuerabzug unterliegt (>BFH vom 27.7.1990 – BStBl II S. 931).

| R 40a.2 | **Geringfügig entlohnte Beschäftigte** |

¹Die Erhebung der einheitlichen Pauschsteuer nach § 40a Abs. 2 EStG knüpft allein an die sozialversicherungsrechtliche Beurteilung als geringfügige Beschäftigung an und kann daher nur dann erfolgen, wenn der Arbeitgeber einen pauschalen Beitrag zur gesetzlichen Rentenversicherung von 15 % bzw. 5 % (geringfügig Beschäftigte im Privathaushalt) zu entrichten hat. ²Die Pauschalierung der Lohnsteuer nach § 40a Abs. 2a EStG kommt in Betracht, wenn der Arbeitgeber für einen geringfügig Beschäftigten nach § 8 Abs. 1 Nr. 1, § 8a SGB IV keinen pauschalen Beitrag zur gesetzlichen Rentenversicherung zu entrichten hat (z. B. auf Grund der Zusammenrechnung mehrerer geringfügiger Beschäftigungsverhältnisse). ³Bemessungsgrundlage für die einheitliche Pauschsteuer (§ 40a Abs. 2 EStG) und den Pauschsteuersatz nach § 40a Abs. 2a EStG ist das sozialversicherungsrechtliche Arbeitsentgelt, unabhängig davon, ob es steuerpflichtiger oder steuerfreier Arbeitslohn ist. ⁴Für Lohnbestandteile, die nicht zum sozialversicherungsrechtlichen Arbeitsentgelt gehören, ist die Lohnsteuerpauschalierung nach § 40a Abs. 2 und 2a EStG nicht zulässig; sie unterliegen der Lohnsteuererhebung nach den allgemeinen Regelungen.

| H 40a.2 |

Wechsel zwischen Pauschalversteuerung und Regelbesteuerung
- Es ist nicht zulässig, im Laufe eines Kalenderjahres zwischen der Regelbesteuerung und der Pauschalbesteuerung zu wechseln, wenn dadurch allein die Ausnutzung der mit Einkünften aus nichtselbständiger Arbeit verbundenen Frei- und Pauschbeträge erreicht werden soll (>BFH vom 20. 12. 1991 – BStBl 1992 II S. 695).
- Ein Arbeitgeber ist weder unter dem Gesichtspunkt des Rechtsmissbrauchs noch durch die Zielrichtung des § 40a EStG gehindert, nach Ablauf des Kalenderjahres die Pauschalversteuerung des Arbeitslohnes für die in seinem Betrieb angestellte Ehefrau rückgängig zu machen und zur Regelbesteuerung überzugehen (>BFH vom 26. 11. 2003 – BStBl 2004 II S. 195).

Zu § 40b EStG

| R 40b.1 | **Pauschalierung der Lohnsteuer bei Beiträgen zu Direktversicherungen und Zuwendungen an Pensionskassen für Versorgungszusagen, die vor dem 1. 1. 2005 erteilt wurden** |

Direktversicherung

(1) ¹Eine Direktversicherung ist eine Lebensversicherung auf das Leben des Arbeitnehmers, die durch den Arbeitgeber bei einem inländischen oder ausländischen Versicherungsunternehmen abgeschlossen worden ist und bei der der Arbeitnehmer oder seine Hinterbliebenen hinsichtlich der Versorgungsleistungen des Versicherers ganz oder teilweise bezugsberechtigt sind (>§ 1b Abs. 2 Satz 1 BetrAVG). ²Dasselbe gilt für eine Lebensversicherung auf das Leben des Arbeitnehmers, die nach Abschluss durch den Arbeitnehmer vom Arbeitgeber übernommen worden ist. ³Der Abschluss einer Lebensversicherung durch eine mit dem Arbeitgeber verbundene Konzerngesellschaft schließt die Anerkennung als Direktversicherung nicht aus, wenn der Anspruch auf die Versicherungsleistungen durch das Dienstverhältnis veranlasst ist und der Arbeitgeber die Beitragslast trägt. ⁴Als Versorgungsleistungen können Leistungen der Alters-, Invaliditäts- oder Hinterbliebenenversorgung in Betracht kommen.

(2) ¹Es ist grundsätzlich gleichgültig, ob es sich um Kapitalversicherungen einschl. Risikoversicherungen, um Rentenversicherungen oder fondsgebundene Lebensversicherungen handelt.

²Kapitallebensversicherungen mit steigender Todesfallleistung sind als Direktversicherung anzuerkennen, wenn zu Beginn der Versicherung eine Todesfallleistung von mindestens 10 % der Kapitalleistung im Erlebensfall vereinbart und der Versicherungsvertrag vor dem 1. 8. 1994 abgeschlossen worden ist. ³Bei einer nach dem 31. 7. 1994 abgeschlossenen Kapitallebensversicherung ist Voraussetzung für die Anerkennung, dass die Todesfallleistung über die gesamte Versicherungsdauer mindestens 50 % der für den Erlebensfall vereinbarten Kapitalleistung beträgt. ⁴Eine nach dem 31. 12. 1996 abgeschlossene Kapitallebensversicherung ist als Direktversicherung anzuerkennen, wenn die Todesfallleistung während der gesamten Laufzeit des Versicherungsvertrags mindestens 60 % der Summe der Beiträge beträgt, die nach dem Versicherungsvertrag für die gesamte Vertragsdauer zu zahlen sind. ⁵Kapitalversicherungen mit einer Vertragsdauer von weniger als fünf Jahren können nicht anerkannt werden, es sei denn, dass sie im Rahmen einer Gruppenversicherung nach dem arbeitsrechtlichen Grundsatz der Gleichbehandlung abgeschlossen worden sind. ⁶Dasselbe gilt für Rentenversicherungen mit Kapitalwahlrecht, bei denen das Wahlrecht innerhalb von fünf Jahren nach Vertragsabschluss wirksam werden kann, und für Beitragserhöhungen bei bereits bestehenden Kapitalversicherungen mit einer Restlaufzeit von weniger als fünf Jahren; aus Billigkeitsgründen können Beitragserhöhungen anerkannt werden, wenn sie im Zusammenhang mit der Anhebung der Pauschalierungsgrenzen durch das Steuer-Euroglättungsgesetz erfolgt sind. ⁷Unfallversicherungen sind keine Lebensversicherungen, auch wenn bei Unfall mit Todesfolge eine Leistung vorgesehen ist. ⁸Dagegen gehören Unfallzusatzversicherungen und Berufsunfähigkeitszusatzversicherungen, die im Zusammenhang mit Lebensversicherungen abgeschlossen werden, sowie selbständige Berufsunfähigkeitsversicherungen und Unfallversicherungen mit Prämienrückgewähr, bei denen der Arbeitnehmer Anspruch auf die Prämienrückgewähr hat, zu den Direktversicherungen. ⁹Die Bezugsberechtigung des Arbeitnehmers oder seiner Hinterbliebenen muss vom Versicherungsnehmer (Arbeitgeber) der Versicherungsgesellschaft gegenüber erklärt werden (>§ 159 des Versicherungsvertragsgesetzes – VVG). ¹⁰Die Bezugsberechtigung kann widerruflich oder unwiderruflich sein; bei widerruflicher Bezugsberechtigung sind die Bedingungen eines Widerrufs steuerlich unbeachtlich. ¹¹Unbeachtlich ist auch, ob die Anwartschaft des Arbeitnehmers arbeitsrechtlich bereits unverfallbar ist.

Rückdeckungsversicherung

(3) ¹Für die Abgrenzung zwischen einer Direktversicherung und einer Rückdeckungsversicherung, die vom Arbeitgeber abgeschlossen wird und die nur dazu dient, dem Arbeitgeber die Mittel zur Leistung einer dem Arbeitnehmer zugesagten Versorgung zu verschaffen, sind regelmäßig die zwischen Arbeitgeber und Arbeitnehmer getroffenen Vereinbarungen (Innenverhältnis) maßgebend und nicht die Abreden zwischen Arbeitgeber und Versicherungsunternehmen (Außenverhältnis). ²Deshalb kann eine Rückdeckungsversicherung steuerlich grundsätzlich nur anerkannt werden, wenn die nachstehenden Voraussetzungen sämtlich erfüllt sind:

1. Der Arbeitgeber hat dem Arbeitnehmer eine Versorgung aus eigenen Mitteln zugesagt, z. B. eine Werkspension.

2. Zur Gewährleistung der Mittel für diese Versorgung hat der Arbeitgeber eine Versicherung abgeschlossen, zu der der Arbeitnehmer keine eigenen Beiträge i. S. d. § 2 Abs. 2 Nr. 2 Satz 2 LStDV leistet.

3. ¹Nur der Arbeitgeber, nicht aber der Arbeitnehmer erlangt Ansprüche gegen die Versicherung. ²Unschädlich ist jedoch die Verpfändung der Ansprüche aus der Rückdeckungsversicherung an den Arbeitnehmer, weil dieser bei einer Verpfändung gegenwärtig keine Rechte erwirbt, die ihm einen Zugriff auf die Versicherung und die darin angesammelten Werte ermöglichen. ³Entsprechendes gilt für eine aufschiebend bedingte Abtretung des Rückdeckungsanspruchs, da die Abtretung rechtlich erst wirksam wird, wenn die Bedingung eintritt (§ 158 Abs. 1 des Bürgerlichen Gesetzbuches – BGB), und für die Abtretung des Rückdeckungsanspruchs zahlungshalber im Falle der Liquidation oder der Vollstreckung in die Versicherungsansprüche durch Dritte.

³Wird ein Anspruch aus einer Rückdeckungsversicherung ohne Entgelt auf den Arbeitnehmer übertragen oder eine bestehende Rückdeckungsversicherung in eine Direktversicherung umgewandelt, fließt dem Arbeitnehmer im Zeitpunkt der Übertragung bzw. Umwandlung ein lohnsteuerpflichtiger geldwerter Vorteil zu, der grundsätzlich dem geschäftsplanmäßigen Deckungskapital zuzüglich einer bis zu diesem Zeitpunkt zugeteilten Überschussbeteiligung i. S. d. § 153 VVG der Versicherung entspricht; § 3 Nr. 65 Satz 1 Buchstabe c EStG ist nicht anwendbar. ⁴Entsprechendes gilt, wenn eine aufschiebend bedingte Abtretung rechtswirksam wird (>Satz 2 Nr. 3).

Pensionskasse

(4) ¹Als Pensionskassen sind sowohl rechtsfähige Versorgungseinrichtungen i. S. d. § 1b Abs. 3 Satz 1 BetrAVG als auch nichtrechtsfähige Zusatzversorgungseinrichtungen des öffentlichen Dienstes i. S. d. § 18 BetrAVG anzusehen, die den Leistungsberechtigten, insbesondere Arbeitnehmern und deren Hinterbliebenen, auf ihre Versorgungsleistungen einen Rechtsanspruch gewähren. ²Es ist gleichgültig, ob die Kasse ihren Sitz oder ihre Geschäftsleitung innerhalb oder außerhalb des Geltungsbereichs des Einkommensteuergesetzes hat. ³Absatz 1 Satz 4 gilt sinngemäß.

Barlohnkürzung

(5) Für die Lohnsteuerpauschalierung nach § 40b EStG kommt es nicht darauf an, ob Beiträge oder Zuwendungen zusätzlich zum ohnehin geschuldeten Arbeitslohn oder auf Grund einer Vereinbarung mit dem Arbeitnehmer durch Herabsetzung des individuell zu besteuernden Arbeitslohns erbracht werden.

Voraussetzungen der Pauschalierung

(6) ¹Die Lohnsteuerpauschalierung setzt bei Beiträgen für eine Direktversicherung voraus, dass

1. die Versicherung nicht auf den Erlebensfall eines früheren als des 60. Lebensjahres des Arbeitnehmers abgeschlossen,
2. die Abtretung oder Beleihung eines dem Arbeitnehmer eingeräumten unwiderruflichen Bezugsrechts in dem Versicherungsvertrag ausgeschlossen und
3. eine vorzeitige Kündigung des Versicherungsvertrags durch den Arbeitnehmer ausgeschlossen

worden ist. ²Der Versicherungsvertrag darf keine Regelung enthalten, nach der die Versicherungsleistung für den Erlebensfall vor Ablauf des 59. Lebensjahres fällig werden könnte. ³Lässt der Versicherungsvertrag z. B. die Möglichkeit zu, Gewinnanteile zur Abkürzung der Versicherungsdauer zu verwenden, muss die Laufzeitverkürzung bis zur Vollendung des 59. Lebensjahres begrenzt sein. ⁴Der Ausschluss einer vorzeitigen Kündigung des Versicherungsvertrags ist anzunehmen, wenn in dem Versicherungsvertrag zwischen dem Arbeitgeber als Versicherungsnehmer und dem Versicherer folgende Vereinbarung getroffen worden ist:

„Es wird unwiderruflich vereinbart, dass während der Dauer des Dienstverhältnisses eine Übertragung der Versicherungsnehmer-Eigenschaft und eine Abtretung von Rechten aus diesem Vertrag auf den versicherten Arbeitnehmer bis zu dem Zeitpunkt, in dem der versicherte Arbeitnehmer sein 59. Lebensjahr vollendet, insoweit ausgeschlossen ist, als die Beiträge vom Versicherungsnehmer (Arbeitgeber) entrichtet worden sind."

⁵Wird anlässlich der Beendigung des Dienstverhältnisses die Direktversicherung auf den ausscheidenden Arbeitnehmer übertragen, bleibt die Pauschalierung der Direktversicherungsbeiträge in der Vergangenheit hiervon unberührt. ⁶Das gilt unabhängig davon, ob der Arbeitnehmer den Direktversicherungsvertrag auf einen neuen Arbeitgeber überträgt, selbst fortführt oder kündigt. ⁷Es ist nicht Voraussetzung, dass die Zukunftssicherungsleistungen in einer größeren Zahl von Fällen erbracht werden.

Bemessungsgrundlage der pauschalen Lohnsteuer

(7) ¹Die pauschale Lohnsteuer bemisst sich grundsätzlich nach den tatsächlichen Leistungen, die der Arbeitgeber für den einzelnen Arbeitnehmer erbringt. ²Bei einer Verrechnung des Tarifbeitrags mit Überschussanteilen stellt deshalb der ermäßigte Beitrag die Bemessungsgrundlage für die pauschale Lohnsteuer dar. ³Wird für mehrere Arbeitnehmer gemeinsam eine pauschale Leistung erbracht, bei der der Teil, der auf den einzelnen Arbeitnehmer entfällt, nicht festgestellt werden kann, ist dem einzelnen Arbeitnehmer der Teil der Leistung zuzurechnen, der sich bei einer Aufteilung der Leistung nach der Zahl der begünstigten Arbeitnehmer ergibt (>§ 2 Abs. 2 Nr. 3 Satz 3 LStDV). ⁴Werden Leistungen des Arbeitgebers für die tarifvertragliche Zusatzversorgung der Arbeitnehmer mit einem Prozentsatz der Bruttolohnsumme des Betriebs erbracht, ist die Arbeitgeberleistung Bemessungsgrundlage der pauschalen Lohnsteuer. ⁵Für die Feststellung der Pauschalierungsgrenze (>Absatz 8) bei zusätzlichen pauschal besteuerbaren Leistungen für einzelne Arbeitnehmer ist die Arbeitgeberleistung auf die Zahl der durch die tarifvertragliche Zusatzversorgung begünstigten Arbeitnehmer aufzuteilen.

Pauschalierungsgrenze

(8) ¹Die Pauschalierungsgrenze von 1.752 Euro nach § 40b Abs. 2 Satz 1 EStG i. d. F. am 31.12.2004 kann auch in den Fällen voll ausgeschöpft werden, in denen feststeht, dass dem Arbeitnehmer bereits aus einem vorangegangenen Dienstverhältnis im selben Kalenderjahr pauschal besteuerte Zukunftssicherungsleistungen zugeflossen sind. ²Soweit pauschal besteuerbare Leistungen den Grenzbetrag von 1.752 Euro überschreiten, müssen sie dem normalen Lohnsteuerabzug unterworfen werden.

Durchschnittsberechnung

(9) ¹Wenn mehrere Arbeitnehmer gemeinsam in einem Direktversicherungsvertrag oder in einer Pensionskasse versichert sind, ist für die Feststellung der Pauschalierungsgrenze eine Durchschnittsberechnung anzustellen. ²Ein gemeinsamer Direktversicherungsvertrag liegt außer bei einer Gruppenversicherung auch dann vor, wenn in einem Rahmenvertrag mit einem oder mehreren Versicherern sowohl die versicherten Personen als auch die versicherten Wagnisse bezeichnet werden und die Einzelheiten in Zusatzvereinbarungen geregelt sind. ³Ein Rahmenvertrag, der z. B. nur den Beitragseinzug und die Beitragsabrechnung regelt, stellt keinen gemeinsamen Direktversicherungsvertrag dar. ⁴Bei der Durchschnittsberechnung bleiben Beiträge des Arbeitgebers unberücksichtigt, die nach § 3 Nr. 63 EStG steuerfrei sind oder wegen der Ausübung des Wahlrechts nach § 3 Nr. 63 Satz 2 zweite Alternative EStG individuell besteuert werden. ⁵Im Übrigen ist wie folgt zu verfahren:

1. ¹Sind in der Direktversicherung oder in der Pensionskasse Arbeitnehmer versichert, für die pauschal besteuerbare Leistungen von jeweils insgesamt mehr als 2.148 Euro (§ 40b Abs. 2 Satz 2 EStG i. d. F. am 31.12.2004) jährlich erbracht werden, scheiden die Leistungen für diese Arbeitnehmer aus der Durchschnittsberechnung aus. ²Das gilt z. B. auch dann, wenn mehrere Direktversicherungsverträge bestehen und die Beitragsanteile für den einzelnen Arbeitnehmer insgesamt 2.148 Euro übersteigen. ³Die Erhebung der Lohnsteuer auf diese Leistungen richtet sich nach Absatz 8 Satz 2.
2. ¹Die Leistungen für die übrigen Arbeitnehmer sind zusammenzurechnen und durch die Zahl der Arbeitnehmer zu teilen, für die sie erbracht worden sind. ²Bei einem konzernumfassenden gemeinsamen Direktversicherungsvertrag ist der Durchschnittsbetrag durch Aufteilung der Beitragszahlungen des Arbeitgebers auf die Zahl seiner begünstigten Arbeitnehmer festzustellen; es ist nicht zulässig, den Durchschnittsbetrag durch Aufteilung des Konzernbeitrags auf alle Arbeitnehmer des Konzerns zu ermitteln.
    a) ¹Übersteigt der so ermittelte Durchschnittsbetrag nicht 1.752 Euro, ist dieser für jeden Arbeitnehmer der Pauschalbesteuerung zugrunde zu legen. ²Werden für den einzelnen Arbeitnehmer noch weitere pauschal besteuerbare Leistungen erbracht, dürfen aber insgesamt nur 1.752 Euro pauschal besteuert werden; im Übrigen gilt Absatz 8 Satz 2.

b) ¹Übersteigt der Durchschnittsbetrag 1.752 Euro, kommt er als Bemessungsgrundlage für die Pauschalbesteuerung nicht in Betracht. ²Der Pauschalbesteuerung sind die tatsächlichen Leistungen zugrunde zu legen, soweit sie für den einzelnen Arbeitnehmer 1.752 Euro nicht übersteigen; im Übrigen gilt Absatz 8 Satz 2.

3. ¹Ist ein Arbeitnehmer

   a) in mehreren Direktversicherungsverträgen gemeinsam mit anderen Arbeitnehmern,
   b) in mehreren Pensionskassen oder
   c) in Direktversicherungsverträgen gemeinsam mit anderen Arbeitnehmern und in Pensionskassen

   versichert, ist jeweils der Durchschnittsbetrag aus der Summe der Beiträge für mehrere Direktversicherungen, aus der Summe der Zuwendungen an mehrere Pensionskassen oder aus der Summe der Beiträge zu Direktversicherungen und der Zuwendungen an Pensionskassen zu ermitteln. ²In diese gemeinsame Durchschnittsbildung dürfen jedoch solche Verträge nicht einbezogen werden, bei denen wegen der 2.148-Euro-Grenze (>Nummer 1) nur noch ein Arbeitnehmer übrig bleibt; in diesen Fällen liegt eine gemeinsame Versicherung, die in die Durchschnittsberechnung einzubeziehen ist, nicht vor.

(10) Werden die pauschal besteuerbaren Leistungen nicht in einem Jahresbetrag erbracht, gilt Folgendes:

1. Die Einbeziehung der auf den einzelnen Arbeitnehmer entfallenden Leistungen in die Durchschnittsberechnung nach § 40b Abs. 2 Satz 2 EStG entfällt von dem Zeitpunkt an, in dem sich ergibt, dass die Leistungen für diesen Arbeitnehmer voraussichtlich insgesamt 2.148 Euro im Kalenderjahr übersteigen werden.

2. Die Lohnsteuerpauschalierung auf der Grundlage des Durchschnittsbetrags entfällt von dem Zeitpunkt an, in dem sich ergibt, dass der Durchschnittsbetrag voraussichtlich 1.752 Euro im Kalenderjahr übersteigen wird.

3. ¹Die Pauschalierungsgrenze von 1.752 Euro ist jeweils insoweit zu vermindern, als sie bei der Pauschalbesteuerung von früheren Leistungen im selben Kalenderjahr bereits ausgeschöpft worden ist. ²Werden die Leistungen laufend erbracht, darf die Pauschalierungsgrenze mit dem auf den jeweiligen Lohnzahlungszeitraum entfallenden Anteil berücksichtigt werden.

Vervielfältigungsregelung

(11) ¹Die Vervielfältigung der Pauschalierungsgrenze nach § 40b Abs. 2 Satz 3 EStG steht in Zusammenhang mit der Beendigung des Dienstverhältnisses; ein solcher Zusammenhang ist insbesondere dann zu vermuten, wenn der Direktversicherungsbeitrag innerhalb von 3 Monaten vor dem Auflösungszeitpunkt geleistet wird. ²Die Vervielfältigungsregelung gilt auch bei der Umwandlung von Arbeitslohn (>Absatz 5); nach Auflösung des Dienstverhältnisses kann sie ohne zeitliche Beschränkung angewendet werden, wenn die Umwandlung spätestens bis zum Zeitpunkt der Auflösung des Dienstverhältnisses vereinbart wird. ³Die Gründe, aus denen das Dienstverhältnis beendet wird, sind für die Vervielfältigung der Pauschalierungsgrenze unerheblich. ⁴Die Vervielfältigungsregelung kann daher auch in den Fällen angewendet werden, in denen ein Arbeitnehmer wegen Erreichens der Altersgrenze aus dem Dienstverhältnis ausscheidet. ⁵Auf die vervielfältigte Pauschalierungsgrenze sind die für den einzelnen Arbeitnehmer in dem Kalenderjahr, in dem das Dienstverhältnis beendet wird, und in den sechs vorangegangenen Kalenderjahren tatsächlich entrichteten Beiträge und Zuwendungen anzurechnen, die nach § 40b Abs. 1 EStG pauschal besteuert wurden. ⁶Dazu gehören auch die 1.752 Euro übersteigenden personenbezogenen Beiträge, wenn sie nach § 40b Abs. 2 Satz 2 EStG in die Bemessungsgrundlage für die Pauschsteuer einbezogen worden sind. ⁷Ist bei Pauschalzuweisungen ein personenbezogener Beitrag nicht feststellbar, ist als tatsächlicher Beitrag für den einzelnen Arbeitnehmer der Durchschnittsbetrag aus der Pauschalzuweisung anzunehmen.

Rückzahlung pauschal besteuerbarer Leistungen

(12) – unbesetzt –

(13) ¹Eine Arbeitslohnrückzahlung (negative Einnahme) ist anzunehmen, wenn der Arbeitnehmer sein Bezugsrecht aus einer Direktversicherung (z. B. bei vorzeitigem Ausscheiden aus dem Dienstverhältnis) ganz oder teilweise ersatzlos verliert und das Versicherungsunternehmen als Arbeitslohn versteuerte Beiträge an den Arbeitgeber zurückzahlt. ²Zahlungen des Arbeitnehmers zum Wiedererwerb des verlorenen Bezugsrechts sind der Vermögenssphäre zuzurechnen; sie stellen keine Arbeitslohnrückzahlung dar.

(14) ¹Sind nach Absatz 13 Arbeitslohnrückzahlungen aus pauschal versteuerten Beitragsleistungen anzunehmen, mindern sie die gleichzeitig (im selben Kalenderjahr) anfallenden pauschal besteuerbaren Beitragsleistungen des Arbeitgebers. ²Übersteigen in einem Kalenderjahr die Arbeitslohnrückzahlungen betragsmäßig die Beitragsleistungen des Arbeitgebers, ist eine Minderung der Beitragsleistungen im selben Kalenderjahr nur bis auf Null möglich. ³Eine Minderung von Beitragsleistungen des Arbeitgebers aus den Vorjahren ist nicht möglich. ⁴Der Arbeitnehmer kann negative Einnahmen aus pauschal versteuerten Beitragsleistungen nicht geltend machen.

(15) ¹Wenn Arbeitslohnrückzahlungen nach Absatz 13 aus teilweise individuell und teilweise pauschal versteuerten Beitragsleistungen herrühren, ist der Betrag entsprechend aufzuteilen. ²Dabei kann aus Vereinfachungsgründen das Verhältnis zugrunde gelegt werden, das sich nach den Beitragsleistungen in den vorangegangenen fünf Kalenderjahren ergibt. ³Maßgebend sind die tatsächlichen Beitragsleistungen; § 40b Abs. 2 Satz 2 EStG ist nicht anzuwenden. ⁴Die lohnsteuerliche Berücksichtigung der dem Arbeitnehmer zuzurechnenden Arbeitslohnzahlung richtet sich nach folgenden Grundsätzen:

1. Besteht im Zeitpunkt der Arbeitslohnrückzahlung noch das Dienstverhältnis zu dem Arbeitgeber, der die Versicherungsbeiträge geleistet hat, kann der Arbeitgeber die Arbeitslohnrückzahlung mit dem Arbeitslohn des Kalenderjahres der Rückzahlung verrechnen und den so verminderten Arbeitslohn der Lohnsteuer unterwerfen.

2. ¹Soweit der Arbeitgeber von der vorstehenden Möglichkeit nicht Gebrauch macht oder machen kann, kann der Arbeitnehmer die Arbeitslohnrückzahlung wie Werbungskosten – ohne Anrechnung des maßgebenden Pauschbetrags für Werbungskosten nach § 9a Satz 1 Nr. 1 EStG – als Freibetrag (>§ 39a EStG) bilden lassen oder bei der Veranlagung zur Einkommensteuer geltend machen. ²Erzielt der Arbeitnehmer durch die Arbeitslohnrückzahlung bei seinen Einkünften aus nichtselbständiger Arbeit einen Verlust, kann er diesen mit Einkünften aus anderen Einkunftsarten ausgleichen oder unter den Voraussetzungen des § 10d EStG den Verlustabzug beanspruchen.

(16) Die Absätze 13 bis 15 gelten für Zuwendungen an Pensionskassen sinngemäß.

H 40b.1

§ 40b Abs. 1 und Abs. 2 in der am 31. 12. 2004 geltenden Fassung:*⁾

(1) ¹Der Arbeitgeber kann die Lohnsteuer von den Beiträgen für eine Direktversicherung des Arbeitnehmers und von den Zuwendungen an eine Pensionskasse mit einem Pauschsteuersatz von 20 vom Hundert der Beiträge und Zuwendungen erheben. ²Die pauschale Erhebung der Lohnsteuer von Beiträgen für eine Direktversicherung ist nur zulässig, wenn die Versicherung nicht auf den Erlebensfall eines früheren als des 60. Lebensjahres abgeschlossen und eine vor-

---

*) Zur Anwendungsregelung >§ 52 Abs. 40 EStG. Die Anwendungsregelung wird durch das Gesetz zur Vermeidung von Umsatzsteuerausfällen beim Handel mit Waren im Internet und zur Änderung weiterer steuerlicher Vorschriften angepasst.
Zur Aufzeichnungspflicht bei Weiteranwendung von § 40b in einer der vor dem 1. 1. 2005 geltenden Fassung >§ 5 Abs. 1 LStDV.

zeitige Kündigung des Versicherungsvertrages durch den Arbeitnehmer ausgeschlossen worden ist.
(2) ¹Absatz 1 gilt nicht, soweit die zu besteuernden Beiträge und Zuwendungen des Arbeitgebers für den Arbeitnehmer 1.752 Euro im Kalenderjahr übersteigen oder nicht aus seinem ersten Dienstverhältnis bezogen werden. ²Sind mehrere Arbeitnehmer gemeinsam in einem Direktversicherungsvertrag oder in einer Pensionskasse versichert, so gilt als Beitrag oder Zuwendung für den einzelnen Arbeitnehmer der Teilbetrag, der sich bei einer Aufteilung der gesamten Beiträge oder der gesamten Zuwendungen durch die Zahl der begünstigten Arbeitnehmer ergibt, wenn dieser Teilbetrag 1.752 Euro nicht übersteigt; hierbei sind Arbeitnehmer, für die Beiträge und Zuwendungen von mehr als 2.148 Euro im Kalenderjahr geleistet werden, nicht einzubeziehen. ³Für Beiträge und Zuwendungen, die der Arbeitgeber für den Arbeitnehmer aus Anlass der Beendigung des Dienstverhältnisses erbracht hat, vervielfältigt sich der Betrag von 1.752 Euro mit der Anzahl der Kalenderjahre, in denen das Dienstverhältnis des Arbeitnehmers zu dem Arbeitgeber bestanden hat; in diesem Fall ist Satz 2 nicht anzuwenden. ⁴Der vervielfältigte Betrag vermindert sich um die nach Absatz 1 pauschal besteuerten Beiträge und Zuwendungen, die der Arbeitgeber in dem Kalenderjahr, in dem das Dienstverhältnis beendet wird, und in den sechs vorangegangenen Kalenderjahren erbracht hat.

44-Euro-Freigrenze
Zur Anwendung der 44-Euro-Freigrenze auf Zukunftssicherungsleistungen >BMF vom ... (BStBl I S. ...).

Abwälzung der pauschalen Lohnsteuer
>BMF vom 10.1.2000 (BStBl I S. 138)

Beispiel:
Der Arbeitnehmer erhält eine Sonderzuwendung von 2.500 €. Er vereinbart mit dem Arbeitgeber, dass hiervon 1.752 € für eine vor 2005 abgeschlossene Direktversicherung verwendet werden, die eine Kapitalauszahlung vorsieht. Der Direktversicherungsbeitrag soll pauschal versteuert werden. Der Arbeitnehmer trägt die pauschale Lohnsteuer.

Sonderzuwendung	2.500 €
abzüglich Direktversicherungsbeitrag	1.752 €
nach den Lohnsteuerabzugsmerkmalen als sonstiger Bezug zu besteuern	748 €
Bemessungsgrundlage für die pauschale Lohnsteuer	1.752 €

Allgemeines
- Der Lohnsteuerpauschalierung unterliegen nur die Arbeitgeberleistungen i. S. d. § 40b EStG zugunsten von Arbeitnehmern oder früheren Arbeitnehmern und deren Hinterbliebenen (>BFH vom 7.7.1972 – BStBl II S. 890).
- Die Pauschalierung der Lohnsteuer nach § 40b EStG ist auch dann zulässig, wenn die Zukunftssicherungsleistung erst nach Ausscheiden des Arbeitnehmers aus dem Betrieb erbracht wird und er bereits in einem neuen Dienstverhältnis steht (>BFH vom 18.12.1987 – BStBl 1988 II S. 554).
- Pauschalbesteuerungsfähig sind jedoch nur Zukunftssicherungsleistungen, die der Arbeitgeber auf Grund ausschließlich eigener rechtlicher Verpflichtung erbringt (>BFH vom 29.4.1991 – BStBl II S. 647).
- Die Pauschalierung der Lohnsteuer nach § 40b EStG ist ausgeschlossen, wenn der Arbeitgeber für den Ehegatten eines verstorbenen früheren Arbeitnehmers eine Lebensversicherung abschließt oder wenn bei einer Versicherung das typische Todesfallwagnis und – bereits bei Vertragsabschluss – das Rentenwagnis ausgeschlossen worden sind. Hier liegt begrifflich keine Direktversicherung i. S. d. § 40b EStG vor (>BFH vom 9.11.1990 – BStBl 1991 II S. 189).

- Die Pauschalierung setzt allgemein voraus, dass die Zukunftssicherungsleistungen aus einem ersten Dienstverhältnis bezogen werden. Sie ist demnach bei Arbeitnehmern nicht anwendbar, bei denen der Lohnsteuerabzug nach der Steuerklasse VI vorgenommen wird (>BFH vom 12. 8. 1996 – BStBl 1997 II S. 143). Bei pauschal besteuerten Teilzeitarbeitsverhältnissen (>§ 40a EStG) ist die Pauschalierung zulässig, wenn es sich dabei um das erste Dienstverhältnis handelt (>BFH vom 8. 12. 1989 – BStBl 1990 II S. 398).
- Für Zukunftssicherungsleistungen i. S. d. § 40b EStG kann die Lohnsteuerpauschalierung nach § 40 Abs. 1 Satz 1 Nr. 1 EStG nicht vorgenommen werden, selbst wenn sie als sonstige Bezüge gewährt werden (§ 40b Abs. 5 Satz 2 EStG).
- Zum Zeitpunkt der Beitragsleistung des Arbeitgebers für eine Direktversicherung >H 38.2 (Zufluss von Arbeitslohn).
- Die Pauschalierung setzt voraus, dass es sich bei den Beiträgen um Arbeitslohn handelt, der den Arbeitnehmern im Zeitpunkt der Abführung durch den Arbeitgeber an die Versorgungseinrichtung zufließt (>BFH vom 12. 4. 2007 – BStBl II S. 619).

Arbeitnehmerfinanzierte betriebliche Altersversorgung
>BMF vom 6. 12. 2017 (BStBl 2018 I S. 147)

Ausscheiden des Arbeitgebers aus der VBL
Das Ausscheiden des Arbeitgebers aus der VBL und die damit verbundenen Folgen für die Zusatzversorgung des Arbeitnehmers führen nicht zur Rückzahlung von Arbeitslohn und damit weder zu negativem Arbeitslohn noch zu Werbungskosten bei den Einkünften aus nichtselbständiger Arbeit (>BFH vom 7. 5. 2009 – BStBl 2010 II S. 133 und S. 135).

Barlohnkürzung

Beispiel:
Der Anspruch auf das 13. Monatsgehalt entsteht gemäß Tarifvertrag zeitanteilig nach den vollen Monaten der Beschäftigung im Kalenderjahr und ist am 1.12. fällig. Die Barlohnkürzung vom 13. Monatsgehalt zu Gunsten eines Direktversicherungsbeitrags wird im November des laufenden Kalenderjahres vereinbart.
Der Barlohn kann vor Fälligkeit, also bis spätestens 30.11., auch um den Teil des 13. Monatsgehalts, der auf bereits abgelaufene Monate entfällt, steuerlich wirksam gekürzt werden. Auf den Zeitpunkt der Entstehung kommt es nicht an (>R 40b.1 Abs. 5).

Beendigung einer betrieblichen Altersversorgung
>BMF vom 6. 12. 2017 (BStBl 2018 I S. 147), Rz. 166

Dienstverhältnis zwischen Ehegatten*)
Zur Anerkennung von Zukunftssicherungsleistungen bei Dienstverhältnissen zwischen Ehegatten >H 6a (9) EStH

Durchschnittsberechnung nach § 40b Abs. 2 Satz 2 EStG:
- „Eigenbeiträge" des Arbeitnehmers, die aus versteuertem Arbeitslohn stammen, sind in die Durchschnittsberechnung nicht einzubeziehen (>BFH vom 12. 4. 2007 – BStBl II S. 619).
- Beiträge zu Direktversicherungen können nur dann in die Durchschnittsberechnung einbezogen werden, wenn ein gemeinsamer Versicherungsvertrag vorliegt. Direktversicherungen, die nach einem Wechsel des Arbeitgebers beim neuen Arbeitgeber als Einzelversicherungen fortgeführt werden, erfüllen diese Voraussetzung nicht (>BFH vom 11. 3. 2010 – BStBl 2011 II S. 183).

---

*) Die dort aufgeführten Grundsätze gelten bei Lebenspartnern entsprechend (>§ 2 Abs. 8 EStG).

- **Beispiel:**
  Es werden ganzjährig laufend monatliche Zuwendungen an eine Pensionskasse (Altverträge mit Kapitalauszahlung)
  a) für 2 Arbeitnehmer je 250 € = 500 €
  b) für 20 Arbeitnehmer je 175 € = 3.500 €
  c) für 20 Arbeitnehmer je 125 € = 2.500 €
  insgesamt 6.500 € geleistet.

  Die Leistungen für die Arbeitnehmer zu a) betragen jeweils mehr als 2.148 € jährlich; sie sind daher in eine Durchschnittsberechnung nicht einzubeziehen. Die Leistungen für die Arbeitnehmer zu b) und c) übersteigen jährlich jeweils nicht 2.148 €; es ist daher der Durchschnittsbetrag festzustellen. Der Durchschnittsbetrag beträgt 150 € monatlich; er übersteigt hiernach 1.752 € jährlich und kommt deshalb als Bemessungsgrundlage nicht in Betracht. Der Pauschalbesteuerung sind also in allen Fällen die tatsächlichen Leistungen zugrunde zu legen. Der Arbeitgeber kann dabei
  in den Fällen zu a) im 1. bis 7. Monat je 250 € und im 8. Monat noch 2 € oder monatlich je 146 €,
  in den Fällen zu b) im 1. bis 10. Monat je 175 € und im 11. Monat noch 2 € oder monatlich je 146 €,
  in den Fällen zu c) monatlich je 125 €
  pauschal versteuern.

Kirchensteuer bei Pauschalierung der Lohn- und Einkommensteuer
>Gleich lautende Ländererlasse vom 8. 8. 2016 (BStBl I S. 773)

Mindesttodesfallschutz
>R 40b.1 Abs. 2
>BMF vom 22. 8. 2002 (BStBl I S. 827), Rdnr. 23 – 30

Negative pauschale Lohnsteuer
Die Festsetzung einer negativen Einkommensteuer und damit auch einer negativen pauschalen Lohnsteuer ist gesetzlich nicht vorgesehen (>BFH vom 28. 4. 2016 – BStBl II S. 898). Bei Rückzahlung pauschal versteuerter Leistungen >R 40b.1 Abs. 13 ff.

Rückdeckungsversicherung
- >R 40b.1 Abs. 3
- Verzichtet der frühere Arbeitnehmer auf seine Rechte aus einer Versorgungszusage des Arbeitgebers, tritt im Gegenzug der Arbeitgeber sämtliche Rechte aus der zur Absicherung der Versorgungszusage abgeschlossenen Rückdeckungsversicherung an den vom Arbeitnehmer nunmehr getrennt lebenden Ehegatten/Lebenspartner ab und zahlt die Versicherung daraufhin das angesammelte Kapital an den Ehegatten/Lebenspartner aus, beinhaltet dies einen den früheren Arbeitnehmer bereichernden Lohnzufluss (>BFH vom 9. 10. 2002 – BStBl II S. 884).
- Tritt ein Arbeitgeber Ansprüche aus einer von ihm mit einem Versicherer abgeschlossenen Rückdeckungsversicherung an den Arbeitnehmer ab und leistet der Arbeitgeber im Anschluss hieran Beiträge an den Versicherer, sind diese Ausgaben Arbeitslohn (>BFH vom 5. 7. 2012 – BStBl 2013 II S. 190).

Rückzahlung von Arbeitslohn
- Der Verlust des durch eine Direktversicherung eingeräumten Bezugsrechts bei Insolvenz des Arbeitgebers führt wegen des Ersatzanspruchs nicht zu einer Arbeitslohnrückzahlung (>BFH vom 5. 7. 2007 – BStBl II S. 774).
- >R 40b.1 Abs. 13 ff. und >Ausscheiden des Arbeitgebers aus der VBL

Verhältnis von § 3 Nr. 63 EStG und § 40b EStG
>BMF vom 6. 12. 2017 (BStBl 2018 I S. 147), Rz. 85 ff.

Vervielfältigungsregelung

Die Beendigung des Dienstverhältnisses i. S. d. § 40b Abs. 2 Satz 3 1. Halbsatz EStG ist die nach bürgerlichem (Arbeits-)Recht wirksame Beendigung. Ein Dienstverhältnis kann daher auch dann beendet sein, wenn der Arbeitnehmer und sein bisheriger Arbeitgeber im Anschluss an das bisherige Dienstverhältnis ein neues vereinbaren, sofern es sich nicht als Fortsetzung des bisherigen erweist. Es liegt keine solche Beendigung vor, wenn das neue Dienstverhältnis mit demselben Arbeitgeber in Bezug auf den Arbeitsbereich, die Entlohnung und die sozialen Besitzstände im Wesentlichen dem bisherigen Dienstverhältnis entspricht (>BFH vom 30.10.2008 – BStBl 2009 II S. 162).

Wahlrecht

>BMF vom 6.12.2017 (BStBl 2018 I S. 147), Rz. 93

Wirkung einer fehlerhaften Pauschalbesteuerung

Eine fehlerhafte Pauschalbesteuerung ist für die Veranlagung zur Einkommensteuer nicht bindend (>BFH vom 10.6.1988 – BStBl II S. 981).

Zukunftssicherungsleistungen i. S. d. § 40b EStG n. F.

>BMF vom 6.12.2017 (BStBl 2018 I S. 147), Rz. 83 – 84

R 40b.2 Pauschalierung der Lohnsteuer bei Beiträgen zu einer Gruppenunfallversicherung

¹Die Lohnsteuerpauschalierung nach § 40b Abs. 3 EStG ist nicht zulässig, wenn der steuerpflichtige Durchschnittsbeitrag – ohne Versicherungsteuer – 62 Euro jährlich übersteigt; in diesem Falle ist der steuerpflichtige Durchschnittsbeitrag dem normalen Lohnsteuerabzug zu unterwerfen. ²Bei konzernumfassenden Gruppenunfallversicherungen ist der Durchschnittsbeitrag festzustellen, der sich bei Aufteilung der Beitragszahlungen des Arbeitgebers auf die Zahl seiner begünstigten Arbeitnehmer ergibt; es ist nicht zulässig, den Durchschnittsbeitrag durch Aufteilung des Konzernbeitrags auf alle Arbeitnehmer des Konzerns zu ermitteln. ³Ein gemeinsamer Unfallversicherungsvertrag i. S. d. § 40b Abs. 3 EStG liegt außer bei einer Gruppenversicherung auch dann vor, wenn in einem Rahmenvertrag mit einem oder mehreren Versicherern sowohl die versicherten Personen als auch die versicherten Wagnisse bezeichnet werden und die Einzelheiten in Zusatzvereinbarungen geregelt sind. ⁴Ein Rahmenvertrag, der z. B. nur den Beitragseinzug und die Beitragsabrechnung regelt, stellt keinen gemeinsamen Unfallversicherungsvertrag dar.

H 40b.2

Allgemeine Grundsätze

Zur Ermittlung des steuerpflichtigen Beitrags für Unfallversicherungen, die das Unfallrisiko sowohl im beruflichen als auch im außerberuflichen Bereich abdecken >BMF vom 28.10.2009 (BStBl I S. 1275)

Zu § 41 EStG

R 41.1 **Aufzeichnungserleichterungen, Aufzeichnung der Religionsgemeinschaft**

(1) ¹Die nach § 40 Abs. 1 Satz 1 Nr. 1 und § 40b EStG pauschal besteuerten Bezüge und die darauf entfallende pauschale Lohnsteuer sind grundsätzlich in dem für jeden Arbeitnehmer zu führenden Lohnkonto aufzuzeichnen. ²Soweit die Lohnsteuerpauschalierung nach § 40b EStG auf der Grundlage des Durchschnittsbetrags durchgeführt wird (>§ 40b Abs. 2 Satz 2 EStG), ist dieser aufzuzeichnen.
(2) ¹Das Betriebsstättenfinanzamt kann nach § 4 Abs. 3 Satz 1 LStDV Ausnahmen von der Aufzeichnung im Lohnkonto zulassen, wenn die Möglichkeit zur Nachprüfung in anderer Weise sichergestellt ist. ²Die Möglichkeit zur Nachprüfung ist in den bezeichneten Fällen nur dann gegeben, wenn die Zahlung der Bezüge und die Art ihrer Aufzeichnung im Lohnkonto vermerkt werden.
(3) ¹Das Finanzamt hat Anträgen auf Befreiung von der Aufzeichnungspflicht nach § 4 Abs. 3 Satz 2 LStDV im Allgemeinen zu entsprechen, wenn es im Hinblick auf die betrieblichen Verhältnisse nach der Lebenserfahrung so gut wie ausgeschlossen ist, dass der Rabattfreibetrag (>§ 8 Abs. 3 EStG) oder die Freigrenze nach § 8 Abs. 2 Satz 11 EStG im Einzelfall überschritten wird. ²Zusätzlicher Überwachungsmaßnahmen durch den Arbeitgeber bedarf es in diesen Fällen nicht.
(4) ¹Der Arbeitgeber hat die Religionsgemeinschaft im Lohnkonto aufzuzeichnen (§ 4 Abs. 1 Nr. 1 LStDV). ²Erhebt der Arbeitgeber von pauschal besteuerten Bezügen (§§ 37b, 40, 40a Abs. 1, 2a und 3, § 40b EStG) keine Kirchensteuer, weil der Arbeitnehmer keiner Religionsgemeinschaft angehört, für die die Kirchensteuer von den Finanzbehörden erhoben wird, hat er die Unterlage hierüber als Beleg zu den nach § 4 Abs. 2 Nr. 8 Satz 3 und 4 LStDV zu führenden Unterlagen zu nehmen (§ 4 Abs. 2 Nr. 8 Satz 5 LStDV). ³In den Fällen des § 37b EStG und des § 40a Abs. 1, 2a und 3 EStG kann der Arbeitgeber auch eine Erklärung zur Religionszugehörigkeit nach amtlichem Muster als Beleg verwenden.

R 41.2 **Aufzeichnung des Großbuchstabens U**

¹Der Anspruch auf Arbeitslohn ist im Wesentlichen weggefallen, wenn z. B. lediglich vermögenswirksame Leistungen oder Krankengeldzuschüsse gezahlt werden, oder wenn während unbezahlter Fehlzeiten (z. B. Elternzeit) eine Beschäftigung mit reduzierter Arbeitszeit aufgenommen wird. ²Der Großbuchstabe U ist je Unterbrechung einmal im Lohnkonto einzutragen. ³Wird Kurzarbeitergeld einschl. Saison-Kurzarbeitergeld, der Zuschuss zum Mutterschaftsgeld nach dem Mutterschutzgesetz, der Zuschuss nach § 3 der Mutterschutz- und Elternzeitverordnung oder einer entsprechenden Landesregelung, die Entschädigung für Verdienstausfall nach dem Infektionsschutzgesetz oder werden Aufstockungsbeträge nach dem AltTZG gezahlt, ist kein Großbuchstabe U in das Lohnkonto einzutragen.

R 41.3 **Betriebsstätte**

¹Die lohnsteuerliche Betriebsstätte ist der im Inland gelegene Betrieb oder Betriebsteil des Arbeitgebers, an dem der Arbeitslohn insgesamt ermittelt wird, d. h. wo die einzelnen Lohnbestandteile oder bei maschineller Lohnabrechnung die Eingabewerte zu dem für die Durchführung des Lohnsteuerabzugs maßgebenden Arbeitslohn zusammengefasst werden. ²Es kommt nicht darauf an, wo einzelne Lohnbestandteile ermittelt, die Berechnung der Lohnsteuer vorgenommen wird und die für den Lohnsteuerabzug maßgebenden Unterlagen aufbewahrt wer-

den. ³Bei einem ausländischen Arbeitgeber mit Wohnsitz und Geschäftsleitung im Ausland, der im Inland einen ständigen Vertreter (§ 13 AO) hat, aber keine Betriebsstätte unterhält, gilt als Mittelpunkt der geschäftlichen Leitung der Wohnsitz oder der gewöhnliche Aufenthalt des ständigen Vertreters. ⁴Ein selbständiges Dienstleistungsunternehmen, das für einen Arbeitgeber tätig wird, kann nicht als Betriebsstätte dieses Arbeitgebers angesehen werden. ⁵Bei einer Arbeitnehmerüberlassung (>R 42d.2) kann nach § 41 Abs. 2 Satz 2 EStG eine abweichende lohnsteuerliche Betriebsstätte in Betracht kommen. ⁶Erlangt ein Finanzamt von Umständen Kenntnis, die auf eine Zentralisierung oder Verlegung von lohnsteuerlichen Betriebsstätten in seinem Zuständigkeitsbereich hindeuten, hat es vor einer Äußerung gegenüber dem Arbeitgeber die anderen betroffenen Finanzämter unverzüglich hierüber zu unterrichten und sich mit ihnen abzustimmen.

H 41.3

Zuständige Finanzämter für ausländische Bauunternehmer
Für ausländische Bauunternehmer sind die in der Umsatzsteuerzuständigkeitsverordnung genannten Finanzämter für die Verwaltung der Lohnsteuer zuständig (>BMF vom 27. 12. 2002 – BStBl I S. 1399, Tz. 100).

Ansässigkeitsstaat	Finanzamt	Adresse
Belgien	Trier	Hubert-Neuerburg-Straße 1 54290 Trier
Bulgarien	Neuwied	Augustastraße 54 56564 Neuwied
Dänemark	Flensburg	Duburger Straße 58-64 24939 Flensburg
Estland	Rostock	Möllner Straße 13 18109 Rostock
Finnland	Bremen	Rudolf-Hilferding-Platz 1 28195 Bremen
Frankreich und Monaco	Offenburg	Zeller Straße 1-3 77654 Offenburg
Großbritannien (einschließlich Nordirland sowie Insel Man)	Hannover-Nord	Vahrenwalder Straße 206 30165 Hannover
Griechenland	Neukölln	Thiemannstraße 1 12059 Berlin
Irland	Hamburg-Nord	Borsteler Chaussee 45 22453 Hamburg
Italien	München	Finanzamt München Abteilung IV 80276 München
Kroatien	Kassel II-Hofgeismar	Altmarkt 1 34125 Kassel

Ansässigkeitsstaat	Finanzamt	Adresse
Lettland	Bremen	Rudolf-Hilferding-Platz 1 28195 Bremen
Liechtenstein	Konstanz	Byk-Gulden-Straße 2a 78467 Konstanz
Litauen	Mühlhausen	Martinistraße 22 99974 Mühlhausen
Luxemburg	Saarbrücken	Am Stadtgraben 2-4 66111 Saarbrücken
Mazedonien	Neukölln	Thiemannstraße 1 12059 Berlin
Niederlande	Kleve	Emmericher Straße 182 47533 Kleve
Norwegen	Bremen	Rudolf-Hilferding-Platz 1 28195 Bremen
Österreich	München	Finanzamt München Abteilung IV 80276 München
Polen	Hameln (Nach- bzw. Firmenname A bis G)	Süntelstraße 2 31785 Hameln
	Oranienburg (Nach- bzw. Firmenname H bis L)	Heinrich-Grüber-Platz 3 16515 Oranienburg
	Cottbus (Nach- bzw. Firmenname M bis R sowie für alle Unternehmer, auf die das Verfahren nach § 18 Abs. 4e UStG anzuwenden ist)	Vom-Stein-Straße 29 03050 Cottbus
	Nördlingen (Nach- bzw. Firmenname S bis Z)	Tändelmarkt 1 86720 Nördlingen
Portugal	Kassel II-Hofgeismar	Altmarkt 1 34125 Kassel
Rumänien	Chemnitz-Süd	Paul-Bertz-Straße 1 09120 Chemnitz
Russland	Magdeburg	Tessenowstraße 10 39114 Magdeburg
Schweden	Hamburg-Nord	Borsteler Chaussee 45 22453 Hamburg
Schweiz	Konstanz	Byk-Gulden-Straße 2a 78467 Konstanz

Ansässigkeitsstaat	Finanzamt	Adresse
Slowakei	Chemnitz-Süd	Paul-Bertz-Straße 1 09120 Chemnitz
Spanien	Kassel II-Hofgeismar	Altmarkt 1 34125 Kassel
Slowenien	Oranienburg	Heinrich-Grüber-Platz 3 16515 Oranienburg
Tschechische Republik	Chemnitz-Süd	Paul-Bertz-Straße 1 09120 Chemnitz
Türkei	Dortmund-Unna	Trakehnerweg 4 44143 Dortmund
Ukraine	Magdeburg	Tessenowstraße 10 39114 Magdeburg
Ungarn	Zentralfinanzamt Nürnberg	Thomas-Mann-Straße 50 90471 Nürnberg
Vereinigten Staaten von Amerika	Bonn-Innenstadt	Welschnonnenstraße 15 53111 Bonn
Weißrussland	Magdeburg	Tessenowstraße 10 39114 Magdeburg
Übriges Ausland	Neukölln	Thiemannstraße 1 12059 Berlin

Zuständige Finanzämter für ausländische Verleiher
Die Zuständigkeit für ausländische Verleiher (ohne Bauunternehmen) ist in den Ländern bei folgenden Finanzämtern zentralisiert:

Land	Finanzamt	Adresse
Baden-Württemberg	Offenburg	Zellerstraße 1-3 77654 Offenburg
Bayern	München	Finanzamt München Abteilung IV 80276 München
	Zentralfinanzamt Nürnberg	Thomas-Mann-Straße 50 90471 Nürnberg
Berlin	für Körperschaften III	Volkmarstraße 13 12099 Berlin
Brandenburg	Oranienburg	Heinrich-Grüber-Platz 3 16515 Oranienburg
Bremen	Bremen	Rudolf-Hilferding-Platz 1 28195 Bremen

Land	Finanzamt	Adresse
Hamburg	Hamburg-Eimsbüttel	Hugh-Greene-Weg 6 22529 Hamburg
Hessen	Kassel II-Hofgeismar	Altmarkt 1 34125 Kassel
Mecklenburg-Vorpommern	Greifswald	Am Gorzberg Haus 11 17489 Greifswald
Niedersachsen	Bad Bentheim	Heinrich-Böll-Straße 2 48455 Bad Bentheim
Nordrhein-Westfalen	Düsseldorf-Altstadt	Kaiserstraße 52 40479 Düsseldorf
Rheinland-Pfalz	Kaiserslautern	Eisenbahnstraße 56 67655 Kaiserslautern
Saarland	Saarbrücken	Am Stadtgraben 2-4 66111 Saarbrücken
Sachsen	Chemnitz-Süd	Paul-Bertz-Straße 1 09120 Chemnitz
Sachsen-Anhalt	Magdeburg	Tessenowstraße 10 39114 Magdeburg
Schleswig-Holstein	Kiel	Feldstraße 23 24105 Kiel
Thüringen	Mühlhausen	Martinistraße 22 99974 Mühlhausen

Zuständige Finanzämter für ausländische Werkvertragsunternehmer
Die Zuständigkeit für ausländische Werkvertragsunternehmer ist in den Ländern bei folgenden Finanzämtern zentralisiert:

Land	Finanzamt	Adresse
Baden-Württemberg	Finanzamt Offenburg, Außenstelle Kehl	Ludwig-Trick-Straße 1 77694 Kehl
Bayern	Finanzamt München für die Regierungsbezirke: Oberbayern, Niederbayern und Schwaben Zentralfinanzamt Nürnberg für die Regierungsbezirke: Oberpfalz, Mittel-, Ober- und Unterfranken	Deroystraße 20 80335 München Thomas-Mann-Straße 50 90471 Nürnberg
Berlin	Finanzamt für Körperschaften III	Volkmarstraße 13 12099 Berlin

Land	Finanzamt	Adresse
Brandenburg	Finanzamt Oranienburg	Heinrich-Grüber-Platz 3 16515 Oranienburg
Bremen	Finanzamt für Außenprüfung Bremen – Zentrale Arbeitgeberstelle –	Rudolf-Hilferding-Platz 1 28195 Bremen
Hamburg	Finanzamt Hamburg-Eimsbüttel	Hugh-Greene-Weg 6 22529 Hamburg
Hessen	Finanzamt Kassel II-Hofgeismar	Altmarkt 1 34125 Kassel
Mecklenburg-Vorpommern	Finanzamt Greifswald	Am Gorzberg Haus 11 17489 Greifswald
Niedersachsen	–	keine zentrale Zuständigkeit
Nordrhein-Westfalen	Oberfinanzbezirk Düsseldorf: Finanzamt Kleve für die Bezirke aller Finanzämter des Oberfinanzbezirks Düsseldorf	Emmericher Straße 182 47533 Kleve
	Oberfinanzbezirk Köln: Finanzamt Bonn-Innenstadt für die Bezirke aller Finanzämter des Oberfinanzbezirks Köln	Welschnonnenstraße 15 53111 Bonn
	Oberfinanzbezirk Münster: Finanzamt Dortmund-Unna für die Bezirke aller Finanzämter des Oberfinanzbezirks Münster	Trakehnerweg 4 44143 Dortmund
Rheinland-Pfalz	–	keine zentrale Zuständigkeit
Saarland	Finanzamt Saarbrücken	Am Stadtgraben 2-4 66111 Saarbrücken
Sachsen	Finanzamt Chemnitz-Süd	Paul-Bertz-Straße 1 09120 Chemnitz
Sachsen-Anhalt	Finanzamt Magdeburg	Tessenowstraße 10 39114 Magdeburg
Schleswig-Holstein	–	keine zentrale Zuständigkeit
Thüringen	Finanzamt Mühlhausen	Martinistraße 22 99974 Mühlhausen

Zu § 41a EStG

| R 41a.1 | **Lohnsteuer-Anmeldung** |

(1) ¹Der Arbeitgeber ist von der Verpflichtung befreit, eine weitere Lohnsteuer-Anmeldung einzureichen, wenn er dem Betriebsstättenfinanzamt mitteilt, dass er im Lohnsteuer-Anmeldungszeitraum keine Lohnsteuer einzubehalten oder zu übernehmen hat, weil der Arbeitslohn nicht steuerbelastet ist. ²Dies gilt auch, wenn der Arbeitgeber nur Arbeitnehmer beschäftigt, für die er lediglich die Pauschsteuer nach § 40a Abs. 2 EStG an die Deutsche Rentenversicherung Knappschaft-Bahn-See entrichtet.

(2) ¹Für jede Betriebsstätte (>§ 41 Abs. 2 EStG) und für jeden Lohnsteuer-Anmeldungszeitraum ist eine einheitliche Lohnsteuer-Anmeldung einzureichen. ²Die Abgabe mehrerer Lohnsteuer-Anmeldungen für dieselbe Betriebsstätte und denselben Lohnsteuer-Anmeldungszeitraum, etwa getrennt nach den verschiedenen Bereichen der Lohnabrechnung, z. B. gewerbliche Arbeitnehmer, Gehaltsempfänger, Pauschalierungen nach den §§ 37a, 37b, 40 bis 40b EStG, ist nicht zulässig.

(3) Der für den Lohnsteuer-Anmeldungszeitraum maßgebende Betrag der abzuführenden Lohnsteuer (>§ 41a Abs. 2 EStG) ist die Summe der nach § 38 Abs. 3 EStG im Zeitpunkt der Zahlung einbehaltenen und übernommenen Lohnsteuer ohne Kürzung um das ihr entnommene Kindergeld (>§ 72 Abs. 7 EStG).

(4) ¹Das Betriebsstättenfinanzamt hat den rechtzeitigen Eingang der Lohnsteuer-Anmeldung zu überwachen. ²Es kann bei nicht rechtzeitigem Eingang der Lohnsteuer-Anmeldung einen Verspätungszuschlag nach § 152 AO festsetzen oder erforderlichenfalls die Abgabe der Lohnsteuer-Anmeldung mit Zwangsmitteln nach §§ 328 bis 335 AO durchsetzen. ³Wird eine Lohnsteuer-Anmeldung nicht eingereicht, kann das Finanzamt die Lohnsteuer im Schätzungswege ermitteln und den Arbeitgeber durch Steuerbescheid in Anspruch nehmen (>§§ 162, 167 Abs. 1 AO). ⁴Pauschale Lohnsteuer kann im Schätzungswege ermittelt und in einem Steuerbescheid festgesetzt werden, wenn der Arbeitgeber mit dem Pauschalierungsverfahren einverstanden ist.

(5) ¹Bemessungsgrundlage für den Steuereinbehalt nach § 41a Abs. 4 EStG ist die Lohnsteuer, die auf den für die Tätigkeit an Bord von Schiffen gezahlten Arbeitslohn entfällt, wenn der betreffende Arbeitnehmer mehr als 183 Tage bei dem betreffenden Reeder beschäftigt ist.*⁾ ²Der Lohnsteuereinbehalt durch den Reeder nach § 41a Abs. 4 EStG gilt für den Kapitän und alle Besatzungsmitglieder – einschl. des Servicepersonals –, die über ein Seefahrtsbuch**⁾ verfügen und deren Arbeitgeber er ist. ³Der Lohnsteuereinbehalt kann durch Korrespondent- oder Vertragsreeder nur vorgenommen werden, wenn diese mit der Bereederung des Schiffes in ihrer Eigenschaft als Mitgesellschafter an der Eigentümergesellschaft beauftragt sind. ⁴Bei Vertragsreedern ist dies regelmäßig nicht der Fall. ⁵Bei Korrespondentreedern ist der Lohnsteuereinbehalt nur für die Heuern der Seeleute zulässig, die auf den Schiffen tätig sind, bei denen der Korrespondentreeder auch Miteigentümer ist.

| H 41a.1 |

Änderung der Lohnsteuer-Anmeldung durch das Finanzamt

Eine Erhöhung der Lohnsteuer-Entrichtungsschuld ist unter den Voraussetzungen des § 164 Abs. 2 Satz 1 AO auch nach Übermittlung oder Ausschreibung der Lohnsteuerbescheinigung zulässig (>BFH vom 30. 10. 2008 – BStBl 2009 II S. 354).

---

*) Überholt durch Neufassung des § 41a Abs. 4 Satz 1 EStG.
**) Jetzt: eine Dienstbescheinigung.

Anfechtung der Lohnsteuer-Anmeldung durch den Arbeitnehmer
Ein Arbeitnehmer kann die Lohnsteuer-Anmeldung des Arbeitgebers aus eigenem Recht anfechten, soweit sie ihn betrifft (>BFH vom 20. 7. 2005 – BStBl II S. 890).

Elektronische Abgabe der Lohnsteuer-Anmeldung
Die Verpflichtung eines Arbeitgebers, seine Steueranmeldung dem Finanzamt grundsätzlich elektronisch zu übermitteln, ist verfassungsgemäß (>BFH vom 14. 3. 2012 – BStBl II S. 477).

Förderbetrag zur betrieblichen Altersversorgung
>BMF vom 6. 12. 2017 (BStBl 2018 I S. 147), Rz. 100 ff.

Härtefallregelung
Ein Härtefall liegt vor, wenn dem Arbeitgeber die elektronische Datenübermittlung wirtschaftlich oder persönlich unzumutbar ist. Dies ist z. B. der Fall, wenn ihm nicht zuzumuten ist, die technischen Voraussetzungen für die elektronische Übermittlung einzurichten (>BFH vom 14. 3. 2012 – BStBl II S. 477).

Lohnsteuereinbehalt durch Reeder
- Arbeitgeber i. S. d. § 41a Abs. 4 EStG ist der zum Lohnsteuereinbehalt nach § 38 Abs. 3 EStG Verpflichtete. Dies ist regelmäßig der Vertragspartner des Arbeitnehmers aus dem Dienstvertrag (>BFH vom 13. 7. 2011 – BStBl II S. 986).
- Zur Anwendung der Neuregelung des § 41a Abs. 4 EStG. >BMF vom 18. 5. 2016 (BStBl I S. 503)

Schätzungsbescheid
Wenn ein Arbeitgeber die Lohnsteuer trotz gesetzlicher Verpflichtung nicht anmeldet und abführt, kann das Finanzamt sie durch Schätzungsbescheid festsetzen. Die Möglichkeit, einen Haftungsbescheid zu erlassen, steht dem nicht entgegen (>BFH vom 7. 7. 2004 – BStBl II S. 1087).

R 41a.2 Abführung der Lohnsteuer

¹Der Arbeitgeber hat die Lohnsteuer in einem Betrag an die Kasse des Betriebsstättenfinanzamts (>§ 41 Abs. 2 EStG) oder an eine von der obersten Finanzbehörde des Landes bestimmte öffentliche Kasse (>§ 41a Abs. 3 EStG) abzuführen. ²Der Arbeitgeber muss mit der Zahlung angeben oder durch sein Kreditinstitut angeben lassen: die Steuernummer, die Bezeichnung der Steuer und den Lohnsteuer-Anmeldungszeitraum. ³Eine Stundung der einzubehaltenden oder einbehaltenen Lohnsteuer ist nicht möglich (>§ 222 Satz 3 und 4 AO).

Zu § 41b EStG

R 41b. Abschluss des Lohnsteuerabzugs

Lohnsteuerbescheinigungen
(1) Die Lohnsteuerbescheinigung richtet sich nach § 41b EStG und der im Bundessteuerblatt Teil I bekannt gemachten Datensatzbeschreibung für die elektronische Übermittlung sowie dem entsprechenden Vordruckmuster.

Zu § 41b EStG R 41b. A. III.

Lohnsteuerbescheinigungen von öffentlichen Kassen

(2) ¹Wird ein Arbeitnehmer, der den Arbeitslohn im Voraus für einen Lohnzahlungszeitraum erhalten hat, während dieser Zeit einer anderen Dienststelle zugewiesen und geht die Zahlung des Arbeitslohns auf die Kasse dieser Dienststelle über, hat die früher zuständige Kasse in der Lohnsteuerbescheinigung (>Absatz 1) den vollen von ihr gezahlten Arbeitslohn und die davon einbehaltene Lohnsteuer auch dann aufzunehmen, wenn ihr ein Teil des Arbeitslohns von der nunmehr zuständigen Kasse erstattet wird; der Arbeitslohn darf nicht um die Freibeträge für Versorgungsbezüge (>§ 19 Abs. 2 EStG) und den Altersentlastungsbetrag (>§ 24a EStG) gekürzt werden. ²Die nunmehr zuständige Kasse hat den der früher zuständigen Kasse erstatteten Teil des Arbeitslohns nicht in die Lohnsteuerbescheinigung aufzunehmen.

H 41b

Ausstellung von elektronischen Lohnsteuerbescheinigungen für Kalenderjahre ab 2018;

Ausstellung von Besonderen Lohnsteuerbescheinigungen durch den Arbeitgeber ohne maschinelle Lohnabrechnung für Kalenderjahre ab 2018
>BMF vom 27. 9. 2017 (BStBl I S. 1339) unter Berücksichtigung der Änderung durch BMF vom 31. 8. 2018 (BStBl I S. 1009)

Bekanntmachung des Musters für den Ausdruck der elektronischen Lohnsteuerbescheinigung 2019
>BMF vom 31. 8. 2018 (BStBl I S. 1009)

Berichtigung der Lohnsteuerbescheinigung
- Der Arbeitnehmer kann nach Übermittlung oder Ausschreibung der Lohnsteuerbescheinigung deren Berichtigung nicht mehr verlangen (>BFH vom 13. 12. 2007 – BStBl 2008 II S. 434).
- Zur Berichtigung der Lohnsteuerbescheinigung bei Änderung der Lohnsteuer-Anmeldung zu Gunsten des Arbeitgebers >§ 41c Abs. 3 Satz 4 und 5 EStG

Bescheinigung zu Unrecht einbehaltener Lohnsteuer
Wird von steuerfreien Einnahmen aus nichtselbständiger Arbeit (zu Unrecht) Lohnsteuer einbehalten und an ein inländisches Finanzamt abgeführt, ist auch diese Lohnsteuer in der Lohnsteuerbescheinigung einzutragen und auf die für den VZ festgesetzte Einkommensteuerschuld des Arbeitnehmers anzurechnen (>BFH vom 23. 5. 2000 – BStBl II S. 581).

Finanzrechtsweg
Bei einer Nettolohnvereinbarung ist für Streitigkeiten über die Höhe des in der Lohnsteuerbescheinigung auszuweisenden Bruttoarbeitslohns der Finanzrechtsweg nicht gegeben (>BFH vom 13. 12. 2007 – BStBl 2008 II S. 434).

Unzutreffender Steuerabzug
Ein unzutreffender Lohnsteuerabzug kann durch Einwendungen gegen die Lohnsteuerbescheinigung nicht berichtigt werden (>BFH vom 13. 12. 2007 – BStBl 2008 II S. 434).

Zu § 41c EStG

R 41c.1 Änderung des Lohnsteuerabzugs

(1) ¹Unabhängig von der Verpflichtung des Arbeitgebers, nach § 39c Abs. 1 und 2 EStG den Lohnsteuerabzug für vorangegangene Monate zu überprüfen und erforderlichenfalls zu ändern, ist der Arbeitgeber in den in § 41c Abs. 1 EStG bezeichneten Fällen zu einer Änderung des Lohnsteuerabzugs bei der jeweils nächstfolgenden Lohnzahlung berechtigt. ²Die Änderung ist zugunsten oder zuungunsten des Arbeitnehmers zulässig, ohne dass es dabei auf die Höhe der zu erstattenden oder nachträglich einzubehaltenden Steuer ankommt. ³Für die nachträgliche Einbehaltung durch den Arbeitgeber gilt der Mindestbetrag für die Nachforderung durch das Finanzamt (§ 41c Abs. 4 Satz 2 EStG) nicht.

(2) ¹Der Arbeitgeber ist zur Änderung des Lohnsteuerabzugs nur berechtigt, soweit die Lohnsteuer von ihm einbehalten worden ist oder einzubehalten war. ²Bei Nettolöhnen (>R 39b.9) gilt dies für die zu übernehmende Steuer.

(3) ¹Die Änderung des Lohnsteuerabzugs auf Grund rückwirkender Lohnsteuerabzugsmerkmale ist nicht auf die Fälle beschränkt, in denen das Finanzamt die Lohnsteuerabzugsmerkmale mit Wirkung von einem zurückliegenden Zeitpunkt an ändert oder ergänzt. ²Die Änderung des Lohnsteuerabzugs ist ebenso zulässig, wenn der Arbeitgeber wegen fehlender Lohnsteuerabzugsmerkmale den Lohnsteuerabzug gemäß § 39c Abs. 1 Satz 1 bis 3 oder Abs. 2 Satz 1 EStG vorgenommen hat und dem Arbeitgeber erstmals Lohnsteuerabzugsmerkmale zur Verfügung gestellt werden bzw. der Arbeitnehmer erstmals eine Bescheinigung für den Lohnsteuerabzug vorlegt oder wenn der Geltungsbeginn der Lohnsteuerabzugsmerkmale in einen bereits abgerechneten Lohnzahlungszeitraum fällt.

(4) ¹Die Änderung des Lohnsteuerabzugs ist, sofern der Arbeitgeber von seiner Berechtigung hierzu Gebrauch macht, bei der nächsten Lohnzahlung vorzunehmen, die dem Abruf von rückwirkenden Lohnsteuerabzugsmerkmalen oder auf die Vorlage einer Bescheinigung für den Lohnsteuerabzug mit den rückwirkenden Eintragungen oder dem Erkennen einer nicht vorschriftsmäßigen Lohnsteuereinbehaltung folgt. ²Der Arbeitgeber darf in Fällen nachträglicher Einbehaltung von Lohnsteuer die Einbehaltung nicht auf mehrere Lohnzahlungen verteilen. ³Die nachträgliche Einbehaltung ist auch insoweit zulässig, als dadurch die Pfändungsfreigrenzen unterschritten werden; wenn die nachträglich einzubehaltende Lohnsteuer den auszuzahlenden Barlohn übersteigt, ist die nachträgliche Einbehaltung in Höhe des auszuzahlenden Barlohns vorzunehmen und dem Finanzamt für den übersteigenden Betrag eine Anzeige nach § 41c Abs. 4 EStG zu erstatten.

(5) ¹Im Falle der Erstattung von Lohnsteuer hat der Arbeitgeber die zu erstattende Lohnsteuer dem Gesamtbetrag der von ihm abzuführenden Lohnsteuer zu entnehmen. ²Als Antrag auf Ersatz eines etwaigen Fehlbetrags reicht es aus, wenn in der Lohnsteuer-Anmeldung der Erstattungsbetrag kenntlich gemacht wird. ³Macht der Arbeitgeber von seiner Berechtigung zur Lohnsteuererstattung nach § 41c Abs. 1 und 2 EStG keinen Gebrauch, kann der Arbeitnehmer die Erstattung beim Finanzamt beantragen.

(6) ¹Nach Ablauf des Kalenderjahres ist eine Änderung des Lohnsteuerabzugs in der Weise vorzunehmen, dass die Jahreslohnsteuer festzustellen und durch Gegenüberstellung mit der insgesamt einbehaltenen Lohnsteuer der nachträglich einzubehaltende oder zu erstattende Steuerbetrag zu ermitteln ist. ²Eine Erstattung darf aber nur im Lohnsteuer-Jahresausgleich unter den Voraussetzungen des § 42b EStG vorgenommen werden. ³Wenn der Arbeitgeber nach § 42b Abs. 1 EStG den Lohnsteuer-Jahresausgleich nicht durchführen darf, ist auch eine Änderung des Lohnsteuerabzugs mit Erstattungsfolge nicht möglich; der Arbeitnehmer kann in diesen Fällen die Erstattung im Rahmen einer Veranlagung zur Einkommensteuer erreichen. ⁴Soweit der Arbeitgeber auf Grund einer Änderung des Lohnsteuerabzugs nach Ablauf des Kalenderjahres nachträglich Lohnsteuer einbehält, handelt es sich um Lohnsteuer des abgelaufenen Kalenderjahres, die zusammen mit der übrigen einbehaltenen Lohnsteuer des abgelaufenen Kalenderjahres in einer Summe in der Lohnsteuerbescheinigung zu übermitteln oder anzugeben ist. ⁵Die

nachträglich einbehaltene Lohnsteuer ist für den Anmeldungszeitraum anzugeben und abzuführen, indem sie einbehalten wurde.

(7) ¹Hat der Arbeitgeber die Lohnsteuerbescheinigung übermittelt oder ausgestellt, ist eine Änderung des Lohnsteuerabzuges nicht mehr möglich. ²Die bloße Korrektur eines zunächst unrichtig übermittelten Datensatzes ist zulässig. ³Die Anzeigeverpflichtung nach § 41c Abs. 4 Satz 1 Nr. 2 EStG bleibt unberührt.

(8) ¹Bei beschränkt Stpfl. ist auch nach Ablauf des Kalenderjahres eine Änderung des Lohnsteuerabzugs nur für die Lohnzahlungszeiträume vorzunehmen, auf die sich die Änderungen beziehen. ²Eine Änderung mit Erstattungsfolge kann in diesem Falle nur das Finanzamt durchführen.

H 41c.1

Änderung der Festsetzung

Eine Erhöhung der Lohnsteuer-Entrichtungsschuld ist unter den Voraussetzungen des § 164 Abs. 2 Satz 1 AO auch nach Übermittlung oder Ausschreibung der Lohnsteuerbescheinigung zulässig (>BFH vom 30. 10. 2008 – BStBl 2009 II S. 354).

Erstattungsantrag

– Erstattungsansprüche des Arbeitnehmers wegen zu Unrecht einbehaltener Lohnsteuer sind nach Ablauf des Kalenderjahres im Rahmen einer Veranlagung zur Einkommensteuer geltend zu machen. Darüber hinaus ist ein Erstattungsantrag gemäß § 37 AO nicht zulässig (>BFH vom 20. 5. 1983 – BStBl II S. 584). Dies gilt auch für zu Unrecht angemeldete und abgeführte Lohnsteuerbeträge, wenn der Lohnsteuerabzug nach § 41c Abs. 3 EStG nicht mehr geändert werden kann (>BFH vom 17. 6. 2009 – BStBl 2010 II S. 72).

– Wird eine Zahlung des Arbeitgebers dem Lohnsteuerabzug unterworfen, obwohl die Besteuerung abkommensrechtlich dem Wohnsitzstaat des Arbeitnehmers zugewiesen ist, besteht die Möglichkeit, einen Erstattungsantrag in analoger Anwendung des § 50d Abs. 1 Satz 2 EStG zu stellen, soweit die entsprechenden Einkünfte aus nichtselbständiger Arbeit nicht bereits im Rahmen einer Veranlagung nach § 50 Abs. 2 Satz 2 Nr. 4 Buchstabe b i. V. m. Satz 7 EStG erfasst wurden. Der Erstattungsanspruch ist dabei gegen das Betriebsstättenfinanzamt des Arbeitgebers zu richten (>BFH vom 21. 10. 2009 – BStBl 2012 II S. 493). Gegebenenfalls sind für den Erstattungsantrag besondere formelle Anforderungen (z. B. Fristen), die in den jeweiligen DBA geregelt sind, zu beachten (>auch BMF vom 25. 6. 2012 – BStBl I S. 692).

R 41c.2 **Anzeigepflichten des Arbeitgebers**

(1) ¹Der Arbeitgeber hat die Anzeigepflichten nach § 38 Abs. 4, § 41c Abs. 4 EStG unverzüglich zu erfüllen. ²Sobald der Arbeitgeber erkennt, dass der Lohnsteuerabzug in zu geringer Höhe vorgenommen worden ist, hat er dies dem Betriebsstättenfinanzamt anzuzeigen, wenn er die Lohnsteuer nicht nachträglich einbehalten kann oder von seiner Berechtigung hierzu keinen Gebrauch macht; dies gilt auch bei rückwirkender Gesetzesänderung. ³Der Arbeitgeber hat die Anzeige über die zu geringe Einbehaltung der Lohnsteuer ggf. auch für die zurückliegenden vier Kalenderjahre zu erstatten. ⁴Die Anzeigepflicht besteht unabhängig von dem Mindestbetrag (§ 41c Abs. 4 Satz 2 EStG) für die Nachforderung durch das Finanzamt.

(2) ¹Die Anzeige ist schriftlich zu erstatten. ²In ihr sind Name, Anschrift, Geburtsdatum und Identifikationsnummer des Arbeitnehmers, seine Lohnsteuerabzugsmerkmale, nämlich Steuerklasse/Faktor, Zahl der Kinderfreibeträge, Kirchensteuermerkmal und ggf. ein Freibetrag oder Hinzurechnungsbetrag, sowie der Anzeigegrund und die für die Berechnung einer Lohnsteuer-

Nachforderung erforderlichen Mitteilungen über Höhe und Art des Arbeitslohns, z. B. Auszug aus dem Lohnkonto, anzugeben.

(3) ¹Das Betriebsstättenfinanzamt hat die Anzeige an das für die Einkommensbesteuerung des Arbeitnehmers zuständige Finanzamt weiterzuleiten, wenn es zweckmäßig erscheint, die Lohnsteuer-Nachforderung nicht sofort durchzuführen, z. B. weil es wahrscheinlich ist, dass der Arbeitnehmer zur Einkommensteuer veranlagt wird. ²Das ist auch angebracht in Fällen, in denen bei Eingang der Anzeige nicht abzusehen ist, ob sich bei Änderung des Lohnsteuerabzugs nach Ablauf des Kalenderjahres (>§ 41c Abs. 3 Satz 2 EStG) eine Lohnsteuer-Nachforderung ergeben wird.

R 41c.3 Nachforderung von Lohnsteuer

(1) In den Fällen des § 38 Abs. 4 und des § 41c Abs. 4 EStG ist das Betriebsstättenfinanzamt für die Nachforderung dann zuständig, wenn die zu wenig erhobene Lohnsteuer bereits im Laufe des Kalenderjahres nachgefordert werden soll.

(2) ¹Im Falle des § 41c Abs. 4 EStG gilt für die Berechnung der nachzufordernden Lohnsteuer nach Ablauf des Kalenderjahres R 41c.1 Abs. 6 Satz 1 und Abs. 8 Satz 1 entsprechend. ²In anderen Fällen ist die Jahreslohnsteuer wie folgt zu ermitteln:

1		Bruttoarbeitslohn
2	+	ermäßigt besteuerte Entschädigungen und ermäßigt besteuerte Vergütungen für mehrjährige Tätigkeit i. S. d. § 34 EStG
3	=	Jahresarbeitslohn
4	−	Freibeträge für Versorgungsbezüge (§ 19 Abs. 2 EStG)
5	−	Werbungskosten, maßgebender Pauschbetrag für Werbungskosten (§§ 9, 9a EStG)
6	−	Altersentlastungsbetrag (§ 24a EStG)
7	−	Entlastungsbetrag für Alleinerziehende (§ 24b EStG)[*)]
8	=	Gesamtbetrag der Einkünfte (§ 2 Abs. 3 EStG)
9	−	Sonderausgaben (§§ 10, 10b, 10c, 39b Abs. 2 Satz 5 Nr. 3 EStG)
10	−	außergewöhnliche Belastungen (§§ 33 bis 33b EStG)
11	=	Einkommen (§ 2 Abs. 4 EStG)
12	−	Freibeträge für Kinder (nur für Kinder, für die kein Anspruch auf Kindergeld besteht; § 39a Abs. 1 Nr. 6 EStG)
13	=	zu versteuerndes Einkommen (§ 2 Abs. 5 EStG)
14	−	Entschädigungen und Vergütungen i. S. d. § 34 EStG (Zeile 2)
15	=	verbleibendes zu versteuerndes Einkommen
16	+	ein Fünftel der Entschädigungen und Vergütungen i. S. d. § 34 EStG (Zeile 2)
17	=	Summe
18	=	Steuerbetrag für die Summe (Zeile 17) laut Grundtarif/Splittingtarif
19	−	Steuerbetrag für das verbleibende zu versteuernde Einkommen (Zeile 15) laut Grundtarif/Splittingtarif
20	=	Unterschiedsbetrag

³Hat der Arbeitnehmer keine Entschädigungen und Vergütungen i. S. d. § 34 EStG bezogen, ist der für das zu versteuernde Einkommen (Zeile 13) nach dem Grundtarif/Splittingtarif ermittelte Steuerbetrag die Jahreslohnsteuer (tarifliche Einkommensteuer − § 32a Abs. 1, 5 EStG). ⁴Hat der Arbeitnehmer Entschädigungen und Vergütungen i. S. d. § 34 EStG bezogen, ist der Steuerbetrag für das verbleibende zu versteuernde Einkommen (Zeile 19) zuzüglich des Fünffachen des Unterschiedsbetrags (Zeile 20) die Jahreslohnsteuer (tarifliche Einkommensteuer − § 32a Abs. 1, 5 EStG).

[*)] Ab 2015 die Summe der Beträge nach § 24b Abs. 2 EStG.

(3) ¹Will das Finanzamt zu wenig einbehaltene Lohnsteuer vom Arbeitnehmer nachfordern, erlässt es gegen diesen einen Steuerbescheid. ²Nach Ablauf des Kalenderjahres kommt eine Nachforderung von Lohnsteuer oder Einkommensteuer ggf. auch durch erstmalige oder geänderte Veranlagung zur Einkommensteuer in Betracht. ³Die Nachforderung von Lohnsteuer oder Einkommensteuer erfolgt durch erstmalige oder geänderte Veranlagung zur Einkommensteuer, wenn ein Hinzurechnungsbetrag als Lohnsteuerabzugsmerkmal gebildet wurde (>§ 46 Abs. 2 Nr. 2 EStG).

(4) ¹Außer im Falle des § 38 Abs. 4 EStG unterbleibt die Nachforderung, wenn die nachzufordernde Lohnsteuer den Mindestbetrag nach § 41c Abs. 4 Satz 2 EStG nicht übersteigt. ²Bezieht sich die Nachforderung auf mehrere Kalenderjahre, ist für jedes Kalenderjahr gesondert festzustellen, ob der Mindestbetrag überschritten wird. ³Treffen in einem Kalenderjahr mehrere Nachforderungsgründe zusammen, gilt der Mindestbetrag für die insgesamt nachzufordernde Lohnsteuer.

H 41c.3

Einzelfälle

Das Finanzamt hat die zu wenig einbehaltene Lohnsteuer vom Arbeitnehmer nachzufordern, wenn

- der Barlohn des Arbeitnehmers zur Deckung der Lohnsteuer nicht ausreicht und die Steuer weder aus zurückbehaltenen anderen Bezügen des Arbeitnehmers noch durch einen entsprechenden Barzuschuss des Arbeitnehmers aufgebracht werden kann (>§ 38 Abs. 4 EStG),
- eine Änderung der Lohnsteuerabzugsmerkmale erforderlich war, diese aber unterblieben ist,
- in den Fällen des § 39a Abs. 5 EStG ein Freibetrag rückwirkend herabgesetzt worden ist und der Arbeitgeber die zu wenig erhobene Lohnsteuer nicht nachträglich einbehalten kann,
- die rückwirkende Änderung eines Pauschbetrags für behinderte Menschen und Hinterbliebene (>§ 33b EStG) wegen der bereits erteilten Lohnsteuerbescheinigung nicht zu einer Nacherhebung von Lohnsteuer durch den Arbeitgeber führen kann (>BFH vom 24. 9. 1982 – BStBl 1983 II S. 60),
- der Arbeitgeber dem Finanzamt angezeigt hat, dass er von seiner Berechtigung, Lohnsteuer nachträglich einzubehalten, keinen Gebrauch macht, oder die Lohnsteuer nicht nachträglich einbehalten kann (>§ 41c Abs. 4 EStG),
- der Arbeitnehmer in den Fällen des § 42d Abs. 3 Satz 4 EStG für die nicht vorschriftsmäßig einbehaltene oder angemeldete Lohnsteuer in Anspruch zu nehmen ist; wegen der Wahl der Inanspruchnahme >R 42d.1 Abs. 3 und 4 oder
- die Voraussetzungen der unbeschränkten Einkommensteuerpflicht nach § 1 Abs. 3 EStG nicht vorgelegen haben und es dies bereits bei Erteilung der Bescheinigung hätte bemerken können (>§ 50 Abs. 2 Satz 2 Nr. 2 EStG); auch bei einer fehlerhaft erteilten Bescheinigung kann das Finanzamt die zu wenig erhobene Lohnsteuer nachfordern (>BFH vom 23. 9. 2008 – BStBl 2009 II S. 666).

Erkenntnisse aus rechtswidriger Außenprüfung
>BFH vom 9. 11. 1984 (BStBl 1985 II S. 191)

Festsetzungsfrist gegenüber dem Arbeitnehmer
Durch eine Anzeige des Arbeitgebers nach § 41c Abs. 4 Satz 1 Nr. 1 EStG wird der Anlauf der Festsetzungsfrist für die Lohnsteuer gegenüber dem Arbeitnehmer gemäß § 170 Abs. 2 Satz 1 Nr. 1 AO gehemmt (>BFH vom 5. 7. 2012 – BStBl 2013 II S. 190).

Freibeträge, rückwirkende Änderung

Wird Lohnsteuer nach Ablauf des Kalenderjahres wegen der rückwirkenden Änderung eines Pauschbetrags für behinderte Menschen und Hinterbliebene (>§ 33b EStG) und einer bereits erteilten Lohnsteuerbescheinigung nachgefordert, bedarf es keiner förmlichen Berichtigung des Freibetrags; es genügt, wenn die Inanspruchnahme des Arbeitnehmers ausdrücklich mit der rückwirkenden Änderung des Freibetrags begründet wird (>BFH vom 24. 9. 1982 – BStBl 1983 II S. 60).

Zuständigkeit

Für die Nachforderung ist im Allgemeinen das für die Einkommensbesteuerung des Arbeitnehmers zuständige Finanzamt zuständig. Ist keine Pflicht- oder Antragsveranlagung nach § 46 Abs. 2 EStG durchzuführen, ist die Nachforderung vom Betriebsstättenfinanzamt vorzunehmen (>BFH vom 21. 2. 1992 – BStBl II S. 565); Entsprechendes gilt, wenn zu wenig erhobene Lohnsteuer nach §§ 38 Abs. 4 und 41c Abs. 4 EStG bereits im Laufe des Kalenderjahres nachgefordert werden soll. Für die Nachforderung zu wenig einbehaltener Lohnsteuer von beschränkt einkommensteuerpflichtigen Arbeitnehmern ist stets das Betriebsstättenfinanzamt zuständig (>BFH vom 20. 6. 1990 – BStBl 1992 II S. 43).

Zu § 42b EStG

| R 42b. | **Durchführung des Lohnsteuer-Jahresausgleichs durch den Arbeitgeber** |

(1) [1]Der Arbeitgeber darf den Lohnsteuer-Jahresausgleich nur für unbeschränkt einkommensteuerpflichtige Arbeitnehmer durchführen,

1. die während des Ausgleichsjahres ständig in einem zu ihm bestehenden Dienstverhältnis gestanden haben,
2. die am 31. Dezember des Ausgleichsjahres in seinen Diensten stehen oder zu diesem Zeitpunkt von ihm Arbeitslohn aus einem früheren Dienstverhältnis beziehen und
3. bei denen kein Ausschlusstatbestand nach § 42b Abs. 1 Satz 3 EStG vorliegt.

[2]Beginnt oder endet die unbeschränkte Einkommensteuerpflicht im Laufe des Kalenderjahres, darf der Arbeitgeber den Lohnsteuer-Jahresausgleich nicht durchführen.

(2) Beantragt der Arbeitnehmer, Entschädigungen oder Vergütungen für mehrjährige Tätigkeit i. S. d. § 34 EStG in den Lohnsteuer-Jahresausgleich einzubeziehen (>§ 42b Abs. 2 Satz 2 EStG), gehören die Entschädigungen und Vergütungen zum Jahresarbeitslohn, für den die Jahreslohnsteuer zu ermitteln ist.

(3) [1]Bei Arbeitnehmern, für die der Arbeitgeber nach § 42b Abs. 1 EStG einen Lohnsteuer-Jahresausgleich durchführen darf, darf der Arbeitgeber den Jahresausgleich mit der Ermittlung der Lohnsteuer für den letzten im Ausgleichsjahr endenden Lohnzahlungszeitraum zusammenfassen (>§ 42b Abs. 3 Satz 1 EStG). [2]Hierbei ist die Jahreslohnsteuer nach § 42b Abs. 2 Satz 1 bis 3 EStG zu ermitteln und der Lohnsteuer, die von dem Jahresarbeitslohn erhoben worden ist, gegenüberzustellen. [3]Übersteigt die ermittelte Jahreslohnsteuer die erhobene Lohnsteuer, ist der Unterschiedsbetrag die Lohnsteuer, die für den letzten Lohnzahlungszeitraum des Ausgleichsjahres einzubehalten ist. [4]Übersteigt die erhobene Lohnsteuer die ermittelte Jahreslohnsteuer, ist der Unterschiedsbetrag dem Arbeitnehmer zu erstatten; § 42b Abs. 3 Satz 2 und 3 sowie Abs. 4 EStG ist hierbei anzuwenden.

| H 42b |

Vorsorgepauschale

Zum Ausschluss des Lohnsteuer-Jahresausgleichs >§ 42b Abs. 1 Satz 3 Nr. 5 EStG und >BMF vom 26.11.2013 (BStBl I S. 1532), Tz. 8

Zu § 42d EStG

| R 42d.1 | **Inanspruchnahme des Arbeitgebers**

Allgemeines

(1) [1]Der Arbeitnehmer ist – vorbehaltlich § 40 Abs. 3 EStG – Schuldner der Lohnsteuer (§ 38 Abs. 2 EStG); dies gilt auch für den Fall einer Nettolohnvereinbarung (>R 39b.9). [2]Für diese Schuld kann der Arbeitgeber als Haftender in Anspruch genommen werden, soweit seine Haftung reicht (§ 42d Abs. 1 und 2 EStG); die Haftung entfällt auch in den vom Arbeitgeber angezeigten Fällen des § 38 Abs. 4 Satz 3 EStG. [3]Dies gilt auch bei Lohnzahlung durch Dritte, soweit der Arbeitgeber zur Einbehaltung der Lohnsteuer verpflichtet ist (§ 38 Abs. 1 Satz 3 EStG), und in Fällen des § 38 Abs. 3a EStG.

Haftung anderer Personen

(2) [1]Soweit Dritte für Steuerleistungen in Anspruch genommen werden können, z. B. gesetzliche Vertreter juristischer Personen, Vertreter, Bevollmächtigte, Vermögensverwalter, Rechtsnachfolger, haften sie als Gesamtschuldner neben dem Arbeitgeber als weiterem Haftenden und neben dem Arbeitnehmer als Steuerschuldner (§ 44 AO). [2]Die Haftung kann sich z. B. aus §§ 69 bis 77 AO ergeben.

Gesamtschuldner

(3) [1]Soweit Arbeitgeber, Arbeitnehmer und ggf. andere Personen Gesamtschuldner sind, schuldet jeder die gesamte Leistung (§ 44 Abs. 1 Satz 2 AO). [2]Das Finanzamt muss die Wahl, an welchen Gesamtschuldner es sich halten will, nach pflichtgemäßem Ermessen unter Beachtung der durch Recht und Billigkeit gezogenen Grenzen und unter verständiger Abwägung der Interessen aller Beteiligten treffen.

Ermessensprüfung

(4) [1]Die Haftung des Arbeitgebers ist von einem Verschulden grundsätzlich nicht abhängig. [2]Ein geringfügiges Verschulden oder ein schuldloses Verhalten des Arbeitgebers ist aber bei der Frage zu würdigen, ob eine Inanspruchnahme des Arbeitgebers im Rahmen des Ermessens liegt. [3]Die Frage, ob der Arbeitgeber vor dem Arbeitnehmer in Anspruch genommen werden darf, hängt wesentlich von den Gesamtumständen des Einzelfalles ab, wobei von dem gesetzgeberischen Zweck des Lohnsteuerverfahrens, durch den Abzug an der Quelle den schnellen Eingang der Lohnsteuer in einem vereinfachten Verfahren sicherzustellen, auszugehen ist. [4]Die Inanspruchnahme des Arbeitgebers kann ausgeschlossen sein, wenn er den individuellen Lohnsteuerabzug ohne Berücksichtigung von Gesetzesänderungen durchgeführt hat, soweit es ihm in der kurzen Zeit zwischen der Verkündung des Gesetzes und den folgenden Lohnabrechnungen bei Anwendung eines strengen Maßstabs nicht zumutbar war, die Gesetzesänderungen zu berücksichtigen.

Haftungsbescheid

(5) ¹Wird der Arbeitgeber nach § 42d EStG als Haftungsschuldner in Anspruch genommen, ist, vorbehaltlich § 42d Abs. 4 Nr. 1 und 2 EStG, ein Haftungsbescheid zu erlassen. ²Darin sind die für das Entschließungs- und Auswahlermessen maßgebenden Gründe anzugeben. ³Hat der Arbeitgeber nach Abschluss einer Lohnsteuer-Außenprüfung eine Zahlungsverpflichtung schriftlich anerkannt, steht die Anerkenntniserklärung einer Lohnsteuer-Anmeldung gleich (§ 167 Abs. 1 Satz 3 AO). ⁴Ein Haftungsbescheid lässt die Lohnsteuer-Anmeldungen unberührt.

Nachforderungsbescheid

(6) ¹Wird pauschale Lohnsteuer nacherhoben, die der Arbeitgeber zu übernehmen hat (§ 40 Abs. 3 EStG), ist ein Nachforderungsbescheid (Steuerbescheid) zu erlassen; Absatz 5 Satz 3 und 4 gilt entsprechend. ²Der Nachforderungsbescheid bezieht sich auf bestimmte steuerpflichtige Sachverhalte. ³Die Änderung ist hinsichtlich der ihm zugrunde liegenden Sachverhalte – außer in den Fällen der §§ 172 und 175 AO – wegen der Änderungssperre des § 173 Abs. 2 AO nur bei Steuerhinterziehung oder leichtfertiger Steuerverkürzung möglich.

Zahlungsfrist

(7) Für die durch Haftungsbescheid (>Absatz 5) oder Nachforderungsbescheid (>Absatz 6) angeforderten Steuerbeträge ist eine Zahlungsfrist von einem Monat zu setzen.

H 42d.1

Allgemeines zur Arbeitgeberhaftung

- Wegen der Einschränkung der Haftung in den Fällen, in denen sich der Arbeitgeber und der Arbeitnehmer über die Zugehörigkeit von Bezügen zum Arbeitslohn und damit auch über die Notwendigkeit der Eintragung der mit diesen Bezügen zusammenhängenden Werbungskosten irrten und irren konnten, >BFH vom 5. 11. 1971 (BStBl 1972 II S. 137).
- Die Lohnsteuer ist nicht vorschriftsmäßig einbehalten, wenn der Arbeitgeber im Lohnsteuer-Jahresausgleich eine zu hohe Lohnsteuer erstattet (>BFH vom 24. 1. 1975 – BStBl II S. 420).
- Wurde beim Arbeitgeber eine Lohnsteuer-Außenprüfung durchgeführt, bewirkt dies zugleich eine Hemmung der Verjährungsfrist in Bezug auf den Steueranspruch gegen den Arbeitnehmer (>§ 171 Abs. 15 AO); dies gilt für alle Fälle, in denen die Festsetzungsfrist für den Arbeitnehmer am 30. 6. 2013 noch nicht abgelaufen war (>Artikel 97 § 10 Abs. 11 EGAO).
- Der Arbeitgeber hat den Arbeitslohn vorschriftsmäßig gekürzt, wenn er die Lohnsteuer entsprechend den Lohnsteuerabzugsmerkmalen berechnet hat und wenn er der Berechnung der Lohnsteuer die für das maßgebende Jahr gültigen Lohnsteuertabellen zugrunde gelegt hat (>BFH vom 9. 3. 1990 – BStBl II S. 608).
- Die Lohnsteuer ist dann vorschriftsmäßig einbehalten, wenn in der betreffenden Lohnsteuer-Anmeldung die mit dem Zufluss des Arbeitslohns entstandene Lohnsteuer des Anmeldungszeitraums erfasst wurde. Maßgebend für das Entstehen der Lohnsteuer sind dabei nicht die Kenntnisse und Vorstellungen des Arbeitgebers, sondern die Verwirklichung des Tatbestandes, an den das Gesetz die Besteuerung knüpft (>BFH vom 4. 6. 1993 – BStBl II S. 687).
- Bei einer fehlerhaft ausgestellten Lohnsteuerbescheinigung beschränkt sich die Haftung des Arbeitgebers auf die Lohnsteuer, die sich bei der Einkommensteuerveranlagung des Arbeitnehmers ausgewirkt hat (>BFH vom 22. 7. 1993 – BStBl II S. 775).
- Führt der Arbeitgeber trotz fehlender Kenntnis der individuellen Lohnsteuerabzugsmerkmale des Arbeitnehmers den Lohnsteuerabzug nicht nach der Steuerklasse VI, sondern nach der Steuerklasse I bis V durch, kann der Arbeitgeber auch nach Ablauf des Kalenderjahres

grundsätzlich nach Steuerklasse VI (§ 42d Abs. 1 Nr. 1 EStG) in Haftung genommen werden (>BFH vom 12. 1. 2001 – BStBl 2003 II S. 151).
- Die Anzeige des Arbeitgebers nach § 38 Abs. 4 Satz 2 EStG ersetzt die Erfüllung der Einbehaltungspflichten. Bei unterlassener Anzeige hat der Arbeitgeber die Lohnsteuer mit den Haftungsfolgen nicht ordnungsgemäß einbehalten (>BFH vom 9. 10. 2002 – BStBl II S. 884).
- Hat der Arbeitgeber auf Grund unrichtiger Angaben in den Lohnkonten oder den Lohnsteuerbescheinigungen vorsätzlich Lohnsteuer verkürzt, ist ihm als Steuerstraftäter der Einwand verwehrt, das Finanzamt hätte statt seiner die Arbeitnehmer in Anspruch nehmen müssen (>BFH vom 12. 2. 2009 – BStBl II S. 478).

Ermessensausübung
- Die Grundsätze von Recht und Billigkeit verlangen keine vorrangige Inanspruchnahme des Arbeitnehmers (>BFH vom 6. 5. 1959 – BStBl III S. 292).
- Eine vorrangige Inanspruchnahme des Arbeitgebers vor dem Arbeitnehmer kann unzulässig sein, wenn die Lohnsteuer ebenso schnell und ebenso einfach vom Arbeitnehmer nacherhoben werden kann, weil z. B. der Arbeitnehmer ohnehin zu veranlagen ist (>BFH vom 30. 11. 1966 – BStBl 1967 III S. 331 und vom 12. 1. 1968 – BStBl II S. 324); das gilt insbesondere dann, wenn der Arbeitnehmer inzwischen aus dem Betrieb ausgeschieden ist (>BFH vom 10. 1. 1964 – BStBl III S. 213).
- Zur Ermessensprüfung bei geringfügigem Verschulden >BFH vom 21. 1. 1972 (BStBl II S. 364).
- Der Inanspruchnahme des Arbeitgebers steht nicht entgegen, dass das Finanzamt über einen längeren Zeitraum von seinen Befugnissen zur Überwachung des Lohnsteuerabzugs und zur Beitreibung der Lohnabzugsbeträge keinen Gebrauch gemacht hat (>BFH vom 11. 8. 1978 – BStBl II S. 683).
- War die Inanspruchnahme des Arbeitgebers nach der Ermessensprüfung unzulässig, so kann er trotzdem in Anspruch genommen werden, wenn der Versuch des Finanzamts, die Lohnsteuer beim Arbeitnehmer nachzuerheben, erfolglos verlaufen ist (>BFH vom 18. 7. 1958 – BStBl III S. 384) und § 173 Abs. 2 AO dem Erlass eines Haftungsbescheids nicht entgegensteht (>BFH vom 17. 2. 1995 – BStBl II S. 555).
- Eine vorsätzliche Steuerstraftat prägt das Auswahlermessen für die Festsetzung der Lohnsteuerhaftungsschuld; eine besondere Begründung der Ermessensentscheidung ist entbehrlich (>BFH vom 12. 2. 2009 – BStBl II S. 478).

Eine Inanspruchnahme des Arbeitgebers kann ausgeschlossen sein, wenn z. B.
- der Arbeitgeber eine bestimmte Methode der Steuerberechnung angewendet und das Finanzamt hiervon Kenntnis erlangt und nicht beanstandet hat oder wenn der Arbeitgeber durch Prüfung und Erörterung einer Rechtsfrage durch das Finanzamt in einer unrichtigen Rechtsauslegung bestärkt wurde (>BFH vom 20. 7. 1962 – BStBl 1963 III S. 23),
- der Arbeitgeber einem entschuldbaren Rechtsirrtum unterlegen ist, weil das Finanzamt eine unklare oder falsche Auskunft gegeben hat (>BFH vom 24. 11. 1961 – BStBl 1962 III S. 37) oder weil er den Angaben in einem Manteltarifvertrag über die Steuerfreiheit vertraut hat (>BFH vom 18. 9. 1981 – BStBl II S. 801),
- der Arbeitgeber den Lohnsteuerabzug entsprechend der von einer vorgesetzten Landesfinanzbehörde in einem Erlass oder einer Verfügung geäußerten Auffassung durchführt, auch wenn er die Verwaltungsanweisung nicht gekannt hat (>BFH vom 25. 10. 1985 – BStBl 1986 II S. 98); das gilt aber nicht, wenn dem Arbeitgeber bekannt war, dass das für ihn zuständige Betriebsstättenfinanzamt eine andere Auffassung vertritt,
- der Arbeitgeber entsprechend einer Billigkeitsregelung der Finanzbehörden Lohnsteuer materiell unzutreffend einbehält (>BFH vom 13. 6. 2013 – BStBl 2014 II S. 340).

Die Inanspruchnahme des Arbeitgebers ist in aller Regel ermessensfehlerfrei, wenn
- die Einbehaltung der Lohnsteuer in einem rechtlich einfach und eindeutig vorliegenden Fall nur deshalb unterblieben ist, weil der Arbeitgeber sich über seine Verpflichtungen nicht hinreichend unterrichtet hat (>BFH vom 5. 2. 1971 – BStBl II S. 353),
- das Finanzamt auf Grund einer fehlerhaften Unterlassung des Arbeitgebers aus tatsächlichen Gründen nicht in der Lage ist, die Arbeitnehmer als Schuldner der Lohnsteuer heranzuziehen (>BFH vom 7. 12. 1984 – BStBl 1985 II S. 164),
- im Falle einer Nettolohnvereinbarung der Arbeitnehmer nicht weiß, dass der Arbeitgeber die Lohnsteuer nicht angemeldet hat (>BFH vom 8. 11. 1985 – BStBl 1986 II S. 186),
- sie der Vereinfachung dient, weil gleiche oder ähnliche Berechnungsfehler bei einer größeren Zahl von Arbeitnehmern gemacht worden sind (>BFH vom 16. 3. 1962 – BStBl III S. 282, vom 6. 3. 1980 – BStBl II S. 289 und vom 24. 1. 1992 – BStBl II S. 696: regelmäßig bei mehr als 40 Arbeitnehmern),
- die individuelle Ermittlung der Lohnsteuer schwierig ist und der Arbeitgeber bereit ist, die Lohnsteuerschulden seiner Arbeitnehmer endgültig zu tragen und keinen Antrag auf Pauschalierung stellt. In diesen und vergleichbaren Fällen kann die nachzufordernde Lohnsteuer unter Anwendung eines durchschnittlichen Bruttosteuersatzes – gegebenenfalls im Schätzungswege – ermittelt werden (>BFH vom 7. 12. 1984 – BStBl 1985 II S. 170, vom 12. 6. 1986 – BStBl II S. 681 und vom 29. 10. 1993 – BStBl 1994 II S. 197),
- der Arbeitgeber in schwierigen Fällen, in denen bei Anwendung der gebotenen Sorgfalt Zweifel über die Rechtslage kommen müssen, einem Rechtsirrtum unterliegt, weil er von der Möglichkeit der Anrufungsauskunft (§ 42e EStG) keinen Gebrauch gemacht hat (>BFH vom 18. 8. 2005 – BStBl 2006 II S. 30 und vom 29. 5. 2008 – BStBl II S. 933).

Ermessensbegründung
- Die Ermessensentscheidung des Finanzamts muss im Haftungsbescheid, spätestens aber in der Einspruchsentscheidung begründet werden, andernfalls ist sie im Regelfall fehlerhaft. Dabei müssen die bei der Ausübung des Verwaltungsermessens angestellten Erwägungen – die Abwägung des Für und Wider der Inanspruchnahme des Haftungsschuldners – aus der Entscheidung erkennbar sein. Insbesondere muss zum Ausdruck kommen, warum der Haftungsschuldner anstatt des Steuerschuldners oder an Stelle anderer ebenfalls für die Haftung in Betracht kommender Personen in Anspruch genommen wird (>BFH vom 8. 11. 1988 – BStBl 1989 II S. 219).
- Enthält der Haftungsbescheid keine Aufgliederung des Haftungsbetrags auf die Anmeldungszeiträume, so ist er nicht deshalb nichtig (>BFH vom 22. 11. 1988 – BStBl 1989 II S. 220).
- Nimmt das Finanzamt sowohl den Arbeitgeber nach § 42d EStG als auch den früheren Gesellschafter-Geschäftsführer u. a. wegen Lohnsteuer-Hinterziehung nach § 71 AO in Haftung, so hat es insoweit eine Ermessensentscheidung nach § 191 Abs. 1 i. V. m. § 5 AO zu treffen und die Ausübung dieses Ermessens regelmäßig zu begründen (>BFH vom 9. 8. 2002 – BStBl 2003 II S. 160).

Haftung anderer Personen
- Zur Frage der Pflichtverletzung bei der Abführung von Lohnsteuer durch den Geschäftsführer einer GmbH >BFH vom 20. 4. 1982 (BStBl II S. 521).
- Zur Frage der Pflichtverletzung des Geschäftsführers bei Zahlung von Arbeitslohn aus dem eigenen Vermögen >BFH vom 22. 11. 2005 (BStBl 2006 II S. 397).
- Die steuerrechtlich und die insolvenzrechtlich unterschiedliche Bewertung der Lohnsteuer-Abführungspflicht des Arbeitgebers in insolvenzreifer Zeit kann zu einer Pflichtenkollision führen. Eine solche steht der Haftung des Geschäftsführers wegen Nichtabführung der Lohnsteuer aber jedenfalls dann nicht entgegen, wenn der Insolvenzverwalter die Beträge im gedachten Falle der pflichtgemäßen Zahlung der Lohnsteuer vom FA deshalb nicht he-

- rausverlangen kann, weil die Anfechtungsvoraussetzungen nach §§ 129 ff. InsO nicht vorliegen (>BFH vom 27. 2. 2007 – BStBl 2009 II S. 348).
- Der Geschäftsführer einer GmbH kann als Haftungsschuldner für die von der GmbH nicht abgeführte Lohnsteuer auch insoweit in Anspruch genommen werden, als die Steuer auf seinen eigenen Arbeitslohn entfällt (>BFH vom 15. 4. 1987 – BStBl 1988 II S. 167).
- Zu den Anforderungen an die inhaltliche Bestimmtheit von Lohnsteuerhaftungsbescheiden bei der Haftung von Vertretern >BFH vom 8. 3. 1988 (BStBl II S. 480).
- Zum Umfang der Haftung bei voller Auszahlung der Nettolöhne >BFH vom 26. 7. 1988 (BStBl II S. 859).
- Durch privatrechtliche Vereinbarungen im Gesellschaftsvertrag kann die Haftung der Gesellschafter einer Gesellschaft bürgerlichen Rechts nicht auf das Gesellschaftsvermögen beschränkt werden (>BFH vom 27. 3. 1990 – BStBl II S. 939).
- Das Auswahlermessen für die Inanspruchnahme eines von zwei jeweils alleinvertretungsberechtigten GmbH-Geschäftsführern als Haftungsschuldner ist in der Regel nicht sachgerecht ausgeübt, wenn das Finanzamt hierfür allein auf die Beteiligungsverhältnisse der Geschäftsführer am Gesellschaftskapital abstellt (>BFH vom 29. 5. 1990 – BStBl II S. 1008).
- Zum Zeitpunkt der Anmeldung und Fälligkeit der einzubehaltenden Lohnsteuer und seine Auswirkung auf die Geschäftsführerhaftung >BFH vom 17. 11. 1992 (BStBl 1993 II S. 471).
- Ein ehrenamtlich und unentgeltlich tätiger Vorsitzender eines Vereins, der sich als solcher wirtschaftlich betätigt und zur Erfüllung seiner Zwecke Arbeitnehmer beschäftigt, haftet für die Erfüllung der steuerlichen Verbindlichkeiten des Vereins grundsätzlich nach denselben Grundsätzen wie ein Geschäftsführer einer GmbH (>BFH vom 23. 6. 1998 – BStBl II S. 761).
- Eine unzutreffende, jedoch bestandskräftig gewordene Lohnsteuer-Anmeldung muss sich der als Haftungsschuldner in Anspruch genommene Geschäftsführer einer GmbH dann nicht nach § 166 AO entgegenhalten lassen, wenn er nicht während der gesamten Dauer der Rechtsbehelfsfrist Vertretungsmacht und damit das Recht hatte, namens der GmbH zu handeln (>BFH vom 24. 8. 2004 – BStBl 2005 II S. 127).

Haftungsbefreiende Anzeige
- Die haftungsbefreiende Wirkung der Anzeige nach § 41c Abs. 4 EStG setzt voraus, dass die nicht vorschriftsmäßige Einbehaltung der Lohnsteuer vom Arbeitgeber erkannt worden ist. Weicht der Arbeitgeber von einer erteilten Anrufungsauskunft ab, kann er nicht dadurch einen Haftungsausschluss bewirken, indem er die Abweichung dem Betriebsstättenfinanzamt anzeigt (>BFH vom 4. 6. 1993 – BStBl II S. 687).
- Der Haftungsausschluss nach § 42d Abs. 2 i. V. m. § 41c Abs. 4 EStG setzt stets eine Korrekturberechtigung i. S. d. § 41c Abs. 1 EStG voraus. Daran fehlt es, wenn eine Lohnsteuer-Anmeldung vorsätzlich fehlerhaft abgegeben worden war und dies dem Arbeitgeber zuzurechnen ist (>BFH vom 21. 4. 2010 – BStBl II S. 833).

Haftungsverfahren
- Wurde nach einer ergebnislosen Lohnsteuer-Außenprüfung der Vorbehalt der Nachprüfung aufgehoben, steht einer Änderung der Lohnsteuer-Anmeldung nach § 173 Abs. 1 AO durch Erlass eines Lohnsteuer-Haftungsbescheides die Änderungssperre des § 173 Abs. 2 AO entgegen, es sei denn, es liegt eine Steuerhinterziehung oder eine leichtfertige Steuerverkürzung vor (>BFH vom 15. 5. 1992 – BStBl 1993 II S. 840 und vom 7. 2. 2008 – BStBl 2009 II S. 703). Gleiches gilt, wenn nach einer Lohnsteuer-Außenprüfung bereits ein Lohnsteuer-Haftungsbescheid ergangen ist und der Vorbehalt der Nachprüfung für die betreffenden Lohnsteuer-Anmeldungen aufgehoben worden ist (>BFH vom 15. 5. 1992 – BStBl 1993 II S. 829).
- Wird im Anschluss an eine Außenprüfung pauschale Lohnsteuer fälschlicherweise durch einen Haftungsbescheid geltend gemacht, kann mit der Aufhebung des Haftungsbescheides

die Unanfechtbarkeit i. S. d. § 171 Abs. 4 Satz 1 AO und damit das Ende der Ablaufhemmung für die Festsetzungsfrist eintreten. Der Eintritt der Festsetzungsverjährung kann nur vermieden werden, wenn der inkorrekte Haftungsbescheid erst dann aufgehoben wird, nachdem zuvor der formell korrekte Nachforderungsbescheid erlassen worden ist (>BFH vom 6. 5. 1994 – BStBl II S. 715).
- Wird vom Arbeitgeber Lohnsteuer in einer Vielzahl von Fällen nachgefordert, so ist die Höhe der Lohnsteuer trotz des damit verbundenen Arbeitsaufwands grundsätzlich individuell zu ermitteln. Etwas anderes gilt dann, wenn entweder die Voraussetzungen des § 162 AO für eine Schätzung der Lohnsteuer vorliegen oder der Arbeitgeber der Berechnung der Haftungsschuld mit einem durchschnittlichen Steuersatz zugestimmt hat (>BFH vom 17. 3. 1994 – BStBl II S. 536).
- Auch die Ansprüche gegenüber dem Haftenden unterliegen der Verjährung (>§ 191 Abs. 3 AO). Die Festsetzungsfrist für einen Lohnsteuer-Haftungsbescheid endet nicht vor Ablauf der Festsetzungsfrist für die Lohnsteuer (§ 191 Abs. 3 Satz 4 1. Halbsatz AO). Der Beginn der Festsetzungsfrist für die Lohnsteuer richtet sich nach § 170 Abs. 2 Satz 1 Nr. 1 AO. Für den Beginn der die Lohnsteuer betreffenden Festsetzungsfrist ist die Lohnsteuer-Anmeldung (Steueranmeldung) und nicht die Einkommensteuererklärung der betroffenen Arbeitnehmer maßgebend (>BFH vom 6. 3. 2008 – BStBl II S. 597). Bei der Berechnung der für die Lohnsteuer maßgebenden Festsetzungsfrist sind Anlauf- und Ablaufhemmungen nach §§ 170, 171 AO zu berücksichtigen, soweit sie gegenüber dem Arbeitgeber wirken (>AEAO § 191 Nr. 9).
- Wenn ein Arbeitgeber die Lohnsteuer trotz gesetzlicher Verpflichtung nicht anmeldet und abführt, kann das Finanzamt sie durch Schätzungsbescheid festsetzen. Die Möglichkeit, einen Haftungsbescheid zu erlassen, steht dem nicht entgegen (>BFH vom 7. 7. 2004 – BStBl II S. 1087).
- Hat das Finanzamt einen Haftungsbescheid erlassen, darf das Finanzgericht diesen Bescheid nicht aufheben und stattdessen einen (niedrigeren) Nachforderungsbetrag festsetzen (>BFH vom 24. 9. 2015 – BStBl 2016 II S. 176).

Inanspruchnahme des Arbeitnehmers
- Die Beschränkung der Inanspruchnahme des Arbeitnehmers innerhalb des Lohnsteuerabzugsverfahrens nach § 42d Abs. 3 Satz 4 EStG steht einer uneingeschränkten Inanspruchnahme im Einkommensteuerveranlagungsverfahren nicht entgegen (>BFH vom 13. 1. 2011 – BStBl II S. 479).
- Im Rahmen des Lohnsteuerabzugsverfahrens kann das Wohnsitzfinanzamt die vom Arbeitgeber auf Grund einer (unrichtigen) Anrufungsauskunft nicht einbehaltene und abgeführte Lohnsteuer vom Arbeitnehmer nicht nach § 42d Abs. 3 Satz 4 Nr. 1 EStG nachfordern (>BFH vom 17. 10. 2013 – BStBl 2014 II S. 892).
- Wurde beim Arbeitgeber eine Lohnsteuer-Außenprüfung durchgeführt, bewirkt dies zugleich eine Hemmung der Verjährungsfrist in Bezug auf den Steueranspruch gegen den Arbeitnehmer (>§ 171 Abs. 15 AO); dies gilt für alle Fälle, in denen die Festsetzungsfrist für den Arbeitnehmer am 30. 6. 2013 noch nicht abgelaufen war (>Artikel 97 § 10 Abs. 11 EGAO).

Nachforderungsverfahren
- Hat der Arbeitgeber Arbeitslohn nach § 40a Abs. 3 EStG pauschal versteuert, obwohl nicht die Voraussetzungen dieser Vorschrift, sondern die des § 40a Abs. 2 EStG erfüllt sind, so kann ein Nachforderungsbescheid nur erlassen werden, wenn sich der Arbeitgeber eindeutig zu einer Pauschalierung nach § 40a Abs. 2 EStG bereit erklärt hat (>BFH vom 25. 5. 1984 – BStBl II S. 569).
- Wird Lohnsteuer für frühere Kalenderjahre nachgefordert, so braucht die Steuerschuld nur nach Kalenderjahren aufgegliedert zu werden (>BFH vom 18. 7. 1985 – BStBl 1986 II S. 152).

- Die Nachforderung pauschaler Lohnsteuer beim Arbeitgeber setzt voraus, dass der Arbeitgeber der Pauschalierung zustimmt (>BFH vom 20. 11. 2008 – BStBl 2009 II S. 374).

Rechtsbehelf gegen den Haftungsbescheid
- Der Arbeitnehmer hat gegen diesen Haftungsbescheid insoweit ein Einspruchsrecht, als er persönlich für die nachgeforderte Lohnsteuer in Anspruch genommen werden kann (>BFH vom 29. 6. 1973 – BStBl II S. 780).
- Wird der Arbeitgeber nach dem Entscheidungssatz des Bescheids als Haftender in Anspruch genommen, so ist der Bescheid unwirksam, wenn nach seiner Begründung pauschale Lohnsteuer nachgefordert wird (>BFH vom 15. 3. 1985 – BStBl II S. 581).
- Wird Lohnsteuer für frühere Kalenderjahre nachgefordert, so braucht der Haftungsbetrag nur nach Kalenderjahren aufgegliedert zu werden (>BFH vom 18. 7. 1985 – BStBl 1986 II S. 152).
- Der Haftungsbetrag ist grundsätzlich auf die einzelnen Arbeitnehmer aufzuschlüsseln; wegen der Ausnahmen >BFH vom 8. 11. 1985 (BStBl 1986 II S. 274) und die dort genannten Urteile.
- Werden zu verschiedenen Zeiten und auf Grund unterschiedlicher Tatbestände entstandene Haftungsschulden in einem Haftungsbescheid festgesetzt und ficht der Haftungsschuldner diesen Sammelhaftungsbescheid nur hinsichtlich ganz bestimmter Haftungsfälle an, so erwächst der restliche Teil des Bescheids in Bestandskraft (>BFH vom 4. 7. 1986 – BStBl II S. 921).
- Der Arbeitnehmer kann sich als Steuerschuldner nicht darauf berufen, dass die haftungsweise Inanspruchnahme des Arbeitgebers wegen Nichtbeanstandung seines Vorgehens bei einer vorangegangenen Außenprüfung gegen Treu und Glauben verstoßen könnte (>BFH vom 27. 3. 1991 – BStBl II S. 720).
- In einem allein vom Arbeitnehmer veranlassten Einspruchsverfahren ist der Arbeitgeber hinzuzuziehen (>§ 360 AO).

Zusammengefasster Steuer- und Haftungsbescheid
- Steuerschuld und Haftungsschuld können äußerlich in einer Verfügung verbunden werden (>BFH vom 16. 11. 1984 – BStBl 1985 II S. 266).
- Wird vom Arbeitgeber pauschale Lohnsteuer nacherhoben und wird er zugleich als Haftungsschuldner in Anspruch genommen, so ist die Steuerschuld von der Haftungsschuld zu trennen. Dies kann im Entscheidungssatz des zusammengefassten Steuer- und Haftungsbescheids, in der Begründung dieses Bescheids oder in dem dem Arbeitgeber bereits bekannten oder beigefügten Bericht einer Lohnsteuer-Außenprüfung, auf den zur Begründung Bezug genommen ist, geschehen (>BFH vom 1. 8. 1985 – BStBl II S. 664).

R 42d.2 Haftung bei Arbeitnehmerüberlassung

Allgemeines
(1) ¹Bei Arbeitnehmerüberlassung ist steuerrechtlich grundsätzlich der Verleiher Arbeitgeber der Leiharbeitnehmer (>R 19.1 Satz 5). ²Dies gilt für einen ausländischen Verleiher (>R 38.3 Abs. 1 Satz 2) selbst dann, wenn der Entleiher Arbeitgeber im Sinne eines Doppelbesteuerungsabkommens ist; die Arbeitgebereigenschaft des Entleihers nach einem Doppelbesteuerungsabkommen hat nur Bedeutung für die Zuweisung des Besteuerungsrechts. ³Wird der Entleiher als Haftungsschuldner in Anspruch genommen, ist wegen der unterschiedlichen Voraussetzungen und Folgen stets danach zu unterscheiden, ob er als Arbeitgeber der Leiharbeitnehmer oder als Dritter nach § 42d Abs. 6 EStG neben dem Verleiher als dem Arbeitgeber der Leiharbeitnehmer haftet.

Inanspruchnahme des Entleihers nach § 42d Abs. 6 EStG

(2) [1]Der Entleiher haftet nach § 42d Abs. 6 EStG wie der Verleiher (Arbeitgeber), jedoch beschränkt auf die Lohnsteuer für die Zeit, für die ihm der Leiharbeitnehmer überlassen worden ist. [2]Die Haftung des Entleihers richtet sich deshalb nach denselben Grundsätzen wie die Haftung des Arbeitgebers. [3]Sie scheidet aus, wenn der Verleiher als Arbeitgeber nicht haften würde. [4]Die Haftung des Entleihers kommt nur bei Arbeitnehmerüberlassung nach § 1 des Arbeitnehmerüberlassungsgesetzes (AÜG) in Betracht. [5]Arbeitnehmerüberlassung liegt nicht vor, wenn das Überlassen von Arbeitnehmern als Nebenleistung zu einer anderen Leistung anzusehen ist, wenn z. B. im Falle der Vermietung von Maschinen und Überlassung des Bedienungspersonals der wirtschaftliche Wert der Vermietung überwiegt. [6]In den Fällen des § 1 Abs. 1 Satz 3 und Abs. 3 AÜG ist ebenfalls keine Arbeitnehmerüberlassung anzunehmen.

(3) [1]Zu der rechtlichen Würdigung eines Sachverhalts mit drittbezogener Tätigkeit als Arbeitnehmerüberlassung und ihrer Abgrenzung insbesondere gegenüber einem Werkvertrag ist entscheidend auf das Gesamtbild der Tätigkeit abzustellen. [2]Auf die Bezeichnung des Rechtsgeschäfts, z. B. als Werkvertrag, kommt es nicht entscheidend an. [3]Auf Arbeitnehmerüberlassung weisen z. B. folgende Merkmale hin:

1. Der Inhaber der Drittfirma (Entleiher) nimmt im Wesentlichen das Weisungsrecht des Arbeitgebers wahr;
2. der mit dem Einsatz des Arbeitnehmers verfolgte Leistungszweck stimmt mit dem Betriebszweck der Drittfirma überein;
3. das zu verwendende Werkzeug wird im Wesentlichen von der Drittfirma gestellt, es sei denn auf Grund von Sicherheitsvorschriften;
4. die mit anderen Vertragstypen, insbesondere Werkvertrag, verbundenen Haftungsrisiken sind ausgeschlossen oder beschränkt worden;
5. die Arbeit des eingesetzten Arbeitnehmers gegenüber dem entsendenden Arbeitgeber wird auf der Grundlage von Zeiteinheiten vergütet.

[4]Bei der Prüfung der Frage, ob Arbeitnehmerüberlassung vorliegt, ist die Auffassung der Bundesagentur für Arbeit zu berücksichtigen. [5]Eine Inanspruchnahme des Entleihers kommt regelmäßig nicht in Betracht, wenn die Bundesagentur für Arbeit gegenüber dem Entleiher die Auffassung geäußert hat, bei dem verwirklichten Sachverhalt liege Arbeitnehmerüberlassung nicht vor.

(4) [1]Ausnahmen von der Entleiherhaftung enthält § 42d Abs. 6 Satz 2 und 3 EStG. [2]Der Überlassung liegt eine Erlaubnis nach § 1 AÜG i. S. d. § 42d Abs. 6 Satz 2 EStG immer dann zugrunde, wenn der Verleiher eine Erlaubnis nach § 1 AÜG zur Zeit des Verleihs besessen hat oder die Erlaubnis in dieser Zeit nach § 2 Abs. 4 AÜG als fortbestehend gilt, d. h. bis zu zwölf Monaten nach Erlöschen der Erlaubnis für die Abwicklung der erlaubt abgeschlossenen Verträge. [3]Der Überlassung liegt jedoch keine Erlaubnis zugrunde, wenn Arbeitnehmer im Rahmen einer wirtschaftlichen Tätigkeit an Betriebe des Baugewerbes für Arbeiten überlassen werden, die üblicherweise von Arbeitern verrichtet werden, weil dies nach § 1b AÜG unzulässig ist und sich die Erlaubnis nach § 1 AÜG auf solchen Verleih nicht erstreckt, es sei denn, die Überlassung erfolgt zwischen Betrieben des Baugewerbes, die von denselben Rahmen- und Sozialkassentarifverträgen oder von der Allgemeinverbindlichkeit erfasst werden. [4]Bei erlaubtem Verleih durch einen inländischen Verleiher haftet der Entleiher nicht. [5]Der Entleiher trägt die Feststellungslast, wenn er sich darauf beruft, dass er über das Vorliegen einer Arbeitnehmerüberlassung ohne Verschulden irrte (§ 42d Abs. 6 Satz 3 EStG). [6]Bei der Inanspruchnahme des Entleihers ist Absatz 3 zu berücksichtigen. [7]Im Bereich unzulässiger Arbeitnehmerüberlassung sind wegen des Verbots in § 1b AÜG strengere Maßstäbe anzulegen, wenn sich der Entleiher darauf beruft, ohne Verschulden einem Irrtum erlegen zu sein. [8]Dies gilt insbesondere, wenn das Überlassungsentgelt deutlich günstiger ist als dasjenige von anderen Anbietern. [9]Ob der Verleiher eine Erlaubnis nach § 1 AÜG hat, muss der Verleiher in dem schriftlichen Überlassungsvertrag nach § 12 Abs. 1 AÜG erklären und kann der Entleiher selbst oder das Finanzamt durch Anfrage bei der Regionaldirektion der Bundesagentur für Arbeit erfahren oder überprüfen.

(5) ¹Die Höhe des Haftungsbetrags ist auf die Lohnsteuer begrenzt, die vom Verleiher ggf. anteilig für die Zeit einzubehalten war, für die der Leiharbeitnehmer dem Entleiher überlassen war. ²Hat der Verleiher einen Teil der von ihm insgesamt einbehaltenen und angemeldeten Lohnsteuer für den entsprechenden Lohnsteuer-Anmeldungszeitraum gezahlt, wobei er auch die Lohnsteuer des dem Entleiher überlassenen Leiharbeitnehmers berücksichtigt hat, mindert sich der Haftungsbetrag im Verhältnis von angemeldeter zu gezahlter Lohnsteuer.

(6) ¹Der Haftungsbescheid kann gegen den Entleiher ergehen, wenn die Voraussetzungen der Haftung erfüllt sind. ²Auf Zahlung darf er jedoch erst in Anspruch genommen werden nach einem fehlgeschlagenen Vollstreckungsversuch in das inländische bewegliche Vermögen des Verleihers oder wenn die Vollstreckung keinen Erfolg verspricht (§ 42d Abs. 6 Satz 6 EStG). ³Eine vorherige Zahlungsaufforderung an den Arbeitnehmer oder ein Vollstreckungsversuch bei diesem ist nicht erforderlich (entsprechende Anwendung des § 219 Satz 2 AO).

Inanspruchnahme des Verleihers nach § 42d Abs. 7 EStG

(7) ¹Nach § 42d Abs. 7 EStG kann der Verleiher, der steuerrechtlich nicht als Arbeitgeber zu behandeln ist, wie ein Entleiher nach § 42d Abs. 6 EStG als Haftender in Anspruch genommen werden. ²Insoweit kann er erst nach dem Entleiher auf Zahlung in Anspruch genommen werden. ³Davon zu unterscheiden ist der Erlass des Haftungsbescheids, der vorher ergehen kann. ⁴Gegen den Haftungsbescheid kann sich der Verleiher deswegen nicht mit Erfolg darauf berufen, der Entleiher sei auf Grund der tatsächlichen Abwicklung einer unerlaubten Arbeitnehmerüberlassung als Arbeitgeber aller oder eines Teils der überlassenen Leiharbeitnehmer zu behandeln.

Sicherungsverfahren nach § 42d Abs. 8 EStG

(8) ¹Als Sicherungsmaßnahme kann das Finanzamt den Entleiher verpflichten, einen bestimmten Euro-Betrag oder einen als Prozentsatz bestimmten Teil des vereinbarten Überlassungsentgelts einzubehalten und abzuführen. ²Hat der Entleiher bereits einen Teil der geschuldeten Überlassungsvergütung an den Verleiher geleistet, kann der Sicherungsbetrag mit einem bestimmten Euro-Betrag oder als Prozentsatz bis zur Höhe des Restentgelts festgesetzt werden. ³Die Sicherungsmaßnahme ist nur anzuordnen in Fällen, in denen eine Haftung in Betracht kommen kann. ⁴Dabei darf berücksichtigt werden, dass sie den Entleiher im Ergebnis weniger belasten kann als die nachfolgende Haftung, wenn er z. B. einen Rückgriffsanspruch gegen den Verleiher nicht durchsetzen kann.

Haftungsverfahren

(9) Wird der Entleiher oder Verleiher als Haftungsschuldner in Anspruch genommen, ist ein Haftungsbescheid zu erlassen (>R 42d.1 Abs. 5).

Zuständigkeit

(10) ¹Zuständig für den Haftungsbescheid gegen den Entleiher oder Verleiher ist das Betriebsstättenfinanzamt des Verleihers (§ 42d Abs. 6 Satz 9 EStG). ²Wird bei einem Entleiher festgestellt, dass seine Inanspruchnahme als Haftungsschuldner nach § 42d Abs. 6 EStG in Betracht kommt, ist das Betriebsstättenfinanzamt des Verleihers einzuschalten. ³Bei Verleih durch einen ausländischen Verleiher (>§ 38 Abs. 1 Satz 1 Nr. 2 EStG) ist das Betriebsstättenfinanzamt des Entleihers zuständig, wenn dem Finanzamt keine andere Überlassung des Verleihers im Inland bekannt ist, da es zugleich Betriebsstättenfinanzamt des Verleihers nach § 41 Abs. 2 Satz 2 EStG ist. ⁴Dies gilt grundsätzlich auch für eine Sicherungsmaßnahme nach § 42d Abs. 8 EStG. ⁵Darüber hinaus ist für eine Sicherungsmaßnahme jedes Finanzamt zuständig, in dessen Bezirk der Anlass für die Amtshandlung hervortritt, insbesondere bei Gefahr im Verzug (§§ 24, 29 AO).

H 42d.2

Abgrenzungsfragen

Zur Abgrenzung zwischen Arbeitnehmerüberlassung und Werk- oder Dienstverträgen bei Einsatz hochqualifizierter Mitarbeiter des Auftragnehmers >BFH vom 18.1.1991 (BStBl II S. 409)

Arbeitnehmerüberlassung im Baugewerbe

Die Haftung des Entleihers nach § 42d Abs. 6 EStG sowie die Anordnung einer Sicherungsmaßnahme nach § 42d Abs. 8 EStG sind ausgeschlossen, soweit der zum Steuerabzug nach § 48 Abs. 1 EStG verpflichtete Leistungsempfänger den Abzugsbetrag einbehalten und abgeführt hat bzw. dem Leistungsempfänger im Zeitpunkt der Abzugsverpflichtung eine Freistellungsbescheinigung des Leistenden vorliegt, auf deren Rechtmäßigkeit er vertrauen durfte (>§ 48 Abs. 4 Nr. 2, § 48b Abs. 5 EStG).

Arbeitnehmerüberlassung im Konzern

Überlässt eine im Ausland ansässige Kapitalgesellschaft von ihr eingestellte Arbeitnehmer an eine inländische Tochtergesellschaft gegen Erstattung der von ihr gezahlten Lohnkosten, so ist die inländische Tochtergesellschaft nicht Arbeitgeber im lohnsteuerlichen Sinne. Sie haftet daher für nicht einbehaltene Lohnsteuer nur unter den Voraussetzungen des § 42d Abs. 6 EStG (>BFH vom 24.3.1999 – BStBl 2000 II S. 41).

Steuerrechtlicher Arbeitgeber

Der Verleiher ist grundsätzlich auch bei unerlaubter Arbeitnehmerüberlassung Arbeitgeber der Leiharbeitnehmer, da § 10 Abs. 1 AÜG, der den Entleiher bei unerlaubter Arbeitnehmerüberlassung als Arbeitgeber der Leiharbeitnehmer bestimmt, steuerrechtlich nicht maßgebend ist. Der Entleiher kann jedoch nach dem Gesamtbild der tatsächlichen Gestaltung der Beziehungen zu den für ihn tätigen Leiharbeitnehmern und zum Verleiher, insbesondere bei Entlohnung der Leiharbeitnehmer, steuerrechtlich Arbeitgeber sein (>BFH vom 2.4.1982 – BStBl II S. 502).

Zuständige Finanzämter für ausländische Verleiher

>H 41.3

R 42d.3 **Haftung bei Lohnsteuerabzug durch einen Dritten**

[1]In den Fällen der Lohnzahlung durch Dritte haftet der Dritte in beiden Fallgestaltungen des § 38 Abs. 3a EStG neben dem Arbeitgeber (§ 42d Abs. 9 EStG). [2]Es besteht eine Gesamtschuldnerschaft zwischen Arbeitgeber, dem Dritten und dem Arbeitnehmer. [3]Das Finanzamt muss die Wahl, an welchen Gesamtschuldner es sich halten will, nach pflichtgemäßem Ermessen unter Beachtung der durch Recht und Billigkeit gezogenen Grenzen und unter verständiger Abwägung der Interessen aller Beteiligten treffen. [4]Eine Haftungsinanspruchnahme des Arbeitgebers unterbleibt, wenn beim Arbeitnehmer selbst eine Nachforderung unzulässig ist, weil der Mindestbetrag nach § 42d Abs. 5 EStG nicht überschritten wird. [5]Für die durch Haftungsbescheid angeforderten Steuerbeträge ist eine Zahlungsfrist von einem Monat zu setzen.

Zu § 42e EStG   R 42e.   A. III.

H 42d.3

Ermessensausübung

Eine Haftung des Arbeitgebers bei einer Lohnsteuerabzugspflicht Dritter kommt nach § 42d Abs. 9 Satz 4 i.V. m. Abs. 3 Satz 4 Nr. 1 EStG nur in Betracht, wenn der Dritte die Lohnsteuer für den Arbeitgeber nicht vorschriftsmäßig vom Arbeitslohn einbehalten hat. An einem derartigen Fehlverhalten fehlt es, wenn beim Lohnsteuerabzug entsprechend einer Lohnsteueranrufungsauskunft oder in Übereinstimmung mit den Vorgaben der zuständigen Finanzbehörden der Länder oder des Bundes verfahren wird (>BFH vom 20. 3. 2014 – BStBl II S. 592).

Zu § 42e EStG

R 42e.   **Anrufungsauskunft**

(1) [1]Einen Anspruch auf gebührenfreie Auskunft haben sowohl der Arbeitgeber, der die Pflichten des Arbeitgebers erfüllende Dritte i. S. d. § 38 Abs. 3a EStG als auch der Arbeitnehmer. [2]In beiden Fällen ist das Betriebsstättenfinanzamt für die Erteilung der Auskunft zuständig; bei Anfragen eines Arbeitnehmers soll es jedoch seine Auskunft mit dessen Wohnsitzfinanzamt abstimmen. [3]Das Finanzamt soll die Auskunft unter ausdrücklichem Hinweis auf § 42e EStG schriftlich erteilen und kann sie befristen; das gilt auch, wenn der Beteiligte die Auskunft nur formlos erbeten hat.

(2) [1]Hat ein Arbeitgeber mehrere Betriebsstätten, hat das zuständige Finanzamt seine Auskunft mit den anderen Betriebsstättenfinanzämtern abzustimmen, soweit es sich um einen Fall von einigem Gewicht handelt und die Auskunft auch für die anderen Betriebsstätten von Bedeutung ist. [2]Bei Anrufungsauskünften grundsätzlicher Art informiert das zuständige Finanzamt die übrigen betroffenen Finanzämter.

(3) [1]Sind mehrere Arbeitgeber unter einer einheitlichen Leitung zusammengefasst (Konzernunternehmen), bleiben für den einzelnen Arbeitgeber entsprechend der Regelung des § 42e Satz 1 und 2 EStG das Betriebsstättenfinanzamt bzw. das Finanzamt der Geschäftsleitung für die Erteilung der Anrufungsauskunft zuständig. [2]Sofern es sich bei einer Anrufungsauskunft um einen Fall von einigem Gewicht handelt und erkennbar ist, dass die Auskunft auch für andere Arbeitgeber des Konzerns von Bedeutung ist oder bereits Entscheidungen anderer Finanzämter vorliegen, ist insbesondere auf Antrag des Auskunftsersuchenden die zu erteilende Auskunft mit den übrigen betroffenen Finanzämtern abzustimmen. [3]Dazu informiert das für die Auskunftserteilung zuständige Finanzamt das Finanzamt der Konzernzentrale. [4]Dieses koordiniert daraufhin die Abstimmung mit den Finanzämtern der anderen Arbeitgeber des Konzerns, die von der zu erteilenden Auskunft betroffen sind. [5]Befindet sich die Konzernzentrale im Ausland, koordiniert das Finanzamt die Abstimmung, das als erstes mit der Angelegenheit betraut war.

(4) [1]In Fällen der Lohnzahlung durch Dritte, in denen der Dritte die Pflichten des Arbeitgebers trägt, ist die Anrufungsauskunft bei dem Betriebsstättenfinanzamt des Dritten zu stellen. [2]Fasst der Dritte die dem Arbeitnehmer in demselben Lohnzahlungszeitraum aus mehreren Dienstverhältnissen zufließenden Arbeitslöhne zusammen, ist die Anrufungsauskunft bei dem Betriebsstättenfinanzamt des Dritten zu stellen. [3]Dabei hat das Betriebsstättenfinanzamt seine Auskunft in Fällen von einigem Gewicht mit den anderen Betriebsstättenfinanzämtern abzustimmen.

| H 42e |

Allgemeine Grundsätze
>BMF vom 12.12.2017 (BStBl I S. 1656)

Zu § 42f EStG

| R 42f. | **Lohnsteuer-Außenprüfung**

(1) ¹Für die Lohnsteuer-Außenprüfung gelten die §§ 193 bis 207 AO. ²Die §§ 5 bis 12, 20 bis 24, 29 und 30 Betriebsprüfungsordnung sind mit Ausnahme des § 5 Abs. 4 Satz 2 sinngemäß anzuwenden.
(2) ¹Der Lohnsteuer-Außenprüfung unterliegen sowohl private als auch öffentlich-rechtliche Arbeitgeber. ²Prüfungen eines öffentlich-rechtlichen Arbeitgebers durch die zuständige Aufsichts- und Rechnungsprüfungsbehörde stehen der Zulässigkeit einer Lohnsteuer-Außenprüfung nicht entgegen.
(3) ¹Die Lohnsteuer-Außenprüfung hat sich hauptsächlich darauf zu erstrecken, ob sämtliche Arbeitnehmer, auch die nicht ständig beschäftigten, erfasst wurden und alle zum Arbeitslohn gehörigen Einnahmen, gleichgültig in welcher Form sie gewährt wurden, dem Steuerabzug unterworfen wurden und ob bei der Berechnung der Lohnsteuer von der richtigen Lohnhöhe ausgegangen wurde. ²Privathaushalte, in denen nur gering entlohnte Hilfen beschäftigt werden, sind in der Regel nicht zu prüfen.
(4) ¹Über das Ergebnis der Außenprüfung ist dem Arbeitgeber ein Prüfungsbericht zu übersenden (>§ 202 Abs. 1 AO). ²Führt die Außenprüfung zu keiner Änderung der Besteuerungsgrundlagen, genügt es, wenn dies dem Arbeitgeber schriftlich mitgeteilt wird (>§ 202 Abs. 1 Satz 3 AO). ³In den Fällen, in denen ein Nachforderungsbescheid oder ein Haftungsbescheid nicht zu erteilen ist (>§ 42d Abs. 4 EStG), kann der Arbeitgeber auf die Übersendung eines Prüfungsberichts verzichten.
(5) Das Recht auf Anrufungsauskunft nach § 42e EStG steht dem Recht auf Erteilung einer verbindlichen Zusage auf Grund einer Außenprüfung nach § 204 AO nicht entgegen.

| H 42f |

Aufhebung des Vorbehalts der Nachprüfung
>§ 164 Abs. 3 Satz 3 AO

Digitale LohnSchnittstelle
Nach § 41 Abs. 1 Satz 7 EStG i.V. m. § 4 Abs. 2a LStDV haben Arbeitgeber die ab dem 1.1.2018 aufzuzeichnenden lohnsteuerrelevanten Daten der Finanzbehörde nach einer amtlich vorgeschriebenen einheitlichen digitalen Schnittstelle elektronisch bereitzustellen. Dies gilt unabhängig von dem vom Arbeitgeber eingesetzten Lohnabrechnungsprogramm. Zur Vermeidung unbilliger Härten können in begründeten Fällen die lohnsteuerlichen Daten auch in einer anderen auswertbaren Form bereitgestellt werden. Die amtlich vorgeschriebene Digitale Lohn-Schnittstelle (DLS) ist ein Standarddatensatz mit einer einheitlichen Strukturierung und Bezeichnung von elektronischen Dateien und Datenfeldern. Die jeweils aktuelle Version der DLS mit weitergehenden Informationen steht auf der Internetseite des Bundeszentralamts für Steuern unter www.bzst.bund.de zum Download bereit. Das Datenzugriffsrecht nach § 147 Abs. 6 Satz 2 AO auf prüfungsrelevante steuerliche Daten bleibt von der Anwendung der DLS unberührt (>BMF vom 26.5.2017 – BStBl I S. 789).

Festsetzungsverjährung

Wurde beim Arbeitgeber eine Lohnsteuer-Außenprüfung durchgeführt, bewirkt dies zugleich eine Hemmung der Verjährungsfrist in Bezug auf den Steueranspruch gegen den Arbeitnehmer (>§ 171 Abs. 15 AO); dies gilt für alle Fälle, in denen die Festsetzungsfrist für den Arbeitnehmer am 30. 6. 2013 noch nicht abgelaufen war (>Artikel 97 § 10 Abs. 11 EGAO).

Rechte und Mitwirkungspflichten des Arbeitgebers
>BMF vom 24. 10. 2013 (BStBl I S. 1264)

Zu § 42g EStG

| H 42g |

Allgemeines
>BMF vom 16. 10. 2014 (BStBl I S. 1408)

Zu § 46 EStG

| H 46 |

Antragsveranlagung
>R 46.2 EStR, H 46.2 EStH

Härteausgleich
>H 46.3 EStH

Zu § 52b EStG

| H 52b |

Allgemeines
Elektronische Lohnsteuerabzugsmerkmale (ELStAM); Lohnsteuerabzug im Verfahren der elektronischen Lohnsteuerabzugsmerkmale >BMF vom 8. 11. 2018 (BStBl I S. 1137)

Zu § 100 EStG

| H 100 |

Allgemeines
>BMF vom 6. 12. 2017 (BStBl 2018 I S. 147), Rz. 100 ff.

A. IV. Körperschaftsteuer-Richtlinien 2015 (KStR 2015) v. 6. 4. 2016 (BStBl I Sondernummer 1/2016) mit amtlichen Hinweisen i. d. F. des Amtlichen Körperschaftsteuer-Handbuchs 2015

Inhaltsübersicht

		Seite
Einführung		1193

Zu § 1 KStG

R 1.1	Unbeschränkte Steuerpflicht	1193
R 1.2	Familienstiftungen	1195

Zu § 2 KStG

R 2	Beschränkte Steuerpflicht	1195

Zu § 4 KStG

R 4.1	Betriebe gewerblicher Art von juristischen Personen des öffentlichen Rechts	1196
R 4.2	Zusammenfassung von Betrieben gewerblicher Art	1198
R 4.3	Verpachtungsbetriebe gewerblicher Art	1199
R 4.4	Hoheitsbetriebe	1199
R 4.5	Abgrenzung in Einzelfällen	1200

Zu § 5 KStG

R 5.1	Kapitalertragsteuer bei wirtschaftlichen Geschäftsbetrieben – unbesetzt –	1203
R 5.2	Allgemeines zu Pensions-, Sterbe-, Kranken- und Unterstützungskassen	1203
R 5.3	Leistungsempfänger bei Pensions-, Sterbe-, Kranken- und Unterstützungskassen	1204
R 5.4	Vermögensbindung bei Pensions-, Sterbe-, Kranken- und Unterstützungskassen	1205
R 5.5	Leistungsbegrenzung	1207
R 5.6	Kleinere Versicherungsvereine	1208
R 5.7	Berufsverbände ohne öffentlich-rechtlichen Charakter	1208
R 5.8	Gemeinnützige, mildtätige und kirchliche Körperschaften – unbesetzt –	1211
R 5.9	Vermietungsgenossenschaften und -vereine – unbesetzt –	1211
R 5.10	Gemeinnützige Siedlungsunternehmen	1211
R 5.11	Allgemeines über die Steuerbefreiung von Erwerbs- und Wirtschaftsgenossenschaften und Vereinen im Bereich der Land- und Forstwirtschaft	1212
R 5.12	Molkereigenossenschaften	1215
R 5.13	Winzergenossenschaften	1216
R 5.14	Pfropfrebengenossenschaften	1217
R 5.15	Andere Erwerbs- und Wirtschaftsgenossenschaften	1217

R 5.16	Vereine im Bereich der Land- und Forstwirtschaft	1217
R 5.17	Wirtschaftsförderungsgesellschaften – unbesetzt –	1218
R 5.18	Steuerbefreiung außerhalb des Körperschaftsteuergesetzes	1218

Zu § 6 KStG

R 6	Einschränkung der Befreiung von Pensions-, Sterbe-, Kranken- und Unterstützungskassen	1218

Zu § 7 KStG

R 7.1	Ermittlung des zu versteuernden Einkommens	1220
R 7.2	Ermittlung der festzusetzenden und verbleibenden Körperschaftsteuer	1223
R 7.3	Vom Kalenderjahr abweichendes Wirtschaftsjahr	1223

Zu § 8 KStG

R 8.1	Anwendung einkommensteuerrechtlicher Vorschriften	1223
R 8.2	Einkommensermittlung bei Betrieben gewerblicher Art	1226
R 8.3	Gewinnermittlung bei Körperschaften, die Land- und Forstwirtschaft betreiben	1229
R 8.4	Zuwendungen an Pensions- und Unterstützungskassen – unbesetzt –	1230
R 8.5	Verdeckte Gewinnausschüttungen	1230
R 8.6	Wert der verdeckten Gewinnausschüttungen, Beweislast, Rückgängigmachung	1240
R 8.7	Rückstellungen für Pensionszusagen an Gesellschafter-Geschäftsführer von Kapitalgesellschaften	1241
R 8.8	Tantiemen – unbesetzt –	1244
R 8.9	Verdeckte Einlage	1245
R 8.10	Verluste bei Körperschaften – unbesetzt –	1250
R 8.11	Mitgliedsbeiträge	1250
R 8.12	Haus- und Grundeigentümervereine, Mietervereine	1251
R 8.13	Sonstige Vereine und Einrichtungen	1253

Zu § 9 KStG

R 9	Ausgaben i. S. d. § 9 Abs. 1 Nr. 1 und 2 KStG	1255

Zu § 10 KStG

R 10.1	Nichtabziehbare Steuern und Nebenleistungen	1258
R 10.2	Geldstrafen und ähnliche Rechtsnachteile	1259
R 10.3	Vergütungen für die Überwachung der Geschäftsführung	1259

Zu § 11 KStG

R 11	Liquidationsbesteuerung	1260

Zu § 12 KStG

R 12	Beschränkte Steuerpflicht der übertragenden Körperschaft – unbesetzt –	1261

Zu § 13 KStG

R 13.1	Beginn einer Steuerbefreiung	1262
R 13.2	Erlöschen einer Steuerbefreiung	1262
R 13.3	Schlussbilanz, Anfangsbilanz	1263
R 13.4	Sonderregelung für bestimmte steuerbegünstigte Körperschaften	1263

Zu § 14 KStG

R 14.1	Organträger, Begriff des gewerblichen Unternehmens – unbesetzt –	1264
R 14.2	Finanzielle Eingliederung	1264
R 14.3	Personengesellschaften als Organträger	1265
R 14.4	Zeitliche Voraussetzungen	1266
R 14.5	Gewinnabführungsvertrag	1267
R 14.6	Zuzurechnendes Einkommen der Organgesellschaft	1270
R 14.7	Einkommensermittlung beim Organträger	1271
R 14.8	Bildung und Auflösung besonderer Ausgleichsposten beim Organträger	1271

Zu § 15 KStG

R 15	Einkommensermittlung bei der Organgesellschaft	1273

Zu § 16 KStG

R 16	Ausgleichszahlungen	1273

Zu § 17 KStG

R 17	Andere Kapitalgesellschaften als Organgesellschaft	1274

Zu § 19 KStG

R 19	Anwendung besonderer Tarifvorschriften	1275

Zu § 22 KStG

R 22	Genossenschaftliche Rückvergütung	1276

Zu § 23 KStG

R 23	Ermäßigte Besteuerung bei Einkünften aus außerordentlichen Holznutzungen infolge höherer Gewalt	1280

Zu § 24 KStG

R 24	Freibetrag für bestimmte Körperschaften	1280

Zu § 25 KStG

R 25	Freibetrag für Erwerbs- und Wirtschaftsgenossenschaften sowie Vereine, die Land- und Forstwirtschaft betreiben	1281

Zu § 26 KStG

R 26	Steuerermäßigung bei ausländischen Einkünften	1281

Zu § 30 KStG

R 30	Entstehung der Körperschaftsteuer	1284

Zu § 31 KStG

R 31.1	Besteuerung kleiner Körperschaften	1284
R 31.2	Steuererklärungspflicht, Veranlagung und Erhebung von Körperschaftsteuer – unbesetzt –	1284

Zu § 35 KStG

R 35	Sondervorschriften für Körperschaften, Personenvereinigungen oder Vermögensmassen in dem in Artikel 3 des Einigungsvertrags genannten Gebiet	1285

Einführung[1]

(1) ¹Die Körperschaftsteuer-Richtlinien 2015 (KStR 2015) behandeln Anwendungs- und Auslegungsfragen von allgemeiner Bedeutung, um eine einheitliche Anwendung des Körperschaftsteuerrechts durch die Behörden der Finanzverwaltung sicherzustellen. ²Sie geben außerdem zur Vermeidung unbilliger Härten und aus Gründen der Verwaltungsvereinfachung Anweisungen an die Finanzämter, wie in bestimmten Fällen verfahren werden soll.

(2) Die Körperschaftsteuer-Richtlinien 2015 gelten, soweit sich aus ihnen nichts anderes ergibt, vom VZ 2015 an.

(3) Anordnungen, die mit den nachstehenden Richtlinien im Widerspruch stehen, sind nicht mehr anzuwenden.

(4) Diese Allgemeine Verwaltungsvorschrift tritt am Tag nach ihrer Veröffentlichung in Kraft.[2]

Zu § 1 KStG

R 1.1 Unbeschränkte Steuerpflicht

(1) ¹Die Aufzählung der Körperschaften, Personenvereinigungen und Vermögensmassen in § 1 Abs. 1 KStG ist abschließend. ²Sie kann nicht im Wege der Auslegung erweitert werden.

(2) ¹Zu den sonstigen juristischen Personen des privaten Rechts i. S. d. § 1 Abs. 1 Nr. 4 KStG gehören eingetragene Vereine (§ 21 BGB), wirtschaftliche Vereine (§ 22 BGB) und rechtsfähige privatrechtliche Stiftungen (§ 80 BGB). ²Rechtsfähige Stiftungen des öffentlichen Rechts (§ 89 BGB) fallen nicht unter § 1 Abs. 1 Nr. 4 KStG; insoweit ist ggf. § 1 Abs. 1 Nr. 6 KStG zu prüfen.

(3) ¹§ 1 Abs. 1 Nr. 6 KStG bezieht sich ausschließlich auf inländische jPöR. ²Die Steuerpflicht ausländischer jPöR richtet sich nach § 2 Nr. 1 KStG.

(4) ¹Die Steuerpflicht beginnt bei Genossenschaften (§ 1 Abs. 1 Nr. 2 KStG) nicht erst mit der Erlangung der Rechtsfähigkeit durch die Eintragung in das Genossenschaftsregister (§ 13 GenG), sondern erstreckt sich auch auf die mit Abschluss des Statuts (§ 5 GenG) errichtete Vorgenossenschaft, d. h. die Genossenschaft im Gründungsstadium. ²Für rechtsfähige Vereine sind die vorgenannten Grundsätze sinngemäß anzuwenden. ³Genossenschaften i. S. d. § 1 Abs. 1 Nr. 2 KStG sind sowohl eingetragene als auch nichtrechtsfähige Genossenschaften. ⁴Bei Versicherungsvereinen auf Gegenseitigkeit (§ 1 Abs. 1 Nr. 3 KStG) beginnt die Steuerpflicht mit der aufsichtsbehördlichen Erlaubnis zum Geschäftsbetrieb, bei den anderen juristischen Personen des privaten Rechts (§ 1 Abs. 1 Nr. 4 KStG) durch staatliche Genehmigung, Anerkennung oder Verleihung. ⁵Nichtrechtsfähige Vereine, Anstalten, Stiftungen oder andere Zweckvermögen des privaten Rechts (§ 1 Abs. 1 Nr. 5 KStG) entstehen durch Errichtung, Feststellung der Satzung oder Aufnahme einer geschäftlichen Tätigkeit. ⁶JPöR werden mit ihren BgA (§ 1 Abs. 1 Nr. 6 KStG) mit der Aufnahme der wirtschaftlichen Tätigkeit unbeschränkt steuerpflichtig.

(5) ¹Ein Zweckvermögen des Privatrechts i. S. d. § 1 Abs. 1 Nr. 5 KStG liegt vor, wenn ein selbständiges Sondervermögen gebildet wird, das durch Widmung einem bestimmten Zweck dient. ²Dazu gehören u. a. Sammelvermögen i. S. d. § 1914 BGB, inländische Investmentfonds in der Rechtsform eines Sondervermögens (§ 11 Abs. 1 Satz 1 InvStG) und inländische Kapital-Investitionsgesellschaften in der Rechtsform eines Sondervermögens (§ 19 Abs. 1 Satz 2 InvStG).

---

1) Die amtlichen (*-)Fußnoten wurden aus dem amtlichen Körperschaftsteuer-Handbuch übernommen.
2) Tag der Veröffentlichung: 14. 4. 2016.

H 1.1

Ausländische Gesellschaften, Typenvergleich
Tabellen 1 und 2 zu >BMF vom 24.12.1999, BStBl I S. 1076 ff. (insbes. S. 1114 und 1119) unter Berücksichtigung der Änderungen durch BMF vom 20.11.2000 (BStBl I S. 1509), BMF vom 29.9.2004 (BStBl I S. 917) und BMF vom 25.8.2009 (BStBl I S. 888) und >BMF vom 19.3.2004, BStBl I S. 411 unter Berücksichtigung der Änderungen durch >BMF vom 26.9.2014, BStBl I S. 1258 Rn. 4.1.4.2

Beginn der Steuerpflicht
Die Steuerpflicht beginnt bei Kapitalgesellschaften (§ 1 Abs. 1 Nr. 1 KStG) nicht erst mit der Erlangung der Rechtsfähigkeit durch die Eintragung in das Handelsregister (§§ 41, 278 AktG, § 11 GmbHG), sondern erstreckt sich auch auf die mit Abschluss des notariellen Gesellschaftsvertrags (§ 2 GmbHG) oder durch notarielle Feststellung der Satzung (§ 23 Abs. 1, § 280 Abs. 1 AktG) errichtete Vorgesellschaft, d. h. die Kapitalgesellschaft im Gründungsstadium (>BFH vom 13.12.1989, I R 98-99/86, BStBl 1990 II S. 468; >BFH vom 14.10.1992, I R 17/92, BStBl 1993 II S. 352).
Von Todes wegen errichtete Stiftungen sind im Falle ihrer Anerkennung auf Grund der in § 84 BGB angeordneten Rückwirkung bereits ab dem Zeitpunkt des Vermögensanfalls subjektiv körperschaftsteuerpflichtig nach § 1 Abs. 1 Nr. 4 KStG (>BFH vom 17.9.2003, I R 85/02, BStBl 2005 II S. 149).

GmbH & Co. KG
Eine GmbH & Co. KG, deren alleiniger persönlich haftender Gesellschafter eine GmbH ist, ist nicht als Kapitalgesellschaft i. S. v. § 1 Abs. 1 Nr. 1 KStG anzusehen. Eine Publikums-GmbH & Co. KG ist kein nichtrechtsfähiger Verein i. S. v. § 1 Abs. 1 Nr. 5 KStG. Sie ist auch nicht als nichtrechtsfähige Personenvereinigung nach § 3 Abs. 1 KStG körperschaftsteuerpflichtig, da ihr Einkommen bei den Gesellschaftern zu versteuern ist (>BFH vom 25.6.1984, GrS 4/82, BStBl II S. 751).

Kameradschaft einer Freiwilligen Feuerwehr
Die Kameradschaft einer Freiwilligen Feuerwehr kann ein nichtrechtsfähiger Verein i. S. d. § 1 Abs. 1 Nr. 5 KStG sein, sofern ein Personenzusammenschluss für Zwecke gebildet wurde, die über die Aufgaben der gemeindlichen Einrichtung hinaus gehen, z. B. Einrichtung einer Kameradschaftskasse zum Zwecke der Kameradschaftspflege und Veranstaltung jährlicher Feste (>BFH vom 18.12.1996, I R 16/96, BStBl 1997 II S. 361).

Limited
Steuerliche Folgen der Löschung einer britischen Limited aus dem britischen Handelsregister >BMF vom 6.1.2014, BStBl I S. 111

REIT-AG
>REITG vom 28.5.2007 (BGBl I S. 914) und >BMF vom 10.7.2007, BStBl I S. 527

Stiftung
>H 1.1 Beginn der Steuerpflicht

Unechte Vorgesellschaft
Eine unechte Vorgesellschaft unterliegt mangels zivilrechtlicher Rechtsform einer Körperschaft i. S. d. § 1 Abs. 1 KStG nicht der Körperschaftsteuerpflicht. Um eine unechte Vorgesellschaft han-

delt es sich, wenn die Gründer nicht die Absicht haben, die Eintragung ins Handelsregister zu erreichen, wenn die Eintragungsabsicht wegfällt, jedoch die werbende Tätigkeit fortgesetzt wird, wenn aufgrund von Eintragungshindernissen die Vorgesellschaft zum Dauerzustand wird oder wenn nach Ablehnung des Eintragungsantrags eine Auseinandersetzung unter den Gesellschaftern nicht erfolgt (>BFH vom 7.4.1998, VII R 82/97, BStBl II S. 531 und >BFH vom 18.3.2010, IV R 88/06, BStBl II S. 991).

Vorgesellschaft
>H 1.1 Beginn der Steuerpflicht
>H 1.1 Unechte Vorgesellschaft

Vorgründungsgesellschaft
Die Vorgründungsgesellschaft erstreckt sich auf die Zeit zwischen der Vereinbarung über die Errichtung einer Kapitalgesellschaft bis zur notariellen Beurkundung des Gesellschaftsvertrags bzw. der Satzung. Sie ist weder mit der Vorgesellschaft noch mit der später entstehenden Kapitalgesellschaft identisch. Es handelt sich, von Ausnahmen abgesehen, nicht um ein körperschaftsteuerpflichtiges Gebilde (>BFH vom 8.11.1989, I R 174/86, BStBl 1990 II S. 91). Die Vorgründungsgesellschaft kann als nichtrechtsfähiger Verein oder Personenvereinigung i. S. d. § 3 Abs. 1 KStG steuerpflichtig sein, wenn ein größerer Kreis von Personen, eine Verfassung und besondere Organe vorhanden sind (>BFH vom 6.5.1952, I 8/52 U, BStBl III S. 172).

| R 1.2 | **Familienstiftungen** |

[1]Die Verordnung über die Steuerbegünstigung von Stiftungen, die an die Stelle von Familienfideikommissen getreten sind, vom 13.2.1926 (RGBl I S. 101) ist noch anzuwenden. [2]Da die Verordnung sich auf einen Sondertatbestand bezieht, kann sie auf andere als die in ihr bezeichneten Stiftungen nicht entsprechend angewendet werden.

Zu § 2 KStG

| R 2 | **Beschränkte Steuerpflicht** |

(1) [1]Die beschränkte Körperschaftsteuerpflicht beginnt bei Personen i. S. d. § 2 Nr. 1 KStG, sobald inländische Einkünfte i. S. d. § 49 EStG vorliegen; bei Personen i. S. d. § 2 Nr. 2 KStG, sobald inländische Einkünfte insbesondere i. S. d. § 43 EStG vorliegen, von denen ein Steuerabzug vorzunehmen ist. [2]Sie endet, wenn keine inländischen Einkünfte mehr erzielt werden.
(2) § 2 Nr. 2 KStG gilt aufgrund der Vorschrift des § 3 Abs. 2 KStG nicht für Hauberg-, Wald-, Forst- und Laubgenossenschaften und ähnliche Realgemeinden.

| H 2 | |

Ausländische Gesellschaften, Typenvergleich
Tabellen 1 und 2 zu >BMF vom 24.12.1999, BStBl I S. 1076 ff. (insbes. S. 1114 und 1119) unter Berücksichtigung der Änderungen durch BMF vom 20.11.2000 (BStBl I S. 1509), BMF vom 29.9.2004 (BStBl I S. 917) und BMF vom 25.8.2009 (BStBl I S. 888) und >BMF vom 19.3.2004, BStBl I S. 411 unter Berücksichtigung der Änderungen durch >BMF vom 26.9.2014, BStBl I S. 1258 Rn. 4.1.4.2

Zu § 3 KStG

H 3

GmbH & Co. KG
Eine Publikums-GmbH & Co. KG ist weder als nichtrechtsfähiger Verein i.S.v. § 1 Abs. 1 Nr. 5 KStG noch als nichtrechtsfähige Personenvereinigung nach § 3 Abs. 1 KStG körperschaftsteuerpflichtig (>BFH vom 25. 6. 1984, GrS 4/82, BStBl II S. 751).

Steuerpflicht einer Vorgründungsgesellschaft
>H 1.1 Vorgründungsgesellschaft

Zu § 4 KStG

R 4.1   **Betriebe gewerblicher Art von juristischen Personen des öffentlichen Rechts**

Betrieb gewerblicher Art
(1) [1]JPöR sind insbesondere die Gebietskörperschaften (Bund, Länder, Gemeinden, Gemeindeverbände), Zweckverbände, die öffentlich-rechtlichen Religionsgesellschaften, die Innungen, Handwerkskammern, Industrie- und Handelskammern und sonstige Gebilde, die aufgrund öffentlichen Rechts eigene Rechtspersönlichkeit besitzen. [2]Dazu gehören neben Körperschaften auch Anstalten und Stiftungen des öffentlichen Rechts, z. B. Rundfunkanstalten des öffentlichen Rechts.

(2) [1]Der Begriff >Einrichtung setzt nicht voraus, dass die Tätigkeit im Rahmen einer im Verhältnis zur sonstigen Betätigung verselbständigten Abteilung ausgeübt wird; sie kann auch innerhalb des allgemeinen Betriebs miterledigt werden. [2]Die Beteiligung einer jPöR an einer Kapitalgesellschaft begründet grundsätzlich keinen eigenständigen BgA. [3]Die Beteiligung einer jPöR an einer Kapitalgesellschaft stellt einen BgA dar, wenn mit ihr tatsächlich ein entscheidender Einfluss auf die laufende Geschäftsführung des Unternehmens ausgeübt wird. [4]Eine geringfügige Beteiligung stellt einen BgA dar, wenn die jPöR zusammen mit anderen jPöR die Kapitalgesellschaft beherrscht und im Zusammenwirken mit diesen jPöR tatsächlich einen entscheidenden Einfluss auf die Geschäftsführung der Gesellschaft ausübt. [5]Die Beteiligung an einer ausschließlich vermögensverwaltend tätigen Kapitalgesellschaft ist kein BgA.

(3) [1]Die verschiedenen Tätigkeiten der jPöR sind für sich zu beurteilen. [2]Lässt sich eine Tätigkeit nicht klar dem hoheitlichen oder dem wirtschaftlichen Bereich zuordnen, ist nach § 4 Abs. 5 KStG auf die >überwiegende Zweckbestimmung der Tätigkeit abzustellen. [3]Verschiedene wirtschaftliche Tätigkeiten sind als Einheit zu behandeln, wenn dies der Verkehrsauffassung entspricht.

(4) [1]Eine Einrichtung kann auch dann angenommen werden, wenn Betriebsmittel, z. B. Maschinen oder Personal, sowohl im hoheitlichen als auch im wirtschaftlichen Bereich eingesetzt werden, sofern eine zeitliche Abgrenzung (zeitlich abgegrenzter Einsatz für den einen oder anderen Bereich) möglich ist. [2]Ein wichtiges Merkmal für die wirtschaftliche Selbständigkeit der ausgeübten Tätigkeit und damit für die Annahme einer Einrichtung ist darin zu sehen, dass der Jahresumsatz i. S. v. § 1 Abs. 1 Nr. 1 UStG aus der wirtschaftlichen Tätigkeit den Betrag von 130 000 Euro übersteigt. [3]Für die wirtschaftliche Selbständigkeit der Einrichtung ist es unerheblich, wenn die Bücher bei einer anderen Verwaltung geführt werden.

(5) [1]In der Tatsache, dass der Jahresumsatz i. S. v. § 1 Abs. 1 Nr. 1 UStG 35 000 Euro nachhaltig übersteigt, ist ein wichtiger Anhaltspunkt dafür zu sehen, dass die Tätigkeit von einigem >wirtschaftlichen Gewicht ist. [2]I. d. R. kann deshalb bei diesem Jahresumsatz davon ausgegangen

werden, dass die Tätigkeit sich innerhalb der Gesamtbetätigung der jPöR wirtschaftlich heraushebt. ³Dagegen kommt es für das Gewicht der ausgeübten Tätigkeit weder auf das im BFH-Urteil vom 11.1.1979 (V R 26/74, BStBl II S. 746) angesprochene Verhältnis der Einnahmen aus der wirtschaftlichen Tätigkeit zum Gesamthaushalt der jPöR noch auf das im BFH-Urteil vom 14.4.1983 (V R 3/79, BStBl II S. 491) angesprochene Verhältnis der Einnahmen aus der wirtschaftlichen Tätigkeit zu einem bestimmten Teil des Gesamthaushalts der jPöR an. ⁴Wird ein nachhaltiger Jahresumsatz von über 35 000 Euro im Einzelfall nicht erreicht, ist ein BgA nur anzunehmen, wenn hierfür besondere Gründe von der Körperschaft vorgetragen werden. ⁵Solche Gründe sind insbesondere gegeben, wenn die jPöR mit ihrer Tätigkeit zu anderen Unternehmen unmittelbar in Wettbewerb tritt. ⁶In den Fällen der Verpachtung eines BgA ist darauf abzustellen, ob die Einrichtung beim Verpächter einen BgA darstellen würde. ⁷Dabei kommt es für die Frage, ob die Tätigkeit von einigem Gewicht ist, auf die Umsätze des Pächters an.

(6) ¹Zu den BgA gehören nicht >land- und forstwirtschaftliche Betriebe von jPöR. ²Den land- und forstwirtschaftlichen Betrieben zuzurechnen sind auch die land- und forstwirtschaftlichen Nebenbetriebe. ³Auch die Verpachtung eines land- und forstwirtschaftlichen Betriebs durch eine jPöR begründet keinen BgA. ⁴Dagegen sind Einkünfte aus land- und forstwirtschaftlicher Tätigkeit, die in einem BgA anfallen, steuerpflichtig.

Kapitalgesellschaften

(7) Kapitalgesellschaften, an denen die jPöR beteiligt ist, werden nach den für diese Rechtsform geltenden Vorschriften besteuert.

H 4.1

Allgemeines

Nach § 1 Abs. 1 Nr. 6 KStG sollen im Grundsatz alle Einrichtungen der öffentlichen Hand der Körperschaftsteuer unterworfen werden, die das äußere Bild eines Gewerbebetriebs haben (>BFH vom 22.9.1976, I R 102/74, BStBl II S. 793). Hat die jPöR mehrere BgA, ist sie Subjekt der Körperschaftsteuer wegen jedes einzelnen Betriebs (>BFH vom 13.3.1974, I R 7/71, BStBl II S. 391 und >BFH vom 8.11.1989, I R 187/85, BStBl 1990 II S. 242).

Anwendungsfragen zur Besteuerung von BgA und Eigengesellschaften von jPöR
>BMF vom 12.11.2009, BStBl I S. 1303

Beteiligungen von jPöR an Personengesellschaften
Die Beteiligung einer jPöR an einer Mitunternehmerschaft führt zu einem BgA (>BFH vom 25.3.2015, I R 52/13, BStBl 2016 II S. 172). Wegen Anwendungsfragen zu dieser Entscheidung >BMF vom 8.2.2016, BStBl I S. 237

Einkommensermittlung bei BgA
>R 8.2

Einrichtung
- Die Einrichtung kann sich aus einer besonderen Leitung, aus einem geschlossenen Geschäftskreis, aus der Buchführung oder aus einem ähnlichen, auf eine Einheit hindeutenden Merkmal ergeben (>BFH vom 26.5.1977, V R 15/74, BStBl II S. 813).
- Sie kann auch dann gegeben sein, wenn nicht organisatorische, sondern andere Merkmale vorliegen, die die wirtschaftliche Selbständigkeit verdeutlichen (>BFH vom 13.3.1974, I R 7/71, BStBl II S. 391).

- Insbesondere kann die Einrichtung gegeben sein, wenn der Jahresumsatz i. S. v. § 1 Abs. 1 Nr. 1 UStG aus der wirtschaftlichen Tätigkeit beträchtlich ist bzw. wegen des Umfangs der damit verbundenen Tätigkeit eine organisatorische Abgrenzung geboten erscheint (>RFH vom 20. 1. 1942, I 235/41, RStBl S. 405 und >BFH vom 26. 2. 1957, I 327/56 U, BStBl III S. 146).
- Die Einbeziehung der wirtschaftlichen Tätigkeit in einen überwiegend mit hoheitlichen Aufgaben betrauten, organisatorisch gesondert geführten Betrieb schließt es nicht aus, die einbezogene Tätigkeit gesondert zu beurteilen und rechtlich als eigenständige Einheit von dem sie organisatorisch tragenden Hoheitsbetrieb zu unterscheiden (>BFH vom 26. 5. 1977, V R 15/74, BStBl II S. 813 und >BFH vom 14. 4. 1983, V R 3/79, BStBl II S. 491).

Kapitalertragsteuer bei BgA
>H 8.2 Kapitalertragsteuer sowie >BMF vom 9. 1. 2015, BStBl I S. 111

Kirchliche Orden
Kirchliche Orden können Körperschaften des öffentlichen Rechts sein (>BFH vom 8. 7. 1971, V R 1/68, BStBl 1972 II S. 70).

Kriterien zur Abgrenzung hoheitlicher von wirtschaftlicher Tätigkeit einer jPöR
>BMF vom 11. 12. 2009, BStBl I S. 1597

Land- und forstwirtschaftliche Betriebe
Abgrenzung zum Gewerbebetrieb >R 15.5 EStR

Überwiegende Zweckbestimmung
Eine überwiegend hoheitliche Zweckbestimmung liegt nur vor, wenn die beiden Tätigkeitsbereiche derart ineinander greifen, dass eine genaue Abgrenzung nicht möglich oder nicht zumutbar ist, wenn also die wirtschaftliche Tätigkeit unlösbar mit der hoheitlichen Tätigkeit verbunden ist und eine Art Nebentätigkeit im Rahmen der einheitlichen, dem Wesen nach hoheitlichen Tätigkeit darstellt (>BFH vom 26. 5. 1977, V R 15/74, BStBl II S. 813).

Wirtschaftliches Gleichgewicht
Ein BgA ist nur anzunehmen, wenn es sich um eine Tätigkeit von einigem wirtschaftlichem Gewicht handelt (>BFH vom 26. 2. 1957, I 327/56 U, BStBl III S. 146 und >BFH vom 24. 10. 1961, I 105/60 U, BStBl III S. 552).

R 4.2 Zusammenfassung von Betrieben gewerblicher Art

[1]Die Zusammenfassung mehrerer gleichartiger BgA ist unter den Voraussetzungen des § 4 Abs. 6 KStG zulässig. [2]Das gilt auch für die Zusammenfassung von gleichartigen Einrichtungen, die mangels Gewicht keinen BgA darstellen, zu einem BgA, und die Zusammenfassung solcher Einrichtungen mit BgA. [3]Die Zusammenfassung von Verpachtungsbetrieben ist ausschließlich nach § 4 Abs. 6 Satz 1 Nr. 1 KStG zulässig; hierfür ist die jeweilige Tätigkeit des Pächters maßgeblich. [4]Ein BgA, der auch Dauerverlustgeschäfte i. S. d. § 8 Abs. 7 KStG ausübt, kann Organträger sein, wenn er insgesamt ein gewerbliches Unternehmen i. S. d. § 14 Abs. 1 KStG ist. [5]Eine Zusammenfassung von Gewinn- und Verlustbetrieben mittels Organschaft ist auch in diesen Fällen nur zulässig, wenn diese als BgA nach § 4 Abs. 6 KStG hätten zusammengefasst werden können.

R 4.3 Verpachtungsbetriebe gewerblicher Art

Verpachtet die jPöR einen BgA gegen Entgelt und erhält der Pächter einen Zuschuss mindestens in Höhe der Pacht, liegt keine entgeltliche Verpachtung und damit kein Verpachtungs-BgA vor, wenn zwischen der Pacht und dem Zuschuss eine rechtliche und tatsächliche Verknüpfung besteht.

H 4.3

Aufgabe des Verpachtungsbetriebs

Ein Verpachtungsbetrieb gewerblicher Art kann nur dadurch mit der Folge der Auflösung der in dem verpachteten Betriebsvermögen enthaltenen stillen Reserven aufgegeben werden, dass der Verpachtungsbetrieb eingestellt oder veräußert wird (>BFH vom 1.8.1979, I R 106/76, BStBl II S. 716).

Einkunftsart

>H 8.2 Einkunftsart

Inventar

Zu den Grundsätzen der Verpachtung >BMF vom 12.11.2009, BStBl I S. 1303, Rdnr. 15 ff. Sind keine Räume, sondern nur Inventar verpachtet, kommt es für die Steuerpflicht auf die Umstände des Einzelfalls an (>BFH vom 6.10.1976, I R 115/75, BStBl 1977 II S. 94). Das gilt auch für die Verpachtung eines einer Gemeinde gehörenden Campingplatzes (>BFH vom 7.5.1969, I R 106/66, BStBl II S. 443).

Wirtschaftliches Gewicht

>R 4.1 Abs. 5 Satz 6 und 7

R 4.4 Hoheitsbetriebe

(1) [1]Eine Ausübung der öffentlichen Gewalt kann insbesondere anzunehmen sein, wenn es sich um Leistungen handelt, zu deren Annahme der Leistungsempfänger aufgrund gesetzlicher oder behördlicher Anordnung verpflichtet ist. [2]Zu den Hoheitsbetrieben können z. B. gehören: Wetterwarten, Schlachthöfe in Gemeinden mit Schlachtzwang, Anstalten zur Lebensmitteluntersuchung, zur Desinfektion, zur Straßenreinigung und zur Abführung von Abwässern und Abfällen.

(2) [1]Die Verwertung bzw. Veräußerung von Material oder Gegenständen aus dem hoheitlichen Bereich einer jPöR (sog. Hilfsgeschäfte) ist dem hoheitlichen Bereich zuzuordnen. [2]Das gilt z. B. für den An- und Verkauf von Dienstkraftfahrzeugen auch dann, wenn die Veräußerung regelmäßig vor Ablauf der wirtschaftlichen Nutzungsdauer erfolgt. [3]Die Anzahl der von der Beschaffungsstelle vorgenommenen An- und Verkäufe ist dabei unbeachtlich.

H 4.4

Beistandsleistung
Eine ihrem Inhalt nach wirtschaftliche Tätigkeit wird auch nicht dadurch zur Ausübung hoheitlicher Gewalt, dass sie im Wege der Amtshilfe für den wirtschaftlichen Bereich eines anderen Hoheitsträgers erfolgt.(>BFH vom 14. 3. 1990, I R 156/87, BStBl II S. 866).

Hoheitsbetrieb
– **Ausübung öffentlicher Gewalt**
  Ausübung öffentlicher Gewalt ist eine Tätigkeit, die der öffentlich-rechtlichen Körperschaft eigentümlich und vorbehalten ist. Kennzeichnend für die Ausübung öffentlicher Gewalt ist die Erfüllung öffentlich-rechtlicher Aufgaben, die aus der Staatsgewalt abgeleitet sind und staatlichen Zwecken dienen (>BFH vom 21. 11. 1967, I 274/64, BStBl 1968 II S. 218). Dies ist nicht schon dann der Fall, wenn der jPöR Tätigkeiten durch Gesetz zugewiesen werden (>BFH vom 30. 6. 1988, V R 79/84, BStBl II S. 910). Ausübung öffentlicher Gewalt liegt nicht vor, wenn sich die Körperschaft durch ihre Einrichtungen in den wirtschaftlichen Verkehr einschaltet und eine Tätigkeit entfaltet, die sich ihrem Inhalt nach von der Tätigkeit eines privaten gewerblichen Unternehmens nicht wesentlich unterscheidet (>BFH vom 21. 11. 1967, I 274/64, BStBl 1968 II S. 218, >BFH vom 18. 2. 1970, I R 157/67, BStBl II S. 519 und >BFH vom 25. 1. 2005, I R 63/03, BStBl II S. 501).

– **BgA im Rahmen eines Hoheitsbetriebs**
  Besteht im Rahmen eines Hoheitsbetriebs auch ein BgA (z. B. Kantine, Verkaufsstelle, Erholungsheim), ist die jPöR insoweit steuerpflichtig (>BFH vom 26. 5. 1977, V R 15/74, BStBl II S. 813).

Kriterien zur Abgrenzung hoheitlicher von wirtschaftlicher Tätigkeit einer jPöR
>BMF vom 11. 12. 2009, BStBl I S. 1597

R 4.5 **Abgrenzung in Einzelfällen**

(1) [1]Die Behandlung der Mitglieder eines >Trägers der Sozialversicherung in seinen eigenen Rehabilitationseinrichtungen ist eine hoheitliche Tätigkeit. [2]An dieser Zuordnung zum Hoheitsbereich ändert sich nichts, wenn die Tätigkeit von einem anderen Sozialversicherungsträger übernommen wird. [3]Eine wirtschaftliche Tätigkeit, die unter den Voraussetzungen des R 4.1 Abs. 2 bis 5 ein BgA ist, liegt jedoch dann vor, wenn ein Sozialversicherungsträger in seinen Rehabilitationseinrichtungen gegen Entgelt auch Mitglieder privater Versicherungen oder Privatpersonen behandelt. [4]Von der Prüfung dieser Frage kann abgesehen werden, wenn die Anzahl der Behandlungen von Mitgliedern privater Versicherungen oder von Privatpersonen 5 % der insgesamt behandelten Fälle nicht übersteigt.
(2) Sind Schülerheime öffentlicher Schulen erforderlich, um den Unterrichts- oder Erziehungszweck zu erreichen, ist der Betrieb der Schülerheime als Erfüllung einer öffentlich-rechtlichen Aufgabe anzusehen.
(3) Gemeindeeigene Schlachtviehmärkte sind im Gegensatz zu gemeindeeigenen (Nutz- und Zucht-) >Viehmärkten Hoheitsbetriebe.
(4) [1]Der Betrieb von Parkuhren oder von Parkscheinautomaten ist als Ausübung öffentlicher Gewalt anzusehen, soweit er im Rahmen der Straßenverkehrsordnung durchgeführt wird. [2]Die Bereitstellung von öffentlichen Parkflächen in Parkhäusern, Tiefgaragen oder zusammenhängenden Parkflächen außerhalb öffentlicher Straßen ist dagegen als wirtschaftliche Tätigkeit anzusehen (Verkehrsbetrieb i. S. d. § 4 Abs. 3 KStG); dies gilt auch dann, wenn sich die jPöR aufgrund einer Benutzungssatzung oder einer Widmung zum öffentlichen Verkehr der Handlungsform

des öffentlichen Rechts bedient. ³Die Parkraumüberlassung durch eine jPöR an ihre Bediensteten bzw. durch eine öffentlich-rechtliche Hochschule an ihre Studenten ist als Vermögensverwaltung anzusehen, soweit sie ohne weitere Leistungen erfolgt.

(5) ¹Wird ein gemeindliches Schwimmbad sowohl für das Schulschwimmen als auch für den öffentlichen Badebetrieb genutzt, ist unabhängig davon, welche Nutzung überwiegt, die Nutzung für den öffentlichen Badebetrieb grundsätzlich als wirtschaftlich selbständige Tätigkeit i. S. d. R 4.1 Abs. 4 anzusehen. ²Unter den Voraussetzungen des R 4.1 Abs. 5 ist ein BgA anzunehmen.

(6) ¹Die Verwertung und Beseitigung von in ihrem Gebiet anfallenden und überlassenen Abfällen aus privaten Haushaltungen durch öffentlich-rechtliche Entsorgungsträger nach § 20 Abs. 1 Kreislaufwirtschaftsgesetz (Abfallentsorgung) ist eine hoheitliche Tätigkeit. ²Für Abfälle aus anderen Herkunftsbereichen als privaten Haushaltungen (sog. Gewerbemüll) gilt dies nur, soweit es sich um Abfälle zur Beseitigung handelt. ³Deshalb ist auch die entgeltliche Abgabe dieser Abfälle selbst oder der aus diesen Abfällen gewonnenen Stoffe oder Energie steuerlich dem hoheitlichen Bereich zuzuordnen und als hoheitliches Hilfsgeschäft (>R 4.4 Abs. 2) anzusehen. ⁴Eine wirtschaftliche Tätigkeit, die unter den Voraussetzungen des R 4.1 Abs. 2 bis 5 zur Annahme eines BgA führt, liegt allerdings dann vor, wenn die veräußerten Stoffe oder die veräußerte Energie nicht überwiegend aus Abfällen gewonnen werden. ⁵Bei der Abgrenzung ist vom Brennwert der eingesetzten Abfälle und sonstigen Brennstoffe auszugehen. ⁶Das getrennte Einsammeln wiederverwertbarer Abfälle und die entgeltliche Veräußerung dieser Abfälle oder der aus den Abfällen gewonnenen Stoffe oder Energie durch die auf Grund von Vorgaben aus Abfallverordnungen entsorgungspflichtige Körperschaft ist steuerlich ebenfalls als hoheitliche Tätigkeit anzusehen. ⁷Dagegen sind die entsorgungspflichtigen Körperschaften wirtschaftlich tätig, wenn sie aufgrund von privatrechtlichen Vereinbarungen Aufgaben im Rahmen des in § 6 Abs. 3 Satz 1 Verpackungsverordnung vom 21. 8. 1998 (BGBl I S. 2379 – „Duales System") bezeichneten Systems durchführen. ⁸Dies gilt auch für die folgenden Leistungen, die die entsorgungspflichtigen Körperschaften für das Duale System erbringen: Erfassung von Verkaufsverpackungen, Öffentlichkeitsarbeit, Wertstoffberatung, Zurverfügungstellung und Reinigung von Containerstellplätzen. ⁹Soweit der öffentlichrechtliche Entsorgungsträger sich gegenüber dem Gewerbetreibenden vertraglich dazu verpflichtet, den bei diesem anfallenden Gewerbemüll zu verwerten, liegt insoweit kein Abfall zur Beseitigung vor, so dass insoweit eine wirtschaftliche Tätigkeit anzunehmen ist.

(7) ¹>Kurbetriebe einer Gemeinde stellen unter den Voraussetzungen der R 4.1 Abs. 2 bis 5 BgA dar. ²Das gilt unabhängig davon, ob eine Kurtaxe z. B. als öffentlich-rechtliche Abgabe erhoben wird.

(8) ¹Die entgeltliche Übertragung des Rechts, Werbung an Fahrzeugen des Fuhrparks einer jPöR anzubringen, stellt grundsätzlich keine einen BgA begründende Tätigkeit dar. ²Das Entgelt erhöht jedoch die Einnahmen eines BgA, wenn die Fahrzeuge diesem zugeordnet sind. ³Ein eigenständiger BgA kann im Einzelfall vorliegen, wenn im Zusammenhang mit der Werbung Leistungen erbracht werden, die über die bloße Zurverfügungstellung der Werbeflächen hinausgehen.

(9) Bei der Tätigkeit der Gutachterausschüsse i. S. d. §§ 192 ff. BauGB für Privatpersonen (z. B. Wertermittlungstätigkeit) handelt es sich um eine wirtschaftliche Tätigkeit.

H 4.5

Arbeitsbetriebe von Straf- und Untersuchungshaftanstalten

Arbeitsbetriebe einer Strafvollzugsanstalt entfalten keine wirtschaftliche Tätigkeit, weil die Beschäftigung von Strafgefangenen zur hoheitlichen Tätigkeit gehört. Für Arbeitsbetriebe einer Untersuchungshaftvollzugsanstalt gilt Entsprechendes, wenn die Gefangenen nur in derselben Weise wie Strafgefangene beschäftigt werden (>BFH vom 14. 10. 1964, I 80/62 U, BStBl 1965 III S. 95).

Auftragsforschung
>§ 5 Abs. 1 Nr. 23 KStG

Campingplatz
Die Unterhaltung eines Zeltplatzes oder Campingplatzes (>H 4.3 Inventar) stellt eine wirtschaftliche Tätigkeit dar (>BFH vom 20. 5. 1960, III 440/58 S, BStBl III S. 368).

Friedhofsverwaltung, Grabpflegeleistungen u. Ä.
Die Friedhofsverwaltung ist ein Hoheitsbetrieb, soweit Aufgaben des Bestattungswesens wahrgenommen werden. Dazu gehören neben dem eigentlichen Vorgang der Bestattung die Grabfundamentierung, das Vorhalten aller erforderlichen Einrichtungen und Vorrichtungen sowie die notwendigerweise anfallenden Dienstleistungen wie Wächterdienste, Sargaufbewahrung, Sargtransportdienste im Friedhofsbereich, Totengeleit, Kranzannahme, Graben der Gruft und ähnliche Leistungen. Ferner sind dem Hoheitsbetrieb solche Leistungen zuzuordnen, die kraft Herkommens oder allgemeiner Übung allein von der Friedhofsverwaltung erbracht oder allgemein als ein unverzichtbarer Bestandteil einer würdigen Bestattung angesehen werden, z. B. Läuten der Glocken, übliche Ausschmückung des ausgehobenen Grabes, musikalische Umrahmung der Trauerfeier. Dagegen sind Blumenverkäufe und Grabpflegeleistungen wirtschaftliche, vom Hoheitsbetrieb abgrenzbare Tätigkeiten (>BFH vom 14. 4. 1983, V R 3/79, BStBl II S. 491).

Kindergärten und Kindertagesstätten
Von einer Kommune betriebene Kindergärten sind unbeschadet des Rechtsanspruchs von Kindern ab dem vollendeten dritten Lebensjahr auf Förderung in Tageseinrichtungen nach § 24 SGB VIII keine Hoheitsbetriebe, sondern BgA (>BFH vom 12. 7. 2012, I R 106/10, BStBl II S. 837).

Kommunales Krematorium
Auch wenn eine wirtschaftliche Betätigung durch landesrechtliche Regelungen in einem einzelnen Land ausschließlich der öffentlichen Hand vorbehalten ist, handelt es sich nur dann um einen Hoheitsbetrieb i. S. v. § 4 Abs. 5 Satz 1 KStG, wenn der Markt für die angebotene Leistung örtlich so eingegrenzt ist, dass eine Wettbewerbsbeeinträchtigung steuerpflichtiger Unternehmen in anderen Ländern oder EU-Mitgliedstaaten ausgeschlossen werden kann (>BFH vom 29. 10. 2008, I R 51/07, BStBl 2009 II S. 1022).
Hierzu nachfolgend >BMF vom 11. 12. 2009, BStBl I S. 1597

Kurbetriebe
Die Gemeinde kann Parkwege, soweit sie öffentlich-rechtlich gewidmet sind, nicht dem Kurbetrieb als BgA zuordnen (>BFH vom 26. 4. 1990, V R 166/84, BStBl II S. 799).

Marktveranstaltungen (Wochen- und Krammärkte)
Die Überlassung von Standplätzen an die Beschicker von Wochen- und Krammärkten stellt einen BgA der Gemeinde dar (>BFH vom 26. 2. 1957, I 327/56 U, BStBl III S. 146). Das gilt auch dann, wenn die Marktveranstaltungen auf öffentlichen Straßenflächen stattfinden (>BFH vom 17. 5. 2000, I R 50/98, BStBl 2001 II S. 558).

Parkraumbewirtschaftung
– **Bewachte Parkplätze**
  Die Unterhaltung von bewachten Parkplätzen erfüllt die Merkmale eines BgA (>BFH vom 22. 9. 1976, I R 102/74, BStBl II S. 793).
– **Öffentliche Tiefgarage**
  Eine von einer jPöR betriebene öffentliche Tiefgarage ist ein dem öffentlichen Verkehr dienender Betrieb i. S. d. § 4 Abs. 3 KStG (>BFH vom 8. 11. 1989, I R 187/85, BStBl 1990 II S. 242).

Träger der Sozialversicherung
Die öffentlich-rechtlichen Träger der Sozialversicherung werden in Ausübung öffentlicher Gewalt tätig (>BFH vom 4. 2. 1976, I R 200/73, BStBl II S. 355).

Vermittlungstätigkeit gesetzlicher Krankenversicherungen
Gesetzliche Krankenversicherungen unterhalten einen BgA, wenn sie ihren Mitgliedern private Zusatzversicherungsverträge vermitteln und dafür von den privaten Krankenversicherungen einen Aufwendungsersatz erhalten (>BFH vom 3. 2. 2010, I R 8/09, BStBl II S. 502).

Viehmärkte
Der Betrieb von städtischen Nutz- und Zuchtviehmärkten ist als BgA anzusehen (>BFH vom 10. 5. 1955, I 124/53 U, BStBl III S. 176).

Wasserbeschaffung, Wasserversorgung
Bei der Wasserversorgung handelt eine Gemeinde, anders als bei der Wasserbeschaffung, nicht in Ausübung öffentlicher Gewalt (>BFH vom 15. 3. 1972, I R 232/71, BStBl II S. 500 und >BFH vom 28. 1. 1988, V R 112/86, BStBl II S. 473). Wird die Wasserbeschaffung zusammen mit der Wasserversorgung durchgeführt, liegt eine einheitliche, untrennbare wirtschaftliche Tätigkeit vor (>BFH vom 30. 11. 1989, I R 79-80/86, BStBl 1990 II S. 452).

Zu § 5 KStG

| R 5.1 | **Kapitalertragsteuer bei wirtschaftlichen Geschäftsbetrieben** |

– unbesetzt –

| H 5.1 |

Kapitalertragsteuer bei wirtschaftlichen Geschäftsbetrieben
>BMF vom 10. 11. 2005, BStBl I S. 1029

| R 5.2 | **Allgemeines zu Pensions-, Sterbe-, Kranken- und Unterstützungskassen** |

(1) ¹Als Pensionskassen sind sowohl die in § 1b Abs. 3 Satz 1 BetrAVG als solche bezeichneten rechtsfähigen Versorgungseinrichtungen als auch rechtlich unselbständige Zusatzversorgungseinrichtungen des öffentlichen Dienstes i. S. d. § 18 BetrAVG anzusehen, die den Leistungsberechtigten (Arbeitnehmer und Personen i. S. d. § 17 Abs. 1 Satz 2 BetrAVG sowie deren Hinterbliebene) auf ihre Leistungen einen Rechtsanspruch gewähren. ²Bei Sterbekassen handelt es sich um Einrichtungen, welche die Versicherung auf den Todesfall unter Gewährung eines Rechtsanspruchs auf die Leistung betreiben. ³Krankenkassen fallen unter die Vorschrift, wenn sie das Versicherungsgeschäft betriebsbezogen wahrnehmen. ⁴Eine Unterstützungskasse ist eine rechtsfähige Versorgungseinrichtung, die auf ihre Leistungen keinen Rechtsanspruch gewährt (§ 1b Abs. 4 BetrAVG).
(2) Für die Steuerbefreiung genügt es, wenn die Voraussetzungen des § 5 Abs. 1 Nr. 3 Buchstabe d KStG am Ende des VZ erfüllt sind.

(3) ¹Die Art der Anlage oder Nutzung des Kassenvermögens darf nicht dazu führen, dass die Kasse sich durch die mit der Vermögensverwaltung verbundene Tätigkeit selbst einen weiteren satzungsgemäß nicht bestimmten Zweck gibt. ²Kassen, die als Bauherr auftreten, werden körperschaftsteuerpflichtig, wenn sie sich durch diese Tätigkeit einen neuen Zweck setzen.

| H 5.2 |

Abgrenzung einer Pensionskasse und einer Unterstützungskasse
>BFH vom 5.11.1992, I R 61/89, BStBl 1993 II S. 185

Einschränkung der Befreiung
>§ 6 KStG und >R 6

| R 5.3 | **Leistungsempfänger bei Pensions-, Sterbe-, Kranken- und Unterstützungskassen**

(1) ¹Steuerbefreite Kassen müssen sich auf Zugehörige oder frühere Zugehörige einzelner oder mehrerer wirtschaftlicher Geschäftsbetriebe oder der Spitzenverbände der freien Wohlfahrtspflege einschließlich deren Untergliederungen, Einrichtungen und Anstalten und sonstiger gemeinnütziger Wohlfahrtsverbände oder auf Arbeitnehmer sonstiger Körperschaften, Personenvereinigungen oder Vermögensmassen beschränken. ²Unter dem Begriff der Zugehörigen sind einerseits Arbeitnehmer und die in einem arbeitnehmerähnlichen Verhältnis stehenden Personen zu verstehen, andererseits aber auch solche Personen, für die der Betrieb durch ihre soziale Abhängigkeit oder eine sonstige enge Bindung als Mittelpunkt der Berufstätigkeit anzusehen ist (z. B. Unternehmer und Gesellschafter). ³Frühere Zugehörige müssen die Zugehörigkeit zu der Kasse durch ihre Tätigkeit in den betreffenden Betrieben oder Verbänden erworben haben. ⁴Es ist nicht notwendig, dass die Kasse schon während der Zeit der Tätigkeit des Betriebsangehörigen bestanden hat. ⁵Als arbeitnehmerähnliches Verhältnis ist i. d. R. ein Verhältnis von einer gewissen Dauer bei gleichzeitiger sozialer Abhängigkeit, ohne dass Lohnsteuerpflicht besteht, anzusehen. ⁶Arbeitnehmer, die über den Zeitpunkt der Pensionierung hinaus im Betrieb beschäftigt werden, sind Zugehörige i. S. d. Gesetzes.

(2) Nach § 1 Nr. 1 KStDV darf die Mehrzahl der Personen, denen die Leistungen der Kasse zugutekommen sollen (Leistungsempfänger), sich nicht aus dem Unternehmer oder dessen Angehörigen und bei Gesellschaften nicht aus den Gesellschaftern oder deren Angehörigen zusammensetzen.

(3) ¹Der Pensions- oder Unterstützungskasse eines inländischen Unternehmens geht die Steuerfreiheit nicht dadurch verloren, dass zu ihren Leistungsempfängern Arbeitnehmer gehören, die das inländische Unternehmen zur Beschäftigung bei seinen ausländischen Tochtergesellschaften oder Betriebsstätten abgeordnet hat. ²Auch die Mitgliedschaft anderer, auch ausländischer, Arbeitnehmer der ausländischen Tochtergesellschaften oder Betriebsstätten des inländischen Unternehmens ist für die Kasse steuerunschädlich, wenn für diese Arbeitnehmer von der ausländischen Tochtergesellschaft oder Betriebsstätte entsprechende Beiträge (Zuwendungen) an die Kasse des inländischen Unternehmens abgeführt werden.

(4) Bei Unterstützungskassen muss den Leistungsempfängern oder den Arbeitnehmervertretungen des Betriebs oder der Dienststelle satzungsgemäß und tatsächlich das Recht zustehen, an der Verwaltung sämtlicher Beträge, die der Kasse zufließen, beratend mitzuwirken.

H 5.3

Angehörige
>BMF vom 25. 7. 2002, BStBl I S. 706, >BMF vom 8. 1. 2003, BStBl I S. 93, sowie >BMF vom 10. 11. 2011, BStBl I S. 1084

Bevorzugung des Unternehmers
Eine rechtsfähige Unterstützungskasse ist nur dann nach § 5 Abs. 1 Nr. 3 KStG von der Körperschaftsteuer befreit, wenn sie eine soziale Einrichtung ist. Das ist nicht der Fall, wenn Unterstützungsempfänger auch die Unternehmer sind und die Leistungen der Kasse an die Unternehmer unverhältnismäßig hoch sind (>BFH vom 24. 3. 1970, I R 73/68, BStBl II S. 473).

Mitwirkungsrecht
Das satzungsmäßige Recht zur beratenden Mitwirkung darf nicht eingeschränkt sein. Insbesondere macht § 87 Abs. 1 Nr. 1 Betriebsverfassungsgesetz, der dem Betriebsrat das Recht zur Mitbestimmung bei der Verwaltung der Sozialeinrichtungen einräumt, die Voraussetzung des § 3 Nr. 2 KStDV nicht überflüssig (>BFH vom 20. 9. 1967, I 62/63, BStBl 1968 II S. 24). Das Recht zu einer beratenden Mitwirkung kann auch in der Weise eingeräumt werden, dass satzungsmäßig und tatsächlich bei der Unterstützungskasse ein Beirat gebildet wird, dem Arbeitnehmer angehören. Diese müssen jedoch die Gesamtheit der Betriebszugehörigen repräsentieren, d. h. sie müssen von diesen unmittelbar oder mittelbar gewählt worden sein (>BFH vom 24. 6. 1981, I R 143/78, BStBl II S. 749). Diese Voraussetzung ist nicht erfüllt, wenn die Beiratsmitglieder letztlich von der Geschäftsleitung des Trägerunternehmens bestimmt werden. Eine Bestimmung durch die Geschäftsleitung des Trägerunternehmens ist auch gegeben, wenn der Beirat zwar durch die Mitgliederversammlung der Unterstützungskasse aus dem Kreis der Betriebsangehörigen gewählt wird, über die Zusammensetzung der Mitgliederversammlung jedoch der von der Geschäftsleitung des Trägerunternehmens eingesetzte Vorstand entscheidet (>BFH vom 10. 6. 1987, I R 253/83, BStBl 1988 II S. 27).

Versorgungsausgleich
Zur Auswirkung einer internen Teilung beim Versorgungsausgleich auf die Steuerfreiheit einer Unterstützungskasse; Ehegatte des Ausgleichsberechtigten als begünstigter Angehöriger i. S. d. § 5 Abs. 1 Nr. 3 KStG >BMF vom 10. 11. 2011, BStBl I S. 1084.

R 5.4 **Vermögensbindung bei Pensions-, Sterbe-, Kranken- und Unterstützungskassen**

(1) [1]Bei Kassen, deren Vermögen bei ihrer Auflösung vorbehaltlich der Regelung in § 6 KStG satzungsgemäß für ausschließlich gemeinnützige oder mildtätige Zwecke zu verwenden ist, gilt § 61 Abs. 1 AO sinngemäß. [2]Bei einer Unterstützungskasse in der Rechtsform einer privatrechtlichen Stiftung ist es nicht zu beanstanden, wenn die Stiftung in ihre Verfassung die Bestimmung aufnimmt, dass das Stiftungskapital ungeschmälert zu erhalten ist, um dadurch zu verhindern, dass sie neben ihren Erträgen und den Zuwendungen vom Trägerunternehmen auch ihr Vermögen uneingeschränkt zur Erbringung ihrer laufenden Leistungen einsetzen muss. [3]In einer solchen Bestimmung ist kein Verstoß gegen das Erfordernis der dauernden Vermögenssicherung für Zwecke der Kasse zu erblicken. [4]Durch die satzungsgemäß abgesicherte Vermögensbindung ist nämlich gewährleistet, dass das Stiftungsvermögen im Falle der Auflösung der Stiftung nicht an den Stifter zurückfließt, sondern nur den Leistungsempfängern oder deren Angehörigen zugutekommt oder für ausschließlich gemeinnützige oder mildtätige Zwecke zu verwenden ist.

(2) ¹Bei einer Darlehensgewährung der Unterstützungskasse an das Trägerunternehmen muss gewährleistet sein, dass die wirtschaftliche Leistungsfähigkeit des Betriebs in ausreichendem Maße für die Sicherheit der Mittel bürgt. ²Ist diese Voraussetzung nicht gegeben, müssen die Mittel der Kasse in angemessener Frist aus dem Betrieb ausgesondert und in anderer Weise angelegt werden.

(3) ¹Nach § 1b Abs. 4 BetrAVG wird ein aus dem Betrieb vor Eintritt des Versorgungsfalles ausscheidender Arbeitnehmer, der seine betriebliche Altersversorgung von der Unterstützungskasse des Betriebs erhalten sollte, bei Erfüllung der Voraussetzungen hinsichtlich der Leistungen so gestellt, wie wenn er weiterhin zum Kreis der Begünstigten der Unterstützungskasse des Betriebs gehören würde. ²Bei Eintritt des Versorgungsfalles hat die Unterstützungskasse dem früheren Arbeitnehmer und seinen Hinterbliebenen mindestens den nach § 2 Abs. 1 BetrAVG berechneten Teil der Versorgung zu gewähren (§ 2 Abs. 4 BetrAVG) oder den gem. § 2 Abs. 5a BetrAVG berechneten Teil der Versorgung bei ab dem 1.1.2001 erteilten Versorgungszusagen. ³Diese Verpflichtung zur Gewährung von Leistungen an den vorzeitig ausgeschiedenen Arbeitnehmer bei Eintritt des Versorgungsfalles (§ 2 Abs. 4 BetrAVG) kann von der Unterstützungskasse wie folgt abgelöst werden:

1. ¹Unter den Voraussetzungen des § 3 Abs. 2 bis 5 BetrAVG können nach § 2 BetrAVG unverfallbare Anwartschaften abgefunden werden. ²Soweit unverfallbare Anwartschaften über den gesetzlichen Umfang hinaus vertraglich zugesichert wurden, ist eine Abfindung zulässig.

2. Unter den Voraussetzungen des § 4 Abs. 2, 4 und 5 BetrAVG kann die Verpflichtung mit Zustimmung des ausgeschiedenen Arbeitnehmers von jedem Unternehmen, bei dem der ausgeschiedene Arbeitnehmer beschäftigt wird, von einem Pensionsfonds, von einer Pensionskasse, von einem Unternehmen der Lebensversicherung oder einem öffentlich-rechtlichen Versorgungsträger übernommen werden.

⁴Vermögensübertragungen im Zusammenhang mit diesen Maßnahmen verstoßen nicht gegen die Voraussetzungen des § 5 Abs. 1 Nr. 3 Buchstabe c KStG.

(4) ¹Der Grundsatz der ausschließlichen und unmittelbaren Verwendung des Vermögens und der Einkünfte der Unterstützungskasse für die Zwecke der Kasse gilt nach § 6 Abs. 6 KStG nicht für den Teil des Vermögens, der am Schluss des Wj. den in § 5 Abs. 1 Nr. 3 Buchstabe e KStG bezeichneten Betrag übersteigt. ²Auch für den Fall, dass ein Unternehmen den Arbeitnehmern, die bisher von der Unterstützungskasse versorgt werden sollten, eine Pensionszusage erteilt oder bisher von der Unterstützungskasse gewährte Leistungen von Fall zu Fall aufgrund einer entsprechenden Betriebsvereinbarung übernimmt, oder wenn eine Unterstützungskasse durch Änderung des Leistungsplans die Versorgungsleistungen einschränkt, gelten die Grundsätze des Satzes 1 nur für den überdotierten Teil des gesamten Kassenvermögens der Unterstützungskasse. ³Insoweit ist eine Übertragung von Vermögen einer Unterstützungskasse auf das Trägerunternehmen zulässig. ⁴Werden Versorgungsleistungen einer Unterstützungskasse durch Satzungsbeschluss in vollem Umfang ersatzlos aufgehoben, d. h. liegt kein Fall des Satzes 2 vor, entfällt die Steuerfreiheit der Kasse auch mit Wirkung für die Vergangenheit, soweit Steuerbescheide nach den Vorschriften der AO noch änderbar sind.

H 5.4

Aufhebung der satzungsmäßigen Vermögensbindung

Wird die satzungsgemäße Vermögensbindung einer Kasse aufgehoben oder durch Übertragung nahezu des gesamten Vermögens verletzt, entfällt die Steuerfreiheit der Kasse auch mit Wirkung für die Vergangenheit (>BFH vom 15.12.1976, I R 235/75, BStBl 1977 II S. 490 und >BFH vom 14.11.2012, I R 78/11, BStBl 2014 II S. 44).

Mittelüberlassung an Träger der Kasse

Die Mittel einer Unterstützungskasse können gegen angemessene Verzinsung auch dem Betrieb zur Verfügung gestellt werden, der Träger der Kasse ist (>BFH vom 24.5.1973, IV R 39/68, BStBl II S. 632 und >BFH vom 27.1.1977, I B 60/76, BStBl II S. 442). Ob die Verzinsung der Darlehensforderung angemessen ist, hängt von den Umständen des Einzelfalls ab. Wurde einer Unterstützungskasse vom Trägerunternehmen eine Darlehensforderung zugewendet, beruht die Darlehensforderung also nicht auf Leistungen der Kasse an das Trägerunternehmen, dann ist die Unverzinslichkeit oder unangemessen niedrige Verzinsung der Forderung für die Steuerbefreiung unschädlich, solange die Unterstützungskasse aus rechtlichen Gründen gehindert ist, eine angemessene Verzinsung durchzusetzen (>BFH vom 30.5.1990, I R 64/86, BStBl II S. 1000).

Mitunternehmerschaft einer Unterstützungskasse

Eine Kasse macht ihr Vermögen oder ihre Einkünfte anderen als ihren satzungsgemäßen Zwecken dienstbar, wenn sie sich als Mitunternehmer eines Gewerbebetriebs betätigt. Das Vermögen ist nämlich dann nicht dauernd gesichert, wenn es zu einem nicht unerheblichen Teil aus einem Mitunternehmeranteil besteht, da der Mitunternehmer die sich aus dem Handels- und Insolvenzrecht ergebenden Risiken trägt (>BFH vom 17.10.1979, I R 14/76, BStBl 1980 II S. 225).

Satzungsmäßige Festlegung der Verwendung des Vermögens

Eine ausreichende Vermögensbindung i. S. d. § 1 Nr. 2 KStDV liegt nicht vor, wenn die Satzung sich auf die allgemeine Bestimmung beschränkt, dass zur Verteilung des Vermögens der Kasse die Zustimmung des Finanzamts erforderlich ist (>BFH vom 20.9.1967, I 62/63, BStBl 1968 II S. 24). Wird eine Unterstützungskasse in der Rechtsform einer GmbH betrieben, ist wegen der satzungsgemäß abzusichernden Vermögensbindung für den Fall der Liquidation der Unterstützungskassen-GmbH eine Rückzahlung der eingezahlten Stammeinlagen an das Trägerunternehmen ausgeschlossen (>BFH vom 25.10.1972, GrS 6/71, BStBl 1973 II S. 79).

R 5.5	**Leistungsbegrenzung**

(1) [1]Bei der Prüfung, ob die erreichten Rechtsansprüche der Leistungsempfänger in nicht mehr als 12 % aller Fälle auf höhere als die in § 2 Abs. 1 KStDV bezeichneten Beträge gerichtet sind (§ 2 Abs. 2 KStDV), ist von den auf Grund der Satzung, des Geschäftsplans oder des Leistungsplans insgesamt bestehenden Rechtsansprüchen, also von den laufenden tatsächlich gewährten Leistungen und den Anwartschaften auszugehen. [2]Dabei ist jede in § 2 KStDV genannte einzelne Leistungsgruppe (Pensionen, Witwengelder, Waisengelder und Sterbegelder) für sich zu betrachten. [3]Nur bei Beschränkung auf die Höchstbeträge kann die Kasse als Sozialeinrichtung anerkannt werden.

(2) [1]Unterstützungskassen sind als Kassen ohne Rechtsanspruch der Leistungsempfänger zur Aufstellung eines Geschäftsplans i. S. d. VAG nicht verpflichtet. [2]Unterstützungskassen dürfen auch laufende Leistungen, z. B. zur Altersversorgung, gewähren, wenn die Voraussetzungen des § 5 Abs. 1 Nr. 3 Buchstabe b KStG und des § 3 Nr. 3 KStDV erfüllt sind. [3]Dabei dürfen Altersrenten, Witwengeld, Waisengeld und Sterbegeld ohne Rücksicht auf die wirtschaftlichen Verhältnisse des Leistungsempfängers gewährt werden. [4]Die laufenden Leistungen und das Sterbegeld dürfen die in § 2 KStDV bezeichneten Beträge nicht übersteigen. [5]Dagegen hat eine Unterstützungskasse, die jedem Zugehörigen eines Betriebs ohne Rücksicht auf seine wirtschaftlichen Verhältnisse einmalige Zuwendungen macht, keinen Anspruch auf die Steuerbefreiung. [6]Leistungsempfänger i. S. d. Vorschrift sind nach § 5 Abs. 1 Nr. 3 KStG die Personen, denen die Leistungen der Kasse zugutekommen oder zugutekommen sollen, also auch die Leistungsanwärter. [7]Daher gilt die Begrenzung der laufenden Leistungen nach § 3 Nr. 3 KStDV für die tatsächlich

gezahlten Renten und die sich aus dem Leistungsplan ergebenden tatsächlichen Rentenanwartschaften. ⁸Die Rentenanwartschaften sind mit den jeweils erreichten Beträgen anzusetzen.
(3) ¹Eine steuerbefreite Pensionskasse oder Unterstützungskasse kann anstelle einer laufenden Rente auch eine Kapitalabfindung zahlen. ²Voraussetzung ist, dass die zu kapitalisierende Rente sich in den Grenzen der Höchstbeträge der §§ 2 und 3 KStDV hält und der Leistungsempfänger durch die Kapitalisierung nicht mehr erhält, als er insgesamt erhalten würde, wenn die laufende Rente gezahlt würde. ³Der Berechnung der Kapitalabfindung darf daher nur ein Zinsfuß zugrunde gelegt werden, der auf die Dauer gesehen dem durchschnittlichen Zinsfuß entspricht. ⁴Bei der Prüfung, ob sich die kapitalisierte Rente in den Grenzen der vorgenannten Höchstbeträge hält, ist von einem Zinssatz von 5,5 % auszugehen. ⁵Im Übrigen ist die Kapitalabfindung nach den sonst steuerlich anerkannten Rechnungsgrundlagen zu berechnen.

| H 5.5 |

Gesamtleistung beim Sterbegeld
Zur Gesamtleistung einer Sterbekasse gehören auch Gewinnzuschläge, auf die die Berechtigten einen Rechtsanspruch haben (>BFH vom 20. 11. 1969, I R 107/67, BStBl 1970 II S. 227).

Nachweis als soziale Einrichtung
Es genügt, wenn bei Unterstützungskassen in anderer Weise als durch Aufstellung eines Geschäftsplans sichergestellt ist, dass die Kassen nach Art und Höhe ihrer Leistungen eine soziale Einrichtung darstellen, z. B. durch Aufnahme entsprechender Bestimmungen in die Satzung oder – bei Unterstützungskassen mit laufenden Leistungen – durch Aufstellung eines Leistungsplans (>BFH vom 18. 7. 1990, I R 22-23/87, BStBl II S. 1088).

Zuwendungen nach §§ 4c und 4d EStG
>R 4c und 4d EStR

| R 5.6 | **Kleinere Versicherungsvereine**

Hat ein Mitglied einer Sterbekasse mit der Kasse mehrere Versicherungsverträge für sich selbst abgeschlossen, sind die für das Mitglied aufgrund dieser Versicherungsverträge in Betracht kommenden Versicherungsleistungen bei der Ermittlung der Gesamtleistung i. S. d. § 4 Nr. 2 KStDV zusammenzurechnen.

| H 5.6 |

Gewinnzuschläge bei einer Sterbekasse
Zur Gesamtleistung einer Sterbekasse i. S. d. § 5 Abs. 1 Nr. 4 KStG gehören auch Gewinnzuschläge, auf die die Beteiligten einen Anspruch haben (>BFH vom 20. 11. 1969, I R 107/67, BStBl 1970 II S. 227).

| R 5.7 | **Berufsverbände ohne öffentlich-rechtlichen Charakter**

(1) ¹Berufsverbände sind Vereinigungen von natürlichen Personen oder von Unternehmen, die allgemeine, aus der beruflichen oder unternehmerischen Tätigkeit erwachsende ideelle und

wirtschaftliche Interessen des Berufsstandes oder Wirtschaftszweiges wahrnehmen. ²Es müssen die allgemeinen wirtschaftlichen Belange aller Angehörigen eines Berufes, nicht nur die besonderen wirtschaftlichen Belange einzelner Angehöriger eines bestimmten Geschäftszweiges wahrgenommen werden. ³Die Zusammenschlüsse derartiger Vereinigungen sind ebenfalls Berufsverbände. ⁴Ein Berufsverband ist auch dann gegeben, wenn er die sich aus der Summe der Einzelinteressen der Mitglieder ergebenden allgemeinen wirtschaftlichen Belange eines Berufsstandes oder Wirtschaftszweiges vertritt und die Ergebnisse der Interessenvertretung dem Berufsstand oder Wirtschaftszweig als solchem unabhängig von der Mitgliedschaft der Angehörigen des Berufsstandes oder Wirtschaftszweiges beim Verband zugutekommen. ⁵Die Unterhaltung eines wirtschaftlichen Geschäftsbetriebs (z. B. Rechtsberatung) führt grundsätzlich nicht zum Verlust der Steuerbefreiung des Berufsverbands, auch wenn er in der Satzung des Verbands aufgeführt ist. ⁶Die Steuerbefreiung entfällt, wenn nach dem Gesamtbild der tatsächlichen Geschäftsführung die nicht dem Verbandszweck dienende wirtschaftliche Tätigkeit dem Verband das Gepräge gibt.

(2) Zu den Berufsverbänden ohne öffentlich-rechtlichen Charakter i. S. d. § 5 Abs. 1 Nr. 5 KStG können Berufsverbände der Arbeitgeber und der Arbeitnehmer, z. B. Arbeitgeberverbände und Gewerkschaften, und andere Berufsverbände, z. B. Wirtschaftsverbände, Bauernvereine und Hauseigentümervereine, gehören.

(3) ¹Verwendet ein Berufsverband Mittel von mehr als 10 % seiner Einnahmen für die unmittelbare oder mittelbare Unterstützung oder Förderung politischer Parteien, ist die Steuerbefreiung ausgeschlossen. ²Dabei ist es ohne Bedeutung, ob die Mittel aus Beitragseinnahmen oder aus anderen Quellen, z. B. aus wirtschaftlichen Geschäftsbetrieben, aus Vermögensanlagen oder aus Zuschüssen, stammen. ³Zu den Mitteln gehört bei Beteiligung an einer Personengesellschaft der Gewinnanteil an der Personengesellschaft, bei Beteiligung an einer Kapitalgesellschaft die Gewinnausschüttung sowie Veräußerungsgewinne aus diesen Beteiligungen. ⁴Der Besteuerung unterliegt in diesem Fall neben dem Einkommen die Verwendung von Mitteln für die Unterstützung oder Förderung politischer Parteien nach § 5 Abs. 1 Nr. 5 Satz 4 KStG. ⁵Eine Mittelüberlassung liegt auch bei verdeckten Zuwendungen vor, z. B. bei Leistungen ohne ausreichende Gegenleistung. ⁶Das gilt auch bei einer unentgeltlichen oder verbilligten Raumüberlassung und bei einer zinslosen oder zinsverbilligten Darlehensgewährung. ⁷Eine mittelbare Unterstützung oder Förderung politischer Parteien ist anzunehmen, wenn der Berufsverband z. B. den Wahlkampf eines Abgeordneten finanziert.

(4) ¹Der Begriff des wirtschaftlichen Geschäftsbetriebs ergibt sich aus § 14 AO. ²Danach ist Voraussetzung für die Annahme eines wirtschaftlichen Geschäftsbetriebs, dass durch die Tätigkeit Einnahmen oder andere wirtschaftliche Vorteile erzielt werden. ³Das ist nicht der Fall, wenn für die Tätigkeit ausschließlich (echte) Mitgliederbeiträge nach § 8 Abs. 5 KStG erhoben werden. ⁴Zu den Mitgliederbeiträgen gehören auch Umlagen, die von allen Mitgliedern in gleicher Höhe oder nach einem bestimmten Maßstab, der von dem Maßstab der Mitgliederbeiträge abweichen kann, erhoben werden. ⁵Solche beitragsähnlichen Umlagen liegen z. B. bei der Gemeinschaftswerbung und bei der Durchführung von Betriebsvergleichen vor. ⁶Dagegen ist ein wirtschaftlicher Geschäftsbetrieb anzunehmen, wenn mehr als 20 % der Mitglieder des Berufsverbandes oder der Mitglieder eines zu dem Berufsverband gehörenden Berufs- oder Wirtschaftszweiges, der an der Gemeinschaftswerbung oder an der Durchführung von Betriebsvergleichen beteiligt ist, nicht zu der Umlage herangezogen werden. ⁷Es kann im Einzelfall notwendig sein, zu prüfen, ob die von dem Berufsverband erhobenen Beiträge in vollem Umfang als Mitgliederbeiträge anzusehen sind oder ob darin Entgelte für die Gewährung besonderer wirtschaftlicher Vorteile enthalten sind. ⁸Die Gewährung derartiger Vorteile gegen Entgelt begründet einen wirtschaftlichen Geschäftsbetrieb. ⁹Vgl. z. B. >R 8.12 und 8.13. ¹⁰Zu den wirtschaftlichen Geschäftsbetrieben gehören z. B. die Vorführung und der Verleih von Filmen, die Beratung der Angehörigen des Berufsstandes oder Wirtschaftszweiges einschließlich der Hilfe bei der Buchführung, bei der Ausfüllung von Steuererklärungen und sonstigen Vordrucken, die Unterhaltung einer Buchstelle, die Einrichtung eines Kreditschutzes, die Unterhaltung von Sterbekassen, der Abschluss oder die Vermittlung von Versicherungen, die Unterhaltung von Laboratorien und Untersuchungseinrichtungen, die Veranstaltung von Märkten, Leistungsschauen und Fachausstel-

lungen, die Unterhaltung einer Kantine für die Arbeitskräfte der Verbandsgeschäftsstelle, die nachhaltige Vermietung von Räumen für regelmäßig kurze Zeit, z. B. für Stunden oder einzelne Tage, an wechselnde Benutzer. [11]Die Herausgabe, das Verlegen oder der Vertrieb von Fachzeitschriften, Fachzeitungen und anderen fachlichen Druckerzeugnissen des Berufsstandes oder Wirtschaftszweiges, einschließlich der Aufnahme von Fachanzeigen, stellt ebenfalls einen wirtschaftlichen Geschäftsbetrieb dar. [12]Verbandszeitschriften, in denen die Mitglieder über die Verbandstätigkeit und über allgemeine Fragen des Berufsstandes unterrichtet werden, sind kein wirtschaftlicher Geschäftsbetrieb. [13]Betreibt ein Berufsverband in seiner Verbandszeitschrift jedoch Anzeigen- oder Annoncenwerbung, liegt insoweit ein wirtschaftlicher Geschäftsbetrieb vor.

(5) [1]Unter den Begriff des wirtschaftlichen Geschäftsbetriebs fällt nicht die Vermögensverwaltung. [2]Wegen des Begriffs der Vermögensverwaltung vgl. § 14 AO. [3]Die >Beteiligung eines Berufsverbandes an einer Kapitalgesellschaft ist im Regelfall Vermögensverwaltung. [4]Die Grundsätze von R 4.1 Abs. 2 Satz 2 bis 5 gelten entsprechend.

(6) [1]Die Tätigkeit der Geschäftsstelle des Berufsverbandes stellt keinen wirtschaftlichen Geschäftsbetrieb dar. [2]Der Verkauf von Altmaterial, Einrichtungsgegenständen, Maschinen, Kraftfahrzeugen und dgl. bildet eine Einheit mit der Tätigkeit der Geschäftsstelle. [3]Es fehlt insoweit an der für die Begründung eines wirtschaftlichen Geschäftsbetriebs erforderlichen Selbständigkeit. [4]Das gilt auch für den Fall, dass Entgelte für die Mitbenutzung der Geschäftsstelle oder einzelner Räume oder Einrichtungsgegenstände der Geschäftsstelle durch einen anderen Berufsverband vereinnahmt werden. [5]Entsprechendes gilt auch hinsichtlich der Vereinnahmung von Entgelten für die Zurverfügungstellung von Personal für einen anderen Berufsverband.

(7) [1]Steuerpflichtig ist nicht der einzelne wirtschaftliche Geschäftsbetrieb, sondern der Berufsverband. [2]Die Ergebnisse der wirtschaftlichen Geschäftsbetriebe werden für die Besteuerung zusammengefasst. [3]Die Freibetragsregelung des § 24 KStG bezieht sich auf das Einkommen des Berufsverbandes. [4]Sie ist nicht auf die Bemessungsgrundlage für die besondere Körperschaftsteuer i. S. d. § 5 Abs. 1 Nr. 5 Satz 4 KStG anzuwenden.

H 5.7

Abgrenzung
Keine Berufsverbände sind z. B.
- eine Abrechnungsstelle von Apothekeninhabern (>BFH vom 26. 4. 1954, I 110/53 U, BStBl III S. 204)
- eine Güteschutzgemeinschaft (>BFH vom 11. 8. 1972, III R 114/71, BStBl 1973 II S. 39)
- ein Lohnsteuerhilfeverein (>BFH vom 29. 8. 1973, I R 234/71, BStBl 1974 II S. 60 und >BFH vom 16. 12. 1998, I R 36/98, BStBl 1999 II S. 366)
- ein Mieterverein (>BFH vom 17. 5. 1966, III 190/64, BStBl III S. 525)
- ein Rabattsparverein (>BFH vom 29. 11. 1967, I 67/65, BStBl 1968 II S. 236)
- ein Warenzeichenverband (>BFH vom 8. 6. 1966, I 151/63, BStBl III S. 632)
- ein Werbeverband (>BFH vom 15. 7. 1966, III 179/64, BStBl III S. 638)

Beteiligung eines Berufsverbands an einer Kapitalgesellschaft
Die Beteiligung an einer Kapitalgesellschaft stellt einen wirtschaftlichen Geschäftsbetrieb dar, wenn mit ihr tatsächlich ein entscheidender Einfluss auf die laufende Geschäftsführung des Unternehmens ausgeübt wird (>BFH vom 30. 6. 1971, I R 57/70, BStBl II S. 753).

Beteiligung eines Berufsverbands an einer Personengesellschaft
Ob die Beteiligung an einer Personengesellschaft als wirtschaftlicher Geschäftsbetrieb oder als Vermögensverwaltung anzusehen ist, ist im Rahmen der gesonderten und einheitlichen Ge-

winnfeststellung für die Personengesellschaft zu entscheiden (>BFH vom 27.7.1988, I R 113/84, BStBl 1989 II S. 134).

Einkommensermittlung bei Berufsverbänden
>R 8.11 bis 8.13

Kapitalertragsteuer bei wirtschaftlichen Geschäftsbetrieben
>BMF vom 10.11.2005, BStBl I S. 1029 und BMF vom 2.2.2016, BStBl I S. 200

Wahrnehmung allgemeiner Interessen eines Wirtschaftszweiges
Ein Verband nimmt auch dann allgemeine Interessen eines Wirtschaftszweiges wahr, wenn er lediglich die in einem eng begrenzten Bereich der unternehmerischen Tätigkeit bestehenden gemeinsamen Interessen eines Wirtschaftszweiges vertritt (>BFH vom 4.6.2003, I R 45/02, BStBl II S. 891).

| R 5.8 | **Gemeinnützige, mildtätige und kirchliche Körperschaften** |

– unbesetzt –

| H 5.8 |

Kapitalertragsteuer bei wirtschaftlichen Geschäftsbetrieben
>BMF vom 10.11.2005, BStBl I S. 1029 und BMF vom 2.2.2016, BStBl I S. 200

Steuerbegünstigte Zwecke
>AEAO zu §§ 51 bis 68

| R 5.9 | **Vermietungsgenossenschaften und -vereine** |

– unbesetzt –

| H 5.9 |

Vermietungsgenossenschaften und -vereine
Zur Steuerbefreiung für Vermietungsgenossenschaften und -vereine sowie zur Übergangsregelung für gemeinnützige Wohnungsunternehmen >BMF vom 22.11.1991 (BStBl I S. 1014) und die entsprechenden Erlasse der obersten Finanzbehörden der Länder.

| R 5.10 | **Gemeinnützige Siedlungsunternehmen** |

[1]Gemeinnützige Siedlungsunternehmen sind insoweit von der Körperschaftsteuer befreit, als sie im ländlichen Raum Siedlungs-, Agrarstrukturverbesserungs- und Landentwicklungsmaßnahmen mit Ausnahme des Wohnungsbaus durchführen. [2]Die Durchführung von Siedlungs-, Agrarstrukturverbesserungs- und Landentwicklungsmaßnahmen ist auch dann begünstigt,

wenn sie nicht ausdrücklich durch Gesetz zugewiesen ist. ³Landentwicklungsmaßnahmen sind Maßnahmen im öffentlichen Interesse, die wegen des sich vollziehenden Strukturwandels zur Unterstützung und Ergänzung der Siedlungs- und Agrarstrukturverbesserung im ländlichen Raum erforderlich sind und vornehmlich zum Gegenstand haben
- die Planung und Durchführung von Maßnahmen der Ortssanierung, Ortsentwicklung, Bodenordnung und der Agrarstrukturverbesserung,
- die Durchführung von Umsiedlungen und Landtauschen, weil Land für öffentliche und städtebauliche Zwecke in Anspruch genommen wird.

⁴Die Durchführung umfasst alle Tätigkeiten gemeinnütziger Siedlungsunternehmen, die der Verwirklichung dieser Maßnahme dienen, insbesondere auch die erforderliche Landbeschaffung. ⁵Soweit die gemeinnützigen Siedlungsunternehmen als Bauträger oder Baubetreuer im Wohnungsbau tätig sind oder andere Tätigkeiten ausüben, z. B. das Betreiben von Land- und Forstwirtschaft, besteht partielle Steuerpflicht, wenn diese Tätigkeiten nicht überwiegen. ⁶Übersteigen die Einnahmen aus diesen Tätigkeiten die Einnahmen aus den in Satz 1 bezeichneten Tätigkeiten, wird das Unternehmen in vollem Umfang steuerpflichtig.

R 5.11	**Allgemeines über die Steuerbefreiung von Erwerbs- und Wirtschaftsgenossenschaften und Vereinen im Bereich der Land- und Forstwirtschaft**

(1) ¹Erwerbs- und Wirtschaftsgenossenschaften sowie Vereine sind nach § 5 Abs. 1 Nr. 14 KStG grundsätzlich von der Körperschaftsteuer befreit, soweit sich ihr Geschäftsbetrieb auf die dort genannten Tätigkeiten beschränkt und im Bereich der Land- und Forstwirtschaft liegt. ²Unter den Begriff „Vereine" fallen sowohl rechtsfähige als auch nichtrechtsfähige Vereine i. S. v. § 1 Abs. 1 Nr. 4 und 5 KStG. ³Üben die Genossenschaften und Vereine auch Tätigkeiten aus, die nicht nach § 5 Abs. 1 Nr. 14 KStG begünstigt sind, und betragen die Einnahmen aus diesen Tätigkeiten nicht mehr als 10 % der gesamten Einnahmen, sind die Genossenschaften und Vereine mit den Gewinnen aus den nicht begünstigten Tätigkeiten partiell steuerpflichtig. ⁴Die nicht begünstigten Tätigkeiten bilden einen einheitlichen steuerpflichtigen Gewerbebetrieb. ⁵Hinsichtlich der begünstigten Tätigkeiten bleibt die Steuerfreiheit erhalten. ⁶Übersteigen die Einnahmen aus den nicht begünstigten Tätigkeiten in einem VZ 10 % der Gesamteinnahmen, entfällt die Steuerbefreiung für diesen VZ insgesamt.

(2) ¹Der Begriff und die Höhe der Einnahmen (Einnahmen einschließlich Umsatzsteuer) bestimmen sich nach den Grundsätzen über die steuerliche Gewinnermittlung. ²Der Zufluss i. S. d. § 11 EStG ist nicht maßgebend. ³Wegen der Ermittlung der Einnahmen aus nicht begünstigten Tätigkeiten bei Verwertungsgenossenschaften vgl. Absatz 8.

(3) ¹Eine Ausnahme von der 10%-Grenze enthält § 5 Abs. 1 Nr. 14 KStG für Genossenschaften und Vereine, deren Geschäftsbetrieb sich überwiegend auf die Durchführung von Milchqualitätsprüfungen und/oder Milchleistungsprüfungen oder auf die Tierbesamung beschränkt. ²Zur ersten Gruppe gehören danach grundsätzlich die nach Landesrecht zugelassenen Untersuchungsstellen i. S. d. § 2 Abs. 7 der Milch-Güteverordnung, die insbesondere im öffentlichen Interesse Milchqualitätsprüfungen für Mitglieder und Nichtmitglieder sowie für Nichtlandwirte durchführen. ³Auch die Tierbesamungsstationen tätigen, insbesondere beim Ausbruch einer Seuche, neben Zweckgeschäften mit Mitgliedern in größerem Umfang auch solche mit Nichtmitgliedern und Nichtlandwirten. ⁴Die Einnahmen aus diesen Tätigkeiten bleiben bei der Berechnung der 10%-Grenze, d. h. sowohl bei der Berechnung der Einnahmen aus den steuerlich nicht begünstigten Tätigkeiten als auch bei der Berechnung der gesamten Einnahmen, außer Ansatz. ⁵Die Gewinne aus diesen Tätigkeiten unterliegen jedoch der Körperschaftsteuer.

(4) ¹Die Ausübung mehrerer begünstigter Tätigkeiten nebeneinander ist für die Steuerbefreiung unschädlich. ²Zu den begünstigten Tätigkeiten gehört auch die Vermittlung von Leistungen im Bereich der Land- und Forstwirtschaft, z. B. von Mietverträgen für Maschinenringe einschließlich der Gestellung von Personal. ³Der Begriff „Verwertung" umfasst auch die Vermarktung und den

Absatz, wenn die Tätigkeit im Bereich der Land- und Forstwirtschaft liegt. ⁴Nicht unter die Steuerbefreiung fällt dagegen die Rechts- und Steuerberatung.
(5) ¹Beteiligungen an anderen Unternehmen sind grundsätzlich zulässig. ²Die Einnahmen aus Beteiligungen an anderen Unternehmen sind jedoch als Einnahmen aus nicht begünstigten Tätigkeiten anzusehen. ³Einnahmen aus der Beteiligung an einer Körperschaft, deren Leistungen bei den Empfängern zu den Einnahmen i. S. d. § 20 Abs. 1 Nr. 1 oder 2 EStG gehören, sind in voller Höhe als Einnahmen aus nicht begünstigten Tätigkeiten anzusehen. ⁴Dies gilt nicht für Beteiligungen an Genossenschaften und Vereinen, die nach § 5 Abs. 1 Nr. 14 KStG befreit sind. ⁵Bei der Beteiligung an einer Personengesellschaft sind die anteiligen Einnahmen anzusetzen. ⁶Rückvergütungen i. S. d. § 22 KStG sind den Einnahmen aus den Geschäften zuzurechnen, für die die Rückvergütungen gewährt worden sind.
(6) Für die Besteuerung der Erwerbs- und Wirtschaftsgenossenschaften sind die folgenden Arten von Geschäften zu unterscheiden:
1. Zweckgeschäfte;
    ¹Zweckgeschäfte sind alle Geschäfte, die der Erfüllung des satzungsmäßigen Gegenstandes des Unternehmens der Genossenschaft dienen und die Förderung des Erwerbs oder der Wirtschaft der Mitglieder bezwecken (§ 1 GenG).
    ²Sie können sein
    a) Mitgliedergeschäfte;
        ¹Mitgliedergeschäfte sind Zweckgeschäfte, die mit den Mitgliedern der Genossenschaft als Vertragspartnern durchgeführt werden. ²Mitglieder sind die in die Mitgliederliste eingetragenen Personen. ³Es genügt, wenn der Genossenschaft zur Zeit des Geschäftsabschlusses die Beitrittserklärung vorliegt;
    b) Nichtmitgliedergeschäfte;
        Nichtmitgliedergeschäfte sind Zweckgeschäfte, die mit Nichtmitgliedern als Vertragspartnern der Genossenschaft durchgeführt werden;
2. Gegengeschäfte;
    Gegengeschäfte sind Geschäfte, die zur Durchführung der Zweckgeschäfte erforderlich sind, z. B. bei Bezugsgenossenschaften der Einkauf der Waren, bei Nutzungsgenossenschaften der Ankauf eines Mähdreschers, bei Absatzgenossenschaften der Verkauf der Waren;
3. Hilfsgeschäfte;
    ¹>Hilfsgeschäfte sind Geschäfte, die zur Abwicklung der Zweckgeschäfte und Gegengeschäfte notwendig sind und die der Geschäftsbetrieb der Genossenschaft mit sich bringt, z. B. Einkauf von Büromaterial, der Verkauf von überflüssig gewordenem Inventar oder Verpackungsmaterial, die Lieferung von Molkereibedarfsartikeln, z. B. Hofbehälter, Milchbehälter oder Milchkühlbehälter, durch eine Molkereigenossenschaft an ihre Mitglieder, die Vermietung von Wohnräumen an Betriebsangehörige, wenn die Vermietung aus betrieblichen Gründen (im eigenen betrieblichen Interesse der Genossenschaft) veranlasst ist. ²Die Führung von Mitgliederkonten für Anzahlungen und Guthaben, die als reine Geldanlagekonten anzusehen sind, ist als Hilfsgeschäft anzusehen, wenn die Guthaben auf die Gesamthöhe des Warenbezugs des betreffenden Mitglieds im vorangegangenen Jahr begrenzt werden. ³Auch die Veräußerung eines Betriebsgrundstücks oder des Teils eines Betriebsgrundstücks kann ein Hilfsgeschäft sein. ⁴Dagegen gehören Geschäfte aus der Veräußerung von Anlagevermögen im Zuge der Betriebseinstellung (wie z. B. die Veräußerung eines Betriebsgrundstücks, der Betriebsvorrichtungen oder anderer Wirtschaftsgüter) zu den Nebengeschäften;
4. Nebengeschäfte.
    >Nebengeschäfte sind alle sonstigen Geschäfte.
(7) Für die Besteuerung der Vereine gilt die in Absatz 6 vorgenommene Unterscheidung von Arten von Geschäften bei Erwerbs- und Wirtschaftsgenossenschaften sinngemäß.
(8) ¹Begünstigt sind nur >Zweckgeschäfte mit Mitgliedern, >Gegengeschäfte und >Hilfsgeschäfte, die sich auf den nach § 5 Abs. 1 Nr. 14 KStG steuerfreien Geschäftsbereich beziehen (begüns-

tigte Tätigkeiten). ²Die Einnahmen (Einnahmen einschließlich Umsatzsteuer) aus Zweckgeschäften mit Nichtmitgliedern und Nebengeschäften sind den Einnahmen aus nicht begünstigten Tätigkeiten zuzurechnen. ³Bei Verwertungsgenossenschaften sind die Einnahmen aus begünstigten und nicht begünstigten Tätigkeiten nach dem Verhältnis der Ausgaben für bezogene Waren von Mitgliedern und Nichtmitgliedern aus den Gesamteinnahmen zu ermitteln, soweit eine unmittelbare Zuordnung nicht möglich ist. ⁴Dabei ist von den Ausgaben im gleichen Wj. auszugehen. ⁵Die durch diese zeitliche Zuordnung mögliche Verschiebung im Einzelfall, soweit Ausgaben für bezogene Waren und Einnahmen aus dem Verkauf dieser Waren in verschiedenen Wj. anfallen, wird zugunsten einer einfachen Handhabung hingenommen. ⁶Bei Zukauf landwirtschaftlicher Erzeugnisse ermitteln sich die Einnahmen aus nichtbegünstigten Tätigkeiten aus der Verwertung des Endproduktes im Verhältnis der zugekauften zu den von den Mitgliedern selbst erzeugten Produkten. ⁷Wegen der Auswirkungen auf die partielle oder volle Steuerpflicht der Genossenschaften oder Vereine vgl. Absätze 1 und 2.

(9) ¹Die wechselseitigen Hilfen von Erwerbs- und Wirtschaftsgenossenschaften aufgrund eines Beistandsvertrages sind begünstigte Zweckgeschäfte, wenn beide Genossenschaften die gleiche Zweckbestimmung haben und gegenseitig als Mitglied beteiligt sind. ²Das gilt sinngemäß für Vereine und für Leistungen von Beratungsringen an die an ihnen beteiligten Erzeugergemeinschaften, soweit deren Mitglieder gleichzeitig Mitglieder des Beratungsrings sind.

(10) ¹Begünstigte Zweckgeschäfte i. S. v. R 5.11 Abs. 6 liegen vor, wenn der Zukauf von einer anderen Genossenschaft (Anschluss- oder Lieferungsgenossenschaft) erfolgt, die ihrerseits Mitglied der Verwertungsgenossenschaft ist. ²Dies gilt jedoch nur für land- und forstwirtschaftliche Erzeugnisse, die von Mitgliedern der Anschluss- oder Liefergenossenschaft selbst erzeugt sind. ³Umfasst werden auch Teilanlieferungen. ⁴Die Abrechnung wird zwischen der Verwertungsgenossenschaft und der Lieferungsgenossenschaft oder unmittelbar zwischen der Verwertungsgenossenschaft und den Mitgliedern der Lieferungsgenossenschaften vorgenommen. ⁵Das gilt sinngemäß auch für Vereine.

H 5.11

Biogasanlagen und Erzeugung von Energie aus Biogas
>BMF vom 6. 3. 2006, BStBl I S. 248

Genossenschaftszentralen
Wegen der steuerlichen Behandlung von Zentralen landwirtschaftlicher Nutzungs- und Verwertungsgenossenschaften wird auf das BFH-Gutachten vom 2. 12. 1950 (I D 3/50 S, BStBl 1951 III S. 26) hingewiesen. Danach sind die Genossenschaftszentralen wie folgt zu behandeln:
1. Werden die Zentralen in der Form von Kapitalgesellschaften geführt, gilt die persönliche Steuerbefreiung des § 5 Abs. 1 Nr. 14 KStG für sie nicht.
2. Werden die Zentralen in der Form von Genossenschaften oder Vereinen betrieben, ist § 5 Abs. 1 Nr. 14 KStG für sie anwendbar. Voraussetzung ist, dass die angeschlossenen Genossenschaft vorbehaltlich des Satzes 3 die in § 5 Abs. 1 Nr. 14 KStG geforderten Voraussetzungen erfüllen und die Zentralen lediglich Erzeugnisse dieser Genossenschaften bearbeiten oder verwerten. Ist eine der Mitgliedergenossenschaften nicht nach § 5 Abs. 1 Nr. 14 KStG befreit, sind die Umsätze mit dieser Genossenschaft Einnahmen aus nicht begünstigten Tätigkeiten.

Hilfsgeschäfte
Ein Hilfsgeschäft ist insbesondere dann anzunehmen, wenn der Erlös aus dem Verkauf eines Betriebsgrundstücks zur Finanzierung neuer Betriebsanlagen verwendet wird (>BFH vom 14. 10. 1970, I R 67/68, BStBl 1971 II S. 116) oder wenn der Verkauf im Rahmen einer Rationalisierungsmaßnahme erfolgt, z. B. bei einer Verschmelzung, bei einer Betriebsumstellung, bei Ein-

stellung eines Betriebszweiges oder wenn der Bestand an Betriebsgrundstücken dem Bedarf der Genossenschaft angepasst wird. Der Annahme eines Hilfsgeschäfts steht i. d. R. nicht entgegen, dass der Erlös aus dem Verkauf an die Mitglieder ausgeschüttet wird; ein Hilfsgeschäft entfällt jedoch, wenn die Veräußerung dazu dient, eine Ausschüttung an die Mitglieder einer untergehenden Genossenschaft im Zusammenhang mit einer Verschmelzung zu finanzieren (>BFH vom 10. 12. 1975, I R 192/73, BStBl 1976 II S. 351).

Land- und Forstwirtschaft
>R 15.5 EStR

Nebengeschäfte
Zu den Nebengeschäften gehört auch die Vermietung oder Verpachtung eines Betriebs oder von Betriebsteilen (>BFH vom 9. 3. 1988, I R 262/83, BStBl II S. 592). Bei der Frage, ob steuerlich schädliche, den satzungsmäßigen Aufgabenbereich überschreitende Nebengeschäfte vorliegen, kommt es auf die Person, mit der diese Geschäfte abgewickelt werden, nicht an. Das gilt auch für Nebengeschäfte mit anderen nach § 5 Abs. 1 Nr. 14 KStG steuerbefreiten Erwerbs- und Wirtschaftsgenossenschaften sowie Vereinen (>BFH vom 18. 5. 1988, II R 238/81, BStBl II S. 753).

Reservenbildung
Die Steuerbefreiung ist nicht ausgeschlossen, wenn die Genossenschaft oder der Verein die Gewinne ganz oder überwiegend thesauriert und zur Bildung von Reserven verwendet (>BFH vom 11. 2. 1998, I R 26/97, BStBl II S. 576).

R 5.12 Molkereigenossenschaften

(1) ¹Bei Molkereigenossenschaften fällt z. B. in den folgenden Fällen die Bearbeitung oder Verwertung in den Bereich der Landwirtschaft, auch wenn hierbei Zutaten, z. B. Salz oder Bindemittel, im gesetzlich festgelegten oder nachstehend enger begrenzten Umfang verwendet werden:
1. Standardisierung (Einstellung) der Milch auf einen gewünschten Fett- und ggf. Eiweißgehalt ohne Rücksicht auf seine Höhe, vgl. VO (EG) 1234/2007;
2. Herstellung von ultrahocherhitzter Milch (H-Milch);
3. Herstellung von Konsummilch gem. VO (EG) 1234/2007 Anhang 8 Abschnitt III;
4. Vitaminieren von Milch, auch von Magermilch;
5. Herstellung von Milchmischerzeugnissen, wenn der Anteil aus Milch oder Milcherzeugnissen mindestens 75 % des Fertigerzeugnisses beträgt;
6. Herstellung von Sauermilcherzeugnissen;
7. Herstellung von Joghurt, Joghurtpulver und Bioghurt, auch mit Fruchtzusätzen. ²Wird zugekauftes Milchpulver oder Magermilchpulver zugesetzt, darf dieser Zusatz 3 % der Joghurtmilch nicht übersteigen;
8. Herstellung von Butter;
9. Herstellung von Käse aller Art, auch mit beigegebenen Lebensmitteln, sowie geschäumt und Quarkmischungen für Backzwecke;
10. Herstellung von Schmelzkäse nur, wenn dies ausschließlich zur Verwertung der im eigenen Betrieb angefallenen Fehlproduktionen erfolgt;
11. Herstellung von Molkensirup (eingedickter Molke) und eingedickter Magermilch mittels Vakuumverdampfer;
12. Herstellung und Vitaminieren von Magermilchpulver, auch im Werklohnverfahren. Herstellung und Vitaminieren von aufgefetteter Magermilch oder aufgefettetem Magermilchpulver zu Fütterungszwecken und von Sauermilchquarkpulver, auch im Werklohnverfahren;

Denaturierung von Magermilch und Magermilchpulver entsprechend Artikel 6 der Verordnung (EG) Nr. 2799/99 der Kommission vom 17.12.1999 nach den dort festgelegten Verfahren durch Beifügung geringer Mengen von Fremdstoffen, Luzernegrünmehl, Stärke, durch Säuerung der Magermilch oder durch Beifügung von 30 % eingedickter Molke. ²Der Zukauf der zur Denaturierung vorgeschriebenen Zusatzmittel ist als ein steuerunschädliches Hilfsgeschäft anzusehen;
13. Herstellung von Speisemolke durch Erhitzen und Tiefkühlen der Molke und Ausfällen von Molkeneiweiß;
14. Herstellung von Trinkmolke mit Fruchtzusätzen, wenn der Anteil der Molke mindestens 75 % des Fertigerzeugnisses beträgt;
15. Verwertung der Molke zu Futterzwecken;
16. Herstellung von Molkepulver;
17. Lieferung von Molke an andere Betriebe;
18. Herstellung von Schlagsahne ohne Zusätze;
19. Herstellung von Industriesahne ohne Zusätze.

²Ein von einer nach § 5 Abs. 1 Nr. 14 KStG steuerbefreiten Molkereigenossenschaft erteilter Werklohnauftrag zur Herstellung von Milcherzeugnissen ist nicht steuerschädlich i. S. d. § 5 Abs. 1 Nr. 14 KStG, wenn die Bearbeitung bei eigener Durchführung in den Bereich der Landwirtschaft fallen würde und das Zukaufsverbot nicht verletzt wird.

(2) Nicht in den Bereich der Landwirtschaft fallen z. B.:
1. Herstellung von Laktrone, Lakreme, Milone, Germola und ähnlichen Erzeugnissen;
2. Herstellung kondensierter Milch;
3. Gewinnung von Eiweiß mit Zusätzen, Herstellung von Essigaustauschstoffen und Gewinnung von Milchpulver, Ausnahme vgl. Absatz 1 Satz 1 Nr. 12;
4. Verhefung von Molke zu Nährhefe und Kefirpulver;
5. Herstellung von Heilmitteln wie Milchzucker, Albumin- und Vitaminpräparaten, Molkenseren und Mineralpräparaten;
6. Herstellung von Speiseeis;
7. Herstellung von Kunsteis;
8. Herstellung von Saure-Sahne-Dressing.

(3) ¹Sind Geschäfte, die eine Molkereigenossenschaft auf Grund gesetzlicher Vorschriften oder behördlicher Anordnungen mit Nichtmitgliedern abschließen muss, Zweckgeschäfte, kann die Lieferung von Molkereibedarfsartikeln an diese Nichtmitglieder als Hilfsgeschäft angesehen werden. ²Gewährt eine Molkereigenossenschaft einem Milchversorgungsbetrieb ein Darlehen zur Finanzierung der Kapazitätserweiterung eines Trockenmilchwerkes und räumt der Milchversorgungsbetrieb der Molkereigenossenschaft dafür ein sog. Milchanlieferungsrecht ein, kann die Darlehensgewährung als ein Hilfsgeschäft angesehen werden.

R 5.13　Winzergenossenschaften

(1) ¹In den Bereich der Landwirtschaft fallen insbesondere die nachstehend bezeichneten Tätigkeiten. ²Voraussetzung ist, dass die Tätigkeiten Erzeugnisse der Weinbaubetriebe der Genossen betreffen und die Tätigkeiten keine gewerblichen Formen annehmen:
1. Zucht und Unterhaltung der Weinreben;
2. Weinbereitung;
3. Weinbehandlung;
4. Absatz der Trauben, des Traubenmostes und des Weins. ²Der Zukauf von fremden Weinen, Traubenmost oder Trauben im Rahmen des Weinerzeugungsprozesses ist nach R 15.5 Abs. 5 Satz 4 EStR als Hilfsstoff zulässig, wenn diese Waren nicht als überwiegender Be-

standteil in die jeweiligen eigenen Erzeugnisse eingehen. ³Der Verkauf durch Ausschank liegt nicht im Bereich der Landwirtschaft, wenn er gewerbliche Formen annimmt;

5. Herstellung von Branntwein aus Wein oder aus Rückständen, die bei der Weinbereitung anfallen, z. B. Trester, Hefe.

(2) ¹Eine Winzergenossenschaft, die Winzersekt aus Grundwein herstellt, der ausschließlich aus dem Lesegut ihrer Mitglieder gewonnen wurde, betätigt sich mit der Herstellung und dem Vertrieb des Winzersekts noch im Bereich der Landwirtschaft, wenn der Sekt beim Vertrieb durch die Genossenschaft unter Angabe der ggfs. verschiedenen Rebsorten, des Jahrgangs, der geographischen Herkunft und als Erzeugnis der Genossenschaft in sinngemäßer Anwendung der bezeichnungsrechtlichen Vorschriften für Wein bezeichnet ist. ²Dabei darf der Wein weder von den Mitgliedern noch von der Genossenschaft zugekauft sein. ³Lässt eine Winzergenossenschaft Winzersekt im Wege einer Werkleistung (sog. Lohnversektung) durch eine gewerbliche Sektkellerei herstellen und vermarktet sie ihn als eigenes Erzeugnis der Genossenschaft, gilt die Regelung entsprechend.

(3) Nicht in den Bereich der Landwirtschaft fallen z. B.:

1. Mitverkauf fremder Erzeugnisse;
2. Herstellung von Branntweinerzeugnissen und ihr Verkauf;
3. Betrieb oder Verpachtung eines Ausschanks oder einer Gastwirtschaft, wenn andere Getränke als Weine, die von der Genossenschaft hergestellt worden sind, kalte oder warme Speisen oder sonstige Genussmittel abgegeben werden.

| R 5.14 | **Pfropfrebengenossenschaften** |

¹Die Verpflanzung von Pfropfreben zur Gewinnung von Rebstecklingen durch Winzergenossenschaften und ihr Absatz an Mitglieder fallen in den Bereich der Landwirtschaft. ²Es bestehen deshalb keine Bedenken, auch reine Pfropfrebengenossenschaften als befreite Genossenschaften i. S. d. § 5 Abs. 1 Nr. 14 KStG zu behandeln, obwohl es sich nicht um reine Verwertungsgenossenschaften im Sinne dieser Vorschrift handelt.

| R 5.15 | **Andere Erwerbs- und Wirtschaftsgenossenschaften** |

In den Bereich der Landwirtschaft fallen z. B. unter der Voraussetzung, dass es sich um die Bearbeitung von Erzeugnissen der land- und forstwirtschaftlichen Betriebe der Mitglieder handelt:

1. Herstellung von Kartoffelflocken und Stärkemehl;
2. Herstellung von Branntwein;
3. Herstellung von Apfel- und Traubenmost;
4. Herstellung von Sirup aus Zuckerrüben;
5. Herstellung von Mehl aus Getreide, nicht dagegen Herstellung von Backwaren;
6. Herstellung von Brettern oder anderen Sägewerkserzeugnissen, nicht dagegen Herstellung von Möbeln.

| R 5.16 | **Vereine im Bereich der Land- und Forstwirtschaft** |

Die R 5.12 bis 5.15 sind auf Vereine i. S. d. § 5 Abs. 1 Nr. 14 KStG entsprechend anzuwenden.

| R 5.17 | **Wirtschaftsförderungsgesellschaften** |

– unbesetzt –

| H 5.17 |

Schädliche Tätigkeiten einer Wirtschaftsförderungsgesellschaft
Eine Wirtschaftsförderungsgesellschaft, deren hauptsächliche Tätigkeit sich darauf erstreckt, Grundstücke zu erwerben, hierauf Gebäude nach den Wünschen und Vorstellungen ansiedlungswilliger Unternehmen zu errichten und an diese zu verleasen, ist nicht nach § 5 Abs. 1 Nr. 18 KStG steuerbefreit (>BFH vom 3. 8. 2005, I R 37/04, BStBl 2006 II S. 141).

Steuerbefreiung von Wirtschaftsförderungsgesellschaften
>BMF vom 4. 1. 1996, BStBl I S. 54

| R 5.18 | **Steuerbefreiung außerhalb des Körperschaftsteuergesetzes** |

Von der Körperschaftsteuer sind aufgrund anderer Gesetze u. a. befreit:
1. Inländische Investmentfonds in der Rechtsform von Sondervermögen und Investmentaktiengesellschaften mit veränderlichem Kapital nach § 11 Abs. 1 Satz 2 InvStG (beachte hinsichtlich Investmentaktiengesellschaften mit veränderlichem Kapital jedoch § 11 Abs. 1 Satz 4 InvStG),
2. Ausgleichskassen und gemeinsame Einrichtungen der Tarifvertragsparteien nach § 12 Abs. 3 des Vorruhestandsgesetzes vom 13. 4. 1984 (BGBl I S. 601, BStBl I S. 332) in der jeweils geltenden Fassung.

Zu § 6 KStG

| R 6 | **Einschränkung der Befreiung von Pensions-, Sterbe-, Kranken- und Unterstützungskassen** |

Allgemeines
(1) [1]§ 6 KStG regelt die teilweise Steuerpflicht überdotierter Pensions-, Sterbe-, Kranken- und Unterstützungskassen. [2]Steuerpflichtig ist der Teil des Einkommens, der auf das den zulässigen Betrag übersteigende Vermögen entfällt.

Pensions-, Sterbe- und Krankenkassen
(2) [1]Bei Pensions-, Sterbe- und Krankenkassen ist das zulässige Vermögen nach § 5 Abs. 1 Nr. 3 Buchstabe d KStG zu errechnen. [2]Es entspricht bei einer in der Rechtsform des VVaG betriebenen Kasse dem Betrag der Verlustrücklage nach § 37 VAG. [3]Maßgebend ist der Soll-Betrag der Verlustrücklage. [4]Soll-Betrag der Verlustrücklage ist der in der Satzung bestimmte und von der Versicherungsaufsichtsbehörde genehmigte Mindestbetrag der Verlustrücklage i. S. d. § 37 VAG. [5]Diese Rücklage dient zur Deckung eines außergewöhnlichen Verlustes aus dem Geschäftsbetrieb. [6]Zu anderen Zwecken, z. B. zu Zahlungen an das Trägerunternehmen, darf die Rücklage nicht verwendet werden. [7]Wird die Kasse nicht in der Rechtsform eines VVaG betrieben, tritt an die Stelle der Verlustrücklage i. S. v. § 37 VAG der dieser Rücklage entsprechende Teil des Vermögens, der zur Deckung eines Verlustes dient. [8]Ist die Ansammlung von Reserven nicht vor-

geschrieben, wie z. B. bei öffentlich-rechtlichen Unternehmen, ist i. d. R. darauf abzustellen, ob die Satzung eine der Verlustrücklage des § 37 VAG entsprechende Rücklagenbildung vorsieht.

(3) ¹Nach dem Wortlaut des § 5 Abs. 1 Nr. 3 Buchstabe d KStG ist bei der Prüfung der Überdotierung einer Pensionskasse das Vermögen zugrunde zu legen, das sich nach den handelsrechtlichen Grundsätzen ordnungsmäßiger Buchführung unter Berücksichtigung des Geschäftsplans sowie der allgemeinen Versicherungsbedingungen und der fachlichen Geschäftsunterlagen i. S. d. § 5 Abs. 3 Nr. 2 Halbsatz 2 VAG ergibt. ²Die Bindung an die handelsrechtlichen Grundsätze gilt aber nicht uneingeschränkt. ³Eine handelsrechtlich zulässigerweise gebildete Rückstellung für Beitragsrückerstattung darf nur insoweit berücksichtigt werden, als den Leistungsempfängern ein Anspruch auf die Überschussbeteiligung zusteht. ⁴Der Rückstellung für Beitragsrückerstattung gleichzusetzen ist die Rückstellung für satzungsgemäße Überschussbeteiligung, wenn durch Satzung, geschäftsplanmäßige Erklärung oder Beschluss des zuständigen Organs festgelegt ist, dass die Überschüsse in vollem Umfang den Leistungsempfängern und Mitgliedern der Kasse zustehen. ⁵Dabei kommt es nicht darauf an, welche Form der Beitragsrückerstattung gewählt wird. ⁶Handelt es sich bei den Anspruchsberechtigten um die Leistungsempfänger der Kasse, gilt hinsichtlich der Verwendungsfrist der Rückstellung für Beitragsrückerstattung die für Lebensversicherungsunternehmen getroffene Regelung (§ 21 Abs. 2 KStG) entsprechend. ⁷Soweit jedoch das Trägerunternehmen anspruchsberechtigt ist, müssen die Mittel der Beitragsrückerstattung innerhalb der in § 6 Abs. 2 KStG genannten Frist verwendet werden.

(4) ¹Über die Überdotierung einer Pensions-, Sterbe- und Krankenkasse i. S. d. § 5 Abs. 1 Nr. 3 KStG ist nach steuerlichen Gesichtspunkten zu entscheiden. ²Eine Bindung der Finanzbehörden an Entscheidungen der Versicherungsaufsichtsbehörde besteht nicht. ³Der Geschäftsplan sowie die allgemeinen Versicherungsbedingungen und die fachlichen Geschäftsunterlagen i. S. d. § 5 Abs. 3 Nr. 2 Halbsatz 2 VAG dienen lediglich als Grundlage für die Prüfung der Überdotierung. ⁴Die Prüfung, ob eine Pensions-, Sterbe- und Krankenkasse wegen Überdotierung teilweise steuerpflichtig ist, hat zu den Bilanzstichtagen zu erfolgen, zu denen der Wert der Deckungsrückstellung versicherungsmathematisch zu berechnen ist oder freiwillig berechnet wird. ⁵Die teilweise Steuerpflicht beginnt und endet vorbehaltlich des § 6 Abs. 2 KStG nur zu den Bilanzstichtagen, zu denen eine versicherungsmathematische Berechnung durchgeführt worden ist. ⁶Tritt die Steuerpflicht z. B. für einen Zeitraum von drei Jahren ein, bleibt während dieser Zeit der Aufteilungsschlüssel unverändert, d. h. das Einkommen ist zwar für jedes Jahr gesondert nach den allgemeinen Vorschriften unter Berücksichtigung des § 6 Abs. 4 KStG zu ermitteln, jedoch nach dem unveränderten Verhältnis in den steuerfreien und den steuerpflichtigen Anteil aufzuteilen.

Unterstützungskassen

(5) ¹Bei Unterstützungskassen ist das Vermögen nach § 5 Abs. 1 Nr. 3 Buchstabe e KStG zu errechnen. ²Im Gegensatz zu den Pensionskassen ist bei der Ermittlung nicht von handelsrechtlichen Bewertungsmaßstäben auszugehen. ³Im Einzelnen sind anzusetzen:

a) der Grundbesitz mit 200 % des Einheitswerts (§ 4d Abs. 1 Satz 1 Nr. 1 Satz 3 EStG), der zu dem Feststellungszeitpunkt maßgebend ist, der auf den Schluss des Wj. folgt,

b) der noch nicht fällige Anspruch aus einer Versicherung mit dem Wert des geschäftsplanmäßigen Deckungskapitals zuzüglich des Guthabens aus Beitragsrückerstattung am Schluss des Wj.; soweit die Berechnung des Deckungskapitals nicht zum Geschäftsplan gehört, tritt an die Stelle des geschäftsplanmäßigen Deckungskapitals der nach § 169 Abs. 3 des VVG berechnete Rückkaufswert bzw. der nach § 169 Abs. 4 VVG berechnete Zeitwert,

c) das übrige Vermögen mit dem gemeinen Wert am Schluss des Wj.

(6) ¹Abweichend von der Regelung für Pensionskassen ist für Unterstützungskassen ein rückwirkender Wegfall der Steuerpflicht nicht vorgesehen. ²Die teilweise Steuerpflicht ist nach Ablauf jedes Jahres zu prüfen. ³Sie besteht deshalb jeweils nur für ein Jahr. ⁴Die teilweise Steuerpflicht kann jedoch nach § 6 Abs. 6 Satz 2 KStG von vornherein z. B. durch entsprechende Rückübertragung von Deckungsmitteln auf das Trägerunternehmen vermieden werden.

| H 6 |

Abstandnahme vom Kapitalertragsteuerabzug
>H 20.1 Abgeltungsteuer Allgemeines EStH
Beispiel zur Berechnung des Einkommens bei partieller Steuerpflicht
Das steuerpflichtige Einkommen einer überdotierten Pensionskasse wird wie folgt berechnet:

	€
Aktiva	5.000.000
Passiva	3.500.000
Vermögen der Kasse	1.500.000
Verlustrücklage	500.000
übersteigendes Vermögen (Überdotierung)	1.000.000
Einkommen der Kasse	100.000

steuerpflichtiges Einkommen: $\dfrac{100.000 \times 1.000.000}{1.500.000} = \underline{\underline{66.667}}$

Anrechnung von Steuerabzugsbeträgen
Bezieht eine Kasse, die partiell steuerpflichtig ist, Einkünfte, die dem Steuerabzug unterliegen, sind diese Einkünfte im Verhältnis des überdotierten zum Gesamtvermögen der Kasse in die Veranlagung einzubeziehen; nur insoweit ist die auf die Kapitalerträge entfallende Kapitalertragsteuer auf die eigene Körperschaftsteuer der Kasse anzurechnen (>BFH vom 31.7.1991, I R 4/89, BStBl 1992 II S. 98).

Zuwendungen nach §§ 4c und 4d EStG
>R 4c und 4d EStR

Zu § 7 KStG

| R 7.1 | **Ermittlung des zu versteuernden Einkommens**

(1) ¹Bemessungsgrundlage für die tarifliche Körperschaftsteuer ist das zu versteuernde Einkommen. ²Bei Körperschaften, die nur gewerbliche Einkünfte haben können, ist das zu versteuernde Einkommen wie folgt zu ermitteln:

1.   Gewinn/Verlust lt. Steuerbilanz bzw. nach § 60 Abs. 2 EStDV korrigierter Jahresüberschuss/Jahresfehlbetrag lt. Handelsbilanz unter Berücksichtigung der besonderen Gewinnermittlung bei Handelsschiffen nach § 5a EStG
2. + Hinzurechnung nicht ausgleichsfähiger Verluste u. a. nach § 15 Abs. 4 Satz 1, 3 und 6, § 15a Abs. 1 und 1a, § 15b Abs. 1 Satz 1 EStG, § 2 Abs. 4 Satz 1, § 20 Abs. 6 Satz 4 UmwStG
3. + Hinzurechnung nach § 15a Abs. 3 EStG
4. − Kürzungen nach § 15 Abs. 4 Satz 2, 3 und 7, § 15a Abs. 2, Abs. 3 Satz 4, § 15b Abs. 1 Satz 2 EStG
5. + Gewinnzuschlag nach § 6b Abs. 7 EStG
6. +/− Bildung und Auflösung von Investitionsabzugsbeträgen i. S. d. § 7g EStG
7. + Hinzurechnung von >vGA (§ 8 Abs. 3 Satz 2 KStG) und Ausschüttungen auf Genussrechte i. S. d. § 8 Abs. 3 Satz 2 KStG
8. − Abzug von Gewinnerhöhungen im Zusammenhang mit bereits in vorangegangenen VZ versteuerten >vGA
9. − verdeckte Einlagen (§ 8 Abs. 3 Satz 3 bis 6 KStG), Einlagen (§ 4 Abs. 1 Satz 8 EStG)
10. + nichtabziehbare Aufwendungen (z. B. § 10 KStG, § 4 Abs. 5 bis 8 EStG, § 160 AO)

11.	+	Gesamtbetrag der Zuwendungen nach § 9 Abs. 1 Nr. 2 KStG
12.	–	sonstige inländische steuerfreie Einnahmen
13.	+	Hinzurechnungen nach § 3c EStG
14.	+/–	Hinzurechnungen und Kürzungen bei Umwandlung u. a.
		• nach § 4 Abs. 6 bzw. § 12 Abs. 2 Satz 1 UmwStG nicht zu berücksichtigender Übernahmeverlust oder -gewinn,
		• Einbringungsgewinn I nach § 22 Abs. 1 UmwStG
15.	+/–	Hinzurechnungen und Kürzungen bei ausländischen Einkünften u. a.
		• Korrektur um nach DBA steuerfreie Einkünfte unter Berücksichtigung des § 3c Abs. 1 EStG,
		• Abzug ausländischer Steuern nach § 26 KStG oder § 12 Abs. 3 AStG,
		• Hinzurechnungsbetrag nach § 10 AStG einschließlich Aufstockungsbetrag nach § 12 Abs. 1 AStG,
		• Hinzurechnungen und Kürzungen von nicht nach DBA steuerfreien negativen Einkünften nach § 2a Abs. 1 EStG
16.	+	Berichtigungsbetrag nach § 1 AStG
17.	+/–	Kürzungen/Hinzurechnungen nach § 8b KStG
18.	+/–	Korrekturen bei Organschaft i. S. d. §§ 14 und 17 KStG (z. B. gebuchte Gewinnabführung, Verlustübernahme, Ausgleichszahlungen i. S. d. § 16 KStG)
19.	+/–	Hinzurechnung der nicht abziehbaren Zinsen und Kürzung um den abziehbaren Zinsvortrag nach § 4h EStG i. V. m. § 8a KStG
20.	+/–	sonstige Hinzurechnungen und Kürzungen
21.	=	steuerlicher Gewinn (Summe der Einkünfte in den Fällen der R 7.1 Abs. 2 Satz 1)
22.	–	Zuwendungen und Zuwendungsvortrag, soweit nach § 9 Abs. 1 Nr. 2 KStG abziehbar
23.	+	Sonstige Hinzurechnungen bei ausländischen Einkünften
		• Hinzurechnung nach § 52 Abs. 2 EStG i. V. m. § 2a Abs. 3 und 4 EStG 1997,
		• Hinzurechnung nach § 8 Abs. 5 Satz 2 AuslInvG
24.	+	nicht zu berücksichtigender/wegfallender Verlust des laufenden VZ, soweit Hinzurechnungen nach § 8c KStG ggf. i. V. m. § 2 Abs. 4 Satz 1 und 2, § 20 Abs. 6 Satz 4 UmwStG oder im Falle einer Abspaltung nach § 15 Abs. 3, § 16 UmwStG vor den Korrekturen nach Nr. 25 oder 26 vorzunehmen sind
25.	+/–	bei Organträgern:
		• Zurechnung des Einkommens von Organgesellschaften (§§ 14 und 17 KStG),
		• Kürzungen/Hinzurechnungen bezogen auf das dem Organträger zugerechnete Einkommen von Organgesellschaften (§ 15 KStG),
		• Abzug des der Organgesellschaft nach § 16 Satz 2 KStG zuzurechnenden Einkommens des Organträgers
26.	+/–	bei Organgesellschaften:
		• Zurechnung von Einkommen des Organträgers nach § 16 Satz 2 KStG,
		• Abzug des dem Organträger zuzurechnenden Einkommens (§§ 14 und 17 KStG)
27.	+	nicht zu berücksichtigender/wegfallender Verlust des laufenden VZ, soweit Hinzurechnungen nach § 8c KStG ggf. i. V. m. § 2 Abs. 4 Satz 1 und 2, § 20 Abs. 6 Satz 4 UmwStG oder im Falle einer Abspaltung nach § 15 Abs. 3, § 16 UmwStG nicht bereits nach Nr. 24 vorzunehmen sind
28.	+	Hinzurechnung der nach § 2 Abs. 4 Satz 3 und 4 UmwStG nicht ausgleichsfähigen Verluste des laufenden VZ des übernehmenden Rechtsträgers
29.	=	Gesamtbetrag der Einkünfte i. S. d. § 10d EStG
30.	–	Verlustabzug nach § 10d EStG
31.	=	Einkommen
32.	–	Freibetrag für bestimmte Körperschaften (§ 24 KStG)
33.	–	Freibetrag für Erwerbs- und Wirtschaftsgenossenschaften sowie Vereine, die Land- und Forstwirtschaft betreiben (§ 25 KStG)
34.	=	zu versteuerndes Einkommen

³Bei Körperschaften i. S. d. § 8 Abs. 9 KStG ist zunächst für jede Sparte ein Gesamtbetrag der Einkünfte entsprechend dem Schema nach Satz 2 zu ermitteln. ⁴Der Verlustabzug ist in Fällen von Satz 3 spartenbezogen vorzunehmen. ⁵Die Summe der sich hiernach ergebenden positiven Spartenergebnisse bildet das Einkommen.
(2) ¹Für Körperschaften, die auch andere Einkünfte als gewerbliche haben können, gilt Absatz 1 entsprechend. ²Von der Summe der Einkünfte ist bei Vorliegen der Voraussetzungen der Abzug bei Einkünften aus Land- und Forstwirtschaft (§ 13 Abs. 3 EStG) vorzunehmen.

H 7.1

Beteiligungserträge/Phasengleiche Aktivierung
Eine phasengleiche Aktivierung von Dividendenansprüchen aus einer zum Bilanzstichtag noch nicht beschlossenen Gewinnverwendung einer nachgeschalteten Gesellschaft scheidet steuerlich grundsätzlich aus (>BFH vom 7. 8. 2000, GrS 2/99, BStBl II S. 632 und >BFH vom 20. 12. 2000, I R 50/95, BStBl 2001 II S. 409).

Betriebe gewerblicher Art
Zu Besonderheiten der Einkommensermittlung >R 8.2

Doppelbesteuerungsabkommen
Stand zum 1. 1. 2016 >BMF vom 19. 1. 2016, BStBl I S. 76

Gewinnermittlung bei Handelsschiffen
Zu körperschaftsteuerlichen Fragen bei der Gewinnermittlung von Handelsschiffen im internationalen Verkehr nach § 5a EStG >BMF vom 24. 3. 2000, BStBl I S. 453

Gewinnermittlung bei Körperschaften, die Land- und Forstwirtschaft betreiben
>R 8.3

Inkongruente Gewinnausschüttungen
>BMF vom 17. 12. 2013, BStBl 2014 I S. 63

Körperschaftsteuerguthaben
>BMF vom 14. 1. 2008, BStBl I S. 280

Mindestgewinnbesteuerung
Die Mindestgewinnbesteuerung des § 10d Abs. 2 EStG verstößt in ihrer Grundkonzeption einer zeitlichen Streckung des Verlustvortrags nicht gegen Verfassungsrecht (>BFH vom 22. 8. 2012, I R 9/11, BStBl 2013 II S. 512).*)**)

Organschaft
Zu Besonderheiten der Einkommensermittlung bei Organgesellschaften und Organträgern >R 14.6 bis 16

---
*) Verfassungsbeschwerde anhängig, 2 BvR 2998/12.
**) Vgl. auch 2 BvL 19/14 (>BFH vom 26. 2. 2014, I R 59/12, BStBl II S. 1016).

Spartentrennung bei Kapitalgesellschaften, für die § 8 Abs. 7 Satz 1 Nr. 2 KStG anzuwenden ist
Zu Besonderheiten der Einkommensermittlung bei Kapitalgesellschaften, für die § 8 Abs. 7 Satz 1 Nr. 2 KStG anzuwenden ist >BMF vom 12.11.2009, BStBl I S. 1303

Verdeckte Gewinnausschüttung
Die vGA führt im Rahmen der Hinzurechnung nach § 8 Abs. 3 Satz 2 KStG zu einer außerbilanziellen Korrektur des Jahresüberschusses/-fehlbetrags als Ausgangsgröße der steuerlichen Einkommensermittlung (>BFH vom 29.6.1994, I R 137/93, BStBl 2002 II S. 366 und >BFH vom 12.10.1995, I R 27/95, BStBl 2002 II S. 367). Zur Darstellung im Einzelnen und zum Abzug von Gewinnerhöhungen im Zusammenhang mit bereits früher versteuerten vGA >BMF vom 28.5.2002, BStBl I S. 603.

| R 7.2 | **Ermittlung der festzusetzenden und verbleibenden Körperschaftsteuer** |

¹Die festzusetzende und die verbleibende Körperschaftsteuer sind wie folgt zu ermitteln:
1.		Steuerbetrag nach Regelsteuersatz (§ 23 Abs. 1 KStG) bzw. Sondersteuersätzen
2.	−	anzurechnende ausländische Steuern nach § 26 Abs. 1 KStG, § 12 AStG
3.	=	Tarifbelastung
	+	Körperschaftsteuererhöhung nach § 38 Abs. 2 i. V. m. § 34 Abs. 13 KStG
4.	=	festzusetzende Körperschaftsteuer
5.	−	anzurechnende Kapitalertragsteuer
6.	=	verbleibende Körperschaftsteuer

²Bei Berufsverbänden unterliegen Mittel, die für die Unterstützung und Förderung von Parteien verwendet werden, einer besonderen Körperschaftsteuer von 50 % (§ 5 Abs. 1 Nr. 5 Satz 4 KStG).

| R 7.3 | **Vom Kalenderjahr abweichendes Wirtschaftsjahr** |

(1) Auf kleine Betriebe, Stiftungen, Verbände und Vereine, die einer jPöR angeschlossen sind oder von ihr verwaltet werden, sowie auf technische Überwachungsvereine kann, soweit sie gezwungen sind, ihre Abschlüsse abweichend vom Kj. aufzustellen, § 7 Abs. 4 KStG entsprechend angewendet werden.
(2) Bei Körperschaften i. S. d. § 5 Abs. 1 Nr. 9 KStG mit einem vom Kj. abweichenden Wj., die ohne Verpflichtung nach den Vorschriften des HGB ordnungsmäßig Bücher führen und regelmäßig Abschlüsse machen, kann in entsprechender Anwendung des § 7 Abs. 4 KStG auf Antrag das Wj. der Besteuerung des wirtschaftlichen Geschäftsbetriebs zugrunde gelegt werden.

Zu § 8 KStG

| R 8.1 | **Anwendung einkommensteuerrechtlicher Vorschriften** |

(1) Bei Körperschaften sind nach § 8 Abs. 1, § 26 und § 31 Abs. 1 KStG anzuwenden:
1. die folgenden Vorschriften des EStG i. d. F. der Bekanntmachung vom 8.10.2009 (BGBl I S. 3366, S. 3862, BStBl I S. 1346) unter Berücksichtigung der Änderungen bis einschließlich durch Artikel 3 des Gesetzes vom 2.11.2015 (BGBl I S. 1834, BStBl I S. 846):
§ 2 Abs. 1 bis 4, 6 und 7 Satz 3. ²Auf R 7.1 wird hingewiesen;
§ 2a,
§ 3 Nr. 7, 8 Satz 1, Nr. 11 Satz 1 und 3, Nr. 18, 40a, 41, 42, 44, 54 und 70,

§ 3c Abs. 1, § 3c Abs. 2 i. V. m. § 3 Nr. 40a, § 3c Abs. 3,
§ 4 Abs. 1 bis 4, Abs. 5 Satz 1 Nr. 1 bis 4, 7 bis 13, Satz 2, Abs. 5b bis 8,
§ 4a Abs. 1 Satz 2 Nr. 1 und 3, Abs. 2,
§ 4b,
§ 4c,
§ 4d,
§ 4e,
§ 4f,
§ 4g,
§ 4h,
§ 5,
§ 5a,
§ 5b,
§ 6,
§ 6a,
§ 6b,
§ 6c,
§ 6d,
§ 7,
§ 7a,
§ 7g,
§ 7h,
§ 7i,
§ 8 Abs. 1 und 2,
§ 9 Abs. 1 Satz 3 Nr. 1 bis 3 und 7 und Abs. 5,
§ 9a Satz 1 Nr. 3 und Satz 2. ³Auf Absatz 2 wird hingewiesen;
§ 9b,
§ 10d,
§ 10g,
§ 11,
§ 11a,
§ 11b,
§ 13 Abs. 1, 2 Nr. 1, Abs. 3 Satz 1 und 2, Abs. 6 und 7,
§ 13a,
§ 14 Satz 1,
§ 15,
§ 15a,
§ 15b,
§ 16 Abs. 1 bis 3b und 5,
§ 17. ⁴Auf Absätze 2 und 3 wird hingewiesen;
§ 18 Abs. 1 Nr. 2, 3 und 4, Abs. 2, 3, 4 Satz 2,
§ 20. ⁵Auf Absatz 2 wird hingewiesen;
§ 21 Abs. 1 und 3,
§ 22 Nr. 1, 2 und 3,
§ 23,
§ 24,
§ 25 Abs. 1 und 3 Satz 1,

§ 32d Abs. 2 Satz 1 Nr. 1 Satz 1 und Nr. 3 Satz 1 und Satz 3 bis 6 (die Anwendung erfolgt i. V. m. § 8 Abs. 10 KStG),
§ 34b Abs. 1 Nr. 2 (die Anwendung erfolgt i. V. m. R 23),
§ 34c (die Anwendung erfolgt i. V. m. § 26 KStG),
§ 34d Nr. 1 bis 4 und 6 bis 8,
§ 36 Abs. 2 Nr. 2, Abs. 3 bis 5,
§ 37 Abs. 1, Abs. 3 Satz 1 bis 3 sowie 8 bis 11, Abs. 4 und 5,
§ 37b,
§ 43,
§ 43a,
§ 43b,
§ 44,
§ 44a,
§ 44b,
§ 45,
§ 45a,
§ 45d,
§ 48,
§ 48a,
§ 48b,
§ 48c,
§ 48d,
§ 49,
§ 50 Abs. 1 Satz 1, Abs. 2 Satz 1, 2, 7 und 8, Abs. 3 und 4,
§ 50a Abs. 1 Nr. 1 bis 3, Abs. 2 bis 7,
§ 50b,
§ 50d Abs. 1 bis 6 und 9 bis 11,
§ 50e,
§ 50f,
§ 50g,
§ 50h,
§ 50i,
§ 51,
§ 51a Abs. 1 und 3 bis 5,
§ 52,
§ 55,
§ 56,
§ 57,
§ 58;

2. die folgenden Vorschriften der EStDV i. d. F. der Bekanntmachung vom 10. 5. 2000 (BGBl I S. 717, BStBl I S. 595), zuletzt geändert durch die Verordnung vom 31. 8. 2015 (BGBl I S. 1474):
  § 6,
  § 8b,
  § 8c,
  § 9a,
  § 10,
  § 11c,
  § 11d,

§ 15,
§ 50,
§ 51,
§ 53,
§ 54,
§ 56 Satz 2,
§ 60,
§ 68a,
§ 68b,
§ 73a Abs. 2 und 3,
§ 73c,
§ 73d,
§ 73e,
§ 73f,
§ 73g,
§ 81,
§ 82a,
§ 82f,
§ 82g,
§ 82i,
§ 84.

(2) [1]Unbeschränkt Körperschaftsteuerpflichtige i. S. d. § 1 Abs. 1 Nr. 4 und 5 KStG können grundsätzlich Bezieher sämtlicher Einkünfte i. S. d. § 2 Abs. 1 EStG sein. [2]Bei der Ermittlung der Einkünfte aus Kapitalvermögen ist die Vorschrift des § 20 Abs. 9 Satz 1 und 4 EStG (Sparer-Pauschbetrag) zu berücksichtigen. [3]In den Fällen des § 8 Abs. 10 KStG ist § 20 Abs. 6 und 9 EStG nicht anzuwenden. [4]Ferner ist die Freibetragsregelung des § 17 Abs. 3 EStG zu beachten.

(3) Bei Körperschaftsteuerpflichtigen, bei denen alle Einkünfte als Einkünfte aus Gewerbebetrieb zu behandeln sind (§ 8 Abs. 2 KStG), ist die Freibetragsregelung des § 17 Abs. 3 EStG nicht anzuwenden.

H 8.1

Gewinnermittlung bei Handelsschiffen
Zu körperschaftsteuerlichen Fragen bei der Gewinnermittlung von Handelsschiffen im internationalen Verkehr nach § 5a EStG >BMF vom 24. 3. 2000, BStBl I S. 453

Steuerberatungskosten
Zum Abzug von Steuerberatungskosten als Betriebsausgaben oder Werbungskosten >BMF vom 21. 12. 2007, BStBl 2008 I S. 256

R 8.2   **Einkommensermittlung bei Betrieben gewerblicher Art**

(1) [1]Für die Zwecke der Ermittlung des körperschaftsteuerpflichtigen Einkommens wird der BgA der jPöR verselbständigt. [2]Das schließt grundsätzlich die steuerrechtliche Anerkennung von Regelungen der jPöR in Bezug auf den BgA ein, z. B. über verzinsliche Darlehen oder Konzessionsabgaben. [3]Diese Regelungen müssen jedoch klar und eindeutig sein und können nur für die Zukunft, nicht aber mit Wirkung für die Vergangenheit getroffen werden.

(2) ¹Regelungen der jPöR in Bezug auf den BgA über verzinsliche Darlehen sind steuerrechtlich nur anzuerkennen, soweit der BgA mit einem angemessenen Eigenkapital ausgestattet ist. ²Ein Anhaltspunkt ist die Kapitalstruktur gleichartiger Unternehmen in privatrechtlicher Form. ³Ein BgA ist grundsätzlich mit einem angemessenen Eigenkapital ausgestattet, wenn das Eigenkapital mindestens 30 % des Aktivvermögens beträgt. ⁴Für die Berechnung der Eigenkapitalquote ist von den Buchwerten in der steuerrechtlichen Gewinnermittlung am Anfang des Wj. auszugehen. ⁵Das Aktivvermögen ist um Baukostenzuschüsse und passive Wertberichtigungsposten zu kürzen. ⁶Von der jPöR gewährte unverzinsliche Darlehen sind als Eigenkapital zu behandeln. ⁷Pensionsrückstellungen rechnen als echte Verpflichtungen nicht zum Eigenkapital. ⁸Soweit der BgA nicht mit einem angemessenen Eigenkapital ausgestattet ist, ist ein von der jPöR ihrem BgA gewährtes Darlehen als Eigenkapital zu behandeln mit der Folge, dass die insoweit angefallenen Zinsen als vGA anzusehen sind. ⁹Die Angemessenheit des Eigenkapitals ist für jeden VZ neu zu prüfen.

(3) ¹Auch ohne besondere Regelung sind Aufwendungen der jPöR, die dieser aus der Unterhaltung des BgA erwachsen, in angemessenem Umfang als Betriebsausgaben des BgA abziehbar. ²Wegen vGA >R 8.5 und wegen der Abgrenzung der Spenden zur vGA >R 9 Abs. 6.

(4) ¹Werden Wirtschaftsgüter anlässlich der Veräußerung eines BgA nicht mit veräußert, kommt es zur >Überführung dieser Wirtschaftsgüter in das Hoheitsvermögen der Trägerkörperschaft. ²Sie können danach einen anderen BgA zugeführt werden. ³Eine Zusammenfassung von BgA führt nicht zur Überführung der in den bisherigen BgA enthaltenen Wirtschaftsgüter in das Hoheitsvermögen mit anschließender Zuführung in den zusammengefassten BgA.

(5) Eine von außersteuerlichen Verpflichtungen abgeleitete steuerliche >Buchführungspflicht i. S. d. § 140 AO kann sich für BgA von jPöR aufgrund der landesspezifischen Eigenbetriebsgesetze sowie bei kaufmännischen Betrieben auch aufgrund einer unmittelbaren Anwendung der handelsrechtlichen Rechnungslegungsvorschriften (§§ 238 ff. HGB) ergeben.

H 8.2

Anwendungsfragen zur Besteuerung von BgA und Eigengesellschaften von jPöR
>BMF vom 12. 11. 2009, BStBl I S. 1303

Betriebsvermögen
Zum Begriff des notwendigen Betriebsvermögens >R 4.2 EStR

Wesentliche Betriebsgrundlagen sind auch ohne eine entsprechende Widmung stets als notwendiges Betriebsvermögen des BgA zu behandeln (>BFH vom 14. 3. 1984, I R 223/80, BStBl II S. 496). Der Annahme notwendigen Betriebsvermögens des BgA steht nicht entgegen, dass sich das Wirtschaftsgut räumlich im hoheitlichen Bereich der Trägerkörperschaft befindet (>BFH vom 27. 6. 2001, I R 82-85/00, BStBl II S. 773). Die Annahme von Betriebsvermögen des BgA ist hingegen ausgeschlossen, wenn das Wirtschaftsgut zum Hoheitsbereich der Trägerkörperschaft gehört; dies gilt auch dann, wenn das Wirtschaftsgut eine wesentliche Betriebsgrundlage des BgA darstellt (>BFH vom 17. 5. 2000, I R 50/98, BStBl 2001 II S. 558). Hoheitsvermögen kann kein gewillkürtes Betriebsvermögen darstellen (>BFH vom 7. 11. 2007, I R 52/06, BStBl 2009 II S. 248).

Buchführungspflicht
>BMF vom 3. 1. 2013, BStBl I S. 59

Angemessene Eigenkapitalausstattung
>BFH vom 9. 7. 2003, I R 48/02, BStBl 2004 II S. 425

Eigenkapitalausstattung und Darlehensgewährung
>BFH vom 1.9.1982, I R 52/78, BStBl 1983 II S. 147

Einkunftsart
Einkünfte eines BgA stellen stets gewerbliche Einkünfte i. S. d. § 15 EStG dar. Das gilt auch im Fall der Verpachtung eines BgA (>BFH vom 1.8.1979, I R 106/76, BStBl II S. 716).

Kapitalertragsteuer
Zur Kapitalertragsteuer auf Leistungen eines mit eigener Rechtspersönlichkeit ausgestatteten BgA bzw. auf den Gewinn eines BgA ohne eigene Rechtspersönlichkeit, die zu einer beschränkten Steuerpflicht der Trägerkörperschaft nach § 2 Nr. 2 KStG mit abgeltendem Steuerabzug (§ 32 Abs. 1 Nr. 2 KStG) führt >BMF vom 9.1.2015, BStBl I S. 111.

Konzessionsabgaben
Zur Abziehbarkeit von Konzessionsabgaben >BMF vom 9.2.1998, BStBl I S. 209 und >BMF vom 27.9.2002, BStBl I S. 940 sowie (insbesondere in der Anlaufphase) >BFH vom 6.4.2005, I R 15/04, BStBl 2006 II S. 196. Zur Bestimmung der Einwohnerzahl >BFH vom 31.1.2012, I R 1/11, BStBl II S. 694 und >BMF vom 24.8.2012, BStBl I S. 904.

Miet- oder Pachtverträge
Die fiktive Verselbständigung des BgA im Rahmen der Einkommensermittlung lässt grundsätzlich auch die steuerliche Berücksichtigung von Miet- und Pachtvereinbarungen des BgA mit seiner Trägerkörperschaft zu. Miet- oder Pachtverträge zwischen der jPöR und ihrem BgA können allerdings im Hinblick auf den Besteuerungszweck des § 1 Abs. 1 Nr. 6 i. V. m. § 4 KStG nicht der Besteuerung zugrunde gelegt werden, soweit Wirtschaftsgüter überlassen werden, die für den BgA eine wesentliche Grundlage bilden (>BFH vom 14.3.1984, I R 223/80, BStBl II S. 496). Dies gilt auch dann, wenn das Wirtschaftsgut – wie z. B. eine öffentliche Straßenfläche – zum Hoheitsbereich der jPöR gehört und die Annahme von >Betriebsvermögen des BgA ausscheidet (>BFH vom 17.5.2000, I R 50/98, BStBl 2001 II S. 558).

Rechnungsprüfung
Angemessene Aufwendungen eines BgA für gesetzlich vorgesehene Rechnungs- und Kassenprüfungen durch das Rechnungsprüfungsamt der Trägerkörperschaft sind als Betriebsausgaben abziehbar (>BFH vom 28.2.1990, I R 137/86, BStBl II S. 647).

Sondernutzungsentgelte
Soweit hoheitliches Vermögen auf Grund von Sondernutzungsentgelten genutzt wird, kann dies zu Betriebsausgaben führen (>BFH vom 6.11.2007, I R 72/06, BStBl 2009 II S. 246).

Steuerrechtssubjekt i. S. d. § 1 Abs. 1 Nr. 6 KStG
Die Trägerkörperschaft ist Steuerrechtssubjekt i. S. d. § 1 Abs. 1 Nr. 6 KStG wegen jedes einzelnen von ihr unterhaltenen BgA. Für jeden einzelnen BgA ist das Einkommen gesondert zu ermitteln und die Körperschaftsteuer gesondert gegen die Trägerkörperschaft festzusetzen (>BFH vom 13.3.1974, I R 7/71, BStBl II S. 391, >BFH vom 8.11.1989, I R 187/85, BStBl 1990 II S. 242 und >BFH vom 17.5.2000, I R 50/98, BStBl 2001 II S. 558).

Überführung von Wirtschaftsgütern
Werden Wirtschaftsgüter in einen anderen BgA derselben Trägerkörperschaft überführt, ist dieser Vorgang infolge der fiktiven Verselbständigung des rechtlich unselbständigen BgA im Rahmen der Einkommensermittlung als vGA des abgebenden sowie als verdeckte Einlage bei dem aufnehmenden Betrieb zu berücksichtigen (>BFH vom 24.4.2002, I R 20/01, BStBl 2003 II

S. 412). Zur Bewertung der vGA mit dem gemeinen Wert >H 8.6 Hingabe von Wirtschaftsgütern und zur Bewertung der verdeckten Einlage mit dem Teilwert >§ 8 Abs. 1 KStG i.V. m. § 6 Abs. 1 Nr. 5 und 6 EStG und >R 8.9 Abs. 4.

Vereinbarungen

Vereinbarungen zwischen dem rechtlich unselbständigem BgA und seiner Trägerkörperschaft sind aufgrund der fiktiven Verselbständigung des BgA im Rahmen der Einkommensermittlung steuerlich grundsätzlich zu berücksichtigen, zur Ausnahme bei Miet- und Pachtverträgen über wesentliche Betriebsgrundlagen >Miet- oder Pachtverträge. Aufgrund der engen Beziehung zwischen Trägerkörperschaft und rechtlich unselbständigem BgA sind für eine steuerliche Anerkennung der Vereinbarungen die für beherrschende Anteilseigner einer Kapitalgesellschaft geltenden Grundsätze maßgebend. Soweit bei der Ermittlung des Einkommens Minderungen des dem BgA zuzuordnenden Vermögens zugunsten des übrigen Vermögens der Trägerkörperschaft zu beurteilen sind, ist das Einkommen zu ermitteln, als ob der BgA ein selbständiges Steuersubjekt in der Rechtsform einer Kapitalgesellschaft und die Trägerkörperschaft deren Alleingesellschafter ist (>BFH vom 3. 2. 1993, I R 61/91, BStBl II S. 459, >BFH vom 10. 7. 1996, I R 108-109/95, BStBl 1997 II S. 230 und >BFH vom 17. 5. 2000, I R 50/98, BStBl 2001 II S. 558).

Zuwendungen

Zuwendungen an Trägerkörperschaft

Die fiktive Verselbständigung des BgA im Rahmen der Einkommensermittlung schließt die steuerrechtliche Anerkennung sowohl von Vereinbarungen als auch von sonstigen Geschäftsvorfällen zwischen der Trägerkörperschaft und dem unselbständigen BgA ein. Die Rspr. erkennt demzufolge grundsätzlich auch eine gewinnmindernde Berücksichtigung von Zuwendungen i. S. d. § 9 Abs. 1 Nr. 2 KStG an, die der rechtlich unselbständige BgA zugunsten der Trägerkörperschaft leistet (>BFH vom 5. 6. 1962, I 31/61, BStBl III S. 355 und >BFH vom 12. 10. 1978, I R 149/75, BStBl 1979 II S. 192).

Auswirkung von Zuwendungen auf den Gewinn

Zuwendungen zugunsten seiner Trägerkörperschaft kann der BgA nur dann gewinnmindernd berücksichtigen, wenn er die Zuwendung auch bei Anwendung der Sorgfalt eines ordentlichen und gewissenhaften Geschäftsleiters geleistet hätte und die Zuwendung ihre Ursache nicht in der engen Bindung des BgA an die Trägerkörperschaft, mithin in der trägerschaftlichen Beziehung findet; andernfalls kommt es zu einer vGA (>BFH vom 21. 1. 1970, I R 23/68, BStBl II S. 468, >BFH vom 12. 10. 1978, I R 149/75, BStBl 1979 II S. 192 und >BFH vom 1. 12. 1982, I R 101/79, BStBl 1983 II S. 150).

>H 9 Zuwendungen und Spenden an den Träger der Sparkasse (Gewährträger)

R 8.3	**Gewinnermittlung bei Körperschaften, die Land- und Forstwirtschaft betreiben**

[1]Im Interesse der Gleichmäßigkeit der Besteuerung bestehen keine Bedenken, dass auch Körperschaften, bei denen alle Einkünfte als Einkünfte aus Gewerbebetrieb zu behandeln sind (§ 8 Abs. 2 KStG) und die daher ihren Gewinn nicht nach § 4 Abs. 1 EStG, sondern nach § 5 EStG ermitteln, die Steuervergünstigungen des § 6b EStG für Gewinne aus der Veräußerung von Aufwuchs oder Anlagen im Grund und Boden mit dem dazugehörigen Grund und Boden in Anspruch nehmen. [2]Das gilt auch für die Vereinfachungsregelung i. S. d. R 14 Abs. 3 Satz 1 EStR. [3]Voraussetzung ist in diesen Fällen, dass sich der Betrieb der Körperschaft auf die Land- und Forstwirtschaft beschränkt oder der land- und forstwirtschaftliche Betrieb als organisatorisch verselbständigter Betriebsteil (Teilbetrieb) geführt wird.

| R 8.4 | **Zuwendungen an Pensions- und Unterstützungskassen** |

– unbesetzt –

| R 8.5 | **Verdeckte Gewinnausschüttungen** |

Grundsätze der verdeckten Gewinnausschüttung
(1) ¹Eine vGA i. S. d. § 8 Abs. 3 Satz 2 KStG ist eine Vermögensminderung oder verhinderte Vermögensmehrung, die durch das Gesellschaftsverhältnis veranlasst ist, sich auf die Höhe des Unterschiedsbetrags i. S. d. § 4 Abs. 1 Satz 1 EStG auswirkt und nicht auf einem den gesellschaftsrechtlichen Vorschriften entsprechenden Gewinnverteilungsbeschluss beruht. ²Bei nicht buchführungspflichtigen Körperschaften ist auf die Einkünfte abzustellen. ³Eine >Veranlassung durch das Gesellschaftsverhältnis ist auch dann gegeben, wenn die Vermögensminderung oder verhinderte Vermögensmehrung bei der Körperschaft zugunsten einer >nahestehenden Person erfolgt.

(2) ¹Im Verhältnis zwischen Gesellschaft und beherrschendem Gesellschafter ist eine Veranlassung durch das Gesellschaftsverhältnis i. d. R. auch dann anzunehmen, wenn es an einer zivilrechtlich wirksamen, klaren, eindeutigen und im Voraus abgeschlossenen Vereinbarung darüber fehlt, ob und in welcher Höhe ein Entgelt für eine Leistung des Gesellschafters zu zahlen ist, oder wenn nicht einer klaren Vereinbarung entsprechend verfahren wird. ²Die beherrschende Stellung muss im Zeitpunkt der Vereinbarung oder des Vollzugs der Vermögensminderung oder verhinderten Vermögensmehrung vorliegen.

| H 8.5 |

I. Grundsätze
Auslegung von Vereinbarungen
Zur Auslegung von Vereinbarungen zwischen einer Kapitalgesellschaft und ihrem Gesellschafter-Geschäftsführer im Zusammenhang mit einer Pensionszusage >BMF vom 28. 8. 2001, BStBl I S. 594

BgA
Eine vGA kann auch bei BgA von jPöR vorliegen (>BFH vom 29. 5. 1968, I 46/65, BStBl II S. 692, >BFH vom 13. 3. 1974, I R 7/71, BStBl II S. 391 und >BFH vom 10. 7. 1996, I R 108-109/95, BStBl 1997 II S. 230).
Zum Verhältnis zwischen dem BgA und der Trägerkörperschaft >H 8.2 Vereinbarungen
Zur Frage vGA bei Dauerverlustgeschäften >§ 8 Abs. 7 KStG und >BMF vom 12. 11. 2009, BStBl I S. 1303

Dauerschuldverhältnisse
>H 8.5 I zivilrechtliche Wirksamkeit

Genossenschaften
Eine vGA kann auch bei Genossenschaften vorliegen (>BFH vom 11. 10. 1989, I R 208/85, BStBl 1990 II S. 88 und >R 22 Abs. 13). Eingetragene Genossenschaften haben keine außerbetriebliche Sphäre (>BFH vom 24. 4. 2007, I R 37/06, BStBl 2015 II S. 1056).

Korrektur innerhalb oder außerhalb der Steuerbilanz
>BMF vom 28. 5. 2002, BStBl I S. 603

Mündliche Vereinbarung
Wer sich auf die Existenz eines mündlich abgeschlossenen Vertrags beruft, einen entsprechenden Nachweis aber nicht führen kann, hat den Nachteil des fehlenden Nachweises zu tragen, weil er sich auf die Existenz des Vertrags zur Begründung des Betriebsausgabenabzugs beruft (>BFH vom 29. 7. 1992, I R 28/92, BStBl 1993 II S. 247).
>H 8.5 I zivilrechtliche Wirksamkeit

Nichtkapitalgesellschaften und vGA
Die Annahme einer vGA setzt voraus, dass der Empfänger der Ausschüttung ein mitgliedschaftliches oder mitgliedschaftsähnliches Verhältnis zur ausschüttenden Körperschaft hat (>BFH vom 13. 7. 1994, I R 112/93, BStBl 1995 II S. 198). Entscheidend für eine vGA ist ihre Veranlassung durch das mitgliedschaftliche oder mitgliedschaftsähnliche Verhältnis. Aus diesem Grund kann eine vGA auch vorliegen, wenn im Zeitpunkt der Ausschüttung das mitgliedschaftliche oder mitgliedschaftsähnliche Verhältnis noch nicht oder nicht mehr besteht (>BFH vom 24. 1. 1989, VIII R 74/84, BStBl II S. 419).

Realgemeinden und Vereine
Eine vGA kann auch bei Realgemeinden und Vereinen vorliegen (>BFH vom 23. 9. 1970, I R 22/67, BStBl 1971 II S. 47). Ein eingetragener Verein hat eine außersteuerliche Sphäre (>BFH vom 15. 1. 2015, I R 48/13, BStBl II S. 713).

Stiftungen
Destinatäre einer Stiftung haben kein mitgliedschaftliches oder mitgliedschaftsähnliches Verhältnis zur Stiftung (>BFH vom 22. 9. 1959, I 5/59 U, BStBl 1960 III S. 37 und >BFH vom 12. 10. 2011, I R 102/10, BStBl 2014 II S. 484). Stiftungen verfügen über eine außerbetriebliche Sphäre (>BFH vom 12. 10. 2011, I R 102/10, BStBl 2014 II S. 484).

Tatsächliche Durchführung von Vereinbarungen
Das Fehlen der tatsächlichen Durchführung ist ein gewichtiges Indiz dafür, dass die Vereinbarung nicht ernstlich gemeint ist. Leistungen der Gesellschaft an ihren Gesellschafter aufgrund einer nicht ernstlich gemeinten Vereinbarung führen zu vGA (>BFH vom 28. 10. 1987, I R 110/83, BStBl 1988 II S. 301 und >BFH vom 29. 7. 1992, I R 28/92, BStBl 1993 II S. 247).

Tatsächliche Handlungen
Eine vGA setzt nicht voraus, dass die Vermögensminderung oder verhinderte Vermögensmehrung auf einer Rechtshandlung der Organe der Kapitalgesellschaft beruht. Auch tatsächliche Handlungen können den Tatbestand der vGA erfüllen (>BFH vom 14. 10. 1992, I R 17/92, BStBl 1993 II S. 352).

VVaG
Eine vGA kann auch bei VVaG vorliegen (>BFH vom 14. 7. 1976, I R 239/73, BStBl II S. 731).

Zivilrechtliche Wirksamkeit
Verträge mit beherrschenden Gesellschaftern müssen zivilrechtlich wirksam sein, um steuerlich anerkannt zu werden. Eine Wirksamkeitsvoraussetzung ist ein evtl. bestehendes Schriftformerfordernis (>BFH vom 17. 9. 1992, I R 89-98/91, BStBl 1993 II S. 141). Rechtsgeschäfte, welche der durch das Gesetz vorgeschriebenen Form ermangeln, sind gem. § 125 Satz 1 BGB nichtig. Der Mangel einer durch Rechtsgeschäft vorgeschriebenen Form hat gem. § 125 Satz 2 BGB „im

Zweifel" gleichfalls Nichtigkeit zur Folge. Maßgeblich für die Beurteilung der zivilrechtlichen Wirksamkeit ist, ob die Einhaltung der Schriftform Gültigkeitsvoraussetzung für den geänderten Vertrag sein soll (konstitutive Schriftform) oder ob der Inhalt des Vertrags lediglich zu Beweiszwecken schriftlich niedergelegt werden soll (deklaratorische Schriftform).
Änderungen des Gesellschaftsvertrags einer GmbH bedürfen gem. § 53 Abs. 2 GmbHG der notariellen Beurkundung. Die Befreiung eines Alleingesellschafters vom Selbstkontrahierungsverbot des § 181 BGB bedarf zu ihrer Wirksamkeit einer ausdrücklichen Gestattung im Gesellschaftsvertrag und der Eintragung im Handelsregister. Wird die Befreiung erst nach Abschluss von In-sich-Geschäften in der Satzung geregelt und ins Handelsregister eingetragen, sind diese als nachträglich genehmigt anzusehen. Das steuerliche Rückwirkungsverbot steht dem dann nicht entgegen, wenn den In-sich-Geschäften klare und von vornherein abgeschlossene Vereinbarungen zugrunde liegen (>BFH vom 17. 9. 1992, I R 89-98/91, BStBl 1993 II S. 141 und >BFH vom 23. 10. 1996, I R 71/95, BStBl 1999 II S. 35).
Miet- und Pachtverträge bedürfen nicht notwendig der Schriftform (§§ 550, 578, 581 BGB). Grundstückskaufverträge bedürfen der notariellen Beurkundung (§ 311b BGB).
Für **Dienstverträge** (z. B. mit Geschäftsführern) ist keine Schriftform vorgeschrieben. Gibt es Beweisanzeichen dafür, dass die Vertragsparteien eine mündlich getroffene Abrede gelten lassen wollen, obwohl sie selbst für alle Vertragsänderungen Schriftform vereinbart hatten, ist der Vertrag trotzdem wirksam geändert. Solche Beweisanzeichen liegen bei Dauerschuldverhältnissen vor, wenn aus gleichförmigen monatlichen Zahlungen und Buchungen erhöhter Gehälter sowie aus der Abführung von Lohnsteuer und Sozialversicherungsbeiträgen auf die Vereinbarung erhöhter Gehälter geschlossen werden kann (>BFH vom 24. 1. 1990, I R 157/86, BStBl II S. 645 und >BFH vom 29. 7. 1992, I R 18/91, BStBl 1993 II S. 139). Stark schwankende Leistungen sprechen für eine vGA (>BFH vom 14. 3. 1990, I R 6/89, BStBl II S. 795). Ist vertraglich ausdrücklich festgelegt, dass ohne Schriftform vorgenommene Änderungen unwirksam sein sollen, tritt ein diesbezüglicher Wille klar zu Tage (>BFH vom 31. 7. 1991, I S 1/91, BStBl II S. 933). Ist die Zivilrechtslage zweifelhaft, durfte ein ordentlicher und gewissenhafter Geschäftsleiter aber von der Wirksamkeit ausgehen, liegt keine vGA vor (>BFH vom 17. 9. 1992, I R 89-98/91, BStBl 1993 II S. 141).

Zuflusseignung/Vorteilsgeneigtheit
Die Minderung des Unterschiedsbetrags i. S. d. § 4 Abs. 1 Satz 1 EStG (>R 8.5 Abs. 1) muss geeignet sein, beim Gesellschafter einen sonstigen Bezug i. S. d. § 20 Abs. 1 Nr. 1 Satz 2 EStG auszulösen (>BFH vom 7. 8. 2002, I R 2/02, BStBl 2004 II S. 131 und >BFH vom 10. 4. 2013, I R 45/11, BStBl II S. 771).

II. Vermögensminderung oder verhinderte Vermögensmehrung
Darlehenszinsen
Zur Ermittlung der Vermögensminderung oder der verhinderten Vermögensmehrung bei vGA im Zusammenhang mit Darlehenszinsen (>BFH vom 28. 2. 1990, I R 83/87, BStBl II S. 649 und >BFH vom 19. 1. 1994, I R 93/93, BStBl II S. 725).

Erstattungsanspruch
Zivilrechtliche Ansprüche der Gesellschaft gegen den Gesellschafter, die sich aus einem als vGA zu qualifizierenden Vorgang ergeben, sind stets als Einlageforderung gegen den Gesellschafter zu behandeln, die erfolgsneutral zu aktivieren und somit nicht geeignet ist, die durch die vorangegangene vGA eintretende Vermögensminderung auszugleichen (>BFH vom 29. 4. 2008, I R 67/06, BStBl 2011 II S. 55).

Vorteilsausgleich
Eine vGA liegt nicht vor, wenn die Kapitalgesellschaft bei Anwendung der Sorgfalt eines ordentlichen und gewissenhaften Geschäftsleiters die Vermögensminderung oder verhinderte Ver-

mögensmehrung unter sonst gleichen Umständen auch gegenüber einem Nichtgesellschafter hingenommen hätte. Dies kann der Fall sein, wenn zwischen Gesellschaft und Gesellschafter ein angemessenes Entgelt in anderer Weise vereinbart worden ist. Voraussetzungen für die Anerkennung eines derartigen Vorteilsausgleichs ist, dass eine rechtliche Verknüpfung von Leistung und Gegenleistung aus einem gegenseitigen Vertrag besteht (>BFH vom 8.6.1977, I R 95/75, BStBl II S. 704 und >BFH vom 1.8.1984, I R 99/80, BStBl 1985 II S. 18). Bei einem beherrschenden Gesellschafter bedarf es zur Anerkennung eines Vorteilsausgleichs zudem einer im Voraus getroffenen klaren und eindeutigen Vereinbarung (>BFH vom 7.12.1988, I R 25/82, BStBl 1989 II S. 248 und >BFH vom 8.11.1989, I R 16/86, BStBl 1990 II S. 244).

Zum Vorteilsausgleich bei international verbundenen Unternehmen >BMF vom 23.2.1983, BStBl I S. 218 (Tz. 2.3) und >BMF vom 24.12.1999, BStBl I S. 1076, (insbes. S. 1114 und 1119), unter Berücksichtigung der Änderungen durch BMF vom 20.11.2000 (BStBl I S. 1509), BMF vom 29.9.2004 (BStBl I S. 917) und BMF vom 25.8.2009 (BStBl I S. 888)

III. Veranlassung durch das Gesellschaftsverhältnis

Allgemeines

Eine Veranlassung durch das Gesellschaftsverhältnis liegt dann vor, wenn ein ordentlicher und gewissenhafter Geschäftsleiter (§ 93 Abs. 1 Satz 1 AktG, § 43 Abs. 1 GmbHG, § 34 Abs. 1 Satz 1 GenG) die Vermögensminderung oder verhinderte Vermögensmehrung gegenüber einer Person, die nicht Gesellschafter ist, unter sonst gleichen Umständen nicht hingenommen hätte (Fremdvergleich, >BFH vom 11.2.1987, I R 177/83, BStBl II S. 461, >BFH vom 29.4.1987, I R 176/83, BStBl II S. 733, >BFH vom 10.6.1987, I R 149/83, BStBl 1988 II S. 25, >BFH vom 28.10.1987, I R 110/83, BStBl 1988 II S. 301, >BFH vom 27.7.1988, I R 68/84, BStBl 1989 II S. 57, >BFH vom 7.12.1988, I R 25/82, BStBl 1989 II S. 248 und >BFH vom 17.5.1995, I R 147/93, BStBl 1996 II S. 204). Der Fremdvergleich erfordert auch die Einbeziehung des Vertragspartners. Auch wenn ein Dritter einer für die Gesellschaft vorteilhaften Vereinbarung nicht zugestimmt hätte, kann deren Veranlassung im Gesellschaftsverhältnis liegen (>BFH vom 17.5.1995, I R 147/93, BStBl 1996 II S. 204). Bei der Prüfung des sog. doppelten Fremdvergleichs ist nicht nur auf den – die Interessen der Gesellschaft im Auge behaltenden – ordentlichen und gewissenhaften Geschäftsleiter, sondern ebenso auf die Interessenlage des objektiven und gedachten Vertragspartners abzustellen (>BFH vom 11.9.2013, I R 28/13, BStBl 2014 II S. 726).

Beherrschender Gesellschafter
- **Begriff**
  Eine beherrschende Stellung eines GmbH-Gesellschafters liegt im Regelfall vor, wenn der Gesellschafter die Mehrheit der Stimmrechte besitzt und deshalb bei Gesellschafterversammlungen entscheidenden Einfluss ausüben kann (>BFH vom 13.12.1989, I R 99/87, BStBl 1990 II S. 454).
- **Beteiligungsquote**
  Eine Beteiligung von 50 % oder weniger reicht zur Annahme einer beherrschenden Stellung aus, wenn besondere Umstände hinzutreten, die eine Beherrschung der Gesellschaft begründen (>BFH vom 8.1.1969, I R 91/66, BStBl II S. 347, >BFH vom 21.7.1976, I R 223/74, BStBl II S. 734 und >BFH vom 23.10.1985, I R 247/81, BStBl 1986 II S. 195).
- **Bilanzierung**
  Ein Rechtsgeschäft zwischen einer Kapitalgesellschaft und ihrem alleinigen Gesellschafter-Geschäftsführer ist als vGA zu werten, wenn es in der Bilanz der Gesellschaft nicht zutreffend abgebildet wird und ein ordentlicher und gewissenhafter Geschäftsführer den Fehler bei sorgsamer Durchsicht der Bilanz hätte bemerken müssen (>BFH vom 13.6.2006, I R 58/05, BStBl II S. 928).
- **Gleichgerichtete Interessen**
  Wenn mehrere Gesellschafter einer Kapitalgesellschaft mit gleichgerichteten Interessen zusammenwirken, um eine ihren Interessen entsprechende einheitliche Willensbildung her-

beizuführen, ist auch ohne Hinzutreten besonderer Umstände eine beherrschende Stellung anzunehmen (>BFH vom 26. 7. 1978, I R 138/76, BStBl II S. 659, >BFH vom 29. 4. 1987, I R 192/82, BStBl II S. 797, >BFH vom 29. 7. 1992, I R 28/92, BStBl 1993 II S. 247 und >BFH vom 25. 10. 1995, I R 9/95, BStBl 1997 II S. 703).

Gleichgerichtete wirtschaftliche Interessen liegen vor, wenn die Gesellschafter bei der Bemessung der dem einzelnen Gesellschafter jeweils zuzubilligenden Tantieme im Zusammenwirken gemeinsame Interessen verfolgen (>BFH vom 11. 12. 1985, I R 164/82, BStBl 1986 II S. 469). Als Indiz für ein solches Zusammenwirken reichen die übereinstimmende Höhe der Gehälter und das zeitliche Zusammenfallen der Beschlussfassung aus (>BFH vom 10. 11. 1965, I 178/63 U, BStBl 1966 III S. 73).

Die Tatsache, dass die Gesellschafter nahe Angehörige sind, reicht allein nicht aus, um gleichgerichtete Interessen anzunehmen; vielmehr müssen weitere Anhaltspunkte hinzutreten (>BVerfG vom 12. 3. 1985, 1 BvR 571/81, 1 BvR 494/82, 1 BvR 47/83, BStBl II S. 475 und >BFH vom 1. 2. 1989, I R 73/85, BStBl II S. 522).

- **Klare und eindeutige Vereinbarung**
Vereinbarungen mit beherrschenden Gesellschaftern müssen, um steuerlich wirksam zu sein, im Vorhinein klar und eindeutig getroffen sein. Ohne eine klare und eindeutige Vereinbarung kann eine Gegenleistung nicht als schuldrechtlich begründet angesehen werden. Das gilt selbst dann, wenn ein Vergütungsanspruch aufgrund gesetzlicher Regelung bestehen sollte, wie z. B. bei einer Arbeitsleistung (§ 612 BGB) oder einer Darlehensgewährung nach Handelsrecht (§§ 352, 354 HGB, >BFH vom 2. 3. 1988, I R 63/82, BStBl II S. 590).

Eine vGA kommt bei beherrschenden Gesellschaftern in Betracht, wenn nicht von vornherein klar und eindeutig bestimmt ist, ob und in welcher Höhe – einerlei ob laufend oder einmalig – ein Entgelt gezahlt werden soll. Auch eine getroffene Vereinbarung über Sondervergütungen muss zumindest erkennen lassen, nach welcher Bemessungsgrundlage (Prozentsätze, Zuschläge, Höchst- und Mindestbeträge) die Vergütung errechnet werden soll. Es muss ausgeschlossen sein, dass bei der Berechnung der Vergütung ein Spielraum verbleibt; die Berechnungsgrundlagen müssen so bestimmt sein, dass allein durch Rechenvorgänge die Höhe der Vergütung ermittelt werden kann, ohne dass es noch der Ausübung irgendwelcher Ermessensakte seitens der Geschäftsführung oder Gesellschafterversammlung bedarf (>BFH vom 24. 5. 1989, I R 90/85, BStBl II S. 800 und >BFH vom 17. 12. 1997, I R 70/97, BStBl 1998 II S. 545).

Leistungen an den beherrschenden Gesellschaftern nahe stehende Personen bedürfen zu ihrer steuerlichen Anerkennung einer im Voraus getroffenen klaren und eindeutigen Vereinbarung (>BFH vom 22. 2. 1989, I R 9/85, BStBl II S. 631).

- **Pensionszusagen**
Rückstellung für Pensionszusagen an beherrschende Gesellschafter-Geschäftsführer >R 8.7, >H 8.7 (Erdienbarkeit)

- **Rückwirkende Vereinbarung**
Rückwirkende Vereinbarungen zwischen der Gesellschaft und dem beherrschenden Gesellschafter sind steuerrechtlich unbeachtlich (>BFH vom 23. 9. 1970, I R 116/66, BStBl 1971 II S. 64, >BFH vom 3. 4. 1974, I R 241/71, BStBl II S. 497 und >BFH vom 21. 7. 1976, I R 223/74, BStBl II S. 734).

- **Sperrwirkung des abkommensrechtlichen Grundsatzes des „dealing at arm's length"**
Der abkommensrechtliche Grundsatz des „dealing at arm's length" entfaltet Sperrwirkung gegenüber den sog. Sonderbedingungen, denen beherrschende Gesellschafter bei Annahme einer vGA unterworfen sind (>BFH vom 11. 10. 2012, I R 75/11, BStBl 2013 II S. 1046).

- **Stimmrechtsausschluss**
Der Vorschrift des § 47 Abs. 4 GmbHG über einen Stimmrechtsausschluss des Gesellschafters bei Rechtsgeschäften zwischen ihm und der Gesellschaft kommt für die Frage der Beherrschung der Gesellschaft keine Bedeutung zu (>BFH vom 26. 1. 1989, IV R 151/86, BStBl II S. 455 und >BFH vom 21. 8. 1996, X R 25/93, BStBl 1997 II S. 44).

Nahestehende Person

- **International verbundene Unternehmen**

  Zum Begriff des Nahestehens bei international verbundenen Unternehmen >BMF vom 23.2.1983, BStBl I S. 218 (Tz. 1.4 und 1.5) sowie >BFH vom 10.4.2013, I R 45/11, BStBl II S. 771.

- **Kreis der nahestehenden Personen**

  Zur Begründung des „Nahestehens" reicht jede Beziehung eines Gesellschafters der Kapitalgesellschaft zu einer anderen Person aus, die den Schluss zulässt, sie habe die Vorteilszuwendung der Kapitalgesellschaft an die andere Person beeinflusst. Ehegatten können als nahestehende Personen angesehen werden (>BFH vom 2.3.1988, I R 103/86, BStBl II S. 786 und >BFH vom 10.4.2013, I R 45/11, BStBl II S. 771). Beziehungen, die ein Nahestehen begründen, können familienrechtlicher, gesellschaftsrechtlicher, schuldrechtlicher oder auch rein tatsächlicher Art sein (>BFH vom 18.12.1996, I R 139/94, BStBl 1997 II S. 301). Eine beherrschende Stellung ist für ein Nahestehen nicht erforderlich (>BFH vom 8.10.2008, I R 61/07, BStBl 2011 II S. 62). Eine Person, die an einer vermögensverwaltenden Personengesellschaft beteiligt ist, welche ihrerseits Gesellschafterin einer Kapitalgesellschaft ist, ist bei Prüfung einer vGA nicht als „Anteilseigner" der zuwendenden Kapitalgesellschaft zu behandeln. Die dem Anteilseigner nahestehende Person ist selbst kein Anteilseigner (>BFH vom 21.10.2014, VIII R 22/11, BStBl 2015 II S. 687).

  Zum Kreis der dem Gesellschafter nahestehenden Personen zählen sowohl natürliche als auch juristische Personen, unter Umständen auch Personenhandelsgesellschaften (>BFH vom 6.12.1967, I 98/65, BStBl 1968 II S. 322, >BFH vom 23.10.1985, I R 247/81, BStBl 1986 II S. 195 und >BFH vom 1.10.1986, I R 54/83, BStBl 1987 II S. 459).

- **Schwestergesellschaften**

  Zur Beurteilung von vGA zwischen Schwestergesellschaften >BFH vom 26.10.1987, GrS 2/86, BStBl 1988 II S. 348 und >BFH vom 10.4.2013, I R 45/11, BStBl II S. 771.

- **Verhältnis zum beherrschenden Gesellschafter**

  Bei dem beherrschenden Gesellschafter nahestehenden Personen bedarf eine Vereinbarung über die Höhe eines Entgelts für eine Leistung der vorherigen und eindeutigen Regelung, die auch tatsächlich durchgeführt werden muss (>BFH vom 29.4.1987, I R 192/82, BStBl II S. 797, >BFH vom 2.3.1988, I R 103/86, BStBl II S. 786 und >BFH vom 22.2.1989, I R 9/85, BStBl II S. 631).

- **Zurechnung der vGA**

  Wenn eine vGA einer Person zufließt, die einem Gesellschafter nahesteht, ist diese vGA steuerrechtlich stets dem Gesellschafter als Einnahme zuzurechnen, es sei denn, die nahestehende Person ist selbst Gesellschafter. Darauf, dass der betreffende Gesellschafter selbst einen Vermögensvorteil erlangt, kommt es nicht an (>BFH vom 29.9.1981, VIII R 8/77, BStBl 1982 II S. 248 und >BFH vom 18.12.1996, I R 139/94, BStBl 1997 II S. 301, sowie >BMF vom 20.5.1999, BStBl I S. 514).

IV. Vergütung der Gesellschafter-Geschäftsführer

Angemessenheit der Gesamtausstattung

>BMF vom 14.10.2002, BStBl I S. 972

Private Kfz-Nutzung

>BMF vom 3.4.2012, BStBl I S. 478 zur Anwendung der Urteile >BFH vom 23.1.2008, I R 8/06, BStBl 2012 II S. 260, >BFH vom 23.4.2009, VI R 81/06, BStBl 2012 II S. 262 und >BFH vom 11.2.2010, VI R 43/09, BStBl 2012 II S. 266

Überstundenvergütung, Sonn-, Feiertags- und Nachtzuschläge

Die Zahlung einer Überstundenvergütung an den Gesellschafter-Geschäftsführer ist regelmäßig eine vGA, da die gesonderte Vergütung von Überstunden nicht dem entspricht, was ein ordentlicher und gewissenhafter Geschäftsleiter einer GmbH mit einem Fremdgeschäftsführer vereinbaren würde. Dies gilt erst recht dann, wenn die Vereinbarung von vorneherein auf die Vergütung von Überstunden an Sonntagen, Feiertagen und zur Nachtzeit beschränkt ist (>BFH vom 19. 3. 1997, I R 75/96, BStBl II S. 577 und >BFH vom 27. 3. 2001, I R 40/00, BStBl II S. 655). Sofern eine Vereinbarung von Zuschlägen an Sonn- und Feiertagen und zur Nachtzeit im Einzelfall durch überzeugende betriebliche Gründe gerechtfertigt wird, die geeignet sind, die Regelvermutung für eine Veranlassung durch das Gesellschaftsverhältnis zu entkräften, kann eine vGA ausnahmsweise zu verneinen sein (>BFH vom 14. 7. 2004, I R 111/03, BStBl 2005 II S. 307). Auch Zuschläge für Sonntagsarbeit, Feiertagsarbeit, Mehrarbeit und Nachtarbeit an den nicht beherrschenden, aber als leitenden Angestellten tätigen Gesellschafter können eine vGA sein (>BFH vom 13. 12. 2006, VIII R 31/05, BStBl 2007 II S. 393).

Urlaub, Abgeltungszahlungen für nicht beanspruchte Tage

Soweit klare und eindeutige Vereinbarungen hinsichtlich des Urlaubsanspruches getroffen worden sind, stellen Abgeltungszahlungen für nicht in Anspruch genommenen Urlaub an den Gesellschafter-Geschäftsführer keine vGA dar, wenn der Nichtwahrnehmung des Urlaubsanspruches betriebliche Gründe zugrunde lagen. Dies ist insbesondere dann der Fall, wenn der Umfang der von ihm geleisteten Arbeit sowie seine Verantwortung für das Unternehmen die Gewährung von Freizeit im Urlaubsjahr ausgeschlossen haben. Gleiches kann für eine im Unternehmen beschäftige nahe stehende Person gelten, wenn diese gegenüber den übrigen Angestellten eine leitende Stellung innehat und die den Geschäftsführer betreffenden betrieblichen Gründe gleichermaßen einschlägig sind, den Jahresurlaub nicht antreten zu können (>BFH vom 28. 1. 2004, I R 50/03, BStBl 2005 II S. 524).

Zeitwertkonten-Modelle

Zu Zeitwertkonten bei Organen von Körperschaften >BMF vom 17. 6. 2009, BStBl I S. 1286, Tz. A. IV. 2. Buchstabe b und Tz. F. II.

V. Einzelfälle

Aktien/Anteile

– Zur Anwendung von § 8b KStG auf die Übertragung von Anteilen >BMF vom 28. 4. 2003, BStBl I S. 292

– Zum Erwerb eigener Anteile >BMF vom 27. 11. 2013, BStBl I S. 1615

Darlehensgewährung

Die Hingabe eines Darlehens an den Gesellschafter stellt eine vGA dar, wenn schon bei der Darlehenshingabe mit der Uneinbringlichkeit gerechnet werden muss (>BFH vom 16. 9. 1958, I 88/57 U, BStBl III S. 451 und >BFH vom 14. 3. 1990, I R 6/89, BStBl II S. 795). Ein unvollständiger Darlehensvertrag zwischen Kapitalgesellschaft und beherrschendem Gesellschafter kann nicht in die Zuführung von Eigenkapital umgedeutet werden (>BFH vom 29. 10. 1997, I R 24/97, BStBl 1998 II S. 573). Eine vGA kann auch bei Wertberichtigungen auf Darlehensforderungen gegenüber einem Gesellschafter vorliegen, wenn die Gesellschaft im Zeitpunkt der Darlehensgewährung auf dessen ausreichende Besicherung verzichtet hat; auf einen tatsächlichen Mittelabfluss bei der Gesellschaft kommt es nicht an (>BFH vom 14. 7. 2004, I R 16/03, BStBl II S. 1010 und >BFH vom 8. 10. 2008, I R 61/07, BStBl 2011 II S. 62). Darlehensgewährungen im Konzern können nicht allein deshalb als vGA beurteilt werden, weil für sie keine Sicherheit vereinbart wurde (>BFH vom 29. 10. 1997, I R 24/97, BStBl 1998 II S. 573).

Darlehenszinsen
Erhält ein Gesellschafter ein Darlehen von der Gesellschaft zinslos oder zu einem außergewöhnlich geringen Zinssatz, liegt eine vGA vor (>BFH vom 25.11.1964, I 116/63 U, BStBl 1965 III S. 176 und >BFH vom 23.6.1981, VIII R 102/80, BStBl 1982 II S. 245).
Gibt ein Gesellschafter der Gesellschaft ein Darlehen zu einem außergewöhnlich hohen Zinssatz, liegt eine vGA vor (>BFH vom 28.10.1964, I 198/62 U, BStBl 1965 III S. 119 und >BFH vom 25.11.1964, I 116/63 U, BStBl 1965 III S. 176).

Einbringung einer GmbH in eine KG
Bringt eine GmbH ihr Unternehmen unentgeltlich in eine KG ein, führt dies zu einer vGA in Höhe des fremdüblichen Entgelts für das eingebrachte Unternehmen, wenn am Vermögen der KG ausschließlich der beherrschende Gesellschafter der GmbH beteiligt ist (>BFH vom 15.9.2004, I R 7/02, BStBl 2005 II S. 867).

Einkünfteabgrenzung bei international verbundenen Unternehmen
>AStG, GAufzV, FVerlV
>BMF vom 23.2.1983, BStBl I S. 218
Verwaltungsgrundsätze Kostenumlagen >BMF vom 30.12.1999, BStBl I S. 1122
Verwaltungsgrundsätze Arbeitnehmerentsendung >BMF vom 9.11.2001, BStBl I S. 796
Verwaltungsgrundsätze-Verfahren >BMF vom 12.4.2005, BStBl I S. 570
Verwaltungsgrundsätze Funktionsverlagerung >BMF vom 13.10.2010, BStBl I S. 774

Erstausstattung der Kapitalgesellschaft
Bei Rechtsverhältnissen, die im Rahmen der Erstausstattung einer Kapitalgesellschaft zustande gekommen sind, liegt eine vGA schon dann vor, wenn die Gestaltung darauf abstellt, den Gewinn der Kapitalgesellschaft nicht über eine angemessene Verzinsung des eingezahlten Nennkapitals und eine Vergütung für das Risiko des nicht eingezahlten Nennkapitals hinaus zu steigern (>BFH vom 5.10.1977, I R 230/75, BStBl 1978 II S. 234, >BFH vom 23.5.1984, I R 294/81, BStBl II S. 673 und >BFH vom 2.2.1994, I R 78/92, BStBl II S. 479).

Geburtstag
Gibt eine GmbH aus Anlass des Geburtstags ihres Gesellschafter-Geschäftsführers einen Empfang, an dem nahezu ausschließlich Geschäftsfreunde teilnehmen, liegt eine vGA vor (>BFH vom 28.11.1991, I R 13/90, BStBl 1992 II S. 359).

Gesellschafterversammlung
Zur Frage der steuerlichen Behandlung der Fahrtkosten, Sitzungsgelder, Verpflegungs- und Übernachtungskosten anlässlich einer Hauptversammlung oder Gesellschafterversammlung bzw. einer Vertreterversammlung >BMF vom 26.11.1984, BStBl I S. 591.

Gewinnverteilung
Stimmt die an einer Personengesellschaft beteiligte Kapitalgesellschaft rückwirkend oder ohne rechtliche Verpflichtung einer Neuverteilung des Gewinns zu, die ihre Gewinnbeteiligung zugunsten ihres gleichfalls an der Personengesellschaft beteiligten Gesellschafters einschränkt, liegt eine vGA vor (>BFH vom 12.6.1980, IV R 40/77, BStBl II S. 723).

Gründungskosten
>BMF vom 25.6.1991, BStBl I S. 661

Irrtum über Leistungspflicht

Leistet der Geschäftsführer einer Kapitalgesellschaft in der irrtümlichen Annahme einer vertraglichen Leistungspflicht eine Zahlung an einen vormaligen Gesellschafter, liegt hierin jedenfalls dann eine vGA, wenn die Begründung der nach der Vorstellung des Geschäftsführers bestehenden Leistungspflicht als vGA zu beurteilen wäre (>BFH vom 29. 4. 2008, I R 67/06, BStBl 2011 II S. 55).

Kapitalerhöhungskosten

>BFH vom 19. 1. 2000, I R 24/99, BStBl II S. 545

Konzernkasse

Besteht für die Unternehmen eines Konzerns eine gemeinsame Unterstützungskasse (Konzernkasse), können bei einem Missverhältnis der Zuwendungen der einzelnen Unternehmen an die Konzernkasse unter bestimmten Voraussetzungen vGA vorliegen (>BFH vom 29. 1. 1964, I 209/62 U, BStBl 1965 III S. 27).

Markteinführungskosten

Ein ordentlicher und gewissenhafter Geschäftsleiter einer Kapitalgesellschaft wird für die Gesellschaft nur dann ein neues Produkt am Markt einführen und vertreiben, wenn er daraus bei vorsichtiger und vorheriger kaufmännischer Prognose innerhalb eines überschaubaren Zeitraums und unter Berücksichtigung der voraussichtlichen Marktentwicklung einen angemessenen Gesamtgewinn erwarten kann (>BFH vom 17. 2. 1993, I R 3/92, BStBl II S. 457 und >BMF vom 23. 2. 1983, BStBl I S. 218 Tz. 3.4 und 3.5).

Nutzungsüberlassungen

- Eine vGA liegt vor bei Mietverhältnissen oder Nutzungsrechtsüberlassungen zwischen Gesellschafter und Kapitalgesellschaft zu einem unangemessenen Preis (>BFH vom 16. 8. 1955, I 160/54 U, BStBl III S. 353 und >BFH vom 3. 2. 1971, I R 51/66, BStBl II S. 408).
- Die Nutzung eines betrieblichen Kfz durch den Gesellschafter-Geschäftsführer ohne fremdübliche Überlassungs- oder Nutzungsvereinbarung führt zur vGA (>BMF vom 3. 4. 2012, BStBl I S. 478 zur Anwendung der Urteile >BFH vom 23. 1. 2008, I R 8/06, BStBl 2012 II S. 260, >BFH vom 23. 4. 2009, VI R 81/06, BStBl 2012 II S. 262 und >BFH vom 11. 2. 2010, VI R 43/09, BStBl 2012 II S. 266).

Rechtsverzicht

Verzichtet eine Gesellschaft auf Rechte, die ihr einem Gesellschafter gegenüber zustehen, liegt eine vGA vor (>BFH vom 3. 11. 1971, I R 68/70, BStBl 1972 II S. 227, >BFH vom 13. 10. 1983, I R 4/81, BStBl 1984 II S. 65 und >BFH vom 7. 12. 1988, I R 25/82, BStBl 1989 II S. 248).

Reisekosten des Gesellschafter-Geschäftsführers

Von der Kapitalgesellschaft getragene Aufwendungen für eine Auslandsreise des Gesellschafter-Geschäftsführers können eine vGA begründen, wenn die Reise durch private Interessen des Gesellschafters veranlasst oder in nicht nur untergeordnetem Maße mitveranlasst ist (>BFH vom 6. 4. 2005, I R 86/04, BStBl II S. 666). Zum Abzugsverbot nach § 12 Nr. 1 EStG >BFH vom 21. 9. 2009, GrS 1/06, BStBl 2010 II S. 672 sowie >BMF vom 6. 7. 2010, BStBl I S. 614.

Risikogeschäfte

Tätigt eine Kapitalgesellschaft Risikogeschäfte (Devisentermingeschäfte), so rechtfertigt dies im Allgemeinen nicht die Annahme, die Geschäfte würden im privaten Interesse des (beherrschenden) Gesellschafters ausgeübt. Die Gesellschaft ist grundsätzlich darin frei, solche Geschäfte und die damit verbundenen Chancen, zugleich aber auch Verlustgefahren wahrzunehmen. Die Übernahme der Risiken wird sich deswegen allenfalls bei ersichtlich privater Veranlassung als Verlustverlagerung zuungunsten der Gesellschaft darstellen, beispielsweise dann, wenn die Gesellschaft sich verpflichtet, Spekulationsverluste zu tragen, Spekulationsgewinne aber an den Gesellschafter abzuführen, oder wenn sie sich erst zu einem Zeitpunkt zur Übernahme der in Rede stehenden Geschäfte entschließt, in dem sich die dauerhafte Verlustsituation bereits konkret abzeichnet (>BFH vom 8.8.2001, I R 106/99, BStBl 2003 II S. 487).

Rückstellung bei Mietzahlungen
Eine Rückstellung für die Verpflichtung einer Kapitalgesellschaft, einer Schwestergesellschaft die von dieser geleisteten Mietzahlungen nach den Grundsätzen der eigenkapitalersetzenden Gebrauchsüberlassung zu erstatten, führt zu einer vGA (>BFH vom 20.8.2008, I R 19/07, BStBl 2011 II S. 60).

Schuldübernahme
Eine vGA liegt vor, wenn eine Gesellschaft eine Schuld oder sonstige Verpflichtung eines Gesellschafters übernimmt (>BFH vom 19.3.1975, I R 173/73, BStBl II S. 614 und >BFH vom 19.5.1982, I R 102/79, BStBl II S. 631).

Stille Gesellschaft
Beteiligt sich ein Gesellschafter an der Gesellschaft als stiller Gesellschafter und erhält dafür einen unangemessen hohen Gewinnanteil, liegt eine vGA vor (>BFH vom 6.2.1980, I R 50/76, BStBl II S. 477).

Träger der Sparkasse, Zinsaufbesserungen
Zu der Frage, ob vGA an den Träger der Sparkasse vorliegen, wenn eine Sparkasse diesem Zinsaufbesserungen für Einlagen und Zinsrückvergütungen für ausgereichte Darlehen gewährt >BFH vom 1.12.1982, I R 69-70/80, BStBl 1983 II S. 152.

Verlustgeschäfte
Ein ordentlicher und gewissenhafter Geschäftsleiter würde die Übernahme von Aufgaben, die vorrangig im Interesse des Alleingesellschafters liegen, davon abhängig machen, ob sich der Gesellschaft die Chance zur Erzielung eines angemessenen Gewinns stellt (>BFH vom 2.2.1994, I R 78/92, BStBl II S. 479). Bei Dauerverlustgeschäften bei der öffentlichen Hand >§ 8 Abs. 7 KStG und >BMF vom 12.11.2009, BStBl I S. 1303

(Zinslose) Vorschüsse auf Tantieme
Zahlt eine GmbH ihrem Gesellschafter ohne eine entsprechende klare und eindeutige Abmachung einen unverzinslichen Tantiemevorschuss, ist der Verzicht auf eine angemessene Verzinsung eine vGA (>BFH vom 22.10.2003, I R 36/03, BStBl 2004 II S. 307).

Waren
Liefert ein Gesellschafter an die Gesellschaft, erwirbt er von der Gesellschaft Waren und sonstige Wirtschaftsgüter zu ungewöhnlichen Preisen, oder erhält er besondere Preisnachlässe und Rabatte, liegt eine vGA vor (>BFH vom 12.7.1972, I R 203/70, BStBl II S. 802, >BFH vom 21.12.1972, I R 70/70, BStBl 1973 II S. 449, >BFH vom 16.4.1980, I R 75/78, BStBl 1981 II S. 492 und >BFH vom 6.8.1985, VIII R 280/81, BStBl 1986 II S. 17).

Zur Lieferung von Gütern oder Waren bei international verbundenen Unternehmen >BMF vom 23.2.1983, BStBl I S. 218 Tz. 3.1

R 8.6 | **Wert der verdeckten Gewinnausschüttungen, Beweislast, Rückgängigmachung**

Löst eine vGA Umsatzsteuer oder nicht abziehbare Vorsteuer aus, ist diese bei der Gewinnermittlung nicht zusätzlich nach § 10 Nr. 2 KStG hinzuzurechnen.

H 8.6

Beweislast
- **Grundsätze**

    Die objektive Beweislast für das Vorliegen von vGA obliegt dem Finanzamt (>BFH vom 27.10.1992, VIII R 41/89, BStBl 1993 II S. 569). Andererseits hat die Körperschaft die objektive Beweislast für die betriebliche Veranlassung der in der Buchführung als Betriebsvermögensminderung behandelten Aufwendungen. Sprechen nahezu alle erheblichen Beweisanzeichen dafür, dass eine Zuwendung an den Gesellschafter ihre Grundlage im Gesellschaftsverhältnis hat, geht ein verbleibender Rest an Ungewissheit zulasten der Körperschaft. Spricht der Maßstab des Handelns eines ordentlichen und gewissenhaften Geschäftsleiters für die Veranlassung einer Vorteilszuwendung im Gesellschaftsverhältnis, hat die Körperschaft die Umstände darzulegen, aus denen sich eine andere Beurteilung ergeben kann (>BFH vom 19.3.1997, I R 75/96, BStBl II S. 577).

- **Beweislast bei beherrschendem Gesellschafter**

    Der beherrschende Gesellschafter hat das Vorliegen einer im Voraus geschlossenen klaren und eindeutigen Vereinbarung nachzuweisen (>BFH vom 29.7.1992, I R 28/92, BStBl 1993 II S. 247).

- **Beweislast bei international verbundenen Unternehmen**

    Zur Mitwirkungs- und Nachweispflicht bei international verbundenen Unternehmen >BMF vom 12.4.2005, BStBl I S. 570. § 90 Abs. 3 AO bzw. die GAufzV (>Anhang[1]) sind zu beachten.

Fremdvergleich von Preisen bei Handel zwischen verbundenen Unternehmen

Zur Bemessung der vGA bei grenzüberschreitenden Geschäftsbeziehungen zwischen verbundenen Unternehmen >BFH-Urteile vom 17.10.2001, I R 103/00, BStBl 2004 II S. 171 und >BFH vom 6.4.2005, I R 22/04, BStBl 2007 II S. 658. Zur Anwendung des BFH-Urteils vom 17.10.2001 (a.a.O.) >BMF vom 26.2.2004, BStBl I S. 270.

Hingabe von Wirtschaftsgütern

Für die Bemessung der vGA ist bei Hingabe von Wirtschaftsgütern von deren gemeinem Wert, der durch den erzielbaren Erlös bestimmt wird, auszugehen (>BFH vom 18.10.1967, I 262/63, BStBl 1968 II S. 105 und >BFH vom 27.11.1974, I R 250/72, BStBl 1975 II S. 306).

Nutzungsüberlassungen

Für die Bemessung der vGA ist bei Nutzungsüberlassungen von der erzielbaren Vergütung auszugehen (>BFH vom 27.11.1974, I R 250/72, BStBl 1975 II S. 306, >BFH vom 6.4.1977, I R 86/75, BStBl II S. 569 und >BFH vom 28.2.1990, I R 83/87, BStBl II S. 649). Zur Bemessung der vGA bei der Überlassung eines betrieblichen Kfz >BMF vom 3.4.2012, BStBl I S. 478.

---

[1] = Anhang 5 Amtliches Körperschaftsteuer-Handbuch 2015, hier nicht wiedergegeben, mit Verordnung zu Art, Inhalt und Umfang von Aufzeichnungen im Sinne des § 90 Abs. 3 der Abgabenordnung (Gewinnabgrenzungsaufzeichnungsverordnung – GAufzV).

Rückgängigmachung
Die Rückgängigmachung von vGA ist nur in besonders gelagerten Ausnahmefällen möglich (>BFH vom 10. 4. 1962, I 65/61 U, BStBl III S. 255 und >BFH vom 23. 5. 1984, I R 266/81, BStBl II S. 723 und >BMF vom 6. 8. 1981, BStBl I S. 599).

Steuerbilanzgewinn
Die Gewinnerhöhung aufgrund einer vGA i. S. d. § 8 Abs. 3 Satz 2 KStG ist dem Steuerbilanzgewinn außerhalb der Steuerbilanz im Rahmen der Ermittlung des Einkommens der Körperschaft hinzuzurechnen (>BMF vom 28. 5. 2002, BStBl I S. 603).

Verdeckte Gewinnausschüttung und Kapitalertrag nach § 20 EStG
Für die Anwendung des § 8 Abs. 3 Satz 2 KStG kommt es nicht darauf an, ob und in welcher Höhe die vGA beim Gesellschafter tatsächlich einen Kapitalertrag nach § 20 Abs. 1 Nr. 1 Satz 2, Nr. 9 oder Nr. 10 Buchstabe a oder b EStG auslöst (>BFH vom 29. 4. 1987, I R 176/83, BStBl II S. 733, >BFH vom 22. 2. 1989, I R 44/85, BStBl II S. 475, >BFH vom 14. 3. 1989, I R 8/85, BStBl II S. 633 und >BFH vom 26. 6. 2013, I R 39/12, BStBl 2014 II S. 174).
Beachte hierzu >H 8.5. I. Zuflusseignung/Vorteilsgeneigtheit
Zur Kapitalertragsteuerpflicht bei BgA >BMF vom 9. 1. 2015, BStBl I S. 111

R 8.7 | **Rückstellungen für Pensionszusagen an Gesellschafter-Geschäftsführer von Kapitalgesellschaften**

[1]Bei Pensionsverpflichtungen ist in einem ersten Schritt zu prüfen, ob und in welchem Umfang eine Rückstellung gebildet werden darf. [2]Ist eine Pensionszusage bereits zivilrechtlich unwirksam, ist die Pensionsrückstellung in der Handelsbilanz erfolgswirksam aufzulösen, dies ist maßgeblich für die steuerrechtliche Gewinnermittlung. [3]Daneben müssen die Voraussetzungen des § 6a EStG erfüllt sein; sind sie nicht erfüllt, ist die Pensionsrückstellung insoweit innerhalb der steuerrechtlichen Gewinnermittlung erfolgswirksam aufzulösen. [4]Die Regelungen in R 6a EStR sind für den Ansatz der Pensionsrückstellungen in der steuerrechtlichen Gewinnermittlung dem Grunde und der Höhe nach zu berücksichtigen. [5]Ist die Pensionsrückstellung dem Grunde und der Höhe nach zutreffend bilanziert, ist in einem zweiten Schritt zu prüfen, ob und inwieweit die Pensionsverpflichtung auf einer vGA beruht. [6]Bei dieser Prüfung sind insbesondere die Aspekte Ernsthaftigkeit, >Erdienbarkeit und >Angemessenheit zu prüfen.

H 8.7

Angemessenheit
In die Prüfung der Angemessenheit der Gesamtbezüge des Gesellschafter-Geschäftsführers ist auch die ihm erteilte Pensionszusage einzubeziehen. Diese ist mit der fiktiven Jahresnettoprämie nach dem Alter des Gesellschafter-Geschäftsführers im Zeitpunkt der Pensionszusage anzusetzen, die er selbst für eine entsprechende Versicherung zu zahlen hätte, abzüglich etwaiger Abschluss- und Verwaltungskosten. Sieht die Pensionszusage spätere Erhöhungen vor oder wird sie später erhöht, ist die fiktive Jahresnettoprämie für den Erhöhungsbetrag auf den Zeitpunkt der Erhöhung der Pensionszusage zu berechnen; dabei ist von den Rechnungsgrundlagen auszugehen, die für die Berechnung der Pensionsrückstellung verwendet werden. Das gilt nicht für laufende Anpassungen an gestiegene Lebenshaltungskosten. Zur Ermittlung der Angemessenheitsgrenze für die Gesamtbezüge >BMF vom 14. 10. 2002, BStBl I S. 972. Zur Überversorgung wegen überdurchschnittlich hoher Versorgungsanwartschaften und bei Nur-Pension >BMF vom 3. 11. 2004, BStBl I S. 1045, Rn. 7, >BMF vom 13. 12. 2012, BStBl 2013 I S. 35, >BFH vom 31. 3. 2004, I R 70/03, BStBl II S. 937, und >BFH vom 28. 4. 2010, I R 78/08, BStBl 2013 II S. 41.

Erdienbarkeit
Die Zusage einer Pension an einen beherrschenden Gesellschafter-Geschäftsführer führt zu einer vGA, wenn der Zeitraum zwischen dem Zeitpunkt der Zusage der Pension und dem vorgesehenen Zeitpunkt des Eintritts in den Ruhestand weniger als 10 Jahre beträgt (>BFH vom 21.12.1994, I R 98/93, BStBl 1995 II S. 419 sowie >BMF vom 1.8.1996, BStBl I S. 1138 und >BMF vom 9.12.2002, BStBl I S. 1393).

Die Zusage einer Pension an einen nicht beherrschenden Gesellschafter-Geschäftsführer führt zu einer vGA, wenn
- der Zeitraum zwischen dem Zeitpunkt der Zusage der Pension und dem vorgesehenen Zeitpunkt des Eintritts in den Ruhestand weniger als 10 Jahre beträgt, oder
- dieser Zeitraum zwar mindestens drei Jahre beträgt, der Gesellschafter-Geschäftsführer dem Betrieb aber weniger als 12 Jahre angehörte (>BFH vom 24.1.1996, I R 41/95, BStBl 1997 II S. 440 und >BFH vom 15.3.2000, I R 40/99, BStBl II S. 504 und >BMF vom 7.3.1997, BStBl I S. 637).

Eine Pensionszusage muss zur Vermeidung einer vGA vor der Vollendung des 60. Lebensjahres des Gesellschafter-Geschäftsführers erteilt worden sein (>BFH vom 5.4.1995, I R 138/93, BStBl II S. 478).

Diese Grundsätze sind auch bei einer nachträglichen Erhöhung der Zusage anzuwenden (>BFH vom 23.9.2008, I R 62/07, BStBl 2013 II S. 39). Um eine nachträgliche Erhöhung kann es sich auch handeln, wenn ein endgehaltsabhängiges Pensionsversprechen infolge einer Gehaltsaufstockung mittelbar erhöht wird und das der Höhe nach einer Neuzusage gleichkommt (>BFH vom 20.5.2015, I R 17/14, BStBl 2015 II S. 1022).

Finanzierbarkeit
Zur Finanzierbarkeit von Pensionszusagen gegenüber Gesellschafter-Geschäftsführern >BFH vom 8.11.2000, I R 70/99, BStBl 2005 II S. 653, >BFH vom 20.12.2000, I R 15/00, BStBl 2005 II S. 657, >BFH vom 7.11.2001, I R 79/00, BStBl 2005 II S. 659, >BFH vom 4.9.2002, I R 7/01, BStBl 2005 II S. 662 und >BFH vom 31.3.2004, I R 65/03, BStBl 2005 II S. 664 sowie >BMF vom 6.9.2005, BStBl I S. 875

Fortführung eines Dienstverhältnisses
Zur vGA bei Fortführung eines Dienstverhältnisses nach Eintritt des Versorgungsfalls >BFH vom 5.3.2008, I R 12/07, BStBl 2015 II S. 409 und >BFH vom 23.10.2013, I R 60/12, BStBl 2015 II S. 413

Invaliditätsversorgung – dienstzeitunabhängig
Die Zusage einer dienstzeitunabhängigen Invaliditätsversorgung zugunsten eines Gesellschafter-Geschäftsführers i. H. v. 75 % des Bruttogehalts führt wegen Unüblichkeit zur vGA (>BFH vom 28.1.2004, I R 21/03, BStBl 2005 II S. 841).

Kapitalabfindung
Sagt eine Kapitalgesellschaft ihrem beherrschenden Gesellschafter-Geschäftsführer anstelle der monatlichen Rente „spontan" die Zahlung einer Kapitalabfindung der Versorgungsanwartschaft zu, so ist die gezahlte Abfindung regelmäßig vGA (>BFH vom 11.9.2013, I R 28/13, BStBl 2014 II S. 726 und >BFH vom 23.10.2013, I R 89/12, BStBl 2014 II S. 729). Bei nicht beherrschenden Gesellschafter-Geschäftsführern >BFH vom 28.4.2010, I R 78/08, BStBl 2013 II S. 41

Lebenshaltungskosten
Zur Pensionserhöhung wegen gestiegener Lebenshaltungskosten >BFH vom 27.7.1988, I R 68/84, BStBl 1989 II S. 57

Lebensgefährtin
Zur Pensionszusage zugunsten einer nichtehelichen Lebensgefährtin >BFH vom 29.11.2000, I R 90/99, BStBl 2001 II S. 204 sowie >BMF vom 25.7.2002, BStBl I S. 706 und >BMF vom 8.1.2003, BStBl I S. 93

Rückdeckungsversicherung
Beiträge, die eine GmbH für eine Lebensversicherung entrichtet, die sie zur Rückdeckung einer ihrem Gesellschafter-Geschäftsführer zugesagten Pension abgeschlossen hat, stellen auch dann keine vGA dar, wenn die Pensionszusage durch das Gesellschaftsverhältnis veranlasst ist (>BFH vom 7.8.2002, I R 2/02, BStBl 2004 II S. 131).

Tatsächliche Durchführung
Scheidet der beherrschende Gesellschafter-Geschäftsführer einer GmbH vor Ablauf der Erdienenszeit aus dem Unternehmen als Geschäftsführer aus, wird der Versorgungsvertrag tatsächlich nicht durchgeführt. Die jährlichen Zuführungen zu der für die Versorgungszusage gebildeten Rückstellung stellen deswegen regelmäßig vGA dar (>BFH vom 25.6.2014, I R 76/13, BStBl 2015 II S. 665).

Überversorgung
- **Nur-Pension**

    Sog. Nur-Pensionszusagen führen regelmäßig zur sog. Überversorgung, so dass eine Rückstellung nach § 6a EStG zu Lasten des Steuerbilanzgewinns nicht gebildet werden darf (>BFH vom 9.11.2005, I R 89/04, BStBl 2008 II S. 523 und >BFH vom 28.4.2010, I R 78/08, BStBl 2013 II S. 41 sowie >BMF vom 13.12.2012, BStBl 2013 I S. 35). Die Zusage einer Nur-Pension ist im Übrigen durch das Gesellschaftsverhältnis veranlasst (>BFH vom 17.5.1995, I R 147/93, BStBl 1996 II S. 204 und >BFH vom 28.4.2010, I R 78/08, BStBl 2013 II S. 41 sowie >BMF vom 28.1.2005, BStBl I S. 387).

- **Reduzierung der Aktivbezüge**

    >BFH vom 27.3.2012, I R 56/11, BStBl II S. 665 sowie >BMF vom 3.11.2004, BStBl I S. 1045

- **Rentendynamik**

    Zu fest zugesagten prozentualen Erhöhungen von Renten und Rentenanwartschaften >H 6a (17) Steigerungen der Versorgungsansprüche EStH

Unverfallbarkeit
Zu Vereinbarungen über eine Unverfallbarkeit in Zusagen auf Leistungen der betrieblichen Altersversorgung an Gesellschafter-Geschäftsführer >BMF vom 9.12.2002, BStBl I S. 1393 sowie >BFH vom 26.6.2013, I R 39/12, BStBl 2014 II S. 174

Warte-/Probezeit
Die Erteilung einer Pensionszusage unmittelbar nach der Anstellung und ohne die unter Fremden übliche Wartezeit ist in aller Regel durch das Gesellschaftsverhältnis veranlasst. Eine derartige Wartezeit ist bei bereits erprobten Geschäftsführern insbesondere in Fällen der Umwandlung nicht erforderlich (>BFH vom 15.10.1997, I R 42/97, BStBl 1999 II S. 316, >BFH vom 29.10.1997, I R 52/97, BStBl 1999 II S. 318, >BFH vom 24.4.2002, I R 18/01, BStBl II S. 670, >BFH vom 23.2.2005, I R 70/04, BStBl II S. 882, >BFH vom 28.4.2010, I R 78/08, BStBl 2013 II S. 41 und >BFH vom 26.6.2013, I R 39/12, BStBl 2014 II S. 174 sowie >BMF vom 14.12.2012, BStBl 2013 I S. 58). Eine unter Verstoß gegen eine angemessene Probezeit erteilte Pensionszusage wächst auch nach Ablauf der angemessenen Probezeit nicht in eine fremdvergleichsgerechte Pensionszusage hinein (>BFH vom 28.4.2010, I R 78/08, BStBl 2013 II S. 41 sowie >BMF vom 14.12.2012, BStBl 2013 I S. 58).

Eine vGA kann bei einer unberechtigten Einbeziehung von Vordienstzeiten bei der Teilwertberechnung einer Pensionsrückstellung zu verneinen sein, wenn die Pensionszusage dem Grunde und der Höhe nach einem Fremdvergleich standhält (>BFH vom 18. 4. 2002, III R 43/00, BStBl 2003 II S. 149).

Wegfall einer Pensionsverpflichtung
Eine wegen Wegfalls der Verpflichtung gewinnerhöhend aufgelöste Pensionsrückstellung ist im Wege einer Gegenkorrektur nur um die tatsächlich bereits erfassten vGA der Vorjahre außerbilanziell zu kürzen (>BFH vom 21. 8. 2007, I R 74/06, BStBl 2008 II S. 277 sowie >BMF vom 28. 5. 2002, BStBl I S. 603).

R 8.8   Tantiemen

– unbesetzt –

H 8.8

Allgemeines
Vereinbart eine GmbH mit ihrem beherrschenden Gesellschafter-Geschäftsführer eine Gewinntantieme, liegt darin eine vGA, wenn der nach Ablauf des jeweiligen Geschäftsjahres entstehende gesellschaftsrechtliche Gewinnanspruch lediglich der Form nach in einen Gehaltsanspruch gekleidet ist (>BFH vom 2. 12. 1992, I R 54/91, BStBl 1993 II S. 311).

Grundsätze
>BMF vom 1. 2. 2002, BStBl I S. 219
Nach der sog. 75/25-Regelvermutung ist zu beachten, dass die Bezüge im Allgemeinen wenigstens zu 75 % aus einem festen und höchstens zu 25 % aus erfolgsabhängigen Bestandteilen (Tantiemen) bestehen. Übersteigt der variable Anteil der Vergütung diese Grenze, ist im Einzelfall zu ermitteln, ob die gewählte Gestaltung betrieblich oder gesellschaftsrechtlich veranlasst ist (>BFH vom 27. 2. 2003, I R 46/01, BStBl 2004 II S. 132 und >BFH vom 4. 6. 2003, I R 24/02, BStBl 2004 II S. 136).

Unerwartete Erhöhung der Bemessungsgrundlage für die Gewinntantieme
>BFH vom 10. 7. 2002, I R 37/01, BStBl 2003 II S. 418

Umsatztantieme
Umsatzabhängige Vergütungen an Geschäftsführer sind steuerlich nur anzuerkennen, wenn besondere Gründe dafür vorliegen, dass die mit dem Vergütungsanreiz angestrebten Ziele mit einer gewinnabhängigen Vergütung nicht zu erreichen sind. Besondere Gründe sind in der Branchenüblichkeit und der Aufbauphase der Gesellschaft gegeben (>BFH vom 5. 10. 1977, I R 230/75, BStBl 1978 II S. 234, >BFH vom 28. 6. 1989, I R 89/85, BStBl II S. 854 und >BFH vom 19. 2. 1999, I R 105-107/97, BStBl II S. 321).
Voraussetzung der Anerkennung der Umsatztantieme ist aber die vertragliche, zeitliche und höhenmäßige Begrenzung der Umsatztantieme. Eine derartige Begrenzung ist zur Vermeidung einer künftigen Gewinnabsaugung und einer die Rendite vernachlässigenden Umsatzsteigerung notwendig (>BFH vom 19. 2. 1999, I R 105-107/97, BStBl II S. 321). Die Beweislast für die Anerkennung der für eine umsatzabhängige Tantieme sprechenden Umstände trägt der Steuerpflichtige (>BFH vom 28. 6. 1989, I R 89/85, BStBl II S. 854).

Verlustvorträge
Ist der gewinntantiemeberechtigte Gesellschafter-Geschäftsführer für einen bestehenden Verlustvortrag verantwortlich oder zumindest teilverantwortlich, ist der Verlustvortrag in die Bemessungsgrundlage der Gewinntantieme einzubeziehen (>BFH vom 17.12.2003, I R 22/03, BStBl 2004 II S. 524). Jahresfehlbeträge müssen regelmäßig vorgetragen und durch zukünftige Jahresüberschüsse ausgeglichen werden; eine vorhergehende Verrechnung mit einem etwa bestehenden Gewinnvortrag laut Handelsbilanz darf i.d.R. nicht vorgenommen werden (>BFH vom 18.9.2007, I R 73/06, BStBl 2008 II S. 314).

Verspätete Auszahlung
Wird eine klar und eindeutig vereinbarte Gewinntantieme an einen beherrschenden Gesellschafter-Geschäftsführer nicht bereits bei Fälligkeit ausgezahlt, führt dies nicht notwendigerweise zu einer vGA. Entscheidend ist, ob unter Würdigung aller Umstände die verspätete Auszahlung Ausdruck mangelnder Ernsthaftigkeit der Tantiemevereinbarung ist (>BFH vom 29.7.1992, I R 28/92, BStBl 1993 II S. 247 und >BFH vom 29.6.1994, I R 11/94, BStBl II S. 952).

(Zinslose) Vorschüsse auf Tantieme
Zahlt eine GmbH ihrem Gesellschafter ohne eine entsprechende klare und eindeutige Abmachung einen unverzinslichen Tantiemevorschuss, ist der Verzicht auf eine angemessene Verzinsung eine vGA (>BFH vom 22.10.2003, I R 36/03, BStBl 2004 II S. 307).

Zustimmungsvorbehalt
Steht eine im Übrigen klare Tantiemevereinbarung mit einem beherrschenden Gesellschafter-Geschäftsführer unter dem Vorbehalt, dass die Gesellschafterversammlung die Tantieme anderweitig höher oder niedriger festsetzen kann, dann besteht Unsicherheit und damit auch Unklarheit, ob der Tantiemeanspruch des Gesellschafter-Geschäftsführers letztlich Bestand haben wird. Deshalb ist in Höhe des Betrags der gebildeten Rückstellung für die Tantieme eine vGA anzunehmen (>BFH vom 29.4.1992, I R 21/90, BStBl II S. 851).

R 8.9 Verdeckte Einlage

(1) Eine verdeckte Einlage i.S.d. § 8 Abs. 3 Satz 3 KStG liegt vor, wenn ein Gesellschafter oder eine ihm >nahestehende Person der Körperschaft außerhalb der gesellschaftsrechtlichen Einlagen einen >einlagefähigen Vermögensvorteil zuwendet und diese Zuwendung durch das Gesellschaftsverhältnis veranlasst ist.
(2) § 4 Abs. 1 Satz 1, § 6 Abs. 1 Nr. 5 EStG finden gem. § 8 Abs. 1 KStG auch auf Kapitalgesellschaften Anwendung, obwohl hier Einlegender und Empfänger der Einlage verschiedene Rechtsträger sind (finaler Einlagebegriff).
(3) [1]Voraussetzung für die Annahme einer verdeckten Einlage ist stets, dass die Zuwendung des Gesellschafters oder einer ihm >nahestehenden Person durch das Gesellschaftsverhältnis veranlasst ist. [2]Eine Veranlassung durch das Gesellschaftsverhältnis ist nur dann gegeben, wenn ein Nichtgesellschafter bei Anwendung der Sorgfalt eines ordentlichen Kaufmanns den Vermögensvorteil der Gesellschaft nicht eingeräumt hätte, was grundsätzlich durch Fremdvergleich festzustellen ist.
(4) [1]Die Bewertung verdeckter Einlagen hat grundsätzlich mit dem Teilwert zu erfolgen (§ 8 Abs. 1 KStG i.V.m. § 6 Abs. 1 Nr. 5 und Abs. 6 EStG). [2]§ 6 Abs. 1 Nr. 5 Satz 1 Buchstabe b EStG findet keine Anwendung, weil die verdeckte Einlage von Anteilen an einer Kapitalgesellschaft i.S.d. § 17 Abs. 1 Satz 1 EStG in eine Kapitalgesellschaft gem. § 17 Abs. 1 Satz 2 EStG beim Einlegenden einer Veräußerung gleichgestellt wird und es somit bei ihm zum Einlagezeitpunkt zu einer Besteuerung der stillen Reserven kommt. [3]Entsprechendes gilt in Fällen des § 20 Abs. 2 Satz 2 EStG für § 6 Abs. 1 Nr. 5 Satz 1 Buchstabe c EStG. [4]§ 6 Abs. 1 Nr. 5 Satz 1 Buchstabe a EStG

ist in den Fällen zu beachten, in denen das eingelegte Wirtschaftsgut innerhalb der letzten drei Jahre vor dem Zeitpunkt der Zuführung angeschafft oder hergestellt worden ist, es sich aber nicht um eine verdeckte Einlage in eine Kapitalgesellschaft gem. § 23 Abs. 1 Satz 1 oder § 20 Abs. 2 Satz 2 EStG handelt, die als Veräußerung gilt und folglich im Einlagezeitpunkt ebenfalls zu einer Besteuerung der stillen Reserven führt.

(5) ¹Für die Qualifizierung von Leistungen als verdeckte Einlagen sind die Umstände maßgebend, die bestanden, als der Verpflichtete seine Zusage auf die Leistung gegeben hat. ²Ändern sich diese Umstände durch das Ausscheiden nicht, dann sind die Leistungen auch nach dem Ausscheiden des bisherigen Gesellschafters weiterhin als verdeckte Einlagen zu qualifizieren.

H 8.9

Anwachsung

Scheiden die Kommanditisten einer GmbH & Co. KG, die zugleich Gesellschafter der Komplementär-GmbH sind, ohne Entschädigung mit der Folge aus, dass ihr Anteil am Gesellschaftsvermögen gem. §§ 736, 738 BGB der Komplementär-GmbH zuwächst, erbringen die Kommanditisten eine verdeckte Einlage in die Komplementär-GmbH. Dabei bemisst sich der Wert der verdeckten Einlage nach der Wertsteigerung, die die GmbH einschließlich des anteiligen Geschäftswerts durch die Anwachsung erfährt (>BFH vom 12. 2. 1980, VIII R 114/77, BStBl II S. 494 und >BFH vom 24. 3. 1987, I R 202/83, BStBl II S. 705 sowie >BMF vom 25. 3. 1998, BStBl I S. 268).

Anwendungsbereich

Der Anwendungsbereich verdeckter Einlagen ist auf solche Körperschaften beschränkt, die ihren Anteilseignern oder Mitgliedern kapitalmäßige oder mitgliedschaftsähnliche Rechte gewähren (>BFH vom 21. 9. 1989, IV R 115/88, BStBl 1990 II S. 86).

Behandlung beim Gesellschafter

Die verdeckte Einlage eines Wirtschaftsguts in das Betriebsvermögen einer Kapitalgesellschaft führt auf der Ebene des Gesellschafters grundsätzlich zu nachträglichen Anschaffungskosten auf die Beteiligung an dieser Gesellschaft (>BFH vom 12. 2. 1980, VIII R 114/77, BStBl II S. 494 und >BFH vom 29. 7. 1997, VIII R 57/94, BStBl 1998 II S. 652).

Zu Anschaffungskosten einer Beteiligung bei verdeckter Einlage >§ 6 Abs. 6 Satz 2 und 3 EStG

Bürgschaftsübernahme des Gesellschafters zu Gunsten der Gesellschaft

Mangels einlagefähigem Wirtschaftsgut sind die Voraussetzungen zur Annahme einer verdeckten Einlage durch die bloße Abgabe des Bürgschaftsversprechens noch nicht erfüllt (>BFH vom 19. 5. 1982, I R 102/79, BStBl II S. 631).

Wird der Gesellschafter aber aus der Bürgschaft in Anspruch genommen und war diese gesellschaftsrechtlich veranlasst, liegt eine verdeckte Einlage vor, soweit der Gesellschafter auf seine dadurch entstandene Regressforderung verzichtet. Dabei ist die verdeckte Einlage bei der Kapitalgesellschaft mit dem Teilwert der Forderung zu bewerten (>BFH vom 18. 12. 2001, VIII R 27/00, BStBl 2002 II S. 733).

Einlage von Beteiligungen i. S. d. § 17 Abs. 1 Satz 1 EStG

Die Bewertung der verdeckten Einlage einer Beteiligung i. S. d. § 17 Abs. 1 Satz 1 EStG bei der aufnehmenden Körperschaft erfolgt mit dem Teilwert (>BMF vom 2. 11. 1998, BStBl I S. 1227).

Einlagefähiger Vermögensvorteil

Gegenstand einer verdeckten Einlage kann nur ein aus Sicht der Gesellschaft bilanzierungsfähiger Vermögensvorteil sein. Dieser muss in der steuerrechtlichen Gewinnermittlung der Gesellschaft entweder
- zum Ansatz bzw. zur Erhöhung eines Aktivpostens oder
- zum Wegfall bzw. zur Minderung eines Passivpostens

geführt haben (>BFH vom 24. 5. 1984, I R 166/78, BStBl II S. 747).
Gegenstand einer verdeckten Einlage kann auch ein immaterielles Wirtschaftsgut, wie z. B. ein nicht entgeltlich erworbener Firmenwert sein. Wegen der Notwendigkeit der Abgrenzung der gesellschaftsrechtlichen von der betrieblichen Sphäre einer Kapitalgesellschaft tritt hier das Aktivierungsverbot des § 5 Abs. 2 EStG zurück (>BFH vom 24. 3. 1987, I R 202/83, BStBl II S. 705).
>H 8.9 Nutzungsvorteile
>H 8.9 Verzicht auf Tätigkeitsvergütungen

Erbfall

Vererbt ein Gesellschafter Wirtschaftsgüter seines Privatvermögens an seine Kapitalgesellschaft, handelt es sich um einen unentgeltlichen, nicht auf ihrer unternehmerischen Tätigkeit beruhenden Erwerb, der wie eine Einlage zu behandeln ist. Nachlassschulden sowie durch den Erbfall entstehende Verbindlichkeiten (z. B. Vermächtnisse) mindern die Höhe des Werts der Einlage (>BFH vom 24. 3. 1993, I R 131/90, BStBl II S. 799).

Forderungsverzicht

Ein auf dem Gesellschaftsverhältnis beruhender Verzicht eines Gesellschafters auf seine nicht mehr vollwertige Forderung gegenüber seiner Kapitalgesellschaft führt bei dieser zu einer Einlage in Höhe des Teilwerts der Forderung. Dies gilt auch dann, wenn die entsprechende Verbindlichkeit auf abziehbare Aufwendungen zurückgeht. Der Verzicht des Gesellschafters auf eine Forderung gegenüber seiner Kapitalgesellschaft im Wege der verdeckten Einlage führt bei ihm zum Zufluss des noch werthaltigen Teils der Forderung. Eine verdeckte Einlage bei der Kapitalgesellschaft kann auch dann anzunehmen sein, wenn der Forderungsverzicht von einer dem Gesellschafter nahestehenden Person ausgesprochen wird (>BFH vom 9. 6. 1997, GrS 1/94, BStBl 1998 II S. 307).
Die vorgenannten Grundsätze gelten auch dann, wenn auf eine Forderung verzichtet wird, die kapitalersetzenden Charakter hat (>BFH vom 16. 5. 2001, I B 143/00, BStBl 2002 II S. 436).
Bei Darlehensverlust >BMF vom 21. 10. 2010, BStBl I S. 832

Forderungsverzicht gegen Besserungsschein

Verzichtet ein Gesellschafter auf eine Forderung gegen seine GmbH unter der auflösenden Bedingung, dass im Besserungsfall die Forderung wieder aufleben soll und ist der Verzicht durch das Gesellschaftsverhältnis veranlasst, liegt in Höhe des werthaltigen Teils der Forderung eine (verdeckte) Einlage vor. Die Erfüllung der Forderung nach Bedingungseintritt ist keine vGA, sondern gilt als zurückgewährte Einlage (>BMF vom 2. 12. 2003, BStBl I S. 648).
Umfasst der Forderungsverzicht auch den Anspruch auf Darlehenszinsen, sind nach Bedingungseintritt Zinsen auch für die Dauer der Krise als Betriebsausgaben anzusetzen (>BFH vom 30. 5. 1990, I R 41/87, BStBl 1991 II S. 588).

Gesellschaftsrechtliches Interesse

>BFH vom 29. 7. 1997, VIII R 57/94, BStBl 1998 II S. 652
Für die Prüfung der Frage, ob die Zuwendung gesellschaftsrechtlich veranlasst ist, ist ausschließlich auf den Zeitpunkt des Eingehens der Verpflichtung, nicht auf den Zeitpunkt des späteren Erfüllungsgeschäfts abzustellen. Eine gesellschaftsrechtliche Veranlassung kann somit

selbst dann anzunehmen sein, wenn zum Zeitpunkt der Erfüllung der Verpflichtung ein Gesellschaftsverhältnis nicht mehr besteht (analog zur vGA; >BFH vom 14.11.1984, I R 50/80, BStBl 1985 II S. 227).

Gesellschaftsrechtliche Veranlassung
Die Veranlassung durch das Gesellschaftsverhältnis ist gegeben, wenn ein Nichtgesellschafter bei Anwendung der Sorgfalt eines ordentlichen Kaufmanns den Vermögensvorteil der Gesellschaft nicht eingeräumt hätte (>BFH vom 28.2.1956, I 92/54 U, BStBl III S. 154, >BFH vom 19.2.1970, I R 24/67, BStBl II S. 442, >BFH vom 26.11.1980, I R 52/77, BStBl 1981 II S. 181, >BFH vom 9.3.1983, I R 182/78, BStBl II S. 744, >BFH vom 11.4.1984, I R 175/79, BStBl II S. 535, >BFH vom 14.11.1984, I R 50/80, BStBl 1985 II S. 227, >BFH vom 24.3.1987, I R 202/83, BStBl II S. 705 und >BFH vom 26.10.1987, GrS 2/86, BStBl 1988 II S. 348).

Immaterielle Wirtschaftsgüter
>H 8.9 einlagefähiger Vermögensvorteil

Nachträgliche Preissenkungen
Nachträgliche Preissenkungen durch den Gesellschafter beim Verkauf von Wirtschaftsgütern an seine Kapitalgesellschaft stellen i. d. R. verdeckte Einlagen dar (>BFH vom 14.8.1974, I R 168/72, BStBl 1975 II S. 123).

Nahestehende Person
Die als verdeckte Einlage zu qualifizierende Zuwendung kann auch durch eine dem Gesellschafter nahestehende Person erfolgen, z. B. durch eine andere Tochtergesellschaft (>BFH vom 30.4.1968, I 161/65, BStBl II S. 720, >BFH vom 9.6.1997, GrS 1/94, BStBl 1998 II S. 307 und >BFH vom 12.12.2000, VIII R 62/93, BStBl 2001 II S. 234).
>H 8.5 III. nahestehende Person

Nutzungsvorteile
Die Überlassung eines Wirtschaftsguts zum Gebrauch oder zur Nutzung kann mangels Bilanzierbarkeit des Nutzungsvorteils nicht Gegenstand einer Einlage sein (>BFH vom 8.11.1960, I 131/59 S, BStBl III S. 513, >BFH vom 9.3.1962, I 203/61 S, BStBl III S. 338, >BFH vom 3.2.1971, I R 51/66, BStBl II S. 408, >BFH vom 24.5.1984, I R 166/78, BStBl II S. 747 und >BFH vom 26.10.1987, GrS 2/86, BStBl 1988 II S. 348). Das gilt auch, wenn der Gesellschafter ein verzinsliches Darlehen aufnimmt, um der Kapitalgesellschaft ein zinsloses Darlehen zu gewähren (>BFH vom 26.10.1987, GrS 2/86, BStBl 1988 II S. 348).
Keine einlagefähigen Nutzungsvorteile sind insbesondere
- eine ganz oder teilweise unentgeltliche Dienstleistung (>BFH vom 14.3.1989, I R 8/85, BStBl II S. 633),
- eine unentgeltliche oder verbilligte Gebrauchs- oder Nutzungsüberlassung eines Wirtschaftsguts und
- der Zinsvorteil bei unverzinslicher oder geringverzinslicher Darlehensgewährung (>BFH vom 26.10.1987, GrS 2/86, BStBl 1988 II S. 348).

Rückgewähr einer vGA
Die Rückgewähr einer vGA führt regelmäßig zur Annahme einer Einlage. Das gilt unabhängig davon, ob sich die Rückzahlungsverpflichtung aus einer Satzungsklausel oder aus gesetzlichen Vorschriften (z. B. §§ 30, 31 GmbHG) ergibt, oder ob sie seitens des Gesellschafters freiwillig erfolgt (>BFH vom 29.5.1996, I R 118/93, BStBl 1997 II S. 92, >BFH vom 31.5.2005, I R 35/04, BStBl 2006 II S. 132, sowie >BMF vom 6.8.1981, BStBl I S. 599).
>H 8.6 Rückgängigmachung

Verdecktes Leistungsentgelt

Gleicht ein Gesellschafter durch Zuwendungen Nachteile einer Kapitalgesellschaft aus, die diese durch die Übernahme von Aufgaben erleidet, die eigentlich der Gesellschafter zu erfüllen hat, ist das Gesellschaftsverhältnis für die Leistung nicht ursächlich. Folglich liegt keine steuerfreie Vermögensmehrung in Form einer verdeckten Einlage, sondern vielmehr eine steuerpflichtige Betriebseinnahme vor (>BFH vom 9. 3. 1983, I R 182/78, BStBl II S. 744).

Verzicht auf Pensionsanwartschaftsrechte

Verzichtet der Gesellschafter aus Gründen des Gesellschaftsverhältnisses auf einen bestehenden Anspruch aus einer ihm gegenüber durch die Kapitalgesellschaft gewährten Pensionszusage, liegt hierin eine verdeckte Einlage begründet. Dies gilt auch im Falle eines Verzichts vor Eintritt des vereinbarten Versorgungsfalles hinsichtlich des bis zum Verzichtszeitpunkt bereits erdienten (Anteils des) Versorgungsanspruches. Der durch die Ausbuchung der Pensionsrückstellung bei der Kapitalgesellschaft zu erfassende Gewinn ist im Rahmen der Einkommensermittlung in Höhe des Werts der verdeckten Einlage wieder in Abzug zu bringen. Aus der Annahme einer verdeckten Einlage folgt andererseits beim Gesellschafter zwingend die Annahme eines Zuflusses von Arbeitslohn bei gleichzeitiger Erhöhung der Anschaffungskosten für die Anteile an der Kapitalgesellschaft (>BFH vom 9. 6. 1997, GrS 1/94, BStBl 1998 II S. 307). Sowohl hinsichtlich der Bewertung der verdeckten Einlage als auch hinsichtlich des Zuflusses beim Gesellschafter ist auf den Teilwert der Pensionszusage abzustellen und nicht auf den gem. § 6a EStG ermittelten Teilwert der Pensionsrückstellung der Kapitalgesellschaft. Bei der Ermittlung des Teilwerts ist die Bonität der zur Pensionszahlung verpflichteten Kapitalgesellschaft zu berücksichtigen (>BFH vom 15. 10. 1997, I R 58/93, BStBl 1998 II S. 305).

Zum Verzicht auf künftig noch zu erdienende Pensionsanwartschaften (sog. Future Service) >BMF vom 14. 8. 2012, BStBl I S. 874

Verzicht auf Tätigkeitsvergütungen

Verzichtet der Gesellschafter (z. B. wegen der wirtschaftlichen Lage der Kapitalgesellschaft) als Geschäftsführer auf seine Tätigkeitsvergütungen, ist wie folgt zu unterscheiden:

- Verzicht nach Entstehung:

    Verzichtet der Gesellschafter-Geschäftsführer nach Entstehung seines Anspruchs auf die Tätigkeitsvergütungen, wird damit der Zufluss der Einnahmen, verbunden mit der Verpflichtung zur Lohnversteuerung, nicht verhindert. Die Tätigkeitsvergütungen sind als Einnahmen aus nichtselbständiger Arbeit zu versteuern. Der Verzicht stellt demgegenüber eine – die steuerlichen Anschaffungskosten des Gesellschafters erhöhende – verdeckte Einlage dar (>BFH vom 19. 7. 1994, VIII R 58/92, BStBl 1995 II S. 362).

    Bestehen zum Zeitpunkt des Gehaltsverzichts Liquiditätsschwierigkeiten, berührt dies die Werthaltigkeit der Gehaltsforderung, so dass die verdeckte Einlage unter dem Nennwert ggf. sogar mit 0 Euro zu bewerten ist (>BFH vom 19. 5. 1993, I R 34/92, BStBl II S. 804, >BFH vom 19. 7. 1994, VIII R 58/92, BStBl 1995 II S. 362 und >BFH vom 9. 6. 1997, GrS 1/94, BStBl 1998 II S. 307).

- Verzicht vor Entstehung:

    Verzichtet der Gesellschafter-Geschäftsführer auf noch nicht entstandene Gehaltsansprüche, ergeben sich hieraus weder bei der Kapitalgesellschaft noch beim Gesellschafter-Geschäftsführer ertragsteuerliche Folgen (>BFH vom 24. 5. 1984, I R 166/78, BStBl II S. 747 und >BFH vom 14. 3. 1989, I R 8/85, BStBl II S. 633).

- Folgen eines Verzichts:

    Zur verdeckten Einlage in eine Kapitalgesellschaft und Zufluss von Gehaltsbestandteilen bei einem Gesellschafter-Geschäftsführer einer Kapitalgesellschaft (>BFH-Urteile vom 3. 2. 2011, VI R 4/10, BStBl 2014 II S. 493 und VI R 66/09, BStBl 2014 II S. 491 und >BFH vom 15. 5. 2013, VI R 24/12, BStBl 2014 II S. 495 sowie >BMF vom 12. 5. 2014, BStBl I S. 860).

Zuschuss zur Abdeckung eines Bilanzverlustes

Der zur Abdeckung eines Bilanzverlustes der Kapitalgesellschaft durch den Gesellschafter-Geschäftsführer geleistete Zuschuss stellt eine verdeckte Einlage dar (>BFH vom 12. 2. 1980, VIII R 114/77, BStBl II S. 494).

R 8.10	**Verluste bei Körperschaften**

– unbesetzt –

H 8.10

Sanierungsfälle (§ 8 Abs. 4 Satz 3 KStG a. F.)

In Sanierungsfällen nach § 8 Abs. 4 Satz 3 KStG a. F. >BMF vom 16. 4. 1999, BStBl I S. 455

R 8.11	**Mitgliedsbeiträge**

(1) ¹Mitgliedsbeiträge i. S. v. § 8 Abs. 5 KStG sind Beiträge, die die Mitglieder einer Personenvereinigung lediglich in ihrer Eigenschaft als Mitglieder nach der Satzung zu entrichten haben. ²Sie dürfen der Personenvereinigung nicht für die Wahrnehmung besonderer geschäftlicher Interessen oder für Leistungen zugunsten ihrer Mitglieder zufließen. ³Der Beurteilung als echter Mitgliedsbeitrag steht es entgegen, wenn die Beitragshöhe von der tatsächlichen Inanspruchnahme für Leistungen durch die Mitglieder abhängt.

(2) ¹Mitgliedsbeiträge, die auf Grund der Satzung erhoben werden, bleiben bei der Ermittlung des Einkommens von unbeschränkt oder beschränkt körperschaftsteuerpflichtigen Personenvereinigungen außer Ansatz (§ 8 Abs. 5 KStG). ²Es genügt, dass eine der folgenden Voraussetzungen erfüllt ist:

1. Die Satzung bestimmt Art und Höhe der Mitgliedsbeiträge.
2. Die Satzung sieht einen bestimmten Berechnungsmaßstab vor.
3. Die Satzung bezeichnet ein Organ, das die Beiträge der Höhe nach erkennbar festsetzt.

³Bei den nicht zur Führung von Büchern verpflichteten Personenvereinigungen zählen echte Mitgliedsbeiträge bereits mangels Zurechenbarkeit zu einer Einkunftsart nicht zu den steuerpflichtigen Einkünften. ⁴Das gilt auch für die mit ihnen in Verbindung stehenden Ausgaben, die mithin regelmäßig dem ideellen Bereich der Körperschaft zuzurechnen sind und demzufolge die steuerpflichtigen Einkünfte nicht mindern.

(3) ¹Dient eine Personenvereinigung auch der wirtschaftlichen Förderung der Einzelmitglieder, sind die Beiträge an diese Vereinigung insoweit keine Mitgliedsbeiträge i. S. v. § 8 Abs. 5 KStG, sondern pauschalierte Gegenleistungen für die Förderung durch die Vereinigung, und zwar auch dann, wenn die Vereinigung keinen wirtschaftlichen Geschäftsbetrieb ausübt. ²In diesem Fall sind die Mitgliederbeiträge durch Schätzung in einen steuerfreien Teil (reine Mitgliedsbeiträge) und in einen steuerpflichtigen Teil (pauschalierte Gegenleistungen) aufzuteilen.

(4) ¹Bei Versicherungsunternehmen ist § 8 Abs. 5 KStG auf Leistungen der Mitglieder, die ein Entgelt für die Übernahme der Versicherung darstellen, nicht anzuwenden. ²Bei >VVaG können jedoch steuerfreie Mitgliedsbeiträge in Betracht kommen, z. B. Eintrittsgelder unter besonderen Voraussetzungen.

> H 8.11

Abgrenzung zu Leistungsentgelten
Vereinsbeiträge, die ein Entgelt für bestimmte Leistungen des Vereins zugunsten seiner Mitglieder darstellen, sind keine Mitgliedsbeiträge i. S. v. § 8 Abs. 5 KStG. Beschränkt sich die Tätigkeit des Vereins darauf, seinen Mitgliedern preisgünstige Reisen zu vermitteln und zinsgünstige Darlehen zu gewähren, sind die gesamten Beiträge Entgelt für diese Leistungen, auch wenn diese pauschal erhoben werden (>BFH vom 28. 6. 1989, I R 86/85, BStBl 1990 II S. 550).

Nichtabzugsfähigkeit des mit Mitgliedsbeiträgen in Verbindung stehenden Aufwands
Zahlt ein Mitglied beim Eintritt in eine Kreditgenossenschaft zur Abgeltung des mit dem Eintritt verbundenen Aufwands ein einmaliges Eintrittsgeld, kann dieses in vollem Umfang als Mitgliedsbeitrag nach § 8 Abs. 5 KStG steuerfrei sein. Ist das der Fall, ist der mit dem Eintritt in wirtschaftlichem Zusammenhang stehende Aufwand gem. § 3c EStG nicht abzugsfähig (>BFH vom 19. 2. 1964, I 179/62 U, BStBl III S. 277).
Ein bloß mittelbarer Zusammenhang reicht aber zur Anwendung des § 3c EStG nicht aus (>BFH vom 11. 10. 1989, I R 208/85, BStBl 1990 II S. 88).

Schätzung des Leistungsentgelts bei Erhebung nicht kostendeckender Entgelte für Sonderleistungen
Werden für Sonderleistungen der Personenvereinigung an die einzelnen Mitglieder keine oder keine kostendeckenden Entgelte gefordert, kann in den allgemeinen Mitgliedsbeiträgen teilweise ein ggf. im Wege der Schätzung zu ermittelndes Leistungsentgelt enthalten sein (>BFH vom 9. 2. 1965, I 25/63 U, BStBl III S. 294).
Die Umlagebeträge, die Interessengemeinschaften zur gemeinsamen Bewirtschaftung von Gemeindewaldungen von den beteiligten Gemeinden nach dem Verhältnis ihres flächenmäßigen Waldbesitzes zur Gesamtfläche des betreuten Waldes erheben, sind (ggf. im Wege der Schätzung) in Entgelte für Einzelleistungen und echte Mitgliedsbeiträge für Gemeinschaftsleistungen aufzuteilen (>BFH vom 22. 11. 1963, V 47/61 U, BStBl 1964 III S. 147).

VVaG
Bei den Mitgliederleistungen an VVaG ist zwischen steuerpflichtigen Versicherungsbeiträgen und steuerfreien Einlagen zu unterscheiden. Im Allgemeinen werden Eintrittsgelder insoweit, als ein Rückzahlungsanspruch beim Austritt besteht, der in seiner Höhe genau festgelegt ist und nicht vom Betriebsergebnis abhängt, steuerfreie Einlagen darstellen (>BFH vom 21. 4. 1953, I 32/53 U, BStBl III S. 175).

Werbeverband
Umlagen, die pauschalierte Entgelte der einzelnen Mitglieder für die Förderung ihrer wirtschaftlichen Einzelinteressen durch zusammengefasste Werbung darstellen, sind keine Mitgliedsbeiträge i. S. d. § 8 Abs. 5 KStG (>BFH vom 8. 6. 1966, I 151/63, BStBl III S. 632).

> R 8.12   **Haus- und Grundeigentümervereine, Mietervereine**

(1) ¹Die Mitgliedsbeiträge zu Haus- und Grundeigentümervereinen sowie zu Mietervereinen enthalten i. d. R. Entgelte für die Gewährung besonderer wirtschaftlicher Vorteile, z. B. Rechtsberatung, Prozessvertretung. ²Sie sind deshalb keine reinen Mitgliedsbeiträge i. S. v. § 8 Abs. 5 KStG. ³Um eine einfache und gleichmäßige Besteuerung der in Satz 1 bezeichneten Vereine zu

gewährleisten, ist bei der Abgrenzung der steuerfreien Mitgliedsbeiträge von den steuerpflichtigen Beträgen sowie bei der Berechnung der hiervon abzuziehenden Ausgaben wie folgt zu verfahren:

1. ¹Von den eigenen Beitragseinnahmen (= gesamte Beitragseinnahmen abzüglich der an übergeordnete Verbände abgeführten Beträge) sind 20 % als steuerpflichtige Einnahmen anzusehen. ²Erhebt der Verein neben den Beiträgen besondere Entgelte, z. B. für Prozessvertretungen, sind diese Entgelte den steuerpflichtigen Einnahmen voll hinzuzurechnen.

2. ¹Von den Ausgaben des Vereins, die mit den eigenen Beitragseinnahmen und den daneben erhobenen besonderen Entgelten in unmittelbarem Zusammenhang stehen, ist der Teil abzuziehen, der dem Verhältnis der steuerpflichtigen Einnahmen zu den eigenen Beitragseinnahmen zuzüglich der daneben erhobenen besonderen Entgelte entspricht. ²Werden jedoch die mit den steuerpflichtigen Einnahmen zusammenhängenden Ausgaben gesondert ermittelt, sind die gesondert ermittelten Ausgaben abzuziehen.

3. ¹Übersteigen die abzuziehenden Ausgaben die steuerpflichtigen Einnahmen ständig, d. h. in mehreren aufeinander folgenden Jahren, ist erkennbar, dass der als steuerpflichtig behandelte Betrag von 20 % der eigenen Beitragseinnahmen zu niedrig ist. ²Er ist dann angemessen zu erhöhen, dass im Durchschnitt mehrerer Jahre die abziehbaren Ausgaben nicht höher als die steuerpflichtigen Einnahmen sind.

(2) Die übrigen steuerpflichtigen Einkünfte, z. B. aus dem Verkauf von Vordrucken und Altmaterial, aus Kapitalvermögen und aus Vermietung und Verpachtung, sind nach den allgemeinen steuerrechtlichen Grundsätzen zu ermitteln.

H 8.12

Aufteilung der Mitgliedsbeiträge bei Haus- und Grundbesitzervereinen sowie Mietervereinen

Zur Zulässigkeit der von der Finanzverwaltung vorgesehenen pauschalen Aufteilung der Mitgliedsbeiträge in echte Mitgliedsbeiträge und Leistungsentgelte >BFH vom 5. 6. 1953, I 104/52 U, BStBl III S. 212

Zur Notwendigkeit des Ansatzes eines höheren prozentualen Einnahmeanteils für steuerpflichtige Leistungen bei ansonsten anhaltender Erzielung von Verlusten >BFH vom 9. 2. 1965, I 25/63 U, BStBl III S. 294

Beispiel zur Aufteilung

	€	€
Vereinnahmte Mitgliedsbeiträge		130.000
An den Landesverband sind abgeführt		−30.000
Eigene Beitragseinnahmen		100.000
Steuerpflichtige Einnahmen:		
20 % von 100.000 €	20.000	
Entgelte für Prozessvertretungen	+4.000	24.000

Die Ausgaben, die mit den eigenen Beitragseinnahmen (100.000 €) und den Entgelten für Prozessvertretungen (4.000 €) zusammenhängen, betragen 90.000 €.

Abzuziehen sind $\frac{90.000 \times 24.000}{104.000}$ −20.769

Überschuss 3.231

Würden die gesondert festgestellten abziehbaren Ausgaben 27.000 € betragen und würde sich weiter ergeben, dass die Ausgaben auch in den vorangegangenen Jahren die steuerpflichtigen Einnahmen überstiegen haben, müsste der Satz von 20 % angemessen erhöht werden.

| R 8.13 | **Sonstige Vereine und Einrichtungen** |

(1) ¹Die von Obst- und Gartenbauvereinen erhobenen Mitgliedsbeiträge enthalten i. d. R. Entgelte für die Gewährung besonderer wirtschaftlicher Vorteile. ²Sie sind deshalb keine reinen Mitgliedsbeiträge i. S. v. § 8 Abs. 5 KStG. ³Bei der Abgrenzung der steuerfreien Mitgliedsbeiträge von den steuerpflichtigen Beträgen ist R 8.12 entsprechend anzuwenden.

(2) ¹Die von den Kleingärtner- und Siedlervereinen erhobenen Beiträge enthalten i. d. R. keine Entgelte für die Gewährung besonderer wirtschaftlicher Vorteile. ²Im Allgemeinen bestehen deshalb aus Gründen der Verwaltungsvereinfachung keine Bedenken, diese Beiträge ohne Prüfung als Mitgliedsbeiträge i. S. v. § 8 Abs. 5 KStG anzusehen.

(3) ¹Sind Tierzuchtverbände oder Vatertierhaltungsvereine nicht steuerbegünstigt und infolgedessen nicht nur mit ihren wirtschaftlichen Geschäftsbetrieben, sondern in vollem Umfang steuerpflichtig, dann werden die Beiträge der Mitglieder zum großen Teil keine steuerfreien Mitgliedsbeiträge i. S. v. § 8 Abs. 5 KStG sein, weil sie Entgelte der Mitglieder für wirtschaftliche Leistungen enthalten. ²Aus Vereinfachungsgründen ist bei der Abgrenzung der steuerfreien Mitgliedsbeiträge von den steuerpflichtigen Beträgen wie folgt zu verfahren: ³Die Beitragseinnahmen sind nur i. H. v. 50 % als steuerpflichtig zu behandeln. ⁴Die mit den Beitragseinnahmen in unmittelbarem Zusammenhang stehenden Ausgaben sind dementsprechend nur mit 50 % zu berücksichtigen. ⁵Zu den Beitragseinnahmen gehören außer den Mitgliedsbeiträgen auch die Beträge, die nicht laufend, sondern einmalig als sog. Gebühren entrichtet werden, z. B. für die Herdbucheintragungen, für den Nachweis der Abstammung, für die Anerkennung und Umschreibung, für die Vermittlung des Absatzes von Zuchttieren, für das Brennen von Vieh, für Ohrmarken und Geflügelringe und Deckgelder von Mitgliedern. ⁶Voraussetzung ist, dass diese Gebühren nach Art und Höhe in der Satzung oder in der Gebührenordnung genau bestimmt sind. ⁷Im Übrigen sind die steuerpflichtigen Einkünfte, z. B. aus Gewerbebetrieb, Kapitalvermögen, Vermietung und Verpachtung, sonstige Einkünfte i. S. d. § 22 EStG, nach den allgemeinen steuerrechtlichen Grundsätzen zu ermitteln.

(4) Die Bestimmungen in Absatz 3 gelten nicht für die Verbände und Vereine der Pelztierzüchter.

(5) ¹Einrichtungen zur Förderung des Fremdenverkehrs können BgA von jPöR oder Personenvereinigungen sein. ²Im ersten Fall können sie eine Steuerbefreiung für Mitgliedsbeiträge nicht in Anspruch nehmen. ³Im zweiten Fall sind die Beiträge oft keine reinen Mitgliedsbeiträge (§ 8 Abs. 5 KStG), weil sie auch Entgelte der Mitglieder für wirtschaftliche Vorteile enthalten. ⁴Aus Vereinfachungsgründen bestehen keine Bedenken, in diesen Fällen nur 25 % der Beitragseinnahmen als steuerpflichtige Einnahmen zu behandeln. ⁵Die Ausgaben, die mit den Beitragseinnahmen in unmittelbarem wirtschaftlichen Zusammenhang stehen, sind dementsprechend nur mit 25 % abzuziehen. ⁶R 8.12 ist entsprechend anzuwenden. ⁷Im Übrigen sind die steuerpflichtigen Einkünfte, z. B. aus dem Verkauf von Zeitungen oder Fahrkarten, nach den allgemeinen steuerrechtlichen Grundsätzen zu ermitteln. ⁸Die Zuschüsse, die gemeindliche Fremdenverkehrseinrichtungen von den Gemeinden erhalten, sind steuerfrei zu lassen.

| H 8.13 |

Lohnsteuerhilfevereine

Die von Lohnsteuerhilfevereinen (>H 5.1 Abgrenzung) erhobenen Beiträge sind in vollem Umfang steuerpflichtige Entgelte für Gegenleistungen der Vereine an ihre Mitglieder. § 8 Abs. 5 KStG findet keine Anwendung (>BFH vom 29. 8. 1973, I R 234/71, BStBl 1974 II S. 60).

Zu § 8a KStG

| H 8a |

Zinsschranke
Zu § 8a KStG i. d. F. des Unternehmensteuerreformgesetzes vom 14. 8. 2007 (BGBl I S. 1912; BStBl I S. 630), sog. Zinsschranke >BMF vom 4. 7. 2008, BStBl I S. 718

Zu § 8b KStG

| H 8b |

Abzugsverbot von Gewinnminderungen im Zusammenhang mit Gesellschafterdarlehen
Das in § 8b Abs. 3 Satz 4 KStG angeordnete Abzugsverbot erfordert nur, dass der Gesellschafter, der das Darlehen oder die Sicherheit gewährt, zu irgendeinem Zeitpunkt während der Darlehenslaufzeit die Beteiligungsvoraussetzungen erfüllt. Auf den alleinigen Zeitpunkt der Darlehensbegebung oder den Eintritt der Gewinnminderung kommt es nicht an (>BFH vom 12. 3. 2014, I R 87/12, BStBl II S. 859).

Aktieneigenhandel nach § 8b Abs. 7 KStG
>BMF vom 25. 7. 2002, BStBl I S. 712
Der Begriff des Eigenhandelserfolges gem. § 8b Abs. 7 Satz 2 KStG bestimmt sich nach eigenständigen körperschaftsteuerrechtlichen Maßstäben. Er umfasst den Erfolg aus jeglichem „Umschlag" von Anteilen i. S. d. § 8b Abs. 1 KStG auf eigene Rechnung und erfordert nicht das Vorliegen eines Eigenhandels als Finanzdienstleistung i. S. v. § 1 Abs. 1a Satz 1 Nr. 4 KWG. Die Absicht, einen kurzfristigen Eigenhandelserfolg zu erzielen, bezieht sich auf den Zeitpunkt des Anteilserwerbs. Spätere Maßnahmen des Erwerbers, um den Wert der Anteile bis zum Weiterverkauf zu beeinflussen, stehen einer solchen Absicht nicht entgegen (>BFH vom 14. 1. 2009, I R 36/08, BStBl II S. 671).

Allgemeine Fragen zur Auslegung des § 8b KStG
>BMF vom 28. 4. 2003, BStBl I S. 292

Ausschüttungen aus dem steuerlichen Einlagekonto
Ausschüttungen aus dem steuerlichen Einlagekonto, die den Beteiligungsbuchwert übersteigen, fallen unter § 8b Abs. 2 KStG (>BMF vom 28. 4. 2003, BStBl I S. 292, Rn. 6 und >BFH vom 28. 10. 2009, I R 116/08, BStBl 2011 II S. 898).

Beteiligung in einem eingebrachten Betriebsvermögen (§ 8b Abs. 4 KStG a. F.)
>BMF vom 5. 1. 2004, BStBl I S. 44

Stillhalterprämien
Sog. Stillhalterprämien aus Optionsgeschäften im Zusammenhang mit dem Erwerb und der Veräußerung von Anteilen i. S. d. § 8b Abs. 2 KStG werden nicht von § 8b Abs. 2 KStG erfasst (>BFH vom 6. 3. 2013, I R 18/12, BStBl II S. 588).

Veräußerungskosten/nachträgliche Kaufpreisänderungen
>BMF vom 24. 7. 2015, BStBl I S. 612

„Vergebliche" Kosten für die sog. Due-Diligence-Prüfung aus Anlass des gescheiterten Erwerbs einer Kapitalbeteiligung unterfallen nicht dem Abzugsverbot des § 8b Abs. 3 KStG (>BFH vom 9. 1. 2013, I R 72/11, BStBl II S. 343).
Zu den Veräußerungskosten i. S. d. § 8b Abs. 2 Satz 2 KStG gehören alle Aufwendungen, welche durch die Veräußerung der Anteile veranlasst sind. Das können auch die Verluste aus der Veräußerung von Zertifikaten auf die entsprechenden Aktien aus Wertpapiertermingeschäften sein (>BFH vom 9. 4. 2014, I R 52/12, BStBl II S. 861).

Verfassungsmäßigkeit des § 8b Abs. 3 und 5 KStG

Die Pauschalierung eines Betriebsausgabenabzugsverbots durch die Hinzurechnung von 5 % des Veräußerungsgewinns und der Bezüge aus Beteiligungen nach § 8b Abs. 3 Satz 1 und Abs. 5 Satz 1 KStG ist verfassungsgemäß. Dies gilt auch dann, wenn die Körperschaft nachweisen kann, dass im Zusammenhang mit der Beteiligung keine oder nur sehr geringe Aufwendungen angefallen sind (>BVerfG vom 12. 10. 2010, 1 BvL 12/07, BGBl I S. 1766).
Das Abzugsverbot des § 8b Abs. 3 Satz 3 KStG für Veräußerungsverluste und Teilwertabschreibungen und das in § 8b Abs. 3 Satz 4 KStG enthaltene Abzugsverbot sind verfassungsgemäß (>BFH vom 12. 3. 2014, I R 87/12, BStBl II S. 859).

Wertaufholungen bei vorangegangenen Teilwertabschreibungen

Wertaufholungen sind zuerst mit unmittelbar vorangegangenen Teilwertabschreibungen zu kompensieren (>BFH vom 19. 8. 2009, I R 2/09, BStBl 2010 II S. 760).

Zu § 8c KStG

| H 8c |

Aussetzung der Vollziehung bei Mindestgewinnbesteuerung[*)]
>BMF vom 19. 10. 2011, BStBl I S. 874

Verlustnutzungsbeschränkung
>BMF vom 4. 7. 2008, BStBl I S. 736

Zu § 9 KStG

| R 9 | **Ausgaben i. S. d. § 9 Abs. 1 Nr. 1 und 2 KStG** |

(1) Für die Frage der Abziehbarkeit der Ausgaben i. S. d. § 9 Abs. 1 Nr. 2 KStG gelten § 50 EStDV sowie R 10b.1 und 10b.3 EStR entsprechend.
(2) [1]Aufwendungen i. S. d. § 9 Abs. 1 Nr. 1 KStG sind bereits bei der Einkunftsermittlung zu berücksichtigen. [2]Die Ausgaben i. S. d. § 9 Abs. 1 Nr. 2 KStG sind vorbehaltlich des § 8 Abs. 3 KStG in der im Gesetz genannten Höhe bei der Ermittlung des Gesamtbetrags der Einkünfte abzuziehen.
(3) § 9 Abs. 1 Nr. 2 KStG bezieht sich auch im Fall eines vom Kj. abweichenden Wj. auf die Ausgaben im Wj.

[*)] Vgl. auch >H 7.1 Mindestgewinnbesteuerung.

(4) Für die Berechnung des Höchstbetrags der abziehbaren Zuwendungen ist das Einkommen des VZ oder die Summe der gesamten Umsätze und der im Kalenderjahr aufgewendeten Löhne und Gehälter maßgebend.

(5) [1]In Organschaftsfällen ist § 9 Abs. 1 Nr. 2 KStG bei der Ermittlung des dem Organträger zuzurechnenden Einkommens der Organgesellschaft eigenständig anzuwenden. [2]Dementsprechend bleibt beim Organträger das zugerechnete Einkommen der Organgesellschaft für die Ermittlung des Höchstbetrags der abziehbaren Zuwendungen außer Betracht. [3]Als Summe der gesamten Umsätze i. S. d. § 9 Abs. 1 Nr. 2 KStG gelten beim Organträger und bei der Organgesellschaft auch in den Fällen, in denen umsatzsteuerrechtlich ein Organschaftsverhältnis vorliegt (§ 2 Abs. 2 Nr. 2 UStG), jeweils nur die eigenen Umsätze. [4]Für die Ermittlung des Höchstbetrags der abziehbaren Zuwendungen beim Organträger sind die Umsätze der Organgesellschaft demnach dem Organträger nicht zuzurechnen. [5]Andererseits sind bei der Organgesellschaft für die Ermittlung des Höchstbetrags der abziehbaren Zuwendungen ihre eigenen Umsätze maßgebend, obwohl die Organgesellschaft nicht Unternehmer i. S. v. § 2 UStG ist und daher umsatzsteuerrechtlich keine steuerbaren Umsätze hat.

(6) [1]Zuwendungen einer Kapitalgesellschaft können vGA sein. [2]Die Entscheidung hängt von den Umständen des einzelnen Falles ab. [3]Dabei ist insbesondere Voraussetzung, dass die Zuwendung durch ein Näheverhältnis zwischen dem Empfänger und dem Gesellschafter der zuwendenden Kapitalgesellschaft veranlasst ist.

(7) Auch Zuwendungen eines BgA an seine Trägerkörperschaft können unter den Voraussetzungen des § 9 Abs. 1 Nr. 2 KStG abziehbar sein, soweit es sich nicht um eine vGA handelt.

(8) [1]Der wirtschaftliche Geschäftsbetrieb einer Körperschaft, Personenvereinigung oder Vermögensmasse, die im Übrigen wegen Gemeinnützigkeit steuerbegünstigt ist (§ 5 Abs. 1 Nr. 9 KStG), ist kein selbständiges Steuersubjekt. [2]Zuwendungen, die ein solcher wirtschaftlicher Geschäftsbetrieb an diese Körperschaft, Personenvereinigung oder Vermögensmasse zur Förderung deren gemeinnütziger Zwecke gibt, sind deshalb Gewinnverwendung. [3]Die Zuwendungen dürfen deshalb die Einkünfte aus dem wirtschaftlichen Geschäftsbetrieb nicht mindern.

H 9

Aufwendungen für die Erfüllung von Satzungszwecken

Zur Abgrenzung von Spenden und Zahlungen für satzungsmäßige Zwecke >BFH vom 12. 10. 2011, I R 102/10, BStBl 2014 II S. 484

Ausländischer Zuwendungsempfänger

Zum Nachweis des Vorliegens der Voraussetzungen des § 9 Abs. 1 Nr. 2 Satz 2 Buchstabe c KStG >BMF vom 16. 5. 2011, BStBl I S. 559 und >BFH vom 17. 9. 2013, I R 16/12, BStBl 2014 II S. 440

Auswirkung von Zuwendungen auf den Gewinn

Abzugsfähige Zuwendungen mindern den körperschaftsteuerpflichtigen Gewinn und erhöhen einen vortragsfähigen Verlust einer Kapitalgesellschaft (>BFH vom 21. 10. 1981, I R 149/77, BStBl 1982 II S. 177).

Haftung

Eine Körperschaft haftet nicht nach § 10b Abs. 4 Satz 2 2. Alt. EStG, § 9 Abs. 3 Satz 2 2. Alt. KStG wegen Fehlverwendung, wenn sie die Zuwendungen zwar zu dem in der Zuwendungsbestätigung angegebenen Zweck verwendet, selbst aber rückwirkend nicht als steuerbegünstigt anerkannt ist (>BFH vom 10. 9. 2003, XI R 58/01, BStBl 2004 II S. 352).

Höchstbetrag für den Zuwendungsabzug in Organschaftsfällen
Ist ein Steuerpflichtiger an einer Personengesellschaft beteiligt, die Organträger einer körperschaftsteuerrechtlichen Organschaft ist, bleibt bei der Berechnung des Höchstbetrags der abziehbaren Zuwendungen nach § 10b Abs. 1 EStG auf Grund des Gesamtbetrags der Einkünfte das dem Steuerpflichtigen anteilig zuzurechnende Einkommen der Organgesellschaft außer Ansatz (>BFH vom 23. 1. 2002, XI R 95/97, BStBl 2003 II S. 9).

Minderung des zu versteuernden Einkommens einer teilweise steuerbefreiten Körperschaft durch Zuwendungen
Das zu versteuernde Einkommen einer teilweise von der Körperschaftsteuer befreiten Körperschaft darf nicht durch Zuwendungen gemindert werden, die aus dem steuerfreien Bereich der Körperschaft stammen (>BFH vom 13. 3. 1991, I R 117/88, BStBl II S. 645).

Sponsoring
>BMF vom 18. 2. 1998, BStBl I S. 212

Zuschüsse einer Sparkasse zur Zinsverbilligung eines Darlehens an Gemeinden und Schulverbände
Zuschüsse einer Sparkasse zur Zinsverbilligung von Darlehen an Gemeinden und Schulverbände können abziehbare Spenden sein (>BFH vom 15. 5. 1968, I 158/63, BStBl II S. 629).

Zuwendungen an die Trägergemeinde
Zuwendungen, die ein Eigenbetrieb seiner Trägergemeinde gibt, mindern bei Vorliegen der im Gesetz näher angeführten Voraussetzungen das Einkommen des laufenden Geschäftsjahres. Sie können aber wegen der engen Bindung des Eigenbetriebs an die Trägergemeinde eine vGA sein (>BFH vom 12. 10. 1978, I R 149/75, BStBl 1979 II S. 192).

Zuwendungen aus wirtschaftlichem Geschäftsbetrieb an Empfänger, die gleichartige Zwecke verfolgen
Zuwendungen, die gemeinnützige Körperschaften, Personenvereinigungen oder Vermögensmassen (§ 5 Abs. 1 Nr. 9 KStG) aus ihrem der Besteuerung unterliegenden Einkommen aus wirtschaftlichen Geschäftsbetrieben Empfängern zuwenden, die die Voraussetzungen des § 10b Abs. 1 Satz 2 Nr. 1 bis 3 EStG bzw. des § 9 Abs. 1 Nr. 2 Satz 2 Buchstabe a bis c KStG erfüllen, sind auch abziehbar, wenn die Empfänger der Zuwendungen gleichartige steuerbegünstigte Zwecke wie die Zuwendenden verfolgen (>BFH vom 3. 12. 1963, I 121/62 U, BStBl 1964 III S. 81).

Zuwendungen und Spenden an Träger der Sparkasse (Gewährträger)
- Macht eine Sparkasse ihrem Gewährträger oder einer dem Gewährträger nahe stehenden Person eine Zuwendung, liegt keine abziehbare Zuwendung, sondern eine vGA vor, wenn die Sparkasse bei Anwendung der Sorgfalt eines ordentlichen und gewissenhaften Geschäftsleiters die Zuwendung einer fremden Körperschaft nicht gegeben hätte (>BFH vom 21. 1. 1970, I R 23/68, BStBl II S. 468 und >BFH vom 1. 12. 1982, I R 101/79, BStBl 1983 II S. 150). Eine vGA ist anzunehmen, soweit die an den Gewährträger geleisteten Zuwendungen den durchschnittlichen Betrag an Zuwendungen übersteigen, den die Sparkasse an Dritte zugewendet hat. Dabei ist grundsätzlich auf die Fremdspenden des Wj., in dem die Zuwendung an den Gewährträger geleistet wurde, und der beiden vorangegangenen Wj. abzustellen. Lediglich für den Fall, dass sich aus der Einbeziehung eines weiter zurückreichenden Zeitraums von nicht mehr als fünf Wj. eine höhere Summe an durchschnittlichen Fremdzuwendungen ergibt, ist dieser Zeitraum maßgebend. Eine Einbeziehung eines Zeitraums, der nach Ablauf des zu beurteilenden Wj. liegt, ist nicht möglich (>BFH vom 9. 8. 1989, I R 4/84, BStBl 1990 II S. 237).

Zu § 10 KStG

- Ausgaben, die als Einkommensverteilung anzusehen sind, bleiben bei der Vergleichsrechnung unberücksichtigt (>BFH vom 1.2.1989, I R 98/84, BStBl II S. 471). Gibt eine Sparkasse die Zuwendung an einen Dritten und erfüllt sie damit eine Aufgabe, die sich der Gewährträger – wenn auch ohne gesetzliche Verpflichtung – in rechtsverbindlicher Weise gestellt hat, kann darin eine vGA an den Gewährträger durch mittelbare Zuwendung liegen (>BFH vom 19.6.1974, I R 94/71, BStBl II S. 586 und >BFH vom 8.4.1992, I R 126/90, BStBl II S. 849).
- Ist ein Landkreis Gewährträger, sind bei der Prüfung, ob die Zuwendungen an den Gewährträger die an Dritte übersteigen, die Zuwendungen zugunsten der kreisangehörigen Gemeinden grundsätzlich als Fremdzuwendungen zu berücksichtigen (>BFH vom 8.4.1992, I R 126/90, BStBl II S. 849).

Zuwendungsbestätigung
>BMF vom 7.11.2013, BStBl I S. 1333, ergänzt durch >BMF vom 26.3.2014, BStBl I S. 791

Zu § 10 KStG

R 10.1 Nichtabziehbare Steuern und Nebenleistungen

(1) Zur körperschaftsteuerlichen Behandlung der Umsatzsteuer für Umsätze, die vGA sind, >R 8.6.
(2) ¹Das Abzugsverbot des § 10 Nr. 2 KStG gilt auch für die auf die dort genannten Steuern entfallenden Nebenleistungen, z. B. Zinsen (§§ 233a bis 235, 237 AO), Säumniszuschläge (§ 240 AO), Verspätungszuschläge (§ 152 AO), Zwangsgelder (§ 329 AO), Verzögerungsgelder (§ 146 Abs. 2b AO), Zuschläge gem. § 162 Abs. 4 AO und Kosten (§§ 89, 178, 178a und 337 bis 345 AO). ²Gleichwohl gehören von der Körperschaft empfangene Erstattungszinsen i. S. d. § 233a AO zu den steuerpflichtigen Einnahmen. ³Daher sind Erstattungszinsen zu unterscheiden von an den Steuerpflichtigen zurückgezahlten Nachzahlungszinsen, welche erfolgsneutral zu behandeln sind.

H 10.1

Erfüllung von Satzungszwecken
Aufwendungen für die Erfüllung von Zwecken, die in der Satzung vorgeschrieben sind, sind nichtabziehbar und können auch nicht aufgrund einer „Auflage" als abziehbare Betriebsausgaben behandelt werden (>BMF vom 24.3.2005, BStBl I S. 608 und zur Nichtanwendung >BFH vom 5.6.2003, I R 76/01, BStBl 2005 II S. 305).

Erstattungs- und Nachzahlungszinsen, Aussetzungszinsen
- >BFH vom 16.12.2009, I R 43/08, BStBl 2012 II S. 688 und >BFH vom 15.2.2012, I B 97/11, BStBl II S. 697
- Billigkeitsregelung >BMF vom 5.10.2000, BStBl I S. 1508

Nichtabziehbare Steuern
Zu den Steuern i. S. d. § 10 Nr. 2 KStG gehören auch
- die **ausländische Quellensteuer** (>BFH vom 16.5.1990, I R 80/87, BStBl II S. 920),
- die **Erbschaftsteuer** und die **Erbersatzsteuer** (>BFH vom 14.9.1994, I R 78/94, BStBl 1995 II S. 207) sowie
- der **Solidaritätszuschlag** (>BFH vom 9.11.1994, I R 67/94, BStBl 1995 II S. 305).

Prozesszinsen

Prozesszinsen (§ 236 AO) gehören zu den steuerpflichtigen Einnahmen (>BFH vom 18. 2. 1975, VIII R 104/70, BStBl II S. 568).

R 10.2　Geldstrafen und ähnliche Rechtsnachteile

[1]Das steuerrechtliche Abzugsverbot für Geldstrafen und ähnliche Rechtsnachteile betrifft in einem Strafverfahren festgesetzte Geldstrafen, sonstige Rechtsfolgen vermögensrechtlicher Art, bei denen der Strafcharakter überwiegt, und Leistungen zur Erfüllung von Auflagen oder Weisungen, soweit die Auflagen oder Weisungen nicht lediglich der Wiedergutmachung des durch die Tat verursachten Schadens dienen (>R 12.3 EStR). [2]Geldstrafen sowie Auflagen oder Weisungen sind nach deutschem Strafrecht gegenüber juristischen Personen nicht zulässig. [3]Gegen juristische Personen können jedoch sonstige Rechtsfolgen vermögensrechtlicher Art, bei denen der Strafcharakter überwiegt, verhängt werden (§ 75 StGB). [4]In Betracht kommt insbesondere die Einziehung von Gegenständen nach § 74 StGB. [5]Nicht unter das Abzugsverbot fallen die mit den Rechtsnachteilen zusammenhängenden Verfahrenskosten, insbesondere Gerichts- und Anwaltskosten.

H 10.2

Nichtabziehbarkeit von Geldbußen

>§ 4 Abs. 5 Satz 1 Nr. 8 EStG

R 10.3　Vergütungen für die Überwachung der Geschäftsführung

(1) [1]Vergütungen für die Überwachung der Geschäftsführung (Aufsichtsratsvergütungen) sind alle Leistungen, die als Entgelt für die Tätigkeit gewährt werden. [2]Hierzu gehören auch Tagegelder, Sitzungsgelder, Reisegelder und sonstige Aufwandsentschädigungen. [3]Unter das hälftige Abzugsverbot des § 10 Nr. 4 KStG fällt jedoch nicht der dem einzelnen Aufsichtsratsmitglied aus der Wahrnehmung seiner Tätigkeit erwachsene Aufwand, soweit ihm dieser Aufwand gesondert erstattet worden ist.

(2) [1]Unterliegt die Aufsichtsratsvergütung bei der Umsatzsteuer der Regelbesteuerung und nimmt die Körperschaft den Vorsteuerabzug nach § 15 UStG in Anspruch, ist bei der Ermittlung des Einkommens der Körperschaft die Hälfte des Nettobetrags der Aufsichtsratsvergütung – ohne Umsatzsteuer – nach § 10 Nr. 4 KStG hinzuzurechnen. [2]Ist die Körperschaft nicht oder nur verhältnismäßig zum Vorsteuerabzug berechtigt, ist außerdem die Hälfte der gesamten oder der den Vorsteuerabzug übersteigenden Umsatzsteuer dem Einkommen hinzuzurechnen. [3]In den übrigen Fällen ist stets die Hälfte des Gesamtbetrags der Aufsichtsratsvergütung (einschl. Umsatzsteuer) nach § 10 Nr. 4 KStG hinzuzurechnen.

(3) [1]Der Begriff der Überwachung ist weit auszulegen. [2]Unter das hälftige Abzugsverbot fällt jede Tätigkeit eines Aufsichtsratsmitglieds, die innerhalb des möglichen Rahmens seiner Aufgaben liegt.

H 10.3

Beamtenrechtliche Ablieferungspflicht einer Aufsichtsratsvergütung
Der einem Beamten erwachsene tatsächliche Aufwand bemisst sich nicht nach den beamtenrechtlichen Vorschriften über die Ablieferungspflicht der Vergütung (>BFH vom 12.1.1966, I 185/63, BStBl III S. 206).

Doppelfunktion von Vertretern im Aufsichtsrat und Kreditausschuss
Gehören dem Kreditausschuss eines Unternehmens neben Vertretern der Darlehensgeber und mittelverwaltender Behörden und neben den Geschäftsführern auch Mitglieder des Aufsichtsrats des Unternehmens an, schließt deren Doppelfunktion die volle Abziehbarkeit der ihnen als Mitglieder des Kreditausschusses gewährten Sitzungsgelder aus (>BFH vom 15.11.1978, I R 65/76, BStBl 1979 II S. 193).

Finanzierungsberatung einer AG
Die Finanzierungsberatung einer AG durch eines ihrer Aufsichtsratsmitglieder ist keine aus dem Rahmen der Aufsichtsratstätigkeit fallende Sondertätigkeit. Die dafür geleisteten Zahlungen sind als Aufsichtsratsvergütungen zu behandeln (>BFH vom 20.9.1966, I 265/62, BStBl III S. 688).

Geschäftsführeraufgaben
Eine Vergütung, die eine Kapitalgesellschaft einem Mitglied ihres Aufsichtsrats dafür zahlt, dass dieser sich in die Wahrnehmung von Aufgaben der Geschäftsführung einschaltet, unterliegt dem hälftigen Abzugsverbot des § 10 Nr. 4 KStG (>BFH vom 12.9.1973, I R 249/71, BStBl II S. 072).

Sachverständige
Die Vergütungen, die eine Gesellschaft an den vom Aufsichtsrat zur Unterstützung seiner Kontrollfunktion beauftragten Sachverständigen zahlt, unterliegen nicht dem hälftigen Abzugsverbot des § 10 Nr. 4 KStG (>BFH vom 30.9.1975, I R 46/74, BStBl 1976 II S. 155).

Zu § 11 KStG

R 11   **Liquidationsbesteuerung**

(1) ¹Der Zeitraum der Abwicklung beginnt mit der Auflösung. ²Der Besteuerungszeitraum beginnt mit dem Wj., in das die Auflösung fällt. ³Erfolgt die Auflösung im Laufe eines Wj., so kann ein Rumpfwirtschaftsjahr gebildet werden. ⁴Dieses Wahlrecht besteht nicht bei Eröffnung eines Insolvenzverfahrens (§ 155 Abs. 2 Satz 1 InsO). ⁵Das Rumpfwirtschaftsjahr reicht vom Schluss des vorangegangenen Wj. bis zur Auflösung. ⁶Es ist nicht in den Abwicklungszeitraum einzubeziehen. ⁷Bei einer Überschreitung des Dreijahreszeitraums sind die danach beginnenden weiteren Besteuerungszeiträume grundsätzlich jeweils auf ein Jahr begrenzt.
(2) ¹Die Steuerpflicht endet erst, wenn die Liquidation rechtsgültig abgeschlossen ist. ²Zum rechtsgültigen Abschluss der Liquidation gehört bei Kapitalgesellschaften auch der Ablauf des >Sperrjahres. ³Auch wenn die Kapitalgesellschaft vor Ablauf des Sperrjahres ihr Gesellschaftsvermögen vollständig ausgeschüttet hat, ist sie damit noch nicht erloschen. ⁴Die Löschung im Handelsregister ist für sich allein ohne Bedeutung.
(3) ¹Wird der Abwicklungszeitraum in mehrere Besteuerungszeiträume unterteilt (§ 11 Abs. 1 Satz 2 KStG), ist die besondere Gewinnermittlung nach § 11 Abs. 2 KStG nur für den letzten Be-

steuerungszeitraum vorzunehmen. ²Dabei ist das Abwicklungs-Anfangsvermögen aus der Bilanz zum Schluss des letzten vorangegangenen Besteuerungszeitraums abzuleiten. ³Für die vorangehenden Besteuerungszeiträume ist die Gewinnermittlung nach allgemeinen Grundsätzen durchzuführen. ⁴Auf den Schluss jedes Besteuerungszeitraums ist eine Steuerbilanz zu erstellen.
(4) Bei den Körperschaftsteuer-Veranlagungen für Besteuerungszeiträume innerhalb des Abwicklungszeitraums handelt es sich nicht um bloße Zwischenveranlagungen, die nach Ablauf des Liquidationszeitraums durch eine Veranlagung für den gesamten Liquidationszeitraum zu ersetzen sind.

H 11

Beginn der Liquidation
Ein Beschluss der Gesellschafter einer Kapitalgesellschaft über die Auflösung wird mit dem Tag der Beschlussfassung wirksam, sofern sich aus dem Beschluss nichts anderes ergibt (>BFH vom 9. 3. 1983, I R 202/79, BStBl II S. 433).

Besteuerungszeitraum
– Zieht sich die Liquidation einer Kapitalgesellschaft über mehr als drei Jahre hin, so darf das Finanzamt nach Ablauf dieses Zeitraums regelmäßig auch dann gegenüber der Kapitalgesellschaft einen Körperschaftsteuerbescheid erlassen, wenn für eine Steuerfestsetzung vor Abschluss der Liquidation kein besonderer Anlass besteht (>BFH vom 18. 9. 2007, I R 44/06, BStBl 2008 II S. 319).
– Zur Abweichung des Besteuerungszeitraums bei der Körperschaftsteuer und der Gewerbesteuer >BMF vom 4. 4. 2008, BStBl I S. 542

Sperrjahr
Das Sperrjahr beginnt mit dem Tag, an dem der Aufruf an die Gläubiger zum dritten Mal bekannt gemacht bzw. veröffentlicht worden ist (§ 272 Abs. 1 AktG oder § 73 GmbHG).

Verlustabzug
Auch im mehrjährigen Besteuerungszeitraum der Abwicklung einer Kapitalgesellschaft ist der sog. Sockelbetrag der Mindestgewinnbesteuerung von 1 Mio. Euro (§ 10d Abs. 2 Satz 1 EStG) nur einmal anzusetzen (>BFH vom 23. 1. 2013, I R 35/12, BStBl II S. 508).

Zu § 12 KStG

R 12   **Beschränkte Steuerpflicht der übertragenden Körperschaft**

– unbesetzt –

H 12

Finale Entnahme und finale Betriebsaufgabe
Zur Beschränkung der BFH-Urteile vom 17. 7. 2008, I R 77/06, BStBl 2009 II S. 464 und vom 28. 10. 2009, I R 99/08, BStBl 2011 II S. 1019 auf die entschiedenen Einzelfälle >BMF vom 18. 11. 2011, BStBl I S. 1278

Zu § 13 KStG

R 13.1 Beginn einer Steuerbefreiung

(1) § 13 Abs. 1 KStG erfasst die Fälle, in denen eine bisher in vollem Umfang steuerpflichtige Körperschaft, Personenvereinigung oder Vermögensmasse in vollem Umfang von der Körperschaftsteuer befreit wird.

(2) ¹Die Pflicht zur Aufstellung einer Schlussbilanz besteht nur insoweit, als die betreffende Körperschaft, Personenvereinigung oder Vermögensmasse Einkünfte aus Gewerbebetrieb, aus Land- und Forstwirtschaft oder aus selbständiger Arbeit bezieht. ²Die Bilanzierungspflicht besteht demnach für Körperschaften i. S. d. § 8 Abs. 2 KStG in vollem Umfang (>R 8.1 Abs. 3), für andere Körperschaften (>R 8.1 Abs. 2) nur hinsichtlich des Bereichs der vorgenannten Einkünfte (zur Anwendung des § 13 KStG auf Beteiligungen i. S. d. § 17 EStG außerhalb des Betriebsvermögens >R 13.4 Abs. 3).

H 13.1

Beispiele für den Wechsel zwischen Steuerpflicht und Steuerbefreiung
1. Eine bisher wegen schädlicher Tätigkeiten i. S. d. >H 5.4 steuerpflichtige Unterstützungskassen-GmbH beendet diese Tätigkeiten und fällt anschließend, da sie nicht überdotiert ist, unter die Befreiung des § 5 Abs. 1 Nr. 3 KStG.
2. Eine Krankenhaus-GmbH, die bisher nicht die Voraussetzungen des § 67 AO erfüllte und deshalb steuerpflichtig war, erfüllt nunmehr die Voraussetzungen dieser Vorschrift und ist nach § 5 Abs. 1 Nr. 9 KStG in vollem Umfang von der Körperschaftsteuer befreit.
3. Eine Wohnungsgenossenschaft, der bisher aufgrund der Beteiligung an einer Personengesellschaft Einnahmen von mehr als 10 % ihrer Gesamteinnahmen zuzurechnen waren, veräußert die Beteiligung an der Personengesellschaft und erzielt anschließend ausschließlich Einnahmen i. S. d. § 5 Abs. 1 Nr. 10 Satz 1 KStG, so dass sie in vollem Umfang unter diese Befreiungsvorschrift fällt.

Teilweiser Beginn einer Steuerbefreiung (§ 13 Abs. 5 KStG)
>R 13.2 Abs. 3

R 13.2 Erlöschen einer Steuerbefreiung

(1) § 13 Abs. 2 KStG erfasst die Fälle, in denen eine bisher in vollem Umfang steuerbefreite Körperschaft, Personenvereinigung oder Vermögensmasse in vollem Umfang steuerpflichtig wird.

(2) ¹Zusätzliche Voraussetzung ist, dass die Körperschaft, Personenvereinigung oder Vermögensmasse ihren Gewinn nach Eintritt in die Steuerpflicht durch Betriebsvermögensvergleich ermittelt. ²Körperschaften i. S. d. § 8 Abs. 2 KStG fallen stets unter den Anwendungsbereich der Vorschrift, andere Körperschaften nur dann, wenn sie zur Buchführung verpflichtet sind oder freiwillig Bücher führen. ³Bei diesen anderen Körperschaften erstreckt sich die Bilanzierungspflicht nur auf den Bereich der Gewinneinkünfte (>R 13.1 Abs. 2). ⁴Zur Anwendung des § 13 KStG auf Beteiligungen i. S. d. § 17 EStG außerhalb des Betriebsvermögens >R 13.4 Abs. 3.

(3) ¹Nach § 13 Abs. 5 KStG gelten die Absätze 1 bis 4 dieser Vorschrift bei nur teilweisem Erlöschen der Steuerpflicht für die entsprechenden Teile des Betriebsvermögens. ²Der teilweise Beginn einer Steuerbefreiung ist in drei Varianten denkbar:

1. **Wechsel von voller zu nur noch partieller Steuerpflicht**
   Eine bisher wegen Überschreitens der 10%-Grenze in § 5 Abs. 1 Nr. 10 Satz 2 KStG in vollem Umfang steuerpflichtige Wohnungsgenossenschaft verringert die Einnahmen aus den schädlichen Tätigkeiten durch Vermietung frei werdender, bisher an Nichtmitglieder vermieteter Wohnungen an Mitglieder auf weniger als 10 % der Gesamteinnahmen und ist daher nur noch partiell steuerpflichtig.
2. **Verringerung der partiellen Steuerpflicht**
   Bei einer Unterstützungskassen-GmbH, die wegen ihrer Überdotierung nach § 6 Abs. 5 KStG partiell steuerpflichtig ist, verringert sich das prozentuale Ausmaß der Überdotierung.
3. **Wechsel von partieller Steuerpflicht zu voller Steuerbefreiung**
   Bei einer nach § 5 Abs. 1 Nr. 9 KStG wegen Verfolgung gemeinnütziger Zwecke steuerbefreiten GmbH wird eine bisher als steuerpflichtiger wirtschaftlicher Geschäftsbetrieb (§ 64 AO) beurteilte Tätigkeit als steuerfreier Zweckbetrieb (§ 65 AO) anerkannt.

R 13.3 Schlussbilanz, Anfangsbilanz

(1) ¹Durch den Ansatz der Wirtschaftsgüter in der Schlussbilanz mit dem Teilwert wird erreicht, dass eine steuerpflichtige Körperschaft, die von der Körperschaftsteuer befreit wird, vorbehaltlich des § 13 Abs. 4 KStG die während des Bestehens der Steuerpflicht gebildeten stillen Reserven des Betriebsvermögens aufzudecken und der Besteuerung zuzuführen hat, bevor sie aus der Steuerpflicht ausscheidet. ²Ermittelt sie ihren Gewinn durch Betriebsvermögensvergleich, hat sie auf den Zeitpunkt, in dem die Steuerpflicht endet, eine Schlussbilanz aufzustellen. ³Für die aufzustellende Schlussbilanz sind die steuerlichen Gewinnermittlungsvorschriften zu beachten. ⁴Ermittelt sie ihren Gewinn durch Einnahmenüberschussrechnung, ist R 4.5 Abs. 6 EStR entsprechend anzuwenden.

(2) ¹Umgekehrt wird durch den Ansatz der Wirtschaftsgüter in der Anfangsbilanz mit dem Teilwert bei Wegfall der Steuerbefreiung erreicht, dass die im Zeitraum der Steuerfreiheit gebildeten stillen Reserven nicht bei einer späteren Realisierung besteuert werden müssen. ²Zum Erfordernis der Bilanzierung >R 13.2 Abs. 2.

H 13.3

Firmenwert
Das Aktivierungsverbot des § 5 Abs. 2 EStG gilt auch für die gem. § 13 Abs. 1 bzw. 2 KStG aufzustellende Schluss- bzw. Anfangsbilanz (>BFH vom 9. 8. 2000, I R 69/98, BStBl 2001 II S. 71).

R 13.4 Sonderregelung für bestimmte steuerbegünstigte Körperschaften

(1) ¹Nach § 13 Abs. 4 Satz 1 KStG wird bei bisher steuerpflichtigen Körperschaften, die nach § 5 Abs. 1 Nr. 9 KStG steuerbefreit werden und steuerbegünstigte Zwecke i. S. d. § 9 Abs. 1 Nr. 2 KStG verfolgen, auf die Schlussbesteuerung der in der Zeit der früheren Steuerpflicht gebildeten stillen Reserven verzichtet. ²Verfolgt eine solche Körperschaft neben den vorgenannten Zwecken auch andere gemeinnützige Zwecke, kommt § 13 Abs. 4 Satz 1 KStG nur für diejenigen Wirtschaftsgüter in Betracht, die einem Zweck i. S. d. § 9 Abs. 1 Nr. 2 KStG dienen.

(2) ¹Erlischt bei einer Körperschaft, die steuerbegünstigte Zwecke i. S. d. § 9 Abs. 1 Nr. 2 KStG verfolgt, die Steuerbefreiung, ist für die Wirtschaftsgüter, die in der Anfangsbilanz zu Beginn der Steuerbefreiung nach § 13 Abs. 4 Satz 1 KStG mit dem Buchwert anzusetzen waren, der Wert anzusetzen, der sich bei ununterbrochener Steuerpflicht nach den Vorschriften über die steuer-

liche Gewinnermittlung ergeben würde. ²Dadurch wird die steuerliche Erfassung später realisierter stiller Reserven dieser Wirtschaftsgüter aus der Zeit der früheren Steuerpflicht wieder ermöglicht. ³Für Wirtschaftsgüter, die erst im Zeitraum der Steuerbefreiung angeschafft oder hergestellt worden sind, gilt § 13 Abs. 4 Satz 2 KStG nicht. ⁴Für diese Wirtschaftsgüter ist der Teilwert nach § 13 Abs. 3 Satz 1 KStG anzusetzen (>R 13.3 Abs. 2).
(3) Durch § 13 Abs. 6 KStG wird der Anwendungsbereich der Vorschrift über den Bereich des Betriebsvermögens hinaus auf Beteiligungen i. S. d. § 17 EStG der Körperschaft, Personenvereinigung oder Vermögensmasse an einer Kapitalgesellschaft ausgedehnt.

H 13.4

Teilweises Erlöschen einer Steuerbefreiung (§ 13 Abs. 5 KStG)
>R 13.2 Abs. 3

Überführung eines Betriebs oder Teilbetriebs aus dem steuerpflichtigen in den steuerbefreiten Bereich einer Körperschaft unter Ansatz der Buchwerte nach § 13 Abs. 4 Satz 1 KStG
>BMF vom 1. 2. 2002, BStBl I S. 221

Zu § 14 KStG

R 14.1   **Organträger, Begriff des gewerblichen Unternehmens**

– unbesetzt –

H 14.1

Begriff des gewerblichen Unternehmens
>BMF vom 26. 8. 2003, BStBl I S. 437 Rn. 2 ff.

Steuerbefreite Körperschaft als Organträgerin
Mit der die Organschaft ausschließende Steuerbefreiung i. S. v. § 14 Abs. 1 Satz 1 Nr. 2 Satz 1 KStG ist nur eine persönliche Steuerbefreiung gemeint, die den Rechtsträger als solchen insgesamt von der Steuerpflicht ausschließt (unbeschränkte persönliche Steuerbefreiung). Körperschaften, die nur im Hinblick auf einen bestimmten Teil ihrer Tätigkeit oder ihres Ertrags von der Steuerpflicht ausgenommen sind (sog. beschränkte persönliche oder sachliche Steuerbefreiung), kommen demgegenüber als Organträger grundsätzlich in Betracht, soweit nicht die Beteiligung an der Organgesellschaft den steuerbefreiten Aktivitäten zuzuordnen ist (>BFH vom 10. 3. 2010, I R 41/09, BStBl 2011 II S. 181).

R 14.2   **Finanzielle Eingliederung**

¹Der Organträger ist i. S. d. finanziellen Eingliederung an der Organgesellschaft beteiligt, wenn ihm Anteile an der Organgesellschaft – einschließlich der Stimmrechte daraus – steuerrechtlich in dem für die finanzielle Eingliederung erforderlichen Umfang zuzurechnen sind. ²Entsprechendes gilt für die >mittelbare Beteiligung (§ 14 Abs. 1 Satz 1 Nr. 1 Satz 2 KStG). ³Unmittelbare und mittelbare Beteiligungen (bzw. mehrere mittelbare Beteiligungen) dürfen zusammenge-

fasst werden. [4]Es sind nur solche mittelbaren Beteiligungen zu berücksichtigen, die auf Beteiligungen des Organträgers an vermittelnden (Kapital- oder Personen-) Gesellschaften beruhen, an denen der Organträger jeweils die Mehrheit der Stimmrechte hat und die jeweils die Voraussetzungen des § 14 Abs. 1 Satz 1 Nr. 2 Satz 4 und 5 KStG erfüllen.

Beispiele:
In den Beispielen wird unterstellt, dass die Stimmrechtsverhältnisse den Beteiligungsverhältnissen entsprechen und alle Beteiligungen inländischen Betriebsstätten zuzuordnen sind:
1. Die Gesellschaft M ist an der Gesellschaft E unmittelbar zu 50 % beteiligt. Über die Gesellschaft T (Beteiligung der T an E 50 %), an der die M ebenfalls zu 50 % beteiligt ist, hält M mittelbar weitere 25 % der Anteile an der E. Die Gesellschaft E ist in die Gesellschaft M nicht finanziell eingegliedert, weil die unmittelbare und die mittelbare Beteiligung der M an der E aufgrund der fehlenden Stimmrechtsmehrheit der M an T nicht zusammenzurechnen sind und die unmittelbare Beteiligung allein die Voraussetzung der finanziellen Eingliederung nicht erfüllt.
2. Die Gesellschaft M ist an der Gesellschaft T 1 zu 100 % und an der Gesellschaft T 2 zu 49 % beteiligt; die Gesellschaften T 1 und T 2 sind an der Gesellschaft E zu je 50 % beteiligt. M besitzt an T 2 nicht die Mehrheit der Stimmrechte. Damit sind die Voraussetzungen des § 14 Abs. 1 Satz 1 Nr. 1 Satz 2 KStG für eine Zusammenrechnung der beiden mittelbaren Beteiligungen nicht erfüllt. Die Gesellschaft E ist in die Gesellschaft M nicht finanziell eingegliedert.
3. Die Gesellschaft M ist zu 20 % unmittelbar an E beteiligt. Zugleich ist M am Vermögen der Gesellschaft P zu 80 % beteiligt, die ihrerseits 80 % der Anteile an E hält. Die Gesellschaft E ist in die Gesellschaft M finanziell eingegliedert, da die unmittelbare und die mittelbare Beteiligung aufgrund der Stimmrechtsmehrheit der M an P zu addieren sind (20 % + 64 %).

H 14.2

Mittelbare Beteiligung
Eine mittelbare Beteiligung kann auch über eine Gesellschaft bestehen, die nicht selbst Organgesellschaft sein kann (>BFH vom 2. 11. 1977, I R 143/75, BStBl 1978 II S. 74).

Rückwirkende Begründung eines Organschaftsverhältnisses bei Umwandlung
Zur rückwirkenden Begründung eines Organschaftsverhältnisses bei Umwandlungen >BFH vom 28. 7. 2010, I R 89/09, BStBl 2011 II S. 528 sowie >BMF vom 11. 11. 2011, BStBl I S. 1314 Rn. Org. 01 ff.

Stimmrechtsverbot
Stimmrechtsverbote für einzelne Geschäfte zwischen Organträger und Organgesellschaft stehen der finanziellen Eingliederung nicht entgegen (>BFH vom 26. 1. 1989, IV R 151/86, BStBl II S. 455).

R 14.3 **Personengesellschaften als Organträger**

[1]Eine Personengesellschaft i. S. d. § 15 Abs. 1 Satz 1 Nr. 2 EStG kann Organträger sein, wenn die Voraussetzung der >finanziellen Eingliederung im Verhältnis zur Personengesellschaft selbst erfüllt ist (§ 14 Abs. 1 Satz 1 Nr. 2 Satz 3 KStG), sie eine gewerbliche Tätigkeit i. S. d. § 15 Abs. 1 Satz 1 Nr. 1 EStG ausübt (§ 14 Abs. 1 Satz 1 Nr. 2 Satz 2 KStG) und die Beteiligungen, die die finanzielle Eingliederung vermitteln, während der gesamten Dauer der Organschaft einer inländischen Betriebsstätte des Organträgers zuzurechnen sind. [2]Dies gilt sowohl für unmittelbare Beteiligungen an der Organgesellschaft als auch für Beteiligungen an Gesellschaften, über die eine mittelbare Beteiligung des Organträgers an der Organgesellschaft besteht (§ 14 Abs. 1 Satz 1 Nr. 2 Satz 4, 5 und 7 KStG). [3]In diesen Fällen hat die Veräußerung eines Mitunternehmeranteils bzw. die Veränderung im Gesellschafterbestand der Organträger-Personengesellschaft

während des Wj. der Organgesellschaft keine Auswirkungen auf das bestehende Organschaftsverhältnis, da der Personengesellschaft im Hinblick auf das Organschaftsverhältnis eine rechtliche Eigenständigkeit eingeräumt wird. ⁴Dem entspricht auch, dass die wirtschaftliche Identität der Personengesellschaft gewahrt und die rechtliche Gebundenheit des Gesellschaftsvermögens gleich bleibt, auch wenn die am Vermögen insgesamt Beteiligten wechseln. ⁵Gehören die Anteile an der Organgesellschaft nicht zum Vermögen der Personengesellschaft, reicht es für die finanzielle Eingliederung in die Personengesellschaft nicht aus, dass die Anteile notwendiges Sonderbetriebsvermögen der Gesellschafter der Personengesellschaft sind.

| H 14.3 |

Personengesellschaft als Organträger
>BMF vom 10.11.2005, BStBl I S. 1038 Rn. 13 ff.

Vermögensverwaltende Personengesellschaft
Eine Personengesellschaft, die Besitzunternehmen im Rahmen einer Betriebsaufspaltung und ansonsten nur vermögensverwaltend tätig ist, kann Organträgerin sein (>BFH vom 24.7.2013, I R 40/12, BStBl 2014 II S. 272).

Zeitpunkt einer gewerblichen Betätigung des Organträgers i. S. d. § 15 Abs. 1 Satz 1 Nr. 1 EStG
Der Organträger einer ertragsteuerlichen Organschaft muss nicht bereits zu Beginn des Wj. der Organgesellschaft gewerblich tätig sein (>BFH vom 24.7.2013, I R 40/12, BStBl 2014 II S. 272).
>BMF vom 10.11.2005, BStBl I S. 1038 Rn. 21 ist damit überholt.

| R 14.4 | **Zeitliche Voraussetzungen**

(1) ¹Nach § 14 Abs. 1 Satz 1 Nr. 1 KStG muss die Organgesellschaft vom Beginn ihres Wj. an ununterbrochen finanziell in das Unternehmen des Organträgers eingegliedert sein. ²Ununterbrochen bedeutet, dass diese Eingliederung vom Beginn ihres Wj. an ohne Unterbrechung bis zum Ende des Wj. bestehen muss. ³Das gilt auch im Falle eines Rumpfwirtschaftsjahres.
(2) ¹Veräußert der Organträger seine Beteiligung an der Organgesellschaft zum Ende des Wj. der Organgesellschaft an ein anderes gewerbliches Unternehmen, bedeutet dies, dass der Organträger das Eigentum an den Anteilen an der Organgesellschaft bis zum letzten Tag, 24 Uhr, des Wj. der Organgesellschaft behält und das andere Unternehmen dieses Eigentum am ersten Tag, 0 Uhr, des anschließenden Wj. der Organgesellschaft erwirbt. ²In diesen Fällen ist deshalb die Voraussetzung der finanziellen Eingliederung der Organgesellschaft beim Veräußerer der Anteile bis zum Ende des Wj. der Organgesellschaft und beim Erwerber der Anteile vom Beginn des anschließenden Wj. der Organgesellschaft an erfüllt. ³Veräußert der Organträger seine Beteiligung an der Organgesellschaft während des Wj. der Organgesellschaft, und stellt die Organgesellschaft mit Zustimmung des Finanzamts ihr Wj. auf den Zeitpunkt der Veräußerung der Beteiligung um, ist die finanzielle Eingliederung der Organgesellschaft beim Veräußerer der Anteile bis zum Ende des entstandenen Rumpfwirtschaftsjahres der Organgesellschaft und beim Erwerber der Anteile vom Beginn des anschließenden Wj. der Organgesellschaft an gegeben.
(3) ¹Wird im Zusammenhang mit der Begründung oder Beendigung eines Organschaftsverhältnisses i. S. d. § 14 KStG das Wj. der Organgesellschaft auf einen vom Kj. abweichenden Zeitraum umgestellt, ist dafür die nach § 7 Abs. 4 Satz 3 KStG erforderliche Zustimmung zu erteilen. ²Bei der Begründung eines Organschaftsverhältnisses gilt das auch, wenn das Wj. der Organgesellschaft im selben VZ ein zweites Mal umgestellt wird, um den Abschlussstichtag der Organge-

sellschaft dem im Organkreis üblichen Abschlussstichtag anzupassen. ³Weicht dabei das neue Wj. vom Kj. ab, ist für die zweite Umstellung ebenfalls die Zustimmung nach § 7 Abs. 4 Satz 3 KStG zu erteilen.

R 14.5   Gewinnabführungsvertrag

Wirksamwerden des Gewinnabführungsvertrags

(1) ¹Nach § 14 Abs. 1 Satz 2 KStG kann die Einkommenszurechnung erstmals für das Wj. der Organgesellschaft erfolgen, in dem der GAV wirksam wird. ²Bei einer nicht nach §§ 319 bis 327 AktG eingegliederten AG oder KGaA wird der GAV i. S. d. § 291 Abs. 1 AktG zivilrechtlich erst wirksam, wenn sein Bestehen in das Handelsregister des Sitzes der Organgesellschaft eingetragen ist (§ 294 Abs. 2 AktG). ³Bei einer nach den §§ 319 bis 327 AktG eingegliederten AG oder KGaA tritt die zivilrechtliche Wirksamkeit des GAV ein, sobald er in Schriftform abgeschlossen ist (§ 324 Abs. 2 AktG).

Mindestlaufzeit

(2) ¹Der GAV muss nach § 14 Abs. 1 Satz 1 Nr. 3 Satz 1 KStG auf einen Zeitraum von mindestens fünf Zeitjahren abgeschlossen sein. ²Der Zeitraum beginnt mit dem Anfang des Wj., für das die Rechtsfolgen des § 14 Abs. 1 Satz 1 KStG erstmals eintreten.

Vollzug des Gewinnabführungsvertrags

(3) ¹Nach § 14 Abs. 1 Satz 1 KStG muss sich die Organgesellschaft aufgrund eines GAV i. S. d. § 291 Abs. 1 AktG verpflichten, ihren ganzen Gewinn an ein anderes gewerbliches Unternehmen abzuführen. ²Die Abführung des ganzen Gewinns setzt hierbei voraus, dass der Jahresabschluss keinen Bilanzgewinn (§ 268 Abs. 1 HGB, § 158 AktG) mehr ausweist. ³Wegen der nach § 14 Abs. 1 Satz 1 Nr. 4 KStG zulässigen Bildung von Gewinn- oder Kapitalrücklagen >Absatz 5 Nr. 3. ⁴§ 301 AktG bestimmt als Höchstbetrag der Gewinnabführung für eine nicht eingegliederte Organgesellschaft in der Rechtsform der AG oder der KGaA:
1. in seinem Satz 1 den ohne die Gewinnabführung entstehenden Jahresüberschuss, vermindert um einen Verlustvortrag aus dem Vorjahr und um den Betrag, der nach § 300 AktG in die gesetzliche Rücklage einzustellen ist und um den nach § 268 Abs. 8 HGB ausschüttungsgesperrten Betrag;
2. in seinem Satz 2 zusätzlich die Entnahmen aus in vertraglicher Zeit gebildeten und wieder aufgelösten Gewinnrücklagen.

⁵Nach § 275 Abs. 4 HGB dürfen Veränderungen der Gewinnrücklagen in der Gewinn- und Verlustrechnung erst nach dem Posten „Jahresüberschuss/Jahresfehlbetrag" ausgewiesen werden und verändern dadurch nicht den Jahresüberschuss. ⁶Bei Verlustübernahme (§ 302 AktG) hat der Organträger einen sonst entstehenden Jahresfehlbetrag auszugleichen, soweit dieser nicht dadurch ausgeglichen wird, dass den anderen Gewinnrücklagen Beträge entnommen werden, die während der Vertragsdauer in sie eingestellt worden sind.

Abführung/Ausschüttung vorvertraglicher Rücklagen

(4) ¹Bei einer nicht eingegliederten Organgesellschaft in der Rechtsform der AG oder der KGaA ist der GAV steuerlich als nicht durchgeführt anzusehen, wenn vorvertragliche Gewinnrücklagen entgegen §§ 301 und 302 Abs. 1 AktG aufgelöst und an den Organträger abgeführt werden. ²Da der Jahresüberschuss i. S. d. § 301 AktG nicht einen Gewinnvortrag (§ 158 Abs. 1 Nr. 1 AktG, § 266 Abs. 3 A HGB) umfasst, darf ein vor dem Inkrafttreten des GAV vorhandener Gewinnvortrag weder abgeführt noch zum Ausgleich eines aufgrund des GAV vom Organträger auszugleichenden Jahresfehlbetrags (Verlustübernahme) verwendet werden. ³Ein Verstoß gegen das Verbot, Erträge aus der Auflösung vorvertraglicher Rücklagen an den Organträger abzuführen, liegt auch vor, wenn die Organgesellschaft Aufwand – dazu gehören auch die steuer-

rechtlich nichtabziehbaren Ausgaben, z. B. Körperschaftsteuer, Aufsichtsratsvergütungen – über eine vorvertragliche Rücklage verrechnet und dadurch den Gewinn erhöht, der an den Organträger abzuführen ist. ⁴Ein Verstoß gegen die §§ 301 und 302 Abs. 1 AktG ist nicht gegeben, wenn die Organgesellschaft vorvertragliche Rücklagen auflöst und den entsprechenden Gewinn außerhalb des GAV an ihre Anteilseigner ausschüttet. ⁵Insoweit ist § 14 KStG nicht anzuwenden; für die Gewinnausschüttung gelten die allgemeinen Grundsätze.

Durchführung des Gewinnabführungsvertrags

(5) Der Durchführung des GAV steht es nicht entgegen, wenn z. B.
 1. der an den Organträger abzuführende Gewinn entsprechend dem gesetzlichen Gebot in § 301 AktG durch einen beim Inkrafttreten des GAV vorhandenen Verlustvortrag gemindert wird. ²Der Ausgleich vorvertraglicher Verluste durch den Organträger ist steuerrechtlich als Einlage zu werten;
 2. der ohne die Gewinnabführung entstehende Jahresüberschuss der Organgesellschaft nach § 301 AktG um den Betrag vermindert wird, der nach § 300 AktG in die gesetzliche Rücklage einzustellen ist. ²Zuführungen zur gesetzlichen Rücklage, die die gesetzlich vorgeschriebenen Beträge übersteigen, sind steuerrechtlich wie die Bildung von Gewinnrücklagen zu beurteilen;
 3. die Organgesellschaft nach § 14 Abs. 1 Satz 1 Nr. 4 KStG Gewinnrücklagen i. S. d. § 272 Abs. 3 und 4 HGB mit Ausnahme der gesetzlichen Rücklagen, aber einschließlich der satzungsmäßigen Rücklagen (§ 266 Abs. 3 A III HGB) bildet, die bei vernünftiger kaufmännischer Beurteilung wirtschaftlich begründet sind. ²Die Bildung einer Kapitalrücklage i. S. d. § 272 Abs. 2 Nr. 4 HGB beeinflusst die Höhe der Gewinnabführung nicht und stellt daher keinen Verstoß gegen § 14 Abs. 1 Satz 1 Nr. 4 KStG dar. ³Für die Bildung der Rücklagen muss ein konkreter Anlass gegeben sein, der es auch aus objektiver unternehmerischer Sicht rechtfertigt, eine Rücklage zu bilden, wie z. B. eine geplante Betriebsverlegung, Werkserneuerung, Kapazitätsausweitung. ⁴Die Beschränkung nach § 14 Abs. 1 Satz 1 Nr. 4 KStG ist nicht auf die Bildung stiller Reserven anzuwenden;
 4. die Organgesellschaft ständig Verluste erwirtschaftet.

Beendigung des Gewinnabführungsvertrags

(6) ¹Wird der GAV, der noch nicht fünf aufeinander folgende Jahre durchgeführt worden ist, durch Kündigung oder im gegenseitigen Einvernehmen beendet, bleibt der Vertrag für die Jahre, für die er durchgeführt worden ist, steuerrechtlich wirksam, wenn die Beendigung auf einem wichtigen Grund beruht. ²Ein wichtiger Grund kann insbesondere in der Veräußerung oder Einbringung der Organbeteiligung durch den Organträger, der Verschmelzung, Spaltung oder Liquidation des Organträgers oder der Organgesellschaft gesehen werden. ³Stand bereits im Zeitpunkt des Vertragsabschlusses fest, dass der GAV vor Ablauf der ersten fünf Jahre beendet werden wird, ist ein wichtiger Grund nicht anzunehmen. ⁴Liegt ein wichtiger Grund nicht vor, ist der GAV von Anfang an als steuerrechtlich unwirksam anzusehen.

(7) Ist der GAV bereits mindestens fünf aufeinander folgende Jahre durchgeführt worden, bleibt er für diese Jahre steuerrechtlich wirksam.

Nichtdurchführung des Gewinnabführungsvertrags

(8) ¹Wird ein GAV in einem Jahr nicht durchgeführt, ist er
 1. von Anfang an als steuerrechtlich unwirksam anzusehen, wenn er noch nicht fünf aufeinander folgende Jahre durchgeführt worden ist;
 2. erst ab diesem Jahr als steuerrechtlich unwirksam anzusehen, wenn er bereits mindestens fünf aufeinander folgende Jahre durchgeführt worden ist. ²Soll die körperschaftsteuerrechtliche Organschaft ab einem späteren Jahr wieder anerkannt werden, bedarf es einer erneuten mindestens fünfjährigen Laufzeit und ununterbrochenen Durchführung des Vertrags.

²Ist der GAV als steuerrechtlich unwirksam anzusehen, ist die Organgesellschaft nach den allgemeinen steuerrechtlichen Vorschriften zur Körperschaftsteuer zu veranlagen.

H 14.5

Änderung des § 301 AktG und § 249 HGB durch das BilMoG
>BMF vom 14.1.2010, BStBl I S. 65

Auflösung und Abführung vorvertraglicher versteuerter Rücklagen
Zur Auflösung und Abführung vorvertraglicher versteuerter Rücklagen bei einer nach den §§ 319 bis 327 AktG eingegliederten Organgesellschaft in der Rechtsform der AG oder KGaA >R 14.6 Abs. 3

Auflösung von in organschaftlicher Zeit gebildeten Kapitalrücklagen
Eine in organschaftlicher Zeit gebildete und aufgelöste Kapitalrücklage kann an die Gesellschafter ausgeschüttet werden; sie unterliegt nicht der Gewinnabführung (>BFH vom 8.8.2001, I R 25/00, BStBl 2003 II S. 923 und >BMF vom 27.11.2003, BStBl I S. 647).

Beendigung des Gewinnabführungsvertrags
Die Beendigung des GAV, weil er aus Sicht der Parteien seinen Zweck der Konzernverlustverrechnung erfüllt hat, ist kein wichtiger Grund i. S. d. § 14 Abs. 1 Satz 1 Nr. 3 Satz 2 KStG (>BFH vom 13.11.2013, I R 45/12, BStBl 2014 II S. 486).

Bildung einer Rücklage
Zur Zulässigkeit der Bildung einer Rücklage in der Bilanz einer Organgesellschaft aus Gründen der Risikovorsorge >BFH vom 29.10.1980, I R 61/77, BStBl 1981 II S. 336

Mindestlaufzeit
Die fünfjährige Mindestlaufzeit des GAV bei der körperschaftsteuerlichen Organschaft bemisst sich nach Zeitjahren und nicht nach Wj. (>BFH vom 12.1.2011, I R 3/10, BStBl II S. 727). Unabhängig von einer Umstellung des Wj. der Organgesellschaft und der damit einhergehenden Bildung eines Rumpfwirtschaftsjahres ist für die steuerliche Anerkennung der Organschaft die Mindestlaufzeit des GAV von fünf Zeitjahren einzuhalten (>BFH vom 13.11.2013, I R 45/12, BStBl 2014 II S. 486). Zur Voraussetzung der Mindestlaufzeit >BMF vom 10.11.2005, BStBl I S. 1038 Rn. 4

Verzinsung des Anspruchs auf Verlustübernahme nach § 302 AktG
Die unterlassene oder unzutreffende Verzinsung eines Verlustausgleichsanspruchs steht einer tatsächlichen Durchführung des GAV nicht entgegen (>BMF vom 15.10.2007, BStBl I S. 765).

Wirksamwerden des Gewinnabführungsvertrags
Bei einem lediglich mit der Vorgründungsgesellschaft (>H 1.1) abgeschlossenen GAV gehen die sich daraus ergebenden Rechte und Pflichten nicht automatisch auf die später gegründete und eingetragene Kapitalgesellschaft über (>BFH vom 8.11.1989, I R 174/86, BStBl 1990 II S. 91).

| R 14.6 | **Zuzurechnendes Einkommen der Organgesellschaft** |

(1) ¹Als zuzurechnendes Einkommen ist das Einkommen der Organgesellschaft vor Berücksichtigung des an den Organträger abgeführten Gewinns oder des vom Organträger zum Ausgleich eines sonst entstehenden Jahresfehlbetrags (§ 302 Abs. 1 AktG) geleisteten Betrags zu verstehen. ²Bei der Ermittlung des Einkommens des Organträgers bleibt demnach der von der Organgesellschaft an den Organträger abgeführte Gewinn außer Ansatz; ein vom Organträger an die Organgesellschaft zum Ausgleich eines sonst entstehenden Jahresfehlbetrags geleisteter Betrag darf nicht abgezogen werden.

(2) ¹Gewinne der Organgesellschaft, die aus der Auflösung vorvertraglicher unversteuerter stiller Reserven herrühren, sind Teil des Ergebnisses des Wj. der Organgesellschaft, in dem die Auflösung der Reserven erfolgt. ²Handelsrechtlich unterliegen diese Gewinne deshalb der vertraglichen Abführungsverpflichtung. ³Steuerrechtlich gehören sie zu dem Einkommen, das nach § 14 KStG dem Organträger zuzurechnen ist.

(3) ¹Bei einer nach den §§ 319 bis 327 AktG eingegliederten AG oder KGaA als Organgesellschaft sind nach § 324 Abs. 2 AktG die §§ 293 bis 296, 298 bis 303 AktG nicht anzuwenden. ²Löst diese Organgesellschaft vorvertragliche Gewinn- oder Kapitalrücklagen zugunsten des an den Organträger abzuführenden Gewinns auf, verstößt sie handelsrechtlich nicht gegen das Abführungsverbot. ³In diesen Fällen ist deshalb >R 14.5 Abs. 8 nicht anzuwenden. ⁴Steuerrechtlich fällt die Abführung der Gewinne aus der Auflösung dieser Rücklagen an den Organträger nicht unter § 14 KStG; sie unterliegt somit den allgemeinen steuerrechtlichen Vorschriften.

(4) ¹VGA an den Organträger sind im Allgemeinen vorweggenommene Gewinnabführungen; sie stellen die tatsächliche Durchführung des GAV nicht in Frage. ²Das gilt auch, wenn eine Personengesellschaft der Organträger ist (>R 14.3) und Gewinn verdeckt an einen Gesellschafter der Personengesellschaft ausgeschüttet wird. ³Ein solcher Vorgang berührt lediglich die Gewinnverteilung innerhalb der Personengesellschaft. ⁴VGA an außen stehende Gesellschafter sind wie Ausgleichszahlungen i. S. d. § 16 KStG zu behandeln.

(5) Der Gewinn aus der Veräußerung eines Teilbetriebs unterliegt der vertraglichen Gewinnabführungsverpflichtung; er ist bei der Ermittlung des dem Organträger zuzurechnenden Einkommens zu berücksichtigen.

(6) ¹Die Höhe des nach § 14 KStG dem Organträger zuzurechnenden Einkommens der Organgesellschaft sowie weitere Besteuerungsgrundlagen werden gesondert und einheitlich festgestellt mit Bindungswirkung für die Steuerbescheide der Organgesellschaft und des Organträgers. ²Einspruchsberechtigt gegen den Bescheid über die gesonderte und einheitliche Feststellung sind sowohl der Organträger als auch die Organgesellschaft.

(7) Gewinnabführungen stellen auch dann keine Gewinnausschüttungen dar, wenn sie erst nach Beendigung des GAV abfließen.

| H 14.6 |

Einstellung der gewerblichen Tätigkeit

Stellt eine Organgesellschaft ohne förmlichen Auflösungsbeschluss ihre gewerbliche Tätigkeit nicht nur vorübergehend ein und veräußert sie ihr Vermögen, fällt der Gewinn, den sie während der tatsächlichen Abwicklung erzielt, nicht mehr unter die Gewinnabführungsverpflichtung (>BFH vom 17. 2. 1971, I R 148/68, BStBl II S. 411).

Gewinn im Zeitraum der Abwicklung

Der im Zeitraum der Abwicklung erzielte Gewinn (§ 11 KStG, >R 11) unterliegt nicht der vertraglichen Gewinnabführungsverpflichtung und ist deshalb von der Organgesellschaft zu versteuern (>BFH vom 18. 10. 1967, I 262/63, BStBl 1968 II S. 105).

| R 14.7 | **Einkommensermittlung beim Organträger** |

(1) Ausgaben im Zusammenhang mit der Organbeteiligung, z. B. Zinsen für Schulden, die der Organträger zum Erwerb der Beteiligung aufgenommen hat, dürfen bei der Ermittlung des Einkommens des Organträgers abgezogen werden.

(2) [1]VGA der Organgesellschaft sind beim Organträger zur Vermeidung der Doppelbelastung aus dem Einkommen auszuscheiden, wenn die Vorteilszuwendung den Bilanzgewinn des Organträgers erhöht oder dessen Bilanzverlust gemindert hat. [2]Entgegen >BFH vom 20. 8. 1986 (I R 150/82, BStBl 1987 II S. 455) ist jedoch nicht das zuzurechnende Organeinkommen, sondern das eigene Einkommen des Organträgers zu kürzen.

(3) [1]Der Organträger kann seine Beteiligung an der Organgesellschaft auf den niedrigeren Teilwert abschreiben, wenn die nach dem geltenden Recht hierfür erforderlichen Voraussetzungen erfüllt sind. [2]Eine Abschreibung auf den niedrigeren Teilwert ist jedoch nicht schon deshalb gerechtfertigt, weil die Organgesellschaft ständig Verluste erwirtschaftet.

(4) Übernimmt der Organträger die Verpflichtung, einen vorvertraglichen Verlust der Organgesellschaft auszugleichen, stellt der Verlustausgleich steuerrechtlich eine Einlage des Organträgers in die Organgesellschaft dar.

| H 14.7 |

Veranlagungszeitraum der Zurechnung
Das Einkommen der Organgesellschaft ist dem Organträger für das Kj. (VZ) zuzurechnen, in dem die Organgesellschaft das Einkommen erzielt hat (>BFH vom 29. 10. 1974, I R 240/72, BStBl 1975 II S. 126).
Das Einkommen einer Organgesellschaft ist entsprechend dem allgemeinen Gewinnverteilungsschlüssel nur den Gesellschaftern einer Organträger-Personengesellschaft zuzurechnen, die im Zeitpunkt der Einkommenszurechnung an der Organträgerin beteiligt sind (>BFH vom 28. 2. 2013, IV R 50/09, BStBl II S. 494).

Verlustausgleich durch den Organträger
Der aus der gesetzlichen Verpflichtung (§ 301 AktG, § 30 Abs. 1 GmbHG) des Organträgers resultierende Ausgleich von vorvertraglichen Verlusten der Organgesellschaft führt beim Organträger zu nachträglichen Anschaffungskosten für die Anteile an der Organgesellschaft und ist auf dem Beteiligungskonto zu aktivieren (>BFH vom 8. 3. 1955, I 73/54 U, BStBl III S. 187).

Verlustübernahme
Der Organträger darf steuerrechtlich keine Rückstellung für drohende Verluste aus der Übernahme des Verlustes der Organgesellschaft bilden (>BFH vom 26. 1. 1977, I R 101/75, BStBl II S. 441).

| R 14.8 | **Bildung und Auflösung besonderer Ausgleichsposten beim Organträger** |

(1) [1]Stellt die Organgesellschaft aus dem Jahresüberschuss (§ 275 Abs. 2 Nr. 20 oder Abs. 3 Nr. 19 HGB) Beträge in die Gewinnrücklagen i. S. d. § 272 Abs. 3 HGB ein oder bildet sie steuerlich nicht anzuerkennende stille Reserven, werden die Rücklagen mit dem zuzurechnenden Einkommen beim Organträger oder, wenn er eine Personengesellschaft ist, bei seinen Gesellschaftern versteuert. [2]Der steuerrechtliche Wertansatz der Beteiligung des Organträgers an der Organgesellschaft bleibt unberührt. [3]Um sicherzustellen, dass nach einer Veräußerung der Organ-

beteiligung die bei der Organgesellschaft so gebildeten Rücklagen nicht noch einmal beim Organträger steuerrechtlich erfasst werden, ist in der Steuerbilanz des Organträgers, in die der um die Rücklage verminderte Jahresüberschuss der Organgesellschaft eingegangen ist, ein besonderer aktiver Ausgleichsposten in Höhe des Teils der versteuerten Rücklagen einkommensneutral zu bilden, der dem Verhältnis der Beteiligung des Organträgers am Nennkapital der Organgesellschaft entspricht. ⁴Löst die Organgesellschaft die Rücklagen in den folgenden Jahren ganz oder teilweise zugunsten des an den Organträger abzuführenden Gewinns auf, ist der besondere aktive Ausgleichsposten entsprechend einkommensneutral aufzulösen.

(2) Weicht der an den Organträger abgeführte Gewinn der Organgesellschaft aus anderen Gründen als infolge der Auflösung einer Rücklage i. S. d. Absatzes 1 von dem Steuerbilanzgewinn ab, z. B. wegen Änderung des Wertansatzes von Aktiv- oder Passivposten in der Bilanz, und liegt die Ursache in vertraglicher Zeit, ist in der Steuerbilanz des Organträgers nach § 14 Abs. 4 Satz 1, 2 und 6 KStG ein besonderer aktiver oder passiver Ausgleichsposten in Höhe des Unterschieds einkommensneutral zu bilden, der dem Verhältnis der Beteiligung des Organträgers am Nennkapital der Organgesellschaft entspricht.

(3) ¹Die besonderen Ausgleichsposten sind bei Beendigung des GAV nicht gewinnwirksam aufzulösen, sondern bis zur Veräußerung der Organbeteiligung weiterzuführen. ²Im Zeitpunkt der Veräußerung der Organbeteiligung oder eines der Veräußerung gleichgestellten Vorgangs sind die besonderen Ausgleichsposten aufzulösen (§ 14 Abs. 4 Satz 2 und 5 KStG). ³Dadurch erhöht oder verringert sich das Einkommen des Organträgers; § 8b KStG sowie § 3 Nr. 40 und § 3c Abs. 2 EStG sind anzuwenden. ⁴Für die Anwendung des § 8b KStG bzw. der § 3 Nr. 40, § 3c Abs. 2 EStG sind die Ausgleichsposten mit dem in der Steuerbilanz ausgewiesenen Buchwert der Organbeteiligung zusammenzufassen. ⁵Dadurch kann sich rechnerisch auch ein negativer Buchwert ergeben. ⁶Die Sätze 4 und 5 sind bei der Ermittlung eines Übernahmeergebnisses i. S. d. § 4 Abs. 4 Satz 1 oder § 12 Abs. 2 Satz 1 UmwStG entsprechend anzuwenden. ⁷Bei mittelbarer Beteiligung an der Organgesellschaft sind die Ausgleichsposten aufzulösen, wenn der Organträger die Beteiligung an der Zwischengesellschaft veräußert.

H 14.8

Allgemeine Fragen zu organschaftlichen Mehr- und Minderabführungen
>BMF vom 26. 8. 2003, BStBl I S. 437 Rn. 40 ff.

Berechnung der Mehrabführung
Die Mehrabführung der Organgesellschaft an den Organträger ist ein rein rechnerischer Differenzbetrag zweier Vergleichswerte und kann auch in einer sog. Minderverlustübernahme bestehen. Auf einen tatsächlichen Vermögensabfluss kommt es nicht an (>BFH vom 6. 6. 2013, I R 38/11, BStBl 2014 II S. 398, >BFH vom 27. 11. 2013, I R 36/13, BStBl 2014 II S. 651).

Passiver Ausgleichsposten im Falle außerbilanzieller Zurechnung bei der Organgesellschaft
Ein passiver Ausgleichsposten i. S. d. § 14 Abs. 4 KStG für Mehrabführungen ist nicht zu bilden, wenn die auf die Organgesellschaft entfallenden Beteiligungsverluste aus einem KG-Anteil aufgrund außerbilanzieller Zurechnung gem. § 15a EStG neutralisiert werden und damit das dem Organträger zuzurechnende Einkommen nicht mindern (>BFH vom 29. 8. 2012, I R 65/11, BStBl 2013 II S. 555). Mit Ausnahme des Anwendungsfalls des § 15a EStG ist in allen anderen Fällen bei der Bildung organschaftlicher Ausgleichsposten weiterhin nach dem Wortlaut des § 14 Abs. 4 Satz 6 KStG auf die Abweichung des an den Organträger abgeführten Gewinns vom Steuerbilanzgewinn der Organgesellschaft abzustellen. Die organschaftlichen Ausgleichsposten sind aufgrund der gesetzlichen Vorgabe des § 14 Abs. 4 Satz 1 KStG in der Steuerbilanz zu aktivieren oder zu passivieren (>BMF vom 15. 7. 2013, BStBl I S. 921).

Steuerliches Einlagekonto
>BMF vom 4.6.2003, BStBl I S. 366 Rn. 28

Zu § 15 KStG

| R 15 | **Einkommensermittlung bei der Organgesellschaft** |

Ein Verlustabzug aus der Zeit vor dem Abschluss des GAV darf das Einkommen der Organgesellschaft, das sie während der Geltungsdauer des GAV bezieht, nicht mindern (§ 15 Satz 1 Nr. 1 KStG).

| H 15 |

Anwendung der Zinsschranke im Organkreis
>BMF vom 4.7.2008, BStBl I S. 718

Beteiligungserträge der Organgesellschaft
Zu den steuerfreien Beteiligungserträgen der Organgesellschaft >BMF vom 26.8.2003, BStBl I S. 437 Rn. 21 ff.

Dauerverlustgeschäft der Organgesellschaft (§ 8 Abs. 7 KStG)
>BMF vom 12.11.2009, BStBl I S. 1303 Rn. 90 ff.

Spartenrechnung für die Organgesellschaft (§ 8 Abs. 9 KStG)
>BMF vom 12.11.2009, BStBl I S. 1303 Rn. 90 ff.

Zu § 16 KStG

| R 16 | **Ausgleichszahlungen** |

(1) ¹Ausgleichszahlungen, die in den Fällen der §§ 14, 17 KStG an außen stehende Anteilseigner gezahlt werden, dürfen nach § 4 Abs. 5 Satz 1 Nr. 9 EStG weder den Gewinn der Organgesellschaft noch den Gewinn des Organträgers mindern. ²Die Organgesellschaft hat ihr Einkommen i. H.v. 20/17 der geleisteten Ausgleichszahlungen stets selbst zu versteuern, auch wenn die Verpflichtung zum Ausgleich von dem Organträger erfüllt worden oder ihr Einkommen negativ ist.
(2) ¹Hat die Organgesellschaft selbst die Ausgleichszahlungen zu Lasten ihres Gewinns geleistet, ist dem Organträger das um 20/17 der Ausgleichszahlungen verminderte Einkommen der Organgesellschaft zuzurechnen. ²Leistet die Organgesellschaft trotz eines steuerlichen Verlustes die Ausgleichszahlungen, erhöht sich ihr dem Organträger zuzurechnendes Einkommen; die Organgesellschaft hat 20/17 der Ausgleichszahlungen als (positives) Einkommen selbst zu versteuern. ³Hat dagegen der Organträger die Ausgleichszahlungen geleistet, gilt Folgendes:
1. Das Einkommen des Organträgers wird um die Ausgleichszahlungen vermindert.
2. Die Organgesellschaft hat 20/17 der Ausgleichszahlungen zu versteuern.
3. Das von der Organgesellschaft erwirtschaftete Einkommen ist dem Organträger nach § 14 Abs. 1 Satz 1 KStG zuzurechnen.

⁴Satz 3 gilt auch, wenn der Organträger die Ausgleichszahlungen trotz eines steuerlichen Verlustes geleistet hat.

H 16

Festbetrag und weitere (feste oder variable) Zuzahlungen
>BFH vom 4. 3. 2009, I R 1/08, BStBl 2010 II S. 407 und >BMF vom 20. 4. 2010, BStBl I S. 372

Zu § 17 KStG

R 17   **Andere Kapitalgesellschaften als Organgesellschaft**

(1) ¹Ist die Organgesellschaft eine GmbH, ist der GAV zivilrechtlich nur wirksam, wenn die Gesellschafterversammlungen der beherrschten und der herrschenden Gesellschaft dem Vertrag zustimmen und seine Eintragung in das Handelsregister der beherrschten Gesellschaft erfolgt. ²Der Zustimmungsbeschluss der Gesellschafterversammlung der beherrschten Gesellschaft bedarf der notariellen Beurkundung.
(2) Nach § 17 KStG ist Voraussetzung für die steuerliche Anerkennung einer anderen als der in § 14 Abs. 1 Satz 1 KStG bezeichneten Kapitalgesellschaft als Organgesellschaft, dass diese sich wirksam verpflichtet, ihren ganzen Gewinn an ein anderes Unternehmen i. S. d. § 14 KStG abzuführen und die Gewinnabführung den in § 301 AktG genannten Betrag nicht überschreitet.
(3) Die Verlustübernahme muss durch den Verweis auf die Vorschriften des § 302 AktG in seiner jeweils gültigen Fassung vereinbart werden.
(4) >R 14.5 gilt entsprechend.

H 17

Verweis auf § 302 AktG in allen vor dem 27. 2. 2013 geschlossenen Gewinnabführungsverträgen

Bei einer GmbH als Organgesellschaft muss in allen vor der Verkündung des „Gesetzes zur Änderung und Vereinfachung der Unternehmensbesteuerung und des steuerlichen Reisekostenrechts" vom 26. 2. 2013 (BStBl I S. 188) geschlossenen GAV die Verlustübernahme entsprechend § 302 AktG ausdrücklich vereinbart sein (>BFH vom 17. 12. 1980, I R 220/78, BStBl 1981 II S. 383 und >BFH vom 15. 9. 2010, I B 27/10, BStBl II S. 935). Zu den Übergangsregelungen für alle vor dem 27. 2. 2013 abgeschlossenen Verträge >§ 34 Abs. 10b Satz 2 ff. KStG*).

Die Notwendigkeit eines Hinweises auf die Verjährungsregelung des § 302 Abs. 4 AktG**) im GAV besteht für alle ab dem 1. 1. 2006 geschlossenen Verträge (>BMF vom 16. 12. 2005, BStBl 2006 I S. 12).

Zivilrechtlich unwirksamer Gewinnabführungsvertrag

Entgegen § 41 Abs. 1 Satz 1 AO ist ein zivilrechtlich nicht wirksamer GAV steuerlich auch dann unbeachtlich, wenn die Vertragsparteien den Vertrag als wirksam behandelt und tatsächlich durchgeführt haben (>BFH vom 30. 7. 1997, I R 7/97, BStBl 1998 II S. 33).

---

*) i. d. F. des AIFM-Steuer-Anpassungsgesetzes vom 18. 12. 2013 (BGBl I S. 4318).
**) eingefügt durch das „Gesetz zur Anpassung von Verjährungsvorschriften an das Gesetz zur Modernisierung des Schuldrechts" vom 9. 12. 2004 (BGBl I S. 3214).

Zu § 19 KStG

R 19 Anwendung besonderer Tarifvorschriften

(1) ¹Eine besondere Tarifvorschrift i. S. d. § 19 Abs. 1 KStG ist z. B. § 26 KStG. ²Die Voraussetzungen der Steuerermäßigung müssen bei der Organgesellschaft erfüllt sein. ³Der Abzug von der Steuer ist beim Organträger vorzunehmen. ⁴Ist die Steuerermäßigung der Höhe nach auf einen bestimmten Betrag begrenzt, richtet sich dieser Höchstbetrag nach den steuerlichen Verhältnissen beim Organträger.

(2) Ist in dem zugerechneten Einkommen der Organgesellschaft (>R 14.6) ein Veräußerungsgewinn i. S. d. § 16 EStG enthalten, kann der Organträger, auch wenn er eine natürliche Person ist, dafür die Steuervergünstigung des § 34 EStG nicht in Anspruch nehmen.

Zu § 20 KStG

H 20

Abzinsung der Schadenrückstellungen

Anwendung des § 6 Abs. 1 Nr. 3a EStG, Pauschalverfahren >BMF vom 16. 8. 2000, BStBl I S. 1218 und >BMF vom 8. 12. 2015, BStBl I S. 1027

Bewertung der Schadenrückstellungen

Ermittlung des Minderungsbetrags nach § 20 Abs. 2 KStG >BMF vom 5. 5. 2000, BStBl I S. 487

Zu § 21 KStG

H 21

Beitragsrückerstattung bei Versicherungsunternehmen

>BMF vom 7. 3. 1978, BStBl I S. 160 und >BMF vom 14. 12. 1984, BStBl 1985 I S. 11

Erfolgsabhängige Beitragsrückerstattungen

Beitragsrückerstattungen in der Lebens- und Krankenversicherung, die sich nach dem Jahresüberschuss bemessen, sind nach § 21 KStG nur beschränkt abziehbar (>BFH vom 7. 3. 2007, I R 61/05, BStBl II S. 589).

Erfolgsunabhängige Beitragsrückerstattungen

Durch § 21 Abs. 3 KStG werden nur erfolgsabhängige, nicht aber erfolgsunabhängige Beitragsrückerstattungen vom Abzinsungsgebot des § 6 Abs. 1 Nr. 3a Buchstabe e EStG ausgeschlossen. Rückstellungen für erfolgsunabhängige Beitragsrückerstattungen sind abzuzinsen (>BFH vom 25. 11. 2009, I R 9/09, BStBl 2010 II S. 304).

Zu § 22 KStG

| R 22 | Genossenschaftliche Rückvergütung |

(1) Von dem Vorliegen einer Erwerbs- und Wirtschaftsgenossenschaft ist von der Eintragung bis zur Löschung im Genossenschaftsregister auszugehen.

(2) [1]Preisnachlässe (Rabatte, Boni), die sowohl Mitgliedern als auch Nichtmitgliedern gewährt werden, gehören nicht zu den genossenschaftlichen Rückvergütungen. [2]Sie sind abziehbare Betriebsausgaben. [3]Der Unterschied zwischen dem Preisnachlass und der genossenschaftlichen Rückvergütung besteht darin, dass der Preisnachlass bereits vor oder bei Abschluss des Rechtsgeschäfts vereinbart wird, während die genossenschaftliche Rückvergütung erst nach Ablauf des Wj. beschlossen wird.

(3) Eine Verpflichtung zur Einzahlung auf die Geschäftsanteile wird durch eine Regelung in der Satzung auch dann begründet, wenn die Bestimmung über Zeitpunkt und Betrag der Leistungen der Generalversammlung übertragen wird.

(4) [1]Die genossenschaftlichen Rückvergütungen sind bei der Ermittlung des Gewinns des Wj., für das sie gewährt werden, auch dann abzuziehen bzw. in der Jahresschlussbilanz durch eine Rückstellung zu berücksichtigen, wenn sie nach Ablauf des Wj. – spätestens bei Feststellung des Jahresabschlusses durch die Generalversammlung – dem Grunde nach beschlossen werden. [2]Sie müssen aber, ohne dass es dabei auf den Zeitpunkt der Aufstellung oder Errichtung der steuerlichen Gewinnermittlung ankommt, spätestens bis zum Ablauf von zwölf Monaten nach dem Ende des Wj. gezahlt oder gutgeschrieben worden sein. [3]In besonders begründeten Einzelfällen kann das Finanzamt diese Frist nach Anhörung des Prüfungsverbands verlängern. [4]Werden die genossenschaftlichen Rückvergütungen nicht innerhalb dieser Frist gezahlt oder gutgeschrieben, können sie auch im Wj. der Zahlung nicht abgezogen werden. [5]Die Gewährung von genossenschaftlichen Rückvergütungen darf nicht von bestimmten Voraussetzungen abhängig gemacht werden, z. B. davon, dass das Mitglied seine Zahlungsverpflichtungen gegenüber der Genossenschaft stets pünktlich erfüllt und keinen Kredit in Anspruch nimmt. [6]Die Aufrechnung von genossenschaftlichen Rückvergütungen mit Schulden der Genossen an die Genossenschaft wird dadurch nicht berührt.

(5) [1]Genossenschaftliche Rückvergütungen sind nach § 22 KStG nur dann abziehbare Betriebsausgaben, wenn sie – von der für Geschäftssparten zugelassenen Ausnahme abgesehen – nach der Höhe des Umsatzes (Warenbezugs) bemessen und allen Mitgliedern in gleichen Prozentsätzen des Umsatzes gewährt werden. [2]Eine Abstufung nach der Art der umgesetzten Waren (Warengruppen) oder nach der Höhe des Umsatzes mit den einzelnen Mitgliedern (Umsatzgruppen) ist nicht zulässig. [3]Das gilt nicht für die Umsätze der Konsumgenossenschaften in Tabakwaren, weil nach dem Tabaksteuergesetz auf die Tabakwaren im Einzelhandel weder Rabatte noch genossenschaftliche Rückvergütungen gewährt werden dürfen. [4]Die in der Regelung des Satzes 2 zum Ausdruck kommende Auffassung steht auch einer Bemessung der genossenschaftlichen Rückvergütung nach zeitlichen Gesichtspunkten entgegen. [5]Die Abziehbarkeit der genossenschaftlichen Rückvergütung setzt u. a. voraus, dass die Rückvergütung nach einem einheitlichen, für das ganze Wj. geltenden Prozentsatz berechnet wird. [6]Die genossenschaftlichen Rückvergütungen dürfen indessen für solche Geschäftssparten nach unterschiedlichen Prozentsätzen des Umsatzes bemessen werden, die als Betriebsabteilungen im Rahmen des Gesamtbetriebs der Genossenschaft eine gewisse Bedeutung haben, z. B. Bezugsgeschäft, Absatzgeschäft, Kreditgeschäft, Produktion, Leistungsgeschäft. [7]Dabei ist in der Weise zu verfahren, dass zunächst der im Gesamtbetrieb erzielte Überschuss i. S. v. § 22 Abs. 1 KStG im Verhältnis der Mitgliederumsätze zu den Nichtmitgliederumsätzen aufgeteilt wird. [8]Bei der Feststellung dieses Verhältnisses scheiden die >Nebengeschäfte, die >Hilfsgeschäfte und die >Gegengeschäfte aus. [9]Der errechnete Anteil des Überschusses, der auf Mitgliederumsätze entfällt, bildet die Höchstgrenze für die an Mitglieder ausschüttbaren steuerlich abziehbaren genossenschaftlichen Rückvergütungen. [10]Die Genossenschaft darf den so errechneten Höchstbetrag der steuerlich abziehbaren Rückvergütungen nach einem angemessenen Verhältnis auf die einzel-

nen Geschäftssparten verteilen und in den einzelnen Geschäftssparten verschieden hohe Rückvergütungen gewähren. [11]Es ist nicht zulässig, für jede einzelne Geschäftssparte die höchstzulässige abziehbare Rückvergütung an Mitglieder unter Zugrundelegung der in den einzelnen Geschäftssparten erwirtschafteten Überschüsse zu berechnen, es sei denn, es treffen verschiedenartige Umsätze, z. B. Provisionen und Warenumsätze, zusammen mit der Folge, dass in den einzelnen Geschäftssparten sowohl das Verhältnis des in der Geschäftssparte erwirtschafteten Überschusses zu dem in der Geschäftssparte erzielten Umsatz als auch das Verhältnis des in der Geschäftssparte erzielten Mitgliederumsatzes zu dem in der Geschäftssparte insgesamt erzielten Umsatz große Unterschiede aufweist. [12]In diesen Fällen kann wie folgt verfahren werden: [13]Der im Gesamtbetrieb erzielte Überschuss i. S. v. § 22 Abs. 1 KStG wird in einem angemessenen Verhältnis auf die einzelnen Geschäftssparten aufgeteilt. [14]Von dem danach auf die einzelne Geschäftssparte entfallenden Betrag (Spartenüberschuss) wird der auf das Mitgliedergeschäft entfallende Anteil errechnet, als ob es sich bei der Geschäftssparte um eine selbständige Genossenschaft handelte. [15]Die Summe der in den Geschäftssparten auf das >Mitgliedergeschäft entfallenden Anteile bildet die Höchstgrenze für die an die Mitglieder ausschüttbaren steuerlich abziehbaren genossenschaftlichen Rückvergütungen.

(6) [1]Wird der Gewinn einer Genossenschaft z. B. auf Grund einer Betriebsprüfung nachträglich erhöht, kann die nachträgliche Ausschüttung des Mehrgewinns – soweit sich dieser in den Grenzen des § 22 KStG hält – als genossenschaftliche Rückvergütung steuerlich als Betriebsausgabe behandelt werden, wenn der Mehrgewinn in einer nach dem GenG geänderten Handelsbilanz ausgewiesen ist und die Rückvergütung ordnungsgemäß beschlossen worden ist. [2]Gewinnanteile, die schon bisher in der Handelsbilanz ausgewiesen, aber in Reserve gestellt waren, dürfen mit steuerlicher Wirkung nachträglich nicht ausgeschüttet werden. [3]Das Ausschüttungsrecht ist verwirkt. [4]Wird eine bisher nach § 5 Abs. 1 Nr. 14 KStG steuerbefreite land- oder forstwirtschaftliche Nutzungs- oder Verwertungsgenossenschaft später, z. B. aufgrund der Feststellungen durch eine Betriebsprüfung, körperschaftsteuerpflichtig, können auch die bisher von der Genossenschaft in Reserve gestellten Gewinne nachträglich mit gewinnmindernder Wirkung als genossenschaftliche Rückvergütungen ausgeschüttet werden. [5]Die nachträglich gewährten genossenschaftlichen Rückvergütungen müssen innerhalb von drei Monaten, vom Zeitpunkt des Ausschüttungsbeschlusses an gerechnet, bezahlt werden. [6]Das Finanzamt kann die Frist nach Anhörung des Prüfungsverbands angemessen verlängern.

(7) [1]Der Gewinn aus >Nebengeschäften ist, wenn er buchmäßig nachgewiesen wird, mit dem buchmäßig nachgewiesenen Betrag zu berücksichtigen. [2]Kann der Gewinn aus >Nebengeschäften buchmäßig nicht nachgewiesen werden, ist der um die anteiligen Gemeinkosten geminderte Rohgewinn anzusetzen. [3]Welche Kosten den Gemeinkosten und welche Kosten den mit den >Nebengeschäften zusammenhängenden Einzelkosten zuzurechnen sind, ist nach den im Einzelfall gegebenen Verhältnissen zu entscheiden. [4]Die anteiligen Gemeinkosten können aus Vereinfachungsgründen mit dem Teilbetrag berücksichtigt werden, der sich bei Aufteilung der gesamten Gemeinkosten nach dem Verhältnis der Roheinnahmen aus >Nebengeschäften zu den gesamten Roheinnahmen ergibt. [5]Unter den als Aufteilungsmaßstab für die gesamten Gemeinkosten dienenden Roheinnahmen ist der Umsatz zu verstehen. [6]In Einzelfällen, z. B. bei Warengenossenschaften, können die gesamten Gemeinkosten statt nach den Roheinnahmen (Umsätzen) aus >Nebengeschäften nach den entsprechenden Rohgewinnen aufgeteilt werden, wenn dadurch ein genaueres Ergebnis erzielt wird. [7]Soweit Verluste aus einzelnen >Nebengeschäften erzielt worden sind, sind sie bei der Ermittlung des gesamten Gewinns aus >Nebengeschäften mindernd zu berücksichtigen.

(8) [1]Bei Absatz- und Produktionsgenossenschaften ist der Überschuss im Verhältnis des Wareneinkaufs bei Mitgliedern zum gesamten Wareneinkauf aufzuteilen. [2]Beim gesamten Wareneinkauf sind zu berücksichtigen:

Einkäufe bei Mitgliedern
Einkäufe bei Nichtmitgliedern } (im Rahmen von >Zweckgeschäften)

[3]>Hilfsgeschäfte und >Nebengeschäfte bleiben außer Ansatz.

(9) ¹Gesamtumsatz bei den übrigen Erwerbs- und Wirtschaftsgenossenschaften (§ 22 Abs. 1 Satz 2 Nr. 2 KStG) ist die Summe der Umsätze aus >Zweckgeschäften mit Mitgliedern und Nichtmitgliedern. ²Umsätze aus >Nebengeschäften und aus >Hilfsgeschäften bleiben außer Ansatz.

(10) Bei Bezugs- und Absatzgenossenschaften ist der Überschuss im Verhältnis der Summe aus dem Umsatz mit Mitgliedern im Bezugsgeschäft und dem Wareneinkauf bei Mitgliedern im Absatzgeschäft zur Summe aus dem Gesamtumsatz im Bezugsgeschäft und dem gesamten Wareneinkauf im Absatzgeschäft aufzuteilen.

(11) Wird Mitgliedern, die der Genossenschaft im Laufe des Geschäftsjahres beigetreten sind, eine genossenschaftliche Rückvergütung auch auf die Umsätze (Einkäufe) gewährt, die mit ihnen vom Beginn des Geschäftsjahres an bis zum Eintritt getätigt worden sind, sind aus Gründen der Vereinfachung auch diese Umsätze (Einkäufe) als Mitgliederumsätze (-einkäufe) anzusehen.

(12) ¹Übersteigt der Umsatz aus >Nebengeschäften weder 2 % des gesamten Umsatzes der Genossenschaft noch 5 200 Euro im Jahr, ist bei der Ermittlung der Höchstgrenze für die an Mitglieder ausschüttbaren steuerlich abziehbaren genossenschaftlichen Rückvergütungen der Gewinn aus >Nebengeschäften nicht abzusetzen. ²Hierbei ist es gleichgültig, ob der Reingewinnsatz bei >Nebengeschäften von dem Reingewinnsatz bei den übrigen Geschäften wesentlich abweicht. ³In diesen Fällen sind die >Nebengeschäfte als >Zweckgeschäfte mit Nichtmitgliedern zu behandeln.

(13) Genossenschaftliche Rückvergütungen, die nach den vorstehenden Anordnungen nicht abziehbar sind, sind vGA (>Abgrenzung).

H 22

Abfluss der Rückvergütung
Genossenschaftliche Rückvergütungen können nur dann als bezahlt i. S. d. § 22 Abs. 2 KStG angesehen werden, wenn der geschuldete Betrag bei der Genossenschaft abfließt und in den Herrschaftsbereich des Empfängers gelangt (>BFH vom 1. 2. 1966, I 275/62, BStBl III S. 321).
>H 22 Darlehen
>H 22 Gutschriften

Abgrenzung zur vGA
Im Rahmen der Prüfung des Vorliegens einer vGA bei Zahlungen der Genossenschaft an ihre Mitglieder kann auf eine Angemessenheitsprüfung nicht verzichtet werden. § 22 KStG berührt nicht die grundsätzlichen Voraussetzungen einer vGA (>BFH vom 9. 3. 1988, I R 262/83, BStBl II S. 592).

Beispiel zu Absatz- und Produktionsgenossenschaften (§ 22 Abs. 1 Satz 2 Nr. 1 KStG)
Der Wareneinkauf einer Absatzgenossenschaft im Rahmen von Zweckgeschäften entfällt zu 60 % auf Einkäufe bei Mitgliedern:

	€
Einkommen vor Abzug aller genossenschaftlichen Rückvergütungen an Mitglieder und vor Berücksichtigung des Verlustabzugs sowie des zuzurechnenden Einkommens der Organgesellschaften	55.000
Davon ab: Gewinn aus Nebengeschäften	−7.000
Überschuss i. S. d. § 22 Abs. 1 KStG	48.000

Als Rückvergütung an Mitglieder kann ein Betrag bis zu 60 % von 48.000 € = 28.800 € vom Gewinn abgezogen werden. Wird z. B. in der Generalversammlung, die den Jahresüberschuss verteilt, beschlossen, über eine bereits im abgelaufenen Wj. gewährte Rückvergütung an Mitglieder von 12.000 € hinaus den Mitgliedern einen weiteren Betrag von 18.000 € als Rückvergütung zuzuwenden, ist das Einkommen wie folgt zu berechnen:

	€
Einkommen vor Abzug aller Rückvergütungen an Mitglieder und vor Berücksichtigung des Verlustabzugs sowie des zuzurechnenden Einkommens der Organgesellschaften	55.000
Rückvergütungen an Mitglieder (12.000 € + 18.000 € = 30.000 €) nur mit dem nach der obigen Berechnung zulässigen Höchstbetrag von	−28.800
Es verbleiben	26.200
Verlustabzug nach § 10d EStG	10.000
Einkommen (evtl. zuzüglich des zuzurechnenden Einkommens der Organgesellschaften)	16.200

Die Rückvergütungen an Mitglieder sind in diesem Fall bis zur Höhe von 60 % des Überschusses abzuziehen.

Bilanzierung der Rückvergütung
Mindert eine nach Ablauf des Wj. beschlossene Warenrückvergütung den Gewinn des Wj., für das die Ausschüttung der Warenrückvergütung beschlossen wird, muss in der Schlussbilanz dieses Wj. eine Rückstellung passiviert und ein sich ergebender Umsatzsteuererstattungsanspruch aktiviert werden (>BFH vom 8.11.1960, I 152/59 U, BStBl III S. 523).

Darlehen
Belassen die Mitglieder die zur Ausschüttung gelangenden genossenschaftlichen Rückvergütungen der Genossenschaft als Darlehen, können die Rückvergütungen als bezahlt i. S. v. § 22 KStG angesehen werden, wenn die folgenden Voraussetzungen erfüllt sind (>BFH vom 28.2.1968, I 260/64, BStBl II S. 458):
  – Es muss für jede für ein Wj. ausgeschüttete genossenschaftliche Rückvergütung ein besonderer Darlehensvertrag abgeschlossen werden.
  – Der Darlehensvertrag muss über eine bestimmte Summe lauten. Es genügt nicht, wenn lediglich auf die Rückvergütungen des betreffenden Jahres Bezug genommen wird.
  – Jeder einzelne Genosse muss frei entscheiden können, ob er den Darlehensvertrag abschließen will oder nicht.

Gutschriften
Wird die Rückvergütung dem Mitglied gutgeschrieben, gilt sie nur dann als bezahlt i. S. d. § 22 KStG, wenn das Mitglied über den gutgeschriebenen Betrag jederzeit nach eigenem Ermessen verfügen kann, bei Gutschriften auf nicht voll eingezahlte Geschäftsanteile nur dann, wenn das Mitglied dadurch von einer sonst bestehenden Verpflichtung zur Einzahlung auf seine Geschäftsanteile befreit wird (>BFH vom 21.7.1976, I R 147/74, BStBl 1977 II S. 46).

Molkereigenossenschaft
Für die Abgrenzung der Milchgeldnachzahlungen von den genossenschaftlichen Rückvergütungen ist von den gleichen Grundsätzen auszugehen, wie sie für vGA gelten. Es kommt grundsätzlich darauf an, ob die Nachzahlungen an Nichtmitglieder und Mitglieder zu denselben Bedingungen geleistet werden und die Nichtmitglieder über die gutgeschriebenen Nachzahlungen frei verfügen dürfen (>BFH vom 18.12.1963, I 187/62 U, BStBl 1964 III S. 211).

Unterscheidung und Bestimmung von Gegen-, Hilfs-, Mitglieder-, Neben- und Zweckgeschäft
>R 5.11 Abs. 6

Zu § 23 KStG

| R 23 | **Ermäßigte Besteuerung bei Einkünften aus außerordentlichen Holznutzungen infolge höherer Gewalt** |

¹Bei Körperschaften, Personenvereinigungen und Vermögensmassen kann die Körperschaftsteuer, soweit sie auf Kalamitätsnutzungen i. S. d. § 34b Abs. 1 Nr. 2 EStG entfällt, auf die Hälfte ermäßigt werden, wenn die volle Besteuerung zu Härten führen würde. ²Die R 34b.1 bis 34b.3 und 34b.5 bis 34b.8 EStR sind sinngemäß anzuwenden.

Zu § 24 KStG

| R 24 | **Freibetrag für bestimmte Körperschaften** |

(1) ¹§ 24 KStG findet Anwendung bei steuerpflichtigen Körperschaften, Personenvereinigungen und Vermögensmassen, deren Leistungen bei den Empfängern nicht zu den Einnahmen i. S. d. § 20 Abs. 1 Nr. 1 und 2 EStG gehören, es sei denn, dass sie den Freibetrag nach § 25 KStG beanspruchen können. ²Die Regelung des § 24 KStG gilt auch in den Fällen einer teilweisen Steuerpflicht, z. B. bei:

1. JPöR mit ihren BgA, Versicherungsvereinen auf Gegenseitigkeit, Stiftungen.
2. Gemeinnützigen Körperschaften i. S. d. § 5 Abs. 1 Nr. 9 KStG mit steuerpflichtigen wirtschaftlichen Geschäftsbetrieben, außer wenn sie die Rechtsform einer Kapitalgesellschaft, einer Genossenschaft oder eines wirtschaftlichen Vereins haben, der Mitgliedschaftsrechte gewährt, die einer kapitalmäßigen Beteiligung gleichstehen.
3. Steuerbefreiten Pensions- oder Unterstützungskassen, die die Rechtsform eines Vereins oder einer Stiftung haben und wegen Überdotierung teilweise zu besteuern sind (§ 5 Abs. 1 Nr. 3 i. V. m. § 6 KStG). ²Obwohl es sich zumindest bei einer Pensionskasse um einen wirtschaftlichen Verein handelt, kommt hier ein Freibetrag in Betracht, weil sie keine mitgliedschaftlichen Rechte gewährt, die einer kapitalmäßigen Beteiligung gleichstehen.

³Wegen der Anwendung der Freibetragsregelung des § 24 KStG auf das Einkommen eines Berufsverbands und der Nichtanwendung auf die Bemessungsgrundlage für die besondere Körperschaftsteuer i. S. d. § 5 Abs. 1 Nr. 5 Satz 4 KStG >R 5.7 Abs. 7. ⁴Ausgeschlossen ist die Anwendung des Freibetrags nach § 24 KStG z. B. in den Fällen von:

1. Gemeinnützigen Körperschaften i. S. d. § 5 Abs. 1 Nr. 9 KStG mit steuerpflichtigen wirtschaftlichen Geschäftsbetrieben, wenn sie die Rechtsform einer Kapitalgesellschaft haben.
2. Steuerbefreiten Pensions- oder Unterstützungskassen, die die Rechtsform einer Kapitalgesellschaft haben und wegen Überdotierung teilweise zu besteuern sind (§ 5 Abs. 1 Nr. 3 i. V. m. § 6 KStG).
3. Vermietungsgenossenschaften oder Siedlungsunternehmen mit teilweiser Steuerpflicht (§ 5 Abs. 1 Nr. 10 und 12 KStG). ²Das gilt auch, wenn diese Unternehmen in der Rechtsform eines Vereins betrieben werden, da es sich um einen wirtschaftlichen Verein handelt, der seinen Mitgliedern beteiligungsähnliche Rechte gewährt.

(2) ¹Körperschaften, Personenvereinigungen und Vermögensmassen i. S. d. Absatzes 1, deren Einkommen den Freibetrag von 5 000 Euro nicht übersteigt, sind nicht zu veranlagen (NV-Fall) und haben Anspruch auf Erteilung einer NV-Bescheinigung. ²Das gilt auch für die Fälle der >R 31 Abs. 1.

H 24

Nichtanwendung des Freibetrags nach § 24 KStG

§ 24 KStG ist bei steuerpflichtigen Körperschaften, Personenvereinigungen und Vermögensmassen, deren Leistungen bei den Empfängern zu den Einnahmen i. S. d. § 20 Abs. 1 Nr. 1 und 2 EStG gehören, nicht anzuwenden (>BFH vom 5.6.1985, I R 163/81, BStBl II S. 634). Das gilt auch, wenn die Körperschaften auf Dauer keine Ausschüttungen vornehmen oder nur teilweise steuerpflichtig sind (>BFH vom 24.1.1990, I R 33/86, BStBl II S. 470).

Zu § 25 KStG

R 25 **Freibetrag für Erwerbs- und Wirtschaftsgenossenschaften sowie Vereine, die Land- und Forstwirtschaft betreiben**

Genossenschaften sowie Vereine, deren Einkommen den nach § 25 KStG zu gewährenden Freibetrag von 15 000 Euro nicht übersteigt, sind nicht zu veranlagen (NV-Fall) und haben Anspruch auf Erteilung einer NV-Bescheinigung.

Zu § 26 KStG

R 26 **Steuerermäßigung bei ausländischen Einkünften**

(1) [1]Bei der Steueranrechnung nach § 26 KStG, die keinen Antrag voraussetzt, handelt es sich um die Anrechnung ausländischer Steuern vom Einkommen, zu denen eine unbeschränkt steuerpflichtige Körperschaft, Personenvereinigung oder Vermögensmasse im Ausland herangezogen wurde oder die für ihre Rechnung einbehalten worden sind, auf die deutsche Körperschaftsteuer. [2]Für die Ermittlung der auf die ausländischen Einkünfte entfallenden deutschen Körperschaftsteuer ist die Tarifbelastung vor Abzug der anzurechnenden ausländischen Steuern zugrunde zu legen; die Summe der Einkünfte ist entsprechend dem in >R 7.1 enthaltenen Berechnungsschema zu ermitteln. [3]Zur direkten Steueranrechnung bei beschränkter Steuerpflicht >Absatz 4.

(2) Die Pauschalierung der anzurechnenden Körperschaftsteuer nach dem Pauschalierungserlass vom 10.4.1984 (BStBl I S. 252) ist nicht zulässig.

(3) [1]Stammen Einkünfte aus einem ausländischen Staat, mit dem ein DBA besteht, kann eine Steueranrechnung (§ 26 Abs. 1 KStG) oder ein wahlweiser Abzug der ausländischen Steuern bei der Ermittlung der Einkünfte nur unter Beachtung der Vorschriften des maßgeblichen DBA vorgenommen werden. [2]Ggfs. kann auch die Anrechnung fiktiver Steuerbeträge in Betracht kommen. [3]Sieht ein DBA nur die Anrechnung ausländischer Steuern vor, kann dennoch auf Antrag das nach innerstaatlichem Recht eingeräumte Wahlrecht eines Abzugs der ausländischen Steuern bei der Ermittlung der Einkünfte beansprucht werden. [4]Das Wahlrecht muss für die gesamten Einkünfte aus einem ausländischen Staat einheitlich ausgeübt werden. [5]Über den Rahmen bestehender DBA hinaus kann eine Anrechnung oder ein Abzug ausländischer Steuern in Betracht kommen, wenn das DBA die Doppelbesteuerung nicht beseitigt oder sich nicht auf die fragliche Steuer vom Einkommen dieses Staates bezieht. [6]Bei negativen ausländischen Einkünften i. S. d. § 2a EStG aus einem ausländischen Staat, mit dem ein DBA besteht, ist auf Antrag anstelle einer im DBA vorgesehenen Anrechnung ein Abzug der ausländischen Steuern entsprechend § 34c Abs. 2 EStG möglich.

(4) Sind Körperschaften, Personenvereinigungen und Vermögensmassen beschränkt steuerpflichtig (§ 2 Nr. 1 KStG), ist nach § 26 Abs. 1 KStG i.V.m. § 50 Abs. 3 EStG unter den dort genannten Voraussetzungen die direkte Steueranrechnung (§ 34c Abs. 1 EStG) oder der Steuerabzug (§ 34c Abs. 2 und 3 EStG) möglich.

Zu § 27 KStG

| H 27 |

Abflusszeitpunkt
Eine Gewinnausschüttung ist verwirklicht, wenn bei der Körperschaft der Vermögensminderung entsprechende Mittel abgeflossen sind oder eine Vermögensmehrung verhindert worden ist (>BFH vom 20. 8. 1986, I R 87/83, BStBl 1987 II S. 75, >BFH vom 9. 12. 1987, I R 260/83, BStBl 1988 II S. 460, >BFH vom 14. 3. 1989, I R 8/85, BStBl II S. 633, >BFH vom 12. 4. 1989, I R 142-143/85, BStBl II S. 636, >BFH vom 28. 6. 1989, I R 89/85, BStBl II S. 854 und >BFH vom 30. 1. 2013, I R 35/11, BStBl II S. 560).
Bei einer verhinderten Vermögensmehrung tritt der Vermögensabfluss in dem Augenblick ein, in dem die verhinderte Vermögensmehrung bei einer unterstellten angemessenen Entgeltvereinbarung sich nach den allgemeinen Realisationsgrundsätzen gewinnerhöhend ausgewirkt hätte (>BFH vom 23. 6. 1993, I R 72/92, BStBl II S. 801).
Eine Gewinnausschüttung kann auch in der Umwandlung eines Dividendenanspruchs in eine Darlehensforderung liegen (>BFH vom 9. 12. 1987, I R 260/83, BStBl 1988 II S. 460). Eine Gewinnausschüttung ist grundsätzlich auch dann abgeflossen, wenn die Gewinnanteile dem Gesellschafter auf Verrechnungskonten, über die die Gesellschafter vereinbarungsgemäß frei verfügen können, bei der Gesellschaft gutgeschrieben worden sind (>BFH vom 11. 7. 1973, I R 144/71, BStBl II S. 806).
Eine Gewinnausschüttung ist grundsätzlich auch dann abgeflossen, wenn die Gesellschafter ihre Gewinnanteile im Zusammenhang mit der Ausschüttung aufgrund vertraglicher Vereinbarungen z. B. als Einlage in die Körperschaft zur Erhöhung des Geschäftsguthabens bei einer Genossenschaft verwenden (>BFH vom 21. 7. 1976, I R 147/74, BStBl 1977 II S. 46).

Bindung an die Feststellungen des Bestands des steuerlichen Einlagekontos auf Ebene der Gesellschafter
Die gesonderte Feststellung des Bestands des steuerlichen Einlagekontos einer Kapitalgesellschaft gem. § 27 Abs. 2 KStG entfaltet grundsätzlich keine unmittelbare Bindungswirkung i. S. d. § 182 AO, aber über § 20 Abs. 1 Nr. 1 Satz 3 EStG materiell-rechtliche Bindungswirkung für die Anteilseigner (>BFH vom 19. 5. 2010, I R 51/09, BStBl 2014 II S. 937).

Regiebetrieb
Umfang und Zeitpunkt des Zugangs zu dem steuerlichen Einlagekonto bei Jahresverlust eines BgA, der als Regiebetrieb geführt wird (>BFH vom 11. 9. 2013, I R 77/11, BStBl 2015 II S. 161)

Steuerliches Einlagekonto
>BMF vom 4. 6. 2003, BStBl I S. 366

Steuerliches Einlagekonto bei Betrieben gewerblicher Art
>BMF vom 9. 1. 2015, BStBl I S. 111
Verluste, die ein als Regiebetrieb geführter BgA erzielt, gelten im Verlustjahr als durch die Trägerkörperschaft ausgeglichen und führen zu einem Zugang in entsprechender Höhe im steuerlichen Einlagekonto (>BFH vom 23. 1. 2008, I R 18/07, BStBl II S. 573).

In die Differenzrechnung des § 27 Abs. 1 Satz 3 KStG sind – von Kapitalherabsetzungen abgesehen – sämtliche Transferleistungen des Eigenbetriebs an seine Trägerkörperschaft, die nicht auf der Grundlage eines steuerlich anzuerkennenden (fiktiven) gegenseitigen Vertrages erbracht werden, einzubeziehen. Allein der Ausschüttungsbeschluss führt zu einem Abfluss der entsprechenden Leistung beim BgA und damit zu einer Minderung des steuerlichen Einlagekontos (>BFH vom 16. 11. 2011, I R 108/09, BStBl 2013 II S. 328).

Steuerliches Einlagekonto bei Gewinnausschüttungen im Rückwirkungszeitraum (§ 2 UmwStG)
>BMF vom 11. 11. 2011, BStBl I S. 1314, Rn. 02.27 und 02.34

Steuerliches Einlagekonto bei wirtschaftlichen Geschäftsbetrieben
>BMF vom 10. 11. 2005, BStBl I S. 1029

Unterjährige Zugänge
Unterjährige Zugänge zum steuerlichen Einlagekonto stehen nicht für Leistungen im gleichen Jahr zur Verfügung (>BFH vom 30. 1. 2013, I R 35/11, BStBl II S. 560).

Verluste in dem in Artikel 3 des Einigungsvertrags genannten Gebiet
>R 35 KStR

Zu § 28 KStG

H 28

Allgemeines
>BMF vom 4. 6. 2003, BStBl I S. 366

Liquidation
>BMF vom 26. 8. 2003, BStBl I S. 434

Steuerrechtliche Behandlung des Erwerbs eigener Anteile
>BMF vom 27. 11. 2013, BStBl I S. 1615

Zu § 29 KStG

H 29

Auswirkungen von Umwandlungen auf den Bestand des steuerlichen Einlagekontos und den Sonderausweis
>BMF vom 11. 11. 2011, BStBl I S. 1314, Rn. K.01 ff.

Zu § 30 KStG

| R 30 | **Entstehung der Körperschaftsteuer** |

¹Die Körperschaftsteuer entsteht hinsichtlich des Körperschaftsteuererhöhungsbetrags nach § 38 KStG mit Ablauf des VZ, in dem die Leistung erbracht wird, die die Körperschaftsteuererhöhung auslöst. ²Das gilt entsprechend für die besondere Körperschaftsteuer nach § 5 Abs. 1 Nr. 5 Satz 4 KStG.

Zu § 31 KStG

| R 31.1 | **Besteuerung kleiner Körperschaften** |

(1) ¹Nach § 156 Abs. 2 AO kann die Festsetzung von Steuern unterbleiben, wenn feststeht, dass die Kosten der Einziehung einschließlich der Festsetzung außer Verhältnis zu dem festzusetzenden Betrag stehen. ²Diese Voraussetzung kann im Einzelfall bei kleinen Körperschaften erfüllt sein, die einen Freibetrag nach § 24 oder § 25 KStG nicht beanspruchen können, insbesondere bei kleinen Genossenschaften. ³Bei diesen Körperschaften kann das in Satz 1 bezeichnete Missverhältnis vorliegen, wenn das Einkommen im Einzelfall offensichtlich 500 Euro nicht übersteigt. ⁴Dementsprechend kann in diesen Fällen von einer Veranlagung zur Körperschaftsteuer und von den gesonderten Feststellungen nach §§ 27, 28 KStG abgesehen werden. ⁵Dies gilt nicht im Fall von Komplementär-Kapitalgesellschaften, da der auf sie entfallende Gewinnanteil im Rahmen der gesonderten Gewinnfeststellung zu ermitteln ist.

(2) Die Veranlagung und die gesonderten Feststellungen für die in Absatz 1 bezeichneten Körperschaften sind auch durchzuführen, wenn die Körperschaften dies beantragen.

(3) Bei der erstmaligen gesonderten Feststellung nach § 27 KStG ist davon auszugehen, dass das in der Steuerbilanz ausgewiesene Eigenkapital ausschließlich aus ausschüttbarem Gewinn (§ 27 Abs. 1 Satz 5 KStG) und gezeichnetem Kapital besteht, soweit die Körperschaft nicht nachweist, dass es aus Einlagen stammt.

| R 31.2 | **Steuererklärungspflicht, Veranlagung und Erhebung von Körperschaftsteuer** |

– unbesetzt –

| H 31.2 |

Anwendung des EStG

Hinsichtlich der Steuererklärungspflicht sind in entsprechender Anwendung des § 25 Abs. 3 Satz 1 und 4 EStG die ergänzenden Bestimmungen in § 5b EStG, § 56 Satz 2 und § 60 Abs. 1 bis 4 EStDV zu beachten.

Nichtanwendung § 37b EStG auf verdeckte Gewinnausschüttungen

VGA i. S. d. § 8 Abs. 3 Satz 2 KStG sind von der Pauschalierung nach § 37b EStG ausgenommen (>BMF vom 29. 4. 2008, BStBl I S. 566 Rn. 9).

Verpflichtung zur elektronischen Übermittlung von Steuererklärungen, Bilanzen sowie Gewinn- und Verlustrechnungen
Die Verpflichtung zur elektronischen Übermittlung von Steuererklärungen (§ 31 Abs. 1a KStG) besteht erstmals für den VZ 2011. Zur Entscheidung über den Antrag zur Anwendung der Härtefallregelung (§ 31 Abs. 1a Satz 2 KStG) vgl. § 150 Abs. 8 AO sowie zur technischen Umsetzung >BMF vom 16. 11. 2011, BStBl I S. 1063.
In entsprechender Anwendung des § 5b EStG hat die elektronische Übermittlung von Bilanzen sowie Gewinn- und Verlustrechnungen (Anlage zur elektronischen Steuererklärung) im Regelfall erstmals für Wj. zu erfolgen, die nach dem 31. 12. 2011 beginnen. Auf Körperschaften, Personenvereinigungen und Vermögensmassen, die persönlich und vollumfänglich von der Körperschaftsteuer befreit sind, findet § 5b EStG keine Anwendung.
>BMF vom 19. 1. 2010, BStBl I S. 47 (zu den allgemeinen Grundsätzen); >BMF vom 28. 9. 2011, BStBl I S. 855 (Ausnahmen und Nichtbeanstandungsregelungen)
>BMF vom 13. 6. 2014, BStBl I S. 886 (Datenschema und Umfang der Übermittlungspflichten bei steuerbegünstigten Körperschaften sowie bei jPöR und deren BgA)

Zu § 32a KStG

H 32a

Fehlende Bindungswirkung
Der aufgrund der Erfassung einer vGA ergangene Körperschaftsteuerbescheid ist für den die vGA erfassenden Einkommensteuerbescheid eines Anteilseigners kein Grundlagenbescheid (>BFH vom 18. 9. 2012, VIII R 9/09, BStBl 2013 II S. 149).

Zu § 35 KStG

R 35 **Sondervorschriften für Körperschaften, Personenvereinigungen oder Vermögensmassen in dem in Artikel 3 des Einigungsvertrags genannten Gebiet**

¹Im Jahr des Verlustabzugs (§ 10d EStG) erhöht der vom Einkommen abgezogene Verlust das steuerliche Einlagekonto. ²Ist ein Verlustabzug in einem VZ zu berücksichtigen, dessen Einkommen sich aus dem Gewinn von zwei Wj. zusammensetzt, ist er für die Erhöhung des Einlagekontos auf die beiden Wj. aufzuteilen.

Zu § 36 KStG

H 36

Umgliederungsvorschriften
Die gesetzlichen Regelungen zur Umrechnung des am 31. 12. 2001 vorhandenen verwendbaren Eigenkapitals einer Kapitalgesellschaft in ein Körperschaftsteuerguthaben (>§ 36 KStG i. d. F. des StSenkG vom 23. 10. 2000) sind (entgegen >BFH vom 31. 5. 2005, I R 107/04, BStBl II S. 884) mit dem Grundgesetz nicht vereinbar. § 36 KStG ist in allen Fällen, in denen die Endbestände i. S. d. § 36 Abs. 7 KStG noch nicht bestandskräftig festgestellt sind, i. d. F. des § 34 Abs. 12 KStG (§ 34 Abs. 13f KStG i. d. F. des JStG 2010 vom 8. 12. 2010, BStBl I S. 1394) anzuwenden.

Die Erhöhung des Körperschaftsteuerguthabens auf der Grundlage der Neufassung des § 36, § 37 Abs. 1 KStG durch das JStG 2010 ist rechtlich nicht möglich, wenn der Bescheid über die Feststellung der Endbestände gem. § 36 Abs. 7 KStG bereits vor Inkrafttreten des JStG 2010 in Bestandskraft erwachsen war (>BFH vom 30. 7. 2014, I R 56/13, BStBl II S. 940).

Die durch das JStG 2010 getroffenen Regelungen zur Umgliederung der Teilbeträge des vEK in ein Körperschaftsteuerguthaben sind mit dem Grundgesetz vereinbar. Das betrifft auch die in § 36 Abs. 4 KStG 1999 i. d. F. des StSenkG angeordnete und insoweit fortgeltende Verrechnung von negativem nicht belastetem vEK mit belastetem vEK. Diese gesetzliche Anordnung bleibt unberührt davon, dass das BVerfG im Beschluss vom 17. 11. 2009 (1 BvR 2192/05, BGBl 2010 I S. 326) die in § 36 Abs. 3 KStG 1999 i. d. F. des StSenkG bestimmte Umgliederung von EK 45 in EK 40 verworfen hat (>BFH vom 20. 4. 2011, I R 65/05, BStBl II S. 983).

Zu § 37 KStG

H 37

Allgemeines
In den Fällen des § 34 Abs. 11 KStG ist § 37 Abs. 1 KStG i. d. F. des § 34 Abs. 12 KStG anzuwenden (>H 36 Umgliederungsvorschriften).

Abflusszeitpunkt
>H 27 Abflusszeitpunkt

Bilanzierung
Bilanzielle Behandlung des Körperschaftsteuerguthabens nach Änderung durch das SEStEG
>BMF vom 14. 1. 2008, BStBl I S. 280

Jahresgleiche Realisierung des Körperschaftsteuerguthabens
>BFH vom 28. 11. 2007, I R 42/07, BStBl 2008 II S. 390

Körperschaftsteuerminderung bei Auskehrung von Liquidationsraten
>BMF vom 4. 4. 2008, BStBl I S. 542

Zu § 38 KStG

H 38

Abflusszeitpunkt
>H 27 Abflusszeitpunkt

Körperschaftsteuererhöhungsbetrag
In die Bemessungsgrundlage für den Körperschaftsteuererhöhungsbetrag nach § 38 Abs. 5 Satz 2 KStG i. d. F. des JStG 2008 ist das Nennkapital nicht einzubeziehen (>BFH vom 12. 10. 2011, I R 107/10, BStBl 2012 II S. 10).

Körperschaftsteuererhöhung nach vorangegangener Kapitalerhöhung
Die Ausschüttung von Rücklagen aus dem Alt-EK 02 führt im Übergangszeitraum nach § 38 Abs. 2 KStG zu einer Körperschaftsteuererhöhung. Ob eine Ausschüttung aus dem Alt-EK 02 erfolgt, richtet sich gem. § 38 Abs. 1 Satz 4 KStG danach, ob der Ausschüttungsbetrag den um den Bestand des Alt-EK 02 verminderten ausschüttbaren Gewinn übersteigt. Der ausschüttbare Gewinn ist nach § 38 Abs. 1 Satz 4 KStG nur insoweit um den Bestand des Alt-EK 02 zu vermindern, als das Alt-EK 02 nicht bereits aufgrund einer vorangegangenen Kapitalerhöhung aus Gesellschaftsmitteln als Abzugsposten bei der Ermittlung des ausschüttbaren Gewinns (§ 27 Abs. 1 Satz 4 KStG) berücksichtigt worden ist (>BFH vom 11. 2. 2009, I R 67/07, BStBl 2010 II S. 57).

A. V. Gewerbesteuer-Richtlinien 2009 (GewStR 2009) v. 28. 4. 2010 (BStBl I Sondernummer 1/2010) mit amtlichen Hinweisen i. d. F. des Amtlichen Gewerbesteuer-Handbuchs 2016

Inhaltsübersicht

		Seite
Einführung		1293
Zu § 1 GewStG		
R 1.1	Steuerberechtigung	1293
R 1.2	Verwaltung der Gewerbesteuer	1294
R 1.3	Örtliche Zuständigkeit für die Festsetzung und Zerlegung des Steuermessbetrags	1295
R 1.4	Gewerbesteuermessbescheid	1295
R 1.5	Billigkeitsmaßnahmen bei der Festsetzung des Gewerbesteuermessbetrags	1296
R 1.6	Stundung, Niederschlagung und Erlass der Gewerbesteuer	1297
R 1.7	Aussetzung der Vollziehung von Gewerbesteuermessbescheiden	1298
R 1.8	Zinsen	1299
R 1.9	Anzeigepflichten	1299
Zu § 2 GewStG		
R 2.1	Gewerbebetrieb	1300
R 2.2	Betriebsverpachtung	1305
R 2.3	Organschaft	1306
R 2.4	Mehrheit von Betrieben	1308
R 2.5	Beginn der Steuerpflicht	1310
R 2.6	Erlöschen der Steuerpflicht	1313
R 2.7	Steuerpflicht bei Unternehmerwechsel	1315
R 2.8	Inland, gebietsmäßige Abgrenzung der Besteuerung	1316
R 2.9	Betriebsstätte	1317
Zu § 2a GewStG		
R 2a	Arbeitsgemeinschaften	1322
Zu § 3 GewStG		
R 3.0	Steuerbefreiungen nach anderen Gesetzen und Verordnungen	1322
Zu § 3 Nr. 7 GewStG		
R 3.7	Hochsee- und Küstenfischerei	1324

Zu § 3 Nr. 20 GewStG

| R 3.20 | Krankenhäuser, Altenheime, Altenwohnheime, Pflegeheime und Pflegeeinrichtungen | 1327 |

Zu § 4 GewStG

| R 4.1 | Hebeberechtigung | 1329 |

Zu § 5 GewStG

R 5.1	Steuerschuldnerschaft	1329
R 5.2	Europäische wirtschaftliche Interessenvereinigung (EWIV)	1331
R 5.3	Haftung	1331

Zu § 7 GewStG

| R 7.1 | Gewerbeertrag | 1332 |

Zu § 8 GewStG

R 8.1	Hinzurechnung von Finanzierungsanteilen	1343
R 8.2	Vergütungen an persönlich haftende Gesellschafter einer Kommanditgesellschaft auf Aktien	1351
R 8.3	Nicht im gewerblichen Gewinn enthaltene Gewinnanteile (Dividenden) – unbesetzt –	1352
R 8.4	Anteile am Verlust einer Personengesellschaft	1352
R 8.5	Spenden bei Körperschaften	1353
R 8.6	Gewinnminderungen durch Teilwertabschreibungen und Veräußerungsverluste	1353
R 8.7	Gebietsmäßige Abgrenzung bei Hinzurechnungen nach § 8 GewStG	1354
R 8.8	Schulden der in § 19 GewStDV genannten Unternehmen	1354
R 8.9	Schulden bei Spar- und Darlehenskassen	1356

Zu § 9 GewStG

R 9.1	Kürzung für den zum Betriebsvermögen gehörenden Grundbesitz	1357
R 9.2	Kürzung bei Grundstücksunternehmen	1358
R 9.3	Kürzung um Gewinne aus Anteilen an bestimmten Körperschaften	1364
R 9.4	Kürzung um den auf eine ausländische Betriebsstätte entfallenden Teil des Gewerbeertrags – unbesetzt –	1365
R 9.5	Kürzung um Gewinne aus Anteilen an einer ausländischen Kapitalgesellschaft	1366

Zu § 10a GewStG

R 10a.1	Gewerbeverlust	1368
R 10a.2	Unternehmensidentität	1370
R 10a.3	Unternehmeridentität	1371
R 10a.4	Organschaft	1379

Zu § 11 GewStG

| R 11.1 | Freibetrag bei natürlichen Personen und Personengesellschaften | 1380 |

| R 11.2 | Steuermesszahlen bei Hausgewerbetreibenden und bei ihnen gleichgestellten Personen | 1381 |

Zu § 14 GewStG
| R 14.1 | Festsetzung des Steuermessbetrags | 1382 |

Zu § 15 GewStG
| R 15.1 | Pauschfestsetzung | 1383 |

Zu § 16 GewStG
| R 16.1 | Hebesatz – unbesetzt – | 1383 |

Zu § 19 GewStG
| R 19.1 | Vorauszahlungen | 1384 |
| R 19.2 | Anpassung und erstmalige Festsetzung der Vorauszahlungen | 1384 |

Zu § 28 GewStG
| R 28.1 | Zerlegung des Steuermessbetrags | 1386 |

Zu § 29 GewStG
| R 29.1 | Zerlegungsmaßstab | 1388 |

Zu § 30 GewStG
| R 30.1 | Zerlegung bei mehrgemeindlichen Betriebsstätten | 1388 |

Zu § 31 GewStG
| R 31.1 | Begriff der Arbeitslöhne für die Zerlegung | 1391 |

Zu § 33 GewStG
| R 33.1 | Zerlegung in besonderen Fällen | 1392 |

Zu § 34 GewStG
| R 34.1 | Negativer Zerlegungsanteil bei Änderung oder Berichtigung des Zerlegungsbescheids | 1394 |

Zu § 35a GewStG
| R 35a.1 | Reisegewerbebetriebe | 1394 |

Zu § 35b GewStG
| R 35b.1 | Aufhebung oder Änderung des Gewerbesteuermessbescheids von Amts wegen | 1395 |

Einführung[1]

(1) Die Gewerbesteuer-Richtlinien 2009 sind verbindliche Vorgaben an die Finanzbehörden zur einheitlichen Anwendung des Gewerbesteuergesetzes und der Gewerbesteuer-Durchführungsverordnung zur Vermeidung unbilliger Härten und zur Verwaltungsvereinfachung.

(2) Die Gewerbesteuer-Richtlinien 2009 treten an die Stelle der Gewerbesteuer-Richtlinien 1998 vom 21. Dezember 1998 (BStBl I Sondernummer 2/1998 S. 91). Sie gelten, soweit sich aus ihnen nichts anderes ergibt, vom Erhebungszeitraum 2009 an.

(3) Anordnungen, die mit den nachstehenden Richtlinien im Widerspruch stehen, sind nicht mehr anzuwenden.

(4) Diese Allgemeine Verwaltungsvorschrift tritt am Tage nach ihrer Veröffentlichung in Kraft.[2]

Zu § 1 GewStG

R 1.1 Steuerberechtigung

¹Die Berechtigung zur Erhebung der Gewerbesteuer steht nach dem Gewerbesteuergesetz den Gemeinden zu. ²Die Gemeinden sind verpflichtet, eine Gewerbesteuer zu erheben, und hierbei an die Vorschriften des Gewerbesteuergesetzes gebunden. ³Durch die Abführung einer Umlage aus dem Gewerbesteueraufkommen an den Bund und das jeweils berechtigte Land auf Grund des § 6 des Gemeindefinanzreformgesetzes wird der Charakter als Gemeindesteuer nicht berührt.

H 1.1

Hebeberechtigung
- Begriff
  >R 4.1
- Grundsatz der Betriebsstättengemeinde
  >§ 4 Abs. 1 GewStG
- bei gemeindefreien Gebieten (einschließlich Anteil am Festlandsockel und an der ausschließlichen Wirtschaftszone)
  >§ 4 Abs. 2 GewStG
- bei Reisegewerbebetrieben
  >§ 35a Abs. 3 GewStG, § 35 GewStDV
- bei Gewerbebetrieben auf Schiffen und bei Binnen- und Küstenschifffahrtsbetrieben
  >§ 15 GewStDV

Mindesthebesatz
>§ 16 Abs. 4 S. 2 GewStG

---

1) Die amtlichen (*-)Fußnoten wurden aus den Fassungen der amtlichen Gewerbesteuer-Handbücher übernommen.
2) Tag der Veröffentlichung: 5. 5. 2010.

R 1.2 Verwaltung der Gewerbesteuer

Übertragung eines Teils der Verwaltung auf die Gemeinden
(1) ¹Ist die Festsetzung und Erhebung der Gewerbesteuer auf die Gemeinden übertragen, sind für die Ermittlung der Besteuerungsgrundlagen und für die Festsetzung und ggf. die Zerlegung der Steuermessbeträge die Finanzämter zuständig (>§§ 22 und 184 bis 190 AO). ²Die Festsetzung und Erhebung der Gewerbesteuer einschließlich Stundung, Niederschlagung und Erlass obliegen den hebeberechtigten Gemeinden.

Ausschließliche Verwaltung durch die Finanzämter
(2) Ist die Festsetzung und Erhebung der Gewerbesteuer nicht auf die Gemeinden übertragen worden, sind die Finanzämter auch für diese Aufgaben zuständig.

Teilnahmerecht der Gemeinden bei einer Außenprüfung
(3) ¹Die Gemeinden sind gemäß § 21 FVG berechtigt, hinsichtlich der Gewerbesteuer durch einen Gemeindebediensteten an einer Außenprüfung bei einem Steuerpflichtigen teilzunehmen, wenn dieser in der Gemeinde eine Betriebsstätte unterhält und die Außenprüfung im Gemeindebezirk erfolgt. ²§ 21 Abs. 3 FVG berechtigt die Gemeinden nicht selbst zum Erlass einer Teilnahmeanordnung gegenüber dem Steuerpflichtigen.

H 1.2 (1)

Grundsatz der Verwaltungszuständigkeit
Die Verwaltung der Gewerbesteuer steht grundsätzlich den Landesfinanzbehörden zu (>Artikel 108 Abs. 2 Satz 1 GG). Sie kann von einem Land ganz oder zum Teil auf die Gemeinden übertragen werden (>Artikel 108 Abs. 4 Satz 2 GG).

Übertragung der Verwaltung
– >R 1.6 Abs. 1 und BVerfG vom 8.11.1983 – BStBl 1984 II S. 249
– Zur Übertragungsmöglichkeit der Verwaltung der Gewerbesteuer auf die Gemeinden (>BVerwG vom 29.9.1982 – BStBl 1984 II S. 236)

H 1.2 (2)

Umfang der Zuständigkeit
Zur Zuständigkeit bei Stundung, Erlass und Niederschlagung der Gewerbesteuer (>R 1.6 Abs. 2)

H 1.2 (3)

Auskunfts- und Teilnahmerechte der Gemeinden
– Ist die Festsetzung und Erhebung der Gewerbesteuer auf die Gemeinden übertragen, hat die hebeberechtigte Gemeinde nach § 21 Abs. 3 Satz 1 FVG das Recht, sich über die für die Gewerbesteuer erheblichen Vorgänge bei dem örtlich zuständigen Finanzamt zu unterrichten. Dieses Recht erstreckt sich auf Akteneinsicht sowie auf mündliche und schriftliche Auskunft.

- Das Recht der gemeindlichen Teilnahme an Außenprüfungen der Finanzbehörden (>§ 21 Abs. 3 S. 2 FVG), stellt ausschließlich eine interne Befugnis im Verhältnis der Gemeinden zur Finanzverwaltung dar. Das Teilnahmerecht ist im Rahmen der Prüfungsanordnung des Finanzamtes entsprechend § 197 AO durch Mitteilung von Namen und Zeit gegenüber dem Steuerpflichtigen zu verwirklichen. Die Finanzverwaltung hat der Gemeinde die Teilnahme zu ermöglichen und muss ihr die damit verbundene Informationsbefugnis sichern. Das Teilnahmerecht beschränkt sich auf die Anwesenheit eines Gemeindebediensteten, der – abgesehen von einem ihm zustehenden Betretungsrecht und möglichen freiwilligen Mitwirkungsakten des Steuerpflichtigen – hinsichtlich gewerbesteuerlicher Sachverhalte lediglich Informations- und Auskunftsrechte gegenüber dem Prüfer der Finanzverwaltung besitzt. Der Gemeindebedienstete darf nicht selbst als Prüfer auftreten und keine Prüfungshandlungen und Ermittlungen der in § 200 AO genannten Art vornehmen. Einwendungen gegen die Person des Gemeindebediensteten oder gegen dessen Teilnahme an sich hat der Steuerpflichtige gegenüber dem für die Außenprüfung verantwortlichen Finanzamt auf dem hierfür vorgesehenen Rechtsweg vorzubringen (>BVerwG vom 27. 1. 1995 – BStBl II S. 522).

R 1.3 **Örtliche Zuständigkeit für die Festsetzung und Zerlegung des Steuermessbetrags**

Geschäftsleitung innerhalb des Geltungsbereichs des Gesetzes, Reisegewerbebetriebe
(1) ¹Für die Festsetzung und ggf. auch für die Zerlegung des Steuermessbetrags ist nach § 22 Abs. 1 AO das Betriebsfinanzamt zuständig. ²Das ist nach § 18 Abs. 1 Nr. 2 AO das Finanzamt, in dessen Bezirk sich die Geschäftsleitung – bei reinen Reisegewerbebetrieben der Mittelpunkt der gewerblichen Tätigkeit – befindet. ³Wird die Geschäftsleitung verlegt, geht die Zuständigkeit auf das Finanzamt über, in dessen Bezirk die Geschäftsleitung verlegt worden ist. ⁴Wegen der Bearbeitung anhängiger Einsprüche in Fällen eines Zuständigkeitswechsels wird auf § 367 Abs. 1 i.V. m. § 26 AO hingewiesen. ⁵Die Festsetzung und ggf. auch die Zerlegung des Steuermessbetrags erstreckt sich auf alle im Geltungsbereich des Gesetzes gelegenen Betriebsstätten (>R 2.9).

Geschäftsleitung außerhalb des Geltungsbereichs des Gesetzes
(2) ¹Befindet sich die Geschäftsleitung eines Unternehmens nicht im Geltungsbereich des Gesetzes, ist für die Festsetzung und ggf. auch für die Zerlegung des Steuermessbetrags das Finanzamt zuständig, in dessen Bezirk eine Betriebsstätte, bei mehreren Betriebsstätten die wirtschaftlich bedeutendste Betriebsstätte unterhalten wird (>§ 22 Abs. 1 i.V. m. § 18 Abs. 1 Nr. 2 AO). ²Bei Verlegung der wirtschaftlich bedeutendsten Betriebsstätte gilt Absatz 1 Satz 3 und 4 entsprechend.

Vom Wohnsitz abweichender Ort der Geschäftsleitung
(3) ¹Die Ermittlung des gewerblichen Gewinns sowie die Festsetzung und ggf. die Zerlegung des Steuermessbetrags sind grundsätzlich bei einem Finanzamt vereinigt. ²Das gilt auch für den Fall, dass ein Einzelunternehmer seinen Wohnsitz und die Geschäftsleitung seines Betriebs in den Bezirken verschiedener Finanzämter und verschiedener Gemeinden hat. ³In diesem Fall sind nach § 180 Abs. 1 Nr. 2 Buchstabe b AO die Einkünfte aus Gewerbebetrieb durch das Betriebsfinanzamt gesondert festzustellen.

R 1.4 **Gewerbesteuermessbescheid**

Fertigung von Gewerbesteuermessbescheiden
(1) ¹Die Finanzämter können sich bei der Fertigung der Gewerbesteuermessbescheide der Hilfe der Gemeinden bedienen. ²Werden den Gemeinden auf Grund gesetzlicher Vorschriften die Da-

ten der Gewerbesteuermessbescheide ganz oder teilweise auf maschinell verwertbaren Datenträgern oder durch Datenfernübertragung übermittelt, können die hebeberechtigten Gemeinden auch die Messbescheide fertigen.

Bekanntgabe und Mitteilung an die Gemeinden
(2) ¹Wegen der Bekanntgabe der Bescheide an die Steuerpflichtigen und der Mitteilung an die Gemeinden (>§§ 122, 184 und 188 AO). ²Die Finanzämter können sich bei der Übersendung der Gewerbesteuermessbescheide der Hilfe der Gemeinden bedienen. ³In diesen Fällen beginnt die Einspruchsfrist (>§ 355 AO) mit der Bekanntgabe der Bescheide durch die Gemeinde. ⁴Im Hinblick auf die Wahrung der Festsetzungsfrist (>§ 169 AO) ist zu beachten, dass die Gemeinden die fristgerechte Absendung sicherzustellen haben.

H 1.4

Allgemeines
Der Gewerbesteuermessbescheid ist Steuerbescheid im Sinne der AO (>§ 184 Abs. 1 Satz 3 i.V. m. § 155 Abs. 1 AO). Die Vorschriften der AO, insbesondere zu Form und Inhalt, Bestimmtheit sowie Bekanntgabe und Bestandskraft von Steuerbescheiden, sind somit zu beachten.

R 1.5 **Billigkeitsmaßnahmen bei der Festsetzung des Gewerbesteuermessbetrags**

Erfordernis einer allgemeinen Verwaltungsvorschrift
(1) ¹Die Finanzämter sind nach § 184 Abs. 2 AO*⁾ auch ohne Mitwirkung der hebeberechtigten Gemeinden berechtigt, bei der Festsetzung des Gewerbesteuermessbetrags Billigkeitsmaßnahmen nach § 163 Satz 1 AO zu gewähren, soweit für solche Maßnahmen in einer allgemeinen Verwaltungsvorschrift der Bundesregierung oder einer obersten Landesbehörde Richtlinien aufgestellt worden sind. ²Die Billigkeitsmaßnahmen können darin bestehen, dass zur Vermeidung unbilliger Härten bei bestimmten Gruppen gleich gelagerter Fälle entweder der Gewerbesteuermessbetrag niedriger festgesetzt wird oder dass einzelne Besteuerungsgrundlagen, die den Gewerbesteuermessbetrag erhöhen, außer Betracht gelassen werden.

Wirkung von Billigkeitsmaßnahmen bei Steuern vom Einkommen
(2) ¹Nach § 163 Satz 2 AO kann mit Zustimmung des Steuerpflichtigen bei Steuern vom Einkommen zugelassen werden, dass einzelne Besteuerungsgrundlagen, soweit sie die Steuer erhöhen, bei der Steuerfestsetzung erst zu einer späteren Zeit, und, soweit sie die Steuern mindern, schon zu einer früheren Zeit berücksichtigt werden (zeitliche Verlagerung der Besteuerung). ²Eine solche Billigkeitsmaßnahme bei der Einkommensteuer oder Körperschaftsteuer wirkt, soweit sie die gewerblichen Einkünfte beeinflusst, nach § 184 Abs. 2 Satz 2 AO auch für die Gewinnermittlung bei der Gewerbesteuer.

Mitteilungspflicht der Finanzämter
(3) ¹Die Finanzämter sind nach § 184 Abs. 3 AO verpflichtet, den Gemeinden außer dem Inhalt des Gewerbesteuermessbescheids auch die nach § 163 Satz 1 und 2 AO getroffenen Billigkeitsmaßnahmen mitzuteilen. ²Dabei sind Art, Umfang und Zeitraum dieser Maßnahmen sowie ihre Auswirkung auf den festgesetzten Steuermessbetrag anzugeben.

---

*⁾ § 184 Abs. 2 AO wurde durch das Gesetz zur Anpassung der Abgabenordnung an den Zollkodex der Union und zur Änderung weiterer steuerlicher Vorschriften geändert. Zur zeitlichen Anwendung vgl. Art. 97 § 10c des Einführungsgesetzes zur Abgabenordnung.

H 1.5 (1)

Allgemeines
Ist eine allgemeine Verwaltungsvorschrift i. S. d. R 1.5 Abs. 1 nicht ergangen, gilt für die Zulässigkeit von Billigkeitsmaßnahmen nach § 163 Satz 1 AO Folgendes:
Sind für die Festsetzung und Erhebung der Gewerbesteuer die Gemeinden zuständig, sind die Finanzämter grundsätzlich nicht befugt, den Steuermessbetrag dadurch niedriger festzusetzen, dass nach § 163 Satz 1 AO einzelne Besteuerungsgrundlagen, die die Steuer erhöhen, außer Betracht gelassen werden. Verfahrensrechtlich bestehen jedoch keine Bedenken, wenn das Finanzamt den Steuermessbetrag in der bezeichneten Weise niedriger festsetzt, nachdem die zur Festsetzung und Erhebung der Gewerbesteuer befugte Gemeinde dieser Maßnahme zugestimmt hat (>BFH vom 9.1.1962 – BStBl III S. 238, vom 8.11.1962 – BStBl 1963 III S. 143 und vom 24.10.1972 – BStBl 1973 II S. 233).

Billigkeitsregelungen in BMF-Schreiben
BMF-Schreiben auf dem Gebiet der Einkommen- oder Körperschaftsteuer insbesondere zur Festlegung des Steuergegenstands oder zur Gewinnermittlung können auch Billigkeitsregelungen im Sinne des § 163 Satz 1 AO aus sachlichen Gründen enthalten. Diese Billigkeitsregelungen in einer Verwaltungsvorschrift der obersten Bundesfinanzbehörde finden auch bei der Festsetzung des Gewerbesteuer-Messbetrags Eingang, soweit dies nicht ausdrücklich ausgeschlossen ist (>§ 184 Abs. 2 Satz 1 AO).

Folgen aus Hinzurechnung bei Weitervermietung oder Weiterverpachtung
Die Besteuerungsfolgen, die aus der Hinzurechnung der Mieten und Pachten für weitervermietete oder -verpachtete Immobilien zum Gewinn aus Gewerbebetrieb gemäß § 8 Nr. 1 Buchst. e GewStG 2002 i. d. F. des UntStRefG 2008 resultieren, entsprechen im Regelfall den gesetzgeberischen Wertungen und rechtfertigen daher grundsätzlich keinen Erlass der Gewerbesteuer wegen sachlicher Unbilligkeit (>BFH vom 4.6.2014 – BStBl 2015 II S. 293).

Sanierungsgewinn
Zur ertragsteuerlichen Behandlung von Sanierungsgewinnen; Steuerstundung und Steuererlass aus sachlichen Billigkeitsgründen (>BMF vom 27.3.2003 – BStBl I S. 240)

R 1.6   **Stundung, Niederschlagung und Erlass der Gewerbesteuer**

Zuständigkeit der Gemeinden
(1) [1]Ist die Festsetzung und Erhebung der Gewerbesteuer der Gemeinde übertragen (>R 1.2), hat sie über Stundung, Niederschlagung und Erlass der Gewerbesteuer zu entscheiden. [2]Für die Stundung und den Erlass von Gewerbesteuer gelten nach § 1 Abs. 2 Nr. 5 AO die Vorschriften der §§ 222 und 227 AO entsprechend; die Niederschlagung richtet sich nach den landesrechtlichen Vorschriften.

Zuständigkeit der Finanzämter
(2) [1]Wird die Gewerbesteuer vom Finanzamt festgesetzt und erhoben, obliegt ihm auch die Entscheidung über Stundung, Niederschlagung und Erlass, wenn nicht wegen der Höhe der Steuerrückstände eine übergeordnete Dienststelle zu entscheiden hat. [2]Eine Mitwirkung der Gemeinde bei der Entscheidung kommt nicht in Betracht. [3]Billigkeitsmaßnahmen kommen bei der Gewerbesteuer wegen ihres Charakters als Objektsteuer nur in ganz besonders gelagerten Ausnahmefällen in Betracht. [4]Liegt ein solcher Fall vor und schuldet ein Steuerpflichtiger sowohl Gewerbesteuer als auch andere Steuern, sind bei der Entscheidung über Stundung und Erlass

die Belange der verschiedenen Steuergläubiger in gleicher Weise zu berücksichtigen. [5]Der Erlass oder die Stundung ist grundsätzlich im Verhältnis der Gewerbesteuerrückstände zu den anderen Steuerrückständen auf die Gewerbesteuer und die anderen Steuern zu verteilen, wenn nicht besondere, in der Eigenart der betreffenden Steuer liegende Gründe nur den Erlass oder die Stundung einer bestimmten Steuer rechtfertigen.

H 1.6 (2)

Zuständigkeitsregelung der Landsfinanzbehörden

Zur Zuständigkeit für Stundungen nach § 222 AO, Erlasse nach § 227 AO, Billigkeitsmaßnahmen nach § 163, § 234 Abs. 2, § 237 Abs. 4 AO, Absehen von Festsetzungen nach § 156 Abs. 2 AO und Niederschlagungen nach § 261 AO von Landessteuern und der sonstigen durch Landesfinanzbehörden verwalteten Steuern und Abgaben (>Gleich lautende Ländererlasse vom 17.12.2015 – BStBl I S. 1079)

R 1.7 Aussetzung der Vollziehung von Gewerbesteuermessbescheiden

Zuständigkeiten

(1) [1]Ist gegen den Gewerbesteuermessbescheid ein Rechtsbehelf eingelegt worden, ist das Finanzamt und unter den Voraussetzungen des § 69 Abs. 3 und 4 FGO das Finanzgericht für die Entscheidung über einen Antrag auf Aussetzung der Vollziehung des Gewerbesteuermessbescheids zuständig. [2]Die Anträge auf Aussetzung der Vollziehung sind als Eilsachen zu behandeln.

Folgebescheide

(2) [1]Eine Folgeaussetzung gemäß § 361 Abs. 3 AO kommt nicht nur im Verhältnis Gewerbesteuermessbescheid zu Gewerbesteuerbescheid, sondern – wegen § 35b GewStG – auch im Verhältnis Einkommensteuer-/Körperschaftsteuer-/Gewinnfeststellungsbescheid zu Gewerbesteuermessbescheid in Betracht. [2]Die Bindung im Anwendungsbereich des § 35b GewStG bedeutet aber nicht, dass ein angefochtener Gewerbesteuermessbescheid nicht selbständig ausgesetzt werden kann.

H 1.7

Allgemeines

– Sofern über den Antrag auf Aussetzung der Vollziehung nicht in angemessener Frist entschieden werden kann, soll die Gemeinde vom Vorliegen des Antrags unterrichtet werden (>AEAO zu § 361, Nr. 5.4.1). Von der Entscheidung über den Antrag auf Aussetzung der Vollziehung des Gewerbesteuermessbescheids ist die hebeberechtigte Gemeinde – in Zerlegungsfällen jede der hebeberechtigten Gemeinden – zu unterrichten (>AEAO zu § 361, Nr. 5.4.3). Über die Sicherheitsleistung entscheiden die Gemeinden, soweit diese für die Festsetzung der Gewerbesteuer zuständig sind.

Das Finanzamt darf jedoch anordnen, dass die Aussetzung der Vollziehung des Gewerbesteuermessbescheids von keiner Sicherheitsleistung abhängig zu machen ist. Das kann zum Beispiel der Fall sein, wenn der Rechtsbehelf wahrscheinlich erfolgreich sein wird (>AEAO zu § 361, Nr. 9.2.4). Der Antrag auf Aussetzung der Vollziehung eines Gewerbesteuermessbescheids ist auch dann zulässig, wenn er mit Zweifeln an der Rechtmäßigkeit eines Feststellungsbescheids begründet wird, dessen Änderung gemäß § 35b GewStG zu einer

Änderung des Gewerbesteuermessbescheids führen würde (>BFH vom 21.12.1993 – BStBl 1994 II S. 300).
– Zur Möglichkeit der Aussetzung der Vollziehung trotz „freiwilliger" Zahlung des Steuerpflichtigen (>BFH vom 22.7.1977 – BStBl II S. 838).

Bestandskräftiger Gewerbesteuermessbescheid
Wegen der Erstreckung der Aussetzung der Vollziehung auf einen bestandskräftigen Gewerbesteuermessbescheid in Fällen, in denen der Einkommensteuer- oder Körperschaftsteuerbescheid oder ein Feststellungsbescheid angefochten ist (>BFH vom 23.8.1966 – BStBl III S. 651, vom 31.1.1968 – BStBl II S. 350, vom 6.7.1972 – BStBl II S. 955, vom 8.8.1974 – BStBl II S. 639, vom 27.1.1977 – BStBl II S. 367 und vom 24.10.1979 – BStBl 1980 II S. 104)

Unanfechtbarer Gewerbesteuerbescheid
Das Finanzamt kann über einen Antrag auf Aussetzung der Vollziehung des Gewerbesteuermessbescheids auch dann entscheiden, wenn die Gemeinde auf Grund des Gewerbesteuermessbescheids bereits einen Gewerbesteuerbescheid erlassen hat und dieser rechtskräftig ist (>BFH vom 19.7.1960 – BStBl III S. 393).

R 1.8 Zinsen

¹Die Zinsen werden von der hebeberechtigten Gemeinde berechnet, festgesetzt und erhoben, wenn sie die Gewerbesteuer festsetzt und erhebt. ²Das Finanzamt teilt der Gemeinde die für die Berechnung und Festsetzung der Zinsen notwendigen Daten mit.

H 1.8

Verzinsung der Gewerbesteuer
>§§ 233 ff. AO

R 1.9 Anzeigepflichten

Eröffnung, Aufgabe oder Verlegung von Betrieben oder Betriebsstätten
(1) ¹Nach § 138 Abs. 1 und 3 AO und § 14 GewO hat derjenige, der einen gewerblichen Betrieb oder eine Betriebsstätte eröffnet, dies innerhalb eines Monats auf amtlich vorgeschriebenem Vordruck der Gemeinde mitzuteilen, in der der Betrieb oder die Betriebsstätte eröffnet wird. ²Die Gemeinde hat unverzüglich das nach § 22 Abs. 1 AO zuständige Finanzamt zu unterrichten. ³Irrtümlich dem Finanzamt erstattete Anzeigen nach § 138 Abs. 1 Satz 1 und 4 AO sind an die zuständige Gemeinde weiterzuleiten. ⁴Wird der Betrieb oder die Betriebsstätte in einer Gemeinde eröffnet, der die Festsetzung und Erhebung der Gewerbesteuer nicht übertragen worden ist (>R 1.2 Abs. 2), ist die Anzeige dem zuständigen Betriebsfinanzamt (>§ 22 Abs. 2 AO) zu erstatten. ⁵Unter „Eröffnung" ist auch die Fortführung eines Betriebs oder einer Betriebsstätte durch den Rechtsnachfolger oder Erwerber zu verstehen. ⁶Gleiche Anzeigepflicht besteht, wenn ein Betrieb oder eine Betriebsstätte aufgegeben oder verlegt wird.

Folgen der Unterlassung
(2) ¹Wird die Eröffnung, Aufgabe oder Verlegung eines Betriebs oder einer Betriebsstätte nicht ordnungsmäßig angezeigt, kann das Finanzamt nach § 328 AO Zwangsmittel anwenden. ²Die

Anwendung von Zwangsmitteln durch die Gemeinden richtet sich nach den jeweiligen landesrechtlichen Vorschriften.

Zu § 2 GewStG

R 2.1 Gewerbebetrieb

Begriff des Gewerbebetriebs

(1) ¹Unter Gewerbebetrieb ist ein gewerbliches Unternehmen im Sinne des Einkommensteuergesetzes zu verstehen (>§ 2 Abs. 1 GewStG). ²Für die Begriffsbestimmung des Gewerbebetriebs gilt somit § 15 Abs. 2 EStG. ³Die Annahme eines Gewerbebetriebs setzt neben der persönlichen Selbständigkeit des Unternehmens auch die sachliche Selbständigkeit des Betriebs voraus. ⁴Sachlich selbständig ist ein Unternehmen, wenn es für sich eine wirtschaftliche Einheit bildet, also nicht ein unselbständiger Teil eines anderen Unternehmens oder eines Gesamtunternehmens ist.

Personengesellschaften

(2) Offene Handelsgesellschaften, Kommanditgesellschaften oder andere Personengesellschaften, die eine Tätigkeit im Sinne des § 15 Abs. 1 Satz 1 Nr. 1 EStG ausüben und deren Gesellschafter als Mitunternehmer anzusehen sind, sind Gewerbebetriebe nach § 2 Abs. 1 GewStG.

Reisegewerbebetrieb

(3) ¹Beim Zusammentreffen von Reisegewerbe mit stehendem Gewerbe ist für die gewerbesteuerliche Behandlung wesentlich, ob ein einheitlicher Gewerbebetrieb oder zwei selbständige Betriebe bestehen. ²Ist ein einheitlicher Betrieb gegeben, ist dieser in vollem Umfang als stehendes Gewerbe zu behandeln (>§ 35a Abs. 2 Satz 2 GewStG).

Gewerbebetrieb kraft Rechtsform

(4) ¹Nach § 2 Abs. 2 GewStG gilt die Tätigkeit der Kapitalgesellschaften (insbesondere Europäische Gesellschaften, Aktiengesellschaften, Kommanditgesellschaften auf Aktien, Gesellschaften mit beschränkter Haftung), der Genossenschaften einschließlich Europäischer Genossenschaften und der Versicherungs- und Pensionsfondsvereine auf Gegenseitigkeit stets und in vollem Umfang als Gewerbebetrieb. ²Bei Unternehmen mit Sitz (>§ 11 AO) und Geschäftsleitung (>§ 10 AO) im Ausland bestimmt sich die Rechtsfähigkeit im Inland ausschließlich nach dem Recht des jeweiligen ausländischen Staates. ³Befindet sich die Geschäftsleitung im Inland, erlangt das ausländische Unternehmen die >Rechtsfähigkeit im Inland erst mit Eintragung in das jeweilige deutsche Register. ⁴Abweichend hiervon sind die nach dem Recht eines anderen EU-Staates gegründeten Gesellschaften mit Geschäftsleitung im Inland (sog. >doppelt ansässige Gesellschaften) auch ohne Eintragung in ein deutsches Register im Inland voll rechtsfähig. ⁵Ist das Unternehmen im Inland nicht rechtsfähig, ist ein Gewerbebetrieb unter den Voraussetzungen des § 2 Abs. 1 Satz 2 GewStG oder § 2 Abs. 3 GewStG gegeben.

Gewerbebetrieb kraft wirtschaftlichen Geschäftsbetriebs

(5) ¹Die juristischen Personen des privaten Rechts, die nicht bereits in § 2 Abs. 2 Satz 1 GewStG aufgeführt sind, und die nichtrechtsfähigen Vereine unterliegen der Gewerbesteuer, soweit sie einen wirtschaftlichen Geschäftsbetrieb unterhalten. ²Durch § 2 Abs. 3 GewStG wird die Gewerbesteuerpflicht erweitert und auf wirtschaftliche Geschäftsbetriebe ausgedehnt, die keinen Gewerbebetrieb im Sinne des § 2 Abs. 1 GewStG bilden. ³Soweit keine Einschränkung besteht, umfasst der Begriff des wirtschaftlichen Geschäftsbetriebs ohne Unterscheidung den Gewerbebetrieb, den land- und forstwirtschaftlichen Betrieb und den sonstigen wirtschaftlichen Ge-

schäftsbetrieb. [4]Durch § 2 Abs. 3 und § 3 Nr. 6 GewStG wird die Land- und Forstwirtschaft im Rahmen eines wirtschaftlichen Geschäftsbetriebs ausdrücklich von der Gewerbesteuerpflicht ausgenommen. [5]Bewirtschaftet z. B. eine rechtsfähige Stiftung landwirtschaftlichen Grundbesitz oder Forstbesitz, ist dieser Betrieb nicht gewerbesteuerpflichtig. [6]Im Gegensatz zum Begriff des Gewerbebetriebs gehören weder die Gewinnerzielungsabsicht noch die Teilnahme am allgemeinen wirtschaftlichen Verkehr zu den Voraussetzungen des wirtschaftlichen Geschäftsbetriebs. [7]Betätigungen, wie z. B. der Betrieb einer Kantine, eines Kasinos, einer Druckerei, eines Kreditinstituts, eines Versicherungsunternehmens, die Herausgabe einer Zeitschrift oder die Erhebung von Eintrittsgeld bei Veranstaltung einer Festlichkeit, gehen über den Rahmen einer Vermögensverwaltung hinaus und gelten demgemäß stets als Gewerbebetrieb im Sinne des § 2 Abs. 3 GewStG, wenn sie nicht bereits einen Gewerbebetrieb im Sinne des § 2 Abs. 1 GewStG bilden. [8]Dagegen geht die Betätigung von Unterstützungskassen, die den Leistungsempfängern keinen Rechtsanspruch gewähren, im Regelfall nicht über den Rahmen einer Vermögensverwaltung hinaus.

Betriebe der öffentlichen Hand
(6) [1]Betriebe der öffentlichen Hand sind gewerbesteuerpflichtig, wenn sie die Voraussetzungen eines Betriebs gewerblicher Art (>§ 4 KStG und R 6 KStR[1]) und eines Gewerbebetriebs (>§ 15 Abs. 2 EStG) erfüllen. [2]Mit Kantinen, die nur für die Angehörigen eines Betriebs eingerichtet und zugänglich sind, wird mangels einer Beteiligung am allgemeinen wirtschaftlichen Verkehr kein Gewerbebetrieb unterhalten. [3]Sind nach Maßgabe des § 4 Abs. 6 Satz 1 KStG mehrere Betriebe zusammengefasst worden, kommt es für die Annahme eines Gewerbebetriebs darauf an, dass das zusammengefasste Unternehmen insgesamt mit Gewinnerzielungsabsicht betrieben wird.

H 2.1 (1)

Begriffsmerkmale
Ein Gewerbebetrieb liegt vor, wenn folgende Begriffsmerkmale gegeben sind:
1. Selbständigkeit (>R 15.1 EStR und H 15.1 EStH)
   >sachliche Selbständigkeit des Betriebs
2. Nachhaltigkeit der Betätigung (>H 15.2 EStH)
3. Gewinnerzielungsabsicht (>H 15.3 EStH, H 15.8 (5) EStH)
4. Beteiligung am allgemeinen wirtschaftlichen Verkehr (>H 15.4 EStH) i. S. einer werbenden Tätigkeit

Diese Voraussetzungen müssen sämtlich erfüllt sein, um die Gewerbesteuerpflicht zu begründen. Weiterhin darf es sich nicht um Land- und Forstwirtschaft (>R 13.2 und 15.5 EStR, H 13.2 und 15.5 EStH), um selbständige Arbeit (>H 15.6 EStH) oder um Vermögensverwaltung (>R 2.2, R 15.7 EStR und H 15.7 EStH) handeln.

Sachliche Selbständigkeit des Betriebs
– Organschaft
  >R 2.3
– Zur Frage ob ein einheitlicher Gewerbebetrieb oder mehrere selbständige Gewerbebetriebe vorliegen (>R 2.4)

Stehender Gewerbebetrieb
>§ 1 GewStDV

---

1) Jetzt R 4.1 KStR 2015.

Zu Beginn und Ende der Steuerpflicht
>R 2.5 bzw. R 2.6

H 2.1 (2)

Allgemeines
- Sowohl eine gewerblich tätige als auch eine gewerblich geprägte Personengesellschaft kann nur einen einzigen Gewerbebetrieb haben, der ihre gesamte Tätigkeit umfasst >Umfassender Gewerbebetrieb einer Personengesellschaft.
- Personengesellschaften, an denen nur ein Gesellschafter mitunternehmerschaftlich beteiligt ist (hier: sog. Treuhandmodell), unterliegen nicht der Gewerbesteuer (>BFH vom 3. 2. 2010 – BStBl II S. 751).

Gewerbesteuerbefreiung
Übt eine Personengesellschaft neben einer freiberuflichen auch eine gewerbliche Tätigkeit aus, so ist die Tätigkeit auch dann infolge der „Abfärberegelung" des § 15 Abs. 3 Nr. 1 EStG insgesamt als gewerblich anzusehen, wenn die gewerbliche Tätigkeit von der Gewerbesteuer befreit ist. Die Gewerbesteuerbefreiung erstreckt sich in solchen Fällen jedoch auch auf die Tätigkeit, die ohne die „Abfärbung" freiberuflich wäre (>BFH vom 30. 8. 2001 – BStBl 2002 II S. 152).

Mitunternehmerschaft
>H 15.8. (1) EStH

Treuhandmodell
>Allgemeines

Umfassender Gewerbebetrieb einer Personengesellschaft
- Personengesellschaften gelten auch dann in vollem Umfang als Gewerbebetrieb, wenn sie nur teilweise eine Tätigkeit im Sinne des § 15 Abs. 1 Satz 1 Nr. 1 EStG ausüben (**Abfärberegelung**) >§ 15 Abs. 3 Nr. 1 EStG, R 15.8 Abs. 5 EStR und H 15.8 (5) EStH.
- Die Tätigkeit einer gewerblich geprägten Personengesellschaft gemäß § 15 Abs. 3 Nr. 2 EStG gilt als Gewerbebetrieb (**Geprägeregelung**). Demnach gilt auch die vermögensverwaltende Tätigkeit einer gewerblich geprägten Personengesellschaft als Gewerbebetrieb >§ 15 Abs. 3 Nr. 2 EStG, R 15.8 Abs. 6 EStR und H 15.8 (6) EStH.

Umqualifizierung der Einkünfte einer vermögensverwaltenden Personengesellschaft
Zur Anwendung des BFH-Urteils vom 6. 10. 2004 – BStBl 2005 II S. 383
>BMF vom 18. 5. 2005 – BStBl I S. 698*)

Zur Frage der „Abfärbung" gem. § 15 Abs. 3 Nr. 1 EStG bei gewerblichen Einkünften eines Gesellschafters in dessen Sonderbereich
>H 15.8 (5) EStH

Zur Prägung durch andere Personengesellschaften
>H 15.8 (6) EStH

---

*) Aufhebung unter dem Aspekt der Normenflut durch BMF-Schreiben zur Anwendung von BMF-Schreiben vom 27. 3. 2012 (BStBl I S. 370) für Steuertatbestände, die nach dem 31. 12. 2010 verwirklicht werden.

Zur Prägung durch ausländische Kapitalgesellschaften
>H 15.8 (6) EStH

H 2.1 (3)

Allgemeines
Wird im Rahmen eines einheitlichen Gewerbebetriebs sowohl ein stehendes Gewerbe als auch ein Reisegewerbe betrieben und ist der Betrieb somit in vollem Umfang als stehendes Gewerbe zu behandeln, kommen die besonderen Bestimmungen zu Reisegewerbebetrieben (>§ 35a GewStG) nicht zur Anwendung.

Begriff des Reisegewerbebetriebs
>§ 2 Abs. 1 Satz 2 i.V. m. § 35a Abs. 2 GewStG, R 35a.1

Einheitlicher Gewerbebetrieb
Die Beurteilung, ob ein einheitlicher Gewerbebetrieb oder mehrere selbständige Gewerbebetriebe vorliegen, richtet sich nach den allgemeinen Grundsätzen.
>R 2.4

Hebeberechtigung
>§ 35a Abs. 3 GewStG

H 2.1 (4)

Allgemeines
Bei den in § 2 Abs. 2 GewStG genannten Unternehmen ist die Gewerbesteuerpflicht nur an die Rechtsform geknüpft mit der Folge, dass nicht nur eine gewerbliche Tätigkeit, sondern jegliche Tätigkeit überhaupt die Gewerbesteuerpflicht auslöst (>RFH vom 13.12.1938 – RStBl 1939 S. 543 und BFH vom 13.12.1960 – BStBl 1961 III S. 66, vom 13.11.1962 – BStBl 1963 III S. 69, vom 20.10.1976 – BStBl 1977 II S. 10, vom 8.6.1977 – BStBl II S. 668 und vom 22.8.1990 – BStBl 1991 II S. 250).

Gewerbesteuerpflicht ausländischer Kapitalgesellschaften
Die Vorschrift in § 2 Abs. 2 GewStG gilt auch für ausländische Unternehmen, die im Inland eine Betriebsstätte unterhalten, in ihrer Rechtsform einem inländischen Unternehmen der in § 2 Abs. 2 GewStG bezeichneten Art entsprechen und im Inland rechtsfähig sind (>RFH vom 4.4.1939 – RStBl S. 854 und BFH vom 28.3.1979 – BStBl II S. 447 und vom 28.7.1982 – BStBl 1983 II S. 77).

Gewerbesteuerpflicht kraft Rechtsform
– **doppelt ansässige Gesellschaften in EU-Staaten**
  >Gleich lautende Erlasse der obersten Finanzbehörden der Länder vom 20.5.2005 – BStBl I S. 727 mit Übergangsregelung und R 2.1 Abs. 4 Satz 4
– **Rechtsfähigkeit bei in Drittstaaten gegründeten Gesellschaften mit inländischer Geschäftsleitung**
  Eine nach dem Recht eines Drittstaates gegründete ausländische Gesellschaft mit inländischer Geschäftsleitung erlangt im Inland erst mit der Eintragung ins Handelsregister die Rechtsfähigkeit (>BFH vom 23.6.1992 – BStBl II S. 972).

- **Verfassungsmäßigkeit**
An der Verfassungsmäßigkeit der Gewerbesteuerpflicht kraft Rechtsform gemäß § 2 Abs. 2 Satz 1 GewStG bestehen keine ernstlichen Zweifel. Dies gilt auch für die Gewerbesteuerpflicht einer Mitunternehmerschaft, an der neben freiberuflich tätigen Mitunternehmern eine Kapitalgesellschaft beteiligt ist, deren Gesellschafter und (hier) Geschäftsführer wiederum sämtlich freiberuflich tätig sind (>BFH vom 3.12.2003 – BStBl 2004 II S. 303).

Zum Begriff der Betriebsstätte
>R 2.9

H 2.1 (5)

Begriff des wirtschaftlichen Geschäftsbetriebs
>§ 14 AO

Beschränkung der Gewerbesteuerpflicht auf den wirtschaftlichen Geschäftsbetrieb
Im Gegensatz zu den Gewerbebetrieben kraft Rechtsform (>R 2.1 Abs. 4) beschränkt sich die Gewerbesteuerpflicht bei den in § 2 Abs. 3 GewStG bezeichneten Steuerpflichtigen auf den wirtschaftlichen Geschäftsbetrieb. Unterhält z. B. ein Verein einen wirtschaftlichen Geschäftsbetrieb und verwaltet er daneben noch Vermögen, das mit dem wirtschaftlichen Geschäftsbetrieb nicht im Zusammenhang steht, kann die Gewerbesteuerpflicht auch dann nicht auf die Vermögensverwaltung erstreckt werden, wenn sie gleich dem wirtschaftlichen Geschäftsbetrieb der Erfüllung des Satzungszwecks des Vereins dient (>RFH vom 13.12.1938 – RStBl 1939 S. 330).

Gewerbesteuerpflicht nichtrechtsfähiger Stiftungen und nichtrechtsfähiger Zweckvermögen
Die Gewerbesteuerpflicht nach § 2 Abs. 3 GewStG besteht nur für juristische Personen des privaten Rechts und nichtrechtsfähige Vereine. Nichtrechtsfähige Stiftungen und nichtrechtsfähige Zweckvermögen des Privatrechts begründen daher nur unter den Voraussetzungen des § 2 Abs. 1 Satz 2 GewStG i.V. m. § 15 Abs. 2 EStG einen Gewerbebetrieb (>RFH vom 9.11.1943 – RStBl 1944 S. 131).

Umfang des Gewerbebetriebs
Die nach § 2 Abs. 3 GewStG steuerpflichtigen Tätigkeiten bilden stets einen einheitlichen Gewerbebetrieb. Dies gilt auch, wenn mehrere wirtschaftliche Geschäftsbetriebe unterhalten werden (>§ 8 GewStDV).

Verpachtung eines wirtschaftlichen Geschäftsbetriebs
Die Grundsätze der Betriebsverpachtung (>R 2.2) gelten auf Grund der Fiktion des Gewerbebetriebs nach § 2 Abs. 3 GewStG nur eingeschränkt. So bedarf es zur Annahme eines Gewerbebetriebs durch Unterhaltung eines wirtschaftlichen Geschäftsbetriebs insbesondere keiner Teilnahme am allgemeinen wirtschaftlichen Verkehr i. S. einer werbenden Tätigkeit. Verpachtet eine gemeinnützige Körperschaft einen zuvor von ihr selbst betriebenen wirtschaftlichen Geschäftsbetrieb, unterliegt sie mit den Pachteinnahmen solange der Körperschaft- und Gewerbesteuer, bis sie die Betriebsaufgabe erklärt. Überschreiten die Pachteinnahmen die Besteuerungsgrenze des § 64 Abs. 3 AO nicht, sind bei ihr die Pachtentgelte allerdings nicht zur Gewerbesteuer heranzuziehen (>BFH vom 4.4.2007 – BStBl II S. 725).

Zur Anwendung der Besteuerungsgrenze des § 64 Abs. 3 AO
>AEAO zu § 64 Abs. 3 AO, Nr. 15 bis 24.

H 2.1 (6)

Anwendungsfragen zu den Regelungen im Jahressteuergesetz 2009 zur Besteuerung von Betrieben gewerblicher Art und Eigengesellschaften von juristischen Personen des öffentlichen Rechts

>BMF vom 12.11.2009 – BStBl I S. 1303 (Rdnr. 95 ff.)

Beteiligung am allgemeinen wirtschaftlichen Verkehr

– >H 2.1 (1)

– Betriebe der öffentlichen Hand, die überwiegend der Ausübung der öffentlichen Gewalt dienen (**Hoheitsbetriebe**), gehören mit Ausnahme der Versorgungsbetriebe mangels einer Beteiligung am allgemeinen wirtschaftlichen Verkehr nicht zu den Gewerbebetrieben (>§ 2 Abs. 2 GewStDV und H 2.1 (1)).

Gewinnerzielungsabsicht

Ob Gewinnerzielungsabsicht (>H 15.3 EStH) vorliegt, muss bei ständig mit Verlusten arbeitenden Eigenbetrieben von juristischen Personen des öffentlichen Rechts im Einzelfall unter Abwägung aller Umstände geprüft werden (>BFH vom 28.10.1970 – BStBl 1971 II S. 247, vom 15.12.1976 – BStBl 1977 II S. 250 und vom 22.8.1984 – BStBl 1985 II S. 61).

Steuerbefreiung von Krankenhäusern, Altenheimen, Altenwohnheimen und Pflegeheimen

>R 3.20

Verpachtung von Gewerbebetrieben der öffentlichen Hand

>R 2.2

R 2.2 **Betriebsverpachtung**

¹Die Verpachtung eines Gewerbebetriebs im Ganzen oder eines Teilbetriebs ist grundsätzlich nicht als Gewerbebetrieb anzusehen und unterliegt daher regelmäßig nicht der Gewerbesteuer. ²Die Pachteinnahmen gehören zwar, solange der Verpächter nicht die Betriebsaufgabe erklärt, einkommensteuerlich zu den Einkünften aus Gewerbebetrieb, sie unterliegen jedoch nicht mehr der Gewerbesteuer. ³Deshalb muss für das Wirtschaftsjahr, in dem die Verpachtung beginnt, der auf die Zeit bis zum Pachtbeginn entfallende Gewinn für die Gewerbesteuer besonders ermittelt werden. ⁴Für diese Gewinnermittlung gelten die allgemeinen Grundsätze. ⁵Aus Vereinfachungsgründen ist es jedoch nicht zu beanstanden, wenn der Gewinn des Wirtschaftsjahrs, in dem die Verpachtung beginnt, durch Schätzung auf die Zeiträume vor und nach Pachtbeginn aufgeteilt wird. ⁶Dabei kann z.B. der Gewinn des Wirtschaftsjahrs im Verhältnis des in der Zeit bis zum Pachtbeginn erzielten Bruttogewinns (Warenrohgewinn) zur Pachteinnahme aufgeteilt werden. ⁷Entsprechendes gilt für die Hinzurechnungen und Kürzungen. ⁸Ist der Gewinn vor der Verpachtung nach § 4 Abs. 3 EStG ermittelt worden, ist für die Ermittlung des Gewerbeertrags bis zum Pachtbeginn für diesen Zeitpunkt der Übergang zum Vermögensvergleich zu unterstellen.

| H 2.2 |

Allgemeines
- Entgegen den Regeln der Einkommensteuer wird der Gewerbebetrieb gewerbesteuerrechtlich bereits mit seiner Verpachtung (Einstellung einer werbenden Tätigkeit) beendet. Die Ausübung des Verpächterwahlrechts (>H 16 (5) EStH) hat demnach hierauf keinen Einfluss.
- Zum Erlöschen der Gewerbesteuerpflicht
  >R 2.6
- Steuerpflichtiger Aufgabegewinn
  >§ 7 Satz 2 GewStG

Verpachtung eines Betriebs im Ganzen oder eines Teilbetriebs als Gewerbebetrieb
Die Verpachtung eines Betriebs im Ganzen oder eines Teilbetriebs erfolgt dann im Rahmen eines der Gewerbesteuer unterliegenden Gewerbebetriebs, wenn die Verpachtung selbst nicht als bloße Vermögensverwaltung anzusehen ist. Danach ist die Verpachtung in folgenden Fällen als Gewerbebetrieb anzusehen:
- Betriebsaufspaltung
  >H 15.7 (4) EStH
- mitunternehmerische Betriebsverpachtung
  >§ 15 Abs. 1 Satz 1 Nr. 2 EStG
- einheitliche Behandlung einer nur teilweise gewerblich tätigen Personengesellschaft
  >§ 15 Abs. 3 Nr. 1 EStG
- gewerblich geprägte Personengesellschaft
  >§ 15 Abs. 3 Nr. 2 EStG

Wechsel der Gewinnermittlungsart
- Die aufgrund des Wechsels der Gewinnermittlungsart erforderlichen Hinzu- und Abrechnungen (>R 4.6 Abs. 1 EStR) gehören zum laufenden Gewinn und sind deshalb bei der Ermittlung des Gewerbeertrags zu berücksichtigen (>BFH vom 23.11.1961, BStBl 1962 III S. 199 und vom 24.10.1972, BStBl 1973 II S. 233).
- >R 7.1 Abs. 3 S. 6

| R 2.3 | **Organschaft**

Allgemeines
(1) ¹Die Voraussetzungen für das Vorliegen einer Organschaft im Gewerbesteuerrecht stimmen mit den Voraussetzungen der körperschaftsteuerlichen Organschaft überein. ²Die Organgesellschaft gilt im Gewerbesteuerrecht als Betriebsstätte des Organträgers (>§ 2 Abs. 2 Satz 2 GewStG). ³Diese Betriebsstättenfiktion führt jedoch nicht dazu, dass Organträger und Organgesellschaft als einheitliches Unternehmen anzusehen sind. ⁴Es liegen vielmehr weiterhin selbständige Gewerbebetriebe vor, deren Gewerbeerträge getrennt zu ermitteln sind. ⁵Die Begründung eines Organschaftsverhältnisses bewirkt nicht die Beendigung der sachlichen Steuerpflicht der jetzigen Organgesellschaft; durch die Beendigung eines Organschaftsverhältnisses wird die sachliche Steuerpflicht der bisherigen Organgesellschaft nicht neu begründet. ⁶Für die Anerkennung einer Organschaft ist es nicht erforderlich, dass die eingegliederte Kapitalgesellschaft gewerblich tätig ist.

Beginn und Beendigung der Organschaft

(2) ¹Liegen die Voraussetzungen für ein Organschaftsverhältnis nicht während des ganzen Wirtschaftsjahres der Organgesellschaft vor, treten die steuerlichen Wirkungen des § 2 Abs. 2 Satz 2 GewStG für dieses Wirtschaftsjahr nicht ein. ²Das bedeutet, dass die Organgesellschaft insoweit selbst zur Gewerbesteuer herangezogen wird. ³Wird die Liquidation einer Organgesellschaft beschlossen und besteht z. B. wegen Beendigung des Gewinnabführungsvertrages das Organschaftsverhältnis nicht während des gesamten Wirtschaftsjahres, kann die Organgesellschaft für die Zeit vom Schluss des vorangegangenen Wirtschaftsjahres bis zum Beginn der Abwicklung ein Rumpfwirtschaftsjahr bilden (>R 7.1 Abs. 1 Satz 2 und 3). ⁴Für das Rumpfwirtschaftsjahr sind die Voraussetzungen des § 2 Abs. 2 Satz 2 GewStG gesondert zu prüfen.

Personengesellschaften als Organträger

(3) ¹Nach § 2 Abs. 2 Satz 2 GewStG ist eine gewerbesteuerrechtliche Organschaft, wie bei der Körperschaftsteuer, nur gegenüber einem anderen gewerblichen Unternehmen möglich. ²Bei einer Organträger-Personengesellschaft muss eine eigene gewerbliche Tätigkeit im Sinne des § 15 Abs. 1 Satz 1 Nr. 1 EStG vorliegen. ³Gewerblich geprägte Personengesellschaften im Sinne des § 15 Abs. 3 Nr. 2 EStG können damit nicht Organträger sein. ⁴Eine Besitzpersonengesellschaft im Rahmen einer Betriebsaufspaltung kommt als Organträger in Betracht. ⁵Ihr wird die gewerbliche Tätigkeit im Sinne des § 15 Abs. 1 Satz 1 Nr. 1 EStG der Betriebsgesellschaft zugerechnet.

H 2.3 (1)

Allgemeine Grundsätze

- Körperschaftsteuerliche und gewerbesteuerliche Organschaft unter Berücksichtigung der Änderungen durch das Steuersenkungsgesetz (StSenkG) und das Unternehmenssteuerfortentwicklungsgesetz (UntStFG)
    >BMF vom 26. 8. 2003 – BStBl I S. 437
    >R 14.1 bis 14.5 KStR und H 14.1 bis 14.5 KStH

- Änderungen bei der Besteuerung steuerlicher Organschaften durch das Steuervergünstigungsabbaugesetz (StVergAbG)
- >BMF vom 10. 11. 2005 – BStBl I S. 1038

Ausländische Kapitalgesellschaft als Organgesellschaft

Eine ausländische Kapitalgesellschaft kann nicht Organgesellschaft sein, selbst wenn sie im Inland einen Gewerbebetrieb unterhält.

Ermittlung des Gewerbeertrags von Organträger und Organgesellschaft

- Der Gewerbeertrag der Organgesellschaft ist getrennt zu ermitteln und dem Organträger zur Berechnung seines Gewerbesteuermessbetrags zuzurechnen (>BFH vom 6. 10. 1953 – BStBl III S. 329, vom 29. 5. 1968 – BStBl II S. 807, vom 30. 7. 1969 – BStBl II S. 629, vom 5. 5. 1977 – BStBl II S. 701, vom 2. 3. 1983 – BStBl II S. 427, vom 6. 11. 1985 – BStBl 1986 II S. 73, vom 27. 6. 1990 – BStBl II S. 916, vom 23. 1. 1992 – BStBl II S. 630, vom 17. 2. 1993 – BStBl II S. 679, vom 2. 2. 1994 – BStBl II S. 768, vom 18. 9. 1996 – BStBl 1997 II S. 181, vom 29. 1. 2003 – BStBl II S. 768 und vom 17. 12. 2014 – BStBl 2015 II S. 1052).
- >R 7.1 Abs. 5

GmbH & atypisch stille Gesellschaft
Bei einer GmbH, an deren Handelsgewerbe sich ein atypischer stiller Gesellschafter beteiligt, ist der Gewerbeertrag bei der atypischen stillen Gesellschaft zu erfassen und kann deshalb nicht einem Organträger zugerechnet werden (>BFH vom 25. 7. 1995 – BStBl II S. 794).

GmbH & Co. KG
Eine GmbH & Co. KG kann nicht Organgesellschaft sein (>BFH vom 17. 1. 1973 – BStBl II S. 269 und vom 7. 3. 1973 – BStBl II S. 562).

Steuerbefreiung des Organträgers
Die Gewerbesteuerbefreiung einer Organträger-GmbH nach § 3 Nr. 20 GewStG steht der Annahme einer gewerbesteuerlichen Organschaft nicht entgegen (>BFH vom 10. 3. 2010 – BStBl 2011 II S. 181).

Steuerbefreiung im Organkreis
– Die Voraussetzungen einer Steuerbefreiung nach § 3 GewStG müssen in der Person des Organträgers bzw. der Organgesellschaft erfüllt sein. Die Steuerbefreiung beschränkt sich in ihrer Wirkung auf das Unternehmen, das die Voraussetzungen des § 3 GewStG erfüllt.
– Die Befreiung einer Organgesellschaft von der Gewerbesteuer gem. § 3 Nr. 20 GewStG erstreckt sich auch dann nicht auf eine andere Organgesellschaft desselben Organkreises, die die Befreiungsvoraussetzungen ihrerseits nicht erfüllt, wenn die Tätigkeiten der Gesellschaften sich gegenseitig ergänzen. Die tatbestandlichen Voraussetzungen einer gesetzlichen Steuerbefreiung müssen von der jeweiligen Organgesellschaft selbst erfüllt werden (>BFH vom 4. 6. 2003 – BStBl 2004 II S. 244).

Verlustverrechnung im Organkreis
>H 10a.4

Wechsel des Organträgers
Der Wechsel des Organträgers hat keinen Einfluss auf die sachliche Steuerpflicht der Organgesellschaft (>BFH vom 16. 2. 1977 – BStBl II S. 560).

H 2.3 (3)

Allgemeine Grundsätze der Organträger-Personengesellschaft
>BMF vom 26. 8. 2003 – BStBl I S. 437
>BMF vom 10. 11. 2005 – BStBl I S. 1038

R 2.4 Mehrheit von Betrieben

Mehrere Betriebe verschiedener Art
(1) ¹Hat ein Gewerbetreibender mehrere Betriebe verschiedener Art (z. B. eine Maschinenfabrik und eine Spinnerei), ist jeder Betrieb als Steuergegenstand im Sinne des § 2 Abs. 1 GewStG anzusehen und somit für sich zu besteuern. ²Das gilt auch dann, wenn die mehreren Betriebe in derselben Gemeinde liegen. ³Es ist aber ein einheitlicher Gewerbebetrieb anzunehmen, wenn ein Gewerbetreibender in derselben Gemeinde verschiedene gewerbliche Tätigkeiten ausübt und die verschiedenen Betriebszweige nach der Verkehrsauffassung und nach den Betriebsverhältnissen als Teil eines Gewerbebetriebs anzusehen sind (beispielsweise Gastwirtschaft und

Bäckerei, Fleischerei und Speisewirtschaft). ⁴Es gelten dabei die gleichen Grundsätze wie für die Bewertung (>§ 2 BewG).

Mehrere Betriebe gleicher Art
(2) ¹Hat ein Gewerbetreibender mehrere Betriebe der gleichen Art, ist zu prüfen, ob die mehreren Betriebe eine wirtschaftliche Einheit darstellen. ²Die Vermutung spricht bei der Vereinigung mehrerer gleichartiger Betriebe in der Hand eines Unternehmers, insbesondere, wenn sie sich in derselben Gemeinde befinden, für das Vorliegen eines einheitlichen Gewerbebetriebs. ³Auch wenn die Betriebe sich in verschiedenen Gemeinden befinden, kann ein einheitlicher Gewerbebetrieb vorliegen, wenn die wirtschaftlichen Beziehungen sich über die Grenzen der politischen Gemeinden hinaus erstrecken. ⁴Betriebe sind als gleichartig anzusehen, wenn sie sachlich, insbesondere wirtschaftlich, finanziell oder organisatorisch innerlich zusammenhängen.

Personengesellschaften
(3) ¹Die Tätigkeit einer Personengesellschaft bildet auch bei verschiedenartigen Tätigkeiten einen einheitlichen Gewerbebetrieb. ²Eine Kapitalgesellschaft und eine GmbH & Co. KG einerseits oder eine aus natürlichen Personen bestehende Personengesellschaft und ein Einzelunternehmen andererseits können gewerbesteuerrechtlich auf Grund von Unternehmeridentität nicht als ein einheitliches Unternehmen behandelt werden.

Einheitlicher Gewerbebetrieb kraft Rechtsform
(4) ¹Die Tätigkeit der Unternehmen im Sinne des § 2 Abs. 2 GewStG gilt stets und in vollem Umfang als einheitlicher Gewerbebetrieb. ²Auch die gewerbesteuerpflichtige Tätigkeit der unter § 2 Abs. 3 GewStG fallenden sonstigen juristischen Personen des privaten Rechts und der nichtrechtsfähigen Vereine bildet stets einen einheitlichen Gewerbebetrieb. ³Das gilt auch, wenn von ihnen mehrere wirtschaftliche Geschäftsbetriebe unterhalten werden (>§ 8 GewStDV).

Atypisch stille Gesellschaften
(5) ¹Sind eine oder mehrere Personen oder Personengruppen als atypische stille Gesellschafter am Handelsgewerbe einer anderen Person beteiligt, liegt gewerbesteuerrechtlich ein einziger Gewerbebetrieb vor, wenn der Zweck der atypischen stillen Gesellschaften jeweils darauf gerichtet ist, die gesamten unter der Firma des Inhabers des Handelsgeschäftes ausgeübten gewerblichen Tätigkeiten gemeinsam und zusammen mit dem Inhaber des Handelsgeschäfts auszuüben. ²Dagegen liegen getrennt zu beurteilende gewerbliche Tätigkeiten vor, wenn die den einzelnen atypischen stillen Gesellschaften und dem Inhaber des Handelsgeschäftes steuerrechtlich zuzuordnenden gewerblichen Tätigkeiten nicht identisch sind.

H 2.4 (1)

Abgrenzung bei gleichzeitig ausgeübter land- und forstwirtschaftlicher sowie gewerblicher Tätigkeit
>BFH vom 23. 1. 1992 – BStBl II S. 651

Tabakwareneinzelhandel und Toto-/Lottoannahmestelle
Bei enger finanzieller, wirtschaftlicher und organisatorischer Verflechtung können auch verschiedenartige Tätigkeiten wie Tabakwareneinzelhandel und Toto- und Lotto-Annahmestelle einen einheitlichen Gewerbebetrieb bilden (>BFH vom 19. 11. 1985 – BStBl 1986 II S. 719).

Zusammentreffen stehender Gewerbebetrieb und Reisegewerbe
>§ 35a

H 2.4 (2)

Gleichartigkeit von Betrieben
Kriterien für die Gleichartigkeit von Betrieben sind die Art der gewerblichen Betätigung, der Kunden- und Lieferantenkreis, die Geschäftsleitung, die Arbeitnehmerschaft, die Betriebsstätte, die Zusammensetzung und Finanzierung des Aktivvermögens sowie die Gleichartigkeit/Ungleichartigkeit der Betätigungen und die Nähe/Entfernung, in der sie ausgeübt werden (>RFH vom 28.9.1938 – RStBl S.1117 und vom 21.12.1938 – RStBl 1939 S.372 sowie BFH vom 14.9.1965 – BStBl III S.656, vom 12.1.1983 – BStBl II S.425, vom 9.8.1989 – BStBl II S.901 und vom 18.12.1996 – BStBl 1997 II S.573).

H 2.4 (3)

Betriebsaufspaltung
Im Fall der Betriebsaufspaltung können das Besitz- und Betriebsunternehmen nicht als einheitliches Unternehmen behandelt werden (>BFH vom 7.3.1961 – BStBl III S.211, vom 9.3.1962 – BStBl III S.199, vom 26.4.1966 – BStBl III S.426, vom 26.4.1972 – BStBl II S.794 und vom 7.3.1973 – BStBl II S.562).

Einheitlicher Gewerbebetrieb
Abweichend vom Einheitlichkeitsgrundsatz ist zu prüfen, ob die verschiedenen Betätigungen in getrennten Personengesellschaften ausgeübt werden (>BFH vom 10.11.1983 – BStBl 1984 II S.152).

Zusammenfassung
Die Unternehmen mehrerer Personengesellschaften können auch dann nicht zu einem einheitlichen Unternehmen zusammengefasst werden, wenn sie wirtschaftlich und organisatorisch miteinander verflochten sind und bei den Gesellschaften die gleichen Gesellschafter im gleichen Verhältnis (Gesellschafter- und Beteiligungsidentität) beteiligt sind (>BFH vom 21.2.1980 – BStBl II S.465 und vom 26.1.1995 – BStBl II S.589).

H 2.4 (5)

Selbständige Gewerbebetriebe
Eine getrennt zu beurteilende gewerbliche Tätigkeit liegt vor, wenn die atypisch stillen Gesellschafter nur an bestimmten Geschäften oder jeweils nur an einem bestimmten Geschäftsbereich des Handelsgewerbes beteiligt sind (>BFH vom 6.12.1995 – BStBl 1998 II S.685).

R 2.5 Beginn der Steuerpflicht

Einzelgewerbetreibende und Personengesellschaften
(1) ¹Bei Einzelgewerbetreibenden und bei Personengesellschaften beginnt die Gewerbesteuerpflicht in dem Zeitpunkt, in dem erstmals alle Voraussetzungen erfüllt sind, die zur Annahme eines Gewerbebetriebs erforderlich sind. ²Bloße Vorbereitungshandlungen, z.B. die Anmietung eines Geschäftslokals, das erst hergerichtet werden muss, oder die Errichtung eines Fabrikgebäudes, in dem die Warenherstellung aufgenommen werden soll, sowie der kurzzeitige Pro-

belauf von Betriebsanlagen, wenn dieser (z. B. anhand der verwendeten Rohstoffe) noch nicht dem Gesamtkonzept des eigentlichen regelmäßigen Betriebs entspricht, begründen die Gewerbesteuerpflicht noch nicht. ³Bei Unternehmen, die im Handelsregister einzutragen sind, ist der Zeitpunkt der Eintragung im Handelsregister ohne Bedeutung für den Beginn der Gewerbesteuerpflicht. ⁴Bei gewerblich geprägten Personengesellschaften im Sinne des § 15 Abs. 3 Nr. 2 EStG beginnt die Steuerpflicht erst, wenn der Gewerbebetrieb in Gang gesetzt ist.

Steuerpflicht kraft Rechtsform

(2) ¹Die Steuerpflicht kraft Rechtsform beginnt bei Kapitalgesellschaften mit der Eintragung in das Handelsregister, bei Erwerbs- und Wirtschaftsgenossenschaften mit der Eintragung in das Genossenschaftsregister und bei Versicherungsvereinen auf Gegenseitigkeit mit der aufsichtsbehördlichen Erlaubnis zum Geschäftsbetrieb. ²Von diesem Zeitpunkt an kommt es auf Art und Umfang der Tätigkeit nicht mehr an. ³Die Steuerpflicht wird vor dem bezeichneten Zeitpunkt durch die Aufnahme einer nach außen in Erscheinung tretenden Geschäftstätigkeit ausgelöst.

Sonstige juristischen Personen des privaten Rechts und nichtrechtsfähige Vereine

(3) Bei den sonstigen juristischen Personen des privaten Rechts und den nichtrechtsfähigen Vereinen (>§ 2 Abs. 3 GewStG) beginnt die Steuerpflicht bei Vorliegen aller anderen Voraussetzungen mit der Aufnahme eines wirtschaftlichen Geschäftsbetriebs.

Wegfall einer Befreiung

(4) Die Gewerbesteuerpflicht beginnt bei Unternehmen, für die der Grund für die Befreiung von der Gewerbesteuer wegfällt, im Zeitpunkt des Wegfalls des Befreiungsgrundes.

H 2.5 (1)

Beginn der Gewerbesteuerpflicht eines Personenunternehmens

- **Beispiel:**

    Die A-GmbH & Co. KG (Unternehmensgegenstand: Herstellung von Sonnenkollektoren) wurde am 6. 3. 01 gegründet und am 27. 4. 01 im Handelsregister eingetragen. Erste Lieferverträge wurden am 1. 7. 01 unterzeichnet. Die Entwicklung der Sonnenkollektoren begann am 30. 3. 02. Nach Behebung diverser technischer Schwierigkeiten war die KG am 1. 1. 03 lieferfähig, woraufhin die erste Lieferung am 15. 1. 03 erfolgte.

    Lösung:

    Weder die Gründung noch die Eintragung im Handelsregister führen bereits zur Begründung der sachlichen Gewerbesteuerpflicht. Auch der Abschluss der Lieferverträge reicht noch nicht aus, um eine Teilnahme am allgemeinen wirtschaftlichen Verkehr zu begründen. Dem hierzu gehört, dass sich die A-GmbH & Co. KG mit eigenen gewerblichen Leistungen am allgemeinen wirtschaftlichen Verkehr beteiligen kann. Gleiches gilt für die Entwicklung der Sonnenkollektoren. Somit beginnt die sachliche Gewerbesteuerpflicht mit der Lieferfähigkeit am 1. 1. 03.

- Die sachliche Gewerbesteuerpflicht der unter § 2 Abs. 1 GewStG fallenden Gewerbebetriebe beginnt erst, wenn alle tatbestandlichen Voraussetzungen eines Gewerbebetriebes erfüllt sind. Dies gilt für Personengesellschaften unabhängig von der Rechtsform ihrer Gesellschafter. § 7 Satz 2 GewStG enthält keinen die sachliche Steuerpflicht betreffenden Regelungsumfang (>BFH vom 30. 8. 2012 – BStBl II S. 927).

Beginn der Gewerbesteuerpflicht eines Besitzunternehmens im Rahmen einer Betriebsaufspaltung

>BFH vom 15. 1. 1998 – BStBl II S. 478

Beginn der Gewerbesteuerpflicht einer gewerblich geprägten Personengesellschaft
Die vermögensverwaltende Tätigkeit einer gewerblich geprägten Personengesellschaft unterliegt der Gewerbesteuer. Die sachliche Gewerbesteuerpflicht einer gewerblich geprägten Personengesellschaft beginnt mit Aufnahme ihrer vermögensverwaltenden Tätigkeit. Die Gewerbesteuerpflicht einer gewerblich geprägten Personengesellschaft ist nicht von der Teilnahme am allgemeinen wirtschaftlichen Verkehr abhängig (>BFH vom 20.11.2003 – BStBl 2004 II S. 464).

Beginn der Gewerbesteuerpflicht eines Windparks
>BFH vom 14.4.2011 – BStBl II S. 929

Beginn der werbenden Tätigkeit bei Leasingunternehmen
Die sachliche Gewerbesteuerpflicht beginnt bei einem Leasingunternehmen nicht bereits mit der Beschaffung des Leasinggegenstandes. Das gilt auch dann, wenn der Leasinggeber den Leasinggegenstand vom Leasingnehmer erwirbt, sofern es sich bei dem Leasingvertrag nicht um einen verdeckten Ratenkauf handelt (>BFH vom 5.3.1998 – BStBl II S. 745).

Veräußerung des Schiffs einer Einschiffsgesellschaft vor seiner Indienststellung
Beabsichtigt die Einschiffsgesellschaft bei Abschluss des Bauvertrags noch den Betrieb des Schiffs, gibt sie die Eigenbetriebsabsicht jedoch später auf und veräußert das Schiff bzw. die Rechte aus dem Bauvertrag noch vor Indienststellung des Schiffs, so ist anhand der Umstände des Einzelfalls zu ermitteln, ob sie damit übergangslos von der (noch) nicht gewerbesteuerbaren Vorbereitungs- in die Abwicklungsphase tritt, oder ob – und ggf. durch welche weiteren Maßnahmen – sie eine andere werbende Tätigkeit beginnt und damit der Gewerbesteuer unterliegt (> BFH vom 3.4.2014 – BStBl II S. 1000).

Voraussetzungen für Gewerbebetrieb
– Einzelunternehmen
  >H 2.1 (1)
– Personengesellschaften
  >H 2.1 (2)

Zur Anzeigepflicht bei Betriebseröffnung
>R 1.9

H 2.5 (2)

Beginn der Steuerpflicht kraft Rechtsform
– **Kapitalgesellschaft, die zum Zwecke der Übernahme eines Gewerbebetriebs gegründet wird**
  Bei einer Kapitalgesellschaft, die zum Zwecke der Übernahme eines Gewerbebetriebs gegründet wird, beginnt die Gewerbesteuerpflicht nicht erst mit dem Zeitpunkt der Fortführung des übernommenen Betriebs, sondern mit der Eintragung in das Handelsregister (>BFH vom 16.2.1977 – BStBl II S. 561).
– **Verwaltung eingezahlter Teile des Stammkapitals**
  Die Verwaltung eingezahlter Teile des Stammkapitals sowie ein bestehender Anspruch auf Einzahlung von Teilen des Stammkapitals lösen die Gewerbesteuerpflicht noch nicht aus (>BFH vom 18.7.1990 – BStBl II S. 1073).

– **Vorgesellschaft**
Die nach außen tätig gewordene Vorgesellschaft bildet zusammen mit der später eingetragenen Kapitalgesellschaft oder einem anderen Unternehmen im Sinne des § 2 Abs. 2 GewStG einen einheitlichen Steuergegenstand (>BFH vom 8. 4. 1960 – BStBl III S. 319).

Organschaft
Das Bestehen oder Nichtbestehen einer Organschaft hat auf die sachliche Steuerpflicht der Organgesellschaft keine Auswirkung.
>R 2.3 Abs. 1

H 2.5 (3)

Allgemeines
>R 2.1 Abs. 5

R 2.6 **Erlöschen der Steuerpflicht**

Einzelgewerbetreibende und Personengesellschaften
(1) [1]Die Gewerbesteuerpflicht erlischt bei Einzelgewerbetreibenden und bei Personengesellschaften mit der tatsächlichen Einstellung des Betriebs. [2]Die Einstellung liegt nicht erst dann vor, wenn der Betrieb für alle Zeiten, sondern schon dann, wenn er für eine gewisse Dauer aufgegeben wird. [3]Die Einstellung darf aber nicht von vornherein nur als vorübergehend gedacht sein. [4]Bei sogenannten Saisonbetrieben, insbesondere beim Bauhandwerk, den Bauindustrien, den Kurortbetrieben aller Art oder den Zuckerfabriken, bedeutet die Einstellung des Betriebs während der toten Zeit nicht eine Einstellung in dem eben behandelten Sinn, sondern nur eine vorübergehende Unterbrechung (Ruhen) des Gewerbebetriebs, durch die die Gewerbesteuerpflicht nicht berührt wird (>§ 2 Abs. 4 GewStG). [5]Die tatsächliche Einstellung des Betriebs ist anzunehmen mit der völligen Aufgabe jeder werbenden Tätigkeit. [6]Die Aufgabe eines Handelsbetriebs liegt erst in der tatsächlichen Einstellung jedes Verkaufs. [7]Die Frage der Beendigung der Gewerbesteuerpflicht darf jedoch nicht allein nach äußeren Merkmalen beurteilt werden. [8]Die Einstellung der werbenden Tätigkeit oder andere nach außen in Erscheinung tretende Umstände (z. B. Entlassung der Betriebszugehörigen, Einstellung des Einkaufs) bedeuten nicht immer die tatsächliche Einstellung des Betriebs. [9]Es müssen auch die inneren Vorgänge berücksichtigt werden.

Kapitalgesellschaften und andere Unternehmen im Sinne der § 2 Abs. 2 GewStG
(2) [1]Bei den Kapitalgesellschaften und den anderen Unternehmen im Sinne des § 2 Abs. 2 GewStG erlischt die Gewerbesteuerpflicht – anders als bei Einzelkaufleuten und Personengesellschaften – nicht schon mit dem Aufhören der gewerblichen Betätigung, sondern mit dem Aufhören jeglicher Tätigkeit überhaupt. [2]Das ist grundsätzlich der Zeitpunkt, in dem das Vermögen an die Gesellschafter verteilt worden ist.

Wirtschaftlicher Geschäftsbetrieb
(3) [1]Bei den sonstigen juristischen Personen des privaten Rechts und den nichtrechtsfähigen Vereinen (>§ 2 Abs. 3 GewStG) erlischt die Steuerpflicht mit der tatsächlichen Einstellung des wirtschaftlichen Geschäftsbetriebs. [2]Besteht der wirtschaftliche Geschäftsbetrieb in jährlich wiederkehrenden Tätigkeiten (Veranstaltungen) von jeweils kurzer Dauer, z. B. Bier-, Wein-, Schützenfeste usw., dann ist bei erkennbarer Wiederholungsabsicht von einem fortbestehen-

den Gewerbebetrieb auszugehen, bei dem nicht jeweils die Steuerpflicht nach Abwicklung der Veranstaltung erlischt und im Folgejahr neu eintritt.

Betriebsaufgabe, Auflösung und Insolvenz

(4) [1]Die Aufgabe des Betriebs bei Einzelgewerbetreibenden, die Auflösung und die Abwicklung bei Personengesellschaften und Unternehmen im Sinne des § 2 Abs. 2 GewStG und die Eröffnung des Insolvenzverfahrens bei Unternehmen aller Art ändern nach § 4 GewStDV an der Gewerbesteuerpflicht nichts. [2]Das Erlöschen der Gewerbesteuerpflicht beurteilt sich auch in diesen Fällen ausschließlich nach den Grundsätzen der R 2.6 Abs. 1 bis 3. [3]Die Beendigung der Abwicklung und damit das Aufhören der Gewerbesteuerpflicht eines aufgelösten Unternehmens im Sinne des Absatzes 2 fallen regelmäßig mit dem Zeitpunkt zusammen, in dem das Vermögen an die Gesellschafter verteilt wird. [4]Werden jedoch bei dieser Verteilung Vermögensbeträge zur Begleichung von Schulden zurückbehalten, bleibt das Unternehmen gewerbesteuerpflichtig, bis die Schulden beglichen sind.

H 2.6 (1)

Betriebsverpachtung im Ganzen

Mit der Verpachtung eines Gewerbebetriebs im Ganzen erlischt regelmäßig die Gewerbesteuerpflicht des Verpächters (>R 2.2). Das gilt jedoch in der Regel nicht bei einer **Betriebsaufspaltung** (>H 15.7 (4) bis (8) EStH).

Bedeutung eines einheitlichen Geschäftskonzepts

- Der Gewinn aus der Veräußerung von Wirtschaftsgütern des Anlagevermögens gehört zum gewerbesteuerbaren (laufenden) Gewinn, wenn die Veräußerung Bestandteil eines einheitlichen Geschäftskonzepts der unternehmerischen Tätigkeit ist (>BFH vom 26. 6. 2007 – BStBl 2009 II S. 289).
- Zu Veräußerungs- und Aufgabegewinnen >H 7.1 (3)

Eintritt einer Gewerbesteuerbefreiung

Die Gewerbesteuerpflicht erlischt nicht nur mit dem Aufhören des Gewerbebetriebs (>R 2.6 Abs. 1 bis 3), sondern auch mit dem Eintritt eines Befreiungsgrundes (>RFH vom 23. 2. 1943 – RStBl S. 801). Allerdings führt der Wechsel in der Steuerpflicht eines Gewerbesteuersubjekts infolge eines persönlichen Befreiungsgrundes (hier: § 3 Nr. 14 Buchst. a GewStG) nicht zum Wegfall des Gewerbesteuersubjekts.

Bleibt dieses bei Beendigung und nachfolgendem erneuten Beginn der Steuerpflicht weiterhin bestehen, ist sowohl die Unternehmens- als auch die Unternehmeridentität gewahrt. Gewerbeverluste aus vorangegangenen, nicht steuerbefreiten Erhebungszeiträumen sind deshalb nach Wiedereintritt in die Steuerpflicht abzugsfähig (>BFH vom 9. 6. 1999 – BStBl II S. 733).

Kriterien zur Beurteilung der Betriebseinstellung

- Auch wenn ein Unternehmen wesentlichen Einschränkungen unterliegt oder bei einer nur äußerlichen Betrachtung als eingestellt erscheint, kann doch gewerbesteuerlich eine Betriebseinstellung nicht anerkannt werden, wenn sich das Unternehmen in der erkennbaren Absicht, nachhaltige Erträge zu erzielen, weiter betätigt (>RFH vom 19. 3. 1941 – RStBl S. 386, vom 14. 5. 1941 – RStBl S. 698 und vom 19. 5. 1943 – RStBl S. 605).
- Zur Unterscheidung zwischen der Vorbereitung einer künftigen Betriebsaufgabe und dem Beginn dieser Betriebsaufgabe (>BFH vom 5. 7. 1984 – BStBl II S. 711)

Zeitpunkt der Einstellung des Betriebs
- **Abwicklungstätigkeiten**
  Die Versilberung der vorhandenen Betriebsgegenstände und die Einziehung einzelner rückständiger Forderungen aus der Zeit vor der Betriebseinstellung können nicht als Fortsetzung einer aufgegebenen Betriebstätigkeit angesehen werden (>RFH vom 29.6.1938 – RStBl S. 910, vom 24.8.1938 – RStBl S. 911 und vom 14.9.1938 – RStBl 1939 S. 5).
- **Ladengeschäft, Veräußerung des Warenlagers**
  Ein in Form eines Ladengeschäfts ausgeübter Gewerbebetrieb wird nicht bereits dann eingestellt, wenn kein Zukauf mehr erfolgt, sondern erst dann, wenn das vorhandene Warenlager „im Ladengeschäft" veräußert ist (>BFH vom 26.9.1961 – BStBl III S. 517).

Zum Erlöschen der Steuerpflicht bei Unternehmerwechsel
>R 2.7

H 2.6 (4)

Beendigung der Abwicklung
Der Grundsatz, dass die Gewerbesteuerpflicht noch nicht endet, wenn bei der Vermögensverteilung Beträge zur Begleichung von Schulden zurückbehalten werden, gilt nicht, wenn es sich bei den Schulden um Steuern handelt, die erst nach der Beendigung der Abwicklung festgesetzt werden können (>RFH vom 12.12.1939 – RStBl 1940 S. 435). Entsprechend ist der Abwicklungszeitraum einer im Insolvenzverfahren befindlichen Kapitalgesellschaft als abgeschlossen anzusehen, wenn die förmliche Beendigung des Insolvenzverfahrens nur dadurch gehindert wird, dass die Höhe der Steuern, die erst nach dem Ablauf des Abwicklungszeitraums festgesetzt werden können, noch nicht bekannt ist (>RFH vom 5.3.1940 – RStBl S. 476).

R 2.7   **Steuerpflicht bei Unternehmerwechsel**

Übergang eines Betriebs im Ganzen
(1) ¹Ein Gewerbebetrieb, der im Ganzen auf einen anderen Unternehmer übergeht, gilt als durch den bisherigen Unternehmer eingestellt. ²Er gilt als durch den anderen Unternehmer neu gegründet, wenn er nicht mit einem bereits bestehenden Gewerbebetrieb vereinigt wird. ³Der Zeitpunkt des Übergangs (Unternehmerwechsel) wird als Zeitpunkt der Einstellung und als Zeitpunkt der Neugründung angesehen. ⁴In diesem Zeitpunkt erlischt die sachliche Steuerpflicht des übergegangenen Betriebs. ⁵Der übernommene Betrieb tritt in die sachliche Steuerpflicht neu ein, wenn er nicht mit einem bestehenden Gewerbebetrieb vereinigt wird.

Änderungen im Gesellschafterbestand einer Personengesellschaft
(2) ¹Scheiden aus einer Personengesellschaft im Sinne des § 15 Abs. 3 EStG einzelne Gesellschafter oder alle bis auf einen aus oder treten neue hinzu oder wird ein Einzelunternehmen durch Aufnahme eines oder mehrerer Gesellschafter in eine Personengesellschaft umgewandelt, geht der Gewerbebetrieb nicht im Ganzen auf einen anderen Unternehmer über, solange ihn mindestens einer der bisherigen Unternehmer unverändert fortführt. ²§ 2 Abs. 5 GewStG findet demnach in diesen Fällen keine Anwendung und die sachliche Steuerpflicht des Unternehmens besteht fort.

Übergang eines Teilbetriebs
(3) ¹Geht ein Teilbetrieb eines Unternehmens auf einen anderen Unternehmer über, liegt beim bisherigen Unternehmer die Einstellung eines Gewerbebetriebs nicht vor. ²In diesem Fall

kommt für den Unternehmer, der den Betrieb abgibt, zunächst nur eine Anpassung der Vorauszahlungen in Betracht. ³Die Abgabe eines Teilbetriebs wird bei der Veranlagung dadurch berücksichtigt, dass der Festsetzung des Steuermessbetrags der Gewerbeertrag des verkleinerten Unternehmens zugrunde gelegt wird. ⁴Für den neuen Unternehmer kommt, wenn der übernommene Betrieb nicht mit einem bestehenden Betrieb vereinigt wird, die erstmalige Festsetzung der Vorauszahlungen, sonst die Anpassung der bisherigen Vorauszahlungen in Betracht.

H 2.7

Partieller Unternehmerwechsel bei Personengesellschaften
In Fällen des partiellen Unternehmerwechsels bei Personengesellschaften kommt es grundsätzlich nicht darauf an, auf welche Weise, z. B. Anwachsung, Übertragung, Gesamtrechtsnachfolge, die Eigentumsanteile ausscheidender Unternehmer an dem fortgeführten Gewerbebetrieb auf den verbleibenden oder auf neu hinzutretende Unternehmer übergehen (>BFH vom 18. 5. 1972 – BStBl II S. 775).
Soweit das BFH-Urteil vom 24. 10. 1972 – BStBl 1973 II S. 233 dem entgegensteht, ist es nicht anzuwenden.

Persönliche Steuerpflicht
Wegen der Auswirkungen auf die persönliche Steuerpflicht und damit der Steuerschuldnerschaft des jeweiligen Unternehmers
>§ 5 Abs. 2 GewStG, R 5.1 Abs. 1

Verfahren bei der Anpassung oder erstmaligen Festsetzung von Vorauszahlungen
>R 19.2

Zur Verrechnung von im übergegangenen Unternehmen entstandenen Verlusten
>§ 10a Satz 8 GewStG

R 2.8 Inland, gebietsmäßige Abgrenzung der Besteuerung

¹Gewerbesteuerpflichtig sind nur Unternehmen, die im Inland betrieben werden. ²Erstreckt sich der Gewerbebetrieb auch auf das Ausland, werden nur die im Inland befindlichen Betriebsstätten der Besteuerung unterworfen. ³Zum Inland im Sinne des Gewerbesteuerrechts gehört auch der an die Bundesrepublik Deutschland grenzende deutsche Festlandsockel, soweit es sich um die Erforschung und Ausbeutung der Naturschätze des Meeresgrundes und des Meeresuntergrundes handelt (>Proklamation der Bundesregierung vom 22. 1. 1964 – BGBl II S. 104).

H 2.8

Betriebsstätten im Ausland
Wegen der Berücksichtigung der gebietsmäßigen Abgrenzung bei der Ermittlung des Gewerbeertrags
>H 7.1 (1)

Festlandsockel
Zur Abgrenzung des Festlandsockels in der Nordsee zwischen der Bundesrepublik, den Niederlanden, England und Dänemark (>Gesetz vom 23. 8. 1972 – BGBl II S. 881 und S. 1616).

Grenzüberschreitende Gewerbegebiete
Der nicht zur Bundesrepublik Deutschland gehörende Teil eines grenzüberschreitenden Gewerbegebiets, das nach den Vorschriften eines Abkommens zur Vermeidung der Doppelbesteuerung als solches bestimmt ist, gehört ab Erhebungszeitraum 2004 nach § 2 Abs. 7 Nr. 2 i. d. F. des Art. 4 des Gesetzes vom 4. 6. 2004 (BGBl II S. 1653) zum Inland.

Inländische Betriebsstätte auf einem Schiff, das im inländischen Schiffsregister eingetragen ist
Ein Gewerbebetrieb wird auch dann im Inland betrieben, wenn für ihn eine Betriebsstätte auf einem unter deutscher Flagge fahrenden See-(Kauffahrtei-)Schiff unterhalten wird, das in einem inländischen Schiffsregister eingetragen ist (>BFH vom 13. 2. 1974 – BStBl II S. 361). Dies gilt gemäß § 5 GewStDV nicht für Kauffahrteischiffe, die im regelmäßigen Linienverkehr ausschließlich zwischen ausländischen Häfen verkehren.

Vereinbarkeit der Beschränkung der Gewerbesteuer mit dem Gemeinschaftsrecht
Die Erhebung der Gewerbesteuer führt weder zu einem übermäßigen Eingriff in Freiheitsrechte des Gewerbetreibenden noch stellt sie eine Verletzung des Gleichheitssatzes dar. Die Erhebung der Gewerbesteuer verstößt auch nicht gegen eine der Grundfreiheiten des EG-Vertrages. Insbesondere stellt die Beschränkung der Erhebung der Gewerbesteuer auf Gewerbebetriebe, soweit sie im Inland betrieben werden, keine Diskriminierung im Sinne des Gemeinschaftsrechts dar (>BFH vom 18. 9. 2003 – BStBl 2004 II S. 17).

R 2.9 Betriebsstätte

Allgemeines
(1) [1]Der Begriff der Betriebsstätte ergibt sich aus § 12 AO. [2]Für Zwecke der Zerlegung des Steuermessbetrags enthält § 28 Abs. 2 GewStG ergänzende Regelungen. [3]Betriebsstätte ist nach § 12 AO jede feste Geschäftseinrichtung oder Anlage, die der Tätigkeit eines Unternehmens dient. [4]Es gehören dazu auch bewegliche Geschäftseinrichtungen mit vorübergehend festem Standort, z. B. fahrbare Verkaufsstätten mit wechselndem Standplatz. [5]Der Begriff der festen Geschäftseinrichtung oder Anlage erfordert keine besonderen Räume oder gewerblichen Vorrichtungen. [6]Ferienwohnungen stellen eine Betriebsstätte dar, wenn ihre Vermietung als gewerbliche Tätigkeit anzusehen ist. [7]Hat in diesen Fällen der Eigentümer seinen Wohnsitz nicht in der Gemeinde der Belegenheit der Ferienwohnung, wird außer in der Wohnsitzgemeinde auch in der Gemeinde der Belegenheit der Ferienwohnung eine Betriebsstätte unterhalten. [8]Wegen des in diesen Fällen anzuwendenden Zerlegungsmaßstabs (>R 33.1).

Bauausführungen oder Montagen
(2) [1]Nach § 12 Nr. 8 AO gelten als Betriebsstätten auch Bauausführungen oder Montagen. [2]Das gilt auch dann, wenn es sich nicht um feste Baustellen handelt, sondern diese fortschreiten (z. B. im Straßenbau) oder schwimmen. [3]Weitere Voraussetzung ist, dass die Dauer der einzelnen Bauausführung oder Montage oder mehrerer ohne Unterbrechung aufeinanderfolgender Bauausführungen oder Montagen sechs Monate überstiegen hat. [4]Bestehen mehrere Bauausführungen oder Montagen zeitlich nebeneinander, reicht es für die Annahme einer Betriebsstätte für alle Bauausführungen oder Montagen aus, wenn nur eine davon länger als sechs Monate besteht. [5]Die Sechsmonatsfrist braucht nicht innerhalb eines Erhebungszeitraums erfüllt zu sein. [6]Für die steuerliche Zusammenfassung mehrerer Bauausführungen kommt es nicht auf deren wirtschaftlichen Zusammenhang, sondern nur darauf an, ob die einzelnen Bauausführun-

gen in einer Gemeinde ohne zeitliche Unterbrechung aufeinanderfolgen. [7]Werden bei einer Bauausführung die Bauarbeiten unterbrochen, so wird die Zeit der Unterbrechung nicht in die Sechsmonatsfrist einbezogen. [8]Zu den Bauausführungen gehört nicht nur die Errichtung, sondern auch der Abbruch von Baulichkeiten. [9]Stätten der Erkundung von Bodenschätzen, z. B. Versuchsbohrungen, sind als Betriebsstätten anzusehen, wenn die Voraussetzungen des § 12 Nr. 8 AO erfüllt sind.

Geschäftseinrichtungen oder Anlagen, die dem Gewerbebetrieb unmittelbar dienen
(3) [1]Eine Betriebsstätte bilden nur solche festen Geschäftseinrichtungen oder Anlagen, in denen sich dauernd Tätigkeiten, wenn auch bloße Hilfs- oder Nebenhandlungen vollziehen, die dem Gewerbebetrieb unmittelbar dienen. [2]Ob die Tätigkeiten im Einzelnen kaufmännischer, buchhalterischer, technischer oder handwerklicher Art sind, ist unerheblich. [3]Es ist nicht erforderlich, dass in der Betriebsstätte Verhandlungen mit Dritten geführt oder Geschäftsabschlüsse getätigt werden. [4]Betriebsstätten können auch rein mechanische Anlagen sein (z. B. Verkaufsautomaten). [5]Es fehlt aber an einer Betätigung für Zwecke eines gewerblichen Unternehmens, wenn die örtlichen Anlagen oder Einrichtungen ausschließlich Wohnzwecken, Erholungszwecken, Sportzwecken oder ähnlichen Zwecken dienen.

Betriebsstätte eines Vertretenen
(4) [1]Die Betriebsstätte setzt nach § 12 AO eine feste Geschäftseinrichtung oder Anlage voraus, die der Tätigkeit des Unternehmens dient. [2]Die Tätigkeit des Unternehmens braucht nicht von dem Unternehmer selbst oder in seinem Namen von seinen Arbeitnehmern, sondern sie kann auch von einem ständigen Vertreter ausgeübt werden. [3]Ein persönliches Abhängigkeitsverhältnis ist nur insoweit erforderlich, als der ständige Vertreter lediglich an die geschäftlichen Weisungen des vertretenen Unternehmens gebunden sein muss. [4]Diese Voraussetzung ist ohne weiteres beim Vorliegen eines Arbeitnehmerverhältnisses auf Grund eines Dienstvertrags erfüllt. [5]Die Weisungsgebundenheit kann aber auch ohne Vorliegen eines Arbeitnehmerverhältnisses auf anderer Rechtsgrundlage (z. B. auf einem Auftrags- oder Geschäftsbesorgungsverhältnis im Sinne der §§ 662 und 675 BGB) beruhen.

H 2.9 (1)

Binnen- und Küstenschifffahrtsbetriebe
- Wegen der Annahme einer Betriebsstätte **(Betriebsstättenfiktion)** bei Binnen- und Küstenschifffahrtsbetrieben, die keine der Tätigkeit des Unternehmens dienenden festen Geschäftseinrichtungen oder Anlagen unterhalten
  >§ 6 GewStDV
- **Mittelpunkt der geschäftlichen Oberleitung bei Schifffahrtsunternehmen**
  Bei einem Schifffahrtsunternehmen befindet sich der Mittelpunkt der geschäftlichen Oberleitung in den Geschäftsräumen eines ausländischen Managers oder Korrespondentreeders, wenn von dort aus die laufenden Geschäfte maßgeblich beeinflusst werden. Entscheidend sind die Umstände des Einzelfalles (>BFH vom 3. 7. 1997 – BStBl 1998 II S. 86).
- **Wohnung eines Unternehmers eines Binnen- oder Küstenschifffahrtsbetriebs**
  Hat der Unternehmer eines Binnen- oder Küstenschifffahrtsbetriebs an Land eine Wohnung, begründet er am Wohnort nur dann eine Betriebsstätte, wenn sich dort von einer festen Geschäftseinrichtung oder Anlage aus dauernd betriebliche Handlungen vollziehen. Telefongespräche von der Wohnung aus und Fahrten mit dem Kraftwagen, durch die lediglich die Verbindung zwischen dem privaten und dem betrieblichen Bereich hergestellt wird, genügen dazu nicht, ebenso wenig ein Bankkonto, das nur die betrieblichen Überschüsse zur privaten Verwendung aufnimmt und bereithält (>BFH vom 7. 6. 1966 – BStBl III S. 548).

Feste Geschäftseinrichtung oder Anlage
- **Allgemein**
  Eine Verkaufsstelle (>§ 12 Satz 2 Nr. 6 AO) ist nur dann eine Betriebsstätte, wenn sie eine i. S. des § 12 Satz 1 AO feste Geschäftseinrichtung oder Anlage ist (>BFH vom 17. 9. 2003 – BStBl 2004 II S. 396).
- **Begründung einer Betriebsstätte in den Fällen der Betriebsaufspaltung**
  Zu der Frage, in welchen Fällen der Betriebsaufspaltung (>H 15.7 (4) bis (8) EStH) das Unternehmen der Betriebsgesellschaft eine Betriebsstätte für die Besitzgesellschaft begründet (>BFH vom 28. 7. 1982 – BStBl 1983 II S. 77).
- **Kehrbezirk eines Bezirksschornsteinfegers**
  Der Kehrbezirk eines Bezirksschornsteinfegermeisters ist gewerbesteuerrechtlich nicht dessen Betriebsstätte i. S. des § 12 Satz 1 AO.
  Diese Vorschrift ist maßgebend für den Begriff der Betriebsstätte im GewStG; die hiervon abweichende einkommensteuerrechtliche Auslegung des Begriffs der Betriebsstätte in § 4 Abs. 5 Satz 1 Nr. 6 EStG durch die BFH-Rechtsprechung gilt nicht für den Anwendungsbereich des GewStG (>BFH vom 13. 9. 2000 – BStBl 2001 II S. 734).
- **Standplätze auf Märkten**
  Wochenmarkthändler begründen auf dem Markt auch dann eine Betriebsstätte, wenn sie zwar keinen Rechtsanspruch auf einen festen Standplatz haben, aber den Platz ständig benutzen.
  Ein Verkaufsstand, den ein Unternehmen einmal im Jahr vier Wochen lang auf dem Weihnachtsmarkt unterhält, begründet keine Betriebsstätte (>BFH vom 17. 9. 2003 – BStBl 2004 II S. 396).
- **Standplätze von Straßenhändlern**
  Für das Vorliegen einer festen Geschäftseinrichtung genügt es, wenn der Unternehmer über die Räumlichkeiten oder eine bestimmte Fläche eine gewisse, nicht nur vorübergehende Verfügungsmacht besitzt (>BFH vom 17. 3. 1982 – BStBl II S. 624 und vom 11. 10. 1989 – BStBl 1990 II S. 166). Demgemäß sind z. B. fest zugewiesene Standplätze von Straßenhändlern als Betriebsstätten anzusehen (>RFH vom 15. 4. 1942 – RStBl S. 469).
- **Unentgeltliche Nutzung überlassener Räume**
  Unentgeltlich zur Nutzung überlassene Räume begründen eine Betriebsstätte, wenn dem Nutzenden mit der Überlassung eine Rechtsposition eingeräumt wird, die ihm ohne seine Mitwirkung nicht mehr ohne Weiteres entzogen oder die ohne seine Mitwirkung nicht ohne Weiteres verändert werden kann (>BFH vom 17. 3. 1982 – BStBl II S. 624). Dabei genügt auch eine nur allgemeine rechtliche Absicherung, wenn aus tatsächlichen Gründen anzunehmen ist, dass zumindest ein bestimmter Raum zur ständigen Nutzung zur Verfügung gestellt und die Verfügungsmacht darüber nicht bestritten wird (>BFH vom 3. 2. 1993 – BStBl II S. 462).

H 2.9 (2)

Bauausführungen
- **Begriff**
  >RFH vom 2. 7. 1940 – RStBl S. 668, RFH vom 21. 1. 1942 – RStBl S. 66 und BFH vom 21. 10. 1981 – BStBl 1982 II S. 241
- **Einbeziehung von Subunternehmern**
  Bei einem einheitlichen Bauauftrag ist auch die Zeit der Bauausführungen zu berücksichtigen, in der an der Baustelle selbständige Subunternehmer tätig waren, deren Tätigkeit der Steuerpflichtige lediglich überwacht hat (>BFH vom 13. 11. 1962 – BStBl 1963 III S. 71).

– **Sechsmonatsfrist**

Betriebsstätten i. S. von § 8 Nr. 7 Satz 2 GewStG i. V. m. § 12 AO sind auch bei mehreren Bauausführungen anzunehmen, die sich zeitlich überschneidend insgesamt über einen Zeitraum von mehr als sechs Monaten hinziehen (>BFH vom 16.12.1998 – BStBl 1999 II S. 365).

– **Unterbrechung der Sechsmonatsfrist**

Werden bei einer Bauausführung die Bauarbeiten unterbrochen, z. B. durch ungünstige Witterungsverhältnisse, Streik, Materialmangel oder aus bautechnischen Gründen, wird die Frist von sechs Monaten gehemmt. Kurze Unterbrechungen bis zu zwei Wochen hemmen die Frist jedoch nicht (>BFH vom 8.2.1979 – BStBl II S. 479).

Montage

– **Begriff**

>BFH vom 16.5.1990 – BStBl II S. 983

– **Feste Geschäftseinrichtungen oder Anlagen im Zusammenhang mit Bauausführungen und Montagen**

Werden im Zusammenhang mit Bauausführungen oder Montagen feste Geschäftseinrichtungen oder Anlagen errichtet, wie Baubuden, Baukantinen, Geräteschuppen, Unterkunftsbaracken usw., begründen auch diese eine Betriebsstätte nur dann, wenn die Bauausführungen oder Montagen länger als sechs Monate bestanden haben (>RFH vom 22.1.1941 – RStBl S. 90).

Die Frist von sechs Monaten (>§ 12 Nr. 8 AO) bietet auch einen Anhalt für die Beurteilung der Frage, ob nach § 12 Nr. 8 AO eine Betriebsstätte bei festen Geschäftseinrichtungen oder Anlagen anzunehmen ist, die im Zusammenhang mit Arbeiten errichtet werden, die nicht zu den eigentlichen Bauausführungen oder Montagen gehören (>BFH vom 27.4.1954 – BStBl III S. 179).

H 2.9 (3)

Betriebsstätte mit Land- und Forstwirtschaft

Kapitalgesellschaften und andere Unternehmen im Sinne des § 2 Abs. 2 GewStG, die wegen ihrer Rechtsform steuerpflichtig sind, unterhalten Betriebsstätten auch in solchen Gemeinden, in denen sie nur eine Landwirtschaft betreiben (>BFH vom 29.11.1960 – BStBl 1961 III S. 52).

Keine Betriebsstätte wegen fehlender Betätigung für das Unternehmen

– Genesungsheime und Kinderheime

>BFH vom 29.11.1960 – BStBl 1961 III S. 52

– Auch die unentbehrlichen hygienischen Einrichtungen zur Benutzung durch die Arbeitnehmer begründen keine Betriebsstätte (>BFH vom 16.6.1959 – BStBl III S. 349).

– Der bloße Besitz von Grundvermögen begründet auch bei einer Kapitalgesellschaft noch keine Betriebsstätte (>RFH vom 27.5.1941 – RStBl S. 393). Bei Kapitalgesellschaften ist eine mehrgemeindliche Betriebsstätte jedoch auch dann gegeben, wenn sich in einer Gemeinde lediglich Grundstücke der Betriebsstätte befinden, die zurzeit betrieblich nicht benutzt werden (>BFH vom 18.4.1951 – BStBl III S. 124 und vom 26.11.1957 – BStBl 1958 III S. 261).

H 2.9 (4)

Ständiger Vertreter
- **Allgemein**
  Ständiger Vertreter ist eine Person, die nachhaltig die Geschäfte eines Unternehmens besorgt und dabei dessen Sachweisungen unterliegt, insbesondere für ein Unternehmen nachhaltig Verträge abschließt oder vermittelt oder Aufträge einholt oder einen Bestand von Gütern oder Waren unterhält und davon Auslieferungen vornimmt – § 13 AO (>BFH vom 28. 6. 1972 – BStBl II S. 785).
- **Betriebsaufspaltung**
  Bei einer Betriebsaufspaltung (>H 15.7 (4) bis (8) EStH) übt das Besitzunternehmen in den dem Betriebsunternehmen pachtweise überlassenen Betriebsstätten in der Regel keinen eigenen Gewerbebetrieb mehr aus. Das Betriebsunternehmen ist mit den gepachteten Betriebsstätten auch nicht ständiger Vertreter des Besitzunternehmens im Sinne des § 13 AO (>BFH vom 10. 6. 1966 – BStBl III S. 598).
- **Kapitalgesellschaft**
  Ständiger Vertreter kann nicht nur eine natürliche Person, sondern auch eine juristische Person, insbesondere eine Kapitalgesellschaft sein (>RFH vom 19. 12. 1939 – RStBl 1940 S. 25).
- **Räumlichkeiten des Vertreters als Betriebsstätte des vertretenen Unternehmens**
  Ist nach den Grundsätzen der R 2.9 (4) eine Person als ständiger Vertreter des Unternehmens anzusehen, so hängt die Annahme einer Betriebsstätte des Vertretenen von der weiteren Voraussetzung ab, dass die feste Geschäftseinrichtung oder Anlage, in der der ständige Vertreter seine Tätigkeit für das Unternehmen ausübt, einer gewissen, nicht nur vorübergehenden Verfügungsgewalt des Unternehmens unterliegt (>BFH vom 28. 6. 1972 – BStBl II S. 785). Dem Vertreter müssen die Einrichtungen in der Weise überlassen worden sein, dass bei Beendigung seiner Tätigkeit für den Vertretenen das Gebrauchsrecht des Vertreters an ihnen entfällt (>BFH vom 14. 7. 1971 – BStBl II S. 776). Das ist nicht der Fall, wenn der ständige Vertreter seine Tätigkeit in Räumlichkeiten ausübt, die dem vertretenen Unternehmer weder als Eigentümer noch als Mieter gehören. Demgemäß ist die Betriebsstätte, die einem ständigen Vertreter gehört, der selbständiger Gewerbetreibender (z. B. Handelsvertreter i. S. d. § 84 HGB) ist, nur eine Betriebsstätte des Vertreters und nicht auch eine Betriebsstätte des vertretenen Unternehmers. Das Gleiche gilt in der Regel für Werbelokale einer Bausparkasse, die diese ihren Vertretern zur Verfügung stellt (>BFH vom 12. 10. 1965 – BStBl III S. 690). Auch der Versicherungsvertreter, der in vollem Umfang selbständiger Gewerbetreibender ist, begründet durch seinen Gewerbebetrieb in der Regel jedenfalls dann keine Betriebsstätte des Versicherungsunternehmens, wenn er die Büroräume gemietet hat und nur eigene Angestellte beschäftigt. Das Recht des Versicherungsunternehmens, die Räume des Versicherungsvertreters zur Überprüfung von Geschäftsvorfällen und zur Kontrolle des Geldverkehrs zu betreten, begründet auch dann keine Betriebsstätte des Versicherungsunternehmens, wenn das Versicherungsunternehmen von seinem Recht tatsächlich Gebrauch macht (>BFH vom 9. 3. 1962 – BStBl III S. 227). Bei einer Geschäftseinrichtung (z. B. einem Warenlager) einer Mineralölfirma am Ort der Betriebsstätte eines selbständigen Tankstellenwarts ist Voraussetzung für eine Betriebsstätte der Mineralölfirma, dass die Mineralölfirma die Verfügungsgewalt im Sinne des oben bezeichneten BFH-Beschlusses vom 9. 3. 1962 – BStBl III S. 227 über die Geschäftseinrichtung besitzt. Die Verfügungsgewalt ist zu verneinen, wenn die Geschäftseinrichtung von der Mineralölfirma an den Tankstellenwart verpachtet worden ist (>BFH vom 16. 8. 1962 – BStBl III S. 477). Auch die Wohnung des unselbständigen Handlungsgehilfen, der ständiger Vertreter ist, ist im Allgemeinen keine Betriebsstätte des vertretenen Geschäftsherrn. Die Räumlichkeiten, in denen der ständige Vertreter seine geschäftliche Tätigkeit ausübt, sind jedoch, ohne dass sie dem Vertretenen als Eigentümer oder Mieter zu gehören brauchen, als dessen Betriebsstätte anzusehen, wenn dem Vertretenen über diese Räumlichkeiten eine gewisse, nicht nur vorübergehende

Verfügungsgewalt zusteht (>RFH vom 26.9.1939 – RStBl S.1227, vom 19.12.1939 – RStBl 1940 S.25 und S.26 und vom 11.3.1942 – RStBl S.801). Eine inländische Betriebsstätte eines ausländischen Unternehmens liegt auch dann vor, wenn der Betrieb in Räumen ausgeübt wird, die ein leitender Angestellter des Unternehmens unter seinem Namen gemietet und dem Unternehmen zur Verfügung gestellt hat (>BFH vom 30.1.1974 – BStBl II S.327).

– **Vertretung im Rahmen eines Gewerbebetriebs des Vertreters**
  Die Vertretung kann auch im Rahmen eines Gewerbebetriebs des Vertreters ausgeübt werden. So kann z.B. ein Handelsvertreter (§ 84 HGB) ständiger Vertreter in diesem Sinne sein (>RFH vom 23.4.1941 – RStBl S.355).

Zu § 2a GewStG

| R 2a | **Arbeitsgemeinschaften** |

[1]Die Vorschrift des § 2a GewStG gilt nur für Arbeitsgemeinschaften, die auf Grund eines Werkvertrags oder Werklieferungsvertrags tätig werden. [2]Dagegen unterliegen Gemeinschaften, die einen gemeinsamen Ein- oder Verkauf betreiben, sofern dieser sich nicht auf die Erfüllung des Werk- oder Werklieferungsvertrags beschränkt, selbständig der Gewerbesteuer.

| H 2a |

Auslegung des Gesellschaftsvertrags
Ob eine Arbeitsgemeinschaft den alleinigen Zweck hat, sich auf die Erfüllung eines einzigen Werk- oder Werklieferungsvertrags zu beschränken, ist durch Auslegung des Gesellschaftsvertrags zu ermitteln (>BFH vom 2.12.1992 – BStBl 1993 II S.577).

Zu § 3 GewStG

| R 3.0 | **Steuerbefreiungen nach anderen Gesetzen und Verordnungen** |

Sehen andere Gesetze oder Verordnungen die Befreiung von der Gewerbesteuer vor, sind diese auch ohne eine entsprechende Regelung im Gewerbesteuergesetz anzuwenden.

| H 3.0 |

Steuerbefreiungen außerhalb des Gewerbesteuergesetzes
Von der Gewerbesteuer sind auf Grund anderer Gesetze und Verordnungen u.a. befreit:
1. Kleinere Versicherungsvereine auf Gegenseitigkeit nach § 12a GewStDV vom 15.10.2002 (BGBl I S.4180), zuletzt geändert durch Artikel 2 des Gesetzes zur Modernisierung der Finanzaufsicht über Versicherungen vom 1.4.2015 (BGBl I S.434).
2. Einnehmer staatlicher Lotterien nach § 13 GewStDV vom 15.10.2002 (BGBl I S.4180), zuletzt geändert durch Artikel 2 des Gesetzes zur Modernisierung der Finanzaufsicht über Versicherungen vom 1.4.2015 (BGBl I S.434).

3. Sondervermögen und Investmentaktiengesellschaften nach § 11 Abs. 1 Satz 2 des Investmentsteuergesetzes vom 15. 12. 2003 (BGBl I S. 2724), zuletzt geändert durch Artikel 11 des Investmentsteuerreformgesetzes vom 19. 7. 2016 (BGBl I S. 1730).
4. Ausgleichskassen und gemeinsame Einrichtungen der Tarifvertragsparteien nach § 12 Abs. 3 des Vorruhestandsgesetzes vom 13. 4. 1984 (BGBl I S. 601, BStBl I S. 332), zuletzt geändert durch Artikel 2 des Gesetzes vom 22. 12. 2005 (BGBl I S. 3686).

Zu § 3 Nr. 1 GewStG

H 3.1

Betrieb einer Bar in Spielbanken
Weder der Betrieb einer Bar noch die Einnahmen aus der Verpachtung von Flächen zum Betrieb einer Bar in den Räumen einer Spielbank sind mit der Spielbankabgabe abgegolten und unterliegen somit der Gewerbesteuer (>BFH vom 30. 10. 2014 – BStBl 2015 II S. 565).

Lotterieunternehmen
– Die Befreiungsvorschrift des § 3 Nr. 1 GewStG ist auf Lotterieunternehmen, die in der Rechtsform einer Kapitalgesellschaft betrieben werden, auch dann nicht anwendbar, wenn sich die Anteile in der Hand des Staates befinden (>BFH vom 14. 3. 1961 – BStBl III S. 212 und vom 13. 11. 1963 – BStBl 1964 III S. 190).
– Demgegenüber ist § 3 Nr. 1 GewStG auf ein Lotterieunternehmen, das als rechtsfähige Anstalt des öffentlichen Rechts der Staatsaufsicht unterliegt, anzuwenden (>BFH vom 24. 10. 1984 – BStBl 1985 II S. 223).

Privater (nicht staatlicher) Lotterieveranstalter
Der private Veranstalter einer nicht genehmigten Lotterie kann weder die Gewerbesteuerfreiheit nach § 3 Nr. 1 GewStG in Anspruch nehmen noch ist er Einnehmer einer staatlichen Lotterie i. S. des § 13 GewStDV. Gegen die hieraus folgende Doppelbelastung mit Lotterie- und Gewerbesteuer bestehen keine verfassungsrechtlichen Bedenken (>BFH vom 2. 12. 2010 – BStBl 2011 II S. 368).

Staatliche Lotterie
Zum Begriff der staatlichen Lotterie (>BFH vom 14. 3. 1961 – BStBl III S. 212, vom 13. 11. 1963 – BStBl 1964 III S. 190 und vom 24. 10. 1984 – BStBl 1985 II S. 223)

Zur Behandlung der Einnehmer einer staatlichen Lotterie
– >§ 13 GewStDV
– Die Befreiungsvorschrift des § 13 GewStDV ist auf Einnehmer von Lotterieunternehmen, die in der Rechtsform einer Kapitalgesellschaft betrieben werden, auch dann nicht anwendbar, wenn sich die Anteile in der Hand des Staates befinden (>BFH vom 14. 3. 1961 – BStBl III S. 212 und vom 13. 11. 1963 – BStBl 1964 III S. 190).
– Zur steuerbefreiten Tätigkeit des Einnehmers eines staatlichen Lotterieunternehmens kann es auch gehören, dass der Lotterieeinnehmer so genannte Lagerlose vorrätig hält und hierdurch selbst an den einzelnen Losziehungen der Lotterie teilnimmt (>BFH vom 25. 3. 1976 – BStBl II S. 576).
– Der Bezirksstellenleiter einer staatlichen Lotterie, der keine Lotteriegeschäfte mit Kunden abschließt, ist kein von der Gewerbesteuer befreiter Lotterieeinnehmer i. S. d. § 13 GewStDV (>BFH vom 10. 8. 1972 – BStBl II S. 801).

Zu § 3 Nr. 6 GewStG

H 3.6

Gemeinnützige, mildtätige und kirchliche Körperschaften
>AEAO zu §§ 51 bis 68 AO

Gemeinnützige kommunale Eigengesellschaft (Rettungsdienst)
Die Eigengesellschaft einer juristischen Person des öffentlichen Rechts kann nach § 5 Abs. 1 Nr. 9 KStG 2002 und § 3 Nr. 6 Satz 1 GewStG 2002 steuerbegünstigt sein. Das gilt auch, soweit sie in die Erfüllung hoheitlicher Pflichtaufgaben der Trägerkörperschaft eingebunden ist (>BFH vom 27. 11. 2013 – BStBl 2016 II S. 68).

Rückwirkende Aberkennung der Gemeinnützigkeit
Ist die tatsächliche Geschäftsführung einer gemeinnützigen GmbH nicht während des gesamten Besteuerungszeitraums auf die ausschließliche und unmittelbare Erfüllung der steuerbegünstigten Zwecke gerichtet, führt dies grundsätzlich nur zu einer Versagung der Steuerbefreiung für diesen Besteuerungszeitraum. Schüttet eine gemeinnützige GmbH jedoch die aus der gemeinnützigen Tätigkeit erzielten Gewinne überwiegend verdeckt an ihre steuerpflichtigen Gesellschafter aus, liegt ein schwer wiegender Verstoß gegen § 55 Abs. 1 Nr. 1 bis 3 AO vor, der in Anwendung des § 61 Abs. 3 AO auch zum rückwirkenden Verlust der Gewerbesteuerbefreiung nach § 3 Nr. 6 GewStG führt (>BFH vom 12. 10. 2010 – BStBl 2012 II S. 226).

Wirtschaftliche Geschäftsbetriebe
Unterhält ein in § 3 Nr. 6 Satz 1 GewStG genanntes Unternehmen einen oder mehrere wirtschaftliche Geschäftsbetriebe, die keine Zweckbetriebe sind und übersteigen die Einnahmen insgesamt, einschließlich der Umsatzsteuer, im Jahr 35.000 Euro, tritt insoweit partielle Gewerbesteuerpflicht ein.
>§ 64 AO
>R 2.1 Abs. 5, H 2.1 (5)

Zu § 3 Nr. 7 GewStG

R 3.7   **Hochsee- und Küstenfischerei**

Küstenfischerei im Sinne dieser Vorschrift ist auch die Fischerei auf dem Unterlauf der Weser und der Elbe und die Haffffischerei.

H 3.7

Allgemeines
- Für die Anwendung der Befreiungsvorschrift in § 3 Nr. 7 GewStG genügt es, dass eine der dort bezeichneten Voraussetzungen erfüllt ist (>RFH vom 14. 12. 1937 – RStBl 1938 S. 428).
- Die Binnenfischerei (Fischerei auf Binnengewässern einschließlich der Teichwirtschaft) gehört zur Landwirtschaft und unterliegt somit grundsätzlich nicht der Gewerbesteuer, § 13 Abs. 1 Nr. 2 EStG i. V. m. § 62 BewG. Dies gilt jedoch nicht, wenn ein Gewerbebetrieb kraft

Rechtsform (Kapitalgesellschaft >R 2.1 Abs. 4) vorliegt. Für diesen Fall ist zu prüfen, ob die Voraussetzungen des § 3 Nr. 7 GewStG erfüllt sind.

Nebentätigkeit

Eine Nebentätigkeit, z. B. so genannte Angelfahrten, beeinträchtigt die Steuerbefreiung für die begünstigten Tätigkeiten nicht, solange der Betrieb als solcher seinen Charakter als Hochsee- und Küstenfischereibetrieb nicht einbüßt (>BFH vom 19. 7. 1978 – BStBl 1979 II S. 49).

Zu § 3 Nr. 8 GewStG

H 3.8

Erwerbs- und Wirtschaftsgenossenschaften und Vereine im Bereich der Land- und Forstwirtschaft

- Mit der Bezugnahme auf § 5 Abs. 1 Nr. 14 KStG sind die Grundsätze der R 5.11 bis 5.16 KStR zu beachten.

- Zu dem steuerbefreiten Tätigkeitsbereich gehört auch die Vermittlung von Leistungen im Bereich der Land- und Forstwirtschaft im Sinne des Bewertungsgesetzes, z. B. von Mietverträgen für Maschinenringe einschließlich der Gestellung von Personal. Der Begriff „Verwertung" umfasst auch die Vermarktung und den Absatz, soweit die Tätigkeit im Bereich der Land- und Forstwirtschaft liegt. Nicht unter die Steuerbefreiung fällt dagegen die Rechts- und Steuerberatung (>R 5.11 Abs. 4 Satz 2 bis 4 KStR).

- Werden landwirtschaftliche Nutzungs- und Verwertungsgenossenschaften sowie Vereine auf Grund gesetzlicher Vorschriften oder behördlicher Anordnungen gezwungen, Geschäfte mit Nichtmitgliedern zu machen, bleiben die Gewinne aus den Mitgliedergeschäften körperschaftsteuerfrei. Die Gewinne aus dem erzwungenen Nichtmitgliedergeschäft können, sofern eine Ermittlung im Einzelnen nur schwer oder nur mit erheblichem Arbeitsaufwand möglich wäre, für die Zwecke der Körperschaftsteuer im Schätzungswege ermittelt werden (>R 5.11 Abs. 8 KStR). Der so ermittelte Gewinn aus Gewerbebetrieb ist auch bei der Ermittlung des Gewerbeertrags zugrunde zu legen.

Zu § 3 Nr. 9 GewStG

H 3.9

Pensions-, Sterbe-, Kranken- und Unterstützungskassen

Mit der Bezugnahme auf § 5 Abs. 1 Nr. 3 KStG sind die Grundsätze der (>R 5.2 und 6 KStR) zu beachten.

Zu § 3 Nr. 11 GewStG

H 3.11

Steuerbefreiung öffentlich-rechtlicher Versicherungs- und Versorgungseinrichtungen von Berufsgruppen

Für die Steuerbefreiung der berufsständischen Versicherungs- und Versorgungseinrichtungen ist es entsprechend § 187a SGB VI unschädlich, wenn aus einer vom Arbeitgeber gezahlten Entlassungsentschädigung wegen Altersteilzeit neben den in § 5 Abs. 1 Nr. 8 KStG, § 3 Nr. 11 GewStG festgelegten Höchstbeträgen zur Reduzierung des versicherungsmathematischen Abschlags beim vorgezogenen Altersruhegeld Leistungen in die berufsständische Versorgungseinrichtung entrichtet werden (>BMF vom 20.10.2003 – BStBl I S. 558).

Umfang der Gewerbesteuerbefreiung

Die Steuerbefreiung für öffentlich-rechtliche Versorgungseinrichtungen erstreckt sich auch auf Einkünfte, die sie aus der ihr gesetzlich erlaubten Anlage ihres Vermögens erzielen (>BFH vom 9.2.2011 – BStBl 2012 II S. 601).

Zu § 3 Nr. 13 GewStG

H 3.13

Allgemeines
>Abschnitte 4.21.1 bis 4.21.5 UStAE

Betrieb einer Unterrichtsanstalt als Ausübung eines freien Berufs

Ist der Betrieb einer Unterrichtsanstalt als Ausübung eines freien Berufs anzusehen, unterliegt dieser bereits aus diesem Grunde schon nicht der Gewerbesteuer.
>H 15.6 (Erzieherische Tätigkeit) EStH
>H 15.6 (Unterrichtende Tätigkeit) EStH

Zu § 3 Nr. 14 GewStG

H 3.14

Landwirtschaftliche Produktionsgenossenschaften: Verlustvortrag

Der Wechsel in der Steuerpflicht eines Gewerbesteuersubjekts aufgrund einer persönlichen Steuerbefreiung (hier § 3 Nr. 14a GewStG) führt nicht zum Wegfall des Gewerbesteuersubjekts. Bleibt das Steuersubjekt bei Beendigung und nachfolgendem erneuten Beginn der Gewerbesteuerpflicht bestehen, ist sowohl die Unternehmens- als auch die Unternehmeridentität gewahrt. Gewerbeverluste aus vorangegangenen, nicht steuerbefreiten Erhebungszeiträumen sind deshalb nach Wiedereintritt in die Steuerpflicht abzugsfähig (>BFH vom 9.6.1999 – BStBl II S. 733).

Zu § 3 Nr. 20 GewStG

R 3.20 **Krankenhäuser, Altenheime, Altenwohnheime, Pflegeheime und Pflegeeinrichtungen**

(1) Krankenhäuser, Altenheime, Altenwohnheime, Pflegeheime, Einrichtungen zur vorübergehenden Aufnahme pflegebedürftiger Personen und Einrichtungen zur ambulanten Pflege kranker und pflegebedürftiger Personen sind nach § 3 Nr. 20 Buchstabe a GewStG ohne weitere Voraussetzungen von der Gewerbesteuer befreit, wenn diese Einrichtungen von juristischen Personen des öffentlichen Rechts betrieben werden.
(2) ¹Andere Einrichtungen sind unbeschadet des § 3 Nr. 6 GewStG jeweils unter den in § 3 Nr. 20 Buchstabe b bis d GewStG bezeichneten Voraussetzungen von der Gewerbesteuer befreit. ²Bei diesen Einrichtungen ist es einerlei, ob sie von einer Körperschaft, einer natürlichen Person oder einer Personengesellschaft betrieben werden. ³Die Befreiung gilt auch für einen Teil der Einrichtung, wenn dieser Teil räumlich oder nach seiner Versorgungsaufgabe als Einheit, z. B. als Abteilung oder besondere Einrichtung, abgrenzbar ist.
(3) Krankenhäuser, Altenheime, Altenwohnheime und Pflegeheime, die nach § 3 Nr. 20 GewStG von der Gewerbesteuer befreit sind, werden nicht dadurch gewerbesteuerpflichtig, dass sie, ohne ihr Wesen als Krankenhaus, Altenheim, Altenwohnheim oder Pflegeheim zu ändern, noch an einem anderen gewerblichen Betrieb beteiligt sind.
(4) ¹Teilstationäre Vorsorge- und Rehabilitationseinrichtungen sind von der Gewerbesteuer befreit, soweit sie die Voraussetzungen der §§ 107, 111 SGB V erfüllen. ²Ambulante Vorsorgeeinrichtungen erfüllen dagegen nicht die Voraussetzungen für die Steuerbefreiung nach § 3 Nr. 20 Buchstabe d GewStG.

H 3.20

Ambulantes Rehabilitationszentrum
- Ein ambulantes Rehabilitationszentrum ist weder ein Krankenhaus gemäß § 3 Nr. 20 Buchst. b GewStG (>BFH vom 22. 10. 2003 – BStBl 2004 II S. 300 und vom 9. 9. 2015 – BStBl 2016 II S. 286), noch eine Einrichtung zur vorübergehenden Aufnahme pflegebedürftiger Personen im Sinne des § 3 Nr. 20 Buchst. d GewStG.
- Zur Steuerbefreiung für EZ ab 2015 >§ 3 Nr. 20 Buchst. e GewStG

Ärztliche Wahlleistungen
Der Gewinn aus dem Klinikbetrieb als solchem ist nicht von der Gewerbesteuer befreit, wenn die Patienten einer Privatklinik ausschließlich auch ärztliche Wahlleistungen gemäß § 7 BPflV 1985 [jetzt BPflV vom 26. 9. 1994 – BGBl I S. 2750, zuletzt geändert durch Artikel 4 des Gesetzes vom 17. 3. 2009 – BGBl I S. 534] in Anspruch nehmen (>BFH vom 2. 10. 2003 – BStBl 2004 II S. 363).

Beteiligung an einem gewerblichen Betrieb
Ein Krankenhaus, das nach § 3 Nr. 20 GewStG von der Gewerbesteuer befreit ist, wird nicht dadurch gewerbesteuerpflichtig, dass es, ohne sein Wesen als Krankenhaus zu ändern, noch an einem anderen gewerblichen Betrieb beteiligt ist (>RFH vom 25. 11. 1942 – RStBl 1943 S. 43).

Betrieb eines Krankenhauses als Ausübung eines freien Berufs
- >H 15.6 (Heil- und Heilhilfsberufe) EStH
- Ein Arzt, der eine Privatklinik betreibt, erzielt jedenfalls dann gewerbliche Einkünfte aus dem Betrieb der Klinik und freiberufliche Einkünfte aus den von ihm erbrachten stationären

ärztlichen Leistungen, wenn die Leistungen der Klinik einerseits und die ärztlichen Leistungen andererseits gesondert abgerechnet werden (>BFH vom 2.10.2003 – BStBl 2004 II S. 363).

Krankenhäuser
Zum Begriff >R 7f EStR

Merkmalserstreckung bei Betriebsaufspaltung
Die Befreiung der Betriebskapitalgesellschaft von der Gewerbesteuer nach § 3 Nr. 20 Buchst. c GewStG erstreckt sich bei einer Betriebsaufspaltung auch auf die Vermietungs- oder Verpachtungstätigkeit des Besitzpersonenunternehmens (>BFH vom 29.3.2006 – BStBl II S. 661). Ebenso im Falle einer nach § 3 Nr. 20 Buchst. b GewStG von der Gewerbesteuer befreiten Betriebskapitalgesellschaft (>BFH vom 20.8.2015 – BStBl 2016 II S. 408).

Organschaft
- Die Befreiung einer Organgesellschaft von der Gewerbesteuer gemäß § 3 Nr. 20 GewStG 1984 erstreckt sich auch dann nicht auf eine andere Organgesellschaft desselben Organkreises, die die Befreiungsvoraussetzungen ihrerseits nicht erfüllt, wenn die Tätigkeiten der Gesellschaften sich gegenseitig ergänzen. Die tatbestandlichen Voraussetzungen einer gesetzlichen Steuerbefreiung müssen von der jeweiligen Organgesellschaft selbst erfüllt werden (>BFH vom 4.6.2003 – BStBl 2004 II S. 244).
- Die Befreiung einer Organträgerin von der Gewerbesteuer gem. § 3 Nr. 20 GewStG erstreckt sich nicht auf den ihr von der Organgesellschaft zuzurechnenden Gewerbeertrag, wenn die Organgesellschaft ihrerseits die Befreiungsvoraussetzungen nicht erfüllt (>BFH vom 10.3.2010 – BStBl 2011 II S. 181).

Rettungsdienste und Krankentransporte
Der Rettungsdienst und der Krankentransport sind nicht von der Gewerbesteuer befreit (>BFH vom 18.9.2007 – BStBl 2009 II S. 126).

Umfang der Gewerbesteuerbefreiung
Die Gewerbesteuerbefreiung des § 3 Nr. 20 Buchst. c und d GewStG umfasst nur Tätigkeiten, die für den Betrieb einer der dort aufgeführten Altenheime, Altenwohnheime und Pflegeeinrichtungen notwendig sind. Nicht erfasst von der Steuerbefreiung werden daher Überschüsse aus Tätigkeiten, die bei einer von der Körperschaftsteuer befreiten Körperschaft als steuerpflichtige wirtschaftliche Geschäftsbetriebe zu behandeln sind (>BFH vom 22.6.2011 – BStBl II S. 892).

Zu § 3 Nr. 25 GewStG

H 3.25

Allgemeines
- Wirtschaftsförderung i. S. des § 5 Abs. 1 Nr. 18 KStG setzt eine ausschließlich und unmittelbare Förderung von Unternehmen voraus (>BFH vom 26.2.2003 – BStBl II S. 723).
- Eine Wirtschaftsförderungsgesellschaft, deren hauptsächliche Tätigkeit sich darauf erstreckt, Grundstücke zu erwerben, hierauf Gebäude nach den Wünschen und Vorstellungen ansiedlungswilliger Unternehmen zu errichten und an diese zu verleasen, ist nicht nach § 5 Abs. 1 Nr. 18 KStG steuerbefreit (>BFH vom 3.8.2005 – BStBl 2006 II S. 141).

Zu § 4 GewStG

R 4.1 Hebeberechtigung

Allgemeines
(1) ¹Die Hebeberechtigung ist das Recht einer Gemeinde, den Gewerbesteueranspruch unmittelbar dem Steuerpflichtigen gegenüber geltend zu machen, wenn ihr die Festsetzung und Erhebung der Gewerbesteuer durch ein Landesgesetz übertragen ist. ²Hebeberechtigte Gemeinde für den stehenden Gewerbebetrieb ist diejenige Gemeinde, in der der Gewerbebetrieb seine Betriebsstätte hat. ³Befinden sich Betriebsstätten desselben Gewerbebetriebs in mehreren Gemeinden oder erstreckt sich eine Betriebsstätte über mehrere Gemeinden, so ist jede dieser Gemeinden nach dem Teil des Steuermessbetrags hebeberechtigt, der auf sie entfällt. ⁴Dieser Teil wird im Wege der Zerlegung des Steuermessbetrags (>§§ 28 bis 34 GewStG) ermittelt.

Bindungswirkung
(2) ¹Für den Erlass des Gewerbesteuerbescheids ist der zugrunde liegende Gewerbesteuermessbescheid bindend (>§ 184 Abs. 1 Satz 2 i.V. m. § 182 Abs. 1 AO). ²Nach § 184 Abs. 3 AO teilen deshalb die Finanzämter den Inhalt des Gewerbesteuermessbescheids den Gemeinden mit, denen die Steuerfestsetzung obliegt.

H 4.1

Betriebsstätte
>R 2.9

Reisegewerbebetrieb
>§ 35a Abs. 3 GewStG

Verletzung der Vorschriften über die örtliche Zuständigkeit
Die Aufhebung eines Gewerbesteuermessbescheides kann regelmäßig nicht allein deswegen beansprucht werden, weil er von einem örtlich unzuständigen Finanzamt erlassen worden ist (>BFH vom 19. 11. 2003 – BStBl 2004 II S. 751).

Verwaltung der Gewerbesteuer
>R 1.2

Zu § 5 GewStG

R 5.1 Steuerschuldnerschaft

Allgemeines
(1) ¹§ 5 GewStG regelt die persönliche Steuerpflicht. ²Wird ein Einzelunternehmen durch Aufnahme eines oder mehrerer Gesellschafter in eine Personengesellschaft umgewandelt oder scheiden aus einer Personengesellschaft alle Gesellschafter bis auf einen aus und findet dieser Rechtsformwechsel während des Kalenderjahrs statt, endet oder beginnt die Steuerschuldnerschaft und damit die persönliche Steuerpflicht des Einzelunternehmers und der Personengesellschaft im Zeitpunkt des Rechtsformwechsels. ³Der Wechsel des Steuerschuldners ist bereits im Rahmen der Festsetzung des Steuermessbetrags (>§ 14 GewStG) zu berücksichtigen.

Atypisch stille Gesellschaft

(2) ¹Bei einer atypischen stillen Gesellschaft ist Steuerschuldner der Gewerbesteuer nach § 5 Abs. 1 Satz 1 GewStG der Inhaber des Handelsgeschäfts. ²Der Gewerbesteuermessbescheid und der Gewerbesteuerbescheid für die atypische stille Gesellschaft richten sich demzufolge an den Inhaber des Handelsgeschäfts und sind diesem als Steuerschuldner bekannt zu geben. ³Sind die dem Inhaber des Handelsgeschäftes und den einzelnen atypisch stillen Gesellschaften zuzuordnenden Tätigkeiten als ein einziger Gewerbebetrieb zu beurteilen, sind an den Inhaber des Handelsgeschäftes nur ein Gewerbesteuermessbescheid und ein Gewerbesteuerbescheid zu richten. ⁴Handelt es sich bei den Tätigkeiten dagegen um jeweils getrennte Gewerbebetriebe, ist an den Inhaber des Handelsgeschäftes für jeden getrennt zu beurteilenden Gewerbebetrieb ein gesonderter Gewerbesteuermessbescheid und ein Gewerbesteuerbescheid zu richten. ⁵Absatz 1 gilt nicht im Fall der atypischen stillen Gesellschaft, weil hier durch Beginn und Beendigung des Gesellschaftsverhältnisses ein Wechsel in der Person des Steuerschuldners nicht stattfindet.

| H 5.1 (1) |

Formwechsel

Geht das Vermögen einer zweigliedrigen Personengesellschaft beim Ausscheiden eines der beiden Gesellschafter auf den verbleibenden Gesellschafter über, so sind für das Jahr des Formwechsels zwei Gewerbesteuermessbescheide, jeweils für die Zeit vor und nach dem Wechsel zu erlassen (>BFH vom 13. 10. 2005 – BStBl 2006 II S. 404).

Unternehmerwechsel

- Zur sachlichen Steuerpflicht
  >R 2.7
- Zur Ermittlung des Steuermessbetrags
  >R 11.1

Verdecktes Gesellschaftsverhältnis

Bei einem verdeckten Gesellschaftsverhältnis zwischen einer Personenhandelsgesellschaft und einer natürlichen Person ist der Gewerbesteuer- oder Gewerbesteuermessbescheid unter der Geltung des § 5 Abs. 1 GewStG 1977 nicht an die Innengesellschaft, sondern an die Personenhandelsgesellschaft als Steuerschuldnerin zu adressieren (>BFH vom 16. 12. 1997 – BStBl 1998 II S. 480 – Abgrenzung zum BFH vom 7. 4. 1987 – BStBl II S. 768).

| H 5.1 (2) |

Mehrheit von Betrieben
>R 2.4 Abs. 5

Steuerschuldnerschaft

Als Steuerschuldner kommen weder die atypische stille Gesellschaft selbst noch die an ihr beteiligten Personen in ihrer gesellschaftsrechtlichen Verbundenheit noch der stille Gesellschafter in Betracht (>BFH vom 12. 11. 1985 – BStBl 1986 II S. 311).

| R 5.2 | **Europäische wirtschaftliche Interessenvereinigung (EWIV)** |

¹Nach Art. 40 der Verordnung (EWG) Nr. 2137/85 des Rates vom 25. 7. 1985 über die Schaffung einer Europäischen wirtschaftlichen Interessenvereinigung (EWIV) – ABl EG Nr. L 199 S. 1 – darf der Gewerbeertrag als Ergebnis der Tätigkeit der EWIV nur bei ihren Mitgliedern besteuert werden. ²Gegen die Gesamtschuldner kann nach § 155 Abs. 3 AO ein zusammengefasster Gewerbesteuermessbescheid ergehen, in dem die Mitglieder der EWIV als Schuldner der Gewerbesteuer aufzuführen sind. ³Die Bekanntgabe richtet sich nach § 122 AO. ⁴Der Gewerbesteuerbescheid ist ebenfalls nur gegen die Mitglieder zu erlassen. ⁵Welcher Gesamtschuldner in Anspruch genommen wird, ist in das Ermessen der Gemeinde gestellt (> § 44 AO).

| R 5.3 | **Haftung** |

¹Für die Haftung gelten die Vorschriften des bürgerlichen Rechts und der Abgabenordnung. ²Es ist Sache der Gemeinde, den Anspruch aus der Haftung geltend zu machen, wenn ihr die Festsetzung und Erhebung der Gewerbesteuer durch ein Landesgesetz übertragen ist. ³Wird die Gewerbesteuer vom Finanzamt festgesetzt und erhoben, obliegt ihm auch die Geltendmachung eines Haftungsanspruchs.

| H 5.3 |

Allgemeines

Wer kraft Gesetzes haftet, kann durch Haftungsbescheid in Anspruch genommen werden. Der Bescheid ist schriftlich zu erteilen (> § 191 AO) und zu begründen. Gegen Haftungsbescheide der Gemeinde sind der Widerspruch und der Verwaltungsrechtsweg gegeben (> §§ 68 bis 73 und § 40 Verwaltungsgerichtsordnung). Wegen der Heranziehung bei vertraglicher Haftung (> § 192 AO). Gegen Haftungsbescheide des Finanzamts sind der Einspruch und der Finanzrechtsweg gegeben (> § 347 Abs. 1 Nr. 1 AO, § 33 FGO).

Haftung

Es kommen insbesondere die folgenden Haftungstatbestände in Betracht:

1. § 69 AO (Haftung der Vertreter),
2. § 71 AO (Haftung des Steuerhinterziehers und des Steuerhehlers),
3. § 73 AO (Haftung bei Organschaft),
4. § 74 AO (Haftung des Eigentümers von Gegenständen),
5. § 75 AO (Haftung des Betriebsübernehmers),
6. § 25 Abs. 1 HGB (Haftung des Erwerbers eines Handelsgeschäfts),
7. § 128 HGB (Haftung des Gesellschafters einer OHG),
8. §§ 161 und 171 HGB (Haftung des Komplementärs und der Kommanditisten einer KG),
9. § 427 BGB (Haftung des Gesellschafters einer GbR).

Zu § 7 GewStG

| R 7.1 | **Gewerbeertrag** |

Allgemeines zur Ermittlung des Gewerbeertrags
(1) ¹Erträge, die dadurch anfallen, dass zu Lasten des Gewinns gebildete Rückstellungen aufgelöst oder entrichtete Beträge erstattet werden, bilden einen Bestandteil des der Ermittlung des Gewerbeertrags nach § 7 GewStG zugrunde zu legenden Gewinns aus Gewerbebetrieb. ²Zur Vermeidung einer doppelten Besteuerung ist daher bei der Ermittlung des Gewerbeertrags der Gewinn um jene Erträge zu mindern, welche bereits mit Bildung der Rückstellung oder bei ihrer Entrichtung nach § 8 GewStG dem Gewinn aus Gewerbebetrieb hinzugerechnet worden sind. ³Der Umfang der Minderung richtet sich dabei nach der Höhe der tatsächlichen Hinzurechnung. ⁴Sind Hinzurechnungen nach § 8 Nr. 1 Buchstabe a bis f GewStG erfolgt, sind zur Ermittlung der Minderung die als Bestandteil des Gewinns anzusehenden Erträge im Sinne des Satzes 1 im Erhebungszeitraum der ursprünglichen Hinzurechnung von den bei der Ermittlung der Hinzurechnung berücksichtigten Beträgen abzuziehen. ⁵Die Differenz zwischen dem sich hiernach rechnerisch ergebenden Hinzurechnungsbetrag und dem seinerzeit tatsächlich hinzugerechneten Betrag ist der maßgebende Minderungsbetrag. ⁶Liegt der rechnerische Hinzurechnungsbetrag unter dem Freibetrag, ist der ursprünglich tatsächliche Hinzurechnungsbetrag als Minderungsbetrag zu berücksichtigen.

Rechtsbehelfe
(2) Der Steuerpflichtige kann im Gewerbesteuermessbetragsverfahren Einwendungen gegen die Ermittlung des Gewinns aus Gewerbebetrieb unabhängig von dem Gang der Veranlagung bei der Einkommensteuer oder Körperschaftsteuer vorbringen.

Gewinn bei natürlichen Personen und bei Personengesellschaften
(3) ¹Bei der Ermittlung des Gewinns sind für Zwecke der Gewerbesteuer insbesondere die folgenden Vorschriften nicht anzuwenden:
1. § 16 Abs. 1 Satz 1 Nr. 1 Satz 1, Nr. 2, Nr. 3 und Abs. 3 Satz 1 EStG (Veräußerung oder Aufgabe des Betriebs), und zwar auch in Fällen der Veräußerung eines Teilbetriebs oder des Anteils eines Gesellschafters;
2. § 17 EStG (Veräußerung von Beteiligungen im Privatvermögen);
3. § 24 EStG (Entschädigungen usw.);
4. § 15 Abs. 4 EStG;
5. § 15a EStG (Verluste bei beschränkter Haftung);
6. § 15b EStG (Verluste aus Steuerstundungsmodellen).

²Für die Ermittlung des Gewerbeertrags sind Betriebseinnahmen und Betriebsausgaben auszuscheiden, welche nicht mit der Unterhaltung eines laufenden Gewerbebetriebs zusammenhängen. ³Gewinne (Verluste) aus der Veräußerung der Beteiligung an einer Mitunternehmerschaft gehören auch dann nicht zum Gewerbeertrag, wenn die Beteiligung zum Betriebsvermögen gehört. ⁴Der von einer Mitunternehmerschaft erzielte Gewinn aus der Veräußerung oder Aufgabe eines Betriebs oder Teilbetriebs, eines Mitunternehmeranteils oder des Komplementäranteils an einer KGaA ist jedoch nur insoweit gewerbesteuerfrei, als er auf eine natürliche Person als unmittelbar beteiligten Mitunternehmer entfällt. ⁵Die Veräußerung eines Mitunternehmeranteils an einer Mitunternehmerschaft, zu deren Betriebsvermögen die Beteiligung an einer Mitunternehmerschaft gehört (sog. doppelstöckige Personengesellschaft), ist als einheitlicher Veräußerungsvorgang zu behandeln. ⁶Gewinne (Verluste) aus der Veräußerung eines Teils eines Mitunternehmeranteils sind nach § 16 Abs. 1 Satz 2 EStG laufende Gewinne und somit gewerbesteuerpflichtig. ⁷Durch den Wechsel der Gewinnermittlungsart bedingte Hinzu- und Abrechnungen unterliegen ebenfalls als laufender Gewinn der Gewerbesteuer. ⁸Die Verteilung nach R 4.6 Abs. 1 Satz 4 und 5 EStR gilt auch für die Gewerbesteuer, es sei denn, die

Änderung der Gewinnermittlungsart steht in einem zeitlichen Zusammenhang mit einem Unternehmerwechsel im Sinne der R 2.7.

Gewinn bei Körperschaften, Personenvereinigungen und Vermögensmassen

(4) ¹Bei unbeschränkt Steuerpflichtigen im Sinne des § 1 Abs. 1 Nr. 1 bis 3 KStG sind alle Einkünfte als Einkünfte aus Gewerbebetrieb zu behandeln. ²Den als Ausgangspunkt für die Ermittlung des Gewerbeertrags zugrunde zu legenden Gewinn im Sinne des § 7 GewStG dürfen aber insbesondere folgende Beträge nicht mindern:

1. der Verlustabzug nach § 10d EStG;
2. die Freibeträge nach §§ 24 und 25 KStG.

³Die in R 7.1 Abs. 3 Nr. 4 dargelegten Grundsätze sind anzuwenden. ⁴Liegen bei einer Kapitalgesellschaft die Voraussetzungen des § 8 Abs. 7 KStG vor, ist die Spartentrennung nach § 8 Abs. 9 KStG auch für die Gewerbesteuer vorzunehmen. ⁵Demnach ist für jede der sich nach Maßgabe des § 8 Abs. 9 KStG ergebenden Sparten zunächst ein gesonderter Gewerbeertrag zu ermitteln. ⁶Der Gewerbeertrag der Kapitalgesellschaft ist in diesen Fällen die Summe der positiven Gewerbeerträge der jeweiligen Sparten.

Ermittlung des Gewerbeertrags im Fall der Organschaft

(5) ¹Organträger und Organgesellschaft bilden trotz der Betriebsstättenfiktion des § 2 Abs. 2 Satz 2 GewStG kein einheitliches Unternehmen. ²Demnach ist für jedes der sachlich selbständigen Unternehmen im Organkreis der Gewerbeertrag unter Berücksichtigung der in den §§ 8 und 9 GewStG bezeichneten Beträge getrennt zu ermitteln. ³Es unterbleiben aber Hinzurechnungen nach § 8 GewStG, soweit die Hinzurechnungen zu einer doppelten steuerlichen Belastung führen. ⁴Eine doppelte Belastung kann eintreten, wenn die für die Hinzurechnung in Betracht kommenden Beträge bereits in einem der zusammenzurechnenden Gewerbeerträge enthalten sind. ⁵Um eine Doppelbelastung zu vermeiden, sind ferner bei der Veräußerung einer Organbeteiligung durch den Organträger die von der Organgesellschaft während der Dauer des Organschaftsverhältnisses erwirtschafteten, aber nicht ausgeschütteten Gewinne, soweit sie in den Vorjahren im Organkreis der Gewerbesteuer unterlegen haben, bei der Ermittlung des Gewerbeertrags des Wirtschaftsjahrs des Organträgers abzuziehen, in dem die Beteiligung veräußert worden ist. ⁶Auch eine verlustbedingte Wertminderung der Organbeteiligung muss gewerbesteuerlich unberücksichtigt bleiben, andernfalls würde sich der Verlust der Organgesellschaft doppelt auswirken. ⁷Ist auf Grund des Verlusts der Organgesellschaft die Organbeteiligung auf den niedrigeren Teilwert abgeschrieben worden, kann die Teilwertabschreibung sich auf den Gewerbeertrag nicht mindernd auswirken, auch wenn sie bilanzsteuerrechtlich anzuerkennen ist. ⁸Es wird vermutet, dass eine Identität der Verluste der Organgesellschaft mit den Verlusten des Organträgers besteht. ⁹Wird eine Teilwertabschreibung nicht vorgenommen, die Organbeteiligung später aber zu einem entsprechend geringeren Verkaufspreis veräußert, ist bei der Ermittlung des Gewerbeertrags ein Betrag in Höhe des bei der Zusammenrechnung der Gewerbeerträge berücksichtigten Verlusts der Organgesellschaft hinzuzurechnen. ¹⁰Der volle Gewerbeertrag – also vor Berücksichtigung der Gewinnabführungsvereinbarung und ggf. einschließlich des nur bei der Körperschaftsteuer vorhandenen eigenen Einkommens der Organgesellschaft in Höhe der geleisteten Ausgleichszahlungen – ist mit dem vom Organträger selbst erzielten Gewerbeertrag zusammenzurechnen. ¹¹Es sind die Gewerbeerträge derjenigen Wirtschaftsjahre des Organträgers und der Organgesellschaft zusammenzurechnen, die in demselben Erhebungszeitraum enden.

Ermittlung des Gewerbeertrags bei Genossenschaften

(6) – unbesetzt –

Besteuerung kleiner Körperschaften

(7) ¹Nach § 156 Abs. 2 AO kann die Festsetzung von Steuern unterbleiben, wenn feststeht, dass die Kosten der Einziehung einschließlich der Festsetzung außer Verhältnis zu dem festzusetzenden Betrag stehen. ²Diese Voraussetzung kann im Einzelfall bei kleinen Körperschaften, insbesondere bei Vereinen, Stiftungen und Genossenschaften und bei juristischen Personen des öffentlichen Rechts, erfüllt sein. ³Bei diesen Körperschaften kann das in Satz 1 bezeichnete Missverhältnis insbesondere vorliegen, wenn der Gewinn im Einzelfall offensichtlich 500 Euro nicht übersteigt. ⁴Dem entsprechend kann in diesen Fällen von der Festsetzung eines Gewerbesteuermessbetrags abgesehen werden.

Ermittlung des Gewerbeertrags bei Abwicklung und Insolvenz

(8) ¹Bei einem in der Abwicklung befindlichen Unternehmen im Sinne des § 2 Abs. 2 GewStG ist nach § 16 GewStDV der Gewerbeertrag, der im Zeitraum der Abwicklung entstanden ist, auf die Jahre des Abwicklungszeitraums zu verteilen. ²Abwicklungszeitraum ist der Zeitraum vom Beginn bis zum Ende der Abwicklung. ³Wird jedoch von der Bildung eines Rumpfwirtschaftsjahrs abgesehen, beginnt der Abwicklungszeitraum am Schluss des vorangegangenen Wirtschaftsjahrs. ⁴Die Verteilung des in diesem Zeitraum erzielten Gewerbeertrags auf die einzelnen Jahre geschieht nach dem Verhältnis, in dem die Zahl der Kalendermonate, in denen im einzelnen Jahr die Steuerpflicht bestanden hat, zu der Gesamtzahl der Kalendermonate des Abwicklungszeitraums steht. ⁵Dabei ist der angefangene Monat voll zu rechnen. ⁶Ist über das Vermögen des Unternehmens das Insolvenzverfahren eröffnet worden, ist der in dem Zeitraum vom Tag der Insolvenzeröffnung bis zur Beendigung des Insolvenzverfahrens erzielte Gewerbeertrag entsprechend den vorstehenden Ausführungen zur Abwicklung auf die einzelnen Jahre zu verteilen. ⁷Das gilt nicht nur für Unternehmen im Sinne des § 2 Abs. 2 GewStG, sondern für Unternehmen aller Art (>§ 16 Abs. 2 GewStDV). ⁸Wird der Betrieb einer Kapitalgesellschaft, über deren Vermögen das Insolvenzverfahren eröffnet ist, zunächst weitergeführt und wird erst später mit der Insolvenzabwicklung begonnen, ist das Wirtschaftsjahr, auf dessen Anfang oder in dessen Lauf der Beginn der Insolvenzabwicklung fällt, das erste Jahr des Abwicklungszeitraums, für den die in § 16 Abs. 2 GewStDV vorgesehene Verteilung des Gewerbeertrags in Betracht kommt.

H 7.1 (1)

Ausländische Betriebsstättenergebnisse

Nach § 2 Abs. 1 GewStG unterliegt der Gewerbesteuer jeder stehende Gewerbebetrieb, soweit er im Inland betrieben (soweit für ihn im Inland eine Betriebsstätte unterhalten) wird.
Soweit bei der Einkommensteuer (Körperschaftsteuer) Gewinne (Verluste) aus Betriebsstätten im Ausland erfasst sind, sind sie infolgedessen bei der Gewerbesteuer auszuscheiden (positive oder negative Kürzung gemäß § 9 Nr. 3 GewStG, >H 9.4).

Bewertungswahlrechte

Bilanzsteuerrechtliche Bewertungswahlrechte dürfen für die einkommen- und gewerbesteuerliche Gewinnermittlung nur einheitlich ausgeübt werden (>BFH vom 25. 4. 1985 – BStBl 1986 II S. 350, vom 28. 6. 1989 – BStBl 1990 II S. 76, vom 9. 8. 1989 – BStBl 1990 II S. 195 und vom 21. 1. 1992 – BStBl II S. 958).

Billigkeitsmaßnahmen

- Billigkeitsmaßnahmen nach § 163 Satz 2 AO (zeitliche Verlagerung der Besteuerung) wirken auch für die Gewinnermittlung bei der Gewerbesteuer (>R 1.5 Abs. 2).
- Dagegen sind Billigkeitsmaßnahmen nach § 163 Satz 1 AO bei der Gewerbesteuer nur dann zulässig, wenn die Festsetzung und Erhebung der Gewerbesteuer dem Finanzamt obliegt,

es sei denn, dass die hebeberechtigte Gemeinde der Billigkeitsmaßnahme zugestimmt hat (>H 1.5 (1)) oder dafür durch eine allgemeine Verwaltungsvorschrift der Bundesregierung, der obersten Bundesfinanzbehörde oder einer obersten Landesbehörde Richtlinien aufgestellt worden sind (>R 1.5 Abs. 1, H 1.5 (1), § 184 Abs. 2 Satz 1 AO).

Eigenständige Ermittlung des Gewerbeertrags
- Für gewerbesteuerliche Zwecke ist der Gewinn verfahrensrechtlich selbständig zu ermitteln. Dabei sind die Regelungen des Einkommensteuer- und Körperschaftsteuerrechts über die Ermittlung des Gewinns anzuwenden (>BFH vom 25. 10. 1984 – BStBl 1985 II S. 212 und vom 4. 10. 1988 – BStBl 1989 II S. 299). Dies gilt auch für die anzuwendende Gewinnermittlungsart, so dass die einkommensteuerrechtlich gewählte Gewinnermittlungsart auch für die Ermittlung des Gewerbeertrags bindend ist (>BFH vom 5. 11. 2015 – BStBl 2016 II S. 420). Sie sind nur insoweit nicht anzuwenden, als sie ausdrücklich auf die Einkommensteuer (Körperschaftsteuer) beschränkt sind (>R 7.1 Abs. 3) oder ihre Nichtanwendung sich unmittelbar aus dem GewStG oder aus dem Wesen der Gewerbesteuer ergibt (>BFH vom 11. 12. 1956 – BStBl 1957 III S. 105 und vom 29. 11. 1960 – BStBl 1961 III S. 51). Es ist unerheblich, ob sich die Gewinnermittlungsmaßnahme innerhalb oder außerhalb der Bilanz auswirkt. In der Regel wird danach der für die Einkommensteuer (Körperschaftsteuer) maßgebende Gewinn mit dem für die Ermittlung des Gewerbeertrags festzustellenden Gewinn übereinstimmen. Eine rechtliche Bindung besteht aber nicht (>BFH vom 22. 11. 1955 – BStBl 1956 III S. 4, vom 27. 4. 1961 – BStBl III S. 281, vom 11. 12. 1997 – BStBl 1999 II S. 401 und vom 18. 4. 2012 – BStBl II S. 647). Das gilt auch für die Fälle, in denen der Gewinn aus Gewerbebetrieb auf Grund des § 180 Abs. 1 Nr. 2 AO gesondert festgestellt wird (>BFH vom 17. 12. 2003 – BStBl 2004 II S. 699).
- Zu beachten sind ferner die Vorschriften
  1. der §§ 18 und 19 des UmwStG 2006, zuletzt geändert durch Artikel 6 des Gesetzes vom 2. 11. 2015 (BGBl I S. 1834);
  2. der §§ 7 bis 14 des AStG vom 8. 9. 1972 (BStBl I S. 450), zuletzt geändert durch Artikel 6 des Gesetzes vom 19. 7. 2016 (BGBl I S. 1730);
  3. des § 7 Abs. 1 des Entwicklungsländer-Steuergesetzes in der Fassung der Bekanntmachung vom 21. 5. 1979 (BStBl I S. 294), zuletzt geändert durch Artikel 81 der Verordnung vom 25. 11. 2003 (BGBl I S. 2304), und
  4. des § 6 des Gesetzes über steuerliche Maßnahmen bei Auslandsinvestitionen der deutschen Wirtschaft vom 18. 8. 1969 (BStBl I S. 477), zuletzt geändert durch Artikel 268 der Verordnung vom 31. 8. 2015 (BGBl I S. 1474);
  die die Anwendung dieser Gesetze für die Ermittlung des Gewerbeertrags vorschreiben.

Bilanzenzusammenhang
Bei der Ermittlung des als Gewerbeertrag anzusetzenden Gewinns sind im Falle einer Bilanzberichtigung auch die Grundsätze des Bilanzenzusammenhangs zu beachten (>BFH vom 13. 1. 1977 – BStBl II S. 472). Die Bilanzberichtigung für Zwecke der Festsetzung der Gewerbesteuer hindert nicht die entsprechende einkommensteuerliche Korrektur in einem späteren Veranlagungszeitraum (>BFH vom 6. 9. 2000 – BStBl 2001 II S. 106).

Einbringungsgewinn
Werden in Fällen einer Sacheinlage unter dem gemeinen Wert (>§ 20 Abs. 2 S. 2 UmwStG) die erhaltenen Anteile durch den Einbringenden innerhalb von sieben Jahren nach dem Einbringungszeitpunkt veräußert, gilt die Veräußerung als rückwirkendes Ereignis i. S. d. § 175 Abs. 1 Satz 1 Nr. 2 AO (>§ 22 Abs. 1 UmwStG). Ob der nach Maßgabe des § 16 EStG zu ermittelnde Einbringungsgewinn beim Einbringenden als laufender Gewerbeertrag der Gewerbesteuer unterliegt, richtet sich dabei nach den allgemeinen Grundsätzen zur Behandlung von Veräußerungs- oder Aufgabegewinnen.

>§ 7 Satz 2 GewStG
>H 7.1 (3)

Gewerblicher Grundstückshandel
- Bei der Beurteilung der Frage, ob ein Steuerpflichtiger als gewerblicher Grundstückshändler anzusehen ist, sind diesem ebenfalls die Grundstücksgeschäfte zuzurechnen, die von einer Personengesellschaft, an der er beteiligt ist, getätigt wurden (>BFH vom 22.8.2012 – BStBl II S. 865). Auch die Einbringung von Grundstücken in diese Personengesellschaft ist als Veräußerung durch den Steuerpflichtigen anzusehen (>BFH vom 28.10.2015 – BStBl 2016 II S. 95).
- Die persönlichen oder finanziellen Beweggründe für die Veräußerung von Immobilien sind für die Zuordnung zum gewerblichen Grundstückshandel oder zur Vermögensverwaltung unerheblich. Dies gilt auch für wirtschaftliche Zwänge, wie z.B. die Ankündigung von Zwangsmaßnahmen durch einen Grundpfandgläubiger (>BFH vom 27.9.2012 – BStBl 2013 II S. 433).
- In den Fällen von Grundstücksverkäufen, die zu einer gewerblichen Tätigkeit führen (>H 15.5 (Grundstückskäufe) EStH, R 15.7 Abs. 1 EStR), betreffen die mit dem Verkauf der Grundstücke zusammenhängenden Geschäftsvorfälle wirtschaftlich regelmäßig den laufenden Gewinn des Gewerbebetriebs; sie beeinflussen nicht einen etwaigen Veräußerungs- bzw. Betriebsaufgabegewinn (>BFH vom 15.12.1971 – BStBl 1972 II S. 291, vom 9.9.1993 – BStBl 1994 II S. 105 und vom 25.1.1995 – BStBl II S. 388).
- Zum Vorliegen eines Gewerbebetriebs (>H 2.1) in Fällen der Veräußerung mehrerer Objekte an einen einzigen oder mehrere Erwerber >BFH vom 22.4.2015 – BStBl II S. 897

Kürzung um Hinzurechnungsbetrag nach § 10 Absatz 1 Satz 1 AStG[*)]
>Gleich lautende Erlasse der obersten Finanzbehörden der Länder vom 14.12.2015 – BStBl I S. 1090 zu den Folgen aus dem BFH-Urteil vom 11.3.2015 – BStBl II S. 1049

Korrektur nach erfolgter Hinzurechnung
>RFH vom 7.12.1943 – RStBl 1944 S. 148
>BFH vom 27.3.1961 – BStBl III S. 280 und vom 13.12.1966 – BStBl 1967 III S. 187

Beispiel:
A ist Inhaber eines Einzelunternehmens. Der nach den Vorschriften des Einkommensteuergesetzes ermittelte Gewinn beträgt in den EZ 01 und 02 jeweils 100.000 €. Als Betriebsausgaben wurden jeweils Entgelte für Schulden in Höhe von 300.000 € berücksichtigt. Ein Teilbetrag in Höhe von 100.000 € der im EZ 01 gezahlten Entgelte für Schulden wurde im EZ 02 erstattet. Der Erstattungsbetrag ist im EZ 02 als Betriebseinnahme erfasst worden.

Lösung:
In den EZ 01 und 02 ist jeweils ein Hinzurechnungsbetrag nach § 8 Nr. 1 GewStG i. H. v. 50.000 € anzusetzen (Entgelte für Schulden i. H. v. 300.000 € abzüglich des Freibetrags nach § 8 Nr. 1 GewStG i. H. v. 100.000 €; davon ein Viertel). Die Erstattung im EZ 02 beeinflusst die in den EZ 01 und 02 zu berücksichtigenden Hinzurechnungsbeträge nicht. Zur Vermeidung einer doppelten Besteuerung ist der bei der Ermittlung des Gewerbeertrags nach § 7 GewStG im EZ 02 zugrunde zu legende Gewinn um den auf den Erstattungsbetrag entfallenden Hinzurechnungsbetrag des EZ 01 zu mindern.

Der Minderungsbetrag ist wie folgt zu bestimmen:
Entgelte für Schulden des EZ 01:	300.000 €
abzüglich Erstattungsbetrag:	100.000 €
abzüglich Freibetrag nach § 8 Nr. 1 GewStG:	100.000 €
verbleiben:	100.000 €

[*)] Hinweis auf § 7 Satz 7 GewStG in der Fassung des Gesetzes zur Umsetzung der Änderungen der EU-Amtshilferichtlinie und von weiteren Maßnahmen gegen Gewinnkürzungen und -verlagerungen.

Der Minderungsbetrag ist wie folgt zu bestimmen:
fiktiver Hinzurechnungsbetrag im EZ 01[*]: 25.000 €
tatsächlicher Hinzurechnungsbetrag im EZ 01: 50.000 €
Differenz (= Minderungsbetrag): 25.000 €

Im EZ 02 ist bei der Ermittlung des Gewerbeertrags ein Gewinn in Höhe von 75.000 € zugrunde zu legen (tatsächlicher Gewinn in Höhe von 100.000 € abzüglich des Minderungsbetrags in Höhe von 25.000 €).

Ermittlung des Gewerbeertrags:

	EZ 01	EZ 02
Ausgangsgröße i. S. d. § 7 GewStG:	100.000 €	75.000 €
Hinzurechnung nach § 8 Nr. 1 GewStG:	50.000 €	50.000 €
Gewerbeertrag i. S. d. § 7 GewStG:	150.000 €	125.000 €

Tonnagebesteuerung
Die Auflösung des Unterschiedsbetrags nach § 5a Abs. 4 EStG gehört zum Gewerbeertrag nach § 7 Satz 3 GewStG (>BMF vom 12. 6. 2002 – BStBl I S. 614 unter Berücksichtigung der Änderungen durch BMF vom 31. 10. 2008 – BStBl I S. 956 und BFH vom 13. 12. 2007 – BStBl 2008 II S. 583 und vom 26. 6. 2014 – BStBl 2015 II S. 300).

Überführung von Einzelwirtschaftsgütern
Wenn die Überführung eines Wirtschaftsguts aus einem gewerblichen Betriebsvermögen in das Betriebsvermögen eines land- und forstwirtschaftlichen Betriebs, eines der Ausübung eines freien Berufs dienenden Betriebs oder in eine ausländische Betriebsstätte nach einkommensteuerrechtlichen Gewinnermittlungsgrundsätzen keine Entnahme darstellt, weil deren spätere Besteuerung durch den Verbleib in einem Betriebsvermögen sichergestellt ist, kann die Besteuerung der in dem Wirtschaftsgut ruhenden stillen Reserven allein für Zwecke der Gewerbesteuer nicht ausgelöst werden (>BFH vom 14. 6. 1988 – BStBl 1989 II S. 187).

Unentgeltliche Betriebs- oder Teilbetriebsübertragung
>§ 6 Abs. 3 EStG

Zur Behandlung einer Gewinnerhöhung auf Grund einer Wertaufholung nach ausschüttungsbedingter Teilwertabschreibung
>R 8.6

H 7.1 (2)

Allgemeines
Zur Änderung des Gewerbesteuermessbescheids nach § 35b GewStG
>R 35b.1

H 7.1 (3)

Anwendung einkommensteuerrechtlicher Vorschriften und Verwaltungsanordnungen
Während die Einkommensteuer als Personensteuer beim gewerblichen Gewinn alle betrieblichen Vorgänge von den ersten Vorbereitungshandlungen zur Betriebseröffnung bis zur Veräußerung oder Entnahme des letzten betrieblichen Wirtschaftsgutes berücksichtigt, ist Gegen-

---

[*]) (300.000 € ./. Erstattung in 02: 100.000 € ./. Freibetrag 100.000 € = 100.000 € x ¼)

stand der Gewerbesteuer nur der durch den laufenden Betrieb anfallende Gewinn (>BFH vom 13. 11. 1963 – BStBl 1964 III S. 124).

Betriebsaufgabe
- Im Fall der Betriebsaufgabe ist für diesen Zeitpunkt der Übergang zum Vermögensvergleich zu unterstellen. Die dabei erforderlichen Zu- und Abrechnungen gehören zum laufenden Gewinn und sind deshalb bei der Ermittlung des Gewerbeertrags zu berücksichtigen (>BFH vom 23. 11. 1961 – BStBl 1962 III S. 199 und vom 24. 10. 1972 – BStBl 1973 II S. 233).
- Nach § 16 Abs. 3 Satz 5 EStG gilt der Gewinn aus der Aufgabe des Gewerbebetriebs als laufender Gewinn, soweit einzelne dem Betrieb gewidmete Wirtschaftsgüter im Rahmen der Aufgabe des Betriebs veräußert werden und soweit auf der Seite des Veräußerers und auf der Seite des Erwerbers dieselben Personen Unternehmer oder Mitunternehmer sind. Zur Anwendbarkeit des § 16 Abs. 3 Satz 5 EStG auch für die Gewerbesteuer (>BFH vom 3. 12. 2015 – BStBl 2016 II S. 544).

Entnahmevorgänge bei Umwandlung in eine Personengesellschaft
Entsteht bei einer Betriebsveräußerung oder der Einbringung eines Betriebs zu Buch- oder Zwischenwerten ein Gewinn aus der Überführung von nicht zu den wesentlichen Betriebsgrundlagen gehörenden Wirtschaftsgütern in das Privatvermögen, unterliegt dieser Gewinn auch dann nicht der Gewerbesteuer, wenn er bei der Einkommensteuer nach dem Tarif zu versteuern ist (>BFH vom 29. 10. 1987 – BStBl 1988 II S. 374).

Entschädigungen, nachträgliche Betriebseinnahmen
- Eine Unfallentschädigung, die ein Gewerbetreibender wegen Erwerbsminderung aus der Haftpflichtversicherung des Schädigers erhält, gehört nicht zum Gewerbeertrag (>BFH vom 20. 8. 1965 – BStBl 1966 III S. 94 und vom 28. 8. 1968 – BStBl 1969 II S. 8).
- Ausgleichsansprüche und Ausgleichszahlungen im Sinne des § 89b HGB bei Handelsvertretern sowie Entschädigungen für entgangenen Gewinn bei behördlich veranlasster Geschäftsraumverlegung gehören zum laufenden gewerblichen Gewinn und damit zum Gewerbeertrag i. S. d. § 7 GewStG (>BFH vom 21. 1. 1965 – BStBl III S. 172, vom 5. 12. 1968 – BStBl 1969 II S. 196, vom 26. 5. 1971 – BStBl II S. 717, vom 31. 3. 1977 – BStBl II S. 618 und vom 18. 12. 1996 – BStBl 1997 II S. 573). Ausgleichszahlungen i. S. d. § 89b HGB gehören auch dann zum laufenden Gewinn, wenn die Beendigung des Vertragsverhältnisses mit der Aufgabe des Betriebs zusammenfällt oder der Anspruch auf Ausgleichszahlung durch den Tod des Handelsvertreters entstanden ist und der Erbe den Betrieb aufgibt (>BFH vom 24. 11. 1982 – BStBl 1983 II S. 243, vom 9. 2. 1983 – BStBl II S. 271, vom 19. 2. 1987 – BStBl II S. 570 und vom 25. 7. 1990 – BStBl 1991 II S. 218).

  Eine Ausgleichszahlung im Sinne von § 89b HGB, die ihren Grund in der Beendigung des Vertragsverhältnisses durch den Tod des Handelsvertreters hat und an dessen allein erbende Witwe geleistet wird, gehört aber dann nicht zum Gewerbeertrag des mit dem Tode eingestellten Gewerbebetriebs, wenn der Handelsvertreter seinen Gewinn nach § 4 Abs. 3 EStG ermittelte und diese Gewinnermittlungsart beibehalten wurde (>BFH vom 10. 7. 1973 – BStBl II S. 786).

- Wird die Entschädigung im Rahmen der Aufgabe eines Gewerbebetriebs gezahlt, so bleibt sie beim Gewerbeertrag außer Ansatz, wenn sie einkommensteuerrechtlich dem begünstigten Veräußerungs- oder Aufgabegewinn i. S. d. § 16 EStG zuzurechnen ist (>BFH vom 17. 12. 1975 – BStBl 1976 II S. 224).
- Eine nach § 3 Nr. 8 EStG steuerfreie Entschädigung gehört nicht zum Gewerbeertrag (>BFH vom 12. 1. 1978 – BStBl II S. 267).

Ermittlung des Gewerbeertrags bei Mitunternehmerschaften
- Zum Gewerbeertrag einer Personengesellschaft gehören auch die Vergütungen an ihre Mitunternehmer i. S. v. § 15 Abs. 1 Satz 1 Nr. 2 EStG (>BFH vom 6. 7. 1978 – BStBl II S. 647, vom 6. 11. 1980 – BStBl 1981 II S. 220, vom 24. 11. 1983 – BStBl 1984 II S. 431, vom 25. 10. 1984 – BStBl 1985 II S. 212 und vom 10. 6. 1987 – BStBl II S. 816). Das gilt auch für die Gehälter der Geschäftsführer einer GmbH, die die Geschäfte einer GmbH & Co. KG führt, wenn die Empfänger zugleich Gesellschafter (Kommanditisten) der GmbH & Co. KG sind (>BFH vom 26. 1. 1968 – BStBl II S. 369 und vom 14. 12. 1978 – BStBl 1979 II S. 284). Sie gehören ausnahmsweise nicht zum Gewinn (Gewerbeertrag), wenn der Empfänger zwar formal Gesellschafter, aber wirtschaftlich kein Mitunternehmer ist (>BFH vom 26. 6. 1964 – BStBl III S. 501). In den Gewerbeertrag einer Personengesellschaft ist auch der Gewinn einzubeziehen, den ein Gesellschafter aus der Veräußerung von Sonderbetriebsvermögen erzielt, das der Betätigung der Gesellschaft dient (>BFH vom 6. 11. 1980 – BStBl 1981 II S. 220 und zu Sonderbetriebsvermögen II >BFH vom 3. 4. 2008 – BStBl II S. 742). Dagegen gehört der Veräußerungsgewinn eines von den Gesellschaftern einer Personengesellschaft von Anfang an privat genutzten Grundstücks nicht zum Gewerbeertrag, auch wenn es sich dabei um Gesamthandsvermögen handelt (>BFH vom 3. 10. 1989 – BStBl 1990 II S. 319). Zinsen, die ein Mitunternehmer für ein Darlehen aufwendet, das er zum Erwerb eines Mitunternehmeranteils aufgenommen hat, mindern den Gewinn der Personengesellschaft. Sie sind jedoch nach § 8 Nr. 1 GewStG dem Gewerbeertrag wieder hinzuzurechnen (>BFH vom 9. 4. 1981 – BStBl II S. 621).
- Wegen der Nutzungsüberlassung von Wirtschaftsgütern einer Personengesellschaft an eine andere ganz oder teilweise gesellschafteridentische Personengesellschaft (>BMF vom 28. 4. 1998 – BStBl I S. 583).
- Zur Anwendung der Regelungen des § 8b Abs. 1 bis 5 KStG sowie des § 3 Nr. 40 EStG bei der Ermittlung des Gewerbeertrags einer Mitunternehmerschaft (>BMF vom 21. 3. 2007 – BStBl I S. 302 = Rechtsfolgen aus der Veröffentlichung des BFH-Urteils I R 95/05 vom 9. 8. 2006 im BStBl 2007 II S. 279).

Gewinn aus der Veräußerung einer 100 %igen Beteiligung an einer Kapitalgesellschaft
Der Gewinn aus der Veräußerung einer zum Betriebsvermögen gehörenden Beteiligung an einer Kapitalgesellschaft i. S. d. § 2 Abs. 2 GewStG ist auch dann Gewerbeertrag, wenn die Beteiligung das gesamte Nennkapital umfasst (>§ 16 Abs. 1 Satz 1 Nr. 1 Satz 2 EStG), es sei denn, die Veräußerung erfolgt im engen Zusammenhang mit der Aufgabe des Gewerbebetriebs (>BFH vom 2. 2. 1972 – BStBl II S. 470). Dies gilt unabhängig davon, ob es sich um Anteile an einer inländischen oder ausländischen Kapitalgesellschaft handelt (>BFH vom 29. 8. 1984 – BStBl 1985 II S. 160).

Gewinnanteile stiller Gesellschafter
- Wird die anteils- und beteiligungsidentische Schwesterpersonengesellschaft einer Kommanditistin als typische stille Gesellschafterin an der KG beteiligt und werden die Interessen anderer KG-Gesellschafter durch eine „Gewinnverschiebung" zwischen den Schwestergesellschaften nicht berührt, mindert der Gewinnanteil der stillen Gesellschafterin nur in angemessener Höhe den Gewerbeertrag der KG.
- Soweit der der stillen Gesellschafterin eingeräumte Gewinnanteil eine angemessene Höhe übersteigt, ist er der Kommanditistin zuzurechnen. Insoweit handelt es sich um eine verdeckte Entnahme der Gesellschafter aus der Kommanditistin verbunden mit einer verdeckten Einlage in deren Schwestergesellschaft.
- Soweit ein angemessener Gewinnanteil der stillen Gesellschafterin nicht durch einen konkreten Fremdvergleich ermittelt werden kann, ist – entsprechend den von der Rechtsprechung zu Familienpersonengesellschaften entwickelten Grundsätzen – im Allgemeinen eine Gewinnverteilung nicht zu beanstanden, die eine durchschnittliche Rendite der an Ge-

winn und Verlust beteiligten stillen Gesellschafterin bis zu 35 % ihrer Einlage erwarten lässt.
(>BFH vom 21. 9. 2000 – BStBl 2001 II S. 299)

Mehrheit von Betrieben
>R 2.4

Sondererbfolge
Bei einer Sonderrechtsnachfolge in den Mitunternehmeranteil (qualifizierte Nachfolgeklausel) handelt es sich um eine Sondererbfolge; deshalb unterliegt der beim Erblasser entstehende Gewinn aus der Entnahme des Sonderbetriebsvermögens nicht der GewSt (>BFH vom 15. 3. 2000 – BStBl II S. 316).

Veräußerungs- und Aufgabegewinne
- Gewinne aus der Veräußerung oder Aufgabe eines Gewerbebetriebs oder eines Teilbetriebs im Sinne von § 16 Abs. 1 Satz 1 Nr. 1 Halbsatz 1 und Abs. 3 EStG gehören vorbehaltlich der Anwendung des § 7 Satz 2 GewStG bei einer Personengesellschaft nicht zum Gewerbeertrag (>BFH vom 11. 3. 1982 – BStBl II S. 707).
- Veräußerungs- oder Aufgabegewinne unterliegen als laufender Gewinn der Gewerbesteuer, soweit auf der Seite des Veräußerers und auf der Seite des Erwerbers dieselben Personen Unternehmer oder Mitunternehmer sind (>§ 16 Abs. 2 Satz 3, Abs. 3 Satz 2 EStG und BFH vom 15. 6. 2004 – BStBl II S. 754).
- Zur Frage der Einbeziehung des Gewinns aus der Veräußerung eines Mitunternehmeranteils im Sinne des § 7 Satz 2 Nr. 2 GewStG in die erweiterte Kürzung gemäß § 9 Nr 1 Satz 2 GewStG >H 9.2 (1)
- Eine GmbH & Co. KG, die ihren Geschäftsbereich veräußert und lediglich eine wesentliche Betriebsgrundlage zurückbehält, die sie fortan vermietet, bleibt gewerbesteuerpflichtig; der Veräußerungsgewinn ist in den Gewerbeertrag einzubeziehen (>BFH vom 17. 3. 2010 – BStBl II S. 977).
- Der Gewinn aus der Veräußerung eines zum Anlagevermögen zählenden Flugzeugs gehört zum gewerbesteuerbaren (laufenden) Gewinn, wenn die Veräußerung Bestandteil eines einheitlichen Geschäftskonzepts der unternehmerischen Tätigkeit ist (>BFH vom 20. 9. 2012 – BStBl 2013 II S. 498). Zu einheitlichem Geschäftskonzept >H 2.6 (1)

Vermögensübergang auf eine Personengesellschaft
- >BMF vom 11. 11. 2011 – BStBl I S. 1314 – Tz. 18.05 ff.
- >§ 18 UmwStG
- Veräußerung einer aus der Umwandlung einer Kapitalgesellschaft hervorgegangenen Personengesellschaft gegen Leibrente >BFH vom 17. 7. 2013 – BStBl II S. 883

Wechsel der Gewinnermittlungsart
>R 4.6 EStR und Anlage zu R 4.6 EStH

Zwischengeschaltete Personengesellschaft
Anwendung der §§ 3 Nr. 40 und 3c Abs. 2 EStG sowie § 8b KStG
>§ 7 Satz 4 GewStG

H 7.1 (4)

Erwerb und Veräußerung eigener Anteile
>BMF vom 27. 11. 2013 – BStBl I S. 1615

Übertragungsgewinn bei Umwandlung einer Kapitalgesellschaft auf eine Personengesellschaft als Alleingesellschafterin
Wird eine Kapitalgesellschaft auf eine Personengesellschaft als Alleingesellschafterin umgewandelt, ist der Übertragungsgewinn aus der Aufdeckung stiller Reserven in einer Beteiligung der umgewandelten Kapitalgesellschaft an einer Personengesellschaft nicht Bestandteil des Gewerbeertrags der umgewandelten Kapitalgesellschaft (>BFH vom 28. 2. 1990 – BStBl II S. 699).

Veräußerung eines Betriebs, Teilbetriebs oder einer betrieblichen Beteiligung bei Kapitalgesellschaften
Der Gewinn aus der Veräußerung eines Betriebs, eines Teilbetriebs oder einer betrieblichen Beteiligung gehört nach ständiger Rechtsprechung bei Kapitalgesellschaften zum Gewerbeertrag (>BFH vom 5. 9. 2001 – BStBl 2002 II S. 155).

H 7.1 (5)

Allgemeine Grundsätze zur Organschaft
>R 2.3

Dividendeneinnahmen einer Organgesellschaft[*)]
Die im gewerbesteuerrechtlichen Organkreis für die Ermittlung der Gewerbeerträge der Organgesellschaft und des Organträgers nach § 7 Satz 1 (i.V.m. § 2 Abs. 2 Satz 2) GewStG 2002 maßgebenden Vorschriften des Körperschaftsteuergesetzes zur Ermittlung des Gewinns aus Gewerbebetrieb umfassen auch die in § 15 Satz 1 Nr. 2 Satz 1 und 2 (i.V.m. § 8b Abs. 1 bis 6) KStG 2002 (i. d. F. des SEStEG) angeordnete sog. Bruttomethode. Deswegen ist – zum einen – bei der Organgesellschaft ein von dieser vereinnahmter Gewinn aus Anteilen an einer ausländischen Kapitalgesellschaft bei der Berechnung des Kürzungsbetrags im Rahmen des sog. gewerbesteuerrechtlichen Schachtelprivilegs nach § 9 Nr. 7 Satz 1 GewStG 2002 nicht nach § 9 Nr. 7 Satz 3 i.V.m. § 9 Nr. 2a Satz 4 GewStG 2002 (i. d. F. des JStG 2007) um fiktive nichtabziehbare Betriebsausgaben nach § 8b Abs. 5 KStG 2002 zu vermindern, und beim Organträger ist der Gewinn aus den Kapitalanteilen – zum anderen – infolge der Organgesellschaft gewährten sog. Schachtelprivilegs in dem ihm (nach § 2 Abs. 2 Satz 2 GewStG 2002) zugerechneten Gewerbeertrag nicht i. S. von § 15 Satz 1 Nr. 2 Satz 2 KStG 2002 (i. d. F. des SEStEG) enthalten, weshalb auch bei ihm keine Hinzurechnung von fiktiven nichtabziehbaren Betriebsausgaben nach § 8b Abs. 5 KStG 2002 vorzunehmen ist (>BFH vom 17. 12. 2014 – BStBl 2015 II S. 1052).

Teilwertabschreibungen bei Organschaft
Besteht gewerbesteuerrechtlich ein Organschaftsverhältnis, ist der beim Organträger zusammenzufassende Gewerbeertrag des Organkreises um Teilwertabschreibungen des Organträgers auf Beteiligungen an Organgesellschaften zu erhöhen, soweit die Teilwertabschreibungen betragsmäßig den erlittenen Verlusten der Organgesellschaft entsprechen (>BFH vom 6. 11. 1985 – BStBl 1986 II S. 73). Teilwertabschreibungen aufgrund einer Gewinnabführung mindern eben-

---

[*)] Für EZ ab 2017 >§ 7a GewStG in der ab 2017 geltenden Fassung.

so wie aufgrund einer Gewinnausschüttung den Gewerbeertrag im Organkreis nicht (>BFH vom 19.11.2003 – BStBl 2004 II S. 751). Teilwertabschreibungen mindern den Gewerbeertrag des Organkreises, wenn sie sich auf Ausschüttungen der Organgesellschaft bzgl. Gewinne aus vororganschaftlicher Zeit beziehen (>BFH vom 30.1.2002 – BStBl 2003 II S. 354).

Übernahmegewinn bei Umwandlung in Organschaftsfällen
– Besteht eine gewerbesteuerrechtliche Organschaft und wird die Organgesellschaft in eine Personengesellschaft umgewandelt, unterliegt ein Umwandlungsgewinn, der beim herrschenden Unternehmen entsteht, insoweit nicht der Gewerbesteuer, als er aus aufgespeicherten Gewinnen der Organgesellschaft herrührt, die auf Grund der Organschaft bereits durch Zurechnung zum Gewerbeertrag des herrschenden Unternehmens versteuert wurden (>BFH vom 26.1.1972 – BStBl II S. 358).
– Entsteht bei der Umwandlung eines Organs auf den Organträger dadurch ein Übernahmegewinn, dass der Buchwert des Vermögens des Organs infolge der Nichtausschüttung von nachorganschaftlichen Gewinnen den Buchwert des Anteils des Organträgers an dem Organ übersteigt, unterliegt dieser Gewinn bei dem Organträger nicht der Gewerbesteuer (>BFH vom 17.2.1972 – BStBl II S. 582).

Zur Berücksichtigung von Gewerbeverlusten innerhalb des Organkreises
>H 10a.4

Zur Berücksichtigung von Gewerbesteuerbefreiungen innerhalb des Organkreises
>H 3.20

H 7.1 (6)

Allgemeines
– Wegen der Besonderheiten bei der Ermittlung des Gewinns
  >§ 22 KStG und R 22 KStR
– Wegen der steuerlichen Behandlung von landwirtschaftlichen Nutzungs- und Verwertungsgenossenschaften, bei denen nur bestimmte Nichtmitgliedergeschäfte besteuert werden
  >H 3.8
– Wegen der steuerlichen Behandlung von Veräußerungsgewinnen
  >R 7.1 Abs. 4

H 7.1 (8)

Beginn der Abwicklung
Beginnt die Abwicklung im Laufe eines Wirtschaftsjahrs, ist grundsätzlich für die Zeit vom Schluss des vorangegangenen Wirtschaftsjahrs bis zum Beginn der Abwicklung ein Rumpfwirtschaftsjahr zu bilden, das nicht in den Abwicklungszeitraum einzubeziehen ist (>BFH vom 17.7.1974 – BStBl II S. 692).

Besteuerungszeitraum
>BMF vom 4.4.2008 – BStBl I S. 542

Zu § 8 GewStG

R 8.1 Hinzurechnung von Finanzierungsanteilen

Entgelte für Schulden

(1) ¹Entgelte für Schulden sind die Gegenleistung für die eigentliche Nutzung von Fremdkapital und die vorzeitige Zurverfügungstellung von Kapital. ²Hierbei ist für die Frage, ob hinzuzurechnende Entgelte vorliegen, nicht die Bezeichnung, sondern der wirtschaftliche Gehalt der Leistung entscheidend. ³Zu den Entgelten für Schulden gehören sowohl Zinsen zu einem festen oder variablen Zinssatz als auch Vergütungen für partiarische Darlehen, Genussrechte und Gewinnobligationen. ⁴Das Gleiche gilt für Leistungen, die zwar nicht als Zinsen bezeichnet werden, aber wie diese Entgeltscharakter haben, wie zum Beispiel das Damnum, das bei der Ausgabe von Hypotheken und anderen Darlehen vereinbart wird, sowie das Disagio, das bei der Ausgabe von Schuldverschreibungen einer Kapitalgesellschaft gewährt wird. ⁵Bei Bankkrediten sind die laufenden Sondervergütungen (z. B. Provisionen, Garantieentgelte), die neben den Zinsen vereinbart sind, in der Regel den Entgelten für Schulden zuzurechnen. ⁶Soweit die von den Banken angesetzten Provisionen mit nicht in Anspruch genommenen Krediten zusammenhängen, fallen sie nicht unter die Vorschrift des § 8 Nr. 1 Buchstabe a GewStG. ⁷Bereitstellungs- und Zusageprovisionen stellen keine Gegenleistung für die eigentliche Nutzung von Fremdkapital dar und unterliegen somit nicht der Hinzurechnung nach § 8 Nr. 1 Buchstabe a GewStG. ⁸Die Umsatzprovision fällt insoweit nicht unter die hinzuzurechnenden Entgelte, als sie das Entgelt für Leistungen der Bank bildet, die nicht in der Überlassung des Kapitals bestehen, sondern darüber hinausgehende weitere Leistungen darstellen. ⁹Auch die mit Schulden zusammenhängenden Geldbeschaffungskosten, laufenden Verwaltungskosten, Depotgebühren, Währungsverluste, Bereitstellungszinsen usw. sind keine hinzurechnungspflichtigen Entgelte. ¹⁰Die Deckungsrückstellung (Deckungsrücklage) der Lebensversicherungsunternehmen ist keine Schuld im Sinne des Gewerbesteuergesetzes.

Renten und dauernde Lasten

(2) ¹Die Hinzurechnung nach § 8 Nr. 1 Buchstabe b GewStG ist auf betriebliche Renten und dauernde Lasten beschränkt. ²Bei passivierten Renten und dauernden Lasten ergibt sich die Höhe des unter § 8 Nr. 1 Buchstabe b GewStG fallenden Finanzierungsanteils aus dem Unterschied zwischen der laufenden Zahlung (Aufwand) und der Verminderung des Passivpostens für die Verpflichtung (Ertrag). ³Der durch den Wegfall der Verpflichtung entstehende außerordentliche Ertrag berührt den hinzuzurechnenden Betrag nicht.

Gewinnanteile des stillen Gesellschafters

(3) ¹Der Begriff des stillen Gesellschafters im Sinne des § 8 Nr. 1 Buchstabe c GewStG geht insofern über den handelsrechtlichen (und den einkommensteuerrechtlichen) Begriff hinaus, als nicht die Beteiligung an einem Handelsgewerbe erforderlich ist, sondern die Beteiligung an einem Gewerbe schlechthin genügt, für die laut Vereinbarung der Vertragspartner die Vorschriften der §§ 230 bis 237 HGB gelten sollen. ²Bei der Ermittlung der Summe der nach § 8 Nr. 1 GewStG hinzuzurechnenden Finanzierungsanteile ist auch ein Verlustanteil des stillen Gesellschafters zu berücksichtigen, soweit dieser Verlustanteil den Verlust aus Gewerbebetrieb gemindert hat. ³Wird die Summe hierdurch negativ, kommt eine „negative Hinzurechnung" nicht in Betracht.*⁾

---

*) R 8.1 Abs. 3 Satz 3 ist durch BFH vom 1. 10. 2015, I R 4/14, BStBl 2017 II S. 59 und vom 28. 1. 2016, I R 15/15, BStBl 2017 II S. 62 überholt. Vgl. dazu >H 8.1 (3) „Verlustanteile des stillen Gesellschafters".

Zu § 8 GewStG R 8.1 A. V.

Miet- und Pachtzinsen für bewegliche und unbewegliche Wirtschaftsgüter
(4) ¹Unter Miet- und Pachtzinsen sind nicht nur Barleistungen, sondern alle Entgelte zu verstehen, die der Mieter oder der Pächter für den Gebrauch oder die Nutzung des Gegenstandes an den Vermieter oder den Verpächter zu zahlen hat. ²Für die Abgrenzung der Wirtschaftsgüter im Sinne des § 8 Nr. 1 Buchstabe d und e GewStG ist von dem Begriff des Wirtschaftsguts im Sinne des § 4 EStG auszugehen.

Aufwendungen für die zeitlich befristete Überlassung von Rechten
(5) – unbesetzt –

Freibetrag nach § 8 Nr. 1 GewStG
(6) ¹Der Freibetrag nach § 8 Nr. 1 GewStG ist betriebsbezogen zu gewähren. ²Wechselt lediglich die Steuerschuldnerschaft zwischen Einzelunternehmen und Personengesellschaften oder umgekehrt, gelten die Grundsätze in R 11.1 Satz 2 ff. ³Demnach ist der Freibetrag bei der Ermittlung des maßgeblichen Hinzurechnungsbetrages nach § 8 Nr. 1 GewStG jedem der Steuerschuldner entsprechend der Dauer seiner persönlichen Steuerpflicht zeitanteilig zu gewähren.

H 8.1 (1)

Allgemeines
Auf die Dauer des Schuldverhältnisses kommt es nicht an. Auch ist es nicht von Bedeutung, ob die Schulden mit oder ohne Willen des Schuldners oder des Gläubigers entstanden sind, ob sie das Betriebsvermögen erhöht oder nur dessen Verminderung verhindert haben, ob die Gegenwerte am Stichtag noch vorhanden und ob die Schulden verzinslich sind (>BFH vom 28. 6. 1957 – BStBl III S. 287).

ABC der als Entgelt für Schulden anzusehenden Leistungen
- **Diskontbeträge**, soweit sich diese auf den Finanzierungsanteil beziehen. Demnach sind enthaltene Nebenkosten – Verwaltungsgebühren, Risikoprämien, Wertermittlungskosten und vergleichbare Kosten – nicht in die Hinzurechnung einzubeziehen, zu Zeitpunkt und Umfang der Hinzurechnung (>Rdnr. 21 und 23 Gleich lautende Erlasse der obersten Finanzbehörden der Länder vom 2. 7. 2012 – BStBl I S. 654).
- **Skonti/wirtschaftlich vergleichbare Vorteile**, wenn diese nicht dem gewöhnlichen Geschäftsverkehr entsprechen und somit der Finanzierungseffekt im Vordergrund steht (>Rdnr. 16 Gleich lautende Erlasse der obersten Finanzbehörden der Länder vom 2. 7. 2012 – BStBl I S. 654).
- **Verwaltungskosten**, wenn sie ihrer Höhe nach prozentual an dem Darlehensbetrag bemessen und bezogen auf die gesamte Laufzeit des Darlehens zu zahlen und nicht für besondere, über die Kapitalüberlassung hinausgehende Leistungen des Kreditgebers zu erbringen sind (>BFH vom 9. 8. 2000 – BStBl 2001 II S. 609).
- **Vorfälligkeitsentschädigungen**, die für die vorzeitige Rückzahlung eines Darlehens bei Verkürzung einer ursprünglich vereinbarten Mindestlaufzeit entrichtet werden, weil sie wie die vereinbarten Zinsen Entgelt für die Kreditgewährung sind (>BFH vom 20. 3. 1980 – BStBl II S. 538 und BFH vom 25. 2. 1999 – BStBl II S. 473).

ABC der nicht als Entgelt für Schulden anzusehenden Leistungen
- **Avalprovisionen/Avalgebühren**
  >BFH vom 29. 3. 2007 – BStBl II S. 655
- **Bauzeitzinsen**, die als Herstellungskosten aktiviert sind; dies gilt sowohl für den Erhebungszeitraum der Aktivierung, als auch in Erhebungszeiträumen, in denen sie sich über Ab-

schreibungen auf den Gewinn ausgewirkt haben (>BFH vom 30.4.2003 – BStBl 2004 II S. 192 und Rdnr. 13 Gleich lautende Erlasse der obersten Finanzbehörden der Länder vom 2.7.2012 – BStBl I S. 654).
- **Bereitstellungszinsen**
  >BFH vom 10.7.1996 – BStBl 1997 II S. 253
- **Erbbauzinsen**, soweit diese Entgelt für die Überlassung des Grund und Bodens darstellen (>BFH vom 7.3.2007 – BStBl II S. 654), zur Behandlung von als Anschaffungskosten oder Herstellungskosten aktivierten Erbbauzinsen >Bauzeitzinsen.
- **Negative Einlagezinsen**
  >Gleich lautende Erlasse der obersten Finanzbehörden der Länder vom 17.11.2015 – BStBl I S. 896
- **Teilwertabschreibungen**, die steuerlich zulässig als Aufwand abgesetzt wurden; dies gilt auch, wenn das Unternehmen die abgeschriebene Forderung im Folgenden zum abgeschriebenen Wert veräußert (>Rdnr. 18 Gleich lautende Erlasse der obersten Finanzbehörden der Länder vom 2.7.2012 – BStBl I S. 654).
- **Zins-Swap-Geschäfte**, die im Zusammenhang mit einem Swap-Geschäft gezahlten Vergütungen werden nicht für die Überlassung von Kapital, sondern für die Absicherung eines Zinsrisikos gezahlt (>BFH vom 4.6.2003 – BStBl 2004 II S. 517 und Rdnr. 14 und 15 Gleich lautende Erlasse der obersten Finanzbehörden der Länder vom 2.7.2012 – BStBl I S. 654).

Anwendungsfragen zur Hinzurechnung von Finanzierungsanteilen nach § 8 Nr. 1 GewStG
>Gleich lautende Erlasse der obersten Finanzbehörden der Länder vom 2.7.2012 – BStBl I S. 654

Aufzinsungsbeträge
Aus dem Abzinsungsvorgang nach § 6 Abs. 1 Nr. 3 EStG und der nachfolgenden Aufzinsung ergeben sich keine Entgelte im Sinne von § 8 Nr. 1 Buchst. a GewStG (>Rdnr. 39 des BMF-Schreibens vom 26.5.2005 – BStBl I S. 699 und >H 6.10 (Abzinsung) und Anhang 9 V EStH sowie Rdnr. 12 Gleich lautende Erlasse der obersten Finanzbehörden der Länder vom 2.7.2012 – BStBl I S. 654).

Beteiligung an einer nicht gewerblichen Grundstücksgemeinschaft
Ist ein Gewerbebetrieb an einer nicht gewerblichen Grundstücksgemeinschaft (Gesamthands- oder Bruchteilsgemeinschaft) beteiligt, gehören auch die im Rahmen der Grundstücksgemeinschaft aufgenommenen Schulden anteilig zu den Schulden des Gewerbebetriebs (>BFH vom 28.1.1975 – BStBl II S. 516).

Durchlaufende Kredite
Bei einem Unternehmen, das einen Kredit aufgenommen und weitergeleitet hat, liegt ein hinzurechnungspflichtiger Zinsaufwand vor (>Rdnr. 11 Gleich lautende Erlasse der obersten Finanzbehörden der Länder vom 2.7.2012 – BStBl I S. 654).

Forfaitierung
Zur Forfaitierung von Ansprüchen aus schwebenden Verträgen >Rdnr. 19 ff. Gleich lautende Erlasse der obersten Finanzbehörden der Länder vom 2.7.2012 – BStBl I S. 654

Saldierung mit Guthaben
Das Vorhandensein von flüssigen Mitteln, die zur Tilgung ausreichen, steht der Annahme von Schulden in der Regel nicht entgegen (>RFH vom 7.12.1938 – RStBl 1939 S. 330 und BFH vom 6.11.1985 – BStBl 1986 II S. 415). Das gilt auch dann, wenn die flüssigen Mittel in einem Guthaben auf einem anderen Konto bei demselben Kreditgeber bestehen und die Konten zu dem

Zweck geführt werden, verschiedene Geschäftsbeziehungen dauernd getrennt voneinander zu behandeln (>RFH vom 11. 3. 1942 – RStBl S. 716). Eine Saldierung einer Schuld mit einem Guthaben bei demselben Kreditgeber kann nur im Ausnahmefall bei Einheitlichkeit, Regelmäßigkeit oder gleichbleibender Zweckbestimmung der Kreditgeschäfte, bei regelmäßiger Verrechnung der Konten oder dann in Betracht kommen, wenn der über ein Konto gewährte Kredit jeweils zur Abdeckung der aus dem anderen Konto ausgewiesenen Schuld verwendet wird (>BFH vom 10. 11. 1976 – BStBl 1977 II S. 165).

Substanzerhaltungspflicht

Die im Rahmen einer Unternehmenspacht von dem Pächter übernommene Verpflichtung, für die bei Pachtbeginn erhaltenen Rohstoffe, Halb- und Fertigfabrikate bei Aufhebung des Pachtverhältnisses dieselbe Vorratsmenge in gleicher Art und Güte zurückzugeben, stellt eine Schuld dar (>BFH vom 30. 11. 1965 – BStBl 1966 III S. 51).

Unionsrechtmäßigkeit der Hinzurechnung von Zinsen

Die gewerbesteuerliche Hinzurechnung von Schuldzinsen verstößt nicht gegen das geltende Unionsrecht (>EuGH vom 21. 7. 2011 – BStBl 2012 II S. 528 und BFH vom 7. 12. 2011 – BStBl 2012 II S. 507).

Verfassungsmäßigkeit der Hinzurechnungen nach § 8 Nr. 1 GewStG

- Es ist nicht ernstlich zweifelhaft, dass § 8 Nr. 1 GewStG in aktueller Fassung mit dem Grundgesetz vereinbar ist (>BFH vom 16. 10. 2012 – BStBl 2013 II S. 30).
- >BVerfG vom 15. 2. 2016 – BStBl II S. 557

Verrechnung von Entgelten für Schulden mit erhaltenen Erstattungen

Eine Verrechnung von Aufwendungen, die als Entgelte für Schulden anzusehen sind, mit erhaltenen Erstattungen oder Zuschüssen ist ausnahmsweise nur dann zulässig, wenn ein ursächlicher Zusammenhang zwischen dem tatsächlich für einen bestimmten Kredit entstandenen Aufwand und dem Zufluss besteht (>BFH vom 4. 2. 1976 – BStBl II S. 551 und vom 23. 11. 1983 – BStBl 1984 II S. 217). In diesem Zusammenhang mindern Zinsverbilligungszuschüsse von dritter Seite die hinzuzurechnenden Entgelte für Schulden (>BFH vom 4. 5. 1965 – BStBl III S. 417), weiterhin >Saldierung mit Guthaben.

Versicherungsunternehmen

Wie die Deckungsrückstellung (Deckungsrücklage) der Lebensversicherungsunternehmen sind auch die verzinslich angesammelten Gewinnanteile der Versicherungsnehmer keine Schulden, wenn die Gegenwerte ähnlichen Verfügungsbeschränkungen wie die Bestände des Deckungsstocks unterliegen (>Gutachten des RFH vom 26. 11. 1943 – RStBl 1944 S. 171). Die Rückstellung für Beitragsrückerstattung ist als Schuld zu behandeln, soweit die Gegenwerte nicht ähnlichen Verfügungsbeschränkungen unterliegen wie die Bestände des Deckungsstocks (>BFH vom 26. 4. 1960 – BStBl III S. 311, vom 4. 4. 1963 – BStBl III S. 264 und vom 11. 4. 1984 – BStBl II S. 598). Der Grundsatz, dass die Deckungsrückstellung keine Schuld im Sinne des Gewerbesteuergesetzes ist, schließt nicht aus, dass Hypothekenschulden, die auf einem zum Deckungsstock gehörenden Grundstück lasten, Schulden sein können (>BFH vom 21. 7. 1966 – BStBl III S. 630); weiterhin >Rdnr. 24 ff. Gleich lautende Erlasse der obersten Finanzbehörden der Länder vom 2. 7. 2012 – BStBl I S. 654.

Zahlung von Überpreisen

Die Zahlung von Überpreisen führt beim Lieferanten zu einer Schuld, wenn der Mehrbetrag dem Kunden auf einem besonderen Konto gutgeschrieben und banküblich verzinst wird (>BFH vom 21. 2. 1991 – BStBl II S. 474).

H 8.1 (2)

Abgrenzung zu privaten Versorgungsrenten
Die bei Vermögensübertragungen von Eltern auf Kinder bestehende Vermutung für das Vorliegen einer privaten Versorgungsrente ist jedenfalls dann entkräftet, wenn die Vertragsparteien Leistung und Gegenleistung wie unter Fremden nach kaufmännischen Gesichtspunkten gegeneinander abgewogen haben und subjektiv davon ausgegangen sind, dass die Leistungen im maßgeblichen Zeitpunkt des Vertragsschlusses in etwa wertgleich sind (>BFH vom 30. 7. 2003 – BStBl 2004 II S. 211).

Aufwendungen für Zusagen auf Leistungen der betrieblichen Altersversorgung
>Rdnr. 27 Gleich lautende Erlasse der obersten Finanzbehörden der Länder vom 2. 7. 2012 – BStBl I S. 654

Erbbauzinsen
gelten nicht als dauernde Last (>BFH vom 7. 3. 2007 – BStBl II S. 654).

Wertsicherungsklausel
Erhöht sich die Verpflichtung infolge einer Wertsicherungsklausel, sind auch die durch Wirksamwerden der Wertsicherungsklausel erhöhten Rentenbeträge hinzuzurechnen, soweit sie den Gewinn gemindert haben; ausgenommen ist aber der Aufwand, der durch die Erhöhung des Passivpostens für die Verpflichtung entsteht (>BFH vom 12. 11. 1975 – BStBl 1976 II S. 297).

H 8.1 (3)

Abgrenzung des stillen Gesellschaftsverhältnisses vom partiarischen Darlehen
>BFH vom 8. 3. 1984 – BStBl II S. 623 und vom 19. 10. 2005 – BStBl 2006 II S. 334

Atypisch stille Gesellschaften
Im Gegensatz zur typischen stillen Gesellschaft sind atypische stille Gesellschaften, auch wenn die stille Beteiligung an einer GmbH besteht, nach den Grundsätzen der Mitunternehmerschaft zu behandeln (>BFH vom 15. 12. 1992 – BStBl 1994 II S. 702). Die Gewinnanteile des atypischen stillen Gesellschafters sind Teil des gewerblichen Gewinns der Mitunternehmerschaft und dürfen diesen nicht mindern (>BFH vom 12. 11. 1985 – BStBl 1986 II S. 311).

Begriff des stillen Gesellschafters
>BFH vom 5. 6. 1964 – BStBl 1965 III S. 49, vom 8. 7. 1965 – BStBl III S. 558, vom 11. 11. 1965 – BStBl 1966 III S. 95, vom 7. 2. 1968 – BStBl II S. 356, vom 28. 7. 1971 – BStBl II S. 815, vom 6. 10. 1971 – BStBl 1972 II S. 187, vom 27. 2. 1975 – BStBl II S. 611, vom 1. 6. 1978 – BStBl II S. 570, vom 16. 8. 1978 – BStBl 1979 II S. 51, vom 7. 12. 1983 – BStBl 1984 II S. 373 und vom 8. 4. 2008 – BStBl II S. 852

Gewinnabhängige Bezüge nach Beendigung des stillen Gesellschaftsverhältnisses
Zu den Gewinnanteilen des stillen Gesellschafters im Sinne des § 8 Nr. 1 Buchst. c GewStG gehören auch gewinnabhängige Bezüge, die nach Beendigung des stillen Gesellschaftsverhältnisses für die von dem stillen Gesellschafter während des Bestehens des Gesellschaftsverhältnisses erbrachten Leistungen gewährt werden (>BFH vom 17. 2. 1972 – BStBl II S. 586).

Stille Beteiligung an einem Mitunternehmeranteil
Auch die Gewinnanteile des stillen Gesellschafters eines Mitunternehmers (Unterbeteiligten) fallen unter die Hinzurechnungsvorschrift des § 8 Nr. 1 Buchst. c GewStG (>BFH vom 8. 10. 1970 – BStBl 1971 II S. 59).

Verlustanteile des stillen Gesellschafters
- Bei der Ermittlung der Summe der nach § 8 Nr. 1 GewStG 2002 (i. d. F. des UntStRefG 2008) hinzuzurechnenden Finanzierungsanteile ist auch ein Verlustanteil des stillen Gesellschafters zu berücksichtigen, soweit dieser Verlustanteil den Verlust aus Gewerbebetrieb gemindert hat (>R 8.1 Abs. 3 Satz 2 GewStR 2009). Wird durch die Berücksichtigung des Verlustanteils die Summe der hinzuzurechnenden Finanzierungsanteile negativ, dann ist diese Summe grundsätzlich – entgegen R 8.1 Abs. 3 Satz 3 GewStR 2009 – negativ hinzuzurechnen (>BFH vom 1. 10. 2015 – BStBl 2017 II S. 59).
- Die Betragsgrenze für die Hinzurechnung (§ 8 Nr. 1 GewStG 2002 i. d. F. des UntStRefG 2008) von 100.000 € ist im Fall einer negativen Summe der hinzuzurechnenden Finanzierungsanteile nicht spiegelbildlich anzuwenden. Lautet daher die Summe der Einzelhinzurechnungsbeträge auf einen Betrag zwischen ./. 1 € und ./. 100.000 €, dann ist ein Viertel dieser Summe dem Gewinn aus Gewerbebetrieb (negativ) hinzuzurechnen (>BFH vom 28. 1. 2016 – BStBl 2017 II S. 62).

H 8.1 (4)

Antizipiertes Besitzkonstitut
Ein Mietvertrag und kein Lizenzvertrag liegt vor, wenn jemand mit Genehmigung und unter Ausnutzung von Lizenzen eines anderen Gegenstände selbst herstellt und nutzt, die mit der Herstellung nach dem Willen der Vertragspartner in das Eigentum des anderen Vertragsteils übergehen (>BFH vom 2. 11. 1965 – BStBl 1966 III S. 70).

Bare-boat-Charterverträge
Bare-boat-Charterverträge fallen unter § 8 Nr. 1 Buchst. d GewStG (>BFH vom 27. 11. 1975 – BStBl 1976 II S. 220).

Begriff des Miet- oder Pachtvertrags
Bei der Beurteilung, ob ein Miet- oder Pachtvertrag vorliegt, kommt es darauf an, ob die Verträge ihrem wesentlichen rechtlichen Gehalt nach Miet- oder Pachtverträge im Sinne des bürgerlichen Rechts sind (>BFH vom 31. 7. 1985 – BStBl 1986 II S. 304). Es ist unerheblich, ob die Mietverträge nur für kurze Zeit abgeschlossen werden, die Miet- oder Pachtzinsen angemessen sind oder der Abschluss des Miet- oder Pachtvertrages wirtschaftlich sinnvoll ist (>BFH vom 30. 3. 1994 – BStBl II S. 810).

Begriff des Wirtschaftsguts
>H 4.2 (1) Wirtschaftsgut EStH

Benutzung einer Kaianlage
- Wird einem Schifffahrtsunternehmen von der Hafenverwaltung in einem besonderen Vertrag gestattet, den Güter- und Personenverkehr von einem näher gekennzeichneten Teil einer Kaianlage mit Vorrang vor anderen Hafenbenutzern abzuwickeln, erfolgt mangels eines Mietvertrags keine Hinzurechnung nach § 8 Nr. 1 Buchst. d GewStG für die Benutzung der Kaianlage (>BFH vom 9. 11. 1983 – BStBl 1984 II S. 149). Zur Überlassung von Rechten (>§ 8 Nr. 1 Buchst. f GewStG und R 8.1 Abs. 6).

– Überlässt eine Stadt eine in ihrem Hafen belegene Kaje (Kai) einem Dritten zur ständigen Nutzung, ist das dafür zu zahlende Entgelt dann Mietzins im Sinne des § 8 Nr. 1 Buchst. d GewStG, wenn die Stadt verpflichtet ist, die Kaje herzurichten und für eine bestimmte Wassertiefe zu sorgen. Die Kaje ist eine Betriebsvorrichtung (>BFH vom 31. 7. 1985 – BStBl 1986 II S. 304).

Betrieb einer Deponie
Räumt ein Grundstückseigentümer einem Unternehmen zum Betrieb einer Deponie gegen Entgelt das Recht ein, das betreffende Grundstück mit Abfall zu verfüllen, wird das Grundstück und nicht ein vom Grund und Boden verselbständigtes Wirtschaftsgut „Auffüllrecht" vermietet oder verpachtet (>BFH vom 17. 12. 2003 – BStBl 2004 II S. 519), zu Rechten (>§ 8 Nr. 1 Buchst. f GewStG).

Betriebsvorrichtungen als bewegliche Wirtschaftsgüter des Anlagevermögens
>R 7.1 Abs. 3 EStR und BFH vom 20. 6. 1990 – BStBl II S. 913

Bildung einer Erneuerungsrückstellung
Ist der Pächter einer gewerblichen Betriebseinrichtung dem Verpächter gegenüber verpflichtet, zur Abgeltung der Abnutzung eine Erneuerungsrückstellung zu bilden, sind die dieser Rückstellung zugeführten Beträge als Teil der Pachtzinsen im Sinne des § 8 Nr. 1 Buchst. d oder e GewStG anzusehen (>RFH vom 11. 2. 1941 – RStBl S. 292).

Eigentum
Der Begriff „Eigentum" in § 8 Nr. 1 Buchst. d und e GewStG ist weit auszulegen, er umfasst auch den Eigenbesitz (wirtschaftliches Eigentum) im Sinne des § 39 Abs. 2 Nr. 1 AO (>BFH vom 6. 7. 1966 – BStBl III S. 599 und vom 6. 3. 1968 – BStBl II S. 478).

Gemischte Verträge
– >Rdnr. 6 und 7 Gleich lautende Erlasse der obersten Finanzbehörden der Länder vom 2. 7. 2012 – BStBl I S. 654
– Ist bei einem gemischten Vertrag die Vermietung eine von den übrigen Leistungen trennbare Hauptleistung, z. B. Überlassung von Know-how und Vermietung von Spezialmaschinen, so ist das Entgelt, soweit es auf die Vermietung entfällt, dem Gewerbeertrag hinzuzurechnen (>BFH vom 15. 6. 1983 – BStBl 1984 II S. 17).
– Zeitcharterverträge, d. h. Verträge mit Mannschaftsgestellung, sind keine Miet- oder Pachtverträge im Sinne des § 8 Nr. 1 Buchst. d und e GewStG, da die Beförderungsleistung unter Einsatz des gestellten Personals im Vordergrund steht. Eine weitergehende Aufteilung des Entgelts scheidet aus, da es sich hierbei um eine Leistung handelt, die das Wesen des ganzen Vertrages entscheidend beeinflusst (>BFH vom 23. 7. 1957 – BStBl III S. 306 und Rdnr. 7 Gleich lautende Erlasse der obersten Finanzbehörden der Länder vom 2. 7. 2012 – BStBl I S. 654).

Miet- und Pachtzinsen
– Der Wert eines vom Mieter oder vom Pächter erstellten Gebäudes stellt Entgelt für die Nutzung dar, wenn das Gebäude entschädigungslos in das Eigentum des zur Grundstücksüberlassung Verpflichteten übergeht und der Vermögenszuwachs seine Grundlage in dem Miet- oder Pachtvertrag hat (>BFH vom 26. 7. 1983 – BStBl II S. 755).
– Zu den Miet- und Pachtzinsen gehören die Aufwendungen des Mieters oder Pächters für die Instandsetzung, Instandhaltung und Versicherung des Miet- oder Pachtgegenstandes, die er über seine gesetzliche Verpflichtung nach bürgerlichem Recht hinaus (§§ 582 ff. BGB) auf Grund vertraglicher Verpflichtungen übernommen hat (>BFH vom 27. 11. 1975 – BStBl

1976 II S. 220 und Rdnr. 29 Gleich lautende Erlasse der obersten Finanzbehörden der Länder vom 2. 7. 2012 – BStBl I S. 654).

Monopolabgaben der Versorgungsunternehmen
>RFH vom 9. 2. 1943 – RStBl S. 508

Netzentgelte
>Rdnrn. 29c, 29d und 29e Gleich lautende Erlasse der obersten Finanzbehörden der Länder vom 2. 7. 2012 – BStBl I S. 654

Verträge zwischen Gesellschaftern und ihren Personengesellschaften
Überlässt der Gesellschafter einer Personengesellschaft dieser ein Wirtschaftsgut zur Nutzung, das er im Rahmen seines Gewerbebetriebs von einem Dritten (Vermieter) gemietet hat, und verpflichtet sich die Personengesellschaft gegenüber ihrem Gesellschafter, das zwischen diesem und dem Vermieter vereinbarte Nutzungsentgelt unmittelbar an den Vermieter zu zahlen, sind die an den Vermieter gezahlten Mietzinsen dem Gewerbeertrag der Personengesellschaft hinzuzurechnen (>BFH vom 31. 7. 1985 – BStBl 1986 II S. 304).

Weitervermietung oder Weiterverpachtung
– Auch die Mieten und Pachten für weitervermietete oder -verpachtete Immobilien sind dem Gewinn aus Gewerbebetrieb gemäß § 8 Nr. 1 Buchst. e GewStG 2002 hinzuzurechnen (>BFH vom 4. 6. 2014 – BStBl 2015 II S. 289). Die Besteuerungsfolgen, die aus der Hinzurechnung der Mieten und Pachten für weitervermietete oder -verpachtete Immobilien zum Gewinn aus Gewerbebetrieb gemäß § 8 Nr. 1 Buchst. e GewStG 2002 i. d. F. des UntStRefG 2008 resultieren, entsprechen im Regelfall den gesetzgeberischen Wertungen und rechtfertigen daher grundsätzlich keinen Erlass der Gewerbesteuer wegen sachlicher Unbilligkeit (>BFH vom 4. 6. 2014 – BStBl 2015 II S. 293).
– >Rdnr. 29a Gleich lautende Erlasse der obersten Finanzbehörden der Länder vom 2. 7. 2012 – BStBl I S. 654

Wirtschaftsgüter des Anlagevermögens
Miet- und Pachtzinsen werden dann für die Benutzung von Wirtschaftsgütern des Anlagevermögens gezahlt, wenn die Wirtschaftsgüter für den Fall, dass sie im Eigentum des Mieters oder Pächters stünden, dessen Anlagevermögen zuzurechnen wären (>BFH vom 29. 11. 1972 – BStBl 1973 II S. 148).

Zuführungen zur Rekultivierungsrückstellung
Die im Zusammenhang mit der behördlichen Genehmigung zum Abbau von Bodenschätzen durch den Grundstückspächter vorzunehmenden Zuführungen zu einer Rekultivierungsrückstellung stellen keinen Bestandteil der Pachtzinsen im Sinne des § 8 Nr. 1 Buchstabe e GewStG dar, wenn diese auch der zumindest teilweisen Erfüllung einer eigenen Verpflichtung des Grundstückspächters dienen (>BFH vom 21. 6. 2012 – BStBl II S. 692).

H 8.1 (5)

Allgemeines
>Rdnr. 33 ff. Gleich lautende Erlasse der obersten Finanzbehörden der Länder vom 2. 7. 2012 – BStBl I S. 654

Durchleitungsrechte
>Rdnr. 40 Gleich lautende Erlasse der obersten Finanzbehörden der Länder vom 2.7.2012 – BStBl I S. 654

Fährgerechtigkeit
>BFH vom 26.11.1964 – BStBl 1965 III S. 293

Gemischte Verträge
>Rdnr. 6 und 7 Gleich lautende Erlasse der obersten Finanzbehörden der Länder vom 2.7.2012 – BStBl I S. 654

Verträge über die Ausbeutung von Bodenschätzen
Bei Verträgen über die Ausbeutung von Mineralvorkommen ist die Überlassung der Grundstücke zur Ausbeutung der Vorkommen gewerbesteuerrechtlich nicht als Verpachtung von in Grundbesitz bestehenden Wirtschaftsgütern des Anlagevermögens, sondern als entgeltliche Überlassung des Rechts des Grundstückseigentümers auf Ausbeutung des Vorkommens anzusehen (>BFH vom 7.10.1958 – BStBl 1959 III S. 5, vom 12.5.1960 – BStBl III S. 466 und vom 8.11.1989 – BStBl 1990 II S. 388). Das gilt nicht nur für Bodenschätze, bei denen das Recht zur Gewinnung von dem Eigentum am Grundstück getrennt und als selbständiges Recht (Gerechtigkeit) behandelt wird (insbesondere Mineralgewinnungsrecht), sondern auch für solche Bodenbestandteile, deren Abbau dem unbeschränkten Verfügungs- und Ausbeuterecht des Eigentümers unterliegt (z. B. Kies, Sand, Basalt und Ton) (>BFH vom 12.1.1972 – BStBl II S. 433 und vom 26.5.1976 – BStBl II S. 721). Bei einem Betrieb, der auf Grund von Verträgen mit Grundstückseigentümern durch Nassbaggerei Sand und Kies an Flussufern abbaut, entfallen regelmäßig die Vergütungen in voller Höhe auf die Kies- und Sandausbeute, so dass ein Betrag für die Verpachtung der Bodenoberfläche nicht auszusondern ist (>BFH vom 21.8.1964 – BStBl III S. 557).

| H 8.1 (6) |

Anwendungsfragen
>Rdnr. 44 ff. Gleich lautende Erlasse der obersten Finanzbehörden der Länder vom 2.7.2012 – BStBl I S. 654
– Abwicklung und Insolvenz
– Bemessungsgrundlage
– Organschaft
– Umstellung des Wirtschaftsjahres

>Rdnr. 95 ff. BMF vom 12.11.2009 – BStBl I S. 1303 Anwendungsfragen zu den Regelungen im Jahressteuergesetz 2009 zur Besteuerung von Betrieben gewerblicher Art und Eigengesellschaften von juristischen Personen des öffentlichen Rechts

---

| R 8.2 | **Vergütungen an persönlich haftende Gesellschafter einer Kommanditgesellschaft auf Aktien**

[1]Nach § 8 Nr. 4 GewStG werden Vergütungen (Tantiemen), die für die Geschäftsführung eines persönlich haftenden Gesellschafters einer Kommanditgesellschaft auf Aktien gewährt werden, dem Gewinn aus Gewerbebetrieb wieder hinzugerechnet. [2]Die Hinzurechnung nach § 8 Nr. 4 GewStG ist auch dann vorzunehmen, wenn Komplementär eine GmbH ist. [3]Zuweisungen an eine Pensionsrückstellung gehören ebenfalls zu den Vergütungen im Sinne der Vorschrift. [4]Die

Hinzurechnung umfasst nicht die nach § 15 Abs. 1 Satz 1 Nr. 3 EStG im Gewinn des persönlich haftenden Gesellschafters enthaltenen Vergütungen für die Hingabe von Darlehen oder die Überlassung von Wirtschaftsgütern; diese Beträge sind aber nach § 8 Nr. 1 GewStG hinzuzurechnen, soweit die Voraussetzungen dafür erfüllt sind.

H 8.2

Allgemeines
Die Hinzurechnung setzt nicht voraus, dass die persönlich haftenden Gesellschafter einer Kommanditgesellschaft auf Aktien Mitunternehmer sind (>BFH vom 8. 2. 1984 – BStBl II S. 381). Vergütungen im Sinne dieser Vorschrift sind alle Arten von Vergütungen, die die persönlich haftenden Gesellschafter als Gegenleistung für ihre gegenwärtige oder frühere Geschäftsführertätigkeit erhalten. Dazu gehören auch feste Vergütungen, Ruhegehälter und ähnliche Bezüge (>BFH vom 4. 5. 1965 – BStBl III S. 418 und vom 31. 10. 1990 – BStBl 1991 II S. 253). Die Auflösung einer gewerbesteuerpflichtig gebildeten Pensionsrückstellung erhöht nicht den Gewinn (>BFH vom 27. 3. 1961 – BStBl III S. 280). Aufwendungen, die einem persönlich haftenden Gesellschafter durch die Übertragung der Geschäftsführungsaufgaben auf andere Personen entstehen, mindern die Hinzurechnung nach § 8 Nr. 4 GewStG nicht (>BFH vom 31. 10. 1990 – BStBl 1991 II S. 253).

R 8.3 Nicht im gewerblichen Gewinn enthaltene Gewinnanteile (Dividenden)

– unbesetzt –

H 8.3

Hinzurechnung von Gewinnanteilen aus Auslandsbeteiligungen im Erhebungszeitraum 2001
>Gleich lautende Erlasse der obersten Finanzbehörden der Länder vom 30. 3. 2015 – BStBl I S. 260 zu den Folgen aus dem BFH-Urteil vom 6. 3. 2013 – BStBl 2015 II S. 349

Hinzurechnung bei abkommensrechtlicher Freistellung (DBA)
Gewinnanteile aus Anteilen an einer ausländischen Kapitalgesellschaft, die nach § 8b Abs. 1 KStG 2002 bei der Ermittlung des Einkommens außer Ansatz bleiben, zugleich aber auch nach Maßgabe eines sog. abkommensrechtlichen Schachtelprivilegs (DBA) von der Bemessungsgrundlage ausgenommen werden, sind nicht nach § 8 Nr. 5 GewStG 2002 dem Gewinn aus Gewerbebetrieb hinzuzurechnen (>BFH vom 23. 6. 2010 – BStBl 2011 II S. 129).

Steuerfreie Erträge aus Investmentanteilen
Erträge aus Investmentanteilen, die nach § 2 Abs. 2 Satz 1 InvStG a. F. i. V. m. § 8b Abs. 1 KStG 2002 bei der Ermittlung des Gewerbeertrages außer Ansatz geblieben sind, unterfallen der Hinzurechnung gemäß § 8 Nr. 5 GewStG (>BFH vom 14. 12. 2011 – BStBl 2013 II S. 486).

R 8.4 Anteile am Verlust einer Personengesellschaft

[1]Maßgebend für die Hinzurechnung nach § 8 Nr. 8 GewStG ist der sich aus § 15 Abs. 1 Satz 1 Nr. 2 EStG ergebende Verlustanteil. [2]Sie ist daher auch vorzunehmen, wenn das Beteiligungs-

unternehmen (Personengesellschaft) – wie etwa in der Vorbereitungs- oder Abwicklungsphase – noch nicht oder nicht mehr gewerbesteuerpflichtig ist.

| H 8.4 |

Partenreederei

Verlustanteile aus einer Partenreederei, die vor Indienststellung des Schiffes als so genannte Baureederei noch keinen Gewerbebetrieb im Sinne des Gewerbesteuergesetzes unterhält, sind zur Ermittlung des Gewerbeertrags dem Gewinn des Beteiligten hinzuzurechnen (>BFH vom 23.10.1986 – BStBl 1987 II S. 64).

| R 8.5 | **Spenden bei Körperschaften**

[1]Spenden zur Förderung steuerbegünstigter Zwecke im Sinne der §§ 52 bis 54 AO gehören bei Körperschaften zu den Ausgaben im Sinne des § 9 Abs. 1 Nr. 2 KStG, die bei der Ermittlung des Gewinns aus Gewerbebetrieb mit bestimmten Höchstbeträgen abzugsfähig sind. [2]Diese Spenden sind nach § 8 Nr. 9 GewStG bei der Ermittlung des Gewerbeertrags hinzuzurechnen und nach § 9 Nr. 5 GewStG im Rahmen der Höchstbeträge zu kürzen. [3]Die Hinzurechnung ist mit dem Betrag vorzunehmen, mit dem die Spenden bei der Ermittlung des körperschaftlichen Einkommens abgezogen worden sind.

| R 8.6 | **Gewinnminderungen durch Teilwertabschreibungen und Veräußerungsverluste**

[1]Hinzuzurechnen sind Gewinnminderungen, die durch eine Teilwertabschreibung auf Anteile an einer Körperschaft, eine Veräußerung oder Entnahme solcher Anteile oder eine Auflösung oder Herabsetzung des Kapitals einer Körperschaft entstanden sind, soweit sie auf nach § 9 Nr. 2a, 7 oder 8 GewStG zu kürzende Gewinnausschüttungen oder organschaftliche Gewinnabführungen zurückzuführen sind. [2]Die Gewinnminderung kann sowohl auf offenen als auch auf verdeckten Gewinnausschüttungen beruhen. [3]Soweit die Gewinnminderung auf andere Umstände zurückzuführen ist (z. B. Verluste der Körperschaft), kommt eine Hinzurechnung nicht in Betracht. [4]Ist eine Gewinnminderung sowohl durch Gewinnausschüttungen oder organschaftliche Gewinnabführungen im oben genannten Sinne als auch durch andere Umstände veranlasst, so ist bei Anwendung des § 8 Nr. 10 GewStG davon auszugehen, dass die Gewinnminderung vorrangig durch andere Umstände veranlasst worden ist. [5]Bei einer gewerbesteuerlichen Organschaft ist § 8 Nr. 10 GewStG nur hinsichtlich der durch die Ausschüttung von Gewinnen aus vororganschaftlicher Zeit entstandenen Gewinnminderungen anzuwenden. [6]Darüber hinaus ist § 8 Nr. 10 GewStG nicht anzuwenden. [7]Die spätere Gewinnerhöhung aus der Wertaufholung der Anteile an Kapitalgesellschaften ist bei der Ermittlung des Gewerbeertrags auch dann zu berücksichtigen, wenn die zuvor vorgenommene Teilwertabschreibung für diese Anteile auf einer Gewinnausschüttung beruht und die Teilwertabschreibung nach § 8 Nr. 10 GewStG – aber auch die Gewinnausschüttung gemäß § 9 Nr. 2a GewStG – für Zwecke der Festsetzung des Gewerbesteuermessbetrags außer Ansatz geblieben ist.

| H 8.6 |

Liquidationsraten
Der Gewinn aus Gewerbebetrieb ist nach § 8 Nr. 10 Buchst. b GewStG zu erhöhen, soweit aufgrund der ausgekehrten Liquidationsrate, die zu einer Kürzung nach § 9 Nr. 2a GewStG geführt hat, der Buchwert der Anteile an der Untergesellschaft beim Anteilseigner auszubuchen ist. Die Hinzurechnung ist nicht auf die Fälle beschränkt, in denen der auf den Anteil entfallende Liquidationserlös geringer ist als der auszubuchende Buchwert des Anteils (>BFH vom 8.5.2003 – BStBl 2004 II S. 461).

| R 8.7 | **Gebietsmäßige Abgrenzung bei Hinzurechnungen nach § 8 GewStG**

¹Bei den Hinzurechnungen nach § 8 GewStG sind nur Betriebsstätten im Geltungsbereich des Gesetzes einzubeziehen. ²Dieser Grundsatz ist bezüglich der Hinzurechnungen schon durch den Einleitungssatz des § 8 GewStG zum Ausdruck gebracht, wonach die bezeichneten Beträge hinzugerechnet werden, soweit sie bei der Ermittlung des Gewinns abgesetzt worden sind.

| H 8.7 |

Behandlung von Betriebsstätten im Ausland
>H 7.1 (1) Allgemeines

Gebietsmäßige Abgrenzung der Besteuerung
>R 2.8

| R 8.8 | **Schulden der in § 19 GewStDV genannten Unternehmen**

Allgemeines
(1) ¹Zum Eigenkapital im Sinne des § 19 GewStDV gehört auch der in der Bilanz auf den maßgebenden Stichtag ausgewiesene Gewinn, und zwar auch insoweit, als er nach gesetzlichen oder satzungsmäßigen Bestimmungen oder nach den Beschlüssen der zuständigen Organe einer Rücklage zuzuführen ist. ²Ist dagegen der Gewinn den Mitgliedern oder der beherrschenden Körperschaft zuzuführen oder soll er zu bestimmten Ausgaben oder zu echten Rückstellungen verwendet werden, gehört er insoweit nicht zum Eigenkapital, auch wenn die Verwendung in der Bilanz noch nicht zum Ausdruck kommt. ³Nicht zum Eigenkapital gehören ferner Sonderposten mit Rücklageanteil gemäß § 281 HGB sowie andere Sonderposten mit Rücklageanteil, die auf Grund steuerlicher Vorschriften gebildet werden. ⁴Die Sonderposten mit Rücklageanteil nach § 281 HGB sind vom Buchwert der Wirtschaftsgüter abzuziehen, zu deren Wertberichtigung sie gebildet sind. ⁵Ist ein Betriebsgrundstück in der Zwangsversteigerung zur Rettung einer Forderung erworben worden und dient es betriebsfremden Zwecken, bestehen keine Bedenken, das Grundstück in den ersten drei Jahren nach dem Erwerb nicht dem Anlagevermögen, sondern dem Umlaufvermögen zuzurechnen. ⁶Die dreijährige Frist beginnt mit dem Tag des Erwerbs des Grundstücks. ⁷Die Vergünstigung tritt ein, wenn die für die Gewerbesteuerveranlagung maßgebenden Bilanzstichtage in die dreijährige Frist fallen. ⁸Der Betrag, der als grundsätzlich hinzurechnungspflichtiges Entgelt zu behandeln ist, ist nach dem gewogenen Durchschnitt der Entgelte für hereingenommene Gelder, Darlehen und Anleihen zu ermitteln. ⁹Maßgebend für die Berechnung der Entgelte für Schulden nach § 19 GewStDV sind nicht allein die

Verhältnisse am Beginn oder am Ende des Ermittlungszeitraums. ¹⁰Im Falle organschaftlich verbundener Unternehmen kann § 19 GewStDV nur von demjenigen Unternehmen in Anspruch genommen werden, das selbst die Voraussetzungen des § 19 GewStDV erfüllt. ¹¹Die Ausgabe von Schuldscheindarlehen ist als „Schuldtitel" im Sinne des § 19 Abs. 3 Nr. 2 GewStDV zu behandeln, wenn die Schuldscheindarlehen handelbar sind.

Bankfremde Geschäfte

(2) ¹Voraussetzung für die Anwendung des § 19 Abs. 1 GewStDV ist, dass im Durchschnitt aller Monatsausweise des Wirtschaftsjahrs des Kreditinstituts nach § 25 KWG oder entsprechender Statistiken die Aktivposten aus Bankgeschäften und dem Erwerb von Geldforderungen die Aktivposten aus anderen Geschäften überwiegen. ²Damit können auch solche Kreditinstitute im Sinne des § 1 Abs. 1 KWG unter diese Regelung fallen, die überwiegend den Ankauf von Geldforderungen (echtes Factoring und Forfaitierung von Leasingforderungen) betreiben. ³Der Umstand, dass der entgeltliche Erwerb von Geldforderungen nicht zu den Bankgeschäften im Sinne des § 1 Abs. 1 KWG gehört, ist dabei ohne Bedeutung. ⁴In den Vergleich sind die Durchschnitts-Aktivposten der in § 19 Abs. 1 GewStDV genannten Anlagen nicht einzubeziehen. ⁵Die Geschäftsbeziehungen mit ausländischen Niederlassungen des Kreditinstituts sind in die Durchschnittsberechnungen mit dem jeweiligen Verrechnungssaldo einzubeziehen. ⁶Bei inländischen Zweigniederlassungen ausländischer Kreditinstitute ist entsprechend zu verfahren.

H 8.8

Abgrenzung von Hilfs- und Nebengeschäften zu Finanzdienstleistungsgeschäften zu anderen Geschäften bei Leasing- und Factoringunternehmen bei der Anwendung des § 19 Abs. 3 Nr. 4 GewStDV

>Gleich lautende Erlasse der obersten Finanzbehörden der Länder vom 27.11.2009 – BStBl I S. 1595

Bestandsveränderungen im Ermittlungszeitraum

Haben sich die für den Ansatz der Schulden maßgebenden Verhältnisse (die Wertansätze der für die Begrenzung der Schulden maßgebenden Aktivposten der Bilanz, die Höhe der Schulden, das Eigenkapital) im Laufe des Ermittlungszeitraums verändert, müssen die Schuldzinsen regelmäßig geschätzt werden (>BFH vom 19.7.1967 – BStBl III S. 732).

Beteiligungen

Dauernder Aktienbesitz eines Kreditinstituts ist auch dann als Beteiligung im Sinne des § 19 GewStDV anzusehen, wenn die Voraussetzungen des Begriffs Beteiligungen im Sinne des Handelsrechts nicht vorliegen (>BFH vom 16.3.1989 – BStBl II S. 737).

Dotationskapital inländischer Kreditinstitute mit ausländischen Mitunternehmern

Der inländischen Betriebsstätte eines ausländischen Unternehmens kann höchstens derjenige Betrag als „Dotationskapital" zugerechnet werden, der dem Gesamtunternehmen als Eigenkapital zur Verfügung steht (>BFH vom 23.8.2000 – BStBl 2002 II S. 207).

Eigenkapital

Als Eigenkapital im Sinne des § 19 GewStDV kommt nur ein positiver Betrag in Betracht (>BFH vom 30.7.1969 – BStBl II S. 667).

Refinanzierung eines Mitunternehmeranteils an einem Kreditinstitut

Es entspricht dem Sinn und Zweck des § 19 GewStDV, in den Regelungsbereich der Vorschrift auch diejenigen Schulden einzubeziehen, die zum Erwerb eines Anteils an einem von Mitunternehmern betriebenen Kreditinstitut oder zur Refinanzierung von Einlagen der Mitunternehmer aufgenommen werden (>BFH vom 23. 8. 2000 – BStBl 2002 II S. 207).

R 8.9	Schulden bei Spar- und Darlehenskassen

[1]Spareinlagen bei Spar- und Darlehnskassen mit überwiegendem Warengeschäft sind insoweit nicht als Schulden zu behandeln, als sie in Kapital- und Geldmarktpapieren (insbesondere in Anleihen des Bundes, der Länder und der Gebietskörperschaften, Teilschuldverschreibungen, Pfandbriefen und Privatdiskonten) oder in Guthaben bei Zentralkassen oder in Hypotheken, Grundschulden oder Ausgleichsforderungen angelegt sind. [2]Diese Regelung ist auch dann anzuwenden, wenn die durch Grundschulden gesicherten Forderungen eine geringere Laufzeit als vier Jahre haben und deshalb nach dem Kontenrahmen für Kreditgenossenschaften als Kontokorrentforderungen ausgewiesen sind. [3]Voraussetzung ist aber der Nachweis, dass die Ausleihungen nicht mit dem bankfremden Geschäft im Zusammenhang stehen. [4]Das gilt nicht für Darlehen und Abwicklungsforderungen. [5]Spar- und Darlehnskassen in diesem Sinne sind alle Genossenschaften, in deren Firma zum Ausdruck kommt, dass sie Geschäfte der in § 1 des Gesetzes über das Kreditwesen bezeichneten Art ausführen (z. B. Spar- und Darlehnsvereine, Spar- und Wirtschaftsgenossenschaften). [6]Bei der Ermittlung des Gewerbeertrags von Spar- und Darlehnskassen ist grundsätzlich jeweils der niedrigste Jahresbestand der Summe der in Satz 1 bezeichneten Anlagewerte im Geschäftsjahr maßgebend. [7]Der niedrigste Jahresbestand kann aber um den Hundertsatz erhöht werden, um den sich der Spareinlagenbestand am Schluss des Geschäftsjahrs gegenüber dem Bestand am Beginn des Geschäftsjahrs erhöht hat.

H 8.9

Beispiel

Der niedrigste Bestand an Anlagewerten im Sinne der R 8.9 Satz 1 beträgt 40.000 €. Der niedrigste Bestand an Spareinlagen, der an sich für die Behandlung als Schuld maßgebend ist, beträgt 90.000 €. Der Spareinlagenbestand hat am Beginn des Geschäftsjahrs 100.000 € betragen und ist bis zum Schluss des Geschäftsjahrs auf 150.000 € gestiegen. Die Steigerung beträgt 50 %. Entsprechend dieser Steigerung kann der niedrigste Bestand an Anlagewerten auf 60.000 € erhöht werden, vorausgesetzt, dass am Schluss des Geschäftsjahrs Anlagewerte mindestens in dieser Höhe vorhanden waren. Es ist demgemäß von den Spareinlagen nur ein Betrag von (90.000 € – 60.000 € =) 30.000 € als Schuld zu behandeln.

Genossenschaft mit überwiegendem Warengeschäft

– Eine Genossenschaft, bei der das Warengeschäft das Kreditgeschäft überwiegt, ist kein Kreditinstitut im Sinne des § 19 GewStDV. Die Behandlung ihrer Verbindlichkeiten als Schulden im Sinne des § 8 Nr. 1 Buchst. a GewStG richtet sich nach den allgemeinen für Warengenossenschaften geltenden Vorschriften (>BFH vom 2. 8. 1960 – BStBl III S. 390).

– >R 8.8 Abs. 2

Zu § 9 GewStG

R 9.1 | Kürzung für den zum Betriebsvermögen gehörenden Grundbesitz

Allgemeines

(1) [1]Nach § 9 Nr. 1 Satz 1 GewStG ist die Summe des Gewinns und der Hinzurechnungen um 1,2 v. H. des Einheitswerts des nicht von der Grundsteuer befreiten Grundbesitzes zu kürzen, der zum Betriebsvermögen des Unternehmens gehört. [2]Die Einschränkung des § 9 Nr. 1 Satz 1 GewStG auf Grundbesitz, der nicht von der Grundsteuer befreit ist, beschränkt sich ausschließlich auf Befreiungstatbestände des Grundsteuergesetzes. [3]Wird die Grundsteuer aus anderen Gründen (z. B. Billigkeitsmaßnahmen, Erlass, Verjährung) tatsächlich nicht erhoben, steht dies der Anwendung der Kürzungsnorm auf den betreffenden Grundbesitz nicht entgegen. [4]Wird ein eigenbetrieblich genutzter Grundstücksteil nach § 8 EStDV nicht als Betriebsvermögen behandelt, ist die Kürzung nach § 9 Nr. 1 Satz 1 GewStG trotzdem vorzunehmen, weil sonst der Zweck der Vorschrift, die Doppelbesteuerung des Grundbesitzes durch die Grundsteuer und die Gewerbesteuer zu vermeiden, nicht erreicht werden würde. [5]Die Kürzung bemisst sich stets nach dem Einheitswert des Grundbesitzes, auch wenn im Betriebsvermögen im Anschluss an die DM-Bilanz ein höherer Grundstückswert enthalten ist. [6]Zum Grundbesitz im Sinne des § 9 Nr. 1 Satz 1 GewStG gehören auch Gebäude oder Gebäudeteile auf fremdem Grund und Boden, wenn der Unternehmer nach einkommensteuerrechtlichen Grundsätzen als wirtschaftlicher Eigentümer des Gebäudes oder des Gebäudeteils anzusehen ist. [7]Ist nur ein Teil eines Grundstücks einkommensteuerlich zum Betriebsvermögen des Unternehmers zu rechnen, ist für die Berechnung der Kürzung nach § 9 Nr. 1 Satz 1 GewStG von dem Teil des Einheitswerts auszugehen, der auf den dem gewerblichen Betrieb dienenden Teil des Grundstücks entfällt (>§ 20 Abs. 2 GewStDV). [8]Dieser Teil des Einheitswerts ist grundsätzlich nach dem Verhältnis der Jahresrohmiete (>§ 79 BewG) zu ermitteln. [9]Ein anderer Aufteilungsmaßstab, insbesondere das Verhältnis der Nutzfläche oder des Rauminhalts, ist anzuwenden, wenn dieses Ergebnis den tatsächlichen Verhältnissen des einzelnen Falls besser entspricht. [10]Für die Frage danach, ob und inwieweit Grundbesitz, der zum Betriebsvermögen gehört, bei der Kürzung nach § 9 Nr. 1 Satz 1 GewStG zu berücksichtigen ist, sind allein die Verhältnisse zu Beginn eines jeden Jahres entscheidend. [11]Beginnt die Steuerpflicht eines Gewerbebetriebs im Laufe eines Kalenderjahrs, kommt für den in diesem Kalenderjahr endenden Erhebungszeitraum eine Kürzung nach § 9 Nr. 1 Satz 1 GewStG somit nicht in Betracht (>§ 20 Abs. 1 Satz 2 GewStDV).

Bemessungsgrundlage

(2) [1]Maßgebend für die Kürzung ist der Einheitswert, der auf den letzten Feststellungszeitpunkt (Hauptfeststellungs-, Fortschreibungs- oder Nachfeststellungszeitpunkt) vor dem Ende des Erhebungszeitraums lautet. [2]Als Bemessungsgrundlage sind bei Grundstücken (>§ 70 BewG) sowie bei Betriebsgrundstücken im Sinne des § 99 Abs. 1 Nr. 1 BewG, die wie Grundvermögen bewertet werden, 140 v. H. des auf den Wertverhältnissen vom 1. Januar 1964 beruhenden Einheitswerts anzusetzen (>§ 121a BewG). [3]Bei Betriebsgrundstücken im Beitrittsgebiet sind die Einheitswerte 1935 mit den in § 133 BewG genannten Vomhundertsätzen anzusetzen. [4]Bei Betriebsgrundstücken im Sinne des § 99 Abs. 1 Nr. 2 BewG, die wie land- und forstwirtschaftliches Vermögen bewertet werden, sind dagegen nur 100 v. H. des Einheitswerts zugrunde zu legen. [5]Werden für Betriebe der Land- und Forstwirtschaft gemäß § 125 Abs. 2 BewG Ersatzwirtschaftswerte ermittelt, ist für die Kürzung nach § 9 Nr. 1 Satz 1 GewStG nur der Anteil am Ersatzwirtschaftswert maßgebend, der auf den im Eigentum des Gewerbesteuerpflichtigen stehenden und somit zu seinem Betriebsvermögen gehörenden Grundbesitz entfällt.

Einheitswertbescheid als Grundlagenbescheid

(3) [1]Der Gewerbesteuermessbescheid beruht hinsichtlich der Kürzung nach § 9 Nr. 1 Satz 1 GewStG auf dem Einheitswertbescheid. [2]Der Gewerbesteuermessbescheid ist deshalb nach

§ 175 Abs. 1 Satz 1 Nr. 1 AO zu ändern, wenn der maßgebende Einheitswert durch Rechtsbehelfsentscheidung, Änderung der Feststellung oder Fortschreibung geändert worden ist.

| H 9.1 |

Grundbesitz als Betriebsvermögen
- >§ 20 GewStDV
- >R 4.2 Abs. 7 EStR

Erbbaurecht
Gehört zum Grundbesitz im Sinne des § 9 Nr. 1 Satz 1 GewStG ein Erbbaurecht, ist der Kürzung nur der im Betriebsvermögen enthaltene Wert des Erbbaurechts und der aufstehenden Gebäude, nicht auch der Wert des Erbbaugrundstücks, zugrunde zu legen (>RFH vom 12. 1. 1943 – RStBl S. 283 und BFH vom 17. 1. 1968 – BStBl II S. 353).

Gebäude(-teile) auf fremdem Grund und Boden
Zur Zurechnung des wirtschaftlichen Eigentums (>H 4.7 (Eigenaufwand für ein fremdes Wirtschaftsgut) EStH und § 39 Abs. 2 Nr. 1 AO)

Verpachtung eines landwirtschaftlichen Grundstücks
Bei einem im Betriebsvermögen enthaltenen landwirtschaftlichen Grundstück, das verpachtet ist und dessen Einheitswert Betriebsmittel des Pächters mit umfasst, ist der Kürzungsbetrag vom vollen (Gesamt-)Einheitswert zu berechnen (>BFH vom 27. 3. 1968 – BStBl II S. 479).

Versicherungsunternehmen
Die Kürzung nach § 9 Nr. 1 Satz 1 GewStG ist auch bei Grundbesitz, der zum Deckungsstock eines Versicherungsunternehmens gehört, anzuwenden (>BFH vom 19. 1. 1972 – BStBl II S. 390 und vom 26. 10. 1995 – BStBl 1996 II S. 76).

| R 9.2 | **Kürzung bei Grundstücksunternehmen**

Allgemeines
(1) ¹Die Kürzung nach § 9 Nr. 1 Satz 2 und 3 GewStG (erweiterte Kürzung) kann von allen Unternehmensformen (Einzelunternehmen, Personengesellschaften, Kapitalgesellschaften und anderen Körperschaften) in Anspruch genommen werden. ²Grundstücksunternehmen, die die in § 9 Nr. 1 Satz 2 bis 4 GewStG genannten Voraussetzungen nicht erfüllen, können die Kürzung nach § 9 Nr. 1 Satz 1 GewStG in Anspruch nehmen. ³Die Voraussetzungen für die erweiterte Kürzung bei Grundstücksunternehmen müssen während des gesamten Erhebungszeitraums oder während des gesamten abgekürzten Erhebungszeitraums (>§ 14 Satz 3 GewStG) vorliegen. ⁴Für die Anwendung der Kürzung nach § 9 Nr. 1 Satz 2 und 3 GewStG kommt es hinsichtlich der Beurteilung der Frage, ob Grundbesitz zum Betriebsvermögen des Unternehmens gehört, nicht auf den Stand an einem bestimmten Stichtag an.

Begünstigte Tätigkeiten
(2) ¹Die neben der Vermögensverwaltung des Grundbesitzes erlaubten Tätigkeiten sind in § 9 Nr. 1 Satz 2 und 3 GewStG abschließend aufgezählt. ²Darüber hinaus ausgeübte Tätigkeiten verstoßen auch dann gegen das Ausschließlichkeitsgebot, wenn sie von untergeordneter Bedeutung sind. ³Die erweiterte Kürzung wird jedoch durch solche vermögensverwaltenden Tätigkei-

ten ausnahmsweise nicht ausgeschlossen, die der Verwaltung und Nutzung des Grundbesitzes im engeren Sinne dienen und als zwingend notwendiger Teil einer wirtschaftlich sinnvoll gestalteten eigenen Grundstücksverwaltung und Grundstücksnutzung angesehen werden können (>Nebentätigkeiten). [4]Unternehmen, die auf Grund von Leasingverträgen anderen Personen Grundbesitz zum Gebrauch überlassen, können die erweiterte Kürzung in Anspruch nehmen, wenn ihre Betätigung für sich betrachtet ihrer Natur nach keinen Gewerbebetrieb darstellt, sondern als Vermögensverwaltung anzusehen ist.

Umfang der Kürzung
(3) Die Kürzung nach § 9 Nr. 1 Satz 2 GewStG umfasst nur den Teil des Gewerbeertrags des Grundstücksunternehmens, der auf die Verwaltung und Nutzung des eigenen Grundbesitzes, einschließlich der in R 9.2 Abs. 2 Satz 3 genannten ausnahmsweise zugelassenen Nebentätigkeiten, entfällt.

Ausschluss der erweiterten Kürzung nach § 9 Nr. 1 Satz 5 Nr. 1 GewStG
(4) – unbesetzt –

H 9.2 (1)

Veräußerung des Grundbesitzes
Der während des Erhebungszeitraums vorgenommene Verkauf des einzigen und letzten Grundstücks einer bis zu diesem Zeitpunkt als Grundstücksverwaltungsgesellschaft tätigen GmbH schließt die erhöhte Kürzung des Gewerbeertrags nach § 9 Nr. 1 Satz 2 GewStG für den Erhebungszeitraum aus (>BFH vom 20. 1. 1982 – BStBl II S. 478). Einem grundstücksverwaltenden Unternehmen ist die erweiterte Kürzung des Gewerbeertrages gemäß § 9 Nr. 1 Satz 2 GewStG unbeschadet des darin bestimmten Ausschließlichkeitsgebots jedoch zu gewähren, wenn das Unternehmen sein einziges Grundstück zum 31. Dezember, 23.59 Uhr, des Erhebungszeitraumes veräußert (>BFH vom 11. 8. 2004 – BStBl II S. 1080).

Veräußerung eines Mitunternehmeranteils
Der Gewinn aus der Veräußerung eines Mitunternehmeranteils i. S. des § 7 Satz 2 Nr. 2 GewStG ist nicht in die erweiterte Kürzung gemäß § 9 Nr. 1 Satz 2 GewStG einzubeziehen. Der ab EZ 2004 erstmals anzuwendende § 9 Nr. 1 Satz 6 GewStG hat diesbezüglich lediglich klarstellende Bedeutung (>BFH vom 18. 12. 2014 – BStBl 2015 II S. 606).

Zeitweise Ausübung einer steuerschädlichen Tätigkeit
Eine steuerschädliche Tätigkeit, die zum Ausschluss der erweiterten Kürzung für den gesamten Erhebungszeitraum führt, liegt auch dann vor, wenn sie nicht während des ganzen Erhebungszeitraumes ausgeübt wird. Die erweiterte Kürzung kommt danach z. B. nicht in Betracht, wenn das Unternehmen erst im Laufe des Erhebungszeitraums von der gewerblichen zur vermögensverwaltenden Tätigkeit übergegangen ist (>BFH vom 29. 3. 1973 – BStBl II S. 563).

H 9.2 (2)

Beteiligungen
– Eine grundstücksverwaltende GmbH, die als Komplementärin an einer ihrerseits vermögensverwaltenden KG beteiligt ist, kann nicht die erweiterte Kürzung nach § 9 Nr. 1 Satz 2 GewStG in Anspruch nehmen. Das Halten der Komplementärbeteiligung zählt nicht

zum abschließenden Katalog der prinzipiell kürzungsunschädlichen Tätigkeiten des § 9 Nr. 1 Satz 2 GewStG (>BFH vom 19. 10. 2010 – BStBl 2011 II S. 367).
- Das Halten einer Beteiligung an einer Mitunternehmerschaft schließt die erweiterte Kürzung des Gewerbeertrags nach § 9 Nr. 1 Satz 2 GewStG unabhängig vom Umfang der Beteiligung und der daraus erzielten Einkünfte aus. Das gilt auch bei einer Beteiligung an einer grundstücksverwaltenden Mitunternehmerschaft (>BFH vom 17. 10. 2002 – BStBl 2003 II S. 355).

Betreuung von Wohnungsbauten
Die Betreuung von Wohnungsbauten im Sinne des § 9 Nr. 1 Satz 2 GewStG umfasst sowohl die Baubetreuung bei der Errichtung von Wohngebäuden als auch die Bewirtschaftungsbetreuung bei bereits fertig gestellten Wohngebäuden. Die Verwaltung bereits fertig gestellter fremder Gebäude ist auch dann als Betreuung von Wohnungsbauten anzusehen, wenn diese Gebäude vom Grundstücksunternehmer nicht selbst errichtet worden sind (>BFH vom 17. 9. 2003 – BStBl 2004 II S. 243).

Betriebsaufspaltung
Im Falle der Betriebsaufspaltung kann die Besitzgesellschaft die nur für die bloße Vermögensverwaltung von Grundbesitz geltende erweiterte Kürzung des § 9 Nr. 1 Satz 2 GewStG nicht in Anspruch nehmen (>BFH vom 28. 6. 1973 – BStBl II S. 688).

Betriebsverpachtung
Bei einer gewerbesteuerpflichtigen Betriebsverpachtung, z. B. durch eine gewerblich geprägte Personengesellschaft, ist die erweiterte Kürzung des Gewerbeertrags nach § 9 Nr. 1 Satz 2 GewStG grundsätzlich nicht anzuwenden (>BFH vom 14. 6. 2005 – BStBl II S. 778).

Betriebsvorrichtungen
Auch eine geringfügige Mitvermietung von Betriebsvorrichtungen, die sich weder auf dem vermieteten Grundstück befinden noch einen funktionalen Zusammenhang mit diesem aufweisen, steht einer ausschließlichen Grundstücksverwaltung i. S. von § 9 Nr. 1 Satz 2 GewStG entgegen (>BFH vom 17. 5. 2006 – BStBl. II S. 659).

Eigener Grundbesitz
Der Begriff des Grundbesitzes richtet sich nach den Vorschriften des Bewertungsgesetzes. Zum Grundbesitz im Sinne des § 9 Nr. 1 Satz 2 GewStG gehören grundsätzlich nicht Mineralgewinnungsrechte und Betriebsvorrichtungen, auch wenn sie wesentliche Bestandteile des Grundstücks sind (>BFH vom 26. 2. 1992 – BStBl II S. 738). Zum Grundbesitz gehören jedoch Grundstücksteile, die nur wegen der Eigenart ihrer Nutzung durch den Mieter Betriebsvorrichtungen sind (>BFH vom 22. 6. 1977 – BStBl II S. 778). Eigener Grundbesitz ist nur der zum Betriebsvermögen des Unternehmens gehörende Grundbesitz. Die erweiterte Kürzung nach § 9 Nr. 1 Satz 2 GewStG kann daher nicht in Anspruch genommen werden, wenn das Unternehmen neben der eigenen Grundstücksverwaltung als Mitunternehmer an einer nur grundstücksverwaltenden, gewerblich geprägten Personengesellschaft beteiligt ist (>BFH vom 22. 1. 1992 – BStBl II S. 628). Zum eigenen Grundbesitz im Sinne des § 9 Nr. 1 Satz 2 und 3 GewStG gehören auch das Erbbaurecht und die auf Grund eines solchen Rechts errichteten Gebäude (>BFH vom 15. 4. 1999 – BStBl II S. 532).

Gewerblicher Grundstückshandel
Die erweiterte Kürzung nach § 9 Nr. 1 Satz 2 GewStG kommt nicht in Betracht, wenn ein Grundstücksverwaltungsunternehmen in einem Umfang Grundstücke erwirbt und veräußert, der diesem Tätigkeitsbereich gewerblichen Charakter verleiht. Ob eine solche Tätigkeit vorliegt, ist nicht nach den Verhältnissen eines einzigen Erhebungszeitraums, sondern nach dem Gesamt-

bild der Verhältnisse eines mehrjährigen Zeitraums zu beurteilen (>BFH vom 9. 10. 1974 – BStBl 1975 II S. 44). Ein gelegentlicher Grundstücksverkauf stellt dagegen die ausschließliche Tätigkeit als Grundstücksverwaltungsgesellschaft nicht in Frage (>BFH vom 24. 2. 1971 – BStBl II S. 338).

Gewerbliche Grundstücksverwaltung
Die erweiterte Kürzung nach § 9 Nr. 1 Satz 2 GewStG ist nicht anzuwenden auf solche Unternehmen, bei denen die Grundstücksverwaltung über den Rahmen einer Vermögensverwaltung hinausgeht und gewerblichen Charakter annimmt (>BFH vom 29. 3. 1973 – BStBl II S. 686, vom 28. 6. 1973 – BStBl II S. 688 und vom 31. 7. 1990 – BStBl II S. 1075).

Gewerbliche Tätigkeit
Eine gewerbliche Betätigung, die nicht zu den in § 9 Nr. 1 Satz 2 GewStG genannten unschädlichen Nebentätigkeiten gehört, schließt grundsätzlich selbst dann die erweiterte Kürzung des Gewerbeertrags aus, wenn sie von untergeordneter Bedeutung ist (>BFH vom 17. 5. 2006 – BStBl II S. 659).

Kapitalvermögen
Neben der Verwaltung eigenen Grundbesitzes kann eigenes Kapitalvermögen verwaltet und genutzt werden. Die Verwaltung und Nutzung eigenen Kapitalvermögens darf jedoch für sich betrachtet keine ihrer Natur nach gewerbliche Tätigkeit darstellen. Zum „eigenen" Kapitalvermögen können von dritter Seite beschaffte Gelder gehören (>BFH vom 3. 8. 1972 – BStBl II S. 799).

Nebentätigkeiten
Eine für die erweiterte Kürzung unschädliche Nebentätigkeit liegt z. B. vor, wenn sie erforderlich ist, um für die Grundstücksverwaltung und -nutzung benötigte Kredite zu beschaffen (>BFH vom 23. 7. 1969 – BStBl II S. 664). Entsprechendes gilt, wenn durch einen Brennstoffeinkauf im Großen zugleich für andere gleichartige Unternehmen die eigene Grundstücksverwaltung verbilligt werden soll, es sei denn, der Brennstoffhandel stellt für sich gesehen eine gewerbliche Tätigkeit dar (>BFH vom 27. 4. 1977 – BStBl II S. 776). Der Anwendung der erweiterten Kürzung steht nicht entgegen, dass die Gesellschaft sich an der gemeinschaftlichen Verwaltung eines Grundstücks beteiligt, dessen Miteigentümerin sie zu $^2/_3$ Anteilen ist (>BFH vom 9. 2. 1966 – BStBl III S. 253).

Organschaft
- Im Falle der Organschaft sind die Voraussetzungen für die Anwendung der Kürzungsvorschrift des § 9 Nr. 1 Satz 2 und 3 GewStG mit Wirkung auf den im Organkreis erzielten und beim Organträger zusammenzurechnenden Gewerbeertrag für die zum Organkreis gehörenden Unternehmen gesondert zu prüfen. Ob die erweiterte Kürzung bei dem einzelnen Unternehmen des Organkreises zu berücksichtigen ist, richtet sich jeweils allein nach den bei diesem Unternehmen gegebenen Verhältnissen (>BFH vom 30. 7. 1969 – BStBl II S. 629).
- Die erweiterte Kürzung für Grundstücksunternehmen ist zu versagen, wenn es sich bei dem Grundstücksunternehmen um eine Organgesellschaft handelt, die alle ihre Grundstücke an eine andere Organgesellschaft desselben Organkreises vermietet (>BFH vom 18. 5. 2011 – BStBl II S. 887).

Sicherheitenbestellung
Die auf Grundstücke bezogene entgeltliche oder unentgeltliche Bestellung von Sicherheiten (z. B. Bestellung einer Grundschuld) für Kredite Dritter ist als Verwaltung und Nutzung eigenen Grundbesitzes i. S. des § 9 Nr. 1 Satz 2 GewStG zu beurteilen, sofern sie nicht den Umfang einer gewerblichen Tätigkeit annimmt (>BFH vom 13. 8. 1997 – BStBl 1998 II S. 270 und vom 17. 1. 2006 – BStBl II S. 434).

Veräußerung von Grundbesitz

Die erweiterte Kürzung nach § 9 Nr. 1 Satz 2 GewStG ist nicht anzuwenden, wenn ein Unternehmen aufgrund der Veräußerung von Grundbesitz eine gewerbliche Tätigkeit ausübt, die nicht ausschließlich in der Errichtung und Veräußerung von Kaufeigenheimen, Kleinsiedlungen und Eigentumswohnungen im Sinne des § 9 Nr. 1 Satz 2 und 3 GewStG besteht (>BFH vom 31. 7. 1990 – BStBl II S. 1075).

H 9.2 (3)

Kapitalerträge

Zinserträge werden auch dann nicht von der erweiterten Kürzung gemäß § 9 Nr. 1 Satz 2 GewStG umfasst, wenn sie aus der Anlage vereinnahmter Mietüberschüsse resultieren und wenn diese Anlage vorgenommen worden ist, um Grundstücksdarlehen tilgen zu können (>BFH vom 15. 3. 2000 – BStBl II S. 355).

Reinvestitionsrücklage § 6b EStG

Die erweiterte Kürzung gemäß § 9 Nr. 1 Satz 2 GewStG erfasst den Gewinn aus der Auflösung einer gemäß § 6b Abs. 3 EStG gebildeten Rücklage, wenn der ohne Bildung der Rücklage entstandene Veräußerungsgewinn nach § 9 Nr. 1 Satz 2 GewStG gewerbesteuerfrei gewesen wäre und wenn auch bei der Auflösung der Rücklage die Voraussetzungen des § 9 Nr. 1 Satz 2 GewStG vorliegen. Daran fehlt es nicht deshalb, weil der veräußerte Grundbesitz im Zeitpunkt der Auflösung der Rücklage nicht mehr zum Betriebsvermögen gehört. Die erweiterte Kürzung erfasst jedoch nicht den Gewinnzuschlag gemäß § 6b Abs. 7 EStG (>BFH vom 15. 3. 2000 – BStBl 2001 II S. 251).

Veräußerungsgewinne

Veräußert ein Unternehmen, das die Voraussetzungen des § 9 Nr. 1 Satz 2 GewStG erfüllt, Grundbesitz, ist – vorbehaltlich des § 9 Nr. 1 Satz 5 Nr. 2 und Satz 6 GewStG – auch der bei der Veräußerung erzielte Gewinn gemäß § 9 Nr. 1 Satz 2 GewStG bei der Ermittlung des Gewerbeertrags zu kürzen (>BFH vom 29. 4. 1987 – BStBl II S. 603).

H 9.2 (4)

Beteiligungshöhe

Die erweitere Kürzung des Gewerbeertrags ist gemäß § 9 Nr. 1 Satz 5 Nr. 1 GewStG auch dann ausgeschlossen, wenn der Gesellschafter an der überlassenden Grundstücksgesellschaft nur geringfügig beteiligt ist. Eine in diesen Fällen zum Ausschluss der erweiterten Kürzung des Gewerbeertrags führende Beteiligung liegt jedenfalls dann vor, wenn sie mindestens 1 Prozent beträgt (>BFH vom 7. 4. 2005 – BStBl II S. 576).

Geringfügigkeit des überlassenen Grundbesitzes

Die erweiterte Kürzung nach § 9 Nr. 1 Satz 2 und 3 GewStG ist nach § 9 Nr. 1 Satz 5 Nr. 1 GewStG auch dann nicht zulässig, wenn nur ein ganz unwesentlicher Teil des Grundbesitzes dem Gewerbebetrieb des Gesellschafters oder Genossen dient (>BFH vom 26. 6. 2007 – BStBl II S. 893).

Gewerbebetrieb eines Gesellschafters bei Beteiligung an einer Mitunternehmerschaft

Unter Gewerbebetrieb eines Gesellschafters im Sinne des § 9 Nr. 1 Satz 5 Nr. 1 GewStG ist auch ein Gewerbebetrieb zu verstehen, an dem der Gesellschafter als Mitunternehmer beteiligt ist. Der Grundbesitz dient dem Gewerbebetrieb eines Gesellschafters oder Genossen somit auch dann, wenn der Grundbesitz von einer Personengesellschaft im Sinne des § 15 Abs. 3 EStG genutzt wird, an der Gesellschafter oder Genossen des Grundstücksunternehmens als Mitunternehmer beteiligt sind (>BFH vom 24. 9. 1969 – BStBl II S. 738, vom 18. 12. 1974 – BStBl 1975 II S. 268 und vom 15. 12. 1998 – BStBl 1999 II S. 168).

Gewerbesteuerbefreiung des Betriebs des Gesellschafters

§ 9 Nr. 1 Satz 5 Nr. 1 GewStG ist im Wege der teleologischen Reduktion in der Weise einzuschränken, dass dem Grundstücksunternehmen die erweiterte Kürzung des Gewerbeertrags nach § 9 Nr. 1 Satz 2 GewStG auch dann zu gewähren ist, wenn das überlassene Grundstück zwar dem Gewerbebetrieb eines Gesellschafters oder Genossen dient, dieses den Grundbesitz nutzende Unternehmen jedoch mit allen seinen (positiven wie negativen) Einkünften von der Gewerbesteuer befreit ist (>BFH vom 26. 6. 2007 – BStBl II S. 893).

Kurzfristige Überlassung des Grundbesitzes

Die erweiterte Kürzung des Gewerbeertrags nach § 9 Nr. 1 Satz 2 GewStG tritt nach § 9 Nr. 1 Satz 5 Nr. 1 GewStG auch dann nicht ein, wenn der vermietete Grundbesitz des grundstücksverwaltenden Unternehmens nur für kurze Zeit (zwei bis drei Tage) dem Gewerbebetrieb eines Gesellschafters dient (>BFH vom 8. 6. 1978 – BStBl II S. 505).

Lebensversicherungsunternehmen

Grundbesitz (Miteigentumsanteile), der zum Deckungsstock eines die Lebensversicherung betreibenden Unternehmens gehört, dient dessen Gewerbebetrieb, wenn er im Rahmen einer gewerblich geprägten Personengesellschaft mit den Eigentumsanteilen anderer Versicherungsunternehmen verwaltet wird (>BFH vom 26. 10. 1995 – BStBl 1996 II S. 6). Grundbesitz einer gewerblich geprägten Personengesellschaft dient i. S. d. § 9 Nr. 1 Satz 5 Nr. 1 GewStG dem Gewerbebetrieb des an der Gesellschaft beteiligten Lebensversicherungsunternehmens, wenn er zugunsten des Deckungsstock-Treuhänders im Grundbuch gesperrt ist und die Anteile an der Personengesellschaft in das Deckungsstockverzeichnis aufgenommen worden sind (>BFH vom 17. 1. 2002 – BStBl II S. 873). Der Grundbesitz einer gewerblich geprägten Personengesellschaft dient dem Gewerbebetrieb des an der Gesellschaft beteiligten Lebensversicherungsunternehmens nach § 9 Nr. 1 Satz 5 GewStG, wenn die Anteile an der Personengesellschaft in einen Vermögensstock eingestellt sind, der die Bedeckung der noch nicht garantierten Rückstellungen für Beitragsrückerstattungen sicherstellen soll (>BFH vom 18. 12. 2014 – BStBl 2015 II S. 597).

Mittelbare Beteiligung

Der mittelbar über eine Personengesellschaft an einer vermögensverwaltenden Kapitalgesellschaft Beteiligte ist Gesellschafter im Sinne des § 9 Nr. 1 Satz 5 Nr. 1 GewStG (>BFH vom 15. 12. 1998 – BStBl 1999 II S. 168). Der mittelbar über eine Kapitalgesellschaft an einer vermögensverwaltenden Kapitalgesellschaft Beteiligte ist nicht Gesellschafter i. S. d. § 9 Nr. 1 Satz 5 Nr. 1 GewStG (>BFH vom 15. 4. 1999 – BStBl II S. 532).

Rechtsfolgen des Ausschlusses der erweiterten Kürzung nach § 9 Nr. 1 Satz 5 Nr. 1 GewStG

Dient der Grundbesitz ganz oder zum Teil dem Gewerbebetrieb eines Gesellschafters oder Genossen, so bleibt es bei der Kürzung nach § 9 Nr. 1 Satz 1 GewStG (>BFH vom 8. 6. 1978 – BStBl II S. 505).

Untervermietung

Grundbesitz dient dem Gewerbebetrieb eines Gesellschafters auch dann, wenn er von diesem oder von einer Mitunternehmerschaft, an der der Gesellschafter beteiligt, weitervermietet wird und der Grundbesitz ohne die Zwischenschaltung der Grundstücksgesellschaft zum Betriebsvermögen des Gesellschafters oder der Mitunternehmerschaft gehören würde (>BFH vom 15.12.1998 – BStBl 1999 II S. 168). Der Grundbesitz einer Wohnungs-GmbH dient danach z. B. dem Gewerbebetrieb einer anderen Gesellschaft, an der die Gesellschafter der Wohnungs-GmbH beteiligt sind, wenn die Wohnungen fast ausschließlich an aktive und ehemalige Arbeitnehmer dieser Gesellschaft vermietet werden (>BFH vom 18.12.1974 – BStBl 1975 II S. 268 und vom 28.7.1993 – BStBl 1994 II S. 46).

| R 9.3 | **Kürzung um Gewinne aus Anteilen an bestimmten Körperschaften** |

[1]Die Kürzung nach § 9 Nr. 2a GewStG kommt für unmittelbare und mittelbare Beteiligungen an einer nicht steuerbefreiten inländischen Kapitalgesellschaft im Sinne des § 2 Abs. 2 GewStG, einer Kredit- oder Versicherungsanstalt des öffentlichen Rechts, einer Erwerbs- und Wirtschaftsgenossenschaft oder an einer Unternehmensbeteiligungsgesellschaft im Sinne des § 3 Nr. 23 GewStG in Betracht. [2]Weitere Voraussetzung für die Kürzung nach § 9 Nr. 2a GewStG ist, dass die Beteiligung zu Beginn des Erhebungszeitraums mindestens 15 Prozent des Grund- oder Stammkapitals beträgt. [3]Ist ein Grund- oder Stammkapital nicht vorhanden, tritt an seine Stelle das Vermögen; bei Erwerbs- und Wirtschaftsgenossenschaften ist die Beteiligung an der Summe der Geschäftsguthaben maßgebend. [4]Für die Ermittlung der erforderlichen Beteiligungshöhe einer Personengesellschaft sind die im Gesamthands- und Sonderbetriebsvermögen gehaltenen Anteile zusammenzurechnen. [5]Beginnt die Steuerpflicht des beteiligten Unternehmens im Laufe eines Kalenderjahrs, kommt es für den ersten Erhebungszeitraum auf die Höhe der Beteiligung zu Beginn der Steuerpflicht (Beginn des abgekürzten Erhebungszeitraums) an. [6]Ist die ausschüttende Körperschaft teilweise von der Gewerbesteuer befreit und übt sie teilweise eine gewerbesteuerpflichtige Tätigkeit aus, z. B. in den Fällen des § 3 Nr. 5, 8, 9, 12, 13, 15, 17 und 20 GewStG, ist die Kürzung nach dem Verhältnis der steuerpflichtigen Gewinnanteile zum Gesamtgewinn der Körperschaft vorzunehmen. [7]Erforderlichenfalls kann der begünstigte Teil der Gewinnausschüttung im Schätzungswege ermittelt werden. [8]Der bei der Ermittlung des Gewerbeertrags anzusetzende Gewinn aus einer Wertaufholung nach § 6 Abs. 1 Nr. 2 Satz 3 EStG unterliegt auch dann nicht der Kürzung nach § 9 Nr. 2a GewStG, wenn sich die vorangegangene ausschüttungsbedingte Teilwertabschreibung aufgrund der Regelung in § 8 Nr. 10 GewStG gewerbesteuerlich nicht ausgewirkt hat.

| H 9.3 |

Ausschüttungen, für die Beträge des steuerlichen Einlagekontos als verwendet gelten

gehören nicht zu den Gewinnen aus Anteilen i. S. d. § 9 Nr. 2a GewStG (>BFH vom 15.9.2004 – BStBl 2005 II S. 297).

Besitzzeitanrechnungen nach dem UmwStG

Die zeitraumbezogene Besitzzeitanrechnung nach § 4 Abs. 2 Satz 3 UmwStG (bei einem sog. qualifizierten Anteilstausch ist unter der Voraussetzung des Ansatzes des eingebrachten Betriebsvermögens mit einem unter dem gemeinen Wert liegenden Wert durch die übernehmende Gesellschaft der Zeitraum der Zugehörigkeit eines Wirtschaftsguts zum Betriebsvermögen der übertragenden Körperschaft dem übernehmenden Rechtsträger anzurechnen, wenn die Dauer der Zugehörigkeit des Wirtschaftsguts zum Betriebsvermögen für die Besteuerung bedeutsam ist) entfaltet für das zeitpunktbezogene Tatbestandsmerkmal des § 9 Nr. 2a GewStG keine Wirkung (>BFH vom 16. 4. 2014 – BStBl 2015 II S. 303).

Dividendeneinnahmen einer Organgesellschaft[*]

Die im gewerbesteuerrechtlichen Organkreis für die Ermittlung der Gewerbeerträge der Organgesellschaft und des Organträgers nach § 7 Satz 1 (i. V. m. § 2 Abs. 2 Satz 2) GewStG 2002 maßgebenden Vorschriften des Körperschaftsteuergesetzes zur Ermittlung des Gewinns aus Gewerbebetrieb umfassen auch die in § 15 Satz 1 Nr. 2 Satz 1 und 2 (i. V. m. § 8b Abs. 1 bis 6) KStG 2002 (i. d. F. des SEStEG) angeordnete sog. Bruttomethode. Deswegen ist – zum einen – bei der Organgesellschaft ein von dieser vereinnahmter Gewinn aus Anteilen an einer ausländischen Kapitalgesellschaft bei der Berechnung des Kürzungsbetrags im Rahmen des sog. gewerbesteuerrechtlichen Schachtelprivilegs nach § 9 Nr. 7 Satz 1 GewStG 2002 nicht nach § 9 Nr. 7 Satz 3 i. V. m. § 9 Nr. 2a Satz 4 GewStG 2002 (i. d. F. des JStG 2007) um fiktive nichtabziehbare Betriebsausgaben nach § 8b Abs. 5 KStG 2002 zu vermindern, und beim Organträger ist der Gewinn aus den Kapitalanteilen – zum anderen – infolge des der Organgesellschaft gewährten sog. Schachtelprivilegs in dem ihm (nach § 2 Abs. 2 Satz 2 GewStG 2002) zugerechneten Gewerbeertrag nicht i. S. von § 15 Satz 1 Nr. 2 Satz 2 KStG 2002 (i. d. F. des SEStEG) enthalten, weshalb auch bei ihm keine Hinzurechnung von fiktiven nichtabziehbaren Betriebsausgaben nach § 8b Abs. 5 KStG 2002 vorzunehmen ist (>BFH vom 17. 12. 2014 – BStBl 2015 II S. 1052).[1])

Mittelbare Beteiligung

Die Kürzung nach § 9 Nr. 2a GewStG kommt auch bei mittelbarer Beteiligung in dem gesetzlich bestimmten Umfang in Betracht (>BFH vom 17. 5. 2000 – BStBl 2001 II S. 685).

Liquidation der Kapitalgesellschaft

Gewinne aus Anteilen i. S. d. § 9 Nr. 2a GewStG sind sowohl die während der Liquidation der Kapitalgesellschaft erzielten Gewinne als auch die Liquidationsrate, mit der das nach Abschluss der Liquidation verbliebene Reinvermögen an die Anteilseigner ausgekehrt wird, soweit nicht Beträge aus dem steuerlichen Einlagekonto i. S. d. § 27 KStG als verwendet gelten. Soweit im Rahmen der Gewinnermittlung die Anteile an der Untergesellschaft infolge des Untergangs des Wirtschaftsguts „Beteiligung" aus der Bilanz eines Anteilseigners auszubuchen sind, mindert dies nicht den Kürzungsbetrag i. S. d. § 9 Nr. 2a GewStG (>BFH vom 2. 4. 1997 – BStBl 1998 II S. 25 und vom 8. 5. 2003 – BStBl 2004 II S. 460).

Veräußerungsgewinne

Der Gewinn aus der Veräußerung einer Beteiligung an einer Kapitalgesellschaft ist kein von der Kapitalgesellschaft ausgeschütteter Gewinn i. S. von § 9 Nr. 2a GewStG (>BFH vom 7. 12. 1971 – BStBl 1972 II S. 468).

R 9.4	**Kürzung um den auf eine ausländische Betriebsstätte entfallenden Teil des Gewerbeertrags**

– unbesetzt –

---

[*] Für EZ ab 2017 >§ 7a GewStG in der ab 2017 geltenden Fassung.
[1] Der Inhalt dieses Absatzes ist an dieser Stelle im Amtlichen Gewerbesteuer-Handbuch 2016 nicht wiedergegeben. Er entspricht dem Inhalt des unter derselben Überschrift vorhandenen Absatzes in H 7.1 (5).

H 9.4

Aufteilung des Gewerbeertrags
Der Teil des Gewerbeertrags, der auf die ausländische Betriebsstätte entfällt, ist grundsätzlich nach der sog. direkten Methode zu ermitteln. Wird der Betriebsstättengewinn nicht gesondert ermittelt, muss eine Aufteilung im Wege der Schätzung erfolgen. Die Zerlegungsvorschrift des § 29 GewStG kann ggf. sinngemäß angewendet werden, sofern die im In- und Ausland ausgeübten Tätigkeiten gleichwertig sind (>BFH vom 28. 3. 1985 – BStBl II S. 405).

Kürzung um Hinzurechnungsbetrag nach § 10 Absatz 1 Satz 1 AStG[*)]
>Gleich lautende Erlasse der obersten Finanzbehörden der Länder vom 14. 12. 2015 – BStBl I S. 1090 zu den Folgen aus dem BFH-Urteil vom 11. 3. 2015 – BStBl II S. 1049

Tonnagebesteuerung
Soweit der Gewinn nach § 5a EStG ermittelt worden ist, kommen Hinzurechnungen und Kürzungen nicht in Betracht. Die Auflösung des Unterschiedsbetrages nach § 5a Abs. 4 EStG gehört zum Gewerbeertrag (>BMF vom 12. 6. 2002 – BStBl I S. 614 unter Berücksichtigung der Änderungen durch BMF vom 31. 10. 2008 – BStBl I S. 956, Rdnr. 37 und 38 und BFH vom 26. 6. 2014 – BStBl 2015 II S. 300).

Veräußerung des Schiffs einer Einschiffsgesellschaft
Der auf den Einsatz eines Schiffs als Handelsschiff im internationalen Verkehr entfallende Teil des Gewerbeertrags einer Einschiffsgesellschaft unterliegt unter der Voraussetzung, dass der Gewerbeertrag nicht nach § 7 Satz 3 GewStG i. V. m. § 5a EStG, sondern nach § 7 Satz 1 GewStG i. V. m. § 4, § 5 EStG zu ermitteln ist, auch dann der Kürzung nach § 9 Nr. 3 GewStG, wenn die Gesellschaft vorrangig die Veräußerung des Schiffs beabsichtigt (>BFH vom 26. 9. 2013 – BStBl 2015 II S. 296). Zu Gewerbesteuerpflicht >H 2.5 (1)

Verluste einer ausländischen Betriebsstätte
Der auf eine ausländische Betriebsstätte entfallende Teil des Gewerbeertrags i. S. d. § 9 Nr. 3 GewStG kann auch ein Verlust sein mit der Folge, dass die Kürzung nach § 9 Nr. 3 GewStG die Erhöhung eines positiven oder die Minderung eines negativen Gewerbeertrags bewirkt (>BFH vom 21. 4. 1971 – BStBl II S. 743 und vom 10. 7. 1974 – BStBl II S. 752).

Weitervercharterung von Handelsschiffen
Die Weitervercharterung von Handelsschiffen führt beim Zweitvercharterer nur dann zur Fiktion einer ausländischen Betriebsstätte i. S. des § 9 Nr. 3 Satz 2 GewStG 2002, wenn dieser die Schiffe selbst ausgerüstet hat (>BFH vom 22. 12. 2015 – BStBl 2016 II S. 537).

R 9.5 Kürzung um Gewinne aus Anteilen an einer ausländischen Kapitalgesellschaft

[1]Nach § 9 Nr. 7 Satz 1 erster Halbsatz GewStG wird die Summe des Gewinns und der Hinzurechnungen um die Gewinne aus Anteilen an einer aktiv tätigen ausländischen Kapitalgesellschaft bei einer mindestens 15 Prozent des Nennkapitals betragenden Beteiligung gekürzt. [2]Dies entspricht hinsichtlich der Höhe der Beteiligungsgrenze der Regelung bei innerstaatlichen Betei-

---

*) Hinweis auf § 7 Satz 7 und § 9 Nr. 3 Satz 1 GewStG in der Fassung des Gesetzes zur Umsetzung der Änderungen der EU-Amtshilferichtlinie und von weiteren Maßnahmen gegen Gewinnkürzungen und -verlagerungen.

ligungen (>§ 9 Nr. 2a GewStG). ³Zu den Gewinnen gehören auch verdeckte Gewinnausschüttungen. ⁴Nach § 9 Nr. 7 Satz 1 zweiter Halbsatz GewStG gilt die Kürzung auch für Gewinne aus Anteilen an einer Gesellschaft, die die in der Anlage 2 zu § 43b EStG genannten Voraussetzungen des Art. 2 der Richtlinie Nr. 90/435/EWG des Rates vom 23. 7. 1990 (ABl EG Nr. L 225 S. 6, Nr. L 266 S. 20, 1997 Nr. L 16 S. 98 – sog. Mutter-Tochter-Richtlinie), zuletzt geändert durch Richtlinie 2006/98/EG des Rates vom 20. 11. 2006 (ABl EU Nr. L 363 S. 129) erfüllt und das Unternehmen zu mindestens einem Zehntel am Nennkapital der Gesellschaft zu Beginn des Erhebungszeitraums beteiligt ist (>§ 43b EStG). ⁵Die Vorschrift des § 9 Nr. 7 GewStG ist auch anzuwenden, wenn die Tochtergesellschaft in einem Staat ansässig ist, mit dem ein Doppelbesteuerungsabkommen besteht. ⁶Die gewerbesteuerrechtliche Schachtelvergünstigung nach einem Doppelbesteuerungsabkommen kann jedoch weitere oder engere Voraussetzungen als § 9 Nr. 7 GewStG haben. ⁷Anzuwenden ist jeweils die für den Steuerpflichtigen günstigere Regelung. ⁸Zu beachten ist, dass die nach den Doppelbesteuerungsabkommen eingeräumten Schachtelvergünstigungen nach § 9 Nr. 8 GewStG bereits ab einer Beteiligungsgrenze von 15 Prozent gewährt werden. ⁹Die in den Doppelbesteuerungsabkommen festgelegten weiteren sachlichen und persönlichen Voraussetzungen bleiben hiervon unberührt. ¹⁰Die Schachtelvergünstigung steht jedem gewerblichen Unternehmen, also auch Einzelunternehmen und Personengesellschaften, zu. ¹¹Dies gilt auch, wenn die Schachtelvergünstigung wegen mittelbarer Beteiligung an einer aktiv tätigen Enkelgesellschaft zu gewähren ist. ¹²Die Gewährung der Schachtelvergünstigung nach § 9 Nr. 7 Satz 1 GewStG setzt keinen Antrag voraus. ¹³Die ausländische Kapitalgesellschaft muss in dem Wirtschaftsjahr, für das sie ihre Ausschüttungen vorgenommen hat, ihre Bruttoerträge ausschließlich oder fast ausschließlich aus unter § 8 Abs. 1 Nr. 1 bis 6 AStG fallenden aktiven Tätigkeiten und/oder aus den in § 9 Nr. 7 Satz 1 GewStG benannten Beteiligungen bezogen haben. ¹⁴Die Anwendung des § 9 Nr. 7 GewStG setzt voraus, dass das Unternehmen alle Nachweise erbringt.

H 9.5

Brasilianische Eigenkapitalverzinsung als Dividende nach § 9 Nr. 7 Satz 2 GewStG

Zinsen auf das Eigenkapital („juro sobre o capital próprio") nach Maßgabe der brasilianischen Gesetze Nr. 9.249/95 und Nr. 9.430/96 sind Gewinnanteile i. S. d. § 9 Nr. 7 Satz 2 GewStG (>BFH vom 6. 6. 2012 – BStBl 2013 II S. 111).

Mindestbeteiligung für die Kürzung nach § 9 Nr. 7 Satz 1 GewStG

Die Beteiligung eines inländischen Unternehmens an einer ausländischen Kapitalgesellschaft gemäß § 9 Nr. 7 Satz 1 GewStG muss keine unmittelbare sein (>BFH vom 17. 5. 2000 – BStBl 2001 II S. 685).

Mindestbeteiligung für die Kürzung nach § 9 Nr. 7 Satz 4 GewStG

Die Kürzung gemäß § 9 Nr. 7 Satz 4 GewStG ist nicht zu gewähren, wenn die hiernach erforderliche Mindestbeteiligungsquote an der Enkelgesellschaft von 15 Prozent nur durch Zusammenrechnung einer unmittelbaren Beteiligung der Muttergesellschaft an der betreffenden Gesellschaft (§ 9 Nr. 7 Satz 1 GewStG) und einer mittelbaren Beteiligung an dieser Gesellschaft über eine zwischengeschaltete Tochtergesellschaft (§ 9 Nr. 7 Satz 4 GewStG) erreicht wird. Die Mindestbeteiligung muss allein über die Tochtergesellschaft bestehen (>BFH vom 21. 8. 1996 – BStBl 1997 II S. 434).

Zu § 10a GewStG

| R 10a.1 | **Gewerbeverlust** |

Ermittlung

(1) ¹Für die Ermittlung des Gewerbeverlustes ist im Entstehungsjahr von dem Gewinn (Verlust) aus Gewerbebetrieb auszugehen, der nach den Vorschriften des Einkommensteuerrechts oder des Körperschaftsteuerrechts zu ermitteln ist. ²Danach mindern steuerfreie Einnahmen den nach § 10a GewStG abziehbaren Verlust nicht. ³Ebenso dürfen nicht zum steuerpflichtigen Gewerbeertrag gehörende Veräußerungsgewinne den Gewerbeverlust nicht mindern. ⁴Der nach den einkommensteuerrechtlichen (körperschaftsteuerrechtlichen) Vorschriften ermittelte Gewinn oder Verlust aus Gewerbebetrieb ist um die in §§ 8 und 9 GewStG bezeichneten Beträge zu erhöhen bzw. zu vermindern. ⁵Dadurch kann sich ein Gewerbeverlust ergeben, obwohl einkommensteuerrechtlich oder körperschaftsteuerrechtlich ein Gewinn aus Gewerbebetrieb vorliegt.

Gesonderte Feststellung

(2) ¹Die Höhe des vortragsfähigen Gewerbeverlustes ist gesondert festzustellen. ²Bei der gesonderten Feststellung des vortragsfähigen Gewerbeverlustes ist u. a. auch der Verlustverbrauch durch das Ausscheiden von Gesellschaftern einer Personengesellschaft zu berücksichtigen. ³Entsprechendes gilt bei einem Wegfall des vortragsfähigen Gewerbeverlustes nach § 10a Satz 10 GewStG i. V. m. § 8c KStG.

Verlustabzug

(3) ¹Ein Gewerbeverlust ist von Amts wegen erstmals in dem auf das Entstehungsjahr unmittelbar folgenden Erhebungszeitraum nach Maßgabe des § 10a GewStG zu berücksichtigen. ²Der Gewerbeverlust ist vom maßgebenden Gewerbeertrag, also nach Berücksichtigung der Hinzurechnungen nach § 8 GewStG und der Kürzungen nach § 9 GewStG und vor dem Ansatz des Freibetrags nach § 11 Abs. 1 Satz 3 GewStG abzuziehen. ³Bei Einzelunternehmen und Personengesellschaften ist Voraussetzung für den Verlustabzug nach § 10a GewStG sowohl die Unternehmensidentität (>R 10a.2) als auch die Unternehmeridentität (>R 10a.3). ⁴Bei Körperschaften und Mitunternehmerschaften, an denen Körperschaften beteiligt sind, gelten unter den Voraussetzungen des § 10a Satz 10 GewStG die Regelungen des § 8c KStG (Verlustabzug bei Körperschaften) für die Gewerbesteuer entsprechend. ⁵Die Frage danach, ob und in welchem Umfang § 8c KStG Anwendung findet, entscheidet sich dabei zunächst allein nach den Verhältnissen auf Ebene der Körperschaft. ⁶Liegt sodann ein Fall des § 8c KStG auf Ebene der Körperschaft vor, wirkt die Verlustabzugsbeschränkung ausgehend von der Körperschaft unter Berücksichtigung der jeweiligen Beteiligungsverhältnisse in der Beteiligungskette nach unten fort. ⁷Tritt das die Rechtsfolgen des § 8c KStG auslösende Ereignis unterjährig ein und ist der maßgebende Gewerbeertrag des der Verlustabzugsbeschränkung unterliegenden Gewerbebetriebs in diesem Erhebungszeitraum insgesamt negativ, ist der negative Gewerbeertrag des gesamten Erhebungszeitraums zeitanteilig aufzuteilen. ⁸Die Verlustabzugsbeschränkung des § 8c KStG erfasst somit neben dem Fehlbeträgen aus vorangegangenen Erhebungszeiträumen nur den auf den Zeitraum bis zum schädlichen Ereignis entfallenden negativen Gewerbeertrag.¹⁾

---

1) Die in R 10a.1 Abs. 3 Satz 7 und 8 zur gewerbesteuerlichen Verfahrensweise bei unterjährigen schädlichen Beteiligungserwerben enthaltenen Aussagen sind mit Veröffentlichung des BFH, Urteil v. 30. 11. 2011 - I R 14/11, BStBl 2012 II S. 360, überholt. Es gelten Rn. 33 ff. des BMF, Schreiben v. 28.11.2017, BStBl I S. 1645 (>Gleich lautende Erlasse der obersten Finanzbehörden der Länder v. 29. 11. 2017, BStBl I S. 1643).

H 10a.1

Allgemeines

- Die sog. Mindestbesteuerung verstößt in ihrer Grundkonzeption einer zeitlichen Streckung des Verlustvortrags nicht gegen Verfassungsrecht (>BFH vom 22.8.2012 – BStBl 2013 II S. 512).
- Die Beschränkung der Verrechnung von vortragsfähigen Gewerbeverlusten durch Einführung einer jährlichen Höchstgrenze mit Wirkung ab 2004 (§ 10a Satz 1 und 2 GewStG) ist verfassungsgemäß. Das gilt auch, soweit es wegen der Begrenzung zu einem endgültig nicht mehr verrechenbaren Verlust kommt, bspw. wenn es bei einer Objektgesellschaft konzeptgemäß erst in späteren Jahren zu Gewinnen kommt (>BFH vom 20.9.2012 – BStBl 2013 II S. 498).
- Die sog. Mindestgewinnbesteuerung ist nicht unbillig, wenn der Messbetrag auf vom Steuerpflichtigen veranlassten Forderungsverzicht beruht (>BFH vom 20.9.2012 – BStBl 2013 II S. 505).
- Zur Verfassungsmäßigkeit der sog. Mindestbesteuerung bei Definitiveffekten wird eine Entscheidung des BVerfG eingeholt (>BFH vom 26.2.2014 – BStBl II S. 1016).

Gesellschafterwechsel bei einer Personengesellschaft

Tritt bei einer Personengesellschaft innerhalb des Erhebungszeitraumes ein partieller Gesellschafterwechsel ein, der nicht zur Beendigung der sachlichen Steuerpflicht der Gesellschaft führt, so ist ein nach dem Gesellschafterwechsel entstandener Verlust kein gesondert vortragsfähiger Fehlbetrag im Sinne des § 10a GewStG, sondern Teil des für den gesamten Erhebungszeitraum zu ermittelnden Gewerbeertrags (>BFH vom 26.6.1996 – BStBl 1997 II S. 179).

Feststellungsfrist für Feststellung des vortragsfähigen Gewerbeverlustes

Die Feststellungsfrist für die Feststellung des vortragsfähigen Gewerbeverlusts nach § 10a Satz 6 GewStG 2002 endet nicht vor der Festsetzungsfrist für den Erhebungszeitraum, auf dessen Schluss der vortragsfähige Gewerbeverlust festzustellen ist (§ 35b Abs. 2 Satz 4 Halbs. 1 GewStG 2002 n. F.). Eine Feststellung nach dem Ablauf der Feststellungsfrist ist rechtswidrig. Abweichendes gilt (unter Anwendung von § 181 Abs. 5 AO), wenn die zuständige Finanzbehörde die Feststellung pflichtwidrig unterlassen hat (§ 35b Abs. 2 Satz 4 Halbs. 2 GewStG 2002 n. F.). Diese Voraussetzung ist nur dann erfüllt, wenn eine Verlustfeststellung bisher gänzlich fehlt; die Änderung einer bereits fristgerecht ergangenen Feststellung fällt nicht darunter (>BFH vom 11.2.2015 – BStBl 2016 II S. 353).

Grundlagenbescheid

Bei der Feststellung des vortragsfähigen Gewerbeverlustes nach § 10a Satz 6 GewStG handelt es sich um einen Grundlagenbescheid für den Gewerbesteuermessbescheid des Folgejahres (>BFH vom 9.6.1999 – BStBl II S. 733).

Verlustausgleich bei Verschmelzung von Personengesellschaften

Der Gewerbeertrag einer Personengesellschaft, die den Betrieb einer anderen Personengesellschaft im Wege der Verschmelzung aufnimmt, kann um den Gewerbeverlust gekürzt werden, den diese Personengesellschaft im selben Erhebungszeitraum bis zur Verschmelzung erlitten hat, wenn alle Gesellschafter auch an der aufnehmenden Gesellschaft beteiligt sind und die Identität des Unternehmens der umgewandelten Gesellschaft im Rahmen der aufnehmenden Gesellschaft gewahrt bleibt (>BFH vom 14.9.1993 – BStBl 1994 II S. 764).

Verlustausgleich und Freibetrag
Der Grundsatz, dass ein Gewerbeverlust insoweit verbraucht ist, als er durch positive Erträge gedeckt ist, gilt auch dann, wenn der Gewerbeertrag durch den Verlustabzug unter den Freibetrag von 24.500 Euro für Einzelunternehmen und Personengesellschaften sinkt (>BFH vom 9.1.1958 – BStBl III S. 134).

R 10a.2 Unternehmensidentität

[1]Unternehmensidentität bedeutet, dass der im Anrechnungsjahr bestehende Gewerbebetrieb identisch ist mit dem Gewerbebetrieb, der im Jahr der Entstehung des Verlustes bestanden hat. [2]Dabei ist unter Gewerbebetrieb die ausgeübte gewerbliche Betätigung zu verstehen. [3]Ob diese die gleiche geblieben ist, ist nach dem Gesamtbild zu beurteilen, das sich aus ihren wesentlichen Merkmalen ergibt, wie insbesondere der Art der Betätigung, dem Kunden- und Lieferantenkreis, der Arbeitnehmerschaft, der Geschäftsleitung, den Betriebsstätten sowie dem Umfang und der Zusammensetzung des Aktivvermögens. [4]Unter Berücksichtigung dieser Merkmale muss ein wirtschaftlicher, organisatorischer und finanzieller Zusammenhang zwischen den Betätigungen bestehen. [5]Betriebsbedingte – auch strukturelle – Anpassungen der gewerblichen Betätigung an veränderte wirtschaftliche Verhältnisse stehen der Annahme einer identischen Tätigkeit jedoch nicht entgegen.

H 10a.2

Abgrenzungsmerkmale
>BFH vom 12.1.1983 – BStBl II S. 425, vom 19.12.1984 – BStBl 1985 II S. 403, vom 14.9.1993 – BStBl 1994 II S. 764 und vom 27.1.1994 – BStBl II S. 477

Betriebsaufspaltung
- Bei der Rückumwandlung einer aus einer Betriebsaufspaltung hervorgegangenen Betriebs-GmbH auf die Besitz-Personengesellschaft, bleibt ein bei der Personengesellschaft entstandener Gewerbeverlust abzugsfähig (>BFH vom 28.5.1968 – BStBl II S. 688).
- Bringen die Gesellschafter einer GbR, die Verpachtungsgesellschaft im Rahmen einer Betriebsaufspaltung ist, ihre Anteile an der GbR in eine KG ein, die in den Pachtvertrag eintritt, kann die Unternehmensidentität auch dann gegeben sein, wenn die KG bereits Besitzgesellschaft im Rahmen einer weiteren Betriebsaufspaltung ist (>BFH vom 27.1.1994 – BStBl II S. 477).

Realteilung
- Bei der Realteilung von Personengesellschaften besteht zwischen dem Gewerbebetrieb der Personengesellschaft und den hieraus im Wege der Realteilung hervorgegangenen Betrieben nur dann Unternehmensidentität, wenn das auf einen Gesellschafter übergehende Vermögen bei der Personengesellschaft einen Teilbetrieb gebildet hat und der diesem Teilbetrieb sachlich zuzuordnende Verlust sich ohne Weiteres aus dem Rechenwerk der Personengesellschaft ergibt (>BFH vom 5.9.1990 – BStBl 1991 II S. 25).
- >R 10a.3 Abs. 3

Teilbetriebsveräußerung
Liegt eine Teilbetriebsveräußerung vor, stehen die Verluste, soweit sie auf den veräußerten Teilbetrieb entfallen, mangels (Teil-)Unternehmensidentität nicht für eine Kürzung von Gewerbeer-

trägen in späteren Erhebungszeiträumen zur Verfügung (>BFH vom 7.8.2008 – BStBl 2012 II S. 145).

Vereinigung bestehender Betriebe
– Wird ein Betrieb oder Teilbetrieb mit einem bereits bestehenden Betrieb vereinigt (z. B. Einbringung in eine Personengesellschaft oder Verschmelzung von zwei Personengesellschaften), ist es für die Annahme der Unternehmensidentität nicht entscheidend, ob der übertragene Betrieb bei der aufnehmenden Gesellschaft einen Teilbetrieb darstellt oder dem neuen Gesamtbetrieb das Gepräge gibt. Es ist ausreichend, wenn die Identität des eingebrachten Betriebs innerhalb der Gesamttätigkeit des aufnehmenden Betriebs gewahrt bleibt, d. h. die Geschäftstätigkeit im Rahmen des aufnehmenden Betriebs in wirtschaftlicher, organisatorischer und finanzieller Hinsicht fortgesetzt wird (>BFH vom 14.9.1993 – BStBl 1994 II S. 764).
– Wird die an einer GmbH & atypisch still beteiligte GmbH auf die still beteiligte Personengesellschaft verschmolzen und ist für die atypische stille Gesellschaft ein Verlustvortrag festgestellt, um den die aufnehmende Personengesellschaft ihren Gewerbeertrag kürzen will, muss die für die Kürzung nach § 10a GewStG erforderliche Unternehmensidentität zwischen dem Gewerbebetrieb bestehen, den die GmbH – als Inhaberin des Handelsgeschäfts – vor ihrer Verschmelzung auf die Personengesellschaft geführt hat, und dem Gewerbebetrieb, den die Personengesellschaft nach der Verschmelzung (fort-)führt. Der für die GmbH & atypisch still festgestellte Gewerbeverlust geht mangels Unternehmeridentität in dem Umfang unter, in dem er nach der gesellschaftsinternen Verteilung auf die verschmelzungsbedingt erloschene GmbH entfiel (>BFH vom 11.10.2012 – BStBl 2013 II S. 958).

R 10a.3 Unternehmeridentität

Allgemeines

(1) ¹Unternehmeridentität bedeutet, dass der Gewerbetreibende, der den Verlustabzug in Anspruch nehmen will, den Gewerbeverlust zuvor in eigener Person erlitten haben muss. ²Ein Unternehmerwechsel bewirkt somit, dass der Abzug des im übergegangenen Unternehmen entstandenen Verlustes entfällt, auch wenn das Unternehmen als solches von dem neuen Inhaber unverändert fortgeführt wird. ³Der erwerbende Unternehmer kann den vom übertragenden Unternehmer erzielten Gewerbeverlust auch dann nicht nach § 10a GewStG abziehen, wenn er den erworbenen Betrieb mit einem bereits bestehenden Betrieb vereinigt.

Einzelunternehmen

(2) – unbesetzt –

Mitunternehmerschaften

(3) ¹Bei Personengesellschaften und anderen Mitunternehmerschaften sind Träger des Rechts auf den Verlustabzug die einzelnen Mitunternehmer. ²Die Berücksichtigung eines Gewerbeverlustes bei Mitunternehmerschaften setzt voraus, dass bei der Gesellschaft im Entstehungsjahr ein negativer und im Abzugsjahr ein positiver Gewerbeertrag vorliegt; in die Ermittlung dieser Beträge sind Sonderbetriebsausgaben und Sonderbetriebseinnahmen einzubeziehen. ³Ein sich für die Mitunternehmerschaft insgesamt ergebender Fehlbetrag ist den Mitunternehmern gemäß § 10a Satz 4 GewStG entsprechend dem allgemeinen Gewinnverteilungsschlüssel ohne Berücksichtigung von Vorabgewinnanteilen zuzurechnen. ⁴Kommt es in einem folgenden Erhebungszeitraum mit positivem Gewerbeertrag zu einer Minderung des Fehlbetrages, so vermindern sich die den einzelnen Mitunternehmern zuzurechnenden Anteile entsprechend ihrem nach dem allgemeinen Gewinnverteilungsschlüssel im Abzugsjahr (§ 10a Satz 5 GewStG) zu bemessenden Anteil am Gewerbeertrag. ⁵Dabei ist der Höchstbetrag nach § 10a Satz 1 GewStG

entsprechend dem allgemeinen Gewinnverteilungsschlüssel im Abzugsjahr anteilig bei den einzelnen Gesellschaftern zu berücksichtigen. [6]Bei gleichem Gesellschafterbestand und gleicher Beteiligungsquote bleibt das Gesamtergebnis im Verlustentstehungsjahr und im Abzugsjahr maßgebend; eine gesellschafterbezogene Berechnung kann unterbleiben. [7]Aufgrund der Personenbezogenheit des Verlustabzugs nach § 10a GewStG können sich jedoch Auswirkungen in den Fällen des Wechsels im Gesellschafterbestand und bei Änderung der Beteiligungsquote ergeben. [8]Bei einer Änderung der Beteiligungsquote ist der den Mitunternehmern im Verlustentstehungsjahr nach § 10a Satz 4 GewStG zugerechnete Anteil am Fehlbetrag insgesamt, jedoch gemäß § 10a Satz 5 GewStG nur von dem jeweiligen Anteil am gesamten Gewerbeertrag abziehbar, der entsprechend dem sich aus dem Gesellschaftsvertrag ergebenden Gewinnverteilungsschlüssel des Abzugsjahres auf den jeweiligen Mitunternehmer entfällt. [9]Für den Wechsel im Gesellschafterbestand gilt z. B. Folgendes:

1. Beim Ausscheiden eines Gesellschafters aus einer Personengesellschaft entfällt der Verlustabzug gemäß § 10a GewStG anteilig in der Höhe, in der der Fehlbetrag dem ausscheidenden Gesellschafter nach § 10a Satz 4 und 5 GewStG zuzurechnen ist.

2. Tritt ein Gesellschafter in eine bestehende Personengesellschaft ein, ist der vor dem Eintritt des neuen Gesellschafters entstandene Fehlbetrag im Sinne des § 10a GewStG weiterhin insgesamt, jedoch nur von dem Betrag abziehbar, der von dem gesamten Gewerbeertrag entsprechend dem sich aus dem Gesellschaftsvertrag ergebenden Gewinnverteilungsschlüssel (>§ 10a Satz 5 GewStG) auf die bereits vorher beteiligten Gesellschafter entfällt.

3. Veräußert ein Gesellschafter seinen Mitunternehmeranteil an einen Dritten, sind die Grundsätze der Nummern 1 und 2 entsprechend anzuwenden.

4. [1]Wird nach dem Ausscheiden von Gesellschaftern aus einer Personengesellschaft der Gewerbebetrieb von dem einem Gesellschafter fortgeführt, kann dieser vom Gewerbeertrag des Einzelunternehmens einen verbleibenden Fehlbetrag der Gesellschaft insoweit abziehen, als dieser Betrag gemäß § 10a Satz 4 und 5 GewStG auf ihn entfällt. [2]Dies gilt auch, wenn der den Gewerbebetrieb fortführende Gesellschafter eine Kapitalgesellschaft ist, sowie in den Fällen der Verschmelzung einer Personengesellschaft auf einen Gesellschafter.

5. [1]Bei der Einbringung des Betriebes einer Personengesellschaft in eine andere Personengesellschaft besteht die für den Verlustabzug erforderliche Unternehmeridentität, soweit die Gesellschafter der eingebrachten Gesellschaft auch Gesellschafter der aufnehmenden Gesellschaft sind. [2]Entsprechendes gilt bei der Verschmelzung zweier Personengesellschaften. [3]Die Unternehmeridentität bleibt er erhalten bei der formwechselnden Umwandlung (z. B. OHG in KG) einer Personengesellschaft in eine andere Personengesellschaft. [4]Wird eine Personengesellschaft im Wege der Verschmelzung (Ausnahme siehe Nummer 4 Satz 2) oder des Formwechsels (§ 25 UmwStG) in eine Kapitalgesellschaft umgewandelt, besteht keine Unternehmeridentität mit der Folge, dass die Kapitalgesellschaft den bei der Personengesellschaft entstandenen Gewerbeverlust nicht abziehen kann (>§ 23 Abs. 5 UmwStG).

6. [1]Wird eine Kapitalgesellschaft, die Mitunternehmerin einer Personengesellschaft ist, auf eine andere Kapitalgesellschaft verschmolzen, mindert sich der Verlustabzug nach § 10a GewStG bei der Personengesellschaft um den nach § 10a Satz 4 und 5 GewStG auf die Kapitalgesellschaft entfallenden Betrag (>§ 19 Abs. 2 i.V. m. § 12 Abs. 3 i.V. m. § 4 Abs. 2 Satz 2 UmwStG entsprechend). [2]Entsprechendes gilt, wenn eine Kapitalgesellschaft ihren Mitunternehmeranteil vollständig in eine Tochterkapitalgesellschaft gegen Gewährung von Gesellschaftsrechten einbringt.

7. [1]Liegen bei der Realteilung einer Personengesellschaft die Voraussetzungen der Unternehmensidentität vor, kann jeder Inhaber eines aus der Realteilung hervorgegangenen Teilbetriebs vom Gewerbeertrag dieses Unternehmens den vortragsfähigen Fehlbetrag der Personengesellschaft nur insoweit abziehen, als ihm dieser nach § 10a Satz 4 und 5 GewStG zuzurechnen war. [2]Es kann jedoch höchstens nur der Teil des Fehlbetrages abgezogen werden, der dem übernommenen Teilbetrieb tatsächlich zugeordnet werden kann.

8. ¹Bei der Beteiligung einer Personengesellschaft (Obergesellschaft) an einer anderen Personengesellschaft (Untergesellschaft) sind nicht die Gesellschafter der Obergesellschaft, sondern ist die Obergesellschaft als solche Gesellschafterin der Untergesellschaft. ²Ein Gesellschafterwechsel bei der Obergesellschaft hat daher ungeachtet des § 15 Abs. 1 Satz 1 Nr. 2 Satz 2 EStG keinen Einfluss auf einen vortragsfähigen Gewerbeverlust bei der Untergesellschaft. ³Wird die Obergesellschaft auf eine andere Personengesellschaft verschmolzen, ist der Verlustabzug nach § 10a GewStG bei der Untergesellschaft um den Betrag zu kürzen, der nach § 10a Satz 4 und 5 GewStG auf die Obergesellschaft entfällt; dies gilt auch, wenn an beiden Gesellschaften dieselben Gesellschafter beteiligt sind. ⁴Entsprechendes gilt, wenn die Obergesellschaft nach dem Ausscheiden des vorletzten Gesellschafters auf den verbleibenden Gesellschafter anwächst. ⁵Dagegen bleibt der Verlustabzug nach § 10a GewStG bei der Untergesellschaft unberührt, wenn die Obergesellschaft formwechselnd in eine Kapitalgesellschaft umgewandelt wird. ⁶Im Fall der Anwachsung auf die Mutterpersonengesellschaft kann diese vom Gewerbeertrag einen verbleibenden Fehlbetrag der Tochterpersonengesellschaft insoweit kürzen, als dieser Betrag gemäß § 10a Satz 4 und 5 GewStG auf die Mutterpersonengesellschaft entfällt.

9. ¹Bei einem unterjährigen Gesellschafterwechsel ist der Gewerbeertrag der Mitunternehmerschaft für den gesamten Erhebungszeitraum einheitlich zu ermitteln, so dass nach dem Gesellschafterwechsel entstandene Verluste mit vor dem Gesellschafterwechsel entstandenen Gewinnen und umgekehrt zu verrechnen sind. ²Die Rechtsfolgen des § 10a GewStG treten bei unterjährigen Änderungen der Unternehmeridentität auf den jeweiligen Zeitraum vor und nach dem Gesellschafterwechsel ein. ³Die für diese Zwecke erforderliche Aufteilung des einheitlich ermittelten positiven oder negativen Gewerbeertrags hat zeitanteilig zu erfolgen, sofern dies nicht zu offensichtlich unzutreffenden Ergebnissen führt.

Kapitalgesellschaften

(4) ¹Wird eine Kapitalgesellschaft formwechselnd in eine andere Kapitalgesellschaft umgewandelt, bleibt die Unternehmeridentität gewahrt. ²Bei der Verschmelzung zweier Kapitalgesellschaften kann die aufnehmende Kapitalgesellschaft den Gewerbeverlust der verschmolzenen Kapitalgesellschaft nicht abziehen (>§ 19 Abs. 2 i.V. m. § 12 Abs. 3 i.V. m. § 4 Abs. 2 Satz 2 UmwStG). ³Auch im Fall der Aufspaltung einer Körperschaft geht deren Gewerbeverlust nicht auf die übernehmenden Gesellschaften über. ⁴Entsprechendes gilt bei der Abspaltung von Vermögen einer Körperschaft auf eine andere Körperschaft; der Gewerbeverlust der fortbestehenden übertragenden Körperschaft mindert sich gemäß § 19 Abs. 2 i.V. m. § 15 Abs. 3 UmwStG. ⁵Bei der Umwandlung einer Körperschaft auf eine Personengesellschaft oder eine natürliche Person im Wege der Verschmelzung, der Spaltung oder des Formwechsels kann die übernehmende Personengesellschaft oder natürliche Person den Gewerbeverlust der übertragenden Körperschaft ebenfalls nicht abziehen (>§ 18 Abs. 1 Satz 2 UmwStG); bei der Abspaltung von Vermögen einer Körperschaft auf eine Personengesellschaft mindert sich der Gewerbeverlust der fortbestehenden übertragenden Körperschaft nach Maßgabe von § 16 i.V. m. § 15 Abs. 3 und § 18 Abs. 1 Satz 1 UmwStG. ⁶Im Fall der Ausgliederung auf eine Kapitalgesellschaft nach § 123 Abs. 3 UmwG bleibt der volle Gewerbeverlust grundsätzlich bei dem ausgliedernden Unternehmen.

H 10a.3 (1)

Unternehmerwechsel

Ein den Verlustabzug nach § 10a GewStG ausschließender Unternehmerwechsel liegt unabhängig davon vor, ob dieser auf entgeltlicher oder unentgeltlicher Übertragung, auf Gesamtrechtsnachfolge (z. B. Erbfolge) oder auf Einzelrechtsnachfolge (z. B. vorweggenommene Erbfolge) beruht (>BFH vom 3. 5. 1993 – BStBl II S. 616 und vom 7. 12. 1993 – BStBl 1994 II S. 331).

H 10a.3 (2)

Einzelunternehmen
Wird ein Einzelunternehmen nach Eintritt einer oder mehrerer Personen als Personengesellschaft fortgeführt, kann der in dem Einzelunternehmen entstandene Fehlbetrag auch weiterhin insgesamt, jedoch nur von dem Betrag abgezogen werden, der von dem gesamten Gewerbeertrag der Personengesellschaft entsprechend dem sich aus dem Gesellschaftsvertrag ergebenden Gewinnverteilungsschlüssel auf den früheren Einzelunternehmer entfällt. Entsprechendes gilt, wenn ein Einzelunternehmen gemäß § 24 UmwStG in eine Personengesellschaft eingebracht wird. Der Abzug eines in einem Einzelunternehmen entstandenen Gewerbeverlustes entfällt jedoch insgesamt, wenn das Unternehmen auf eine Kapitalgesellschaft oder auf eine Personengesellschaft, an der der bisherige Einzelunternehmer nicht beteiligt ist, übertragen wird (>BFH vom 3. 5. 1993 – BStBl II S. 616).

H 10a.3 (3)

Anwendung des § 8c KStG auf Fehlbeträge einer Mitunternehmerschaft, soweit an dieser eine Körperschaft unmittelbar oder mittelbar beteiligt ist
>R 10a.1 Abs. 3 Satz 4 f.

Beispiel:
Ausgangsfall
A ist Alleingesellschafter der A-GmbH, die im EZ 01 zu 80 % an der X-OHG (Obergesellschaft) beteiligt ist. Die X-OHG ist ihrerseits zu 60 % an der Y-OHG (Untergesellschaft) beteiligt. Die zum 31. 12. 01 vortragsfähigen Gewerbeverluste betragen für die X-OHG 450.000 € und für die Y-OHG 250.000 €. Im EZ 02 erwirbt B von A 30 % der Anteile an der A-GmbH.

Abwandlung
Wie Ausgangsfall, jedoch erwirbt B von A im EZ 02 60 % der Anteile an der A-GmbH.

Lösung Ausgangsfall:
Auf Ebene der A-GmbH erfolgt in EZ 02 ein schädlicher Beteiligungserwerb im Sinne des § 8c KStG. Unter Berücksichtigung der Beteiligungshöhe von 80 % der A-GmbH an der X-OHG folgt, dass vom vortragsfähigen Gewerbeverlust der X-OHG in EZ 02 nunmehr 30 % von 80 % (= 24 % v. 450.000 €) nicht mehr abziehbar sind. Weiterhin ist der vortragsfähige Gewerbeverlust der Y-OHG aufgrund der mittelbaren Beteiligung der A-GmbH an der Y-OHG von 48 % (80 % von 60 %) in EZ 02 ebenfalls zu 30 % (= 14,4 % v. 250.000 €) nicht mehr abziehbar.

Lösung Abwandlung:
Unter Berücksichtigung der Beteiligungshöhe von 80 % der A-GmbH an der X-OHG folgt, dass vom vortragsfähigen Gewerbeverlust der X-OHG in EZ 02 nunmehr der vollständige, auf die A-GmbH entfallende Verlustvortrag in Höhe von 80 % v. 450.000 € nicht mehr abziehbar ist. Die Anwendung des § 8c KStG auf Ebene der Y-OHG führt im EZ 02 dazu, dass der vortragsfähige Gewerbeverlust der Y-OHG aufgrund der mittelbaren Beteiligung der A-GmbH an der Y-OHG von 48 % (80 % von 60 %) im Umfang der mittelbaren Beteiligung (48 % v. 250.000 €) nicht mehr abziehbar ist.

Ausscheiden von Gesellschaftern einer Mitunternehmerschaft
- >R 10a.3 Abs. 3 Satz 9 Nr. 1, 2, 4 und 9
- >Beschluss des Großen Senats des BFH vom 3. 5. 1993 – BStBl II S. 616 und BFH vom 14. 12. 1989 – BStBl 1990 II S. 436, vom 2. 3. 1983 – BStBl II S. 427

- Die Inanspruchnahme des gewerbesteuerlichen Verlustabzugs setzt die ununterbrochene Unternehmeridentität voraus, so dass auch kurzfristige Unterbrechungen – selbst für eine logische Sekunde – zum Wegfall des Verlustabzugs führen (>BFH vom 11.10.2012 – BStBl 2013 II S. 176).

Änderung der Beteiligungsquote

Beispiel:
An der Y-OHG sind im EZ 01 A und B zu je 50 % beteiligt. Zum 1.1.02 hat A 60 % seines Anteils (= 30 %) auf B übertragen.
Die gewerbesteuerlichen Ergebnisse (einschl. Hinzurechnungen und Kürzungen) betragen:
EZ 01: ./. 100.000 €
EZ 02: + 100.000 €

Lösung:
Der im EZ 01 entstandene Fehlbetrag ist A und B gemäß § 10a Satz 4 GewStG in Höhe von jeweils 50.000 € zuzurechnen (jeweiliges Verlustkonto für A und B).
Der Gewerbeertrag des EZ 02 ist gemäß § 10a Satz 5 GewStG A in Höhe von 20.000 € und B in Höhe von 80.000 € zuzurechnen. Für die Verrechnung des Fehlbetrages ergibt sich Folgendes:
A: ./. 50.000 € + 20.000 € = 0; verbleibender Verlustabzugsbetrag 30.000 € (Verlustkonto für A)
B: ./. 50.000 € + 80.000 € = 30.000; verbleibender Verlustabzugsbetrag 0
Im EZ 02 ergibt sich ein Gewerbesteuermessbetrag von 30.000 €. Die Feststellung eines verbleibenden Verlustabzugsbetrages zum 31.12.02 nach § 10a Satz 6 GewStG beläuft sich auf 30.000 €. Ab dem EZ 03 ist dieser Betrag nur von dem nach § 10a Satz 5 GewStG auf A entfallenden Anteil am Gewerbeertrag abziehbar.

Änderung des Gesellschafterbestandes

Beispiel 1 (Ausscheiden):
An der A-KG sind die Gesellschafter A, B und C zu je einem Drittel beteiligt. Der vortragsfähige Gewerbeverlust der KG zum 31.12.02 beträgt 900.000 €. Zum 31.12.03 scheidet C aus der Personengesellschaft aus und veräußert seinen Anteil an D. Die KG erzielt in 03 einen Gewerbeertrag von 600.000 €. In 04 erzielt die KG einen Gewerbeertrag in Höhe von 150.000 €.

Lösung:

	Ergebnis					Verluste (§ 10a)			
	A	B	C	D	Summe	A	B	C	Summe
EZ 02 § 10a Satz 4	./. 300	./. 300	./. 300	–	./. 900	300	300	300	900
EZ 03 § 10a Satz 5	200 ./. 200	200 ./. 200	200 ./. 200	–	600 ./. 600	./. 200	./. 200	./. 200	./. 600
Gewerbeertrag 03	0	0	0	–	0				
Ausscheiden C								./. 100	./. 100
Verlustfeststellung § 10a Satz 6						100	100	0	200
EZ 04 § 10a Satz 5	50 ./. 50	50 ./. 50	–	50	150 ./. 100	./. 50	./. 50	–	./. 100
Gewerbeertrag 04	0	0		50	50				
Verlustfeststellung § 10a Satz 6						50	50		100

1375

Zu § 10a GewStG R 10a.3 A. V.

Abwandlung zu Beispiel 1 (unterjähriges Ausscheiden):
Wie Beispiel 1, jedoch scheidet der Gesellschafter C zum 30.6.03 aus der Personengesellschaft aus und veräußert seinen Anteil zu diesem Zeitpunkt an D. Ein bis zum Ausscheiden des C tatsächlich erzielter Gewerbeertrag ist nicht bekannt.

Lösung:
Der positive Gewerbeertrag bis zum Ausscheiden des C ist nach Maßgabe des § 10a GewStG um Verluste früherer Jahre zu kürzen. Entsprechend R 10a.3 Abs. 3 Satz 9 Nr. 9 ist für diese Zwecke der einheitliche Gewerbeertrag des EZ 03 zeitanteilig auf den Zeitraum vor und nach dem Ausscheiden des C zu verteilen.

	Ergebnis					Verluste (§ 10a)			
	A	B	C	D	Summe	A	B	C	Summe
EZ 02 § 10a Satz 4	./.300	./.300	./.300	–	./.900	300	300	300	900
EZ 03 Bis 30.6.= $^{6}/_{12}$ v. 600.000 § 10a Satz 5 Ab 1.7.= $^{6}/_{12}$ v. 600.000 § 10a Satz 5	100 ./.100 100 ./.100	100 ./.100 100 ./.100	100 ./.100 – –	– – 100 –	300 ./.300 300 ./.200	./.100 ./.100	./.100 ./.100	./.100 –	./.300 ./.200
Gewerbeertrag 03	0	0	0	100	100				
Ausscheiden C								./.200	./.200
Verlustfeststellung § 10a Satz 6						100	100	0	200
EZ 04 § 10a Satz 5	50 ./.50	50 ./.50	– –	50 –	150 ./.100	./.50	./.50	–	./.100
Gewerbeertrag 04	0	0		50	50				
Verlustfeststellung § 10a Satz 6						50	50		100

Beispiel 2 (Ausscheiden unter Berücksichtigung Sonderbetriebsvermögens):
An der Y-OHG sind A und B zu je 50 % beteiligt. Die gewerbesteuerlichen Ergebnisse (einschl. Hinzurechnungen und Kürzungen) betragen:

```
EZ 01                                                        A        B
Gesamthandsbilanz ./.100                                   ./.50    ./.50
(verteilt nach § 10a Satz 4 GewStG)
Sonderbetriebsvermögen + 20                                 + 20      –
Gewerbeertrag/Fehlbetrag ./.80                             ./.30    ./.50

EZ 02
Gesamthandsbilanz ./.60                                    ./.30    ./.30
(verteilt nach § 10a Satz 4 GewStG)
Sonderbetriebsvermögen + 70                                 + 70      –
Gewerbeertrag + 10                                          + 40    ./.30

EZ 03
Gesamthandsbilanz und Sonderbetriebsvermögen: + 0
```
A scheidet zum 31.12.03 aus. Der zum 31.12.03 festzustellende vortragsfähige Fehlbetrag ermittelt sich wie folgt:

Lösung:

	Ergebnis			Verluste (§ 10a)		
	A	B	Summe	A	B	Summe
EZ 01 (Sonder BE)	./. 50 20	./. 50	./. 80	40	40	80
Gesonderte Feststellung, § 10a Satz 6 GewStG						80
EZ 02 (Sonder BE) Verlustabzug	./. 30 70	./. 30	10 ./. 10	./. 5	./. 5	./. 10
31.12.02 § 10a Satz 6 GewStG				35	35	70
EZ 03 Ausscheiden des A	0	0	0	./. 35	–	70 ./. 35
31.12.03 § 10a Satz 6 GewStG				0	35	35

Beispiel 3 (Eintritt/Mindestbesteuerung):

An der Z-OHG sind im EZ 01 A und B zu je 50 % beteiligt. Nach Eintritt des C zum 1.1.02 sind A, B und C zu je ¹/₃ beteiligt. Gewerbesteuerliche Ergebnisse:

EZ 01:	Verlust aus Gesamthandsbilanz:	./. 4,0 Mio. € (= Gewerbeverlust)
EZ 02:	Verlust aus Gesamthandsbilanz:	./. 1,5 Mio. €
	Sonderbetriebseinnahmen des C:	+ 4,5 Mio. €
=	Gewerbeertrag 02:	+ 3,0 Mio. €

Lösung: (Beträge in Mio. €)

	Ergebnis				Verluste (§ 10a)			
	A	B	C	Summe	A	B	C	Summe
EZ 01	./. 2	./. 2	–	./. 4	2	2	–	4
§ 10a Satz 6 GewStG				4				
EZ 02 SBE	./. 0,5	./. 0,5 –	./. 0,5 4,5	3				
Verlustabzug: Für den Verlustabzug stehen nach Gewinnverteilungsschlüssel (§ 10a Satz 5 GewStG) zur Verfügung:	1	1	–*)					
./. § 10a Satz 1 GewStG: hier: je ¹/₃ v. 1 Mio.	./. 0,33	./. 0,33		./. 0,66	./. 0,33	./. 0,33	–	./. 0,66

*) Der auf C nach allgemeinem Gewinnverteilungsschlüssel entfallende Gewinnanteil (1 Mio. €) steht nicht für Verlustabzug zur Verfügung, da auf C kein Teil des Fehlbetrags entfällt.

	Ergebnis				Verluste (§ 10a)			
	A	B	C	Summe	A	B	C	Summe
./. § 10a Satz 2 GewStG: hier: je ⅓ v. 60 % v. 2 Mio.	./. 0,40	./. 0,40		./. 0,80	./. 0,40	./. 0,40	–	./. 0,80
Gewerbeertrag 02	0,27	0,27	1	**1,54**				
verbleibender Verlustabzug 31.12.02					1,27	1,27	–	**2,54**

Atypisch stille Gesellschaft

– >R 2.4 Abs. 5

– Wird die an einer GmbH & atypisch still beteiligte GmbH auf die still beteiligte Personengesellschaft verschmolzen und ist für die atypische stille Gesellschaft ein Verlustvortrag festgestellt, um den die aufnehmende Personengesellschaft ihren Gewerbeertrag kürzen will, muss die für die Kürzung nach § 10a GewStG erforderliche Unternehmensidentität zwischen dem Gewerbebetrieb bestehen, den die GmbH – als Inhaberin des Handelsgeschäfts – vor ihrer Verschmelzung auf die Personengesellschaft geführt hat, und dem Gewerbebetrieb, den die Personengesellschaft nach der Verschmelzung (fort-)führt. Der für die GmbH & atypisch still festgestellte Gewerbeverlust geht mangels Unternehmeridentität in dem Umfang unter, in dem er nach der gesellschaftsinternen Verteilung auf die verschmelzungsbedingt erloschene GmbH entfiel (>BFH vom 11.10.2012 BStBl 2013 II S. 958)

Doppelstöckige Personengesellschaft

>R 10a.3 Abs. 3 Satz 9 Nr. 8

>Beschluss des Großen Senats des BFH vom 3.5.1993 – BStBl II S. 616 und BFH vom 11.10.2012 – BStBl 2013 II S. 176

Beispiel:

An der X-OHG (Untergesellschaft) sind je zur Hälfte A und die Y-OHG (Obergesellschaft) beteiligt. Gesellschafter der Y-OHG sind zu gleichen Teilen B und C. B veräußert zum 31.12.01 seine Beteiligung an der Y-OHG an D. Die Untergesellschaft (X-OHG) erwirtschaftete in 01 einen negativen Gewerbeertrag in Höhe von – 50.000 €, in 02 einen positiven Gewerbeertrag von 60.000 €.

Lösung:

Der negative Gewerbeertrag 01 (– 50.000 €) kann in voller Höhe von dem positiven Gewerbeertrag 02 (60.000 €) abgezogen werden, da der Gesellschafterwechsel bei der Y-OHG keinen Einfluss auf den Gesellschafterbestand bei der X-OHG hat.

Einbringung und Verschmelzung bei Personengesellschaften

>R 10a.3 Abs. 3 Satz 9 Nr. 5

>BFH vom 27.1.1994 – BStBl II S. 477 und vom 14.9.1993 – BStBl 1994 II S. 764

Realteilung
>R 10a.3 Abs. 3 Nr. 7

Beispiel 1:
Die AB-OHG, an der A und B zu gleichen Teilen beteiligt sind, besteht aus zwei Teilbetrieben. Die AB-OHG wird zum 1.1.02 real geteilt, wobei A den Teilbetrieb 1 und B den Teilbetrieb 2 übernimmt. Der vortragsfähige Gewerbeverlust zum 31.12.01 beträgt 400.000 €. Aus der Buchführung lässt sich nachvollziehen, dass der Gewerbeverlust in Höhe von 250.000 € auf den Teilbetrieb 1 und in Höhe von 150.000 € auf den Teilbetrieb 2 entfällt.

Lösung:
Das Recht auf den Abzug des bei der AB-OHG entstandenen Gewerbeverlustes steht A und B entsprechend ihrem Anteil an der AB-OHG jeweils zur Hälfte zu. Daher können A und B aufgrund des Erfordernisses der Unternehmeridentität nur ihren Anteil des Gesamtfehlbetrages von je 200.000 € (50 % von 400.000 €) bei der Ermittlung des Gewerbeertrages ihrer Einzelunternehmen abziehen.

Die Voraussetzung der Unternehmensidentität ist grundsätzlich gegeben, weil die beiden Teilbetriebe über gesonderte Buchführungen verfügt haben. Bei B ist jedoch zu beachten, dass dem von ihm übernommenen Teilbetrieb nur ein Gewerbeverlust von 150.000 € zugeordnet werden kann.

Er kann daher nur einen Betrag von 150.000 € von den zukünftigen positiven Gewerbeerträgen abziehen. Im Ergebnis geht also ein Verlustabzug i. H. v. 50.000 € verloren.

Beispiel 2:
Wie vorstehend, nur wird die AB-OHG in Personengesellschaften AB1 (Teilbetrieb 1) und AB2 (Teilbetrieb 2) aufgespalten. Gesellschafter der beiden Personengesellschaften sind weiterhin A und B zu je 50 %.

Lösung:
Bei der AB1-OHG kann der dem Teilbetrieb 1 zuzuordnende Gewerbeverlust i. H. v. 250.000 € abgezogen werden. Der restliche Gewerbeverlust i. H. v. 150.000 € kann von der AB2-OHG in Anspruch genommen werden.

R 10a.4 **Organschaft**

[1]Gehen im Zuge einer Anwachsung Verluste einer Personengesellschaft auf eine Organgesellschaft über, können diese Verluste in Zeiträumen vor als auch nach dem Abschluss des Gewinnabführungsvertrages zwischen Organgesellschaft und Organträger entstanden sein. [2]Verluste, die vor Abschluss des Gewinnabführungsvertrages bei der Personengesellschaft entstanden sind, stellen vororganschaftliche Verluste dar, welche während des Bestehens der Organschaft nicht mit dem maßgebenden Gewerbeertrag der Organgesellschaft zu verrechnen sind (>§ 10a Satz 3 GewStG). [3]Die nach Abschluss des Gewinnabführungsvertrages auf Ebene der Personengesellschaft entstandenen und der Organgesellschaft angewachsenen Verluste stellen Verluste dar, die während der Organschaft auf Ebene der Organgesellschaft entstanden sind. [4]Die Voraussetzungen des § 10a Satz 3 GewStG sind insoweit nicht erfüllt. [5]Daraus folgt, dass Verluste im Sinne des Satzes 3 auf Ebene der Organgesellschaft nach Maßgabe des § 10a Satz 1 und 2 GewStG jeweils höchstens bis auf Null mit positiven Gewerbeerträgen der Organgesellschaft ausgeglichen werden können.

H 10a.4

Änderungen bei der Besteuerung steuerlicher Organschaften durch das Steuervergünstigungsabbaugesetz – StVergAbG –
>BMF vom 10.11.2005 – BStBl I S. 1038

Zu § 11 GewStG

Organschaftliche Verluste

Verluste einer Organgesellschaft, die während der Dauer einer Organschaft entstanden sind, können auch nach Beendigung der Organschaft nur vom maßgebenden Gewerbeertrag des Organträgers abgezogen werden (>BFH vom 27. 6. 1990 – BStBl II S. 916).

Zu § 11 GewStG

R 11.1 **Freibetrag bei natürlichen Personen und Personengesellschaften**

¹Der Freibetrag im Sinne des § 11 Abs. 1 Satz 3 Nr. 1 GewStG ist für Gewerbebetriebe natürlicher Personen und Personengesellschaften betriebsbezogen zu gewähren. ²Der Freibetrag ist auch dann in voller Höhe zu gewähren, wenn die Betriebseröffnung oder Betriebsschließung im Laufe des Kalenderjahres erfolgt. ³Wechselt lediglich die Steuerschuldnerschaft zwischen Einzelunternehmen und Personengesellschaften oder umgekehrt, ist der für den Erhebungszeitraum ermittelte einheitliche Steuermessbetrag den Steuerschuldnern anteilig zuzurechnen und getrennt festzusetzen. ⁴Diese zeitliche Abgrenzung und zeitraumbezogene Erfassung des Besteuerungsguts bedeutet, dass jedem der Steuerschuldner nur der Teil des Steuermessbetrags zugerechnet werden darf, der auf die Dauer seiner persönlichen Steuerpflicht entfällt. ⁵Dieses Ergebnis wird dadurch erreicht, dass für jeden der Steuerschuldner eine Steuermessbetragsfestsetzung auf Grund des von ihm erzielten Gewerbeertrags durchgeführt wird und dabei der Freibetrag nach § 11 Abs. 1 Satz 3 Nr. 1 GewStG in Höhe von 24 500 Euro auf jeden von ihnen entsprechend der Dauer seiner persönlichen Steuerpflicht aufgeteilt wird. ⁶Aus Vereinfachungsgründen kann bei jedem der Steuerschuldner für jeden angefangenen Monat der Steuerpflicht ein Freibetrag von 2 042 Euro berücksichtigt werden. ⁷Die Steuermesszahl nach § 11 Abs. 2 GewStG wird nach Abzug des anteiligen Freibetrages auf den verbleibenden Gewerbeertrag des jeweiligen Steuerschuldners angewendet.

H 11.1

Atypisch stille Gesellschaft

Der Freibetrag im Sinne des § 11 Absatz 1 Satz 3 Nr. 1 GewStG ist auch Kapitalgesellschaften zu gewähren, an deren gewerblichen Unternehmen

– natürliche Personen als atypisch stille Gesellschafter beteiligt sind (>BFH vom 10. 11. 1993 – BStBl 1994 II S. 27). In diesen Fällen ist er grundsätzlich auch dann nur einmal zu gewähren, wenn an dem gewerblichen Unternehmen mehrere natürliche Personen aufgrund mehrerer Gesellschaftsverträge als atypisch stille Gesellschafter beteiligt sind (>BFH vom 8. 2. 1995 – BStBl II S. 764). Sind jedoch die der atypisch stillen Gesellschaft und die dem Inhaber des Handelsgeschäftes allein zuzuordnenden gewerblichen Tätigkeiten als jeweils getrennte Gewerbebetriebe zu beurteilen, ist der Freibetrag für jeden Gewerbebetrieb zu gewähren (>BFH vom 6. 12. 1995 – BStBl 1998 II S. 685) und R 2.4 Abs. 5,

– nur eine andere Kapitalgesellschaft als atypischer stiller Gesellschafter beteiligt ist (>BFH vom 30. 8. 2007 – BStBl 2008 II S. 200).

Wechsel des Steuerschuldners

>BFH vom 17. 2. 1989 – BStBl II S. 664
>BFH vom 26. 8. 1993 – BStBl 1995 II S. 791
>R 5.1 Abs. 1

R 11.2 Steuermesszahlen bei Hausgewerbetreibenden und bei ihnen gleichgestellten Personen

[1]Die auf 56 Prozent ermäßigte Steuermesszahl (= 1,96 Prozent) gilt nach § 11 Abs. 3 GewStG bei Hausgewerbetreibenden und ihnen nach § 1 Abs. 2 Buchstaben b bis d des Heimarbeitsgesetzes gleichgestellten Personen, bei den nach Buchstabe c gleichgestellten Personen aber nur unter der Voraussetzung, dass ihre Entgelte (>§ 10 Abs. 1 UStG) aus der Tätigkeit unmittelbar für den Absatzmarkt im Erhebungszeitraum 25 000 Euro nicht übersteigen. [2]§ 11 Abs. 3 Satz 1 GewStG knüpft unmittelbar an das Heimarbeitsgesetz an. [3]Ob jemand die Steuerermäßigung des § 11 Abs. 3 Satz 1 GewStG beanspruchen kann, richtet sich demzufolge allein danach, ob er Hausgewerbetreibender im Sinne des § 2 Abs. 2 des Heimarbeitsgesetzes oder einem solchen Unternehmer nach § 1 Abs. 2 Buchstaben b bis d des Heimarbeitsgesetzes gleichgestellt ist. [4]Den Hausgewerbetreibenden gleichgestellte Personen sind nach § 1 Abs. 2 Buchstabe b bis d des Heimarbeitsgesetzes:

„b) Hausgewerbetreibende, die mit mehr als 2 fremden Hilfskräften (>§ 2 Abs. 6) oder Heimarbeitern (>§ 2 Abs. 1) arbeiten;

c) andere im Lohnauftrag arbeitende Gewerbetreibende, die infolge ihrer wirtschaftlichen Abhängigkeit eine ähnliche Stellung wie Hausgewerbetreibende einnehmen;

d) Zwischenmeister (>§ 2 Abs. 3)";

Zwischenmeister ist nach § 2 Abs. 3 des Heimarbeitsgesetzes „wer, ohne Arbeitnehmer zu sein, die ihm von Gewerbetreibenden übertragene Arbeit an Heimarbeiter oder Hausgewerbetreibende weitergibt".

[5]Personen, die auf Grund des § 1 Abs. 2 Buchstabe b bis d des Heimarbeitsgesetzes wegen ihrer Schutzbedürftigkeit den Hausgewerbetreibenden gleichgestellt sind, sind die für Hausgewerbetreibende vorgesehenen gewerbesteuerrechtlichen Vergünstigungen ohne weitere Prüfung zu gewähren. [6]Die Finanzämter sind daher nicht befugt, im Einzelfall die Schutzbedürftigkeit noch besonders nachzuprüfen. [7]Nach § 2 Abs. 2 des Heimarbeitsgesetzes wird die Eigenschaft als Hausgewerbetreibender nicht dadurch beeinträchtigt, dass der Hausgewerbetreibende vorübergehend unmittelbar für den Absatzmarkt arbeitet. [8]Vorübergehend in diesem Sinne ist eine Tätigkeit, die nur gelegentlich oder – wenn auch ständig – nebenbei ausgeübt wird und deshalb für die Gesamtleistung unwesentlich ist. [9]Einen Anhalt für die Feststellung einer vorübergehenden Tätigkeit bilden die Stückzahlen der hergestellten Erzeugnisse. [10]Betreibt ein Hausgewerbetreibender oder eine ihm gleichgestellte Person noch eine andere gewerbliche Tätigkeit, z. B. als selbständiger Schneidermeister, und sind beide Tätigkeiten als Einheit zu behandeln (>R 2.4), ist die Vergünstigung des § 11 Abs. 3 GewStG für den Gesamtertrag zu gewähren, wenn die andere Tätigkeit nicht überwiegt (>§ 22 GewStDV). [11]Das Gleiche gilt, wenn die bezeichneten Personen die Voraussetzungen des Heimarbeitsgesetzes im Erhebungszeitraum vorübergehend nicht erfüllen, z. B. bei gelegentlicher Überschreitung der zugelassenen Höchstzahl fremder Arbeitskräfte, die begünstigte Tätigkeit im Erhebungszeitraum insgesamt aber überwiegt (>Vorübergehende Tätigkeit).

H 11.2

Allgemeines
>R 15.1 Abs. 2 EStR
>H 15.1 EStH

Fremde Hilfskraft
Als „fremde Hilfskraft" bezeichnet § 2 Abs. 6 Heimarbeitsgesetz denjenigen, der als Arbeitnehmer eines Hausgewerbetreibenden oder nach § 1 Abs. 2 Buchst. b und c Gleichgestellten in de-

ren Arbeitsstätte beschäftigt ist. Fremde Hilfskräfte des Hausgewerbetreibenden sind alle aufgrund von Arbeitsverträgen – auch aushilfsweise – bei ihm beschäftigten Arbeitnehmer einschließlich solcher, die nahe Angehörige i. S. von § 2 Abs. 5 Buchst. a bis c Heimarbeitsgesetz sind und mit ihm in häuslicher Gemeinschaft leben (>BFH vom 26. 2. 2002 – BStBl 2003 II S. 31).

Hausgewerbetreibende gleichgestellte Personen
Wegen der Gleichstellung nach § 1 Abs. 2 Buchst. b bis d des Heimarbeitsgesetzes (>BFH vom 4. 10. 1962 – BStBl 1963 III S. 66 und vom 4. 12. 1962 – BStBl 1963 III S. 144). Sind Personen in einer Doppelfunktion tätig, können sie nach § 1 Abs. 2 Buchst. b und d gleichgestellt sein. Ein Gewerbetreibender, der nur Teilarbeiten in Heimarbeit verrichten lässt, ist kein Zwischenmeister (>BFH vom 8. 7. 1971 – BStBl 1972 II S. 385). Ein Gewerbetreibender ist nicht Hausgewerbetreibender, wenn er fortgesetzt mit mehr als zwei fremden Hilfskräften oder Heimarbeitern arbeitet; dies gilt auch, wenn die zeitliche Arbeitsleistung dieser Personen insgesamt möglicherweise nicht über die zeitliche Arbeitsleistung zweier vollzeitbeschäftigter Arbeitnehmer hinausgeht (>BFH vom 26. 6. 1987 – BStBl II S. 719). Ein Hausgewerbetreibender verliert diese Eigenschaft nicht, wenn er gelegentlich aus besonderem Anlass mehr als zwei fremde Hilfskräfte beschäftigt, auf Dauer aber das Gewerbe mit nur zwei fremden Hilfskräften betrieben werden kann (>BFH vom 8. 3. 1984 – BStBl II S. 534).

Personenzusammenschlüsse
Als Hausgewerbetreibende und ihnen gleichgestellte Personen sind auch Zusammenschlüsse dieser Personen zu behandeln (>BFH vom 8. 3. 1960 – BStBl III S. 160 und vom 8. 7. 1971 – BStBl 1972 II S. 385).

Vorübergehende Tätigkeit
Die unmittelbare Arbeit für den Absatzmarkt darf in der Regel 10 % nicht wesentlich übersteigen (>BFH vom 4. 10. 1962 – BStBl 1963 III S. 66).

Zu § 14 GewStG

| R 14.1 | **Festsetzung des Steuermessbetrags** |

[1]Erhebungszeitraum ist das Kalenderjahr oder die Dauer der Steuerpflicht im Kalenderjahr, wenn die Steuerpflicht nicht während des ganzen Kalenderjahrs besteht. [2]Der Steuermessbetrag wird jeweils für den Erhebungszeitraum nach dessen Ablauf festgesetzt. [3]Der Steuermessbetrag ist erforderlichenfalls auf volle Euro nach unten abzurunden. [4]Fällt die Steuerpflicht im Laufe des Kalenderjahrs weg, braucht mit der Festsetzung des Steuermessbetrags nicht bis zum Ablauf des Kalenderjahrs gewartet zu werden. [5]In diesem Fall kann der Steuermessbetrag sofort nach Wegfall der Steuerpflicht festgesetzt werden.

| H 14.1 |

Gewerbliche Einkünfte – Keine Bindung an den Einkommensteuerbescheid
Sind im Einkommensteuerbescheid Einkünfte des Steuerpflichtigen nicht als solche aus Gewerbebetrieb, sondern aus anderen Einkunftsarten, z. B. aus selbständiger Arbeit, behandelt, ist in dem Einkommensteuerbescheid hinsichtlich der Gewerbesteuer weder ein Freistellungsbescheid noch eine rechtsverbindliche Zusage der Gewerbesteuerfreiheit zu erblicken. Die nachträgliche Heranziehung des Steuerpflichtigen zur Gewerbesteuer ist daher ohne die Einschränkung des § 173 AO zulässig. Es ist darin auch grundsätzlich kein Verstoß gegen Treu und Glau-

ben zu erblicken (>BFH vom 27.4.1961 – BStBl III S. 281). Wegen der Verwirkung des Anspruchs auf Erlass eines Gewerbesteuermess- oder Gewerbesteuerbescheids (>BFH vom 5.3.1970 – BStBl II S. 793 und vom 14.3.1991 – BStBl II S. 769).

Festsetzung des Gewerbesteuermessbetrags gegenüber einer Personengesellschaft
Die Festsetzung des Gewerbesteuermessbetrags gegenüber einer Personengesellschaft kann unter keinem denkbaren Gesichtspunkt zu einer verfassungswidrigen Überbesteuerung im Sinne des sog. Halbteilungsgrundsatzes führen (>BFH vom 15.3.2005 – BStBl II S. 647).

Zu § 15 GewStG

| R 15.1 | **Pauschfestsetzung** |

[1]Die Festsetzung der Einkommensteuer (Körperschaftsteuer) in einem Pauschbetrag kommt in Betracht

1. nach § 34c Abs. 5 EStG bei unbeschränkt Steuerpflichtigen mit ausländischen Einkünften,
2. nach § 50 Abs. 7 EStG bei beschränkt Steuerpflichtigen,
3. nach der Verordnung zur Vereinfachung des Verfahrens bei Steuernachforderungen vom 28.7.1941 (RGBl I S. 489), soweit diese Verordnung nicht durch Landesrecht aufgehoben worden ist.

[2]Wird die Einkommensteuer (Körperschaftsteuer) in einem Pauschbetrag festgesetzt, so kann im Einvernehmen mit der dafür nach § 15 GewStG zuständigen Behörde auch der Steuermessbetrag in einem Pauschbetrag festgesetzt werden. [3]Ist Gewerbesteuer für mehrere Jahre nachzuholen, müssen für die einzelnen Jahre getrennte Gewerbesteuermessbeträge (Pauschbeträge) festgesetzt werden.

Zu § 16 GewStG

| R 16.1 | **Hebesatz** |

– unbesetzt –

| H 16.1 |

Mindesthebesatz
Es bestehen keine ernstlichen Zweifel daran, dass der Gesetzgeber berechtigt ist, im Laufe des Erhebungszeitraumes bis zum Entstehen des Steueranspruchs die gesetzlichen Grundlagen zu verändern. Der Gesetzgeber konnte deshalb rückwirkend für das Kalenderjahr 2003 den Zerlegungsmaßstab des § 28 GewStG 2002 zu Lasten solcher Gemeinden verändern, deren Hebesatz 200 % unterschreitet (>BFH vom 18.8.2004 – BStBl 2005 II S. 143).

Zu § 19 GewStG

R 19.1 Vorauszahlungen

¹Die Bemessung der Vorauszahlungen entspricht dem Vorauszahlungssystem bei der Einkommensteuer und Körperschaftsteuer. ²Wie bei der Körperschaftsteuer sind bei einem vom Kalenderjahr abweichenden Wirtschaftsjahr die Gewerbesteuer-Vorauszahlungen bereits während des Wirtschaftsjahrs zu entrichten, das im Erhebungszeitraum endet. ³Durch die Entrichtung der Vorauszahlungen bei einem vom Kalenderjahr abweichenden Wirtschaftsjahr in dem jeweiligen Wirtschaftsjahr wird vermieden, dass bei Neugründungen mit vom Kalenderjahr abweichendem Wirtschaftsjahr oder bei der Umstellung auf ein vom Kalenderjahr abweichendes Wirtschaftsjahr eine Steuerpause eintritt. ⁴Auf die Jahressteuerschuld für den Erhebungszeitraum sind die im abweichenden Wirtschaftsjahr, das im maßgebenden Erhebungszeitraum endet, festgesetzten und entrichteten Vorauszahlungen anzurechnen. ⁵§ 19 Abs. 1 Satz 2 GewStG gilt nicht für Gewerbebetriebe, die bereits vor dem 1.1.1986 ein vom Kalenderjahr abweichendes Wirtschaftsjahr hatten, es sei denn, sie sind nach dem 31.12.1985 infolge Wegfalls eines Befreiungsgrunds in die Steuerpflicht eingetreten oder sie haben nach diesem Zeitpunkt das Wirtschaftsjahr auf einen anderen vom 31. 12. abweichenden Abschlusszeitpunkt umgestellt. ⁶Jede Vorauszahlung beträgt grundsätzlich ein Viertel der Steuer, die sich bei der letzten Veranlagung ergeben hat (>§ 19 Abs. 2 GewStG). ⁷Sie ist auf den nächsten vollen Betrag in Euro nach unten abzurunden und wird nur festgesetzt, wenn sie mindestens 50 Euro beträgt (>§ 19 Abs. 5 GewStG). ⁸Letzte Veranlagung ist von allen bisher durchgeführten Veranlagungen diejenige, die sich auf den Erhebungszeitraum bezieht, der dem Vorauszahlungsjahr zeitlich am nächsten liegt.

H 19.1

Abweichendes Wirtschaftsjahr

Beispiel:
Die voraussichtliche Gewerbesteuer im EZ 02, in dem das Wirtschaftsjahr 1.7.01 bis 30.6.02 endet, beträgt 120.000 €. Die Vorauszahlungen sind zu entrichten am 15.8.01, 15.11.01, 15.2.02 und 15.5.02. Die mit je 30.000 € im abweichenden Wirtschaftsjahr 1.7.01 bis 30.6.02 geleisteten Vorauszahlungen sind auf die endgültige Steuerschuld des EZ 02 anzurechnen.

Höhe der zu entrichtenden Vorauszahlungen
>BVerwG vom 22.5.1987 – BStBl II S. 698

R 19.2 Anpassung und erstmalige Festsetzung der Vorauszahlungen

(1) ¹Die Vorauszahlungen können der Steuer angepasst werden, die sich für den laufenden oder vorausgegangenen Erhebungszeitraum voraussichtlich ergeben wird. ²Die Anpassung obliegt der Gemeinde, wenn ihr die Festsetzung und Erhebung der Gewerbesteuer übertragen ist (>R 1.2). ³§ 19 Abs. 3 GewStG stellt die Entscheidung der Frage, ob bei der Anpassung festgesetzter Gewerbesteuer-Vorauszahlungen die im Zeitpunkt der Anpassung bereits fällig gewesenen und entrichteten Vorauszahlungen auf jeweils ein Viertel der voraussichtlichen Jahressteuer herabgesetzt werden, in das Ermessen der Gemeinde. ⁴Aber auch das Finanzamt kann bei Kenntnis veränderter Verhältnisse hinsichtlich des Gewerbeertrags für den laufenden oder vorangegangenen Erhebungszeitraum die Anpassung der Vorauszahlungen veranlassen. ⁵Das gilt insbesondere für die Fälle, in denen das Finanzamt Einkommensteuer- und Körperschaftsteuer-

vorauszahlungen anpasst. ⁶Es setzt in diesem Fall für Zwecke der Gewerbesteuer-Vorauszahlungen den voraussichtlichen Steuermessbetrag fest, an den die Gemeinden bei der Anpassung der Vorauszahlungen gebunden sind (>§ 19 Abs. 3 GewStG). ⁷Dieser Festsetzung bedarf es nur, wenn sich danach der Steuermessbetrag entweder um mehr als ein Fünftel, mindestens aber um 10 Euro oder um mehr als 500 Euro ändert. ⁸Werden nach Ablauf des letzten Vorauszahlungszeitpunkts für den Erhebungszeitraum die Gewerbesteuer-Vorauszahlungen angepasst, ist bei einer Erhöhung der Vorauszahlungen der nachgeforderte Betrag innerhalb eines Monats nach Bekanntgabe des Vorauszahlungsbescheids zu entrichten.

(2) ¹In den Fällen der Anpassung der Vorauszahlungen nach § 19 Abs. 3 Satz 3 GewStG findet eine Zerlegung nur dann statt, wenn an den Vorauszahlungen nicht dieselben Gemeinden beteiligt sind, die nach dem unmittelbar vorangegangenen Zerlegungsbescheid beteiligt waren (>§ 29 Abs. 2 GewStDV). ²In den anderen Anpassungsfällen braucht ein Zerlegungsbescheid nicht erteilt zu werden (Ermessen des Finanzamtes). ³Die hebeberechtigten Gemeinden können an dem Steuermessbetrag in demselben Verhältnis beteiligt werden, nach dem die Zerlegungsanteile in dem unmittelbar vorangegangenen Zerlegungsbescheid festgesetzt sind. ⁴In diesen Fällen teilt das Finanzamt den beteiligten Gemeinden nur den Hundertsatz mit, um den sich der Steuermessbetrag gegenüber dem in der Mitteilung über die Zerlegung (>§ 188 Abs. 1 AO) angegebenen Steuermessbetrag erhöht oder ermäßigt, und den Erhebungszeitraum, für den die Änderung erstmals gilt (>§ 29 Abs. 1 GewStDV). ⁵Als Hundertsatz können durch 5 teilbare Beträge verwendet werden, sofern dies eine Vereinfachung darstellt. ⁶Anstelle des Hundertsatzes kann auch der Zerlegungsanteil mitgeteilt werden, sofern dies ohne besonderen Arbeitsaufwand, z. B. im maschinellen Verfahren, möglich ist.

(3) ¹Das Finanzamt kann einen Steuermessbetrag für Zwecke der Gewerbesteuer-Vorauszahlungen auch dann festsetzen, wenn es Vorauszahlungen auf die Einkommensteuer oder Körperschaftsteuer festsetzt, weil ein Gewerbebetrieb neu gegründet ist oder ein bereits bestehender Gewerbebetrieb infolge Wegfalls des Befreiungsgrunds in die Steuerpflicht eingetreten ist. ²Der Steuermessbetrag ist zu zerlegen, wenn an ihm mehrere Gemeinden beteiligt sind (>§ 29 Abs. 2 Satz 1 GewStDV).

(4) ¹Die Aufgabenteilung zwischen Finanzamt und Gemeinde bei der Anpassung und erstmaligen Festsetzung der Vorauszahlungen erfordert eine Zusammenarbeit der beiden Dienststellen, um den Zweck des Vorauszahlungssystems – die laufende Anpassung der Vorauszahlungen an die voraussichtliche Jahressteuer entsprechend dem Wirtschaftsablauf – zu erreichen. ²Die Tätigkeit des Finanzamts auf dem Gebiet der Gewerbesteuer-Vorauszahlungen wird regelmäßig durch entsprechende Maßnahmen für die Einkommensteuer (Körperschaftsteuer) ausgelöst. ³Die Gemeinde teilt deshalb zweckmäßig eigene Wahrnehmungen über die Entwicklung des Betriebs und ggf. entsprechende Vorschläge dem Finanzamt mit. ⁴Sie hat sich zur Vermeidung von Doppelarbeit insbesondere mit dem Finanzamt in Verbindung zu setzen, ehe sie von sich aus, d. h. ohne dass ein Gewerbesteuermessbetrag für Zwecke der Gewerbesteuervorauszahlungen festgesetzt ist (>Absatz 1 Satz 4), die Vorauszahlungen anpasst. ⁵Gewerbesteuerliche Prüfungen und Feststellungen in den Gewerbebetrieben sind auch in Bezug auf die Vorauszahlungen ausschließlich Aufgaben des Finanzamts.

(5) Gegen die Festsetzung des Steuermessbetrags für Zwecke der Gewerbesteuer-Vorauszahlungen kann der Steuerpflichtige und gegen die Zerlegung des Steuermessbetrags für Zwecke der Gewerbesteuer-Vorauszahlungen nach § 29 Abs. 2 GewStDV können der Steuerpflichtige und die beteiligten Gemeinden Einspruch einlegen (>§ 347 Abs. 1 AO).

H 19.2

Anpassung der Vorauszahlungen
Die Entscheidung über die nachträgliche Anpassung von festgesetzten Vorauszahlungen auf die Gewerbesteuer steht grundsätzlich im Ermessen der Gemeinde (>BVerwG vom 22.5.1987 – BStBl II S. 698).

Zerlegung
Ein Zerlegungsbescheid für Zwecke der Gewerbesteuer-Vorauszahlungen steht gemäß § 164 Abs. 1 Satz 2 i.V. m. § 184 Abs. 1 Satz 3, § 185 AO kraft Gesetzes unter dem Vorbehalt der Nachprüfung (>BFH vom 18.8.2004 – BStBl 2005 II S. 143).

Zu § 28 GewStG

R 28.1	**Zerlegung des Steuermessbetrags**

(1) ¹Der Steuermessbetrag ist auf alle Gemeinden zu zerlegen, in denen im Erhebungszeitraum Betriebsstätten unterhalten worden sind. ²Im Fall der Verpachtung oder Stilllegung eines Teilbetriebs unterhält der Unternehmer im Allgemeinen keine Betriebsstätte in der Gemeinde, in der sich die Anlagen befinden. ³Die Belegenheitsgemeinde hat deshalb keinen Anspruch auf einen Zerlegungsanteil. ⁴Vorübergehend ruhende Betriebsstätten, auch mehrfach in einem Erhebungszeitraum ruhende Betriebsstätten (z. B. bei Saisonbetrieben), sind in die Zerlegung einzubeziehen. ⁵Für Zwecke der Zerlegung gelten Bauausführungen oder Montagen nur dann als Betriebsstätte, wenn die Voraussetzungen des § 12 Nr. 8 AO (>R 2.9 Abs. 2) in den Grenzen der einzelnen Gemeinde erfüllt sind. ⁶Dies gilt nicht, wenn dadurch auf keine Gemeinde ein Zerlegungsanteil oder der Steuermessbetrag entfallen würde.
(2) ¹Für die Zerlegung gelten die Vorschriften der §§ 185 bis 189 AO. ²Danach sind Zerlegungsbescheide für die Gewerbesteuer gemäß § 173 Abs. 1 i.V. m. § 185, § 184 Abs. 1 Satz 3 AO änderbar. ³Ist der Gewerbesteuermessbescheid nach Vornahme der Zerlegung geändert worden, ist der Zerlegungsbescheid ebenfalls zu ändern (>§ 185, § 184 Abs. 1 Satz 3, § 175 Abs. 1 Satz 1 Nr. 1 AO). ⁴Die Zerlegung wird ferner nach § 189 AO geändert oder nachgeholt, wenn der Anspruch einer Gemeinde auf einen Anteil am Steuermessbetrag nicht berücksichtigt und auch nicht zurückgewiesen worden ist. ⁵Eine Änderung des ursprünglichen Gewerbesteuermessbescheids, z. B. nach § 172 Abs. 1 Nr. 2, § 173, § 175 AO oder § 35b GewStG, setzt demnach für die Gemeinde eine neue Frist im Sinne des § 189 Satz 3 AO in Lauf.
(3) Betriebsstätten, die außerhalb des Geltungsbereichs des Gesetzes belegen sind, werden bei der Ermittlung des Gewerbeertrags nicht berücksichtigt und scheiden deshalb auch für die Zerlegung des Steuermessbetrags aus.
(4) Gegen einen Zerlegungsbescheid des Finanzamts und gegen einen Bescheid, durch den ein Antrag auf Zerlegung abgelehnt wird, können der Steuerpflichtige und die beteiligten Gemeinden Einspruch einlegen (>§ 347 Abs. 1 AO).

H 28.1

Auslieferungslager
Auslieferungslager, in denen der Unternehmer keine Arbeitnehmer beschäftigt, begründen in der Regel keinen Anspruch der Gemeinde auf einen Zerlegungsanteil. Dies rechtfertigt bei der Zerlegung des Gewerbesteuermessbetrags in der Regel auch nicht die Anwendung des § 33

GewStG. Eine offenbare Unbilligkeit ist nur dann gegeben, wenn der Gemeinde durch die Betriebsstätte wesentliche Lasten erwachsen (>BFH vom 12. 7. 1960 – BStBl III S. 386).

Auswirkungen der Änderung eines Gewerbesteuermessbescheids auf einen bereits bestandskräftigen Zerlegungsbescheid, wenn die beteiligten Gemeinden um den Zerlegungsmaßstab streiten
Soweit der Gewerbesteuermessbescheid geändert wird, ist auch der Zerlegungsbescheid als Folgebescheid gemäß § 175 Abs. 1 Satz 1 Nr. 1 i.V. m. §§ 185, 184 Abs. 1 Satz 3 AO zu ändern. Im Rahmen des aus dem Gewerbesteuermessbescheid zu übernehmenden Erhöhungsbetrages kann eine zerlegungsberechtigte Gemeinde gegen den Zerlegungs-Änderungsbescheid alle Einwendungen erheben, die sich aus den materiell-rechtlichen Zerlegungsvorschriften ergeben. Insbesondere umfasst die Bestandskraft des ursprünglichen Zerlegungsbescheids nicht den in diesem Bescheid angewandten Zerlegungsmaßstab (>BFH vom 20. 4. 1999 – BStBl II S. 542).

Änderung der Zerlegung
§ 189 AO trifft allein für den Fall der Nichtberücksichtigung von Gemeinden bei der Zerlegung eine abschließende Regelung (>BFH vom 24. 3. 1992 – BStBl II S. 869). Die in § 189 Satz 3 AO bezeichnete Frist gilt auch für den Fall der erstmaligen Zerlegung (>BFH vom 7. 3. 1957 – BStBl III S. 178). Maßgebend für den Beginn der Frist ist der Zeitpunkt, an dem der letzte endgültige Gewerbesteuermessbescheid unanfechtbar geworden ist (>BFH vom 13. 1. 1959 – BStBl III S. 106).

Bauausführungen oder Montagen
Für eine Zerlegung des einheitlichen Gewerbesteuermessbetrages nach § 28 GewStG sind Bauausführungen nur dann als Betriebstätten anzusehen, wenn sie im Gebiet der einzelnen Gemeinde länger als sechs Monate dauern (§ 12 Satz 2 Nr. 8 AO). Witterungsbedingte oder bautechnisch bedingte Unterbrechungen von kürzerer Dauer berühren den Fortgang der Sechsmonatsfrist nicht (>BFH vom 8. 2. 1979 – BStBl II S. 479).

Gewerbesteuermessbescheid als Grundlagenbescheid für den Zerlegungsbescheid
Als Folgebescheid des Gewerbesteuermessbescheides ist der Zerlegungsbescheid zugleich Grundlagenbescheid des Gewerbesteuerbescheides. Damit unterliegt er der Festsetzungsverjährung nach § 171 Abs. 4 AO, wenn er aufgrund einer Außenprüfung ergangen ist (>BFH vom 13. 5. 1993 – BStBl II S. 828).

Maßgebliche Verhältnisse im Erhebungszeitraum
Sowohl für die Frage, ob ein Gewerbesteuermessbetrag gemäß § 28 Abs. 1 Satz 1 GewStG zu zerlegen ist, als auch für den Zerlegungsmaßstab gemäß § 29 GewStG kommt es auf die Verhältnisse im Erhebungszeitraum an. Dies gilt auch dann, wenn das Wirtschaftsjahr vom Erhebungszeitraum abweicht (>BFH vom 17. 2. 1993 – BStBl II S. 679).

Mehrere Geschäftsleitungsbetriebsstätten
Werden gleichwertige Geschäftsführungsaufgaben von an verschiedenen Orten ansässigen Personen ausgeübt, begründet dies mehrere Geschäftsleitungsbetriebsstätten (>BFH vom 5. 11. 2014 – BStBl 2015 II S. 601).

Sinngemäße Anwendung des § 173 Abs. 1 AO bei Änderungen der Zerlegungsbescheide
Zerlegungsbescheide für die Gewerbesteuer sind gemäß § 173 Abs. 1 in Verbindung mit §§ 185, 184 Abs. 1 Satz 3 AO änderbar. Dabei ist auf den einzelnen Zerlegungsanteil abzustellen und von der Unterscheidung zwischen einer Änderung zuungunsten bzw. zugunsten des Steuerpflichtigen abzusehen (>BFH vom 24. 3. 1992 – BStBl II S. 869).

Zu §§ 29, 30 GewStG — R 29.1, 30.1 — A. V.

Zerlegungssperre nach § 189 Abs. 3 AO
Gewerbesteuerzerlegungsverfahren und Zuteilungsverfahren nach § 190 AO sind zwei selbständige Verfahren. Der Eintritt der sog. Zerlegungssperre gemäß § 189 Satz 3 AO lässt sich nur durch den eigenen Antrag des übergangenen Steuerberechtigten auf Änderung oder Nachholung der Zerlegung vermeiden. Ein Antrag des Steuerpflichtigen genügt nicht. Ein solcher kann auch nicht über die Grundsätze der öffentlich-rechtlichen Geschäftsführung ohne Auftrag als für den Steuerberechtigten gestellt behandelt werden (>BFH vom 8. 11. 2000 – BStBl 2001 II S. 769).

Zu § 29 GewStG

R 29.1 Zerlegungsmaßstab

[1]Arbeitslöhne im Sinne des § 29 Abs. 1 GewStG sind nur die Arbeitslöhne, die das steuerpflichtige Unternehmen an die eigenen Arbeitnehmer, d. h. an solche zahlt, die in einem Arbeitsverhältnis zu ihm stehen. [2]Vergütungen, die an andere Unternehmer für die Gestellung von fremden Arbeitskräften gezahlt werden, scheiden daher aus.

H 29.1

Arbeitnehmer im Sinne des § 29 Abs. 1 GewStG
- Der Begriff der Arbeitslöhne für die Zerlegung des Gewerbesteuermessbetrages bestimmt sich nach wirtschaftlichen Gesichtspunkten (>BFH vom 12. 2. 2004 – BStBl II S. 602).
- >§ 1 LStDV

Zu § 30 GewStG

R 30.1 Zerlegung bei mehrgemeindlichen Betriebsstätten

[1]Eine einheitliche mehrgemeindliche Betriebstätte liegt vor, wenn zwischen den einzelnen Teilen der Betriebsstätte ein derartiger räumlicher, organisatorischer, technischer und wirtschaftlicher Zusammenhang besteht, dass die Betriebsstätte als einheitliches Ganzes anzusehen ist. [2]Basisstationen von Mobilfunkunternehmen, bestehend aus einer Antennenanlage, der Energieversorgung, Funkschrank und Klimagerät, begründen keine Betriebsstätte im Sinne von § 28 Abs. 1 Satz 1 GewStG i. V. m. § 12 AO, so dass auch eine Zerlegung nach § 30 AO ausscheidet.

H 30.1

Allgemeines
- Zum Begriff der mehrgemeindlichen Betriebsstätte
    >BFH vom 28. 10. 1964 – BStBl 1965 III S. 113, vom 25. 9. 1968 – BStBl II S. 827, vom 20. 2. 1974 – BStBl II S. 427, vom 10. 7. 1974 – BStBl 1975 II S. 42 und vom 12. 10. 1977 – BStBl 1978 II S. 160. Unter bestimmten Voraussetzungen kann der räumliche Zusammenhang gegenüber einer besonders engen wirtschaftlichen, technischen und organisatorischen Verbindung in den Hintergrund treten, so etwa für Unternehmen der Elektrizitätsversorgung (>BFH vom 12. 10. 1977 – BStBl 1978 II S. 160, vom 16. 11. 1965 – BStBl 1966 II S. 40

und vom 18.10.1967 – BStBl 1968 II S.40) und der Mineralölwirtschaft (>BFH vom 20.2.1974 – BStBl II S.427 und vom 10.7.1974 – BStBl 1975 II S.42).
- Einrichtungen zur Messung von Lärmemissionen stellen eine Betriebstätte eines Verkehrsflughafens dar. Es liegt aber wegen eines fehlenden räumlichen Zusammenhangs keine mehrgemeindliche Betriebstätte vor, wenn eine Verbindung mit den Lärmmessstationen (Datenübertragung) nur über allgemeine Kommunikationsleitungen besteht (>BFH vom 16.12.2009 – BStBl 2010 II S.492).
- Die Möglichkeit, dass die Anwendung des Zerlegungsmaßstabes nach § 29 GewStG zu einem unbilligen Ergebnis führen könnte, ist für sich nicht geeignet, die Voraussetzungen für eine mehrgemeindliche Betriebstätte zu begründen (>BFH vom 12.10.1977 – BStBl 1978 II S.160).
- Eine mehrgemeindliche Betriebstätte ist bei Kapitalgesellschaften auch dann gegeben, wenn sich in einer Gemeinde lediglich Grundstücke der Betriebstätte befinden, die zurzeit betrieblich nicht unmittelbar genutzt werden (>BFH vom 18.4.1951 – BStBl III S.124).
- Bei einer mehrgemeindlichen Betriebstätte nach § 30 GewStG sind Bauausführungen nur dann als Betriebstätte anzusehen, wenn sie im Gebiet der einzelnen Gemeinde länger als sechs Monate dauern (>§ 12 Satz 2 Nr.8 AO). Witterungsbedingte oder bautechnisch bedingte Unterbrechungen von kürzerer Dauer berühren den Fortgang der Sechsmonatsfrist nicht (>BFH vom 8.2.1979 – BStBl II S.479).

Elektrizitätsunternehmen

- Ein Elektrizitätsunternehmen, dessen einzelne Elektrizitätswerke in verschiedenen Gemeinden liegen, bildet eine mehrgemeindliche Betriebstätte (>BFH vom 16.11.1965 – BStBl 1966 III S.40 und vom 18.10.1967 – BStBl 1968 II S.40), wenn die Elektrizitätswerke durch **Kabelleitungen** untereinander verbunden sind. Dabei kommt es nicht darauf an, ob die Leitungen dem Elektrizitätsunternehmen gehören oder nicht, vielmehr reicht die Inanspruchnahme des verbundwirtschaftlichen Stromnetzes aus.
- Bei einem Elektrizitätswerk, das als Wasserkraftwerk betrieben wird, stellen **Stau- und Wehranlagen**, die nicht zum Betriebsvermögen des Unternehmens gehören, sondern öffentlich sind, keine ausreichende räumliche Verbindung her (>BFH vom 4.12.1962 – BStBl 1963 III S.156).
- Eine **Kohlenzeche**, die einem Elektrizitätsunternehmen gehört, bildet eine selbständige Betriebstätte; die Verbindung der Zeche durch Kabelleitungen mit dem Versorgungsnetz des Elektrizitätsunternehmens reicht für einen räumlichen Zusammenhang zwischen Zeche und Elektrizitätsunternehmen nicht aus (>BFH vom 2.11.1960 – BStBl 1961 III S.8).

Hauptzerlegung und Unterzerlegung

Unterhält ein Unternehmen mehrere selbständige Betriebstätten in verschiedenen Gemeinden und ist darunter auch eine Betriebstätte, die sich auf mehrere Gemeinden erstreckt (mehrgemeindliche Betriebstätte), so ist in dem Zerlegungsbescheid eine Zerlegung in zwei Stufen durchzuführen: Zunächst ist der Gewerbesteuermessbetrag nach dem Maßstab des § 29 GewStG auf die Betriebstätten in den verschiedenen Gemeinden zu zerlegen (Hauptzerlegung). Anschließend ist der Zerlegungsanteil, der auf die mehrgemeindliche Betriebstätte entfällt, nach § 30 GewStG auf diejenigen Gemeinden weiter zu zerlegen, auf die sich die mehrgemeindliche Betriebstätte erstreckt (Unterzerlegung). Die Zerlegung des einheitlichen Gewerbesteuermessbetrages ist somit nicht in zwei getrennten Zerlegungsbescheiden vorzunehmen (>BFH vom 12.10.1977 – BStBl 1978 II S.160).

Omnibuslinienbetrieb

Ein Omnibusbetrieb, dessen Linien mehrere Gemeinden verbinden, ist keine mehrgemeindliche Betriebstätte, da die von den Omnibussen befahrenen **öffentlichen Straßen** (nicht betriebseigenen Verkehrswege) den notwendigen räumlichen Zusammenhang nicht herstellen (>BFH vom 25. 9. 1968 – BStBl II S. 827).

Unternehmen der Mineralölwirtschaft

– Der für die Annahme einer mehrgemeindlichen Betriebsstätte nach § 30 GewStG unter anderem geforderte räumliche Zusammenhang zwischen mehreren Betriebsteilen kann bei einem Unternehmen der Mineralölwirtschaft auch dadurch begründet werden, dass eine Raffinerie mit einem Tanklager durch unterirdische Rohrleitungen verbunden ist (>BFH vom 20. 2. 1974 – BStBl II S. 427 und vom 10. 7. 1974 – BStBl 1975 II S. 42). Die Betriebsstätte der Hauptverwaltung (Sitz des Vorstandes) einer Mineralöl-AG ist nicht in die mehrgemeindliche Betriebsstätte der AG einzubeziehen, wenn zwar dem Vorstand die über den laufenden Betrieb hinausgehenden technischen Entscheidungen vorbehalten sind, nicht aber die zentrale Steuerung, die Wartung, die Überwachung und die Reparatur der Pipeline (>BFH vom 12. 10. 1977 – BStBl 1978 II S. 160).

– Das bloße Durchführen von Rohrleitungen eines Unternehmens der Ölwirtschaft durch eine Gemeinde ist noch nicht als Ausübung des Betriebs eines stehenden Gewerbes anzusehen. Die Verteilung des Transportgutes, die in einer festen örtlichen Anlage vorgenommen wird, geht über das Durchführen einer Rohrleitung hinaus, wobei es unschädlich ist, wenn die vorgenommenen betrieblichen Handlungen nicht durch am Ort tätige Arbeitnehmer vorgenommen werden, sondern durch ferngesteuerte Maschinen (wirtschaftliche Betrachtungsweise >BFH vom 12. 10. 1977 – BStBl 1978 II S. 160).

Verkehrsunternehmen des Schienenverkehrs

Ein Straßenbahnbetrieb, der sich über mehrere Gemeinden erstreckt, stellt eine mehrgemeindliche Betriebsstätte dar, da die räumliche Verbindung zwischen den einzelnen Betriebsteilen durch die **Gleisanlagen** gegeben ist (>BFH vom 25. 9. 1968 – BStBl II S. 827).

Zu berücksichtigende Faktoren von Gemeindelasten

– Eine Zerlegung nach § 30 GewStG setzt nicht voraus, dass der Gemeinde durch die mehrgemeindliche Betriebsstätte feststellbare Lasten erwachsen. Durch die Betriebsstätte erwachsende Gemeindelasten sind lediglich beim Maßstab der Zerlegung zu berücksichtigen. Eine Zerlegung nach § 30 GewStG muss stets dann erfolgen, wenn eine mehrgemeindliche Betriebsstätte vorliegt. Davon unabhängig ist über den Zerlegungsmaßstab zu entscheiden (>BFH vom 28. 10. 1987 – BStBl 1988 II S. 292).

– Wohnen in den Gemeinden einer mehrgemeindlichen Betriebstätte keine Arbeitnehmer dieser Betriebsstätte, so entfällt der Faktor Arbeitnehmer bei der Zerlegung. Die Zerlegung für die mehrgemeindliche Betriebsstätte ist dann nur nach den übrigen Faktoren (Betriebsanlagen evtl. Stromabgabe bzw. Elektrizitätsunternehmen) vorzunehmen. Der Anteil der Betriebstättengemeinde an der Unterzerlegung verringert sich entsprechend (>BFH vom 28. 10. 1987 – BStBl 1988 II S. 292).

– Bei einer mehrgemeindlichen Betriebsstätte ist der einheitliche Steuermessbetrag unter Berücksichtigung der gesamten Lasten zu zerlegen, die sich für die einzelnen Gemeinden aus der Betriebsstätte ergeben, nicht lediglich unter Berücksichtigung der Lasten, die mit den Teilen der Betriebsstätte verbunden sind, die sich in den einzelnen Gemeinden befinden (>BFH vom 18. 4. 1951 – BStBl III S. 124). Im Zerlegungsmaßstab bei mehrgemeindlichen Betriebstätten ist deshalb auch angemessen die Belastung zu berücksichtigen, die den beteiligten Gemeinden durch die im Gemeindegebiet wohnhaften Arbeitnehmer entsteht (>BFH vom 26. 11. 1957 – BStBl 1958 III S. 261).

Zu § 31 GewStG

R 31.1 | **Begriff der Arbeitslöhne für die Zerlegung**

(1) ¹Zu den anderen Rechtsvorschriften im Sinne des § 31 Abs. 1 GewStG gehören auch die in Verwaltungsanordnungen (Lohnsteuer-Richtlinien) und in Doppelbesteuerungsabkommen enthaltenen Befreiungen von der Lohnsteuer. ²Arbeitslöhne im Sinne der Zerlegungsvorschriften sind deshalb grundsätzlich die lohnsteuerpflichtigen Vergütungen im Sinne des § 19 Abs. 1 Nr. 1 EStG. ³§ 31 GewStG enthält Ausnahmen von diesem Grundsatz. ⁴So gehören z. B. die nach § 3b EStG lohnsteuerfreien Zuschläge für Sonntags-, Feiertags- oder Nachtarbeit ebenso wie die Zuschläge für Mehrarbeit stets zum Arbeitslohn (>§ 31 Abs. 1 Satz 2 GewStG).
(2) ¹Sonstige Vergütungen im Sinne des § 31 Abs. 4 Satz 2 GewStG sind vor allem Arbeitslöhne. ²Vergütungen an Personen, die zu ihrer Berufsausbildung beschäftigt sind, sind zwar lohnsteuerpflichtig, gehören jedoch nicht zu den Arbeitslöhnen (>§ 31 Abs. 2 GewStG). ³Zu diesem Personenkreis gehören neben den Auszubildenden u. a. auch Praktikanten sowie Junggrade der Seeschifffahrt und Neubergleute. ⁴Zu den Arbeitslöhnen gehören auch nicht die Leistungen, die von Unternehmen der Bauwirtschaft an die Zusatzversorgungskasse des Baugewerbes (Einzugsstelle) in einem Vomhundertsatz der Bruttolohnsumme zu erbringen sind, soweit sie sich aus Beiträgen zusammensetzen
1. für das Urlaubsgeld,
2. für den Lohnausgleich zwischen Weihnachten und Neujahr.

⁵Die Beiträge für die Zusatzversorgung gehören zu den Arbeitslöhnen. ⁶Die an die Arbeitnehmer des Baugewerbes geleisteten Lohnausgleichszahlungen und Urlaubsgeldzahlungen sind gezahlte Arbeitslöhne des Arbeitgebers, der die Auszahlung vornimmt.

(3) ¹Vermögenswirksame Leistungen nach dem Fünften Vermögensbildungsgesetz (5. VermBG) sind steuerpflichtige Einnahmen im Sinne des Einkommensteuergesetzes (>§ 2 Abs. 6 des 5. VermBG und § 19 Abs. 1 Nr. 1 EStG) und gehören somit zu den Arbeitslöhnen. ²Die Vorschrift des § 31 Abs. 2 GewStG bleibt unberührt. ³Nicht zu den steuerpflichtigen Einnahmen und somit nicht zu den Arbeitslöhnen gehören die Arbeitnehmer-Sparzulagen (>§ 13 Abs. 3 des 5. VermBG).

(4) Bei der Berücksichtigung von Arbeitgeberleistungen und Ausgleichsansprüchen bei Altersteilzeitbeschäftigten ist im Rahmen der Gewerbesteuerzerlegung zu beachten, dass
- Aufstockungszahlungen des Arbeitgebers im Sinne des § 3 Abs. 1 Nr. 1 Altersteilzeitgesetz nicht als Arbeitslohn im Sinne des § 31 GewStG berücksichtigt werden können;
- der Ausgleichsanspruch des Arbeitgebers nach § 4 Altersteilzeitgesetz nicht die zu berücksichtigenden Arbeitslöhne mindert;
- die Zuführungen zu den Rückstellungen für Arbeitslöhne, die für die Freistellungsphase vorgenommen werden, nicht als Arbeitslöhne bei der Zerlegung nach § 29 GewStG zu berücksichtigen sind und
- die Vergütungen, die in der Freistellungsphase geleistet werden, als Arbeitslöhne im Sinne des § 31 GewStG zu berücksichtigen sind.

(5) Gewinn im Sinne des § 31 Abs. 4 Satz 1 GewStG ist der Gewinn des Unternehmens und nicht der in einer Betriebsstätte erzielte Gewinn.

(6) ¹Es kommt vor, dass in der einen Gemeinde der Unternehmer allein tätig ist, während in einer anderen Betriebsstätte des Unternehmens in einer anderen Gemeinde nur Angestellte beschäftigt werden. ²In diesen Fällen würde nach § 29 GewStG die zuerst bezeichnete Gemeinde keinen Zerlegungsanteil erhalten, weil in der dort belegenen Betriebsstätte keine Arbeitslöhne gezahlt worden sind. ³Dieses unbillige Ergebnis ist für Unternehmen, die nicht von einer juristischen Person betrieben werden, durch § 31 Abs. 5 GewStG beseitigt. ⁴Der Betrag von 25 000 Euro ist nach dem Anteil der Tätigkeit der Unternehmer (Mitunternehmer) in den einzelnen Betriebsstätten zu verteilen. ⁵Das gilt auch bei der Verlegung von Betriebsstätten in andere Gemeinden; in diesem Fall sind für die Verteilung die zeitlichen Anteile maßgebend. ⁶Die Zerle-

gung des fiktiven Unternehmerlohns setzt voraus, dass der Unternehmer in mehr als einer Betriebsstätte geschäftsleitend tätig geworden ist.

H 31.1

Zerlegung des fiktiven Unternehmerlohns
Die Zerlegung des fiktiven Unternehmerlohns setzt voraus, dass der Unternehmer in mehr als einer Betriebsstätte geschäftsleitend tätig geworden ist (>BFH vom 16.9.1964 – BStBl 1965 III S. 69).

Zu § 33 GewStG

R 33.1   **Zerlegung in besonderen Fällen**

(1) [1]§ 33 GewStG ist eng auszulegen und nur in Ausnahmefällen anzuwenden. [2]Die Voraussetzungen des § 33 GewStG sind nicht schon dann gegeben, wenn bei Anwendung des Zerlegungsmaßstabs des § 29 GewStG eine Gemeinde unberücksichtigt bleibt. [3]Ein offenbar unbilliges Ergebnis im Sinn des § 33 GewStG ist nur dann gegeben, wenn der Gemeinde durch die Betriebsstätte wesentliche Lasten erwachsen. [4]Als wesentliche Lasten sind regelmäßig die sogenannten Arbeitnehmerfolgekosten anzusehen, d. h. die Aufwendungen einer Gemeinde für den Bau von Straßen, Schulen, Krankenhäusern, Altersheimen u. a. m. für die dort wohnenden Arbeitnehmer der Betriebsstätte. [5]Entgehende Einnahmen der Gemeinde, die durch die eingeschränkte Möglichkeit der gemeindlichen Weiterentwicklung (z. B. aufgrund des Ausweises von Siedlungsbeschränkungs- oder Bauschutzbereichen) entstehen, können demgegenüber nicht mit effektiven Belastungen der gemeindlichen Haushalte gleichgesetzt werden. [6]„Weiche" Belastungen (Umweltbelastung, Lärm, Schadstoffausstoß, Werteverluste an Grundstücken) stellen keine berücksichtigungsfähigen Lasten dar, da sie nicht quantifizierbar sind. [7]Lasten anderer Art, die durch das Vorhandensein einer Betriebsstätte der Gemeinde entstehen, führen nur dann zu einer Unbilligkeit im Sinne des § 33 Abs. 1 GewStG, wenn sie einerseits ins Gewicht fallen und andererseits atypisch sind. [8]Eine solche Unbilligkeit liegt nur dann vor, wenn aufgrund der atypischen Umstände des Einzelfalles die sich aus dem groben Maßstab des § 29 GewStG allgemein ergebende Unbilligkeit offensichtlich übertroffen wird. [9]Ein offenbar unbilliges Ergebnis liegt zum Beispiel vor, wenn bei gewerblicher Vermietung von Ferienwohnungen der Eigentümer seinen Wohnsitz nicht in der Belegenheitsgemeinde hat und dort auch nicht oder nur teilweise tätig ist. [10]Hier würde die Belegenheitsgemeinde, der allein durch das gewerblich vermieteten Ferienwohnungen Lasten entstehen, auf Grund der Verteilung des sogenannten Unternehmerlohns im Sinne des § 31 Abs. 5 GewStG, wie sie in R 31.1 Abs. 5 vorgesehen ist, keine oder nur einen Teil der Gewerbesteuer erhalten. [11]Bei der Zerlegung ist daher in diesen Fällen § 33 Abs. 1 GewStG mit der Maßgabe anzuwenden, dass als Zerlegungsmaßstab die Betriebseinnahmen zugrunde gelegt werden. [12]Dagegen liegt kein unbilliges Ergebnis vor, wenn so genannte Einobjektgesellschaften ihre gewerblichen Anlagen nicht selbst betreiben, sondern die Aufgabenerledigung durch den Abschluss von Betriebsführungsverträgen sicherstellen und infolgedessen an den Anlagestandorten keine eigenen Arbeitnehmer beschäftigen. [13]Die Gemeinde der Betriebsstätte erhält in diesem Fall im Rahmen der Gewerbesteuermessbetragsfestsetzung des Betriebsführers einen Anteil an dem Gewerbesteuermessbetrag. [14]Das ggf. Pacht- oder Lizenzzahlungen des Betriebsführers an den Betreiber den Gewerbesteuermessbetrag des Betriebsführers mindern, rechtfertigt für sich allein die Anwendung der besonderen Zerlegung nach § 33 GewStG nicht. [15]Im Rahmen der Billigkeitsprüfung nach § 33 GewStG können ferner solche Lasten nicht berücksichtigt werden, für die der Gemeinde ein Gebührenerhebungsrecht oder zivilrechtliche Schadensersatzansprüche zustehen.

(2) ¹Eine Einigung im Sinne des § 33 Abs. 2 GewStG ist ein Fall der „Zerlegung in besonderen Fällen". ²Einer Prüfung durch das Finanzamt, ob die Voraussetzungen des § 33 Abs. 1 GewStG vorliegen, bedarf es nicht. ³Die Zerlegung nach § 33 Abs. 2 GewStG ist, mit Bindungswirkung für die Finanzverwaltung, allein nach Maßgabe der entsprechenden Einigung durchzuführen.

H 33.1

Anspruch auf Beteiligung an der Zerlegung
§§ 4, 28 GewStG geben den Gemeinden, in deren Bereich sich Betriebstätten befinden, keinen unbedingten Anspruch auf Beteiligung an dem Gewerbesteuermessbetrag. Die Anwendung der im § 29 GewStG vorgesehenen Zerlegungsmaßstäbe führt nicht schon dann zu einem im Sinne des § 33 GewStG offenbar unbilligen Ergebnis, wenn dabei eine Gemeinde unberücksichtigt bleibt (>BFH vom 13. 5. 1958 – BStBl III S. 379).

Auslieferungslager
Beschäftigt ein Unternehmer in seinem Auslieferungslager keine Arbeitnehmer, rechtfertigt dies bei der Zerlegung des Steuermessbetrags in der Regel nicht die Anwendung des § 33 GewStG (>BFH vom 12. 7. 1960 – BStBl III S. 386).

Auswirkungen der Änderung eines Gewerbesteuermessbescheids auf einen bereits bestandskräftigen Zerlegungsbescheid
Die Bestandskraft des Zerlegungs-Erstbescheids erstreckt sich nicht auf den in diesem Bescheid angewendeten Zerlegungsmaßstab; sie umfasst den in diesem Bescheid festgestellten Zerlegungsanteil nur nach seinem Betrag. Hinsichtlich des Erhöhungsbetrags können auch bei einer Änderung des Gewerbesteuermessbetrags nach § 175 Abs. 1 Nr. 1 AO alle materiell-rechtlichen Fehler des Bescheids zugunsten wie zuungunsten der Gemeinden berichtigt werden (>BFH vom 20. 4. 1999 – BStBl II S. 542, Fortführung des Senatsurteils vom 24. 3. 1992 – BStBl II S. 869).

Offenbare Unbilligkeit
– Eine offenbare Unbilligkeit ist nur gegeben, wenn der Gemeinde durch die Betriebstätte wesentliche Lasten erwachsen (>BFH vom 12. 7. 1960 – BStBl III S. 386 und vom 5. 10. 1965 – BStBl III S. 668).
– Eine Zerlegung kann i. S. des § 33 Abs. 1 GewStG dann unbillig sein, wenn eine Gemeinde, in der sich eine Betriebstätte befindet, in erheblichem Umfang die sog. Folgekosten für die Arbeitnehmer der Betriebstätte zu tragen hat, ohne dass dies im Zerlegungsmaßstab zugunsten der Gemeinde Berücksichtigung findet (>BFH vom 26. 8. 1987 – BStBl 1988 II S. 201).
– Zu Lasten anderer Art
>BFH vom 26. 8. 1987 – BStBl 1988 II S. 201
– Nicht jede offenbare Unbilligkeit, die sich aus dem Zerlegungsmaßstab gemäß § 29 GewStG ergibt, rechtfertigt eine Zerlegung nach einem abweichenden Maßstab. Die Unbilligkeit muss vielmehr erhebliches Gewicht haben und eindeutig und augenfällig sein. Verlagerungen des Gewerbesteueraufkommens infolge einer Organschaft rechtfertigen grundsätzlich kein Abweichen von dem Maßstab des § 29 GewStG (>BFH vom 17. 2. 1993 – BStBl II S. 679 und vom 16. 12. 2009 – BStBl 2010 II S. 492).
– Der Zerlegung nach § 29 Abs. 1 Ziff. 2 GewStG steht nicht entgegen, dass die wirtschaftliche Struktur einer Gemeinde von einem Großunternehmen bestimmt wird und der Auf- und Ausbau eines Großunternehmens zu einer starken Vermehrung der Einwohnerzahl und der Aufwendungen für kommunale Einrichtungen führt. Das gilt auch, wenn die Ansiedlung des Großunternehmens den Zusammenschluss einer Anzahl bisher ländlicher Gemeinden

und ihre rasche Entwicklung zu einer Industriestadt nach sich zieht und dadurch eine starke Zusammenballung von Kosten verursacht (>BFH vom 1.3.1967 – BStBl III S. 324). Eine Zerlegung nach Maßstab der Arbeitslöhne erscheint in diesen Fällen sachgerecht, da der mit dem Bevölkerungszuwachs einhergehende Zuwachs an Beschäftigten auch eine entsprechende Steigerung der Lohnsumme nach sich zieht.

- Die Vorschrift des § 33 Abs. 1 GewStG dient dazu, offenbaren Unbilligkeiten in einzelnen Ausnahmefällen abzuhelfen. Sie greift nicht ein, wenn die Anwendung des Regelmaßstabs allgemein zu unbilligen Ergebnissen führt (>BFH vom 24.1.1968 – BStBl II S. 185).
- Der Umstand, dass eine Betriebstätte mit einer verhältnismäßig geringen Zahl von Arbeitnehmern wegen einer betrieblich bedingten Sicherheitszone ein verhältnismäßig großes Gemeindegebiet beansprucht, rechtfertigt nicht eine vom Regelmaßstab abweichende Zerlegung nach § 33 GewStG (>BFH vom 9.10.1975 – BStBl 1976 II S. 123).
- Dem gewerbesteuerrechtlichen Zerlegungsverfahren kommt nicht die Funktion eines kommunalen Finanzausgleichs zu. Es dient allein der Gegenleistung für die Lasten, die sich über die Ausgaben direkt auf die gemeindlichen Haushalte auswirken (>BFH vom 9.10.1975 – BStBl 1976 II S. 123 und vom 4.4.2007 – BStBl II S. 836).

Vereinbarter Zerlegungsmaßstab – Einigung aller beteiligten Gemeinden mit dem Steuerschuldner

- Für die Anwendung des § 33 Abs. 2 GewStG genügt es, wenn sich die Gemeinden mit dem Steuerschuldner über den anzuwendenden Zerlegungsmaßstab einigen. Eine Einigung der Gemeinden mit dem Steuerschuldner gem. § 33 Abs. 2 GewStG schließt nicht aus, dass die Beteiligten die Zerlegung mit der Behauptung anfechten, der vereinbarte Zerlegungsmaßstab sei unrichtig angewendet worden (>BFH vom 25.9.1968 – BStBl II S. 827).
- Eine Einigung der Gemeinden mit dem Steuerschuldner über die Zerlegung des Gewerbesteuermessbetrages nach § 33 Abs. 2 GewStG gilt im Zweifel nur für den jeweiligen Erhebungszeitraum (>BFH vom 20.4.1999 – BStBl II S. 542).

Zu § 34 GewStG

R 34.1 **Negativer Zerlegungsanteil bei Änderung oder Berichtigung des Zerlegungsbescheids**

§ 34 Abs. 3 GewStG ist nicht anzuwenden, wenn sich für die Gemeinde der Geschäftsleitung ein negativer Zerlegungsanteil ergeben würde.

Zu § 35a GewStG

R 35a.1 **Reisegewerbebetriebe**

[1]Einen Reisegewerbebetrieb unterhält, wer als Inhaber nach den Vorschriften der Gewerbeordnung (GewO) und den Ausführungsbestimmungen dazu entweder einer Reisegewerbekarte bedarf oder von der Reisegewerbekarte lediglich deshalb befreit ist, weil er einen Blindenwaren-Vertriebsausweis (>§ 55a Abs. 1 Nr. 4 GewO) besitzt. [2]Gemäß § 55 Abs. 2 GewO bedarf derjenige einer Reisegewerbekarte, der ein Reisegewerbe betreiben will. [3]Ein Reisegewerbe betreibt, wer gewerbsmäßig ohne vorhergehende Bestellung außerhalb seiner gewerblichen Niederlassung oder ohne eine solche zu haben,

1. selbständig oder unselbständig in eigener Person Waren feilbietet oder Bestellungen aufsucht (vertreibt) oder ankauft, Leistungen anbietet oder Bestellungen auf Leistungen aufsucht oder
2. selbständig unterhaltende Tätigkeiten als Schausteller oder nach Schaustellerart ausübt (>§ 55 Abs. 1 GewO).

[4]Demgemäß gelten zum Beispiel Angestellte, die für ihren Arbeitgeber im Umherziehen Waren feilbieten und dazu eine Reisegewerbekarte brauchen, nicht als Reisegewerbetreibende im Sinne des Gewerbesteuergesetzes. [5]Liegt ein gewerbliches Unternehmen im Sinne des Gewerbesteuergesetzes vor, ist auf Grund der Vorschriften der Gewerbeordnung, insbesondere auf Grund des § 55 GewO zu prüfen, ob der Inhaber zur Ausübung des Unternehmens einer Reisegewerbekarte bedarf. [6]Es kann dabei grundsätzlich darauf abgestellt werden, ob der Steuerpflichtige für den Erhebungszeitraum oder einen Teil des Erhebungszeitraums eine Reisegewerbekarte erworben hat oder ob er einen Blindenwaren-Vertriebsausweis besitzt. [7]Abgesehen von der gesetzlichen Ausnahme des § 55a Abs. 1 Nr. 4 GewO liegt daher kein Reisegewerbebetrieb vor, soweit die Gewerbeordnung eine Reisegewerbekarte nicht vorschreibt. [8]Nach § 55a Abs. 1 Nr. 3 GewO bedarf derjenige, der ein Reisegewerbe im Sinne von § 55 Abs. 1 Nr. 1 und 2 GewO in der Gemeinde seines Wohnsitzes oder seiner gewerblichen Niederlassung ausübt, keiner Reisegewerbekarte, sofern die Gemeinde nicht mehr als 10 000 Einwohner zählt.

H 35a.1

Zur Unterscheidung zwischen Reisegewerbebetrieb und stehendem Gewerbe
>R 2.1 Abs. 3

Zu § 35b GewStG

R 35b.1 **Aufhebung oder Änderung des Gewerbesteuermessbescheids von Amts wegen**

(1) [1]Die Vorschrift des § 35b GewStG enthält eine selbständige Rechtsgrundlage für die Aufhebung oder Änderung von Gewerbesteuermessbescheiden und Verlustfeststellungsbescheiden. [2]Ihre Anwendung setzt nicht voraus, dass sich die Änderungsbefugnis aus anderen Vorschriften, z. B. aus § 173 Abs. 1 oder § 164 Abs. 2 AO, ergibt. [3]Sind jedoch zugleich die Voraussetzungen des § 164 Abs. 2 AO gegeben, geht diese Änderungsvorschrift dem § 35b GewStG vor. [4]Die Vorschrift des § 35b GewStG kommt hiernach zur Anwendung, wenn
1. der Einkommensteuerbescheid, der Körperschaftsteuerbescheid oder der Feststellungsbescheid aufgehoben oder geändert wird,
2. die Aufhebung oder Änderung des bezeichneten Bescheids die Höhe des Gewinns aus Gewerbebetrieb berührt und
3. diese Aufhebung oder Änderung die Höhe des Gewerbeertrags beeinflusst.

[5]Eine Aufhebung oder Änderung des Einkommensteuerbescheids, des Körperschaftsteuerbescheids oder des Feststellungsbescheids ist eine unerlässliche Voraussetzung für die Anwendung des § 35b Abs. 1 GewStG. [6]Dabei ist es einerlei, aus welchen Gründen der Bescheid aufgehoben oder geändert wird (Rechtsbehelfsentscheidung, Berichtigung nach § 129 AO, Aufhebung oder Änderung nach § 164 Abs. 2, §§ 172 und 173 AO).

(2) [1]Sind die in Absatz 1 Satz 4 bezeichneten drei Voraussetzungen erfüllt, wird die Änderung des Gewinns aus Gewerbebetrieb in dem neuen Gewerbesteuermessbescheid oder Verlustfeststellungsbescheid von Amts wegen insoweit berücksichtigt, als sie die Höhe des Gewerbeertrags beeinflusst (>§ 35b Abs. 1 Satz 2 GewStG). [2]Der bestandskräftige Verlustfeststellungsbescheid kann nur nach § 35b Abs. 2 Satz 2 und 3 GewStG geändert werden, wenn der Gewer-

besteuermessbescheid für denselben Erhebungszeitraum nach den Änderungsvorschriften der Abgabenordnung oder nach § 35b Abs. 1 GewStG zumindest dem Grunde nach geändert werden könnte. ³Nach § 35b Abs. 2 Satz 2 GewStG ist nicht nur ein geänderter Gewinn, sondern sind auch geänderte Hinzurechnungs- und Kürzungsbeträge zu berücksichtigen. ⁴Gegen Bescheide, durch die ein Antrag auf Aufhebung oder Änderung des Gewerbesteuermessbescheids oder des Verlustfeststellungsbescheides nach § 35b GewStG abgelehnt wird, ist der Einspruch nach § 347 Abs. 1 Nr. 1 AO gegeben.

H 35b.1

Allgemeines

Die Änderung gemäß § 35b Abs. 1 GewStG setzt eine Änderung der Höhe des Gewinns aus Gewerbebetrieb voraus (>BFH vom 10. 3. 1999 – BStBl II S. 475). Der Gewerbesteuermessbescheid ist auch dann von Amts wegen zu ändern, wenn ein bisher als laufender Gewinn bezeichneter Teil des Gewinns in einem geänderten Bescheid als Veräußerungsgewinn behandelt wird, es sei denn, dass es sich um eine Kapitalgesellschaft handelt, bei der der Veräußerungsgewinn zum Gewerbeertrag gehört (>BFH vom 30. 6. 1964 – BStBl III S. 581).

Ändert das Finanzamt den Einkommensteuerbescheid in der Weise, dass ein bisher als Veräußerungsgewinn behandelter Gewinn aus Gewerbebetrieb nunmehr als laufender Gewinn beurteilt wird, so darf der Gewerbesteuermessbescheid nach § 35b GewStG geändert werden (>BFH vom 16. 12. 2004 – BStBl 2005 II S. 184).

Der Gewerbesteuermessbescheid ist nach § 35b Abs. 1 Satz 1 GewStG auch dann aufzuheben oder zu ändern, wenn die vorausgegangene Aufhebung oder Änderung des Einkommensteuerbescheids darauf beruht, dass die Tätigkeit des Steuerpflichtigen nicht mehr wie bisher als gewerbliche qualifiziert, sondern einer anderen Einkunftsart zugeordnet wird (>BFH vom 23. 6. 2004 – BStBl II S. 901).

Keine Änderung nach § 35b GewStG

- Wird ein Gewerbesteuermessbescheid selbständig angefochten, darf das Finanzamt diesen Bescheid nicht nach § 35b Abs. 1 GewStG aufheben oder ändern (>BFH vom 9. 9. 1965 – BStBl III S. 667).
- Eine bloße Änderung des gewerblichen Gewinns, die nicht auch eine Änderung des Einkommensteuerbescheides oder des Körperschaftsteuerbescheids zur Folge hat, führt nicht zu einer Änderung nach § 35b Abs. 1 GewStG (>BFH vom 2. 3. 1966 – BStBl III S. 317).
- Eine Berichtigung des Gewerbesteuermessbescheids nach § 35b Abs. 1 GewStG entfällt, wenn in der Gewerbesteuersache bereits ein rechtskräftiges Urteil vorliegt (>BFH vom 24. 10. 1979 – BStBl 1980 II S. 104).
- Die nach Maßgabe des § 35b Abs. 1 Satz 2 GewStG zu berücksichtigende Gewinnänderung beeinflusst dann nicht die Höhe des Gewerbeertrags, wenn sie auf verfahrens- oder materiell-rechtlichen Regelungen beruht, die allein für die Festsetzung der Einkommensteuer von Bedeutung sind (>BFH vom 13. 11. 1991 – BStBl 1992 II S. 351).

Kleinbetragsverordnung

Festgesetzte Gewerbesteuermessbeträge werden zum Nachteil des Steuerpflichtigen nur geändert oder berichtigt, wenn die Abweichung zur bisherigen Festsetzung mindestens 2 EUR beträgt (>§ 2 der Kleinbetragsverordnung vom 19. 12. 2000 – BGBl I S. 1790).[1)]

---

1) Ab 1. 1. 2017 nur Änderung oder Berichtigung, wenn die Abweichung zur bisherigen Festsetzung zuungunsten des Steuerpflichtigen mindestens 5 Euro (und zugunsten des Steuerpflichtigen mindestens 2 Euro) beträgt (>§ 2 KBV i. d. F. des Gesetzes zur Modernisierung des Besteuerungsverfahrens vom 18. 7. 2016 – BGBl I S. 1679).

Verfahrensvorschriften
– Wird ein unanfechtbarer Gewerbesteuermessbescheid oder ein unanfechtbarer Verlustfeststellungsbescheid nach § 35b GewStG geändert, gilt für den geänderten Bescheid § 351 Abs. 1 AO (>BFH vom 1. 3. 1966 – BStBl III S. 331).
– Ergeht ein Einkommensteuerbescheid innerhalb der Frist des § 171 Abs. 9 AO, kann das Finanzamt einen Gewerbesteuermessbescheid, soweit § 35 GewStG[1]) greift, auch nach Ablauf der Frist des § 171 Abs. 9 AO ändern (§ 171 Abs. 10 AO) (>BFH vom 21. 4. 2010 – BStBl II S. 771).

Wirkungsweise der Änderung
Die auf einer Änderung des Gewinns im Einkommensteuerbescheid, Körperschaftsteuerbescheid oder Feststellungsbescheid beruhende Änderung des Gewerbesteuermessbescheids gemäß § 35b GewStG führt nicht schlechthin zu einer Wiederaufrollung des gesamten Falles (>BFH vom 11. 10. 1966 – BStBl 1967 III S. 131). Die bei der früheren Festsetzung des Gewerbesteuermessbetrags vorgenommenen Hinzurechnungen und Kürzungen bleiben deshalb unverändert, es sei denn, dass diese nach Grund und Höhe von der Gewinnänderung unmittelbar berührt werden (>BFH vom 20. 1. 1965 – BStBl III S. 228).

---

1) Redaktioneller Fehler des BMF: statt „§ 35 GewStG" müsste es „§ 35b GewStG" heißen.

B. Steuererlasse

(BMF-Schreiben/Ländererlasse/ Verfügungen der Finanzdirektionen)

Inhaltsübersicht

Seite

I. Abgabenordnung

Zu § 12 AO

1. Grundsätze der Verwaltung für die Prüfung der Aufteilung der Einkünfte bei Betriebsstätten international tätiger Unternehmen (Betriebsstätten-Verwaltungsgrundsätze) (BMF vom 24. 12. 1999, BStBl I S. 1076, geändert durch BMF vom 20. 11. 2000, BStBl I S. 1509, BMF vom 29. 9. 2004, BStBl I S. 917, BMF vom 25. 8. 2009, BStBl I S. 888, BMF vom 20. 6. 2013, BStBl I S. 980 und BMF vom 26. 9. 2014, BStBl I S. 1258) 1411
2. Anwendung der Doppelbesteuerungsabkommen (DBA) auf Personengesellschaften (BMF vom 26. 9. 2014, BStBl I S. 1258) 1469

II. Einkommensteuer

Zu § 3c EStG

1. Anwendung des Teileinkünfteverfahrens in der steuerlichen Gewinnermittlung (§ 3 Nummer 40, § 3c Abs. 2 EStG) (BMF vom 23. 10. 2013, BStBl I S. 1269) 1503

Zu § 4 EStG

2. Betrieblicher Schuldzinsenabzug nach § 4 Absatz 4a EStG (BMF vom 2. 11. 2018, BStBl I S. 1207) 1507
3. Ermittlung der nicht abziehbaren Schuldzinsen nach § 4 Abs. 4a EStG; Berücksichtigung einer vor dem 1. 1. 1999 entstandenen Unterentnahme; BFH-Urteil vom 21. 9. 2005 (BStBl 2006 II S. 504) (BMF vom 12. 6. 2006, BStBl I S. 416) 1517
4. Behandlung der Einbringung zum Privatvermögen gehörender Wirtschaftsgüter in das betriebliche Gesamthandsvermögen einer Personengesellschaft (BMF vom 11. 7. 2011, BStBl I S. 713) 1519
5. Ertragsteuerliche Beurteilung von Aufwendungen für Fahrten zwischen Wohnung und Betriebsstätte und von Reisekosten unter Berücksichtigung der Reform des steuerlichen Reisekostenrechts zum 1. 1. 2014 (BMF vom 23. 12. 2014, BStBl 2015 I S. 26) 1523

Zu § 4h EStG

6. Zinsschranke (§ 4h EStG; § 8a KStG) (BMF vom 4. 7. 2008, BStBl I S. 718) 1527

Zu § 5 EStG

7. Bilanzsteuerrechtliche Beurteilung der Rückkaufsoption im Kfz-Handel; BFH-Urteil vom 17. 11. 2010 – I R 83/09 – (BMF vom 12. 10. 2011, BStBl I S. 967) 1546

Zu § 6 EStG

8. Ertragsteuerliche Behandlung von Leasing-Verträgen über bewegliche Wirtschaftsgüter (BMF vom 19. 4. 1971, BStBl I S. 264) 1547

9. Ertragsteuerliche Behandlung von Finanzierungs-Leasing-Verträgen über unbewegliche Wirtschaftsgüter; Leasingerlass (BMF vom 21. 3. 1972, BStBl I S. 188) 1551
10. Steuerrechtliche Zurechnung des Leasing-Gegenstandes beim Leasing-Geber; Leasingerlass (BMF vom 22. 12. 1975) 1554
11. Zurechnung des wirtschaftlichen Eigentums bei Leasingverträgen mit feststehender Abschlusszahlung in Höhe der Restamortisation; Übergangsregelung (OFD Frankfurt am Main vom 20. 6. 2006) 1556
12. Ertragsteuerliche Behandlung von Teilamortisations-Leasing-Verträgen über unbewegliche Wirtschaftsgüter; Leasingerlass (BMF vom 23. 12. 1991, BStBl 1992 I S. 13) 1557
13. Ertragsteuerliche Behandlung von Finanzierungs-Leasing-Verträgen über unbewegliche Wirtschaftsgüter; hier: Betriebsgewöhnliche Nutzungsdauer und Restbuchwert bei Wirtschaftsgebäuden (BMF vom 9. 6. 1987, BStBl I S. 440) 1559
14. Bilanzsteuerrechtliche Behandlung des Geschäfts- oder Firmenwerts, des Praxiswerts und sogenannter firmenwertähnlicher Wirtschaftsgüter (BMF vom 20. 11. 1986, BStBl I S. 532) 1560
15. Steuerrechtliche Behandlung des Wirtschaftsguts „Praxiswert"; Änderung der Rechtsprechung (BMF vom 15. 1. 1995, BStBl I S. 14) 1562
16. Bilanz- und gewerbesteuerrechtliche Behandlung der Forfaitierung von Forderungen aus Leasing-Verträgen (BMF vom 9. 1. 1996, BStBl I S. 9) 1562
17. Bewertung von Verbindlichkeiten in der Steuerbilanz (BMF vom 23. 8. 1999, BStBl I S. 818) 1564
18. Steuerrechtliche Zuordnung des Leasing-Gegenstands (§ 39 AO); Versicherungsstatus des Leasing-Gebers (FinMin Bayern vom 23. 6. 2004) 1565
19. Ertragsteuerliche Behandlung von Verbindlichkeiten in Fällen der Unternehmensinsolvenz (OFD Nordrhein-Westfalen vom 21. 11. 2014) 1565
20. Teilwertabschreibungen gemäß § 6 Absatz 1 Nummer 1 und 2 EStG; Voraussichtlich dauernde Wertminderung, Wertaufholungsgebot (BMF vom 2. 9. 2016, BStBl I S. 995) 1567
21. Bewertung des Vorratsvermögens gemäß § 6 Absatz 1 Nummer 2a EStG – Lifo-Methode (BMF vom 12. 5. 2015, BStBl I S. 462) 1575
22. Steuerliche Gewinnermittlung; Zweifelsfragen zur bilanzsteuerlichen Behandlung sog. geringwertiger Wirtschaftsgüter nach § 6 Absatz 2 EStG und zum Sammelposten nach § 6 Absatz 2a EStG in der Fassung des Gesetzes zur Beschleunigung des Wirtschaftswachstums vom 22. 12. 2009 (BGBl I S. 3950, BStBl 2010 I S. 2) (BMF vom 30. 9. 2010, BStBl I S. 755) 1577
23. Zweifelsfragen zu § 6 Abs. 3 EStG i. d. F. des Unternehmenssteuerfortentwicklungsgesetzes vom 20. 12. 2001 (UntStFG, BGBl I S. 3858) im Zusammenhang mit der unentgeltlichen Übertragung von Mitunternehmeranteilen mit Sonderbetriebsvermögen sowie Anteilen von Mitunternehmeranteilen mit Sonderbetriebsvermögen (BMF vom 3. 3. 2005, BStBl I S. 458, geändert durch BMF vom 7. 12. 2006, BStBl I S. 766) 1583
24. Abzinsung von Verbindlichkeiten und Rückstellungen in der steuerlichen Gewinnermittlung nach § 6 Abs. 1 Nrn. 3 und 3a EStG in der Fassung des Steuerentlastungsgesetzes 1999/2000/2002 (BMF vom 26. 5. 2005, BStBl I S. 699) 1589

25. Zweifelsfragen zur Überführung und Übertragung von einzelnen Wirtschaftsgütern nach § 6 Absatz 5 EStG (BMF vom 8. 12. 2011, BStBl I S. 1279) .. 1610
26. Anwendung des § 6 Absatz 5 Satz 3 Nummer 2 EStG bei Übertragung eines einzelnen Wirtschaftsguts und Übernahme von Verbindlichkeiten innerhalb einer Mitunternehmerschaft; Unentgeltliche Übertragung eines Mitunternehmeranteils nach § 6 Absatz 3 EStG bei gleichzeitiger Ausgliederung von Wirtschaftsgütern des Sonderbetriebsvermögens nach § 6 Absatz 5 EStG; Anwendung der BFH-Urteile vom 21. 6. 2012 – IV R 1/08 –, vom 19. 9. 2012 – IV R 11/12 – und vom 2. 8. 2012 – IV R 41/11 – (BMF vom 12. 9. 2013, BStBl I S. 1164) 1621
27. Steuerliche Gewinnermittlung; Bilanzsteuerrechtliche Berücksichtigung von Verpflichtungsübernahmen, Schuldbeitritten und Erfüllungsübernahmen mit vollständiger oder teilweiser Schuldfreistellung, Anwendung der Regelungen in § 4f und § 5 Absatz 7 Einkommensteuergesetz (EStG) (BMF vom 30. 11. 2017, BStBl I S. 1619) 1625

Zu § 7 EStG

28. Ertragsteuerliche Behandlung von Mietereinbauten und Mieterumbauten; hier: Anwendung der Grundsätze der BFH-Urteile vom 26. 2. 1975 – I R 32/73 und I R 184/73 – (BStBl II S. 443) (BMF vom 15. 1. 1976, BStBl I S. 66) 1632
29. Ertragsteuerliche Behandlung der Erbengemeinschaft und ihrer Auseinandersetzung (BMF vom 14. 3. 2006, BStBl I S. 253, geändert durch BMF vom 27. 12. 2018, BStBl 2019 I S. 11) 1634

Zu § 7g EStG

30. Steuerliche Gewinnermittlung; Zweifelsfragen zu den Investitionsabzugsbeträgen nach § 7g Absatz 1 bis 4 und 7 EStG in der Fassung des Steueränderungsgesetzes 2015 vom 2. 11. 2015 (BGBl I S. 1834) (BMF vom 20. 3. 2017, BStBl I S. 423) 1658
31. Investitionsabzugsbeträge nach § 7g Einkommensteuergesetz (EStG); Urteil des Bundesfinanzhofes vom 11. 7. 2013 (BStBl 2014 II S. 609) zur Verzinsung der Steuernachforderungen gemäß § 233a der Abgabenordnung bei der Rückgängigmachung von Investitionsabzugsbeträgen nach § 7g Absatz 3 EStG (BMF vom 15. 8. 2014, BStBl I S. 1174) 1670

Zu § 9 EStG

32. *Ergänztes* BMF-Schreiben zur Reform des steuerlichen Reisekostenrechts ab 1. 1. 2014 (ersetzt das Schreiben vom 30. 9. 2013, BStBl I S. 1279) (BMF vom 24. 10. 2014, BStBl I S. 1412) 1671

Zu § 10b EStG

33. Steuerliche Anerkennung von Spenden durch den Verzicht auf einen zuvor vereinbarten Aufwendungsersatz (Aufwandsspende) bzw. einen sonstigen Anspruch (Rückspende) (BMF vom 25. 11. 2014, BStBl I S. 1584, geändert durch BMF vom 24. 8. 2016, BStBl I S. 994) 1710

Zu § 11 EStG

34. Verdeckte Einlage in eine Kapitalgesellschaft und Zufluss von Gehaltsbestandteilen bei einem Gesellschafter-Geschäftsführer einer Kapitalgesellschaft; Urteile des Bundesfinanzhofs vom 3. 2. 2011 – VI R 4/10 – (BStBl

2014 II S. 493) und – VI R 66/09 – (BStBl 2014 II S. 491) sowie vom 15. 5. 2013
– VI R 24/12 – (BStBl 2014 II S. 495) (BMF vom 12. 5. 2014, BStBl I S. 860) 1712

Zu § 15 EStG

35. Abgrenzung zwischen privater Vermögensverwaltung und gewerblichem Grundstückshandel (BMF vom 26. 3. 2004, BStBl I S. 434) 1713
36. Abgrenzung von vermögensverwaltender und gewerblicher Tätigkeit; Anwendung des BFH-Urteils vom 26. 6. 2007 – IV R 49/04 – (BStBl 2009 II S. 289) auf Ein-Objekt-Gesellschaften (BMF vom 1. 4. 2009, BStBl I S. 515) 1726
37. Personelle Verflechtung bei Betriebsaufspaltung; hier: Zusammenrechnung von Ehegattenanteilen (BMF vom 18. 11. 1986, BStBl I S. 537) 1727
38. Sonderbetriebsvermögen bei Vermietung an eine Schwester-Personengesellschaft (Anwendung der BFH-Urteile vom 16. 6. 1994, BStBl 1996 II S. 82, vom 22. 11. 1994, BStBl 1996 II S. 93, und vom 26. 11. 1996, BStBl 1998 II S. 328); Verhältnis des § 15 Abs. 1 Nr. 2 EStG zur mitunternehmerischen Betriebsaufspaltung (Anwendung des BFH-Urteils vom 23. 4. 1996 – VIII R 13/95 –, BStBl 1998 II S. 325) (BMF vom 28. 4. 1998, BStBl I S. 583) 1729
39. Schenkweise als Kommanditisten in eine Kommanditgesellschaft aufgenommene minderjährige Kinder als Mitunternehmer; hier: Anwendung des BFH-Urteils vom 10. 11. 1987 (BStBl 1989 II S. 758) (BMF vom 5. 10. 1989, BStBl I S. 378) 1734
40. Haftungsbeschränkung bei einer Gesellschaft bürgerlichen Rechts; Auswirkungen des BGH-Urteils vom 27. 9. 1999 – II ZR 371/98 – (DStR 1999 S. 1704) (BMF vom 18. 7. 2000, BStBl I S. 1198) 1735
41. Haftungsbeschränkung bei einer Gesellschaft bürgerlichen Rechts; Ertragsteuerliche Auswirkungen des BGH-Urteils vom 27. 9. 1999 – II ZR 371/98 –; Änderung bestandskräftiger Steuerbescheide nach § 174 Abs. 3 AO sowie Verlängerung der Übergangsfrist gemäß dem BMF-Schreiben vom 18. 7. 2000 (BStBl I S. 1198) (BMF vom 28. 8. 2001, BStBl I S. 614) 1737
42. Bedeutung von Einstimmigkeitsabreden beim Besitzunternehmen für das Vorliegen einer personellen Verflechtung im Rahmen einer Betriebsaufspaltung; Anwendung der BFH-Urteile vom 21. 1. 1999 – IV R 96/96 – (BStBl 2002 II S. 771), vom 11. 5. 1999 – VIII R 72/96 – (BStBl 2002 II S. 722) und vom 15. 3. 2000 – VIII R 82/98 – (BStBl 2002 II S. 774) (BMF vom 7. 10. 2002, BStBl I S. 1028) 1738
43. Anwendungsschreiben zur Verlustabzugsbeschränkung nach § 15 Abs. 4 Satz 6 bis 8 EStG (BMF vom 19. 11. 2008, BStBl I S. 970) 1742

Zu § 15a EStG

44. Umfang des Kapitalkontos i. S. des § 15a Abs. 1 Satz 1 EStG (BMF vom 30. 5. 1997, BStBl I S. 627) 1746
45. Zweifelsfragen zu § 15a EStG; hier: Saldierung von Gewinnen und Verlusten aus dem Gesellschaftsvermögen mit Gewinnen und Verlusten aus dem Sonderbetriebsvermögen (BMF vom 15. 12. 1993, BStBl I S. 976) 1748
46. Negatives Kapitalkonto eines Kommanditisten: Einkommensteuerliche Zurechnung von Verlustanteilen und Nachversteuerung negativer Kapitalkonten (OFD München/OFD Nürnberg vom 7. 5. 2004) 1749

Zu § 21 EStG

47. Schuldzinsen als nachträgliche Werbungskosten bei den Einkünften aus Vermietung und Verpachtung nach Veräußerung des Mietobjekts oder nach Wegfall der Einkünfteerzielungsabsicht; Anwendung der BFH-Urteile vom 21. 1. 2014 – IX R 37/12 – (BStBl 2015 II S. 631), vom 11. 2. 2014 – IX R 42/13 – (BStBl 2015 II S. 633) und vom 8. 4. 2014 – IX R 45/13 – (BStBl 2015 II S. 635) (BMF vom 27. 7. 2015, BStBl I S. 581) 1756

Zu § 34a EStG

48. Anwendungsschreiben zur Begünstigung der nicht entnommenen Gewinne (§ 34a EStG) (BMF vom 11. 8. 2008, BStBl I S. 838) 1760

Zu § 34c EStG

49. Pauschalierung der Einkommensteuer und Körperschaftsteuer für ausländische Einkünfte gemäß § 34c Abs. 5 EStG und § 26 Abs. 6 KStG (BMF vom 10. 4. 1984, BStBl I S. 252) 1772

Zu § 35 EStG

50. Steuerermäßigung bei den Einkünften aus Gewerbebetrieb gem. § 35 EStG (BMF vom 3. 11. 2016, BStBl I S. 1187, geändert durch BMF vom 17. 4. 2019, BStBl I S. 459) 1775

Zu § 35a EStG

51. Steuerermäßigung bei Aufwendungen für haushaltsnahe Beschäftigungsverhältnisse und für die Inanspruchnahme haushaltsnaher Dienstleistungen (§ 35a EStG); Überarbeitung des BMF-Schreibens vom 10. 1. 2014 (BStBl I S. 75) (BMF vom 9. 11. 2016, BStBl I S. 1213) 1786

Zu § 50d EStG

52. Steuerabzug von Vergütungen im Sinne des § 50a Abs. 4 Satz 1 Nr. 2 und 3 EStG; Entlastung von Abzugsteuern aufgrund von Doppelbesteuerungsabkommen (DBA) nach einem vereinfachten Verfahren („Kontrollmeldeverfahren") (BMF vom 18. 12. 2002, BStBl I S. 1386) 1821

53. Entlastungsberechtigung ausländischer Gesellschaften (§ 50d Abs. 3 EStG) (BMF vom 24. 1. 2012, BStBl I S. 171) 1824

54. Entlastung vom Steuerabzug vom Kapitalertrag bei ausländischen Gesellschaften (§ 50d Abs. 3 EStG); Unionsrechtskonforme Anwendung (BMF vom 4. 4. 2018, BStBl I S. 589) 1833

III. Außensteuer

Zum AStG

1. Grundsätze zur Anwendung des Außensteuergesetzes (BMF vom 14. 5. 2004, BStBl I Sondernummer 1/2004 S. 3) 1835

Zu § 1 AStG

2. Anwendung des § 1 AStG auf Fälle von Teilwertabschreibungen und anderen Wertminderungen auf Darlehen an verbundene ausländische Unternehmen (BMF vom 29. 3. 2011, BStBl I S. 277) 1908

3. Anwendung des § 1 Absatz 4 Außensteuergesetz (BMF vom 4. 6. 2014, BStBl I S. 834) 1917

IV. Körperschaftsteuer

Zu § 4 KStG

1. Auslegungsfragen zu § 20 Abs. 1 Nr. 10 EStG bei Betrieben gewerblicher Art als Schuldner der Kapitalerträge (BMF vom 28. 1. 2019, BStBl I S. 97) 1919

Zu § 8 KStG

2. Körperschaftsteuerrechtliche und einkommensteuerrechtliche Behandlung der Rückzahlung verdeckter Gewinnausschüttungen (BMF vom 6. 8. 1981, BStBl I S. 599) 1932
3. Pensionszusagen an Gesellschafter-Geschäftsführer; Vereinbarung einer sofortigen ratierlichen Unverfallbarkeit – Länge des Erdienungszeitraums (BMF vom 9. 12. 2002, BStBl I S. 1393) 1932
4. Rückstellungen für Pensionszusagen an nicht beherrschende Gesellschafter-Geschäftsführer von Kapitalgesellschaften; hier: Erdienungszeitraum; BFH-Urteil vom 24. 1. 1996 – I R 41/95 – (BStBl 1997 II S. 440) (BMF vom 7. 3. 1997, BStBl I S. 637) 1933
5. Grundsätze bei der Anerkennung von Tantiemezusagen an Gesellschafter-Geschäftsführer; Rechtsfolgen aus dem BFH-Urteil vom 27. 3. 2001 (BStBl 2002 II S. 111) (BMF vom 1. 2. 2002, BStBl I S. 219) 1935
6. Probezeit vor Zusage einer Pension an den Gesellschafter-Geschäftsführer einer Kapitalgesellschaft (§ 8 Absatz 3 Satz 2 KStG) (BMF vom 14. 12. 2012, BStBl 2013 I S. 58) 1937
7. Verzicht des Gesellschafter-Geschäftsführers einer Kapitalgesellschaft auf eine Pensionsanwartschaft als verdeckte Einlage (§ 8 Absatz 3 Satz 3 KStG); Verzicht auf künftig noch zu erdienende Pensionsanwartschaften (sog. Future Service) (BMF vom 14. 8. 2012, BStBl I S. 874) 1938
8. Körperschaftsteuerlicher Verlustabzug; Anwendung von § 8 Abs. 4 KStG und § 12 Abs. 3 Satz 2 UmwStG (BMF vom 16. 4. 1999, BStBl I S. 455, geändert durch BMF vom 2. 8. 2007, BStBl I S. 624, BMF vom 4. 12. 2008, BStBl I S. 1033 und BMF vom 4. 10. 2010, BStBl I S. 837) 1940
9. Angemessenheit der Gesamtbezüge eines Gesellschafter-Geschäftsführers (BMF vom 14. 10. 2002, BStBl I S. 972) 1948
10. Korrektur einer verdeckten Gewinnausschüttung innerhalb oder außerhalb der Steuerbilanz (BMF vom 28. 5. 2002, BStBl I S. 603) 1952
11. Ertragsteuerliche Beurteilung des Forderungsverzichts des Gesellschafters einer Kapitalgesellschaft gegen Besserungsschein; Folgen aus der Entscheidung des Großen Senats des BFH vom 9. 6. 1997 (BStBl 1998 II S. 307) (BMF vom 2. 12. 2003, BStBl I S. 648) 1960
12. Risikogeschäfte durch den Gesellschafter-Geschäftsführer für Rechnung der Kapitalgesellschaft (§ 8 Abs. 3 Satz 2 KStG); BFH-Urteil vom 14. 9. 1994 – I R 6/94 – (BStBl 1997 II S. 89) (BMF vom 19. 12. 1996, BStBl 1997 I S. 112) 1962
13. Vereinbarung einer Nur-Pension mit dem Gesellschafter-Geschäftsführer einer Kapitalgesellschaft; Folgerungen aus dem BFH-Urteil v. 17. 5. 1995 (BStBl 1996 II S. 204) (BMF vom 28. 1. 2005, BStBl I S. 387) 1963

14. Finanzierbarkeit von Pensionszusagen gegenüber Gesellschafter-Geschäftsführern (§ 8 Abs. 3 Satz 2 KStG); Anwendung der BFH-Urteile vom 8. 11. 2000 – BStBl 2005 II S. 653, vom 20. 12. 2000 – BStBl 2005 II S. 657, vom 7. 11. 2001 – BStBl 2005 II S. 659, vom 4. 9. 2002 – BStBl 2005 II S. 662 und vom 31. 3. 2004 – BStBl 2005 II S. 664 (BMF vom 6. 9. 2005, BStBl I S. 875) 1965

Zu § 8a KStG

15. Gesellschafter-Fremdfinanzierung (§ 8a KStG) (BMF vom 15. 7. 2004, BStBl I S. 593) 1966
16. Bürgschaftsgesicherte Fremdfinanzierung von Kapitalgesellschaften nach § 8a Abs. 1 Satz 2 KStG (Gesellschafter-Fremdfinanzierung); Anwendung der Textziffern 19 ff. des BMF-Schreibens vom 15. 7. 2004 – BStBl I S. 593 (BMF vom 22. 7. 2005, BStBl I S. 829) 1984
17. Gesellschafter-Fremdfinanzierung (§ 8a Abs. 6 KStG) (BMF vom 19. 9. 2006, BStBl I S. 559, ber. S. 632, 760) 1986

Zu § 8b KStG

18. Behandlung des Aktieneigenhandels nach § 8b Abs. 7 KStG i. d. F. des Gesetzes zur Änderung des Investitionszulagengesetzes 1999 (BMF vom 25. 7. 2002, BStBl I S. 712) 1994
19. Anwendung des § 8b KStG 2002 und Auswirkungen auf die Gewerbesteuer (BMF vom 28. 4. 2003, BStBl I S. 292) 1997
20. Veräußerungsgewinnbefreiung nach § 8b Absatz 2 KStG; Behandlung von Veräußerungskosten und nachträglichen Kaufpreisänderungen (BMF vom 24. 7. 2015, BStBl I S. 612) 2010
21. Zuordnung von Betriebsausgaben zu steuerfreien Schachteldividenden (BMF vom 20. 1. 1997, BStBl I S. 99) 2013

Zu § 8c KStG

22. Verlustabzugsbeschränkung für Körperschaften (§ 8c KStG) (BMF vom 28. 11. 2017, BStBl I S. 1645) 2015

Zu § 11 KStG

23. Körperschaftsteuerliche Behandlung der Auflösung und Abwicklung von Körperschaften und Personenvereinigungen nach den Änderungen durch das Gesetz zur Fortentwicklung des Unternehmenssteuerrechts (UntStFG) (BMF vom 26. 8. 2003, BStBl I S. 434) 2030

Zu § 14 KStG

24. Die sog. „kleine Organschaftsreform"; Gesetz zur Änderung und Vereinfachung der Unternehmensbesteuerung und des steuerlichen Reisekostenrechts (GÄuVdUR) (OFD Karlsruhe vom 16. 1. 2014) 2034
25. Gesetz zur Änderung und Vereinfachung der Unternehmensbesteuerung und des steuerlichen Reisekostenrechts – „Kleine Organschaftsreform" – (OFD Frankfurt am Main vom 30. 5. 2016) 2045
26. Körperschaftsteuerliche und gewerbesteuerliche Organschaft unter Berücksichtigung der Änderungen durch das Steuersenkungs- (StSenkG) und das Unternehmenssteuerfortentwicklungsgesetz (UntStFG) (BMF vom 26. 8. 2003, BStBl I S. 437) 2048

27. Änderungen bei der Besteuerung steuerlicher Organschaften durch das Steuervergünstigungsabbaugesetz – StVergAbG – (BMF vom 10. 11. 2005, BStBl I S. 1038) 2057
28. Tatsächliche Durchführung des Gewinnabführungsvertrags bei der Organschaft (§ 14 KStG); Verzinsung des Anspruchs auf Verlustübernahme nach § 302 AktG (BMF vom 15. 10. 2007, BStBl I S. 765) 2061

Zu § 17 KStG

29. Körperschaftsteuerliche Organschaft; Änderung des § 302 AktG (BMF vom 16. 12. 2005, BStBl 2006 I S. 12) 2062
30. Körperschaftsteuerliche Organschaft unter Beteiligung einer Kapitalgesellschaft, an der eine atypisch stille Beteiligung besteht (BMF vom 20. 8. 2015, BStBl I S. 649) 2062

Zu § 27 KStG

31. Steuerliche Anerkennung inkongruenter Gewinnausschüttungen (BMF vom 17. 12. 2013, BStBl 2014 I S. 63) 2063
32. Steuerliches Einlagekonto (Anwendung der §§ 27 und 28 KStG 2002) (BMF vom 4. 6. 2003, BStBl I S. 366) 2064

Zu § 28 KStG

33. Steuerrechtliche Behandlung des Erwerbs eigener Anteile (BMF vom 27. 11. 2013, BStBl I S. 1615) 2072

Zu § 34 KStG

34. Änderungen der Kapitalertragsteuersätze auf Dividenden nach den Doppelbesteuerungsabkommen infolge des Steuersenkungsgesetzes (BMF vom 30. 1. 2003, BStBl I S. 134) 2076
35. Liquidation; Körperschaftsteuerminderung bei Auskehrung von Liquidationsraten (Anwendung des BFH-Urteils vom 22. 2. 2006 – I R 67/05 –, BStBl 2008 II S. 312); Besteuerungszeitraum bei der Gewerbesteuer (Anwendung des BFH-Urteils vom 18. 9. 2007 – I R 44/06 –, BStBl 2008 II S. 319) (BMF vom 4. 4. 2008, BStBl I S. 542) 2077

Zu § 37 KStG

36. Bilanzielle Behandlung des Körperschaftsteuerguthabens nach der Änderung durch das Gesetz über steuerliche Begleitmaßnahmen zur Einführung der Europäischen Gesellschaft und zur Änderung weiterer steuerrechtlicher Vorschriften (SEStEG); Anwendung des § 37 Abs. 7 KStG (BMF vom 14. 1. 2008, BStBl I S. 280) 2079

V. Umwandlungssteuer

Zum UmwStG

1. Anwendung des Umwandlungssteuergesetzes i. d. F. des Gesetzes über steuerliche Begleitmaßnahmen zur Einführung der Europäischen Gesellschaft und zur Änderung weiterer steuerrechtlicher Vorschriften (SEStEG) (BMF vom 11. 11. 2011, BStBl I S. 1314, geändert durch BMF vom 10. 11. 2016, BStBl I S. 1252 und BMF vom 23. 2. 2018, BStBl I S. 319) 2081

Zu § 21 UmwStG

2. Ausübung Wahlrecht in Fällen der Einbringung nach §§ 20, 21, 24 und 25 UmwStG (Bayerisches Landesamt für Steuern vom 11.11.2014) 2225

VI. Gewerbesteuer

Zu § 8 GewStG

1. Anwendungsfragen zur Hinzurechnung von Finanzierungsanteilen nach § 8 Nummer 1 GewStG in der Fassung des Unternehmensteuerreformgesetzes 2008 vom 14.8.2007 (BGBl I S. 1912, BStBl I S. 630) (Gleich lautender Ländererlass vom 2.7.2012, BStBl I S. 654) 2229
2. Abgrenzung von Hilfs- und Nebengeschäften zu Finanzdienstleistungsgeschäften zu anderen Geschäften bei Leasing- und Factoringunternehmen bei der Anwendung des § 19 Absatz 3 Nummer 4 GewStDV (Gleich lautender Ländererlass vom 27.11.2009, BStBl I S. 1595) 2241

Zu § 9 GewStG

3. Gewerbesteuerliche Behandlung von Leasing-Verträgen über unbewegliche Wirtschaftsgüter (Immobilien-Leasing); hier: Erweiterte Kürzung nach § 9 Nr. 1 Satz 2 GewStG (FinMin Bayern vom 9.3.1981) 2243
4. Ausschluss der erweiterten Kürzung für grundbesitzverwaltende Kapitalgesellschaften gemäß § 9 Nr. 1 Satz 5 GewStG (OFD Kiel vom 25.1.2000) 2244

Zu § 10a GewStG

5. Zuständigkeit für die Verlustfeststellung nach § 10a GewStG in Organschaftsfällen (FinMin Bayern vom 20.10.1993) 2244
6. Gewerbesteuerlicher Verlustabzug; Unterjähriges Ausscheiden eines Personengesellschafters bei abweichendem Wirtschaftsjahr (OFD Kiel vom 6.1.2000) 2245
7. Vororganschaftlicher Verlust in einem mehrstufigen Organkreis (§§ 10a, 2 Abs. 2 Satz 2 GewStG) (OFD Kiel vom 3.2.2000) 2246
8. Anwendung des § 8c KStG auf gewerbesteuerliche Fehlbeträge; § 10a Satz 10 GewStG (Gleich lautender Ländererlass vom 29.11.2017, BStBl I S. 1643) 2246

VII. Grunderwerbsteuer

Zu § 1 GrEStG

1. Anwendung des § 1 Absatz 2a GrEStG (Gleich lautender Ländererlass vom 12.11.2018, BStBl I S. 1314) 2249
2. Anwendung des § 1 Abs. 3 in Verbindung mit Abs. 4 GrEStG auf Organschaftsfälle (Gleich lautender Ländererlass vom 19.9.2018, BStBl I S. 1056) .. 2271

Zu § 2 GrEStG

3. Beurteilung von Erbbaurechtsvorgängen (Gleich lautender Ländererlass vom 16.9.2015, BStBl I S. 827) 2290

Zu § 5 GrEStG

4. Anwendung der §§ 5 und 6 GrEStG (Gleich lautender Ländererlass vom 12.11.2018, BStBl I S. 1334) 2295

Zu § 6a GrEStG

5. Anwendung des § 6a GrEStG (Gleich lautender Ländererlass vom 19.6.2012, BStBl I S. 662) 2317

Zu § 17 GrEStG

6. Durchführung der gesonderten Feststellung nach § 17 GrEStG (Gleich lautender Ländererlass vom 1.3.2016, BStBl I S. 282) 2328

I. Abgabenordnung

Zu § 12 AO

1. Grundsätze der Verwaltung für die Prüfung der Aufteilung der Einkünfte bei Betriebsstätten international tätiger Unternehmen (Betriebsstätten-Verwaltungsgrundsätze)
BMF, Schreiben v. 24. 12. 1999 (BStBl I S. 1076)[1)]

– IV B 4 - S 1300 - 111/99 –

Unter Bezugnahme auf das Ergebnis der Erörterungen mit den obersten Finanzbehörden der Länder gilt für die Frage, nach welchen Grundsätzen das Betriebsvermögen und die Einkünfte eines Unternehmens zwischen dem Stammhaus in einem Staat und seiner/seinen Betriebsstätte/n in dem anderen Staat oder anderen Staaten nach innerstaatlichem Recht und den Abkommen zur Vermeidung der Doppelbesteuerung (DBA) aufzuteilen sind, Folgendes:

Inhaltsübersicht

1. Rechtsgrundlagen zur Besteuerung von gewerblichen Betriebsstätten
    1.1 Nationales Steuerrecht
        1.1.1 Betriebsstätte
            1.1.1.1 Feste Geschäftseinrichtung
            1.1.1.2 Bauausführungen und Montagen
        1.1.2 Ständiger Vertreter
        1.1.3 Besteuerung bei Bestehen einer inländischen Betriebsstätte
            1.1.3.1 Maßgebliche Vorschriften
            1.1.3.2 Aufzeichnungs- und Mitwirkungspflichten
        1.1.4 Besteuerung bei Bestehen einer ausländischen Betriebsstätte oder Bestellung eines ständigen Vertreters im Ausland
            1.1.4.1 Maßgebliche Vorschriften
            1.1.4.2 Aufzeichnungs- und Mitwirkungspflichten
        1.1.5 Gewerbliche Personengesellschaft
            1.1.5.1 und 1.1.5.2 (weggefallen)
            1.1.5.3 Aufzeichnungs- und Mitwirkungspflichten
            1.1.5.4 Gewinnanteil eines unbeschränkt Steuerpflichtigen
            1.1.5.5 Gewinnanteil eines beschränkt Steuerpflichtigen
        1.1.6 Inländische gewerbliche Einkünfte ohne Betriebsstätte oder ständigen Vertreter im Inland
    1.2 Doppelbesteuerungsabkommen
        1.2.1 Betriebsstätte
            1.2.1.1 Feste Geschäftseinrichtung
            1.2.1.2 Bauausführungen und Montagen
        1.2.2 Abhängiger Vertreter, unabhängiger Vertreter

---

1) Geändert durch BMF, Schreiben v. 20. 11. 2000 (BStBl I S. 1509), v. 29. 9. 2004 (BStBl I S. 917), v. 25. 8. 2009 (BStBl I S. 888), v. 20. 6. 2013 (BStBl I S. 980) und v. 26. 9. 2014 (BStBl I S. 1258). – Zur Anwendung siehe auch BMF-Schreiben v. 22. 12. 2016 (BStBl 2017 I S. 182) Rn. 462 und 463.

1.2.3 Beteiligung an einer Personengesellschaft (Sondervergütungen)
1.2.4 Rechtsfolgen eines DBA
1.2.5 Schutz des Steuerpflichtigen
1.2.6 (weggefallen)
2. Aufteilung des Betriebsvermögens und der Einkünfte
  2.1 Allgemeines
  2.2 Grundsätze der Aufteilung
  2.3 Methoden der Gewinnaufteilung
    2.3.1 Direkte Methode
    2.3.2 Indirekte Methode
  2.4 Zuordnung der Wirtschaftsgüter
  2.5 Anteil der Betriebsstätte am Eigenkapital des Gesamtunternehmens (Dotation)
    2.5.1 Dotationskapital von Betriebsstätten
    2.5.2 Gesellschafterwechsel bei Personengesellschaften
  2.6 Überführung von Wirtschaftsgütern
    2.6.1 Überführung in eine ausländische Betriebsstätte des inländischen Stammhauses
    2.6.2 Überführung/Rückführung von Wirtschaftsgütern in das Inland
    2.6.3 Überführungen zwischen inländischer Betriebsstätte und ausländischem Stammhaus oder dessen ausländischer Betriebsstätte
    2.6.4 Überführungen in eine ausländische Personengesellschaft
  2.7 Aufwands-/Ertragsaufteilung
  2.8 Umrechnung des Betriebsstättenergebnisses
    2.8.1 Umrechnung bei Gewinnermittlung durch Betriebsvermögensvergleich gem. § 4 Abs. 1 i.V. m. § 5 EStG
    2.8.2 Umrechnung bei Gewinnermittlung durch Einnahmenüberschussrechnung nach § 4 Abs. 3 EStG
      2.8.2.1 Betriebseinnahmen
      2.8.2.2 Betriebsausgaben
      2.8.2.3 Zeitpunkt der Bewertung
    2.8.3 Umrechnung in Sonderfällen
      2.8.3.1 Überführung von Wirtschaftsgütern aus der ausländischen in eine inländische Betriebsstätte
      2.8.3.2 Gesellschafterforderungen/-verbindlichkeiten
  2.9 Gründung und Auflösung der Betriebsstätte
    2.9.1 Gründungsaufwand und vorangehende Aufwendungen
    2.9.2 Betriebsstättenauflösung
  2.10 Einbringung einer Betriebsstätte in eine Kapitalgesellschaft
3. Einzelfragen zur Aufteilung des Betriebsvermögens und der Einkünfte
  3.1 Dienstleistungen
    3.1.1 Allgemeines
    3.1.2 Dienstleistungen als Haupttätigkeit der Betriebsstätte
    3.1.3 Lohnfertigung durch Betriebsstätten
    3.1.4 Oberleitung der Betriebsstätten durch das Stammhaus
  3.2 Werbung und Markterschließung
    3.2.1 Aufwendungen für Werbung
    3.2.2 Aufwendungen für Markterschließung
  3.3 Zinsen und ähnliche Vergütungen
  3.4 Geschäftsführungsaufwendungen, allgemeine Verwaltungsaufwendungen und ähnlicher Aufwand
    3.4.1 Zuordnung der Aufwendungen zur Betriebsstätte
    3.4.2 Beispiele

4. Betriebsstätten in Sonderfällen
   4.0 Allgemeines
   4.1 Bankbetriebsstätte
      4.1.1 Inländische Betriebsstätte
      4.1.2 Zuordnung von Forderungen und Marganteilen
      4.1.3 *Dotationskapital*
      4.1.4 Zinsverrechnungen
   4.2 Versicherungsbetriebsstätte
      4.2.1 Inländische Betriebsstätte
      4.2.2 Inländische Betriebsstätten, die der Versicherungsaufsicht durch das Bundesaufsichtsamt für das Versicherungswesen (BAV) unterliegen
      4.2.3 Inländische Betriebsstätten, die nicht der Versicherungsaufsicht durch das BAV unterliegen
      4.2.4 Ausländische Betriebsstätten inländischer Versicherungsunternehmen
   4.3 Bauausführungen und Montagen
      4.3.1 Allgemeines
      4.3.2 Bau- und Montageüberwachung als Bauausführung
      4.3.3 Einschaltung von Subunternehmern
      4.3.4 Bau- und Montageausführung durch ein Konsortium oder eine Arbeitsgemeinschaft (ARGE)
      4.3.5 Beurteilung von Bauausführungen
      4.3.6 Gewinn- und Verlustaufteilung zwischen Stammhaus und Betriebsstätte
      4.3.7 Materiallieferungen bei Bau- oder Montageleistungen der Betriebsstätte
      4.3.8 Zuordnung von Baustoffen und Montageteilen zur Betriebsstätte
      4.3.9 Zuordnung von Finanzierungsaufwendungen und -erträgen
   4.4 Kontroll- und Koordinierungsstellen
      4.4.1 Allgemeines
      4.4.2 Betriebsstätteneigenschaft der Kontroll- und Koordinierungsstellen
      4.4.3 Zurechnung von Anteilen und Wirtschaftsgütern sowie daraus fließenden Einkünften
      4.4.4 Betriebsstättengewinn
      4.4.5 Betriebsstättenvermögen
   4.5 Betriebsstätten beim Einsatz von Seeschiffen und Binnenschiffen
      4.5.1 Allgemeines
      4.5.2 Sonderregelung für ausländische Einkünfte aus dem Betrieb von Handelsschiffen im internationalen Verkehr
      4.5.3 Sondervereinbarungen für Schifffahrtsunternehmen nach DBA
   4.6 Bodenschatzsuche und -gewinnung in internationalen Gewässern
      4.6.1 Steuerliches Inland
      4.6.2 Betriebsstätte
   4.7 Betriebsstätten bei Explorationen
      4.7.1 Besteuerung in der Explorationsphase
         4.7.1.1 Betriebsstätte nach nationalem Recht
         4.7.1.2 Betriebsstätte nach DBA
      4.7.2 Besteuerung bei Übergang in die Entwicklungs- und Produktionsphase
      4.7.3 Besonderheiten bei der Behandlung des Betriebsstättenergebnisses
   4.8 Transportanlagen
5. Verfahren
   5.1 Mitwirkungs- und Nachweispflichten
      5.1.1 Mitwirkung nach § 90 Abs. 2 AO
      5.1.2 Mitwirkungspflicht von Unternehmensteilen

5.1.3 Nachweisvorsorge
5.1.4 Erweiterte Mitwirkungspflicht
5.2 Umfang der Mitwirkungspflicht
5.3 Rechtsfolgen bei unzureichender Mitwirkung
6. Sonstiges
6.1 Selbständig Tätige i. S. d. Art. 14 OECD-MA
6.2 Erstmalige Anwendung
6.3 Aufhebung anderer Verwaltungsregelungen
Anhang: DBA-Übersichten

1. Rechtsgrundlagen zur Besteuerung von gewerblichen Betriebsstätten

1.1 Nationales Steuerrecht

Bei der Prüfung und Anwendung von nationalen Vorschriften zur Besteuerung von Betriebsstätten gewerblich tätiger Unternehmen, ist zunächst zu untersuchen, ob die DBA das Besteuerungsrecht der Bundesrepublik Deutschland einschränken, denn die DBA werden durch das jeweilige Zustimmungsgesetz gem. Art. 59 GG für in der Bundesrepublik Deutschland gesetzlich verbindlich erklärt und gehen gem. § 2 AO als speziellere Vorschrift dem nationalen Steuerrecht vor. Folglich sind Geltungsbereich, Begriffsbestimmungen und die zwischenstaatlichen Besteuerungsrechtszuordnungen des betreffenden DBA zu beachten. Dies gilt nicht bei Einkünften beschränkt Steuerpflichtiger, die dem Steuerabzug vom Kapitalertrag oder dem Steuerabzug nach § 50a Abs. 4 EStG unterliegen (vgl. § 50d Abs. 1 Satz 1 EStG).

Aus nationaler Sicht sind vor allem folgende Rechtsgrundlagen zur Besteuerung von Betriebsstätten gewerblicher Unternehmen von Bedeutung:

Beschränkt steuerpflichtige Einkünfte aus Gewerbebetrieb liegen vor, wenn im Inland eine Betriebsstätte (§ 12 AO) unterhalten wird oder ein ständiger Vertreter (§ 13 AO) für den Gewerbebetrieb bestellt ist (§ 49 Abs. 1 Nr. 2 Buchstabe a EStG). Zum Begriff „Inland" wird auf Tz. 4.6.1 verwiesen. Im Rahmen der unbeschränkten Steuerpflicht liegen ausländische Einkünfte aus Gewerbebetrieb u. a. vor, wenn sie durch eine in einem ausländischen Staat belegene Betriebsstätte (§ 12 AO) oder durch einen in einem ausländischen Staat tätigen ständigen Vertreter (§ 13 AO) erzielt werden (§ 34d Nr. 2 EStG). Für die Anwendung von Doppelbesteuerungsabkommen ist der Begriff der Betriebsstätte und des ständigen Vertreters jedoch – wie oben bereits erwähnt – dem jeweiligen DBA zu entnehmen (§ 2 AO), s. a. Tz. 1.2.1.

1.1.1 Betriebsstätte

1.1.1.1 Feste Geschäftseinrichtung

Eine Betriebsstätte i. S. d. § 12 Satz 1 AO ist jede feste Geschäftseinrichtung oder Anlage, die der Tätigkeit eines Unternehmens dient. Sie muss örtlich fixiert sein und der Unternehmer muss darin seine eigene gewerbliche Tätigkeit ausüben (BFH vom 10. Februar 1988, BStBl II S. 653). Eine feste Verbindung mit der Erdoberfläche oder ihre Sichtbarkeit ist jedoch nicht erforderlich (BFH vom 30. Oktober 1996, BStBl 1997 II S. 12). Der Unternehmer muss eine gewisse, nicht nur vorübergehende Verfügungsmacht über diese Einrichtung haben (BFH vom 11. Oktober 1989,

BStBl 1990 II S. 166 und BFH vom 3. Februar 1993, BStBl II S. 462). Eine feste Geschäftseinrichtung ist auf gewisse Dauer angelegt. Sie ist immer dann auf Dauer angelegt, wenn sie länger als sechs Monate besteht (BFH vom 19. Mai 1993, BStBl II S. 655). Die Katalogaufzählung in § 12 Satz 2 AO ist nicht abschließend. Während § 12 Satz 1 AO als Grundtatbestand eine feste Einrichtung oder Anlage verlangt, setzen die Tatbestände des § 12 Satz 2 Nrn. 1-8 AO dies nicht notwendigerweise voraus (BFH vom 28. Juli 1993, BStBl 1994 II S. 148). Der Begriff der Zweigniederlassung i. S. d. § 12 Satz 2 Nr. 2 AO bestimmt sich nach Handelsrecht (§ 13d HGB).

1.1.1.2 Bauausführungen und Montagen

Durch Bauausführungen und Montagen wird eine Betriebsstätte nur dann begründet, wenn ihre Dauer 6 Monate übersteigt (§ 12 Satz 2 Nr. 8 AO). Besteht zwischen dem Staat, in dem die Bauausführungen und Montagen erbracht werden und dem Staat des Sitzes des ausführenden Unternehmens ein DBA, ist zu beachten, dass für dessen Anwendung der Betriebsstättenbegriff abweichend von § 12 Satz 2 Nr. 8 AO bestimmt sein kann; für den Regelfall wird eine Dauer von mehr als sechs Monaten vorausgesetzt. Wegen weiterer Einzelheiten siehe Tz. 4.3, Anlage II.

1.1.2 Ständiger Vertreter

Der ständige Vertreter i. S. d. § 13 AO hat die Geschäfte des Unternehmers nachhaltig zu besorgen und unterliegt dessen Sachanweisungen; er muss nicht Arbeitnehmer des Unternehmens sein, sondern nur an Stelle des Unternehmers tätig werden.

Ist der ständige Vertreter ein Kommissionär oder Makler, der Geschäftsbeziehungen für das ausländische Unternehmen im Rahmen seiner ordentlichen Geschäftstätigkeit unterhält, und die Besteuerung des ausländischen Unternehmens nicht durch ein DBA geregelt, so sind die Einkünfte des ausländischen Unternehmens insoweit nicht der Besteuerung zu unterwerfen. Das gilt auch, wenn der ständige Vertreter ein Handelsvertreter (§ 84 HGB) ist, der weder eine allgemeine Vollmacht zu Vertragsverhandlungen und Vertragsabschlüssen für das ausländische Unternehmen besitzt noch über ein Warenlager dieses Unternehmens verfügt, von dem er regelmäßig Bestellungen für das Unternehmen ausführt (vgl. R 222 Abs. 1 Satz 2 und 3 EStR).

Zur Begründung der Gewerbesteuerpflicht durch einen ständigen Vertreter vgl. Abschn. 22 Abs. 5 und 6 GewStR 1998.

Wird der inländische Gewerbebetrieb eines beschränkt steuerpflichtigen Ausländers im ganzen verpachtet, bezieht der Verpächter nur dann inländische Einkünfte aus Gewerbebetrieb, wenn er dafür im Inland einen ständigen Vertreter bestellt und während dieser Zeit weder eine Betriebsaufgabe erklärt noch eine Betriebsveräußerung vorgenommen hat (BFH vom 12. April 1978, BStBl II S. 494).

1.1.3 Besteuerung bei Bestehen einer inländischen Betriebsstätte

1.1.3.1 Maßgebliche Vorschriften

Unterhält ein beschränkt Steuerpflichtiger eine Betriebsstätte im Inland oder ist er dort durch einen ständigen Vertreter tätig, sind für die Besteuerung vor allem folgende Vorschriften maßgebend:

a) für die Einkommensteuer/Körperschaftsteuer:

§ 1 Abs. 4 i. V. m. § 49 EStG; § 2 Nr. 1 KStG (beschränkte Steuerpflicht); § 15 EStG (Einkünfte aus Gewerbebetrieb); § 49 Abs. 1 Nr. 2 Buchstabe a und § 50 Abs. 1 EStG (Abgrenzungsvorschriften); § 50 Abs. 3 EStG, § 23 Abs. 2 und 3 KStG (Steuersatz); §§ 4 bis 7k EStG, § 8 Abs. 1 KStG (Gewinnermittlung); § 50 Abs. 5 Satz 3 EStG, § 50 Abs. 1 Nr. 2 KStG (keine Abgeltungswirkung von Abzugsteuern); § 36 Abs. 2 Satz 2 Nr. 3 EStG, § 50 Abs. 5 Satz 3 EStG, § 49 Abs. 1 KStG (Anrechnung deutscher Körperschaftsteuer); § 50 Abs. 6 EStG, § 26 Abs. 6 KStG (Anrechnung ausländischer Ertragsteuern).

b) für die Gewerbesteuer:

§ 2 Abs. 1 GewStG; § 9 Nr. 3 Satz 1 GewStG.

1.1.3.2 Aufzeichnungs- und Mitwirkungspflichten

Nach § 138 Abs. 1 AO sind die Gründung, Verlegung oder Auflösung einer Betriebsstätte innerhalb eines Monats der Gemeinde anzuzeigen.

Mit Aufnahme des Geschäftsbetriebs ergeben sich handelsrechtliche Buchführungspflichten (§§ 238 ff. HGB, § 140 AO), wenn die jeweilige Betriebsstätte eine nach § 13d HGB eingetragene oder eintragungspflichtige Zweigniederlassung ist. Falls die Betriebsstätten handelsrechtlich keine Zweigniederlassungen darstellen, entsteht die Buchführungspflicht erst nach Aufforderung durch das Finanzamt gemäß § 141 AO. Die Aufforderung kann in einem Steuer- oder Feststellungsbescheid bzw. in einem besonderen Verwaltungsakt ergehen; sie soll dem Steuerpflichtigen mindestens einen Monat vor Beginn des Wirtschaftsjahres bekannt gegeben werden, von dessen Beginn ab die Buchführungsverpflichtung zu erfüllen ist (AEAO Nr. 4 zu § 140 AO). Außerdem ergeben sich Aufzeichnungspflichten aus § 143, § 144 AO und § 22 UStG.

Beteiligen sich ausländische Steuerpflichtige an einer inländischen Betriebsstätte in der Form der GbR (ARGE, Konsortium), kann eine handels- und steuerrechtliche (§§ 2, 238 ff. HGB, § 140 AO) Buchführungspflicht bestehen, auch wenn diese BGB-Gesellschaften nach § 180 Abs. 4 AO von dem Verfahren der einheitlichen und gesonderten Feststellung ausgenommen sind.

Die Bücher sind im Inland zu führen (§ 146 Abs. 2 AO). Erleichterungen können nach § 148 AO gewährt werden. Zu den Vorlagepflichten von Büchern, Aufzeichnungen, Urkunden und sonstigen Geschäftspapieren vgl. §§ 97, 200 AO.

Die erhöhten Aufklärungs- und Mitwirkungspflichten bei Auslandssachverhalten (§ 90 Abs. 2 AO) und die Offenlegungs- und Mitwirkungspflicht bei Geschäftsbeziehungen zu niedrig besteuernden Gebieten (§ 16 AStG) gelten auch für beschränkt Steuerpflichtige. Wegen weiterer Einzelheiten siehe Tz. 5.

1.1.4 Besteuerung bei Bestehen einer ausländischen Betriebsstätte oder Bestellung eines ständigen Vertreters im Ausland

1.1.4.1 Maßgebliche Vorschriften

Unterhält ein unbeschränkt Steuerpflichtiger eine Betriebsstätte im Ausland oder ist er dort durch einen ständigen Vertreter tätig, sind für die Besteuerung vor allem folgende Vorschriften maßgebend:

a) für die Einkommen-(Körperschaft-)steuer:

§§ 34d EStG, 8 Abs. 1 KStG (Begriff der ausländischen Einkünfte, hier § 34d Nr. 2 Buchstabe a EStG, der Bedeutung für die berücksichtigungsfähigen ausländischen Steuern hat, §§ 34c EStG, 26 Abs. 7 KStG (indirekte und fiktive Steueranrechnung));

b) für die Gewerbesteuer:

§ 9 Nr. 3 Satz 1 GewStG (Nichtberücksichtigung des Gewerbeertrags ausländischer Betriebsstätten);

Erzielt der Steuerpflichtige aus einer ausländischen Betriebsstätte Verluste, so sind die Verlustausgleichs- und Verlustabzugsbeschränkungen des § 2a Abs. 1 und 2 EStG zu beachten.

Für die pauschale Besteuerung von Einkünften aus einer im ausländischen Staat befindlichen Betriebsstätte wird auf das BMF-Schreiben vom 10. April 1984 (BStBl I S. 252), den sogenannten Pauschalierungserlass, verwiesen.

1.1.4.2 Aufzeichnungs- und Mitwirkungspflichten

Es gelten die allgemeinen Buchführungs-, Aufzeichnungs-, Anzeige- und Aufbewahrungspflichten nach HGB und AO. Die Gründung und der Erwerb von Betrieben und Betriebsstätten im Ausland ist dem zuständigen Finanzamt spätestens dann mitzuteilen, wenn nach dem meldepflichtigen Ereignis eine Einkommen- oder Körperschaftsteuererklärung oder eine Erklärung zur gesonderten Gewinnfeststellung einzureichen ist (§ 138 Abs. 2 AO). Wird dieser Mitteilungspflicht nicht, nicht vollständig oder nicht rechtzeitig nachgekommen, kann unter den Voraussetzungen von § 379 AO eine Ahndung als Ordnungswidrigkeit erfolgen.

Die Buchführungspflicht nach Handels- und Steuerrecht umfasst stets das gesamte Unternehmen einschließlich der ausländischen Betriebsstätten. Sie ist grundsätzlich ohne Rücksicht auf eine Steuerfreistellung der ausländischen Betriebsstätteneinkünfte nach einem DBA und etwaige Buchführungs- und Aufzeichnungspflichten im Betriebsstättenstaat im Inland zu erfüllen.

Ist die Betriebsstätte nach dem Recht des Betriebsstättenstaates verpflichtet, Bücher und Aufzeichnungen zu führen, und kommt sie dieser Verpflichtung auch nach, so genügt es, dass das Ergebnis dieser Buchführung in die Buchführung des inländischen Unternehmens übernommen wird (§ 146 Abs. 2 - 4 AO). Anpassungen an die deutschen steuerlichen Vorschriften sind vorzunehmen und kenntlich zu machen. Auf eine sachgerechte Währungsumrechnung ist zu achten (Tz. 2.8).

Werden für die Betriebsstätte die Bücher nicht gesondert geführt, so sind deren Geschäftsvorfälle im Inland einzeln zu erfassen und kenntlich zu machen (§ 145 Abs. 2 i.V. m. § 146 Abs. 2 AO).

Zu den Vorlagepflichten von Büchern, Aufzeichnungen und sonstigen Geschäftspapieren vgl. §§ 97, 200 AO; es gelten die erhöhten Mitwirkungspflicht bei Auslandssachverhalten (§ 90 Abs. 2 AO) und die Offenlegungs- und Mitwirkungspflichten bei Geschäftsbeziehungen zu niedrig besteuernden Gebieten (§ 16 AStG).

1.1.5 Gewerbliche Personengesellschaft

1.1.5.1 und 1.1.5.2 (weggefallen)[1]

1.1.5.3 Aufzeichnungs- und Mitwirkungspflichten

Der Gesellschafter ist grundsätzlich verpflichtet, die Buchführung, die Abschlüsse und – soweit erforderlich – weitere Geschäftspapiere vorzulegen und die notwendigen Auskünfte zu erteilen (§§ 90 Abs. 2, 97, 200 AO). Die Grenzen dieser Verpflichtung bestimmen sich nach den Grundsätzen der Zumutbarkeit und Verhältnismäßigkeit.

---

1) Tz. 1.1.5.1 und 1.1.5.2 sind durch das BMF-Schreiben v. 26. 9. 2014 (BStBl I S. 1258) ersetzt worden, welches unter B. I. 2. dieser Textausgabe abgedruckt ist.

1.1.5.4 Gewinnanteil eines unbeschränkt Steuerpflichtigen

Sind unbeschränkt steuerpflichtige Personen an einer ausländischen Personengesellschaft beteiligt, die im Inland weder eine Betriebsstätte unterhält, noch einen ständigen Vertreter bestellt hat, ist der Gewinn der Personengesellschaft zur Ermittlung der Höhe der Gewinnanteile der unbeschränkt steuerpflichtigen Person nach § 4 Abs. 1 oder 3 EStG zu ermitteln (BFH vom 13. September 1989, BStBl 1990 II S. 57). Bei der Gewinnermittlung nach § 4 Abs. 1 EStG sind alle Geschäftsvorfälle unter Beachtung der Grundsätze ordnungsmäßiger Buchführung zu berücksichtigen, auch wenn sie in einer ausländischen Währung ausgewiesen sind. Grundlage ist die nach ausländischem Recht geführte Buchführung der Personengesellschaft, aus der unter Anpassung an die deutschen steuerrechtlichen Vorschriften der Gewinn i. S. d. §§ 4 Abs. 1, 15 Abs. 1 Nr. 2 EStG abzuleiten ist.

Unterhält die ausländische Personengesellschaft eine Betriebsstätte im Inland, ist der dafür nach § 4 Abs. 1, § 5 EStG ermittelte Gewinn maßgebend.

1.1.5.5 Gewinnanteil eines beschränkt Steuerpflichtigen

Der Gewinnanteil an einer inländischen Personengesellschaft ist gemäß § 49 Abs. 1 Nr. 2 Buchstabe a, § 15 Abs. 1 Satz 1 Nr. 2 EStG auf der Grundlage der Steuerbilanz der Gesellschaft und etwaiger Ergänzungsbilanzen und Sonderbilanzen des Gesellschafters zu ermitteln. Entsprechend ist bei einer ausländischen Personengesellschaft mit inländischer Betriebsstätte zu verfahren. Der Anteil, der von dem Gewinn/Verlust einer inländischen Personengesellschaft aus einer ausländischen Betriebsstätte auf einen beschränkt steuerpflichtigen Gesellschafter entfällt, ist mangels Zugehörigkeit zur inländischen Betriebsstätte im Inland nicht steuerbar (BFH vom 24. Februar 1988, BStBl II S. 663).

1.1.6 Inländische gewerbliche Einkünfte ohne Betriebsstätte oder ständigen Vertreter im Inland

Hat ein ausländisches Unternehmen keine Betriebsstätte und keinen ständigen Vertreter im Inland, kann es gleichwohl beschränkt steuerpflichtige Einkünfte i. S. d. § 49 Abs. 1 EStG erzielen. Dabei kann es sich – abhängig von der jeweiligen Sachverhaltsgestaltung – um Einkünfte aus Gewerbebetrieb (§ 49 Abs. 1 Nr. 2 Buchstabe b bis f EStG) oder um andere Einkünfte i. S. d. § 49 Abs. 1 EStG handeln.

1.2 Doppelbesteuerungsabkommen

1.2.1 Betriebsstätte

Die Anknüpfung der DBA an den Begriff der Betriebsstätte dient der Aufteilung des Besteuerungsrechts der Vertragsstaaten und damit der Aufteilung der Unternehmensgewinne und des Unternehmensvermögens (Art. 7, 22 Abs. 2 Musterabkommen der OECD auf dem Gebiet der Steuern vom Einkommen und vom Vermögen 1992, OECD-MA 92), der Zuordnung von Dividenden, Zinsen und Lizenzgebühren zu einer Betriebsstätte (Art. 10 Abs. 4, 11 Abs. 4, 12 Abs. 4 OECD-MA 92), der Zuweisung des Besteuerungsrechtes aus der Veräußerung von Betriebsstättenvermögen (Art. 13 Abs. 2 OECD-MA 92) und für andere Einkünfte (Art. 21 Abs. 2 OECD-MA 92).

1.2.1.1 Feste Geschäftseinrichtung

Die Betriebsstätte ist definiert in Art. 5 Abs. 1, 2 OECD-MA 92, ebenso in den meisten DBA, als feste Geschäftseinrichtung, in der die Tätigkeit des Unternehmens ganz oder teilweise ausgeübt wird. Zum Begriff der festen Geschäftseinrichtung siehe Tz. 1.1.1.1.

Eine Geschäftsleitungsbetriebsstätte setzt abkommensrechtlich immer eine Geschäftseinrichtung voraus (vgl. Tz. 12 des Kommentars zu Art. 5 Abs. 2 OECD-MA 92).

Während nach dem Wortlaut des Art. 5 Abs. 1 OECD-MA 92 durch die feste Geschäftseinrichtung die Tätigkeit des Unternehmens ausgeübt werden muss, liegt nach § 12 AO eine Betriebsstätte vor, wenn die feste Geschäftseinrichtung (oder Anlage) der Tätigkeit des Unternehmens dient. Der abkommensrechtliche Begriff der Betriebsstätte stimmt aber inhaltlich mit dem des § 12 AO überein. Hinsichtlich der ausgeübten Tätigkeiten ist er allerdings regelmäßig enger. Die Geschäftseinrichtung muss jedoch dem Unternehmen mit einer gewissen Beständigkeit zu dienen bestimmt sein (siehe Tz. 1.1.1.1), d. h. länger als 6 Monate, jedoch ohne Rücksicht auf die Frist für Bauausführungen und Montagen in den einzelnen DBA. Nach Art. 5 Abs. 4 OECD-MA 92 gelten Geschäftseinrichtungen unterstützender oder vorbereitender Art, wie z. B. Warenlager oder Einkaufs- und Informationsstellen wegen ihres bloßen Hilfscharakters nicht als Betriebsstätten (vgl. Anhang, IV).

Vorbereitende Tätigkeiten sind solche, die zeitlich vor der Haupttätigkeit ausgeübt werden (BFH vom 23. Januar 1985, BStBl II S. 47). Hilfstätigkeiten begleiten die Haupttätigkeiten und folgen ihnen zeitlich nach. Sie sind jedoch ihrer Art nach von der Haupttätigkeit verschieden. Die Haupttätigkeit eines Unternehmens ergibt sich aus dessen Aufgabenstellung. Eine Tätigkeit ist Bestandteil der Haupttätigkeit, wenn sie einen wesentlichen und maßgeblichen Teil der Tätigkeit des Gesamtunternehmens ausmacht, z. B. die Forschung eines Pharmaunternehmens.

Wird ein Betrieb an ein anderes Unternehmen verpachtet, wird dadurch allein für den Verpächter keine Betriebsstätte begründet (Tz. 11 des OECD-Kommentars zu Art. 5 OECD-MA 92; BFH vom 28. Juli 1982, BStBl 1983 II S. 77). Soweit unbewegliches Vermögen verpachtet wird, ist nach Art. 6 OECD-MA 92, im Übrigen nach Art. 21 OECD-MA 92 zu verfahren.

Verpachtet oder vermietet eine im Ausland ansässige Person im Inland belegene wesentliche Betriebsgrundlagen an eine von ihr beherrschte inländische Kapitalgesellschaft (Betriebsaufspaltung über die Grenze), begründet sie dadurch allein keine Betriebsstätte (Tz. 8 des OECD-Kommentars zu Art. 5 OECD-MA 92). Das Besitzunternehmen kann nur durch einen ständigen Vertreter oder eine feste Geschäftseinrichtung, z. B. am Ort der Betriebsgesellschaft, eine Betriebsstätte unterhalten. Liegt keine Betriebsstätte im Sinne eines DBA vor, ist, soweit unbewegliches Vermögen verpachtet wird, nach Art. 6 OECD-MA 92 und nicht nach Art. 7 OECD-MA 92 zu verfahren. Wegen der isolierenden Betrachtungsweise des § 49 Abs. 2 EStG sind die Pachteinnahmen des ausländischen Besitzunternehmens als inländische Einkünfte aus Vermietung und Verpachtung i. S. d. § 49 Abs. 1 Nr. 6 EStG anzusehen.

1.2.1.2 Bauausführungen und Montagen

Bauausführungen und Montagen erfüllen nach Art. 5 Abs. 3 OECD-MA 92 nur dann den Betriebsstättenbegriff, wenn ihre Dauer eine gewisse Zeit überschreitet, vgl. Anhang, II. Eine Bauausführung besteht von dem Zeitpunkt an, an dem das Unternehmen mit den Arbeiten – einschließlich aller vorbereitenden Arbeiten – in dem Staat beginnt, in dem das Bauwerk errichtet werden soll, also z. B. mit der Errichtung eines Bauplanungsbüros (vgl. Tz. 19 des OECD-Kommentars zu Art. 5 des OECD-MA 92).

Bauausführungen und Montagen, die diese Voraussetzung nicht erfüllen, sind für sich allein keine Betriebsstätten, auch wenn zu ihnen eine feste Geschäftseinrichtung gehört, (z. B. Baucontainer als Geschäftsstelle), die mit der Bau- und Montagetätigkeit zusammenhängt (vgl. Tzn. 16, 17 des OECD-Kommentars zu Art. 5 des OECD-MA 92). Sofern in der festen Geschäftseinrichtung aber eine Tätigkeit nicht bloß unterstützender oder vorbereitender Art ausgeübt wird und sie während der in Art. 5 Abs. 3 OECD-MA vorgesehenen Zeit besteht, liegt eine Betriebsstätte i. S. von Art. 5 Abs. 1, 2 OECD-MA vor.

Wird die Leitung von mehreren kurzfristigen Bauausführungen und Montagen in einer festen Geschäftseinrichtung ausgeübt, so bestimmt sich die Frage, ob eine Betriebsstätte vorliegt, nach Art. 5 Abs. 1 OECD-MA 92.
Wegen weiterer Einzelheiten siehe Tz. 4.3.

1.2.2 Abhängiger Vertreter, unabhängiger Vertreter

Ein Vertreter muss nach Art. 5 Abs. 5 OECD-MA 92 ein abhängiger Vertreter des Unternehmens sein und – einschränkend gegenüber § 13 AO – seine Vollmacht gewöhnlich ausüben und nicht nur Tätigkeiten unterstützender Art i. S. d. Art. 5 Abs. 4 OECD-MA 92 durchführen (vgl. Anhang, III). Die Abhängigkeit setzt kein persönliches Abhängigkeitsverhältnis (z. B. ein Angestelltenverhältnis) voraus. Trägt der Vertreter das wirtschaftliche Risiko seiner Tätigkeit nicht, ist dies ein Indiz für seine wirtschaftliche Abhängigkeit. Eine Abschlussvollmacht liegt vor, wenn das Unternehmen rechtlich oder wirtschaftlich von dem Vertreter gebunden werden kann; eine mittelbare Stellvertretung ist möglich. Ist eine Person bevollmächtigt, alle Einzelheiten eines Vertrags verbindlich für das Unternehmen auszuhandeln, so kann davon ausgegangen werden, dass das Unternehmen wirtschaftlich gebunden wird. Die von der Bundesrepublik Deutschland abgeschlossenen DBA übernehmen in der Regel die Bestimmungen des OECD-MA 92 zu dem Begriff des abhängigen Vertreters. Einige DBA weichen aber von dem OECD-MA 92 ab oder enthalten Sonderregelungen (z. B. für Versicherungsunternehmen), vgl. im Übrigen Anhang, III.

Auch ein Makler, Kommissionär oder sonstiger unabhängiger Vertreter kann nach Art. 5 Abs. 6 OECD-MA 92 eine betriebsstättenbegründende Funktion haben, wenn er außerhalb seiner ordentlichen Geschäftstätigkeit handelt. Ein unabhängiger Vertreter handelt außerhalb des Rahmens seiner ordentlichen Geschäftstätigkeit, wenn seine Tätigkeit nach der Verkehrsanschauung außerhalb des Berufsbildes und des Geschäftszweiges liegt (BFH vom 14. September 1994, BStBl 1995 II S. 238).

Eine Tochtergesellschaft kann grundsätzlich nicht als eine Betriebsstätte begründender Vertreter angesehen werden. Sie ist nur dann abhängiger Vertreter der Muttergesellschaft, wenn sich die Vertreterstellung aus Umständen außerhalb der Beherrschung ergibt (Art. 5 Abs. 7 OECD-MA 92) und nicht in ihrer ordentlichen Geschäftstätigkeit begründet ist.

Die Vertreterbetriebsstätte tritt hinter Art. 5 Abs. 1, 2 OECD-MA 92 zurück. Sofern die Tätigkeit des Vertreters losgelöst und außerhalb der festen Geschäftseinrichtung ausgeübt wird, liegen zwei Betriebsstätten vor.

Ausländische Kapitalgesellschaften können eine Betriebsstätte (oder das Stammhaus) auch insoweit begründen, als in einer inländischen Wohnung oder in einem Baucontainer die zu ihrer Vertretung befugten Personen die Geschäftsführertätigkeit entfalten bzw. die Tagesgeschäfte vornehmen (vgl. BFH vom 16. Dezember 1998, BStBl 1999 II S. 437).

1.2.3 Beteiligung an einer Personengesellschaft (Sondervergütungen)

Sondervergütungen eines inländischen Gesellschafters einer ausländischen Personengesellschaft und eines ausländischen Gesellschafters einer inländischen Personengesellschaft sind als Unternehmensgewinne im Sinne der DBA (vgl. Art. 7 OECD-MA 92) zu behandeln, auch wenn das DBA keine ausdrückliche Regelung in diesem Sinne enthält. Im ersten Fall werden sie jedoch nach dem Methodenartikel des anzuwendenden DBA nicht von der deutschen Bemessungsgrundlage ausgenommen, wenn der andere Staat sie abweichend vom deutschen Steuerrecht qualifiziert, z. B. als Zinsen oder Lizenzgebühren, und sich auf Grund dieser Qualifikation nach dem DBA gehalten sieht, sie von der Steuer zu befreien oder nur zu einem einen bestimmten Vomhundertsatz der Einnahmen nicht übersteigenden Satz zu besteuern (vgl. im Ergebnis ebenso BFH vom 27. Februar 1991, BStBl II S. 444, BFH vom 14. Juli 1993, BStBl 1994 II S. 91). Bezüglich der in Art. 10 bis 13 und 21 OECD-MA 92 vorgesehenen Möglichkeit der Rückverweisung auf Art. 7 OECD-MA 92 ist darauf abzustellen, ob die den Dividenden, Zinsen oder Lizenzgebühren zugrunde liegenden Vermögenswerte tatsächlich zu der Betriebsstätte der Personengesellschaft und damit zu der Betriebsstätte ihrer/s Gesellschafter/s gehören (BFH vom 26. Februar 1992, BStBl II S. 937; BFH vom 31. Mai 1995, BStBl II S. 683; BFH vom 30. August 1995, BStBl 1996 II S. 563; BFH vom 17. Dezember 1997, BStBl 1998 II S. 296).

1.2.4 Rechtsfolgen eines DBA

Die DBA sehen vor, dass

a) die Einkünfte und das Vermögen der Betriebsstätte in dem von dem DBA vorgesehenen Umfang im Betriebsstättenstaat besteuert werden können;

b) die dem Betriebsstättenstaat zur Besteuerung zugewiesenen Einkünfte und das Vermögen im Ansässigkeitsstaat zu entlasten sind; ist die Bundesrepublik Deutschland Ansässigkeitsstaat, werden die Einkünfte und das Vermögen im Regelfall von den inländischen Besteuerungsgrundlagen ausgenommen (Freistellung). Dabei ist der Progressionsvorbehalt (§ 32b Abs. 1 Nr. 3 EStG) zu beachten. Die in einigen DBA enthaltenen Aktivitätsklauseln sind zu berücksichtigen. Soweit die Betriebsstätte nicht aktiv i. S. d. jeweiligen DBA tätig ist, kommt es zur Besteuerung der Einkünfte im Inland unter Anrechnung/Abzug der ausländischen Steuer (§ 34c Abs. 6 i. V. m. Abs. 1 und 2 EStG, § 26 Abs. 6 KStG).

Im Übrigen ist zu beachten:

- Dividenden, Zinsen und Lizenzgebühren zählen nur dann zu den Unternehmensgewinnen,
  - wenn die Beteiligung, für die Ausschüttungen vorgenommen wurden, oder
  - wenn die Forderung, für die Zinsen gezahlt werden, bzw.
  - wenn das Recht oder der Vermögenswert, für den die Lizenzgebühren gezahlt werden,

  tatsächlich zu der Betriebsstätte gehören (BFH vom 30. August 1995, BStBl 1996 II S. 563);
- bei Bezug von im Ausland niedrig besteuerten Einkünften mit Kapitalanlagecharakter i. S. d. § 10 Abs. 6 Satz 2 AStG ist nach § 20 Abs. 2 AStG die Doppelbesteuerung abweichend von den Vorschriften des jeweiligen DBA nicht durch Freistellung, sondern durch Anrechnung der auf diese Einkünfte entfallenden ausländischen Steuern zu vermeiden;
- die Einschränkung des Verlustausgleichs und -abzugs nach § 2a Abs. 1 und 2 EStG; bei nach DBA steuerfreien Einkünften wirken sich diese Regelungen im Rahmen des Progressionsvorbehalts aus;
- der Verlustabzug nach § 2a Abs. 3 i. V. m. Abs. 2 EStG (bis einschließlich VZ 1998) bei nach DBA steuerfreien gewerblichen Betriebsstättenverlusten und Nachversteuerung bei späteren Gewinnen nach § 2a Abs. 3 Satz 3, Abs. 4 EStG (bis einschließlich VZ 2008).

1.2.5 Schutz des Steuerpflichtigen

Die DBA ermöglichen es der deutschen und der ausländischen Finanzverwaltung, zur Gewinn-(Vermögens-)aufteilung Konsultationsverfahren und im Einzelfall auf Antrag des Steuerpflichtigen Verständigungsverfahren einzuleiten (vgl. Merkblatt über das internationale Verständigungsverfahren und Schiedsverfahren in Steuersachen vom 1. Juli 1997, BStBl I S. 717[1]).

1.2.6 (weggefallen)

---

[1] Siehe nunmehr Merkblatt des BMF v. 13. 7. 2006, BStBl I S. 461.

2. Aufteilung des Betriebsvermögens und der Einkünfte

2.1 Allgemeines

Der Gewinn der inländischen bzw. ausländischen Betriebsstätte ist nach den Grundsätzen des deutschen Steuerrechts zu ermitteln. Bei der Anwendung der nachfolgenden Grundsätze für die Aufteilung der Einkünfte und des Vermögens zwischen in-/ausländischem Stammhaus (Betriebsstätte, bei der sich die geschäftliche Oberleitung des Unternehmens befindet) und aus-/inländischer Betriebsstätte sind alle Umstände des Einzelfalls zu beachten; dazu gehören besondere Verhältnisse, die z. B. in der Struktur der Märkte und des Unternehmens oder in bestehenden Handelsbräuchen begründet sind.

Die Ausführungen zur Aufteilung der Einkünfte gelten für die Aufteilung des Vermögens entsprechend.

2.2 Grundsätze der Aufteilung

Für die Zuordnung der im Betriebsstättenstaat zu versteuernden und im Wohnsitzstaat zu entlastenden Einkünfte enthalten die DBA regelmäßig eine besondere Regelung. Danach sind der Betriebsstätte die Gewinne zuzurechnen, „die sie hätte erzielen können, wenn sie eine gleiche oder ähnliche Tätigkeit unter gleichen oder ähnlichen Bedingungen als selbständiges Unternehmen ausgeübt hätte und im Verkehr mit dem Unternehmen, dessen Betriebsstätte sie ist, völlig unabhängig gewesen wäre" (vgl. Art. 7 Abs. 2 OECD-MA 92, Grundsatz des Fremdvergleichs, dealing at arm's length-Prinzip).

Ziel der Aufteilung ist es, der Betriebsstätte den Teil des Gewinnes des Gesamtunternehmens zuzuordnen, den sie nach den Grundsätzen des Fremdvergleichs erwirtschaftet hat. Zu diesem Zweck sind der Betriebsstätte die Wirtschaftsgüter nach dem Prinzip der wirtschaftlichen Zugehörigkeit und die mit den Wirtschaftsgütern im Zusammenhang stehenden Betriebseinnahmen und -ausgaben nach dem Veranlassungsprinzip zuzuordnen.

Da das Stammhaus und seine Betriebsstätte eine rechtliche und tatsächliche Einheit bilden, sind schuldrechtliche Vereinbarungen zwischen Stammhaus und Betriebsstätte, wie z. B. Darlehens-, Miet- und Lizenzverträge, rechtlich nicht möglich (Tz. 16 ff. des Kommentars zu Art. 7 OECD-MA 92, BFH vom 27. Juli 1965, BStBl 1966 III S. 24; BFH vom 20. Juli 1988, BStBl 1989 II S. 140).

Die Aufteilung zwischen Stammhaus und Betriebsstätte ist dagegen nach dem Grundsatz des Fremdvergleichs vorzunehmen, wenn die Aufteilung Leistungen betrifft, die Gegenstand der ordentlichen Geschäftstätigkeit der leistenden Unternehmenseinheit sind und wenn die Aufteilung auf der Grundlage der Funktionsteilung zwischen Stammhaus und Betriebsstätte zu einer sachgerechten Einkommensabgrenzung führt. Für Vorgänge im Sinne von § 4 Abs. 1 Satz 3 EStG und § 12 Abs. 1 KStG ist der gemeine Wert nach § 6 Abs. 1 Nr. 4 Satz 1 2. Halbsatz EStG anzusetzen, der regelmäßig dem Fremdvergleichspreis entspricht (siehe BFH-Urteile vom 18. Oktober 1967, BStBl 1968 II S. 105 und vom 27. November 1974, BStBl 1975 II S. 306, in denen der BFH vom gemeinen Wert für die Bemessung von verdeckten Gewinnausschüttungen ausgeht, sowie BFH vom 17. Oktober 2001, BStBl 2004 II S. 171, in dem der BFH den Fremdvergleichspreis für die Bemessung von verdeckten Gewinnausschüttungen ansetzt; siehe auch BMF-Schreiben vom 12. April 2005 – IV B 4 - S 1341 - 1/05 –, BStBl I S. 570, Tz. 5.3.1).

Die vorstehenden Ausführungen gelten auch, wenn kein DBA mit dem Staat der ausländischen Betriebsstätte oder des ausländischen Stammhauses besteht.

2.3 Methoden der Gewinnaufteilung

Die Betriebsstätte ist nur ein Teil des Gesamtunternehmens. Deswegen ist ihr immer nur ein Teil des Ergebnisses des Gesamtunternehmens zuzurechnen. Die danach erforderliche Aufteilung des Gesamtergebnisses auf Stammhaus und Betriebsstätte erfolgt entweder nach der direkten oder der indirekten Methode der Gewinnabgrenzung (vgl. Art. 7 Abs. 4 OECD-MA 92 und dessen Kommentar). Art. 7 OECD-MA 92 und das deutsche Steuerrecht räumen der direkten Gewinnermittlung den Vorrang ein (BFH vom 28. März 1985, BStBl II S. 405, BFH vom 25. Juni 1986, BStBl II S. 785 und BFH vom 29. Juli 1992, BStBl 1993 II S. 63). Sie ist damit die Normal- bzw. Regelmethode. Ein willkürlicher Methodenwechsel ist nicht zulässig (vgl. Art. 7 Abs. 6 OECD-MA 92).

2.3.1 Direkte Methode

Bei der direkten Methode wird der Gewinn der Betriebsstätte gesondert aufgrund der Buchführung und der deutschen Gewinnermittlungsvorschriften ermittelt (vgl. Tz. 1.1.3 und 1.1.4).

Die direkte Methode ist insbesondere dann anzuwenden, wenn Stammhaus und Betriebsstätte unterschiedliche Funktionen ausüben. Maßgeblich sind hierfür jeweils die tatsächlichen Verhältnisse.

Dafür sind insbesondere zu berücksichtigen:
- die Struktur, Organisation und Aufgabenteilung im Unternehmen sowie der Einsatz von Wirtschaftsgütern;
- die einzelnen Funktionen der Betriebsstätte, z. B. Herstellung, Montage, Forschung und Entwicklung, verwaltungsbezogene Leistungen, Absatz, sonstige Dienstleistungen, und
- in welcher Eigenschaft die Betriebsstätte als selbständiges Unternehmen diese Funktion erfüllt hätte, z. B. wie ein Eigenhändler, Agent.

Bei Übernahme von Hilfsfunktionen sind Korrekturen vorzunehmen.

Betriebseinnahmen oder Betriebsausgaben, die nicht eindeutig dem Stammhaus oder der Betriebsstätte zugerechnet werden können, sind im Wege der Schätzung sachgerecht aufzuteilen.

Bei der Zuordnung von Aufwendungen können auch die Gesichtspunkte berücksichtigt werden, die bei Beziehungen zwischen nahe stehenden Personen für die Annahme eines Vorteilsausgleichs maßgeblich sind, s. a. Tz. 2.3 der Grundsätze für die Prüfung der Einkunftsabgrenzung bei international verbundenen Unternehmen (Verwaltungsgrundsätze), BMF-Schreiben vom 23. Februar 1983, BStBl I S. 218).

2.3.2 Indirekte Methode

Bei der indirekten Methode ist der Gesamtgewinn des Unternehmens aufgrund eines sachgerechten Schlüssels zwischen Stammhaus und Betriebsstätte aufzuteilen.

Bei Funktionsgleichheit und gleicher innerer Struktur können z. B. im Handels- und Dienstleistungsbereich die Umsätze, im Versicherungsbereich die Prämieneinnahmen, im Bankenbereich der Anteil am gesamten Betriebskapital und im Produktionsbereich die Lohn- und/oder Materialkosten als Schlüssel dienen.

Wird der Gesamtgewinn durch außerordentliche Aufwendungen oder Erträge oder durch sonstige betriebliche Aufwendungen oder Erträge, die nicht alle Betriebsteile betreffen, beeinflusst, werden diese Aufwendungen oder Erträge vor der Schlüsselung beim Gesamtgewinn hinzugerechnet oder abgezogen und nach der Schlüsselung bei den Betriebsstätten, die sie betreffen, berücksichtigt.

2.4 Zuordnung der Wirtschaftsgüter

Wirtschaftsgüter können nur entweder dem Stammhaus oder der Betriebsstätte zugeordnet werden.

Einer Betriebsstätte sind die positiven und negativen Wirtschaftsgüter zuzuordnen, die der Erfüllung der Betriebsstättenfunktion dienen (BFH vom 29. Juli 1992, BStBl 1993 II S. 63). Dazu zählen vor allem die Wirtschaftsgüter, die zur ausschließlichen Verwertung und Nutzung durch die Betriebsstätte bestimmt sind. Der Betriebsstätte sind auch solche Wirtschaftsgüter zuzuordnen, aus denen Einkünfte erzielt werden, zu deren Erzielung die Tätigkeit der Betriebsstätte überwiegend beigetragen hat. Maßgeblich sind immer die tatsächlichen Verhältnisse und insbesondere Struktur, Organisation und Aufgabenstellung der Betriebsstätte im Unternehmen.

Wenn die Wirtschaftsgüter die ihnen im Rahmen des Gesamtunternehmens zugewiesene Funktion sowohl als Bestandteil des Betriebsvermögens des Stammhauses als auch einer Betriebsstätte erfüllen, hängt es entscheidend vom erkennbaren Willen der Geschäftsleitung ab, welchem Betriebsvermögen sie zuzuordnen sind (BFH vom 1. April 1987, BStBl II S. 550); der buchmäßige Ausweis kann nur Indiz, nicht Voraussetzung der Zuordnung sein (BFH vom 29. Juli 1992, BStBl 1993 II S. 63).

Bei der Zuordnung ist die Zentralfunktion des Stammhauses zu beachten. Dem Stammhaus sind deshalb in der Regel zuzurechnen

a) das Halten der dem Gesamtunternehmen dienenden Finanzmittel und

b) Beteiligungen, wenn sie nicht einer in der Betriebsstätte ausgeübten Tätigkeit dienen (BFH vom 30. August 1995, BStBl 1996 II S. 563).

Die von einer Betriebsstätte erwirtschafteten Finanzierungsmittel gehören grundsätzlich zu deren Betriebsvermögen, soweit sie zur Absicherung der Geschäftstätigkeit der Betriebsstätte erforderlich sind oder bei ihr zur Finanzierung von beschlossenen oder in absehbarer Zeit vorgesehenen Investitionen dienen sollen. Die darüber hinausgehenden, überschüssigen Mittel sind dem Stammhaus zuzurechnen.

Eine Zuordnung von Wirtschaftsgütern bei der nutzenden Betriebsstätte kann unterbleiben, wenn

a) die Wirtschaftsgüter der Betriebsstätte nur vorübergehend überlassen werden und die Überlassung unter Fremden aufgrund eines Miet-, Pacht- oder ähnlichen Rechtsverhältnisses erfolgt wäre oder

b) es sich um Wirtschaftsgüter handelt, die von mehreren Betriebsstätten gleichzeitig oder nacheinander genutzt werden.

2.5 Anteil der Betriebsstätte am Eigenkapital des Gesamtunternehmens (Dotation)

2.5.1 Dotationskapital von Betriebsstätten

Eine Betriebsstätte muss über das zur Erfüllung ihrer Funktion notwendige Dotationskapital verfügen, das dem Grundsatz des Fremdvergleichs entsprechen muss. Dies gilt auch dann, wenn die Betriebsstätte Verluste erwirtschaftet und dies zu einer wesentlichen Minderung des Dotationskapitals führt. Entspricht das Dotationskapital nicht diesen Voraussetzungen, so sind der Gewinn und das Vermögen der Betriebsstätte so zu ermitteln, als ob ihr angemessenes Dotationskapital zur Verfügung gestellt wurde. Daraus folgt, dass das Fremdkapital der Betriebsstätte bis zur Höhe des steuerlich angemessenen Dotationskapitals als Eigenkapital zu behandeln ist. Ist danach nur ein Teil des Fremdkapitals als Dotationskapital zu behandeln und besteht das Fremdkapital aus unterschiedlich hoch verzinslichen Verbindlichkeiten, so ist für die

Umwidmung als Dotationskapital auf die zeitliche Reihenfolge der Aufnahme der Verbindlichkeiten abzustellen. Eine Ausnahme kommt nur dann in Betracht, wenn die anderen Betriebsteile ebenfalls unzureichend ausgestattet sind.

Bei der Entscheidung, inwieweit die interne Kapitalausstattung der Betriebsstätte aus Eigenkapital oder aus vom Stammhaus weitergeleitetem Fremdkapital besteht, kommt der unternehmerischen Entscheidung des Stammhauses besondere Bedeutung zu (BFH vom 25. Juni 1986, BStBl II S. 785). Diese Entscheidung ist nicht maßgebend, wenn sie im Widerspruch zu kaufmännischen und wirtschaftlichen Erfordernissen steht (vgl. BFH vom 1. April 1987, BStBl II S. 550) und damit gegen Fremdvergleichsmaßstäbe verstößt.

Für die Bemessung eines ausreichenden Dotationskapitals der Betriebsstätte ist grundsätzlich nach der direkten Methode ein äußerer Fremdvergleich anzustellen (BFH vom 27. Juli 1965, BStBl 1966 III S. 24 und vom 25. Juni 1986, BStBl II S. 785). Dies bedeutet, dass im Rahmen des Fremdvergleichs auf unabhängige Unternehmen abzustellen ist, die vergleichbare Marktchancen haben bzw. vergleichbaren Marktrisiken unterliegen. Unter Umständen sind wegen betriebsspezifischer Unterschiede Anpassungsrechnungen vorzunehmen.

Ist dieser äußere Fremdvergleich mangels vergleichbarer Unternehmen nicht durchführbar, bestehen keine Bedenken, das Eigenkapital des Gesamtunternehmens im Schätzungswege entsprechend den ausgeübten Funktionen auf Stammhaus und Betriebsstätte aufzuteilen (interner Fremdvergleich).

Üben Stammhaus und Betriebsstätte die gleichen Funktionen aus, kann für die Eigenkapitalausstattung der Betriebsstätte die Eigenkapitalquote des Stammhauses ein geeigneter Anhaltspunkt sein (Kapitalspiegel). Geht die Funktion der Betriebsstätte in ihrem Kapitalbedarf über die Funktion des Stammhauses in seinem Kapitalbedarf hinaus bzw. umgekehrt, so ist das Eigenkapital des Gesamtunternehmens angemessen aufzuteilen. Der Entscheidungsspielraum der Geschäftsleitung ist somit begrenzt. Eine Dotierung der ausländischen Betriebsstätte, die über die wirtschaftlichen Erfordernisse hinausgeht, ist nicht anzuerkennen.

Zum Umfang des Dotationskapitals bei Banken- und Versicherungsbetriebsstätten siehe Tzn. 4.1.3, 4.2.1 und 4.2.3.

2.5.2 Gesellschafterwechsel bei Personengesellschaften

Beim Erwerb von Anteilen an deutschen Personengesellschaften durch beschränkt Steuerpflichtige kann die Eigenkapitalausstattung nach dem Erwerb nicht willkürlich zu Lasten der Betriebsstätte des beschränkt Steuerpflichtigen verringert werden, da die bisherige Dotation durch die Altgesellschafter als betriebsnotwendiger Vergleichsmaßstab heranzuziehen ist.

2.6 Überführung von Wirtschaftsgütern

2.6.1 Überführung in eine ausländische Betriebsstätte des inländischen Stammhauses

Bei der Überführung von Wirtschaftsgütern des inländischen Stammhauses in dessen ausländische Betriebsstätte erfolgt die Aufdeckung der stillen Reserven grundsätzlich mit dem Fremdvergleichspreis[*] im Zeitpunkt der Überführung, d. h. mit dem Preis, den unabhängige Dritte unter gleichen oder ähnlichen Bedingungen vereinbart hätten.

---

[*] siehe Tz. 2.2, wonach der Fremdvergleichspreis regelmäßig dem gemeinen Wert entspricht.

Im Einzelnen gilt in diesen Fällen Folgendes:

a) Anlagevermögen

Bei Wirtschaftsgütern des Anlagevermögens ist als Gewinn (Verlust) der Unterschiedsbetrag zwischen dem Fremdvergleichspreis*) des Wirtschaftsgutes und dem Wert zu erfassen, den das Wirtschaftsgut nach § 6 EStG (Buchwert) im Zeitpunkt seiner Überführung hat. Maßgebend sind Preis und Wert im Zeitpunkt seiner Überführung. Eingetretene voraussichtlich dauernde Wertminderungen im Zeitpunkt der Überführung sind zu beachten. Auf die Möglichkeit zur Bildung eines Ausgleichspostens nach § 4g EStG wird hingewiesen.

b) Umlaufvermögen

Auch bei Wirtschaftsgütern des Umlaufvermögens ist als Gewinn (Verlust) der Unterschiedsbetrag zwischen dem Fremdvergleichspreis*) im Zeitpunkt der Überführung des Wirtschaftsgutes und dem Wert zu erfassen, den das Wirtschaftsgut nach § 6 EStG (Buchwert) im Zeitpunkt seiner Überführung hat. Eingetretene voraussichtlich dauernde Wertminderungen im Zeitpunkt seiner Überführung sind zu beachten.

c) Immaterielle Wirtschaftsgüter

Bei selbst geschaffenen immateriellen Wirtschaftsgütern gelten die Buchstaben a) und b) entsprechend. Die Überführung eines solchen Wirtschaftsgutes liegt vor, soweit es zur Nutzung oder Verwertung durch die Betriebsstätte bestimmt ist. Darunter fällt auch Fertigungs- und Produktions-Know-how, das bei der Verlagerung von Produkten oder Produktionslinien in der ausländischen Betriebsstätte Verwendung findet.

d) Überführung von Wirtschaftsgütern aus einer Anrechnungsbetriebsstätte (DBA oder nicht-DBA) in eine Freistellungsbetriebsstätte (DBA)

Die vorstehenden Grundsätze gelten auch, wenn Wirtschaftsgüter von einer Betriebsstätte, deren Ergebnisse der inländischen Besteuerung unterliegen, in eine Betriebsstätte überführt werden, deren Ergebnisse nach Maßgabe eines DBA von der inländischen Besteuerung freizustellen sind.

2.6.2 Überführung/Rückführung von Wirtschaftsgütern in das Inland

Bei der Überführung eines von einer Betriebsstätte in einem DBA-Staat angeschafften bzw. hergestellten Wirtschaftsgutes in das inländische Stammhaus ist der gemeine Wert anzusetzen, wenn nach dem DBA für diese Betriebsstätte die Freistellungsmethode anzuwenden ist (§ 4 Abs. 1 Satz 7 und § 6 Abs. 1 Nr. 5a EStG).

Das gilt nicht bei der Überführung oder der Rückführung eines Wirtschaftsgutes aus einer Betriebsstätte, die entweder in einem Nicht-DBA-Staat unterhalten wird oder für die nach einem DBA die Anrechnungsmethode gilt, in das inländische Stammhaus.

In Fällen der Rückführung von Wirtschaftsgütern aus einer Betriebsstätte in einem Mitgliedstaat der Europäischen Union ins Inland ist § 4g Abs. 3 EStG anzuwenden.

2.6.3 Überführungen zwischen inländischer Betriebsstätte und ausländischem Stammhaus oder dessen ausländischer Betriebsstätte

Wirtschaftsgüter, die bei beschränkter Steuerpflicht aus der inländischen Betriebsstätte in das ausländische Stammhaus oder dessen ausländische Betriebsstätte überführt werden, scheiden aus der deutschen Besteuerungshoheit aus. Deshalb sind die stillen Reserven im Zeitpunkt der

---

*) siehe Tz. 2.2, wonach der Fremdvergleichspreis regelmäßig dem gemeinen Wert entspricht.

Überführung zu besteuern; der Überführungswert entspricht dem Fremdvergleichspreis im Zeitpunkt der Überführung.

Werden Wirtschaftsgüter aus dem ausländischen Stammhaus oder dessen ausländischer Betriebsstätte in die inländische Betriebsstätte überführt, sind sie mit dem Fremdvergleichspreis im Zeitpunkt der Überführung anzusetzen.

2.6.4 Überführungen in eine ausländische Personengesellschaft

Bei der Überführung eines Wirtschaftsgutes aus einem inländischen Betriebsvermögen in eine ausländische Personengesellschaft (einschließlich des Sonderbetriebsvermögens) ist der Fremdvergleichspreis anzusetzen. Eine aufgeschobene Besteuerung kommt nicht in Betracht.

2.7 Aufwands-/Ertragsaufteilung

Aufwendungen des Stammhauses für die Betriebsstätte, die nicht direkt zugeordnet werden können (z. B. Finanzierungs-, Geschäftsführungs- und allgemeine Verwaltungskosten, wie u. a. Kosten der Organe einer Gesellschaft, der Hauptversammlung der Gesellschaft, der Koordination und der Kontrolle), werden ggf. anteilig der Betriebsstätte zugeordnet, soweit sie nicht bereits in anderweitig verrechneten Beträgen enthalten sind. Unerheblich ist, ob die Aufwendungen im Inland oder im Ausland anfallen; entscheidend ist die unmittelbare oder mittelbare betriebliche Veranlassung (BFH vom 20. Juli 1988, BStBl 1989 II S. 140).

Bei der Zuordnung von Aufwendungen des Gesamtunternehmens sind Erkenntnisse einer betrieblichen Kostenrechnung heranzuziehen. Die Kostenrechnung des Stammhauses und der Betriebsstätte sollte nach gleichen oder vergleichbaren Kriterien erfolgen.

Vom Steuerpflichtigen vorzulegende Unterlagen über seine Aufwandszuordnung sollten

a) differenziert und leicht überprüfbar sein,

b) das Betriebsstättenergebnis vollständig erfassen und

c) in ihren Vorgaben und Daten in angemessenen Zeitabständen überprüft und den veränderten Verhältnissen angepasst worden sein.

Eine solche Kostenrechnung ist auf ihre Schlüssigkeit und sachgerechte Anwendung auf die einzelnen Geschäfte zu überprüfen.

Die Aufwendungen/Erträge können auch pauschal oder nach Kostenblöcken aufgeteilt werden, wenn

a) eine derartige Aufteilung einer funktionsgerechten, den vorstehenden Grundsätzen entsprechenden Aufteilung dient und mit angemessener Genauigkeit zu den Ergebnissen führt, die sich bei einer Einzelaufteilung von Erträgen und Aufwendungen ergeben würden, oder

b) eine Einzelaufteilung nicht möglich oder unangemessen schwierig ist.

Korrekturen des Ergebnisses ergeben sich häufig bei der Übertragung von Wirtschaftsgütern des Anlage- und Umlaufvermögens.

Aufwandskorrekturen können notwendig sein, bei

a) Betriebsausgaben, die zu Lasten der Erfolgsrechnung eines inländischen Betriebsteils gebucht worden sind, in Wirklichkeit aber die ausländische Betriebsstätte betreffen,

b) angemessenen Teilen der Verwaltungskosten des inländischen Stammhauses (Regiekosten),

c) Teilen des Werbeaufwands, wenn die Werbung zentral durch das Stammhaus erfolgte und die ausländische Betriebsstätte nicht oder nicht ausreichend im Wege des internen Kostenausgleichs belastet wurde,

d) den auf die ausländische Betriebsstätte entfallenden anteiligen Aufwendungen einer zentralen Forschungs- und Entwicklungsabteilung, sofern nicht bereits eine ausreichende Kostenbeteiligung im Wege der internen Verrechnung erfolgte, wobei die Ausführungen zu den verwaltungsbezogenen Leistungen im Konzern zu beachten sind,

e) Zinsanteilen für Kredite, soweit sie der ausländischen Betriebsstätte zuzuordnen sind.

Gleiches gilt auch für eine inländische Betriebsstätte eines ausländischen Stammhauses.

2.8 Umrechnung des Betriebsstättenergebnisses

Das durch Betriebsvermögensvergleich oder Einnahmenüberschussrechnung in ausländischer Währung ermittelte ausländische Betriebsstättenergebnis ist in DM umzurechnen.

2.8.1 Umrechnung bei Gewinnermittlung durch Betriebsvermögensvergleich gem. § 4 Abs. 1 i.V. m. § 5 EStG

Da der steuerliche Gewinn gem. § 4 Abs. 1 i.V. m. § 5 EStG (Sonderfall siehe Tz. 1.1.5.4) aus der Handelsbilanz abgeleitet wird, darf die Umrechnung von Fremdwährungspositionen nicht im Widerspruch zu den inländischen handelsrechtlichen Grundsätzen ordnungsgemäßer Buchführung und sonstiger steuerlicher Vorschriften stehen.

Dies setzt grundsätzlich voraus, dass jeder einzelne Geschäftsvorfall mit dem maßgebenden Tageskurs (amtlich festgesetzter Devisenkurs, z. B. veröffentlicht im Bundesanzeiger) umgerechnet wird (sogenannte Zeitbezugsmethode; BFH vom 13. September 1989, BStBl 1990 II S. 57; BFH vom 9. August 1989, BStBl 1990 II S. 175). Es ist nicht zu beanstanden, wenn für die Umrechnung der Geschäftsvorfälle auf das Stichtagskursverfahren bei nicht wesentlichen Kursschwankungen zwischen den Stichtagen zurückgegriffen wird, z. B. die Umrechnung mit dem monatlichen amtlichen USt-Umrechnungskurs oder mit dem Jahresdurchschnittskurs der amtlichen monatlichen USt-Umrechnungskurse erfolgt (BFH vom 13. September 1989, a. a. O. und vom 9. August 1989, a. a. O.). Unter diesen Voraussetzungen und unter Berücksichtigung der nachfolgenden Besonderheiten ist es nicht zu beanstanden, wenn der Gewinn der Betriebsstätte nach dem Kurswert umgerechnet wird, der für den Bilanz- und Bewertungsstichtag gilt. Von einer einmal gewählten Methode kann nur in begründeten Ausnahmefällen abgewichen werden. Ergeben sich bei der Umrechnung Währungsgewinne oder -verluste, so stehen diese im wirtschaftlichen Zusammenhang mit den ausländischen Einkünften und sind infolgedessen auch diesen zuzuordnen (BFH vom 16. Februar 1996, BStBl II S. 588 und vom 16. Februar 1996, BStBl 1997 II S. 128).

Für die Ermittlung des steuerlichen Betriebsstättenergebnisses ergibt sich im Einzelnen:

a) Anlage- und Umlaufvermögen

Die Umrechnung erfolgt bei Anschaffungen mit dem Briefkurs im Zeitpunkt des Zugangs, bei der Herstellung von Wirtschaftsgütern fortschreitend entsprechend dem Fertigstellungsprozess. Die so ermittelten Werte sind die Anschaffungs- oder Herstellungskosten dieser Wirtschaftsgüter. Ein Verlust, der sich nach Umrechnung der Buchwerte zu verschiedenen Stichtagen ergibt, rechtfertigt für sich allein keine Teilwertabschreibung, weil dem scheinbaren Wertverlust regelmäßig ein entsprechend gestiegener Teilwert im Betriebsstättenstaat gegenübersteht. Bei Forderungen, Geldbeständen u. ä. ist zu prüfen, ob eine voraussichtlich dauernde Wertminderung eingetreten ist.

b) Verbindlichkeiten und Rückstellungen

Verbindlichkeiten sind bei voraussichtlich dauerhaft gestiegenem Wechselkurs mit dem höheren Briefkurs anzusetzen. Rückstellungen sind zu dem jeweiligen Briefkurs umzurechnen.

c) Anzahlungen und Rechnungsabgrenzungsposten (RAP)

Erhaltene Anzahlungen und passive RAP sind mit dem Geldkurs bei Zahlungseingang, geleistete Anzahlungen und aktive RAP sind mit dem Briefkurs bei Zahlungsausgang umzurechnen.

d) Dotationskapital

Währungsschwankungen des Dotationskapitals einer ausländischen Betriebsstätte wirken sich auf den Gewinn des inländischen Stammhauses dieser Betriebsstätte nicht aus. Die Verluste und Gewinne aus Währungsschwankungen des Dotationskapitals der Betriebsstätte sind durch die Existenz der Betriebsstätte bedingt und daher dieser zuzuordnen (BFH vom 16. Februar 1996, BStBl II S. 588 und vom 16. Februar 1996, BStBl 1997 II S. 128). Sie realisieren sich erst bei Beendigung der Betriebsstätte. Die Währungsschwankungen haben damit, soweit für Betriebsstätteneinkünfte die Freistellungsmethode Anwendung findet, nur Auswirkungen auf den Progressionsvorbehalt nach § 32b Abs. 1 Nr. 2 EStG und ggf. bei Anwendung des § 2a Abs. 3 EStG (bis einschließlich VZ 1998).

e) Umrechnungsdifferenzen

Sofern Unternehmen von Vereinfachungen der Zeitbezugsmethode Gebrauch machen, entstehen Abweichungen zwischen dem Betriebsvermögensvergleich und dem Ergebnis aufgrund der G+V-Rechnung (BFH vom 16. Februar 1996, BStBl 1997 II S. 128). Solche Umrechnungsdifferenzen sind erfolgswirksam mit dem Eigenkapital der Betriebsstätte zu verrechnen.

f) Deckungsgeschäfte

Wechselkursbedingte Wertänderungen bei betrags- und fristenkongruent abgeschlossenen Geschäften sind miteinander zu verrechnen; insoweit entsteht kein Verlust, wenn das Kursrisiko von mehreren in einer Fremdwährung abgeschlossenen Grundgeschäften durch den Abschluss eines gegenläufigen Devisentermingeschäftes (Deckungsgeschäftes) beseitigt ist (Hess. FG vom 24. November 1982, EFG 1983 S. 337; FG Köln vom 19. November 1990, EFG 1991 S. 452).

2.8.2 Umrechnung bei Gewinnermittlung durch Einnahmenüberschussrechnung nach § 4 Abs. 3 EStG

2.8.2.1 Betriebseinnahmen

Zugeflossene Beträge sind bei ihrem Eingang umzurechnen. Behält der Steuerpflichtige die Fremdwährungsvaluta, erfolgt die Umrechnung am Tag des Zuflusses zum Geldkurs. Der Ansatz des Mittelkurses kommt nicht in Betracht.

2.8.2.2 Betriebsausgaben

Fallen Betriebsausgaben in Fremdwährung an, sind sie nach dem Briefkurs des Tages der Zahlung umzurechnen.

Bei Wirtschaftsgütern des Anlagevermögens ist auf den Briefkurs im Zeitpunkt der Anschaffung oder Herstellung abzustellen. Spätere Kursschwankungen haben auf den Betrag der Anschaffungs- oder Herstellungskosten und damit auch auf die Höhe der Abschreibung keinen Einfluss.

2.8.2.3 Zeitpunkt der Bewertung

Die Umrechnung erfolgt im Zeitpunkt des Zu- und Abflusses. Es ist aber nicht zu beanstanden, wenn bei minimalen Kursschwankungen der Umrechnung der monatliche amtliche USt-Umrechnungskurs oder der Jahresdurchschnittskurs der amtlichen monatlichen USt-Umrechnungskurse zugrunde gelegt wird.

2.8.3 Umrechnung in Sonderfällen

2.8.3.1 Überführung von Wirtschaftsgütern aus der ausländischen in eine inländische Betriebsstätte

Bei Überführungen ist für Zwecke der Umrechnung auf den Briefkurs im Zeitpunkt der Überführung abzustellen.

2.8.3.2 Gesellschafterforderungen/-verbindlichkeiten

Nicht realisierte wechselkursbedingte Wertänderungen von Forderungen eines inländischen Gesellschafters gegen eine ausländische Personengesellschaft können in der eigenen Steuerbilanz des Gewerbebetriebes des inländischen Gesellschafters nicht gewinnmindernd geltend gemacht werden, weil wegen § 15 Abs. 1 Satz 1 Nr. 2 EStG die Darlehensforderung nicht in der Steuerbilanz des Gesellschafters ausgewiesen werden kann, sondern Sonderbetriebsvermögen der das Darlehen empfangenden Personengesellschaft (Mitunternehmerschaft) darstellt und die Darlehensforderung in der Gesamtbilanz dieser Mitunternehmerschaft Eigenkapital darstellt. Erst im Zeitpunkt der Realisierung (z. B. Beendigung der Gesellschafterstellung) wirkt sich eine Wechselkursveränderung auf den steuerlichen Gewinnanteil des Gesellschafters in der Sonderbilanz aus, vgl. Tz. 2.8.1 Buchstabe d (BFH vom 12. Juli 1990, BStBl 1991 II S. 64; BFH vom 19. Mai 1993, BStBl II S. 714).

§ 15 Abs. 1 Satz 1 Nr. 2 EStG und die Rechtsprechung zur steuerlichen Behandlung von Sonderbetriebsvermögen ist grundsätzlich auch für grenzüberschreitende Beteiligungen anwendbar (BFH vom 19. Mai 1993, BStBl II S. 714).

Entstehen zwischen der Aktivierung einer Zinsforderung und der Zahlung der Zinsen wechselkursbedingte Wertsteigerungen, so unterliegen diese Gewinne der Einkommensteuer (BFH vom 31. Mai 1995, BStBl II S. 683).

2.9 Gründung und Auflösung der Betriebsstätte

2.9.1 Gründungsaufwand und vorangehende Aufwendungen

Gründungsaufwand und Aufwendungen im Hinblick auf eine Betriebsstätte vor ihrer Errichtung sind zu Lasten des Betriebsstättenergebnisses anzusetzen, weil sie in einem Veranlassungszusammenhang mit ihr stehen.

Die entstehenden Aufwendungen führen zu negativen Betriebsstätteneinkünften. Bei Bestehen eines DBA handelt es sich um negative Einkünfte i. S. d. Art. 7 OECD-MA 1992 aus dem Staat, in dem die Betriebsstätte begründet werden soll. Sieht dieses DBA die Freistellung der Betriebsstätteneinkünfte von der inländischen Besteuerung vor, so ist auf Antrag für die Berücksichtigung der Verluste bei Vorliegen der weiteren Voraussetzungen nach § 2a Abs. 3 EStG (bis einschließlich VZ 1998) zu verfahren. Sollte § 2a Abs. 3 EStG nicht anzuwenden sein, ist § 32b EStG zu beachten (BFH vom 25. Mai 1970, BStBl II S. 660; BFH vom 17. Oktober 1990, BStBl 1991 II S. 136). § 2a Abs. 1 und 2 EStG steht dem nicht entgegen, wenn z. B. keine Betriebsstätte i. S. d. § 12 AO gegeben ist.

Die vorstehenden Ausführungen gelten auch dann, wenn die Betriebsstättenbegründung scheitert, da die Aufwendungen in einem unmittelbaren wirtschaftlichen Zusammenhang mit den Einnahmen stehen, die aus der zu errichtenden Betriebsstätte erzielt werden sollten (BFH vom 28. April 1983, BStBl II S. 566). Aufwendungen der Auftragsakquisition, die nur bei Erfolg zu einer Betriebsstättenbegründung führt, sind stets vom Stammhaus zu tragen.

2.9.2 Betriebsstättenauflösung

Eine Auflösung einer Betriebsstätte ist erfolgt, wenn keine feste Geschäftseinrichtung, Anlage oder Bauausführung mehr besteht. Eine vorübergehende Unterbrechung des Betriebs gilt jedoch nicht als Stilllegung bzw. Auflösung. Das längerfristige Ruhen lassen einer Betriebsstätte steht dagegen einer Auflösung gleich.

2.10 Einbringung einer Betriebsstätte in eine Kapitalgesellschaft

Die Einbringung einer Betriebsstätte in eine Kapitalgesellschaft gegen Gewährung von Anteilen an der aufnehmenden Kapitalgesellschaft ist ein tauschähnlicher Vorgang. Dieser ist steuerrechtlich im Grundsatz wie ein Veräußerungsvorgang zu behandeln. Für einen daraus entstehenden Gewinn (Verlust) ist das Besteuerungsrecht nach Art. 13 Abs. 2 OECD-MA 92 dem Betriebsstättenstaat zugewiesen.

3. Einzelfragen zur Aufteilung des Betriebsvermögens und der Einkünfte

3.1 Dienstleistungen

3.1.1 Allgemeines

Der hier verwendete Begriff „Dienstleistungen" bezieht sich in der Regel nur auf gewerbliche Dienstleistungen. Darunter fallen grundsätzlich alle wirtschaftlichen Verrichtungen, die nicht in der Erzeugung von Sachgütern, sondern in persönlichen Leistungen bestehen. Als gewerbliche Dienstleistungen sind insbesondere der gesamte Bereich des Transportwesens, der Nachrichtenverkehr, die Baubetreuung, Instandhaltung und Übernahme von bestimmten Arbeiten zu qualifizieren. Auch die Tätigkeit der Handelsvertreter, Makler, Spediteure, Lagerhalter, Frachtführer, Versicherungsvertreter, Treuhänder und das sonstige Mitwirken zu gewerblichen Tätigkeiten ist im Allgemeinen als gewerbliche Dienstleistung anzusehen. Die Dienstleistungen sind von der Vermögensverwaltung abzugrenzen.

3.1.2 Dienstleistungen als Haupttätigkeit der Betriebsstätte

Dienstleistungen (außer Leistungen i. S. der Tz. 3.4) sind mit dem Fremdvergleichspreis aus dem Staat der leistenden Unternehmenseinheit anzusetzen, wenn die Erbringung von Dienstleistungen die Haupttätigkeit der Betriebsstätte ist. Ist ein Fremdvergleichspreis nicht festzustellen, ist es nicht zu beanstanden, wenn der Gewinn der Betriebsstätte nach der Kostenaufschlagsmethode unter Berücksichtigung eines Gewinns von 5 v. H. bis 10 v. H. ermittelt wird. Dies gilt auch dann, wenn die Aufwendungen nach Art einer Umlage den anderen Betriebsteilen zugeordnet werden. Soweit die Dienstleistungen Nebentätigkeiten darstellen, kommt ein Gewinnaufschlag nicht in Betracht.

3.1.3 Lohnfertigung durch Betriebsstätten

Ist eine Produktion einer ausländischen Betriebsstätte wirtschaftlich als Lohnfertigung für das inländische Stammhaus anzusehen, stehen der ausländischen Betriebsstätte nur die Gewinne zu, die ein fremder Lohnfertiger in dem betreffenden Staat erzielt hätte. Dies gilt auch für Leistungen einer inländischen Betriebsstätte für das ausländische Stammhaus.

3.1.4 Oberleitung der Betriebsstätten durch das Stammhaus

Beschränkt sich die Tätigkeit des Stammhauses auf die geschäftliche Oberleitung von Betriebsstätten, so ist dem Stammhaus ein angemessener Anteil vom Gesamtergebnis zuzurechnen (BFH-Urteil vom 28. Juli 1993, BStBl 1994 II S. 148). Über den Aufteilungsmaßstab müssten im Einzelfall geeignete Feststellungen getroffen werden. Sollte es in diesen Fällen zu einer Doppelbesteuerung kommen, z. B. wenn der Staat, in dem sich die Geschäftsleitungsbetriebsstätte befindet, dem Stammhaus einen gewissen Vomhundertsatz des Gewinns des Gesamtunternehmens für die Geschäftsführung zurechnet, während der Staat, in dem sich die Betriebsstätte befindet, dies nicht vornimmt, sollte der Staat, in dem sich das Stammhaus befindet, von sich aus veranlassen, dass bei der Ermittlung der Steuer die Berichtigungen vorgenommen werden, die zur Vermeidung von Doppelbesteuerungen notwendig sind (vgl. Tz. 23 des OECD-Kommentars zu Art. 7 OECD-MA 92).

3.2 Werbung und Markterschließung

3.2.1 Aufwendungen für Werbung

Die Aufwendungen für eine Werbemaßnahme sind von dem Betriebsteil (Stammhaus oder Betriebsstätte) zu tragen, für dessen Aufgabenbereich durch diese Maßnahme geworben wird.

Soweit Betriebsteile mit Herstellungs- und Vertriebsfunktionen auch Werbemaßnahmen für andere Betriebsteile durchführen, ist der Werbeaufwand zwischen den Unternehmensteilen sachgerecht und ohne Gewinnaufschlag aufzuteilen.

Es ist nicht zu beanstanden, wenn die Kostenaufteilung im Unternehmen aufgrund eines mittel- oder längerfristigen Werbekonzeptes durch unternehmensinterne Umlagefestlegungen geregelt wird. Führt ein Betriebsteil Aufgaben der Werbung für einen anderen Betriebsteil durch, so können die hierbei erbrachten Leistungen als Dienstleistungen verrechnet werden (Tz. 3.1.1), soweit die Werbeleistungen die Haupttätigkeit des Betriebsteils darstellen.

3.2.2 Aufwendungen für Markterschließung

Für die Einführung von Produkten entstehen Betriebsteilen mit Herstellungs- und Vertriebsfunktionen während des Einführungszeitraumes häufig erhebliche Aufwendungen oder Mindererlöse. Unter Fremden werden sie in der Regel von dem Betriebsteil mit Vertriebsfunktion nur insoweit getragen, als ihm aus der Geschäftsverteilung ein angemessener Betriebsgewinn verbleibt.

Solche Aufwendungen oder Erlösminderungen werden unter Fremden auch derart aufgeteilt, dass

a) der Vertreiber diese Aufwendungen oder Erlösminderungen in größerem Umfang trägt und ihm dafür Lieferpreise eingeräumt werden, durch die er spätestens nach Ablauf von drei Jahren seine Gewinnausfälle in überschaubarer Zeit ausgleichen kann (BFH-Urteil vom 17. Februar 1993, BStBl II S. 457), oder

b) der Hersteller diese Aufwendungen oder Erlösminderungen in größerem Umfang trägt und seine Gewinnausfälle spätestens nach Ablauf von drei Jahren in überschaubarer Zeit (BFH vom 17. Februar 1993, a. a. O.), ggf. durch höhere Lieferpreise, ausgleichen kann.

Der hierbei vorzusehende Ausgleich zwischen Herstellungs- und Vertriebsunternehmen ist im Vorhinein aus Rentabilitätsprognosen abzuleiten und schriftlich zu dokumentieren. Unter diesen Voraussetzungen kann eine derartige Aufteilung auch zwischen Betriebsteilen zugrunde gelegt werden.

Aufwendungen und Erlösminderungen, die dadurch entstehen, dass der Betriebsteil mit Vertriebsfunktionen durch „Kampfpreise" oder ähnliche Mittel seinen Marktanteil wesentlich erhöhen oder verteidigen will, sind grundsätzlich vom Betriebsteil mit Herstellungsfunktionen zu tragen.

3.3 Zinsen und ähnliche Vergütungen

Der Betriebsstätte sind Zinszahlungen des Unternehmens insoweit zuzuordnen, als sie mit Krediten zusammenhängen, die das Unternehmen nachweislich für die Zwecke der Betriebsstätte aufgenommen hat (direkte Zuordnung; Hinweis auf Tz. 2.5.1).

Soweit Zinszahlungen des Unternehmens dem Stammhaus und der Betriebsstätte nicht direkt zugeordnet werden können, sind sie im Verhältnis aufzuteilen, das für die Zuordnung des Eigenkapitals des Gesamtunternehmens auf Stammhaus und Betriebsstätte gilt.

Erfolgte die Aufnahme des Kredits durch die Betriebsstätte, um dem Stammhaus Finanzmittel zu verschaffen, sind die Zinszahlungen dem Stammhaus zuzuordnen, da der zugrunde liegende Kredit dem Stammhaus dient.

Nutzt die Betriebsstätte Eigenmittel des Unternehmens, so können ihr keine fiktiven Zinsen belastet werden (BFH vom 27. Juli 1965, BStBl 1966 III S. 24).

3.4 Geschäftsführungsaufwendungen, allgemeine Verwaltungsaufwendungen und ähnlicher Aufwand

3.4.1 Zuordnung der Aufwendungen zur Betriebsstätte

Geschäftsführungs- und allgemeine Verwaltungsaufwendungen des Stammhauses (vgl. BFH vom 20. Juli 1988, BStBl 1989 II S. 140) sind der Betriebsstätte zuzuordnen, soweit

1. die Aufwendungen durch eine Leistung des Stammhauses gegenüber der Betriebsstätte ausgelöst sind oder
2. den Aufwendungen eine Dienstleistung von Dritten gegenüber dem Stammhaus zugrunde liegt, die auch der Betriebsstätte dient.

Aufwendungen, die durch das Unternehmen als Ganzes entstehen (z. B. Aufwendungen der rechtlichen Organisation des Unternehmens), sind sachgerecht aufzuteilen.

Bei schwankenden Leistungen kann ein durchschnittlicher Aufwand zugeordnet werden.

3.4.2 Beispiele

Als derartige Aufwendungen können in Betracht kommen:
- die Erbringung von Leistungen auf dem Gebiet der Buchführung, der Rechtsberatung sowie des Revisions- und Prüfungswesens,
- Kontroll-, Regie- und vergleichbare Leistungen des Stammhauses, wenn diese Tätigkeiten gegenüber der Betriebsstätte ausgeübt werden,
- zeitlich begrenzte Überlassungen von Arbeitskräften, einschließlich solcher im Führungsbereich des Stammhauses und
- die Aus- und Fortbildung sowie die soziale Sicherung von Personal, das im Stammhaus im Interesse der Betriebsstätte tätig ist.

4. Betriebsstätten in Sonderfällen

4.0 Allgemeines

Die allgemeinen Ausführungen der Tz. 1 bis 3 gelten in vollem Umfang auch für die genannten Betriebsstätten in den nachfolgenden Textziffern, soweit dort keine abweichenden Regelungen getroffen werden. Insbesondere gelten hierfür die allgemeinen Grundsätze über die Gewinnermittlung.

4.1 Bankbetriebsstätte

4.1.1 Inländische Betriebsstätte

Nach § 53 Abs. 1 KWG gelten Zweigstellen von Unternehmen mit Sitz in einem anderen Staat, die Bankgeschäfte i. S. d. § 1 Abs. 1 KWG betreiben, als Kreditinstitute.

Inländische Zweigstellen ausländischer Kreditinstitute sind daneben als Zweigniederlassungen i. S. d. § 13 HGB und damit als Betriebsstätten i. S. d. § 12 Satz 2 Nr. 2 AO anzusehen.

Buchführungs- und Bilanzierungspflicht

Die Buchführungs- und Bilanzierungspflicht ergibt sich aus den §§ 238 und 340 ff. HGB.

Neben den Vorschriften des HGB gelten für Bankbetriebsstätten besondere Rechnungslegungsvorschriften (§ 53 Abs. 2 Nrn. 2 bis 4 KWG).

Ab 1. Januar 1993 ist § 53 KWG auf Bankbetriebsstätten von Unternehmen mit Sitz in einem anderen Mitgliedstaat der EU unter bestimmten Voraussetzungen nicht anwendbar (§ 53b KWG).

Die Sondervorschriften des KWG über ausländische Unternehmen mit Sitz in einem Mitgliedstaat der EU können durch Rechtsverordnung auch auf Unternehmen mit Sitz außerhalb der EU übertragen werden (§ 53c KWG).

4.1.2 Zuordnung von Forderungen und Margenanteilen

Für die steuerliche Zuordnung von Forderungen und Margenanteilen aus Kreditausreichung ist entscheidend, welche beteiligte Bankstelle (Stammhaus, Betriebsstätte) die wesentlichen Haupttätigkeiten für das Zustandekommen des Geschäftes überwiegend erbracht hat. Zu den Haupttätigkeiten zählen die Akquisition, die Bewertung des Kreditnehmers und des Kreditrisikos, Tragen des Kreditrisikos, Übernahme der Refinanzierung, die Entscheidung über die Kreditvergabe, der Abschluss des Vertrages und die Kreditverwaltung, -überwachung und -abwicklung.

Werden die vorgenannten wesentlichen Stufen der Kredithingabe von der Betriebsstätte erbracht, so ist die Forderung regelmäßig deren Betriebsvermögen zuzurechnen. Etwaiger Wertberichtigungsaufwand ist von der Betriebsstätte zu tragen, sofern nicht eine andere Bankstelle das Kreditrisiko vor Kreditvergabe durch interne Vereinbarung und gegen Vergütung, wie sie gegenüber Dritten üblich ist, übernommen hat. Haben das Stammhaus oder eine andere Betriebsstätte an der Kreditvergabe mitgewirkt, kann die Marge entsprechend dem Leistungsbeitrag aufgeteilt oder mit dem marktüblichen Kostenersatz vergütet werden.

Eine spätere Zuordnungsänderung ist regelmäßig nicht möglich, es sei denn, wirtschaftlich beachtliche Gründe, z. B. Änderung der wesentlichen Funktionsbeiträge, sind für den Wechsel entscheidend. Diese sind nicht gegeben, wenn der Wechsel lediglich aus steuerlichen Gründen vorgenommen wird (Tz. 15.2 des OECD-Kommentars zu Art. 7 OECD-MA 92). Die Forderungsübertragung hat zu Marktpreisen zu erfolgen. Die mit der Forderung zusammenhängenden Haupt-

und Nebenleistungsfunktionen (Management, Verbuchung, Mahnwesen, laufende Risikoüberwachung etc.) sind ebenfalls zu übertragen.

4.1.3 Dotationskapital[1]

Inländische Betriebsstätten ausländischer Kreditinstitute müssen über ein Dotationskapital verfügen, das der Eigenart ihrer Geschäfte entspricht.

Inländische Betriebsstätten von EU-Kreditinstituten

Es ist nicht zu beanstanden, wenn die inländische Betriebsstätte eines Kreditinstituts mit Sitz in einem Mitgliedstaat der Europäischen Union ein Dotationskapital ansetzt, das nicht geringer ist als das aus der nachfolgenden Tabelle abgeleitete Dotationskapital.

Bilanzsumme	Dotationskapital
0 - 100 Mio. DM	2 Mio. DM
ab 100 Mio. - 500 Mio. DM	2,0 % der Bilanzsumme
ab 500 Mio. - 1 Mrd. DM	10 Mio. DM
ab 1 Mrd. - 2 Mrd. DM	1 % der Bilanzsumme
ab 2 Mrd. - 5 Mrd. DM	1 % von 2 Mrd. DM zusätzlich 0,5 % auf den erhöhten Betrag
ab 5 Mrd. DM	1 % von 2 Mrd. DM zusätzlich 0,5 % von 3 Mrd. DM und zusätzlich 0,25 % auf den 5 Mrd. DM übersteigenden Betrag

Für die Bilanzsumme ist auf den Jahresabschluss des vorangegangenen Wirtschaftsjahres abzustellen. Zur Vermeidung von Zufallswerten ist aber die durchschnittliche Bilanzsumme der letzten 12 BISTA-Meldungen (= Bilanzstatistische Meldungen an das Bundesaufsichtsamt für das Kreditwesen) des vorangegangenen Wirtschaftsjahres zu errechnen. Weicht diese um mehr als 20 v. H. vom Schlussbilanzwert nach oben ab, ist die Durchschnittsbilanzsumme des vorangegangenen Wirtschaftsjahres für die Bemessung des Dotationskapitals maßgebend.

Laufende Schwankungen innerhalb des Wirtschaftsjahres bleiben unberücksichtigt.

Wurde die Geschäftstätigkeit erst während des Veranlagungszeitraums aufgenommen, ist ein Dotationskapital von mindestens 2 Mio. DM anzusetzen.

Wird das Dotationskapital, das aus der oben aufgeführten Tabelle abgeleitet wird, unterschritten, so ist ein entsprechender Zinsanteil für die Fremdmittel nicht zum Abzug als Betriebsausgabe zuzulassen. Der Ansatz eines Schuldpostens entfällt insoweit.

Diese Regelung ist erstmals anzuwenden

- *für Wirtschaftsjahre, die nach dem 31. Dezember 1995 enden,*
- *für Feststellungszeitpunkte ab dem 1. Januar 1996.*

Soweit für frühere als für die genannten Wirtschaftsjahre bzw. Feststellungszeitpunkte ein höheres als nach den Abs. 1 und 2 vorgeschriebenes Dotationskapital angesetzt wurde, kann dieses nicht rückwirkend herabgesetzt werden.

Diese Regelung endet mit Ablauf des 31. Dezember 2000.

---

1) Tz. 4.1.3, deren Gültigkeit zum Teil mit Ablauf des 31.12.2000 endete, wurde durch das BMF-Schreiben v. 29.9.2004 (BStBl I S. 917) ersetzt, welches für Wirtschaftsjahre, die nach dem 31.12.2014 beginnen, nicht mehr anzuwenden ist (BMF-Schreiben v. 22.12.2016, BStBl 2017 I S. 182 Rn. 464) und durch BMF-Schreiben v. 21.3.2017, BStBl I S. 486 aufgehoben wurde. Zum Dotationskapital siehe jetzt BMF-Schreiben v. 22.12.2016 (a. a. O.).

Betriebsstätten von ausländischen Kreditinstituten, die denen von EU-Banken gleichgestellt sind

1. Zweigstellen von Kreditinstituten mit Sitz in den USA sind nach der Verordnung des BMF vom 21. April 1994 (BGBl I S. 887) den Betriebsstätten von EU-Kreditinstituten grundsätzlich gleichgestellt. Für diese Unternehmen gilt die obige Regelung für Inländische Betriebsstätten von EU-Kreditinstituten mit folgender Maßgabe:
   a) Es ist ein Mindestkapital von 5 Mio. ECU anzusetzen. Dieser Betrag wird zum 1. Januar 1999 im Verhältnis 1:1 in EURO umgerechnet.
   b) Diese Regelung gilt für Zeiträume ab dem 4. Mai 1995.
2. Für Betriebsstätten von Kreditinstituten in Japan gilt diese Regelung mit der Maßgabe, dass sie für Zeiträume ab dem 21. Dezember 1995 anzuwenden ist.

Betriebsstätten von ausländischen Kreditinstituten, die denen von EU-Banken nicht gleichgestellt sind

Für Betriebsstätten von ausländischen Kreditinstituten, die denen von EU-Banken nicht gleichgestellt sind, ist mindestens das nach dem KWG aufsichtsrechtlich notwendige Dotationskapital anzusetzen.

Ausländische Bankbetriebsstätte

a) Hingabe

Eine Dotierung der ausländischen Betriebsstätte, die über die wirtschaftlichen Erfordernisse hinausgeht, ist nicht anzuerkennen. Die Angemessenheitsprüfung hat auf der Grundlage des Fremdvergleichs zu erfolgen (siehe Tz. 2.5.1).

Die Dotierung steht insbesondere insoweit nicht im Widerspruch zu kaufmännischen und wirtschaftlichen Erfordernissen, als das Dotationskapital den Maßstäben aufsichtsrechtlich gebotener Eigenkapitalausstattung des Landes der Betriebsstätte oder des § 10 KWG entspricht.

Ferner ist es nicht zu beanstanden, wenn das über das aufsichtsrechtliche gebotene Eigenkapital hinausgehende Eigenkapital des Gesamtunternehmens nach billigem Ermessen im Rahmen vernünftiger kaufmännischer Beurteilung höchstens zu dem Teil der ausländischen Betriebsstätte, der dem Anteil dieser Betriebsstätte am aufsichtsrechtlich gebotenen Eigenkapital des Gesamtunternehmens entspricht, zugewiesen wird und die Betriebsstätte tatsächlich darüber verfügen kann.

b) Refinanzierung

Mit dem Kapitaltransfer wird bisher im Inland vorhandenes Eigenkapital des Kreditinstituts auf die ausländische Zweigstelle übertragen. Hat das Kreditinstitut im nachweisbar unmittelbaren Zusammenhang Fremdmittel aufgenommen oder ergibt sich aus anderen Umständen zwingend, dass Fremdmittel eingesetzt wurden, so sind diese und der hierfür anfallende Refinanzierungsaufwand im Inland nicht berücksichtigungsfähig, da er den ausländischen Einkünften zuzuordnen ist.

4.1.4 Zinsverrechnungen

Vom Stammhaus bzw. von Schwesterbetriebsstätten zur Verfügung gestellte Gelder sind, soweit sie das Dotationskapital übersteigen, als verzinsliche Kredite anzuerkennen, da Geld als Handelsware von Kreditinstituten anzusehen ist (vgl. BFH vom 27. Juli 1965, BStBl 1966 III S. 24 und Tz. 18.3 sowie Tzn. 19 und 20 des OECD-Kommentars zu Art. 7 OECD-MA 92). Gleiches gilt für die Geldüberlassung der Betriebsstätte an das Stammhaus oder Schwesterfilialen.

Für Aufnahmen von Geld und Kapital durch eine inländische Betriebsstätte ist von den Zinssätzen auszugehen, die unter vergleichbaren Bedingungen zwischen Fremden in der jeweiligen Währung vereinbart worden wären. Sind die Aufnahmen beim Stammhaus oder bei einer ausländischen Schwesterfiliale – im Gegensatz zu gleichartigen Aufnahmen im Inland – mindestreservefrei, so steht dieser Vorteil steuerlich der inländischen Zweigstelle zu. Er kann nicht an das Stammhaus bzw. die ausländische Schwesterbetriebsstätte weitergegeben werden (z. B. in Form eines höheren Aufnahmesatzes).

Zinsen für Ausleihungen einer inländischen Betriebsstätte an ihr Stammhaus sind grundsätzlich nach den inländischen Marktgegebenheiten zu bemessen. Ist der Zinssatz im Ausland jedoch höher, ist der höhere ausländische Zins zugrunde zu legen und der Zinsvorteil auf Stammhaus und Betriebsstätte aufzuteilen.

4.2 Versicherungsbetriebsstätte

Inländische Niederlassungen i. S. d. Versicherungsaufsichtsgesetzes (VAG) ausländischer Versicherungsunternehmen (VU) sind Zweigniederlassungen i. S. d. § 13d HGB.

4.2.1 Inländische Betriebsstätte

Versicherungsrechtlich bestehen folgende Regelungen zum Betreiben von Versicherungsgeschäften durch Versicherungsunternehmen mit Sitz im Ausland:

VU mit Sitz außerhalb der Mitgliedstaaten der EU oder des EWR, die im Inland das Direktversicherungsgeschäft durch Mittelspersonen betreiben wollen, bedürfen hierzu der Erlaubnis durch die deutsche Versicherungsaufsichtsbehörde (§ 105 VAG) und haben nach § 106 VAG eine Niederlassung zu errichten.

VU mit Sitz innerhalb der Mitgliedstaaten der EU oder des EWR dürfen hingegen nach §§ 110a, 110d VAG das Direktversicherungsgeschäft im Inland durch eine Niederlassung oder eine Mittelsperson betreiben. Eine Erlaubnis der inländischen Versicherungsaufsicht ist nicht mehr erforderlich. Die Finanzaufsicht über die Geschäftstätigkeit obliegt der Aufsichtsbehörde des Herkunftsmitgliedstaates (§ 110a Abs. 3 VAG).

Sollte versicherungsrechtlich keine Niederlassung vorliegen, wird nach Tz. 1.2.2 durch einen abhängigen Vertreter eine Betriebsstätte begründet, wenn er im Inland Vollmacht hat, Verträge im Namen des ausländischen VU abzuschließen (Abschlussvollmacht) und diese regelmäßig ausübt.

Ebenso begründet ein Makler (Kommissionär) oder sonstiger unabhängiger Vertreter mit Abschlussvollmacht eine Betriebsstätte, wenn er außerhalb seines gewöhnlichen Geschäftsbetriebs handelt.

Ausländische Rückversicherungsunternehmen, die im Inland das Rückversicherungsgeschäft durch eine Niederlassung oder Mittelsperson betreiben, bedürfen hierzu keiner Erlaubnis. Sie sind nach § 1 Abs. 2 VAG nur eingeschränkt rechnungslegungs- und berichtspflichtig. Zur Frage des Vorliegens einer Betriebsstätte wird auf Tz. 1.2.2 hingewiesen.

4.2.2 Inländische Betriebsstätten, die der Versicherungsaufsicht durch das Bundesaufsichtsamt für das Versicherungswesen (BAV) unterliegen

Buchführungs- und Bilanzierungspflicht

Buchführungspflichtig sind die inländischen Betriebsstätten ausländischer Versicherungsunternehmen, die dem inländischen Handels- und Versicherungsaufsichtsrecht unterliegen. Die den inländischen Betriebsstätten ausländischer Versicherungsunternehmen obliegenden Buchführungspflichten nach HGB und VAG gelten nach § 140 AO auch für das Steuerrecht.

Gewinnermittlung

Für die Gewinnermittlung ist das Bilanzergebnis der inländischen Betriebsstätte maßgebend, das sich nach Handels- und Steuerrecht ergibt. Die Sondervorschriften für Versicherungsunternehmen nach §§ 20 und 21 KStG sind zusätzlich zu beachten.

Bei der Ermittlung des Bilanzergebnisses sind alle dem inländischen Betrieb zurechenbaren Aufwendungen einschließlich eines Anteils an den Generalkosten des Gesamtunternehmens (Kosten der zentralen Verwaltung) abzuziehen, soweit dieser Anteil den Bilanzgewinn noch nicht gemindert hat.

Für die Aufteilung wird auf Tz. 2.2 und Tz. 2.3 verwiesen.

Sind bei der Ermittlung von steuerlich abziehbaren versicherungstechnischen Rückstellungen bzw. der Berechnung von Zuführungen oder Entnahmen Aufwendungen für den Versicherungsbetrieb anzusetzen, müssen diese Aufwendungen auch die anteiligen Generalkosten enthalten.

Wird Rückversicherung (RV) des Betriebsstättengeschäfts durch die ausländische Hauptverwaltung abgeschlossen, sind bei allen in Betracht kommenden Positionen der Bilanz sowie der Gewinn- und Verlustrechnung die Anteile der Rückversicherer mit ihren auf das inländische Versicherungsgeschäft entfallenden Beträgen zu berücksichtigen. Die Ansätze sind durch geeignete Unterlagen (RV-Verträge, RV-Abrechnungen) nachzuweisen. Rückversicherungsverträge zwischen Stammhaus und Betriebsstätte sind entsprechend Tz. 2.2 als Innentransaktionen steuerlich nicht anzuerkennen.

Zurechnung von Wirtschaftsgütern

Der inländischen Betriebsstätte sind mindestens Kapitalanlagen zuzurechnen in Höhe

1. der versicherungstechnischen Rückstellungen (einschließlich Beitragsüberträge) und der Depotverbindlichkeiten, weil die Tätigkeiten des inländischen Betriebs zur Erzielung der hieraus resultierenden Einkünfte beigetragen haben, zuzüglich

2. der Mindesteigenmittel in Höhe einer Solvabilitätsspanne (§§ 53c, 106b Abs. 2 VAG sowie Kapitalausstattungs-Verordnung) bezogen auf den Umfang des Versicherungsgeschäfts der Betriebsstätte oder der Mindestbetrag des Garantiefonds im Sinne der §§ 2 und 5 Kapitalausstattungs-Verordnung, falls dieser höher ist.

Die Höhe der Solvabilitätsspanne ergibt sich aus den dem BAV einzureichenden Unterlagen. Andernfalls ist sie unter sinngemäßer Anwendung der Kapitalausstattungs-Verordnung und den dazu ergangenen BAV-Rundschreiben gesondert zu ermitteln.

Übersteigt der bei der Zurechnung von Wirtschaftsgütern ermittelte Mindestbetrag (arithmetisches Mittel zu Beginn und Ende des Wirtschaftsjahres) das arithmetische Mittel der zu Beginn und Ende des Wirtschaftsjahres bilanzierten Kapitalanlagen, ist der Differenzbetrag der inländischen Betriebsstätte zuzurechnen.

Dem Gewinn der inländischen Betriebsstätte sind zusätzlich Erträge aus Kapitalanlagen in Höhe der Durchschnittsrendite des Gesamtvermögens bezogen auf den Differenzbetrag zuzurechnen.

Dotationskapital

Der Betriebsstätte sind die Eigenkapitalien zuzurechnen, die als aufsichtsrechtlich gebotene Mindesteigenkapitalausstattung anzusehen sind (BFH vom 18. September 1996, IStR 1997 S. 145).

4.2.3 Inländische Betriebsstätten, die nicht der Versicherungsaufsicht durch das BAV unterliegen

Buchführungspflicht

Die Verpflichtung Bücher zu führen ergibt sich aus §§ 238 Abs. 1 und 242 HGB.

Gewinnermittlung

Die von der Niederlassung nach den ergänzenden Vorschriften für Versicherungsunternehmen der §§ 341b-341h HGB ermittelten Bilanzansätze sind – unter Beachtung der §§ 20 und 21 KStG – steuerlich zu übernehmen.

Zurechnung von Wirtschaftsgütern

Tz. 4.2.2 gilt entsprechend; dabei ist hinsichtlich der Mindesteigenmittel auf die aufsichtsrechtlichen Regelungen des Sitzstaates des Stammhauses abzustellen.

Dotationskapital

Das tatsächlich verfügbare Eigenkapital des Gesamtunternehmens ist in entsprechendem Umfang nach den Grundsätzen des Fremdvergleichs auf das Stammhaus und auf dessen Betriebsstätten aufzuteilen (BFH vom 18. September 1996, IStR 1997 S. 145). Dies bedeutet, dass der inländischen Betriebsstätte zumindest die Eigenkapitalien zuzuordnen sind, die nach dem Aufsichtsrecht des Sitzstaates des Stammhauses für die Tätigkeit der Betriebsstätten mindestens benötigt werden.

4.2.4 Ausländische Betriebsstätten inländischer Versicherungsunternehmen

Gewinnermittlung

Die Ausführungen in Tz. 4.2.2 gelten sinngemäß.

Dotationskapital

Die Dotierung der ausländischen Betriebsstätte ist anzuerkennen, wenn sie nach den dortigen aufsichts- oder steuerrechtlichen Vorschriften gefordert wird, sofern nicht dadurch dem inländischen Stammhaus das für die Ausübung seiner Funktion im Rahmen des Gesamtunternehmens erforderliche Eigenkapital (Tz. 2.5.1) entzogen wird.

4.3 Bauausführungen und Montagen

4.3.1 Allgemeines

Unter Bauausführung versteht man die Errichtung eines Bauwerkes, einer Anlage oder von Teilen davon (BFH vom 22. September 1977, BStBl 1978 II S. 140; BFH vom 21. Oktober 1981, BStBl 1982 II S. 241).

Montagen sind das endgültige Zusammenfügen oder der Um-/Einbau vorgefertigter Teile zu einem Ganzen, nicht aber bloße Reparatur-/Instandsetzungsarbeiten (BFH vom 16. Mai 1990, BStBl II S. 983).

Die Zeitgrenze bei Bau- und Montagestellen wird von Beginn und Ende der Bau- und Montagetätigkeit bestimmt (vgl. Anlage II).

Eine Bauausführung besteht von dem Zeitpunkt an, an dem das Unternehmen mit den Arbeiten – einschließlich aller vorbereitenden Arbeiten – in dem Staat beginnt, in dem das Bauwerk errichtet werden soll, also z. B. mit der Einrichtung eines Bauplanungsbüros. Im Allgemeinen bleibt die Bauausführung so lange bestehen, bis die Arbeit abgeschlossen oder endgültig eingestellt wird. Sofern auf der Baustelle nur noch Material oder Geräte lagern, liegt keine Bauausführung mehr vor.

Eine Montage beginnt mit dem Eintreffen der ersten Person, die vom Montageunternehmen mit den vorzunehmenden Montagearbeiten betraut worden ist. Als „Montagearbeiten" in diesem Sinne sind auch solche Arbeiten anzusehen, die der unmittelbaren Vorbereitung der eigentlichen Montage dienen. Ist eine Montage Bestandteil eines Werklieferungsvertrages und ist in diesem Vertrag eine Abnahme des fertigen Werks unter Mitwirkung des Montageunternehmens vorgesehen, so endet die Montage frühestens mit der Abnahme (BFH vom 21. April 1999, BStBl II S. 694).

Jahreszeitlich bedingte oder andere vorübergehende kurzfristige Arbeitsunterbrechungen, z. B. wegen schlechter Witterung, Streiks, und Unterbrechungen aus im Betriebsablauf liegenden Gründen, z. B. wegen Materialmangels oder anderer bautechnischer Gründe hemmen die Frist nicht.

4.3.2 Bau- und Montageüberwachung als Bauausführung

Zur Bauausführung oder Montage, die als Betriebsstätte nach § 12 Satz 2 Nr. 8 AO und Art. 5 Abs. 3 OECD-MA 92 anzusehen ist, gehört regelmäßig auch die als Teilleistung ausgeführte Planungs- und Überwachungstätigkeit. Dies gilt auch dann, wenn ein Generalunternehmer, der die Herstellung eines Werkes schuldet, nur die Überwachung mit eigenem Personal durchführt und er ansonsten die Herstellung Subunternehmern überlässt (Tz. 17 OECD-Kommentar zu Art. 5 Abs. 3 OECD-MA 92; BFH vom 13. November 1962; BStBl 1963 III S. 71). Wird die Bau- und Montagetätigkeit, einschließlich Planung und Überwachung dagegen vollständig auf Subunternehmer übertragen, oder – innerhalb eines Konsortiums –, die Verantwortung für die ordnungsgemäße Fertigstellung überwiegend von einem anderen Partner getragen, begründet der Generalunternehmer mit den ihm verbleibenden Koordinierungsaufgaben keine Betriebsstätte im Sinne des § 12 Satz 2 Nr. 8 AO und Art. 5 Abs. 3 OECD-MA 92. Eine reine Bau- und Montageüberwachung kann grundsätzlich nur eine Betriebsstätte im Sinne des Art. 5 Abs. 1 OECD-MA 92 begründen. Hinsichtlich der DBA, in denen eine isolierte Überwachungstätigkeit ausdrücklich als Betriebsstätte festgelegt wurde, vgl. Anlage II.

4.3.3 Einschaltung von Subunternehmern

Werden von einem Generalunternehmer Teile des Auftrags an Subunternehmer vergeben, so werden die Zeiten in denen die Subunternehmer auf der Bau- oder Montagestelle tätig sind, dem Generalunternehmer zugerechnet (BFH vom 13. November 1962, BStBl 1963 III S. 71). Ein Subunternehmer unterhält eine eigene Betriebsstätte, wenn seine Tätigkeit den in dem jeweiligen DBA vorgesehenen Zeitraum überschreitet.

4.3.4 Bau- und Montageausführung durch ein Konsortium oder eine Arbeitsgemeinschaft (ARGE)

Wird ein Bau- oder Montageauftrag durch ein Konsortium ausgeführt

– sei es als Außenkonsortium, bei dem sämtliche Partner gegenüber dem Auftraggeber als selbständige Partner mit festgelegtem Arbeitsumfang auftreten und einzeln und gemeinsam die Gesamtverantwortung für die Vertragserfüllung und die Funktionsgarantie übernehmen (gesamtschuldnerische Haftung),

– sei es als Innenkonsortium, bei dem gegenüber dem Auftraggeber nur ein Partner als Vertragschließender auftritt,

ist beiden Vertragsverhältnissen gemeinsam, dass im Innenverhältnis jeder Partner nur für seinen Lieferungs- und Leistungsanteil haftet.

Bei einem Konsortium kann die Tätigkeit des einen Partners daher dem anderen Partner nicht zugerechnet werden. Ob eine Bau- oder Montageausführung i. S. d. Art. 5 Abs. 3 OECD-MA 92 gegeben ist und damit eine Betriebsstätte begründet wird, muss für jeden einzelnen Konsorten geprüft werden.

Bei einer ARGE handelt es sich um eine Gesellschaft bürgerlichen Rechts, die aus steuerlicher Sicht als Gesellschaft im Sinne des § 15 Abs. 1 Nr. 2 EStG zu qualifizieren ist. Die Gesellschafter sind als Mitunternehmer anzusehen und zwar unabhängig davon, ob für die ARGE ein Gewinnfeststellungsverfahren nach § 180 Abs. 1 Nr. 2 Buchstabe a AO durchzuführen ist (vgl. § 180 Abs. 4 AO). Die ARGE haftet im Außenverhältnis in der Regel gesamtschuldnerisch gegenüber dem Auftraggeber. Im Innenverhältnis werden die Leistungsverpflichtungen zwar genau aufgeteilt (insoweit besteht kein Unterschied zu einem Konsortium), aber die Eigenverantwortlichkeit besteht nur im Innenverhältnis und nicht auch gegenüber dem Auftraggeber. Der Auftrag wird einheitlich durchgeführt und das Gesamtergebnis unter den ARGE-Partnern aufgeteilt. Die Tätigkeiten der ARGE-Partner sind daher in sachlicher als auch in zeitlicher Hinsicht als Einheit anzusehen, so dass die Frage, ob eine Betriebsstätte vorliegt oder nicht, nur einheitlich für die ARGE beurteilt werden kann.

Da bei schuldrechtlichen Leistungsbeziehungen zwischen einem Konsortium bzw. einer ARGE und den Partnern diese sich wie fremde Dritte gegenüberstehen, sind die Partnerleistungen wie Fremdleistungen gegenüber einer außenstehenden Gesamthandsgemeinschaft zu behandeln. Die Realisierung des Gewinns bei dem Partner tritt somit bereits bei Erbringung der Leistung ein, siehe auch BMF-Schreiben vom 27. Januar 1998, BStBl I S. 251.

4.3.5 Beurteilung von Bauausführungen

Zeitlich nebeneinander oder aufeinander folgende Bauausführungen sind nach Art. 5 Abs. 3 OECD-MA 92 – im Gegensatz zu § 12 Satz 2 Nr. 8 AO – getrennt zu beurteilen. Mehrere Bauausführungen können nur dann als Einheit angesehen werden, wenn sie wirtschaftlich und geographisch zusammenhängen.

Ein wirtschaftlicher Zusammenhang liegt beispielsweise dann vor, wenn verschiedene Bauausführungen als Gesamtprojekt angesehen werden können, wie z. B. bei der Auslegung eines Funknetzes oder beim Aufbau eines Computer-Netzwerks.

Eine geographische Einheit liegt nur vor, wenn die räumliche Entfernung der Bauausführungen 50 km Luftlinie nicht überschreitet.

Beispiel:
Ein Unternehmen soll für einen Auftraggeber aufgrund eines einheitlichen Vertrages ein Netz von Baumärkten errichten, und zwar in Köln, Bonn, Düsseldorf, Emmerich, Arnheim (NL) und Groningen (NL). Zwischen den einzelnen Bauausführungen besteht ein wirtschaftlicher Zusammenhang.
Der geographische Zusammenhang ist nach der zeitlichen Reihenfolge der Errichtung der Betriebsstätten zu bestimmen. Im Ausland belegene Betriebsstätten sind nicht zu berücksichtigen.
Je nach dem Zeitpunkt ihrer Errichtung sind entweder Bonn und Köln oder Köln und Düsseldorf zusammenzurechnen. Eine doppelte Berücksichtigung eines Ortes ist nicht vorzunehmen.
Die Bauausführung in Emmerich bildet aufgrund der größeren Entfernung eine eigene Betriebsstätte.

Die vorgenannten Grundsätze gelten auch für grenzüberschreitende Bauausführungen und Montagearbeiten.

Im Einzelnen wird auf Folgendes hingewiesen:

- Selbständige Bauausführungen oder Montagearbeiten sind für die Berechnung der Zeitdauer nicht zusammenzurechnen;

- als selbständige Projekte können grundsätzlich solche angesehen werden, die für verschiedene Auftraggeber ausgeführt werden, es sei denn, die Projekte bilden wirtschaftlich gesehen, eine Einheit (s. o.);

- verschiedene Projekte für Rechnung eines Einzelauftraggebers werden generell als Einheit behandelt, wenn sie aufgrund eines einheitlichen Vertrages ausgeführt werden und ein geographischer Zusammenhang besteht;

- werden Arbeiten für Rechnung desselben Auftraggebers aufgrund mehrerer Verträge ausgeführt, werden diese zusammengerechnet, wenn ein Fall einer einheitlichen Ausführung vorliegt. Eine solche Einheit kann bestehen
    - in zeitlicher Hinsicht, wenn die verschiedenen Aufträge gleichzeitig oder unmittelbar hintereinander ohne Unterbrechungen ausgeführt werden und
    - in räumlicher Hinsicht, wenn die Arbeiten, auch bei Ausführungen an verschiedenen Orten innerhalb des geographischen Zusammenhangs, nur einen Teil eines größeren Ganzen bilden;
- die Tatbestände nach Art. 5 Abs. 3 und Art. 5 Abs. 5 OECD-MA 92 sind selbständig zu prüfen. Liegen die Voraussetzungen für eine Vertreterbetriebsstätte nach Art. 5 Abs. 5 OECD-MA 92 vor, so wird das Unternehmen so behandelt, als habe es eine Betriebsstätte, auch wenn die Bauausführung oder Montage selbst nicht die Voraussetzungen einer Betriebsstätte erfüllt.

Örtlich fortschreitende Bauausführungen (z. B. Arbeiten an einem Schienen- oder Straßennetz) oder schwimmende Bauausführungen sind in der Regel wirtschaftlich und geographisch als Einheit anzusehen (Tz. 20 des Kommentars zu Art. 5 OECD-MA 92) ohne Rücksicht auf die 50-km-Grenze.

4.3.6 Gewinn- und Verlustaufteilung zwischen Stammhaus und Betriebsstätte

Nach den allgemeinen Grundsätzen über die steuerliche Gewinnermittlung wird der Gewinn aus der Bau- oder Montagebetriebsstätte in der Regel erst mit der Abnahme des Bauvorhabens realisiert. Gewinn oder Verlust (= das Auftragsergebnis) ist bei Bau- und Montageleistungen zwischen Stammhaus und Betriebsstätte so aufzuteilen, dass die Betriebsstätte erhält, was ein fremder selbständiger Unternehmer für die Ausführung der Bau- oder Montageleistung unter gleichen oder ähnlichen Bedingungen erhalten hätte. Die Fiktion, beim Stammhaus handele es sich um den General- und bei der Betriebsstätte um den Subunternehmer, bietet einen brauchbaren Ansatz für den Fremdvergleich. Bei komplexen Leistungsbeziehungen kann eine Zuordnung des Auftragsergebnisses entsprechend den Tätigkeiten, Funktionen und der Risikoverteilung zwischen Stammhaus und Montagebetriebsstätte sachgerecht sein, wenn sich auch fremde Dritte die Risiken und Chancen aus dem Auftrag geteilt hätten.

4.3.7 Materiallieferungen bei Bau- oder Montageleistungen der Betriebsstätte

Regelmäßig enthält der mit dem Auftraggeber vereinbarte Endpreis sowohl den Gewinnaufschlag auf die Materiallieferung, z. B. Baustoffe oder Maschinen, als auch den auf die Bau- und Montageleistung. Der Gewinn aus der Materiallieferung ist dem Stammhaus zuzurechnen.

Der Endpreis umfasst daneben aber weitere Leistungen, die von einem hochqualifizierten Mitarbeiterstab im Stammhaus erbracht worden sind, z. B. die Auftragsbeschaffung (Akquisition), Planung und Entwicklung, das „Know-how", die Auswahl von Subunternehmen, die Vertragsgestaltung mit diesen, ihre Überwachung und insoweit die Risikotragung im Außenverhältnis. Der auf diese Leistungen entfallende Gewinn ist folglich dem Stammhaus zuzuordnen, wobei zu berücksichtigen ist, dass aus diesem Gewinn auch die Aufwendungen für vergebliche Akquisition zu decken sind.

Der Betriebsstätte ist regelmäßig ein auf ihre Bau- oder Montageleistung entfallender angemessener Teil des Gewinns nach der Kostenaufschlagsmethode ohne Berücksichtigung der Kosten für Subunternehmerleistungen zuzuordnen. Soweit die Betriebsstätte allerdings selbst die zum Bau oder zur Montage notwendigen Materialien oder Subunternehmerleistungen an Ort und Stelle beschafft, steht ihr entsprechend dem Umfang der kaufmännischen und technischen Abwicklung ein anteiliger Gewinn aus der Materiallieferung oder Subunternehmerleistung zu (BFH vom 13. November 1990, BStBl 1991 II S. 94). Die vorstehenden Ausführungen gelten entsprechend für Bauüberwachungsstellen, wenn sie als Betriebsstätten anzusehen sind.

4.3.8 Zuordnung von Baustoffen und Montageteilen zur Betriebsstätte

Sowohl die in der Betriebsstätte zur Verarbeitung lagernden Baustoffe und Montageteile sowie die Rechte, die aus den von der Betriebsstätte bereits verbauten Stoffen oder montierten Teilen entstanden sind, sind Vermögen des Stammhauses und nicht der Betriebsstätte. Dies gilt jedoch nicht, soweit die Betriebsstätte selbst Baustoffe oder andere Materialien beschafft hat.

4.3.9 Zuordnung von Finanzierungsaufwendungen und -erträgen

Finanziert ein Unternehmen dem Auftraggeber die Auftragssumme, sind die Finanzierungserlöse abzüglich eventueller Refinanzierungsaufwendungen in der Regel dem Stammhaus zuzuordnen, da dieses die entsprechenden Leistungen erbringt und Risiken trägt. Ein eventueller Leistungsbeitrag der Betriebsstätte bei der Abwicklung der Finanzierung ist zugunsten ihres Ergebnisses anteilig zu berücksichtigen.

So genannte „Bauzinsen" (also die beim Auftragnehmer, unabhängig vom Finanzierungsgeschäft, angefallenen Refinanzierungsaufwendungen) sind der Betriebsstätte entsprechend ihrem Anteil an der Bau- und Montageleistung zuzuordnen. Im Fall einer Mischkalkulation (zu hohe Finanzierungserlöse bei gleichzeitig reduzierter Auftragssumme oder umgekehrt) sind entsprechende Erlöskorrekturen bei der Bau- oder Montagebetriebsstätte bis zur Höhe eines angemessenen Entgelts nach der Kostenaufschlagsmethode vorzunehmen. Legt der Auftragnehmer vom Auftraggeber geleistete Vorauszahlungen verzinslich an, sind die Erträge dem Stammhaus und der Betriebsstätte entsprechend ihrem Anteil an der Bau- und Montageleistung zuzuordnen.

4.4 Kontroll- und Koordinierungsstellen

4.4.1 Allgemeines

Konzernspitzen (Muttergesellschaften) errichten gelegentlich in einem anderen Staat Geschäftseinrichtungen, die Tochtergesellschaften und Betriebsstätten des betreffenden Konzerns in dem anderen Staat oder anderen Ländern überwachen und/oder deren Tätigkeiten koordinieren, während die wesentlichen Funktionen einer geschäftsleitenden Holding (BFH vom 17. Dezember 1969, BStBl 1970 II S. 257) von einer anderen Konzerneinrichtung ausgeübt werden.

Eine solche Geschäftsstelle kann z. B.

- das Rechnungswesen und die Berichterstattung der Tochtergesellschaften bzw. Betriebsstätten überwachen und koordinieren sowie deren Jahresabschlüsse konsolidieren;
- Programme, Einkauf, Produktionspläne, Arbeitsmethoden, Marketing und/oder Forschung koordinieren;
- Leitlinien der Konzernspitze an die örtlichen Verhältnisse anpassen, in diese umsetzen und ihre Einhaltung kontrollieren oder Fragen von regional begrenzter Bedeutung für die Entscheidung der Konzernspitze vorbereiten;
- satzungsgemäße oder in allgemeinen Konzernrichtlinien festgelegte Vorbehalte der Zustimmung der Konzernspitze zu Entscheidungen der Tochtergesellschaften ausüben sowie die Vertretung in Gesellschafterversammlungen oder überwachenden Organen wahrnehmen oder Personen in solche Gremien entsenden;
- andere verwaltungsbezogene Leistungen erbringen.

Die Geschäftsstelle ist meist als Einrichtung der Konzernspitze organisiert. Die genannten Aufgaben können auch von inländischen Konzerngesellschaften oder von inländischen Betriebsstätten ausländischer Konzerngesellschaften für die Konzernspitze wahrgenommen werden. Die Wahrnehmung dieser Aufgaben kann ausschließlich Geschäftsgegenstand sein.

4.4.2 Betriebsstätteneigenschaft der Kontroll- und Koordinierungsstellen

Die Kontroll- und Koordinierungsstellen in Form von Einrichtungen der Konzernspitze sind grundsätzlich Betriebsstätten im Sinne des § 12 AO. Sie sind auch feste Geschäftseinrichtungen im Sinne des Betriebsstättenbegriffs der DBA (Art. 5 OECD-MA 92). Im Einzelfall können sie jedoch Tätigkeiten ausüben, die nach dem anzuwendenden DBA keine Betriebsstätte (Art. 5 Abs. 4 OECD-MA 92) begründen. Dies kann insbesondere der Fall sein, wenn sie

– nur der Beschaffung von Informationen für die Konzernspitze dienen;

– für die Konzernspitze lediglich vorbereitende Tätigkeiten oder Hilfstätigkeiten ausüben; solche sind insbesondere gegeben, soweit die Geschäftsstelle lediglich Weisungen der Konzernspitze übermittelt, vorbereitet oder durch Ermittlungen in ihrem Zuständigkeitsbereich unterstützt.

Die Kontroll- und Koordinierungsstellen begründen keine Betriebsstätten für die von ihnen unterstützten oder von ihnen koordinierten Tochtergesellschaften, soweit sie nicht Sondertatbestände, z. B. den des Ortes der Geschäftsleitung oder des ständigen Vertreters erfüllen.

Ist eine Kontroll- oder Koordinierungsstelle einer anderen Betriebsstätte der Konzernspitze angegliedert, so gilt sie nicht als deren Bestandteil, wenn sie organisatorisch getrennt und leicht abgrenzbar ist.

4.4.3 Zurechnung von Anteilen und Wirtschaftsgütern sowie daraus fließenden Einkünften

Der Umstand, dass die Kontroll- und Koordinierungsstellen im Sinne von Tz. 4.4.1 tätig werden, führt nicht dazu, dass Anteile an den Tochtergesellschaften, Darlehen, Patente oder sonstige vergleichbare Wirtschaftsgüter der Konzernspitze sowie die daraus fließenden Einkünfte tatsächlich zu der in dem betreffenden Staat unterhaltenen Betriebsstätte gehören. Wegen der Einheitlichkeit der Abkommensregelung setzt dies voraus, dass diese Wirtschaftsgüter bzw. Einkünfte der Konzernspitze zugeordnet werden; soweit dies nicht der Fall ist, ist die Angelegenheit im Verständigungsverfahren nach dem jeweiligen DBA (Art. 25 OECD-MA 92) oder ggf. in einem Schiedsverfahren zu klären.

4.4.4 Betriebsstättengewinn

Der Betriebsstätte gebührt ein angemessener Gewinn. Bei der Abgrenzung ihrer Einkünfte sind in der Regel kostenorientierte Entgelte zu berücksichtigen. Es ist daher nicht zu beanstanden, wenn der Gewinn der Betriebsstätte nach der Kostenaufschlagsmethode unter Berücksichtigung eines dem Fremdvergleich entsprechenden Gewinnzuschlags ermittelt wird.

4.4.5 Betriebsstättenvermögen

Der Betriebsstätte sind alle Wirtschaftsgüter zuzurechnen, die ihr dienen. Für Anteile an den Tochtergesellschaften und die anderen in Tz. 4.4.3 genannten Wirtschaftsgüter gilt die dort getroffene Regelung.

4.5 Betriebsstätten beim Einsatz von Seeschiffen und Binnenschiffen

4.5.1 Allgemeines

Das fahrende Schiff, ob Seeschiff oder Binnenschiff, begründet für den Schifffahrtsunternehmer selbst keine Betriebsstätte (BFH vom 13. Februar 1974, BStBl II S. 361; BFH vom 9. Oktober 1974, BStBl 1975 II S. 203).

Bei Binnenschiffen besteht die Vermutung, dass sich durch die Eintragung des Schiffes im Schiffsregister des Heimatortes, von dem die Schifffahrt aus tatsächlich betrieben wird, dort eine Betriebsstätte des Schifffahrtsunternehmens befindet. Diese Vermutung kann jedoch widerlegt werden, wenn nachgewiesen wird, dass die Schifffahrt von einem anderen Ort aus betrieben wird und dass sich dort eine entsprechende Geschäftseinrichtung befindet. Der Mittelpunkt der geschäftlichen Oberleitung kann sich in den Geschäftsräumen eines ausländischen Managers oder Korrespondenzreeders befinden. Maßgeblich sind die tatsächlichen Umstände (BFH vom 3. Juli 1997, BStBl 1998 II S. 86). Die gleichen Grundsätze gelten auch für Seeschiffe.

Das schließt nicht aus, dass Schifffahrtsunternehmen in anderen Ländern Betriebsstätten in Form von Geschäftseinrichtungen unterhalten, die der Tätigkeit des Unternehmens dienen. Diesen Betriebsstätten können Einkünfte aus der Schifffahrt aber nur zugerechnet werden, wenn und soweit sie selbst Schifffahrt betreiben und nicht nur Hilfstätigkeiten ausüben, die in keinem unmittelbaren Zusammenhang mit dem Betrieb von Seeschiffen stehen (z. B. Tätigkeiten von Linienagenten des Unternehmens; vgl. hierzu und in diesem Zusammenhang auch zur Gewinnaufteilung BFH vom 28. Juni 1972, BStBl II S. 785).

4.5.2 Sonderregelung für ausländische Einkünfte aus dem Betrieb von Handelsschiffen im internationalen Verkehr

Anstelle der Steueranrechnung nach § 34c Abs. 1 EStG oder des Abzugs einer ausländischen Steuer nach § 34c Abs. 2 und 3 EStG ist bis Veranlagungszeitraum 1998 bei unbeschränkt Steuerpflichtigen auf Antrag die auf ausländische Einkünfte aus dem Betrieb von Handelsschiffen im internationalen Verkehr entfallende Einkommensteuer nach dem ermäßigten Steuersatz zu bemessen (§ 34c Abs. 4 EStG).

Nach dem ab 1999 geltenden § 5a EStG ist anstelle der Gewinnermittlung nach § 4 Abs. 1 oder § 5 EStG bei einem Gewerbebetrieb mit Geschäftsleitung im Inland der Gewinn, soweit er auf den Betrieb von Handelsschiffen im internationalen Verkehr entfällt, auf Antrag nach der im Betrieb geführten Tonnage zu ermitteln, wenn die Bereederung dieser Handelsschiffe im Inland durchgeführt wird. § 34c Abs. 1 bis 3 EStG ist nicht anzuwenden.

§ 34c Abs. 4 EStG und § 5a EStG sind auch anzuwenden, wenn ein DBA eingreift.

Einkünfte aus Handelsschiffen im internationalen Verkehr werden bis einschließlich Erhebungszeitraum 1992 auch bei der Gewerbesteuer begünstigt besteuert (vgl. § 11 Abs. 3 Nr. 2 GewStG, Abschn. 71 GewStR 1990, § 13 Abs. 3 GewStG, Abschn. 84a GewStR 1998, § 36 Abs. 6a GewStG). Für die Erhebungszeiträume 1997 und 1998 sind die Vergünstigungen nach § 9 Nr. 3 GewStG zu beachten. Ab Erhebungszeitraum 1999 gilt der nach § 5a EStG ermittelte Gewinn als Gewerbeertrag.

Zu Einzelfragen der Gewinnermittlung nach § 5a EStG vgl. BMF-Schreiben vom 24. Juni 1999, BStBl I S. 669.

4.5.3 Sondervereinbarungen für Schifffahrtsunternehmen nach DBA

Das Betriebsstättenprinzip ist im Abkommensrecht für Unternehmen der See- und Binnenschifffahrt durch das Schifffahrtsprinzip überlagert. Nach Art. 8 Abs. 1 OECD-MA 92 können Gewinne eines Unternehmens aus dem Betrieb von Seeschiffen im internationalen Verkehr nur in dem Vertragsstaat besteuert werden, in dem sich der Ort der tatsächlichen Geschäftsleitung befindet. Internationaler Verkehr ist nach Art. 3 Abs. 1 Buchst. d. OECD-MA 92 „jede Beförderung mit einem Seeschiff ..., das von einem Unternehmen mit tatsächlicher Geschäftsleitung in einem Vertragsstaat betrieben wird, es sei denn, das Seeschiff ... wird ausschließlich zwischen Orten im anderen Vertragsstaat betrieben". Befindet sich der Ort der tatsächlichen Geschäftsleitung eines Seeschifffahrtsunternehmens jedoch an Bord eines Schiffes – dies ist insbesondere bei kleineren Küstenschifffahrtsbetrieben der Fall – so fingiert Art. 8 Abs. 3 OECD-MA 92 den

Sitz im Heimathafen des Schiffes. Existiert ein solcher nicht, so gilt ersatzweise der Vertragsstaat als Sitzstaat, in dem die Person ansässig ist, die das Schiff betreibt.

Zu den Gewinnen aus dem Betrieb von Seeschiffen zählen nach Art. 8 OECD-MA 92 auch solche Gewinnbestandteile, die im unmittelbaren Zusammenhang mit der Beförderungsleistung stehen, z. B. Werbetätigkeiten, Schiffskartenverkauf für andere Unternehmen und Landtransfers vom Hafen zu einem Lager und eine nur gelegentliche Vermietung von Containern, auch wenn diese für Binnentransporte eingesetzt werden. Dazu zählt auch die Vermietung eines vollständig ausgerüsteten Schiffes. Baggerarbeiten und Schleppdienste fallen unter die Schifffahrtseinkünfte jedoch nur, wenn dies ausdrücklich vereinbart wurde. Soweit die Unternehmen über ihre Transportaufgaben hinaus noch andere Haupttätigkeiten ausüben, gilt nicht die spezielle Regelung für Schifffahrtseinkünfte, sondern – wenn es sich um gewerbliche Einkünfte handelt – das Betriebsstättenprinzip.

4.6 Bodenschatzsuche und -gewinnung in internationalen Gewässern

4.6.1 Steuerliches Inland

Das Küstenmeer gehört völkerrechtlich zum Inland und damit regelmäßig auch zum geographischen Bereich jedes Staates (vgl. Teil II Abschnitte I und II des Seerechtsübereinkommens der Vereinten Nationen vom 10. Dezember 1982 – UN-Seerechtsübereinkommen –, BGBl 1994 II S. 1798 ff.). Unternehmen, die außerhalb der Zwölfmeilenzone (Küstenmeer) Bodenschätze im Festlandsockel aufsuchen und gewinnen, halten sich in internationalen Gewässern auf. Internationale Gewässer gehören nicht zum Hoheitsgebiet eines Staates und damit staatsrechtlich nicht zu seinem Inland. Auch der Festlandsockel selbst gehört völkerrechtlich nicht zum Inland.

Den Küstenstaaten steht jedoch nach Art. 2 des Genfer Übereinkommens vom 29. April 1958 eine auf die Erforschung und Ausbeutung der Bodenschätze begrenzte Souveränität zu. Von diesem Recht hat die Bundesrepublik Deutschland in einer Proklamation vom 20. Januar 1964, BGBl II S. 104, I S. 497 (Gesetz zur vorläufigen Regelung der Rechte am Festlandsockel), geändert durch Gesetz vom 2. September 1974, BGBl I S. 2149, Gebrauch gemacht. Nach § 1 Abs. 1 Satz 2 EStG und § 1 Abs. 3 KStG gehört der Festlandsockel daher zum steuerrechtlichen Inland, soweit in diesem Gebiet Naturschätze des Meeresgrundes und des Meeresuntergrundes erforscht und ausgebeutet werden. Dasselbe gilt für die Auslegung des Begriffs des Inlandes i. S. der DBA.

Das Recht, unterseeische Kabel und Rohrleitungen auf dem Festlandsockel sowie in der ausschließlichen Wirtschaftszone zu verlegen, steht allen Staaten zu, so dass der Festlandsockel insoweit nicht zum steuerlichen Inland gehört (Art. 58 Abs. 1 und Art. 79 UN-Seerechtsübereinkommen). Dagegen gehören künstliche Inseln, Anlagen, Bauwerke und ähnliche Einrichtungen in der ausschließlichen Wirtschaftszone zum steuerlichen Inland, soweit damit Naturschätze des Meeresgrundes und des Meeresuntergrundes erforscht und ausgebeutet werden (Art. 60 UN-Seerechtsübereinkommen).

4.6.2 Betriebsstätte

Erfolgt die Explorationstätigkeit auf See von Schiffen aus, z. B. bei seismischen Messungen zur Erforschung von Bodenschätzen des Meeresuntergrundes, so ist nicht das Schiff die Betriebsstätte des Forschungsunternehmens, sondern die Betriebsstätte wird erst durch die Messtätigkeit begründet.

Fährt das Mess- oder Forschungsschiff unter der Flagge der Bundesrepublik Deutschland und befindet es sich nicht in Hoheitsgewässern eines anderen Staates, so wird die gewerbliche Tätigkeit des Forschungsunternehmens im Inland betrieben (BFH vom 13. Februar 1974, BStBl II S. 361). Fährt das Mess- oder Forschungsschiff unter der Flagge eines anderen Staates und bewegt sich das Schiff nicht über dem der Bundesrepublik Deutschland zustehenden Festlandsockel, so handelt es sich um eine ausländische Betriebsstätte.

4.7 Betriebsstätten bei Explorationen

Das Geschäft der Aufsuchung und Förderung von Bodenschätzen besteht aus drei wesentlichen Phasen: In der ersten Phase (Projektverfolgung oder Akquisition) werden Länder hinsichtlich geologischer, wirtschaftlicher und politischer Grundlagen analysiert. Diese Phase endet im positiven Fall mit dem Abschluss eines Explorations- und/oder Produktionsvertrages. In der zweiten Phase (Exploration) erfolgen zunächst umfangreiche geologische Analysen, insbesondere werden seismische Messungen und bei positiven Resultaten, Explorationsbohrungen durchgeführt. Wenn Bohrungen fündig sind, wird zusätzlich geprüft, ob die gefundenen Reserven auch wirtschaftlich rentabel gefördert und transportiert werden können. Die Explorationsphase endet mit Eintritt der wirtschaftlichen Fündigkeit. Die dritte Phase (Entwicklung und Produktion) besteht aus dem Aufbau der Förder-, Aufbereitungs- und Transportanlagen und der Aufnahme des Förder-/Abbaubetriebs.

Die Aufsuchung und Förderung von Bodenschätzen werden von den Unternehmen (Bergbauunternehmen, Erdöl-/Erdgasunternehmen) selbst, von Zusammenschlüssen derartiger Unternehmen oder in deren Auftrag von darauf spezialisierten Unternehmen ausgeführt. Die Frage, ob Explorationsarbeiten außerhalb der Bundesrepublik Deutschland für das tätig werdende Unternehmen Betriebsstätten im Ausland begründen, ist in allen Fällen bei Anwendung deutschen Rechts gleich zu beantworten. Bei Anwendung eines DBA ist zwischen den Fallgruppen zu unterscheiden. Außerdem ergeben sich Unterschiede bei der Ermittlung der Betriebsstättenergebnisse.

4.7.1 Besteuerung in der Explorationsphase

4.7.1.1 Betriebsstätte nach nationalem Recht

Die Explorationstätigkeit ist i. S. v. § 12 Satz 2 Nr. 8 AO als Betriebsstätte anzusehen, wenn

- die einzelne Exploration oder
- eine von mehreren zeitlich nebeneinander durchgeführten Explorationen oder
- mehrere ohne Unterbrechung aufeinander folgende Explorationen

länger als sechs Monate dauern (Nr. 3 des Einführungserlasses zu § 12 AO[1]) und Abschn. 22 Abs. 3 Satz 20 GewStR 1998).

4.7.1.2 Betriebsstätte nach DBA

Exploriert das Unternehmen (Bergbauunternehmen, Erdöl-/Erdgasunternehmen) in einem DBA-Land selbst, so begründet diese Tätigkeit für das Unternehmen regelmäßig in dem betreffenden Land auch dann keine Betriebsstätte, wenn die Tätigkeit in diesem Land in Verbindung mit einer festen Geschäftseinrichtung ausgeübt wird. Die Explorationstätigkeit ist grundsätzlich eine Tätigkeit „vorbereitender Art", die nach Art. 5 Abs. 4 OECD-MA 92 selbst bei Bestehen einer festen Geschäftseinrichtung nicht zu der Annahme einer Betriebsstätte führt (Ausnahme: DBA-Österreich 1954/92).

Die Übernahme der Betriebsführerschaft (Operatorship) für ein Konsortium, das die Exploration für die beteiligten Unternehmen (Bergbauunternehmen, Erdöl/Erdgasunternehmen) übernommen hat, führt unter den allgemeinen Voraussetzungen zur Begründung einer Betriebsstätte. Die Funktion der Betriebsstätte beschränkt sich allerdings auf die Erbringung von Dienstleistungen gegenüber den Konsorten; das Explorationsrecht verbleibt im Stammhaus.

Die Exploration ist keine Tätigkeit vorbereitender Art, wenn sie für Dritte betrieben wird.

---

[1] Jetzt AEAO.

4.7.2 Besteuerung bei Übergang in die Entwicklungs- und Produktionsphase

Mit Eintritt der wirtschaftlichen Fündigkeit begründet das Unternehmen (Bergbauunternehmen, Erdöl-/Erdgasunternehmen) auch nach DBA-Grundsätzen eine Betriebsstätte in dem anderen DBA-Staat. Das bis zu diesem Zeitpunkt dem inländischen Stammhaus zuzurechnende immaterielle Wirtschaftsgut (Abbaurecht; Erdöl-/Erdgasgewinnungsrecht) gilt als in die ausländische Betriebsstätte überführt, da es zur ausschließlichen Nutzung und Verwertung in der ausländischen Betriebsstätte bestimmt ist. Es gelten die allgemeinen Grundsätze für die Überführung von Wirtschaftsgütern (Tz. 2.6.1). Als Fremdvergleichspreis für das selbstgeschaffene immaterielle Wirtschaftsgut gilt sämtlicher Aufwand, der bis zum Beginn der Entwicklungs- und Produktionsphase für das jeweilige im ausländischen Staat belegene Konzessionsgebiet beim inländischen Stammhaus angefallen ist. Soweit der ausländische Staat für seine Besteuerung dem übertragenen Recht einen höheren Wert als die vorstehenden Aufwendungen beimisst, ist dieser Wert maßgeblich.

Entsprechendes gilt für grenzüberschreitende Explorationen.

4.7.3 Besonderheiten bei der Behandlung des Betriebsstättenergebnisses

Ziel der Exploration für das Unternehmen (Bergbauunternehmen, Erdöl-/Erdgasunternehmen) ist der Erwerb von Aufsuchungs- und/oder Ausbeuterechten (Konzessionen). Sofern das Unternehmen die Exploration selbst betreibt, können die Aufwendungen nach § 5 Abs. 2 EStG nicht aktiviert werden. Sie sind sofort abzugsfähige Betriebsausgaben. Begründet die Exploration für das bergbautreibende Unternehmen im Ausland eine Betriebsstätte, sind die Aufwendungen der Betriebsstätte zuzurechnen.

Der durch Übernahme der Betriebsführerschaft für ein Konsortium (Tz. 4.7.2) begründeten (Dienstleistungs-)Betriebsstätte des Operators werden keine Aufwendungen für die Exploration zugerechnet. Diese Aufwendungen sind der Tätigkeit des inländischen Stammhauses zuzurechnen. Zwischen der ausländischen (Dienstleistungs-)Betriebsstätte und dem inländischen Stammhaus ist die Verrechnung eines Gewinnaufschlags auf die Aufwendungen der Betriebsstätte (z. B. Lohnkosten) ausgeschlossen.

4.8 Transportanlagen

Gleisanlagen, Untertageanlagen von Bergbaubetrieben und Versorgungsleitungen begründen gem. § 12 AO Betriebsstätten des sie unterhaltenden Unternehmens (vgl. BFH vom 30. Oktober 1996, BStBl 1997 II S. 12, zur Pipeline als Betriebsstätte). Derartige Anlagen sind „feste" Geschäftseinrichtungen, wenn eine feste Verbindung zum Erdboden besteht bzw. die Geschäftseinrichtung oder Anlage sich für eine gewisse Dauer an einem bestimmten Ort befindet. Dabei kann sich die örtliche Fixierung aus mechanischer Verbindung mit der Erde oder aus bloßer Belegenheit an derselben Stelle ergeben. Der Betriebsstättenbegriff der DBA knüpft in der Regel vor allem an die feste Geschäftseinrichtung an und ist insoweit mit dem entsprechenden Begriff des § 12 Satz 1 AO identisch. Im Einzelfall sind Ausnahmetatbestände des in Frage stehenden DBA zu prüfen.

Transportleistungen (z. B. das Durchleiten flüssiger oder gasförmiger Stoffe) sind grundsätzlich keine Hilfsleistungen i. S. d. Art. 5 Abs. 4 OECD-MA 92 (BFH vom 30. Oktober 1996, a. a. O.).

Teilstücke einer Transportleitung sind in der Regel dem Eigentümer der gesamten Transportleitung bzw. der transportierenden Ware zuzuordnen. Teilstücke einer Transportleitung, die nach den Ausnahmetatbeständen eines DBA keine Betriebsstätten sind, sind der nächsten sich im gleichen Gebiet als Betriebsstätte qualifizierenden Entnahmestation zuzurechnen. Entsprechend ist bei Gleisanlagen zu verfahren.

Der Einsatz von Personen in oder an der Geschäftseinrichtung (Transportleitung) ist nicht in jedem Fall erforderlich, vielmehr reicht — insbesondere bei vollautomatisch arbeitenden Einrichtungen — das Tätigwerden des Unternehmens mit der Geschäftseinrichtung (Transportleitung) aus (BFH vom 30. Oktober 1996, a. a. O.).

Werden Transportleitungen, die nur der Weiterleitung fester, flüssiger oder gasförmiger Stoffe bzw. der Weiterleitung elektrischer Energie dienen, als Betriebsstätten qualifiziert, ist der ihnen nach dem Fremdvergleichsgrundsatz zuzuordnende Ergebnisanteil nach der Transportleistung zu ermitteln. Dasselbe gilt für Gleisanlagen. Erfolgt in dem betreffenden Gebiet auch eine Abgabe aus den Transportleitungen, z. B. von Wasser oder elektrischer Energie, so ist die jeweilige Abgabemenge ein geeigneter Aufteilungsmaßstab.

5. Verfahren

5.1 Mitwirkungs- und Nachweispflichten

5.1.1 Mitwirkung nach § 90 Abs. 2 AO

An den Ermittlungen zur zutreffenden Einkunftsaufteilung wirken die Beteiligten nach Maßgabe der allgemeinen Bestimmungen (insbesondere § 90 Abs. 2 AO) mit. Sie haben hierbei auch

a) Sachverhalte im Ausland selbst aufzuklären und

b) Beweismittel, die sich im Ausland befinden, zu beschaffen.

Sie haben dabei alle für sie bestehenden rechtlichen und tatsächlichen Möglichkeiten auszuschöpfen.

5.1.2 Mitwirkungspflicht von Unternehmensteilen

Zur Mitwirkung ist der Unternehmer als solcher verpflichtet, soweit seine inländische Steuerpflicht in Frage steht. Diese Mitwirkungspflicht ist nicht auf unselbständige Unternehmensteile, wie sie Betriebsstätten bilden, beschränkt. Insbesondere erstreckt sich die Ermittlungs- und Nachweispflicht auch auf solche für die inländische Besteuerung bedeutsamen Sachverhalte und Beweismittel, die in den Büchern und Unterlagen ausländischer Unternehmensteile festgehalten und dokumentiert sind.

5.1.3 Nachweisvorsorge

Nach § 90 Abs. 2 Satz 3 AO kann sich ein Beteiligter nicht darauf berufen, dass er Sachverhalte nicht aufklären oder Beweismittel nicht beschaffen kann, wenn er sich nach Lage des Falles und bei der Gestaltung seiner Verhältnisse die Möglichkeit dazu hätte beschaffen oder einräumen lassen können (Nachweisvorsorge; BFH vom 16. April 1980, BStBl 1981 II S. 492). Bei Beziehungen zwischen Stammhaus und Betriebsstätte gilt dies insbesondere auch für die zur Einkunftsaufteilung notwendigen Ermittlungen und Nachweise. Ein Steuerpflichtiger kann sich deshalb nicht darauf berufen, seine ausländische Betriebsstätte oder sein ausländisches Stammhaus stelle ihm die erforderlichen Nachweise oder Unterlagen nicht zur Verfügung.

5.1.4 Erweiterte Mitwirkungspflicht

Sind für die Einkunftsaufteilung Verhältnisse bei dem anderen Unternehmensteil heranzuziehen, so erstreckt sich die erweiterte Mitwirkungspflicht nach § 90 Abs. 2 AO auch auf diese Verhältnisse. Der Steuerpflichtige muss hierfür ggf. Nachweisvorsorge nach Tz. 5.1.3 treffen.

5.2 Umfang der Mitwirkungspflicht

Die Mitwirkungspflicht erstreckt sich auf alle Umstände, die für die Bildung und Beurteilung der Einkunfts- und Vermögensaufteilung maßgeblich sind. Dies sind insbesondere die zur Prüfung der Aufteilung erforderlichen Daten, die verfügbar sind oder die bei der gebotenen Nachweisvorsorge zugänglich wären, z. B. betriebliche Kostenrechnungen, Unterlagen für die Zuordnung von Wirtschaftsgütern und für die Wertermittlung beim Waren- und Leistungsverkehr zwischen Stammhaus und Betriebsstätte, Unterlagen und Informationen des gesamten Unternehmens.

Bei ausländischen Betriebsstätten von unbeschränkt Steuerpflichtigen sind zur Kontrolle einer dem Grunde nach übereinstimmenden Ergebnis- und Vermögenszuordnung im Inland und im Ausland in der Regel auch die dem Betriebsstättenstaat eingereichten Steuererklärungen und die Steuerbescheide vorzulegen.

5.3 Rechtsfolgen bei unzureichender Mitwirkung

Verletzt ein Steuerpflichtiger seine Pflichten gemäß § 90 Abs. 2 AO und ist der Sachverhalt nicht anderweitig aufklärbar, so kann das Finanzamt zum Nachteil des Steuerpflichtigen bei der Schätzung der Besteuerungsgrundlagen (§ 162 AO) von einem Sachverhalt ausgehen, für den unter Berücksichtigung der Beweisnähe des Steuerpflichtigen und seiner Verantwortung für die Aufklärung des Sachverhalts eine gewisse Wahrscheinlichkeit spricht (BFH vom 15. Februar 1989, BStBl II S. 462).

6. Sonstiges

6.1 Selbständig Tätige i. S. d. Art. 14 OECD-MA

Für selbständig Tätige, die in einem Staat ansässig sind und denen in einem anderen Staat eine feste Einrichtung zur Verfügung steht, gelten die gleichen Grundsätze wie für Einkünfte aus Betriebsstätten gewerblich tätiger Unternehmen. Die Bestimmungen des Artikels 7 OECD-MA 92 sowie der Kommentar dazu können als Richtlinien zur Auslegung und Anwendung des Artikels 14 OECD-MA 92 dienen. So lassen sich z. B. die Grundsätze des Artikels 7 OECD-MA 92 über die Aufteilung des Gewinns zwischen Hauptsitz und Betriebsstätte auch auf die Aufteilung der Einkünfte zwischen dem Wohnsitzstaat einer Person, die eine selbständige Arbeit ausübt, und dem Staat, in dem die Arbeit durch eine feste Einrichtung ausgeübt wird, anwenden. Ebenso sind die für eine feste Einrichtung entstandenen Aufwendungen einschließlich der Geschäftsführungs- und der allgemeinen Kosten bei der Ermittlung der einer festen Einrichtung zuzurechnenden Einkünfte in gleicher Weise zum Abzug zuzulassen wie derartige Aufwendungen, die für eine Betriebsstätte entstanden sind. Auch in sonstiger Hinsicht können Artikel 7 OECD-MA 92 und der dazugehörige Kommentar für die Auslegung von Artikel 14 OECD-MA 92 von Nutzen sein, z. B. für die Frage, ob Vergütungen für Software als Einkünfte im Sinne des Artikels 7 oder 14 OECD-MA 92 oder als Lizenzgebühren im Sinne des Artikels 12 OECD-MA 92 zu qualifizieren sind (vgl. Tz. 12 ff. OECD-Kommentar zu Art. 12 Abs. 2 OECD-MA 92).

6.2 Erstmalige Anwendung

Die vorliegenden Grundsätze sind ab dem Veranlagungszeitraum 2000 anzuwenden. Es ist nicht zu beanstanden, wenn bis dahin nach der bisherigen Praxis verfahren wird.

6.3 Aufhebung anderer Verwaltungsregelungen

Die BMF-Schreiben zur Überführung von Wirtschaftsgütern in eine ausländische Betriebsstätte, deren Einkünfte durch ein DBA freigestellt sind, und ihre Rückführung ins Inland vom 12. Februar 1990 (BStBl I S. 72) und zur Überführung von Wirtschaftsgütern aus einer inländischen Betriebsstätte in das ausländische Stammhaus vom 3. Juni 1992 (– IV B 2 - S 2135 - 4/92 –, DB S. 1655) sind ab Veranlagungszeitraum 2000 nicht mehr anzuwenden. Das Gleiche gilt für die BMF-Schreiben vom 31. Mai 1979 (BStBl I S. 306) zur körperschaftsteuerlichen Behandlung der beschränkt steuerpflichtigen Versicherungsunternehmen, vom 24. August 1984 (BStBl I S. 458) zur Behandlung von Kontroll- und Koordinierungsstellen ausländischer Konzerne in der Bundesrepublik Deutschland und vom 29. November 1996 (BStBl 1997 I S. 136) zum Dotationskapital von inländischen Betriebsstätten ausländischer Kreditinstitute.

Anhang: DBA-Übersichten

ANHANG : DBA - Übersichten (zum Anwendungszeitpunkt der DBA vgl. BStBl 1999 I S.122)

Anlage I: Grundtatbestandsmerkmal (Betriebsstätteneigenschaft)

lfd. Nr.	DBA-Land	Als Betriebsstätte gelten: feste Geschäftseinrichtungen, durch die die Tätigkeit eines Unternehmens ganz oder teilweise ausgeübt wird	insbesondere: Ort der Leitung, Zweigniederlassung, Geschäftsstelle, Fabrikationsstätte, Werkstätte, (Ladengeschäft oder eine andere Verkaufseinrichtung)	Lagerhaus	Dauernde Verkaufsausstellung	Einkaufs- u. Verkaufsstellen, Lager und andere Handelsstätten, die den Charakter einer ständigen Geschäftseinrichtung haben	Bergwerk, Steinbruch oder andere Stätte zur Ausbeutung von Bodenschätzen
1	Ägypten (VAR)	x	x				x
2	Argentinien	x	x				x
3	Australien	x	x	x			x
4	Bangladesch	x	x	x			x
5	Belgien	x	x				x
6	Bolivien	x[1]	x				x
7	Brasilien	x	x				x
8	Bulgarien	x	x				x
9	China (Volksrepublik, ohne Hongkong)	x	x				x
10	Dänemark	x	x				x
11	Ecuador	x[2]	x				x
12	Elfenbeinküste	x	x				x
13	Estland	x	x				x
14	Finnland	x	x				x
15	Frankreich	x	x				x
16	Griechenland	x	x				x
17	Großbritannien	x	x				x
18	Indien	x	x	x	x		x
19	Indonesien	x	x				x
20	Iran	x	x				x
21	Irland	x	x				x
22	Island	x	x				x
23	Israel	x	x				x
24	Italien	x[2]	x			x	
25	Jamaika	x	x				x
26	Japan	x	x				x
27	Jugoslawien [3]	x	x				x

lfd. Nr.	DBA-Land	Als Betriebsstätte gelten: feste Geschäftseinrichtungen, durch die die Tätigkeit eines Unternehmens ganz oder teilweise ausgeübt wird	insbesondere: Ort der Leitung, Zweigniederlassung, Geschäftsstelle, Fabrikationsstätte, Werkstätte, Ladengeschäft oder eine andere Verkaufseinrichtung	Lagerhaus	Dauernde Verkaufsausstellung	Einkaufs- u. Verkaufsstellen, Lager und andere Handelsstätten, die den Charakter einer ständigen Geschäftseinrichtung haben	Bergwerk, Steinbruch oder andere Stätte zur Ausbeutung von Bodenschätzen
28	Kanada	x	x				x
29	Kasachstan	x	x				x
30	Kenia	x	x				x
31	Korea (Rep.)	x	x				x
32	Kuwait	x	x				x
33	Lettland	x	x				x
34	Liberia	x	x				x
35	Litauen	x	x				x
36	Luxemburg	x	x				x
37	Malaysia	x	x				x
38	Malta	x	x				x
39	Marokko	x	x				x
40	Mauritius	x	x				x
41	Mexiko	x	x				x
42	Mongolei	x	x				x
43	Namibia	x	x				x
44	Neuseeland	x	x				x
45	Niederlande	x	x				x
46	Norwegen	x					x
47	Österreich	x[4]	x	x	x		
48	Pakistan	x	x	x			x
49	Philippinen	x	x				x
50	Polen	x	x				x
51	Portugal	x	x				x
52	Rumänien	x	x				x
53	Russische Föderation	x	x				x
54	Sambia	x	x				x
55	Schweden	x	x				x
56	Schweiz	x	x				x
57	Simbabwe	x	x				x
58	Singapur	x	x	x			x

lfd. Nr.	DBA-Land	Als Betriebsstätte gelten: feste Geschäftseinrichtungen, durch die die Tätigkeit eines Unternehmens ganz oder teilweise ausgeübt wird	insbesondere:				
			Ort der Leitung, Zweigniederlassung, Geschäftsstelle, Fabrikationsstätte, Werkstätte, Ladengeschäft oder eine andere Verkaufseinrichtung	Lagerhaus	Dauernde Verkaufsausstellung	Einkaufs- u. Verkaufsstellen, Lager und andere Handelsstätten, die den Charakter einer ständigen Geschäftseinrichtung haben	Bergwerk, Steinbruch oder andere Stätte zur Ausbeutung von Bodenschätzen
59	Spanien	x	x				x
60	Sri Lanka	x	x				x
61	Südafrika	x	x				x
62	Thailand	x	x				x
63	Trinidad u. Tobago	x	x	x			x
64	Tschechoslowakei[5]	x	x				x
65	Türkei	x[2]	x				x
66	Tunesien	x	x				x
67	UdSSR (außer Nrn. 50 und 68)	x[6]					
68	Ukraine	x	x				x
69	Ungarn	x	x				x
70	Uruguay	x[1]	x				x
71	USA	x[7]	x				x
72	Venezuela	x	x				x
73	Vereinigte Arabische Emirate	x	x				x
74	Vietnam	x	x				x
75	Zypern	x	x				x

1) besonders erwähnt, dass die Geschäftseinrichtung der Erzielung von Einkommen dienen muss
2) „feste Geschäftseinrichtung, **in der** die Tätigkeit…………ausgeübt wird"
3) Das DBA mit Jugoslawien vom 26. März 1987 gilt für die Republik Bosnien und Herzegowina, die Republik Kroatien, die Republik Slowenien, die Republik Mazedonien und die Bundesrepublik Jugoslawien bis auf weiteres fort
4) „**ständige** Geschäftseinrichtung des gewerblichen Unternehmens, **in der** die Tätigkeit……….ausgeübt wird"
5) Das DBA mit der Tschechoslowakischen Sozialistischen Republik vom 19. Dezember 1980 gilt sowohl für die Tschechische Republik als auch für die Slowakische Republik bis auf weiteres fort
6) „jede feste **Einrichtung**, durch die eine in einem Vertragsstaat ansässige Person ihre **Geschäftstätigkeit** im anderen Vertragsstaat ganz oder teilweise ausübt"; die Geschäftstätigkeit umfasst **unternehmerische** und **selbständige** Tätigkeit
7) Sonderbestimmung für Konzerte, Theater und sonstige künstlerische Veranstaltungen

Anlage II: Bauausführungen und Montagen

lfd. Nr.	DBA-Land	Als Betriebsstätte gelten Bauausführungen und Montagen deren Dauer übersteigt:					Bau- und Montageüberwachung als Betriebsstätte
		3 Monate	6 Monate	183 Tage	9 Monate	12 Monate	
1	Ägypten (VAR)	x					x
2	Argentinien	x					
3	Australien	x					x
4	Bangladesch		x				
5	Belgien				x		
6	Bolivien	x					
7	Brasilien					x	
8	Bulgarien					x	
9	China (Volksrepublik, ohne Hongkong)	x					x
10	Dänemark					x	
11	Ecuador					x	
12	Elfenbeinküste	x					
13	Estland			x			
14	Finnland					x	
15	Frankreich					x	
16	Griechenland					x	
17	Großbritannien					x	
18	Indien	x					
19	Indonesien	x					
20	Iran	x					
21	Irland				x		
22	Island				x		
23	Israel				x		
24	Italien						
25	Jamaika	x					
26	Japan				x		
27	Jugoslawien [1]				x		
28	Kanada				x		
29	Kasachstan				x		
30	Kenia	x					x
31	Korea (Rep.)	x					x
32	Kuwait			x			
33	Lettland			x			
34	Liberia	x					
35	Litauen			x			
36	Luxemburg	x					
37	Malaysia	x					x
38	Malta					x	
39	Marokko	x					

lfd. Nr.	DBA-Land	Als Betriebsstätte gelten Bauausführungen und Montagen					Bau- und Montageüberwachung als Betriebsstätte
		deren Dauer übersteigt:					
		3 Monate	6 Monate	183 Tage	9 Monate	12 Monate	
40	Mauritius		x				
41	Mexiko		x				x
42	Mongolei		x				
43	Namibia		x				
44	Neuseeland				x		x
45	Niederlande				x		
46	Norwegen				x		x
47	Österreich				x		
48	Pakistan	x					x
49	Philippinen	x					
50	Polen				x		
51	Portugal	x					
52	Rumänien				x		
53	Russische Föderation				x		
54	Sambia			x			x
55	Schweden				x		x
56	Schweiz				x		x
57	Simbabwe		x				
58	Singapur		x				x
59	Spanien				x		
60	Sri Lanka		x				
61	Südafrika				x		
62	Thailand	x	x				
63	Trinidad u. Tobago		x				
64	Tschechoslowakei [2]					x	
65	Türkei		x				x
66	Tunesien		x				x
67	UdSSR (außer Nr. 53 und 68)					x	
68	Ukraine					x	
69	Ungarn					x	
70	Uruguay					x	
71	USA					x	
72	Venezuela		x				
73	Vereinigte Arabische Emirate				x		
74	Vietnam	x					
75	Zypern	x					x

1) Das DBA mit Jugoslawien vom 26. März 1987 gilt für die Republik Bosnien und Herzegowina, die Republik Kroatien, die Republik Slowenien, die Republik Mazedonien und die Bundesrepublik Jugoslawien bis auf weiteres fort.
2) Das DBA mit der Tschechoslowakischen Sozialistischen Republik vom 19. Dezember 1980 gilt sowohl für die Tschechische Republik als auch für die Slowakische Republik bis auf weiteres fort.

Anlage III: Ständiger Vertreter

lfd. Nr.	DBA-Land	Als Betriebsstätte gelten (Vertreter o. Angestellte ausländ. Unternehmen mit Ausnahme von Maklern, Kommissionären o. and. unabh. Vertretern, die i. R. ihrer ordentl. Geschäftstätigk. f. d. Untern. tätig werden)			Sonstige		
		Personen, die eine Vollmacht besitzen, im Namen d. Untern. Verträge abzuschließen u. d. Vollmacht gewöhnl. ausüben, es sei denn, dass sich ihre Tätigkeit auf den Einkauf von Gütern o. Waren f. d. Unternehmen beschränkt	Personen, die einen dem Unternehmen gehörenden Warenbestand unterhalten, von dem aus sie regelmäßig Bestellungen f. d. Unternehmen ausführen	Besondere Fälle	Vertreter von Versicherungsgesellschaften	Feste Geschäftseinricht. o. Vertrt. f. e. Einkauf v. Erzeugn. d. Landw. oder Viehzucht
1	Ägypten (VAR)	x	x			
2	Argentinien	x				x
3	Australien	x		x		
4	Bangladesch	x	x	x		
5	Belgien	x			x	
6	Bolivien	x				
7	Brasilien	x			x	
8	Bulgarien	x				
9	China (Volksrepublik, ohne Hongkong)	x				
10	Dänemark	x				
11	Ecuador	x				
12	Elfenbeinküste	x				
13	Estland	x				
14	Finnland	x				
15	Frankreich	x			x	
16	Griechenland	x				
17	Großbritannien	x				
18	Indien	x	x	x		
19	Indonesien	x	x			
20	Iran	x				
21	Irland	x				
22	Island	x				
23	Israel	x				
24	Italien	x				
25	Jamaika	x	x			
26	Japan	x				
27	Jugoslawien [1]	x				
28	Kanada	x				
29	Kasachstan	x				
30	Kenia	x	x			

lfd. Nr.	DBA-Land	Als Betriebsstätte gelten (Vertreter o. Angestellte ausländ. Unternehmen mit Ausnahme von Maklern, Kommissionären o. and. unabh. Vertretern, die i. R. ihrer ordentl. Geschäftstätigk. f. d. Untern. tätig werden)			Sonstige		
		Personen, die eine Vollmacht besitzen, im Namen d. Untern. Verträge abzuschließen u. d. Vollmacht gewöhnl. ausüben, es sei denn, dass sich ihre Tätigkeit auf den Einkauf von Gütern o. Waren f. d. Unternehmen beschränkt	Personen die einen dem Unternehmen gehörenden Warenbestand unterhalten, von dem aus sie regelmäßig Bestellungen f. d. Unternehmen ausführen	Besondere Fälle		Vertreter von Versicherungsgesellsch.	Feste Geschäftseinricht. o. Vertrt. f. e. Einkauf v. Erzeugn. d. Landw. oder Viehzucht
31	Korea (Rep.)	x	x				
32	Kuwait	x					
33	Lettland	x					
34	Liberia	x	x				
35	Litauen	x					
36	Luxemburg	x					
37	Malaysia	x					
38	Malta	x					
39	Marokko	x					
40	Mauritius	x	x				
41	Mexiko	x				x	
42	Mongolei	x					
43	Namibia	x					
44	Neuseeland	x					
45	Niederlande	x					
46	Norwegen	x					
47	Österreich	x	x	x			
48	Pakistan	x	x				
49	Philippinen	x	x				
50	Polen	x					
51	Portugal	x					
52	Rumänien	x					
53	Russische Föderation	x					
54	Sambia	x					
55	Schweden	x					
56	Schweiz	x					
57	Simbabwe	x					
58	Singapur	x	x				
59	Spanien	x					
60	Sri Lanka	x					
61	Südafrika	x					

lfd. Nr.	DBA-Land	Als Betriebsstätte gelten (Vertreter o. Angestellte ausländ. Unternehmen mit Ausnahme von Maklern, Kommissionären o. and. unabh. Vertretern, die i. R. ihrer ordentl. Geschäftstätigk. f. d. Untern. tätig werden)			Sonstige	
		Personen, die eine Vollmacht besitzen, im Namen d. Untern. Verträge abzuschließen u. d. Vollmacht gewöhnl. ausüben, es sei denn, dass sich ihre Tätigkeit auf den Einkauf von Gütern o. Waren f. d. Unternehmen beschränkt	Personen die einen dem Unternehmen gehörenden Warenbestand unterhalten, von dem aus sie regelmäßig Bestellungen f. d. Unternehmen ausführen	Besondere Fälle	Vertreter von Versicherungsgesellsch.	Feste Geschäftseinricht. o. Vertrt. f. e. Einkauf v. Erzeugn. d. Landw. oder Viehzucht
62	Thailand	x	x	x		
63	Trinidad u. Tobago	x	x			
64	Tschechoslowakei [2]	x				
65	Türkei	x	x	x		
66	Tunesien	x			x	
67	UdSSR (außer Nm. 53 und 68)	x				
68	Ukraine	x	x			
69	Ungarn	x				
70	Uruguay	x				
71	USA	x				
72	Venezuela	x				
73	Vereinigte Arabische Emirate	x				
74	Vietnam	x				
75	Zypern	x				

1) Das DBA mit Jugoslawien vom 26. März 1987 gilt für die Republik Bosnien und Herzegowina, die Republik Kroatien, die Republik Slowenien, die Republik Mazedonien und die Bundesrepublik Jugoslawien bis auf weiteres fort.
2) Das DBA mit der Tschechoslowakischen Sozialistischen Republik vom 19. Dezember 1980 gilt sowohl für die Tschechische Republik als auch für die Slowakische Republik bis auf weiteres fort.

Anlage IV: Nicht als Betriebsstätten geltende Einrichtungen

lfd.-Nr.	DBA-Land	Einrichtungen, d. ausschl. z. Lagerung, Ausstellung o. Auslieferung v. Waren d. Unternehmens benutzt werden	Bestände d. Unternehmens, die ausschließlich		Feste Geschäftseinrichtung, d. ausschließlich z. d. Zweck unterhalten wird f. d. Unternehmen		Besondere Fälle
			z. Lagerung, Ausstellung o. Auslieferung unterhalten werden	z. d. Zweck unterhalten werden, durch ein anderes Untern. bearbeitet o. verarbeitet zu werden	Güter o. Waren einzukaufen o. Informationen zu beschaffen	z. werben, Informationen z. erteilen, wissenschaftliche Forschung zu betreiben o. ä. Tätigkeiten auszuüben d. vorber. Art sind oder eine Hilfstätigkeit darstellen	
1	Ägypten (VAR)	x	x		x	x	
2	Argentinien	x	x	x	x	x	
3	Australien	x	x	x	x	x	
4	Bangladesch	x	x	x	x	x	
5	Belgien	x	x	x	x	x	
6	Bolivien	x	x	x	x	x	
7	Brasilien	x	x	x	x	x	
8	Bulgarien	x	x	x	x		x
9	China (Volksrepublik, ohne Hongkong)	x	x	x	x	x	
10	Dänemark	x	x	x	x	x	
11	Ecuador	x	x	x	x	x	
12	Elfenbeinküste	x	x	x			
13	Estland	x	x	x	x	x	
14	Finnland	x	x	x	x	x	
15	Frankreich	x	x	x	x	x	
16	Griechenland	x	x	x	x	x	
17	Großbritannien	x	x	x	x	x	
18	Indien	x	x	x	x	x	
19	Indonesien	x	x	x	x	x	
20	Iran	x	x	x	x	x	
21	Irland	x	x	x	x	x	
22	Island	x	x	x	x	x	
23	Israel	x	x	x	x	x	
24	Italien	x	x	x	x	x	
25	Jamaika	x	x	x	x	x	
26	Japan	x	x	x	x	x	
27	Jugoslawien [1]	x	x	x	x	x	
28	Kasachstan	x	x	x	x	x	
29	Kanada	x	x	x	x	x	
30	Kenia	x	x	x	x	x	
31	Korea (Rep.)	x	x	x	x	x	
32	Kuwait	x	x	x	x		

B. I. 1. Steuererlasse Zu § 12 AO

lfd.-Nr.	DBA-Land	Einrichtungen, d. ausschl. z. Lagerung, Ausstellung o. Auslieferung v. Waren d. Unternehmens benutzt werden	Bestände d. Unternehmens, die ausschließlich		Feste Geschäftseinrichtung, d. ausschließlich z.d. Zweck unterhalten wird f. d. Unternehmen		Besondere Fälle
			z. Lagerung, Ausstellung o. Auslieferung unterhalten werden	z. d. Zweck unterhalten werden, durch ein anderes Untern. bearbeitet o. verarbeitet zu werden	Güter o. Waren einzukaufen o. Informationen zu beschaffen	z. werben, Informationen z. erteilen, wissensch. Forschung z. betreiben o. ä. Tätigkeit auszuüben d. vorber. Art sind o. eine Hilfstätigkeit darstellen	
33	Lettland	x	x	x	x	x	
34	Liberia	x	x	x	x	x	
35	Litauen	x	x	x	x	x	
36	Luxemburg	x	x	x	x	x	
37	Malaysia	x	x	x	x	x	
38	Malta	x	x	x	x	x	
39	Marokko	x	x	x	x	x	
40	Mauritius	x	x	x	x	x	
41	Mexiko	x	x	x	x	x	x
42	Mongolei	x	x	x	x		x
43	Namibia	x	x	x	x		
44	Neuseeland	x	x	x	x	x	
45	Niederlande	x	x	x	x	x	
46	Norwegen	x	x	x	x	x	
47	Österreich				x		x
48	Pakistan	x	x	x	x		
49	Philippinen	x	x	x	x	x	
50	Polen	x	x	x	x	x	
51	Portugal	x	x	x	x	x	
52	Rumänien	x		x	x	x	
53	Russische Föderation	x	x	x	x		
54	Sambia	x	x	x	x	x	
55	Schweden	x	x	x	x	x	
56	Schweiz	x	x	x	x	x	
57	Simbabwe	x	x	x	x		
58	Singapur	x	x	x	x	x	
59	Spanien	x	x	x	x	x	
60	Sri Lanka	x	x	x	x	x	
61	Südafrika	x	x	x	x	x	
62	Thailand	x	x	x	x	x	

lfd.-Nr.	DBA-Land	Einrichtungen, d. ausschl. z. Lagerung, Ausstellung o. Auslieferung v. Waren d. Unternehmens benutzt werden	Bestände d. Unternehmens, die ausschließlich		Feste Geschäftseinrichtung, d. ausschließlich z. d. Zweck unterhalten wird f. d. Unternehmen		Besondere Fälle
			z. Lagerung, Ausstellung o. Auslieferung unterhalten werden	z. d. Zweck unterhalten werden, durch ein anderes Untern. bearbeitet o. verarbeitet zu werden	Güter o. Waren einzukaufen o. Informationen zu beschaffen	z. werben, Informationen z. erteilen, wissenschaftliche Forschung zu betreiben o. ä. Tätigkeiten auszuüben d. vorber. Art sind oder eine Hilfstätigkeit darstellen	
63	Trinidad u. Tobago	x	x	x	x	x	
64	Tschechoslowakei [2]	x	x	x	x	x	
65	Türkei	x	x	x	x		
66	Tunesien	x	x	x	x	x	
67	UdSSR (außer Nrn. 53 und 68)	x	x	x	x	x	
68	Ukraine	x	x	x	x		
69	Ungarn	x	x	x	x	x	
70	Uruguay	x	x		x	x	
71	USA	x	x	x	x	x	
72	Venezuela	x	x	x	x		
73	Vereinigte Arabische Emirate	x	x	x	x		
74	Vietnam	x	x	x	x		
75	Zypern	x	x	x	x	x	

1) Das DBA mit Jugoslawien vom 26. März 1987 gilt für die Republik Bosnien und Herzegowina, die Republik Kroatien, die Republik Slowenien, die Republik Mazedonien und die Bundesrepublik Jugoslawien bis auf weiteres fort.

2) Das DBA mit der Tschechoslowakischen Sozialistischen Republik vom 19. Dezember 1980 gilt sowohl für die Tschechische Republik als auch für die Slowakische Republik bis auf weiteres fort.

Tabelle 1: **Rechtsformen internationaler Unternehmen**

Staat	Abk.	Rechtsform	vergleichbar mit
Argentinien		Sociedad de responsabilidad limitada	GmbH
		Sociedad Anonima	AG
		Sociedad en commandita par acciones	KGaA
		Sociedad en commandita	KG
		Sociedad colectiva	OHG
		Sociedad cooperativa	Gen.
		Sociedad accidentale o en participacion	Keine vergleichbare Gesellschaftsform
Australien	Pty Ltd	Proprietary limited Company	GmbH
	PC Ltd	Public Company limited by shares	AG
		Limited Partnership	KG
		Partnership	OHG
Belgien	SPRL	Société privée a responsabilité limitée	GmbH
	oder	oder	
	BVBA	Besloten vennootschap met beperkte aansprakelijkheid	
	SPRLU	Société d'une personne a responsabilité limitée	Einmann-GmbH
	S. A.	Société anonyme	AG
	oder	oder	
	N. V.	Naamloze Vennootschap	
		Société Coopérative oder Kooperative Vennootschap	Keine vergleichbare Gesellschaftsform
		Société en commandite par actions	KGaA
		Société en commandite simple oder Kommanditaire Vennootschap	KG
		Société en nom collectif	OHG
Brasilien	Ltda	Sociedade por Quotas de Responsabilidade Limitada	GmbH
	SA	Sociedade Anonima	AG
	Compania aberta	Sociedade Anomina de Capital Aberto	offene AG
	Compania fechada	Sociedade Anomina de Capital Fechada	geschl. AG
		Sociedade em Comandita	KG
		Sociedade em Nome Colectivo	OHG
		Sociedade em Conta de Participacao	Stille Gesellschaft

Staat	Abk.	Rechtsform	vergleichbar mit
Dänemark	Aps	Anpartsselskab	GmbH
	A/S	Aktieslskab	AG
	K/S	Kommanditselskab	KG
		Kommanditselskab (mit AG als Kommanditist)	KGaA
	I/S	Interessentskab	OHG
	AmbA	Andelsselskab	eingetr. Genossenschaft mbH
Finnland	OY	Osakeyhtiö	AG
		Kommandittiyhiö	KG
		Avoin Ightiö	OHG
		Osuuskunta	Genossenschaft
Frankreich	SARL	Société de responsabilité limitée	GmbH
	SA	Société anonyme	AG
		Société en commandite simple	KG
		Société en commandite par actions	KGaA
	SNC	Société en nom collectif	OHG
	GIE	Groupement d' intérêt économique	ARGE
		Société coopérative	Genossenschaft
	SP	Société en participation	Stille Gesellschaft
	SC	Société civile	GbR
		Société crée de fait	Keine vergleichbare Gesellschaftsform
	EURL	Entreprise unipersonnelle a responsabilité limitée	Einmann-GmbH
Griechenland	EPE	Etairia periorismenis evthinis	GmbH
	AG	Anonynos Etairia	AG
	EE	Eterrorrythmos	KG
	O. E.	Omorrythmos	OHG
Großbritannien	Ltd.	Private company limited by shares	GmbH
	Plc	Public company limited by shares	AG
		Limited Partnership	KG
		Partnership	OHG
		(Privat)Unlimited company	Kap.Ges.
		Cooperative society	Genossenschaft
		Company limited by guarantee	Gemein. Körperschaft
		Statuary company	Keine vergleichbare Gesellschaftsform

Staat	Abk.	Rechtsform	vergleichbar mit
Irland	PrC PLC Ltd.	Private Company limited by shares Public Company limited by shares Limited Partnership Partnership Cooperative Society Company limited by Guarantees Statuary Company Chartered Company Oversea Company Unlimited Company	GmbH AG KG OHG Gen. Gemein. Körperschaft Keine vergleichbare Gesellschaftsform Kap.Ges.
Italien	S. r. l. S. p. A. S. a. S. u. p. a.	Societa a responsabilita limitata Societa per azioni Societa a accomandita Societa a accomandita per azioni	GmbH AG KG KGaA
Japan		Mitsubishi Kaisha Kabushiki Kaisha Goshi Kaisha Gomai Kaisha	GmbH AG KG OHG
Kanada	Ltd. Inc. od. and.	Corporation Limited Partnership General Partnership	AG KG OHG
Liechtenstein	GmbH AG	Gesellschaft mit beschränkter Haftung Aktiengesellschaft Anstalt Stiftung Treuunternehmen	GmbH AG jur. Person
Luxemburg	S. a. r. l. S. A.	Societe a responsabilite limitee Societe anonyme Societe en commandite Societe en commandite par actions	GmbH AG KG KGaA
Niederlande	BV NV CVoA CV VoF	Besloten Vennootshap met beperkte aansprakelijkheid Naamloze Vennootschap Commanditaire Vennootschap op Andelen Commanditaire Vennootschap Vennootschap onder Firma	GmbH AG KGaA KG OHG

Staat	Abk.	Rechtsform	vergleichbar mit
Österreich	GmbH oder Ges. m. b. H.	Gesellschaft mit beschränkter Haftung	GmbH
	AG	Aktiengesellschaft	AG
	KG	Kommanditgesellschaft	KG
	OHG	Offene Handelsgesellschaft	OHG
Portugal	L. da	sociedade por quontas (Firmenzusatz: sociedade com responsabilidade limitdada oder limitada - lda)	GmbH
	EIRL	estabelecimento mercantil individual de responsabilidade limitada	Einzelhandelsunternehmen mit beschr. Haftung
	S. A. (SARL)	sociedade anonima (sociedade anonima responsabilidade limitada)	AG
		sociedade em comandita	KG
		sociedade em nome colectivo	OHG
		sociedade civil	GbR
		parcarias maritimas	Partenreederei
Schweden	AB	Aktiebolag	AG
		Handelsbolag	OHG
		Kommanditbolag	KG
		Enkeltbolag	GbR
		Enskild Firma	Einzelkaufmann
		Kreditavtel med delta gande vid vinst och forlust	Stille Gesellschaft
Schweiz	GmbH	Gesellschaft mit beschränkter Haftung	GmbH
	AG/SA	Aktiengesellschaft	AG
		Kommanditaktiengesellschaft	KGaA
	KG	Kommanditgesellschaft	KG
		Einfache Gesellschaft	GbR
		Genossenschaft	Genossenschaft
Singapur		Private Company Limited by Shares (als Private oder Public Company möglich)	GmbH
		Company Limited by Guarantee	
		Unlimited Company	
		Limited Partnership	KG
		Partnership	OHG

Staat	Abk.	Rechtsform	vergleichbar mit
Spanien	SRL	Sociedad de Responsabilidad Limitada (Sociedad Limitada)	GmbH
	SA	Sociedad Anonima	AG
	SC	Sociedad en Comandita	KG
	SrC	Sociedad Regular Colectiva Compania	OHG
		Sociedad commanditaria por acciones	KGaA
Südafrika	(Pty) Ltd	Private oder Propriety Company (Limited by shares)	GmbH
	Ltd oder BpK	Public Company (Limited by shares)	AG
		Company limited by Guarantee	Mitunternehmerschaft
		Partnership	OHG
Türkei	A. S.	Anonim Sirket	AG
		Limited Sirket	GmbH
	Kol. SrK.	Kollektiv Sirket	OHG
	Kom. SrK.	Komandit Sirket	KG
		Hisseli Komandit Sirket	KGaA
USA	Corp. Inc. Ltd.	Business Corparation (Public Corporation, Close Corporation)	AG
	JSA	Joint Stock Association (Company)	Mischform Kap.Ges. Pers.Ges.
		Limited Partnership	KG
		General Partnership	OHG
		Unincorporated Joint Venture	Gelegenh.Ges.: GbR
		Business Trust	keine vergleichbare Ges.-Form
	PTLP	Public Traded Limited	KG mit Börsenzulassung (Kap.Ges.)

Tabelle 2: Rechtsformen osteuropäischer Unternehmen

Staat und Rechtsform	Abk.	vergleichbare Rechtsform
Polen		
1. Spólka Akcyjna	S. A.	AG
2. Spólka z ograniczona odpowiedzialnoscia	Sp. z. o. o.	GmbH
3. Spólka komandytowa	S. K.	KG
4. Spólka prawa cywilnego (Spolka cywilna)	S. c.	GbR
5. Spólka handlowa jawna		OHG
Tschechische/Slowakische Republik		
1. Spolecnost s rucen im, omezenim oder s rucenim omezenim	spol. s. r. o.	GmbH
2. Akiová spulecnost	a. s.	AG
3. Verejná obchodni spolecnost	ver. obch. spol. oder v. o. s.	OHG
4. Komanditni spolecnost	kom. spol. oder k. s.	KG
Ungarn		
1. Részvénytársaság	rt	AG
2. Korlátolt felelösségü társaság	kft	GmbH
3. Közkereseti társaság	kkt	OHG
4. Betéti társaság	bt	KG
5. Ipari szövetkezet	keine Abkürzung	Industrie-genossenschaften
Bulgarien		
1. Zabiratelno drushestwo		OHG
2. Komanditno drushestwo	KD	KG
3. Drushestwo s organitschena otgowornost	ocD	GmbH
4. Aktionierno drushestwo	AD	AG
5. Komanditno drushestwo s. akzii	KDA	KGaA
Kroatien		
1. Akzomarskoje Obtschestwo		AG
2. Obtschestwo oder Organisazia za Organitschenom otgowomosti		GmbH
Slowenien (ab dem 10. Juni 1993):		
1. Delniska druzba	d. d.	AG
2. Druz z omejeno odgovornostjo	d. o. o.	GmbH
3. Komanditna druzba	k. d.	KG
4. Komanditna delniska druzba	k. d. d.	KGaA
5. Tilna druzba	t. d.	Stille Gesell.
6. Gospordarsko interesno zdruzenje	g. i. z.	Entspricht der franz. wirtsch. Interessenver-einigung
7. Druzba z neomenjeno odgovornostjo	d. n. o.	OHG

Staat und Rechtsform	Abk.	vergleichbare Rechtsform
Rumänien		
1. societate pe actiuni	S. A.	AG
2. societate cu raspundere limitada	S. R. L.	GmbH
3. societate in comandita simpla	S. C. S.	KG
4. societate in nume colectiv	S. N. C.	OHG
5. societate in comandita pe actiuni	S. C. A.	KGaA

2. Anwendung der Doppelbesteuerungsabkommen (DBA) auf Personengesellschaften
BMF, Schreiben v. 26. 9. 2014 (BStBl I S. 1258)
– IV B 5 - S 1300/09/10003 –

Unter Bezugnahme auf das Ergebnis der Erörterungen mit den obersten Finanzbehörden der Länder gilt für die Anwendung der Doppelbesteuerungsabkommen auf Einkünfte, die von Personengesellschaften erzielt werden, Folgendes:

Inhaltsübersicht
Abkürzungsverzeichnis

0	**Hinweis**
1	**Allgemeine Grundsätze des nationalen Rechts**
1.1	Personengesellschaften
1.2	Ausländische Gesellschaften
2	**Allgemeine Grundsätze der Doppelbesteuerungsabkommen**
2.1	Personengesellschaften und Abkommensberechtigung
2.1.1	Grundsatz
2.1.2	Entlastung von deutschen Abzugsteuern
2.2	Unternehmensgewinne und Abgrenzungsfragen (Artikel 7 OECD-MA)
2.2.1	Gewinne gewerblich tätiger Personengesellschaften (Mitunternehmerschaften)
2.2.1.1	Einkünfte aus selbständiger Arbeit (§ 18 EStG)
2.2.1.2	Einkünfte aus atypisch stillen Beteiligungen
2.2.1.3	Einkünfte aus typisch stillen Beteiligungen
2.2.2	Unternehmen eines Vertragsstaates (Artikel 3 Absatz 1 Buchstabe d OECD-MA)
2.2.3	Betriebsstätte (Artikel 5 OECD-MA)
2.2.4	Betriebsstättenvorbehalte und Verhältnis zu anderen Vorschriften
2.2.4.1	Betriebsstättenvorbehalte
2.2.4.2	Unbewegliches Vermögen eines Unternehmens
2.3	Einkünfte aus Vermögensverwaltung
2.3.1	Grundsatz
2.3.2	Besonderheiten bei Einkünften aus unbeweglichem Vermögen (Artikel 6 OECD-MA) und Verhältnis zu Artikel 11 OECD-MA

2.3.3	Besonderheiten bei gewerblich geprägten und gewerblich infizierten Personengesellschaften und bei Betriebsaufspaltungen (Anwendung des § 50i EStG)
2.3.3.1	Ansässigkeit in einem DBA-Staat
2.3.3.2	Übertragung oder Überführung vor dem 29. Juni 2013
2.3.3.3	Veräußerung oder Entnahme nach dem 29. Juni 2013
2.3.3.4	Betriebsaufspaltung
2.3.3.5	Besteuerung der laufenden Einkünfte
2.3.3.6	Doppelbesteuerung
2.3.3.7	Keine Anwendung des § 50i EStG
2.3.3.8	Besonderheiten bei Umwandlungen, Einbringungen, Überführungen oder Übertragungen
2.3.3.9	Erstmalige Anwendung des § 50i EStG
3	**Deutschland als Betriebsstättenstaat**
3.1	Betriebsstättengewinn
3.2	Gewinne aus der Veräußerung von Wirtschaftsgütern
3.3	Gewerbesteuer
4	**Deutschland als Ansässigkeitsstaat**
4.1	Laufende Gewinne
4.1.1	Gewerblich tätige Personengesellschaften
4.1.1.1	Freistellung der Gewinnanteile
4.1.1.1.1	Grundsatz
4.1.1.1.2	Gewinnanteile aus atypisch stillen Beteiligungen
4.1.1.1.3	Einkünfte aus typisch stillen Beteiligungen
4.1.1.2	Ausschluss der Freistellung
4.1.1.2.1	Aktivitätsklauseln
4.1.1.2.2	Zwischeneinkünfte einer Betriebsstätte
4.1.1.2.3	Rückfallklauseln
4.1.1.2.4	Nationales Recht
4.1.1.2.5	Qualifikationskonflikte
4.1.2	Vermögensverwaltende (einschließlich gewerblich geprägter) Personengesellschaften
4.1.3	Qualifikationskonflikte
4.1.3.1	Allgemeines
4.1.3.2	DBA mit Klauseln zum Übergang auf die Anrechnungsmethode (sog. Switch-over-Klauseln)
4.1.3.3	DBA ohne Klauseln zum Übergang auf die Anrechnungsmethode
4.1.3.3.1	Positive Qualifikationskonflikte
4.1.3.3.2	Negative Qualifikationskonflikte
4.1.4	Unterschiedliche Einordnung einer ausländischen Personengesellschaft
4.1.4.1	Behandlung im Ausland als Körperschaft
4.1.4.2	Behandlung in Deutschland als Körperschaft
4.2	Gewinne aus der Veräußerung von Vermögen der Betriebsstätte
4.3	Gewinne aus der Veräußerung von Vermögen vermögensverwaltender (einschließlich gewerblich geprägter) Personengesellschaften
5	**Sondervergütungen und Sonderbetriebsvermögen**
5.1	Behandlung der Sondervergütungen und der durch das Sonderbetriebsvermögen veranlassten Erträge und Aufwendungen gewerblich tätiger Personengesellschaften
5.1.1	Grundsatz
5.1.2	Zurechnung der Sondervergütungen sowie der durch das Sonderbetriebsvermögen veranlassten Erträge und Aufwendungen zu einer Betriebsstätte der Personengesellschaft

5.1.3 Vermeidung der Doppelbesteuerung
5.1.3.1 Deutschland ist der Betriebsstättenstaat
5.1.3.2 Deutschland ist der Ansässigkeitsstaat
5.2 Sonderregelungen einzelner DBA

6 Verfahren
6.1 Gesonderte Gewinnfeststellung
6.2 Melde-, Mitwirkungs- und Nachweispflichten
6.3 Abstimmung mit ausländischen Finanzbehörden

7 Betriebsstätten-Verwaltungsgrundsätze

8 Aufhebung von BMF-Schreiben

Anlage Besonderheiten einzelner DBA zur Abkommensberechtigung von Personengesellschaften und Hinweise zu einzelnen Gesellschaftsformen

Abkürzungsverzeichnis

AO	Abgabenordnung
AmtshilfeRLUmsG	Amtshilferichtlinie-Umsetzungsgesetz
AStG	Außensteuergesetz
BFH	Bundesfinanzhof
BGBl	Bundesgesetzblatt
BMF	Bundesministerium der Finanzen
BStBl	Bundessteuerblatt
bzw.	beziehungsweise
DBA	Doppelbesteuerungsabkommen
EStG	Einkommensteuergesetz
ggf.	gegebenenfalls
i. d. F.	in der Fassung
i. S.	im Sinne
i. S. d.	im Sinne des/der
i. V. m.	in Verbindung mit
JStG	Jahressteuergesetz
KroatienAnpG	Gesetz zur Anpassung des nationalen Steuerrechts an den Beitritt Kroatiens zur EU und zur Änderung weiterer steuerlicher Vorschriften
KStG	Körperschaftsteuergesetz
LLC	Limited Liability Company
OECD	Organisation für wirtschaftliche Zusammenarbeit und Entwicklung
OECD-MA	OECD-Musterabkommen
OECD-MK	Kommentar zum OECD-Musterabkommen
PKW	Personenkraftwagen
RdNr.	Randnummer
S.	Seite
sog.	so genannte/so genannten
StÄndG	Steueränderungsgesetz
Tz.	Textziffer/Textziffern
u. a.	unter anderem
UmwStG	Umwandlungssteuergesetz
vgl.	vergleiche
z. B.	zum Beispiel

0 Hinweis

Die nachfolgenden Grundsätze für die Anwendung von DBA auf Personengesellschaften beruhen auf den in DBA üblicherweise enthaltenen Regelungen und verweisen zur Erläuterung auf das OECD-MA sowie den dazugehörigen OECD-MK. Einzelne DBA können davon abweichende Regelungen enthalten. Deshalb kann auf die Heranziehung des im Einzelfall anzuwendenden DBA nicht verzichtet werden.

1 Allgemeine Grundsätze des nationalen Rechts

1.1 Personengesellschaften

Bei der Anwendung der DBA auf in- und ausländische Personengesellschaften und ihre Gesellschafter ist zunächst nach nationalem Recht zwischen Personengesellschaften zu unterscheiden, die gewerbliche Einkünfte erzielen und Personengesellschaften, die andere Einkünfte erzielen, insbesondere solche aus Vermögensverwaltung. Ob eine Personengesellschaft gewerbliche Einkünfte oder andere Einkünfte erzielt, richtet sich nach den Vorschriften des EStG. Entsprechendes gilt auch für Gemeinschaften, z. B. Erbengemeinschaften und Venture Capital Fonds sowie Private Equity Fonds in der Rechtsform einer Personengesellschaft (vgl. BMF-Schreiben vom 16. Dezember 2003, BStBl 2004 I S. 40). Zur abkommensrechtlichen Einordnung der Einkünfte vgl. die Tz. 2.2 und 2.3.

1.2 Ausländische Gesellschaften

Ob eine ausländische Gesellschaft als Personengesellschaft oder als Körperschaft zu behandeln ist, bestimmt sich für Zwecke der deutschen Besteuerung ausschließlich nach deutschem Steuerrecht. Es gelten die allgemeinen Grundsätze des Rechtstypenvergleichs; vgl. Abschnitt IV des BMF-Schreibens vom 19. März 2004, BStBl I S. 411, sowie BFH-Urteile vom 20. August 2008, I R 34/08, BStBl 2009 II S. 263, und vom 25. Mai 2011, I R 95/10, BStBl 2014 II S. 760. Das BMF-Schreiben vom 24. Dezember 1999, BStBl I S. 1076 – Betriebsstätten-Verwaltungsgrundsätze –, (unter Berücksichtigung der Änderungen durch die BMF-Schreiben vom 20. November 2000, BStBl I S. 1509, vom 29. September 2004, BStBl I S. 917, vom 25. August 2009, BStBl I S. 888, vom 20. Juni 2013, BStBl I S. 980 und Tz. 7 dieses Schreibens) enthält in Anhang I, Tabellen 1 und 2, Hinweise für die Einordnung ausgewählter ausländischer Gesellschaftsformen. Die Einordnung nach dem Zivil- oder Steuerrecht des jeweiligen Sitzstaates ist nicht maßgebend.

2 Allgemeine Grundsätze der Doppelbesteuerungsabkommen

2.1 Personengesellschaften und Abkommensberechtigung

2.1.1 Grundsatz

Personengesellschaften sind nach deutschem Steuerrecht weder einkommen- noch körperschaftsteuerpflichtig. Die von ihnen erzielten gewerblichen Einkünfte werden den Gesellschaftern anteilig zugerechnet (§ 15 Absatz 1 Satz 1 Nummer 2 EStG). Personengesellschaften können zwar Personen i. S. d. DBA sein (Artikel 3 Absatz 1 Buchstabe a OECD-MA), jedoch mangels eigener Einkommen- bzw. Körperschaftsteuerpflicht keine ansässigen Personen (Artikel 4 Absatz 1 OECD-MA). Als ansässige und damit abkommensberechtigte Personen sind die Gesellschafter anzusehen, soweit sie nicht selbst Personengesellschaften sind (OECD-MK Nummer 6.4 zu Artikel 1). Ist ein Gesellschafter eine Personengesellschaft (sog. doppel- oder mehrstöckige Personengesellschaften), ist insoweit auf die Gesellschafter der Obergesellschaft abzustellen. Zu abweichenden Regelungen einzelner DBA wird auf die Anlage verwiesen. Dagegen sind Personengesellschaften für die Gewerbesteuer selbst steuerpflichtig (zur DBA-rechtlichen Bedeutung der Gewerbesteuer vgl. Tz. 3.3).

Für Bruchteilsgemeinschaften folgt die Einkünftezuordnung zum Gemeinschafter unmittelbar aus der Bruchteilsbetrachtung.

2.1.2 Entlastung von deutschen Abzugsteuern

Da Personengesellschaften als solche nicht abkommensberechtigt sind (Tz. 2.1.1), können ausländische Personengesellschaften selbst die nach einem DBA zu gewährende Entlastung von Abzugsteuern (vgl. z. B. Artikel 10 Absatz 2 OECD-MA; § 50d Absatz 1 bis 6 EStG) nicht beanspruchen. Abkommensberechtigt sind vielmehr die Gesellschafter der Personengesellschaften, wenn sie im anderen Vertragsstaat ansässig sind. Ist ein Gesellschafter in einem Drittstaat ansässig, richtet sich die Abkommensberechtigung nach dem DBA mit diesem Staat.

Unbeschadet des Grundsatzes, dass Personengesellschaften selbst nicht abkommensberechtigt sind, ist nur der Personengesellschaft und nicht deren Gesellschaftern die Entlastung von Abzugsteuern (§ 50d Absatz 1 bis 6 EStG) zu gewähren, wenn die Einkünfte nach dem Recht des betreffenden Vertragsstaates der Personengesellschaft als Einkünfte einer ansässigen Person zugerechnet werden (§ 50d Absatz 1 Satz 11 EStG)[*)**)]. Die Vorschrift folgt dem OECD-MK (Nummer 5 zu Artikel 1 OECD-MK).

Beispiel 1:
Die Personengesellschaft hat ihren Sitz im Staat A, die Gesellschafter sind im Staat B ansässig. Die Personengesellschaft bezieht Lizenzgebühren aus Deutschland, die dem Steuerabzug nach § 50a EStG unterliegen. Die Gesellschaft ist mit ihren Einkünften im Staat A steuerpflichtig (Behandlung dort als intransparent). Da Staat A die Lizenzgebühren der Gesellschaft zurechnet, hat sie nach § 50d Absatz 1 Satz 11 EStG Anspruch auf Entlastung nach dem DBA mit Staat A. Die im Staat B ansässigen Gesellschafter haben dagegen keinen Entlastungsanspruch.

Beispiel 2:
Die Personengesellschaft hat ihren Sitz im Staat A, die Gesellschafter sind im Staat B ansässig. Die Personengesellschaft bezieht Lizenzgebühren aus Deutschland, die dem Steuerabzug nach § 50a EStG unterliegen. Staat A behandelt die Gesellschaft – wie Deutschland – als transparent, d. h., er rechnet die Lizenzgebühren den im Staat B ansässigen Gesellschaftern zu. Staat B rechnet die Einkünfte dagegen der Gesellschaft zu (Behandlung als intransparent). § 50d Absatz 1 Satz 11 EStG findet keine Anwendung, da sowohl Staat A wie auch Deutschland die Lizenzgebühren denselben Personen, nämlich den Gesellschaftern im Staat B, zurechnen. Der Entlastungsanspruch der im Staat B ansässigen Gesellschafter nach dem DBA mit Staat B bleibt unberührt.

2.2 Unternehmensgewinne und Abgrenzungsfragen (Artikel 7 OECD-MA)

2.2.1 Gewinne gewerblich tätiger Personengesellschaften (Mitunternehmerschaften)

Die DBA definieren regelmäßig nicht, was „Unternehmensgewinne" sind (in einigen DBA auch als „gewerbliche Gewinne" bezeichnet). Dies gilt auch für Abkommen, die Artikel 3 Absatz 1 Buchstabe h OECD-MA folgend, den Ausdruck „Unternehmen" als eine „Geschäftstätigkeit" definieren.

[*)] Eingefügt durch Artikel 2 AmtshilfeRLUmsG vom 26. Juni 2013, BGBl I S. 1809, BStBl I S. 802. Die Vorschrift ist erstmals auf Zahlungen anzuwenden, die nach dem 30. Juni 2013 erfolgen. Für davor liegende Zeiträume ist entsprechend Tz. 2.1.2 des BMF-Schreibens vom 16. April 2010, BStBl I S. 354, zu verfahren und in Bezug auf eine US-amerikanische „S-Corporation" gilt das BFH-Urteil vom 26. Juni 2013, I R 48/12, BStBl 2014 II S. 367.

[**)] Abschnitt VI Nummer 2 Buchstabe b Satz 5 des BMF-Schreibens vom 19. März 2004, BStBl I S. 411, zur Einordnung einer LLC US-amerikanischen Rechts ist deshalb nicht mehr anzuwenden.

Unternehmensgewinne können jedoch nur solche sein, die aus einer ihrer Art nach „unternehmerischen" Tätigkeit stammen. Einkünfte aus einer gewerblichen Tätigkeit i. S. d. § 15 Absatz 2 EStG oder freiberuflichen Tätigkeit i. S. d. § 18 Absatz 1 Nummer 1 EStG (vgl. Tz. 2.2.1.1) sind regelmäßig Unternehmensgewinne i. S. d. Artikels 7 OECD-MA. Für Einkünfte eines Unternehmens, die ihrer Art nach in anderen Artikeln behandelt werden, z. B. Zinsen, gelten vorrangig die Regelungen dieser anderen Artikel (Artikel 7 Absatz 4 (ehemals Absatz 7) OECD-MA), es sei denn, diese anderen Artikel verweisen auf Artikel 7 zurück (vgl. Tz. 2.2.4). Auf Einkünfte aus anderen Tätigkeiten, z. B. aus Vermögensverwaltung, ist Artikel 7 nicht anzuwenden (BFH-Urteil vom 28. April 2010, I R 81/09, BStBl 2014 II S. 754). Daher gelten z. B. für Einkünfte nicht originär gewerblich tätiger, sondern lediglich gewerblich geprägter Personengesellschaften (§ 15 Absatz 3 Nummer 2 EStG) auf Abkommensebene die gleichen Grundsätze wie für vermögensverwaltende Personengesellschaften (Tz. 2.3). Das gilt auch für Einkünfte einer Besitzpersonengesellschaft im Rahmen einer Betriebsaufspaltung (BFH-Urteil vom 25. Mai 2011, I R 95/10, BStBl 2014 II S. 760).

Auch die Fiktion des § 15 Absatz 3 Nummer 1 EStG gilt auf Abkommensebene nicht. Übt eine Personengesellschaft sowohl eine gewerbliche oder freiberufliche als auch eine vermögensverwaltende Tätigkeit aus (gemischte Tätigkeit), so sind in entsprechender Anwendung des BFH-Urteils vom 24. April 1997, IV R 60/94, BStBl II S. 567, die Tätigkeiten für die Abkommensanwendung zu trennen, sofern dies möglich ist. Ist dies nicht möglich, weil beide Tätigkeitsbereiche sich gegenseitig unlösbar bedingen, so liegt eine einheitliche Tätigkeit vor, und es entscheidet das Gesamtbild der Verhältnisse im Einzelfall über die Zuordnung zu dem jeweiligen Artikel. Einkünfte aus Vermögensverwaltung sind nicht als solche zu behandeln, wenn sie als Nebenerträge des gewerblichen Bereichs anzusehen sind (Tz. 8.0.2 AStG-Anwendungsschreiben vom 14. Mai 2004, BStBl I Sondernummer 1).

Ist im Fall sog. doppel- oder mehrstöckiger Personengesellschaften eine vermögensverwaltende Personengesellschaft an einer unternehmerisch tätigen Personengesellschaft beteiligt (Untergesellschaft), ist abkommensrechtlich auf die Untergesellschaft abzustellen. Daher erzielen die Gesellschafter der Obergesellschaft insoweit Unternehmensgewinne. Im umgekehrten Fall erzielen die Gesellschafter der Obergesellschaft insoweit Einkünfte aus Vermögensverwaltung.

Ob im Einzelfall eine Tätigkeit ihrer Art nach „unternehmerisch" ist, bestimmt sich im Übrigen nach dem innerstaatlichen Recht des Anwenderstaates (Artikel 3 Absatz 2 OECD-MA; OECD-MK Nummer 4 zu Artikel 3).

2.2.1.1 Einkünfte aus selbständiger Arbeit (§ 18 EStG)

Enthält ein DBA keine Regelung für Einkünfte aus selbständiger Arbeit (ehemals Artikel 14 OECD-MA), gehören diese Einkünfte zu den Unternehmensgewinnen (Tz. 2.2.1). Dies gilt auch für die Einkünfte freiberuflich tätiger Personengesellschaften.

2.2.1.2 Einkünfte aus atypisch stillen Beteiligungen

Zu den Unternehmensgewinnen gehören auch die Gewinnanteile aus atypisch stillen Beteiligungen. Dies wird in den folgenden DBA ausdrücklich festgelegt:

– Niederlande 1959 (Protokoll Nummer 9),

– Österreich (Protokoll Nummer 3).

2.2.1.3 Einkünfte aus typisch stillen Beteiligungen

Einkünfte aus typisch stillen Beteiligungen werden abkommensrechtlich nach den meisten DBA ausdrücklich als Dividenden behandelt. Das hat zur Folge, dass der Quellenstaat entsprechende Einkünfte wie Dividenden besteuern darf (Artikel 10 OECD-MA). Daraus folgt jedoch nicht, dass solche Einkünfte auch für die Anwendung des Methodenartikels als freizustellende Beteiligungserträge (sog. Schachtelprivileg) zu behandeln sind (vgl. Tz. 4.1.1.1.3). Soweit ein DBA die Erträge aus der typisch stillen Beteiligung nicht als Dividenden behandelt, gelten sie als Zinsen (Artikel 11 OECD-MA).

2.2.2 Unternehmen eines Vertragsstaates (Artikel 3 Absatz 1 Buchstabe d OECD-MA)

Der in Artikel 7 OECD-MA verwendete Ausdruck „Unternehmen eines Vertragsstaates" bezeichnet nach Artikel 3 Absatz 1 Buchstabe d OECD-MA ein Unternehmen, das von einer in einem Vertragsstaat ansässigen Person betrieben wird. Die Abkommensberechtigung (Tz. 2.1) bestimmt sich daher nach der Ansässigkeit der Person, die das Unternehmen betreibt. Dementsprechend betreibt bei einer Personengesellschaft jeder Gesellschafter ein Unternehmen. Es bestehen demnach so viele Unternehmen, wie Gesellschafter vorhanden sind. Davon unabhängig ist die Frage, wo sich die Geschäftsleitungsbetriebsstätte der Personengesellschaft befindet.

2.2.3 Betriebsstätte (Artikel 5 OECD-MA)

Gewinne eines Unternehmens eines Vertragsstaates können nur dann im anderen Vertragsstaat besteuert werden, wenn das Unternehmen seine Geschäftstätigkeit im anderen Vertragsstaat durch eine dort gelegene Betriebsstätte ausübt und soweit der Gewinn der Betriebsstätte zuzurechnen ist (Artikel 7 Absatz 1 OECD-MA). Dementsprechend kann Deutschland den auf die inländische Betriebsstätte entfallenden Gewinnanteil eines im Ausland ansässigen Gesellschafters einer inländischen Personengesellschaft (Mitunternehmerschaft) besteuern, weil die Beteiligung an der inländischen Personengesellschaft dem ausländischen Gesellschafter eine inländische Betriebsstätte vermittelt (anteilige Betriebsstätte des ausländischen Gesellschafters). Verfügt eine ausländische Personengesellschaft (Mitunternehmerschaft) über eine Betriebsstätte im Inland, kann Deutschland den dieser Betriebsstätte zuzurechnenden Gewinn ebenfalls nach Artikel 7 OECD-MA besteuern. Die Beteiligung eines im Inland Ansässigen an einer ausländischen Personengesellschaft vermittelt dem Gesellschafter eine Betriebsstätte im Ausland (anteilige Betriebsstätte des inländischen Gesellschafters), für die der ausländische Betriebsstättenstaat ein Quellenstaatsbesteuerungsrecht hat. Verfügt eine inländische Personengesellschaft über eine Betriebsstätte im Ausland, hat der Betriebsstättenstaat für die der Betriebsstätte zuzurechnenden Gewinne ebenfalls ein Quellenstaatsbesteuerungsrecht.

Der Grundsatz, dass alle Betriebsstätten einer Personengesellschaft (anteilige) Betriebsstätten der einzelnen Gesellschafter sind, ist auf doppel- bzw. mehrstöckige Personengesellschaften entsprechend anzuwenden (vgl. BFH-Urteile vom 16. Oktober 2002, I R 17/01, BStBl 2003 II S. 631, und vom 13. Februar 2008, I R 75/07, BStBl 2010 II S. 1028).

Ist eine im Ausland ansässige Person als atypisch stiller Gesellschafter an einem inländischen Unternehmen beteiligt, z. B. GmbH & atypisch Still, oder ist eine im Inland ansässige Person als atypisch stiller Gesellschafter an einem ausländischen Unternehmen beteiligt, ist eine Betriebsstätte des Unternehmens als (anteilige) Betriebsstätte des Beteiligten anzusehen.

Unter welchen Voraussetzungen eine Betriebsstätte besteht, bestimmt sich nach dem Betriebsstättenartikel des jeweiligen DBA; er entspricht ganz überwiegend Artikel 5 OECD-MA. Zu Einzelheiten des Begriffs „Betriebsstätte" nach Abkommensrecht (Artikel 5 OECD-MA) vgl. Tz. 1.2 des BMF-Schreibens vom 24. Dezember 1999, BStBl I S. 1076 (Betriebsstätten-Verwaltungsgrundsätze), unter Berücksichtigung der Änderungen durch die BMF-Schreiben vom 20. November 2000, BStBl I S. 1509, vom 29. September 2004, BStBl I S. 917, vom 25. August 2009, BStBl I S. 888, vom 20. Juni 2013, BStBl I S. 980 und Tz. 7 dieses Schreibens.

Für die Ermittlung des Gewinns, der einer ausländischen Betriebsstätte einer inländischen Personengesellschaft oder einer inländischen Betriebsstätte einer ausländischen Personengesellschaft nach Artikel 7 Absatz 2 OECD-MA zuzurechnen ist, gelten die Grundsätze des § 1 Absatz 5 AStG*). Auf Geschäftsbeziehungen zwischen einem Mitunternehmer und der ausländischen Personengesellschaft ist § 1 Absatz 5 AStG nicht anzuwenden (§ 1 Absatz 5 Satz 7 AStG). Für sie gelten unter den Voraussetzungen des § 1 Absatz 2 AStG die allgemeinen Grundsätze des Fremdvergleichs nach § 1 Absatz 1 AStG.

2.2.4 Betriebsstättenvorbehalte und Verhältnis zu anderen Vorschriften

2.2.4.1 Betriebsstättenvorbehalte

Die Betriebsstättenvorbehalte der DBA (Artikel 10 Absatz 4, Artikel 11 Absatz 4, Artikel 12 Absatz 3, Artikel 13 Absatz 2 und Artikel 21 Absatz 2 OECD-MA) haben den Zweck, dem Staat der Betriebsstätte (Tz. 2.2.3) das uneingeschränkte Besteuerungsrecht am Gewinn der Betriebsstätte auch insoweit einzuräumen, als der Betriebsstätte Einkünfte zuzurechnen sind, für die das DBA sonst das Besteuerungsrecht des Quellenstaates einschränkt (Artikel 10 Absatz 2, Artikel 11 Absatz 2, Artikel 12 Absatz 1, Artikel 13 Absatz 5 und Artikel 21 Absatz 1 OECD-MA). Die Beschränkung des Besteuerungsrechts des Quellenstaates wird im Rahmen der Betriebsstättenvorbehalte aufgehoben, wenn die den Einkünften zugrunde liegenden Wirtschaftsgüter (Beteiligungen, Forderungen, Rechte oder Vermögenswerte) Betriebsvermögen der Betriebsstätte sind (Artikel 13 Absatz 2 OECD-MA) bzw. tatsächlich zu einer Betriebsstätte gehören, durch die ein Unternehmen eines Vertragsstaates (Tz. 2.2.2) seine Tätigkeit im anderen Vertragsstaat ausübt. Wirtschaftsgüter einer Personengesellschaft sind Betriebsvermögen der im anderen Staat gelegenen Betriebsstätte der Personengesellschaft bzw. gehören tatsächlich zu der Betriebsstätte, wenn sie nach § 1 Absatz 5 AStG der Betriebsstätte zuzuordnen sind. Die Grundsätze dieser Vorschrift stimmen in Grundzügen mit der Rechtsprechung zum funktionalen Zusammenhang überein (vgl. BFH-Urteile vom 30. August 1995, I R 112/94, BStBl 1996 II S. 563, und vom 13. Februar 2008, I R 63/06, BStBl 2009 II S. 414 sowie BMF-Schreiben vom 24. Dezember 1999, BStBl I S. 1076 – Betriebsstätten-Verwaltungsgrundsätze Tz. 2.4 –, unter Berücksichtigung der Änderungen durch die BMF-Schreiben vom 20. November 2000, BStBl I S. 1509, vom 29. September 2004, BStBl I S. 917, und vom 25. August 2009, BStBl I S. 888, vom 20. Juni 2014, BStBl I S. 980 und Tz. 7 dieses Schreibens).

Zur Zweckmäßigkeit einer Abstimmung mit ausländischen Finanzbehörden vgl. Tz. 6.3.

2.2.4.2 Unbewegliches Vermögen eines Unternehmens

Der Begriff des unbeweglichen Vermögens bestimmt sich nach Artikel 6 OECD-MA. Einkünfte aus unbeweglichem Vermögen eines Unternehmens sowie Gewinne aus der Veräußerung unbeweglichen Vermögens, das zum Betriebsvermögen eines Unternehmens gehört, können unabhängig von Vorhandensein einer Betriebsstätte im Belegenheitsstaat besteuert werden (Artikel 6 Absatz 4, Artikel 13 Absatz 1 OECD-MA). Die Beurteilung durch den Ansässigkeitsstaat bei der Anwendung des Methodenartikels bleibt davon unberührt (vgl. Tz. 4.1.1.1).

Besteht für eine gewerblich tätige Personengesellschaft weder eine inländische Betriebsstätte i. S. d. § 12 AO noch ein ständiger Vertreter i. S. d. § 13 AO, unterliegen laufende inländische Einkünfte aus Vermietung und Verpachtung und Veräußerungsgewinne i. S. d. § 49 Absatz 1 Nummer 2 Buchstabe f Satz 1 Doppelbuchstabe aa und bb EStG der beschränkten Steuerpflicht. Das Besteuerungsrecht für diese Einkünfte und Veräußerungsgewinne wird durch die DBA nicht eingeschränkt, soweit es sich dabei um Einkünfte und Veräußerungsgewinne aus unbeweglichem Vermögen handelt.

---

*) § 1 Absatz 5 i. d. F. des Artikels 6 AmtshilfeRLUmsG vom 26. Juni 2013, BGBl I S. 1809, BStBl I S. 802, ist erstmals für Wirtschaftsjahre anzuwenden, die nach dem 31. Dezember 2012 beginnen (§ 21 Absatz 20 Satz 3 AStG).

2.3 Einkünfte aus Vermögensverwaltung

2.3.1 Grundsatz

Die Einkünfte vermögensverwaltender Personengesellschaften sind keine Unternehmensgewinne i. S. d. Artikels 7 OECD-MA. Das gilt auch dann, wenn die Personengesellschaft gewerblich geprägt ist oder sie eine gemischte Tätigkeit ausübt, soweit sie vermögensverwaltend tätig ist (Tz. 2.2.1) oder die Personengesellschaft als Besitzgesellschaft aufgrund einer Betriebsaufspaltung Einkünfte aus Gewerbebetrieb erzielt (BFH-Urteil vom 25. Mai 2011, I R 95/10, BStBl 2014 II S. 760).

2.3.2 Besonderheiten bei Einkünften aus unbeweglichem Vermögen (Artikel 6 OECD-MA) und Verhältnis zu Artikel 11 OECD-MA

Für Einkünfte aus unbeweglichem Vermögen (einschließlich der Einkünfte aus land- und forstwirtschaftlichen Betrieben) hat der Staat, in dem das Vermögen belegen ist, ein uneingeschränktes Besteuerungsrecht (Artikel 6 Absatz 1 OECD-MA). Das gilt auch für Einkünfte aus unbeweglichem Vermögen eines Unternehmens (Artikel 6 Absatz 4 OECD-MA). Der Begriff des unbeweglichen Vermögens bestimmt sich nach dem Recht des Vertragsstaates, in dem das Vermögen liegt. Unabhängig davon enthalten Artikel 6 OECD-MA und die ihm entsprechenden DBA jedoch für andere Einkünfte, die mit unbeweglichem Vermögen (oder land- und forstwirtschaftlichen Betrieben) in einem Zusammenhang stehen (z. B. Zinsen), keine Vorbehaltsregelungen, wie sie den Betriebsstättenvorbehalten der Artikel 10 Absatz 4, Artikel 11 Absatz 4 und Artikel 21 Absatz 2 OECD-MA entsprechen. Deshalb gilt z. B. für Zinsen, die im Zusammenhang mit unbeweglichem Vermögen (einschließlich der Einkünfte aus land- und forstwirtschaftlichen Betrieben) erzielt werden, nicht Artikel 6 OECD-MA, sondern Artikel 11 OECD-MA (BFH-Urteil vom 28. April 2010, I R 81/09, BStBl 2014 II S. 754).

2.3.3 Besonderheiten bei gewerblich geprägten und gewerblich infizierten Personengesellschaften und bei Betriebsaufspaltungen (Anwendung des § 50i EStG[*])

Gewerblich geprägte und gewerblich infizierte Personengesellschaften (Mitunternehmerschaften) i. S. d. § 15 Absatz 3 EStG erzielen, soweit sie vermögensverwaltend tätig sind, keine Unternehmensgewinne i. S. d. DBA (Tz. 2.3.1). Dies bedeutet u. a.:

- Für den an einer solchen Personengesellschaft beteiligten Mitunternehmer, der in einem anderen DBA-Staat ansässig ist, sind Einkünfte nach § 15 EStG nur dann festzustellen, wenn sich ein deutsches Besteuerungsrecht aus anderen DBA-Regelungen als denen, die Artikel 7 OECD-MA entsprechen, ergibt, z. B. wenn die gewerblich geprägte Personengesellschaft ein im Inland belegenes Grundstück vermietet.

- Wird eine zunächst gewerblich tätige Personengesellschaft durch Änderung ihrer Betätigung zu einer gewerblich geprägten Personengesellschaft oder sind ihre Einkünfte dadurch dem vermögensverwaltenden Bereich einer gewerblich infizierten Personengesellschaft zuzurechnen, sind die allgemeinen Entstrickungsvorschriften anzuwenden (z. B. § 4 Absatz 1 Satz 3 und 4 EStG, § 12 Absatz 1 KStG).

- Die Entstrickungsvorschriften sind ebenfalls in Wegzugsfällen anzuwenden.

---

[*]) Eingefügt durch Artikel 2 AmtshilfeRLUmsG vom 26. Juni 2013, BGBl I S. 1809, BStBl I S. 802; geändert durch Artikel 2 KroatienAnpG vom 25. Juli 2014, BGBl I S. 1266, BStBl I S. 1126. Zur erstmaligen Anwendung vgl. § 52 Absatz 48 EStG.

Sind jedoch Wirtschaftsgüter des Betriebsvermögens oder Anteile an Kapitalgesellschaften i. S. d. § 17 EStG vor dem 29. Juni 2013 (Stichtag) in das Betriebsvermögen einer gewerblich geprägten oder in den vermögensverwaltenden Bereich einer gewerblich infizierten Personengesellschaft i. S. d. § 15 Absatz 3 EStG übertragen oder überführt worden oder liegt ein Fall des § 50i Absatz 1 Satz 2 EStG vor und ist eine Besteuerung der stillen Reserven dieser Wirtschaftsgüter oder Anteile im Übertragungs-, Überführungs- oder Einbringungszeitpunkt unterblieben,

- unterliegt ein nach dem Stichtag erzielter Gewinn aus der Veräußerung oder Entnahme dieser Wirtschaftsgüter oder Anteile ungeachtet entgegenstehender Vorschriften eines DBA der deutschen Besteuerung (§ 50i Absatz 1 Satz 1 und 2 EStG);

- unterliegen auch die laufenden Einkünfte aus den betreffenden Wirtschaftsgütern oder Anteilen, ungeachtet entgegenstehender Vorschriften eines DBA, der deutschen Besteuerung (§ 50i Absatz 1 Satz 3 EStG), so dass Entlastungsansprüche nach § 50d Absatz 1 Satz 1 und 2 EStG nicht geltend gemacht werden können.

Zu den Anteilen i. S. d. § 17 EStG gehören auch sog. alteinbringungsgeborene Anteile i. S. d. § 21 UmwStG 1995 weil auch diese Anteile der Natur der Sache nach grundsätzlich als im Privatvermögen gehaltene Anteile anzusehen sind (Umkehrschluss aus Tz. 21.11 des BMF-Schreibens vom 25. März 1998, BStBl I S. 268) und diese Anteile deshalb steuersystematisch den Anteilen i. S. d. § 17 EStG gleichstehen. Zu den Anteilen i. S. d. § 17 EStG gehören ferner sperrfristbehaftete Anteile nach § 22 UmwStG.

Wegen des für Personengesellschaften geltenden sog. Transparenzprinzips stellt auch die Veräußerung des Mitunternehmeranteils an der Personengesellschaft, auf die Wirtschaftsgüter oder Anteile übertragen wurden, eine Veräußerung der betreffenden Wirtschaftsgüter oder Anteile i. S. d. § 50i Absatz 1 Satz 1 EStG dar (Tz. 2.3.3.3).

> **Beispiel:**
> Die im Inland ansässigen A und B waren je zur Hälfte Gesellschafter der C GmbH. B beabsichtigte, in den nicht zum EU/EWR-Wirtschaftsraum gehörenden Staat D zu verziehen, mit dem ein DBA besteht, das dem OECD-MA entspricht. Vor seinem Wegzug hatte B am 1. Januar 2010 seinen Anteil an der C GmbH erfolgsneutral im Wege der verdeckten Einlage auf eine lediglich gewerblich geprägte, aber nicht originär gewerblich tätige KG übertragen, die über eine inländische Betriebsstätte verfügte, der die Anteile zugeordnet wurden. Komplementär der KG war die E GmbH (ohne Kapitalbeteiligung), und B war alleiniger Kommanditist. B verzog am 1. Februar 2010 in den Staat D. Am 1. Februar 2012 erfolgte eine Gewinnausschüttung der C GmbH an die KG. Am 1. September 2013 veräußerte B seinen Anteil an der KG.
> Wegen der Einlage der Beteiligung an der C GmbH in das Betriebsvermögen der KG wurde durch den Wegzug des B in den Staat D keine Wegzugsbesteuerung nach § 6 AStG ausgelöst. Ebenso wenig führte der Wegzug in den Staat D zu einer Entstrickung nach § 4 Absatz 1 Satz 3 EStG, denn nach der bisherigen Rechtsauffassung der Finanzverwaltung blieb der Anteil des B an der C GmbH aufgrund seiner Zugehörigkeit zum Betriebsvermögen der KG weiterhin in Deutschland abkommensrechtlich steuerverstrickt (BMF-Schreiben vom 16. April 2010, BStBl I S. 354, Tz. 2.2.1). Dagegen hat der BFH (Urteil vom 28. April 2010, I R 81/09, BStBl 2014 II S. 754) abweichend von der bisherigen Rechtsauffassung der Finanzverwaltung entschieden, dass Artikel 7 bzw. Artikel 13 Absatz 2 OECD-MA auf die Einkünfte gewerblich geprägter Personengesellschaften nicht anwendbar ist (vgl. Tz. 2.2.1).
> Folge der BFH-Rechtsprechung ist, dass auf den Gewinn aus der Veräußerung des Anteils an der KG (und damit des Anteils an der C GmbH) Artikel 13 Absatz 5 OECD-MA und nicht Artikel 13 Absatz 2 OECD-MA anzuwenden ist, so dass nur Staat D den Gewinn besteuern darf. Da allerdings die Übertragung des Anteils an der C GmbH auf die KG vor dem 29. Juni 2013 erfolgte („Altfall") und die Veräußerung des Anteils an der KG erst nach dem 29. Juni 2013 stattfand, unterliegt nach § 50i Absatz 1 Satz 1 EStG der Veräußerungsgewinn, soweit er wirtschaftlich auf den eingelegten Anteil an der C GmbH entfällt, ungeachtet der DBA-Regelungen der uneingeschränkten inländischen Besteuerung.
> Die am 1. Februar 2012 erfolgte Gewinnausschüttung unterliegt ebenfalls nach § 50i Absatz 1 Satz 3 EStG ungeachtet des Artikels 10 Absatz 2 Buchstabe b OECD-MA der uneingeschränkten inländischen Besteuerung, weil hinsichtlich der laufenden Einkünfte aus der Personengesellschaft § 50i EStG auch in allen Fällen anzuwenden ist, in denen die Einkommen- oder Körperschaftsteuer noch nicht bestandskräftig festgesetzt wurde.

2.3.3.1 Ansässigkeit in einem DBA-Staat

§ 50i Absatz 1 EStG ist nur auf Steuerpflichtige anwendbar, die in einem Staat ansässig sind, mit dem ein DBA besteht und der Steuerpflichtige entsprechend Artikel 4 OECD-MA in diesem Staat ansässig ist. Es ist nicht von Bedeutung, zu welchem Zeitpunkt der Steuerpflichtige in dem DBA-Staat ansässig geworden ist.

2.3.3.2 Übertragung oder Überführung vor dem 29. Juni 2013

§ 50i EStG ist nur anwendbar, wenn Wirtschaftsgüter des Betriebsvermögens oder Anteile i. S. d. § 17 EStG vor dem 29. Juni 2013 in das Betriebsvermögen einer Personengesellschaft i. S. d. § 15 Absatz 3 EStG übertragen oder überführt worden sind oder Wirtschaftsgüter vor dem 29. Juni 2013 im Rahmen einer Betriebsaufspaltung Betriebsvermögen des Besitzunternehmens geworden sind.

§ 50i Absatz 1 Satz 2 EStG stellt bestimmte Fälle des § 20 UmwStG der Übertragung oder Überführung von Anteilen i. S. d. § 17 EStG gleich.

Beispiel:
Der früher im Inland ansässige C ist im Jahre 2010 in den Staat D verzogen, mit dem ein DBA besteht, das dem OECD-MA entspricht. C ist an der im Inland gewerblich tätigen A GmbH & Co. KG als alleiniger Kommanditist beteiligt. Er ist außerdem alleiniger Gesellschafter-Geschäftsführer der A GmbH (Komplementärin). Die A GmbH & Co. KG bringt am 30. Juli 2012 ihren gesamten Geschäftsbetrieb im Rahmen einer Ausgliederung zur Neugründung nach § 20 UmwStG zu Buchwerten in die inländische B GmbH gegen Gewährung neuer Gesellschaftsanteile an der B GmbH ein. Die neuen, nach § 22 Absatz 1 UmwStG mit einer siebenjährigen Sperrfrist behafteten Anteile an der B GmbH werden infolge der Einbringung Gesamthandsvermögen der A GmbH & Co. KG, die nach dem Wirksamwerden der Ausgliederung nicht mehr originär gewerblich tätig, sondern nur noch gewerblich geprägt i. S. d. § 15 Absatz 3 Nummer 2 EStG ist und sich im Wesentlichen auf das Halten der Beteiligung an der B GmbH beschränkt. Am 30. Oktober 2013 veräußert C schließlich die sperrfristbehaften Anteile mit Gewinn an den Dritten D.

Die Voraussetzungen des § 50i Absatz 1 Satz 2 EStG sind in dem geschilderten Beispielsfall erfüllt: Danach gilt als Übertragung oder Überführung von Anteilen i. S. d. § 17 EStG in das Betriebsvermögen einer Personengesellschaft auch die Gewährung neuer Anteile an eine Personengesellschaft, die bisher auch eine Tätigkeit i. S. d. § 15 Absatz 1 Satz 1 Nummer 1 EStG ausgeübt hat, im Rahmen der Einbringung eines Betriebs oder Teilbetriebs dieser Personengesellschaft in eine Körperschaft nach § 20 UmwStG, wenn der Einbringungszeitpunkt vor dem 29. Juni 2013 liegt und die Personengesellschaft nach der Einbringung als Personengesellschaft i. S. d. § 15 Absatz 3 EStG fortbesteht. Die Veräußerung der Anteile an der B GmbH, die als Anteile i. S. d. § 17 EStG zu behandeln sind (vgl. Tz. 2.3.3), erfolgte hier am 30. Oktober 2013, also nach dem maßgeblichen Stichtag 29. Juni 2013 und kann deshalb nach § 50i EStG besteuert werden. Denn nach § 52 Absatz 48 EStG i. d. F. des KroatienAnpG vom 25. Juli 2014 (BGBl I S. 1266, BStBl I S. 1126) ist § 50i Absatz 1 Satz 1 und 2 EStG auf jede Veräußerung oder Entnahme von Anteilen anzuwenden, die nach dem 29. Juni 2013 stattfindet (vgl. Tz. 2.3.3.9).

Das Betriebsvermögen umfasst bei Personengesellschaften neben dem Gesamthandsvermögen auch das Sonderbetriebsvermögen eines Gesellschafters, so dass für die Anwendung des § 50i EStG auch eine Übertragung oder Überführung in das Sonderbetriebsvermögen genügt. Weitere Voraussetzung ist, dass im Zeitpunkt der Übertragung, Überführung oder Einbringung die Besteuerung der stillen Reserven unterblieb, beispielsweise weil die Übertragung oder Überführung auf die Personengesellschaft zum Buchwert (z. B. nach § 6 Absatz 5 EStG) oder zum Zwischenwert bzw. zu den Anschaffungskosten erfolgte.

2.3.3.3 Veräußerung oder Entnahme nach dem 29. Juni 2013

§ 50i EStG gilt nur für Veräußerungs- und Entnahmevorgänge nach dem 29. Juni 2013 (§ 52 Absatz 48 Satz 1 EStG i. d. F. des KroatienAnpG vom 25. Juli 2014, BGBl I S. 1266, BStBl I S. 1126). Veräußerungen i. S. d. § 50i EStG sind auch Umwandlungen und Einbringungen nach den Regelungen des UmwStG (vgl. RdNr. 00.02 f. des BMF-Schreibens vom 11. November 2011, BStBl I S. 1314); dies gilt bei Einbringungen grundsätzlich auch dann, wenn diese zum Buchwert vorgenommen werden. Zur Einschränkung des Bewertungswahlrechts bei Umwandlungen und Einbringungen nach dem 31. Dezember 2013 vgl. Tz. 2.3.3.8 und 2.3.3.9 Buchstabe d. Bei Veräußerungen ist der Übergang des wirtschaftlichen Eigentums bzw. bei Umwandlungen und Einbringungen der steuerliche Übertragungsstichtag maßgebend.

Sind Wirtschaftsgüter des Betriebsvermögens oder Anteile i. S. d. § 17 EStG vor dem 29. Juni 2013 auf eine Personengesellschaft i. S. d. § 15 Absatz 3 EStG übertragen worden und hat diese Gesellschaft bis zum 31. Dezember 2013 den Status einer originär gewerblich tätigen Personengesellschaft erlangt, kann ein Veräußerungsgewinn ungeachtet des § 50i EStG besteuert werden, weil das Besteuerungsrecht aus Artikel 13 Absatz 2 OECD-MA folgt, wenn die Wirtschaftsgüter oder Anteile Betriebsvermögen i. S. dieser Vorschrift sind. In Bezug auf die laufenden Einkünfte ab Erlangung des Status einer originär gewerblich tätigen Personengesellschaft sind die Betriebsstättenvorbehalte zu beachten (Tz. 2.2.4.1). Für einen Strukturwandel nach dem 31. Dezember 2013 vgl. Tz. 2.3.3.8 und 2.3.3.9 Buchstabe f.

2.3.3.4 Betriebsaufspaltung

Ein Besitzunternehmen im Rahmen einer Betriebsaufspaltung erzielt keine Unternehmensgewinne i. S. d. DBA (Tz. 2.3.1). Daher sind für den Unternehmer oder den an der Besitzpersonengesellschaft beteiligten Mitunternehmer, der in einem anderen DBA-Staat ansässig ist, Einkünfte nach § 15 EStG nur dann als beschränkt steuerpflichtige Einkünfte anzusetzen bzw. festzustellen, wenn sich ein deutsches Besteuerungsrecht aus anderen DBA-Regelungen als denen des Artikels 7 OECD-MA ergibt. Dies ist beispielsweise der Fall, wenn dem Betriebsunternehmen ein im Inland gelegenes Grundstück überlassen wird. Ferner sind die allgemeinen Entstrickungsvorschriften zu prüfen (z. B. § 4 Absatz 1 Satz 3 und 4 EStG, § 12 Absatz 1 KStG), wenn die Besteuerung des Gewinns aus der Veräußerung eines Wirtschaftsguts ausgeschlossen oder eingeschränkt wird, z. B. weil der bisher unbeschränkt steuerpflichtige Unternehmer oder Mitunternehmer der Besitzpersonengesellschaft in einem Staat ansässig wird, mit dem ein DBA besteht und auf Veräußerungsgewinne Artikel 13 Absatz 2 OECD-MA nicht anwendbar ist. Sind jedoch Wirtschaftsgüter vor dem 29. Juni 2013 aufgrund einer Betriebsaufspaltung Betriebsvermögen eines Unternehmens geworden, das als Besitzunternehmen Einkünfte aus Gewerbebetrieb erzielt, gilt § 50i Absatz 1 Satz 1 und 3 EStG entsprechend (§ 50i Absatz 1 Satz 4 EStG).

2.3.3.5 Besteuerung der laufenden Einkünfte

Da gewerblich geprägte oder gewerblich infizierte Personengesellschaften, soweit sie vermögensverwaltend tätig sind, oder ein Besitzunternehmen im Rahmen einer Betriebsaufspaltung keine Unternehmensgewinne i. S. d. DBA erzielen (Tz. 2.3.1), ist auf ihre laufenden Einkünfte nicht Artikel 7 OECD-MA anzuwenden, sondern die sonst für die jeweiligen Einkünfte maßgebenden Artikel, z. B. Artikel 6, Artikel 10 bis Artikel 12 und Artikel 21 OECD-MA. Das gilt jedoch nicht, wenn Wirtschaftsgüter des Betriebsvermögens oder Anteile an Kapitalgesellschaften i. S. d. § 17 EStG vor dem 29. Juni 2013 in das Betriebsvermögen einer gewerblich geprägten oder gewerblich infizierten Personengesellschaft i. S. d. § 15 Absatz 3 EStG übertragen oder überführt worden sind, oder ein Fall des § 50i Absatz 1 Satz 2 EStG vorliegt oder Betriebsvermögen eines Besitzunternehmens im Rahmen einer Betriebsaufspaltung geworden sind und es aus diesem Anlass nicht zu einer Besteuerung der stillen Reserven dieser Wirtschaftsgüter oder Anteile gekommen ist. Dann unterliegen bis zu einer Veräußerung oder Entnahme dieser Wirtschaftsgüter oder Anteile nach dem 29. Juni 2013 auch die bis dahin anfallenden laufenden Einkünfte einschließlich der Sondervergütungen des im Ausland ansässigen Mitunternehmers aus der Beteiligung an der Personengesellschaft ungeachtet entgegenstehender Vorschriften eines DBA – und insoweit entgegen § 50d Absatz 10 Satz 7 Nummer 1 EStG – der deutschen Besteuerung (§ 50i Absatz 1 Satz 3 EStG). Die Besteuerung der laufenden Einkünfte nach § 50i Absatz 1 Satz 3 EStG endet – vorbehaltlich nachträglicher Betriebseinnahmen oder -ausgaben – mit der Veräußerung oder Entnahme der übertragenen oder überführten Wirtschaftsgüter oder Anteile.

2.3.3.6 Doppelbesteuerung

Die Anwendung des § 50i EStG kann zu Doppelbesteuerungen führen. In diesen Fällen steht das Verständigungsverfahren zur Verfügung (BMF-Schreiben vom 13. Juli 2006, BStBl I S. 461 – Merkblatt zum internationalen Verständigungs- und Schiedsverfahren). Zu einer Doppelbesteuerung wird es in der Regel nicht kommen, wenn der ausländische Staat ein bestehendes deutsches Besteuerungsrecht ausdrücklich anerkannt oder schriftlich bestätigt hat.

2.3.3.7 Keine Anwendung des § 50i EStG

Die Besteuerung des Veräußerungsgewinns oder der Entnahme nach § 50i EStG ist dagegen nicht möglich, wenn die vor dem 29. Juni 2013 auf eine Personengesellschaft i. S. d. § 15 Absatz 3 EStG übertragenen oder überführten Wirtschaftsgüter oder Anteile vor dem 30. Juni 2013 veräußert oder entnommen worden sind. In diesen Fällen ist die BFH-Rechtsprechung (BFH-Urteil vom 28. April 2010, I R 81/09, BStBl 2014 II S. 754; Tz. 2.2.1) unmittelbar zu beachten. Eine Besteuerung kommt damit in diesen Fällen nur im Ansässigkeitsstaat des Steuerpflichtigen in Betracht (Artikel 13 Absatz 5 OECD-MA). Im Übertragungs-, Überführungs- oder Einbringungszeitpunkt oder im Zeitpunkt des Wegzugs des Steuerpflichtigen gelten jedoch im Übrigen die allgemeinen Entstrickungsvorschriften (z. B. § 4 Absatz 1 Satz 3 und 4, § 6 Absatz 5 Satz 1 zweiter Halbsatz EStG, § 12 Absatz 1 KStG, § 6 AStG), sofern die Veranlagung des Jahres der Übertragung, Überführung oder Einbringung oder die Veranlagung des Jahres des Wegzugs noch nicht bestandskräftig ist. § 176 Absatz 2 AO ist zu beachten. Die Besteuerung nach den allgemeinen Entstrickungsvorschriften entfällt, wenn dem Steuerpflichtigen eine verbindliche Auskunft erteilt worden ist.

Auch die Besteuerung der laufenden Einkünfte ungeachtet entgegenstehender Vorschriften eines DBA kommt nur dann in Betracht, wenn die übertragenen oder überführten Wirtschaftsgüter oder Anteile vor dem 30. Juni 2013 noch nicht veräußert oder entnommen waren (vgl. dazu auch Tz. 2.3.3.5).

2.3.3.8 Besonderheiten bei Umwandlungen, Einbringungen, Überführungen oder Übertragungen

Sind Wirtschaftsgüter oder Anteile i. S. d. § 50i Absatz 1 Satz 1 EStG, die vor dem 29. Juni 2013 in das Betriebsvermögen einer Personengesellschaft i. S. d. § 15 Absatz 3 EStG übertragen oder überführt worden sind oder die Gegenstand einer Einbringung nach § 20 UmwStG waren, Gegenstand von Umwandlungen, Einbringungen, Überführungen oder Übertragungen oder werden die Wirtschaftsgüter oder Anteile von der Personengesellschaft für eine Betätigung i. S. d. § 15 Absatz 2 EStG genutzt, schließt § 50i Absatz 2 EStG den Ansatz mit dem Buchwert aus.

2.3.3.9 Erstmalige Anwendung des § 50i EStG

Nach § 52 Absatz 48 EStG i. d. F. des KroatienAnpG[*)] ist § 50i EStG wie folgt anzuwenden:

a) Absatz 1 Satz 1 und 2 ist auf die Veräußerung oder Entnahme von Wirtschaftsgütern oder Anteilen anzuwenden, die nach dem 29. Juni 2013 stattfindet.

b) Absatz 1 Satz 3 ist in allen Fällen anzuwenden, in denen die Einkommensteuer noch nicht bestandskräftig festgesetzt worden ist.

c) Absatz 1 Satz 4 ist auf die Veräußerung oder Entnahme von Wirtschaftsgütern oder Anteilen anzuwenden, die nach dem 29. Juni 2013 stattfindet. Soweit sich Satz 4 auf Einzel-

---

[*)] Bzw. Artikel 28 Absatz 1 KroatienAnpG vom 25. Juli 2014, BGBl I S. 1266, BStBl I S. 1126, in Bezug auf Buchstabe c.

unternehmen bezieht, ist die Vorschrift auf die Veräußerung oder Entnahme von Wirtschaftsgütern oder Anteilen anzuwenden, die nach dem 31. Dezember 2013 stattfindet.

d) Absatz 2 Satz 1 gilt für Umwandlungen und Einbringungen, bei denen der Umwandlungsbeschluss nach dem 31. Dezember 2013 erfolgt ist oder der Einbringungsvertrag nach dem 31. Dezember 2013 geschlossen worden ist.

e) Absatz 2 Satz 2 gilt für Übertragungen und Überführungen nach dem 31. Dezember 2013.

f) Absatz 2 Satz 3 gilt für einen Strukturwandel nach dem 31. Dezember 2013.

3 Deutschland als Betriebsstättenstaat

3.1 Betriebsstättengewinn

Eine im Ausland ansässige natürliche oder juristische Person unterliegt mit ihrem Gewinnanteil aus der Beteiligung

- an einer in- oder ausländischen gewerblich tätigen Personengesellschaft oder
- als atypisch stille Gesellschafterin eines in- oder ausländischen Unternehmens

der beschränkten Steuerpflicht (§ 1 Absatz 4 EStG, § 2 Nummer 1 KStG, § 49 Absatz 1 Nummer 2 Buchstabe a EStG), wenn insoweit eine inländische Betriebsstätte i. S. d. § 12 AO besteht bzw. ein ständiger Vertreter nach § 13 AO bestellt ist und die Betriebsstätte bzw. der ständige Vertreter dem beschränkt Steuerpflichtigen aufgrund seiner Beteiligung anteilig zuzurechnen ist. Zum Betriebsstättenbegriff nach nationalem Recht vgl. Tz. 1.1 des BMF-Schreibens vom 24. Dezember 1999, BStBl I S. 1076 – Betriebsstätten-Verwaltungsgrundsätze –, (unter Berücksichtigung der Änderungen durch die BMF-Schreiben vom 20. November 2000, BStBl I S. 1509, vom 29. September 2004, BStBl I S. 917, vom 25. August 2009, BStBl I S. 888, vom 20. Juni 2013, BStBl I S. 980 und Tz. 7 dieses Schreibens). Der auf die Betriebsstätte des beschränkt Steuerpflichtigen entfallende Gewinn darf von Deutschland nach dem Abkommensartikel über die Unternehmensgewinne (Tz. 2.2.1 und 2.2.3) in vollem Umfang besteuert werden, wenn zusätzlich die Voraussetzungen des Betriebsstättenbegriffs des jeweiligen DBA erfüllt sind (Tz. 2.2.3).

Ordnet der Ansässigkeitsstaat des Gesellschafters Einkünfte anderen Abkommensbestimmungen zu, kann dies zu einer vollen oder partiellen Doppelbesteuerung führen. Kann die Doppelbesteuerung in einem Verständigungsverfahren nicht ausgeräumt werden, ist es grundsätzlich Sache des Ansässigkeitsstaates, die Doppelbesteuerung zu vermeiden (vgl. Tz. 4.1.3.3.1).

3.2 Gewinne aus der Veräußerung von Wirtschaftsgütern

Die beschränkte Steuerpflicht (§ 1 Absatz 4 EStG, § 2 Nummer 1 KStG, § 49 Absatz 1 Nummer 2 Buchstabe a EStG) erstreckt sich auch auf Gewinne aus

- der Veräußerung beweglichen oder unbeweglichen Vermögens einer Betriebsstätte,
- der Veräußerung oder Aufgabe der Betriebsstätte selbst sowie
- der Veräußerung oder Aufgabe des Anteils an einer Personengesellschaft, soweit er auf die inländische Betriebsstätte entfällt.

Dies gilt auch im Fall von doppel- oder mehrstöckigen Personengesellschaften.

Gibt eine bisher gewerblich tätige Personengesellschaft ihre gewerbliche Tätigkeit auf und wird in Form einer gewerblich geprägten Personengesellschaft vermögensverwaltend tätig, wird dies regelmäßig zu einer Entstrickung i. S. d. § 4 Absatz 1 Satz 3 oder i. S. d. § 16 Absatz 3a EStG führen, wenn der Gesellschafter in einem Staat ansässig ist, mit dem ein DBA besteht.

Die DBA weisen dem Betriebsstättenstaat im Regelfall das Besteuerungsrecht für Gewinne aus der Veräußerung des beweglichen Vermögens der Betriebsstätte zu (Artikel 13 Absatz 2 OECD-MA). Soweit zum Betriebsstättenvermögen unbewegliches Vermögen gehört, ergibt sich das Besteuerungsrecht aus Artikel 13 Absatz 1 OECD-MA. Die Veräußerung eines Anteils an der Personengesellschaft gilt als Veräußerung der (anteiligen) einzelnen Wirtschaftsgüter der Gesellschaft. Zur Zugehörigkeit eines Wirtschaftsguts zum Vermögen der Betriebsstätte vgl. Tz. 2.2.4.1.

3.3 Gewerbesteuer

Gewinne einer ausländischen gewerblich tätigen Personengesellschaft können im Inland nur dann der Gewerbesteuer unterworfen werden, wenn die Personengesellschaft im Inland über eine Betriebsstätte i. S. d. Artikels 5 OECD-MA verfügt, der die Gewinne zuzurechnen sind.

4 Deutschland als Ansässigkeitsstaat

4.1 Laufende Gewinne

4.1.1 Gewerblich tätige Personengesellschaften

4.1.1.1 Freistellung der Gewinnanteile

4.1.1.1.1 Grundsatz

Ist eine im Inland ansässige natürliche oder juristische Person an einer in- oder ausländischen gewerblich tätigen Personengesellschaft beteiligt, die über eine ausländische Betriebsstätte verfügt (vgl. Tz. 2.2.3 und 2.2.4), ist der anteilige Unternehmensgewinn (Betriebsstättengewinn) nach dem Methodenartikel der meisten DBA von der inländischen Besteuerung auszunehmen (Freistellungsmethode). Dies gilt auch, wenn der Quellenstaat unbewegliches Vermögen der Betriebsstätte nach Artikel 6 Absatz 4 OECD-MA besteuert. Nach den folgenden DBA kommt eine Freistellung nicht in Betracht:

– Mauritius (Artikel 23 Absatz 2),

– Vereinigte Arabische Emirate (Artikel 22 Absatz 1),

– Zypern (Artikel 22 Absatz 1).

4.1.1.1.2 Gewinnanteile aus atypisch stillen Beteiligungen

Ist eine im Inland ansässige natürliche oder juristische Person an einem inländischen oder ausländischen Unternehmen als atypisch stiller Gesellschafter beteiligt, das im Ausland über eine Betriebsstätte verfügt, gilt Tz. 4.1.1.1.1 entsprechend.

4.1.1.1.3 Einkünfte aus typisch stillen Beteiligungen

Einkünfte aus typisch stillen Beteiligungen sind keine Unternehmensgewinne (Tz. 2.2.1.3) und können daher für die Anwendung des Methodenartikels auch keine freizustellenden Betriebsstätteneinkünfte sein. Da sie keine Erträge aus direkten Kapitalbeteiligungen sind, sind sie auch nicht als freizustellende Beteiligungserträge (sog. Schachtelprivileg) zu behandeln (vgl. das zum DBA-Luxemburg 1958 ergangene BFH-Urteil vom 4. Juni 2008, I R 62/06, BStBl II S. 793). Im Übrigen sind weder das Teileinkünfteverfahren nach § 3 Nummer 40 EStG noch die Steuerbefreiung nach § 8b Absatz 1 KStG anwendbar. § 32d Absatz 2 Nummer 1 EStG ist zu beachten.

4.1.1.2 Ausschluss der Freistellung

4.1.1.2.1 Aktivitätsklauseln

Die Freistellung des anteiligen Unternehmensgewinns (Tz. 4.1.1.1) kann ausgeschlossen sein, wenn sie nach dem jeweils anzuwendenden DBA von der Art der Tätigkeit der ausländischen Betriebsstätte (Personengesellschaft) abhängig gemacht wird, aus der die Betriebsstätte ihre Einkünfte erzielt (Aktivitätsklauseln der DBA). Schließt das DBA die Freistellung aus, ist der anteilige Gewinn steuerpflichtig und die gezahlten und keinem Ermäßigungsanspruch unterliegenden ausländischen Steuern sind entsprechend § 34c Absatz 1 oder 2 i.V.m. Absatz 6 EStG zu berücksichtigen.

4.1.1.2.2 Zwischeneinkünfte einer Betriebsstätte

Von § 20 Absatz 2 AStG werden auch Betriebsstätten einer inländischen Personengesellschaft oder Beteiligungen von Inländern an einer ausländischen Personengesellschaft erfasst. Die Rechtsfolge des § 20 Absatz 2 AStG tritt ungeachtet des Umfangs der Beteiligung eines inländischen Gesellschafters an einer Personengesellschaft, die über eine entsprechende ausländische Betriebsstätte verfügt, ein. Gezahlte und keinem Ermäßigungsanspruch unterliegende ausländische Steuern sind entsprechend § 34c Absatz 1 oder 2 i.V.m. Absatz 6 EStG zu berücksichtigen.

4.1.1.2.3 Rückfallklauseln

Die Freistellung des anteiligen Unternehmensgewinns kann aufgrund einer sog. „Rückfallklausel" entfallen. Zu Einzelheiten vgl. BMF-Schreiben vom 20. Juni 2013, BStBl I S. 980.

Rückfallklauseln enthalten z. B. folgende DBA:

- Bulgarien (Artikel 22 Absatz 1 Buchstabe a),
- Dänemark (Artikel 24 Absatz 3),
- Großbritannien 2010 (Artikel 23 Absatz 1 Buchstabe a),
- Irland 2011 (Artikel 23 Absatz 2 Buchstabe a),
- Italien (Absatz 16 Buchstabe d des Protokolls zum Abkommen; vgl. BFH-Urteil vom 17. Oktober 2007, I R 96/06, BStBl 2008 II S. 953),
- Liechtenstein (Artikel 23 Absatz 3 Buchstabe b),
- Luxemburg 2012 (Artikel 22 Absatz 1 Buchstabe a),
- Neuseeland (Artikel 23 Absatz 3),
- Niederlande 2012 (Artikel 22 Absatz 1 Buchstabe a)[*],
- Norwegen (Artikel 23 Absatz 3),
- Schweden (Artikel 23 Absatz 1 letzter Satz),
- Spanien 2011 (Artikel 22 Absatz 2 Buchstabe a),
- Ungarn 2011 (Artikel 11 Absatz 1 Buchstabe a),
- USA 1989 (Artikel 23 Absatz 2 letzter Satz),
- USA i. d. F. des Änderungsprotokolls vom 1. Juni 2006 (Artikel 23 Absatz 4 Buchstabe b zweiter Halbsatz).

---

[*] Noch nicht in Kraft getreten.

4.1.1.2.4 Nationales Recht

Ungeachtet einer Rückfallklausel im DBA (Tz. 4.1.1.2.3), ist der (anteilige) Unternehmensgewinn nicht freizustellen, wenn er nach dem Recht des Betriebsstättenstaates nur im Rahmen der beschränkten Steuerpflicht nicht zu den steuerpflichtigen Einkünften gehört (§ 50d Absatz 9 Satz 1 Nummer 2 EStG). Ist der anteilige Unternehmensgewinn dagegen allgemein steuerbefreit oder erhebt der Betriebsstättenstaat generell keine Steuern vom Einkommen, ist § 50d Absatz 9 Satz 1 Nummer 2 EStG nicht anwendbar; die Anwendung des § 50d Absatz 9 Satz 1 Nummer 1 EStG bleibt ggf. unberührt (vgl. Tz. 4.1.1.3.3.2). § 50d Absatz 9 Satz 1 Nummer 2 EStG ist ab dem Veranlagungszeitraum 2007 anzuwenden.

Beispiel 1:
Der im Inland ansässige A ist an der im Staat C gewerblich tätigen Personengesellschaft beteiligt. Die Gesellschaft verfügt über Patente, die sie Personen überlässt, die im Staat C und in Drittstaaten ansässig sind. Hierfür vereinnahmt sie Lizenzgebühren. Im Rahmen der beschränkten Steuerpflicht des A erfasst Staat C nicht die Lizenzgebühren aus Drittstaaten; dagegen müsste eine Person, die im Staat C unbeschränkt steuerpflichtig ist, die Lizenzgebühren versteuern.
Nach dem DBA mit Staat C ist der anteilige Betriebsstättengewinn des A aus seiner Beteiligung an der Personengesellschaft von der Besteuerung auszunehmen.
Da die Nichtbesteuerung der aus den Drittstaaten vereinnahmten Lizenzgebühren im Staat C auf der Nichtansässigkeit des A beruht, ist der anteilige Betriebsstättengewinn ungeachtet des DBA mit Staat C aufgrund des § 50d Absatz 9 Satz 1 Nummer 2 EStG insoweit nicht von der Besteuerung auszunehmen.

Beispiel 2:
Die im Inland ansässigen A und B sind an einer im Staat C neu errichteten gewerblich tätigen Personengesellschaft beteiligt. Staat C gewährt als Investitionsanreiz ausländischen Investoren eine Steuerbefreiung über zehn Jahre. Nach dem DBA mit Staat C ist der anteilige Betriebsstättengewinn der Gesellschafter A und B aus ihrer Beteiligung an der Personengesellschaft von der Besteuerung auszunehmen.
Da die Steuerbefreiung an die Nichtansässigkeit der im Staat C beschränkt steuerpflichtigen Gesellschafter A und B anknüpft, ist ihr anteiliger Betriebsstättengewinn ungeachtet des DBA mit Staat C aufgrund des § 50d Absatz 9 Satz 1 Nummer 2 EStG nicht von der Besteuerung auszunehmen.

4.1.1.2.5 Qualifikationskonflikte

Die Freistellung des anteiligen Unternehmensgewinns ist ausgeschlossen, wenn der Betriebsstättenstaat von seinem Besteuerungsrecht keinen oder nur eingeschränkten Gebrauch macht und dies die Folge eines Qualifikationskonflikts ist (Tz. 4.1.3).

4.1.2 Vermögensverwaltende (einschließlich gewerblich geprägter) Personengesellschaften

Ist eine im Inland ansässige Person an einer vermögensverwaltenden Personengesellschaft beteiligt, erzielt sie regelmäßig Einkünfte aus Vermietung und Verpachtung und/oder Kapitalvermögen und/oder sonstige Einkünfte, es sei denn, bei einer Körperschaft als Beteiligte sind die Voraussetzungen des § 8 Absatz 2 KStG gegeben oder die einem Gesellschafter zuzurechnenden Einkünfte sind aus anderen Gründen auf Gesellschafterebene als gewerbliche zu qualifizieren (z. B. sog. Zebragesellschaften). Einkünfte aus unbeweglichem Vermögen (Artikel 6 OECD-MA) dürfen nach dem jeweils anzuwendenden DBA in dem Staat, in dem das Vermögen gelegen ist, besteuert werden, während Deutschland als Ansässigkeitsstaat die Einkünfte regelmäßig von der Besteuerung nach dem Methodenartikel ausnimmt (Ausnahmen sind u. a. die DBA-Schweiz und Spanien 1966 oder soweit die Freistellung unter den Voraussetzungen des § 50d Absatz 9 Satz 1 Nummer 2 EStG entfällt; vgl. Tz. 4.1.1.2.4). Im Verlustfall ist bei Staaten, mit denen kein DBA besteht, § 2a Absatz 1 EStG zu beachten. Zinsen, Dividenden und Lizenzgebühren oder Einkünfte aus der Überlassung von Rechten dürfen vom Quellenstaat regelmäßig nicht oder nur in begrenztem Umfang besteuert werden, während die Besteuerung in Deutschland als Ansässigkeitsstaat nicht eingeschränkt ist. Die vom Quellenstaat nach dem jeweiligen DBA zulässigerweise erhobene Steuer ist entsprechend § 34c Absatz 1 oder 2 i.V.m. Absatz 6 EStG zu berücksichtigen.

Die Einkünfte gewerblich geprägter Personengesellschaften und von Besitzpersonengesellschaften im Rahmen einer Betriebsaufspaltung gelten zwar als gewerblich. Für Zwecke der Anwendung der DBA sind auf ihre Einkünfte jedoch die Artikel anzuwenden, die für Einkünfte vermögensverwaltender Personengesellschaften gelten (Tz. 2.3.1 und 2.3.2). Das gilt grundsätzlich auch für Personengesellschaften i. S. d. § 15 Absatz 3 Nummer 1 EStG, soweit ihre Einkünfte nicht aus einer originär gewerblichen Tätigkeit stammen (vgl. hierzu Tz. 2.2.1).

4.1.3 Qualifikationskonflikte

4.1.3.1 Allgemeines

Qualifikationskonflikte können zu einer Doppelbesteuerung (positiver Qualifikationskonflikt) oder einer Doppelfreistellung (negativer Qualifikationskonflikt) führen. Qualifikationskonflikte resultieren aus einer nicht übereinstimmenden Anwendung der Vorschriften eines DBA durch die Vertragsstaaten; dies kann unterschiedliche Ursachen haben:

a) In- und ausländische Finanzbehörden gehen von einer unterschiedlichen Sachverhaltsbeurteilung aus.

   Beispiel:
   Ein Unternehmen eines Staates übt eine Tätigkeit im anderen Staat durch eine dort gelegene Betriebsstätte aus. Der eine Staat betrachtet die Tätigkeit als Hilfstätigkeit, der andere als Haupttätigkeit (vgl. Artikel 5 Absatz 4 OECD-MA).

b) In- und ausländische Finanzbehörden wenden unterschiedliche Abkommensbestimmungen an, weil sie die Abkommensbestimmungen selbst unterschiedlich auslegen.

   Beispiel:
   Eine in einem Staat ansässige Person erhält Vergütungen für CD-Aufnahmen, die während einer Konzertreise im anderen Staat entstanden sind. Der eine Staat betrachtet die Vergütungen als Lizenzgebühren i. S. d. Artikels 12 OECD-MA, der andere als Einkünfte aus künstlerischer Tätigkeit i. S. d. Artikels 17 OECD-MA, die im anderen Staat ausgeübt wurde.

c) In- und ausländische Finanzbehörden wenden unterschiedliche Abkommensbestimmungen an, weil sie entsprechend Artikel 3 Absatz 2 OECD-MA Abkommensbegriffe nach ihrem nationalen Recht auslegen.

   Beispiel:
   Der eine Staat (Staat der Personengesellschaft) behandelt eine Personengesellschaft als eigenständiges Steuersubjekt, der andere Staat (Ansässigkeitsstaat des Gesellschafters) behandelt sie als steuerlich transparent. Im Fall der Veräußerung des Anteils durch einen Gesellschafter wendet daher der eine Staat Artikel 13 Absatz 5 OECD-MA an, der andere Staat Artikel 13 Absatz 2 OECD-MA.

Ob ein Qualifikationskonflikt vorliegt und welche Ursache er hat, ist ggf. im Rahmen eines Verständigungsverfahrens zu klären.

Für die Beseitigung von Doppelbesteuerungen und Doppelfreistellungen, deren Ursache Qualifikationskonflikte sind, gelten die Tz. 4.1.3.2 und 4.1.3.3.

4.1.3.2 DBA mit Klauseln zum Übergang auf die Anrechnungsmethode (sog. Switch-over-Klauseln)

Die Klauseln sollen Doppelbesteuerungen, Doppelfreistellungen oder die Besteuerung zu einem durch das DBA begrenzten Steuersatz verhindern, die ihre Ursache in der Anwendung unterschiedlicher Abkommensbestimmungen haben (Tz. 4.1.3.1). Die Gründe für die Anwendung unterschiedlicher Abkommensbestimmungen sind ohne Bedeutung. Nach diesen Klauseln wird eine nach Durchführung eines Verständigungsverfahrens verbleibende Doppelbesteuerung (positiver Qualifikationskonflikt) regelmäßig durch Anrechnung der ausländischen Steuer nach § 34c Absatz 1 EStG vermieden. Besteuert der andere Vertragsstaat die Einkünfte nicht oder nur zu einem durch das DBA begrenzten Steuersatz (negativer Qualifikationskonflikt), unterbleibt die Freistellung. Eine etwaige ausländische Steuer wird entsprechend § 34c Absatz 1 oder 2 i. V. m. Absatz 6 EStG berücksichtigt.

Bezieht sich die jeweilige Klausel nur auf negative Qualifikationskonflikte (z. B. Artikel 28 DBA-Österreich), dann gilt im Fall von positiven Qualifikationskonflikten Tz. 4.1.3.3 entsprechend.

4.1.3.3 DBA ohne Klauseln zum Übergang auf die Anrechnungsmethode

4.1.3.3.1 Positive Qualifikationskonflikte

In Fällen positive Qualifikationskonflikte i. S. d. Tz. 4.1.3.1 Buchstaben a und b ist zu prüfen, ob die Doppelbesteuerung unter dem Gesichtspunkt sachlicher Unbilligkeit vermieden werden kann, z. B. durch Anrechnung der ausländischen Steuer, wenn nach Durchführung eines Verständigungsverfahrens eine Doppelbesteuerung verbleibt. Zu Einzelheiten vgl. Tz. 8 des BMF-Schreibens vom 13. Juli 2006, BStBl I S. 461 (Merkblatt zum internationalen Verständigungs- und Schiedsverfahren).

Bei positive Qualifikationskonflikten i. S. d. Tz. 4.1.3.1 Buchstabe c ist entsprechend OECD-MK Nummer 32.3 und 32.4 zu Artikel 23 nach Durchführung eines Verständigungsverfahrens der Qualifikation des Quellenstaates zu folgen (sog. Rechtsfolgenverkettung). Danach wird die Doppelbesteuerung nach der Methode vermieden, die sich dafür im Methodenartikel des jeweiligen DBA für diese Einkünfte ergibt.

> **Beispiel:** (Qualifikationskonflikt i. S. d. Tz. 4.1.3.1 Buchstabe c)
> Der im Inland ansässige A ist an einer gewerblich tätigen Personengesellschaft im Staat B beteiligt, die im Staat B als steuerlich transparent behandelt wird. Aus der Sicht des deutschen Steuerrechts ist die Gesellschaft als Körperschaft einzuordnen (vgl. Tz. 1.2). A veräußert seinen Anteil an der Gesellschaft und erzielt einen Veräußerungsgewinn. Staat B betrachtet die Veräußerung des Anteils als Veräußerung der zugrunde liegenden Vermögenswerte, für die ihm das Besteuerungsrecht nach Artikel 13 Absatz 1 oder 2 OECD-MA zusteht. Dagegen geht Deutschland von der Veräußerung eines Anteils an einer Körperschaft aus, was die Besteuerung im Staat B ausschließt (Artikel 13 Absatz 5 OECD-MA). Deutschland als Ansässigkeitsstaat hat, ggf. im Rahmen eines Verständigungsverfahrens, die Doppelbesteuerung zu vermeiden, und zwar nach der Methode, die der Methodenartikel für die Gewinne aus der Veräußerung unbeweglichen Vermögens oder beweglichen Vermögens einer Betriebsstätte vorsieht. Dies wird regelmäßig die Freistellungsmethode sein, soweit sie nach dem anzuwendenden DBA im Einzelfall nicht ausgeschlossen ist (z. B. aufgrund einer Aktivitätsklausel).

4.1.3.3.2 Negative Qualifikationskonflikte

Im Falle eines negativen Qualifikationskonflikts läuft die Grundfunktion der Freistellungsmethode – die Vermeidung der Doppelbesteuerung – ins Leere, so dass für den Ansässigkeitsstaat keine Verpflichtung besteht, die Einkünfte freizustellen (vgl. OECD-MK Nummer 32.6 bis 32.7 zu Artikel 23).

Besteuert der andere Vertragsstaat die Einkünfte nicht oder nur zu einem durch das DBA begrenzten Steuersatz (negativer Qualifikationskonflikt), unterbleibt die Freistellung nach § 50d Absatz 9 Satz 1 Nummer 1 EStG. Eine etwaige ausländische Steuer wird entsprechend § 34c Absatz 1 oder 2 i. V. m. Absatz 6 EStG berücksichtigt.

> **Beispiel:**
> Die im Inland ansässigen A und B sind an einer Personengesellschaft im Staat C beteiligt. Die Personengesellschaft, die nach dem Recht des Staates C keine steuerpflichtige Person ist, betreibt einen PKW-Handel. Auf Wunsch ihrer Kunden finanziert sie den PKW-Kauf und erzielt hieraus Zinsen. Das DBA mit Staat C

weist das Besteuerungsrecht für Zinsen ausschließlich dem Ansässigkeitsstaat zu. Es enthält darüber hinaus einen Betriebsstättenvorbehalt entsprechend Artikel 11 Absatz 3 OECD-MA. Staat C qualifiziert die Zinsen nicht als gewerbliche Einkünfte, die er als Betriebsstättenstaat besteuern darf. Er wendet vielmehr den Zinsartikel an, der das ausschließliche Besteuerungsrecht dem Ansässigkeitsstaat zuweist. Nach dem DBA mit Staat C nimmt Deutschland die Einkünfte (Unternehmensgewinne), die einer Betriebsstätte im anderen Vertragsstaat zuzurechnen sind, von der Besteuerung aus. Zu den Unternehmensgewinnen gehören auch die Zinsen (vgl. Tz. 2.2.1). Da Staat C die Zinsen nicht besteuert, würde die Freistellung des Betriebsstättengewinns zur Nichtbesteuerung der Zinsen führen. Deutschland ist daher als Ansässigkeitsstaat insoweit nicht zur Freistellung verpflichtet.

4.1.4 Unterschiedliche Einordnung einer ausländischen Personengesellschaft

4.1.4.1 Behandlung im Ausland als Körperschaft

Wird eine nach deutschem Steuerrecht als Personengesellschaft einzuordnende ausländische Gesellschaft im anderen Vertragsstaat als Körperschaft behandelt (vgl. auch die Anlage), bleiben die Grundsätze der Tz. 4.1.1 und 4.1.2 in Bezug auf die im Inland ansässigen Gesellschafter unberührt (BFH-Urteil vom 25. Mai 2011, I R 95/10, BStBl 2014 II S. 760). Der andere Vertragsstaat besteuert dagegen die Gesellschaft mit ihrem Gewinn und erhebt im Ausschüttungsfall ggf. eine Quellensteuer, deren Höhe nach dem jeweiligen DBA begrenzt ist. Soweit die Freistellung der anteiligen Einkünfte des inländischen Gesellschafters nach dem jeweils anzuwendenden Methodenartikel entfällt (Tz. 4.1.1.2), ist die anteilige auf den Gewinn der Gesellschaft erhobene ausländische Steuer nach § 34c Absatz 1 bzw. 2 i.V. m. Absatz 6 EStG zu berücksichtigen. Eine Anrechnung bzw. ein Abzug der Quellensteuer auf die Ausschüttung entfällt, da aus deutscher Sicht die Ausschüttungen als steuerlich nicht relevante Entnahmen nicht besteuert werden.

4.1.4.2 Behandlung in Deutschland als Körperschaft

Wird eine nach deutschem Steuerrecht als Körperschaft einzuordnende ausländische Gesellschaft im anderen Vertragsstaat als steuerlich transparent behandelt, führt dies dort zur Besteuerung der im Inland ansässigen Gesellschafter mit ihrem Anteil am Gewinn der Gesellschaft, der auf die ausländische Betriebsstätte entfällt. Nach deutschem Steuerrecht werden ebenfalls die Gesellschafter besteuert, jedoch nur, soweit sie Ausschüttungen i. S. d. § 20 Absatz 1 Nummer 1 EStG beziehen. Die Ausschüttungen sind abkommensrechtlich Einkünfte i. S. d. Artikels 21 Absatz 1 OECD-MA (Andere Einkünfte), da die Personengesellschaft keine im ausländischen Staat ansässige Gesellschaft ist (Artikel 4 Absatz 1, Artikel 10 Absatz 1 OECD-MA; vgl. auch das zur US-LLC ergangene BFH-Urteil vom 20. August 2008, I R 34/08, BStBl 2009 II S. 263); sie können dementsprechend uneingeschränkt besteuert werden. Auf diese Ausschüttungen sind ggf. § 3 Nummer 40 EStG, § 32d EStG oder § 8b Absatz 1 KStG anzuwenden. Auf Ausschüttungen fällt ausländische Quellensteuer regelmäßig nicht an, da nach der Wertung des ausländischen Rechts die Verteilung des Gewinns kein Besteuerungstatbestand ist.

4.2 Gewinne aus der Veräußerung von Vermögen der Betriebsstätte

Ist eine im Inland ansässige natürliche oder juristische Person an einer in- oder ausländischen gewerblich tätigen Personengesellschaft beteiligt, die über eine ausländische Betriebsstätte (Tz. 2.2.3) verfügt, dürfen Einkünfte aus der Veräußerung beweglichen und unbeweglichen Vermögens der Betriebsstätte im Betriebsstättenstaat besteuert werden (Artikel 13 Absatz 1 und 2 OECD-MA). Die Veräußerung des Anteils an der Personengesellschaft gilt als Veräußerung der anteiligen einzelnen Wirtschaftsgüter. Deutschland als Ansässigkeitsstaat der Gesellschafter nimmt die Einkünfte, soweit die Wirtschaftsgüter zu der ausländischen Betriebsstätte gehören, regelmäßig von der Besteuerung aus (ggf. unter Beachtung etwaiger Einschränkungen nach § 2a EStG). Die Freistellung kann ausgeschlossen sein (Tz. 4.1.1.2). Außerdem können sich Qualifikationskonflikte aufgrund unterschiedlicher Einordnung der ausländischen Gesellschaft ergeben, die zu Doppelbesteuerungen oder Doppelfreistellungen führen (Tz. 4.1.4). Auf sie sind die Tz. 4.1.3.2 und 4.1.3.3 anzuwenden.

4.3 Gewinne aus der Veräußerung von Vermögen vermögensverwaltender (einschließlich gewerblich geprägter) Personengesellschaften

Ist eine im Inland ansässige Person an einer in- oder ausländischen vermögensverwaltenden Personengesellschaft beteiligt, gehören Gewinne aus der Veräußerung von Vermögen, soweit die Voraussetzungen erfüllt sind, zu den Einkünften aus Veräußerungsgeschäften i. S. d. § 20 Absatz 2 und § 23 EStG, es sei denn, die Voraussetzungen des § 8 Absatz 2 KStG sind gegeben oder die einem Gesellschafter zuzurechnenden Einkünfte sind aus anderen Gründen auf Gesellschafterebene als steuerpflichtige gewerbliche Einkünfte zu qualifizieren (z. B. sog. Zebragesellschaften). Nach dem jeweils anzuwendenden DBA dürfen die Einkünfte aus der Veräußerung unbeweglichen Vermögens (Artikel 13 Absatz 1 OECD-MA) regelmäßig im Staat, in dem das Vermögen gelegen ist, besteuert werden. Dementsprechend nimmt Deutschland als Ansässigkeitsstaat die Gewinne aus der Veräußerung des im Ausland gelegenen unbeweglichen Vermögens von der Besteuerung aus. In einigen DBA, z. B. den DBA-Schweiz und Spanien 1966, ist die Anrechnungsmethode vereinbart. Weitere Besonderheiten können sich bei der Veräußerung von Anteilen an Grundstücksgesellschaften, z. B. nach den DBA-Kanada und USA, ergeben. Dagegen dürfen Gewinne aus der Veräußerung anderen Vermögens regelmäßig nur im Ansässigkeitsstaat, also in Deutschland, besteuert werden (Artikel 13 Absatz 5 OECD-MA).

Vorstehende Grundsätze gelten entsprechend für gewerblich geprägte Personengesellschaften und Besitzpersonengesellschaften im Rahmen einer Betriebsaufspaltung. Sie gelten grundsätzlich auch für Personengesellschaften i. S. d. § 15 Absatz 3 Nummer 1 EStG, soweit ihre Einkünfte nicht aus einer originär gewerblichen Tätigkeit stammen (vgl. hierzu 2.2.1).

Die Tz. 4.1.3 und 4.1.4 gelten entsprechend.

5 Sondervergütungen und Sonderbetriebsvermögen

5.1 Behandlung der Sondervergütungen und der durch das Sonderbetriebsvermögen veranlassten Erträge und Aufwendungen gewerblich tätiger Personengesellschaften

5.1.1 Grundsatz

Nach § 15 Absatz 1 Satz 1 Nummer 2 Satz 1 zweiter Halbsatz und Nummer 3 zweiter Halbsatz EStG gehören Vergütungen, die ein Gesellschafter (Mitunternehmer) einer Personengesellschaft für seine Tätigkeit im Dienst der Gesellschaft oder für die Hingabe von Darlehen oder für die Überlassung von Wirtschaftsgütern bezogen hat, zu den Einkünften aus Gewerbebetrieb; sie sind Teil des Gewinns der Personengesellschaft. Das gilt entsprechend in den Fällen des § 15 Absatz 1 Satz 1 Nummer 2 Satz 2 EStG (mittelbare Beteiligungen) sowie des § 15 Absatz 1 Satz 2 EStG (Sondervergütungen, die als nachträgliche Einkünfte bezogen werden). Für Deutschland als Anwenderstaat eines DBA gehören die Vergütungen (Sondervergütungen) sowie die durch das Sonderbetriebsvermögen veranlassten Erträge und Aufwendungen, einschließlich der Gewinne aus der Veräußerung von Sonderbetriebsvermögen, zu den Unternehmensgewinnen (Tz. 2.2.1), und zwar unabhängig davon, ob es sich um Sondervergütungen des im Inland ansässigen Gesellschafters einer ausländischen Personengesellschaft oder um Sondervergütungen des im Ausland ansässigen Gesellschafters einer inländischen Personengesellschaft handelt (§ 50d Absatz 10 EStG*). § 50d Absatz 10 EStG ist nicht anwendbar, soweit die Personengesellschaft keine Unternehmensgewinne erzielt. § 50d Absatz 10 EStG ist ferner nicht anwendbar, wenn keine Sondervergütungen geleistet werden (unentgeltliche Überlassung). Bei einer teilentgeltlichen Überlassung gilt § 50d Absatz 10 EStG nur für den entgeltlichen Teil der Überlassung. Tz. 5.1.2 Satz 1 bleibt unberührt.

Ist § 50d Absatz 10 EStG nicht anwendbar, z. B. weil keine Sondervergütung bezogen wurde (unentgeltliche Überlassung), bestimmen sich die Besteuerungsrechte nach den Vorschriften des jeweiligen DBA, soweit auf den Sachverhalt ein DBA anzuwenden ist (vgl. z. B. im Fall eines unentgeltlichen Darlehens Beispiel 2 der Tz. 5.1.2).

5.1.2 Zurechnung der Sondervergütungen sowie der durch das Sonderbetriebsvermögen veranlassten Erträge und Aufwendungen zu einer Betriebsstätte der Personengesellschaft

Sondervergütungen sowie die durch das Sonderbetriebsvermögen veranlassten Erträge und Aufwendungen sind derjenigen Betriebsstätte zuzurechnen, der der Aufwand zuzuordnen ist, für die die Vergütung gezahlt wird (§ 50d Absatz 10 Satz 3 EStG). Dieser Zuordnungsmaßstab folgt den Grundsätzen des § 15 Absatz 1 Satz 1 Nummer 2 EStG (Zurechnung nach wirtschaftlichen Maßstäben).

Beispiel 1:
An einer im Inland gewerblich tätigen KG sind der im Inland ansässige A als Komplementär und der im Staat C ansässige B als Kommanditist beteiligt. B überlässt der KG eine im Inland genutzte Maschine gegen Mietentgelt.

Die Beteiligung als Kommanditist vermittelt dem B eine inländische Betriebsstätte, durch die er im Inland gewerblich tätig wird (Tz. 2.2.2). Das Mietentgelt sowie die mit der Maschine verbundenen Erträge und Aufwendungen sind der inländischen Betriebsstätte der KG zuzurechnen, da ihr der Aufwand für die der Vergütung zugrunde liegenden Leistung zuzuordnen ist. Das Mietentgelt sowie die mit der Maschine verbundenen Erträge und Aufwendungen gehören zum anteiligen Unternehmensgewinn des B.

Beispiel 2:
An einer im Inland gewerblich tätigen KG sind der im Inland ansässige A als Komplementär und der im Staat C ansässige B als Kommanditist beteiligt. B, der neben der Beteiligung an der KG kein Unternehmen betreibt, gewährt der KG ein Darlehen gegen Verzinsung.

Die Beteiligung als Kommanditist vermittelt dem B eine inländische Betriebsstätte durch die er im Inland gewerblich tätig wird (Tz. 2.2.2). Die Zinsen sowie die mit der Darlehensforderung verbundenen Erträge und Aufwendungen sind der inländischen Betriebsstätte der KG zuzurechnen, da ihr der Zinsaufwand zuzuordnen ist. Die Zinsen sowie die mit der Darlehensforderung verbundenen Erträge und Aufwendungen gehören zum anteiligen Unternehmensgewinn des B.

Wird in Abwandlung des Beispiels das Darlehen unverzinslich gewährt, ist § 50d Absatz 10 EStG nicht anwendbar (Tz. 5.1.1). Zwar bleiben dann die Darlehensforderung und eine etwaige Darlehensschuld zur Refinanzierung des Darlehens Sonderbetriebsvermögen (BFH-Urteile vom 8. November 1990, IV R 127/86, BStBl 1991 II S. 505, und vom 28. Oktober 1999, VIII R 42/88, BStBl 2000 II S. 390); jedoch gilt für die DBA-Anwendung Artikel 11 OECD-MA. Da die Voraussetzungen des Betriebsstättenvorbehalts (Artikel 11 Absatz 3 OECD-MA) nicht erfüllt sind, gehört die Darlehensforderung nicht zu der inländischen Betriebsstätte des B (BFH-Urteil vom 17. Oktober 2007, I R 5/06, BStBl 2009 II S. 356). Das hat zur Folge, dass ein etwaiger Refinanzierungsaufwand bei der Betriebsstätte des B nicht zu berücksichtigen ist.

---

*) In der Fassung des AmtshilfeRLUmsG vom 26. Juni 2013, BGBl I S. 1809, BStBl I S. 802.

Beispiel 3:
An einer im Inland gewerblich tätigen KG sind der im Inland ansässige A als Komplementär und die im Staat C ansässige B-Inc. als Kommanditist beteiligt. Die B-Inc., ein Produktionsunternehmen, überlässt der KG ein immaterielles Wirtschaftsgut gegen Zahlung einer Lizenzgebühr. Die B-Inc. vermarktet das Wirtschaftsgut im Staat C sowie über Beteiligungen in weiteren Staaten.
Die Beteiligung als Kommanditist vermittelt der B-Inc. eine inländische Betriebsstätte durch die sie im Inland gewerblich tätig wird (Tz. 2.2.2). Die Lizenzgebühr ist der inländischen Betriebsstätte der KG zuzurechnen, da ihr der Lizenzaufwand zuzuordnen ist (§ 50d Absatz 10 Satz 3 erster Halbsatz EStG).
Ist das immaterielle Wirtschaftsgut nach allgemeinen Grundsätzen als Sonderbetriebsvermögen zu bilanzieren, sind auch die Erträge und Aufwendungen (einschließlich Veräußerungsgewinne oder Veräußerungsverluste) in Bezug auf das immaterielle Wirtschaftsgut des Kommanditisten der inländischen Betriebsstätte der KG der B-Inc. zuzurechnen (§ 50d Absatz 10 Satz 2 und 3 zweiter Halbsatz EStG).
Kommt dagegen nach allgemeinen Grundsätzen die Bilanzierung des immateriellen Wirtschaftsguts als Sonderbetriebsvermögen nicht in Betracht, entfällt auch eine Zurechnung der Erträge und Aufwendungen (einschließlich Veräußerungsgewinne oder Veräußerungsverluste) in Bezug auf das immaterielle Wirtschaftsgut des Kommanditisten zur inländischen Betriebsstätte der KG.
Die Lizenzgebühr sowie im Fall der Bilanzierung des immateriellen Wirtschaftsguts als Sonderbetriebsvermögen die mit dem immateriellen Wirtschaftsgut verbundenen Erträge und Aufwendungen gehören zum anteiligen Unternehmensgewinn der B-Inc.

Beispiel 4:
An einer im Staat C errichteten KG, die im Staat C gewerblich tätig ist, sind der im Staat C ansässige A als Komplementär und der im Inland ansässige B als Kommanditist beteiligt. B gewährt der KG ein Darlehen gegen Verzinsung.
Die Beteiligung als Kommanditist vermittelt dem B eine ausländische Betriebsstätte durch die er im Staat C gewerblich tätig wird (Tz. 2.2.2). Die Zinsen sowie die mit der Darlehensforderung verbundenen Erträge und Aufwendungen sind der ausländischen Betriebsstätte der KG zuzurechnen, da ihr der Zinsaufwand zuzuordnen ist (§ 50d Absatz 10 Satz 3 EStG). Die Freistellung der Zinsen sowie die mit der Darlehensforderung verbundenen Erträge und Aufwendungen als Teil des Betriebsstättengewinns des B entfällt, wenn sie im Staat C nicht besteuert werden (§ 50d Absatz 9 Satz 1 Nummer 1 EStG; Tz. 5.1.3.2).
Im Übrigen kann es unter den Voraussetzungen des § 1 Absatz 1 AStG zu einer Einkünftekorrektur kommen.
Wird in Abwandlung des Beispiels das Darlehen unverzinslich gewährt, gelten die zu Beispiel 2 dargelegten Grundsätze sinngemäß.

5.1.3 Vermeidung der Doppelbesteuerung

5.1.3.1 Deutschland ist der Betriebsstättenstaat

Da nach § 50d Absatz 10 EStG Sondervergütungen sowie die durch das Sonderbetriebsvermögen veranlassten Erträge und Aufwendungen derjenigen Betriebsstätte zuzurechnen sind, der der Aufwand für die der Vergütung zugrunde liegenden Leistung zuzuordnen ist, kann es zu Doppelbesteuerungen kommen, ohne dass der Ansässigkeitsstaat des Gesellschafters (Artikel 4 OECD-MA) verpflichtet wäre, die Doppelbesteuerung zu vermeiden (vgl. Tz. 4.1.3.3.1). Soweit es infolge der Zurechnung der Sondervergütungen sowie der durch das Sonderbetriebsvermögen veranlassten Erträge und Aufwendungen zu einer inländischen Betriebsstätte zu einer Doppelbesteuerung kommt, weil der Ansässigkeitsstaat die deutsche Steuer nicht anrechnet (§ 50d Absatz 10 Satz 5 EStG), ist die ausländische Steuer anzurechnen. Anrechenbar ist der Teil der festgesetzten ausländischen Steuer, der auf die betreffende Sondervergütung und den insoweit durch das Sonderbetriebsvermögen veranlassten Ertrag oder Aufwand entfällt. Ist eine direkte Zuordnung der auf die Sondervergütung (einschließlich der Erträge und Aufwendungen) entfallenden ausländischen Steuer nicht möglich, kann sie aus Vereinfachungsgründen auf der Grundlage des Verhältnisses der Höhe der in der ausländischen Steuerbemessungsgrundlage berücksichtigten Sondervergütungen und ggf. des durch das Sonderbetriebsvermögen veranlassten Ertrags oder Aufwands zur ausländischen Steuerbemessungsgrundlage berechnet werden. Soweit das jeweilige DBA Deutschland als Quellenstaat ein Besteuerungsrecht einräumt (vgl. Artikel 11 Absatz 2 und Artikel 12 Absatz 2 OECD-MA), ist eine Anrechnung ausgeschlossen. Der dem Grunde nach anrechenbare Betrag der ausländischen Steuer ist höchstens bis zu dem Betrag auf die deutsche Steuer anrechenbar, der auf die Sondervergütung oder den durch das Sonderbetriebsvermögen veranlassten Ertrag oder Aufwand entfällt. Dieser Höchstbetrag der anrechenbaren ausländischen Steuer, die anteilig auf die auch von Deutschland besteuerten Einkünfte entfällt, ist in entsprechender Anwendung des § 34c Absatz 1 EStG zu ermitteln. Der Nachweis über die Höhe der gezahlten ausländischen Steuer kann im Festsetzungsverfahren nach § 68b EStDV geführt werden. Zur Anrechnung der ausländischen Steuer kann ein Steuerbescheid unter den Voraussetzungen des § 175 Absatz 1 Nummer 2 AO geändert werden. In den Fällen der Tz. 5.2 kommt eine Anrechnung nicht in Betracht (§ 50d Absatz 10 Satz 6 EStG).

5.1.3.2 Deutschland ist der Ansässigkeitsstaat

Ist Deutschland der Ansässigkeitsstaat des Gesellschafters (vgl. Tz. 5.1.2 Beispiel 4), sind die Sondervergütungen und die durch das Sonderbetriebsvermögen veranlassten Erträge und Aufwendungen grundsätzlich als Betriebsstättengewinn von der deutschen Besteuerung auszunehmen (vgl. Tz. 4.1.1). Da die meisten anderen Staaten Sondervergütungen und die durch das Sonderbetriebsvermögen veranlassten Erträge und Aufwendungen anderen Abkommensbestimmungen zuordnen, können Qualifikationskonflikte entstehen, die zu einer Nicht- oder zu einer niedrigen Besteuerung der Sondervergütungen und der durch das Sonderbetriebsvermögen veranlassten Erträge und Aufwendungen führen (Doppelfreistellung). Dann entfällt die Freistellung entsprechend § 50d Absatz 9 Satz 1 Nummer 1 EStG (siehe hierzu den Verweis in § 50d Absatz 10 Satz 8 EStG) sowie Tz. 4.1.3.2 Satz 3 bzw. 4.1.3.3.2.

5.2 Sonderregelungen einzelner DBA

Einzelne DBA weisen die Sondervergütungen, die gewerblich tätige Personengesellschaften zahlen, ausdrücklich den Unternehmensgewinnen zu, wenn diese Vergütungen nach dem Steuerrecht des Vertragsstaates, in dem die Betriebsstätte der Personengesellschaft liegt, den Einkünften des Gesellschafters aus dieser Betriebsstätte zugerechnet werden (vgl. auch BFH-Urteil vom 17. Oktober 1990, I R 16/89, BStBl 1991 II S. 211). Der Wortlaut dieser Regelungen erfasst auch die durch das Sonderbetriebsvermögen veranlassten Erträge und Aufwendungen (BFH-Urteil vom 26. Februar 1992, I R 85/91, BStBl II S. 937). Entsprechende Regelungen enthalten die folgenden DBA:

- Algerien (Artikel 7 Absatz 7),
- Ghana (Artikel 7 Absatz 6),
- Kasachstan (Artikel 7 Absatz 6),
- Liechtenstein (Artikel 7 Absatz 4),
- Mauritius 2011 (Artikel 7 Absatz 7),
- Oman (Artikel 7 Absatz 7),
- Österreich (Artikel 7 Absatz 7),
- Schweiz (Artikel 7 Absatz 7),
- Singapur (Artikel 7 Absatz 7),
- Tadschikistan (Artikel 7 Absatz 7),
- Türkei 2011 (Protokoll Nummer 2 Buchstabe b),
- Uruguay 2010 (Artikel 7 Absatz 7),

- Weißrussland (Artikel 7 Absatz 7),
- Usbekistan (Artikel 7 Absatz 7),
- Zypern 2011 (Protokoll Nummer 2).

Ist Deutschland der Ansässigkeitsstaat des Gesellschafters, ist zu prüfen, ob die Vergütungen nach dem Recht des anderen Vertragsstaates (Betriebsstättenstaat)[*] dem Betriebsstättengewinn des Gesellschafters tatsächlich zuzurechnen sind. Sind sie nicht zuzurechnen, liegt ein negativer Qualifikationskonflikt vor, und die Einkünfte sind insoweit nicht von der deutschen Steuer freizustellen (vgl. Tz. 4.1.3.3.2).

6 Verfahren

6.1 Gesonderte Gewinnfeststellung

Beteiligen sich Steuerpflichtige an ausländischen Personengesellschaften, sind die Einkünfte für alle inländischen Beteiligten nach § 180 Absatz 5 AO einheitlich und gesondert festzustellen, soweit für die Einkünfte nach dem Methodenartikel die Freistellungsmethode anzuwenden ist (Tz. 4.1.1). Gilt die Anrechnungsmethode (Tz. 4.1.1.2 und 4.1.2), liegen steuerpflichtige Einkünfte vor, die nach § 180 Absatz 1 AO festzustellen sind. Gesondert und einheitlich festzustellen sind auch anrechenbare Steuern, wenn sie aus Gesellschaftsmitteln entrichtet worden sind. Zur örtlichen Zuständigkeit für die gesonderte und einheitliche Feststellung der Gewinne ausländischer Personengesellschaften, an denen inländische Gesellschafter beteiligt sind, vgl. die BMF-Schreiben vom 11. Dezember 1989, BStBl I S. 470, und vom 2. Januar 2001, BStBl I S. 40. Die Sonderzuständigkeiten der Länder für die Beteiligung an ausländischen Personengesellschaften sind zu beachten.

6.2 Melde-, Mitwirkungs- und Nachweispflichten

Nach § 138 Absatz 2 Nummer 2 AO haben Steuerpflichtige mit Wohnsitz, gewöhnlichem Aufenthalt, Geschäftsleitung oder Sitz im Inland u. a. die Beteiligung an ausländischen Personengesellschaften oder deren Aufgabe oder Änderung dem zuständigen Finanzamt zu melden. Auch wenn eine nach deutschem Steuerrecht als Personengesellschaft einzuordnende ausländische Gesellschaft dort als Körperschaft behandelt wird, ergibt sich die Meldepflicht aus § 138 Absatz 2 Nummer 2 AO. Zu Einzelheiten vgl. BMF-Schreiben vom 15. April 2010, BStBl I S. 346.

Hinsichtlich der Mitwirkungs- und Nachweispflichten vgl. Tz. 5.1 bis 5.3 des BMF-Schreibens vom 24. Dezember 1999, BStBl I S. 1076, unter Berücksichtigung der Änderungen durch die BMF-Schreiben vom 20. November 2000, BStBl I S. 1509, vom 29. September 2004, BStBl I S. 917, und vom 25. August 2009, BStBl I S. 888 (Betriebsstätten-Verwaltungsgrundsätze).

6.3 Abstimmung mit ausländischen Finanzbehörden

In- und ausländische Finanzbehörden können einen Sachverhalt unterschiedlich bewerten, z. B. ob ein im Ausland ansässiger Steuerpflichtiger über eine inländische Betriebsstätte verfügt. Ein solcher Qualifikationskonflikt kann zu Doppelbesteuerungen führen. Deshalb kann es für den Steuerpflichtigen zweckmäßig sein, sich z. B. vor umfangreichen Umstrukturierungen nicht nur mit der inländischen, sondern auch mit der zuständigen ausländischen Finanzbehörde abzustimmen und eine entsprechende Bestätigung beizubringen.

---

[*] Für die Schweiz richtet sich die Beurteilung nach dem jeweiligen kantonalen Recht.

7 Betriebsstätten-Verwaltungsgrundsätze

Die Tz. 1.1.5.1 und 1.1.5.2 des BMF-Schreibens vom 24. Dezember 1999, BStBl I S. 1076, unter Berücksichtigung der Änderungen durch die BMF-Schreiben vom 20. November 2000, BStBl I S. 1509, vom 29. September 2004, BStBl I S. 917 und vom 25. August 2009, BStBl I S. 888 (Betriebsstätten-Verwaltungsgrundsätze), werden durch dieses Schreiben ersetzt; im Übrigen bleiben die Ausführungen in diesen Schreiben unberührt.

8 Aufhebung von BMF-Schreiben

Dieses Schreiben ersetzt das BMF-Schreiben vom 16. April 2010, BStBl I S. 354, und ist auf alle offenen Fälle anzuwenden.

Anlage
Besonderheiten einzelner DBA zur Abkommensberechtigung von Personengesellschaften und Hinweise zu einzelnen Gesellschaftsformen[*]

Albanien

Personengesellschaften gelten als in dem Vertragsstaat ansässig, in dem sich der Ort ihrer tatsächlichen Geschäftsleitung befindet (Artikel 4 Absatz 4). Die in den Artikeln 6 bis 22 vorgesehenen Beschränkungen des Besteuerungsrechts des anderen Vertragsstaats gelten jedoch nur insoweit, als die Einkünfte aus diesem Staat und das in diesem Staat gelegene Vermögen der Personengesellschaft der Besteuerung in dem Vertragsstaat, in dem sich der Ort ihrer tatsächlichen Geschäftsleitung befindet, unterliegt.

Personengesellschaften werden in Albanien nicht als steuerlich transparent behandelt, sondern unterliegen als Steuersubjekt der Körperschaftsteuer.

Algerien

Personengesellschaften gelten als in dem Vertragsstaat ansässig, in dem sich der Ort ihrer tatsächlichen Geschäftsleitung befindet (Artikel 4 Absatz 4). Die in den Artikeln 6 bis 21 vorgesehenen Beschränkungen des Besteuerungsrechts des anderen Vertragsstaats gelten jedoch nur insoweit, als die Einkünfte aus diesem Staat und das in diesem Staat gelegene Vermögen der Personengesellschaft der Besteuerung in dem Vertragsstaat, in dem sich der Ort ihrer tatsächlichen Geschäftsleitung befindet, unterliegt.

Personengesellschaften können in Algerien für eine Besteuerung als Personengesellschaft optieren.

---

[*] Zur Qualifikation für deutsche Besteuerungszwecke Hinweis auf Tz. 1.2.

Australien

In fünf Bundesstaaten (New South Wales, Victoria, Queensland, Western Australia und Tasmania) ist es zulässig, *limited partnerships*[*] zu gründen. Sie werden als *corporate limited partnerships* betrachtet und als Gesellschaft besteuert.

Belgien

Personengesellschaften gelten als ansässige Personen (Artikel 3 Absatz 1 Nummer 4, Artikel 4 Absatz 1 DBA).

Folgende Personengesellschaften werden nicht als steuerlich transparent behandelt, sondern unterliegen als Steuersubjekt der Körperschaftsteuer:

- *société en nom collectif*, SNC (Rechtsform in französischer Sprache), *vennootschap onder firma*, VOF (Rechtsform in niederländischer Sprache)[**]

- *société en commandite simple*, SCS (Rechtsform in französischer Sprache), *gewone commanditaire vennootschap*, GCV (Rechtsform in niederländischer Sprache)[**]

Bulgarien

Folgende Personengesellschaften werden nicht als steuerlich transparent behandelt, sondern unterliegen als Steuersubjekt der Körperschaftsteuer:

- *sybiratelno drujestvo*, SD[**]

- *komanditno drujestvo*, KD[*]

Chile

Personengesellschaften werden in Chile nicht als steuerlich transparent behandelt, sondern unterliegen als Steuersubjekt der Körperschaftsteuer.

Estland

Folgende Personengesellschaften werden nicht als steuerlich transparent behandelt, sondern unterliegen als Steuersubjekt der Körperschaftsteuer:

- *täisühing*, TÜ[**]

- *usaldusühing*, UÜ[*]

---

[*] Ähnlich einer deutschen KG.
[**] Ähnlich einer deutschen OHG.

Finnland

Personengesellschaften gelten in dem Vertragsstaat als ansässig, nach dessen Recht sie gegründet worden sind (Artikel 4 Absatz 4 DBA). Die Beschränkungen des Besteuerungsrechts des anderen Vertragsstaats (Quellenstaat) gelten jedoch nur insoweit, als die Einkünfte aus diesem Staat der Besteuerung im Staat der Personengesellschaft unterworfen sind (Absatz 1 des Protokolls zum Abkommen). Im Ergebnis ist der Ansässigkeitsstatus der Personengesellschaft auf die im gleichen Staat ansässigen Gesellschafter begrenzt.

Frankreich

Französische Personengesellschaften können nach französischem Steuerrecht für eine Besteuerung als Kapitalgesellschaft optieren. Sie gelten dann als ansässige Personen (Artikel 2 Absatz 1 Nummer 4 Buchstabe c DBA).

Gesellschaften unterliegen der Körperschaftsteuer, wenn bestimmte Merkmale unterschiedlicher Art erfüllt werden. Die bei Kapitalgesellschaften immer gegebene Haftungsbeschränkung begründet als Hauptmerkmal die Körperschaftsteuerpflicht. Dieses Merkmal greift auch bei bestimmten Personengesellschaften ein, z. B. der *société en commandite simple*, SCS*), hinsichtlich der beschränkt haftenden Gesellschafter. Infolgedessen ist die Gesellschaft mit dem auf die Kommanditisten entfallenden Gewinnanteil körperschaftsteuerpflichtig, auch wenn diese natürliche Personen sind. Bei der *société civile* (Gesellschaft bürgerlichen Rechts) kommt die Körperschaftsteuerpflicht trotz fehlender Haftungsbeschränkung zum Zuge, wenn diese gewerbliche Einkünfte erzielt. Nicht körperschaftsteuerpflichtige Gesellschaften können für die Körperschaftsteuer optieren, insbesondere die *société en nom collectif*, SNC**), die *société en commandite simple*, SCS*), und die *société civile*, selbst wenn diese nur Vermögensverwaltung betreibt.

Griechenland

Griechische Personengesellschaften werden als solche nach griechischem Recht besteuert; sie sind dementsprechend auch abkommensberechtigt (Artikel II Absatz 1 Nummer 4 Buchstabe a DBA).

Sowohl die *omorithmos eteria*, OE**), als auch die *eterorithmos eteria*, EE*), werden grundsätzlich auf Gesellschaftsebene besteuert. Abweichend hiervon werden bis zu 50 Prozent ihrer Unternehmenserträge bei den einzelnen voll haftenden Gesellschaftern mit deren persönlichen Steuersätzen besteuert. Der tatsächliche Prozentsatz hängt von der Anzahl der voll haftenden Gesellschafter ab. Dieser Betrag wird bei der Berechnung der steuerpflichtigen Erträge der Gesellschaft abgezogen.

Island

Personengesellschaften gelten in dem Vertragsstaat als ansässig, in dem sich der Ort ihrer tatsächlichen Geschäftsleitung befindet (Artikel 4 Absatz 4 DBA). Die Beschränkungen des Besteuerungsrechts des anderen Vertragsstaats gelten jedoch nur insoweit, als die Einkünfte aus die-

---

*) Ähnlich einer deutschen KG.
**) Ähnlich einer deutschen OHG.

sem Staat der Besteuerung im Staat der Personengesellschaft unterworfen sind. Im Ergebnis ist der Ansässigkeitsstatus der Personengesellschaft auf die im gleichen Staat ansässigen Gesellschafter begrenzt.

Registrierte Personengesellschaften werden in Island nicht als steuerlich transparent behandelt, sondern unterliegen als Steuersubjekt der Körperschaftsteuer.

Italien

Personengesellschaften gelten in dem Vertragsstaat als ansässig, nach dessen Recht sie gegründet worden sind oder in dem sich der Hauptgegenstand ihrer Tätigkeit befindet (Nummer 2 des Protokolls zum Abkommen). Die Beschränkungen des Besteuerungsrechts des anderen Vertragsstaats gelten jedoch nur insoweit, als die Einkünfte aus diesem Staat der Besteuerung im Staat der Personengesellschaft unterworfen sind. Im Ergebnis ist der Ansässigkeitsstatus der Personengesellschaft auf die im gleichen Staat ansässigen Gesellschafter begrenzt.

Grundsätzlich sind Personengesellschaften steuerlich transparent und unterliegen nicht der Körperschaftsteuer. Dagegen sind ausländische Personengesellschaften, die weder den Rechts- oder Verwaltungssitz noch den Hauptgegenstand ihrer Tätigkeit in Italien haben, körperschaftsteuerpflichtig.

Japan

Grundsätzlich sind nach dem bürgerlichen Recht gegründete Personengesellschaften steuerlich transparent. Folgende nach den Regelungen des Kapitalgesellschaftsrechts gegründete Personengesellschaften werden jedoch nicht steuerlich transparent behandelt, sondern unterliegen als Steuersubjekt der Körperschaftsteuer:

– *gomei kaisha*[*].

– *goshi kaisha*[**].

Kroatien

Folgende Personengesellschaften werden nicht als steuerlich transparent behandelt, sondern unterliegen als Steuersubjekt der Körperschaftsteuer:

– *javno trgovacko drustvo*, j. t. d.[*]

– *komanditno drustvo*, k. d.[**].

---

[*] Ähnlich einer deutschen OHG.
[**] Ähnlich einer deutschen KG.

Litauen

Folgende Personengesellschaften werden nicht als steuerlich transparent behandelt, sondern unterliegen als Steuersubjekt der Körperschaftsteuer:

- *tikroji ûkine bendrija*, TÛB[*)
- *komanditinë ûkinë bendrija*, KÛB[**)
- *mažoji bendrija*.

Mexiko

Personengesellschaften werden in Mexiko nicht als steuerlich transparent behandelt, sondern unterliegen als Steuersubjekt der Körperschaftsteuer.

Niederlande

Die *open commanditaire vennootschap*, CV („offene" KG), wird im Gegensatz zur *besloten commanditaire vennootschap*, CV („geschlossene" KG), zur *maatschap* und zur *vennootschap onder firma*, VOF[*), nicht steuerlich transparent behandelt und unterliegt als Steuersubjekt der Körperschaftsteuer.

Bei der *open commanditaire vennootschap*, CV, ist im Gegensatz zur *besloten commanditaire vennootschap*, CV, der Eintritt eines Kommanditisten oder die Übertragung von Kommanditanteilen ohne Zustimmung aller Gesellschafter möglich.

Polen

Grundsätzlich sind Personengesellschaften steuerlich transparent und unterliegen nicht der Körperschaftsteuer. Ausländische Personengesellschaften sind dagegen in Polen körperschaftsteuerpflichtig, wenn sie in ihrem Ansässigkeitsstaat unbeschränkt körperschaftsteuerpflichtig sind.

Portugal

Nach Artikel 4 Absatz 4 DBA gelten die Gesellschafter einer Personengesellschaft für Zwecke der Anwendung der Artikel 5 bis 23 DBA als am Ort der tatsächlichen Geschäftsleitung der Personengesellschaft ansässig.

Personenhandelsgesellschaften portugiesischen Rechts sind nach portugiesischem Recht juristische Personen und werden auch als solche in Portugal besteuert. Für die Anwendung deutschen Steuerrechts sind sie als Personengesellschaften einzustufen.

---

*) Ähnlich einer deutschen OHG.
**) Ähnlich einer deutschen KG.

Folgende Personengesellschaften werden nicht als steuerlich transparent behandelt, sondern unterliegen als Steuersubjekt der Körperschaftsteuer:

– *sociedade en nome colectivo*[*)
– *sociedade em comandita simples*[**)
– *sociedade civil* (zivilrechtliche Personengesellschaften) in gewerblicher Form.

Rumänien

Personengesellschaften (*societate in nume colectiv*, SNC[*), *societate in comandita simpla*, SCS[**)) gelten für steuerliche Zwecke als juristische Personen und unterliegen somit der Gewinnsteuer (*impozi pe profit*), die in etwa der deutschen Körperschaftsteuer entspricht.

Slowakei

Die slowakische Kommanditgesellschaft (*komanditná spoločnost'* – K. S.[**)) ist nach slowakischem Recht eine juristische Person. Die Gewinnanteile der Kommanditisten – Gewinn der K. S. abzüglich des auf den Komplementär (Komplementär einer K. S. wird wie ein Mitunternehmer einer Personengesellschaft behandelt) entfallenden Gewinnanteils – unterliegen bei der K. S. selbst der Körperschaftsteuer.

Slowenien

Folgende Personengesellschaften werden nicht als steuerlich transparent behandelt, sondern unterliegen als Steuersubjekt der Körperschaftsteuer:

– *družba z neomejeno odgovornostjo, d. n. o.*[*)
– *komanditna družba, k. d.*[**).

Personengesellschaften gelten als in dem Vertragsstaat ansässig, in dem sich der Ort ihrer tatsächlichen Geschäftsleitung befindet (Artikel 4 Absatz 4). Die in den Artikeln 6 bis 22 vorgesehenen Beschränkungen des Besteuerungsrechts des anderen Vertragsstaats gelten jedoch nur insoweit, als die Einkünfte aus diesem Staat und das in diesem Staat gelegene Vermögen der Personengesellschaft der Besteuerung in dem Vertragsstaat, in dem sich der Ort ihrer tatsächlichen Geschäftsleitung befindet, unterliegt.

Spanien

Personengesellschaften spanischen Rechts (*Sociedades Regulares Colectivas* – S. R. C., *Sociedades en Comandita* – S. C.) sind nach spanischem Recht juristische Personen und werden auch als solche in Spanien besteuert. Für Zwecke der Anwendung des DBA gelten sie als in Spanien ansässige Personen (Artikel 4 Absatz 1 i. V. m. Artikel 3 Absatz 1 Buchstabe b und c DBA).

---

*) Ähnlich einer deutschen OHG.
**) Ähnlich einer deutschen KG.

Syrien

Personengesellschaften gelten als in dem Vertragsstaat ansässig, in dem sich der Ort ihrer tatsächlichen Geschäftsleitung befindet (Protokoll Nummer 2). Die in den Artikeln 6 bis 21 vorgesehenen Beschränkungen des Besteuerungsrechts des anderen Vertragsstaats gelten jedoch nur insoweit, als die Einkünfte aus diesem Staat und das in diesem Staat gelegene Vermögen der Personengesellschaft der Besteuerung in dem Vertragsstaat, in dem sich der Ort ihrer tatsächlichen Geschäftsleitung befindet, unterliegt.

Tschechische Republik

Die tschechische Kommanditgesellschaft (*Komanditni Spolecnost* – *K. S.*[*]) ist nach tschechischem Recht eine juristische Person. Die Gewinnanteile der Kommanditisten – Gewinn der K. S. abzüglich des auf den Komplementär (Komplementär einer K. S. wird wie ein Mitunternehmer einer Personengesellschaft behandelt) entfallenden Gewinnanteils – unterliegen bei der K. S. selbst der Körperschaftsteuer. Die Gewinnausschüttungen der K. S. werden beim Kommanditisten wie Dividenden einer Kapitalgesellschaft besteuert bzw. sollen bei ansässigen Kommanditisten ab 1. Januar 2015 steuerfrei sein.

Tunesien

Die tunesische Offene Handelsgesellschaft (*société en nom collectif*) und die tunesische Kommanditgesellschaft (*société en commandite simple*) sind nach tunesischem Recht juristische Personen.

Steuerlich sind Personengesellschaften transparent und unterliegen daher nicht der Körperschaftsteuer.

Türkei

Grundsätzlich sind Personengesellschaften steuerlich transparent und unterliegen nicht der Körperschaftsteuer. Joint Ventures können jedoch zur Körperschaftsteuer optieren, wenn einer der Beteiligten der Körperschaftsteuer unterliegt.

Ungarn

Folgende Personengesellschaften werden nicht als steuerlich transparent behandelt, sondern unterliegen als Steuersubjekt der Körperschaftsteuer:

- *közkereseti társaság, kkt.*[**]
- *betéti társaság, bt.*[*]

---

[*] Ähnlich einer deutschen KG.
[**] Ähnlich einer deutschen OHG.

USA

Gesellschaftsgebilde, die steuerlich nicht automatisch als Kapitalgesellschaften eingeordnet werden (per-se-*corporation*), gelten als *eligible entities* und haben ein Wahlrecht für ihre steuerliche Einordnung (als check-the-box bekannte Regelung). *Eligible entities* mit mindestens zwei Gesellschaftern haben die Wahl zwischen der steuerrechtlichen Klassifizierung als Kapitalgesellschaft (*association taxable as corporation*) oder als Personengesellschaft (*partnership*). Einmann-Gesellschaften können sich als Kapitalgesellschaft einordnen lassen.

Bei Nichtausübung des Wahlrechts erfolgt die steuerliche Einordnung der *eligible entities* nach den Standardklassifizierungen (*default rules*). Hiernach gelten z. B. *general partnerhips*[*], *limited partnerships*[**] sowie *limited liability companies* mit mindestens zwei Gesellschaftern steuerlich als transparente Personengesellschaften. Eine Einmann-Gesellschaft sowie eine *limited liability company* mit nur einem Gesellschafter wird als *disregarded entity* („steuerliches Nichts") angesehen.

---

[*] Ähnlich einer deutschen OHG.
[**] Ähnlich einer deutschen KG.

II. Einkommensteuer

Zu § 3c EStG

1. Anwendung des Teileinkünfteverfahrens in der steuerlichen Gewinnermittlung (§ 3 Nummer 40, § 3c Abs. 2 EStG)

BMF, Schreiben v. 23. 10. 2013 (BStBl I S. 1269)

– IV C 6 - S 2128/07/10001 –

Zur Anwendung des Teilabzugsverbots auf Aufwendungen im Zusammenhang mit der Überlassung von Wirtschaftsgütern an Kapitalgesellschaften in der steuerlichen Gewinnermittlung und auf Substanzverluste und Substanzgewinne sowie auf sonstige Aufwendungen bezüglich im Betriebsvermögen gehaltener Darlehensforderungen (§ 3c Absatz 2 EStG) nehme ich unter Bezugnahme auf das Ergebnis der Erörterung mit den obersten Finanzbehörden der Länder wie folgt Stellung:

Der BFH hat mit seinen beiden Urteilen vom 18. April 2012 – X R 5/10 – (BStBl 2013 II S. 785) und – X R 7/10 – (BStBl 2013 II S. 791) entschieden, dass § 3c Absatz 2 EStG auf Substanzverluste von im Betriebsvermögen gehaltenen Darlehensforderungen wie bei Teilwertabschreibungen oder Forderungsverzichten unabhängig davon keine Anwendung findet, ob die Darlehensgewährung selbst gesellschaftsrechtlich veranlasst ist oder war, denn Darlehensforderungen sind selbständige Wirtschaftsgüter, die von der Kapitalbeteiligung als solcher zu unterscheiden sind.   **1**

Darüber hinaus hat der BFH mit Urteil vom 28. Februar 2013 – IV R 49/11 – (BStBl II S. 802) entschieden, dass das Teilabzugsverbot des § 3c Absatz 2 EStG in Betriebsaufspaltungsfällen grundsätzlich für laufende Aufwendungen bei Wirtschaftsgütern (z. B. Maschinen, Einrichtungsgegenständen oder Gebäuden) anzuwenden ist, soweit das betreffende Wirtschaftsgut verbilligt an die Betriebskapitalgesellschaft überlassen wird. Trotz dieser grundsätzlichen Anwendbarkeit des Teilabzugsverbots gilt dieses nach Ansicht des BFH gleichwohl nicht für solche laufenden Aufwendungen, die sich auf die Substanz der dem Betriebsvermögen zugehörigen und zur Nutzung an die Betriebskapitalgesellschaft überlassenen Wirtschaftsgüter beziehen; das Teilabzugsverbot gilt hier insbesondere nicht für Absetzungen für Abnutzung (AfA) und für Erhaltungsaufwendungen in Bezug auf die überlassenen Wirtschaftsgüter.   **2**

Die genannten BFH-Urteile sind in allen noch offenen Fällen anzuwenden. Im Zusammenhang mit der Anwendung dieser BFH-Rechtsprechung gilt im Einzelnen Folgendes: **3**

1. Aufwendungen für die Überlassung von Wirtschaftsgütern an eine Kapitalgesellschaft, an der der Überlassende beteiligt ist

Für die Frage, ob die laufenden Aufwendungen, die im Zusammenhang mit der Überlassung von Wirtschaftsgütern an Kapitalgesellschaften, an der der Überlassende beteiligt ist (insbesondere in Fällen einer Betriebsaufspaltung), entstehen, ganz oder gemäß § 3c Absatz 2 EStG nur anteilig als Betriebsausgaben abgezogen werden können, ist der Veranlassungszusammenhang mit voll oder nach § 3 Nummer 40 EStG nur teilweise zu besteuernden Betriebsvermögensmehrungen maßgeblich. Laufende Aufwendungen beispielsweise im Fall der Überlassung von Grundstücken stellen insbesondere Aufwendungen für Strom, Gas, Wasser, Heizkosten, Gebäudereinigungskosten, Versicherungsbeiträge und Finanzierungskosten dar.   **4**

a) Überlassung zu fremdüblichen Konditionen

5   Erfolgt die Überlassung der im Betriebsvermögen gehaltenen Wirtschaftsgüter an die (Betriebs-)Kapitalgesellschaft vollentgeltlich, d.h. zu fremdüblichen Konditionen, ist § 3c Absatz 2 EStG nicht anwendbar, weil die Aufwendungen in erster Linie mit den vereinbarten Miet- oder Pachtzinsen und nicht mit den erwarteten Beteiligungserträgen (Gewinnausschüttungen/Dividenden und Gewinnen aus einer zukünftigen Veräußerung oder Entnahme des Anteils) in Zusammenhang stehen.

b) Überlassung aus gesellschaftsrechtlichen Gründen: Teilentgeltliche oder unentgeltliche Überlassung

6   Erfolgt die Überlassung der im Betriebsvermögen gehaltenen Wirtschaftsgüter an die (Betriebs-)Kapitalgesellschaft dagegen aus gesellschaftsrechtlichen Gründen unentgeltlich oder teilentgeltlich, d.h. zu nicht fremdüblichen Konditionen, ist insoweit grundsätzlich § 3c Absatz 2 EStG anzuwenden, weil in diesem Fall die Aufwendungen ganz oder teilweise mit den aus der (Betriebs-)Kapitalgesellschaft erwarteten Einkünften des Gesellschafters, nämlich den Beteiligungserträgen in Form von Gewinnausschüttungen/Dividenden und den Gewinnen aus einer zukünftigen Veräußerung oder Entnahme des Anteils zusammenhängen.

7   Werden Wirtschaftsgüter teilentgeltlich überlassen, ist eine Aufteilung in eine voll entgeltliche und eine unentgeltliche Überlassung vorzunehmen. Die Aufteilung muss dabei im Verhältnis der vereinbarten Konditionen zu den fremdüblichen Konditionen unter ansonsten gleichen Verhältnissen vorgenommen werden. Die fehlende Fremdüblichkeit und damit die Teilentgeltlichkeit beruhen im Regelfall auf einem zu niedrigen Pachtentgelt. Als Aufteilungsmaßstab ist in diesen Fällen grundsätzlich das Verhältnis des tatsächlich gezahlten Pachtentgelts zum fremdüblichen Pachtentgelt heranzuziehen (vgl. BFH-Urteile vom 28. Februar 2013 – IV R 49/11, BStBl II S. 802 und vom 17. Juli 2013 – X R 17/11 –, BStBl II S. 817).

c) Laufende Aufwendungen auf die Substanz des überlassenen Betriebsvermögens

8   Das Teilabzugsverbot des § 3c Absatz 2 EStG gilt dagegen nicht für solche laufenden Aufwendungen, die sich auf die Substanz der dem Betriebsvermögen zugehörigen, zur Nutzung an die (Betriebs-)Kapitalgesellschaft überlassenen Wirtschaftsgüter beziehen; das Teilabzugsverbot gilt hier insbesondere nicht für AfA und für Erhaltungsaufwendungen (vgl. BFH-Urteil vom 28. Februar 2013 – IV R 49/11 –, BStBl II S. 802).

d) Behandlung von Finanzierungskosten

9   Finanzierungskosten bezüglich der überlassenen Wirtschaftsgüter wie etwa Zinsaufwendungen können allerdings kein substanzbezogener Aufwand im Sinne des vorstehenden Buchstabens c) sein, da in vollem Umfang steuerpflichtige Substanzgewinne insoweit nicht vorliegen können. Der Finanzierungsaufwand z. B. für ein Grundstück, das an die (Betriebs-)Kapitalgesellschaft überlassen wird, unterliegt damit bei einer teilentgeltlichen oder unentgeltlichen Überlassung dem Teilabzugsverbot des § 3c Absatz 2 EStG.

2. Substanzverluste und Substanzgewinne sowie sonstige Aufwendungen bezüglich im Betriebsvermögen gehaltener Darlehensforderungen

10 Ein Darlehen, das einer Kapitalgesellschaft gewährt wird, an der der Darlehensgeber beteiligt ist, kann dem Betriebsvermögen des Darlehensgebers zuzuordnen sein. Die Beteiligung an der Kapitalgesellschaft und die Darlehensforderung stellen jeweils selbstständige Wirtschaftsgüter dar, die getrennt auszuweisen und einzeln zu bewerten sind.

a) Teilwertabschreibung auf Darlehensforderungen (Substanzverluste)

§ 3c Absatz 2 EStG findet auf Substanzverluste von im Betriebsvermögen gehaltenen Darlehensforderungen wie bei Teilwertabschreibungen oder Forderungsverzichten unabhängig davon keine Anwendung, ob die Darlehensgewährung selbst gesellschaftsrechtlich veranlasst ist oder war, denn Darlehensforderungen sind selbständige Wirtschaftsgüter, die von der Kapitalbeteiligung als solcher zu unterscheiden sind. Deshalb sind Substanzverluste getrennt nach den für das jeweilige Wirtschaftsgut zur Anwendung kommenden Vorschriften zu beurteilen. Da Substanzgewinne aus einer Wertsteigerung oder Veräußerung einer im Betriebsvermögen gehaltenen Darlehensforderung voll steuerpflichtig sind, kann umgekehrt das Teilabzugsverbot des § 3c Absatz 2 EStG auch nicht Substanzverluste von Darlehensforderungen erfassen (vgl. BFH-Urteile vom 18. April 2012 – X R 5/10 –, BStBl 2013 II S. 785 und – X R 7/10 –, BStBl 2013 II S. 791).

b) Wertaufholung nach vorausgegangener Teilwertabschreibung (Substanzgewinne)

Liegen in späteren Wirtschaftsjahren die Voraussetzungen für den niedrigeren Teilwert nicht mehr vor, ist für die zunächst auf den niedrigeren Teilwert abgeschriebene Darlehensforderung eine Wertaufholung gemäß § 6 Absatz 1 Nummer 2 Satz 3 EStG vorzunehmen. Diese Wertaufholung ist in vollem Umfang steuerpflichtig, weil die vorausgehende Wertminderung ihrerseits nicht dem Teilabzugsverbot des § 3c Absatz 2 EStG unterfiel.

c) Behandlung von Finanzierungskosten

Finanzierungskosten bezüglich der gewährten Darlehensforderungen wie etwa Zinsaufwendungen können allerdings kein substanzbezogener Aufwand im Sinne des vorstehenden Buchstabens a) sein, da in vollem Umfang steuerpflichtige Substanzgewinne insoweit nicht vorliegen können. Der Finanzierungsaufwand für ein Darlehen unterliegt damit bei einer teilentgeltlichen oder unentgeltlichen Darlehensgewährung dem Teilabzugsverbot des § 3c Absatz 2 EStG.

3. Wechsel des Veranlassungszusammenhangs

Nach dem Grundsatz der Abschnittsbesteuerung ist für jeden Veranlagungszeitraum zu prüfen, ob und ggf. durch welche Einkunftsart oder Einnahmen die geltend gemachten Aufwendungen (vorrangig) veranlasst sind (vgl. BFH-Urteil vom 28. Februar 2013 – IV R 49/11 –, BStBl II S. 802). Insoweit kann es zu einem steuerrechtlich zu berücksichtigenden Wechsel des Veranlassungszusammenhangs kommen. Der für die unter Textziffer 1 und 2 vorzunehmende Einordnung maßgebliche Veranlassungszusammenhang hinsichtlich des überlassenen Wirtschaftsguts oder des gewährten Darlehens kann sich demnach ändern. Das ist z. B. dann der Fall, wenn sich mit dem Abschluss einer Vereinbarung über den künftigen Verzicht auf Erhebung eines marktüblichen Miet- oder Pachtzinses ein Übergang von einer voll entgeltlichen Überlassung zu einer voll unentgeltlichen Überlassung vollzieht.

Werden die Pachtentgelte zunächst zu fremdüblichen Bedingungen vereinbart, verzichtet der Verpächter aber zu einem späteren Zeitpunkt auf noch nicht entstandene (künftige) Pachtforderungen ganz oder teilweise, ist darauf abzustellen, ob der Verzicht betrieblich (durch das Pachtverhältnis) veranlasst ist oder auf dem Gesellschaftsverhältnis beruht.

Ein (teilweiser) Verzicht ist z. B. dann betrieblich veranlasst, wenn die vergleichbaren marktüblichen Pachtentgelte generell gesunken sind und fremde Dritte eine Pachtanpassung vereinbart hätten oder wenn der Verzicht im Rahmen von Sanierungsmaßnahmen, an denen auch gesellschaftsfremde Personen teilnehmen, zeitlich befristet ausgesprochen wird (vgl. BFH-Urteil vom 28. Februar 2013 – IV R 49/11 –, BStBl II S. 802). War der Verzicht des Verpächters dagegen durch das Gesellschaftsverhältnis veranlasst, weil ein fremder Dritter den vereinbarten Verzicht weder in zeitlicher Hinsicht noch der Höhe nach akzeptiert hätte, sondern weiterhin auf der Zahlung des vereinbarten Pachtentgelts bestanden hätte oder ansonsten das Pachtverhältnis beendet hätte, unterliegen die mit der Nutzungsüberlassung zusammenhängenden Aufwendungen nach dem Wechsel des Veranlassungszusammenhangs in voller Höhe – bei teilweisem Verzicht anteilig – dem Teileinkünfteverfahren (vgl. BFH-Urteil vom 28. Februar 2013 – IV R 49/11 –, BStBl II S. 802).

17 Entsprechendes gilt, wenn bei einer Darlehensgewährung (siehe Textziffer 2) ganz oder teilweise auf künftige Darlehenszinsen verzichtet wird.

4. Rückgriffsforderungen aus einer Bürgschaftsinanspruchnahme

18 In der Praxis erfolgt insbesondere in den Fällen einer Betriebsaufspaltung häufig eine Gestellung von Sicherheiten des Besitzunternehmens in Form einer Bürgschaftserklärung für die Verbindlichkeiten der Betriebsgesellschaft. Für die Aufwendungen im Zusammenhang mit der Bürgschaftsinanspruchnahme sind die unter Textziffer 1. bis 3. dargestellten Grundsätze sinngemäß anzuwenden. Entsprechendes gilt bei der Gestellung anderer Sicherheiten.

5. Grundsätze des BFH-Urteils vom 25. Juni 2009 (BStBl 2010 II S. 220) zu einnahmelosen Kapitalbeteiligungen

19 Nach § 3c Absatz 2 Satz 2 EStG ist für die Anwendung des § 3c Absatz 2 Satz 1 EStG die Absicht zur Erzielung von Betriebsvermögensmehrungen oder Einnahmen i. S. des § 3 Nummer 40 EStG ausreichend. Fehlt es vollständig an Einnahmen, ist § 3c Absatz 2 Satz 1 EStG für Veranlagungszeiträume ab 2011 anzuwenden und der angefallene Erwerbsaufwand deshalb nur teilweise abziehbar. Die Grundsätze des BFH-Urteils vom 25. Juni 2009 – IX R 42/08 (BStBl 2010 II S. 220), wonach das Teilabzugsverbot des § 3c Absatz 2 EStG auf Erwerbsaufwendungen im Falle von vollständig einnahmelosen Beteiligungen keine Anwendung findet, sind für Veranlagungszeiträume bis einschließlich 2010 zu beachten.

6. Anwendungsregelung

20 Dieses Schreiben ist in allen noch offenen Fällen anzuwenden. Das BMF-Schreiben vom 8. November 2010 (BStBl I S. 1292) wird mit der Maßgabe aufgehoben, dass Textziffer 4 dieses Schreibens („Spätere Wertaufholung auf die Darlehensforderung")[1] aus Gründen der sachlichen Billigkeit in denjenigen Fällen auch weiterhin anzuwenden ist, in denen eine Teilwertabschreibung auf eine Darlehensforderung unter Berücksichtigung der bisherigen Verwaltungsauffassung bereits Gegenstand einer bestandskräftigen Steuerfestsetzung war.

---

1) Textziffer 4 des BMF-Schreibens v. 8. 11. 2010 (BStBl I S. 1292) lautet wie folgt:
„**4. Spätere Wertaufholung auf die Darlehensforderung**
Liegen in späteren Wirtschaftsjahren die Voraussetzungen für den niedrigeren Teilwert nicht mehr vor, ist für die zunächst auf den niedrigeren Teilwert abgeschriebene Darlehensforderung eine Wertaufholung gemäß § 6 Absatz 1 Nummer 2 EStG vorzunehmen. War in diesem Fall die zugrunde liegende Teilwertabschreibung auf die Darlehensforderung nach den oben unter 2. dargestellten Grundsätzen nur anteilig abziehbar, ist auch der spätere Gewinn aus der Zuschreibung nicht voll, sondern nur anteilig steuerpflichtig („umgekehrte" Anwendung des § 3c Absatz 2 EStG)."

Zu § 4 EStG

2. Betrieblicher Schuldzinsenabzug nach § 4 Absatz 4a EStG
BMF, Schreiben v. 2. 11. 2018 (BStBl I S. 1207)
– IV C 6 - S 2144/07/10001 :007 –

Im Einvernehmen mit den obersten Finanzbehörden der Länder gilt zur Einschränkung des Abzugs von Schuldzinsen nach § 4 Absatz 4a EStG Folgendes:

Übersicht

		Rdnrn.
I.	Betrieblich veranlasste Schuldzinsen	2–7
II.	Überentnahme (§ 4 Absatz 4a Satz 2 EStG) Begriffe Gewinn, Entnahme, Einlage	8–15
III.	Ermittlung des Hinzurechnungsbetrages (§ 4 Absatz 4a Satz 3 und 4 EStG)	16–22
IV.	Schuldzinsen aus Investitionsdarlehen (§ 4 Absatz 4a Satz 5 EStG)	23–26
V.	Schuldzinsen bei Mitunternehmerschaften	
	1. Gesellschafts-/Gesellschafterbezogene Betrachtungsweise	27–29
	2. Schuldzinsen	
	2.1. Gewinnermittlung der Mitunternehmerschaft	30, 31
	2.2. Darlehen im Sonderbetriebsvermögen	32–35
	3. Entnahmen/Einlagen	36
	4. Umwandlungen nach dem UmwStG	
	4.1. Einbringung in eine Personengesellschaft (§ 24 UmwStG)	37, 38
	4.2. Einbringung in eine Kapitalgesellschaft (§ 20 UmwStG)	39
VI.	Gewinnermittlung nach § 4 Absatz 3, § 5a und § 13a EStG	40–42
VII.	Anwendungsregelung	43–46

Der Regelung unterliegen nur Schuldzinsen, die betrieblich veranlasst sind. Dies erfordert im Hinblick auf die steuerliche Abziehbarkeit eine zweistufige Prüfung. In einem ersten Schritt ist zu ermitteln, ob und inwieweit Schuldzinsen zu den betrieblich veranlassten Aufwendungen gehören. In einem zweiten Schritt muss geprüft werden, ob der Betriebsausgabenabzug im Hinblick auf Überentnahmen eingeschränkt ist. 1

I. Betrieblich veranlasste Schuldzinsen

Die betriebliche Veranlassung von Schuldzinsen bestimmt sich nach den vom BFH entwickelten Grundsätzen. Insbesondere die Rechtsgrundsätze in den BFH-Beschlüssen vom 4. Juli 1990 (BStBl II S. 817) und vom 8. Dezember 1997 (BStBl 1998 II S. 193) sowie in den BFH-Urteilen vom 4. März 1998 (BStBl II S. 511) und vom 19. März 1998 (BStBl II S. 513) sind weiter anzuwenden. Danach sind Schuldzinsen anhand des tatsächlichen Verwendungszwecks der Darlehensmittel der Erwerbs- oder Privatsphäre zuzuordnen. 2

Darlehen zur Finanzierung außerbetrieblicher Zwecke, insbesondere zur Finanzierung von Entnahmen, sind nicht betrieblich veranlasst. Unterhält der Steuerpflichtige für den betrieblich und den privat veranlassten Zahlungsverkehr ein einheitliches – gemischtes – Kontokorrentkonto, ist für die Ermittlung der als Betriebsausgaben abziehbaren Schuldzinsen der Sollsaldo grundsätzlich aufzuteilen. Das anzuwendende Verfahren bei der Aufteilung ergibt sich aus Rdnrn. 11 bis 18 des BMF-Schreibens vom 10. November 1993 (BStBl I S. 930). 3

4 Dem Steuerpflichtigen steht es frei, zunächst dem Betrieb Barmittel ohne Begrenzung auf einen Zahlungsmittelüberschuss zu entnehmen und im Anschluss hieran betriebliche Aufwendungen durch Darlehen zu finanzieren (sog. Zwei-Konten-Modell). Wird allerdings ein Darlehen nicht zur Finanzierung betrieblicher Aufwendungen, sondern tatsächlich zur Finanzierung einer Entnahme verwendet, ist dieses Darlehen außerbetrieblich veranlasst. Ein solcher Fall ist dann gegeben, wenn dem Betrieb keine entnahmefähigen Barmittel zur Verfügung stehen und die Entnahme von Barmitteln erst dadurch möglich wird, dass Darlehensmittel in den Betrieb fließen.

Beispiel 1:

5 Der Steuerpflichtige unterhält ein Betriebsausgabenkonto, das einen Schuldsaldo von 100.000 € aufweist. Auf dem Betriebseinnahmenkonto besteht ein Guthaben von 50.000 €; hiervon entnimmt der Steuerpflichtige 40.000 €.
Die Schuldzinsen auf dem Betriebsausgabenkonto sind in vollem Umfang betrieblich veranlasst.

Beispiel 2:

6 Der Steuerpflichtige unterhält ein einziges betriebliches Girokonto, über das Einnahmen wie Ausgaben gebucht werden. Dieses Konto weist zum Zeitpunkt der Geldentnahme einen Schuldsaldo in Höhe von 50.000 € aus, der unstreitig betrieblich veranlasst ist. Durch die privat veranlasste Erhöhung des Schuldsaldos um 40.000 € auf 90.000 € ergeben sich höhere Schuldzinsen.

Durch Anwendung der Zinszahlenstaffelmethode muss der privat veranlasste Anteil der Schuldzinsen ermittelt werden. Die privat veranlasste Erhöhung des Schuldsaldos um 40.000 € führt nicht bereits zu einer Entnahme von zum Betriebsvermögen gehörenden Wirtschaftsgütern und ist daher nicht bei der Ermittlung der Entnahmen i. S. d. § 4 Absatz 4a EStG zu berücksichtigen.

Eine Entnahme i. S. d. § 4 Absatz 4a Satz 2 EStG liegt erst in dem Zeitpunkt vor, in dem der privat veranlasste Teil des Schuldsaldos durch eingehende Betriebseinnahmen getilgt wird, weil insoweit betriebliche Mittel zur Tilgung einer privaten Schuld verwendet werden (BFH vom 3. März 2011, BStBl II S. 688). Aus Vereinfachungsgründen ist es jedoch nicht zu beanstanden, wenn der Steuerpflichtige schon die Erhöhung des Schuldsaldos aus privaten Gründen als Entnahme bucht und bei der Tilgung des privat veranlassten Schuldsaldos keine Entnahmebuchung mehr vornimmt.

Entsprechendes gilt, wenn der Steuerpflichtige zwei Konten unterhält und die privat veranlasste Erhöhung des Schuldsaldos durch betriebliche Zahlungseingänge oder durch Umbuchung vom Betriebseinnahmenkonto tilgt.

Beispiel 3:

7 Der Steuerpflichtige benötigt zur Anschaffung einer Motoryacht, die er zu Freizeitzwecken nutzen will, 100.000 €. Mangels ausreichender Liquidität in seinem Unternehmen kann er diesen Betrag nicht entnehmen. Er möchte auch sein bereits debitorisch geführtes betriebliches Girokonto hierdurch nicht weiter belasten. Daher nimmt er zur Verstärkung seines betrieblichen Girokontos einen „betrieblichen" Kredit auf und entnimmt von diesem den benötigten Betrag.

Das Darlehen ist privat veranlasst, da es tatsächlich zur Finanzierung einer Entnahme verwendet wird und dem Betrieb keine entnahmefähigen Barmittel zur Verfügung standen. Die auf das Darlehen entfallenden Schuldzinsen sind dem privaten Bereich zuzuordnen. Der Betrag von 100.000 € ist nicht bei der Ermittlung der Entnahmen i. S. d. § 4 Absatz 4a EStG zu berücksichtigen.

II. Überentnahme (§ 4 Absatz 4a Satz 2 EStG)

Begriffe Gewinn, Entnahme, Einlage

Der Abzug betrieblich veranlasster Schuldzinsen ist eingeschränkt, wenn Überentnahmen vorliegen. Dies ist grundsätzlich der Fall, wenn die Entnahmen höher sind als die Summe aus Gewinn und Einlagen des Wirtschaftsjahres.

8 Die Regelung enthält zu den Begriffen Gewinn (BFH vom 7. März 2006, BStBl II S. 588), Entnahme und Einlage keine von § 4 Absatz 1 EStG abweichenden Bestimmungen. Es gelten daher die allgemeinen Grundsätze. Der Begriff Gewinn umfasst auch einen Verlust (BFH vom 14. März

2018, BStBl II S. 744). Maßgebend ist der steuerliche Gewinn unter Berücksichtigung außerbilanzieller Hinzurechnungen vor Anwendung des § 4 Absatz 4a EStG. Hierzu gehören auch Übergangsgewinne i. S. v. R 4.6 EStR 2012. Hierbei ist auf den Gewinn des jeweiligen Betriebs abzustellen. Daher bleiben einheitlich und gesondert festgestellte Gewinn-/Verlustanteile aus im Betriebsvermögen gehaltenen Beteiligungen an Mitunternehmerschaften (z. B. bei doppelstöckigen Personengesellschaften) unberücksichtigt. Erst Auszahlungen aus Gewinnanteilen zwischen den verbundenen Mitunternehmerschaften sind wie Entnahmen oder Einlagen zu behandeln. Steuerfreie Gewinne gehören zum Gewinn. Bei steuerfreien Entnahmen (z. B. § 13 Absatz 4 und 5 EStG) ist grundsätzlich der sich aus § 6 Absatz 1 Nummer 4 EStG ergebende Wert anzusetzen. Aus Vereinfachungsgründen kann jedoch die Entnahme mit dem Buchwert angesetzt werden, wenn die darauf beruhende Gewinnerhöhung ebenfalls außer Ansatz bleibt. Dies gilt sinngemäß in den Fällen des § 55 Absatz 6 EStG.

Zum Gewinn gehört auch der Gewinn aus der Veräußerung oder Aufgabe eines Betriebes. Zu den Entnahmen gehören auch Überführungen von Wirtschaftsgütern des Betriebsvermögens in das Privatvermögen anlässlich einer Betriebsaufgabe sowie der Erlös aus der Veräußerung eines Betriebes, soweit er in das Privatvermögen überführt wird (siehe Anwendungsregelung Rdnr. 44). Verbleibt nach der Betriebsaufgabe oder Betriebsveräußerung im Ganzen noch eine Überentnahme, sind Schuldzinsen nur unter den Voraussetzungen des § 4 Absatz 4a EStG als nachträgliche Betriebsausgaben zu berücksichtigen. 9

Die Überführung oder Übertragung von Wirtschaftsgütern aus einem Betriebsvermögen in ein anderes Betriebsvermögen ist als Entnahme aus dem abgebenden Betriebsvermögen und als Einlage in das aufnehmende Betriebsvermögen zu behandeln, auch wenn dieser Vorgang nach § 6 Absatz 5 EStG zu Buchwerten erfolgt. 10

Der unentgeltliche Übergang eines Betriebs oder eines Mitunternehmeranteils führt beim bisherigen Betriebsinhaber/Mitunternehmer nicht zu Entnahmen i. S. d. § 4 Absatz 4a EStG und beim jeweiligen Rechtsnachfolger nicht zu Einlagen i. S. dieser Vorschrift. Die beim bisherigen Betriebsinhaber/Mitunternehmer entstandenen Über- oder Unterentnahmen, sowie der kumulierte Entnahmenüberschuss (siehe Rdnr. 16) gehen auf den Rechtsnachfolger – ggf. anteilig – über (vgl. BFH vom 12. Dezember 2013, BStBl 2014 II S. 316). 11

Die geänderte betriebsvermögensmäßige Zuordnung eines Wirtschaftsguts aufgrund des Bestehens einer Bilanzierungskonkurrenz stellt weder eine Entnahme beim abgebenden Betrieb noch eine Einlage beim aufnehmenden Betrieb i. S. d. § 4 Absatz 4a EStG dar, wenn der Vorgang zum Buchwert stattgefunden hat (BFH vom 22. September 2011, BStBl 2012 II S. 10). 12

Eine geänderte betriebsvermögensmäßige Zuordnung eines Wirtschaftsguts aufgrund des Bestehens einer Bilanzierungskonkurrenz im vorstehenden Sinne liegt u. a. vor, wenn:

a) ein Wirtschaftsgut nach Begründung einer mitunternehmerischen Betriebsaufspaltung einem anderen Betriebsvermögen zuzuordnen ist (BFH vom 22. September 2011, BStBl 2012 II S. 10)

b) ein Wirtschaftsgut nach Verschmelzung einem anderen Betriebsvermögen zuzuordnen ist.

Beispiel 4:
Zum Betriebsvermögen der A-GmbH gehört eine fremdfinanzierte Beteiligung an der B-GmbH. Die B-GmbH ist ihrerseits an der C-KG als Kommanditistin beteiligt. Weiteres Betriebsvermögen hat die B-GmbH nicht. Die B-GmbH wird auf die A-GmbH verschmolzen, so dass die A-GmbH nunmehr unmittelbar an der C-KG beteiligt ist. Da die Beteiligung an der C-KG das einzige Betriebsvermögen der B-GmbH war, wird das Refinanzierungsdarlehen, das bisher bei der A-GmbH zu passivieren war, aufgrund des geänderten Finanzierungszusammenhangs nach § 6 Absatz 5 Satz 2 EStG zum Buchwert in das Sonderbetriebsvermögen der C-KG überführt.

Die kurzfristige Einlage von Geld stellt einen Missbrauch von Gestaltungsmöglichkeiten des Rechts dar, wenn sie allein dazu dient, die Hinzurechnung nicht abziehbarer Schuldzinsen zu umgehen (BFH vom 21. August 2012, BStBl 2013 II S. 16). 13

14 Die ermittelte kumulierte Über- oder Unterentnahme und der kumulierte Entnahmenüberschuss (siehe Rdnr. 16) sind formlos festzuhalten.

Beispiel 5:

15 Der Betrieb des Steuerpflichtigen hat für das Wirtschaftsjahr 01 mit einem Verlust von 100.000 € abgeschlossen. Der Steuerpflichtige hat keine Entnahmen getätigt. Dem Betrieb wurden keine Einlagen zugeführt. Aus den vorangegangenen Wirtschaftsjahren stammt eine Unterentnahme von 10.000 €. Der kumulierte Entnahmenüberschuss des Vorjahres beträgt 75.000 € (Vorjahreswerte an kumulierte Entnahmen 350.000 € und an kumulierten Einlagen 275.000 €).

Berechnung der Überentnahme 01:

	Entnahmen des Wirtschaftsjahres	0 €
–	Einlagen des Wirtschaftsjahres	0 €
–	Verlust des Wirtschaftsjahres	–100.000 €
=	Überentnahme des Wirtschaftsjahres	100.000 €
–	Unterentnahme aus vorangegangenen Wirtschaftsjahren	10.000 €
=	**kumulierte Überentnahme**	**90.000 €**
	(geht in die Berechnung des Folgejahres ein)	

Berechnung des Entnahmenüberschusses 01:

	Entnahmen des Wirtschaftsjahres	0 €
–	Einlagen des Wirtschaftsjahres	0 €
–	kumulierter Entnahmenüberschuss des Vorjahres	75.000 €
=	**kumulierter Entnahmenüberschuss des Wirtschaftsjahres**	**75.000 €**

Die Überentnahme des Wirtschaftsjahres ist mit der Unterentnahme der Vorjahre zu verrechnen und bewirkt eine kumulierte Überentnahme in 01 i. H. v. 90.000 €; die Überentnahme ist aber auf den kumulierten Entnahmenüberschuss von 75.000 € zu begrenzen. In die Berechnung des Folgejahres geht als Vorjahreswert die Überentnahme mit dem Betrag von 90.000 € ein.

Im Folgejahr 02 ergibt sich ein Gewinn i. H. v. 10.000 €. Entnahmen und Einlagen werden nicht getätigt.

Berechnung der Überentnahme in 02:

	Entnahmen des Wirtschaftsjahres	0 €
–	Einlagen des Wirtschaftsjahres	0 €
–	Gewinn des Wirtschaftsjahres	10.000 €
=	Unterentnahme des Wirtschaftsjahres	10.000 €
–	Überentnahme aus vorangegangenen Wirtschaftsjahren	90.000 €
=	**kumulierte Überentnahme**	**80.000 €**
	(geht in die Berechnung des Folgejahres ein)	

Berechnung des Entnahmenüberschusses in 02:

	Entnahmen des Wirtschaftsjahres	0 €
–	Einlagen des Wirtschaftsjahres	0 €
–	kumulierter Entnahmenüberschuss des Vorjahres	75.000 €
=	**kumulierter Entnahmenüberschuss des Wirtschaftsjahres**	**75.000 €**

Die Überentnahme des Vorjahres 01 i. H. v. 90.000 € ist fortzuschreiben und um die Unterentnahme des Wirtschaftsjahres 02 i. H. v. 10.000 € zu mindern. Dadurch ergibt sich eine Überentnahme in 02 von 80.000 €. Da in 02 keine Einlagen und Entnahmen getätigt wurden, beträgt der kumulierte Entnahmenüberschuss weiterhin 75.000 €. Die Bemessungsgrundlage für die Berechnung der nichtabziehbaren Schuldzinsen ist im Jahr 02 auf den kumulierten Entnahmenüberschuss von 75.000 € zu begrenzen.

III. Ermittlung des Hinzurechnungsbetrages (§ 4 Absatz 4a Satz 3 und 4 EStG)

§ 4 Absatz 4a Satz 3 EStG bestimmt, dass die betrieblich veranlassten Schuldzinsen pauschal in Höhe von 6 % der Überentnahme des Wirtschaftsjahres zuzüglich der verbliebenen Überentnahme oder abzüglich der verbliebenen Unterentnahme des vorangegangenen Wirtschaftsjahres (kumulierte Überentnahme) zu nicht abziehbaren Betriebsausgaben umqualifiziert werden. Die kumulierte Überentnahme ist auf den kumulierten Entnahmenüberschuss zu begrenzen. Der kumulierte Entnahmenüberschuss errechnet sich aus den Entnahmen der Totalperiode abzüglich der Einlagen der Totalperiode, d. h. seit der Betriebseröffnung, frühestens aber seit dem 1. Januar 1999 (BFH vom 14. März 2018, BStBl II S. 744). Der pauschal ermittelte Betrag, höchstens jedoch der um 2.050 € verminderte Betrag der im Wirtschaftsjahr angefallenen Schuldzinsen, ist nach § 4 Absatz 4a Satz 4 EStG dem Gewinn hinzuzurechnen.

Beispiel 6:
A hat seinen Betrieb am 1. Juni 02 mit einer Einlage von 50.000 € eröffnet. Er erwirtschaftete in 02 einen Verlust von 50.000 €. Entnahmen tätigte er in Höhe von 70.000 €. Betrieblich veranlasste Schuldzinsen – ohne Berücksichtigung von Zinsen für ein Investitionsdarlehen – fielen in Höhe von 15.000 € an.

Berechnung der Überentnahme:

Entnahmen des Wirtschaftsjahres	70.000 €
− Einlagen des Wirtschaftsjahres	50.000 €
− Verlust des Wirtschaftsjahres	−50.000 €
= Überentnahme des Wirtschaftsjahres	70.000 €
(kein Vorjahreswert; Jahr der Betriebseröffnung)	
= **kumulierte Überentnahme**	**70.000 €**
(geht in die Berechnung des Folgejahres ein)	

Berechnung des Entnahmenüberschusses:

Entnahmen des Wirtschaftsjahres	70.000 €
− Einlagen des Wirtschaftsjahres	50.000 €
= **kumulierter Entnahmenüberschuss**	**20.000 €**

Ergebnis:

auf den kumulierten Entnahmenüberschuss begrenzte Überentnahme i. S. d. § 4 Absatz 4a EStG	20.000 €

Berechnung des Hinzurechnungsbetrages:

20.000 € × 6 % =	1.200 €

Berechnung des Höchstbetrages:

Tatsächlich angefallene Schuldzinsen	15.000 €
./. Kürzungsbetrag	2.050 €
	12.950 €

Da der Hinzurechnungsbetrag den Höchstbetrag nicht übersteigt, ist er in voller Höhe von 1.200 € dem Gewinn hinzuzurechnen.

Bei der pauschalen Ermittlung des Hinzurechnungsbetrages handelt es sich lediglich um einen Berechnungsmodus, bei dem die unmittelbare und die mittelbare Gewinnauswirkung der Rechtsfolge nicht zu berücksichtigen ist (§ 4 Absatz 4a Satz 3 2. Halbsatz EStG).

19 Zu den im Wirtschaftsjahr angefallenen Schuldzinsen gehören alle Aufwendungen zur Erlangung wie Sicherung eines Kredits einschließlich der Nebenkosten der Darlehensaufnahme und der Geldbeschaffungskosten (BFH vom 1. Oktober 2002, BStBl 2003 II S. 399). Nachzahlungs-, Aussetzungs- und Stundungszinsen im Sinne der Abgabenordnung sind ebenfalls in die nach § 4 Absatz 4a EStG zu kürzenden Zinsen einzubeziehen.

20 Eine Überentnahme liegt auch vor, wenn sie sich lediglich aus Überentnahmen vorangegangener Wirtschaftsjahre ergibt (BFH vom 17. August 2010, BStBl II S. 1041). Überentnahmen und Unterentnahmen sind nicht nur zur Ermittlung der Berechnungsgrundlage für die hinzuzurechnenden Schuldzinsen, sondern auch zur Fortführung in den Folgejahren zu saldieren.

Beispiel 7:

21 Im Wirtschaftsjahr 02 ergibt sich eine Unterentnahme in Höhe von 50.000 €. Die Überentnahme des Wirtschaftsjahres 01 betrug 60.000 €.

Die Überentnahme für das Wirtschaftsjahr 02 berechnet sich wie folgt:

Unterentnahme Wirtschaftsjahr 02	./. 50.000 €
Überentnahme Wirtschaftsjahr 01	+ 60.000 €
verbleibende Überentnahme	+ 10.000 €

(Berechnungsgrundlage und im Folgejahr fortzuführen)

22 Der Kürzungsbetrag von höchstens 2.050 € ist betriebsbezogen. Zur Anwendung bei Mitunternehmerschaften vgl. Rdnr. 27.

IV. Schuldzinsen aus Investitionsdarlehen (§ 4 Absatz 4a Satz 5 EStG)

23 Die Regelung nimmt Zinsen für Darlehen aus der Abzugsbeschränkung aus, wenn diese zur Finanzierung von Anschaffungs- oder Herstellungskosten betrieblicher Anlagegüter verwendet werden. Die Finanzierung von Umlaufvermögen, das im Rahmen der Betriebseröffnung erworben und fremdfinanziert wurde, ist nicht begünstigt (BFH vom 23. März 2011, BStBl II S. 753). § 4 Absatz 4a Satz 5 EStG umfasst auch Zinsen für die Finanzierung von Zinsen für Investitionsdarlehen (BFH vom 7. Juli 2016, BStBl II S. 837).

24 Es ist nicht erforderlich, dass zur Finanzierung von Anschaffungs- oder Herstellungskosten von Wirtschaftsgütern des Anlagevermögens ein gesondertes Darlehen aufgenommen wird. Ob Schuldzinsen i. S. d. § 4 Absatz 4a Satz 5 EStG für Darlehen zur Finanzierung von Anschaffungs- oder Herstellungskosten von Wirtschaftsgütern des Anlagevermögens vorliegen, ist ausschließlich nach der tatsächlichen Verwendung der Darlehensmittel zu bestimmen. Werden Darlehensmittel zunächst auf ein betriebliches Kontokorrentkonto überwiesen, von dem sodann die Anschaffungs- oder Herstellungskosten von Wirtschaftsgütern des Anlagevermögens bezahlt werden, oder wird zunächst das Kontokorrentkonto belastet und anschließend eine Umschuldung in ein Darlehen vorgenommen, kann ein Finanzierungszusammenhang mit den Anschaffungs- oder Herstellungskosten von Wirtschaftsgütern des Anlagevermögens nur angenommen werden, wenn ein enger zeitlicher und betragsmäßiger Zusammenhang zwischen der Belastung auf dem Kontokorrentkonto und der Darlehensaufnahme besteht. Dabei wird unwiderlegbar vermutet, dass die dem Kontokorrentkonto gutgeschriebenen Darlehensmittel zur Finanzierung der Anschaffungs- oder Herstellungskosten von Wirtschaftsgütern des Anlagevermögens verwendet werden, wenn diese innerhalb von 30 Tagen vor oder nach Auszahlung der Darlehensmittel tatsächlich über das entsprechende Kontokorrentkonto finanziert wurden. Beträgt der Zeitraum mehr als 30 Tage, muss der Steuerpflichtige den erforderlichen Finanzierungszusammenhang zwischen der Verwendung der Darlehensmittel und der Bezahlung der Anschaffungs- oder Herstellungskosten für die Wirtschaftsgüter des Anlagevermögens nachweisen. Eine Verwendung der Darlehensmittel zur Finanzierung von Anschaffungs- oder Herstellungskosten von Wirtschaftsgütern des Anlagevermögens scheidet aus, wenn die Anschaffungs- oder Herstellungskosten im Zeitpunkt der Verwendung der Darlehensmittel bereits ab-

schließend finanziert waren und die erhaltenen Darlehensmittel lediglich das eingesetzte Eigenkapital wieder auffüllen (BFH vom 9. Februar 2010, BStBl 2011 II S. 257).

Werden die Anschaffungs- oder Herstellungskosten von Wirtschaftsgütern des Anlagevermögens über ein Kontokorrentkonto finanziert und entsteht oder erhöht sich dadurch ein negativer Saldo des Kontokorrentkontos, sind die dadurch veranlassten Schuldzinsen gemäß § 4 Absatz 4a Satz 5 EStG unbeschränkt als Betriebsausgaben abziehbar. Der Anteil der unbeschränkt abziehbaren Schuldzinsen ist dabei nach der Zinszahlenstaffelmethode oder durch Schätzung zu ermitteln. Entsprechend den Rdnrn. 11 bis 18 des BMF-Schreibens vom 10. November 1993 (BStBl I S. 930) ist für die Ermittlung der als Betriebsausgaben abziehbaren Schuldzinsen der Sollsaldo des Kontokorrentkontos anhand der zugrunde liegenden Geschäftsvorfälle nach seiner Veranlassung aufzuteilen und sind die Sollsalden des betrieblichen Unterkontos zu ermitteln. Hierbei ist davon auszugehen, dass mit den eingehenden Betriebseinnahmen zunächst private Schuldenteile, dann die durch sonstige betriebliche Aufwendungen entstandenen Schuldenteile und zuletzt die durch die Investitionen entstandenen Schuldenteile getilgt werden. 25

Wird demgegenüber ein gesondertes Darlehen aufgenommen, mit dem teilweise Wirtschaftsgüter des Anlagevermögens finanziert, teilweise aber auch sonstiger betrieblicher Aufwand bezahlt wird, können die Schuldzinsen nach § 4 Absatz 4a Satz 5 EStG – ungeachtet etwaiger Überentnahmen – als Betriebsausgaben abgezogen werden, soweit sie nachweislich auf die Anschaffungs- oder Herstellungskosten der Wirtschaftsgüter des Anlagevermögens entfallen. Der Steuerpflichtige ist hierfür nachweispflichtig. 26

V. Schuldzinsen bei Mitunternehmerschaften

1. Gesellschafts-/Gesellschafterbezogene Betrachtungsweise

Die Regelung des § 4 Absatz 4a EStG ist eine betriebsbezogene Gewinnhinzurechnung. Der Hinzurechnungsbetrag ist daher auch für jede einzelne Mitunternehmerschaft zu ermitteln. Der Begriff der Überentnahme sowie die ihn bestimmenden Merkmale (Einlage, Entnahme, Gewinn und ggf. Verlust) ist dagegen gesellschafterbezogen auszulegen (BFH vom 29. März 2007, BStBl 2008 II S. 420). Die Überentnahme bestimmt sich nach dem Anteil des einzelnen Mitunternehmers am Gesamtgewinn der Mitunternehmerschaft (Anteil am Gewinn oder Verlust aus dem Gesamthandsvermögen einschließlich Ergänzungsbilanzen zuzüglich/abzüglich seines im Sonderbetriebsvermögen erzielten Ergebnisses) und der Höhe der individuellen Einlagen und Entnahmen (einschließlich Sonderbetriebsvermögen). 27

Der Kürzungsbetrag nach § 4 Absatz 4a Satz 4 EStG i. H. v. 2.050 € ist gesellschaftsbezogen anzuwenden, d. h. er ist nicht mit der Anzahl der Mitunternehmer zu vervielfältigen. Er ist auf die einzelnen Mitunternehmer entsprechend ihrer Schuldzinsenquote aufzuteilen (BFH vom 29. März 2007, BStBl 2008 II S. 420). Schuldzinsen i. S. d. § 4 Absatz 4a Satz 5 EStG sind bei der Aufteilung des Kürzungsbetrages nach § 4 Absatz 4a Satz 4 EStG nicht zu berücksichtigen. 28

Beispiel 8:

An der X-OHG sind A, B und C zu jeweils einem Drittel beteiligt. Weitere Abreden bestehen nicht. Im ersten Wirtschaftsjahr hat der Gewinn der OHG 120.000 € und haben die Schuldzinsen zur Finanzierung laufender Aufwendungen 10.000 € betragen. Die Entnahmen verteilen sich auf die Mitunternehmer wie folgt: B und C haben jeweils 80.000 € entnommen, während sich A auf eine Entnahme in Höhe von 20.000 € beschränkte. Einlagen wurden nicht getätigt. 29

Der Hinzurechnungsbetrag ist wie folgt zu ermitteln:

	A	B	C
Gewinnanteil	40.000	40.000	40.000
Entnahmen	20.000	80.000	80.000
Überentnahmen Unterentnahmen	20.000	40.000	40.000
(kumulierter) Entnahmenüberschuss	20.000	80.000	80.000
niedrigerer Betrag*)	0	40.000	40.000
6 %	0	2.400	2.400
anteilige Zinsen	3.334	3.333	3.333
Mindestabzug	684	683	683
Höchstbetrag	2.650	2.650	2.650
Hinzurechnungsbetrag	0	2.400	2.400

Bei den Mitunternehmern B und C sind Überentnahmen in Höhe von jeweils 40.000 € entstanden. Demzufolge können Schuldzinsen in Höhe von jeweils 2.400 € (= 6 % aus 40.000 €) nicht als Betriebsausgaben abgezogen werden. Hieraus ergibt sich ein korrigierter Gewinn der Mitunternehmerschaft in Höhe von 124.800 €, der den Mitunternehmern A i. H. v. 40.000 € und den Mitunternehmern B und C zu jeweils 42.400 € zuzurechnen ist.

2. Schuldzinsen

2.1. Gewinnermittlung der Mitunternehmerschaft

30 Zinsaufwendungen werden nur einbezogen, wenn sie im Rahmen der Ermittlung des Gesamtgewinns als Betriebsausgaben berücksichtigt worden sind. Zinsen eines Darlehens des Mitunternehmers an die Gesellschaft i. S. d. § 15 Absatz 1 Satz 1 Nummer 2, 2. Halbsatz EStG gleichen sich im Rahmen ihrer Gesamtgewinnauswirkung aus (Betriebsausgaben im Gesamthandsvermögen und Betriebseinnahmen im Sonderbetriebsvermögen); sie sind keine Schuldzinsen i. S. d. § 4 Absatz 4a EStG. Dies gilt auch für Zinsaufwendungen für Darlehen eines mittelbar beteiligten Mitunternehmers i. S. d. § 15 Absatz 1 Satz 1 Nummer 2 Satz 2 EStG (BFH vom 12. Februar 2014, BStBl II S. 621).

31 Die von der Mitunternehmerschaft geleisteten Zinsen sind den Mitunternehmern nach dem Gewinnverteilungsschlüssel zuzurechnen.

2.2. Darlehen im Sonderbetriebsvermögen

32 Ein Investitionsdarlehen im Sinne des § 4 Absatz 4a Satz 5 EStG liegt auch dann vor, wenn die Darlehensverbindlichkeit zwar im Sonderbetriebsvermögen auszuweisen ist, die Darlehensmittel aber zur Finanzierung von Anschaffungs- oder Herstellungskosten von Wirtschaftsgütern des Anlagevermögens des Gesamthandsvermögens eingesetzt werden.

33 In diesem Fall sind die Schuldzinsen in vollem Umfang abziehbar (§ 4 Absatz 4a Satz 5 EStG), unabhängig davon, ob das Darlehen im Gesamthandsvermögen als Verbindlichkeit gegenüber

---

*) Überentnahmen oder kumulierter Entnahmenüberschuss

dem Mitunternehmer ausgewiesen ist oder dem Mitunternehmer für die Hingabe der Darlehensmittel (weitere) Gesellschaftsrechte gewährt werden.

Zinsen aus Darlehen (im Sonderbetriebsvermögen des Mitunternehmers) zur Finanzierung des Erwerbs eines Mitunternehmeranteils sind, soweit sie auf die Finanzierung von anteilig erworbenen Wirtschaftsgütern des Anlagevermögens (Gesamthands- und Sonderbetriebsvermögen) entfallen, wie Schuldzinsen aus Investitionsdarlehen (Rdnrn. 23 bis 26) zu behandeln. Soweit diese nicht auf anteilig erworbene Wirtschaftsgüter des Anlagevermögens entfallen, sind sie in die Berechnung der nicht abziehbaren Schuldzinsen gem. § 4 Absatz 4a EStG einzubeziehen. Bei der Refinanzierung der Gesellschaftereinlage oder des Kaufpreises des Mitunternehmeranteils mit einem einheitlichen Darlehen sind die Schuldzinsen im Verhältnis der Teilwerte der anteilig erworbenen Wirtschaftsgüter aufzuteilen. 34

Zinsen, die Sonderbetriebsausgaben eines Mitunternehmers darstellen, sind diesem bei der Ermittlung der nicht abziehbaren Schuldzinsen zuzurechnen. 35

3. Entnahmen/Einlagen

Entnahmen liegen vor, wenn Wirtschaftsgüter (Barentnahmen, Waren, Erzeugnisse, Nutzungen und Leistungen) in den privaten Bereich der Mitunternehmer oder in einen anderen betriebsfremden Bereich überführt werden. In diesem Sinne ist die Zahlung einer Tätigkeitsvergütung i. S. d. § 15 Absatz 1 Satz 1 Nummer 2, 2. Halbsatz EStG auf ein privates Konto des Mitunternehmers eine Entnahme, die bloße Gutschrift auf dem Kapitalkonto des Mitunternehmers jedoch nicht. Bei Darlehen des Mitunternehmers an die Gesellschaft i. S. d. § 15 Absatz 1 Satz 1 Nummer 2, 2. Halbsatz EStG stellt die Zuführung der Darlehensvaluta eine Einlage und die Rückzahlung des Darlehens an den Mitunternehmer eine Entnahme dar. Die unentgeltliche Übertragung eines Wirtschaftsguts in das Sonderbetriebsvermögen eines anderen Mitunternehmers derselben Mitunternehmerschaft ist als Entnahme i. S. d. § 4 Absatz 4a EStG beim abgebenden und als Einlage i. S. d. § 4 Absatz 4a EStG beim aufnehmenden Mitunternehmer zu berücksichtigen. 36

4. Umwandlungen nach dem UmwStG

4.1. Einbringung in eine Personengesellschaft (§ 24 UmwStG)

In Umwandlungsfällen gem. § 24 UmwStG gelten die aufgestellten Grundsätze für Betriebsaufgaben und Betriebsveräußerungen gem. Rdnrn. 9 und 10 nicht. Beim Einbringenden erfolgt keine Entnahme und bei der Zielgesellschaft keine Einlage. Es ist lediglich ein entstandener Einbringungsgewinn beim Einbringenden zu berücksichtigen, der das Entnahmepotenzial erhöht (Minderung der Überentnahmen oder Erhöhung der Unterentnahmen). Die Über- oder Unterentnahmen sowie der kumulierte Entnahmenüberschuss sind bei der Einbringung eines Betriebes oder bei der Aufnahme eines weiteren Mitunternehmers in eine bestehende Mitunternehmerschaft unabhängig vom gewählten Wertansatz in der Zielgesellschaft fortzuführen. Bei der Einbringung eines Teilbetriebs sind die Werte grundsätzlich aufzuteilen. Es ist nicht zu beanstanden, wenn diese in voller Höhe dem Restbetrieb des Einbringenden zugerechnet werden. Bei Einbringung eines Mitunternehmeranteils werden bei der Zielgesellschaft die Werte nicht fortgeführt. 37

Beispiel 9:
A bringt seinen Betrieb zum 01.01.02 in die Personengesellschaft AB ein. Der Buchwert des Betriebes beträgt 500.000 €, der Teilwert 600.000 €, der Gewinn in 01 50.000 €, Entnahmen 100.000 €, Einlagen 60.000 € und die zum 31.12.00 fortzuschreibenden Überentnahmen 20.000 €. Der kumulierte Entnahmenüberschuss beträgt zum 31.12.01 24.000 € (Mehrentnahmen). 38

a) Einbringung zum Buchwert; beim Einbringenden ergeben sich in 01 folgende Werte:

Entnahmen	100.000 €
Einlagen	60.000 €
Gewinn	50.000 €
Unterentnahme	10.000 €
Überentnahme Vorjahr	20.000 €
kumulierte Überentnahme	10.000 €

Die Überentnahme i. H. v. 10.000 € sowie der kumulierte Entnahmenüberschuss sind in der Mitunternehmerschaft fortzuführen.

b) Einbringung zum Teilwert; beim Einbringenden ergeben sich in 01 folgende Werte:

Entnahmen	100.000 €
Einlagen	60.000 €
Gewinn	50.000 €
Einbringungsgewinn	100.000 €
Unterentnahme	110.000 €
Überentnahme Vorjahr	20.000 €
kumulierte Unterentnahme	90.000 €

Die Unterentnahme i. H. v. 90.000 € sowie der kumulierte Entnahmenüberschuss sind in der Mitunternehmerschaft fortzuführen.

4.2. Einbringung in eine Kapitalgesellschaft (§ 20 UmwStG)

39 Werden für eine Einbringung in eine Kapitalgesellschaft gewährte Gesellschaftsanteile im Privatvermögen gehalten, liegt eine Entnahme in Höhe des gewählten Wertansatzes vor.

VI. Gewinnermittlung nach § 4 Absatz 3 EStG, § 5a und § 13a EStG

40 Die genannten Grundsätze gelten auch bei der Gewinnermittlung durch Einnahmenüberschussrechnung nach § 4 Absatz 3 EStG (§ 4 Absatz 4a Satz 6 EStG). Hierzu müssen ab dem Jahr 2000 alle Entnahmen und Einlagen gesondert aufgezeichnet werden (§ 52 Absatz 11 Satz 4 EStG a. F.). Entnahmen und Einlagen von Geld sind für die Anwendung des § 4 Absatz 4a EStG bei der Gewinnermittlung nach § 4 Absatz 3 EStG ebenso zu beurteilen wie bei der Gewinnermittlung nach § 4 Absatz 1 EStG (BFH vom 21. August 2012, BStBl 2013 II S. 16).

41 Werden ab dem Jahr 2000 die erforderlichen Aufzeichnungen nicht geführt, sind zumindest die nach § 4 Absatz 4a Satz 5 EStG privilegierten Schuldzinsen für „Investitionsdarlehen" sowie tatsächlich entstandene nicht begünstigte Schuldzinsen bis zum Sockelbetrag in Höhe von 2.050 € als Betriebsausgaben abziehbar.

42 Bei der Gewinnermittlung nach § 5a oder § 13a EStG findet § 4 Absatz 4a EStG keine Anwendung.

VII. Anwendungsregelung

43 Die Regelung der Einschränkung des Schuldzinsenabzugs ist erstmals für Wirtschaftsjahre anzuwenden, die nach dem 31. Dezember 1998 enden (§ 52 Absatz 6 Satz 5 EStG). Die Über- oder Unterentnahmen in Wirtschaftsjahren, die vor dem Jahr 1999 geendet haben, bleiben unberücksichtigt. Bei einem vom Kalenderjahr abweichenden Wirtschaftsjahr bleiben die vor dem 1. Januar 1999 getätigten Über- und Unterentnahmen unberücksichtigt (BFH vom 23. März 2011, BStBl II S. 753). Der Anfangsbestand ist daher mit 0 DM anzusetzen (§ 52 Absatz 6 Satz 6 EStG).

Nach § 52 Absatz 6 Satz 7 EStG gilt bei Betrieben, die vor dem 1. Januar 1999 eröffnet worden sind, abweichend von Rdnr. 9 Folgendes: 44

Im Fall der Betriebsaufgabe sind bei der Überführung von Wirtschaftsgütern aus dem Betriebsvermögen in das Privatvermögen die Buchwerte nicht als Entnahme anzusetzen. Im Fall der Betriebsveräußerung ist nur der Veräußerungsgewinn als Entnahme anzusetzen.

§ 52 Absatz 6 Satz 7 EStG gilt nicht für die Entnahme von Wirtschaftsgütern außerhalb einer Betriebsaufgabe oder -veräußerung, auch wenn diese bereits vor dem 1. Januar 1999 zum Betriebsvermögen gehörten (BFH vom 24. November 2016, BStBl 2017 II S. 268).

Bei Gewinnermittlung nach § 4 Absatz 3 EStG sind die Entnahmen und Einlagen für das Wirtschaftsjahr, das nach dem 31. Dezember 1998 endet, und für den Zeitraum bis zum 31. Dezember 1999 zu schätzen, sofern diese nicht gesondert aufgezeichnet sind. 45

Dieses BMF-Schreiben tritt an die Stelle der BMF-Schreiben vom 17. November 2005 (BStBl I S. 1019), vom 7. Mai 2008 (BStBl I S. 588) und vom 18. Februar 2013 (BStBl I S. 197) und ist in allen offenen Fällen anzuwenden. Die Rdnrn. 30 bis 32d des BMF-Schreibens vom 17. November 2005 (BStBl I S. 1019) können auf gemeinsamen Antrag der Mitunternehmer letztmals für das Wirtschaftsjahr angewandt werden, das vor dem 1. Mai 2008 beginnt. Die Verlustberücksichtigung gemäß Tz. II. 2. des BMF-Schreibens vom 17. November 2005 (BStBl I S. 1019) kann abweichend von Rdnr. 8 Satz 3 und Rdnr. 16 Satz 2 auf Antrag des Steuerpflichtigen letztmalig für das Wirtschaftsjahr angewendet werden, das vor dem 1. Januar 2018 begonnen hat; bei Mitunternehmerschaften ist ein einvernehmlicher Antrag aller Mitunternehmer erforderlich. Die Regelungen in Rdnrn. 8 bis 10 des BMF-Schreibens vom 10. November 1993 (BStBl I S. 930) sind durch die BFH-Rechtsprechung überholt und nicht mehr anzuwenden. 46

3. Ermittlung der nicht abziehbaren Schuldzinsen nach § 4 Abs. 4a EStG; Berücksichtigung einer vor dem 1. 1. 1999 entstandenen Unterentnahme; BFH-Urteil vom 21. 9. 2005 (BStBl 2006 II S. 504)

BMF, Schreiben v. 12. 6. 2006 (BStBl I S. 416)

– IV B 2 - S 2144 - 39/06 –

Der BFH hat mit Urteil vom 21. September 2005 entschieden, dass bei der Ermittlung der nach § 4 Abs. 4a Satz 4 EStG nicht abziehbaren Schuldzinsen für den Geltungszeitraum des Steuerbereinigungsgesetzes 1999 (Veranlagungszeiträume 1999 und 2000) eine Unterentnahme auch dann zu berücksichtigen sei, wenn sie in Wirtschaftsjahren entstanden ist, die vor dem 1. Januar 1999 geendet haben. Diese Entscheidung wird mit dem Fehlen einer entsprechenden gesetzlichen Regelung, wie sie mit dem Steueränderungsgesetz 2001 in den § 52 Abs. 11 Satz 2 EStG eingefügt wurde, begründet.

Der BFH ist damit von der Auffassung der Finanzverwaltung abgewichen, wonach Über- oder Unterentnahmen aus Wirtschaftsjahren, die vor dem 1. Januar 1999 geendet haben, unberücksichtigt bleiben (vgl. BMF-Schreiben vom 17. November 2005 – BStBl I S. 1019, Rdnr. 36 Satz 2).

Zur Anwendung der Grundsätze des BFH-Urteils nimmt das BMF im Einvernehmen mit den obersten Finanzbehörden der Länder wie folgt Stellung:

1. Anwendungszeitpunkt

Die Rechtsgrundsätze des o. a. BFH-Urteils zur Berücksichtigung einer Unterentnahme aus Wirtschaftsjahren, die vor dem 1. Januar 1999 geendet haben, sind in allen noch offenen Fällen

– begrenzt auf die Veranlagungszeiträume 1999 und 2000 – anzuwenden. Rdnr. 36 Satz 2 des BMF-Schreibens vom 17. November 2005 (a. a. O.) ist insoweit überholt.

2. Ermittlung der zum 1. Januar 1999 bestehenden Unterentnahme

a) Grundsatz

Zur Ermittlung der am Ende des vor dem 1. Januar 1999 endenden Wirtschaftsjahres bestehenden Unterentnahme ist grundsätzlich eine Rückschau bis zur Betriebseröffnung erforderlich. Der Anfangsbestand des Kapitalkontos lt. Eröffnungsbilanz ist dabei wie eine Einlage zu berücksichtigen. Die Nachweispflicht obliegt dem Steuerpflichtigen.

b) Vereinfachte Ermittlung

Aus Vereinfachungsgründen ist es nicht zu beanstanden, wenn anstelle der genauen Ermittlung der Unterentnahme der Wert des Kapitalkontos am Ende des vor dem 1. Januar 1999 endenden Wirtschaftsjahres zugrunde gelegt wird.

3. Auswirkungen auf Betriebsveräußerung/-aufgabe

Wurde ein Betrieb in den Veranlagungszeiträumen 1999 oder 2000 veräußert oder aufgegeben und wurde bei der Ermittlung der Berechnungsgrundlage für die nicht abziehbaren Schuldzinsen eine Unterentnahme, die aus Wirtschaftsjahren stammt, die vor dem 1. Januar 1999 geendet haben, berücksichtigt, ist die Rdnr. 37 des BMF-Schreibens vom 17. November 2005 (a. a. O.) nicht anwendbar.

Hieraus folgt, dass im Fall der Betriebsaufgabe bei der Überführung von Wirtschaftsgütern aus dem Betriebsvermögen in das Privatvermögen auch die Buchwerte als Entnahme anzusetzen sind. Im Fall der Betriebsveräußerung sind neben dem Veräußerungsgewinn die Buchwerte als Entnahme zu berücksichtigen.

4. Ermittlung der Unter- oder Überentnahme ab dem Veranlagungszeitraum 2001

Für die Veranlagungszeiträume ab 2001 ist gemäß § 52 Abs. 11 Satz 2 EStG eine Unterentnahme aus Wirtschaftsjahren, die vor dem 1. Januar 1999 geendet haben, nicht zu berücksichtigen. Dieser Anfangsbestand der Über- und Unterentnahmen ist für die Veranlagungszeiträume ab 2001 mit 0 DM anzusetzen (BMF-Schreiben vom 17. November 2005, Rdnr. 36 Satz 2). Unter- oder Überentnahmen aus den Veranlagungszeiträumen 1999 und 2000 sind zu berücksichtigen.

Für bisher nicht durchgeführte Steuerfestsetzungen erfordert dies eine Schattenberechnung, die von einem Stand der Unterentnahmen am Ende des vor dem 1. Januar 1999 endenden Wirtschaftsjahres i. H. v. 0 DM ausgeht und die Über- oder Unterentnahmen der Veranlagungszeiträume 1999 und 2000 berücksichtigt. Für bereits durchgeführte Steuerfestsetzungen bleiben die bisher ermittelten Werte für Veranlagungszeiträume ab dem Jahr 2001 unverändert.

5. Anwendung auf Überentnahmen

Auf Überentnahmen finden die Grundsätze des BFH-Urteils keine Anwendung. Entsteht aus den saldierten Über- und Unterentnahmen der Jahre vor 1999 eine Überentnahme oder ist das Kapitalkonto am Ende des vor dem 1. Januar 1999 endenden Jahresabschlusses negativ, bleibt der Betrag bei der Ermittlung der nicht abziehbaren Schuldzinsen – auch in den Veranlagungszeiträumen 1999 und 2000 – unberücksichtigt.

4. Behandlung der Einbringung zum Privatvermögen gehörender Wirtschaftsgüter in das betriebliche Gesamthandsvermögen einer Personengesellschaft

BMF, Schreiben v. 11. 7. 2011 (BStBl I S. 713)

– IV C 6 - S 2178/09/10001 –

Bei der Behandlung der Einbringung einzelner zum Privatvermögen gehörender Wirtschaftsgüter in das betriebliche Gesamthandsvermögen einer Personengesellschaft als tauschähnlicher Vorgang ist die Frage aufgeworfen worden, unter welchen Voraussetzungen bei Anwendung der BFH-Urteile vom 24. Januar 2008 – IV R 37/06 – (BStBl 2011 II S. 617) und vom 17. Juli 2008 – I R 77/06 – (BStBl 2009 II S. 464) weiterhin vom Vorliegen einer verdeckten Einlage i. S. d. Ausführungen zu Abschnitt II.1.b) des BMF-Schreibens vom 29. März 2000 (BStBl I S. 462) auszugehen ist.

Hierzu nimmt das BMF unter Bezugnahme auf das Ergebnis der Erörterungen mit den obersten Finanzbehörden der Länder wie folgt Stellung:

I. Übertragung gegen Gewährung von Gesellschaftsrechten

Erhöht sich durch die Übertragung eines Wirtschaftsguts der Kapitalanteil des Einbringenden, liegt insoweit eine Übertragung gegen Gewährung von Gesellschaftsrechten vor.

Für die Frage, ob als Gegenleistung für die Übertragung Gesellschaftsrechte gewährt werden, ist grundsätzlich das Kapitalkonto der Handelsbilanz (z. B. bei einer OHG nach § 120 Absatz 2 HGB) maßgebend, wonach sich die Gesellschaftsrechte – wenn nichts anderes vereinbart ist – nach dem handelsrechtlichen Kapitalanteil des Gesellschafters richten. Dieser Kapitalanteil ist nach dem Regelstatut des HGB z. B. für die Verteilung des Jahresgewinns, für Entnahmerechte und für die Auseinandersetzungsansprüche von Bedeutung (bei einer OHG betrifft dies §§ 121, 122 und 155 HGB).

Werden die handelsrechtlichen Vorschriften abbedungen und nach den gesellschaftsvertraglichen Vereinbarungen mehrere (Unter-)Konten geführt, gilt für die steuerliche Beurteilung Folgendes:

1. Kapitalkonto I

Erfolgt als Gegenleistung für die Übertragung die Buchung auf dem Kapitalkonto I, ist von einer Übertragung gegen Gewährung von Gesellschaftsrechten auszugehen. Als maßgebliche Gesellschaftsrechte kommen die Gewinnverteilung, die Auseinandersetzungsansprüche sowie Entnahmerechte in Betracht. Die bloße Gewährung von Stimmrechten stellt allein keine Gegenleistung im Sinne einer Gewährung von Gesellschaftsrechten dar, da Stimmrechte allein keine vermögensmäßige Beteiligung an der Personengesellschaft vermitteln.

2. Weitere – variable – Gesellschafterkonten[1]

Werden neben dem Kapitalkonto I weitere gesellschaftsvertraglich vereinbarte – variable – Gesellschafterkonten geführt, so kommt es für deren rechtliche Einordnung auf die jeweiligen vertraglichen Abreden im Gesellschaftsvertrag an. Ein wesentliches Indiz für das Vorliegen eines Kapitalkontos ist die gesellschaftsvertragliche Vereinbarung, dass auf dem jeweiligen Konto auch Verluste gebucht werden, vgl. hierzu BMF-Schreiben vom 30. Mai 1997 (BStBl I S. 627) sowie BFH-Urteil vom 26. Juni 2007 – IV R 29/06 – (BStBl 2008 II S. 103).

Liegt nach diesen Maßstäben (Buchung auch von Verlusten) ein (weiteres) Kapitalkonto II vor, gilt Folgendes:

Auch wenn das Kapitalkonto eines Gesellschafters in mehrere Unterkonten aufgegliedert wird, bleibt es gleichwohl ein einheitliches Kapitalkonto. Eine Buchung auf einem Unterkonto des einheitlichen Kapitalkontos (und damit auch auf dem Kapitalkonto II) führt demnach regelmäßig zu einer Gewährung von Gesellschaftsrechten.

Handelt es sich bei dem betreffenden Gesellschafterkonto nicht um ein Kapitalkonto, ist regelmäßig von einem Darlehenskonto auszugehen. Erfolgt die Übertragung von Einzelwirtschaftsgütern gegen Buchung auf einem Darlehenskonto, so kann dieses Konto keine Gesellschaftsrechte gewähren; wegen des Erwerbs einer Darlehensforderung durch den übertragenden Gesellschafter liegt insoweit ein entgeltlicher Vorgang vor, der nach § 6 Absatz 1 Nummer 1 oder 2 EStG zu bewerten ist.

II. Abgrenzung der entgeltlichen von der unentgeltlichen Übertragung (verdeckte Einlage)

1. Abgrenzungsmerkmale

Soweit dem Einbringenden überhaupt keine Gesellschaftsrechte und auch keine sonstigen Gegenleistungen (einschließlich der Begründung einer Darlehensforderung bei Buchung auf einem Darlehenskonto) gewährt werden, liegt mangels Gegenleistung eine verdeckte Einlage vor. Sie ist nach § 4 Absatz 1 Satz 8 i.V. m. § 6 Absatz 1 Nummer 5 EStG zu bewerten, auch wenn sie in der Steuerbilanz der Gesellschaft das Eigenkapital erhöht. In den übrigen Fällen liegen – vorbehaltlich der Ausführungen zu Ziffer 2.d) – stets in vollem Umfang entgeltliche Übertragungsvorgänge vor.

2. Buchungstechnische Behandlung[1]

a) Voll entgeltliche Übertragungsfälle

In den Fällen der vollständigen Gegenbuchung des gemeinen Werts des auf die Personengesellschaft übertragenen (eingebrachten) Wirtschaftsguts

- auf dem Kapitalkonto I oder auf einem variablen Kapitalkonto (z. B. Kapitalkonto II),
- auf dem Kapitalkonto I und teilweise auf einem variablen Kapitalkonto oder
- teilweise auf dem Kapitalkonto I oder einem variablen Kapitalkonto **und** teilweise auf einem gesamthänderisch gebundenen Rücklagenkonto der Personengesellschaft

liegt stets ein in vollem Umfang entgeltlicher Übertragungsvorgang vor; eine Aufteilung der Übertragung in einen entgeltlichen und einen unentgeltlichen Teil ist in diesen Fällen nicht vor-

---

1) Gem. BMF, Schreiben v. 26. 7. 2016 (BStBl I S. 684) sind Tz. I. 2. und Tz. II. 2. a) erster und dritter Spiegelstrich sowie Tz. II. 2. b) insoweit überholt, als danach sowohl eine Buchung, die ausschließlich auf einem variablen Kapitalkonto (insbesondere dem Kapitalkonto II) erfolgt, als auch eine Buchung, die teilweise auf einem variablen Kapitalkonto (insbesondere dem Kapitalkonto II) und teilweise auf einem gesamthänderisch gebundenen Rücklagenkonto erfolgt, zu einer Gewährung von Gesellschaftsrechten und damit zu einem entgeltlichen Vorgang führt.

zunehmen (BFH-Urteile vom 24. Januar 2008 – IV R 37/06 – BStBl 2011 II S. 617 und vom 17. Juli 2008 – I R 77/06 – BStBl 2009 II S. 464).

Beispiel 1:
A und B sind Gesellschafter der betrieblich tätigen AB-OHG. Ihre Gesellschaftsanteile (Kapitalkonto I) betragen jeweils 50.000 €. A bringt ein Grundstück (gemeiner Wert 400.000 €, angeschafft im Privatvermögen des A vor 10 Jahren für 40.000 €) in das Gesamthandsvermögen der OHG ein und erhält dafür weitere Gesellschaftsrechte (Kapitalkonto I) i. H. v. 40.000 €. Nach den ausdrücklichen Bestimmungen in der Einbringungsvereinbarung wird der Restbetrag von 360.000 € auf einem gesamthänderisch gebundenen Kapitalrücklagenkonto gutgeschrieben und das Grundstück wird mit 400.000 € in der Gesamthandsbilanz der OHG erfasst.

Lösung:
Da eine Buchung des Vorgangs teilweise auf dem Kapitalkonto I und teilweise auf dem gesamthänderisch gebundenen Kapitalrücklagenkonto erfolgt ist, liegt ein in vollem Umfang entgeltlicher Übertragungsvorgang vor; eine Aufteilung der Übertragung in einen entgeltlichen und einen unentgeltlichen Teil ist nicht vorzunehmen.

b) Unentgeltliche Übertragungsfälle

Eine Übertragung im Wege der verdeckten Einlage und damit ein unentgeltlicher Vorgang ist nur dann anzunehmen, wenn dem Einbringenden überhaupt keine Gesellschaftsrechte gewährt werden und demzufolge die Übertragung des Wirtschaftsguts **ausschließlich** auf einem gesamthänderisch gebundenen Kapitalrücklagenkonto gutgeschrieben wird oder – was handelsrechtlich zulässig sein kann – als Ertrag gebucht wird.

In beiden Fällen erhöht dies zwar das Eigenkapital der Gesellschaft. Dem Einbringenden werden aber hierdurch keine zusätzlichen Gesellschaftsrechte gewährt. Bei der ausschließlichen Buchung auf einem gesamthänderisch gebundenen Kapitalrücklagenkonto erlangt der übertragende Gesellschafter nämlich anders als bei der Buchung auf einem Kapitalkonto keine individuelle Rechtsposition, die ausschließlich ihn bereichert. Bei der Buchung auf einem gesamthänderisch gebundenen Kapitalrücklagenkonto wird vielmehr der Auseinandersetzungsanspruch aller Gesellschafter entsprechend ihrer Beteiligung dem Grunde nach gleichmäßig erhöht. Der Mehrwert fließt also – ähnlich wie bei einer Buchung auf einem Ertragskonto – in das gesamthänderisch gebundene Vermögen der Personengesellschaft und kommt dem übertragenden Gesellschafter ebenso wie allen anderen Mitgesellschaftern nur als reflexartige Wertsteigerung seiner Beteiligung zugute. Mangels Gegenleistung an den übertragenden Gesellschafter liegt deshalb hier ein unentgeltlicher Vorgang im Sinne einer verdeckten Einlage vor.

c) Fehlende Interessengegensätze auf Gesellschafterebene

Die Ausführungen unter b) gelten grundsätzlich auch für die Fälle, in denen auf der Ebene der vermögensmäßig beteiligten Gesellschafter kein Interessengegensatz zu verzeichnen ist, wie es beispielsweise in den Fällen der „Einmann-GmbH & Co. KG" anzunehmen ist. In diesen Fällen obliegt die Entscheidung ausschließlich dem Gesellschafter selbst, eine vollständige Buchung auf einem gesamthänderisch gebundenen Kapitalrücklagenkonto später wieder rückgängig zu machen (z. B. durch Auflösung des Kapitalrücklagenkontos gegen Gutschrift auf seinem Kapitalkonto, so dass der ursprünglich angenommene unentgeltliche Vorgang später nicht mehr gegeben ist, weil die – im Nachhinein vorgenommene – Umbuchung auf das Kapitalkonto gerade nicht zu einem unentgeltlichen Vorgang führt). Insbesondere in den Fällen der Übertragung von Grundstücken auf eine „Einmann-GmbH & Co. KG" ist daher zu prüfen, ob im Hinblick auf die Anwendbarkeit des § 23 Absatz 1 Satz 1 Nummer 1 EStG ein Missbrauch von rechtlichen Gestaltungsmöglichkeiten i. S. d. § 42 AO anzunehmen ist, wenn die Übertragung des Wirtschaftsguts (zunächst) vollständig auf einem gesamthänderisch gebundenen Kapitalrücklagenkonto gutgeschrieben wird.

d) Teilentgeltliche Übertragungsvorgänge

Wird im Falle einer Übertragung eines Einzelwirtschaftsguts ausdrücklich ein den gemeinen Wert unterschreitender Wertansatz vereinbart (z. B. wegen einer Zuwendungsabsicht), ist der überschießende Wertanteil als verdeckte Einlage zu qualifizieren, vgl. hierzu auch Ziffer I.4. der Entscheidungsgründe des BFH-Urteils vom 17. Juli 2008 – I R 77/06 – (BStBl 2009 II S. 464). Sofern die Übertragung im Übrigen als entgeltliche Übertragung zu beurteilen ist, ist der Vorgang in einen entgeltlichen und einen unentgeltlichen Anteil aufzuteilen (sog. „Trennungstheorie").

Beispiel 2 (Abwandlung des Beispiels 1):

A und B sind Gesellschafter der betrieblich tätigen AB-OHG. Ihre Gesellschaftsanteile (Kapitalkonto I) betragen jeweils 50.000 €. A bringt ein Grundstück (gemeiner Wert 400.000 €, angeschafft im Privatvermögen des A vor 10 Jahren für 40.000 €) in das Gesamthandsvermögen der OHG ein. Im zugrunde liegenden Einbringungsvertrag ist ausdrücklich ein Einbringungswert von (nur) 40.000 € und demgemäß die Gewährung weiterer Gesellschaftsrechte (Kapitalkonto I) i. H. v. (nur) 40.000 € vereinbart worden. Das Grundstück wird gemäß dieser (bewussten) Vereinbarung mit 40.000 € in der Gesamthandsbilanz der OHG erfasst und das Kapitalkonto des A wird um 40.000 € erhöht. Weitere Buchungen durch die Beteiligten erfolgen nicht.

Lösung:

Wäre das Grundstück nach den Bestimmungen der Einbringungsvereinbarung in der Bilanz der OHG mit 400.000 € angesetzt und der Differenzbetrag von 360.000 € auf einem gesamthänderisch gebundenen Rücklagenkonto gebucht worden, würde es sich nach den Ausführungen unter Ziffer 2.a) um einen in vollem Umfang entgeltlichen Übertragungsvorgang handeln (siehe auch die Lösung des Beispiels 1). Im vorliegenden Fall aber, in dem das Grundstück nach den Bestimmungen in der Einbringungsvereinbarung bewusst nur mit 40.000 € angesetzt und der Differenzbetrag von 360.000 € durch die Beteiligten buchungstechnisch zunächst überhaupt nicht erfasst wird, ist von einem teilentgeltlichen Vorgang auszugehen, da das Grundstück nach dem ausdrücklichen Willen der Beteiligten unter Wert eingebracht werden sollte. Für diesen Fall der Einbringung unter Wert sind die Ausführungen im BMF-Schreiben vom 29. März 2000 (BStBl I S. 462) zu Abschnitt II.1.c) weiterhin anzuwenden; im Übrigen sind diese Ausführungen aufgrund der Ausführungen oben unter Ziffer 2.a) zu den voll entgeltlichen Übertragungsvorgängen überholt.

Im Beispiel 2 liegt ein teilentgeltlicher Vorgang vor, weil das Grundstück zu 10 % (40.000 €/ 400.000 €) entgeltlich und zu 90 % (360.000 €/400.000 €) unentgeltlich übertragen wird. Hinsichtlich des entgeltlich übertragenen Teils ist das Grundstück deshalb in der Bilanz der OHG mit dem Veräußerungspreis von 40.000 € (= Wert der hingegebenen Gesellschaftsrechte) anzusetzen. Hinsichtlich des unentgeltlich übertragenen Teils ist das Grundstück nach Einlagegrundsätzen gemäß § 4 Absatz 1 Satz 8 EStG i. V. m. § 6 Absatz 1 Nummer 5 Satz 1 EStG mit dem anteiligen Teilwert in Höhe von 360.000 € (90 % von 400.000 €) anzusetzen. Das Grundstück ist deshalb richtigerweise auch bei einer teilentgeltlichen Übertragung mit 400.000 € in der Bilanz der OHG zu erfassen. Aufgrund der Teilentgeltlichkeit des Übertragungsvorgangs ist der den Wert der auf dem Kapitalkonto I verbuchten Gesellschaftsrechte übersteigende Betrag von 360.000 € innerhalb der Bilanz der OHG als Ertrag zu behandeln. Diese Ertragsbuchung ist durch eine entsprechende gegenläufige außerbilanzielle Korrektur zu neutralisieren. Aufgrund der ausdrücklichen Bestimmungen in der Einbringungsvereinbarung (Einbringung unter Wert) kommt hier eine Buchung des übersteigenden Betrags von 360.000 € auf einem gesamthänderischen Rücklagenkonto oder auf einem variablen Kapitalkonto (Kapitalkonto II) nicht in Betracht, weil diese Vorgehensweise nach den unter Ziffer 2.a) dargestellten Grundsätzen zur Annahme eines voll entgeltlichen Übertragungsgeschäfts führen würde, was nach der zugrunde liegenden Einbringungsvereinbarung von den Beteiligten gerade nicht gewollt war.

III. Bloße Nutzungsänderung oder Eintritt der Voraussetzungen des § 15 Absatz 3 Nummer 2 EStG

Unter I. und II. werden ausschließlich die Fälle der Übertragung von Wirtschaftsgütern auf gesellschaftsrechtlicher Grundlage behandelt. Hiervon zu unterscheiden sind die Fälle einer bloßen Nutzungsänderung oder des Eintritts der Voraussetzungen des § 15 Absatz 3 Nummer 2 EStG. Die Regelungen unter I. und II. finden bei der Überführung eines Wirtschaftsguts aus dem steuerlichen Privatvermögen der Personengesellschaft in deren Betriebsvermögen keine Anwendung, so z. B. in den Fällen einer bloßen Nutzungsänderung hinsichtlich einzelner Wirtschaftsgüter wie etwa Grundstücke. Das Gleiche gilt in den Fällen des (späteren) Eintritts der Voraussetzungen einer gewerblichen Prägung der Personengesellschaft nach § 15 Absatz 3 Nummer 2 EStG.

IV. Übergangsregelung

Dieses Schreiben ersetzt das BMF-Schreiben vom 26. November 2004 (BStBl I S. 1190).

Sofern die in den Urteilen vom 24. Januar 2008 – IV R 37/06 – (BStBl 2011 II S. 617) und vom 17. Juli 2008 – I R 77/06 – (BStBl 2009 II S. 464) geäußerte Rechtsauffassung des BFH zur vollen Entgeltlichkeit von Übertragungsvorgängen zu einer Verschärfung gegenüber der bisher geltenden Auffassung der Finanzverwaltung führt, kann auf Antrag die bisherige Verwaltungsauffassung für Übertragungsvorgänge bis zum 30. Juni 2009 weiterhin angewendet werden (Übergangsregelung). Bei Anwendung der Übergangsregelung liegt, soweit eine Buchung teilweise auch auf einem gesamthänderisch gebundenen Kapitalrücklagenkonto erfolgt, ein unentgeltlicher Vorgang (verdeckte Einlage) vor; ein entgeltlicher Vorgang liegt nur insoweit vor, als die Buchung auf dem Kapitalkonto erfolgt. Voraussetzung für die Anwendung der Übergangsregelung ist, dass der das Wirtschaftsgut Übertragende und der Übernehmer des Wirtschaftsguts einheitlich verfahren und dass der Antragsteller damit einverstanden ist, dass die Anwendung der Übergangsregelung z. B. die Rechtsfolge des § 23 Absatz 1 Satz 5 Nummer 1 EStG auslöst.

5. Ertragsteuerliche Beurteilung von Aufwendungen für Fahrten zwischen Wohnung und Betriebsstätte und von Reisekosten unter Berücksichtigung der Reform des steuerlichen Reisekostenrechts zum 1. 1. 2014

BMF, Schreiben v. 23. 12. 2014 (BStBl 2015 I S. 26)

– IV C 6 - S 2145/10/10005: 001 –

Mit dem Gesetz zur Änderung und Vereinfachung der Unternehmensbesteuerung und des steuerlichen Reisekostenrechts vom 20. Februar 2013 (BGBl I S. 285, BStBl I S. 188) wurde die Abziehbarkeit von Reisekosten als Betriebsausgaben geändert. Im Einvernehmen mit den obersten Finanzbehörden der Länder gilt für die ertragsteuerliche Beurteilung von Reisekosten ab dem 1. Januar 2014 Folgendes:

1. Aufwendungen für Wege zwischen Wohnung und Betriebsstätte

a) Begriffsbestimmung Betriebsstätte

Aufwendungen für die Wege zwischen Wohnung und Betriebsstätte i. S. d. § 4 Absatz 5 Satz 1 Nummer 6 EStG sind keine Reisekosten. Ihr Abzug richtet sich gemäß § 4 Absatz 5 Satz 1 Nummer 6 EStG nach den Regelungen in § 9 Absatz 1 Satz 3 Nummer 4 Satz 2 bis 6 EStG zur Entfernungspauschale. Im Hinblick auf den besonderen Zweck des § 4 Absatz 5 Satz 1 Nummer 6 EStG, den Zusammenhang mit § 9 Absatz 1 Satz 3 Nummer 4 EStG und wegen der gebotenen Gleichbehandlung von Arbeitnehmern und Steuerpflichtigen mit Gewinneinkünften im Regelungsbereich beider Vorschriften weicht der Begriff der Betriebsstätte vom Betriebsstättenbegriff des

1

§ 12 AO ab. Unter Betriebsstätte ist die von der Wohnung getrennte dauerhafte Tätigkeitsstätte des Steuerpflichtigen zu verstehen, d. h. eine ortsfeste betriebliche Einrichtung i. S. d. Rdnr. 3 des BMF-Schreibens vom 24. Oktober 2014 (a. a. O.) des Steuerpflichtigen, des Auftraggebers oder eines vom Auftraggeber bestimmten Dritten, an der oder von der aus die steuerrechtlich relevante Tätigkeit dauerhaft ausgeübt wird. Eine hierauf bezogene eigene Verfügungsmacht des Steuerpflichtigen ist – im Unterschied zur Geschäftseinrichtung i. S. d. § 12 Satz 1 AO – nicht erforderlich.

2   Dauerhaftigkeit liegt vor, wenn die steuerlich erhebliche Tätigkeit an einer Tätigkeitsstätte unbefristet, für eine Dauer von voraussichtlich mehr als 48 Monaten oder für die gesamte Dauer der betrieblichen Tätigkeit ausgeübt werden soll. Für die Prognose der voraussichtlichen Dauer kann auf die Dauer des Auftragsverhältnisses abgestellt werden. Wird das Auftragsverhältnis zu einem späteren Zeitpunkt verlängert, ist die Prognoseentscheidung für zukünftige Zeiträume neu zu treffen; bereits vergangene Tätigkeitszeiträume sind bei der Prüfung des 48-Monatszeitraums nicht mit einzubeziehen. Weichen die tatsächlichen Verhältnisse durch unvorhersehbare Ereignisse, wie etwa Krankheit, politische Unruhen am Tätigkeitsort, Insolvenz des Kunden o. ä. von der ursprünglichen Prognose ab, bleibt die zuvor getroffene Prognoseentscheidung für die Vergangenheit bezüglich des Vorliegens einer Betriebsstätte maßgebend.

3   Ein häusliches Arbeitszimmer ist keine Betriebsstätte i. S. d. § 4 Absatz 5 Satz 1 Nummer 6 EStG. Der Steuerpflichtige kann an mehreren Betriebsstätten tätig sein; für jeden Betrieb kann jedoch höchstens eine ortsfeste betriebliche Einrichtung Betriebsstätte i. S. d. § 4 Absatz 5 Satz 1 Nummer 6 EStG (erste Betriebsstätte) sein.

4   Als Betriebsstätte gilt auch eine Bildungseinrichtung, die vom Steuerpflichtigen aus betrieblichem Anlass zum Zwecke eines Vollzeitstudiums oder einer vollzeitlichen Bildungsmaßnahme aufgesucht wird.

b) Erste Betriebsstätte

5   Übt der Steuerpflichtige seine betriebliche Tätigkeit an mehreren Betriebsstätten aus, ist die erste Betriebsstätte anhand quantitativer Merkmale zu bestimmen. Nach § 9 Absatz 4 Satz 4 EStG ist danach erste Betriebsstätte die Tätigkeitsstätte, an der der Steuerpflichtige dauerhaft typischerweise (im Sinne eines Vergleichs mit einem Arbeitnehmer) arbeitstäglich oder je Woche an zwei vollen Arbeitstagen oder mindestens zu einem Drittel seiner regelmäßigen Arbeitszeit tätig werden will. Treffen diese Kriterien auf mehrere Tätigkeitsstätten zu, ist die der Wohnung des Steuerpflichtigen näher gelegene Tätigkeitsstätte erste Betriebsstätte (entsprechend § 9 Absatz 4 Satz 7 EStG). Die Fahrten zu weiter entfernt liegenden Tätigkeitsstätten sind als Auswärtstätigkeiten zu beurteilen.

Beispiel 1:
Der Steuerpflichtige wohnt in A und betreibt in B ein Einzelunternehmen, das er arbeitstäglich z. B. während der Öffnungszeiten aufsucht. Bei den Fahrten handelt es sich um Fahrten zwischen Wohnung und Betriebsstätte; die Aufwendungen sind in Höhe der Entfernungspauschale als Betriebsausgaben abziehbar.

Beispiel 2:
Der Steuerpflichtige wohnt in A und betreibt ein Einzelunternehmen mit Filialen in B (Entfernung zur Wohnung 15 km) und C (Entfernung zur Wohnung 10 km), die Filiale in B sucht er arbeitstäglich z. B. während der Öffnungszeiten auf, die Filiale in C nur einmal wöchentlich. Erste Betriebsstätte nach Rdnr. 5 ist die Filiale in B. Bei den Fahrten handelt es sich um Fahrten zwischen Wohnung und Betriebsstätte; der Abzug der Aufwendungen richtet sich nach § 4 Absatz 5 Satz 1 Nummer 6 EStG (Entfernungspauschale). Die Betriebsstätte in C ist keine erste Betriebsstätte; die Aufwendungen für die Fahrten von der Wohnung zur Betriebsstätte in C sind wie auch die Aufwendungen für die Fahrten zwischen den Betriebsstätten in voller Höhe abziehbar.

Beispiel 3:
Der Steuerpflichtige wohnt in A und betreibt ein Einzelunternehmen mit Filialen in B (Entfernung zur Wohnung 15 km) und C (Entfernung zur Wohnung 10 km), die er beide arbeitstäglich z. B. während der Öffnungszeiten aufsucht. Erste Betriebsstätte nach Rdnr. 5 ist die Filiale in C. Bei den Fahrten zur Betriebsstätte in C handelt es sich um Fahrten zwischen Wohnung und Betriebsstätte; der Abzug der Aufwendungen richtet sich nach § 4 Absatz 5 Satz 1 Nummer 6 EStG (Entfernungspauschale). Die Betriebsstätte in B ist keine erste Betriebsstätte; die Aufwendungen für die Fahrten von der Wohnung zur Betriebsstätte in B sind wie auch die Aufwendungen für die Fahrten zwischen den Betriebsstätten in voller Höhe abziehbar.

Beispiel 4:
Der Steuerpflichtige wohnt in A und bereitet in seinem häuslichen Arbeitszimmer seine Dozententätigkeit vor, die er in den Volkshochschulen in B (Entfernung zur Wohnung 15 km) und C (Entfernung zur Wohnung 10 km) ausübt. Die Volkshochschule in B sucht er an drei Tagen und die in C an zwei Tagen auf. Die Tätigkeiten beruhen auf unterschiedlichen unbefristeten Auftragsverhältnissen. Liegen die Kriterien des § 9 Absatz 4 Satz 4 Nummer 2 EStG für beide Tätigkeitsstätten vor, ist die der Wohnung näher gelegene Tätigkeitsstätte C als erste Betriebsstätte zu beurteilen. Die Aufwendungen für die Fahrten nach C sind nach Maßgabe des § 4 Absatz 5 Satz 1 Nummer 6 EStG (Entfernungspauschale), die Fahrten nach B in voller Höhe abziehbar.

Beispiel 5:
Der Steuerpflichtige wohnt in A und ist als Handelsvertreter für verschiedene Unternehmen tätig. Bei der Fa. XY in B wird ihm ein Büro zur Verfügung gestellt, das er an zwei vollen Tagen wöchentlich nutzt. Das Auftragsverhältnis ist unbefristet. Die Bürotätigkeiten für die übrigen Auftraggeber wickelt er in seinem häuslichen Arbeitszimmer ab. Da das Büro in der Fa. XY eine Betriebsstätte des A i. S. d. § 4 Absatz 5 Satz 1 Nummer 6 EStG darstellt und der Steuerpflichtige dort dauerhaft i. S. d. § 9 Absatz 4 Satz 4 EStG tätig wird, sind die Fahrten dorthin als Fahrten zwischen Wohnung und Betriebsstätte zu beurteilen und die Aufwendungen nach Maßgabe des § 4 Absatz 5 Satz 1 Nummer 6 EStG (Entfernungspauschale) abziehbar.

Beispiel 6:
Der Steuerpflichtige ist als Versicherungsmakler tätig und erledigt in seinem häuslichen Arbeitszimmer die anfallenden Bürotätigkeiten. Die Beratungsleistungen erbringt er regelmäßig beim Kunden. Der Steuerpflichtige hat keine Betriebsstätte i. S. d. § 4 Absatz 5 Satz 1 Nummer 6 EStG.

Beispiel 7 (Bildungseinrichtung):
Der Steuerpflichtige strebt eine selbständige Tätigkeit als Heilpraktiker an und besucht zur Vorbereitung der amtlichen Heilpraktikerprüfung für sechs Monate eine vollzeitige Heilpraktikerschule. Die Fahrten zur Heilpraktikerschule sind nach Maßgabe des § 4 Absatz 5 Satz 1 Nummer 6 EStG (Entfernungspauschale) als Betriebsausgaben abziehbar (entsprechend § 9 Absatz 4 Satz 8 EStG; vgl. Rdnr. 4).

c) Keine erste Betriebsstätte

Eine Tätigkeitsstätte muss nicht Betriebsstätte sein. Wird der Steuerpflichtige typischerweise nur an ständig wechselnden Tätigkeitsstätten, die keine Betriebsstätten sind, oder an einer nicht ortsfesten betrieblichen Einrichtung (z. B. Fahrzeug, Flugzeug, Schiff) betrieblich tätig, sind die Aufwendungen für die Fahrten zwischen Wohnung und Tätigkeitsstätte grundsätzlich unbeschränkt als Betriebsausgaben abziehbar.

Beispiel 8:
Der Steuerpflichtige erbringt Bauleistungen bei wechselnden Kunden. Die Büroarbeiten erledigt er im häuslichen Arbeitszimmer. Der Steuerpflichtige hat keine Betriebsstätte i. S. d. § 4 Absatz 5 Satz 1 Nummer 6 EStG. Die Aufwendungen für die Fahrten zu den Kunden oder zu deren Baustellen sind unbeschränkt als Betriebsausgaben abziehbar.

Hat der Steuerpflichtige keine erste Betriebsstätte und sucht er nach den Auftragsbedingungen dauerhaft denselben Ort oder dasselbe weiträumige Tätigkeitsgebiet (vgl. hierzu Rdnrn. 40 bis 43 des BMF-Schreibens vom 24. Oktober 2014, a. a. O., und BFH vom 29. April 2014, BStBl II S. 777) typischerweise täglich auf, sind die Aufwendungen für die Fahrten zwischen der Wohnung und diesem Ort oder die Fahrten zwischen der Wohnung und dem nächst gelegenen Zugang zum Tätigkeitsgebiet nach Maßgabe des § 4 Absatz 5 Satz 1 Nummer 6 EStG (Entfernungspauschale) als Betriebsausgaben abziehbar (vgl. Rdnrn. 1 und 2). Rdnr. 5 ist beim Vorliegen mehrerer dauerhafter Auftragsverhältnisse oder weiträumiger Tätigkeitsgebiete entsprechend anzuwenden.

Beispiel 9:
Der Steuerpflichtige ist selbständiger Paketzusteller und als Subunternehmer eines Paketdienstes tätig. Das zeitlich unbefristete Auftragsverhältnis mit dem Paketdienst sieht vor, dass der Paketzusteller den Zustellbezirk Landkreis B übernimmt. Der Paketzusteller wohnt in A, das 5 km von der Landkreisgrenze entfernt liegt. Der Lieferwagen wird auf dem Wohngrundstück abgestellt. Die Aufwendungen für die Fahrten von der Wohnung in A zum Zustellbezirk Landkreis B (5 km) sind nach Maßgabe des § 4 Absatz 5 Satz 1 Nummer 6 EStG (Entfernungspauschale) als Betriebsausgaben abziehbar. Die Aufwendungen für die Fahrten innerhalb des Zustellbezirks sind in voller Höhe als Betriebsausgaben abziehbar.

2. Reisekosten

8   Die lohnsteuerlichen Regelungen zu den Reisekosten sind bei der Gewinnermittlung sinngemäß, unter Beachtung von § 4 Absatz 5 Satz 1 Nummer 7 EStG, anzuwenden. Reisekosten sind Fahrtkosten, Mehraufwendungen für Verpflegung, Übernachtungskosten und Reisenebenkosten.

9   Mehraufwendungen für die Verpflegung des Steuerpflichtigen sind nur dann als Betriebsausgaben abziehbar, wenn der Steuerpflichtige vorübergehend von seiner Wohnung und dem Mittelpunkt seiner dauerhaft angelegten betrieblichen Tätigkeit entfernt betrieblich tätig wird. Der Begriff des Mittelpunktes der dauerhaft angelegten betrieblichen Tätigkeit des Steuerpflichtigen i. S. d. § 4 Absatz 5 Satz 1 Nummer 5 EStG entspricht dem Begriff der ersten Betriebsstätte (vgl. Rdnrn. 1 bis 5).

10 Der Abzug von Verpflegungsmehraufwendungen ist nach § 9 Absatz 4a EStG zu bestimmen. Nach Satz 6 ist der Abzug auf die ersten drei Monate einer längerfristigen beruflichen Tätigkeit an derselben Tätigkeitsstätte beschränkt (vgl. Rdnrn. 52 ff. des BMF-Schreibens vom 24. Oktober 2014, a. a. O.).

Beispiel 10:
Der Steuerpflichtige besucht eine eintägige Tagung. In der Mittagspause nimmt er in einem Restaurant eine Mahlzeit ein. Die Abwesenheit von der Wohnung und der ersten Betriebsstätte beträgt 9 Stunden. Dem Steuerpflichtigen steht zur Abgeltung seiner tatsächlich entstandenen betrieblich veranlassten Aufwendungen eine Verpflegungspauschale nach § 4 Absatz 5 Satz 1 Nummer 5 i. V. m. § 9 Absatz 4a Satz 3 Nummer 3 EStG von 12 € zu. Ein Abzug der tatsächlichen Verpflegungskosten als Betriebsausgabe ist nicht zulässig.

11 Wird durch Zahlungsbelege nur ein Gesamtpreis für Unterkunft und Verpflegung oder neben der Beherbergungsleistung nur ein Sammelposten für Nebenleistungen einschließlich Verpflegung nachgewiesen und lässt sich der Preis für die Verpflegung deshalb nicht feststellen (z. B. Tagungspauschale), so ist dieser Gesamtpreis zur Ermittlung der Übernachtungs- oder Reisenebenkosten zu kürzen. Als Kürzungsbeträge sind dabei

– für Frühstück 20 Prozent,

– für Mittag- und Abendessen jeweils 40 Prozent

der für den Unterkunftsort maßgebenden Verpflegungspauschale bei einer Auswärtstätigkeit mit einer Abwesenheitsdauer von 24 Stunden anzusetzen.

Beispiel 11:
Im Rahmen einer betrieblich veranlassten Auswärtstätigkeit übernachtet der Steuerpflichtige im Hotel. Das Hotel stellt (netto) 100 € für die Übernachtung und zusätzlich (netto) 22 € für ein Business- oder Servicepaket (inkl. Frühstück) in Rechnung. Der Steuerpflichtige kann für den An- und Abreisetag jeweils eine Verpflegungspauschale von 12 € als Betriebsausgabe abziehen. Daneben können die Übernachtungskosten i. H. v. 100 € und die Aufwendungen für das Business- oder Servicepaket i. H. v. 17,20 € (22 € abzgl.

4,80 €) abgezogen werden. Der Kostenanteil für das Frühstück (anzusetzen mit 4,80 €) ist vom Betriebsausgabenabzug ausgeschlossen und mit der Verpflegungspauschale abgegolten.

Die Verpflegungspauschalen sind nicht nach § 9 Absatz 4a Satz 8 EStG zu kürzen, wenn von dritter Seite Mahlzeiten unentgeltlich oder verbilligt zur Verfügung gestellt werden oder wenn der Steuerpflichtige anlässlich einer betrieblich veranlassten Reise Bewirtungsaufwendungen i. S. d. § 4 Absatz 5 Satz 1 Nummer 2 EStG trägt. 12

3. Mehraufwendungen bei doppelter Haushaltsführung

Die für den Werbungskostenabzug bei Arbeitnehmern geltenden Regelungen zu den Mehraufwendungen bei doppelter Haushaltsführung sind *dem Grunde und der Höhe nach* entsprechend anzuwenden. Zu den Mehraufwendungen bei doppelter Haushaltsführung zählen Fahrtkosten aus Anlass der Wohnungswechsel zu Beginn und am Ende der doppelten Haushaltsführung sowie für wöchentliche Heimfahrten an den Ort des eigenen Hausstandes oder Aufwendungen für wöchentliche Familien-Ferngespräche, Verpflegungsmehraufwendungen, Aufwendungen für die Zweitwohnung und Umzugskosten. 13

Zu § 4h EStG

6. Zinsschranke (§ 4h EStG; § 8a KStG)

BMF, Schreiben v. 4. 7. 2008 (BStBl I S. 718)

– IV C 7 - S 2742-a/07/10001 –

Inhaltsübersicht

	Tz.
I. Zeitliche Anwendung	1
II. Betriebsausgabenabzug für Zinsaufwendungen (§ 4h Abs. 1 EStG, § 8a Abs. 1 KStG)	2–54
1. Betrieb	2–10
2. Kapitalforderungen/Fremdkapital	11–14
3. Zinsaufwendungen/Zinserträge	15–26
4. Aufzinsung	27, 28
5. Abtretung	29–39
a) Abtretung einer Forderung aus der Überlassung von Geldkapital	29–34
aa) Unechte Forfaitierung/unechtes Factoring	29–31
bb) Echte Forfaitierung/echtes Factoring	32–34
b) Abtretung einer Forderung aus schwebenden Geschäften	35–39
aa) Unechte Forfaitierung	36
bb) Echte Forfaitierung	37–39
6. Steuerliches EBITDA	40–45
7. Zinsvortrag	46–49
8. Mitunternehmerschaften	50–52
9. Organschaften	53, 54
III. Ausnahmetatbestände (§ 4h Abs. 2 EStG)	55–78
1. Freigrenze	55–58

2. Konzernzugehörigkeit	59–68
3. Eigenkapitalvergleich bei konzernzugehörigen Betrieben (Escape-Klausel)	69–78
IV. Gesellschafterfremdfinanzierung	79–83
V. Öffentlich Private Partnerschaften	84–90
1. Grundlagen	84
2. Grundsätze	85
3. Inhabermodell/Erwerbermodell	86
4. Vermietungsmodell	87
5. Leasingmodell	88
6. Contracting-Modell	89
7. Konzessionsmodell	90
VI. Öffentliche Hand	91–93
VII. Sonderfälle	94

Unter Bezugnahme auf das Ergebnis der Erörterungen mit den obersten Finanzbehörden der Länder wird zu Anwendungsfragen des § 4h EStG und des § 8a KStG in der Fassung des Unternehmensteuerreformgesetzes 2008 vom 14. August 2007 (BGBl I S. 1912, BStBl I S. 630) – Zinsschranke – wie folgt Stellung genommen:

I. Zeitliche Anwendung

1   Die Zinsschranke ist erstmals für Wirtschaftsjahre anzuwenden, die nach dem 25. Mai 2007 (Tag des Beschlusses des Deutschen Bundestags über das Unternehmensteuerreformgesetz 2008) beginnen und nicht vor dem 1. Januar 2008 enden (§ 52 Abs. 12d EStG, § 34 Abs. 6a Satz 3 KStG).

II. Betriebsausgabenabzug für Zinsaufwendungen (§ 4h Abs. 1 EStG, § 8a Abs. 1 KStG)

1. Betrieb

2   § 4h EStG ist eine Gewinnermittlungsvorschrift und beschränkt den Betriebsausgabenabzug für Zinsaufwendungen eines Betriebs. Voraussetzung sind Einkünfte des Betriebs aus Land- und Forstwirtschaft, Gewerbebetrieb oder selbständiger Arbeit.

3   Ein Einzelunternehmer kann mehrere Betriebe haben (siehe hierzu aber Tz. 62 und 64).

4   Die Zinsschranke ist auch anzuwenden, wenn der Gewinn gemäß § 4 Abs. 3 EStG durch den Überschuss der Betriebseinnahmen über die Betriebsausgaben ermittelt wird.

5   Eine vermögensverwaltend tätige Personengesellschaft ist kein Betrieb im Sinne der Zinsschranke, es sei denn, ihre Einkünfte gelten kraft gewerblicher Prägung nach § 15 Abs. 3 Nr. 2 EStG als Gewinneinkünfte.

6   Eine Mitunternehmerschaft hat nur einen Betrieb im Sinne der Zinsschranke. Zum Betrieb der Mitunternehmerschaft gehört neben dem Gesamthandsvermögen auch das Sonderbetriebsvermögen von Mitunternehmern im Sinne des § 15 Abs. 1 Satz 1 Nr. 2 und Abs. 3 EStG.

7   Eine Kapitalgesellschaft hat grundsätzlich nur einen Betrieb im Sinne der Zinsschranke. Nach § 8a Abs. 1 Satz 4 KStG ist § 4h EStG auf Kapitalgesellschaften, die ihre Einkünfte durch den Überschuss der Einnahmen über die Werbungskosten ermitteln (§ 2 Abs. 2 Nr. 2 EStG), sinngemäß anzuwenden.

Die Kommanditgesellschaft auf Aktien (KGaA) hat nur einen Betrieb im Sinne der Zinsschranke; 8
dazu gehört auch der Gewinnanteil des persönlich haftenden Gesellschafters. Zur KGaA siehe
auch Tz. 44.

Betriebsstätten sind keine eigenständigen Betriebe. 9

Der Organkreis gilt für Zwecke der Zinsschranke als ein Betrieb (§ 15 Satz 1 Nr. 3 KStG). 10

2. Kapitalforderungen/Fremdkapital

Die Zinsschranke erfasst grundsätzlich nur Erträge und Aufwendungen aus der Überlassung 11
von Geldkapital (Zinserträge und Zinsaufwendungen im engeren Sinne) und nicht solche aus
der Überlassung von Sachkapital. Fremdkapital im Sinne des § 4h Abs. 3 EStG sind damit alle als
Verbindlichkeit passivierungspflichtigen Kapitalzuführungen in Geld, die nach steuerlichen Kriterien nicht zum Eigenkapital gehören. Das sind insbesondere:

- fest und variabel verzinsliche Darlehen (auch soweit es sich um Darlehensforderungen und
  -verbindlichkeiten im Sinne des § 8b Abs. 3 Satz 4 ff. KStG handelt),
- partiarische Darlehen,
- typisch stille Beteiligungen,
- Gewinnschuldverschreibungen und
- Genussrechtskapital (mit Ausnahme des Genussrechtskapitals im Sinne des § 8 Abs. 3 Satz 2 KStG).

Auf die Dauer der Überlassung des Fremdkapitals kommt es nicht an. 12

Bei Banken stellt auch das nach dem Kreditwesengesetz (KWG) dem haftenden Eigenkapital zu- 13
zurechnende Fremdkapital Fremdkapital im Sinne des § 4h Abs. 3 Satz 2 EStG dar.

Die Abtretung einer Forderung zu einem Betrag unter dem Nennwert gilt als eigenständige 14
Überlassung von Fremdkapital im Sinne von § 4h Abs. 3 EStG, wenn die Abtretung nach allgemeinen Grundsätzen als Darlehensgewährung durch den Zessionar an den Zedenten zu beurteilen ist (sog. unechte Forfaitierung/unechtes Factoring). Die Grundsätze des BMF-Schreibens vom 9. Januar 1996 (BStBl I S. 9) sind zu beachten.

Übernimmt der Zessionar zusätzlich das Risiko der Zahlungsunfähigkeit des Schuldners der abgetretenen Forderung (sog. echte Forfaitierung/echtes Factoring) ergeben sich durch die Abtretung grundsätzlich weder beim Zedenten noch beim Zessionar Zinsaufwendungen und Zinserträge im Sinne des § 4h Abs. 3 Satz 2 und 3 EStG. Es wird aber nicht beanstandet, wenn Zessionar und Zedent auf Grund eines übereinstimmenden schriftlichen Antrags, der bei dem für den Zessionar örtlich zuständigen Finanzamt zu stellen ist, die echte Forfaitierung bzw. das echte Factoring als Überlassung von Fremdkapital im Sinne von § 4h Abs. 3 EStG behandeln (siehe hierzu Tz. 32 ff. und 37 ff.). Der Zessionar hat in diesen Fällen nachzuweisen, dass der Zedent gegenüber dem für ihn örtlich zuständigen Veranlagungsfinanzamt eine schriftliche und unwiderrufliche Einverständniserklärung abgegeben hat, dass er mit der Erfassung der Zinsanteile als Zinsaufwendungen im Rahmen der Zinsschranke einverstanden ist. Die Anwendung der Billigkeitsregelung beim Zessionar hängt von der korrespondierenden Erfassung der Zinsen beim Zedenten ab.

Entgelte für die Übernahme des Bonitätsrisikos und anderer Kosten stellen keine Zinsaufwendungen beim Zedenten und keine Zinserträge beim Zessionar dar.

Unerheblich ist, ob die abgetretene Forderung ihrerseits eine Forderung aus der Überlassung von Geldkapital ist; auch die Abtretung einer Forderung aus der Überlassung von Sachkapital kann ihrerseits die Überlassung von Fremdkapital darstellen.

3. Zinsaufwendungen/Zinserträge

15 Zinsaufwendungen im Sinne der Zinsschranke sind Vergütungen für Fremdkapital (§ 4h Abs. 3 Satz 2 EStG); Zinserträge im Sinne der Zinsschranke sind Erträge aus Kapitalforderungen jeder Art (§ 4h Abs. 3 Satz 3 EStG). Hierzu gehören auch Zinsen zu einem festen oder variablen Zinssatz, aber auch Gewinnbeteiligungen (Vergütungen für partiarische Darlehen, typisch stille Beteiligungen, Genussrechte und Gewinnschuldverschreibungen) und Umsatzbeteiligungen. Zinsaufwendungen bzw. Zinserträge sind auch Vergütungen, die zwar nicht als Zins berechnet werden, aber Vergütungscharakter haben (z. B. Damnum, Disagio, Vorfälligkeitsentschädigungen, Provisionen und Gebühren, die an den Geber des Fremdkapitals gezahlt werden).

16 Keine Zinsaufwendungen oder -erträge sind Dividenden, Zinsen nach §§ 233 ff. AO sowie Skonti und Boni.

17 Ausgeschüttete oder ausschüttungsgleiche Erträge aus Investmentvermögen, die aus Zinserträgen im Sinne des § 4h Abs. 3 Satz 3 EStG stammen, sind beim Anleger im Rahmen des § 4h Abs. 1 EStG als Zinserträge zu berücksichtigen (§ 2 Abs. 2a InvStG in der Fassung des Jahressteuergesetzes 2008).

18 Der Zinsschranke unterliegen nur solche Zinsaufwendungen und Zinserträge, die den maßgeblichen Gewinn bzw. das maßgebliche Einkommen gemindert oder erhöht haben. Insbesondere nicht abziehbare Zinsen gemäß § 3c Abs. 1 und Abs. 2 EStG, § 4 Abs. 4a EStG, § 4 Abs. 5 Satz 1 Nr. 8a EStG und Zinsen, die gemäß § 8 Abs. 3 Satz 2 KStG als verdeckte Gewinnausschüttungen das Einkommen einer Körperschaft nicht gemindert haben, sind keine Zinsaufwendungen im Sinne des § 4h Abs. 3 Satz 2 EStG.

19 Zinsaufwendungen, die im Inland steuerpflichtige Sondervergütungen eines Mitunternehmers im Sinne des § 15 Abs. 1 Satz 1 Nr. 2 EStG sind, stellen weder Zinsaufwendungen der Mitunternehmerschaft noch Zinserträge des Mitunternehmers dar. Zinsaufwendungen und -erträge, die Sonderbetriebsausgaben oder -einnahmen sind, werden der Mitunternehmerschaft zugeordnet.

20 Zinsaufwendungen für Fremdkapital, das zur Finanzierung der Herstellung eines Vermögensgegenstands verwendet wird (z. B. Bauzeitzinsen), dürfen nach § 255 Abs. 3 Satz 2 HGB als Herstellungskosten angesetzt werden, soweit sie auf den Zeitraum der Herstellung entfallen. In diesem Fall führt die spätere Ausbuchung bzw. Abschreibung des entsprechenden Aktivpostens nicht zu Zinsaufwendungen im Sinne der Zinsschranke (vgl. BFH-Urteil vom 30. April 2003 – BStBl 2004 II S. 192).

21 Erbbauzinsen stellen ein Entgelt für die Nutzung des Grundstücks dar und führen nicht zu Zinsaufwendungen oder Zinserträgen.

22 Gewinnauswirkungen in Zusammenhang mit Rückstellungen in der Steuerbilanz sind keine Zinserträge und keine Zinsaufwendungen im Rahmen der Zinsschranke. Dies gilt nicht, soweit Zinsaufwendungen i. S. d. § 4h Abs. 3 Satz 2 EStG zurückgestellt werden.

23 Vergütungen für die vorübergehende Nutzung von fremdem Sachkapital stellen grundsätzlich keine Zinserträge bzw. Zinsaufwendungen im Sinne der Zinsschranke dar. Dazu gehören auch Aufwendungen und Erträge, die Scheideanstalten aus der Goldleihe bzw. aus Edelmetallkonten erzielen.

24 Eine Wertpapierleihe oder ein ähnliches Geschäft kann einen Missbrauch von rechtlichen Gestaltungsmöglichkeiten (§ 42 AO) darstellen, wenn es z. B. dazu dienen soll, beim Entleiher künstlich Zinseinnahmen zu erzielen und dadurch die Abzugsmöglichkeit für anfallende Zinsaufwendungen zu erhöhen.

25 Zinsanteile in Leasingraten führen zu Zinsaufwendungen oder -erträgen, wenn das wirtschaftliche Eigentum am Leasinggegenstand (Sachkapital) auf den Leasingnehmer übergeht, der Leasinggeber also eine Darlehensforderung und der Leasingnehmer eine Darlehensverbindlichkeit

auszuweisen hat. Die in den BMF-Schreiben vom 19. April 1971 (BStBl I S. 264), vom 21. März 1972 (BStBl I S. 188), vom 22. Dezember 1975 (Anhang 21 III EStH 2007) und vom 23. Dezember 1991 (BStBl 1992 I S. 13) niedergelegten Grundsätze sind zu beachten.

Verbleibt nach Maßgabe der in Tz. 25 angeführten BMF-Schreiben das wirtschaftliche Eigentum am Leasinggegenstand beim Leasinggeber (Voll- und Teilamortisationsverträge) und handelt es sich um Finanzierungsleasing von Immobilien, ist eine Erfassung von Zinsanteilen in Leasingraten möglich, wenn der Leasinggeber mit den in der Grundmietzeit zu entrichtenden Raten zuzüglich des Erlöses aus einer Ausübung eines von Anfang an zum Ende der Grundmietzeit vertraglich vereinbarten Optionsrechts seine Anschaffungs- oder Herstellungskosten für den Leasinggegenstand sowie alle Nebenkosten einschließlich der Finanzierungskosten deckt und er dies gegenüber den Finanzbehörden nachweist. 26

Der Leasinggeber kann in diesen Fällen die Zinsanteile als Zinserträge im Rahmen der Zinsschranke saldieren, soweit er in Leasingraten enthaltene Zinsanteile gegenüber dem Leasingnehmer offen ausweist; der Leasingnehmer hat seinerseits die Zinsanteile als Zinsaufwendungen im Rahmen der Zinsschranke zu erfassen. Die Erfassung von Zinsanteilen in Leasingraten setzt einen gemeinsamen schriftlichen Antrag von Leasinggeber und Leasingnehmer bei dem für den Leasinggeber örtlich zuständigen Finanzamt voraus. Der Leasinggeber muss außerdem nachweisen, dass der Leasingnehmer gegenüber dem für ihn örtlich zuständigen Veranlagungsfinanzamt eine schriftliche und unwiderrufliche Einverständniserklärung abgegeben hat, dass er mit der Erfassung der Zinsanteile als Zinsaufwendungen im Rahmen der Zinsschranke einverstanden ist.

Die Anwendung der Billigkeitsregelung beim Leasinggeber hängt von der korrespondierenden Erfassung der Zinsen beim Leasingnehmer ab.

Bei Leasingverträgen über Immobilien, die bis zum 25. Mai 2007 (Tag des Beschlusses des Deutschen Bundestags über das Unternehmensteuerreformgesetz 2008) abgeschlossen worden sind, wird es im Zeitraum bis zur erstmaligen Änderungsmöglichkeit des Leasingvertrags nicht beanstandet, wenn der Leasinggeber in Leasingraten enthaltene Zinsanteile auch ohne Ausweis gegenüber dem Leasingnehmer als Zinserträge im Rahmen der Zinsschranke saldiert. Voraussetzung hierfür ist ein schriftlicher Antrag des Leasinggebers und der Nachweis des enthaltenen Zinsanteils gegenüber den Finanzbehörden.

4. Aufzinsung

Die Aufzinsung unverzinslicher oder niedrig verzinslicher Verbindlichkeiten oder Kapitalforderungen führt zu Zinserträgen oder Zinsaufwendungen im Sinne der Zinsschranke (§ 4h Abs. 3 Satz 4 EStG). Ausgenommen sind Erträge anlässlich der erstmaligen Bewertung von Verbindlichkeiten (Abzinsung). Die vom Nennwert abweichende Bewertung von Kapitalforderungen mit dem Barwert führt ebenfalls nicht zu Zinsaufwendungen im Sinne der Zinsschranke. Die Auf- und Abzinsung und Bewertungskorrekturen von Verbindlichkeiten oder Kapitalforderungen mit einer Laufzeit am Bilanzstichtag von weniger als zwölf Monaten bleiben unberücksichtigt. 27

Beispiel 1 (Endfällige Forderung):
Die V-GmbH liefert am 30.12.01 Waren an die S-GmbH. Der Kaufpreis beträgt 10 Mio. € und ist am 31.12.10 endfällig. Das Wirtschaftsjahr aller Beteiligten entspricht dem Kalenderjahr. Die Voraussetzungen für die Anwendbarkeit der Zinsschranke (Überschreiten der Freigrenze, kein Escape etc.) sind bei allen Beteiligten gegeben.

Lösung:
B1 Die S-GmbH hat die Waren zum Barwert der Kaufpreisverpflichtung angeschafft. Zum Zwecke der Ermittlung des Barwerts kann der Vervielfältiger 0,618 nach Tabelle 2 des BMF-Schreibens vom 26. Mai 2005 (BStBl I S. 699) verwendet werden. Der durch die Neubewertung der Verbindlichkeit zu den nachfolgenden Stichtagen sukzessiv entstehende Aufwand ist Zinsaufwand im Sinne des § 4h Abs. 3 Satz 2 EStG. Im Wirtschaftsjahr 02 entsteht auf diese Weise ein Zinsaufwand in Höhe von 340 T€, im Wirtschaftsjahr 03 von 350 T€, im Wirtschaftsjahr 04 von 380 T€ etc.; im Wirt-

schaftsjahr 10 wird die Verbindlichkeit vollständig getilgt, und der Zinsaufwand beträgt 520 T€. Der berücksichtigungsfähige Gesamtzinsaufwand der S-GmbH über die Laufzeit der Verbindlichkeit beläuft sich auf 3,82 Mio. €.

B2 Die V-GmbH hat auf den 31.12.01 eine Forderung gegen die S-GmbH auszuweisen. Die Forderung ist in Höhe der Anschaffungskosten der Forderung, die deren Barwert entspricht, zu bilanzieren. Zur Ermittlung der Anschaffungskosten (Barwert) kann ebenfalls der Vervielfältiger 0,618 nach Tabelle 2 des BMF-Schreibens vom 26. Mai 2005 (a.a.O.) verwendet werden. Der Barwert der Forderung beläuft sich auf 6,18 Mio. €. Der durch die Neubewertung der Forderung zu den nachfolgenden Stichtagen sukzessiv entstehende Ertrag ist Zinsertrag im Sinne des § 4h Abs. 3 Satz 3 EStG. Im Wirtschaftjahr 02 kommt es zu einem Zinsertrag in Höhe von 340 T€, in 03 von 350 T€ etc. Der berücksichtigungsfähige Gesamtzinsertrag der V-GmbH über die Laufzeit der Forderung beträgt 3,82 Mio. €.

28 Teilwertberichtigungen führen – vorbehaltlich der in Tz. 27 genannten Grundsätze – nicht zu Zinsaufwendungen oder Zinserträgen im Sinne des § 4h Abs. 3 Satz 2 und 3 EStG.

5. Abtretung

a) Abtretung einer Forderung aus der Überlassung von Geldkapital

aa) Unechte Forfaitierung/unechtes Factoring

29 Bei der unechten Forfaitierung bzw. dem unechten Factoring bleibt die Forderung beim Zedenten weiterhin mit ihrem Barwert aktiviert. Der Zedent hat eine verzinsliche Darlehensschuld in Höhe des Nennwerts der gegenüber dem Zessionar bestehenden Rückzahlungsverpflichtung (= Nennwert der abgetretenen Forderung) zu passivieren.

30 In Höhe der Differenz zwischen dem Nennwert der Verbindlichkeit und dem überlassenen Geldkapital hat der Zedent einen aktiven Rechnungsabgrenzungsposten zu bilden. Der Zessionar weist eine Darlehensforderung gegenüber dem Zedenten und einen passiven Rechnungsabgrenzungsposten in entsprechender Höhe aus. Die Rechnungsabgrenzungsposten sind bei Fälligkeitsdarlehen linear aufzulösen. Der hierdurch entstehende Aufwand bzw. Ertrag ist Zinsaufwand bzw. -ertrag im Sinne des § 4h Abs. 3 Satz 2 und 3 EStG. Factoring-Gebühren bzw. Forfaitierungs-Gebühren, die sonstige Kosten – z.B. für die Übernahme der Debitorenbuchhaltung durch den Zessionar – abdecken, stellen keine Zinsaufwendungen und keine Zinserträge dar. Die Zinsaufwendungen des Zedenten vermindern sich um Factoring-Gebühren bzw. Forfaitierungs-Gebühren nur insoweit, als er eine ordnungsgemäße Rechnung des Zessionars über diese Beträge vorlegt.

Beispiel 2 (Abtretung endfälliger Forderung):

Die V-GmbH verkauft ihre endfällige Forderung gegen die S-GmbH aus Beispiel 1 noch am 30.12.01 an die K-GmbH und tritt sie mit sofortiger Wirkung ab. Der Kaufpreis beträgt 6,0 Mio. € und wird sofort gezahlt. Das Risiko der Zahlungsunfähigkeit der S-GmbH trägt laut Kaufvertrag weiterhin die V-GmbH. Ein gesonderter Abschlag für Inkassokosten etc. ist nicht vereinbart worden. Das Wirtschaftsjahr aller Beteiligten entspricht dem Kalenderjahr. Die Voraussetzungen für die Anwendbarkeit der Zinsschranke (Überschreiten der Freigrenze, kein Escape etc.) sind bei allen Beteiligten gegeben.

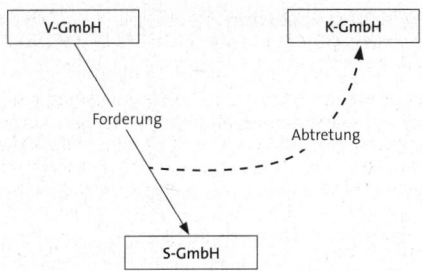

Lösung:

B3 Die bilanzielle Behandlung der Verbindlichkeit der S-GmbH gegenüber der V-GmbH wird von der Forderungsabtretung nicht berührt. Das Bilanzbild und die Ergebnisentwicklung entsprechen jener in Tz. B1. Der berücksichtigungsfähige Gesamtzinsaufwand der S-GmbH über die Laufzeit der Verbindlichkeit beträgt unverändert 3,82 Mio. €.

B4 Die V-GmbH hat auf den 31.12.01 – neben der Forderung gegen die S-GmbH (siehe Tz. B2) – nunmehr eine Darlehensverbindlichkeit in Höhe von 10,0 Mio. € gegenüber der K-GmbH sowie einen aktiven Rechnungsabgrenzungsposten in Höhe von 4,0 Mio. € auszuweisen:

V-GmbH	Aktiva		Passiva	
31.12.01	Forderung gg. S-GmbH	6.180.000	EK	6.180.000
	Bankguthaben	6.000.000	Darlehensverbindlichkeit	10.000.000
	aktiver RAP	4.000.000		
		16.180.000		16.180.000

B5 Die Darlehensverbindlichkeit unterliegt keiner Abzinsung nach § 6 Abs. 1 Nr. 3 EStG, da sie verzinslich ist. Zu den nachfolgenden Abschlussstichtagen entstehen durch die Neubewertung der Forderung Erträge, die über die Gesamtlaufzeit zu einem Zinsertrag im Sinne des § 4h Abs. 3 Satz 3 EStG in Höhe von 3,82 Mio. € führen (siehe Tz. B2). Der aktive Rechnungsabgrenzungsposten ist linear (endfällige Verbindlichkeit) über die Laufzeit der Darlehensverbindlichkeit aufzulösen und führt jährlich zu einem Zinsaufwand im Sinne des § 4h Abs. 3 Satz 2 EStG in Höhe von 444.444 €. Über die Laufzeit der Darlehensverbindlichkeit kommt es bei V insgesamt zu einem Zinsaufwand von 180 T€.

B6 Die K-GmbH erwirbt durch den Forderungskauf eine Darlehensforderung gegen die V-GmbH. Das Bilanzbild stellt sich auf den 31.12.01 wie folgt dar:

K-GmbH	Aktiva		Passiva	
31.12.01	Forderung gg. V-GmbH	10.000.000	Bank	6.000.000
			passiver RAP	4.000.000
		10.000.000		10.000.000

B7 Die Darlehensforderung unterliegt keiner Bewertungskorrektur nach § 6 Abs. 1 Nr. 2 EStG, da sie verzinslich ist. Der passive Rechnungsabgrenzungsposten ist linear (endfällige Forderung) über die Laufzeit der Forderung aufzulösen und führt jährlich zu einem Zinsertrag im Sinne des § 4h Abs. 3 Satz 3 EStG in Höhe von 444.444 €.

Erfolgt die Tilgung der (abgetretenen) Forderung in Raten, sind die Rechnungsabgrenzungsposten nach der Zinsstaffelmethode aufzulösen.

bb) Echte Forfaitierung/echtes Factoring

32 Bei der echten Forfaitierung bzw. dem echten Factoring übernimmt der Zessionar das Risiko der Uneinbringlichkeit der abgetretenen Forderung. Die Forderung ist bilanziell bei ihm zu aktivieren. Die Abtretung gilt nur auf übereinstimmenden schriftlichen Antrag von Zessionar und Zedent im Sinne von Tz. 14 als Überlassung von Fremdkapital im Sinne von § 4h Abs. 3 Satz 2 EStG.

Als Zinsertrag des Zessionars im Sinne der Zinsschranke ist in diesen Fällen die Differenz zwischen Nennwert und Kaufpreis der erworbenen bereits realisierten Forderung anzusetzen. Factoring-Gebühren bzw. Forfaitierungs-Gebühren, die sonstige Kosten – z. B. für die Übernahme des Delkredererisikos und der Debitorenbuchhaltung durch den Zessionar – abdecken, stellen jedoch keine Zinserträge im Sinne des § 4h Abs. 3 Satz 3 EStG dar.

33 Der Zedent hat in diesen Fällen in Höhe des Differenzbetrages zwischen Verkaufserlös und Buchwert der verkauften Forderung einen Zinsertrag bzw. -aufwand im Sinne der Zinsschranke. Soweit dieser Differenzbetrag auf in einer ordnungsgemäßen Rechnung offen ausgewiesene Factoring-Gebühren bzw. Forfaitierungs-Gebühren entfällt, liegen keine Zinsaufwendungen im Sinne des § 4h Abs. 3 Satz 2 EStG vor.

> **Beispiel 3 (Abtretung endfälliger Forderung):**
>
> Siehe Beispiel 2. Das Risiko der Zahlungsunfähigkeit der S-GmbH trägt laut Kaufvertrag die K-GmbH. Ein gesondertes Entgelt für Risikoübernahme und Inkasso wurde in der Rechnung in Höhe von 100.000 € von dem Kaufpreis der Forderung (6,1 Mio. €) abgesetzt. V erhält 6 Mio. € ausbezahlt. Die V-GmbH und die K-GmbH haben einen übereinstimmenden schriftlichen Antrag nach Tz. 14 gestellt.
>
> **Lösung:**
>
> B8   Die bilanzielle Behandlung der Verbindlichkeit der S-GmbH gegenüber der V-GmbH wird von der Forderungsabtretung nicht berührt. Das Bilanzbild und die Ergebnisentwicklung entsprechen jener in Tz. B1. Der berücksichtigungsfähige Gesamtzinsaufwand der S-GmbH über die Laufzeit der Verbindlichkeit beträgt 3,82 Mio. €.
>
> B9   Die V-GmbH hat die Forderung auszubuchen und den Verkaufserlös einzubuchen. In Höhe der Wertdifferenz zwischen dem Buchwert der abgetretenen Forderung und dem Verkaufspreis kommt es zu einem Zinsaufwand bzw. einem Zinsertrag im Sinne der Zinsschranke. Bei der V-GmbH entsteht damit ein sofort zu berücksichtigender Zinsaufwand im Sinne von § 4h Abs. 3 Satz 2 EStG in Höhe von 80 T€ (= 6,1 Mio. € ./. 6,18 Mio. €). In Höhe der offen in der Rechnung ausgewiesenen Gebühren für Risikoübernahme und Inkasso entstehen sofort abziehbare Betriebsausgaben in Höhe von 100 T€, die keine Zinsaufwendungen im Sinne des § 4h Abs. 3 Satz 2 EStG sind.
>
> B10   Die K-GmbH erwirbt die Forderung gegen die S-GmbH und realisiert einen Ertrag in Höhe von 100 T€ für Risikoübernahme und Inkasso. Die Forderung gegen die S-GmbH ist zum 31.12.01 mit 6,1 Mio. € zu bilanzieren. Zu den nachfolgenden Bilanzstichtagen ist die Forderung grundsätzlich mit ihren Anschaffungskosten von 6,1 Mio. € zu bewerten. Bei Erfüllung der Forderung im Wirtschaftsjahr 10 realisiert die K-GmbH einen Zinsertrag im Sinne von § 4h Abs. 3 Satz 3 EStG in Höhe von 3,9 Mio. €.

34 In den Fällen der echten Forfaitierung/des echten Factorings einer ratenweise zu tilgenden Forderung ist sinngemäß zu verfahren.

b) Abtretung einer Forderung aus schwebenden Geschäften

35 Im Falle der Abtretung einer noch nicht realisierten Geldforderung aus einem Dauerschuldverhältnis ergeben sich vor der Abtretung keine Zinsaufwendungen oder -erträge im Sinne der Zinsschranke aus der Auf- oder Abzinsung der Forderung und Verbindlichkeit, da diese bilanziell noch nicht erfasst sind.

aa) Unechte Forfaitierung

Die Abtretung einer Forderung zu einem Betrag unter dem Nennwert ist eine eigenständige Überlassung von Fremdkapital im Sinne des § 4h Abs. 3 Satz 2 EStG, wenn der Vorgang bilanziell als Darlehensgeschäft auszuweisen ist (sog. unechte Forfaitierung). Bei der Ermittlung der Zinsaufwendungen und Zinserträge aus der Abtretung einer Forderung im o. g. Sinne sind die Grundsätze zur Abtretung einer Forderung aus der Überlassung von Geldkapital (siehe Tz. 29 ff.) und des BMF-Schreibens vom 9. Januar 1996 (BStBl I S. 9) zu beachten. Der Zedent hat in Höhe der Differenz zwischen dem Nennwert der Darlehensschuld und dem überlassenen Geldkapital einen aktiven Rechnungsabgrenzungsposten zu bilden, der nach der Zinsstaffelmethode aufzulösen ist. Der hierdurch entstehende Aufwand ist Zinsaufwand im Sinne des § 4h Abs. 3 Satz 2 EStG. Der Zessionar hat einen Zinsertrag im Sinne des § 4h Abs. 3 Satz 3 EStG in entsprechender Höhe. Factoring-Gebühren bzw. Forfaitierungs-Gebühren, die sonstige Kosten – z. B. für die Übernahme der Debitorenbuchhaltung durch den Zessionar – abdecken, stellen keine Zinsaufwendungen und keine Zinserträge im Sinne des § 4h Abs. 3 Satz 2 und 3 EStG dar. Die Zinsaufwendungen des Zedenten vermindern sich um Forfaitierungs-Gebühren nur insoweit, als er eine ordnungsgemäße Rechnung des Zessionars über diese Beträge vorlegt. 36

> **Beispiel 4 (Unechte Forfaitierung einer Mietforderung):**
> Die V-GmbH überlässt der S-GmbH ab dem 1. 1. 01 ein Grundstück zur Miete. Der Mietvertrag ist bis zum 31. 12. 10 befristet. Der jährlich auf den 1. 1. zu entrichtende Mietzins beträgt 1 Mio. €. Die V-GmbH verkauft sämtliche noch nicht beglichenen Mietzinsansprüche mit einem Nennwert von 9 Mio. € am 30. 12. 01 an die K-GmbH und tritt sie mit sofortiger Wirkung ab. Der Kaufpreis beträgt 7,5 Mio. € und wird sofort gezahlt. Das Risiko der Zahlungsunfähigkeit der S-GmbH trägt laut Kaufvertrag weiterhin die V-GmbH. Ein gesonderter Abschlag für Inkassokosten etc. ist nicht vereinbart worden. Das Wirtschaftsjahr aller Beteiligten entspricht dem Kalenderjahr. Die Voraussetzungen für die Anwendbarkeit der Zinsschranke (Überschreiten der Freigrenze, kein Escape etc.) sind bei allen Beteiligten gegeben.
>
> **Lösung:**
>
> B11   Die S-GmbH als Mieterin bilanziert ihre zukünftigen, wirtschaftlich noch nicht entstandenen Verbindlichkeiten aus dem Mietvertrag nicht. Der von ihr für das jeweils laufende Wirtschaftsjahr entrichtete Mietzins für den Gebrauch der Mietsache führt unmittelbar zu Mietaufwand.
>
> B12   Die V-GmbH hat der K-GmbH gegenüber eine Darlehensverbindlichkeit in Höhe des Nennwerts der veräußerten Mietzinsansprüche zu passivieren. Sie vereinnahmt den Mietzins bei Zahlung durch die S-GmbH erfolgswirksam als Mietertrag, der in voller Höhe als sofort an die K-GmbH weitergeleitet gilt. Die Darlehensverbindlichkeit mindert sich um den jeweiligen Mietzins. In Höhe der Differenz zwischen dem Nennwert der abgetretenen Mietzinsansprüche und dem Kaufpreis ist ein aktiver Rechnungsabgrenzungsposten in Höhe von 1,5 Mio. € zu bilden, der entsprechend der Zinsstaffelmethode aufzulösen ist und zu Zinsaufwand im Sinne des § 4h Abs. 3 Satz 2 EStG führt. Der zu berücksichtigende Gesamtzinsaufwand im Sinne des § 4h Abs. 3 Satz 2 EStG der V-GmbH beläuft sich im Beispielsfall auf 1,5 Mio. €.
>
> B13   Die K-GmbH aktiviert eine (Darlehens-)Forderung in Höhe des Nennwerts der Mietzinsansprüche gegen die V-GmbH und passiviert einen Rechnungsabgrenzungsposten in Höhe der Differenz zwischen Nennwert und Kaufpreis, der entsprechend der Zinsstaffelmethode aufzulösen ist. Der Gesamtzinsertrag im Sinne des § 4h Abs. 3 Satz 3 EStG der K-GmbH über die Laufzeit der erworbenen Forderung beträgt 1,5 Mio. €.

bb) Echte Forfaitierung

In den Fällen, in denen der Zessionar zusätzlich das Risiko der Zahlungsunfähigkeit des Schuldners der abgetretenen Forderung übernimmt (sog. echte Forfaitierung) gilt die Abtretung einer Forderung zu einem Betrag unter dem Nennwert nach Tz. 14 nur auf übereinstimmenden schriftlichen Antrag von Zessionar und Zedent als eigenständige Überlassung von Fremdkapital im Sinne von § 4h Abs. 3 Satz 2 EStG. 37

Als Zinsertrag des Zessionars im Sinne des § 4h Abs. 3 Satz 3 EStG ist in diesen Fällen die Differenz zwischen den vereinnahmten Erlösen aus dem Dauerschuldverhältnis (z. B. Mieterträge) 38 und dem Kaufpreis der Forderung anzusetzen. Forfaitierungs-Gebühren, die sonstige Kosten – z. B. für die Übernahme des Delkredererisikos und der Debitorenbuchhaltung durch den Zessionar – abdecken, stellen jedoch keine Zinserträge im Sinne des § 4h Abs. 3 Satz 3 EStG dar.

39 Der Zedent hat in Höhe des Differenzbetrags zwischen Verkaufserlös und Nennwert der verkauften Forderung einen Zinsaufwand bzw. einen Zinsertrag im Sinne der Zinsschranke. Soweit dieser Differenzbetrag auf in einer ordnungsgemäßen Rechnung offen ausgewiesene Forfaitierungs-Gebühren entfällt, liegen keine Zinsaufwendungen im Sinne des § 4h Abs. 3 Satz 2 EStG vor.

Beispiel 5 (Echte Forfaitierung einer Mietforderung):
Siehe Beispiel 4. Das Risiko der Zahlungsunfähigkeit der S-GmbH trägt laut Kaufvertrag die K-GmbH. Ein gesondertes Entgelt für die Risikoübernahme wurde nicht vereinbart. Die V-GmbH und die K-GmbH haben einen übereinstimmenden schriftlichen Antrag nach Tz. 14 gestellt.

Lösung:

B14 Die S-GmbH als Mieterin bilanziert ihre Verbindlichkeit aus dem Mietvertrag in der Regel nicht. Der von ihr entrichtete Mietzins für den Gebrauch der Mietsache führt unmittelbar zu Aufwand, der kein Zinsaufwand im Sinne der Zinsschranke ist.

B15 Es ist für Zwecke der Zinsschranke abweichend von den allgemeinen bilanzsteuerlichen Grundsätzen davon auszugehen, dass die V-GmbH eine Mieteinnahme in Höhe des Nennbetrags der (Summe der) abgetretenen Mietforderungen vereinnahmt. In Höhe des Differenzbetrags zwischen dem Nennbetrag der abgetretenen Mietforderungen und dem vereinnahmten Kaufpreis entsteht gleichzeitig ein Zinsaufwand der V-GmbH im Sinne des § 4h Abs. 3 Satz 2 EStG. Der berücksichtigungsfähige Gesamtzinsaufwand der V-GmbH beläuft sich im Beispielsfall somit auf 1,5 Mio. €. Der durch die Mieteinnahme erlöste Ertrag und der Gesamtzinsaufwand sind über die Laufzeit des Mietvertrags wie ein Rechnungsabgrenzungsposten auf die Wirtschaftsjahre linear zu verteilen.

B16 Die K-GmbH aktiviert die erworbenen Forderungen gegen die S-GmbH in Höhe des Kaufpreises. Der vereinnahmte Mietzins ist in einen Zinsanteil und einen Tilgungsanteil aufzuteilen. Die Ermittlung des Zinsteils pro Rate erfolgt nach allgemeinen bilanzsteuerrechtlichen Grundsätzen. Der danach ermittelte Zinsanteil stellt Zinsertrag im Sinne des § 4h Abs. 3 Satz 3 EStG dar. Die Forderung vermindert sich um den Tilgungsanteil. Der Gesamtzinsertrag beträgt im Beispielsfall 1,5 Mio. €.

6. Steuerliches EBITDA

40 Die Zinsaufwendungen eines Betriebs sind in Höhe des Zinsertrags abziehbar, darüber hinaus ist der Abzug auf 30 Prozent des um die Zinsaufwendungen und um die nach § 6 Abs. 2 Satz 1, § 6 Abs. 2a Satz 2 und § 7 EStG abgesetzten Beträge erhöhten und um die Zinserträge verminderten maßgeblichen Gewinn bzw. des maßgeblichen Einkommens begrenzt (sog. steuerliches EBITDA).

Bei Personenunternehmen ist maßgeblicher Gewinn der nach den Vorschriften des EStG mit Ausnahme von § 4h Abs. 1 EStG ermittelte steuerpflichtige Gewinn (§ 4h Abs. 3 Satz 1 EStG):

Steuerpflichtiger Gewinn vor Anwendung des § 4h EStG

./. Zinserträge

+ Zinsaufwendungen

+ Abschreibungen nach § 6 Abs. 2 und 2a sowie § 7 EStG

= steuerliches EBITDA.

41 Bei Körperschaften tritt an die Stelle des maßgeblichen Gewinns das nach den Vorschriften des EStG und des KStG mit Ausnahme der §§ 4h, 10d EStG und § 9 Abs. 1 Satz 1 Nr. 2 KStG ermittelte Einkommen. Das steuerliche EBITDA einer Körperschaft wird insbesondere durch verdeckte Gewinnausschüttungen erhöht und durch Dividenden und Veräußerungsgewinne vermindert, soweit diese nach § 8b KStG steuerfrei sind:

Einkommen der Körperschaft im Sinne des § 8 Abs. 1 KStG vor Anwendung des § 4h EStG
./. Zinserträge
+ Zinsaufwendungen
+ Abschreibungen nach § 6 Abs. 2 und 2a sowie § 7 EStG
+ Verlustabzug im Sinne von § 10d EStG (Verlustrück- und -vortrag)
+ Spendenabzug im Sinne von § 9 Abs. 1 Satz 1 Nr. 2 KStG
= steuerliches EBITDA.

Das steuerliche EBITDA ist betriebsbezogen zu ermitteln. Zinsaufwendungen, Zinserträge, Abschreibungen und Anteile am maßgeblichen Gewinn, die in das steuerliche EBITDA einer Mitunternehmerschaft einfließen, finden deshalb beim Mitunternehmer nicht nochmals Berücksichtigung. 42

Hält ein Gesellschafter einer vermögensverwaltenden Personengesellschaft seine Beteiligung im Betriebsvermögen (sog. Zebragesellschaft), kommt die Zinsschranke auf der Ebene des Gesellschafters zur Anwendung. Zinsaufwendungen, Zinserträge und Abschreibungen der Personengesellschaft und die Beteiligungseinkünfte sind anteilig beim Gesellschafter im Rahmen seiner Gewinneinkünfte zu berücksichtigen. 43

Bei einer KGaA ist zur Ermittlung des maßgeblichen Einkommens im Sinne des § 8a Abs. 1 KStG die Vorschrift des § 9 Abs. 1 Satz 1 Nr. 1 KStG nicht anzuwenden. Hinsichtlich eventueller Sondervergütungen ist § 8a Abs. 2 und 3 KStG zu prüfen. Bei der Bildung des steuerlichen EBITDA des persönlich haftenden Gesellschafters bleibt der Gewinnanteil unberücksichtigt. 44

Zinsaufwendungen und Zinserträge im Sinne des § 4h Abs. 3 EStG einer Organgesellschaft sind beim Organträger im Rahmen des § 4h Abs. 1 EStG zu berücksichtigen (§ 15 Satz 1 Nr. 3 Satz 2 KStG). Entsprechendes gilt für Abschreibungen nach § 6 Abs. 2 Satz 1, § 6 Abs. 2a Satz 2 und § 7 EStG. 45

7. Zinsvortrag

Die nicht abziehbaren Zinsaufwendungen eines Veranlagungszeitraums sind nach § 4h Abs. 1 Satz 2 EStG in die folgenden Wirtschaftsjahre vorzutragen (Zinsvortrag). Sie erhöhen die Zinsaufwendungen dieser Wirtschaftsjahre und können dazu führen, dass im Vortragsjahr die Freigrenze nach § 4h Abs. 2 Satz 1 Buchstabe a EStG überschritten wird. 46

Nach § 4h Abs. 5 EStG geht ein nicht verbrauchter Zinsvortrag bei Aufgabe oder Übertragung des Betriebs unter. Bei Aufgabe oder Übertragung eines Teilbetriebs geht der Zinsvortrag anteilig unter. Als Aufgabe eines Teilbetriebs gilt auch das Ausscheiden einer Organgesellschaft aus dem Organkreis. 47

Die Nutzung eines vororganschaftlichen Zinsvortrags der Organgesellschaft ist während der Organschaft nicht zulässig; die Grundsätze zu § 15 Satz 1 Nr. 1 KStG gelten entsprechend. 48

Der Zinsvortrag ist gemäß § 4h Abs. 4 Satz 1 EStG gesondert festzustellen. Der Feststellungsbescheid ist für jeden Betrieb an den Betriebsinhaber (Personengesellschaft, Körperschaft) zu richten, bei Einzelunternehmern an diesen unter Bezeichnung des Betriebs. Bei Personengesellschaften ist diese selbst Adressat des Feststellungsbescheids, nicht die Mitunternehmer. Bei Betrieben gewerblicher Art ist der Feststellungsbescheid an dessen Rechtsträger unter Bezeichnung des Betriebs zu richten. 49

8. Mitunternehmerschaften

Zu Sonderbetriebsvermögen und Sondervergütungen von Mitunternehmern siehe Tz. 6 und 19. 50

51 Die Ermittlung der nicht abziehbaren Zinsaufwendungen erfolgt betriebsbezogen. Nicht abziehbare Zinsaufwendungen sind den Mitunternehmern auch dann nach dem allgemeinen Gewinnverteilungsschlüssel zuzurechnen, wenn es sich um Zinsaufwendungen aus dem Sonderbetriebsvermögensbereich eines Mitunternehmers handelt.

52 Bei Ausscheiden eines Mitunternehmers aus einer Gesellschaft geht der Zinsvortrag anteilig mit der Quote unter, mit der der ausgeschiedene Mitunternehmer an der Gesellschaft beteiligt war (§ 4h Abs. 5 Satz 2 EStG).

Beispiel:
An der ABC-OHG sind die A-GmbH zu 10 %, die B-GmbH zu 60 %, die C-GmbH zu 30 % beteiligt. Alle Gesellschaften gehören einem Konzern an. Der Gewinnverteilungsschlüssel der OHG richtet sich nach den Beteiligungsquoten. Der Gewinn der OHG (Gesamthandsbereich) beträgt am 31.12.01 10 Mio. €. Die A-GmbH hat ihre Beteiligung fremdfinanziert. Es entstehen bis zum 31.12.01 im Sonderbetriebsvermögensbereich der A-GmbH Sonderbetriebsausgaben in Höhe von 7 Mio. €. Der OHG gelingt der Escape nicht.
Am 1.1.02 scheidet
a) die A-GmbH
b) die C-GmbH
aus.

Lösung:
1. Gewinnverteilung:

		A (10 %)	B (60 %)	C (30 %)
Gesamthand	10.000.000	1.000.000	6.000.000	3.000.000
SBA	./. 7.000.000	./. 7.000.000		
Gewinn	3.000.000	./. 6.000.000	6.000.000	3.000.000

2. Ermittlung der abziehbaren Zinsen:
Der maßgebliche Gewinn beträgt 3 Mio. € + 7 Mio. € = 10 Mio. €.
Die abziehbaren Zinsen betragen 10 Mio. € * 30 % = 3 Mio. €.

3. Ermittlung des Zinsvortrags:
7 Mio. € ./. 3 Mio. € = 4 Mio. €

4. Gewinnverteilung nach Anwendung der Zinsschranke:

		A (10 %)	B (60 %)	C (30 %)
Gesamthand	10.000.000	1.000.000	6.000.000	3.000.000
SBA	./. 7.000.000	./. 7.000.000		
	3.000.000	./. 6.000.000	6.000.000	3.000.000
Nicht abziehbare Zinsen	4.000.000	400.000	2.400.000	1.200.000
Gewinn	7.000.000	./. 5.600.000	8.400.000	4.200.000

5. Untergehender Zinsvortrag nach § 4h Abs. 5 Satz 2 EStG:
a) bei Ausscheiden der A-GmbH: 4 Mio. € * 10/100 = 0,4 Mio. €,
b) bei Ausscheiden der C-GmbH: 4 Mio. € * 30/100 = 1,2 Mio. €.

9. Organschaften

Zur Behandlung der Organschaft als Betrieb siehe Tz. 10 und 65.   53
Zur Freigrenze bei Organschaft siehe Tz. 57.   54

III. Ausnahmetatbestände (§ 4h Abs. 2 EStG)

1. Freigrenze

Die Zinsschranke kommt nicht zur Anwendung, wenn die die Zinserträge übersteigenden Zinsaufwendungen (Zinssaldo) weniger als 1 Million Euro betragen (Freigrenze des § 4h Abs. 2 Satz 1 Buchstabe a EStG).   55

Die Freigrenze ist betriebsbezogen. Sie gilt auch für Körperschaften, Personenvereinigungen und Vermögensmassen (§ 8a Abs. 1 KStG).   56

Die Freigrenze wird für den Organkreis nur einmal gewährt.   57

Die Freigrenze bezieht sich auf das jeweilige Wirtschaftsjahr des Betriebs.   58

2. Konzernzugehörigkeit

Der Zinsschranke liegt ein erweiterter Konzernbegriff zugrunde. Ein Betrieb kann nur durch einen Rechtsträger beherrscht werden. Ob ein Betrieb konzernzugehörig ist, bestimmt sich regelmäßig nach § 4h Abs. 3 Satz 5 EStG (Grundfall). Ein Betrieb gehört danach zu einem Konzern, wenn er nach dem einschlägigen Rechnungslegungsstandard in einen Konzernabschluss einzubeziehen ist oder einbezogen werden könnte.   59

Liegt kein Konzern im Sinne des § 4h Abs. 3 Satz 5 EStG vor, sind die Voraussetzungen des § 4h Abs. 3 Satz 6 EStG (sog. Gleichordnungskonzern) zu prüfen. Voraussetzung für einen Gleichordnungskonzern ist, dass die Finanz- und Geschäftspolitik eines Betriebs mit einem oder mehreren anderen Betrieben einheitlich bestimmt werden kann. Ein Konzern kann somit auch dann vorliegen, wenn eine natürliche Person an der Spitze des Konzerns steht und die Beteiligungen an den beherrschten Rechtsträgern im Privatvermögen gehalten werden. Auch eine vermögensverwaltend tätige Gesellschaft kann Konzernspitze sein.   60

In den Fällen, in denen die Konzernspitze selbst keinen Betrieb im Sinne des § 4h Abs. 1 EStG darstellt oder unterhält, sind in den Konzernabschluss nur die beherrschten Betriebe einzubeziehen. Zur Frage der Gesellschafterfremdfinanzierung in diesen Fällen siehe Tz. 80.

Gemeinschaftlich geführte Unternehmen nach § 310 HGB oder vergleichbare Unternehmen, die nach anderen zur Anwendung kommenden Rechnungslegungsstandards (z. B. IAS 31) nur anteilmäßig in den Konzernabschluss einbezogen werden, gehören für Zwecke der Zinsschranke nicht zu einem Konzern. Gleiches gilt für assoziierte Unternehmen (§ 311 HGB) oder diesen vergleichbare Unternehmen.   61

Ein Einzelunternehmer mit mehreren Betrieben begründet für sich noch keinen Konzern im Sinne der Zinsschranke.   62

Ergibt sich die Gewerblichkeit eines Besitzunternehmens nur aufgrund einer personellen und sachlichen Verflechtung mit dem Betriebsunternehmen (Betriebsaufspaltung), liegt ebenfalls kein Konzern im Sinne der Zinsschranke vor.   63

Ein Einzelunternehmer oder eine Gesellschaft begründet nicht bereits deshalb einen Konzern, weil er oder sie eine oder mehrere Betriebsstätten im Ausland hat. Für die Dotation der Betriebsstätte mit Eigenkapital gelten die Betriebsstätten-Verwaltungsgrundsätze nach dem BMF-Schreiben vom 24. Dezember 1999 (BStBl I S. 1076).   64

65 Ein Organkreis gilt als ein Betrieb (§ 15 Satz 1 Nr. 3 KStG) und bildet für sich allein keinen Konzern im Sinne der Zinsschranke.

66 Bei einer GmbH & Co. KG gelten die KG und die als Komplementär allein haftende GmbH als ein Betrieb im Sinne der Zinsschranke, wenn sich die Tätigkeit der GmbH – neben ihrer Vertretungsbefugnis – in der Übernahme der Haftung und Geschäftsführung für die KG erschöpft und weder die KG noch die als Komplementär allein haftende GmbH anderweitig zu einem Konzern gehören. Die GmbH & Co. KG ist in diesen Fällen nicht als Konzern anzusehen. Das gilt nicht, wenn die GmbH darüber hinaus eine eigene Geschäftstätigkeit entfaltet. Dies ist z. B. dann anzunehmen, wenn ihr nach den Grundsätzen dieses Schreibens Zinsaufwendungen zuzuordnen sind. Entsprechendes gilt bei Gesellschaften in Rechtsformen, die der GmbH & Co. KG vergleichbar sind (z. B. die Limited & Co. KG).

67 Zweckgesellschaften sind für Zwecke der Zinsschranke konzernangehörige Betriebe, wenn nach dem jeweils zur Anwendung kommenden Rechnungslegungsstandard eine Konsolidierung in den Konzernabschluss zu erfolgen hat. In den Fällen des Gleichordnungskonzerns nach § 4h Abs. 3 Satz 6 EStG sind Zweckgesellschaften dann als konzernangehörig anzusehen, wenn ihre Finanz- und Geschäftspolitik mit einem oder mehreren anderen Betrieben einheitlich bestimmt werden kann.

Verbriefungszweckgesellschaften im Rahmen von Asset-Backed-Securities-Gestaltungen, deren Unternehmensgegenstand in dem rechtlichen Erwerb von Forderungen aller Art und/oder der Übernahme von Risiken aus Forderung und Versicherungen liegt, gelten für Zwecke der Zinsschranke nicht als konzernangehörige Unternehmen, wenn eine Einbeziehung in den Konzernabschluss allein aufgrund einer wirtschaftlichen Betrachtungsweise unter Berücksichtigung der Nutzen- und Risikoverteilung erfolgt ist.

68 Für die Frage, ob und zu welchem Konzern ein Betrieb gehört, ist grundsätzlich auf die Verhältnisse am vorangegangenen Abschlussstichtag abzustellen. Das gilt auch für die Fälle des unterjährigen Erwerbs oder der unterjährigen Veräußerung von Gesellschaften.

Bei Neugründung einer Gesellschaft, einschließlich der Neugründung durch Umwandlung, gilt die Gesellschaft ab dem Zeitpunkt der Neugründung für Zwecke der Zinsschranke als konzernangehörig. Entsteht ein Konzern im Sinne des § 4h Abs. 3 Satz 5 und 6 EStG neu, gelten die einzelnen Betriebe erst zum folgenden Abschlussstichtag als konzernangehörig.

3. Eigenkapitalvergleich bei konzernzugehörigen Betrieben (Escape-Klausel)

69 Nach § 4h Abs. 2 Satz 1 Buchstabe c Satz 2 EStG unterliegt der Zinsabzug nicht den Beschränkungen des § 4h Abs. 1 EStG, wenn die Eigenkapitalquote des Betriebs die Eigenkapitalquote des Konzerns um nicht mehr als einen Prozentpunkt unterschreitet. Die Eigenkapitalquote ermittelt sich als Verhältnis des Eigenkapitals zur Bilanzsumme (§ 4h Abs. 2 Satz 1 Buchstabe c Satz 3 EStG).

70 Für die Anwendung der Escape-Klausel ist auf die Eigenkapitalquote am vorangegangenen Abschlussstichtag abzustellen (§ 4h Abs. 2 Satz 1 Buchstabe c Satz 1 EStG). Bei Neugründung eines Betriebs wird ausnahmsweise auf das Eigenkapital in der Eröffnungsbilanz abgestellt. Die Eigenkapitalquote des Betriebs ist mit der Eigenkapitalquote des Konzerns am vorangegangenen Abschlussstichtag zu vergleichen. Der Konzernabschluss wird nicht um den neu gegründeten Betrieb erweitert.

Weicht der Abschlussstichtag des Betriebs vom Abschlussstichtag des Konzerns ab, ist für den Vergleich der Eigenkapitalquoten derjenige Abschluss des Betriebs maßgeblich, der in den Konzernabschluss eingegangen ist. Es kann sich dabei um einen Zwischenabschluss handeln (vergleiche z. B. bei Abschlüssen nach dem Handelsgesetzbuch § 299 Abs. 2 HGB).

Für den Eigenkapitalvergleich sind der bestehende Konzernabschluss und der bestehende Abschluss des Betriebs zugrunde zu legen. Die für den Eigenkapitalvergleich erforderlichen Korrekturen von Eigenkapital und Bilanzsumme des Konzernabschlusses oder/und des Abschlusses des Betriebs sind außerhalb des Abschlusses in einer Nebenrechnung vorzunehmen. 71

Bestehende Konzernabschlüsse werden in den Fällen des § 4h Abs. 3 Satz 5 EStG grundsätzlich unverändert für den Eigenkapitalvergleich herangezogen, wenn sie nach den §§ 291, 292 und 315a HGB befreiende Wirkung haben. Sie müssen nicht um diejenigen konzernzugehörigen Betriebe erweitert werden, die zulässigerweise – etwa nach § 296 HGB – nicht in den Konzernabschluss aufgenommen wurden; diese Betriebe sind dessen ungeachtet konzernangehörige Betriebe im Sinne des § 4h Abs. 2 Satz 1 Buchstabe c EStG. 72

Konsolidierte Verbriefungszweckgesellschaften sind zur Ermittlung der Eigenkapitalquote des Konzerns aus dem Konzernabschluss herauszurechnen, wenn sie für Zwecke der Zinsschranke als nicht konzernangehörig gelten.

Für gemeinschaftlich geführte Unternehmen darf ein Wahlrecht auf anteilmäßige Konsolidierung (Quotenkonsolidierung) für Zwecke der Zinsschranke nicht ausgeübt werden. Die Eigenkapitalquote des Konzernabschlusses ist ggf. entsprechend anzupassen.

Eine Korrektur des Konzernabschlusses um Verbriefungszweckgesellschaften und gemeinschaftlich geführte Unternehmen kann unterbleiben, sofern sich dadurch keine erheblichen Veränderungen der Konzerneigenkapitalquote ergeben.

Bei der Ermittlung der Eigenkapitalquote des Betriebs sind Vermögensgegenstände und Schulden, einschließlich Rückstellungen, Bilanzierungshilfen, Rechnungsabgrenzungsposten u. ä., sofern sie im Konzernabschluss enthalten sind, mit den dort abgebildeten Werten anzusetzen. Ein im Konzernabschluss enthaltener Firmenwert und im Rahmen eines Beteiligungserwerbs mitbezahlte stille Reserven der Beteiligungsgesellschaft sind dem Betrieb zuzuordnen, soweit sie auf diesen entfallen. Die Bilanzsumme des Betriebs ist ggf. anzupassen. 73

Die in § 4h Abs. 2 Satz 1 Buchstabe c Satz 5 EStG vorgesehene Kürzung der Anteile an anderen inländischen und ausländischen Konzerngesellschaften umfasst auch die Beteiligungen an Mitunternehmerschaften. Die Beteiligungshöhe ist unmaßgeblich. 74

Eine Kürzung um eigene Anteile und um Anteile an nicht konzernangehörigen Gesellschaften unterbleibt.

Bei der Ermittlung der Eigenkapitalquote des Betriebs ist das nach den jeweils relevanten Rechnungslegungsstandards ermittelte Eigenkapital um folgende Größen zu modifizieren (§ 4h Abs. 2 Satz 1 Buchstabe c Satz 5 bis 7 EStG): 75

+ im Konzernabschluss enthaltener Firmenwert, soweit er auf den Betrieb entfällt,
+./. Korrektur der Wertansätze der Vermögensgegenstände und Schulden (Ausweis – vorbehaltlich der Tz. 73 – mit den im Konzernabschluss enthaltenen Werten),
+ die Hälfte des Sonderpostens mit Rücklagenanteil (§ 273 HGB),
./. Eigenkapital, das keine Stimmrechte vermittelt – mit Ausnahme von Vorzugsaktien,
./. Anteile an anderen Konzerngesellschaften,
./. Einlagen der letzten sechs Monate vor dem maßgeblichen Abschlussstichtag, soweit ihnen Entnahmen oder Ausschüttungen innerhalb der ersten sechs Monate nach dem maßgeblichen Abschlussstichtag gegenüberstehen;
+./. Sonderbetriebsvermögen ist dem Betrieb der Mitunternehmerschaft zuzuordnen.

Die Bilanzsumme des Betriebs ist wie folgt zu verändern: 76

+ im Konzernabschluss enthaltener Firmenwert, soweit er auf den Betrieb entfällt,
+./. Korrektur der Wertansätze der Vermögensgegenstände und Schulden (Ausweis – vorbehaltlich der Tz. 73 – mit den im Konzernabschluss enthaltenen Werten),
./. Anteile an anderen Konzerngesellschaften,

./. Einlagen der letzten sechs Monate vor dem maßgeblichen Abschlussstichtag, soweit ihnen Entnahmen oder Ausschüttungen innerhalb der ersten sechs Monate nach dem maßgeblichen Abschlussstichtag gegenüberstehen,

./. Kapitalforderungen, die nicht im Konzernabschluss ausgewiesen sind und denen Verbindlichkeiten im Sinne des § 4h Abs. 3 EStG in mindestens gleicher Höhe gegenüberstehen;

+./. Sonderbetriebsvermögen ist dem Betrieb der Mitunternehmerschaft zuzuordnen.

77 Der Eigenkapitalvergleich hat grundsätzlich auch dann auf der Grundlage von nach den International Financial Reporting Standards (IFRS) erstellten Abschlüssen zu erfolgen, wenn bislang kein Konzernabschluss erstellt wurde (§ 4h Abs. 2 Satz 1 Buchstabe c Satz 8 EStG). Hiervon abweichend können Abschlüsse nach dem Handelsrecht eines Mitgliedstaats der Europäischen Union verwendet werden, wenn kein Konzernabschluss nach den IFRS zu erstellen und offen zu legen ist und für keines der letzten fünf Wirtschaftsjahre ein Konzernabschluss nach den IFRS erstellt wurde.

78 Nach den Generally Accepted Accounting Principles der Vereinigten Staaten von Amerika (US-GAAP) aufzustellende und offen zu legende Abschlüsse sind zu verwenden, wenn kein Konzernabschluss nach den IFRS oder dem Handelsrecht eines Mitgliedstaats der Europäischen Union zu erstellen und offen zu legen ist.

IV. Gesellschafterfremdfinanzierung

79 Auf Rechtsträger, die nicht zu einem Konzern gehören (§ 4h Abs. 2 Satz 1 Buchstabe b EStG), findet die Abzugsbeschränkung des § 4h Abs. 1 EStG Anwendung, wenn eine schädliche Gesellschafterfremdfinanzierung vorliegt. Diese setzt eine Vergütung für Gesellschafterfremdfinanzierung in Höhe von mehr als 10 % der die Zinserträge übersteigenden Zinsaufwendungen der Körperschaft durch einen unmittelbar oder mittelbar zu mehr als einem Viertel am Kapital beteiligten Anteilseigner (wesentlich beteiligter Anteilseigner), eine diesem nahe stehende Person im Sinne des § 1 Abs. 2 AStG oder einen Dritten, der auf den wesentlich beteiligten Anteilseigner oder die nahe stehende Person zurückgreifen kann, voraus (vgl. § 8a Abs. 2 KStG).

80 Ein zu einem Konzern gehörender Rechtsträger kann die Escape-Klausel des § 4h Abs. 2 Satz 1 Buchstabe c EStG nur in Anspruch nehmen, wenn ihm der Nachweis im Sinne des § 8a Abs. 3 Satz 1 KStG für sämtliche zum Konzern gehörenden Rechtsträger gelingt. § 8a Abs. 3 KStG setzt eine schädliche Fremdfinanzierung irgendeiner inländischen oder ausländischen Konzerngesellschaft durch einen unmittelbar oder mittelbar wesentlich beteiligten nicht konzernangehörigen Anteilseigner dieser oder einer anderen Konzerngesellschaft, eine diesem nahe stehende Person oder einen Dritten, der auf diesen wesentlich beteiligten Anteilseigner oder die nahe stehende Person zurückgreifen kann, voraus. Es muss sich dabei nicht um eine Fremdfinanzierung des Rechtsträgers handeln, auf den § 4h Abs. 1 EStG Anwendung findet.

Konzerninterne Finanzierungen führen nicht zu einer schädlichen Gesellschafterfremdfinanzierung im Sinne von § 8a Abs. 3 KStG; dies gilt z. B. auch für konzerninterne Bürgschaften. Eine konzerninterne Finanzierung liegt dann nicht vor, wenn das Fremdkapital durch die Konzernspitze überlassen wird und die Konzernspitze selbst nicht zum Konzern gehört (Gleichordnungskonzern). Eine Fremdfinanzierung von Konzerngesellschaften durch die Konzernspitze kann in diesen Fällen unter den Voraussetzungen des § 8a Abs. 3 KStG schädlich sein. Eine solche Konstellation kann z. B. dann vorliegen, wenn eine natürliche Person mehrere Kapitalgesellschaften beherrscht und diesen Gesellschaften Fremdkapital überlässt.

81 Unmittelbare und mittelbare Beteiligungen werden für die Beurteilung, ob ein Gesellschafter wesentlich beteiligt ist, zusammengerechnet; mittelbare Beteiligungen reichen aus.

Eine Gesellschafterfremdfinanzierung ist schädlich, wenn die auf sie entfallene Vergütung 10 % des Nettozinsaufwands der Gesellschaft übersteigt. Es werden die Vergütungen für Fremdkapital aller Gesellschafter zusammengerechnet (Gesamtbetrachtung). 82

Einbezogen werden Gesellschafterfremdfinanzierungen unabhängig davon, ob sie sich auf den inländischen oder ausländischen Gewinn des Rechtsträgers auswirken.

Ein konkreter rechtlich durchsetzbarer Anspruch (z. B. aufgrund einer Garantieerklärung oder einer Bürgschaft), eine Vermerkpflicht in der Bilanz, eine dingliche Sicherheit (z. B. Sicherungseigentum, Grundschuld) oder eine harte bzw. weiche Patronatserklärung vermögen einen Rückgriff im Sinne der Tz. 79 f. zu begründen, sind hierfür aber nicht erforderlich. Es genügt bereits, wenn der Anteilseigner oder die ihm nahe stehende Person dem Dritten gegenüber faktisch für die Erfüllung der Schuld einsteht. Insbesondere werden auch Gestaltungen erfasst, bei denen eine Bank der Kapitalgesellschaft ein Darlehen gewährt und der Anteilseigner seinerseits bei der Bank eine Einlage unterhält (sog. Back-to-Back-Finanzierung); die Abtretung der Einlageforderung an die Bank ist nicht Voraussetzung. Auch die Verpfändung der Anteile an der fremdfinanzierten Gesellschaft begründet einen Rückgriff. 83

V. Öffentlich Private Partnerschaften

Zur Anwendung der Zinsschranke auf Öffentlich Private Partnerschaften – ÖPP (Public Private Partnerships – PPP) gilt Folgendes:

1. Grundlagen

Unter ÖPP ist eine vertraglich geregelte und langfristig angelegte Zusammenarbeit zwischen öffentlicher Hand und Privatwirtschaft zur wirtschaftlichen Erfüllung öffentlicher Aufgaben zu verstehen, wobei der private Partner regelmäßig die Planung, den Bau, die Finanzierung, den Betrieb und ggf. die Verwertung des Projektgegenstandes übernimmt. Als Vertragsmodelle kommen dabei im Wesentlichen das Inhabermodell, das Erwerbermodell, das Vermietungsmodell, das Leasingmodell, das Contracting-Modell sowie das Konzessionsmodell in Betracht. Die Projekte können sowohl im Rahmen von bereits bestehenden Betrieben als auch im Rahmen von für Zwecke des Projekts gegründeten Gesellschaften abgewickelt werden, ggf. unter Beteiligung des öffentlichen Auftraggebers als Gesellschafter (Gesellschaftsmodell). 84

2. Grundsätze

Die Zurechnung der Wirtschaftsgüter, die Gegenstand eines ÖPP-Vertrages sind, ist von der von den Parteien gewählten Vertragsgestaltung und deren tatsächlicher Durchführung abhängig. Unter Würdigung der gesamten Umstände ist im Einzelfall nach allgemeinen Grundsätzen zu entscheiden, wem die Gegenstände zuzurechnen sind. Die in den Tz. 27 ff. dargelegten Grundsätze zur Auf- und Abzinsung und zur Abtretung von Forderungen (Forfaitierung) sind auch auf Vertragsbeziehungen im Rahmen von ÖPP anzuwenden. 85

3. Inhabermodell/Erwerbermodell

Kennzeichnend für das Inhaber- und das Erwerbermodell ist es, dass die öffentliche Hand nach Übergabe und Abnahme des Projektgegenstandes zivilrechtlicher und wirtschaftlicher (beim Inhabermodell) oder zumindest wirtschaftlicher Eigentümer (beim Erwerbermodell) des Projektgegenstandes wird. Zur Refinanzierung seiner Aufwendungen erhält der private Auftragnehmer ein monatliches Leistungsentgelt vom öffentlichen Auftraggeber. Wird hinsichtlich der über die Vertragslaufzeit gestundeten Forderung des privaten Auftragnehmers eine gesonderte Kreditvereinbarung getroffen, stellen die vereinbarten Vergütungen beim privaten Auftragnehmer 86

Zinserträge und beim öffentlichen Auftraggeber Zinsaufwendungen dar. Fehlt eine gesonderte Zinsvereinbarung, ist die Forderung des privaten Auftragnehmers mit dem Barwert zu bilanzieren. Entsprechend Tz. 27 entstehen beim privaten Auftragnehmer sukzessive Zinserträge und beim öffentlichen Auftraggeber sukzessive Zinsaufwendungen.

Bei Forfaitierung der Forderung durch den privaten Auftragnehmer kann es nach Maßgabe der Tz. 29 ff. bei einer unechten Forfaitierung und nach Maßgabe der Tz. 32 ff. bei einer echten Forfaitierung beim privaten Auftragnehmer zu einem Zinsaufwand kommen, der der Zinsschranke unterliegt.

4. Vermietungsmodell

87   Kennzeichnend für das Vermietungsmodell ist es, dass das zivilrechtliche und wirtschaftliche Eigentum am Projektgegenstand während der gesamten Vertragslaufzeit beim privaten Auftragnehmer liegt. Mietzahlungen, die durch die öffentliche Hand an den privaten Auftragnehmer geleistet werden, enthalten keinen Zinsanteil und führen bei diesem nicht zu Zinserträgen, die zur Saldierung mit Zinsaufwendungen im Rahmen der Zinsschranke berechtigen.

Die Forfaitierung von künftigen Mieterlösen durch den privaten Auftragnehmer führt unter den Voraussetzungen der Tz. 36 ff. bei diesem zu Zinsaufwendungen.

5. Leasingmodell

88   In Leasingraten enthaltene Zinsanteile führen nach Maßgabe der Tz. 25 zu Zinserträgen beim privaten Auftragnehmer als Leasinggeber und zu Zinsaufwendungen beim öffentlichen Auftraggeber als Leasingnehmer.

Die Forfaitierung von künftigen Leasingerlösen durch den privaten Auftragnehmer führt unter den Voraussetzungen der Tz. 36 ff. bei diesem zu Zinsaufwendungen.

6. Contracting-Modell

89   Vertragsgegenstand ist regelmäßig der Einbau und der Betrieb von technischen Anlagen in Gebäuden. Entsprechend den für Mietereinbauten geltenden Grundsätzen ist im konkreten Einzelfall unter Berücksichtigung der jeweiligen vertraglichen Vereinbarungen zu prüfen, wem die Contracting-Anlage bilanzsteuerlich zuzurechnen ist. Im Falle der Zurechnung zum privaten Auftragnehmer gelten die Ausführungen zu Tz. 87 und im Falle der Zurechnung zum öffentlichen Auftraggeber die Ausführungen in Tz. 86 entsprechend.

7. Konzessionsmodell

90   Bei ÖPP, die vertraglich über das Konzessionsmodell abgewickelt werden, besteht die Besonderheit, dass Nutzer des Projektgegenstandes und ggf. der weiteren Leistungen des privaten Auftragnehmers nicht der öffentliche Auftraggeber, sondern Dritte sind. Die Dritten sind nicht Vertragspartner im Rahmen des Konzessionsvertrages, der zwischen dem privaten Auftragnehmer und dem öffentlichen Auftraggeber abgeschlossen wird. Der öffentliche Auftraggeber räumt im Konzessionsvertrag dem privaten Auftragnehmer das Recht ein, sich durch Entgelte bzw. Gebühren der Nutzer zu refinanzieren.

Unabdingbare Voraussetzung für die Annahme einer Finanzierungsleistung des privaten Auftragnehmers, die bei diesem zu Zinserträgen führt, ist es, dass zumindest das wirtschaftliche Eigentum an dem Projektgegenstand beim öffentlichen Auftraggeber liegt bzw. spätestens bei Fertigstellung auf diesen übertragen wird. Soweit im Rahmen von Konzessionsverträgen gesonderte Darlehensvereinbarungen zwischen den Vertragsparteien über die Finanzierungsleistungen des privaten Auftragnehmers getroffen werden, stellen die in Rechnung gestellten und gezahlten Zinsen beim privaten Auftragnehmer Zinserträge und beim öffentlichen Auftraggeber Zinsaufwendungen dar. Der private Auftragnehmer hat nachzuweisen, dass die vereinbarte Vergütung marktüblich ist. Übersteigen die dem öffentlichen Auftraggeber in Rechnung gestellten und gezahlten Zinsen die Refinanzierungskosten des privaten Auftragnehmers, ist dies als Indiz gegen die Marktüblichkeit zu werten.

VI. Öffentliche Hand

Körperschaften des öffentlichen Rechts (z. B. Gebietskörperschaften, Kirchen) bilden mit ihren Betrieben gewerblicher Art und ihren Beteiligungen an anderen Unternehmen, soweit sie nicht in einem Betrieb gewerblicher Art gehalten werden, keinen Gleichordnungskonzern im Sinne der Zinsschranke. 91

Beteiligungsgesellschaften der öffentlichen Hand können Teil eines Konzerns im Sinne der Zinsschranke sein. Im Besitz von Körperschaften des öffentlichen Rechts stehende Holdinggesellschaften des privaten Rechts können ebenfalls einen eigenständigen Konzern im Sinne des § 4h EStG bilden. 92

Körperschaften des öffentlichen Rechts und steuerbefreite Einrichtungen im Sinne des § 5 Abs. 1 Nr. 2 KStG erfüllen durch die Gewährung von Bürgschaften und anderen Sicherheiten bei der Finanzierung von Gesellschaften, an denen sie zu mindestens 50 % unmittelbar oder mittelbar am Kapital beteiligt sind, nicht die Voraussetzungen einer Gesellschafterfremdfinanzierung nach § 8a KStG, es sei denn, es handelt sich um eine Gestaltung, bei der der bürgschaftsberechtigte Dritte der Kapitalgesellschaft ein Darlehen gewährt und die Körperschaft des öffentlichen Rechts ihrerseits gegen den Dritten oder eine diesem nahe stehende Person eine Forderung hat, auf die der Dritte oder die nahe stehende Person zurückgreifen kann (sog. Back-to-Back-Finanzierungen). Entsprechendes gilt im Fall einer gesamtschuldnerischen Mithaftung der öffentlichen Hand. Die öffentliche Hand erfüllt mit ihren wirtschaftlichen Betätigungen regelmäßig Aufgaben der Daseinsvorsorge im Rahmen gesetzlicher Vorgaben und unterliegt regelmäßig einer Aufsicht. 93

VII. Sonderfälle

Vergütungen für Darlehen, die auf Grund von allgemeinen Förderbedingungen vergeben werden, sind keine Zinsaufwendungen oder Zinserträge im Sinne der Zinsschranke, wenn es sich um mittelbar oder unmittelbar aus öffentlichen Haushalten gewährte Mittel der Europäischen Union, von Bund, Ländern, Gemeinden oder Mittel anderer öffentlich-rechtlicher Körperschaften oder einer nach § 5 Abs. 1 Nr. 2, 17 oder 18 KStG steuerbefreiten Einrichtung handelt. 94

Hierzu zählen insbesondere

- Förderdarlehen der Förderinstitute (im Sinne der Verständigung zwischen der EU-Kommission und der Bundesrepublik Deutschland über die Ausrichtung rechtlich selbstständiger Förderinstitute in Deutschland vom 1. März 2002),

- Öffentliche und nicht öffentliche Baudarlehen,

- Wohnungsfürsorgemittel,

- Mittel, die mit Auflagen (z. B. Belegungsrechten oder Mietpreisbindungen) verbunden sind.

Zu § 5 EStG

7. Bilanzsteuerrechtliche Beurteilung der Rückkaufsoption im Kfz-Handel; BFH-Urteil vom 17. 11. 2010 – I R 83/09 –

BMF, Schreiben v. 12. 10. 2011 (BStBl I S. 967)

– IV C 6 - S 2137/09/10003 –

Mit Urteil vom 17. November 2010 – I R 83/09 – (BStBl 2011 II S. 812) hat der BFH entschieden, dass für die Verpflichtung eines Kraftfahrzeughändlers, verkaufte Kraftfahrzeuge auf Verlangen des Käufers zurückzukaufen, eine Verbindlichkeit in Höhe des dafür vereinnahmten Entgelts auszuweisen ist. Der BFH ließ mangels Entscheidungserheblichkeit die Fragen offen, wie ein die Höhe des Optionsentgelts übersteigendes Risiko, das sich erst während der Optionszeit herausstellt, und wie das Optionsrecht auf Seiten des Optionsberechtigten zu behandeln sind.

Auf Grundlage der Erörterung der obersten Finanzbehörden des Bundes und der Länder gilt Folgendes:

I. Ansatz und Bewertung der Verpflichtung aus der Rückverkaufsoption beim Kraftfahrzeughändler

1. Nach der Entscheidung des BFH vom 17. November 2010 (a. a. O.) ist in der Einräumung einer Option eine wirtschaftlich und rechtlich selbständige Leistung zu sehen, die losgelöst von dem nachfolgenden (Rück-)Übertragungsgeschäft zu beurteilen ist, wenn der Kraftfahrzeughändler dem Käufer eine Option zum Rückverkauf des Kraftfahrzeugs (Rückkaufsoption) entgeltlich verbindlich einräumt, der Käufer zivilrechtlicher Eigentümer des Kraftfahrzeugs wird und ihm das Kraftfahrzeug wirtschaftlich zuzurechnen ist. Für die Verpflichtung aus der Rückverkaufsoption hat der Kraftfahrzeughändler eine Verbindlichkeit zu passivieren.

2. Die Verbindlichkeit ist gemäß § 6 Absatz 1 Nummer 3 i. V. m. Nummer 2 EStG mit dem für die Rückverkaufsoption vereinnahmten – ggf. zu schätzenden – Entgelt zu bewerten. Da regelmäßig ein Gesamtverkaufspreis vereinbart wird, kann die Verpflichtung aus der Rückverkaufsoption grundsätzlich unter Beachtung des Fremdvergleichs als Teilbetrag des Gesamtverkaufspreises abgespalten werden. Es wird nicht beanstandet, den Teilbetrag für die Rückverkaufsoption aus der unterschiedlichen Rabattgewährung für Einräumung oder Nichtgewährung der Rückverkaufsoption abzuleiten und am Bilanzstichtag noch bestehende Verbindlichkeiten entsprechend zu bewerten.

3. Die Verpflichtung des Kraftfahrzeughändlers aus der Rückverkaufsoption, die Option zu dulden und sich zur Erfüllung der Abnahmepflicht bereitzuhalten, endet erst mit der Ausübung oder dem Verfall der Option; zu diesem Zeitpunkt ist die Verbindlichkeit erfolgswirksam auszubuchen.

4. Ein die Höhe des Entgelts für die Rückverkaufsoption übersteigendes Risiko, wenn zu einem späteren Zeitpunkt der Rückverkauf eingefordert wird – z. B. durch einen sich abzeichnenden Preisverfall auf dem Gebrauchtwagenmarkt –, ist als Rückstellung für drohende Verluste aus einem schwebenden Geschäft gemäß § 5 Absatz 4a EStG nicht passivierungsfähig (vgl. hierzu BMF-Schreiben vom 12. Januar 2004, BStBl I S. 192).

II. Ansatz und Bewertung der Rückverkaufsoption beim Käufer (Optionsberechtigter)

1. Für den optionsberechtigten Käufer ist das vereinbarte Optionsrecht (Rückverkaufsoption) ein nichtabnutzbares immaterielles Wirtschaftsgut, das gemäß § 6 Absatz 1 Nummer 2 EStG grundsätzlich mit den Anschaffungskosten anzusetzen ist. Diese entsprechen dem Wert der beim Kraftfahrzeughändler passivierten Verbindlichkeit aus der Rückverkaufsoption (vgl. I. 2.); in dieser Höhe sind die Anschaffungskosten des erworbenen Kraftfahrzeugs gemindert.

2. Das immaterielle Wirtschaftsgut ist erfolgswirksam auszubuchen, wenn der optionsberechtigte Käufer von seinem Recht Gebrauch macht und den Rückverkauf einfordert oder wenn das Recht, den Rückkauf von dem Kraftfahrzeughändler zu verlangen, verfallen ist.

Die Grundsätze dieses Schreibens sind in allen offenen Fällen anzuwenden.

Das BMF-Schreiben vom 12. August 2009 (BStBl I S. 890) wird aufgehoben.

Zu § 6 EStG

8. Ertragsteuerliche Behandlung von Leasing-Verträgen über bewegliche Wirtschaftsgüter

BMF, Schreiben v. 19. 4. 1971 (BStBl I S. 264)

– IV B/2 - S 2170 - 31/71 –

Unter Bezugnahme auf das Ergebnis der Erörterungen mit den obersten Finanzbehörden der Länder wird zu der Frage der steuerlichen Behandlung von Leasing-Verträgen über bewegliche Wirtschaftsgüter wie folgt Stellung genommen:

I. Allgemeines

Der Bundesfinanzhof hat mit Urteil vom 26. Januar 1970 (BStBl II S. 264) zur steuerlichen Behandlung von sogenannten Finanzierungs-Leasing-Verträgen über bewegliche Wirtschaftsgüter Stellung genommen.

Um eine einheitliche Rechtsanwendung durch die Finanzverwaltung zu gewährleisten, kann bei vor dem 24. April 1970 abgeschlossenen Leasing-Verträgen aus Vereinfachungsgründen von dem wirtschaftlichen Eigentum des Leasing-Gebers am Leasing-Gut und einer Vermietung oder Verpachtung an den Leasing-Nehmer ausgegangen werden, wenn die Vertragsparteien in der Vergangenheit übereinstimmend eine derartige Zurechnung zugrunde gelegt haben und auch in Zukunft daran festhalten. Das gilt auch, wenn die Vertragslaufzeit über den genannten Stichtag hinausreicht (vgl. Schreiben vom 21. Juli 1970 – IV B/2 - S 2170 - 52/70; IV A/1 - S 7471 - 10/70 – BStBl I S. 913).

Für die steuerliche Behandlung von nach dem 23. April 1970 abgeschlossenen Leasing-Verträgen über bewegliche Wirtschaftsgüter sind die folgenden Grundsätze zu beachten. Dabei ist als betriebsgewöhnliche Nutzungsdauer der in den amtlichen AfA-Tabellen angegebene Zeitraum zugrunde zu legen.

II. Begriff und Abgrenzung des Finanzierungs-Leasing-Vertrages bei beweglichen Wirtschaftsgütern

1. Finanzierungs-Leasing im Sinne dieses Schreibens ist nur dann anzunehmen, wenn

   a) der Vertrag über eine bestimmte Zeit abgeschlossen wird, während der der Vertrag bei vertragsgemäßer Erfüllung von beiden Vertragsparteien nicht gekündigt werden kann (Grundmietzeit),

   und

   b) der Leasing-Nehmer mit den in der Grundmietzeit zu entrichtenden Raten mindestens die Anschaffungs- oder Herstellungskosten sowie alle Nebenkosten einschließlich der Finanzierungskosten des Leasing-Gebers deckt.

2. Beim Finanzierungs-Leasing von beweglichen Wirtschaftsgütern sind im wesentlichen folgende Vertragstypen festzustellen:

   a) Leasing-Verträge ohne Kauf- oder Verlängerungsoption

   Bei diesem Vertragstyp sind zwei Fälle zu unterscheiden:

   Die Grundmietzeit

   aa) deckt sich mit der betriebsgewöhnlichen Nutzungsdauer des Leasing-Gegenstandes,

   bb) ist geringer als die betriebsgewöhnliche Nutzungsdauer des Leasing-Gegenstandes.

   Der Leasing-Nehmer hat nicht das Recht, nach Ablauf der Grundmietzeit den Leasing-Gegenstand zu erwerben oder den Leasing-Vertrag zu verlängern.

   b) Leasing-Verträge mit Kaufoption

   Der Leasing-Nehmer hat das Recht, nach Ablauf der Grundmietzeit, die regelmäßig kürzer ist als die betriebsgewöhnliche Nutzungsdauer des Leasing-Gegenstandes, den Leasing-Gegenstand zu erwerben.

   c) Leasing-Verträge mit Mietverlängerungsoption

   Der Leasing-Nehmer hat das Recht, nach Ablauf der Grundmietzeit, die regelmäßig kürzer ist als die betriebsgewöhnliche Nutzungsdauer des Leasing-Gegenstandes, das Vertragsverhältnis auf bestimmte oder unbestimmte Zeit zu verlängern.

   Leasing-Verträge ohne Mietverlängerungsoption, bei denen nach Ablauf der Grundmietzeit eine Vertragsverlängerung für den Fall vorgesehen ist, daß der Mietvertrag nicht von einer der Vertragsparteien gekündigt wird, sind steuerlich grundsätzlich ebenso wie Leasing-Verträge mit Mietverlängerungsoption zu behandeln. Etwas anderes gilt nur dann, wenn nachgewiesen wird, daß der Leasing-Geber bei Verträgen über gleiche Wirtschaftsgüter innerhalb eines Zeitraums von neun Zehnteln der betriebsgewöhnlichen Nutzungsdauer in einer Vielzahl von Fällen das Vertragsverhältnis auf Grund seines Kündigungsrechts beendet.

   d) Verträge über Spezial-Leasing

   Es handelt sich hierbei um Verträge über Leasing-Gegenstände, die speziell auf die Verhältnisse des Leasing-Nehmers zugeschnitten und nach Ablauf der Grundmietzeit regelmäßig nur noch beim Leasing-Nehmer wirtschaftlich sinnvoll verwendbar sind. Die Verträge kommen mit oder ohne Optionsklausel vor.

III. Steuerliche Zurechnung des Leasing-Gegenstandes

Die Zurechnung des Leasing-Gegenstandes ist von den von den Parteien gewählten Vertragsgestaltung und derer tatsächlicher Durchführung abhängig. Unter Würdigung der gesamten Umstände ist im Einzelfall zu entscheiden wem der Leasing-Gegenstand steuerlich zuzurechnen ist. Bei den unter II.2. genannten Grundvertragstypen gilt für die Zurechnung das Folgende:

1. Leasing-Verträge ohne Kauf- oder Verlängerungsoption

    Bei Leasing-Verträgen ohne Optionsrecht ist der Leasing-Gegenstand regelmäßig zuzurechnen

    a) dem Leasing-Geber,

       wenn die Grundmietzeit mindestens 40 v.H. und höchstens 90 v.H. der betriebsgewöhnlichen Nutzungsdauer des Leasing-Gegenstandes beträgt,

    b) dem Leasing-Nehmer,

       wenn die Grundmietzeit weniger als 40 v.H. oder mehr als 90 v.H. der betriebsgewöhnlichen Nutzungsdauer beträgt.

2. Leasing-Verträge mit Kaufoption

    Bei Leasing-Verträgen mit Kaufoption ist der Leasing-Gegenstand regelmäßig zuzurechnen

    a) dem Leasing-Geber,

       wenn die Grundmietzeit mindestens 40 v.H. und höchstens 90 v.H. der betriebsgewöhnlichen Nutzungsdauer des Leasing-Gegenstandes beträgt und der für den Fall der Ausübung des Optionsrechts vorgesehene Kaufpreis nicht niedriger ist als der unter Anwendung der linearen AfA nach der amtlichen AfA-Tabelle ermittelte Buchwert oder der niedrigere gemeine Wert im Zeitpunkt der Veräußerung,

    b) dem Leasing-Nehmer,

       aa) wenn die Grundmietzeit weniger als 40 v.H. oder mehr als 90 v.H. der betriebsgewöhnlichen Nutzungsdauer beträgt oder

       bb) wenn bei einer Grundmietzeit von mindestens 40 v.H. und höchstens 90 v.H. der betriebsgewöhnlichen Nutzungsdauer der für den Fall der Ausübung des Optionsrechts vorgesehene Kaufpreis niedriger ist als der unter Anwendung der linearen AfA nach der amtlichen AfA-Tabelle ermittelte Buchwert oder der niedrigere gemeine Wert im Zeitpunkt der Veräußerung.

    Wird die Höhe des Kaufpreises für den Fall der Ausübung des Optionsrechts während oder nach Ablauf der Grundmietzeit festgelegt oder verändert, so gilt entsprechendes. Die Veranlagungen sind gegebenenfalls zu berichtigen.

3. Leasing-Verträge mit Mietverlängerungsoption

    Bei Leasing-Verträgen mit Mietverlängerungsoption ist der Leasing-Gegenstand regelmäßig zuzurechnen

    a) dem Leasing-Geber,

       wenn die Grundmietzeit mindestens 40 v.H. und höchstens 90 v.H. der betriebsgewöhnlichen Nutzungsdauer des Leasing-Gegenstandes beträgt und die Anschlußmiete so bemessen ist, daß sie den Wertverzehr für den Leasing-Gegenstand deckt, der sich auf der Basis des unter Berücksichtigung der linearen Absetzung für Abnutzung nach der amtlichen AfA-Tabelle ermittelten Buchwerts oder des niedrigeren gemeinen Werts und der Restnutzungsdauer lt. AfA-Tabelle ergibt,

b) dem Leasing-Nehmer,

    aa) wenn die Grundmietzeit weniger als 40 v. H. oder mehr als 90 v. H. der betriebsgewöhnlichen Nutzungsdauer des Leasing-Gegenstandes beträgt oder

    bb) wenn bei einer Grundmietzeit von mindestens 40 v. H. und höchstens 90 v. H. der betriebsgewöhnlichen Nutzungsdauer die Anschlußmiete so bemessen ist, daß sie den Wertverzehr für den Leasing-Gegenstand nicht deckt, der sich auf der Basis des unter Berücksichtigung der linearen AfA nach der amtlichen AfA-Tabelle ermittelten Buchwerts oder des niedrigeren gemeinen Werts und der Restnutzungsdauer lt. AfA-Tabelle ergibt.

Wird die Höhe der Leasing-Raten für den Verlängerungszeitraum während oder nach Ablauf der Grundmietzeit festgelegt oder verändert, so gilt entsprechendes.

Abschnitt II Nr. 2 Buchstabe c Sätze 2 und 3 sind zu beachten.

4. Verträge über Spezial-Leasing

Bei Spezial-Leasing-Verträgen ist der Leasing-Gegenstand regelmäßig dem Leasing-Nehmer ohne Rücksicht auf das Verhältnis von Grundmietzeit und Nutzungsdauer und auf Optionsklauseln zuzurechnen.

IV. Bilanzmäßige Darstellung von Leasing-Verträgen bei Zurechnung des Leasing-Gegenstandes beim Leasing-Geber

1. Beim Leasing-Geber

Der Leasing-Geber hat den Leasing-Gegenstand mit seinen Anschaffungs- oder Herstellungskosten zu aktivieren. Die Absetzung für Abnutzung ist nach der betriebsgewöhnlichen Nutzungsdauer vorzunehmen.

Die Leasing-Raten sind Betriebseinnahmen.

2. Beim Leasing-Nehmer

Die Leasing-Raten sind Betriebsausgaben.

V. Bilanzmäßige Darstellung von Leasing-Verträgen bei Zurechnung des Leasing-Gegenstandes beim Leasing-Nehmer

1. Beim Leasing-Nehmer

Der Leasing-Nehmer hat den Leasing-Gegenstand mit seinen Anschaffungs- oder Herstellungskosten zu aktivieren. Als Anschaffungs- oder Herstellungskosten gelten die Anschaffungs- oder Herstellungskosten des Leasing-Gebers, die der Berechnung der Leasing-Raten zugrunde gelegt worden sind, zuzüglich etwaiger weiterer Anschaffungs- oder Herstellungskosten, die nicht in den Leasing-Raten enthalten sind (vgl. Schreiben vom 5. Mai 1970 – IV B/2 - S 2170 - 4/70 –).

Dem Leasing-Nehmer steht die AfA nach der betriebsgewöhnlichen Nutzungsdauer des Leasing-Gegenstandes zu.

In Höhe der aktivierten Anschaffungs- oder Herstellungskosten mit Ausnahme der nicht in den Leasing-Raten berücksichtigten Anschaffungs- oder Herstellungskosten des Leasing-Nehmers ist eine Verbindlichkeit gegenüber dem Leasing-Geber zu passivieren.

Die Leasing-Raten sind in einen Zins- und Kostenanteil sowie einen Tilgungsanteil aufzuteilen. Bei der Aufteilung ist zu berücksichtigen, daß sich infolge der laufenden Tilgung der Zinsanteil verringert und der Tilgungsanteil entsprechend erhöht.

Der Zins- und Kostenanteil stellt eine sofort abzugsfähige Betriebsausgabe dar, während der andere Teil der Leasing-Rate als Tilgung der Kaufpreisschuld erfolgsneutral zu behandeln ist.

2. Beim Leasing-Geber

Der Leasing-Geber aktiviert eine Kaufpreisforderung an den Leasing-Nehmer in Höhe der den Leasing-Raten zugrunde gelegten Anschaffungs- oder Herstellungskosten. Dieser Betrag ist grundsätzlich mit der vom Leasing-Nehmer ausgewiesenen Verbindlichkeit identisch.

Die Leasing-Raten sind in einen Zins- und Kostenanteil sowie in einen Anteil Tilgung der Kaufpreisforderung aufzuteilen. Wegen der Aufteilung der Leasing-Raten und deren steuerlicher Behandlung gelten die Ausführungen unter V. 1. entsprechend.

VI.

Die vorstehenden Grundsätze gelten entsprechend auch für Verträge mit Leasing-Nehmern, die ihren Gewinn nicht durch Bestandsvergleich ermitteln.

9. Ertragsteuerliche Behandlung von Finanzierungs-Leasing-Verträgen über unbewegliche Wirtschaftsgüter; Leasingerlass

BMF, Schreiben v. 21. 3. 1972 (BStBl I S. 188)

– F/IV B 2 - S 2170 - 11/72 –

Unter Bezugnahme auf das Ergebnis der Erörterungen mit den obersten Finanzbehörden der Länder wird zu der Frage der ertragsteuerlichen Behandlung von Finanzierungs-Leasing-Verträgen über unbewegliche Wirtschaftsgüter wie folgt Stellung genommen:

I. Finanzierungs-Leasing-Verträge

1. Allgemeines

a) In meinem Schreiben vom 19. April 1971 – IV B/2 - S 2170 - 31/71 – habe ich unter Berücksichtigung des BFH-Urteils vom 26. 1. 1970 (BStBl II S. 264) zur steuerlichen Behandlung von Finanzierungs-Leasing-Verträgen über bewegliche Wirtschaftsgüter Stellung genommen. Die in Abschnitt II dieses Schreibens enthaltenen Ausführungen über den Begriff und die Abgrenzung des Finanzierungs-Leasing-Vertrages bei beweglichen Wirtschaftsgütern gelten entsprechend für Finanzierungs-Leasing-Verträge über unbewegliche Wirtschaftsgüter.

b) Ebenso wie bei den Finanzierungs-Leasing-Verträgen über bewegliche Wirtschaftsgüter kann bei vor dem 24. April 1970 abgeschlossenen Finanzierungs-Leasing-Verträgen über unbewegliche Wirtschaftsgüter zur Gewährleistung einer einheitlichen Rechtsanwendung und aus Vereinfachungsgründen von dem wirtschaftlichen Eigentum des Leasing-Gebers am Leasing-Gegenstand, einer Vermietung oder Verpachtung an den Leasing-Nehmer und von der bisherigen steuerlichen Behandlung ausgegangen werden, wenn die Vertragsparteien in der Vergangenheit übereinstimmend eine derartige Zurechnung zugrunde gelegt haben und auch in Zukunft daran festhalten. Das gilt auch, wenn die Vertragslaufzeit über den genannten Stichtag hinausreicht.

c) Für die steuerliche Zurechnung von unbeweglichen Wirtschaftsgütern bei Finanzierungs-Leasing-Verträgen, die nach dem 23. April 1970 abgeschlossen wurden, gelten unter Berücksichtigung der in Abschnitt III meines Schreibens vom 19. 4. 1971 aufgestellten Grundsätze und des BFH-Urteils vom 18. 11. 1970 (BStBl 1971 II S. 133) über Mietkaufverträge bei unbeweglichen Wirtschaftsgütern die in Nummer 2 aufgeführten Kriterien.

d) Die Grundsätze für die Behandlung von unbeweglichen Wirtschaftsgütern gelten nicht für Betriebsvorrichtungen, auch wenn sie wesentliche Bestandteile eines Grundstücks sind (§ 50 Abs. 1 Satz 2 BewG a. F.). Die Zurechnung von Betriebsvorrichtungen, die Gegenstand eines Finanzierungs-Leasing-Vertrages sind, ist vielmehr nach den Grundsätzen für die ertragsteuerliche Behandlung von beweglichen Wirtschaftsgütern zu beurteilen. Für die Abgrenzung der Betriebsvorrichtungen von den Gebäuden sind die Anweisungen in dem übereinstimmenden Ländererlaß über die Abgrenzung der Betriebsvorrichtungen vom Grundvermögen vom 28. 3. 1960 (BStBl II S. 93) maßgebend.

2. Steuerliche Zurechnung unbeweglicher Leasing-Gegenstände

a) Die Zurechnung des unbeweglichen Leasing-Gegenstandes ist von der von den Parteien gewählten Vertragsgestaltung und deren tatsächlicher Durchführung abhängig. Unter Würdigung der gesamten Umstände ist im Einzelfall zu entscheiden, wem der Leasing-Gegenstand zuzurechnen ist.

Die Zurechnungs-Kriterien sind dabei für Gebäude und Grund und Boden getrennt zu prüfen.

b) Bei Finanzierungs-Leasing-Verträgen ohne Kauf- oder Verlängerungsoption und Finanzierungs-Leasing-Verträgen mit Mietverlängerungsoption ist der Grund und Boden grundsätzlich dem Leasing-Geber zuzurechnen, bei Finanzierungs-Leasing-Verträgen mit Kaufoption dagegen regelmäßig dem Leasing-Nehmer, wenn nach Buchstabe c auch das Gebäude dem Leasing-Nehmer zugerechnet wird. Für die Zurechnung des Grund und Bodens in Fällen des Spezial-Leasings ist entsprechend zu verfahren.

c) Für die Zurechnung der Gebäude gilt im einzelnen das Folgende:

aa) Ist die Grundmietzeit kürzer als 40 v. H. oder länger als 90 v. H. der betriebsgewöhnlichen Nutzungsdauer des Gebäudes, so ist das Gebäude regelmäßig dem Leasing-Nehmer zuzurechnen. Wird die Absetzung für Abnutzung des Gebäudes nach § 7 Abs. 4 Satz 1 oder Abs. 5 EStG bemessen, so gilt als betriebsgewöhnliche Nutzungsdauer ein Zeitraum von 50 Jahren. Hat der Leasing-Nehmer dem Leasing-Geber an dem Grundstück, das Gegenstand des Finanzierungs-Leasing-Vertrages ist, ein Erbbaurecht eingeräumt und ist der Erbbaurechtszeitraum kürzer als die betriebsgewöhnliche Nutzungsdauer des Gebäudes, so tritt bei Anwendung des vorstehenden Satzes an die Stelle der betriebsgewöhnlichen Nutzungsdauer des Gebäudes der kürzere Erbbaurechtszeitraum.

bb) Beträgt die Grundmietzeit mindestens 40 v. H. und höchstens 90 v. H. der betriebsgewöhnlichen Nutzungsdauer, so gilt unter Berücksichtigung der Sätze 2 und 3 des vorstehenden Doppelbuchstabens aa Folgendes:

Bei Finanzierungs-Leasing-Verträgen ohne Kauf- oder Mietverlängerungsoption ist das Gebäude regelmäßig dem Leasing-Geber zuzurechnen.

Bei Finanzierungs-Leasing-Verträgen mit Kaufoption kann das Gebäude regelmäßig nur dann dem Leasing-Geber zugerechnet werden, wenn der für den Fall der Ausübung des Optionsrechtes vorgesehene Gesamtkaufpreis nicht niedriger ist als der unter Anwendung der linearen AfA ermittelte Buchwert des Gebäudes zuzüglich des Buchwertes für den Grund und Boden oder der niedrigere gemeine Wert des Grundstücks im Zeitpunkt der Veräußerung. Wird die Höhe des Kaufpreises für den Fall der Ausübung des Optionsrechtes während oder nach Ablauf der Grundmietzeit festgelegt oder verändert, so gilt entsprechendes. Die Veranlagungen sind ggf. zu berichtigen.

Bei Finanzierungs-Leasing-Verträgen mit Mietverlängerungsoption kann das Gebäude regelmäßig nur dann dem Leasing-Geber zugerechnet werden, wenn die Anschlußmiete mehr als 75 v. H. des Mietentgeltes beträgt, das für ein nach Art, Lage und Ausstattung vergleichbares Grundstück üblicherweise gezahlt wird. Wird die Höhe der Leasing-Raten für den Verlängerungszeitraum während oder nach Ablauf der Grundmietzeit festgelegt oder verändert, so gilt Entsprechendes. Die Veranlagungen sind ggf. zu berichtigen.

Verträge ohne Mietverlängerungsoption, bei denen nach Ablauf der Grundmietzeit eine Vertragsverlängerung für den Fall vorgesehen ist, daß der Mietvertrag nicht von einer der Vertragsparteien gekündigt wird, sind steuerlich grundsätzlich ebenso wie Finanzierungs-Leasing-Verträge mit Mietverlängerungsoption zu behandeln.

d) Bei Spezial-Leasing-Verträgen ist das Gebäude stets dem Leasing-Nehmer zuzurechnen.

II. Bilanzmäßige Darstellung

1. Zurechnung des Leasing-Gegenstandes beim Leasing-Geber

a) Darstellung beim Leasing-Geber

Der Leasing-Geber hat den Leasing-Gegenstand mit seinen Anschaffungs- oder Herstellungskosten zu aktivieren.

Die Leasing-Raten sind Betriebseinnahmen.

b) Darstellung beim Leasing-Nehmer

Die Leasing-Raten sind grundsätzlich Betriebsausgaben.

2. Zurechnung des Leasing-Gegenstandes beim Leasing-Nehmer

a) Bilanzierung beim Leasing-Nehmer

Der Leasing-Nehmer hat den Leasing-Gegenstand mit seinen Anschaffungs- oder Herstellungskosten zu aktivieren. Als Anschaffungs- oder Herstellungskosten gelten die Anschaffungs- oder Herstellungskosten des Leasing-Gebers, die der Berechnung der Leasing-Raten zugrunde gelegt worden sind, zuzüglich etwaiger weiterer Anschaffungs- oder Herstellungskosten, die nicht in den Leasing-Raten enthalten sind (vgl. Schreiben vom 5. Mai 1970 – IV B/2 - S 2170 - 4/70 –).

In Höhe der aktivierten Anschaffungs- oder Herstellungskosten mit Ausnahme der nicht in den Leasing-Raten berücksichtigten Anschaffungs- oder Herstellungskosten des Leasing-Nehmers ist eine Verbindlichkeit gegenüber dem Leasing-Geber zu passivieren.

Die Leasing-Raten sind in einen Zins- und Kostenanteil sowie einen Tilgungsanteil aufzuteilen. Bei der Aufteilung ist zu berücksichtigen, daß sich infolge der laufenden Tilgung der Zinsanteil verringert und der Tilgungsanteil entsprechend erhöht.

Der Zins- und Kostenanteil stellt eine sofort abzugsfähige Betriebsausgabe dar, während der andere Teil der Leasing-Rate als Tilgung der Kaufpreisschuld erfolgsneutral zu behandeln ist.

b) Bilanzierung beim Leasing-Geber

Der Leasing-Geber aktiviert eine Kaufpreisforderung an den Leasing-Nehmer in Höhe der den Leasing-Raten zugrunde gelegten Anschaffungs- oder Herstellungskosten. Dieser Betrag ist grundsätzlich mit der vom Leasing-Nehmer ausgewiesenen Verbindlichkeit identisch.

Die Leasing-Raten sind in einen Zins- und Kostenanteil sowie in einen Anteil Tilgung der Kaufpreisforderung aufzuteilen. Wegen der Aufteilung der Leasing-Raten und deren steuerlicher Behandlung gelten die Ausführungen unter a) entsprechend.

III. Andere Verträge

Erfüllen Verträge über unbewegliche Wirtschaftsgüter nicht die Merkmale, die als Voraussetzung für den Begriff des Finanzierungs-Leasings in Abschnitt II meines Schreibens vom 19. 4. 1971 aufgeführt sind, so ist nach allgemeinen Grundsätzen, insbesondere auch nach den von der Rechtsprechung aufgestellten Grundsätzen über Mietkaufverträge zu entscheiden, wem der Leasing- oder Mietgegenstand zuzurechnen ist (vgl. hierzu insbesondere BFH-Urteile vom 5. 11. 1957 – BStBl III S. 445 –, 25. 10. 1963 – BStBl 1964 III S. 44 –, 2. 8. 1966 – BStBl 1967 III S. 63 – und 18. 11. 1970 – BStBl 1971 II S. 133).

10. Steuerrechtliche Zurechnung des Leasing-Gegenstandes beim Leasing-Geber; Leasingerlass

BMF, Schreiben v. 22. 12. 1975

– IV B 2 - S 2170 - 161/75 –

Unter Bezugnahme auf das Ergebnis der Erörterung mit den obersten Finanzbehörden der Länder hat der Bundesminister der Finanzen zu einem Schreiben des Deutschen Leasing-Verbandes vom 24. 7. 1975 wie folgt Stellung genommen:

1. Gemeinsames Merkmal der in dem Schreiben des Deutschen Leasing-Verbandes dargestellten Vertragsmodelle ist, daß eine unkündbare Grundmietzeit vereinbart wird, die mehr als 40 %, jedoch nicht mehr als 90 % der betriebsgewöhnlichen Nutzungsdauer des Leasing-Gegenstandes beträgt und daß die Anschaffungs- oder Herstellungskosten des Leasing-Gebers sowie alle

Nebenkosten einschließlich der Finanzierungskosten des Leasing-Gebers in der Grundmietzeit durch die Leasing-Raten nur zum Teil gedeckt werden. Da mithin Finanzierungs-Leasing im Sinne des BdF-Schreibens über die ertragsteuerrechtliche Behandlung von Leasing-Verträgen über bewegliche Wirtschaftsgüter vom 19.4.1971 (BStBl I S. 264) nicht vorliegt, ist die Frage, wem der Leasing-Gegenstand zuzurechnen ist, nach den allgemeinen Grundsätzen zu entscheiden.

Die Prüfung der Zurechnungsfrage hat folgendes ergeben: 2.

a) Vertragsmodell mit Andienungsrecht des Leasing-Gebers, jedoch ohne Optionsrecht des Leasing-Nehmers

Bei diesem Vertragsmodell hat der Leasing-Geber ein Andienungsrecht. Danach ist der Leasing-Nehmer, sofern ein Verlängerungsvertrag nicht zustande kommt, auf Verlangen des Leasing-Gebers verpflichtet, den Leasing-Gegenstand zu einem Preis zu kaufen, der bereits bei Abschluß des Leasing-Vertrags fest vereinbart wird. Der Leasing-Nehmer hat kein Recht, den Leasing-Gegenstand zu erwerben.

Der Leasing-Nehmer trägt bei dieser Vertragsgestaltung das Risiko der Wertminderung, weil er auf Verlangen des Leasing-Gebers den Leasing-Gegenstand auch dann zum vereinbarten Preis kaufen muß, wenn der Wiederbeschaffungspreis für ein gleichwertiges Wirtschaftsgut geringer als der vereinbarte Preis ist. Der Leasing-Geber hat jedoch die Chance der Wertsteigerung, weil er sein Andienungsrecht nicht ausüben muß, sondern das Wirtschaftsgut zu einem über dem Andienungspreis liegenden Preis verkaufen kann, wenn ein über dem Andienungspreis liegender Preis am Markt erzielt werden kann.

Der Leasing-Nehmer kann unter diesen Umständen nicht als wirtschaftlicher Eigentümer des Leasing-Gegenstandes angesehen werden.

b) Vertragsmodell mit Aufteilung des Mehrerlöses

Nach Ablauf der Grundmietzeit wird der Leasing-Gegenstand durch den Leasing-Geber veräußert. Ist der Veräußerungserlös niedriger als die Differenz zwischen den Gesamtkosten des Leasing-Gebers und den in der Grundmietzeit entrichteten Leasing-Raten (Restamortisation), so muß der Leasing-Nehmer eine Abschlußzahlung in Höhe der Differenz zwischen Restamortisation und Veräußerungserlös zahlen. Ist der Veräußerungserlös hingegen höher als die Restamortisation, so erhält der Leasing-Geber 25 %, der Leasing-Nehmer 75 % des die Restamortisation übersteigenden Teils des Veräußerungserlöses.

Durch die Vereinbarung, daß der Leasing-Geber 25 % des die Restamortisation übersteigenden Teils des Veräußerungserlöses erhält, wird bewirkt, daß der Leasing-Geber noch in einem wirtschaftlich ins Gewicht fallenden Umfangs an etwaigen Wertsteigerungen des Leasing-Gegenstandes beteiligt ist. Der Leasing-Gegenstand ist daher dem Leasing-Geber zuzurechnen.

Eine ins Gewicht fallende Beteiligung des Leasing-Gebers an Wertsteigerungen des Leasing-Gegenstandes ist hingegen nicht mehr gegeben, wenn der Leasing-Geber weniger als 25 % des die Restamortisation übersteigenden Teils des Veräußerungserlöses erhält. Der Leasing-Gegenstand ist in solchen Fällen dem Leasing-Nehmer zuzurechnen.

c) Kündbarer Mietvertrag mit Anrechnung des Veräußerungserlöses auf die vom Leasing-Nehmer zu leistende Schlußzahlung

Dei Leasing-Nehmer kann den Leasing-Vertrag frühestens nach Ablauf einer Grundmietzeit, die 40 % der betriebsgewöhnlichen Nutzungsdauer beträgt, kündigen. Bei Kündigung ist eine Abschlußzahlung in Höhe der durch die Leasing-Raten nicht gedeckten Gesamtkosten des Leasing-Gebers zu entrichten. Auf die Abschlußzahlung werden 90 % des vom Leasing-Geber erzielten

Veräußerungserlöses angerechnet. Ist der anzurechnende Teil des Veräußerungserlöses zuzüglich der vom Leasing-Nehmer bis zur Veräußerung entrichteten Leasing-Raten niedriger als die Gesamtkosten des Leasing-Gebers, so muß der Leasing-Nehmer in Höhe der Differenz eine Abschlußzahlung leisten. Ist jedoch der Veräußerungserlös höher als die Differenz zwischen Gesamtkosten des Leasing-Gebers und den bis zur Veräußerung entrichteten Leasing-Raten, so behält der Leasing-Geber diesen Differenzbetrag in vollem Umfang.

Bei diesem Vertragsmodell kommt eine während der Mietzeit eingetretene Wertsteigerung in vollem Umfang dem Leasing-Geber zugute. Der Leasing-Geber ist daher nicht nur rechtlicher, sondern auch wirtschaftlicher Eigentümer des Leasing-Gegenstandes.

Die vorstehenden Ausführungen gelten nur grundsätzlich, d. h. nur insoweit, wie besondere Regelungen in Einzelverträgen nicht zu einer anderen Beurteilung zwingen.

11. Zurechnung des wirtschaftlichen Eigentums bei Leasingverträgen mit feststehender Abschlusszahlung in Höhe der Restamortisation; Übergangsregelung

OFD Frankfurt am Main, Verfügung v. 20. 6. 2006

— S 2170 A - 28 - St 219 —

Auf Bundesebene wurde folgende Fallgestaltung bezüglich Leasingverträgen bei Mobilien erörtert und das wirtschaftliche Eigentum an dem Leasinggegenstand dem Leasingnehmer zugerechnet:

Die laufenden Leasingraten decken die Anschaffungskosten des Leasinggebers einschließlich seiner Neben- und Finanzierungskosten nicht vollständig ab, allerdings ist bei Vertragsablauf eine Abschlusszahlung in Höhe der Restamortisation vereinbart. Im Fall der Ausübung der Kaufoption wird die Abschlusszahlung auf den Kaufpreis angerechnet. Übersteigt der Verkehrswert die Abschlusszahlung, muss der Leasingnehmer 25,1 % des übersteigenden Betrags an den Leasinggeber entrichten. Wird der Leasinggegenstand an einen Dritten veräußert, so steht der Erlös aus der Veräußerung an einen Dritten dem Leasinggeber zu 25,1 % und dem Leasingnehmer zu 74,9 % zu.

Der hier beschriebene Fall unterscheidet sich von dem in dem BMF-Schreiben vom 22. 12. 1975 unter Tz. 2b (vgl. Anhang 21 III ESt-Handbuch 2005) beschriebenen Sachverhalt, in dem das wirtschaftliche Eigentum dem Leasinggeber zugerechnet wird, insbesondere dadurch, dass der Leasingnehmer ein Ankaufsrecht an dem Leasinggegenstand hat.

Wurden in der Vergangenheit die in dem BMF-Schreiben vom 22. 12. 1975 dargestellten Überlegungen auf den beschriebenen Sachverhalt übertragen, so bestehen laut Erlass des Hessischen Ministeriums der Finanzen vom 19. 5. 2006 für Leasingverträge, die vor dem 1. Juli 2006 abgeschlossen worden sind keine Bedenken, wenn aus Gründen des Vertrauensschutzes die Zurechnung weiterhin bei dem Leasinggeber erfolgt.

Dabei ist die Zuordnungsentscheidung von der für den Leasinggeber zuständigen Finanzbehörde zu treffen, die für den Leasingnehmer zuständige Finanzbehörde ist hieran gebunden.

12. Ertragsteuerliche Behandlung von Teilamortisations-Leasing-Verträgen über unbewegliche Wirtschaftsgüter; Leasingerlass

BMF, Schreiben v. 23.12.1991 (BStBl 1992 I S. 13)

– IV B 2 - S 2170 - 115/91 –

In meinem Schreiben vom 21. März 1972 (BStBl I S. 188) habe ich zur ertragsteuerlichen Behandlung von Finanzierungs-Leasing-Verträgen über unbewegliche Wirtschaftsgüter Stellung genommen. Dabei ist unter Finanzierungs-Leasing das Vollamortisations-Leasing verstanden worden. Zu der Frage der ertragsteuerlichen Behandlung von Teilamortisations-Leasing-Verträgen über unbewegliche Wirtschaftsgüter wird unter Bezugnahme auf das Ergebnis der Erörterung mit den obersten Finanzbehörden der Länder wie folgt Stellung genommen:

I. Begriff und Abgrenzung des Teilamortisations-Leasing-Vertrages bei unbeweglichen Wirtschaftsgütern

1. Teilamortisations-Leasing im Sinne dieses Schreibens ist nur dann anzunehmen, wenn

    a) der Vertrag über eine bestimmte Zeit abgeschlossen wird, während der er bei vertragsgemäßer Erfüllung von beiden Vertragsparteien nur aus wichtigem Grund gekündigt werden kann (Grundmietzeit),

    und

    b) der Leasing-Nehmer mit den in der Grundmietzeit zu entrichtenden Raten die Anschaffungs- oder Herstellungskosten sowie alle Nebenkosten einschließlich der Finanzierungskosten des Leasing-Gebers nur zum Teil deckt.

2. Wegen der möglichen Vertragstypen weise ich auf Abschnitt II Ziffer 2 meines Schreibens vom 19. April 1971 (BStBl I S. 264) hin. Die dortigen Ausführungen gelten beim Teilamortisations-Leasing von unbeweglichen Wirtschaftsgütern entsprechend.

II. Steuerrechtliche Zurechnung des Leasing-Gegenstandes

1. Die Zurechnung des unbeweglichen Leasing-Gegenstandes hängt von der Vertragsgestaltung und deren tatsächlicher Durchführung ab. Unter Würdigung der gesamten Umstände ist im Einzelfall zu entscheiden, wem der Leasing-Gegenstand zuzurechnen ist. Dabei ist zwischen Gebäude sowie Grund und Boden zu unterscheiden.

2. Für die Zurechnung der Gebäude gilt im einzelnen folgendes:

    a) Der Leasing-Gegenstand ist – vorbehaltlich der nachfolgenden Ausführungen – grundsätzlich dem L e a s i n g - G e b e r zuzurechnen.

    b) Der Leasing-Gegenstand ist in den nachfolgenden Fällen ausnahmsweise dem L e a - s i n g - N e h m e r zuzurechnen:

    aa) Verträge über Spezial-Leasing

    Bei Spezial-Leasing-Verträgen ist der Leasing-Gegenstand regelmäßig dem Leasing-Nehmer ohne Rücksicht auf das Verhältnis von Grundmietzeit und Nutzungsdauer und auf etwaige Optionsklauseln zuzurechnen.

8	bb)	**Verträge mit Kaufoption**

Bei Leasing-Verträgen mit Kaufoption ist der Leasing-Gegenstand regelmäßig dem Leasing-Nehmer zuzurechnen,

wenn die Grundmietzeit mehr als 90 v. H. der betriebsgewöhnlichen Nutzungsdauer beträgt oder der vorgesehene Kaufpreis geringer ist als der Restbuchwert des Leasing-Gegenstandes unter Berücksichtigung der AfA gemäß § 7 Abs. 4 EStG nach Ablauf der Grundmietzeit.

9 Die betriebsgewöhnliche Nutzungsdauer berechnet sich nach der Zeitspanne, für die AfA nach § 7 Abs. 4 Satz 1 EStG vorzunehmen ist, in den Fällen des § 7 Abs. 4 Satz 2 EStG nach der tatsächlichen Nutzungsdauer.

10	cc)	**Verträge mit Mietverlängerungsoption**

Bei Leasing-Verträgen mit Mietverlängerungsoption ist der Leasing-Gegenstand regelmäßig dem Leasing-Nehmer zuzurechnen,

wenn die Grundmietzeit mehr als 90 v. H. der betriebsgewöhnlichen Nutzungsdauer des Leasing-Gegenstandes beträgt oder die Anschlußmiete nicht mindestens 75 v. H. des Mietentgelts beträgt, das für ein nach Art, Lage und Ausstattung vergleichbares Grundstück üblicherweise gezahlt wird.

Wegen der Berechnung der betriebsgewöhnlichen Nutzungsdauer vgl. unter Tz. 9.

11	dd)	**Verträge mit Kauf- oder Mietverlängerungsoption und besonderen Verpflichtungen**

Der Leasing-Gegenstand ist bei Verträgen mit Kauf- oder Mietverlängerungsoption dem Leasing-Nehmer stets zuzurechnen, wenn ihm eine der nachfolgenden Verpflichtungen auferlegt wird:

12 — Der Leasing-Nehmer trägt die Gefahr des zufälligen ganzen oder teilweisen Untergangs des Leasing-Gegenstandes. Die Leistungspflicht aus dem Mietvertrag mindert sich in diesen Fällen nicht.

13 — Der Leasing-Nehmer ist bei ganzer oder teilweiser Zerstörung des Leasing-Gegenstandes, die nicht von ihm zu vertreten ist, dennoch auf Verlangen des Leasing-Gebers zur Wiederherstellung bzw. zum Wiederaufbau auf seine Kosten verpflichtet oder die Leistungspflicht aus dem Mietvertrag mindert sich trotz der Zerstörung nicht.

14 — Für den Leasing-Nehmer mindert sich die Leistungspflicht aus dem Mietvertrag nicht, wenn die Nutzung des Leasing-Gegenstandes aufgrund eines nicht von ihm zu vertretenden Umstands langfristig ausgeschlossen ist.

15 — Der Leasing-Nehmer hat dem Leasing-Geber die bisher nicht gedeckten Kosten ggf. auch einschließlich einer Pauschalgebühr zur Abgeltung vom Verwaltungskosten zu erstatten, wenn es zu einer vorzeitigen Vertragsbeendigung kommt, die der Leasing-Nehmer nicht zu vertreten hat.

16 — Der Leasing-Nehmer stellt den Leasing-Geber von sämtlichen Ansprüchen Dritter frei, die diese hinsichtlich des Leasing-Gegenstandes gegenüber dem Leasing-Geber geltend machen, es sei denn, daß der Anspruch des Dritten von dem Leasing-Nehmer verursacht worden ist.

– Der Leasing-Nehmer als Eigentümer des Grund und Bodens, auf dem der Leasing-Geber als Erbbauberechtigter den Leasing-Gegenstand errichtet, ist aufgrund des Erbbaurechtsvertrags unter wirtschaftlichen Gesichtspunkten gezwungen, den Leasing-Gegenstand nach Ablauf der Grundmietzeit zu erwerben. 17

3. Der Grund und Boden ist grundsätzlich demjenigen zuzurechnen, dem nach den Ausführungen unter Tz. 6 bis 17 das Gebäude zugerechnet wird. 18

III. Bilanzmäßige Darstellung

Die bilanzmäßige Darstellung erfolgt nach den Grundsätzen unter Abschnitt II meines Schreibens vom 21. März 1972 (BStBl I S. 188). 19

IV. Übergangsregelung

Soweit die vorstehend aufgeführten Grundsätze zu einer Änderung der bisherigen Verwaltungspraxis für die Zurechnung des Leasing-Gegenstandes bei Teilamortisations-Leasing-Verträgen über unbewegliche Wirtschaftsgüter führen, sind sie nur auf Leasing-Verträge anzuwenden, die nach dem 31. Januar 1992 abgeschlossen werden. 20

13. Ertragsteuerliche Behandlung von Finanzierungs-Leasing-Verträgen über unbewegliche Wirtschaftsgüter; hier: Betriebsgewöhnliche Nutzungsdauer und Restbuchwert bei Wirtschaftsgebäuden

BMF, Schreiben v. 9. 6. 1987 (BStBl I S. 440)

– IV B 2 - S 2170 - 14/87 –

Nach dem Bezugsschreiben[1] hängt bei Finanzierungs-/Leasing-Verträgen die Zurechnung unbeweglicher Wirtschaftsgüter beim Leasing-Nehmer u. a. von der betriebsgewöhnlichen Nutzungsdauer des Gebäudes und bei Finanzierungs-Leasing-Verträgen mit Kaufoption zusätzlich von dem nach linearer AfA ermittelten Buchwert des Gebäudes ab. Durch das Gesetz zur Verbesserung der Abschreibungsbedingungen für Wirtschaftsgebäude und für moderne Heizungs- und Warmwasseranlagen vom 19. Dezember 1985 (BGBl I S. 2434, BStBl I S. 705) ist § 7 Abs. 4 und 5 EStG geändert worden. Nach der geänderten Fassung dieser Vorschrift ergibt sich für Gebäude, soweit sie zu einem Betriebsvermögen gehören und nicht Wohnzwecken dienen und für die der Antrag auf Baugenehmigung nach dem 31. März 1985 gestellt worden ist, ein Absetzungszeitraum von 25 Jahren. Unter Bezugnahme auf das Ergebnis der Erörterung mit den obersten Finanzbehörden der Länder wird zu der Frage, welche Auswirkungen die gesetzliche Neuregelung auf die ertragsteuerliche Zurechnung unbeweglicher Wirtschaftsgüter bei Finanzierungs-Leasing-Verträgen hat, wie folgt Stellung genommen:

---

[1] BMF, Schreiben v. 21. 3. 1972 (BStBl I S. 188), abgedruckt unter B.II.9.

Bei Gebäuden, für die die AfA nach § 7 Abs. 4 Satz 1 Nr. 1 oder Abs. 5 Satz 1 Nr. 1 EStG in der Fassung des Änderungsgesetzes vom 19. Dezember 1985 zu bemessen ist, ist

1. für die Berechnung der betriebsgewöhnlichen Nutzungsdauer im Sinne des Abschnitts I Nr. 2 Buchstabe c Doppelbuchstabe aa des Bezugsschreibens[1] und
2. für die Bemessung der linearen AfA im Sinne des Abschnitts I Nr. 2 Buchstabe c Doppelbuchstabe bb des Bezugsschreibens

der sich aus dem Gesetz ergebende Absetzungszeitraum von 25 Jahren zugrunde zu legen.

14. Bilanzsteuerrechtliche Behandlung des Geschäfts- oder Firmenwerts, des Praxiswerts und sogenannter firmenwertähnlicher Wirtschaftsgüter

BMF, Schreiben v. 20. 11. 1986 (BStBl I S. 532)

– IV B 2 - S 2172 - 13/86 –

Durch Artikel 10 Abs. 15 des Bilanzrichtlinien-Gesetzes vom 19. Dezember 1985 (BGBl I S. 2355, BStBl I S. 704) sind in § 6 Abs. 1 Nr. 2 EStG die Worte „Geschäfts- oder Firmenwert" gestrichen und in § 7 Abs. 1 EStG für den Geschäfts- oder Firmenwert eine betriebsgewöhnliche Nutzungsdauer von 15 Jahren festgelegt worden.

Zu der Frage, welche Folgen sich aus diesen Gesetzesänderungen für die bilanzsteuerrechtliche Behandlung des Geschäfts- oder Firmenwerts, des Praxiswerts und sogenannter firmenwertähnlicher Wirtschaftsgüter ergeben, wird unter Bezugnahme auf das Ergebnis der Erörterung mit den Vertretern der obersten Finanzbehörden der Länder wie folgt Stellung genommen:

I. Geschäfts- oder Firmenwert

Der Geschäfts- oder Firmenwert eines Gewerbebetriebs oder eines Betriebs der Land- und Forstwirtschaft gehört nach der Änderung der §§ 6 und 7 EStG zu den abnutzbaren Wirtschaftsgütern des Anlagevermögens (§ 6 Abs. 1 Nr. 1 EStG). Entgeltlich erworbene Geschäfts- oder Firmenwerte sind wie bisher zu aktivieren (§ 5 Abs. 2 EStG). Auf den Aktivposten sind Absetzungen für Abnutzung (AfA) während der gesetzlich festgelegten Nutzungsdauer von 15 Jahren vorzunehmen (§ 7 Abs. 1 Satz 3 EStG). Die AfA dürfen auch dann nicht nach einer kürzeren Nutzungsdauer bemessen werden, wenn im Einzelfall Erkenntnisse dafür vorliegen, daß die tatsächliche Nutzungsdauer kürzer als 15 Jahre sein wird, beispielsweise bei sogenannten personenbezogenen Betrieben, bei denen der Unternehmenswert so eng mit der Person des Betriebsinhabers verbunden ist, daß nach dessen Ausscheiden mit einer kürzeren Nutzungsdauer des erworbenen Geschäfts- oder Firmenwerts zu rechnen ist.

Die Möglichkeit des Ansatzes eines niedrigeren Teilwerts bleibt grundsätzlich unberührt. Die gesetzliche Festlegung der betriebsgewöhnlichen Nutzungsdauer auf 15 Jahre ist jedoch auch hierbei zu beachten. Der Ansatz eines niedrigeren Teilwerts ist deshalb nur in dem von der Rechtsprechung bisher als zulässig erachteten Rahmen anzuerkennen (vgl. BFH-Urteil vom 13. April 1983 – BStBl II S. 667 mit weiteren Nachweisen).

---

[1] BMF, Schreiben v. 21. 3. 1972 (BStBl I S. 188), abgedruckt unter B.II.9.

II. Praxiswert[1]

Daran, daß der entgeltlich erworbene Wert eines freiberuflichen Unternehmens (Praxiswert) grundsätzlich abnutzbar ist, hat sich nichts geändert. AfA sind entsprechend der bisherigen Rechtsprechung des BFH (vgl. Urteil vom 15. April 1958, BStBl III S. 330) nach der im Einzelfall zu schätzenden Nutzungsdauer zu bemessen. In den Fällen, in denen nach der Rechtsprechung des BFH der erworbene Praxiswert sich nicht abnutzt, weil der Praxisinhaber weiterhin entscheidenden Einfluß im Unternehmen ausübt (vgl. Urteil vom 23. Januar 1975, BStBl II S. 381, zum Fall einer Sozietät), ist es nicht zu beanstanden, wenn die nunmehr für den Geschäfts- oder Firmenwert maßgebenden Vorschriften über Nutzungsdauer (§ 7 Abs. 1 Satz 3 EStG) und Abschreibungsbeginn (§ 52 Abs. 6a EStG) analog angewandt werden. Das gilt z. B. auch, wenn eine Einzelpraxis in eine GmbH eingebracht wird und der frühere Praxisinhaber Alleingesellschafter der GmbH wird oder wenn eine freiberufliche Gemeinschaft unter Beibehaltung des bisherigen persönlichen Einflusses aller Beteiligten lediglich ihre Rechtsform ändert. Insoweit ist das BMF-Schreiben vom 30. Juli 1979, BStBl I S. 481, für Wirtschaftsjahre, die nach dem 31. Dezember 1986 beginnen, nicht mehr zu beachten.

III. Sogenannte firmenwertähnliche Wirtschaftsgüter

a) Verkehrsgenehmigungen

Aufwendungen für den wirtschaftlichen Vorteil, der mit einer behördlichen Verkehrsgenehmigung verbunden ist, sind nach der Rechtsprechung des BFH aktivierungspflichtige Aufwendungen für den Erwerb eines nichtabnutzbaren immateriellen Wirtschaftsguts (vgl. z. B. die Urteile vom 13. März 1956, BStBl III S. 149, zum Fall einer Omnibuslinie, oder vom 8. Mai 1963, BStBl III S. 377, zum Fall einer Güterverkehrsgenehmigung). Das immaterielle Wirtschaftsgut nutzt sich nach den Ausführungen des BFH nicht durch Zeitablauf ab, weil der Erwerber der Genehmigung nach der Verfahrensübung der Genehmigungsbehörden mit einer Verlängerung oder Erneuerung der Genehmigung rechnen kann, solange der Betrieb besteht. AfA sind deshalb nicht zulässig. Aus diesem Grunde wurden die Wirtschaftsgüter als „firmenwertähnlich" bezeichnet. Die Unzulässigkeit der AfA beruhte jedoch bei Verkehrsgenehmigungen anders als beim Geschäfts- oder Firmenwert nicht auf der gesetzlichen Fiktion als nicht abnutzbares Wirtschaftsgut, sondern auf der tatsächlichen Nichtabnutzbarkeit. Die bilanzielle Behandlung wird deshalb von der Gesetzesänderung nicht berührt.

b) Verlagswerte

Nach dem BFH-Urteil vom 5. August 1970 (BStBl II S. 804) ist der Verlagswert ein vom Geschäfts- oder Firmenwert abzugrenzendes immaterielles Einzelwirtschaftsgut, das bei entgeltlichem Erwerb vom Geschäfts- oder Firmenwert gesondert zu aktivieren ist, aber wie dieser nicht nach § 7 EStG abgeschrieben werden darf. Beim entgeltlich erworbenen Verlagswert ergab sich die Begründung für die Unzulässigkeit von AfA daraus, daß der tatsächliche Abnutzungsverlauf dem des entgeltlich erworbenen Geschäfts- oder Firmenwerts vergleichbar ist. Mit dem Wegfall des Abschreibungsverbots für den Geschäfts- oder Firmenwert entfällt deshalb in diesem Fall auch das Abschreibungsverbot für das dem Geschäfts- oder Firmenwert vergleichbare Wirtschaftsgut. Entsprechend der bisherigen Gleichbehandlung sind die nunmehr für den Geschäfts- oder Firmenwert maßgebenden Vorschriften über Nutzungsdauer (§ 7 Abs. 1 Satz 3 EStG) und Abschreibungsbeginn (§ 52 Abs. 6a EStG) auch bei der bilanziellen Behandlung von Verlagswerten anzuwenden.

---

[1] Zur Anwendung siehe BMF-Schreiben v. 15. 1. 1995 (BStBl I S. 14), abgedruckt unter B.II.15. dieser Textausgabe.

15. Steuerrechtliche Behandlung des Wirtschaftsguts „Praxiswert"; Änderung der Rechtsprechung

BMF, Schreiben v. 15. 1. 1995 (BStBl I S. 14)

– V B 2 - S 2172 - 15/94 –

Der BFH hat seine Rechtsprechung zur steuerrechtlichen Behandlung des Wirtschaftsguts „Praxiswert" geändert (BFH vom 24. Februar 1994, BStBl II S. 590). Im Einvernehmen mit den obersten Finanzbehörden der Länder sind die Urteilsgrundsätze wie folgt anzuwenden:

Der anläßlich der Gründung einer Sozietät aufgedeckte Praxiswert stellt ebenso wie der Wert einer erworbenen Einzelpraxis ein abnutzbares immaterielles Wirtschaftsgut dar. § 7 Abs. 1 Satz 3 EStG ist jedoch auf die Bemessung der AfA für den (Einzel- oder Sozietäts-)Praxiswert nicht anzuwenden. Wegen der Beteiligung und der weiteren Mitwirkung des bisherigen Praxisinhabers (Sozius) ist vielmehr davon auszugehen, daß die betriebsgewöhnliche Nutzungsdauer des anläßlich der Gründung einer Sozietät aufgedeckten Praxiswerts doppelt so lang ist wie die Nutzungsdauer des Werts einer erworbenen Einzelpraxis. Die betriebsgewöhnliche Nutzungsdauer ist nach den Umständen des einzelnen Falles sachgerecht zu schätzen. Dabei ist es nicht zu beanstanden, wenn für den anläßlich der Gründung einer Sozietät aufgedeckten Praxiswert eine betriebsgewöhnliche Nutzungsdauer von sechs bis zehn Jahren und für den Wert einer erworbenen Einzelpraxis eine betriebsgewöhnliche Nutzungsdauer von drei bis fünf Jahren angenommen wird.

Die Grundsätze dieses Schreibens gelten entsprechend für den Erwerb eines Praxiswerts durch eine Wirtschaftsprüfer- oder Steuerberater-GmbH. Sie sind in noch offenen Fällen ab dem Veranlagungszeitraum 1993, auf Antrag auch ab einem früheren Veranlagungszeitraum, anzuwenden; eine ggf. aufgestellte Bilanz ist zu berichtigen. Aufgrund der Änderung der höchstrichterlichen Rechtsprechung können die Anschaffungskosten des Praxiswerts, vermindert um die bisher abgezogenen AfA, d. h. der Restbuchwert, auf die restliche Nutzungsdauer verteilt werden. Wird der Gewinn nach den §§ 4 Abs. 1, 5 EStG ermittelt, kann der Restbuchwert auch auf den niedrigeren Teilwert abgeschrieben und dieser auf die restliche Nutzungsdauer verteilt werden.

Das BMF-Schreiben vom 30. Juli 1979 (BStBl I S. 481) sowie Abschnitt II des BMF-Schreibens vom 20. November 1986 (BStBl I S. 532) sind nicht weiter anzuwenden.

16. Bilanz- und gewerbesteuerrechtliche Behandlung der Forfaitierung von Forderungen aus Leasing-Verträgen

BMF, Schreiben v. 9. 1. 1996 (BStBl I S. 9)

– IV B 2 - S 2170 - 135/95 –

Forfaitiert der Leasing-Geber künftige Forderungen auf Leasing-Raten, die vom Leasing-Nehmer zu entrichten sind, oder forfaitiert er den künftigen Anspruch auf den Erlös aus der nach Ablauf der Grundmietzeit anstehenden Verwertung des Leasing-Gegenstandes an eine Bank, so hat dies nach dem Ergebnis einer Erörterung mit den obersten Finanzbehörden der Länder folgende Auswirkungen:

I. Allgemeine Rechtsfolgen der Forfaitierung einer Forderung

Der Abtretung der künftigen Forderungen aus Leasing-Verträgen liegt in schuldrechtlicher Hinsicht eine Forfaitierung zugrunde. Es handelt sich um einen Kaufvertrag zwischen einem Forderungsverkäufer (Forfaitist) und einer Bank oder einem Spezialinstitut als Forderungskäufer (Forfaiteur). Aufgrund der Forfaitierung gehen alle Rechte aus der Forderung, aber auch das Risiko der Zahlungsunfähigkeit des Schuldners auf den Forderungskäufer über. Der Forderungsverkäufer trägt bei einer Forfaitierung lediglich das Risiko des rechtlichen Bestands der Forderung.

II. Zurechnung des Leasing-Gegenstandes

Die Forfaitierung der künftigen Forderungen auf Leasing-Raten beeinflußt die Zurechnung des Leasing-Gegenstandes nicht. Entsprechendes gilt grundsätzlich auch dann, wenn der künftige Anspruch auf den Erlös aus der Verwertung des Leasing-Gegenstands nach Ablauf der Grundmietzeit forfaitiert wird.

III. Bilanzierung des Erlöses

1. Übernimmt der Leasing-Geber auch die Haftung für die Zahlungsfähigkeit des Leasing-Nehmers oder verpflichtet er sich zum Rückkauf der Forderung im Falle der Uneinbringlichkeit, so ist dieser Vorgang als Darlehensgewährung der Bank an den Leasing-Geber zu beurteilen. Der Leasing-Geber hat die erhaltenen Erlöse als Darlehensschuld zu passivieren. Dies gilt auch, wenn der Vorgang als Forfaitierung der künftigen Forderungen auf Leasing-Raten oder als Forfaitierung des künftigen Anspruchs auf den Erlös aus der Verwertung des Leasing-Gegenstandes bezeichnet wird.

2. Steht der Leasing-Geber nur für den rechtlichen Bestand der Forderung und für die Freiheit von Einreden im Zeitpunkt des Verkaufs bzw. bis zum Ablauf der Grundmietzeit ein, so ist diese Forderung forfaitiert und daher wie folgt zu bilanzieren:

   a) im Falle der Forfaitierung der künftigen Forderung auf Leasing-Raten erhält der Leasing-Geber von dem Forderungskäufer den Betrag der Leasing-Raten als Forfaitierungserlös. Wegen seiner Verpflichtung zur Nutzungsüberlassung gegenüber dem Leasing-Nehmer hat der Leasing-Geber den Forfaitierungserlös in einen passiven Rechnungsabgrenzungsposten einzustellen und diesen verteilt auf die restliche Grundmietzeit linear gewinnerhöhend aufzulösen;

   b) im Falle der Forfaitierung des künftigen Anspruchs auf den Erlös aus der Verwertung des Leasing-Gegenstands (Restwertforfaitierung) hat der Leasing-Geber den Forfaitierungserlös wie eine Anzahlung zu passivieren, und zwar wegen seiner künftigen Verpflichtung zur Verschaffung des Eigentums an dem Leasing-Gegenstand. Der Passivposten ist verteilt über die Zeitspanne bis zum Ablauf der Grundmietzeit linear auf den Wert aufzustocken, der Grundlage für die Festlegung des Forfaitierungserlöses war. Dies ist grundsätzlich der im Leasing-Vertrag vereinbarte Andienungspreis. Nach Ablauf der Grundmietzeit ist der Passivposten gewinnerhöhend aufzulösen.

IV. Gewerbesteuerrechtliche Behandlung

Der Passivposten aus der Forfaitierung des Anspruchs auf die Leasing-Raten (vgl. unter III. 2. Buchstabe a) ist nicht als Dauerschuld gemäß § 12 Abs. 2 Nr. 1 GewStG zu behandeln. Dagegen handelt es sich bei der unter III. 1. beschriebenen Darlehensgewährung sowie bei dem Passivposten aus der Restwertforfaitierung für die Verpflichtung zur Verschaffung des Eigentums an dem Leasing-Gegenstand (vgl. unter III. 2. Buchstabe b) um eine Dauerschuld. Das für die Darlehensgewährung vereinbarte Entgelt sowie der dem jährlichen Aufstockungsbetrag unter III. 2. Buchstabe b entsprechende Aufwand sind als Entgelt für eine Dauerschuld im Sinne des § 8 Nr. 1 GewStG anzusehen.

17. Bewertung von Verbindlichkeiten in der Steuerbilanz

BMF, Schreiben v. 23. 8. 1999 (BStBl I S. 818)

– IV C 2 - S 2175 - 25/99 –

Nach dem Ergebnis einer Erörterung mit den obersten Finanzbehörden der Länder gilt für die Bewertung von Verbindlichkeiten, insbesondere von Darlehen im Wohnungswesen nach § 6 Abs. 1 Nr. 3 EStG in der Fassung des Steuerentlastungsgesetzes Folgendes:

1. Allgemeine Grundsätze zur Bewertung von Verbindlichkeiten

Bei der Bewertung von Verbindlichkeiten besteht für Wirtschaftsjahre, die nach dem 31. Dezember 1998 enden, grundsätzlich ein Abzinsungsgebot; dabei ist ein Zinssatz von 5,5 v. H. zu berücksichtigen (vgl. § 6 Abs. 1 Nr. 3 Satz 1 i.V. m. § 52 Abs. 16 Satz 2 EStG). Verzinsliche Verbindlichkeiten sind nicht abzuzinsen (§ 6 Abs. 1 Nr. 3 Satz 2 EStG). Eine verzinsliche Verbindlichkeit liegt vor, wenn ein Zinssatz von mehr als 0 v. H. vereinbart ist. Die Vereinbarung eines Zinssatzes nahe 0 v. H. kann im Einzelfall als mißbräuchliche Gestaltung im Sinne von § 42 AO zu beurteilen sein.

Hat der Darlehensgeber mit dem Darlehensnehmer keine Verzinsung im vorstehenden Sinne vereinbart, das Darlehen aber unter einer Auflage gewährt, nach der die Vorteile aus der Zinslosigkeit dem Darlehensnehmer nicht verbleiben, unterbleibt die Abzinsung (vgl. BFH-Urteil vom 9. Juli 1982, BStBl II S. 639). Eine derartige Auflage entspricht in ihrem wirtschaftlichen Gehalt einer Zinsvereinbarung.

2. Übertragung dieser Grundsätze auf Wohnungsbaudarlehen

Die mit der Gewährung von Darlehen zur Förderung des sozialen Wohnungsbaus, des Wohnungsbaus für Angehörige des öffentlichen Dienstes und des Bergarbeiterwohnungsbaus oder anderer Förderprogramme im Bereich des Wohnungswesens verbundenen Auflagen, die den Darlehensnehmer insbesondere dazu verpflichten, die geförderten Wohnungen nur bestimmten Wohnungssuchenden zu überlassen (Belegungsbindung) oder Vorteile aus der Zinslosigkeit in Form von preisgünstigen Mieten an Dritte weiter zugeben, sind als Auflage im Sinne der Nr. 1 dieses Schreibens anzusehen; derartige Darlehen sind nach § 6 Abs. 1 Nr. 3 EStG nicht abzuzinsen.

18. Steuerrechtliche Zuordnung des Leasing-Gegenstands (§ 39 AO); Versicherungsstatus des Leasing-Gebers
FinMin Bayern, Erlass v. 23. 6. 2004
– 31 - S 2170 - 090 - 26 667/04 –

Zur Frage, ob es für die Zurechnung des wirtschaftlichen Eigentums beim Leasing-Geber schädlich ist, wenn der Leasing-Geber – statt einen eigenen Versicherungsvertrag über den Leasing-Gegenstand abzuschließen – mit dem Leasing-Nehmer eine Vereinbarung trifft, wonach der Leasing-Gegenstand für Rechnung des Leasing-Gebers in einem bereits bestehenden Versicherungsvertrag des Leasing-Nehmers mitversichert wird und der Versicherer eine entsprechende Bestätigung nach anliegendem Muster erteilt (Versicherungsbestätigung für Leasinggesellschaften), nimmt das Ministerium im Einvernehmen mit dem Bundesministerium der Finanzen und den obersten Finanzbehörden der anderen Länder wie folgt Stellung:

Ist der Leasing-Geber Inhaber einer Versicherungsbestätigung, wird er im wirtschaftlichen Ergebnis so gestellt, als wäre er hinsichtlich des versicherten Leasing-Gegenstandes unmittelbar Versicherungsnehmer und Begünstigter aus dem Versicherungsvertrag. Art, Umfang, Summe und Ort der Versicherung werden wie in einem Versicherungsschein festgelegt. Dem Leasing-Geber müssen Vertragsänderungen und -aufhebungen zur Zustimmung vorgelegt werden. Der Leasing-Nehmer kann den Versicherungsvertrag weder einseitig kündigen noch inhaltlich verändern. Soweit der Leasing-Nehmer die Prämien nicht leistet, wird der Leasing-Geber vom Versicherer gemahnt; er zahlt dann die Prämien und belastet sie dem Leasing-Nehmer über Nebenkosten des Leasingvertrags weiter. Versicherungsleistungen erhält der Leasing-Geber, weil für den Leasing-Nehmer (insoweit) ein Verfügungsverbot besteht (durch Einräumung einer Verfügungsermächtigung für den Leasing-Geber). Risiken aus dem Versicherungsverhältnis (Unterversicherung, Anzeigepflichtverletzungen usw.) treffen den Leasing-Geber, da ihm dann keine oder nur geringere Versicherungsleistungen zufließen.

Nach der vorgelegten Versicherungsbestätigung für Leasinggesellschaften ist davon auszugehen, dass der Leasing-Geber eine wirtschaftlich vergleichbare Position wie bei einem selbst abgeschlossenen Versicherungsvertrag inne hat. Die Versicherungsbestätigung kann daher (für sich betrachtet) nicht dazu führen, dass der Leasing-Gegenstand dem Leasing-Nehmer zuzurechnen ist.

Das Ministerium bittet, die Finanzämter entsprechend zu unterrichten.

19. Ertragsteuerliche Behandlung von Verbindlichkeiten in Fällen der Unternehmensinsolvenz
OFD Nordrhein-Westfalen, Kurzinfo v. 21. 11. 2014
– ESt 46/2014 –

Es ist gefragt worden, ob und ggf. zu welchem Zeitpunkt in den Fällen, in denen über das Vermögen eines Unternehmens das Insolvenzverfahren eröffnet wurde, Verbindlichkeiten des Insolvenzschuldners abweichend vom Nennwert mit dem niedrigeren Wert zu bewerten sind. Ein geänderter Wertansatz würde dann zu einem entsprechenden Gewinnausweis führen.

Grundsätzliche Passivierungspflicht wegen wirtschaftlicher Belastung

Die gemäß § 155 Abs. 1 InsO unberührt bleibenden handels- und steuerrechtlichen Pflichten zur Buchführung im Rahmen des Insolvenzverfahrens umfassen auch die Verpflichtung zur ordnungsmäßigen Bilanzaufstellung und Bewertung. Somit sind die grundsätzlichen Bilanzierungs- und Bewertungsvorschriften des Handels- und Steuerrechts im Insolvenzverfahren unverändert anzuwenden.

Der BFH hat in ständiger Rechtsprechung entschieden, dass Verbindlichkeiten nicht (mehr) passiviert werden dürfen, wenn sie keine wirtschaftliche Belastung darstellen. Eine solche wirtschaftliche Belastung fehlt dann, wenn der Schuldner mit an Sicherheit grenzender Wahrscheinlichkeit nicht mehr mit einer Inanspruchnahme durch den Gläubiger rechnen muss (vgl. BFH vom 22. 11. 1988, VIII R 62/85, BStBl 1989 II S. 359).

Der BFH hat weiterhin entschieden, dass allein die Tatsache, dass der Schuldner die Verbindlichkeit mangels ausreichendem Vermögen nicht oder nur teilweise tilgen kann, noch nicht die Annahme einer fehlenden wirtschaftlichen Belastung begründet (vgl. BFH vom 9. 2. 1993, VIII R 29/01, BStBl II S. 747).

Daher ist zu dem Zeitpunkt, zu dem das Vorliegen eines Insolvenzgrundes (vgl. § 16 InsO) zu prüfen ist, und auch während des Insolvenzverfahrens von einer wirtschaftlichen Belastung des Schuldners in Höhe des Nennbetrages der Verbindlichkeit auszugehen.

Da die Insolvenzgläubiger ihre restlichen Forderungen auch nach Aufhebung des Insolvenzverfahrens noch geltend machen können (§ 201 Abs. 1 InsO), ist insoweit eine wirtschaftliche Belastung des Schuldners auch nach Aufhebung des Insolvenzverfahrens weiterhin anzunehmen. Ob Verbindlichkeiten einer nach der Auflösung (vgl. § 60 GmbHG, § 262 AktG) in der **Liquidation** befindlichen Kapitalgesellschaft bei der Bewertung des Abwicklungsendvermögens weiterhin mit dem Nennwert zu erfassen sind oder ausnahmsweise außer Ansatz bleiben, weil sie definitiv keine wirtschaftliche Belastung (mehr) darstellen, ist unter Berücksichtigung aller Umstände des jeweiligen Einzelfalls zu entscheiden (vgl. dazu BFH-Urteil vom 5. 2. 2014, I R 34/12, BFH/NV S. 1014).

Forderungsverzicht und Erlöschen der Schuld i. S. d. InsO

Das tatsächliche Erlöschen der Schuld im Rahmen des Insolvenzverfahrens ist gewinnwirksam.

Daher kann eine erfolgswirksame Minderung der Verbindlichkeiten erfolgen

- **wenn ein Gläubiger wirksam** auf seine Forderung verzichtet. (Hinweis: bei einem gesellschaftsrechtlich veranlassten Verzicht wird regelmäßig in Höhe des noch werthaltigen Teils der Forderung eine verdeckte Einlage anzunehmen sein, vgl. auch BMF vom 2. 12. 2003 – IV A 2 - S 2743 - 5/03, BStBl I S. 648)

- **soweit nach rechtskräftiger Bestätigung** des keine abweichenden Regelungen enthaltenden Insolvenzplanes durch das Gericht die Forderungen nachrangiger Gläubiger erlöschen bzw. eine Befreiung gegenüber nicht nachrangigen Gläubigern im gestaltenden Teil des Insolvenzplanes vorgesehen ist.

Restschuldbefreiung nach §§ 286, 300 InsO

Ein Gewinn wirksamer Wegfall betrieblicher Verbindlichkeiten kann sich auch dann ergeben, wenn die Regelungen über die Restschuldbefreiung für natürliche Personen (§§ 286 ff. InsO) greifen.

Mit Erteilung der Restschuldbefreiung erlöschen die Verbindlichkeiten. Die abschließende Entscheidung hierüber obliegt dem Insolvenzgericht (vgl. § 300 Abs. 1 InsO).

Ein bei der Betriebsaufgabe entstandener Gewinn bzw. Verlust ist in Folge der eingetretenen Befreiung von betrieblichen Verbindlichkeiten nicht zu korrigieren. Die Restschuldbefreiung stellt kein rückwirkendes Ereignis im Sinne von § 175 Abs. 1 Satz 1 Nummer 2 AO dar. Der Gewinn wird erst in dem Zeitpunkt realisiert, in dem die Restschuldbefreiung erteilt wird. Es liegen somit nachträgliche Betriebseinnahmen nach § 24 Nr. 2 EStG vor. Auf infolge einer Restschuldbefreiung entstandenen Gewinns ist das zur ertragsteuerlichen Behandlung von Sanierungsgewinnen ergangene BMF-Schreiben vom 27. 3. 2003 – IV A 6 - S 2140 - 8/03, BStBl I S. 240 entsprechend anzuwenden.

Hinweis auf das BMF-Schreiben vom 22. 12. 2009 – IV C 6 - S 2140/07/10001-01, BStBl 2010 I S. 18.

20. Teilwertabschreibungen gemäß § 6 Absatz 1 Nummer 1 und 2 EStG; Voraussichtlich dauernde Wertminderung, Wertaufholungsgebot

BMF, Schreiben v. 2. 9. 2016 (BStBl I S. 995)

– IV C 6 - S 2171-b/09/10002 :002 –

Gemäß § 6 Absatz 1 Nummer 1 Satz 2 und Nummer 2 Satz 2 EStG kann der niedrigere Teilwert nur angesetzt werden, wenn eine voraussichtlich dauernde Wertminderung vorliegt. Gemäß § 6 Absatz 1 Nummer 1 Satz 4 und Nummer 2 Satz 3 EStG gilt ein striktes Wertaufholungsgebot. 1

Im Einvernehmen mit den obersten Finanzbehörden der Länder nehme ich dazu wie folgt Stellung: 2

I. Ermittlung des Teilwerts

Der Teilwert ist grundsätzlich nach den in den R 6.7 ff. EStR und den EStH enthaltenen Anweisungen zu ermitteln. Danach kann der Teilwert von zum Absatz bestimmten Waren retrograd ermittelt werden (vgl. R 6.8 Absatz 2 EStR). Wenn bei rentabel geführten Betrieben der Verkaufspreis bewusst nicht kostendeckend kalkuliert ist (sogenannte Verlustprodukte), ist eine Teilwertabschreibung nicht zulässig (BFH vom 29. April 1999 – IV R 14/98 –, BStBl II S. 681). 3

Die Nachweispflicht für den niedrigeren Teilwert liegt beim Steuerpflichtigen. Darüber hinaus trägt der Steuerpflichtige auch die Darlegungs- und Feststellungslast für eine voraussichtlich dauernde Wertminderung. Zudem ist im Rahmen des Wertaufholungsgebots nachzuweisen, dass und in welchem Umfang der Teilwert weiterhin unter der Bewertungsobergrenze liegt. 4

II. Voraussichtlich dauernde Wertminderung

1. Begriff

5 Eine voraussichtlich dauernde Wertminderung bedeutet ein voraussichtlich nachhaltiges Absinken des Werts des Wirtschaftsguts unter den maßgeblichen Buchwert; eine nur vorübergehende Wertminderung reicht für eine Teilwertabschreibung nicht aus (vgl. auch § 253 Absatz 3 Satz 5 HGB).

6 Die Wertminderung ist voraussichtlich nachhaltig, wenn der Steuerpflichtige hiermit aus der Sicht am Bilanzstichtag aufgrund objektiver Anzeichen ernsthaft zu rechnen hat. Aus der Sicht eines sorgfältigen und gewissenhaften Kaufmanns müssen mehr Gründe für als gegen eine Nachhaltigkeit sprechen. Grundsätzlich ist von einer voraussichtlich dauernden Wertminderung auszugehen, wenn der Wert des Wirtschaftsguts die Bewertungsobergrenze während eines erheblichen Teils der voraussichtlichen Verweildauer im Unternehmen nicht erreichen wird. Wertminderungen aus besonderem Anlass (z. B. Katastrophen oder technischer Fortschritt) sind regelmäßig von Dauer. Werterhellende Erkenntnisse bis zum Zeitpunkt der Aufstellung der Handelsbilanz sind zu berücksichtigen. Wenn keine Handelsbilanz aufzustellen ist, ist der Zeitpunkt der Aufstellung der Steuerbilanz maßgeblich.

Davon zu unterscheiden sind Erkenntnisse, die einer Wertbegründung nach dem Bilanzstichtag entsprechen.

7 Für die Beurteilung eines voraussichtlich dauernden Wertverlustes zum Bilanzstichtag kommt der Eigenart des betreffenden Wirtschaftsguts eine maßgebliche Bedeutung zu (BFH vom 26. September 2007 – I R 58/06 –, BStBl 2009 II S. 294; BFH vom 24. Oktober 2012 – I R 43/11 –, BStBl 2013 II S. 162).

2. Abnutzbares Anlagevermögen

8 Für die Wirtschaftsgüter des abnutzbaren Anlagevermögens kann von einer voraussichtlich dauernden Wertminderung ausgegangen werden, wenn der Wert des jeweiligen Wirtschaftsguts zum Bilanzstichtag mindestens für die halbe Restnutzungsdauer unter dem planmäßigen Restbuchwert liegt (BFH vom 29. April 2009 – I R 74/08 –, BStBl II S. 899). Die verbleibende Nutzungsdauer ist für Gebäude nach § 7 Absatz 4 und 5 EStG, für andere Wirtschaftsgüter grundsätzlich nach den amtlichen AfA-Tabellen zu bestimmen. Dies gilt auch dann, wenn der Steuerpflichtige beabsichtigt, das Wirtschaftsgut vor Ablauf seiner betriebsgewöhnlichen Nutzungsdauer zu veräußern (BFH vom 29. April 2009, a. a. O.).

9 **Beispiel 1:**
Der Steuerpflichtige hat eine Maschine in 01 zu Anschaffungskosten von 100.000 € erworben. Die Nutzungsdauer beträgt zehn Jahre, die jährliche AfA beträgt 10.000 €. Im Jahre 02 beträgt der Teilwert nur noch 30.000 € bei einer Restnutzungsdauer von acht Jahren.

Lösung:
Eine Teilwertabschreibung auf 30.000 € ist zulässig. Die Minderung ist voraussichtlich von Dauer, da der Wert des Wirtschaftsguts zum Bilanzstichtag bei planmäßiger Abschreibung erst nach fünf Jahren (Ende Jahr 07), das heißt, erst nach mehr als der Hälfte der Restnutzungsdauer, erreicht wird.

10 **Abwandlung:**
Der Teilwert beträgt 50.000 €.

Lösung:
Eine Teilwertabschreibung auf 50.000 € ist nicht zulässig. Die Minderung ist voraussichtlich nicht von Dauer, da der Wert des Wirtschaftsguts zum Bilanzstichtag bei planmäßiger Abschreibung schon nach drei Jahren (Ende Jahr 05) und damit früher als nach mehr als der Hälfte der Restnutzungsdauer erreicht wird.

3. Nicht abnutzbares Anlagevermögen

Für die Wirtschaftsgüter des nichtabnutzbaren Anlagevermögens ist grundsätzlich darauf abzustellen, ob die Gründe für eine niedrigere Bewertung voraussichtlich anhalten werden.

a) Grundstücke

Beispiel 2:
Der Steuerpflichtige ist Eigentümer eines mit Altlasten verseuchten Grundstücks. Die ursprünglichen Anschaffungskosten des Grund und Bodens betragen 200.000 €. Zum Bilanzstichtag ermittelt ein Gutachter den Wert des Grundstücks aufgrund der festgestellten Altlast mit nur noch 10.000 €. Aus umweltrechtlichen Gründen ist der Steuerpflichtige grundsätzlich verpflichtet, die Altlast zu beseitigen. Mangels akuter Umweltgefährdung wird die zuständige Behörde die Schadensbeseitigung jedoch erst fordern, wenn der Steuerpflichtige die derzeitige Nutzung des Grundstücks ändert. Die Bildung einer Rückstellung ist aus diesem Grund nicht zulässig.

Lösung:
Eine Teilwertabschreibung in Höhe von 190.000 € auf den vom Gutachter ermittelten Wert ist zulässig. Zwar ist der Steuerpflichtige grundsätzlich verpflichtet, die Altlast zu beseitigen. Allerdings ist vor dem Hintergrund einer eventuellen Nutzungsänderung des Grundstücks nicht zu erwarten, dass der Steuerpflichtige in absehbarer Zeit behördlich zur Beseitigung des Schadens aufgefordert wird. Aus der Sicht am Bilanzstichtag ist daher von einer voraussichtlich dauernden Wertminderung des Grundstücks auszugehen (vgl. Rn. 9 und 10 des BMF-Schreibens vom 11. Mai 2010, BStBl I S. 495). Wird die Altlast später beseitigt und erhöht sich dementsprechend der Wert des Grundstücks, ist eine Zuschreibung bis höchstens zu den ursprünglichen Anschaffungskosten vorzunehmen.

Beispiel 3:
Der Steuerpflichtige betreibt ein Kiesausbeuteunternehmen. Der zu dem Unternehmen gehörende Grund und Boden ist z.T. aufgeschlossen, z.T. rekultiviert und wieder der ursprünglichen landwirtschaftlichen Nutzung zugeführt. Da die Preise für landwirtschaftliche Grundstücke allgemein gefallen sind, macht der Steuerpflichtige zum Bilanzstichtag eine Teilwertabschreibung für die Grundstücke geltend. Nach den Feststellungen des Finanzamtes übersteigen die Anschaffungskosten die Richtwerte für die verfüllten Grundstücke.

Lösung:
Eine Teilwertabschreibung ist ohne weiteres nicht zulässig. Die Preise auf dem Markt für landwirtschaftliche Grundstücke unterliegen ebenso wie die anderen Immobilienpreise marktbedingten Schwankungen. Die Preisschwankungen stellen deshalb eine nur vorübergehende Wertminderung dar. Aus diesem Grund ist es auch für die Grundstücke, auf denen noch die Kiesausbeute betrieben wird, nicht ausgeschlossen, dass die Preise bis zu dem Zeitpunkt, an dem die Kiesausbeute und die sich daran anschließende Wiederauffüllung abgeschlossen sein werden, die Anschaffungskosten wieder erreichen oder sogar noch übersteigen.

b) Forderungen

Beispiel 4:
Der Steuerpflichtige hat eine Forderung aus einem Kredit im Nennwert von 100 an die Y-KG. Wegen unerwarteter Zahlungsausfälle ist die Y-KG im Laufe des Wirtschaftsjahrs notleidend geworden. Am Bilanzstichtag kann die Forderung des Steuerpflichtigen deshalb nur in Höhe von 20 % bedient werden. Bis zum Zeitpunkt der Bilanzaufstellung stellt die Y-KG wider Erwarten eine Sicherheit in Höhe von 30 % der Forderung.

Lösung:
Am Bilanzstichtag ist eine Teilwertabschreibung auf die Forderung des Steuerpflichtigen in Höhe von 80 % zulässig, da mit überwiegender Wahrscheinlichkeit nur mit einem Zahlungseingang von 20 % gerechnet werden kann. Zwar gewinnt die Forderung bis zum Zeitpunkt der Bilanzaufstellung durch die Gestellung der Sicherheit nachträglich an Wert. Dieses – nach dem Bilanzstichtag eingetretene – Ereignis ist jedoch als wertbegründend und daher als zusätzliche Erkenntnis nicht zu berücksichtigen.

Der auf der Unverzinslichkeit einer im Anlagevermögen gehaltenen Forderung beruhende Wert ist keine voraussichtlich dauernde Wertminderung und rechtfertigt deshalb keine Teilwertabschreibung (BFH vom 24. Oktober 2012 – I R 43/11 –, BStBl 2013 II S. 162).

4. Umlaufvermögen

16 Die Wirtschaftsgüter des Umlaufvermögens sind nicht dazu bestimmt, dem Betrieb auf Dauer zu dienen. Sie werden stattdessen regelmäßig für den Verkauf oder den Verbrauch gehalten. Demgemäß kommt dem Zeitpunkt der Veräußerung oder Verwendung für die Bestimmung einer voraussichtlich dauernden Wertminderung eine besondere Bedeutung zu. Hält die Minderung bis zum Zeitpunkt der Aufstellung der Bilanz (vgl. Tz. II. 1., Rn. 6) oder dem vorangegangenen Verkaufs- oder Verbrauchszeitpunkt an, so ist die Wertminderung voraussichtlich von Dauer. Zusätzliche werterhellende Erkenntnisse bis zu diesen Zeitpunkten sind in die Beurteilung einer voraussichtlich dauernden Wertminderung der Wirtschaftsgüter zum Bilanzstichtag einzubeziehen.

5. Börsennotierte, börsengehandelte und aktienindexbasierte Wertpapiere des Anlage- und Umlaufvermögens

17 Bei börsennotierten, börsengehandelten und aktienindexbasierten Wertpapieren des Anlage- und Umlaufvermögens ist von einer voraussichtlich dauernden Wertminderung auszugehen, wenn der Börsenwert zum Bilanzstichtag unter denjenigen im Erwerbszeitpunkt gesunken ist und der Kursverlust die Bagatellgrenze von 5 % der Notierung bei Erwerb überschreitet. Bei einer vorangegangenen Teilwertabschreibung ist für die Bestimmung der Bagatellgrenze der Bilanzansatz am vorangegangenen Bilanzstichtag maßgeblich. In Fällen der Wertaufholung nach erfolgter Inanspruchnahme einer Teilwertabschreibung kommt die Bagatellgrenze von 5 % nicht zur Anwendung. Die Wertaufholung ist auf den aktuellen Börsenkurs am Bilanzstichtag, maximal auf die Anschaffungskosten vorzunehmen.

18 Der Teilwert eines Wertpapiers kann nur dann nicht nach dem Kurswert (zuzüglich der im Fall eines Erwerbs anfallenden Erwerbsnebenkosten) bestimmt werden, wenn aufgrund konkreter und objektiv überprüfbarer Anhaltspunkte davon auszugehen ist, dass der Börsenpreis den tatsächlichen Anteilswert nicht widerspiegelt (BFH vom 21. September 2011 – I R 89/10 –, BStBl 2014 II S. 612). Dies wäre z. B. dann der Fall, wenn der Kurs durch Insidergeschäfte beeinflusst (manipuliert) wurde oder über einen längeren Zeitraum kein Handel mit den zu bewertenden Wertpapieren stattfand.

19 Bei den bis zum Tag der Bilanzaufstellung eintretenden Kursänderungen handelt es sich um wertbeeinflussende (wertbegründende) Umstände, die die Bewertung der Wertpapiere zum Bilanzstichtag grundsätzlich nicht berühren (vgl. BFH-Urteil vom 21. September 2011 – I R 89/ 10 –, BStBl 2014 II S. 612).

Die besonderen Bestimmungen unter Tzn. II. 6. (Rn. 21 – 23) und II. 7. (Rn. 24 – 26) bleiben unberührt.

20 **Beispiel 5:**
Der Steuerpflichtige hat Aktien der börsennotierten X-AG zum Preis von 100 €/Stück erworben. Die Aktien sind als langfristige Kapitalanlage dazu bestimmt, dauernd dem Geschäftsbetrieb zu dienen.

20a a) Der Kurs der Aktien schwankt nach der Anschaffung zwischen 70 € und 100 €. Am Bilanzstichtag beträgt der Börsenpreis 90 €. Am Tag der Bilanzaufstellung beträgt der Wert 92 €.

Lösung:
Eine Teilwertabschreibung auf 90 € ist zulässig, da der Kursverlust am Bilanzstichtag im Vergleich zum Erwerb mehr als 5 % beträgt. Die Kursentwicklung nach dem Bilanzstichtag ist als wertbegründender Umstand unerheblich.

20b b) wie a). Am Tag der Bilanzaufstellung beträgt der Wert 80 €.

Lösung:
Eine Teilwertabschreibung ist auf 90 € zulässig, da der Kursverlust am Bilanzstichtag im Vergleich zum Erwerb mehr als 5 % beträgt und die Kursentwicklung nach dem Bilanzstichtag als wertbegründender Umstand unerheblich ist. Eine Teilwertabschreibung auf 80 € ist daher nicht möglich.

c) Der Kurs der Aktien schwankt nach der Anschaffung zwischen 70 € und 100 €. Am Bilanzstichtag beträgt der Börsenpreis 98 € und am Tag der Bilanzaufstellung 80 €.

Lösung:
Eine Teilwertabschreibung ist nicht zulässig, da der Kursverlust am Bilanzstichtag im Vergleich zum Erwerb nicht mehr als 5 % beträgt. Die Erkenntnisse zwischen Bilanzstichtag und Aufstellung der Bilanz bleiben bei der Feststellung der voraussichtlich dauernden Wertminderung unberücksichtigt. Eine Teilwertabschreibung auf 80 € ist daher nicht möglich.

6. Festverzinsliche Wertpapiere, die eine Forderung in Höhe des Nominalwerts der Forderung verbriefen

Eine Teilwertabschreibung unter den Nennwert allein wegen gesunkener Kurse ist regelmäßig nicht zulässig, weil es bei festverzinslichen Wertpapieren des Anlage- und Umlaufvermögens, die eine Forderung in Höhe des Nominalwerts der Forderung verbriefen, in der Regel an einer voraussichtlich dauernden Wertminderung fehlt. Eine Teilwertabschreibung unter den Nennwert ist nur zulässig, wenn ein Bonitäts- oder Liquiditätsrisiko hinsichtlich der Rückzahlung der Nominalbeträge besteht und die Wertpapiere bei Endfälligkeit nicht zu ihrem Nennbetrag eingelöst werden können (BFH vom 8. Juni 2011 – I R 98/10 –, BStBl 2012 II S. 716).

Für börsennotierte festverzinsliche Wertpapiere, die eine Forderung in Höhe des Nominalwerts der Forderung verbriefen, gelten die unter Tz. II. 5. (Rn. 17 – 20c) dargestellten Grundsätze entsprechend. Die Bagatellgrenze von 5 % wird bei börsennotierten festverzinslichen Wertpapieren, die eine Forderung in Höhe des Nominalwerts der Forderung verbriefen, aber nicht angewendet.

Beispiel 6:
Der Steuerpflichtige hält im Umlaufvermögen börsennotierte festverzinsliche Wertpapiere im Nennwert von 100 €, die er für 102 € erworben hat und die bei Endfälligkeit zu 100 % des Nennwerts eingelöst werden. Aufgrund einer Änderung des Zinsniveaus beträgt der Börsenkurs am Bilanzstichtag nur noch 98 €. Bis zum Zeitpunkt der Bilanzaufstellung hat sich der Börsenkurs auf 100,5 € erholt.

Lösung:
Der Tatsache, dass die festverzinslichen Wertpapiere im Umlaufvermögen gehalten werden, kommt bei der Beurteilung der voraussichtlichen Dauerhaftigkeit der Wertminderung keine besondere Bedeutung zu. Wie auch bei festverzinslichen Wertpapieren des Anlagevermögens ist eine Teilwertabschreibung grundsätzlich nur auf 100 € zulässig, weil die Papiere bei Fälligkeit zum Nennwert eingelöst werden (BFH-Urteil vom 8. Juni 2011 – I R 98/10 –, BStBl 2012 II S. 716). Die Bagatellgrenze in Höhe von 5 % ist nicht anzuwenden. Im Übrigen ist der Kursanstieg bis zur Bilanzaufstellung als wertbegründender Umstand unbeachtlich.

7. Anteile an Investmentfonds, die als Finanzanlage im Anlagevermögen gehalten werden

Die unter Tz. II. 5. zur Bewertung von börsennotierten, börsengehandelten und aktienindexbasierten Wertpapieren des Anlage- und Umlaufvermögens aufgestellten Grundsätze sind entsprechend auf im Anlagevermögen gehaltene Investmentanteile an Publikums- und Spezial-Investmentfonds anzuwenden, wenn der Investmentfond überwiegend in börsennotierten Aktien als Vermögensgegenstände investiert ist, vgl. auch BFH vom 21. September 2011 – I R 7/11 – (BStBl 2014 II S. 616). Der Investmentfond ist dann überwiegend in börsennotierten Aktien investiert, wenn mehr als 50 % seines Wertes zum Bilanzstichtag in Aktien investiert ist. Abzustellen ist auf die tatsächlichen Verhältnisse beim Investmentfond am Bilanzstichtag des Anlegers. Unerheblich ist, ob der zu bewertende Investmentanteil selbst börsennotiert ist.

Von einer voraussichtlich dauernden Wertminderung i. S. d. § 6 Absatz 1 Nummer 2 Satz 2 EStG ist auszugehen, wenn der Preis, zu dem der Investmentanteil erworben werden kann (Ausgabepreis, zuzüglich der ggf. anfallenden Erwerbsnebenkosten), zu dem jeweils aktuellen Bilanzstichtag um mehr als 5 % (sog. Bagatellgrenze) unter die Anschaffungskosten gesunken ist.

26 Bei der Beurteilung der steuerlichen Auswirkungen einer Teilwertabschreibung auf Investmentanteile auf das zu versteuernde Einkommen eines betrieblichen Anlegers sind § 8 Absatz 3 InvStG und das BMF-Schreiben vom 18. August 2009, BStBl I S. 931, Rn. 162 ff. zu beachten.

III. Wertaufholungsgebot

1. Grundsätze

27 Aufgrund des Wertaufholungsgebots ergibt sich der Wertansatz eines Wirtschaftsguts für jeden Bilanzstichtag aus dem Vergleich der um die zulässigen Abzüge geminderten Anschaffungs- oder Herstellungskosten oder des an deren Stelle tretenden Werts als der Bewertungsobergrenze und dem niedrigeren Teilwert als der Bewertungsuntergrenze. Hat sich der Wert des Wirtschaftsguts nach einer vorangegangenen Teilwertabschreibung wieder erhöht, so ist diese Betriebsvermögensmehrung bis zum Erreichen der Bewertungsobergrenze steuerlich zu erfassen. Dabei kommt es nicht darauf an, ob die konkreten Gründe für die vorherige Teilwertabschreibung weggefallen sind. Auch eine Erhöhung des Teilwerts aus anderen Gründen führt zu einer Korrektur des Bilanzansatzes (z. B. der Steuerpflichtige kann oder will eine dauernde Wertminderung nicht nachweisen – siehe „2. Nachweispflicht"). Gleiches gilt auch, wenn die vorherige Teilwertabschreibung steuerlich nicht oder nicht vollständig wirksam wurde (vgl. Tz. III. 3., Rn. 29). Auf die Besonderheiten bei der Wertaufholung im Zusammenhang mit der Bagatellgrenze bei börsennotierten, börsengehandelten und aktienindexbasierten Wertpapieren (vgl. Tz. II. 5., Rn. 17) wird hingewiesen.

2. Nachweispflicht

28 Grundsätzlich hat der Steuerpflichtige die Bewertungsobergrenze anhand geeigneter Unterlagen (historische Anschaffungs- oder Herstellungskosten) nachzuweisen. Vor allem bei unbebauten Grundstücken kann auf die beim zuständigen Grundbuchamt vorliegenden notariellen Verträge zurückgegriffen werden. Können die historischen Anschaffungs- oder Herstellungskosten nicht nachgewiesen werden, gilt der Buchwert, der in der ältesten noch vorhandenen Bilanz als Anfangswert für das Wirtschaftsgut ausgewiesen ist, als Bewertungsobergrenze, es sei denn, die Finanzbehörde legt – zum Beispiel auf Grund der dort vorhandenen Unterlagen – eine höhere Bewertungsobergrenze dar.

3. Steuerrechtliche Sonderregelungen (z. B. § 3c Absatz 2 i. V. m. § 3 Nummer 40 EStG)

29 Steuerrechtliche Sonderregelungen stehen dem Wertaufholungsgebot nicht entgegen (vgl. Tz. III. 1., Rn. 27). So dienen die Regelungen der § 3 Nummer 40 und § 3c Absatz 2 EStG der Umsetzung des Teileinkünfteverfahrens. Die Teilwertabschreibung als solche und damit das Wertaufholungsgebot bleiben hiervon unberührt.

IV. Verbindlichkeiten

1. Grundsätze

30 Verbindlichkeiten sind nach § 6 Absatz 1 Nummer 3 Satz 1 erster Halbsatz EStG unter sinngemäßer Anwendung der Regelungen in § 6 Absatz 1 Nummer 2 EStG anzusetzen. Verbindlich-

keiten, die Kursschwankungen unterliegen (z. B. Fremdwährungsverbindlichkeiten), sind daher unter Berücksichtigung der in diesem Schreiben für das Aktivvermögen aufgestellten Grundsätze, mit Ausnahme der Tzn. II. 5. bis II. 7., wie folgt zu bewerten:

Verbindlichkeiten sind mit ihrem Erfüllungsbetrag anzusetzen (§ 5 Absatz 1 Satz 1 EStG i.V.m. § 253 Absatz 1 Satz 2 HGB). Ist die Höhe der Zahlungsverpflichtung von einem bestimmten Kurswert abhängig (z. B. Fremdwährungsverbindlichkeiten), ist grundsätzlich der Wert zum Zeitpunkt des Entstehens der Verbindlichkeit maßgebend (bei Fremdwährungsverbindlichkeiten der entsprechende Wechselkurs). Nur unter der Voraussetzung einer voraussichtlich dauernden Erhöhung des Kurswertes kann an den nachfolgenden Bilanzstichtagen der höhere Wert angesetzt werden (§ 6 Absatz 1 Nummer 3 Satz 1 i.V. m. Nummer 2 Satz 2 EStG). 31

Eine voraussichtlich dauernde Erhöhung des Kurswertes einer Verbindlichkeit liegt nur bei einer nachhaltigen Erhöhung des Wechselkurses gegenüber dem Kurs bei Entstehung der Verbindlichkeit vor. Die Änderung ist voraussichtlich nachhaltig, wenn der Steuerpflichtige hiermit aus der Sicht des Bilanzstichtages aufgrund objektiver Anzeichen ernsthaft rechnen muss. Aus Sicht eines sorgfältigen und gewissenhaften Kaufmanns müssen mehr Gründe für als gegen eine Nachhaltigkeit sprechen. Bei Fremdwährungsverbindlichkeiten, die eine Restlaufzeit von jedenfalls zehn Jahren haben, begründet ein Kursanstieg der Fremdwährung grundsätzlich keine voraussichtlich dauernde Teilwerterhöhung; die Währungsschwankungen werden in der Regel ausgeglichen (BFH vom 23. April 2009 – IV R 62/06 –, BStBl II S. 778). 32

Auf den Devisenmärkten übliche Wechselkursschwankungen berechtigen nicht zu einem höheren Ansatz der Verbindlichkeit. 33

2. Verbindlichkeiten des laufenden Geschäftsverkehrs

Ist nach den Umständen des jeweiligen Einzelfalls eine Verbindlichkeit dem laufenden Geschäftsverkehr zuzuordnen und somit nicht dazu bestimmt, das Betriebskapital auf Dauer zu verstärken, kommt dem Zeitpunkt der Tilgung oder Entnahme der Verbindlichkeit für die Bestimmung einer voraussichtlich dauernden Werterhöhung eine besondere Bedeutung zu. 34

Nach der Rechtsprechung des BFH (vgl. z. B. BFH vom 31. Oktober 1990 – I R 77/86 –, BStBl 1991 II S. 471) ist der Begriff „Verbindlichkeit des laufenden Geschäftsverkehrs" durch folgende Merkmale gekennzeichnet: 35

- Ihr Entstehen hängt wirtschaftlich eng mit einzelnen bestimmbaren, nach Art des Betriebs immer wiederkehrenden und nicht die Anschaffung oder Herstellung von Wirtschaftsgütern des Anlagevermögens betreffenden laufenden Geschäftsvorfällen zusammen.

- Dieser Zusammenhang bleibt bis zur Tilgung der Verbindlichkeit erhalten.

- Die Verbindlichkeit wird innerhalb der nach Art des laufenden Geschäftsvorfalls allgemein üblichen Frist getilgt.

Hält eine Wechselkurserhöhung im Zusammenhang mit einer Verbindlichkeit des laufenden Geschäftsverkehrs bis zum Zeitpunkt der Aufstellung der Bilanz (vgl. Tz. II. 1., Rn. 6) oder dem vorangegangenen Tilgungs- oder Entnahmezeitpunkt an, ist davon auszugehen, dass die Werterhöhung voraussichtlich von Dauer ist. Soweit keine Handelsbilanz aufzustellen ist, ist der Zeitpunkt der Aufstellung der Steuerbilanz maßgebend. Zusätzliche Erkenntnisse bis zu diesen Zeitpunkten sind zu berücksichtigen. Allgemeine Entwicklungen, z. B. Wechselkursschwankungen auf den Devisenmärkten, sind zusätzliche Erkenntnisse und als solche in die Beurteilung einer voraussichtlich dauernden Werterhöhung einer Verbindlichkeit zum Bilanzstichtag einzubeziehen. 36

V. Zeitliche Anwendung

1. Grundsätze

37 Für Wirtschaftsjahre, die nach dem 31. Dezember 2008 enden, sind bei der Vornahme der steuerrechtlichen Teilwertabschreibung die Grundsätze des BMF-Schreibens vom 12. März 2010, BStBl I S. 239 zu beachten.

2. Bewertung festverzinslicher Wertpapiere im Umlaufvermögen

38 Die Grundsätze des BFH-Urteils vom 8. Juni 2011 (a. a. O.) zur Bewertung von festverzinslichen Wertpapieren im Umlaufvermögen sind spätestens in der ersten auf einen Bilanzstichtag nach dem 22. Oktober 2012 (Tag der Veröffentlichung des BFH-Urteils vom 8. Juni 2011 im BStBl 2012 II S. 716) aufzustellenden Bilanz anzuwenden. Die Nichtanwendung der Grundsätze des BFH-Urteils vom 8. Juni 2011 (a. a. O.) in einer auf einen Bilanzstichtag vor dem 23. Oktober 2012 aufzustellenden Bilanz darf aber nicht zu einem niedrigeren als dem sich aufgrund der damaligen Verwaltungsauffassung ergebenden Bilanzansatz führen.

3. Anteile an Investmentfonds, die als Finanzanlage im Anlagevermögen gehalten werden

39 Bei der Teilwertabschreibung von Anteilen an Investmentfonds, die überwiegend in börsennotierten Aktien als Vermögensgegenstände investiert sind und die als Finanzanlage im Anlagevermögen gehalten werden, wird es nicht beanstandet, wenn bei einer Teilwertabschreibung vor dem 1. Januar 2015 noch die Regelungen des BMF-Schreibens vom 5. Juli 2011 (BStBl I S. 735) Anwendung finden, wonach bei der Ermittlung des niedrigeren Teilwerts der Rücknahmepreis zu Grunde zu legen ist.

4. Anwendung der Bagatellgrenze bei börsennotierten, börsengehandelten und aktienindexbasierten Wertpapieren des Anlage- und Umlaufvermögens

40 Die unter Tz. II. 5. zur Bewertung börsennotierter, börsengehandelter und aktienindexbasierter Wertpapiere des Anlage- und Umlaufvermögens genannten Grundsätze zur Anwendung der Bagatellgrenze von 5 % sind spätestens in der ersten auf einen Bilanzstichtag nach dem 23. September 2016 aufzustellenden Bilanz anzuwenden, soweit sie nicht bereits nach dem BMF-Schreiben vom 16. Juli 2014 (BStBl I S. 1162) anzuwenden waren.

5. Andere Wirtschaftsgüter

41 Die Grundsätze dieses Schreibens sind in allen offenen Fällen anzuwenden, soweit § 176 AO einer Änderung nicht entgegensteht.

VI. Aufhebung eines BMF-Schreibens

42 Dieses Schreiben ersetzt das BMF-Schreiben vom 16. Juli 2014 (BStBl I S. 1162).

21. Bewertung des Vorratsvermögens gemäß § 6 Absatz 1 Nummer 2a EStG – Lifo-Methode
BMF, Schreiben v. 12. 5. 2015 (BStBl I S. 462)
– IV C 6 - S 2174/10/07/10001: 002 –

Gemäß § 6 Absatz 1 Nummer 2a EStG können Steuerpflichtige, die den Gewinn nach § 5 EStG ermitteln, für den Wertansatz gleichartiger Wirtschaftsgüter des Vorratsvermögens unterstellen, dass die zuletzt angeschafften oder hergestellten Wirtschaftsgüter zuerst verbraucht oder veräußert worden sind, soweit dies den handelsrechtlichen Grundsätzen ordnungsmäßiger Buchführung entspricht („last in – first out"). Durch die steuerliche Anerkennung der Lifo-Methode mit dem Steuerreformgesetz 1990 sollte neben der Bewertungsvereinfachung auch die Verhinderung der Besteuerung von Scheingewinnen erreicht werden (BT-Drs. 11/2157 S. 140 und BT-Drs. 11/2536 S. 47). Zur Zulässigkeit der Anwendung dieses Bewertungsvereinfachungsverfahrens nehme ich im Einvernehmen mit den obersten Finanzbehörden der Länder wie folgt Stellung:

1. Wirtschaftsgüter des Vorratsvermögens

Wirtschaftsgüter des Vorratsvermögens, für die eine Anwendung der Lifo-Methode in Betracht kommt, sind gemäß § 266 Absatz 2 Buchstabe B I. HGB Roh-, Hilfs- und Betriebsstoffe, unfertige Erzeugnisse, fertige Erzeugnisse und Waren. 1

2. Grundsätze ordnungsmäßiger Buchführung

Die Bewertung des Vorratsvermögens unter Anwendung der Lifo-Methode setzt voraus, dass sie den handelsrechtlichen Grundsätzen ordnungsmäßiger Buchführung entspricht. Diese Voraussetzung ist erfüllt, wenn die am Schluss des Wirtschaftsjahres vorhandenen Wirtschaftsgüter mengenmäßig vollständig erfasst sind und die Anwendung der Lifo-Methode nach den betriebsindividuellen Verhältnissen zu einer Vereinfachung bei der Bewertung des Vorratsvermögens führt. 2

§ 6 Absatz 1 Nummer 2a EStG enthält eine Ausnahme vom Einzelbewertungsgrundsatz. Zu diesem Zweck wird für den Wertansatz des Vorratsvermögens unterstellt, dass die zuletzt angeschafften oder hergestellten Wirtschaftsgüter zuerst verbraucht oder veräußert werden. Einer weiteren Prüfung, ob eine Durchbrechung dieses Einzelbewertungsgrundsatzes zulässig ist, bedarf es daher nicht. Die weitere Voraussetzung der Entsprechung mit den handelsrechtlichen Grundsätzen ordnungsmäßiger Buchführung verlangt nur, dass die Bewertung des Vorratsvermögens nach dem Wirtschaftlichkeits- und Wesentlichkeitsgrundsatz zu einer Bewertungsvereinfachung führt. 3

3. Anwendbarkeit der Lifo-Methode

Für die Anwendung der Lifo-Methode können gleichartige Wirtschaftsgüter zu einer Gruppe zusammengefasst werden. Wirtschaftsgüter sind gleichartig, wenn es sich bei diesen um eine gleichartige Warengattung handelt oder sie funktionsgleich sind (siehe auch R 6.9 Absatz 3 EStR). Das Bewertungswahlrecht kann für verschiedene Bewertungsgruppen unterschied- 4 lich ausgeübt werden. Sämtliche Wirtschaftsgüter einer Bewertungsgruppe sind nach einheitlichen Grundsätzen zu bewerten. Der Steuerpflichtige darf die Lifo-Methode auch bei der Bewertung der Materialbestandteile unfertiger oder fertiger Erzeugnisse anwenden (zu den weiteren Voraussetzungen siehe R 6.9 Absatz 2 Satz 4 EStR). Zum Wechsel der Bewertungsmethoden vgl. R 6.9 Absatz 5 EStR.

5   Die Lifo-Methode muss nicht mit der tatsächlichen Verbrauchs- oder Veräußerungsfolge übereinstimmen. Sie ist somit unabhängig vom Vorhandensein besonderer ordnungsrechtlicher Vorschriften (z. B. Lebensmittelrecht) zulässig. Auch Zertifizierungs-Verfahren, die eine bestimmte tatsächliche Verbrauchsfolge vorschreiben, schließen die Anwendung der Lifo-Methode nicht aus.

a) Handelsware

6   Ist es bei zum Verkauf und nicht zur weiteren Ver- oder Bearbeitung bestimmten Vorräten (Handelsware) z. B. durch im Betrieb eingesetzte moderne EDV-Systeme technisch möglich, die individuellen Anschaffungskosten der einzelnen Wirtschaftsgüter ohne weiteres zu ermitteln (z. B. durch Codierung), so ist die Anwendung der Lifo-Methode unzulässig. Zur Bewertungsvereinfachung ist die Lifo-Methode für Handelsware jedoch zulässig, wenn durch den Einsatz solcher EDV-Systeme eine Einzelbewertung der Wirtschaftsgüter zwar möglich wäre, dies aber weiteren Aufwand oder weitere Rechen- oder Ermittlungsschritte erfordern würde (z. B. Zuordnung weiterer anteiliger Anschaffungsnebenkosten, aber auch weitere Programmierungs- oder Implementierungsschritte oder Kosten für den zusätzlichen manuellen Erfassungsaufwand in der Buchhaltung). Der Umfang dieser weiteren Ermittlungsschritte ist dabei unbeachtlich.

b) Ver- oder bearbeitete Erzeugnisse

7   Handelt es sich bei den Vorräten um Erzeugnisse, die im Betrieb erst nach einer weiteren Ver- oder Bearbeitung von Roh-, Hilfs- und Betriebsstoffen hergestellt wurden (z. B. durch Verbindung oder Trennung/Teilung, Ver- oder Entmischung, Verformung), sind zur Ermittlung der individuellen Anschaffungs- oder Herstellungskosten weitere Kosten aus dem Fertigungsprozess in die Einzelkosten einzubeziehen. Für diese Fertig- oder Teilfertigerzeugnisse ist auch bei Einsatz eines elektronischen Warenwirtschaftssystems die Anwendung der Lifo-Methode zulässig. Dies gilt für die zugehörigen Roh-, Hilfs- und Betriebsstoffe sowie unfertigen Erzeugnisse entsprechend.

8   Eine Codierung der Ausgangs-, Zwischen- oder Endprodukte ist für die Anwendung der Lifo-Methode unschädlich.

c) Verderbliche Vorräte

9   Sind Vorräte dauerhaft haltbar oder werden sie dies durch Be- und Verarbeitung, darf die Lifo-Methode angewandt werden. Als dauerhaft gilt eine Haltbarkeit von mindestens einem Jahr. Haben Vorräte eine geringere Haltbarkeit, so ist die Lifo-Methode nicht zulässig, weil eine Verbrauchs- oder Veräußerungsfolge, wonach die zuletzt gekauften Waren als erstes verarbeitet und verkauft werden, dem betrieblichen Geschehensablauf völlig widerspricht.

4. Einzelbewertung im HGB- oder IFRS-Abschluss

10 Bei der Bewertung nach § 6 Absatz 1 Nummer 2a EStG handelt es sich um ein eigenständiges steuerliches Wahlrecht, das unabhängig davon ausgeübt werden kann, ob in der Handelsbilanz das entsprechende Wahlrecht gemäß § 256 Satz 1 HGB ausgeübt wird; jedoch muss dem Grun-

de nach auch handelsrechtlich die Anwendung des Bewertungsvereinfachungsverfahrens Lifo zulässig sein. Auch eine Einzelbewertung im IFRS-Abschluss steht der Anwendung der Lifo-Methode in der Steuerbilanz nicht entgegen.

5. Anwendung

Die Regelungen sind in allen offenen Fällen anwendbar.

11

22. Steuerliche Gewinnermittlung; Zweifelsfragen zur bilanzsteuerlichen Behandlung sog. geringwertiger Wirtschaftsgüter nach § 6 Absatz 2 EStG und zum Sammelposten nach § 6 Absatz 2a EStG in der Fassung des Gesetzes zur Beschleunigung des Wirtschaftswachstums vom 22. 12. 2009 (BGBl I S. 3950, BStBl 2010 I S. 2)

BMF, Schreiben v. 30. 9. 2010 (BStBl I S. 755)

– IV C 6 - S 2180/09/10001 –

Nach § 6 Absatz 2 EStG in der Fassung des Gesetzes zur Beschleunigung des Wirtschaftswachstums vom 22. Dezember 2009 (BGBl 2009 I S. 3950, BStBl 2010 I S. 2) können die Anschaffungs- oder Herstellungskosten von abnutzbaren, beweglichen und einer selbständigen Nutzung fähigen Wirtschaftsgütern des Anlagevermögens in voller Höhe als Betriebsausgaben abgezogen werden, wenn die um einen enthaltenen Vorsteuerbetrag verminderten Anschaffungs- oder Herstellungskosten für das einzelne Wirtschaftsgut 410 Euro nicht übersteigen. Für gleichartige Wirtschaftsgüter, deren Anschaffungs- oder Herstellungskosten 150 Euro, aber nicht 1 000 Euro übersteigen, kann im Wirtschaftsjahr der Anschaffung oder Herstellung ein Sammelposten gebildet werden (§ 6 Absatz 2a EStG). Die Regelungen gemäß § 6 Absatz 2 und 2a EStG gelten auch bei Einlagen und im Falle der Betriebseröffnung (§ 6 Absatz 1 Nummer 5 bis 6 EStG).

Nach dem Ergebnis einer Erörterung mit den obersten Finanzbehörden der Länder gelten für die Anwendung von § 6 Absatz 2 und 2a EStG in Ergänzung zu Richtlinie R 6.13 EStR 2008 die folgenden Regelungen. Soweit nichts anderes angegeben, sind bei Verwendung der Begriffe

– **Aufwendungen**

  die Anschaffungs- oder Herstellungskosten, vermindert um einen darin enthaltenen Vorsteuerbetrag (§ 9b Absatz 1 EStG), oder der nach § 6 Absatz 1 Nummer 5 bis 6 EStG an deren Stelle tretende Wert für das einzelne abnutzbare, bewegliche und einer selbständigen Nutzung fähige Wirtschaftsgut des Anlagevermögens und

– **Wirtschaftsjahr**

  das Wirtschaftsjahr der Anschaffung, Herstellung oder Einlage eines Wirtschaftsgutes oder der Eröffnung eines Betriebes

gemeint.

I. Bilanzsteuerrechtliche Wahlrechte für Aufwendungen bis 1 000 Euro

1. Grundsatz

1 Die Aufwendungen sind grundsätzlich durch Absetzungen für Abnutzung (AfA) nach Maßgabe der §§ 7 ff. EStG (insbesondere § 7 Absatz 1 oder Absatz 2 EStG) unter Berücksichtigung der jeweiligen betriebsgewöhnlichen Nutzungsdauer des Wirtschaftsgutes gewinnmindernd als Betriebsausgaben abzuziehen.

2. Aufwendungen bis 150 Euro

2 Abweichend von Randnummer 1 können Aufwendungen bis 150 Euro im maßgebenden Wirtschaftsjahr in voller Höhe gemäß § 6 Absatz 2 EStG als Betriebsausgaben abgezogen werden. Das Wahlrecht kann für jedes Wirtschaftsgut individuell in Anspruch genommen werden (wirtschaftsgutbezogenes Wahlrecht).

3 Bei Anwendung des § 6 Absatz 2 EStG bestehen mit Ausnahme der buchmäßigen Erfassung des Zugangs des Wirtschaftsgutes keine weiteren Aufzeichnungspflichten; aus steuerlichen Gründen ist eine Aufnahme in ein Inventar im Sinne des § 240 HGB nicht erforderlich.

3. Aufwendungen von mehr als 150 Euro und nicht mehr als 410 Euro

a) Erstes Wahlrecht

4 Abweichend von Randnummer 1 können Aufwendungen von mehr als 150 Euro und nicht mehr als 410 Euro im maßgebenden Wirtschaftsjahr in voller Höhe gemäß § 6 Absatz 2 EStG als Betriebsausgaben abgezogen werden.

5 Nach § 6 Absatz 2 Satz 4 und 5 EStG ist das Wirtschaftsgut unter Angabe des Tages der Anschaffung, Herstellung oder Einlage sowie der Anschaffungs- oder Herstellungskosten oder des Einlagewertes in ein besonderes, laufend zu führendes Verzeichnis aufzunehmen. Das Verzeichnis braucht nicht geführt zu werden, wenn diese Angaben aus der Buchführung ersichtlich sind.

b) Zweites Wahlrecht

6 Die Aufwendungen können im maßgebenden Wirtschaftsjahr gemäß § 6 Absatz 2a EStG in einem Sammelposten erfasst werden (zu den Einzelheiten vgl. Randnummern 8 bis 25). Dieses Wahlrecht kann nach § 6 Absatz 2a Satz 5 EStG nur einheitlich für alle Wirtschaftsgüter des Wirtschaftsjahres mit Aufwendungen von mehr als 150 Euro und nicht mehr als 1 000 Euro (Randnummern 4 bis 7) in Anspruch genommen werden (wirtschaftsjahrbezogenes Wahlrecht).

4. Aufwendungen von mehr als 410 Euro und nicht mehr als 1 000 Euro

7 Abweichend von Randnummer 1 können Aufwendungen von mehr als 410 Euro und nicht mehr als 1 000 Euro im maßgebenden Wirtschaftsjahr gemäß § 6 Absatz 2a EStG in einem Sammelposten (Randnummern 8 bis 25) erfasst werden. Dieses Wahlrecht kann nur einheitlich für alle Wirtschaftsgüter des Wirtschaftsjahres mit Aufwendungen von mehr als 150 Euro und nicht mehr als 1 000 Euro in Anspruch genommen werden (wirtschaftsjahrbezogenes Wahlrecht, Randnummer 6 Satz 2).

II. Sammelposten nach § 6 Absatz 2a EStG

1. Bildung des Sammelpostens

Der Sammelposten ist kein Wirtschaftsgut, sondern eine Rechengröße (R 6.13 Absatz 6 Satz 1 EStR).

Wirtschaftsgüter im Sinne des § 6 Absatz 2a EStG können alternativ zur Sofortabschreibung nach § 6 Absatz 2 EStG oder zur ratierlichen Absetzung für Abnutzung im maßgebenden Wirtschaftsjahr in **einem** jahrgangsbezogenen Sammelposten je Bilanz (Gesamthandsbilanz, Sonderbilanz, Ergänzungsbilanz) erfasst werden (vgl. R 6.13 Absatz 5 Satz 1 EStR). Dies gilt sinngemäß auch bei einer Gewinnermittlung durch Einnahmenüberschussrechnung. Ein Schrott- oder Schlachtwert für im Sammelposten erfasste Wirtschaftsgüter bleibt außer Ansatz, da bei diesen Wirtschaftsgütern nach vollständiger gewinnmindernder Auflösung des Sammelpostens nicht mehr von einem beträchtlichen Restwert ausgegangen werden kann (BFH-Urteil vom 22. Juli 1971, BStBl II S. 800). Abgesehen von der buchmäßigen Erfassung des Zugangs der Wirtschaftsgüter in den Sammelposten bestehen keine weiteren Aufzeichnungspflichten. Die Wirtschaftsgüter des Sammelpostens müssen aus steuerlichen Gründen nicht in ein Inventar im Sinne des § 240 HGB aufgenommen werden.

Nachträgliche Anschaffungs- oder Herstellungskosten von Wirtschaftsgütern im Sinne des § 6 Absatz 2a EStG erhöhen den Sammelposten des Wirtschaftsjahres, in dem die Aufwendungen entstehen (R 6.13 Absatz 5 Satz 2 EStR). Beabsichtigt der Steuerpflichtige, in diesem Wirtschaftsjahr § 6 Absatz 2a EStG nicht anzuwenden (vgl. Randnummern 6 und 7), beschränkt sich der Sammelposten auf die nachträglichen Anschaffungs- oder Herstellungskosten der in Satz 1 genannten Wirtschaftsgüter. Fallen die nachträglichen Anschaffungs- oder Herstellungskosten bereits im Wirtschaftsjahr der Investition an und übersteigt die Summe der Gesamtkosten in diesem Wirtschaftsjahr die Betragsgrenze von 1 000 Euro, kann § 6 Absatz 2a EStG nicht angewendet werden; das Wirtschaftsgut ist nach § 6 Absatz 1 Nummer 1 EStG einzeln zu bewerten. Scheidet ein Wirtschaftsgut im Jahr der Anschaffung, Herstellung oder Einlage aus dem Betriebsvermögen aus, liegen die Voraussetzungen für die Berücksichtigung des Wirtschaftsgutes im Sammelposten zum Schluss dieses Wirtschaftsjahres nicht vor.

Anschaffungs- oder Herstellungskosten von nicht selbständig nutzbaren Wirtschaftsgütern sind, sofern sie keine nachträglichen Anschaffungs- oder Herstellungskosten darstellen, nicht im Sammelposten zu erfassen.

Beispiel:
Einzelunternehmer A schafft am Ende des Wirtschaftsjahres 01 für sein Anlagevermögen einen PC an. Die Anschaffungskosten betragen 500 Euro. Im Wirtschaftsjahr 02 erfolgt die Anschaffung eines Druckers – welcher neben dem Drucken keine weiteren Funktionen ausführen kann – sowie einer PC-Maus, die bisher nicht im Lieferumfang des PC enthalten war. Die Anschaffungskosten für den Drucker betragen 180 Euro und für die PC-Maus 25 Euro. A wendet in 01 und 02 die Regelungen zum Sammelposten gemäß § 6 Absatz 2a EStG an.

Lösung:
Der PC ist als selbständig nutzungsfähiges Wirtschaftsgut des Anlagevermögens im Sammelposten des Wirtschaftsjahres 01 zu erfassen. Eine Abschreibung über die betriebsgewöhnliche Nutzungsdauer kommt nicht in Betracht, da A sich für die Anwendung der Regelungen zum Sammelposten entschieden hat (einheitliche Wahlrechtsausübung). Dagegen ist der Drucker ein nicht selbständig nutzungsfähiges Wirtschaftsgut (vgl. BFH-Urteil vom 19. Februar 2004, BStBl II S. 958). Die Aufwendungen stellen aber keine nachträglichen Anschaffungskosten des PC dar. Der Drucker ist einzeln nach den Vorschriften des § 6 Absatz 1 Nummer 1 EStG zu bewerten und die Anschaffungskosten sind über die betriebsgewöhnliche Nutzungsdauer abzuschreiben. Demgegenüber bildet die ebenfalls nicht selbständig nutzungsfähige PC-Maus eine Nutzungseinheit mit dem PC. Daher sind die Aufwendungen für die PC-Maus nachträgliche Anschaffungskosten des PC und im Sammelposten des Wirtschaftsjahres 02 zu erfassen (vgl. R 6.13 Absatz 5 Satz 2 EStR).

12 Die Regelungen zum Sammelposten gelten sowohl für notwendiges als auch für gewillkürtes Betriebsvermögen.

13 Der Ansatz von Festwerten (§ 240 Absatz 3 HGB) ist für im Sammelposten erfasste Wirtschaftsgüter nicht zulässig. Der Festwert für Wirtschaftsgüter, die zulässigerweise mit einem gleich bleibenden Wert angesetzt wurden, ist planmäßig gemäß R 5.4 Absatz 3 EStR anzupassen.

2. Auflösung des Sammelpostens

14 Scheidet ein im Sammelposten erfasstes Wirtschaftsgut aus dem Betriebsvermögen durch Entnahme, Veräußerung, Verschrottung oder sonstiges Abhandenkommen aus, hat dieser Vorgang keine Auswirkung auf den Sammelposten. Auch der Abgang sämtlicher im Sammelposten erfasster Wirtschaftsgüter führt nicht zu einer Auflösung des Sammelpostens. Bei im Sammelposten erfassten Wirtschaftsgütern sind Sonderabschreibungen sowie Teilwertabschreibungen nicht zulässig.

15 Sammelposten sind jahrgangsbezogen mit jeweils einem Fünftel gewinnmindernd zum Ende des jeweiligen Wirtschaftsjahres aufzulösen. Die betriebsgewöhnliche Nutzungsdauer der einzelnen Wirtschaftsgüter ist für die Auflösung des Sammelpostens auch dann unbeachtlich, wenn diese weniger als fünf Jahre beträgt. Die jahrgangsbezogene Auflösung zum Ende des jeweiligen Wirtschaftsjahres mit jeweils einem Fünftel gilt auch bei Rumpfwirtschaftsjahren, beispielsweise bei Betriebsveräußerung oder Betriebsaufgabe vor Ablauf des regulären Wirtschaftsjahres. Die gewinnmindernde Auflösung zum Ende des (Rumpf-)Wirtschaftsjahres mit einem Fünftel ist beim laufenden Gewinn dieses (Rumpf-)Wirtschaftsjahres zu erfassen. Der verbleibende Restbuchwert ist bei der Ermittlung des Gewinns nach § 16 Absatz 2 EStG zu berücksichtigen.

16 Die Grundsätze der Randnummer 15 gelten für die Feststellung des Unterschiedsbetrages nach § 5a Absatz 4 EStG entsprechend. Der Unterschiedsbetrag ist für den einzelnen Sammelposten insgesamt durch die Gegenüberstellung des Buchwerts des Sammelpostens und der Teilwerte der im Betriebsvermögen noch vorhandenen Wirtschaftsgüter des jeweiligen Sammelpostens festzustellen. Scheidet ein in einem Sammelposten erfasstes Wirtschaftsgut aus dem Betriebsvermögen aus oder dient es nicht mehr dem Betrieb von Handelsschiffen im internationalen Verkehr, führt dies nicht zur Hinzurechnung nach § 5a Absatz 4 Satz 3 Nummer 2 EStG.

17 In den Fällen der Realteilung (§ 16 Absatz 3 Satz 2 bis 4 EStG) sind die Sammelposten des Gesamthandsvermögens entsprechend der Beteiligung am Betriebsvermögen der Mitunternehmerschaft bei den einzelnen Mitunternehmern fortzuführen. Sammelposten des Sonderbetriebsvermögens sind unmittelbar bei den einzelnen Mitunternehmern planmäßig aufzulösen.

18 Werden im Sammelposten erfasste Wirtschaftsgüter außerbetrieblich genutzt, ist für die Ermittlung der als Entnahme zu behandelnden Selbstkosten der Wertverzehr im Schätzungsweg zu berücksichtigen.

3. Sammelposten in Fällen der Übertragung im Sinne des § 6 Absatz 3 EStG, Überführung oder Übertragung im Sinne des § 6 Absatz 5 EStG und Einbringung im Sinne der §§ 20, 24 UmwStG

a) Übertragung oder Einbringung eines gesamten Betriebes

19 In den Fällen der Übertragung oder Einbringung eines gesamten Betriebes zum Buchwert gehen die im Sammelposten erfassten Wirtschaftsgüter zusammen mit dem Betrieb auf den neuen Rechtsträger über. Der übernehmende Rechtsträger führt den Sammelposten unverändert fort.

Bei einer Einbringung zu einem über dem Buchwert liegenden Wert liegt für den übernehmenden Rechtsträger ein Anschaffungsvorgang vor, der unter den Voraussetzungen des § 6 Absatz 2a EStG zur Bildung eines neuen Sammelpostens führen kann. 20

Behält der übertragende, überführende oder einbringende Rechtsträger Betriebsvermögen zurück (z. B. Einbringung des Betriebsvermögens einer Personengesellschaft in eine andere Personengesellschaft oder eine Kapitalgesellschaft, wenn die einbringende Personengesellschaft fortbesteht), ist der Sammelposten im verbleibenden Betriebsvermögen auszuweisen. 21

b) Übertragung oder Einbringung eines Teilbetriebes

Die Übertragung oder Einbringung eines Teilbetriebes hat ungeachtet des Verbleibs der im Sammelposten zu erfassenden erfassten Wirtschaftsgüter keine Auswirkung auf den Sammelposten des übertragenden oder einbringenden Rechtsträgers (R 6.13 Absatz 6 EStR); Entsprechendes gilt für nach § 6 Absatz 5 EStG überführte oder übertragene und im Sammelposten erfasste Wirtschaftsgüter. 22

Wird ein Teilbetrieb zum Buchwert übertragen oder eingebracht, erfolgt beim übernehmenden Rechtsträger mangels eines eigenen Buchwertes für im Sammelposten erfasste Wirtschaftsgüter weder ein Ausweis dieser Wirtschaftsgüter noch der Ausweis eines Sammelpostens. Dies gilt auch für eine Übertragung oder Überführung von Wirtschaftsgütern zum Buchwert nach entsprechender Anwendung des § 6 Absatz 5 EStG. 23

4. Übertragung und Veräußerung eines Mitunternehmeranteils

Bei der unentgeltlichen Übertragung des gesamten oder eines Teils eines Mitunternehmeranteils bleibt der im Gesamthandsvermögen der Mitunternehmerschaft gebildete Sammelposten unverändert bestehen. Ein im Sonderbetriebsvermögen des übertragenen Mitunternehmeranteils enthaltener Sammelposten geht auf den Rechtsnachfolger über, wenn der gesamte Mitunternehmeranteil übertragen wird. Wird hingegen nur ein Teil eines Mitunternehmeranteils übertragen, wird der Sammelposten im Sonderbetriebsvermögen des Übertragenden unverändert fortgeführt, es sei denn, mit der Übertragung des Teils eines Mitunternehmeranteils wird das gesamte Sonderbetriebsvermögen unentgeltlich übertragen. Beim rückwirkenden Ansatz des Teilwerts nach § 6 Absatz 3 Satz 2 EStG bleibt der Sammelposten aus Vereinfachungsgründen in unveränderter Höhe bestehen. 24

Die Veräußerung eines Mitunternehmeranteils hat keine Auswirkungen auf den Sammelposten der Gesamthandsbilanz der Mitunternehmerschaft. Für die Sammelposten der Sonderbilanz des veräußerten Mitunternehmeranteils ist Randnummer 15 zu beachten. In der Ergänzungsbilanz des Erwerbers ist aus Vereinfachungsgründen immer nur ein Posten für im Sammelposten enthaltene Mehr- oder Minderwerte zu bilden, unabhängig davon, ob der Mehr- oder Minderwert auf Wirtschaftsgüter entfällt, die in einem oder in verschiedenen Sammelposten erfasst wurden. Der Sammelposten in der Ergänzungsbilanz ist im Wirtschaftsjahr des Erwerbs und in den folgenden vier Wirtschaftsjahren mit jeweils einem Fünftel aufzulösen. 25

> **Beispiel:**
> Die ABCD-oHG hat in der Gesamthandsbilanz zum 31.12.02 für Anschaffungen des Jahres 01 (200 Wirtschaftsgüter zu je 500 Euro; Anschaffungskosten somit 100 000 Euro) einen Sammelposten 01 in Höhe von 60 000 Euro (Anschaffungskosten 100 000 Euro abzgl. je ein Fünftel = 20 000 Euro für 01 und 02) und für Anschaffungen des Jahres 02 (100 Wirtschaftsgüter zu je 250 Euro; Anschaffungskosten somit 25 000 Euro) einen Sammelposten 02 in Höhe von 20 000 Euro (Anschaffungskosten 25 000 Euro abzgl. ein Fünftel = 5 000 Euro für 02) gebildet.
> Mitunternehmer A hat in seiner Sonderbilanz zum 31.12.02 für Anschaffungen des Jahres 01 (AK 20 000 Euro) einen Sammelposten 01 in Höhe von 12 000 Euro (Anschaffungskosten 20 000 Euro abzgl. je ein Fünftel = 4 000 Euro für 01 und 02) und für Anschaffungen des Jahres 02 (Anschaffungskosten 5 000 Euro) einen Sammelposten 02 in Höhe von 4 000 Euro (Anschaffungskosten 5 000 Euro abzgl. ein Fünftel = 1 000 Euro für 02) gebildet.

ABCD-oHG 31.12.02			
Sammelposten 01	60 000	Kapital A	20 000
Sammelposten 02	20 000	Kapital B	20 000
		Kapital C	20 000
		Kapital D	20 000

Sonderbilanz A 31.12.02			
Sammelposten 01	12 000	Kapital	16 000
Sammelposten 02	4 000		

Zum 1.1.03 veräußert A seinen Mitunternehmeranteil für 50 000 Euro an E. Die Wirtschaftsgüter seines Sonderbetriebsvermögens entnimmt er in sein Privatvermögen (Teilwert = 17 000 Euro). Von den Anschaffungskosten des E entfallen 24 000 Euro auf die in den Sammelposten erfassten Wirtschaftsgüter, der Rest entfällt auf den Geschäfts- oder Firmenwert.

Behandlung A:

Veräußerungserlös	50 000 Euro
Entnahmewert	17 000 Euro
Kapitalkonto Gesamthandsvermögen	– 20 000 Euro
Kapitalkonto Sonderbetriebsvermögen	– 16 000 Euro
Veräußerungsgewinn	31 000 Euro

Behandlung oHG und E:

In der Gesamthandsbilanz der BCDE-oHG erfolgt keine Änderung auf Grund der Veräußerung des Mitunternehmeranteils bei den Sammelposten 01 und 02. Die Sammelposten in der Gesamthandsbilanz werden in den Folgejahren wie bisher jeweils um ein Fünftel (für 01 je 20 000 Euro und für 02 je 5 000 Euro) gewinnmindernd aufgelöst. Den Mehrwert für die im Sammelposten der Gesamthandsbilanz erfassten Wirtschaftsgüter (24 000 Euro abzgl. 20 000 Euro = 4 000 Euro) hat E in einem Sammelposten neben dem Geschäfts- oder Firmenwert (26 000 Euro) in seiner Ergänzungsbilanz zu erfassen. E muss im Jahr 03 in seiner Ergänzungsbilanz den Mehrwert für die im Sammelposten erfassten Wirtschaftsgüter entsprechend § 6 Absatz 2a Satz 2 EStG um ein Fünftel (= 800 Euro) gewinnmindernd auflösen.

5. Zeitliche Anwendung

a) Wirtschaftsgüter, die nach dem 31. Dezember 2009 angeschafft, hergestellt oder in das Betriebsvermögen eingelegt werden

26 Bei Wirtschaftsgütern, die nach dem 31. Dezember 2009 angeschafft, hergestellt oder in das Betriebsvermögen eingelegt werden, sind die Randnummern 1 bis 25 anzuwenden (§ 52 Absatz 16 Satz 14 EStG).

b) Wirtschaftsgüter, die nach dem 31. Dezember 2007 und vor dem 1. Januar 2010 angeschafft, hergestellt oder in das Betriebsvermögen eingelegt wurden

27 Abweichend von den Randnummern 1 bis 7 ist bei Wirtschaftsgütern, die nach dem 31. Dezember 2007 und vor dem 1. Januar 2010 angeschafft, hergestellt oder in das Betriebsvermögen eingelegt wurden, § 6 Absatz 2 und 2a i. V. m. § 52 Absatz 16 Satz 18 EStG i. d. F. des Unternehmensteuerreformgesetzes 2008 vom 14. August 2007 (BGBl I S. 1912, BStBl I S. 630) anzuwenden. Danach sind Aufwendungen bis 150 Euro zwingend in voller Höhe als Betriebsausgaben abzusetzen. Für Aufwendungen von mehr als 150 Euro und nicht mehr als 1 000 Euro ist zwingend ein Sammelposten im Sinne der Randnummern 8 bis 13 zu bilden, der nach Maßgabe der Randnummern 14 bis 18 aufzulösen ist. Abgesehen von der buchmäßigen Erfassung des Zugangs der Wirtschaftsgüter mit Aufwendungen bis 1 000 Euro bestehen keine weiteren steuerlichen Aufzeichnungspflichten.

c) Vom Kalenderjahr abweichendes Wirtschaftjahr (§ 4a EStG)

Weicht das Wirtschaftjahr vom Kalenderjahr ab (§ 4a Absatz 1 Nummer 1 und 2 EStG), sind in dem vor dem 1. Januar 2010 beginnenden Wirtschaftjahr (Übergangsjahr) sowohl Randnummer 26 als auch Randnummer 27 zu beachten. Wird im Übergangsjahr hinsichtlich der nach dem 31. Dezember 2009 angeschafften, hergestellten oder eingelegten Wirtschaftsgüter das Wahlrecht nach den Randnummern 6 und 7 in Anspruch genommen, ist insoweit kein eigener Sammelposten zu bilden; diese Wirtschaftsgüter sind vielmehr in dem für die vor dem 1. Januar 2010 angeschafften, hergestellten oder eingelegten Wirtschaftsgüter mit Aufwendungen von mehr als 150 Euro und nicht mehr als 1 000 Euro zwingend gebildeten Sammelposten zu erfassen. 28

In vor dem 1. Januar 2008 beginnenden abweichenden Wirtschaftsjahren ist für die vor dem 1. Januar 2008 angeschafften, hergestellten oder eingelegten Wirtschaftsgüter ausschließlich § 6 Absatz 2 EStG in der Fassung vor der zeitlichen Anwendung des Unternehmensteuerreformgesetzes 2008 vom 14. August 2007 (BGBl I S. 1912, BStBl I S. 630) maßgebend; Randnummer 27 ist insoweit nicht anzuwenden. 29

23. Zweifelsfragen zu § 6 Abs. 3 EStG i. d. F. des Unternehmenssteuerfortentwicklungsgesetzes vom 20. 12. 2001 (UntStFG, BGBl I S. 3858) im Zusammenhang mit der unentgeltlichen Übertragung von Mitunternehmeranteilen mit Sonderbetriebsvermögen sowie Anteilen von Mitunternehmeranteilen mit Sonderbetriebsvermögen

BMF, Schreiben v. 3. 3. 2005 (BStBl I S. 458)[1]

– IV B 2 - S 2241 - 14/05 –

Unter Bezugnahme auf das Ergebnis der Erörterung mit den obersten Finanzbehörden der Länder wird zu Zweifelsfragen im Zusammenhang mit der unentgeltlichen Übertragung eines Mitunternehmeranteils und eines Teils eines Mitunternehmeranteils bei vorhandenem Sonderbetriebsvermögen sowie der unentgeltlichen Aufnahme in ein Einzelunternehmen wie folgt Stellung genommen:

A. Persönlicher Anwendungsbereich

Übertragender und Aufnehmender können natürliche Personen, Mitunternehmerschaften und Kapitalgesellschaften sein. In den Fällen der Übertragung von Teilen eines Mitunternehmeranteils sowie der unentgeltlichen Aufnahme in ein Einzelunternehmen nach § 6 Abs. 3 Satz 1 2. HS und Satz 2 EStG ist die Übertragung nur auf natürliche Personen zulässig. 1

Bei unentgeltlichen Übertragungen von einer oder auf eine Kapitalgesellschaft gehen jedoch die Regelungen zur verdeckten Gewinnausschüttung i. S. d. § 8 Abs. 3 KStG oder der verdeckten Einlage vor (BFH-Urteil vom 18. 12. 1990 – BStBl 1991 II S. 512). Handelt es sich bei der unentgeltlichen Übertragung eines Mitunternehmeranteils oder eines Teils eines Mitunternehmer- 2

---

[1] Geändert durch BMF, Schreiben v. 7. 12. 2006 (BStBl I S. 766).

anteils um eine verdeckte Einlage (z. B. bei der Übertragung auf eine GmbH, an der der Übertragende beteiligt ist), greifen die Regelungen über die Betriebsaufgabe ein (BFH-Urteil vom 24. August 2000 – BStBl 2005 II S. 173). In Fällen der verdeckten Einlage eines Teils eines Mitunternehmeranteils ist § 16 Abs. 1 Satz 2 EStG zu beachten.

Beispiel 1:
A überträgt seinen Mitunternehmeranteil unentgeltlich auf eine steuerbefreite Körperschaft (z. B. Stiftung), zu der keine gesellschaftsrechtlichen Verbindungen bestehen.
Der übertragende A realisiert keinen Gewinn, da die Wirtschaftsgüter mit den Buchwerten anzusetzen sind (§ 6 Abs. 3 Satz 1 EStG). Bei der übernehmenden Körperschaft kommt es unter Anwendung des § 8 Abs. 1 KStG, § 6 Abs. 3 Satz 3 EStG zu einer Buchwertfortführung.

Beispiel 2:
A überträgt seinen Mitunternehmeranteil im Rahmen einer verdeckten Einlage unentgeltlich auf die A-GmbH, deren Gesellschafter er ist.
Der Übertragungsvorgang führt zur Aufdeckung der stillen Reserven (ggf. nach §§ 16, 34 EStG begünstigt). Die Anschaffungskosten der GmbH-Beteiligung erhöhen sich bei A um den Wert des Mitunternehmeranteils.

B. Sachlicher Anwendungsbereich

3   Der Mitunternehmeranteil eines Gesellschafters umfasst sowohl den Anteil am Gesamthandsvermögen als auch das dem einzelnen Mitunternehmer zuzurechnende Sonderbetriebsvermögen (BFH-Urteil vom 12. April 2000 – BStBl 2001 II S. 26). Im Rahmen des § 6 Abs. 3 EStG kommt nur die funktionale Betrachtung zur Anwendung. Funktional wesentlich können nur solche Wirtschaftsgüter sein, die für die Funktion des Betriebes von Bedeutung sind; auf das Vorhandensein erheblicher stiller Reserven kommt es nicht an.

I. Übertragung des gesamten Mitunternehmeranteils (§ 6 Abs. 3 Satz 1 1. Halbsatz EStG)

1. Übertragung von funktional wesentlichem Sonderbetriebsvermögen

4   Wird der gesamte Anteil des Mitunternehmers an der Gesellschaft übertragen, setzt § 6 Abs. 3 Satz 1 EStG voraus, dass neben dem Anteil am Gesamthandsvermögen auch sämtliche Wirtschaftsgüter des Sonderbetriebsvermögens, die für die Funktion des Betriebes von Bedeutung sind (im folgenden funktional wesentliches Sonderbetriebsvermögen genannt), übertragen werden.

5   Wird anlässlich der Übertragung des Anteils am Gesamthandsvermögen funktional wesentliches Sonderbetriebsvermögen zurückbehalten und in das Privatvermögen des Übertragenden überführt, ist eine Buchwertfortführung nach § 6 Abs. 3 Satz 1 EStG nicht zulässig. Es liegt insgesamt eine tarifbegünstigte Aufgabe des gesamten Mitunternehmeranteils vor (BFH-Beschluss vom 31. August 1995 – BStBl II S. 890). Die stillen Reserven im Gesamthandsvermögen und im Sonderbetriebsvermögen sind aufzudecken. § 6 Abs. 3 Satz 2 EStG in der Fassung des Unternehmensteuerfortentwicklungsgesetzes (UntStFG) vom 20. Dezember 2001 (BStBl 2002 I S. 35) ist nicht anwendbar, da der Übertragende mit der Übertragung des (gesamten) Anteils am Gesamthandsvermögens nicht mehr Mitunternehmer ist.

6   Wird anlässlich der Übertragung des Anteils am Gesamthandsvermögen funktional wesentliches Sonderbetriebsvermögen nach § 6 Abs. 5 Satz 3 EStG zum Buchwert übertragen oder nach § 6 Abs. 5 Sätze 1 und 2 EStG in ein anderes Betriebsvermögen/Sonderbetriebsvermögen des Steuerpflichtigen überführt, findet § 6 Abs. 3 Satz 1 EStG auf die Übertragung des Anteils am Gesamthandsvermögen keine Anwendung. Der sich aus der Übertragung des Anteils am Ge-

samthandsvermögen ergebende Gewinn ist nicht nach §§ 16, 34 EStG begünstigt (BFH-Urteile vom 19. März 1991 – BStBl II S. 635 und vom 2. Oktober 1997 – BStBl 1998 II S. 104).

Wird im zeitlichen und sachlichen Zusammenhang mit der Übertragung des Mitunternehmeranteils (sog. Gesamtplanrechtsprechung, BFH-Urteil vom 6. September 2000 – BStBl 2001 II S. 229) funktional wesentliches Sonderbetriebsvermögen entnommen oder (z. B. nach § 6 Abs. 5 EStG) zum Buchwert in ein anderes Betriebsvermögen überführt oder übertragen, kann der Anteil am Gesamthandsvermögen nicht nach § 6 Abs. 3 EStG zum Buchwert übertragen werden. Die in dem Mitunternehmeranteil enthaltenen stillen Reserven sind in den Fällen, in denen das Sonderbetriebsvermögen zum Buchwert überführt oder übertragen wird, als laufender Gewinn zu versteuern, soweit ein Buchwertansatz nicht in Betracht kommt. 7

> **Beispiel:**
> Vater V war Kommanditist bei der X-KG, an die er ein Grundstück (wesentliche Betriebsgrundlage) vermietet hatte. V übertrug im Juli 2003 seinen Kommanditanteil unentgeltlich auf seinen Sohn S. Bereits im März 2003 hatte V das Grundstück nach § 6 Abs. 5 Satz 3 Nr. 2 EStG zum Buchwert auf die von ihm neu gegründete gewerblich geprägte Y-GmbH & Co. KG übertragen.
>
> Die Buchwertübertragung des Grundstücks ist nach der sog. Gesamtplanrechtsprechung im Zusammenhang mit der Übertragung des Kommanditanteils nach § 6 Abs. 3 EStG zu beurteilen. Die Voraussetzungen für eine Buchwertübertragung nach § 6 Abs. 3 EStG liegen danach nicht vor, weil das Grundstück (wesentliche Betriebsgrundlage im Sonderbetriebsvermögen) nicht an den Sohn übertragen wurde. Ein Anwendungsfall von § 6 Abs. 3 Satz 2 EStG (unschädliches Zurückbehalten einer wesentlichen Betriebsgrundlage) liegt nicht vor, weil das Grundstück nicht mehr Sonderbetriebsvermögen der X-KG ist, sondern zum Betriebsvermögen der Y-GmbH & Co. KG gehört. V muss deshalb die stillen Reserven in seinem Kommanditanteil im Jahr 2003 als laufenden Gewinn versteuern. Der (zwingende) Buchwertansatz für das auf die GmbH & Co. KG übertragene Grundstück wird hiervon nicht berührt.

2. Übertragung von funktional nicht wesentlichem Sonderbetriebsvermögen

Wird anlässlich der Übertragung des Anteils am Gesamthandsvermögen funktional nicht wesentliches Sonderbetriebsvermögen entnommen oder nach § 6 Abs. 5 EStG zum Buchwert in ein anderes Betriebsvermögen überführt oder übertragen, steht dies der Anwendung des § 6 Abs. 3 Satz 1 EStG im Hinblick auf die Übertragung des Mitunternehmeranteils nicht entgegen. Wird dieses Sonderbetriebsvermögen entnommen, entsteht insoweit ein laufender Gewinn (BFH-Urteil vom 29. Oktober 1987 – BStBl 1988 II S. 374). 8

II. Übertragung eines Teils eines Mitunternehmeranteils

1. Übertragung bei funktional wesentlichem Sonderbetriebsvermögen

a) Quotale Übertragung eines Teils des Anteils am Gesamthandsvermögen und eines Teils des Sonderbetriebsvermögens (§ 6 Abs. 3 Satz 1 2. Halbsatz EStG)

§ 6 Abs. 3 Satz 1 EStG ist im Falle der unentgeltlichen Übertragung eines Teils eines Anteils am Gesamthandsvermögen bei gleichzeitigem Vorhandensein von funktional wesentlichem Sonderbetriebsvermögen nur anwendbar, soweit das funktional wesentliche Sonderbetriebsvermögen in demselben Verhältnis übergeht, in dem der übertragene Teil des Anteils am Gesamthandsvermögen zum gesamten Anteil am Gesamthandsvermögen steht (vgl. BFH-Urteil vom 24. August 2000 – BStBl 2005 II S. 173). Umfasst das Sonderbetriebsvermögen mehrere Wirtschaftsgüter, z. B. Grundstücke, müssen alle funktional wesentlichen Wirtschaftsgüter anteilig übertragen werden. 9

b) **Disquotale Übertragung von Gesamthandsvermögen und Sonderbetriebsvermögen**

aa) **Übertragung eines Teils des Anteils am Gesamthandsvermögen unter gleichzeitiger Zurückbehaltung von Sonderbetriebsvermögen (unterquotale Übertragung – § 6 Abs. 3 Satz 2 EStG)**

10 Wird anlässlich der Teilanteilsübertragung von Gesamthandsvermögen funktional wesentliches Sonderbetriebsvermögen nicht oder in geringerem Umfang (unterquotal) übertragen, als es dem übertragenen Teil des Anteils am Gesamthandsvermögen entspricht, liegt insgesamt eine Übertragung nach § 6 Abs. 3 Satz 2 EStG vor.

11 Voraussetzung für die Buchwertübertragung ist, dass der Übernehmer den übernommenen Mitunternehmeranteil über einen Zeitraum von mindestens fünf Jahren nicht veräußert oder aufgibt. Der Veräußerung des Mitunternehmeranteils steht die Veräußerung nur des Anteils am Gesamthandsvermögen oder eines Teils davon und/oder des mit dem Mitunternehmeranteil übernommenen funktional wesentlichen Sonderbetriebsvermögens oder eines Teils davon innerhalb der 5-Jahresfrist gleich. Bezogen auf den ursprünglichen Übertragungsvorgang liegen die Voraussetzungen für die Buchwertübertragung nicht mehr vor. Für die gesamte Übertragung nach § 6 Abs. 3 Satz 2 EStG sind rückwirkend auf den ursprünglichen Übertragungsstichtag die Teilwerte anzusetzen (§ 175 Abs. 1 Satz 1 Nr. 2 AO). Der dabei beim Übertragenden entstehende Gewinn ist laufender Gewinn (§ 16 Abs. 1 Satz 2 i.V.m. § 16 Abs. 3 EStG). Für die Berechnung der Behaltefrist ist grundsätzlich auf den Übergang des wirtschaftlichen Eigentums hinsichtlich des übernommenen Mitunternehmeranteils (= Übergang von Nutzen und Lasten) abzustellen.

12 War der Übernehmer bereits vor der unentgeltlichen Teilanteilsübertragung Mitunternehmer dieser Mitunternehmerschaft, ist von einer Veräußerung oder Entnahme des übernommenen Anteils erst auszugehen, wenn der Anteil der Beteiligung nach der Veräußerung oder Entnahme des (Teil-)Mitunternehmeranteils unter dem Anteil der übernommenen Beteiligung liegt oder das mit dem Mitunternehmeranteil übernommene funktional wesentliche Sonderbetriebsvermögen innerhalb der 5-Jahresfrist veräußert oder entnommen wird.

> **Beispiel:**
> V und S sind jeweils zu 50 % an einer OHG beteiligt. V überträgt unentgeltlich einen Teil seines Gesellschaftsanteils auf S, behält sein Sonderbetriebsvermögen aber zurück, so dass V jetzt zu 25 % und S zu 75 % an der OHG beteiligt sind. S reduziert innerhalb der 5-Jahresfrist seine Beteiligung auf 20 % und veräußert entsprechend einen Teil seines Mitunternehmeranteils.
>
> Es liegt eine Übertragung von V auf S nach § 6 Abs. 3 Satz 2 EStG vor, bei der die Behaltefristen zu beachten sind. Da der Anteil des S nach der Veräußerung (20 %) unter dem Anteil der übernommenen Beteiligung (25 %) liegt, hat er auch einen Teil des übernommenen Mitunternehmeranteils veräußert. Für die ursprüngliche Übertragung von V auf S ist damit insgesamt § 6 Abs. 3 EStG nicht anwendbar (Tz. 11). Für die gesamte Übertragung nach § 6 Abs. 3 Satz 2 EStG sind rückwirkend auf den ursprünglichen Übertragungsstichtag die Teilwerte anzusetzen (§ 175 Abs. 1 Satz 1 Nr. 2 AO). Der dabei beim V entstehende Gewinn ist laufender Gewinn (§ 16 Abs. 1 Satz 2 i.V.m. § 16 Abs. 3 EStG).

13 Eine Veräußerung ist grundsätzlich auch eine Einbringung nach den §§ 20, 24 UmwStG, unabhängig davon, ob die Buchwerte, Teilwerte oder Zwischenwerte angesetzt werden. Als Veräußerung gilt auch ein Formwechsel nach § 25 UmwStG. Überträgt der Rechtsnachfolger einzelne Wirtschaftsgüter des übernommenen Sonderbetriebsvermögens gegen Gewährung von Gesellschaftsrechten nach § 6 Abs. 5 EStG auf einen Dritten, liegt auch eine Veräußerung vor. Wird der nach § 6 Abs. 3 Satz 2 übertragene Mitunternehmer(teil)anteil vom Übernehmer zu einem späteren Zeitpunkt **zu Buchwerten** nach § 20 UmwStG in eine Kapitalgesellschaft oder **zu Buchwerten** nach § 24 UmwStG in eine Personengesellschaft eingebracht, liegt – abweichend vom oben genannten Grundsatz – keine schädliche Veräußerung im Sinne des § 6 Abs. 3 Satz 2 EStG vor, wenn der Einbringende die hierfür erhaltene Beteiligung an der Kapitalgesellschaft oder den erhaltenen Mitunternehmeranteil über einen Zeitraum von mindestens fünf Jahren – begin-

nend mit der ursprünglichen Übertragung des Mitunternehmeranteils nach § 6 Abs. 3 Satz 2 EStG – nicht veräußert oder aufgibt und die Kapitalgesellschaft oder die Personengesellschaft den eingebrachten Mitunternehmeranteil oder die eingebrachten Wirtschaftsgüter innerhalb der genannten Frist nicht veräußert.

Eine unentgeltliche Weiterübertragung ist unschädlich; dabei geht die Behaltefrist jedoch auf den Rechtsnachfolger über. Dem Rechtsnachfolger ist die Behaltedauer des Übertragenden anzurechnen. 14

Voraussetzung für die Buchwertübertragung ist außerdem, dass das zurückbehaltene Betriebsvermögen weiterhin zum Betriebsvermögen derselben Mitunternehmerschaft gehört. 15

Wird das zurückbehaltene Sonderbetriebsvermögen aufgrund eines Gesamtplanes im Zusammenhang mit der unentgeltlichen Aufnahme einer natürlichen Person in ein bestehendes Einzelunternehmen oder der unentgeltlichen Übertragung eines Teils eines Mitunternehmeranteils entnommen oder veräußert, ist eine Buchwertübertragung nicht möglich.

bb) Übertragung eines Teils des Anteils am Gesamthandsvermögen unter gleichzeitiger überquotaler Übertragung von Sonderbetriebsvermögen

Wird anlässlich der Teilanteilsübertragung von Gesamthandsvermögen Sonderbetriebsvermögen in größerem Umfang (überquotal) übertragen, als es dem übertragenen Teil des Anteils am Gesamthandsvermögen entspricht, ist der Vorgang in eine Übertragung nach § 6 Abs. 3 Satz 1 EStG für den quotalen Teil des Sonderbetriebsvermögens und eine Übertragung nach § 6 Abs. 5 EStG für den überquotalen Teil des Sonderbetriebsvermögens aufzuteilen. 16

Werden im Zusammenhang mit dem überquotal übertragenen Sonderbetriebsvermögen Verbindlichkeiten übernommen, liegt insoweit eine entgeltliche Übertragung vor, auf die § 6 Abs. 5 EStG keine Anwendung findet (BMF-Schreiben vom 7. Juni 2001 – BStBl I S. 367). 17

Die o. g. Grundsätze gelten auch, wenn die Mitunternehmerstellung des Empfängers mit der Teilanteilsübertragung erstmals begründet wird (BFH-Urteil vom 6. Dezember 2000 – BStBl 2003 II S. 194). 18

2. Übertragung bei funktional nicht wesentlichem Sonderbetriebsvermögen

Wird ein Teil eines Mitunternehmeranteils unentgeltlich übertragen, jedoch für die Mitunternehmerschaft funktional nicht wesentliches Sonderbetriebsvermögen zurückbehalten, ist § 6 Abs. 3 Satz 1 EStG uneingeschränkt anwendbar. Dies gilt auch, wenn funktional nicht wesentliches Sonderbetriebsvermögen in größerem Umfang übertragen wird, als es dem übertragenen Teil des Gesellschaftsanteils entspricht. Der übernehmende Gesellschafter hat die Buchwerte fortzuführen. Bei der Überführung des zurückbehaltenen Sonderbetriebsvermögens in das Privatvermögen entsteht laufender Gewinn (s. Rdnr. 8). 19

III. Isolierte Übertragung von Sonderbetriebsvermögen

Wird das Sonderbetriebsvermögen isoliert (d. h. ohne Änderung der Beteiligungsverhältnisse bei der Mitunternehmerschaft) unentgeltlich übertragen, liegt keine Übertragung eines Mitunternehmeranteils vor (BFH-Urteil vom 11. Dezember 1990 – BStBl 1991 II S. 510). Liegen die Voraussetzungen des § 6 Abs. 5 Satz 3 EStG in der jeweiligen Fassung (StSenkG vom 23. Oktober 2000 (BStBl 2000 I S. 1428) oder UntStFG vom 20. Dezember 2001 (BStBl 2002 I S. 35)) vor, erfolgt die Übertragung zum Buchwert. Andernfalls handelt es sich um eine Entnahme. §§ 16, 34 EStG sind nicht anwendbar. 20

C. Unentgeltliche Aufnahme einer natürlichen Person in ein bestehendes Einzelunternehmen (§ 6 Abs. 3 Satz 1 2. Halbsatz EStG)

21 Bei der unentgeltlichen Aufnahme einer natürlichen Person in ein bestehendes Einzelunternehmen unter Zurückbehaltung von Betriebsvermögen ist § 6 Abs. 3 Satz 2 EStG anzuwenden, wenn das zurückbehaltene Betriebsvermögen Sonderbetriebsvermögen bei der entstandenen Mitunternehmerschaft wird. Zu Behaltefristen Tz. 11 ff.

D. Fälle der mitunternehmerischen Betriebsaufspaltung

22 Entsteht infolge einer unentgeltlichen Übertragung nach § 6 Abs. 3 EStG eine mitunternehmerische Betriebsaufspaltung (vgl. hierzu auch BMF-Schreiben vom 28. April 1998 – BStBl I S. 583), sind folgende Fallgruppen zu unterscheiden:

a) <u>Übertragung von Sonderbetriebsvermögen, das nach der Übertragung im Gesamthandseigentum des Übertragenden und des Übernehmenden steht</u>

Begründen der Übertragende und der Übernehmer hinsichtlich des anteilig übertragenen Sonderbetriebsvermögens nach der Übertragung zivilrechtlich eine Gesamthandsgemeinschaft (§§ 718 ff. BGB), wird diese unmittelbar zur Besitzpersonengesellschaft.

In diesem Fall folgt der unter § 6 Abs. 3 Satz 1 EStG fallenden Übertragung eine Zurechnung der Wirtschaftsgüter des Sonderbetriebsvermögens zum Gesamthandsvermögen der Besitzpersonengesellschaft gemäß § 6 Abs. 5 Satz 3 EStG unmittelbar nach.

Entsteht die mitunternehmerische Betriebsaufspaltung infolge einer Übertragung nach § 6 Abs. 3 Satz 2 EStG, so führt eine unterquotale Übertragung des Sonderbetriebsvermögens in die Besitzpersonengesellschaft zu keiner schädlichen Veräußerung oder Aufgabe i. S. des § 6 Abs. 3 Satz 2 EStG; für die einer Übertragung nach § 6 Abs. 3 Satz 2 EStG nachfolgenden Übertragungen sind insbesondere die Tzn. 11 und 13 zu beachten.

b) <u>Übertragung von Sonderbetriebsvermögen, das nach der Übertragung im Bruchteilseigentum des Übertragenden und Übernehmenden steht</u>

Wird bei der anteiligen Übertragung von Sonderbetriebsvermögen dem Übernehmer zivilrechtlich ein Bruchteil zu Eigentum übertragen (§ 741 BGB), findet zuerst eine unentgeltliche Übertragung eines Teils eines Mitunternehmeranteils (einschließlich des Sonderbetriebsvermögens) auf den übernehmenden Gesellschafter nach § 6 Abs. 3 EStG statt. Anschließend erfolgt sowohl bei dem übertragenden Gesellschafter als auch bei dem übernehmenden Gesellschafter eine Überführung des Sonderbetriebsvermögens in das Sonderbetriebsvermögen bei der Besitzpersonengesellschaft (GbR) gemäß § 6 Abs. 5 Satz 2 EStG.

Hinsichtlich des Sonderbetriebsvermögens findet hier allerdings kein Rechtsträgerwechsel statt, sondern es erfolgt hier nur ein Zuordnungswechsel von dem Sonderbetriebsvermögen bei der bisherigen Personengesellschaft in das Sonderbetriebsvermögen der Besitzpersonengesellschaft (BFH-Urteil vom 18. August 2005 – BStBl II S. 830).

Beispiel (für eine quotale Übertragung des Sonderbetriebsvermögens):
A ist zu 60 % an der AB-OHG beteiligt, der er auch ein im Sonderbetriebsvermögen befindliches Grundstück zur Nutzung überlässt. In 2002 überträgt A die Hälfte seines Mitunternehmeranteils (1/2 des Gesamthandsanteils und 1/2 des Sonderbetriebsvermögens) unentgeltlich auf C. Die AC-GbR überlässt das Grundstück der ABC-OHG entgeltlich zur Nutzung.
a) Das Grundstück steht in Gesamthandsvermögen von A und C
b) Das Grundstück steht im Bruchteilseigentum von A und C

zu a)
Zunächst liegt eine unentgeltliche Teil-Mitunternehmeranteilsübertragung nach § 6 Abs. 3 Satz 1 EStG vor, die zwingend eine Buchwertfortführung vorschreibt. Im zweiten Schritt ändert sich aufgrund der steuerlichen Beurteilung des neu entstandenen Gebildes als mitunternehmerische Betriebsaufspaltung die bisherige Zuordnung des Grundstücks als Sonderbetriebsvermögen bei der OHG. Das Grundstück wird Gesamthandsvermögen bei der AC-GbR. Die damit verbundene Übertragung des Sonderbetriebsvermögens in das Gesamthandsvermögen der AC-GbR erfolgt nach § 6 Abs. 5 Satz 3 Nr. 2 EStG zum Buchwert.

zu b)
Zunächst liegt eine unentgeltliche Teil-Mitunternehmeranteilsübertragung nach § 6 Abs. 3 Satz 1 EStG vor, die zwingend eine Buchwertfortführung vorschreibt. Im zweiten Schritt ändert sich aufgrund der steuerlichen Beurteilung des neu entstandenen Gebildes als mitunternehmerische Betriebsaufspaltung die bisherige Zuordnung des Grundstücks als Sonderbetriebsvermögen bei der OHG. Das Grundstück wird – wegen des fehlenden Rechsträgerwechsels bei dem Bruchteilseigentum – zu Sonderbetriebsvermögen der Gesellschafter bei der „gesamthandsvermögenslosen" AC-GbR (BFH vom 18. August 2005, a. a. O.). Die damit verbundene Überführung des Sonderbetriebsvermögens bei der OHG auf das Sonderbetriebsvermögen bei der AC-GbR erfolgt nach § 6 Abs. 5 Satz 2 EStG zum Buchwert.

E. Zeitliche Anwendung

Dieses Schreiben ist auf alle Übertragungen nach dem 31. Dezember 2000 anzuwenden. 23

In Erbfällen mit sog. qualifizierter Nachfolgeklausel sind die Tz. 72 bis 74 in der Fassung des BMF-Schreibens vom 14. März 2006 (BStBl I S. 253) zur ertragsteuerlichen Behandlung der Erbengemeinschaft und ihrer Auseinandersetzung weiter anzuwenden.

Auf gemeinsamen Antrag vom Übertragenden und Übernehmenden ist dieses Schreiben in allen noch offenen Fällen auch für Übertragungen vor dem 1. Januar 2001 anzuwenden. 24

Für unterquotale Übertragungen (vgl. Tz. 10) sind dabei die Behaltefristen des § 6 Abs. 3 Satz 2 EStG zu beachten; dies gilt nicht, wenn der übernommene Mitunternehmeranteil vom Übernehmenden vor dem 1. Januar 2002 veräußert oder entnommen wurde. Für überquotale Übertragungen (vgl. Tz. 16) vor dem 1. Januar 2001 kann in den offenen Fällen auf gemeinsamen Antrag vom Übertragenden und Übernehmenden aus Vertrauensschutzgründen der gesamte Übertragungsvorgang als unter § 6 Abs. 3 EStG in der damals geltenden Fassung fallend angesehen werden.

24. Abzinsung von Verbindlichkeiten und Rückstellungen in der steuerlichen Gewinnermittlung nach § 6 Abs. 1 Nrn. 3 und 3a EStG in der Fassung des Steuerentlastungsgesetzes 1999/2000/2002

BMF, Schreiben v. 26. 5. 2005 (BStBl I S. 699)

– IV B 2 - S 2175 - 7/05 –

Nach § 6 Abs. 1 Nr. 3 und 3a Buchstabe e Satz 1 des Einkommensteuergesetzes (EStG) in der Fassung des Steuerentlastungsgesetzes 1999/2000/2002 (BGBl 1999 I S. 402) sind Verbindlichkeiten und Rückstellungen mit einem Zinssatz von 5,5 % abzuzinsen. Die Neuregelung ist für nach dem 31. Dezember 1998 endende Wirtschaftsjahre anzuwenden (§ 52 Abs. 16 Satz 2 EStG). Ausgenommen sind Verbindlichkeiten und Rückstellungen, deren Laufzeiten am Bilanzstichtag weniger als 12 Monate betragen, die verzinslich sind oder auf einer Anzahlung oder Vorausleistung beruhen. Nach dem Ergebnis einer Erörterung mit den obersten Finanzbehörden der Länder gilt für die Abzinsung von Verbindlichkeiten und Rückstellungen Folgendes:

Inhaltsübersicht

		Tz.
A.	Bewertungsverfahren	1, 2
B.	Abzinsung von Verbindlichkeiten in der steuerlichen Gewinnermittlung	3–23
I.	Abzinsung von unverzinslichen Verbindlichkeiten, die in einem Betrag fällig sind (Fälligkeitsdarlehen)	3–8
1.	Ermittlung der maßgebenden Restlaufzeit am Bilanzstichtag	3–7
a)	Grundsätze	3, 4
b)	Vom Leben bestimmter Personen abhängige Laufzeit	5
c)	Verbindlichkeiten mit unbestimmter Laufzeit	6, 7
2.	Maßgebender Vervielfältiger	8
II.	Abzinsung von unverzinslichen Verbindlichkeiten, die in gleichen Jahresraten getilgt werden (Tilgungsdarlehen)	9, 10
1.	Ermittlung der maßgebenden Restlaufzeit am Bilanzstichtag	9
2.	Jahreswert und maßgebender Vervielfältiger (Kapitalwert)	10
III.	Ausnahmen von der Abzinsung	11–20
1.	Laufzeit am Bilanzstichtag von weniger als 12 Monaten	12
2.	Verzinsliche Verbindlichkeiten	13–19
a)	Allgemeines	13–16
b)	Verbindlichkeiten, die zeitweise verzinslich sind	17, 18
c)	Verbindlichkeiten, deren Verzinsung vom Eintritt eines bestimmten Ereignisses abhängt (bedingt verzinsliche Verbindlichkeiten)	19
3.	Anzahlungen oder Vorausleistungen	20
IV.	Unverzinsliche Verbindlichkeiten von Körperschaften gegenüber ihren Anteilseignern	21, 22
V.	Unverzinsliche Verbindlichkeiten innerhalb einer Mitunternehmerschaft im Sinne von § 15 Abs. 1 Satz 1 Nr. 2 EStG	23
C.	Abzinsung von Rückstellungen in der steuerlichen Gewinnermittlung	24–34
I.	Abzinsung von Rückstellungen für Geld- und Sachleistungsverpflichtungen	24–28
1.	Ermittlung der voraussichtlichen Restlaufzeit einer Rückstellung am Bilanzstichtag	24–27
a)	Grundsatz	24
b)	Geldleistungsverpflichtungen	25
c)	Sachleistungsverpflichtungen	26
d)	Garantie- und Gewährleistungsrückstellungen	27
2.	Maßgebender Vervielfältiger	28
II.	Abzinsung von Rückstellungen für Verpflichtungen, für deren Entstehen im wirtschaftlichen Sinne der laufende Betrieb ursächlich ist	29
III.	Ausnahmen von der Abzinsung	30–34
1.	Laufzeit am Bilanzstichtag von weniger als 12 Monaten	31
2.	Verzinslichkeit der einer Rückstellung zugrunde liegenden Verbindlichkeit	32, 33
a)	Grundsatz	32
b)	Rückstellungen für Steuerschulden	33
3.	Auf Anzahlungen oder Vorausleistungen beruhende Rückstellungen	34
D.	Rücklagen nach § 52 Abs. 16 EStG	35–38
1.	Gesetzliche Regelung	35, 36
2.	Rücklagefähige Gewinne	37
3.	Auflösung der Rücklage	38

E. Gewerbesteuerliche Behandlung 39
F. Buchtechnische Abwicklung 40, 41
G. Zeitliche Anwendung 42, 43

A. Bewertungsverfahren

Bei der Abzinsung von Verbindlichkeiten und Rückstellungen nach § 6 Abs. 1 Nr. 3 und 3a EStG sind finanz- oder versicherungsmathematische Grundsätze unter Berücksichtigung eines Zinssatzes von 5,5 % anzuwenden. 1

Aus Vereinfachungsgründen kann der Abzinsungsbetrag auch nach §§ 12 bis 14 Bewertungsgesetz (BewG) ermittelt werden. Die vereinfachten Bewertungsverfahren sind einheitlich für alle abzuzinsenden Verbindlichkeiten oder Rückstellungen maßgebend und an den nachfolgenden Bilanzstichtagen beizubehalten. 2

B. Abzinsung von Verbindlichkeiten in der steuerlichen Gewinnermittlung

I. Abzinsung von unverzinslichen Verbindlichkeiten, die in einem Betrag fällig sind (Fälligkeitsdarlehen)

1. Ermittlung der maßgebenden Restlaufzeit am Bilanzstichtag

a) Grundsätze

Die (verbleibende) Laufzeit einer Verbindlichkeit am Bilanzstichtag ist tagegenau zu berechnen. Dabei kann aus Vereinfachungsgründen das Kalenderjahr mit 360 Tagen, jeder volle Monat mit 30 Tagen, der Monat, in dem der Fälligkeitstag liegt, mit der Anzahl der tatsächlichen Tage einschließlich des Fälligkeitstages, höchstens jedoch mit 30 Tagen gerechnet werden. 3

Grundsätzlich ist der vereinbarte Rückzahlungszeitpunkt maßgebend. Ist nach den Verhältnissen am Bilanzstichtag davon auszugehen, dass die Rückzahlung voraussichtlich zu einem anderen Zeitpunkt erfolgt, ist dieser zu berücksichtigen. 4

> **Beispiel 1**
> Nach dem Darlehensvertrag beträgt die Laufzeit einer Verbindlichkeit am Bilanzstichtag 31.12.2001 noch 2 Jahre (Rückzahlung am 31.12.2003). Eine vorzeitige Tilgung ist jedoch möglich. Im Dezember 2001 hat der Schuldner mitgeteilt, dass die Rückzahlung voraussichtlich bereits am 31.12.02 erfolgen wird.
> Die voraussichtliche Restlaufzeit beträgt nach den Erkenntnissen am Bilanzstichtag 31.12.2001 noch 12 Monate. Der vertragliche Rückzahlungstermin ist unbeachtlich.

b) Vom Leben bestimmter Personen abhängige Laufzeit

Ist die Laufzeit einer unverzinslichen Verbindlichkeit durch das Leben einer oder mehrerer Personen bedingt, ist bei Anwendung der Vereinfachungsregelung nach Randnummer 2 zur Berechnung der Laufzeit von der mittleren Lebenserwartung der betreffenden Personen am Bilanzstichtag auszugehen. Die jeweilige mittlere Lebenserwartung ergibt sich aus der „Sterbetafel für die Bundesrepublik Deutschland 1986/88 nach dem Gebietsstand seit dem 3. Oktober 1990" (vgl. Anlage 1). 5

c) Verbindlichkeiten mit unbestimmter Laufzeit

6 Steht am Bilanzstichtag der Rückzahlungszeitpunkt einer unverzinslichen Verbindlichkeit, deren Fälligkeit nicht vom Leben einer oder mehrerer bestimmter Personen abhängt, nicht fest, ist vorrangig die Restlaufzeit zu schätzen. Das gilt auch dann, wenn die Darlehensvereinbarung eine jederzeitige Kündbarkeit vorsieht oder die gesetzliche Kündigungsfrist nach § 488 Abs. 3 des Bürgerlichen Gesetzbuches (BGB) in der Fassung des Gesetzes zur Modernisierung des Schuldrechtes vom 26. November 2001 (BGBl I S. 3138) nicht ausgeschlossen wird.

7 Liegen für eine objektive Schätzung der Restlaufzeit keine Anhaltspunkte vor, kann hilfsweise § 13 Abs. 2 BewG analog angewendet werden:

Nach § 13 Abs. 2 BewG sind Nutzungen und Leistungen von unbestimmter Dauer, die nicht vom Leben bestimmter Personen abhängen, mit dem 9,3fachen des Jahreswertes zu bewerten. Nach der Tabelle 3 (Vervielfältiger für Tilgungsdarlehen, vgl. Randnummer 10) entspricht dieser Faktor unter Berücksichtigung der Randnummer 3 einer Laufzeit von 12 Jahren, 10 Monaten und 12 Tagen. Dementsprechend ergibt sich nach Tabelle 2 für Fälligkeitsdarlehen (vgl. Randnummer 8) ein Vervielfältiger von 0,503.

2. Maßgebender Vervielfältiger

8 Bei Anwendung der Vereinfachungsregelung nach Randnummer 2 erfolgt die Bewertung einer unverzinslichen Verbindlichkeit, die in einem Betrag fällig ist, mittels der als Anlage 2 beigefügten *Tabelle*. Dabei ist der Nennwert der Verbindlichkeit mit dem von der Restlaufzeit abhängigen Vervielfältiger zu multiplizieren.

Beispiel 2

Die Restlaufzeit einer Verbindlichkeit beträgt am Bilanzstichtag 31.12.2001 noch 1 Jahr, 3 Monate und 10 Tage. Bei Anwendung der Vereinfachungsregelung ist der maßgebende Vervielfältiger nach Anlage 2 wie folgt zu interpolieren:

Vervielfältiger für 2 Jahre:	0,898
Vervielfältiger für 1 Jahr:	0,948
Differenz:	−0,050
davon ($3/12 + 10/360$):	−0,014
interpoliert (0,948 − 0,014):	**0,934**

In der steuerlichen Gewinnermittlung zum 31.12.2001 ist die Verbindlichkeit (Nennwert 100.000 €) somit in Höhe von 100.000 € × 0,934 = 93.400 € anzusetzen.

II. Abzinsung von unverzinslichen Verbindlichkeiten, die in gleichen Jahresraten getilgt werden (Tilgungsdarlehen)

1. Ermittlung der maßgebenden Restlaufzeit am Bilanzstichtag

9 Die Restlaufzeit einer Verbindlichkeit, die in gleichen Jahresraten getilgt wird (Tilgungsdarlehen), endet unter sinngemäßer Anwendung der Randnummern 3 und 4 mit Fälligkeit der letzten Rate.

Beispiel 3

Zum Bilanzstichtag 31.12.2001 ist eine unverzinsliche Verbindlichkeit mit einem Restwert von 10.000 € zu bewerten, die an jedem 1. Tag eines Monats in Höhe von 500 € zu tilgen ist.

Zum Bilanzstichtag 31.12.2001 sind noch insgesamt 20 Monatsraten à 500 € erforderlich, um die Verbindlichkeit vollständig zu tilgen. Die letzte Zahlung wird demnach am 1.8.2003 erfolgen. Die Restlaufzeit zum Bilanzstichtag 31.12.2001 beträgt somit 1 Jahr, 7 Monate und 1 Tag.

2. Jahreswert und maßgebender Vervielfältiger (Kapitalwert)

Bei Anwendung der Vereinfachungsregelung nach Randnummer 2 erfolgt die Bewertung einer unverzinslichen Verbindlichkeit, die in gleichen Jahresraten getilgt wird (Tilgungsdarlehen), mittels der als Anlage 3 beigefügten *Tabelle*. Dabei ist der Jahreswert (Jahresbetrag) der Verbindlichkeit mit dem von der Restlaufzeit abhängigen Vervielfältiger zu multiplizieren. Der Jahreswert ist die Summe der Zahlungen innerhalb eines Jahres. 10

> **Beispiel 4**
> Sachverhalt wie Beispiel 3, von der Vereinfachungsregelung wird Gebrauch gemacht.
> Der Jahreswert beträgt 12 × 500 € = 6.000 €. Zum Bilanzstichtag 31.12.2001 ist eine Restlaufzeit von 1 Jahr und 7 Monaten und 1 Tag maßgebend. Der Vervielfältiger (Kapitalwert) nach Anlage 3 ermittelt sich wie folgt:
>
> | | |
> |---|---:|
> | Kapitalwert für 2 Jahre: | 1,897 |
> | Kapitalwert für 1 Jahr: | 0,974 |
> | Differenz: | 0,923 |
> | davon ($7/12 + 1/360$): | 0,541 |
> | interpoliert 0,974 + 0,541: | 1,515 |
>
> In der steuerlichen Gewinnermittlung zum 31.12.2001 ist die Verbindlichkeit mit 6.000 € × 1,515 = 9.090 € anzusetzen.

III. Ausnahmen von der Abzinsung

Eine Abzinsung unterbleibt, wenn die Laufzeit der Verbindlichkeit am Bilanzstichtag weniger als 12 Monate beträgt, die Verbindlichkeit verzinslich ist oder auf einer Anzahlung oder Vorausleistung beruht (§ 6 Abs. 1 Nr. 3 Satz 2 EStG). Der Steuerpflichtige hat darzulegen, dass ein Tatbestand des § 6 Abs. 1 Nr. 3 Satz 2 EStG vorliegt. 11

1. Laufzeit am Bilanzstichtag von weniger als 12 Monaten

Eine Laufzeit von weniger als 12 Monaten ist gegeben, wenn die Verbindlichkeit vor Ablauf eines Jahres nach dem Bilanzstichtag vollständig getilgt wird. Auf die Randnummern 4 bis 7 wird hingewiesen. 12

2. Verzinsliche Verbindlichkeiten

a) Allgemeines

Eine verzinsliche Verbindlichkeit liegt vor, wenn ein Zinssatz von mehr als 0 % vereinbart wurde. Dabei ist es unerheblich, ob am Bilanzstichtag fällige Zinsen auch tatsächlich gezahlt wurden. So ist bei einer Stundung von Zinszahlungen weiterhin eine verzinsliche Verbindlichkeit anzunehmen. 13

Stehen einer Verbindlichkeit keine Kapitalverzinsung, sondern andere wirtschaftliche Nachteile gegenüber (z. B. Verpflichtung zur unentgeltlichen Überlassung eines Wirtschaftsgutes des Betriebsvermögens), liegt eine verzinsliche Verbindlichkeit vor. 14

Die mit der Gewährung von Darlehen zur Förderung des sozialen Wohnungsbaus, des Wohnungsbaus für Angehörige des öffentlichen Dienstes und des Bergarbeiterwohnungsbaus oder anderer Förderprogramme im Bereich des Wohnungswesens verbundenen Auflagen, die den Darlehensnehmer insbesondere dazu verpflichten, die geförderten Wohnungen nur bestimmten Wohnungssuchenden zu überlassen (Belegungsbindung) oder Vorteile aus der Zinslosigkeit in Form von preisgünstigen Mieten an Dritte weiterzugeben, entsprechen in ihrem wirtschaftlichen Gehalt einer Zinsvereinbarung; derartige Darlehen sind nicht abzuzinsen (BMF-Schreiben vom 23. August 1999, BStBl I S. 818). Entsprechendes kann gelten, wenn zinslose Kredite im 15

Rahmen einer Regionalförderung an Unternehmen zweckgebunden gewährt werden und die Zweckbindung ihrem wirtschaftlichen Gehalt nach einer Zinsbelastung entspricht (z. B. Verpflichtung zur Schaffung zusätzlicher Dauerarbeitsplätze über einen bestimmten Zeitraum).

16 Ist nach den Umständen des jeweiligen Einzelfalles davon auszugehen, dass bei wirtschaftlicher Betrachtung eine Verzinslichkeit (d. h. eine Gegenleistung für die Kapitalüberlassung) nicht gegeben ist, liegt eine unverzinsliche Verbindlichkeit vor.

b) Verbindlichkeiten, die zeitweise verzinslich sind

17 Ist nach der Darlehensvereinbarung nur in bestimmten Zeiträumen eine Verzinsung vorgesehen, liegt eine verzinsliche Verbindlichkeit vor. In diesem Fall unterbleibt eine Abzinsung; Randnummer 16 ist zu beachten.

Beispiel 5
A gewährt Unternehmer U am 1.1.2001 ein Darlehen über 50.000 €. Die Rückzahlung soll am 31.12.2005 erfolgen. Eine vorzeitige Rückzahlung ist möglich. Für den Zeitraum 1.1.2004 bis 31.10.2004 sind Zinsen in Höhe von 5 % p. a. zu entrichten.
Es handelt sich um ein verzinsliches Darlehen im Sinne von § 6 Abs. 1 Nr. 3 Satz 2 EStG, auch wenn teilweise keine Verzinsung vorgesehen ist. Eine Abzinsung unterbleibt.
Weiterführung Beispiel 5
Das Darlehen wird vorzeitig am 31.12.2003 zurückgezahlt.
Die jeweiligen Bilanzansätze zum 31.12.2001 und 31.12.2002 bleiben unverändert, auch wenn das Darlehen aufgrund der vorzeitigen Tilgung vor Beginn des Zinslaufes tatsächlich unverzinst bleibt.

18 Entsteht oder entfällt aufgrund eines bestimmten Ereignisses die Verzinslichkeit im Sinne von § 6 Abs. 1 Nr. 3 Satz 2 EStG (z. B. neue vertragliche Vereinbarung zu den Zinskonditionen, Eintritt einer Bedingung), ist die Verbindlichkeit für die Anwendung der Steuerrechtsnorm ab dem Bilanzstichtag, der dem Ereignis folgt, nach den vorgenannten Grundsätzen neu zu bewerten. Das gilt unabhängig von der zivilrechtlichen Rechtslage. Die Bilanzansätze der dem Ereignis vorangegangenen Wirtschaftsjahre bleiben unberührt.

c) Verbindlichkeiten, deren Verzinsung vom Eintritt eines bestimmten Ereignisses abhängt (bedingt verzinsliche Verbindlichkeiten)

19 Hängt nach der Darlehensvereinbarung die Verzinslichkeit im Sinne von § 6 Abs. 1 Nr. 3 Satz 2 EStG vom Eintritt einer Bedingung ab, bleibt diese Bedingung zunächst unberücksichtigt. Bei Eintritt der Bedingung gilt Randnummer 18 entsprechend.

Beispiel 6
A gewährt dem Unternehmer B am 1.1.2000 ein betriebliches Fälligkeitsdarlehen, das jährlich mit 5 % zu verzinsen ist. Fallen im Betrieb des B vor Rückzahlung des Darlehens Verluste an, entfällt die Verzinsung rückwirkend ab Beginn der Laufzeit. Bereits gezahlte Zinsen sind zu erstatten. Im Wirtschaftsjahr 1.1.2002 bis 31.12.2002 erwirtschaftet B einen Verlust.
Die Bedingung (Entstehung eines Verlustes) ist erst zu berücksichtigen, wenn sie eingetreten ist (Randnummer 19). Die Verbindlichkeit ist daher als verzinsliches Darlehen (zunächst) nicht abzuzinsen. Der Verlust in 2002 führt zu einem die Verzinslichkeit beeinflussenden Ereignis im Sinne der Randnummer 18. Ab dem Bilanzstichtag, der dem Verlustentstehungsjahr folgt, d. h. ab dem 31.12.2003, ist die Verbindlichkeit abzuzinsen. Die Bilanzstichtage 31.12.2000 bis 31.12.2002 (keine Abzinsung) bleiben unberührt.

Beispiel 7
Nach der Darlehensvereinbarung ist die betriebliche Verbindlichkeit nur dann (rückwirkend) zu verzinsen, wenn der Gläubiger seinen Arbeitsplatz verliert und innerhalb eines Jahres keine neue Anstellung findet.
Das Darlehen ist (zunächst) unverzinslich und daher abzuzinsen. Bei Eintritt der Bedingung ist die Verbindlichkeit zu verzinsen, so dass ab dem diesem Ereignis folgenden Bilanzstichtag der Nennwert anzusetzen ist. Die vorangegangenen Bewertungen bleiben aber unberührt (Randnummer 18).

3. Anzahlungen oder Vorausleistungen

Anzahlungen und Vorausleistungen sind Vorleistungen, die in Erfüllung eines zu einem späteren Zeitpunkt noch zu vollziehenden Rechtsgeschäftes erbracht werden (vgl. auch Urteil des Bundesfinanzhofes – BFH – vom 2. Juni 1978 – BStBl II S. 475 – und vom 21. November 1980, BStBl 1981 II S. 179).

IV. Unverzinsliche Verbindlichkeiten von Körperschaften gegenüber ihren Anteilseignern

Erhält eine Körperschaft von einem Anteilseigner ein unverzinsliches Darlehen, sind die Regelungen zur Abzinsung von Verbindlichkeiten anzuwenden. Das gilt auch für verbundene Unternehmen (z. B. Organschaften). Ein Darlehen ist verzinslich im Sinne von § 6 Abs. 1 Nr. 3 Satz 2 EStG, wenn anstelle der Kapitalverzinsung andere Gegenleistungen im Sinne der Randnummern 14 und 15 gewährt werden.

Die gewinnmindernden Erhöhungen der abgezinsten Verbindlichkeiten aufgrund kürzerer Restlaufzeiten sind keine Vergütungen im Sinne von § 8a KStG.

V. Unverzinsliche Verbindlichkeiten innerhalb einer Mitunternehmerschaft im Sinne von § 15 Abs. 1 Satz 1 Nr. 2 EStG

Die o. g. Regelungen zur Abzinsung von Verbindlichkeiten gelten auch bei Darlehen innerhalb einer Mitunternehmerschaft im Sinne von § 15 Abs. 1 Satz 1 Nr. 2 EStG, soweit es sich dabei ertragsteuerlich nicht um Einlagen oder Entnahmen handelt (vgl. z. B. BFH-Urteile vom 12. Dezember 1996, BStBl 1998 II S. 180 zu Kapitalüberlassungen eines Gesellschafters an seine Personengesellschaft und vom 9. Mai 1996, BStBl II S. 642 zu Darlehen von Personengesellschaften an deren Mitunternehmer).

C. Abzinsung von Rückstellungen in der steuerlichen Gewinnermittlung

I. Abzinsung von Rückstellungen für Geld- und Sachleistungsverpflichtungen

1. Ermittlung der voraussichtlichen Restlaufzeit einer Rückstellung am Bilanzstichtag

a) Grundsatz

Die voraussichtliche Restlaufzeit einer Rückstellung für eine ungewisse Verpflichtung am Bilanzstichtag ist nach den Umständen des jeweiligen Einzelfalles zu schätzen; die Randnummern 3 bis 7 gelten entsprechend. Hinsichtlich der Berechnung des Abzinsungsbetrages wird auf die Randnummern 1 und 2 verwiesen.

b) Geldleistungsverpflichtungen

Bei der Ermittlung der Laufzeit einer Geldleistungsverpflichtung ist auf den voraussichtlichen Erfüllungszeitpunkt abzustellen. Sind mehrere Teilbeträge zu entrichten, ist die Rückstellung entsprechend aufzuteilen. Die Teilleistungen sind dann hinsichtlich ihrer Fälligkeit einzeln zu beurteilen.

c) Sachleistungsverpflichtungen

26 Bei Sachleistungsverpflichtungen ist gemäß § 6 Abs. 1 Nr. 3a Buchstabe e Satz 2 EStG auf den Zeitraum bis zum Beginn der Erfüllung der Verpflichtung abzustellen. Ist eine in Teilleistungen zu erbringende Verpflichtung als Einheit zu sehen, ist der Beginn der ersten Teilleistung maßgebend.

d) Garantie- und Gewährleistungsrückstellungen

27 Die Laufzeit von Einzelrückstellungen für Garantie- und Gewährleistungsansprüche (Sachleistungsverpflichtungen) ist nach den Umständen des jeweiligen Einzelfalles zu schätzen. Auf Pauschalrückstellungen findet das Abzinsungsgebot gemäß § 6 Abs. 1 Nr. 3a Buchstabe e EStG aus Vereinfachungsgründen keine Anwendung.

2. Maßgebender Vervielfältiger

28 Bei Anwendung der Vereinfachungsregelung nach Randnummer 2 erfolgt die Bewertung einer abzuzinsenden Rückstellung für eine Geld- oder Sachleistungsverpflichtung mittels Anlage 2. Dabei ist die Rückstellung unter Berücksichtigung der Wertverhältnisse am Bilanzstichtag mit dem von der Restlaufzeit abhängigen Vervielfältiger zu multiplizieren.

II. Abzinsung von Rückstellungen für Verpflichtungen, für deren Entstehen im wirtschaftlichen Sinne der laufende Betrieb ursächlich ist

29 Nach § 6 Abs. 1 Nr. 3a Buchstabe d Satz 1 EStG sind Rückstellungen für Verpflichtungen, für deren Entstehen im wirtschaftlichen Sinne der laufende Betrieb ursächlich ist, zeitanteilig in gleichen Raten anzusammeln. Gleichzeitig sind die ratierlich angesammelten Rückstellungen abzuzinsen (§ 6 Abs. 1 Nr. 3a Buchstabe Satz 1 EStG). Bei der Abzinsung gelten die Randnummern 24 bis 28 entsprechend.

Beispiel 8
Unternehmer U pachtet ab 1.1.2001 für 20 Jahre ein unbebautes Grundstück und errichtet eine betrieblich genutzte Lagerhalle. U hat sich verpflichtet, die Lagerhalle nach Ablauf des Pachtvertrages abzureißen. Die voraussichtlichen Kosten betragen nach den Verhältnissen des Bilanzstichtages 31.12.2001 insgesamt 20.000 €, am 31.12.2002 21.000 €. Bei der Abzinsung soll die Vereinfachungsregelung angewendet werden.
Für die Abrissverpflichtung hat U eine Rückstellung für ungewisse Verbindlichkeiten zu bilden. Da für das Entstehen der Verpflichtung im wirtschaftlichen Sinne der laufende Betrieb ursächlich ist (Nutzung der Lagerhalle), ist die Rückstellung nach § 6 Abs. 1 Nr. 3a Buchstabe d Satz 1 EStG zeitanteilig in gleichen Raten anzusammeln.
<u>Bewertung am Bilanzstichtag 31.12.2001</u>
Zum 31.12.2001 ist unter Berücksichtigung der Wertverhältnisse am Bilanzstichtag eine Rückstellung von $^{1}/_{20} \times 20.000\,€ = 1.000\,€$ anzusetzen, die zusätzlich nach § 6 Abs. 1 Nr. 3a Buchstabe e Satz 1 EStG abzuzinsen ist. Der Beginn der Erfüllung der Sachleistungsverpflichtung (Abbruch) ist voraussichtlich der 31.12.2020 (Ablauf des Pachtvertrages). Am 31.12.2001 ist somit eine Restlaufzeit von 19 Jahren maßgebend. Nach Anlage 2 ergibt sich ein Vervielfältiger von 0,362. Der Ansatz in der steuerlichen Gewinnermittlung zum 31.12.2001 beträgt somit 1.000 € × 0,362 = 362 €.
<u>Bewertung am Bilanzstichtag 31.12.2002</u>
Am 31.12.2002 sind unter Berücksichtigung der erhöhten voraussichtlichen Kosten nach den Verhältnissen am Bilanzstichtag 31.12.2002 und einer Restlaufzeit von 18 Jahre $^{2}/_{20} \times 21.000\,€ \times 0,381 = 800\,€$ anzusetzen.

III. Ausnahmen von der Abzinsung

Die Ausnahmen hinsichtlich der Abzinsung von Verbindlichkeiten (§ 6 Abs. 1 Nr. 3 Satz 2 EStG) gelten nach § 6 Abs. 1 Nr. 3a Buchstabe e Satz 1 zweiter Halbsatz EStG entsprechend. Somit unterbleibt eine Abzinsung, wenn die Laufzeit der Rückstellung am Bilanzstichtag weniger als 12 Monate beträgt, die auf der Rückstellung basierende ungewisse Verbindlichkeit verzinslich ist oder die Rückstellung auf einer Anzahlung oder Vorausleistung beruht. 30

1. Laufzeit am Bilanzstichtag von weniger als 12 Monaten

Auf die Randnummern 24 bis 27 wird hingewiesen. 31

2. Verzinslichkeit der einer Rückstellung zugrunde liegenden Verbindlichkeit

a) Grundsatz

Für die Frage, ob die einer Rückstellung zugrunde liegende Verbindlichkeit verzinslich ist, gelten die in Abschnitt B genannten Regelungen (Randnummern 13 bis 18) zur Verzinslichkeit von Verbindlichkeiten entsprechend. 32

b) Rückstellungen für Steuerschulden

Rückstellungen für Steuerschulden, die nach § 233a Abgabenordnung – AO – verzinst werden, sind nicht abzuzinsen. Insoweit basiert die ungewisse Verbindlichkeit auf einer zeitweise verzinslichen Verpflichtung im Sinne der Randnummer 17. Aus Vereinfachungsgründen gilt dies auch dann, wenn möglicherweise Zinsen nicht festgesetzt werden (z. B. bei einer Steuerfestsetzung vor Beginn des Zinslaufs nach § 233a Abs. 2 AO). 33

3. Auf Anzahlungen oder Vorausleistungen beruhende Rückstellungen

Auf Randnummer 20 wird verwiesen. 34

D. Rücklagen nach § 52 Abs. 16 EStG

1. Gesetzliche Regelung

Nach § 52 Abs. 16 Sätze 10 und 12 EStG gelten die Regelungen in § 6 Abs. 1 Nr. 3 und 3a EStG auch für Verbindlichkeiten und Rückstellungen, die bereits zum Ende eines vor dem 1. Januar 1999 endenden Wirtschaftsjahres angesetzt oder gebildet worden sind. Für den entsprechenden, aufgrund der erstmaligen Abzinsung entstandenen Gewinn kann jeweils in Höhe von neun Zehntel eine den Gewinn mindernde Rücklage gebildet werden (Wahlrecht), die in den folgenden neun Wirtschaftsjahren jeweils mit mindestens einem Neuntel gewinnerhöhend aufzulösen ist (§ 52 Abs. 16 Sätze 11 und 14 EStG). Scheidet die gesamte Verbindlichkeit während des Auflösungszeitraums aus dem Betriebsvermögen aus oder ist die gesamte Rückstellung aufzulösen, ist die entsprechende Rücklage zum Ende des Wirtschaftsjahres des Ausscheidens oder der Auflösung in vollem Umfang gewinnerhöhend aufzulösen. Wird die Verbindlichkeit nicht vollständig, sondern lediglich bis auf einen geringen Restbetrag getilgt, ist zu prüfen, ob im Hinblick auf § 52 Abs. 16 Satz 11 zweiter Teilsatz EStG ein Missbrauch von Gestaltungsmöglichkeiten im Sinne von § 42 AO vorliegt. Die Rücklage ist in Übereinstimmung mit der handelsrechtlichen Jahresbilanz zu bilden (§ 5 Abs. 1 Satz 2 EStG); die steuerrechtliche Anerkennung der Rücklage ist jedoch vom Ausweis eines entsprechenden Sonderpostens mit Rücklagenanteil in 35 der Handelsbilanz nur abhängig, soweit auch in der Handelsbilanz durch Abzinsung ein entsprechend höherer Gewinn ausgewiesen wird.

36 Die genannten Grundsätze gelten nicht für Gewinne aus der Abzinsung von Verbindlichkeiten und Rückstellungen, die erstmals in nach dem 31. Dezember 1998 endenden Wirtschaftsjahren passiviert werden.

2. Rücklagefähige Gewinne

37 Es ist ausschließlich die Gewinnauswirkung aufgrund der erstmaligen Anwendung der Abzinsungsregelung rücklagefähig. Sonstige gewinnwirksame Änderungen der Bewertung einer Verbindlichkeit oder Rückstellung bleiben unberücksichtigt. Dabei ist die am Ende des dem Wirtschaftsjahr der erstmaligen Abzinsung vorangegangenen Wirtschaftsjahres passivierte Verbindlichkeit oder Rückstellung (Ausgangswert) nach den Verhältnissen am Ende des Wirtschaftsjahres der erstmaligen Anwendung der Abzinsungsregelung abzuzinsen. Soweit im Wirtschaftsjahr der erstmaligen Abzinsung Änderungen zu einer gewinnerhöhenden Verminderung der abzuzinsenden Verbindlichkeit oder Rückstellung führen (z. B. geringere voraussichtliche Aufwendungen), sind diese Änderungen vom Ausgangswert abzuziehen.

Beispiel 9
Wie Beispiel 8, der Bilanzstichtag 31. 12. 2001 ist jedoch durch 31. 12. 1998 und der Bilanzstichtag 31. 12. 2002 durch 31. 12. 1999 (erstmalige gesetzliche Abzinsung) zu ersetzen. Die noch in Deutsche Mark aufzustellende Bilanz 31. 12. 1998 wurde aus Vereinfachungsgründen in Euro umgerechnet.
In der steuerlichen Gewinnermittlung 31. 12. 1998 ist die Ansammlungsrückstellung nach bisheriger Rechtslage noch nicht abzuzinsen und somit in Höhe von 1.000 € anzusetzen. Bei der Bewertung der Rückstellungen in der steuerlichen Gewinnermittlung 31. 12. 1999 ist erstmals eine Abzinsung erforderlich.
Ohne Abzinsung wäre die Rückstellung mit $^{2}/_{20} \times 21.000$ € = 2.100 € zu bewerten. Die Gewinnminderung aufgrund der aufzustockenden Rückstellung würde 1.100 € betragen. Nach der gesetzlichen Neuregelung sind jedoch $^{2}/_{20} \times 21.000$ € $\times$ 0,381 = 800 € anzusetzen, so dass die bisherige Rückstellung um 200 € zu vermindern ist und sich der Gewinn entsprechend erhöht.
Rücklagefähig nach § 52 Abs. 16 EStG ist die Gewinnauswirkung aus der Abzinsung der Rückstellung zum 31. 12. 1998 (1.000 €) mit dem Abzinsungsfaktor am Ende des Wirtschaftsjahres 1999. Eine Korrektur des Rückstellungsansatzes 31. 12. 1998 als Ausgangswert für die Abzinsung erfolgt nicht, da die Rückstellung in 1999 vor der Abzinsung nicht zu vermindern, sondern ausschließlich zu erhöhen ist.

Ansatz zum 31. 12. 1998:	1.000 €
Ansatz nach Abzinsung mit dem Faktor am 31. 12. 1999: 1.000 € $\times$ 0,381 =	381 €
Abzinsungsbetrag:	619 €
davon rücklagefähig $^{9}/_{10}$ =	**557 €**

Beispiel 10
In der Bilanz 31. 12. 1998 wurde eine Rückstellung für eine unverzinsliche, ungewisse Verbindlichkeit mit 100.000 € bewertet (zur Vereinfachung Umrechnung DM in €). Nach den Erkenntnissen bei Aufstellung der Bilanz zum 31. 12. 1999 werden die voraussichtlichen Aufwendungen jedoch nur 80.000 € betragen (voraussichtliche Erfüllung in 5 Jahren). Bei der Abzinsung wird von der Vereinfachungsregelung Gebrauch gemacht.
In der Bilanz 31. 12. 1999 sind die voraussichtlichen Aufwendungen in Höhe von 80.000 € maßgebend. Zudem ist die Rückstellung nach § 6 Abs. 1 Nr. 3a Buchstabe e EStG abzuzinsen. Es ergibt sich ein Ansatz von 80.000 € $\times$ 0,765 = 61.200 € und eine Gewinnerhöhung von 100.000 € – 61.200 € = 38.800 €. Rücklagefähig ist jedoch nur der Teil der Gewinnerhöhung, der auf der (erstmaligen) Abzinsung beruht.

Ansatz am 31. 12. 1998 abzüglich der	
Verminderung in 1999 vor der Abzinsung (100.000 € – 20.000 €):	80.000 €
Ansatz nach Abzinsung mit dem Faktor am 31. 12. 1999: 80.000 € $\times$ 0,765 =	61.200 €
Abzinsungsbetrag:	18.800 €
davon rücklagefähig $^{9}/_{10}$:	**16.920 €**

3. Auflösung der Rücklage

Die Rücklage ist in den dem Wirtschaftsjahr der Bildung folgenden Wirtschaftsjahren jeweils mit mindestens $1/9$ gewinnerhöhend aufzulösen. Das gilt auch dann, wenn die tatsächliche oder voraussichtliche Restlaufzeit kürzer ist als der Auflösungszeitraum. In diesen Fällen ist die verbleibende Rücklage bei Ausscheiden der Verbindlichkeit oder bei Auflösung der Rückstellung in einem Betrag gewinnerhöhend aufzulösen.

38

Fortsetzung Beispiel 10
Zum 31.12.1999 wird eine den Gewinn mindernde Rücklage von 16.920 € passiviert, die in den folgenden Wirtschaftsjahren mindestens zu $1/9$ = 1.880 € gewinnerhöhend aufzulösen ist. Da die Rückstellung zum 31.12.2004 aufgelöst wird, ist auch die verbleibende Rücklage von 16.920 € – (1.880 € × 4) = 9.400 € gewinnerhöhend auszubuchen.

Die Ausbuchung des höheren Restbetrages kann beispielsweise dadurch vermieden werden, dass anstelle der jährlichen Auflösung von $1/9$ die Rücklage an den Bilanzstichtagen 31.12.2000 bis 31.12.2004 zu je $1/5$ = 3.384 € gewinnerhöhend aufgelöst wird. Ein höherer Restbetrag bei Auflösung der Rückstellung verbleibt in diesem Fall nicht.

E. Gewerbesteuerliche Behandlung

Aus dem Abzinsungsvorgang nach § 6 Abs. 1 Nr. 3 EStG ergeben sich keine Dauerschuldentgelte im Sinne von § 8 Nr. 1 Gewerbesteuergesetz (GewStG).

39

F. Buchtechnische Abwicklung

Die Abzinsungsregelungen nach § 6 Abs. 1 Nr. 3 und 3a Buchstabe e Satz 1 und 2 EStG sind spezielle bilanzsteuerrechtliche Vorschriften für die Bewertung von Verbindlichkeiten und Rückstellungen in der steuerlichen Gewinnermittlung.

40

Ist eine Verbindlichkeit oder Rückstellung abzuzinsen, ist in der steuerlichen Gewinnermittlung stets der abgezinste Betrag auszuweisen; die Bildung eines Rechnungsabgrenzungspostens unterbleibt. Dabei stellt die Abzinsung einen außerordentlichen Ertrag, die nachfolgende Aufzinsung einen außerordentlichen Aufwand dar.

41

G. Zeitliche Anwendung

Die Grundsätze dieses Schreibens sind vorbehaltlich Randnummer 43 in allen noch offenen Fällen anzuwenden.

42

Bei der Bewertung von Verbindlichkeiten, die vor dem 1. Juni 2005 entstanden sind und deren Verzinsung von künftigen Einnahmen; Gewinnen oder ähnlichen Betriebsvermögensmehrungen abhängt, ist abweichend von Randnummer 19 aus Vertrauensschutzgründen davon auszugehen, dass diese Bedingungen eintreten werden und folglich zeitweise verzinsliche Verbindlichkeiten im Sinne von Randnummer 17 vorliegen. Bei Verbindlichkeiten, die nach dem 31. Mai 2005 entstanden sind, ist Randnummer 19 uneingeschränkt anzuwenden.

43

Beispiel 11
Einem in Zahlungsschwierigkeiten befindlichen Unternehmen wird am 1. Juli 2004 ein Darlehen gewährt. Um eine Überschuldung zu vermeiden, hat der Darlehensgeber gegen Besserungsschein auf eine Verzinsung der Verbindlichkeit verzichtet. Bei Wegfall des Liquiditätsengpasses soll aber eine (nachträgliche) marktübliche Verzinsung ab Beginn der Darlehenslaufzeit erfolgen.

Die Verzinslichkeit der Verbindlichkeit hängt vom Betriebsvermögensmehrungsmerkmal „Liquidität" ab. Nach Randnummer 43 ist in vor dem 1. Juni 2005 entstandenen Verbindlichkeiten bei der Bewertung davon auszugehen, dass die Bedingung (Wegfall des Liquiditätsengpasses) eintreten wird. Eine Abzinsung unterbleibt, da aufgrund dieser Annahme eine teilweise verzinsliche Verpflichtung i. S. v. Randnummer 17 vorliegt.

Beispiel 12
Nach der Darlehensvereinbarung (Vertrag vom 30. Juni 2004) ist die Verbindlichkeit grundsätzlich verzinslich. Für Wirtschaftsjahre, in denen kein Bilanzgewinn ausgewiesen wird, sind jedoch keine Zinsleistungen zu erbringen. Im Wirtschaftsjahr 1. Januar 2004 bis 31. Dezember 2004 weist der Schuldner einen Bilanzverlust aus.

Nach Randnummer 19 bleibt die Bedingung, nach der eine Verzinsung für Wirtschaftsjahre unterbleibt, in denen kein Bilanzgewinn ausgewiesen wird, zunächst unberücksichtigt. Da der Schuldner bereits im Wirtschaftsjahr des Beginns der Darlehenslaufzeit einen Bilanzverlust ausgewiesen hat, d. h. die Bedingung eingetreten ist, gilt Randnummer 18 entsprechend, so dass für Zwecke der **steuerbilanziellen Abzinsung** ab dem Bilanzstichtag, der dem Verlustentstehungsjahr folgt, d. h. ab dem 31. Dezember 2005, grundsätzlich abzuzinsen wäre, da das Darlehen (zunächst) unverzinst bleibt. Gleichzeitig liegt aber ein **neues** ungewisses Ereignis i. S. v. Randnummer 19 vor, denn im Falle von künftigen Bilanzgewinnen lebt die Verzinsung wieder auf. Da die Verzinsung des Darlehens weiterhin von künftigen Bilanzgewinnen abhängt, gilt die Fiktion gemäß Randnummer 43, so dass weiterhin nicht abgezinst wird.

Anlage 1

Tabelle 1: Mittlere Lebenserwartung, abgeleitet aus der „Sterbetafel für die Bundesrepublik Deutschland 1986/88 nach dem Gebietsstand seit dem 3. Oktober 1990"

(Die Zahlen der mittleren Lebenserwartung sind jeweils auf- oder abgerundet)

Bei einem erreichten Alter von ... Jahren	beträgt die mittlere Lebenserwartung für	
	Männer	Frauen
20	53	59
21	52	58
22	51	57
23	50	56
24	49	55
25	48	54
26	47	53
27	46	52
28	45	51
29	44	50
30	43	49
31	42	48
32	42	47
33	41	46
34	40	45
35	39	44
36	38	43
37	37	42
38	36	41
39	35	40
40	34	40
41	33	39
42	32	38
43	31	37
44	30	36
45	29	35
46	29	34
47	28	33
48	27	32
49	26	31
50	25	30
51	24	29
52	23	28
53	23	27
54	22	27
55	21	26
56	20	25

Bei einem erreichten Alter von … Jahren	beträgt die mittlere Lebenserwartung für	
	Männer	Frauen
57	19	24
58	19	23
59	18	22
60	17	21
61	17	21
62	16	20
63	15	19
64	14	18
65	14	17
66	13	17
67	12	16
68	12	15
69	11	14
70	11	14
71	10	13
72	10	12
73	9	11
74	8	11
75	8	10
76	8	9
77	7	9
78	7	8
79	6	8
80	6	7
81	6	7
82	5	6
83	5	6
84	5	6
85	4	5
86	4	5
87	4	4
88	4	4
89	3	4
90	3	4
91	3	3
92	3	3
93	3	3
94	2	3
95	2	3
96	2	2
97	2	2
98	2	2
99	2	2
100	2	2

Anlage 2

Tabelle 2: Vervielfältiger für die Abzinsung einer unverzinslichen Schuld, die nach bestimmter Zeit in einem Betrag fällig ist, im Nennwert von 1,– €

Laufzeit in Jahren	maßgebender Vervielfältiger
1	0,948
2	0,898
3	0,852
4	0,807
5	0,765
6	0,725
7	0,687
8	0,652
9	0,618
10	0,585
11	0,555
12	0,526
13	0,499
14	0,473
15	0,448
16	0,425
17	0,402
18	0,381
19	0,362
20	0,343
21	0,325
22	0,308
23	0,292
24	0,277
25	0,262
26	0,249
27	0,236
28	0,223
29	0,212
30	0,201

Laufzeit in Jahren	maßgebender Vervielfältiger
31	0,190
32	0,180
33	0,171
34	0,162
35	0,154
36	0,146
37	0,138
38	0,131
39	0,124
40	0,117
41	0,111
42	0,106
43	0,100
44	0,095
45	0,090
46	0,085
47	0,081
48	0,077
49	0,073
50	0,069
51	0,065
52	0,062
53	0,059
54	0,056
55	0,053
56	0,050
57	0,047
58	0,045
59	0,042
60	0,040
61	0,038
62	0,036
63	0,034
64	0,032
65	0,031

Laufzeit in Jahren	maßgebender Vervielfältiger
66	0,029
67	0,028
68	0,026
69	0,025
70	0,024
71	0,022
72	0,021
73	0,020
74	0,019
75	0,018
76	0,017
77	0,016
78	0,015
79	0,015
80	0,014
81	0,013
82	0,012
83	0,012
84	0,011
85	0,011
86	0,010
87	0,009
88	0,009
89	0,009
90	0,008
91	0,008
92	0,007
93	0,007
94	0,007
95	0,006
96	0,006
97	0,006
98	0,005
99	0,005
100	0,005

Anlage 3

Tabelle 3: Vervielfältiger für die Abzinsung einer unverzinslichen Schuld, die in gleichen Jahresraten getilgt wird

Der Jahresbetrag der Raten wurde mit 1,– € angesetzt.

Laufzeit in Jahren	maßgebender Vervielfältiger
1	0,974
2	1,897
3	2,772
4	3,602
5	4,388
6	5,133
7	5,839
8	6,509
9	7,143
10	7,745
11	8,315
12	8,856
13	9,368
14	9,853
15	10,314
16	10,750
17	11,163
18	11,555
19	11,927
20	12,279
21	12,613
22	12,929
23	13,229
24	13,513
25	13,783
26	14,038
27	14,280
28	14,510
29	14,727
30	14,933

Laufzeit in Jahren	maßgebender Vervielfältiger
31	15,129
32	15,314
33	15,490
34	15,656
35	15,814
36	15,963
37	16,105
38	16,239
39	16,367
40	16,487
41	16,602
42	16,710
43	16,813
44	16,910
45	17,003
46	17,090
47	17,173
48	17,252
49	17,326
50	17,397
51	17,464
52	17,528
53	17,588
54	17,645
55	17,699
56	17,750
57	17,799
58	17,845
59	17,888
60	17,930
61	17,969
62	18,006
63	18,041
64	18,075
65	18,106

Laufzeit in Jahren	maßgebender Vervielfältiger
66	18,136
67	18,165
68	18,192
69	18,217
70	18,242
71	18,264
72	18,286
73	18,307
74	18,326
75	18,345
76	18,362
77	18,379
78	18,395
79	18,410
80	18,424
81	18,437
82	18,450
83	18,462
84	18,474
85	18,485
86	18,495
87	18,505
88	18,514
89	18,523
90	18,531
91	18,539
92	18,546
93	18,553
94	18,560
95	18,566
96	18,572
97	18,578
98	18,583
99	18,589
100	18,593

Laufzeit in Jahren	maßgebender Vervielfältiger
101	18,598
102	18,602
103	18,607
104	18,611
105	18,614
106	18,618
107	18,621
108	18,624
109	18,627
110	18,630
111	18,633
112	18,635
113	18,638
114	18,640
115	18,642
116	18,644
117	18,646
118	18,648
119	18,650
120	18,652
121	18,653
122	18,655
123	18,656
124	18,657
125	18,659
126	18,660
127	18,661
128	18,662
129	18,663
130	18,664
131	18,665
132	18,666
133	18,667
134	18,668
135	18,668

Laufzeit in Jahren	maßgebender Vervielfältiger
136	18,669
137	18,670
138	18,670
139	18,671
140	18,671

25. Zweifelsfragen zur Überführung und Übertragung von einzelnen Wirtschaftsgütern nach § 6 Absatz 5 EStG

BMF, Schreiben v. 8. 12. 2011 (BStBl I S. 1279)

– IV C 6 - S 2241/10/10002 –

Zur Anwendung des § 6 Absatz 5 EStG in der Fassung des Gesetzes zur Fortentwicklung des Unternehmenssteuerrechts vom 20. Dezember 2001 (BGBl I S. 3858, BStBl 2002 I S. 35), zuletzt geändert durch das Jahressteuergesetz 2010 vom 8. Dezember 2010 (BGBl I S. 1768, BStBl I S. 1394), nehme ich nach Abstimmung mit den obersten Finanzbehörden der Länder wie folgt Stellung:

I. Überführung von Wirtschaftsgütern nach § 6 Absatz 5 Satz 1 und 2 EStG

1   Bei der Überführung eines einzelnen Wirtschaftsguts nach § 6 Absatz 5 Satz 1 und 2 EStG handelt es sich um eine Entnahme i. S. d. § 4 Absatz 1 Satz 2 EStG aus dem abgebenden Betriebsvermögen und um eine Einlage i. S. d. § 4 Absatz 1 Satz 8 EStG bei dem aufnehmenden Betriebsvermögen (vgl. BMF-Schreiben vom 17. November 2005, BStBl I S. 1019, Rdnr. 10), deren Bewertungen abweichend von § 6 Absatz 1 Satz 1 Nummer 4 und 5 EStG in § 6 Absatz 5 EStG geregelt sind.

1. Persönlicher Anwendungsbereich

2   Überführender i. S. v. § 6 Absatz 5 Satz 1 EStG ist grundsätzlich jede unbeschränkt oder beschränkt steuerpflichtige natürliche Person, die mehrere Betriebe unterhält. Es können aber auch Erbengemeinschaften und eheliche Gütergemeinschaften mit mehreren eigenen Betriebsvermögen unter den Anwendungsbereich der Sätze 1 und 2 fallen. Da eine Körperschaft i. S. d. § 1 Absatz 1 Nummer 1 bis 3 KStG und eine Personengesellschaft steuerlich immer nur einen Betrieb führen können, steht der Körperschaft als Mitunternehmer (über § 8 Absatz 1 KStG) oder der (doppelstöckigen) Personengesellschaft regelmäßig nur der Anwendungsbereich des § 6 Absatz 5 Satz 2 EStG offen.

2. Sachlicher Anwendungsbereich

3   Nach § 6 Absatz 5 Satz 1 und 2 EStG müssen einzelne Wirtschaftsgüter mit dem Buchwert angesetzt werden, wenn sie aus einem (Sonder-)Betriebsvermögen in ein anderes Betriebs- oder Sonderbetriebsvermögen desselben Steuerpflichtigen überführt werden, sofern die Besteuerung

der stillen Reserven sichergestellt ist. Dabei ist es unerheblich, ob es sich bei dem zu überführenden Wirtschaftsgut um ein Wirtschaftsgut des Anlage- oder Umlaufvermögens handelt. Das zu überführende Wirtschaftsgut kann auch eine wesentliche Betriebsgrundlage des abgebenden Betriebsvermögens sein. Bei der Überführung von Wirtschaftsgütern ist die gleichzeitige Übernahme von Verbindlichkeiten unschädlich.

In den Anwendungsbereich des § 6 Absatz 5 Satz 1 und 2 EStG fallen auch selbst geschaffene 4 nicht bilanzierungsfähige immaterielle Wirtschaftsgüter des Anlagevermögens (§ 5 Absatz 2 EStG) und im Sammelposten erfasste Wirtschaftsgüter (vgl. BMF-Schreiben vom 30. September 2010, BStBl I S. 755), sofern die Besteuerung der stillen Reserven sichergestellt ist (siehe auch Rdnr. 24).

Das Betriebs- oder Sonderbetriebsvermögen, in das das Wirtschaftsgut überführt wird, muss 5 nicht bereits vor der Überführung bestanden haben, sondern es kann auch erst durch die Überführung des Wirtschaftsguts entstehen. Das abgebende und aufnehmende Betriebsvermögen muss nicht derselben Einkunftsart (§§ 13, 15, 18 EStG) zuzuordnen sein.

Beispiel 1:
A und B sind zu jeweils 50 % an der AB-OHG beteiligt. Die AB-OHG betreibt eine Metzgerei. Im Sonderbetriebsvermögen des A befindet sich ein Verkaufswagen, mit dem die AB-OHG ihre Waren auf Wochenmärkten verkauft. Diesen Wagen vermietet A an die AB-OHG für ein monatliches Entgelt. Die AB-OHG stellt den Verkauf auf den Wochenmärkten ein. A will nun diesen Wagen im Rahmen eines im eigenen Namen neu gegründeten Einzelunternehmens zum Fischverkauf einsetzen.

Lösung:
Der Verkaufswagen ist nunmehr dem Betriebsvermögen des neu gegründeten Einzelunternehmens des A zuzurechnen. Die Überführung aus dem Sonderbetriebsvermögen des A bei der AB-OHG in das Betriebsvermögen des Einzelunternehmens muss nach § 6 Absatz 5 Satz 2 EStG zum Buchwert erfolgen.

Der Anwendung des § 6 Absatz 5 Satz 1 und 2 EStG steht nicht entgegen, dass mehrere Wirt- 6 schaftsgüter zeitgleich überführt werden. Dabei ist es unschädlich, wenn die überführten Wirtschaftsgüter einen Betrieb, Teilbetrieb bilden oder es sich insgesamt um einen Mitunternehmeranteil handelt.

Sicherstellung der Besteuerung der stillen Reserven bedeutet, dass im Zeitpunkt der späteren 7 Veräußerung auch diejenigen stillen Reserven zu besteuern sind, die sich in dem überführten Wirtschaftsgut zeitlich erst nach der Überführung gebildet haben (also Besteuerung auch der künftigen stillen Reserven). Eine Sicherstellung der Besteuerung der stillen Reserven liegt deshalb unter anderem dann nicht vor, wenn ein bisher einer inländischen Betriebsstätte des Steuerpflichtigen zugeordnetes Wirtschaftsgut einer ausländischen Betriebsstätte des Steuerpflichtigen zugeordnet wird (§ 6 Absatz 5 Satz 1 i. V. m. § 4 Absatz 1 Satz 4 EStG).

II. Übertragung von Wirtschaftsgütern nach § 6 Absatz 5 Satz 3 Nummer 1 bis 3 EStG

Bei der Übertragung von Wirtschaftsgütern nach § 6 Absatz 5 Satz 3 EStG gegen Gewährung 8 oder Minderung von Gesellschaftsrechten handelt es sich als eine Spezialform des Tauschs um einen Veräußerungsvorgang (tauschähnlicher Vorgang), dessen Bewertung abweichend von den allgemeinen Grundsätzen zwingend zum Buchwert vorzunehmen ist (§ 6 Absatz 6 Satz 4 EStG). Die unentgeltliche Übertragung von Wirtschaftsgütern nach § 6 Absatz 5 Satz 3 EStG stellt hingegen eine Entnahme dar (vgl. Rdnr. 1).

1. Persönlicher Anwendungsbereich

9   Übertragender i. S. v. § 6 Absatz 5 Satz 3 Nummer 1 bis 3 EStG ist ein Mitunternehmer, der neben seiner Beteiligung an einer Mitunternehmerschaft mindestens einen weiteren Betrieb unterhält, oder dem Sonderbetriebsvermögen bei der selben Mitunternehmerschaft oder einer weiteren Mitunternehmerschaft zuzurechnen ist; bei einer doppelstöckigen Personengesellschaft kann Mitunternehmer der Tochterpersonengesellschaft auch die Mutterpersonengesellschaft (Mitunternehmerschaft) und der Mitunternehmer der Mutterpersonengesellschaft sein. Bei Mitunternehmerschaften ohne Gesamthandsvermögen, z. B. atypisch stillen Gesellschaften und Ehegatten-Mitunternehmerschaften in der Land- und Forstwirtschaft, gelten § 6 Absatz 5 Satz 3 Nummer 1 bis 3 EStG entsprechend. Auch für eine Körperschaft i. S. d. KStG gelten über § 8 Absatz 1 KStG die Regelungen des § 6 Absatz 5 Satz 3 Nummer 1 bis 3 EStG. Bei Übertragungen unter Beteiligung einer Kapitalgesellschaft sind die Regelungen zur verdeckten Gewinnausschüttung und zur verdeckten Einlage zu beachten (BFH-Urteil vom 20. Juli 2005, BStBl 2006 II S. 457).

2. Sachlicher Anwendungsbereich

10 Nach § 6 Absatz 5 Satz 3 Nummer 1 bis 3 EStG müssen einzelne Wirtschaftsgüter mit dem Buchwert angesetzt werden, wenn diese

– aus dem Betriebsvermögen des Mitunternehmers in das Gesamthandsvermögen einer Mitunternehmerschaft und umgekehrt gegen Gewährung oder Minderung von Gesellschaftsrechten oder unentgeltlich (Nummer 1),

– aus dem Sonderbetriebsvermögen eines Mitunternehmers in das Gesamthandsvermögen *derselben* Mitunternehmerschaft und umgekehrt gegen Gewährung oder Minderung von Gesellschaftsrechten oder unentgeltlich (Nummer 2),

– aus dem Sonderbetriebsvermögen eines Mitunternehmers in das Gesamthandsvermögen bei *einer anderen* Mitunternehmerschaft, an der er beteiligt ist, und umgekehrt gegen Gewährung oder Minderung von Gesellschaftsrechten oder unentgeltlich (Nummer 2),

– unentgeltlich aus einem Sonderbetriebsvermögen des Mitunternehmers in das Sonderbetriebsvermögen eines anderen Mitunternehmers bei derselben Mitunternehmerschaft, (Nummer 3),

übertragen werden und die Besteuerung der stillen Reserven sichergestellt ist. Dabei ist es unerheblich, ob es sich bei dem zu übertragenden Wirtschaftsgut um ein Wirtschaftsgut des Anlage- oder Umlaufvermögens handelt. § 6 Absatz 5 Satz 3 EStG gilt auch, wenn es sich bei dem zu übertragenden Wirtschaftsgut um eine wesentliche Betriebsgrundlage des abgebenden Betriebsvermögen handelt.

11 Für den Zeitpunkt der Übertragung ist aus steuerlicher Sicht immer die Zurechnung des wirtschaftlichen Eigentums (§ 39 Absatz 2 Nummer 1 Satz 1 AO) maßgeblich.

12 Die Rdnrn. 4, 5, 6 Satz 1 und 7 gelten bei der Übertragung von einzelnen Wirtschaftsgütern nach § 6 Absatz 5 Satz 3 Nummer 1 bis 3 EStG entsprechend (siehe auch Rdnr. 24). Vorrangig sind jedoch die Vorschriften des § 6 Absatz 3 EStG oder § 24 UmwStG anzuwenden, wenn die dortigen Voraussetzungen erfüllt sind. Dies ist insbesondere bei der gleichzeitigen Übernahme von Verbindlichkeiten der Fall.

13 § 6 Absatz 5 Satz 3 EStG regelt nicht die Übertragungen von Wirtschaftsgütern aus dem Privatvermögen in das Gesamthandsvermögen und umgekehrt (vgl. BMF-Schreiben vom 29. März 2000, BStBl I S. 462). Für die Übertragung von Wirtschaftsgütern des Privatvermögens des Mitunternehmers in das Gesamthandsvermögen der Mitunternehmerschaft gelten die Grundsätze des BMF-Schreibens vom 11. Juli 2011 (BStBl I S. 713).

3. Unentgeltliche Übertragung oder Übertragung gegen Gewährung oder Minderung von Gesellschaftsrechten

§ 6 Absatz 5 Satz 3 Nummer 1 und 2 EStG ist anzuwenden, soweit die Übertragung unentgeltlich oder gegen Gewährung oder Minderung von Gesellschaftsrechten erfolgt; § 6 Absatz 5 Satz 3 Nummer 3 EStG ist anzuwenden, soweit die Übertragung unentgeltlich erfolgt. Ob eine Übertragung unentgeltlich oder gegen Gewährung oder Minderung von Gesellschaftsrechten vorgenommen wird, richtet sich auch nach den Grundsätzen des BMF-Schreibens vom 11. Juli 2011 (BStBl I S. 713). 14

a) Unentgeltlichkeit

Die Übertragung eines Wirtschaftsguts erfolgt unentgeltlich, soweit keine Gegenleistung hierfür erbracht wird. Eine Gegenleistung kann sowohl durch die Hingabe von Aktiva als auch durch die Übernahme von Passiva (z. B. Verbindlichkeiten) erfolgen. In diesen Fällen ist die Übertragung des Wirtschaftsguts nicht vollumfänglich unentgeltlich. Die Übernahme von Verbindlichkeiten stellt wirtschaftlich gesehen ein (sonstiges) Entgelt dar. Ob eine teilentgeltliche Übertragung vorliegt, ist nach den Grundsätzen der sog. „Trennungstheorie" anhand der erbrachten Gegenleistung im Verhältnis zum Verkehrswert des übertragenen Wirtschaftsguts zu prüfen. Liegt die Gegenleistung unter dem Verkehrswert, handelt es sich um eine teilentgeltliche Übertragung, bei der der unentgeltliche Teil nach § 6 Absatz 5 Satz 3 EStG zum Buchwert zu übertragen ist. Hinsichtlich des entgeltlichen Teils der Übertragung liegt eine Veräußerung des Wirtschaftsguts vor und es kommt insoweit zur Aufdeckung der stillen Reserven des Wirtschaftsguts (vgl. BFH-Urteil vom 11. Dezember 2001, BStBl 2002 II S. 420). 15

Beispiel 2:
A und B sind zu jeweils 50 % an der AB-OHG beteiligt. In seinem Einzelunternehmen hat A einen PKW mit einem Buchwert von 1.000 €. Der Verkehrswert des PKW beträgt 10.000 €. Zudem hat A eine Verbindlichkeit bei der Bank des PKW-Herstellers i. H. v. 3.000 €. A überträgt den PKW nach § 6 Absatz 5 Satz 3 Nummer 1 EStG ohne Gewährung von Gesellschaftsrechten in das Gesamthandsvermögen der AB-OHG. Dabei übernimmt die AB-OHG auch das Darlehen.

Lösung:
Es handelt sich um eine teilentgeltliche Übertragung des PKW. Der entgeltliche Anteil liegt durch die Übernahme der Verbindlichkeit bei 30 % (3.000 € von 10.000 €), der unentgeltliche Anteil beträgt 70 %. Im Einzelunternehmen des A werden durch die teilentgeltliche Übertragung stille Reserven i. H. v. 2.700 € (3.000 € abzgl. 30 % des Buchwerts = 300 €) aufgedeckt. Die AB-OHG muss den PKW mit 3.700 € (3.000 € zzgl. 70 % des Buchwerts = 700 €) auf der Aktivseite und die Verbindlichkeit mit 3.000 € auf der Passivseite im Gesamthandsvermögen bilanzieren.

b) Gesellschaftsrechte

Für die Entscheidung, ob eine Übertragung nach § 6 Absatz 5 Satz 3 Nummer 1 und 2 EStG gegen Gewährung oder Minderung von Gesellschaftsrechten erfolgt, ist maßgeblich auf den Charakter des in diesem Zusammenhang angesprochenen Kapitalkontos des Gesellschafters abzustellen. Zur Abgrenzung zwischen Eigenkapital- und Darlehenskonten des Gesellschafters wird auf das BFH-Urteil vom 16. Oktober 2008 (BStBl 2009 II S. 272) sowie auf das BMF-Schreiben vom 30. Mai 1997 (BStBl I S. 627) verwiesen. 16

Abwandlung Beispiel 2:
Der Buchwert des PKW beträgt 1.000 € (Verkehrswert 10.000 €). Von der AB-OHG wurden keine Verbindlichkeiten übernommen. A überträgt den PKW in das Gesamthandsvermögen der AB-OHG gegen Gewährung von Gesellschaftsrechten i. H. v. 1.000 € (Buchung auf dem Kapitalkonto I des A) und Buchung auf dem gesamthänderisch gebundenen Rücklagenkonto i. H. v. 9.000 €. Die OHG setzt den PKW mit 10.000 € in ihrem Gesamthandsvermögen an.

Lösung:
Die nur teilweise Buchung über ein Gesellschaftsrechte vermittelndes Kapitalkonto führt insgesamt zu einem entgeltlichen Vorgang. Die Übertragung des PKW muss gleichwohl zwingend mit dem Buchwert angesetzt werden, weil die Übertragung gegen Gewährung von Gesellschaftsrechten erfolgt ist (§ 6 Absatz 5 Satz 3 Nummer 1 EStG). Ist mit der Übertragung eine Änderung der Gewinnverteilung und der Beteiligung am Liquidationserlös verbunden, haben sowohl A als auch B zum Zwecke der Erfolgsneutralität des Vorgangs eine negative Ergänzungsbilanz aufzustellen. In den übrigen Fällen sind nach § 6 Absatz 5 Satz 4 EStG die bis zur Übertragung entstandenen stillen Reserven in vollem Umfang dem Einbringenden A zuzuordnen.

4. Einzelfälle zu Übertragungen nach § 6 Absatz 5 Satz 3 Nummer 1 bis 3 EStG

a) Übertragung nach § 6 Absatz 5 Satz 3 Nummer 1 EStG

17 § 6 Absatz 5 Satz 3 Nummer 1 EStG regelt ausschließlich die Übertragung einzelner Wirtschaftsgüter zwischen dem Betriebsvermögen eines Mitunternehmers in das Gesamthandsvermögen einer Mitunternehmerschaft, an der der Übertragende beteiligt ist oder umgekehrt, sofern die Besteuerung der stillen Reserven sichergestellt ist. Für die Übertragung eines Wirtschaftsguts nach § 6 Absatz 5 Satz 3 Nummer 1 EStG aus dem Gesamthandsvermögen einer Mitunternehmerschaft in das Betriebsvermögen des Mitunternehmers und umgekehrt ist die Buchwertfortführung nicht auf den ideellen Anteil des Mitunternehmers am Wirtschaftsgut des Gesamthandsvermögens begrenzt; § 6 Absatz 5 Satz 5 EStG ist zu beachten (siehe auch Rdnr. 31).

Beispiel 3:
Vater V und Sohn S betreiben eine land- und forstwirtschaftliche GbR. Zum 30. Juni 10 scheidet V in der Form aus der GbR aus, dass er nur die wesentlichen Betriebsgrundlagen (Grund- und Boden, Hofstelle), die sich in seinem Sonderbetriebsvermögen befinden, behält. Das gesamte Gesamthandsvermögen erhält hingegen S, der das land- und forstwirtschaftliche Unternehmen als Einzelunternehmen fortführt V verpachtet die wesentlichen Betriebsgrundlagen (Grund- und Boden, Hofstelle) an S und übt gleichzeitig das Verpächterwahlrecht (R 16 Absatz 5 EStR 2008) aus.

Lösung:
Es handelt sich nicht um einen Fall der steuerneutralen Realteilung i. S. v. § 16 Absatz 3 Satz 2 EStG, weil S das nämliche Unternehmen in unveränderter Weise fortführt und es somit begrifflich an der erforderlichen Betriebsaufgabe fehlt. Es liegt auch kein Fall des § 6 Absatz 3 EStG vor, da V zwar seinen gesamten Anteil am Gesamthandsvermögen auf S übertragen, jedoch seinen Anteil am Sonderbetriebsvermögen zurückbehalten hat. Das zurückbehaltene Sonderbetriebsvermögen gehört infolge der Auflösung der Mitunternehmerschaft nicht mehr zum Betriebsvermögen derselben Mitunternehmerschaft. Bei der Übertragung der Wirtschaftsgüter des Gesamthandsvermögens von der land- und forstwirtschaftlichen GbR in das Betriebsvermögen des Einzelunternehmens hat S jedoch nach § 6 Absatz 5 Satz 3 Nummer 1 EStG zwingend die Buchwerte der Wirtschaftsgüter fortzuführen, wenn er im Rahmen der Übertragung keine Verbindlichkeiten übernommen hat.

b) Übertragung nach § 6 Absatz 5 Satz 3 Nummer 2 EStG

18 § 6 Absatz 5 Satz 3 Nummer 2 EStG regelt ausschließlich die Übertragung zwischen dem Sonderbetriebsvermögen eines Mitunternehmers in das Gesamthandsvermögen derselben oder einer anderen Mitunternehmerschaft, an der der Übertragende beteiligt ist oder umgekehrt, sofern die Besteuerung der stillen Reserven sichergestellt ist. Die unmittelbare Übertragung von einzelnen Wirtschaftsgütern zwischen den Gesamthandsvermögen von Schwesterpersonengesellschaften stellt hingegen keinen Anwendungsfall des § 6 Absatz 5 Satz 3 Nummer 2 EStG dar und ist somit nicht zu Buchwerten möglich (BFH-Urteil vom 25. November 2009, BStBl 2010 II S. 471); dies gilt selbst dann, wenn es sich um beteiligungsidentische Schwesterpersonengesellschaften handelt.[*)] Die Buchwertfortführung kann in diesen Fällen auch nicht nach § 6 Absatz 5

---

*) Hinweis auf das BMF-Schreiben vom 29. Oktober 2010 (BStBl I S. 1206) zum AdV-Beschluss des BFH vom 15. April 2010 (BStBl II S. 971).

Satz 1 EStG erfolgen, da es sich um einen Übertragungsvorgang mit Rechtsträgerwechsel handelt und nicht um einen Überführungsvorgang (BMF-Schreiben vom 28. Februar 2006, BStBl I S. 228, Tz. IV.1.).

Bei einer Kettenübertragung eines Wirtschaftsguts zwischen zwei Mitunternehmerschaften, bei der das zu übertragende Wirtschaftsgut in einem zeitlichen und sachlichen Zusammenhang zunächst vom Gesamthandsvermögen der Mitunternehmerschaft in das Sonderbetriebsvermögen derselben Mitunternehmerschaft und anschließend ins Gesamthandsvermögen der anderen (Schwester-)Mitunternehmerschaft übertragen wird, ist zu prüfen, ob der Buchwertfortführung die Gesamtplanrechtsprechung oder andere missbräuchliche Gestaltungen i. S. d. § 42 AO entgegen stehen. 19

Durch die Rückkehr zur gesellschafterbezogenen Betrachtungsweise bei Anwendung des § 6b EStG für Veräußerungen nach dem 31. Dezember 2001 können nach § 6b EStG begünstigte Wirtschaftsgüter von einer Mitunternehmerschaft verkauft und (gleichzeitig) der Gewinn bei der erwerbenden Mitunternehmerschaft über §§ 6b, 6c EStG im Rahmen der Anschaffung oder Herstellung der Wirtschaftsgüter übertragen werden, soweit die Anschaffungs- oder Herstellungskosten dieser Wirtschaftsgüter anteilig dem Mitunternehmer der anschaffenden Gesellschaft zuzurechnen sind und soweit der begünstigte Gewinn anteilig auf diesen Mitunternehmer entfällt (R 6b.2 Absatz 7 EStR 2008). Eine vollständige Gewinnübertragung nach §§ 6b, 6c EStG ist möglich, wenn dieselben Mitunternehmer an beiden Mitunternehmerschaften in demselben Beteiligungsverhältnis beteiligt sind. 20

c) Übertragung nach § 6 Absatz 5 Satz 3 Nummer 3 EStG

§ 6 Absatz 5 Satz 3 Nummer 3 EStG regelt ausschließlich die Übertragung zwischen den jeweiligen Sonderbetriebsvermögen verschiedener Mitunternehmer derselben Mitunternehmerschaft, sofern die Besteuerung der stillen Reserven sichergestellt ist. 21

Beispiel 4:
Vater V und Sohn S betreiben eine land- und forstwirtschaftliche GbR. Zum 30. Juni 10 scheidet V aus der GbR aus. Im Rahmen der Aufgabe der land- und forstwirtschaftlichen GbR erhält S zusätzlich zu den gesamten Wirtschaftsgütern des Gesamthandsvermögens auch die im Sonderbetriebsvermögen des V stehende Hofstelle. Den Grund und Boden überträgt V nicht auf S.

Lösung:
Die Übertragung der Hofstelle vom V auf S kann nicht zum Buchwert nach § 6 Absatz 5 Satz 3 Nummer 3 EStG erfolgen, da durch das Ausscheiden des V und die sich dadurch ergebende Anwachsung des Anteils auf S zu einem Einzelunternehmen die GbR beendet und somit eine Übertragung zwischen zwei Sonderbetriebsvermögen (des V und des S) begrifflich nicht mehr möglich ist. Die in der Hofstelle enthaltenen stillen Reserven sind daher aufzudecken. Soweit die Wirtschaftsgüter des Gesamthandsvermögens in das Einzelunternehmen des S übertragen werden, gelten die Ausführungen zu Beispiel 3.

Abwandlung Beispiel 4:
Vor seinem Ausscheiden überträgt V die Hofstelle aus seinem Sonderbetriebsvermögen in das Sonderbetriebsvermögen des S. Zum 30. Juni 10 scheidet V dann aus der GbR aus und S erhält die gesamten Wirtschaftsgüter des Gesamthandsvermögens. Den Grund und Boden überträgt V nicht auf S.

Lösung:
Die Übertragung der Hofstelle vom V auf S erfolgt zum Buchwert nach § 6 Absatz 5 Satz 3 Nummer 3 EStG vom Sonderbetriebsvermögen des V in das Sonderbetriebsvermögen des S. Durch das Ausscheiden des V zum 30. Juni 10 wird die GbR beendet. Soweit die Wirtschaftsgüter des Gesamthandsvermögens in das Einzelunternehmen des S übertragen werden, gelten die Ausführungen zu Beispiel 3.

III. Einzelheiten zu § 6 Absatz 5 Satz 4 bis 6 EStG

1. Sperrfrist des § 6 Absatz 5 Satz 4 EStG und rückwirkender Ansatz des Teilwerts

22 Der zwingende Buchwertansatz bei der Übertragung von Wirtschaftsgütern nach § 6 Absatz 5 Satz 3 Nummer 1 bis 3 EStG ist beim Übernehmer zur Vermeidung von missbräuchlichen Gestaltungen mit einer sog. Sperrfrist verknüpft (§ 6 Absatz 5 Satz 4 EStG). Der Übernehmer darf innerhalb der Sperrfrist das übertragene Wirtschaftsgut weder aus dem Betriebsvermögen entnehmen noch veräußern; ansonsten wird rückwirkend auf das Ereignis der Übertragung der Teilwert für das Wirtschaftsgut angesetzt. Die Sperrfrist endet drei Jahre nach Abgabe der Steuererklärung des Übertragenden für den Veranlagungs-/Feststellungszeitraum der Übertragung. Wurde keine Steuer-/Feststellungserklärung abgegeben, endet die Sperrfrist mit Ablauf des sechsten Jahres, das auf den Veranlagungs-/Feststellungszeitraum der Übertragung folgt.

23 Keine Verletzung der Sperrfrist (§ 6 Absatz 5 Satz 4 EStG) liegt vor, wenn die einer Buchwertübertragung nach § 6 Absatz 5 Satz 3 EStG nachfolgende Übertragung ebenfalls wieder unter § 6 Absatz 5 Satz 3 EStG fällt und damit auch zwingend zum Buchwert vorzunehmen ist, wenn bei einer Realteilung für die übertragenen Wirtschaftsgüter eine neue Sperrfrist ausgelöst wird oder wenn das Wirtschaftsgut aufgrund höherer Gewalt (Zerstörung, Untergang, etc.) aus dem Betriebsvermögen ausgeschieden ist. Die Sperrfrist wird durch jede nachfolgende Übertragung nach § 6 Absatz 5 Satz 3 EStG neu ausgelöst und tritt somit an die Stelle der bisherigen Sperrfrist. Bei einer nachfolgenden Überführung nach § 6 Absatz 5 Satz 1 und 2 EStG liegt ebenfalls keine Verletzung der Sperrfrist vor; allerdings läuft hier die ursprüngliche Sperrfrist weiter, da eine Überführung keine neue Sperrfrist auslösen kann. Im Fall einer Veräußerung oder Entnahme innerhalb der Sperrfrist ist der Teilwert rückwirkend auf den Zeitpunkt der letzten Übertragung anzusetzen. Eine „fiktive" Entnahme i. S. v. § 4 Absatz 1 Satz 3 EStG oder eine „fiktive" Veräußerung i. S. v. § 12 Absatz 1 KStG innerhalb der Sperrfrist führt ebenfalls zum rückwirkenden Ansatz des Teilwerts auf den Übertragungsstichtag i. S. v. § 6 Absatz 5 Satz 4 EStG.

24 Bei der Übertragung selbst geschaffener nicht bilanzierungsfähiger immaterieller Wirtschaftsgüter des Anlagevermögens (§ 5 Absatz 2 EStG) und von im Sammelposten erfassten Wirtschaftsgütern (§ 6 Absatz 2a EStG) muss die Besteuerung der stillen Reserven sichergestellt sein.

> **Beispiel 5:**
> A und B sind Mitunternehmer der AB-OHG. In 01 schafft sich A für seine Tätigkeit bei der AB-OHG einen Schreibtisch (AK 900 €) und einen Stuhl (AK 400 €) an. Diese Wirtschaftsgüter erfasst er im Sammelposten 01 in seinem Sonderbetriebsvermögen bei der AB-OHG. In 03 benötigt B diese Wirtschaftsgüter für seine Tätigkeit bei der AB-OHG. Die Übertragung von A auf den B erfolgt unentgeltlich.
>
> **Lösung:**
> Die Übertragung des Schreibtisches und des Stuhls vom Sonderbetriebsvermögen des A in das Sonderbetriebsvermögen des B bei der AB-KG führt nicht zur Aufdeckung der stillen Reserven (§ 6 Absatz 5 Satz 3 Nummer 3 EStG), da diese unentgeltlich erfolgt. Die Wirtschaftsgüter sind nun dem Sonderbetriebsvermögen des B zuzurechnen und entsprechende stille Reserven sind dort steuerverstrickt. Gleichwohl werden die Wirtschaftsgüter nicht aus dem Sammelposten 01 im Sonderbetriebsvermögen des A ausgebucht. Dieser wird regulär über 5 Jahre aufgelöst.

Entsprechendes gilt, wenn der Steuerpflichtige von der Regelung des R 14 Absatz 2 EStR 2008 für das übertragene Feldinventar, die stehende Ernte und die nicht zum Verkauf bestimmten Vorräte Gebrauch gemacht hat.

25 Der mit der Sperrfrist des § 6 Absatz 5 Satz 4 EStG verbundene rückwirkende Ansatz des Teilwerts für das veräußerte Wirtschaftsgut wird ausschließlich einheitlich angewendet, d. h. bei einer vorherigen Übertragung auf eine Gesamthand wird der rückwirkende Ansatz des Teilwerts in voller Höhe vorgenommen und nicht nur für den Anteil des Wirtschaftsguts, der auf neue Mitunternehmer der Gesamthand übergegangen ist.

Beispiel 6:
A und B sind zu jeweils 50 % an der landwirtschaftlichen AB-GbR beteiligt. Neben der AB-GbR betreibt A noch ein landwirtschaftliches Einzelunternehmen. A überträgt aus seinem Einzelunternehmen eine Maschine in das Gesamthandsvermögen der AB-GbR. Die Maschine wird nach einem halben Jahr von der AB-GbR an einen fremden Dritten veräußert.

Lösung:
Die Übertragung der Maschine aus dem Einzelunternehmen des A in das Gesamthandsvermögen der AB-GbR erfolgt zunächst nach § 6 Absatz 5 Satz 3 Nummer 1 EStG zum Buchwert. Bei einer Veräußerung innerhalb der dreijährigen Sperrfrist (§ 6 Absatz 5 Satz 4 EStG) muss rückwirkend auf den Tag der Übertragung der Teilwert der Maschine angesetzt werden. Der Entnahmegewinn fällt beim Einzelunternehmen des A an. Der Teilwert ist in voller Höhe rückwirkend anzusetzen und nicht lediglich für den hälftigen Anteil an der Maschine, der durch die Übertragung auch dem B zuzurechnen ist.

Ein rückwirkender Ansatz des Teilwerts erfolgt nicht, wenn die bis zur Übertragung entstandenen stillen Reserven durch Erstellung einer Ergänzungsbilanz dem übertragenden Mitunternehmer zugeordnet werden. Hierdurch ist sichergestellt, dass die bis zur Übertragung entstandenen stillen Reserven in der Person des übertragenden Mitunternehmers – wie in Beispiel 6 – versteuert werden.

Trotz Erstellung einer Ergänzungsbilanz ist nach R 6.15 EStR 2008 ein sofortiger (rückwirkender) Ansatz des Teilwerts im Übertragungszeitpunkt vorzunehmen, wenn durch die Übertragung keine Änderung des Anteils des übertragenden Gesellschafters an dem übertragenen Wirtschaftsgut eingetreten ist, aber das Wirtschaftsgut einem anderen Rechtsträger zuzuordnen ist. Dies ist z. B. der Fall, wenn ein Wirtschaftsgut aus einem Betriebsvermögen in das Gesamthandsvermögen einer Mitunternehmerschaft übertragen wird, an deren Vermögen der Übertragende zu 100 % beteiligt ist.

Beispiel 7:
An einer KG ist A zu 100 % und eine GmbH zu 0 % beteiligt. A überträgt aus seinem Einzelunternehmen ein unbebautes Grundstück (Buchwert 100.000 €, Teilwert 500.000 €) in das Gesamthandsvermögen der KG gegen Gewährung von Gesellschaftsrechten. Die KG setzt das unbebaute Grundstück mit dem Teilwert in ihrer Gesamthandsbilanz an; zum Zwecke der Erfolgsneutralität des Vorgangs wird für A eine negative Ergänzungsbilanz mit einem Minderwert des unbebauten Grundstücks von 400.000 € ausgewiesen. Das unbebaute Grundstück wird nach einem Jahr von der KG an einen fremden Dritten veräußert.

Lösung:
Auf den Tag der Übertragung ist der Teilwert des Grundstücks anzusetzen. A versteuert somit – wie auch durch die Erstellung der Ergänzungsbilanz sichergestellt – die bis zur Übertragung entstandenen stillen Reserven (400.000 €). Die Versteuerung erfolgt jedoch nicht erst im Veräußerungs-, sondern schon im Übertragungszeitpunkt. Sofern A § 6b EStG anwenden will, ist somit für die Sechs-Jahres-Frist i. S. d. § 6b Absatz 4 Satz 1 Nummer 2 EStG auf den Übertragungszeitpunkt abzustellen.

Ob die dreijährige Sperrfrist eingehalten worden ist, kann regelmäßig nur das Finanzamt des Übernehmers erkennen. Stellt dieses fest, dass das übertragene Wirtschaftsgut innerhalb der Sperrfrist vom Übernehmer entnommen oder veräußert wurde, muss es dieses Ereignis dem Finanzamt des Übertragenden mitteilen. Dieses Finanzamt muss dann prüfen, ob rückwirkend der Teilwert anzusetzen und deshalb die Steuerfestsetzung nach § 175 Absatz 1 Satz 1 Nummer 2 i. V. m. Absatz 2 Satz 1 AO zu ändern ist. Die entsprechenden Änderungen beim Übernehmer hat das für die Besteuerung zuständige Finanzamt ebenfalls nach § 175 Absatz 1 Satz 1 Nummer 2 AO vorzunehmen, z. B. eine höhere Abschreibungsbemessungsgrundlage für das übertragene Wirtschaftsgut.

Beispiel 8:
Im April 06 übertragen die Mitunternehmer A und B jeweils ein Wirtschaftsgut (keine wesentliche Betriebsgrundlage), das sie bis dahin in ihrem jeweiligen Einzelunternehmen genutzt haben, in das Gesamthandsvermögen der AB-OHG. A gibt seine Einkommensteuererklärung für 06 im Mai 07 und B seine Einkommensteuererklärung 06 im Dezember 07 ab. Im September 10 veräußert die AB-OHG, die auf sie im April 06 übertragenen Wirtschaftsgüter.

Lösung:
Für das von A übertragene Wirtschaftsgut ist bei der Veräußerung durch die AB-OHG die Sperrfrist bereits abgelaufen; es verbleibt beim Buchwertansatz zum Übertragungsstichtag. Für das von B übertragene Wirtschaftsgut ist dagegen rückwirkend der Teilwert anzusetzen.

2. Begründung oder Erhöhung eines Anteils einer Körperschaft, Personenvereinigung oder Vermögensmasse an einem Wirtschaftsgut i. S. d. § 6 Absatz 5 Satz 5 EStG

28 Bei einer Übertragung eines Wirtschaftsguts nach § 6 Absatz 5 Satz 3 Nummer 1 oder 2 EStG aus dem (Sonder-)Betriebsvermögen des Mitunternehmers in das Gesamthandsvermögen einer Mitunternehmerschaft, an der vermögensmäßig auch eine Körperschaft, Personenvereinigung oder Vermögensmasse beteiligt ist, ist der Teilwert anzusetzen, soweit der vermögensmäßige Anteil einer Körperschaft, Personenvereinigung oder Vermögensmasse an dem Wirtschaftsgut unmittelbar oder mittelbar begründet wird oder sich erhöht (§ 6 Absatz 5 Satz 5 EStG). Auch die Erstellung einer Ergänzungsbilanz ändert an den Rechtsfolgen des § 6 Absatz 5 Satz 5 EStG nichts.

> **Beispiel 9:**
> A und die B-GmbH sind zu jeweils 50 % vermögensmäßig an der AB-OHG beteiligt. In seinem Einzelunternehmen hat A einen PKW mit einem Buchwert von 1.000 €. Der Teilwert des PKW beträgt 10.000 €. A überträgt den PKW unentgeltlich in das Gesamthandsvermögen der AB-OHG. A ist nicht Gesellschafter der B-GmbH und auch keine nahe stehende Person.
>
> **Lösung:**
> Grundsätzlich ist bei einer Übertragung von Wirtschaftsgütern nach § 6 Absatz 5 Satz 3 Nummer 1 EStG aus einem Betriebsvermögen eines Mitunternehmers in das Gesamthandsvermögen einer Mitunternehmerschaft die Buchwertverknüpfung vorgeschrieben. Durch die Beteiligung der B-GmbH an der AB-OHG gehen 50 % der stillen Reserven des PKW auf die B-GmbH über. Aus diesem Grund muss nach § 6 Absatz 5 Satz 5 EStG der hälftige Teilwert i. H. v. 5.000 € angesetzt werden, da ein Anteil der B-GmbH am übertragenen PKW von 50 % begründet wird. Die AB-OHG muss den PKW mit 5.500 € (5.000 € zzgl. 50 % des Buchwerts i. H. v. 500 €) im Gesamthandsvermögen bilanzieren. Im Einzelunternehmen des A entsteht ein anteiliger Gewinn aus der Übertragung des PKW i. H. v. 4.500 € (5.000 € abzgl. 50 % des Buchwerts = 500 €).

29 Ist eine Körperschaft, Personenvereinigung oder Vermögensmasse zu 100 % vermögensmäßig am Gesamthandsvermögen einer Mitunternehmerschaft beteiligt, ist die Übertragung eines Wirtschaftsguts aus dem (Sonder-)Betriebsvermögen dieser Körperschaft, Personenvereinigung oder Vermögensmasse in das Gesamthandsvermögen der Mitunternehmerschaft oder umgekehrt zwingend nach § 6 Absatz 5 Satz 3 Nummer 1 oder 2 EStG zum Buchwert vorzunehmen, da ihr vermögensmäßiger Anteil an dem Wirtschaftsgut weder begründet wird noch sich erhöht. Gleiches gilt, wenn eine Körperschaft, Personenvereinigung oder Vermögensmasse nicht am Vermögen der Mitunternehmerschaft beteiligt ist, auf die das Wirtschaftsgut übertragen wird. In beiden Fällen findet § 6 Absatz 5 Satz 5 EStG keine Anwendung.

> **Beispiel 10:**
> A ist als Kommanditist vermögensmäßig alleine an der B-GmbH & Co. KG beteiligt. Die B-GmbH ist als Komplementärin vermögensmäßig nicht an der B-GmbH & Co. KG beteiligt. In seinem Einzelunternehmen hat A einen PKW mit einem Buchwert von 1.000 €. Der Teilwert des PKW beträgt 10.000 €. A überträgt den PKW unentgeltlich in das Gesamthandsvermögen der KG.
>
> **Lösung:**
> Grundsätzlich ist bei einer Übertragung von Wirtschaftsgütern nach § 6 Absatz 5 Satz 3 Nummer 1 EStG aus einem Betriebsvermögen eines Mitunternehmers in das Gesamthandsvermögen einer Mitunternehmerschaft die Buchwertverknüpfung vorgeschrieben. Da die B-GmbH an der B-GmbH & Co. KG vermögensmäßig nicht beteiligt ist, gehen hier – anders als in Beispiel 9 – auch keine stillen Reserven des PKW auf die B-GmbH über, denn wirtschaftlich gesehen ist der PKW sowohl vor als auch nach der Übertragung allein dem A zuzurechnen. Aus diesem Grund müssen bei der Übertragung des PKW keine stillen Reserven nach § 6 Absatz 5 Satz 5 EStG aufgedeckt werden.

§ 6 Absatz 5 Satz 5 EStG findet auch dann keine Anwendung, wenn sowohl eine natürliche Person als auch eine Körperschaft, Personenvereinigung oder Vermögensmasse vermögensmäßig am Gesamthandsvermögen einer Mitunternehmerschaft beteiligt sind und sich durch die Übertragung der ideelle Anteil der Körperschaft, Personenvereinigung oder Vermögensmasse am Wirtschaftsgut verringert.

Beispiel 11:
A und die B-GmbH sind im Verhältnis 2:1 an der AB-OHG beteiligt. Zum Gesamthandsvermögen der OHG gehört ein PKW (Buchwert 1.000 €, Teilwert 10.000 €). Gegen Minderung von Gesellschaftsrechten überträgt die OHG den PKW in das Einzelunternehmen des A.

Lösung:
Bei der Übertragung des PKW aus dem Gesamthandsvermögen der OHG in das Betriebsvermögen des A ist nach § 6 Absatz 5 Satz 3 Nummer 1 EStG die Buchwertverknüpfung vorgeschrieben, sofern die Besteuerung der stillen Reserven bei A sichergestellt ist. § 6 Absatz 5 Satz 5 EStG ist nicht einschlägig, da der Anteil der B-GmbH am PKW nicht begründet oder erhöht wird, sondern sich verringert.

Ist eine Körperschaft, Personenvereinigung oder Vermögensmasse zu weniger als 100 % vermögensmäßig am Gesamthandsvermögen einer Mitunternehmerschaft beteiligt, ist die Übertragung eines Wirtschaftsguts aus dem (Sonder-)Betriebsvermögen einer anderen beteiligten Körperschaft, Personenvereinigung oder Vermögensmasse in das Gesamthandsvermögen der Mitunternehmerschaft zwingend nach § 6 Absatz 5 Satz 3 Nummer 1 oder 2 EStG zum Buchwert vorzunehmen, allerdings beschränkt auf den der übertragenden Kapitalgesellschaft, Personenvereinigung oder Vermögensmasse nach der Übertragung mittelbar zuzurechnenden Anteil am Wirtschaftsgut. Die Übertragung eines Wirtschaftsguts aus dem Sonderbetriebsvermögen einer Körperschaft, Personenvereinigung oder Vermögensmasse in das Sonderbetriebsvermögen einer anderen Körperschaft, Personenvereinigung oder Vermögensmasse bei derselben Mitunternehmerschaft nach § 6 Absatz 5 Satz 3 Nummer 3 EStG erfolgt unter Beachtung des § 6 Absatz 5 Satz 5 EStG stets zum Teilwert.

Beispiel 12:
Die A-GmbH ist Komplementärin und die B-GmbH ist Kommanditistin der X-GmbH & Co. KG. Die A-GmbH ist am Vermögen der KG zu 90 % und die B-GmbH zu 10 % beteiligt. Nun überträgt die A-GmbH einen PKW aus ihrem Betriebsvermögen in das Gesamthandsvermögen der KG.

Lösung:
Der PKW kann nur i. H. v. 90 % zum Buchwert nach § 6 Absatz 5 Satz 3 Nummer 1 EStG in das Gesamthandsvermögen der KG übertragen werden, da der übertragenden A-GmbH der PKW nur insoweit weiterhin mittelbar zugerechnet wird. Hinsichtlich des 10 %igen Anteils am PKW, der auf die B-GmbH entfällt, sind die stillen Reserven aufzudecken, da insoweit ein 10 %iger Anteil an dem PKW für die B-GmbH neu begründet wird (§ 6 Absatz 5 Satz 5 EStG).

Abwandlung Beispiel 12:
Die A-GmbH ist Komplementärin und B (natürliche Person) ist Kommanditist der X-GmbH & Co. KG. Die A-GmbH ist am Vermögen der KG zu 90 % und B zu 10 % beteiligt.

Lösung:
Der PKW kann insgesamt zum Buchwert nach § 6 Absatz 5 Satz 3 Nummer 1 EStG in das Gesamthandsvermögen der KG übertragen werden. Der übertragenden A-GmbH wird der PKW weiterhin zu 90 % zugerechnet. Somit wird der vermögensmäßige Anteil der A-GmbH an dem Wirtschaftsgut nicht unmittelbar oder mittelbar begründet oder erhöht. Hinsichtlich des 10 %igen Anteils am PKW, der auf B entfällt, sind ebenfalls nicht die stillen Reserven aufzudecken, da insoweit ein (mittelbarer) Anteil einer natürlichen Person begründet wird.

Ist der Gesellschafter der Körperschaft gleichzeitig Mitunternehmer der Mitunternehmerschaft und wird ein Wirtschaftsgut von der Körperschaft in das Gesamthandsvermögen der Mitunternehmerschaft übertragen, können die Regelungen zur verdeckten Gewinnausschüttung Anwendung finden.

3. Sperrfrist bei Umwandlungsvorgängen (§ 6 Absatz 5 Satz 4 und 6 EStG)

33 Eine Veräußerung innerhalb der Sperrfrist ist z. B. auch eine Umwandlung oder eine Einbringung i. S. d. UmwStG unabhängig davon, ob die Buchwerte, gemeinen Werte oder Zwischenwerte angesetzt werden, wenn zu dem eingebrachten Betriebsvermögen ein Wirtschaftsgut gehört, für das noch die Sperrfrist nach § 6 Absatz 5 Satz 4 EStG läuft.

34 Die zwingende Buchwertverknüpfung bei der Übertragung von Wirtschaftsgütern wird innerhalb einer Sperrfrist von sieben Jahren nach § 6 Absatz 5 Satz 6 EStG rückwirkend versagt, wenn innerhalb dieser Frist ein Anteil einer Körperschaft, Personenvereinigung oder Vermögensmasse an dem übertragenen Wirtschaftsgut unmittelbar oder mittelbar begründet wird oder sich erhöht. Diese Regelung gilt insbesondere in Umwandlungsfällen (z. B. in den Fällen der §§ 20, 25 UmwStG) oder auch – vorbehaltlich der Rdnr. 29 – bei Anwachsung des Vermögens auf eine Körperschaft, Personenvereinigung oder Vermögensmasse.

35 Für die Überwachung der siebenjährigen Sperrfrist gelten die Ausführungen zu Rdnr. 27 entsprechend.

IV. Verhältnis von § 6 Absatz 5 EStG zu anderen Vorschriften

Die Buchwertverknüpfung des § 6 Absatz 5 EStG steht bei Überführungen oder Übertragungen von Wirtschaftsgütern in Konkurrenz zu anderen steuerrechtlichen Vorschriften:

1. Fortführung des Unternehmens (§ 6 Absatz 3 EStG)

36 Scheidet ein Mitunternehmer aus der Mitunternehmerschaft aus und überträgt er zu Lebzeiten oder durch Tod seinen gesamten Mitunternehmeranteil auf eine oder mehrere natürliche Personen unentgeltlich, so sind nach § 6 Absatz 3 EStG die Buchwerte fortzuführen (vgl. im Weiteren BMF-Schreiben vom 3. März 2005, BStBl I S. 458, unter Berücksichtigung der Änderungen durch das BMF-Schreiben vom 7. Dezember 2006, BStBl I S. 766). Der Rechtsnachfolger tritt in die steuerliche Rechtsstellung des Rechtsvorgängers ein (Gesamtrechtsnachfolge), dies gilt insbesondere für die Sperrfristen des § 6 Absatz 5 Satz 4 EStG.

2. Realteilung

37 Eine Realteilung einer Mitunternehmerschaft nach § 16 Absatz 3 Satz 2 EStG liegt vor, wenn die bisherige Mitunternehmerschaft beendet wird und zumindest ein Mitunternehmer den ihm zugeteilten Teilbetrieb, Mitunternehmeranteil oder die ihm zugeteilten Einzelwirtschaftsgüter als Betriebsvermögen fortführt. Insoweit sind die Buchwerte fortzuführen (vgl. auch BMF-Schreiben vom 28. Februar 2006, BStBl I S. 228). Scheidet ein Mitunternehmer aus einer bestehenden Mitunternehmerschaft aus und wird diese von den verbleibenden Mitunternehmern unverändert fortgeführt, liegt kein Fall der Realteilung vor (BFH-Urteil vom 10. März 1998, BStBl 1999 II S. 269). Die Realteilung, bei der unschädlich zusammen mit Einzelwirtschaftsgütern auch Verbindlichkeiten übertragen werden können, hat Vorrang vor der Regelung des § 6 Absatz 5 EStG.

3. Veräußerung

38 Bei einer teilentgeltlichen oder vollentgeltlichen Veräußerung des Wirtschaftsguts kommt es zur anteiligen oder zur vollumfänglichen Aufdeckung der stillen Reserven des Wirtschaftsguts, insoweit findet § 6 Absatz 5 EStG keine Anwendung (sog. „Trennungstheorie" – vgl. Rdnr. 15).

4. Tausch

Der Anwendungsbereich des § 6 Absatz 5 Satz 3 EStG geht den allgemeinen Regelungen zur Gewinnrealisierung bei Tauschvorgängen nach § 6 Absatz 6 EStG vor. 39

V. Zeitliche Anwendung

Dieses Schreiben ist in allen noch offenen Fällen anzuwenden. 40

26. Anwendung des § 6 Absatz 5 Satz 3 Nummer 2 EStG bei Übertragung eines einzelnen Wirtschaftsguts und Übernahme von Verbindlichkeiten innerhalb einer Mitunternehmerschaft; Unentgeltliche Übertragung eines Mitunternehmeranteils nach § 6 Absatz 3 EStG bei gleichzeitiger Ausgliederung von Wirtschaftsgütern des Sonderbetriebsvermögens nach § 6 Absatz 5 EStG; Anwendung der BFH-Urteile vom 21. 6. 2012 – IV R 1/08 –, vom 19. 9. 2012 – IV R 11/12 – und vom 2. 8. 2012 – IV R 41/11 –

BMF, Schreiben v. 12. 9. 2013 (BStBl I S. 1164)

– IV C 6 - S 2241/10/10002 –

I. Urteile des BFH zur Übertragung von Mitunternehmeranteilen und von Wirtschaftsgütern des Betriebsvermögens nach § 6 Absatz 3 und 5 EStG

1. Teilentgeltliche Übertragungen und Übernahme von Verbindlichkeiten

a) BFH-Urteil vom 19. September 2012 – IV R 11/12 –

Der IV. Senat des BFH hat mit Urteil vom 19. September 2012 – IV R 11/12 – entschieden, dass die teilentgeltliche Übertragung eines Wirtschaftsguts aus dem Sonderbetriebsvermögen in das Gesamthandsvermögen derselben Personengesellschaft nicht zur Realisierung eines Gewinns führe, wenn das Entgelt den Buchwert des übertragenen Wirtschaftsguts nicht übersteige. Er ist der Auffassung, dass bei Annahme einer teilentgeltlichen Übertragung eines Wirtschaftsguts der entstandene Veräußerungsgewinn in der Weise zu ermitteln sei, dass dem erbrachten Teilentgelt der gesamte Buchwert des Wirtschaftsguts gegenübergestellt werden müsse. Erreiche das Teilentgelt den Buchwert des Wirtschaftsguts nicht, so sei von einem insgesamt unentgeltlichen Vorgang auszugehen.

b) BFH-Urteil vom 21. Juni 2012 – IV R 1/08 –

In dem zu § 6 Absatz 5 EStG i. d. F. des Steuerentlastungsgesetzes 1999/2000/2002 ergangenen Urteil vom 21. Juni 2012 – IV R 1/08 – hat der IV. Senat des BFH zur teilentgeltlichen Übertragung eines Grundstücks aus dem Sonderbetriebsvermögen in das Gesamthandsvermögen einer Schwesterpersonengesellschaft im Streitjahr 1999 Stellung genommen. Er ist dabei der Auffassung des Finanzamts gefolgt, dass diese Übertragung nach der damaligen Gesetzeslage gemäß dem Steuerentlastungsgesetz 1999/2000/2002 zur Aufdeckung der gesamten stillen Reserven des Grundstücks geführt habe. In der Urteilsbegründung führt der IV. Senat des BFH aus, dass es hinsichtlich des entgeltlich übertragenen Teils zu keinem Gewinn komme, weil ein Entgelt (eine Forderung) genau in Höhe des Buchwerts des Grundstücks eingeräumt worden sei (Rdnr. 22). Soweit die Übertragung unentgeltlich durchgeführt worden sei, habe sie zu einem Entnahmegewinn geführt (Rdnr. 23).

2. Übertragungen auf Grund eines „Gesamtplans" – BFH-Urteil vom 2. August 2012 – IV R 41/11 –

Ferner hat der BFH mit Urteil vom 2. August 2012 – IV R 41/11 – entschieden, dass der Gesellschafter einer Personengesellschaft seinen Gesellschaftsanteil steuerneutral übertragen könne, auch wenn er ein in seinem Sonderbetriebsvermögen befindliches Grundstück zeitgleich und ebenfalls steuerneutral auf eine zweite (neugegründete) Personengesellschaft übertrage. Im entschiedenen Fall war der Steuerpflichtige alleiniger Kommanditist einer GmbH & Co. KG sowie alleiniger Gesellschafter der Komplementär-GmbH. Der Steuerpflichtige vermietete der KG das in seinem Eigentum stehende Betriebsgrundstück. Am 1. Oktober 2002 schenkte er seiner Tochter zunächst 80% seines Anteils an der KG sowie die gesamten Anteile an der GmbH. Anschließend gründete er eine zweite GmbH & Co. KG, auf die er dann am 19. Dezember 2002 das Betriebsgrundstück übertrug. Am selben Tag wurde auch der restliche KG-Anteil auf die Tochter übertragen. Der Stpfl. ging davon aus, dass alle Übertragungen zum Buchwert und damit steuerneutral erfolgen könnten. Das Finanzamt stimmte dem nur in Bezug auf die Übertragung des Grundstücks zu. Wegen dessen steuerneutraler Ausgliederung nach § 6 Absatz 5 Satz 3 Nummer 2 EStG sei nicht der gesamte Mitunternehmeranteil übertragen worden mit der Folge, dass die stillen Reserven im Mitunternehmeranteil aufzudecken seien. Nach Tz. 7 des BMF-Schreibens zu § 6 Absatz 3 EStG vom 3. März 2005 (BStBl I S. 458) bewirke die steuerneutrale Ausgliederung von Wirtschaftsgütern des Sonderbetriebsvermögens (hier das Grundstück) in ein anderes Betriebsvermögen, dass der Anteil am Gesamthandsvermögen nicht nach § 6 Absatz 3 EStG zum Buchwert übertragen werden könne. Eine gleichzeitige Inanspruchnahme („Kumulation") von Steuervergünstigungen nach § 6 Absatz 3 EStG einerseits und nach § 6 Absatz 5 EStG andererseits sei nicht möglich.

Von dieser Ansicht der Finanzverwaltung ist der IV. Senat des BFH mit Urteil vom 2. August 2012 – IV R 41/11 – abgewichen. In der Urteilsbegründung führt er aus, dass der gleichzeitige Eintritt der Rechtsfolgen beider Normen (Buchwerttransfer) dem Sinn und Zweck des Gesetzes regelmäßig nicht zuwiderlaufe. Der Zweck der Regelungen des § 6 Absatz 3 EStG und des § 6 Absatz 5 EStG gebiete keine Auslegung beider Vorschriften dahingehend, dass bei gleichzeitigem Vorliegen ihrer Tatbestandsvoraussetzungen § 6 Absatz 3 Satz 1 EStG stets nur eingeschränkt nach Maßgabe einer anders lautenden Zweckbestimmung des – im Streitfall einschlägigen – § 6 Absatz 5 Satz 3 EStG verstanden werden und zur Anwendung gelangen dürfe. Bei der gleichzeitigen (auch tagggleichen) Anwendung beider Normen komme es auch nicht zu einer Kumulation von Steuervergünstigungen. Denn die durch ein nach § 6 Absatz 5 EStG begünstigtes Einzelwirtschaftsgut verkörperten stillen Reserven wären anlässlich der Übertragung einer nach § 6 Absatz 3 EStG begünstigten Sachgesamtheit gleichfalls nicht aufzudecken gewesen, wenn das betreffende Wirtschaftsgut weiterhin dieser Sachgesamtheit zugehörig gewesen wäre. Zugleich blieben die stillen Reserven dieses Wirtschaftsguts in beiden Fällen gleichermaßen steuerverhaftet. Soweit durch die parallele Anwendung beider Vorschriften missbräuchliche Gestaltungen zu befürchten seien, werde dem durch die Regelung von Sperrfristen in beiden Vorschriften vorgebeugt. Das Gesetz gestatte somit beide Buchwertübertragungen nebeneinander und räume keiner der beiden Regelungen einen Vorrang ein.

II. Auffassung der Finanzverwaltung

Unter Bezugnahme auf das Ergebnis der Erörterung mit den obersten Finanzbehörden der Länder in der Sitzung ESt II/2013 zu TOP 15 wird zur Anwendung der o. g. BFH-Urteile durch die Finanzverwaltung wie folgt Stellung genommen:

1. Teilentgeltliche Übertragungen und Übernahme von Verbindlichkeiten

a) BFH-Urteil vom 19. September 2012 – IV R 11/12 –

Der IV. Senat des BFH lehnt in dieser Entscheidung die von der Finanzverwaltung in Tz. 15 des BMF-Schreibens vom 8. Dezember 2011 (BStBl I S. 1279) vertretene Rechtsauffassung ab. Danach ist die Frage, ob eine teilentgeltliche Übertragung vorliegt, nach den Grundsätzen der „Trennungstheorie" anhand der erbrachten Gegenleistung im Verhältnis zum Verkehrswert des übertragenen Wirtschaftsguts zu prüfen. Liegt die Gegenleistung unter dem Verkehrswert, handelt es sich um eine teilentgeltliche Übertragung, bei der der unentgeltliche Teil nach § 6 Absatz 5 Satz 3 EStG zum Buchwert zu übertragen ist. Hinsichtlich des entgeltlichen Teils der Übertragung liegt eine Veräußerung des Wirtschaftsguts vor und es kommt insoweit zur Aufdeckung der stillen Reserven des Wirtschaftsguts. Nach Auffassung des IV. Senats des BFH ist bei einer teilentgeltlichen Übertragung eines Wirtschaftsguts zur Ermittlung des Veräußerungsgewinns dem erbrachten Teilentgelt der gesamte Buchwert des Wirtschaftsguts gegenüber zu stellen. Eine Gewinnrealisierung ist nicht gegeben, soweit das Entgelt den Buchwert nicht übersteigt.

Zur Frage der Gewinnrealisation bei teilentgeltlichen und mischentgeltlichen (d. h. gegen Gewährung von Gesellschaftsrechten und sonstiges Entgelt) Übertragungen von Einzelwirtschaftsgütern ist ein Revisionsverfahren beim X. Senat des BFH anhängig – X R 28/12 –. Die noch ausstehende Entscheidung des X. Senats des BFH bleibt abzuwarten. Daher wird die Entscheidung über die Veröffentlichung des BFH-Urteils vom 19. September 2012 – IV R 11/12 – im Bundessteuerblatt Teil II zunächst zurückgestellt. In einschlägigen Fällen ist vorerst weiterhin uneingeschränkt die in Tz. 15 des BMF-Schreibens zu § 6 Absatz 5 EStG vom 8. Dezember 2011 (BStBl I S. 1279) vertretene Rechtsauffassung anzuwenden. Einsprüche von Steuerpflichtigen, die gegen entsprechende Steuerbescheide unter Berufung auf das BFH-Urteil vom 19. September 2012 – IV R 11/12 – eingelegt werden, ruhen gemäß § 363 Absatz 2 Satz 2 AO kraft Gesetzes bis zur endgültigen Klärung der Problematik.

b) BFH-Urteil vom 21. Juni 2012 – IV R 1/08 –

Mit den Aussagen des IV. Senats des BFH in seinen Entscheidungsgründen zeichnete sich bereits in diesem Urteil ab, dass er bei einer teilentgeltlichen Übertragung von Einzelwirtschaftsgütern nicht dem Verständnis der Finanzverwaltung zur Behandlung von teilentgeltlichen Übertragungsvorgängen gemäß Tz. 15 des BMF-Schreibens zu § 6 Absatz 5 EStG vom 8. Dezember 2011 (BStBl I S. 1279) folgen will. Deshalb wird die Entscheidung über die Veröffentlichung des BFH-Urteils vom 21. Juni 2012 – IV R 1/08 – im Bundessteuerblatt Teil II gleichfalls vorerst zurückgestellt.

2. Übertragungen auf Grund eines „Gesamtplans" – BFH-Urteil vom 2. August 2012 – IV R 41/11 –

Das BFH-Urteil vom 2. August 2012 – IV R 41/11 – weicht nicht nur von Tz. 7 des BMF-Schreibens zu § 6 Absatz 3 EStG vom 3. März 2005 (BStBl I S. 458) ab, sondern berücksichtigt auch nicht in ausreichendem Maß den historischen Willen des Gesetzgebers. Bis einschließlich VZ 1998 regelte § 7 Absatz 1 EStDV in den Fällen der unentgeltlichen Übertragung von betrieblichen Sachgesamtheiten, wie Betrieben, Teilbetrieben und Mitunternehmeranteilen, die Buchwertfortführung durch den Rechtsnachfolger. Nach der Gesetzesbegründung zu § 6 Absatz 3 EStG im Rahmen des Steuerentlastungsgesetzes 1999/2000/2002 sollen mit dem neu eingefügten Absatz 3 in den Fällen der unentgeltlichen Übertragung von Betrieben, Teilbetrieben oder Mitunternehmeranteilen die bisherigen Regelungen des § 7 Absatz 1 EStDV übernommen werden. In der Gesetzesbegründung wird ausdrücklich darauf hingewiesen, dass die bisherige Regelung des § 7 Absatz 1 EStDV beizubehalten und insbesondere eine Einschränkung des bisherigen Anwendungsbereichs der Vorschrift nicht beabsichtigt ist (BT-Drucks. 14/6882, Seite 32; BT-Drucks. 14/7344, Seite 7). Der im Rahmen des Vermittlungsverfahrens zum Unternehmensteuerfortentwicklungsgesetz 2001 neu eingefügte § 6 Absatz 3 Satz 2 EStG geht auf eine Prüfbitte des Bundesrates zurück. Der Bundesrat hatte um eine gesetzliche Klarstellung gebeten, dass die Zurückbehaltung von Sonderbetriebsvermögen für die Anwendung des § 6 Absatz 3 EStG unschädlich sein soll. Dabei ging es dem Bundesrat aber nur um eine Öffnung des gleitenden Generationenübergangs, wobei er davon ausging, dass der Übernehmer letztlich ebenfalls das im Sonderbetriebsvermögen zurückbehaltene funktional wesentliche Wirtschaftsgut erhält. Das BFH-Urteil vom 2. August 2012 – IV R 41/11 – widerspricht dieser Zielsetzung des Gesetzgebers und eröffnet unter Außerachtlassung der „Gesamtplanrechtsprechung" in bestimmten Fallkonstellationen die Möglichkeit einer schrittweisen steuerneutralen Übertragung wesentlicher Betriebsgrundlagen auf mehrere verschiedene Rechtsträger.

Zur Frage der Anwendung der „Gesamtplanrechtsprechung" ist ein Revisionsverfahren beim BFH anhängig – I R 80/12 –. Im Verfahren I R 80/12 geht es zwar im Schwerpunkt um eine Einbringung zum Buchwert nach § 20 UmwStG. Allerdings besteht im Verfahren I R 80/12 insofern eine gewisse Ähnlichkeit mit dem vom IV. Senat des BFH in seinem Urteil vom 2. August 2012 – IV R 41/11 – entschiedenen Fall, als hier kurz vor der Einbringung die beiden Grundstücke als funktional wesentliche Betriebsgrundlagen in ein anderes Betriebsvermögen ausgegliedert wurden. Es stellt sich demzufolge auch im Verfahren I R 80/12 die Frage, ob unter Berücksichtigung der „Gesamtplanrechtsprechung" ein vollständiger, nach § 20 Absatz 1 UmwStG begünstigter Betrieb eingebracht worden ist. Das Vorliegen eines Betriebs, Teilbetriebs oder Mitunternehmeranteils als Buchwertfortführungsgegenstand ist nämlich sowohl bei § 6 Absatz 3 EStG als auch bei den §§ 20 und 24 UmwStG erforderlich und grundsätzlich nach denselben Kriterien zu beurteilen. Die noch ausstehende Entscheidung des I. Senats des BFH ist deshalb abzuwarten. Daher wird die Entscheidung über die Veröffentlichung des BFH-Urteils vom 2. August 2012 – IV R 41/11 – im Bundessteuerblatt Teil II gleichfalls vorerst zurückgestellt. In einschlägigen Fällen ist weiterhin uneingeschränkt die Tz. 7 des BMF-Schreibens zu § 6 Absatz 3 EStG vom 3. März 2005 (BStBl I S. 458) anzuwenden. Eine gleichzeitige Inanspruchnahme der Steuervergünstigungen nach § 6 Absatz 3 EStG einerseits und nach § 6 Absatz 5 EStG andererseits ist danach nicht möglich. Einsprüche von Steuerpflichtigen, die gegen entsprechende Steuerbescheide unter Berufung auf das BFH-Urteil vom 2. August 2012 – IV R 41/11 – eingelegt werden, ruhen gemäß § 363 Absatz 2 Satz 2 AO kraft Gesetzes bis zur endgültigen Klärung der Problematik.

27. Steuerliche Gewinnermittlung; Bilanzsteuerrechtliche Berücksichtigung von Verpflichtungsübernahmen, Schuldbeitritten und Erfüllungsübernahmen mit vollständiger oder teilweiser Schuldfreistellung, Anwendung der Regelungen in § 4f und § 5 Absatz 7 Einkommensteuergesetz (EStG)

BMF, Schreiben v. 30. 11. 2017 (BStBl I S. 1619)

– IV C 6 - S 2133/14/10001 –

Der Bundesfinanzhof (BFH) hat in mehreren Urteilen[1] entschieden, dass übernommene Verpflichtungen beim Übernehmer keinen Ansatz- und Bewertungsbeschränkungen unterliegen, sondern als ungewisse Verbindlichkeiten auszuweisen und mit den „Anschaffungskosten" oder dem höheren Teilwert zu bewerten sind (Urteile vom 14. Dezember 2011 und 12. Dezember 2012, a. a. O.). Tritt ein Dritter neben dem bisherigen Schuldner in die Verpflichtung ein (sog. Schuldbeitritt) und verpflichtet sich der Dritte, den bisherigen Schuldner von der Verpflichtung freizustellen, kann der bisherige Schuldner mangels Wahrscheinlichkeit der Inanspruchnahme weder eine Rückstellung für die Verpflichtung passivieren, noch einen Freistellungsanspruch gegenüber dem Schuldbeitretenden ansetzen (Urteil vom 26. April 2012, a. a. O.). Der BFH weicht somit von den BMF-Schreiben vom 16. Dezember 2005 und 24. Juni 2011 (a. a. O.[2]) ab. Für Wirtschaftsjahre, die nach dem 28. November 2013 enden, sind indes die Regelungen des § 5 Absatz 7 EStG in der Fassung des AIFM-Steuer-Anpassungsgesetzes vom 18. Dezember 2013 (BGBl I S. 4318; BStBl 2014 I S. 2) zu beachten, wonach der Übernehmer einer Verpflichtung die gleichen Bilanzierungsvorschriften zu beachten hat, die auch für den ursprünglich Verpflichteten gegolten haben.

Zur Anwendung der Grundsätze der BFH-Rechtsprechung und zu den Auswirkungen auf die o. g. BMF-Schreiben vom 16. Dezember 2005 und 24. Juni 2011 im Zusammenhang mit den gesetzlichen Neuregelungen in den §§ 4f und 5 Absatz 7 EStG nehme ich nach Abstimmung mit den obersten Finanzbehörden der Länder wie folgt Stellung:

Verpflichtungen können entweder im Wege einer Schuldübernahme nach den §§ 414 ff. Bürgerliches Gesetzbuch (BGB) oder durch Übernahme der mit der Verpflichtung verbundenen Lasten (Schuldbeitritte und Erfüllungsübernahmen mit vollständiger oder teilweiser Schuldfreistellung) übernommen werden. 1

Übernommene Verpflichtungen, die beim ursprünglich Verpflichteten bilanzsteuerlichen Ansatzverboten, -beschränkungen oder Bewertungsvorbehalten unterlegen haben, sind in der steuerlichen Gewinnermittlung des Übernehmers oder dessen Rechtsnachfolger nach Maßgabe des § 5 Absatz 7 EStG anzusetzen und zu bewerten. § 5 Absatz 7 EStG gilt ausschließlich für am Bilanzstichtag bestehende Verpflichtungen, die aufgrund der Vorschriften des EStG (z. B. § 5 Absatz 2a bis 4b, Absatz 5 Satz 1 Nummer 2, § 6 Absatz 1 Nummer 3 und 3a sowie § 6a EStG) und des Körperschaftsteuergesetzes (KStG, z. B. Schwankungs- und Schadenrückstellungen nach § 20 KStG) nicht oder niedriger anzusetzen und zu bewerten sind als die für die Übernahme der Verpflichtung erhaltene Gegenleistung („Anschaffungskosten" i. S. d. BFH-Rechtsprechung). 2

Auf Seiten des Übertragenden kommt eine Verteilung des Aufwandes nach § 4f EStG nur dann in Betracht, wenn die Verpflichtung an dem der Übertragung vorangegangenen Bilanzstichtag bestand und die Verpflichtung beim Übernehmer oder dessen Rechtsnachfolger in den Anwen- 3

---

1) BFH, Urteile v. 14. 12. 2011 (BStBl 2017 II S. 1226), v. 26. 4. 2012 (BStBl 2017 II S. 1228) und v. 12. 12. 2012 (BStBl 2017 II S. 1232 und 1265).

2) BMF, Schreiben v. 16. 12. 2005 (BStBl I S. 1052) und v. 24. 6. 2011 (BStBl I S. 627).

dungsbereich des § 5 Absatz 7 EStG fällt oder § 5 Absatz 7 EStG zur Anwendung käme, wenn der Übernehmer dem deutschen Steuerrecht unterläge.

4 Ändert sich bei einer betrieblichen Altersversorgungszusage der Durchführungsweg (Direktzusage, Unterstützungskassenzusage, Direktversicherung, Pensionskasse oder Pensionsfonds), sind die §§ 4f und 5 Absatz 7 EStG nicht anzuwenden; das bei einer Übertragung von Versorgungsleistungen auf Pensionsfonds bestehende Wahlrecht zur Verteilung der Betriebsausgaben gemäß § 4d Absatz 3 und § 4e Absatz 3 i.V.m. § 3 Nummer 66 EStG bleibt unberührt.

I. Schuldübernahme nach §§ 414 ff. BGB

5 Eine Schuld kann von einem Dritten durch Vertrag mit dem Gläubiger in der Weise übernommen werden, dass der Dritte an die Stelle des bisherigen Schuldners tritt (§§ 414 ff. BGB). Verpflichtungen können einzeln oder im Rahmen einer entgeltlichen Betriebsübertragung übertragen werden oder kraft Gesetzes (z. B. nach § 613a BGB) auf einen Dritten übergehen.

1. Bilanzielle Behandlung beim Verpflichtungsübernehmer

a) Ansatz und Bewertung in Wirtschaftsjahren, die vor dem 29. November 2013 enden

6 In vor dem 29. November 2013 endenden Wirtschaftsjahren ist die o. g. BFH-Rechtsprechung zu beachten, wonach übernommene Verpflichtungen im Wirtschaftsjahr der Übernahme mit den „Anschaffungskosten" oder dem höheren Teilwert anzusetzen sind.

7 Auf Antrag können die Neuregelungen des § 5 Absatz 7 EStG (Randnummern 8 bis 10) bereits für vor dem 29. November 2013 endende Wirtschaftsjahre angewendet werden (§ 52 Absatz 9 Satz 2 EStG). Der Antrag ist nicht formgebunden und gilt durch den entsprechenden Ansatz in der steuerlichen Gewinnermittlung als ausgeübt.

b) Ansatz und Bewertung in Wirtschaftsjahren, die nach dem 28. November 2013 enden

8 In nach dem 28. November 2013 endenden Wirtschaftsjahren ist die Neuregelung in § 5 Absatz 7 EStG maßgebend (§ 52 Absatz 9 Satz 1 EStG). Der Übernehmer hat die gleichen Bilanzierungsvorschriften zu beachten, die auch für den ursprünglich Verpflichteten am Bilanzstichtag gegolten hätten, wenn er die Verpflichtung nicht übertragen hätte. Unterlag der ursprünglich Verpflichtete nicht dem deutschen Steuerrecht, ist der Wert maßgebend, der nach den Regelungen des EStG oder KStG anzusetzen gewesen wäre. Dadurch wird sichergestellt, dass der Übernehmer entsprechend dem Sinn und Zweck der Regelungen in § 5 Absatz 7 EStG die Verpflichtung unter Berücksichtigung der steuerlichen Ansatz- und Bewertungsvorbehalte ansetzt (Randnummer 10).

9 Wurde eine Verpflichtung bereits mehrfach übertragen, ist derjenige ursprünglich verpflichtet im Sinne von § 5 Absatz 7 Satz 1 EStG, der die Schuld erstmalig begründet hat.

10 In der ersten für die Besteuerung maßgebenden Schlussbilanz nach der Übernahme sind Verpflichtungen unter Berücksichtigung der steuerlichen Ansatz- und Bewertungsvorbehalte anzusetzen; insbesondere die Regelungen in § 5 Absatz 2a bis 4b, Absatz 5 Satz 1 Nummer 2, § 6 Absatz 1 Nummer 3 und 3a sowie § 6a EStG (vgl. Randnummern 26 bis 33 zu Pensionsverpflichtungen) sind zu beachten. Bilanzsteuerliche Wahlrechte (z. B. Teilwert- oder Pauschalwertverfahren bei Jubiläumsrückstellungen) können unabhängig von der Wahl des Rechtsvorgängers in Anspruch genommen werden.

c) Gewinnmindernde Rücklagen nach § 5 Absatz 7 Satz 5 und 6 EStG

Für den Gewinn, der sich aus der Anwendung von § 5 Absatz 7 EStG ergibt, kann gemäß § 5 Absatz 7 Satz 5 EStG jeweils i. H. v. 14/15 eine gewinnmindernde Rücklage gebildet werden, die in den folgenden 14 Wirtschaftsjahren jeweils mit mindestens 1/14 gewinnerhöhend aufzulösen ist (Auflösungszeitraum). Wurde die Verpflichtung vor dem 14. Dezember 2011 übernommen, können 19/20 des Gewinns als Rücklage passiviert werden, die in den folgenden 19 Wirtschaftsjahren aufzulösen ist (§ 52 Absatz 9 Satz 3 EStG). Scheidet eine Verpflichtung vor Ablauf des Auflösungszeitraums aus dem Betriebsvermögen aus, ist eine für diese Verpflichtung noch nicht aufgelöste Rücklage gewinnerhöhend auszubuchen (§ 5 Absatz 7 Satz 6 EStG). 11

Die in Randnummer 11 genannten Verteilungszeiträume sind auch dann maßgebend, wenn die Verpflichtung, für die eine Rücklage gebildet wurde, voraussichtlich bereits vor Ende des Auflösungszeitraums nicht mehr bestehen wird. In diesen Fällen kann aber die bei Ausscheiden erforderliche Auflösung der verbleibenden Rücklage dadurch vermieden werden, dass jährlich mehr als 1/14 oder 1/19 gewinnerhöhend aufgelöst werden (z. B. Verteilung über die tatsächliche Laufzeit der Verpflichtung). 12

Gewinn im Sinne von § 5 Absatz 7 Satz 5 EStG ist der Unterschiedsbetrag zwischen den „Anschaffungskosten" zum Zeitpunkt der Übernahme der Verpflichtung und dem in der folgenden Schlussbilanz nach § 5 Absatz 7 EStG anzusetzenden niedrigeren Wert (Randnummer 10). Scheidet eine übernommene Verpflichtung bereits vor dem folgenden Bilanzstichtag aus dem Betriebsvermögen aus, kann für einen sich insoweit ergebenden Gewinn keine Rücklage gebildet werden (vgl. auch Randnummer 2). 13

Beispiel 1:
Unternehmer U pachtet seit dem 01.01.2003 für 20 Jahre ein unbebautes Grundstück und errichtet darauf eine betrieblich genutzte Lagerhalle. U hat sich verpflichtet, die Lagerhalle nach Ablauf des Pachtvertrages am 31.12.2022 abzureißen. Am Bilanzstichtag 31.12.2012 betragen die voraussichtlichen Abrisskosten 10.000 €. U hat für die Abrissverpflichtung eine Rückstellung für ungewisse Verbindlichkeiten passiviert. Da für das Entstehen der Verpflichtung im wirtschaftlichen Sinne der laufende Betrieb ursächlich ist (Nutzung der Lagerhalle), ist die Rückstellung nach § 6 Absatz 1 Nummer 3a Buchstabe d Satz 1 EStG zeitanteilig in gleichen Raten anzusammeln und nach § 6 Absatz 1 Nummer 3a Buchstabe e Satz 1 EStG abzuzinsen. Die von U zum 31.12.2012 passivierte Rückstellung beträgt bei einer Restlaufzeit von 10 Jahren und einem Abzinsungsfaktor von 0,585 (Tabelle 2 des BMF-Schreibens vom 26. Mai 2005, BStBl I S. 699) zutreffend 10.000 € × 10/20 × 0,585 = 2.925 €.

Am 02.01.2013 übernimmt A (Wirtschaftsjahr = Kalenderjahr) mit Zustimmung des Verpächters den Pachtvertrag von U. Der von A an U zu zahlende Kaufpreis für die Lagerhalle beträgt 50.000 €. Die mit der übernommenen Abrissverpflichtung verbundenen Kosten werden entsprechend den voraussichtlichen Abrisskosten zum 31.12.2012 zutreffend auf 10.000 € geschätzt und mit dem Kaufpreis für die Lagerhalle verrechnet. A bucht den Geschäftsvorfall zutreffend wie folgt:

Betriebsanlage	50.000 €	an Bank	40.000 €
		Abrissverpflichtung	10.000 €

Bis zum Ende des Wirtschaftsjahres 2013 ergeben sich folgende Änderungen bei den prognostizierten Abrisskosten:

Variante a:	keine
Variante b:	20.000 €
Variante c:	5.000 €

Die „Anschaffungskosten" der Abrissverpflichtung betragen 10.000 €. Am folgenden Bilanzstichtag 31.12.2013 ist diese Pflicht gemäß § 5 Absatz 7 Satz 1 EStG so zu bilanzieren, wie sie beim ursprünglich Verpflichteten U ohne Übertragung zu bilanzieren wäre. Demzufolge hat A für die Abrissverpflichtung eine Rückstellung für ungewisse Verbindlichkeiten zu passivieren und bei einer Restlaufzeit von 9 Jahren und einem Abzinsungsfaktor von 0,618 wie folgt zu bewerten:

Variante a:	10.000 € × 11/20 × 0,618 = 3.399 €
Variante b:	20.000 € × 11/20 × 0,618 = 6.798 €
Variante c:	5.000 € × 11/20 × 0,618 = 1.700 €

Es ergibt sich unter Berücksichtigung der bei Schuldübernahme eingebuchten Abrissverpflichtung von 10.000 € folgender Gewinn, für den i. H.v. 14/15 eine gewinnmindernde Rücklage gebildet werden kann:

Variante a: 10.000 € – 3.399 € = 6.601 € (Rücklage 6.161 €)
Variante b: 10.000 € – 6.798 € = 3.202 € (Rücklage 2.989 €)
Variante c: 10.000 € – 1.700 € = 8.300 € (Rücklage 7.747 €)

14 In den Fällen der Randnummer 6 (Passivierung der „Anschaffungskosten" in vor dem 29. November 2013 endenden Wirtschaftsjahren) ist Gewinn im Sinne von § 5 Absatz 7 Satz 5 EStG der Unterschiedsbetrag zwischen den letztmals passivierten „Anschaffungskosten" und dem am folgenden Bilanzstichtag erstmals nach § 5 Absatz 7 EStG angesetzten Wert (Randnummer 10). Randnummer 13 Satz 2 (keine Rücklage bei vor dem folgenden Bilanzstichtag ausscheidenden Verpflichtungen) gilt entsprechend.

15 Soweit die Steuer- oder Feststellungsbescheide des Wirtschaftsjahres der Verpflichtungsübernahme und die folgenden Steuer- oder Feststellungsbescheide bereits bestandskräftig sind, sind die Randnummern 6 bis 14 in der steuerlichen Gewinnermittlung des ersten noch änderbaren Steuer- oder Feststellungsbescheides anzuwenden.

2. Abzug des Aufwandes beim ursprünglich Verpflichteten (§ 4f Absatz 1 EStG)

a) Verteilung des Aufwandes

16 Ein Aufwand, der sich für den ursprünglich Verpflichteten in einem nach dem 28. November 2013 endenden Wirtschaftsjahr aus einem Übertragungsvorgang ergibt, kann gemäß § 4f Absatz 1 Satz 1 i.V. m. § 52 Absatz 8 EStG grundsätzlich nur auf das Jahr der Schuldübernahme und die folgenden 14 Wirtschaftsjahre gleichmäßig verteilt als Betriebsausgabe abgezogen werden. Die Verteilung des Aufwandes erfolgt durch außerbilanzielle Hinzurechnungen und Abrechnungen.

17 Ein zu verteilender Aufwand aus einem Übertragungsvorgang kann auch dann nicht mit Gewinnen aus anderen Geschäftsvorfällen verrechnet werden, wenn diese Gewinne in einem mittelbaren oder unmittelbaren Zusammenhang mit dem Aufwand aus dem Übertragungsvorgang stehen.

b) Gewinnerhöhend aufzulösende Passivposten im Sinne des § 4f Absatz 1 Satz 2 EStG

18 Sind infolge der Übertragung einer Verpflichtung in der steuerlichen Gewinnermittlung des Vorjahres ausgewiesene Passivposten wie Rückstellungen, Verbindlichkeiten und steuerliche Rücklagen (z. B. nach R 6.11 Absatz 3 EStR bei niedrigeren handelsrechtlichen Bilanzansätzen) gewinnerhöhend aufzulösen, ist der sich aus dem Übertragungsvorgang ergebende Aufwand in dem Wirtschaftsjahr der Übertragung nach § 4f Absatz 1 Satz 2 erster Halbsatz EStG in Höhe der aufgelösten Passivposten als Betriebsausgabe abzugsfähig. Dabei ist immer auf die am vorangegangenen Bilanzstichtag angesetzten Passivposten abzustellen, soweit die Auflösung auf der Übertragung der Verpflichtung beruht. Der Bilanzansatz in einer im Zusammenhang mit einem Umwandlungssteuervorgang erstellten steuerlichen Schlussbilanz ist insoweit unbeachtlich. Weicht der Übertragungszeitpunkt vom Bilanzstichtag ab, kommt eine Zugrundelegung fiktiver Passivposten, die zu diesem Zeitpunkt maßgebend gewesen wären, nicht in Betracht. Der übersteigende Aufwand ist auf das Jahr der Schuldübernahme und die folgenden 14 Wirtschaftsjahre gleichmäßig zu verteilen (§ 4f Absatz 1 Satz 2 EStG). Im Ergebnis ist ein Aufwand, der sich daraus ergibt, dass die Gegenleistung höher ist als die bislang in der steuerlichen Gewinnermittlung passivierte Verpflichtung, nur über 15 Jahre verteilt als Betriebsausgabe abzugsfähig.

c) Teilbetriebsaufgaben/-veräußerungen, Umwandlungen und Einbringungen

Bei der Veräußerung oder Aufgabe eines Teilbetriebes wird der Übertragungsaufwand nach § 4f Absatz 1 Satz 1 und 2 EStG nur verteilt, soweit er einen Verlust begründet oder erhöht (§ 4f Absatz 1 Satz 4 EStG). Der insoweit hinzugerechnete Aufwand ist wie bei einer im laufenden Wirtschaftsjahr erfolgten Schuldübertragung auf das Wirtschaftsjahr der Schuldübernahme und die nachfolgenden Wirtschaftsjahre zu verteilen, d. h. der sofort abzugsfähige Aufwand von 1/15 ist im Rahmen der Ermittlung des Veräußerungs- oder Aufgabegewinns nach § 16 Absatz 2 EStG zu berücksichtigen und der verbleibende Betrag auf die folgenden 14 Wirtschaftsjahre zu verteilen. Entsprechendes gilt bei Umwandlungen und Einbringungen von Teilbetrieben nach dem Umwandlungssteuergesetz. 19

d) Übertragung von (Teil-)Mitunternehmeranteilen

Eine Verpflichtung kann auch durch entgeltliche Übertragung von (Teil-)Mitunternehmeranteilen übertragen werden. Wird der gesamte Mitunternehmeranteil übertragen, unterbleibt nach § 4f Absatz 1 Satz 3 EStG eine Verteilung des sich ergebenden Aufwandes. 20

e) Ausnahmen von der Aufwandsverteilung

Die Verteilungsregelung gilt nach § 4f Absatz 1 Satz 3 EStG nicht für kleine und mittlere Betriebe im Sinne von § 7g EStG sowie für Betriebsveräußerungen und Betriebsaufgaben. 21

II. Übernahme von mit einer Verpflichtung verbundenen Lasten (Schuldbeitritte und Erfüllungsübernahmen mit vollständiger oder teilweiser Schuldfreistellung)

Bei Schuldbeitritten und Erfüllungsübernahmen mit vollständiger oder teilweiser Schuldfreistellung besteht das bisherige Vertragsverhältnis zwischen dem Freigestellten und dem Gläubiger der Verpflichtung unverändert fort. Der Übernehmer verpflichtet sich, den bislang alleine Verpflichteten von den künftigen Leistungspflichten ganz oder teilweise freizustellen. 22

1. Bilanzierung beim Übernehmer oder Beitretenden

Für die zu passivierende Freistellungsverpflichtung gelten die Randnummern 6 bis 15 entsprechend. 23

2. Bilanzielle Folgen beim Freistellungsberechtigten

Eine vom Freistellungsberechtigten bislang passivierte Rückstellung ist aufgrund fehlender Wahrscheinlichkeit der Inanspruchnahme gewinnerhöhend aufzulösen (BFH-Urteil vom 26. April 2012, a. a. O.). Der Freistellungsberechtigte hat in der steuerlichen Gewinnermittlung keinen Freistellungsanspruch gegenüber dem Freistellungsverpflichteten auszuweisen. 24

Ist die Gegenleistung für den Schuldbeitritt oder die Erfüllungsübernahme höher als die bislang passivierte Rückstellung, entsteht ein Aufwand im Sinne von § 4f Absatz 2 i. V. m. Absatz 1 EStG; die Randnummern 16 bis 18 gelten entsprechend. Bei Schuldbeitritten und Erfüllungsübernahmen kommen Ausnahmen von der Verteilungspflicht nach § 4f Absatz 1 Satz 3 EStG (vgl. Randnummer 21) nicht in Betracht, da gemäß § 4f Absatz 2 EStG nur die Sätze 1, 2 und 7 des Absatzes 1 entsprechend gelten. 25

III. Schuldübernahmen, Schuldbeitritte und Erfüllungsübernahmen mit vollständiger oder teilweiser Schuldfreistellung im Zusammenhang mit Pensionsverpflichtungen im Sinne von § 6a EStG

26 Bei der Bewertung übernommener Pensionsverpflichtungen nach § 6a EStG können bilanzsteuerrechtliche Wahlrechte (insbesondere das Pensionsalter nach R 6a Absatz 11 EStR und die Wahl der biometrischen Rechnungsgrundlagen) unabhängig von der Entscheidung des Rechtsvorgängers in Anspruch genommen werden (vgl. Randnummer 10). Das sog. Nachholverbot nach § 6a Absatz 4 EStG gilt für bei einem Rechtsvorgänger entstandene Fehlbeträge in der ersten Schlussbilanz nach der Übernahme nicht.

27 In den Fällen der Übernahme von Pensionsverpflichtungen gegenüber Arbeitnehmern, die bisher in einem anderen Unternehmen tätig waren (Unternehmenswechsel), unter gleichzeitiger Übernahme von Vermögenswerten gilt für die Bewertung der Pensionsverpflichtungen die Sonderregelung des § 5 Absatz 7 Satz 4 EStG: Bei der Ermittlung des Teilwertes der jeweiligen Verpflichtung ist der Jahresbetrag nach § 6a Absatz 3 Satz 2 Nummer 1 EStG so zu bemessen, dass zu Beginn des Wirtschaftsjahres der Übernahme der Barwert der Jahresbeträge zusammen mit den übernommenen Vermögenswerten gleich dem Barwert der künftigen Pensionsleistungen ist, wobei sich kein negativer Jahresbetrag ergeben darf. Das gilt unabhängig von der Anzahl der übernommenen Pensionsverpflichtungen. Bei Betriebsübergängen gemäß § 613a BGB kommt die Anwendung der Sonderregelung nach § 5 Absatz 7 Satz 4 EStG nicht in Betracht, da in diesen Fällen der neue Betriebsinhaber in die Rechte und Pflichten aus den bestehenden Arbeitsverhältnissen eintritt und kein Unternehmenswechsel erfolgt.

28 Wurde eine Pensionsverpflichtung bereits mehrfach übertragen und wurde bei mindestens einer der Übertragungen die in § 5 Absatz 7 Satz 4 EStG dargelegte Sonderregelung angewendet, ist abweichend von Randnummer 9 derjenige ursprünglich verpflichtet im Sinne von § 5 Absatz 7 Satz 1 EStG, der zuletzt die Sonderregelung angewendet hat.

29 Nach § 4f Absatz 1 Satz 3 zweiter Teilsatz EStG unterbleibt die Verteilung von Aufwand im Zusammenhang mit der Übertragung von Pensionsansprüchen von Versorgungsberechtigten, die zu einem neuen Arbeitgeber wechseln. Das gilt auch für Verpflichtungen aus Jubiläumszusagen, Altersteilzeitvereinbarungen und ähnlichen Verpflichtungen gegenüber dem Arbeitnehmer, die auf den neuen Arbeitgeber übertragen werden. In den Fällen des § 613a BGB ist § 4f Absatz 1 Satz 3 zweiter Teilsatz EStG aber nicht anzuwenden (vgl. Randnummer 27 letzter Satz).

30 **Beispiel 2:**

Arbeitgeber K (Wirtschaftsjahr = Kalenderjahr) hat seinem Arbeitnehmer Pensionsleistungen zugesagt und in seiner Steuerbilanz zum 31.12.2012 eine Pensionsrückstellung nach § 6a EStG i. H. v. 100.000 € zutreffend passiviert. Mit Vertrag vom 16.12.2013 vereinbart K mit F (Wirtschaftsjahr = Kalenderjahr) einen Schuldbeitritt mit Freistellungsverpflichtung und zahlt hierfür am 17.12.2013 150.000 € an F.

Wegen der Freistellungsverpflichtung des F ist nicht mehr davon auszugehen, dass K aus der Pensionsverpflichtung in Anspruch genommen wird. Die bislang passivierte Pensionsrückstellung nach § 6a EStG ist daher in der Bilanz zum 31.12.2013 gewinnerhöhend aufzulösen (BFH-Urteil vom 26. April 2012, a. a. O.). Die Zahlung von 150.000 € an F ist Betriebsausgabe, so dass sich im Ergebnis ein Verlust von 50.000 € ergibt. Dieser Verlust ist nach § 4f EStG über 15 Jahre zu verteilen, da der Aufwand in einem nach dem 28.11.2013 endenden Wirtschaftsjahr entstanden ist (vgl. § 52 Absatz 8 EStG). In den Wirtschaftsjahren 2013 bis 2027 können jeweils $1/15 \times 50.000 € = 3.333 €$ als Betriebsausgabe abgezogen werden (außerbilanzielle Hinzurechnungen und Abrechnungen).

Die aufgrund des Schuldbeitrittes bei F zu passivierende Pensionsverpflichtung ist zunächst mit den „Anschaffungskosten" von 150.000 € anzusetzen (Buchung: Bank 150.000 € an Pensionsverpflichtung 150.000 €). Am folgenden Bilanzstichtag 31.12.2013 ist § 5 Absatz 7 Satz 2 EStG zu beachten. Die Freistellungsverpflichtung ist so zu bilanzieren, wie sie der ursprünglich alleine verpflichtete K am 31.12.2013 anzusetzen gehabt hätte (Pensionsrückstellung, Teilwert nach § 6a EStG zum 31.12.2013, hier angenommen 110.000 €). Nimmt F die Rücklagenregelung gemäß § 5 Absatz 7 Satz 5 EStG in Anspruch, kann der Gewinn aus dem Teilwertansatz nach § 6a EStG $(150.000 € − 110.000 € = 40.000 €)$ zu 14/15 = 37.334 €

als Rücklage passiviert werden. Es verbleibt ein Gewinn von 1/15 × 40.000 € = 2.666 €. Dementsprechend ergibt sich folgende Steuerbilanz:

Steuerbilanz F 31.12.2013

Aktiva		Passiva		
Bank	150.000 €	Schuldbeitrittsverpflichtung, § 6a EStG		110.000 €
		Rücklage § 5 Absatz 7 Satz 5 EStG		37.334 €
		Kapital		
		Anfangsbestand	0 €	
		+ Gewinn Ansatz	2.666 €	2.666 €
		§ 6a EStG		

Verpflichtet sich der Beitretende, den bislang alleine Verpflichteten von den künftigen Leistungspflichten gegenüber einem Anwärter ganz freizustellen, zahlt der bislang alleine Verpflichtete als Gegenleistung für den Schuldbeitritt aber zunächst nur ein Basisentgelt für die bis zum Beitritt erdiente Versorgungsanwartschaft und vergütet die nach diesem Stichtag erdienten Anwartschaften durch entsprechende Entgelterhöhungen, gilt als Wirtschaftsjahr des Schuldbeitrittes für die gesamte Pensionsverpflichtung das Wirtschaftsjahr, in dem die Verpflichtung zur Zahlung des Basisentgeltes gewinnwirksam wird. Die Verteilungs- und Rücklagenregelung der §§ 4f und 5 Absatz 7 EStG kommen aus Vereinfachungsgründen nur für das Basisentgelt in Betracht. Die in den dem Schuldbeitritt folgenden Wirtschaftsjahren für die neu erdienten Anwartschaften gezahlten Entgelterhöhungen sind beim bislang alleine Verpflichteten uneingeschränkt in voller Höhe als Betriebsausgabe abzugsfähig und beim Beitretenden in voller Höhe als Betriebseinnahme anzusetzen. 31

Abwandlung Beispiel 2: 32
K zahlt am 17.12.2013 an F für den Schuldbeitritt zunächst nur ein Basisentgelt in Höhe des nach HGB-Grundsätzen ermittelten Barwertes der bis zum Schuldbeitritt erdienten Anwartschaft des noch im Unternehmen tätigen Versorgungsberechtigten (120.000 €). Die Vergütung der nach dem Schuldbeitritt erdienten Anwartschaft soll durch jährliche Entgelterhöhungen erfolgen.
K hat die bislang passivierte Pensionsrückstellung nach § 6a EStG i.H.v. 100.000 € in der Bilanz zum 31.12.2013 vollständig gewinnerhöhend aufzulösen, da er von der gesamten Versorgungsverpflichtung freigestellt wird. Das gezahlte Basisentgelt von 120.000 € ist bis zur Höhe der aufgelösten Rückstellung sofort als Betriebsausgabe abzugsfähig. Der übersteigende Betrag von 20.000 € ist in den Wirtschaftsjahren 2013 bis 2027 gleichmäßig verteilt abzuziehen. Die in den folgenden Jahren für die neu erdienten Anwartschaften gezahlten Entgelterhöhungen sind in voller Höhe Betriebsausgabe.
F hat zum 31.12.2013 die gesamte übernommene Verpflichtung nach § 6a EStG zu bewerten (110.000 €). Unter Berücksichtigung der erhaltenen Zahlung von 120.000 € ergibt sich ein Gewinn von 10.000 €, für den nach § 5 Absatz 7 Satz 5 EStG eine gewinnmindernde Rücklage gebildet werden kann, die über 15 Jahre zu verteilen ist. Die Entgelte in den Folgejahren sind jeweils in vollem Umfang gewinnwirksam.
Die Regelungen gemäß Randnummer 31 gelten entsprechend bei Erhöhungsbeträgen, die aufgrund des Bilanzrechtsmodernisierungsgesetzes gezahlt werden, wenn der bislang alleine Verpflichtete das handelsrechtliche Wahlrecht zur Verteilung der Rückstellungszuführung nach Artikel 65 Absatz 1 des Einführungsgesetzes zum Handelsgesetzbuch in Anspruch genommen hat. 33

IV. Zeitliche Anwendung

Dieses Schreiben gilt in allen noch offenen Fällen. Das BMF-Schreiben vom 16. Dezember 2005 (a.a.O.) zur bilanziellen Behandlung von Schuldbeitrittsvereinbarungen und das BMF-Schreiben vom 24. Juni 2011 (a.a.O.) zu den bilanzsteuerrechtlichen Ansatz- und Bewertungsvorbehalten bei der Übernahme von schuldrechtlichen Verpflichtungen werden aufgehoben. 34

Hat der Freistellungsberechtigte abweichend von Randnummer 24 bislang aufgrund der in Randnummer 34 genannten BMF-Schreiben eine Rückstellung und einen Freistellungsanspruch gegenüber dem Freistellungsverpflichteten angesetzt, ist es nicht zu beanstanden, wenn Rückstellung und Anspruch spätestens in dem Wirtschaftsjahr gewinnwirksam aufgelöst werden, 35 das nach der Veröffentlichung dieses Schreibens im Bundessteuerblatt endet. Die Betriebsausgabenverteilung gemäß § 4f Absatz 2 i.V. m. Absatz 1 EStG kommt nur dann in Betracht, wenn die Vereinbarung auch ohne Anwendung der in Randnummer 34 genannten BMF-Schreiben in nach dem 28. November 2013 endenden Wirtschaftsjahren zu einem Aufwand geführt hätte.

Zu § 7 EStG

28. Ertragsteuerliche Behandlung von Mietereinbauten und Mieterumbauten; hier: Anwendung der Grundsätze der BFH-Urteile vom 26. 2. 1975 – I R 32/73 und I R 184/73 – (BStBl II S. 443)

BMF, Schreiben v. 15. 1. 1976 (BStBl I S. 66)

– IV B 2 - S 2133 - 1/76 –

Unter Bezugnahme auf das Ergebnis der Besprechung mit den obersten Finanzbehörden der Länder nehme ich zur Frage der ertragsteuerrechtlichen Behandlung von Einbauten in ein Gebäude oder Umbauten eines Gebäudes durch den Mieter oder Pächter des Gebäudes oder eines Gebäudeteils wie folgt Stellung:

1. Mietereinbauten und Mieterumbauten sind solche Baumaßnahmen, die der Mieter eines Gebäudes oder Gebäudeteils auf seine Rechnung an dem gemieteten Gebäude oder Gebäudeteil vornehmen läßt, wenn die Aufwendungen des Mieters nicht Erhaltungsaufwand sind.

   Mietereinbauten und Mieterumbauten können sein:

   a) Scheinbestandteile (Nr. 2),

   b) Betriebsvorrichtungen (Nr. 3),

   c) sonstige Mietereinbauten oder Mieterumbauten (Nr. 4).

2. Ein S c h e i n b e s t a n d t e i l entsteht, wenn durch die Baumaßnahmen des Mieters Sachen „zu einem vorübergehenden Zweck" in das Gebäude eingefügt werden (§ 95 BGB). Der Mieter ist rechtlicher und wirtschaftlicher Eigentümer des Scheinbestandteils.

   Nach der Rechtsprechung des Bundesfinanzhofs ist eine Einfügung zu einem vorübergehenden Zweck anzunehmen, wenn die Nutzungsdauer der eingefügten Sachen länger als die voraussichtliche Mietdauer ist, die eingefügten Sachen auch nach ihrem Ausbau nicht nur einen Schrottwert, sondern noch einen beachtlichen Wiederverwendungswert repräsentieren und nach den gesamten Umständen, insbesondere nach Art und Zweck der Verbindung damit gerechnet werden kann, daß die eingebauten Sachen später wieder entfernt werden (vgl. BFH-Urteile vom 24. 11. 1970 – BStBl 1971 II S. 157 und vom 4. 12. 1970 – BStBl 1971 II S. 165).

3. Die Frage, ob durch die Aufwendungen des Mieters eine B e t r i e b s v o r r i c h t u n g des Mieters entsteht, ist nach den allgemeinen Grundsätzen zu entscheiden (vgl. hierzu Abschn. 43 Abs. 2 EStR). Entsteht durch die Aufwendungen des Mieters eine Betriebsvorrichtung, so handelt es sich bei der Betriebsvorrichtung nicht um einen Teil des Gebäudes, sondern um ein besonderes Wirtschaftsgut.

4. Aufwendungen des Mieters für Mietereinbauten oder Mieterumbauten, durch die weder ein Scheinbestandteil (vgl. Nr. 2) noch eine Betriebsvorrichtung (vgl. Nr. 3) entsteht

(sonstige Mietereinbauten und Mieterumbauten), sind Aufwendungen für die Herstellung eines materiellen Wirtschaftsguts des Anlagevermögens, wenn

a) entweder der Mieter wirtschaftlicher Eigentümer der von ihm geschaffenen sonstigen Mietereinbauten oder Mieterumbauten ist (vgl. Nr. 6) oder

b) die Mietereinbauten oder Mieterumbauten unmittelbar den besonderen betrieblichen oder beruflichen Zwecken des Mieters dienen und mit dem Gebäude nicht in einem einheitlichen Nutzungs- und Funktionszusammenhang stehen (vgl. Nr. 7).

5. Durch Aufwendungen für Mietereinbauten oder Mieterumbauten, die weder Scheinbestandteile noch Betriebsvorrichtungen noch materielle Wirtschaftsgüter im vorstehenden Sinne sind, entsteht beim Mieter ein immaterielles Wirtschaftsgut des Anlagevermögens (vgl. Nr. 9).

6. Der Mieter ist wirtschaftlicher Eigentümer eines sonstigen Mietereinbaus oder Mieterumbaus, wenn der mit Beendigung des Mietvertrags entstehende Herausgabeanspruch des Eigentümers zwar auch die durch den Einbau oder Umbau geschaffene Substanz umfaßt, dieser Anspruch jedoch keine wirtschaftliche Bedeutung hat. Das ist in der Regel der Fall, wenn

a) die eingebauten Sachen während der voraussichtlichen Mietdauer technisch oder wirtschaftlich verbraucht werden oder

b) der Mieter bei Beendigung des Mietvertrags vom Eigentümer mindestens die Erstattung des noch verbliebenen gemeinen Werts des Einbaus oder Umbaus verlangen kann.

7. Entsteht durch die Aufwendungen des Mieters weder ein Scheinbestandteil (vgl. Nr. 2) noch eine Betriebsvorrichtung (vgl. Nr. 3) noch ein dem Mieter als wirtschaftlichem Eigentümer zuzurechnendes Wirtschaftsgut (vgl. Nr. 6), so sind die durch solche Aufwendungen entstehenden Einbauten oder Umbauten dem Mieter nach dem BFH-Urteil vom 26. 2. 1975 – I R 32/73 – (BStBl II S. 443) als materielle Wirtschaftsgüter des Anlagevermögens zuzurechnen, wenn sie unmittelbar den besonderen betrieblichen oder beruflichen Zwecken des Mieters dienen und mit dem Gebäude nicht in einem einheitlichen Nutzungs- und Funktionszusammenhang stehen.

Mietereinbauten oder Mieterumbauten dienen unmittelbar den betrieblichen oder beruflichen Zwecken des Mieters, wenn sie eine unmittelbare sachliche Beziehung zum Betrieb aufweisen. Ein daneben bestehender Zusammenhang mit dem Gebäude tritt in diesen Fällen gegenüber dem Zusammenhang mit dem Betrieb des Mieters zurück.

8. Ist der Mieter wirtschaftlicher Eigentümer von sonstigen Mietereinbauten oder Mieterumbauten (Nr. 6) oder sind sonstige Mietereinbauten oder Mieterumbauten nach den in Nr. 7 dargestellten Grundsätzen dem Mieter zuzurechnen, so ist es für die Aktivierung als materielles Wirtschaftsgut des Anlagevermögens beim Mieter ohne Bedeutung, ob die Aufwendungen, hätte sie der Eigentümer getragen, nach den Grundsätzen des Beschlusses des Großen Senats vom 26. 11. 1973 (vgl. hierzu das BdF-Schreiben vom 26. 7. 1974 – BStBl I S. 498 – und die entsprechenden Erlasse der obersten Finanzbehörde der Länder) nicht zur Entstehung selbständiger Gebäudeteile geführt hätten, sondern vom Eigentümer als unselbständige Gebäudeteile einheitlich mit dem Gebäude abzuschreiben wären.

Beispiele:
a) Der Mieter schafft durch Entfernen von Zwischenwänden ein Großraumbüro.
b) Der Mieter entfernt die vorhandenen Zwischenwände und teilt durch neue Zwischenwände den Raum anders ein.

c) Der Mieter gestaltet das Gebäude so um, daß es für seine besonderen gewerblichen Zwecke nutzbar wird, z. B. Entfernung von Zwischendecken, Einbau eines Tors, das an die Stelle einer Tür tritt.

d) Der Mieter ersetzt eine vorhandene Treppe durch eine Rolltreppe.

9. Eine unmittelbare sachliche Beziehung zum Betrieb des Mieters (vgl. Nr. 7) liegt nicht vor, wenn es sich um Baumaßnahmen handelt, die auch unabhängig von der vom Mieter vorgesehenen betrieblichen oder beruflichen Nutzung hätten vorgenommen werden müssen. Das ist z. B. der Fall, wenn in ein Gebäude, für das von Anfang an der Einbau einer Zentralheizung vorgesehen war, anstelle des Eigentümers der Mieter die Zentralheizung einbaut. In diesen Fällen entsteht beim Mieter – soweit nicht ein Fall der Nr. 6 vorliegt – kein körperliches, sondern ein i m m a t e r i e l l e s   W i r t s c h a f t s g u t des Anlagevermögens, so daß er nach § 5 Abs. 2 EStG für die Aufwendungen, sofern nicht wegen vereinbarter Verrechnung mit der Miete ein Rechnungsabgrenzungsposten zu bilden ist, in seiner Bilanz keinen Aktivposten ausweisen darf.

10. Entsteht durch die Baumaßnahme des Mieters ein S c h e i n b e s t a n d t e i l (vgl. Nr. 2) oder eine Betriebsvorrichtung (vgl. Nr. 3), so handelt es sich um ein b e w e g l i c h e s   W i r t s c h a f t s g u t des Anlagevermögens. Ist das durch die Baumaßnahme entstandene materielle Wirtschaftsgut dem Mieter nach den Grundsätzen unter Nr. 6 oder Nr. 7 zuzurechnen, so handelt es sich um ein u n b e w e g l i c h e s   W i r t s c h a f t s g u t . Die Absetzungen für Abnutzung richten sich nach der voraussichtlichen Mietdauer; ist die voraussichtliche betriebsgewöhnliche Nutzungsdauer kürzer, so ist diese maßgebend.

11. Die vorstehenden Grundsätze gelten für alle Gewinnermittlungsarten.

12. Für die ertragsteuerrechtliche Behandlung von Einbauten und Umbauten des Eigentümers des Gebäudes gelten die Anordnungen in Abschnitt 42a Abs. 4 bis 6 EStR 1975.

29. Ertragsteuerliche Behandlung der Erbengemeinschaft und ihrer Auseinandersetzung

BMF, Schreiben v. 14. 3. 2006 (BStBl I S. 253)[1)]

– IV B 2 - S 2242 - 7/06 –

Im Einvernehmen mit den obersten Finanzbehörden der Länder gilt zur ertragsteuerlichen Behandlung der Erbengemeinschaft und ihrer Auseinandersetzung auf der Grundlage des BFH-Beschlusses vom 5. Juli 1990 (BStBl II S. 837) Folgendes:

Inhaltsübersicht

	Tz.
A. Allgemeines	1
B. Zurechnung der laufenden Einkünfte zwischen Erbfall und Erbauseinandersetzung	2–9
1. Allgemeines	2
2. Zurechnung laufender Gewinneinkünfte	3–5
3. Zurechnung laufender Überschusseinkünfte	6
4. Beendigung der Erbengemeinschaft und rückwirkende Zurechnung der laufenden Einkünfte	7–9

---

1) Geändert durch BMF, Schreiben v. 27. 12. 2018 (BStBl 2019 I S. 11).

C. Erbauseinandersetzung durch Teilung des Nachlasses 10–36
   I. Erbauseinandersetzung über Betriebsvermögen 10–21
      1. Teilung ohne Abfindungszahlungen 10–13
         a) Allgemeines 10
         b) Gewinnrealisierung nach den Grundsätzen über die Betriebsaufgabe ... 11
         c) Buchwertfortführung bei Übertragung in ein anderes Betriebsvermögen der Miterben 12
         d) Ansatz bei Überführung von Wirtschaftsgütern in das Privatvermögen . 13
      2. Teilung mit Spitzen- oder Wertausgleich 14–21
         a) Allgemeines 14–17
         b) Übernahme von Verbindlichkeiten über die Erbquote hinaus 18
         c) Buchwertfortführung im Zusammenhang mit Abfindungszahlungen ... 19–21
   II. Erbauseinandersetzung über Privatvermögen 22–31
      1. Teilung ohne Abfindungszahlungen 22–25
         a) Allgemeines 22
         b) Behandlung von Nachlassverbindlichkeiten 23–25
      2. Teilung mit Abfindungszahlungen 26–31
         a) Allgemeines 26, 27
         b) Aufteilung von Abfindungsleistungen 28, 29
         c) Behandlung liquider Mittel des Nachlasses 30
         d) AfA-Bemessungsgrundlage und AfA-Satz nach Erbauseinandersetzung 31
   III. Erbauseinandersetzung über einen Mischnachlass 32–36
      1. Teilung ohne Abfindungszahlungen 32–35
         a) Allgemeines 32
         b) Schaffung von Privatvermögen im engen zeitlichen Zusammenhang mit der Auseinandersetzung 33
         c) Behandlung von Nachlassverbindlichkeiten bei Mischnachlässen, insbesondere Schuldzinsenabzug 34, 35
      2. Teilung mit Abfindungszahlungen 36
D. Entgeltliche und unentgeltliche Übertragung eines Erbteils 37–47
   1. Allgemeines 37
   2. Zum Nachlass gehört nur Betriebsvermögen 38, 39
      a) Schenkung eines Erbteils 38
      b) Verkauf eines Erbteils 39
   3. Zum Nachlass gehört nur Privatvermögen 40–43
      a) Schenkung eines Erbteils 40
      b) Verkauf eines Erbteils 41–43
   4. Mischnachlass 44–47
      a) Schenkung eines Erbteils 45
      b) Verkauf eines Erbteils 46, 47
E. Ausscheiden eines Miterben 48–52
   1. Allgemeines 48
   2. Ausscheiden ohne Abfindung 49
   3. Ausscheiden gegen Barabfindung 50
   4. Ausscheiden gegen Sachwertabfindung 51, 52
      a) Grundsatz 51
      b) Buchwertabfindung 52
F. Erbauseinandersetzung durch Veräußerung des Nachlasses 53–55
   1. Allgemeines 53
   2. Betriebsvermögen 54

	3. Privatvermögen	55
G.	Teilerbauseinandersetzung	56–59
	1. Behandlung wie Gesamtauseinandersetzung	56, 57
	2. Behandlung von umgekehrten Abfindungen	58, 59
H.	Vermächtnisse, Vorausvermächtnisse, Teilungsanordnung	60–68
	1. Steuerliche Auswirkungen von Vermächtnissen	60–63
	2. Besonderheiten bei Vorausvermächtnissen	64–66
	3. Steuerliche Auswirkungen von Teilungsanordnungen	67, 68
I.	Sonderfragen	69–82
	I. Erbfolge bei der Beteiligung an einer Personengesellschaft	69–74
	1. Fortsetzung der Gesellschaft durch die übrigen Gesellschafter oder Auflösungsklausel	69
	2. Eintrittsklausel	70
	3. Einfache Nachfolgeklausel	71
	4. Qualifizierte Nachfolgeklausel	72–74
	II. Sonderfragen im Bereich der Land- und Forstwirtschaft	75–82
	1. Erbfolge im Bereich der Land- und Forstwirtschaft	75–81
	2. Behandlung von Abfindungen, die das Kapitalkonto unterschreiten	82
J.	Übergangsregelung	83

A. Allgemeines

1 Mit dem Tod des Erblassers geht der gesamte Nachlass unentgeltlich im Wege der Gesamtrechtsnachfolge auf den Alleinerben oder die Erbengemeinschaft über. Der Nachlass ist Gesamthandsvermögen der Erben (§ 1922 BGB). Die Erbengemeinschaft wird bis zu ihrer Auseinandersetzung (§ 2042 BGB) steuerlich bei den Überschusseinkünften wie eine Bruchteilsgemeinschaft (§ 39 Abs. 2 Nr. 2 AO) und bei den Gewinneinkünften als Mitunternehmerschaft behandelt.

Die steuerlichen Grundsätze zur Erbauseinandersetzung sind auch auf Abfindungszahlungen infolge eines gerichtlichen Vergleichs an angebliche Miterben anzuwenden (BFH-Urteil vom 14. März 1996 – BStBl II S. 310). Ein Erbprätendent mit möglichem Pflichtteilsanspruch, der zur Vermeidung weiterer Streitigkeiten Wirtschaftsgüter aus dem Nachlass erhält, ist steuerlich wie ein Erbe zu behandeln (BFH-Urteil vom 13. Februar 1997 – BStBl II S. 535).

B. Zurechnung der laufenden Einkünfte zwischen Erbfall und Erbauseinandersetzung

1. Allgemeines

2 Sowohl für den Bereich des Betriebsvermögens als auch für den Bereich des Privatvermögens bilden Erbfall und Erbauseinandersetzung keine rechtliche Einheit. Hinterlässt ein Erblasser mehrere Erben, geht sein Vermögen mit dem Tod im Ganzen auf die Erben über und wird bei ihnen zu gemeinschaftlichem Vermögen. Die Miterben verwalten den Nachlass gemeinsam und können über Nachlassgegenstände nur gemeinschaftlich verfügen. Die Erbengemeinschaft kann unbegrenzt bestehen bleiben. Das Ergebnis ihrer Betätigung wird Bestandteil des gemeinschaftlichen Vermögens. Hieraus ergeben sich Folgerungen für das Entstehen und die Zurechnung von steuerlichen Einkünften bei den Miterben.

2. Zurechnung laufender Gewinneinkünfte

Gehört ein gewerbliches, freiberufliches oder land- und forstwirtschaftliches Unternehmen zum Nachlass, geht es mit dem Erbfall auf die Erbengemeinschaft über (§ 1922 BGB). Sämtliche Miterben werden – abgesehen von bestimmten Sonderfällen (siehe Tz. 69 ff.) – Mitunternehmer i. S. v. § 15 Abs. 1 Satz 1 Nr. 2 EStG. Aufgrund ihrer Stellung als Miterben tragen sie ein Mitunternehmerrisiko und können Mitunternehmerinitiative entfalten. Diese Beurteilung hängt nicht von der Länge des Zeitraums ab, in dem die Erbengemeinschaft das Unternehmen weiterführt. Auch wenn die Erben ein Unternehmen frühzeitig nach dem Erbfall abwickeln und einstellen oder es auf eine andere Person übertragen, haben sie zunächst die Eigenschaft von Mitunternehmern erlangt und behalten diese bis zur Betriebsbeendigung oder Auseinandersetzung über den Betrieb. Als solche beziehen die Erben ihre Einkünfte kraft eigener Verwirklichung des Einkünftetatbestandes. Die laufenden Einkünfte sind den einzelnen Miterben als Mitunternehmer nach dem allgemeinen Gewinnverteilungsschlüssel zuzurechnen, der sich bei den Miterben grundsätzlich nach ihren Erbteilen bestimmt (§ 2038 Abs. 2, § 743 Abs. 1 BGB). Zur rückwirkenden Zurechnung laufender Einkünfte vgl. Tz. 7 ff., zur Zurechnung der Einkünfte an einen Vermächtnisnehmer als wirtschaftlichem Eigentümer eines Gewerbebetriebes vgl. Tz. 61. 3

Gehört zu einem Nachlass neben einem Gewerbebetrieb ein der selbständigen Arbeit dienendes Betriebsvermögen, ein land- und forstwirtschaftlicher Betrieb oder Privatvermögen, findet § 15 Abs. 3 Nr. 1 EStG (sog. Abfärberegelung) keine Anwendung. 4

Ist der Erblasser selbständig tätig i. S. d. § 18 Abs. 1 Nr. 1 EStG gewesen, erzielt die Erbengemeinschaft Einkünfte aus selbständiger Arbeit i. S. v. § 18 EStG allerdings nur dann, wenn keine berufsfremden Erben an der Erbengemeinschaft beteiligt sind. Berufsfremd ist, wer nicht die erforderliche freiberufliche Qualifikation besitzt. Ist zumindest ein Miterbe berufsfremd, erzielt die Erbengemeinschaft Einkünfte aus Gewerbebetrieb. Ist mit dem Übergang eines freiberuflichen Betriebsvermögens auf Grund fehlender Qualifikation des Erben, Miterben oder Vermächtnisnehmers eine Umqualifizierung des bisher freiberuflichen Vermögens in gewerbliches Betriebsvermögen und eine entsprechende Umqualifizierung der aus dem Betrieb erzielten Einkünfte verbunden, kommt es nicht zu einer Betriebsaufgabe (vgl. BFH-Urteil vom 12. März 1992, BStBl 1993 II S. 36). 5

3. Zurechnung laufender Überschusseinkünfte

Hat der Erblasser Einkünfte aus Kapitalvermögen oder aus vermietetem oder verpachtetem Vermögen gehabt, wird dieses Vermögen nach dem Erbfall durch die Erbengemeinschaft zur Nutzung oder zum Gebrauch überlassen. Die Miterben bestimmen über die Verwendung des Vermögens, ihnen fließt der Vermögensertrag zu. Sie verwirklichen damit gemeinsam den Tatbestand der Einkunftserzielung nach §§ 20 oder 21 EStG. Die erzielten Einkünfte werden ihnen grundsätzlich nach ihren Erbanteilen zugerechnet (§ 2038 Abs. 2, § 743 Abs. 1 BGB). 6

4. Beendigung der Erbengemeinschaft und rückwirkende Zurechnung der laufenden Einkünfte

Die Einkunftserzielung durch die Erbengemeinschaft und damit die Zurechnung der laufenden Einkünfte an die Miterben findet ihr Ende, soweit sich die Miterben hinsichtlich des gemeinsamen Vermögens auseinandersetzen. 7

In den Fällen der Auseinandersetzung von Erbengemeinschaften – auch in den Fällen der Auseinandersetzung einer Mitunternehmerschaft – ist eine steuerlich unschädliche Rückwirkung auf den Zeitpunkt des Erbfalls in engen Grenzen anzuerkennen, da die Erbengemeinschaft eine gesetzliche Zufallsgemeinschaft ist, die auf Teilung angelegt ist. Bei der Auseinandersetzungsvereinbarung wird in der Regel eine rückwirkende Zurechnung laufender Einkünfte für sechs Monate anerkannt. Die Frist beginnt mit dem Erbfall. In diesen Fällen können die laufenden Ein- 8 künfte daher ohne Zwischenzurechnung ab dem Erbfall ungeschmälert dem die Einkunftsquelle übernehmenden Miterben zugerechnet werden. Dies gilt auch bei Teilauseinandersetzungen. Liegt eine Teilungsanordnung (§ 2048 BGB) des Erblassers vor und verhalten sich die Miterben tatsächlich bereits vor der Auseinandersetzung entsprechend dieser Anordnung, indem dem das Unternehmen fortführenden Miterben die Einkünfte zugeordnet werden, ist eine rückwirkende Zurechnung laufender Einkünfte auch über einen längeren Zeitraum, der sich an den Umständen des Einzelfalls zu orientieren hat, vorzunehmen. Soweit laufende Einkünfte rückwirkend zugerechnet werden, ist die Auseinandersetzung steuerlich so zu behandeln, als ob sich die Erbengemeinschaft unmittelbar nach dem Erbfall auseinandergesetzt hätte (Durchgangserwerb der Erbengemeinschaft). Solange die Teilungsanordnung von den Erben vor der Auseinandersetzung beachtet wird, sind die Veranlagungen vorläufig nach § 165 Abs. 1 Satz 1 AO durchzuführen.

9 Allerdings reicht es nicht aus, wenn die Miterben innerhalb der Frist lediglich den Entschluss fassen, sich auseinanderzusetzen. Vielmehr muss innerhalb der Frist eine klare und rechtlich bindende Vereinbarung über die Auseinandersetzung und ihre Modalitäten vorliegen. Diese Auseinandersetzungsvereinbarung muss den Übergang von Nutzungen und Lasten für die von dieser Auseinandersetzung betroffenen Wirtschaftsgüter auf den Zeitpunkt des Erbfalls festlegen; sie muss auch tatsächlich durchgeführt werden. Soweit noch eine Wertfindung erforderlich ist, kann diese jedoch auch außerhalb der Frist erfolgen.

C. Erbauseinandersetzung durch Teilung des Nachlasses

I. Erbauseinandersetzung über Betriebsvermögen

1. Teilung ohne Abfindungszahlungen

a) Allgemeines

10 Gehört zum Nachlass nur Betriebsvermögen und wird der Nachlass ohne Zahlung von Abfindungen real geteilt, ist die Aufteilung kein entgeltlicher Vorgang, da es sich weder um einen Tausch von (Miteigentums-)Anteilen an den einzelnen Wirtschaftsgütern des Nachlasses noch um einen Tausch eines Gesamthandsanteils gegen Alleineigentum an den zugeteilten Wirtschaftsgütern, sondern um die Erfüllung des durch die Auseinandersetzungsvereinbarung konkretisierten gesetzlichen Auseinandersetzungsanspruchs handelt. Durch die Aufteilung können also weder Anschaffungskosten noch Veräußerungserlöse entstehen.

b) Gewinnrealisierung nach den Grundsätzen über die Betriebsaufgabe

11 Die Aufteilung eines Betriebsvermögens der Erbengemeinschaft ohne Betriebsfortführung ist zugleich eine Betriebsaufgabe, durch die regelmäßig ein begünstigter Aufgabegewinn (§ 16 Abs. 3 Satz 1, § 34 EStG) entsteht; es sei denn, es liegt ein Fall der Realteilung i. S. v. § 16 Abs. 3 Satz 2 bis 4 EStG (vgl. Tz. 12) oder der Buchwertfortführung nach § 6 Abs. 5 EStG vor.

Beispiel 1

A und B sind Miterben zu je ½. Zum Nachlass gehört ein Betriebsvermögen, das lediglich aus zwei Grundstücken besteht, die beide einen Buchwert von je 200.000 € und einen Verkehrswert von je 2 Mio. € haben. A und B setzen sich unter Aufgabe des Betriebs in der Weise auseinander, dass A das Grundstück 1 und B das Grundstück 2 erhält. Die Grundstücke gehören bei A und B jeweils zum Privatvermögen.

Durch die Betriebsaufgabe entsteht ein Aufgabegewinn von 3,6 Mio. € in der Erbengemeinschaft, den A und B je zur Hälfte zu versteuern haben. A und B müssen für die künftige Gebäude-AfA jeweils von den Entnahmewerten ausgehen (vgl. R 7.3 Abs. 6 Satz 4 und R 7.4 Abs. 11 EStR).

c) Buchwertfortführung bei Übertragung in ein anderes Betriebsvermögen der Miterben

Die Miterben haben jedoch nach Maßgabe des § 16 Abs. 3 Satz 2 bis 4 EStG die Buchwerte fortzuführen, wenn die bei der Aufteilung erworbenen Wirtschaftsgüter in ein anderes Betriebsvermögen übertragen werden. Die Grundsätze des BMF-Schreibens zur Realteilung vom 28. Februar 2006 (BStBl I S. 228) sind sinngemäß anzuwenden.

Beispiel 2
S und T sind Miterben zu je $^1/_2$. Zum Nachlass gehört ein aus zwei Teilbetrieben bestehender Betrieb im Wert von je 1 Mio. €. S erhält Teilbetrieb 1, T erhält Teilbetrieb 2.
Es liegt ein Fall der Realteilung vor. S und T haben nach § 16 Abs. 3 Satz 2 bis 4 EStG die Buchwerte fortzuführen.

Gleiches gilt, wenn der Nachlass aus zwei Betrieben besteht. Da die Mitunternehmerschaft (Erbengemeinschaft) nur ein Betriebsvermögen hat, sind die geerbten Betriebe wie Teilbetriebe der Erbengemeinschaft zu behandeln.

d) Ansatz bei Überführung von Wirtschaftsgütern in das Privatvermögen

Werden Wirtschaftsgüter, die zu den wesentlichen Betriebsgrundlagen gehören, von den Miterben insgesamt ins Privatvermögen überführt, liegt zwingend eine Betriebsaufgabe vor. Im Übrigen wird auf Abschnitt I des BMF-Schreibens zur Realteilung vom 28. Februar 2006 (BStBl I S. 228) verwiesen. Ein etwaiger Entnahmegewinn ist allen Miterben zuzurechnen; es sei denn, dass der Gewinn nach den von den Miterben schriftlich getroffenen Vereinbarungen über die Erbauseinandersetzung dem entnehmenden Miterben zuzurechnen ist.

2. Teilung mit Spitzen- oder Wertausgleich

a) Allgemeines

Wird im Rahmen einer Erbauseinandersetzung ein Nachlass real geteilt und erhält ein Miterbe wertmäßig mehr, als ihm nach seiner Erbquote zusteht, und zahlt er für dieses „Mehr" an seine Miterben einen Spitzen- oder Wertausgleich (Abfindung), liegt insoweit ein Anschaffungs- und Veräußerungsgeschäft vor. In Höhe der Abfindungszahlung liegen Anschaffungskosten vor. Derjenige, der die Abfindung erhält, erzielt einen Veräußerungserlös. Werden die bei der Aufteilung erworbenen Wirtschaftsgüter in ein anderes Betriebsvermögen der Miterben übertragen, ist der sich aus dem Veräußerungsgeschäft ergebende Veräußerungsgewinn nicht nach §§ 16 und 34 EStG begünstigt, sondern als laufender Gewinn zu besteuern. Der Gewinn rechnet grundsätzlich nicht zum Gewerbeertrag nach § 7 Satz 1 GewStG. Ab Erhebungszeitraum 2002 ist der Gewinn aus der Aufdeckung der stillen Reserven aber nach § 7 Satz 2 GewStG als Gewerbeertrag zu erfassen, soweit er nicht auf eine natürliche Person als unmittelbar beteiligtem Mitunternehmer entfällt. Werden die bei der Aufteilung erworbenen Wirtschaftsgüter insgesamt ins Privatvermögen übertragen, führt dieser Vorgang zu einer nach §§ 16 und 34 EStG steuerbegünstigten Betriebsaufgabe. Aufgabegewinn ist der Gewinn, der sich aus dem Entnahmegewinn (Übertragung der Wirtschaftsgüter ins Privatvermögen) und dem Gewinn aus der Abfindungszahlung ergibt.

Beispiel 3
A und B sind Miterben zu je $^1/_2$. Zum Nachlass gehört ein Betriebsvermögen, das lediglich aus zwei Grundstücken besteht. Grundstück 1 hat einen Buchwert von 300.000 € und einen Verkehrswert von 3 Mio. €. Grundstück 2 hat einen Buchwert von 200.000 € und einen Verkehrswert von 2 Mio. €. A erhält das Grundstück 1, B das Grundstück 2 und eine Abfindung von A in Höhe von 500.000 €. A führt den Betrieb mit Grundstück 1 fort. Grundstück 2 wird Privatvermögen des B.
Die Abfindung stellt bei A Anschaffungskosten und bei B Veräußerungserlös dar. A erwirbt $^5/_6$ seines Betriebsvermögens unentgeltlich und führt insoweit den Buchwert (= 250.000 €) fort. Der Buchwert ist zu-

sätzlich um die Abfindungszahlung i. H. v. 500.000 € zu erhöhen. Nach Erbauseinandersetzung beträgt der Buchwert 750.000 €.

Für B liegt eine Betriebsaufgabe vor. Durch die Aufgabe seines Mitunternehmeranteils erzielt er einen Aufgabegewinn i. H. v. 2,25 Mio. €, der sich aus dem Gewinn aus der Entnahme des Grundstücks 2 (2 Mio. € abzgl. 200.000 € Buchwert) und dem Gewinn aus der Abfindungszahlung (500.000 € abzgl. 50.000 € Buchwert) zusammensetzen. Der Gewinn ist nach §§ 16, 34 EStG begünstigt zu besteuern.

15 Die vorstehenden Grundsätze gelten auch, soweit sich die Erbengemeinschaft gemäß § 2042 Abs. 2, § 753 Abs. 1 BGB durch Zwangsversteigerung zum Zweck der Aufhebung der Gemeinschaft auseinandersetzt und die Erben dabei Nachlassgegenstände erwerben (BFH-Urteil vom 29. April 1992 – BStBl II S. 727).

16 Bei der Teilung im Rahmen einer Erbauseinandersetzung bezieht sich das Entgelt nicht auf das, was ein Miterbe aufgrund seiner Erbquote erhält, sondern nur auf das „Mehr", das er aufgrund eines neben der Teilung bestehenden besonderen entgeltlichen Rechtsgeschäfts bekommt. Es handelt sich hier also nicht um die bloße Aufteilung eines einheitlichen Rechtsvorgangs, sondern um die Beurteilung von zwei rechtlich selbständigen Vorgängen, von denen der eine unentgeltlich und der andere entgeltlich ist. Für die Zahlung einer Abfindung bedarf es daher regelmäßig einer gesonderten Vereinbarung zwischen den Beteiligten, da sich eine derartige Abwicklung nicht aus dem erbrechtlichen Auseinandersetzungsanspruch ergibt; die Zahlung einer Abfindung kann sich allerdings auch auf Grund einer Teilungsanordnung des Erblassers oder aufgrund einer vom Erblasser angeordneten Testamentsvollstreckung ergeben. Die Vereinbarung ist bei der Berechnung des Anteils des Miterben am Aufgabegewinn in den Fällen der Betriebsaufgabe zu berücksichtigen.

17 Die Abfindungszahlung ist bei der Übertragung von Betrieben oder Teilbetrieben dem Teil des Kapitalkontos gegenüberzustellen, der dem Verhältnis von Abfindungszahlung zum Wert des übernommenen Betriebsvermögens entspricht.

Beispiel 4

S und T sind Miterben zu je $^1/_2$. Zum Nachlass (3,6 Mio. €) gehört ein aus zwei Teilbetrieben bestehender Gewerbebetrieb. Teilbetriebsvermögen 1 hat einen Wert von 2 Mio. € und einen Buchwert von 200.000 €. Teilbetriebsvermögen 2 hat einen Wert von 1,6 Mio. € und einen Buchwert von 160.000 €. Im Wege der Erbauseinandersetzung erhält S das Teilbetriebsvermögen 1 und T das Teilbetriebsvermögen 2. Außerdem zahlt S an T eine Abfindung von 200.000 €.

S stehen wertmäßig am Nachlass 1,8 Mio. € (50 % von 3,6 Mio. €) zu. Da er aber 2 Mio. € erhält, also 200.000 € mehr, zahlt er diesen Betrag für $^1/_{10}$ (10 % von 2 Mio. € = 200.000 €) des Teilbetriebsvermögens 1, das er mehr erhält. S erwirbt also $^9/_{10}$ des Teilbetriebsvermögens 1 unentgeltlich und $^1/_{10}$ entgeltlich. Auf diese $^1/_{10}$ entfällt ein Buchwert von 20.000 €, so dass S die Aktivwerte um 180.000 € (200.000 € Abfindung abzgl. anteiligem Buchwert von 20.000 €) aufstocken muss und T einen als laufenden Gewinn zu versteuernden Veräußerungsgewinn von 180.000 € (200.000 € Abfindung ./. 20.000 € anteiliger Buchwert) zu versteuern hat. Im Übrigen (für $^9/_{10}$ des Nachlasses) liegt eine steuerneutrale Realteilung vor (vgl. BMF-Schreiben zur Realteilung vom 28. Februar 2006, BStBl I S. 228).

Gleiches gilt, wenn der Nachlass aus zwei Betrieben besteht. Da die Mitunternehmerschaft (Erbengemeinschaft) nur ein Betriebsvermögen hat, sind die geerbten Betriebe wie Teilbetriebe der Erbengemeinschaft zu behandeln.

Beispiel 5

S und T sind Miterben zu je $^1/_2$. Zum Nachlass gehört ein Betriebsvermögen, das aus dem Grundstück 1 (Teilwert 2 Mio. €, Buchwert 200.000 €) und dem Grundstück 2 (Teilwert 1,6 Mio. €, Buchwert 160.000 €) besteht. S erhält das Grundstück 1 und zahlt an T 200.000 € Abfindung. T erhält Grundstück 2 und die Abfindung. Beide bringen die Grundstücke in ein ihnen gehörendes Betriebsvermögen ein.

S stehen an dem Nachlass wertmäßig 1,8 Mio. € zu. Da er aber das Grundstück 1 im Wert von 2 Mio. € erhält, also 200.000 € mehr, zahlt er diesen Betrag für $^1/_{10}$ (200.000 €/2 Mio. € = $^1/_{10}$) des Grundstücks 1, das er erhält. S erwirbt also $^9/_{10}$ des Grundstücks 1 unentgeltlich und $^1/_{10}$ entgeltlich. Auf diese $^1/_{10}$ entfällt ein Buchwert von 20.000 €, so dass S den Grundstücksbuchwert in seiner Bilanz um 180.000 € aufstocken muss und T einen Gewinn von 180.000 € (200.000 € Abfindung ./. 20.000 € anteiliger Buchwert) als laufenden Gewinn zu versteuern hat. Im Übrigen (für $^9/_{10}$ des Nachlasses) liegt eine steuerneutrale Realteilung vor.

b) Übernahme von Verbindlichkeiten über die Erbquote hinaus

Eine Übernahme von Schulden über die Erbquote hinaus führt nicht zu Anschaffungskosten. 18
Deshalb entsteht auch kein Veräußerungserlös, soweit ein Miterbe Verbindlichkeiten über die
Erbquote hinaus übernimmt. Zur Übernahme von Verbindlichkeiten vgl. im Übrigen Tz. 23 ff.

Beispiel 6
Wie Beispiel 3 mit der Abwandlung, dass S den T von Betriebsschulden i. H. v. 200.000 €, die zum Teilbetriebsvermögen 2 gehören, freistellt, also zum gesamthänderisch gebundenen Nachlass gehörende Verbindlichkeiten i. H. v. 200.000 € übernimmt.
S erhält wertmäßig nur 1,8 Mio. € und braucht an T keine Abfindung zu zahlen. Es liegt keine entgeltliche Teilung vor.

c) Buchwertfortführung im Zusammenhang mit Abfindungszahlungen

Werden Abfindungszahlungen geleistet, haben die Miterben, abgesehen von der notwendigen 19
teilweisen Gewinnrealisierung nach Maßgabe der Abfindung, nach § 16 Abs. 3 Satz 2 bis 4 EStG
die Buchwerte fortzuführen, soweit die zugeteilten Wirtschaftsgüter Betriebsvermögen bleiben.
Der vom Miterben, der die Abfindungszahlung erhält, zu versteuernde Gewinn ist nicht nach
§§ 16, 34 EStG begünstigt. Der Gewinn rechnet grundsätzlich nicht zum Gewerbeertrag nach
§ 7 Satz 1 GewStG. Ab Erhebungszeitraum 2002 ist der Gewinn aus der Aufdeckung der stillen
Reserven aber nach § 7 Satz 2 GewStG als Gewerbeertrag zu erfassen, soweit er nicht auf eine
natürliche Person als unmittelbar beteiligtem Mitunternehmer entfällt. Ist eine Buchwertfortführung nach § 16 Abs. 3 Satz 2 bis 4 EStG nicht möglich, kommt ggf. unter den dortigen Voraussetzungen eine Buchwertfortführung nach § 6 Abs. 5 EStG in Betracht.

Soweit Wirtschaftsgüter gegen Abfindungszahlungen übernommen werden und Betriebsver- 20
mögen bleiben, gilt für die AfA Folgendes: Bei der Übernahme eines Grundstücks ergeben sich
hinsichtlich des Gebäudes zwei AfA-Reihen. Hinsichtlich des unentgeltlich erworbenen Gebäudeteils muss der übernehmende Miterbe die Buchwerte der Erbengemeinschaft fortführen. Bezüglich des entgeltlich erworbenen Gebäudeteils hat er Anschaffungskosten in Höhe der Abfindungszahlung, die Bemessungsgrundlage für die weitere AfA hinsichtlich des entgeltlich erworbenen Teils des Gebäudes sind. Entsprechendes gilt im Grundsatz, wenn kein Gebäude, sondern ein bewegliches Wirtschaftsgut übernommen wird; da jedoch die Nutzungsdauer des entgeltlich erworbenen Teils des Wirtschaftsguts hier regelmäßig mit der Restnutzungsdauer des unentgeltlich erworbenen Teils des Wirtschaftsguts übereinstimmt, kann in diesen Fällen auf eine Aufspaltung in zwei AfA-Reihen verzichtet werden.

Soweit Wirtschaftsgüter gegen Abfindungszahlungen übernommen werden, gilt für die An- 21
wendung des § 6b Abs. 3 EStG Folgendes:

Für den entgeltlich erworbenen Teil des Wirtschaftsguts kann auf die durch die Abfindungszahlungen entstandenen Anschaffungskosten eine Rücklage nach § 6b EStG übertragen werden.
Hinsichtlich des unentgeltlich erworbenen Teils des Wirtschaftsgutes ist im Falle einer späteren
Veräußerung die Besitzzeit der Erbengemeinschaft und des Erblassers für die Besitzzeit i. S. d.
§ 6b Abs. 4 Satz 1 Nr. 2 EStG zu berücksichtigen, wenn die entsprechenden Voraussetzungen erfüllt sind.

II. Erbauseinandersetzung über Privatvermögen

1. Teilung ohne Abfindungszahlungen

a) Allgemeines

Auch bei der Erbauseinandersetzung über Privatvermögen führt eine Teilung ohne Abfindungs- 22
zahlungen nicht zur Entstehung von Anschaffungskosten oder Veräußerungserlösen. Eine Erb-

auseinandersetzung kann auch in der Weise durchgeführt werden, dass einem Miterben ein Nutzungsrecht an einem zum Nachlass gehörenden Wirtschaftsgut eingeräumt wird, das einem anderen Miterben zugeteilt wird (z. B. Wohnrecht an einem Gebäude). Dieses Nutzungsrecht ist nicht gegen Entgelt bestellt. Die Ablösung des Nutzungsrechts durch den Miterben führt zu nachträglichen Anschaffungskosten (BFH-Urteil vom 28. November 1991 – BStBl 1992 II S. 381).

Ein unentgeltlicher Vorgang liegt auch vor, wenn Gesamthandseigentum in Bruchteilseigentum umgewandelt wird und ein Miterbe Anteile an der Bruchteilsgemeinschaft von einem anderen Miterben im Tauschwege gegen eigene Anteile erwirbt.

b) Behandlung von Nachlassverbindlichkeiten

23 Eine Schuldübernahme führt auch insoweit nicht zu Anschaffungskosten, als sie die Erbquote übersteigt. Dies bedeutet gleichzeitig, dass Nachlassverbindlichkeiten einen wertmäßigen Ausgleich unter den Miterben bei einer Teilung und damit einen unentgeltlichen Rechtsvorgang ermöglichen. Dabei kommt es nicht darauf an, ob die übernommenen Verbindlichkeiten in einem Finanzierungszusammenhang mit zugeteilten Nachlassgegenständen stehen.

Beispiel 7

A und B sind Erben zu je $^1/_2$. Zum Nachlass gehört ein Grundstück (Wert 2 Mio. €), das mit einer noch voll valutierten Hypothek von 1 Mio. € belastet ist. Zum Nachlass gehören außerdem Wertpapiere (Wert 3 Mio. €). Die Erben setzen sich dahin auseinander, dass A das Grundstück und B die Wertpapiere erhält. B übernimmt außerdem die Verbindlichkeit in voller Höhe.

Es liegt eine Teilung ohne Abfindungszahlung, also ein unentgeltlicher Rechtsvorgang vor. A erhält einen Wert von 2 Mio. € (Grundstück). B erhält ebenfalls einen Wert von 2 Mio. € (Wertpapiere im Wert von 3 Mio. € abzüglich einer übernommenen Verpflichtung von 1 Mio. €).

24 Die Übernahme von Verbindlichkeiten der Erbengemeinschaft durch einzelne Miterben über die Erbquote hinaus führt auch dann nicht zu Anschaffungskosten, wenn durch die Art der Verteilung von Verbindlichkeiten zusätzlich Abfindungsbedarf geschaffen wird. Dies gilt unabhängig davon, ob durch die Art der Verteilung von Verbindlichkeiten ein bisher bestehender Finanzierungszusammenhang zwischen Wirtschaftsgut und Schuld erhalten bleibt oder nicht. Regelmäßig wird der Übernahme von Verbindlichkeiten eine interne Freistellungsverpflichtung zugrunde liegen.

Beispiel 8

A und B sind Erben zu je $^1/_2$. Zum Nachlass gehören zwei Grundstücke im Wert von je 1 Mio. €, die mit Hypotheken von je 500.000 € belastet sind. A erhält Grundstück 1 und übernimmt auch die das Grundstück 2 betreffende Hypothek. B erhält das Grundstück 2 und zahlt an A 500.000 €.

Es liegt eine Teilung ohne Abfindungszahlung vor. B hat mit der Zahlung von 500.000 € an A die Freistellung von der das Grundstück 2 belastenden Schuld intern beglichen.

Beispiel 9

A und B sind Erben zu je $^1/_2$. Zum Nachlass gehört ein Grundstück (Wert 2 Mio. €), das mit einer noch voll valutierten Hypothek von 1 Mio. € belastet ist. Die zu Grunde liegende Verpflichtung betrifft ein Darlehen, das zur Anschaffung des Grundstücks verwendet worden ist. Zum Nachlass gehört außerdem eine Beteiligung an einer Kapitalgesellschaft (Wert 3 Mio. €). Die Erben setzen sich dahin auseinander, dass A das Grundstück und das dazugehörige Darlehen und B die Beteiligung übernimmt. B leistet zusätzlich an A eine Zahlung von 1 Mio. €.

B bezahlt mit der Leistung von 1 Mio. € an A eine interne Schuldfreistellung wegen der Übernahme des hypothekarisch gesicherten Darlehens durch A i. H. v. 1 Mio. €. Im Ergebnis hat somit A infolge der Freistellungsverpflichtung des B ein unbelastetes Grundstück im Wert von 2 Mio. € erhalten und B hat die Beteiligung zugeteilt bekommen, ist allerdings durch die Zahlung für die Freistellung belastet, so dass er im Ergebnis ebenfalls einen Wert von 2 Mio. € erhalten hat. Dass die Übernahme der Darlehensschuld durch A nach außen hin den Finanzierungszusammenhang zwischen Wirtschaftsgut und Schuld aufrechterhält, ist dabei ohne Bedeutung.

Die vom BFH in seinem Beschluss vom 5. Juli 1990 (BStBl II S. 837) zur Wertangleichung zugelassene Möglichkeit der Übernahme von Verbindlichkeiten der Erbengemeinschaft über die Erbquote hinaus bezieht sich nur auf Nachlassverbindlichkeiten. Dabei kommt es nicht darauf an, ob die Verbindlichkeit bereits im Zeitpunkt des Erbfalls bestanden hat oder ob sie erst im Zuge der Verwaltung des Nachlasses entstanden ist. Geht die Erbengemeinschaft dagegen im engen zeitlichen Zusammenhang mit der Erbauseinandersetzung Verbindlichkeiten ein, um insoweit eine gewinnneutrale Realteilung zu ermöglichen, handelt es sich nicht mehr um Nachlassverbindlichkeiten (§ 42 AO).

2. Teilung mit Abfindungszahlungen

a) Allgemeines

Wird im Rahmen einer Erbauseinandersetzung ein Nachlass real geteilt und erhält ein Miterbe wertmäßig mehr, als ihm nach seiner Erbquote zusteht, und zahlt er für dieses „Mehr" an seine Miterben eine Abfindung, liegt insoweit – wie bei der Erbauseinandersetzung über Betriebsvermögen – ein Anschaffungs- und Veräußerungsvorgang vor. In Höhe der Abfindungszahlung entstehen Anschaffungskosten. Das gilt auch, soweit sich die Erbengemeinschaft durch Zwangsversteigerung zum Zwecke der Aufhebung der Gemeinschaft auseinandersetzt. Wird ein Wirtschaftsgut gegen Abfindungszahlung erworben, berechnen sich der entgeltlich und der unentgeltlich erworbene Teil des Wirtschaftsguts nach dem Verkehrswert (vgl. BFH-Urteil vom 29. Oktober 1991 – BStBl 1992 II S. 512). In der Regel kann davon ausgegangen werden, dass der Verkehrswert dem Wert entspricht, den die Miterben der Erbauseinandersetzung zugrunde legen (Anrechnungswert).

> **Beispiel 10**
> A und B sind Miterben zu je ¹/₂. Der Nachlass besteht aus einem Gebäude auf einem Erbbaugrundstück (Verkehrswert 1 Mio. €) und Bargeld (500.000 €). A erhält das Gebäude und zahlt an B eine Abfindung i. H. v. 250.000 €. B erhält das Bargeld und die Abfindungszahlung.
> A hat Anschaffungskosten in Höhe von 250.000 €. Es ist unerheblich, aus welchem Vermögensbereich der die Abfindung Zahlende die Mittel für die Abfindungszahlung entnimmt. A zahlt die Abfindung nicht für das ganze Gebäude, auch nicht für den gesamten Anteil des B an dem Gebäude (¹/₂), sondern nur für das wertmäßige „Mehr", das er bei der Erbteilung erhalten hat. Das Gebäude ist 1 Mio. € wert. 750.000 € stehen dem A nach seiner Erbquote zu, so dass A mithin ¹/₄ des Gebäudes für 250.000 € entgeltlich und ³/₄ des Gebäudes unentgeltlich erworben hat.

Der Veräußerungsgewinn ist nur steuerpflichtig, wenn die Voraussetzungen der §§ 17, 23 EStG oder des § 21 UmwStG vorliegen.

> **Beispiel 11**
> Erblasser E, zu dessen Privatvermögen eine 50 %ige Beteiligung an einer GmbH gehörte, wird von A und B beerbt. Im Zuge der Erbauseinandersetzung erhält A die gesamte Beteiligung gegen Ausgleichszahlung an B für dessen hälftigen Anteil.
> A erlangt – auf der Grundlage getrennter Rechtsgeschäfte – die Beteiligung zum einen i. H. v. ¹/₂ (25 v. H.) in Erfüllung seines erbrechtlichen Auseinandersetzungsanspruchs entsprechend § 11d EStDV und zum anderen bezüglich des Mehrempfangs entgeltlich von B. B erzielt in Höhe der Ausgleichszahlung einen Veräußerungserlös, der im Rahmen des § 17 EStG anzusetzen ist.
> A führt die Anschaffungskosten des Erblassers zur Hälfte, nämlich für die auf ihn entfallende 25 %ige Beteiligung fort; im Übrigen ist die Zahlung des A als Anschaffungskosten für die von B erhaltene 25 %ige Beteiligung anzusehen.

b) Aufteilung von Abfindungsleistungen

Erhält ein Miterbe alle oder mehrere Wirtschaftsgüter des Nachlasses gegen Leistung einer Abfindung an die übrigen Miterben, ist die Abfindung nach dem Verhältnis der Verkehrswerte der Wirtschaftsgüter aufzuteilen. Tz. 42 ist entsprechend anzuwenden.

Beispiel 12
Erben sind A und B je ¹/₂. Zum Nachlass gehören Grundstück 1 (Verkehrswert 800.000 €) und Grundstück 2 (Verkehrswert 400.000 €). A übernimmt beide Grundstücke und zahlt an B 600.000 €.
Die Abfindungszahlungen sind Anschaffungskosten, die mit 400.000 € für den Erwerb des hälftigen Anteils am Grundstück 1 und mit 200.000 € für den Erwerb des hälftigen Anteils am Grundstück 2 aufgewendet worden sind.

29 Erhalten bei einer Erbauseinandersetzung mit Abfindungszahlungen mehrere Miterben Wirtschaftsgüter des Nachlasses, sind die Anschaffungskosten ebenfalls im Verhältnis der Verkehrswerte auf die erlangten Nachlassgegenstände zu verteilen. Tz. 42 ist entsprechend anzuwenden.

Beispiel 13
Erben sind A und B je ¹/₂. Zum Nachlass gehören Grundstück 1 (Verkehrswert 800.000 €) Grundstück 2 (Verkehrswert 600.000 €) und Grundstück 3 (Verkehrswert 400.000 €). A erhält Grundstück 1, B die Grundstücke 2 und 3. B zahlt an A eine Abfindung von 100.000 €.
Die Abfindung von 100.000 € stellt für B Anschaffungskosten dar. B muss diese Abfindung im Verhältnis der Verkehrswerte (6:4) auf Grundstück 2 und 3 verteilen. Somit erwirbt er jedes Grundstück zu ¹/₁₀ entgeltlich und zu ⁹/₁₀ unentgeltlich.

c) Behandlung liquider Mittel des Nachlasses

30 Keine Anschaffungskosten liegen vor, soweit eine Abfindungszahlung dem Wert übernommener liquider Mittel des Nachlasses (z. B. Bargeld, Bankguthaben, Schecks) entspricht, weil es sich wirtschaftlich um einen Leistungsaustausch „Geld gegen Geld" handelt, der einer Rückzahlung der Abfindungszahlung gleichsteht.

Beispiel 14
Ein Nachlass besteht aus einem Grundstück (Verkehrswert 2 Mio. €) und aus Bankguthaben (Verkehrswert 2 Mio. €). Miterben sind A und B zu je ¹/₂. A erhält das Grundstück und das Bankguthaben und zahlt an B eine Abfindung von 2 Mio. €.
Es ist steuerlich davon auszugehen, dass der Nachlass im Wege der Naturalteilung verteilt wurde, bei der A das Grundstück und B das Bankguthaben erhalten hat. A hat deshalb keine Anschaffungskosten (vgl. auch Beispiel 8).

d) AfA-Bemessungsgrundlage und AfA-Satz nach Erbauseinandersetzung

31 Nach der Erbauseinandersetzung ist hinsichtlich der weiteren Abschreibung zwischen dem unentgeltlich erworbenen Teil des Wirtschaftsguts und dem entgeltlich erworbenen Teil zu unterscheiden.

Auf den unentgeltlich erworbenen Teil ist § 11d Abs. 1 EStDV anzuwenden. Der Miterbe führt die von der Erbengemeinschaft vorgenommene Abschreibung anteilig fort.

Soweit der Miterbe das Wirtschaftsgut entgeltlich erworben hat, sind der weiteren AfA seine Anschaffungskosten zu Grunde zu legen. Für den entgeltlich erworbenen Teil des Wirtschaftsguts bemessen sich die AfA

- bei beweglichen Wirtschaftsgütern und bei unbeweglichen Wirtschaftsgütern, die keine Gebäude sind, nach der tatsächlichen künftigen Nutzungsdauer des Wirtschaftsguts im Zeitpunkt der Erbauseinandersetzung.
- bei Gebäuden nach den hierfür geltenden Vorschriften (i. d. R. § 7 Abs. 4 EStG).

Danach kann sich bei Gebäuden für den unentgeltlich und den entgeltlich erworbenen Teil eine unterschiedliche Abschreibungsdauer ergeben.

Beispiel 15
Miterben sind S und T je zu ¹/₂. Zum Nachlass gehören ein bebautes Grundstück (Verkehrswerte: Gebäude 1,5 Mio. € und Grund und Boden 500.000 €) und Bargeld (1 Mio. €). Die ursprünglichen Anschaffungskos-

ten des Gebäudes i. H. v. 2 Mio. € sind bei der Auseinandersetzung der Erbengemeinschaft am 1. Januar 04 bereits mit jährlich 2 v. H. bis auf 800.000 € abgeschrieben. S erhält das Grundstück und zahlt an T eine Abfindung i. H. v. 500.000 €. T erhält das Bargeld und die Abfindungszahlung.
S hat das Grundstück zu ¼ entgeltlich erworben. Nach dem Verhältnis der Verkehrswerte entfallen auf das Gebäude 375.000 € und auf den Grund und Boden 125.000 € der Abfindungszahlung. Die AfA, die S nach der Erbauseinandersetzung vornehmen kann, bemesssen sich wie folgt: Hinsichtlich ¾ des Gebäudes hat S nach § 11d EStDV die AfA-Reihe der Erbengemeinschaft fortzuführen und mithin jährlich 2 v. H. von 1.500.000 € (¾ von 2 Mio. € Anschaffungskosten des Erblassers) = 30.000 € abzuschreiben. Hinsichtlich ¼ des Gebäudes liegt ein entgeltlicher Erwerb vor. S hat insofern – soweit keine kürzere Nutzungsdauer als 50 Jahre in Betracht kommt (§ 7 Abs. 4 Satz 2 EStG) – 2 v. H. von 375.000 € (= 7.500 €) jährlich abzusetzen.

III. Erbauseinandersetzung über einen Mischnachlass

1. Teilung ohne Abfindungszahlungen

a) Allgemeines

Auch beim Mischnachlass führt eine Teilung ohne Abfindungszahlungen nicht zur Entstehung von Anschaffungskosten oder Veräußerungserlösen. Demzufolge können auch hier keine Veräußerungsgewinne entstehen.

Beispiel 16
Erben sind A und B zu je ½. Zum Nachlass gehört ein Betriebsvermögen (Wert 3 Mio. €) und privater Grundbesitz (Wert 3 Mio. €). A und B setzen sich in der Weise auseinander, dass A den Betrieb und B den privaten Grundbesitz erhält.
Es liegen keine Anschaffungs- oder Veräußerungsgeschäfte vor mit der Folge, dass weder für A noch für B Anschaffungskosten entstehen. Der Mitunternehmeranteil des B geht ohne Gewinnrealisierung auf A nach § 6 Abs. 3 EStG zum Buchwert über. Dies gilt auch dann, wenn die Erbauseinandersetzung erst viele Jahre nach dem Erbfall stattfindet und der Umfang des Betriebsvermögens sich zwischenzeitlich verändert hat. A muss die Buchwerte fortführen. B tritt gemäß § 11d Abs. 1 EStDV in die Abschreibungsreihe der Erbengemeinschaft ein.

In der Teilung eines Mischnachlasses ohne Abfindungszahlungen liegt – ebenso wie in der Realteilung eines nur aus Betriebsvermögen bestehenden Nachlasses – nicht nur keine entgeltliche Anschaffung oder Veräußerung, sondern auch keine zur Gewinnrealisierung führende Aufgabe eines Mitunternehmeranteils gemäß § 16 Abs. 3 Satz 1 EStG, sofern nicht alle wesentlichen Betriebsgrundlagen in das Privatvermögen überführt werden (vgl. Tzn. 11 und 13).

b) Schaffung von Privatvermögen im engen zeitlichen Zusammenhang mit der Auseinandersetzung

Die Teilung eines Mischnachlasses ohne Abfindungszahlung führt nicht zur Entstehung von Anschaffungskosten einerseits sowie eines Veräußerungs- oder Aufgabegewinns andererseits, es sei denn alle wesentlichen Betriebsgrundlagen werden ins Privatvermögen überführt. Dabei kommt es nicht darauf an, ob bereits im Zeitpunkt des Erbfalls ein Mischnachlass bestanden hat oder ob sich im Zuge der Verwaltung des Nachlasses privates Nachlassvermögen gebildet hat. Wird dagegen durch Entnahmen liquider Mittel im engen zeitlichen Zusammenhang mit der Auseinandersetzung Privatvermögen geschaffen, um insoweit eine gewinnneutrale Teilung zu ermöglichen, ist diese Gestaltung nach § 42 AO steuerlich nicht anzuerkennen.

c) Behandlung von Nachlassverbindlichkeiten bei Mischnachlässen, insbesondere Schuldzinsenabzug

Auch bei einem Mischnachlass kann die Abstimmung mit dem Auseinandersetzungsguthaben des Miterben dadurch erreicht werden, dass der Miterbe Verbindlichkeiten der Erbengemeinschaft übernimmt. Wie sich derartige Schulden in der Folge bei den Miterben auswirken, hängt davon ab, mit welchem Vermögen sie in Zusammenhang stehen und wie dieses Vermögen beim Erben verwendet wird. So kann Privatvermögen der Erbengemeinschaft beim Miterben Betriebsvermögen und die damit zusammenhängende Verbindlichkeit Betriebsschuld werden.

Die Übernahme von Schulden über die Erbquote hinaus kann trotz fehlender Anschaffungskosten (vgl. Tz. 18 Satz 1) zu Betriebsvermögen führen, das den Schuldzinsenabzug ermöglicht.

> **Beispiel 17**
>
> A und B sind Miterben zu je $1/2$. Zum Nachlass gehören ein Betrieb (Wert 3 Mio. €) sowie ein privates Grundstück (Wert 2 Mio. €), das mit einer Hypothek von 1 Mio. € belastet ist. A übernimmt den Betrieb und die Verbindlichkeit, B erhält das Grundstück.
>
> Es ist von einer gewinnneutralen Teilung eines Mischnachlasses auszugehen, da auch beim Mischnachlass eine Wertangleichung zur Vermeidung von Ausgleichszahlungen durch überproportionale Übernahme von Nachlassverbindlichkeiten erreicht werden kann. Die von A zusätzlich zum Betrieb übernommene private Nachlassschuld bleibt keine Privatschuld, sondern wandelt sich nach der Übernahme durch A in eine Betriebsschuld um mit der Folge, dass A künftig die auf diese Schuld entfallenden Schuldzinsen als Betriebsausgaben abziehen kann.

35 Die Begleichung von Erbfallschulden (z. B. Pflichtteils- und Erbersatzansprüche) führt nicht zu Anschaffungskosten. Die Aufwendungen für die Finanzierung von Pflichtteils- und Erbersatzansprüchen dürfen nicht als Betriebsausgaben oder Werbungskosten abgezogen werden (BFH-Urteile vom 2. März 1993 – BStBl 1994 II S. 619, vom 25. November 1993 – BStBl 1994 II S. 623 und vom 27. Juli 1993 – BStBl 1994 II S. 625). Dies gilt auch für die Aufwendungen zur Finanzierung von Vermächtnissen.

Werden Pflichtteilsansprüche durch die Übertragung von im Nachlass befindlichen Wirtschaftsgütern, Betrieben, Teilbetrieben oder Mitunternehmeranteilen abgegolten, liegt grundsätzlich eine entgeltliche Übertragung vor. Dies bedeutet, dass der Erbe das einzelne Wirtschaftsgut, den Betrieb, Teilbetrieb oder Mitunternehmeranteil veräußert und der Pflichtteilsberechtigte Anschaffungskosten für das erhaltene Vermögen in Höhe seines Pflichtteilsanspruchs hat (BFH-Urteil vom 16. Dezember 2004 – BStBl 2005 II S. 554).

2. Teilung mit Abfindungszahlungen

36 Auch beim Mischnachlass liegt Entgeltlichkeit nur vor, soweit Abfindungszahlungen geleistet werden. Hat daher im Rahmen einer Teilung ein Miterbe an andere Miterben Abfindungszahlungen zu leisten, führt dies insoweit zu Anschaffungskosten einerseits und zu einem – ggf. einkommensteuerpflichtigen – Veräußerungserlös andererseits.

> **Beispiel 18**
>
> Erben sind A und B je $1/2$. Zum Nachlass gehören ein Betrieb (Wert 1 Mio. €, Buchwert 200.000 €) und ein Privatgrundstück (Wert 500.000 €). A erhält den Betrieb, B das Grundstück und eine Abfindung von A i. H. v. 250.000 €.
>
> Die Abfindung stellt bei A Anschaffungskosten, bei B Veräußerungserlös für die Übertragung eines Mitunternehmeranteils dar. Da A und B jeweils im Wert von 750.000 € am Gesamtnachlass beteiligt sind (= $1/2$ von 1,5 Mio. €), erwirbt A $3/4$ des Betriebs unentgeltlich und führt insoweit die Buchwerte (= 150.000 €) fort. B erzielt durch die Übertragung eines Mitunternehmeranteils von $1/4$ einen – als nicht nach §§ 16, 34 EStG begünstigten – Veräußerungsgewinn von 200.000 € (= 250.000 € ./. 50.000 €). A stockt die Buchwerte um 200.000 € auf, da B $1/4$ des Betriebs entgeltlich an A übertragen hat. Das restliche $1/4$, das dem B als Mitunternehmer zuzurechnen war, ist unentgeltlich auf A übergegangen.

D. Entgeltliche und unentgeltliche Übertragung eines Erbteils

1. Allgemeines

Ein Miterbe kann seinen Anteil am Nachlass (seinen Erbteil) an einen anderen Miterben oder an einen Dritten verschenken oder verkaufen (§ 2033 Abs. 1 BGB). Wird ein Erbteil verschenkt, entstehen weder Anschaffungskosten noch Veräußerungserlöse. Wird ein Erbteil verkauft, hat der Käufer dagegen Anschaffungskosten und der Verkäufer einen Veräußerungserlös. Die Ausschlagung der Erbschaft gegen eine Abfindung steht der entgeltlichen Veräußerung des Erbteils gleich (vgl. BFH-Urteil vom 20. April 2004 – BStBl II S. 987). 37

2. Zum Nachlass gehört nur Betriebsvermögen

a) Schenkung eines Erbteils

Wird ein Erbteil verschenkt und gehört zum Nachlass nur Betriebsvermögen, hat der Beschenkte die Buchwerte des Schenkers fortzuführen (§ 6 Abs. 3 EStG). 38

b) Verkauf eines Erbteils

Die entgeltliche Übertragung des Erbanteils bedeutet die Veräußerung eines Mitunternehmeranteils i. S. v. § 16 Abs. 1 Satz 1 Nr. 2 EStG, und zwar auch dann, wenn der Erwerber Miterbe ist. Anschaffungskosten und Veräußerungsgewinn errechnen sich wie bei der Übertragung eines Mitunternehmeranteils. 39

Beispiel 19
Der Nachlass besteht allein aus einem Einzelunternehmen. Das Kapitalkonto betrug 600.000 €. Erben sind A, B und C zu je $^1/_3$, so dass auf jeden Miterben ein Kapitalkonto von 200.000 € entfällt. C verkauft seinen Erbteil und damit gleichzeitig seinen Mitunternehmeranteil an D für 320.000 €.
In diesem Fall liegt ein entgeltliches Veräußerungsgeschäft vor. Für C entsteht nach § 16 Abs. 2 EStG ein Veräußerungsgewinn i. H. v. 120.000 € (320.000 € Veräußerungserlös ./. 200.000 € Buchwert), der nach §§ 16, 34 EStG begünstigt ist. D hat Anschaffungskosten von 320.000 €, mit denen er seinen Anteil in der Bilanz der Erbengemeinschaft ausweisen muss. Das geschieht i. H. v. 200.000 € in der Hauptbilanz (Fortführung des Kapitalkontos des C) und i. H. v. 120.000 € in einer für D aufzustellenden positiven Ergänzungsbilanz.

3. Zum Nachlass gehört nur Privatvermögen

a) Schenkung eines Erbteils

Wird ein Erbteil verschenkt und gehört zum Nachlass nur Privatvermögen, findet § 11d Abs. 1 EStDV Anwendung. Durch den unentgeltlichen Erwerb des Erbteils ist der Beschenkte in die Rechtsstellung des Schenkers eingetreten, die dieser innerhalb der Erbengemeinschaft gehabt hat. Die anteilige AfA, die dem Beschenkten an den zum Nachlass gehörenden abnutzbaren Wirtschaftsgütern des Privatvermögens zusteht, bemisst sich demzufolge (weil der Schenker ebenfalls unentgeltlich erworben hat) nach der AfA-Bemessungsgrundlage der Erbengemeinschaft (§ 11d Abs. 1 Satz 1 EStDV). Der Beschenkte kann – anteilmäßig – nur noch das nicht bereits verbrauchte AfA-Volumen abschreiben. 40

b) Verkauf eines Erbteils

Verkauft ein Miterbe seinen Erbteil und gehört zum Nachlass nur Privatvermögen, ist § 11d Abs. 1 EStDV nicht anwendbar. Der Erwerber muss seine AfA ausgehend von seinen Anschaffungskosten nach § 7 EStG bemessen. 41

Beispiel 20

E wird von seinen Söhnen A, B und C zu je $^1/_3$ beerbt. Zum Nachlass gehört nur ein privates Mietwohnhaus, das E für 2,5 Mio. € (Anteil Gebäude 2 Mio. €) erworben und jährlich mit 2 v. H. abgeschrieben hatte. C veräußert seinen Erbteil zum 1. Januar 2004 für 700.000 € an D. Hiervon entfallen 560.000 € auf das Gebäude und 140.000 € auf den Grund und Boden. Im Zeitpunkt der Veräußerung hatte das Gebäude einen Restwert von 1,2 Mio. €.

Die AfA für das immer noch zum Nachlass gehörende Gebäude kann nicht mehr einheitlich vorgenommen werden. A und B haben als Miterben ihre Anteile am Nachlass und damit an dem Grundstück, aus dem der Nachlass besteht, unentgeltlich erworben. Sie müssen demzufolge nach § 11d Abs. 1 EStDV die AfA der Erbengemeinschaft – anteilig – fortführen. A und B können also anteilige je 13.334 € (je $^1/_3$ von 40.000 €) absetzen. Für D hingegen ist, da er entgeltlich erworben hat, seine anteilige AfA nach seinen Anschaffungskosten zu bemessen. Er muss seinen Gebäudeanteil mit 2 v. H. von 560.000 € = 11.200 € abschreiben. Zu einem anderen Ergebnis kann D nur dann kommen, wenn er nachweist, dass die Nutzungsdauer kürzer ist.

42 Wird ein Erbteil entgeltlich erworben und gehören mehrere Wirtschaftsgüter zum Nachlass, ist für die Aufteilung der Anschaffungskosten des Erbteils einer nach außen hin erkennbaren Zuordnung der Anschaffungskosten durch die Erben zu folgen, soweit die Aufteilung nicht zu einer unangemessenen wertmäßigen Berücksichtigung der einzelnen Wirtschaftsgüter gehört (vgl. BFH-Urteil vom 27. Juli 2004 – BStBl 2006 II S. 9).

43 Verkauft ein Miterbe seinen Erbteil, ist ein Veräußerungsgewinn nur steuerpflichtig, wenn die Voraussetzungen des § 17 EStG, des § 23 EStG oder des § 21 UmwStG vorliegen.

4. Mischnachlass

44 Wird der Anteil an einem Mischnachlass veräußert, gelten die unter Tz. 32 ff. genannten Grundsätze.

a) Schenkung eines Erbteils

45 Eine Bewertung der Nachlassgegenstände ist hier nicht erforderlich. Im privaten Bereich des Nachlasses hat der Erwerber die AfA der Erbengemeinschaft nach § 11d Abs. 1 EStDV und im betrieblichen Bereich die Buchwerte der Erbengemeinschaft (§ 6 Abs. 3 EStG) fortzuführen.

b) Verkauf eines Erbteils

46 Wird bei einem Mischnachlass ein Erbteil verkauft, muss der für den Erbteil erzielte Veräußerungserlös aufgeteilt werden. Dabei ist der Veräußerungserlös im Verhältnis des Verkehrswertes des Mitunternehmeranteils und der anteiligen Verkehrswerte der Wirtschaftsgüter des Privatvermögens zu verteilen. Tz. 42 gilt entsprechend. Der Kaufpreis ist beim Erbschaftskäufer entsprechend aufzuteilen.

47 § 15 Abs. 3 Nr. 1 EStG (sog. Abfärberegelung) ist auch dann nicht auf die Erbengemeinschaft anzuwenden, wenn ein Miterbe seinen Erbteil veräußert und ein fremder Dritter in die Erbengemeinschaft eintritt.

E. Ausscheiden eines Miterben

1. Allgemeines

48 Scheidet ein Miterbe freiwillig aus der Erbengemeinschaft aus, wächst zivilrechtlich sein Anteil am Gemeinschaftsvermögen den verbliebenen Miterben zu. Die Anwachsung eines Erbteils für den Fall, dass mehrere Erben in der Weise eingesetzt sind, dass sie die gesetzliche Erbfolge ausschließen, und dass einer der Erben vor oder nach dem Eintritt des Erbfalls wegfällt, ist in

§ 2094 BGB geregelt. Die Anwachsung ist ein Unterfall der Veräußerung des Erbteils. Ertragsteuerlich ist das Anwachsen als entgeltliche oder unentgeltliche Übertragung des Anteils des ausscheidenden Miterben auf die verbleibenden Miterben anzusehen.

2. Ausscheiden ohne Abfindung

Scheidet ein Miterbe ohne Abfindung aus der Erbengemeinschaft aus, finden die Grundsätze über die Schenkung eines Erbteils Anwendung. 49

3. Ausscheiden gegen Barabfindung

Scheidet ein Miterbe gegen Barabfindung aus der Erbengemeinschaft aus, finden die Grundsätze über den Verkauf eines Erbteils Anwendung. 50

4. Ausscheiden gegen Sachwertabfindung

a) Grundsatz

Beim Ausscheiden gegen Sachwertabfindung können sich zusätzlich zu dem vom ausscheidenden Miterben zu versteuernden Veräußerungsgewinn auch für die verbleibenden Miterben Veräußerungsgewinne ergeben. 51

Beispiel 21

A, B und C sind Miterben zu je $1/3$. Der Nachlass besteht nur aus einem Betriebsvermögen. Der Wert des Betriebsvermögens beträgt 3 Mio. €, der Buchwert 300.000 €. Die Bilanz des Unternehmens sieht wie folgt aus:

Aktiva			Passiva	
Wirtschaftsgut 1	100.000 €	KapKto A	100.000 €
	(TW: 1 Mio. €)	KapKto B	100.000 €
Wirtschaftsgut 2	200.000 €	KapKto C	100.000 €
	(TW: 2 Mio. €)		
	300.000 €		300.000 €

C scheidet gegen eine Abfindung von 1 Mio. € aus dem Unternehmen aus. Nach dem Ausscheiden des C hat die Bilanz folgendes Bild:

Aktiva			Passiva	
Wirtschaftsgut 1	100.000 €	KapKto A	100.000 €
+ 300.000 €	= 400.000 €	KapKto B	100.000 €
Wirtschaftsgut 2	200.000 €	Anspruch C	1.000.000 €
+ 600.000 €	= 800.000 €		
	1.200.000 €		1.200.000 €

Für C ist ein tarifbegünstigter Veräußerungsgewinn von 900.000 € (1.000.000 € ./. 100.000 €) entstanden. A und B müssen die Buchwerte der Wirtschaftsgüter 1 und 2 entsprechend aufstocken. Da die Wirtschaftsgüter zu $1/3$ entgeltlich erworben wurden, erhöht sich die AfA-Bemessungsgrundlage um 900.000 € (Anschaffungskosten 1 Mio. € ./. Buchwert 100.000 €). Wenn C das Wirtschaftsgut 1 (Buchwert nunmehr 400.000 €) zur Tilgung seiner Ausgleichsforderung von 1 Mio. € erhält, müssen A und B dieses Wirtschaftsgut aus dem Betrieb nehmen. Da das Wirtschaftsgut 1 Mio. € wert ist, entsteht dadurch ein Veräußerungsgewinn i. H. v. 600.000 €, den A und B je zur Hälfte als laufenden Gewinn versteuern müssen.

Ein Veräußerungsgewinn – und kein Entnahmegewinn – entsteht deshalb, weil die Hingabe des Sachwerts zum Wegfall der Schuld führt. Darin ist keine Entnahme, sondern eine Veräußerung, verbunden mit einer Gewinnrealisierung hinsichtlich des den Buchwert des Wirtschaftsguts übersteigenden Schuldenteils (Ausgleichsanspruch des C), zu sehen.

b) Buchwertabfindung

52 Gelangt die Sachwertabfindung beim ausscheidenden Miterben in ein Betriebsvermögen, hat der Miterbe die Buchwerte der Erbengemeinschaft fortzuführen.

Beispiel 21a
Wie Beispiel 21. Jedoch erhält der Miterbe C statt einer Barabfindung das Wirtschaftsgut 1 als Abfindung. Dieses wird in das Betriebsvermögen des C gehörenden Einzelunternehmens übertragen.
Es liegt ein Fall der unechten Realteilung (vgl. Rn. 2 des BMF-Schreibens vom 19. Dezember 2018, IV C 6 - S 2242/07/10002 - / - 2018/0795144, BStBl 2019 I S. 6) vor. C hat nach § 16 Absatz 3 Satz 2 EStG den Buchwert des Wirtschaftsgutes 1 (100.000 €) fortzuführen. Das Kapitalkonto des C beim Betrieb der Erbengemeinschaft sinkt unter gleichzeitigem Ausscheiden des C aus dem Betrieb auf null. C muss das Wirtschaftsgut in seinem eigenen Betrieb mit 100.000 € erfolgsneutral unter Erhöhung seines Kapitalkontos erfassen. Für C entstehen weder ein Entnahme- noch ein Veräußerungsgewinn. Auch für A und B ergeben sich keine Gewinnauswirkungen.

F. Erbauseinandersetzung durch Veräußerung des Nachlasses

1. Allgemeines

53 Die Erbauseinandersetzung kann gem. §§ 2046 ff. BGB auch in der Weise erfolgen, dass alle Wirtschaftsgüter des Nachlasses veräußert werden. Anschließend werden alle Nachlassverbindlichkeiten abgezogen. Der Rest der Veräußerungserlöse wird den Erbquoten entsprechend anteilmäßig unter den Miterben verteilt.

2. Betriebsvermögen

54 Gehört zum Nachlass ein Betriebsvermögen, kann der gesamte Betrieb von der Erbengemeinschaft veräußert werden. Dann liegt ein Fall des § 16 Abs. 1 EStG vor. Der von der Erbengemeinschaft erzielte Veräußerungsgewinn ist von den Miterben begünstigt zu versteuern (§§ 16, 34 EStG).

Wird der Betrieb von den Miterben nicht fortgeführt und werden die einzelnen Wirtschaftsgüter des Betriebsvermögens veräußert, kann eine begünstigte Betriebsaufgabe vorliegen (§ 16 Abs. 3 Satz 1 EStG).

3. Privatvermögen

55 Soweit zum Nachlass Privatvermögen gehört, ist die Veräußerung einkommensteuerrechtlich nur dann zu erfassen, wenn die §§ 17, 23 EStG oder § 21 UmwStG zur Anwendung kommen.

G. Teilerbauseinandersetzung

1. Behandlung wie Gesamtauseinandersetzung

56 Bei der gegenständlichen Teilauseinandersetzung stellen die geleisteten Abfindungen Anschaffungskosten bzw. Veräußerungsentgelt dar und zwar unabhängig davon, dass die Miterben am Restnachlass beteiligt bleiben.

Beispiel 22
Erben sind A und B je ½. Zum Nachlass gehören ein Betrieb (Wert 1 Mio. €, Buchwert 200.000 €) und ein Privatgrundstück (Wert 500.000 €). Bei einer Teilauseinandersetzung erhält A den Betrieb, B bekommt eine Abfindung von A i. H. v. 500.000 €. Das Grundstück verbleibt in der Erbengemeinschaft.

B erzielt einen tarifbegünstigten Veräußerungsgewinn von 400.000 €. A stockt die Buchwerte des Betriebs um 400.000 € auf. Der Wert und die spätere Verteilung des Restnachlasses bleiben zunächst außer Betracht.

Soweit im Rahmen einer Teilauseinandersetzung ein Wirtschaftsgut des Betriebsvermögens einem Miterben zu Lasten seiner Beteiligung am Restnachlass zugewiesen wird, das er in sein Privatvermögen übernimmt, entsteht ein Entnahmegewinn. Der Entnahmegewinn ist Teil des Gesamtgewinns der Mitunternehmerschaft. Dieser ist den Mitunternehmern (Miterben) nach dem allgemeinen Gewinnverteilungsschlüssel zuzurechnen, der sich bei den Miterben nach ihrem Anteil am Nachlass bestimmt (§ 2038 Abs. 2, § 743 Abs. 1 BGB), es sei denn, dass der Gewinn nach den von den Miterben schriftlich getroffenen Vereinbarungen über die Teilauseinandersetzung dem entnehmenden Miterben zuzurechnen ist. 57

Wird im Rahmen einer Teilauseinandersetzung ein Wirtschaftsgut aus dem Betriebsvermögen der Erbengemeinschaft (Mitunternehmerschaft) in ein anderes Betriebsvermögen eines der Miterben überführt, ist nach § 6 Abs. 5 EStG der Buchwert fortzuführen.

2. Behandlung von umgekehrten Abfindungen

Abfindungen in umgekehrter Richtung vermindern grundsätzlich die bei einer Teilauseinandersetzung angenommenen Anschaffungskosten und Veräußerungserlöse, wenn die Miterben eine weitere Auseinandersetzung im Auge hatten, bei der es zu umgekehrten Abfindungen kommt (BFH-Beschluss vom 5. Juli 1990 – BStBl II S. 837). Davon ist auszugehen, wenn seit der vorausgegangenen Teilauseinandersetzung nicht mehr als fünf Jahre vergangen sind. Eine spätere (weitere) Teilauseinandersetzung oder Endauseinandersetzung ist nicht mehr mit vorangegangenen Teilauseinandersetzungen als Einheit zu betrachten, sondern wie eine selbständige Auseinandersetzung zu behandeln. 58

Ist bei einer vorangegangenen Teilauseinandersetzung eine Abfindung für den Erwerb mehrerer Wirtschaftsgüter geleistet worden, ist die umgekehrte Abfindung auf diese Wirtschaftsgüter nach dem Verhältnis ihrer Verkehrswerte im Zeitpunkt der vorangegangenen Teilauseinandersetzung aufzuteilen. Tz. 42 ist entsprechend anzuwenden.

Beispiel 23
Erben sind A und B zu je ½. Zum Nachlass gehören ein Betrieb (Wert 1 Mio. €, Buchwert 200.000 €) und ein Privatgrundstück. Bei einer Teilauseinandersetzung erhält A den Betrieb und muss an B eine Abfindung i. H. v. 500.000 € zahlen. Im Rahmen der vier (sechs) Jahre später erfolgenden Endauseinandersetzung erhält B das Grundstück, dessen Wert auf 500.000 € festgestellt wurde, und zahlt deshalb an A eine Abfindung i. H. v. 250.000 €.

Die von B bei der Endauseinandersetzung an A zu zahlende umgekehrte Abfindung i. H. v. 250.000 € bewirkt, dass der Veräußerungsgewinn des B von ursprünglich 400.000 € nunmehr nur noch 200.000 € beträgt und nicht mehr nach §§ 16, 34 EStG begünstigt ist. Die bisherige Aufstockung der Buchwerte bei A um 400.000 € muss auf einen Aufstockungsbetrag von 200.000 € gemindert werden.

Dagegen würde sich die ursprüngliche Behandlung der Teilauseinandersetzung nicht mehr ändern, wenn die Endauseinandersetzung sechs Jahre später erfolgt.

Aus der Veräußerung des Mitunternehmeranteils hat B einen nach den §§ 16 und 34 EStG begünstigten Veräußerungsgewinn i. H. v. 400.000 € zu versteuern; A hat die Buchwerte entsprechend aufzustocken. Der sich aus der sechs Jahre späteren Teilerbauseinandersetzung über das Grundstück ergebende Veräußerungsgewinn ist nur steuerpflichtig, wenn die Voraussetzungen des § 23 EStG vorliegen.

Werden im Rahmen einer Teilauseinandersetzung entstandene Veräußerungsgewinne durch umgekehrte Abfindungen gemindert, ist dies ein Ereignis, das Rückwirkung für die Vergangen- 59 heit hat (§ 175 Abs. 1 Satz 1 Nr. 2 AO), weshalb die Minderung des Veräußerungsgewinns rückwirkend erfolgen muss.

Auch die bei dem die ursprüngliche Abfindung leistenden Miterben durch die umgekehrte Abfindung eintretende Verminderung der Anschaffungskosten hat rückwirkend zu erfolgen (§ 175 Abs. 1 Satz 1 Nr. 2 AO). Umgekehrte Abfindungen sind insoweit nicht erst ab dem Jahr ihrer Zahlung zu berücksichtigen.

H. Vermächtnisse, Vorausvermächtnisse, Teilungsanordnung

1. Steuerliche Auswirkungen von Vermächtnissen

60   Im Falle der Erbeinsetzung liegt in vollem Umfang ein unentgeltlicher Erwerb unmittelbar vom Erblasser vor. Der Erbe ist an die Buch- und Steuerwerte gem. § 6 Abs. 3 EStG und § 11d Abs. 1 EStDV gebunden, auch wenn ihm die Erfüllung von Vermächtnissen auferlegt wird. Die Erfüllung eines Vermächtnisses durch den beschwerten Erben stellt kein Entgelt für den Erwerb des Erbteils dar und führt daher bei ihm nicht zu Anschaffungskosten (BFH-Urteil vom 17. Oktober 1991 – BStBl 1992 II S. 392). Dies gilt auch, wenn ein Sachvermächtnis hinsichtlich eines Wirtschaftsguts des Betriebsvermögens ausgesetzt wird und dieses Sachvermächtnis vom Erben und Betriebsübernehmer erfüllt wird. Geht daher ein Betrieb durch Erbeinsetzung mit der Verpflichtung über, dass der Erbe oder die Erbengemeinschaft ein Wirtschaftsgut des Betriebsvermögens an einen Dritten herausgeben muss, führt dies zur Entnahme dieses Wirtschaftsguts. Dies gilt auch dann, wenn das Wirtschaftsgut beim Vermächtnisnehmer Betriebsvermögen wird (vgl. aber Tz. 65). Der Entnahmegewinn ist dem Alleinerben oder allen Miterben zuzurechnen.

Der Alleinerbe oder die Miterben können bei der Entnahme von Grund und Boden aus einem land- und forstwirtschaftlichen Betrieb ggf. den Freibetrag nach § 14a Abs. 4 EStG in Anspruch nehmen, wenn die Entnahme vor dem 1. Januar 2006 erfolgt.

> **Beispiel 24**
> A wurde vom Erblasser als Alleinerbe eingesetzt. Zum Nachlass gehört ein Gewerbebetrieb. In Erfüllung eines Vermächtnisses überträgt A auf B ein Betriebsgrundstück (Teilwert 1 Mio. €, Buchwert 400.000 €).
> A führt nach § 6 Abs. 3 EStG die Buchwerte des Erblassers fort. Er erzielt bei der Übertragung des Grundstücks auf B einen nicht begünstigten Entnahmegewinn i. H. v. 600.000 € (= 1 Mio. € ./. 400.000 €). Das gilt auch, wenn das Grundstück beim Vermächtnisnehmer ins Betriebsvermögen übernommen wird.

61   Betrifft das Sachvermächtnis dagegen einen ganzen Betrieb, erzielt die Erbengemeinschaft (oder der Alleinerbe) keinen Veräußerungs- oder Aufgabegewinn. Der Vermächtnisnehmer führt nach § 6 Abs. 3 EStG die Buchwerte der Erbengemeinschaft fort. Ist ein Betrieb (Einzelunternehmen) aufgrund eines Sachvermächtnisses an einen der Miterben oder einen Dritten (Vermächtnisnehmer) herauszugeben, sind die nach dem Erbfall bis zur Erfüllung des Vermächtnisses erzielten betrieblichen Einkünfte grundsätzlich den Miterben als Mitunternehmern zuzurechnen. Abweichend von diesem Grundsatz sind die zwischen Erbfall und Erfüllung des Vermächtnisses angefallenen Einkünfte dem Vermächtnisnehmer zuzurechnen, wenn dieser schon vor der Erfüllung des Vermächtnisses als Inhaber des Betriebs (Unternehmer) anzusehen ist (BFH-Urteil vom 24. September 1991 – BStBl 1992 II S. 330).

62   Besteht das Vermächtnis darin, dass dem Bedachten ein privates Wirtschaftsgut zu übertragen ist, ist er nach § 11d Abs. 1 EStDV an die bisher für den Alleinerben oder die Erbengemeinschaft maßgebenden Steuerwerte gebunden.

63   Wie die Erfüllung eines Vermächtnisses führt auch die Begleichung von Erbfallschulden (Pflichtteils- und Erbersatzansprüche) nicht zu Anschaffungskosten. Aufwendungen für die Finanzierung von Pflichtteils- und Erbersatzansprüchen dürfen nicht als Betriebsausgaben oder Werbungskosten abgezogen werden. Ein Vermächtnis führt ausnahmsweise dann zu einem Ver-

äußerungserlös des beschwerten Erben oder der beschwerten Miterben und zu Anschaffungskosten des Vermächtnisnehmers, wenn der Vermächtnisnehmer für den Erwerb des vermachten Gegenstandes eine Gegenleistung zu erbringen hat.

2. Besonderheiten bei Vorausvermächtnissen

Wird ein Miterbe durch ein Vermächtnis bedacht (Vorausvermächtnis), hat er – ebenso wie ein nicht zu den Miterben gehörender Vermächtnisnehmer – lediglich einen schuldrechtlichen Anspruch gegenüber der Erbengemeinschaft. Die ihm durch das Vorausvermächtnis zugewandten Vermögensgegenstände des Erblassers erwirbt er daher nicht unmittelbar vom Erblasser, sondern von der Erbengemeinschaft. 64

Betrifft das Vorausvermächtnis einen Betrieb, erzielt die Erbengemeinschaft keinen Veräußerungs- oder Aufgabegewinn. Der Vermächtnisnehmer führt nach § 6 Abs. 3 EStG die Buchwerte der Erbengemeinschaft fort. Demgegenüber liegt eine Entnahme durch die Erbengemeinschaft (nicht durch den Erblasser) vor, wenn ein Einzelwirtschaftsgut des Betriebsvermögens in Erfüllung eines Vorausvermächtnisses auf einen der Miterben in dessen Privatvermögen übertragen wird. 65

Beispiel 25
Erben sind A und B zu je ½. Der Nachlass umfasst neben anderen Nachlassgegenständen einen Betrieb. A erhält im Wege des Vorausvermächtnisses ein Grundstück dieses Betriebs (Teilwert 500.000 €, Buchwert 200.000 €), das er privat nutzt.
Die Erfüllung des Vorausvermächtnisses durch Übertragung des Betriebsgrundstücks auf A führt zu einem laufenden Entnahmegewinn bei der Erbengemeinschaft i. H. v. 300.000 €, der den beiden Miterben A und B im Rahmen der gesonderten und einheitlichen Feststellung der Gewinneinkünfte je hälftig zuzurechnen ist.

Wird in Erfüllung eines Vorausvermächtnisses ein Einzelwirtschaftsgut aus dem Betriebsvermögen der Erbengemeinschaft in ein anderes Betriebsvermögen eines der Miterben überführt, besteht nach § 6 Abs. 5 EStG die Pflicht zur – gewinnneutralen – Buchwertfortführung.

Beispiel 26
Erben sind A und B zu je ½. Zum Nachlass gehört u. a. ein Betrieb. A erhält im Wege des Vorausvermächtnisses ein Grundstück dieses Betriebs (Teilwert 500.000 €, Buchwert 200.000 €), das er in einem eigenen Betrieb nutzt.
Ein Entnahmegewinn entsteht nicht, da A als Mitunternehmer zur Fortführung des Buchwertes verpflichtet ist.

Besteht das Vorausvermächtnis darin, dass dem Bedachten ein privates Wirtschaftsgut zu übertragen ist, ist er nach § 11d Abs. 1 EStDV an die bisher für die Erbengemeinschaft maßgebenden Steuerwerte gebunden. 66

3. Steuerliche Auswirkungen von Teilungsanordnungen

Durch eine Teilungsanordnung (§ 2048 BGB) wird lediglich die Art und Weise der Erbauseinandersetzung durch den Erblasser festgelegt. Deshalb gehen auch bei der Teilungsanordnung zunächst alle Nachlassgegenstände auf die Erbengemeinschaft und nicht einzelne Nachlassgegenstände unmittelbar auf denjenigen Miterben über, der sie aufgrund der Teilungsanordnung erhalten soll. Verhalten sich die Miterben jedoch bereits vor der Auseinandersetzung entsprechend der Teilungsanordnung, ist dies auch steuerrechtlich anzuerkennen, solange die tatsächliche Auseinandersetzung innerhalb einer sich an den Umständen des Einzelfalls orientierten Frist vorgenommen wird. Dies gilt auch bei Anordnung einer Testamentsvollstreckung. Setzen sich die Erben einverständlich über die Teilungsanordnung hinweg, ist für die steuerliche Beurteilung die tatsächliche Auseinandersetzung maßgeblich. Solange die Teilungsanordnung von den Erben vor der Auseinandersetzung beachtet wird, sind die Veranlagungen vorläufig nach § 165 Abs. 1 Satz 1 AO durchzuführen. 67

68 Zur Abgrenzung zwischen Teilungsanordnung und Vorausvermächtnis ist von Bedeutung, dass sich die Teilungsanordnung in der Zuweisung bestimmter Nachlassgegenstände innerhalb des Rahmens des Erbteils erschöpft, während das Vorausvermächtnis in der Zuweisung bestimmter Nachlassgegenstände außerhalb des Erbteils, d. h. über den Erbteil hinaus, besteht. Mit dem Vorausvermächtnis will der Erblasser einem der Erben einen zusätzlichen Vermögensvorteil zuwenden. Bei der Teilungsanordnung fehlt ein derartiger Begünstigungswille, sie beschränkt sich auf die Verteilung der Nachlassgegenstände bei der Erbauseinandersetzung. Bei der Abgrenzung zwischen Teilungsanordnung und Vorausvermächtnis kommt es nicht auf die formale Bezeichnung, sondern auf das tatsächlich Gewollte an.

I. Sonderfragen

I. Erbfolge bei der Beteiligung an einer Personengesellschaft

1. Fortsetzung der Gesellschaft durch die übrigen Gesellschafter oder Auflösungsklausel

69 Bei Tod eines Gesellschafters scheidet der verstorbene Gesellschafter aus der Gesellschaft aus und die überlebenden Gesellschafter setzen die Gesellschaft fort (§ 131 Abs. 3 Nr. 1 HGB). In diesem Fall geht zivilrechtlich der Gesellschaftsanteil nicht auf die Erben über. Diese erlangen lediglich einen privaten Abfindungsanspruch gegenüber den verbleibenden Gesellschaftern. Steuerlich realisiert der Erblasser durch Aufgabe seines Mitunternehmeranteils unter Anwachsung bei den verbleibenden Gesellschaftern einen begünstigten Veräußerungsgewinn (§§ 16, 34 EStG) in Höhe des Unterschieds zwischen dem Abfindungsanspruch und dem Buchwert seines Kapitalkontos im Todeszeitpunkt (BFH-Urteil vom 15. April 1993 – DSlBl 1994 II S. 227).

Ist im Gesellschaftsvertrag eine sog. Auflösungsklausel, nach der sich die Gesellschaft bei Tod eines Gesellschafters auflöst, enthalten, liegt insgesamt eine nach §§ 16, 34 EStG begünstigte Betriebsaufgabe vor, soweit weder nach Realteilungsgrundsätzen (vgl. BMF-Schreiben vom 28. Februar 2006 – BStBl I S. 228) noch nach § 6 Abs. 5 EStG eine Buchwertfortführung möglich ist. Satz 1 gilt nicht, sofern die Gesellschafter die Gesellschaft fortsetzen.

2. Eintrittsklausel

70 Ist im Gesellschaftsvertrag eine Eintrittsklausel des Inhalts vereinbart worden, dass ein oder mehrere Erben mit dem Tod eines Gesellschafters das Recht haben, in die Gesellschaft einzutreten, wird die Gesellschaft zunächst mit den verbleibenden Gesellschaftern fortgesetzt. Der Gesellschaftsanteil des verstorbenen Gesellschafters wächst mithin den übrigen Gesellschaftern an und die eintrittsberechtigten Erben erben lediglich das Eintrittsrecht. Hieraus folgt grundsätzlich, dass bei Zahlung einer Abfindung im Fall des Nichteintritts – wie bei der Fortsetzungsklausel – der Erblasser einen tarifbegünstigten Veräußerungsgewinn (§§ 16, 34 EStG) erzielt. Wird allerdings das Eintrittsrecht innerhalb von 6 Monaten nach dem Erbfall ausgeübt, gelten, wenn alle Erben von ihrem Eintrittsrecht Gebrauch machen, die Ausführungen über die einfache Nachfolgeklausel (Tz. 71), wenn nur einer oder einige Erben von ihrem Eintrittsrecht Gebrauch machen, die Ausführungen über die qualifizierte Nachfolgeklausel (Tz. 72) entsprechend.

3. Einfache Nachfolgeklausel

71 Im Fall der sog. einfachen Nachfolgeklausel wird die Gesellschaft beim Tod eines Gesellschafters mit allen Erben dieses Gesellschafters fortgesetzt. Mitunternehmeranteile, die vom Erblasser gesondert auf die Miterben übergegangen sind, können im Fall der sog. einfachen Nachfolge-

klausel in die Erbauseinandersetzung einbezogen und abweichend aufgeteilt werden. Ausgleichszahlungen an die weichenden Miterben führen auch in diesem Fall zu Anschaffungskosten (BFH-Urteile vom 13. Dezember 1990 – BStBl 1992 II S. 510 und vom 29. Oktober 1991 – BStBl 1992 II S. 512).

Diese Betrachtungsweise hat zur Folge, dass durch die Einbeziehung von Mitunternehmeranteilen in die Erbauseinandersetzung im Fall der sog. einfachen Nachfolgeklausel eine gewinnneutrale Realteilung eines Nachlasses erreicht wird.

Beispiel 27 (bei Mischnachlass)
Gesellschafter einer OHG sind A, B und C. A stirbt. Erben sind D und E je zur Hälfte. Zum Nachlass gehören der OHG-Anteil (Wert 2 Mio. €) sowie ein Privatgrundstück (Wert 2 Mio. €). D und E treten aufgrund der im Gesellschaftsvertrag verbrieften einfachen Nachfolgeklausel in die OHG ein. Das Grundstück wird zunächst in Erbengemeinschaft verwaltet. Nach einiger Zeit setzen sich D und E dergestalt auseinander, dass E dem D seinen Gesellschaftsanteil überlässt und dafür aus der Erbengemeinschaft das Privatgrundstück erhält. Ausgleichszahlungen erfolgen nicht.

Es ist von einer gewinnneutralen Teilung eines Mischnachlasses auszugehen, bei der D den Gesellschaftsanteil und E das Grundstück erhalten hat. Anschaffungskosten und Veräußerungsgewinne entstehen mangels Ausgleichszahlungen nicht.

Aus dieser Betrachtungsweise ergibt sich weiter, dass auch beim Vorhandensein von Sonderbetriebsvermögen eine gewinnneutrale Realteilung eines Nachlasses möglich ist.

Beispiel 28 (bei Mischnachlass)
Gesellschafter einer OHG sind A, B und C. A stirbt. Erben sind D und E je zur Hälfte. Zum Nachlass gehören der OHG-Anteil (Wert 1,2 Mio. €), ein der OHG überlassenes Grundstück (Wert 800.000 €) und ein Privatgrundstück (Wert 2 Mio. €). D und E treten aufgrund der im Gesellschaftsvertrag verbrieften einfachen Nachfolgeklausel in die OHG ein. Das Privatgrundstück wird zunächst von der Erbengemeinschaft verwaltet. Nach einiger Zeit setzen sich D und E dergestalt auseinander, dass E dem D seinen Gesellschaftsanteil und seinen Anteil an dem der OHG überlassenen Grundstück überträgt und dafür aus der Erbengemeinschaft das Privatgrundstück erhält. Ausgleichszahlungen erfolgen nicht.

Es liegt eine gewinnneutrale Teilung eines Mischnachlasses vor, bei der D den Gesellschaftsanteil an der OHG und das der OHG überlassene Grundstück und E das Privatgrundstück erhält. Anschaffungskosten und Veräußerungs- oder Entnahmegewinne entstehen mangels Ausgleichszahlungen nicht.

4. Qualifizierte Nachfolgeklausel

In den Fällen der sog. qualifizierten Nachfolgeklausel folgen nicht alle Miterben, sondern nur einer oder einzelne von mehreren Miterben dem Erblasser in seiner Gesellschafterstellung nach. Nach dem BFH-Urteil vom 29. Oktober 1991 (BStBl 1992 II S. 512) hat dies zur Folge, dass nur die qualifizierten Miterben, nicht dagegen die nicht qualifizierten Miterben als Mitunternehmer anzusehen sind (kein Durchgangserwerb). Werden von den qualifizierten Erben an die nicht qualifizierten Miterben Abfindungen geleistet, entstehen deshalb weder Veräußerungsgewinne noch Anschaffungskosten. Zur Behandlung der Schuldzinsen, die durch die Finanzierung der Wertausgleichsverbindlichkeiten veranlasst sind, wird auf das BMF-Schreiben vom 11. August 1994 (BStBl I S. 603) verwiesen.

Daraus ergibt sich weiter, dass es mit dem Erbfall zu einer anteiligen Entnahme etwaigen Sonderbetriebsvermögens kommt, soweit das Sonderbetriebsvermögen auf nicht qualifizierte Miterben entfällt (§ 39 Abs. 2 Nr. 2 AO). Denn das Sonderbetriebsvermögen geht – im Gegensatz zum Gesellschaftsanteil – zivilrechtlich auf die Erbengemeinschaft als Ganzes über. Dies gilt auch, wenn bei einer zeitnahen Auseinandersetzung das Sonderbetriebsvermögen auf den qualifizierten Miterben übergeht.

Der Entnahmegewinn ist dem Erblasser zuzurechnen, da der nicht qualifizierte Miterbe nicht Mitunternehmer geworden ist.

II. Sonderfragen im Bereich der Land- und Forstwirtschaft

1. Erbfolge im Bereich der Land- und Forstwirtschaft

75 Die Erbfolge im Bereich der Land- und Forstwirtschaft ist zivilrechtlich nach Landesrecht unterschiedlich geregelt. Im Übrigen gibt es bundesrechtliche Besonderheiten. Während in den Ländern Hamburg, Niedersachsen, Nordrhein-Westfalen und Schleswig-Holstein für bestimmte Höfe die sog. Höfeordnung (HöfeO) Anwendung findet, sind in anderen Ländern (z. B. in Hessen und in Teilen von Baden-Württemberg bis 31. Dezember 2000) für bestimmte Höfe sog. Landesanerbengesetze maßgebend. Es gibt aber auch Länder, die weder eine HöfeO noch ein Landesanerbenrecht kennen (Bayern, Berlin, Brandenburg, Mecklenburg-Vorpommern, Saarland, Sachsen, Sachsen-Anhalt und Thüringen). Soweit keine Sonderregelung eingreift, können das Landgutrecht nach § 2049 BGB sowie das Zuweisungsverfahren nach §§ 13 bis 17 Grundstücksverkehrsgesetz bedeutsam sein.

76 Abfindungen an weichende Erben sind stets Entgelte, wenn nach den jeweiligen landesrechtlichen Vorschriften der Hof nicht unmittelbar vom Altbauer im Wege der Sondererbfolge auf den Hoferben als Alleinerben übergeht („Höferecht"), sondern zunächst auf die Erbengemeinschaft („Anerbenrecht"). Im letzteren Falle erwirbt der Hoferbe den Hof von der Erbengemeinschaft (Durchgangserwerb).

77 Was die als partielles Bundesrecht geltende HöfeO angeht, bestimmt § 4 HöfeO, dass der Hof als Teil der Erbschaft kraft Gesetzes nur einem der Erben zufällt und an seine Stelle im Verhältnis der Miterben zueinander der Hofeswert tritt. Diese Norm ist zivilrechtlich so zu verstehen, dass im Rahmen eines gespaltenen Nachlasses der Hof unmittelbar und sofort dem Hoferben als Alleinerben zufällt, während daneben zugleich für das hofesfreie Vermögen eine Erbengemeinschaft besteht. In den Fällen der HöfeO ist eine Miterbengemeinschaft hinsichtlich des Hofes ausgeschlossen, die weichenden Miterben erhalten vielmehr insoweit schuldrechtliche Abfindungsansprüche im Sinne gesetzlich angeordneter Vermächtnisse. Die weichenden Erben erhalten daher die Abfindung nach § 12 HöfeO nicht als Entgelt für die Aufgabe einer Erbquote am Hof. Die Abfindung einschließlich einer Nachabfindung nach § 13 HöfeO ist daher kein Entgelt. Aufwendungen für die Finanzierung der Abfindung sind nicht als Betriebsausgaben abzugsfähig.

Diese Betrachtungsweise gilt auch für die übrigen Landes-Höfegesetze. Nach § 9 Abs. 1 des Bremischen HöfeG fällt der Hof als Teil der Erbschaft nur einem Erben zu. § 14 des Rheinland-Pfälzischen Landesgesetzes über die HöfeO regelt die Erbfolge in gleicher Weise wie § 4 der HöfeO.

78 Nehmen in den Fällen der Tz. 77 Wirtschaftsgüter des Betriebsvermögens nicht an der Sonderrechtsnachfolge teil (hofesfreies Vermögen), sind sie auch steuerlich der Erbengemeinschaft zuzurechnen. Soweit diese Wirtschaftsgüter nicht anteilig dem Hoferben zuzurechnen sind, liegt eine Entnahme durch den Erblasser vor. Im Übrigen gelten die allgemeinen Regeln über die Behandlung der Erbauseinandersetzung.

79 Nehmen umgekehrt Wirtschaftsgüter des Privatvermögens an der Sonderrechtsnachfolge teil (z. B. Wohnung des Betriebsinhabers), findet insoweit ein unentgeltlicher Erwerb vom Erblasser statt und die Abfindung führt nicht zu Anschaffungskosten.

80 Anders als bei land- und forstwirtschaftlichen Betrieben, die unter den Anwendungsbereich der HöfeO oder unter vergleichbare Landes-Höferechte fallen („Höferecht"), ist die Erbfolge bei Betrieben zu beurteilen, in denen der Hof zunächst auf die Erbengemeinschaft übergeht. Dies ist insbesondere nach dem Badischen Hofgütergesetz und der Hessischen Landgüterordnung der Fall („Anerbenrecht"). Die Abfindung der „weichenden Erben" nach Badischem und Hessischem Landesrecht sowie deren Ergänzungsabfindungen (wenn die Berechtigung zur erbrechtlichen Schlechterstellung der Nicht-Hoferben entfällt) sind Entgelte. Denn der Hofübernehmer hat mehr an land- und forstwirtschaftlichem Betriebsvermögen bekommen, als ihm nach seiner

Erbquote zustand. Insoweit vollzieht sich die Erbauseinandersetzung nach den allgemeinen Regeln.

Nach den allgemeinen Regeln vollzieht sich die Erbauseinandersetzung über einen land- und forstwirtschaftlichen Betrieb auch in den Bundesländern, die weder eine HöfeO noch ein Landesanerbenrecht kennen (Bayern, Berlin, Brandenburg, Mecklenburg-Vorpommern, Saarland, Sachsen, Sachsen-Anhalt und Thüringen). 81

2. Behandlung von Abfindungen, die das Kapitalkonto unterschreiten

Gehört zum Nachlass ein land- und forstwirtschaftlicher Betrieb, wird dieser gemäß § 2049 BGB im Rahmen der Erbauseinandersetzung in den meisten Fällen nur mit dem Ertragswert berücksichtigt. Wegen der geringen Ertragsfähigkeit liegen die Ertragswerte solcher Betriebe deutlich unter dem Verkehrswert und regelmäßig auch unter dem Buchwert. Das bedeutet, dass die weichenden Erben nach erbrechtlichen Regelungen eine geringere Abfindung erhalten, als ihrem Kapitalkonto (gemessen an der Erbquote) entspricht. Abfindungen, die das Kapitalkonto unterschreiten, sind ertragsteuerlich in der Weise zu behandeln, dass in solchen Fällen der Betriebsübernehmer gemäß § 6 Abs. 3 EStG die Buchwerte fortführt. Dies bedeutet, dass keine Abstockung der Buchwerte erforderlich ist und die weichenden Erben keinen Veräußerungsverlust erleiden. 82

J. Übergangsregelung

Die Grundsätze dieses Schreibens sind in allen noch offenen Fällen anzuwenden. Es tritt an die Stelle der BMF-Schreiben vom 11. Januar 1993 (BStBl I S. 62) und vom 5. Dezember 2002 (BStBl I S. 1392). 83

Soweit die Erbauseinandersetzung vor dem 1. Januar 2001 durchgeführt worden ist, gelten weiterhin die in den BMF-Schreiben vom 11. Januar 1993 und 11. August 1994 genannten Grundsätze (einschließlich Übergangsregelungen) unter Berücksichtigung der Gesetzesänderungen in § 6 Abs. 5 Satz 3 und § 16 Abs. 3 Satz 2 EStG i. d. F. des StEntlG 1999/2000/2002 für Vorgänge in der Zeit vom 1. Januar 1999 bis 31. Dezember 2000.

Zu § 7g EStG

30. Steuerliche Gewinnermittlung; Zweifelsfragen zu den Investitionsabzugsbeträgen nach § 7g Absatz 1 bis 4 und 7 EStG in der Fassung des Steueränderungsgesetzes 2015 vom 2.11.2015 (BGBl I S.1834)

BMF, Schreiben v. 20.3.2017 (BStBl I S. 423)

– IV C 6 - S 2139-b/07/10002-02 –

Inhaltsübersicht

	Rn.
I. Voraussetzungen für die Inanspruchnahme von Investitionsabzugsbeträgen (§ 7g Absatz 1 EStG)	1–26
1. Begünstigte Betriebe	1–5
2. Begünstigte Wirtschaftsgüter	6–8
3. Höhe der Investitionsabzugsbeträge	9, 10
4. Betriebsgrößenmerkmale nach § 7g Absatz 1 Satz 2 Nummer 1 EStG	11–20
5. Inanspruchnahme von Investitionsabzugsbeträgen	21–23
6. Datenfernübertragung der Angaben zu § 7g EStG nach amtlich vorgeschriebenen Datensätzen (§ 7g Absatz 1 Satz 2 Nummer 2 EStG)	24–26
II. Hinzurechnung von Investitionsabzugsbeträgen bei Durchführung begünstigter Investitionen und gleichzeitige gewinnmindernde Herabsetzung der Anschaffungs- oder Herstellungskosten (§ 7g Absatz 2 EStG)	27–30
1. Hinzurechnung von Investitionsabzugsbeträgen (§ 7g Absatz 2 Satz 1 EStG)	28
2. Minderung der Anschaffungs- oder Herstellungskosten (§ 7g Absatz 2 Satz 2 EStG)	29, 30
III. Rückgängigmachung von Investitionsabzugsbeträgen (§ 7g Absatz 3 EStG)	31–34
IV. Nichteinhaltung der Verbleibens- und Nutzungsfristen (§ 7g Absatz 4 EStG)	35–53
1. Schädliche Verwendung einer Investition	37–49
2. Erforderliche Änderungen der betroffenen Steuerfestsetzungen	50–53
V. Buchtechnische und verfahrensrechtliche Grundlagen	54–56
1. Inanspruchnahme von Investitionsabzugsbeträgen nach § 7g Absatz 1 EStG im Abzugsjahr	54
2. Gewinnhinzurechnung und gewinnmindernde Herabsetzung der Anschaffungs- oder Herstellungskosten nach § 7g Absatz 2 EStG in den Investitionsjahren	55
3. Zeitpunkt der Rückgängigmachung von Investitionsabzugsbeträgen nach § 7g Absatz 3 oder 4 EStG	56
VI. Auswirkungen auf andere Besteuerungsgrundlagen	57, 58
1. Auswirkungen der Rückgängigmachung von Investitionsabzugsbeträgen nach § 7g Absatz 3 oder 4 EStG auf Steuerrückstellungen	57
2. Berücksichtigung von Investitionsabzugsbeträgen bei der Berechnung des steuerbilanziellen Kapitalkontos nach § 15a EStG	58
VII. Zeitliche Anwendung	59, 60

Zur Anwendung von § 7g Absatz 1 bis 4 und 7 EStG in der Fassung des Steueränderungsgesetzes 2015 vom 2. November 2015 (BGBl I S. 1834)[*] nehme ich nach Abstimmung mit den obersten Finanzbehörden der Länder wie folgt Stellung:

I. Voraussetzungen für die Inanspruchnahme von Investitionsabzugsbeträgen (§ 7g Absatz 1 EStG)

1. Begünstigte Betriebe

a) Aktive Betriebe

Die Inanspruchnahme von Investitionsabzugsbeträgen ist grundsätzlich nur bei Betrieben (Einzelunternehmen, Personengesellschaften und Körperschaften) möglich, die aktiv am wirtschaftlichen Verkehr teilnehmen und eine in diesem Sinne werbende Tätigkeit ausüben. Bei der Ermittlung des Gewinns aus Land- und Forstwirtschaft nach Durchschnittssätzen können Investitionsabzugsbeträge nicht in Anspruch genommen werden (§ 13a Absatz 3 Satz 2 EStG, Randnummer 85 des BMF-Schreibens vom 10. November 2015, BStBl I S. 877). Steuerpflichtige, die ihren Betrieb ohne Aufgabeerklärung durch Verpachtung im Ganzen fortführen (sog. Betriebsverpachtung im Ganzen, vgl. § 16 Absatz 3b Satz 1 Nummer 1 EStG), können die Regelungen in § 7g EStG ebenfalls nicht anwenden (BFH-Urteil vom 27. September 2001, BStBl 2002 II S. 136). Im Falle einer Betriebsaufspaltung können sowohl das Besitzunternehmen als auch das Betriebsunternehmen Investitionsabzugsbeträge beanspruchen. Entsprechendes gilt bei Organschaften für Organträger und Organgesellschaft. 1

b) Noch nicht eröffnete Betriebe

Begünstigt im Sinne des § 7g EStG sind auch Betriebe, die sich noch in der Eröffnungsphase befinden. Die Betriebseröffnungsphase beginnt in dem Zeitpunkt, in dem der Steuerpflichtige erstmals Tätigkeiten ausübt, die objektiv erkennbar auf die Vorbereitung der beabsichtigten betrieblichen Tätigkeit gerichtet sind (BFH-Urteil vom 9. Februar 1983, BStBl II S. 451) und endet erst, wenn alle wesentlichen Grundlagen vorhanden sind (Abschluss der Betriebseröffnung, BFH-Urteil vom 10. Juli 1991, BStBl II S. 840). 2

In Zweifelsfällen hat der Steuerpflichtige die Betriebseröffnungsabsicht glaubhaft darzulegen. Indizien für eine Betriebseröffnung sind beispielsweise eine Gewerbeanmeldung, beantragte Kredite oder Unterlagen, aus denen sich die geplante Anschaffung oder Herstellung der wesentlichen Betriebsgrundlagen ergibt (z. B. Kostenvoranschläge, Informationsmaterial, konkrete Verhandlungen oder Bestellungen). Für eine beabsichtigte Betriebseröffnung spricht außerdem, dass der Steuerpflichtige bereits selbst und endgültig mit Aufwendungen belastet ist oder dass die einzelnen zum Zwecke der Betriebseröffnung bereits unternommenen Schritte sich als sinnvolle, zeitlich zusammenhängende Abfolge mit dem Ziel des endgültigen Abschlusses der Betriebseröffnung darstellen. 3

c) Personengesellschaften und Gemeinschaften

Auch Personengesellschaften und Gemeinschaften können unter entsprechender Anwendung der Regelungen dieses Schreibens § 7g EStG in Anspruch nehmen (§ 7g Absatz 7 EStG), wenn es sich um eine Mitunternehmerschaft (§ 13 Absatz 7, § 15 Absatz 1 Satz 1 Nummer 2, § 18 Absatz 4 Satz 2 EStG) handelt. Sie können Investitionsabzugsbeträge für künftige Investitionen der Gesamthand vom gemeinschaftlichen Gewinn in Abzug bringen. Beabsichtigt ein Mitunternehmer Anschaffungen oder Herstellungen, die zu seinem Sonderbetriebsvermögen gehören werden, kann er entsprechende Investitionsabzugsbeträge als „Sonderbetriebsabzugsbetrag" gel- 4

---

[*] BStBl I S. 846.

tend machen. Der Abzug von Investitionsabzugsbeträgen für Wirtschaftsgüter, die sich bereits im Gesamthands- oder Sonderbetriebsvermögen befinden (z. B. Wirtschaftsgüter der Gesellschaft, die ein Mitunternehmer erwerben und anschließend an die Gesellschaft vermieten will), ist nicht zulässig. Bei der Prüfung des Größenmerkmals im Sinne von § 7g Absatz 1 Satz 2 Nummer 1 EStG (Randnummern 11 bis 20) sind das Gesamthandsvermögen und das Sonderbetriebsvermögen unter Berücksichtigung der Korrekturposten in den Ergänzungsbilanzen zusammenzurechnen.

5 Zu der Frage, ob im Gesamthandsvermögen einer Personengesellschaft in Anspruch genommene Investitionsabzugsbeträge auch für Investitionen im Sonderbetriebsvermögen eines ihrer Gesellschafter verwendet werden können, ist beim BFH ein Revisionsverfahren anhängig (Aktenzeichen IV R 21/16, jetzt VI R 44/16).

2. Begünstigte Wirtschaftsgüter

6 Investitionsabzugsbeträge können für neue oder gebrauchte abnutzbare bewegliche Wirtschaftsgüter des Anlagevermögens geltend gemacht werden, die in einem dem Wirtschaftsjahr des Abzuges folgenden Wirtschaftsjahr angeschafft oder hergestellt werden. Für immaterielle Wirtschaftsgüter, z. B. Software, kann § 7g EStG nicht in Anspruch genommen werden (BFH-Urteil vom 18. Mai 2011, BStBl II S. 865). Das gilt nicht für sog. Trivialprogramme, die nach R 5.5 Absatz 1 EStR zu den abnutzbaren beweglichen und selbständig nutzbaren Wirtschaftsgütern gehört.

7 Sogenannte geringwertige Wirtschaftsgüter (§ 6 Absatz 2 EStG) oder Wirtschaftsgüter, die nach § 6 Absatz 2a EStG in einem Sammelposten erfasst werden, sind nach § 7g EStG begünstigt.

8 Die Wirtschaftsgüter müssen mindestens bis zum Ende des dem Wirtschaftsjahr der Anschaffung oder Herstellung folgenden Wirtschaftsjahres in einer inländischen Betriebsstätte des Betriebes ausschließlich oder fast ausschließlich betrieblich genutzt werden (Verbleibens- und Nutzungszeitraum gemäß § 7g Absatz 1 Satz 1 EStG, vgl. Randnummern 35 bis 45).

3. Höhe der Investitionsabzugsbeträge

9 Nach § 7g EStG sind höchstens 40 % der tatsächlichen Aufwendungen für begünstigte Wirtschaftsgüter (Randnummern 6 bis 8), die innerhalb der dreijährigen Investitionsfrist angeschafft oder hergestellt werden, berücksichtigungsfähig. Soweit Investitionsabzugsbeträgen keine entsprechenden Investitionen gegenüberstehen, sind sie rückgängig zu machen (Randnummern 31 bis 53).

10 Begünstigte Betriebe (Randnummern 1 bis 4) können Investitionsabzugsbeträge bis zu einer Summe von insgesamt 200.000 € in Anspruch nehmen (§ 7g Absatz 1 Satz 4 EStG). Dieser betriebsbezogene Höchstbetrag vermindert sich im jeweiligen Wirtschaftsjahr des Abzuges um die in den drei vorangegangenen Wirtschaftsjahren berücksichtigten Abzugsbeträge nach § 7g Absatz 1 EStG, die noch „vorhanden" sind, d. h. nicht wieder hinzugerechnet (§ 7g Absatz 2 Satz 1 EStG) oder rückgängig gemacht wurden (§ 7g Absatz 3 und 4 EStG).

4. Betriebsgrößenmerkmale nach § 7g Absatz 1 Satz 2 Nummer 1 EStG

11 Investitionsabzugsbeträge können nur berücksichtigt werden, wenn der Betrieb am Schluss des jeweiligen Abzugsjahres die in § 7g Absatz 1 Satz 2 Nummer 1 EStG genannten Größenmerkmale nicht überschreitet. Das gilt auch bei noch nicht eröffneten Betrieben (Randnummern 2 und 3).

a) Bilanzierende Betriebe mit Einkünften gemäß §§ 15 oder 18 EStG

12 Bei einer Gewinnermittlung nach § 4 Absatz 1 oder § 5 EStG ist das Betriebsvermögen eines Gewerbebetriebes oder eines der selbständigen Arbeit dienenden Betriebes am Ende des Wirtschaftsjahres des beabsichtigten Abzuges nach § 7g Absatz 1 EStG wie folgt zu ermitteln:

Anlagevermögen
+ Umlaufvermögen
+ aktive Rechnungsabgrenzungsposten
− Rückstellungen
− Verbindlichkeiten
− steuerbilanzielle Rücklagen (z. B. § 6b EStG, Ersatzbeschaffung)
− passive Rechnungsabgrenzungsposten
= Betriebsvermögen im Sinne des § 7g Absatz 1 Satz 2 Nummer 1 Buchstabe a EStG

Die in der steuerlichen Gewinnermittlung (inklusive etwaiger Sonder- und Ergänzungsbilanzen) ausgewiesenen o. g. Bilanzposten inklusive der Grundstücke sind mit ihren steuerlichen Werten anzusetzen. Bei den Steuerrückstellungen können die Minderungen aufgrund in Anspruch genommener Investitionsabzugsbeträge unberücksichtigt bleiben. Wird die Betriebsvermögensgrenze nur dann nicht überschritten, wenn von dieser Option Gebrauch gemacht wird, hat der Steuerpflichtige dem Finanzamt die maßgebende Steuerrückstellung darzulegen. 13

b) Betriebe der Land- und Forstwirtschaft

Der Wirtschaftswert von Betrieben der Land- und Forstwirtschaft ist auf Grundlage der §§ 2, 35 bis 46, 50 bis 62 des Bewertungsgesetzes (BewG) zu berechnen. Er umfasst nur die Eigentumsflächen des Land- und Forstwirtes unabhängig davon, ob sie selbst bewirtschaftet oder verpachtet werden. Eigentumsflächen des Ehegatten des Land- und Forstwirtes, die nur wegen § 26 BewG beim Einheitswert des land- und forstwirtschaftlichen Betriebes angesetzt werden, sind auch dann nicht zu berücksichtigen, wenn sie vom Land- und Forstwirt selbst bewirtschaftet werden. 14

Für die Ermittlung des Ersatzwirtschaftswertes gelten die §§ 125 ff. BewG. Das gilt unabhängig davon, ob die Vermögenswerte gesondert festzustellen sind. Zu berücksichtigen ist nur der Anteil am Ersatzwirtschaftswert, der auf den im Eigentum des Steuerpflichtigen stehenden und somit zu seinem Betriebsvermögen gehörenden Grund und Boden entfällt. Randnummer 14 Satz 3 gilt entsprechend. 15

c) Betriebe, die den Gewinn nach § 4 Absatz 3 EStG ermitteln (Einkünfte gemäß §§ 13, 15 und 18 EStG)

Ermittelt der Steuerpflichtige seine Einkünfte aus Gewerbebetrieb oder selbständiger Arbeit nach § 4 Absatz 3 EStG, können Investitionsabzugsbeträge nur geltend gemacht werden, wenn der Gewinn 100.000 € nicht übersteigt; in diesen Fällen ist das Betriebsvermögen gemäß § 7g Absatz 1 Satz 2 Nummer 1 Buchstabe a EStG nicht relevant. Dagegen reicht es bei nach § 4 Absatz 3 EStG ermittelten Einkünften aus Land- und Forstwirtschaft aus, wenn entweder die Gewinngrenze von 100.000 € oder der Wirtschaftswert/Ersatzwirtschaftswert (Randnummern 14 und 15) nicht überschritten wird. 16

Gewinn im Sinne von § 7g Absatz 1 Satz 2 Nummer 1 Buchstabe c EStG ist der Betrag, der ohne Berücksichtigung von Abzügen und Hinzurechnungen gemäß § 7g Absatz 1 und Absatz 2 Satz 1 EStG der Besteuerung zugrunde zu legen ist. Die Gewinngrenze ist für jeden Betrieb getrennt zu ermitteln und gilt unabhängig davon, wie viele Personen an dem Unternehmen beteiligt sind. 17

Wird ein Betrieb im Laufe eines Wirtschaftsjahres unentgeltlich nach § 6 Absatz 3 EStG übertragen, ist für die Prüfung der Gewinngrenze nach § 7g Absatz 1 Satz 2 Nummer 1 Buchstabe c EStG der anteilige Gewinn oder Verlust des Rechtsvorgängers und des Rechtsnachfolgers zusammenzufassen. 18

Hat der Steuerpflichtige mehrere Betriebe, ist für jeden Betrieb gesondert zu prüfen, ob die Grenzen des § 7g Absatz 1 Satz 2 Nummer 1 EStG überschritten werden. Bei Personengesell- 19 schaften, bei denen die Gesellschafter als Mitunternehmer anzusehen sind, sind das Betriebsvermögen, der Wirtschaftswert/Ersatzwirtschaftswert oder der Gewinn der Personengesellschaft maßgebend. Das gilt auch dann, wenn die Investitionsabzugsbeträge für Wirtschaftsgüter in Anspruch genommen werden, die zum Sonderbetriebsvermögen eines Mitunternehmers der Personengesellschaft gehören. In den Fällen der Betriebsaufspaltung sind das Besitz- und das Betriebsunternehmen bei der Prüfung der Betriebsgrößenmerkmale des § 7g Absatz 1 Satz 2 Nummer 1 EStG getrennt zu beurteilen (BFH-Urteil vom 17. Juli 1991, BStBl 1992 II S. 246). Entsprechendes gilt bei Organschaften für Organträger und Organgesellschaft.

20 Werden die maßgebenden Betriebsgrößenobergrenzen des Abzugsjahres aufgrund einer nachträglichen Änderung (z. B. zusätzliche Aktivierung eines Wirtschaftsgutes, Erhöhung des Gewinns nach § 4 Absatz 3 EStG) überschritten, ist der entsprechende Steuerbescheid unter den Voraussetzungen der §§ 164, 165 und 172 ff. Abgabenordnung (AO) zu ändern.

5. Inanspruchnahme von Investitionsabzugsbeträgen

21 Investitionsabzugsbeträge können ohne weitere Angaben entweder im Rahmen der Steuererklärung oder – bei Vorliegen der verfahrensrechtlichen Voraussetzungen – nach der erstmaligen Steuerfestsetzung (z. B. im Rechtsbehelfsverfahren oder durch Änderungsantrag nach § 172 Absatz 1 Satz 1 Nummer 2 Buchstabe a AO) geltend gemacht werden. Das gilt auch bei noch nicht abgeschlossenen Betriebseröffnungen (Randnummern 2 und 3). Der Nachweis oder die Glaubhaftmachung von Investitionsabsichten ist nicht erforderlich.

22 In Wirtschaftsjahren vor einer unentgeltlichen Betriebsübertragung nach § 6 Absatz 3 EStG kann der bisherige Betriebsinhaber auch dann noch Investitionsabzugsbeträge in Anspruch nehmen, wenn davon auszugehen ist, dass er vor der Übertragung keine begünstigte Investitionen mehr tätigt (vgl. BFH-Urteil vom 10. März 2016, BStBl II S. 763); Entsprechendes gilt in Wirtschaftsjahren vor einer Einbringung von Betriebsvermögen in eine Personengesellschaft nach § 24 Umwandlungssteuergesetz (UmwStG).

23 Behält der Steuerpflichtige im Rahmen einer Betriebsveräußerung, Betriebsaufgabe oder Einbringung in einen anderen Betrieb Betriebsvermögen zurück und übt er seine bisherige Tätigkeit der Art nach weiterhin mit Gewinnerzielungsabsicht aus, können für mit dem „Restbetrieb" im Zusammenhang stehende Investitionen bei Vorliegen der Voraussetzungen des § 7g EStG weiterhin Investitionsabzugsbeträge in Anspruch genommen werden. Dies gilt unabhängig davon, ob die Veräußerung oder Entnahme des sonstigen Betriebsvermögens nach den §§ 16 und 34 EStG besteuert wird (BFH-Urteil vom 1. August 2007, BStBl 2008 II S. 106).

6. Datenfernübertragung der Angaben zu § 7g EStG nach amtlich vorgeschriebenen Datensätzen (§ 7g Absatz 1 Satz 2 Nummer 2 EStG)

24 Die Abzugsbeträge, Hinzurechnungen und Rückgängigmachungen nach § 7g EStG sind bei einer Gewinnermittlung

– nach § 4 Absatz 1 oder § 5 EStG im Rahmen der sog. E-Bilanz (§ 5b EStG),

– nach § 4 Absatz 3 EStG mit der sog. Anlage EÜR (§ 60 Absatz 4 Einkommensteuer-Durchführungsverordnung)

nach amtlich vorgeschriebenem Datensatz durch Datenfernübertragung zu übermitteln (§ 7g Absatz 1 Satz 2 Nummer 2 Satz 1 EStG). Bei Inanspruchnahme, Hinzurechnung oder Rückgängigmachung von Investitionsabzugsbeträgen sowie entsprechenden Änderungen nach der erstmaligen Übermittlung eines Datensatzes ist jeweils ein neuer Datensatz mittels E-Bilanz oder Anlage EÜR zu versenden (vgl. z. B. BMF-Schreiben zur E-Bilanz vom 25. Juni 2015, BStBl I S. 541). Im Einzelnen sind die Daten mit folgenden Datensätzen zu übermitteln:

Vorgang	§§ 4 (1), 5 EStG	§ 4 (3) EStG
Investitionsabzugsbeträge, § 7g (1) EStG (Randnummern 21 bis 23)	E-Bilanz Datensatz Abzugsjahr	Anlage EÜR Abzugsjahr
Hinzurechnung, § 7g (2) EStG (Randnummern 27 und 28)	E-Bilanz Datensatz Wirtschaftsjahr der Hinzurechnung (mit Angabe des Abzugsjahres/der Abzugsjahre)	Anlage EÜR Wirtschaftsjahr der Hinzurechnung (mit Angabe des Abzugsjahres/der Abzugsjahre)
Rückgängigmachung, § 7g (3) EStG (Randnummern 31 bis 34)	neuer E-Bilanz Datensatz Abzugsjahr (Korrektur ursprünglicher Abzugsbetrag)	geänderte Anlage EÜR Abzugsjahr (Korrektur ursprünglicher Abzugsbetrag)
Rückabwicklung, § 7g (4) EStG (Randnummern 35 bis 52)	neue E-Bilanz Datensätze Wirtschaftsjahr der Hinzurechnung und ggf. Abzugsjahr (entsprechend der „Verwendung" betroffener Abzugsbeträge, vgl. Randnummern 51 und 52)	geänderte Anlage EÜR Wirtschaftsjahr der Hinzurechnung und ggf. Abzugsjahr (entsprechend der „Verwendung" betroffener Abzugsbeträge, vgl. Randnummern 51 und 52)

Bei Körperschaftsteuerpflichtigen sind die Abzugsbeträge, Hinzurechnungen und Rückgängigmachungen nach § 7g EStG nicht in dem E-Bilanz-Datensatz, sondern in der Körperschaftsteuererklärung (Anlage GK) anzugeben. Werden Investitionsabzugsbeträge rückgängig gemacht, nachträglich beansprucht oder geändert, ist jeweils eine berichtigte Körperschaftsteuererklärung für alle betroffenen Jahre zu übermitteln.

Nach § 7g Absatz 1 Satz 2 Nummer 2 Satz 2 EStG i. V. m. § 150 Absatz 8 AO sind die Finanzbehörden nach pflichtgemäßen Ermessen angehalten, einem Härtefallantrag zu entsprechen, wenn die elektronische Datenübermittlung aus wirtschaftlichen oder persönlichen Gründen unzumutbar ist. Die wirtschaftlichen und persönlichen Gründe liegen insbesondere dann vor, wenn der Steuerpflichtige 25

- nicht über die erforderliche technische Ausstattung verfügt und es für ihn nur mit nicht unerheblichem finanziellen Aufwand möglich wäre, die für die elektronische Übermittlung notwendigen Möglichkeiten zu schaffen

  oder

- nach seinen individuellen Kenntnissen und Fähigkeiten nicht oder nur eingeschränkt in der Lage ist, die Möglichkeiten der Datenfernübertragung zu nutzen.

Verzichtet die Finanzbehörde in den Fällen der Randnummer 25 auf Antrag des Steuerpflichtigen auf die elektronische Übermittlung der Steuerdaten (§ 7g Absatz 1 Satz 2 Nummer 2 Satz 2 EStG), müssen sich Geltendmachung, Hinzurechnung und Rückgängigmachung von Investitionsabzugsbeträgen aus den der Steuererklärung beizufügenden Unterlagen ergeben (§ 7g Absatz 1 Satz 2 Nummer 2 Satz 3 EStG). Insoweit maßgebend ist die steuerliche Gewinnermittlung. In den Fällen des § 4 Absatz 3 EStG sind die erforderlichen Angaben bei Inanspruchnahme der Regelungen zu den Investitionsabzugsbeträgen stets auf dem amtlichen Vordruck der Anlage EÜR zu erklären. Bei Körperschaftsteuerpflichtigen sind die erforderlichen Angaben immer auf den amtlichen Vordrucken der Körperschaftsteuererklärung zu übermitteln. 26

II. Hinzurechnung von Investitionsabzugsbeträgen bei Durchführung begünstigter Investitionen und gleichzeitige gewinnmindernde Herabsetzung der Anschaffungs- oder Herstellungskosten (§ 7g Absatz 2 EStG)

27 Wird ein begünstigtes Wirtschaftsgut (Randnummern 6 und 7) angeschafft oder hergestellt, das die Verbleibens- und Nutzungsvoraussetzungen (§ 7g Absatz 1 Satz 1 EStG, Randnummern 35 bis 45) voraussichtlich erfüllen wird, kann § 7g Absatz 2 EStG angewendet werden.

1. Hinzurechnung von Investitionsabzugsbeträgen (§ 7g Absatz 2 Satz 1 EStG)

28 Der Gewinn des Wirtschaftsjahres, in dem ein oder mehrere begünstigte Wirtschaftsgüter angeschafft oder hergestellt werden, kann um 40 % der jeweiligen Anschaffungs- oder Herstellungskosten, höchstens jedoch in Höhe der insgesamt geltend gemachten und bislang noch nicht hinzugerechneten oder rückgängig gemachten Abzugsbeträge, erhöht werden (Hinzurechnung von Investitionsabzugsbeträgen). Entsprechendes gilt für nachträglich anfallende Anschaffungs- oder Herstellungskosten. Bei der Hinzurechnung ist anzugeben, welche Investitionsabzugsbeträge verwendet werden (Abzugsjahr und Höhe). Mit der Ausübung des Wahlrechtes nach § 7g Absatz 2 Satz 1 EStG entscheidet der Steuerpflichtige, ob und in welchem Umfang in Anspruch genommene Investitionsabzugsbeträge getätigten Investitionen zugeordnet werden. Teilhinzurechnungen sind möglich.

2. Minderung der Anschaffungs- oder Herstellungskosten (§ 7g Absatz 2 Satz 2 EStG)

29 Zum Ausgleich der Gewinnerhöhung durch die Hinzurechnung von Investitionsabzugsbeträgen aufgrund begünstigter Investitionen können die jeweiligen Anschaffungs- oder Herstellungskosten im Wirtschaftsjahr der Anschaffung oder Herstellung um bis zu 40 % gewinnmindernd herabgesetzt werden. Die Minderung ist beschränkt auf die wirtschaftsgutbezogene Hinzurechnung nach § 7g Absatz 2 Satz 1 EStG (Randnummer 28). Damit wird im Ergebnis – entsprechend dem Sinn und Zweck des § 7g EStG – Abschreibungsvolumen in einem Jahr vor der tatsächlichen Investition gewinnmindernd berücksichtigt.

30 Bei Inanspruchnahme der Herabsetzungen nach § 7g Absatz 2 Satz 2 EStG vermindern sich die jeweiligen Bemessungsgrundlagen für die Absetzungen nach den §§ 7 ff. EStG um diese Beträge. Darüber hinaus kann die Kürzung der Anschaffungs- oder Herstellungskosten zur Anwendung der Regelungen zu den geringwertigen Wirtschaftsgütern nach § 6 Absatz 2 EStG oder zum Sammelposten nach § 6 Absatz 2a EStG führen, wenn die dort genannten Betragsgrenzen unterschritten werden.

III. Rückgängigmachung von Investitionsabzugsbeträgen (§ 7g Absatz 3 EStG)

31 Werden bis zum Ende des dreijährigen Investitionszeitraums keine (ausreichenden) begünstigten Investitionen getätigt, die zu Hinzurechnungen nach § 7g Absatz 2 Satz 1 EStG geführt haben (Randnummer 28), sind insoweit noch „vorhandene" Investitionsabzugsbeträge bei der Veranlagung rückgängig zu machen, bei der der Abzug vorgenommen wurde. Auf Antrag des Steuerpflichtigen können Investitionsabzugsbeträge auch vorzeitig freiwillig ganz oder teilweise rückgängig gemacht werden (§ 7g Absatz 3 Satz 1 letzter Teilsatz EStG).

Bei einer unentgeltlichen Betriebsübertragung nach § 6 Absatz 3 EStG entsteht im Übertragungsjahr kein Rumpfwirtschaftsjahr, so dass sich die maßgebenden Investitionszeiträume nicht verkürzen. Erfolgt die Übertragung beispielsweise im letzten Wirtschaftsjahr der Investitionsfrist, kann der Rechtsnachfolger die Investition noch bis zum Ende der regulären Investitionsfrist steuerbegünstigt durchführen. Die beiden vorstehenden Sätze gelten bei einer Buchwerteinbringung von Betriebsvermögen in eine Personengesellschaft gemäß § 24 UmwStG entsprechend. 32

Sind im Zeitpunkt einer Betriebsveräußerung, Betriebsaufgabe oder Buchwerteinbringung nach § 20 UmwStG noch Abzugsbeträge für nicht mehr realisierbare Investitionen vorhanden, sind diese Investitionsabzugsbeträge nach § 7g Absatz 3 EStG rückgängig zu machen. Das gilt nicht, wenn ein „Restbetrieb" bestehen bleibt (Randnummer 23) und die Investitionsfristen noch nicht abgelaufen sind. 33

Nach § 7g Absatz 2 Satz 1 EStG nicht hinzugerechnete Investitionsabzugsbeträge sind rückgängig zu machen, wenn der Steuerpflichtige zur Gewinnermittlung nach § 5a Absatz 1 EStG oder § 13a EStG übergeht. 34

IV. Nichteinhaltung der Verbleibens- und Nutzungsfristen (§ 7g Absatz 4 EStG)

Werden aufgrund der Anschaffung oder Herstellung eines begünstigten Wirtschaftsgutes Investitionsabzugsbeträge hinzugerechnet und gegebenenfalls die Anschaffungs- oder Herstellungskosten gemindert (§ 7g Absatz 2 EStG, Randnummern 28 bis 30), das Wirtschaftsgut aber nicht bis zum Ende des dem Wirtschaftsjahr der Anschaffung oder Herstellung folgenden Wirtschaftsjahres in einer inländischen Betriebsstätte des Betriebes ausschließlich oder fast ausschließlich betrieblich genutzt (Verbleibens- und Nutzungsfristen), ist die Anwendung von § 7g Absatz 2 EStG nach Maßgabe der Randnummern 50 bis 53 rückgängig zu machen (§ 7g Absatz 4 Satz 1 EStG). 35

Hat die Herabsetzung der Anschaffungs- oder Herstellungskosten gemäß § 7g Absatz 2 Satz 2 EStG zur Anwendung von § 6 Absatz 2 oder 2a EStG geführt (Randnummer 30) oder wurden die insoweit maßgebenden maximalen Anschaffungs- oder Herstellungskosten bereits vor Anwendung von § 7g Absatz 2 Satz 2 EStG unterschritten, sind aus Vereinfachungsgründen die Einhaltung der Verbleibens- und Nutzungsvoraussetzungen im Sinne des § 7g Absatz 4 Satz 1 EStG nicht zu prüfen. 36

1. Schädliche Verwendung einer Investition

Eine im Sinne des § 7g Absatz 4 EStG schädliche Verwendung liegt insbesondere dann vor, wenn das betreffende Wirtschaftsgut vor dem Ende des dem Wirtschaftsjahr der Anschaffung oder Herstellung folgenden Wirtschaftsjahres aus dem begünstigten Betrieb ausscheidet, dort nicht mehr zu mindestens 90 % betrieblich genutzt wird oder der Betrieb veräußert oder aufgegeben wird. 37

a) Nutzung in einer inländischen Betriebsstätte des Betriebes

Anhaltspunkt für die betriebliche Nutzung des Wirtschaftsgutes in einer inländischen Betriebsstätte des begünstigten Betriebes im Verbleibens- und Nutzungszeitraum (Randnummern 8 und 35) ist regelmäßig die Erfassung im Bestandsverzeichnis (Anlageverzeichnis), es sei denn, es handelt sich um ein geringwertiges Wirtschaftsgut im Sinne von § 6 Absatz 2 EStG oder um ein Wirtschaftsgut, das nach § 6 Absatz 2a EStG in einem Sammelposten erfasst wurde. Der Steuerpflichtige hat die Möglichkeit, die betriebliche Nutzung anderweitig nachzuweisen. Die 38

Verbleibens- und Nutzungsvoraussetzung wird insbesondere dann nicht mehr erfüllt, wenn das Wirtschaftsgut innerhalb des Verbleibens- und Nutzungszeitraums

- veräußert oder entnommen wird,
- einem Anderen für mehr als drei Monate entgeltlich oder unentgeltlich zur Nutzung überlassen wird (z. B. längerfristige Vermietung) oder
- in einen anderen Betrieb, in eine ausländische Betriebsstätte oder in das Umlaufvermögen überführt wird.

39 Bei einer wegen sachlicher und personeller Verflechtung bestehenden Betriebsaufspaltung gilt die Verbleibensvoraussetzung trotz der Überlassung als erfüllt. Das gilt jedoch nicht, wenn die personelle Verflechtung zwischen dem Besitz- und Betriebsunternehmen ausschließlich auf einer tatsächlichen Beherrschung beruht.

40 Eine Veräußerung oder Entnahme liegt auch vor, wenn der Betrieb im Verbleibens- und Nutzungszeitraum aufgegeben oder veräußert wird. Dagegen sind die Veräußerung, der Erbfall, der Vermögensübergang im Sinne des UmwStG oder die unentgeltliche Übertragung des Betriebes, Teilbetriebes oder Mitunternehmeranteils nach § 6 Absatz 3 EStG unschädlich, wenn der begünstigte Betrieb, Teilbetrieb oder Mitunternehmeranteil bis zum Ende des Verbleibens- und Nutzungszeitraums in der Hand des neuen Eigentümers bestehen bleibt und gleichzeitig die Nutzungs- und Verbleibensvoraussetzungen für das begünstigte Wirtschaftsgut erfüllt werden. Der vom ursprünglichen Anschaffungs- oder Herstellungszeitpunkt ausgehend ermittelte Nutzungs- und Verbleibenszeitraum bleibt auch für Erwerber der Sachgesamtheit maßgebend; innerhalb dieses Zeitraums sind mehrere begünstigte Übertragungen möglich. Bei einer Betriebsverpachtung im Ganzen gilt Entsprechendes. Unbeachtlich ist auch, wenn der Steuerpflichtige aufgrund struktureller Veränderungen im Betrieb künftig Gewinne oder Verluste aus einer anderen Einkunftsart im Sinne des § 2 Absatz 1 Satz 1 Nummer 1 bis 3 EStG erzielt (z. B. Wechsel von Einkünften aus Land- und Forstwirtschaft zu Einkünften aus Gewerbebetrieb).

41 Die Verbleibens- und Nutzungsvoraussetzung gilt auch dann als erfüllt, wenn das vorzeitige Ausscheiden des Wirtschaftsgutes unmittelbar auf einem nicht vom Willen des Steuerpflichtigen abhängigen Ereignis beruht, z. B. infolge

- Ablaufes der Nutzungsdauer wegen wirtschaftlichen Verbrauches,
- Umtausches wegen Mangelhaftigkeit gegen ein anderes Wirtschaftsgut gleicher oder besserer Qualität oder
- höherer Gewalt oder behördlicher Eingriffe (vgl. R 6.6 Absatz 2 EStR).

Ein noch erzielbarer Schrott- oder Schlachtwert steht einem wirtschaftlichen Verbrauch oder einer Mangelhaftigkeit nicht entgegen.

b) Ausschließliche oder fast ausschließliche betriebliche Nutzung

42 Ein Wirtschaftsgut wird ausschließlich oder fast ausschließlich betrieblich genutzt, wenn es der Steuerpflichtige zu nicht mehr als 10 % privat nutzt. Der Steuerpflichtige hat in begründeten Zweifelsfällen darzulegen, dass der Umfang der betrieblichen Nutzung mindestens 90 % beträgt.

43 Die außerbetriebliche Nutzung eines Wirtschaftsgutes ist zeitraumbezogen und nicht wirtschaftsjahrbezogen zu prüfen. Eine schädliche Verwendung liegt nicht vor, wenn das Wirtschaftsgut im Wirtschaftsjahr der Anschaffung oder Herstellung zwar mehr als 10 % privat genutzt wird, aber bezogen auf den gesamten Nutzungszeitraum (von der Anschaffung oder Herstellung bis zum Ende des der Anschaffung oder Herstellung folgenden Wirtschaftsjahres) die 10 %-Grenze nicht übersteigt.

Fahrten zwischen Wohnung und Betriebsstätte und Familienheimfahrten im Rahmen einer 44 doppelten Haushaltsführung sind der betrieblichen Nutzung zuzurechnen. Der Umfang der betrieblichen Nutzung im maßgebenden Nutzungszeitraum ist vom Steuerpflichtigen anhand geeigneter Unterlagen darzulegen; im Fall des § 6 Absatz 1 Nummer 4 Satz 3 EStG durch das ordnungsgemäße Fahrtenbuch. Bei Anwendung der sog. 1 %–Regelung (§ 6 Absatz 1 Nummer 4 Satz 2 EStG) ist grundsätzlich von einem schädlichen Nutzungsumfang auszugehen.

Wird eine Photovoltaikanlage gewerblich betrieben, ist der private Verbrauch des Stroms keine 45 schädliche außerbetriebliche Nutzung im Sinne des § 7g EStG, sondern eine Sachentnahme des produzierten Stroms, auch soweit für den selbst verbrauchten Strom keine Vergütung mehr gezahlt wird. Für die Frage der Nutzung kommt es auf die unmittelbare Verwendung des Wirtschaftsgutes „Photovoltaikanlage" an. Der erzeugte „Strom" ist lediglich dessen Produkt. Entsprechendes gilt bei sog. Blockheizkraftwerken, soweit diese als Betriebsvorrichtung zu behandeln sind.

c) Nutzung des Wirtschaftsgutes in einem anderen Betrieb des Steuerpflichtigen

Die Verbleibens- und Nutzungsfristen (Randnummern 35 ff.) sind betriebsbezogen zu prüfen, 46 so dass die Nutzung des Wirtschaftsgutes in einem anderen Betrieb des Steuerpflichtigen zu mehr als 10 % grundsätzlich eine schädliche außerbetriebliche Verwendung im Sinne des § 7g Absatz 4 EStG darstellen.

Beträgt der private Nutzungsanteil nicht mehr als 10 % (Randnummer 42), ist abweichend von 47 Randnummer 46 die Nutzung des Wirtschaftsgutes in einem anderen Betrieb des Steuerpflichtigen zu mehr als 10 % unschädlich, wenn ein einheitliches Unternehmen aus ertragsteuerrechtlichen Gründen funktionell in zwei Betriebe aufgeteilt wurde. So ist die Verwendung eines Wirtschaftsgutes in dem landwirtschaftlichen Betrieb eines Steuerpflichtigen, der hierfür einen Investitionsabzugsbetrag in seinem aus ertragsteuerlichen Gründen separierten Lohnunternehmen in Anspruch genommen hat, nicht außerbetrieblich und damit unschädlich (BFH-Urteil vom 19. März 2014, BStBl 2017 II S. 291). Entsprechendes gilt beispielsweise bei Augenärzten, die neben ihrer selbständigen Tätigkeit Kontaktlinsen und Pflegemittel anbieten oder Zahnärzten, die neben ihrer selbständigen Tätigkeit Artikel zur Mundhygiene verkaufen.

Die Ausnahmeregelung nach Randnummer 47 setzt grundsätzlich voraus, dass die Bedingungen 48 für die Inanspruchnahme der Investitionsabzugsbeträge, die für das in beiden Betrieben genutzte Wirtschaftsgut verwendet wurden, auch bei einer Zusammenlegung dieser Betriebe erfüllt worden wären (vgl. BFH-Urteil vom 19. März 2014, a. a. O.). Dabei sind die zusammengefasste Betriebsgröße und die in beiden Betrieben insgesamt beanspruchten Investitionsabzugsbeträge zu ermitteln. Bei der Berechnung der zusammengefassten Betriebsgröße ist das entsprechende Größenmerkmal nach § 7g Absatz 1 Satz 2 Nummer 1 Buchstabe a, b, oder c EStG des Betriebes maßgebend, in dem die Investition vorgenommen wurde. Der Steuerpflichtige hat die Einhaltung der maßgebenden Betriebsgrößengrenze und des Höchstbetrages nachzuweisen.

Abweichend von Randnummer 48 ist aus Vereinfachungsgründen in den Fällen der Randnummer 47 die Verwendung des betreffenden Wirtschaftsgutes in dem anderen Betrieb unschädlich, soweit dieses Wirtschaftsgut im maßgebenden Verbleibens- und Nutzungszeitraum des Betriebes, in dem die verwendeten Investitionsabzugsbeträge geltend gemacht wurden, notwendiges Betriebsvermögen (eigenbetriebliche Nutzung mehr als 50 %, vgl. R 4.2 Absatz 1 EStR) ist. 49

2. Erforderliche Änderungen der betroffenen Steuerfestsetzungen

Im Wirtschaftsjahr der Anwendung von § 7g Absatz 2 Satz 1 EStG sind die erfolgte Hinzurech- 50 nung von Investitionsabzugsbeträgen (höchstens 40 % der Anschaffungs- oder Herstellungskosten des schädlich verwendeten Wirtschaftsgutes) sowie die insoweit beanspruchte Minderung der Anschaffungs- oder Herstellungskosten nach § 7g Absatz 2 Satz 2 EStG (abgesehen von den Fällen der Randnummer 36) rückgängig zu machen. Dadurch erhöht sich die Bemessungsgrundlage für die Absetzungen nach den §§ 7 ff. EStG. Die Abschreibungen sind entsprechend zu erhöhen.

51 Hat der Steuerpflichtige andere begünstigte Investitionen getätigt, können Abzugsbeträge, deren Hinzurechnung wieder rückgängig gemacht wurde (Randnummer 50), auf diese Investitionen unter Berücksichtigung der Regelungen des § 7g Absatz 2 EStG „übertragen", werden, soweit die Veranlagung für das jeweilige Investitionsjahr verfahrensrechtlich noch änderbar ist.

52 Ist die dreijährige Investitionsfrist zum Zeitpunkt der Rückgängigmachung nach § 7g Absatz 4 Satz 1 EStG noch nicht abgelaufen, können die betreffenden Investitionsabzugsbeträge entweder nach § 7g Absatz 3 EStG vorzeitig rückgängig gemacht oder für eventuelle künftige Investitionen verwendet werden. Der Verzicht auf die vorzeitige Rückgängigmachung ist aber nur zulässig, soweit dadurch der Höchstbetrag nach § 7g Absatz 1 Satz 4 EStG nicht überschritten wird. Spätestens nach Ablauf der Investitionsfrist sind die nicht verwendeten Investitionsabzugsbeträge gemäß § 7g Absatz 3 EStG im Wirtschaftsjahr des ursprünglichen Abzuges rückgängig zu machen.

53 Soweit sich die Änderungen nach den Randnummern 51 und 52 auf die Anwendung anderer Rechtsnormen des EStG (z. B. § 4 Absatz 4a EStG, § 34a EStG) auswirken, sind die entsprechenden Anpassungen vorzunehmen. Randnummer 57 zu Steuerrückstellungen ist zu beachten.

V. Buchtechnische und verfahrensrechtliche Grundlagen

Für die Inanspruchnahme von § 7g EStG gilt Folgendes:

1. Inanspruchnahme von Investitionsabzugsbeträgen nach § 7g Absatz 1 EStG im Abzugsjahr

54 Liegen die Voraussetzungen für die Inanspruchnahme von Investitionsabzugsbeträgen nach § 7g Absatz 1 EStG vor, kann der Gewinn im Sinne von § 2 Absatz 2 Satz 1 Nummer 1 EStG entsprechend gemindert werden. Bei einer Gewinnermittlung nach § 4 Absatz 1 oder § 5 EStG erfolgt der Abzug außerhalb der Bilanz.

2. Gewinnhinzurechnung und gewinnmindernde Herabsetzung der Anschaffungs- oder Herstellungskosten nach § 7g Absatz 2 EStG in den Investitionsjahren

55 Bei der Hinzurechnung von Investitionsabzugsbeträgen nach § 7g Absatz 2 Satz 1 EStG (Randnummer 28) ist der jeweilige Gewinn im Sinne des § 2 Absatz 2 Satz 1 Nummer 1 EStG zu erhöhen. Bei der Gewinnermittlung nach § 4 Absatz 1 oder § 5 EStG erfolgt die Hinzurechnung außerhalb der Bilanz. Die Minderung der Investitionskosten begünstigter Wirtschaftsgüter nach § 7g Absatz 2 Satz 2 EStG (Randnummer 29) ist durch eine erfolgswirksame Kürzung der entsprechenden Anschaffungs- oder Herstellungskosten vorzunehmen (Buchung bei Bilanzierung: a. o. Aufwand/Wirtschaftsgut).

3. Zeitpunkt der Rückgängigmachung von Investitionsabzugsbeträgen nach § 7g Absatz 3 oder 4 EStG

56 In den Fällen des § 7g Absatz 3 oder 4 EStG hat der Steuerpflichtige die maßgebenden Sachverhalte spätestens mit Abgabe der Steuererklärung für das Wirtschaftsjahr anzuzeigen, in dem

das die jeweilige Rückabwicklung auslösende Ereignis (z. B. Ablauf der Investitionsfrist, schädliche Verwendung) eintritt. Der Steuerpflichtige hat aber auch die Möglichkeit, zu einem früheren Zeitpunkt Rückgängigmachungen gegenüber dem Finanzamt zu erklären und die Änderung der entsprechenden Steuerfestsetzung(en) zu beantragen. Die Absätze 3 und 4 des § 7g EStG enthalten eigene Änderungsvorschriften und Ablaufhemmungen der Festsetzungsfrist zur Rückabwicklung von Investitionsabzugsbeträgen.

VI. Auswirkungen auf andere Besteuerungsgrundlagen

1. Auswirkungen der Rückgängigmachung von Investitionsabzugsbeträgen nach § 7g Absatz 3 oder 4 EStG auf Steuerrückstellungen

Steuerrückstellungen sind auf der Grundlage objektiver, am Bilanzstichtag vorliegender Tatsachen aus der Sicht eines sorgfältigen und gewissenhaften Kaufmanns zu bewerten (BFH-Urteil vom 30. Januar 2002, BStBl II S. 688). Geltend gemachte Investitionsabzugsbeträge sind bei der Berechnung der Steuerrückstellungen mindernd zu berücksichtigen. Die Verhältnisse aus Sicht des Bilanzstichtages ändern sich nicht, wenn beanspruchte Investitionsabzugsbeträge zu einem späteren Zeitpunkt nach § 7g Absatz 3 oder 4 EStG rückgängig gemacht werden. In diesen Fällen sind die Steuerrückstellungen daher nicht zu erhöhen. 57

2. Berücksichtigung von Investitionsabzugsbeträgen bei der Berechnung des steuerbilanziellen Kapitalkontos nach § 15a EStG

Aufgrund der außerbilanziellen Abzüge und Hinzurechnungen von Investitionsabzugsbeträgen nach § 7g EStG bleibt das steuerbilanzielle Kapitalkonto von Kommanditisten im Sinne von § 15a EStG unberührt. Infolgedessen sind die Berechnungen nach § 15a EStG insgesamt ohne die Berücksichtigung von Investitionsabzugsbeträgen durchzuführen. Die Inanspruchnahme des § 7g EStG führt immer zu einem insoweit ausgleichs- und abzugsfähigen (anteiligen) Verlust. Dementsprechend darf der (anteilige) Gewinn aus der Hinzurechnung von Investitionsabzugsbeträgen nicht mit einem vorhandenen verrechenbaren Verlust nach § 15a Absatz 2 EStG verrechnet werden. Es entsteht insoweit immer ein laufender Gewinn. Hiervon zu unterscheiden sind die innerbilanziellen Minderungen der Anschaffungs- oder Herstellungskosten nach § 7g Absatz 2 Satz 2 EStG. Dieser Aufwand ist Teil des Steuerbilanzergebnisses und hat daher insoweit auch das steuerbilanzielle Kapitalkonto gemindert. Insoweit können sich Auswirkungen im Rahmen des § 15a EStG ergeben. 58

VII. Zeitliche Anwendung

Die Regelungen dieses Schreibens sind für Investitionsabzugsbeträge anzuwenden, die in nach dem 31. Dezember 2015 endenden Wirtschaftsjahren in Anspruch genommen werden (§ 52 Absatz 16 Satz 1 EStG i. d. F. des Steueränderungsgesetzes 2015 vom 2. November 2015, a. a. O.). 59

Für Investitionsabzugsbeträge, die in vor dem 1. Januar 2016 endenden Wirtschaftsjahren in Anspruch genommen wurden, bleiben § 7g EStG a. F. und das BMF-Schreiben vom 20. November 2013 (BStBl I S. 1493) maßgebend; die Randnummern 26 und 69 sind nicht weiter anzuwenden. Die Randnummern 22, 32, 33, 46 bis 49 und 58 dieses Schreibens gelten entsprechend. Zur Erhöhung (Aufstockung) von Investitionsabzugsbeträgen, die in vor dem 1. Januar 2016 endenden Wirtschaftsjahren in Anspruch genommen wurden, vergleiche BMF-Schreiben vom 15. Januar 2016 (BStBl I S. 83). 60

31. Investitionsabzugsbeträge nach § 7g Einkommensteuergesetz (EStG); Urteil des Bundesfinanzhofes vom 11. 7. 2013 (BStBl 2014 II S. 609) zur Verzinsung der Steuernachforderungen gemäß § 233a der Abgabenordnung bei der Rückgängigmachung von Investitionsabzugsbeträgen nach § 7g Absatz 3 EStG

BMF, Schreiben v. 15. 8. 2014 (BStBl I S. 1174)

– IV C 6 - S 2139b/07/10002, IV A 3 - S 0460a/08/10001 –

Der Bundesfinanzhof (BFH) hat mit Urteil vom 11. Juli 2013 (BStBl 2014 II S. 609) entschieden, dass die Rückgängigmachung von Investitionsabzugsbeträgen nach § 7g EStG ein rückwirkendes Ereignis im Sinne von § 175 Absatz 1 Satz 1 Nummer 2 und Absatz 2 Abgabenordnung (AO) darstellt und deswegen die Verzinsung gemäß § 233a AO erst 15 Monate nach Ablauf des Kalenderjahres beginnt, in dem der Investitionsabzugsbetrag rückgängig gemacht wurde (§ 233a Abs. 2a AO). Gemäß § 7g Absatz 3 Satz 4 EStG i. V. m. § 52 Absatz 1 EStG in der Fassung des Amtshilferichtlinie-Umsetzungsgesetzes (AmtshilfeRLUmsG) vom 26. Juni 2013 (BGBl I S. 1809) ist § 233a Absatz 2a AO ab dem Veranlagungszeitraum 2013 nicht mehr anzuwenden.

Für die Rückgängigmachung von Investitionsabzugsbeträgen nach § 7g Absatz 3 EStG im Zusammenhang mit dem BFH-Urteil vom 11. Juli 2013 (a. a. O.) und der Neuregelung in § 7g Absatz 3 Satz 4 EStG gilt nach Abstimmung mit den obersten Finanzbehörden der Länder Folgendes:

1. Anwendung von § 7g Absatz 3 Satz 4 EStG

§ 7g Absatz 3 Satz 4 EStG ist für Investitionsabzugsbeträge anzuwenden, die für nach dem 31. Dezember 2012 endende Wirtschaftsjahre erstmals in Anspruch genommen werden.

Bei Land- und Forstwirten, deren Wirtschaftsjahr vom Kalenderjahr abweicht, unterliegt bei rückgängig gemachten Investitionsabzugsbeträgen des Wirtschaftsjahres 2012/2013 nur der Anteil der Verzinsung nach § 233a Absatz 2 AO, der gemäß § 4a Absatz 2 Nummer 1 Satz 1 EStG dem Kalenderjahr 2013 zuzurechnen ist.

2. Verfahrensrechtliche Fragen

a) Fälle mit einem vorgelagerten Feststellungsverfahren (wie im Fall des BFH-Urteils vom 11. Juli 2013, IV R 9/12, a. a. O.)

Ein Rechtsbehelf gegen den Bescheid über die gesonderte (und ggf. einheitliche) Feststellung der Einkünfte, mit dem eine Ergänzung dieses Bescheides um Aussagen zur Verzinsung geltend gemacht wird, ist in einen Antrag auf Erlass eines Ergänzungsbescheides umzudeuten.

Sind in einem Feststellungsbescheid Feststellungen über das Vorliegen eines rückwirkenden Ereignisses im Sinne der Nummer 74 des AEAO zu § 233a unterblieben, sind diese in einem Ergänzungsbescheid nach § 179 Absatz 3 AO nachzuholen. Der Ergänzungsbescheid über das Vorliegen eines rückwirkenden Ereignisses ist insoweit Grundlagenbescheid für die Zinsfestsetzung.

Ein Ergänzungsbescheid kann innerhalb der Feststellungsfrist beantragt und erlassen werden. Maßgeblich für die Dauer der Feststellungsfrist ist hier die Frist für die Festsetzung von Zinsen nach § 233a AO und somit gilt die Jahresfrist nach § 239 Absatz 1 Satz 1 2. Halbsatz i. V. m. § 181 Absatz 1 Satz 1 und § 169 AO.

b) Fälle ohne vorgelagertes Feststellungsverfahren

In Fällen ohne vorgelagertes Feststellungsverfahren wird keine gesonderte Feststellung über das Vorliegen eines rückwirkenden Ereignisses im Sinne der Nr. 74 des AEAO zu § 233a vorgenommen. Daher ist die Entscheidung über die Anwendung des § 233a Absatz 2a AO ausschließlich in der regelmäßig mit der Steuerfestsetzung verbundenen Zinsfestsetzung zu treffen.

c) Verzinsung von Gewerbesteuer

Die Feststellung darüber, ob eine Bescheidänderung auf einem rückwirkenden Ereignis i. S. d. § 233a Absatz 2a AO beruht, ist in den Gewerbesteuermessbescheid aufzunehmen. Ein Ergänzungsbescheid nach § 179 Absatz 3 AO ist für einen Gewerbesteuermessbescheid nicht möglich (§ 184 Absatz 1 Satz 4 AO).

In solchen Fällen ist nicht der Zinsbescheid, sondern der Gewerbesteuermessbescheid als Grundlagenbescheid für die Zinsfestsetzung anzufechten.

Zu § 9 EStG

32. *Ergänztes* BMF-Schreiben zur Reform des steuerlichen Reisekostenrechts ab 1.1.2014 (ersetzt das Schreiben vom 30.9.2013, BStBl I S. 1279)

BMF, Schreiben v. 24.10.2014 (BStBl I S. 1412)

– IV C 5 - S 2353/14/10002 –

Inhaltsübersicht

			Rz.
I.	Vorbemerkung		1
II.	Anwendung der Regelungen bei den Einkünften aus nichtselbständiger Arbeit		2–129
	1. Erste Tätigkeitsstätte, auswärtige Tätigkeit, weiträumiges Tätigkeitsgebiet, § 9 Absatz 1 Satz 3 Nummer 4a, Absatz 4 EStG		2–45
	a)	Gesetzliche Definition „erste Tätigkeitsstätte", § 9 Absatz 4 EStG	2–34
		aa) Tätigkeitsstätte	3
		bb) Tätigkeitsstätte des Arbeitgebers bei einem verbundenen Unternehmen oder bei einem Dritten	4
		cc) Zuordnung mittels dienst- oder arbeitsrechtlicher Festlegung durch den Arbeitgeber	5–12
		dd) Dauerhafte Zuordnung	13–23
		ee) Anwendung der 48-Monatsfrist im Zusammenhang mit der Prüfung der dauerhaften Zuordnung ab 1. Januar 2014	24
		ff) Quantitative Zuordnungskriterien	25–28
		gg) Mehrere Tätigkeitsstätten	29–31
		hh) Erste Tätigkeitsstätte bei Vollzeitstudium oder vollzeitigen Bildungsmaßnahmen	32–34
	b)	Fahrtkosten bei auswärtiger Tätigkeit, Sammelpunkt, weiträumiges Tätigkeitsgebiet, § 9 Absatz 1 Satz 3 Nummer 4a EStG	35–45
		aa) Tatsächliche Fahrtkosten und pauschaler Kilometersatz bei auswärtiger Tätigkeit	35, 36

		bb)	„Sammelpunkt"	37–39
		cc)	Weiträumiges Tätigkeitsgebiet	40–45
	2.	\multicolumn{2}{l}{Verpflegungsmehraufwendungen, § 9 Absatz 4a EStG}	46–60

- bb) „Sammelpunkt" 37–39
- cc) Weiträumiges Tätigkeitsgebiet 40–45
- 2. Verpflegungsmehraufwendungen, § 9 Absatz 4a EStG 46–60
  - a) Vereinfachung bei der Ermittlung der Pauschalen, § 9 Absatz 4a Satz 2 bis 5 EStG 46–51
    - aa) Eintägige Auswärtstätigkeiten im Inland 46
    - bb) Mehrtägige Auswärtstätigkeiten im Inland 47–49
    - cc) Auswärtstätigkeiten im Ausland 50, 51
  - b) Dreimonatsfrist, § 9 Absatz 4a Satz 6 EStG 52–57
  - c) Pauschalbesteuerung nach § 40 Absatz 2 Satz 1 Nummer 4 EStG 58–60
- 3. Vereinfachung der steuerlichen Erfassung der vom Arbeitgeber zur Verfügung gestellten Mahlzeiten während einer auswärtigen Tätigkeit, § 8 Absatz 8 und 9, § 9 Absatz 4a Satz 8 bis 10, § 40 Absatz 2 Nummer 1a EStG 61–98
  - a) Bewertung und Besteuerungsverzicht bei üblichen Mahlzeiten, § 8 Absatz 2 Satz 8 und 9 EStG 61–72
  - b) Kürzung der Verpflegungspauschalen, § 9 Absatz 4a Satz 8 bis 10 EStG 73–88
    - aa) Voraussetzungen der Mahlzeitengestellung 73–76
    - bb) Weitere Voraussetzungen der Kürzung 77–87
    - cc) Ermittlung der Pauschalen bei gemischt veranlassten Veranstaltungen mit Mahlzeitengestellung 88
  - c) Doppelte Haushaltsführung, § 9 Absatz 4a Satz 12 EStG 89
  - d) Bescheinigungspflicht „M" 90–92
  - e) Neue Pauschalbesteuerungsmöglichkeit üblicher Mahlzeiten, § 40 Absatz 2 Satz 1 Nummer 1a EStG 93–98
- 4. Unterkunftskosten, § 9 Absatz 1 Satz 3 Nummer 5 und Nummer 5a EStG ...,, 99–123
  - a) Unterkunftskosten im Rahmen der doppelten Haushaltsführung, § 9 Absatz 1 Satz 3 Nummer 5 EStG 99–109
    - aa) Vorliegen einer doppelten Haushaltsführung 99, 100
    - bb) Berufliche Veranlassung 101
    - cc) Höhe der Unterkunftskosten 102–107
    - dd) Steuerfreie Erstattung durch den Arbeitgeber und Werbungskostenabzug 108, 109
  - b) Unterkunftskosten im Rahmen einer Auswärtstätigkeit, § 9 Absatz 1 Satz 3 Nummer 5a EStG 110–123
    - aa) Berufliche Veranlassung 111
    - bb) Unterkunftskosten 112, 113
    - cc) Notwendige Mehraufwendungen 114–117
    - dd) Begrenzte Berücksichtigung von Unterkunftskosten bei einer längerfristigen Auswärtstätigkeit an derselben Tätigkeitsstätte im Inland 118–121
    - ee) Anwendung der 48-Monatsfrist zur begrenzten Berücksichtigung der Unterkunftskosten bei einer längerfristigen Auswärtstätigkeit im Inland ab 1. Januar 2014 122
    - ff) Steuerfreie Erstattung durch den Arbeitgeber 123
- 5. Reisenebenkosten 124–127
- 6. Sonstiges 128, 129

III. Zeitliche Anwendungsregelung 130

I. Vorbemerkung

Mit dem Gesetz zur Änderung und Vereinfachung der Unternehmensbesteuerung und des steuerlichen Reisekostenrechts vom 20. Februar 2013 (BGBl I S. 285, BStBl I S. 188) wurden die bisherigen steuerlichen Bestimmungen zum steuerlichen Reisekostenrecht umgestaltet. Unter Bezugnahme auf das Ergebnis der Erörterungen mit den obersten Finanzbehörden der Länder gelten bei der Anwendung der am 1. Januar 2014 in Kraft **getretenen** gesetzlichen Bestimmungen des Einkommensteuergesetzes zur steuerlichen Beurteilung von Reisekosten der Arbeitnehmer die folgenden Grundsätze:

II. Anwendung der Regelungen bei den Einkünften aus nichtselbständiger Arbeit

1. Erste Tätigkeitsstätte, auswärtige Tätigkeit, weiträumiges Tätigkeitsgebiet, § 9 Absatz 1 Satz 3 Nummer 4a, Absatz 4 EStG

a) Gesetzliche Definition „erste Tätigkeitsstätte", § 9 Absatz 4 EStG

Zentraler Punkt der ab 1. Januar 2014 **geltenden** Neuregelungen ist die gesetzliche Definition der ersten Tätigkeitsstätte, die an die Stelle der regelmäßigen Arbeitsstätte tritt. Der Arbeitnehmer kann je Dienstverhältnis höchstens eine erste Tätigkeitsstätte, ggf. aber auch keine erste, sondern nur auswärtige Tätigkeitsstätten haben (§ 9 Absatz 4 Satz 5 EStG). Die Bestimmung der ersten Tätigkeitsstätte erfolgt vorrangig anhand der dienst- oder arbeitsrechtlichen Festlegungen durch den Arbeitgeber (Rz. 5 ff.). Sind solche nicht vorhanden oder sind die getroffenen Festlegungen nicht eindeutig, werden hilfsweise quantitative Kriterien (Rz. 25 ff.) herangezogen. Voraussetzung ist zudem, dass der Arbeitnehmer in einer der in § 9 Absatz 4 Satz 1 EStG genannten ortsfesten Einrichtungen (Rz. 3 ff.) dauerhaft (Rz. 13 ff.) tätig werden soll. **Ein Arbeitnehmer ohne erste Tätigkeitsstätte ist außerhalb seiner Wohnung immer auswärts tätig.**

aa) Tätigkeitsstätte

Tätigkeitsstätte ist eine **von der Wohnung getrennte**, ortsfeste betriebliche Einrichtung. **Baucontainer, die z. B. auf einer Großbaustelle längerfristig fest mit dem Erdreich verbunden sind und in denen sich z. B. Baubüros, Aufenthaltsräume oder Sanitäreinrichtungen befinden, stellen „ortsfeste" betriebliche Einrichtungen dar.** Befinden sich auf einem Betriebs-/Werksgelände mehrere ortsfeste betriebliche Einrichtungen, so handelt es sich dabei nicht um mehrere, sondern nur um eine Tätigkeitsstätte. Fahrzeuge, Flugzeuge, Schiffe oder Tätigkeitsgebiete ohne ortsfeste betriebliche Einrichtungen sind keine Tätigkeitsstätten i. S. d. § 9 Absatz 4 Satz 1 EStG. Das häusliche Arbeitszimmer des Arbeitnehmers ist – wie bisher – keine betriebliche Einrichtung des Arbeitgebers oder eines Dritten und kann daher auch zukünftig keine erste Tätigkeitsstätte sein. Dies gilt auch, wenn der Arbeitgeber vom Arbeitnehmer einen oder mehrere Arbeitsräume anmietet, die der Wohnung des Arbeitnehmers zuzurechnen sind. **Auch in diesem Fall handelt es sich bei einem häuslichen Arbeitszimmer um einen Teil der Wohnung des Arbeitnehmers.** Zur Abgrenzung, welche Räume der Wohnung des Arbeitnehmers zuzurechnen sind, ist auf das Gesamtbild der Verhältnisse im Einzelfall abzustellen (z. B. unmittelbare Nähe zu den privaten Wohnräumen).

bb) Tätigkeitsstätte des Arbeitgebers bei einem verbundenen Unternehmen oder bei einem Dritten

4 Die Annahme einer Tätigkeitsstätte erfordert nicht, dass es sich um eine ortsfeste betriebliche Einrichtung des lohnsteuerlichen Arbeitgebers handelt. Von der Neuregelung erfasst werden auch Sachverhalte, in denen der Arbeitnehmer statt beim eigenen Arbeitgeber in einer ortsfesten betrieblichen Einrichtung eines der in § 15 AktG genannten Unternehmen oder eines Dritten (z. B. eines Kunden) tätig werden soll. **Von einem solchen Tätigwerden kann dann nicht ausgegangen werden, wenn der Arbeitnehmer bei dem Dritten oder verbundenen Unternehmen z. B. nur eine Dienstleistung des Dritten in Anspruch nimmt oder einen Einkauf tätigt.**

cc) Zuordnung mittels dienst- oder arbeitsrechtlicher Festlegung durch den Arbeitgeber

5 Eine erste Tätigkeitsstätte liegt vor, wenn der Arbeitnehmer einer solchen Tätigkeitsstätte (§ 9 Absatz 4 Satz 1 EStG) dauerhaft zugeordnet ist. Ist der Arbeitnehmer nur vorübergehend einer Tätigkeitsstätte zugeordnet, begründet er dort keine erste Tätigkeitsstätte (zur Abgrenzung der Merkmale „dauerhaft" und „vorübergehend" vgl. Rz. 13). Die dauerhafte Zuordnung des Arbeitnehmers wird durch die dienst- oder arbeitsrechtlichen Festlegungen sowie die diese ausfüllenden Absprachen oder Weisungen bestimmt (§ 9 Absatz 4 Satz 2 EStG). Das gilt für einzelne Arbeitnehmer oder Arbeitnehmergruppen, unabhängig davon, ob diese schriftlich oder mündlich erteilt worden sind. Die Zuordnung muss sich auf die Tätigkeit des Arbeitnehmers beziehen; dies ergibt sich aus § 9 Absatz 4 Satz 3 EStG, der mit der beispielhaften Aufzählung darüber hinaus das Kriterium der Dauerhaftigkeit beschreibt.

6 Die Zuordnung eines Arbeitnehmers zu einer betrieblichen Einrichtung allein aus tarifrechtlichen, mitbestimmungsrechtlichen oder organisatorischen Gründen (z. B. Personalaktenführung), ohne dass der Arbeitnehmer in dieser Einrichtung tätig werden soll, ist keine Zuordnung i. S. d. § 9 Absatz 4 EStG. Sofern der Arbeitnehmer in einer vom Arbeitgeber festgelegten Tätigkeitsstätte zumindest in ganz geringem Umfang tätig werden soll, z. B. Hilfs- und Nebentätigkeiten (Auftragsbestätigungen, Stundenzettel, Krank- und Urlaubsmeldung abgeben etc.), kann der Arbeitgeber den Arbeitnehmer zu dieser Tätigkeitsstätte zuordnen, selbst wenn für die Zuordnung letztlich tarifrechtliche, mitbestimmungsrechtliche oder organisatorische Gründe ausschlaggebend sind. Auf die Qualität des Tätigwerdens kommt es dabei somit nicht an (anders als bei der Bestimmung anhand der quantitativen Zuordnungskriterien vgl. dazu Rz. 26). Vielmehr können, wie z. B. bei Festlegung einer Dienststelle/Dienststätte, auch Tätigkeiten von untergeordneter Bedeutung (s. o.) ausreichend sein (Vorrang des Dienst- oder Arbeitsrechts). **Die Abgabe von Krank- oder Urlaubsmeldungen durch Dritte (z. B. mittels Post, Bote oder Familienangehörige) reicht für eine Zuordnung nicht aus, da ein Tätigwerden auch ein persönliches Erscheinen des Arbeitnehmers voraussetzt.**

7 Soll der Arbeitnehmer an mehreren Tätigkeitsstätten tätig werden und ist er einer bestimmten Tätigkeitsstätte dienst- oder arbeitsrechtlich dauerhaft zugeordnet, ist es unerheblich, in welchem Umfang er seine berufliche Tätigkeit an dieser oder an den anderen Tätigkeitsstätten ausüben soll. Auch auf die Regelmäßigkeit des Aufsuchens dieser Tätigkeitsstätten kommt es dann nicht mehr an.

8 Nicht mehr entscheidend ist zudem, ob an der vom Arbeitgeber nach § 9 Absatz 4 Satz 1 EStG festgelegten Tätigkeitsstätte der qualitative Schwerpunkt der Tätigkeit liegt oder liegen soll. Die Rechtsprechung des BFH, die darauf abstellte, ob der zu beurteilenden Arbeitsstätte eine hinreichend zentrale Bedeutung gegenüber weiteren Tätigkeitsorten beizumessen war (vgl. BFH vom 9. Juni 2011 — VI R 36/10 —, BStBl 2012 II S. 36), welche Tätigkeit an den verschiedenen Arbeitsstätten im Einzelnen ausgeübt wurde und welches konkrete Gewicht dieser Tätigkeit zukam (vgl. BFH vom 9. Juni 2011 — VI R 55/10 —, BStBl 2012 II S. 38), ist ab 2014 gegenstandslos.

Beispiel 1:
Der Vertriebsmitarbeiter V für die Region A soll einmal wöchentlich an den Firmensitz nach B fahren, dem er zugeordnet ist. Dort soll er die anfallenden Bürotätigkeiten erledigen und an Dienstbesprechungen teilnehmen. B ist erste Tätigkeitsstätte auf Grund der arbeitsrechtlichen Zuordnung. Dabei ist unerheblich, dass V überwiegend in der Region A und nicht in B tätig werden soll.

Abwandlung:
Ordnet der Arbeitgeber den V dem Firmensitz in B nicht oder nicht eindeutig zu, erfolgt die Prüfung, ob eine erste Tätigkeitsstätte vorliegt anhand der quantitativen Kriterien des § 9 Absatz 4 Satz 4 EStG (Rz. 25 ff.) In diesem Fall liegt in B keine erste Tätigkeitsstätte vor.

§ 42 AO ist zu beachten. Insbesondere bei Gesellschafter-Geschäftsführern, Arbeitnehmer-Ehegatten/**Lebenspartnern** und sonstigen, mitarbeitenden Familienangehörigen ist entscheidend, ob die getroffenen Vereinbarungen einem Fremdvergleich standhalten. 9

Da die dienst- oder arbeitsrechtliche Zuordnungsentscheidung des Arbeitgebers eindeutig sein muss, ist sie vom Arbeitgeber zu dokumentieren. In Betracht kommen hierfür z. B. Regelungen im Arbeitsvertrag, im Tarifvertrag, in Protokollnotizen, dienstrechtlichen Verfügungen, Einsatzplänen, Reiserichtlinien, Reisekostenabrechnungen, der Ansatz eines geldwerten Vorteils für die Nutzung eines Dienstwagens für die Fahrten Wohnung – erste Tätigkeitsstätte oder vom Arbeitgeber als Nachweis seiner Zuordnungsentscheidung vorgelegte Organigramme. Fehlt ein Nachweis oder die Glaubhaftmachung einer eindeutigen Zuordnung, gilt § 9 Absatz 4 Satz 4 EStG. 10

Ein Organigramm kann gegen den Willen des Arbeitgebers nicht als Nachweis zur Bestimmung einer ersten Tätigkeitsstätte herangezogen werden, wenn der Arbeitgeber tatsächlich keine Zuordnung seines Arbeitnehmers zu einer Tätigkeitsstätte getroffen hat und kein anderer Nachweis über die Zuordnung erbracht wird. In diesen Fällen ist anhand der quantitativen Kriterien nach § 9 Absatz 4 Satz 4 EStG zu prüfen, ob der Arbeitnehmer eine erste Tätigkeitsstätte hat. Indiz für eine dienst- oder arbeitsrechtliche Zuordnungsentscheidung des Arbeitgebers kann auch sein, dass z. B. nach der Reiserichtlinie gerade für Tätigkeiten an dieser Tätigkeitsstätte keine Reisekosten gezahlt werden bzw. die Besteuerung eines geldwerten Vorteils für die Fahrten Wohnung – erste Tätigkeitsstätte bei Dienstwagengestellung erfolgt. 11

§ 9 Absatz 4 Satz 1 bis 3 EStG sieht die Möglichkeit einer Zuordnungsentscheidung des Arbeitgebers zu einer bestimmten Tätigkeitsstätte vor. 12
Der Arbeitgeber kann dienst- oder arbeitsrechtlich daher nicht festlegen, dass der Arbeitnehmer keine erste Tätigkeitsstätte hat (Negativfestlegung). Er kann allerdings (ggf. auch ausdrücklich) darauf verzichten, eine erste Tätigkeitsstätte dienst- oder arbeitsrechtlich festzulegen, oder ausdrücklich erklären, dass organisatorische Zuordnungen keine erste Tätigkeitsstätte begründen sollen. In diesen Fällen erfolgt die Prüfung, ob eine erste Tätigkeitsstätte gegeben ist, anhand der quantitativen Zuordnungskriterien nach § 9 Absatz 4 Satz 4 EStG (Rz. 25 ff.). Der Arbeitgeber kann zudem festlegen, dass sich die Bestimmung der ersten Tätigkeitsstätte nach den quantitativen Zuordnungskriterien des § 9 Absatz 4 Satz 4 EStG richtet. Im Ergebnis ist eine Zuordnungsentscheidung des Arbeitgebers mittels dienst- oder arbeitsrechtlicher Festlegung (Rz. 6 ff.) somit lediglich erforderlich, wenn er die erste Tätigkeitsstätte abweichend von den quantitativen Zuordnungskriterien festlegen will.

Beispiel 2:
In Einstellungsbögen bzw. in Arbeitsverträgen ist aufgrund des Nachweisgesetzes und tariflicher Regelungen ein Einstellungs-, Anstellungs- oder Arbeitsort des Arbeitnehmers bestimmt. Hierbei handelt es sich nicht um eine Zuordnung i. S. d. § 9 Absatz 4 EStG, wenn der Arbeitgeber schriftlich auch gegenüber dem Arbeitnehmer bzw. in der Reiserichtlinie des Unternehmens erklärt, dass dadurch keine arbeitsrechtliche Zuordnung zu einer ersten Tätigkeitsstätte erfolgen soll.

dd) Dauerhafte Zuordnung

Die Zuordnung durch den Arbeitgeber zu einer Tätigkeitsstätte muss auf Dauer angelegt sein 13 (Prognose). Die typischen Fälle einer dauerhaften Zuordnung sind nach § 9 Absatz 4 Satz 3 EStG die unbefristete Zuordnung des Arbeitnehmers zu einer bestimmten betrieblichen Einrichtung, die Zuordnung für die gesamte Dauer des – befristeten oder unbefristeten – Dienstverhältnisses oder die Zuordnung über einen Zeitraum von 48 Monaten hinaus. Die Zuordnung „bis auf Weiteres" ist eine Zuordnung ohne Befristung und damit dauerhaft. **Entscheidend sind dabei allein die Festlegungen des Arbeitgebers und die im Rahmen des Dienstverhältnisses erteilten Weisungen.**

Beispiel 3:
Der Arbeitnehmer A ist von der Firma Z als technischer Zeichner ausschließlich für ein Projekt befristet eingestellt worden. Das Arbeitsverhältnis von A soll vertragsgemäß nach Ablauf der Befristung enden.
A hat ab dem ersten Tag der Tätigkeit bei Z auf Grund der arbeitsrechtlichen Zuordnung des Arbeitgebers seine erste Tätigkeitsstätte.

14 Für die Beurteilung, ob eine dauerhafte Zuordnung vorliegt, ist die auf die Zukunft gerichtete prognostische Betrachtung (Ex-ante-Betrachtung) maßgebend. Die Änderung einer Zuordnung durch den Arbeitgeber ist mit Wirkung für die Zukunft zu berücksichtigen.

Beispiel 4:
Der in H wohnende Arbeitnehmer A ist bis auf Weiteres an drei Tagen in der Woche in einer Filiale seines Arbeitgebers in H und an zwei Tagen in der Woche in einer Filiale seines Arbeitgebers in S tätig. Der Arbeitgeber hatte zunächst die Filiale in S als erste Tätigkeitsstätte festgelegt. Ab 1. Juli 2014 legt er H als erste Tätigkeitsstätte fest.
Bis 30. Juni 2014 hat der Arbeitnehmer in S seine erste Tätigkeitsstätte. Ab 1. Juli 2014 ist die erste Tätigkeitsstätte in H.

Beispiel 5:
Der Arbeitnehmer A ist unbefristet beschäftigt. Für einen Zeitraum von 36 Monaten soll er überwiegend in der Filiale X arbeiten. In der Filiale Y soll er nur an Teambesprechungen, Mitarbeiterschulungen und sonstigen Firmenveranstaltungen teilnehmen. Diese finden voraussichtlich einmal pro Monat statt. Der Arbeitgeber hat A der Filiale Y arbeitsrechtlich dauerhaft zugeordnet.
Erste Tätigkeitsstätte ist die Filiale Y, da A dort arbeitsrechtlich dauerhaft zugeordnet ist.

Abwandlung:
Ordnet der Arbeitgeber nicht zu, liegt keine erste Tätigkeitsstätte vor; in der Filiale X soll A nicht dauerhaft tätig werden und in der Filiale Y nicht in dem nach § 9 Absatz 4 Satz 4 EStG (Rz. 25 ff.) erforderlichen quantitativen Umfang.

15 Eine Änderung der Zuordnung kann auch vorliegen, wenn sich das Berufsbild des Arbeitnehmers aufgrund der Vorgaben des Arbeitgebers dauerhaft ändert, so z. B. wenn ein Außendienstmitarbeiter auf Dauer in den Innendienst wechselt.

Beispiel 6:
Der Arbeitnehmer A ist von seinem Arbeitgeber unbefristet eingestellt worden, um dauerhaft in der Filiale Y zu arbeiten. In den ersten 36 Monaten seiner Beschäftigung soll A aber zunächst ausschließlich die Filiale X führen. In der Filiale Y soll er während dieser Zeit nicht, auch nicht in ganz geringem Umfang tätig werden.
Die Filiale X ist keine erste Tätigkeitsstätte, da A dort lediglich für 36 Monate und damit nicht dauerhaft tätig werden soll (unabhängig vom quantitativen Umfang der Tätigkeit). Die Filiale Y wird erst nach Ablauf von 36 Monaten erste Tätigkeitsstätte, wenn A dort tätig werden soll.

16 Weichen die tatsächlichen Verhältnisse durch unvorhersehbare Ereignisse, wie etwa Krankheit, politische Unruhen am Tätigkeitsort, Insolvenz des Kunden o. ä. von der ursprünglichen Festlegung (Prognose) der dauerhaften Zuordnung ab, bleibt die zuvor getroffene Prognoseentscheidung für die Vergangenheit bezüglich des Vorliegens der ersten Tätigkeitsstätte maßgebend.

Beispiel 7:
Der Kundendienstmonteur K soll an der betrieblichen Einrichtung seines Arbeitgebers in A lediglich in unregelmäßigen Abständen seine Aufträge abholen und abrechnen, Urlaubsanträge abgeben und gelegentlich an Besprechungen teilnehmen (vgl. Rz. 26). K ist der betrieblichen Einrichtung in A nicht arbeitsrechtlich zugeordnet. Seine eigentliche berufliche Tätigkeit soll K ausschließlich bei verschiedenen Kunden aus-

üben. Auf Grund ungeplanter betrieblicher Abläufe ergibt es sich, dass K über einen Zeitraum von 12 Monaten nun die betriebliche Einrichtung in A arbeitstäglich aufsuchen soll und auch aufsucht, um dort seine Berichte zu verfassen (= Teil seiner eigentlichen beruflichen Tätigkeit).

Auch wenn K für einen Zeitraum von 12 Monaten arbeitstäglich einen Teil seiner beruflichen Tätigkeit in der betrieblichen Einrichtung in A ausüben soll, führt dies mangels Dauerhaftigkeit noch nicht zu einer ersten Tätigkeitsstätte. Die ursprüngliche Prognose sah dies nicht vor und nach der neuen Prognose sollen diese Arbeiten am Betriebssitz in A nur vorübergehend ausgeübt werden.

Wird eine auf höchstens 48 Monate geplante Auswärtstätigkeit des Arbeitnehmers verlängert, kommt es darauf an, ob dieser vom Zeitpunkt der Verlängerungsentscheidung an noch mehr als 48 Monate an der Tätigkeitsstätte eingesetzt werden soll. 17

Beispiel 8:
Der unbefristet beschäftigte Arbeitnehmer A wird für eine Projektdauer von voraussichtlich 18 Monaten der betrieblichen Einrichtung in M zugeordnet. Nach 18 Monaten wird die Zuordnung um 36 Monate verlängert.

Obwohl A insgesamt 54 Monate in M tätig wird, hat er dort keine erste Tätigkeitsstätte. Die vom Gesetz vorgegebene Prognose-Betrachtung bedeutet, dass A weder im Zeitpunkt der erstmaligen Zuordnung noch im Zeitpunkt der Verlängerungsentscheidung für mehr als 48 Monate in M eingesetzt werden sollte.

Abwandlung:
Die Zuordnung von A wird bereits nach drei Monaten um 36 Monate auf insgesamt 54 Monate verlängert.
Ab dem Zeitpunkt der Verlängerungsentscheidung hat A seine erste Tätigkeitsstätte in M, da er ab diesem Zeitpunkt noch 51 Monate und somit dauerhaft in M tätig werden soll. Das gilt auch, wenn A für diese Tätigkeit neu eingestellt und eine Probezeit vereinbart wurde oder das Projekt planwidrig bereits nach 12 Monaten beendet wird. Die steuerliche Beurteilung der ersten drei Monate als beruflich veranlasste Auswärtstätigkeit bleibt von der Verlängerungsentscheidung unberührt.

Bei einer sog. Kettenabordnung ist keine dauerhafte Zuordnung zu einer Tätigkeitsstätte gegeben, wenn die einzelne Abordnung jeweils einen Zeitraum von höchstens 48 Monaten umfasst. 18

Eine dauerhafte Zuordnung ist gegeben, wenn das Dienstverhältnis auf einen anderen Arbeitgeber ausgelagert wird und der Arbeitnehmer für die gesamte Dauer des neuen Beschäftigungsverhältnisses oder länger als 48 Monate weiterhin an seiner früheren Tätigkeitsstätte des bisherigen Arbeitgebers tätig werden soll (sog. Outsourcing). Die anders lautende Rechtsprechung des BFH (vgl. BFH vom 9. Februar 2012 — VI R 22/10 —, BStBl II S. 827) ist überholt. Entsprechendes gilt für den Fall, dass ein Leiharbeitnehmer ausnahmsweise dauerhaft (nach § 9 Absatz 4 Satz 3 EStG), wenn er „bis auf Weiteres" also unbefristet, für die gesamte Dauer des Leiharbeitsverhältnisses oder länger als 48 Monate) in einer ortsfesten betrieblichen Einrichtung des Entleihers tätig werden soll (vgl. BFH vom 17. Juni 2010 — VI R 35/08 —, BStBl II S. 852, der das Vorliegen einer regelmäßigen Arbeitsstätte generell verneint hatte). Auch die Entscheidung des BFH, wonach die betriebliche Einrichtung eines Kunden des Arbeitgebers in der Regel keine regelmäßige Arbeitsstätte sein konnte (vgl. BFH vom 13. Juni 2012 — VI R 47/11 —, BStBl 2013 II S. 169), ist überholt, sofern der Arbeitnehmer dauerhaft beim Kunden des Arbeitgebers tätig werden soll. 19

Beispiel 9:
Der Arbeitnehmer A ist von der Zeitarbeitsfirma Z als technischer Zeichner ausschließlich für die Überlassung an die Projektentwicklungsfirma P eingestellt worden. Das Arbeitsverhältnis von A endet vertragsgemäß nach Abschluss des aktuellen Projekts bei P.
A hat ab dem ersten Tag der Tätigkeit bei der Projektentwicklungsfirma P seine erste Tätigkeitsstätte, da er seine Tätigkeit bei P für die gesamte Dauer seines Dienstverhältnisses bei Z und damit dort dauerhaft ausüben soll.

Abwandlung:
Der Arbeitnehmer A ist von der Zeitarbeitsfirma Z unbefristet als technischer Zeichner eingestellt worden und wird bis auf Weiteres an die Projektentwicklungsfirma P überlassen.
A hat ab dem ersten Tag der Tätigkeit bei der Projektentwicklungsfirma P seine erste Tätigkeitsstätte, da er seine Tätigkeit bei P ohne Befristung und damit dort dauerhaft ausüben soll.

20 Dienststelle/Dienststätte i. S. d. öffentlichen Reisekosten-, Umzugskosten- und Trennungsgeldrechts ist die Stelle, bei der der Arbeitnehmer eingestellt oder zu der er versetzt, abgeordnet, zugeteilt, zugewiesen oder kommandiert worden ist. Jede dieser dienstlichen Maßnahmen führt dazu, dass diese Stelle zur neuen dienstrechtlichen Dienststelle/Dienststätte wird, unabhängig davon, ob die Maßnahme dauerhaft oder nur vorübergehend ist. Für die steuerrechtliche Beurteilung der dauerhaften Zuordnung zu einer bestimmten Tätigkeitsstätte gilt insbesondere Folgendes:

- Versetzung ohne zeitliche Befristung – dauerhafte Zuordnung, es wird eine neue „erste Tätigkeitsstätte" begründet.

- Abordnung ohne zeitliche Befristung – dauerhafte Zuordnung, es wird eine neue „erste Tätigkeitsstätte" begründet.

- Versetzung mit einer zeitlichen Befristung bis zu 48 Monaten – keine dauerhafte Zuordnung, damit keine neue „erste Tätigkeitsstätte".

- Abordnung mit einer zeitlichen Befristung bis zu 48 Monaten, ggf. auch verbunden mit dem Ziel der Versetzung – keine dauerhafte Zuordnung, damit keine neue „erste Tätigkeitsstätte".

- Entsprechendes gilt für abordnungs- oder versetzungsgleiche Maßnahmen (z. B. Kommandierung, Zuteilung, Zuweisung).

21 Bei grenzüberschreitender Arbeitnehmerentsendung zwischen verbundenen Unternehmen liegt beim aufnehmenden Unternehmen eine erste Tätigkeitsstätte dann vor, wenn der Arbeitnehmer im Rahmen eines eigenständigen Arbeitsvertrags mit dem aufnehmenden Unternehmen einer ortsfesten betrieblichen Einrichtung dieses Unternehmens unbefristet zugeordnet ist, die Zuordnung die Dauer des gesamten – befristeten oder unbefristeten – Dienstverhältnisses umfasst oder die Zuordnung über einen Zeitraum von 48 Monaten hinaus reicht (vgl. § 9 Absatz 4 Satz 3 EStG). **Die Rechtsprechung des BFH, die darauf abstellte, dass ein Arbeitnehmer, der wiederholt befristet von seinem Arbeitgeber ins Ausland entsandt worden ist, dort keine regelmäßige Arbeitsstätte begründet (vgl. BFH vom 10. April 2014 — VI R 11/13 —, BStBl II S. 804), ist im Hinblick auf die gesetzliche Regelung des § 9 Absatz 4 EStG ab 2014 überholt.**

> **Beispiel 10:**
> Der Arbeitnehmer A ist von der ausländischen Muttergesellschaft M für zwei Jahre an die inländische Tochtergesellschaft T entsandt worden. A hat mit T einen eigenständigen Arbeitsvertrag über zwei Jahre abgeschlossen, in dem er der inländischen Hauptniederlassung von T zugeordnet wurde.
> A hat bei T seine erste Tätigkeitsstätte.

22 Wird ein Arbeitnehmer bei grenzüberschreitender Arbeitnehmerentsendung zwischen verbundenen Unternehmen ohne Abschluss eines eigenständigen Arbeitsvertrags mit dem aufnehmenden Unternehmen in einer ortsfesten betrieblichen Einrichtung dieses Unternehmens tätig, liegt beim aufnehmenden Unternehmen eine erste Tätigkeitsstätte nur dann vor, wenn der Arbeitnehmer vom entsendenden Unternehmen einer ortsfesten Einrichtung des aufnehmenden Unternehmens unbefristet zugeordnet ist, die Zuordnung die Dauer des gesamten – befristeten oder unbefristeten – Dienstverhältnisses umfasst oder die Zuordnung über einen Zeitraum von 48 Monaten hinaus reicht (vgl. § 9 Absatz 4 Satz 3 EStG).

> **Beispiel 11:**
> Der Arbeitnehmer A ist von der ausländischen Muttergesellschaft M im Rahmen eines unbefristeten Arbeitsvertrags für zwei Jahre an die inländische Tochtergesellschaft T entsandt und für diesen Zeitraum der inländischen Hauptniederlassung von T zugeordnet worden. A hat mit T keinen eigenständigen Arbeitsvertrag abgeschlossen.
> A hat bei T keine erste Tätigkeitsstätte, da er der inländischen Hauptniederlassung von T nicht dauerhaft i. S. v. § 9 Absatz 4 Satz 1 i. V. m. Satz 3 EStG zugeordnet worden ist. Er übt für die Dauer seiner zweijährigen Tätigkeit bei T eine beruflich veranlasste Auswärtstätigkeit aus.

Fehlt es bei grenzüberschreitender Arbeitnehmerentsendung zwischen verbundenen Unternehmen an einer dauerhaften Zuordnung des Arbeitnehmers zu einer betrieblichen Einrichtung des aufnehmenden Unternehmens durch dienst- oder arbeitsrechtliche Festlegung oder ist die getroffene Festlegung nicht eindeutig, gelten die quantitativen Zuordnungskriterien des § 9 Absatz 4 Satz 4 EStG (vgl. hierzu die Ausführungen zur Dauerhaftigkeit unter Rz. 13 ff. und zu den quantitativen Kriterien unter Rz. 25 ff.). 23

ee) Anwendung der 48-Monatsfrist im Zusammenhang mit der Prüfung der dauerhaften Zuordnung ab 1. Januar 2014

Für die Anwendung der im Zusammenhang mit der Prüfung einer dauerhaften Zuordnung gegebenenfalls zu beachtenden 48-Monatsfrist gilt Folgendes: 24

Für die Frage (Prognose), ob der Arbeitnehmer dauerhaft einer bestimmten Tätigkeitsstätte zugeordnet ist, kommt es maßgeblich auf den jeweiligen Beginn der durch den Arbeitnehmer auszuübenden Tätigkeit an. Dieser ist daher regelmäßig für die Anwendung der 48-Monatsfrist entscheidend, auch wenn er vor dem 1. Januar 2014 liegt. Hat der Arbeitgeber zu Beginn der Tätigkeit keine oder keine eindeutige Prognose getroffen oder eine solche nicht dokumentiert, konnte er diese bis spätestens zum 1. Januar 2014 treffen und dokumentieren.

> **Beispiel 12:**
> Der Arbeitnehmer A hat seine Tätigkeit am 1. Juli 2010 an der Tätigkeitsstätte des Kunden K seines Arbeitgebers aufgenommen. Er soll dort bis zum 1. März 2014 tätig sein.
> Die 48-Monatsfrist beginnt am 1. Juli 2010; der Tätigkeitszeitraum beträgt weniger als 48 Monate. A hat ab 1. Januar 2014 bei dem Kunden K weiterhin keine erste Tätigkeitsstätte.
> **Abwandlung:**
> A hat seine Tätigkeit am 1. Juli 2010 an einer Tätigkeitsstätte des Kunden K seines Arbeitgebers aufgenommen und soll dort bis zum 31. Dezember 2014 tätig sein.
> Die 48-Monatsfrist beginnt am 1. Juli 2010; der Tätigkeitszeitraum beträgt mehr als 48 Monate. Ab 1. Januar 2014 hat Arbeitnehmer A somit bei dem Kunden K seine erste Tätigkeitsstätte.

ff) Quantitative Zuordnungskriterien

Fehlt es an einer dauerhaften Zuordnung des Arbeitnehmers zu einer betrieblichen Einrichtung durch dienst- oder arbeitsrechtliche Festlegung nach den vorstehenden Kriterien (z. B. weil der Arbeitgeber ausdrücklich auf eine Zuordnung verzichtet hat oder ausdrücklich erklärt, dass organisatorische Zuordnungen keine steuerliche Wirkung entfalten sollen) oder ist die getroffene Festlegung nicht eindeutig, ist nach § 9 Absatz 4 Satz 4 EStG von einer ersten Tätigkeitsstätte an der betrieblichen Einrichtung auszugehen, an der der Arbeitnehmer 25

– typischerweise arbeitstäglich oder
– je Arbeitswoche zwei volle Arbeitstage oder mindestens ein Drittel seiner vereinbarten regelmäßigen Arbeitszeit

dauerhaft (vgl. Rz. 13 ff.) tätig werden soll.

> **Beispiel 13:**
> Der Arbeitnehmer A ist von seinem Arbeitgeber unbefristet eingestellt worden, um dauerhaft in der Filiale Y zu arbeiten. In den ersten 36 Monaten seiner Tätigkeit arbeitet er an drei Tagen wöchentlich in der Filiale X und zwei volle Tage wöchentlich in der Filiale Y. Der Arbeitgeber hat A für die ersten 36 Monate Filiale X zugeordnet.
> In diesen 36 Monaten seiner Tätigkeit hat A in der Filiale X keine erste Tätigkeitsstätte, da er dort nicht dauerhaft zugeordnet ist. Erste Tätigkeitsstätte ist jedoch – auch ohne Zuordnung i. S. d. § 9 Absatz 4 Satz 1 EStG – Filiale Y, da A dort dauerhaft typischerweise an zwei vollen Tagen i. S. d. § 9 Absatz 4 Satz 4 EStG tätig werden soll.

Abwandlung:
Der Arbeitnehmer A soll in den ersten 36 Monaten seiner Tätigkeit an vier Tagen wöchentlich in der Filiale X und einen vollen Tag wöchentlich in der Filiale Y tätig werden.

In diesen 36 Monaten seiner Tätigkeit hat A in der Filiale X keine erste Tätigkeitsstätte, da er dort nicht dauerhaft tätig werden soll. Erste Tätigkeitsstätte ist auch nicht die Filiale Y, da A dort die quantitativen Kriterien nach § 9 Absatz 4 Satz 4 EStG nicht erfüllt.

26 Dabei muss der Arbeitnehmer an der betrieblichen Einrichtung seine eigentliche berufliche Tätigkeit ausüben. Allein ein regelmäßiges Aufsuchen der betrieblichen Einrichtung, z. B. für kurze Rüstzeiten, zur Berichtsfertigung, zur Vorbereitung der Zustellroute, zur Wartung und Pflege des Fahrzeugs, zur Abholung oder Abgabe von Kundendienstfahrzeugen **oder LKWs einschließlich deren Be- und Entladung, zur Abgabe von** Auftragsbestätigungen, Stundenzetteln, Krankmeldungen und Urlaubsanträgen führt hier noch nicht zu einer Qualifizierung der betrieblichen Einrichtung als erste Tätigkeitsstätte.

Beispiel 14:
Der Kundendienstmonteur K, der von seinem Arbeitgeber keiner betrieblichen Einrichtung dauerhaft zugeordnet ist, sucht den Betrieb seines Arbeitgebers regelmäßig auf, um den Firmenwagen samt Material zu übernehmen, die Auftragsbestätigungen in Empfang zu nehmen und die Stundenzettel vom Vortag abzugeben.
Der K hat keine erste Tätigkeitsstätte. Der Betrieb seines Arbeitgebers wird auch durch das regelmäßige Aufsuchen nicht zur ersten Tätigkeitsstätte, da er seine eigentliche berufliche Tätigkeit an diesem Ort nicht ausübt.

Beispiel 15:
Die Fahrer im ÖPV sollen ihr Fahrzeug immer an wechselnden Stellen im Stadtgebiet aufnehmen und in der Regel mindestens einmal wöchentlich die Kassen abrechnen. Die Kassenabrechnung sollen sie in der Geschäftsstelle oder in einem Betriebshof durchführen. Dort werden auch die Personalakten geführt oder sind Krank- und Urlaubsmeldungen abzugeben.
Das bloße Abrechnen der Kassen, die Führung der Personalakten sowie die Verpflichtung zur Abgabe der Krank- und Urlaubsmeldungen führt nicht zu einer ersten Tätigkeitsstätte am Betriebshof oder in der Geschäftsstelle, es sei denn, der Arbeitgeber ordnet die Arbeitnehmer dem Betriebshof oder der Geschäftsstelle arbeitsrechtlich als erste Tätigkeitsstätte zu.

Beispiel 16:
Der LKW-Fahrer L soll typischerweise arbeitstäglich den Betriebssitz des Arbeitgebers aufsuchen, um dort das Fahrzeug abzuholen sowie dessen Wartung und Pflege durchzuführen. Allein das Abholen sowie die Wartung und Pflege des Fahrzeugs, als Hilfs- und Nebentätigkeiten, führen nicht zu einer ersten Tätigkeitsstätte am Betriebssitz des Arbeitgebers; allerdings handelt es sich in diesem Fall bei dem Betriebssitz um einen sog. Sammelpunkt (Rz. 37). Etwas anderes gilt nur, wenn der Arbeitgeber den Arbeitnehmer dem Betriebssitz arbeitsrechtlich als erste Tätigkeitsstätte zuordnet (Rz. 12).

27 Auch die in § 9 Absatz 4 Satz 4 EStG aufgeführten zeitlichen (= quantitativen) Kriterien sind anhand einer in die Zukunft gerichteten Prognose zu beurteilen. Weichen die tatsächlichen Verhältnisse durch unvorhersehbare Ereignisse (wie z. B. Krankheit) hiervon ab, bleibt es bei der zuvor getroffenen Prognoseentscheidung bezüglich der ersten Tätigkeitsstätte. Die Prognoseentscheidung ist zu Beginn des Dienstverhältnisses zu treffen. Die auf Grundlage dieser Prognose getroffene Beurteilung bleibt solange bestehen, bis sich die Verhältnisse maßgeblich ändern. Davon ist insbesondere auszugehen, wenn sich das Berufsbild des Arbeitnehmers (Außendienstmitarbeiter wechselt z. B. in den Innendienst) oder die quantitativen Zuordnungskriterien (Arbeitnehmer soll z. B. statt zwei nun drei Filialen betreuen) dauerhaft ändern oder der Arbeitgeber erstmalig eine dienst- oder arbeitsrechtliche Zuordnungsentscheidung trifft.

Beispiel 17:
Der Arbeitnehmer A soll seine berufliche Tätigkeit an drei Tagen wöchentlich in einem häuslichen Arbeitszimmer ausüben und an zwei vollen Tagen in der betrieblichen Einrichtung seines Arbeitgebers in D tätig werden.
Das häusliche Arbeitszimmer ist nie erste Tätigkeitsstätte. Erste Tätigkeitsstätte ist hier vielmehr die betriebliche Einrichtung des Arbeitgebers in D, da der Arbeitnehmer dort an zwei vollen Tagen wöchentlich beruflich tätig werden soll.

Beispiel 18:
Der Arbeitnehmer A soll seine berufliche Tätigkeit im häuslichen Arbeitszimmer ausüben und zusätzlich jeden Arbeitstag für eine Stunde in der betrieblichen Einrichtung seines Arbeitgebers in D tätig werden.
Das häusliche Arbeitszimmer ist nie erste Tätigkeitsstätte. Erste Tätigkeitsstätte ist hier vielmehr die betriebliche Einrichtung des Arbeitgebers in D, da der Arbeitnehmer dort typischerweise arbeitstäglich tätig werden soll. In diesem Fall ist es unerheblich, dass dort weniger als 1/3 der gesamten regelmäßigen Arbeitszeit erbracht werden soll.

Beispiel 19:
Der Arbeitnehmer A soll seine berufliche Tätigkeit im häuslichen Arbeitszimmer ausüben und zusätzlich jeden Tag in einer anderen betrieblichen Einrichtung seines Arbeitgebers tätig werden. Die Arbeitszeit in den verschiedenen Tätigkeitsstätten beträgt jeweils weniger als 1/3 der gesamten Arbeitszeit des Arbeitnehmers.
Das häusliche Arbeitszimmer ist nie erste Tätigkeitsstätte. Auch an den anderen Tätigkeitsstätten des Arbeitgebers hat der Arbeitnehmer keine erste Tätigkeitsstätte, da er diese Tätigkeitsstätten nicht arbeitstäglich aufsucht und dort jeweils weniger als 1/3 seiner gesamten Arbeitszeit tätig wird.

Beispiel 20:
Der Arbeitnehmer A übt seine Tätigkeit nur bei wechselnden Kunden und im häuslichen Arbeitszimmer aus. Er hat keine erste Tätigkeitsstätte.

Zusammenfassung

Bei der quantitativen Prüfung kommt es somit allein auf den Umfang der an der Tätigkeitsstätte zu leistenden arbeitsvertraglichen Arbeitszeit (mind. 1/3 der vereinbarten regelmäßigen Arbeitszeit oder zwei volle Arbeitstage wöchentlich oder arbeitstäglich) an. Dies bedeutet:

- Soll der Arbeitnehmer an einer Tätigkeitsstätte zwei volle Arbeitstage je Arbeitswoche oder mindestens 1/3 der vereinbarten regelmäßigen Arbeitszeit tätig werden, dann ist dies die erste Tätigkeitsstätte.
- Entsprechendes gilt, wenn der Arbeitnehmer an einer Tätigkeitsstätte arbeitstäglich und mindestens 1/3 der vereinbarten regelmäßigen Arbeitszeit tätig werden soll.
- Soll der Arbeitnehmer an einer Tätigkeitsstätte arbeitstäglich, aber weniger als 1/3 der vereinbarten regelmäßigen Arbeitszeit tätig werden, dann führt dies nur zu einer ersten Tätigkeitsstätte, wenn der Arbeitnehmer dort typischerweise arbeitstäglich seine eigentliche berufliche Tätigkeit und nicht nur Vorbereitungs-, Hilfs- oder Nebentätigkeiten (Rüstzeiten, Abholung oder Abgabe von Kundendienstfahrzeugen **oder LKWs einschließlich deren Be- und Entladung, die Abgabe von** Auftragsbestätigungen, Stundenzetteln, Krankmeldungen, Urlaubsanträgen oder Ähnlichem) durchführen soll.
- Erfüllen danach mehrere Tätigkeitsstätten die quantitativen Voraussetzungen für eine erste Tätigkeitsstätte, kann der Arbeitgeber bestimmen, welche dieser Tätigkeitsstätten die erste Tätigkeitsstätte ist.
- Fehlt eine solche Bestimmung des Arbeitgebers, wird zugunsten des Arbeitnehmers die Tätigkeitsstätte zugrunde gelegt, die der Wohnung des Arbeitnehmers am nächsten liegt.

gg) Mehrere Tätigkeitsstätten

Der Arbeitnehmer kann je Dienstverhältnis höchstens eine erste Tätigkeitsstätte haben (§ 9 Absatz 4 Satz 5 EStG). Hingegen kann ein Arbeitnehmer mit mehreren Dienstverhältnissen auch mehrere erste Tätigkeitsstätten haben (je Dienstverhältnis jedoch höchstens eine).

Erfüllen mehrere Tätigkeitsstätten in einem Dienstverhältnis die quantitativen Kriterien für die Annahme einer ersten Tätigkeitsstätte, kann der Arbeitgeber die erste Tätigkeitsstätte bestimmen (§ 9 Absatz 4 Satz 6 EStG). Dabei muss es sich nicht um die Tätigkeitsstätte handeln, an der der Arbeitnehmer den zeitlich überwiegenden oder qualitativ bedeutsameren Teil seiner beruflichen Tätigkeit ausüben soll.

Beispiel 21:
Der in H wohnende Filialleiter A ist an drei Tagen in der Woche in einer Filiale seines Arbeitgebers in H und an zwei Tagen in der Woche in einer Filiale seines Arbeitgebers in S tätig. Der Arbeitgeber bestimmt die Filiale in S zur ersten Tätigkeitsstätte.

Durch die Bestimmung seines Arbeitgebers hat der Filialleiter A in der betrieblichen Einrichtung in S seine erste Tätigkeitsstätte. Unerheblich ist, dass er dort lediglich zwei Tage und damit nicht zeitlich überwiegend beruflich tätig ist.

31 Macht der Arbeitgeber von seinem Bestimmungsrecht nach § 9 Absatz 4 Satz 6 EStG keinen Gebrauch oder ist die Bestimmung nicht eindeutig, ist die der Wohnung des Arbeitnehmers örtlich am nächsten liegende Tätigkeitsstätte die erste Tätigkeitsstätte (§ 9 Absatz 4 Satz 7 EStG). Die Fahrten zu weiter entfernt liegenden Tätigkeitsstätten werden in diesem Fall als Auswärtstätigkeit qualifiziert.

Beispiel 22:
Der in H wohnende Filialleiter A soll typischerweise arbeitstäglich in drei Filialen (X, Y und Z) seines Arbeitgebers tätig werden. Er fährt morgens mit seinem eigenen PKW regelmäßig zur Filiale X, dann zur Filiale Y, von dort zur Filiale Z und von dieser zur Wohnung. Die Filiale in Y liegt der Wohnung am nächsten. Der Arbeitgeber ordnet A arbeitsrechtlich keine Filiale (als erste Tätigkeitsstätte) zu.
Erste Tätigkeitsstätte ist die Filiale Y, da diese der Wohnung des A am nächsten liegt. Die Tätigkeit in X und Z sind beruflich veranlasste Auswärtstätigkeiten. Da A von seiner Wohnung zu einer auswärtigen Tätigkeitsstätte, von dort zur ersten Tätigkeitsstätte und von dort wieder zu einer anderen auswärtigen Tätigkeitsstätte fährt, liegen keine Fahrten zwischen Wohnung und erster Tätigkeitsstätte vor, sondern Fahrten, für die ein steuerfreier Arbeitgeberersatz bzw. Werbungskostenabzug nach Reisekostengrundsätzen in Betracht kommt.

Abwandlung:
Wie Beispiel **22**, allerdings nutzt der Filialleiter A für die arbeitstäglichen Fahrten einen ihm vom Arbeitgeber überlassenen Dienstwagen; A führt kein Fahrtenbuch, sondern ermittelt den geldwerten Vorteil nach der pauschalen Nutzungswertmethode.

Grundsätzlich ist ein geldwerter Vorteil, für die Möglichkeit den Dienstwagen für Fahrten zwischen Wohnung und erster Tätigkeitsstätte zu nutzen, in Höhe von 0,03 Prozent des Listenpreises je Entfernungskilometer anzusetzen. Weist A mittels Einzelaufzeichnungen die Zahl der tatsächlichen Fahrten zwischen Wohnung und erster Tätigkeitsstätte nach, ist stattdessen für jede Fahrt ein geldwerter Vorteil von 0,002 Prozent des Listenpreises je Entfernungskilometer anzusetzen. Im vorliegenden Fall hat A keine unmittelbaren Fahrten zwischen Wohnung und erster Tätigkeitsstätte; daher ist – bei Nachweis der tatsächlichen Fahrten – insoweit kein geldwerter Vorteil anzusetzen.

Beispiel 23:
Die Pflegedienstkraft P hat täglich vier Personen zu betreuen. Alle vier Pflegepersonen sollen **von P nach Absprache mit der Pflegedienststelle (Arbeitgeber) bis auf Weiteres** arbeitstäglich regelmäßig betreut werden. Der Arbeitgeber hat keine dieser Pflegestellen als erste Tätigkeitsstätte bestimmt.
Erste Tätigkeitsstätte der P ist die ihrer Wohnung am nächsten liegende Pflegestelle.

Abwandlung:
Die vier Pflegepersonen sollen von P nach Absprache mit der Pflegedienststelle (Arbeitgeber) zunächst für die Dauer von zwei Jahren arbeitstäglich regelmäßig betreut werden.
Die Pflegedienstkraft hat keine erste Tätigkeitsstätte, da sie an keiner der Pflegestellen dauerhaft tätig werden soll.

hh) Erste Tätigkeitsstätte bei Vollzeitstudium oder vollzeitigen Bildungsmaßnahmen

32 Erste Tätigkeitsstätte ist auch eine Bildungseinrichtung, die außerhalb eines Dienstverhältnisses zum Zwecke eines Vollzeitstudiums oder einer vollzeitigen Bildungsmaßnahme aufgesucht wird (§ 9 Absatz 4 Satz 8 EStG). Durch diese Neuregelung ist die Rechtsprechung des BFH, wonach es sich bei vollzeitig besuchten Bildungseinrichtungen nicht um regelmäßige Arbeitsstätten handelt (vgl. BFH vom 9. Februar 2012 — VI R 42/11 —, BStBl 2013 II S. 236 und — VI R 44/10 —, BStBl 2013 II S. 234), überholt.

Ein Studium oder eine Bildungsmaßnahme findet insbesondere dann außerhalb eines Dienstverhältnisses statt, wenn

- diese nicht Gegenstand des Dienstverhältnisses sind, auch wenn sie seitens des Arbeitgebers durch Hingabe von Mitteln, wie z. B. eines Stipendiums, gefördert werden oder
- diese ohne arbeitsvertragliche Verpflichtung absolviert werden und die Beschäftigung lediglich das Studium oder die Bildungsmaßnahme ermöglicht.

Zur Abgrenzung gegenüber einem Studium oder einer Bildungsmaßnahme innerhalb eines Dienstverhältnisses vgl. auch R 9.2 sowie 19.7 LStR 2013.

Ein Vollzeitstudium oder eine vollzeitige Bildungsmaßnahme liegt insbesondere vor, wenn der Steuerpflichtige im Rahmen des Studiums oder im Rahmen der Bildungsmaßnahme für einen Beruf ausgebildet wird und daneben entweder keiner Erwerbstätigkeit nachgeht oder während der gesamten Dauer des Studiums oder der Bildungsmaßnahme eine Erwerbstätigkeit mit durchschnittlich bis zu 20 Stunden regelmäßiger wöchentlicher Arbeitszeit oder in Form eines geringfügigen Beschäftigungsverhältnisses i. S. d. §§ 8 und 8a SGB IV ausübt. 33

Dies gilt auch für den Sonderausgabenabzug nach § 10 Absatz 1 Nummer 7 EStG. 34

b) Fahrtkosten bei auswärtiger Tätigkeit, Sammelpunkt, weiträumiges Tätigkeitsgebiet, § 9 Absatz 1 Satz 3 Nummer 4a EStG

aa) Tatsächliche Fahrtkosten und pauschaler Kilometersatz bei auswärtiger Tätigkeit

Die steuerliche Berücksichtigung der tatsächlichen Fahrtkosten im Zusammenhang mit einer auswärtigen beruflichen Tätigkeit bleibt im Wesentlichen unverändert. 35

Statt der tatsächlichen Aufwendungen kann aus Vereinfachungsgründen typisierend je nach Art des benutzten Verkehrsmittels (z. B. PKW, Motorrad) auch ein pauschaler Kilometersatz (höchste Wegstreckenentschädigung nach dem Bundesreisekostengesetz für das jeweils benutzte Beförderungsmittel: Benutzung eines Kraftwagens, z. B. PKW 0,30 Euro, für jedes andere motorbetriebene Fahrzeug 0,20 Euro) für jeden gefahrenen Kilometer angesetzt werden (§ 9 Absatz 1 Satz 3 Nummer 4a Satz 2 EStG). Eine Prüfung der tatsächlichen Kilometerkosten ist demnach nicht mehr erforderlich, wenn der Arbeitnehmer von dieser gesetzlichen Typisierung Gebrauch macht. Durch diese Neuregelung ist die Rechtsprechung des BFH zur Prüfung der pauschalen Kilometersätze (vgl. BFH vom 25. Oktober 1985 — VI R 15/81 —, BStBl 1986 II S. 200 sowie vom 26. Juli 1991 — VI R 114/88 —, BStBl 1992 II S. 105) überholt. 36

bb) „Sammelpunkt"

Liegt keine erste Tätigkeitsstätte (nach Rz. 6 ff. oder Rz. 25 ff.) vor und bestimmt der Arbeitgeber durch dienst- oder arbeitsrechtliche Festlegung, dass der Arbeitnehmer sich dauerhaft (Rz. 13 ff.) typischerweise arbeitstäglich an einem festgelegten Ort, der die Kriterien für eine erste Tätigkeitsstätte nicht erfüllt, einfinden soll, um von dort seine unterschiedlichen eigentlichen Einsatzorte aufzusuchen oder von dort seine berufliche Tätigkeit aufzunehmen (z. B. Treffpunkt für einen betrieblichen Sammeltransport, das Busdepot, der Fährhafen), werden die Fahrten des Arbeitnehmers von der Wohnung zu diesem vom Arbeitgeber festgelegten Ort wie Fahrten zu einer ersten Tätigkeitsstätte behandelt; für diese Fahrten dürfen Fahrtkosten nur im Rahmen des § 9 Absatz 1 Satz 3 Nummer 4 und Absatz 2 EStG (Entfernungspauschale) angesetzt werden. 37

Beispiel 24:
Bus- oder LKW-Fahrer haben regelmäßig keine erste Tätigkeitsstätte. Lediglich, wenn dauerhaft und typischerweise arbeitstäglich ein vom Arbeitgeber festgelegter Ort aufgesucht werden soll, werden die Fahrten von der Wohnung zu diesem Ort/Sammelpunkt gleich behandelt mit den Fahrten von der Wohnung zu einer ersten Tätigkeitsstätte.

Beispiel 25:
Kundendienstmonteure haben ebenfalls in der Regel keine erste Tätigkeitsstätte. Nur dann, wenn dauerhaft und typischerweise arbeitstäglich ein vom Arbeitgeber festgelegter Ort aufgesucht werden soll, werden die Fahrten von der Wohnung zu diesem Ort/Sammelpunkt ebenso behandelt wie die Fahrten von der Wohnung zu einer ersten Tätigkeitsstätte.

Beispiel 26:
Seeleute, die auf einem Schiff tätig werden sollen, haben in der Regel keine erste Tätigkeitsstätte, da das Schiff keine ortsfeste betriebliche Einrichtung des Arbeitgebers ist. Soll der Dienstantritt, die Ein- und Ausschiffung aber typischerweise arbeitstäglich von dem gleichen Anleger (wie z. B. einem Fähranleger, Liegeplatz des Seenotrettungskreuzers, Anleger des Fahrgastschiffes) erfolgen, werden die Fahrten zu diesem Ort/Sammelpunkt ebenso behandelt wie die Fahrten von der Wohnung zu einer ersten Tätigkeitsstätte.

Beispiel 27:
Angestellte Lotsen haben üblicherweise keine erste Tätigkeitsstätte, wenn sie ihre Tätigkeit typischerweise auf verschiedenen Schiffen ausüben sollen. Fahrten von der Wohnung zu einer vom Arbeitgeber festgelegten Lotsenstation oder Lotsenwechselstation, um von dort zum Einsatz auf ein Schiff verbracht zu werden, werden ebenso behandelt wie die Fahrten von der Wohnung zu einer ersten Tätigkeitsstätte.

38 Treffen sich mehrere Arbeitnehmer typischerweise arbeitstäglich an einem bestimmten Ort, um von dort aus gemeinsam zu ihren Tätigkeitsstätten zu fahren (privat organisierte Fahrgemeinschaft), liegt kein „Sammelpunkt" nach § 9 Absatz 1 Satz 3 Nummer 4a Satz 3 EStG vor. Es fehlt insoweit an einer dienst- oder arbeitsrechtlichen Festlegung des Arbeitgebers.

39 Auf die Berücksichtigung von Verpflegungspauschalen oder Übernachtungskosten als Werbungskosten oder den steuerfreien Arbeitgeberersatz hierfür hat diese Festlegung hingegen keinen Einfluss, da der Arbeitnehmer weiterhin außerhalb einer ersten Tätigkeitsstätte und somit auswärts beruflich tätig wird. Es wird keine erste Tätigkeitsstätte fingiert, sondern nur die Anwendung der Entfernungspauschale für die Fahrtkosten von der Wohnung zu diesem Ort sowie die Besteuerung eines geldwerten Vorteils bei Dienstwagengestellung durch den Arbeitgeber nach § 8 Absatz 2 Satz 3 und 4 EStG festgelegt und der steuerfreie Arbeitgeberersatz für diese Fahrten nach § 3 Nummer 13 oder Nummer 16 EStG ausgeschlossen.

cc) Weiträumiges Tätigkeitsgebiet

40 Soll der Arbeitnehmer auf Grund der Weisungen des Arbeitgebers seine berufliche Tätigkeit typischerweise arbeitstäglich in einem weiträumigen Tätigkeitsgebiet ausüben, findet für die Fahrten von der Wohnung zu diesem Tätigkeitsgebiet ebenfalls die Entfernungspauschale Anwendung.

41 Ein weiträumiges Tätigkeitsgebiet liegt in Abgrenzung zur ersten Tätigkeitsstätte vor, wenn die vertraglich vereinbarte Arbeitsleistung auf einer festgelegten Fläche und nicht innerhalb einer ortsfesten betrieblichen Einrichtung des Arbeitgebers, eines verbundenen Unternehmens (§ 15 AktG) oder bei einem vom Arbeitgeber bestimmten Dritten ausgeübt werden soll. In einem weiträumigen Tätigkeitsgebiet werden in der Regel z. B. Zusteller, Hafenarbeiter und Forstarbeiter tätig.

Hingegen sind z. B. Bezirksleiter und Vertriebsmitarbeiter, die verschiedene Niederlassungen betreuen oder mobile Pflegekräfte, die verschiedene Personen in deren Wohnungen in einem festgelegten Gebiet betreuen, sowie Schornsteinfeger von dieser Regelung nicht betroffen.

42 Wird das weiträumige Tätigkeitsgebiet immer von verschiedenen Zugängen aus betreten oder befahren, ist die Entfernungspauschale aus Vereinfachungsgründen bei diesen Fahrten nur für die kürzeste Entfernung von der Wohnung zum nächstgelegenen Zugang anzuwenden.

Für alle Fahrten innerhalb des weiträumigen Tätigkeitsgebietes sowie für die zusätzlichen Kilometer bei den Fahrten von der Wohnung zu einem weiter entfernten Zugang können weiterhin die tatsächlichen Aufwendungen oder der sich am Bundesreisekostengesetz orientierende maßgebliche pauschale Kilometersatz angesetzt werden. 43

Beispiel 28:
Der Forstarbeiter A fährt an 150 Tagen mit dem PKW von seiner Wohnung zu dem 15 km entfernten, nächstgelegenen Zugang des von ihm täglich zu betreuenden Waldgebietes (weiträumiges Tätigkeitsgebiet). An 70 Tagen fährt A von seiner Wohnung über einen weiter entfernt gelegenen Zugang (20 km) in das Waldgebiet.
Die Fahrten von der Wohnung zu dem weiträumigen Tätigkeitsgebiet werden behandelt wie die Fahrten von der Wohnung zu einer ersten Tätigkeitsstätte. A kann somit für diese Fahrten lediglich die Entfernungspauschale in Höhe von 0,30 Euro je Entfernungskilometer (= 15 km × 0,30 Euro) als Werbungskosten ansetzen. Die Fahrten innerhalb des Waldgebietes können mit den tatsächlichen Kosten oder aus Vereinfachungsgründen mit dem pauschalen Kilometersatz in Höhe von 0,30 Euro je tatsächlich gefahrenem Kilometer berücksichtigt werden.
Bei den Fahrten zu dem weiter entfernt gelegenen Zugang werden ebenfalls nur 15 Kilometer mit der Entfernungspauschale (15 km × 0,30 Euro) berücksichtigt. Die jeweils zusätzlichen fünf Kilometer für den tatsächlich längeren Hin- und Rückweg, werden ebenso wie die Fahrten innerhalb des weiträumigen Tätigkeitsgebietes mit den tatsächlichen Kosten oder aus Vereinfachungsgründen mit dem pauschalen Kilometersatz in Höhe von 0,30 Euro je gefahrenem Kilometer berücksichtigt.
Somit sind für 220 Tage jeweils 15 km mit der Entfernungspauschale und die restlichen tatsächlich gefahrenen Kilometer mit den tatsächlichen Kosten oder aus Vereinfachungsgründen mit dem pauschalen Kilometersatz in Höhe von 0,30 Euro anzusetzen.

Auf die Berücksichtigung von Verpflegungspauschalen oder Übernachtungskosten als Werbungskosten sowie den steuerfreien Arbeitgeberersatz hat diese Festlegung „tätig werden in einem weiträumigen Tätigkeitsgebiet" – im Gegensatz zum bisherigen sog. „weiträumigen Arbeitsgebiet", welches auch „regelmäßige Arbeitsstätte" sein konnte – keinen Einfluss, da der Arbeitnehmer weiterhin außerhalb einer ersten Tätigkeitsstätte – und damit auswärts – beruflich tätig wird. Es wird nur die Anwendung der Entfernungspauschale für die Fahrtkosten von der Wohnung zum nächstgelegenen Zugang zu dem weiträumigen Tätigkeitsgebiet sowie die Besteuerung eines geldwerten Vorteils bei Dienstwagengestellung durch den Arbeitgeber nach § 8 Absatz 2 Satz 3 und 4 EStG festgelegt und der steuerfreie Arbeitgeberersatz für diese Fahrten nach § 3 Nummer 13 oder Nummer 16 EStG ausgeschlossen. 44

Soll der Arbeitnehmer in mehreren ortsfesten Einrichtungen seines Arbeitgebers, eines verbundenen Unternehmens oder eines Dritten, die innerhalb eines bestimmten Bezirks gelegen sind, beruflich tätig werden, wird er nicht in einem weiträumigen Tätigkeitsgebiet, sondern an verschiedenen, ggf. sogar ständig wechselnden Tätigkeitsstätten tätig. 45

2. Verpflegungsmehraufwendungen, § 9 Absatz 4a EStG

a) Vereinfachung bei der Ermittlung der Pauschalen, § 9 Absatz 4a Satz 2 bis 5 EStG

aa) Eintägige Auswärtstätigkeiten im Inland

Für eintägige auswärtige Tätigkeiten ohne Übernachtung kann ab einer Abwesenheit von mehr als acht Stunden von der Wohnung und der ersten Tätigkeitsstätte eine Pauschale von 12 Euro berücksichtigt werden. Dies gilt auch, wenn der Arbeitnehmer seine auswärtige berufliche Tätigkeit über Nacht (also an zwei Kalendertagen) ausübt – somit nicht übernachtet – und dadurch ebenfalls insgesamt mehr als acht Stunden von der Wohnung und der ersten Tätigkeitsstätte abwesend ist. Ist der Arbeitnehmer an einem Kalendertag mehrfach oder über Nacht (an zwei Kalendertagen ohne Übernachtung) auswärts tätig, **können** die Abwesenheitszeiten dieser Tätigkeiten **zusammengerechnet und im Fall der Tätigkeit über Nacht für den Kalendertag berücksichtigt werden, an dem der Arbeitnehmer den überwiegenden Teil der insgesamt mehr als 8 Stunden abwesend ist.** 46

Beispiel 29:
Der Vertriebsleiter V verlässt um 8.00 Uhr seine Wohnung in B und besucht zuerst bis 12.00 Uhr einen Kunden. Von 12.30 Uhr bis 14.30 Uhr ist er in seinem Büro (erste Tätigkeitsstätte) tätig. Anschließend fährt er von dort zu einer Tagung in C und kehrt um 19.00 Uhr noch einmal für eine Stunde in sein Büro in B zurück.

Es zählen die Zeiten vom Verlassen der Wohnung bis zur Ankunft an der ersten Tätigkeitsstätte (Büro) mittags sowie vom Verlassen der ersten Tätigkeitsstätte (Büro) bis zur Rückkehr dorthin. V war zweimal beruflich auswärts tätig und dabei insgesamt mehr als acht Stunden von seiner Wohnung und seiner ersten Tätigkeitsstätte abwesend. Er erfüllt daher die Voraussetzungen der Verpflegungspauschale für eine eintägige Auswärtstätigkeit (12 Euro).

Beispiel 30:
Der Kurierfahrer K ist typischerweise von 20.00 Uhr bis 5.30 Uhr des Folgetags beruflich unterwegs. In dieser Zeit legt er regelmäßig auch eine Lenkpause von 45 Minuten ein.

Seine Wohnung verlässt K um 19.30 Uhr und kehrt um 6.00 Uhr dorthin zurück. Eine erste Tätigkeitsstätte liegt nicht vor.

K ist im Rahmen seiner beruflichen Auswärtstätigkeit (Fahrtätigkeit) über Nacht von seiner Wohnung abwesend. Bei der Lenkpause handelt es sich nicht um eine Übernachtung. Die Abwesenheitszeiten über Nacht können somit zusammengerechnet werden.

Sie werden für den zweiten Kalendertag berücksichtigt, an dem A den überwiegenden Teil der Zeit abwesend ist. A erfüllt die Voraussetzungen der Verpflegungspauschale für eine eintägige Auswärtstätigkeit (12 Euro).

Abwandlung 1:
Die berufliche Fahrtätigkeit des K verteilt sich wie folgt auf die Tage (in Stunden):

Montag	Dienstag	Mittwoch	Donnerstag	Freitag	Samstag
5	4 5	4 5	4 4,5	5	5 4

Im Fall der Zusammenrechnung der Abwesenheitszeiten über Nacht, kann K eine Verpflegungspauschale für eine eintägige Auswärtstätigkeit für folgende Tage beanspruchen: Montag, Dienstag, Mittwoch und Freitag.

Werden stattdessen die an dem jeweiligen Tag geleisteten einzelnen Abwesenheitszeiten zusammengerechnet, dann kann K für Dienstag, Mittwoch, Donnerstag und Freitag eine Verpflegungspauschale von 12 Euro beanspruchen.

Abwandlung 2:
Die berufliche Fahrtätigkeit des K verteilt sich wie folgt auf die Tage (in Stunden):

Montag	Dienstag	Mittwoch	Donnerstag	Freitag	Samstag
5	4 5	4 5	4 4,5	4	4 5

Im Fall der Zusammenrechnung der Abwesenheitszeiten über Nacht, kann K eine Verpflegungspauschale für eine eintägige Auswärtstätigkeit für folgende Tage beanspruchen: Montag, Dienstag, Mittwoch, Donnerstag und Samstag.

Wären nur die an dem jeweiligen Tag geleisteten einzelnen Abwesenheitszeiten zu berücksichtigen und zusammenzurechnen, könnte K nur für Dienstag, Mittwoch und Donnerstag eine Verpflegungspauschale von 12 Euro beanspruchen.

Dies wird durch die gesetzliche Regelung des § 9 Absatz 4a Satz 3 Nummer 3 2. Halbsatz EStG verhindert, die anstelle der auf den Kalendertag bezogenen Betrachtung ausnahmsweise bei auswärtigen beruflichen Tätigkeiten über Nacht ohne Übernachtung die Zusammenrechnung dieser Zeiten ermöglicht.

Beispiel 31:
Der Arbeitnehmer A unternimmt, ohne zu übernachten, eine Dienstreise, die am 5. 5. um 17.00 Uhr beginnt und am 6. 5. um 7.30 Uhr beendet wird. Am 6. 5. unternimmt A nachmittags eine weitere Dienstreise (von 14.00 Uhr bis 23.30 Uhr).

A hat hier die Möglichkeit die Abwesenheitszeiten der ersten Dienstreise über Nacht zusammenzurechnen (= 14 Stunden und 30 Minuten). Bedingt durch die überwiegende Abwesenheit am 6. 5. ist die dafür zu berücksichtigende Verpflegungspauschale dann dem 6. 5. zuzurechnen.

Alternativ können auch alle ausschließlich am 6. 5. geleisteten Abwesenheitszeiten (7 Stunden 30 Minuten zuzüglich 8 Stunden 30 Minuten = 16 Stunden) zusammengerechnet werden. In diesem Fall bleiben die im Rahmen der ersten Dienstreise angefallenen Abwesenheitszeiten unberücksichtigt.
Unabhängig davon, für welche Berechnungsmethode A sich entscheidet, steht ihm lediglich eine Verpflegungspauschale von 12 Euro für den 6. 5. zu.
Eine Verpflegungspauschale von 24 Euro kommt nur in Betracht, wenn entweder die gesamte Tätigkeit über Nacht oder die Tätigkeit an dem jeweiligen Kalendertag 24 Stunden erreicht.

Beispiel 32:
Der Arbeitnehmer A arbeitet von 8.30 Uhr bis 17.00 Uhr in seinem Büro in B (erste Tätigkeitsstätte), anschließend fährt er zu einem Geschäftstermin in C. Der Termin erstreckt sich bis 0.30 Uhr des Folgetags. A kehrt um 1.30 Uhr in seine Wohnung zurück.
A war wegen beruflicher Tätigkeit mehr als acht Stunden auswärts tätig. Dass sich die Abwesenheit über zwei Kalendertage ohne Übernachtung erstreckt, ist unschädlich. Die Abwesenheiten werden zusammengerechnet und dem ersten Kalendertag zugeordnet, weil an diesem Tag der überwiegende Teil der Abwesenheit stattgefunden hat. A erfüllt die Voraussetzungen der Verpflegungspauschale für eine eintägige Auswärtstätigkeit (12 Euro).

bb) Mehrtägige Auswärtstätigkeiten im Inland

Für die Kalendertage, an denen der Arbeitnehmer außerhalb seiner Wohnung und ersten Tätigkeitsstätte beruflich tätig ist (auswärtige berufliche Tätigkeit) und aus diesem Grund 24 Stunden von seiner Wohnung abwesend ist, kann weiterhin eine Pauschale von 24 Euro als Werbungskosten geltend gemacht werden bzw. vom Arbeitgeber steuerfrei ersetzt werden (**Zwischentag**). 47

Für den **An- und Abreisetag** einer mehrtägigen auswärtigen Tätigkeit mit Übernachtung außerhalb der Wohnung kann ohne Prüfung einer Mindestabwesenheitszeit eine Pauschale von jeweils 12 Euro als Werbungskosten berücksichtigt bzw. vom Arbeitgeber steuerfrei ersetzt werden. Insoweit ist es unerheblich, ob der Arbeitnehmer die Reise von der Wohnung, der ersten oder einer anderen Tätigkeitsstätte aus antritt. **Eine mehrtägige auswärtige Tätigkeit mit Übernachtung liegt auch dann vor, wenn die berufliche Auswärtstätigkeit über Nacht ausgeübt wird und sich daran eine Übernachtung am Tage sowie eine weitere Tätigkeit über Nacht anschließt.** Unerheblich ist auch, ob für die Übernachtung tatsächlich Übernachtungskosten anfallen (so z. B. bei Schlafen im Bus, LKW oder Lok). 48

Beispiel 33:
Der Ingenieur I aus B ist von Montagabend bis Dienstag in M auswärts tätig. An diese Tätigkeit schließt sich am Dienstag gleich die Weiterreise nach H zu einer neuen auswärtigen Tätigkeit an. I fährt von M direkt nach H und kehrt am Mittwochmittag zu seiner Wohnung zurück.
I kann folgende Verpflegungspauschalen beanspruchen: für Montag als Anreisetag und für Mittwoch als Rückreisetag stehen ihm jeweils 12 Euro zu. Da I am Dienstag infolge der Abreise aus M und direkten Anreise nach H 24 Stunden von seiner Wohnung und ersten Tätigkeitsstätte abwesend ist, kann er für diesen Tag eine Pauschale von 24 Euro beanspruchen.

Abwandlung:
I sucht am Dienstag kurz seine Wohnung in B auf, um Unterlagen und Kleidung einzupacken und fährt nach einer Stunde weiter nach H.
In diesem Fall kann I auch für Dienstag als An- und gleichzeitig als Abreisetag nur 12 Euro Verpflegungspauschale beanspruchen. Eine Verpflegungspauschale von 24 Euro kann nur dann beansprucht werden, wenn I infolge seiner beruflichen Auswärtstätigkeit 24 Stunden von seiner Wohnung und ersten Tätigkeitsstätte abwesend ist.

Beispiel 34:
Monteur M aus D ist von Montag bis Mittwoch in S auswärts tätig. Eine erste Tätigkeitsstätte besteht nicht. M verlässt am Montag um 10.30 Uhr seine Wohnung in D. M verlässt S am Mittwochabend und erreicht seine Wohnung in D am Donnerstag um 1.45 Uhr. M steht für Montag (Anreisetag) eine Verpflegungspauschale von 12 Euro zu. Für Dienstag und Mittwoch kann M eine Pauschale von 24 Euro beanspruchen, da er an diesen Tagen 24 Stunden von seiner Wohnung abwesend ist. Für Donnerstag steht ihm eine Pauschale von 12 Euro zu (Abreisetag).

49 Als Wohnung im vorstehenden Sinn gilt (§ 9 Absatz 4a Satz 4 2. Halbsatz EStG)

- der Hausstand, der den Mittelpunkt der Lebensinteressen des Arbeitnehmers bildet und nicht nur gelegentlich aufgesucht wird oder

- die Zweitwohnung am Ort einer steuerlich anzuerkennenden doppelten Haushaltsführung (insbesondere zu berücksichtigen, wenn der Arbeitnehmer mehrere Wohnungen hat).

Beispiel 35:
Wohnung in diesem Sinne kann somit z. B. bei Auszubildenden auch die elterliche Wohnung sein, wenn sich dort noch der Lebensmittelpunkt des Auszubildenden befindet.

Beispiel 36:
Übernachtet der Arbeitnehmer aus beruflichem Anlass z. B. im Rahmen einer Auswärtstätigkeit in seinem eigenen Ferienappartement, welches er nur gelegentlich aufsucht, handelt es sich um eine mehrtägige auswärtige Tätigkeit mit Übernachtung, auch wenn für die Übernachtung selbst keine Kosten entstehen.

cc) Auswärtstätigkeiten im Ausland

50 Für Tätigkeiten im Ausland gibt es nur noch zwei Pauschalen in Höhe von 120 Prozent und 80 Prozent der Auslandstagegelder nach dem Bundesreisekostengesetz unter den gleichen Voraussetzungen wie bei den inländischen Pauschalen. Die entsprechenden Beträge werden durch BMF-Schreiben bekannt gemacht. Im Hinblick auf die bei auswärtigen beruflichen Tätigkeiten im Ausland oftmals über Nacht oder mehrere Tage andauernden An- und Abreisen genügt es für die Qualifizierung als An- und Abreisetag, wenn der Arbeitnehmer unmittelbar nach der Anreise oder vor der Abreise auswärtig übernachtet. Die übrigen Regelungen zu den Besonderheiten bei Auswärtstätigkeiten im Ausland gelten weiter (so z. B. R 9.6 Absatz 3 LStR 2013).

51 Bei Auswärtstätigkeiten in verschiedenen ausländischen Staaten gilt für die Ermittlung der Verpflegungspauschalen am An- und Abreisetag Folgendes:

- Bei einer Anreise vom Inland ins Ausland oder vom Ausland ins Inland jeweils ohne Tätigwerden ist die Verpflegungspauschale des Ortes maßgebend, der vor 24.00 Uhr erreicht wird.

- Bei einer Abreise vom Ausland ins Inland oder vom Inland ins Ausland ist die Verpflegungspauschale des letzten Tätigkeitsortes maßgebend.

Beispiel 37:
Der Arbeitnehmer A reist am Montag um 20.00 Uhr zu einer beruflichen Auswärtstätigkeit von seiner Wohnung in Berlin nach Brüssel. Er erreicht Belgien um 2.00 Uhr. Dienstag ist er den ganzen Tag in Brüssel tätig. Am Mittwoch reist er zu einem weiteren Geschäftstermin um 8.00 Uhr nach Amsterdam. Er erreicht Amsterdam um 14.00 Uhr. Dort ist er bis Donnerstag um 13.00 Uhr tätig und reist anschließend zurück nach Berlin. Er erreicht seine Wohnung am Donnerstag um 22.30 Uhr.
Für Montag ist die inländische Verpflegungspauschale für den Anreisetag maßgebend, da A sich um 24.00 Uhr noch im Inland befindet. Für Dienstag ist die Verpflegungspauschale für Belgien anzuwenden. Für Mittwoch ist die Verpflegungspauschale für die Niederlande zu Grunde zulegen, da sich der Ort, den A vor 24 Uhr Ortszeit zuletzt erreicht hat, in den Niederlanden befindet (§ 9 Absatz 4a Satz 5 EStG). Für Donnerstag ist die Verpflegungspauschale der Niederlande für den Abreisetag maßgeblich, da A noch bis 13.00 Uhr in Amsterdam beruflich tätig war.

Beispiel 38:
Der Arbeitnehmer A reist für ein berufliches Projekt am Sonntag um 21.00 Uhr von Paris nach Mannheim. Am Sonntag um 24.00 Uhr befindet sich A noch in Frankreich. A ist in Mannheim von Montag bis Freitag beruflich tätig und verlässt Mannheim am Freitag um 11.00 Uhr. Er erreicht Paris am Freitag um 21.00 Uhr.
Für Sonntag (Anreisetag) ist die Verpflegungspauschale für Frankreich maßgebend. Für Montag bis Freitag ist die jeweils maßgebliche inländische Verpflegungspauschale anzuwenden.

b) Dreimonatsfrist, § 9 Absatz 4a Satz 6 EStG

Wie bisher ist der Abzug der Verpflegungsmehraufwendungen auf die ersten drei Monate einer längerfristigen beruflichen Tätigkeit an derselben Tätigkeitsstätte beschränkt (vgl. Rz. 55). Werden im Rahmen einer beruflichen Tätigkeit mehrere ortsfeste betriebliche Einrichtungen innerhalb eines großräumigen Werks- oder Betriebsgeländes aufgesucht, handelt es sich um die Tätigkeit an einer Tätigkeitsstätte. Handelt es sich um einzelne ortsfeste betriebliche Einrichtungen verschiedener Auftraggeber oder Kunden, liegen mehrere Tätigkeitsstätten vor. Diese gilt auch dann, wenn sich die Tätigkeitsstätten in unmittelbarer räumlicher Nähe zueinander befinden. 52

Um die Berechnung der Dreimonatsfrist zu vereinfachen, wird eine rein zeitliche Bemessung der Unterbrechungsregelung eingeführt. Danach führt eine Unterbrechung der beruflichen Tätigkeit an derselben Tätigkeitsstätte zu einem Neubeginn der Dreimonatsfrist, wenn sie mindestens vier Wochen dauert (§ 9 Absatz 4a Satz 7 EStG). Der Grund der Unterbrechung ist unerheblich; es zählt nur noch die Unterbrechungsdauer. 53

Dies gilt auch, wenn die Unterbrechung der beruflichen Tätigkeit schon vor dem 1. Januar 2014 begonnen hat. 54

Beispiel 39:
Der Arbeitnehmer A musste seine Tätigkeit in B wegen einer Krankheit ab dem 15. Dezember 2013 unterbrechen. Er nimmt seine Tätigkeit in B am 20. Januar 2014 wieder auf.
Die berufliche Tätigkeit des A in B wurde für mehr als vier Wochen unterbrochen. A kann somit für weitere drei Monate seiner Tätigkeit in B Verpflegungspauschalen als Werbungskosten geltend machen oder steuerfrei durch den Arbeitgeber ersetzt bekommen.

Von einer **längerfristigen** beruflichen Tätigkeit an derselben Tätigkeitsstätte **ist erst dann auszugehen, sobald** der Arbeitnehmer an dieser mindestens an drei Tagen **in der Woche** tätig wird. Die Dreimonatsfrist beginnt daher nicht, solange die auswärtige Tätigkeitsstätte an nicht mehr als zwei Tagen **in der Woche** aufgesucht wird. Die Prüfung des Unterbrechungszeitraums und des Ablaufs der Dreimonatsfrist erfolgt stets im Nachhinein mit Blick auf die zurückliegende Zeit (Ex-post-Betrachtung). 55

Beispiel 40:
Der Bauarbeiter A soll ab März 2014 arbeitstäglich an der Baustelle in H für 5 Monate tätig werden. Am 1. April 2014 nimmt er dort seine Tätigkeit auf. Ab 20. Mai 2014 wird er nicht nur in H, sondern für einen Tag wöchentlich auch an der Baustelle in B tätig, da dort ein Kollege ausgefallen ist.
Für die Tätigkeit an der Baustelle in H beginnt die Dreimonatsfrist am 1. April 2014 und endet am 30. Juni 2014. Eine vierwöchige Unterbrechung liegt nicht vor (immer nur eintägige Unterbrechung).
Für die Tätigkeit an der Baustelle in B greift die Dreimonatsfrist hingegen nicht, da A dort lediglich einen Tag wöchentlich tätig wird.

Abwandlung:
Wie Beispiel **40**, allerdings wird A ab 1. April 2014 zwei Tage wöchentlich in H und drei Tage wöchentlich in B tätig. Ab 15. April 2014 muss er für zwei Wochen nach M. Ab 1. Mai 2014 ist er dann bis auf Weiteres drei Tage wöchentlich in H und zwei Tage in B tätig.
Für die Tätigkeit an der Baustelle in B beginnt die Dreimonatsfrist am 1. April 2014 und endet am 30. Juni 2014. Eine vierwöchige Unterbrechung liegt nicht vor (lediglich zwei Wochen und dann immer nur dreitägige Unterbrechung).
Für die Tätigkeit an der Baustelle in H beginnt die Dreimonatsfrist hingegen erst am 1. Mai 2014, da A dort erst ab diesem Tag an drei Tagen wöchentlich tätig wird.

Beispiel 41:
Der Außendienstmitarbeiter A wohnt in K und hat am Betriebssitz seines Arbeitgebers in S seine erste Tätigkeitsstätte (arbeitsrechtliche Zuordnung durch AG). A sucht arbeitstäglich die Filiale in K gegen 8.00 Uhr auf und bereitet sich dort üblicherweise für ein bis zwei Stunden auf seinen Außendienst vor. Von ca. 10.00 Uhr bis 16.30 Uhr sucht er dann verschiedene Kunden im Großraum K auf. Anschließend fährt er nochmals in die Filiale in K, um Nacharbeiten zu erledigen.

Bei dem arbeitstäglichen Vor- und Nachbereiten der Außendiensttätigkeit in der Filiale in K handelt es sich um eine längerfristige berufliche Auswärtstätigkeit an derselben Tätigkeitsstätte; für die berufliche Tätigkeit an dieser Tätigkeitsstätte können nach Ablauf von drei Monaten daher keine Verpflegungspauschalen mehr beansprucht werden. Für die restliche eintägige berufliche Auswärtstätigkeit bei den verschiedenen Kunden im Großraum K gilt dies nicht. Die Tätigkeitszeit in der Filiale in K kann für die Ermittlung der erforderlichen Mindestabwesenheitszeit von mehr als 8 Stunden nach Ablauf von 3 Monaten nicht mehr berücksichtigt werden, sondern ist abzuziehen. Ab dem vierten Monat kommt es für die Ermittlung der Abwesenheitszeiten der eintägigen Auswärtstätigkeit daher jeweils auf die Dauer der Abwesenheit von der Wohnung, abzüglich der Tätigkeitszeit(en) in der Filiale in K an.

56 Bei beruflichen Tätigkeiten auf mobilen, nicht ortsfesten betrieblichen Einrichtungen wie z. B. Fahrzeugen, Flugzeugen, Schiffen findet die Dreimonatsfrist ebenfalls keine Anwendung. Entsprechendes gilt für eine Tätigkeit in einem weiträumigen Tätigkeitsgebiet.

57 Die Regelungen zu den Verpflegungspauschalen sowie die Dreimonatsfrist gelten auch im Rahmen einer doppelten Haushaltsführung (§ 9 Absatz 4a Satz 12 EStG).

c) Pauschalbesteuerung nach § 40 Absatz 2 Satz 1 Nummer 4 EStG

58 Die Lohnsteuer kann mit einem Pauschsteuersatz von 25 Prozent erhoben werden, wenn dem Arbeitnehmer Vergütungen für Verpflegungsmehraufwendungen anlässlich einer Auswärtstätigkeit i. S. v. § 9 Absatz 4a Satz 3 bis 6 EStG gezahlt werden, soweit diese die danach dem Arbeitnehmer zustehenden Verpflegungspauschalen ohne Anwendung der Kürzungsregelung nach § 9 Absatz 4a Satz 8 bis 10 EStG um nicht mehr als 100 Prozent übersteigen.

59 Soweit nach Ablauf der Dreimonatsfrist eine steuerfreie Erstattung von Verpflegungsmehraufwendungen nicht mehr möglich ist, kommt eine Pauschalbesteuerung nach § 40 Absatz 2 Satz 1 Nummer 4 EStG nicht in Betracht.

> **Beispiel 42:**
> Der Arbeitnehmer A erhält während einer ununterbrochenen viermonatigen Auswärtstätigkeit von seinem Arbeitgeber Vergütungen für Verpflegungsmehraufwendungen in Höhe von 48 Euro für jeden vollen Kalendertag. Für An- und Abreisetage reduziert sich diese Vergütung auf 24 Euro pro Tag. Während seiner Auswärtstätigkeit wird dem Arbeitnehmer kostenlos eine Unterkunft vom Arbeitgeber zur Verfügung gestellt.
>
> In den ersten drei Monaten ist die Verpflegungspauschale für die vollen Kalendertage in Höhe von 24 Euro und für die An- und Abreisetage jeweils in Höhe von 12 Euro steuerfrei. Der Mehrbetrag von 24 Euro bzw. 12 Euro kann mit 25 Prozent pauschal versteuert werden. Ab dem vierten Monat sind die vom Arbeitgeber gezahlten Verpflegungsvergütungen von täglich 48 Euro bzw. 24 Euro wegen des Ablaufs der Dreimonatsfrist in voller Höhe als Arbeitslohn individuell zu versteuern.

60 Für Verpflegungszuschüsse, die im Rahmen einer doppelten Haushaltsführung gezahlt werden (§ 9 Absatz 4a Satz 12 EStG), ist die Pauschalbesteuerung nach § 40 Absatz 2 Satz 1 Nummer 4 EStG – wie bisher – nicht zulässig.

3. Vereinfachung der steuerlichen Erfassung der vom Arbeitgeber zur Verfügung gestellten Mahlzeiten während einer auswärtigen Tätigkeit, § 8 Absatz 2 Satz 8 und 9, § 9 Absatz 4a Satz 8 bis 10, § 40 Absatz 2 Nummer 1a EStG

a) Bewertung und Besteuerungsverzicht bei üblichen Mahlzeiten, § 8 Absatz 2 Satz 8 und 9 EStG

61 Eine vom Arbeitgeber während einer beruflich veranlassten Auswärtstätigkeit zur Verfügung gestellte „übliche" Mahlzeit wird mit dem amtlichen Sachbezugswert nach § 2 SvEV bewertet. Entsprechendes gilt für die im Rahmen einer beruflich veranlassten doppelten Haushaltsführung vom Arbeitgeber zur Verfügung gestellten „üblichen" Mahlzeiten. Als „üblich" gilt eine Mahlzeit, deren Preis 60 Euro nicht übersteigt (§ 8 Absatz 2 Satz 8 EStG). Hierbei sind auch die zur Mahlzeit eingenommenen Getränke einzubeziehen.

Mahlzeiten mit einem Preis von über 60 Euro dürfen nicht mit dem amtlichen Sachbezugswert 62
bewertet werden. Bei einer solchen Mahlzeit wird typisierend unterstellt, dass es sich um ein
„Belohnungsessen" (R 8.1 Absatz 8 Nummer 3 LStR 2013) handelt. Belohnungsessen sind mit
dem tatsächlichen Preis als Arbeitslohn (§ 8 Absatz 2 Satz 1 EStG) anzusetzen.

Für die Prüfung der 60 Euro-Grenze kommt es auf den Preis der Mahlzeit (einschließlich Um- 63
satzsteuer) an, den der Dritte dem Arbeitgeber in Rechnung stellt. Zuzahlungen des Arbeitnehmers sind bei der Prüfung der 60 Euro-Grenze nicht zu berücksichtigen. Ist der Preis der Mahlzeit in der Rechnung eines Dritten nicht beziffert, weil die Mahlzeit im Rahmen eines Gesamt-
preises z. B. mit einer Fortbildungsveranstaltung berechnet wird, ist nach dem Gesamtbild der
Verhältnisse im Einzelfall zu beurteilen, ob es sich um eine „übliche" Beköstigung i. S. d. § 8 Absatz 2 Satz 8 EStG gehandelt hat oder ob ein höherer Wert der Mahlzeit als 60 Euro anzunehmen ist.

Die für eine unmittelbar vom Arbeitgeber abgegebene Mahlzeit maßgeblichen Grundsätze gel- 64
ten auch, wenn eine Mahlzeit auf Veranlassung des Arbeitgebers von einem Dritten an den Arbeitnehmer abgegeben wird. Die Gestellung einer Mahlzeit ist vom Arbeitgeber veranlasst,
wenn er Tag und Ort der Mahlzeitengestellung bestimmt. Das ist insbesondere dann der Fall,
wenn

– er die Verpflegungskosten im Hinblick auf die beruflich veranlasste Auswärtstätigkeit des
  Arbeitnehmers dienst- oder arbeitsrechtlich erstattet und

– die Rechnung auf den Arbeitgeber ausgestellt ist (R 8.1 Absatz 8 Nummer 2 Satz 6 LStR
  2013) oder es sich um eine Kleinbetragsrechnung i. S. d. § 14 UStG i. V. m. § 33 UStDV handelt, die im Original beim Arbeitgeber vorliegt **oder vorgelegen hat und zu Zwecken der
  elektronischen Archivierung eingescannt wurde.**

Zu den vom Arbeitgeber zur Verfügung gestellten Mahlzeiten (Rz. 73) gehören auch die z. B. im 65
Flugzeug, im Zug oder auf einem Schiff im Zusammenhang mit der Beförderung unentgeltlich
angebotenen Mahlzeiten, sofern die Rechnung für das Beförderungsticket auf den Arbeitgeber
ausgestellt ist und von diesem dienst- oder arbeitsrechtlich erstattet wird. Die Verpflegung
muss dabei nicht offen auf der Rechnung ausgewiesen werden. Lediglich dann, wenn z. B. anhand des gewählten Beförderungstarifs feststeht, dass es sich um eine reine Beförderungsleistung handelt, bei der keine Mahlzeiten unentgeltlich angeboten werden, liegt keine Mahlzeitengestellung vor.

Die steuerliche Erfassung einer solchen üblichen Mahlzeit als Arbeitslohn ist ausgeschlossen, 66
wenn der Arbeitnehmer für die betreffende Auswärtstätigkeit dem Grunde nach eine Verpflegungspauschale i. S. d. § 9 Absatz 4a EStG als Werbungskosten geltend machen könnte. Auf die
Höhe der tatsächlich als Werbungskosten anzusetzenden Verpflegungspauschale kommt es
nicht an. Ebenso ist eine mögliche Kürzung des Werbungskostenabzugs nach § 9 Absatz 4a
Satz 8 ff. EStG wegen der Gestellung einer Mahlzeit unerheblich.

Im Ergebnis unterbleibt die Erfassung der mit dem Sachbezugswert bewerteten Mahlzeit be- 67
reits immer dann, wenn der Arbeitnehmer anlässlich einer beruflich veranlassten Auswärtstätigkeit eine Verpflegungspauschale beanspruchen kann, weil er innerhalb der Dreimonatsfrist
nach § 9 Absatz 4a Satz 6 EStG nachweislich mehr als acht Stunden von seiner Wohnung und
der ersten Tätigkeitsstätte abwesend ist oder eine mehrtägige Auswärtstätigkeit mit Übernachtung vorliegt. Nach Ablauf der Dreimonatsfrist ist die Gestellung einer Mahlzeit grundsätzlich
als Arbeitslohn zu erfassen.

Beispiel 43:
Der Arbeitnehmer A nimmt auf Veranlassung seines Arbeitgebers an einem zweitägigen Seminar mit
Übernachtung teil. Die Hotelrechnung ist auf den Arbeitgeber ausgestellt. Der Arbeitgeber erstattet die
vom Arbeitnehmer verauslagten Übernachtungskosten von 100 Euro inklusive 20 Euro für ein Frühstück
im Rahmen der Reisekostenabrechnung des Arbeitnehmers. Die auf den Arbeitgeber ausgestellte Rechnung des Seminarveranstalters hat der Arbeitgeber unmittelbar bezahlt. Darin enthalten ist für beide Se-

minartage jeweils ein für derartige Veranstaltungen typisches Mittagessen, dessen Preis in der Rechnung nicht gesondert ausgewiesen ist.

Der Arbeitnehmer A erhält sowohl das Frühstück als auch die beiden Mittagessen auf Veranlassung seines Arbeitgebers. Für den An- und den Abreisetag steht ihm grundsätzlich jeweils eine Verpflegungspauschale i. H. v. 12 Euro zu.

Obgleich der Preis der Mittagessen in der Rechnung des Seminarveranstalters nicht beziffert ist, kann aufgrund der Art und Durchführung der Seminarveranstaltung von einer üblichen Beköstigung ausgegangen werden, deren Preis 60 Euro nicht übersteigt. Die Mahlzeiten sind daher nicht als Arbeitslohn zu erfassen und die Verpflegungspauschale des Arbeitnehmers im Hinblick auf die zur Verfügung gestellten Mahlzeiten nach § 9 Absatz 4a Satz 8 EStG zu kürzen (vgl. Rz. 73 ff.).

68 Eine vom Arbeitgeber oder auf dessen Veranlassung von einem Dritten abgegebene Mahlzeit mit einem höheren Preis als 60 Euro ist stets als Arbeitslohn zu erfassen. Das gilt auch dann, wenn der Preis der Mahlzeit zwar nicht offen in Rechnung gestellt, nach dem Gesamtbild der Umstände aber als unüblich i. S. d. § 8 Absatz 2 Satz 8 EStG anzusehen ist und ein Wert der Mahlzeit von mehr als 60 Euro unterstellt werden kann. Im Zweifel ist der Wert der Mahlzeit zu schätzen. Eine unübliche Mahlzeit ist als Arbeitslohn zu erfassen, unabhängig davon, ob der Arbeitnehmer für die betreffende Auswärtstätigkeit eine Verpflegungspauschale als Werbungskosten geltend machen kann.

Beispiel 44:

Der Arbeitnehmer A nimmt im Auftrag seines Arbeitgebers an einer eintägigen Podiumsdiskussion mit anschließender Abendveranstaltung teil. Die auf den Arbeitgeber ausgestellte Rechnung des Veranstalters hat der Arbeitgeber unmittelbar bezahlt. Darin enthalten sind die Kosten für ein Galadinner, das mit 80 Euro separat ausgewiesen ist. Der Arbeitnehmer ist mehr als acht Stunden von seiner Wohnung und seiner ersten Tätigkeitsstätte abwesend.

Der Arbeitnehmer erhält das Galadinner vom Veranstalter der Podiumsdiskussion auf Veranlassung seines Arbeitgebers. Angesichts der Kosten von mehr als 60 Euro ist von einem Belohnungsessen auszugehen (unübliche Beköstigung gemäß § 8 Absatz 2 Satz 8 EStG), so dass die dafür berechneten 80 Euro als Arbeitslohn anzusetzen sind. Der Arbeitnehmer kann als Werbungskosten eine ungekürzte Verpflegungspauschale i. H. v. 12 Euro geltend machen.

69 Der Ansatz einer nach § 8 Absatz 2 Satz 8 EStG mit dem amtlichen Sachbezugswert bewerteten Mahlzeit als Arbeitslohn setzt voraus, dass es sich um eine übliche Mahlzeit handelt und der Arbeitnehmer keine Verpflegungspauschale beanspruchen kann; dies liegt regelmäßig vor, wenn er nicht mehr als acht Stunden außerhalb seiner Wohnung und seiner ersten Tätigkeitsstätte beruflich tätig ist oder die Dreimonatsfrist nach § 9 Absatz 4a Satz 6 EStG überschritten ist.

70 Zahlt der Arbeitnehmer in diesen Fällen ein Entgelt für die erhaltene Mahlzeit, mindert dieses Entgelt den steuerpflichtigen geldwerten Vorteil. Es ist nicht zu beanstanden, wenn der Arbeitgeber ein vereinbartes Entgelt für die Mahlzeit im Rahmen der Lohnabrechnung unmittelbar aus dem Nettoentgelt des Arbeitnehmers entnimmt. Übersteigt das vom Arbeitnehmer gezahlte Entgelt den maßgebenden Sachbezugswert oder entspricht es dem Sachbezugswert, verbleibt kein steuerpflichtiger geldwerter Vorteil. Der den Sachbezugswert übersteigende Betrag darf nicht als Werbungskosten abgezogen werden.

71 Gleiches gilt, wenn der Arbeitnehmer bei der Gestellung einer Mahlzeit auf Veranlassung des Arbeitgebers ein zuvor vereinbartes Entgelt unmittelbar an den Dritten entrichtet. Es muss sich hierbei aber um ein Entgelt des Arbeitnehmers handeln. Wird das vom Dritten in Rechnung gestellte Entgelt zunächst vom Arbeitnehmer verauslagt und diesem anschließend vom Arbeitgeber erstattet, handelt es sich nicht um ein Entgelt des Arbeitnehmers. Das gilt insbesondere für den auf den Arbeitgeber ausgestellten Rechnungsbetrag.

Beispiel 45:

Der Arbeitnehmer A nimmt auf Veranlassung seines Arbeitgebers an einem zweitägigen Seminar mit Übernachtung teil. Die auf den Arbeitgeber ausgestellte Hotelrechnung von 100 Euro inklusive 20 Euro für ein Frühstück wird zunächst vom Arbeitnehmer bezahlt. Der Arbeitgeber erstattet dem Arbeitnehmer die Übernachtungskosten incl. Frühstück im Rahmen der Reisekostenabrechnung.

Im Hinblick auf die Rechnungsstellung und spätere Erstattung der Auslagen durch den Arbeitgeber handelt es sich bei dem in der Hotelrechnung für das Frühstück enthaltenen Kostenanteil nicht um ein Entgelt des Arbeitnehmers. Da es sich bei den zur Verfügung gestellten Mahlzeiten um übliche Mahlzeiten handelt, sind diese nicht als Arbeitslohn zu erfassen; beim Werbungskostenabzug des Arbeitnehmers sind die Verpflegungspauschalen entsprechend zu kürzen (für den zweiten Tag zustehende Verpflegungspauschale um (4,80 Euro).

Beispiel 46:
Der Arbeitnehmer A wird für sechs Monate von seinem Arbeitgeber an einen Tochterbetrieb im Inland entsandt. Für die Zeit der Entsendung übernachtet der Arbeitnehmer während der Woche in einem Hotel in der Nähe des Tochterbetriebs. Das Hotel stellt dem Arbeitgeber pro Übernachtung 70 Euro zuzüglich 10 Euro für ein Frühstück in Rechnung, dass der Arbeitnehmer zunächst verauslagt und dann im Rahmen der Reisekostenabrechnung von seinem Arbeitgeber erstattet erhält. Es liegt eine beruflich veranlasste Auswärtstätigkeit vor. Der Arbeitnehmer erhält das Frühstück jeweils auf Veranlassung seines Arbeitgebers.

Für die ersten drei Monate der Auswärtstätigkeit stehen dem Arbeitnehmer arbeitstäglich Verpflegungspauschalen zu. Da es sich bei den zur Verfügung gestellten Mahlzeiten um übliche Mahlzeiten handelt, sind diese nicht als Arbeitslohn zu erfassen und beim Werbungskostenabzug des Arbeitnehmers die Verpflegungspauschalen entsprechend zu kürzen.

Ab dem vierten Monat der Auswärtstätigkeit stehen dem Arbeitnehmer keine Verpflegungspauschalen mehr zu. Das Frühstück ist jeweils mit dem amtlichen Sachbezugswert als Arbeitslohn zu erfassen, der nach § 40 Absatz 2 Satz 1 Nummer 1a EStG pauschal besteuert (vgl. dazu Rz. 93 ff.) werden kann.

Abwandlung:
Sachverhalt wie voriges Beispiel. Allerdings zahlt der Arbeitnehmer A für das Frühstück jeweils 3 Euro.

Das vom Arbeitnehmer A für das Frühstück gezahlte Entgelt ist ab dem vierten Monat auf den Sachbezugswert anzurechnen. Da das Entgelt höher ist als der Sachbezugswert, unterbleibt eine Besteuerung als Arbeitslohn. Der den Sachbezugswert übersteigende Betrag darf nicht als Werbungskosten abgezogen werden.

Die Vorteile aus der Teilnahme des Arbeitnehmers an einer geschäftlich veranlassten Bewirtung i. S. d. § 4 Absatz 5 Satz 1 Nummer 2 EStG gehören weiterhin nicht zum Arbeitslohn (R 8.1 Absatz 8 Nummer 1 LStR 2013). Entsprechendes gilt für die im ganz überwiegenden eigenbetrieblichen Interesse des Arbeitgebers abgegebenen Mahlzeiten. Hierzu gehören insbesondere die Teilnahme an einem Arbeitsessen (R 19.6 Absatz 2 Satz 2 LStR 2013) sowie die im Rahmen einer üblichen Betriebsveranstaltung (R 19.5 LStR 2013) abgegebenen Mahlzeiten. 72

b) Kürzung der Verpflegungspauschalen, § 9 Absatz 4a Satz 8 bis 10 EStG

aa) Voraussetzungen der Mahlzeitengestellung

Der Arbeitnehmer kann für die ihm tatsächlich entstandenen Mehraufwendungen für Verpflegung auf Grund einer beruflich veranlassten Auswärtstätigkeit nach der Abwesenheitszeit von seiner Wohnung und seiner ersten Tätigkeitsstätte gestaffelte Verpflegungspauschalen als Werbungskosten ansetzten oder in entsprechender Höhe einen steuerfreien Arbeitgeberersatz erhalten. Das Merkmal „tatsächlich entstandene" Mehraufwendungen bringt dabei zum Ausdruck, dass die Verpflegungspauschalen insoweit nicht mehr zum Ansatz kommen, als der Arbeitnehmer während seiner beruflichen Auswärtstätigkeit durch den Arbeitgeber „verpflegt" wird. Eine Prüfungspflicht hinsichtlich der Höhe der tatsächlich entstandenen Aufwendungen besteht nicht. Wird dem Arbeitnehmer von seinem Arbeitgeber oder auf dessen Veranlassung von einem Dritten eine Mahlzeit zur Verfügung gestellt, wird der Werbungskostenabzug vielmehr tageweise gekürzt, und zwar 73

– um 20 Prozent für ein Frühstück und

– um jeweils 40 Prozent für ein Mittag- und Abendessen

der für die 24-stündige Abwesenheit geltenden höchsten Verpflegungspauschale. Das entspricht für Auswärtstätigkeiten im Inland einer Kürzung der jeweils zustehenden Verpflegungspauschale um 4,80 Euro für ein Frühstück und jeweils 9,60 Euro für ein Mittag- und Abendessen.

Diese typisierende, pauschale Kürzung der Verpflegungspauschale ist tagesbezogen und maximal bis auf 0 Euro vorzunehmen.

74 Auch ein vom Arbeitgeber zur Verfügung gestellter Snack oder Imbiss (z. B. belegte Brötchen, Kuchen, Obst), der während einer auswärtigen Tätigkeit gereicht wird, kann eine Mahlzeit sein, die zur Kürzung der Verpflegungspauschale führt. Eine feste zeitliche Grenze für die Frage, ob ein Frühstück, Mittag- oder Abendessen zur Verfügung gestellt wird, gibt es nicht. Maßstab für die Einordnung ist vielmehr, ob die zur Verfügung gestellte Verpflegung an die Stelle einer der genannten Mahlzeiten tritt, welche üblicherweise zu der entsprechenden Zeit eingenommen wird.

75 Unbeachtlich im Hinblick auf die gesetzlich vorgeschriebene pauschale Kürzung der Verpflegungspauschalen ist, ob die vom Arbeitgeber zur Verfügung gestellte Mahlzeit vom Arbeitnehmer tatsächlich eingenommen wird oder die Aufwendungen für die vom Arbeitgeber gestellte Mahlzeit niedriger sind als der jeweilige pauschale Kürzungsbetrag. Die Kürzung kann nur dann unterbleiben, wenn der Arbeitgeber keine Mahlzeit zur Verfügung stellt, z. B. weil er die entsprechende Mahlzeit abbestellt oder der Arbeitnehmer die Mahlzeit selbst veranlasst und bezahlt.

Beispiel 47:
Der Arbeitnehmer A ist von 9.00 Uhr bis 18.00 auswärts bei verschiedenen Kunden beruflich tätig. In der Mittagspause kauft er sich eine Pizza und ein Wasser für 8 Euro.

Da A anlässlich einer eintägigen beruflichen Auswärtstätigkeit mehr als acht Stunden von seiner Wohnung abwesend ist, könnte er eine Verpflegungspauschale von 12 Euro beanspruchen. Würde A die Rechnung für die mittags verzehrte Pizza und das Wasser seinem Arbeitgeber vorlegen und von diesem erstattet bekommen, könnte A neben 8 Euro Erstattungsbetrag nur noch eine gekürzte Verpflegungspauschale von 2,40 Euro (12 Euro – 9,60 Euro) beanspruchen.

76 Bei der Hingabe von Essensmarken durch den Arbeitgeber im Rahmen einer beruflichen Auswärtstätigkeit des Arbeitnehmers, handelt es sich in der Regel nicht um eine vom Arbeitgeber gestellte Mahlzeit, sondern lediglich um eine Verbilligung der vom Arbeitnehmer selbst veranlassten und bezahlten Mahlzeit.

Beispiel 48:
Der Arbeitnehmer A ist auf einer dreitägigen Auswärtstätigkeit. Der Arbeitgeber hat für den Arbeitnehmer in einem Hotel zwei Übernachtungen jeweils mit Frühstück sowie am Zwischentag ein Mittag- und ein Abendessen gebucht und bezahlt. Der Arbeitnehmer A erhält vom Arbeitgeber keine weiteren Reisekostenerstattungen.

Der Arbeitgeber hat keinen geldwerten Vorteil für die Mahlzeiten zu versteuern. Der Arbeitnehmer kann für die Auswärtstätigkeit folgende Verpflegungspauschalen als Werbungskosten geltend machen:

Anreisetag:			12,00 Euro
Zwischentag:			24,00 Euro
Kürzung:	Frühstück	−4,80 Euro	
	Mittagessen	−9,60 Euro	
	Abendessen	−9,60 Euro	
verbleiben für Zwischentag			0,00 Euro
Abreisetag:			12,00 Euro
Kürzung:	Frühstück	−4,80 Euro	
verbleiben für den Abreisetag			7,20 Euro
Insgesamt abziehbar			19,20 Euro

Beispiel 49:
Der Werbegrafiker W arbeitet von 10.00 Uhr bis 20.00 Uhr in seinem Büro in B (erste Tätigkeitsstätte), anschließend fährt er noch zu einem Geschäftstermin in C. Der Termin erstreckt sich bis 3.00 Uhr des Folgetags. W kehrt um 4.30 Uhr in seine Wohnung zurück. Zu Beginn des Geschäftstermins nimmt W an einem Abendessen teil, welches vom Arbeitgeber des W bestellt und bezahlt wird.

W ist im Rahmen seiner beruflichen Tätigkeit mehr als acht Stunden auswärts tätig. Dass sich diese Abwesenheit über zwei Kalendertage ohne Übernachtung erstreckt, ist unschädlich. Die Abwesenheitszeiten werden zusammengerechnet und dem zweiten Kalendertag zugeordnet, da an diesem Tag der überwiegende Teil der Abwesenheit stattgefunden hat. Die Verpflegungspauschale von 12 Euro für die berufliche Abwesenheit von mehr als acht Stunden über Nacht ist allerdings um 9,60 Euro zu kürzen; dass die Mahlzeit am ersten Tag vom Arbeitgeber gestellt wird und die Verpflegungspauschale dem Folgetag (Tag an dem die Auswärtstätigkeit endet) zuzuordnen ist, ist dabei unbeachtlich; dem Arbeitnehmer wird im Zusammenhang mit der beruflichen Auswärtstätigkeit, für die er die Verpflegungspauschale beanspruchen kann, eine Mahlzeit vom Arbeitgeber gestellt.

bb) Weitere Voraussetzungen der Kürzung

Die Kürzung der **Verpflegungspauschalen** ist auch dann vorzunehmen, wenn der Arbeitgeber die dem Arbeitnehmer zustehende Reisekostenvergütung lediglich gekürzt ausbezahlt. Nur ein für die Gestellung der Mahlzeit vereinbartes und vom Arbeitnehmer tatsächlich gezahltes Entgelt mindert den Kürzungsbetrag. Es ist hierbei nicht zu beanstanden, wenn der Arbeitgeber das für die Mahlzeit vereinbarte Entgelt im Rahmen eines abgekürzten Zahlungsweges unmittelbar aus dem Nettolohn des Arbeitnehmers entnimmt. Gleiches gilt, wenn der Arbeitgeber das Entgelt im Wege der Verrechnung aus der dem Arbeitnehmer dienst- oder arbeitsrechtlich zustehenden Reisekostenerstattung entnimmt. 77

Beispiel 50:
Der Arbeitnehmer A ist auf einer dreitägigen Auswärtstätigkeit. Der Arbeitgeber hat für den Arbeitnehmer A in einem Hotel zwei Übernachtungen jeweils mit Frühstück sowie am Zwischentag ein Mittag- und ein Abendessen gebucht und bezahlt. Zusätzlich zu diesen Leistungen möchte der Arbeitgeber auch noch eine steuerfreie Reisekostenerstattung zahlen. Für die vom Arbeitgeber veranlassten und bezahlten Mahlzeiten soll jeweils ein Betrag in Höhe des geltenden Sachbezugswertes (2014: Frühstück 1,63 Euro und Mittag-/Abendessen 3,00 Euro) einbehalten werden.
Der Arbeitgeber hat keinen geldwerten Vorteil für die Mahlzeiten zu versteuern. Der Arbeitgeber kann für die Auswärtstätigkeit höchstens noch folgende Beträge zusätzlich für die Verpflegung steuerfrei auszahlen:

Anreisetag:		12,00 Euro
Zwischentag:		24,00 Euro
Kürzung:	Frühstück	−4,80 Euro
	Mittagessen	−9,60 Euro
	Abendessen	−9,60 Euro
verbleiben für Zwischentag		0,00 Euro
Abreisetag:		12,00 Euro
Kürzung:	Frühstück	−4,80 Euro
verbleiben für den Abreisetag		<u>7,20 Euro</u>
Insgesamt steuerfrei auszahlbar		19,20 Euro

Zahlt der Arbeitgeber angesichts der Mahlzeitengestellung nur eine (z. B. um die amtlichen Sachbezugswerte für zwei Frühstücke je 1,63 Euro, ein Mittagessen je 3,00 Euro und ein Abendessen je 3,00 Euro zusammen also um 9,26 Euro) gekürzte steuerfreie Reisekostenerstattung von 9,94 Euro an seinen Arbeitnehmer, kann der Arbeitnehmer die Differenz von 9,26 Euro als Werbungskosten geltend machen. In diesem Fall hat der Arbeitnehmer einen arbeitsrechtlichen Anspruch (nur) auf eine gekürzte Reisekostenerstattung.

Anreisetag:		12,00 Euro
Zwischentag:		24,00 Euro
Kürzung:	Frühstück	−4,80 Euro
	Mittagessen	−9,60 Euro
	Abendessen	−9,60 Euro
verbleiben für Zwischentag		0,00 Euro
Abreisetag:		12,00 Euro
Kürzung:	Frühstück	−4,80 Euro
verbleiben für den Abreisetag		<u>7,20 Euro</u>
Insgesamt Verpflegungspauschalen		19,20 Euro
abzüglich steuerfreie Reisekostenerstattung		<u>−9,94 Euro</u>
verbleiben als Werbungskosten		9,26 Euro

Nimmt der Arbeitgeber den Einbehalt in Höhe der Sachbezugswerte z. B. von einen Betrag in Höhe der ungekürzten Verpflegungspauschalen (48,00 Euro) vor und zahlt nur eine gekürzte Reisekostenerstattung von 38,74 Euro (48 Euro – 9,26 Euro) an den Arbeitnehmer, können ebenfalls höchstens 19,20 Euro steuerfrei erstattet werden. Der darüber hinausgehende, vom Arbeitgeber ausgezahlte Betrag von 19,54 Euro (= 38,74 Euro – 19,20 Euro) ist pauschal (nach § 40 Absatz 2 Satz 1 Nummer 4 EStG höchstens bis zu 48,00 Euro) oder individuell zu besteuern.

Zahlt der Arbeitgeber eine ungekürzte steuerfreie Reisekostenerstattung von 19,20 Euro, zieht hiervon aber im Wege der Verrechnung ein Entgelt für die gestellten Mahlzeiten in Höhe der amtlichen Sachbezugswerte ab, ist die Kürzung der Verpflegungspauschalen um die verrechneten Entgelte zu kürzen, im Gegenzug aber die ungekürzte steuerfreie Reisekostenerstattung von 19,20 Euro abzuziehen. Zwar erhält der Arbeitnehmer nur 9,94 Euro ausgezahlt, dies ist aber wirtschaftlich die Differenz aus 19,20 Euro steuerfreie Reisekostenerstattung – 9,26 Euro Entgelt für die gestellten Mahlzeiten. In diesem Fall hat der Arbeitnehmer einen arbeitsrechtlichen Anspruch auf eine ungekürzte steuerfreie Reisekostenerstattung, die der Arbeitgeber aber im Rahmen der Erfüllung dieses Erstattungsanspruchs mit seinem Anspruch auf das für die Mahlzeiten vereinbarte Entgelt aufrechnet. Die arbeitgeberinterne Verrechnung ändert nicht den wirtschaftlichen Charakter oder die Anspruchsgrundlage der Reisekostenerstattung.

Anreisetag:			12,00 Euro
Zwischentag:		24,00 Euro	
Kürzung:	Frühstück	– 3,17 Euro (4,80 – 1,63 Euro)	
	Mittagessen	– 6,60 Euro (9,60 – 3,00 Euro)	
	Abendessen	– 6,60 Euro (9,60 – 3,00 Euro)	
verbleiben für den Zwischentag			7,63 Euro
Abreisetag:		12,00 Euro	
Kürzung:	Frühstück	– 3,17 Euro (4,80 – 1,63 Euro)	
verbleiben für den Abreisetag			8,83 Euro
Insgesamt Verpflegungspauschalen			28,46 Euro
abzüglich steuerfreie Reisekostenerstattung			– 19,20 Euro
verbleiben als Werbungskosten			9,26 Euro

Zahlt der Arbeitgeber eine ungekürzte Reisekostenerstattung von 48 Euro und zieht hiervon das für die Mahlzeiten vereinbarte Entgelt in Höhe der Sachbezugswerte im Wege der Verrechnung ab (48,00 Euro – 9,26 Euro = 38,74 Euro), ändert dies nichts an der Berechnung der dem Arbeitnehmer steuerlich zustehenden Verpflegungspauschalen. In diesem Fall können ebenfalls 28,46 Euro steuerfrei erstattet werden. Der darüber hinausgehende, dem Arbeitnehmer arbeitsrechtlich zustehende Erstattungsbetrag von 19,54 Euro (= 48,00 Euro – 28,46 Euro) ist pauschal (nach § 40 Absatz 2 Satz 1 Nummer 4 EStG höchstens bis zu 48,00 Euro) oder individuell zu besteuern.

Abwandlung 1:

Wie Beispiel **50** Ausgangsfall, allerdings zahlt der Arbeitnehmer A für das Frühstück je 5 Euro und für das Mittag- und das Abendessen je 7 Euro.

Anreisetag:			12,00 Euro
Zwischentag:		24,00 Euro	
Kürzung:	Frühstück	– 0,00 Euro (4,80 – 5,00 Euro)	
	Mittagessen	– 2,60 Euro (9,60 – 7,00 Euro)	
	Abendessen	– 2,60 Euro (9,60 – 7,00 Euro)	
verbleiben für den Zwischentag			18,80 Euro
Abreisetag:		12,00 Euro	
Kürzung:	Frühstück	– 0,00 Euro (4,80 – 5,00 Euro)	
verbleiben für den Abreisetag			12,00 Euro
Insgesamt steuerfrei auszahlbar			42,80 Euro

Abwandlung 2:

Sachverhalt wie Beispiel **50** Ausgangsfall, allerdings zahlt der Arbeitnehmer für die volle Verpflegung am Zwischentag pauschal 19,00 Euro.

Anreisetag:		12,00 Euro
Zwischentag:	24,00 Euro	
Kürzung: Tagesverpflegung		
(24 Euro – 19 Euro)	– 5,00 Euro	
verbleiben für den Zwischentag		19,00 Euro
Abreisetag:	12,00 Euro	
Kürzung: Frühstück	– 4,80 Euro	
verbleiben für den Abreisetag		7,20 Euro
Insgesamt steuerfrei auszahlbar		38,20 Euro

Beispiel 51:
Der Arbeitnehmer ist während einer eintägigen Auswärtstätigkeit von 5.00 bis 22.00 Uhr abwesend. Der Arbeitgeber stellt am Reisetag zwei Mahlzeiten (Mittag- und Abendessen) zur Verfügung. Für eintägige Auswärtstätigkeiten erstattet der Arbeitgeber dem Arbeitnehmer einen Verpflegungsmehraufwand von 30,00 Euro.

Aufgrund der Kürzung der Verpflegungspauschale verbleibt kein steuerfreier Reisekostenersatz für Verpflegungsmehraufwendungen.

Verpflegungspauschale:		12,00 Euro
Kürzung:	Mittagessen	9,60 Euro
	Abendessen	9,60 Euro
verbleibt Verpflegungspauschale:		0,00 Euro

Die Erstattung des Verpflegungsmehraufwands durch den Arbeitgeber ist in Höhe von 30,00 Euro grundsätzlich steuerpflichtiger Arbeitslohn. Nach § 40 Absatz 2 Satz 1 Nummer 4 EStG kann der Arbeitgeber einen Betrag von 12,00 Euro (100 Prozent des in § 9 Absatz 4a Satz 3 Nummer 2 EStG genannten Betrags) pauschal mit 25 Prozent besteuern. Die verbleibenden 18,00 Euro (30,00 Euro abzüglich 12,00 Euro) sind nach den persönlichen Besteuerungsmerkmalen des Arbeitnehmers individuell zu besteuern.

Zuzahlungen des Arbeitnehmers sind jeweils vom Kürzungsbetrag derjenigen Mahlzeit abzuziehen, für die der Arbeitnehmer das Entgelt zahlt. Übersteigt das vom Arbeitnehmer für die Mahlzeit gezahlte Entgelt den Kürzungsbetrag, entfällt für diese Mahlzeit die Kürzung des Werbungskostenabzugs. Eine Verrechnung etwaiger Überzahlungen des Arbeitnehmers mit Kürzungsbeträgen für andere Mahlzeiten ist nicht zulässig.

Beispiel 52:
Der Arbeitnehmer A ist auf einer dreitägigen Auswärtstätigkeit. Der Arbeitgeber hat für den Arbeitnehmer in einem Hotel zwei Übernachtungen jeweils mit Frühstück sowie am Zwischentag ein Mittag- und ein Abendessen gebucht und bezahlt. Der Arbeitnehmer A zahlt für das Mittag- und Abendessen je 10 Euro.

Anreisetag:			12,00 Euro
Zwischentag:		24,00 Euro	
Kürzung:	Frühstück	– 4,80 Euro	
	Mittagessen	– 0,00 Euro (9,60 – 10,00 Euro)	
	Abendessen	– 0,00 Euro (9,60 – 10,00 Euro)	
verbleiben für den Zwischentag			19,20 Euro
Abreisetag:		12,00 Euro	
Kürzung:	Frühstück	– 4,80 Euro	
verbleiben für den Abreisetag			7,20 Euro
Insgesamt Verpflegungspauschalen			38,40 Euro

Die Kürzung **der Verpflegungspauschale** ist auch dann vorzunehmen, wenn der Arbeitgeber den amtlichen Sachbezugswert der Mahlzeit pauschal besteuert hat.

Beispiel 53:
Der Arbeitnehmer A nimmt an einer eintägigen Fortbildungsveranstaltung teil. Der Arbeitgeber hat für den Arbeitnehmer A auf dieser Fortbildungsveranstaltung ein Mittagessen gebucht und bezahlt. Der Arbeitgeber besteuert das Mittagessen nach § 40 Absatz 2 Satz 1 Nummer 1a EStG pauschal, da er keine Aufzeichnungen über die Abwesenheit des Arbeitnehmers führt. Der Arbeitnehmer A erhält vom Arbeitgeber keine weiteren Reisekostenerstattungen.

Der A kann anhand seiner Bahntickets gegenüber dem Finanzamt nachweisen, dass er für die Fortbildung insgesamt zehn Stunden von seiner Wohnung und seiner ersten Tätigkeitsstätte abwesend war. Er kann für die Fortbildung folgende Verpflegungspauschalen als Werbungskosten abziehen:

eintägige Auswärtstätigkeit:	12,00 Euro
Kürzung: 1x Mittagessen	−9,60 Euro
verbleiben als Verpflegungspauschale:	2,40 Euro

80 Erhält der Arbeitnehmer steuerfreie Erstattungen für Verpflegung vom Arbeitgeber, ist ein Werbungskostenabzug insoweit ausgeschlossen.

Beispiel 54:

Der Arbeitnehmer A ist auf einer dreitägigen Auswärtstätigkeit. Der Arbeitgeber hat für den Arbeitnehmer in einem Hotel zwei Übernachtungen jeweils mit Frühstück sowie am Zwischentag ein Mittag- und ein Abendessen gebucht und bezahlt. Der Arbeitnehmer A erhält von seinem Arbeitgeber zusätzlich zu den zur Verfügung gestellten Mahlzeiten noch eine steuerfreie Reisekostenerstattung für Verpflegungsmehraufwendungen i. H. v. 19,20 Euro. Der Arbeitgeber muss keinen geldwerten Vorteil für die Mahlzeiten versteuern. Der A kann für die Auswärtstätigkeit keine Verpflegungspauschalen als Werbungskosten geltend machen:

Anreisetag:		12,00 Euro
Zwischentag:		24,00 Euro
Kürzung:	Frühstück	−4,80 Euro
	Mittagessen	−9,60 Euro
	Abendessen	−9,60 Euro
verbleiben für Zwischentag		0,00 Euro
Abreisetag:		12,00 Euro
Kürzung:	Frühstück	−4,80 Euro
verbleiben für den Abreisetag		7,20 Euro
Insgesamt Verpflegungspauschalen		19,20 Euro
abzüglich steuerfreie Reisekostenerstattung:		19,20 Euro
verbleiben als Werbungskosten:		0,00 Euro

81 Die Kürzung der Verpflegungspauschalen ist nach § 9 Absatz 4a Satz 8 EStG immer dann vorzunehmen, wenn dem Arbeitnehmer eine Mahlzeit von seinem Arbeitgeber oder auf dessen Veranlassung von einem Dritten zur Verfügung gestellt wird.

82 Die Kürzung gilt daher auch für die Teilnahme des Arbeitnehmers an einer geschäftlich veranlassten Bewirtung i. S. d. § 4 Absatz 5 Satz 1 Nummer 2 EStG oder an einem außerhalb der ersten Tätigkeitsstätte gewährten Arbeitsessen (R 19.6 Absatz 2 Satz 2 LStR 2013), wenn der Arbeitgeber oder auf dessen Veranlassung ein Dritter die Mahlzeit zur Verfügung stellt. Es kommt nicht darauf an, ob Vorteile aus der Gestellung derartiger Mahlzeiten zum Arbeitslohn zählen.

Beispiel 55:

Unternehmer U trifft sich am Samstagabend mit einigen Vertretern der Zulieferfirma Z in einem Restaurant zum Essen, um mit diesen eine geschäftliche Kooperation zu erörtern. An dem Essen nehmen auch der Vertriebsleiter und der Leiter der Konstruktionsabteilung des U teil. Jeder Teilnehmer erhält ein Menü zum Preis von 55 Euro einschließlich Getränke.

Die Mahlzeit am Samstagabend erhalten die Arbeitnehmer des U im Rahmen einer geschäftlich veranlassten Bewirtung; sie gehört nicht zum Arbeitslohn. Sofern bei den Arbeitnehmern des U die Voraussetzungen für eine Verpflegungspauschale erfüllt wären (z. B. weil sie mehr als acht Stunden abwesend waren oder weil sie nach dem Restaurantbesuch auswärtig übernachtet haben), wäre diese um 9,60 Euro zu kürzen. Für die Arbeitnehmer der Zulieferfirma Z handelt es sich ebenfalls um die Teilnahme an einer geschäftlich veranlassten Bewirtung, die auch für die Arbeitnehmer des Z keinen Arbeitslohn darstellt. Sofern die Arbeitnehmer des Z die Voraussetzungen für eine Verpflegungspauschale erfüllen, ist bei diesen keine Kürzung wegen der gestellten Mahlzeit vorzunehmen. Z selbst hat seinen Arbeitnehmern keine Mahlzeit gestellt. Da U das Essen gestellt hat, um Geschäftsbeziehungen zu Z zu knüpfen, ist das Merkmal: „ein Dritter auf Veranlassung des Arbeitgebers" nicht gegeben.

Nimmt der Arbeitnehmer hingegen an der geschäftlich veranlassten Bewirtung durch einen 83
Dritten oder einem Arbeitsessen eines Dritten teil, fehlt es in aller Regel an einer durch den Arbeitgeber zur Verfügung gestellten Mahlzeit; in diesem Fall sind die Verpflegungspauschalen nicht zu kürzen.

> **Beispiel 56:**
> Der Mitarbeiter einer deutschen Gesellschaft nimmt an einer Vertriebsveranstaltung im Betriebssitz der italienischen Tochtergesellschaft teil (separate Firmierung). Die italienische Gesellschaft trägt sämtliche Kosten der Vertriebsveranstaltung (so z. B. Hotel, Essen, etc.).
> Die Verpflegungspauschalen des Arbeitnehmers der deutschen Gesellschaft sind nicht zu kürzen, weil ihm die Mahlzeiten nicht auf Veranlassung seines Arbeitgebers, sondern eines Dritten (der italienischen Tochtergesellschaft) zur Verfügung gestellt werden.
> **Abwandlung:**
> Die italienische Tochtergesellschaft belastet der deutschen Gesellschaft die Kosten für den Arbeitnehmer weiter.
> In diesem Fall ist davon auszugehen, dass die dem Arbeitnehmer gestellten Mahlzeiten auf Veranlassung des Arbeitgebers erfolgen, was zur gesetzlich vorgeschriebenen Kürzung der Verpflegungspauschalen führt.

Da die im Rahmen einer herkömmlichen Betriebsveranstaltung (R 19.5 LStR 2013) abgegebenen 84
Mahlzeiten in aller Regel durch den Arbeitgeber veranlasst sind, gelten für den Sonderfall, dass die Betriebsveranstaltung mit einer beruflichen Auswärtstätigkeit verknüpft ist, die in Rz. 88 dargestellten Grundsätze entsprechend.

Die durch eine zusätzlich zur Betriebsveranstaltung veranlasste berufliche Auswärtstätigkeit 85
entstehenden Fahrt- und Übernachtungskosten sowie Verpflegungsmehraufwendungen sind Reisekosten und können als Werbungskosten berücksichtigt oder in entsprechender Höhe als steuerfreier Arbeitgeberersatz erstattet werden.

Die dem Arbeitgeber unmittelbar durch die Betriebsveranstaltung entstehenden Fahrt- und Übernachtungskosten sowie Verpflegungsaufwendungen sind nach den für die Betriebsveranstaltung geltenden allgemeinen Grundsätzen steuerlich zu beurteilen.

Die Kürzung der Verpflegungspauschalen unterbleibt insoweit, als Mahlzeiten vom Arbeitgeber 86
zur Verfügung gestellt werden, deren Preis 60 Euro übersteigt und die daher individuell zu versteuern sind.

Hat der Arbeitnehmer für die Mahlzeit ein Entgelt entrichtet, wird dieses Entgelt auf den Kür- 87
zungsbetrag angerechnet. Es kommt insoweit auf das tatsächlich entrichtete Entgelt an, nicht aber darauf, ob das Entgelt dem tatsächlichen Wert der Mahlzeit entsprochen oder der Arbeitnehmer die Mahlzeit verbilligt erhalten hat.

cc) Ermittlung der Pauschalen bei gemischt veranlassten Veranstaltungen mit Mahlzeitengestellung

Bei gemischt veranlassten Reisen sind die **entstehenden** Kosten **grundsätzlich** in einen beruflich 88
veranlassten Anteil und einen den Kosten der Lebensführung zuzurechnenden Anteil aufzuteilen (vgl. BFH vom 18. August 2005 — VI R 32/03 —, BStBl 2006 II S. 30). Dies gilt auch für die **entstehenden** Verpflegungsmehraufwendungen. Stellt der Arbeitgeber im Rahmen einer gemischt veranlassten Reise Mahlzeiten zur Verfügung, ist die **gesetzlich vorgeschriebene** Kürzung der Verpflegungspauschalen **erst nach der** Ermittlung des beruflich veranlassten Teils der Verpflegungspauschalen vorzunehmen.

> **Beispiel 57:**
> Der Arbeitnehmer A nimmt an einer einwöchigen vom Arbeitgeber organisierten und finanzierten Reise im Inland teil. Das Programm sieht morgens eine Fortbildungsmaßnahme vor, der Nachmittag steht für touristische Aktivitäten zur Verfügung. Frühstück und Abendessen sind inklusive (Halbpension).

Folgende Auswirkungen ergeben sich durch die gemischte Veranlassung der Reise **(bei einer angenommenen Quote von 50 Prozent)** auf die steuerliche Berücksichtigung des Verpflegungsmehraufwands:
Die Verpflegungsmehraufwendungen sind – wie die übrigen Reisekosten – nur zu 50 Prozent beruflich veranlasst.

Anreisetag:	12,00 Euro × 50 Prozent =	6,00 Euro
Kürzung:		−9,60 Euro
verbleibt Verpflegungspauschale		0,00 Euro
5 Zwischentage je 24,00 Euro × 50 Prozent =		je 12,00 Euro
Kürzung je 4,80 Euro und je 9,60 Euro =		je −14,40 Euro
verbleibt Verpflegungspauschale 5 × 0,00 Euro =		0,00 Euro
Abreisetag: 12,00 Euro × 50 Prozent =		6,00 Euro
Kürzung:		−4,80 Euro
verbleibt Verpflegungspauschale		1,20 Euro

c) Doppelte Haushaltsführung, § 9 Absatz 4a Satz 12 EStG

89 Die Verpflegungspauschalen gelten auch für eine Übergangszeit von drei Monaten nachdem eine steuerlich anzuerkennende doppelte Haushaltsführung begründet wurde (§ 9 Absatz 4a Satz 12 EStG). Für den Fall der Gestellung von Mahlzeiten durch den Arbeitgeber oder auf dessen Veranlassung von einem Dritten im Rahmen der doppelten Haushaltsführung gelten die vorstehenden Ausführungen unter Rz. **61** bis **87** entsprechend.

> **Beispiel 58:**
> Der Arbeitnehmer A wird vom Stammsitz seines Arbeitgebers, wo er mit seiner Familie wohnt, an einen 250 Kilometer entfernten Tochterbetrieb im Inland ohne zeitliche Begrenzung umgesetzt. A behält seinen Familienwohnsitz bei und übernachtet während der Woche in einem Hotel in der Nähe des Tochterbetriebs. Das Hotel stellt dem Arbeitgeber pro Übernachtung 50 Euro zuzüglich 10 Euro für ein Frühstück in Rechnung, welche der Arbeitnehmer zunächst verauslagt und dann von seinem Arbeitgeber erstattet erhält.
> Es liegt eine doppelte Haushaltsführung vor, da der Tochterbetrieb mit der zeitlich unbegrenzten Zuordnung zur ersten Tätigkeitsstätte des Arbeitnehmers wird. Für die ersten drei Monate der doppelten Haushaltsführung gelten die Regelungen zur Gestellung von Mahlzeiten bei Auswärtstätigkeit entsprechend. Nach Ablauf der Dreimonatsfrist sind dann die Regeln der Gestellung von Mahlzeiten am Ort der ersten Tätigkeitsstätte anzuwenden.
> In den ersten drei Monaten der doppelten Haushaltsführung unterbleibt folglich die Erfassung des arbeitstäglichen Frühstücks mit dem amtlichen Sachbezugswert als Arbeitslohn bei gleichzeitiger Kürzung der täglichen Verpflegungspauschalen um jeweils 4,80 Euro.
> Nach Ablauf der ersten drei Monate ist für das Frühstück ein geldwerter Vorteil in Höhe des Sachbezugswertes anzusetzen (R 8.1 Absatz 7 Nummer 1 LStR 2013).

d) Bescheinigungspflicht „M"

90 Hat der Arbeitgeber oder auf dessen Veranlassung ein Dritter dem Arbeitnehmer während seiner beruflichen Tätigkeit außerhalb seiner Wohnung und seiner ersten Tätigkeitsstätte oder im Rahmen einer doppelten Haushaltsführung eine mit dem amtlichen Sachbezugswert zu bewertende Mahlzeit zur Verfügung gestellt, muss im Lohnkonto der Großbuchstabe „M" aufgezeichnet und in der elektronischen Lohnsteuerbescheinigung bescheinigt werden. Zur Erläuterung der mit dem Großbuchstaben „M" bescheinigten Mahlzeitengestellungen sind neben den Reisekostenabrechnungen regelmäßig keine weiteren detaillierten Arbeitgeberbescheinigungen auszustellen.

91 Diese Aufzeichnungs- und Bescheinigungspflicht gilt unabhängig von der Anzahl der Mahlzeitengestellungen an den Arbeitnehmer im Kalenderjahr. Es kommt nicht darauf an, ob eine Besteuerung der Mahlzeiten ausgeschlossen ist (§ 8 Absatz 2 Satz 9 EStG) oder die Mahlzeit pau-

schal nach § 40 Absatz 2 Satz 1 Nummer 1a EStG oder individuell besteuert wurde. Im Fall der Gewährung von Mahlzeiten, die keinen Arbeitslohn darstellen oder deren Preis 60 Euro übersteigt und die daher nicht mit dem amtlichen Sachbezugswert zu bewerten sind, besteht keine Pflicht im Lohnkonto den Großbuchstaben „M" aufzuzeichnen und zu bescheinigen.

Sofern das Betriebsstättenfinanzamt für die nach § 3 Nummer 13 oder Nummer 16 EStG steuerfrei gezahlten Vergütungen nach § 4 Absatz 3 LStDV eine andere Aufzeichnung als im Lohnkonto zugelassen hat, ist für eine Übergangszeit (bis max. 2015)[1] eine Bescheinigung des Großbuchstabens „M" nicht zwingend erforderlich.

e) Neue Pauschalbesteuerungsmöglichkeit üblicher Mahlzeiten, § 40 Absatz 2 Satz 1 Nummer 1a EStG

Nach § 40 Absatz 2 Satz 1 Nummer 1a EStG besteht bei Mahlzeiten die Möglichkeit der pauschalen Besteuerung mit 25 Prozent, wenn

– diese dem Arbeitnehmer von seinem Arbeitgeber oder auf dessen Veranlassung von einem Dritten während einer auswärtigen Tätigkeit unentgeltlich oder verbilligt zur Verfügung gestellt werden und

– deren Besteuerung nicht nach § 8 Absatz 2 Satz 9 EStG unterbleibt.

Die Pauschalbesteuerung kommt demnach in Betracht, wenn

– der Arbeitnehmer ohne Übernachtung nicht mehr als acht Stunden auswärts tätig ist,

– der Arbeitgeber die Abwesenheitszeit nicht überwacht, nicht kennt oder

– die Dreimonatsfrist nach § 9 Absatz 4a Satz 6 EStG abgelaufen ist.

Beispiel 59:
Der Arbeitnehmer A nimmt an einer halbtägigen auswärtigen Seminarveranstaltung teil. Der Arbeitgeber hat für die teilnehmenden Arbeitnehmer neben dem Seminar auch ein Mittagessen gebucht und bezahlt. Der Arbeitgeber besteuert das Mittagessen nach § 40 Absatz 2 Satz 1 Nummer 1a EStG pauschal mit 25 Prozent, weil er keine Aufzeichnungen über die Abwesenheitszeiten der Arbeitnehmer führt.

Voraussetzung ist, dass es sich um übliche Mahlzeiten handelt, die nach § 8 Absatz 2 Satz 8 EStG mit dem Sachbezugswert anzusetzen sind.

Nicht nach § 40 Absatz 2 Satz 1 Nummer 1a EStG pauschal besteuerbar sind somit sog. Belohnungsessen mit einem Preis von mehr als 60 Euro.

Die Pauschalierungsmöglichkeit greift auch nicht für Mahlzeiten, die im überwiegend eigenbetrieblichen Interesse des Arbeitgebers abgegeben werden (z. B. sog. Arbeitsessen oder bei Beteiligung von Arbeitnehmern an einer geschäftlich veranlassten Bewirtung), da insoweit kein steuerpflichtiger Arbeitslohn vorliegt.

Die Pauschalierungsmöglichkeit nach § 40 Absatz 2 Satz 1 Nummer 1a EStG gilt zudem nicht für die Gestellung von Mahlzeiten am Ort der ersten Tätigkeitsstätte im Rahmen einer doppelten Haushaltsführung; hier kommt allerdings eine Pauschalierung nach § 40 Absatz 2 Satz 1 Nummer 1 EStG in Betracht.

---

1) Die Übergangsregelung der Rz. 92 dieses Schreibens, verlängert durch Abschnitt I Nr. 2 des BMF-Schreibens v. 30. 7. 2015 (BStBl I S. 614) um zwei Jahre bis zum 31. 12. 2017, läuft gem. Abschnitt I Nr. 2 des BMF-Schreibens v. 27. 9. 2017 (BStBl I S. 1339) endgültig zum 31. 12. 2018 aus.

4. Unterkunftskosten, § 9 Absatz 1 Satz 3 Nummer 5 und Nummer 5a EStG

a) Unterkunftskosten im Rahmen der doppelten Haushaltsführung, § 9 Absatz 1 Satz 3 Nummer 5 EStG

aa) Vorliegen einer doppelten Haushaltsführung

99 Eine doppelte Haushaltsführung liegt nur vor, wenn der Arbeitnehmer außerhalb des Ortes seiner ersten Tätigkeitsstätte einen eigenen Haushalt unterhält und auch am Ort der ersten Tätigkeitsstätte wohnt. Die Anzahl der Übernachtungen ist dabei weiterhin unerheblich.

100 Das Vorliegen eines eigenen Hausstandes setzt neben dem Innehaben einer Wohnung aus eigenem Recht als Eigentümer oder Mieter bzw. aus gemeinsamen oder abgeleitetem Recht als Ehegatte, Lebenspartner oder Lebensgefährte sowie Mitbewohner gemäß § 9 Absatz 1 Satz 3 Nummer 5 Satz 2 EStG auch eine finanzielle Beteiligung an den Kosten der Lebensführung (laufende Kosten der Haushaltsführung) voraus. Es genügt nicht, wenn der Arbeitnehmer z. B. im Haushalt der Eltern lediglich ein oder mehrere Zimmer unentgeltlich bewohnt oder wenn dem Arbeitnehmer eine Wohnung im Haus der Eltern unentgeltlich zur Nutzung überlassen wird. Die finanzielle Beteiligung an den Kosten der Haushaltsführung ist darzulegen und kann auch bei volljährigen Kindern, die bei ihren Eltern oder einem Elternteil wohnen, nicht generell unterstellt werden. Durch diese Neuregelung ist die anders lautende Rechtsprechung des BFH (z. B. BFH vom 16. Januar 2013 — VI R 46/12 —, BStBl II S. 627) überholt. Eine finanzielle Beteiligung an den Kosten der Haushaltsführung mit Bagatellbeträgen ist nicht ausreichend. Betragen die Barleistungen des Arbeitnehmers mehr als 10 Prozent der monatlich regelmäßig anfallenden laufenden Kosten der Haushaltsführung (z. B. Miete, Mietnebenkosten, Kosten für Lebensmittel und andere Dinge des täglichen Bedarfs) ist von einer finanziellen Beteiligung oberhalb der Bagatellgrenze auszugehen. Liegen die Barleistungen darunter, kann der Arbeitnehmer eine hinreichende finanzielle Beteiligung auch auf andere Art und Weise darlegen. Bei Ehegatten oder Lebenspartnern mit den Steuerklassen III, IV oder V kann eine finanzielle Beteiligung an den Kosten der Haushaltsführung ohne entsprechenden Nachweis unterstellt werden (vgl. auch Rz. 109).

bb) Berufliche Veranlassung

101 Das Beziehen einer Zweitwohnung oder -unterkunft muss aus beruflichen Gründen erforderlich sein. Eine Zweitwohnung oder -unterkunft in der Nähe des Beschäftigungsorts steht einer Zweitwohnung am Ort der ersten Tätigkeitsstätte gleich. Aus Vereinfachungsgründen kann von einer Zweitunterkunft oder -wohnung am Ort der ersten Tätigkeitsstätte dann noch ausgegangen werden, wenn der Weg von der Zweitunterkunft oder -wohnung zur ersten Tätigkeitsstätte weniger als die Hälfte der Entfernung der kürzesten Straßenverbindung zwischen der Hauptwohnung (Mittelpunkt der Lebensinteressen) und der ersten Tätigkeitsstätte beträgt. **Befinden sich der eigene Hausstand und die Zweitwohnung innerhalb desselben Ortes (derselben Stadt oder Gemeinde) kann für die Frage der beruflichen Veranlassung ebenfalls diese Vereinfachungsregelung (Entfernung Zweitwohnung und erste Tätigkeitsstätte im Vergleich zur Entfernung zwischen Hauptwohnung und ersten Tätigkeitsstätte) herangezogen werden.**

> **Beispiel 60:**
> Der Arbeitnehmer A hat seinen eigenen Hausstand in B und in C seine neue erste Tätigkeitsstätte. Die Entfernung von B (Mittelpunkt der Lebensinteressen) nach C beträgt 250 km. Der Arbeitnehmer findet in Z eine günstige Zweitwohnung. Die Entfernung von dieser Zweitwohnung in Z nach C (erste Tätigkeitsstätte) beträgt 70 km.
>
> Auch wenn die Zweitwohnung in Z 70 km von C entfernt liegt, gilt sie noch als Wohnung am Ort der ersten Tätigkeitsstätte, da sie weniger als die Hälfte der Entfernung von der Hauptwohnung in B zur neuen ersten Tätigkeitsstätte in C entfernt liegt (1/2 von 250 km = 125 km).

Abwandlung:
Die Entfernung von der Zweitwohnung in Z nach C (erste Tätigkeitsstätte) beträgt 150 Kilometer. In diesem Fall kann nicht mehr ohne Weiteres von einer Zweitwohnung am Ort der ersten Tätigkeitsstätte ausgegangen werden. Die steuerliche Anerkennung richtet sich in diesem Fall nach den von der BFH-Rechtsprechung aufgestellten Grundsätzen (vgl. hierzu grundlegend BFH vom 19. April 2012 — VI R 59/11 —, BStBl II S. 833).

cc) Höhe der Unterkunftskosten

Als Unterkunftskosten für eine doppelte Haushaltsführung im Inland werden die dem Arbeitnehmer tatsächlich entstandenen Aufwendungen für die Nutzung der Wohnung oder Unterkunft höchstens bis zu einem nachgewiesenen Betrag von 1 000 Euro im Monat anerkannt. Die Prüfung der Notwendigkeit und Angemessenheit entfällt; auch auf die Zahl der Wohnungsbenutzer (Angehörige) kommt es nicht an. Durch diese Neuregelung ist die anders lautende Rechtsprechung des BFH (vgl. BFH vom 9. August 2007 — VI R 10/06 —, BStBl II S. 820) überholt. 102

Steht die Zweitwohnung oder -unterkunft im Eigentum des Arbeitnehmers, sind die tatsächlichen Aufwendungen (z. B. AfA, Schuldzinsen, Reparaturkosten, Nebenkosten) bis zum Höchstbetrag von 1 000 Euro monatlich zu berücksichtigen. Insoweit gelten die Grundsätze der BFH-Rechtsprechung (vgl. BFH vom 3. Dezember 1982 — VI R 228/80 —, BStBl 1983 II S. 467) weiter. 103

Der Höchstbetrag umfasst sämtliche entstehenden Aufwendungen wie Miete, Betriebskosten, Kosten der laufenden Reinigung und Pflege der Zweitwohnung oder -unterkunft, AfA für notwendige Einrichtungsgegenstände (ohne Arbeitsmittel), Zweitwohnungsteuer, Rundfunkbeitrag, Miet- oder Pachtgebühren für KFZ-Stellplätze, Aufwendungen für Sondernutzung (wie Garten), die vom Arbeitnehmer selbst getragen werden. Wird die Zweitwohnung oder -unterkunft möbliert angemietet, sind die Aufwendungen bis zum Höchstbetrag berücksichtigungsfähig. Auch Aufwendungen für einen separat angemieteten Garagenstellplatz sind in den Höchstbetrag einzubeziehen und können nicht als „sonstige" notwendige Mehraufwendungen zusätzlich berücksichtigt werden. Die anders lautende BFH-Rechtsprechung (vgl. BFH vom 13. November 2012 — VI R 50/11 —, BStBl 2013 II S. 286) ist überholt. **Maklerkosten, die für die Anmietung einer Zweitwohnung oder -unterkunft entstehen, sind als Umzugskosten zusätzlich als Werbungskosten abziehbar (R 9.9 Absatz 2 LStR 2013) oder vom Arbeitgeber steuerfrei erstattbar. Sie sind nicht in die 1 000 Euro-Grenze mit einzubeziehen.** 104

Bei der Anwendung des Höchstbetrags ist grundsätzlich § 11 EStG zu beachten. Soweit der monatliche Höchstbetrag von 1 000 Euro nicht ausgeschöpft wird, ist eine Übertragung des nicht ausgeschöpften Volumens in andere Monate des Bestehens der doppelten Haushaltsführung im selben Kalenderjahr möglich. Erhält der Arbeitnehmer Erstattungen z. B. für Nebenkosten, mindern diese Erstattungen im Zeitpunkt des Zuflusses die Unterkunftskosten der doppelten Haushaltsführung. 105

Ein häusliches Arbeitszimmer in der Zweitwohnung am Ort der ersten Tätigkeitsstätte ist bei der Ermittlung der anzuerkennenden Unterkunftskosten wie bisher nicht einzubeziehen; der Abzug der hierauf entfallenden Aufwendungen richtet sich weiterhin nach § 4 Absatz 5 Satz 1 Nummer 6b EStG (vgl. BFH vom 9. August 2007 — VI R 23/05 —, BStBl 2009 II S. 722).

Der Höchstbetrag nach § 9 Absatz 1 Satz 3 Nummer 5 Satz 4 EStG in Höhe von 1 000 Euro ist ein Monatsbetrag, der nicht auf einen Kalendertag umzurechnen ist und grundsätzlich für jede doppelte Haushaltsführung des Arbeitnehmers gesondert gilt. Beziehen mehrere berufstätige Arbeitnehmer (z. B. beiderseits berufstätige Ehegatten, Lebenspartner, Lebensgefährten, Mitglieder einer Wohngemeinschaft) am gemeinsamen Beschäftigungsort eine gemeinsame Zweitwohnung, handelt es sich jeweils um eine doppelte Haushaltsführung, so dass jeder Arbeitnehmer den Höchstbetrag für die tatsächlich von ihm getragenen Aufwendungen jeweils für sich beanspruchen kann. 106

Beispiel 61:
Die beiderseits berufstätigen Ehegatten bewohnen an ihrem Beschäftigungsort in M (jeweils Ort der ersten Tätigkeitsstätte) gemeinsam eine möblierte Unterkunft. Ihren Hausstand sowie ihren Lebensmittelpunkt haben die Eheleute nachweislich im eigenen Einfamilienhaus in B. Die Aufwendungen für die Nutzung der Unterkunft am Beschäftigungsort betragen inklusive sämtlicher Nebenkosten und Abschreibungen für notwendige Einrichtungsgegenstände 1 100 Euro im Monat. Diese werden auf Grund gemeinsamer Verpflichtung von beiden Ehegatten zu gleichen Anteilen gezahlt.

Die tatsächlichen Aufwendungen für die Nutzung der Unterkunft können bei jedem Ehegatten jeweils in Höhe von 550 Euro angesetzt werden.

Beispiel 62:
Der Arbeitnehmer A bewohnt am Ort seiner ersten Tätigkeitsstätte in M eine Zweitwohnung. Die Aufwendungen für die Nutzung dieser Unterkunft (Miete inklusive sämtlicher berücksichtigungsfähiger Nebenkosten und evtl. Abschreibungen für notwendige Einrichtungsgegenstände) betragen bis zum 30. Juni monatlich 990 Euro. Ab 1. Juli wird die Miete um 30 Euro erhöht, so dass ab diesem Zeitpunkt die monatlichen Aufwendungen für die Nutzung der Unterkunft 1 020 Euro betragen.

In den Monaten Januar bis Juni können die Aufwendungen für die Nutzung der Unterkunft in voller Höhe vom Arbeitgeber steuerfrei erstattet bzw. von A als Werbungskosten geltend gemacht werden.

Ab Juli ist grundsätzlich die Beschränkung auf den Höchstbetrag von 1 000 Euro zu beachten. Die den Höchstbetrag übersteigenden Aufwendungen von monatlich 20 Euro können allerdings mit dem noch nicht aufgebrauchten Höchstbetragsvolumen der Monate Januar bis Juni (6 × 10 Euro = 60 Euro) verrechnet und insoweit steuerfrei erstattet oder als Werbungskosten geltend gemacht werden.

107 Bei doppelter Haushaltsführung im Ausland gelten die bisherigen Grundsätze unverändert weiter. Danach sind die Aufwendungen in tatsächlicher Höhe notwendig, soweit sie die ortsübliche Miete für eine nach Lage und Ausstattung durchschnittliche Wohnung am Ort der ersten Tätigkeitsstätte mit einer Wohnfläche bis zu 60 qm nicht überschreiten.

dd) Steuerfreie Erstattung durch den Arbeitgeber und Werbungskostenabzug

108 Für den steuerfreien Arbeitgeberersatz kann der Arbeitgeber bei Arbeitnehmern mit den Steuerklassen III, IV oder V weiterhin ohne Weiteres unterstellen, dass sie einen eigenen Hausstand haben, an dem sie sich auch finanziell beteiligen. Bei anderen Arbeitnehmern darf der Arbeitgeber einen eigenen Hausstand nur dann anerkennen, wenn sie schriftlich erklären, dass sie neben einer Zweitwohnung oder -unterkunft am Beschäftigungsort außerhalb des Beschäftigungsortes einen eigenen Hausstand unterhalten, an dem sie sich auch finanziell beteiligen. Die Kosten der Zweitwohnung oder -unterkunft am Ort der ersten Tätigkeitsstätte im Inland können weiterhin vom Arbeitgeber pauschal steuerfrei erstattet werden (R 9.11 Absatz 10 Satz 7 Nummer 3 LStR 2013).

109 Beim Werbungskostenabzug im Rahmen der Einkommensteuerveranlagung hat der Arbeitnehmer das Vorliegen einer doppelten Haushaltsführung und die finanzielle Beteiligung an der Haushaltsführung am Ort des eigenen Hausstands darzulegen. Kosten der Zweitwohnung oder -unterkunft sind für die Berücksichtigung als Werbungskosten grundsätzlich im Einzelnen nachzuweisen; sie können geschätzt werden, wenn sie dem Grunde nach zweifelsfrei entstanden sind (vgl. BFH vom 12. September 2001 — VI R 72/97 —, BStBl II S. 775).

b) Unterkunftskosten im Rahmen einer Auswärtstätigkeit, § 9 Absatz 1 Satz 3 Nummer 5a EStG

110 Als Werbungskosten abzugsfähig sind Unterkunftskosten bei einer Auswärtstätigkeit. Hierbei muss es sich um notwendige Mehraufwendungen eines Arbeitnehmers für beruflich veranlasste Übernachtungen an einer Tätigkeitsstätte handeln, die nicht erste Tätigkeitsstätte ist.

aa) Berufliche Veranlassung

Die berufliche Veranlassung ist gegeben, wenn der Arbeitnehmer auf Weisung des Arbeitgebers so gut wie ausschließlich betrieblich bzw. dienstlich unterwegs ist. Dies ist zum Beispiel der Fall, wenn der Arbeitnehmer einen Kunden besucht. Erledigt der Arbeitnehmer im Zusammenhang mit der beruflich veranlassten Auswärtstätigkeit auch in einem mehr als geringfügigen Umfang private Angelegenheiten, sind die beruflich veranlassten von den privat veranlassten Aufwendungen zu trennen (vgl. BFH vom 21. September 2009 — GrS 1/06 —, BStBl 2010 II S. 672). Ist das nicht — auch nicht durch Schätzung — möglich, gehören die gesamten Aufwendungen zu den nach § 12 EStG nicht abziehbaren Aufwendungen für die Lebensführung. 111

bb) Unterkunftskosten

Unterkunfts- bzw. Übernachtungskosten sind die tatsächlichen Aufwendungen für die persönliche Inanspruchnahme einer Unterkunft zur Übernachtung. Hierzu zählen zum Beispiel Kosten für die Nutzung eines Hotelzimmers, Mietaufwendungen für die Nutzung eines (ggf. möblierten) Zimmers oder einer Wohnung sowie Nebenleistungen (z. B. Kultur- und Tourismusförderabgabe, Kurtaxe/Fremdenverkehrsabgabe, bei Auslandsübernachtungen die besondere Kreditkartengebühr bei Zahlungen in Fremdwährungen). Im Rahmen des Werbungskostenabzugs können lediglich die tatsächlich entstandenen Übernachtungskosten und keine Pauschalen berücksichtigt werden. 112

Kosten für Mahlzeiten gehören zu den Aufwendungen des Arbeitnehmers für die Verpflegung und sind nur nach Maßgabe des § 9 Absatz 4a EStG abziehbar. Wird durch Zahlungsbelege nur ein Gesamtpreis für Unterkunft und Verpflegung nachgewiesen und lässt sich der Preis für die Verpflegung nicht feststellen (z. B. Tagungspauschale), so ist dieser Gesamtpreis zur Ermittlung der Übernachtungskosten zu kürzen. Als Kürzungsbeträge sind dabei 113

- für Frühstück 20 Prozent,
- für Mittag- und Abendessen jeweils 40 Prozent

der für den Unterkunftsort maßgebenden Verpflegungspauschale bei einer Auswärtstätigkeit mit einer Abwesenheitsdauer von mindestens 24 Stunden anzusetzen.

Beispiel 63:

Der Arbeitnehmer A übernachtet während einer zweitägigen inländischen Auswärtstätigkeit im Hotel. Die Rechnung des Hotels ist auf den **Namen des Arbeitgebers** ausgestellt. Das Hotel rechnet eine Übernachtung mit Frühstück wie folgt ab:

Pauschalarrangement 70 Euro

Der Arbeitgeber hat folgende Möglichkeiten:
Zur Ermittlung der Übernachtungskosten kann der Gesamtpreis um 4,80 Euro (20 Prozent von 24 Euro für die auf das Frühstück entfallenden anteiligen Kosten) gekürzt werden. Der verbleibende Betrag von 65,20 Euro kann vom Arbeitgeber dann als Übernachtungskosten steuerfrei erstattet werden. Für den An- und Abreisetag stehen dem Arbeitnehmer Verpflegungspauschalen von 24 Euro (je 12 Euro für den An- und Abreisetag) zu. Die Verpflegungspauschale für den Abreisetag ist nicht zu kürzen (um 4,80 Euro für das Frühstück), wenn der Arbeitgeber dem Arbeitnehmer lediglich die 65,20 Euro als Übernachtungskosten erstattet. Insgesamt kann der Arbeitgeber somit 89,20 Euro steuerfrei erstatten (65,20 Euro Unterkunft plus 24 Euro Verpflegung).

Erstattet der Arbeitgeber dem Arbeitnehmer hingegen den Gesamtpreis von 70 Euro (also einschließlich Frühstück) sind die Verpflegungspauschalen zu kürzen auf einen Betrag von 19,20 Euro für Verpflegung. Insgesamt kann der Arbeitgeber somit 89,20 Euro steuerfrei erstatten (70 Euro Unterkunft und Frühstück plus 19,20 Euro Verpflegung).

Die Berechnungen führen somit zum gleichen Ergebnis, egal von welchem Betrag die pauschale Einbehalt bzw. die pauschale Kürzung erfolgt.

Abwandlung:

Die Rechnung des Hotels ist **auf den Namen des Arbeitnehmers** ausgestellt.
Auch in diesem Fall kann der Arbeitgeber insgesamt höchstens 89,20 Euro steuerfrei erstatten (65,20 Euro Unterkunft plus 24 Euro Verpflegung).

Beispiel 64:
Der Arbeitnehmer A übernachtet während einer zweitägigen Auswärtstätigkeit im Hotel. Die Rechnung ist auf den **Namen des Arbeitgebers** ausgestellt. Das Hotel rechnet eine Übernachtung mit Frühstück wie folgt ab:

Übernachtung	60 Euro
Frühstück	10 Euro

Die ausgewiesenen Übernachtungskosten von 60 Euro können vom Arbeitgeber steuerfrei erstattet werden. Für den An- und Abreisetag stünden dem Arbeitnehmer zusätzlich auch noch Verpflegungspauschalen von 24 Euro (je 12 Euro für den An- und Abreisetag) zu. Die Verpflegungspauschale für den Abreisetag ist nicht zu kürzen, wenn der Arbeitgeber dem Arbeitnehmer lediglich die 60 Euro Übernachtungskosten erstattet.

Erstattet der Arbeitgeber hingegen auch den Betrag von 10 Euro für das Frühstück, ist die Verpflegungspauschale für den Abreisetag um 4,80 Euro wegen des vom Arbeitgeber zur Verfügung gestellten Frühstücks zu kürzen. Der Arbeitgeber kann dann zusätzlich einen Betrag von 19,20 Euro für Verpflegung steuerfrei erstatten.

Abwandlung:
Die Rechnung des Hotels ist **auf den Namen des Arbeitnehmers** ausgestellt.

In diesem Fall kann der Arbeitgeber insgesamt höchstens 84 Euro steuerfrei erstatten (60 Euro Unterkunft plus 24 Euro Verpflegung).

Werden keine steuerfreien Erstattungen seitens des Arbeitgebers gezahlt, ist der Betrag von 84 Euro als Werbungskosten berücksichtigungsfähig.

cc) Notwendige Mehraufwendungen

114 Es ist lediglich die berufliche Veranlassung zu prüfen, nicht aber die Angemessenheit der Unterkunft (bestimmte Hotelkategorie oder Größe der Unterkunft). Die Anerkennung von Unterkunftskosten im Rahmen einer auswärtigen beruflichen Tätigkeit erfordert, dass noch eine andere Wohnung besteht, **für die dem Arbeitnehmer Aufwendungen entstehen, weil er dort**

- seinen Lebensmittelpunkt hat, ohne dass dort jedoch ein eigener Hausstand vorliegen muss, **oder**
- seinen Lebensmittelpunkt wieder aufnehmen will.

Für die Berücksichtigung von Unterkunftskosten anlässlich einer Auswärtstätigkeit wird somit – anders als bei der doppelten Haushaltsführung – nicht vorausgesetzt, dass der Arbeitnehmer eine Wohnung aus eigenem Recht oder als Mieter innehat und eine finanzielle Beteiligung an den Kosten der Lebensführung leistet. Es genügt, wenn der Arbeitnehmer z. B. im Haushalt der Eltern ein Zimmer bewohnt.

115 Ist die Unterkunft am auswärtigen Tätigkeitsort die einzige Wohnung/Unterkunft des Arbeitnehmers, liegt kein beruflich veranlasster Mehraufwand vor.

116 Soweit höhere Übernachtungskosten anfallen, weil der Arbeitnehmer eine Unterkunft gemeinsam mit Personen nutzt, die in keinem Dienstverhältnis zum selben Arbeitgeber stehen, sind nur diejenigen Aufwendungen anzusetzen, die bei alleiniger Nutzung durch den Arbeitnehmer angefallen wären. Nicht abziehbar sind somit Mehrkosten, die aufgrund der Mitnutzung der Übernachtungsmöglichkeit durch eine Begleitperson entstehen, insbesondere wenn die Begleitung privat und nicht beruflich veranlasst ist. Bei Mitnutzung eines Mehrbettzimmers (z. B. Doppelzimmer) können die Aufwendungen angesetzt werden, die bei Inanspruchnahme eines Einzelzimmers im selben Haus entstanden wären.

117 **Bei Nutzung einer Wohnung am auswärtigen Tätigkeitsort zur Übernachtung während einer beruflich veranlassten Auswärtstätigkeit kann im Inland aus Vereinfachungsgründen – entsprechend der Regelungen für Unterkunftskosten bei einer längerfristigen Auswärtstätigkeit**

von mehr als 48 Monaten – bei Aufwendungen bis zu einem Betrag von 1 000 Euro monatlich von einer ausschließlichen beruflichen Veranlassung ausgegangen werden. Betragen die Aufwendungen im Inland mehr als 1 000 Euro monatlich oder handelt es sich um eine Wohnung im Ausland, können nur die Aufwendungen berücksichtigt werden, die durch die beruflich veranlasste, alleinige Nutzung des Arbeitnehmers verursacht werden; dazu kann die ortsübliche Miete für eine nach Lage und Ausstattung durchschnittliche Wohnung am Ort der auswärtigen Tätigkeitsstätte mit einer Wohnfläche bis zu 60 qm als Vergleichsmaßstab herangezogen werden.

Beispiel 65:
Der Arbeitnehmer A wird aus persönlichen Gründen auf einer Auswärtstätigkeit von seiner Ehefrau begleitet. Für die Übernachtung im Doppelzimmer entstehen Kosten von 150 Euro. Ein Einzelzimmer hätte 90 Euro gekostet.
Als Werbungskosten abziehbar oder vom Arbeitgeber steuerfrei erstattungsfähig sind 90 Euro.

Abwandlung:
Auf einer Auswärtstätigkeit teilt sich der Arbeitnehmer A das Doppelzimmer mit seinem Kollegen B, der ihn aus betrieblichen Gründen begleitet.
Für jeden Arbeitnehmer können (150 Euro : 2 =) 75 Euro als Werbungskosten berücksichtigt oder vom Arbeitgeber steuerfrei erstattet werden.

dd) Begrenzte Berücksichtigung von Unterkunftskosten bei einer längerfristigen Auswärtstätigkeit an derselben Tätigkeitsstätte im Inland

Bei einer längerfristigen beruflichen Tätigkeit an derselben Tätigkeitsstätte im Inland, die nicht erste Tätigkeitsstätte ist, können nach Ablauf von 48 Monaten die tatsächlich entstehenden Unterkunftskosten höchstens noch bis zur Höhe von 1 000 Euro im Monat als Werbungskosten abgezogen oder vom Arbeitgeber steuerfrei erstattet werden. Das gilt auch für Hotelübernachtungen.

Bei Übernachtungen im Ausland im Rahmen einer längerfristigen Auswärtstätigkeit gelten die bisherigen Grundsätze zur beruflichen Veranlassung und Notwendigkeit der entstandenen Aufwendungen unverändert weiter. Die Höchstgrenze von 1 000 Euro gilt hier nicht.

Von einer **längerfristigen** beruflichen Tätigkeit an derselben Tätigkeitsstätte **ist erst dann auszugehen, sobald** der Arbeitnehmer an dieser mindestens an drei Tagen **in der Woche** tätig wird. Die 48-Monatsfrist beginnt daher nicht, solange die auswärtige Tätigkeitsstätte nur an zwei Tagen **in der Woche** aufgesucht wird. Eine Unterbrechung von weniger als sechs Monaten, z. B. wegen Urlaub, Krankheit, beruflicher Tätigkeit an einer anderen Tätigkeitsstätte führt nicht zu einem Neubeginn der 48-Monatsfrist. Die Prüfung des Unterbrechungszeitraums und des Ablaufs der 48-Monatsfrist erfolgt stets im Nachhinein mit Blick auf die zurückliegende Zeit (Ex-post-Betrachtung).

Beispiel 66:
Der Arbeitnehmer A ist seit 1. April 2014 an der sich an seinem Wohnort befindlichen ersten Tätigkeitsstätte in H an zwei Tagen in der Woche tätig. An den anderen drei Tagen betreut er aufgrund arbeitsrechtlicher Festlegungen eine 200 km entfernte Filiale in B. Dort übernachtet er regelmäßig zweimal wöchentlich.
Da der Arbeitnehmer A längerfristig infolge seiner beruflichen Tätigkeit an drei Tagen in der Woche an derselben Tätigkeitsstätte in B, die nicht erste Tätigkeitsstätte ist, tätig wird und dort übernachtet, können die ihm tatsächlich entstehenden Übernachtungskosten nach Ablauf von 48 Monaten nur noch bis zur Höhe von 1 000 Euro monatlich als Werbungskosten geltend gemacht oder steuerfrei erstattet werden.

Abwandlung:
Wie Beispiel **66**, allerdings muss A ab 15. Juli 2014 für vier Monate nach M. Ab 16. November 2014 ist er dann drei Tage wöchentlich in H und zwei Tage in B.
Für die längerfristige berufliche Auswärtstätigkeit in B beginnt die 48-Monatsfrist am 1. April 2014 und endet voraussichtlich am 31. März 2018. Eine sechsmonatige Unterbrechung liegt noch nicht vor (lediglich vier Monate und dann immer nur dreitägige Unterbrechung).

121 Für die Prüfung der 48-Monatsfrist wird auf den tatsächlich verwirklichten Sachverhalt abgestellt. Erst nach Ablauf von 48 Monaten greift die Begrenzung der Höhe nach auf den Betrag von 1 000 Euro im Monat. Die unbegrenzte Berücksichtigung der entstandenen Aufwendungen in den ersten 48 Monaten bleibt davon unberührt.

ee) Anwendung der 48-Monatsfrist zur begrenzten Berücksichtigung der Unterkunftskosten bei einer längerfristigen Auswärtstätigkeit im Inland ab 1. Januar 2014

122 Maßgeblich für den Beginn der 48-Monatsfrist ist der jeweilige Beginn der längerfristigen beruflichen Tätigkeit an derselben Tätigkeitsstätte im Inland. Dies gilt auch, wenn dieser vor dem 1. Januar 2014 liegt. Aus Vereinfachungsgründen ist es allerdings nicht zu beanstanden, wenn die abziehbaren Übernachtungskosten erst ab dem ersten vollen Kalendermonat, der auf den Monat folgt, in dem die 48-Monatsfrist endet, auf 1 000 Euro begrenzt werden.

Beispiel 67:
Der Arbeitnehmer A hat seine Tätigkeit am 15. Juli 2010 an einer auswärtigen Tätigkeitsstätte aufgenommen und soll dort bis zum 31. Dezember 2015 tätig sein.
Die 48-Monatsfrist beginnt am 15. Juli 2010 und endet mit Ablauf des 14. Juli 2014. Nach Ablauf dieser Frist können grundsätzlich Übernachtungskosten nur noch bis zur Höhe von 1 000 Euro monatlich berücksichtigt werden. Aus Vereinfachungsgründen ist es jedoch nicht zu beanstanden, wenn diese Begrenzung der Übernachtungskosten erst ab dem ersten vollen Kalendermonat angewendet wird, der auf den Monat folgt, in dem die 48-Monatsfrist endet. Dies wäre dann ab August 2014.

Abwandlung:
Der Arbeitnehmer A wird vom 15. März 2014 bis 3. Oktober 2014 wegen eines personellen Engpasses ausschließlich am Stammsitz der Firma tätig. Ab 4. Oktober 2014 kehrt er zu der vorherigen auswärtigen Tätigkeitsstätte zurück.
Die längerfristige Auswärtstätigkeit wurde länger als sechs Monate unterbrochen. Die Übernachtungskosten können daher ab 4. Oktober 2014 für die nächsten 48 Monate (bis 3. Oktober 2018) grundsätzlich wieder unbeschränkt berücksichtigt werden.

ff) Steuerfreie Erstattung durch den Arbeitgeber

123 Für jede Übernachtung im Inland darf der Arbeitgeber die nachgewiesenen Übernachtungskosten nach Rz. 112 bis Rz. 121 oder – wie bisher – ohne Einzelnachweis einen Pauschbetrag von 20 Euro steuerfrei erstatten. Bei Übernachtungen im Rahmen einer auswärtigen beruflichen Tätigkeit im Ausland gelten die bisherigen Grundsätze unverändert weiter.

5. Reisenebenkosten

124 Zu den Reisenebenkosten gehören die tatsächlichen Aufwendungen z. B. für:
1. Beförderung und Aufbewahrung von Gepäck;
2. Ferngespräche und Schriftverkehr beruflichen Inhalts mit dem Arbeitgeber oder Geschäftspartnern;
3. Straßen- und Parkplatzbenutzung sowie Schadensbeseitigung infolge von Verkehrsunfällen, wenn die jeweils damit verbundenen Fahrtkosten als Reisekosten anzusetzen sind;
4. Verlust von auf der Reise abhanden gekommener oder beschädigter Gegenstände, die der Arbeitnehmer auf der Reise verwenden musste, wenn der Verlust aufgrund einer reisespezifischen Gefährdung eingetreten ist. Berücksichtigt wird der Verlust bis zur Höhe des Wertes, der dem Gegenstand zum Zeitpunkt des Verlustes beigemessen wird;
5. Private Telefongespräche, soweit sie der beruflichen Sphäre zugeordnet werden können (vgl. BFH-Urteil vom 5. Juli 2012 — VI R 50/10 —, BStBl 2013 II S. 282).

Die Reisenebenkosten sind durch geeignete Unterlagen nachzuweisen bzw. glaubhaft zu machen. Regelmäßig wiederkehrende Reisenebenkosten können zur Vereinfachung über einen repräsentativen Zeitraum von drei Monaten im Einzelnen nachgewiesen werden und dann in der Folgezeit mit dem täglichen Durchschnittsbetrag angesetzt werden. Zur Berücksichtigung von Reisenebenkosten bei LKW-Fahrern, die in ihrer Schlafkabine übernachten, vgl. BMF-Schreiben vom 4. Dezember 2012, BStBl I S. 1249.

Nicht zu den Reisenebenkosten gehören z. B.:

1. Kosten für die persönliche Lebensführung wie Tageszeitungen, private Telefongespräche mit Ausnahme der Gespräche i. S. d. Rz. **124** Nr. 5, Massagen, Minibar oder Pay-TV,
2. Ordnungs-, Verwarnungs- und Bußgelder, die auf einer Auswärtstätigkeit verhängt werden,
3. Verlust von Geld oder Schmuck,
4. Anschaffungskosten für Bekleidung, Koffer oder andere Reiseausrüstungsgegenstände, weil sie nur mittelbar mit einer Auswärtstätigkeit zusammenhängen,
5. Essensgutscheine, z. B. in Form von Raststätten- oder Autohof-Wertbons.

Gutscheine i. S. d. Rz. **126** Nummer 5 gehören nicht zu den Reisenebenkosten, da zur Abgeltung der tatsächlich entstandenen, beruflich veranlassten Mehraufwendungen für Verpflegung eine Verpflegungspauschale (§ 9 Absatz 4a EStG) angesetzt werden kann.

> **Beispiel 68:**
> Der LKW-Fahrer L ist im Inland eintägig mehr als acht Stunden beruflich auswärts tätig. Er nimmt ein Mittagessen im Wert von 8,50 Euro in einer Autobahnraststätte ein und bezahlt an der Kasse 6 Euro in bar und den Rest in Wertbons, die er im Zusammenhang mit der vom Arbeitgeber erstatteten Parkplatzgebühr erhalten hat.
> Dem LKW-Fahrer L steht eine ungekürzte Verpflegungspauschale von 12 Euro zu.

6. Sonstiges

Zur Ermittlung der steuerfreien Leistungen für Reisekosten dürfen die einzelnen Aufwendungsarten zusammengefasst werden; die Leistungen sind steuerfrei, soweit sie die Summe der zulässigen steuerfreien Leistungen nicht übersteigen. Hierbei können mehrere Reisen zusammengefasst abgerechnet werden. Dies gilt sinngemäß für **Umzugskosten und für** Mehraufwendungen bei einer doppelten Haushaltsführung (**R 3.16 Satz 1 bis 3 ggf. i. V. m. R 3.13 Abs. 1 Satz 3 LStR 2013**).

> **Beispiel 69:**
> Im Rahmen einer längerfristigen beruflichen Auswärtstätigkeit wird ein Monteur für die Dauer von sechs Monaten (110 Arbeitstage) an derselben Tätigkeitsstätte tätig. Die arbeitstägliche Abwesenheit von seiner Wohnung und der ersten Tätigkeitsstätte beträgt jeweils mehr als 8 Stunden. Während der sechs Monate seiner Tätigkeit steht dem Monteur nach Reiserichtlinie des Arbeitgebers ein Tagegeld in Höhe von insgesamt 660 Euro zu (110 Arbeitstage × 6 Euro/Arbeitstag).
> Erfolgt eine monatliche Reisekostenabrechnung können die Tagegelder der ersten drei Monate steuerfrei geleistet werden:
>
> Steuerfreie Verpflegungspauschalen: 55 Arbeitstage × 12 Euro/Arbeitstag = 660 Euro
> Gezahltes Tagegeld: 55 Arbeitstage × 6 Euro/Arbeitstag = 330 Euro
>
> Der Arbeitnehmer könnte somit zusätzlich für die ersten drei Monate noch 330 Euro als Werbungskosten geltend machen.
> Die Tagegelder der folgenden drei Monate sind steuerpflichtig und der Arbeitnehmer kann keine Werbungskosten mehr geltend machen.
>
> Steuerfreie Verpflegungspauschalen: = 0 Euro
> Gezahltes Tagegeld: 55 Arbeitstage × 6 Euro/Arbeitstag = 330 Euro

Wird die längerfristige berufliche Auswärtstätigkeit zusammengefasst abgerechnet, können die Tagegelder der gesamten sechs Monate steuerfrei gezahlt werden. Der Arbeitnehmer kann dann keinen Werbungskostenabzug mehr geltend machen.

Steuerfreie Verpflegungspauschalen:	55 Arbeitstage × 12 Euro/Arbeitstag = 660 Euro
Gezahltes Tagegeld:	110 Arbeitstage × 6 Euro/Arbeitstag = 660 Euro

129 In den Fällen, in denen keine steuerfreie Verpflegungspauschale gezahlt werden darf, ist es nicht zu beanstanden, wenn der Arbeitgeber bei einer von ihm zur Verfügung gestellten Mahlzeit eine Verrechnung des anzusetzenden Sachbezugswertes mit steuerfrei zu erstattenden Fahrt-, Unterkunfts- oder Reisenebenkosten vornimmt.

Beispiel 70:
Der Arbeitnehmer A nimmt an einem halbtägigen auswärtigen Seminar mit Mittagessen teil und ist 6 Stunden von seiner Wohnung und der ersten Tätigkeitsstätte abwesend. Für die Fahrt zum Seminar nutzt A seinen privaten PKW und könnte für die entstandenen Fahrkosten eine steuerfreie Erstattung in Höhe von 30 Euro von seinem Arbeitgeber beanspruchen.

Der Arbeitgeber kann die von ihm im Rahmen des Seminars gestellte Mahlzeit mit dem Sachbezugswert individuell oder pauschal mit 25 Prozent versteuern oder von den zu erstattenden 30 Euro abziehen.

III. Zeitliche Anwendungsregelung

130 Dieses Schreiben ist mit Wirkung ab 1. Januar 2014 anzuwenden. **Hinsichtlich der Regelungen in Rz. 65 (Mahlzeiten im Flugzeug, Schiff oder Zug) ist es nicht zu beanstanden, wenn diese erst ab 1. Januar 2015 angewendet werden.** Das BMF-Schreiben vom 30. September 2013 wird aufgehoben und durch dieses BMF-Schreiben ersetzt. Änderungen sind durch Fettdruck dargestellt.

Das BMF-Schreiben vom 20. August 2001, BStBl I S. 541, das BMF-Schreiben vom 21. Dezember 2009, BStBl 2010 I S. 21, das BMF-Schreiben vom 27. September 2011, BStBl I S. 976 sowie das BMF-Schreiben vom 15. Dezember 2011, BStBl 2012 I S. 57 werden mit Wirkung ab 1. Januar 2014 aufgehoben.

Zu § 10b EStG

33. Steuerliche Anerkennung von Spenden durch den Verzicht auf einen zuvor vereinbarten Aufwendungsersatz (Aufwandsspende) bzw. einen sonstigen Anspruch (Rückspende)

BMF, Schreiben v. 25. 11. 2014 (BStBl I S. 1584)[1]

– IV C 4 - S 2223/07/0010: 005 –

Im Einvernehmen mit den obersten Finanzbehörden der Länder gilt zur steuerlichen Anerkennung von Aufwandsspenden und Rückspenden als Sonderausgabe nach § 10b EStG Folgendes:

1. Aufwendungsersatzansprüche können Gegenstand sogenannter Aufwandsspenden gemäß § 10b Absatz 3 Satz 5 und 6 EStG sein. Das gilt auch im Verhältnis eines Zuwendungsempfängers zu seinen ehrenamtlich tätigen Mitgliedern. Nach den Erfahrungen spricht aber

---

[1] Geändert durch BMF, Schreiben v. 24. 8. 2016 (BStBl I S. 994).

eine tatsächliche Vermutung dafür, dass Leistungen ehrenamtlich tätiger Mitglieder und Förderer des Zuwendungsempfängers unentgeltlich und ohne Aufwendungsersatzanspruch erbracht werden. Diese Vermutung ist allerdings widerlegbar. Dafür ist bei vertraglichen Ansprüchen eine schriftliche Vereinbarung zwischen Zuwendendem und Zuwendungsempfänger vorzulegen, die vor der zum Aufwand führenden Tätigkeit getroffen sein muss.

2. Hat der Zuwendende einen Aufwendungsersatzanspruch gegenüber dem Zuwendungsempfänger und verzichtet er darauf, ist ein Spendenabzug nach § 10b Absatz 3 Satz 5 EStG allerdings nur dann rechtlich zulässig, wenn der entsprechende Aufwendungsersatzanspruch durch einen Vertrag oder die Satzung eingeräumt worden ist, und zwar bevor die zum Aufwand führende Tätigkeit begonnen worden ist. Die Anerkennung eines Aufwendungsersatzanspruches ist auch in den Fällen eines rechtsgültigen Vorstandsbeschlusses möglich, wenn der Vorstand dazu durch eine Regelung in der Satzung ermächtigt wurde. Eine nachträgliche rückwirkende Begründung von Ersatzpflichten des Zuwendungsempfängers, zum Beispiel durch eine rückwirkende Satzungsänderung, reicht nicht aus. Aufwendungsersatzansprüche aus einer auf einer entsprechenden Satzungsermächtigung beruhenden Vereinsordnung (z. B. Reisekostenordnung) sind Ansprüche aus einer Satzung im Sinne des § 10b Absatz 3 Satz 5 EStG. Der Verzicht auf bestehende sonstige Ansprüche (Rückspende), wie z. B. Lohn- oder Honorarforderungen oder gesetzliche Ansprüche (die keine Aufwendungsersatzansprüche sind), ist unter den nachstehend unter 3. aufgeführten Voraussetzungen als Spende im Sinne des § 10b EStG abziehbar.

3. Ansprüche auf einen Aufwendungsersatz oder auf eine Vergütung müssen ernsthaft eingeräumt sein und dürfen nicht von vornherein unter der Bedingung des Verzichts stehen. Wesentliche Indizien für die Ernsthaftigkeit von Ansprüchen auf Aufwendungsersatz oder auf eine Vergütung sind auch die zeitliche Nähe der Verzichtserklärung zur Fälligkeit des Anspruchs und die wirtschaftliche Leistungsfähigkeit des Zuwendungsempfängers. Die Verzichtserklärung ist dann noch zeitnah, wenn bei einmaligen Ansprüchen innerhalb von drei Monaten und bei Ansprüchen aus einer regelmäßigen Tätigkeit innerhalb eines Jahres nach Fälligkeit des Anspruchs der Verzicht erklärt wird. Regelmäßig ist eine Tätigkeit, wenn sie gewöhnlich monatlich ausgeübt wird. Die wirtschaftliche Leistungsfähigkeit ist anzunehmen, wenn der Zuwendungsempfänger ungeachtet eines späteren Verzichts durch den Zuwendenden bei prognostischer Betrachtung zum Zeitpunkt der Einräumung des Anspruchs auf den Aufwendungsersatz oder die Vergütung wirtschaftlich in der Lage ist, die eingegangene Verpflichtung zu erfüllen. Wird auf einen Anspruch verzichtet, muss dieser auch im Zeitpunkt des Verzichts tatsächlich werthaltig sein. Nur dann kommt ein Abzug als steuerbegünstigte Zuwendung in Betracht.

Sofern der Verein im Zeitpunkt der Einräumung des Anspruchs auf einen Aufwendungsersatz oder eine Vergütung wirtschaftlich in der Lage ist, die eingegangene Verpflichtung zu erfüllen, kann regelmäßig davon ausgegangen werden, dass der Anspruch im Zeitpunkt des Verzichts noch werthaltig ist. Etwas anderes gilt nur dann, wenn sich die finanziellen Verhältnisse des Vereins im Zeitraum zwischen der Einräumung des Anspruchs und dem Verzicht wesentlich verschlechtert haben.

Von der wirtschaftlichen Leistungsfähigkeit ist immer dann auszugehen, wenn die Körperschaft offensichtlich über genügend liquide Mittel bzw. sonstiges Vermögen verfügt, das zur Begleichung der eingegangenen Verpflichtung herangezogen wird. Dabei ist keine Differenzierung nach steuerbegünstigtem Tätigkeitsbereich (ideelle Tätigkeit, Zweckbetrieb), steuerfreier Vermögensverwaltung oder steuerpflichtigem wirtschaftlichen Geschäftsbetrieb vorzunehmen.

4. Der Abzug einer Spende gemäß § 10b EStG setzt voraus, dass die Ausgabe beim Spender zu einer endgültigen wirtschaftlichen Belastung führt. Eine endgültige wirtschaftliche Belastung liegt nicht vor, soweit der Wertabgabe aus dem Vermögen des Steuerpflichtigen ein entsprechender Zufluss – im Falle der Zusammenveranlagung auch beim anderen Ehegat-

ten/Lebenspartner – gegenübersteht (BFH-Urteil vom 20. Februar 1991, BStBl II S. 690). Die von der spendenempfangsberechtigten Einrichtung erteilten Aufträge und die mit deren Ausführung entstehenden Aufwendungen dürfen nicht, auch nicht zum Teil, im eigenen Interesse des Zuwendenden ausgeführt bzw. getätigt werden. Die Auszahlung von Aufwendungsersatz an den Spender führt insoweit nicht zu einem schädlichen Rückfluss, als der Aufwendungsersatz aufgrund eines ernsthaft eingeräumten Ersatzanspruchs geleistet wird, der nicht unter der Bedingung einer vorhergehenden Spende steht.

5. Bei dem nachträglichen Verzicht auf den Ersatz der Aufwendungen bzw. auf einen sonstigen Anspruch handelt es sich um eine Geldspende, bei der entbehrlich ist, dass Geld zwischen dem Zuwendungsempfänger und dem Zuwendenden tatsächlich hin und her fließt. Dem Zuwendenden ist deshalb eine Zuwendungsbestätigung über eine Geldzuwendung zu erteilen, in der auch ausdrückliche Angaben darüber zu machen sind, ob es sich um den Verzicht auf die Erstattung von Aufwendungen handelt.

6. Eine Zuwendungsbestätigung darf nur erteilt werden, wenn sich der Ersatzanspruch auf Aufwendungen bezieht, die zur Erfüllung der satzungsmäßigen Zwecke des Zuwendungsempfängers erforderlich waren. Für die Höhe der Zuwendung ist der vereinbarte Ersatzanspruch maßgeblich; allerdings kann ein unangemessen hoher Ersatzanspruch zum Verlust der Gemeinnützigkeit des Zuwendungsempfängers führen (§ 55 Absatz 1 Nummer 3 AO). Der Zuwendungsempfänger muss die zutreffende Höhe des Ersatzanspruchs, über den er eine Zuwendungsbestätigung erteilt hat, durch geeignete Unterlagen im Einzelnen belegen können.

7. Dieses BMF-Schreiben ist ab 1. Januar 2015 anzuwenden.

Das BMF-Schreiben vom 7. Juni 1999 – IV C 4 - S 2223 - 111/99 – (BStBl I S. 591) findet weiter Anwendung auf alle Zusagen auf Aufwendungsersatz sowie auf alle Zusagen auf Vergütungen, die bis zum 31. Dezember 2014 erteilt werden.

Wird bei einer Körperschaft, die vor dem 1. Januar 2015 gegründet wurde, Aufwendungsersatz lediglich aufgrund eines rechtsgültigen Vorstandsbeschlusses ohne ausdrückliche Satzungsermächtigung eingeräumt, so muss die Satzung nicht allein zur Einräumung dieser Ermächtigung geändert werden.

Zu § 11 EStG

34. Verdeckte Einlage in eine Kapitalgesellschaft und Zufluss von Gehaltsbestandteilen bei einem Gesellschafter-Geschäftsführer einer Kapitalgesellschaft; Urteile des Bundesfinanzhofs vom 3. 2. 2011 – VI R 4/10 – (BStBl 2014 II S. 493) und – VI R 66/09 – (BStBl 2014 II S. 491) sowie vom 15. 5. 2013 – VI R 24/12 – (BStBl 2014 II S. 495)

BMF, Schreiben v. 12. 5. 2014 (BStBl I S. 860)

– IV C 2 - S 2743/12/10001 –

Der Bundesfinanzhof hat in den Urteilen vom 3. Februar 2011 – VI R 4/10 – (BStBl 2014 II S. 493) und – VI R 66/09 – (BStBl 2014 II S. 491) sowie vom 15. Mai 2013 – VI R 24/12 – (BStBl 2014 II S. 495) zur lohnsteuerlichen Behandlung bestimmter Gehaltsbestandteile eines Gesellschafter-Geschäftsführers einer Kapitalgesellschaft Stellung genommen, die im Anstellungsvertrag vereinbart, tatsächlich aber nicht ausgezahlt wurden.

Nach dem Ergebnis der Erörterungen mit den obersten Finanzbehörden der Länder sind die Entscheidungen vom 3. Februar 2011 (a. a. O.) unter Berücksichtigung der Entscheidung vom 15. Mai 2013 (a. a. O.) auszulegen.

Dem beherrschenden Gesellschafter fließt eine eindeutige und unbestrittene Forderung gegen „seine" Kapitalgesellschaft bereits mit deren Fälligkeit zu (BFH-Urteil vom 3. Februar 2011 – VI R 66/09 – m. w. N.). Ob sich der Vorgang in der Bilanz der Kapitalgesellschaft tatsächlich gewinnmindernd ausgewirkt hat, etwa durch die Bildung einer Verbindlichkeit, ist für die Anwendung dieser sog. Zuflussfiktion unerheblich, sofern eine solche Verbindlichkeit nach den Grundsätzen ordnungsmäßiger Buchführung hätte gebildet werden müssen.

Für den Zufluss beim Gesellschafter-Geschäftsführer durch eine verdeckte Einlage in die Kapitalgesellschaft kommt es darauf an, ob der Gesellschafter-Geschäftsführer vor oder nach Entstehen seines Anspruches darauf verzichtet hat (H 40 KStH 2008). Maßgeblich dafür ist, inwieweit Passivposten in eine Bilanz der Gesellschaft hätten eingestellt werden müssen, die zum Zeitpunkt des Verzichts erstellt worden wäre (BFH-Urteile vom 15. Mai 2013, a. a. O. und vom 24. Mai 1984 – I R 166/78 – BStBl 1984 II S. 747). Auf die tatsächliche Buchung in der Bilanz der Gesellschaft kommt es für die Frage des Zuflusses aufgrund einer verdeckten Einlage nicht an.

Zu § 15 EStG

35. Abgrenzung zwischen privater Vermögensverwaltung und gewerblichem Grundstückshandel

BMF, Schreiben v. 26. 3. 2004 (BStBl I S. 434)

– IV A 6 - S 2240 - 46/04 –

Im Einvernehmen mit den obersten Finanzbehörden der Länder gilt zur Abgrenzung des gewerblichen Grundstückshandels von der privaten Vermögensverwaltung Folgendes:

I. Allgemeine Grundsätze

Veräußern Privatpersonen Grundstücke, ist bei der Prüfung, ob ein gewerblicher Grundstückshandel vorliegt, wesentlich auf die Dauer der Nutzung vor Veräußerung und die Zahl der veräußerten Objekte abzustellen. In Fällen, in denen ein gewerblicher Grundstückshandel zu verneinen ist, bleibt jedoch zu prüfen, ob der Gewinn aus der Veräußerung nach § 23 EStG zu besteuern ist. 1

1. Bebaute Grundstücke

Sind bebaute Grundstücke bis zur Veräußerung während eines langen Zeitraums (mindestens zehn Jahre) vermietet worden, gehört grundsätzlich auch noch die Veräußerung der bebauten Grundstücke zur privaten Vermögensverwaltung (vgl. BFH-Urteil vom 6. April 1990 – BStBl II S. 1057). Dies ist unabhängig vom Umfang des veräußerten Grundbesitzes. Bei Grundstücken, die im Wege der vorweggenommenen Erbfolge oder durch Schenkung auf den Grundstücksveräußerer übergegangen sind, ist für die Berechnung der Nutzungsdauer die Besitzdauer des Rechtsvorgängers wie eine eigene Besitzzeit des Veräußerers zu werten. Zu Grundstücken, die durch Erbfolge oder durch Schenkung übergegangen sind vgl. Tz. 9. Wegen der zu eigenen Wohnzwecken genutzten Grundstücke vgl. Tz. 10. Die Aufteilung eines Gebäudes in Eigentums- 2 wohnungen ist – für sich betrachtet – allein kein Umstand, der die Veräußerung der so entstandenen Eigentumswohnungen zu einer gewerblichen Tätigkeit macht. Auch hier ist maßgeblich auf die Dauer der Nutzung vor Veräußerung abzustellen.

2. Unbebaute Grundstücke

3 Bei unbebauten Grundstücken, die vor Veräußerung selbst genutzt (z. B. als Gartenland) oder verpachtet wurden, führt die bloße Parzellierung für sich allein nicht zur Annahme eines gewerblichen Grundstückshandels. Beim An- und Verkauf von Grundstücken über mehrere Jahre liegt dagegen im Regelfall ein gewerblicher Grundstückshandel vor. Ein gewerblicher Grundstückshandel liegt auch dann vor, wenn der Grundstückseigentümer, ähnlich wie ein Grundstückshändler oder ein Baulandaufschließungsunternehmen, beginnt, seinen Grundbesitz ganz oder teilweise durch Baureifmachung in Baugelände umzugestalten und zu diesem Zweck diesen Grundbesitz nach einem bestimmten Bebauungsplan in einzelne Parzellen aufteilt und diese dann an Interessenten veräußert (vgl. BFH-Urteile vom 28. September 1961 – BStBl 1962 III S. 32, vom 25. Juli 1968 – BStBl II S. 644, vom 22. Oktober 1969 – BStBl 1970 II S. 61, vom 17. Dezember 1970 – BStBl 1971 II S. 456, vom 14. November 1972 – BStBl 1973 II S. 239, vom 7. Februar 1973 – BStBl II S. 642 und vom 29. März 1973 – BStBl II S. 682). In diesem Fall sind alle Aktivitäten des Veräußerers bei der Baureifmachung, Erschließung und Bebauung einzeln zu untersuchen und im Zusammenhang zu würdigen. Auch die Veräußerung land- und forstwirtschaftlicher Grundstücke oder Betriebe kann Gegenstand eines selbständigen gewerblichen Unternehmens sein (vgl. BFH-Urteil vom 28. Juni 1984 – BStBl II S. 798); vgl. Tz. 27.

3. Beteiligung am allgemeinen wirtschaftlichen Verkehr

4 Die Beteiligung am allgemeinen wirtschaftlichen Verkehr ist durch den Kontakt zu einer Mehrzahl von Verkäufern oder Käufern gegeben (vgl. BFH-Urteile vom 20. Dezember 1963 – BStBl 1964 III S. 139 und vom 29. März 1973 – BStBl II S. 661). Eine Beteiligung am allgemeinen wirtschaftlichen Verkehr kann

- auch bei einer Tätigkeit für nur einen Vertragspartner oder bei Einschaltung eines Maklers vorliegen (vgl. BFH-Urteile vom 12. Juli 1991 – BStBl 1992 II S. 143 und vom 7. Dezember 1995 – BStBl 1996 II S. 367).

- bereits dadurch vorliegen, dass die Verkaufsabsicht nur einem kleinen Personenkreis – unter Umständen einer einzigen Person – bekannt wird und der Verkäufer damit rechnet, die Verkaufsabsicht werde sich herumsprechen. Entscheidend ist, dass der Verkäufer an jeden, der die Kaufbedingungen erfüllt, verkaufen will. Das ist bereits dann der Fall, wenn er bereit ist, das fragliche Objekt an einen anderen Erwerber zu veräußern, falls sich der Verkauf an den ursprünglich vorgesehenen Käufer zerschlägt.

- durch den Verkauf an Bekannte erfolgen (vgl. BFH-Urteile vom 28. Oktober 1993 – BStBl 1994 II S. 463 und vom 7. März 1996 – BStBl II S. 369).

- auch dann gegeben sein, wenn der Steuerpflichtige nur ein Geschäft mit einem Dritten tätigt, sich dieser aber in Wirklichkeit und nach außen erkennbar nach den Bestimmungen des Steuerpflichtigen an den allgemeinen Markt wendet (vgl. BFH-Urteil vom 13. Dezember 1995 – BStBl 1996 II S. 232).

Auch ein entgeltlicher und von Gewinnerzielungsabsicht getragener Leistungsaustausch zwischen nahen Angehörigen erfüllt die Voraussetzung einer Teilnahme am allgemeinen wirtschaftlichen Verkehr (vgl. BFH-Urteil vom 13. August 2002 – BStBl II S. 811). Dies gilt auch, wenn der Eigentümer Objekte nur an bestimmte Personen auf deren Wunsch veräußert.

Bei mehreren Grundstücksverkäufen muss das Merkmal der Beteiligung am allgemeinen wirtschaftlichen Verkehr nicht bei jedem Geschäft vorliegen (vgl. BFH-Urteil vom 28. Oktober 1993 – BStBl 1994 II S. 463).

II. Gewerblicher Grundstückshandel wegen Überschreitung der „Drei-Objekt-Grenze"

1. Merkmale der „Drei-Objekt-Grenze"

Als Indiz für das Vorliegen eines gewerblichen Grundstückshandels gilt die Überschreitung der „Drei-Objekt-Grenze" (vgl. BFH-Beschluss vom 10. Dezember 2001 – BStBl 2002 II S. 291). Danach ist die Veräußerung von mehr als drei Objekten innerhalb eines Fünfjahreszeitraums grundsätzlich gewerblich (vgl. BFH-Urteil vom 18. September 1991 – BStBl 1992 II S. 135). Die Veräußerung von mehr als drei in bedingter Verkaufsabsicht erworbener oder errichteter (vgl. Tz. 19 ff.) Objekte innerhalb dieses Zeitraums führt bei Vorliegen der übrigen Voraussetzungen (§ 15 Abs. 2 EStG) grundsätzlich zur Gewerblichkeit aller – d. h. auch der ersten drei – Objektveräußerungen. Die zeitliche Grenze von fünf Jahren hat allerdings keine starre Bedeutung. Ein gewerblicher Grundstückshandel kann z. B. bei einer höheren Zahl von Veräußerungen nach Ablauf dieses Zeitraums, aber auch bei einer hauptberuflichen Tätigkeit im Baubereich vorliegen. 5

Objekt i. S. d. „Drei-Objekt-Grenze" sind nur solche Objekte, bei denen **ein enger zeitlicher Zusammenhang** (vgl. Tz. 20) zwischen Errichtung, Erwerb oder Modernisierung und der Veräußerung besteht. Ist ein derartiger enger zeitlicher Zusammenhang nicht gegeben, können bis zur zeitlichen Obergrenze von zehn Jahren Objekte nur mitgerechnet werden, wenn weitere Umstände den Schluss rechtfertigen, dass im Zeitpunkt der Errichtung, des Erwerbs oder der Modernisierung eine Veräußerungsabsicht vorgelegen hat. Solche weiteren Umstände liegen z. B. vor, wenn ein branchenkundiger Steuerpflichtiger innerhalb eines Zeitraums von fünf Jahren nach der Errichtung eines Gebäudes weniger als vier, danach aber in relativ kurzer Zeit planmäßig weitere Objekte veräußert (vgl. BFH-Urteil vom 5. September 1990 – BStBl II S. 1060). Vgl. auch Tz. 28. 6

Als Veräußerung i. S. d. „Drei-Objekt-Grenze" gilt auch die Einbringung eines Grundstücks in das Gesamthandsvermögen einer Personengesellschaft, die nach den Grundsätzen des BMF-Schreibens vom 29. März 2000 (BStBl I S. 462) als Veräußerung anzusehen ist. Grundstücksübertragungen in das Gesamthandsvermögen einer Personengesellschaft, für die der Übertragende keine Gegenleistung erhält (verdeckte Einlage), und die Übertragung von Grundstücken im Wege der Realteilung einer vermögensverwaltenden Personengesellschaft oder Bruchteilsgemeinschaft auf die einzelnen Gesellschafter zu Alleineigentum gelten dagegen nicht als Veräußerung i. S. d. „Drei-Objekt-Grenze". Als Veräußerung i. S. d. „Drei-Objekt-Grenze" gilt die Einbringung eines Grundstücks in eine Kapitalgesellschaft gegen Gewährung von Gesellschaftsrechten. Dies gilt auch in den sog. Mischfällen, in denen die dem Gesellschafter gewährte angemessene (drittübliche) Gegenleistung teils in der Gewährung von Gesellschaftsrechten und teils in anderen Entgelten, z. B. in der Zahlung eines Barkaufpreises, der Einräumung einer Forderung oder in der Übernahme von Schulden des Gesellschafters besteht (vgl. BFH-Urteil vom 19. September 2002 – BStBl 2003 II S. 394). 7

Im Einzelnen gilt für die Überschreitung der „Drei-Objekt-Grenze" Folgendes:

a) Definition des Objekts i. S. d. „Drei-Objekt-Grenze"

Objekt i. S. d. „Drei-Objekt-Grenze" sind **Grundstücke jeglicher Art**. Auf die Größe, den Wert oder die Nutzungsart des einzelnen Objekts kommt es nicht an (vgl. BFH-Urteile vom 18. Mai 1999 – BStBl 2000 II S. 28 und vom 15. März 2000 – BStBl 2001 II S. 530). Es kommt nicht darauf an, ob es sich um bebaute oder unbebaute Grundstücke handelt oder ob der Steuerpflichtige die Objekte selbst errichtet hat oder in bebautem Zustand erworben hat. 8

Danach stellt auch ein im Teileigentum stehender Garagenabstellplatz ein selbständiges Objekt dar, wenn dieser nicht im Zusammenhang mit dem Verkauf einer Wohnung veräußert wird. Der Verkauf eines Garagenabstellplatzes ist jedoch dann nicht als eigenes Objekt zu zählen, wenn dieser als Zubehörraum einer Eigentumswohnung im Zusammenhang mit dem Verkauf der Eigentumswohnung an andere Erwerber als die Käufer der Eigentumswohnung veräußert wird (vgl. BFH-Urteil vom 18. September 2002 – BStBl 2003 II S. 238).

Jedes zivilrechtliche Wohnungseigentum, das selbständig nutzbar und veräußerbar ist, stellt ein Objekt i. S. d. „Drei-Objekt-Grenze" dar, auch wenn mehrere Objekte nach Vertragsabschluss baulich zu einem Objekt zusammengefasst werden (vgl. BFH-Urteil vom 16. Mai 2002 – BStBl II S. 571). Gleiches gilt für Grundstücke, bei denen der Verkauf beim Vertragsvollzug gescheitert ist (vgl. BFH-Urteil vom 5. Dezember 2002 – BStBl 2003 II S. 291).

Als Objekt i. S. d. „Drei-Objekt-Grenze" kommen weiterhin auch Erbbaurechte in Betracht.

b) Durch Erbfall, vorweggenommene Erbfolge oder Schenkung übergegangene Grundstücke als Grundstücke i. S. d. „Drei-Objekt-Grenze"

9 In die Prüfung des gewerblichen Grundstückshandels und damit der „Drei-Objekt-Grenze" sind Grundstücke, die im Wege der vorweggenommenen Erbfolge oder durch Schenkung übertragen und vom Rechtsnachfolger in einem zeitlichen Zusammenhang veräußert worden sind, mit einzubeziehen. In diesem Fall ist hinsichtlich der unentgeltlich übertragenen Grundstücke für die Frage des zeitlichen Zusammenhangs (vgl. Tz. 6, 20) auf die Anschaffung oder Herstellung durch den Rechtsvorgänger abzustellen. Werden im zeitlichen Zusammenhang durch den Rechtsvorgänger und den Rechtsnachfolger insgesamt mehr als drei Objekte veräußert, liegen gewerbliche Einkünfte vor:

– beim Rechtsvorgänger hinsichtlich der veräußerten Grundstücke;

– beim Rechtsnachfolger hinsichtlich der unentgeltlich erworbenen und veräußerten Grundstücke.

In diesen Fällen sind beim Rechtsnachfolger die Veräußerungen der unentgeltlich erworbenen Grundstücke für die Frage, ob er daneben Einkünfte aus einem eigenen gewerblichen Grundstückshandel erzielt, als Objekte i. S. d. „Drei-Objekt-Grenze" mitzuzählen.

Beispiel:
V erwirbt im Jahr 01 vier Eigentumswohnungen E 1, E 2, E 3 und E 4. Im Jahr 03 veräußert er die Eigentumswohnungen E 1, E 2 und E 3. Die Eigentumswohnung E 4 überträgt er im Wege der vorweggenommenen Erbfolge im Jahr 03 auf seinen Sohn S. S hat im Jahr 02 die Reihenhäuser RH 1, RH 2 und RH 3 erworben. Im Jahr 04 veräußert S die Reihenhäuser und die Eigentumswohnung E 4.

– Die Veräußerung der Eigentumswohnung E 4 innerhalb des zeitlichen Zusammenhangs durch S führt bei V zur Annahme eines gewerblichen Grundstückshandels. Der Gewinn aus der Veräußerung der Eigentumswohnungen E 1 bis E 3 ist bei V steuerpflichtig.

– Bei S ist der Gewinn aus der Veräußerung der Eigentumswohnung E 4 steuerpflichtig. Auch aus der Veräußerung der drei Objekte (RH 1 bis RH 3) erzielt er Einkünfte aus einem gewerblichen Grundstückshandel, weil die Veräußerung der Eigentumswohnung E 4 als sog. Zählobjekt mitzuzählen ist.

Dies gilt entsprechend im Fall der Modernisierung (vgl. Tz. 24).

Nicht einzubeziehen sind jedoch – unabhängig vom Umfang des Grundbesitzes – Grundstücke, die durch Erbfolge übergegangen sind (vgl. BFH-Urteil vom 15. März 2000 – BStBl 2001 II S. 530), es sei denn, dass bereits der Erblasser in seiner Person einen gewerblichen Grundstückshandel begründet hat und der Erbe einen unternehmerischen Gesamtplan fortführt oder der Erbe die Grundstücke vor der Veräußerung in nicht unerheblichem Maße modernisiert und hierdurch ein Wirtschaftsgut anderer Marktgängigkeit entstanden ist (vgl. Tz. 24).

c) Zu eigenen Wohnzwecken genutzte Grundstücke als Grundstücke i. S. d. „Drei-Objekt-Grenze"

10 Ebenfalls nicht einzubeziehen sind Grundstücke, die eigenen Wohnzwecken dienen. Zu eigenen Wohnzwecken genutzte bebaute Grundstücke gehören in aller Regel zum notwendigen Privat-

vermögen (vgl. BFH-Urteil vom 16. Oktober 2002 – BStBl 2003 II S. 245). Etwas anderes kann sich allerdings ergeben, wenn ein zur Veräußerung bestimmtes Wohnobjekt nur vorübergehend zu eigenen Wohnzwecken genutzt wird (vgl. BFH-Urteil vom 11. April 1989 – BStBl II S. 621). Bei einer Selbstnutzung von weniger als fünf Jahren ist das Grundstück dann nicht einzubeziehen, wenn der Veräußerer eine auf Dauer angelegte Eigennutzung nachweist, indem er darlegt, dass die Veräußerung auf offensichtlichen Sachzwängen beruhte (vgl. BFH-Urteil vom 18. September 2002 – BStBl 2003 II S. 133).

d) Grundstücke, die ohne Gewinnerzielungsabsicht veräußert werden, als Grundstücke i. S. d. „Drei-Objekt-Grenze"

Objekte, mit deren Weitergabe kein Gewinn erzielt werden soll (z. B. teilentgeltliche Veräußerung oder Schenkung an Angehörige), sind in die Betrachtung, ob die „Drei-Objekt-Grenze" überschritten ist, grundsätzlich nicht einzubeziehen (vgl. BFH-Urteile vom 18. September 2002 – BStBl 2003 II S. 238 und vom 9. Mai 1996 – BStBl II S. 599). Eine teilentgeltliche Veräußerung in diesem Sinne liegt vor, wenn der Verkaufspreis die Selbstkosten (Anschaffungs- oder Herstellungskosten oder Einlagewert) nicht übersteigt (vgl. BFH-Urteile vom 14. März 1989 – BStBl 1990 II S. 1053, vom 9. Mai 1996 – BStBl II S. 599 und vom 18. September 2002 – BStBl 2003 II S. 238). 11

Eine Einbeziehung von an Kinder übertragene Objekte hinsichtlich der Frage des Überschreitens der „Drei-Objekt-Grenze" kommt jedoch dann in Betracht, wenn der Steuerpflichtige – bevor er sich dazu entschlossen hat, diese Objekte unentgeltlich an seine Kinder zu übertragen – die zumindest bedingte Absicht besaß, auch diese Objekte am Markt zu verwerten (vgl. BFH-Urteil vom 18. September 2002 – BStBl 2003 II S. 238).

Grundstücke, die zwar mit der Absicht, Gewinn zu erzielen, veräußert wurden, mit deren Verkauf aber letztlich ein Verlust realisiert wurde, sind in die Betrachtung, ob die „Drei-Objekt-Grenze" überschritten ist, mit einzubeziehen.

e) Veräußerungen durch Ehegatten

Bei Ehegatten ist eine Zusammenfassung der Grundstücksaktivitäten im Regelfall nicht zulässig. Dies bedeutet, dass jeder Ehegatte bis zu drei Objekte im Bereich der Vermögensverwaltung veräußern kann. Die Grundstücksaktivitäten von Ehegatten sind jedoch dann zusammenzurechnen, wenn die Ehegatten eine über ihre eheliche Lebensgemeinschaft hinausgehende, zusätzliche enge Wirtschaftsgemeinschaft, z. B. als Gesellschaft des bürgerlichen Rechts, eingegangen sind, in die sie alle oder den größeren Teil der Grundstücke eingebracht haben (vgl. BFH-Urteil vom 24. Juli 1996 – BStBl II S. 913). 12

f) Übertragungen im Wege der Realteilung

Grundstücke, die im Wege der Realteilung einer vermögensverwaltenden Personengesellschaft oder Bruchteilsgemeinschaft den einzelnen Gesellschaftern zu Alleineigentum übertragen werden, sind ebenfalls nicht mit in die „Drei-Objekt-Grenze" einzubeziehen (vgl. BFH-Urteil vom 9. Mai 1996 – BStBl II S. 599). 13

g) Beteiligung an Grundstücksgesellschaften

Beteiligt sich ein Steuerpflichtiger an Grundstücksgesellschaften zur Verwertung von Grundstücken (z. B. durch Verkauf oder Bebauung und Verkauf), ist zunächst zu prüfen, ob die Gesellschaft selbst ein gewerbliches Unternehmen i. S. d. § 15 Abs. 2 EStG betreibt (vgl. BFH-Beschluss vom 25. Juni 1984 – BStBl II S. 751), so dass steuerlich eine Mitunternehmerschaft i. S. d. § 15 Abs. 1 Satz 1 Nr. 2 EStG vorliegt. In diesem Fall ist die Überschreitung der „Drei-Objekt-Grenze" 14 auf der Ebene der Gesellschaft zu prüfen; auf eventuelle Grundstücksveräußerungen durch den einzelnen Gesellschafter kommt es insoweit nicht an. Wird die Gesellschaft nach den vorgenannten Grundsätzen im Rahmen eines gewerblichen Grundstückshandels tätig, sind die Grundstücksveräußerungen der Gesellschaft bei der Prüfung, ob auch auf der Ebene des Gesellschafters ein – weiterer – gewerblicher Grundstückshandel besteht, als Objekt mitzuzählen (vgl. BFH-Beschluss vom 3. Juli 1995 – BStBl II S. 617, BFH-Urteil vom 28. November 2002 – BStBl 2003 II S. 250).

Voraussetzung hierfür ist jedoch, dass der Gesellschafter an der jeweiligen Gesellschaft zu mindestens 10 % beteiligt ist oder dass der Verkehrswert des Gesellschaftsanteils oder des Anteils an dem veräußerten Grundstück bei einer Beteiligung von weniger als 10 % mehr als 250.000 € beträgt.

15 Ist die Gesellschaft nach den vorgenannten Grundsätzen vermögensverwaltend tätig, muss ihre Betätigung (z. B. Erwerb, Bebauung und Verkauf der Grundstücke) den einzelnen Gesellschaftern in gleicher Weise wie bei einer Bruchteilsgemeinschaft anteilig zugerechnet werden (§ 39 Abs. 2 Nr. 2 AO) und bei diesen einkommensteuerrechtlich nach den für den einzelnen Gesellschafter und seine Betätigung maßgeblichen Kriterien beurteilt werden. Dabei sind zwei Fallgruppen zu unterscheiden:

aa) Die Beteiligung an der Grundstücksgesellschaft wird im Betriebsvermögen gehalten

16 Der Gesellschafter erzielt aus der Beteiligung in jedem Fall gewerbliche Einkünfte (vgl. BFH-Urteile vom 20. November 1990 – BStBl 1991 II S. 345 und vom 3. Juli 1995 – BStBl II S. 617).

bb) Die Beteiligung an der Grundstücksgesellschaft wird im Privatvermögen gehalten

In diesen Fällen gilt unter Beachtung der Halte- und Veräußerungsfristen Folgendes:

Veräußerungen von Grundstücken der Grundstücksgesellschaft

17 Überschreiten die von der vermögensverwaltenden Gesellschaft getätigten und dem einzelnen Gesellschafter anteilig zuzurechnenden Grundstücksveräußerungen entweder für sich gesehen oder unter Zusammenrechnung mit der Veräußerung von Objekten, die dem betreffenden Gesellschafter allein oder im Rahmen einer anderen Personengesellschaft gehören, den Rahmen der bloßen Vermögensverwaltung, wird der Gesellschafter selbst im Rahmen eines gewerblichen Grundstückshandels tätig. Für die Prüfung, ob auf der Ebene des Gesellschafters ein gewerblicher Grundstückshandel begründet wird, ist der Anteil des Steuerpflichtigen an dem Objekt der Grundstücksgesellschaft oder -gesellschaften für die Ermittlung der „Drei-Objekt-Grenze" jeweils einem Objekt gleichzustellen. Bei Veräußerung von Miteigentumsanteilen an einem Grundstück an verschiedene Erwerber stellt jeder Miteigentumsanteil ein Zählobjekt i. S. d. „Drei-Objekt-Grenze" dar (vgl. BFH-Urteil vom 7. Dezember 1995 – BStBl 1996 II S. 367). Voraussetzung hierfür ist jedoch, dass der Gesellschafter an der jeweiligen Gesellschaft zu mindestens 10 % beteiligt ist oder dass der Verkehrswert des Gesellschaftsanteils oder des Anteils an dem veräußerten Grundstück bei einer Beteiligung von weniger als 10 % mehr als 250.000 € beträgt.

Veräußerung des Anteils an der Grundstücksgesellschaft

18 In den Fällen, in denen der Gesellschafter seinen Anteil an der Grundstücksgesellschaft veräußert, ist die Veräußerung der Beteiligung gem. § 39 Abs. 2 Nr. 2 AO einer anteiligen Grundstücksveräußerung gleichzustellen.

Für die „Drei-Objekt-Grenze" kommt es dabei auf die Zahl der im Gesellschaftsvermögen (Gesamthandsvermögen) befindlichen Grundstücke an (vgl. BFH-Urteile vom 7. März 1996 – BStBl II S. 369 und vom 28. November 2002 – BStBl 2003 II S. 250). Voraussetzung für die Anrechnung von Anteilsveräußerungen ist jedoch, dass der Gesellschafter an der jeweiligen Gesellschaft zu mindestens 10 % beteiligt ist oder dass eine Beteiligung von weniger als 10 % einen Verkehrswert von mehr als 250.000 € hat.

Die vorstehenden Ausführungen (Tz. 15 bis 18) gelten entsprechend für Grundstücksgemeinschaften (Bruchteilsgemeinschaften).

Beispiel 1:
Ein Steuerpflichtiger erwirbt und veräußert innerhalb von vier Jahren drei Beteiligungen an verschiedenen Gesellschaften, zu deren Gesellschaftsvermögen jeweils ein Grundstück gehört.
Die „Drei-Objekt-Grenze" wird nicht überschritten. Der Steuerpflichtige wird nicht im Rahmen eines gewerblichen Grundstückshandels tätig.

Beispiel 2:
Ein Steuerpflichtiger erwirbt und veräußert innerhalb von vier Jahren zwei Beteiligungen an verschiedenen Gesellschaften, zu deren Gesellschaftsvermögen jeweils zwei Grundstücke gehören.
Die „Drei-Objekt-Grenze" ist überschritten. Der Steuerpflichtige wird im Rahmen eines gewerblichen Grundstückshandels tätig.

2. Errichtung von Objekten

a) Bebaut ein Steuerpflichtiger ein Grundstück oder erwirbt er ein unbebautes Grundstück zur Bebauung, liegt in der Regel ein gewerblicher Grundstückshandel vor, wenn mehr als drei Objekte **in engem zeitlichen Zusammenhang** mit ihrer Errichtung veräußert werden und der Steuerpflichtige mit **Veräußerungsabsicht** handelt. Ein gewerblicher Grundstückshandel liegt in diesem Fall auch dann vor, wenn die Objekte zwischenzeitlich vermietet wurden (vgl. BFH-Urteil vom 11. April 1989 – BStBl II S. 621). Ferner ist unerheblich, ob die veräußerten Wohneinheiten in der rechtlichen Gestalt von Eigentumswohnungen entstanden sind oder ob sie zunächst rechtlich unselbständige, zur Vermietung an verschiedene Interessenten bestimmte, Teile eines Gesamtobjekts (z. B. Mehrfamilienhaus) waren.

b) Ein **enger zeitlicher Zusammenhang** zwischen Errichtung und Veräußerung der Objekte ist dann gegeben, wenn die Zeitspanne zwischen Fertigstellung und der Veräußerung der Objekte nicht mehr als fünf Jahre beträgt (vgl. BFH-Urteile vom 23. Oktober 1987 – BStBl 1988 II S. 293 und vom 22. März 1990 – BStBl II S. 637). Eine Überschreitung von wenigen Tagen beeinträchtigt die Indizwirkung noch nicht (vgl. BFH-Urteil vom 28. November 2002 – BStBl 2003 II S. 250).

c) Die **Veräußerungsabsicht** ist anhand äußerlicher Merkmale zu beurteilen; die bloße Erklärung des Steuerpflichtigen, er habe eine solche Absicht nicht gehabt, reicht nicht aus. Das Vorhandensein einer Veräußerungsabsicht kann allerdings nicht allein aus dem engen zeitlichen Zusammenhang zwischen Errichtung und Veräußerung hergeleitet werden (vgl. Beschluss des Großen Senats des BFH vom 10. Dezember 2001 – BStBl 2002 II S. 291). Liegen von Anfang an eindeutige (vom Steuerpflichtigen darzulegende) Anhaltspunkte dafür vor, dass ausschließlich eine anderweitige Nutzung als die Veräußerung objektiv in Betracht gezogen worden ist, hat der enge zeitliche Zusammenhang für sich genommen keine Bedeutung. Fehlen solche Anhaltspunkte, zwingt der enge zeitliche Zusammenhang zwischen Errichtung und Veräußerung aber nach der Lebenserfahrung zu der Schlussfolgerung, dass bei der Errichtung der Objekte zumindest eine bedingte Veräußerungsabsicht bestanden hat. In diesen Fällen kann sich der Steuerpflichtige nicht darauf berufen, die (eigentliche) Verkaufsabsicht sei erst später wegen Finanzierungsschwierigkeiten und zu hoher finanzieller Belastungen gefasst worden (vgl. BFH-Urteile vom 6. April 1990 – BStBl II S. 1057 und vom 12. Dezember 2002 – BStBl 2003 II S. 297); vgl. auch Tz. 30.

3. Erwerb von Objekten

22 Beim Erwerb von Objekten liegt grundsätzlich ein gewerblicher Grundstückshandel vor, wenn mehr als drei Objekte in engem zeitlichem Zusammenhang mit ihrem Erwerb veräußert werden und der Steuerpflichtige mit Veräußerungsabsicht handelt. Hinsichtlich des engen zeitlichen Zusammenhangs gilt Tz. 20, hinsichtlich der Veräußerungsabsicht gilt Tz. 21 entsprechend.

Im Fall des Erwerbs bebauter Grundstücke gelten folgende Besonderheiten:

23 Wandelt der Steuerpflichtige bisher vermietete Wohnungen eines erworbenen Mietshauses in Eigentumswohnungen um und versetzt er die Wohnungen vor der sich anschließenden Veräußerung lediglich in einen zum vertragsmäßigen Gebrauch geeigneten Zustand, wozu unter Berücksichtigung des bei Mietwohnungen Ortsüblichen auch die Ausführung von Schönheitsreparaturen gehören kann (vgl. BFH-Urteil vom 10. August 1983 – BStBl 1984 II S. 137), ist ein gewerblicher Grundstückshandel nur anzunehmen, wenn innerhalb eines überschaubaren Zeitraums (in der Regel fünf Jahre) ein oder mehrere bereits in Veräußerungsabsicht erworbene Gebäude aufgeteilt und nach dieser Aufteilung mehr als drei Eigentumswohnungen veräußert werden.

4. Modernisierung von Objekten

24 Besteht kein enger, zeitlicher Zusammenhang zwischen der Errichtung oder dem Erwerb und der Veräußerung der Objekte, kann ein gewerblicher Grundstückshandel vorliegen, wenn der Steuerpflichtige die Objekte vor der Veräußerung in nicht unerheblichem Maße modernisiert und hierdurch ein Wirtschaftsgut anderer Marktgängigkeit entstanden ist. Für die Veräußerungsabsicht kommt es dann auf den engen zeitlichen Zusammenhang mit der Modernisierung an. In Sanierungsfällen beginnt die Fünf-Jahres-Frist mit Abschluss der Sanierungsarbeiten (vgl. BFH-Urteil vom 5. Dezember 2002 – BStBl 2003 II S. 291).

5. Mischfälle

25 Treffen bei einem Steuerpflichtigen, der eine bestimmte Anzahl von Objekten veräußert hat, diejenigen Fälle, in denen das veräußerte Objekt vom Steuerpflichtigen selbst errichtet worden ist, mit solchen Fällen zusammen, in denen das Objekt von einem Dritten erworben worden ist, ist die Frage, ob die Veräußerung eines Objektes der einen oder anderen Gruppe bei Prüfung der „Drei-Objekt-Grenze" mitzuzählen ist, jeweils nach den Kriterien zu entscheiden, die für die betreffende Gruppe bei Veräußerung von mehr als drei Objekten gelten.

6. Unbebaute Grundstücke

26 Beim Verkauf von unbebauten Grundstücken gelten die für den Erwerb und die Veräußerung bebauter Grundstücke dargestellten Grundsätze entsprechend (vgl. BFH-Urteil vom 13. Dezember 1995 – BStBl 1996 II S. 232). Dies bedeutet, dass der Erwerb, die Parzellierung und die Veräußerung von mehr als drei unbebauten Grundstücken (Bauparzellen) nur dann gewerblich ist, wenn

– die Grundstücke (Bauparzellen) in Veräußerungsabsicht erworben wurden oder

– der Steuerpflichtige über die Parzellierung hinaus Tätigkeiten entwickelt hat (z. B. Erschließung, Bebauungsplan, Baureifmachung).

Bei Mischfällen gilt Tz. 25 entsprechend.

7. Land- und forstwirtschaftlich genutzte Grundstücke

Die Veräußerung land- und forstwirtschaftlicher Grundstücke kann unter den vorstehenden Voraussetzungen Gegenstand eines selbständigen gewerblichen Unternehmens sein. Hat der Land- und Forstwirt schon mit Tätigkeiten begonnen, die objektiv erkennbar auf die Vorbereitung von Grundstücksgeschäften gerichtet sind, wechseln die Grundstücke auch bei zunächst unveränderter Nutzung nach § 6 Abs. 5 EStG zum Buchwert aus dem Anlagevermögen des landwirtschaftlichen Betriebs in das Umlaufvermögen des Gewerbebetriebs gewerblicher Grundstückshandel (vgl. BFH-Urteile vom 31. Mai 2001 – BStBl II S. 673 und vom 25. Oktober 2001 – BStBl 2002 II S. 289). Überführt der Land- und Forstwirt ein Grundstück anlässlich einer Betriebsaufgabe in das Privatvermögen, liegt darin eine Entnahme. Wird das Grundstück später veräußert, ist bei der Anwendung der Grundsätze zum zeitlichen Zusammenhang (vgl. Tz. 20) der Zeitraum, in dem sich das Grundstück vor seiner steuerpflichtigen Entnahme im Betriebsvermögen befunden hat, mitzurechnen. 27

III. Gewerblicher Grundstückshandel ohne Überschreitung der „Drei-Objekt-Grenze"

1. Abweichend von den Grundsätzen der „Drei-Objekt-Grenze" kann auch der Verkauf von weniger als vier Objekten in zeitlicher Nähe zu ihrer Errichtung zu einer gewerblichen Tätigkeit führen (vgl. Beschluss des Großen Senats des BFH vom 10. Dezember 2001 – BStBl 2002 II S. 291, BFH-Urteile vom 13. August 2002 – BStBl II S. 811 und vom 18. September 2002 – BStBl 2003 II S. 238 und 286). Dies gilt bei Wohnobjekten (Ein-, Zweifamilienhäuser, Eigentumswohnungen) insbesondere in folgenden Fällen: 28

   – Das Grundstück mit einem darauf vom Veräußerer zu errichtenden Gebäude wird bereits vor seiner Bebauung verkauft. Als Verkauf vor Bebauung ist ein Verkauf bis zur Fertigstellung des Gebäudes anzusehen.

   – Das Grundstück wird von vornherein auf Rechnung und nach Wünschen des Erwerbers bebaut.

   – Das Bauunternehmen des das Grundstück bebauenden Steuerpflichtigen erbringt erhebliche Leistungen für den Bau, die nicht wie unter fremden Dritten abgerechnet werden.

   – Das Bauvorhaben wird nur kurzfristig finanziert.

   – Der Steuerpflichtige beauftragt bereits während der Bauzeit einen Makler mit dem Verkauf des Objekts.

   – Vor Fertigstellung wird ein Vorvertrag mit dem künftigen Erwerber geschlossen.

   – Der Steuerpflichtige übernimmt über den bei Privatverkäufen üblichen Bereich hinaus Gewährleistungspflichten.

   – Unmittelbar nach dem Erwerb des Grundstücks wird mit der Bebauung begonnen und das Grundstück wird unmittelbar nach Abschluss der Bauarbeiten veräußert.

2. Bei Verkauf von errichteten Großobjekten (z. B. Mehrfamilienhäuser, Büro-, Hotel-, Fabrik- oder Lagergrundstücke) kann auch außerhalb der o. g. Ausnahmefälle ein gewerblicher Grundstückshandel bei Veräußerung von weniger als vier Objekten vorliegen (vgl. BFH-Urteile vom 24. Januar 1996 – BStBl II S. 303 und 14. Januar 1998 – BStBl II S. 346). Dies setzt voraus, dass besondere Umstände gegeben sind, z. B. wenn die Tätigkeit des Steuerpflichtigen nach ihrem wirtschaftlichen Kern der Tätigkeit eines Bauträgers entspricht. 29

IV. Kein gewerblicher Grundstückshandel bei Überschreitung der „Drei-Objekt-Grenze"

30 Trotz des Überschreitens der „Drei-Objekt-Grenze" ist ein gewerblicher Grundstückshandel ausnahmsweise nicht anzunehmen, wenn auf Grund besonderer vom Steuerpflichtigen darzulegender Umstände eindeutige Anhaltspunkte gegen eine von Anfang an bestehende Veräußerungsabsicht sprechen. Als Umstand, der gegen eine bereits im Zeitpunkt der Anschaffung oder Errichtung des Objekts bestehende Veräußerungsabsicht spricht, kann eine vom Veräußerer selbst vorgenommene langfristige – über fünf Jahre hinausgehende – Vermietung eines Wohnobjektes angesehen werden. Die konkreten Anlässe und Beweggründe für die Veräußerungen (z. B. plötzliche Erkrankung, Finanzierungsschwierigkeiten, schlechte Vermietbarkeit, Scheidung, nachträgliche Entdeckung von Baumängeln, unvorhergesehene Notlagen) sind im Regelfall jedoch nicht geeignet, die auf Grund des zeitlichen Abstands der maßgebenden Tätigkeiten vermutete (bedingte) Veräußerungsabsicht im Zeitpunkt der Anschaffung oder Errichtung auszuschließen (vgl. BFH-Urteil vom 20. Februar 2003 – BStBl II S. 510).

V. Beginn, Umfang und Beendigung des gewerblichen Grundstückshandels, Gewinnermittlung

1. Beginn

31 Als Beginn des gewerblichen Grundstückshandels ist regelmäßig der Zeitpunkt anzusehen, in dem der Steuerpflichtige mit Tätigkeiten beginnt, die objektiv erkennbar auf die Vorbereitung der Grundstücksgeschäfte gerichtet sind (vgl. BFH-Urteile vom 9. Februar 1983 – BStBl II S. 451, vom 23. Oktober 1987 BStBl 1988 II S. 293 und vom 21. Juni 2001 – BStBl 2002 II S. 537). Dabei sind folgende Fallgruppen zu unterscheiden:

  a) Bei Errichtung und Veräußerung in engem zeitlichen Zusammenhang (vgl. Tz. 20) beginnt der gewerbliche Grundstückshandel grundsätzlich mit der Stellung des Bauantrags, bei baugenehmigungsfreien Bauvorhaben mit der Einreichung der Bauunterlagen oder dem Beginn der Herstellung (vgl. R 42a Abs. 4 EStR).

  b) Bei Erwerb und Veräußerung in engem zeitlichen Zusammenhang (vgl. Tz. 22 und 23) beginnt der gewerbliche Grundstückshandel grundsätzlich im Zeitpunkt des Grundstückserwerbs.

  c) Bei Modernisierung und Veräußerung in engem zeitlichem Zusammenhang (vgl. Tz. 24) beginnt der gewerbliche Grundstückshandel in dem Zeitpunkt, in dem mit den Modernisierungsmaßnahmen begonnen wird.

  d) Bei Sanierung und Veräußerung in engem zeitlichen Zusammenhang (vgl. Tz. 25) beginnt der gewerbliche Grundstückshandel in dem Zeitpunkt, in dem mit den Sanierungsarbeiten begonnen wird.

2. Umfang

32 Der Umfang eines gewerblichen Grundstückshandels wird grundsätzlich durch den veräußerten Grundbesitz bestimmt. Dabei ist auch die Vermutung des § 344 Abs. 1 HGB zu beachten, wonach die von einem Kaufmann vorgenommenen Rechtsgeschäfte im Zweifel als zum Betrieb seines Handelsgewerbes gehörig gelten. Diese Zugehörigkeitsvermutung wird insbesondere bei branchengleichen Wirtschaftsgütern angenommen und rechtfertigt sich aus der Nähe der Tätigkeit zum gewerblichen Betrieb und der Schwierigkeit, einzelne Wirtschaftsgüter oder Geschäfte als Privatangelegenheit auszusondern.

Im Übrigen hat die Prüfung des Umfangs der gewerblichen Tätigkeit eines bereits bestehenden gewerblichen Grundstückshandels – abgesehen davon, dass es auf die Anzahl der veräußerten Objekte im Sinne der „Drei-Objekt-Grenze" nicht mehr ankommt – nach den gleichen Kriterien wie denjenigen für die Abgrenzung zwischen gewerblichem Grundstückshandel und privater Vermögensverwaltung zu erfolgen (vgl. BFH-Urteil vom 12. Dezember 2002 – BStBl 2003 II S. 297). Dabei sind Objektveräußerungen, die unter Tzn. 2 und 10 fallen – das sind die Fälle, in denen bebaute Grundstücke bis zum Verkauf während eines langen Zeitraums durch Vermietung (mindestens zehn Jahre) oder zu eigenen Wohnzwecken (i. d. R. mindestens fünf Jahre) genutzt worden sind – nicht mit einzubeziehen.

Werden die im Rahmen eines gewerblichen Grundstückshandels zu erfassenden Grundstücke zwischenzeitlich vermietet, bleiben diese Umlaufvermögen beim gewerblichen Grundstückshandel und dürfen dem zur Folge nicht abgeschrieben werden (vgl. BFH-Urteil vom 5. Dezember 2002 – BStBl 2003 II S. 291).

3. Gewinnermittlung

Der Gewinn aus einem gewerblichen Grundstückshandel ist grundsätzlich durch Betriebsvermögensvergleich zu ermitteln. Die Grundstücke stellen Umlaufvermögen dar (vgl. BFH-Urteil vom 18. September 2002 – BStBl 2003 II S. 133). Abschreibung und Sonderabschreibungen können daher nicht geltend gemacht werden.

Eine Gewinnermittlung nach § 4 Abs. 3 EStG kommt für einen Grundstückshändler in Betracht, wenn dieser die Grenzen des § 141 AO nicht überschreitet und nicht nach § 140 AO i. V. m. § 238 HGB buchführungspflichtig ist. Ein Grundstückshändler, dessen Betrieb nach Art oder Umfang keinen in kaufmännischer Weise eingerichteten Geschäftsbetrieb erfordert, betreibt kein Handelsgewerbe und ist kein Kaufmann i. S. d. HGB (§§ 1, 238 HGB); es sei denn, der Betrieb ist ins Handelsregister eingetragen (§ 2 HGB).

Das Wahlrecht zur Gewinnermittlung nach § 4 Abs. 3 EStG kann nur zu Beginn des Gewinnermittlungszeitraums durch schlüssiges Verhalten ausgeübt werden (vgl. BFH-Urteil vom 13. Oktober 1989 – BStBl 1990 II S. 287).

Diese Wahlentscheidung setzt denknotwendig das Bewusstsein des Steuerpflichtigen zur Einkünfteerzielung voraus. Ist der Steuerpflichtige davon ausgegangen, gar nicht gewerblich tätig und demgemäß auch nicht verpflichtet gewesen zu sein, für Zwecke der Besteuerung einen Gewinn aus Gewerbebetrieb ermitteln und erklären zu müssen, ist eine Wahl zwischen den Gewinnermittlungsarten nicht denkbar (vgl. BFH-Urteil vom 8. März 1989 – BStBl II S. 714). Der Gewinn ist in diesen Fällen durch Betriebsvermögensvergleich zu ermitteln.

Bei einem gewerblichen Grundstückshandel auf Grund der Überschreitung der „Drei-Objekt-Grenze" sind auch die Veräußerungen der ersten drei Objekte gewerblich. Die entsprechenden Steuerbescheide sind ggf. nach § 173 Abs. 1 Nr. 1 AO zu ändern (vgl. BFH-Urteil vom 23. März 1983 – BStBl II S. 548). In diesen Fällen bestehen keine Bedenken, den nachträglich zu ermittelnden Gewinn durch Abzug der fortgeführten Anschaffungs- oder Herstellungskosten oder des Einlagewerts und der Veräußerungskosten vom Veräußerungserlös zu berechnen. Dies gilt entsprechend bei Gewinnermittlung durch Einnahmenüberschussrechnung nach § 4 Abs. 3 EStG.

4. Wertansatz

Die nach Tz. 32 dem gewerblichen Grundstückshandel zuzurechnenden Objekte sind in den Fällen des Erwerbs von Objekten für den gewerblichen Grundstückshandel mit den Anschaffungskosten, im Übrigen mit den Werten, die sich aus § 6 Abs. 1 Nr. 6 i. V. m. Nr. 5 EStG (Einlage in das Betriebsvermögen) ergeben, dem Betriebsvermögen zuzuordnen.

In Errichtungsfällen gilt für die Einlagewerte des Grund und Bodens Folgendes:

Die unbebauten Grundstücke sind mit den Werten anzusetzen, die sich zu Beginn des gewerblichen Grundstückshandels ergeben (vgl. Tz. 31).

In Modernisierungsfällen (Tz. 24) gilt Folgendes:

Die Wirtschaftsgüter „Grund und Boden" sowie „Gebäude" sind mit den Werten anzusetzen, die sich zum Beginn der Sanierungsarbeiten ergeben.

5. Beendigung

35 Die Gewinne aus den Grundstücksveräußerungen sind regelmäßig nicht begünstigte laufende Gewinne, auch wenn zugleich der Gewerbebetrieb aufgegeben wird (vgl. BFH-Urteile vom 29. September 1976 – BStBl 1977 II S. 71, vom 23. Juni 1977 – BStBl II S. 721 und vom 23. Januar 2003 – BStBl II S. 467). Ein gewerblicher Grundstückshandel wird mit Verkauf des letzten Objekts oder durch die endgültige Einstellung der Verkaufstätigkeiten beendet.

VI. Anwendungszeitpunkt

36 Dieses Schreiben tritt an die Stelle der BMF-Schreiben vom 20. Dezember 1990 (BStBl I S. 884), vom 9. Juli 2001 (BStBl I S. 512) und vom 19. Februar 2003 (BStBl I S. 171), welche hiermit aufgehoben werden. Es ist auf alle noch offenen Fälle anzuwenden. Die Regelungen der Tz. 28 sind, soweit sich hieraus nachteilige Folgen für den Steuerpflichtigen ergeben, erst auf Veräußerungen anzuwenden, die nach dem 31. Mai 2002 (Datum der Veröffentlichung des Beschlusses des Großen Senats des BFH vom 10. Dezember 2001) stattgefunden haben. Die vor dem 1. Juni 2002 erfolgten Veräußerungen sind jedoch in jedem Fall als Zählobjekte i. S. d. „Drei-Objekt-Grenze" zu behandeln. Veräußerungen vor dem 1. Juni 2002 sind somit für Veräußerungen nach dem 31. Mai 2002 in die Prüfung eines gewerblichen Grundstückshandels einzubeziehen.

Anlage

Vereinfachtes Prüfschema „Gewerblicher Grundstückshandel"

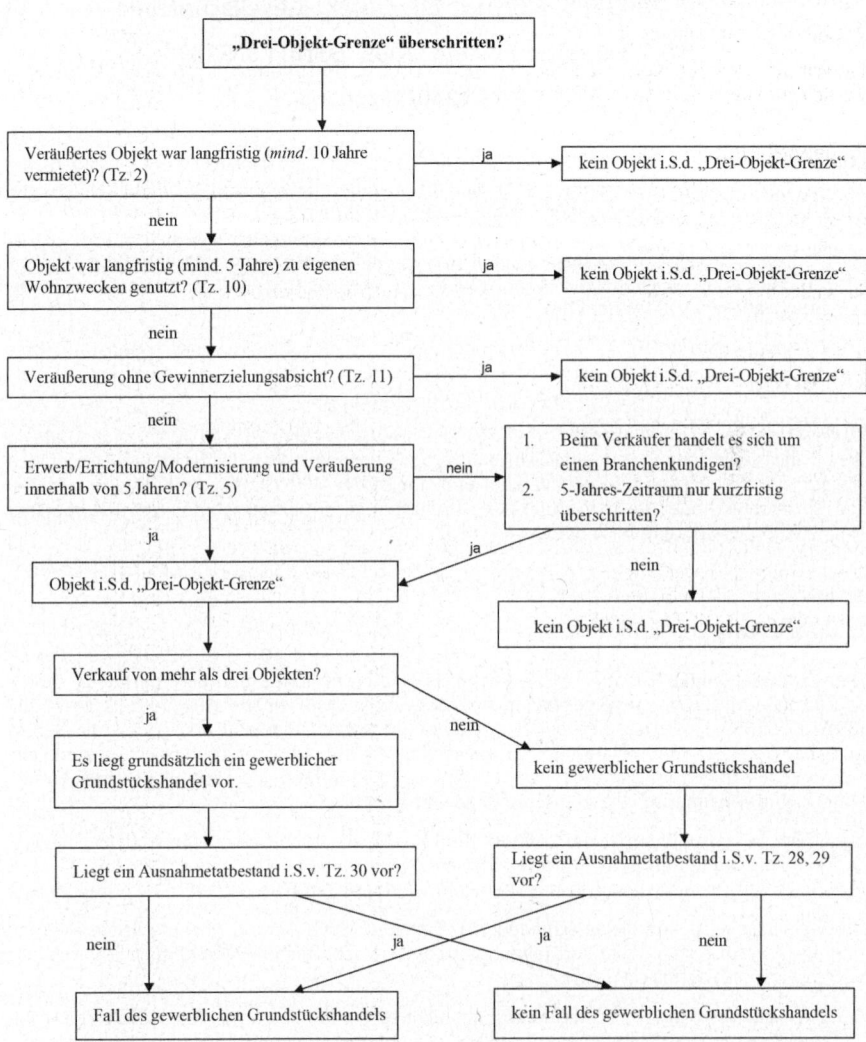

36. Abgrenzung von vermögensverwaltender und gewerblicher Tätigkeit; Anwendung des BFH-Urteils vom 26. 6. 2007 – IV R 49/04 – (BStBl 2009 II S. 289) auf Ein-Objekt-Gesellschaften

BMF, Schreiben v. 1. 4. 2009 (BStBl I S. 515)

– IV C 6 - S 2240/08/10008 –

Mit Urteil vom 26. Juni 2007 (BStBl 2009 II S. 289) hat der BFH entschieden, dass der Erwerb, die Vermietung und die Veräußerung von in die Luftfahrzeugrolle eingetragenen Flugzeugen eine gewerbliche Tätigkeit darstellt, wenn die Vermietung mit dem An- und Verkauf aufgrund eines einheitlichen Geschäftskonzepts verklammert ist. Daher gehört die Veräußerung von Wirtschaftsgütern, die Bestandteil des einheitlichen Geschäftskonzepts der gewerblichen Tätigkeit ist, zum laufenden Geschäftsbetrieb, auch wenn die Veräußerung zeitlich mit der Betriebsveräußerung/-aufgabe zusammenfällt.

Diese Aussage hat der BFH zu einer Personengesellschaft getroffen, die zum Gegenstand ihres Unternehmens den Kauf, die Vermietung (insbesondere in der Form des Leasings) und den Verkauf von mehreren beweglichen Wirtschaftsgütern hatte.

Zu der Frage der Anwendung der Grundsätze des BFH-Urteils vom 26. Juni 2007 auf die Fälle, in denen das Geschäftskonzept eines Einzelunternehmens oder einer Personengesellschaft den Ankauf, die Vermietung und den Verkauf von nur einem Wirtschaftsgut beinhaltet, also bei sog. Einzelobjekt- oder auch Ein-Objekt-Gesellschaften gilt im Einvernehmen mit den obersten Finanzbehörden der Länder Folgendes:

I. Zuordnung der Einkünfte

1 Die Voraussetzungen für eine gewerbliche Tätigkeit entnimmt der BFH dem § 15 Abs. 2 Satz 1 EStG und fügt in ständiger Rechtsprechung – zuletzt in seinem Urteil vom 31. Mai 2007 (BStBl II S. 768) – als ungeschriebenes negatives Tatbestandsmerkmal hinzu, dass die Betätigung den Rahmen einer privaten Vermögensverwaltung überschreitet. Die Absicht, gewerbliche Gewinne zu erzielen, muss durch eine Tätigkeit verfolgt werden, die nach allgemeiner Auffassung als unternehmerisch (händlertypisch) gewertet wird.

2 Nach dem BFH-Urteil vom 2. Mai 2000 (BStBl II S. 467) erfüllt das Vermieten einzelner beweglicher Wirtschaftsgüter zwar grundsätzlich die Tatbestandsmerkmale des § 15 Abs. 2 Satz 1 EStG, geht aber in der Regel nicht über den Rahmen der privaten Vermögensverwaltung hinaus.

Im Gegensatz dazu sind die verschiedenen Tätigkeiten – wie hier der Ankauf, die Vermietung und der Verkauf – gegenüber den Teilnehmern am wirtschaftlichen Verkehr ein Verhalten, das sich objektiv als nachhaltig darstellt.

- So ist die Nachhaltigkeit einer Betätigung nicht schon dann zu verneinen, wenn nur ein einziger Vertrag abgeschlossen wird, dessen Erfüllung mehrere unterschiedliche Einzeltätigkeiten erfordert. Diese verschiedenen Tätigkeiten – wie hier Ankauf, Vermietung und Verkauf – rechtfertigen in ihrer Gesamtheit die Würdigung einer nachhaltigen Betätigung (vgl. BFH-Urteil vom 9. Dezember 2002, BStBl 2003 II S. 294).

- Auch wird eine Teilnahme am allgemeinen wirtschaftlichen Verkehr durch ein Tätigwerden nur für einen einzigen Vertragspartner nicht ausgeschlossen, auch nicht dadurch, dass ein Mietobjekt bereits bei seiner Anschaffung für einen bestimmten Mieter bestimmt ist (vgl. BFH-Urteil vom 22. Januar 2003, BStBl II S. 464).

Eine gewerbliche Vermietungstätigkeit ist erst dann anzunehmen, wenn nach dem Gesamtbild 3
der Verhältnisse im Einzelfall besondere Umstände hinzutreten, die der Tätigkeit als Ganzes
das Gepräge einer selbständigen nachhaltigen, von Gewinnstreben getragenen Beteiligung am
allgemeinen wirtschaftlichen Verkehr geben, hinter der die Gebrauchsüberlassung (Vermögensverwaltung) des Wirtschaftsguts in den Hintergrund tritt (vgl. BFH-Urteil vom 2. Mai 2000,
BStBl II S. 467). Die jeweiligen artspezifischen Besonderheiten des vermieteten Wirtschaftsguts
sind dabei zu beachten.

Die Vermietungstätigkeit stellt dann nicht mehr die Nutzung von Vermögen im Sinne der 4
Fruchtziehung aus zu erhaltenden Substanzwerten dar, wenn die Vermietungstätigkeit mit
dem An- und Verkauf aufgrund eines einheitlichen Geschäftskonzepts verklammert ist. Das hat
zur Folge, dass die gesamte Tätigkeit gewerblichen Charakter besitzt (vgl. BFH-Urteil vom 22. Januar 2003, BStBl II S. 464).

Ein einheitliches Geschäftskonzept liegt vor, wenn von vornherein ein Verkauf des vermieteten 5
Wirtschaftsguts vor Ablauf von dessen gewöhnlicher oder tatsächlicher Nutzungsdauer geplant
ist und die Erzielung eines Totalgewinns diesen Verkauf notwendig macht. Somit besteht die
Tätigkeit in ihrer Gesamtheit nicht mehr alleine aus der Vermietung, sondern aus dem Ankauf,
der Vermietung und dem Verkauf des einzelnen Wirtschaftsguts.

II. Gewinn im Zusammenhang mit einer Betriebsveräußerung/-aufgabe

In ständiger Rechtsprechung hat der BFH, u. a. in seinem Urteil vom 5. Juli 2005 (BStBl 2006 II 6
S. 160) entschieden, dass eine zusammengeballte Gewinnrealisierung dann nicht nach den
§§ 16, 34 EStG begünstigt ist, wenn diese auf der im Wesentlichen unveränderten Fortsetzung
der bisherigen unternehmerischen Tätigkeit beruht, ungeachtet dessen, ob der in Frage stehende Vorgang im zeitlichen Zusammenhang mit einer Betriebsveräußerung oder -aufgabe steht
und die gewerbliche Gesamttätigkeit abschließt.

In Fällen, in denen die Gesamtheit der Tätigkeit aus Ankauf, Vermietung und Verkauf besteht 7
(vgl. Rn. 2 und 5), gehört die Veräußerung des vermieteten Wirtschaftsguts noch zum bisherigen objektiven Geschäftsfeld des Unternehmens/der Gesellschaft und gehört daher zum gewerbesteuerpflichtigen (laufenden) Geschäftsbetrieb. Auf den Gewinn aus dem Verkauf des
vermieteten Wirtschaftsguts finden die §§ 16, 34 Abs. 1 oder 3 EStG auch dann keine Anwendung, wenn das Wirtschaftsgut zum Anlagevermögen gehört.

III. Zeitliche Anwendung

Dieses Schreiben ist in allen noch offenen Fällen anzuwenden. 8

37. Personelle Verflechtung bei Betriebsaufspaltung; hier: Zusammenrechnung von Ehegattenanteilen

BMF, Schreiben v. 18. 11. 1986 (BStBl I S. 537)

– IV B 2 - S 2240 - 25/86 II –

Mit Urteil vom 27. November 1985 – I R 115/85 – (BStBl 1986 II S. 362) hat der Bundesfinanzhof
zur Beurteilung der personellen Verflechtung zwischen Besitz- und Betriebsunternehmen bei
Eheleuten als Voraussetzung für die Annahme einer Betriebsaufspaltung Stellung genommen.

Unter Bezugnahme auf das Ergebnis der Erörterung mit den obersten Finanzbehörden der Länder bitte ich daher, die auf Grund meines Schreibens vom 15. August 1985 – IV B 2 - S 2240 - 11/8511 – (BStBl I S. 537) und den entsprechenden Erlassen der obersten Finanzbehörden der Länder vorerst zurückgestellten Fälle nunmehr abzuwickeln.

Eine personelle Verflechtung i. S. der Betriebsaufspaltung ist allgemein und ebenso in Ehegattenfällen gegeben, wenn die hinter dem Besitz- und Betriebsunternehmen stehenden Personen einen einheitlichen geschäftlichen Betätigungswillen haben. Sind an beiden Unternehmen **nicht** dieselben Personen im gleichen Verhältnis beteiligt (sog. Beteiligungsidentität), wird ein einheitlicher geschäftlicher Betätigungswille dadurch dokumentiert, daß die Personen, die das Besitzunternehmen beherrschen, in der Lage sind, auch im Betriebsunternehmen ihren Willen durchzusetzen (sog. Beherrschungsidentität). Für die Beurteilung der Frage, ob eine sog. Beherrschungsidentität vorliegt, darf bei Ehegatten entsprechend dem Beschluß des BVerfG vom 12. März 1985 – 1 BvR 571/81 –, – 1 BvR 494/82 –, – 1 BvR 47/83 – (BStBl II S. 475) nicht mehr von der – wenn auch widerlegbaren – Vermutung ausgegangen werden, sie verfolgten gleichgerichtete wirtschaftliche Interessen. Nach dem Beschluß des BVerfG vom 12. März 1985 ist eine Zusammenrechnung von Anteilen der Eheleute nur gerechtfertigt, wenn hierfür konkrete Umstände vorliegen. Es müssen zusätzlich zur ehelichen Lebensgemeinschaft Beweisanzeichen gegeben sein, die für die Annahme einer personellen Verflechtung durch gleichgerichtete wirtschaftliche Interessen sprechen.

Sind beide Eheleute jeweils an beiden Unternehmen in dem Maße beteiligt, daß ihnen zusammen die Mehrheit der Anteile gehört, stellen sie – wie bei vergleichbaren Verhältnissen zwischen fremden Dritten – eine durch gleichgerichtete Interessen geschlossene Personengruppe dar, die in der Lage ist, beide Unternehmen zu beherrschen. Damit ist die personelle Verflechtung gegeben (BFH-Urteil vom 7. November 1985 – BStBl 1986 II S. 364). Das gilt dann nicht, wenn die Geschlossenheit der Personengruppe durch nachweisbar schwerwiegende Interessenkollisionen gestört oder aufgehoben ist (BFH-Urteil vom 16. Juni 1982 – BStBl II S. 662 m. w. N.).

Ist dagegen an einem der beiden Unternehmen nur ein Ehegatte mehrheitlich beteiligt und gehört diesem Ehegatten an dem anderen Unternehmen lediglich zusammen mit dem anderen Ehegatten die Mehrheit der Anteile, so müssen besondere Umstände vorliegen, damit die Anteile der Ehegatten an dem anderen Unternehmen für die Beurteilung der Beherrschungsidentität zusammengerechnet werden dürfen. Die Voraussetzungen für eine Zusammenrechnung sind nach dem BFH-Urteil vom 24. Juli 1986 (BStBl II S. 913) beispielsweise erfüllt, wenn die Ehegatten durch eine mehrere Unternehmen umfassende, planmäßige, gemeinsame Gestaltung der wirtschaftlichen Verhältnisse den Beweis dafür liefern, daß sie aufgrund ihrer gleichgerichteten wirtschaftlichen Interessen zusätzlich zur ehelichen Lebensgemeinschaft eine Zweck- und Wirtschaftsgemeinschaft eingegangen sind. Konkrete Umstände i. S. der Entscheidung des BVerfG vom 12. März 1985 können auch in dem Abschluß von sog. Stimmrechtsbindungsverträgen gesehen werden. Der Entscheidung des BFH vom 27. November 1985 (a. a. O.) zufolge genügen dagegen folgende Umstände nicht, um die Anteile eines Ehegatten an einem Unternehmen denen des anderen Ehegatten zuzurechnen:

a) Jahrelanges konfliktfreies Zusammenwirken der Eheleute innerhalb der Gesellschaft,

b) Herkunft der Mittel für die Beteiligung eines Ehegatten an der Betriebsgesellschaft vom anderen Ehegatten,

c) „Gepräge" der Betriebsgesellschaft durch den Ehegatten,

d) Erbeinsetzung des Ehegatten durch den anderen Ehegatten als Alleinerbe, gesetzlicher Güterstand der Zugewinngemeinschaft, beabsichtigte Alterssicherung des anderen Ehegatten.

Bei der Abwicklung der o. a. Fälle bitte ich auch zu prüfen, ob die an die Betriebsgesellschaft vermieteten Wirtschaftsgüter bei Fehlen der Voraussetzungen für die Annahme einer Betriebs-

aufspaltung wegen der vom BVerfG beanstandeten Zusammenrechnung von Ehegattenanteilen aus anderen Gründen Betriebsvermögen sind. Dies kann insbesondere der Fall sein
- bei der Verpachtung eines Gewerbebetriebs im Ganzen (Abschnitt 137 Abs. 4 und Abschnitt 139 Abs. 5 EStR),
- bei Personengesellschaften, die neben der vermögensverwaltenden Tätigkeit als Besitzgesellschaft noch in geringem Umfang gewerblich tätig sind und deren Tätigkeit somit insgesamt als Gewerbebetrieb gilt (§ 15 Abs. 3 Nr. 1 EStG),
- bei Personengesellschaften, die wegen ihrer Rechtsform als Gewerbebetriebe anzusehen sind (§ 15 Abs. 3 Nr. 2 EStG),
- in Betriebsaufspaltungsfällen, die nicht nur auf der vom BVerfG beanstandeten Zusammenrechnung von Ehegattenanteilen beruhen, und zwar
  - wenn die Ehegatten – als Personengruppe an beiden Unternehmen beteiligt – in der Lage sind, beide Unternehmen zu beherrschen (BFH-Urteil vom 7. November 1985 – a. a. O.) und
  - bei der sog. mitunternehmerischen Betriebsaufspaltung (vgl. BFH-Urteil vom 25. April 1985 – BStBl II S. 622).

Können die an die Betriebsgesellschaft vermieteten Wirtschaftsgüter unter keinem rechtlichen Gesichtspunkt als Betriebsvermögen behandelt werden, sind sie in Fällen, in denen bis zum Ergehen der BVerfG-Entscheidung vom 12. März 1985 eine sog. echte Betriebsaufspaltung angenommen wurde (Abschnitt 137 Abs. 5 EStR), zu dem Zeitpunkt als entnommen anzusehen, in dem die Betriebsaufspaltung begründet worden ist. Abschnitt 15 Abs. 1 Satz 9 und 10 EStR ist anzuwenden. In Fällen, in denen eine sog. unechte Betriebsaufspaltung angenommen worden ist, sind die an die Betriebsgesellschaft vermieteten Wirtschaftsgüter ggf. zu keinem Zeitpunkt Betriebsvermögen geworden.

38. Sonderbetriebsvermögen bei Vermietung an eine Schwester-Personengesellschaft (Anwendung der BFH-Urteile vom 16. 6. 1994, BStBl 1996 II S. 82, vom 22. 11. 1994, BStBl 1996 II S. 93, und vom 26. 11. 1996, BStBl 1998 II S. 328); Verhältnis des § 15 Abs. 1 Nr. 2 EStG zur mitunternehmerischen Betriebsaufspaltung (Anwendung des BFH-Urteils vom 23. 4. 1996 – VIII R 13/95 –, BStBl 1998 II S. 325)

BMF, Schreiben v. 28. 4. 1998 (BStBl I S. 583)

– IV B 2 - S 2241 - 42/98 –

Der BFH hat mit Urteilen vom 16. Juni 1994 (BStBl 1996 II S. 82) und vom 22. November 1994 (BStBl 1996 II S. 93) entschieden, daß die Wirtschaftsgüter, die eine gewerblich tätige oder gewerblich geprägte Personengesellschaft an eine ganz oder teilweise personenidentische Personengesellschaft (Schwestergesellschaft) vermietet, zum Betriebsvermögen der vermietenden Personengesellschaft und nicht der nutzenden Personengesellschaft gehören. Diese Rechtsgrundsätze gelten auch, wenn leistende Gesellschaft eine gewerblich geprägte atypisch stille Gesellschaft ist (BFH-Urteil vom 26. November 1996, BStBl 1998 II S. 328). Mit Urteil vom 23. April 1996 (BStBl 1998 II S. 325) hat der BFH unter Aufgabe der bisherigen Rechtsprechung schließlich die Auffassung vertreten, bei einer Betriebsaufspaltung habe Qualifikation des überlassenen Vermögens als Betriebsvermögen der Besitzpersonengesellschaft sowie der Einkünfte aus der Verpachtung dieses Vermögens als gewerbliche Einkünfte der Gesellschafter der Besitzpersonengesellschaft Vorrang vor der Qualifikation des Vermögens als Sonderbetriebsvermögen und der Einkünfte aus der Verpachtung als Sonderbetriebseinkünfte der Gesellschafter bei der Betriebspersonengesellschaft.

Unter Bezugnahme auf das Ergebnis der Erörterung mit den obersten Finanzbehörden der Länder nehme ich zur Anwendung der Rechtsgrundsätze der genannten BFH-Urteile wie folgt Stellung:

1. Bedeutung und Abgrenzung des Anwendungsbereichs der neuen Rechtsprechung

Nach früherer Rechtsprechung und Verwaltungsauffassung hatte die Vorschrift des § 15 Abs. 1 Satz 1 Nr. 2 Satz 1 Halbsatz 2 EStG Vorrang vor dem Rechtsinstitut der mitunternehmerischen Betriebsaufspaltung (BFH-Urteil vom 25. April 1985, BStBl II S. 622 sowie R 137 Abs. 4 EStR 1993). Das BFH-Urteil vom 23. April 1996 (a. a. O.) führt nunmehr zu einem Vorrang der Rechtsgrundsätze der Betriebsaufspaltung vor der Anwendung des § 15 Abs. 1 Satz 1 Nr. 2 Satz 1 Halbsatz 2 EStG und schließt damit – ebenso wie die BFH-Urteile vom 16. Juni 1994 (a. a. O.), vom 22. November 1994 (a. a. O.) und vom 26. November 1996 (BStBl 1998 II S. 328) – die Behandlung der vermieteten Wirtschaftsgüter als Sonderbetriebsvermögen der mietenden Gesellschaft bei sog. Schwester-Personengesellschaften aus. Im Falle einer unentgeltlichen Überlassung von Wirtschaftsgütern ist allerdings auch nach der neuen Rechtsprechung keine mitunternehmerische Betriebsaufspaltung anzunehmen, weil es in diesem Fall an einer Gewinnerzielungsabsicht und damit an einer eigenen gewerblichen Tätigkeit der Besitzpersonengesellschaft fehlt. In diesem Fall bleibt § 15 Abs. 1 Nr. 2 EStG weiterhin anwendbar. Auch bei einer lediglich teilentgeltlichen Nutzungsüberlassung ist eine eigene gewerbliche Tätigkeit der Besitzpersonengesellschaft und damit eine mitunternehmerische Betriebsaufspaltung nur anzunehmen, wenn die Voraussetzung der Gewinnerzielungsabsicht bei der Besitzpersonengesellschaft vorliegt.

Die Rechtsgrundsätze des BFH-Urteils vom 23. April 1996 sind – ebenso wie die der BFH-Urteile vom 16. Juni 1994 (a. a. O.), vom 22. November 1994 (a. a. O.) und vom 26. November 1996 (BStBl 1998 II S. 328) – nur in den Fällen sog. Schwestergesellschaften anzuwenden, d. h., wenn sowohl an der vermietenden als auch an der mietenden Personengesellschaft ganz oder teilweise dieselben Personen als Gesellschafter beteiligt sind. Nicht betroffen von der neuen Rechtsprechung sind die Fälle der sog. doppel- oder mehrstöckigen Personengesellschaft, also diejenigen Fälle, in denen eine Personengesellschaft selbst unmittelbar oder mittelbar an einer anderen Personengesellschaft als Mitunternehmer beteiligt ist. In diesen Fällen verbleibt es bei der Anwendung der gesetzlichen Regelung zur doppelstöckigen Personengesellschaft in § 15 Abs. 1 Satz 1 Nr. 2 Satz 2 EStG.

2. Ertragsteuerliche Folgen der Änderung der BFH-Rechtsprechung

Die Anwendung der Rechtsgrundsätze des BFH-Urteils vom 23. April 1996 (a. a. O.) führt insbesondere zu folgenden steuerlichen Änderungen:

a) Auf der Grundlage der bisherigen Rechtsprechung und Verwaltungspraxis sind bei einem Gesellschafter, der nur an der Besitz-, nicht aber an der Betriebspersonengesellschaft beteiligt ist („Nur-Besitz-Gesellschafter"), vielfach lediglich Einkünfte aus Vermietung und Verpachtung angenommen und seine Anteile an den Wirtschaftsgütern dem Privatvermögen zugeordnet worden. Nach der geänderten Rechtsprechung erzielt er Einkünfte aus Gewerbebetrieb und die Wirtschaftsgüter gehören zum Betriebsvermögen, so daß auch die Veräußerungsgewinne steuerpflichtig sind.

b) Die Besitzpersonengesellschaft unterfällt ggf. der Abfärbung gemäß § 15 Abs. 3 Nr. 1 EStG (Beispiel: Eine Grundstücks-GbR vermietet einige Grundstücke an private Dritte und ein Grundstück an die mit ihr personell verflochtene KG).

c) Durch die Begründung der Eigengewerblichkeit werden die bisherigen Verpachtungspersonengesellschaften der Gewerbesteuer unterworfen, die Wirtschaftsgüter an von der Gewerbesteuer befreite Personengesellschaften zur Nutzung überlassen haben, die Krankenhäuser, Rehabilitationskliniken oder sonstige Gesundheitseinrichtungen betreiben, die in den Anwendungsbereich von § 67 AO fallen. Die über die bisherige Zurechnungsvorschrift des § 15 Abs. 1 Nr. 2 EStG wirksame Befreiungsvorschrift des § 3 Nr. 20 Gewerbesteuergesetz kommt insoweit nicht mehr zum Tragen.

d) Zwischen Schwester-Personengesellschaften vereinbarte Darlehen, die als Dauerschulden zu qualifizieren sind, führen bei der mitunternehmerischen Betriebsaufspaltung in Höhe des hälftigen Entgelts zu einer gewerbesteuerlichen Doppelbelastung, da das hälftige Entgelt bei der das Darlehen empfangenden Gesellschaft gemäß § 8 Nr. 1 GewStG hinzuzurechnen ist. Waren die Darlehenszinsen nach bisheriger Rechtsprechung Sondervergütungen i. S. des § 15 Abs. 1 Nr. 2 EStG der Gesellschafter der Besitzpersonengesellschaft, erhöhten sie zwar bei der das Darlehen empfangenden Personengesellschaft den Gewerbeertrag (Abschnitt 40 Abs. 2 GewStR). Da aber die Hinzurechnungsvorschrift des § 8 Nr. 1 GewStG auf Sondervergütungen i. S. des § 15 Abs. 1 Nr. 2 EStG nicht anzuwenden ist, ergab sich bisher keine gewerbesteuerliche Doppelbelastung.

e) Ein negativer Gewerbeertrag der Besitzpersonengesellschaft darf nicht mit einem positiven Gewerbeertrag der Betriebspersonengesellschaft verrechnet werden (oder umgekehrt), während bisher eine Saldierung zwischen Gesamthandsergebnis und Sonderbetriebsergebnis grundsätzlich möglich war.

f) Bei der Investitionszulage und bei den Sonderabschreibungen nach dem Fördergebietsgesetz ist nicht mehr die Betriebspersonengesellschaft, sondern die Besitzpersonengesellschaft anspruchsberechtigt. Es gelten die allgemeinen Regelungen zur Betriebsaufspaltung, z. B. bei der Investitionszulage Nr. 5 des BMF-Schreibens vom 31. März 1992 (BStBl I S. 236) und Abschnitt IV des BMF-Schreibens vom 30. Dezember 1994 (BStBl 1995 I S. 18) sowie bei dem Fördergebietsgesetz Tz. 6 des BMF-Schreibens vom 29. März 1993 (BStBl I S. 279) und Abschnitt II Nr. 2 des BMF-Schreibens vom 24. Dezember 1996 (BStBl I S. 1516).

3. Uneingeschränkte Anwendung der Rechtsprechung zur Vermietung von gewerblich tätigen oder geprägten Personengesellschaften an Schwestergesellschaften

Die Rechtsgrundsätze der BFH-Urteile vom 16. Juni 1994 (a. a. O.), vom 22. November 1994 (a. a. O.) und vom 26. November 1996 (a. a. O.) sind für Wirtschaftsjahre, die nach dem 31. Dezember 1998 beginnen, **uneingeschränkt** anzuwenden. Das BMF-Schreiben vom 18. Januar 1996 (BStBl I S. 86), nach dem die Grundsätze der BFH-Urteile vom 16. Juni 1994 (BStBl 1996 II S. 82) und vom 22. November 1994 (BStBl 1996 II S. 93) nur unter den dort genannten Einschränkungen für anwendbar erklärt worden sind, ist für Wirtschaftsjahre, die nach dem 31. Dezember 1998 beginnen, nicht mehr anzuwenden. Sind die vermieteten Wirtschaftsgüter aufgrund der in dem BMF-Schreiben vom 18. Januar 1996 (a. a. O.) enthaltenen Einschränkungen bisher zum Betriebsvermögen der nutzenden Personengesellschaft gerechnet worden, so gelten die Ausführungen unter Nr. 4 zur erfolgsneutralen Übertragung der überlassenen Wirtschaftsgüter in die Bilanz der vermietenden Personengesellschaft entsprechend.

4. Erstmalige Anwendung der Rechtsprechung zur Betriebsaufspaltung zwischen Schwester-Personengesellschaften nebst Übergangsregelung

Die Rechtsgrundsätze des BFH-Urteils vom 23. April 1996 (a. a. O.) werden **aus Vertrauensschutzgründen** erstmals für Wirtschaftsjahre angewendet, die nach dem 31. Dezember 1998 beginnen.

Auf Antrag sind die Rechtsgrundsätze des BFH-Urteils vom 23. April 1996 (a. a. O.) auch für Wirtschaftsjahre anzuwenden, die vor dem 1. Januar 1999 beginnen. Der Antrag kann nur einheitlich für alle vor dem 1. Januar 1999 beginnenden Wirtschaftsjahre und für alle Steuerarten einschließlich der Investitionszulage und für alle Beteiligten gestellt werden. Entsprechende Anträge sind bis zum 31. Dezember 1999 bei den jeweils zuständigen Finanzämtern zu stellen; die Anträge sind unwiderruflich.

Die Anwendung der neuen Rechtsprechung führt in den Fällen, in denen die vermieteten Wirtschaftsgüter bisher wegen des Vorrangs des § 15 Abs. 1 Satz 1 Nr. 2 Satz 1 Halbsatz 2 EStG vor der mitunternehmerischen Betriebsaufspaltung als Sonderbetriebsvermögen der mietenden Gesellschaft behandelt worden sind, entsprechend den Grundsätzen der Bilanzberichtigung zu einer – erfolgsneutralen – Übertragung der überlassenen Wirtschaftsgüter in die – ggf. erstmals aufzustellende – Bilanz der Besitzpersonengesellschaft und einer entsprechenden Ausbuchung in den (Sonder-)Bilanzen der Betriebspersonengesellschaft. Aus Vereinfachungsgründen ist es nicht zu beanstanden, wenn die erforderlichen Korrekturen wie die Überführung eines Wirtschaftsguts von einem Betrieb in einen anderen Betrieb (R 14 Abs. 2 Satz 2 EStR 1996) dargestellt werden. Die Wirtschaftsgüter sind dann bei der Besitzpersonengesellschaft mit dem Buchwert anzusetzen, den sie in der letzten Bilanz der Betriebspersonengesellschaft hatten. Die weiteren AfA sind in diesen Fällen (Behandlung gemäß R 14 Abs. 2 Satz 2 EStR 1996) nach der bisherigen Bemessungsgrundlage und dem bisherigen Absetzungsverfahren zu bemessen. Die Besitzpersonengesellschaft darf Sonderabschreibungen nach dem Fördergebietsgesetz noch in der Höhe und in dem Zeitraum vornehmen, wie es auch die Betriebspersonengesellschaft noch dürfte.

Nach der neuen Rechtsprechung sind auch die Anteile an Wirtschaftsgütern eines „Nur-Besitz-Gesellschafters" (vgl. oben unter Nr. 2 Buchstabe a) sowie alle Wirtschaftsgüter einer Besitzpersonengesellschaft, die nunmehr der Abfärbung gemäß § 15 Abs. 3 Nr. 1 EStG unterliegt (vgl. oben unter Nr. 2 Buchstabe b), im Betriebsvermögen der Besitzpersonengesellschaft angeschafft oder hergestellt worden. Die o. g. Grundsätze zur Anwendung von R 14 Abs. 2 Satz 2 EStR 1996 gelten in diesen Fällen entsprechend mit der Maßgabe, daß es nicht beanstandet wird, wenn die Anteile an den Wirtschaftsgütern des „Nur-Besitz-Gesellschafters" und die Wirtschaftsgüter der der Abfärbung unterliegenden Besitzpersonengesellschaft mit ihren Restwerten angesetzt werden.

Die Betriebspersonengesellschaft bleibt für die Investitionszulage von Wirtschaftsgütern, die die Besitzpersonengesellschaft vor der erstmaligen Anwendung der Rechtsgrundsätze des BFH-Urteils vom 23. April 1996 (a. a. O.) angeschafft oder hergestellt und der Betriebspersonengesellschaft seit der Anschaffung oder Herstellung zur Nutzung überlassen hat, antragsberechtigt.

Die Änderung der Rechtsprechung allein hat keine Auswirkungen auf die Zugehörigkeits-, Verbleibens- und Verwendungsvoraussetzungen nach dem Investitionszulagengesetz und dem Fördergebietsgesetz.

Beispiel:
Bei einer mitunternehmerischen Betriebsaufspaltung hat die Besitzpersonengesellschaft im November 1996 ein neues bewegliches Wirtschaftsgut mit Anschaffungskosten von 100 000 DM angeschafft. Die Rechtsgrundsätze des BFH-Urteils vom 23. April 1996 (a. a. O.) werden erstmalig im Kalenderjahr 1997 angewendet.

a) Die Besitzpersonengesellschaft hat ihren Sitz in München und überläßt das Wirtschaftsgut einer Betriebspersonengesellschaft zur Nutzung in deren Betriebsstätte in Dresden. Im Jahr 1996 nimmt die Betriebspersonengesellschaft Sonderabschreibungen von 30 000 DM in Anspruch.
Der Antrag auf Investitionszulage für 1996 ist von der Betriebspersonengesellschaft zu stellen. Für die Investitionszulage von 5 v. H. und die Sonderabschreibungen nach dem Fördergebietsgesetz ist es ohne Bedeutung, daß das Wirtschaftsgut ab 1. Januar 1997 zum Anlagevermögen der Besitzpersonengesellschaft in München gehört. Die Verbleibensvoraussetzung im Sinne des § 2 Nr. 2 FördG ist auch nach dem 31. Dezember 1996 erfüllt, weil das Wirtschaftsgut im Rahmen einer Betriebsaufspaltung zur Nutzung überlassen wird und in einer Betriebsstätte der Betriebspersonengesellschaft im Fördergebiet verbleibt (vgl. Tz. 6 des BMF-Schreibens vom 29. März 1993, BStBl I S. 279). Die Besitzpersonengesellschaft kann in den Jahren 1997 bis 2000 die restlichen Sonderabschreibungen von 20 000 DM in Anspruch nehmen.

b) Die Besitzpersonengesellschaft gehört nicht zum verarbeitenden Gewerbe und überläßt das Wirtschaftsgut einer zum verarbeitenden Gewerbe gehörenden Betriebspersonengesellschaft zur Nutzung in deren Betriebsstätte im Fördergebiet.
Für die Investitionszulage nach § 5 Abs. 3 InvZulG 1996 von 10 v. H. ist es ohne Bedeutung, daß das Wirtschaftsgut ab 1. Januar 1997 nicht mehr zum Anlagevermögen eines Betriebs des verarbeitenden Gewerbes gehört. Die Verbleibensvoraussetzung im Sinne des § 5 Abs. 3 Nr. 2 Buchstabe b InvZulG ist auch nach dem 31. Dezember 1996 erfüllt, weil das Wirtschaftsgut im Rahmen einer Betriebsaufspaltung zur Nutzung überlassen wird und die Betriebspersonengesellschaft zum verarbeitenden Gewerbe gehört (vgl. Tz. 12 des BMF-Schreibens vom 30. Dezember 1994, BStBl 1995 I S. 18).

5. Steuerneutrale Vermeidung bzw. Beendigung der mitunternehmerischen Betriebsaufspaltung

a) Mitunternehmererlaß vom 20. Dezember 1977 (BStBl 1978 I S. 8)

Vor Anwendung der neuen BFH-Rechtsprechung kann die Annahme einer mitunternehmerischen Betriebsaufspaltung im Sinne des BFH-Urteils vom 23. April 1996 (a. a. O.) vermieden werden, indem die vermieteten Wirtschaftsgüter nach dem sog. Mitunternehmererlaß (vgl. Tz. 28, Tz. 35 und Tz. 66 des BMF-Schreibens vom 20. Dezember 1977 – BStBl 1978 I S. 8), d. h. erfolgsneutral ohne Aufdeckung der stillen Reserven, auf die Betriebspersonengesellschaft übertragen werden. Das setzt allerdings voraus, daß keine Verbindlichkeiten übernommen werden. Es muß Unentgeltlichkeit in dem Sinne gegeben sein, daß lediglich Gesellschaftsrechte bei der aufnehmenden Gesellschaft gewährt werden. Der erfolgsneutralen Übertragung von Wirtschaftsgütern auch unter Übernahme von Verbindlichkeiten stehen die Tz. 28 und Tz. 66 des Mitunternehmer-Erlasses entgegen. Danach kann, wenn ein Wirtschaftsgut gegen Gewährung von Gesellschaftsrechten und gegen sonstiges Entgelt aus dem Sonderbetriebsvermögen oder einem anderen Betrieb des Mitunternehmers in das Gesamthandsvermögen übertragen wird, die Personengesellschaft das Wirtschaftsgut nur insoweit mit dem anteiligen Buchwert ansetzen, als es gegen Gewährung von Gesellschaftsrechten übertragen wird. Die Übernahme von Verbindlichkeiten ist als sonstiges Entgelt im Sinne des Mitunternehmer-Erlasses anzusehen. Beides gilt auch für den umgekehrten Fall der Übertragung von der Gesellschaft in ein Betriebsvermögen des Gesellschafters. In derartigen Fällen ist der Vorgang in ein entgeltliches Veräußerungsgeschäft und in einen steuerneutralen Übertragungsvorgang aufzuspalten.

b) Umwandlungssteuergesetz

Hat der Steuerpflichtige die vorzeitige Anwendung der neuen Rechtsprechung beantragt (vgl. oben unter 4.), so ist eine steuerneutrale Beendigung der bestehenden mitunternehmerischen Betriebsaufspaltung, z. B. durch Einbringung sämtlicher Mitunternehmeranteile der Gesellschafter der Besitzpersonengesellschaft in die Betriebspersonengesellschaft, nach § 24 UmwStG möglich. Denn bei Anwendung der neuen Rechtsprechung, nach der die Besitzpersonengesellschaft aufgrund der Betriebsaufspaltung als eigengewerblicher Betrieb anzusehen ist, haben die Gesellschafter der Besitzpersonengesellschaft Mitunternehmeranteile, die sie nach § 24 UmwStG in die Betriebspersonengesellschaft einbringen können. Hat der Steuerpflichtige keinen Antrag auf vorzeitige Anwendung der neuen Rechtsprechung gestellt, so ist die neue Rechtsprechung erstmals für das nach dem 31. Dezember 1998 beginnende Wirtschaftsjahr anzuwenden. In diesem Fall ist in den vor dem 1. Januar 1999 beginnenden Wirtschaftsjahren eine steuerneutrale Beendigung der bestehenden mitunternehmerischen Betriebsaufspaltung nicht nach § 24 UmwStG möglich. Denn für die Frage der Anwendung des § 24 UmwStG muß in diesem Fall die bis zum Ergehen des BFH-Urteils vom 23. April 1996 vertretene Rechtsauffassung zugrunde gelegt werden: Wegen des Vorrangs des § 15 Abs. 1 Nr. 2 EStG würde es sich hier um eine Einbringung von Sonderbetriebsvermögen einer Personengesellschaft in das Gesamthandsvermögen derselben Personengesellschaft handeln. Die Einbringung von Wirtschaftsgütern des Sonderbetriebsvermögens fällt nicht unter § 24 UmwStG, sondern ist ausschließlich nach den Regeln des Mitunternehmer-Erlasses zu beurteilen (vgl. oben unter a).

6. Weitere Anwendung des BMF-Schreibens vom 10. Dezember 1979 (BStBl I S. 683)

Das BMF-Schreiben vom 10. Dezember 1979 (BStBl I S. 683) zu den Fällen, in denen der Mitunternehmer einen gewerblichen Betrieb unterhält und er im Rahmen dieses Betriebs Wirtschaftsgüter entgeltlich der Mitunternehmerschaft zur Nutzung überläßt, ist weiterhin anzuwenden.

39. Schenkweise als Kommanditisten in eine Kommanditgesellschaft aufgenommene minderjährige Kinder als Mitunternehmer; hier: Anwendung des BFH-Urteils vom 10. 11. 1987 (BStBl 1989 II S. 758)

BMF, Schreiben v. 5. 10. 1989 (BStBl I S. 378)

– IV B 2 - S 2241 - 48/89 –

Der Bundesfinanzhof (BFH) hat in seinem Urteil vom 10. November 1987 (BStBl 1989 II S. 758) schenkweise als Kommanditisten in einer KG aufgenommene minderjährige Kinder als Mitunternehmer anerkannt, obwohl in dem Entscheidungsfall das Widerspruchsrecht der Kommanditisten nach § 164 HGB ausgeschlossen, das Gewinnentnahmerecht der Kommanditisten weitgehend beschränkt und das Kündigungsrecht für die Kommanditisten langfristig abbedungen war und die Kommanditisten für den Fall ihres vorzeitigen Ausscheidens aufgrund eigener Kündigung zum Buchwert abgefunden werden sollten. Der BFH sieht darin keine nennenswerten und nicht auch zwischen Fremden üblichen Abweichungen vom Regelstatut des HGB. Dabei macht es für den BFH keinen Unterschied, ob die besonderen Bedingungen einzeln oder zusammen vorliegen.

Zu der Frage, welche Folgerungen aus diesem Urteil für die steuerliche Anerkennung von schenkweise als Kommanditisten in eine KG aufgenommenen minderjährigen Kindern als Mitunternehmer zu ziehen sind, wird unter Bezugnahme auf das Ergebnis der Erörterungen mit den Vertretern der obersten Finanzbehörden der Länder wie folgt Stellung genommen:

Die Frage, ob eine Mitunternehmerschaft minderjähriger Kinder gegeben ist, muß nach dem Gesamtbild der Verhältnisse entschieden werden (Beschluß des Großen Senats des BFH vom 25. Juni 1984 – BStBl II S. 751, 769). Dabei sind alle Umstände des Einzelfalles in ihrer Gesamtheit zu würdigen. Das minderjährige Kind eines Gesellschafters einer Personengesellschaft kann nur als Mitunternehmer anerkannt werden, wenn es Mitunternehmerinitiative entfalten kann und Mitunternehmerrisiko trägt. Es kommt deshalb darauf an, ob dem minderjährigen Kommanditisten nach dem Gesellschaftsvertrag wenigstens annäherungsweise diejenigen Rechte eingeräumt werden, die einem Kommanditisten nach dem HGB zustehen. Maßstab ist das nach dem HGB für den Kommanditisten vorgesehene Regelstatut. Dazu gehören auch die gesetzlichen Regelungen, die im Gesellschaftsvertrag abbedungen werden können.

Wie der Große Senat des BHF im Beschluß vom 25. Juni 1984 (BStBl II S. 751, 769) ausgeführt hat, können Mitunternehmerinitiative und Mitunternehmerrisiko im Einzelfall mehr oder weniger ausgeprägt sein. Beide Merkmale müssen jedoch gemeinsam vorliegen. Ein Kommanditist ist beispielsweise dann mangels Mitunternehmerinitiative kein Mitunternehmer, wenn sowohl sein Stimmrecht als auch sein Widerspruchsrecht durch Gesellschaftsvertrag faktisch ausgeschlossen sind (BFH-Urteil vom 11. Oktober 1988 – BStBl 1989 II S. 762).

Besondere Bedeutung kommt, wie auch vom BFH im Urteil vom 10. November 1987 (BStBl 1989 II S. 758) ausgeführt wird, der Frage zu, ob die minderjährigen Kommanditisten durch Kündigung oder Änderung des Gesellschaftsvertrags gegen ihren Willen aus der KG verdrängt werden können. Ist der Komplementär nach dem Gesellschaftsvertrag berechtigt, nach freiem Ermessen weitere Kommanditisten in die KG aufzunehmen, und kann er dadurch die für eine Änderung des Gesellschaftsvertrags im Einzelfall erforderlichen Mehrheitsverhältnisse (z. B. Erfordernis einer $^2/_3$-Mehrheit) zu seinen Gunsten so verändern, daß die als Kommanditisten in die KG aufgenommenen minderjährigen Kinder gegen ihren Willen aus der KG verdrängt werden können, so spricht dies gegen eine Mitunternehmerstellung der Kinder. Das gilt auch dann, wenn der Komplementär tatsächlich noch keine weiteren Kommanditisten in die KG aufgenommen hat.

Der BFH hat in dem Urteil vom 10. November 1987 (BStBl 1989 II S. 758) allein die Tatsache, daß der Komplementär derzeit nicht die im Einzelfall erforderliche Stimmrechtsmehrheit bezüglich der Änderung des Gesellschaftsvertrags und der Auflösung der Gesellschaft hat, für ausreichend gehalten, um die Mitunternehmerinitiative der Kommanditisten – und zwar auch bei Ausschluß des Widerspruchsrechts nach § 164 HGB – zu bejahen. Ich bitte, die Grundsätze dieses BFH-Urteils insoweit nicht über den entschiedenen Einzelfall hinaus anzuwenden.

40. Haftungsbeschränkung bei einer Gesellschaft bürgerlichen Rechts; Auswirkungen des BGH-Urteils vom 27. 9. 1999 – II ZR 371/98 – (DStR 1999 S. 1704)

BMF, Schreiben v. 18. 7. 2000 (BStBl I S. 1198)

– IV C 2 - S 2241 - 56/00 –

Mit Urteil vom 27. September 1999 (a. a. O.) hat der BGH entschieden, dass für die im Namen einer Gesellschaft bürgerlichen Rechts (GbR) begründeten Verbindlichkeiten die Gesellschafter kraft Gesetzes auch persönlich haften und diese Haftung nicht durch einen Namenszusatz (z. B. „GbR mbH") oder einen anderen Hinweis beschränkt werden kann, der den Willen, nur beschränkt für die Gesellschaftsverbindlichkeiten einzustehen, verdeutlicht. Nach Auffassung des BGH ist für eine Haftungsbeschränkung vielmehr eine individuell getroffene Abrede der GbR bei jedem von ihr abgeschlossenen Vertrag erforderlich.

In steuerlicher Hinsicht hat diese Rechtsprechung im Wesentlichen Auswirkung

- auf die Beurteilung der so genannten gewerblichen Prägung i. S. des § 15 Abs. 3 Nr. 2 EStG.

  So konnte nach bisheriger Auffassung eine vermögensverwaltende GbR, die nicht als Schein-KG in das Handelsregister eingetragen war, allein durch das Hinzutreten einer GmbH die gewerbliche Prägung nicht erlangen, es sei denn, die rechtsgeschäftliche Haftung der außer der Kapitalgesellschaft an der GbR beteiligten Gesellschafter war allgemein und im Außenverhältnis erkennbar auf ihre Einlage beschränkt. Dem entspricht die bisherige Aussage in H 138 Abs. 6 EStH 1999, die allerdings durch die Rechtsprechung des BGH und auch durch die Rechtsentwicklung überholt ist, da sich nach dem Handelsrechtsreformgesetz 1999 (BGBl 1998 I S. 1474) jede vermögensverwaltende Personengesellschaft als Personenhandelsgesellschaft in das Handelsregister eintragen lassen kann.

- auf die Anwendung des § 15a Abs. 5 Nr. 2, 1. Alternative EStG („soweit die Inanspruchnahme des Gesellschafters für Schulden im Zusammenhang mit dem Betrieb durch Vertrag ausgeschlossen ist").

Unter Bezugnahme auf das Ergebnis der Erörterung mit den obersten Finanzbehörden der Länder nehme ich zu den steuerlichen Auswirkungen des o. g. BGH-Urteils wie folgt Stellung:

1. Auswirkungen auf die gewerbliche Prägung i. S. des § 15 Abs. 3 Nr. 2 EStG

a) Grundsatz

In Fällen, in denen in der Vergangenheit – beispielsweise bei einer GmbH & Co. GbR – auf Grund der bisherigen BGH-Rechtsprechung auch ohne ausdrückliche Abrede der Parteien eine Haftungsbeschränkung angenommen wurde, also steuerlich vom Vorliegen einer gewerblich geprägten Personengesellschaft i. S. des § 15 Abs. 3 Nr. 2 EStG ausgegangen wurde, erweist sich diese Annahme **rückwirkend** als unrichtig. Die betreffende GbR hatte **von Anfang an kein Betriebsvermögen**, sondern es lag von Anfang an Privatvermögen vor. Der Wandel der Beurteilung stellt also **keine (Zwangs-)Betriebsaufgabe i. S. des § 16 EStG** dar.

Wird die GbR nunmehr gemäß den Regelungen des Handelsrechtsreformgesetzes ins Handelsregister eingetragen und damit zur Personenhandelsgesellschaft (KG), so stellt dies steuerlich eine **Betriebseröffnung** i. S. des § 6 Abs. 1 Nr. 6 EStG dar.

Soweit in der Vergangenheit aus einem Betriebsvermögen einzelne Wirtschaftsgüter in eine – vermeintlich gewerblich geprägte – GbR eingebracht wurden, lag steuerlich gesehen eine **Entnahme** i. S. des § 4 Abs. 1 Satz 2 EStG vor.

b) Vertrauensschutzregelung

Ist in entsprechenden Fällen aufgrund der bisherigen BGH-Rechtsprechung eine i. S. des § 15 Abs. 3 Nr. 2 EStG gewerblich geprägte Personengesellschaft angenommen worden, so kann im Hinblick auf die bisherigen Regelungen in H 138 Abs. 6 EStH 1999 aus Vertrauensschutzgründen **auf Antrag der Gesellschaft** das Vermögen der Personengesellschaft weiterhin als Betriebsvermögen behandelt werden.

Der Antrag ist bis zum 31. Dezember 2000 bei dem für die Besteuerung der Personengesellschaft zuständigen Finanzamt zu stellen. Der Antrag ist unwiderruflich und hat zur Folge, dass das Vermögen der Personengesellschaft **in jeder Hinsicht** als Betriebsvermögen behandelt wird, d. h. es sind auch Gewinne oder Verluste aus einer späteren Betriebsveräußerung oder Betriebsaufgabe gemäß § 16 EStG steuerlich zu erfassen."

Voraussetzung hierfür ist, dass die betreffende GbR bis zum 31. Dezember 2000[1] **in eine GmbH + Co. KG umgewandelt** wird; diese Möglichkeit ist – wie dargestellt – durch das Handelsrechtsreformgesetz 1999 (BGBl 1998 I S. 1474) eröffnet worden.

2. Auswirkungen auf § 15a Abs. 5 Nr. 2 1. Alternative EStG

Sofern ein Antrag gestellt wird, das Vermögen der GbR weiterhin als Betriebsvermögen zu behandeln (vgl. oben unter 1. b), hat dieser Antrag auch zur Folge, dass § 15a Abs. 5 Nr. 2 1. Alternative EStG auch auf etwaige Verluste innerhalb der Übergangszeit, d. h. bis zum 31. Dezember 2000, anwendbar bleibt.

41. Haftungsbeschränkung bei einer Gesellschaft bürgerlichen Rechts; Ertragsteuerliche Auswirkungen des BGH-Urteils vom 27. 9. 1999 – II ZR 371/98 –; Änderung bestandskräftiger Steuerbescheide nach § 174 Abs. 3 AO sowie Verlängerung der Übergangsfrist gemäß dem BMF-Schreiben vom 18. 7. 2000 (BStBl I S. 1198)

BMF, Schreiben v. 28. 8. 2001 (BStBl I S. 614)

– IV A 6 - S 2240 - 49/01 –

Nach dem BGH-Urteil vom 27. September 1999 – II ZR 371/98 – kann die Haftung der Gesellschafter einer Gesellschaft bürgerlichen Rechts (GbR) für die im Namen der Gesellschaft begründeten Verpflichtungen nur durch eine individualrechtliche Vereinbarung ausgeschlossen werden. Die ertragsteuerlichen Auswirkungen dieses Urteils sind im BMF-Schreiben vom 18. Juli 2000 – IV C 2 - S 2241 - 56/00 – (BStBl I S. 1198) dargestellt. Das Schreiben enthält auch eine Vertrauensschutzregelung mit einer bis zum 31. Dezember 2000 befristeten Antragsmöglichkeit unter der Voraussetzung einer bis zum gleichen Zeitpunkt vorgenommenen Umwandlung der bisherigen GbR in eine GmbH + Co. KG gemäß den Regelungen des Handelsrechtsreformgesetzes 1999 (BGBl 1998 I S. 1474).

Zur Behandlung der Fälle, in denen ein solcher Antrag bisher nicht gestellt worden ist, nehme ich unter Bezugnahme auf das Ergebnis der Erörterung mit den obersten Finanzbehörden der Länder wie folgt Stellung:

1. Stille Reserven, die auf eine GbR übergegangen sind, die bisher irrigerweise als gewerblich angesehen worden ist, sind auch in den Fällen noch zu besteuern, in denen die entsprechenden Bescheide bereits bestandskräftig sind. Eine Änderung dieser Bescheide ist auf § 174 Abs. 3 AO zu stützen. Diese Vorschrift soll verhindern, dass ein steuererhöhender oder steuermindernder Vorgang bei der Besteuerung überhaupt nicht berücksichtigt wird (negativer Widerstreit).

    Vor dem Ergehen des BGH-Urteils vom 27. September 1999 (a. a. O.) haben die Finanzämter aufgrund der bisherigen Rechtsauffassung (H 138 Abs. 6 EStH 1999) auf die Besteuerung von Entnahme- und Veräußerungsgewinnen sowie auf die gewinnerhöhende Auflösung von Rücklagen nach §§ 6b, 6c EStG erkennbar in der Annahme verzichtet, die stillen Reserven seien in späteren Veranlagungszeiträumen steuerwirksam zu erfassen. Diese Annahme

---

[1] Zur Verlängerung bis zum 31. 12. 2001 siehe BMF v. 28. 8. 2001 (BStBl I S. 614); zur Verlängerung bis zum 31. 12. 2014 siehe BMF v. 17. 3. 2014 (BStBl I S. 555).

hat sich nachträglich als unzutreffend erwiesen. Wird die Vertrauensschutzregelung (vgl. Ziff. 3) nicht in Anspruch genommen, sind bestandskräftige Bescheide insoweit nach § 174 Abs. 3 AO zu ändern. Die Festsetzungsfrist ist aufgrund der Sonderregelung in § 174 Abs. 3 Satz 2 AO noch nicht abgelaufen.

2. § 176 Abs. 1 Satz 1 Nr. 3 oder Abs. 2 AO steht einer Bescheidänderung nicht entgegen. Dem Steuerpflichtigen war bereits im Zeitpunkt der Entnahme, Veräußerung oder Übertragung einer Rücklage nach §§ 6b, 6c EStG bewusst, dass die auf die GbR übergegangenen stillen Reserven zu einem späteren Zeitpunkt steuerwirksam aufzulösen sind. Die Anwendung des § 176 AO würde dem Grundsatz von Treu und Glauben widersprechen, der auch im Verhältnis zwischen Steuerpflichtigen und Finanzbehörden zumindest insoweit Anwendung findet, als der Änderungsbescheid im Ergebnis zu keiner höheren Belastung des Steuerpflichtigen führt (BFH-Urteil vom 8. Februar 1995, BStBl II S. 764).

3. Aufgrund der Anwendbarkeit des § 174 Abs. 3 AO werden aus Vertrauensschutzgründen die in dem BMF-Schreiben vom 18. Juli 2000 (BStBl I S. 1198) eingeräumten Fristen, das Vermögen der Personengesellschaft auf Antrag der Gesellschaft weiterhin als Betriebsvermögen zu behandeln sowie die betreffende GbR nach den Regelungen des Handelsrechtsreformgesetzes in eine GmbH + Co. KG umzuwandeln, bis zum 31. Dezember 2001 verlängert.

42. Bedeutung von Einstimmigkeitsabreden beim Besitzunternehmen für das Vorliegen einer personellen Verflechtung im Rahmen einer Betriebsaufspaltung; Anwendung der BFH-Urteile vom 21. 1. 1999 – IV R 96/96 – (BStBl 2002 II S. 771), vom 11. 5. 1999 – VIII R 72/96 – (BStBl 2002 II S. 722) und vom 15. 3. 2000 – VIII R 82/98 – (BStBl 2002 II S. 774)

BMF, Schreiben v. 7. 10. 2002 (BStBl I S. 1028)

– IV A 6 - S 2240 - 134/02 –

Der BFH hat in seinen Urteilen vom 21. Januar 1999 (a. a. O.), vom 11. Mai 1999 (a. a. O.) und vom 15. März 2000 (a. a. O.) daran festgehalten, dass im Grundsatz eine personelle Verflechtung fehlt, wenn ein nur an der Besitzgesellschaft beteiligter Gesellschafter die rechtliche Möglichkeit hat zu verhindern, dass die beherrschende Person oder Personengruppe ihren Willen in Bezug auf die laufende Verwaltung des an die Betriebsgesellschaft überlassenen Wirtschaftsguts durchsetzt.

Im Einvernehmen mit den obersten Finanzbehörden der Länder gilt zur allgemeinen Anwendung der Grundsätze der BFH-Urteile vom 21. Januar 1999 (a. a. O.) und vom 11. Mai 1999 (a. a. O.) Folgendes:

I. Grundsatz

Für einen einheitlichen geschäftlichen Betätigungswillen als personelle Voraussetzung einer Betriebsaufspaltung genügt es, dass die Person oder die Personengruppe, die die Betriebsgesellschaft tatsächlich beherrscht, in der Lage ist, auch in dem Besitzunternehmen ihren Willen durchzusetzen (Beherrschungsidentität). Die Betriebsgesellschafter können ihren Willen in der Besitzgesellschaft durch Regelungen im Gesellschaftsvertrag, mit Mitteln des Gesellschaftsrechts oder aber ausnahmsweise durch eine faktische Beherrschung durchsetzen. Für die Durchsetzung des geschäftlichen Betätigungswillens ist auf das hinsichtlich der wesentlichen Betriebsgrundlage bestehende Miet- oder Pachtverhältnis (sachliche Verflechtung) abzustellen (BFH-Urteil vom 27. August 1992, BStBl 1993 II S. 134).

II. Gesellschaftsrechtliches Einstimmigkeitsprinzip und Reichweite dieses Prinzips

Werden im Gesellschaftsvertrag keine Regelungen über die Zulässigkeit von Mehrheitsentscheidungen bei Gesellschafterbeschlüssen getroffen, gilt der Grundsatz der Einstimmigkeit (Einstimmigkeitsprinzip). Hierzu gilt im Einzelnen Folgendes:

1. Gesellschaft bürgerlichen Rechts

Wird das Besitzunternehmen als Gesellschaft bürgerlichen Rechts geführt, steht die Führung der Geschäfte den Gesellschaftern nur gemeinschaftlich zu. Für jedes Geschäft ist die Zustimmung aller Gesellschafter erforderlich (§ 709 Abs. 1 BGB).

2. Offene Handelsgesellschaft

Ist das Besitzunternehmen eine Offene Handelsgesellschaft, bedarf es für die über den gewöhnlichen Betrieb hinausgehenden Handlungen des Beschlusses aller Gesellschafter (§ 116 Abs. 2 HGB). Dieser Beschluss ist einstimmig zu fassen (§ 119 Abs. 1 HGB).

3. Kommanditgesellschaft

Das Einstimmigkeitsprinzip gilt auch für die Kommanditgesellschaft, soweit es um die Änderung oder Aufhebung des Miet- oder Pachtvertrags mit der Betriebsgesellschaft geht, denn hierbei handelt es sich um ein so genanntes außergewöhnliches Geschäft, das der Zustimmung aller Gesellschafter bedarf (§ 164 HGB; BFH-Urteil vom 27. August 1992, a. a. O.). Für die laufenden, so genannten Geschäfte des täglichen Lebens ist dagegen die Zustimmung der Kommanditisten nicht erforderlich; insoweit gilt bei einer Kommanditgesellschaft das Einstimmigkeitsprinzip nicht.

III. Beherrschungsidentität auf vertraglicher und gesellschaftsrechtlicher Grundlage

Ist an der Besitzgesellschaft neben der mehrheitlich bei der Betriebsgesellschaft beteiligten Person oder Personengruppe mindestens ein weiterer Gesellschafter beteiligt (Nur-Besitzgesellschafter) und müssen Beschlüsse der Gesellschafterversammlung wegen vertraglicher oder gesetzlicher Bestimmungen einstimmig gefasst werden, ist eine Beherrschungsidentität auf vertraglicher und gesellschaftsrechtlicher Grundlage und damit eine personelle Verflechtung nicht gegeben.

Die mehrheitlich beteiligte Person oder Personengruppe ist infolge des Widerspruchsrechts des nur an der Besitzgesellschaft beteiligten Gesellschafters nicht in der Lage, ihren geschäftlichen Betätigungswillen in der Besitzgesellschaft durchzusetzen.

Dies gilt jedoch nur, wenn das Einstimmigkeitsprinzip auch die laufende Verwaltung der vermieteten Wirtschaftsgüter, die so genannten Geschäfte des täglichen Lebens, einschließt. Ist die Einstimmigkeit nur bezüglich der Geschäfte außerhalb des täglichen Lebens vereinbart, wird die personelle Verflechtung dadurch nicht ausgeschlossen (BFH-Urteil vom 21. August 1996, BStBl 1997 II S. 44).

IV. Beherrschungsidentität auf faktischer Grundlage

In besonders gelagerten Ausnahmefällen kann trotz fehlender vertraglicher und gesellschaftsrechtlicher Möglichkeit zur Durchsetzung des eigenen geschäftlichen Betätigungswillens auch eine faktische Machtstellung ausreichen, um eine personelle Verflechtung zu bejahen. Eine solche faktische Beherrschung liegt vor, wenn auf die Gesellschafter, deren Stimmen zur Erreichung der im Einzelfall erforderlichen Stimmenmehrheit fehlen, aus wirtschaftlichen oder anderen Gründen Druck dahingehend ausgeübt werden kann, dass sie sich dem Willen der beherrschenden Person oder Personengruppe unterordnen. Dazu kann es z. B. kommen, wenn ein Gesellschafter der Gesellschaft unverzichtbare Betriebsgrundlagen zur Verfügung stellt, die er der Gesellschaft ohne weiteres wieder entziehen kann. Das Vorliegen solcher besonderen Umstände kann stets nur im Einzelfall festgestellt werden. Ein jahrelanges konfliktfreies Zusammenwirken allein lässt den Schluss auf eine faktische Beherrschung nicht zu (BFH-Urteil vom 21. Januar 1999, a. a. O.).

V. Anwendungsregelung

Die Grundsätze dieses Schreibens sind in allen offenen Fällen anzuwenden.

Die BMF-Schreiben vom 29. März 1985 (BStBl I S. 121) und vom 23. Januar 1989 (BStBl I S. 39) werden hiermit aufgehoben.

In den Fällen, in denen die Beteiligten entsprechend der bisherigen Verwaltungsauffassung (BMF-Schreiben vom 29. März 1985, a. a. O., und vom 23. Januar 1989, a. a. O.) steuerlich vom Vorliegen einer Betriebsaufspaltung ausgegangen sind und das Vorliegen einer Betriebsaufspaltung auf der Grundlage der unter I. bis IV. beschriebenen Grundsätze zu verneinen wäre, werden für die Vergangenheit daraus keine Folgerungen gezogen, wenn bis zum 31. Dezember 2002 Maßnahmen zur Herstellung der Voraussetzungen einer Betriebsaufspaltung (z. B. Rücknahme bzw. Ausschluss der Einstimmigkeitsabrede) getroffen werden. Steuerpflichtige, die von der Übergangsregelung Gebrauch machen wollen, können dies bis zur Unanfechtbarkeit des entsprechenden Steuerbescheids beantragen. Der Antrag kann nicht widerrufen werden und ist von allen Gesellschaftern oder Gemeinschaftern, ggf. vertreten durch einen gemeinsamen Bevollmächtigten oder einen Vertreter i. S. d. § 34 AO, einheitlich zu stellen.

Werden solche Maßnahmen nicht ergriffen und ein solcher Antrag nicht gestellt, gilt Folgendes:

1. Echte Betriebsaufspaltung

In Fällen, in denen in der Vergangenheit von einer echten Betriebsaufspaltung ausgegangen worden ist, die personelle Verflechtung aber nach der vorliegenden BFH-Rechtsprechung zu keinem Zeitpunkt bestanden hat, lag eine Betriebsaufspaltung **von Anfang an** nicht vor. Die Anwendung der vorliegenden BFH-Rechtsprechung allein führt nicht zu einer (Zwangs-)Betriebsaufgabe im Sinne des § 16 EStG.

Es ist vielmehr zu prüfen, ob die von der Besitzgesellschaft an die Betriebsgesellschaft überlassenen Wirtschaftsgüter aus anderen Gründen während der Zeit, für die bisher eine Betriebsaufspaltung angenommen worden ist, zum Betriebsvermögen der Besitzgesellschaft gehört haben und auch weiterhin gehören. Die Einkünfte aus der Überlassung dieser Wirtschaftsgüter sind dann weiterhin den Einkünften aus Gewerbebetrieb zuzurechnen. Dies kann insbesondere der Fall sein

- bei der Verpachtung eines Gewerbebetriebs im Ganzen (R 139 Abs. 5 EStR);
- bei Ruhenlassen der gewerblichen Tätigkeit (BFH-Urteil vom 11. Mai 1999, a. a. O.). Der Annahme einer Betriebsunterbrechung durch Ruhen des Betriebes steht die Betriebsaufteilung in übereignete Wirtschaftsgüter des Anlage- und Umlaufvermögens einerseits und verpachtete Wirtschaftsgüter andererseits nicht entgegen;
- bei Personengesellschaften, die neben der nunmehr von Anfang an bestehenden vermögensverwaltenden Tätigkeit als Besitzgesellschaft noch gewerblich tätig sind und deren Tätigkeit somit insgesamt als Gewerbebetrieb gilt (§ 15 Abs. 3 Nr. 1 EStG);
- bei gewerblich geprägten Personengesellschaften (§ 15 Abs. 3 Nr. 2 EStG).

Können die von der Besitzgesellschaft an die Betriebsgesellschaft überlassenen Wirtschaftsgüter unter keinem rechtlichen Gesichtspunkt als Betriebsvermögen behandelt werden, sind sie in Fällen, in denen eine echte Betriebsaufspaltung angenommen wurde, zu dem Zeitpunkt als entnommen anzusehen (§ 4 Abs. 1 Satz 2 EStG), ab dem eine Betriebsaufspaltung angenommen worden ist. Sind die Bescheide des entsprechenden Veranlagungszeitraums bereits bestandskräftig, sind sie nach § 174 Abs. 3 AO zu ändern. Diese Vorschrift soll verhindern, dass ein steuererhöhender oder steuermindernder Vorgang bei der Besteuerung überhaupt nicht berücksichtigt wird (negativer Widerstreit). Der Gewinn aus dieser Entnahme kann nach §§ 16 und 34 EStG begünstigt sein, soweit die dort genannten übrigen Voraussetzungen erfüllt sind. Dies gilt auch dann, wenn bei Gründung der „Betriebsgesellschaft" Wirtschaftsgüter zu Buchwerten auf diese übertragen wurden und die Buchwerte bei der „Betriebsgesellschaft" fortgeführt werden.

Vor dem Ergehen der BFH-Urteile vom 11. Januar 1999 (a. a. O.), vom 11. Mai 1999 (a. a. O.) und vom 15. März 2000 (a. a. O.) haben die Finanzämter aufgrund der bisherigen Rechtsauffassung (BMF-Schreiben vom 29. März 1985, a. a. O. und vom 23. Januar 1989, a. a. O.) auf die Besteuerung von Entnahmegewinnen erkennbar in der Annahme verzichtet, die stillen Reserven seien in späteren Veranlagungszeiträumen steuerwirksam zu erfassen. Diese Annahme hat sich nachträglich als unzutreffend erwiesen. Werden bis zum 31. Dezember 2002 keine Maßnahmen zur Herstellung der Voraussetzungen einer Betriebsaufspaltung ergriffen und der entsprechende Antrag nicht gestellt, sind bestandskräftige Bescheide insoweit nach § 174 Abs. 3 AO zu ändern. Die Festsetzungsfrist ist auf Grund der Sonderregelung in § 174 Abs. 3 Satz 2 AO noch nicht abgelaufen.

§ 176 Abs. 1 Satz 1 Nr. 3 oder Abs. 2 AO steht einer Bescheidänderung nicht entgegen. Dem Steuerpflichtigen war bereits im Zeitpunkt der Betriebsaufspaltung bewusst, dass die stillen Reserven der von der Besitzgesellschaft an die Betriebsgesellschaft überlassenen Wirtschaftsgüter zu einem späteren Zeitpunkt steuerwirksam aufzulösen sind. Die Anwendung des § 176 AO würde dem Grundsatz von Treu und Glauben widersprechen, der auch im Verhältnis zwischen Steuerpflichtigen und Finanzbehörden zumindest insoweit Anwendung findet, als der Änderungsbescheid im Ergebnis zu keiner höheren Belastung des Steuerpflichtigen führt (BFH-Urteil vom 8. Februar 1995, BStBl II S. 764).

Sind in der Vergangenheit auf Grund der Annahme einer Betriebsaufspaltung Wirtschaftsgüter zu Buchwerten auf die Betriebsgesellschaft übertragen worden, verbleibt es aus Billigkeitsgründen bei dem Ansatz des Buchwertes, wenn die Buchwerte auch von der Betriebsgesellschaft fortgeführt werden.

2. Unechte Betriebsaufspaltung

In Fällen, in denen eine sog. unechte Betriebsaufspaltung angenommen worden ist, sind die an die Betriebsgesellschaft überlassenen Wirtschaftsgüter zu keinem Zeitpunkt Betriebsvermögen geworden, sondern es lag **von Anfang an** Privatvermögen vor. Eine (Zwangs-)Betriebsaufgabe im Sinne des § 16 EStG ist somit nicht anzunehmen.

3. Ermittlung der Einkünfte bei dem Besitzunternehmen

Soweit in der Vergangenheit trotz fehlender personeller Verflechtung eine Betriebsaufspaltung mit Einkünften aus Gewerbebetrieb beim Besitzunternehmen angenommen worden ist und die Einkünfte auf der Basis eines Betriebsvermögensvergleichs bestandskräftig festgestellt worden sind, ist bei der Feststellung der Einkünfte aus Vermietung und Verpachtung für die Folgejahre darauf zu achten, dass Einnahmen und Ausgaben nicht doppelt angesetzt werden. Ggf. sind Berichtigungen nach § 174 AO durchzuführen. Es ist nicht zu beanstanden, wenn der Steuerpflichtige in der Erklärung für den ersten noch offenen Feststellungszeitraum eine Hinzurechnung und Abrechnung wie beim Übergang vom Betriebsvermögensvergleich (§ 4 Abs. 1 oder § 5 EStG) zur Einnahmenüberschussrechnung entsprechend R 17 Abs. 2 EStR vornimmt.

43. Anwendungsschreiben zur Verlustabzugsbeschränkung nach § 15 Abs. 4 Satz 6 bis 8 EStG

BMF, Schreiben v. 19. 11. 2008 (BStBl I S. 970)

– IV C 6 - S 2119/07/10001 –

Im Einvernehmen mit den obersten Finanzbehörden der Länder gilt zur Anwendung der Verlustabzugsbeschränkung nach § 15 Abs. 4 Satz 6 bis 8 EStG Folgendes:

I. Allgemeine Grundsätze

1 Nach § 15 Abs. 4 Satz 6 bis 8 EStG sind Verluste aus atypisch stillen Beteiligungen und vergleichbaren Innengesellschaften an Kapitalgesellschaften (im Weiteren: atypisch stille Gesellschaft), an denen unmittelbar oder mittelbar Kapitalgesellschaften beteiligt sind, nach Maßgabe des § 10d EStG nur mit späteren Gewinnen oder dem Vorjahresgewinn aus derselben Einkunftsquelle verrechenbar. Soweit an der stillen Gesellschaft unmittelbar oder mittelbar, ganz oder teilweise jedoch natürliche Personen beteiligt sind, bleibt der Verlust weiterhin abzugsfähig.

II. Definition des Verlustes i. S. v. § 15 Abs. 4 Satz 6 bis 8 EStG

2 Der Verlust i. S. v. § 15 Abs. 4 Satz 6 bis 8 EStG ist der nach den einkommensteuerrechtlichen Vorschriften ermittelte und nach Anwendung des § 15a EStG ausgleichsfähige Verlust. Hierzu gehören insbesondere auch der steuerpflichtige Teil der sog. Teil-/Halbeinkünfte (§ 3 Nr. 40 i.V. m. § 3c EStG) und die ausländischen Einkünfte.

3 Bei dem Verlust i. S. v. § 15 Abs. 4 Satz 6 bis 8 EStG handelt es sich lediglich um den laufenden Verlust aus der Beteiligung, jedoch nicht um den Verlust der Beteiligung selbst. Somit stehen alle anderen Verluste, z. B. aus der Veräußerung, für einen – unter den Voraussetzungen der Abzugsfähigkeit nach § 15a EStG (vgl. auch IV.) – unbeschränkten Verlustausgleich zur Verfügung.

III. Verlustabzug nach Maßgabe des § 10d EStG

Der Verlust i. S. v. § 15 Abs. 4 Satz 6 bis 8 EStG ist nach Maßgabe des § 10d EStG in das unmittelbar vorangegangene Jahr zurückzutragen. Der Steuerpflichtige hat nach § 10d Abs. 1 Satz 5 EStG jedoch das Wahlrecht, den Verlustrücktrag auszuschließen oder einzugrenzen. Dieses Wahlrecht muss nicht von allen Mitunternehmern einheitlich ausgeübt werden. Es kann vielmehr jeder von der Verlustabzugsbeschränkung betroffene Mitunternehmer selbst entscheiden, ob und ggf. in welcher Höhe ein Verlustrücktrag durchgeführt werden soll. 4

Nach § 15 Abs. 4 Satz 6 bis 8 EStG wird die Verlustverrechnung auf Ebene des Gesellschafters/Beteiligten durchgeführt, so dass für jeden Steuerpflichtigen ein gesonderter Verlustverrechnungskreis gebildet wird. Dementsprechend sind die Höchstbeträge des § 10d Abs. 1 und 2 EStG für jeden Beteiligten/Mitunternehmer in voller Höhe gesellschafterbezogen anzuwenden. Ist der Gesellschafter/Beteiligte mehrere atypisch stille Beteiligungen an verschiedenen Kapitalgesellschaften eingegangen, gelten die Sätze 1 und 2 entsprechend für jede Beteiligung. 5

Sind im Rücktragsjahr im Gewinnanteil des atypisch stillen Gesellschafters ausländische Einkünfte enthalten und anrechenbare ausländische Steuern i. S. v. § 34c EStG angefallen, wird die Anrechnung der ausländischen Steuern i. S. v. § 34c EStG durch den Verlustrücktrag grundsätzlich nicht berührt. Aufgrund der durch den Verlustrücktrag verringerten deutschen Einkommensteuer i. S. d. § 34c EStG vermindert sich jedoch der Anrechnungshöchstbetrag des entsprechenden Jahres. 6

IV. Verhältnis der Verlustabzugsbeschränkung für atypisch stille Gesellschaften (§ 15 Abs. 4 Satz 6 bis 8 EStG) zur Verlustabzugsbeschränkung bei Verlusten aus beschränkter Haftung (§ 15a EStG)

1. Verhältnis zu § 15a EStG

Die Verlustabzugsbeschränkung nach § 15 Abs. 4 Satz 6 bis 8 EStG findet auf den nach Anwendung des § 15a EStG noch abzugsfähigen Verlust Anwendung. Soweit der Verlust bereits nach § 15a EStG lediglich verrechenbar ist, ist für die Anwendung von § 15 Abs. 4 Satz 6 bis 8 EStG kein Raum mehr. 7

2. Verfahren bei festgestellten verrechenbaren Verlusten nach § 15a EStG und § 15 Abs. 4 Satz 6 bis 8 EStG

Liegen sowohl verrechenbare Verluste i. S. v. § 15a EStG als auch verrechenbare Verluste i. S. v. § 15 Abs. 4 Satz 6 bis 8 EStG vor, sind spätere Gewinne vorrangig mit den nach § 15a EStG verrechenbaren Verlusten auszugleichen. Erst wenn keine nach § 15a EStG verrechenbaren Verluste mehr verbleiben, sind verbleibende Gewinne mit den nach § 15 Abs. 4 Satz 6 bis 8 EStG verrechenbaren Verlusten auszugleichen. 8

3. Verlustrücktrag nach Maßgabe des § 10d EStG

Nach § 15 Abs. 4 Satz 6 bis 8 EStG ist ein Verlustrücktrag nach Maßgabe des § 10d EStG möglich. Dieser Verlustrücktrag ist nach Anwendung des § 15a EStG im Rücktragsjahr durchzuführen. 9

> **Beispiel 1:**
> Veranlagungszeitraum (VZ) 01:
> Die A-GmbH geht eine atypisch stille Beteiligung an der B-GmbH ein. Sie tätigt eine Einlage von 100.000 € und es wird ihr in 01 ein Verlust von 180.000 € zugerechnet.
> Nach § 15a EStG sind von dem Verlust 100.000 € ausgleichsfähig und 80.000 € verrechenbar. Der ausgleichsfähige Verlust nach § 15a EStG wird i. H. v. 100.000 € auf Ebene der stillen Beteiligung (A-GmbH) als verrechenbarer Verlust nach § 15 Abs. 4 Satz 6 bis 8 EStG gesondert festgestellt.

VZ 01	Verlustanteil	−180.000 €
	davon verrechenbar nach § 15a EStG	−80.000 €
	nach Anwendung des § 15a EStG	
	verbleibender Verlustanteil	−100.000 €
	davon verrechenbar nach § 15 Abs. 4 Satz 6 EStG	−100.000 €
	bei der Veranlagung anzusetzen	0 €
31.12.01:	Feststellung des verbleibenden Verlustvortrags	
	nach § 15 Abs. 4 Satz 7 i.V.m. § 10d EStG:	
	nach Anwendung des § 15a EStG verbleibender Verlustanteil	−100.000 €
	Rücktrag in den VZ 00	0 €
	Verbleibender Verlustvortrag	−100.000 €

<u>VZ 02:</u>

In 02 werden der A-GmbH Einkünfte nach § 15 Abs. 4 Satz 6 bis 8 EStG in Höhe von +1.000.000 € zugerechnet.

Der verrechenbare § 15a-Verlust aus 01 wird mit dem Gewinn aus 02 verrechnet. Danach beträgt der verrechenbare Verlust nach § 15a EStG 0 € (31.12.02). Der verbleibende Gewinn von 920.000 € muss mit dem verrechenbaren Verlust nach § 15 Abs. 4 Satz 6 bis 8 EStG verrechnet werden.

VZ 02	Gewinnanteil	+1.000.000 €
	davon Verrechnung mit § 15a Abs. 2 EStG	−80.000 €
	nach Anwendung des § 15a EStG	
	verbleibender Gewinnanteil	+920.000 €
	davon Verrechnung nach § 15 Abs. 4 Satz 7 EStG	−100.000 €
	bei der Veranlagung anzusetzen	+820.000 €
31.12.02:	Feststellung des verbleibenden Verlustvortrags	
	nach § 15 Abs. 4 Satz 7 i.V.m. § 10d EStG:	
	verbleibender Verlustabzug am 31.12.01	−100.000 €
	im VZ 02 abgezogener Verlust	−100.000 €
	Verbleibender Verlustvortrag	0 €

<u>VZ 03:</u>

In 03 werden der A-GmbH Einkünfte nach § 15 Abs. 4 Satz 6 bis 8 EStG in Höhe von −1.500.000 € zugerechnet.

In Höhe von 580.000 führt der Verlust aus 03 zu einem negativen Kapitalkonto, so dass nach § 15a EStG verrechenbare Verluste in dieser Höhe festzustellen sind. Der verbleibende Verlust ist nach § 15 Abs. 4 Satz 6 bis 8 EStG nicht ausgleichsfähig. Es besteht jedoch nach Maßgabe des § 10d EStG die Möglichkeit eines Verlustrücktrags i.H.v. 511.500 € nach 02. In diesem Fall vermindert sich der bei der Veranlagung 02 anzusetzende Gewinnanteil auf 308.500 € (= 820.000 € − 511.500 €). Die in 02 vorgenommene Verlustverrechnung nach § 15a EStG bleibt unberührt.

VZ 03	Verlustanteil	−1.500.000 €
	davon verrechenbar nach § 15a EStG	−580.000 €
	nach Anwendung des § 15a EStG	
	verbleibender Verlustanteil	−920.000 €
	davon verrechenbar nach § 15 Abs. 4 Satz 6 EStG	−920.000 €
	bei der Veranlagung anzusetzen	0 €
31.12.03:	Feststellung des verbleibenden Verlustvortrags	
	nach § 15 Abs. 4 Satz 7 i.V.m. § 10d EStG:	
	nach Anwendung des § 15a EStG	−920.000 €
	verbleibender Verlustanteil	
	Rücktrag in den VZ 02	−511.500 €
	Verbleibender Verlustvortrag	−408.500 €

Beispiel 2:

<u>VZ 01:</u>

Die A-GmbH ist atypisch still an der B-GmbH beteiligt. Zum 31.12.01 wurde ein nach § 15a EStG verrechenbarer Verlust i.H.v. 100.000 € festgestellt.

VZ 02:
Der A-GmbH werden aus der atypisch stillen Beteiligung Einkünfte i. H. v. −80.000 € zugerechnet. Einlagen und Entnahmen wurden nicht getätigt, so dass sich das negative Kapitalkonto der A-GmbH um 80.000 € erhöht.
Der nach §15a EStG verrechenbare Verlust erhöht sich um 80.000 €. Zum 31.12.02 wird daher ein verrechenbarer Verlust i. H. v. −180.000 € festgestellt. Eine Feststellung nach § 15 Abs. 4 Satz 6 bis 8 EStG ist nicht erforderlich, da keine bei der Veranlagung verbleibenden Einkünfte entstanden sind.

VZ 03:
Der A-GmbH werden aus der atypisch stillen Beteiligung Einkünfte i. H. v. 50.000 € zugerechnet.
Der Gewinn ist nach § 15a Abs. 2 EStG mit dem verrechenbaren Verlust aus den Vorjahren zu saldieren. Eine Feststellung nach § 15 Abs. 4 Satz 6 bis 8 EStG ist weiterhin nicht erforderlich. Der verrechenbare Verlust nach § 15a EStG zum 31.12.03 beträgt −130.000 €.

V. Auswirkung von § 15 Abs. 4 Satz 6 bis 8 EStG auf die Gewerbesteuer

Die Verlustabzugsbeschränkung des § 15 Abs. 4 Satz 6 bis 8 EStG hat keine Auswirkung auf die Festsetzung des Gewerbesteuermessbetrags der atypisch stillen Gesellschaft, da gewerbesteuerlich das Ergebnis der atypisch stillen Gesellschaft besteuert wird und beim Mitunternehmer (wenn er selbst der Gewerbesteuer unterliegt und die Beteiligung zum Betriebsvermögen gehört) ein positiver Gewinnanteil nach § 9 Nr. 2 GewStG oder ein Verlustanteil nach § 8 Nr. 8 GewStG neutralisiert wird. 10

VI. Feststellungsverfahren

Die Verlustverrechnung nach § 15 Abs. 4 Satz 6 bis 8 EStG wird erst auf Ebene des Gesellschafters/Beteiligten durchgeführt (vgl. Rn. 5). Im Bescheid über die gesonderte und einheitliche Feststellung der gemeinschaftlichen Einkünfte der Beteiligten der atypisch stillen Gesellschaft (§ 180 Abs. 1 Nr. 2 Buchstabe a AO) ist der Gewinn oder Verlust daher ohne Anwendung des § 15 Abs. 4 Satz 6 bis 8 EStG festzustellen. 11

Das für die Gewinnfeststellung nach § 180 Abs. 1 Nr. 2 Buchstabe a AO für die atypisch stille Gesellschaft zuständige Finanzamt hat dem für die Besteuerung des atypisch stillen Gesellschafters zuständigen Finanzamt die als Grundlagen für die Verlustverrechnung maßgebenden Beträge nachrichtlich mitzuteilen.

Handelt es sich bei dem atypisch stillen Gesellschafter um eine Mitunternehmerschaft (Obergesellschaft), an der unmittelbar oder mittelbar eine Kapitalgesellschaft beteiligt ist, ist der Verlustanteil nur insoweit nach § 15 Abs. 4 Satz 6 bis 8 EStG verrechenbar, als er mittelbar auf diese Kapitalgesellschaft entfällt. Das für die Gewinnfeststellung nach § 180 Abs. 1 Nr. 2 Buchstabe a AO für die Obergesellschaft zuständige Finanzamt hat dem für die Besteuerung der Kapitalgesellschaft zuständigen Finanzamt die als Grundlagen für die Verlustverrechnung maßgebenden Beträge nachrichtlich mitzuteilen.

Der nach § 15 Abs. 4 Satz 6 bis 8 EStG verbleibende Verlustvortrag ist auf Ebene des Gesellschafters/Beteiligten an der atypisch stillen Gesellschaft nach Durchführung eines eventuellen Verlustrücktrags in das Vorjahr gesondert festzustellen. Zuständig für die gesonderte Feststellung ist das für die Einkommensbesteuerung des Gesellschafters/Beteiligten zuständige Finanzamt (§ 15 Abs. 4 Satz 6 i. V. m. § 10d Abs. 4 Satz 3 EStG). 12

VII. Anwendung auf typisch stille Gesellschaften i. S. v. § 20 Abs. 1 Nr. 4 EStG

Die Grundsätze dieses Schreibens unter I. bis IV. sind auf typisch stille Gesellschaften i. S. v. § 20 Abs. 1 Nr. 4 und Abs. 3 EStG (ab VZ 2009: Abs. 8) entsprechend anzuwenden. Allerdings liegen bei dem Inhaber des Handelsgeschäfts und dem typisch stillen Gesellschafter keine gemeinschaftlich erzielten Einkünfte vor, die folglich auch nicht gesondert und einheitlich festgestellt 13 werden. Die gesonderte Feststellung des nach § 15 Abs. 4 Satz 6 bis 8 EStG verrechenbaren Verlustes erfolgt auch in diesen Fällen ausschließlich auf Ebene des Gesellschafters.

VIII. Zeitliche Anwendung

14 Dieses Schreiben ist in allen noch offenen Fällen anzuwenden.

Zu § 15a EStG

44. Umfang des Kapitalkontos i. S. des § 15a Abs. 1 Satz 1 EStG

BMF, Schreiben v. 30. 5. 1997 (BStBl I S. 627)

– IV B 2 - S 2241 a - 51/93 –

Mit Urteil vom 14. Mai 1991 (BStBl 1992 II S. 167) hat der BFH entschieden, daß bei der Ermittlung des Kapitalkontos i. S. des § 15a EStG das – positive und negative – Sonderbetriebsvermögen des Kommanditisten außer Betracht zu lassen ist. Nach dem Urteil ist für die Anwendung des § 15a EStG das Kapitalkonto nach der Steuerbilanz der KG unter Berücksichtigung etwaiger Ergänzungsbilanzen maßgeblich. Die bisherige Verwaltungsauffassung, wonach auch das Sonderbetriebsvermögen des Kommanditisten in die Ermittlung des Kapitalkontos i. S. des § 15a EStG einzubeziehen war (vgl. Abschnitt 138d Abs. 2 EStR 1990), ist überholt (vgl. BMF-Schreiben vom 20. Februar 1992, BStBl I S. 123 nebst der darin getroffenen Übergangsregelung).

Zu der Frage, wie der Umfang des Kapitalkontos i. S. des § 15a Abs. 1 Satz 1 EStG unter Zugrundelegung dieser Rechtsprechung zu bestimmen ist, nehme ich unter Bezugnahme auf das Ergebnis der Erörterungen mit den obersten Finanzbehörden der Länder wie folgt Stellung:

Das Kapitalkonto i. S. des § 15a Abs. 1 Satz 1 EStG setzt sich aus dem Kapitalkonto des Gesellschafters in der Steuerbilanz der Gesellschaft und dem Mehr- oder Minderkapital aus einer etwaigen positiven oder negativen Ergänzungsbilanz des Gesellschafters (BFH-Urteil vom 30. März 1993, BStBl II S. 706) zusammen. Bei der Ermittlung des Kapitalkontos sind im einzelnen folgende Positionen zu berücksichtigen:

1. Geleistete Einlagen; hierzu rechnen insbesondere erbrachte Haft- und Pflichteinlagen, aber auch z. B. verlorene Zuschüsse zum Ausgleich von Verlusten. Pflichteinlagen gehören auch dann zum Kapitalkonto i. S. des § 15a Abs. 1 Satz 1 EStG, wenn sie unabhängig von der Gewinn- oder Verlustsituation verzinst werden.

2. In der Bilanz ausgewiesene Kapitalrücklagen. Wenn eine KG zur Abdeckung etwaiger Bilanzverluste ihr Eigenkapital vorübergehend durch Kapitalzuführung von außen im Wege der Bildung einer Kapitalrücklage erhöht, so verstärkt sich das steuerliche Eigenkapital eines jeden Kommanditisten nach Maßgabe seiner Beteiligung an der Kapitalrücklage.

3. In der Bilanz ausgewiesene Gewinnrücklagen. Haben die Gesellschafter einer KG durch Einbehaltung von Gewinnen Gewinnrücklagen in der vom Gesellschaftsvertrag hierfür vorgesehenen Weise gebildet, so verstärkt sich das steuerliche Eigenkapital eines jeden Kommanditisten nach Maßgabe seiner Beteiligung an der Gewinnrücklage.

Der Umstand, daß durch die Bildung von Kapital- (siehe Nr. 2) und Gewinnrücklagen das steuerliche Eigenkapital der KG nur vorübergehend verstärkt und die Haftung im Außenverhältnis nicht nachhaltig verbessert wird, ist für die Zugehörigkeit ausgewiesener Kapital- und Gewinnrücklagen zum Kapitalkonto i. S. des § 15a Abs. 1 Satz 1 EStG ohne Bedeutung.

4. **Beteiligungskonto in Abgrenzung zu einem Forderungskonto (Darlehenskonto)**

Nach § 167 Abs. 2 HGB wird der Gewinnanteil des Kommanditisten seinem Kapitalanteil nur so lange gutgeschrieben, wie dieser die Höhe der vereinbarten Pflichteinlage nicht erreicht. Nach § 169 HGB sind nicht abgerufene Gewinnanteile des Kommanditisten, soweit sie seine Einlage übersteigen, außerhalb seines Kapitalanteils gutzuschreiben. In diesem Fall sind die auf einem weiteren Konto (Forderungskonto oder Darlehenskonto) ausgewiesenen Gewinnanteile dem Sonderbetriebsvermögen des Kommanditisten zuzuordnen, weil sie ein selbständiges Forderungsrecht des Kommanditisten gegenüber der Gesellschaft begründen.

§ 169 HGB kann jedoch durch Gesellschaftsvertrag abbedungen werden. Die Vertragspraxis hat daher ein System kombinierter Kapitalanteile mit geteilten Kapitalkonten entwickelt. Die Kapitalbeteiligung, das Stimmrecht und die Gewinn- bzw. Verlustbeteiligung richten sich regelmäßig nach dem Verhältnis der festen Kapitalanteile, wie sie auf dem sog. Kapitalkonto I ausgewiesen werden. Auf diesem Konto wird in der Regel die ursprünglich vereinbarte Pflichteinlage gebucht. Daneben wird ein zweites variables Gesellschafterkonto geführt, das eine Bezeichnung wie Kapitalkonto II, Darlehenskonto, Kontokorrentkonto o. a. zu tragen pflegt. Dieses Konto dient dazu, über das Kapitalkonto I hinausgehende Einlagen, Entnahmen oder Gewinn- und Verlustanteile auszuweisen. Es kann aber auch Gesellschafterdarlehen aufnehmen (BFH-Urteil vom 3. Februar 1988 – BStBl II S. 551). Soweit deshalb ein Gesellschaftsvertrag die Führung mehrerer Gesellschafterkonten vorschreibt, kann nicht mehr die Rechtslage nach dem HGB zugrunde gelegt werden. Vielmehr ist entscheidend darauf abzustellen, welche Rechtsnatur das Guthaben auf dem gesellschaftsvertraglich vereinbarten zweiten Gesellschafterkonto hat (BFH-Urteil vom 3. Februar 1988, a. a. O.).

Werden auch Verluste auf dem separat geführten Gesellschafterkonto verrechnet, so spricht dies grundsätzlich für die Annahme eines im Gesellschaftsvermögen gesamthänderisch gebundenen Guthabens. Denn nach § 120 Abs. 2 HGB besteht der Kapitalanteil begrifflich aus der ursprünglichen Einlage und den späteren Gewinnen, vermindert um Verluste sowie Entnahmen. Damit werden stehengelassene Gewinne wie eine Einlage behandelt, soweit vertraglich nicht etwas anderes vereinbart ist; sie begründen keine Forderung des Gesellschafters gegen die Gesellschaft. Verluste mindern die Einlage und mindern nicht eine Forderung des Gesellschafters gegen die Gesellschaft. Insoweit fehlt es an den Voraussetzungen der §§ 362 bis 397 BGB. Die Einlage einschließlich der stehengelassenen Gewinne und abzüglich der Verluste und der Entnahmen stellt damit für die Gesellschaft Eigen- und nicht Fremdkapital dar. Deshalb läßt sich die Verrechnung von Verlusten auf dem separat geführten Gesellschafterkonto mit der Annahme einer individualisierten Gesellschafterforderung nur vereinbaren, wenn der Gesellschaftsvertrag dahin verstanden werden kann, daß die Gesellschafter im Verlustfall eine Nachschußpflicht trifft und die nachzuschießenden Beträge durch Aufrechnung mit Gesellschafterforderungen zu erbringen sind (BFH-Urteil vom 3. Februar 1988, a. a. O.).

Sieht der Gesellschaftsvertrag eine Verzinsung der separat geführten Gesellschafterkonten im Rahmen der Gewinnverteilung vor, so spricht dies weder für noch gegen die Annahme individualisierter Gesellschafterforderungen, weil eine Verzinsung von Fremdkapital (§ 110, § 111 HGB) und eine Verzinsung der Kapitalanteile im Rahmen der Gewinnverteilung (§ 121 Abs. 1 und 2, § 168 Abs. 1 HGB) gleichermaßen üblich und typisch sind. Sieht der Gesellschaftsvertrag eine Ermäßigung der Verzinsung entsprechend der Regelung in § 121 Abs. 1 Satz 2 HGB vor, so spricht dies allerdings für die Annahme eines noch zum Gesellschaftsvermögen gehörenden Guthabens (BFH-Urteil vom 3. Februar 1988, a. a. O.).

Ob ein Gesellschafterdarlehen zum steuerlichen Eigenkapital der Gesellschaft oder zum steuerlichen Sonderbetriebsvermögen des Gesellschafters gehört, läßt sich danach nur anhand der Prüfung der Gesamtumstände des Einzelfalls anhand der vom BFH aufgezeigten Kriterien entscheiden. **Ein wesentliches Indiz für die Abgrenzung eines Beteiligungskontos von einem Forderungskonto ist, ob – nach der gesellschaftsvertraglichen Vereinbarung – auf dem jeweiligen Kapitalkonto auch Verluste gebucht werden.**

5. Verlustvortrag in Abgrenzung zu Darlehen der Gesellschaft an den Gesellschafter

Nach § 167 Abs. 3 HGB nimmt der Kommanditist an dem Verlust nur bis zum Betrag seines Kapitalanteil und seiner noch rückständigen Einlage teil. Getrennt geführte Verlustvortragskonten mindern regelmäßig das Kapitalkonto des Kommanditisten i. S. des § 15a Abs. 1 Satz 1 EStG. Dies gilt **auch**, wenn die Regelung des § 167 Abs. 3 HGB von den Gesellschaftern abbedungen wird, so daß den Gesellschafter **im Verlustfall** eine Nachschußpflicht trifft. Derartige Verpflichtungen berühren die Beschränkung des Verlustausgleichs nach § 15a EStG nicht. Die Forderung der Gesellschaft gegen den Gesellschafter auf Übernahme bzw. Ausgleich des Verlustes entspricht steuerlich einer Einlageverpflichtung des Kommanditisten (BFH-Urteil vom 14. Dezember 1995, BStBl 1996 II S. 226) und ist damit erst bei tatsächlicher Erbringung in das Gesamthandsvermögen zu berücksichtigen (BFH-Urteil vom 11. Dezember 1990, BStBl 1992 II S. 232). Dem zur Verlustübernahme verpflichteten Gesellschafter ist steuerlich zum Bilanzstichtag im Verlustentstehungsjahr ein Verlustanteil zuzurechnen, der zu diesem Stichtag auch sein Kapitalkonto i. S. des § 15a Abs. 1 Satz 1 EStG vermindert. Eine Berücksichtigung der Verpflichtung im Sonderbetriebsvermögen ist nicht möglich (BFH-Urteil vom 14. Dezember 1995, a. a. O.).

6. Außer Betracht zu lassen sind kapitalersetzende Darlehen. Handels- und steuerrechtlich sind eigenkapitalersetzende Darlehen als Fremdkapital zu behandeln; eine Gleichbehandlung mit Eigenkapital ist nicht möglich (BFH-Urteil vom 5. Februar 1992 – BStBl II S. 532).

Dieses Schreiben ersetzt mein Schreiben vom 24. November 1993 – IV B 2 - S 2241 a - 51/93 – (BStBl I S. 934).

45. Zweifelsfragen zu § 15a EStG; hier: Saldierung von Gewinnen und Verlusten aus dem Gesellschaftsvermögen mit Gewinnen und Verlusten aus dem Sonderbetriebsvermögen

BMF, Schreiben v. 15. 12. 1993 (BStBl I S. 976)

– IV B 2 - S 2241 a - 57/93 –

Zur Frage der Saldierung von Gewinnen und Verlusten aus dem Gesellschaftsvermögen mit Gewinnen und Verlusten aus dem Sonderbetriebsvermögen wird unter Bezugnahme auf das Ergebnis der Erörterungen mit den obersten Finanzbehörden der Länder wie folgt Stellung genommen:

Nach dem Urteil des Bundesfinanzhofs vom 14. Mai 1991 (BStBl 1992 II S. 167) sind das Gesellschaftsvermögen laut Gesellschaftsbilanz einschließlich einer etwaigen Ergänzungsbilanz und das Sonderbetriebsvermögen für die Anwendung des § 15a EStG zu trennen. Deshalb ist das Sonderbetriebsvermögen eines Kommanditisten nicht in die Ermittlung seines Kapitalkontos im Sinne des § 15a EStG einzubeziehen (vgl. BMF-Schreiben vom 20. Februar 1992 – BStBl I S. 123).

Aus der Trennung der beiden Vermögensbereiche folgt, daß

- in die Ermittlung der ausgleichs- und abzugsfähigen Verluste nach § 15a Abs. 1 EStG nur die Verluste aus dem Gesellschaftsvermögen einschließlich einer etwaigen Ergänzungsbilanz ohne vorherige Saldierung mit Gewinnen aus dem Sonderbetriebsvermögen einbezogen werden können; nur ein nach Anwendung des § 15a Abs. 1 EStG verbleibender ausgleichs- und abzugsfähiger Verlust ist mit Gewinnen aus dem Sonderbetriebsvermögen zu saldieren,

- Gewinne späterer Jahre aus dem Gesellschaftsvermögen einschließlich einer etwaigen Ergänzungsbilanz mit verrechenbaren Verlusten der Vorjahre verrechnet werden müssen (§ 15a Abs. 2 EStG) und Verluste aus dem Sonderbetriebsvermögen nur mit einem danach verbleibenden Gewinn aus dem Gesellschaftsvermögen einschließlich einer etwaigen Ergänzungsbilanz ausgeglichen werden können.

Die Abgrenzung zwischen dem Anteil am Gewinn oder Verlust der KG und dem Sonderbilanzgewinn bzw. -verlust richtet sich nach der Abgrenzung zwischen Gesellschafts- und Sonderbetriebsvermögen. Dem Kommanditisten gutgeschriebene Tätigkeitsvergütungen beruhen im Hinblick auf § 164 HGB mangels anderweitiger Vereinbarungen im Zweifel auf schuldrechtlicher Basis und sind damit als Sondervergütungen zu behandeln. Sie zählen hingegen zum Gewinnanteil aus der Personengesellschaft, wenn die Tätigkeit auf gesellschaftsrechtlicher Basis geleistet wird (vgl. BFH-Urteile vom 14. November 1985 – BStBl 1986 II S. 58, vom 7. April 1987 – BStBl II S. 707 und vom 10. Juni 1987 – BStBl II S. 816).

Solange für einen Kommanditisten aufgrund der Übergangsregelung in dem BMF-Schreiben vom 20. Februar 1992 (BStBl I S. 123) das positive Sonderbetriebsvermögen in die Ermittlung des Kapitalkontos i. S. des § 15a EStG einbezogen wird, können weiterhin Verluste aus dem Gesellschaftsvermögen unter Einbeziehung einer etwaigen Ergänzungsbilanz mit Gewinnen des Kommanditisten aus dem Sonderbetriebsvermögen verrechnet werden, so daß nur der verbleibende Verlust der Beschränkung des § 15a Abs. 1 EStG unterliegt. In diesen Fällen können Gewinne aus dem Sonderbetriebsvermögen auch mit verrechenbaren Verlusten der Vorjahre verrechnet werden (§ 15a Abs. 2 EStG).

Für Entnahmen aus dem Sonderbetriebsvermögen während der Anwendung der Übergangsregelung in dem BFM-Schreiben vom 20. Februar 1992 (BStBl I S. 123) kommt auch eine Gewinnzurechnung aufgrund von Einlageminderungen unter den Voraussetzungen des § 15a Abs. 3 EStG in Betracht.

46. Negatives Kapitalkonto eines Kommanditisten: Einkommensteuerliche Zurechnung von Verlustanteilen und Nachversteuerung negativer Kapitalkonten

OFD München/OFD Nürnberg, Verfügung v. 7. 5. 2004

– S 2241 - 26 St 41/42, S 2241 - 167/St 31 –

1. Allgemeines

Der Große Senat des BFH hat durch Beschluss vom 10. November 1980 GrS 1/79 (BStBl 1981 II S. 164) entschieden, dass

a) einem Kommanditisten, dessen gesellschaftsrechtliche Stellung sich im Innen- und Außenverhältnis nach den Vorschriften des HGB bestimmt, ein Verlustanteil, der nach dem allgemeinen Gewinn- und Verlustverteilungsschlüssel der KG auf ihn entfällt, einkommensteuerrechtlich auch insoweit zuzurechnen ist, als er in einer den einkommensteuerrechtlichen Bilanzierungs- und Bewertungsvorschriften entsprechenden Bilanz der KG zu einem negativen Kapitalkonto des Kommanditisten führen würde,

b) der zu a) erwähnte Grundsatz aber nicht gilt, soweit bei Aufstellung der Bilanz nach den Verhältnissen am Bilanzstichtag feststeht, dass ein Ausgleich des negativen Kapitalkontos mit künftigen Gewinnanteilen des Kommanditisten nicht mehr in Betracht kommt,

c) bei Wegfall eines durch einkommensteuerliche Verlustzurechnung entstandenen negativen Kapitalkontos eines Kommanditisten in Höhe dieses negativen Kapitalkontos ein steuerpflichtiger Gewinn des Kommanditisten entsteht,

d) dieser Gewinn zwar grundsätzlich erst im Zeitpunkt der Betriebsaufgabe oder -veräußerung entsteht (§ 16 EStG), im Einzelfall jedoch schon ein steuerlich nicht begünstigter laufender Gewinn früher zu erfassen ist, sofern feststeht, dass ein Ausgleich des negativen Kapitalkontos des Kommanditisten mit künftigen Gewinnanteilen nicht mehr in Betracht kommt.

Bei der Anwendung dieser Grundsätze ist Folgendes zu beachten:

1.1 Einkommensteuerliche Zurechnung von Verlustanteilen einer KG

Einem Kommanditisten einer gewerblich tätigen (§ 15 Abs. 3 Nr. 1 EStG) oder gewerblich geprägten (§ 15 Abs. 3 Nr. 2 EStG) KG ist der auf ihn entfallende Verlustanteil einkommensteuerlich grundsätzlich auch insoweit zuzurechnen, als dieser in der Steuerbilanz zu einem negativen Kapitalkonto führt oder dieses erhöht, obwohl der Kommanditist in Höhe des negativen Kapitalkontos weder gegenüber den Gläubigern der Gesellschaft haftet noch in anderer Weise rechtlich verpflichtet ist, zusätzlich Einlagen an die KG oder Ausgleichszahlungen an die übrigen Gesellschafter zu leisten. Dies gilt, solange zu erwarten ist, dass künftige Gewinnanteile anfallen werden, die der Kommanditist der KG zur Deckung früherer Verluste belassen muss, die ihm aber gleichwohl einkommensteuerrechtlich als Gewinnanteile zuzurechnen sind. Diese „Verlusthaftung mit künftigen Gewinnanteilen" ist Ausdruck und Teil des Mitunternehmerrisikos.

Die Frage der Zurechnung von Einkünften wird durch die Regelung des § 15a EStG nicht berührt. Im Falle eines Verlustes der KG ist daher in jedem Fall zunächst zu entscheiden, ob einem Kommanditisten nach den unten dargestellten Grundsätzen Verlustanteile aus der Gesellschaftsbilanz noch zugerechnet werden können. Nur soweit eine Verlustzurechnung in Betracht kommt, ist im zweiten Schritt zu prüfen, ob § 15a EStG anzuwenden ist (vgl. H 138d ‚Allgemeines' EStH 2003).

Über die Zurechnung von Einkünften ist nach den Verhältnissen am jeweiligen Bilanzstichtag zu entscheiden, da im Rahmen des Betriebsvermögensvergleiches die Veränderung des Vermögens der Gesellschaft ermittelt und gleichzeitig bestimmt wird, wem das Betriebsvermögen steuerlich zuzurechnen ist (BFH vom 11. Februar 1988, BStBl II S. 825, BFH vom 9. Februar 1993, BStBl II S. 747).

Bei der Prüfung, ob nach den Verhältnissen am Bilanzstichtag feststand, dass ein Ausgleich des negativen Kapitalkontos mit künftigen Gewinnanteilen nicht mehr in Betracht kommt und eine Zurechnung von Verlustanteilen an den betreffenden Kommanditisten damit ausscheidet, ist auf die Umstände abzustellen, die den BFH veranlasst haben, die Bildung eines negativen Kapitalkontos zuzulassen. Danach sei, so der Senat, bei einer sonst gutgehenden KG mit stillen Reserven irgendwann zu erwarten, dass die Auflösung der stillen Reserven einen Gewinn der KG und damit auch Gewinnanteile des Kommanditisten bewirke, die dieser zur Auffüllung seines negativen Kapitalkontos zu verwenden habe.

Ein Ausgleich des negativen Kapitalkontos mit künftigen Gewinnanteilen auch ohne Veräußerung oder Aufgabe des Betriebs der KG kann deshalb insbesondere bei Fällen mit folgendem Sachverhalt nicht mehr in Betracht kommen:

– die KG ist erheblich überschuldet

– stille Reserven oder ein Geschäftswert sind nicht oder nicht in ausreichender Höhe vorhanden

- die KG tätigt keine nennenswerten Umsätze mehr
- die KG hat ihre werbende Tätigkeit eingestellt
- Antrag auf Eröffnung des Insolvenzverfahrens
- trotz erheblicher Überschuldung einer GmbH und Co. KG hat der Geschäftsführer pflichtwidrig keinen Antrag auf Eröffnung des Insolvenzverfahrens gestellt (§ 161 Abs. 2 i. V. m. § 130a Abs. 1 HGB)
- ein Antrag auf Eröffnung des Insolvenzverfahrens wurde mangels einer die Verfahrenskosten deckenden Masse abgelehnt (§ 26 Abs. 1 InsO)
- Eröffnung des Insolvenzverfahrens (vgl. hierzu Tz. 2)

Dass künftige Gewinnanteile zum Ausgleich eines negativen Kapitalkontos nicht mehr entstehen, kann im Einzelfall bei vernünftiger kaufmännischer Beurteilung auch bei einer KG, die gesellschaftsrechtlich noch nicht aufgelöst worden ist, feststehen. Umgekehrt schließt aber die gesellschaftsrechtliche Auflösung einer KG keineswegs aus, dass im Rahmen der Liquidation stille Reserven realisiert werden und deshalb noch Gewinne zu erwarten sind.

Die Einstellung der werbenden Tätigkeit ist anzunehmen, wenn das Unternehmen aufgehört hat, seine Dienstleistungen oder Produkte am Markt anzubieten. Keine Bedeutung kommt in diesem Zusammenhang Umsätzen aus dem Verkauf von Wirtschaftsgütern des Anlagevermögens sowie Umsätzen zu, die lediglich geeignet sind zu dokumentieren, dass die Gesellschaft noch existent ist.

Eine rein theoretische, mehr oder weniger spekulative Möglichkeit, eine KG werde durch Fortführung der bisherigen Tätigkeit oder durch Aufnahme einer andersartigen Betätigung wieder Gewinne erzielen, kann die Annahme nicht hindern, dass es insgesamt oder wenigstens für einen Teilbetrag des negativen Kapitalkontos bei vernünftiger kaufmännischer Beurteilung feststeht, dass künftige Gewinnanteile zum Ausgleich des negativen Kapitalkontos nicht mehr in Betracht kommen.

Insoweit können dem Kommanditisten laufende Verlustanteile der Gesellschaftsbilanz (einschließlich der Ergebnisse einer Ergänzungsbilanz) selbst dann nicht mehr zugerechnet werden, wenn sich der Kommanditist für Verbindlichkeiten der KG verbürgt hat. Ungeachtet der Bürgschaft entfällt für diesen Kommanditisten die Verlusthaftung mit künftigen Gewinnanteilen nach Maßgabe des Gewinn- und Verlustverteilungsschlüssels der KG, die allein der Rechtfertigungsgrund für die einkommensteuerrechtliche Anerkennung eines negativen Kapitalkontos eines Kommanditisten ist (vgl. BFH-Urteil vom 19. März 1981, BStBl II S. 570, zur steuerlichen Behandlung von Bürgschaften eines Kommanditisten für Verbindlichkeiten der KG siehe Tz. 3).

Im Einzelnen vgl. hierzu auch die ergänzenden BFH-Urteile vom 19. März 1981, BStBl II S. 570, vom 26. März 1981, BStBl II S. 572, vom 26. Mai 1981, BStBl II S. 668 und vom 16. Dezember 1981, BStBl 1982 II S. 474.

Wegen der Zurechnung von Sanierungsgewinnen und deren Auswirkungen auf das negative Kapitalkonto des Kommanditisten wird auf das in H 138d ‚Sanierungsgewinn' EStH 2003 Bezug genommene Urteil des BFH vom 16. 5. 2002 (BStBl II S. 748) verwiesen.

1.2 Nachversteuerung des negativen Kapitalkontos

Der Gewinn aus dem Wegfall des negativen Kapitalkontos (s. o. Tz. 1 Buchst. c) und d)) entsteht grundsätzlich erst im Zeitpunkt der Betriebsaufgabe oder -veräußerung (§ 16 EStG).

Fällt das negative Kapitalkonto im Zuge der Liquidation der Gesellschaft weg, geschieht dies **handelsrechtlich** zu dem Zeitpunkt, für den die Liquidationsschlussbilanz aufgestellt wird. **Steuerrechtlich** ist im Rahmen der Ermittlung des Veräußerungs- bzw. Aufgabegewinns auf den Zeitpunkt abzustellen, zu dem die Gesellschaft ihren Gewerbebetrieb im Ganzen veräußert oder tatsächlich aufgibt. Die zu diesem Zeitpunkt aufzustellende Aufgabebilanz zur Ermittlung des Veräußerungs- bzw. Aufgabegewinns tritt an die Stelle der handelsrechtlichen Liquidationsschlussbilanz (vgl. BFH-Urteil vom 19. Januar 1993, BStBl II S. 594). In diesen Fällen ist der Gewinn aus dem Wegfall des negativen Kapitalkontos unter den weiteren Voraussetzungen der §§ 16 und 34 EStG ein begünstigter Veräußerungs- oder Aufgabegewinn.

Ergibt sich dagegen im Einzelfall, dass bereits zu einem Bilanzstichtag vor Aufgabe oder Veräußerung des Betriebs ein Ausgleich des durch Verlustanteile aus der Gesellschaftsbilanz (einschließlich Ergänzungsbilanz) entstandenen negativen Kapitalkontos mit künftigen Gewinnen des Kommanditisten nicht mehr in Betracht kommt, ergibt sich bereits zu diesem Zeitpunkt in Höhe des negativen Kapitalkontos ein laufender, nicht begünstigter Gewinn (vgl. den o. a. Beschluss des Großen Senats des BFH). Den Gewerbeertrag berührt dies in der Summe allerdings nicht, da insoweit dem persönlich haftenden Gesellschafter oder den anderen Kommanditisten, deren positives Kapitalkonto noch nicht aufgezehrt ist, Verlustanteile in gleicher Höhe zuzurechnen sind (vgl. § 52 Abs. 33 Satz 4 EStG). Sind jedoch in dem VZ, in dem die vorzeitige Nachversteuerung des negativen Kapitalkontos erfolgt, auch die Voraussetzungen des § 52 Abs. 33 Satz 3 EStG erfüllt, ist der Gewinn nach §§ 16, 34 EStG begünstigt. § 52 Abs. 33 Satz 4 EStG ist dabei auch anzuwenden, wenn eine KG aufgelöst wird und der Kommanditist sein negatives Kapitalkonto nicht ausgleichen muss (BFH vom 11. August 1994, BStBl 1995 II S. 253).

Soweit allerdings ein negatives Kapitalkonto des Kommanditisten auf Entnahmen zurückzuführen ist, scheidet eine vorzeitige Nachversteuerung aus. In Höhe dieser Entnahmen entsteht jedoch ein Gewinn im Zeitpunkt der Auflösung der KG bzw. des Ausscheidens des Kommanditisten, soweit dieser nicht zu Ausgleichszahlungen an die anderen Gesellschafter verpflichtet ist (vgl. Schmidt, EStG, 22. Auflage, § 16 Rz. 472).

1.3 Nachholung eines zu Unrecht nicht aufgelösten negativen Kapitalkontos eines Kommanditisten

Ist das negative Kapitalkonto eines Kommanditisten nicht zum richtigen Bilanzstichtag aufgelöst worden und die Veranlagung des betroffenen Veranlagungszeitraumes bereits bestandskräftig, so kann die Auflösung im Folgejahr nach den für eine Bilanzberichtigung geltenden Grundsätzen erfolgswirksam nachgeholt werden (H 138d ‚Auflösung des negativen Kapitalkontos' EStH 2003). Das negative Kapitalkonto ist in diesem Zusammenhang einem Bilanzansatz i. S. des § 4 Abs. 1 Satz 1 EStG gleichzustellen (vgl. BFH-Urteile vom 11. Februar 1988, a. a. O. und vom 10. Dezember 1991, BStBl 1992 II S. 650).

Ist die Gewinnfeststellung des Vorjahres nicht auf Grundlage einer von der KG eingereichten Bilanz, sondern im Wege der Schätzung vorgenommen worden, ist die Verknüpfung zwischen der Schlussbilanz des Vorjahres und der Anfangsbilanz des Folgejahres weiterhin gegeben (vgl. BFH-Urteil vom 19. Januar 1993, a. a. O.). Auch in diesen Fällen kann deshalb eine bisher zu Unrecht unterbliebene erfolgswirksame Auflösung des negativen Kapitalkontos im Folgejahr nachgeholt werden.

Ist dagegen im Klageverfahren gegen einen Gewinnfeststellungsbescheid lediglich die Höhe des Veräußerungsgewinnes streitig, so kann eine in den Schlussbilanzen der Vorjahre fehlerhaft ausgewiesene Beteiligung der Gesellschafter am Vermögen der Personengesellschaft in der Schlussbilanz des Streitjahres grundsätzlich nicht erfolgswirksam berichtigt werden. Eine Korrektur kommt insoweit nur hinsichtlich solcher Fehler in Betracht, die sich bisher nicht auf die Höhe der festgestellten Gewinne und Gewinnanteile ausgewirkt haben (z. B. Entnahmen und Einlagen), da die Schlussbilanz des Streitjahres Grundlage einer bestandskräftigen Feststellung des laufenden Gewinns und der Anteile der Gesellschafter an diesem Gewinn geworden ist. Die Schlussbilanz des Streitjahres ist insoweit keine „offene Bilanz" im Sinne der Rechtsprechung zum formellen Bilanzzusammenhang (vgl. BFH-Urteil vom 19. Januar 1993, a. a. O.).

Fehlt es jedoch an einer Feststellung für das vorangegangene Wirtschaftsjahr und kann diese nach Ablauf der Feststellungsfrist auch nicht mehr nachgeholt werden, so ist es nach dem BFH-Urteil vom 28. Januar 1992 (BStBl II S. 881) nicht möglich, nach den Grundsätzen des Bilanzzusammenhangs an eine – wenn auch fehlerhafte – Schlussbilanz des vorangegangenen Wirtschaftsjahres anzuknüpfen. In diesem Fall ist der Bilanzzusammenhang durchbrochen, so dass die Versteuerung des negativen Kapitalkontos auch nicht mehr nachgeholt werden kann.

Der sich aus der Richtigstellung der Bilanzansätze für einen Kommanditisten ergebende Gewinn genießt die Steuervergünstigungen, die ihm bei rechtzeitigem Ausweis zugekommen wären (vgl. BFH-Urteil vom 11. Februar 1988, a. a. O.).

2. Besonderheiten im Insolvenzfall

Auch nach der Eröffnung des Insolvenzverfahrens bleibt eine KG als Handelsgesellschaft bestehen. Durch die Eröffnung des Insolvenzverfahrens über das Vermögen der Gesellschaft wird sie zwar aufgelöst (vgl. § 161 Abs. 2 i. V. m. § 131 Abs. 1 Nr. 3 HGB), aber noch nicht voll beendet. **Einkommensteuerrechtlich** betreibt eine KG auch während des Abwicklungsstadiums ein gewerbliches Unternehmen i. S. des § 15 EStG. Dies gilt auch dann, wenn die KG jegliche werbende Tätigkeit eingestellt hat, denn die gewerbliche Tätigkeit i. S. des § 15 EStG umfasst auch die auf Abwicklung gerichteten Handlungen (vgl. BFH-Urteile vom 27. April 1978, BStBl 1979 II S. 89, und vom 11. Februar 1988, a. a. O.).

Gewerbesteuerrechtlich gelten die allgemeinen Grundsätze. Der Gewerbebetrieb als Steuergegenstand besteht damit bis zur tatsächlichen Einstellung des Betriebs (§ 2 Abs. 1 GewStG, § 4 und § 16 GewStDV sowie A 19 GewStR).

Die während der Abwicklung entstehenden Gewinne und Verluste einer aufgelösten KG sind im Wege des Betriebsvermögensvergleichs nach den Grundsätzen ordnungsgemäßer Buchführung zu ermitteln (§§ 4 Abs. 1, 5 Abs. 1 EStG) und gesondert festzustellen (§ 180 Abs. 1 Nr. 2a AO). Die Durchführung einer gesonderten und einheitlichen Feststellung der Einkünfte aus Gewerbebetrieb wird durch die Insolvenzeröffnung nicht gehindert.

Nach Eröffnung des Insolvenzverfahrens hat der Insolvenzverwalter für die ordnungsgemäße Erfüllung der steuerrechtlichen Buchführungs- und Bilanzierungspflichten zu sorgen (§ 80 Abs. 1 InsO, § 34 Abs. 3 AO). Soweit der Insolvenzverwalter seiner Verpflichtung zur Aufstellung entsprechender Bilanzen für die KG nicht nachkommt, sind die festzustellenden Besteuerungsgrundlagen zu schätzen (vgl. Tz. 1.3). Dabei sind die für den Stpfl. maßgeblichen Gewinnermittlungsvorschriften zu beachten. Die Schätzung ist so vorzunehmen, dass sie im Ergebnis einem ordnungsgemäß durchgeführten Bestandsvergleich möglichst nahe kommt (vgl. BFH-Urteil vom 19. Januar 1993, a. a. O.). Dabei ist auch der Anfangs- und Endbestand des Betriebsvermögens schätzungsweise festzustellen und aktenkundig zu dokumentieren. Auch Gewinne und Verluste im Bereich des Sonderbetriebsvermögens eines Gesellschafters sind im Rahmen der Schätzung in den Gewinnfeststellungsbescheid aufzunehmen (BFH vom 5. Juni 2003, BStBl II S. 871).

Nach Eröffnung eines Insolvenzverfahrens muss umgehend geprüft werden, ob eine vorzeitige Nachversteuerung negativer Kapitalkonten erforderlich ist, weil bereits zum Zeitpunkt der Eröffnung des Insolvenzverfahrens feststeht, dass ein Ausgleich des negativen Kapitalkontos mit künftigen Gewinnanteilen des/der Kommanditisten nicht mehr in Betracht kommt. Allerdings ist hiervon nicht ohne weiteres auszugehen (vgl. BFH-Urteil vom 22. Januar 1985, BStBl 1986 II S. 136 m. w. N.). Über die Zurechnung von Verlustanteilen und die Auflösung negativer Kapitalkonten beschränkt haftender Gesellschafter ist deshalb auch während eines laufenden Insolvenzverfahrens über das Vermögen einer KG nach den in Tz. 1 dargestellten allgemeinen Grundsätzen zu entscheiden. Sofern keine ausreichenden Unterlagen zur Feststellung und zeitlichen Erfassung des Aufgabegewinns vorliegen, sollten die gesonderten und einheitlichen Feststellungen bis zur abschließenden Sachverhaltsaufklärung unter dem Vorbehalt der Nachprüfung (§ 164 AO) durchgeführt werden.

3. Bürgschaftsübernahme durch Kommanditisten

Die Übernahme einer Bürgschaft durch einen Kommanditisten für Verbindlichkeiten der KG aus betrieblichen Gründen hat keinen Einfluss auf die Höhe des laufenden Gewinns/Verlusts der Gesellschaft. Die Bürgschaftsübernahme führt auch nicht zu Sonderbetriebsausgaben des betreffenden Kommanditisten. Droht die Inanspruchnahme des Kommanditisten aus der Bürgschaft oder wurde er bereits aus der Bürgschaft in Anspruch genommen, kann er in seiner Sonderbilanz keine Rückstellung bilden bzw. keine Verbindlichkeit einstellen (vgl. BFH-Urteil vom 12. Juli 1990, BStBl 1991 II S. 64 m. w. N.). Die in Erfüllung einer Bürgschaftsverpflichtung geleisteten Zahlungen sind einkommensteuerrechtlich als Kapitaleinlage zu beurteilen. Dies gilt nicht nur für den Fall, dass die Übernahme der Bürgschaft und die Zahlung der Bürgschaftssumme auf dem Gesellschaftsverhältnis beruhende Beitragsleistungen des Kommanditisten darstellen, die während des Bestehens der Gesellschaft keinen Ersatzanspruch des Kommanditisten begründen. Eine Einlage liegt vielmehr auch vor, wenn dem Kommanditisten zivilrechtlich als Folge der Bürgschaftsleistung ein selbständiger, noch nicht erfüllter Ersatzanspruch gegenüber der KG oder den persönlich haftenden Gesellschaftern zusteht. Ein etwaiges Wertloswerden einer solchen Forderung, die zum Sonderbetriebsvermögen des Kommanditisten gehört, wirkt sich nicht schon während des Bestehens, sondern erst mit der Beendigung der Gesellschaft steuerlich aus (BFH vom 5. Juni 2003, a. a. O.).

3.1 Gewinnermittlung bei vorzeitiger Nachversteuerung des negativen Kapitalkontos

Steht fest, dass ein Ausgleich des negativen Kapitalkontos mit künftigen Gewinnanteilen des Kommanditisten nicht mehr in Betracht kommt, ergibt sich bereits zu diesem Zeitpunkt in Höhe des negativen Kapitalkontos ein laufender, nicht begünstigter Gewinn. Der vorzeitigen Nachversteuerung unterliegt das durch Verlustanteile aus der Gesellschaftsbilanz (einschließlich Ergänzungsbilanz) entstandene negative Kapitalkonto (vgl. Tz. 1.2).

Ein positives Kapitalkonto in der Sonderbilanz des Kommanditisten mindert das vorzeitig nachzuversteuernde negative Kapitalkonto nicht. Dementsprechend können sich auch Bürgschaftszahlungen eines Kommanditisten, die zivilrechtlich keine auf dem Gesellschaftsverhältnis beruhende Beitragsleistungen darstellen, auf die Höhe des vorzeitig nachzuversteuernden negativen Kapitalkontos nicht auswirken, da die aufgrund der Bürgschaftsinanspruchnahme entstehenden Ersatzansprüche des Kommanditisten gegenüber der KG oder den persönlich haftenden Gesellschaftern Sonderbetriebsvermögen darstellen. Die Wertlosigkeit dieser Kapitalkontenteile ist erst mit der Beendigung der werbenden Tätigkeit d. h. mit der Ermittlung des Veräußerungs- oder Aufgabegewinns im Rahmen der Aufstellung der Liquidationsschlussbilanz steuerlich zu berücksichtigen (BFH vom 5. Juni 2003, a. a. O.). Dementsprechend können auch drohende Bürgschaftsinanspruchnahme bei der vorzeitigen Nachversteuerung nicht berücksichtigt werden.

3.2 Wegfall des negativen Kapitalkontos eines Kommanditisten bei Betriebsveräußerung oder Betriebsaufgabe bzw. Ausscheiden des Kommanditisten

Fällt ein negatives Kapitalkonto eines Kommanditisten bei Betriebsveräußerung oder Betriebsaufgabe weg oder scheidet ein Kommanditist gegen Übernahme eines negativen Kapitalkontos durch den Erwerber aus der Gesellschaft aus, entsteht grundsätzlich zu diesem Zeitpunkt in Höhe des negativen Kapitalkontos ein Veräußerungs- oder Aufgabegewinn. Ein solcher Veräußerungs- oder Aufgabegewinn ist grundsätzlich auch dann zu versteuern, wenn der Kommanditist im Außenverhältnis aufgrund einer Bürgschaftsverpflichtung weiterhin für Verbindlichkeiten der Gesellschaft haftet. Etwas anderes gilt jedoch, wenn der Kommanditist aus der

Bürgschaft bereits in Anspruch genommen worden ist, aber noch nicht gezahlt hat, oder wenn er mit einer Inanspruchnahme durch die Gesellschaftsgläubiger ernsthaft rechnen muss und er keine realisierbaren Ausgleichs- und Rückgriffsansprüche hat (vgl. BFH-Urteil vom 12. Juli 1990, a. a. O.).

Der Ermittlung des Aufgabegewinns ist das im Zeitpunkt der Betriebsaufgabe vorhandene Betriebsvermögen zugrunde zu legen, in dem auch künftige Einnahmen und Ausgaben in Gestalt von Forderungen und Verbindlichkeiten zu berücksichtigen sind. Für einen Kommanditisten ist zu diesem Zweck eine Sonderbilanz aufzustellen, für die grundsätzlich die allgemeinen bilanzrechtlichen Vorschriften des EStG gelten (vgl. BFH-Urteil vom 9. Februar 1993, BStBl II S. 747). In dieser Sonderbilanz muss der Kommanditist eine den Aufgabe-/Veräußerungsgewinn mindernde Rückstellung bilden, wenn ihm in Zusammenhang mit seiner Beteiligung eine Haftungsinanspruchnahme droht und keine realisierbaren Ausgleichs- und Rückgriffsansprüche bestehen. Bürgschaftszahlungen, die der Kommanditist während des Bestehens der Gesellschaft bzw. vor seinem Ausscheiden geleistet hat, wirken sich – soweit kein realisierbarer Ersatzanspruch besteht – **ebenfalls erst zu diesem Zeitpunkt** gewinnmindernd aus (BFH vom 5. Juni 2003, a. a. O.).

Soweit ein Kommanditist im Falle der Beendigung der Gesellschaft aus dem Wegfall des negativen Kapitalkontos wegen der zu berücksichtigenden Bürgschaftsverpflichtung keinen Veräußerungsgewinn zu versteuern hat, ist dem Komplementär gleichwohl ein Verlust in Höhe des weggefallenen negativen Kapitalkontos zuzurechnen, weil dessen Verbindlichkeiten sich trotz der Bürgschaftsverpflichtung/Bürgschaftszahlungen des Kommanditisten nicht vermindern. An die Stelle der weggefallenen Verbindlichkeiten gegenüber den Gesellschaftsgläubigern aufgrund der Zahlung durch den Bürgen tritt in derselben Höhe bei dem Komplementär die Ausgleichsverpflichtung nach § 774 BGB. Darüber hinaus kann sich eine Ausgleichsverpflichtung des Komplementärs aus § 670 BGB ergeben. Ein Gewinn entsteht beim Komplementär erst dann, wenn der Bürge auf seinen Ersatzanspruch verzichtet oder der Ersatzverpflichtete mit einer Inanspruchnahme durch den Bürgen nicht mehr zu rechnen braucht (vgl. BFH-Urteil vom 22. November 1988, BStBl 1989 II S. 359).

Soweit wegen des Bestehens einer Bürgschaftsverpflichtung ein Gewinn aus dem Wegfall eines negativen Kapitalkontos nicht besteuert worden ist, ergeben sich jedoch steuerliche Auswirkungen, wenn der Kommanditist tatsächlich später nicht oder nicht in vollem Umfang Zahlungen zu erbringen hat bzw. er später durch Rückgriff auf die KG, einen ihrer Gesellschafter oder Mitbürgen Ersatz seiner Aufwendungen erlangen kann (vgl. Schmidt, EStG, 22. Auflage, § 16 Rz. 465, 473). In diesem Fall ist der Feststellungsbescheid für das Jahr der Auflösung der KG bzw. des Ausscheidens des Kommanditisten bezüglich des Veräußerungsgewinnes gem. § 175 Abs. 1 Nr. 2 AO zu ändern, da sich aufgrund von Umständen, die nach der Aufgabe/Veräußerung neu hinzugetreten sind, ergeben hat, dass der der Besteuerung zugrunde gelegte Wert des Betriebsvermögens zu niedrig gewesen ist (vgl. Beschluss des Großen Senats des BFH vom 19. Juli 1993, BStBl II S. 894). Entsprechendes gilt, wenn der Kommanditist über den bereits gewinnmindernd berücksichtigten Betrag hinaus für Verbindlichkeiten der KG in Anspruch genommen wird.

Sind bei der Ermittlung des Veräußerungs- bzw. Aufgabegewinns eines Kommanditisten Bürgschaftsverpflichtungen und/oder Bürgschaftszahlungen berücksichtigt worden, hat das für die Besteuerung der KG zuständige FA deshalb zu überwachen, ob tatsächlich eine Inanspruchnahme erfolgt bzw. Zahlungen geleistet werden und ob ggf. noch Rückgriffsansprüche realisiert werden konnten. Soweit dem Komplementär (bzw. mehreren Komplementären anteilig) Verluste in Höhe des negativen Kapitalkontos des ausgeschiedenen Kommanditisten zugerechnet wurden, ist ebenfalls zu überwachen, ob dem Komplementär, z. B. durch den Verzicht des Bürgen auf Rückgriffsansprüche, ein Gewinn in entsprechender Höhe zuzurechnen ist.

Diese Verfügung wurde inhaltlich weitgehend von der OFD Frankfurt übernommen (Vfg. vom 16. Juli 2003, S 2241 A – 30 – St II 21, Steuer-Eildienst 2003 S. 641).

Zu § 21 EStG

47. Schuldzinsen als nachträgliche Werbungskosten bei den Einkünften aus Vermietung und Verpachtung nach Veräußerung des Mietobjekts oder nach Wegfall der Einkünfteerzielungsabsicht; Anwendung der BFH-Urteile vom 21. 1. 2014 – IX R 37/12 – (BStBl 2015 II S. 631), vom 11. 2. 2014 – IX R 42/13 – (BStBl 2015 II S. 633) und vom 8. 4. 2014 – IX R 45/13 – (BStBl 2015 II S. 635)

BMF, Schreiben v. 27. 7. 2015 (BStBl I S. 581)

– IV C 1 - S 2211/11/10001 –

Mit Urteil vom 20. Juni 2012 – IX R 67/10 – (BStBl 2013 II S. 275) hatte der BFH unter Aufgabe seiner früheren Rechtsauffassung zur Frage der Abziehbarkeit nachträglicher Schuldzinsen bei den Einkünften aus Vermietung und Verpachtung entschieden, dass Schuldzinsen für ein zur Anschaffung eines Mietobjekts aufgenommenes Darlehen auch nach einer gemäß § 23 Absatz 1 Satz 1 Nummer 1 EStG steuerbaren Veräußerung der Immobilie weiter als (nachträgliche) Werbungskosten abgezogen werden können, wenn und soweit der Veräußerungserlös nicht zur Tilgung der Darlehensverbindlichkeit ausreicht.

Der BFH hat in dem Urteil vom 21. Januar 2014 – IX R 37/12 – (BStBl 2015 II S. 631) die Rechtsauffassung vertreten, dass ein fortdauernder Veranlassungszusammenhang von nachträglichen Schuldzinsen mit früheren Einkünften i. S. d. § 21 EStG nicht anzunehmen ist, wenn der Steuerpflichtige zwar ursprünglich mit Einkünfteerzielungsabsicht gehandelt hat, seine Absicht zu einer (weiteren) Einkünfteerzielung jedoch bereits vor der Veräußerung des Mietobjekts aus anderen Gründen weggefallen ist.

Mit Urteil vom 11. Februar 2014 – IX R 42/13 – (BStBl 2015 II S. 633) hat der BFH zur steuerlichen Behandlung von Vorfälligkeitsentschädigungen bei den Einkünften aus Vermietung und Verpachtung entschieden, dass ein Steuerpflichtiger die für die vorzeitige Ablösung seiner Darlehensschuld zwecks lastenfreier Veräußerung seines Mietobjekts zu entrichtende Vorfälligkeitsentschädigung auch dann nicht „ersatzweise" als Werbungskosten aus Vermietung und Verpachtung abziehen kann, wenn der Veräußerungsvorgang nicht nach § 23 Absatz 1 Satz 1 Nummer 1 EStG steuerbar ist. Seine bisherige Rechtsprechung, wonach in Veräußerungsfällen wegen Beurteilung der Vorfälligkeitsentschädigung als Finanzierungskosten eines neu erworbenen Mietobjekts ausnahmsweise ein Werbungskostenabzug für zulässig erachtet wurde, gab der BFH mit dieser Entscheidung ausdrücklich auf.

Den Abzug von nachträglichen Schuldzinsen bei den Einkünften aus Vermietung und Verpachtung im Falle der nicht nach § 23 Absatz 1 Satz 1 Nummer 1 EStG steuerbaren Veräußerung der Immobilie hat der BFH mit Urteil vom 8. April 2014 – IX R 45/13 – (BStBl 2015 II S. 635) – für den Fall bejaht, dass der Grundsatz des Vorranges der Schuldentilgung beachtet wurde. Für den nachträglichen Werbungskostenabzug ist nach Ansicht des BFH entscheidungserheblich, wie der Veräußerungserlös verwendet wird. Bei Einsatz des Veräußerungserlöses für die Anschaffung einer neuen Einkunftsquelle (z. B. eine neue zur Vermietung bestimmte Immobilie) besteht der Zusammenhang am neuen Mietobjekt fort (Surrogationsbetrachtung). Wird hingegen keine neue Immobilie oder anderweitige Einkunftsquelle angeschafft, kommt es für den Werbungskostenabzug darauf an, ob der Veräußerungserlös ausreicht, um das Darlehen zu tilgen.

Unter Bezugnahme auf das Ergebnis der Erörterung mit den obersten Finanzbehörden der Länder gelten zur Abziehbarkeit von Schuldzinsen als nachträgliche Werbungskosten bei den Einkünften aus Vermietung und Verpachtung nach Veräußerung des Mietobjekts oder nach Wegfall der Einkünfteerzielungsabsicht sowie von Vorfälligkeitsentschädigungen unter Anwendung der vorgenannten Urteile folgende Rechtsgrundsätze:

1. Schuldzinsen für fremdfinanzierte Anschaffungs-/Herstellungskosten eines Mietobjekts nach dessen Veräußerung

1.1. Rechtswirksam nach dem 31. Dezember 1998 getätigte Grundstücksveräußerungen

Schuldzinsen, die auf Verbindlichkeiten entfallen, welche der Finanzierung von Anschaffungskosten oder Herstellungskosten einer zur Erzielung von Einkünften aus Vermietung und Verpachtung genutzten Immobilie dienten, können nach deren Veräußerung weiter als nachträgliche Werbungskosten abgezogen werden, wenn und soweit die Verbindlichkeiten nicht durch den Veräußerungserlös hätten getilgt werden können (sog. Grundsatz des Vorrangs der Schuldentilgung). Der Grundsatz des Vorrangs der Schuldentilgung gilt jedoch so lange nicht, als der Schuldentilgung Auszahlungshindernisse hinsichtlich des Veräußerungserlöses oder Rückzahlungshindernisse entgegenstehen. Voraussetzung ist, dass die Absicht, (weitere) Einkünfte aus Vermietung und Verpachtung zu erzielen, nicht bereits vor der Veräußerung der Immobilie aus anderen Gründen weggefallen ist (BFH vom 21. Januar 2014, a.a.O.).

Es ist für den Werbungskostenabzug unmaßgeblich, ob die Veräußerung innerhalb der zehnjährigen Veräußerungsfrist erfolgt und gemäß § 23 Absatz 1 Satz 1 Nummer 1 EStG steuerbar ist (BFH-Urteil vom 8. April 2014, a.a.O.).

Bestehen im Zusammenhang mit dem veräußerten Mietobjekt mehrere Darlehensverbindlichkeiten, ist für die steuerliche Anerkennung der Verwendung des Veräußerungserlöses zur Tilgung der Verbindlichkeiten – entsprechend der Beurteilung durch einen ordentlichen und gewissenhaften Geschäftsmann – entscheidend, dass die Darlehen nach Maßgabe der konkreten Vertragssituationen marktüblich und wirtschaftlich unter Berücksichtigung der Zinskonditionen abgelöst werden.

Die vorgenannten Rechtsgrundsätze zum nachträglichen Schuldzinsenabzug sind entsprechend auf Refinanzierungs- oder Umschuldungsdarlehen anzuwenden, soweit die Valuta des Umschuldungsdarlehens nicht über den abzulösenden Restdarlehensbetrag hinausgeht und die Umschuldung sich im Rahmen einer üblichen Finanzierung bewegt (BFH-Urteil vom 8. April 2014, a.a.O.).

1.2. Rechtswirksam vor dem 1. Januar 1999 getätigte Grundstücksveräußerungen

Bei Grundstücksveräußerungen, bei denen die Veräußerung auf einem vor dem 1. Januar 1999 rechtswirksam abgeschlossenen obligatorischen Vertrag oder gleichstehenden Rechtsakt beruht, ist für Schuldzinsen, die auf die Zeit nach der Veräußerung oder dem Wegfall der Einkünfteerzielungsabsicht entfallen, kein nachträglicher Werbungskostenabzug bei den Einkünften aus Vermietung und Verpachtung zulässig. Denn die Schuldzinsen stehen nicht mehr mit dieser Einkunftsart in wirtschaftlichem Zusammenhang i.S.v. § 9 Absatz 1 Satz 3 Nummer 1 EStG. Sie sind vielmehr als Gegenleistung für die Überlassung von Kapital anzusehen, das im privaten Vermögensbereich nicht mehr der Erzielung von Einkünften dient (BFH-Urteil vom 12. November 1991 – IX R 15/90 – BStBl 1992 II S. 289).

2. Im Zuge der Veräußerung gezahlte Vorfälligkeitsentschädigung für die Ablösung einer Fremdfinanzierung der Anschaffungs-/Herstellungskosten des Mietobjekts

Eine Vorfälligkeitsentschädigung ist wirtschaftlich betrachtet das Ergebnis einer auf vorzeitige Ablösung gerichteten Änderung des Darlehensvertrages. Der ursprünglich durch die Darlehensaufnahme zur Finanzierung der Anschaffungs- oder Herstellungskosten eines Mietobjekts begründete wirtschaftliche Zusammenhang mit der bisherigen Vermietungstätigkeit wird bei Leistung einer Vorfälligkeitsentschädigung im Zuge der Veräußerung überlagert bzw. von einem neuen, durch die Veräußerung ausgelösten Veranlassungszusammenhang ersetzt (BFH-Urteil vom 11. Februar 2014, a. a. O.).

Eine Vorfälligkeitsentschädigung stellt in diesem Fall infolge des Veranlassungszusammenhangs mit der Veräußerung keine nachträglichen Werbungskosten bei den Einkünften aus Vermietung und Verpachtung, sondern Veräußerungskosten bei der Ermittlung der Einkünfte i. S. d. § 23 Absatz 3 i. V. m. § 23 Absatz 1 Satz 1 Nummer 1 EStG dar.

Die bisherige Rechtsprechung, wonach der BFH in der Vergangenheit ausnahmsweise einen Werbungskostenabzug im Bereich der Vermietungseinkünfte zugelassen hat (vgl. BFH-Urteil vom 23. April 1996 – IX R 5/94 –, BStBl II S. 595), ist durch das Urteil vom 11. Februar 2014 (a. a. O.) überholt.

Diese bisherigen Rechtsgrundsätze sind letztmals auf Vorfälligkeitsentschädigungen anzuwenden, wenn das obligatorische Veräußerungsgeschäft des Mietobjekts vor dem 27. Juli 2015 rechtswirksam abgeschlossen wurde.

3. Schuldzinsen für fremdfinanzierte Anschaffungs-/Herstellungskosten eines Mietobjekts nach Wegfall der Einkünfteerzielungsabsicht

Für Schuldzinsen, die in der Zeit nach Aufgabe der Einkünfteerzielungsabsicht vor der Veräußerung des Mietobjekts gezahlt werden, ist kein nachträglicher Werbungskostenabzug bei den Einkünften aus Vermietung und Verpachtung zulässig. Derartige Schuldzinsen stehen nicht mehr mit den Einkünften gemäß § 21 Absatz 1 Nummer 1 EStG in wirtschaftlichem Zusammenhang, sondern sind Gegenleistung für die Kapitalüberlassung, die im privaten Vermögensbereich nicht mehr der Erzielung von Einkünften dient (BFH-Urteil vom 21. Januar 2014, a. a. O.). Der Anwendungsbereich des § 23 EStG ist mangels eines Veräußerungstatbestandes nicht gegeben.

4. Schuldzinsen für fremdfinanzierte laufende sofort abziehbare Werbungskosten (Erhaltungsaufwendungen) nach Veräußerung des Mietobjekts

4.1. Rechtswirksamer Abschluss des Veräußerungsgeschäfts nach dem 31. Dezember 2013

Voraussetzung für den nachträglichen Werbungskostenabzug von Schuldzinsen bei fremdfinanzierten sofort abziehbaren Werbungskosten (Erhaltungsaufwendungen) ist, dass der Erlös aus der Veräußerung des Mietobjekts nicht ausreicht, um die Darlehensverbindlichkeit zu tilgen. Der durch die tatsächliche Verwendung des Darlehens zur Finanzierung sofort abziehbarer Werbungskosten geschaffene Zusammenhang mit der Einkunftsart Vermietung und Verpachtung bleibt zwar grundsätzlich nach Beendigung der Einkünfteerzielung bestehen. Wird der Veräußerungserlös aber nicht zur Tilgung dieses Darlehens verwendet, kann eine daneben bestehende bzw. neu entstehende relevante private Motivation für die Beibehaltung des Darlehens den ursprünglich gesetzten wirtschaftlichen Zusammenhang überlagern und damit durchbrechen.

Zum Bestehen mehrerer Darlehensverbindlichkeiten im Zusammenhang mit dem veräußerten Mietobjekt siehe Tz. 1.1.

4.2. Rechtswirksamer Abschluss des Veräußerungsgeschäfts vor dem 1. Januar 2014

Wurde das obligatorische Veräußerungsgeschäft des Mietobjekts vor dem 1. Januar 2014 rechtswirksam abgeschlossen, bleibt das BMF-Schreiben vom 3. Mai 2006 (BStBl I S. 363) weiter anwendbar. Danach kommt es in diesen Fällen unter Zugrundelegung der zwischenzeitlich überholten Rechtsgrundsätze (BFH-Urteil vom 12. Oktober 2005 – IX R 28/04 – BStBl 2006 II S. 407) aus Gründen des Vertrauensschutzes nicht darauf an, ob ein bei einer Veräußerung des Objekts erzielbarer Erlös zur Tilgung des Darlehens ausgereicht hätte, da der durch die tatsächliche Verwendung des Darlehens geschaffene Zusammenhang auch nach Aufgabe der Einkünfteerzielung für bestehen bleibend erachtet wurde.

5. Im Zuge der Veräußerung gezahlte Vorfälligkeitsentschädigung für die Ablösung einer Fremdfinanzierung sofort abziehbarer Werbungskosten (Erhaltungsaufwendungen) des Mietobjekts

Die Rechtsgrundsätze unter Tz. 2 zu den Vorfälligkeitsentschädigungen für die Ablösung einer Restschuld fremdfinanzierter Anschaffungs-/Herstellungskosten eines Mietobjekts im Zuge dessen Veräußerung gelten in analoger Anwendung des BFH-Urteils vom 11. Februar 2014 (a. a. O.) entsprechend.

6. Schuldzinsen für fremdfinanzierte laufende sofort abziehbare Werbungskosten (Erhaltungsaufwendungen) eines Mietobjekts nach Wegfall der Einkünfteerzielungsabsicht

Die Rechtsgrundsätze unter 3.) zu Schuldzinsen für fremdfinanzierte Anschaffungs-/Herstellungskosten eines Mietobjekts nach Wegfall der Einkünfteerzielungsabsicht gelten in analoger Anwendung des BFH-Urteils vom 21. Januar 2014 (a. a. O.) entsprechend.

Sie sind erstmals auf Schuldzinszahlungen anzuwenden, wenn die Einkünfteerzielungsabsicht nach dem 31. Dezember 2014 aufgegeben wurde. Wurde die Einkünfteerzielungsabsicht vorher aufgegeben, bleibt das BMF-Schreiben vom 3. Mai 2006 (a. a. O.) weiter auf entsprechende Schuldzinszahlungen anwendbar.

Dieses BMF-Schreiben ersetzt die BMF-Schreiben vom 28. März 2013 (BStBl I S. 508) und vom 15. Januar 2014 (BStBl I S. 108) und ist vorbehaltlich besonderer Regelungen in den einzelnen Tz. in allen offenen Fällen anzuwenden.

Zu § 34a EStG

48. Anwendungsschreiben zur Begünstigung der nicht entnommenen Gewinne (§ 34a EStG)

BMF, Schreiben v. 11. 8. 2008 (BStBl I S. 838)

– IV C 6 - S 2290 a/07/10001 –

Im Einvernehmen mit den obersten Finanzbehörden der Länder gilt zur Anwendung der Tarifbegünstigung für nicht entnommene Gewinne nach § 34a EStG Folgendes:

Inhaltsübersicht

	Tz.
I. Tarifbegünstigung für nicht entnommene Gewinne	1–10
1. Begünstigte Einkunftsarten	1, 2
2. Begünstigter Gewinn bei beschränkter Steuerpflicht	3
3. Veräußerungsgewinne	4–6
4. Antragstellung	7–10
a) Antragstellung bei Einzelunternehmern	8
b) Antragstellung bei Mitunternehmern	9
c) Änderung des Antrags	10
II. Nicht entnommener Gewinn	11–21
1. Gewinnermittlungsart	15
2. Nicht abzugsfähige Betriebsausgaben	16
3. Steuerfreie Gewinnanteile	17
4. Ausländische Betriebsstätten	18
5. Abweichendes Wirtschaftsjahr	19
6. Nicht entnommener Gewinn bei Personengesellschaften	20
7. Nicht entnommener Gewinn bei doppel- und mehrstöckigen Personengesellschaften	21
III. Begünstigungsbetrag/Nachversteuerungspflichtiger Betrag	22–25
1. Begünstigungsbetrag	23
2. Nachversteuerungspflichtiger Betrag des Veranlagungszeitraums	24
3. Ermittlung des nachversteuerungspflichtigen Betrags zum Ende des Veranlagungszeitraums	25
IV. Nachversteuerung (§ 34a Abs. 4 EStG)	26–31
1. Nachversteuerungsbetrag	27, 28
2. Verwendungsreihenfolge	29
3. Entnahmen zur Zahlung von Erbschaft-/Schenkungsteuer	30, 31
V. Übertragungen und Überführungen von einzelnen Wirtschaftsgütern	32–40
1. Entnahmereihenfolge bei Übertragung oder Überführung von einzelnen Wirtschaftsgütern (§ 34a Abs. 5 EStG)	32, 33
2. Grenzüberschreitende Überführungen und Übertragungen von Wirtschaftsgütern	34–40
a) Überführungen innerhalb eines Betriebs oder Mitunternehmeranteils	35, 36
b) Überführungen und Übertragungen zwischen mehreren Betrieben oder Mitunternehmeranteilen	37–39
c) Grenzüberschreitende Überführungen und Übertragungen bei Einkünften aus Land- und Forstwirtschaft und selbständiger Arbeit	40

VI.	Nachversteuerungsfälle nach § 34a Abs. 6 EStG	41–46
	1. Betriebsaufgabe, -veräußerung	42
	2. Umwandlungsfälle	43
	3. Wechsel der Gewinnermittlungsart	44
	4. Antrag auf Nachversteuerung	45
	5. Stundung	46
VII.	Fälle des § 6 Abs. 3 EStG und § 24 UmwStG	47
VIII.	Anwendungszeitpunkt	48

I. Tarifbegünstigung für nicht entnommene Gewinne

1. Begünstigte Einkunftsarten

Der unbeschränkt oder beschränkt Steuerpflichtige kann die Tarifbegünstigung nach § 34a EStG für Einkünfte aus Land- und Forstwirtschaft (§ 13 EStG), Gewerbebetrieb (§ 15 EStG) und selbständiger Arbeit (§ 18 EStG) für den nicht entnommenen Teil des Gewinns aus einem Einzelunternehmen oder aus einem Mitunternehmeranteil in Anspruch nehmen. Die Ermittlung des zu versteuernden Einkommens (§ 2 Abs. 5 EStG) bleibt durch § 34a EStG unberührt. Damit sind insbesondere die Regelungen über den Verlustausgleich und -abzug vorrangig zu beachten. Der Verlustausgleich und -abzug ist auch dann vorzunehmen, wenn für nicht entnommene Gewinne die Tarifbegünstigung nach § 34a EStG in Anspruch genommen wird. Durch § 34a EStG kann daher kein Verlustvortrag nach § 10d EStG generiert werden.

Bei Mitunternehmeranteilen kommt eine Inanspruchnahme des § 34a EStG für den Gewinnanteil des Mitunternehmers aus der Mitunternehmerschaft, d. h. für den Anteil am Gewinn der Gesellschaft sowie aus etwaigen Ergänzungs- und Sonderbilanzen des Mitunternehmers in Betracht. Auch der persönlich haftende Gesellschafter einer Kommanditgesellschaft auf Aktien, der kein Mitunternehmer ist, jedoch wie ein Mitunternehmer zu behandeln ist, kann für seinen nicht entnommenen Gewinnanteil nach § 15 Abs. 1 Satz 1 Nr. 3 EStG die Tarifbegünstigung nach § 34a EStG in Anspruch nehmen.

2. Begünstigter Gewinn bei beschränkter Steuerpflicht

Abweichend von der Behandlung der unbeschränkt Steuerpflichtigen gilt für beschränkt Steuerpflichtige Folgendes:

Bei beschränkt Steuerpflichtigen erstreckt sich die Anwendung des § 34a EStG auf die Gewinneinkünfte nach § 49 EStG (ggf. eingeschränkt durch ein Doppelbesteuerungsabkommen). Entnahmen und Einlagen, die nicht diesen Einkünften zugeordnet werden können, bleiben außer Ansatz. Zu grenzüberschreitenden Überführungen und Übertragungen vgl. Tz. 34 ff.

3. Veräußerungsgewinne

Für Veräußerungsgewinne, bei denen der Steuerpflichtige den Freibetrag nach § 16 Abs. 4 EStG oder die Tarifermäßigung nach § 34 Abs. 3 EStG in Anspruch nimmt, ist eine Tarifbegünstigung nach § 34a EStG nicht möglich. Dies gilt auch für den Veräußerungsgewinn, der nach Abzug des Freibetrags nach § 16 Abs. 4 EStG zu versteuern ist, der bei Inanspruchnahme des § 34 Abs. 3 EStG die Höchstgrenze überschreitet oder nach § 3 Nr. 40 Satz 1 Buchst. b EStG dem Teileinkünfteverfahren unterliegt.

5 Eine Tarifbegünstigung nach § 34a EStG kommt jedoch in Betracht, soweit es sich um einen Veräußerungsgewinn handelt, der nicht aus dem Unternehmen entnommen wurde (z. B. bei Veräußerung eines Teilbetriebs oder Veräußerung eines in einem Betriebsvermögen befindlichen Mitunternehmeranteils) und kein Antrag nach § 16 Abs. 4 oder § 34 Abs. 3 EStG gestellt wurde.

6 Sind sowohl die Voraussetzungen für eine Tarifbegünstigung nach § 34a EStG als auch die Voraussetzung für eine Begünstigung nach § 34 Abs. 1 EStG erfüllt, kann der Steuerpflichtige wählen, welche Begünstigung er in Anspruch nehmen will. Dies gilt auch für übrige Tarifermäßigungen (z. B. § 34b EStG).

4. Antragstellung

7 Der Antrag auf Tarifbegünstigung nach § 34a EStG ist grundsätzlich bei Abgabe der Einkommensteuererklärung für jeden Betrieb oder Mitunternehmeranteil gesondert zu stellen. Dabei kann der Steuerpflichtige für jeden Betrieb oder Mitunternehmeranteil wählen, ob und in welcher Höhe er für den jeweils nicht entnommenen Gewinn die Tarifbegünstigung nach § 34a EStG in Anspruch nimmt. Der Antrag kann für jeden Betrieb oder Mitunternehmeranteil bis zur Höhe des nicht entnommenen Gewinns gestellt werden.

a) Antragstellung bei Einzelunternehmern

8 Einzelunternehmer können unabhängig von der Höhe des Gewinns nach § 4 Abs. 1 Satz 1 oder § 5 EStG die Tarifbegünstigung nach § 34a EStG ganz oder teilweise in Anspruch nehmen.

b) Antragstellung bei Mitunternehmern

9 Jeder einzelne Mitunternehmer kann nur dann einen Antrag stellen, wenn die Beteiligung am Gewinn (aus Gesamthands-, Sonder- und Ergänzungsbilanz) nach § 4 Abs. 1 Satz 1 oder § 5 EStG mehr als 10 % oder mehr als 10.000 € beträgt. Der vertraglichen Gewinnverteilungsabrede kommt keine Bedeutung zu. Einer einheitlichen Antragstellung aller Mitunternehmer einer Personengesellschaft bedarf es nicht.

> **Beispiel:**
> A und B sind Mitunternehmer der AB-OHG. A ist zu 90 %, B ist nach der getroffenen Gewinnverteilungsabrede zu 10 % am Gesamthandsgewinn beteiligt. Der Gewinn nach § 4 Abs. 1 Satz 1 EStG aus dem Gesamthandsbereich beträgt 200.000 €. Es sind nicht abzugsfähige Betriebsausgaben in Höhe von 30.000 € angefallen. B hat in seiner Sonderbilanz aus der Vermietung eines Grundstücks an die AB-OHG einen Verlust von 12.000 € erzielt.
> Der nach § 4 Abs. 1 Satz 1 und § 5 EStG ermittelte Gewinn der Mitunternehmerschaft beträgt 188.000 € (200.000 € Gesamthand abzgl. 12.000 € Sonderbilanz des B; die nicht abzugsfähigen Betriebsausgaben haben den Gewinn nach § 4 Abs. 1 Satz 1 EStG gemindert). Hieran ist B mit weniger als 10.000 € (20.000 € Gesamthandsbereich abzgl. 12.000 € aus Sonderbilanz = 8.000 €) und nicht zu mehr als 10 % (8/188 = 4,25 %) beteiligt, so dass die Anwendung des § 34a EStG nur für A (Gewinnanteil 180.000 €) zulässig ist.

c) Änderung des Antrags

10 Hinsichtlich der Änderung des Antrages nach § 34a Abs. 1 Satz 1 EStG gelten die allgemeinen Grundsätze zur Ausübung von Wahlrechten (vgl. Nr. 8 des AEAO vor §§ 172-177). Danach können nach Eintritt der Unanfechtbarkeit der Steuerfestsetzung Wahlrechte nur noch ausgeübt werden, soweit die Steuerfestsetzung nach §§ 129, 164, 165, 172 ff. AO oder nach entsprechenden Regelungen in den Einzelsteuergesetzen korrigiert werden kann; dabei sind die §§ 177 und 351 Abs. 1 AO zu beachten. Darüber hinaus kann der Antrag jederzeit noch bis zur Unanfechtbarkeit des Einkommensteuerbescheids für den folgenden Veranlagungszeitraum ganz oder teilweise zurückgenommen (§ 34a Abs. 1 Satz 4 EStG) werden.

II. Nicht entnommener Gewinn

Maßgeblich für die Tarifbegünstigung nach § 34a EStG ist der nach § 4 Abs. 1 Satz 1 oder 11
§ 5 EStG ermittelte Gewinn (einschließlich Ergebnisse aus Ergebnisabführungsverträgen in Organschaftsfällen oder steuerfreier Gewinnbestandteile wie z. B. steuerfreie Betriebsstättengewinne, steuerfreie Teileinkünfte oder Investitionszulage). Dieser Gewinn ist der Unterschiedsbetrag zwischen dem Betriebsvermögen am Schluss des Wirtschaftsjahrs und dem Betriebsvermögen am Schluss des vorangegangenen Wirtschaftsjahrs (§ 4 Abs. 1 Satz 1, 1. Halbsatz EStG), vermehrt um die Hinzurechnungen der privat veranlassten Wertabgaben, die das Betriebsvermögen gemindert haben (Entnahmen) und vermindert um die privat veranlassten Wertzuführungen, die das Betriebsvermögen erhöht haben (Einlagen, § 4 Abs. 1 Satz 1, 2. Halbsatz EStG). Im Gewinn nach § 4 Abs. 1 Satz 1 EStG sind auch noch die Beträge enthalten, die zur weiteren Ermittlung des steuerpflichtigen Gewinns außerhalb der Bilanz abgezogen (z. B. steuerfreie Gewinnanteile) oder hinzugerechnet (z. B. nicht abzugsfähige Betriebsausgaben) werden.

Bei Personengesellschaften umfasst der Gewinn nach § 4 Abs. 1 Satz 1 EStG auch die Korrekturen aufgrund von Ergänzungsbilanzen und die Ergebnisse der Sonderbilanzen der Mitunternehmer. 12

Der nicht entnommene Gewinn i. S. d. § 34a EStG wird durch Abzug des positiven Saldos aus 13
Entnahmen und Einlagen (bei Mitunternehmeranteilen Entnahmen und Einlagen der Gesamthands-, Sonder- und Ergänzungsbilanzen) vom Gewinn nach § 4 Abs. 1 Satz 1 EStG ermittelt (maximaler Begünstigungsbetrag).

Entnahmen i. S. d. § 34a EStG sind die Entnahmen nach § 4 Abs. 1 Satz 2 i. V. m. § 6 Abs. 1 14
Nr. 4 EStG. Es wird nicht zwischen Bar-, Sach- und Nutzungsentnahmen unterschieden. Zur Behandlung von Entnahmen nach § 4 Abs. 1 Satz 3 EStG bei Überführung von Wirtschaftsgütern ins Ausland vgl. Tz. 34 ff.

1. Gewinnermittlungsart

Die Tarifbegünstigung nach § 34a EStG kann nur in Anspruch genommen werden, wenn der Gewinn durch Bestandsvergleich (§ 4 Abs. 1 Satz 1 oder § 5 EStG) ermittelt wird. Das Erfordernis der Gewinnermittlung durch Bestandsvergleich erstreckt sich auch auf etwaige im Betriebsvermögen gehaltene Beteiligungen an vermögensverwaltenden, land- und forstwirtschaftlichen, gewerblichen oder freiberuflichen Personengesellschaften (vgl. BFH-Beschluss vom 11. April 2005, BStBl II S. 679). Es ist nicht erforderlich, dass die Untergesellschaft selbst ihren Gewinn nach § 4 Abs. 1 Satz 1 oder § 5 EStG ermittelt. Jedoch muss die Obergesellschaft ihren Gewinn aus der Untergesellschaft nach § 4 Abs. 1 Satz 1 oder § 5 EStG ermitteln. 15

Bei Gewinnermittlung durch Einnahmenüberschussrechnung (§ 4 Abs. 3 EStG) oder bei pauschalierten Gewinnermittlungen (§§ 5a, 13a EStG) ist eine ermäßigte Besteuerung nicht möglich.

2. Nicht abzugsfähige Betriebsausgaben

Die nach § 4 Abs. 4a, 5, 5a und 5b und § 4h EStG nicht abzugsfähigen Betriebsausgaben haben 16
den nach § 4 Abs. 1 Satz 1 oder § 5 EStG ermittelten Gewinn gemindert, da sie außerbilanziell hinzuzurechnen sind. Soweit der steuerpflichtige Gewinn also auf Betriebsausgabenabzugsverboten beruht, kann keine Tarifbegünstigung nach § 34a EStG in Anspruch genommen werden.

Beispiel:
Der Gewinn (§ 4 Abs. 1 Satz 1 oder § 5 EStG) des Unternehmens beträgt 330.000 €. Es sind nicht abzugsfähige Betriebsausgaben (§ 4 Abs. 5 EStG) von 45.000 € angefallen. Der Unternehmer hat 70.000 € entnommen. Einlagen wurden in Höhe von 10.000 € getätigt.

Der nicht entnommene Gewinn beträgt 270.000 € (330.000 € abzgl. Saldo Entnahmen (70.000 €) und Einlagen (10.000 €) 60.000 €). Der steuerpflichtige Gewinn beträgt 375.000 € (330.000 € zzgl. 45.000 € nicht abzugsfähige Betriebsausgaben). Der Steuerpflichtige kann einen Antrag nach § 34a EStG für einen Gewinn bis zu 270.000 € stellen.

3. Steuerfreie Gewinnanteile

17 Steuerfreie Gewinnanteile sind Bestandteil des Steuerbilanzgewinns, können aufgrund ihrer Steuerfreiheit jedoch selbst nicht Gegenstand der Tarifbegünstigung nach § 34a EStG sein. Bei der Ermittlung des nicht entnommenen Gewinns gelten sie jedoch als vorrangig entnommen.

Beispiel:
Der Gewinn (§ 4 Abs. 1 Satz 1 oder § 5 EStG) des Unternehmens beträgt 330.000 €. Hierin sind steuerfreie Gewinnanteile (z. B. nach § 3 Nr. 40 EStG) von 50.000 € enthalten. Der Unternehmer hat 70.000 € entnommen. Einlagen wurden nicht getätigt.
Der nicht entnommene Gewinn beträgt 260.000 € (330.000 € abzgl. 70.000 € Entnahmen). Der steuerpflichtige Gewinn beträgt 280.000 € (330.000 € abzgl. 50.000 € steuerfreie Gewinnanteile). Der Steuerpflichtige kann einen Antrag nach § 34a EStG für einen Gewinn bis zu 260.000 € stellen.

4. Ausländische Betriebsstätten

18 Einkünfte ausländischer Betriebsstätten sind im Rahmen des Betriebsvermögensvergleichs des Gesamtunternehmens zu erfassen und führen zu einem um die ausländischen Gewinnanteile erhöhten oder verminderten Gewinn nach § 4 Abs. 1 Satz 1 oder § 5 EStG. Damit beeinflussen ausländische Betriebsstättenergebnisse unmittelbar den nicht entnommenen Gewinn des (inländischen) Betriebes. Soweit die Gewinne aus ausländischen Betriebsstätten steuerfrei (z. B. aufgrund eines Doppelbesteuerungsabkommens) gestellt sind, können sie – wie die anderen steuerfreien Gewinnanteile – nicht Gegenstand der Tarifbegünstigung nach § 34a EStG sein. Vergleiche im Übrigen Tz. 34 ff.

5. Abweichendes Wirtschaftsjahr

19 Bei Personenunternehmen, die Einkünfte aus Gewerbebetrieb beziehen und ein abweichendes Wirtschaftsjahr haben, gilt der Gewinn in dem Veranlagungsjahr als bezogen, in dem das Wirtschaftsjahr endet (§ 4a Abs. 2 Nr. 2 EStG). Eine Aufteilung des Gewinns des Wirtschaftsjahrs 2007/2008 sowie der Entnahmen und Einlagen für Zwecke des § 34a EStG ist nicht vorzunehmen. Daher kann die Tarifbegünstigung nach § 34a EStG auch schon für den gesamten Gewinn des Wirtschaftsjahrs 2007/2008 beantragt werden, wenn die übrigen Voraussetzungen erfüllt sind.

Dagegen ist der Gewinn bei Personenunternehmen, die Einkünfte aus Land- und Forstwirtschaft erzielen und ein abweichendes Wirtschaftsjahr haben, auf die Kalenderjahre, in denen das Wirtschaftsjahr beginnt und endet, zeitanteilig aufzuteilen (§ 4a Abs. 2 Nr. 1 EStG). Die Entnahmen und Einlagen sind dabei für Zwecke des § 34a EStG ebenfalls zeitanteilig auf die betreffenden Kalenderjahre aufzuteilen. Der Antrag nach § 34a Abs. 1 EStG kann somit auch nur für den danach auf das jeweilige Kalenderjahr entfallenden nicht entnommenen Gewinn gestellt werden.

6. Nicht entnommener Gewinn bei Personengesellschaften

20 Bei Mitunternehmeranteilen werden sowohl die Entnahmen und Einlagen des Gesamthandsvermögens als auch die des Sonderbetriebsvermögens berücksichtigt. Deren Ermittlung erfolgt für Zwecke des § 34a EStG mitunternehmeranteilsbezogen, d. h. eine Entnahme des Mitunternehmers aus dem Betriebsvermögen der Mitunternehmerschaft mindert den nicht entnommenen Gewinn nur, wenn sie in sein Privatvermögen oder in ein anderes Betriebsvermögen erfolgt.

Die Übertragung eines Wirtschaftsguts aus dem Gesamthandsvermögen einer Mitunternehmerschaft in das Sonderbetriebsvermögen eines Mitunternehmers bei derselben Mitunternehmerschaft (und umgekehrt) hat keinen Einfluss auf die Höhe des nicht entnommenen Gewinns dieses Mitunternehmeranteils. Die Zahlung von Sondervergütungen i. S. v. § 15 Abs. 1 Satz 1 Nr. 2 Satz 1, 2. Halbsatz EStG an einen Mitunternehmer führt nur dann zu einer Entnahme i. S. d. § 34a EStG, wenn die Zahlung ins Privatvermögen (z. B. auf ein privates Bankkonto des Mitunternehmers) erfolgt.

7. Nicht entnommener Gewinn bei doppel- und mehrstöckigen Personengesellschaften

Bei doppel- und mehrstöckigen Personengesellschaften ist für den Mitunternehmer der Obergesellschaft nur ein einheitlicher begünstigter Gewinn zu ermitteln, der neben dem Gewinn aus der Obergesellschaft – einschließlich der Ergebnisse aus Ergänzungs- und Sonderbilanzen – auch die Ergebnisse aus einer etwaigen Sonderbilanz nach § 15 Abs. 1 Satz 1 Nr. 2 Satz 2 EStG bei der Untergesellschaft umfasst. Entnahmen des Mitunternehmers bei der Obergesellschaft sind zu addieren mit Entnahmen, die von ihm aus seinem Sonderbetriebsvermögen bei der Untergesellschaft (§ 15 Abs. 1 Satz 1 Nr. 2 Satz 2 EStG) getätigt werden. Gleiches gilt für Einlagen.

Zahlungen zwischen der Obergesellschaft und der Untergesellschaft haben keinen Einfluss auf das Begünstigungsvolumen.

Beispiel:
An der X-KG (Obergesellschaft) ist A zu 50 % als Mitunternehmer beteiligt. Die X-KG ist ihrerseits an der Y-OHG (Untergesellschaft) beteiligt. Die X-KG erzielt (einschließlich des von der Y-OHG stammenden Gewinnanteils) einen Gewinn von 80.000 €, der A zur Hälfte zugerechnet wird. A erzielt aus einem an die Y-OHG vermieteten Grundstück (Sonderbetriebsvermögen des A bei der Y-OHG) einen Gewinn von 5.000 €. Die gesamten Mietzahlungen der Y-OHG in Höhe von 20.000 € hat A privat verwendet. Aus der X-KG hat A 15.000 € entnommen. Weitere Entnahmen oder Einlagen wurden nicht getätigt.
Der nicht entnommene Gewinn des A beträgt 10.000 € (40.000 € Gewinnanteil Obergesellschaft zzgl. 5.000 € Gewinn aus dem Sonderbetriebsvermögen bei der Untergesellschaft = 45.000 € Gewinn nach § 4 Abs. 1 Satz 1 EStG, abzgl. Saldo aus Entnahmen (15.000 € aus Obergesellschaft zzgl. 20.000 € aus Sonderbetriebsvermögen bei der Untergesellschaft = 35.000 €) und Einlagen (0 €)).

III. Begünstigungsbetrag/Nachversteuerungspflichtiger Betrag

Aus der Ausgangsgröße des nicht entnommenen Gewinns werden zunächst der Begünstigungsbetrag (§ 34a Abs. 3 Satz 1 EStG) und daraus der nachversteuerungspflichtige Betrag entwickelt (§ 34a Abs. 3 Satz 2 EStG).

1. Begünstigungsbetrag

Der Begünstigungsbetrag ist der Teil des nicht entnommenen Gewinns, für den der Steuerpflichtige einen Antrag nach § 34a Abs. 1 EStG stellen kann und diesen auch gestellt hat. Der Begünstigungsbetrag ist die Bemessungsgrundlage für die Steuer nach § 34a Abs. 1 Satz 1 EStG.

Beispiel:
Der nicht entnommene Gewinn (§ 34a Abs. 2 EStG) beträgt 150.000 €. Der Steuerpflichtige stellt einen Antrag nach § 34a Abs. 1 Satz 1 EStG für 60.000 €.
Der Begünstigungsbetrag (§ 34a Abs. 3 Satz 1 EStG) beträgt 60.000 €.
Der Steuerpflichtige muss 90.000 € mit dem progressiven persönlichen Steuersatz (Bemessungsgrundlage verbleibendes z. v. E. nach Abzug des nach § 34a EStG begünstigt zu versteuernden Gewinns) versteuern.
Für den Begünstigungsbetrag zahlt er 16.950 € (28,25 % v. 60.000 €) ESt zzgl. 932,25 € (5,5 % v. 16.950 €) SolZ.

2. Nachversteuerungspflichtiger Betrag des Veranlagungszeitraums

24 Der nachversteuerungspflichtige Betrag des Betriebs oder Mitunternehmeranteils für den laufenden Veranlagungszeitraum wird aus dem Begünstigungsbetrag durch Abzug der auf den Begünstigungsbetrag entfallenden Steuerbelastung (ESt und SolZ, nicht jedoch der KiSt) ermittelt. Der Betrag ist Euro und Cent genau zu ermitteln.

Beispiel:
Der Steuerpflichtige hat für 60.000 € seines im Jahr 01 nicht entnommenen Gewinns die Tarifbegünstigung nach § 34a EStG beantragt (wie voriges Beispiel).
Der nachversteuerungspflichtige Betrag des Jahres 01 ermittelt sich wie folgt:

Begünstigungsbetrag	60.000,00 €
Abzgl. ESt (28,25 % von 60.000 €)	16.950,00 €
Abzgl. SolZ (5,5 % von 16.950 €)	932,25 €
Nachversteuerungspflichtiger Betrag	42.117,75 €

3. Ermittlung des nachversteuerungspflichtigen Betrags zum Ende des Veranlagungszeitraums

25 Der nachversteuerungspflichtige Betrag ist jährlich fortzuschreiben und zum Ende des Veranlagungszeitraums für jeden Betrieb und Mitunternehmeranteil gesondert festzustellen (§ 34a Abs. 3 Satz 3 EStG). In den Fällen des § 34a Abs. 7 EStG (vgl. Tz. 47) ist der nachversteuerungspflichtige Betrag zum Ende des Tages vor dem steuerlichen Übertragungsstichtag festzustellen.

Die Ermittlung und Fortschreibung des nachversteuerungspflichtigen Betrags (§ 34a Abs. 3 Satz 2 EStG) wird durch das nachfolgende Schema veranschaulicht:

Nachversteuerungspflichtiger Betrag zum 31.12. des vorangegangenen Veranlagungszeitraums

zzgl.	nachversteuerungspflichtiger Betrag des laufenden Veranlagungszeitraums (§ 34a Abs. 3 EStG)
zzgl.	auf diesen Betrieb oder Mitunternehmeranteil von einem anderen Betrieb oder Mitunternehmeranteil desselben Steuerpflichtigen übertragener nachversteuerungspflichtiger Betrag (§ 34a Abs. 5 EStG)
abzgl.	Nachversteuerungsbetrag des laufenden Veranlagungszeitraums (§ 34a Abs. 4, 5 und 6 EStG)
abzgl.	auf einen anderen Betrieb oder Mitunternehmeranteil von diesem Betrieb oder Mitunternehmeranteil übertragener nachversteuerungspflichtiger Betrag (§ 34a Abs. 5 EStG)
=	Nachversteuerungspflichtiger Betrag zum 31.12. des Veranlagungszeitraums

IV. Nachversteuerung (§ 34a Abs. 4 EStG)

26 Liegt in späteren Jahren der positive Saldo von Entnahmen und Einlagen über dem Gewinn dieses Jahres, ist nach § 34a Abs. 4 EStG insoweit eine Nachversteuerung des festgestellten nachversteuerungspflichtigen Betrags durchzuführen.

1. Nachversteuerungsbetrag

27 Es kommt grundsätzlich zur Nachversteuerung, wenn der positive Saldo von Entnahmen und Einlagen im Wirtschaftsjahr den (positiven) Gewinn nach § 4 Abs. 1 Satz 1 oder § 5 EStG dieses Wirtschaftsjahrs übersteigt (Entnahmenüberhang). Im Fall eines Verlustes ist der Entnahmen-

überhang so hoch wie der positive Saldo von Entnahmen und Einlagen. In Höhe des Entnahmenüberhangs entsteht ein Nachversteuerungsbetrag (Ausnahme: Entnahmen zur Zahlung von Erbschaft-/Schenkungsteuer, vgl. Tz. 30 und Fälle des § 34a Abs. 5 Satz 2 EStG, vgl. Tz. 32 und 33). Die Nachversteuerung wird in Höhe des Nachversteuerungsbetrags (max. in Höhe des festgestellten nachversteuerungspflichtigen Betrags) mit einem festen Steuersatz von 25 % zzgl. Solidaritätszuschlag und ggf. Kirchensteuer neben der Versteuerung des zu versteuernden Einkommens des laufenden Veranlagungszeitraums mit dem persönlichen Steuersatz vorgenommen.

Beispiel:
Der Steuerpflichtige hat im Jahr 04 einen Gewinn nach § 4 Abs. 1 Satz 1 EStG i. H. v. 8.000 €. Die Entnahmen betragen 50.000 €. Der für das Vorjahr festgestellte nachversteuerungspflichtige Betrag beträgt 60.000 €. Einlagen wurden nicht getätigt.
Der Steuerpflichtige muss den laufenden Gewinn des Jahres (8.000 €) nach § 32a EStG versteuern. Der Entnahmenüberhang beträgt 42.000 €, für die er 10.500 € ESt (25 % von 42.000 €) und 577,50 € SolZ zahlen muss. Der nachversteuerungspflichtige Betrag zum 31. 12. 04 ist i. H. v. 18.000 € festzustellen.

Bei der Ermittlung des Entnahmenüberhangs sind außerbilanzielle Hinzurechnungen (z. B. nicht abzugsfähige Betriebsausgaben) nicht zu berücksichtigen. 28

Beispiel:
Der Steuerpflichtige hat im Jahr 04 einen Gewinn nach § 4 Abs. 1 Satz 1 EStG i. H. v. 60.000 €. Es sind nicht abzugsfähige Betriebsausgaben nach § 4 Abs. 5 EStG i. H. v. 30.000 € entstanden. Die Entnahmen betragen 80.000 €. Der für das Vorjahr festgestellte nachversteuerungspflichtige Betrag beträgt 60.000 €. Einlagen wurden nicht getätigt.
Der Steuerpflichtige muss den laufenden Gewinn des Jahres (90.000 € (60.000 € zzgl. nichtabzugsfähige Betriebsausgaben von 30.000 €)) nach § 32a EStG versteuern. Der Entnahmenüberhang beträgt 20.000 € (60.000 € abzgl. 80.000 €), für die er 5.000 € ESt (25 % von 20.000 €) und 275 € SolZ zahlen muss. Der nachversteuerungspflichtige Betrag zum 31. 12. 04 ist i. H. v. 40.000 € festzustellen.

2. Verwendungsreihenfolge

Die Verwendungsreihenfolge des positiven Saldos aus Entnahmen und Einlagen ist wie folgt 29 aufgebaut:

1. positiver steuerfreier Gewinn des laufenden Jahres,
2. positiver steuerpflichtiger Gewinn des laufenden Jahres;
3. nicht entnommene und nach § 34a EStG begünstigte Gewinne der Vorjahre (= Nachversteuerungspflichtiger Gewinn der Vorjahre),
4. steuerfreie und nicht entnommene mit dem persönlichen Steuersatz versteuerte Gewinne der Vorjahre.

3. Entnahmen zur Zahlung von Erbschaft-/Schenkungsteuer

Eine Nachversteuerung nach § 34a Abs. 4 Satz 1 EStG ist nicht durchzuführen, soweit sie durch 30 Entnahmen für die Erbschaft-/Schenkungsteuer anlässlich der Übertragung des Betriebs oder Mitunternehmeranteils ausgelöst wird. Die Erbschaft-/Schenkungsteuer anlässlich der Übertragung des Betriebs oder Mitunternehmeranteils berechnet sich wie folgt:

$$\text{Festgesetzte Erbschaftsteuer} \cdot \frac{\text{Erbschaftsteuerbemessungsgrundlage für den Betrieb oder Mitunternehmeranteil}}{\text{Erbschaftsteuerbemessungsgrundlage}}$$

31 Entnahmen für die Erbschaft-/Schenkungsteuer sind bei der Ermittlung des nicht entnommenen Gewinns des laufenden Wirtschaftsjahrs zu berücksichtigen (vgl. Tz. 11). Die Regelung des § 34a Abs. 4 Satz 1 EStG lässt diese nur bei der Ermittlung des Nachversteuerungsbetrags unberücksichtigt.

Eine Entnahme aus einem Betrieb für die Erbschaftsteuer eines anderen Betriebsvermögens desselben Steuerpflichtigen fällt nicht unter die Ausnahmeregelung und führt daher im Fall des Entnahmenüberhangs zur Nachversteuerung beim Betrieb, bei dem die Entnahme getätigt wurde.

Wird die Erbschaft-/Schenkungsteuer nur teilweise aus dem Betrieb entnommen, gilt die Entnahme vorrangig als für die auf den Betrieb oder Mitunternehmeranteil entfallende Erbschaft-/Schenkungsteuer getätigt.

Beispiel:
Die Erbschaftsteuer beträgt insgesamt 100.000 €, davon entfallen 50.000 € auf den geerbten Gewerbebetrieb. Zur Bezahlung der Erbschaftsteuer entnimmt der Steuerpflichtige 80.000 € aus dem Betrieb. Die restlichen 20.000 € werden aus privaten Mitteln beglichen. Der Gewinn des Betriebs beträgt 0 €. Es wurde ein nachversteuerungspflichtiger Betrag von 60.000 € für diesen Betrieb festgestellt.
Der Entnahmenüberhang beträgt 80.000 €. Davon entfallen 50.000 € auf die Entnahme für Erbschaftsteuer (§ 34a Abs. 4 Satz 1 EStG). Es sind daher lediglich 30.000 € nachzuversteuern.

V. Übertragungen und Überführungen von einzelnen Wirtschaftsgütern

1. Entnahmereihenfolge bei Übertragung oder Überführung von einzelnen Wirtschaftsgütern (§ 34a Abs. 5 EStG)

32 Es besteht nach § 34a Abs. 5 Satz 2 EStG die Möglichkeit, bei Übertragungen und Überführungen von einzelnen Wirtschaftsgütern zum Buchwert in ein anderes Betriebsvermögen nach § 6 Abs. 5 EStG statt einer Nachversteuerung beim Ursprungsbetrieb den (anteiligen) nachversteuerungspflichtigen Betrag auf das übernehmende Unternehmen zu übertragen.

§ 34a Abs. 5 Satz 2 EStG ist nicht anzuwenden, wenn Geldbeträge von einem Betrieb oder Mitunternehmeranteil in einen anderen Betrieb oder Mitunternehmeranteil des Steuerpflichtigen unter den Voraussetzungen des § 6 Abs. 5 EStG überführt oder übertragen werden.

Ist in späteren Wirtschaftsjahren nach § 6 Abs. 5 Satz 4 oder 6 EStG für den Übertragungs-/Überführungsvorgang auf Grund eines schädlichen Ereignisses rückwirkend der Teilwert anzusetzen, ist insoweit die Übertragung des nachversteuerungspflichtigen Betrags rückgängig zu machen.

Beispiel:
Der Steuerpflichtige überführt in 01 ein Grundstück (Buchwert 200.000 €) zum Buchwert von seinem Einzelunternehmen in das Sonderbetriebsvermögen einer Personengesellschaft, an der er beteiligt ist. Der Steuerpflichtige tätigt in 01 übrige Entnahmen i. H. v. 60.000 €. Der Gewinn seines Einzelunternehmens beträgt in 01 40.000 €. Der nachversteuerungspflichtige Betrag des Einzelunternehmens zum 31. 12. 00 beträgt 300.000 €. Einlagen wurden nicht getätigt.
Die Gesamtentnahmen des Steuerpflichtigen betragen 260.000 €. Der Nachversteuerungsbetrag nach § 34a Abs. 4 EStG beträgt zunächst 220.000 € (260.000 € Entnahmen abzgl. 40.000 € Gewinn). Auf Antrag des Steuerpflichtigen können 200.000 € (= Buchwert des überführten Grundstücks) auf den nachversteuerungspflichtigen Betrag des Mitunternehmeranteils übertragen werden. Es verbleiben 20.000 €, die der Nachversteuerung mit 25 % unterliegen (= 5.000 €). Der nachversteuerungspflichtige Betrag des Einzelunternehmens zum 31. 12. 01 beträgt 80.000 € (300.000 € abzgl. 200.000 € Übertragung abzgl. 20.000 € Nachversteuerung).

33 Der übertragungsfähige nachversteuerungspflichtige Betrag i. S. d. § 34a Abs. 5 EStG ist der nach Berücksichtigung der übrigen Entnahmen und hierauf nach § 34a Abs. 4 EStG erfolgender

Nachversteuerungen verbleibende nachversteuerungspflichtige Betrag, maximal jedoch der Buchwert.

Beispiel:
Der Steuerpflichtige überführt in 01 ein Grundstück (Buchwert 200.000 €) zum Buchwert von seinem Einzelunternehmen in das Sonderbetriebsvermögen einer Personengesellschaft, an der er beteiligt ist. Der Steuerpflichtige tätigt in 01 übrige Entnahmen i. H. v. 60.000 €. Der Gewinn seines Einzelunternehmens beträgt in 01 0 €. Der nachversteuerungspflichtige Betrag des Einzelunternehmens zum 31.12.00 beträgt 150.000 €. Einlagen wurden nicht getätigt.
Die Gesamtentnahmen des Steuerpflichtigen betragen 260.000 €. Der Entnahmenüberhang nach § 34a Abs. 4 EStG beträgt (zunächst) 260.000 €, da ein Gewinn nicht erzielt wurde. Der Steuerpflichtige muss 60.000 € nachversteuern, da der Entnahmenüberhang insoweit auf den übrigen Entnahmen beruht. Auf Antrag des Steuerpflichtigen können 90.000 € (= Buchwert des überführten Grundstücks (200.000 €), maximal jedoch verbleibender nachversteuerungspflichtiger Betrag (150.000 € abzgl. Nachversteuerungsbetrag 60.000 €)) auf den nachversteuerungspflichtigen Betrag des Mitunternehmeranteils übertragen werden. Der nachversteuerungspflichtige Betrag des Einzelunternehmens zum 31.12.01 beträgt 0 € (150.000 € abzgl. 60.000 € Nachversteuerungsbetrag abzgl. 90.000 € Übertragungsbetrag).

2. Grenzüberschreitende Überführungen und Übertragungen von Wirtschaftsgütern

Entnahmen i. S. d. § 4 Abs. 1 Satz 3 ff. EStG aufgrund der Überführung oder Übertragung von Wirtschaftsgütern aus einem inländischen Betriebsvermögen in ein ausländisches Betriebsvermögen desselben Steuerpflichtigen sind grundsätzlich auch bei der Ermittlung des nicht entnommenen Gewinns und des Entnahmenüberhangs i. S. d. § 34a EStG zu berücksichtigen. Gleiches gilt für Einlagen i. S. d. § 4 Abs. 1 Satz 7 EStG aufgrund der Überführung oder Übertragung aus einem ausländischen Betriebsvermögen in ein inländisches Betriebsvermögen desselben Steuerpflichtigen. Dabei sind jedoch folgende Fallgruppen zu unterscheiden:

a) Überführungen innerhalb eines Betriebs oder Mitunternehmeranteils

Bei unbeschränkt Steuerpflichtigen wirkt sich die Überführung eines Wirtschaftsguts von einer inländischen in eine ausländische Betriebsstätte nicht auf den Gewinn des Gesamtunternehmens aus, da der Entnahme aus der inländischen Betriebsstätte eine korrespondierende Einlage in die ausländische Betriebsstätte gegenübersteht. Entsprechendes gilt für die Überführung eines Wirtschaftsguts von einer ausländischen in eine inländische Betriebsstätte.

Bei beschränkt Steuerpflichtigen ist die Anwendung des § 34a EStG begrenzt auf den nicht entnommenen Gewinn/den Entnahmenüberhang der inländischen Betriebsstätte (vgl. Tz. 3). Die der Einlage in die inländische Betriebsstätte vorhergehende Entnahme aus dem ausländischen Betriebsvermögen oder die der Entnahme aus der inländischen Betriebsstätte nachfolgenden Einlage in das ausländische Betriebsvermögen bleibt infolge der in Satz 1 beschriebenen Begrenzung unberücksichtigt.

b) Überführungen und Übertragungen zwischen mehreren Betrieben oder Mitunternehmeranteilen

Die Überführung eines Wirtschaftsguts von einem inländischen Betrieb in einen anderen, im Ausland belegenen Betrieb desselben unbeschränkt Steuerpflichtigen ist eine Entnahme aus dem inländischen und eine Einlage in den ausländischen Betrieb. Eine Zusammenfassung ist – wie bei reinen Inlandsvorgängen – nicht zulässig. Entsprechendes gilt für die Überführung eines Wirtschaftsguts von einem ausländischen Betrieb in einen anderen, im Inland belegenen Betrieb desselben unbeschränkt Steuerpflichtigen.

Bei beschränkt Steuerpflichtigen haben derartige Vorgänge nur Bedeutung für den nicht entnommenen Gewinn/den Entnahmenüberhang der inländischen Betriebsstätte. Infolge der in

Tz. 36 Satz 1 beschriebenen Begrenzung auf den nicht entnommenen Gewinn/den Entnahmenüberhang der inländischen Betriebstätte sind die Verhältnisse im Ausland ohne Bedeutung.

39 Die grenzüberschreitende Übertragung eines Wirtschaftsguts aus dem oder in das Gesamthandsvermögen einer Personengesellschaft steht der grenzüberschreitenden Überführung aus einem oder in einen Betrieb gleich. Insoweit gelten die Ausführungen in Tz. 37 entsprechend.

c) Grenzüberschreitende Überführungen und Übertragungen bei Einkünften aus Land- und Forstwirtschaft und selbständiger Arbeit

40 Die vorstehenden Grundsätze gelten sinngemäß für Einkünfte aus Land- und Forstwirtschaft und selbständiger Arbeit.

VI. Nachversteuerungsfälle nach § 34a Abs. 6 EStG

41 Nach § 34a Abs. 6 EStG ist eine Nachversteuerung auch in den folgenden Fällen durchzuführen:

- Betriebsaufgaben (einschl. Realteilung nach § 16 Abs. 3 Satz 2 bis 4 EStG), -veräußerungen (vgl. Tz. 42),
- Umwandlungsfälle (vgl. Tz. 43),
- Wechsel der Gewinnermittlungsart (vgl. Tz. 44),
- Antrag des Steuerpflichtigen (freiwillige Nachversteuerung) (vgl. Tz. 45).

1. Betriebsaufgabe, -veräußerung

42 Wird ein ganzer Betrieb oder ein ganzer Mitunternehmeranteil vollständig aufgegeben, real geteilt oder veräußert (§ 16 EStG), entfällt die Grundlage für die Tarifbegünstigung nach § 34a EStG und damit die Möglichkeit, beim Steuerpflichtigen eine Nachversteuerung durchzuführen (§ 34a Abs. 6 Satz 1 Nr. 1 EStG). Der für diesen Betrieb oder Mitunternehmeranteil festgestellte nachversteuerungspflichtige Betrag ist in voller Höhe aufzulösen und nachzuversteuern. Dies gilt auch für die Fälle des § 16 Abs. 2 Satz 3 EStG.

Veräußert der Steuerpflichtige nur einen Teil seines Betriebs oder Mitunternehmeranteils oder einen Teilbetrieb, löst dies hingegen keine Nachversteuerung der zuvor nach § 34a EStG begünstigten Gewinne aus, da eine Nachversteuerung beim Steuerpflichtigen im Rahmen des verbleibenden Teils des Betriebs oder Mitunternehmeranteils weiterhin möglich ist.

2. Umwandlungsfälle

43 Eine Nachversteuerung in voller Höhe des festgestellten nachversteuerungspflichtigen Betrags ist bei Einbringung eines Betriebs oder Mitunternehmeranteils in eine Kapitalgesellschaft oder eine Genossenschaft sowie in den Fällen des Formwechsels einer Personengesellschaft in eine Kapitalgesellschaft oder Genossenschaft vorzunehmen (§ 34a Abs. 6 Satz 1 Nr. 2 EStG). Bei der Einbringung eines Teils eines Betriebs, eines Teilbetriebs oder eines Teils eines Mitunternehmeranteils gilt Tz. 42 2. Absatz entsprechend.

3. Wechsel der Gewinnermittlungsart

44 Beim Übergang von der Gewinnermittlung durch Betriebsvermögensvergleich zur Einnahmenüberschussrechnung oder zu einer pauschalierten Gewinnermittlung (z. B. § 5a EStG, § 13a EStG)

ist der festgestellte nachversteuerungspflichtige Betrag ebenfalls in voller Höhe aufzulösen (§ 34a Abs. 6 Satz 1 Nr. 3 EStG).

4. Antrag auf Nachversteuerung

Eine Nachversteuerung des gesamten oder eines Teils des festgestellten nachversteuerungspflichtigen Betrags ist zudem durchzuführen, wenn der Steuerpflichtige dies beantragt (§ 34a Abs. 6 Satz 1 Nr. 4 EStG). 45

5. Stundung

Bei Nachversteuerungen nach § 34a Abs. 6 Satz 1 Nr. 1 und 2 EStG besteht die Möglichkeit, die nach § 34a Abs. 4 EStG geschuldete Steuer über einen Zeitraum von bis zu 10 Jahren zinslos zu stunden. Voraussetzung ist jedoch, dass die sofortige Begleichung der Steuer eine erhebliche Härte darstellen würde. Ob eine erhebliche Härte vorliegt, ist nach den Gesamtumständen des jeweiligen Einzelfalls nach den Grundsätzen des § 222 AO zu prüfen. 46

Eine Stundung nach § 34a Abs. 6 Satz 2 EStG ist bei Wechsel der Gewinnermittlungsart und bei freiwilliger Nachversteuerung nicht vorgesehen. Die Stundungsmöglichkeit nach § 222 AO bleibt unberührt.

VII. Fälle des § 6 Abs. 3 EStG und § 24 UmwStG

In den Fällen der unentgeltlichen Übertragung eines ganzen Betriebs oder eines ganzen Mitunternehmeranteils nach § 6 Abs. 3 EStG und den Fällen der Einbringung eines ganzen Betriebs oder eines ganzen Mitunternehmeranteils zu Buchwerten in eine Personengesellschaft nach § 24 UmwStG ist nach § 34a Abs. 7 EStG der für diesen Betrieb oder Mitunternehmeranteil festgestellte nachversteuerungspflichtige Betrag (vgl. Tz. 25) auf den neuen (Mit-)Unternehmer zu übertragen. Bei der Übertragung eines Teils eines Betriebs, eines Teilbetriebs oder eines Teils eines Mitunternehmeranteils verbleibt der nachversteuerungspflichtige Betrag in voller Höhe beim bisherigen (Mit-)Unternehmer. Erfolgt die Einbringung eines ganzen Betriebs oder eines ganzen Mitunternehmeranteils hingegen nicht zu Buchwerten, ist der nachversteuerungspflichtige Betrag im Jahr der Einbringung in voller Höhe nachzuversteuern. 47

Findet die unentgeltliche Übertragung des Betriebs oder Mitunternehmeranteils nicht zum Ende des Wirtschaftsjahres statt, ist eine Schlussbilanz auf den Zeitpunkt der Übertragung zu erstellen. Geschieht dies nicht, sind die Entnahmen und Einlagen des Wirtschaftsjahres der Übertragung vor dem Übertragungsstichtag dem Rechtsvorgänger und die Entnahmen und Einlagen des Wirtschaftsjahres der Übertragung nach dem Übertragungsstichtag dem Rechtsnachfolger zuzurechnen. Maßgeblich ist der tatsächliche Zeitpunkt der Entnahmen und Einlagen. Der Gewinn des Wirtschaftsjahres der Übertragung ist im Wege der Schätzung auf Rechtsvorgänger und Rechtsnachfolger aufzuteilen. Zur Feststellung des nachversteuerungspflichtigen Betrags vgl. Tz. 25 Satz 2.

Die Übertragung des nachversteuerungspflichtigen Betrags auf den Rechtsnachfolger kann vermieden werden, wenn der Rechtsvorgänger vor der Übertragung die Nachversteuerung nach § 34a Abs. 6 Satz 1 Nr. 4 EStG beantragt.

VIII. Anwendungszeitpunkt

Dieses Schreiben ist ab Veranlagungszeitraum 2008 anzuwenden. 48

Zu § 34c EStG

49. Pauschalierung der Einkommensteuer und Körperschaftsteuer[1] für ausländische Einkünfte gemäß § 34c Abs. 5 EStG und § 26 Abs. 6 KStG

BMF, Schreiben v. 10. 4. 1984 (BStBl I S. 252)

– IV C 6 - S 2293 - 11/84 –

1. Allgemeiner Grundsatz

Die auf ausländische Einkünfte entfallende Einkommen- bzw. Körperschaftsteuer kann nach § 34c Abs. 5 EStG (§ 26 Abs. 6 KStG) im Einzelfall ganz oder zum Teil erlassen oder in einem Pauschbetrag festgesetzt werden, wenn es aus volkswirtschaftlichen Gründen zweckmäßig oder die Anrechnung ausländischer Steuer nach § 34c Abs. 1 EStG besonders schwierig ist. Zur Erzielung einer einheitlichen Beurteilung solcher volkswirtschaftlichen Gründe gelten unter Bezugnahme auf das Ergebnis der Erörterungen mit den obersten Finanzbehörden der Länder für die Anwendung dieser Vorschrift nachstehende Grundsätze. Liegen die darin beschriebenen Voraussetzungen vor, gilt die nach § 34c Abs. 5 EStG erforderliche Zustimmung des Bundesministers der Finanzen als erteilt. Die Finanzämter sind in diesen Fällen ermächtigt, über die pauschale Steuerfestsetzung in eigener Zuständigkeit zu entscheiden.

2. Erfordernis der Antragstellung

Die pauschale Festsetzung der Einkommen- bzw. Körperschaftsteuer wird auf Antrag vorgenommen. Bezüglich des Antragsrechts gelten die allgemeinen Grundsätze, die auch sonst für Erklärungen des Steuerpflichtigen im Besteuerungsverfahren anzuwenden sind, wenn von bestimmten in den Steuergesetzen vorgesehenen Wahlmöglichkeiten Gebrauch gemacht werden kann. Der Antrag kann gestellt werden, solange die Steuerfestsetzung noch nicht unanfechtbar ist oder unter dem Vorbehalt der Nachprüfung steht. Er ist für jeden Veranlagungszeitraum neu zu stellen.

3. Pauschal zu besteuernde Einkünfte

3.1. Die Einkommen- bzw. Körperschaftsteuer von unbeschränkt steuerpflichtigen natürlichen Personen, Körperschaften, Personenvereinigungen und Vermögensmassen, die ihren Gewinn durch Betriebsvermögensvergleich ermitteln, kann pauschal festgesetzt werden

3.1.1. für Einkünfte aus Gewerbebetrieb, die durch die Tätigkeit einer in einem ausländischen Staat befindlichen Betriebsstätte (§ 12 AO, BFH-Urteil vom 7. 3. 1979 – BStBl I S. 527) erzielt werden, wenn die ausländische Betriebsstätte von dem inländischen Teil des Gesamtunternehmens durch organisatorische Maßnahmen, z. B. in der Buchführung oder durch eine Kostenträgerrechnung, so getrennt ist, daß die Ausgliederung des Teils der Einkünfte sichergestellt ist, für den die pauschale Besteuerung beantragt wird,

---

[1] Aufhebung für die Körperschaftsteuer ab dem VZ 2004 durch BMF, Schreiben v. 24. 11. 2003 (BStBl I S. 747).

3.1.2. für Einkünfte aus der Beteiligung an einer ausländischen Personengesellschaft, bei der der Gesellschafter als Unternehmer (Mitunternehmer) anzusehen ist, wenn die Beteiligung zum Betriebsvermögen eines inländischen gewerblichen Unternehmens gehört,

3.1.3. für Einkünfte aus selbständiger Arbeit, wenn diese Einkünfte auf der technischen Beratung, Planung und Überwachung bei Anlagenerrichtung beruhen und in einer in einem ausländischen Staat unterhaltenen Betriebsstätte (festen Einrichtung) erzielt werden. Die Ausführungen in Tz. 3.1.1. zur Möglichkeit der Ausgliederung der pauschal zu besteuernden Einkünfte gelten entsprechend.

3.2. Die Körperschaftsteuer von unbeschränkt steuerpflichtigen Körperschaften, Personenvereinigungen und Vermögensmassen (Muttergesellschaft) kann für Einkünfte aus einer zu ihrem inländischen Betriebsvermögen gehörenden Beteiligung an einer Kapitalgesellschaft mit Geschäftsleitung und Sitz im Ausland (Tochtergesellschaft) pauschal festgesetzt werden, wenn die Muttergesellschaft nachweislich seit mindestens 12 Monaten vor dem Ende des Veranlagungszeitraums oder des davon abweichenden Gewinnermittlungszeitraums mindestens zu einem Zehntel unmittelbar am Nennkapital der Tochtergesellschaft beteiligt ist. Bei der Ermittlung dieser Einkünfte ist Abschnitt 76 Abs. 15 Satz 3 KStR zu beachten.

4. Veräußerungsgewinne

Tz. 3. gilt nicht für Einkünfte aus der Veräußerung der Betriebsstätte und von Anteilen an einer Personengesellschaft oder an einer Tochtergesellschaft.

5. Tätigkeitsmerkmale

In den Fällen der Tz. 3.1.1., 3.1.2. und 3.2. setzt die pauschale Besteuerung voraus, daß die ausländische Betriebsstätte, Personengesellschaft oder Tochtergesellschaft, aus der die Einkünfte bezogen werden, jeweils ausschließlich oder fast ausschließlich (vgl. Abschn. 76 Abs. 9 Satz 1 und 2 KStR) die Herstellung oder Lieferung von Waren außer Waffen, die Gewinnung von Bodenschätzen oder die Bewirkung gewerblicher Leistungen zum Gegenstand hat, soweit diese nicht in der Errichtung oder dem Betrieb von Anlagen, die dem Fremdenverkehr dienen, oder in der Vermietung und Verpachtung von Wirtschaftsgütern einschließlich der Überlassung von Rechten, Plänen, Verfahren, Erfahrungen und Kenntnissen oder im Betrieb von Handelsschiffen im internationalen Verkehr bestehen.

6. Verluste

Bezieht der Steuerpflichtige aus einem ausländischen Staat Einkünfte i. S. der Tz. 3. aus mehreren Einkunftsquellen, so ist auf das Gesamtergebnis abzustellen. Die Steuer kann also nur für den Betrag der in Tz. 3. genannten Einkünfte pauschal festgesetzt werden, der sich nach Ausgleich mit den im selben Veranlagungszeitraum erzielten negativen Einkünften ergibt. Ein negatives Gesamtergebnis mindert pauschal zu besteuernde Einkünfte der folgenden Veranlagungszeiträume nicht.

7. Umfang der pauschal zu besteuernden Einkünfte

7.1. Stammen Einkünfte im Sinne dieser Grundsätze aus mehreren ausländischen Staaten, so kann der Steuerpflichtige den Antrag auf Pauschalierung auf die Einkünfte aus einem oder mehreren dieser Staaten beschränken.

7.2. Der Antrag auf pauschale Besteuerung kann nicht auf einen beliebigen Teilbetrag der Einkünfte, für die die pauschale Besteuerung in Betracht kommt, begrenzt werden, um z. B. durch die Inanspruchnahme der in den Steuertabellen enthaltenen Freibeträge insgesamt einen Steuersatz zu erreichen, der unter 25 vom Hundert liegt.

7.3. In den Antrag auf pauschale Besteuerung brauchen jedoch Einkünfte der in § 26 Abs. 3 KStG genannten Art nicht einbezogen zu werden.

7.4. **Gesonderte Feststellung der Einkünfte**

7.4.1. Sind pauschal zu besteuernde Einkünfte im Rahmen einer gesonderten Gewinnfeststellung (§ 180 AO) zu berücksichtigen, so hat das Betriebsfinanzamt auf Antrag die für die pauschale Besteuerung erforderlichen Feststellungen zu treffen und dem Wohnsitzfinanzamt mitzuteilen.

7.4.2. Ein Mitunternehmer kann unter Beachtung der Tz. 6. die pauschale Besteuerung für seinen Anteil an den ausländischen Einkünften beantragen. Es ist nicht erforderlich, daß die übrigen Mitunternehmer einen entsprechenden Antrag gestellt haben.

8. Steuerberechnung

Die Einkommen- bzw. Körperschaftsteuer auf die pauschal zu besteuernden Einkünfte beträgt 25 vom Hundert der Einkünfte, höchstens 25 vom Hundert des zu versteuernden Einkommens. Wird die Steuer pauschal festgesetzt, so kann eine auf diese Einkünfte ggf. entfallende ausländische Steuer vom Einkommen weder auf die deutsche Einkommen- bzw. Körperschaftsteuer angerechnet noch bei der Ermittlung des Gesamtbetrags der Einkünfte abgezogen werden. Die pauschale Besteuerung schließt aber weder die Anrechnung noch den Abzug ausländischer Steuern aus demselben Staat aus, die auf andere als die pauschal besteuerten Einkünfte erhoben worden sind. Die pauschal besteuerten Einkünfte sind bei der Ermittlung der auf die übrigen Einkünfte anzuwendenden Steuersätze nicht zu berücksichtigen. Kommt im selben Veranlagungsfall neben der pauschalen Besteuerung die Anrechnung ausländischer Steuern nach § 34c Abs. 1 EStG in Betracht, so sind vor der Berechnung des Anrechnungshöchstbetrags der Betrag der pauschal zu besteuernden Einkünfte aus dem Gesamtbetrag der Einkünfte und die Pauschsteuer aus dem aufzuteilenden Steuerbetrag herauszurechnen.

9. Organschaft

Werden Einkünfte i. S. der Tz. 3. von einer unbeschränkt steuerpflichtigen Kapitalgesellschaft (Organgesellschaft) bezogen, deren Einkünfte nach den §§ 14 bis 18 KStG einem inländischen gewerblichen Unternehmen (Organträger) zuzurechnen sind, so kann der Organträger die pauschale Steuerfestsetzung beantragen. Dabei sind alle dem Organträger zuzurechnenden begünstigungsfähigen Einkünfte aus einem Staat zusammenzufassen.

10. Verhältnis zu Doppelbesteuerungsabkommen

Die vorstehenden Grundsätze gelten nicht für Einkünfte aus einem Staat, mit dem ein Doppelbesteuerungsabkommen besteht.

11.

Nach diesen Grundsätzen ist ab Veranlagungszeitraum 1984 zu verfahren.

Zu § 35 EStG

50. Steuerermäßigung bei den Einkünften aus Gewerbebetrieb gem. § 35 EStG

BMF, Schreiben v. 3. 11. 2016 (BStBl I S. 1187)[1]

– IV C 6 - S 2296-a/08/10002: 003 –

Inhaltsübersicht

	Rn.
1. Anwendungsbereich	1–3
2. Tarifliche Einkommensteuer	4
3. Anrechnungsvolumen	5–13
4. Gewerbliche Einkünfte i. S. d. § 35 EStG	14, 15
5. Ermittlung des Ermäßigungshöchstbetrags	16–18
6. Steuerermäßigung bei Mitunternehmerschaften	
6.1. Aufteilung nach dem allgemeinen Gewinnverteilungsschlüssel	19–24
6.2. Besonderheiten bei mehrstöckigen Personengesellschaften	25–26
6.2.1. Ermittlung des Ermäßigungshöchstbetrags (§ 35 Absatz 1 Satz 2 EStG)	25
6.2.2. Begrenzung des Ermäßigungsbetrags auf die tatsächlich zu zahlende Gewerbesteuer (§ 35 Absatz 1 Satz 5 EStG)	25a, 26
6.3. Der anteilige Gewerbesteuermessbetrag bei einer KGaA	27
6.4. Ermittlung des Gewerbesteuermessbetrags bei unterjähriger Unternehmensübertragung und Gesellschafterwechsel	28–30
6.5. Gesonderte oder gesonderte und einheitliche Feststellung	31, 32
6.6. Behandlung von Veräußerungs- und Aufgabegewinnen i. S. d. § 7 Satz 2 GewStG	33
7. Anwendungszeitraum	34

Im Einvernehmen mit den obersten Finanzbehörden der Länder nehme ich zur Anwendung der Steuerermäßigung bei Einkünften aus Gewerbebetrieb nach § 35 EStG wie folgt Stellung:

1. Anwendungsbereich

§ 35 EStG ist erstmals für den Veranlagungszeitraum 2001 anzuwenden. Dies gilt auch für Einkünfte aus einem Gewerbebetrieb mit einem vom Kalenderjahr abweichenden Wirtschaftsjahr, wenn das Wirtschaftsjahr nach dem 31. Dezember 2000 endet (§ 52 Absatz 50a EStG 2001). Begünstigt sind unbeschränkt und beschränkt steuerpflichtige natürliche Personen mit Einkünf-   1

---

1) Geändert durch BMF, Schreiben v. 17. 4. 2019 (BStBl I S. 459). – Die kursiven Fassungen der Randnummern 9, 25 und 26 sowie Randnummer 25a sind ab Veranlagungszeitraum 2020, auf Antrag des Steuerpflichtigen auch für Veranlagungszeiträume vor 2020 anzuwenden.

ten aus Gewerbebetrieb als Einzelunternehmer oder als unmittelbar oder mittelbar beteiligter Mitunternehmer i. S. d. § 15 Absatz 1 Satz 1 Nummer 2 EStG oder i. S. d. § 15 Absatz 3 Nummer 1 oder 2 EStG. Begünstigt sind auch die persönlich haftenden Gesellschafter einer Kommanditgesellschaft auf Aktien (KGaA) mit ihren Gewinnanteilen (§ 15 Absatz 1 Satz 1 Nummer 3 EStG).

2 § 35 EStG in der Fassung des Unternehmensteuerreformgesetzes 2008 vom 14. August 2007 (BGBl I S. 1912), geändert durch das Jahressteuergesetz 2008 vom 20. Dezember 2007 (BGBl I S. 3150) und das Jahressteuergesetz 2009 vom 19. Dezember 2008 (BGBl I S. 2794), ist erstmalig für den Veranlagungszeitraum 2008 anzuwenden. Gewerbesteuermessbeträge, die Erhebungszeiträumen zuzuordnen sind, die vor dem 1. Januar 2008 enden, sind nur mit dem 1,8-fachen des Gewerbesteuermessbetrages zu berücksichtigen.

3 Die Steuerermäßigung nach § 35 EStG mindert die Bemessungsgrundlage des Solidaritätszuschlags (§ 3 Absatz 2 SolZG), nicht aber die Bemessungsgrundlage der Kirchensteuer (§ 51a Absatz 2 Satz 3 EStG i. V. m. den jeweiligen Kirchensteuergesetzen).

2. Tarifliche Einkommensteuer

4 Ausgangsgröße für die Steuerermäßigung nach § 35 EStG ist die tarifliche Einkommensteuer, vermindert um die anzurechnenden ausländischen Steuern nach § 32d Absatz 6 EStG, § 34c Absatz 1 und 6 EStG und § 12 AStG (tarifliche Einkommensteuer i. S. d. § 35 Absatz 1 Satz 1 EStG). Die Steuerermäßigungen nach § 34f EStG, § 34g EStG sowie nach § 35a EStG sind erst nach Abzug der Steuerermäßigung nach § 35 EStG zu berücksichtigen.

3. Anrechnungsvolumen

5 Das **Anrechnungsvolumen** ist begrenzt auf den Ermäßigungshöchstbetrag (siehe Rn. 16 ff.); es darf die tatsächlich zu zahlende Gewerbesteuer (§ 35 Absatz 1 Satz 5 EStG) nicht übersteigen (Rn. 6).

6 Die tatsächlich zu zahlende Gewerbesteuer entspricht grundsätzlich der im Gewerbesteuerbescheid festgesetzten Gewerbesteuer für den jeweiligen Betrieb (vgl. § 35 Absatz 3 Satz 2 EStG) und in den Fällen des § 35 Absatz 1 Satz 1 Nummer 2 EStG der jeweils anteiligen festgesetzten Gewerbesteuer. Erfolgt die Festsetzung der Einkommensteuer vor Bekanntgabe des Gewerbesteuerbescheides durch die Gemeinde, kann die tatsächlich zu zahlende Gewerbesteuer auf der Grundlage des festgestellten Gewerbesteuermessbetrages und des Hebesatzes angesetzt werden (§ 16 Absatz 1 GewStG). Bei einer Abweichung zwischen der zunächst dem Einkommensteuerbescheid zugrunde gelegten „tatsächlich zu zahlenden Gewerbesteuer" und der im Gewerbesteuerbescheid festgesetzten Gewerbesteuer kann der Einkommensteuerbescheid nach § 175 Absatz 1 Satz 1 Nummer 1 AO geändert werden. Entsprechendes gilt, wenn die Kommune nach Bekanntgabe des Gewerbesteuerbescheides die tatsächlich zu zahlende Gewerbesteuer aufgrund einer Billigkeitsmaßnahme nach § 163 AO mindert. Bei einer Billigkeitsmaßnahme im Erhebungsverfahren gemäß § 227 AO besteht die Möglichkeit einer Änderung des Einkommensteuerbescheides gemäß § 175 Absatz 1 Satz 1 Nummer 2 AO.

Der Steuerpflichtige ist gemäß § 153 Absatz 2 AO verpflichtet, dem Finanzamt die Minderung der tatsächlich zu zahlenden Gewerbesteuer unverzüglich mitzuteilen.

7 Die Höhe der Steuerermäßigung beträgt das 3,8-fache des nach § 14 GewStG festgesetzten Gewerbesteuermessbetrags oder des anteiligen Gewerbesteuermessbetrags (Anrechnungsvolumen). Maßgebend ist der Gewerbesteuermessbetrag, der für den Erhebungszeitraum festgesetzt worden ist, der dem Veranlagungszeitraum entspricht. Bei einem vom Kalenderjahr abweichenden Wirtschaftsjahr wird der Gewerbeertrag dem Erhebungszeitraum zugerechnet, in dem das Wirtschaftsjahr endet (§ 10 Absatz 2 GewStG).

Zur Ermittlung des auf den Mitunternehmer oder des auf den persönlich haftenden Gesellschafter einer KGaA entfallenden anteiligen Gewerbesteuermessbetrags siehe Rn. 27. 8

Sind dem Steuerpflichtigen als Einzelunternehmer oder Mitunternehmer Einkünfte aus mehreren Gewerbebetrieben zuzurechnen, sind die jeweiligen Gewerbesteuermessbeträge für jeden Gewerbebetrieb und für jede Mitunternehmerschaft getrennt zu ermitteln, mit dem Faktor 3,8 zu vervielfältigen und auf die zu zahlende Gewerbesteuer zu begrenzen. Die so ermittelten Beträge sind zur Berechnung des Anrechnungsvolumens zusammenzufassen. Zu den Besonderheiten bei mehrstöckigen Gesellschaften vgl. Rn. 25 und 26. 9[1)]

Sind dem Steuerpflichtigen als Einzelunternehmer oder Mitunternehmer Einkünfte aus mehreren Gewerbebetrieben oder aus Mitunternehmerschaften mit gewerblichen Einkünften zuzurechnen, sind die jeweiligen Gewerbesteuermessbeträge für jeden Gewerbebetrieb und für jede Mitunternehmerschaft getrennt zu ermitteln, mit dem Faktor 3,8 zu vervielfältigen und auf die tatsächlich zu zahlende Gewerbesteuer zu begrenzen (betriebsbezogene Ermittlung, BFH-Urteil vom 20. März 2017, X R 62/14, BStBl 2019 II S. 244). Die so ermittelten Beträge sind zur Berechnung des Ermäßigungshöchstbetrags zusammenzufassen. Zu den Besonderheiten bei mehrstöckigen Gesellschaften vgl. Rn. 25 und 26. 9[2)]

Bei zusammenveranlagten Ehegatten/Lebenspartnern sind die Anrechnungsvolumina der Ehegatten/Lebenspartner zusammenzufassen, sofern beide Ehegatten/Lebenspartner jeweils eine positive Summe der gewerblichen Einkünfte i. S. d. § 35 EStG (vgl. Rn. 14 bis 18) haben. Sofern ein Ehegatte/Lebenspartner eine positive Summe der gewerblichen Einkünfte und der andere Ehegatte/Lebenspartner eine negative Summe der gewerblichen Einkünfte oder eine Summe der gewerblichen Einkünfte i. H. v. 0 € hat, sind die Gewerbesteuermessbeträge des Ehegatten/Lebenspartners, der keine positive Summe der gewerblichen Einkünfte hat, nicht zu berücksichtigen. 10

Beispiel:
Ein zusammenveranlagtes Ehepaar erzielt folgende Einkünfte i. S. d. § 15 EStG:

	Einkünfte § 15 EStG	Gewerbesteuermessbetrag
Betrieb I (Ehefrau)	100.000 €	3.000 €
Betrieb II (Ehemann)	– 100.000 €	1.000 €
Betrieb III (Ehemann)	– 100.000 €	0 €
Betrieb IV (Ehemann)	100.000 €	3.000 €

Lösung:
Bei der Berechnung des Ermäßigungshöchstbetrags i. S. d. § 35 Absatz 1 Satz 2 EStG sind nur die positiven gewerblichen Einkünfte der Ehefrau zu berücksichtigen (positive Summe der gewerblichen Einkünfte: 100.000 €). Die negative Summe der gewerblichen Einkünfte des Ehemanns i. H. v. – 100.000 € bleibt unberücksichtigt (vgl. Rn. 16). Folglich steht auch nur der auf die gewerblichen Einkünfte der Ehefrau entfallende Gewerbesteuermessbetrag i. H. v. 3.000 € für die Berechnung des Anrechnungsvolumens i. S. d. § 35 Absatz 1 Satz 1 EStG zur Verfügung.

Die Festsetzungen des Gewerbesteuermessbetrags, der zu zahlenden Gewerbesteuer und die Feststellung der Prozentsätze nach § 35 Absatz 2 EStG (anteiliger Gewerbesteuermessbetrag und anteilig zu zahlende Gewerbesteuer bei Mitunternehmerschaften und KGaA) sind bei der Ermittlung der Steuerermäßigung nach § 35 Absatz 1 EStG Grundlagenbescheide (§ 35 Absatz 3 Satz 2 EStG). 11

Nicht nutzbares Anrechnungsvolumen kann nicht auf vorherige und nachfolgende Veranlagungszeiträume übertragen werden (BFH vom 23. April 2008, X R 32/06, BStBl 2009 II S. 7). 12

---

1) Randnummer 9 in dieser Fassung ist bis Veranlagungszeitraum 2019 anzuwenden. Zur Anwendung ab Veranlagungszeitraum 2020, auf Antrag des Steuerpflichtigen auch für Veranlagungszeiträume vor 2020, siehe Randnummer 9 in der kursiven Fassung.

2) Kursive Fassung der Randnummer 9 ist ab Veranlagungszeitraum 2020, auf Antrag des Steuerpflichtigen auch für Veranlagungszeiträume vor 2020 anzuwenden.

13 Der auf einen Veräußerungs- oder Aufgabegewinn nach § 18 Absatz 4 Satz 1 und 2 UmwStG a. F., § 18 Absatz 3 Satz 1 und 2 UmwStG i. d. F. des SEStEG entfallende Gewerbesteuermessbetrag bleibt bei der Ermäßigung der Einkommensteuer nach § 35 EStG unberücksichtigt (§ 18 Absatz 4 Satz 3 UmwStG a. F., § 18 Absatz 3 Satz 3 UmwStG i. d. F. des SEStEG). Dies gilt nicht, wenn das Personenunternehmen aus einer umgewandelten Organ(kapital)gesellschaft entstanden ist und ein von dieser erzielter und dem Organträger zuzurechnender Veräußerungs- oder Aufgabegewinn zu einer Anrechnung nach § 35 EStG geführt hätte (BFH vom 28. Mai 2015, IV R 27/12, BStBl II S. 837). § 35 EStG findet keine Anwendung auf Gewinne, die der Tonnagebesteuerung nach § 5a Absatz 1 EStG unterliegen (§ 5a Absatz 5 EStG); insoweit sind auch der (anteilig) darauf entfallende Gewerbesteuermessbetrag und die (anteilig) darauf entfallende, tatsächlich zu zahlende Gewerbesteuer nicht zu berücksichtigen. In Fällen, in denen

- einem Mitunternehmer aus der Mitunternehmerschaft lediglich ein anteiliger Tonnagegewinn i. S. d. § 5a Absatz 1 EStG und keine nach § 35 EStG begünstigten Einkünfte zugerechnet werden und

- auf den Mitunternehmer aber gleichwohl ein anteiliger nach § 35 EStG begünstigter Gewerbesteuermessbetrag entfällt, der beispielsweise aus Einkünften i. S. d. § 5a Absatz 4 Satz 3 EStG eines anderen Mitunternehmers resultiert,

geht der nach § 35 EStG begünstigte Gewerbesteuermessbetrag in das Anrechnungsvolumen i. S. d. § 35 Absatz 1 Satz 1 EStG ein. Bei der Ermittlung des Ermäßigungshöchstbetrags i. S. d. § 35 Absatz 1 Satz 2 EStG sind die gewerblichen Einkünfte bei der Ermittlung der „Summe der positiven gewerblichen Einkünfte" für die Beteiligung in diesem Fall mit 0 € anzusetzen (vgl. Rn. 16).

4. Gewerbliche Einkünfte i. S. d. § 35 EStG

14 Die gewerblichen Einkünfte i. S. d. § 35 EStG umfassen die Einkünfte aus Gewerbebetrieb i. S. d. § 15 EStG, wenn sie gewerbesteuersteuerpflichtig und nicht von der Anwendung des § 35 EStG ausgeschlossen sind (vgl. Rn. 13). Einkünfte i. S. d. §§ 16 und 17 EStG gehören grundsätzlich nicht zu den gewerblichen Einkünften i. S. d. § 35 EStG. In die gewerblichen Einkünfte i. S. d. § 35 EStG einzubeziehen sind jedoch die gewerbesteuerpflichtigen Veräußerungsgewinne aus der 100 %igen Beteiligung an einer Kapitalgesellschaft (§ 16 Absatz 1 Satz 1 Nummer 1 Satz 2 EStG), wenn die Veräußerung nicht im engen Zusammenhang mit der Aufgabe des Gewerbebetriebs erfolgt (vgl. **R 7.1 (3) GewStR und H 7.1. (3) GewStH**) sowie die Veräußerungsgewinne, die nach § 7 Satz 2 GewStG gewerbesteuerpflichtig sind. Der Gewinn aus der Veräußerung eines Teils eines Mitunternehmeranteils i. S. d. § 16 Absatz 1 Satz 2 EStG gehört als laufender Gewinn auch zu den gewerblichen Einkünften i. S. d. § 35 EStG. Die auf einen Veräußerungs- oder Aufgabegewinn nach § 18 Absatz 4 Satz 1 und 2 UmwStG a. F., § 18 Absatz 3 Satz 1 und 2 UmwStG i. d. F. des SEStEG entfallenden Einkünfte aus Gewerbebetrieb sind nicht in die gewerblichen Einkünfte i. S. d. § 35 EStG einzubeziehen. Dies gilt nicht, wenn das Personenunternehmen aus einer umgewandelten Organ(kapital)gesellschaft entstanden ist und ein von dieser erzielter und dem Organträger zuzurechnender Veräußerungs- oder Aufgabegewinn zu einer Anrechnung nach § 35 EStG geführt hätte (BFH vom 28. Mai 2015, IV R 27/12, BStBl II S. 837).

15 Nicht entnommene Gewinne i. S. d. § 34a EStG sind im Veranlagungszeitraum ihrer begünstigten Besteuerung bei der Steuerermäßigung nach § 35 EStG einzubeziehen. Im Veranlagungszeitraum der Nachversteuerung i. S. d. § 34a Absatz 4 EStG

- gehören die Nachversteuerungsbeträge nicht zu den begünstigten gewerblichen Einkünften,

- gehört die Einkommensteuer auf den Nachversteuerungsbetrag zur tariflichen Einkommensteuer.

5. Ermittlung des Ermäßigungshöchstbetrags

Die Steuerermäßigung wird durch § 35 Absatz 1 EStG auf die tarifliche Einkommensteuer beschränkt, die anteilig auf die gewerblichen Einkünfte entfällt (Ermäßigungshöchstbetrag). Der Ermäßigungshöchstbetrag wird wie folgt ermittelt (§ 35 Absatz 1 Satz 2 EStG):

$$\frac{\text{Summe der positiven gewerblichen Einkünfte}}{\text{Summe aller positiven Einkünfte}} \times \text{geminderte tarifliche Steuer}$$

Die „Summe der positiven gewerblichen Einkünfte" und die „Summe aller positiven Einkünfte" im Sinne dieser Berechnungsformel sind die positiven Einkünfte aus der jeweiligen Einkunftsart. Positive und negative Einkünfte innerhalb einer Einkunftsart sind zu saldieren (sog. horizontaler Verlustausgleich). Eine negative Summe der Einkünfte aus einer Einkunftsart kann nicht mit der positiven Summe der Einkünfte aus einer anderen Einkunftsart verrechnet werden (sog. vertikaler Verlustausgleich).

Bei zusammenveranlagten Ehegatten/Lebenspartnern ist für jeden Ehegatten/Lebenspartner getrennt zu prüfen, ob positive Einkünfte im Sinne der Berechnungsformel vorliegen. Positive Einkünfte eines Ehegatten/Lebenspartners sind nicht mit negativen Einkünften des anderen Ehegatten/Lebenspartners aus derselben Einkunftsart zu verrechnen.

Bei der Ermittlung der „Summe der positiven gewerblichen Einkünfte" im Sinne der Berechnungsformel sind nur positive und negative gewerbliche Einkünfte i. S. d. § 35 EStG zu berücksichtigen (vgl. Rn. 14 ff.). Andere gewerbliche Einkünfte bleiben unberücksichtigt. Dagegen sind bei der Ermittlung der Summe aller positiven Einkünfte im Sinne der Berechnungsformel jegliche positiven und negativen gewerblichen Einkünfte – also auch solche, die nicht gewerbesteuerpflichtig oder von der Anwendung des § 35 EStG ausgeschlossen sind – zu saldieren. Bei der Ermittlung der „Summe der positiven gewerblichen Einkünfte" und der „Summe aller positiven Einkünfte" i. S. d. § 35 Absatz 1 Satz 2 EStG sind zudem die bei der Ermittlung der Summe der Einkünfte geltenden Verlustverrechnungsbeschränkungen (z. B. § 15 Absatz 4, §§ 15a, 15b, § 23 Absatz 3 Satz 7 EStG) zu beachten.

In den Fällen, in denen einem Mitunternehmer nur ein Tonnagegewinn nach § 5a Absatz 1 EStG und ein anteiliger Gewerbesteuermessbetrag, der nicht auf den Tonnagegewinn entfällt, zugerechnet werden, sind für die Ermittlung der „Summe der gewerblichen Einkünfte" i. S. d. § 35 Absatz 1 Satz 2 EStG gewerbliche Einkünfte i. H. v. 0 € zu berücksichtigen. Der Tonnagegewinn ist Bestandteil der „Summe aller positiven Einkünfte".

Beispiel 1:
Der ledige Steuerpflichtige A erzielt folgende Einkünfte:

§ 15 EStG, Betrieb 1	–50.000 €
§ 15 EStG, Betrieb 2	120.000 €
§ 17 EStG (keine Einkünfte i. S. d. § 35 EStG)	–30.000 €
§ 18 EStG	–100.000 €
§ 21 EStG, Grundstück 1	–100.000 €
§ 21 EStG, Grundstück 2	200.000 €
Summe der Einkünfte:	**40.000 €**

Lösung:
Der Ermäßigungshöchstbetrag ermittelt sich wie folgt:

$$\frac{70.000\ (\text{Summe der positiven gewerblichen Einkünfte (Betrieb 1 + Betrieb 2)})}{140.000\ (\text{gewerbliche Einkünfte (§§ 15, 17 EStG) + Einkünfte § 21 EStG})} \times \text{geminderte tarifliche Steuer}$$

18 **Beispiel 2:**
Ein zusammenveranlagtes Ehepaar erzielt folgende Einkünfte:

Einkünfte	Ehemann	Ehefrau
§ 15 EStG	50.000 €	–25.000 €
§ 19 EStG		10.000 €
§ 21 EStG Grundstück 1	–30.000 €	
§ 21 EStG Grundstück 2		25.000 €
§ 21 EStG Grundstück 3		–10.000 €
Summe der Einkünfte:		**20.000 €**

Lösung:
Der Ermäßigungshöchstbetrag ermittelt sich wie folgt:

$$\frac{50.000 \text{ (gewerbliche Einkünfte EM)}}{75.000 \text{ (gewerbliche Einkünfte EM} + \text{Einkünfte § 19 EStG EF} + \text{Einkünfte § 21 EStG EF)}} \times \text{geminderte tarifliche Steuer}$$

6. Steuerermäßigung bei Mitunternehmerschaften

6.1. Aufteilung nach dem allgemeinen Gewinnverteilungsschlüssel

19 Der anteilige Gewerbesteuermessbetrag von Mitunternehmern ist gemäß § 35 Absatz 2 Satz 2 EStG nach Maßgabe des allgemeinen Gewinnverteilungsschlüssels zu ermitteln; auf die Verteilung im Rahmen der einheitlichen und gesonderten Feststellung der Einkünfte aus Gewerbebetrieb kommt es dabei nicht an. Dies gilt auch für Fälle der atypisch stillen Gesellschaft.

20 Für die Verteilung aufgrund des allgemeinen Gewinnverteilungsschlüssels ist grundsätzlich die handelsrechtliche Gewinnverteilung maßgeblich. Diese ergibt sich entweder aus den gesetzlichen Regelungen des HGB oder aus abweichenden gesellschaftsvertraglichen Vereinbarungen.

21 Dies gilt jedoch nur insoweit, wie die handelsrechtliche Gewinnverteilung auch in steuerrechtlicher Hinsicht anzuerkennen ist. So sind steuerrechtliche Korrekturen der Gewinnverteilung bei Familienpersonengesellschaften in Fällen, in denen die gesellschaftsvertragliche Gewinnverteilung nicht anerkannt wird oder steuerrechtliche Korrekturen in Fällen, in denen eine unzulässige rückwirkende Änderung der Gewinnverteilungsabrede festgestellt wird, auch bei der Ermittlung des allgemeinen Gewinnverteilungsschlüssels i. S. d. § 35 Absatz 2 Satz 2 EStG zu berücksichtigen.

22 Bei der Ermittlung des Aufteilungsmaßstabs für den Gewerbesteuermessbetrag sind Vorabgewinnanteile nach § 35 Absatz 2 Satz 2 2. Halbsatz EStG nicht zu berücksichtigen. Dies gilt auch für Sondervergütungen i. S. d. § 15 Absatz 1 Satz 1 Nummer 2 EStG sowie für die Ergebnisse aus Sonder- und Ergänzungsbilanzen.

23 Gewerbesteuermessbeträge aus gewerbesteuerpflichtigen Veräußerungsgewinnen sind ebenfalls entsprechend dem am Ende des gewerbesteuerrechtlichen Erhebungszeitraums geltenden, allgemeinen Gewinnverteilungsschlüssel auf die am Ende des gewerbesteuerrechtlichen Erhebungszeitraums beteiligten Mitunternehmer (vgl. Rn. 28) aufzuteilen.

24 In die Aufteilung sind auch Gesellschafter einzubeziehen, für die eine Ermäßigung nach § 35 EStG nicht in Betracht kommt, beispielsweise Kapitalgesellschaften.

6.2. Besonderheiten bei mehrstöckigen Gesellschaften[1)]

25[1)] Bei mehrstöckigen Mitunternehmerschaften sind bei der Ermittlung des Ermäßigungshöchstbetrags nach § 35 EStG die Einkünfte aus der Obergesellschaft (einschließlich der Ergebnisse der

---

1) Randnummern 25 und 26 in dieser Fassung sind bis Veranlagungszeitraum 2019 anzuwenden. Zur Anwendung ab Veranlagungszeitraum 2020, auf Antrag des Steuerpflichtigen auch für Veranlagungszeiträume vor 2020, siehe Randnummern 25, 25a und 26 in der kursiven Fassung.

Untergesellschaft) als gewerbliche Einkünfte zu berücksichtigen. Es sind zudem die anteilig auf die Obergesellschaft entfallenden Gewerbesteuermessbeträge sämtlicher Untergesellschaften den Gesellschaftern der Obergesellschaft nach Maßgabe des allgemeinen Gewinnverteilungsschlüssels zuzurechnen (§ 35 Absatz 2 Satz 5 EStG). Dies gilt auch für die Zurechnung eines anteiligen Gewerbesteuermessbetrags einer Untergesellschaft an den mittelbar beteiligten Gesellschafter, wenn sich auf der Ebene der Obergesellschaft ein negativer Gewerbeertrag und damit ein Gewerbesteuermessbetrag von 0 € ergibt. Für die Berücksichtigung der tatsächlich zu zahlenden Gewerbesteuer (§ 35 Absatz 1 Satz 5 EStG) gelten die Sätze 1 bis 3 entsprechend.

Die Berechnung der Beschränkung des Anrechnungsvolumens auf die tatsächlich gezahlte Gewerbesteuer (§ 35 Absatz 1 Satz 5 EStG) (Vergleich zwischen dem mit dem Faktor 3,8 vervielfältigten Gewerbesteuermessbetrag und der tatsächlich zu zahlenden Gewerbesteuer) ist bei mehrstöckigen Mitunternehmerschaften ausschließlich in Bezug auf die (anteiligen) Gewerbesteuermessbeträge der Ober- und Untergesellschaft(en) und die (anteilige) tatsächlich zu zahlende Gewerbesteuer der Ober- und Untergesellschaft(en) des anrechnungsberechtigten Mitunternehmers der Obergesellschaft vorzunehmen (vgl. Rn. 9).

Beispiel: 26[1)]

A ist zu 70 % an der GmbH & Co. KG I (KG I) beteiligt, die wiederum zu 50 % an der GmbH & Co. KG II (KG II) beteiligt ist. Die KG I erzielt einen Gewinn von 100.000 €. Für die KG II wird unter Berücksichtigung von §§ 8 und 9 GewStG ein Gewerbesteuermessbetrag von 1.000 € festgestellt. Die tatsächlich zu zahlende Gewerbesteuer beträgt 3.600 €. Dies führt damit zu einem der KG I zuzurechnenden anteiligen Gewerbesteuermessbetrag von 500 € (50 % von 1.000 € entsprechend dem allgemeinen Gewinnverteilungsschlüssel) und einer zuzurechnenden anteiligen tatsächlich zu zahlenden Gewerbesteuer von 1.800 € (50 % von 3.600 € entsprechend dem allgemeinen Gewinnverteilungsschlüssel).

Der KG I werden aus der Beteiligung an der KG II Einkünfte von 50.000 € zugewiesen. Die KG I erzielt aus dem operativen Geschäft einen Verlust von 40.000 € und somit einen negativen Gewerbeertrag. Dies führt zu einem Gewerbesteuermessbetrag und zu einer zu zahlenden Gewerbesteuer von 0 €.

Lösung:

A werden aus der Beteiligung an der KG I insgesamt Einkünfte von 7.000 € zugewiesen (unter Einbezug des (anteiligen) Ergebnisanteils aus der KG II). Der aus der Beteiligung an der KG II stammende anteilige Gewerbesteuermessbetrag von 500 € und die anteilige tatsächlich zu zahlende Gewerbesteuer von 1.800 € ist in die Feststellung nach § 35 Absatz 2 EStG bei der KG I einzubeziehen und dem Gesellschafter A anteilig entsprechend dem allgemeinen Gewinnverteilungsschlüssel zuzurechnen.

Der auf A entfallende Gewerbesteuermessbetrag beträgt hiernach 350 € (70 % von 500 €) und die auf A entfallende tatsächlich zu zahlende Gewerbesteuer 1.260 € (70 % von 1.800 €). Bei A ist aufgrund seiner Beteiligung an der KG I eine Steuerermäßigung nach § 35 EStG in Höhe des 3,8-fachen Gewerbesteuermessbetrags von 350 € (= 1.330 €), höchstens der Ermäßigungshöchstbetrag nach § 35 Absatz 1 Satz 2 EStG und begrenzt auf die tatsächlich zu zahlende Gewerbesteuer von 1.260 € zu berücksichtigen. Bei der Ermittlung des Ermäßigungshöchstbetrags für A sind in Bezug auf die Beteiligung an der KG I positive Einkünfte aus Gewerbebetrieb von 7.000 € anzusetzen.

6.2. Besonderheiten bei mehrstöckigen Gesellschaften[2)]

6.2.1 Ermittlung des Ermäßigungshöchstbetrags (§ 35 Absatz 1 Satz 2 EStG)

Bei mehrstöckigen Mitunternehmerschaften sind bei der Ermittlung des Ermäßigungshöchst- 25[2)]
betrags nach § 35 Absatz 1 Satz 2 EStG die Einkünfte aus der Obergesellschaft (einschließlich der

---

1) Randnummern 25 und 26 in dieser Fassung sind bis Veranlagungszeitraum 2019 anzuwenden. Zur Anwendung ab Veranlagungszeitraum 2020, auf Antrag des Steuerpflichtigen auch für Veranlagungszeiträume vor 2020, siehe Randnummern 25, 25a und 26 in der kursiven Fassung.

2) Kursive Fassungen der Randnummern 25, 25a und 26 sind ab Veranlagungszeitraum 2020, auf Antrag des Steuerpflichtigen auch für Veranlagungszeiträume vor 2020 anzuwenden.

Ergebnisse der Untergesellschaft(en)) als gewerbliche Einkünfte zu berücksichtigen, soweit es sich um gewerbliche Einkünfte i. S. d. § 35 EStG (vgl. Rn. 14, 15) handelt.

Die gewerblichen Einkünfte i. S. d. § 35 Absatz 1 Satz 3 EStG sind im Verfahren der gesonderten und einheitlichen Feststellung (§ 35 Absatz 2 EStG) nachrichtlich mitzuteilen. Neben dem anteiligen Gewerbesteuermessbetrag und der anteiligen tatsächlich zu zahlenden Gewerbesteuer der Obergesellschaft sind den Mitunternehmern der Obergesellschaft zudem die anteilig auf die Obergesellschaft entfallenden Gewerbesteuermessbeträge der Untergesellschaften nach Maßgabe des allgemeinen Gewinnverteilungsschlüssels zuzurechnen (§ 35 Absatz 2 Satz 5 EStG). Dies gilt auch für die Zurechnung eines anteiligen Gewerbesteuermessbetrags einer Untergesellschaft an den mittelbar beteiligten Gesellschafter, wenn sich auf der Ebene der Obergesellschaft ein negativer Gewerbeertrag und damit ein Gewerbesteuermessbetrag von 0 € ergibt.

6.2.2 Begrenzung des Ermäßigungsbetrags auf die tatsächlich zu zahlende Gewerbesteuer (§ 35 Absatz 1 Satz 5 EStG)

25a[1] *Die Beschränkung des Steuerermäßigungsbetrags auf die tatsächlich zu zahlende Gewerbesteuer (§ 35 Absatz 1 Satz 5 EStG) (Vergleich zwischen dem mit dem Faktor 3,8 vervielfältigten anteiligen Gewerbesteuermessbetrag und der anteiligen tatsächlich zu zahlenden Gewerbesteuer) ist bei mehrstöckigen Mitunternehmerschaften betriebsbezogen jeweils getrennt für Obergesellschaft und Untergesellschaft(en) zu ermitteln (BFH-Urteile vom 20. März 2017, X R 12/15, BStBl 2019 II S. 249 und X R 62/14, BStBl 2019 II S. 244).*

Der ggf. auf die tatsächlich zu zahlende Gewerbesteuer begrenzte Steuerermäßigungsbetrag nach § 35 Absatz 1 Satz 5 EStG sowie die gewerblichen Einkünfte i. S. d. § 35 EStG sind im Verfahren der gesonderten und einheitlichen Feststellung (§ 35 Absatz 2 EStG) stets nachrichtlich mitzuteilen.

26[1] **Beispiel:**

A ist zu 70 % an der GmbH & Co. KG I (KG I) beteiligt, die wiederum zu 50 % an der GmbH & Co. KG II (KG II) beteiligt ist. Die KG II erzielt einen Gewinn von 100.000 €. Für die KG II wird unter Berücksichtigung von §§ 8 und 9 GewStG ein Gewerbesteuermessbetrag von 1.000 € festgestellt. Die tatsächlich zu zahlende Gewerbesteuer der KG II beträgt 3.600 €. Dies führt damit zu einer der KG I zuzurechnenden anteiligen Gewerbesteuermessbetrag von 500 € (50 % von 1.000 € entsprechend dem allgemeinen Gewinnverteilungsschlüssel) und einer zuzurechnenden anteiligen tatsächlich zu zahlenden Gewerbesteuer von 1.800 € (50 % von 3.600 € entsprechend dem allgemeinen Gewinnverteilungsschlüssel).

Der KG I werden aus der Beteiligung an der KG II Einkünfte von 50.000 € zugewiesen. Die KG I erzielt aus dem eigenen operativen Geschäft einen Gewinn von 120.000 €. Es wird ein Gewerbesteuermessbetrag von 1.500 € festgestellt. Dies führt zu einer zu zahlenden Gewerbesteuer von 6.000 €.

Lösung:

Der auf A entfallende Gewerbesteuermessbetrag beträgt 1.400 € (70 % von [1.500 € + 500 €]) und die auf A entfallende tatsächlich zu zahlende Gewerbesteuer 5.460 € (70 % von [6.000 € + 1.800 €]). Bei A ist eine Steuerermäßigung nach § 35 EStG in Höhe des 3,8-fachen des auf ihn entfallenden anteiligen Gewerbesteuermessbetrags von 1.400 € (= 5.320 €), höchstens der Ermäßigungshöchstbetrag nach § 35 Absatz 1 Satz 2 EStG und begrenzt auf die auf ihn entfallende anteilige tatsächlich zu zahlende Gewerbesteuer nach § 35 Absatz 1 Satz 5 EStG (3.990 € lt. unten stehender Berechnung) zu berücksichtigen. Bei der Ermittlung des Ermäßigungshöchstbetrags für A sind positive Einkünfte aus Gewerbebetrieb von 119.000 € anzusetzen.

Die Begrenzung des Steuerermäßigungsbetrags nach § 35 Absatz 1 Satz 5 EStG auf die tatsächlich zu zahlende Gewerbesteuer berechnet sich **betriebsbezogen** wie folgt:

KG II:
auf die KG I entfallender Anteil am Gewerbesteuermessbetrag: 500 € (50 % von 1.000 €)
auf die KG I entfallende tatsächlich zu zahlende Gewerbesteuer: 1.800 € (50 % von 3.600 €)
500 € × 3,8 = 1.900 € > 1.800 €, d. h., die tatsächlich zu zahlende Gewerbesteuer ist geringer als das 3,8-fache des Gewerbesteuermessbetrags

---

[1] Kursive Fassungen der Randnummern 25, 25a und 26 sind ab Veranlagungszeitraum 2020, auf Antrag des Steuerpflichtigen auch für Veranlagungszeiträume vor 2020 anzuwenden.

*Der für die KG II betriebsbezogen ermittelte nach § 35 Absatz 1 Satz 5 EStG begrenzte Steuerermäßigungsbetrag der KG I beträgt **1.800 €**. Dieser nach § 35 Absatz 1 Satz 5 EStG begrenzte Steuerermäßigungsbetrag ist dem für die KG I zuständigen Finanzamt nachrichtlich mitzuteilen.*

KG I:
auf A entfallender Anteil am Gewerbesteuermessbetrag: 1.050 € (70 % von 1.500 €)
auf A entfallende tatsächlich zu zahlende Gewerbesteuer: 4.200 € (70 % von 6.000 €)
1.050 € × 3,8 = 3.990 € < 4.200 €, d. h., das 3,8-fache des Gewerbesteuermessbetrags übersteigt nicht die tatsächlich zu zahlende Gewerbesteuer
*Der für die KG I betriebsbezogen ermittelte Steuerermäßigungsbetrag des A beträgt **3.990 €**.*

Das für die KG I zuständige Finanzamt hat ferner dem für den A zuständigen Finanzamt den auf A entfallenden Teil des Steuerermäßigungsbetrags aus der KG II mitzuteilen (70 % von 1.800 € = 1.260 €).

Einkommensteuer des A
Der Ermäßigungsbetrag nach § 35 Absatz 1 Satz 1 Nummer 2 EStG beträgt 5.320 € (das 3,8-fache des festgestellten anteiligen Gewerbesteuermessbetrags von 1.400 €).
Für Zwecke der Ermittlung des Ermäßigungshöchstbetrags nach § 35 Absatz 1 Satz 2 EStG sind für A positive gewerbliche Einkünfte in Höhe von 119.000 € anzusetzen.
Der Steuerermäßigungsbetrag ist auf die tatsächlich zu zahlende Gewerbesteuer beschränkt (§ 35 Absatz 1 Satz 5 EStG). Die Beschränkung ist betriebsbezogen zu ermitteln (vgl. Rn. 9) und führt zu einer Begrenzung auf 5.250 € (3.990 € + 1.260 €).

6.3. Der anteilige Gewerbesteuermessbetrag bei einer KGaA

Bei einer KGaA führt nur der auf die persönlich haftenden Gesellschafter entfallende Teil des Gewerbesteuermessbetrags zu einer Steuerermäßigung. Für die erforderliche Aufteilung des Gewerbesteuermessbetrags gilt die Regelung des § 35 Absatz 2 EStG. Zur Ermittlung des anteilig auf den persönlich haftenden Gesellschafter entfallenden Gewerbesteuermessbetrags ist ebenfalls auf den allgemeinen Gewinnverteilungsschlüssel (vgl. Rn. 20 ff.) abzustellen. Demnach ist das Verhältnis seines allgemeinen Gewinnanteils an der Gesellschaft, soweit er nicht auf seine Anteile am Grundkapital (Kommanditaktien) entfällt, zum Gesamtgewinn der KGaA maßgebend. Sondervergütungen werden bei der Ermittlung des Aufteilungsschlüssels nicht berücksichtigt.

Erhält der persönlich haftende Gesellschafter neben seiner Ausschüttung auf seine Anteile am Grundkapital beispielsweise nur eine Tätigkeitsvergütung, beträgt sein anteiliger Gewerbesteuermessbetrag immer 0 €.

Für die Berücksichtigung der tatsächlich zu zahlenden Gewerbesteuer (§ 35 Absatz 1 Satz 5 EStG) gilt Entsprechendes.

6.4. Ermittlung des Gewerbesteuermessbetrags bei unterjähriger Unternehmensübertragung und Gesellschafterwechsel

Tritt ein Gesellschafter während des Wirtschaftsjahrs in eine Personengesellschaft ein oder scheidet er aus dieser aus, und besteht die Personengesellschaft fort, geht der Gewerbebetrieb nicht im Ganzen auf einen anderen Unternehmer über. Für Zwecke der Berechnung der Steuerermäßigung ist der für den Erhebungszeitraum festgestellte Gewerbesteuermessbetrag auf die Gesellschafter aufzuteilen, die zum Ende des gewerbesteuerrechtlichen Erhebungszeitraums noch an der Personengesellschaft beteiligt sind (BFH vom 14. Januar 2016, IV R 5/14, BStBl II S. 875). Aufteilungsmaßstab ist der zum Ende des gewerbesteuerrechtlichen Erhebungszeitraums geltende allgemeine Gewinnverteilungsschlüssel. Unterjährig ausgeschiedenen Gesellschaftern ist kein anteiliger Gewerbesteuermessbetrag zuzurechnen. Hinsichtlich der zeitlichen Anwendung des vorstehenden Satzes wird auf Rn. 34 verwiesen. Der Veräußerungs- und

Aufgabegewinn des ausscheidenden Gesellschafters beeinflusst den allgemeinen Gewinnverteilungsschlüssel nicht.

29 Wird ein Einzelunternehmen durch Aufnahme eines oder mehrerer Gesellschafter in eine Personengesellschaft umgewandelt oder scheiden aus einer Personengesellschaft alle Gesellschafter bis auf einen aus und findet dieser Rechtsformwechsel während des Kalenderjahrs statt, ist der für den Erhebungszeitraum ermittelte einheitliche Gewerbesteuermessbetrag dem Einzelunternehmer und der Personengesellschaft anteilig zuzurechnen und getrennt festzusetzen (R 11.1 GewStR 2009). Die getrennte Festsetzung des anteiligen Steuermessbetrags ist jeweils für die Anwendung des § 35 EStG maßgeblich. Eine gesonderte Aufteilung des Gewerbesteuermessbetrags zwischen dem Einzelunternehmen und der Personengesellschaft ist daher nicht erforderlich.

30 Besteht die sachliche Gewerbesteuerpflicht bei Vorgängen nach dem UmwStG für das Unternehmen fort, obwohl der gewerbesteuerliche Steuerschuldner wechselt, so ergehen mehrere den Steuerschuldnerwechsel berücksichtigende Gewerbesteuermessbescheide mit Anteilen des einheitlichen Gewerbesteuermessbetrags. Diese Anteile sind bei der Ermittlung der Steuermäßigung nach § 35 EStG maßgeblich.

Für die Berücksichtigung der tatsächlich zu zahlenden Gewerbesteuer (§ 35 Absatz 1 Satz 5 EStG) gilt Entsprechendes.

6.5. Gesonderte oder gesonderte und einheitliche Feststellung

31 Zuständig für die gesonderte Feststellung des anteiligen Gewerbesteuermessbetrags und der tatsächlich zu zahlenden Gewerbesteuer nach § 35 Absatz 2 EStG ist das für die gesonderte Feststellung der Einkünfte zuständige Finanzamt (§ 35 Absatz 3 Satz 1 EStG). Dabei sind die Festsetzung des Gewerbesteuermessbetrags, die tatsächlich zu zahlende Gewerbesteuer und die Festsetzung des anteiligen Gewerbesteuermessbetrags aus der Beteiligung an einer Mitunternehmerschaft Grundlagenbescheide (§ 35 Absatz 3 Satz 3 EStG).

32 Das Betriebsfinanzamt stellt außerdem die gewerblichen Einkünfte i. S. d. § 35 EStG und ggf. Verluste gemäß § 16 EStG, die nicht in die Ermittlung des Gewerbeertrages einzubeziehen sind, gesondert oder bei einer Beteiligung mehrerer Personen gesondert und einheitlich fest.

6.6. Behandlung von Veräußerungs- und Aufgabegewinnen i. S. d. § 7 Satz 2 GewStG

33 Nach § 7 Satz 2 GewStG gewerbesteuerpflichtige Veräußerungs- oder Aufgabegewinne gehen in den Gewerbeertrag der Mitunternehmerschaft ein. Der unter Berücksichtigung des § 7 Satz 2 GewStG festgesetzte Gewerbesteuermessbetrag sowie die gezahlte Gewerbesteuer sind nach Maßgabe des allgemeinen, zum Ende des Erhebungszeitraums geltenden Gewinnverteilungsschlüssels auf die Mitunternehmer zu verteilen.

Bei der Ermittlung des Ermäßigungshöchstbetrags i. S. d. § 35 Absatz 1 Satz 2 EStG sind nach § 7 Satz 2 GewStG gewerbesteuerpflichtige Veräußerungs- oder Aufgabegewinne nur dann bei der „Summe der positiven gewerblichen Einkünfte" und der „Summe aller positiven Einkünfte" zu berücksichtigen, wenn sie dem betroffenen Mitunternehmer zuzurechnen sind. Eine Aufteilung nach dem allgemeinen Gewinnverteilungsschlüssel kommt nicht in Betracht, weil § 35 Absatz 2 Satz 2 EStG nur für die Verteilung des Gewerbesteuermessbetrags gilt.

Beispiel 1:
A und die B-GmbH sind zu 50 % an der C-OHG beteiligt. Der laufende Gewinn 01 beträgt 0 €. Der Betrieb der C-OHG wird zum 31.12.01 aufgegeben. Der Aufgabegewinn i. H. v. 100.000 € entfällt i. H. v. jeweils

50.000 € auf A und die B-GmbH. Der Gewerbesteuermessbetrag wird auf Grundlage eines Gewerbeertrags i. H. v. 25.500 € (nach § 7 Satz 2 GewStG gewerbesteuerpflichtiger Aufgabegewinn i. H. v. 50.000 € abzüglich Freibetrag nach § 11 Absatz 1 Satz 3 Nr. 1 GewStG i. H. v. 24.500 €) festgesetzt (Gewerbesteuermessbetrag 892 €).

Lösung:
Der auf A entfallende, nach § 35 EStG begünstigte Gewerbesteuermessbetrag beträgt 446 € (50 % von 892 €). Er geht in das Anrechnungsvolumen i. S. d. § 35 Absatz 1 Satz 1 EStG ein. Bei der Ermittlung des Ermäßigungshöchstbetrags i. S. d. § 35 Absatz 1 Satz 2 EStG sind bei der Ermittlung der „Summe der positiven gewerblichen Einkünfte" die Einkünfte aus der Beteiligung an der C-OHG mit 0 € anzusetzen, weil der auf A entfallende Aufgabegewinn nicht der Gewerbesteuer unterlegen hat (§ 35 Absatz 1 Satz 3 EStG). Bei der Ermittlung der „Summe aller positiven Einkünfte" i. S. d. § 35 Absatz 1 Satz 2 EStG sind die Einkünfte aus der Beteiligung an der C-OHG mit 50.000 € anzusetzen.

Beispiel 2:
A ist alleiniger Kommanditist der B-KG. Die B-KG ist alleinige Kommanditistin der C-KG. Die Komplementär-GmbHs sind jeweils nicht am Vermögen der B-KG und C-KG beteiligt. Der Betrieb der C-KG wird zum 31.12.01 aufgegeben. Der Aufgabegewinn ist nach § 7 Satz 2 GewStG gewerbesteuerpflichtig, weil er auf die B-KG als unmittelbar beteiligte Mitunternehmerin entfällt, die keine natürliche Person ist.

Lösung:
Der nach § 7 Satz 2 GewStG gewerbesteuerpflichtige Aufgabegewinn wird A für Zwecke der Einkommensteuer über die B-KG zugerechnet und bei der Ermittlung der Einkünfte des A erfasst. Da der Aufgabegewinn mit Gewerbesteuer belastet ist, ist er bei Ermittlung der „Summe der positiven gewerblichen Einkünfte" i. S. d. § 35 Absatz 1 Satz 2 EStG zu berücksichtigen (§ 35 Absatz 1 Satz 3 EStG). Der für die C-KG festgesetzte Gewerbesteuermessbetrag geht in das Anrechnungsvolumen i. S. d. § 35 Absatz 1 Satz 1 EStG des A ein (§ 35 Absatz 2 Satz 5 EStG).

7. Anwendungszeitraum

Dieses Schreiben ist auf alle offenen Fälle anzuwenden. In den Fällen, in denen die Anwendung der Rn. 16 bis 18 zu einer geringeren Anrechnung der Gewerbesteuer nach § 35 EStG als nach der bisherigen Verwaltungsauffassung im BMF-Schreiben vom 24. Februar 2009 (BStBl I S. 440) führt, ist das Schreiben auf Antrag des Steuerpflichtigen erst ab dem Veranlagungszeitraum 2016 anzuwenden. Rn. 30 des BMF-Schreibens vom 24. Februar 2009 (BStBl I S. 440) ist bis zum Veranlagungszeitraum 2017 weiterhin anzuwenden, wenn alle zum Ende des gewerbesteuerrechtlichen Erhebungszeitraums noch beteiligten Mitunternehmer dies einheitlich beantragen.

Die BMF-Schreiben vom 24. Februar 2009 (BStBl I S. 440), vom 22. Dezember 2009 (BStBl 2010 I S. 43) und vom 25. November 2010 (BStBl I S. 1312) werden aufgehoben.

Zu § 35a EStG

51. Steuerermäßigung bei Aufwendungen für haushaltsnahe Beschäftigungsverhältnisse und für die Inanspruchnahme haushaltsnaher Dienstleistungen (§ 35a EStG); Überarbeitung des BMF-Schreibens vom 10.1.2014 (BStBl I S. 75)

BMF, Schreiben v. 9.11.2016 (BStBl I S. 1213)

– IV C 8 - S 2296 b/07/10003 :008 –

Unter Bezugnahme auf das Ergebnis der Erörterungen mit den obersten Finanzbehörden der Länder gilt für die Anwendung des § 35a EStG Folgendes:

I. Haushalt

1. Allgemeines

1   Das haushaltsnahe Beschäftigungsverhältnis, die haushaltsnahe Dienstleistung oder die Handwerkerleistung müssen in einem inländischen oder in einem anderen in der Europäischen Union oder im Europäischen Wirtschaftsraum liegenden Haushalt des Steuerpflichtigen ausgeübt oder erbracht werden. Unter einem Haushalt im Sinne des § 35a EStG ist die Wirtschaftsführung mehrerer zusammenlebender Personen oder einer einzelnen Person in einer Wohnung oder in einem Haus einschließlich des dazu gehörenden Grund und Bodens zu verstehen. Zum Haushalt gehört auch das Bewirtschaften von Zubehörräumen und Außenanlagen. Maßgeblich ist, dass der Steuerpflichtige den ggf. gemeinschaftlichen Besitz über diesen Bereich ausübt und für Dritte dieser Bereich nach der Verkehrsanschauung als der Ort, an dem der Steuerpflichtige seinen Haushalt betreibt, anzusehen ist. Dabei können auch mehrere, räumlich voneinander getrennte Orte dem Haushalt des Steuerpflichtigen zuzuordnen sein. Dies gilt insbesondere für eine vom Steuerpflichtigen tatsächlich zu eigenen Wohnzwecken genutzte Zweit-, Wochenend- oder Ferienwohnung, für eine Wohnung, die dieser einem bei ihm zu berücksichtigenden Kind (§ 32 EStG) zur unentgeltlichen Nutzung überlässt sowie eine tatsächlich zu eigenen Wohnzwecken genutzte geerbte Wohnung. Die Steuerermäßigung wird – auch bei Vorhandensein mehrerer Wohnungen – insgesamt nur einmal bis zu den jeweiligen Höchstbeträgen gewährt (BFH-Urteil vom 29. Juli 2010, BStBl 2014 II S. 151).

2. Räumlicher Zusammenhang

2   Der räumliche Bereich, in dem sich der Haushalt entfaltet, wird regelmäßig durch die Grundstücksgrenzen abgesteckt. Ausnahmsweise können auch Leistungen, die jenseits der Grundstücksgrenzen auf fremdem, beispielsweise öffentlichem Grund erbracht werden, begünstigt sein. Es muss sich dabei allerdings um Leistungen handeln, die in unmittelbarem räumlichem Zusammenhang zum Haushalt durchgeführt werden und diesem dienen (BFH-Urteile vom 20. März 2014, BStBl II S. 880 und S. 882). Ein solcher unmittelbarer räumlicher Zusammenhang liegt nur vor, wenn beide Grundstücke eine gemeinsame Grenze haben oder dieser durch eine Grunddienstbarkeit vermittelt wird.

3. Wohnungswechsel, Umzug

Der Begriff „im Haushalt" ist nicht in jedem Fall mit „tatsächlichem Bewohnen" gleichzusetzen. Beabsichtigt der Steuerpflichtige umzuziehen und hat er für diesen Zweck bereits eine Wohnung oder ein Haus gemietet oder gekauft, gehört auch diese Wohnung oder dieses Haus zu seinem Haushalt, wenn er tatsächlich dorthin umzieht. Hat der Steuerpflichtige seinen Haushalt durch Umzug in eine andere Wohnung oder ein anderes Haus verlegt, gelten Maßnahmen zur Beseitigung der durch die bisherige Haushaltsführung veranlassten Abnutzung (z. B. Renovierungsarbeiten eines ausziehenden Mieters) noch als im Haushalt erbracht. Voraussetzung ist, dass die Maßnahmen in einem engen zeitlichen Zusammenhang zu dem Umzug stehen. Für die Frage, ab wann oder bis wann es sich um einen Haushalt des Steuerpflichtigen handelt, kommt es grundsätzlich auf das wirtschaftliche Eigentum an. Bei einem Mietverhältnis ist der im Mietvertrag vereinbarte Beginn des Mietverhältnisses oder bei Beendigung der Zeitpunkt, auf den die Kündigung erfolgt, und bei einem Kauf der Übergang von Nutzen und Lasten entscheidend. Ein früherer oder späterer Zeitpunkt für den Ein- oder Auszug ist durch geeignete Unterlagen (z. B. Meldebestätigung der Gemeinde, Bestätigung des Vermieters) nachzuweisen. In Zweifelsfällen kann auf das in der Regel anzufertigende Übergabe-/Übernahmeprotokoll abgestellt werden.

4. Wohnen in einem Alten(wohn)heim, einem Pflegeheim oder einem Wohnstift

Eine Inanspruchnahme der Steuerermäßigung nach § 35a Absatz 1 bis 3 EStG ist auch möglich, wenn sich der eigenständige und abgeschlossene Haushalt in einem Heim, wie z. B. einem Altenheim, einem Altenwohnheim, einem Pflegeheim oder einem Wohnstift befindet. Ein Haushalt in einem Heim ist gegeben, wenn die Räumlichkeiten des Steuerpflichtigen nach ihrer Ausstattung für eine Haushaltsführung geeignet sind (Bad, Küche, Wohn- und Schlafbereich), individuell genutzt werden können (Abschließbarkeit) und eine eigene Wirtschaftsführung des Steuerpflichtigen nachgewiesen oder glaubhaft gemacht wird.

II. Haushaltsnahe Beschäftigungsverhältnisse oder Dienstleistungen

1. Haushaltsnahe Beschäftigungsverhältnisse

Der Begriff des haushaltsnahen Beschäftigungsverhältnisses ist gesetzlich nicht definiert. Im Rahmen eines solchen Beschäftigungsverhältnisses werden Tätigkeiten ausgeübt, die einen engen Bezug zum Haushalt haben. Zu diesen Tätigkeiten gehören u. a. die Zubereitung von Mahlzeiten im Haushalt, die Reinigung der Wohnung des Steuerpflichtigen, die Gartenpflege und die Pflege, Versorgung und Betreuung von Kindern sowie von kranken, alten oder pflegebedürftigen Personen. Die Erteilung von Unterricht (z. B. Sprachunterricht), die Vermittlung besonderer Fähigkeiten sowie sportliche und andere Freizeitbetätigungen fallen nicht darunter.

2. Geringfügige Beschäftigung im Sinne des § 8a SGB IV

Die Steuerermäßigung nach § 35a Absatz 1 EStG kann der Steuerpflichtige nur beanspruchen, wenn es sich bei dem haushaltsnahen Beschäftigungsverhältnis um eine geringfügige Beschäftigung im Sinne des § 8a SGB IV handelt. Es handelt sich nur dann um ein geringfügiges Beschäftigungsverhältnis im Sinne dieser Vorschrift, wenn der Steuerpflichtige am Haushaltsscheckverfahren teilnimmt und die geringfügige Beschäftigung in seinem inländischen oder in einem anderen Mitgliedstaat der Europäischen Union oder im Europäischen Wirtschaftsraum liegenden Haushalt ausgeübt wird.

7 Wohnungseigentümergemeinschaften und Vermieter können im Rahmen ihrer Vermietertätigkeit nicht am Haushaltsscheckverfahren teilnehmen. Die von ihnen eingegangenen geringfügigen Beschäftigungsverhältnisse sind nicht nach § 35a Absatz 1 EStG begünstigt. Sie fallen unter die haushaltsnahen Dienstleistungen. Zur Berücksichtigung der Aufwendungen s. Rdnr. 11.

3. Beschäftigungsverhältnisse in nicht inländischen Haushalten

8 Bei einem nicht inländischen Haushalt, der in einem Staat liegt, der der Europäischen Union oder dem Europäischen Wirtschaftsraum angehört, setzt die Inanspruchnahme der Steuerermäßigung nach § 35a Absatz 1 EStG voraus, dass das monatliche Arbeitsentgelt 450 Euro nicht übersteigt, die Sozialversicherungsbeiträge ausschließlich von dem Arbeitgeber zu entrichten sind und von ihm auch entrichtet werden. Bei anderen haushaltsnahen Beschäftigungsverhältnissen ist für die Gewährung einer Steuerermäßigung nach § 35a Absatz 2 Satz 1 Alternative 1 EStG Voraussetzung, dass aufgrund des Beschäftigungsverhältnisses Arbeitgeber- und Arbeitnehmerbeiträge an die Sozialversicherung in dem jeweiligen Staat der Europäischen Union oder des Europäischen Wirtschaftsraums entrichtet werden.

4. Beschäftigungsverhältnisse zwischen Ehegatten, Partnern einer Lebenspartnerschaft bzw. einer nicht ehelichen Lebensgemeinschaft oder zwischen nahen Angehörigen

9 Da familienrechtliche Verpflichtungen grundsätzlich nicht Gegenstand eines steuerlich anzuerkennenden Vertrags sein können, sind entsprechende Vereinbarungen zwischen in einem Haushalt zusammenlebenden Ehegatten (§§ 1360, 1356 Absatz 1 BGB) oder zwischen Eltern und in deren Haushalt lebenden Kindern (§ 1619 BGB) nicht begünstigt. Entsprechendes gilt für die Partner einer Lebenspartnerschaft. Auch bei in einem Haushalt zusammenlebenden Partnern einer nicht ehelichen Lebensgemeinschaft oder einer Lebenspartnerschaft, die nicht unter das Lebenspartnerschaftsgesetz fällt, kann regelmäßig nicht von einem begünstigten Beschäftigungsverhältnis ausgegangen werden, weil jeder Partner auch seinen eigenen Haushalt führt und es deshalb an dem für Beschäftigungsverhältnisse typischen Über- und Unterordnungsverhältnis fehlt. Ein steuerlich nicht begünstigtes Vertragsverhältnis liegt darüber hinaus auch dann vor, wenn der Vertragspartner eine zwischengeschaltete Person (z. B. GmbH) ist und die Arbeiten im Namen dieser zwischengeschalteten Person von einer im Haushalt lebenden Person ausgeführt werden. Zur haushaltsbezogenen Inanspruchnahme der Steuerermäßigung vgl. Rdnrn. 53 bis 55.

10 Haushaltsnahe Beschäftigungsverhältnisse mit Angehörigen, die nicht im Haushalt des Steuerpflichtigen leben (z. B. mit Kindern, die in einem eigenen Haushalt leben), können steuerlich nur anerkannt werden, wenn die Verträge zivilrechtlich wirksam zustande gekommen sind, inhaltlich dem zwischen Fremden Üblichen entsprechen und tatsächlich auch so durchgeführt werden.

5. Haushaltsnahe Dienstleistungen

Grundsatz

11 Unter haushaltsnahen Dienstleistungen im Sinne des § 35a Absatz 2 Satz 1 Alternative 2 EStG werden Leistungen verstanden, die eine hinreichende Nähe zur Haushaltsführung aufweisen oder damit im Zusammenhang stehen (BFH-Urteil vom 20. März 2014, BStBl II S. 880). Das sind Tätigkeiten, die gewöhnlich Mitglieder des privaten Haushalts erledigen und für die fremde Dritte beschäftigt werden oder für die eine Dienstleistungsagentur oder ein selbstständiger Dienstleister in Anspruch genommen wird. Zu den haushaltsnahen Dienstleistungen gehören auch geringfügige Beschäftigungsverhältnisse, die durch Wohnungseigentümergemeinschaften und Vermieter im Rahmen ihrer Vermietertätigkeit eingegangen werden. Keine haushalts-

nahen Dienstleistungen sind solche, die zwar im Haushalt des Steuerpflichtigen ausgeübt werden, jedoch keinen Bezug zur Hauswirtschaft haben (BFH-Urteil vom 1. Februar 2007, BStBl II S. 760). Ebenfalls nicht zu den haushaltsnahen Dienstleistungen gehören die handwerklichen Leistungen im Sinne des § 35a Absatz 3 EStG. Keine begünstigte haushaltsnahe Dienstleistung ist die als eigenständige Leistung vergütete Bereitschaft auf Erbringung einer Leistung im Bedarfsfall. Etwas anderes gilt nur dann, wenn der Bereitschaftsdienst Nebenleistung einer ansonsten begünstigten Hauptleistung oder im Fall eines Hausnotrufsystems innerhalb des sog. „Betreuten Wohnens" in einer Seniorenwohneinrichtung ist; s. auch Rdnrn. 17 und 28. Eine beispielhafte Aufzählung begünstigter und nicht begünstigter haushaltsnaher Dienstleistungen enthält Anlage 1.

Personenbezogene Dienstleistungen

Personenbezogene Dienstleistungen (z. B. Frisör- oder Kosmetikerleistungen) sind keine haushaltsnahen Dienstleistungen, selbst wenn sie im Haushalt des Steuerpflichtigen erbracht werden. Diese Leistungen können jedoch zu den Pflege- und Betreuungsleistungen im Sinne der Rdnr. 13 gehören, wenn sie im Leistungskatalog der Pflegeversicherung aufgeführt sind. 12

Pflege- und Betreuungsleistungen

Die Feststellung und der Nachweis einer Pflegebedürftigkeit oder der Bezug von Leistungen der Pflegeversicherung sowie eine Unterscheidung nach Pflegestufen bzw. Pflegegraden sind nicht erforderlich. Es reicht aus, wenn Dienstleistungen zur Grundpflege, d. h. zur unmittelbaren Pflege am Menschen (Körperpflege, Ernährung und Mobilität) oder zur Betreuung in Anspruch genommen werden. Die Steuerermäßigung steht neben der pflegebedürftigen Person auch anderen Personen zu, wenn diese für Pflege- oder Betreuungsleistungen aufkommen, die in ihrem inländischen oder in einem anderen Mitgliedstaat der Europäischen Union oder im Europäischen Wirtschaftsraum liegenden Haushalt bzw. im Haushalt der gepflegten oder betreuten Person durchgeführt werden. Die Steuerermäßigung ist haushaltsbezogen. Werden z. B. zwei pflegebedürftige Personen in einem Haushalt gepflegt, kann die Steuerermäßigung nur einmal in Anspruch genommen werden. 13

Aufwendungen für Dienstleistungen, die mit denen einer Hilfe im Haushalt vergleichbar sind (§ 35a Absatz 2 Satz 2 EStG)

Voraussetzung für die Gewährung einer Steuerermäßigung für Aufwendungen, die mit denen einer Hilfe im Haushalt vergleichbar sind, ist, dass das Heim oder der Ort der dauernden Pflege in der Europäischen Union oder dem Europäischen Wirtschaftsraum liegt (§ 35a Absatz 4 Satz 2 EStG). Das Vorhandensein eines eigenen Haushalts im Heim oder am Ort der dauernden Pflege ist nicht erforderlich. Zum Wohnen in einem eigenständigen und abgeschlossenen Haushalt in einem Alten(wohn)heim, einem Pflegeheim oder einem Wohnstift vgl. Rdnrn. 4, 17 und 28. 14

Begünstigt sind Aufwendungen, die einem Steuerpflichtigen wegen der Unterbringung in einem Heim oder zur dauernden Pflege erwachsen, soweit darin – die allgemeinen Unterbringungskosten übersteigende – Aufwendungen für Dienstleistungen enthalten sind, die mit denen einer Hilfe im Haushalt vergleichbar sind (§ 35a Absatz 2 Satz 2 EStG). In Frage kommen die (anteiligen) Aufwendungen für 15

– die Reinigung des Zimmers oder des Appartements,

– die Reinigung der Gemeinschaftsflächen,

– das Zubereiten der Mahlzeiten in dem Heim oder an dem Ort der dauernden Pflege,

- das Servieren der Mahlzeiten in dem Heim oder an dem Ort der dauernden Pflege,
- den Wäscheservice, soweit er in dem Heim oder an dem Ort der dauernden Pflege erfolgt.

16 Nicht begünstigt sind
- Mietzahlungen, wie z. B. die allgemeinen Aufwendungen für die Unterbringung in einem Alten(wohn)heim, einem Pflegeheim oder einem Wohnstift,
- die Aufwendungen für den Hausmeister, den Gärtner sowie sämtliche Handwerkerleistungen.

Nicht mit einer Hilfe im Haushalt vergleichbar sind Pflege- und Betreuungsleistungen (s. Rdnr. 13).

Wohnen in einem Alten(wohn)heim, einem Pflegeheim oder einem Wohnstift

17 Zu den begünstigten haushaltsnahen Dienstleistungen bei einer Heimunterbringung gehören neben den in dem eigenständigen und abgeschlossenen Haushalt des Steuerpflichtigen durchgeführten und individuell abgerechneten Leistungen (z. B. Reinigung des Appartements, Pflege- oder Handwerkerleistungen im Appartement) u. a. die Hausmeisterarbeiten, die Gartenpflege sowie kleinere Reparaturarbeiten, die Dienstleistungen des Haus- und Etagenpersonals sowie die Reinigung der Gemeinschaftsflächen, wie Flure, Treppenhäuser und Gemeinschaftsräume (BFH-Urteil vom 29. Januar 2009, BStBl 2010 II S. 166). Aufwendungen für die Zubereitung von Mahlzeiten in der hauseigenen Küche eines Alten(wohn)heims, Pflegeheims oder Wohnstifts und das Servieren der Speisen in dem zur Gemeinschaftsfläche rechnenden Speisesaal sind ebenfalls als haushaltsnahe Dienstleistungen begünstigt. Die Tätigkeit von Haus- und Etagenpersonal, dessen Aufgabe neben der Betreuung des Bewohners noch zusätzlich in der Begleitung des Steuerpflichtigen, dem Empfang von Besuchern und der Erledigung kleiner Botengänge besteht, ist grundsätzlich den haushaltsnahen Dienstleistungen zuzurechnen. Zur Anspruchsberechtigung im Einzelnen s. Rdnr. 28.

6. Beschäftigungsverhältnisse und Dienstleistungen außerhalb des Haushalts des Steuerpflichtigen

18 Beschäftigungsverhältnisse oder Dienstleistungen, die ausschließlich Tätigkeiten zum Gegenstand haben, die außerhalb des Haushalts des Steuerpflichtigen ausgeübt oder erbracht werden, sind nicht begünstigt. Die Begleitung von Kindern, kranken, alten oder pflegebedürftigen Personen bei Einkäufen und Arztbesuchen sowie kleine Botengänge usw. sind nur dann begünstigt, wenn sie zu den Nebenpflichten der Haushaltshilfe, des Pflegenden oder Betreuenden im Haushalt gehören. Pflege- und Betreuungsleistungen sind auch begünstigt, wenn die Pflege und Betreuung im Haushalt der gepflegten oder betreuten Person durchgeführt wird. In diesem Fall ist Voraussetzung, dass der Haushalt der gepflegten oder betreuten Person im Inland, in einem anderen Mitgliedstaat der Europäischen Union oder im Europäischen Wirtschaftsraum liegt (§ 35a Absatz 4 EStG).

III. Inanspruchnahme von Handwerkerleistungen

1. Begünstigte Handwerkerleistung

19 § 35a Absatz 3 EStG gilt für alle handwerklichen Tätigkeiten für Renovierungs-, Erhaltungs- und Modernisierungsmaßnahmen, die in einem inländischen, in der Europäischen Union oder dem Europäischen Wirtschaftsraum liegenden Haushalt des Steuerpflichtigen erbracht werden, unabhängig davon, ob es sich um regelmäßig vorzunehmende Renovierungsarbeiten oder kleine

Ausbesserungsarbeiten handelt, die gewöhnlich durch Mitglieder des privaten Haushalts erledigt werden, oder um Erhaltungs- und Modernisierungsmaßnahmen, die im Regelfall nur von Fachkräften durchgeführt werden. Ob es sich bei den Aufwendungen für die einzelne Maßnahme ertragsteuerrechtlich um Erhaltungs- oder Herstellungsaufwand handelt, ist nicht ausschlaggebend. Die sachliche Begrenzung der begünstigten Maßnahme ist vielmehr aus dem Tatbestandsmerkmal „im Haushalt" zu bestimmen (BFH-Urteil vom 6. November 2014, BStBl 2015 II S. 481). Maßnahmen im Zusammenhang mit neuer Wohn- bzw. Nutzflächenschaffung in einem vorhandenen Haushalt sind begünstigt (BFH-Urteil vom 13. Juli 2011, BStBl 2012 II S. 232), vgl. auch Rdnr. 21. Eine – nachhaltige – Erhöhung des Gebrauchswerts der Immobilie ist kein Kriterium und führt nicht zum Ausschluss der Gewährung der Steuerermäßigung.

Die Erhebung des unter Umständen mangelfreien Istzustands, z. B. die Prüfung der ordnungsgemäßen Funktion einer Anlage, ist ebenso eine Handwerkerleistung wie die Beseitigung eines bereits eingetretenen Schadens oder Maßnahmen zur vorbeugenden Schadensabwehr. Das gilt auch dann, wenn der Handwerker über den ordnungsgemäßen Istzustand eines Gewerkes oder einer Anlage eine Bescheinigung „für amtliche Zwecke" erstellt. Es ist nicht erforderlich, dass eine etwaige Reparatur- oder Instandhaltungsmaßnahme zeitlich unmittelbar nachfolgt. Sie kann auch durch einen anderen Handwerksbetrieb durchgeführt werden (BFH-Urteil vom 6. November 2014, BStBl 2015 II S. 481). Handelt es sich dagegen bei der gutachterlichen Tätigkeit weder um eine Handwerkerleistung, noch um eine haushaltsnahe Dienstleistung, kommt die Steuerermäßigung nach § 35a EStG nicht in Betracht. Weder zu den haushaltsnahen Dienstleistungen noch zu den Handwerkerleistungen gehören beispielsweise

– Tätigkeiten, die der Wertermittlung dienen,

– die Erstellung eines Energiepasses,

– Tätigkeiten im Zusammenhang mit einer Finanzierung (z. B. zur Erlangung einer KfW-Förderung).

2. Nicht begünstigte Handwerkerleistungen

Handwerkliche Tätigkeiten im Rahmen einer Neubaumaßnahme sind nicht begünstigt. Als Neubaumaßnahmen gelten alle Maßnahmen, die im Zusammenhang mit der Errichtung eines Haushalts bis zu dessen Fertigstellung (vgl. H 7.4 „Fertigstellung" EStH) anfallen. Rdnr. 3 ist für Dienstleistungen im Zusammenhang mit dem Bezug der Wohnung anwendbar. Eine beispielhafte Aufzählung begünstigter und nicht begünstigter handwerklicher Tätigkeiten enthält Anlage 1.

3. Beauftragtes Unternehmen und Maßnahmen der öffentlichen Hand

Das beauftragte Unternehmen muss nicht in die Handwerksrolle eingetragen sein. Auch Kleinunternehmer im Sinne des § 19 Absatz 1 UStG oder die öffentliche Hand können steuerbegünstigte Handwerkerleistungen erbringen (BFH-Urteil vom 6. November 2014, BStBl 2015 II S. 481). Maßnahmen, die von der öffentlichen Hand oder einem von ihr beauftragten Dritten auf gesetzlicher Grundlage erbracht und mit dem Hauseigentümer nach öffentlich-rechtlichen Kriterien abgerechnet werden, sind jedoch nicht im Rahmen des § 35a EStG begünstigt.

4. Öffentlich geförderte Maßnahmen

Unter einer Maßnahme im Sinne des § 35a Absatz 3 Satz 2 EStG ist die (Einzel-)Maßnahme zu verstehen, für die eine öffentliche Förderung in der Form eines zinsverbilligten Darlehens oder steuerfreier Zuschüsse in Anspruch genommen wird. Wird für diese Maßnahme die öffentliche Förderung bewilligt, schließt dies die Möglichkeit der Inanspruchnahme einer Steuerermäßigung nach § 35a Absatz 3 EStG auch für den Teil der mit dieser Maßnahme verbundenen Aufwendungen aus, die sich – z. B. weil sie den Förderhöchstbetrag übersteigen – im Rahmen der öffentlichen Förderung nicht auswirken. Eine Aufteilung der Aufwendungen für eine öffentlich geförderte (Einzel-)Maßnahme mit dem Ziel, für einen Teil der Aufwendungen die Steuerermäßigung nach § 35a Absatz 3 EStG in Anspruch zu nehmen, ist nicht möglich.

24 Werden im Rahmen von Renovierungs-, Erhaltungs- und Modernisierungsmaßnahmen mehrere (Einzel-)Maßnahmen durchgeführt, von denen einzelne öffentlich gefördert werden, ist die Inanspruchnahme der Steuerermäßigung für (Einzel-)Maßnahmen, die nicht unter diese öffentliche Förderung fallen, möglich.

Beispiel 1:
Der Eigentümer E saniert sein Einfamilienhaus. Er lässt von einer Heizungsfirma eine neue energieeffiziente Heizungsanlage einbauen und beantragt dafür öffentliche Fördergelder mit der Folge, dass die Inanspruchnahme der Steuerermäßigung nach § 35a EStG für diese Maßnahme ausgeschlossen ist. Gleichzeitig lässt er an den Außenwänden eine Wärmedämmung anbringen. Hierfür beantragt er keine öffentliche Förderung, sondern macht für die darauf entfallenden Arbeitskosten die ihm für diese Maßnahme auch zu gewährende Steuerermäßigung nach § 35a Absatz 3 EStG geltend.

IV. Anspruchsberechtigte

1. Arbeitgeber, Auftraggeber, Grundsatz

25 Der Steuerpflichtige kann die Steuerermäßigung nach § 35a EStG grundsätzlich nur in Anspruch nehmen, wenn er entweder Arbeitgeber des haushaltsnahen Beschäftigungsverhältnisses oder Auftraggeber der haushaltsnahen Dienstleistung oder Handwerkerleistung ist.

2. Wohnungseigentümergemeinschaften

26 Besteht ein Beschäftigungsverhältnis zu einer Wohnungseigentümergemeinschaft (z. B. bei Reinigung und Pflege von Gemeinschaftsräumen) oder ist eine Wohnungseigentümergemeinschaft Auftraggeber der haushaltsnahen Dienstleistung bzw. der handwerklichen Leistung, kommt für den einzelnen Wohnungseigentümer eine Steuerermäßigung in Betracht, wenn in der Jahresabrechnung

- die im Kalenderjahr unbar gezahlten Beträge nach den begünstigten haushaltsnahen Beschäftigungsverhältnissen, Dienstleistungen und Handwerkerleistungen jeweils gesondert aufgeführt sind (zur Berücksichtigung von geringfügigen Beschäftigungsverhältnissen s. Rdnr. 11),

- der Anteil der steuerbegünstigten Kosten ausgewiesen ist (Arbeits- und Fahrtkosten, s. auch Rdnr. 39) und

- der Anteil des jeweiligen Wohnungseigentümers individuell errechnet wurde.

Hat die Wohnungseigentümergemeinschaft zur Wahrnehmung ihrer Aufgaben und Interessen einen Verwalter bestellt und ergeben sich die Angaben nicht aus der Jahresabrechnung, ist der Nachweis durch eine Bescheinigung des Verwalters über den Anteil des jeweiligen Wohnungseigentümers zu führen. Ein Muster für eine derartige Bescheinigung ist als Anlage 2 beigefügt. Das Datum über die Beschlussfassung der Jahresabrechnung kann formlos bescheinigt oder auf der Bescheinigung vermerkt werden.

3. Mieter/unentgeltliche Nutzer

27 Auch der Mieter einer Wohnung kann die Steuerermäßigung nach § 35a EStG beanspruchen, wenn die von ihm zu zahlenden Nebenkosten Beträge umfassen, die für ein haushaltsnahes

Beschäftigungsverhältnis, für haushaltsnahe Dienstleistungen oder für handwerkliche Tätigkeiten geschuldet werden und sein Anteil an den vom Vermieter unbar gezahlten Aufwendungen entweder aus der Jahresabrechnung hervorgeht oder durch eine Bescheinigung (vgl. Rdnr. 26 und Anlage 2) des Vermieters oder seines Verwalters nachgewiesen wird. Das gilt auch für den Fall der unentgeltlichen Überlassung einer Wohnung, wenn der Nutzende die entsprechenden Aufwendungen getragen hat.

4. Wohnen in einem Alten(wohn)heim, einem Pflegeheim oder einem Wohnstift

Für Bewohner eines Altenheims, eines Altenwohnheims, eines Pflegeheims oder eines Wohnstiftes (vgl. Rdnr. 4) gilt nach Abschluss eines sog. Heimvertrages Folgendes: Aufwendungen für Dienstleistungen, die innerhalb des Appartements erbracht werden, wie z. B. die Reinigung des Appartements oder die Pflege und Betreuung des Heimbewohners, sind begünstigt. Aufwendungen für Dienstleistungen, die außerhalb des Appartements erbracht werden, sind im Rahmen der Rdnrn. 4, 14, 15 und 17 begünstigt. Das gilt jeweils auch für die von dem Heimbetreiber pauschal erhobenen Kosten, sofern die damit abgegoltene Dienstleistung gegenüber dem einzelnen Heimbewohner nachweislich tatsächlich erbracht worden ist. Darüber hinausgehende Dienstleistungen fallen grundsätzlich nicht unter die Steuerermäßigungsregelung des § 35a EStG, es sei denn, es wird nachgewiesen, dass die jeweilige haushaltsnahe Dienstleistung im Bedarfsfall von dem Heimbewohner abgerufen worden ist. Das gilt sowohl für Dienstleistungen des Heimbetreibers selbst, ggf. mittels eigenen Personals, als auch für Dienstleistungen eines externen Anbieters. Rdnrn. 26 und 27 gelten sinngemäß. Aufwendungen für die Möglichkeit, bei Bedarf bestimmte Pflege- oder Betreuungsleistungen in Anspruch zu nehmen, sind begünstigt. Aufwendungen für Pflegekostenergänzungsregelungen oder Beiträge an Einrichtungen (z. B. Solidarkassen), durch welche der Heimbewohner ähnlich einer Versicherung Ansprüche erwirbt, in vertraglich definierten Sachverhalten (z. B. bei Eintritt der Pflegebedürftigkeit) eine Kostenfreistellung oder eine Kostenerstattung zu erhalten, sind nicht begünstigt.

5. Arbeitgeber-Pool

Schließen sich mehrere Steuerpflichtige als Arbeitgeber für ein haushaltsnahes Beschäftigungsverhältnis zusammen (sog. Arbeitgeber-Pool), kann jeder Steuerpflichtige die Steuerermäßigung für seinen Anteil an den Aufwendungen in Anspruch nehmen, wenn für die an dem Arbeitgeber-Pool Beteiligten eine Abrechnung über die im jeweiligen Haushalt ausgeführten Arbeiten vorliegt. Wird der Gesamtbetrag der Aufwendungen für das Beschäftigungsverhältnis durch ein Pool-Mitglied überwiesen, gelten die Regelungen für Wohnungseigentümer und Mieter (vgl. Rdnrn. 26 und 27) entsprechend.

6. Erben

Gehört zum Haushalt des Steuerpflichtigen eine zu eigenen Wohnzwecken genutzte geerbte Wohnung (s. Rdnr. 1), kann er für Leistungen, die in dieser Wohnung durchgeführt wurden, bei Vorliegen der sonstigen Voraussetzungen die Steuerermäßigung nach § 35a EStG in Anspruch nehmen. Das gilt auch, wenn die Leistungen für diese Wohnung noch vom Erblasser in Anspruch genommen und die Rechnungsbeträge vom Erben überwiesen worden sind.

> **Beispiel 2:**
> Ein Steuerpflichtiger erbt Anfang des Jahres 2015 eine Wohnung von seinem verstorbenen Vater (Erblasser). Er zieht umgehend in die Wohnung ein und nutzt sie zu eigenen Wohnzwecken. Der Vater hatte Ende 2014 das Bad von einem Handwerksbetrieb sanieren lassen und hierfür eine Rechnung erhalten. Der Steuerpflichtige begleicht die Rechnung in Höhe von 5.000 € (darin enthaltene Arbeits- und Fahrtkosten in Höhe von 2.000 €) im Jahr 2015 durch Banküberweisung. Der Steuerpflichtige kann für die begünstigten Handwerkerleistungen (Arbeits- und Fahrtkosten) die Steuerermäßigung nach § 35a Absatz 3 EStG in Anspruch nehmen (20 % von 2.000 € = 400 €).

V. Begünstigte Aufwendungen

1. Ausschluss der Steuerermäßigung bei Betriebsausgaben oder Werbungskosten

31 Die Steuerermäßigung für Aufwendungen ist ausgeschlossen, soweit diese Betriebsausgaben oder Werbungskosten darstellen. Gemischte Aufwendungen (z. B. für eine Reinigungskraft, die auch das beruflich genutzte Arbeitszimmer reinigt) sind unter Berücksichtigung des zeitlichen Anteils der zu Betriebsausgaben oder Werbungskosten führenden Tätigkeiten an der Gesamtarbeitszeit sachgerecht aufzuteilen.

2. Ausschluss der Steuerermäßigung bei Berücksichtigung der Aufwendungen als Sonderausgaben oder außergewöhnliche Belastungen; Aufwendungen für Kinderbetreuung

Sonderausgaben, außergewöhnliche Belastungen

32 Eine Steuerermäßigung nach § 35a EStG kommt nur in Betracht, soweit die Aufwendungen nicht vorrangig als Sonderausgaben (z. B. Erhaltungsmaßnahmen nach § 10f EStG oder Kinderbetreuungskosten – vgl. Rdnr. 34) oder als außergewöhnliche Belastungen berücksichtigt worden sind. Für den Teil der Aufwendungen, der durch den Ansatz der zumutbaren Belastung nach § 33 Absatz 3 EStG oder wegen der Gegenrechnung von Pflegegeld oder Pflegetagegeld nicht als außergewöhnliche Belastung berücksichtigt wird, kann der Steuerpflichtige die Steuerermäßigung nach § 35a EStG in Anspruch nehmen. Werden im Rahmen des § 33 EStG Aufwendungen geltend gemacht, die dem Grunde nach sowohl bei § 33 EStG als auch bei § 35a EStG berücksichtigt werden können, ist davon auszugehen, dass die zumutbare Belastung vorrangig auf die nach § 35a EStG begünstigten Aufwendungen entfällt.

Behinderten-Pauschbetrag

33 Nimmt die pflegebedürftige Person einen Behinderten-Pauschbetrag nach § 33b Absatz 1 Satz 1 in Verbindung mit Absatz 3 Satz 2 oder 3 EStG in Anspruch, schließt dies eine Berücksichtigung dieser Pflegeaufwendungen nach § 35a EStG bei ihr aus (BFH-Urteil vom 5. Juni 2014, BStBl II S. 970). Das gilt nicht, wenn der einem Kind zustehende Behinderten-Pauschbetrag nach § 33b Absatz 5 EStG auf den Steuerpflichtigen übertragen wird (BFH-Urteil vom 11. Februar 2010, BStBl II S. 621) und dieser für Pflege- und Betreuungsaufwendungen des Kindes aufkommt (vgl. Rdnr. 13).

Kinderbetreuungskosten

34 Fallen Kinderbetreuungskosten dem Grunde nach unter die Regelung des § 10 Absatz 1 Nummer 5 EStG, kommt ein Abzug nach § 35a EStG nicht in Betracht (§ 35a Absatz 5 Satz 1 EStG). Dies gilt sowohl für den Betrag, der zwei Drittel der Aufwendungen für Dienstleistungen übersteigt, als auch für alle Aufwendungen, die den Höchstbetrag von 4.000 Euro je Kind übersteigen.

Au-pair

35 Bei Aufnahme eines Au-pairs in eine Familie fallen in der Regel neben den Aufwendungen für die Betreuung der Kinder auch Aufwendungen für leichte Hausarbeiten an, die im Einzelnen in der Rechnung oder im Au-pair-Vertrag aufzuführen sind. Wird der Umfang der einzelnen Leistungen nicht nachgewiesen, kann ein Anteil von 50 % der Gesamtaufwendungen im Rahmen der Steuerermäßigung für haushaltsnahe Dienstleistungen nach § 35a Absatz 2 Satz 1 EStG be-

rücksichtigt werden, wenn die übrigen Voraussetzungen des § 35a EStG (insbesondere die Zahlung auf ein Konto des Au-pairs) vorliegen (vgl. auch Rdnrn. 5, 7 des BMF-Schreibens vom 14. März 2012, BStBl I S. 307).

3. Umfang der begünstigten Aufwendungen

Arbeitsentgelt

Zu den begünstigten Aufwendungen des Steuerpflichtigen nach § 35a Absatz 1 und 2 Alternative 1 EStG gehört der Bruttoarbeitslohn oder das Arbeitsentgelt (bei Anwendung des Haushaltsscheckverfahrens und geringfügiger Beschäftigung im Sinne des § 8a SGB IV) sowie die vom Steuerpflichtigen getragenen Sozialversicherungsbeiträge, die Lohnsteuer ggf. zuzüglich Solidaritätszuschlag und Kirchensteuer, die Umlagen nach dem Aufwendungsausgleichsgesetz (U 1 und U 2) und die Unfallversicherungsbeiträge, die an den Gemeindeunfallversicherungsverband abzuführen sind. 36

Nachweis des Arbeitsentgelts

Als Nachweis dient bei geringfügigen Beschäftigungsverhältnissen (s. Rdnr. 6), für die das Haushaltsscheckverfahren Anwendung findet, die dem Arbeitgeber von der Einzugsstelle (Minijob-Zentrale) zum Jahresende erteilte Bescheinigung nach § 28h Absatz 4 SGB IV. Diese enthält den Zeitraum, für den Beiträge zur Rentenversicherung gezahlt wurden, die Höhe des Arbeitsentgelts sowie die vom Arbeitgeber getragenen Gesamtsozialversicherungsbeiträge und Umlagen. Zusätzlich wird in der Bescheinigung die Höhe der einbehaltenen Pauschsteuer beziffert. Die Leistung des Arbeitslohns ist mit sämtlichen Zahlungsmitteln möglich und für die Gewährung der Steuerermäßigung nach § 35a Absatz 1 EStG nicht schädlich. 37

Bei sozialversicherungspflichtigen haushaltsnahen Beschäftigungsverhältnissen, für die das allgemeine Beitrags- und Meldeverfahren zur Sozialversicherung gilt und bei denen die Lohnsteuer pauschal oder nach Maßgabe der persönlichen Lohnsteuerabzugsmerkmale erhoben wird, sowie bei geringfügigen Beschäftigungsverhältnissen ohne Haushaltsscheckverfahren gelten für die Steuerermäßigung die allgemeinen Nachweisregeln (Rdnrn. 49 ff.). 38

Arbeitskosten, Materialkosten

Begünstigt sind generell nur die Arbeitskosten für Leistungen, die im Haushalt des Steuerpflichtigen erbracht worden sind (Rdnrn. 1 bis 4). Arbeitskosten sind die Aufwendungen für die Inanspruchnahme der haushaltsnahen Tätigkeit selbst, für Pflege- und Betreuungsleistungen bzw. für Handwerkerleistungen einschließlich der in Rechnung gestellten Maschinen- und Fahrtkosten. Arbeitskosten für Leistungen, die außerhalb des Haushalts des Steuerpflichtigen erbracht wurden, sind in der Rechnung entsprechend zu kennzeichnen. Materialkosten oder sonstige im Zusammenhang mit der Dienstleistung, den Pflege- und Betreuungsleistungen bzw. den Handwerkerleistungen gelieferte Waren bleiben mit Ausnahme von Verbrauchsmitteln außer Ansatz. 39

Aufteilung

Der Anteil der Arbeitskosten muss grundsätzlich anhand der Angaben in der Rechnung gesondert ermittelt werden können. Auch eine prozentuale Aufteilung des Rechnungsbetrages in Arbeitskosten und Materialkosten durch den Rechnungsaussteller ist zulässig. Eine Schätzung des Anteils der Arbeitskosten durch den Steuerpflichtigen ist nicht zulässig und kann auch nicht auf die Entscheidung des BFH vom 20. März 2014 (BStBl II S. 882) gestützt werden. Bei Wartungsverträgen ist es nicht zu beanstanden, wenn der Anteil der Arbeitskosten, der sich auch pauschal aus einer Mischkalkulation ergeben kann, aus einer Anlage zur Rechnung hervorgeht. 40

Leistungen, die sowohl im als auch außerhalb des räumlichen Bereichs des Haushalts (Rdnr. 2) durchgeführt werden, sind entsprechend aufzuteilen. Zur Aufteilung der Aufwendungen bei Wohnungseigentümergemeinschaften genügt eine Jahresbescheinigung des Grundstücksverwalters. Entsprechendes gilt für die Nebenkostenabrechnung der Mieter. Abschlagszahlungen können nur dann berücksichtigt werden, wenn hierfür eine entsprechende Aufteilung vorgenommen worden ist und eine Rechnung vorliegt, welche die Voraussetzungen des § 35a EStG erfüllt (vgl. Rdnr. 49). Ein gesonderter Ausweis der auf die Arbeitskosten entfallenden Mehrwertsteuer ist nicht erforderlich.

Versicherungsleistungen

41 Aufwendungen für haushaltsnahe Dienstleistungen oder Handwerkerleistungen, die im Zusammenhang mit Versicherungsschadensfällen entstehen, können nur berücksichtigt werden, soweit sie nicht von der Versicherung erstattet werden. Dabei sind nicht nur erhaltene, sondern auch in späteren Veranlagungszeiträumen zu erwartende Versicherungsleistungen zu berücksichtigen. Das gilt auch für Versicherungsleistungen, die zur medizinischen Rehabilitation erbracht werden, wie z. B. für Haushaltshilfen nach § 10 Absatz 2 Satz 2, § 36 Absatz 1 Satz 2, § 37 Absatz 1 Satz 2, § 39 Absatz 1 Satz 2 des Gesetzes über die Alterssicherung der Landwirte, § 10 des Zweiten Gesetzes über die Krankenversicherung der Landwirte, § 38 Absatz 4 Satz 1 Alternative 2 SGB V, § 54 Absatz 2, § 55 SGB VII, § 54 SGB IX. In solchen Fällen ist nur die Selbstbeteiligung nach § 35a EStG begünstigt.

42 Empfangene Leistungen der Pflegeversicherung des Steuerpflichtigen sowie die Leistungen im Rahmen des Persönlichen Budgets im Sinne des § 17 SGB IX sind anzurechnen, soweit sie ausschließlich und zweckgebunden für Pflege- und Betreuungsleistungen sowie für haushaltsnahe Dienstleistungen im Sinne des § 35a Absatz 2 in Verbindung mit Absatz 5 EStG, die keine Handwerkerleistungen im Sinne des § 35a Absatz 3 EStG sind, gewährt werden. Danach sind Pflegesachleistungen nach § 36 SGB XI und der Kostenersatz für zusätzliche Betreuungsleistungen nach § 45b SGB XI auf die entstandenen Aufwendungen anzurechnen. Leistungen der Pflegeversicherung im Sinne des § 37 SGB XI (sog. Pflegegeld) sind dagegen nicht anzurechnen, weil sie nicht zweckgebunden für professionelle Pflegedienste bestimmt sind, die die Voraussetzungen des § 35a Absatz 5 EStG erfüllen (Ausstellung einer Rechnung, Überweisung auf ein Konto des Empfängers).

> **Beispiel 3:**
> Ein pflegebedürftiger Steuerpflichtiger der Pflegestufe II mit dauerhafter erheblicher Einschränkung seiner Alltagskompetenz erhält im Veranlagungszeitraum 2015 in seinem eigenen Haushalt Pflegesachleistungen in der Form einer häuslichen Pflegehilfe sowie zusätzliche Betreuung. Er nimmt dafür einen professionellen Pflegedienst in Anspruch. Die monatlichen Aufwendungen betragen 1.500 €. Die Pflegeversicherung übernimmt die Aufwendungen in Höhe von monatlich 1.144 € (§ 36 Absatz 3 Nummer 2 Buchstabe d SGB XI). Darüber hinaus erhält der Steuerpflichtige einen zusätzlichen Kostenersatz nach § 45b SGB XI in Höhe von monatlich 104 €.
>
> Es handelt sich um die Inanspruchnahme von Pflege- und Betreuungsleistungen im Sinne des § 35a Absatz 2 Satz 2 EStG, für die der Steuerpflichtige eine Steuerermäßigung in Anspruch nehmen kann. Die Beträge nach § 36 SGB XI sowie der Kostenersatz nach § 45b SGB XI sind anzurechnen.
>
> Die Steuerermäßigung für die Pflege- und Betreuungsleistungen wird für den Veranlagungszeitraum 2015 wie folgt berechnet:
>
> | | |
> |---|---:|
> | 1.500 € × 12 Monate | 18.000 € |
> | − (1.144 € + 104 €) × 12 Monate | −14.976 € |
> | verbleibende Eigenleistung | 3.024 € |
>
> Davon 20 % = 604,80 €. Der Steuerpflichtige kann 605 € als Steuerermäßigung in Anspruch nehmen.
>
> **Beispiel 4:**
> Eine pflegebedürftige Steuerpflichtige der Pflegestufe I beantragt anstelle der häuslichen Pflegehilfe (§ 36 SGB XI) ein Pflegegeld nach § 37 SGB XI. Im Veranlagungszeitraum 2015 erhält sie monatlich 244 €.

Die Steuerpflichtige nimmt zur Deckung ihres häuslichen Pflege- und Betreuungsbedarfs zusätzlich einzelne Pflegeeinsätze eines professionellen Pflegedienstes in Anspruch. Die Aufwendungen dafür betragen jährlich 2.400 €.

Es handelt sich um die Inanspruchnahme von Pflege- und Betreuungsleistungen im Sinne des § 35a Absatz 2 Satz 2 EStG, für die die Steuerpflichtige eine Steuerermäßigung in Anspruch nehmen kann. Das Pflegegeld ist nicht anzurechnen.

Die Steuerermäßigung für die Pflege- und Betreuungsleistungen wird für den Veranlagungszeitraum 2015 wie folgt berechnet:

20 % von 2.400 € = 480 €. Die Steuerpflichtige kann 480 € als Steuerermäßigung in Anspruch nehmen.

Beispiel 5:
Ein pflegebedürftiger Steuerpflichtiger der Pflegestufe II nimmt im Veranlagungszeitraum 2015 die ihm nach § 36 Absatz 3 Nummer 2 Buchstabe d SGB XI zustehende Sachleistung nur zur Hälfte in Anspruch (572 €/Monat). Er erhält daneben ein anteiliges Pflegegeld (§ 38 in Verbindung mit § 37 SGB XI) in Höhe von monatlich 229 €. Die durch die Pflegeversicherung im Wege der Sachleistung zur Verfügung gestellten regelmäßigen professionellen Pflegeeinsätze werden durch den Steuerpflichtigen durch gelegentliche zusätzliche Beauftragungen eines Pflegedienstes ergänzt. Die Aufwendungen hierfür betragen jährlich 2.400 €; hierfür werden keine Pflegesachleistungen gewährt. Die weiteren Pflege- und Betreuungsdienstleistungen erfolgen durch Freunde des Steuerpflichtigen, von denen eine Person im Rahmen einer geringfügigen Beschäftigung im Sinne des § 8a SGB IV zu einem Monatslohn einschließlich der pauschalen Abgaben in Höhe von 420 € beschäftigt wird. Einen Teil des Pflegegeldes leitet der Steuerpflichtige an die anderen Hilfspersonen weiter.

Die Inanspruchnahme des Pflegedienstes ist nach § 35a Absatz 2 Satz 2 EStG begünstigt. Das Pflegegeld nach § 37 SGB XI ist nicht anzurechnen. Das geringfügige Beschäftigungsverhältnis fällt unter § 35a Absatz 1 EStG.

Die Steuerermäßigung für das geringfügige Beschäftigungsverhältnis wird für den Veranlagungszeitraum 2015 wie folgt berechnet:

420 € × 12 Monate   5.040 €

Davon 20 % = 1.008 €. Der Steuerpflichtige kann 510 € (= Höchstbetrag) als Steuerermäßigung in Anspruch nehmen.

Die Steuerermäßigung für die zusätzlich zu den Sachleistungen der Pflegeversicherung selbst finanzierten externen Pflegeeinsätze wird für den Veranlagungszeitraum 2015 wie folgt berechnet:

20 % von 2.400 € = 480 €. Der Steuerpflichtige kann (510 € + 480 € =) 990 € als Steuerermäßigung in Anspruch nehmen.

Wird die Steuerermäßigung für Pflege- und Betreuungsaufwendungen von einem Angehörigen oder einer anderen Person geltend gemacht, ist Rdnr. 42 entsprechend anzuwenden, wenn das Pflegegeld an diese Person weitergeleitet wird. 43

Beispiel 6:
Eine pflegebedürftige Person der Pflegestufe II nimmt im Veranlagungszeitraum 2015 in ihrem eigenen Haushalt einen professionellen Pflegedienst in Anspruch. Die monatlichen Gesamtaufwendungen hierfür betragen 1.800 €. Durch die Pflegeversicherung werden Pflegesachleistungen nach § 36 Absatz 3 Nummer 2d SGB XI in Höhe von 1.144 € monatlich übernommen. Die darüber hinausgehenden Aufwendungen trägt der Sohn in Höhe von monatlich 656 €.

Es handelt sich um die Inanspruchnahme von Pflege- und Betreuungsleistungen im Sinne des § 35a Absatz 2 Satz 2 EStG, für die der Sohn eine Steuerermäßigung in Anspruch nehmen kann. Die Beträge nach § 36 SGB XI sind anzurechnen.

Die Steuerermäßigung für die Pflege- und Betreuungsleistungen wird für den Veranlagungszeitraum 2015 wie folgt berechnet:

Steuerpflichtiger:

1.800 € × 12 Monate	21.600 €
−1.144 € × 12 Monate	13.728 €
Eigenleistung des Sohnes	7.872 €

Davon 20 % = 1.574,40 €. Der Sohn kann 1.575 € als Steuerermäßigung in Anspruch nehmen.

Beispiel 7:
Ein pflegebedürftiger Steuerpflichtiger der Pflegestufe II (Schwerbehindertenausweis mit Merkzeichen „H") beantragt anstelle der häuslichen Pflegehilfe (§ 36 SGB XI) ein Pflegegeld nach § 37 SGB XI. Im Veranlagungszeitraum 2015 erhält er monatlich 458 €. Der Steuerpflichtige wird grundsätzlich von seiner Tochter betreut und gepflegt. Er reicht das Pflegegeld an die Tochter weiter. Zu ihrer Unterstützung beauftragt die Tochter gelegentlich zusätzlich einen professionellen Pflegedienst. Die Aufwendungen hierfür haben 2015 insgesamt 2.400 € betragen. Diese Kosten hat die Tochter getragen.

Bei der Beauftragung des Pflegedienstes handelt es sich um die Inanspruchnahme von Pflege- und Betreuungsleistungen im Sinne des § 35a Absatz 2 Satz 2 EStG, für die die Tochter eine Steuerermäßigung in Anspruch nehmen kann. Die an sie weitergeleiteten Beträge nach § 37 SGB XI sind nicht anzurechnen.

Die Steuerermäßigung für die Pflege- und Betreuungsleistungen wird bei der Tochter für den Veranlagungszeitraum 2015 wie folgt berechnet:
20 % von 2.400 € = 480 €. Die Tochter kann 480 € als Steuerermäßigungsbetrag in Anspruch nehmen.

Den Pflege-Pauschbetrag nach § 33b Absatz 6 Satz 1 EStG kann die Tochter nicht in Anspruch nehmen, da sie, durch Weiterleitung des Pflegegeldes durch den Vater an sie, Einnahmen im Sinne des § 33b Absatz 6 Satz 1 und 2 EStG erhält und sie das Pflegegeld nicht nur treuhänderisch für den Vater verwaltet, um daraus Aufwendungen des Pflegebedürftigen zu bestreiten (vgl. H 33b „Pflege-Pauschbetrag" EStH).

Beispiel 8:
Ein pflegebedürftiges Ehepaar lebt mit seiner Tochter in einem Haushalt. Der Vater hat Pflegestufe II, die Mutter Pflegestufe I. Der Vater wird täglich durch einen professionellen Pflegedienst gepflegt und betreut. Die Aufwendungen wurden 2015 von der Pflegeversicherung als Pflegesachleistung in Höhe von monatlich 1.144 € übernommen (§ 36 Absatz 3 Nummer 2 Buchstabe d SGB XI). Die Mutter hat 2015 Pflegegeld nach § 37 SGB XI in Höhe von monatlich 244 € bezogen. Bei ihrer Pflege hilft die Tochter. Sie erhält als Anerkennung das Pflegegeld von der Mutter.

Die monatlichen Aufwendungen für den Pflegedienst des Vaters betragen nach Abzug der Leistungen der Pflegeversicherung 440 €. Zu ihrer Unterstützung beauftragt die Tochter gelegentlich zusätzlich einen Pflegedienst für die Mutter. Die Aufwendungen hierfür haben 2015 insgesamt 1.800 € betragen. Diese Kosten hat die Tochter getragen.

Es handelt sich um die Inanspruchnahme von Pflege- und Betreuungsleistungen im Sinne des § 35a Absatz 2 Satz 2 EStG, für die die Eltern und die Tochter eine Steuerermäßigung in Anspruch nehmen können. Die Beträge nach § 37 SGB XI sind nicht anzurechnen.

Die Steuerermäßigung für die Pflege- und Betreuungsleistungen wird für den Veranlagungszeitraum 2015 wie folgt berechnet:

Eltern: Eigenleistung 440 € × 12 Monate 5.280 €
Davon 20 % = 1.056 €. Die Eltern können 1.056 € als Steuerermäßigungsbetrag in Anspruch nehmen.

Tochter: Eigenleistung 1.800 €
Davon 20 % = 360 €. Die Tochter kann 360 € als Steuerermäßigung in Anspruch nehmen.

Zahlungszeitpunkt

44 Für die Inanspruchnahme der Steuerermäßigung ist auf den Veranlagungszeitraum der Zahlung abzustellen (§ 11 Absatz 2 EStG). Bei regelmäßig wiederkehrenden Ausgaben (z. B. nachträgliche monatliche Zahlung oder monatliche Vorauszahlung einer Pflegeleistung), die innerhalb eines Zeitraums von bis zu zehn Tagen nach Beendigung bzw. vor Beginn eines Kalenderjahres fällig und geleistet worden sind, werden die Ausgaben dem Kalenderjahr zugerechnet, zu dem sie wirtschaftlich gehören. Bei geringfügigen Beschäftigungsverhältnissen gehören die Abgaben für das in den Monaten Juli bis Dezember erzielte Arbeitsentgelt, die erst am 31. Januar des Folgejahres fällig werden, noch zu den begünstigten Aufwendungen des Vorjahres.

Dienst- oder Werkswohnung

45 Für vom Arbeitnehmer bewohnte Dienst- oder Werkswohnungen gilt Folgendes: Lässt der Arbeitgeber haushaltsnahe Dienstleistungen oder Handwerkerleistungen von einem (fremden) Dritten durchführen und trägt er hierfür die Aufwendungen, kann der Arbeitnehmer die Steuerermäßigung nach § 35a EStG nur in Anspruch nehmen, wenn er die Aufwendungen – neben

dem Mietwert der Wohnung – als Arbeitslohn (Sachbezug) versteuert und der Arbeitgeber eine Bescheinigung erteilt hat, aus der eine Aufteilung der Aufwendungen nach haushaltsnahen Dienstleistungen und Handwerkerleistungen, jeweils unterteilt nach Arbeitskosten und Materialkosten, hervorgeht. Zusätzlich muss aus der Bescheinigung hervorgehen, dass die Leistungen durch (fremde) Dritte ausgeführt worden sind und zu welchem Wert sie zusätzlich zum Mietwert der Wohnung als Arbeitslohn versteuert worden sind. Die Steuerermäßigung kann nicht in Anspruch genommen werden, wenn die haushaltsnahen Dienstleistungen oder Handwerkerleistungen durch eigenes Personal des Arbeitgebers durchgeführt worden sind. Auch pauschale Zahlungen des Mieters einer Dienstwohnung an den Vermieter für die Durchführung von Schönheitsreparaturen sind nicht begünstigt, wenn die Zahlungen unabhängig davon erfolgen, ob und ggf. in welcher Höhe der Vermieter tatsächlich Reparaturen an der Wohnung des Mieters in Auftrag gibt (BFH-Urteil vom 5. Juli 2012, BStBl 2013 II S. 14).

Altenteilerwohnung

Für empfangene Sachleistungen, die ein Altenteiler als wiederkehrende Bezüge versteuert, kann er die Steuerermäßigung für Handwerkerleistungen im Haushalt in Anspruch nehmen, soweit sie auf seinen Haushalt entfallen und in der Person des die Sachleistungen erbringenden Altenteilverpflichteten alle Voraussetzungen für die Gewährung der Steuerermäßigung vorliegen. 46

Wohnungseigentümer und Mieter

Bei Wohnungseigentümern und Mietern ist erforderlich, dass die auf den einzelnen Wohnungseigentümer und Mieter entfallenden Aufwendungen für haushaltsnahe Beschäftigungsverhältnisse und Dienstleistungen sowie für Handwerkerleistungen entweder in der Jahresabrechnung gesondert aufgeführt oder durch eine Bescheinigung des Verwalters oder Vermieters nachgewiesen sind. Aufwendungen für regelmäßig wiederkehrende Dienstleistungen (wie z. B. Reinigung des Treppenhauses, Gartenpflege, Hausmeister) werden grundsätzlich anhand der geleisteten Vorauszahlungen im Jahr der Vorauszahlungen berücksichtigt, einmalige Aufwendungen (wie z. B. Handwerkerrechnungen) dagegen erst im Jahr der Genehmigung der Jahresabrechnung. Soweit einmalige Aufwendungen durch eine Entnahme aus der Instandhaltungsrücklage finanziert werden, können die Aufwendungen erst im Jahr des Abflusses aus der Instandhaltungsrücklage oder im Jahr der Genehmigung der Jahresabrechnung, die den Abfluss aus der Instandhaltungsrücklage beinhaltet, berücksichtigt werden. Wird eine Jahresabrechnung von einer Verwaltungsgesellschaft mit abweichendem Wirtschaftsjahr erstellt, gilt nichts anderes. Es ist aber auch nicht zu beanstanden, wenn Wohnungseigentümer die gesamten Aufwendungen erst in dem Jahr geltend machen, in dem die Jahresabrechnung im Rahmen der Eigentümerversammlung genehmigt worden ist. Für die zeitliche Berücksichtigung von Nebenkosten bei Mietern gelten die vorstehenden Ausführungen entsprechend. 47

Die Entscheidung, die Steuerermäßigung hinsichtlich der Aufwendungen für die regelmäßig wiederkehrenden Dienstleistungen im Jahr der Vorauszahlung und für die einmaligen Aufwendungen im Jahr der Beschlussfassung oder für die gesamten Aufwendungen die Steuerermäßigung erst im Jahr der Beschlussfassung in Anspruch zu nehmen, hat jeder einzelne Eigentümer bzw. Mieter im Rahmen seiner Einkommensteuererklärung zu treffen. Zur Bescheinigung des Datums über die Beschlussfassung s. Rdnr. 26 und Anlage 2. Hat sich der Wohnungseigentümer bei einer Abrechnung mit einem abweichenden Wirtschaftsjahr dafür entschieden, die gesamten Aufwendungen erst in dem Jahr geltend zu machen, in dem die Jahresabrechnung im Rahmen der Eigentümerversammlung genehmigt worden ist, hat das zur Folge, dass hinsichtlich der regelmäßig wiederkehrenden Dienstleistungen die Aufwendungen des abweichenden Wirtschaftsjahres maßgebend sind. Eine davon abweichende andere zeitanteilige Aufteilung der Aufwendungen ist nicht möglich. Auch für den Fall, dass die Beschlussfassungen über die Jahresabrechnungen für zwei Kalenderjahre in einem Kalenderjahr getroffen werden, kann die Entscheidung für alle in einem Jahr genehmigten Abrechnungen, die Steuerermäßigung im 48

Jahr der Vorauszahlung oder in dem der Beschlussfassung in Anspruch zu nehmen, nur einheitlich getroffen werden.

4. Nachweis

49 Die Steuerermäßigung ist davon abhängig, dass der Steuerpflichtige für die Aufwendungen eine Rechnung erhalten hat und die Zahlung auf das Konto des Erbringers der haushaltsnahen Dienstleistung, der Handwerkerleistung oder der Pflege- oder Betreuungsleistung erfolgt ist (§ 35a Absatz 5 Satz 3 EStG). Dies gilt auch für Abschlagszahlungen (vgl. Rdnr. 40). Bei Wohnungseigentümern und Mietern müssen die sich aus Rdnr. 47 ergebenden Nachweise vorhanden sein. Es ist ausreichend, wenn der Steuerpflichtige die Nachweise auf Verlangen des Finanzamtes vorlegen kann.

Zahlungsarten

50 Die Zahlung auf das Konto des Erbringers der Leistung erfolgt in der Regel durch Überweisung. Beträge, für deren Begleichung ein Dauerauftrag eingerichtet worden ist, die durch eine Einzugsermächtigung oder im SEPA-Lastschriftverfahren abgebucht oder im Wege des Online-Bankings überwiesen wurden, können in Verbindung mit dem Kontoauszug, der die Abbuchung ausweist, anerkannt werden. Das gilt auch bei Übergabe eines Verrechnungsschecks oder der Teilnahme am Electronic-Cash-Verfahren oder am elektronischen Lastschriftverfahren. Barzahlungen, Baranzahlungen oder Barteilzahlungen können nicht anerkannt werden (BFH-Urteil vom 20. November 2008, BStBl 2009 II S. 307). Das gilt selbst dann, wenn die Barzahlung von dem Erbringer der haushaltsnahen Dienstleistung, der Pflege- und Betreuungsleistung oder der Handwerkerleistung tatsächlich ordnungsgemäß verbucht worden ist und der Steuerpflichtige einen Nachweis über die ordnungsgemäße Verbuchung erhalten hat oder wenn eine Barzahlung durch eine später veranlasste Zahlung auf das Konto des Erbringers der Leistung ersetzt wird.

Konto eines Dritten

51 Die Inanspruchnahme der Steuerermäßigung durch den Steuerpflichtigen ist auch möglich, wenn die Aufwendungen für die haushaltsnahe Dienstleistung, Pflege- oder Betreuungsleistung oder die Handwerkerleistung, für die der Steuerpflichtige eine Rechnung erhalten hat, von dem Konto eines Dritten bezahlt worden sind.

Vermittlung von Dienst- und Handwerkerleistungen (insbesondere Online-Portale)

52 Dienst- und Handwerkerleistungen werden auch über Vermittlungsportale angeboten. Diese treten dabei regelmäßig als Vermittler für die ausführenden Leistungskräfte, wie z. B. Reinigungskräfte oder Handwerker auf. Die Leistungskräfte stehen zu den Portalen nicht in einem abhängigen Arbeitsverhältnis. Die Leistungskräfte sind eigenverantwortlich, also gewerblich tätig. Es bestehen keine Bedenken, eine Rechnung, die das Portal im Auftrag der jeweiligen Leistungskraft erstellt, als Nachweis nach § 35a Absatz 5 Satz 3 EStG anzuerkennen, wenn die nachfolgenden Voraussetzungen erfüllt sind. Aus der Rechnung müssen sich der Erbringer und der Empfänger der Leistung, ihre Art, der Zeitpunkt der Erbringung und der Inhalt der Leistung sowie die dafür vom Empfänger der Leistung jeweils geschuldeten Entgelte, ggf. aufgeteilt nach Arbeitszeit und Material, ergeben (BFH-Urteil vom 29. Januar 2009, BStBl 2010 II S. 166). Der Erbringer oder die Erbringerin der Leistung ist mindestens mit Name, Anschrift und Steuernummer zu bezeichnen. Erfolgt die – unbare – Bezahlung der Rechnung nach Maßgabe der Rdnr. 50 an den Betreiber des Portals, steht dies einer Anerkennung der Zahlung gemäß § 35a Absatz 5 Satz 3 EStG nicht entgegen.

VI. Haushaltsbezogene Inanspruchnahme der Höchstbeträge

1. Ganzjährig ein gemeinsamer Haushalt

Die Höchstbeträge nach § 35a EStG können nur haushaltsbezogen in Anspruch genommen werden (§ 35a Absatz 5 Satz 4 EStG). Leben z. B. zwei Alleinstehende im gesamten Veranlagungszeitraum in einem Haushalt, kann jeder seine tatsächlichen Aufwendungen grundsätzlich nur bis zur Höhe des hälftigen Abzugshöchstbetrages geltend machen. Das gilt auch, wenn beide Arbeitgeber im Rahmen eines haushaltsnahen Beschäftigungsverhältnisses oder Auftraggeber haushaltsnaher Dienstleistungen, von Pflege- und Betreuungsleistungen oder von Handwerkerleistungen sind. Eine andere Aufteilung des Höchstbetrages ist zulässig, wenn beide Steuerpflichtige einvernehmlich eine andere Aufteilung wählen und dies gegenüber dem Finanzamt anzeigen.

53

Beispiel 9:
Das Ehepaar A und B beschäftigt eine Haushaltshilfe im Rahmen einer geringfügigen Beschäftigung im Sinne des § 8a SGB IV. Die Aufwendungen im Veranlagungszeitraum 2015 betragen einschließlich Abgaben 2.800 €. Darüber hinaus sind Aufwendungen für die Inanspruchnahme von Handwerkerleistungen in Höhe von 4.500 € (Arbeitskosten einschließlich Fahrtkosten) angefallen. Das Ehepaar wird zusammenveranlagt.
Die Steuerermäßigung nach § 35a EStG wird für den Veranlagungszeitraum 2015 wie folgt berechnet:

20 % von 2.800 € (§ 35a Absatz 1 EStG) = 560 €, höchstens	510 €
20 % von 4.500 € (§ 35a Absatz 3 EStG)	900 €
Steuerermäßigung 2015	1.410 €

Für die Steuerermäßigung ist es unerheblich, welcher Ehegatte die Aufwendungen bezahlt hat.

Beispiel 10:
C und D sind allein stehend und leben im gesamten Veranlagungszeitraum 2015 in einem gemeinsamen Haushalt. Sie beschäftigen eine Haushaltshilfe im Rahmen einer geringfügigen Beschäftigung im Sinne des § 8a SGB IV. Dabei tritt D gegenüber der Minijob-Zentrale als Arbeitgeberin auf. Sie bezahlt den Lohn der Haushaltshilfe, und von ihrem Konto werden die Abgaben durch die Minijob-Zentrale abgebucht. Die Aufwendungen im Veranlagungszeitraum 2015 betragen einschließlich Abgaben 2.500 €.
Darüber hinaus sind Aufwendungen für die Inanspruchnahme von Handwerkerleistungen wie folgt angefallen:

Schornsteinfegerkosten	180 €
Tapezieren und Streichen der Wohnräume (Arbeitskosten einschließlich Fahrtkosten)	2.400 €
Reparatur der Waschmaschine vor Ort (Arbeitskosten einschließlich Fahrtkosten)	500 €
	3.080 €

Das Tapezieren und Streichen der Wohnräume haben C und D je zur Hälfte bezahlt. Beide sind gegenüber dem Handwerksbetrieb als Auftraggeber aufgetreten.
Die Schornsteinfegerkosten hat C, die Waschmaschinenreparatur hat D bezahlt.
Die Steuerermäßigung nach § 35a EStG wird für den Veranlagungszeitraum 2015 für die jeweilige Einzelveranlagung wie folgt berechnet:

C: 20 % von (1/2 von 2.400 € =) 1.200 € (§ 35a Absatz 3 EStG)	240 €
20 % von 180 € (§ 35a Absatz 3 EStG)	36 €
Steuerermäßigung 2015 für C	276 €
D: 20 % von 2.500 € (§ 35a Absatz 1 EStG)	500 €
20 % von (1/2 von 2.400 € =) 1.200 € (§ 35a Absatz 3 EStG)	240 €
20 % von 500 € (§ 35a Absatz 3 EStG)	100 €
Steuerermäßigung 2015 für D	840 €

C und D zeigen die abweichende Aufteilung gegenüber dem Finanzamt an.

Beispiel 11:
E und F sind allein stehend und leben im gesamten Veranlagungszeitraum 2015 in einem gemeinsamen Haushalt in einem Haus, das der F gehört. Von Juni bis September wird das Haus aufwendig renoviert. Für

den Austausch der Fenster und Türen, das Tapezieren und Streichen der Wände, die Renovierung des Badezimmers und das Austauschen der Küche bezahlen sie an die Handwerker insgesamt 30.000 €. Auf Arbeitskosten einschließlich Fahrtkosten entfallen davon 10.000 €. E und F treten gegenüber den Handwerkern gemeinsam als Auftraggeber auf.

a) E und F teilen sich die Aufwendungen hälftig.

Die Steuerermäßigung nach § 35a EStG wird für den Veranlagungszeitraum 2015 für die jeweilige Einzelveranlagung wie folgt berechnet:

E: 20 % von (1/2 von 10.000 € =) 5.000 € (§ 35a Absatz 3 EStG),
= 1.000 €, höchstens 1/2 von 1.200 € = 600 €
F: Die Steuerermäßigung für F wird ebenso berechnet 600 €

Damit beträgt der haushaltsbezogene in Anspruch genommene Höchstbetrag für die Steuerermäßigung für Handwerkerleistungen 1.200 €.

b) E bezahlt 80 %, F bezahlt 20 % der Aufwendungen.

Die Steuerermäßigung nach § 35a EStG wird für den Veranlagungszeitraum 2015 für die jeweilige Einzelveranlagung grundsätzlich wie folgt berechnet:

E: 20 % von (80 % von 10.000 € =) 8.000 € (§ 35a Absatz 3 EStG),
= 1.600 €, höchstens 1/2 von 1.200 € = 600 €
F: 20 % von (20 % von 10.000 € =) 2.000 € (§ 35a Absatz 3 EStG) 400 €

E und F wählen eine andere Aufteilung des Höchstbetrages, und zwar nach dem Verhältnis, wie sie die Aufwendungen tatsächlich getragen haben. Sie zeigen dies auch gegenüber dem Finanzamt einvernehmlich an.

Die Steuerermäßigung nach § 35a EStG wird für den Veranlagungszeitraum 2015 für die jeweilige Einzelveranlagung wie folgt berechnet:

E: 20 % von (80 % von 10.000 € =) 8.000 € (§ 35a Absatz 3 EStG),
= 1.600 €, höchstens 80 % von 1.200 € = 960 €
F: 20 % von (20 % von 10.000 € =) 2.000 € (§ 35a Absatz 3 EStG),
= 400 €, höchstens 20 % von 1.200 € = 240 €

Damit beträgt der haushaltsbezogene in Anspruch genommene Höchstbetrag für die Steuerermäßigung für Handwerkerleistungen 1.200 €.

c) F bezahlt als Hauseigentümerin die gesamten Aufwendungen.

Die Steuerermäßigung nach § 35a EStG wird für den Veranlagungszeitraum 2015 für die Einzelveranlagung der F grundsätzlich wie folgt berechnet:

20 % von 10.000 € (§ 35a Absatz 3 EStG) = 2.000 €,
höchstens 1/2 von 1.200 € (= hälftiger Höchstbetrag) 600 €

E und F haben jedoch die Möglichkeit, eine andere Aufteilung des Höchstbetrags zu wählen, und zwar nach dem Verhältnis, wie sie die Aufwendungen tatsächlich getragen haben (also zu 100 % auf F und zu 0 % auf E). Sie zeigen dies auch gegenüber dem Finanzamt einvernehmlich an.

Die Steuerermäßigung nach § 35a EStG wird für den Veranlagungszeitraum 2015 für die Einzelveranlagung der F nunmehr wie folgt berechnet:

20 % von 10.000 € (§ 35a Absatz 3 EStG) = 2.000 €,
höchstens 1.200 €

E hat keinen Anspruch auf die Steuerermäßigung, da er keine eigenen Aufwendungen getragen hat.

2. Unterjährige Begründung oder Beendigung eines gemeinsamen Haushalts

54 Begründen zwei bisher alleinstehende Steuerpflichtige mit eigenem Haushalt im Laufe des Veranlagungszeitraums einen gemeinsamen Haushalt oder wird der gemeinsame Haushalt zweier Steuerpflichtiger während des Veranlagungszeitraums aufgelöst und es werden wieder zwei getrennte Haushalte begründet, kann bei Vorliegen der übrigen Voraussetzungen jeder Steuerpflichtige die vollen Höchstbeträge in diesem Veranlagungszeitraum in Anspruch nehmen. Das gilt unabhängig davon, ob im Veranlagungszeitraum der Begründung oder Auflösung des Haushalts auch die Eheschließung bzw. die Begründung der Lebenspartnerschaft, die Trennung oder

die Ehescheidung bzw. die Auflösung der Lebenspartnerschaft erfolgt. Grundsätzlich kann jeder Steuerpflichtige seine tatsächlichen Aufwendungen im Rahmen des Höchstbetrags geltend machen. Darauf, in welchem der beiden Haushalte in diesem Veranlagungszeitraum die Aufwendungen angefallen sind, kommt es nicht an. Für die Inanspruchnahme des vollen Höchstbetrages pro Steuerpflichtigen ist maßgebend, dass von dem jeweiligen Steuerpflichtigen zumindest für einen Teil des Veranlagungszeitraums ein alleiniger Haushalt unterhalten worden ist.

Beispiel 12:

G und H begründen im Laufe des Veranlagungszeitraums 2016 einen gemeinsamen Haushalt. Vorher hatten beide jeweils einen eigenen Haushalt. Im Laufe des Jahres sind die folgenden Aufwendungen im Sinne des § 35a EStG angefallen:

Einzelhaushalt des G: Aufwendungen für Renovierungsarbeiten der alten Wohnung im zeitlichen Zusammenhang mit dem Umzug (vgl. Rdnr. 3) in Höhe von 12.000 €. Davon entfallen auf Arbeitskosten einschließlich Fahrtkosten 6.000 €.

Einzelhaushalt der H: Aufwendungen für Renovierungsarbeiten der alten Wohnung im zeitlichen Zusammenhang mit dem Umzug (vgl. Rdnr. 3) in Höhe von 2.500 €. Davon entfallen auf Arbeitskosten einschließlich Fahrtkosten 1.000 €.

Gemeinsamer Haushalt: Handwerkerkosten (Arbeitskosten) für die Montage der neuen Möbel 500 €, für das Verlegen von Elektroanschlüssen 200 €, für den Einbau der neuen Küche 400 €. Für Wohnungsreinigungsarbeiten haben sie ein Dienstleistungsunternehmen beauftragt. Die Aufwendungen betragen (ohne Materialkosten) bis Jahresende 800 €. G und H treten gegenüber den jeweiligen Firmen gemeinsam als Auftraggeber auf. Die Kosten teilen sie sich zu gleichen Teilen.

a) Die Steuerermäßigung nach § 35a EStG wird für den Veranlagungszeitraum 2016 für die jeweilige Einzelveranlagung wie folgt berechnet:

G:
20 % von 6.000 € (§ 35a Absatz 3 EStG)   1.200 €
20 % von (1/2 von 800 € =) 400 € (§ 35a Absatz 2 EStG)   80 €
                                                                           1.280 €

Durch die Handwerkerkosten für den Einzelhaushalt hat G seinen Höchstbetrag nach § 35a Absatz 3 EStG ausgeschöpft. Die weiteren Handwerkerkosten in der neuen Wohnung bleiben bei ihm unberücksichtigt. Eine Übertragung des nicht ausgeschöpften Höchstbetrages von H ist nicht möglich.

H:
20 % von 1.000 € (§ 35a Absatz 3 EStG)   200 €
20 % von (1/2 von 1.100 € =) 550 € (§ 35a Absatz 3 EStG)   110 €
20 % von (1/2 von 800 € =) 400 € (§ 35a Absatz 2 EStG)   80 €
                                                                             390 €

H kann die durch G nicht nutzbare Steuerermäßigung nicht geltend machen, da sie insoweit nicht die Aufwendungen getragen hat.

b) G und H heiraten im November 2016. Sie beantragen die Zusammenveranlagung.

Die Steuerermäßigung nach § 35a EStG wird für 2016 wie folgt berechnet:

20 % von 800 € (§ 35a Absatz 2 EStG)   160 €
20 % von 6.000 € – Einzelhaushalt des G (§ 35a Absatz 3 EStG)   1.200 €
20 % von 1.000 € – Einzelhaushalt der H (§ 35a Absatz 3 EStG)   200 €
20 % von 1.100 € – gemeinsamer Haushalt (Höchstbetrag für Handwerkerkosten ist bei H noch nicht ausgeschöpft; darauf, wer von beiden die Aufwendungen tatsächlich getragen hat, kommt es nicht an)   220 €
                                                                            1.780 €

Wird unmittelbar nach Auflösung eines gemeinsamen Haushalts ein gemeinsamer Haushalt mit einer anderen Person begründet, kann derjenige Steuerpflichtige, der ganzjährig in gemeinsamen Haushalten gelebt hat, seine tatsächlichen Aufwendungen nur bis zur Höhe des hälftigen Abzugshöchstbetrages geltend machen. Hat für die andere Person für einen Teil des Veranlagungszeitraums ein alleiniger Haushalt bestanden, ist die Regelung der Rdnr. 54 sinngemäß anzuwenden mit der Folge, dass diese Person den vollen Höchstbetrag beanspruchen kann. Auch in diesen Fällen gilt, dass jeder Steuerpflichtige nur seine tatsächlichen Aufwendungen im Rahmen seines Höchstbetrages geltend machen kann. Etwas anderes gilt nur dann, wenn Steuerpflichtige, die zumindest für einen Teil des Veranlagungszeitraums zusammen einen Haushalt unterhalten haben, einvernehmlich eine andere Aufteilung des Höchstbetrages wählen und dies gegenüber dem Finanzamt anzeigen. Dabei kann für einen Steuerpflichtigen maximal der volle Höchstbetrag berücksichtigt werden.

Beispiel 13:

K und L leben seit Jahren zusammen, sind aber nicht verheiratet. Im Laufe des Veranlagungszeitraums 2016 zieht K aus der gemeinsamen Wohnung aus und zieht in den Haushalt von M ein.

Für den Haushalt von K und L sind die folgenden Aufwendungen angefallen:

Haushaltsnahe Dienstleistungen nach § 35a Absatz 2 EStG in Höhe von 800 €, Aufwendungen für Renovierung und Erhaltung des Haushalts in Höhe von 8.000 €. Es handelt sich jeweils um Arbeitskosten. K und L waren beide Auftraggeber und haben sich die Kosten geteilt.

Für den Haushalt von L sind nach dem Auszug von K die folgenden Aufwendungen angefallen:

Haushaltsnahes Beschäftigungsverhältnis nach § 35a Absatz 1 EStG in Höhe von 700 €, Aufwendungen für Renovierung (Arbeitskosten) 900 €.

Für den Haushalt von M sind bis zum Einzug von K die folgenden Aufwendungen angefallen:

Reparaturkosten der Spülmaschine (Arbeitskosten und Fahrtkostenpauschale) in Höhe von 100 €, Schornsteinfegerkosten (Schornstein-Kehrarbeiten einschließlich Reparatur- und Wartungsaufwand) in Höhe von 120 €.

Für den Haushalt von K und M sind die folgenden Aufwendungen angefallen:

Haushaltsnahe Dienstleistungen nach § 35a Absatz 2 EStG in Höhe von 1.000 € (Arbeitskosten). Die Aufwendungen trägt nur M.

Die Steuerermäßigung nach § 35a EStG wird für den Veranlagungszeitraum 2016 für die jeweilige Einzelveranlagung wie folgt berechnet:

K: 20 % von (1/2 von 800 € =) 400 € (§ 35a Absatz 2 EStG)   80 €
20 % von (1/2 von 8.000 € =) 4.000 € (§ 35a Absatz 3 EStG) = 800 €, höchstens 1/2 von 1.200 €   600 €
Steuerermäßigung 2016 für K   680 €
Durch die Handwerkerkosten für den Haushalt mit L hat K seinen Höchstbetrag nach § 35a Absatz 3 EStG ausgeschöpft.

L: 20 % von (1/2 von 800 € =) 400 € (§ 35a Absatz 2 EStG)   80 €
20 % von (1/2 von 8.000 € =) 4.000 € (§ 35a Absatz 3 EStG)   800 €
20 % von 900 € (§ 35a Absatz 3 EStG)   180 €
(Keine Begrenzung auf den hälftigen Höchstbetrag von 600 €, da L ab dem Auszug von K alleine einen eigenen Haushalt hat.)
20 % von 700 € (§ 35a Absatz 1 EStG)   140 €
Steuerermäßigung 2016 für L   1.200 €
L kann die Aufwendungen in Höhe von 1.000 € für Handwerkerleistungen, die sich bei K nicht als Steuerermäßigung ausgewirkt haben, auch mit dessen Zustimmung nicht geltend machen, da L insoweit die Aufwendungen nicht getragen hat.

M: 20 % von 220 € (§ 35a Absatz 3 EStG)   44 €
20 % von 1.000 € (§ 35a Absatz 2 EStG)   200 €
Steuerermäßigung 2016 für M   244 €

Beispiel 14:

N und O leben seit Jahren zusammen, sind aber nicht verheiratet. Im Laufe des Veranlagungszeitraums 2016 zieht N aus der gemeinsamen Wohnung aus und zieht in den Haushalt von P.

Für den Haushalt von N und O sind die folgenden Aufwendungen angefallen:

Aufwendungen für Renovierung und Erhaltung des Haushalts in Höhe von 5.000 €. Es handelt sich jeweils um Arbeitskosten. N und O waren beide Auftraggeber. Die Kosten wurden zu 80 % von N getragen, 20 % von O.

Für den Haushalt von O sind nach dem Auszug von N die folgenden Aufwendungen angefallen: Aufwendungen für Renovierung (Arbeitskosten) 3.000 €.

a) Die Steuerermäßigung nach § 35a EStG wird für den Veranlagungszeitraum 2016 für die jeweilige Einzelveranlagung wie folgt berechnet:

N: 20 % von (80 % von 5.000 € =) 4.000 € (§ 35a Absatz 3 EStG)
= 800 €, höchstens 1/2 von 1.200 € 600 €
Durch die Handwerkerkosten hat N seinen Höchstbetrag nach § 35a Absatz 3 EStG ausgeschöpft.

O: 20 % von (20 % von 5.000 € =) 1.000 € (§ 35a Absatz 3 EStG) 200 €
20 % von 3.000 € (§ 35a Absatz 3 EStG) 600 €
Steuerermäßigung 2016 für O 800 €

(Keine Begrenzung auf den hälftigen Höchstbetrag, da O ab dem Auszug von N einen eigenen Haushalt hat. Allerdings beträgt der Höchstbetrag nach § 35a Absatz 3 EStG für O insgesamt 1.200 €, dieser ist nicht überschritten.)

O kann die durch N nicht nutzbare Steuerermäßigung nicht geltend machen, da sie für ihren Aufwendungsteil die Steuerermäßigung ausgeschöpft hat und darüber hinaus die Aufwendungen nicht getragen hat.

b) N und O wählen eine andere Aufteilung des Höchstbetrages, und zwar nach dem Verhältnis, wie sie die Aufwendungen tatsächlich getragen haben. Sie zeigen dies auch gegenüber dem Finanzamt einvernehmlich an.

Die Steuerermäßigung nach § 35a EStG wird für den Veranlagungszeitraum 2016 für die jeweilige Einzelveranlagung wie folgt berechnet:

N: 20 % von (80 % von 5.000 € =) 4.000 €,
höchstens von (80 % von 6.000 € =) 4.800 € (§ 35a Absatz 3 EStG) 800 €
N kann seine vollen Aufwendungen nach § 35a Absatz 3 EStG geltend machen.

O: 20 % von (20 % von 5.000 € =) 1.000 € (§ 35a Absatz 3 EStG) 200 €
20 % von 3.000 € (§ 35a Absatz 3 EStG) 600 €
  800 €

(Keine Begrenzung auf den hälftigen Höchstbetrag, da O ab dem Auszug von N einen eigenen Haushalt hat. Allerdings reduziert sich der Höchstbetrag nach § 35a Absatz 3 EStG für O um den auf N übertragenen Anteil von (20 % von 1.000 € =) 200 € auf (20 % von 5.000 € =) 1.000 €. Dieser ist nicht überschritten.)

VII. Anrechnungsüberhang

Entsteht bei einem Steuerpflichtigen infolge der Inanspruchnahme der Steuerermäßigung nach § 35a EStG ein sog. Anrechnungsüberhang, kann der Steuerpflichtige weder die Festsetzung einer negativen Einkommensteuer in Höhe dieses Anrechnungsüberhangs noch die Feststellung einer rück- oder vortragsfähigen Steuerermäßigung beanspruchen (BFH-Urteil vom 29. Januar 2009, BStBl II S. 411). 56

VIII. Anwendungsregelung

Dieses Schreiben ersetzt das BMF-Schreiben vom 10. Januar 2014 (BStBl I S. 75) sowie das BMF-Schreiben vom 10. November 2015 (BStBl I S. 876) und ist vorbehaltlich der Rdnr. 58 in allen noch offenen Fällen anzuwenden. 57

Rdnrn. 14 bis 16 sind in allen noch offenen Fällen ab dem Veranlagungszeitraum 2009 anzuwenden. Rdnrn. 23 und 24 sind in allen noch offenen Fällen ab dem Veranlagungszeitraum 2011 anzuwenden. 58

Anlage 1

Beispielhafte Aufzählung begünstigter und nicht begünstigter haushaltsnaher Dienstleistungen und Handwerkerleistungen (zu Rdnrn. 1, 2, 11, 19 bis 22)

Maßnahme	begünstigt	nicht begünstigt	Haushaltsnahe Dienstleistung	Handwerkerleistung
Abfallmanagement („Vorsortierung")	Kosten der Maßnahmen innerhalb des Haushalts	Kosten der Maßnahmen außerhalb des Haushalts	X	
Abflussrohrreinigung	X			X
Ablesedienste und Abrechnung bei Verbrauchszählern (Strom, Gas, Wasser, Heizung usw.)		X		
Abriss eines baufälligen Gebäudes mit anschließendem Neubau		X		
Abwasserentsorgung	Kosten der Maßnahmen (Wartung und Reinigung) innerhalb des Haushalts	Kosten der Maßnahmen außerhalb des Haushalts		X
Arbeiten 1. am Dach 2. an Bodenbelägen 3. an der Fassade 4. an Garagen 5. an Innen- und Außenwänden 6. an Zu- und Ableitungen	 X X X X X X			 X X X X X X
Architektenleistung		X		
Asbestsanierung	X			X
Aufstellen eines Baugerüstes	Arbeitskosten	Kosten der Miete und des Materials		X
Aufzugnotruf		X		

Maßnahme	begünstigt	nicht begünstigt	Haushaltsnahe Dienstleistung	Handwerkerleistung
Außenanlagen, Errichtung von –, wie z. B. Wege, Zäune	Arbeitskosten der Maßnahmen innerhalb des Haushalts	– Kosten der Maßnahmen außerhalb des Haushalts oder – im Rahmen einer Neubaumaßnahme (Rdnr. 21) und – Materialkosten		X
Austausch oder Modernisierung 1. der Einbauküche 2. von Bodenbelägen (z. B. Teppichboden, Parkett, Fliesen) 3. von Fenstern, Treppen und Türen	 X, Rdnr. 39 X, Rdnr. 39 X, Rdnr. 39	– Kosten der Maßnahmen außerhalb des Haushalts und – Materialkosten		 X X X
Beprobung des Trinkwassers	X			X
Bereitschaft der Erbringung einer ansonsten begünstigten Leistung im Bedarfsfall	als Nebenleistung einer ansonsten begünstigten Hauptleistung	nur Bereitschaft	Abgrenzung im Einzelfall	Abgrenzung im Einzelfall
Brandschadensanierung	soweit nicht Versicherungsleistung	soweit Versicherungsleistung		X
Carport, Terrassenüberdachung	Arbeitskosten	– Materialkosten sowie – Kosten der Errichtung im Rahmen einer Neubaumaßnahme (Rdnr. 21)		X
Chauffeur		X		

Maßnahme	begünstigt	nicht begünstigt	Haushaltsnahe Dienstleistung	Handwerkerleistung
Dachgeschossausbau	Arbeitskosten	– Materialkosten sowie – Kosten der Errichtung im Rahmen einer Neubaumaßnahme (Rdnr. 21)		X
Dachrinnenreinigung	X			X
Datenverbindungen	s. Hausanschlüsse	s. Hausanschlüsse		X
Deichabgaben		X		
Dichtheitsprüfung von Abwasseranlagen	X			X
Elektroanlagen	Kosten der Wartung und der Reparatur			X
Energiepass		X, Rdnr. 20		
Entsorgungsleistung	als Nebenleistung (z. B. Bauschutt, Fliesenabfuhr bei Neuverfliesung eines Bades, Grünschnittabfuhr bei Gartenpflege)	als Hauptleistung	Abgrenzung im Einzelfall	Abgrenzung im Einzelfall
Erhaltungsmaßnahmen	Arbeitskosten der Maßnahmen innerhalb des Haushalts	– Kosten der Maßnahmen außerhalb des Haushalts sowie – Materialkosten		X
Erstellung oder Hilfe bei der Erstellung der Steuererklärung		X		
„Essen auf Rädern"		X		
Fäkalienabfuhr		X		

Maßnahme	begünstigt	nicht begünstigt	Haushaltsnahe Dienstleistung	Handwerkerleistung
Fahrstuhlkosten	Kosten der Wartung und der Reparatur	Betriebskosten		X
Fertiggaragen	Arbeitskosten	– Kosten der Errichtung im Rahmen einer Neubaumaßnahme (Rdnr. 21) sowie – Materialkosten		X
Feuerlöscher	Kosten der Wartung			X
Feuerstättenschau – s. auch Schornsteinfeger	X			X
Finanzierungsgutachten		X, (Rdnr. 20)		
Fitnesstrainer		X		
Friseurleistungen	nur soweit sie zu den Pflege- und Betreuungsleistungen gehören, wenn sie im Leistungskatalog der Pflegeversicherung aufgeführt sind und der Behinderten-Pauschbetrag nicht geltend gemacht wird (Rdnrn. 12, 13, 32, 33)	alle anderen Friseurleistungen	X	
Fußbodenheizung	Kosten der Wartung, Spülung, Reparatur und des nachträglichen Einbaus	Materialkosten		X
Gärtner	Kosten der Maßnahmen innerhalb des Haushalts	Kosten der Maßnahmen außerhalb des Haushalts	Abgrenzung im Einzelfall	Abgrenzung im Einzelfall

Maßnahme	begünstigt	nicht begünstigt	Haushaltsnahe Dienstleistung	Handwerkerleistung
Gartengestaltung	Arbeitskosten	– Kosten der erstmaligen Anlage im Rahmen einer Neubaumaßnahme (Rdnr. 21) sowie – Materialkosten		X
Gartenpflegearbeiten (z. B. Rasen mähen, Hecken schneiden)	Kosten der Maßnahmen innerhalb des Haushalts einschließlich Grünschnittentsorgung als Nebenleistung	Kosten der Maßnahmen außerhalb des Haushalts	X	
Gemeinschaftsmaschinen bei Mietern (z. B. Waschmaschine, Trockner)	Kosten der Reparatur und der Wartung	Miete		X
Gewerbeabfallentsorgung		X		
Grabpflege		X		
Graffitibeseitigung	X			X
Gutachtertätigkeiten	Abgrenzung im Einzelfall (Rdnr. 20)	Abgrenzung im Einzelfall (Rdnr. 20)		X
Hand- und Fußpflege	nur soweit sie zu den Pflege- und Betreuungsleistungen gehören, wenn sie im Leistungskatalog der Pflegeversicherung aufgeführt sind und der Behinderten-Pauschbetrag nicht geltend gemacht wird (Rdnrn. 12, 13, 32, 33)	alle anderen Kosten	X	

Maßnahme	begünstigt	nicht begünstigt	Haushaltsnahe Dienstleistung	Handwerkerleistung
Hausanschlüsse an Ver- und Entsorgungsnetze (Rdnr. 22)	z. B. Arbeitskosten für den Anschluss an das Trink- und Abwassernetz, der stromführenden Leitungen im Haus oder für das Ermöglichen der Nutzung des Fernsehens und des Internets sowie die Kosten der Weiterführung der Anschlüsse, jeweils innerhalb des Haushalts	– Kosten der erstmaligen Anschlüsse im Rahmen einer Neubaumaßnahme (Rdnr. 21) und – die Kosten der Maßnahmen außerhalb des Haushalts sowie – Materialkosten		X
Hausarbeiten, wie Reinigen, Fenster putzen, Bügeln usw. (Rdnr. 5)	X		X	
Haushaltsauflösung		X		
Hauslehrer		X		
Hausmeister, Hauswart	X		X	
Hausnotrufsystem	Kosten innerhalb des sog. „Betreuten Wohnens" im Rahmen einer Seniorenwohneinrichtung	Kosten für Hausnotrufsysteme außerhalb des sog. „Betreuten Wohnens" im Rahmen einer Seniorenwohneinrichtung	X	
Hausreinigung	X		X	
Hausschwammbeseitigung	X			X
Hausverwalterkosten oder -gebühren		X		

Maßnahme	begünstigt	nicht begünstigt	Haushalts-nahe Dienstleistung	Handwerkerleistung
Heizkosten:				
1. Verbrauch		X		
2. Gerätemiete für Zähler		X		
3. Garantiewartungsgebühren	X			X
4. Heizungswartung und Reparatur	X			X
5. Austausch der Zähler nach dem Eichgesetz	X			X
6. Schornsteinfeger	X			X
7. Kosten des Ablesedienstes		X		
8. Kosten der Abrechnung an sich		X		
Hilfe im Haushalt (Rdnrn. 14–16) – s. Hausarbeiten				
Insektenschutzgitter	Kosten der Montage und der Reparatur	Materialkosten		X
Kamin-Einbau	Arbeitskosten	– Kosten der Errichtung im Rahmen einer Neubaumaßnahme (Rdnr. 21) sowie – Materialkosten		X
Kaminkehrer – s. Schornsteinfeger				
Kellerausbau	Arbeitskosten	– Kosten der Errichtung im Rahmen einer Neubaumaßnahme (Rdnr. 21) sowie – Materialkosten		X

Maßnahme	begünstigt	nicht begünstigt	Haushaltsnahe Dienstleistung	Handwerkerleistung
Kellerschachtabdeckungen	Kosten der Montage und der Reparatur	Materialkosten		X
Kfz. – s. Reparatur		X		
Kinderbetreuungskosten	soweit sie nicht unter § 10 Absatz 1 Nummer 5 EStG fallen und für eine Leistung im Haushalt des Steuerpflichtigen anfallen	im Sinne von § 10 Absatz 1 Nummer 5 EStG (Rdnr. 34)	X	
Klavierstimmer	X			X
Kleidungs- und Wäschepflege und -reinigung	Kosten der Maßnahmen innerhalb des Haushalts	Kosten der Maßnahmen außerhalb des Haushalts (Rdnr. 39)	X	
Kontrollmaßnahmen des TÜV, z. B. für den Fahrstuhl oder den Treppenlift	X, Rdnr. 20			X
Kosmetikleistungen	nur soweit sie zu den Pflege- und Betreuungsleistungen gehören, wenn sie im Leistungskatalog der Pflegeversicherung aufgeführt sind (und der Behinderten-Pauschbetrag nicht geltend gemacht wird; s. Rdnrn. 12, 13, 32, 33)	alle anderen	X	
Laubentfernung	Kosten der Maßnahmen innerhalb des Haushalts	Kosten der Maßnahmen außerhalb des Haushalts	X	
Legionellenprüfung	X, Rdnr. 20			X

Maßnahme	begünstigt	nicht begünstigt	Haushaltsnahe Dienstleistung	Handwerkerleistung
Leibwächter		X		
Makler		X		
Material und sonstige im Zusammenhang mit der Leistung gelieferte Waren einschließlich darauf entfallende Umsatzsteuer		z. B. Farbe, Fliesen, Pflastersteine, Mörtel, Sand, Tapeten, Teppichboden und andere Fußbodenbeläge, Waren, Stützstrümpfe usw. (Rdnr. 39)		
Mauerwerksanierung	X			X
Miete von Verbrauchszählern (Strom, Gas, Wasser, Heizung usw.)		X		
Modernisierungsmaßnahmen (z. B. Erneuerung des Badezimmers oder der Küche)	X, Rdnr. 39	– Kosten der Maßnahmen außerhalb des Haushalts sowie – Materialkosten		X
Montageleistungen im Haushalt, z. B. beim Erwerb neuer Möbel	X			X
Müllabfuhr (Entsorgung steht im Vordergrund)		X		
Müllentsorgungsanlage (Müllschlucker)	Kosten der Wartung und der Reparatur			X
Müllschränke	Kosten der Anlieferung und der Aufstellung	Materialkosten		X

Maßnahme	begünstigt	nicht begünstigt	Haushaltsnahe Dienstleistung	Handwerkerleistung
Nebenpflichten der Haushaltshilfe, wie kleine Botengänge oder Begleitung von Kindern, kranken, alten oder pflegebedürftigen Personen bei Einkäufen oder zum Arztbesuch	X		X	
Neubaumaßnahmen		Rdnr. 21		
Notbereitschaft/Notfalldienste	soweit es sich um eine nicht gesondert berechnete Nebenleistung z. B. im Rahmen eines Wartungsvertrages handelt	alle anderen reinen Bereitschaftsdienste	X	
Öffentlich-rechtlicher Erschließungsbeitrag		X		
Öffentlich-rechtlicher Straßenausbaubeitrag/-rückbaubeitrag		X		
Pflasterarbeiten	Kosten der Maßnahmen innerhalb des Haushalts	– Materialkosten sowie – alle Maßnahmen außerhalb des Haushalts		X
Pflegebett		X		
Pflege der Außenanlagen	innerhalb des Haushalts	Kosten der Maßnahmen außerhalb des Haushalts	X	
Pilzbekämpfung	X			X
Prüfdienste/Prüfleistung (z. B. bei Aufzügen)	X, Rdnr. 20			X
Rechtsberatung		X		
Reinigung des Haushalts	X		X	

Maßnahme	begünstigt	nicht begünstigt	Haushaltsnahe Dienstleistung	Handwerkerleistung
Reparatur, Wartung und Pflege				
1. von Bodenbelägen (z. B. Teppichboden, Parkett, Fliesen)	X		Pflege	Reparatur und Wartung
2. von Fenstern und Türen (innen und außen)	X, Rdnr. 39		Pflege	Reparatur und Wartung
3. von Gegenständen im Haushalt des Steuerpflichtigen (z. B. Waschmaschine, Geschirrspüler, Herd, Fernseher, Personalcomputer und andere)	soweit es sich um Gegenstände handelt, die in der Hausratversicherung mitversichert werden können (Rdnr. 39)	Kosten der Maßnahmen außerhalb des Haushalts	Pflege im Haushalt	Reparatur und Wartung im Haushalt
4. von Heizungsanlagen, Elektro-, Gas- und Wasserinstallationen	Kosten der Maßnahmen innerhalb des Haushalt	Kosten der Maßnahmen außerhalb des Haushalts		X
5. von Kraftfahrzeugen (einschließlich TÜV-Gebühren)		X		
6. von Wandschränken	X			X
Schadensfeststellung, Ursachenfeststellung (z. B. bei Wasserschaden, Rohrbruch usw.)	X			X
Schadstoffsanierung	X			X
Schädlings- und Ungezieferbekämpfung	X		Abgrenzung im Einzelfall	Abgrenzung im Einzelfall
Schornsteinfeger	X			X

Maßnahme	begünstigt	nicht begünstigt	Haushaltsnahe Dienstleistung	Handwerkerleistung
Sekretär; hierunter fallen auch Dienstleistungen in Form von Büroarbeiten (z. B. Ablageorganisation, Erledigung von Behördengängen, Stellen von Anträgen bei Versicherungen und Banken usw.)		X		
Sperrmüllabfuhr		X		
Statiker		X		
Straßenreinigung	bei Straßenreinigungspflicht des Steuerpflichtigen	Öffentlichrechtliche Straßenreinigungsgebühren	X	
Tagesmutter bei Betreuung im Haushalt des Steuerpflichtigen	soweit es sich bei den Aufwendungen nicht um Kinderbetreuungskosten (Rdnr. 34) handelt	Kinderbetreuungskosten (Rdnr. 34)	X	
Taubenabwehr	X		Abgrenzung im Einzelfall	Abgrenzung im Einzelfall
Technische Prüfdienste (z. B. bei Aufzügen)	X, Rdnr. 20			X
Terrassenüberdachung	Arbeitskosten	– Kosten der Errichtung im Rahmen einer Neubaumaßnahme (Rdnr. 21) sowie – Materialkosten		X
Tierbetreuungs- oder -pflegekosten	Kosten der Maßnahmen innerhalb des Haushalts (z. B. Fellpflege, Ausführen, Reinigungsarbeiten)	Kosten der Maßnahmen außerhalb des Haushalts, z. B. Tierpensionen	X	

Maßnahme	begünstigt	nicht begünstigt	Haushaltsnahe Dienstleistung	Handwerkerleistung
Trockeneisreinigung	X			X
Trockenlegung von Mauerwerk	Kosten der Maßnahmen innerhalb des Haushalts (Arbeiten mit Maschinen vor Ort)	Kosten, die durch die ausschließliche Maschinenanmietung entstehen		X
Überprüfung von Anlagen (z. B. Gebühr für den Schornsteinfeger oder für die Kontrolle von Blitzschutzanlagen)	X, Rdnr. 20			X
Umzäunung, Stützmauer o. Ä.	Arbeitskosten für Maßnahmen innerhalb des Haushalts	– Kosten der Maßnahmen außerhalb des Haushalts oder – Kosten der Errichtung im Rahmen einer Neubaumaßnahme (Rdnr. 21) sowie – Materialkosten		X
Umzugsdienstleistungen	für Privatpersonen (Rdnrn. 3, 31)		Abgrenzung im Einzelfall	Abgrenzung im Einzelfall
Verarbeitung von Verbrauchsgütern im Haushalt des Steuerpflichtigen	X		X	
Verbrauchsmittel, wie z. B. Schmier-, Reinigungs- oder Spülmittel sowie Streugut	X		als Nebenleistung (Rdnr. 39) – Abgrenzung im Einzelfall	als Nebenleistung (Rdnr. 39) – Abgrenzung im Einzelfall
Verwaltergebühr		X		

Maßnahme	begünstigt	nicht begünstigt	Haushaltsnahe Dienstleistung	Handwerkerleistung
Wachdienst	Kosten der Maßnahmen innerhalb des Haushalts	Kosten der Maßnahmen außerhalb des Haushalts	X	
Wärmedämmmaßnahmen	X			X
Wartung: 1. Aufzug 2. Heizung und Öltankanlagen (einschließlich Tankreinigung) 3. Feuerlöscher 4. CO_2-Warngeräte 5. Pumpen 6. Abwasser-Rückstau-Sicherungen	X X X X X X			X X X X X X
Wasserschadensanierung	X	soweit Versicherungsleistung		X
Wasserversorgung	Kosten der Wartung und der Reparatur			X
Wertermittlung		X, Rdnr. 20		
Winterdienst	Kosten der Maßnahmen innerhalb des Haushalts	Kosten der Maßnahmen außerhalb des Haushalts	X	
Zubereitung von Mahlzeiten im Haushalt des Steuerpflichtigen	X		X	

Anlage 2
Muster für eine Bescheinigung
(zu Rdnr. 26)

....
....
....
(Name und Anschrift des (Name und Anschrift des
Verwalters/Vermieters) Eigentümers/Mieters)

Anlage zur Jahresabrechnung für das Jahr/Wirtschaftsjahr ....

Ggf. Datum der Beschlussfassung der Jahresabrechnung: ....

In der Jahresabrechnung für das nachfolgende Objekt

....

(Ort, Straße, Hausnummer und ggf. genaue Lagebezeichnung der Wohnung)

sind Ausgaben im Sinne des § 35a Einkommensteuergesetz (EStG) enthalten, die wie folgt zu verteilen sind:

A) *Aufwendungen für sozialversicherungspflichtige Beschäftigungen*
   (§ 35a Absatz 2 Satz 1 Alternative 1 EStG)

Bezeichnung	Gesamtbetrag (in Euro)	Anteil des Miteigentümers/ des Mieters

B) *Aufwendungen für die Inanspruchnahme von haushaltsnahen Dienstleistungen*
   (§ 35a Absatz 2 Satz 1 Alternative 2 EStG)

Bezeichnung	Gesamtbetrag (in Euro)	nicht zu berücksichtigende Materialkosten (in Euro)	Aufwendungen bzw. Arbeitskosten (Rdnrn. 39, 40) (in Euro)	Anteil des Miteigentümers/ des Mieters

C) *Aufwendungen für die Inanspruchnahme von Handwerkerleistungen für Renovierungs-, Erhaltungs- und Modernisierungsmaßnahmen*
   (§ 35a Absatz 3 EStG)

Bezeichnung	Gesamtbetrag (in Euro)	nicht zu berücksichtigende Materialkosten (in Euro)	Aufwendungen bzw. Arbeitskosten (Rdnrn. 39, 40) (in Euro)	Anteil des Miteigentümers/ des Mieters

....
(Ort und Datum)   (Unterschrift des Verwalters oder Vermieters)

Hinweis: Die Entscheidung darüber, welche Positionen im Rahmen der Einkommensteuererklärung berücksichtigt werden können, obliegt ausschließlich der zuständigen Finanzbehörde.

Zu § 50d EStG

52. Steuerabzug von Vergütungen im Sinne des § 50a Abs. 4 Satz 1 Nr. 2 und 3 EStG; Entlastung von Abzugsteuern aufgrund von Doppelbesteuerungsabkommen (DBA) nach einem vereinfachten Verfahren („Kontrollmeldeverfahren")

BMF, Schreiben v. 18. 12. 2002 (BStBl I S. 1386)

– IV B 4 - S 2293 - 54/02 –

Unter Bezugnahme auf das Ergebnis der Erörterungen mit den obersten Finanzbehörden der Länder werden die Voraussetzungen für die Teilnahme am Kontrollmeldeverfahren (§ 50d Abs. 5 EStG) nachfolgend neu geregelt.

I. Kontrollmeldeverfahren

Gemäß § 50d Abs. 5 EStG kann das Bundesamt für Finanzen auf Antrag den Schuldner von Vergütungen im Sinne des § 50a Abs. 4 Satz 1 Nr. 2 und 3 EStG ermächtigen, in Fällen von geringer steuerrechtlicher Bedeutung ein vereinfachtes Verfahren (Kontrollmeldeverfahren) anzuwenden. Das Verfahren setzt voraus, dass die Vergütungen im Sinne des § 50a Abs. 4 Satz 1 Nr. 2 und 3 EStG nach einem DBA im Inland nicht oder nur zu einem niedrigeren Steuersatz besteuert werden können (vgl. Tz. 4). Die Ermächtigung kann mit Auflagen verbunden werden. 1

Im Kontrollmeldeverfahren unterlassen die Schuldner von sich aus bei Gläubigern, die in einem ausländischen Staat ansässig sind, mit dem ein entsprechendes DBA besteht, den Steuerabzug oder nehmen diesen nur nach dem gemäß dem DBA höchstens zulässigen Satz vor. Nach Ablauf des Kalenderjahres haben die Schuldner für jeden Gläubiger dem Bundesamt für Finanzen und dem für sie zuständigen Finanzamt jeweils eine „Jahreskontrollmeldung" zu übersenden.

II. Ermächtigung zur Anwendung des Kontrollmeldeverfahrens

Ein Schuldner von Vergütungen im Sinne des § 50a Abs. 4 Satz 1 Nr. 2 und 3 EStG kann das Kontrollmeldeverfahren nur anwenden, wenn er hierzu auf seinen Antrag vom Bundesamt für Finanzen ermächtigt worden ist. Der Antrag ist nach vorgeschriebenem Muster zu stellen. In dem Antrag hat sich der Schuldner zu verpflichten, 2

a) die Jahreskontrollmeldung (Tz. 10) bis zum Ablauf des Monats April jeden Jahres für das vorhergehende Kalenderjahr zu übersenden;

b) den Ermächtigungsbescheid (Tz. 3) und je einen Abdruck der Jahreskontrollmeldung (Tz. 10) als Belege zu seinen Unterlagen zu nehmen;

c) dem Gläubiger die in Tz. 8 bezeichnete Mitteilung zu machen.

Der Schuldner hat außerdem anzuerkennen, dass die Ermächtigung zum Kontrollmeldeverfahren die Haftung nach § 50a Abs. 5 EStG unberührt lässt.

3 Die Ermächtigung, das Kontrollmeldeverfahren anzuwenden, wird von dem Bundesamt für Finanzen durch Bescheid erteilt, und zwar im Allgemeinen unbefristet, jedoch unter dem Vorbehalt jederzeitigen Widerrufs; eine Abschrift des Ermächtigungsbescheides erhält das für den Schuldner der Vergütungen nach § 73e Satz 1 EStDV örtlich zuständige Finanzamt. In dem Ermächtigungsbescheid weist das Bundesamt für Finanzen auf die nach Tz. 2 zu übernehmenden Verpflichtungen hin. Die Ermächtigung zur Anwendung des Kontrollmeldeverfahrens kann mit Wirkung vom 1. Januar des Jahres erteilt werden, in dem die Teilnahme am Kontrollmeldeverfahren beantragt wurde.

III. Anwendungsbereich des Kontrollmeldeverfahrens

4 Das Kontrollmeldeverfahren kann nur auf Vergütungen im Sinne des § 50a Abs. 4 Satz 1 Nr. 2 und 3 EStG angewendet werden. Das Bundesamt für Finanzen kann es auf Zahlungen aus einer bestimmten (z. B. im Inland lediglich verwerteten) Tätigkeit und auf bestimmte Personen oder Personengruppen beschränken sowie Abweichungen zulassen. Die Teilnahme am Kontrollmeldeverfahren ist ausgeschlossen für Zahlungen, die für die Ausübung einer Tätigkeit als Künstler oder Berufssportler im Inland geleistet werden, weil für diese Zahlungen nach den DBA regelmäßig der Staat, in dem die Tätigkeit ausgeübt wird, ein uneingeschränktes Besteuerungsrecht hat.

5 Das Kontrollmeldeverfahren kann nur bei Gläubigern zugelassen werden, bei denen die jeweilige Zahlung (Einzelzahlung) den Bruttobetrag von 5 500 Euro und die während eines Kalenderjahres geleisteten gesamten Zahlungen den Bruttobetrag von 40 000 Euro nicht übersteigen.

6 Hat der Schuldner Personen in das Kontrollmeldeverfahren einbezogen, bei denen diese Höchstbeträge überschritten werden, so ist für diese Personen zu dem Zeitpunkt eine Freistellungsbescheinigung zu beantragen, in dem eine Einzelzahlung von mehr als 5 500 Euro geleistet wird oder die gesamten Zahlungen den Betrag von 40 000 Euro überschreiten. Die Jahreskontrollmeldung (Tz. 10) hat jedoch alle an diese Personen geleisteten Zahlungen zu umfassen. Wird die Höchstgrenze im Laufe eines Jahres überschritten und weigert sich der Gläubiger, eine Freistellungsbescheinigung zu beantragen, so hat der Schuldner gemäß § 50a Abs. 5 EStG von der die Jahreshöchstgrenze überschreitenden Vergütung die gesetzliche Steuer einzubehalten und an das Finanzamt abzuführen.

7 In die vorgenannten Höchstbeträge sind Vorschüsse, Teil-, Abschlags- und Abschlusszahlungen sowie Kostenerstattungen (Fahrtkosten, Mehraufwand für Verpflegung, Übernachtung u. Ä.) einzubeziehen und sämtliche während eines Kalenderjahres geleisteten Zahlungen zusammenzurechnen, die sich auf dieselbe Tätigkeit oder Leistung des Gläubigers beziehen.

8 Ein Schuldner, der die Zahlungen an einen bestimmten Gläubiger in das Kontrollmeldeverfahren einbezieht und daher keine oder nur eine reduzierte Abzugsteuer einbehält, hat dies so früh wie möglich, spätestens bei der ersten in dieser Weise geleisteten Zahlung, dem Gläubiger mitzuteilen und ihn darauf hinzuweisen, dass die deutschen Finanzbehörden die Finanzbehörden seines Wohnsitzstaates über diese und alle künftigen Zahlungen informieren können.

9 Bei den einzelnen Gläubigern kann das Verfahren innerhalb desselben Kalendervierteljahres, für das die einzubehaltende Abzugsteuer abzuführen ist (§ 73e EStDV), auch rückwirkend ange-

wendet werden. Die nach dem einschlägigen DBA zuviel einbehaltene, aber noch nicht an das zuständige Finanzamt abgeführte Abzugsteuer ist dann gesondert oder zusammen mit weiteren Zahlungen an den betreffenden Gläubiger auszuzahlen. Der Schuldner hat das in seinen Unterlagen zu vermerken. Soweit die Abzugsteuer bereits an das zuständige Finanzamt abgeführt worden ist, kann das Kontrollmeldeverfahren nicht rückwirkend angewendet werden.

IV. Jahreskontrollmeldungen

Von den Schuldnern ist für jeden Gläubiger bis zum 30. April jeden Kalenderjahres für das vorhergehende Kalenderjahr jeweils eine Jahreskontrollmeldung beim Bundesamt für Finanzen und beim zuständigen Finanzamt einzureichen und als „Meldung über die im Jahr ... gezahlten Lizenzgebühren und/oder Vergütungen für eine in der Bundesrepublik Deutschland ausgeübte persönliche Tätigkeit" zu bezeichnen. Sie muss mindestens folgende Angaben enthalten: 10

– Name, Vorname sowie Wohnort oder Geschäftsleitung des Schuldners;

– Name, Vorname sowie Staat und Ort des Wohnsitzes oder der Geschäftsleitung des Gläubigers (einschließlich Postleitzahl, Straße, Hausnummer). Die Angabe eines Postfaches oder einer c/o-Anschrift ist nicht ausreichend;

– Bei Zahlungen an Empfänger mit Wohnsitz oder Sitz in den Vereinigten Staaten ist deren „Social Security Number", „Employer's Identification Number" oder „Taxpayer Identification Number" anzugeben;

– Bruttobetrag und Art der Vergütungen, ausgedrückt durch genaue Angabe der Vorschrift des § 50a Abs. 4 Satz 1 Nr. 2 oder 3 EStG;

– von den Vergütungen einbehaltener Steuerbetrag.

Das Bundesamt für Finanzen kann die Übersendung der Jahreskontrollmeldung auf Magnetband oder einem anderen Datenträger nach einem von ihm vorgegebenen Datensatz zulassen. Dem zuständigen Finanzamt ist die Jahreskontrollmeldung hingegen nur in Papierform zuzuleiten.

Die Einreichung der Jahreskontrollmeldung lässt die Meldeverpflichtung nach § 73e EStDV unberührt.

Unbeschadet der Zuständigkeit des Bundesamtes für Finanzen für das Entlastungsverfahren nach § 50d EStG, obliegt es dem für den Schuldner der Vergütungen zuständigen Finanzamt, die ordnungsmäßige Abwicklung des Verfahrens im Rahmen des § 73d Abs. 2 EStDV zu prüfen. Zu diesem Zweck erhält es von dem Vergütungsschuldner eine Ausfertigung der Jahreskontrollmeldung. 11

Das Bundesamt für Finanzen wird nach Weisung des BMF aufgrund der bestehenden Regelungen über den Austausch von Auskünften zur Durchführung der DBA Daten aus den Jahreskontrollmeldungen den zuständigen Finanzbehörden der in Betracht kommenden Staaten übermitteln. Mit dem Antrag auf Teilnahme am Kontrollmeldeverfahren gilt die Zustimmung des Gläubigers und des Schuldners zur Weiterleitung der Angaben des Schuldners an den Wohnsitz- oder Sitzstaat des Gläubigers als erteilt (§ 50d Abs. 5 Satz 5 EStG). 12

V. Haftung

Die Ermächtigung zur Anwendung des Kontrollmeldeverfahrens lässt die Haftung im Sinne des § 50a Abs. 5 EStG unberührt. Hat der Schuldner der Vergütungen das Kontrollmeldeverfahren nicht ordnungsgemäß angewendet, so wird eine nicht oder zu wenig einbehaltene oder abgeführte Steuer durch Haftungsbescheid nach § 73g EStDV nacherhoben. Von der Geltendmachung der Haftung wird abgesehen, wenn die nicht ordnungsgemäße Anwendung des Kontroll- 13 meldeverfahrens darauf beruht, dass der Schuldner der Vergütungen von dem Gläubiger hinsichtlich seiner Person oder seines Wohnsitzes getäuscht worden ist, sofern sich dem Schuldner der Vergütungen nicht nach den Umständen des Falles Zweifel an der Richtigkeit der Angaben des Gläubigers hätten aufdrängen müssen.

14 Der Haftungsbescheid wird von dem für den Schuldner der Vergütungen nach § 73e EStDV örtlich zuständigen Finanzamt erlassen; dieses wird aufgrund eigener Feststellungen (vgl. Tz. 11) oder auf Ersuchen des Bundesamtes für Finanzen tätig.

VI. Erstmalige Anwendung

15 Dieses Schreiben ersetzt das Schreiben vom 21. Dezember 1993 – IV C 5 - S 1300 - 191/93 – (BStBl 1994 I S. 4) und gilt für Zahlungen, die von dem Schuldner ab dem 1. Januar 2002 geleistet werden.

53. Entlastungsberechtigung ausländischer Gesellschaften (§ 50d Abs. 3 EStG)

BMF, Schreiben v. 24. 1. 2012 (BStBl I S. 171)

– IV B 3 - S 2411/07/10016 –

Unter Bezugnahme auf das Ergebnis der Erörterungen mit den Vertretern der obersten Finanzbehörden der Länder gilt für die Anwendung des § 50d Abs. 3 EStG*) in der Fassung des Gesetzes zur Umsetzung der Beitreibungsrichtlinie sowie zur Änderung steuerlicher Vorschriften vom 7. Dezember 2011 (BGBl I S. 2592)**) Folgendes:

1. Allgemeines

Die Vorschrift des § 50d Abs. 3 EStG schränkt den Anspruch einer ausländischen Gesellschaft nach §§ 43b, 50g EStG oder nach einem Abkommen zur Vermeidung der Doppelbesteuerung (DBA) auf Befreiung oder Ermäßigung von Kapitalertrag- oder Abzugsteuern nach § 50a EStG ein,

- soweit Personen an der Gesellschaft beteiligt sind, denen die Steuerentlastung nicht zustände, wenn sie die Einkünfte unmittelbar erzielten (**persönliche Entlastungsberechtigung**), und
- soweit die Funktionsvoraussetzungen des § 50d Abs. 3 Satz 1 EStG (**sachliche Entlastungsberechtigung**) nicht vorliegen (*schädliche Erträge*).

Die **Funktionsvoraussetzungen** für *unschädliche Erträge* sind alternativ erfüllt,

- soweit die von der ausländischen Gesellschaft im betreffenden Wirtschaftsjahr erzielten Bruttoerträge aus eigener Wirtschaftstätigkeit stammen oder

---

*) Dieses Schreiben gilt für die unmittelbare Anwendung des § 50d Abs. 3 EStG. Soweit diese Vorschrift nur entsprechend anzuwenden ist, wie z. B. gem. § 44a Abs. 9 Satz 2 EStG, sind die Ausführungen dieses Schreibens nur nach dem Sinn und Zweck der Verweisungsvorschrift zu berücksichtigen.

**) BStBl I S. 1171

- in Bezug auf die nicht eigenwirtschaftlichen Erträge für die Einschaltung der ausländischen Gesellschaft wirtschaftliche oder sonst beachtliche Gründe vorhanden sind und die ausländische Gesellschaft mit einem für ihren Geschäftszweck angemessen eingerichteten Geschäftsbetrieb am allgemeinen wirtschaftlichen Verkehr teilnimmt oder
- § 50d Abs. 3 Satz 5 EStG Anwendung findet.

2. Anwendungsbereich

Unter den Voraussetzungen des § 50d Abs. 3 EStG hat eine ausländische Gesellschaft keinen Anspruch auf völlige oder teilweise Entlastung von der Kapitalertragsteuer oder der Abzugsteuer nach § 50a EStG. Ausgeschlossen werden hiernach Ansprüche auf völlige oder teilweise Erstattung einbehaltener Steuern (§ 50d Abs. 1 EStG) sowie auf völlige oder teilweise Freistellung vom Steuerabzug (§ 50d Abs. 2 EStG).

Erzielt die ausländische Gesellschaft der Quellensteuer unterliegende abzugsteuerpflichtige Einkünfte, ermäßigt sich die Quellensteuer vorbehaltlich einer zusätzlichen persönlichen Entlastungsberechtigung im Verhältnis der unschädlichen Bruttoerträge zu den im Wirtschaftsjahr insgesamt erzielten Bruttoerträgen der ausländischen Gesellschaft („Aufteilungsklausel").

Nicht in den Anwendungsbereich des § 50d Abs. 3 EStG fallen eventuelle Entlastungsansprüche, die sich aus der Zuweisung des Besteuerungsrechtes nach einem DBA für andere Einkünfte ergeben, z. B. Gewinne aus der Veräußerung von Beteiligungen.

3. Ausländische Gesellschaft

Der Begriff der Gesellschaft ist entsprechend dem jeweiligen Antrag i. S. d. einschlägigen DBA oder der §§ 43b Abs. 2 oder 50g Abs. 3 Nr. 5 Buchst. a Doppelbuchst. aa EStG auszulegen. Nach Artikel 3 Abs. 1 Buchst. b OECD-Musterabkommen bedeutet der Ausdruck „Gesellschaft" juristische Personen oder Rechtsträger, die für die Besteuerung wie juristische Personen behandelt werden. Die Einordnung einer Gesellschaft durch die Vertragsstaaten kann unterschiedlich ausfallen. Für deutsche Besteuerungszwecke erfolgt die Einordnung ausschließlich nach deutschem Steuerrecht (Typenvergleich). Unabhängig davon ist Entlastung von deutschen Abzugsteuern zu gewähren, wenn die Einkünfte nach dem Recht des anderen Staates dort als Einkünfte einer ansässigen Person steuerpflichtig sind. Daher ist eine ausländische Personengesellschaft, die nach ausländischem Recht als Kapitalgesellschaft behandelt wird, Gesellschaft i. S. d. § 50d Abs. 3 EStG[*]).

Bei Anträgen nach §§ 43b oder 50g EStG ist darauf abzustellen, ob die Gesellschaft eine der in der Anlage 2 zu § 43b EStG bzw. Anlage 3a zu § 50g EStG aufgeführten Rechtsformen aufweist und im Übrigen die jeweiligen weiteren Tatbestandsvoraussetzungen erfüllt sind.

Ausländisch ist eine Gesellschaft, wenn sie weder Sitz noch Geschäftsleitung im Inland hat oder bei sog. Doppelansässigkeit nach dem maßgeblichen DBA im anderen Vertragsstaat als ansässig gilt.

Die Ansässigkeit einer ausländischen Gesellschaft in einem anderen Vertragsstaat richtet sich nach Artikel 4 Abs. 1 und 3 OECD-Musterabkommen bzw. der einschlägigen Vorschrift des maßgeblichen DBA.

---

[*]) Auf die Einordnung einer ausländischen Gesellschaft nach dem innerstaatlichen deutschen Steuerrecht (Typenvergleich) kommt es insoweit nicht an. Siehe OECD-Musterkommentar, Tz. 5 zu Art. 1.

4. Persönliche Entlastungsberechtigung ausländischer Gesellschaften (§ 50d Abs. 3 Satz 1 EStG)

4.1 Gesellschafterbezogene Prüfung

Eine ausländische Gesellschaft ist persönlich entlastungsberechtigt, soweit den an ihr beteiligten Personen ein Entlastungsanspruch nach §§ 43b, 50g EStG oder nach einem DBA zustände, wenn sie die Einkünfte unmittelbar erzielten (Prüfung der mittelbaren Entlastungsberechtigung des Gesellschafters). Die Entlastungsberechtigung ist entsprechend dem Gesetzeswortlaut („soweit") für jeden Gesellschafter gesondert zu prüfen. Gesellschafter mit Wohnsitz, Sitz oder Geschäftsleitung im Inland sind nicht entlastungsberechtigt.

4.2 Mittelbare persönliche Entlastungsberechtigung des Gesellschafters

Handelt es sich bei dem Gesellschafter der ausländischen Gesellschaft um eine Gesellschaft, kommt es darauf an, ob diese nach einem DBA oder einer EU-Richtlinie **persönlich entlastungsberechtigt** ist (fiktiver Entlastungsanspruch). Soweit die mittelbar beteiligte Gesellschaft **sachlich nicht entlastungsberechtigt** ist, ist zu prüfen, ob eine an ihr beteiligte Gesellschaft, sofern diese selbst persönlich entlastungsberechtigt ist, die sachlichen Funktionsvoraussetzungen des § 50d Abs. 3 Satz 1 EStG erfüllt. Im Hinblick auf Gesellschaften in einer Beteiligungskette muss stets für jede Gesellschaft in der Kette die persönliche Entlastungsberechtigung gegeben sein (vgl. BFH vom 20. März 2002 – I R 38/00 –, BStBl II S. 819). Dabei kommt es nicht darauf an, ob Gesellschaften in der Kette im gleichen Umfang entlastungsberechtigt sind. Allerdings begrenzen die fiktiven Entlastungsansprüche der in der Beteiligungskette voranstehenden Gesellschafter die Höhe des Entlastungsanspruchs nachfolgender Gesellschafter (siehe Tz. 12).

4.3 Ausschluss der mittelbaren Entlastungsberechtigung

Eine fehlende **persönliche Entlastungsberechtigung** schließt mögliche mittelbare Entlastungsberechtigungen nachfolgender Gesellschafter aus. Danach ist ein Gesellschafter dann nicht (mittelbar) persönlich entlastungsberechtigt, wenn er

– in einem Nicht-DBA-Staat ansässig ist,

– als außerhalb der EU ansässige Person nicht die Voraussetzungen der einschlägigen Richtlinien erfüllt,

– die Rechtsform einer Gesellschaft hat, diese sachlich nicht entlastungsberechtigt (siehe Tz. 1) ist und deren Gesellschafter ihrerseits in einem Nicht-DBA-Staat ansässig sind bzw. als außerhalb der EU ansässige Personen nicht die Voraussetzungen der einschlägigen EU-Richtlinien erfüllen oder

– zwar in einem DBA-Staat und/oder innerhalb der EU ansässig ist, aber nicht die Vergünstigungen eines DBA bzw. der einschlägigen EU-Richtlinien geltend machen kann (hierunter fallen für Zwecke der unmittelbaren Anwendung des § 50d Abs. 3 EStG auch inländische Gesellschafter).

Beispiel:
An einer niederländischen B.V. ist u. a. auch eine Gesellschaft beteiligt, die ihren Sitz auf den Bermudas hat. An letzterer Gesellschaft sind u. a. natürliche Personen mit Wohnsitz in den USA beteiligt. Die fehlende persönliche Entlastungsberechtigung der Bermuda-Gesellschaft schließt einen möglichen Entlastungsanspruch eines Gesellschafters in den USA aus.

5. Eigene Wirtschaftstätigkeit der ausländischen Gesellschaft (§ 50d Abs. 3 Satz 1 EStG)

Soweit die im betreffenden Wirtschaftsjahr der ausländischen Gesellschaft erzielten Bruttoerträge aus eigener Wirtschaftstätigkeit stammen, besteht ein Anspruch auf Entlastung (siehe Tz. 5.5). Dazu zählen auch die Bruttoerträge einer Gesellschaft, die mit der eigenen Wirtschaftstätigkeit derselben Gesellschaft in einem wirtschaftlich funktionalen Zusammenhang stehen (siehe Tz. 12) sowie Zinserträge einer Gesellschaft, die aus der verzinslichen Anlage entlastungsberechtigter Gewinne derselben Gesellschaft erzielt werden. Bruttoerträge sind die Bruttoerträge i. S. d. § 9 AStG (siehe Tz. 9.0.1 des BMF-Schreibens vom 14. Mai 2004 – IV B 4 - S 1340 - 11/04 –, BStBl 2004 I Sonder-Nr. 1 – Anwendungsschreiben zum AStG). Dividenden und andere Erträge (z. B. Zinsen und Lizenzgebühren) von geleiteten Gesellschaften (siehe Tz. 5.3) zählen zu den Bruttoerträgen des Bereiches der eigenen Wirtschaftstätigkeit.

Im Erstattungsverfahren nach § 50d Abs. 1 EStG gilt das Jahr des Ertragszuflusses als betreffendes Wirtschaftsjahr. Im Freistellungsverfahren nach § 50d Abs. 2 EStG ist es das Jahr der Antragstellung. Die Bruttoerträge aus eigenwirtschaftlicher Tätigkeit sind anhand des Jahresabschlusses des betreffenden Wirtschaftsjahres nachzuweisen. Sollte dieser noch nicht vorliegen, ist auf die Verhältnisse des vorangegangenen Wirtschaftsjahres abzustellen; sofern es für den Steuerpflichtigen günstiger ist, kann er rückwirkend die Erträge des Wirtschaftsjahres zugrunde legen, in dem sie angefallen sind. Bei Neugründung sind die Verhältnisse des ersten Wirtschaftsjahres nach der Gründung maßgebend.

5.1 „Wirkliche wirtschaftliche Tätigkeit"

Eine eigene Wirtschaftstätigkeit setzt eine über den Rahmen der Vermögensverwaltung hinausgehende Teilnahme am allgemeinen wirtschaftlichen Verkehr voraus („wirkliche wirtschaftliche Tätigkeit"). Die Zwischenschaltung einer in einem anderen EU-Mitgliedstaat ansässigen Gesellschaft ist vor dem Hintergrund des Urteils des Europäischen Gerichtshofes in der Rechtssache Cadbury-Schweppes (EuGH vom 12. September 2006, Rs. C-196/04) nur dann gerechtfertigt, wenn die Gesellschaft am dortigen Marktgeschehen im Rahmen ihrer gewöhnlichen Geschäftstätigkeit aktiv, ständig und nachhaltig teilnimmt.

Eine Beteiligung am allgemeinen wirtschaftlichen Verkehr liegt auch vor, wenn Dienstleistungen gegenüber einer oder mehreren Konzerngesellschaften erbracht werden. Voraussetzung ist, dass die Leistungen gegen gesondertes Entgelt erbracht werden und wie gegenüber fremden Dritten abgerechnet werden.

An einer eigenen Wirtschaftstätigkeit fehlt es nach § 50d Abs. 3 Satz 3 EStG, soweit die ausländische Gesellschaft ihre Bruttoerträge aus der Verwaltung von eigenen und/oder fremden Wirtschaftsgütern erzielt, z. B. bei bloßem Erwerb von Beteiligungen (BFH vom 5. März 1986 – I R 201/82 –, BStBl II S. 496) oder dem Halten von Stammkapital oder dem Halten und Verwalten von Vermögen (BFH vom 27. Juli 1976 – VIII R 55/72 –, BStBl 1977 II S. 266; BFH vom 29. Juli 1976 – VIII R 142/73 –, BStBl II S. 263).

5.2 Aktive Beteiligungsverwaltung

Hält die ausländische Gesellschaft in ihrem Betriebsvermögen Anteile an inländischen Gesellschaften, liegt eine eigene Wirtschaftstätigkeit nur dann vor, wenn Beteiligungen von einigem Gewicht erworben wurden, um gegenüber den Gesellschaften, an denen die Beteiligungen bestehen, geschäftsleitende Funktionen wahrzunehmen (aktive Beteiligungsverwaltung, siehe BFH vom 9. Dezember 1980 – VIII R 11/77 –, BStBl 1981 II S. 339, 341). Es reicht nicht aus, dass eine Gesellschaft ohne sonstige unternehmerische Betätigung geschäftsleitende Funktionen nur gegenüber einer Tochtergesellschaft ausübt oder lediglich Anteile an einer oder mehreren Tochtergesellschaften hält und sich dabei auf die Ausübung der Gesellschafterrechte beschränkt (passive Beteiligungsverwaltung). Ob eine Beteiligung von einigem Gewicht erworben wurde, hängt nicht von der Höhe der kapitalmäßigen Beteiligung ab. Es kommt darauf an, dass auf das Geschäft der Beteiligungsgesellschaft tatsächlich Einfluss genommen wird.

5.3 Geschäftsleitende Funktionen

Geschäftsleitende Funktionen werden durch Führungsentscheidungen ausgeübt. Führungsentscheidungen zeichnen sich durch ihre langfristige Natur, Grundsätzlichkeit und Bedeutung aus, die sie für den Bestand der Beteiligungsgesellschaft (geleitete Gesellschaft) haben. Sie unterscheiden sich von Entscheidungen, die kurzfristig und ausführungsbezogen sind. Die Durchführung nur einzelner Geschäftsfunktionen, wie z. B. Lizenzverwertung und/oder Kreditgewährung, reicht für die Qualifizierung als aktive Beteiligungsverwaltung nicht aus. Mündliche Führungsentscheidungen ohne hinreichende Dokumentation reichen zum Nachweis der geschäftsleitenden Funktion nicht aus.

5.4 Auslagerung wesentlicher Geschäftstätigkeiten

Eine eigene Wirtschaftstätigkeit liegt auch dann nicht vor, wenn die wesentlichen Geschäftstätigkeiten auf Dritte, z. B. Anwaltskanzleien oder Managementgesellschaften, übertragen werden (§ 50d Abs. 3 Satz 3 EStG).

5.5 Gesellschafterbezogene Prüfung

Soweit keine eigene Wirtschaftstätigkeit ausgeübt wird, ist die sachliche Entlastungsberechtigung gesellschafterbezogen eingeschränkt.

6. Wirtschaftliche oder sonst beachtliche Gründe für die Einschaltung der ausländischen Gesellschaft (§ 50d Abs. 3 Satz 1 Nr. 1 EStG)

Nimmt die ausländische Gesellschaft mit einem für ihren Geschäftszweck angemessen eingerichteten Geschäftsbetrieb am allgemeinen wirtschaftlichen Verkehr teil, besteht ein Anspruch auf Entlastung, soweit die nicht aus einer eigenwirtschaftlichen Tätigkeit stammenden Erträge aus einem Geschäftsbereich stammen, für den die Einschaltung der ausländischen Gesellschaft aus wirtschaftlichen oder sonst beachtlichen Gründen gerechtfertigt ist. Ein wirtschaftlicher Grund liegt insbesondere dann vor, wenn mit der ausländischen Gesellschaft die Aufnahme einer eigenwirtschaftlichen Tätigkeit i. S. d. Tz. 5 geplant ist und entsprechende Aktivitäten eindeutig nachgewiesen sind.

An einem wirtschaftlichen Grund fehlt es insbesondere dann, wenn die ausländische Gesellschaft überwiegend der Sicherung von Inlandsvermögen in Krisenzeiten dient, für eine künftige Erbregelung oder für den Aufbau der Alterssicherung der Gesellschafter eingesetzt werden soll, vgl. BFH vom 24. Februar 1976 – VIII R 155/71 –, BStBl 1977 II S. 265.

Als sonst beachtliche Gründe können u. a. rechtliche, politische oder auch religiöse Gründe in Betracht kommen.

Umstände, die sich aus den Verhältnissen des Konzernverbunds ergeben, wie z. B. Gründe der Koordination, Organisation, Aufbau der Kundenbeziehung, Kosten, örtliche Präferenzen, gesamtunternehmerische Konzeption, stellen keine wirtschaftlichen oder sonst beachtlichen Gründe in diesem Sinne dar, vgl. auch Tz. 8.

Beispiel:
An einer ausländischen Gesellschaft sind zu 100 % nicht entlastungsberechtigte Gesellschafter beteiligt. Die Gesellschaft erzielt zu 80 % Erträge, die nicht aus eigener wirtschaftlicher Tätigkeit stammen, wobei für 60 % dieser Erträge die Einschaltung der Gesellschaft wirtschaftlich gerechtfertigt ist. Ein für den Geschäftszweck angemessen ausgestatteter Geschäftsbetrieb liegt vor. Die dem Quellensteuerabzug unterliegenden deutschen Zahlungen sind zu 68 % (= 20 % [eigenwirtschaftliche Erträge] und 60 % × 80 % [§ 50d Abs. 3 Nr. 1 und 2 EStG]) entlastungsberechtigt.

7. Angemessen eingerichteter Geschäftsbetrieb (§ 50d Abs. 3 Satz 1 Nr. 2 EStG)

Die ausländische Gesellschaft muss im Ansässigkeitsstaat über einen für ihren Geschäftszweck angemessen eingerichteten Geschäftsbetrieb verfügen (qualifiziertes Personal, Geschäftsräume und technische Kommunikationsmittel, BFH vom 20. März 2002 – I R 38/00 –, BStBl II S. 819, 822), d. h. ein „greifbares Vorhandensein" muss nachweisbar sein (EuGH vom 12. September 2006, Rs. C-196/04). Indizien für ein solches „greifbares Vorhandensein" liegen vor, wenn

- die Gesellschaft dort für die Ausübung ihrer Tätigkeit ständig sowohl geschäftsleitendes als auch anderes Personal beschäftigt,
- das Personal der Gesellschaft über die Qualifikation verfügt, um die der Gesellschaft übertragenen Aufgaben eigenverantwortlich und selbstständig zu erfüllen,
- die Geschäfte zwischen nahe stehenden Personen i. S. d. § 1 Abs. 2 AStG einem Fremdvergleich (wie unter fremden Dritten) standhalten.

8. Konzernverhältnisse (§ 50d Abs. 3 Satz 2 EStG)

Für die Prüfung der in Tz. 6 und 7 genannten Ausschlussgründe ist ausschließlich auf die Verhältnisse der ausländischen Gesellschaft und nicht auf den Konzernverbund abzustellen, deren Teil sie ist. Struktur und Strategiekonzepte des Konzerns führen deshalb nicht dazu, dass einer funktionslosen Konzerngesellschaft Steuerentlastungen gewährt werden können. Dies gilt u. a. auch in Fällen der Organschaft oder fiskalen Einheit. Eine wirtschaftliche Betrachtungsweise ist nicht anzuwenden.

9. Sonderfälle (§ 50d Abs. 3 Satz 5 EStG)

Vom Anwendungsbereich des § 50d Abs. 3 EStG sind nur die folgenden ausländischen Gesellschaften ausgenommen:

9.1 Gesellschaften mit börsengehandelten Aktien

Gesellschaften, für deren Hauptgattung der Aktien ein wesentlicher und regelmäßiger Handel an einer anerkannten Börse stattfindet, fallen nicht in den Anwendungsbereich von § 50d Abs. 3 EStG. Der Begriff „anerkannte Börse" bedeutet organisierter Markt i. S. d. § 2 Abs. 5 Wertpapierhandelsgesetz und vergleichbare Märkte mit Sitz außerhalb der Europäischen Union und des Europäischen Wirtschaftsraumes.

9.2 Investmentgesellschaften

Ausgenommen sind nur ausländische Investmentvermögen des Kapitalgesellschaftstyps (d. h. mit einer Investmentaktiengesellschaft i. S. d. § 2 Abs. 5 Investmentgesetz vergleichbare Konstruktionen). Die Vorgabe zur Ermittlung der Erträge des Investmentvermögens nach den Regeln für Überschusseinkünfte (§ 3 Abs. 1 Investmentsteuergesetz) führt nicht zur Einstufung der Tätigkeit des Investmentvermögens als Vermögensverwaltung. Wegen der unterschiedlichen aufsichtsrechtlichen Vorgaben im Ausland gilt dies auch dann, wenn die Verwaltung des Investmentvermögens auf eine besondere Verwaltungsgesellschaft ausgelagert wird.

Handelt es sich bei der nach einem DBA oder einer EU-Richtlinie persönlich entlastungsberechtigten ausländischen Gesellschaft nicht um eine solche i. S. d. § 50d Abs. 3 Satz 5 EStG (Tz. 9.1 und 9.2), ist darauf abzustellen, ob eine an ihr unmittelbar oder mittelbar beteiligte Gesellschaft einen der Tatbestände des § 50d Abs. 3 Satz 5 EStG (Tz. 9.1 und 9.2) erfüllt, sofern diese ebenfalls persönlich entlastungsberechtigt ist. Auch bei einer mittelbar beteiligten Gesellschaft muss die persönliche Entlastungsberechtigung gegeben sein.

10. Verhältnis von § 50d Abs. 3 EStG zu Missbrauchsregelungen in den DBA

Der abkommensrechtlich mögliche Entlastungsanspruch steht grundsätzlich unter dem Vorbehalt der tatbestandlichen Voraussetzungen von § 50d Abs. 3 EStG (BFH vom 17. Mai 1995 – I B 183/94 –, BStBl II S. 781). Dies gilt nicht in Fällen, in denen das einschlägige DBA eine abschließende Regelung enthält (BFH-Urteil vom 19. Dezember 2007, BStBl 2008 II S. 619).

11. Verhältnis von § 50d Abs. 3 EStG zu § 42 AO

§ 50d Abs. 3 EStG ist im Verhältnis zu § 42 AO die speziellere Vorschrift und vorrangig anzuwenden. Liegen die Tatbestandsvoraussetzungen des § 50d Abs. 3 EStG nicht vor, ist die allgemeine Missbrauchsvorschrift des § 42 AO zu prüfen, da dessen Anwendbarkeit nicht durch § 50d Abs. 3 EStG oder eine andere gesetzliche Vorschrift ausgeschlossen ist (§ 42 Abs. 2 AO).

12. Höhe des Anspruchs auf Steuerentlastung

Die ausländische Gesellschaft hat insoweit einen Anspruch auf Steuerentlastung, als

a) an ihr unmittelbar oder mittelbar persönlich entlastungsberechtigte Personen (siehe Tz. 4) beteiligt sind oder

b) sie nachweist, dass für die abzugssteuerpflichtigen Einkünfte eine sachliche Entlastungsberechtigung vorliegt (unschädliche Erträge i. S. d. Tz. 1) oder

c) es sich um einen der in § 50d Abs. 3 Satz 5 EStG genannten Sonderfälle (siehe Tz. 9) handelt.

Sind an der ausländischen Gesellschaft auch nicht entlastungsberechtigte Personen beteiligt (zur Prüfung der Entlastungsberechtigung, siehe Tz. 4) und erbringt sie den genannten Nachweis nicht, ist zur Feststellung der Höhe des Steuerentlastungsanspruchs für jeden Gesellschafter gesondert zu prüfen, wie hoch sein Entlastungsanspruch wäre, wenn er die Einkünfte unmittelbar erzielte (fiktiver Entlastungsanspruch). Der Steuerentlastungsanspruch der Gesellschaft ergibt sich aus der Summe der fiktiven Entlastungsansprüche der Gesellschafter, die unmittelbar oder mittelbar an der ausländischen Gesellschaft beteiligt sind.

Beispiel:

An einer nach DBA zu 100 % persönlich entlastungsberechtigten ausländischen Gesellschaft A sind zwei Gesellschaften B und C zu 40 % bzw. 60 % beteiligt. A erzielt zu 70 % schädliche Bruttoerträge. Wirtschaftliche oder sonst beachtliche Gründe liegen hinsichtlich dieser Erträge nicht vor. 30 % der Bruttoerträge stammen aus ihrem aktiven Geschäft als Produktions- und Vertriebsgesellschaft. Den Vertrieb der Produkte auf dem deutschen Markt übernimmt eine deutsche Tochtergesellschaft. Im Zusammenhang mit dieser Tätigkeit überlässt die A eine Lizenz an ihre deutsche Tochter. Im Jahr 01 leistet die deutsche Tochtergesellschaft an die A für die Überlassung der Lizenz eine dem deutschen Quellensteuerabzug von 15 % unterliegende Lizenzzahlung. Des Weiteren bezieht die A eine dem Kapitalertragsteuerabzug von 25 % unterliegende Dividende.

An der nach DBA persönlich entlastungsberechtigten Gesellschaft B, die ausschließlich schädliche Bruttoerträge erzielt, sind die persönlich nicht entlastungsberechtigte natürliche Person D und die entlastungsberechtigte börsennotierte AG zu je 50 % beteiligt.

An der Gesellschaft C, deren Erträge zu 20 % dem unschädlichen und zu 80 % dem schädlichen Bereich zugerechnet werden, sind die natürlichen Personen E und F zu je 50 % beteiligt, die nach DBA eine Ermäßigung der Quellensteuer auf 15 % beanspruchen könnten. Die Gesellschaft C selbst könnte nach DBA eine Ermäßigung der Quellensteuer auf 5 % beanspruchen.

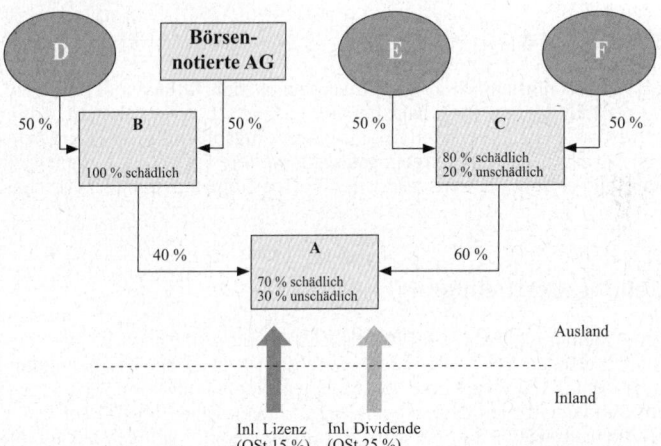

Eine Entlastungsberechtigung hinsichtlich der abzugsteuerpflichtigen Einkünfte (**Lizenz- und Dividendenzahlung**) ergibt sich wie folgt:

1. **Sachliche** Entlastungsberechtigung aufgrund eigenwirtschaftlicher Bruttoerträge der **A**
   Die abzugsteuerpflichtigen Einkünfte sind zu 30 % entlastungsberechtigt, da sich aus dem Verhältnis der im betreffenden Wirtschaftsjahr erzielten eigenwirtschaftlichen Bruttoerträge zu den Gesamtbruttoerträgen eine auf die abzugsteuerpflichtigen Einkünfte anzuwendende Quote von 30 (unschädliche Erträge) zu 70 (schädliche Erträge) ergibt.

2. **Persönliche** Entlastungsberechtigung der Gesellschaft **A**
   70 % der abzugsteuerpflichtigen Einkünfte sind insoweit entlastungsberechtigt, als entlastungsberechtigte Gesellschafter (siehe Tz. 4) vorhanden sind:
   – **B** ist zwar persönlich entlastungsberechtigt, erzielt aber ausschließlich schädliche Erträge. Daher ist der fiktive Entlastungsanspruch der an B beteiligten Gesellschafter maßgeblich. Die mittelbar zu 50 % beteiligte börsennotierte Aktiengesellschaft ist vollumfänglich entlastungsberechtigt (siehe Tz. 4.2); D ist jedoch persönlich nicht entlastungsberechtigt. A kann insoweit eine Entlastung von 14 % (= 40 % × 50 % × 70 %) gewährt werden. **C** ist zwar persönlich entlastungsberechtigt, aber erzielt zu 80 % schädliche Erträge. Insoweit ist der fiktive Entlastungsanspruch der an C beteiligten Gesellschafter E und F maßgeblich. Da sowohl E als auch F persönlich entlastungsberechtigt sind, beträgt der Entlastungsanspruch 48 % (= 80 % × 60 %), der aber wegen der Reduktion der Quellensteuer auf 15 % für die inländische Dividendenzahlung um 15/25 (= 15 % von 25 % Abzugssteuer) sowie für die inländische Lizenzzahlung vollständig eingeschränkt ist. Von dem Entlastungsanspruch i. H. v. 48 % werden deshalb nur 19,2 % gewährt (= 10/25 × 48 %). In Bezug auf den Anteil der schädlichen Erträge der A (70 %) ergibt sich somit ein Entlastungsanspruch von 13,44 % (= 19,2 % × 70 %).

- Hinsichtlich der unschädlichen übrigen 20 % ist C persönlich entlastungsberechtigt und deshalb ein Rückgriff auf die an ihr beteiligten Gesellschafter nicht notwendig. Für A ergibt sich ein Entlastungsanspruch i. H. v. 12 % (= 20 % × 60 %), der wegen der Reduktion der Quellensteuer auf 5 % um 1/5 (= 5 % von 25 % Abzugssteuer) für die inländische Dividendenzahlung und 1/3 (= 5 % von 15 %) für die inländische Lizenzzahlung eingeschränkt ist. Von dem Entlastungsanspruch i. H. v. 12 % werden deshalb für die inländische Dividendenzahlung nur 9,6 % (= 4/5 × 12 %) und für die inländische Lizenzzahlung 8 % (= 2/3 × 70 %) gewährt. In Bezug auf den Anteil der schädlichen Bruttoerträge der A (70 %) ergibt sich somit ein Entlastungsanspruch von 6,72 % (= 9,6 % × 70 %) der Quellensteuer für die Dividendenzahlung und von 5,6 % (= 8 % x 70 %) für die Lizenzzahlung.
3. Insgesamt ergibt sich für die abzugsteuerpflichtige Dividendenzahlung eine Entlastungsberechtigung i. H. v. 64,16 % (= 30 % + 14 % + 13,44 % + 6,72 %) sowie für die abzugsteuerpflichtige Lizenzzahlung eine Entlastungsberechtigung i. H. v. 49,6 % (= 30 % + 14 % + 5,6 %).

13. Feststellungslast

Die Feststellungslast hinsichtlich des Nichtvorliegens der Tatbestandsvoraussetzungen des § 50d Abs. 3 Satz 1 Nr. 1 und 2 EStG liegt bei der ausländischen Gesellschaft. Aufgrund der bei Auslandssachverhalten gebotenen erhöhten Mitwirkungspflicht (§ 90 Abs. 2 AO) obliegt der ausländischen Gesellschaft die Feststellungslast für weitere Entlastungsmöglichkeiten (persönlich entlastungsberechtigte Gesellschafter oder Bruttoerträge aus eigener Wirtschaftstätigkeit).

14. Freistellungsbescheinigung

Freistellungsbescheinigungen nach § 50d Abs. 2 EStG sind grundsätzlich unter dem Vorbehalt des Widerrufs zu erteilen. Die ausländische Gesellschaft ist in der Bescheinigung darauf hinzuweisen, dass sie den teilweisen oder vollständigen Wegfall der Voraussetzungen für die Freistellung dem Bundeszentralamt für Steuern (BZSt) unverzüglich mitzuteilen hat; § 50d Abs. 2 Satz 4 letzter Halbsatz EStG ist entsprechend anzuwenden, im Übrigen siehe die De-minimis-Regelungen in Tz. 15. Ergänzend wird auf die sich aus der Abgabenordnung ergebenden allgemeinen Grundsätze zur Berichtigung von Erklärungen (vgl. § 153 AO) hingewiesen.

15. De-minimis-Regelungen

Die ausländische Gesellschaft hat den teilweisen oder vollständigen Wegfall der Entlastungsberechtigung i. S. d. § 50d Abs. 3 EStG für die Freistellung dem BZSt unverzüglich mitzuteilen. Dies gilt nicht, wenn

- sich das bei Erteilung der Freistellungsbescheinigung zugrunde gelegte Verhältnis der Bruttoerträge aus eigenwirtschaftlicher Tätigkeit zu den gesamten Bruttoerträgen um weniger als 30 %-Punkte verringert oder

- sich ein Gesellschafteranteil (bei unmittelbarer oder mittelbarer Beteiligung) um weniger als 20 %-Punkte ändert.

Sofern die gesetzlich/abkommensrechtlich vorgeschriebenen Mindestbeteiligungshöhen unterschritten werden, ist dies dem BZSt ebenfalls unverzüglich mitzuteilen.

In den Fällen, in denen nach den De-minimis-Regelungen keine Mitteilungspflicht besteht, kann eine Neuberechnung des prozentualen Anteils der entlastungsberechtigten Erträge unterbleiben.

16. Erstmalige Anwendung

§ 50d Abs. 3 EStG in der Fassung des Gesetzes vom 7. Dezember 2011 ist erstmals ab 1. Januar 2012 anzuwenden sowie für alle vorangegangenen Zeiträume, soweit Steuerbescheide oder Freistellungsbescheinigungen noch nicht bestandskräftig sind und diese Regelung zu einer günstigeren Entlastungsberechtigung führt.

Dieses Schreiben ersetzt die BMF-Schreiben vom 3. April 2007 – IV B 1 - S 2411/07/0002 – (BStBl I S. 446) und vom 21. Juni 2010 – IV B 5 - S 2411/07/10016:005 – (BStBl I S. 596).

Die jeweils aktuelle Fassung der Antragsvordrucke ist den Internetseiten des BZSt zu entnehmen. Dieses Schreiben ist vorübergehend auf den Internetseiten des Bundesministeriums der Finanzen (www.bundesfinanzministerium.de) abrufbar.

54. Entlastung vom Steuerabzug vom Kapitalertrag bei ausländischen Gesellschaften (§ 50d Abs. 3 EStG); Unionsrechtskonforme Anwendung

BMF, Schreiben v. 4. 4. 2018 (BStBl I S. 589)

– IV B 3 - S 2411/07/10016-14 –

Der Gerichtshof der Europäischen Union hat mit Urteil vom 20. Dezember 2017 in den verbundenen Rechtssachen C-504/16 und C-613/16 (Deister Holding u. a.)[1] entschieden, dass Art. 1 Abs. 2 i. V. m. Art. 5 Abs. 1 der Richtlinie 90/435/EWG sowie Art. 49 AEUV einer nationalen Vorschrift wie § 50d Abs. 3 EStG in der Fassung des Jahressteuergesetzes 2007 vom 13. Dezember 2006 (BGBl I S. 2878) entgegenstehen.

Diese verbindliche Auslegung des Unionsrechts ist auf die gleich lautenden Bestimmungen der aktuell geltenden Art. 1 Abs. 4 und Art. 5 der Richtlinie 2011/96/EU sowie insoweit auf § 50d Abs. 3 EStG in der aktuell geltenden Fassung des Gesetzes zur Umsetzung der Beitreibungsrichtlinie sowie zur Änderung steuerlicher Vorschriften vom 7. Dezember 2011 (BGBl I S. 2592) zu übertragen, als diese Fassung des § 50d Abs. 3 EStG mit der Fassung des Jahressteuergesetzes 2007 übereinstimmt.

Unter Bezugnahme auf das Ergebnis der Erörterungen mit den Vertretern der obersten Finanzbehörden der Länder gilt deshalb für die Anwendung von § 50d Abs. 3 EStG das Folgende:

§ 50d Abs. 3 EStG in der Fassung des Jahressteuergesetzes 2007 vom 13. Dezember 2006 (BGBl I S. 2878) ist in den Fällen, in denen der Gläubiger der Kapitalerträge einen Anspruch auf Entlastung nach § 43b EStG geltend macht, nicht mehr anzuwenden.

§ 50d Abs. 3 EStG in der Fassung des Gesetzes zur Umsetzung der Beitreibungsrichtlinie sowie zur Änderung steuerlicher Vorschriften vom 7. Dezember 2011 (BGBl I S. 2592) ist in den Fällen, in denen der Gläubiger der Kapitalerträge einen Anspruch auf Entlastung nach § 43b EStG geltend macht, mit der Maßgabe anzuwenden, dass Satz 2 keine Anwendung findet. Gleichwohl fehlen wirtschaftliche oder sonst beachtliche Gründe im Sinne des § 50d Abs. 3 Satz 1 Nr. 1 EStG, wenn sich aus einer Gesamtwürdigung der Umstände des Einzelfalls ergibt, dass mit der Einschaltung der ausländischen Gesellschaft im Wesentlichen nur ein steuerlicher Vorteil bezweckt wird.

---

[1] EuGH, Urteil v. 20. 12. 2017 - Rs. C-504/16 und C-613/16 „Deister Holding u. a." (EU:C:2017:1009).

Das BMF-Schreiben vom 24. Januar 2012 zur Entlastungsberechtigung ausländischer Gesellschaften (§ 50d Abs. 3 EStG) – IV B 3 - S 2411/07/100016 – (BStBl I S. 171) ist in den Fällen, in denen der Gläubiger der Kapitalerträge einen Anspruch auf Entlastung nach § 43b EStG geltend macht, mit der Maßgabe anzuwenden, dass

- eine Gesellschaft auch insoweit im Sinne des § 50d Abs. 3 Satz 1 Nr. 2 EStG am allgemeinen wirtschaftlichen Verkehr teilnimmt, als sie ihre Bruttoerträge aus der Verwaltung von Wirtschaftsgütern erzielt; dies gilt im Fall einer passiven Beteiligungsverwaltung (Tz. 5.2) nur dann, wenn die Gesellschaft ihre Rechte als Gesellschafterin tatsächlich ausübt;
- für den Geschäftszweck der Verwaltung von Wirtschaftsgütern ein im Sinne des § 50d Abs. 3 Satz 1 Nr. 2 EStG angemessen eingerichteter Geschäftsbetrieb nicht zwingend voraussetzt, dass die Gesellschaft im Ansässigkeitsstaat für die Ausübung ihrer Tätigkeit ständig sowohl geschäftsleitendes als auch anderes Personal beschäftigt (betrifft Tz. 7);
- die § 50d Abs. 3 Satz 2 EStG betreffenden Ausführungen keine Anwendung finden (betrifft Tz. 6 und 8).

Die vorstehenden Regelungen sind in allen noch offenen Fällen anzuwenden.

III. Außensteuer

Zum AStG

1. Grundsätze zur Anwendung des Außensteuergesetzes
BMF, Schreiben v. 14. 5. 2004 (BStBl I Sondernummer 1/2004 S. 3)
– IV B 4 - S 1340 - 11/04 –

Unter Bezugnahme auf das Ergebnis der Erörterungen mit den Vertretern der obersten Finanzbehörden der Länder gelten für die Anwendung des Außensteuergesetzes die als Anlage beigefügten Grundsätze.

Dieses Schreiben tritt an die Stelle des Anwendungsschreibens vom 2. Dezember 1994 – IV C 7 - S 1340 - 20/94 –, BStBl I Sondernummer 1/1995, und ist grundsätzlich ab dem Veranlagungszeitraum 2002 anzuwenden, soweit sich aus den einzelnen Textziffern keine anderen Anwendungsregeln ergeben. Die Überarbeitung des Anwendungsschreibens in der Fassung vom 2. Dezember 1994 dient in erster Linie der Anpassung an die zwischenzeitlichen Änderungen des Außensteuergesetzes, insbesondere durch das Gesetz zur Fortsetzung der Unternehmenssteuerreform, das Steuervergünstigungsabbaugesetz und das Gesetz zur Umsetzung der Protokollerklärung zum Steuervergünstigungsabbaugesetz.

Inhaltsübersicht

0. Verhältnis des Außensteuergesetzes zu anderen steuerlichen Vorschriften
1. Internationale Verflechtungen
   - 1.0 Anwendung der Grundsätze für die Prüfung der Einkunftsabgrenzung bei international verbundenen Unternehmen (Verwaltungsgrundsätze)
   - 1.1 Berichtigung
   - 1.4 Geschäftsbeziehungen
2. Wohnsitzwechsel in niedrig besteuernde Gebiete
   - 2.0 Anwendungsbereich
     - 2.0.1 Erweiterte beschränkte Steuerpflicht
     - 2.0.2 Auswirkungen der Doppelbesteuerungsabkommen
   - 2.1 Persönliche Voraussetzungen
   - 2.2 Niedrige Besteuerung
   - 2.3 Wesentliche wirtschaftliche Inlandsinteressen
   - 2.4 Mittelbare Inlandsinteressen
   - 2.5 Umfang der erweiterten beschränkten Einkommensbesteuerung
     - 2.5.0 Allgemeines
     - 2.5.1 Ermittlung des zu versteuernden Einkommens
     - 2.5.2 In die Veranlagung einzubeziehende Einkünfte
     - 2.5.3 Berechnung der Steuer und Anwendung des Progressionsvorbehalts
     - 2.5.4 Verfahrensfragen
   - 2.6 Begrenzung auf die Steuer bei unbeschränkter Steuerpflicht
4. Erbschaft- und Schenkungsteuer
   - 4.0 Erweiterte beschränkte Erbschaft- und Schenkungsteuerpflicht
   - 4.1 Umfang der erweiterten beschränkten Erbschaft- und Schenkungsteuerpflicht
   - 4.2 Mindestbesteuerung

5. Zwischengeschaltete Gesellschaften
   5.0 Allgemeines
   5.1 Zurechnung von Einkünften und Vermögenswerten
       5.1.1 Einkommensteuer
       5.1.2 Erbschaftsteuer
   5.2 Haftung des zugerechneten Vermögens
   5.3 Verfahren
6. Behandlung einer Beteiligung im Sinne des § 17 EStG bei Wohnsitzwechsel ins Ausland
   6.0 Steuerpflicht
   6.1 Persönliche und sachliche Voraussetzungen
       6.1.1 Persönliche Voraussetzungen
       6.1.2 Sachliche Voraussetzungen
       6.1.3 Besteuerung des Vermögenszuwachses
       6.1.4 Veräußerung von Anteilen nach dem Wohnsitzwechsel
       6.1.5 Auswirkung von Doppelbesteuerungsabkommen
   6.2 Unentgeltliches Rechtsgeschäft
   6.3 Dem Wohnsitzwechsel gleichgestellte Tatbestände
   6.4 Vorübergehende Abwesenheit
   6.5 Stundung
7. Beteiligung an ausländischen Zwischengesellschaften
   7.0 Hinzurechnungsbesteuerung
   7.1 Steuerpflicht inländischer Gesellschafter
   7.2 Mindestbeteiligung
   7.3 Beteiligungen über Personengesellschaften
   7.4 Weisungsgebundenheit
   7.6 Kapitalanlagegesellschaften
   7.7 Vorrang des Auslandinvestment-Gesetzes
8. Einkünfte von Zwischengesellschaften
   8.0 Aktive Tätigkeit und passiver Erwerb
   8.1 Zwischeneinkünfte
       8.1.1 Land- und Forstwirtschaft
       8.1.2 Industrielle Tätigkeit
       8.1.3 Kreditinstitute und Versicherungsunternehmen
       8.1.4 Handel
             8.1.4.1 Handel als passiver Erwerb
             8.1.4.2 Kaufmännischer Geschäftsbetrieb und Teilnahme am allgemeinen wirtschaftlichen Verkehr
             8.1.4.3 Eigene Mitwirkung
       8.1.5 Dienstleistungen
             8.1.5.1 Dienstleistungen als passiver Erwerb
             8.1.5.2 Leistungserbringung durch Dienste Anderer
             8.1.5.3 Eigene Mitwirkung
       8.1.6 Vermietung und Verpachtung
       8.1.7 Aufnahme und Ausleihe von Auslandskapital
       8.1.8 Gewinnausschüttungen
       8.1.9 Veräußerungen, Auflösungen und Kapitalherabsetzungen
   8.3 Niedrige Besteuerung
       8.3.1 Ertragsteuerbelastung
       8.3.2 Ermittlung der Ertragsteuerbelastung
       8.3.3 Niedrige Besteuerung bei gemischten Einkünften

9. Freigrenze bei gemischten Einkünften
   - 9.0.1 Freigrenze nach dem Bruttoertrag
   - 9.0.2 Absolute Freigrenze von 62.000 Euro
10. Hinzurechnungsbetrag
    - 10.0 Übersicht
    - 10.1 Ermittlung des Hinzurechnungsbetrags
        - 10.1.1 Ermittlung der Einkünfte aus passivem Erwerb
        - 10.1.2 Abzug von Steuern
        - 10.1.3 Betriebsausgaben
    - 10.3 Gewinnermittlung bei reinen Zwischengesellschaften
        - 10.3.1 Gewinnermittlungsarten
        - 10.3.2 Ermittlung nach § 4 Abs. 1, § 5 EStG
        - 10.3.3 Eröffnungsbilanz
        - 10.3.4 Einnahmen-Überschussrechnung
        - 10.3.5 Verluste
    - 10.4 Gewinnermittlung bei Gesellschaften mit gemischten Einkünften
    - *10.5 Anwendung von Doppelbesteuerungsabkommen*
    - *10.6 Zwischeneinkünfte mit Kapitalanlagecharakter*
    - *10.7 Konzernfinanzierung*
11. Veräußerungsgewinne
12. Steueranrechnung
    - 12.1 Anrechnungsfähige Steuern
    - 12.2 Sonderfälle
    - 12.3 Anrechnung bzw. Abzug der Steuern von den nach § 3 Nr. 41 EStG befreiten Gewinnausschüttungen
14. Nachgeschaltete Zwischengesellschaften
    - 14.0 Anwendungsbereich
    - 14.1 Einkünfte aus Zwischengesellschaften
    - 14.3 Nachschaltung weiterer ausländischer Gesellschaften
    - *14.4 Bestimmungen der Doppelbesteuerungsabkommen*
15. Familienstiftungen
    - 15.1 Zurechnung von Einkommen
    - 15.2 Stifter, Bezugsberechtigter, Anfallsberechtigter
    - 15.4 Gleichstellung sonstiger Vermögen und Vereinigungen
    - 15.5 Erweitert beschränkt Steuerpflichtige, Steueranrechnung, Nachschaltung von Zwischengesellschaften
16. Mitwirkungspflicht
    - 16.0 Allgemeines
    - 16.1 Offenlegung von Auslandsbeziehungen
    - 16.2 Eidesstattliche Versicherung
17. Sachverhaltsaufklärung
    - 17.1 Anwendungsbereich
    - 17.2 Schätzung
18. Gesonderte Feststellung
    - 18.1 Verfahren, Inhalt und Zeitraum
        - 18.1.1 Verfahren
        - 18.1.2 Inhalt der gesonderten Feststellung
        - 18.1.3 Maßgebendes Wirtschaftsjahr, Feststellungsjahr, Veranlagungszeitraum
        - 18.1.4 Nachgeschaltete Zwischengesellschaften
        - 18.1.5 Steuerfreie Ausschüttungen (§ 3 Nr. 41 Buchstabe a EStG)
        - 18.1.6 Steuerfreie Veräußerungsgewinne (§ 3 Nr. 41 Buchstabe b EStG)
        - 18.1.7 Feststellung der nach § 12 Abs. 3 AStG zu berücksichtigenden Steuern

18.2 Örtlich zuständiges Finanzamt
18.3 Erklärung über die gesonderte und ggf. einheitliche Feststellung
20. Verhältnis zu Doppelbesteuerungsabkommen
21. Anwendungsvorschriften

0. Verhältnis des Außensteuergesetzes zu anderen steuerlichen Vorschriften

Das Außensteuergesetz tritt ergänzend zu den Bestimmungen hinzu, die in der Abgabenordnung und den anderen Steuergesetzen die Besteuerung von Auslandsbeziehungen regeln. Die Abkommen zur Vermeidung der Doppelbesteuerung (Doppelbesteuerungsabkommen/DBA) stehen der Anwendung des Außensteuergesetzes nicht entgegen (vgl. Tz. 20).

1. Internationale Verflechtungen

1.0 Anwendung der Grundsätze für die Prüfung der Einkunftsabgrenzung bei international verbundenen Unternehmen (Verwaltungsgrundsätze)

1.0.1 Für den Begriff der „nahe stehenden Person", den Berichtigungsmaßstab (Grundsatz des Fremdverhaltens) und die Behandlung von Berichtigungsbeträgen gelten die „Grundsätze für die Prüfung der Einkunftsabgrenzung bei international verbundenen Unternehmen (Verwaltungsgrundsätze)" des BMF-Schreibens vom 23. Februar 1983 (BStBl I S. 218). Wegen der Einkunftsabgrenzung bei international verbundenen Unternehmen vgl. auch die BMF-Schreiben zu Umlageverträgen (30. Dezember 1999, BStBl I S. 1122) und zur Arbeitnehmerentsendung (9. November 2001, BStBl I S. 796).

Bei der Anwendung dieser Grundsätze ist zu beachten, dass die Verflechtung durch Interessenidentität (Tz. 1.3.2.7 der Verwaltungsgrundsätze) nicht allein dadurch begründet wird, dass bei allen Teilnehmern ein gleichgerichtetes Interesse am Wirtschaftsverkehr besteht und der Steuerpflichtige und seine Geschäftspartner mit gleichen oder ähnlichen Tätigkeiten Gewinnerzielungsabsicht haben. Erforderlich ist vielmehr eine Interessenverbindung, kraft derer dem Steuerpflichtigen der Vorteil der nahe stehenden Person wie ein eigener Vorteil zufällt.

1.0.2 Die Verwaltungsgrundsätze sind nicht nur auf Geschäftsbeziehungen zwischen verbundenen Unternehmen anzuwenden, sondern auch auf alle anderen Geschäftsbeziehungen im Sinne des § 1 AStG. Die Abgrenzungsklauseln der DBA (Tz. 1.2 der Verwaltungsgrundsätze) sind zu beachten. Die Regelung zum nachträglichen Ausgleich von Einkunftsminderungen (Tz. 8.3 der Verwaltungsgrundsätze) ist auch auf die Fälle anzuwenden, in denen nicht zu den Gewinneinkünften gehörende Einkünfte berichtigt werden und die Einkunftsminderung durch im Inland steuerpflichtige Vorgänge ausgeglichen wird (vgl. BFH-Urteil vom 30. Mai 1990, BStBl II S. 875). Zum Verhältnis des § 1 AStG zu § 7 AStG vgl. das BFH-Urteil vom 19. März 2002, BStBl II S. 644.

1.1 Berichtigung

1.1.1 § 1 Abs. 1 AStG enthält einen Rechtsgrund und den „Maßstab des Fremdverhaltens" für Berichtigungen von Einkünften bei grenzüberschreitenden Geschäftsbeziehungen („Grundsatz des Fremdverhaltens").

1.1.2 § 1 AStG lässt andere Bestimmungen über die Berichtigung unberührt und lässt ihnen den Vorrang. Dies gilt vor allem für verdeckte Gewinnausschüttungen und verdeckte Einlagen.

Als verdeckte Einlage ist die Zuführung von Wirtschaftsgütern allerdings nur dann zu behandeln, wenn auch nach ausländischem Gesellschaftsrecht Eigenkapital entsteht (vgl. BFH-Urteil vom 30. Mai 1990, BStBl II S. 875).

Dagegen sind Berichtigungen ausschließlich auf § 1 AStG zu stützen, wenn ein inländischer Steuerpflichtiger einer ausländischen Tochtergesellschaft Nutzungen oder Dienstleistungen ohne ein angemessenes Entgelt gewährt. In diesem Fall kann die notwendige Berichtigung nach dem Maßstab des Fremdverhaltens nicht über eine verdeckte Einlage vorgenommen werden (vgl. BFH-Beschluss vom 26. Oktober 1987, BStBl 1988 II S. 348).

Gegenüber den Vorschriften über die Entnahme (§ 4 Abs. 1 und § 6 Abs. 1 Nr. 4 EStG) und der verdeckten Einlage in eine Kapitalgesellschaft (§ 6 Abs. 6 Satz 2 EStG) steht § 1 AStG in einem Verhältnis der Idealkonkurrenz. Danach sind neben den Rechtsfolgen aus diesen Vorschriften weitergehende Berichtigungen von Einkünften nach § 1 AStG geboten, soweit diese notwendig sind, um dem Maßstab des Fremdverhaltens Rechnung zu tragen.

1.4 Geschäftsbeziehungen

1.4.1 Beziehungen zwischen nahe Stehenden sind stets geschäftlich, wenn auf die zugrunde liegenden Tätigkeiten bei dem inländischen Steuerpflichtigen oder bei der nahe stehenden Person die in § 1 Abs. 4 AStG genannten Bestimmungen über die Besteuerung von Einkünften aus Land- und Forstwirtschaft, aus Gewerbebetrieb, aus selbständiger Arbeit und aus Vermietung und Verpachtung anzuwenden sind (Grundtätigkeiten). Hierunter fallen stets auch Tätigkeiten von Körperschaften, soweit deren Einkünfte nach § 8 Abs. 2 KStG als Einkünfte aus Gewerbebetrieb zu behandeln sind. Es ist nicht erforderlich, dass die nahe stehende Person im Sinne des § 1 Abs. 2 AStG mit diesen Einkünften beschränkt steuerpflichtig ist oder wäre.

> **Beispiele:**
> – Die Vergabe eines privaten Darlehens durch einen inländischen Steuerpflichtigen an eine ihm nahe stehende ausländische Immobiliengesellschaft fällt unter § 1 AStG. Keine Rolle spielt, ob sich deren Grundvermögen im In- oder Ausland befindet. Keine Rolle spielt auch, ob die Gesellschaft Einkünfte aus Vermietung und Verpachtung oder gewerbliche Einkünfte erzielt; bei beiden Einkunftsarten handelt es sich um Einkünfte aus Grundtätigkeiten.
> – Die Vergabe von Darlehen aus privaten Mitteln zur privaten Verwendung oder zur Erzielung von Kapitaleinkünften fällt nicht unter § 1 AStG.

1.4.2 Eine Geschäftsbeziehung zwischen einem Steuerpflichtigen und einem nahe Stehenden ist gegeben, wenn sie auf einer schuldrechtlichen Beziehung beruht. Eine solche Geschäftsbeziehung ist stets nach dem Grundsatz des Fremdverhaltens zu prüfen, unabhängig davon, ob sie durch betriebliche Vorgänge oder gesellschaftsrechtlich veranlasst ist (vgl. BMF-Schreiben vom 17. Oktober 2002, BStBl I S. 1025; für Veranlagungszeiträume ab 2003 siehe auch § 1 Abs. 4 AStG i. d. F. des Steuervergünstigungsabbaugesetzes (StVergAbG)). Das gilt auch dann, wenn die schuldrechtliche Vereinbarung in den Gesellschaftsvertrag aufgenommen wurde.

> **Beispiel:**
> Gewährt die Muttergesellschaft der Tochtergesellschaft ein zinsloses oder zinsgünstiges Darlehen, liegt eine nach dem Grundsatz des Fremdverhaltens zu würdigende Geschäftsbeziehung vor, selbst wenn die Unentgeltlichkeit oder Teilunentgeltlichkeit einen eigenkapitalersetzenden Zweck verfolgt.

Keine Geschäftsbeziehung sind die Beziehungen, die das Nahestehen begründen, d. h. die das Verhältnis zwischen Gesellschaft und Gesellschafter regeln, namentlich die Überlassung von Eigenkapital; denn sie erfolgt nicht aufgrund einer schuldrechtlichen, sondern einer gesellschaftsrechtlichen Vereinbarung.

1.4.3 Unter § 1 AStG fallen alle grenzüberschreitenden Geschäftsbeziehungen im Sinne des § 1 Abs. 4 AStG. Es macht keinen Unterschied, ob der Steuerpflichtige und die Personen, zu denen diese Geschäftsbeziehungen bestehen, unbeschränkt oder beschränkt steuerpflichtig sind.

„Geschäftsbeziehungen zum Ausland" liegen auch vor bei Geschäften zwischen

- der inländischen Betriebsstätte eines unbeschränkt Steuerpflichtigen und der ausländischen Betriebsstätte eines ihm nahe stehenden anderen unbeschränkt Steuerpflichtigen;
- der inländischen Betriebsstätte eines unbeschränkt Steuerpflichtigen und der ausländischen Betriebsstätte einer Zwischengesellschaft, an der der unbeschränkt Steuerpflichtige beteiligt ist;
- der inländischen Betriebsstätte eines beschränkt Steuerpflichtigen und der ausländischen Betriebsstätte eines ihm nahe stehenden anderen beschränkt Steuerpflichtigen;
- inländischen und ausländischen, ganz oder teilweise beteiligungsidentischen Personengesellschaften, Gemeinschaften und ähnlichen Gebilden.

2. Wohnsitzwechsel in niedrig besteuernde Gebiete

2.0 Anwendungsbereich

2.0.1 Erweiterte beschränkte Steuerpflicht

2.0.1.1 Die §§ 2, 4 und 5 AStG erweitern die beschränkte Steuerpflicht für Personen, die ihren Wohnsitz in niedrig besteuernde Gebiete verlegt haben und nicht mehr unbeschränkt steuerpflichtig sind.

2.0.1.2 Wer die persönlichen Voraussetzungen des § 2 AStG erfüllt (vgl. Tz. 2.1), ist im Jahr des Wohnsitzwechsels und während der folgenden zehn Jahre erweitert beschränkt einkommensteuerpflichtig, soweit er während dieses Zeitraums

1. in einem ausländischen Gebiet ansässig ist und dort nicht oder nur niedrig besteuert wird oder in keinem Gebiet ansässig ist (Tz. 2.2) und

2. wesentliche wirtschaftliche Interessen im Inland hat.

Soweit in diesem Zeitraum die Voraussetzungen der Nr. 1 und 2 nicht gegeben sind, verbleibt es bei der beschränkten Steuerpflicht nach § 1 Abs. 4 EStG. Beschränkte und erweiterte beschränkte Steuerpflicht können auch wechseln, z. B. wenn ein Steuerpflichtiger seinen Wohnsitz zunächst in ein nicht niedrig besteuerndes Gebiet und später von dort aus in ein niedrig besteuerndes Gebiet verlegt.

2.0.1.3 Die erweiterte beschränkte Steuerpflicht kommt trotz Vorliegens der in Tz. 2.0.1.2 angeführten Voraussetzungen für solche Veranlagungszeiträume nicht zur Anwendung, in denen die insgesamt steuerpflichtigen Einkünfte 16.500 Euro nicht übersteigen. Steuerfrei bleibende Veräußerungsgewinne, mit Ausnahme der nach § 16 Abs. 4 EStG befreiten Gewinne (§ 50 Abs. 1 Satz 4 EStG), nach einem DBA oder dem Auslandstätigkeitserlass freigestellte Einkünfte sowie steuerfreie Einnahmen zählen nicht zu den insgesamt steuerpflichtigen Einkünften. Die nach § 50 Abs. 6 EStG abziehbaren Steuern sind bei der Ermittlung der insgesamt steuerpflichtigen Einkünfte zu berücksichtigen.

Ein Verlustausgleich zwischen positiven und negativen inländischen Einkünften ist insoweit zu berücksichtigen. Sonderausgaben, außergewöhnliche Belastungen und tarifliche Freibeträge im Sinne des § 50 Abs. 1 Satz 4 EStG können dagegen nicht abgezogen werden, es sei denn, es handelt sich um Arbeitnehmer, auf die § 50 Abs. 5 Satz 2

Nr. 2 EStG anzuwenden ist. Außerdem sind bei erweitert beschränkt steuerpflichtigen Arbeitnehmern, die Einkünfte aus nichtselbständiger Arbeit beziehen, § 50 Abs. 1 Satz 5 und 6 EStG zu beachten.

2.0.1.4 Erweitert beschränkt Steuerpflichtige unterliegen ab dem Veranlagungszeitraum 1995 auch der Abgabepflicht nach dem Solidaritätszuschlaggesetz (§ 2 Abs. 2 i.V. m. § 6 Abs. 1 SolzG).

2.0.2 Auswirkungen der Doppelbesteuerungsabkommen

2.0.2.1 Solange der Steuerpflichtige in einem ausländischen Gebiet ansässig ist, mit dem ein DBA besteht, gilt Folgendes:

1. Einkünfte und Vermögensteile, für die nach dem DBA dem betreffenden Gebiet (Wohnsitzstaat) das ausschließliche Besteuerungsrecht zusteht, unterliegen nicht der erweiterten beschränkten Steuerpflicht.

2. Begrenzt das Abkommen die deutsche Steuerberechtigung für bestimmte Einkünfte auf einen Höchstsatz (z. B. bei Dividenden), so darf auch bei der erweiterten beschränkten Steuerpflicht die Steuer von diesen Einkünften nur bis zu dieser Grenze erhoben werden.

3. Wird nach dem DBA die deutsche Steuerberechtigung nicht begrenzt (z. B. Einkünfte aus einer im Inland belegenen Betriebsstätte oder Einkünfte aus im Inland belegenem unbeweglichen Vermögen), so bemisst sich der Steuersatz für die erweitert beschränkt steuerpflichtigen Einkünfte auch in diesen Fällen nach dem Welteinkommen.

> **Beispiel:**
> Ein Steuerpflichtiger verlegt seinen Wohnsitz in einen niedrig besteuernden DBA-Staat, unterhält aber weiterhin eine gewerbliche Betriebsstätte im Inland. Die Voraussetzungen für eine erweiterte beschränkte Steuerpflicht liegen vor. Nach dem Betriebsstättenartikel dieses DBA hat die Bundesrepublik Deutschland ein Besteuerungsrecht für die Betriebsstätteneinkünfte. Bei der Bestimmung des auf die Betriebsstätteneinkünfte anzuwendenden Steuersatzes sind sämtliche Einkünfte des Steuerpflichtigen zugrunde zu legen (§ 2 Abs. 5 Satz 1 AStG).

2.0.2.2 Es ist stets zu prüfen, ob der Steuerpflichtige tatsächlich abkommensberechtigt ist, insbesondere, ob er in dem betreffenden Staat im Sinne des Abkommens ansässig ist. Zweifel können im Auskunftsverfahren (BMF-Schreiben vom 3. Februar 1999, BStBl I S. 228), ggf. im Verständigungsverfahren (BMF-Schreiben vom 1. Juli 1997, BStBl I S. 717) geklärt werden.

2.0.2.3 Nach dem DBA-Schweiz ist Folgendes zu beachten:

1. Artikel 4 Abs. 4

   Die Beschränkungen des Abkommens greifen für das Jahr des Wegzugs und für die folgenden fünf Jahre nicht ein. Dies gilt nicht bei Schweizer Staatsangehörigen und Personen, die im Sinne des Artikels 4 Abs. 4 letzter Satz des Abkommens ein Arbeitsverhältnis in der Schweiz unterhalten oder als Grenzgänger (Artikel 15a DBA) wegen Heirat mit einem oder einer Schweizer Staatsangehörigen in die Schweiz gezogen sind (Verständigungsregelung mit der Schweiz; vgl. BMF-Schreiben vom 19. September 1994, Tz. 41, BStBl I S. 683). Während des vorgenannten Zeitraums ist eine in der Schweiz erhobene Steuer nach Maßgabe des Artikels 4 Abs. 4 des Abkommens auf die Steuer anzurechnen, die über die Steuer hinaus erhoben wird, die ohne Anwendung des Artikels 4 Abs. 4 festzusetzen gewesen wäre.

2. Artikel 4 Abs. 6

Nicht als in der Schweiz ansässig gilt eine natürliche Person, die nach den Bestimmungen des Artikels 4 Abs. 1 bis 5 des Abkommens in der Schweiz ansässig wäre, wenn sie dort nicht mit allen nach dem Steuerrecht der Schweiz allgemein steuerpflichtigen Einkünften aus der Bundesrepublik Deutschland den allgemein erhobenen Steuern unterliegt („Vorzugsbesteuerung"). Das Abkommen ist daher auf eine solche Person nicht anzuwenden.

2.0.2.4 Nach Nr. 17 des Protokolls zu Artikel 24 und 6 bis 22 des DBA-Italien 1989 können bei deutschen Staatsangehörigen, die der erweiterten beschränkten Steuerpflicht nach § 2 AStG unterliegen, inländische Einkünfte und im Inland belegenes Vermögen unabhängig vom DBA nach den Vorschriften des deutschen Steuerrechts besteuert werden. Eine zeitliche Begrenzung besteht – abweichend von der vergleichbaren Regelung des DBA-Schweiz – nicht. Eine in Italien auf diese Einkünfte erhobene Steuer ist in entsprechender Anwendung der Vorschriften des deutschen Steuerrechts über die Anrechnung ausländischer Steuern auf die deutsche Steuer anzurechnen. Die Anrechnung erfolgt jedoch insoweit nicht, als die deutsche Steuer nach den allgemeinen Regeln des DBA erhoben werden könnte.

Die in der Italienischen Republik erhobene Einkommensteuer stellt für die Anwendung des § 2 AStG keine niedrige Besteuerung im Sinne des § 2 Abs. 2 Nr. 1 AStG dar. Das gilt jedoch nicht für Personen, die nur mit den Einkünften aus italienischen Quellen besteuert werden.

2.1 Persönliche Voraussetzungen

2.1.1 Zu den persönlichen Voraussetzungen der erweiterten beschränkten Steuerpflicht gehört, dass der Steuerpflichtige in den letzten zehn Jahren vor Ende seiner unbeschränkten Steuerpflicht als Deutscher insgesamt mindestens fünf Jahre unbeschränkt einkommensteuerpflichtig war. Die Fristen sind nach § 108 Abs. 1 AO i.V. m. §§ 187 ff. BGB zu berechnen. Es ist nur eine unbeschränkte Steuerpflicht nach § 1 Abs. 1 Satz 1 EStG zu berücksichtigen; eine unbeschränkte Steuerpflicht im Sinne des § 1 Abs. 2 und 3 und des § 1a Abs. 1 Nr. 2 EStG ist unbeachtlich.

Im Einzelnen ist Folgendes zu beachten:

1. War der Steuerpflichtige während des maßgebenden Zehn-Jahres-Zeitraums mehrere Male im Inland unbeschränkt steuerpflichtig, sind die Zeiträume zusammenzurechnen, in denen unbeschränkte Steuerpflicht bestand. Inlandsaufenthalte, die die unbeschränkte Steuerpflicht nicht begründeten (z. B. weil sie nicht länger als sechs Monate dauerten, weil sie Besuchs-, Erholungs-, Kur- oder ähnlichen privaten Zwecken dienten oder weil der Steuerpflichtige diplomatische oder sonstige völkerrechtliche Privilegien genoss), sind nicht mitzuzählen. Andererseits sind kurzfristige Unterbrechungen eines Inlandsaufenthalts nicht abzuziehen.

2. Deutscher ist, wer die deutsche Staatsangehörigkeit besitzt oder zu den in Artikel 116 Abs. 1 Grundgesetz genannten Flüchtlingen, Vertriebenen und deren Angehörigen zählt. Die erweiterte beschränkte Steuerpflicht wird nicht dadurch ausgeschlossen, dass der Steuerpflichtige gleichzeitig die Staatsangehörigkeit eines anderen Staates besaß. Es ist unerheblich, dass er die deutsche Staatsangehörigkeit aufgegeben hat, nachdem er während des maßgeblichen Zehn-Jahres-Zeitraums als Deutscher fünf Jahre unbeschränkt steuerpflichtig war.

3. Verlegt ein Steuerpflichtiger seinen Wohnsitz mehrmals vom Inland in das Ausland und von dort in das Inland zurück, so ist bei jeder Beendigung der unbeschränkten Steuerpflicht zu prüfen, ob die persönlichen Voraussetzungen der erweiterten be-

schränkten Steuerpflicht nach den für diesen Wohnsitzwechsel maßgeblichen Verhältnissen gegeben sind.

2.1.2 Die beschränkte Steuerpflicht bezieht sich auf die einzelne Person. Daher sind Ehegatten einzeln zu veranlagen, es sei denn, es handelt sich um einen Fall im Sinne der Tz. 2.5.4.2 Satz 4. Es ist für jeden von ihnen gesondert zu ermitteln, ob die Voraussetzungen für die erweiterte beschränkte Steuerpflicht gegeben sind. Die Freibeträge oder Freigrenzen der §§ 2 und 4 AStG stehen jedem Ehegatten zu; sie können, falls ein Ehegatte sie nicht ausschöpft, nicht auf den anderen übertragen werden.

2.2 Niedrige Besteuerung

2.2.1 Die erweiterte beschränkte Steuerpflicht setzt voraus, dass der Steuerpflichtige

1. nur in niedrig besteuernden ausländischen Gebieten ansässig ist oder
2. in keinem Gebiet ansässig ist (z. B. weil er seinen Aufenthalt ständig wechselt).

Ansässig ist der Steuerpflichtige in solchen Gebieten, in denen er aufgrund eines Wohnsitzes, eines gewöhnlichen Aufenthalts oder eines anderen ähnlichen Merkmals nach dortigem Recht steuerpflichtig ist. Sofern der Steuerpflichtige nicht nach Maßgabe des § 90 Abs. 2 AO darlegt, dass er in dieser Weise in einem Gebiet steuerpflichtig ist, so ist davon auszugehen, dass er in keinem Gebiet ansässig ist.

2.2.2 Ein ausländisches Gebiet besteuert niedrig, wenn eine der beiden nachstehend bezeichneten Voraussetzungen gegeben ist:

1. Das ausländische Gebiet erhebt von einer unverheirateten Person bei einem Einkommen von 77.000 Euro eine Einkommensteuer, die um mehr als ein Drittel geringer ist als die deutsche Einkommensteuer (vgl. § 2 Abs. 2 Nr. 1 AStG). Nach dem Stand von 2003 trifft dies bei einem ausländischen Steuersatz von weniger als 23,78 v. H. zu. Der Betrag von 77.000 Euro ist für den Steuerbelastungsvergleich nach dem Kurs am Anfang eines Jahres in die maßgebliche ausländische Währung umzurechnen. Auf Antrag des Steuerpflichtigen kann auch der Jahresdurchschnittskurs für die Umrechnung zugrunde gelegt werden, wenn er nachweist, dass dieser für ihn günstiger ist.

   Bei der in dem ausländischen Gebiet erhobenen Einkommensteuer sind die von dem ausländischen Staat oder seinen politischen Untergliederungen erhobenen Steuern vom Einkommen zu berücksichtigen. Zur deutschen Einkommensteuer zählt nicht der Solidaritätszuschlag (vgl. das zur Ergänzungsabgabe ergangene BFH-Urteil vom 30. November 1988, BStBl 1989 II S. 365).

2. In dem ausländischen Gebiet kann dem Steuerpflichtigen eine wesentliche Vorzugsbesteuerung gewährt werden (vgl. § 2 Abs. 2 Nr. 2 AStG). Dies ist z. B. gegeben, wenn dort
   - aus dem Ausland zuziehende Personen einkommensteuerfrei sind;
   - Steuervergünstigungen (z. B. Besteuerung aufgrund ihres Verbrauchs, begünstigende Steuerverträge, Erlasse oder Steuerstundungen ohne Rücksicht auf die steuerliche Leistungsfähigkeit) erlangt werden können;
   - die Einkünfte aus den im Inland verbliebenen Wirtschaftsinteressen gegenüber anderen Einkünften bevorzugt besteuert werden.

   Es genügt, wenn die in Nr. 2 genannten Vorteile für wesentliche Teile des Einkommens gewährt werden.

   Eine Vorzugsbesteuerung liegt auch vor, wenn der ausländische Staat, in dem die natürliche Person ansässig ist, nach seinem Rechtssystem gegenüber der allgemeinen Besteuerung eine Vorzugsbesteuerung einräumt, ohne dass es darauf ankommt, dass der jeweils betroffenen Person diese Vorzugsbesteuerung auch tatsächlich gewährt wird oder von Rechts wegen gewährt werden kann. Wegen der Anwendung des § 2 AStG bei Wohnsitzwechsel nach Österreich vgl. BMF-Schreiben vom 15. März 1996, BStBl I S. 161. Unterliegen nach dem Steuerrecht eines ausländischen Staates bei allen in seinem Gebiet ansässigen Personen die aus dem Ausland stammenden Einkünfte nicht der Besteuerung (sog. Territorialitätsprinzip), so ist hierin keine gegenüber der allgemeinen Besteuerung eingeräumte Vorzugsbesteuerung zu sehen. Das Gleiche kann gelten, wenn aus dem Ausland stammende Einkünfte allgemein, ohne weitere an die Ansässigkeit anknüpfende Voraussetzungen, nur besteuert werden, soweit sie in den Staat der Ansässigkeit überwiesen werden (Besteuerung auf der sog. Remittance-Basis). Dagegen kann auch in Staaten, die die Besteuerung nach dem Territorialitätsprinzip bzw. nach der sog. Remittance-Basis durchführen, eine gegenüber der allgemeinen Besteuerung eingeräumte Vorzugsbesteuerung nicht ausgeschlossen werden.

Eine wesentliche Vorzugsbesteuerung liegt daher vor, wenn die Besteuerung nach der sog. Remittance-Basis von besonderen, an die Ansässigkeit anknüpfenden Voraussetzungen abhängig ist, z. B. bei Auslandseinkünften eines in Großbritannien ansässigen Ausländers, der zwar im Vereinigten Königreich ansässig („resident") ist, jedoch nicht über ein britisches „domicile" verfügt.

Die Finanzverwaltung kann zur Prüfung, ob eine niedrige Besteuerung im Sinne von § 2 Abs. 2 AStG vorliegt, die Vorlage von Steuererklärungen, ausländischen Steuerbescheiden oder vergleichbaren Beweismitteln verlangen (§ 90 Abs. 2 AO). Dies gilt auch für den Steuerbelastungsvergleich nach § 2 Abs. 2 Nr. 1 AStG.

2.2.3 Verbleiben Zweifel, ob ein Gebiet mit niedriger Besteuerung im Sinne des § 2 Abs. 2 Nr. 1 und 2 AStG vorliegt, trifft das Bundesamt für Finanzen auf Anfrage die erforderlichen Feststellungen.

2.2.4 Auch bei Vorliegen der Voraussetzungen der Tz. 2.2.2 scheidet die niedrige Besteuerung aus, wenn der Steuerpflichtige nachweist, dass die bei deutscher beschränkter Steuerpflicht vom Einkommen insgesamt zu entrichtenden Steuern mindestens zwei Drittel der Einkommensteuer betragen, die der Steuerpflichtige bei unbeschränkter Steuerpflicht zu entrichten hätte. Hierbei ist Folgendes zu beachten:

1. Unter den bei deutscher beschränkter Steuerpflicht vom Einkommen insgesamt zu entrichtenden Steuern sind sowohl die Einkommensteuern, die in der Bundesrepublik Deutschland, als auch die Einkommensteuern, die im Ansässigkeitsstaat oder in Drittstaaten zu entrichten sind, zu verstehen (Istbesteuerung). Auch die nach dem Einkommen bemessene schweizerische Kirchensteuer zählt dazu.

2. Bei der Ermittlung der gesamten (deutschen und ausländischen) Einkommensteuer, die bei unbeschränkter Steuerpflicht zu entrichten wäre, sind fiktive Steuerberechnungen durchzuführen. Knüpfen bei der Ermittlung der deutschen Einkommensteuer Regelungen des innerstaatlichen deutschen Steuerrechts als Tatbestandsvoraussetzung ausdrücklich an das Inland an (Ehegattensplitting, Freibeträge nach § 32 Abs. 6 EStG, Haushaltsfreibetrag, Pflege-Pauschbetrag), so ist für Zwecke der Ermittlung der bei unbeschränkter Steuerpflicht zu entrichtenden Einkommensteuer von dem Sachverhalt auszugehen, der bei unbeschränkter Steuerpflicht des Steuerpflichtigen bestehen würde (Sollbesteuerung). Die Veranlagungswahlrechte für Ehegatten nach §§ 26 ff. EStG bleiben unberührt. Bei Ehegatten ist somit Voraussetzung, dass diese nicht dauernd getrennt leben. Ist hiernach bei unbeschränkter Steuerpflicht § 32a Abs. 5 EStG anzuwenden, so ist zum Zwecke der Vergleichsrechnung die sich danach ergebende deutsche Einkommensteuer nach dem Verhältnis der Einkünfte des Steuerpflichtigen zu den Einkünften, die sich bei Einbeziehung der Einkünfte des Ehegatten ergeben, aufzuteilen.

Die deutsche Steuer ist mit dem Betrag anzusetzen, der sich nach Anwendung von DBA oder des § 34c EStG ergibt (vgl. BFH-Urteil vom 26. November 1986, BStBl 1987 II S. 363).

3. Bei der Ermittlung der ausländischen Steuer ist nicht auf die tatsächlich entrichtete ausländische Steuer zurückzugreifen, sondern auf die ausländische Steuer, die angefallen wäre, wenn bei gleichen Einkünften der Steuerpflichtige nicht beschränkt, sondern unbeschränkt steuerpflichtig wäre, d. h. seinen Wohnsitz oder gewöhnlichen Aufenthalt im Inland hätte. Der Steuerpflichtige muss den Nachweis über die Höhe einer fiktiven ausländischen Steuer führen. Er hat den Nachteil zu tragen, wenn sich aufgrund des ausländischen Rechts nicht klären lässt, ob die für ihn günstige Rechtslage eintritt (vgl. BFH-Urteil vom 26. November 1986, BStBl 1987 II S. 363).

4. Für die Umrechnung der ausländischen Steuerbeträge ist der amtliche Umrechnungskurs am Ende des Veranlagungszeitraums maßgebend.

Zur Vereinfachung kann bei den unter Nr. 2 und 3 genannten Vergleichsbeträgen von der fiktiven Ermittlung der ausländischen Steuer abgesehen werden. Stimmt der Steuerpflichtige einer solchen Vereinfachung zu oder ist er nicht in der Lage, den Nachweis der fiktiven ausländischen Besteuerung zu führen (vgl. oben Nr. 3), ist die deutsche Steuer anzusetzen, die für alle in- und ausländischen Einkünfte bei unbeschränkter Steuerpflicht zu entrichten wäre. Hierbei ist die deutsche Steuer vor Anrechnung ausländischer Steuern und vor Berücksichtigung von Steuerbefreiungen aufgrund von DBA zugrunde zu legen.

2.2.5 Welchen, wie im Falle der Schweizer Kantone Tessin, Waadt und Wallis[*], Steuererhebungszeitraum (Steuerperiode) und Steuerbemessungszeitraum voneinander ab, so gilt Folgendes:

Die erweitert beschränkt steuerpflichtigen Einkünfte sind denjenigen Steuern gegenüberzustellen, denen diese Einkünfte als Bemessungsgrundlage gedient haben. Wegen weiterer Einzelheiten wird auf Abschnitt II. Nr. 3 des zur Steuerbelastungsberechnung bei Zwischeneinkünften ergangenen BMF-Schreibens vom 23. Mai 1980 (BStBl I S. 282) verwiesen.

2.3 Wesentliche wirtschaftliche Inlandsinteressen

2.3.1 Ob wesentliche wirtschaftliche Inlandsinteressen im Sinne des § 2 Abs. 3 AStG bestehen, ist nach deutschem Steuerrecht zu beurteilen. Insbesondere sind bei der Prüfung, ob

1. die Einkunftsgrenze des § 2 Abs. 3 Nr. 2 AStG überschritten ist, die Grundsätze des deutschen Steuerrechts über die Ermittlung der Einkünfte anzuwenden;

2. die Vermögensgrenze des § 2 Abs. 3 Nr. 3 AStG überschritten ist, die Bestimmungen des Bewertungsgesetzes anzuwenden.

Einkünfte und Vermögenswerte, für die die deutschen Steuergesetze (DBA ausgenommen) eine Befreiung vorsehen, bleiben außer Ansatz.

2.3.2 Zu den Inlandsinteressen gehören grundsätzlich alle in Tz. 2.5.0.2 aufgeführten Einkünfte und in Tz. 3.1.2. i. d. F. des BMF-Schreibens vom 2. Dezember 1994 (BStBl I Sondernummer 1/1995) aufgeführten Vermögensgegenstände. Anzusetzen sind danach insbesondere auch Dividenden, Zinsen und Lizenzgebühren, die von inländischen Schuldnern gezahlt werden, auch wenn sie einer ausländischen Betriebsstätte zufließen. Einkünfte aus selbständiger oder nichtselbständiger Arbeit sind nicht anzusetzen, wenn die Arbeit im Ausland ausgeübt und im Inland nur verwertet wird oder worden ist, es sei denn es handelt

---

[*] Alle anderen Schweizer Kantone haben auf Postnumerando-Besteuerung umgestellt (Steuerjahr = Bemessungsperiode).

sich um eine Vergütung, die für eine Tätigkeit als Geschäftsführer, Prokurist oder als Vorstandsmitglied einer Gesellschaft mit Geschäftsleitung im Inland bezogen worden ist.

2.4 Mittelbare Inlandsinteressen

2.4.1 Bei der Prüfung, ob wesentliche wirtschaftliche Interessen in der Person des Wegzüglers vorliegen, sind nach § 2 Abs. 4 AStG auch Einkünfte und Vermögenswerte einer zwischengeschalteten Gesellschaft im Sinne des § 5 AStG entsprechend seiner Beteiligung einzubeziehen.

Im Unterschied zur Zurechnung nach § 5 AStG handelt es sich bei § 2 Abs. 4 AStG nicht nur um niedrig besteuerte passive Einkünfte im Sinne des § 8 AStG (vgl. Tz. 5.0.3).

2.4.2 Eine vergleichbare Regelung sieht das Gesetz für Einkünfte und Vermögenswerte einer Familienstiftung nach § 15 AStG nicht vor.

2.5 Umfang der erweiterten beschränkten Einkommensbesteuerung

2.5.0 Allgemeines

2.5.0.1 Die erweiterte beschränkte Einkommensteuerpflicht erstreckt sich über die in § 49 EStG genannten Einkünfte hinaus auf alle anderen Einkünfte, die nicht ausländische Einkünfte nach § 34d EStG sind (sog. erweiterte Inlandseinkünfte). Dies sind, soweit nicht bereits im Rahmen des § 49 Abs. 1 EStG erfasst.

1. Einkünfte aus Gewerbebetrieb, die

    a) weder einer inländischen noch ausländischen Betriebsstätte zuzurechnen sind oder

    b) aus Bürgschafts- und Avalprovisionen erzielt werden, deren Schuldner unbeschränkt steuerpflichtig ist;

2. Einkünfte aus der Veräußerung von Wirtschaftsgütern, die zum Anlagevermögen eines ausländischen Betriebes gehören und im Inland belegen sind. Hierzu gehört auch ein nicht schon unter § 17 EStG fallender Gewinn aus der Veräußerung von Anteilen an einer Kapitalgesellschaft, die ihre Geschäftsleitung oder ihren Sitz im Inland hat;

3. Einkünfte aus Kapitalvermögen im Sinne des § 20 EStG, wenn der Schuldner unbeschränkt steuerpflichtig ist und es sich nicht um ausländische Einkünfte im Sinne des § 34d Nr. 6 EStG handelt. Hierunter fallen z. B. Zinsen, die von Inländern auf Schuldscheindarlehen an erweitert beschränkt Steuerpflichtige gezahlt werden, wenn diese Darlehen nicht durch ausländischen Grundbesitz gesichert sind;

4. Einkünfte aus der Vermietung und Verpachtung von beweglichem Vermögen im Inland, sofern dieses nicht zu einem im Ausland belegenen Sachinbegriff gehört;

5. Einkünfte aus wiederkehrenden Bezügen im Sinne des § 22 Nr. 1 EStG, wenn der Verpflichtete unbeschränkt steuerpflichtig ist oder seinen Sitz im Inland hat;

6. Einkünfte aus privaten Veräußerungsgeschäften im Sinne des § 22 Nr. 2 EStG, wenn die veräußerten Wirtschaftsgüter nicht im Ausland belegen sind;

7. Einkünfte aus Leistungen, wenn der zur Vergütung der Leistung Verpflichtete unbeschränkt steuerpflichtig ist oder seinen Sitz im Inland hat;

8. andere Einkünfte, die das deutsche Steuerrecht (§§ 34d, 49 EStG) weder dem Inland noch dem Ausland zurechnet (z. B. Erträge aus beweglichen Sachen, die nicht zum Anlagevermögen eines ausländischen Betriebes gehören);

9. Einkünfte, die dem Steuerpflichtigen nach § 5 AStG bzw. § 15 AStG zuzurechnen sind.

2.5.0.2 Unter Einbeziehung der schon im Rahmen des § 49 Abs. 1 EStG erfassten Einkünfte unterliegen damit der erweiterten beschränkten Steuerpflicht:

1. Einkünfte aus Land- und Forstwirtschaft (§§ 13 bis 14 EStG), soweit diese nicht im Ausland betrieben wird;

2. Einkünfte aus Gewerbebetrieb (§§ 15 bis 17 EStG), die erzielt werden

    a) durch eine im Inland unterhaltene Betriebsstätte oder einen im Inland bestellten ständigen Vertreter;

    b) durch den Betrieb eigener oder gecharterter Schiffe oder Luftfahrzeuge für Beförderungen zwischen inländischen Häfen oder von inländischen in ausländische Häfen (einschließlich der mit solchen Beförderungen zusammenhängenden, sich auf das Inland erstreckenden Beförderungsleistungen);

    c) aus Beförderungen und Beförderungsleistungen nach Buchstabe b von einem Unternehmen im Rahmen einer internationalen Betriebsgemeinschaft oder eines Pool-Abkommens, bei denen ein Unternehmen mit Sitz oder Geschäftsleitung im Inland die Beförderung durchführt;

    d) durch künstlerische, sportliche, artistische oder ähnliche Darbietungen im Inland oder durch deren Verwertung im Inland, einschließlich der Einkünfte aus anderen mit diesen Leistungen zusammenhängenden Leistungen, unabhängig davon, wem die Einnahmen zufließen, soweit die vorgenannten Leistungen nicht zu den Einkünften im Sinne der Nr. 3 und 4 gehören;

    e) durch die Veräußerung eines Anteils an einer Kapitalgesellschaft im Sinne des § 17 EStG, die ihren Sitz oder ihre Geschäftsleitung im Inland hat;

    f) durch die Veräußerung von unbeweglichem Vermögen, Sachinbegriffen oder Rechten im Sinne der Nr. 6, soweit sie nicht zu den Einkünften im Sinne des Buchstabens a gehören;

    g) in der in Tz. 2.5.0.1 Nr. 1 und 2 genannten Weise;

3. Einkünfte aus selbständiger Arbeit (§ 18 EStG), die im Inland ausgeübt oder verwertet wird oder worden ist, oder für die im Inland eine feste Einrichtung oder eine Betriebsstätte unterhalten wird;

4. Einkünfte aus nichtselbständiger Arbeit (§ 19 EStG), die

    a) im Inland ausgeübt oder verwertet wird;

    b) aus inländischen öffentlichen Kassen einschließlich der Kassen des Bundeseisenbahnvermögens und der Deutschen Bundesbank mit Rücksicht auf ein gegenwärtiges oder früheres Dienstverhältnis gewährt werden, ohne dass ein Zahlungsanspruch gegenüber der inländischen öffentlichen Kasse bestehen muss;

    c) als Vergütung für eine Tätigkeit als Geschäftsführer, Prokuristen oder Vorstandsmitglied einer Gesellschaft mit Geschäftsleitung im Inland bezogen werden;

    d) als Entschädigung im Sinne des § 24 Nr. 1 EStG für die Auflösung eines Dienstverhältnisses gezahlt werden, soweit die für die zuvor ausgeübte Tätigkeit bezogenen Einkünfte der inländischen Besteuerung unterlegen haben;

5. Einkünfte aus Kapitalvermögen (§ 20 EStG), wenn

   a) der Schuldner unbeschränkt steuerpflichtig ist, es sei denn, es handelt sich um ausländische Einkünfte im Sinne des § 34d Nr. 6 EStG, weil das Kapitalvermögen durch ausländischen Grundbesitz gesichert ist oder

   b) das Kapitalvermögen durch inländischen Grundbesitz, durch inländische Rechte, die den Vorschriften des bürgerlichen Rechts über Grundstücke unterliegen, oder durch Schiffe, die in ein inländisches Schiffsregister eingetragen sind, unmittelbar oder mittelbar gesichert ist;

6. Einkünfte aus Vermietung und Verpachtung (§ 21 EStG)

   a) von unbeweglichem Vermögen, wenn es im Inland belegen oder in ein inländisches öffentliches Buch oder Register eingetragen ist oder in einer inländischen Betriebsstätte verwertet oder sonst im Inland genutzt wird;

   b) von beweglichem Vermögen im Inland, sofern es nicht zu einem im Ausland belegenen Sachinbegriff gehört;

7. sonstige Einkünfte im Sinne des § 22 EStG, wenn

   a) bei wiederkehrenden Bezügen der zur Leistung Verpflichtete unbeschränkt steuerpflichtig ist;

   b) bei privaten Veräußerungsgeschäften im Sinne des § 23 EStG die veräußerten Wirtschaftsgüter nicht im Ausland belegen sind oder in einer Beteiligung an einer inländischen Kapitalgesellschaft bestehen;

   c) bei Einkünften aus Leistungen der zur Vergütung der Leistung Verpflichtete unbeschränkt steuerpflichtig ist;

8. die unter Tz. 2.5.0.1 Nr. 8 und 9 genannten Einkünfte;

9. die unter Nr. 5 bis 8 genannten Einkünfte, auch wenn sie zu einem ausländischen Betrieb gehören.

2.5.1 Ermittlung des zu versteuernden Einkommens

2.5.1.1 Auch Einkünfte, die von § 2 AStG über § 1 Abs. 4 EStG hinaus erfasst werden, sind nach deutschem Steuerrecht zu ermitteln. Hierbei dürfen Betriebsausgaben und Werbungskosten nur abgezogen werden, soweit sie mit diesen Einkünften im wirtschaftlichen Zusammenhang stehen (vgl. § 50 Abs. 1 EStG und BFH-Urteil vom 28. März 1984, BStBl II S. 620).

2.5.1.2 Negative Einkünfte im Sinne des § 49 Abs. 1 EStG können sowohl mit positiven Einkünften im Sinne des § 49 Abs. 1 EStG als auch mit positiven erweitert beschränkt steuerpflichtigen Einkünften ausgeglichen werden. Negative erweitert beschränkt steuerpflichtige Einkünfte können sowohl mit positiven erweitert beschränkt steuerpflichtigen Einkünften als auch mit positiven Einkünften im Sinne des § 49 Abs. 1 EStG ausgeglichen werden. Ein Verlustabzug (§ 10d EStG) ist sowohl gegenüber positiven erweitert beschränkt steuerpflichtigen Einkünften als auch gegenüber Einkünften im Sinne von § 49 Abs. 1 EStG zulässig, soweit die Voraussetzungen des § 50 Abs. 1 Satz 2 EStG erfüllt sind. Das Verlustausgleichsverbot nach § 50 Abs. 2 EStG gilt somit weder für Einkünfte, die dem Steuerabzug unterliegen, noch für Einkünfte im Sinne des § 20 Abs. 1 Nr. 5 und 7 EStG (BFH-Beschluss vom 3. November 1982, BStBl 1983 II S. 259). Bei Verlustberücksichtigung darf die Mindeststeuer nach § 2 Abs. 5 Satz 3 AStG nicht unterschritten werden. Das schließt aber nicht aus, dass sich bei der erweiterten beschränkten Steuerpflicht eine niedrigere Steuer ergibt als bei beschränkter Steuerpflicht.

2.5.1.3 Auf Freibeträge und sonstige Abzüge finden im Übrigen die Bestimmungen über die beschränkte Steuerpflicht Anwendung (§ 50 EStG). Ehegatten werden einzeln veranlagt (§ 25 EStG), es sei denn, es handelt sich um einen Fall der Tz. 2.5.4.2 Satz 4.

2.5.2 In die Veranlagung einzubeziehende Einkünfte

2.5.2.1 In die Veranlagung zur erweiterten beschränkten Steuerpflicht sind auch Einkünfte einzubeziehen, die dem Steuerabzug vom Kapitalertrag oder dem Steuerabzug nach § 50a EStG unterlegen haben.

2.5.2.2 Einkünfte, die dem Steuerabzug vom Arbeitslohn unterlegen haben, sind grundsätzlich nicht in die Veranlagung einzubeziehen; sie sind jedoch bei der Ermittlung des anzuwendenden Steuersatzes zu berücksichtigen (Tz. 2.5.3). § 39d EStG bleibt unberührt. Ggf. ist § 50 Abs. 5 Satz 2 Nr. 2 EStG zu beachten.

2.5.3 Berechnung der Steuer und Anwendung des Progressionsvorbehalts

2.5.3.1 § 2 Abs. 5 AStG erweitert die beschränkte Steuerpflicht in der Weise, dass bei der Festsetzung des Steuersatzes neben den der erweiterten beschränkten Steuerpflicht unterliegenden Einkünften auch alle ausländischen Einkünfte des Steuerpflichtigen einzubeziehen sind (Progressionsvorbehalt; vgl. Beispiel zur Wirkung bei DBA in Tz. 2.0.2.1 Nr. 3).

2.5.3.2 Die zu berücksichtigenden ausländischen Einkünfte sind nach deutschem Steuerrecht zu ermitteln. Sonderausgaben – mit Ausnahme von Zuwendungen im Sinne des § 10b EStG –, Abzüge wegen außergewöhnlicher Belastungen sowie Vergünstigungen, die nur bei unbeschränkter Steuerpflicht zu gewähren sind (z. B. Freistellung nach den DBA), werden bei der Ermittlung des anzuwendenden Steuersatzes nicht berücksichtigt. Bei der Ermittlung des Einkommensbetrags und der deutschen Steuer, die für die Berechnung des Steuersatzes maßgebend sind, dürfen ausländische Steuern nur im Rahmen des § 50 Abs. 6 EStG berücksichtigt werden.

2.5.3.3 Die Einkommensteuer ist nach § 32a Abs. 1 EStG zu ermitteln. Die Einkommensteuer beträgt mindestens 25 v. H. des erweitert beschränkt steuerpflichtigen Einkommens (§ 50 Abs. 3 Satz 2 EStG). Auf die Einkommensteuer sind die in Tz. 2.5.2.1 genannten Steuerabzugsbeträge anzurechnen. Da aber insgesamt die Steuerabzugsbeträge nicht unterschritten werden dürfen, kommt eine Erstattung nicht in Betracht.

2.5.4 Verfahrensfragen

2.5.4.1 Erweitert beschränkt Steuerpflichtige haben nach § 25 Abs. 3 Satz 1 EStG eine Steuererklärung über sämtliche im abgelaufenen Kalenderjahr bezogenen Einkünfte beim örtlich zuständigen Finanzamt abzugeben. Der Steuerpflichtige hat außerdem auf Verlangen des Finanzamts einen Empfangsbevollmächtigten zu benennen, wenn er die Zugangsfiktion des § 123 AO ausschließen will.

2.5.4.2 Beim Übergang von der unbeschränkten zur erweiterten beschränkten Steuerpflicht im Laufe eines Veranlagungszeitraums oder umgekehrt, ist nur eine Veranlagung durchzuführen (vgl. § 2 Abs. 7 Satz 3 EStG). Entsprechendes gilt beim Übergang von der beschränkten zur erweiterten beschränkten Steuerpflicht und umgekehrt. Dabei sind die im Rahmen der erweiterten beschränkten Steuerpflicht zu erfassenden Einkünfte mit einzubeziehen. In einem solchen Fall kann bei Vorliegen der entsprechenden Voraussetzungen auch eine Zusammenveranlagung von Ehegatten in Betracht kommen, wenn beide Ehegatten in einem Teil des Veranlagungszeitraums unbeschränkt steuerpflichtig waren.

2.6 Begrenzung auf die Steuer bei unbeschränkter Steuerpflicht

2.6.1 Nach § 2 Abs. 6 AStG ist die aufgrund der erweiterten beschränkten Steuerpflicht zu entrichtende Gesamtsteuer bei Nachweis durch den Steuerpflichtigen derart zu begrenzen, dass sie die bei unterstellter unbeschränkter Steuerpflicht und ausschließlichem inländischen Wohnsitz zu entrichtende deutsche Steuer nicht überschreitet.

Die bei beschränkter Steuerpflicht (d. h. die ohne Anwendung des § 2 AStG) entstehende Steuer darf allerdings nicht unterschritten werden.

2.6.2 Bei der Berechnung der Vergleichsbeträge ist zu beachten:

a) Die bei unbeschränkter Steuerpflicht zu entrichtende Steuer ist die Steuerschuld, die sich bei Heranziehung des gesamten Welteinkommens ergäbe. Hierbei sind auch die Steuerermäßigungen des § 34c EStG und der DBA sowie Sonderausgaben, außergewöhnliche Belastungen und tarifliche Freibeträge zu berücksichtigen, die bei alleinigem Wohnsitz im Inland abzuziehen oder zu gewähren wären. Bei Ehegatten bedeutet dies, dass bei Zusammenleben der Eheleute im Ausland der Splittingtarif anzuwenden ist. Die Veranlagungswahlrechte für Ehegatten der §§ 26 ff. EStG bleiben unberührt. Die sich bei Zusammenveranlagung ergebende Steuer ist im Verhältnis der auf den jeweiligen Ehegatten entfallenden Einkünfte aufzuteilen.

b) Die bei beschränkter Steuerpflicht zu entrichtende Steuer ist grundsätzlich die ohne Anwendung des § 2 AStG zu veranlagende Steuer zuzüglich des deutschen Lohnsteuer sowie des deutschen Steuerabzugs vom Kapitalertrag und des Steuerabzugs im Sinne des § 50a EStG, es sei denn, § 50 Abs. 5 Satz 2 EStG findet Anwendung.

2.6.3 Bestand die erweiterte beschränkte Steuerpflicht nur für einen Teil des Jahres, so sind auch die Vergleichsberechnungen auf diesen Teil zu beziehen. Bei Ehegatten sind die Vergleichsberechnungen für jeden gesondert zu erstellen (Tz. 2.1.2). Ist in einem Fall im Sinne der Tz. 2.5.4.2 Satz 3 und 4 nur eine Veranlagung zur unbeschränkten Steuerpflicht durchzuführen, entfallen die Vergleichsberechnungen.

4. Erbschaft- und Schenkungsteuer

4.0 Erweiterte beschränkte Erbschaft- und Schenkungsteuerpflicht

Die nach § 4 AStG erweiterte beschränkte Steuerpflicht tritt ein, wenn die Steuerschuld bis zum Ablauf von zehn Jahren nach Ende des Jahres, in dem die unbeschränkte Einkommensteuerpflicht des Erblassers oder Schenkers geendet hat, entstanden ist und die Voraussetzungen des § 2 Abs. 1 Satz 1 AStG zum Zeitpunkt der Entstehung der Steuerschuld vorlagen.

Hierbei ist zu beachten, dass sich nach § 2 Abs. 1 Nr. 1 Buchstabe b ErbStG die unbeschränkte Erbschaftsteuerpflicht auch auf deutsche Staatsangehörige erstreckt, wenn diese sich zur Zeit der Ausführung der Zuwendung noch nicht länger als fünf Jahre dauernd im Ausland aufgehalten haben, ohne im Inland einen Wohnsitz zu haben (sog. erweiterte unbeschränkte Steuerpflicht). Eine erweiterte beschränkte Erbschaftsteuerpflicht kann daher erst dann eintreten, wenn der Zeitraum, in dem die erweiterte unbeschränkte Erbschaftsteuerpflicht eintreten kann, abgelaufen ist.

4.1 Umfang der erweiterten beschränkten Erbschaft- und Schenkungsteuerpflicht

4.1.1 Die erweiterte beschränkte Erbschaft- und Schenkungsteuerpflicht erstreckt sich über das in § 2 Abs. 1 Nr. 3 ErbStG i. V. m. § 121 BewG genannte Inlandsvermögen hinaus auf:

1. Kapitalforderungen gegen Schuldner im Inland;

2. Spareinlagen und Bankguthaben bei Geldinstituten im Inland;

3. Aktien und Anteile an Kapitalgesellschaften, Investmentfonds und offenen Immobilienfonds sowie Geschäftsguthaben bei Genossenschaften im Inland;

4. Ansprüche auf Renten und andere wiederkehrende Leistungen gegen Schuldner im Inland sowie Nießbrauchs- und Nutzungsrechte an Vermögensgegenständen im Inland;

5. Erfindungen und Urheberrechte, die im Inland verwertet werden;

6. Versicherungsansprüche gegen Versicherungsunternehmen im Inland;

7. bewegliche Wirtschaftsgüter, die sich im Inland befinden;

8. Vermögen, dessen Erträge nach § 5 AStG der erweiterten beschränkten Steuerpflicht unterliegen (Tz. 2.5.0.1 Nr. 9);

9. Vermögen, das nach § 15 AStG dem erweitert beschränkt Steuerpflichtigen zuzurechnen ist (Tz. 15.5).

4.1.2 Bei der Ermittlung der der erweiterten beschränkten Steuerpflicht unterliegenden Erwerbe kommt ein Abzug von Schulden und Lasten nur insoweit in Betracht, als diese in einer wirtschaftlichen Beziehung zu diesen Erwerben stehen (vgl. § 10 Abs. 6 ErbStG). Für die Berücksichtigung negativen Vermögens gilt Folgendes: Ergibt sich infolge des Abzugs der Schulden und Lasten ein negatives erweitertes Inlandsvermögen, so kann dieses mit dem positiven Inlandsvermögen (§ 121 BewG) verrechnet werden. Ein negatives Inlandsvermögen (§ 121 BewG) kann im umgekehrten Fall mit einem positiven erweiterten Inlandsvermögen verrechnet werden.

4.1.3 Der bei beschränkter Steuerpflicht vorgesehene Freibetrag in Höhe von 1.100 Euro (vgl. § 16 Abs. 2 ErbStG) wird auch gewährt, wenn nur Erbschaftsteuerpflicht nach § 4 Abs. 1 AStG besteht.

4.2 Mindestbesteuerung

4.2.1 Die erweiterte beschränkte Erbschaft- oder Schenkungsteuerpflicht entfällt, wenn der Steuerpflichtige den Nachweis erbringt, dass im Ausland von dem Vermögen, das nach § 4 AStG zusätzlich besteuert wird, eine der deutschen Erbschaftsteuer entsprechende Steuer zu entrichten ist, die mindestens 30 v. H. der auf dieses Vermögen entfallenden deutschen Erbschaftsteuer beträgt. Es verbleibt dann bei der beschränkten Steuerpflicht nach § 2 Abs. 1 Nr. 3 ErbStG.

Ergibt sich nach § 2 AStG keine Steuerpflicht für den Erblasser oder Schenker, so ist § 4 Abs. 2 AStG gegenstandslos.

Bei der Berechnung der deutschen Steuer gilt bei früheren Erwerben § 14 ErbStG entsprechend.

4.2.2 Bei der Vergleichsberechnung sind sämtliche ausländische Steuern zu berücksichtigen, die der deutschen Erbschaft- und Schenkungsteuer entsprechen, auch soweit sie in anderen Staaten als dem ausländischen Wohnsitzstaat des Erblassers bzw. Schenkers zu entrichten sind (z. B. auch lokale Steuern von Kantonen und Gemeinden). Die auf den Teil des nach § 4 AStG zusätzlich steuerpflichtigen Erwerbs jeweils im Inland und im Ausland entfallenden Steuern sind in sinngemäßer Anwendung des § 21 Abs. 1 Satz 2 ErbStG zu ermitteln.

5. Zwischengeschaltete Gesellschaften

5.0 Allgemeines

5.0.1 § 5 AStG ergänzt die §§ 2 und 4 AStG. Die Vorschrift verhindert, dass die erweiterte beschränkte Steuerpflicht durch Einschaltung einer ausländischen Gesellschaft umgangen wird.

5.0.2 § 5 Abs. 1 AStG legt den Personenkreis fest, bei dem eine Zurechnung von Einkünften und Vermögen in Frage kommt. Daher wird nicht, wie in § 4 AStG, auf Personen im Sinne des § 2 Abs. 1 Satz 1 AStG abgestellt, sondern lediglich auf Personen, die unter § 2 Abs. 1 Satz 1 Nr. 1 AStG fallen. Es ist somit unerheblich, ob diese Personen wesentliche wirtschaftliche Interessen im Inland haben (vgl. hierzu Tz. 2.4).

5.0.3 Die in Tz. 5.0.2 genannten Personen müssen allein oder zusammen mit unbeschränkt Steuerpflichtigen an einer ausländischen Gesellschaft im Sinne des § 7 AStG beteiligt sein (vgl. hierzu Tz. 7). Ist diese Voraussetzung erfüllt, so werden diesen Personen die Einkünfte anteilig zugerechnet, die unter die §§ 8 und 14 AStG fallen (niedrig besteuerte passive Einkünfte) und nicht ausländische Einkünfte im Sinne des § 34d EStG sind. Die Höhe der Einkünfte ist nach den Vorschriften des deutschen Steuerrechts zu ermitteln.

Nach § 5 Abs. 1 Satz 2 AStG wird die erweiterte beschränkte Steuerpflicht auch auf das Vermögen der ausländischen Gesellschaft ausgedehnt.

5.1 Zurechnung von Einkünften und Vermögenswerten

5.1.1 Einkommensteuer

5.1.1.1 Ist eine Person im Sinne des § 2 AStG an einer ausländischen Gesellschaft im Sinne des § 7 AStG beteiligt, so sind ihr aufgrund dieser Beteiligung die von der zwischengeschalteten Gesellschaft erzielten Einkünfte, die unter Tz. 2.5.0.2 fallen und gleichzeitig Zwischeneinkünfte sind, so zuzurechnen, dass sie zwar als von der zwischengeschalteten Gesellschaft tatsächlich erzielt behandelt werden, die sich ergebenden Besteuerungsfolgen setzen jedoch bei der Person im Sinne des § 2 AStG ein. Auch negative Einkünfte sind entsprechend Tz. 2.5.1.2 zu berücksichtigen.

5.1.1.2 Die von der Gesellschaft erzielten Einkünfte werden der Person im Sinne des § 2 AStG als in der letzten logischen Sekunde des Wirtschaftsjahrs der Gesellschaft zugeflossen angesehen und zugerechnet.

5.1.1.3 Eine auf Einkünfte der Gesellschaft einbehaltene oder festgesetzte und gezahlte deutsche Steuer wird nach § 36 Abs. 2 EStG auf die nach den §§ 2 und 5 AStG zu entrichtende Einkommensteuer angerechnet.

5.1.2 Erbschaftsteuer

Vermögen oder Vermögenstelle, deren Erträge dem Steuerpflichtigen nach § 5 AStG zuzurechnen sind, unterliegen der erweiterten beschränkten Steuerpflicht. Das so zugerechnete Vermögen ist entsprechend der Regelung des § 97 BewG als Betriebsvermögen zu behandeln.

Liegt sowohl unter § 121 BewG fallendes Vermögen als auch erweitertes Inlandsvermögen der Gesellschaft vor, so ist es insgesamt dem erweiterten Inlandsvermögen der Person entsprechend ihrer Beteiligung zuzurechnen.

Eine auf die Vermögenswerte der Gesellschaft festgesetzte und gezahlte deutsche Erbschaftsteuer wird auf die nach den §§ 4 und 5 AStG zu entrichtende Erbschaftsteuer angerechnet.

5.2 Haftung des zugerechneten Vermögens

Das Vermögen, das den nach § 5 Abs. 1 AStG einer Person zuzurechnenden Einkünften zugrunde liegt, haftet nur für die von dieser Person für diese Einkünfte geschuldete Einkommensteuer.

5.3 Verfahren

Die Einkünfte und Vermögenswerte, die dem erweitert beschränkt Steuerpflichtigen zuzurechnen sind, sind in entsprechender Anwendung des § 18 AStG gesondert, ggf. auch einheitlich (wenn mehrere Auswanderer an der zwischengeschalteten Gesellschaft beteiligt sind), festzustellen (Tz. 18.1.1.1).

6. Behandlung einer Beteiligung im Sinne des § 17 EStG bei Wohnsitzwechsel ins Ausland

6.0 Steuerpflicht

6.0.1 Nach § 6 AStG haben unbeschränkt Steuerpflichtige mit ihrem Übertritt in die beschränkte Steuerpflicht oder mit der Erfüllung gewisser anderer Tatbestände (§ 6 Abs. 3 AStG) den Vermögenszuwachs auf Beteiligungen an inländischen Kapitalgesellschaften nach den Grundsätzen des § 17 EStG zu versteuern. Können die stillen Reserven bereits nach anderen Bestimmungen besteuert werden (z. B. § 21 UmwStG), gehen diese dem § 6 AStG vor (vgl. BFH-Urteil vom 28. Februar 1990, BStBl II S. 615).

6.0.2 Die Begründung eines Zweitwohnsitzes im Ausland bei Weiterbestehen der unbeschränkten Steuerpflicht löst die Vermögenszuwachsbesteuerung nur in den Fällen des § 6 Abs. 3 Nr. 2 AStG aus.

6.1 Persönliche und sachliche Voraussetzungen

6.1.1 Persönliche Voraussetzungen

6.1.1.1 Die Anwendung des § 6 AStG setzt voraus, dass die unbeschränkte Steuerpflicht mindestens zehn Jahre bestanden hat. Es ist nicht erforderlich, dass die Person gleichzeitig auch die deutsche Staatsangehörigkeit besitzt.

6.1.1.2 War der Steuerpflichtige bzw. sein Rechtsvorgänger (vgl. Tz. 6.2) mehrere Male im Inland ansässig, so sind die Zeiträume zusammenzuzählen, während deren unbeschränkte Steuerpflicht bestand. Zeiträume einer unbeschränkten Steuerpflicht, die vor dem 21. Juni 1948 endeten, sind aus Billigkeitsgründen hierbei nicht zu berücksichtigen.

6.1.2 Sachliche Voraussetzungen

6.1.2.1 Die Wegzugsbesteuerung im Sinne des § 6 AStG erstreckt sich auf Anteile an inländischen Kapitalgesellschaften, für die im Zeitpunkt der Beendigung der unbeschränkten Steuerpflicht die Voraussetzungen des § 17 Abs. 1 EStG – ausgenommen die Veräußerung – erfüllt sind. Es ist danach erforderlich, dass der Steuerpflichtige an einer inländischen Gesellschaft innerhalb der letzten fünf Jahre vor dem Wegzug ins Ausland zu mindestens 1 v. H. unmittelbar oder mittelbar beteiligt war. Hierfür reicht es aus, wenn diese Beteiligung innerhalb des Fünf-Jahres-Zeitraums nur kurzfristig zu mindestens 1 v. H. bestanden hat. Im Zeitpunkt des Wegzugs können somit auch Anteile von 1 v. H. oder weniger eine Besteuerung nach § 6 AStG auslösen.

6.1.2.2 Hat der Wegzügler die Anteile während des Fünf-Jahres-Zeitraums unentgeltlich erworben, so reicht es aus, wenn die Mindestbeteiligung in der Person des Rechtsvorgängers oder eines der Rechtsvorgänger erfüllt war.

6.1.3 Besteuerung des Vermögenszuwachses

6.1.3.1 Der nach § 6 AStG steuerpflichtige Vermögenszuwachs unterliegt der unbeschränkten Steuerpflicht. Er ist zusammen mit anderen Einkünften, die dem Steuerpflichtigen in dem betreffenden Veranlagungszeitraum bis zum Zeitpunkt der Beendigung der unbeschränkten Steuerpflicht zugeflossen sind, zu veranlagen.

6.1.3.2 Bei der Ermittlung der Einkünfte sind die Vorschriften des § 17 EStG und des § 53 EStDV über die Ermittlung der Anschaffungskosten sowie § 9 BewG über die Ermittlung eines gemeinen Wertes entsprechend anzuwenden. Auf den Vermögenszuwachs ist das Halbeinkünfteverfahren (§ 3 Nr. 40 Satz 1 Buchstabe c i. V. m. § 3c Abs. 2 EStG) anzuwenden.

6.1.3.3 § 6 AStG gilt nur für Fälle, in denen der gemeine Wert der Anteile beim Wegzug die Anschaffungskosten übersteigt; die Bestimmung führt nicht zur Realisierung von Verlusten (vgl. BFH-Urteil vom 28. Februar 1990, BStBl II S. 615).

6.1.4 Veräußerung von Anteilen nach dem Wohnsitzwechsel

6.1.4.1 Wird ein Anteil nach dem Wohnsitzwechsel veräußert, so unterliegt der dabei entstehende Veräußerungsgewinn nach § 49 Abs. 1 Nr. 2 Buchstabe e i. V. m. § 17 EStG der beschränkten Steuerpflicht. Hierbei ist auch der Wertzuwachs vor dem Wegzug ins Ausland in die Besteuerung einzubeziehen. Bei der Veranlagung ist der Veräußerungsgewinn um den bereits versteuerten Vermögenszuwachs zu kürzen.

> **Beispiel:**
> Der Steuerpflichtige ist am 1. Januar 1987 in das Bundesgebiet zugezogen und am 31. Dezember 1998 weggezogen. Eine Beteiligung im Sinne des § 17 EStG an einer inländischen Gesellschaft, die der Steuerpflichtige am 1. Januar 1985 für 1 Mio. DM erworben hatte, besaß am 1. Januar 1987 einen gemeinen Wert von 3 Mio. DM und am 31. Dezember 1998 von 10 Mio. DM. Sie wird am 1. Januar 2001 für 17 Mio. DM veräußert.
>
> Für den Veranlagungszeitraum 1998 ist der Steuerpflichtige mit dem Wertzuwachs seit dem Zuzug in Höhe von 7 Mio. DM (= 10 Mio. DM ./. 3 Mio. DM) unbeschränkt steuerpflichtig (§ 6 AStG i. V. m. § 17 EStG). Im Veranlagungszeitraum 2001 unterliegt der gesamte Veräußerungsgewinn von 16 Mio. DM (17 Mio. DM ./. 1 Mio. DM) unter Abzug der bereits versteuerten 7 Mio. DM (§ 6 Abs. 1 letzter Satz AStG), insgesamt also 9 Mio. DM, der beschränkten Steuerpflicht (§ 49 Abs. 1 Nr. 2 Buchstabe e EStG).

6.1.4.2 Bei einer späteren tatsächlichen Veräußerung kann sich auch bei Erzielung eines Gewinns durch die Kürzung um den bereits versteuerten Vermögenszuwachs ein Verlust ergeben.

Hat die Veräußerung tatsächlich zu einem Verlust geführt und war der Vermögenszuwachs bei Wegzug positiv, so ist dieser Verlust aus der tatsächlichen Veräußerung um den angesetzten positiven Vermögenszuwachs zu erhöhen.

War der Vermögenszuwachs bei Wegzug negativ, hat jedoch die tatsächliche Veräußerung zu einem positiven Ergebnis geführt, so ist bei Berechnung des Veräußerungsgewinns von den ursprünglichen Anschaffungskosten auszugehen (vgl. Tz. 6.1.3.3).

6.1.4.3 § 6 Abs. 4 und 5 AStG ist bei einer Veräußerung von Anteilen nicht anzuwenden.

6.1.4.4 Ist der Steuerpflichtige wieder unbeschränkt steuerpflichtig geworden und veräußert er die Beteiligung im Sinne des § 17 EStG dann, so sind die Tz. 6.1.4.1 und 6.1.4.2 mit der Maßgabe anzuwenden, dass an die Stelle der beschränkten die unbeschränkte

Steuerpflicht tritt. Wurde bei der Wiederbegründung der unbeschränkten Steuerpflicht eine Berichtigung nach § 6 Abs. 4 AStG durchgeführt, so entfällt die Kürzung des Veräußerungsgewinns nach Tz. 6.1.4.1.

6.1.5 Auswirkung von Doppelbesteuerungsabkommen

6.1.5.1 Die Besteuerung des Vermögenszuwachses nach § 6 AStG wird nicht dadurch ausgeschlossen, dass der Steuerpflichtige in einem Staat steuerlich ansässig wird, mit dem ein DBA besteht und der Gewinn aus der späteren tatsächlichen Veräußerung des Anteils nach dem Abkommen in der Bundesrepublik Deutschland nicht besteuert werden könnte.

6.1.5.2 Die Besteuerung des Gewinns aus der tatsächlichen Veräußerung des Anteils entfällt, wenn der Steuerpflichtige im Zeitpunkt der Veräußerung in einem Staat ansässig war, mit dem ein DBA besteht, das für diesen Gewinn das Besteuerungsrecht nur diesem Staat zuweist. Durch die Besteuerung des Gewinns aus der tatsächlichen Veräußerung im Wohnsitzstaat wird jedoch unter Umständen der nach § 6 Abs. 1 AStG bereits besteuerte Gewinn ein zweites Mal besteuert. Das kann vermieden werden, indem der Wohnsitzstaat

a) bei der Ermittlung des Veräußerungsgewinns an die Wertverhältnisse beim Wegzug anknüpft bzw. den Veräußerungsgewinn insoweit freistellt oder

b) auf seine Steuer die nach § 6 Abs. 1 AStG erhobene Steuer anrechnet.

Dies ist in einigen DBA ausdrücklich vorgesehen (z. B. Wertanknüpfung bei den DBA mit Italien, Kanada, Neuseeland, Österreich, der Schweiz und den USA sowie Steueranrechnung bei den DBA mit Dänemark und Schweden). Im Übrigen kann ein Verständigungsverfahren mit dem Ziel eingeleitet werden, die von einem DBA nicht beseitigte Doppelbesteuerung zu vermeiden.

6.2 Unentgeltliches Rechtsgeschäft

6.2.1 Hat ein Steuerpflichtiger Anteile durch ganz oder teilweise unentgeltliches Rechtsgeschäft (z. B. durch Schenkung, Erbvertrag, letztwillige Verfügung und Vermächtnis) erworben, so ist die Zeit, während der sein Rechtsvorgänger unbeschränkt steuerpflichtig war, nach Maßgabe des § 6 Abs. 2 AStG mit zu berücksichtigen.

6.2.2 Sind die Anteile mehrmals nacheinander in der in § 6 Abs. 2 Satz 1 AStG bezeichneten Weise übertragen worden (z. B. in Fällen von sog. Kettenschenkungen), wird die gesamte Dauer der unbeschränkten Steuerpflicht eines jeden Rechtsvorgängers einbezogen. Dabei werden Zeiträume, in denen der Erwerber der Anteile oder ein oder mehrere Rechtsvorgänger gleichzeitig unbeschränkt steuerpflichtig waren, nach § 6 Abs. 2 Satz 3 AStG nur einmal angesetzt.

Ist eine Mehrheit von Personen gemeinschaftlich Inhaber der Anteile, so sind die jeweiligen Zeiträume ebenfalls nur einmal anzusetzen.

6.3 Dem Wohnsitzwechsel gleichgestellte Tatbestände

Dem in § 6 Abs. 1 AStG geregelten Tatbestand der Beendigung der unbeschränkten Steuerpflicht durch Aufgabe des Wohnsitzes oder gewöhnlichen Aufenthalts werden folgende in § 6 Abs. 3 AStG genannten Tatbestände gleichgestellt:

1. Die Übertragung der Anteile an einer inländischen Kapitalgesellschaft durch ganz oder teilweise unentgeltliches Rechtsgeschäft unter Lebenden auf nicht unbeschränkt steuerpflich-

tige Personen, Empfänger der Anteile müssen somit beschränkt steuerpflichtige oder nicht steuerpflichtige Personen sein. Es kann sich auch um eine in- oder ausländische Personengesellschaft handeln, soweit daran nicht unbeschränkt Steuerpflichtige beteiligt sind. Auf Antrag kann die Steuer ermäßigt oder erlassen werden, wenn für die Übertragung der Anteile deutsche und/oder ausländische Erbschaftsteuer zu entrichten ist.

2. Die Begründung eines Wohnsitzes oder gewöhnlichen Aufenthalts oder die Erfüllung eines ähnlichen Merkmals in einem ausländischen Staat, wenn der Steuerpflichtige dadurch nach einem DBA als in diesem Staat ansässig gilt.

Hiervon sind die Fälle betroffen, in denen eine natürliche Person z. B. einen inländischen Wohnsitz beibehält und damit unbeschränkt steuerpflichtig bleibt, für Abkommenszwecke jedoch als im anderen Vertragsstaat ansässig gilt. Das gilt auch dann, wenn der Bundesrepublik Deutschland nach dem DBA das Besteuerungsrecht aus dem Anteilsverkauf verbleibt.

3. Die Einlage der Anteile an einer inländischen Kapitalgesellschaft in einen ausländischen Betrieb oder eine ausländische Betriebsstätte der unbeschränkt steuerpflichtigen Person, wenn das deutsche Besteuerungsrecht für einen etwaigen Veräußerungsgewinn nach einem DBA ausgeschlossen wird. Dabei ist es unerheblich, ob der ausländische Betrieb oder die ausländische Betriebsstätte bereits bestehen oder erst im Zeitpunkt der Einlage begründet werden. Im Einzelfall ist zu prüfen, ob nach dem jeweils maßgebenden DBA das deutsche Besteuerungsrecht für einen Gewinn aus der Veräußerung der Anteile nach deren Einlage in ein ausländisches Betriebsvermögen ausgeschlossen ist.

4. Der Tausch der Anteile an einer inländischen Kapitalgesellschaft gegen Anteile an einer ausländischen Kapitalgesellschaft. Ein grenzüberschreitender Anteilstausch in einen Mitgliedstaat der EU führt unter den Voraussetzungen des Umwandlungsteuergesetzes jedoch nicht zu einer Gewinnrealisierung. Bei DBA greift die Besteuerung des Vermögenszuwachses nach § 6 Abs. 3 Nr. 4 AStG ohne Rücksicht darauf ein, ob das deutsche Besteuerungsrecht für den Fall einer späteren Veräußerung der empfangenen Anteile nach einem DBA eingeschränkt ist oder nicht.

Legt die steuerpflichtige Person die Anteile an einer inländischen Kapitalgesellschaft gegen Gewährung von Anteilen in eine ausländische Gesellschaft ein, deren Einkünfte beim Steuerpflichtigen der Hinzurechnungsbesteuerung nach den §§ 7 ff. AStG unterliegen, so sind die übertragenen Anteile in der Hinzurechnungsbilanz der ausländischen Gesellschaft mit dem nach § 6 Abs. 1 AStG berücksichtigten gemeinen Wert anzusetzen.

6.4 Vorübergehende Abwesenheit

6.4.1 Eine vorübergehende Abwesenheit ist bei Rückkehr innerhalb von fünf Jahren nur anzunehmen, wenn bereits im Zeitpunkt des Wegzugs die Rückkehrabsicht bestand. Dies ist nach den Gesamtumständen des Einzelfalls zu beurteilen; bloße Absichtserklärungen reichen nicht aus.

6.4.2 Wenn der Steuerpflichtige glaubhaft macht, dass berufliche Gründe für seine Abwesenheit maßgebend sind und seine Rückkehrabsicht unverändert fortbesteht, kann das Finanzamt diese Frist um bis zu fünf Jahre verlängern.

6.4.3 Bei vorübergehender Abwesenheit wird die Steuerschuld, die sich nach § 6 Abs. 1 bis 3 AStG ergibt, endgültig oder vorläufig festgesetzt. Nach Rückkehr ist ein endgültiger Bescheid nach § 175 Abs. 1 Satz 1 Nr. 2 AO aufzuheben, ein vorläufiger Bescheid nach § 165 Abs. 2 AO zu ändern.

6.5 Stundung

6.5.1 Die Vorschrift des § 6 Abs. 5 AStG stellt eine besondere Stundungsregelung für die aus der Besteuerung des Vermögenszuwachses im Sinne des § 6 AStG geschuldete Einkommensteuer dar; insoweit wird die allgemeine Stundungsregelung des § 222 AO erweitert.

Bei einer Stundung nach § 6 Abs. 5 AStG können auch Zinsen nach § 234 Abs. 1 AO erhoben werden (BFH-Urteil vom 16. Oktober 1991, BStBl 1992 II S. 321).

6.5.2 In Fällen einer nur vorübergehenden Abwesenheit im Sinne des § 6 Abs. 4 AStG ist eine Stundung jeweils für die Dauer dieser Abwesenheit auszusprechen. Dies kann im Einzelfall auch eine Stundung von weniger als fünf Jahren bedeuten, wenn mit einer vorzeitigen Rückkehr der betreffenden Person zu rechnen ist. Umgekehrt kann der Stundungszeitraum im Einzelfall auch mehr als fünf Jahre betreffen, wenn die Frist der vorübergehenden Abwesenheit nach § 6 Abs. 4 zweiter Halbsatz AStG verlängert wurde, allerdings höchstens zehn Jahre.

7. Beteiligung an ausländischen Zwischengesellschaften

7.0 Hinzurechnungsbesteuerung

7.0.1 Die §§ 7 bis 12 und 14 AStG (Hinzurechnungsbesteuerung) erstrecken die Steuerpflicht unbeschränkt Steuerpflichtiger auf Einkünfte, die durch passiven Erwerb ausländischer Gesellschaften anfallen und einer niedrigen Besteuerung unterliegen (Zwischeneinkünfte).

7.0.2 Im Verhältnis zu anderen Bestimmungen ist das Folgende zu beachten:

1. Die §§ 7 bis 12 und 14 AStG lassen eine eigene unbeschränkte Steuerpflicht ausländischer Gesellschaften im Inland unberührt (vgl. BFH-Urteil vom 23. Juni 1992, BStBl II S. 972); die Hinzurechnungsbesteuerung greift dann nicht ein.

2. Die Hinzurechnungsbesteuerung erstreckt sich nicht auf Einkünfte, die bei dem Steuerpflichtigen infolge anderer Vorschriften zu erfassen sind (z. B. nach den §§ 39 oder 41 AO).

3. § 42 AO geht den §§ 7 bis 12 und 14 AStG vor, soweit sich der Missbrauch aus allgemeinen Merkmalen ergibt. Dies setzt allerdings voraus, dass die gewählte Gestaltung auch bei einer Bewertung am Gesetzeszweck der §§ 7 bis 12 und 14 AStG sich noch als Missbrauch von Gestaltungsmöglichkeiten des Rechts darstellt (BFH-Urteil vom 23. Oktober 1991, BStBl 1992 II S. 1026). Um § 42 AO anwenden zu können, müssen deshalb weitere Umstände hinzutreten, die die Gestaltung als Manipulation kennzeichnen, z. B. das Fehlen einer eigenen wirtschaftlichen Funktion von nur formal in die Einkünfteerzielung eingeschalteten ausländischen Gesellschaften (insbesondere Briefkastengesellschaften). Das bloße Erzielen von Einkünften aus passivem Erwerb löst hingegen für sich genommen nur eine Hinzurechnungsbesteuerung aus, rechtfertigt jedoch noch keinen Missbrauchsvorwurf. Im Ergebnis enthalten die §§ 7 bis 12 und 14 AStG innerhalb ihres Regelungsbereichs eine dem § 42 AO vorgehende Sonderregelung (vgl. BFH-Urteile vom 23. Oktober 1991, BStBl 1992 II S. 1026, und vom 10. Juni 1992, BStBl II S. 1029).

4. § 42 AO ist anwendbar, wenn durch den Missbrauch von Gestaltungsmöglichkeiten des Rechts die §§ 7 bis 12 und 14 AStG umgangen werden (vgl. auch die Klarstellung durch § 42 Abs. 2 AO i. d. F. des Steueränderungsgesetzes 2001).

7.0.3 Die §§ 7 bis 12 und 14 AStG lassen eine beschränkte Steuerpflicht der ausländischen Zwischengesellschaft hinsichtlich ihrer Inlandseinkünfte unberührt. Die danach erhobene deutsche Steuer wird nach § 12 AStG auf die deutschen Steuern vom Hinzurechnungsbetrag angerechnet (vgl. Tz. 12.1.2).

7.0.4 Geschäfte anderer Personen mit einer Zwischengesellschaft (z. B. die Veräußerung eines Patents durch einen Inländer an eine ihm nahe stehende Zwischengesellschaft) sind nach den allgemeinen Vorschriften zu beurteilen.

7.1 Steuerpflicht inländischer Gesellschafter

7.1.1 Der Hinzurechnungsbesteuerung unterliegen unbeschränkt Steuerpflichtige, denen eine Beteiligung am Nennkapital einer ausländischen Gesellschaft unmittelbar gehört oder (z. B. aufgrund der §§ 39, 41 und 42 AO) steuerlich zuzurechnen ist (Inlandsbeteiligte). Diese Voraussetzung muss am Ende des maßgebenden Wirtschaftsjahrs der ausländischen Gesellschaft bestehen.

7.1.2 Sind unbeschränkt Steuerpflichtige an einer ausländischen Gesellschaft mittelbar, d. h. über eine andere ausländische Gesellschaft beteiligt (§ 7 Abs. 2 Satz 2 AStG), so werden die in der erstgenannten Gesellschaft anfallenden Zwischeneinkünfte der anderen Gesellschaft nach § 14 AStG zugerechnet (Tz. 14.1) und fallen damit bei den unbeschränkt Steuerpflichtigen in die Hinzurechnungsbesteuerung. Das setzt voraus, dass die Beteiligungen an beiden ausländischen Gesellschaften die Voraussetzungen des § 7 Abs. 2 AStG erfüllen.

7.2 Mindestbeteiligung

7.2.1 Zur Feststellung, ob die Mindestbeteiligung im Sinne des § 7 Abs. 2 AStG gegeben ist, sind anzusetzen:

1. Anteile (Stimmrechte), die unbeschränkt Steuerpflichtigen unmittelbar gehören oder ihnen (z. B. aufgrund der §§ 39, 41 und 42 AO) steuerlich zuzurechnen sind; dazu gehören auch Anteile von

    a) Körperschaften, Personenvereinigungen und Vermögensmassen, die persönlich nach § 5 KStG von der Körperschaftsteuer befreit sind;

    b) Personen, die auch in einem anderen Staat nach dem dortigen Recht unbeschränkt steuerpflichtig sind, selbst wenn sie nach dem anzuwendenden DBA in diesem anderen Staat als ansässig gelten;

2. Anteile (Stimmrechte) von Personen, bei denen die persönlichen Voraussetzungen des § 2 AStG (vgl. Tz. 2.1) gegeben sind und die in einem niedrig besteuernden Gebiet ansässig sind (Tz. 2.2), es sei denn, die Frist für die erweiterte beschränkte Steuerpflicht ist abgelaufen;

3. Mittelbare Beteiligungen, d. h. der nach § 7 Abs. 2 AStG zu ermittelnde Bruchteil von Anteilen (Stimmrechten) an der ausländischen Gesellschaft, die eine Person im Sinne der Nr. 1 und 2 über nicht unbeschränkt steuerpflichtige Körperschaften, Personenvereinigungen, Vermögensmassen oder Personengesellschaften hält;

4. Anteile (Stimmrechte), die von im Inland oder im Ausland errichteten Personengesellschaften gehalten werden, und zwar mit dem Teil, der auf die an ihnen unmittelbar oder mittelbar beteiligten Personen im Sinne der Nr. 1 und 2 entfällt.

7.2.2 Bei der Berechnung des Vomhundertsatzes, den die Beteiligungen der Inländer ausmachen, ist von den gesamten ausgegebenen Anteilen der ausländischen Gesellschaft auszugehen. Eigene Anteile, die die ausländische Gesellschaft selbst hält, sind wie nicht ausgegebene Anteile zu behandeln. Gleiches gilt für Anteile, durch die ausländische Gesellschaften wechselseitig oder im Ring aneinander beteiligt sind.

Beispiel:

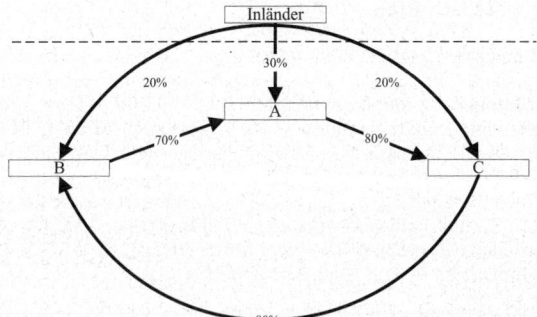

Nach den vorstehenden Grundsätzen liegt eine volle Beteiligung durch den Inländer vor.

7.3 Beteiligungen über Personengesellschaften

Sind unbeschränkt Steuerpflichtige an einer Personengesellschaft beteiligt, die ihrerseits an einer ausländischen Gesellschaft beteiligt ist, so gelten sie als an der ausländischen Gesellschaft beteiligt (§ 7 Abs. 3 AStG). Dies gilt auch für Beteiligungen, die über ausländische Personengesellschaften gehalten werden (vgl. BFH-Urteil vom 30. August 1995, BStBl 1996 II S. 122). Die Zwischeneinkünfte sind der Personengesellschaft hinzuzurechnen (vgl. Tz. 18.1.1.2).

7.4 Weisungsgebundenheit

7.4.1 Ob einem Steuerpflichtigen Anteile an einer ausländischen Gesellschaft zuzurechnen sind, richtet sich grundsätzlich nach Zivilrecht. Es sind jedoch die §§ 39 bis 42 AO zu beachten.

7.4.2 Die Voraussetzungen für eine Zurechnung nach § 7 Abs. 1 AStG i.V.m. § 39 AO können insbesondere dann gegeben sein, wenn ein Inländer Anteile von einem Rechtsanwalt, Notar, einem Kreditinstitut oder einer anderen Zwischenstelle aufgrund eines Treuhandverhältnisses oder einer anderen Beziehung so halten lässt, dass er selbst die tatsächliche Herrschaft über die Beteiligung in der Weise ausübt, dass er den formalen Eigentümer im Regelfall für die gewöhnliche Nutzungsdauer von der Einwirkung auf das Wirtschaftsgut wirtschaftlich ausschließen kann. Unerheblich ist, ob der Inländer den formalen Eigentümer von dieser Einwirkung tatsächlich ausgeschlossen hat. Eine Zurechnung nach § 7 Abs. 1 AStG i.V.m. § 42 AO ist begründet, wenn auf die Einschaltung des formalen Eigentümers § 42 AO anzuwenden ist. Sind hierzu natürliche Personen eingeschaltet, so ist die Rechtsprechung des BFH über die Einschaltung von Gesellschaften entsprechend heranzuziehen.

7.4.3 Bei der Berechnung der Mindestbeteiligung nach § 7 Abs. 2 AStG sind über die nach Tz. 7.4.1 und 7.4.2 zuzurechnenden Beteiligungen hinaus auch Anteile oder Stimmrechte zu berücksichtigen, die eine Person hält, die den Weisungen des unbeschränkt Steuerpflichtigen so zu folgen hat oder so folgt, dass ihr kein eigener wesentlicher Entscheidungsspielraum bleibt. Es ist erforderlich, aber auch genügend, dass die Weisungsbefugnis oder das Weisungsverhalten sich auf die Beteiligung selbst bezieht (z. B. auf die Ausübung des Stimmrechts bei Hauptversammlungen). Für die Hinzurechnung der Einkünfte ist jedoch die Beteiligung am Nennkapital maßgebend (vgl. BFH-Urteil vom 26. Oktober 1983, BStBl 1984 II S. 258).

7.6 Kapitalanlagegesellschaften

7.6.1 Neben den Fällen des § 7 Abs. 1 AStG unterliegen Einkünfte mit Kapitalanlagecharakter, für die die ausländische Gesellschaft Zwischengesellschaft ist, bereits dann der Hinzurechnungsbesteuerung, wenn ein unbeschränkt Steuerpflichtiger mindestens zu 1 v. H. an der Zwischengesellschaft beteiligt ist. Tz. 7.2 gilt sinngemäß. Eine Beherrschung der ausländischen Gesellschaft durch unbeschränkt Steuerpflichtige und Personen im Sinne des § 2 AStG ist dann nicht erforderlich. Eine Hinzurechnungsbesteuerung entfällt nur im Rahmen der Bagatellregelung des § 7 Abs. 6 Satz 2 AStG. Dabei ist auf das Verhältnis der Bruttoerträge mit Kapitalanlagecharakter zu den Bruttoerträgen aus allen Zwischeneinkünften abzustellen. Für die Ermittlung der Bruttoerträge gilt Tz. 9.0.1. Die Freigrenze des § 9 AStG bei gemischten Einkünften bleibt unberührt.

7.6.2 Die Hinzurechnungsbesteuerung greift auch bei einer Beteiligung von weniger als 1 v. H., wenn die ausländische Gesellschaft ausschließlich oder fast ausschließlich Bruttoerträge erzielt, die Zwischeneinkünften mit Kapitalanlagecharakter zugrunde liegen, es sei denn, dass mit der Hauptgattung der Aktien der ausländischen Gesellschaft ein wesentlicher und regelmäßiger Handel an einer anerkannten Börse stattfindet (Börsenklausel). Das Tatbestandsmerkmal „fast ausschließlich" ist erfüllt, wenn die Bruttoerträge, die den Zwischeneinkünften mit Kapitalanlagecharakter zugrunde liegen, 90 v. H. der gesamten Bruttoerträge übersteigen (vgl. BFH-Urteil vom 30. August 1995, BStBl 1996 II S. 122). Unter Hauptgattung der Aktien sind die Aktien zu verstehen, die das Aktienkapital repräsentieren und in der Regel auch Stimmrechte verleihen. Von diesen Aktien muss ein nicht unbedeutender Teil an einer anerkannten Börse ohne weiteres gehandelt werden können. Von einer anerkannten Börse ist auszugehen, wenn sie die Genehmigung der zuständigen Aufsichtsbehörde hat. Der Steuerpflichtige muss im Zweifelsfall im Rahmen seiner erhöhten Mitwirkungspflicht (§ 90 Abs. 2 AO) das Vorliegen der im letzten Halbsatz genannten Voraussetzungen nachweisen, wenn er sich auf die Börsenklausel beruft.

7.6.3 Die Zwischeneinkünfte mit Kapitalanlagecharakter sind nach § 10 Abs. 1 bis 4 AStG zu ermitteln.

7.6.4 Nach § 7 Abs. 6a AStG handelt es sich bei den Zwischeneinkünften mit Kapitalanlagecharakter um niedrig besteuerte Einkünfte aus passivem Erwerb einer ausländischen Gesellschaft, die aus dem Halten, der Verwaltung, Werterhaltung oder Werterhöhung von Zahlungsmitteln, Forderungen, Wertpapieren, Beteiligungen (mit Ausnahme der in § 8 Abs. 1 Nr. 8 und 9 AStG genannten Einkünfte) oder ähnlichen Vermögenswerten stammen. Dies sind Einkünfte im Sinne des § 20 EStG. Dazu zählen u. a. auch Einkünfte aus Finanzierungsleasing (Hinweis auf Tz. 8.1.6.4), soweit es sich nicht um eine Vermietungstätigkeit handelt, Factoring, Finanzinnovationen und Termingeschäften, es sei denn, der Steuerpflichtige weist das Vorliegen der Ausnahme in § 7 Abs. 6a 2. Halbsatz AStG nach. Zu den Einkünften mit Kapitalanlagecharakter gehören auch entsprechende Veräußerungsgewinne und -verluste, ebenso wie den Einkünften mit Kapitalanlagecharakter funktional zuzuordnende Nebenerträge, z. B. aus Sicherungsgeschäften.

Keine Zwischeneinkünfte mit Kapitalanlagecharakter sind Einkünfte im Sinne des § 8 Abs. 1 Nr. 3 AStG aus Kapitalanlagen der Kreditinstitute oder Versicherungsunternehmen, ausgenommen aus Tätigkeiten im Sinne des § 1 Abs. 1 Nr. 6 Kreditwesengesetz (KWG). Das Gleiche gilt für Einkünfte im Sinne des § 8 Abs. 1 Nr. 7 AStG.

Die Grundsätze der funktionalen Betrachtungsweise (Tz. 8.0.2) gelten entsprechend.

7.7 Vorrang des Auslandinvestment-Gesetzes[*]

Einkünfte, für die die ausländische Gesellschaft Zwischengesellschaft ist, unterliegen nicht der Hinzurechnungsbesteuerung, wenn auf sie die steuerlichen Vorschriften des Auslandinvestment-Gesetzes in der jeweils geltenden Fassung anzuwenden sind. Die Vorschriften über die Hinzurechnungsbesteuerung bleiben jedoch unberührt, wenn die Anwendung der Vorschriften des Auslandinvestment-Gesetzes dazu führen, dass die nach diesem Gesetz zu erfassenden Ausschüttungen oder ausschüttungsgleichen Erträge von der Bemessungsgrundlage auszunehmen sind, weil Steuerbefreiung aufgrund eines DBA beansprucht werden kann (DBA-Schachtelprivileg).[**]

8. Einkünfte von Zwischengesellschaften

8.0 Aktive Tätigkeit und passiver Erwerb

8.0.1 Als Einkünfte aus passivem Erwerb unterliegen der Hinzurechnungsbesteuerung solche Einkünfte, die nicht aus aktiven Tätigkeiten im Sinne des § 8 Abs. 1 Nr. 1 bis 9 AStG stammen und die einer niedrigen Besteuerung unterliegen. Die Frage, welche Tätigkeiten einer ausländischen Gesellschaft zuzurechnen sind, ist nach den allgemeinen ertragsteuerlichen Grundsätzen zu beurteilen. Danach ist eine Tätigkeit demjenigen zuzurechnen, für dessen Rechnung sie ausgeübt wird (BFH-Urteil vom 1. Juli 1992, BStBl 1993 II S. 222). Die Qualifizierung der Einkünfte ist nach den tatsächlichen Verhältnissen vorzunehmen. Es ist dabei ohne Bedeutung, zu welcher Einkunftsart im Sinne des § 2 Abs. 1 EStG die Einkünfte gehören.

8.0.2 Bei einer ausländischen Gesellschaft, die aktiver Tätigkeit nachgeht, können Einkünfte anfallen, die – für sich betrachtet – Einkünfte aus passivem Erwerb sind. Wirtschaftlich zusammengehörende Tätigkeiten sind dann einheitlich zu subsumieren (funktionale Betrachtungsweise). Dabei ist die Tätigkeit maßgebend, auf der nach allgemeiner Verkehrsauffassung das wirtschaftliche Schwergewicht liegt (vgl. BFH-Urteil vom 16. Mai 1990, BStBl II S. 1049). Danach sind im Rahmen einer aktiven Gesamttätigkeit anfallende betriebliche Nebenerträge den Einkünften aus der aktiven Tätigkeit zuzuordnen (vgl. Abschn. 76 Abs. 9 KStR 1995). Diese Tatsachen sind vom Steuerpflichtigen nach § 90 Abs. 2 AO darzulegen. Betriebliche Nebenerträge in diesem Sinne sind gegeben, wenn die Einkünfte nach der Verkehrsauffassung zu einer aktiven Tätigkeit gehören und bei dieser das wirtschaftliche Schwergewicht liegt (z. B. Einkünfte aus für die aktive Tätigkeit notwendigen Finanzmitteln, Einkünfte aus der Vermietung von Werkswohnungen oder der Verpachtung von Vorratsgelände eines ausgeübten Gewerbebetriebs). Einkünfte sind in vollem Umfang dem passiven Erwerb zuzurechnen, wenn sie zwar durch eine aktive Tätigkeit mitverursacht sind, die passive Tätigkeit aber nach der Verkehrsauffassung einen Bereich mit eigenständigem wirtschaftlichen Schwergewicht darstellt.

8.0.3 Wird die ausländische Gesellschaft im Rahmen eines einheitlichen Vertrages tätig, so sind die darunter von ihr erbrachten Leistungen im Einzelnen nach Tz. 8.0.1 und 8.0.2 zu qualifizieren. Eine einheitliche Behandlung ist nur insoweit möglich, als sich die einzelnen Leistungen nach allgemeiner Verkehrsauffassung als Einheit darstellen.

---

[*] Für Zwischeneinkünfte, die in Wirtschaftsjahren der ausländischen Gesellschaft entstanden sind, die nach dem 31. Dezember 2003 begonnen haben, gilt der Vorrang des Investmentsteuergesetzes (§ 21 Abs. 12 AStG). Danach unterliegen Einkünfte, für die die ausländische Gesellschaft Zwischengesellschaft ist, nicht der Hinzurechnungsbesteuerung, wenn die Einkünfte nach den Vorschriften des Investmentsteuergesetzes steuerpflichtig sind. Satz 2 bleibt unberührt mit der Maßgabe, dass an die Stelle des Auslandinvestment-Gesetzes das Investmentsteuergesetz tritt.

[**] Satz 2 bezieht sich auf die Gesetzesfassung, die für Zwischeneinkünfte anzuwenden ist, die in Wirtschaftsjahren der ausländischen Gesellschaft entstanden sind, die nach dem 31. Dezember 2002 begonnen haben (§ 21 Abs. 11 AStG).

8.0.4 Ist die ausländische Gesellschaft an einer Personengesellschaft beteiligt, so sind für die Zwecke des § 8 AStG die aus dem Beteiligungsverhältnis fließenden Einkünfte so zu behandeln, als habe die ausländische Gesellschaft die Tätigkeiten selbst ausgeübt, aus denen der maßgebliche Gewinn der Personengesellschaft stammt (vgl. BFH-Urteil vom 16. Mai 1990, BStBl II S. 1049).

8.1 Zwischeneinkünfte

8.1.1 Land- und Forstwirtschaft

Die Land- und Forstwirtschaft im Sinne des § 8 Abs. 1 Nr. 1 AStG umfasst die land- und forstwirtschaftliche Tätigkeit der ausländischen Gesellschaft einschließlich der Veräußerung des dafür eingesetzten Vermögens.

8.1.2 Industrielle Tätigkeit

8.1.2.1 Die Herstellung, Bearbeitung, Verarbeitung oder Montage von Sachen, die Erzeugung von Energie sowie das Aufsuchen und die Gewinnung von Bodenschätzen (industrielle Tätigkeit) stehen als aktive Tätigkeit außerhalb der Hinzurechnungsbesteuerung Tz. 8.1.1 gilt für sie entsprechend.

8.1.2.2 Hat die ausländische Gesellschaft Waren erworben, be- oder verarbeitet und weiterveräußert, so liegt in vollem Umfang industrielle Tätigkeit vor, wenn durch die Be- oder Verarbeitung nach der Verkehrsauffassung ein Gegenstand anderer Marktgängigkeit entstanden ist und die Ware von der ausländischen Gesellschaft nicht nur geringfügig behandelt worden ist; eine Aufspaltung in industrielle Tätigkeit und Handel (§ 8 Abs. 1 Nr. 4 AStG) kommt nicht in Betracht. Kennzeichnen, Umpacken, Umfüllen, Sortieren, das Zusammenstellen von erworbenen Gegenständen zu Sachgesamtheiten und das Anbringen von Steuerzeichen gelten hierbei nicht als Be- oder Verarbeitung. Sind die vorstehend genannten Voraussetzungen nicht erfüllt, so liegt in vollem Umfang Handel vor (Tz. 8.1.4).

8.1.3 Kreditinstitute und Versicherungsunternehmen

8.1.3.1 Kreditinstitute sind gewerbliche Unternehmen, die Geschäfte im Sinne des § 1 Abs. 1 KWG und andere, nach der Verkehrsauffassung der Kreditwirtschaft zuzurechnende Geschäfte in kreditwirtschaftlicher Weise betreiben.

8.1.3.2 Versicherungsunternehmen sind gewerbliche Unternehmen, die Versicherungsgeschäfte im Sinne des § 1 Versicherungsaufsichtsgesetz in versicherungswirtschaftlicher Weise betreiben.

8.1.3.3 Die Holdingtätigkeit, die Vermögensverwaltung sowie die Übernahme von Finanzaufgaben innerhalb eines Konzerns, insbesondere zum Zwecke des Risikoausgleichs, und vergleichbare Tätigkeiten sind keine Bank- oder Versicherungsgeschäfte. Der Ankauf und die Einziehung von Forderungen (Factoring) ist dann nicht als Betrieb eines Kreditinstituts zu werten, wenn der Forderungserwerb ausschließlich oder überwiegend von verbundenen Unternehmen erfolgt, denn eine kreditwirtschaftliche Tätigkeit setzt typischerweise eine Verbindung verschiedener Geschäfts- und Kundenrisiken voraus. Zum Betrieb von Kreditinstituten gehören nicht Tätigkeiten im Sinne des § 1 Abs. 1 Nr. 6 KWG.

8.1.3.4 Werden im Zusammenhang mit dem Betrieb von Bank- und Versicherungsgeschäften Mittel in Grundstücken, Beteiligungen und ähnlichen Vermögenswerten angelegt, so sind die Einkünfte daraus als Nebenerträge im Sinne der Tz. 8.0.2 zu behandeln, soweit eine bank- oder versicherungsübliche Kapitalanlage unter Beachtung des Grundsatzes der Risikostreuung vorliegt.

8.1.3.5 Kreditinstitute oder Versicherungsunternehmen unterhalten einen für ihre Geschäfte in kaufmännischer Weise eingerichteten Betrieb, wenn die Unternehmen sachlich und personell so ausgestattet sind, dass sie mit Fremden Bank- oder Versicherungsgeschäfte in einem ein Kreditinstitut oder Versicherungsunternehmen begründenden Umfang abschließen und ausführen können. Eine aktive Tätigkeit scheidet jedoch auch in diesem Fall aus, wenn die in Betracht stehenden Bank- oder Versicherungsgeschäfte überwiegend (d. h. zu mehr als 50 v. H.) betrieben werden mit

a) unbeschränkt Steuerpflichtigen, die nach § 7 AStG an dem Unternehmen beteiligt sind, oder/und

b) unbeschränkt oder beschränkt steuerpflichtigen Personen, die dem unbeschränkt Steuerpflichtigen im Sinne des Buchstabens a nahe stehen.

8.1.3.6 Bank- oder Versicherungsgeschäfte werden insbesondere dann überwiegend mit diesem Personenkreis betrieben, wenn entweder das Aktiv- oder Passivgeschäft oder beide mit diesem Personenkreis betrieben werden. Untergeordnete Geschäfte mit Dritten bleiben außer Ansatz, wenn sie für sich ein Kreditinstitut oder Versicherungsunternehmen nicht tragen können. Versicherungsunternehmen, die Risiken des Konzerns versichern, betreiben selbst dann das damit zusammenhängende Gesamtgeschäft mit nahe Stehenden, wenn sie die damit übernommenen Risiken bei Fremden rückversichern. Wird das Aktiv- oder Passivgeschäft in nicht nur unerheblichem Maße mit Dritten betrieben, so ist nach den Umständen des Einzelfalls festzustellen, ob die Geschäfte mit Dritten oder mit Inlandsbeteiligten oder diesen nahe stehenden Personen überwiegen. Hierbei sind die Geschäfte nach wirtschaftlichen Gesichtspunkten zu gewichten, wobei auf die Bedeutung der mit ihnen zusammenhängenden Wirtschaftsgüter in der Bilanz zurückgegriffen werden kann. Die Geschäfte mit dem in Tz. 8.1.3.5 genannten Personenkreis sind stets schädlich, wenn sie nicht der Mischung von Geschäfts- und Kundenrisiken oder dem Grundsatz der Risikomischung entsprechen, die die Verkehrsauffassung bei einer kredit- oder versicherungswirtschaftlichen Tätigkeit voraussetzt. Das gilt insbesondere dann, wenn eine Zwischengesellschaft Bank- oder Versicherungsgeschäfte fast ausschließlich mit ihren Gesellschaftern oder denen nahe stehenden Personen betreibt.

8.1.3.7 Durch Zwischenschaltung fremder Dritter können Einkünfte aus passivem Erwerb nicht vermieden werden. Dies ist z. B. der Fall, wenn die Zwischengesellschaft Risiken des Konzerns rückversichert, die sie von einem konzernfremden Erstversicherer übernimmt.

8.1.4 Handel

8.1.4.1 Handel als passiver Erwerb

8.1.4.1.1 Nach Maßgabe des § 8 Abs. 1 Nr. 4 AStG gehört der Handel zum passiven Erwerb, soweit die Verfügungsmacht an der Ware der ausländischen Gesellschaft von einem inländischen Gesellschafter oder einer diesem nahe stehenden Person, die mit ihren Einkünften hieraus im Inland steuerpflichtig ist, verschafft wird. Entsprechendes gilt, soweit die Verfügungsmacht an der Ware von der ausländischen Gesellschaft einem inländischen Gesellschafter oder einer solchen nahe stehenden Person verschafft wird.[*]

---

[*] Für Wirtschaftsjahre, die bis einschließlich 31. Dezember 2002 begonnen haben, ist das Schreiben vom 2. Dezember 1994 (BStBl I Sondernummer 1/1995) anzuwenden.

Auch in diesen Fällen liegt kein passiver Erwerb vor, wenn nachgewiesen wird, dass

1. das Handelsgeschäft von der ausländischen Gesellschaft im Rahmen eines „qualifizierten Geschäftsbetriebs" (Tz. 8.1.4.2) getätigt worden ist und
2. bei diesem Handelsgeschäft keine „schädliche Mitwirkung" eines Inlandsbeteiligten oder einer nahe stehenden Person (Tz. 8.1.4.3) vorgelegen hat (Warenvertrieb oder -bezug über ausländische Vertriebs- bzw. Einkaufsgesellschaften).

8.1.4.1.2 Als Handel gilt auch die Tätigkeit des Kommissionärs. Ist die ausländische Gesellschaft als Makler oder als Handelsvertreter tätig, so sind die Bestimmungen über die Dienstleistungen anzuwenden (Tz. 8.1.5).

8.1.4.1.3 Eine nahe stehende Person ist mit ihren Einkünften aus dem Handel mit der Zwischengesellschaft im Inland steuerpflichtig, wenn sie mit diesen Einkünften unbeschränkt oder beschränkt steuerpflichtig ist (vgl. BFH-Urteil vom 29. August 1984, BStBl 1985 II S. 120). Das gilt auch im Falle erweiterter beschränkter Steuerpflicht nach § 2 AStG.

8.1.4.2 Kaufmännischer Geschäftsbetrieb und Teilnahme am allgemeinen wirtschaftlichen Verkehr

8.1.4.2.1 Die ausländische Gesellschaft unterhält einen in kaufmännischer Weise eingerichteten Geschäftsbetrieb („qualifizierter Geschäftsbetrieb"), wenn sie sachlich und personell so ausgestattet ist, dass sie unter Teilnahme am allgemeinen wirtschaftlichen Verkehr die in Betracht stehenden Handelsgeschäfte vorbereiten, abschließen und ausführen kann. Die Teilnahme am allgemeinen Wirtschaftsverkehr muss von dem Geschäftsbetrieb der ausländischen Gesellschaft selbst ausgehen, der zu den Einkünften führt. Eine mittelbare Teilnahme am Wirtschaftsverkehr über abhängige Konzerngesellschaften genügt nicht (vgl. das zum Dienstleistungsbereich ergangene BFH-Urteil vom 29. August 1984, BStBl 1985 II S. 120).

8.1.4.2.2 Eine Teilnahme am allgemeinen wirtschaftlichen Verkehr liegt vor, wenn sich die Gesellschaft in ihrem Geschäftsbetrieb bei den in Betracht stehenden Handelsgeschäften in nicht nur unerheblichem Umfang an eine unbestimmte Anzahl von Personen wendet. Dabei genügt es, wenn sich die Gesellschaft nur beim Verkauf oder beim Einkauf der Ware an eine unbestimmte Anzahl von Personen wendet, die Waren aber ausschließlich von einem ihr nahe stehenden Unternehmen bezieht oder an ein solches Unternehmen liefert.

8.1.4.2.3 Eine Teilnahme am allgemeinen wirtschaftlichen Verkehr liegt auch vor, wenn sich die unbestimmte Anzahl der Kunden aufgrund des Gegenstands der in Betracht stehenden Geschäftstätigkeit auf einen engen Personenkreis beschränkt. Ebenso ist die Begrenzung auf einen engen Kundenkreis unschädlich, wenn sich die ausländische Gesellschaft nicht auf einen fest begrenzten Personenkreis festlegt, sondern ihr Geschäftsbetrieb auf Kundenwechsel angelegt ist (vgl. BFH-Urteil vom 29. August 1984, BStBl 1985 II S. 120). Unschädlich ist es, wenn der Kundenkreis einer ausländischen Gesellschaft, die Ersatzteile liefert, sich auf Personen beschränkt, die Abnehmer eines der Gesellschaft nahe stehenden Unternehmens sind.

8.1.4.3 Eigene Mitwirkung

8.1.4.3.1 Eine Person wirkt an einem Handelsgeschäft der ausländischen Gesellschaft mit, wenn sie Tätigkeiten ausübt, die nach ihrer Funktion Teil der Vorbereitung, des Abschlusses oder der Ausführung der in Betracht stehenden Geschäfte dieser Gesellschaft sind. Dies gilt auch dann, wenn das Entgelt für diese Leistungen wie unter unabhängigen Dritten bemessen worden ist. Fallen im Rahmen einer aktiven Handelstätigkeit einzelne Geschäfte von untergeordneter Bedeutung an, an denen ein Inlandsbeteiligter oder eine nahe stehende Person mitwirkt, kann insoweit eine Prüfung, ob passiver Erwerb vorliegt, unterbleiben. Es ist jedoch § 1 AStG zu beachten.

Eine Person wirkt mit, wenn sie z. B. für die ausländische Gesellschaft den Vertrieb übernimmt, den Vertretereinsatz leitet, deren Finanzierungsaufgaben übernimmt oder deren Handelsrisiko trägt.

8.1.4.3.2 Eine Mitwirkung liegt z. B. nicht vor, wenn ein Hersteller oder Lieferant bei Geschäften, deren Vorbereitung, Abschluss oder Ausführung im Übrigen von der ausländischen Gesellschaft wahrgenommen wird, in einer zwischen voneinander unabhängigen Handelsunternehmen geübten Weise

1. Waren allgemein oder im Einzelfall unmittelbar an Abnehmer der ausländischen Gesellschaft versendet (Streckengeschäft) oder der ausländischen Gesellschaft Waren, die in seinem Eigentum verbleiben, zur Weiterveräußerung überlässt (z. B. Lieferung an ein bei der ausländischen Gesellschaft unterhaltenes Konsignationslager);

2. den Abnehmern der ausländischen Gesellschaft Nebenleistungen erbringt, die nach der Verkehrsauffassung zur sachgerechten Lieferung notwendig sind (z. B. technische Einweisung der Kunden durch den Hersteller);

3. für die von dem Hersteller oder Lieferanten hergestellten oder gelieferten Waren allgemein wirbt, ohne hierbei mit den Kunden der Handelsgesellschaft Kontakt aufzunehmen (z. B. Werbekampagnen bei Markenartikeln).

Eine handelsübliche Tätigkeit als Zulieferer, wie die unmittelbare Auslieferung durch den Hersteller oder die Sicherstellung zeitlicher Liefervorgaben durch die Abnehmer (z. B. bei „just-in-time-Lieferung"), ist unschädlich; § 1 AStG ist zu beachten.

8.1.5 Dienstleistungen

8.1.5.1 Dienstleistungen als passiver Erwerb

8.1.5.1.1 Nach Maßgabe des § 8 Abs. 1 Nr. 5 AStG gehört das Bewirken von Dienstleistungen durch die ausländische Gesellschaft zum passiven Erwerb, soweit

1. die Leistung erbracht wird, indem die ausländische Gesellschaft sich eines Inlandsbeteiligten oder einer nahe stehenden Person bedient (Tz. 8.1.5.2.1). Dabei ist es unerheblich, ob die ausländische Gesellschaft einen „qualifizierten Geschäftsbetrieb" unterhält, oder

2. ein Inlandsbeteiligter oder eine nahe stehende Person die Leistung empfängt. Soweit nur dieser Tatbestand in Betracht steht, scheidet passiver Erwerb aus, wenn nachgewiesen wird, dass die Leistungen im Rahmen eines „qualifizierten Geschäftsbetriebs" der Gesellschaft erbracht sind und der Inlandsbeteiligte oder die nahe stehende Person nicht mitgewirkt hat. Finanzdienstleistungen innerhalb eines Konzerns führen zu passivem Erwerb, es sei denn, sie fallen unter § 8 Abs. 1 Nr. 3 oder Nr. 7 AStG.

Einkünfte aus dem Ankauf und der Einziehung von Forderungen (echtes Factoring) erfüllen nicht den Tatbestand der Dienstleistung im Sinne des § 8 Abs. 1 Nr. 5 AStG, denn der Einzug von gekauften Forderungen stellt die bloße Verwaltung eigenen Vermögens dar. Die Einkünfte sind damit solche aus passivem Erwerb.

8.1.5.1.2 Auf die Dienstleistungserbringung in Fällen des § 8 Abs. 1 Nr. 5 Buchstabe b AStG ist Tz. 8.1.4.2 entsprechend anzuwenden.

8.1.5.2 Leistungserbringung durch Dienste Anderer

8.1.5.2.1 Die ausländische Gesellschaft bedient sich einer Person für die in Betracht stehende Dienstleistung, wenn sie diese Person heranzieht, um eigene Verpflichtungen zum Erbringen oder zum Verschaffen dieser Dienstleistung ganz oder zu einem nicht nur unwesentlichen Teil zu erfüllen. Es genügt, wenn die herangezogene Person nicht selbst, sondern durch den Einsatz von Personal oder von Einrichtungen an der Dienstleistung mitwirkt. Die Person kann als Arbeitnehmer oder auf andere Weise (z. B. als Selbstständiger) herangezogen werden; es kann sich bei ihr auch um eine Kapitalgesellschaft handeln.

8.1.5.2.2 Eine nahe stehende Person ist mit ihren Einkünften aus der von ihr beigetragenen Leistung im Inland steuerpflichtig, wenn sie mit den Einkünften aus ihrem Leistungsbeitrag für die ausländische Gesellschaft unbeschränkt oder beschränkt steuerpflichtig ist (vgl. BFH-Urteil vom 29. August 1984, BStBl 1985 II S. 120). Das gilt auch im Falle erweiterter beschränkter Steuerpflicht nach § 2 AStG.

8.1.5.3 Eigene Mitwirkung

8.1.5.3.1 Eine ausländische Gesellschaft erbringt einer Person eine Dienstleistung, wenn die Person die Leistung unmittelbar empfängt oder einem Dritten erbringen lässt.

8.1.5.3.2 Eine Mitwirkung an den zur Dienstleistung gehörenden Tätigkeiten liegt vor, wenn eine Person Tätigkeiten ausübt, die nach ihrer Funktion zum Bewirken dieser Leistung gehören, insbesondere indem sie sich durch das Zurverfügungstellen von Personal oder Einrichtungen an der Leistung beteiligt oder indem sie die Planung der Leistung ganz oder zu einem nicht nur unwesentlichen Teil übernimmt. Dies gilt auch dann, wenn das Entgelt für diese Leistung wie unter unabhängigen Dritten bemessen worden ist. Fallen im Rahmen einer aktiven Tätigkeit einzelne Geschäfte von untergeordneter Bedeutung an, an denen ein Inlandsbeteiligter oder eine nahe stehende Person mitwirkt, kann insoweit eine Prüfung, ob passiver Erwerb vorliegt, unterbleiben. Es ist jedoch § 1 AStG zu beachten.

8.1.6 Vermietung und Verpachtung

8.1.6.1 Nach Maßgabe des § 8 Abs. 1 Nr. 6 AStG gehören Vermietung und Verpachtung zum passiven Erwerb, wenn nicht eine der drei folgenden Ausnahmen vorliegt:

1. die Verwertung eigener Forschungs- oder Entwicklungsarbeit, die ohne schädliche Mitwirkung unternommen wurde;

2. die Vermietung und Verpachtung von Grundbesitz, wenn die Einkünfte daraus bei unmittelbarem Bezug durch den Steuerpflichtigen aufgrund eines DBA steuerfrei wären und

3. die Vermietung und Verpachtung beweglicher Sachen im Rahmen eines „qualifizierten Geschäftsbetriebs", ohne dass eine schädliche Mitwirkung vorliegt.

8.1.6.2 Auf Vermietung und Verpachtung beweglicher Sachen ist Tz. 8.1.4.2 entsprechend anzuwenden.

8.1.6.3 Eine Person wirkt an der Vermietung oder Verpachtung von beweglichen Sachen der ausländischen Gesellschaft mit, wenn sie Tätigkeiten ausübt, die nach ihrer Funktion Teil der gewerbsmäßigen Vermietung oder Verpachtung sind. So ist z. B. eine Mitwirkung gegeben, wenn eine Person für eine ausländische Gesellschaft deren Bestandhaltung und Finanzierungsaufgaben übernimmt oder den Abschluss der Miet- oder Pachtverträge vermittelt. Tz. 8.1.5.3.2 Satz 2 und 3 gelten entsprechend.

8.1.6.4　Finanzierungs-Leasing ist keine Vermietung und Verpachtung, sondern ein Kreditgeschäft, soweit der Leasing-Gegenstand nach den bestehenden Grundsätzen dem Leasing-Nehmer zuzurechnen ist.

8.1.7 Aufnahme und Ausleihe von Auslandskapital

8.1.7.1　Kapitalaufnahme und Kapitalausleihe sind nur dann aktiver Erwerb, wenn die ausländische Gesellschaft das Kapital nachweislich ausschließlich auf ausländischen Kapitalmärkten aufgenommen und als Darlehen im Ausland gelegenen Betrieben (Betriebsstätten), die ausschließlich oder fast ausschließlich Bruttoerträge aus aktivem Erwerb beziehen, oder im Inland gelegenen Betrieben (Betriebsstätten) unmittelbar zugeführt hat. Andernfalls liegt passiver Erwerb vor.

8.1.7.2　Das Kapital ist im Sinne des § 8 Abs. 1 Nr. 7 AStG auf ausländischen Kapitalmärkten aufgenommen, wenn es

1. aus der Emission von Anleihen ausschließlich auf ausländischen Kapitalmärkten stammt,

2. durch Aufnahme von Darlehen bei ausländischen Kreditsammelstellen beschafft ist oder

3. sonst auf ausländischen Kapitalmärkten von Personen zur Verfügung gestellt ist, die im Ausland ansässig sind,

und keine mittelbare Kreditaufnahme auf dem inländischen Kapitalmarkt vorliegt. Bei der Kapitalaufnahme muss die aufnehmende Gesellschaft selbst an den ausländischen Kapitalmarkt herangetreten sein. Es genügt nicht, wenn nahe Stehende im Sinne des § 1 AStG als Treuhänder oder Vertreter in die Kapitalaufnahme eingeschaltet sind, ohne dass diese den Kapitalgebern offen legen, in wessen Interesse sie tätig werden. Kapital, das von Personen, die dem Steuerpflichtigen oder der ausländischen Gesellschaft nahe stehen, zur Verfügung gestellt wird, gilt nicht als auf ausländischen Kapitalmärkten aufgenommen. Wirkt bei der Emission von Anleihen ein Anleihekonsortium, dem Inländer angehören, in banküblicher Weise mit, so ist dies unschädlich, sofern die Anleihe tatsächlich auf den ausländischen Kapitalmärkten untergebracht wird.

8.1.7.3　Eine Kapitalzuführung im Sinne des § 8 Abs. 1 Nr. 7 AStG liegt vor, wenn die ausländische Gesellschaft das Kapital einem(r) im Inland unterhaltenen Betrieb (Betriebsstätte) oder einem(r) im Ausland unterhaltenen Betrieb (Betriebsstätte) darlehensweise überlässt, im letzteren Fall unter der zusätzlichen Voraussetzung, dass die Einrichtung ihre Bruttoerträge nachweislich ausschließlich oder fast ausschließlich aus Tätigkeiten im Sinne des § 8 Abs. 1 Nr. 1 bis 6 AStG bezieht. Eine darlehensweise Zuführung ist nicht gegeben, wenn das Kapital von der ausländischen Gesellschaft zum Erwerb von Beteiligungen oder diesen gleichstehenden Rechten oder für Einlagen verwendet wird.

Ist die darlehensweise Zuführung nach der direkten Methode dem aufgenommenen Kapital nicht zuzuordnen, ist die Gesamtsumme der nicht zuzuordnenden Darlehen im Verhältnis von Eigenkapital einschließlich angesammelter Erträge zu Fremdkapital nach der indirekten Methode aufzuteilen und der dem Fremdkapital entsprechende Anteil der begünstigten Kapitalvergabe zuzuordnen.

Nach § 8 Abs. 1 Nr. 7 AStG ist Voraussetzung, dass das Kapital im Ausland unterhaltenen Betrieben oder Betriebsstätten zugeführt wird, die ihre Bruttoerträge ausschließlich oder fast ausschließlich aus aktiver Tätigkeit erzielen. Dabei ist auf die Verhältnisse des Wirtschaftsjahrs abzustellen, in dem die ausländische Gesellschaft als Darlehensgeber die entsprechenden Einkünfte aus der Hingabe des Kapitals erzielt. Das bedeutet, dass im Einzelfall die Qualifizierung der Einkünfte aus der Darlehenshingabe von Wirtschaftsjahr zu Wirtschaftsjahr beim Darlehensgeber wechseln kann, je nach dem, ob der Darlehensnehmer in seinem Betrieb oder seiner Betriebsstätte Bruttoerträge ausschließlich oder fast ausschließlich aus aktiven Tätigkeiten erzielt.

8.1.8 Gewinnausschüttungen

Gewinnausschüttungen im Sinne des § 8 Abs. 1 Nr. 8 AStG sind Ausschüttungen (einschließlich verdeckter Gewinnausschüttungen) einer Kapitalgesellschaft. Dazu gehören auch Einnahmen aus der Veräußerung von Dividendenscheinen im Sinne des § 20 Abs. 2 Satz 1 Nr. 2 Buchstabe a EStG. Kapitalgesellschaften sind die in § 1 Abs. 1 Nr. 1 KStG genannten inländischen Kapitalgesellschaften und die ihnen entsprechenden ausländischen Rechtsgebilde (vgl. BFH-Urteil vom 23. Juni 1992, BStBl II S. 972). Die §§ 3c Abs. 1 EStG und 8b Abs. 5 KStG sind nicht anzuwenden, weil nicht steuerfreie bzw. außer Ansatz zu lassende Einnahmen zu ermitteln, sondern Einkünfte dem aktiven oder passiven Bereich zuzuordnen sind. Aufwendungen, die mit aktiven Gewinnausschüttungen im Sinne des § 8 Abs. 1 Nr. 8 AStG in wirtschaftlichem Zusammenhang stehen, z. B. Schuldzinsen für ein Darlehen zum Erwerb der Beteiligung, sind bei der Ermittlung der Einkünfte aus passivem Erwerb nicht zu berücksichtigen (§ 10 Abs. 4 AStG, Tz. 10.1.3).

8.1.9 Veräußerungen, Auflösungen und Kapitalherabsetzungen

Gewinne aus der Veräußerung von Anteilen an einer nachgeschalteten Gesellschaft sind grundsätzlich aktive Einkünfte, soweit der Steuerpflichtige nachweist, dass der Gewinn Wirtschaftsgütern der nachgeschalteten Gesellschaft zuzuordnen ist, die nicht der Erzielung von Zwischeneinkünften mit Kapitalanlagecharakter dienen. Nachzuweisen ist insbesondere die Zusammensetzung der Wirtschaftsgüter bezogen auf die Tätigkeitsbereiche und Einkunftsquellen der nachgeordneten Gesellschaft. Dies gilt entsprechend, wenn der Veräußerungsgewinn Wirtschaftsgütern einer Gesellschaft zuzuordnen ist, an der die nachgeschaltete Gesellschaft ihrerseits beteiligt ist. Wird der Nachweis nicht erbracht, fällt der Veräußerungsgewinn in voller Höhe in die Hinzurechnungsbesteuerung.

Verluste aus der Veräußerung von Anteilen an einer nachgeschalteten Gesellschaft können bei der Ermittlung des Hinzurechnungsbetrages nur berücksichtigt werden, wenn der Steuerpflichtige nachweist, dass der Verlust Wirtschaftsgütern der nachgeordneten Gesellschaft zuzuordnen ist, die der Erzielung von Zwischeneinkünften mit Kapitalanlagecharakter dienen.

8.3 Niedrige Besteuerung

8.3.1 Ertragsteuerbelastung

8.3.1.1 Die Einkünfte der ausländischen Gesellschaft aus passivem Erwerb unterliegen der Hinzurechnungsbesteuerung, wenn die Gesamtbelastung durch Ertragsteuern (Ertragsteuerbelastung) unter 25 v. H. liegt (§ 8 Abs. 3 AStG). Zur Ertragsteuerbelastung gehören alle zu Lasten der ausländischen Gesellschaft im Staat ihres Sitzes, ihrer Geschäftsleitung oder einem Drittstaat (z. B. Steuern einer Betriebsstätte) erhobenen Ertragsteuern.

> **Beispiel:**
> Eine niedrige Besteuerung kann sich dadurch ergeben, dass die ausländische Gesellschaft in einem hoch besteuernden Land für passive Einkünfte gezielte Steuervergünstigungen in Anspruch nimmt (vgl. BFH-Urteil vom 20. April 1988, BStBl II S. 986). Bloße zeitliche Verlagerungen der Steuerpflicht durch im Ausland allgemein übliche Abschreibungssätze oder ähnliche Regelungen, die sich in überschaubarer Zeit ausgleichen, können außer Ansatz bleiben.

8.3.1.2 Ertragsteuern im Sinne des § 8 Abs. 3 AStG sind alle Steuern vom Gesamteinkommen oder von Teilen des Einkommens, einschließlich der Steuern vom Gewinn aus der Veräußerung beweglichen oder unbeweglichen Vermögens sowie der Steuern vom Vermögenszuwachs. Zu berücksichtigen sind derartige Steuern auch dann, wenn sie nach § 34c EStG oder § 26 KStG nicht angerechnet werden können, z. B. weil sie nach den Gesetzen einer Provinz, eines Kantons oder einer anderen Gebietskörperschaft erhoben werden. Steuern, die bei der ausländischen Gesellschaft zu Lasten Dritter einbehalten werden (z. B. Kapitalertragsteuern von ihren Gewinnausschüttungen), bleiben außer Ansatz. Die besonderen Verhältnisse in der Schweiz werden im BMF-Schreiben vom 23. Mai 1980, BStBl II S. 282, behandelt (siehe auch BFH-Urteil vom 15. März 1995, BStBl II S. 502). Wegen der inzwischen eingetretenen Änderungen im Schweizer Steuerrecht Hinweis auf Tz. 2.2.5.

Eine ausländische Gesellschaft, die Zwischeneinkünfte erzielt, wird nicht deshalb niedrig besteuert, weil ihre Einkünfte im Rahmen einer Gruppenbesteuerung (z. B. Organschaft, Konsolidierung) bei einer anderen Gesellschaft besteuert werden. Erzielt eine ausländische Gesellschaft, die einem Konsolidierungskreis angehört, Zwischeneinkünfte, ist die auf die Zwischeneinkünfte entfallende anteilige Ertragsteuerbelastung für diese Gesellschaft gesondert zu ermitteln. Dabei gelten die Grundsätze der Tz. 8.3.2 entsprechend.

8.3.2 Ermittlung der Ertragsteuerbelastung

8.3.2.1 Die Ertragsteuerbelastung ist durch die Gegenüberstellung der nach deutschem Steuerrecht ermittelten Zwischeneinkünfte und den von der ausländischen Gesellschaft entrichteten Steuern zu ermitteln (vgl. Tz. 10.1.1.1). Freiwillige Steuerzahlungen sind nicht zu berücksichtigen. Die Ertragsteuerbelastung entspricht in der Regel dem Satz der Ertragsteuer des Sitzstaats. Bei der Feststellung der Ertragsteuerbelastung ist nicht nur der allgemeine Tarif, sondern es sind auch in Betracht kommende Vorzugssätze und Befreiungen für Einkünfte aus passivem Erwerb oder für Gesellschaften ohne aktive Tätigkeit und die Steuerbemessungsgrundlage zu berücksichtigen.

8.3.2.2 Das Bundesministerium der Finanzen ermittelt im Einvernehmen mit den obersten Finanzbehörden der Länder die für die Anwendung des § 8 Abs. 3 AStG in Betracht kommenden Gebiete, in denen Steuersätze oder Vorzugssätze unter 25 v. H. oder Steuerbefreiungen im Sinne der Tz. 8.3.2.1 bestehen.

Anlage 1 Die Anlage 1 enthält eine Zusammenstellung der Sätze der Ertragsteuern, der Steuervergünstigungen und Privilegien in Gebieten, die für die Anwendung der §§ 7 bis 12 und 14 AStG besonders in Betracht kommen.

Anlage 2 Einen Überblick über weitere Gebiete enthält die Anlage 2.

8.3.2.3 Beträgt der nach Tz. 8.3.2.1 zugrunde zu legende Satz weniger als 25 v. H., so kann die Ertragsteuerbelastung gleichwohl über dieser Grenze liegen, insbesondere weil

1. die ausländische Gesellschaft mögliche Vorzugssätze oder Befreiungen nicht beansprucht hat oder

2. die in Betracht kommenden Einkünfte in einem ausländischen Staat mit einem Betrag in die Steuerbemessungsgrundlage einbezogen worden sind, der höher ist, als er bei Anwendung des deutschen Steuerrechts anzusetzen wäre.

In diesen Fällen ist die Ertragsteuerbelastung durch eine Belastungsberechnung (Tz. 8.3.2.1 Satz 1) zu ermitteln.

8.3.2.4 Beträgt der nach Tz. 8.3.2.1 zugrunde zu legende Satz 25 v. H. oder mehr, so kann die Ertragsteuerbelastung gleichwohl unter dieser Grenze liegen, insbesondere weil

1. die ausländische Gesellschaft besondere Ermäßigungen und Befreiungen erhalten hat (z. B. auf der Grundlage von Steuerverträgen) oder

2. die in Betracht kommenden Einkünfte im Ausland mit einem Betrag in die Steuerbemessungsgrundlage einbezogen worden sind, der niedriger ist, als er bei Anwendung des deutschen Steuerrechts anzusetzen wäre.

In diesen Fällen ist die Ertragsteuerbelastung durch eine Belastungsberechnung (Tz. 8.3.2.1 Satz 1) zu ermitteln.

8.3.2.5 Bei der Belastungsberechnung bleibt außer Betracht, dass die ausländische Steuer deshalb unter der Mindestgrenze des § 8 Abs. 3 AStG liegt, weil bei der Besteuerung eines Jahres Verluste desselben Jahres oder früherer oder späterer Jahre berücksichtigt worden sind (Verlustabzug, -vortrag oder -rücktrag).

8.3.2.6 Für Zwecke der Belastungsberechnung ist nicht zu beanstanden, wenn Wirtschaftsgüter, die einem von der ausländischen Gesellschaft unter Teilnahme am allgemeinen wirtschaftlichen Verkehr unterhaltenen „qualifizierten Geschäftsbetrieb" (Tz. 8.1.4.2) des Handels, der Dienstleistungserbringung oder der Vermietung oder Verpachtung von beweglichen Sachen dienen, nach Vorschriften des ausländischen Steuerrechts bewertet worden sind, die den allgemeinen deutschen Gewinnermittlungsvorschriften entsprechen und im Ausland allgemein der dortigen Besteuerung zugrunde gelegt werden. Dies darf nicht zu einem offensichtlich unzutreffenden Ergebnis bei der Belastungsberechnung führen.

8.3.3 Niedrige Besteuerung bei gemischten Einkünften

Bei ausländischen Gesellschaften mit gemischten Einkünften gelten die vorstehenden Regelungen entsprechend. Für eine Belastungsberechnung sind die Steuern der ausländischen Staaten zu ermitteln, die auf die Einkünfte aus passivem Erwerb entfallen. Bei der dazu notwendigen Aufteilung der Steuern ist folgendermaßen zu verfahren.

1. Sind im Ausland bestimmte Einkünfte freigestellt, begünstigt oder erhöht besteuert worden, so ist hinsichtlich dieser Einkünfte die ausländische Steuer mit dem Betrag anzusetzen, der unter Berücksichtigung dieser Vorteile/Nachteile tatsächlich auf sie entfällt.
2. Für die verbleibenden Einkünfte ist die Reststeuer anteilig zu berücksichtigen.

Bei der Aufteilung sind die Einkünfte aus aktiver Tätigkeit und aus passivem Erwerb in der Höhe zu berücksichtigen, in der sie der Besteuerung im Ausland zugrunde liegen.

9. Freigrenze bei gemischten Einkünften

9.0.1 Freigrenze nach dem Bruttoertrag

Unter Bruttoerträgen sind die Solleinnahmen ohne durchlaufende Posten und ohne eine evtl. gesondert ausgewiesene Umsatzsteuer zu verstehen. Sie sind aus der Gewinn- und Verlustrechnung der ausländischen Gesellschaft abzuleiten. Ermittelt diese ihren Gewinn nach § 4 Abs. 3 EStG, ist auf die Isteinnahmen abzustellen. Verdeckte Einlagen lösen keine Bruttoerträge aus Tätigkeiten im Sinne des § 8 Abs. 1 Nr. 1 bis 7 AStG aus (BFH-Urteil vom 1. Juli 1992, BStBl 1993 II S. 222).

9.0.2 Absolute Freigrenze von 62.000 Euro

9.0.2.1 Die absolute Freigrenze des § 9 AStG bezieht sich auf den Hinzurechnungsbetrag im Sinne des § 10 Abs. 1 AStG, der anzusetzen wäre, wenn die Freigrenze nicht bestünde. Dabei sind Zwischeneinkünfte einer nachgeschalteten Zwischengesellschaft, die einer ausländischen Gesellschaft nach § 14 AStG zuzurechnen sind, mit zu berücksichtigen.

9.0.2.2 Die Freigrenze wird überschritten

1. hinsichtlich der Gesellschaft als solcher, falls die Hinzurechnungsbeträge für sämtliche Inlandsbeteiligte den Betrag von 62.000 Euro übersteigen;

2. hinsichtlich eines Inlandsbeteiligten, wenn die Hinzurechnungsbeträge für alle ausländischen Gesellschaften, an denen er beteiligt ist, den Betrag von 62.000 Euro übersteigen. Dies schließt nicht aus, dass andere Inlandsbeteiligte, die an der Gesellschaft beteiligt sind, die Freigrenze in Anspruch nehmen können.

9.0.2.3 Die absolute Freigrenze richtet sich, soweit sie sich auf die Gesellschaft bezieht, nach dem für sie maßgebenden Wirtschaftsjahr, soweit sie sich auf einen Inlandsbeteiligten bezieht, richtet sie sich nach dem Veranlagungszeitraum, in dem die in Betracht stehenden Hinzurechnungsbeträge anzusetzen sind.

10. Hinzurechnungsbetrag

10.0 Übersicht

10.0.1 Bei der Ermittlung der Bemessungsgrundlage für die Anwendung der §§ 7 bis 12 und 14 AStG sind

1. die gesamten Einkünfte der Zwischengesellschaft aus passivem Erwerb (abzüglich Steuern) zu ermitteln; Verluste sind abzuziehen (§ 10 Abs. 3 Satz 5 AStG);

2. die nach § 12 AStG anrechenbaren Steuern zu ermitteln;

3. die sich daraus ergebenden Beträge auf die einzelnen Inlandsbeteiligten (Hinzurechnungsverpflichteten) aufzuteilen.

Zur Berücksichtigung von Einkünften, die nach § 14 AStG anzusetzen sind, vgl. Tz. 14.

10.0.2 Die Einzelschritte bei Ermittlung der Besteuerungsgrundlagen für die Anwendung der §§ 7 bis 12 und 14 AStG ergeben sich aus den Berechnungsübersichten in Anlage 3.

10.0.3 Über die für die Anwendung der §§ 7 bis 12 und 14 AStG wesentlichen Rechtsfolgen ist durch einheitliche und gesonderte Feststellung nach § 18 AStG zu entscheiden (vgl. hierzu Tz. 18).

10.1 Ermittlung des Hinzurechnungsbetrags

10.1.1 Ermittlung der Einkünfte aus passivem Erwerb

10.1.1.1 Für die Hinzurechnungsbesteuerung sind die gesamten Einkünfte der ausländischen Zwischengesellschaft zu ermitteln, die aus passivem Erwerb stammen. Für die Ermittlung der Einkünfte gelten die Vorschriften des deutschen Steuerrechts entsprechend (§ 10 Abs. 3 AStG). Dabei ist § 8a KStG nicht anzuwenden. Auf die Ermittlung der dem Hinzurechnungsbetrag zugrunde liegenden Einkünfte findet § 1 AStG keine Anwendung (vgl. BFH-Urteil vom 20. April 1988, BStBl II S. 868). Soweit aus Geschäftsbeziehungen zu der ausländischen Zwischengesellschaft beim Inlandsbeteiligten eine Einkunftsberichtigung nach § 1 AStG erfolgt, ist bei der Ermittlung der Einkünfte der Zwischengesellschaft eine entsprechende Gegenberichtigung vorzunehmen (vgl. Tz. 1.5.2 des BMF-Schreibens vom 23. Februar 1983, BStBl I S. 218; bestätigt durch das BFH-Urteil vom 19. März 2002, BStBl II S. 644).

10.1.1.2 Entspricht die ausländische Gesellschaft nach Rechtsform und Betätigung den in § 8 Abs. 2 KStG genannten Steuerpflichtigen, so sind die gesamten Einkünfte grundsätzlich als Einkünfte aus Gewerbebetrieb zu behandeln. Betreibt die Gesellschaft nur Vermögensverwaltung und werden die Anteile an der Gesellschaft im Privatvermögen gehalten, sind die Zwischeneinkünfte nach § 2 Abs. 2 Nr. 2 EStG zu ermitteln. Unter diesen Voraussetzungen löst der Gewinn aus einer Grundstücksveräußerung keine Zwischeneinkünfte aus (vgl. BFH-Urteil vom 21. Januar 1998, BStBl II S. 468).

10.1.1.3 Ist ein Steuerinländer an mehreren ausländischen Zwischengesellschaften unmittelbar beteiligt, so dürfen Verluste einer Zwischengesellschaft nicht mit positiven Hinzurechnungsbeträgen einer anderen Zwischengesellschaft ausgeglichen werden (Folge aus § 10 Abs. 1 Satz 3 AStG). Zum Ausgleich von Verlusten nachgeschalteter Gesellschaften oder Zwischengesellschaften mit positiven Einkünften der Obergesellschaft wird auf Tz. 14.1.6 und 14.1.7 hingewiesen.

10.1.1.4 Werden die Einkünfte aus passivem Erwerb zunächst in ausländischer Währung ermittelt (vgl. Tz. 10.3.2.3), sind sie nach dem Kurs zu dem Zeitpunkt umzurechnen, an dem der Hinzurechnungsbetrag als zugeflossen gilt. Ist ein Kurs zu diesem Zeitpunkt nicht festzustellen, so ist von der amtlichen Kursfeststellung für den Zeitpunkt, der dem Ablauf des maßgebenden Wirtschaftsjahrs der ausländischen Gesellschaft am nächsten liegt, auszugehen. Es ist nicht zu beanstanden, wenn für die Umrechnung ein Jahresdurchschnittskurs zugrunde gelegt wird. Der für die Umrechnung gewählte Kurs ist für alle bei der Anwendung der §§ 7 bis 11 und 14 AStG zu berücksichtigenden und in ausländischer Währung angefallenen Beträge zu beachten. Dabei gelten jedoch für den Abzug der ausländischen Steuern die für § 34c Abs. 1 EStG und § 26 Abs. 1 KStG entwickelten Grundsätze. Die einmal gewählte Methode der Umrechnung soll nicht ohne hinreichenden Grund geändert werden.

10.1.2 Abzug von Steuern

10.1.2.1 Nach § 10 Abs. 1 AStG können abgezogen werden

1. die von den Einkünften der ausländischen Gesellschaft erhobenen Steuern;
2. die von dem diesen Einkünften zugrunde liegenden Vermögen erhobenen Steuern, Abschn. 102 Abs. 1 VStR 1995 gilt entsprechend.

Freiwillige Steuerzahlungen sind nicht zu berücksichtigen.

Steuern, die auf Zwischeneinkünfte mit Kapitalanlagecharakter im Sinne von § 10 Abs. 7 AStG entfallen, sind entsprechend der verminderten Berücksichtigung dieser Einkünfte bei der Hinzurechnung nur zu einem Anteil von 60 v. H. abzuziehen (zur zeitlichen Anwendung dieses Satzes siehe den Einleitungssatz zu Tz. 10.5).

Abzugsfähig sind neben den Steuern im Quellenstaat der Einkünfte – einschließlich deutscher Quellensteuer – auch die Steuern des Sitzstaats und von Drittstaaten; Tz. 8.3.1.2 gilt entsprechend.

10.1.2.2 Hat die Gesellschaft gemischte Einkünfte, so ist der Teil der ausländischen Ertrag- und Vermögensteuern abzuziehen, der auf die der Hinzurechnungsbesteuerung unterliegenden Einkünfte bzw. das diesen Einkünften zugrunde liegende Vermögen entfällt. Die Ertragsteuern sind hierbei in entsprechender Anwendung der Tz. 8.3.3 aufzuteilen. Es ist nicht zu beanstanden, wenn das sich dabei ergebende Verhältnis auch bei der Aufteilung der Vermögensteuern zugrunde gelegt wird.

10.1.3 Betriebsausgaben

Nach § 10 Abs. 4 AStG dürfen bei der Ermittlung der Zwischeneinkünfte nur die mit diesen in wirtschaftlichem Zusammenhang stehenden Betriebsausgaben abgezogen werden. Dazu gehören nicht die für das Aufstellen der Hinzurechnungsbilanz (Tz. 10.3.2.1) anfallenden Aufwendungen (BFH-Urteil vom 15. März 1995, BStBl II S. 502).

Teilwertabschreibungen auf Anteile an anderen Gesellschaften sind bei der Ermittlung der Zwischeneinkünfte nur abzugsfähig, soweit die Wertminderung nachweislich auf Wirtschaftsgüter der anderen Gesellschaft entfällt, die der Erzielung von Zwischeneinkünften mit Kapitalanlagecharakter dienen (vgl. Tz. 8.1.9).

10.3 Gewinnermittlung bei reinen Zwischengesellschaften

10.3.1 Gewinnermittlungsarten

10.3.1.1 Außerhalb des Bereichs vermögensverwaltender Zwischengesellschaften (vgl. Tz. 10.1.1.2) können die der Hinzurechnung unterliegenden Gewinne nach § 10 Abs. 3 Satz 2 AStG ermittelt werden durch

1. einen Betriebsvermögensvergleich nach § 4 Abs. 1, § 5 EStG oder

2. eine Einnahmen-Überschussrechnung nach § 4 Abs. 3 EStG.

Das Wahlrecht ist bis zur Abgabe der Erklärung für die einheitliche und gesonderte Feststellung nach § 18 AStG auszuüben. Üben die Inlandsbeteiligten das Wahlrecht nicht oder nicht einheitlich aus, so sind die Gewinne durch Betriebsvermögensvergleich zu ermitteln.

10.3.1.2 Bei einer Änderung der Gewinnermittlungsart ist R 17 Abs. 1 und 2 EStR 2003 entsprechend anzuwenden. Eine Änderung darf nicht willkürlich vorgenommen werden.

10.3.1.3 Werden Zwischeneinkünfte nach § 4 Abs. 3 EStG ermittelt, so ist ein Zufluss an die ausländische Zwischengesellschaft stets anzunehmen, wenn ein Beteiligter, eine diesem nahe stehende Person oder – im Interesse dieser Personen – ein Dritter der Gesellschaft Beträge gutschreibt oder die Beträge in anderer Weise verfügbar sind. Weitergehende Bestimmungen bleiben unberührt.

10.3.2 Ermittlung nach § 4 Abs. 1, § 5 EStG

10.3.2.1 Die dem Hinzurechnungsbetrag zugrunde liegenden Einkünfte nach § 4 Abs. 1, § 5 EStG sind durch eine für alle Inlandsbeteiligten maßgebende „Hinzurechnungsbilanz" zu ermitteln. Ihr ist das gesamte Vermögen der ausländischen Gesellschaft zugrunde zu legen, auch wenn nicht alle Anteile oder Stimmrechte Inländern zuzurechnen sind. Die Hinzurechnungsbilanz kann nach Maßgabe der nach deutschem Steuerrecht zu beachtenden Bilanzierungsvorschriften aus der Bilanz der ausländischen Gesellschaft abgeleitet werden. Im Übrigen gilt § 60 EStDV entsprechend.

10.3.2.2 Für die Hinzurechnungsbilanz gelten die deutschen Grundsätze auch dann, wenn das ausländische Recht abweichende Bilanzansätze zulässt. Der Grundsatz des Bilanzenzusammenhangs ist auch dann zu wahren, wenn die ausländische Zwischengesellschaft bei ihrer eigenen Bilanzierung nicht daran gebunden ist oder während einzelner Jahre keine Hinzurechnungen vorzunehmen sind.

10.3.2.3   Die Hinzurechnungsbilanz kann in derjenigen Währung erstellt werden, in der die Bücher der ausländischer Gesellschaft geführt werden. Ist dies eine ausländische Währung, so gilt für die Umrechnung Tz. 10.1.1.4.

10.3.2.4   Unterliegen die Einkünfte aus einem von der ausländischen Gesellschaft unter Teilnahme am allgemeinen wirtschaftlichen Verkehr unterhaltenen „qualifizierten Geschäftsbetrieb" (vgl. Tz. 8.1.4.2) des Handels, der Dienstleistungserbringung oder der Vermietung oder Verpachtung von beweglichen Sachen der Gewinnermittlung, so kann zugelassen werden, dass Vorschriften des ausländischen Steuerrechts zugrunde gelegt werden, die den allgemeinen deutschen Gewinnermittlungsvorschriften entsprechen und im Sitzstaat allgemein der dortigen Besteuerung zugrunde gelegt werden. Dies darf nicht zu einem offensichtlich unzutreffenden Ergebnis führen. Würde die Anwendung des ausländischen Steuerrechts dazu führen, dass der Hinzurechnungsbesteuerung unterliegende Zwischeneinkünfte nach Tz. 10.3.2.2 wegen des Endens der Hinzurechnungsbesteuerung, der Betriebsaufgabe oder ähnlicher Vorgänge aus der Hinzurechnungsbesteuerung herausfallen, so sind sie in dem letzten dafür in Betracht kommenden maßgebenden Wirtschaftsjahr zu versteuern.

10.3.3   Eröffnungsbilanz

10.3.3.1   Sind im Hinblick auf eine ausländische Gesellschaft die Voraussetzungen für eine Hinzurechnung erstmals gegeben, so ist auf den Beginn des betreffenden Wirtschaftsjahrs eine „eröffnende Hinzurechnungsbilanz" zu erstellen. Die in ihr angesetzten Werte gelten für Wirtschaftsjahre, die nach dem Stichtag der Eröffnungsbilanz enden, als fortgeführte Anschaffungs- oder Herstellungskosten.

10.3.3.2   Für die einzelnen Wirtschaftsgüter, die als Betriebsvermögen anzusetzen sind, gilt das Folgenden:

1. Wirtschaftsgüter des Anlagevermögens sind mit ihren ursprünglichen Anschaffungs- oder Herstellungskosten anzusetzen (vgl. BFH-Urteil vom 12. Juli 1989, BStBl 1990 II S. 113). Bei abnutzbaren Anlagegütern sind diese Beträge um die nach § 7 EStG zu bemessenden Absetzungen für Abnutzung oder Substanzverringerung zu vermindern. Ist der Teilwert am Stichtag der Eröffnungsbilanz niedriger, so darf höchstens dieser Wert angesetzt werden, wenn eine erhebliche, voraussichtlich dauernde Wertminderung vorliegt. Für immaterielle Anlagegüter darf ein Wert nur angesetzt werden, wenn sie entgeltlich erworben wurden.

2. Wirtschaftsgüter des Umlaufvermögens sind mit ihren Anschaffungs- oder Herstellungskosten, höchstens jedoch mit dem Teilwert am Stichtag der Eröffnungsbilanz anzusetzen, wenn dieser niedriger ist als die Anschaffungs- oder Herstellungskosten.

3. Verbindlichkeiten sind grundsätzlich mit ihrem Rückzahlungsbetrag anzusetzen (siehe auch Abzinsungsregelungen in § 6 Abs. 1 Nr. 3 EStG).

4. Rechnungsabgrenzungsposten sind anzusetzen, soweit Betriebsausgaben vor dem Bilanzstichtag Aufwand und Betriebseinnahmen vor dem Bilanzstichtag Ertrag für eine bestimmte Zeit nach dem Stichtag der Eröffnungsbilanz sind.

5. Bei Wirtschaftsgütern, die bereits am 21. Juni 1948 vorhanden waren, ist es nicht zu beanstanden, wenn von dem Wert ausgegangen wird, mit dem die Wirtschaftsgüter in der ersten, nach diesem Zeitpunkt erstellten Bilanz der ausländischen Gesellschaft geführt wurden. Dies darf jedoch nicht zu offensichtlich unrichtigen Ergebnissen führen.

10.3.3.3 Anschaffungskosten eines Wirtschaftsguts sind die Aufwendungen, die die Gesellschaft für den Erwerb des Wirtschaftsguts geleistet hat. Hierbei ist insbesondere Folgendes zu beachten:

1. Anschaffungskosten eines Wirtschaftsguts, das tauschweise erworben wurde, sind mit dem gemeinen Wert des hingegebenen Wirtschaftsguts anzusetzen. Ist darüber hinaus ein Wertausgleich gezahlt worden, so erhöhen sich die Anschaffungskosten um den Wertausgleich.
2. Bei einem unentgeltlich erworbenen Wirtschaftsgut sind die Anschaffungskosten mit dem gemeinen Wert im Zeitpunkt des unentgeltlichen Erwerbs anzusetzen. Tz. 10.3.3.2 Nr. 1 Satz 4 sowie Tz. 10.3.3.4 bleiben unberührt.
3. Anschaffungskosten eines Wirtschaftsguts, das gegen die Gewährung von Gesellschaftsrechten in die Gesellschaft eingebracht wurde, sind in der Regel mit dem gemeinen Wert im Zeitpunkt der Einbringung anzusetzen.
4. Bei Wirtschaftsgütern, die die Gesellschaft im Rahmen der unentgeltlichen Übertragung eines Betriebs oder Teilbetriebs erworben hat, gilt als Anschaffungskosten der Betrag, der bei der Ermittlung des Gewinns des bisherigen (inländischen) Unternehmens angesetzt worden ist.
5. Bei Wirtschaftsgütern, die gegen Einräumung einer Leibrente erworben sind, stellt der Barwert der Rentenverpflichtung, ggf. erhöht um eine etwaige Kaufpreiszahlung, die Anschaffungskosten dar. Herstellungskosten eines Wirtschaftsguts sind die Aufwendungen, die durch den Verbrauch von Gütern und die Inanspruchnahme von Diensten für die Herstellung des Wirtschaftsguts entstanden sind (vgl. R 33 EStR 2003).

10.3.3.4 Wurden Wirtschaftsgüter der ausländischen Gesellschaft von einem inländischen Beteiligten oder einer ihm nahe stehenden Person aus einem Betriebsvermögen übertragen, so ist als Anschaffungs- oder Herstellungskosten oder als gemeiner Wert der Betrag zugrunde zu legen, den diese Personen beim Ausscheiden des Wirtschaftsguts aus ihrem Betriebsvermögen der Besteuerung zugrunde gelegt haben. Wird dargetan, dass dieser Ansatz unrichtig ist, so kann dies berücksichtigt werden, sofern auch der Ansatz bei dem Übertragenden nach den Grundsätzen über die Bilanzberichtigung noch geändert werden kann (vgl. R 15 EStR 2003). Dies gilt entsprechend

1. für Beteiligungen im Sinne des § 17 EStG, die aus einem Privatvermögen auf die ausländische Gesellschaft übertragen worden sind;
2. für Wirtschaftsgüter, die vor der Übertragung einem inländischen Betriebsvermögen entnommen oder sonst in ein Privatvermögen oder ein ausländisches Betriebsvermögen überführt worden sind.

10.3.4 Einnahmen-Überschussrechnung

10.3.4.1 Werden die Zwischeneinkünfte einer ausländischen Gesellschaft nach § 4 Abs. 3 EStG ermittelt, so ist der Gewinn der Überschuss der Betriebseinnahmen über die Betriebsausgaben. Diese Art der Gewinnermittlung kann nur für die Einkünfte aus passivem Erwerb insgesamt gewählt werden. Das gesamte dem passiven Erwerb dienende Vermögen der ausländischen Gesellschaft ist als notwendiges Betriebsvermögen zu behandeln.

10.3.4.2 Zu den Betriebsausgaben gehören auch die Absetzungen für Abnutzung nach § 7 EStG.

10.3.4.3 Der Verlustabzug ist auch bei einer Gewinnermittlung nach § 4 Abs. 3 EStG zuzulassen.

10.3.5 Verluste

10.3.5.1 Von den dem Hinzurechnungsbetrag zugrunde liegenden Einkünften können in entsprechender Anwendung des § 10d EStG die Verluste anderer maßgeblicher Wirtschaftsjahre aus passivem Erwerb abgezogen werden. *Verluste, die bei Zwischeneinkünften im Sinne von § 10 Abs. 7 AStG entstanden sind, sind entsprechend der verminderten Berücksichtigung dieser Einkünfte bei der Hinzurechnung nur zu einem Anteil von 60 v. H. abzuziehen (zur zeitlichen Anwendung dieses Satzes siehe den Einleitungssatz zu Tz. 10.5).* Der Verlustabzug ist nach Abzug der Steuern, die zu Lasten der ausländischen Gesellschaft von diesen Einkünften sowie von dem diesen Einkünften zugrunde liegenden Vermögen erhoben worden sind, und vor Anwendung der absoluten Freigrenze des § 9 AStG vorzunehmen.

In die Verlustermittlung sind die abzugsfähigen Steuern des Verlustjahrs einzubeziehen, soweit sie nicht angerechnet worden sind; Hinweis auf Tz. 10.1.1.3.

10.3.5.2 Der Verlustvortrag wird nicht dadurch ausgeschlossen, dass in einem auf das Jahr der Entstehung des Verlustes folgenden Jahr keine Einkünfte aus passivem Erwerb angefallen sind.

10.3.5.3 Ein Wechsel der Gesellschafter der ausländischen Gesellschaft berührt die Höhe des abzugsfähigen Verlustrücktrags bzw. -vortrags bei der Gesellschaft nicht.

10.3.5.4 Zur gesonderten Feststellung negativer Zwischeneinkünfte für Zwecke des Verlustabzugs vgl. Tz. 18.1.2.7.

10.4 Gewinnermittlung bei Gesellschaften mit gemischten Einkünften

10.4.1 Hat die ausländische Gesellschaft gemischte Einkünfte, so sind die Einkünfte aus passivem Erwerb wie folgt abzugrenzen:

1. Vom Gesamtbetrag der nach deutschem Steuerrecht ermittelten Einkünfte der Gesellschaft ist die Summe der darin enthaltenen Einkünfte aus aktiver Tätigkeit abzuziehen (Gesamtermittlung).

2. Abweichend von Nr. 1 können die Einkünfte für sich allein durch eine gesonderte Teilbilanz bzw. Einnahmen-Überschussrechnung ermittelt werden, wenn sie gesondert von den übrigen Einkünften aufgrund der Buchführung der Zwischengesellschaft leicht und eindeutig zu erfassen sind (Sonderermittlung).

10.4.2 Sind aktive Tätigkeiten und passiver Erwerb so eng verbunden (z. B. aktiver und passiver Handel), dass die Einkünfte aus aktiver Tätigkeit nicht gesondert ausgewiesen werden können, so sind die gesamten Einkünfte nach dem Umsatz aufzuteilen, wenn geeignetere Aufteilungsmaßstäbe nicht gegeben sind.

10.4.3 Bei der Sonderermittlung sowie der Aufteilung der Einkünfte nach Tz. 10.4.2 sind die Beteiligten verpflichtet, auf Verlangen alle diejenigen Angaben über die aktive Tätigkeit zu machen und alle Nachweise zu erbringen, die zur vollen Erfassung und zur Abgrenzung der Einkünfte aus passivem Erwerb notwendig sind.

10.4.4 **Beispiele:**

1. Bezieht eine ausländische Vermögensverwaltungsgesellschaft außer Einkünften aus passivem Erwerb auch Zinsen, die unter § 8 Abs. 1 Nr. 7 AStG fallen, so sind bei der Gesamtermittlung zunächst die Gesamteinkünfte zu ermitteln und sodann davon die genannten Zinsen, gekürzt um die damit im Zusammenhang stehenden Betriebsausgaben bzw. Werbungskosten, abzuziehen.

2. Erzielt eine ausländische Gesellschaft Gewinne aus Produktionstätigkeit und daneben davon leicht abzusondernde Einkünfte aus passivem Erwerb, wie Wertpapier- oder Beteiligungserträge, so kann von der Ermittlung der gesamten Einkünfte Abstand genommen werden. Es genügt in diesem Fall die gesonderte Ermittlung der Einkünfte aus passivem Erwerb.
3. Veräußert eine ausländische Gesellschaft Waren im aktiven Handel zu anderen Handelsspannen als im passiven Handel, so ist im Fall der Tz. 10.4.2 für die Ermittlung der Einkünfte aus passivem Erwerb der Gesamtgewinn nach Maßgabe der jeweiligen Umsätze unter Berücksichtigung der Handelsspannen aufzuteilen, es sei denn, die Anwendung einer anderen Methode führt zu einem zutreffenderen Ergebnis.

10.5 Anwendung von Doppelbesteuerungsabkommen

§ 10 Abs. 5 bis 7 AStG sind durch Artikel 11 des StVergAbG aufgehoben worden; die nachfolgenden, kursiv gedruckten Textziffern beziehen sich deshalb auf die Gesetzesfassung, die für Zwischeneinkünfte anzuwenden ist, die in Wirtschaftsjahren der Zwischengesellschaft oder der Betriebsstätte entstanden sind, die in der Zeit vom 1. Januar 2001 bis einschließlich 31. Dezember 2002 begonnen haben (§ 21 Abs. 7 Satz 4 und Abs. 11 Satz 2 AStG).

10.5.1 *Für die Anwendung eines DBA zwischen der Bundesrepublik Deutschland und dem Sitzstaat der Zwischengesellschaft wird der Hinzurechnungsbetrag wie eine Gewinnausschüttung behandelt (§ 10 Abs. 5 AStG). Er unterliegt danach grundsätzlich uneingeschränkt der deutschen Besteuerung.*

10.5.2 *Sieht das DBA für Gewinnausschüttungen, die einer wesentlich beteiligten deutschen Kapitalgesellschaft von einer Gesellschaft des anderen Landes zufließen, die Freistellung von der deutschen Steuer vor (DBA-Schachtelprivileg), so ist der Hinzurechnungsbetrag nach Maßgabe des im Verhältnis zum Sitzstaat der ausländischen Gesellschaft anzuwendenden Abkommens freizustellen. Hierbei ist zu beachten, dass viele Abkommen das DBA-Schachtelprivileg auf die Ausschüttung von aktiv tätigen Gesellschaften beschränken. Erstreckt sich das DBA-Schachtelprivileg nur auf die Körperschaftsteuer, so ist der Hinzurechnungsbetrag nur bei der Gewerbesteuer anzusetzen.*

10.5.3 *Sind Anteile an einer ausländischen Zwischengesellschaft nicht dem bürgerlich-rechtlichen Eigentümer, sondern einem unbeschränkt steuerpflichtigen Dritten zuzurechnen (z. B. nach §§ 39, 41 oder 42 AO), so bestimmt sich aus dem Verhältnis dieses Dritten zu der Zwischengesellschaft, ob ein DBA-Schachtelprivileg entsprechend anzuwenden ist.*

10.5.4 *Bestehen Zweifel, ob ein DBA-Schachtelprivileg nach den Verhältnissen im Sitzstaat der ausländischen Gesellschaft für deren Ausschüttungen zu gewähren ist, so sind sie im Auskunftsverfahren, ggf. im Verständigungsverfahren, zu klären.*

10.5.5 *Sind in dem Hinzurechnungsbetrag Einkünfte nachgeschalteter Zwischengesellschaften im Sinne des § 14 AStG enthalten, so gilt dafür die Freistellung nur unter den Einschränkungen des § 14 Abs. 4 AStG, wenn sie auch bei direkter Beteiligung des Steuerpflichtigen an der Untergesellschaft nach DBA steuerbefreit wären; vgl. hierzu Tz. 14.4.*

10.5.6 *Gehört ein Anteil an einer ausländischen Gesellschaft zum Betriebsvermögen einer in einem DBA-Staat belegenen Betriebsstätte, so erstreckt sich die nach dem betreffenden DBA zu gewährende Freistellung nach § 10 Abs. 5 AStG auch auf den Hinzurechnungsbetrag. Voraussetzung ist, dass der Anteil tatsächlich der Betriebsstätte zuzurechnen ist (vgl. BFH-Urteil vom 26. Februar 1992, BStBl II S. 937). Im Verhältnis zur Schweiz ist in solchen Fällen nach Artikel 24 Abs. 1 Nr. 1 Buchstabe a DBA-Schweiz keine Freistellung zu gewähren (vgl. BFH-Urteil vom 7. August 2002, BStBl II S. 848).*

Handelt es sich bei der Betriebsstätte um eine Kontroll- oder Koordinierungsstelle, so sind die Grundsätze der Tz. 4.4 der Betriebsstätten-Verwaltungsgrundsätze (BMF-Schreiben vom 24. Dezember 1999, BStBl I S. 1076) entsprechend anzuwenden.

10.6 Zwischeneinkünfte mit Kapitalanlagecharakter

10.6.1   Nach § 10 Abs. 6 AStG werden Zwischeneinkünfte mit Kapitalanlagecharakter auch bei Vorliegen eines DBA der Besteuerung unterworfen. Hierbei ist zu unterscheiden zwischen Einkünften mit Kapitalanlagecharakter im Sinne des § 10 Abs. 6 Satz 2 und denen im Sinne des § 10 Abs. 7 AStG; letztere sind nur in Höhe von 60 v. H. bei der Ermittlung des Hinzurechnungsbetrags zu berücksichtigen (Hinweis auf Tz. 10.7).

10.6.2   Nach § 10 Abs. 6 Satz 2 AStG handelt es sich bei den Zwischeneinkünften mit Kapitalanlagecharakter um Einkünfte aus passivem Erwerb einer ausländischen Gesellschaft, die aus dem Halten, der Verwaltung, Werterhaltung oder Werterhöhung von Zahlungsmitteln, Forderungen, Wertpapieren, Beteiligungen (mit Ausnahme der in § 8 Abs. 1 Nr. 8 und 9 AStG genannten Einkünfte, vgl. Tz. 8.1.8 und 8.1.9) oder ähnlichen Vermögenswerten stammen. Dies sind Einkünfte im Sinne des § 20 EStG. Dazu zählen u. a. auch Einkünfte aus Finanzierungsleasing (Hinweis auf Tz. 8.1.6.4), soweit es sich nicht um eine Vermietungstätigkeit handelt, Factoring, Finanzinnovationen und Termingeschäften, es sei denn, der Steuerpflichtige weist das Vorliegen einer der Ausnahmen in § 10 Abs. 6 Satz 2 zweiter Halbsatz und Abs. 7 AStG nach. Zu den Einkünften mit Kapitalanlagecharakter gehören auch entsprechende Veräußerungsgewinne und -verluste, ebenso wie den Einkünften mit Kapitalanlagecharakter funktional zuzuordnende Nebenerträge, z. B. aus Sicherungsgeschäften.

10.6.3   Keine Zwischeneinkünfte mit Kapitalanlagecharakter sind Einkünfte im Sinne des § 8 Abs. 1 Nr. 3 AStG aus Kapitalanlagen der Kreditinstitute oder Versicherungsunternehmen, ausgenommen aus Tätigkeiten im Sinne des § 1 Abs. 1 Nr. 6 KWG. Das Gleiche gilt für Einkünfte im Sinne des § 8 Abs. 1 Nr. 7 AStG. Einkünfte, die an sich Kapitalanlagecharakter haben, sind Einkünften aus aktiver Tätigkeit zuzuordnen, wenn sie in unmittelbarem wirtschaftlichen Zusammenhang mit der aktiven Tätigkeit stehen (Hinweis auf Tz. 8.0.2).

10.6.4   Die Rechtsfolge des § 10 Abs. 6 AStG tritt nur ein, soweit im Hinzurechnungsbetrag Zwischeneinkünfte mit Kapitalanlagecharakter enthalten sind. Besteht der Hinzurechnungsbetrag sowohl aus Zwischeneinkünften mit Kapitalanlagecharakter als auch aus anderen Einkünften, so ist er in einen nach § 10 Abs. 5 AStG freizustellenden und einen nach § 10 Abs. 6 AStG nicht befreiten Teil aufzuteilen. Hierbei ist nach den Grundsätzen der Tz. 10.4 zu verfahren.

Haben Zwischeneinkünfte mit Kapitalanlagecharakter zum Hinzurechnungsbetrag geführt und wird dieser gemindert, z. B. durch einen Verlustabzug nach § 10d EStG oder durch Zurechnung negativer Zwischeneinkünfte mit Kapitalanlagecharakter von Untergesellschaften, so ist – wenn eine direkte Zuordnung nicht möglich ist – davon auszugehen, dass die Minderung anteilig auf die unterschiedlichen Zwischeneinkünfte mit Kapitalanlagecharakter entfällt.

10.7 Konzernfinanzierung

Bei entsprechendem Nachweis sind Zwischeneinkünfte mit Kapitalanlagecharakter nach § 10 Abs. 7 AStG nur mit 60 v. H. anzusetzen, wenn sie aus der innerkonzernlichen Finanzierung ausländischer Betriebsstätten und konzernzugehöriger Gesellschaften stammen, ohne Rücksicht darauf, woher die Mittel kommen. Voraussetzung ist, dass die im Ausland befindlichen Betriebsstätten oder Gesellschaften ihre Bruttoerträge ausschließlich oder fast ausschließlich aus Tätigkeiten im Sinne des § 8 Abs. 1 Nr. 1 bis 6 AStG oder aus unter § 8 Abs. 1 Nr. 8 und 9 AStG fallenden Einkünften beziehen. Der nur in Höhe von 60 v. H. anzusetzende Anteil der Zwischeneinkünfte mit Kapitalanlagecharakter im Sinne des § 10 Abs. 7 AStG unterliegt auch der Gewerbesteuer.

11. Veräußerungsgewinne

11.1 § 11 Abs. 1 AStG ist auf Gewinne der ausländischen Gesellschaft aus der Veräußerung von Anteilen an einer nachgeschalteten Gesellschaft im Sinne des § 14 AStG anzuwenden, die nicht als aktive Einkünfte im Sinne des § 8 Abs. 1 Nr. 9 AStG gelten und die damit in die Hinzurechnung fallen (vgl. Tz. 8.1.9). Diese Veräußerungsgewinne sind vom Hinzurechnungsbetrag auszunehmen, soweit die nachgeschaltete Gesellschaft oder eine dieser Gesellschaft nachgeordnete Gesellschaft Einkünfte mit Kapitalanlagecharakter erzielt hat, die bei dem Steuerpflichtigen für das gleiche Kalender- oder Wirtschaftsjahr oder für die vorangegangenen sieben Kalender- oder Wirtschaftsjahre der Hinzurechnungsbesteuerung unterlegen haben. Weitere Voraussetzung ist, dass keine Ausschüttung dieser Einkünfte erfolgt ist. Der Steuerpflichtige hat die Voraussetzungen für die Ausnahme vom Hinzurechnungsbetrag nachzuweisen. Die Tz. 18.1.5.1 bis 18.1.5.3 und 18.1.5.5 sind entsprechend anzuwenden.

12. Steueranrechnung

12.1 Anrechnungsfähige Steuern

12.1.1 Nach § 12 AStG können alle nicht als Betriebsausgaben zu behandelnden Steuern angerechnet werden, zu denen die ausländische Gesellschaft mit den der Hinzurechnungsbesteuerung unterliegenden Einkünften sowie mit dem diesen Einkünften zugrunde liegenden Vermögen herangezogen worden ist. Anrechnungsfähig sind die in Tz. 10.1.2.1 genannten Steuern.

12.1.2 Im Rahmen des § 12 AStG sind auch deutsche Steuern vom Einkommen und Ertrag anzurechnen, die die ausländische Gesellschaft entrichtet hat (z. B. die von Gewinnausschüttungen deutscher Gesellschaften erhobene Kapitalertragsteuer).

12.1.3 Bei der Anrechnung wird der Gesamtbetrag der anrechnungsfähigen Steuern auf die gesamte Einkommen(Körperschaft-)steuer vom Hinzurechnungsbetrag angerechnet; es ist dafür unerheblich, wie sich die Zwischeneinkünfte nach Herkunft und Belastung zusammensetzen.

12.1.4 Die besonderen Verhältnisse bei den schweizerischen Steuern behandelt das BMF-Schreiben vom 23. Mai 1980 (BStBl I S. 282). Auf die BFH-Urteile vom 9. November 1983, BStBl 1984 II S. 468 und vom 12. Juli 1989, BStBl 1990 II S. 113 wird verwiesen. Wegen der inzwischen eingetretenen Änderungen im Schweizer Steuerrecht Hinweis auf Tz. 2.2.5.

12.2 Sonderfälle

12.2.1 Hat die Gesellschaft gemischte Einkünfte, so ist der Teil der ausländischen Steuer anrechenbar, der auf die der Hinzurechnungsbesteuerung unterliegenden Einkünfte entfällt (§ 34c EStG in Verbindung mit § 12 Abs. 2 AStG). Die Steuern sind hierbei in entsprechender Anwendung der Tz. 8.3.4 aufzuteilen.

12.2.2 Die Pauschalierungsvorschrift des § 34c Abs. 5 EStG ist auf die der Hinzurechnungsbesteuerung unterliegenden Zwischeneinkünfte nicht anwendbar (BFH-Urteil vom 20. April 1988, BStBl II S. 983).

12.3 Anrechnung bzw. Abzug der Steuern von den nach § 3 Nr. 41 EStG befreiten Gewinnausschüttungen[*]

12.3.1 Der Antrag nach § 12 Abs. 3 AStG ist im Rahmen der Feststellung nach § 18 AStG zu stellen. Dabei ist auch anzugeben, ob die Anrechnung der Steuern (entsprechend § 34c Abs. 1 EStG) oder der Abzug der Steuern (entsprechend § 34c Abs. 2 EStG) beantragt wird. Der Steuerabzug erfolgt im Feststellungsverfahren.

12.3.2 Für die zeitliche Zuordnung von Quellensteuern ist davon auszugehen, dass eine Gewinnausschüttung zuerst aus dem Hinzurechnungsbetrag gespeist wird, der dem ältesten Jahr im Sinne des § 3 Nr. 41 Buchstabe a EStG entstammt, danach aus dem Hinzurechnungsbetrag des zweitältesten Jahres im Sinne des § 3 Nr. 41 Buchstabe a EStG usw.

Beispiel:

Eine ausländische Zwischengesellschaft schüttet im Kalenderjahr 09 eine Dividende von umgerechnet 100.000 EUR an einen Gesellschafter aus, der seine Anteile im Privatvermögen hält. Hierauf wird eine ausländische Quellensteuer in Höhe von 10 v. H. erhoben. Folgende Hinzurechnungsbeträge unterlagen bei diesem Gesellschafter der Einkommensteuer:

Hinzurechnungsbetrag für Wirtschaftsjahr 01, gilt als zugeflossen am 1. 1. 02 (Feststellungsjahr 02)	20.000 EUR
Hinzurechnungsbetrag für Wirtschaftsjahr 02, gilt als zugeflossen am 1. 1. 03 (Feststellungsjahr 03)	40.000 EUR
Hinzurechnungsbetrag für Wirtschaftsjahr 03, gilt als zugeflossen am 1. 1. 04 (Feststellungsjahr 04)	10.000 EUR
Hinzurechnungsbetrag für Wirtschaftsjahr 04, gilt als zugeflossen am 1. 1. 05 (Feststellungsjahr 05)	30.000 EUR
Hinzurechnungsbetrag für Wirtschaftsjahr 05, gilt als zugeflossen am 1. 1. 06 (Feststellungsjahr 06)	20.000 EUR
Hinzurechnungsbetrag für Wirtschaftsjahr 06, gilt als zugeflossen am 1. 1. 07 (Feststellungsjahr 07)	70.000 EUR
Hinzurechnungsbetrag für Wirtschaftsjahr 07, gilt als zugeflossen am 1. 1. 08 (Feststellungsjahr 08)	30.000 EUR
Hinzurechnungsbetrag für Wirtschaftsjahr 08, gilt als zugeflossen am 1. 1. 09 (Feststellungsjahr 09)	80.000 EUR

- Die Dividendenausschüttung ist nach § 3 Nr. 41 EStG steuerfrei. „Verbraucht" ist der Hinzurechnungsbetrag, der in 02, 03, 04 und 05 als zugeflossen gilt.

- Die hierauf entfallende ausländische Quellensteuer wird

    im Veranlagungszeitraum 02   i. H. v.   2.000 EUR
    im Veranlagungszeitraum 03   i. H. v.   4.000 EUR
    im Veranlagungszeitraum 04   i. H. v.   1.000 EUR
    im Veranlagungszeitraum 05   i. H. v.   3.000 EUR

    angerechnet oder abgezogen.

Bei einer Gesellschaft mit gemischten Einkünften kommt es nicht darauf an, ob die Dividende auf aktive oder passive Einkunftsquellen zurückzuführen ist.

12.3.3 Jeder Gesellschafter kann sowohl für die Anwendung des § 12 Abs. 1 AStG als auch des § 12 Abs. 3 AStG unabhängig von der Handhabung der Mitgesellschafter wählen, ob die Steuer anzurechnen oder bei der Ermittlung der Einkünfte abzuziehen ist.

12.3.4 § 12 Abs. 3 AStG gilt entsprechend für körperschaftsteuerpflichtige Beteiligte, Tz. 12.3.1 bis 12.3.3 sind sinngemäß anzuwenden.

---

[*] Zur zeitlichen Anwendung vgl. Tz. 21.1.

14. Nachgeschaltete Zwischengesellschaften

14.0 Anwendungsbereich

14.0.1 Die übertragende Zurechnung nach § 14 AStG greift ein, wenn eine ausländische Gesellschaft (Obergesellschaft) an einer ausländischen Zwischengesellschaft (Untergesellschaft) beteiligt ist und an beiden Gesellschaften unbeschränkt Steuerpflichtige oder Personen im Sinne des § 2 AStG am Ende des maßgebenden Wirtschaftsjahrs dieser Untergesellschaften unmittelbar oder mittelbar zu mehr als der Hälfte (vgl. Tz. 7.2.1) oder im Sinne des § 7 Abs. 6 AStG (vgl. Tz. 14.0.4) beteiligt sind. Es ist nicht erforderlich, dass die Obergesellschaft selbst niedrig besteuerte Zwischeneinkünfte erzielt. Es braucht sich bei beiden Gesellschaften nicht um dieselben Inlandsbeteiligten zu handeln. Die Beteiligung der jeweiligen Obergesellschaft ist dabei mit dem Anteil zu berücksichtigen, zu dem Steuerinländer an ihr selbst unmittelbar oder mittelbar beteiligt sind. § 7 Abs. 4 AStG ist zu beachten, soweit es um die Feststellung der Mehrheitsbeteiligung geht. Für die Durchführung der übertragenden Zurechnung haben so berücksichtigte Anteile aber keine Wirkung (vgl. Tz. 7.4).

14.0.2 § 14 AStG ist nicht anzuwenden, wenn eine Beteiligung an der Untergesellschaft einem unbeschränkt Steuerpflichtigen unmittelbar zuzurechnen ist (z. B. aufgrund der §§ 39, 41 oder 42 AO). In diesem Fall unterliegt dieser der Hinzurechnungsbesteuerung nach den §§ 7 bis 12 und 14 AStG unmittelbar.

14.0.3 Die Voraussetzungen für die übertragende Zurechnung nach § 14 AStG sind für jede Untergesellschaft gesondert zu prüfen. Zu den Feststellungserfordernissen im Falle nachgeschalteter Zwischengesellschaften vgl. Tz. 18.1.4.

14.0.4 Soweit Zwischeneinkünfte mit Kapitalanlagecharakter vorliegen, erfolgt eine Zurechnung im Sinne des § 14 Abs. 1 AStG bereits ab einer Beteiligungshöhe von 1 v. H. (§ 7 Abs. 6 Satz 1 AStG) bzw. ohne dass eine Mindestbeteiligungshöhe gegeben ist (§ 7 Abs. 6 Satz 3 AStG).

14.1 Einkünfte aus Zwischengesellschaften

14.1.1 Der übertragenden Zurechnung nach § 14 AStG unterliegen alle Zwischeneinkünfte (Tz. 7.0.1, 8.0, 8.1).

14.1.2 Die übertragende Zurechnung erstreckt sich nicht auf die der nachgeschalteten Gesellschaft zugeflossenen Einkünfte aus Tätigkeiten, die einer unter § 8 Abs. 1 Nr. 1 bis 6 AStG fallenden eigenen Tätigkeit der vorgeschalteten Gesellschaft dienen oder soweit es sich um Einkünfte im Sinne des § 8 Abs. 1 Nr. 8 oder 9 AStG handelt und der Steuerpflichtige dies nachweist.

Tätigkeiten können der vorgeschalteten Gesellschaft nur dann dienen, wenn diese Tätigkeiten in einem unmittelbaren Zusammenhang mit deren eigener Tätigkeit stehen. Dies erfordert, dass zwischen beiden Gesellschaften ein aufeinander abgestimmtes Geschäft betrieben wird. Einkünfte mit Kapitalanlagecharakter (§ 7 Abs. 6a AStG) gelten nach § 14 Abs. 1 Satz 2 AStG nicht als Einkünfte, die einer eigenen Tätigkeit der vorgeschalteten Gesellschaft dienen können[*).

14.1.3 Ob eine niedrige Besteuerung vorliegt, ist für jede Untergesellschaft gesondert zu prüfen. Gleiches gilt für die in § 9 AStG vorgesehene Freigrenze nach dem Bruttoertrag

---

[*) Satz 4 bezieht sich auf die Gesetzesfassung, die für Zwischeneinkünfte anzuwenden ist, die in Wirtschaftsjahren der ausländischen Gesellschaft entstanden sind, die nach dem 31. Dezember 2002 begonnen haben (§ 21 Abs. 11 AStG).

(Tz. 9.0.1) und die absolute Freigrenze von 62.000 Euro, soweit sie sich auf die Gesellschaft als solche beziehen. Für die Anwendung der absoluten Freigrenze von 62.000 Euro hinsichtlich der einzelnen Inlandsbeteiligten sind bei einem Inlandsbeteiligten alle unmittelbar und über § 14 AStG in die Hinzurechnung gelangenden Zwischeneinkünfte zusammenzurechnen. Die Tz. 8.3 und 9 sind entsprechend anzuwenden.

14.1.4 Die Einkünfte der Untergesellschaft aus passivem Erwerb, die der Zurechnung nach § 14 AStG unterliegen, sind nach § 10 AStG zu ermitteln. Hierbei ist Folgendes zu beachten:

1. Für die Untergesellschaft ist grundsätzlich eine eigene Gewinnermittlung nach Maßgabe der Tz. 10.3.1.1 vorzunehmen. Hierfür sind eigene Zurechnungsbilanzen der Untergesellschaft zu erstellen.

2. Bei der Ermittlung sind die zu Lasten der Untergesellschaft erhobenen Steuern im Sinne des § 10 Abs. 1 Satz 1 AStG zu berücksichtigen.

3. § 10 Abs. 1 Satz 3 AStG findet auf die Zurechnung nach § 14 Abs. 1 AStG keine Anwendung (BFH-Urteil vom 20. April 1988, BStBl II S. 868).

14.1.5 Das nach Tz. 14.1.4 ermittelte Ergebnis der Untergesellschaft ist der Obergesellschaft zuzurechnen und gelangt bei ihr unmittelbar in die Hinzurechnung nach den §§ 7 bis 12 und 14 AStG. Die Zurechnung erfolgt im Zeitpunkt ihrer Entstehung, d. h. in der letzten logischen Sekunde vor Ablauf des Wirtschaftsjahrs der Untergesellschaft (vgl. BFH-Urteil vom 28. September 1988, BStBl 1989 II S. 13). Besteht im Land der vorgeschalteten Zwischengesellschaft ebenfalls eine Hinzurechnungsbesteuerung (zurzeit u. a. in Dänemark, Finnland, Frankreich, Großbritannien, Italien, Japan, Kanada, Norwegen, Portugal, Schweden, Spanien, USA), so ist wie folgt zu verfahren:

– die Frage, ob eine niedrige Besteuerung vorliegt, richtet sich nach § 8 Abs. 3 AStG lediglich nach der Steuer, die die nachgeschaltete Zwischengesellschaft zu tragen hat (Tz. 8.3.1.1); eine in dem Land der vorgeschalteten Gesellschaft erhobene Hinzurechnungssteuer ist nicht zu berücksichtigen;

– die im Land der vorgeschalteten Zwischengesellschaft erhobene Hinzurechnungssteuer kann nach § 12 AStG auf die deutsche Hinzurechnungssteuer angerechnet werden.

14.1.6 Der Obergesellschaft sind nicht nur positive, sondern auch negative Einkünfte der Untergesellschaft zuzurechnen; § 10 Abs. 1 Satz 3 AStG gilt für die übertragende Zurechnung nicht (vgl. BFH-Urteil vom 20. April 1988, BStBl II S. 868). Ebenso können negative Einkünfte der Obergesellschaft, die nicht nach § 10 Abs. 3 Satz 5 AStG von deren Gewinnen abzuziehen sind, mit positiven Einkünften der Untergesellschaft ausgeglichen werden.

14.1.7 Positive und negative Einkünfte der Ober- und Untergesellschaften können nur einmal bei der Hinzurechnung erfasst bzw. abgezogen werden. Demgemäß ist

1. ein Gewinn der Untergesellschaft, der durch deren Verlustabzug aufgezehrt wird, der Obergesellschaft nicht zuzurechnen;

2. ein Verlust der Untergesellschaft, der durch Verlustabzug bei deren Gewinnen berücksichtigt wird, bei der Obergesellschaft nicht absetzbar.

Da die Zurechnung im Sinne des § 14 Abs. 1 AStG als selbständige Rechtsfolge ausgestaltet ist, hat hierbei der Abzug bei der Untergesellschaft Vorrang. Wird ein Verlust nachträglich (d. h. im Vortragswege) mit einem Gewinn ausgeglichen, so entfällt rückwirkend die Voraussetzung für seinen Abzug bei der Obergesellschaft. Die Feststellungen bei der Obergesellschaft sind entsprechend zu berichtigen. Zur Vereinfachung kann zugelassen werden, dass es bei dem Verlustabzug bei der Obergesellschaft verbleibt und dafür vom Abzug des Verlustes von den Einkünften der Untergesellschaft abgesehen wird. Voraussetzung hierfür ist, dass sich keine wesentlichen steuerlichen Auswirkungen ergeben. Bei Verlustrücktrag ist sinngemäß zu verfahren.

14.1.8 Die übertragende Zurechnung unterbleibt, wenn der Anteil an der Untergesellschaft bereits nach den §§ 39, 41 oder 42 AO einem unbeschränkt Steuerpflichtigen zugerechnet worden ist.

14.1.9 Auf Zwischeneinkünfte einer Untergesellschaft, die aufgrund des § 14 AStG bei einem Steuerpflichtigen der Hinzurechnung nach § 7 AStG unterliegen, ist § 12 Abs. 1 und 2 AStG anzuwenden. Anzurechnen sind hierbei folgende Steuern:

1. Einkommen- und Vermögensteuern, die die Untergesellschaft in ihrem Sitzstaat oder in anderen Staaten zahlt;

2. Einkommen- und Vermögensteuern im Staat der Obergesellschaft.

Die Anrechnung ist so vorzunehmen, als ob es sich um eigene Steuern der Obergesellschaft handelte. Der Hinzurechnungsbetrag des Inlandsbeteiligten ist um diese Steuern zu erhöhen (§ 12 Abs. 1 Satz 2 AStG).

14.3 Nachschaltung weiterer ausländischer Gesellschaften

Sind mehrere Untergesellschaften einander nachgeschaltet, so vollzieht sich die Zurechnung nach § 14 Abs. 1 und 3 AStG in der letzten logischen Sekunde des jeweiligen Wirtschaftsjahrs der untersten nachgeschalteten Untergesellschaft durch alle vorgeschalteten Untergesellschaften hindurch bis zur Obergesellschaft. Es ist jedoch nicht zu beanstanden, wenn bei abweichendem Wirtschaftsjahr der untereinanderstehenden Gesellschaften die Weiterverrechnung von der unteren auf die obere Stufe jeweils in der letzten logischen Sekunde des Wirtschaftsjahrs der übergeordneten Gesellschaft zugelassen wird. Voraussetzung ist, dass dies nicht zu schwerwiegenden zeitlichen Verschiebungen führt.

14.4 Bestimmungen der Doppelbesteuerungsabkommen

§ 14 Abs. 4 AStG ist durch Artikel 11 des StVergAbG aufgehoben worden; die nachfolgenden, kursiv gedruckten Textziffern beziehen sich deshalb auf die Gesetzesfassung, die für Zwischeneinkünfte anzuwenden ist, die in Wirtschaftsjahren der Zwischengesellschaft oder der Betriebsstätte entstanden sind, die in der Zeit vom 1. Januar 2001 bis einschließlich 31. Dezember 2002 begonnen haben (§ 21 Abs. 7 Satz 4 und Abs. 11 Satz 2 AStG).

14.4.1 *Zwischeneinkünfte nachgeschalteter Zwischengesellschaften gehen nach der Zurechnung an die Obergesellschaft in den Hinzurechnungsbetrag ein. Auf ihn sind die Bestimmungen des DBA mit dem Land des Sitzes der Obergesellschaft entsprechend anzuwenden (§ 10 Abs. 5 AStG); dies kann zur Freistellung des Hinzurechnungsbetrags nach Maßgabe einer DBA-Schachtelvergünstigung führen. § 14 Abs. 4 AStG schränkt diese Freistellung ein, soweit der Hinzurechnungsbetrag Zwischeneinkünfte enthält, die der Obergesellschaft nach § 14 Abs. 1 und 3 AStG zuzurechnen sind. Insoweit ist die Freistellung des Hinzurechnungsbetrags nur dann zu gewähren, wenn er auch bei direkter Beteiligung des Steuerpflichtigen an der Untergesellschaft nach DBA steuerbefreit wäre.*

14.4.2 *Einkünfte, die der übertragenden Zurechnung unterliegen, sind nach § 10 Abs. 5 AStG freizustellen, wenn eine Schachtelvergünstigung sowohl hinsichtlich der Obergesellschaft als auch hinsichtlich der Gesellschaft besteht, bei der die Zwischeneinkünfte tatsächlich angefallen sind. Ob auch für weitere zwischengeschaltete Gesellschaften (§ 14 Abs. 3 AStG) Schachtelvergünstigungen bestehen, ist unerheblich.*

14.4.3 Besteht eine Schachtelvergünstigung nur mit dem Staat der Obergesellschaft, so ist nur der Teil des Hinzurechnungsbetrags nach § 10 Abs. 5 AStG freizustellen, der aus eigenen Einkünften der Obergesellschaft stammt. Nicht freizustellen ist dagegen der Teil des Hinzurechnungsbetrags, der aus der übertragenden Zurechnung der Untergesellschaft stammt. Besteht eine Schachtelvergünstigung nur mit dem Staat der Untergesellschaft, so kommt eine Freistellung nach § 10 Abs. 5 AStG weder für die eigenen Einkünfte der Obergesellschaft noch für die Einkünfte der nachgeschalteten Untergesellschaft in Betracht.

15. Familienstiftungen

15.1 Zurechnung von Einkommen

15.1.1 Nach § 15 AStG ist das Einkommen ausländischer Familienstiftungen unbeschränkt steuerpflichtigen Stiftern, Bezugs- oder Anfallsberechtigten gemäß ihrem Anteil unmittelbar zuzurechnen. Die Vorschriften der DBA stehen einer Zurechnung nicht entgegen.

§ 15 AStG und § 20 EStG schließen sich tatbestandsmäßig wechselseitig aus. § 15 Abs. 1 und 4 AStG ist gegenüber § 22 Nr. 1 EStG vorrangig (BFH-Urteil vom 2. Februar 1994, BStBl II S. 727).

Unter Einkommen ist dasjenige zu verstehen, das sich bei unterstellter unbeschränkter Steuerpflicht der Familienstiftung ergeben würde. Die Ermittlung des Einkommens bestimmt sich nach den Grundsätzen des deutschen Steuerrechts, dazu gehört auch die Gewährung von Pausch- und Freibeträgen (vgl. BFH-Urteile vom 5. November 1992, BStBl 1993 II S. 388 und vom 2. Februar 1994, BStBl II S. 727).

15.1.2 Dem unbeschränkt Steuerpflichtigen ist für die Zwecke der Einkommensteuer das Einkommen zuzurechnen, das der Familienstiftung während des betreffenden Veranlagungszeitraums zugeflossen ist.

15.1.3 Die Zurechnung nach § 15 AStG erfolgt auch dann, wenn

a) der Stifter bei der Errichtung beschränkt steuerpflichtig war,

b) der unbeschränkt Steuerpflichtige lediglich anfalls-, aber nicht bezugsberechtigt ist.

15.1.4 Das Einkommen der Familienstiftung ist dem Stifter während seiner unbeschränkten oder erweiterten beschränkten Steuerpflicht voll, nach ihrem Wegfall (z. B. durch Tod) den Bezugs- und Anfallsberechtigten anteilig zuzurechnen. Die §§ 34 und 35 EStG finden keine Anwendung.

15.1.5 Wendet die Familienstiftung einem Stifter, Bezugs- oder Anfallsberechtigten Einkommen zu, das dieser Person schon nach § 15 AStG zugerechnet worden ist, so unterliegt diese Zuwendung insoweit nicht der Einkommensteuer.

15.2 Stifter, Bezugsberechtigter, Anfallsberechtigter

15.2.1 Stifter ist, wer die Stiftung errichtet hat, d. h., für dessen Rechnung das Stiftungsgeschäft abgeschlossen worden ist (BFH-Urteil vom 5. November 1992, BStBl 1993 II S. 388), oder wer in der Art des Stifters Vermögen auf die Stiftung überträgt bzw. die Person, der das Stiftungsgeschäft bei wirtschaftlicher Betrachtung zuzurechnen ist.

Bezugsberechtigter ist eine Person, die nach der Satzung der Familienstiftung in der Gegenwart oder Zukunft Vermögensvorteile aus der Stiftung erhält oder erhalten wird oder bei der nach der Satzung damit gerechnet werden kann, dass sie Vermögensvorteile erhalten wird. Eine Bezugsberechtigung setzt nicht voraus, dass ein Rechtsanspruch der bezugsberechtigten Person auf die Erträge des Stiftungsvermögens besteht. Anfallsberechtigter ist eine Person, die die Übertragung des Stiftungsvermögens rechtlich verlangen oder tatsächlich bewirken kann. Bei Zufallsdestinatären entfällt eine Zurechnung. Eine Anfallsberechtigung setzt nicht voraus, dass ein Rechtsanspruch der anfallsberechtigten Person auf den Anfall des Vermögens besteht. Die Hinzurechnung wird nicht dadurch ausgeschlossen, dass der Anfallsberechtigte bis zum Anfall des Vermögens bei Erreichen eines bestimmten Lebensalters keine Zuwendungen von der Stiftung erhält.

15.2.2 Eine Zurechnung erfolgt, wenn der Stifter, seine Angehörigen und deren Abkömmlinge zu mehr als der Hälfte bezugs- oder anfallsberechtigt sind. Es genügt, wenn ein oder mehrere Abkömmlinge allein oder zusammen zu mehr als der Hälfte bezugs- oder anfallsberechtigt sind (BFH-Urteil vom 5. November 1992, BStBl 1993 II S. 388).

15.2.3 Sind mehrere Personen bezugs- oder anfallsberechtigt, so ist das Verhältnis ihrer Berechtigungen untereinander für die Grenze des § 15 Abs. 2 und 3 AStG und für die Aufteilung des Einkommens maßgebend.

15.4 Gleichstellung sonstiger Vermögen und Vereinigungen

Ein im Ausland errichteter nicht rechtsfähiger Trust kann Vermögensmasse sein (BFH-Urteil vom 5. November 1992, BStBl 1993 II S. 388), ebenso kann ein Trust im Sinne des US-amerikanischen Rechts Zweckvermögen im Sinne des § 15 Abs. 4 AStG sein (BFH-Urteil vom 2. Februar 1994, BStBl II S. 727).

15.5 Erweitert beschränkt Steuerpflichtige, Steueranrechnung, Nachschaltung von Zwischengesellschaften

15.5.1 Ist eine Person im Sinne des § 2 Abs. 1 Satz 1 Nr. 1 AStG (vgl. § 5 Abs. 1 Satz 1 AStG) allein oder zusammen mit anderen Stifter, Anfalls- oder Bezugsberechtigter, so ist ihr in entsprechender Anwendung des § 5 AStG das erweitert beschränkt steuerpflichtige Einkommen der Stiftung (vgl. Tz. 2.5) entsprechend ihrem Anteil zuzurechnen. Die Bezugs- oder Anfallsberechtigung dieser Person ist bei der Grenze des § 15 Abs. 2 und 3 AStG zu berücksichtigen.

15.5.2 Die Anrechnung in- und ausländischer Steuern der Familienstiftung auf die deutschen Steuern der Stifter, Bezugs- oder Anfallsberechtigten richtet sich nach § 12 AStG i. V. m. § 34c EStG und § 10 Abs. 1 AStG. Tz. 12 ist entsprechend anzuwenden. Bei der nach § 34c Abs. 1 Satz 2 EStG anzustellenden Höchstbetragsberechnung tritt das zuzurechnende Einkommen an die Stelle der „ausländischen Einkünfte" im Sinne der Vorschrift. Steuern können nur für die Jahre angerechnet werden, in denen sie entrichtet wurden. Ist die Bemessungsgrundlage der ausländischen Einkünfte im Inland niedriger als im Ausland, so ist die anzurechnende ausländische Steuer dennoch ungekürzt bei der Höchstbetragsberechnung nach § 34c Abs. 1 Satz 2 EStG anzusetzen, wenn in ihre ausländische Bemessungsgrundlage keine nicht ausländischen Einkünfte eingegangen sind (BFH-Urteil vom 2. Februar 1994, BStBl II S. 727).

15.5.3 Ist die Familienstiftung an einer ausländischen Zwischengesellschaft beteiligt, so ist die Beteiligung den Stiftern, Bezugs- oder Anfallsberechtigten entsprechend ihrem Anteil zuzurechnen. Die §§ 7, 8 und 14 AStG sind auf die Beteiligung an der Zwischengesellschaft so anzuwenden, als hielte jede dieser Personen den auf sie entfallenden Anteil unmittelbar.

16. Mitwirkungspflicht

16.0 Allgemeines

§ 16 AStG legt eine umfassende Offenlegungspflicht des Steuerpflichtigen bei Geschäftsbeziehungen zu nicht oder nur unwesentlich besteuerten Personen im Ausland fest. Die Vorschrift erweitert bei grenzüberschreitenden Sachverhalten die Benennungspflicht nach § 160 AO. Nur bei völliger Offenlegung auch der bestehenden Beziehungen zu der Person im Ausland können Schulden, andere Lasten, Betriebsausgaben oder Werbungskosten abgezogen werden. Bei der Offenlegungspflicht des § 16 AStG ist auch § 90 Abs. 2 AO zu berücksichtigen. Der Steuerpflichtige muss die Sachverhalte aufklären und alle erforderlichen Beweismittel beschaffen; er muss vor allem auch seiner Pflicht zur Beweisvorsorge nachkommen. Das Verlangen der Finanzbehörde nach § 16 AStG zur Offenlegung stellt keinen Verwaltungsakt dar (vgl. BFH-Urteil vom 20. April 1988, BStBl II S. 927).

16.1 Offenlegung von Auslandsbeziehungen

16.1.1 Zur Offenlegung sind alle Steuerpflichtigen verpflichtet, die Schulden oder Aufwendungen im Zusammenhang mit Geschäftsbeziehungen zu ausländischen Personen steuerlich geltend machen, die mit den aus diesen Geschäftsbeziehungen zusammenhängenden Einkünften nicht oder nur unwesentlich besteuert werden. Zum Begriff der „Geschäftsbeziehungen" gelten die Ausführungen in Tz. 1.4 entsprechend. Die Geschäftsbeziehungen können zu einer ausländischen Gesellschaft (vgl. § 7 Abs. 1 AStG) oder einer im Ausland ansässigen Person oder Personengesellschaft bestehen. Es ist nicht erforderlich, dass es sich um nahe stehende Personen (z. B. im Sinne der §§ 1 Abs. 2 oder 7 AStG) handelt.

16.1.2 Eine unwesentliche Besteuerung der Einkünfte der ausländischen Personen aus ihren Geschäftsbeziehungen zu dem Steuerpflichtigen ist gegeben, wenn eine Ertragsteuerbelastung von weniger als 25 v. H. besteht (vgl. Tz. 8.3). Es genügt, dass die unwesentliche Besteuerung nur für einen Teil der Einkünfte besteht, wenn die Einkünfte aus der fraglichen Geschäftsbeziehung hierzu gehören. Es ist nicht erforderlich, dass die Einkünfte aus passivem Erwerb im Sinne des § 8 Abs. 1 AStG stammen.

16.1.3 Der Steuerpflichtige ist seiner Mitwirkungspflicht erst dann nachgekommen, wenn er alle unmittelbaren oder mittelbaren Beziehungen, die zur Person im Ausland bestehen oder bestanden haben, offen gelegt hat. Hierzu gehören alle Tatsachen, die für eine steuerliche Beurteilung von Bedeutung sein können. Der Steuerpflichtige hat hierbei alle für ihn bestehenden rechtlichen und tatsächlichen Möglichkeiten auszuschöpfen (vgl. BFH-Urteil vom 13. März 1985, BStBl 1986 II S. 318). Er muss auch im Rahmen der ihm obliegenden Beweisvorsorgepflicht Beweismittel schaffen, beschaffen und sichern (BFH-Urteil vom 16. April 1980, BStBl 1981 II S. 492). Die Offenlegungspflicht umfasst auch Tatsachen über die hinter dem ausländischen Geschäftspartner stehenden Interessenten. Die Benennung einer Domizilgesellschaft als Geschäftspartner genügt ebenso wenig wie die Erklärung des Steuerpflichtigen, nicht er, sondern ein fremder Dritter stehe hinter der ausländischen Gesellschaft (vgl. BFH-Beschluss vom 25. August 1986, BStBl 1987 II S. 481).

Ungewissheiten hinsichtlich der Person des Gläubigers oder Empfängers gehen zu Lasten des Steuerpflichtigen (vgl. BFH-Urteil vom 13. März 1985, BStBl 1986 II S. 318 und BFH-Beschluss vom 9. Juli 1986, BStBl 1987 II S. 487). Ausländische Verbotsnormen führen nicht dazu, dass ein Offenlegungsverlangen von vornherein unverhältnismäßig oder unzumutbar wird (vgl. BFH-Urteil vom 16. April 1980, BStBl 1981 II S. 492).

16.1.4 Erfüllt der Steuerpflichtige seine Offenlegungspflicht nicht, so ist der geltend gemachte Ansatz von Schulden oder Lasten bzw. der Abzug von Betriebsausgaben oder Werbungskosten nach § 160 AO nicht anzuerkennen; der Finanzbehörde erwachsen aus der Verletzung der Mitwirkungspflichten keine weitergehenden Amtsermittlungspflichten (vgl. BFH-Beschluss vom 9. Juli 1986, BStBl 1987 II S. 487).

Bei aktivierungspflichtigen Anschaffungs- oder Herstellungsvorgängen sind als Betriebsausgaben die Anschaffungs- oder Herstellungskosten anzusehen. Der Umstand, dass Aufwendungen tatsächlich entstanden sind, ändert nichts an der Rechtsfolge der Nichtanerkennung (vgl. BFH-Urteil vom 29. November 1978, BStBl 1979 II S. 587).

16.2 Eidesstattliche Versicherung

Auf Verlangen der Finanzbehörde kann der Steuerpflichtige seine Offenlegungspflicht dadurch erfüllen, dass er eine Versicherung an Eides statt darüber abgibt, dass er nicht oder nur in begrenztem Umfang in der Lage ist, Tatsachen offen zu legen sowie darüber, dass seine Angaben über bestimmte Tatsachen richtig und vollständig sind. Ein Anspruch zur Abgabe einer Versicherung an Eides statt besteht nicht. Ohne Verlangen der Finanzbehörde abgegebene Versicherungen an Eides statt oder Eigenerklärungen sind für sich allein kein ausreichendes Mittel zur Glaubhaftmachung.

17. Sachverhaltsaufklärung

17.1 Anwendungsbereich

17.1.1 Im Unterschied zu § 16 AStG, der nur an § 160 AO anknüpft, bezieht sich § 17 AStG lediglich auf die Anwendung der §§ 5, 7 bis 12, 14 und 15 AStG. Das Aufklärungsverlangen nach § 17 AStG ist ein Verwaltungsakt.

17.1.2 Zur Anwendung der §§ 7 bis 12 und 14 AStG ist jeder an der Zwischengesellschaft beteiligte unbeschränkt oder erweitert beschränkt Steuerpflichtige verpflichtet, den Sachverhalt aufzuklären und die erforderlichen Beweismittel, insbesondere die in § 17 Abs. 1 AStG genannten Unterlagen zu beschaffen (§ 90 Abs. 2 AO). Er hat dafür alle ihm tatsächlich und rechtlich zugänglichen Unterlagen vorzulegen. Insbesondere hat er alles zu tun, um durch Ausübung seiner Gesellschafterrechte oder seiner sonstigen rechtlichen und tatsächlichen Möglichkeiten von den Gesellschaften, deren Organen oder dritten Personen über den Sachverhalt Aufklärung zu erlangen. Sind mehrere beteiligt, so haben sie dabei zusammenzuwirken, vor allem indem sie ihre Stimmrechte zweckentsprechend ausüben. Die Vorlage von Bilanzen und Erfolgsrechnungen nach § 17 Abs. 1 AStG kann auch zur Bestimmung und zur Überprüfung einer behaupteten Niedrigbesteuerung angebracht sein (BFH-Urteil vom 16. April 1986, BStBl II S. 736).

17.1.3 Die Beteiligten können sich nicht darauf berufen, dass sie ihrer Mitwirkungspflicht nicht nachkommen können, wenn sie sich nach Lage des Falles bei der Gestaltung ihrer Verhältnisse die Möglichkeit dazu hätten verschaffen oder einräumen lassen können (§ 90 Abs. 2 AO).

17.1.4 Die Finanzbehörde kann unter den Voraussetzungen der §§ 93 ff. und § 200 AO Dritte als Auskunftsperson vernehmen, z. B. Personen, die für die ausländische Gesellschaft tätig geworden sind oder mit ihr in Geschäftsverbindung gestanden haben oder im Auftrag oder Interesse eines inländischen Beteiligten bei der Einschaltung der ausländischen Gesellschaft mitgewirkt haben. Die Auskunftspersonen haben nach §§ 97 ff. AO die erforderlichen Unterlagen vorzulegen. Sind solche Personen im Ausland ansässig, so kann zwischenstaatliche Amtshilfe in Anspruch genommen werden (§ 117 AO).

17.1.5 Die Finanzbehörde kann nach den §§ 94 und 95 AO verlangen, dass die inländischen Beteiligten oder die Auskunftspersonen über ihre Angaben eine Versicherung an Eides statt abgeben bzw. ihre Aussage durch Eid bekräftigen (vgl. Tz. 16.2).

17.1.6 Die Finanzbehörden können zur Sachverhaltsaufklärung zwischenstaatliche Amtshilfe in Anspruch nehmen (vgl. BMF-Schreiben vom 3. Februar 1999, BStBl I S. 228, 974).

17.2 Schätzung

Sind die Einkünfte der Zwischengesellschaft zu schätzen, so ist auch der Schätzungsrahmen in § 17 Abs. 2 AStG zu beachten (vgl. BFH-Urteil vom 20. Dezember 2000, BStBl 2001 II S. 381).

18. Gesonderte Feststellung

18.1 Verfahren, Inhalt und Zeitraum

18.1.1 Verfahren

18.1.1.1 Die Besteuerungsgrundlagen für die Anwendung der §§ 7 bis 12 und 14 AStG sowie des § 3 Nr. 41 EStG werden gesondert und ggf. auch einheitlich festgestellt (§ 18 AStG). Ebenso ist hinsichtlich der Besteuerungsgrundlagen für die Anwendung des § 5 AStG zu verfahren.

18.1.1.2 Sind in dem nach § 14 KStG dem Organträger zuzurechnenden Einkommen nach den §§ 7 ff. AStG steuerpflichtige Einkünfte enthalten, ist der Bescheid nach § 18 AStG an die Organgesellschaft zu richten (BFH-Urteil vom 29. August 1984, BStBl 1985 II S. 119).

Sind Inlandsbeteiligte über eine in- oder ausländische Personengesellschaft an einer ausländischen Zwischengesellschaft beteiligt, so sind Zwischeneinkünfte der Personengesellschaft hinzuzurechnen; der Feststellungsbescheid (Hinzurechnungsbescheid) ist jedoch an die Inlandsbeteiligten zu richten (BFH-Urteil vom 30. August 1995, BStBl 1996 II S. 122). Dabei sind in den Feststellungsbescheiden für die Inlandsbeteiligten auch Feststellungen zu § 3 Nr. 41 EStG (Tz. 18.1.2.2 Nr. 6 und 18.1.2.3 Buchstabe c) und zu § 12 Abs. 3 AStG (Tz. 18.1.2.3 Buchstabe a) zu treffen.

18.1.1.3 Die beteiligten Steuerpflichtigen sind verpflichtet, einen im Inland wohnenden gemeinschaftlichen Empfangsbevollmächtigten im Sinne der §§ 179 und 183 AO zu bestellen. Falls ein solcher nicht bestellt ist, kann nach § 183 Abs. 1 Satz 3 AO verfahren werden.

18.1.1.4 Jeder der beteiligten Steuerpflichtigen kann gegen den Feststellungsbescheid einen Rechtsbehelf einlegen (vgl. § 352 Abs. 1 Nr. 2 AO und § 48 Abs. 2 FGO). Haben die Beteiligten einen Empfangsbevollmächtigten benannt oder wird die Beteiligung über eine Personengesellschaft gehalten (§ 7 Abs. 3 AStG), so ist die gegenüber den Beteiligten/Gesellschaftern getroffene gesonderte Feststellung nur nach § 352 Abs. 2 AO (§ 48 Abs. 1 FGO) anfechtbar. Auf die Notwendigkeit, Beteiligte nach § 360 Abs. 3 AO bzw. § 60 Abs. 3 FGO beizuziehen, wird hingewiesen (vgl. BFH-Urteil vom 28. Februar 1990, BStBl II S. 696).

18.1.2 Inhalt der gesonderten Feststellung

18.1.2.1 Es sind alle Steuerbemessungsgrundlagen festzustellen, die für das Besteuerungsverfahren des Inlandsbeteiligten selbständig von Bedeutung sein können. Eine besondere Feststellung für die Gewerbesteuer ist nicht erforderlich, soweit sich die Besteuerungsgrundlagen für diese Steuer aus festgestellten Beträgen ergeben.

18.1.2.2 Im Bescheid über die gesonderte Feststellung (Hinzurechnungsbescheid) ist festzustellen (vgl. BFH-Urteil vom 6. Februar 1985, BStBl II S. 410),

1. ob eine Hinzurechnung vorzunehmen ist;

2. welchen Personen nach § 7 Abs. 1 AStG hinzuzurechnen ist;

3. welches die zuzurechnenden Steuerbemessungsgrundlagen für die einzelnen Steuerpflichtigen sind;

4. für welchen Zeitpunkt die Hinzurechnung nach den §§ 7 bis 12 und 14 AStG begründet ist;

5. welchen vorgeschalteten Obergesellschaften Zwischeneinkünfte nachgeschalteter Gesellschaften zuzurechnen sind (ggf. ist ein negativer Zurechnungsbescheid zu erlassen);

6. ob Hinzurechnungsbeträge der Einkommensteuer unterlegen haben (§ 3 Nr. 41 EStG).

18.1.2.3 Im Hinzurechnungsbescheid sind nach § 18 Abs. 1 Satz 1 AStG u. a. gesondert festzustellen (vgl. BFH-Urteile vom 17. Juli 1985, BStBl 1986 II S. 129 und vom 15. März 1995, BStBl II S. 502):

a) die nach § 7 Abs. 1 oder Abs. 6 AStG steuerpflichtigen Einkünfte;

b) die nach § 10 Abs. 1 Satz 1 AStG abziehbaren Steuern/nach § 12 Abs. 1 AStG anzurechnenden Steuern;

c) die nach § 3 Nr. 41 EStG steuerfreien Beträge und die Summe der verbleibenden Hinzurechnungsbeträge;

d) die nach § 12 Abs. 3 AStG i. V. m. § 34c Abs. 1 EStG anrechenbaren Steuern;

e) die nach § 12 Abs. 3 AStG i. V. m. § 34c Abs. 2 EStG abzuziehenden Steuern. Diese sind zwar bereits bei der Ermittlung der festzustellenden Einkünfte abzuziehen. Da das Feststellungsjahr der Ausschüttung aber zeitlich nach dem Jahr der Feststellung der zugrunde liegenden Einkünfte liegt, muss im Ausschüttungsjahr eine gesonderte Feststellung der abzuziehenden Steuern erfolgen. Der entsprechende Feststellungsbescheid ist dann Grundlagenbescheid für die Änderung des Feststellungsbescheids in dem die steuerpflichtigen Einkünfte angesetzt worden sind, die jetzt um die abzuziehenden Steuern zu mindern sind. Im Jahr des Abzugs sind die abzuziehenden Steuern dagegen nicht gesondert festzustellen, da der Abzug bereits bei der Ermittlung der festzustellenden steuerpflichtigen Einkünfte erfolgt;

f) die nach § 11 Abs. 1 AStG vom Hinzurechnungsbetrag auszunehmenden Gewinne.

18.1.2.4 Im Hinzurechnungsbescheid ist der Hinzurechnungsbetrag nachrichtlich auszuweisen (vgl. BFH-Urteil vom 15. März 1995, BStBl II S. 502).

18.1.2.5 Auf die Einkommen- oder Körperschaftsteuer können im Veranlagungsverfahren auf Antrag die deutschen und ausländischen Steuern der Zwischengesellschaft nach § 12 Abs. 1 AStG angerechnet werden; auf die Einkommensteuer können darüber hinaus die Steuern von den nach § 3 Nr. 41 EStG befreiten Gewinnausschüttungen angerechnet werden, für die kein Antrag nach § 34c Abs. 2 EStG gestellt wurde (§ 12 Abs. 3 AStG).

Die Steuern sind im Veranlagungsverfahren wie eine ausländische Steuer anzurechnen, die vom anzusetzenden Hinzurechnungsbetrag erhoben worden ist (§ 12 Abs. 2 und 3 AStG i. V. m. § 34c Abs. 1 EStG oder § 26 Abs. 1 KStG). Die auf den Hinzurechnungsbetrag entfallende deutsche Steuer ist für jeden Hinzurechnungsbetrag als ganzen und getrennt von anderen Auslandseinkünften zu ermitteln. Wird der Antrag auf Anrechnung der Steuern im Sinne des § 12 Abs. 1 AStG gestellt, ist der Hinzurechnungsbetrag um die anzurechnenden Steuern zu erhöhen. Eine Steueranrechnung nach § 12 Abs. 3 AStG löst dagegen keine Erhöhung des Hinzurechnungsbetrags aus.

18.1.2.6 Ergibt sich bei einer ausländischen Gesellschaft mit gemischten Einkünften, dass sowohl die relative als auch die absolute Freigrenze nach § 9 AStG nicht überschritten wird, so kann gleichwohl bei einem beteiligten Steuerinländer die absolute Freigrenze von 62.000 Euro überschritten sein, wenn dieser an mehreren ausländischen Gesellschaften beteiligt ist. In diesem Fall soll im Feststellungsbescheid die Anwendung des § 9 AStG vorbehalten werden (vgl. BFH-Urteil vom 20. April 1988, BStBl II S. 868). Im Fall des § 7 Abs. 6 Satz 2 AStG ist sinngemäß zu verfahren.

18.1.2.7 Erzielt die ausländische Gesellschaft negative Zwischeneinkünfte, so sind die Verluste gesondert festzustellen (§ 10 Abs. 3 Satz 5 AStG i. V. m. § 10d Abs. 4 EStG). Diese Feststellung erfolgt in einem eigenständigen Verfahren durch das Finanzamt, das die Besteuerungsgrundlagen nach § 18 AStG feststellt.

18.1.2.8 Über Fragen, die die Besteuerung des Inlandsbeteiligten nach den Vorschriften des Einkommen-, Körperschaft- und Gewerbesteuergesetzes betreffen (§ 3 Nr. 40 EStG, § 8b KStG), ist grundsätzlich nicht im Verfahren nach § 18 AStG, sondern in dem Besteuerungsverfahren zu entscheiden, in das die festgestellten Besteuerungsgrundlagen nach § 182 Abs. 1 AO eingehen (vgl. BFH-Urteil vom 20. April 1988, BStBl II S. 868).

Beispiele sind:

– der Zufluss von Gewinnanteilen (einschließlich verdeckter Gewinnausschüttungen),

– die Zugehörigkeit von Anteilen an der ausländischen Gesellschaft zum Betriebsvermögen oder zum Privatvermögen,

– der Umfang, in dem Betriebsausgaben oder Werbungskosten abzugfähig sind (§ 3c Abs. 2 EStG), oder

– die Feststellung des Gewinnermittlungszeitraums, in den der festgestellte Hinzurechnungsbetrag fällt.

Dagegen ist über die Summe der geltend gemachten Steuerbefreiungen nach § 3 Nr. 41 EStG und die Summe der verbleibenden Hinzurechnungsbeträge im Feststellungsverfahren nach § 18 AStG zu entscheiden (vgl. Tz. 18.1.2.2 Nr. 6 und Tz. 18.1.2.3 Buchstabe c).

18.1.3 Maßgebendes Wirtschaftsjahr, Feststellungsjahr, Veranlagungszeitraum

18.1.3.1 Die gesonderte Feststellung erfolgt für das Kalenderjahr, in dem der Hinzurechnungsbetrag nach § 10 Abs. 2 AStG als zugeflossen gilt (Feststellungsjahr). Die Zwischeneinkünfte einer ausländischen Gesellschaft für

1. ein mit dem Kalenderjahr übereinstimmendes Wirtschaftsjahr sind für das diesem folgende Kalenderjahr zu erklären und festzustellen (Beispiel: Wirtschaftsjahr 2002 ist maßgebend für das Feststellungsjahr 2003);

2. ein vom Kalenderjahr abweichendes Wirtschaftsjahr sind für das Kalenderjahr zu erklären und festzustellen, in dem das betreffende Wirtschaftsjahr endet (Beispiel: Wirtschaftsjahr 2001/02 ist maßgebend für das Feststellungsjahr 2002).

18.1.3.2 Das Verhältnis zwischen maßgebendem Wirtschaftsjahr, Feststellungsjahr und Veranlagungszeitraum des Steuerpflichtigen verdeutlicht folgende Übersicht:

Besteuerungsgrundlagen nach §§ 7 bis 12 und 14 AStG			Besteuerungsgrundlagen nach § 5 AStG
Wirtschaftsjahr des Inlandsbeteiligten Wirtschaftsjahr der Zwischengesellschaft	Wirtschaftsjahr = Kalenderjahr	Abweichendes Wirtschaftsjahr	Besteuerung stets nach Kalenderjahr
Wirtschaftsjahr = Kalenderjahr	Wj 2002 Fstj 2003 VZ 2003	Wj 2002 Fstj 2003 VZ 2003	Wj 2002 Fstj 2002 oder 2003*) VZ 2002
Abweichendes Wirtschaftsjahr	Wj 2001/02 Fstj 2002 VZ 2002	Wj 2001/2002 Fstj 2002 VZ 2002 oder 2003**)	Wj 2001/02 Fstj 2002 VZ 2002

18.1.4 Nachgeschaltete Zwischengesellschaften

18.1.4.1 Nach § 18 AStG werden auch die Besteuerungsgrundlagen einer nachgeschalteten Zwischengesellschaft (Untergesellschaft), deren Zwischeneinkünfte nach § 14 AStG einer anderen ausländischen Gesellschaft (Obergesellschaft) zuzurechnen sind, gesondert festgestellt. Die Tz. 18.1.2.2 ff. gelten entsprechend.

18.1.4.2 Einkünfte einer nachgeschalteten Zwischengesellschaft im Sinne des § 14 AStG dürfen nicht in dem Bescheid festgestellt werden, in dem über die Hinzurechnung von Einkünften der Obergesellschaft bei dem inländischen Anteilseigner entschieden wird (Hinzurechnungsbescheid). Vielmehr ist hierüber ein eigenständiger Feststellungsbescheid (Zurechnungsbescheid) zu erlassen, der Grundlagenbescheid für den Hinzurechnungsbescheid ist (BFH-Urteil vom 18. Juli 2001, BStBl 2002 II S. 334).

Für jede Untergesellschaft ist eine gesonderte Feststellung durchzuführen. Dabei wird u. a. festgestellt, welche positiven oder negativen Zwischeneinkünfte der Obergesellschaft zugerechnet werden"(vgl. BFH-Urteil vom 6. Februar 1985, BStBl II S. 410) und, wenn Inländer an der Untergesellschaft auch unmittelbar beteiligt sind, welche positiven Zwischeneinkünfte Inländern hinzurechnen sind. Beteiligte am Verfahren sind die der Hinzurechnungsbesteuerung unterliegenden Steuerpflichtigen, die an der Untergesellschaft mittelbar oder unmittelbar beteiligt sind; Tz. 18.1.1.1 bis Tz. 18.1.1.4 gelten entsprechend.

18.1.4.3 In den Fällen des § 14 Abs. 3 AStG ist entsprechend zu verfahren.

---

*) 2002 falls nur erweitert beschränkt Steuerpflichtige beteiligt sind; 2003 bei gleichzeitiger Beteiligung von unbeschränkt Steuerpflichtigen.

**) 2003 falls das Wirtschaftsjahr der ausländischen Gesellschaft nach dem Ende des Wirtschaftsjahres der Inlandsbeteiligten endet oder beide Wirtschaftsjahre übereinstimmen. Andernfalls 2002.

18.1.5 Steuerfreie Ausschüttungen (§ 3 Nr. 41 Buchstabe a EStG)

18.1.5.1 Gewinnausschüttungen sind steuerfrei, soweit für das Kalenderjahr oder Wirtschaftsjahr, in dem sie bezogen werden, oder für die vorausgegangenen sieben Kalenderjahre oder Wirtschaftsjahre aus einer Beteiligung an derselben ausländischen Gesellschaft Hinzurechnungsbeträge der Einkommensteuer unterlegen haben, § 11 Abs. 1 und 2 AStG a. F. nicht anzuwenden war und der Steuerpflichtige dies nachweist (§ 3 Nr. 41 Buchstabe a EStG). Dabei kommt es nicht darauf an, ob eine ausländische Gesellschaft neben den Zwischeneinkünften auch ausschüttungsfähige Einkünfte aus aktiver Tätigkeit bezogen hat. Für eine zeitliche Zuordnung ist davon auszugehen, dass eine Gewinnausschüttung zuerst aus dem Hinzurechnungsbetrag gespeist wird, der dem ältesten Jahr im Sinne des § 3 Nr. 41 EStG entstammt, danach aus dem Hinzurechnungsbetrag des zweitältesten Jahres usw. Die steuerfreien Gewinnausschüttungen sind mit dem Tageskurs im Zeitpunkt der Vereinnahmung umzurechnen.

18.1.5.2 Hinzurechnungsbeträge haben der Einkommensteuer unterlegen, wenn sie bei der Ermittlung der Einkünfte angesetzt worden sind. Eine effektive Belastung mit festgesetzter Einkommensteuer ist nicht erforderlich.

18.1.5.3 Die vom Steuerpflichtigen zu erbringenden Nachweise müssen Angaben zur steuerlichen Erfassung der Hinzurechnungsbeträge (Wohnsitzfinanzamt oder Betriebsfinanzamt, Datum des Steuerbescheids) enthalten.

18.1.5.4 Besteht die Ausschüttung in einer verdeckten Gewinnausschüttung, so kann es vorkommen, dass sie in einem Jahr bezogen wird, in dem wegen der Regelung des § 10 Abs. 2 AStG ein Hinzurechnungsbetrag noch nicht als zugeflossen gilt. Die nicht steuerbefreite Dividende ist in diesen Fällen im Zuflussjahr vorläufig nach § 165 AO zu erfassen. Billigkeitshalber kann später unter Nachweis der Besteuerung des Hinzurechnungsbetrages die Steuerbefreiung nach § 3 Nr. 41 Buchstabe a EStG gewährt werden.

Entsprechendes gilt für Vorabausschüttungen und für Fälle, in denen es durch die Aktivierung des künftigen Gewinnanspruchs zu einer früheren Erfassung der Ausschüttung kommt.

18.1.5.5 § 3 Nr. 41 EStG ist auch in den Fällen der Gesamtrechtsnachfolge und der unentgeltlichen Einzelrechtsnachfolge anwendbar.

18.1.6 Steuerfreie Veräußerungsgewinne (§ 3 Nr. 41 Buchstabe b EStG)

18.1.6.1 Veräußerungsgewinne sind steuerfrei, soweit für das Kalenderjahr oder Wirtschaftsjahr, in dem sie bezogen werden, oder für die vorausgegangenen sieben Kalenderjahre oder Wirtschaftsjahre aus einer Beteiligung an derselben ausländischen Gesellschaft Hinzurechnungsbeträge der Einkommensteuer unterlegen haben, § 11 Abs. 1 und 2 AStG a. F. nicht anzuwenden war, der Steuerpflichtige dies nachweist und der Hinzurechnungsbetrag ihm nicht als Gewinnanteil zugeflossen ist (§ 3 Nr. 41 Buchstabe b EStG). Dabei kommt es nicht darauf an, ob eine ausländische Gesellschaft neben den Zwischeneinkünften auch Einkünfte aus aktiver Tätigkeit bezogen hat. Für eine zeitliche Zuordnung ist davon auszugehen, dass ein Veräußerungsgewinn zuerst aus dem Hinzurechnungsbetrag stammt, der dem ältesten Jahr im Sinne des § 3 Nr. 41 EStG entspricht, danach aus dem Hinzurechnungsbetrag des zweitältesten Jahres usw. Der Veräußerungserlös ist ggf. mit dem Tageskurs im Zeitpunkt der Vereinnahmung umzurechnen.

18.1.6.2 Die Tz. 18.1.5.2, 18.1.5.3 und 18.1.5.5 gelten entsprechend.

18.1.6.3 Ein Veräußerungsgewinn ist nur insoweit steuerfrei, als Hinzurechnungsbeträge noch nicht durch Freistellung von Gewinnausschüttungen derselben Gesellschaft nach § 3 Nr. 41 Buchstabe a EStG verbraucht sind.

18.1.7 Feststellung der nach § 12 Abs. 3 AStG zu berücksichtigenden Steuern

Die nach § 12 Abs. 3 AStG anzurechnenden oder abzuziehenden Steuern sind für das Jahr festzustellen, in dem die nach § 3 Nr. 41 EStG befreite Gewinnausschüttung erfolgt ist. Der Gesamtbetrag der anzurechnenden/abziehbaren Steuern ist den Veranlagungszeiträumen zuzuordnen, in denen die zugrunde liegenden Zwischeneinkünfte als Hinzurechnungsbeträge erfasst worden sind (vgl. Beispiel in Tz. 12.3.2).

18.2 Örtlich zuständiges Finanzamt

Sind an der ausländischen Gesellschaft im Sinne der §§ 7 bis 12 und 14 AStG mehrere Personen beteiligt und halten sich mehrere Finanzämter für örtlich zuständig oder für örtlich unzuständig oder bestehen sonst Zweifel über die örtliche Zuständigkeit für die einheitliche und gesonderte Feststellung, so bestimmen die zuständigen Landesfinanzbehörden in Zusammenarbeit mit dem Bundesamt für Finanzen das für die Feststellung nach § 18 AStG örtlich zuständige Finanzamt (vgl. BMF-Schreiben vom 29. April 1997, BStBl I S. 541).

18.3 Erklärung über die gesonderte und ggf. einheitliche Feststellung

18.3.1 Jeder der an der ausländischen Gesellschaft beteiligten unbeschränkt Steuerpflichtigen und erweitert beschränkt Steuerpflichtigen ist zur Abgabe einer Erklärung für die gesonderte und ggf. einheitliche Feststellung verpflichtet. Diese Verpflichtung kann durch Abgabe einer gemeinsamen Erklärung erfüllt werden.

18.3.2 Die Aufforderung zur Abgabe einer Erklärung erfolgt in der allgemeinen Aufforderung zur Abgabe der Jahressteuererklärungen. Das zuständige Finanzamt kann ihm bekannte Beteiligte auch besonders zur Abgabe einer Erklärung auffordern.

18.3.3 Im Verfahren über die gesonderte Feststellung nach § 18 AStG sind alle zur Feststellung der Besteuerungsgrundlagen erforderlichen Angaben zu machen und die erforderlichen Anträge zu stellen.

20. Verhältnis zu Doppelbesteuerungsabkommen

§ 20 Abs. 2 AStG ist durch Artikel 11 des StVergAbG geändert worden; die nachfolgend in der Textziffer 20.2 kursiv gedruckten Passagen beziehen sich auf die Gesetzesfassung, die für Zwischeneinkünfte anzuwenden ist, die in Wirtschaftsjahren der Betriebsstätte entstanden sind, die in der Zeit bis einschließlich 31. Dezember 2002 begonnen haben (§ 21 Abs. 11 Satz 2 AStG).

20.1 Der Anwendung der Hinzurechnungsbesteuerung nach den §§ 7 ff. AStG und der Regelung über Familienstiftungen in § 15 AStG stehen die von der Bundesrepublik Deutschland abgeschlossenen DBA nicht entgegen.

20.2 § 20 Abs. 2 AStG stellt ausländische Betriebsstätten und Personengesellschaften, die Zwischeneinkünfte erzielen, einer ausländischen Gesellschaft gleich (*, soweit bei ihnen Einkünfte mit Kapitalanlagecharakter anfallen*). Insoweit wird eine Freistellung nach den DBA durch die Anrechnung ausländischer Steuern ersetzt. § 20 Abs. 2 AStG ist danach anzuwenden, wenn die Betriebsstätte oder Personengesellschaft Einkünfte aus passivem Erwerb (*mit Kapitalanlagecharakter*) erzielt, die Einkünfte einer Ertragsteuerbelastung von weniger als 25 v. H. unterliegen und diese aufgrund eines DBA in der Bundesrepublik Deutschland freigestellt sind. *Soweit die Einkünfte aus Finanzierungstätigkeiten im Sinne des § 10 Abs. 7 AStG stammen, gilt der Übergang von der Freistellung zur Anrechnung nur für 60 v. H. dieser Einkünfte.* Für die Anrechnung sind die Vorschriften des § 34c EStG und § 26 Abs. 1 KStG entsprechend anzuwenden.

21. Anwendungsvorschriften

§ 3 Nr. 41 Buchstabe a EStG ist erstmals auf Gewinnausschüttungen anzuwenden, die ohne diese Befreiungsvorschrift dem „Halbeinkünfteverfahren" im Sinne des § 3 Nr. 40 Satz 1 Buchstabe a, b, c und d EStG i. d. F. des Artikels 3 des Gesetzes vom 23. Oktober 2000 (BGBl I S. 1433, BStBl I S. 1428) unterliegen würden (§ 52 Abs. 4c EStG).

Für Auslandsdividenden ist § 3 Nr. 40 Satz 1 Buchstabe a, b, c und d EStG i. d. F. des Artikels 3 des Gesetzes vom 23. Oktober 2000 ab Veranlagungszeitraum 2001 erfüllt; § 3 Nr. 41 Buchstabe a EStG greift bereits ab diesem Jahr.

Der Hinzurechnungsbetrag unterliegt ab Veranlagungszeitraum 2001 in vollem Umfang der Einkommensbesteuerung, die darauf beruhende Gewinnausschüttung ist steuerfrei; die Kürzungsvorschrift nach § 11 AStG a. F. tritt ab Veranlagungszeitraum 2001 außer Kraft (§ 21 Abs. 7 Satz 4, 7 AStG).

In den Fällen der übertragenden Zurechnung ist bei Zwischeneinkünften der Untergesellschaft des Jahres 2000, die im Jahr 2001 an die Obergesellschaft ausgeschüttet werden und gem. § 8 Abs. 1 Nr. 8 AStG aktive Einkünfte sind, eine Kürzung nach § 14 Abs. 2 i. V. m. § 11 AStG a. F. nicht mehr vorzunehmen.

Ist der Anteilseigner eine juristische Person, so ist der Systemwechsel grundsätzlich (§ 34 Abs. 1 bzw. 2 KStG) ab Veranlagungszeitraum 2001 zu beachten. Lediglich bei einem abweichenden Wirtschaftsjahr auf Seite des Anteilseigners findet das neue Recht erst ab Veranlagungszeitraum 2002 Anwendung.

Die besondere Anwendungsvorschrift des § 34 Abs. 7 KStG greift nicht, da eine ausländische Körperschaft nie dem Anrechnungsverfahren (Vierter Teil des KStG a. F.) unterlegen hat (BMF-Schreiben vom 28. April 2003, BStBl I S. 292).

Zur Anwendung der Tz 10.5, 10.6 und 20.2 Hinweis auf die Einleitungssätze zu diesen Textziffern.

Die nachfolgende Tabelle enthält eine Übersicht über die zeitlichen Anwendungen der Vorschriften des Außensteuergesetzes:

§§	Fassung des	für					Anwendung
		ESt	KSt	VSt	ErbSt	GewSt	
1	–	x	x				ab VZ 1972
				x			ab 1.1.1973
					x		Erw. nach 12.9.1972
						x	ab EZ 1972
1 Abs. 4	StÄndG '92	x	x				ab VZ 1992
						x	ab EZ 1992
	StVergAbG	x	x				ab VZ 2003
						x	ab EZ 2003
2 und 4 bis 5	–		x				ab VZ 1972*
					x		Erw. nach 12.9.1972*
3				x			ab 1.1.1973*
	JStG 1997			x			aufgehoben zum 1.1.1997
6		x					ab VZ 1972
6 Abs. 1	UntStFG	x					C 1
6 Abs. 3 Nr. 4	StMBG	x					nach 31.12.1991

§§	Fassung des	für					Anwendung
		ESt	KSt	VSt	ErbSt	GewSt	
7 bis 14	–	x	x				ab VZ 1972
						x	ab EZ 1972
7 Abs. 6	StÄndG '92	x	x			x	A 2
	StMBG	x	x			x**	B 2
	UntStFG	x	x			x	C 2
7 Abs. 6a	StVergAbG	x	x			x	D 1
7 Abs. 7	UntStFG	x	x			x	C 3
	Korb II	x	x			x	D 1
	InvestmModG	x	x			x	D 3
8 Abs. 1 Nr. 4	Korb II	x	x			x	D 1
8 Abs. 1 Nr. 7	StandOG	x	x			x	A 1
8 Abs. 1 Nr. 8 + 9	UntStFG	x	x			x	C 3
8 Abs. 1 Nr. 9	StVergAbG	x	x			x	D 1
8 Abs. 2	UntStFG	x	x			x	C 5
8 Abs. 3	UntStFG	x	x			x	C 3
9	UntStFG	x	x			x	C 3
10 Abs. 2	UntStFG	x	x			x	C 3
10 Abs. 3 S. 1	StMBG	x	x			x	B 1
	InvestmModG	x	x			x	D 3
10 Abs. 3 S. 4	UntStFG	x	x			x	C 3
10 Abs. 3 S. 6	StandOG	x	x			x	A 1
10 Abs. 6	StÄndG '92	x	x			x	A 2
	StMBG	x	x			x**	B 2
	UntStFG	x	x			x	C 3
10 Abs. 7	UntStFG	x	x			x	C 3
10 Abs. 5–7	StVergAbG	x	x			x	aufgehoben – D 2
11	StMBG	x	x			x	C 6
	UntStFG	x	x			x	C 3
	StVergAbG	x	x			x	D 1
11 Abs. 4	StÄndG '92	x	x			x	A 2
11 Abs. 4 S. 1	StMBG	x	x			x**	B 2
12 Abs. 1	UntStFG	x	x			x	C 3
12 Abs. 2	StSenkG	x	x			x	C 3
12 Abs. 3	StÄndG '92	x	x			x	A 2
	UntStFG	x	x				C 4
13 Abs. 1 S. 1 Nr. 1b) u. S. 2	StÄndG '92	x	x				ab VZ 1992
						x	ab EZ 1992
13 Abs. 2 Nr. 2	–		x				ab VZ 1984
						x	ab EZ 1984
13	UntStFG	x	x			x	C 5

§§	Fassung des	für					Anwendung
		ESt	KSt	VSt	ErbSt	GewSt	
14 Abs. 1	Korb II	x	x			x	D 1
14 Abs. 2 S. 2, Abs. 4 S. 1, ltz. Hs. u. S. 5	StÄndG '92	x	x			x	A 2
14 Abs. 4 S. 5	StMBG	x	x			x[**]	B 2
14	UntStFG	x	x			x	C 3
14 Abs. 4	StVergAbG	x	x			x	aufgehoben – D 2
15	–	x					ab VZ 1972
				x			ab 1.1.1973
16	–	x	x				ab VZ 1972
				x			ab 1.1.1973
					x		Erw. nach 12.9.1972
						x	ab EZ 1972
17	–	x	x				ab VZ 1972
				x			ab 1.1.1973
					x		Erw. nach 12.9.1972
						x	ab EZ 1972
18	–	x	x				ab VZ 1972
						x	ab EZ 1972
18 Abs. 1	UntStFG	x	x			x	C 4
18 Abs. 3	–	x	x				auch für VZ/EZ vor 1985,
						x	wenn Erkl. noch nicht abgegeben sind
19	–	x	x			x	1.1.1972 bis 31.12.1975
20	StÄndG '92	x	x			x[***]	A 2
20 Abs. 2 u. 3 i.V.m. 10 Abs. 6	StMBG	x	x				B 2
20 Abs. 2	UntStFG	x	x			x	C 3
	StVergAbG	x	x			x	D 1
20 Abs. 3	StÄndG '92			x			ab 1.1.1993
	StMBG			x			ab 1.1.1995
	JStG 1997						aufgehoben zum 1.1.1997

Erläuterungen:

[*]	auch für das Beitrittsgebiet anzuwenden
[**]	für die der Teil des Hinzurechnungsbetrags, dem Einkünfte mit Kapitalanlagecharakter im Sinne des § 10 Abs. 6 Satz 3 AStG zugrunde liegen, außer Ansatz bleibt
[***]	mit Ausnahme des § 20 Abs. 2 und 3 AStG
A 1	für VZ/EZ, für den Zwischeneinkünfte hinzuzurechnen sind, die in einem Wirtschaftsjahr der Zwischengesellschaft entstanden sind, das nach dem **31. Dezember 1991** beginnt (§ 21 Abs. 9 Satz 1 AStG)

A 2	für VZ/EZ, für den Zwischeneinkünfte mit Kapitalanlagecharakter im Sinne des § 10 Abs. 6 Satz 2 AStG hinzuzurechnen sind, die in einem Wirtschaftsjahr der Zwischengesellschaft oder der Betriebsstätte entstanden sind, das nach dem **31. Dezember 1991** beginnt (§ 21 Abs. 7 Satz 1 AStG)
B 1	für VZ/EZ, für den Zwischeneinkünfte hinzuzurechnen sind, die in einem Wirtschaftsjahr der Zwischengesellschaft entstanden sind, das nach dem **31. Dezember 1993** beginnt (§ 21 Abs. 9 Satz 2 AStG)
B 2	für VZ/EZ, für den Zwischeneinkünfte mit Kapitalanlagecharakter im Sinne des § 10 Abs. 6 Satz 2 und 3 AStG hinzuzurechnen sind, die in einem Wirtschaftsjahr der Zwischengesellschaft oder der Betriebsstätte entstanden sind, das nach dem **31. Dezember 1993** beginnt (§ 21 Abs. 7 Satz 2 AStG)
C 1	erstmals anzuwenden, wenn im Zeitpunkt der Beendigung der unbeschränkten Steuerpflicht auf Veräußerungen im Sinne des § 17 EStG § 3 Nr. 40 Satz 1 Buchstabe c EStG anzuwenden wäre (§ 21 Abs. 7 Satz 2 AStG)
C 2	für VZ/EZ, für den Zwischeneinkünfte hinzuzurechnen sind, die in einem Wirtschaftsjahr der Zwischengesellschaft entstanden sind, das nach dem **15. August 2001** beginnt (§ 21 Abs. 7 Satz 3 AStG)
C 3	für VZ/EZ, für den Zwischeneinkünfte hinzuzurechnen sind, die in einem Wirtschaftsjahr der Zwischengesellschaft oder der Betriebsstätte entstanden sind, das nach dem **31. Dezember 2000** beginnt (§ 21 Abs. 7 Satz 4 AStG)
C 4	erstmals anzuwenden, wenn auf Gewinnausschüttungen § 3 Nr. 41 des EStG in der Fassung des UntStFG anwendbar ist (§ 21 Abs. 7 Satz 5 AStG)
C 5	letztmals anzuwenden für VZ/EZ, für den Zwischeneinkünfte hinzuzurechnen sind, die in einem Wirtschaftjahr der Zwischengesellschaft entstanden sind, das vor dem **1. Januar 2001** beginnt (§ 21 Abs. 7 Satz 6 AStG)
C 6	ist auf Gewinnausschüttungen der Zwischengesellschaft oder auf Gewinne aus der Veräußerung der Anteile an der Zwischengesellschaft nicht anzuwenden, wenn auf die Ausschüttungen oder auf die Gewinne aus der Veräußerung § 8b Abs. 1 oder 2 des KStG i. d. F. des StSenkG oder § 3 Nr. 41 EStG i. d. F. des UntStFG anwendbar ist (§ 21 Abs. 7 Satz 7 AStG)
D 1	für VZ/EZ für den Zwischeneinkünfte hinzuzurechnen oder in einer Betriebsstätte angefallen sind, die in einem Wirtschaftsjahr der Zwischengesellschaft oder der Betriebsstätte entstanden sind, das nach dem **31. Dezember 2002** beginnt (§ 21 Abs. 11 AStG)
D 2	letztmals anzuwenden für VZ/EZ für den Zwischeneinkünfte hinzuzurechnen oder in einer Betriebsstätte angefallen sind, die einem Wirtschaftsjahr der Zwischengesellschaft oder der Betriebsstätte entstanden sind, das **bis zum 31. Dezember 2002** begonnen hat (§ 21 Abs. 11 AStG)
D 3	für VZ/EZ für den Zwischeneinkünfte hinzuzurechnen oder in einer Betriebsstätte angefallen sind, die in einem Wirtschaftsjahr der Zwischengesellschaft oder der Betriebsstätte entstanden sind, das nach dem **31. Dezember 2003** beginnt (§ 21 Abs. 11 AStG)
StÄndG 1992	Gesetz zur Entlastung der Familien und zur Verbesserung der Rahmenbedingungen für Investitionen und Arbeitsplätze (Steueränderungsgesetz 1992) vom 25. Februar 1992 BGBl I S. 297, BStBl I S. 146
StandOG	Gesetz zur Verbesserung der steuerlichen Bedingungen zur Sicherung des Wirtschaftsstandortes Deutschland im Europäischen Binnenmarkt (Standortsicherungsgesetz) vom 13. September 1993 BGBl I S. 1569, BStBl I S. 774
StMBG	Gesetz zur Bekämpfung des Mißbrauchs und zur Bereinigung des Steuerrechts (Mißbrauchsbekämpfungs- und Steuerbereinigungsgesetz) vom 21. Dezember 1993 BGBl I S. 2310, BStBl 1994 I S. 50
JStG 1997	Jahressteuergesetz 1997 vom 20. Dezember 1996 BGBl I S. 2049, BStBl I S. 1523, 1547
StSenkG	Gesetz zur Senkung der Steuersätze und zur Reform der Unternehmensbesteuerung (Steuersenkungsgesetz) vom 23. Oktober 2000 BGBl I S. 1433, BStBl I S. 1428, 1459
UntStFG	Gesetz zur Fortentwicklung des Unternehmenssteuerrechts (Unternehmenssteuerfortentwicklungsgesetz) vom 20. Dezember 2001 BGBl I S. 3858, BStBl 2002 I S. 35
StVergAbG	Gesetz zum Abbau von Steuervergünstigungen und Ausnahmeregelungen (Steuervergünstigungsabbaugesetz) vom 16. Mai 2003 BGBl I S. 660, BStBl I S. 321

InvestmModG	Gesetz zur Modernisierung des Investmentwesens und zur Besteuerung von Investmentvermögen (Investmentmodernisierungsgesetz) vom 15. Dezember 2003 BGBl I S. 2676, BStBl 2004 I S. 5
Korb II	Gesetz zur Umsetzung der Protokollerklärung der Bundesregierung zur Vermittlungsempfehlung zum Steuervergünstigungsabbaugesetz vom 22. Dezember 2003 BGBl I S. 2840, BStBl 2004 I S. 14
Abs.	Absatz
Erkl.	Steuererklärung
Erw.	Erwerbe
EZ	Erhebungszeitraum
ltz. Hs.	letzter Halbsatz
i. d. F.	in der Fassung
i. V. m.	in Verbindung mit
u.	und
VZ	Veranlagungszeitraum

Anlage 1: Feststellungen über wichtige Gebiete mit niedrigen Steuersätzen und Steuervergünstigungen für juristische Personen – 2003 –

Europäischer Raum
(einschl. Hoheitsgebiete und abhängige oder assoziierte Gebiete nach EG-Vertrag)

Gebiet	Niedrige Ertragsteuerbelastung/Steuervergünstigungen
Andorra	Keine Körperschaftsteuer
Aruba	Offshore-Gesellschaften; internationale Finanz- und Handelsgesellschaften; konzerneigene Versicherungsgesellschaften; Sonderzonen
	Regime für Offshore-Gesellschaften und konzerneigene Versicherungsgesellschaften sind aufgehoben mit Bestandsfrist bis 1. Juli 2008
Belgien	Koordinierungs-, Vertriebs- und Dienstleistungszentren
	Regime sind aufgehoben; Bestandsfrist für Koordinierungszentren bis 2010
Britische Jungferninseln	Internationale Finanz- und Handelsgesellschaften
Britische Kanalinseln (Alderney, Guernsey, Jersey, Herrn, Sark)	Steuerbefreite Unternehmen; internationale Finanz- und Handelsgesellschaften; Offshore- und konzerneigene Versicherungsgesellschaften
Estland	Keine Körperschaftsteuer bei Thesaurierung (26 v. H. Körperschaftsteuer bei Ausschüttung)
Frankreich	19,6 v. H. Körperschaftsteuersatz auf Lizenzgebühren aus Patenten; Sonderzonen (wirtschaftsschwache Gebiete)
Gibraltar	Gesellschaften nach dem Gesetz von 1992; Offshore- und konzerneigene Versicherungsgesellschaften
Griechenland	Zweigniederlassungen ausländischer Gesellschaften
	Regime ist aufgehoben mit Bestandsschutz bis 2005
Irland	12,5 v. H. Körperschaftsteuer; 10 v. H. Körperschaftsteuersatz für das verarbeitende Gewerbe; Steuerfreiheit von Auslandseinkünften; Sonderzonen (Internationales Finanzdienstleistungszentrum Dublin und Shannon Airport)
	Regime für das verarbeitende Gewerbe und Steuerfreiheit von Auslandseinkünften sind aufgehoben mit Bestandsschutz bis 2010; die Regime zu den Sonderzonen sind aufgehoben mit Bestandsfrist bis 2005

Gebiet	Niedrige Ertragsteuerbelastung/Steuervergünstigungen
Island	18 v. H. Körperschaftsteuer; 5 v. H. Körperschaftsteuersatz für internationale Handelsgesellschaften (inzwischen aufgehoben mit Bestandsfrist bis 2008)
Isle of Man	Internationale Finanz- und Handelsgesellschaften; Offshore- und Versicherungsgesellschaften
Lettland	19 v. H. (15 v. H. 2004) Körperschaftsteuer; Sonderzonen
Liechtenstein	Verwaltungs-, Dienstleistungs- und Holdinggesellschaften
Litauen	15 v. H. Körperschaftsteuer; Sonderzonen
Luxemburg	Holdinggesellschaften nach dem Gesetz von 1929
Malta	Internationale Finanz- und Handelsgesellschaften; Offshore- und Holdinggesellschaften
Mazedonien	15 v. H. Körperschaftsteuersatz, Sonderzonen
Monaco	Trusts
Niederlande	Internationale Finanzgesellschaften Regime ist aufgehoben mit Bestandsfrist bis 2010
Niederländische Antillen	Offshore-Gesellschaften; konzerneigene Versicherungsgesellschaften; Sonderzonen Regime für Offshore-Gesellschaften ist aufgehoben mit Bestandsschutz bis 2019; Regime für konzerneigene Versicherungsgesellschaften ist aufgehoben mit Bestandsschutz bis 2011 oder 2019
Polen	19 v. H. Körperschaftsteuer (2004); Sonderzonen
Portugal	Sonderzonen (Madeira und Santa Maria) Regime sind aufgehoben mit Bestandsschutz bis 2011
San Marino	Steuerbefreite Gesellschaften
Schweiz	Im Kanton Zürich (als Beispiel) 16,4 v. H. – 29,2 v. H. (renditeabhängiger) Körperschaftsteuersatz von Bund, Kanton und Gemeinde; Verwaltungs-, Dienstleistungs- und Holdinggesellschaften
Slowakei	19 v. H. Körperschaftsteuer (2004); Neugründungen
Tschechische Republik	15 v. H. Körperschaftsteuersatz für Großinvestitionen; Neugründungen
Türkei	Sonderzonen
Ungarn	18–20 v. H. Körperschaftsteuer; Offshore-Gesellschaften (Regime ist aufgehoben mit Bestandsschutz bis 2005); Großinvestitionen
Zypern	15 v. H. Körperschaftsteuer (2004); 4,25 v. H. Körperschaftsteuersatz für internationale Handels- und Offshore-Gesellschaften

Außereuropäischer Raum

Gebiet	Niedrige Ertragsteuerbelastung/Steuervergünstigungen
Amerikanische Jungferninseln	Internationale Finanz- und Handelsgesellschaften
Anguilla	Keine Körperschaftsteuer
Antigua	Internationale Finanz- und Handelsgesellschaften
Ascension	Keine Körperschaftsteuer
Australien	Offshore-Banken
Bahamas	Keine Körperschaftsteuer
Bahrain	Körperschaftsteuer nur für Erdölunternehmen
Barbados	Internationale Finanz- und Handelsgesellschaften
Barbuda	Internationale Finanz- und Handelsgesellschaften
Belarus	Sonderzonen
Belize	Internationale Finanz- und Handelsgesellschaften
Bermudas	Keine Körperschaftsteuer
Botswana	15 v. H. Körperschaftsteuersatz im Internationalen Finanzdienstleistungszentrum
Brunei	Internationale Finanz- und Handelsgesellschaften und Neugründungen
Chile	16,5 v. H. Körperschaftsteuer
China	20 v. H. Körperschaftsteuersatz für ausländische Investoren ohne Betriebsstätte
Cook-Inseln	20 v. H. Körperschaftsteuer
Costa Rica	Sonderzonen; Steuerfreiheit von Veräußerungsgewinnen
Dominica	Internationale Finanz- und Handelsgesellschaften
Dominikanische Republik	Internationale Finanz- und Handelsgesellschaften
Dschibuti	Sonderzonen
Ecuador	Sonderzonen
Fidschi	Sonderzonen; steuerbefreite Gesellschaften
Französisch-Polynesien	Steuerbefreite Gesellschaften
Grenada	Internationale Finanz- und Handelsgesellschaften
Guam	Sonderzonen: Offshore-Banken
Guyana	Steuerbefreite Gesellschaften
Haiti	Sonderzonen

Gebiet	Niedrige Ertragsteuerbelastung/Steuervergünstigungen
Hongkong (China)	17,5 v. H. Steuersatz auf Gewinne; Steuerfreiheit von Veräußerungsgewinnen
Indien	Sonderzonen
Jamaika	Internationale Finanz- und Handelsgesellschaften
Jemen	Ausländische Investoren
Kaiman-Inseln	Keine Körperschaftsteuer
Kanada	Internationales Finanzzentrum Montreal
Kasachstan	Sonderzone und für Erdöl- und Erdgasgesellschaften
Katar	Ausländische Investoren
Kiribati	Steuerbefreite Gesellschaften; Neugründungen
Korea Republik	Ausländische Investoren
Korea, Demokratische Volksrepublik	Sonderzonen
Kuwait	Ausländische Investoren
Labuan (Malaysia)	Internationale Finanz- und Handelsgesellschaften
Laos	Ausländische Investoren
Libanon	Offshore- und Holdinggesellschaften
Liberia	Internationale Finanz- und Handelsgesellschaften
Macao (China)	15 v. H. Körperschaftsteuer; Offshore-Banken
Malediven	Keine Körperschaftsteuer
Marshallinseln	12 v. H. Körperschaftsteuersatz; internationale Finanz- und Handelsgesellschaften
Mauritius	Internationale Finanz- und Handelsgesellschaften
Mikronesien	3 v. H. Körperschaftsteuer
Montserrat	Internationale Finanz- und Handelsgesellschaften
Mynamar	Steuerbefreite Gesellschaften
Namibia	Sonderzonen
Nauru	Keine Körperschaftsteuer
Niue	Internationale Finanz- und Handelsgesellschaften
Nördliche Marianen	Steuerbefreite Gesellschaften
Norfolk-Inseln	Offshore-Gesellschaften
Oman	12 v. H. Körperschaftsteuer
Palau	4 v. H. Körperschaftsteuer
Panama	Internationale Finanz- und Handelsgesellschaften; Sonderzone Colón

Gebiet	Niedrige Ertragsteuerbelastung/Steuervergünstigungen
Philippinen	Sonderzonen; steuerbefreite Gesellschaften
Puerto Rico	Steuerbefreite Gesellschaften
Russland	24 v. H. Körperschaftsteuer
Salomonen	Steuerbefreiungen für Gesellschaften nach Investmentgesetz 1990
Samoa	Internationale Finanz- und Handelsgesellschaften
Sáo Tomé und Principe	Internationale Finanz- und Handelsgesellschaften
Seychellen	Internationale Finanz- und Handelsgesellschaften; Sonderzonen
Singapur	22 v. H. Körperschaftsteuer; internationale Finanz- und Handelsgesellschaften
Sri Lanka	Offshore-Banken
St. Kitts-Nevis	Internationale Finanz- und Handelsgesellschaften
St. Lucia	Internationale Finanz- und Handelsgesellschaften
St. Vincent und die Grenadinen	Internationale Finanz- und Handelsgesellschaften
Swasiland	Neugründungen
Taiwan	Offshore-Banken
Thailand	Steuerbefreite Gesellschaften
Tonga	Internationale Finanz- und Handelsgesellschaften
Trinidad und Tobago	Sonderzonen
Tristan da Cunha	Keine Körperschaftsteuer
Tunesien	Sonderzonen
Turks- und Caicos-Inseln	Keine Körperschaftsteuer
Tuvalu	Ausländische Investoren
Uruguay	Offshore-Banken und Holdinggesellschaften
Usbekistan	18 v. H. Körperschaftsteuer
Vanuatu	Keine Körperschaftsteuer
Vereinigte Arabische Emirate	Körperschaftsteuer nur für Erdöl- und Erdgasunternehmen; Sonderzonen; 20 v. H. Körperschaftsteuersatz für Banken (Dubai)
Vereinigte Staaten von Amerika	Exportumsätze

Anlage 2: Feststellungen über Gebiete mit einem Normalsatz der Ertragsteuer für juristische Personen – 2003 –

	Tarifliche Belastung des Gewinns von Kapitalgesellschaften mit Körperschaftsteuer, Gewerbeertragsteuer und vergleichbaren anderen Steuern des Zentralstaats und der Gebietskörperschaften
EU-Staaten (einschl. EU-Beitrittstaaten)	
Belgien*⁾	34 v. H.
Dänemark	30 v. H.
Finnland	29 v. H.
Frankreich*⁾	35,4 v. H.
Griechenland	35/25**⁾ v. H.
Italien	34 v. H.
Luxemburg*⁾	30,4 v. H.
Malta	35 v. H.
Niederlande*⁾	34,5 v. H.
Österreich	34 v. H.
Polen	27 v. H.
Portugal*⁾	33 v. H.
Schweden	28 v. H.
Slowakei	25 v. H.
Slowenien	25 v. H.
Spanien*⁾	35 v. H.
Tschechische Republik	31 v. H.
Vereinigtes Königreich*⁾	30 v. H.
Andere Staaten	
Japan*⁾	40,9 v. H.
Kanada (Ontario)	36,6/33,1 v. H.
Norwegen	28 v. H.
Ukraine	30 v. H.
Vereinigte Staaten von Amerika (New York)*⁾	39,9 v. H.

*) Diese Staaten wenden ermäßigte Tarifeingangssätze an.

**) 25 v. H. für Personengesellschaften, die in Griechenland körperschaftsteuerpflichtig sind; 35 v. H. für Aktiengesellschaften (Anonymous Etaira), Gesellschaften mit begrenzter Haftung und Kreditinstitute.

Anlage 3: Schemata zur Ermittlung der Besteuerungsgrundlagen für die Anwendung der §§ 7–12 und 14 AStG

Für Einkommen-, Körperschaft- und Gewerbesteuer
Schema I (bei einstufigem Beteiligungsaufbau)

Zeile		
1		Gesamteinkünfte (vor Personensteuern)
2	–	Einkünfte aus aktiver Tätigkeit (§ 8 Abs. 1 AStG)
3	–	Steuerabzug nach § 12 Abs. 3 AStG i. V. m. § 34c Abs. 2 EStG
4	=	Einkünfte aus passivem Erwerb (§ 10 Abs. 3 AStG) *)
5	–	vom Hinzurechnungsbetrag auszunehmende Gewinne (§ 11 AStG) *)
6	–	entrichtete Steuern vom Einkommen und Vermögen (§ 10 Abs. 1 AStG) *)
7	–	Verlustabzug (§ 10 Abs. 3 Satz 5 AStG i. V. m. § 10d EStG) *)
8	=	Hinzurechnungsbetrag (wenn negativ, Abzug nach Maßgabe des § 10 Abs. 3 Satz 5 AStG) **)
9		Gesamtbetrag anrechnungsfähiger Steuern im Sinne des § 12 Abs. 1 AStG *)
10		Steuern von den nach § 3 Nr. 41 EStG befreiten Gewinnausschüttungen i. S. d. § 12 Abs. 3 AStG *)
11		Feststellung, ob bei der ausländischen Gesellschaft die Freigrenzen des § 9 AStG überschritten oder nicht überschritten sind. *)
12		In Fällen, in denen die Freigrenzen des § 9 AStG nicht überschritten sind: Feststellung der gesamten Bruttoerträge der ausländischen Gesellschaft und der Bruttoerträge, die den Zwischeneinkünften zugrunde liegen. *)
13		Ausschüttungen, Veräußerungsgewinne und verbleibende Hinzurechnungsbeträge (§ 3 Nr. 41 EStG) *)

*) festzustellende Besteuerungsgrundlagen nach § 18 Abs. 1 AStG.
**) festzustellender Verlust nach § 10 Abs. 3 Satz 5 AStG i. V. m. § 10d Abs. 4 EStG.

Schema II (bei mehrstufigem Beteiligungsaufbau für Untergesellschaften im Sinne des § 14 AStG)

Zeile			
1		Gesamteinkünfte (vor Personensteuern)	
2	−	Einkünfte aus aktiver Tätigkeit (§ 8 Abs. 1 AStG)	
3	−	Einkünfte aus Tätigkeiten, die nachweislich einer unter § 8 Abs. 1 Nr. 1–6 AStG fallenden Tätigkeit der unmittelbar vorgeschalteten Gesellschaft dienen	
4	=	Einkünfte aus passivem Erwerb (§ 10 Abs. 3 AStG)	*)
5	+	übertragende Zurechnung nachgeschalteter Zwischengesellschaften (Untergesellschaften)	*)
6	−	vom Zurechnungsbetrag auszunehmende Gewinne (§ 11 AStG)	*)
7	=	Gesamtbetrag	
8	−	entrichtete Steuern vom Einkommen und Vermögen (§ 10 Abs. 1 AStG)	*)
9	=	Zurechnungsbetrag (positiv oder negativ)	
10**)		*Gliederung des Zurechnungsbetrags*	
		a) *Zurechnungsbetrag, für den nach den Verhältnissen der Untergesellschaft oder weiterer nachgeschalteter Gesellschaften beim inländischen Gesellschafter eine Freistellung nach § 10 Abs. 5 i. V. m. § 14 Abs. 4 AStG in Betracht kommen kann.*	*)
		b) *übriger Zurechnungsbetrag*	*)
11		Gesamtbetrag anrechnungsfähiger Steuern (§ 12 Abs. 1 AStG)	*)
12		Feststellung, ob bei der ausländischen Gesellschaft die Freigrenzen des § 9 AStG überschritten sind.	*)
13		Feststellung, in welcher Höhe die in Zeile 5 zugerechneten Beträge die Freigrenzen des § 9 AStG nicht überschritten haben.	*)

*) festzustellende Besteuerungsgrundlagen nach § 18 Abs. 1 AStG.

**) § 14 Abs. 4 AStG ist durch Artikel 11 des StVergAbG aufgehoben worden; die Zeile 10 bezieht sich deshalb auf die Gesetzesfassung, die für Zwischeneinkünfte anzuwenden ist, die in Wirtschaftsjahren der Zwischengesellschaft entstanden sind, die in der Zeit bis einschließlich 31. Dezember 2002 begonnen haben (§ 21 Abs. 11 Satz 2 AStG).

Schema III (für Obergesellschaften in Fällen des mehrstufigen Beteiligungsaufbaus)

Zeile			
1		Gesamteinkünfte (vor Personensteuern)	
2	−	Einkünfte aus aktiver Tätigkeit (§ 8 Abs. 1 AStG)	
3	−	Steuerabzug nach § 12 Abs. 3 AStG i. V. m. § 34c Abs. 2 EStG	
4	=	Einkünfte aus passivem Erwerb (§ 10 Abs. 3 AStG)	*)
5	+	übertragende Zurechnung nachgeschalteter Zwischengesellschaften (Untergesellschaften)	*)
6	=	Gesamtbetrag	
7	−	vom Hinzurechnungsbetrag auszunehmende Gewinne (§ 11 AStG)	*)
8	−	entrichtete Steuern vom Einkommen und Vermögen (§ 10 Abs. 1 AStG)	*)
9	−	Verlustabzug (§ 10 Abs. 3 Satz 5 AStG i. V. m. § 10d EStG)	*)
10	=	Hinzurechnungsbetrag (wenn negativ, Abzug nach Maßgabe des § 10 Abs. 3 Satz 5 AStG)	**)
11		Gesamtbetrag anrechnungsfähiger Steuern im Sinne des § 12 Abs. 1 AStG	*)
12		Steuern von den nach § 3 Nr. 41 EStG befreiten Gewinnausschüttungen im Sinne des § 12 Abs. 3 AStG	*)
13		Feststellung, ob bei der ausländischen Gesellschaft die Freigrenzen des § 9 AStG überschritten oder nicht überschritten sind.	*)
14		In Fällen, in denen die Freigrenzen des § 9 AStG nicht überschritten sind: Feststellung der gesamten Bruttoerträge der ausländischen Gesellschaft und der Bruttoerträge, die den Zwischeneinkünften zugrunde liegen.	*)
15		Ausschüttungen, Veräußerungsgewinne und verbleibende Hinzurechnungsbeträge (§ 3 Nr. 41 EStG)	*)

*) festzustellende Besteuerungsgrundlagen nach § 18 Abs. 1 AStG.
**) festzustellender Verlust nach § 10 Abs. 3 Satz 5 AStG i. V. m. § 10d Abs. 4 EStG.

Zu § 1 AStG

2. Anwendung des § 1 AStG auf Fälle von Teilwertabschreibungen und anderen Wertminderungen auf Darlehen an verbundene ausländische Unternehmen

BMF, Schreiben v. 29. 3. 2011 (BStBl I S. 277)

– IV B 5 - S 1341/09/10004 –

Unter Bezugnahme auf das Ergebnis der Erörterung mit den Vertretern der obersten Finanzbehörden der Länder gilt für die Anwendung des § 1 AStG auf Fälle von Teilwertabschreibungen und anderen Wertminderungen auf Darlehen an verbundene **ausländische** Unternehmen Folgendes:

1. Vorbemerkung

1   Der BFH hat mit Urteil vom 14. Januar 2009, I R 52/08 (BStBl II S. 674) entschieden, dass Teilwertabschreibungen auf so genannte eigenkapitalersetzende Darlehen keine bei der Gewinnermittlung nicht zu berücksichtigende Gewinnminderungen im Sinne von § 8b Absatz 3 KStG 2002 (i. d. F. vor Änderung durch das Jahressteuergesetz 2008 vom 20. Dezember 2007, BStBl 2008 I S. 218) sind. Das bedeutet, dass § 8b Absatz 3 Satz 3 KStG 2002 nicht auf Teilwertabschreibungen auf eigenkapitalersetzende Darlehen angewendet werden kann. Nach Auffassung des BFH erfasst die Vorschrift ausschließlich substanzbezogene Wertminderungen des jeweiligen Anteils und nicht jegliche mit dem Anteil wirtschaftlich zusammenhängende Aufwendungen. Eigenkapitalersetzende Darlehen seien eigenständige Schuldverhältnisse, die unbeschadet ihrer gesellschaftsrechtlichen Veranlassung von der eigentlichen Beteiligung zu unterscheiden seien. Die Ergänzung des § 8b Absatz 3 KStG durch die Sätze 4 bis 7 im Rahmen des Jahressteuergesetzes 2008 wirkt nach Auffassung des BFH rechtsbegründend.

2   Das o. a. BFH-Urteil betraf einen inländischen Sachverhalt und ließ die Frage offen, ob in vergleichbaren Fällen der Darlehensgewährung an eine nahe stehende **ausländische** Gesellschaft eine Berichtigung nach § 1 AStG durchzuführen wäre. Das vorliegende Schreiben nimmt zur Frage der Anwendung der Vorschrift des § 1 AStG in vergleichbaren Fällen Stellung.

3   Für die Anwendung des § 1 AStG gelten allgemein folgende Grundsätze:

– Nach § 1 Absatz 1 AStG sind die Einkünfte eines Steuerpflichtigen aus einer Geschäftsbeziehung zum Ausland mit einer ihm nahe stehenden Person (§ 1 Absatz 2 AStG) zu berichtigen, wenn die Einkünfte des Steuerpflichtigen dadurch gemindert wurden, dass er seiner Einkünfteermittlung andere Bedingungen, insbesondere andere Preise (Verrechnungspreise), zugrunde gelegt hat, als sie voneinander unabhängige Dritte unter gleichen oder vergleichbaren Verhältnissen vereinbart hätten (Fremdvergleichsgrundsatz). Dies entspricht inhaltlich den Formulierungen in den von Deutschland abgeschlossenen Doppelbesteuerungsabkommen (DBA), die ihrerseits Artikel 9 Absatz 1 des OECD-Musterabkommens entsprechen.

– Nach § 1 Absatz 1 Satz 1 AStG gilt § 1 AStG grundsätzlich unbeschadet anderer Vorschriften, z. B. über die verdeckte Gewinnausschüttung oder die verdeckte Einlage (§ 8 Absatz 3 KStG). Das bedeutet, dass trotz Vorliegens des Tatbestands von § 1 Absatz 1 Satz 1 AStG keine Berichtigung nach dieser Vorschrift durchzuführen ist, wenn aufgrund anderer Vorschriften

- Rechtsfolgen eintreten, die zu einem dem Fremdvergleichsgrundsatz i. S. d. § 1 AStG entsprechenden Ergebnis führen (zur Konkurrenz siehe auch § 1 Absatz 1 Satz 3 AStG).

- Nach § 1 Absatz 1 Satz 3 AStG treten die Rechtsfolgen des § 1 AStG über die Rechtsfolgen der anderen Vorschriften hinaus ein, soweit § 1 AStG zu weitergehenden Berichtigungen führt als die anderen Vorschriften.

- Nach § 1 Absatz 5 AStG ist jede den Einkünften zugrunde liegende schuldrechtliche Beziehung, die keine gesellschaftsvertragliche Vereinbarung darstellt, eine „Geschäftsbeziehung", auf die der Fremdvergleichsgrundsatz anzuwenden ist.

- Im Unterschied zu den Rechtsfolgen anderer Vorschriften ist Rechtsfolge des § 1 AStG, dass die Einkünfte des Steuerpflichtigen in der Höhe anzusetzen sind, in der sie angefallen wären, wenn die Bedingungen und Preise im Verhältnis zu dem Nahestehenden dem Fremdvergleichsgrundsatz entsprechend vereinbart bzw. angesetzt worden wären.

Die Regelungen dieses Schreibens sind auch anzuwenden, wenn eine natürliche Person oder eine Personengesellschaft grenzüberschreitend einer nahe stehenden Person i. S. d. § 1 Absatz 2 AStG ein Darlehen gewährt. 4

Für die Teilwertabschreibung in der steuerlichen Gewinnermittlung gelten die Grundsätze des BMF-Schreibens vom 25. Februar 2000 (BStBl I S. 372) sowie des BMF-Schreibens vom 26. März 2009 (BStBl I S. 514). Regelungen zur bilanzsteuerrechtlichen Zulässigkeit von Teilwertabschreibungen, zur Anwendung des § 3c EStG*), zu verdeckten Einlagen oder verdeckten Gewinnausschüttungen sowie zu Entnahmen und Einlagen sind nicht Gegenstand dieses Schreibens. Derartige Fragen werden lediglich zur Abgrenzung im Verhältnis zu § 1 AStG berührt. 5

2. Wirkung des § 1 AStG bei grenzüberschreitender Darlehensgewährung

Ist Gegenstand der grenzüberschreitenden Geschäftsbeziehung eine Darlehensgewährung, gehören zu den Bedingungen, die dem Fremdvergleich entsprechen müssen, nicht nur der vereinbarte Zinssatz (Verrechnungspreis), sondern alle Umstände der Darlehensgewährung, die auch für fremde Dritte von Bedeutung wären (Tz. 4.2.2 Grundsätze für die Prüfung der Einkunftsabgrenzung bei international verbundenen Unternehmen; BMF-Schreiben vom 23. Februar 1983, BStBl I S. 218). Der nach § 1 Absatz 1 AStG anzusetzende Zinssatz (Verrechnungspreis) muss deshalb dem Zinssatz entsprechen, den fremde Dritte in der Situation der nahe stehenden Personen unter Berücksichtigung aller maßgeblichen Bedingungen, die festzustellen sind, vereinbart hätten. Zu den betreffenden Bedingungen gehören auch fremdübliche Sicherheiten. 6

Ist bereits im Zeitpunkt der Darlehenshingabe auf Grund der wirtschaftlichen Situation des Darlehensnehmers offensichtlich, dass mit der Zuwendung des Geldbetrags trotz der vertraglichen Bezeichnung und des buchmäßigen Ausweises als „Darlehen" tatsächlich keine Rückzahlungsverpflichtung verbunden ist, d. h. ist die Rückzahlung durch den Darlehensnehmer von vornherein objektiv unmöglich oder mit hoher Wahrscheinlichkeit auszuschließen, ändert das nichts daran, dass eine „Geschäftsbeziehung" nach § 1 Absatz 5 AStG vorliegt, auf die der Fremdvergleichsgrundsatz anzuwenden ist, auch wenn die Rechtsfolgen anderer Vorschriften Vorrang genießen. 7

---

*) Zur Anwendung des § 3c Absatz 2 EStG auf innerstaatliche Sachverhalte: siehe BMF-Schreiben vom 8. November 2010, BStBl I S. 1292.

3. Grundfall:
Darlehensgewährung eines inländischen, beherrschenden Gesellschafters an eine ihm nahe stehende, ausländische Gesellschaft, zu der über das Darlehensverhältnis hinaus keine weiteren Geschäftsbeziehungen bestehen

3.1 Darlehensgewährung, Zinssatz

8 Die Darlehensgewährung eines **beherrschenden** Gesellschafters (H 36 III „beherrschender Gesellschafter" KStH) an seine Kapitalgesellschaft kann wie folgt ausgestaltet sein:

  a) Die Darlehensgewährung erfolgt unter Vereinbarung einer tatsächlichen Sicherheit. Der vereinbarte Zinssatz berücksichtigt diese Sicherheit.

  b) Die Darlehensgewährung erfolgt ohne Vereinbarung einer tatsächlichen Sicherheit. Die fehlende Sicherheit wird durch einen angemessenen Risikozuschlag auf den Zinssatz berücksichtigt.

  c) Die Darlehensgewährung erfolgt ohne Vereinbarung einer tatsächlichen Sicherheit. Ein Risikozuschlag auf den Zinssatz, der die fehlende Sicherheit berücksichtigt, erfolgt wegen des Rückhalts im Konzern nicht.

9 Die Fallgestaltungen a und b der Rn. 8 entsprechen regelmäßig dem Fremdvergleichsgrundsatz, wenn der vereinbarte Zinssatz unter Beachtung der Grundsätze der Rn. 6 bestimmt wurde.

10 In der Fallgestaltung c der Rn. 8 – Rückhalt im Konzern – ist es nach der Rechtsprechung des BFH (Urteile vom 21. Dezember 1994, I R 65/94, BFHE 176, 571, HFR 1995 S. 445 und vom 29. Oktober 1997, I R 24/97, BStBl 1998 II S. 573) mit dem Fremdvergleichsgrundsatz vereinbar, dass bei einer Darlehensgewährung im Konzern keine Sicherheiten vereinbart werden, weil die Konzernbeziehung („Rückhalt"), für sich gesehen, eine ausreichende Sicherheit darstellt. Nach Auffassung des BFH führt das Fehlen einer tatsächlichen Sicherheit nicht zu einer Anpassung des Zinssatzes, d. h. für die Prüfung des Zinssatzes ist der Rückhalt im Konzern als fremdübliche Sicherheit anzuerkennen.

11 Von einem bestehenden Rückhalt im Konzern ist auszugehen, solange der beherrschende Gesellschafter die Zahlungsfähigkeit der Tochtergesellschaft (Darlehensnehmer) gegenüber fremden Dritten (im Außenverhältnis) tatsächlich sicherstellt bzw. solange die Tochtergesellschaft ihre Verpflichtungen im Außenverhältnis erfüllt. Solange der Rückhalt im Konzern insofern tatsächlich besteht, ist grundsätzlich von einer ausreichenden Sicherheit auszugehen, die es rechtfertigt, während der Laufzeit einen Zinssatz, wie er für gesicherte Darlehen unter Beachtung der Grundsätze der Rn. 6 vereinbart wird, anzuerkennen (zu Ausnahmen siehe Rn. 15).

3.2 Berichtigung einer Teilwertabschreibung nach § 1 AStG

12 Entsprechen die Konditionen der Darlehensgewährung in den Fallgestaltungen a und b der Rn. 8 dem Fremdvergleichsgrundsatz (Rn. 9), ist eine bilanzsteuerrechtlich ggf. zulässige Teilwertabschreibung auch für die Anwendung des § 1 AStG anzuerkennen, wenn der Darlehensgeber während der Laufzeit wie ein fremder ordentlicher und gewissenhafter Geschäftsleiter alle Möglichkeiten zur Sicherung seiner Forderungen gewahrt hat. Für Wirtschaftsjahre, die nach dem 1. Januar 2008 enden, ist § 1 Absatz 1 Satz 2 AStG zu beachten.

13 In der Fallgestaltung c der Rn. 8 ist für die Anwendung des § 1 AStG (fremdübliche Bedingungen) ungeachtet einer bilanzsteuerrechtlich ggf. zulässigen Teilwertabschreibung auf den Darlehensbetrag grundsätzlich der Rückhalt im Konzern als fortbestehende fremdübliche Sicherheit anzusehen, solange der Darlehensnehmer seinen wirtschaftlichen Verpflichtungen im Außenverhält-

nis nachkommt. Besteht der Rückhalt im Konzern tatsächlich gegenüber fremden Dritten als werthaltige Sicherheit weiter fort, gilt dies auch für die betreffende Darlehensbeziehung im Konzern. In einem solchen Fall ist für eine Teilwertabschreibung schon nach § 6 Absatz 1 Nummer 2 Satz 2 EStG kein Raum, da der Rückzahlungsanspruch (Darlehen) nicht als gefährdet anzusehen ist, solange der Rückhalt im Konzern besteht. Eine dennoch vorgenommene Teilwertabschreibung ist damit bereits wegen Fehlens der Voraussetzungen des § 6 Absatz 1 Nummer 2 Satz 2 EStG rückgängig zu machen. § 1 AStG tritt insoweit hinter die Rechtsfolgen des § 6 Absatz 1 Nummer 2 Satz 2 EStG zurück; auf § 1 Absatz 1 Satz 1 AStG wird hingewiesen (siehe Rn. 3).

Dies gilt auch für eine tatsächliche Gewinnminderung, die unter vergleichbaren Umständen durch einen Darlehensverzicht entsteht. 14

Dem Steuerpflichtigen bleibt es unbenommen, sich unter Darlegung konkreter Umstände darauf zu berufen, dass der Rückhalt im Konzern im Zeitpunkt der bilanzsteuerrechtlich ggf. zulässigen Teilwertabschreibung allgemein tatsächlich nicht mehr besteht. Das ist beispielsweise der Fall, wenn: 15

- der beherrschende Gesellschafter nicht dafür sorgt, dass der Darlehensnehmer seine Außenverpflichtungen gegenüber fremden Dritten erfüllt,
- der beherrschende Gesellschafter gegenüber einem fremden Dritten, der im Vertrauen auf den Rückhalt im Konzern einer nahe stehenden Gesellschaft ein Darlehen ohne tatsächliche Sicherheit gewährt hat, diesen Rückhalt im Konzern tatsächlich nicht gewährt oder
- die wirtschaftliche Situation des beherrschenden Gesellschafters bzw. des Konzerns insgesamt erkennen lässt, dass auf Grund des Rückhalts im Konzern keine Zahlungen geleistet würden bzw. geleistet werden könnten.

In Fällen, in denen der Rückhalt im Konzern zum Zeitpunkt der Teilwertabschreibung tatsächlich nicht mehr besteht, ursprünglich aber bestanden hat, ist zu prüfen, ob und ggf. wann für einen fremden Dritten in der Situation des Darlehensgebers erkennbar gewesen wäre, dass der Rückhalt im Konzern zweifelhaft ist und ob zu diesem Zeitpunkt andere Sicherungsmöglichkeiten bestanden hätten, auf die ein ordentlicher und gewissenhafter Geschäftsleiter hätte zurückgreifen können. Für Wirtschaftsjahre, die nach dem 1. Januar 2008 enden, ist § 1 Absatz 1 Satz 2 AStG zu beachten.

Besteht der Rückhalt im Konzern zum Zeitpunkt einer bilanzsteuerrechtlich ggf. zulässigen Teilwertabschreibung tatsächlich und nachweislich nicht mehr (z. B. tatsächlich eingetretene Zahlungsunfähigkeit des Darlehensnehmers im Außenverhältnis, siehe Rn. 15), ist die Teilwertabschreibung mangels Sicherheiten auch nach § 1 AStG anzuerkennen, wenn für einen fremden Dritten zwischen Darlehenshingabe und Teilwertabschreibung weder Anlass noch Möglichkeit bestanden hätte, Sicherungsmaßnahmen zu ergreifen. 16

4. Abwandlung I:
Darlehensgewährung eines inländischen beherrschenden Gesellschafters an eine ihm nahe stehende, ausländische Gesellschaft, zu der über das Darlehensverhältnis hinaus weitere Geschäftsbeziehungen (Lieferungs- und Leistungsaustausch) bestehen

4.1 Darlehensgewährung

Es gelten die allgemeinen Regeln der Rn. 8 bis 11. Für die Prüfung der Frage, ob die Gewährung des Darlehens und die Bedingungen für dessen Einräumung dem Fremdvergleichsgrundsatz 17 entsprechen, ist zusätzlich zu prüfen, ob die weiteren Geschäftsbeziehungen Auswirkungen auf die Fremdüblichkeit der vereinbarten Bedingungen des Darlehensvertrags haben oder ob und in welcher Weise die Darlehenseinräumung wirtschaftlich mit den weiteren Geschäftsbeziehungen in Zusammenhang steht. Im Übrigen ist für die Anwendung des Fremdvergleichsgrundsatzes im Rahmen der Prüfung des Zinssatzes grundsätzlich das Bestehen des Rückhalts im Konzern (Rn. 13) jedenfalls dann als fremdübliche Sicherheit zu unterstellen, wenn voneinander unabhängige Dritte in einer vergleichbaren Situation eine tatsächliche Sicherheit vereinbart hätten.

4.2 Berichtigung einer Teilwertabschreibung nach § 1 AStG

18 Ist in den Fällen der Abwandlung I, die der Fallgestaltung c der Rn. 8 entsprechen, für die Anwendung des § 1 AStG vom Bestehen des Rückhalts im Konzern auszugehen, weil der Darlehensnehmer seine Verpflichtungen im Außenverhältnis erfüllt, entspricht eine bilanzsteuerrechtlich ggf. zulässige Teilwertabschreibung nicht dem Fremdvergleichsgrundsatz (siehe Rn. 13). Sie ist gemäß § 1 Absatz 1 AStG außerhalb der Bilanz zu berichtigen, es sei denn der Steuerpflichtige beruft sich auf Umstände i. S. d. Rn. 15.

19 Verzichtet der Steuerpflichtige auf das Darlehen und hätten auch fremde Dritte trotz Vereinbarung einer tatsächlichen Sicherheit auf das Darlehen verzichtet, z. B. zur Sicherung der wirtschaftlichen Existenz des Darlehensnehmers und der bestehenden Lieferungs- und Leistungsbeziehungen, an denen ein überwiegendes geschäftliches Interesse besteht, führt der Darlehensverzicht zu keiner Berichtigung nach § 1 AStG, d. h. der Verzicht ist auch nach § 1 AStG anzuerkennen.

5. Abwandlung II:

Forderungen aus laufenden Geschäftsbeziehungen (Lieferungen und Leistungen) eines inländischen beherrschenden Gesellschafters an eine ihm nahe stehende, ausländische Gesellschaft, soweit die Forderungen nicht entsprechend den vereinbarten, fremdüblichen Zahlungsbedingungen getilgt werden

20 Im Zeitpunkt der Vereinbarung von Lieferungen oder Leistungen sind die vereinbarten Bedingungen (z. B. Zahlungsbedingungen, Eigentumsvorbehalt) am Maßstab des Fremdvergleichsgrundsatzes zu prüfen. Eine über einen Eigentumsvorbehalt hinausgehende Sicherheit ist, wenn keine Krise erkennbar ist, für laufende Geschäftsbeziehungen regelmäßig nicht fremdüblich.

5.1 Wertberichtigung auf Forderungen aus Lieferungen und Leistungen

21 Bilanzsteuerrechtlich ggf. zulässige Wertberichtigungen auf Forderungen aus Lieferungen und Leistungen entsprechen grundsätzlich dem Fremdvergleichsgrundsatz, wenn fremde Dritte in der Situation des beherrschenden Gesellschafters mangels Sicherheit (Rn. 20) ebenfalls eine Wertberichtigung vorgenommen hätten. Dabei ist zu berücksichtigen, dass fremde Dritte bei einer eintretenden dauerhaften Zahlungsstörung die Geschäftsbeziehung nur weiterführen würden, wenn zumindest die Bezahlung für die künftigen Lieferungen und Leistungen gesichert wäre. Sobald die drohende Zahlungsstörung erkennbar ist, gelten die Rn. 22 bis 25.

5.2 Darlehensgewährung durch „stehen gelassene" Forderungen

Werden Forderungen aus Lieferungen und Leistungen nach Fälligkeit „stehen gelassen" und ist 22
nach dem Fremdvergleichsgrundsatz von einer Darlehensgewährung auszugehen, z. b. weil die
inländische Muttergesellschaft auf eine mögliche Beitreibung oder sonstige Sicherungsmaßnahmen verzichtet hat und die Geschäftsbeziehung trotzdem unverändert fortgeführt wird, ist
entsprechend der Rn. 8 bis 11 für die Anwendung des § 1 AStG im Hinblick auf die Prüfung des
Zinssatzes, soweit keine tatsächliche Sicherheit vorliegt, vom Bestehen des Rückhalts im Konzern auszugehen.

Ist für die Anwendung des § 1 AStG vom Bestehen des Rückhalts im Konzern auszugehen, weil 23
der Darlehensnehmer seine Verpflichtungen im Außenverhältnis erfüllt, ist eine bilanzsteuerrechtlich ggf. zulässige Teilwertabschreibung entsprechend der Rn. 13 gemäß § 1 Absatz 1 AStG
außerhalb der Bilanz zu berichtigen, es sei denn der Steuerpflichtige beruft sich auf Umstände
i. S. d. Rn. 15.

Verzichtet der Steuerpflichtige auf das Darlehen (die „stehen gelassenen" Forderungen aus Lie- 24
ferungen und Leistungen) und hätten auch fremde Dritte trotz Vereinbarung einer tatsächlichen Sicherheit auf die Forderungen verzichtet (z. B. zur Sicherung der wirtschaftlichen Existenz des Darlehensnehmers und der bestehenden Lieferungs- und Leistungsbeziehungen, an
denen ein überwiegendes geschäftliches Interesse besteht), führt der Darlehensverzicht zu keiner Berichtigung nach § 1 AStG, d. h. der Verzicht ist auch nach § 1 AStG anzuerkennen.

Werden in den Fällen der Rn. 21 trotz Wertberichtigungsbedarfs die Geschäftsbeziehungen 25
ohne Änderung der Vereinbarungen weitergeführt, ist darüber hinaus unter Berücksichtigung
der konkreten Umstände des Einzelfalls zu prüfen, ob die fortgesetzte Geschäftsbeziehung
noch dem Fremdvergleichsgrundsatz entspricht. Ist dies nicht der Fall, sind Berichtigungen nach
§ 1 AStG vorzunehmen, soweit keine Berichtigungen nach anderen Vorschriften durchzuführen
sind (Rn. 3).

6. Darlehensgewährungen im Konzern in anderen Fällen

Zu Darlehensgewährungen im Konzern, die nicht durch einen beherrschenden Gesellschafter 26
an eine nachgeordnete, nahe stehende, ausländische Gesellschaft erfolgen, gehören beispielsweise folgende Grundfälle:

- Darlehensgewährung einer inländischen Kapitalgesellschaft, die keine beherrschende Gesellschafterstellung innehat, an eine nahe stehende, ausländische Gesellschaft, Rn. 28 und
  29;
- Darlehensgewährung einer inländischen Kapitalgesellschaft an eine ausländische übergeordnete Gesellschaft oder einen ausländischen Anteilseigner, Rn. 30;
- Darlehensgewährung einer inländischen Kapitalgesellschaft an eine nahe stehende, ausländische Schwestergesellschaft (Dreiecksfälle), Rn. 31 und 32.

In den Fällen der Rn. 26 ist es nach der Rechtsprechung des BFH (Urteil vom 14. März 1990, 27
I R 6/89, BStBl II S. 795) generell nicht mit dem Fremdvergleichsgrundsatz vereinbar, wenn die
Darlehensgewährung ohne ausreichende tatsächliche Sicherheit erfolgt. Die Grundsätze der
BFH-Urteile vom 21. Dezember 1994, I R 65/94 (BFHE 176, 571, HFR 1995 S. 445) und vom
29. Oktober 1997, I R 24/97 (BStBl 1998 II S. 573) zur ausreichenden Sicherheit auf Grund Ein-
flussmöglichkeit (siehe Rn. 10) sind nach der Rechtsprechung des BFH (Urteil vom 8. Oktober 2008, I R 61/07, BStBl 2011 II S. 62) insoweit nicht anwendbar. Es ist wie folgt zu unterscheiden:

- Für die Anwendung des Fremdvergleichgrundsatzes ist in den Fällen der Rn. 26 grundsätzlich ein fremdüblicher Zinssatz anzusetzen, der ggf. einen Risikozuschlag enthalten kann, um das Fehlen einer tatsächlichen Sicherheit zu berücksichtigen (siehe Rn. 6).
- Lässt sich in den Fällen der Rn. 26 eine fehlende tatsächliche Sicherheit **nicht** durch einen fremdüblichen Risikozuschlag kompensieren, weil fremde Dritte, z. B. wegen nicht ausreichender Bonität des Darlehensnehmers, kein vergleichbares Darlehen – auch nicht zu einem erhöhten Zinssatz – gewährt hätten, entspricht das Darlehen nicht dem Fremdvergleichsgrundsatz. Aber auch wenn eine solche Darlehensgewährung gesellschaftsrechtlich veranlasst ist, bleibt es für die Anwendung des § 1 AStG mangels gesellschaftsvertraglicher Vereinbarung zwingend bei einer Geschäftsbeziehung (siehe Rn. 7), so dass fremdübliche Bedingungen angenommen werden müssen. Für die Bestimmung des fremdüblichen Zinssatzes muss in diesen Fällen daher das Bestehen einer fremdüblichen Sicherheit für die gesamte Laufzeit der Darlehensbeziehung unterstellt werden, um den entsprechenden Zinssatz während der Laufzeit zu rechtfertigen.

> **Beispiel:**
> Die inländische Kapitalgesellschaft (K) hält 40 % der Anteile der ausländischen Kapitalgesellschaft (T), die übrigen Anteile der T werden von vier Personen gehalten, die K nicht i. S. d. § 1 Absatz 2 AStG nahe stehen. K gewährt der T im Jahr 01 ein Darlehen von 1.000.000 €. Der vereinbarte Zinssatz beträgt 5 % bei einer Laufzeit von 10 Jahren. Eine fremdübliche Sicherheit wird **nicht** vereinbart.
>
> Die Betriebsprüfung stellt unstreitig fest, dass fremde Dritte in vergleichbaren Fällen ein Darlehen zu einem Zinssatz von 5 % nur bei gleichzeitiger Vereinbarung einer werthaltigen Sicherheit vereinbart hätten. Unter den tatsächlich gegebenen Umständen kommt mangels ausreichender Bonität der T eine vergleichbare Darlehensgewährung ohne Vereinbarung einer Sicherheit **nicht** in Betracht. Deshalb kann ein fremdüblicher Risikozuschlag auf den vereinbarten Zinssatz mangels vergleichbarer Sachverhalte **nicht** bestimmt werden.
>
> **Lösung:**
> Die Bedingungen der Darlehensgewährung durch K an T entsprechen nicht dem Fremdvergleichsgrundsatz nach § 1 AStG. Darüber hinaus wäre es unter voneinander unabhängigen ordentlichen und gewissenhaften Geschäftsleitern in der gegebenen Situation zu keiner Darlehensvereinbarung gekommen. Um die Geschäftsbeziehungen so weit wie möglich unverändert zu lassen, ist der vereinbarte Zinssatz für gesicherte Darlehen (5 %) anzuerkennen. Dazu ist es im Rahmen der Anwendung des Fremdvergleichsgrundsatzes notwendig, die Gewährung einer fremdüblichen Sicherheit zu unterstellen. Dies ist aktenkundig zu machen. Eine spätere, bilanzsteuerrechtlich ggf. zulässige Teilwertabschreibung auf das Darlehen ist nach § 1 AStG zu berichtigen, da entsprechend dem Fremdvergleichsgrundsatz eine fremdübliche und werthaltige Sicherheit unterstellt werden musste.

6.1 Teilwertabschreibung in Fällen der Darlehensgewährung an eine nicht beherrschte Gesellschaft

28 Entsprechen die Darlehensbedingungen und der vereinbarte Zinssatz dem Fremdvergleichsgrundsatz (z. B. fremdüblicher Zinssatz bei fremdüblicher Besicherung; Zinssatz enthält Risikozuschlag, der eine fehlende tatsächliche Sicherheit berücksichtigt), und ist trotzdem eine bilanzsteuerrechtlich ggf. zulässige Teilwertabschreibung vorzunehmen, ist keine Berichtigung nach § 1 AStG möglich, wenn auch für einen fremden Dritten als Darlehensgeber in einer vergleichbaren Situation zwischen Darlehenshingabe und Teilwertabschreibung weder Anlass noch Möglichkeit bestanden hätte, Sicherungsmaßnahmen zu ergreifen. Für Wirtschaftsjahre, die nach dem 1. Januar 2008 enden, ist § 1 Absatz 1 Satz 2 AStG zu beachten.

29 Wurde eine tatsächliche Sicherheit nicht vereinbart und kann ihr Fehlen nicht durch einen fremdüblichen Risikozuschlag auf den Zinssatz kompensiert werden, entspricht das Darlehen nicht dem Fremdvergleichsgrundsatz. Der Abschreibungsbedarf wäre nicht entstanden, wenn fremdübliche Bedingungen vereinbart worden wären (siehe Rn. 6). Deswegen ist eine bilanzsteuerrechtlich ggf. zulässige Teilwertabschreibung nach § 1 Absatz 1 AStG zu berichtigen (siehe Rn. 27).

6.2 Teilwertabschreibung in Fällen der Gewährung eines ungesicherten Darlehens an eine Obergesellschaft

Erfolgt von Seiten der das Darlehen gewährenden Tochterkapitalgesellschaft eine bilanzsteuerrechtlich ggf. zulässige Teilwertabschreibung auf ein ungesichertes Darlehen an eine Obergesellschaft, liegt nach der Rechtsprechung des BFH in Höhe der Teilwertabschreibung eine verdeckte Gewinnausschüttung nach § 8 Absatz 3 KStG an die Obergesellschaft vor (BFH-Urteile vom 14. März 1990, I R 6/89, BStBl II S. 795 und vom 14. Juli 2004, I R 16/03, BStBl II S. 1010), denn die Darlehenshingabe ohne Sicherheitsleistung ist nur wegen des Gesellschaftsverhältnisses erfolgt. Insoweit tritt § 1 AStG hinter die Rechtsfolgen der verdeckten Gewinnausschüttung zurück. 30

6.3 Teilwertabschreibung in Fällen der Gewährung eines ungesicherten Darlehens an eine Schwestergesellschaft

In den Fällen der Gewährung eines ungesicherten Darlehens durch eine inländische Kapitalgesellschaft an eine nahe stehende, ausländische Schwestergesellschaft (Dreiecksfall) führt eine bilanzsteuerrechtlich ggf. zulässige Teilwertabschreibung auf die Darlehensforderung zur Annahme einer verdeckten Gewinnausschüttung in Höhe der Wertminderung beim Darlehensgeber. Die Rechtsfolgen des § 1 AStG treten in diesen Fällen hinter die des § 8 Absatz 3 KStG zurück (§ 1 Absatz 1 Satz 1 AStG), weil die verdeckte Gewinnausschüttung entsprechend dem Fremdvergleichsgrundsatz zu einer Korrektur in gleicher Höhe führt. Erst der Verzicht des Darlehensgebers auf die Darlehensforderung führt zum Zufluss der verdeckten Gewinnausschüttung beim Anteilseigner in Höhe des Nennwerts der Darlehensforderung. Zu einer verdeckten Einlage beim Darlehensnehmer kommt es ebenfalls in Höhe des Nennwerts der Darlehensforderung. Die Grundsätze der Entscheidung des GrS zum Forderungsverzicht im BFH-Beschluss vom 9. Juni 1997, GrS 1/94, BStBl 1998 II S. 307 (d. h. Zufluss des Darlehens und verdeckte Einlage i. H. d. werthaltigen Teils) sind nicht anwendbar, da die dem Darlehensverzicht zugrunde liegende Forderung bereits ihrerseits gesellschaftsrechtlich veranlasst ist. 31

Beispiel:

Im Jahr 01 erfolgt die Darlehensgewährung (100) einer inländischen Gesellschaft (TG 1) an eine ausländische Schwestergesellschaft (TG 2) mit einem gemeinsamen, inländischen Anteilseigner (MG, Beteiligung jeweils 100 %) ohne Einräumung einer Sicherheit, d. h. nicht fremdüblich i. S. d. Rn. 27. Im Jahr 05 nimmt die TG 1 eine vollständige Teilwertabschreibung i. H. v. 100 vor, im Jahr 07 verzichtet die TG 1 endgültig auf das Darlehen.

Lösung:

a) Korrektur nach § 8 Absatz 3 Satz 2 KStG bei der TG 1

Die Darlehensgewährung in 01 führt mangels tatsächlicher Vermögensminderung zu keiner verdeckten Gewinnausschüttung auf Ebene der TG 1. Die Rückzahlung des Darlehens durch die TG 2 ist im Zeitpunkt der Darlehensvergabe objektiv möglich. Da die Darlehensgewährung im vorliegenden Dreiecksfall von der TG 1 an ihre ausländische Schwestergesellschaft TG 2 und nicht unmittelbar von der Muttergesellschaft an ihre Tochtergesellschaft erfolgt, finden die Grundsätze der Rechtsprechung des BFH zum Konzernrückhalt (BFH-Urteil vom 29. Oktober 1997, I R 24/97, BStBl 1998 II S. 573) keine Anwendung (BFH-Urteil vom 14. März 1990, I R 6/89, BStBl II S. 795). Denn es ist nicht mit dem Fremdvergleichsgrundsatz vereinbar, dass im Rahmen der hier vorliegenden Darlehensgewährung im Konzern keine Sicherheiten wegen des Rückhalts im Konzern vereinbart worden sind. Die Darlehensvergabe in 01 ist bereits infolge der fehlenden Darlehensbesicherung gesellschaftsrechtlich veranlasst, eine verdeckte Gewinnausschüttung gemäß § 8 Absatz 3 Satz 2 KStG liegt jedoch noch nicht vor, da nicht alle Tatbestandsmerkmale erfüllt sind.

Infolge einer – bilanzsteuerrechtlich zulässigen – Teilwertabschreibung und der dadurch eingetretenen tatsächlichen Vermögensminderung in 05 kommt es im selben Jahr zu einer verdeckten Gewinnausschüttung und Einkommenskorrektur bei der TG 1 nach § 8 Absatz 3 Satz 2 KStG.

b) Zufluss bei der MG und AK auf die Beteiligung an der TG 2
Im Zeitpunkt des Darlehensverzichts in 07 kommt es zum Zufluss der verdeckten Gewinnausschüttung i. H. v. 100. Der Ansatz erfolgt mit dem vollen Darlehensbetrag (100). Ein geringerer Ansatz nur i. H. d. noch werthaltigen Teils scheidet aus, da der Nennbetrag tatsächlich bei der TG 2 zugeflossen ist. In gleicher Höhe erhöhen sich die Anschaffungskosten auf die Beteiligung an der TG 2. Sofern eine Teilwertabschreibung auf die so erhöhten Anschaffungskosten vorzunehmen ist, wird diese wegen § 8b Absatz 3 Satz 3 KStG nicht steuerwirksam.

c) Verdeckte Einlage bei der TG 2
In 07 kommt es außerdem zu einer verdeckten Einlage i. H. d. Nennbetrags der Darlehensforderung (= 100). Der Ansatz erfolgt auch hier – in Korrespondenz zu den Ausführungen unter Buchstabe b – mit dem Nennbetrag der Darlehensforderung, da der Nennbetrag tatsächlich bei der TG 2 zugeflossen ist.
Die Grundsätze der Entscheidung des GrS zum Forderungsverzicht im BFH-Beschluss vom 9. Juni 1997, GrS 1/94, BStBl 1998 II S. 307 (d. h. Zufluss des Darlehens und verdeckte Einlage i. H. d. werthaltigen Teils), kommen nicht zur Anwendung, da die dem Darlehensverzicht zugrunde liegende Forderung bereits ihrerseits gesellschaftsrechtlich veranlasst ist.

32 Ist bereits im Zeitpunkt der Darlehensgewährung auf Grund der wirtschaftlichen Situation des Darlehensnehmers offensichtlich, dass mit der Zuwendung des Geldbetrags trotz der vertraglichen Bezeichnung und des buchmäßigen Ausweises als „Darlehen" tatsächlich keine Rückzahlungsverpflichtung verbunden ist (siehe Rn. 7), so stellt bereits die Hingabe des Geldbetrages an die Schwestergesellschaft eine verdeckte Gewinnausschüttung an die gemeinsame Muttergesellschaft dar. Dies gilt auch dann, wenn die Rückzahlung von vornherein objektiv unmöglich ist oder mit hoher Wahrscheinlichkeit ausgeschlossen werden kann (BFH-Urteile vom 12. Dezember 2000, VIII R 62/93, BStBl 2001 II S. 234 und vom 7. November 2006, IX R 4/06, BStBl 2007 II S. 372). In diesen Fällen treten die Rechtsfolgen des § 1 AStG hinter die des § 8 Absatz 3 KStG zurück (§ 1 Absatz 1 Satz 1 AStG), weil die verdeckte Gewinnausschüttung entsprechend dem Fremdvergleichsgrundsatz zu einer Korrektur in gleicher Höhe führt.

7. Anwendungsregelung

33 Für Veranlagungszeiträume vor 2003, d. h. vor Inkrafttreten der Neufassung des § 1 Absatz 4 AStG i. d. F. des StVergAbG (jetzt § 1 Absatz 5 AStG i. d. F. des Unternehmensteuerreformgesetzes 2008), gilt, dass die Gewährung eigenkapitalersetzender zinsloser oder zinsgünstiger Darlehen durch eine inländische Konzernobergesellschaft an ihre ausländische Tochtergesellschaft keine Geschäftsbeziehung i. S. d. § 1 Absatz 1 AStG darstellt (BMF-Schreiben vom 12. Januar 2010, BStBl I S. 34), insoweit findet § 1 AStG keine Anwendung. Das vorliegende BMF-Schreiben findet jedoch auch für Veranlagungszeiträume vor 2003 Anwendung, wenn die Darlehensgewährung eine Geschäftsbeziehung i. S. d. § 1 Absatz 1 AStG i. V. m. § 1 Absatz 4 AStG i. d. F. des StÄndG 1992 darstellt.

34 Für Veranlagungszeiträume ab 2003 ist dieses Schreiben auch dann anzuwenden, wenn die Darlehensgewährung in Jahren vor 2003 erfolgte, das Darlehen aber ab dem Veranlagungszeitraum 2003 noch weiterbesteht.

35 Für Veranlagungszeiträume ab 2008 ist für Kapitalgesellschaften die Anwendung von § 8b Absatz 3 KStG in der Fassung des Jahressteuergesetzes 2008 gegenüber § 1 AStG vorrangig, soweit § 1 AStG keine weitergehenden Rechtsfolgen vorsieht.

3. Anwendung des § 1 Absatz 4 Außensteuergesetz
BMF, Schreiben v. 4. 6. 2014 (BStBl I S. 834)
– IV B 5 - S 1341/07/10009 –

Im Einvernehmen mit den obersten Finanzbehörden der Länder ist § 1 Absatz 4 Außensteuergesetz (AStG) wie folgt anzuwenden:

Nach § 1 Absatz 4 Nummer 1 Buchstabe a AStG sind Geschäftsbeziehungen wirtschaftliche Vorgänge, die Teil einer Tätigkeit sind, auf die die §§ 13, 15, 18 oder 21 des Einkommensteuergesetzes (EStG) anzuwenden sind oder im Fall einer ausländischen nahe stehenden Person anzuwenden wären, wenn sich der Geschäftsvorfall im Inland ereignet hätte.

Zur Prüfung der Voraussetzungen der zweiten Alternative dieser Vorschrift ist für sämtliche Tatbestandsmerkmale wegzudenken, dass sie im Ausland verwirklicht wurden. Folglich ist zu fragen, ob auf die Tätigkeit die §§ 13, 15, 18 oder 21 EStG anzuwenden wären, wenn der Geschäftsvorfall in vollem Umfang im Inland stattgefunden hätte.

Insbesondere im Hinblick auf eine ausländische nahe stehende Person ist anzunehmen, dass statt einer ausländischen nahe stehenden Person fiktiv eine inländische nahe stehende Person, die sich im Übrigen in der Situation der ausländischen nahe stehenden Person befindet, an dem Geschäftsvorfall beteiligt ist. Unter Annahme dieser Fiktion ist zu prüfen, ob auf die Tätigkeit die §§ 13, 15, 18 oder 21 EStG anzuwenden sind.

Dieses Verständnis gilt sinngemäß auch für die Anwendung der bis zum 31. Dezember 2012 anzuwendenden Fassung des § 1 Absatz 5 AStG.

IV. Körperschaftsteuer

Zu § 4 KStG

1. Auslegungsfragen zu § 20 Abs. 1 Nr. 10 EStG bei Betrieben gewerblicher Art als Schuldner der Kapitalerträge

BMF, Schreiben v. 28. 1. 2019 (BStBl I S. 97)

– IV C 2 - S 2706-a/15/10001 –

Nach dem Ergebnis einer Erörterung mit den obersten Finanzbehörden der Länder gilt für die Auslegung des § 20 Abs. 1 Nr. 10 EStG, soweit Betriebe gewerblicher Art (BgA) Schuldner der in der Vorschrift genannten Kapitalerträge sind, Folgendes:

A. Allgemeines

Durch das Steuersenkungsgesetz (StSenkG) vom 23. Oktober 2000 (BStBl 2000 I S. 1428) und das Unternehmenssteuerfortentwicklungsgesetz (UntStFG) vom 20. Dezember 2001 (BStBl 2002 I S. 35) sind in § 20 Abs. 1 Nr. 10 EStG für juristische Personen des öffentlichen Rechts neue Einkommenstatbestände eingeführt worden. 1

Zu Kapitaleinkünften der Trägerkörperschaft werden qualifiziert 2

– nach § 20 Abs. 1 Nr. 10 Buchstabe a EStG:

Leistungen eines nicht von der Körperschaftsteuer befreiten BgA mit eigener Rechtspersönlichkeit, z. B. Sparkassen und

– nach § 20 Abs. 1 Nr. 10 Buchstabe b EStG:

– der durch Betriebsvermögensvergleich ermittelte Gewinn eines nicht von der Körperschaftsteuer befreiten BgA ohne eigene Rechtspersönlichkeit (soweit der Gewinn nicht den Rücklagen zugeführt wird),

– der nicht den Rücklagen zugeführte Gewinn eines nicht bilanzierenden nicht von der Körperschaftsteuer befreiten BgA ohne eigene Rechtspersönlichkeit, der die in § 20 Abs. 1 Nr. 10 Buchstabe b EStG genannte Umsatz- oder Gewinngrenze überschreitet (vgl. auch Rdnrn. 16 bis 18),

– verdeckte Gewinnausschüttungen,

– die Auflösung von Rücklagen des BgA zu Zwecken außerhalb des BgA,

– die Gewinne i. S. d. § 22 Abs. 4 UmwStG und

– die Gewinne aus Werbesendungen durch inländische öffentlich-rechtliche Rundfunkanstalten.

Diese Einkunftstatbestände führen nach § 2 Nr. 2 KStG zu einer beschränkten Steuerpflicht mit einer Kapitalertragsteuerbelastung von 15 % (§ 43 Abs. 1 Satz 1 Nr. 7b und 7c i. V. m. § 43a Abs. 1 Satz 1 Nr. 2 EStG). Damit wird die wirtschaftliche Betätigung einer juristischen Person des öffentlichen Rechts unabhängig davon, ob sie in der Form eines BgA oder einer Kapitalgesellschaft ausgeübt wird, im Ergebnis der gleichen Steuerbelastung unterworfen. 3

4 Die Körperschaftsteuer für diese – dem Kapitalertragsteuerabzug unterliegenden – Einkünfte ist in der Regel nach § 32 Abs. 1 Nr. 2 KStG durch den Steuerabzug abgegolten. Die Kapitalertragsteuer von 15 % ist somit nicht anrechenbar (vgl. aber Rdnrn. 7 und 11). Erfüllt die Trägerkörperschaft des BgA die Voraussetzungen des § 44a Abs. 7 Satz 1 Nr. 2 oder 3 EStG, ist der Kapitalertragsteuerabzug nicht vorzunehmen; bei steuerpflichtigen wirtschaftlichen Geschäftsbetrieben von steuerbegünstigten BgA richtet sich die Abstandnahme vom Kapitalertragsteuerabzug nach § 44a Abs. 7 Satz 1 Nr. 1 EStG.

B. Leistungen eines BgA mit eigener Rechtspersönlichkeit (§ 20 Abs. 1 Nr. 10 Buchstabe a EStG)

I. Persönlicher Anwendungsbereich

5 Die Leistungen (Kapitalerträge) müssen von einem nicht von der Körperschaftsteuer befreiten BgA (vgl. § 1 Abs. 1 Nr. 6 i. V. m. § 4 KStG) stammen, der eine eigene Rechtspersönlichkeit besitzt. Er muss alle Merkmale einer juristischen Person des öffentlichen Rechts erfüllen, insbesondere im vollen Umfang rechtsfähig sein. Teilrechtsfähigkeit, wie sie bei öffentlich-rechtlichen Sondervermögen oder bei Landesbetrieben bzw. Eigenbetrieben die Regel ist, reicht nicht aus.

6 Von den Regelungen erfasst werden BgA mit eigener Rechtspersönlichkeit (z. B. in der Rechtsform des Zweckverbandes oder einer nach Landes- oder Kommunalrecht errichteten Anstalt des öffentlichen Rechts), die beispielsweise der Versorgung der Bevölkerung mit Wasser, Gas, Elektrizität oder Wärme (= Versorgungsbetriebe), dem öffentlichen Verkehr oder dem Hafenbetrieb dienen (§ 4 Abs. 3 KStG). Als weitere Beispiele kommen in Betracht: die öffentlich-rechtlich als rechtsfähige Anstalten betriebenen Sparkassen, Landesbanken und Versicherungen sowie Kreditinstitute, die nicht nach § 5 Abs. 1 Nr. 2 KStG steuerbefreit sind. Sind Teilbereiche öffentlich-rechtlicher Kreditinstitute von der Körperschaftsteuer befreit (z. B. Landesbanken mit den in § 5 Abs. 1 Nr. 2 KStG genannten steuerbefreiten Förderbereichen), ist § 20 Abs. 1 Nr. 10 Buchstabe a EStG auf den nicht steuerbefreiten Bereich anzuwenden.

7 § 20 Abs. 1 Nr. 10 Buchstabe a EStG findet aus Billigkeitsgründen auch dann Anwendung, wenn eine juristische Person des öffentlichen Rechts aus ihrem BgA ohne eigene Rechtspersönlichkeit Leistungen an eine andere juristische Person des öffentlichen Rechts (insbesondere an deren BgA) erbringt. Eine solche Leistung liegt nur vor, wenn die Beträge nicht zuvor der Besteuerung nach § 20 Abs. 1 Nr. 10 Buchstabe b EStG unterlegen haben.

Beispiel

Ein Zweckverband, der neben der Frischwasserversorgung (BgA) auch der Abwasserentsorgung (Hoheitsbetrieb) dient, beschließt bei Feststellung der Bilanz für 01 aus dem laufenden Gewinn des BgA von 1000 einen Betrag in Höhe von 200 für eine Leistung an die Mitgliedsgemeinden des Verbandes zu verwenden. Der Betrag von 200 gilt als Leistung i. S. d. § 20 Abs. 1 Nr. 10 Buchstabe a EStG mit der Folge, dass beim Empfänger der Tatbestand des § 8b Abs. 1 Satz 1 KStG erfüllt ist, wenn der Betrag bei ihm einem BgA zuzurechnen ist. Der Restbetrag von 800 unterliegt § 20 Abs. 1 Nr. 10 Buchstabe b EStG. Wird der Betrag von 800 im Folgejahr vom Zweckverband an die Mitgliedsgemeinden überführt, löst dies nicht die Rechtsfolge des § 20 Abs. 1 Nr. 10 EStG aus. Ist dieser Betrag beim Empfänger einem BgA zuzurechnen, löst dies nicht die Rechtsfolge des § 8b Abs. 1 Satz 1 KStG aus. Hätte der Verband den anteiligen Gewinn von 800 zulässigerweise in eine Rücklage i. S. d. § 20 Abs. 1 Nr. 10 Buchstabe b EStG eingestellt, diese dann aber in 03 aufgelöst, um den Betrag von 800 für eine Leistung an die Mitgliedsgemeinden zu verwenden, ist auf diese Leistung § 20 Abs. 1 Nr. 10 Buchstabe a EStG anzuwenden.

II. Sachlicher Anwendungsbereich

8 Der sachliche Anwendungsbereich des § 20 Abs. 1 Nr. 10 Buchstabe a EStG erstreckt sich auf Leistungen, die zu Einnahmen führen, die mit Gewinnausschüttungen i. S. d. § 20 Abs. 1

Nr. 1 EStG wirtschaftlich vergleichbar sind. Dazu gehören auch verdeckte Gewinnausschüttungen (§ 20 Abs. 1 Nr. 1 Satz 2 EStG) sowie Gewinnübertragungen, die aus steuerfreien Zuflüssen (z. B. nach § 8b Abs. 1 KStG) stammen. Nicht zu den Einnahmen gehören Leistungen des BgA, für die Beträge aus dem steuerlichen Einlagekonto i. S. d. § 27 KStG als verwendet gelten (§ 20 Abs. 1 Nr. 10 Buchstabe a letzter Halbsatz EStG).

Beispiele:
Eine Stadtsparkasse führt einen Teil des Jahresüberschusses dem Gewährträger (Stadt) zu. Es handelt sich um eine einer Gewinnausschüttung vergleichbare Leistung i. S. d. § 20 Abs. 1 Nr. 10 Buchstabe a EStG.

Eine Stadtsparkasse macht dem Gewährträger (Stadt) oder einer dem Gewährträger nahe stehenden Person eine Zuwendung für steuerbegünstigte (gemeinnützige) Zwecke, die dem Drittspendenvergleich i. S. d. BFH-Rechtsprechung (vgl. H 9 (Zuwendungen und Spenden von Trägern der Sparkassen [Gewährträger]) KStH 2015) nicht standhält. Die Zuwendung ist als verdeckte Gewinnausschüttung zu werten.

III. Entstehung der Kapitalertragsteuer

Die Kapitalertragsteuer entsteht in dem Zeitpunkt, in dem die Kapitalerträge (= Leistungen i. S. d. § 20 Abs. 1 Nr. 10 Buchstabe a EStG) dem Gläubiger (= Trägerkörperschaft des BgA) zufließen (§ 44 Abs. 1 Satz 2 EStG). Der Schuldner der Kapitalertragsteuer ist nach § 44 Abs. 1 Satz 1 EStG der Gläubiger der Kapitalerträge (= Trägerkörperschaft des BgA). Im Zeitpunkt des Zuflusses der Kapitalerträge hat der Schuldner der Kapitalerträge (BgA) den Steuerabzug für Rechnung des Gläubigers der Kapitalerträge (= Trägerkörperschaft des BgA) vorzunehmen (§ 44 Abs. 1 Satz 3 EStG). Auf Leistungen, die wirtschaftlich mit Gewinnausschüttungen vergleichbar sind, ist § 44 Abs. 2 EStG anwendbar.

IV. Durchführung der Besteuerung

Von den Kapitalerträgen ist der Kapitalertragsteuerabzug nach § 43 Abs. 1 Satz 1 Nr. 7b EStG i. V. m. § 31 KStG vorzunehmen. Die Kapitalertragsteuer beträgt 15 % des Kapitalertrags (§ 43a Abs. 1 Satz 1 Nr. 2 EStG).

Ist der Empfänger der Leistungen unbeschränkt körperschaftsteuerpflichtig und fallen die ausschüttungsgleichen Leistungen und verdeckten Gewinnausschüttungen i. S. d. § 20 Abs. 1 Nr. 10 Buchstabe a EStG bei ihm in einem inländischen gewerblichen Betrieb an, so erfolgt deren steuerliche Erfassung in der Veranlagung zur Körperschaftsteuer. Allerdings ist auf diese Leistungen die Regelung des § 8b KStG anzuwenden, nach der die Leistungen bei der Einkommensermittlung außer Ansatz bleiben. Die nach § 43 Abs. 1 Satz 1 Nr. 7b i. V. m. § 43a Abs. 1 Satz 1 Nr. 2 EStG einbehaltene Kapitalertragsteuer von 15 % (vgl. § 43 Abs. 1 Satz 3 EStG) ist im Rahmen der Veranlagung zur Körperschaftsteuer des Empfängers nach § 36 Abs. 2 Nr. 2 EStG i. V. m. § 31 KStG in vollem Umfang anzurechnen.

Beispiel:
An der Landesbank A (= Anstalt des öffentlichen Rechts) sind das Land A (Gebietskörperschaft), der Landschaftsverband A (Gebietskörperschaft) sowie der Sparkassen- und Giroverband A zu je einem Drittel beteiligt. Der Sparkassen- und Giroverband A ist ein von den Sparkassen und ihren Gewährträgern gebildeter Berufsverband mit öffentlich-rechtlichem Charakter in der Rechtsform der Körperschaft des öffentlichen Rechts.

Die Landesbank A verteilt ihren Gewinn von 120 Mio. EUR zu je einem Drittel an die Beteiligten. Dabei wird die Kapitalertragsteuer nach § 43 Abs. 1 Satz 1 Nr. 7b i. V. m. § 43a Abs. 1 Satz 1 Nr. 2 EStG in Höhe von 15 % der Kapitalerträge (120 Mio. EUR) = 18 Mio. EUR einbehalten und an das für die Landesbank A zuständige Finanzamt abgeführt (§ 44 Abs. 1 Satz 5 EStG), so dass zur Auszahlung an die Beteiligten 102 Mio. EUR (120 Mio. EUR abzüglich 18 Mio. EUR) zur Verfügung stehen. Jeder Beteiligte erhält einen Betrag von 34 Mio. EUR (102 Mio. EUR : 3). Auf jeden der Beteiligten entfällt eine einbehaltene Kapitalertragsteuer von 6 Mio. EUR.

Die Körperschaftsteuer der Beteiligten ist durch den Steuerabzug vom Kapitalertrag abgegolten (§ 32 Abs. 1 Nr. 2 KStG). Die Beteiligten unterliegen insoweit der beschränkten Körperschaftsteuerpflicht nach § 2 Nr. 2 KStG. Dies gilt grundsätzlich auch für den Sparkassen- und Giroverband A.

Leitet der Sparkassen- und Giroverband (Gläubiger der Kapitalerträge) jedoch die zugeflossenen Gewinnanteile ganz oder teilweise an die in ihm zusammengeschlossenen Sparkassen weiter, so erhalten die Sparkassen Bezüge i. S. d. § 8b Abs. 6 Satz 2 KStG, die bei ihnen im Rahmen der Ermittlung des steuerlichen Einkommens nach Maßgabe des § 8b KStG außer Ansatz bleiben. Zur Anrechnung der auf diese Bezüge entfallenden, von der Landesbank A einbehaltenen Kapitalertragsteuer auf die Körperschaftsteuer der Sparkassen nach § 36 Abs. 2 Nr. 2 EStG reicht die Vorlage der Bescheinigung nach § 45a Abs. 2 und 3 EStG (Kapitalertragsteuerbescheinigung), die dem Gläubiger der Kapitalerträge (Sparkassen- und Giroverband) ausgestellt wird, aus (§ 36 Abs. 2 Nr. 2 Satz 3 EStG).

12 In den Fällen des § 8b Abs. 6 Satz 2 KStG wird es für die Anrechnung der Kapitalertragsteuer bei dem BgA nach § 36 Abs. 2 Nr. 2 Satz 4 EStG nicht beanstandet, wenn die die mittelbare Beteiligung vermittelnde Körperschaft, Personenvereinigung oder Vermögensmasse dem BgA auf einer Kopie der ihr vorliegenden Kapitalertragsteuerbescheinigung die auf ihn entfallenden Bezüge und Gewinne und die darauf anteilig entfallende Kapitalertragsteuer mitteilt. Die für Wohnungseigentümergemeinschaften geltenden Grundsätze von Rdnrn. 18 und 19 des BMF-Schreibens vom 20. Dezember 2012 (BStBl 2013 I S. 36) sind entsprechend anzuwenden.

V. Steuerliche Behandlung der Einlagen

13 Auf Leistungen des BgA, die in der Rückgewähr von Einlagen bestehen, ist § 20 Abs. 1 Nr. 10 Buchstabe a EStG nicht anzuwenden (§ 20 Abs. 1 Nr. 10 Buchstabe a letzter Halbsatz EStG). Um eine Trennung der Einlagen von den übrigen Eigenkapitalteilen (z. B. Gewinnrücklagen, Gewinnvortrag) des BgA vornehmen zu können, hat auch der BgA mit eigener Rechtspersönlichkeit das steuerliche Einlagekonto i. S. d. § 27 KStG zu führen (§ 27 Abs. 7 KStG). Dabei sind Altrücklagen aus Wirtschaftsjahren vor dem Systemwechsel, die das Nennkapital oder eine vergleichbare Kapitalgröße übersteigen, wie Einlagen zu behandeln und als Anfangsbestand des steuerlichen Einlagekontos (§ 27 KStG) zu erfassen. Zu dem Anfangsbestand gehören auch Einlagen aus früheren Zeiträumen. Im Ergebnis sind alle im Zeitpunkt des Systemwechsels vorhandenen Eigenkapitalteile, die das Nennkapital bzw. eine vergleichbare Kapitalgröße des BgA übersteigen, dem steuerlichen Einlagekonto als Anfangsbestand zuzurechnen.

14 Nach Rdnrn. 8 und 13 werden BgA mit eigener Rechtspersönlichkeit im Grundsatz mit Kapitalgesellschaften gleichgestellt. Diese BgA haben ein Nennkapital oder eine hiermit vergleichbare Größe. Solche Eigenkapitalteile sind nicht Bestandteil des steuerlichen Einlagekontos. Eine Herabsetzung des Nennkapitals oder der hiermit vergleichbaren Größe und anschließende Rückzahlung führt grundsätzlich nicht zu steuerpflichtigen Einnahmen i. S. d. § 20 Abs. 1 Nr. 10 Buchstabe a EStG und lässt das steuerliche Einlagekonto im Ergebnis unverändert.

VI. Zeitlicher Anwendungsbereich

15 § 52 Abs. 37a Satz 1 EStG in der Fassung des StSenkG verknüpft die erstmalige Anwendung des § 20 Abs. 1 Nr. 10 Buchstabe a EStG beim Gläubiger der Leistungen mit der körperschaftsteuerlichen Behandlung des BgA mit eigener Rechtspersönlichkeit. Danach ist die Vorschrift erstmals auf Leistungen anzuwenden, die der Gläubiger der Leistungen nach Ablauf des ersten Wirtschaftsjahrs des BgA erzielt, für das das KStG i. d. F. des StSenkG erstmals anzuwenden ist. Bei kalenderjahrgleichem Wirtschaftsjahr des BgA ist § 20 Abs. 1 Nr. 10 Buchstabe a EStG erstmals auf Leistungen anzuwenden, die der Gläubiger der Leistungen in 2002 erzielt, da der BgA bereits mit den Ergebnissen des Wirtschaftsjahrs 2001 im Rahmen der Veranlagung zur Körperschaftsteuer 2001 dem neuen Recht unterliegt. Hat der leistende BgA ein vom Kalenderjahr abweichendes Wirtschaftsjahr, hängt die erstmalige Anwendung des § 20 Abs. 1 Nr. 10 Buchstabe a EStG davon ab, wann im Verlauf des Kalenderjahres 2002 die Leistung i. S. d. § 20 Abs. 1 Nr. 10 Buchstabe a EStG erbracht wird.

Beispiel:
Der BgA hat ein Wirtschaftsjahr vom 1. Dezember bis zum 30. November eines Jahres. Die Leistung i. S. d. § 20 Abs. 1 Nr. 10 Buchstabe a EStG für das Wirtschaftsjahr 2000/2001 wird am 15. Dezember 2001, die für das Wirtschaftsjahr 2001/2002 am 15. Dezember 2002 erbracht.
Für die am 15. Dezember 2001 erbrachte Leistung ist das neue Recht noch nicht anzuwenden, da sie vor Ablauf des ersten Wirtschaftsjahrs des BgA erbracht wird, für das das neue Recht gilt. Für die am 15. Dezember 2002 erbrachte Leistung gilt bereits neues Recht, da sie nach Ablauf des ersten Wirtschaftsjahrs des BgA erbracht wird, für das das neue Recht gilt.

C. Gewinne von BgA ohne eigene Rechtspersönlichkeit (§ 20 Abs. 1 Nr. 10 Buchstabe b Satz 1 bis 3 und 5 EStG)

I. Persönlicher Anwendungsbereich

Unter die Vorschrift des § 20 Abs. 1 Nr. 10 Buchstabe b EStG fallen – jeweils in Abhängigkeit von den unterschiedlichen Kapitalerträgen – drei Gruppen von BgA ohne eigene Rechtspersönlichkeit:

– *Gruppe 1 (Betriebsvermögensvergleich):*

Zu dieser Gruppe gehören die nicht von der Körperschaftsteuer befreiten BgA (einschl. der Verpachtungsbetriebe gewerblicher Art i. S. d. § 4 Abs. 4 KStG), die ihren Gewinn auf Grund einer gesetzlichen Verpflichtung oder freiwillig durch Betriebsvermögensvergleich (§ 4 Abs. 1 und § 5 EStG) ermitteln. Kommunalrechtlich sind diese BgA ohne eigene Rechtspersönlichkeit grundsätzlich nach Eigen- und Regiebetrieben zu unterscheiden. Unter Eigenbetrieb ist ein finanzwirtschaftliches Sondervermögen im haushaltsrechtlichen Sinne zu verstehen, das organisatorisch verselbstständigt, gleichwohl aber rechtlich unselbständiger Teil der Körperschaft öffentlichen Rechts ist. Dabei muss sich das Sondervermögen Eigenbetrieb nicht mit dem steuerlichen BgA decken. Der BgA umfasst in einem solchen Fall nur einen Teil des Eigenbetriebs (z. B. umfasst ein Abwasserentsorgungs- und Frischwasserversorgungseigenbetrieb der BgA nur den Frischwasserbereich). Einem Regiebetrieb fehlt die Eigenschaft des Sondervermögens; er ist eine rechtlich unselbständige Einheit der Trägerkörperschaft, die finanzwirtschaftlich kein Sondervermögen der Trägerkörperschaft darstellt. Wird ein Regiebetrieb allerdings auf Grund spezieller landesrechtlicher Vorgaben (z. B. § 139 Abs. 1 Niedersächsische Kommunalverfassung, NKomVG, oder Art. 76 Abs. 6 Landkreisordnung für den Freistaat Bayern, LKrO) kommunalrechtlich nach den Vorschriften für Eigenbetriebe geführt, d. h. liegt im rechtlichen Sinne kein Eigenbetrieb vor (eigenbetriebsähnliche Einrichtung), ist er für Zwecke des § 20 Abs. 1 Nr. 10 Buchstabe b EStG und § 27 KStG nach den Grundsätzen für Eigenbetriebe zu behandeln. Dies gilt jedoch nur, wenn die eigenbetriebsähnliche Einrichtung nur diesen Betrieb umfasst.

Zu der Gruppe 1 gehören auch BgA, die – unabhängig von der Gewinnermittlungsart – Umsätze einschließlich der steuerfreien Umsätze, ausgenommen die Umsätze nach § 4 Nr. 8 bis 10 UStG, von mehr als 350.000 EUR im Kalenderjahr oder einen Gewinn von mehr als 30.000 EUR im Wirtschaftsjahr erzielen. § 20 Abs. 1 Nr. 10 Buchstabe b EStG kommt bei BgA, die ihren Gewinn nicht durch Betriebsvermögensvergleich ermitteln (vgl. hierzu auch das BMF-Schreiben vom 3. Januar 2013, BStBl 2013 I S. 59) und unterhalb der genannten Umsatz- bzw. Gewinngrenzen liegen, nicht zur Anwendung; die Verwaltungsbuchführung (Kameralistik) ist mit einem Betriebsvermögensvergleich nicht vergleichbar.

Ferner gehören zur Gruppe 1 auch BgA, die nach § 140 oder § 141 AO zur Buchführung und damit zur Gewinnermittlung durch Betriebsvermögensvergleich verpflichtet sind, die dieser Verpflichtung aber nicht nachkommen.

20 Bei den BgA der Gruppe 1 sind Gegenstand der Besteuerung der „Gewinn" und „verdeckte Gewinnausschüttungen".

– *Gruppe 2 (Besteuerung von Einbringungsgewinnen und Anteilsveräußerungsgewinnen):*

21 Zu dieser Gruppe gehören BgA i. S. d. § 22 Abs. 4 Nr. 1 UmwStG ohne eigene Rechtspersönlichkeit unabhängig von den Voraussetzungen der Gruppe 1.

22 Soweit auf einbringungsgeborene Anteile § 21 UmwStG in der am 21. Mai 2003 geltenden Fassung weiter anzuwenden ist (vgl. § 27 Abs. 3 Nr. 3 UmwStG), sind die Rdnrn. 28 und 29 des BMF-Schreibens vom 11. September 2002, BStBl 2002 I S. 935, weiter anzuwenden.

– *Gruppe 3 (Rundfunkanstalten):*

23 Zu dieser Gruppe gehören unabhängig von den Voraussetzungen der Gruppe 1 die BgA „Veranstaltung von Werbesendungen" der inländischen öffentlich-rechtlichen Rundfunkanstalten. Die Besteuerung knüpft in diesen Fällen an das Einkommen i. S. d. § 8 Abs. 1 Satz 3 KStG an.

II. Sachlicher Anwendungsbereich

1. Kapitalerträge der Gruppe 1

24 Bei den Steuerpflichtigen der Gruppe 1 werden als Kapitalerträge die nicht den Rücklagen zugeführten Gewinne des BgA, die nachfolgende Auflösung der Rücklagen zu Zwecken außerhalb des BgA sowie verdeckte Gewinnausschüttungen (§ 8 Abs. 3 Satz 2 KStG) der Besteuerung unterworfen.

a) Laufende Gewinne

25 Bei dem in der Vorschrift genannten Gewinnbegriff handelt es sich um den Gewinn des BgA, den die juristische Person des öffentlichen Rechts für Zwecke außerhalb des BgA verwenden kann (= verwendungs- bzw. rücklagefähiger Gewinn). Bei der hier maßgebenden handelsrechtlichen Betrachtung entspricht dies dem Jahresüberschuss i. S. v. § 275 HGB (vgl. BFH-Urteil vom 11. September 2013, BStBl 2015 II S. 161). Bei der Ermittlung des maßgeblichen Jahresüberschusses kommt es nicht zwingend auf das Jahresergebnis nach dem festgestellten Jahresabschluss an, sondern auf das nach den handelsrechtlichen Grundsätzen ordnungsmäßiger Buchführung zutreffende Jahresergebnis. Z. B. von einer Betriebsprüfung aufgedeckte fehlerhafte handelsrechtliche Bilanzansätze sind im Jahr der Fehlbuchung und nicht erst im Zeitpunkt der Anpassung der Handelsbilanz zu korrigieren (BFH-Urteil vom 11. September 2013; a. a. O.). Wird später die entsprechende Anpassung der Handelsbilanz an die Steuerbilanz vorgenommen, hat diese im Anpassungsjahr keine Auswirkung auf den kapitalertragsteuerpflichtigen Gewinn.

26 Wird nur eine Steuerbilanz aufgestellt, ist aus Vereinfachungsgründen nicht zu beanstanden, wenn auf den Gewinn nach § 4 Abs. 1 EStG (Unterschiedsbetrag nach § 4 Abs. 1 Satz 1 EStG) abgestellt wird. Der so ermittelte Gewinn ist weder um nicht abziehbare Aufwendungen nach § 4 Abs. 5 EStG bzw. § 10 KStG noch um bei der Einkommensermittlung außer Ansatz bleibende Beträge (z. B. § 8b KStG) zu korrigieren.

27 Sofern der Gewinn in Fällen, in denen die Umsatz- oder Gewinngrenze des § 20 Abs. 1 Nr. 10 Buchstabe b EStG überschritten ist, nach § 4 Abs. 3 EStG ermittelt wird, ist dieser für Zwecke der Anwendung des § 20 Abs. 1 Nr. 10 Buchstabe b EStG auf der Grundlage des Betriebsvermögensvergleichs zu schätzen; eine nach kameralen Grundsätzen oder nach Doppik erstellte Ergebnisrechnung ist als Schätzungsgrundlage nicht geeignet. In den Fällen der Rdnr. 19 ist für Zwecke der Anwendung des § 20 Abs. 1 Nr. 10 Buchstabe b EStG der Gewinn im Wege des Betriebsvermögensvergleichs zu schätzen.

Der Gewinn mindert sich für Zwecke des § 20 Abs. 1 Nr. 10 Buchstabe b EStG in Höhe des Betrags, zu dem er zum Ausgleich von Fehlbeträgen (Verlusten) aus früheren Wirtschaftsjahren zu verwenden ist, sofern diese Fehlbeträge mangels kommunalrechtlich gebotenen Ausgleichs durch die Trägerkörperschaft noch ausgewiesen sind. 28

Bei Regiebetrieben gelten – abweichend von Eigenbetrieben – der Gewinn des BgA und die Einkünfte aus Kapitalvermögen wegen der rechtlichen Identität der Trägerkörperschaft und des BgA als zeitgleich zum Schluss des Wirtschaftsjahrs erzielt (BFH-Urteil vom 11. Juli 2007, BStBl 2007 II S. 841). 29

Bei Regiebetrieben kommt es – ebenfalls abweichend von Eigenbetrieben – kommunalrechtlich zum laufenden Ausgleich der im BgA entstandenen Verluste durch die Trägerkörperschaft (vgl. BFH-Urteil vom 23. Januar 2008, BStBl 2008 II S. 573); dieser Ausgleich führt zum Ende des Wirtschaftsjahrs des BgA zu Einlagen beim BgA (vgl. Rdnr. 55). Ein kommunalrechtlicher Ausgleich von Verlusten hat keine Auswirkung auf die Höhe des steuerlichen Verlustvortrags i. S. d. Sinne des § 10d Abs. 4 EStG des BgA.

Die Beteiligung an einer Mitunternehmerschaft begründet bei der beteiligten juristischen Person des öffentlichen Rechts einen bzw. mehrere eigenständige BgA; dieser gilt bzw. diese gelten als Regiebetriebe. Die Beteiligung an einer Personengesellschaft, die keinen Gewerbebetrieb unterhält, kann bei der beteiligten juristischen Person des öffentlichen Rechts nach Maßgabe des § 4 KStG ebenfalls einen bzw. mehrere BgA begründen; auch dieser gilt bzw. diese gelten als Regiebetriebe. Ermittelt die Gesellschaft, an der die Beteiligung besteht, ihren Gewinn durch Betriebsvermögensvergleich, schlägt dies nicht auf die Gewinnermittlung des bzw. der BgA durch. Auf den BgA bzw. die BgA ist § 20 Abs. 1 Nr. 10 Buchstabe b EStG nur anzuwenden, wenn freiwillig bilanziert wird oder der maßgebende Jahresüberschuss bzw. Gewinn i. S. d. der Rdnr. 31 die Gewinngrenze der Norm überschreitet. 30

Auf diesen BgA bzw. diese BgA sind die Grundsätze der Rdnr. 25 anzuwenden. Als Jahresüberschuss bzw. aus Vereinfachungsgründen in Fällen, in denen für den BgA bzw. die BgA keine Handelsbilanz aufgestellt wird, als Gewinn ist bei dem BgA bzw. den BgA anzusetzen 31

- der aus dem Gesamthandsvermögen der Mitunternehmerschaft/-Personengesellschaft stammende Gewinnanteil der juristischen Person des öffentlichen Rechts i. S. d. des § 120 Abs. 1 und des § 122 HGB soweit er tatsächlich entnommen wurde. Erzielt die Mitunternehmerschaft/Personengesellschaft handelsrechtlich Verluste, entsteht ein entnahmefähiger Gewinn erst, wenn diese Verluste durch künftige Gewinne ausgeglichen sind, und

- die der juristischen Person des öffentlichen Rechts von der Mitunternehmerschaft/Personengesellschaft zustehenden Sondervergütungen i. S. d. § 15 Abs. 1 Satz 1 Nr. 2 EStG abzüglich der damit im Zusammenhang stehenden Aufwendungen.

Der Gewinn des BgA mindert sich um bei ihm anfallende Ertragsteuern.

Ist ein BgA i. S. v. Rdnr. 30 zulässigerweise mit einem BgA zusammengefasst, für den die Eigenbetriebsgrundsätze anzuwenden sind, ist der zusammengefasste BgA für Zwecke des § 20 Abs. 1 Nr. 10 Buchstabe b EStG als Eigenbetrieb anzusehen. 32

b) Rücklagen

Kapitalertragsteuerpflichtige Einkünfte aus Kapitalvermögen i. S. d. § 20 Abs. 1 Nr. 10 Buchstabe b EStG liegen insoweit nicht vor, als der Gewinn zulässigerweise durch Rücklagenbildung gemindert wird. 33

- Eigenbetriebe

Bei einem Eigenbetrieb unterliegt der Gewinn nicht der Besteuerung nach § 20 Abs. 1 Nr. 10 Buchstabe b EStG, soweit er den Rücklagen des BgA zugeführt wird. Als Zuführung zu den 34

Rücklagen gilt jedes Stehenlassen von Gewinnen als Eigenkapital für Zwecke des BgA unabhängig davon, ob dies in der Form der Zuführung zu den Gewinnrücklagen, als Gewinnvortrag oder unter einer anderen Position des Eigenkapitals vorgenommen wird (vgl. BFH-Urteil vom 16. November 2011, BStBl 2013 II S. 328). Die Rücklagenbildung ist unabhängig von haushaltsrechtlichen Regelungen anzuerkennen und ist auch nicht davon abhängig, dass die Zwecke des BgA ohne die Rücklagenbildung nachhaltig nicht erfüllt werden können.

– Regiebetriebe

35   Über die Gewinne eines Regiebetriebs kann die Trägerkörperschaft unmittelbar verfügen. Für eine Rücklagenbildung ist damit kommunalrechtlich kein Raum. Gleichwohl ist bei einem Regiebetrieb für Zwecke des § 20 Abs. 1 Nr. 10 Buchstabe b EStG die Rücklagenbildung anzuerkennen, soweit anhand objektiver Umstände nachvollzogen und überprüft werden kann, dass der handelsrechtliche Gewinn durch Stehenlassen dem Regiebetrieb als Eigenkapital zur Verfügung stehen soll (vgl. BFH-Urteile vom 30. Januar 2018, BStBl 2019 II S. 96 und S. 101). Als objektiver Umstand wird insbesondere ein förmlicher Beschluss der zuständigen Gremien der Trägerkörperschaft anerkannt, der spätestens acht Monate nach Ablauf des Wirtschaftsjahrs des BgA gefasst sein muss. Für die Rücklagenzuführung durch Stehenlassen gilt Rdnr. 34 Satz 2 entsprechend. Vorstehende Grundsätze gelten entsprechend auch für die in Rdnr. 18 aufgeführten BgA. Darüber hinaus liegt eine zulässige Rücklagenbildung auch bei einer Mittelreservierung vor, soweit die verwendbaren Mittel, die auf Grund eines gewinnrealisierenden Vorgangs dem BgA zugeführt worden sind, bereits im laufenden Wirtschaftsjahr z. B. reinvestiert oder zur Tilgung von betrieblichen Verbindlichkeiten verwendet worden sind; ein förmlicher Beschluss i. S. d. Satzes 4 ist hierfür nicht erforderlich. Entsprechendes gilt, wenn dem BgA aus einer Beteiligung an einer Kapitalgesellschaft Dividenden zufließen, die dieser im Zuge einer gleichzeitig stattfindenden Kapitalerhöhung wieder in diese Kapitalgesellschaft einlegt. Keine verwendbaren Mittel sind dagegen bloße Buchgewinne, die sich z. B. beim Tausch von Wirtschaftsgütern des BgA ergeben. Für diese Buchgewinne gilt Satz 3 entsprechend. Soweit neu gebildete Rücklagen nach vorstehenden Grundsätzen unzulässig sind, ist grundsätzlich Kapitalertragsteuer zu erheben. Wegen der Auswirkung auf das steuerliche Einlagekonto wird auf Rdnr. 54 verwiesen.

– BgA als bloßer Teil des Eigenbetriebs

36   Ist der BgA nur ein Teil eines Eigenbetriebs (z. B. Wassereigenbetrieb mit den Geschäftsfeldern Frischwasserversorgung [BgA] und Abwasserentsorgung [hoheitlich]), dann gelten hinsichtlich einer Rücklagenbildung bei diesem BgA die Grundsätze der Rdnr. 35. Den Tatbestand des § 20 Abs. 1 Nr. 10 Buchstabe b EStG erfüllt in einem solchen Fall beispielsweise auch der Ausgleich von Gewinnen des BgA mit hoheitlichen Verlusten des Betriebs.

– Beteiligung an Personengesellschaften

37   Auf einen BgA i. S. d. Rdnr. 30 sind die für Regiebetriebe geltenden Rücklagengrundsätze der Rdnr. 35 anzuwenden. Dieser BgA – und nicht die Personengesellschaft an die die juristische Person des öffentlichen Rechts beteiligt ist – muss die dort genannten Rücklagenvoraussetzungen erfüllen. Auf einen BgA i. S. d. Rdnr. 32 sind die für Eigenbetriebe geltenden Rücklagengrundsätze der Rdnr. 34 anzuwenden.

– Teilweise steuerbefreiter BgA

38   Die Vorschrift des § 20 Abs. 1 Nr. 10 Buchstabe b EStG ist nur für den nicht steuerbefreiten Teil des BgA relevant. Dieser nicht steuerbefreite Teil des BgA gilt für Zwecke des § 20 Abs. 1 Nr. 10 Buchstabe b EStG als Regiebetrieb. Auf diesen Teil des BgA sind die für Regiebetriebe geltenden Rücklagengrundsätze der Rdnr. 35 anzuwenden. Erfüllt der Träger des BgA bzw. der steuerbegünstigte Teil des BgA die Voraussetzungen des § 44a Abs. 7 EStG, ist § 20 Abs. 1 Nr. 10 Buchstabe b EStG nicht anzuwenden.

- Rücklagenverwendung

Der Beschluss der für die Bilanzfeststellung zuständigen Gremien, Rücklagenmittel für Zwecke außerhalb des BgA zu überführen, löst den Besteuerungstatbestand des § 20 Abs. 1 Nr. 10 Buchstabe b EStG aus (§ 20 Abs. 1 Nr. 10 Buchstabe b Satz 2 EStG). Der insoweit aufgelöste Rücklagenbetrag führt zu einem Gewinn i. S. d. § 20 Abs. 1 Nr. 10 Buchstabe b Satz 1 EStG. Wird ein BgA i. S. d. § 20 Abs. 1 Nr. 10 Buchstabe b Satz 2 zweiter Halbsatz EStG umgewandelt und enthält der umgewandelte BgA Rücklagen, gelten diese als mit der Umwandlung als aufgelöst. Die Sätze 1 bis 3 gelten auch in den Fällen der in Rdnr. 18 aufgeführten BgA. 39

Eine Gewinnverwendung für Zwecke außerhalb des BgA ist z. B. gegeben, wenn die Gewinne und aufgelösten Rücklagen im hoheitlichen Bereich der Trägerkörperschaft eingesetzt werden. Für Zwecke außerhalb des BgA werden Gewinne und aufgelöste Rücklagen auch dann verwendet, wenn sie einem anderen BgA der gleichen Trägerkörperschaft oder einer Eigengesellschaft zugeführt werden. Dabei ist der Vorgang steuerlich in folgende Schritte zu zerlegen: Die Überführung der Gewinne bzw. aufgelösten Rücklagenbeträge des übertragenden BgA ist im ersten Schritt als Zuführung in den hoheitlichen Bereich der Trägerkörperschaft (mit der Folge der Anwendung des § 20 Abs. 1 Nr. 10 Buchstabe b EStG) und im zweiten Schritt als Zuführung der Trägerkörperschaft (Einlage) an den empfangenden BgA oder die Eigengesellschaft (mit der Folge der Erfassung des Einlagebetrags auf dem steuerlichen Einlagekonto) zu behandeln. 40

c) Verdeckte Gewinnausschüttungen

Verdeckte Gewinnausschüttungen des BgA ohne eigene Rechtspersönlichkeit an die Trägerkörperschaft führen stets zu Kapitalerträgen i. S. d. § 20 Abs. 1 Nr. 10 Buchstabe b EStG. Im Verhältnis zwischen verschiedenen BgA der gleichen Trägerkörperschaft können auch verdeckte Gewinnausschüttungen die Besteuerung nach § 20 Abs. 1 Nr. 10 Buchstabe b EStG auslösen. 41

Beispiel:
Der BgA X überträgt auf den BgA Y der gleichen Trägerkörperschaft (unentgeltlich) die zu seinem gewillkürten Betriebsvermögen gehörende Beteiligung an einer GmbH. Die Beteiligung ist aus versteuerten Gewinnen zu 100 angeschafft worden. Der Teilwert im Zeitpunkt der Übertragung beträgt 120; ein Einlagekonto ist beim BgA X nicht vorhanden. Der Vorgang ist steuerrechtlich – in Anlehnung an die Besteuerungsgrundsätze von verdeckten Gewinnausschüttungen bei Schwestergesellschaften – wie folgt zu lösen:
Beim BgA X führt der Vorgang zu einer verdeckten Gewinnausschüttung an die Trägerkörperschaft und zu einer Besteuerung nach § 20 Abs. 1 Nr. 10 Buchstabe b EStG. Die Bemessungsgrundlage für die Kapitalertragsteuer beträgt 120. Beim BgA Y ist die Beteiligung als Einlage der Trägerkörperschaft mit dem Teilwert zu aktivieren. Das steuerliche Einlagekonto (§ 27 KStG) ist um diesen Betrag zu erhöhen.

d) Steuerliches Einlagekonto

Kapitalerträge der Gruppe 1 gehören nicht zu den Einnahmen i. S. d. § 20 Abs. 1 Nr. 10 Buchstabe b EStG, wenn für die Leistungen des BgA Beträge aus dem steuerlichen Einlagekonto als verwendet gelten (§ 20 Abs. 1 Nr. 10 Buchstabe b Satz 5 i. V. m. Nr. 1 Satz 3 EStG). Auch BgA (Eigen- und Regiebetriebe) haben daher nach § 27 Abs. 7 KStG ein steuerliches Einlagekonto zu führen, das sich entsprechend den Vorschriften des § 27 KStG entwickelt. 42

- Anfangsbestände

Dabei sind Altrücklagen aus Wirtschaftsjahren vor dem Systemwechsel, die das Nennkapital oder eine vergleichbare Kapitalgröße übersteigen, wie Einlagen zu behandeln und als Anfangsbestand des steuerlichen Einlagekontos (§ 27 KStG) zu erfassen. Zu dem Anfangsbestand gehören auch noch vorhandene Einlagen aus früheren Zeiträumen. Im Ergebnis 43 sind alle im Zeitpunkt des Systemwechsels vorhandenen Eigenkapitalteile, die das Nennkapital bzw. eine vergleichbare Kapitalgröße des BgA übersteigen, dem steuerlichen Einlagekonto als Anfangsbestand zuzurechnen.

44 Sollte ein zur Führung des steuerlichen Einlagekontos verpflichteter BgA später die Voraussetzungen des § 20 Abs. 1 Nr. 10 Buchstabe b Satz 1 EStG vorübergehend nicht mehr erfüllen, wird er von der Führung eines Einlagekontos nur dann frei, wenn keine Rücklagen i. S. d. § 20 Absatz 1 Nummer 10 Buchstabe b EStG vorliegen. Liegen derartige Rücklagen vor, ist ein steuerliches Einlagekonto weiter zu führen und festzustellen.

45 In diesen Fällen führen Eigenkapitalveränderungen in sinngemäßer Anwendung der Rdnr. 43 grundsätzlich zu einer entsprechenden Veränderung des Bestands des steuerlichen Einlagekontos. Zusätzlich erhöhen nachgewiesene Einlagen, die zum Verlustausgleich in den jeweiligen Wirtschaftsjahren geleistet worden sind, den Bestand des steuerlichen Einlagekontos. Verringert sich das Eigenkapital aufgrund der schädlichen Auflösung von Rücklagen i. S. d. § 20 Abs. 1 Nr. 10 Buchstabe b Satz 1 EStG nach § 20 Abs. 1 Nr. 10 Buchstabe b Satz 2 EStG, führt dies – abweichend von dem oben dargestellten Grundsatz – nur insoweit zu einer Verringerung des steuerlichen Einlagekontos, wie diese in sinngemäßer Anwendung des § 27 Absatz 1 Satz 3 KStG als Einlagenrückgewähr anzusehen ist.

46 Muss das steuerliche Einlagekonto mangels Vorliegen der Voraussetzungen des § 20 Abs. 1 Nr. 10 Buchstabe b EStG und entsprechender Rücklagen dagegen nicht mehr geführt werden und liegen die Voraussetzungen später wieder vor, ist der neue Anfangsbestand des steuerlichen Einlagekontos grundsätzlich wiederum nach den Grundsätzen der Rdnr. 43 zu ermitteln und festzustellen. Abweichend von diesen Grundsätzen erhöhen Einlagen, die zum Verlustausgleich seit dem Zeitpunkt des Wegfalls der Voraussetzungen des § 20 Abs. 1 Nr. 10 Buchstabe b EStG nachweislich geleistet worden sind, das steuerliche Einlagekonto. Eine Feststellung des steuerlichen Einlagekontos ist auf Feststellungszeitpunkte, für die nach den vorstehenden Grundsätzen kein steuerliches Einlagekonto geführt werden muss, nur auf Antrag durchzuführen.

– Verminderung des steuerlichen Einlagekontos bei Eigenbetrieben

47 Bei Eigenbetrieben kann – abgesehen von verdeckten Gewinnausschüttungen – allein der Ausschüttungsbeschluss zu einem Abfluss der entsprechenden Leistung beim BgA und damit ggf. zu einer Minderung des steuerlichen Einlagekontos führen (vgl. Rdnr. 34). Der Ausschüttungsbeschluss führt zu einer Abführung des Gewinns des Wirtschaftsjahrs bzw. der Auflösung und Abführung zuvor stehengelassener und als Rücklagen anzusehender Gewinne der Vorjahre an die Trägerkörperschaft zu Zwecken außerhalb des BgA (§ 20 Abs. 1 Nr. 10 Buchstabe b Satz 2 EStG). Das Gesetz enthält zwar in § 20 Abs. 1 Nr. 10 Buchstabe b EStG eine Ausschüttungsfiktion; im Rahmen der Verwendungsrechnung des § 27 Abs. 1 Satz 3 KStG kommt es aber – jedenfalls bei Eigenbetrieben – auf den tatsächlichen Abfluss an. Damit werden BgA, die als Eigenbetriebe geführt werden, im Verhältnis zu ihrer Trägerkörperschaft wie selbständige Kapitalgesellschaften behandelt. Wie bei beherrschenden Gesellschaftern einer Kapitalgesellschaft führt allerdings allein der Ausschüttungsbeschluss zu einem Abfluss der entsprechenden Leistung beim BgA und damit – nach Maßgabe des § 27 KStG – zu einer Minderung des steuerlichen Einlagekontos.

48 Altrücklagen und Rücklagen aus Wirtschaftsjahren, die nicht die Voraussetzungen des § 20 Abs. 1 Nr. 10 Buchstabe b Satz 1 EStG erfüllen, erhöhen den Bestand des steuerlichen Einlagekontos. Folglich sind entsprechend – von Kapitalherabsetzungen (vgl. Rdnr. 51) abgesehen – sämtliche Transferleistungen des Eigenbetriebs an seine Trägerkörperschaft, die nicht auf der Grundlage eines steuerlich anzuerkennenden (fiktiven) gegenseitigen Vertrages erbracht werden, in die Verwendungsrechnung des § 27 Abs. 1 Satz 3 KStG einzubeziehen (BFH-Urteil vom 16. November 2011, a. a. O.). Das gilt auch dann, wenn nach dem Ausschüttungsbeschluss ausdrücklich Altrücklagen ausgekehrt werden.

– Verminderung des steuerlichen Einlagekontos bei Regiebetrieben

Soweit der Gewinn eines Regiebetriebs nicht zulässigerweise entsprechend den Grundsätzen der Rdnr. 35 den Rücklagen zugeführt worden ist, gilt er nach § 20 Abs. 1 Nr. 10 Buchstabe b Satz 1 EStG als zum Schluss des Wirtschaftsjahrs an die Trägerkörperschaft abgeführt (BFH-Urteil vom 11. Juli 2007, a.a.O.). Es liegt eine Leistung i.S.d. §27 Abs. 1 Satz 3 KStG des nämlichen Wirtschaftsjahrs vor. Entsprechendes gilt für nach Rdnr. 35 nicht anzuerkennende Rücklagen. 49

Werden Rücklagen eines Regiebetriebs zu Zwecken außerhalb des Betriebs gewerblicher Art aufgelöst, liegt eine Leistung i.S.d. § 27 Abs. 1 Satz 3 KStG im Zeitpunkt der Rücklagenauflösung vor. 50

– Kapitalmaßnahmen und Auswirkung auf das steuerliche Einlagekonto

Nach Rdnr. 42 haben BgA ohne eigene Rechtspersönlichkeit ein steuerliches Einlagekonto zu führen, dessen Anfangsbestand entsprechend den Rdnrn. 43 ff. zu ermitteln ist. Haben solche BgA auf der Grundlage landesrechtlicher Regelungen ein Nennkapital oder eine hiermit vergleichbare Größe, gelten für die „Herabsetzung" und anschließende „Auskehrung" die Ausführungen in Rdnr. 14 entsprechend. 51

Dies setzt allerdings voraus, dass diese Maßnahmen nach den landesrechtlichen Regelungen auch zulässig sind. Sie sind in der Regel nicht zulässig, wenn der nach „Herabsetzung" und „Auskehrung" verbleibende Betrag für die zukünftige Entwicklung des Betriebs nicht als ausreichend anzusehen ist. Hierfür kann der Umstand sprechen, dass es alsbald nach der „Auskehrung" wieder zu einer Kapitalzuführung kommt. Ist jedoch nach landesrechtlichen Vorschriften eine Herabsetzung des Nennkapitals und zeitnahe Heraufsetzung des Nennkapitals in nahezu gleicher Höhe zulässig, führt dies unter den Voraussetzungen des § 28 Abs. 2 KStG zu einem gleichzeitigen grundsätzlich betragsgleichem Zu- und Abgang beim steuerlichen Einlagekonto in Höhe des Nennkapitals, ohne dass die Verwendungsreihenfolge des § 27 Abs. 1 Satz 3 KStG zu beachten ist. Andernfalls handelt es sich bei der Auskehrung des „Kapitalherabsetzungsbetrags" um eine kapitalertragsteuerpflichtige Ausschüttung. Die anschließende Mittelzuführung im Wege der „Kapitalerhöhung" führt zu einer Erhöhung des steuerlichen Einlagekontenbestands im Zuflusszeitpunkt. 52

Eine pauschale Annahme von Nennkapital oder einer hiermit vergleichbaren Größe mittels Rückgriff auf die Regelungen in R 8.2 Abs. 2 KStR 2015 ist nicht möglich. 53

– Erhöhung des steuerlichen Einlagekontos

Ob bei Regie- oder Eigenbetrieben eine Einlage anzunehmen ist, richtet sich nach den allgemeinen Grundsätzen (R 8.9 KStR 2015). Der Zugang zum steuerlichen Einlagekonto richtet sich nach Zuflussgrundsätzen. Bei Regiebetrieben wird aus kommunalrechtlicher Sicht der Gewinn – losgelöst von einer steuerlichen Rücklagenbildung für Zwecke des § 20 Abs. 1 Nr. 10 Buchstabe b Satz 1 EStG – an den allgemeinen Haushalt abgeführt. Für Zwecke des § 27 KStG ist jedwede tatsächliche Zuführung von Mitteln sowie ein buchungstechnisches „Stehenlassen" von Gewinnen als Einlage und als Zugang zum steuerlichen Einlagekonto anzusehen. Dies gilt allerdings nicht, soweit die Gewinne nach den Grundsätzen der Rdnr. 35 in die steuerliche Rücklage eingestellt wurden. 54

Nach den Grundsätzen des BFH-Urteils vom 23. Januar 2008 (a.a.O.) gilt der Verlust bei Regiebetrieben als zum Schluss des Wirtschaftsjahrs der Verlustentstehung durch die Trägerkörperschaft ausgeglichen. In Höhe des Verlustes liegt zeitgleich ein Zugang zum steuerlichen Einlagekonto vor. In entsprechender Anwendung der Rdnr. 25 ff. ist dabei der handelsrechtliche Jahresfehlbetrag bzw. der Verlust nach § 4 Abs. 1 EStG maßgeblich. Zur Frage des maßgeblichen Verlusts gelten die Ausführungen in Rdnr. 25 entsprechend. Bei Eigenbetrieben ist ein Zugang zum steuerlichen Einlagekonto erst im Zeitpunkt und in der Höhe des tatsächlichen Verlustausgleichs anzunehmen. 55

2. Kapitalerträge der Gruppe 2

56 Bei Steuerpflichtigen der Gruppe 2 ist innerhalb einer siebenjährigen Sperrfrist Kapitalertrag der Einbringungsgewinn i. S. d. § 22 Abs. 1 UmwStG und der Gewinn aus der Anteilveräußerung (§ 22 Abs. 4 Nr. 1 UmwStG). Ersterer fällt rückwirkend in dem BgA an, der seinerzeit eingebracht wurde. Letzterer gilt als in einem BgA (ohne eigene Rechtspersönlichkeit) entstanden. Auf Rdnrn. 22.34 und 22.35 des BMF-Schreibens vom 11. November 2011, BStBl 2011 I S. 1314 wird verwiesen. Auslöser der Besteuerung sind sowohl die Veräußerung der Anteile nach § 22 Abs. 1 Satz 1 UmwStG als auch die Vorgänge nach § 22 Abs. 1 Satz 6 UmwStG. Sind erhaltene Anteile bereits Betriebsvermögen eines BgA (ohne eigene Rechtspersönlichkeit), liegt – bei Veräußerung der Anteile – begrifflich kein Gewinn i. S. d. § 22 Abs. 4 UmwStG vor; ein solcher Gewinn ist vielmehr regelmäßig als Kapitalertrag des BgA (Gruppe 1) zu erfassen.

3. Kapitalerträge der Gruppe 3

57 Bei den BgA „Veranstaltung von Werbesendungen" (ohne eigene Rechtspersönlichkeit) der inländischen öffentlich-rechtlichen Rundfunkanstalten wird hinsichtlich des Kapitalertrags an die Einkommensdefinition des § 8 Abs. 1 Satz 3 KStG angeknüpft. Der steuerpflichtige Kapitalertrag (Bemessungsgrundlage) beträgt drei Viertel des Einkommens. Eine Einschränkung der Besteuerung durch Rücklagendotierung ist nicht vorgesehen.

58 Soweit die inländischen öffentlich-rechtlichen Rundfunkanstalten neben der Veranstaltung von Werbesendungen noch andere BgA (z. B. Kantinenbetrieb) unterhalten, fallen sie damit unter die Steuerpflicht der Gruppe 1.

III. Entstehung der Kapitalertragsteuer

59 § 44 Abs. 6 EStG regelt als Spezialvorschrift den Entstehungszeitpunkt der Kapitalertragsteuer. Grundsätzlich entsteht die Kapitalertragsteuer bei Regiebetrieben auf den Gewinn des abgelaufenen Wirtschaftsjahrs im Zeitpunkt der Bilanzerstellung, spätestens jedoch acht Monate nach Ablauf des Wirtschaftsjahrs (§ 44 Abs. 6 Satz 2 EStG), soweit nicht nach den Grundsätzen der Rdnr. 35 eine Rücklagenbildung anzuerkennen ist. Als Zeitpunkt der Bilanzerstellung in diesem Sinne der Vorschrift ist der Zeitpunkt der Bilanzfeststellung zu verstehen. Dies gilt bei Regie- und Eigenbetrieben auch für die verdeckten Gewinnausschüttungen im abgelaufenen Wirtschaftsjahr. Bei Eigenbetrieben, soweit es sich nicht um Eigenbetriebe i. S. d. Rdnrn. 32 und 36 handelt, gilt dies nur, soweit die Überführung des Gewinns des abgelaufenen Wirtschaftsjahrs in den allgemeinen Haushalt der Trägerkörperschaft beschlossen wird; im Übrigen gilt der Gewinn als in Rücklagen eingestellt (vgl. BFH-Urteil vom 16. November 2011, a. a. O.).

60 Bei der Auflösung von Rücklagen entsteht die Kapitalertragsteuer am Tage nach der Beschlussfassung über die Verwendung. Für Gewinne nach § 22 Abs. 4 UmwStG entsteht die Kapitalertragsteuer am Tage nach der Veräußerung bzw. am Tag nach dem die Besteuerungsfolge i. S. d. § 22 Abs. 1 Satz 6 UmwStG auslösenden Ereignis (§ 44 Abs. 6 Satz 2 zweiter Halbsatz EStG).

61 Für die Gewinne aus Werbesendungen der öffentlich-rechtlichen Rundfunkanstalten entsteht die Kapitalertragsteuer mit Ablauf des jeweiligen Wirtschaftsjahrs (§ 44 Abs. 6 Satz 3 EStG).

IV. Durchführung der Besteuerung

62 Die Besteuerung wird in den Fällen des § 20 Abs. 1 Nr. 10 Buchstabe b EStG im Wege des Kapitalertragsteuerabzugs vorgenommen (§ 43 Abs. 1 Satz 1 Nr. 7c EStG). Durch § 43 Abs. 2 EStG wird klargestellt, dass die Identität von Gläubiger und Schuldner dem Steuerabzug vom Kapitalertrag nicht entgegensteht.

63 Die Kapitalertragsteuer wird in Höhe von 15 % der Kapitalerträge erhoben (§ 43a Abs. 1 Satz 1 Nr. 2 EStG).

Die Vorschrift des § 44 Abs. 6 Satz 1 EStG fingiert für die Durchführung des Kapitalertragsteuer- 64
abzugs die juristische Person des öffentlichen Rechts als Gläubiger und den BgA als Schuldner
der Kapitalerträge. Im Rahmen der entsprechenden Anwendung des § 44 Abs. 1 Satz 5 EStG tritt
an die Stelle der einbehaltenen die „entstandene" Kapitalertragsteuer. Die juristische Person
des öffentlichen Rechts kann hinsichtlich der Kapitalertragsteuer auch mit dem Vermögen außerhalb des BgA in Anspruch genommen werden (§ 32 Abs. 2 Nr. 1 KStG i. V. m. § 44 Abs. 6
Satz 4 EStG).

V. Zeitlicher Anwendungsbereich

§ 52 Abs. 37a Satz 2 EStG in der Fassung des StSenkG verknüpft die erstmalige Anwendung des 65
§ 20 Abs. 1 Nr. 10 Buchstabe b EStG beim Empfänger des Gewinns mit der körperschaftsteuerlichen Behandlung des leistenden BgA ohne eigene Rechtspersönlichkeit. Danach ist die Vorschrift erstmals auf Gewinne anzuwenden, die der Empfänger des Gewinns nach Ablauf des
ersten Wirtschaftsjahrs des BgA ohne eigene Rechtspersönlichkeit erzielt, für das das KStG
i. d. F. des StSenkG erstmals anzuwenden ist.

Bezogen auf die Gewinne von als Regiebetrieb geführten BgA heißt das, dass § 20 Abs. 1 Nr. 10 66
Buchstabe b EStG auf Gewinne, die in einem 2001 endenden Wirtschaftsjahr erzielt worden
sind, noch nicht anzuwenden ist (BFH-Urteil vom 11. Juli 2007, a. a. O.). Wurde dieser Gewinn
jedoch zulässigerweise einer Rücklage zugeführt und wird diese in späteren Wirtschaftsjahren
aufgelöst, liegen insoweit keine Einkünfte i. S. d. § 20 Abs. 1 Nr. 10 Buchstabe b Satz 2 EStG vor
(BFH-Urteil vom 30. Januar 2018, BStBl 2019 II S. 91).

Bei Eigenbetrieben kommt es nach den Grundsätzen des BFH-Urteils vom 16. November 2011 67
(a. a. O.) nur aufgrund von Ausschüttungsbeschlüssen oder verdeckten Gewinnausschüttungen
zu einer Kapitalertragsteuerpflicht. Der Gewinn eines in 2001 endenden Wirtschaftsjahrs unterfällt daher der Kapitalertragsteuerpflicht, wenn ein entsprechender Ausschüttungsbeschluss
nach dem 31. Dezember 2001 gefasst worden ist.

Beispiel:
*Der Eigenbetrieb hat ein Wirtschaftsjahr vom 1. Dezember bis zum 30. November eines Jahres. Die Bilanz für
das Wirtschaftsjahr 2000/2001 wird am 15. Dezember 2001, die für das Wirtschaftsjahr 2001/2002 am
15. Dezember 2002 erstellt; jeweils mit Beschluss über eine Gewinnüberführung in den allgemeinen Haus-
halt.*
*Die Bilanzfeststellung am 15. Dezember 2001 führt noch nicht zu Kapitalerträgen i. S. d. § 20 Abs. 1 Nr. 10
Buchstabe b EStG, weil für dieses Wirtschaftsjahr des BgA das neue Recht noch nicht anzuwenden ist. Dagegen führt die Bilanzerstellung am 15. Dezember 2002 zu Kapitalerträgen i. S. d. § 20 Abs. 1 Nr. 10 Buchstabe b
EStG, weil für dieses Wirtschaftsjahr des BgA das neue Recht erstmals anzuwenden ist und ein Beschluss zur
Gewinnüberführung vorliegt.*

Verdeckte Gewinnausschüttungen in 2001 werden nicht erfasst. 68

Die Kapitalertragsteuerpflicht für das Einkommen aus der Veranstaltung von Werbesendungen durch in- 69
ländische öffentlich-rechtliche Rundfunkanstalten gilt bereits für Gewinne des Veranlagungszeitraums
2001 (§ 52 Abs. 37a Satz 3 und Abs. 53 Satz 3 EStG in der Fassung des StSenkG).

D. Anwendung des Schreibens

Dieses Schreiben tritt – soweit sich für Veranlagungszeiträume vor 2018 aus gesetzlichen Vor- 70
gaben nichts anderes ergibt – an die Stelle des BMF-Schreibens vom 11. September 2002, BStBl
2002 I S. 935, in der durch BMF-Schreiben vom 8. August 2005, BStBl 2005 I S. 831, geänderten
Fassung, und des BMF-Schreibens vom 9. Januar 2015, BStBl 2015 I S. 111. Seine Grundsätze
sind in allen offenen Fällen anzuwenden. Sind Rücklagen bei Regiebetrieben in Veranlagungszeiträumen vor 2018 nach den Grundsätzen der bisherigen BMF-Schreiben anerkannt worden,
richten sich die Tatbestände für deren Fortbestand ab Veranlagungszeitraum 2018, ohne dass
es hierfür einer Beschlussfassung nach Maßgabe der Rdnr. 35 bedarf, nach den Grundsätzen
dieses Schreibens.

Zu § 8 KStG

2. Körperschaftsteuerrechtliche und einkommensteuerrechtliche Behandlung der Rückzahlung verdeckter Gewinnausschüttungen

BMF, Schreiben v. 6. 8. 1981 (BStBl I S. 599)

– IV B 7 - S 2813 - 23/81 –

Rückzahlungen verdeckter Gewinnausschüttungen an eine Kapitalgesellschaft werden im allgemeinen nur von beherrschenden Gesellschaftern geleistet. Zur körperschaftsteuerrechtlichen und einkommensteuerrechtlichen Behandlung dieser Fälle nehme ich nach dem Ergebnis der Erörterungen mit den obersten Finanzbehörden der Länder wie folgt Stellung:

1. Die Rückzahlung einer verdeckten Gewinnausschüttung durch den Gesellschafter, an den verdeckt ausgeschüttet worden war, stellt steuerrechtlich eine Einlage in die Kapitalgesellschaft dar. Entscheidend hierfür ist, daß die Rückzahlung der verdeckten Gewinnausschüttung wie diese selbst ihre Ursache in dem Gesellschaftsverhältnis hat. Die steuerlichen Rechtsfolgen hängen demgemäß nicht davon ab, ob die Rückzahlung auf einer gesetzlichen Verpflichtung (§ 62 AktG; § 31 GmbHG) oder auf einer Vereinbarung zwischen der Kapitalgesellschaft und dem Gesellschafter beruht oder ob sie freiwillig erfolgt.

2. Als Einlage wirkt sich die Rückzahlung nicht auf die Höhe des Einkommens der Kapitalgesellschaft aus (§ 8 Abs. 1 KStG; § 4 EStG). In der Gliederung des verwendbaren Eigenkapitals ist der zurückgezahlte Betrag bei dem Teilbetrag im Sinne des § 30 Abs. 2 Nr. 4 KStG auszuweisen.

3. Für den Gesellschafter entstehen in Höhe des zurückgezahlten Betrags zusätzliche Anschaffungskosten der Anteile; ein Abzug als negative Einnahme ist ausgeschlossen (vgl. BFH-Urteil vom 18. Februar 1966, BStBl III S. 250).

4. Die vorstehende Beurteilung schließt nicht aus, daß in besonders gelagerten Ausnahmefällen im Rahmen der von der Rechtsprechung entwickelten Grundsätze (vgl. BFH-Urteil vom 10. April 1962, BStBl III S. 255) die verdeckte Gewinnausschüttung bis zur Aufstellung der Schlußbilanz mit Wirkung für die Vergangenheit beseitigt werden kann.

3. Pensionszusagen an Gesellschafter-Geschäftsführer; Vereinbarung einer sofortigen ratierlichen Unverfallbarkeit – Länge des Erdienungszeitraums

BMF, Schreiben v. 9. 12. 2002 (BStBl I S. 1393)

– IV A 2 - S 2742 - 68/02 –

Im Einvernehmen mit den obersten Finanzbehörden der Länder gilt zur steuerlichen Behandlung einer Pensionszusage an einen Gesellschafter-Geschäftsführer Folgendes:

1. Unverfallbarkeit

Vereinbarungen über eine Unverfallbarkeit in Zusagen auf Leistungen der betrieblichen Altersversorgung an Gesellschafter-Geschäftsführer einer Kapitalgesellschaft sehen häufig abweichend von den Regelungen im Gesetz zur Verbesserung der betrieblichen Altersversorgung (BetrAVG) vor, dass dem Berechtigten eine sofortige Unverfallbarkeit der zugesagten Ansprüche eingeräumt wird. Eine derartige Vereinbarung ist grundsätzlich für sich genommen nur dann nicht als durch das Gesellschaftsverhältnis veranlasst anzusehen, wenn es sich um eine sofortige ratierliche Unverfallbarkeit handelt. Bei einem Anspruch auf betriebliche Altersversorgung durch Entgeltumwandlung ist nicht zu beanstanden, wenn sich die Unverfallbarkeit nach § 2 Abs. 5a BetrAVG richtet.

Ist die Zusage danach als durch das Gesellschaftsverhältnis veranlasst anzusehen, liegt bei einem vorzeitigen Ausscheiden des Berechtigten auf der Ebene der Gesellschaft eine verdeckte Gewinnausschüttung insoweit vor, als der Rückstellungsausweis für die Verpflichtung nach § 6a EStG den Betrag übersteigt, der sich bei einer sofortigen ratierlichen Unverfallbarkeit ergeben würde. Bei Zusagen an beherrschende Gesellschafter-Geschäftsführer ist zur Ermittlung des Betrags, der sich bei einer sofortigen ratierlichen Unverfallbarkeit ergeben würde, nicht der Beginn der Betriebszugehörigkeit, sondern der Zeitpunkt der Zusage maßgebend. Auf die verdeckte Gewinnausschüttung sind die Grundsätze des BMF-Schreibens vom 28. Mai 2002 (BStBl I S. 603) anzuwenden.

2. Erdienungszeitraum

Nach den BMF-Schreiben vom 1. August 1996 (BStBl I S. 1138) bzw. vom 7. März 1997 (BStBl I S. 637) lehnen sich die Zeiträume, in denen sich die Gesellschafter-Geschäftsführer seine Ansprüche aus einer Zusage auf Leistungen der betrieblichen Altersversorgung erdienen muss, an die Unverfallbarkeitsfristen des BetrAVG in dessen damaliger Fassung an. Diese Fristen sind durch das Altersvermögensgesetz vom 26. Juni 2001 verkürzt worden.

Die in den BMF-Schreiben vom 1. August 1996 (a. a. O.) bzw. vom 7. März 1997 (a. a. O.) genannten Fristen sind weiterhin zu beachten. Ein Unterschreiten ist als Indiz dafür anzusehen, dass die Zusage ihre Ursache im Gesellschaftsverhältnis hat.

4. Rückstellungen für Pensionszusagen an nicht beherrschende Gesellschafter-Geschäftsführer von Kapitalgesellschaften; hier: Erdienungszeitraum; BFH-Urteil vom 24. 1. 1996 – I R 41/95 – (BStBl 1997 II S. 440)

BMF, Schreiben v. 7. 3. 1997 (BStBl I S. 637)

– IV B 7 - S 2742 - 20/97 –

Nach dem BFH-Urteil vom 24. Januar 1996 – I R 41/95 – (BStBl 1997 II S. 440) ist die Zusage einer Pension an einen nicht beherrschenden Gesellschafter-Geschäftsführer eine verdeckte Gewinnausschüttung,

- wenn der Zeitraum zwischen dem Zeitpunkt der Zusage der Pension und dem vorgesehenen Zeitpunkt des Eintritts in den Ruhestand weniger als zehn Jahre beträgt oder

- wenn dieser Zeitraum zwar mindestens drei Jahre beträgt, der Gesellschafter-Geschäftsführer dem Betrieb aber weniger als zwölf Jahre angehört (Anschluß an BFH-Urteil vom 21. Dezember 1994 – BStBl 1995 II S. 419 – zum beherrschenden Gesellschafter-Geschäftsführer).

Unter Bezugnahme auf das Ergebnis der Erörterung mit den obersten Finanzbehörden der Länder gilt für die Anwendung der Grundsätze des BFH-Urteils folgendes:

1. Erdienungszeitraum

    Der BFH stellt für die Beurteilung, wie lange der Zeitraum sein muß, in dem eine Pensionszusage jedenfalls dem Grunde nach durch eine aktive Tätigkeit erdient ist, auf § 1 Abs. 1 des Gesetzes zur Verbesserung der betrieblichen Altersversorgung (BetrAVG) vom 19. Dezember 1974 (BGBl I S. 3610) und die hierin für die Bestimmung der Unverfallbarkeit maßgeblichen Zeitvorstellungen ab. Anders als der beherrschende Gesellschafter unterliegt der nicht beherrschende Gesellschafter nicht dem sogenannten Nachzahlungsverbot. Für die steuerliche Anerkennung von Pensionsrückstellungen kann daher bei ihm auf die Dauer der Betriebszugehörigkeit (§ 1 Abs. 1 2. Spiegelstrich BetrAVG) abgestellt werden. In dem entschiedenen Einzelfall ist der BFH davon ausgegangen, daß eine Pension erdient ist, wenn der nicht beherrschende Gesellschafter im Zeitpunkt der Pensionszusage seit mehr als zwölf Jahren im Betrieb tätig gewesen ist und wenn sichergestellt ist, daß im Betrieb eine aktive Tätigkeit von mindestens drei weiteren Jahren verbleibt. Der BFH geht insoweit von einem maßgeblichen Zeitraum von insgesamt 15 Jahren der Betriebszugehörigkeit aus. Es wird darauf hingewiesen, daß je nach Lage des Einzelfalls auch eine zwölfjährige Betriebszugehörigkeit ausreichen kann. So wird eine einem Arbeitnehmer beispielsweise nach sechsjähriger Betriebszugehörigkeit erteilte Versorgungszusage nach § 1 Abs. 1 2. Spiegelstrich BetrAVG unverfallbar, wenn dieser dem Betrieb weitere sechs Jahre angehört hat.

2. Übergangsregelung

    Die Grundsätze des BFH-Urteils vom 24. Januar 1996 zum Erdienungszeitraum bei einem nicht beherrschenden Gesellschafter-Geschäftsführer sind nur auf Pensionszusagen anzuwenden, die nach der Veröffentlichung des Urteils im Bundessteuerblatt Teil II vom 10. Juli 1997 zivilrechtlich wirksam vereinbart worden sind. Die vor diesem Stichtag getroffenen Vereinbarungen (Altfälle) sind nach der bisherigen Verwaltungspraxis in den einzelnen Ländern zu entscheiden.

3. Wechsel der Beherrschungsverhältnisse

    Wird einem bisher beherrschenden Gesellschafter-Geschäftsführer eine Pensionszusage erteilt, nach dem sich sein Beteiligungsbesitz auf eine nicht beherrschende Beteiligung verringert hat, ist die Pensionszusage steuerlich nach den für nicht beherrschende Gesellschafter-Geschäftsführer geltenden Grundsätzen zu beurteilen. Wird die Stellung als beherrschender Gesellschafter nach der Pensionszusage wiederhergestellt, ist allerdings zu prüfen, ob ein Gestaltungsmißbrauch nach § 42 AO vorliegt.

5. Grundsätze bei der Anerkennung von Tantiemezusagen an Gesellschafter-Geschäftsführer; Rechtsfolgen aus dem BFH-Urteil vom 27. 3. 2001 (BStBl 2002 II S. 111)

BMF, Schreiben v. 1. 2. 2002 (BStBl I S. 219)[1)]

– IV A 2 - S 2742 - 4/02 –

Mit Urteil vom 27. März 2001 (a. a. O.) hat der BFH zu Grundsätzen bei der körperschaftsteuerlichen Anerkennung von Tantiemezusagen (insbesondere von Nur-Tantiemezusagen) an den Gesellschafter-Geschäftsführer Stellung genommen. Nach dem Ergebnis einer Erörterung mit den obersten Finanzbehörden der Länder sind künftig ergänzend zu Abschn. 33 KStR nachfolgende Grundsätze bei der Anerkennung von Tantiemezusagen an Gesellschafter-Geschäftsführer anzuwenden:

1. Verhältnis der Tantieme zum verbleibenden Jahresüberschuss

Nach Abschn. 33 Abs. 2 Satz 1 KStR können Tantiemezusagen an mehrere Gesellschafter-Geschäftsführer, die insgesamt die Grenze von 50 % des Jahresüberschusses übersteigen, zu einer verdeckten Gewinnausschüttung führen. Diese Grenze ist auch bei Tantiemezusagen an einen Gesellschafter-Geschäftsführer maßgebend. Bemessungsgrundlage für die 50-%-Grenze ist der handelsrechtliche Jahresüberschuss vor Abzug der Gewinntantieme und der ertragsabhängigen Steuern.

2. Verhältnis der Tantieme zu sonstigen Bestandteilen der Gesamtbezüge

Nach Abschn. 33 Abs. 2 Satz 4 KStR ist bei Tantiemezusagen an den Gesellschafter-Geschäftsführer zu beachten, dass die Bezüge im Allgemeinen wenigstens zu 75 % aus einem festen und höchstens zu 25 % aus erfolgsabhängigen Bestandteilen (Tantieme) bestehen. Bei der Ermittlung des der Höhe nach angemessenen Teils der Tantieme ist von der angemessenen Gesamtausstattung des Gesellschafter-Geschäftsführers auszugehen.

Beispiel:
Ein Gesellschafter-Geschäftsführer soll eine angemessene Gesamtausstattung von 400 000 € erhalten, die sich wie folgt zusammensetzt:

Festgehalt	150 000 €
Tantieme	250 000 €

Der durchschnittlich erzielbare Jahresüberschuss vor Abzug der Tantieme und der ertragsabhängigen Steuern wird mit 1,6 Mio. € angenommen.
Die angemessene Tantieme beträgt 25 % von 400 000 € = 100 000 €. Es ergibt sich eine verdeckte Gewinnausschüttung in Höhe von 150 000 € (250 000 € abzüglich 100 000 €).
Der sich aus der Aufteilung ergebende absolute Betrag der angemessenen Tantieme ist in eine Beziehung zu dem durchschnittlich erzielbaren Jahresüberschuss vor Abzug der Tantieme und der ertragsabhängigen

---

[1)] Zusatz des BayLfSt (KSt-Kartei BY Nr. 2/2002):
Das BMF-Schreiben v. 1. 2. 2002 (BStBl I S. 219) ist durch die BFH-Urteile v. 27. 2. 2003 – I R 46/01 (BStBl II S. 132) und v. 4. 6. 2003 – I R 24/02 (BStBl II S. 136) teilweise überholt (vgl. auch TOP 4 Buchst. d der KSt-Arbeitstagung 2004).

Steuern (im Beispielsfall 1,6 Mio. €) zu setzen. Aus diesem Vergleich ergibt sich der angemessene Tantiemesatz durch folgende Rechnung:

100 000 × 100/1,6 Mio. = 6,25 %

Dieser angemessene Tantiemesatz ist bis zum nächsten Zeitpunkt der Überprüfung der Angemessenheit der gezahlten Tantieme (vgl. hierzu Abschn. 33 Abs. 2 Satz 7 KStR) maßgebend.

3. Vereinbarung einer Nur-Tantieme

Die Vereinbarung einer Nur-Tantieme ist grundsätzlich nicht anzuerkennen (BFH-Urteil vom 27. März 2001; a. a. O.). Als Ausnahmefälle kommen insbesondere die Gründungsphase der Gesellschaft, Phasen vorübergehender wirtschaftlicher Schwierigkeiten oder Tätigkeiten in stark risikobehafteten Geschäftszweigen in Betracht. In derartigen Ausnahmefällen ist es unter Berücksichtigung der Grundsätze des Abschn. 33 Abs. 2 Satz 5 KStR auch zulässig, bei der 75-/25-%-Grenze zugunsten des Tantiemeanteils abzuweichen. Liegt ein Ausnahmefall vor, ist die Tantieme dem Grunde nach allerdings nur anzuerkennen, wenn die Vereinbarung die Grundsätze der Textziffer 1 beachtet und ausdrücklich zeitlich begrenzt ist und bei Wegfall der Ausnahmesituation zwingend durch eine Vereinbarung einschließlich fester Vergütungsbestandteile bzw. mit angemessenem Verhältnis dieser Bestandteile zueinander ersetzt wird. Ein Ausnahmefall liegt dagegen nicht vor, wenn der Gesellschafter-Geschäftsführer bei zwei Schwestergesellschaften tätig ist und mit der einen eine Nur-Tantieme und mit der anderen ein Festgehalt vereinbart hat.

4. Nur-Rohgewinntantieme

Die vorstehenden Ausführungen gelten für eine Nur-Rohgewinntantieme entsprechend.

5. Wegfall bisheriger BMF-Schreiben und Anwendung

Dieses Schreiben tritt an die Stelle der BMF-Schreiben vom 3. Januar 1996 (BStBl I S. 53), vom 13. Oktober 1997 (BStBl I S. 900) und vom 5. Januar 1998 (BStBl I S. 90); Übergangsregelungen in diesen Schreiben bleiben hiervon unberührt. Soweit dieses Schreiben bezogen auf den BFH-Beschluss vom 26. Januar 1999 (BStBl II S. 241) von in der Vergangenheit im Einzelfall vertretenen Grundsätzen zur Nur-Tantieme abweicht, ist es erstmals für den Veranlagungszeitraum 2003 anzuwenden; im Übrigen sind die Grundsätze dieses Schreibens in allen noch offenen Fällen anzuwenden.

6. Probezeit vor Zusage einer Pension an den Gesellschafter-Geschäftsführer einer Kapitalgesellschaft (§ 8 Absatz 3 Satz 2 KStG)

BMF, Schreiben v. 14. 12. 2012 (BStBl 2013 I S. 58)

– IV C 2 - S 2742/10/10001 –

Nach dem Ergebnis der Erörterungen mit den obersten Finanzbehörden der Länder bitte ich zur Frage der Probezeit bei Pensionszusagen an Gesellschafter-Geschäftsführer von Kapitalgesellschaften folgende Auffassung zu vertreten:

Als Probezeit ist der Zeitraum zwischen Dienstbeginn und der erstmaligen Vereinbarung einer schriftlichen Pensionszusage (zusagefreie Zeit) zu verstehen. Der Zeitraum zwischen der Erteilung einer Pensionszusage und der erstmaligen Anspruchsberechtigung (versorgungsfreie Zeit) zählt nicht zur Probezeit.

1. Dauer der Probezeit

Für die steuerliche Beurteilung einer Pensionszusage ist regelmäßig eine Probezeit von zwei bis drei Jahren als ausreichend anzusehen. Die Erteilung der Pensionszusage an den Gesellschafter-Geschäftsführer unmittelbar nach der Anstellung und ohne die unter Fremden übliche Erprobung ist in der Regel nicht betrieblich, sondern durch das Gesellschaftsverhältnis veranlasst (BFH-Urteile vom 15. Oktober 1997 – I R 42/97 – BStBl 1999 II S. 316, vom 29. Oktober 1997 – I R 52/97 – BStBl 1999 II S. 318, vom 24. April 2002 – I R 18/01 – BStBl II S. 670, vom 23. Februar 2005 – I R 70/04 – BStBl II S. 882 und vom 28. April 2010 – I R 78/08 – BStBl 2013 II S. 41).

Ein ordentlicher und gewissenhafter Geschäftsleiter einer neu gegründeten Kapitalgesellschaft wird einem gesellschaftsfremden Geschäftsführer erst dann eine Pension zusagen, wenn er die künftige wirtschaftliche Entwicklung und damit die künftige wirtschaftliche Leistungsfähigkeit der Kapitalgesellschaft zuverlässig abschätzen kann (ständige Rechtsprechung des BFH, a. a. O.). Hierzu bedarf es in der Regel eines Zeitraums von wenigstens fünf Jahren.

Eine Probezeit ist bei solchen Unternehmen verzichtbar, die aus eigener Erfahrung Kenntnisse über die Befähigung des Geschäftsleiters haben und die die Ertragserwartungen aufgrund ihrer bisherigen unternehmerischen Tätigkeit hinreichend deutlich abschätzen können. Diese Kriterien sind bei einem Unternehmen erfüllt, das seit Jahren tätig war und lediglich sein Rechtskleid ändert, wie beispielsweise bei Begründung einer Betriebsaufspaltung oder einer Umwandlung (BFH-Urteile vom 29. Oktober 1997 – I R 52/97 – BStBl 1999 II S. 318 und vom 23. Februar 2005 – I R 70/04 – BStBl II S. 882) und der bisherige, bereits erprobte Geschäftsleiter das Unternehmen fortführt. Wird ein Unternehmen durch seine bisherigen leitenden Angestellten „aufgekauft" und führen diese Angestellten den Betrieb in Gestalt einer neu gegründeten Kapitalgesellschaft als Geschäftsführer fort (sog. Management-Buy-Out), so kann es ausreichen, wenn bis zur Erteilung der Zusagen nur rund ein Jahr abgewartet wird (BFH-Urteil vom 24. April 2002 – I R 18/01 – BStBl II S. 670).

2. Verstoß gegen die angemessene Probezeit

Eine unter Verstoß gegen eine angemessene Probezeit erteilte Pensionszusage ist durch das Gesellschaftsverhältnis veranlasst und führt nach den Grundsätzen des BMF-Schreibens vom 28. Mai 2002 (BStBl I S. 603) zu verdeckten Gewinnausschüttungen im Sinne des § 8 Absatz 3 Satz 2 KStG. Ausschlaggebend ist die Situation im Zeitpunkt der Zusage, so dass die Anwartschaft auch nach Ablauf der angemessenen Probezeit nicht zu einer fremdvergleichsgerechten Pensionszusage wird (BFH-Urteil vom 28. April 2010 – I R 78/08 – BStBl 2013 II S. 41). Das gilt auch dann, wenn die Pensionszusage in der Folgezeit geändert, also z. B. erhöht wird.

Die Möglichkeit einer Aufhebung der ursprünglichen und des Abschlusses einer neuen Pensionszusage nach Ablauf der angemessenen Probezeit bleibt hiervon unberührt.

Dieses Schreiben ersetzt das BMF-Schreiben vom 14. Mai 1999 (BStBl I S. 512). Tz. 2 gilt für Pensionsvereinbarungen, die nach dem 29. Juli 2010 (Datum der Veröffentlichung des Urteils vom 28. April 2010 – I R 78/08 – BStBl 2013 II S. 41 auf den Internetseiten des Bundesfinanzhofs) abgeschlossen worden sind.

7. Verzicht des Gesellschafter-Geschäftsführers einer Kapitalgesellschaft auf eine Pensionsanwartschaft als verdeckte Einlage (§ 8 Absatz 3 Satz 3 KStG); Verzicht auf künftig noch zu erdienende Pensionsanwartschaften (sog. Future Service)

BMF, Schreiben v. 14. 8. 2012 (BStBl I S. 874)

– IV C 2 - S 2743/10/10001 :001 –

Unter Bezugnahme auf die Erörterung mit den obersten Finanzbehörden der Länder gilt zur ertragsteuerlichen Behandlung des Verzichts eines Gesellschafter-Geschäftsführers auf eine Pensionsanwartschaft gegenüber seiner Kapitalgesellschaft Folgendes:

1 Nach dem BFH-Beschluss vom 9. Juni 1997 (GrS 1/94 – BStBl 1998 II S. 307) führt der durch das Gesellschaftsverhältnis veranlasste Verzicht eines Gesellschafter-Geschäftsführers auf eine werthaltige Forderung gegenüber seiner Kapitalgesellschaft zu einer verdeckten Einlage nach § 8 Absatz 3 Satz 3 KStG in die Kapitalgesellschaft und zu einem Zufluss von Einnahmen beim Gesellschafter-Geschäftsführer. Diese Grundsätze gelten auch bei einem Verzicht des Gesellschafter-Geschäftsführers auf eine Pensionsanwartschaft. Für die Bewertung der verdeckten Einlage ist dabei nach dem BFH-Urteil vom 15. Oktober 1997 (I R 58/93 – BStBl 1998 II S. 305) auf den Teilwert der Pensionsanwartschaft des Gesellschafter-Geschäftsführers abzustellen und nicht auf den gemäß § 6a EStG ermittelten Teilwert der Pensionsverbindlichkeit der Kapitalgesellschaft. Der Teilwert ist dabei unter Beachtung der allgemeinen Teilwertermittlungsgrundsätze im Zweifel nach den Wiederbeschaffungskosten zu ermitteln. Demnach kommt es darauf an, welchen Betrag der Versorgungsberechtigte zu dem Zeitpunkt des Verzichtes hätte aufwenden müssen, um eine gleich hohe Pensionsanwartschaft gegen einen vergleichbaren Schuldner zu erwerben. Dabei kann die Bonität des Forderungsschuldners berücksichtigt werden. Außerdem kann von Bedeutung sein, ob die Pension unverfallbar ist oder ob sie voraussetzt, dass der Berechtigte bis zum Pensionsfall für den Verpflichteten nichtselbständig tätig ist (BFH-Urteil vom 15. Oktober 1997 – I R 58/93 – BStBl 1998 II S. 305).

2 Im Falle des vollständigen Verzichts auf eine Pensionsanwartschaft vor Eintritt des Versorgungsfalls liegt eine verdeckte Einlage in Höhe des bis zum Verzichtszeitpunkt bereits erdienten

Anteils des Versorgungsanspruches vor. Bei einem teilweisen Verzicht ist eine verdeckte Einlage insoweit anzunehmen, als der Barwert der bis zu dem Verzichtszeitpunkt bereits erdienten Versorgungsleistungen des Gesellschafter-Geschäftsführers den Barwert der nach dem Teilverzicht noch verbleibenden Versorgungsleistungen übersteigt. Dies gilt unabhängig davon, ob sich die Verzichtsvereinbarung der Bezeichnung nach nur auf künftig noch zu erdienende Anwartschaften (sog. Future Service) bezieht oder ob es sich dabei um eine durch das Gesellschaftsverhältnis veranlasste Änderung einer Pensionszusage handelt, die mit einer Reduzierung der bisher zugesagten Versorgungsleistungen verbunden ist.

Es wird nicht beanstandet, wenn als erdienter Teil der Versorgungsleistungen bei einer Leistungszusage an einen beherrschenden Gesellschafter-Geschäftsführer der Teilanspruch aus den bisher zugesagten Versorgungsleistungen angesetzt wird, der dem Verhältnis der ab Erteilung der Pensionszusage bis zum Verzichtszeitpunkt abgeleisteten Dienstzeit (s) einerseits und der ab Erteilung der Pensionszusage bis zu der in der Pensionszusage vorgesehenen festen Altersgrenze (t) andererseits entspricht (zeitanteilig erdienter Anwartschaftsbarwert ab Pensionszusage – s/t). Bei einem nicht beherrschenden Gesellschafter-Geschäftsführer ist insoweit nicht auf den Zeitpunkt der (erstmaligen) Erteilung einer Pensionszusage, sondern auf den Beginn des Dienstverhältnisses abzustellen (sog. m/n-Anwartschaftsbarwert). 3

Beispiel:
- Beherrschender Gesellschafter-Geschäftsführer einer GmbH, geb. 1. Januar 1960
- Diensteintritt in die GmbH am 1. Januar 1986
- Zusage am 1. Januar 1996 einer Alters- und Invalidenrente über 3.000 €/monatlich
- Pensionseintritt mit Vollendung des 66. Lebensjahres
- Herabsetzung der Versorgungsanwartschaft am 1. Januar 2011 auf 1.500 €/monatlich

Lösung:
Ermittlung des erdienten Anteils der Versorgungsleistungen zum Zeitpunkt der Herabsetzung:
Quotient nach Rz. 3: tatsächlich geleistete Dienstjahre ab Zusageerteilung (da beherrschend) / maximal mögliche Dienstjahre ab Zusageerteilung = 15/30 = 0,5
Erdienter Anteil zum 1. Januar 2011: 1.500 €/monatlich

Ergebnis:
Da die nach Herabsetzung noch verbleibenden Versorgungsleistungen genau dem bereits erdienten Anteil entsprechen, beträgt der Wert der verdeckten Einlage nach § 8 Absatz 3 Satz 3 KStG 0 €.

Bei der Berechnung des Barwerts der bis zum Verzichtszeitpunkt erdienten sowie des Barwerts der danach herabgesetzten Pensionsanwartschaft sind die gleichen, im Verzichtszeitpunkt anerkannten Rechnungsgrundlagen und anerkannten Regeln der Versicherungsmathematik anzuwenden. Es wird dabei für den Barwertvergleich nicht beanstandet, wenn die Rechnungsgrundlagen verwendet werden, die am vorangegangenen Bilanzstichtag der steuerlichen Bewertung der Pensionsverpflichtung zugrunde lagen. 4

8. Körperschaftsteuerlicher Verlustabzug; Anwendung von § 8 Abs. 4 KStG und § 12 Abs. 3 Satz 2 UmwStG

BMF, Schreiben v. 16. 4. 1999 (BStBl I S. 455)[1)]

– IV C 6 - S 2745 - 12/99 –

Im Einvernehmen mit den obersten Finanzbehörden der Länder nehme ich zur Anwendung der durch das Gesetz zur Fortsetzung der Unternehmenssteuerreform vom 29. Oktober 1997 (BGBl I S. 2590, BStBl I S. 928) und das Gesetz zur Finanzierung eines zusätzlichen Bundeszuschusses zur gesetzlichen Rentenversicherung vom 19. Dezember 1997 (BGBl I S. 3121, BStBl 1998 I S. 7) geänderten Vorschriften des § 8 Abs. 4 KStG und des § 12 Abs. 3 Satz 2 UmwStG wie folgt Stellung:

A. Verlust der wirtschaftlichen Identität (§ 8 Abs. 4 KStG)

1. Sachliche Anwendung

a) Hauptanwendungsfall

1   Voraussetzung für den Verlustabzug nach § 10d EStG ist bei einer Körperschaft, daß sie nicht nur rechtlich, sondern auch wirtschaftlich mit der Körperschaft identisch ist, die den Verlust erlitten hat. Der Verlustabzug ist nach § 8 Abs. 4 KStG in der Fassung des Gesetzes zur Fortsetzung der Unternehmenssteuerreform bei einer Kapitalgesellschaft insbesondere zu versagen, wenn folgende Tatbestandsmerkmale erfüllt sind:

– Es sind mehr als 50 % der Anteile der Kapitalgesellschaft übertragen worden und

– die Kapitalgesellschaft führt ihren Geschäftsbetrieb mit überwiegend neuem Betriebsvermögen fort oder nimmt ihn wieder auf.

2   Die Zuführung neuen Betriebsvermögens ist unschädlich (Sanierungsfälle), wenn

– sie allein der Sanierung des Geschäftsbetriebs dient, der den verbleibenden Verlustabzug i. S. des § 10d Abs. 4 Satz 2 EStG verursacht hat, und

– die Kapitalgesellschaft den Geschäftsbetrieb in einem nach dem Gesamtbild der wirtschaftlichen Verhältnisse vergleichbaren Umfang in den folgenden fünf Jahren fortführt.

b) Übertragung von mehr als 50 % der Anteile an einer Kapitalgesellschaft und entsprechende Fälle

3   Die Grenze von mehr als 50 % der Anteile bezieht sich grundsätzlich auf das Nennkapital. Besitzt die Verlustgesellschaft eigene Anteile, bemißt sich der Umfang der übertragenen Anteile nach dem Verhältnis dieser Anteile zu dem Betrag des um die eigenen Anteile gekürzten Nennkapitals der Gesellschaft.

4   Die Übertragung der Anteile kann entgeltlich oder unentgeltlich erfolgt sein. Der Anteilsübergang durch Erbfall einschließlich der Erbauseinandersetzung wird von § 8 Abs. 4 KStG nicht erfaßt, jedoch der Fall der vorweggenommenen Erbfolge.

---

1) Geändert durch BMF, Schreiben v. 2. 8. 2007 (BStBl I S. 624), v. 4. 12. 2008 (BStBl I S. 1033) und v. 4. 10. 2010 (BStBl I S. 837).

Erwerber der Anteile können sowohl neue als auch bereits beteiligte Gesellschafter sein. Unerheblich ist, auf wie viele Erwerber und wie viele Erwerbsvorgänge sich die übertragenen Anteile verteilen. Die mehrfache Übertragung des nämlichen Anteils wird nur einmal gezählt. Entscheidend ist, daß insgesamt eine Quote von mehr als 50 % der Anteile übertragen wird. 5

Beispiel:
An der X-GmbH sind A zu 90 % und B zu 10 % beteiligt. A veräußert
a) 60 % der Anteile an der X-GmbH an den bisherigen Gesellschafter B, so daß nach dieser Veräußerung A zu 30 % und B zu 70 % an der X-GmbH beteiligt sind.
b) 30 % der Anteile an der X-GmbH an den bisherigen Gesellschafter B und weitere 30 % der Anteile an der X-GmbH an den neuen Gesellschafter C, so daß nach dieser Veräußerung A zu 30 %, B zu 40 % und C zu 30 % an der X-GmbH beteiligt sind.
In beiden Fällen wurden mehr als die Hälfte der Anteile übertragen.

Die Übertragung der Anteile muß in einem zeitlichen Zusammenhang stehen. Hiervon ist regelmäßig auszugehen, wenn innerhalb eines Zeitraums von fünf Jahren mehr als 50 % der Anteile an der Kapitalgesellschaft übertragen werden. 6

c) Zuführung von überwiegend neuem Betriebsvermögen

Die Zuführung von überwiegend neuem Betriebsvermögen ist sowohl im Fall der Fortführung als auch im Fall der Wiederaufnahme des Geschäftsbetriebs Voraussetzung für den Verlust der wirtschaftlichen Identität. 7

Jede Kapitalgesellschaft hat nur einen einheitlichen Geschäftsbetrieb. Jede Tätigkeit einer Kapitalgesellschaft kann einen Geschäftsbetrieb darstellen (z. B. auch eine Vermögensverwaltung). Auch eine Gesellschaft, deren Haupttätigkeit sich darauf beschränkt, Beteiligungen an anderen Kapitalgesellschaften zu halten (Holdinggesellschaft), unterhält einen Geschäftsbetrieb. Das Halten der Beteiligung an einer Kapitalgesellschaft reicht für die Annahme eines Geschäftsbetriebs aus. 8

Neues Betriebsvermögen überwiegt, wenn das über Einlagen und Fremdmittel zugeführte bzw. finanzierte Aktivvermögen das im Zeitpunkt der Anteilsübertragung vorhandene Aktivvermögen (BFH-Urteil vom 13. August 1997, BStBl II S. 829) übersteigt. Gehören zum Betriebsvermögen Beteiligungen an Organgesellschaften oder Personengesellschaften, ist das Aktivvermögen der Organgesellschaft in vollem Umfang bzw. das Aktivvermögen der Personengesellschaft zu dem Anteil der Beteiligung in den Vergleich einzubeziehen. Bewertungsmaßstab sind die Teilwerte des vorhandenen und des zugeführten Vermögens; etwaige immaterielle Wirtschaftsgüter sind zu berücksichtigen, auch wenn sie bei der steuerlichen Gewinnermittlung nicht angesetzt werden dürfen. Eine Saldierung von zugeführtem Aktivvermögen mit Ausschüttungen findet nicht statt. 9

Beispiel:
Die Vermögensgegenstände auf der Aktivseite der Bilanz der A-AG haben einen Teilwert von 1.000. Nach der Übertragung von mehr als der Hälfte der Anteile an der A-AG auf den Gesellschafter N legt dieser in die A-AG Vermögensgegenstände von 900 ein. 6 Wochen später nimmt die A-AG eine Gewinnausschüttung von 300 vor. Weitere 30 Tage später nimmt die A-AG ein Darlehen in Höhe von 200 auf.
Es ist bei einem ursprünglichen Betriebsvermögen von 1.000 überwiegend neues Betriebsvermögen in Höhe von (900 + 200 =) 1.100 zugeführt worden. Die Gewinnausschüttung mindert das zugeführte Betriebsvermögen nicht.

Im Fall eines Branchenwechsels ist überwiegend neues Betriebsvermögen im Sinne des § 8 Abs. 4 KStG auch dann zugeführt, wenn für die von einer Kapitalgesellschaft wiederaufgenommene Tätigkeit überwiegend Vermögensgegenstände verwendet werden, die vor der Einstellung des ursprünglichen Geschäftsbetriebs noch nicht vorhanden waren (gegenständliche Betrachtungsweise entsprechend dem BFH-Urteil vom 13. August 1997, a. a. O.). 10

11 Neues Betriebsvermögen kann auch durch Verschmelzung einer anderen Gesellschaft auf die Verlustgesellschaft zugeführt werden.

12 Zwischen der Übertragung der Anteile und der Zuführung neuen Betriebsvermögens muß ein zeitlicher Zusammenhang bestehen. Vgl. hierzu auch die Ausführungen unter Tz. 24 bis 32.

d) Sanierungsfälle

aa) Zuführung neuen Betriebsvermögens zu Sanierungszwecken

13 Die Zuführung neuen Betriebsvermögens ist unschädlich, wenn
- sie allein der Sanierung dient,
- der Geschäftsbetrieb, der den Verlust verursacht hat, in einem nach dem Gesamtbild der wirtschaftlichen Verhältnisse vergleichbaren Umfang erhalten wird und
- die Körperschaft den Geschäftsbetrieb in diesem Umfang fünf Jahre fortführt.

(1) Sanierung

14 Allein der Sanierung dient die Zuführung neuen Betriebsvermögens, wenn die Kapitalgesellschaft sanierungsbedürftig ist und das zugeführte Betriebsvermögen den für das Fortbestehen des Geschäftsbetriebs notwendigen Umfang nicht wesentlich überschreitet.

> **Beispiel:**
> Die Holdinggesellschaft H erwirbt 100% der Anteile an der V-GmbH. Die V-GmbH hat im Zeitpunkt des Anteilserwerbs vortragsfähige Verluste in Höhe von 2,5 Mio. DM. Während des ersten Wirtschaftsjahrs nach dem Anteilserwerb wird die Verlustgesellschaft V-GmbH durch organisatorische Maßnahmen saniert und hat nach einem mittelfristig geltenden Finanzplan jährliche Gewinne in Höhe von 80.000 DM zu erwarten. Im zweiten Jahr nach dem Anteilserwerb legt die H Beteiligungen an anderen Unternehmen in die V-GmbH zu einem Wert ein, der den Wert des bisherigen Betriebsvermögens übersteigt. Die steuerpflichtigen Erträge aus diesen anderen Unternehmen belaufen sich auf jährlich 2 Mio. DM.
> Die Zuführung des neuen Betriebsvermögens in die V-GmbH in Form von Beteiligungen führt zur Versagung des Verlustabzugs, weil die Zuführung nicht allein der Sanierung dient. Die V-GmbH war bereits saniert, so daß das Merkmal der Sanierungsbedürftigkeit fehlt. Die Zuführung des neuen Betriebsvermögens hat auch dem Zweck gedient, die Verluste der V-GmbH statt innerhalb der nächsten ca. 30 Jahre in nur zwei Jahren mit sonst steuerpflichtigen Gewinnen zu verrechnen.

(2) Verlustverursachender Geschäftsbetrieb

15 Der Geschäftsbetrieb, der den verbleibenden Verlustabzug verursacht hat, ist regelmäßig der ursprüngliche Geschäftsbetrieb in dem Umfang, den er im Durchschnitt während der Verlustphase gehabt hat. Diese Phase endet spätestens mit dem Verlust der wirtschaftlichen Identität.

16 Ein Abschmelzen des verlustverursachenden Geschäftsbetriebs (Tz. 15) bis zum Ablauf des Fortführungszeitraums (Tz. 21) um mehr als die Hälfte seines Umfangs ist für den Verlustabzug schädlich.

> **Beispiel:**
> Umfang der Gesellschaft im Durchschnitt während der Verlustphase ... 100
> Umfang im Zeitpunkt des Anteilseignerwechsels ... 60
> Umfang im Zeitpunkt des Verlustes der wirtschaftlichen Identität ... 50
> Umfang nach Abschmelzen in der Sanierungsphase ... 40
> = schädliches Abschmelzen

17 Vergleichsmerkmale für die Fortführung des Verlustbetriebs in einem vergleichbaren Umfang (= Mindestumfang) können im Rahmen einer auf den Einzelfall bezogenen Gesamtwürdigung

unter anderem der Umsatz, das Auftragsvolumen, das Aktivvermögen und die Anzahl der Arbeitnehmer sein.

Beispiel:
Der Personalbestand einer Kapitalgesellschaft mit dem Unternehmensgegenstand Anlagenbau ist vor Übertragung der Anteile von 500 Arbeitnehmern auf 200 Arbeitnehmer abgebaut worden, das Betriebsvermögen ist von einem Wert von 20 Mio. DM auf 8 Mio. DM abgeschmolzen, der Umsatz von 300 Mio. DM auf 140 Mio. DM zurückgegangen.
Der Verlustabzug ist untergegangen. Eine Sanierung i. S. des § 8 Abs. 4 KStG ist nicht mehr möglich, da der Betrieb nach allen Merkmalen wesentlich abgeschmolzen ist.

Ein einmal eingestellter Geschäftsbetrieb kann nicht mehr saniert werden. Auch der Wechsel von einer aktiven Tätigkeit zu einer aktiven Tätigkeit anderer Art (Branchenwechsel) kann als Einstellung des Geschäftsbetriebs anzusehen sein (BFH-Urteil vom 13. August 1997, a. a. O.). Im Fall des Branchenwechsels ist verlustverursachender Geschäftsbetrieb nur der Geschäftsbetrieb nach dem Branchenwechsel. In einem solchen Fall kann bei einer Sanierung nur der hieraus entstandene Verlust abgezogen werden. 18

Ein Branchenwechsel ohne wesentliche Änderung der personellen und sachlichen Ressourcen (Strukturwandel) gilt nicht als Einstellung des Geschäftsbetriebs. 19

Im Fall der Verpachtung eines bisher aktiv betriebenen Geschäftsbetriebs führt die Kapitalgesellschaft den bisherigen Geschäftsbetrieb nicht fort. Die Begründung einer Betriebsaufspaltung beendet hingegen die Fortführung des Geschäftsbetriebs nicht. 20

(3) Fortführung des Geschäftsbetriebs

Der fünf Zeitjahre betragende Fortführungszeitraum beginnt mit dem Zeitpunkt, in dem mehr als die Hälfte der Anteile übertragen und überwiegend neues Betriebsvermögen zugeführt worden ist. Das gilt auch für Fälle, in denen die Anteile vor 1997 übertragen worden sind. 21

Wird der Geschäftsbetrieb innerhalb des Fünfjahreszeitraums ganz oder teilweise auf andere Weise als durch Gesamtrechtsnachfolge auf einen anderen Rechtsträger (z. B. durch Veräußerung oder im Wege der Einbringung durch Einzelrechtsnachfolge) übertragen, geht der Verlustabzug im nachhinein verloren. 22

bb) Feststellungslast

Der Steuerpflichtige trägt die Feststellungslast, daß die Zuführung des neuen Betriebsvermögens allein der Sanierung gedient hat. Bei Übertragung der Mehrheit der Anteile vor dem 6. August 1997 wird es aus Billigkeitsgründen nicht zu seinem Nachteil berücksichtigt, wenn er im nachhinein den Nachweis der Fortführung des Geschäftsbetriebs in vergleichbarem Umfang nicht mehr führen kann. Die Regelung des § 8 Abs. 4 KStG ist aber anzuwenden, wenn die Finanzbehörde nachweisen kann, daß der Verlust der wirtschaftlichen Identität eingetreten ist. 23

e) Anwendung auf andere Körperschaften und auf andere Fälle des Verlusts der wirtschaftlichen Identität

Der Ausschluß des Verlustabzugs nach § 8 Abs. 4 KStG gilt nicht nur für Kapitalgesellschaften, sondern auch für andere Körperschaften. Die Übertragung von mehr als 50 % der Anteile bezieht sich in diesen Fällen auf die Beteiligungs- und Mitgliedschaftsrechte. 24

§ 8 Abs. 4 Satz 2 KStG regelt den Verlust der wirtschaftlichen Identität nicht abschließend (BFH-Urteil vom 13. August 1997, a. a. O.). Über den dort geregelten Hauptanwendungsfall hinaus ist der Verlustabzug nach § 8 Abs. 4 KStG auch in den Fällen ausgeschlossen, die diesem beispielhaft geregelten Fall wirtschaftlich entsprechen. 25

26 Einem Gesellschafterwechsel durch Übertragung von mehr als 50 % der Anteile sind z. B. gleichzusetzen:

- Eine Kapitalerhöhung, bei der die neu eintretenden Gesellschafter die Einlage ganz oder teilweise leisten und nach der Kapitalerhöhung zu mehr als 50 % beteiligt sind.

- Eine Verschmelzung auf die Verlustgesellschaft, wenn nach der Verschmelzung die an der Verlustgesellschaft bisher nicht beteiligten Gesellschafter zu mehr als 50 % beteiligt sind.

- Die Einbringung eines Betriebs, Teilbetriebs oder Mitunternehmeranteils, wenn nach der Einbringung neu hinzugekommene Gesellschafter zu mehr als 50 % beteiligt sind.

27 Entsprechendes gilt, wenn anstelle von neuen Gesellschaftern – oder neben diesen – bereits beteiligte Gesellschafter nach den vorgenannten Maßnahmen zusammen mehr als 50 Prozentpunkte höher am Nennkapital beteiligt sind als vorher.

28 Der Verlustabzug kann nach § 8 Abs. 4 KStG auch dann verlorengehen, wenn mittelbar – auch über Personengesellschaften – gehaltene Beteiligungen an der Verlustgesellschaft übertragen werden. Dies gilt auch, wenn aus der mittelbaren Beteiligung eine unmittelbare Beteiligung an der Verlustgesellschaft wird (§ 8 Abs. 4 Satz 2 KStG, vgl. auch Tz. 11.30 des BMF-Schreibens vom 25. März 1998, BStBl I S. 267). Erfolgsneutrale Umstrukturierungen mittelbarer in mittelbare Beteiligungen nach Maßgabe der §§ 11 ff. und 20 ff. UmwStG innerhalb verbundener Unternehmen i. S. von § 271 Abs. 2 HGB stellen keine Anteilsübertragungen i. S. des § 8 Abs. 4 KStG dar.

29 Eine dem Hauptanwendungsfall gleichstehende Gestaltung kann u. a. auch vorliegen, wenn seine Voraussetzungen nicht vollständig erfüllt sind, aber durch zusätzliche andere Maßnahmen die wirtschaftliche Identität der Körperschaft aufgegeben worden ist. Dies ist u. a. der Fall, wenn zwar nicht mehr als 50 % aller Geschäftsanteile übertragen werden, jedoch ein Anteilserwerber eine Rechtsposition erhält, die mit der eines Gesellschafters wirtschaftlich vergleichbar ist, der mehr als 50 % der Gesellschaftsanteile an der Kapitalgesellschaft hält (BFH-Urteil vom 13. August 1997, a. a. O.).

30 In Ausnahmefällen kann auch die Übertragung von mehr als 50 % der Stimmrechte ohne entsprechende Anteilsübertragung zu einem Verlust der wirtschaftlichen Identität der Körperschaft führen.

31 Im Einzelfall kann die Zuführung neuen Betriebsvermögens auch dann schädlich sein, wenn sie vor dem Zeitpunkt der Anteilsübertragung beginnt oder sogar schon abgeschlossen ist, z. B. im Fall des kollusiven Zusammenwirkens von Veräußerer und Erwerber der Anteile. In diesem Fall wird der Umfang des zugeführten Betriebsvermögens mit dem Betriebsvermögen verglichen, das vor Beginn der Zuführung vorhanden war.

32 Eine dem Hauptanwendungsfall gleichstehende Gestaltung kann darin liegen, daß der (neue) Gesellschafter der Verlustgesellschaft nicht dieser selbst, sondern deren Tochtergesellschaft(en) neues Betriebsvermögen zuführt, mit deren Gewinnausschüttungen die Verlustgesellschaft ihre Verlustvorträge verrechnen will.

f) Umfang des Abzugsverbots

33 (weggefallen)

g) Auswirkungen auf die Gliederungsrechnung

34 Der Verlust der wirtschaftlichen Identität der Körperschaft führt nicht zu einem Wechsel des Steuersubjekts. Die Körperschaft hat daher die Teilbeträge des verwendbaren Eigenkapitals fortzuführen. Der nach § 8 Abs. 4 Satz 4 KStG nicht ausgleichsfähige Verlust verringert das EK 02.

2. Zeitliche Anwendung

§ 8 Abs. 4 KStG in der Fassung des Gesetzes zur Fortsetzung der Unternehmenssteuerreform ist nach § 54 Abs. 6 KStG in der Fassung von Artikel 3 des Gesetzes zur Finanzierung eines zusätzlichen Bundeszuschusses zur gesetzlichen Rentenversicherung vom 19. Dezember 1997 (BGBl I S. 3121) erstmals für den Veranlagungszeitraum 1997 anzuwenden. Bei Vorliegen der übrigen Voraussetzungen entfällt hiernach der Verlustabzug nach § 10d EStG ab 1997 auch in Fällen, in denen der Verlust der wirtschaftlichen Identität schon vor 1997 eingetreten ist. Wegen der ab 1997 geltenden anderen Voraussetzungen für den Verlustabzug im Vergleich zu der am 31. Dezember 1996 geltenden Rechtslage besteht keine Bindung an den auf diesen Zeitpunkt gesondert festgestellten vortragsfähigen Verlust. Ist der Verlust der wirtschaftlichen Identität erst im Jahr 1997 vor dem 6. August eingetreten, gilt § 8 Abs. 4 KStG erstmals für den Veranlagungszeitraum 1998.

Beispiel 1:
60% der Anteile an der V-GmbH wurden am 31.12.1994 von A an B übertragen. Zum Ende des Jahres 1996 ist für die V-GmbH ein verbleibender Verlustabzug in Höhe von 500 TDM gesondert festgestellt worden. Im Jahr 1995 beginnt B mit der Zuführung neuen Betriebsvermögens, das nicht allein der Sanierung dient. Am 31.12.1996 ist diese finanzielle Umstrukturierung in der Weise abgeschlossen, daß die Schädlichkeitsgrenze (= überwiegend) überschritten wird.
Im Jahr 1997 ist die Berücksichtigung des Verlustes der V-GmbH in Höhe von 500 TDM nicht zulässig.

Beispiel 2:
Wie Beispiel 1 mit dem Unterschied, daß die Schädlichkeitsgrenze (= überwiegend) für die Zuführung neuen Betriebsvermögens erst im Jahr 1997, aber vor dem 6. August, überschritten wird.
Im Jahr 1997 kann ein Verlust, der zum 31. Dezember 1996 festgestellt worden ist, noch abgezogen werden. Der Abzug eines danach verbleibenden Verlustbetrages ist ab 1998 nicht mehr möglich.

Beispiel 3:
Wie Beispiel 1 und 2 mit dem Unterschied, daß die Schädlichkeitsgrenze (= überwiegend) für die Zuführung neuen Betriebsvermögens erst nach dem 5. August 1997 überschritten wird.
Der zum 31. Dezember 1996 festgestellte vortragsfähige Verlust – ggf. zuzüglich eines Verlustes in 1997, der bis zum Zeitpunkt des Erreichens der Schädlichkeitsgrenze entstanden ist (erforderlichenfalls im Schätzungswege zu ermitteln) – kann in 1997 weder abgezogen noch ausgeglichen werden.

B. Übergang des verbleibenden Verlustabzugs nach § 12 Abs. 3 Satz 2 UmwStG

1. Sachliche Anwendung

Nach § 12 Abs. 3 Satz 2 UmwStG i. d. F. des Gesetzes zur Fortsetzung der Unternehmenssteuerreform setzt der Übergang des Verlustabzugs auf die übernehmende Körperschaft voraus, daß der Betrieb oder Betriebsteil, der den Verlust verursacht hat, über den Umwandlungsstichtag hinaus in einem nach dem Gesamtbild der wirtschaftlichen Verhältnisse vergleichbaren Umfang fortgeführt wird.

a) Betrieb oder Betriebsteil, der den Verlust verursacht hat

Der Betrieb umfaßt ebenso wie der Geschäftsbetrieb i. S. des § 8 Abs. 4 KStG die gesamte wirtschaftliche Aktivität eines Unternehmens. Ein Betriebsteil ist demgegenüber eine abgrenzbare wirtschaftliche Aktivität, der bestimmte personelle und sachliche Ressourcen zugeordnet werden können (z. B. eine Produktlinie oder bei einer Holdinggesellschaft die einzelne Beteiligung). Ein Betriebsteil braucht nicht die Voraussetzungen eines Teilbetriebs i. S. von R 139 Abs. 3

EStR 1996 zu erfüllen. Einzelne Wirtschaftsgüter oder reine Kostenstellen (z. B. die Forschungsabteilung eines Chemieunternehmens) erfüllen nicht die Voraussetzungen eines Betriebsteils.

38 Der Verlustabzug geht auf die übernehmende Körperschaft nur über, wenn der ursprüngliche Betrieb, der den Verlust verursacht hat, fortgeführt wird. Wegen des Umfangs des verlustverursachenden Betriebs gelten die Ausführungen zu § 8 Absatz 4 KStG (Tz. 15 bis 19) entsprechend. Ist der ursprüngliche Betrieb im Umfang erheblich reduziert worden (z. B. bei Einstellung der in dem Betrieb bisher ausgeübten produktiven Tätigkeit), steht § 12 Absatz 3 Satz 2 UmwStG dem Übergang des auf den Betrieb entfallenden verbleibenden Verlustabzugs entgegen, es sei denn, die Steuerpflichtige weist nach (z. B. aufgrund ihrer Betriebsabrechnung), dass der Verlust oder ein Teil des Verlustes einem bestimmten Betriebsteil zugeordnet werden kann, für den die Voraussetzungen der Fortführung erfüllt sind.

39 Bei körperschaftsteuerlicher Organschaft ist für den Umfang des verlustverursachenden Betriebs oder Betriebsteils auch auf den Betrieb oder Betriebsteil der Organgesellschaft abzustellen. Dies gilt entsprechend für den Betrieb oder Betriebsteil einer Mitunternehmerschaft, an der die Körperschaft als Mitunternehmerin beteiligt ist.

b) Verlustabzug bei Betriebsteilen

40 Liegen die Voraussetzungen für den Verlustabzug für den gesamten Verlustbetrieb nicht vor und weist die Steuerpflichtige nach, daß die Verluste einem bestimmten Betriebsteil zugeordnet werden können, so werden die für den Verlustübergang zugelassenen Teilbeträge in folgender Weise ermittelt, wenn Betriebsteile in der Zeit vor dem Übergang des verbleibenden Verlustabzugs Gewinne erzielt haben: Erzielt derselbe Betriebsteil neben den abziehbaren Verlusten auch Gewinne, ist eine Verlustverrechnung mit den Gewinnen aus demselben Betriebsteil vorzunehmen (= isolierte Betrachtung des verlustverursachenden Betriebsteils). Der so ermittelte Gesamtbetrag der Verluste der fortgeführten Betriebsteile wird erforderlichenfalls auf den verbleibenden Verlustabzug des Gesamtbetriebs begrenzt.

Beispiel:
Die A-GmbH besteht aus fünf dem Umfang nach gleichwertigen Betriebsteilen (BT), denen in den Jahren 01 und 02 folgende Gewinne (+) oder Verluste (–) zugerechnet werden können:

	BT 1	BT 2	BT 3	BT 4	BT 5	Gesamt
01	+200	+200	+200	−500	−600	−500
02	+100	0	0	−100	+100	+100
Summe	300	200	200	−600	−500	−400

Die A-GmbH wird zum Ende des Jahres 02 auf die B-AG verschmolzen. Die B-AG führt nur den BT 5 fort.
Der Betrieb der A-GmbH wird nicht fortgeführt, denn er wird auf ¹/₅ seines bisherigen Umfangs abgeschmolzen. Der Gesamtverlust (−400) der A-GmbH ist deshalb bei der B-AG nicht abziehbar.
Der Verlust des BT 5 in Höhe von −500 ist dem Grunde nach bei der B-AG abziehbar. Dieser Betrag wird auf die Höhe des vortragsfähigen Gesamtbetrags der A-GmbH (= −400) begrenzt.

c) Fortführung in einem dem Gesamtbild der wirtschaftlichen Verhältnisse vergleichbaren Umfang in den folgenden fünf Jahren

41 Der Fünfjahreszeitraum beginnt mit dem steuerlichen Übertragungsstichtag.

42 Für den Übergang des Verlustabzugs ist es unschädlich, wenn der Betrieb oder Betriebsteil in den folgenden fünf Jahren erweitert wird. Es genügt, wenn er mindestens in dem geforderten Umfang fortgeführt wird. Für die Beurteilung des Umfangs des Betriebs- oder Betriebsteils gelten die Ausführungen unter Tz. 37 bis 39.

d) Übertragung von Teilen des verlustverursachenden Betriebs oder Betriebsteils

Erforderlich ist die Fortführung des Betriebs oder Betriebsteils durch die übernehmende Körperschaft. Diese Voraussetzung ist auch dann erfüllt, wenn der zunächst auf die übernehmende Körperschaft übergegangene verlustverursachende Betrieb in der Folge (z. B. im Fall der Verpachtung eines bisher aktiv betriebenen Geschäftsbetriebs oder der Begründung einer Betriebsaufspaltung) von einem anderen Unternehmen fortgeführt wird (BFH-Urteil vom 27. Mai 2009, BStBl 2010 II S. 937). Überträgt die übernehmende Körperschaft den übernommenen Betrieb oder Betriebsteil im Wege der Einzel- oder Gesamtrechtsnachfolge (z. B. Veräußerung, Umwandlung), ist der Verlustübergang (nachträglich) zu versagen, wenn bei dem Erwerber bzw. Übernehmer die Voraussetzungen für die Fortführung des betreffenden Betriebs oder Betriebsteils nicht mehr gegeben sind. 43

Die Begründung einer Betriebsaufspaltung während des Fortführungszeitraums beendet die Fortführung des Betriebs oder Betriebsteils nicht. 44

e) Fortführung in Spaltungsfällen

Der Übergang des verbleibenden Verlustabzugs i. S. des § 10d Abs. 4 Satz 2 EStG setzt voraus, daß der verlustverursachende Betrieb oder Betriebsteil von der Kapitalgesellschaft in dem erforderlichen Umfang fortgeführt wird, bei der dieser Betrieb oder Betriebsteil im Rahmen der Umwandlung verbleibt oder auf die er übergeht. Unter diesen Voraussetzungen ist der Verlustabzug möglich, soweit er nach § 15 Abs. 4 UmwStG teilweise einer anderen übernehmenden Kapitalgesellschaft zuzuordnen ist. 45

Beispiel:
Die Verlustgesellschaft X-GmbH besteht aus den Teilbetrieben TB 1, TB 2 und TB 3. Verluste hat nur der TB 1 verursacht. Die X-GmbH wird aufgespalten in die TB 1-GmbH, die TB 2-GmbH und die TB 3-GmbH. Der verbleibende Verlustabzug wird nach § 15 Abs. 4 UmwStG aufgeteilt. TB 1-GmbH (1/10), TB 2-GmbH (3/10) und TB 3-GmbH (6/10).
Wenn der verlustverursachende Betriebsteil in dem erforderlichen Umfang von der TB 1-GmbH fortgeführt wird, steht § 12 Abs. 3 Satz 2 UmwStG auch dem Verlustabzug bei der TB 2-GmbH und der TB 3-GmbH nicht entgegen.

2. Zeitliche Anwendung

Nach § 27 Abs. 3 UmwStG in der Fassung des Gesetzes zur Finanzierung eines zusätzlichen Bundeszuschusses zur gesetzlichen Rentenversicherung vom 19. Dezember 1997 (BGBl I S. 3121) ist die Neuregelung erstmals für Umwandlungsvorgänge anzuwenden, deren Eintragung im Register nach dem 5. August 1997 beantragt worden ist. Maßgebend ist der Eingang des Antrags bei dem zuständigen Register. 46

C. Verhältnis von § 12 Abs. 3 Satz 2 UmwStG zu § 8 Abs. 4 KStG

Die Anwendung des § 8 Abs. 4 KStG ist neben der Anwendung des § 12 Abs. 3 Satz 2 UmwStG zu prüfen. Während § 12 Abs. 3 Satz 2 UmwStG den Übergang nicht verbrauchter Verluste der übertragenden Körperschaft auf die übernehmende Körperschaft ausschließt, untersagt § 8 Abs. 4 KStG den Abzug eigener Verluste der Körperschaft. 47

Beispiel:
Die B-GmbH mit nicht verbrauchten Verlustvorträgen wird auf die A-GmbH, die ebenfalls über hohe nicht verbrauchte Verlustabzüge verfügt, verschmolzen. Nach der Verschmelzung sind an der A-GmbH die bisher nicht beteiligten Gesellschafter der B-GmbH zu mehr als 50 % beteiligt. Sind die übrigen Voraussetzungen des § 8 Abs. 4 KStG ebenfalls gegeben, kann die A-GmbH ihre eigenen Verlustvorträge nach § 8

Abs. 4 KStG künftig nicht mehr verrechnen. Eine Übertragung der nicht verbrauchten Verlustabzüge der B-GmbH ist nicht ausgeschlossen, wenn die Voraussetzungen des § 12 Abs. 3 Satz 2 UmwStG erfüllt sind.

48 Die gegenüber der früheren Rechtslage verschärften Bestimmungen über die Versagung des Verlustabzugs ab 1997 können dazu führen, daß ein bei einem Umwandlungsvorgang in der Zeit vor 1997 bereits übergegangener Verlustabzug ab 1997 nicht mehr zu berücksichtigen ist. Das ist der Fall, wenn die Voraussetzungen für die Versagung des Verlustabzugs zwar nicht nach dem bisherigen, wohl aber nach dem jetzt geltenden § 8 Abs. 4 KStG vorliegen.

49 Im Falle der Verschmelzung einer Verlust-Kapitalgesellschaft, deren Anteile zu mehr als der Hälfte übertragen worden sind, auf eine Gewinn-Kapitalgesellschaft und der Zuführung überwiegend neuen Betriebsvermögens von außen (außerhalb der Rechtsnachfolgerin, z. B. durch den Gesellschafter der übernehmenden Gesellschaft) liegt ein Anwendungsfall des § 8 Abs. 4 KStG vor. Der verbleibende Verlustabzug geht nach § 8 Abs. 4 KStG unter und kann nicht auf die übernehmende Kapitalgesellschaft nach § 12 Abs. 3 Satz 2 UmwStG übergehen.

Beispiel:
Eine Gesellschaft (M) beabsichtigt, die Mehrheit der Anteile an einer verlusttragenden Gesellschaft (T) zu kaufen. Der Anteilseignerwechsel in Verbindung mit einer entsprechenden Vermögenszuführung würde bei T zum Verlust der wirtschaftlichen Identität und damit zum Verbot des Verlustabzugs führen (§ 8 Abs. 4 KStG).
Um den verbleibenden Verlust der T zu nutzen, soll die T auf die M verschmolzen werden. Danach wird die Vermögenszuführung bei M vorgenommen.
Erfolgt die Zuführung von überwiegend neuem Betriebsvermögen von außen (z. B. durch den Gesellschafter der übernehmenden Gesellschaft), handelt es sich um eine dem Hauptanwendungsfall vergleichbare Gestaltung (§ 8 Abs. 4 Satz 1 KStG). Die Verschmelzung der T (Verlustgesellschaft) auf M (Gewinngesellschaft) ist als solche kein Ersatztatbestand für die Vermögenszuführung.

50 Zur bisherigen Rechtslage gilt das BMF-Schreiben vom 11. Juni 1990 (BStBl I S. 252) fort, soweit nicht in dem vorliegenden Schreiben zu den Voraussetzungen des § 8 Abs. 4 KStG in der Fassung des Steuerreformgesetzes 1990 abweichende (z. B. zum Branchenwechsel) oder ergänzende Regelungen getroffen werden.

9. Angemessenheit der Gesamtbezüge eines Gesellschafter-Geschäftsführers

BMF, Schreiben v. 14. 10. 2002 (BStBl I S. 972)[1)]

– IV A 2 - S 2742 - 62/02 –

Nach dem Ergebnis einer Erörterung mit den obersten Finanzbehörden der Länder nehme ich zu den Grundsätzen, nach denen die Frage nach der Angemessenheit der Gesamtausstattung des Gesellschafter-Geschäftsführers zu beurteilen ist, wie folgt Stellung:

A. Allgemeines

1 Das **Zivilrecht** behandelt die Kapitalgesellschaft und ihren Gesellschafter jeweils als eigenständige Rechts- und Vermögenssubjekte. Das **Steuerrecht** folgt den Wertungen des Zivilrechts. Die

---

1) Zusatz des BayLfSt (KSt-Kartei BY Nr. 23/2002):
Das BMF-Schreiben v. 14. 10. 2002 (BStBl I S. 972) ist durch die BFH-Urteile v. 27. 2. 2003 – I R 46/01 (BStBl II S. 132) und v. 4. 6. 2003 – I R 24/02 (BStBl I S. 136) teilweise überholt (vgl. auch TOP 4 Buchst. d der KSt-Arbeitstagung 2004).

Kapitalgesellschaft und der dahinterstehende Gesellschafter sind jeweils selbständige Steuersubjekte. Daher sind schuldrechtliche Leistungsbeziehungen (hier: Arbeits- oder Dienstverträge) zwischen der Kapitalgesellschaft und dem Gesellschafter grundsätzlich steuerlich anzuerkennen. Sie führen auf der Ebene der Kapitalgesellschaft zu Betriebsausgaben, die den Unterschiedsbetrag im Sinne des § 4 Abs. 1 Satz 1 EStG mindern.

Steuerlich ist zu prüfen, ob die Vereinbarung ganz oder teilweise durch das Gesellschaftsverhältnis veranlasst ist. Die Gewinnminderung, die auf dem durch das Gesellschaftsverhältnis veranlassten Teil der Vereinbarung beruht, ist außerhalb der Steuerbilanz dem Steuerbilanzgewinn im Rahmen der Ermittlung des Einkommens hinzuzurechnen (§ 8 Abs. 3 Satz 2 KStG).

B. Einzelne Vergütungsbestandteile

Die Vergütung des Gesellschafter-Geschäftsführers setzt sich regelmäßig aus mehreren Bestandteilen zusammen. Es finden sich Vereinbarungen über Festgehälter (einschl. Überstundenvergütung), zusätzliche feste jährliche Einmalzahlungen (z. B. Urlaubsgeld, Weihnachtsgeld), variable Gehaltsbestandteile (z. B. Tantieme, Gratifikationen), Zusagen über Leistungen der betrieblichen Altersversorgung (z. B. Pensionszusagen) und Sachbezüge (z. B. Fahrzeugüberlassung, private Telefonnutzung).

C. Steuerliche Beurteilung der Vergütungsbestandteile

I. Allgemeines

Die Beurteilung der gesellschaftlichen Veranlassung der Vergütungsvereinbarung bezieht sich zuerst auf die Vereinbarung des jeweils einzelnen Vergütungsbestandteils und danach auf die Angemessenheit der steuerlich anzuerkennenden Gesamtvergütung.

II. Prüfungsschema

In einem ersten Schritt sind alle vereinbarten Vergütungsbestandteile einzeln danach zu beurteilen, ob sie **dem Grunde nach** als durch das Gesellschaftsverhältnis veranlasst anzusehen sind. Ist dies der Fall, führt die Vermögensminderung, die sich durch die Vereinbarung ergibt, in vollem Umfang zu einer verdeckten Gewinnausschüttung. So ist beispielsweise die Vereinbarung von Überstundenvergütungen nicht mit dem Aufgabenbild eines Geschäftsführers vereinbar (vgl. BFH-Urteile vom 19. März 1997, BStBl II S. 577, und vom 27. März 2001, BStBl II S. 655). Auch Pensionszusagen, die gegen die Grundsätze der Wartezeit (vgl. BMF-Schreiben vom 14. Mai 1999, BStBl I S. 512, unter 1.) verstoßen, oder zeitlich unbefristete Nur-Tantiemezusagen (vgl. Grundsätze des BMF-Schreibens vom 1. Februar 2002, BStBl I S. 219) führen in vollem Umfang zu verdeckten Gewinnausschüttungen.

In einem zweiten Schritt sind die verbleibenden Vergütungsbestandteile danach zu beurteilen, ob sie **der Höhe nach** als durch das Gesellschaftsverhältnis veranlasst anzusehen sind. Vgl. z. B. zum Verhältnis der Tantieme zum Festgehalt die Grundsätze des BMF-Schreibens vom 1. Februar 2002, a. a. O.). Soweit die gesellschaftliche Veranlassung reicht, führt dies zu verdeckten Gewinnausschüttungen.

Im dritten Schritt ist bezogen auf die verbliebene nicht durch das Gesellschaftsverhältnis veranlasste Vergütung zu prüfen, ob sie in der Summe als angemessen angesehen werden kann. Soweit die Vergütung die Grenze der Angemessenheit übersteigt, führt dies zu einer verdeckten Gewinnausschüttung.

8 Sind die einzelnen Vergütungsbestandteile nicht zeitgleich vereinbart worden und übersteigt die Vergütung die Angemessenheitsgrenze, ist der unangemessene Betrag in der Regel dem bzw. den zuletzt vereinbarten Bestandteilen zuzuordnen. Sind die einzelnen Vergütungsbestandteile zeitgleich vereinbart worden, ist der die Angemessenheitsgrenze übersteigende Betrag nach sachgerechten Kriterien (z. B. quotal) auf die einzelnen Vergütungsbestandteile zu verteilen.

9 **Beispiel**
Die GmbH vereinbart ab dem Geschäftsjahr 02 mit ihrem Gesellschafter-Geschäftsführer ein Festgehalt von 350 000 €. Ab dem Geschäftsjahr 03 soll er zusätzlich eine Tantieme von 250 000 € erhalten. Die angemessene Gesamtausstattung beträgt a) 600 000 € und b) 400 000 €.

zu a)
Zweite Stufe:
Anzuerkennende Tantieme:
25 % des **vereinbarten** Gesamtgehalts von 600 000 € = 150 000 €
> verdeckte Gewinnausschüttung aus zweiter Stufe: 100 000 €
Dritte Stufe:
Anzuerkennende Vergütung nach der zweiten Stufe: 350 000 € (F) + 150 000 € (T) = 500 000 €
angemessene Gesamtausstattung: 600 000 €
> Folge: keine (weitere) verdeckte Gewinnausschüttung aus dritter Stufe
verdeckte Gewinnausschüttung insgesamt: 100 000 €

zu b)
Zweite Stufe:
Anzuerkennende Tantieme:
25 % des **vereinbarten** Gesamtgehalts von 600 000 € = 150 000 €
> verdeckte Gewinnausschüttung aus zweiter Stufe: 100 000 €
Dritte Stufe:
Anzuerkennende Vergütung nach der zweiten Stufe: 350 000 € (F) + 150 000 € (T) = 500 000 €
angemessene Gesamtausstattung: 400 000 €
> verdeckte Gewinnausschüttung aus dritter Stufe: 100 000 €
verdeckte Gewinnausschüttung insgesamt: 200 000 €

D. Festlegung der Angemessenheitsgrenze

10 Beurteilungskriterien für die Angemessenheit sind Art und Umfang der Tätigkeit, die künftigen Ertragsaussichten des Unternehmens, das Verhältnis des Geschäftsführergehaltes zum Gesamtgewinn und zur verbleibenden Eigenkapitalverzinsung sowie Art und Höhe der Vergütungen, die im selben Betrieb gezahlt werden oder in gleichartigen Betrieben an Geschäftsführer für entsprechende Leistungen gewährt werden (BFH-Urteil vom 5. Oktober 1994, BStBl 1995 II S. 549).

1. Art und Umfang der Tätigkeit

11 Art und Umfang der Tätigkeit werden vorrangig durch die Größe des Unternehmens bestimmt. Je größer ein Unternehmen ist, desto höher kann das angemessene Gehalt des Geschäftsführers liegen, da mit der Größe eines Unternehmens auch Arbeitseinsatz, Anforderung und Verantwortung steigen. Die Unternehmensgröße ist vorrangig anhand der Umsatzhöhe und der Beschäftigtenzahl zu bestimmen.

12 Übt der Gesellschafter außerhalb seiner Geschäftsführerfunktion anderweitige unternehmerische Tätigkeiten aus (z. B. als Einzelunternehmer, in einer Personengesellschaft oder einer anderen Kapitalgesellschaft), so deckt sich die Angemessenheitsgrenze bei der betreffenden Gesell-

schaft mit dem Umfang, in dem er jeweils für die konkrete Gesellschaft tätig ist. Er kann in diesem Fall nicht seine gesamte Arbeitskraft der Kapitalgesellschaft zur Verfügung stellen.

Entsprechendes gilt in den Fällen, in denen zwei oder mehrere Geschäftsführer sich die Verantwortung für die Kapitalgesellschaft teilen. Vor allem bei kleineren Gesellschaften ist, auch wenn sie ertragsstark sind, in diesen Fällen ein Abschlag gerechtfertigt. Hier kann unterstellt werden, dass Anforderungen und Arbeitseinsatz des einzelnen Geschäftsführers geringer sind als bei einem Alleingeschäftsführer und dass von dem einzelnen Geschäftsführer im Regelfall deshalb auch solche Aufgaben wahrgenommen werden, die bei vergleichbaren Gesellschaften von Nichtgeschäftsführern erledigt werden (BFH-Urteil vom 11. Dezember 1991, BStBl 1992 II S. 690). 13

2. Ertragsaussichten der Gesellschaft/Verhältnis zur Eigenkapitalverzinsung

Neben der Unternehmensgröße stellt die Ertragssituation das entscheidende Kriterium für die Angemessenheitsprüfung dar. Maßgebend ist hierbei vor allem das Verhältnis der Gesamtausstattung des Geschäftsführergehalts zum Gesamtgewinn der Gesellschaft und zur verbleibenden Eigenkapitalverzinsung. Ein ordentlicher und gewissenhafter Geschäftsleiter würde bei der Festlegung der Gesamtbezüge des Geschäftsführers sicherstellen, dass der Gesellschaft auch nach Zahlung der Bezüge mindestens eine angemessene Eigenkapitalverzinsung verbleibt. 14

Die angemessene Verzinsung des Eigenkapitals ist dabei aus dem gesamten von der Gesellschaft eingesetzten Eigenkapital zu ermitteln. Wird nahezu der gesamte Gewinn einer Kapitalgesellschaft durch die Gesamtvergütung „abgesaugt", stellt dies ein wesentliches Indiz für die Annahme einer unangemessenen Gesamtvergütung dar. 15

Die Mindestverzinsung des eingesetzten Eigenkapitals rechtfertigt es allerdings nicht, darüber hinausgehende Beträge in vollem Umfang als Geschäftsführergehalt auszukehren. Es ist Aufgabe der Kapitalgesellschaft, Gewinne zu erzielen und die Gewinne nach Möglichkeit zu steigern, und ein ordentlicher und gewissenhafter Geschäftsleiter wird auf jeden Fall dafür sorgen, dass der Kapitalgesellschaft ein entsprechender Gewinn verbleibt (BFH-Urteil vom 28. Juni 1989, BStBl II S. 854). Im Regelfall kann daher von der Angemessenheit der Gesamtausstattung der Geschäftsführerbezüge ausgegangen werden, wenn der Gesellschaft nach Abzug der Geschäftsführervergütungen noch ein Jahresüberschuss vor Ertragsteuern in mindestens gleicher Höhe wie die Geschäftsführervergütungen verbleibt. Bei mehreren Gesellschafter-Geschäftsführern ist hierbei auf die Gesamtsumme der diesen gewährten Vergütungen abzustellen. 16

Der dargestellte Grundsatz rechtfertigt es allerdings auch bei sehr ertragsstarken Gesellschaften nicht, die Vergütungen unbegrenzt zu steigern. Die jeweilige Obergrenze muss nach den Umständen des Einzelfalles bestimmt werden. Hierbei ist vor allem auf die Unternehmensgröße abzustellen. Orientierungshilfen für die Bemessung des zu ermittelnden Höchstbetrags können in die Gehaltsstrukturuntersuchungen für die jeweilige Branche und Größenklasse genannten Höchstwerte bieten. Diese tragen auch dem Umstand hinreichend Rechnung, dass der Unternehmenserfolg maßgeblich von der Leistung des Geschäftsführers und von dessen hohem Arbeitseinsatz abhängt sowie dass sich das Unternehmen in einem Ballungsgebiet mit hohem Gehaltsniveau befindet; eines speziellen Gehaltszuschlags bedarf es hierdurch nicht. 17

Bei ertragsschwachen Gesellschaften ist hingegen davon auszugehen, dass auch ein Fremdgeschäftsführer selbst in Verlustjahren nicht auf ein angemessenes Gehalt verzichten würde. Das Unterschreiten einer Mindestverzinsung des eingesetzten Kapitals führt daher nicht zwangsläufig zu einer verdeckten Gewinnausschüttung. Vielmehr kann von einer angemessenen Ausstattung der Gesamtbezüge des Gesellschafter-Geschäftsführers dann ausgegangen werden, wenn er Gesamtbezüge erhält, die sich am unteren Ende des entsprechenden Vergleichsmaßstabes befinden. 18

3. Fremdvergleichmaßstab

19 Für die Ermittlung der Angemessenheitsgrenze ist der Fremdvergleich (vgl. BFH-Urteil vom 17. Mai 1995, BStBl 1996 II S. 204) maßgebend.

a) Interner Betriebsvergleich

20 Wird in der Gesellschaft neben dem Gesellschafter-Geschäftsführer ein Fremdgeschäftsführer beschäftigt, stellt dessen Vergütungshöhe ein wesentliches Indiz bei der Festlegung der Angemessenheitsgrenze der Vergütung des Gesellschafter-Geschäftsführers dar.

b) Externer Betriebsvergleich

21 Ein externer Betriebsvergleich lässt sich i. d. R. nur unter Heranziehung von nach den Regeln der wissenschaftlichen Statistik erstellten neutralen Gehaltsuntersuchungen führen. Nach dem BFH-Urteil vom 14. Juli 1999, BFH/NV 1999 S. 1645, bestehen gegen die Heranziehung von Gehaltsstrukturuntersuchungen im Rahmen eines externen Betriebsvergleichs keine rechtlichen Bedenken. Daneben besteht die Möglichkeit, branchenspezifische Erfahrungswerte zu verwenden, die aber nur in seltenen Fällen vorliegen werden.

c) Durchführung der Angemessenheitsprüfung

22 Die Prüfung der Angemessenheit der Gesamtbezüge von Gesellschafter-Geschäftsführern ist im Einzelfall nach den o. a. Kriterien vorzunehmen. Die Prüfung darf auch nicht aus Vereinfachungsgründen unterbleiben, d. h. betragsmäßige Unter- oder Obergrenzen finden keine Anwendung.

23 Im Übrigen ist zu berücksichtigen, dass nach der Rechtsprechung des BFH bei einer nur geringfügigen Überschreitung der Angemessenheitsgrenze noch keine verdeckte Gewinnausschüttung vorliegt. Eine verdeckte Gewinnausschüttung ist danach jedenfalls dann anzunehmen, wenn die tatsächliche Vergütung die Angemessenheitsgrenze um mehr als 20 % überschreitet (BFH-Urteil vom 28. Juni 1989, BStBl II S. 854); eine Freigrenze ist hiermit nicht verbunden.

E. Anwendung vorstehender Grundsätze

24 Die vorstehenden Grundsätze sind in allen offenen Fällen anzuwenden. Soweit in der Vergangenheit hiervon abweichende allgemeine Grundsätze bestanden haben, sind diese ab dem Wirtschaftsjahr, das im Veranlagungszeitraum 2003 beginnt, nicht mehr anzuwenden.

10. Korrektur einer verdeckten Gewinnausschüttung innerhalb oder außerhalb der Steuerbilanz

BMF, Schreiben v. 28. 5. 2002 (BStBl I S. 603)

– IV A 2 - S 2742 - 32/02 –

1 Die **Körperschaftsteuer** bemisst sich bei Körperschaftsteuerpflichtigen grundsätzlich nach dem zu versteuernden Einkommen (§ 7 Abs. 1 KStG). Maßgebend für die Ermittlung des zu versteuernden Einkommens ist das Einkommen im Sinne des § 8 Abs. 1 KStG. Dies ermittelt sich nach den Vorschriften des Einkommensteuergesetzes und des Körperschaftsteuergesetzes. § 8 Abs. 3 Satz 2 KStG schreibt allgemein vor, dass verdeckte Gewinnausschüttungen das Einkommen

nicht mindern. Das Körperschaftsteuergesetz enthält keine Aussage dazu, auf welcher Stufe der Einkommensermittlung die verdeckte Gewinnausschüttung korrigiert wird.

Nach dem BFH-Urteil vom 29. Juni 1994 (BStBl 2002 II S. 366) erschöpft sich bei einem Körperschaftsteuerpflichtigen, der Einkünfte aus Gewerbebetrieb erzielt, die Rechtsfolge des § 8 Abs. 3 Satz 2 KStG in einer Gewinnkorrektur und setzt außerhalb der Steuerbilanz an. Die Gewinnerhöhung auf Grund einer verdeckten Gewinnausschüttung im Sinne des § 8 Abs. 3 Satz 2 KStG ist dem Steuerbilanzgewinn außerhalb der Steuerbilanz hinzuzurechnen. 2

Nach dem Ergebnis der Erörterung mit den obersten Finanzbehörden der Länder gilt bei der Anwendung der Grundsätze dieses Urteils über den entschiedenen Einzelfall hinaus Folgendes:

I. Grundsatz

1. Allgemeines

Voraussetzung für die Annahme einer verdeckten Gewinnausschüttung im Sinne des § 8 Abs. 3 Satz 2 KStG ist u. a. eine Vermögensminderung oder verhinderte Vermögensmehrung, die sich auf die Höhe des Einkommens ausgewirkt hat (vgl. Abschn. 31 Abs. 3 Satz 1 KStR 1995). Soweit eine verdeckte Gewinnausschüttung im Sinne des § 8 Abs. 3 Satz 2 KStG vorliegt, ist sie außerhalb der Steuerbilanz dem Steuerbilanzgewinn im Rahmen der Ermittlung des Einkommens der Körperschaft hinzuzurechnen. 3

Ist die verdeckte Gewinnausschüttung bei der erstmaligen Veranlagung des Wirtschaftsjahrs, in dem es zu der Vermögensminderung bzw. zu der verhinderten Vermögensmehrung gekommen ist, nicht hinzugerechnet worden und kann diese Veranlagung nach den Vorschriften der Abgabenordnung nicht mehr berichtigt oder geändert werden, so unterbleibt die Hinzurechnung nach § 8 Abs. 3 Satz 2 KStG endgültig. 4

Zu einer anderen Ausschüttung im Sinne des § 27 Abs. 3 Satz 2 KStG in der Fassung vor Änderung durch das Steuersenkungsgesetz bzw. einer Leistung der Kapitalgesellschaft im Sinne des KStG in der Fassung des Steuersenkungsgesetzes kommt es unabhängig von der bilanziellen bzw. einkommensmäßigen Behandlung der verdeckten Gewinnausschüttung erst im Zeitpunkt ihres tatsächlichen Abflusses (vgl. Abschn. 77 Abs. 6 KStR 1995). 5

Beim Gesellschafter ist die verdeckte Gewinnausschüttung nach den für ihn geltenden steuerlichen Grundsätzen unabhängig davon zu erfassen, ob sie auf der Ebene der Gesellschaft dem Einkommen hinzugerechnet wurde. 6

2. Verdeckte Gewinnausschüttung bei Passivierung von Verpflichtungen

Ist eine Vereinbarung mit dem Gesellschafter, die in der Steuerbilanz zu einer Passivierung geführt hat (Verbindlichkeit oder Rückstellung), ganz oder teilweise als verdeckte Gewinnausschüttung zu beurteilen, hat dies auf die Passivierung der Verpflichtung keinerlei Einfluss. Das Betriebsvermögen ist in der Steuerbilanz zutreffend ausgewiesen; der gebildete Passivposten ist im Hinblick auf die verdeckte Gewinnausschüttung nicht zu korrigieren. 7

Für den betreffenden Passivposten in der Steuerbilanz ist zum Zwecke der weiteren steuerlichen Behandlung der verdeckten Gewinnausschüttung eine Nebenrechnung durchzuführen. In Höhe der verdeckten Gewinnausschüttung ist ein Teilbetrag I zu bilden. Die Höhe des Teilbetrags I ist nicht davon abhängig, dass ein entsprechender Betrag im Rahmen der Einkommensermittlung der Gesellschaft hinzugerechnet worden ist. Ergänzend ist festzuhalten, in welchem Umfang der Teilbetrag I bei der Einkommensermittlung dem Steuerbilanzgewinn hinzugerechnet worden ist (Teilbetrag II). Die Nebenrechnung als Folge einer verdeckten Gewinnausschüttung ist für jeden betroffenen Passivposten gesondert vorzunehmen. 8

9 Die beiden Teilbeträge sind entsprechend der Entwicklung des Passivpostens in der Steuerbilanz fortzuschreiben. Sie sind aufzulösen, soweit die Verpflichtung (vgl. Rdnr. 7) in der Steuerbilanz gewinnerhöhend aufzulösen ist. Die Gewinnerhöhung, die sich durch die Auflösung der Verpflichtung in der Steuerbilanz ergibt, ist, soweit sie anteilig auf den durch das Gesellschaftsverhältnis veranlassten Teil der Verpflichtung entfällt, bis zur Höhe des aufzulösenden Teilbetrags II außerhalb der Steuerbilanz vom Steuerbilanzgewinn zur Vermeidung einer doppelten Erfassung abzuziehen.

II. Auswirkungen der Grundsätze im Einzelnen

1. Verdeckte Gewinnausschüttung bei laufenden Betriebsausgaben

10 Maßgebend für die Hinzurechnung ist der Betrag, der im laufenden Wirtschaftsjahr den Steuerbilanzgewinn und damit das Einkommen gemindert hat.

> **Beispiel 1**
> Die Kapitalgesellschaft erzielt im Wirtschaftsjahr 01 einen Steuerbilanzgewinn von 200 000 €. Dabei hat sie ihrem Gesellschafter-Geschäftsführer gemäß Anstellungsvertrag 9 000 € als laufendes Monatsgehalt gezahlt, obwohl nach dem Fremdvergleich nur 6 000 € angemessen wären.

11 Zur Ermittlung des Einkommens ist dem Steuerbilanzgewinn der Kapitalgesellschaft im Beispielsfall der Betrag von 36 000 € hinzuzurechnen. In Höhe des Hinzurechnungsbetrags liegen im Wirtschaftsjahr 01 eine Ausschüttung der Kapitalgesellschaft und beim Gesellschafter Einnahmen aus Kapitalvermögen vor.

2. Verdeckte Gewinnausschüttung bei Passivierung von Verpflichtungen

a) Abfluss der verdeckten Gewinnausschüttung im Jahr nach Passivierung der Verpflichtung

> **Beispiel 2**
> In der Steuerbilanz für das Wirtschaftsjahr 01 ist für eine Tantiemezusage an den Gesellschafter-Geschäftsführer eine Tantiemerückstellung von 70 000 € gebildet worden; die Tantieme ist zum 30. Juni 02 fällig und wird zu diesem Zeitpunkt ausgezahlt. Die durch die gebildete Rückstellung eingetretene Vermögensminderung ist (unstreitig) in Höhe von 20 000 € eine verdeckte Gewinnausschüttung. Im Zuge der Veranlagung für das Wirtschaftsjahr 01 wird
> a) die verdeckte Gewinnausschüttung hinzugerechnet
> b) die verdeckte Gewinnausschüttung nicht hinzugerechnet; eine Änderungsmöglichkeit nach den Vorschriften der AO besteht nicht.

12 In der Steuerbilanz der Gesellschaft ist den Unterfall a) und b) für das Wirtschaftsjahr 01 gewinnmindernd eine Tantiemerückstellung in Höhe von 70 000 € zu bilden.

13 Im Unterfall a) kommt es im Zuge der Einkommensermittlung für 01 zur Hinzurechnung der verdeckten Gewinnausschüttung von 20 000 €. Der Teilbetrag I und der Teilbetrag II belaufen sich am Schluss des Wirtschaftsjahrs 01 jeweils auf 20 000 €. In Folge der Auszahlung in 02 kommt es zur Auflösung der Rückstellung; Auszahlung und Auflösung wirken sich nicht auf den Steuerbilanzgewinn aus. Die Teilbeträge I und II sind ebenfalls aufzulösen; die Auflösung hat keinen Einfluss auf die Einkommensermittlung der Gesellschaft.

14 Im Unterfall b) unterbleibt im Zuge der Einkommensermittlung für 01 eine Hinzurechnung von 20 000 €. Der Teilbetrag I beläuft sich am Schluss des Wirtschaftsjahrs 01 auf 20 000 €, der Teilbetrag II auf 0 €. In Folge der Auszahlung in 02 kommt es zur Auflösung der Rückstellung; Auszahlung und Auflösung wirken sich nicht auf den Steuerbilanzgewinn aus. Der Teilbetrag I ist aufzulösen; die Auflösung hat keinen Einfluss auf die Einkommensermittlung der Gesellschaft.

15 Auf der Ebene des Gesellschafters führt der Zufluss der 70 000 € in den beiden Unterfällen in Höhe des Teilbetrags I (= 20 000 €) zu Einnahmen aus Kapitalvermögen und in Höhe des Restbetrags zu Einnahmen aus nichtselbständiger Arbeit.

b) *Abfluss der verdeckten Gewinnausschüttung erst nach Ablauf einer Zeitspanne von mehr als zwölf Monaten*

Beispiel 3

Dem Gesellschafter-Geschäftsführer ist für das Wirtschaftsjahr 01 eine Tantieme von 20 000 € zugesagt worden, die (zulässigerweise) am 31. Januar 03 fällig gestellt und ausbezahlt wird. Die durch die Rückstellung eintretende Vermögensminderung stellt zu 50 % eine verdeckte Gewinnausschüttung dar. In der Steuerbilanz für das Wirtschaftsjahr 01 ist eine Tantiemerückstellung von 18 960 € gebildet und für das Wirtschaftsjahr 02 auf 20 000 € aufgestockt worden (§ 6 Abs. 1 Nr. 3a Buchstabe e EStG [Aufzinsungsbetrag]). Im Zuge der Veranlagung für das Wirtschaftsjahr 01 wird

a) die verdeckte Gewinnausschüttung hinzugerechnet
b) die verdeckte Gewinnausschüttung nicht hinzugerechnet; eine Änderungsmöglichkeit nach den Vorschriften der AO besteht nicht.

Die Veranlagung für das Wirtschaftsjahr 02 ist noch offen.

In der Steuerbilanz der Gesellschaft ist im Unterfall a) und b) am Schluss des Wirtschaftsjahrs 01 eine Tantiemerückstellung in Höhe von 18 960 € und am Schluss des Wirtschaftsjahrs 02 von 20 000 € auszuweisen.

Im Unterfall a) kommt es im Zuge der Einkommensermittlung für 01 zur Hinzurechnung von 9 480 € und für 02 von 520 € (50 % des Aufstockungsbetrags von 1 040 €). Der Teilbetrag I und der Teilbetrag II belaufen sich am Schluss des Wirtschaftsjahrs 01 jeweils auf 9 480 € und erhöhen sich am Schluss des Wirtschaftsjahrs 02 um jeweils 520 € auf jeweils 10 000 €. In Folge der Auszahlung in 03 kommt es zur Auflösung der Rückstellung; Auszahlung und Auflösung wirken sich nicht auf den Steuerbilanzgewinn aus. Die Teilbeträge I und II sind aufzulösen; die Auflösung hat keinen Einfluss auf die Einkommensermittlung der Gesellschaft.

Im Unterfall b) unterbleibt im Zuge der Einkommensermittlung für 01 eine Hinzurechnung von 9 480 €. Der Teilbetrag I beläuft sich am Schluss des Wirtschaftsjahrs 01 auf 9 480 €, der Teilbetrag II auf 0 €. Im Zuge der Einkommensermittlung für 02 kommt es zu einer Hinzurechnung von 520 €. Der Teilbetrag I erhöht sich am Schluss des Wirtschaftsjahrs 02 auf 10 000 €, der Teilbetrag II beläuft sich zu diesem Stichtag auf 520 €. In Folge der Auszahlung in 03 kommt es zur Auflösung der Rückstellung; Auszahlung und Auflösung wirken sich nicht auf den Steuerbilanzgewinn aus. Die Teilbeträge I und II sind aufzulösen; die Auflösung hat keinen Einfluss auf die Einkommensermittlung der Gesellschaft.

Auf der Ebene des Gesellschafters führt der Zufluss der 20 000 € in Höhe des Teilbetrags I (= 10 000 €) im Jahr 03 zu Einnahmen aus Kapitalvermögen und in Höhe des Restbetrags zu Einnahmen aus nichtselbständiger Arbeit.

c) *Durch das Gesellschaftsverhältnis veranlasster Verzicht auf einen voll werthaltigen Anspruch, der zu einer verdeckten Gewinnausschüttung geführt hat*

Beispiel 4

Wie Beispiel 3; der Gesellschafter-Geschäftsführer verzichtet aber am 15. Januar 03 aus durch das Gesellschaftsverhältnis veranlassten Gründen auf die Auszahlung der Tantieme.

Es gelten die Grundsätze des BFH-Beschlusses vom 9. Juni 1997, BStBl 1998 II S. 307. Die gewinnwirksame Auflösung der Tantiemerückstellung in der Steuerbilanz des Wirtschaftsjahrs 03 wird in gleicher Höhe durch eine Einlage des Gesellschafters neutralisiert. Die Teilbeträge I und II sind aufzulösen; die Auflösung hat im Unterfall a) und b) keinen Einfluss auf die Einkommensermittlung der Gesellschaft.

Auf der Ebene des Gesellschafters führt der Verzicht auf die Tantieme in Höhe des Teilbetrags I (= 10 000 €) zu Einnahmen aus Kapitalvermögen und der Differenzbetrag von Tantiemerückstellung und Teilbetrag I (= 10 000 €) zu Einnahmen aus nichtselbständiger Arbeit. In Höhe der Einlage (von 20 000 €) erhöhen sich die steuerlichen Anschaffungskosten der Beteiligung.

d) *Durch das Gesellschaftsverhältnis veranlasster Verzicht auf einen* **nicht voll werthaltigen Anspruch**, *der zu einer verdeckten Gewinnausschüttung geführt hat*

Beispiel 5

Wie Beispiel 3; der Gesellschafter-Geschäftsführer verzichtet aber am 15. Januar 03 aus durch das Gesellschaftsverhältnis veranlassten Gründen auf die Auszahlung der Tantieme von 20 000 € (Anspruch war nur noch zu 40 % werthaltig).

22	War der Anspruch im Zeitpunkt des Verzichts nicht mehr voll werthaltig, beschränkt sich die Einlage nach den Grundsätzen des BFH-Beschlusses vom 9. Juni 1997 (a. a. O.) betragsmäßig auf den werthaltigen Teil der Tantiemeverpflichtung lt. Steuerbilanz. Die in der Steuerbilanz des Wirtschaftsjahrs 03 auszubuchende Verpflichtung wirkt sich damit im Ergebnis im Unterfall a) und b) in Höhe des nicht werthaltigen Teils gewinnwirksam aus (60 % von 20 000 € = 12 000 €).
23	Dieser Betrag von 12 000 € entfällt im Verhältnis des Teilbetrags I (10 000 €) zum Rückstellungsbetrag (20 000 €) auf die vormalige verdeckte Gewinnausschüttung (50 % von 12 000 € = 6 000 €). Sie ist daher außerhalb der Steuerbilanz im Rahmen der Einkommensermittlung 03 bis zur Höhe des Teilbetrags II zu mindern. Im Unterfall a) sind dies 6 000 €; der Restbetrag des Teilbetrags II ist ebenso wie der Teilbetrag I ohne Auswirkung auf die Einkommensermittlung aufzulösen. Im Unterfall b) kommt es zur Minderung um 520 €; der Restbetrag des Teilbetrags I ist ohne Auswirkung auf die Einkommensermittlung aufzulösen.
24	Auf der Ebene des Gesellschafters kommt es auf Grund des Verzichts auf die Tantieme in Höhe des werthaltigen Teils des Anspruchs (= 8 000 €) zum Zufluss. Dieser führt im Verhältnis des Teilbetrags I (10 000 €) zur Rückstellung (20 000 €), d. h. zu 50 % zu Einnahmen aus Kapitalvermögen und in Höhe des Restbetrags zu Einnahmen aus nichtselbständiger Arbeit. In Höhe der Einlage (= 8 000 €) erhöhen sich die steuerlichen Anschaffungskosten der Beteiligung.

e) *Verdeckte Gewinnausschüttung bei Pensionsrückstellungen in der **Anwartschaftsphase***

Beispiel 6

Dem Gesellschafter-Geschäftsführer ist im Wirtschaftsjahr 01 (zulässigerweise ohne Berücksichtigung einer Probezeit) eine endgehaltsabhängige Pensionszusage (Invaliditäts- und Altersversorgung) erteilt worden. Im Wirtschaftsjahr 01 war eine Pensionsrückstellung von 10 000 € zu bilden. Im Wirtschaftsjahr 02 waren 12 000 € zuzuführen. In Folge einer Gehaltsabsenkung im Wirtschaftsjahr 03 war die Rückstellung um 2 000 € auf 20 000 € aufzulösen. Im Wirtschaftsjahr 04 kommt es zur Zuführung von 10 000 € auf 30 000 €. Die Zusage ist in Höhe von 40 % als verdeckte Gewinnausschüttung einzustufen. Im Zuge der Veranlagung für das Wirtschaftsjahr 01 wird
a) die verdeckte Gewinnausschüttung hinzugerechnet
b) die verdeckte Gewinnausschüttung nicht hinzugerechnet; eine Änderungsmöglichkeit nach den Vorschriften der AO besteht nicht.
Die Veranlagungen für die Wirtschaftsjahre 02 bis 04 sind noch offen.

25	In der Steuerbilanz der Gesellschaft ist im Unterfall a) und b) eine Pensionsrückstellung auszuweisen. Am Schluss des Wirtschaftsjahrs 01 beträgt diese 10 000 €, am Schluss des Wirtschaftsjahrs 02 beträgt sie 22 000 €, am Schluss des Wirtschaftsjahrs 03 beträgt sie 20 000 € und am Schluss des Wirtschaftsjahrs 04 beträgt sie 30 000 €. Die jeweiligen Zuführungen bzw. die Auflösung wirken sich in der Steuerbilanz der Gesellschaft gewinnerhöhend aus.
26	Im Unterfall a) kommt es im Rahmen der Einkommensermittlung des Veranlagungszeitraums für das Wirtschaftsjahr 01 zur Hinzurechnung von 40 % von 10 000 € = 4 000 € und für das Wirtschaftsjahr 02 zur Hinzurechnung von 40 % von 12 000 € = 4 800 €. Die Teilbeträge I und II betragen am Schluss des Wirtschaftsjahrs 01 jeweils 4 000 € und am Schluss des Wirtschaftsjahrs 02 jeweils 8 800 €.
27	Im Unterfall b) kommt es im Rahmen der Einkommensermittlung des Veranlagungszeitraums für das Wirtschaftsjahr 01 nicht zur Hinzurechnung von 40 % von 10 000 € = 4 000 €. Am Schluss des Wirtschaftsjahrs 01 beträgt der Teilbetrag I 4 000 € und der Teilbetrag II 0 €. Im Rahmen der Einkommensermittlung des Veranlagungszeitraums für das Wirtschaftsjahr 02 kommt es zur Hinzurechnung von 40 % von 12 000 € = 4 800 €. Am Schluss des Wirtschaftsjahrs 02 beträgt der Teilbetrag I 8 800 € und der Teilbetrag II 4 800 €.
28	Im Wirtschaftsjahr 03 kommt es in der Steuerbilanz in Folge der Rückstellungsauflösung zu einer Gewinnerhöhung von 2 000 €. Diese Gewinnerhöhung ist im Verhältnis des Teilbetrags I zum Schluss des vorangegangenen Wirtschaftsjahrs (8 800 €) zum Rückstellungsbetrag zu diesem Zeitpunkt (22 000 €) durch das Gesellschaftsverhältnis veranlasst (40 % von 2 000 € = 800 €). Die Gewinnerhöhung von 2 000 € in der Steuerbilanz 03 ist außerhalb der Steuerbilanz im Rahmen der Einkommensermittlung des Veranlagungszeitraums für das Wirtschaftsjahr 03 bis zur Höhe des Teilbetrags II zu mindern. Die Minderung beträgt in Unterfall a) und b) jeweils 800 €. Der Teilbetrag I in Höhe von 8 800 € ist in beiden Unterfällen ebenfalls um 800 € aufzulösen und in Höhe des Restbetrags von 8 000 € fortzuführen. Der Restbetrag des Teilbetrags II beträgt nach Abzug von 800 € im Unterfall a) 8 000 € und in Unterfall b) 4 000 €.
29	Im Rahmen der Einkommensermittlung des Veranlagungszeitraums für das Wirtschaftsjahr 04 kommt es im Unterfall a) und b) zur Hinzurechnung von 40 % von 10 000 € = 4 000 €. Im Unterfall a)

betragen der Teilbetrag I und der Teilbetrag II jeweils 12 000 €. Im Unterfall b) beträgt am Schluss des Wirtschaftsjahrs 04 der Teilbetrag I 12 000 € und der Teilbetrag II 8 000 €.

f) **Verdeckte Gewinnausschüttung bei Pensionsrückstellungen in der Leistungsphase**

Die fällige Pensionsverpflichtung führt nach den Grundsätzen von R 41 Abs. 23 Satz 1 EStR zu einer gewinnerhöhenden Auflösung der Pensionsrückstellung in der Steuerbilanz; die laufenden Pensionszahlungen führen zu Betriebsausgaben. Im Ergebnis kommt es im Rahmen der Einkommensermittlung auf der Ebene der Gesellschaft nur in Höhe des Saldos beider Größen zu einer Vermögensminderung und damit zu einer verdeckten Gewinnausschüttung. Beide Vorgänge sind für die Ausschüttung auf der Ebene der Gesellschaft und auf der Ebene des Gesellschafters aber getrennt zu betrachten. 30

aa) *Gleich bleibender Anteil der durch das Gesellschaftsverhältnis veranlassten Zusage in der Leistungsphase*

Beispiel 7
Dem Gesellschafter-Geschäftsführer ist im Wirtschaftsjahr 01 eine Pensionszusage (Invaliditäts- und Altersversorgung) erteilt worden, für die am Schluss des Wirtschaftsjahrs 15 eine Pensionsrückstellung von 100 000 € zu bilden ist. Die Zusage ist in Höhe von 40 % als verdeckte Gewinnausschüttung einzustufen. Am Schluss des Wirtschaftsjahrs 15 beläuft sich der Teilbetrag I auf 40 000 €. Der Teilbetrag II beläuft sich zu diesem Zeitpunkt
a) auf 40 000 €
b) auf 2 000 €.

Am 1. Januar 16 tritt planmäßig der Versorgungsfall ein; als Pensionsleistungen werden jährlich 7 500 € (625 € im Monat) ausbezahlt, die Pensionsrückstellung am Schluss des Wirtschaftsjahrs 16 beläuft sich auf 93 000 €.

Im Wirtschaftsjahr 16 kommt es in der Steuerbilanz in Folge der **Rückstellungsauflösung** zu einer Gewinnerhöhung von 7 000 €. Diese Gewinnerhöhung ist im Verhältnis des Teilbetrags I zum Schluss des vorangegangenen Wirtschaftsjahrs (40 000 €) zum Rückstellungsbetrag zu diesem Zeitpunkt (100 000 €) durch das Gesellschaftsverhältnis veranlasst (40 % von 7 000 € = 2 800 €). Die Gewinnerhöhung in der Steuerbilanz des Wirtschaftsjahrs 16 ist im Rahmen der Einkommensermittlung für den Veranlagungszeitraum 16 außerhalb der Steuerbilanz bis zur Höhe des Teilbetrags II zu mindern. 31

Im Unterfall a) mindert sich der Teilbetrag II um 2 800 € auf 37 200 €, so dass sich isoliert betrachtet eine Einkommenserhöhung von 4 200 € (7 000 € ./. 2 800 €) ergibt. Der Restbetrag des Teilbetrags II von 37 200 € ist fortzuführen. 32

Im Unterfall b) mindert sich der Teilbetrag II um 2 000 € auf 0 €, so dass sich isoliert betrachtet eine Einkommenserhöhung von 5 000 € (7 000 € ./. 2 000 €) ergibt. Eine Fortführung des Teilbetrags II entfällt. 33

Die **Pensionszahlungen** führen im Wirtschaftsjahr 16 zu laufenden Betriebsausgaben in Höhe von 7 500 €. Diese sind in Höhe von 3 000 € (= 40 % von 7 500 €) durch das Gesellschaftsverhältnis veranlasst. Dieser Betrag ist dem Steuerbilanzgewinn insoweit hinzuzurechnen, wie er die Differenz aus aufzulösendem Teilbetrag I und aufzulösendem Teilbetrag II übersteigt. Im Unterfall a) beträgt die Hinzurechnung 3 000 € ./. (2 800 € ./. 2 800 €) = 3 000 €. Im Unterfall b) beträgt sie 3 000 € ./. (2 800 € ./. 2 000 €) = 2 200 €. Im Ergebnis kommt es daher im Unterfall a) und im Unterfall b) zu einer effektiven Hinzurechnung von 200 € (= 40 % von 500 € Mehraufwand gegenüber der Rückstellungsauflösung). 34

Auf der Ebene des Gesellschafters führen die zufließenden Pensionszahlungen im Veranlagungszeitraum 16 in Höhe des Verhältnisses des Teilbetrags I zum Schluss des vorangegangenen Wirtschaftsjahrs (40 000 €) zur Pensionsrückstellung zu diesem Zeitpunkt (100 000 €) zu Einnahmen aus Kapitalvermögen von 3 000 € (= 40 % von 7 500 €) und in Höhe des Restbetrags von 4 500 € zu Einnahmen aus nichtselbständiger Arbeit. 35

bb) *Wechselnder Anteil der durch das Gesellschaftsverhältnis veranlassten Zusage in der Leistungsphase*

Durch die durch das Gesellschaftsverhältnis veranlasste Erhöhung der Pensionszahlungen ist der Anteil der durch das Gesellschaftsverhältnis veranlassten Pensionsleistung für die Wirtschaftsjahre ab der Änderung der Zusage in geeigneter Weise 36 neu zu ermitteln. Im Wirtschaftsjahr der Änderung der Pensionszusage ist bis zum Zeitpunkt der Änderung der bisherige und danach der korrigierte Aufteilungsmaßstab anzuwenden; die Teilbeträge I und II sind entsprechend fortzuführen. Es gelten die Grundsätze der Rdnr. 31–35 entsprechend.

g) *Vollständiger Wegfall der Pensionsverpflichtung durch Tod*

Beispiel 8

Dem Gesellschafter-Geschäftsführer ist im Wirtschaftsjahr 01 eine Pensionszusage (Invaliditäts- und Altersversorgung) erteilt worden, für die zum Schluss des Wirtschaftsjahrs 15 eine Pensionsrückstellung von 100 000 € zu bilden ist. Die Zusage ist (unstreitig) in Höhe von 40 % als verdeckte Gewinnausschüttung einzustufen. Am Schluss des Wirtschaftsjahrs 15 beläuft sich der Teilbetrag I auf 40 000 €. Der Teilbetrag II beläuft sich zu diesem Zeitpunkt

a) auf 40 000 €
b) auf 30 000 €.

Am 1. Januar 16 stirbt der Gesellschafter-Geschäftsführer.

37 Die auszubuchende Verpflichtung erhöht den Steuerbilanzgewinn des Wirtschaftsjahrs 16 um 100 000 €.

38 Diese Gewinnerhöhung in der Steuerbilanz ist im Verhältnis des Teilbetrags I von 40 000 € zum Rückstellungsbetrag von 100 000 € (= zu 40 % = 40 000 €) außerhalb der Steuerbilanz im Rahmen der Einkommensermittlung der Veranlagung des Wirtschaftsjahrs 16 bis zur Höhe des Teilbetrags II zu mindern. Im Unterfall a) kommt es zur Minderung um 40 000 €. Im Unterfall b) kommt es zur Minderung um 30 000 €. Der Teilbetrag I ist im Unterfall a) und b) ohne Auswirkung auf die Einkommensermittlung aufzulösen.

h) *Aktiventod und Fälligwerden der Hinterbliebenenversorgung*

Beispiel 9

Dem Gesellschafter-Geschäftsführer ist im Wirtschaftsjahr 01 eine Pensionszusage (Alters- und Hinterbliebenenversorgung) erteilt worden, für die zum Schluss des Wirtschaftsjahrs 15 eine Pensionsrückstellung von 100 000 € zu bilden ist. Die Zusage ist in Höhe von 40 % als verdeckte Gewinnausschüttung einzustufen. Am Schluss des Wirtschaftsjahrs 15 beläuft sich der Teilbetrag I auf 40 000 €. Der Teilbetrag II beläuft sich zu diesem Zeitpunkt

a) auf 40 000 €
b) auf 30 000 €.

Am 31. Dezember 16 stirbt der Gesellschafter-Geschäftsführer. Die Witwenversorgung (60 % der Altersversorgung) führt zu einer Pensionsrückstellung von anfangs 190 000 €.

39 In der Steuerbilanz des Wirtschaftsjahrs 16 kommt es in Folge der Rückstellungsaufstockung zu einer Gewinnminderung von 90 000 €.

40 Diese Gewinnminderung ist im Verhältnis des Teilbetrags I zum Schluss des vorangegangenen Wirtschaftsjahrs (40 000 €) zum Rückstellungsbetrag zu diesem Zeitpunkt (100 000 €) durch das Gesellschaftsverhältnis veranlasst (40 % von 90 000 € = 36 000 €). Dem Steuerbilanzgewinn des Wirtschaftsjahrs 16 ist im Rahmen der Einkommensermittlung außerhalb der Steuerbilanz ein Betrag von 36 000 € hinzuzurechnen. Der Teilbetrag I erhöht sich im Unterfall a) und b) um jeweils 36 000 € auf 76 000 €. Im Unterfall a) erhöht sich der Teilbetrag II am Schluss des Wirtschaftsjahrs 16 auf 76 000 € und im Unterfall b) erhöht sich der Teilbetrag II zu diesem Zeitpunkt auf 66 000 €.

41 Für die nachfolgenden Jahre der Auszahlung gelten die Grundsätze unter Rdnr. 31–36 entsprechend.

3. Verdeckte Gewinnausschüttung bei Posten der Aktivseite

Beispiel 10

Die Kapitalgesellschaft erwirbt von ihrem Gesellschafter eine Maschine (betriebsgewöhnliche Nutzungsdauer von fünf Jahren) im Wert von 100 000 € zum Preis von 120 000 €. Der Mehrpreis von 20 000 € ist durch das Gesellschaftsverhältnis veranlasst.

42 Die Maschine ist mit den unter fremden Dritten üblichen Anschaffungskosten zu aktivieren (vgl. BFH-Urteil vom 13. März 1985, BFH/NV 1986 S. 116). In Höhe der Differenz zum tatsächlich gezahlten Betrag kommt es zu einem durch das Gesellschaftsverhältnis veranlassten Aufwand, der als verdeckte Gewinnausschüttung gilt. Ein Zufluss beim Gesellschafter liegt in dem Zeitpunkt vor, in dem er den Anspruch

nach den für ihn geltenden allgemeinen Gewinn- bzw. Einkommensermittlungsvorschriften zu erfassen hat.

Kann die Veranlagung für das Wirtschaftsjahr der Anschaffung nach den Vorschriften der AO nicht mehr berichtigt oder geändert werden, ist das Wirtschaftsgut im Wirtschaftsjahr des ersten offenen Veranlagungszeitraums mit dem Wert zu bewerten, der sich unter Berücksichtigung der Abschreibungen bezogen auf die unter Fremden üblichen Anschaffungskosten ergibt. Die sich hierbei ergebende Vermögensminderung stellt eine verdeckte Gewinnausschüttung dar. 43

III. Anwendung

Die Grundsätze dieses Schreibens sind in allen noch offenen Fällen anzuwenden. Steht die verdeckte Gewinnausschüttung im Zusammenhang mit einer passivierten Verpflichtung, so ist die Verpflichtung in der Schlussbilanz des ersten offenen Wirtschaftsjahrs nach den vorstehenden Grundsätzen in der Steuerbilanz auszuweisen. Soweit die sich danach ergebende Minderung des Steuerbilanzgewinns wirtschaftlich auf das laufende Wirtschaftsjahr entfällt, ist eine dieses Wirtschaftsjahr betreffende verdeckte Gewinnausschüttung entsprechend den Grundsätzen dieses Schreibens zu behandeln. Bis zur Höhe des Betrags, zu dem die Minderung des Bilanzgewinns wirtschaftlich nicht auf das laufende Wirtschaftsjahr entfällt, sind Beträge, die in den Vorjahren als verdeckte Gewinnausschüttungen erfasst worden sind, im Rahmen der Einkommensermittlung dem Steuerbilanzgewinn hinzuzurechnen. Die in den Vorjahren und dem laufenden Jahr tatsächlich als verdeckte Gewinnausschüttung erfassten Beträge sind die ersten Zugänge zum Teilbetrag II. Der Teilbetrag I ergibt sich zum Schluss des laufenden Wirtschaftsjahrs in Höhe des Betrags, zu dem die Verpflichtung als durch das Gesellschaftsverhältnis veranlasst anzusehen ist. 44

Beispiel 11
In 1990 wurde eine Pensionszusage erteilt, die (vereinfacht) jährlich zu Zuführungen zur Pensionsrückstellung von 10 000 € führt. Die Zusage ist zu 60 % durch das Gesellschaftsverhältnis veranlasst. Bis zum Jahre 01 beträgt die Pensionsrückstellung rechnerisch 120 000 €. Davon sind 72 000 € als verdeckte Gewinnausschüttung behandelt worden.
a) In der Steuerbilanz ist zum 31. Dezember 01 eine Pensionsrückstellung von 48 000 € ausgewiesen.
b) Wie a), daneben ist eine Ausschüttungsverpflichtung von 72 000 € ausgewiesen.
In 02 wird auf die vorstehenden Grundsätze umgestellt, zum 31. Dezember 02 beträgt die Pensionsrückstellung 130 000 €.

Unterfall a)
Durch die Rückstellungserhöhung auf 130 000 € ergibt sich in der Steuerbilanz eine Gewinnminderung von 82 000 €. Diese entfällt wirtschaftlich in Höhe von 10 000 € auf das laufende Wirtschaftsjahr. Von diesen 10 000 € werden 6 000 € als verdeckte Gewinnausschüttung behandelt und dem Bilanzgewinn hinzugerechnet. Der Restbetrag von 72 000 € entfällt wirtschaftlich auf die Vorjahre; er wird bis zur Höhe der in der Vergangenheit tatsächlich als verdeckte Gewinnausschüttung behandelten Beträge, d. h. um 72 000 € dem Bilanzgewinn hinzugerechnet.
Zum 31. Dezember 02 beträgt der Teilbetrag II 78 000 €; der Teilbetrag I beträgt ebenfalls 78 000 €.

Unterfall b)
Durch die „Umbuchung" von Ausschüttungsverbindlichkeit auf Rückstellung und die „normale" Jahreszuführung 02 ergibt sich eine Minderung des Bilanzgewinns von 10 000 €. Diese entfällt wirtschaftlich voll auf das Jahr 02. Von dem Minderungsbetrag sind 6 000 € als verdeckte Gewinnausschüttung zu behandeln. Eine weitere Korrektur eines wirtschaftlich auf die Vorjahre entfallenden Minderungsbetrags entfällt.
Zum 31. Dezember 02 beträgt der Teilbetrag II 78 000 €; der Teilbetrag I beträgt ebenfalls 78 000 €.

Beispiel 12
In 1990 wurde eine Pensionszusage erteilt, die (vereinfacht) jährlich zu Zuführungen zur Pensionsrückstellung von 10 000 € führt. Die Zusage ist zu 60 % durch das Gesellschaftsverhältnis veranlasst. Bis zum Jahre 00 beträgt die Pensionsrückstellung (rechnerisch) 110 000 €; eine Korrektur als verdeckte Gewinnaus-

schüttung ist bisher unterblieben. In 01 werden erstmals 6 000 € als verdeckte Gewinnausschüttung behandelt.
a) In der Steuerbilanz ist zum 31. Dezember 01 eine Pensionsrückstellung von 114 000 € ausgewiesen.
b) Wie a), daneben ist eine Ausschüttungsverpflichtung von 6 000 € ausgewiesen.
In 02 wird auf vorstehende Grundsätze umgestellt, zum 31. Dezember 02 beträgt die Rückstellung 130 000 €.

Unterfall a)
Durch die Rückstellungserhöhung ergibt sich eine Gewinnminderung von 16 000 €. Diese entfällt wirtschaftlich in Höhe von 10 000 € auf das laufende Wirtschaftsjahr. Von den 10 000 € werden 6 000 € als verdeckte Gewinnausschüttung behandelt und dem Bilanzgewinn hinzugerechnet. Der Restbetrag von 6 000 € entfällt wirtschaftlich auf die Vorjahre; er wird bis zur Höhe der in der Vergangenheit tatsächlich als verdeckte Gewinnausschüttung behandelten Beträge, d. h. um 6 000 € dem Bilanzgewinn hinzugerechnet.
Zum 31. Dezember 02 beträgt der Teilbetrag II 12 000 €; der Teilbetrag I beträgt 78 000 €.

Unterfall b)
Durch die „Umbuchung" von Ausschüttungsverbindlichkeit auf Rückstellung und die „normale" Jahreszuführung 02 ergibt sich eine Minderung des Bilanzgewinns von 10 000 €. Diese entfällt wirtschaftlich voll auf das Jahr 2002. Von dem Minderungsbetrag sind 6 000 € als verdeckte Gewinnausschüttung zu behandeln. Eine weitere Korrektur eines wirtschaftlich auf die Vorjahre entfallenden Minderungsbetrags entfällt.
Zum 31. Dezember 02 beträgt der Teilbetrag II 12 000 €; der Teilbetrag I beträgt 78 000 €.

11. Ertragsteuerliche Beurteilung des Forderungsverzichts des Gesellschafters einer Kapitalgesellschaft gegen Besserungsschein; Folgen aus der Entscheidung des Großen Senats des BFH vom 9. 6. 1997 (BStBl 1998 II S. 307)

BMF, Schreiben v. 2. 12. 2003 (BStBl I S. 648)

– IV A 2 - S 2743 - 5/03 –

Nach dem Ergebnis der Erörterungen mit den obersten Finanzbehörden der Länder nehme ich zu der ertragsteuerlichen Beurteilung des Forderungsverzichts des Gesellschafters einer Kapitalgesellschaft gegen Besserungsschein wie folgt Stellung:

1. Allgemeines

Der Erlass einer Forderung eines Gesellschafters gegenüber der Gesellschaft (§ 397 Abs. 1 BGB) führt aus Sicht der Gesellschaft zum Erlöschen einer Verbindlichkeit. Die Vereinbarung, dass die Forderung bei Eintritt der im Besserungsschein genannten Bedingungen wieder auflebt, steht dem nicht entgegen (vgl. BFH-Urteil vom 30. Mai 1990, BStBl 1991 II S. 588).

Für die steuerrechtliche Beurteilung des Forderungsverzichts gegen Besserungsschein auf Ebene der Gesellschaft gelten die Grundsätze des Beschlusses des Großen Senats vom 9. Juni 1997 (BStBl 1998 II S. 307): Die bisher bei der Gesellschaft ausgewiesene Verbindlichkeit gegenüber dem Gesellschafter ist in Höhe des Betrags des Forderungsverzichts auszubuchen. Dies führt bei der Gesellschaft in Höhe des Betrags des Forderungsverzichts zu einer Vermögensmehrung. Ist der Forderungsverzicht durch das Gesellschaftsverhältnis veranlasst, liegt in Höhe des werthaltigen Teils der Verbindlichkeit eine (verdeckte) Einlage des Gesellschafters vor, die gemäß § 6

Abs. 1 Nr. 5 EStG mit dem Teilwert zu bewerten ist und bei der Gewinnermittlung der Gesellschaft den Unterschiedsbetrag im Sinne des § 4 Abs. 1 Satz 1 EStG i. V. m. § 8 Abs. 1 Satz 1 KStG mindert.

2. Eintritt des Besserungsfalls

a) (Wieder-)Einbuchung der Verbindlichkeit

Der ursprünglich ausgebuchte Betrag des Forderungsverzichts ist im Zeitpunkt des Eintritts des Besserungsfalls (auflösende Bedingung) wieder als Verbindlichkeit vermögensmindernd einzubuchen. Soweit die ursprüngliche Ausbuchung nach den Grundsätzen des Beschlusses des Großen Senats vom 9. Juni 1997 (a. a. O.) als (verdeckte) Einlage zu beurteilen war, gilt diese als zurückgewährt. Im Rahmen der steuerlichen Gewinnermittlung ist der Unterschiedsbetrag im Sinne des § 4 Abs. 1 Satz 1 EStG i. V. m. § 8 Abs. 1 Satz 1 KStG entsprechend zu korrigieren (vgl. BFH-Urteil vom 30. Mai 1990, a. a. O.).

b) Steuerrechtliche Behandlung der auf die wieder eingebuchte Verbindlichkeit zu zahlenden Zinsen

Der Betriebsausgabenabzug der ab dem Zeitpunkt der (Wieder-)Einbuchung der Verbindlichkeit zu zahlenden Zinsen beurteilt sich nach der ursprünglichen Veranlassung der Verbindlichkeit. Der Eintritt der auflösenden Bedingung hat in entsprechender Anwendung des § 158 Abs. 2 BGB zur Folge, dass eine durch den auflösend bedingten Forderungsverzicht eingetretene Veranlassung durch das Gesellschaftsverhältnis entfällt und der ursprüngliche Veranlassungszusammenhang wieder auflebt. Dieses gilt nach dem BFH-Urteil vom 30. Mai 1990 (a. a. O.) auch für den Teil der Zinsen, der nach den Vereinbarungen der Parteien für die Dauer der Krise (nach) zu zahlen ist und der damit wirtschaftlich auf die Zeitspanne entfällt, in der zivil- und steuerrechtlich keine Fremdverbindlichkeit vorlag. Sofern auf Grund einer klar und von vornherein getroffenen Vereinbarung der Bedingungseintritt schuldrechtlich auf einen früheren Zeitpunkt zurückbezogen werden soll (§ 159 BGB), liegt im Verhältnis zwischen Gesellschaft und beherrschendem Gesellschafter insoweit auch kein Verstoß gegen das Nachzahlungsverbot vor.

c) Gesellschafterwechsel nach Forderungsverzicht

Die vorstehenden Ausführungen bei (Wieder-)Einbuchung der Verbindlichkeit gelten bei Gesellschafterwechsel zwischen Forderungsverzicht gegen Besserungsschein und Eintritt des Besserungsfalls entsprechend. Sofern in sachlichem und zeitlichem Zusammenhang mit dem Gesellschafterwechsel eine Abtretung der Forderung erfolgt, finden die Grundsätze des BFH-Urteils vom 1. Februar 2001 (BStBl II S. 520) Anwendung.

d) Auswirkungen des Besserungsscheins auf § 8 Abs. 4 KStG

Liegen zu einem Zeitpunkt zwischen der Ausbuchung und der (Wieder-)Einbuchung der Verbindlichkeit die Tatbestandsvoraussetzungen für eine beschränkte Verlustberücksichtigung gemäß § 8 Abs. 4 KStG vor, so ist der sich aus der (Wieder-)Einbuchung ergebende steuerliche Aufwand (= Differenz zwischen dem Nennbetrag und dem Teilwert der Forderung im Verzichtszeitpunkt) als Aufwand zu behandeln, der unter die beschränkte Verlustberücksichtigung nach § 8 Abs. 4 KStG fällt. Der Gewinn des Wirtschaftsjahres der (Wieder-)Einbuchung ist im Rahmen der Einkommensermittlung um den Aufwandsbetrag zu erhöhen. Für die in Buchstabe b) genannten Zinsen gilt Vorstehendes entsprechend. Der bei der Einkommensermittlung hinzuzurechnende Betrag ist in diesen Fällen jedoch auf den Zinsaufwand begrenzt, der rechnerisch auf den Zeitraum zwischen der Vereinbarung des Verzichts und dem Verlust der wirtschaftlichen Identität im Sinne des § 8 Abs. 4 KStG entfällt.

3. Anwendung

Die Grundsätze der steuerrechtlichen Beurteilung der Auswirkungen eines Besserungsscheins auf § 8 Abs. 4 KStG, vgl. Ziffer 2 Buchstabe d), sind erstmals anzuwenden, wenn der Forderungsverzicht nach dem 18. Dezember 2003 vereinbart worden ist. Im Übrigen finden die Grundsätze dieses Schreibens in allen noch offenen Fällen Anwendung.

12. Risikogeschäfte durch den Gesellschafter-Geschäftsführer für Rechnung der Kapitalgesellschaft (§ 8 Abs. 3 Satz 2 KStG); BFH-Urteil vom 14. 9. 1994 – I R 6/94 – (BStBl 1997 II S. 89)

BMF, Schreiben v. 19. 12. 1996 (BStBl 1997 I S. 112)

– IV B 7 - S 2742 - 57/96 –

Im Urteil vom 14. September 1994 – I R 6/94 – (BStBl 1997 II S. 89) hat der BFH zur Annahme einer verdeckten Gewinnausschüttung durch Übernahme von Risikogeschäften durch eine GmbH Stellung genommen. Unter Bezugnahme auf das Ergebnis der Erörterungen mit den obersten Finanzbehörden der Länder ist bei der Anwendung der Grundsätze des BFH-Urteils folgendes zu beachten:

1. Im Urteilsfall hat der BFH die Annahme einer verdeckten Gewinnausschüttung nur unter dem Gesichtspunkt des Verzichts der GmbH auf einen Schadensersatzanspruch gegenüber ihrem Gesellschafter-Geschäftsführer geprüft. Nach Auffassung des BFH löst die Übernahme von Risikogeschäften (hier Goldoptionen) auch im Verlustfall bei einer Zweipersonen-GmbH (im Urteilsfall Mutter und Sohn) keinen Schadensersatzanspruch nach § 43 GmbH-Gesetz gegenüber dem Geschäftsführer aus, wenn die Gesellschafter dem Abschluß des Risikogeschäftes zugestimmt hatten. Eine verdeckte Gewinnausschüttung wegen Nichtgeltendmachung einer Schadensersatzforderung gegenüber dem Gesellschafter-Geschäftsführer kommt in diesem Fall nicht in Betracht.

2. Zu der Frage, ob bereits der infolge der Übernahme des Risikogeschäfts (z. B. Optionen, Differenzgeschäfte) eingetretene Verlust und die damit verbundene Vermögensminderung bei der GmbH die Voraussetzungen einer verdeckten Gewinnausschüttung erfüllen, nimmt der BFH nicht gesondert Stellung.[1] Diese Frage ist nach den allgemeinen Grundsätzen der verdeckten Gewinnausschüttung zu beurteilen. Eine verdeckte Gewinnausschüttung im Sinne des § 8 Abs. 3 Satz 2 KStG ist eine Vermögensminderung oder verhinderte Vermögensmehrung, die durch das Gesellschaftsverhältnis veranlaßt ist, sich auf die Höhe des Einkommens auswirkt und nicht auf einem den gesellschaftsrechtlichen Vorschriften entsprechenden Gewinnverteilungsbeschluß beruht (Abschnitt 31 Abs. 3 Satz 1 KStR 1995). Eine Veranlassung durch das Gesellschaftsverhältnis liegt vor, wenn ein ordentlicher und gewissenhafter Geschäftsleiter (§ 93 Abs. 1 Satz 1 Aktiengesetz, § 43 Abs. 1 GmbH-Gesetz,

---

1) Tz. 2 dieses Schreibens ist gemäß BMF-Schreiben v. 14.12.2015 (BStBl I S. 1091) nicht anzuwenden, soweit die darin enthaltenen Ausführungen den nachstehenden Grundsätzen der folgenden BFH-Urteile entgegenstehen: Im Urteil vom 31. 3. 2004 – I R 83/03 – (BFH/NV 2004 S. 1482) hat der I. Senat des BFH sein Urteil vom 8. 8. 2001 – I R 106/99 – (BStBl 2003 II S. 487) bestätigt und entschieden, dass die Tätigung von Risikogeschäften (Wertpapiergeschäfte) durch eine GmbH regelmäßig nicht die Annahme rechtfertige, die Geschäfte würden im privaten Interesse des (beherrschenden) Gesellschafters ausgeübt. Die Gesellschaft sei grundsätzlich darin frei, solche Geschäfte und die damit verbundenen Chancen, zugleich aber auch Verlustgefahren wahrzunehmen. Dies gelte auch dann, wenn der Veranlassungszusammenhang zwischen den Aufwendungen und den Einnahmen aus den Risikogeschäften einerseits und dem eigentlichen Unternehmensgegenstand der GmbH andererseits ein allenfalls entfernter ist.

§ 34 Abs. 1 Satz 1 Genossenschaftsgesetz) die Vermögensminderung oder verhinderte Vermögensmehrung gegenüber einer Person, die nicht Gesellschafter ist, unter sonst gleichen Umständen nicht hingenommen hätte (Abschnitt 31 Abs. 3 Satz 3 KStR 1995).

Die Übernahme risikobehafteter Geschäfte ist im Geschäftsleben durchaus üblich und stellt im allgemeinen keine verdeckte Gewinnausschüttung dar. Eine verdeckte Gewinnausschüttung ist nur anzunehmen, wenn das Risikogeschäft seine Ursache im Gesellschaftsverhältnis hat und ein ordentlicher und gewissenhafter Geschäftsleiter das Geschäft nicht eingegangen wäre. Anzunehmen ist dies insbesondere bei Geschäften, die nach Art und Umfang der Geschäftstätigkeit der Gesellschaft völlig unüblich, mit hohen Risiken verbunden und nur aus privaten Spekulationsabsichten des Gesellschafter-Geschäftsführers zu erklären sind (wie z. B. im Urteilssachverhalt bei Optionsgeschäften in einem kleineren Einzelhandel).

3. Unter II. 1. der Urteilsgründe führt der BFH aus, daß jede Forderung einer Kapitalgesellschaft gegen ihren Gesellschafter solange, wie sie nach den Grundsätzen ordnungsmäßiger Buchführung in der Steuerbilanz in voller Höhe zu aktivieren ist, nicht Gegenstand einer verdeckten Gewinnausschüttung i. S. des § 8 Abs. 3 Satz 2 KStG sein kann. Der die Vermögensminderung ausschließende Ansatz in der Steuerbilanz hat danach Vorrang vor der Rechtsfolge des § 8 Abs. 3 Satz 2 KStG.

Die Ausführungen des BFH betreffen nur Fälle, in denen die von der Kapitalgesellschaft aktivierte Forderung selbst – z. B. bei Verzicht – Gegenstand einer verdeckten Gewinnausschüttung sein kann. Eine Vermögensminderung tritt dann bei der Kapitalgesellschaft nicht ein, solange die Forderung in der Bilanz der Kapitalgesellschaft ausgewiesen wird. Die Ausführungen des BFH betreffen demgegenüber nicht Fälle, in denen Gegenstand der verdeckten Gewinnausschüttung eine Vermögensminderung ist, die ihrerseits einen zivilrechtlichen Schadensersatzanspruch auslöst (z. B. Fall der Unterschlagung). Der infolge der Vermögensminderung entstandene Schadensersatzanspruch hat den Charakter einer Einlage (Abschnitt 31 Abs. 9 KStR 1995; BFH-Urteil vom 29. Mai 1996 – I R 118/93 – BStBl II S. 92). Die Aktivierung eines solchen Anspruchs steht deshalb der Annahme einer Vermögensminderung, die eine verdeckte Gewinnausschüttung zur Folge hat, nicht entgegen.

13. Vereinbarung einer Nur-Pension mit dem Gesellschafter-Geschäftsführer einer Kapitalgesellschaft; Folgerungen aus dem BFH-Urteil v. 17. 5. 1995 (BStBl 1996 II S. 204)

BMF, Schreiben v. 28. 1. 2005 (BStBl I S. 387)

– IV B 7 - S 2742 - 9/05 –

Der BFH hat mit Urteil vom 17. Mai 1995 (a. a. O.) unter Aufgabe seiner früheren Rechtsprechung entschieden, dass die Zusage einer Nur-Pension einer Kapitalgesellschaft gegenüber ihrem Gesellschafter-Geschäftsführer durch das Gesellschaftsverhältnis veranlasst ist. Die durch die Zusage bei der Gesellschaft eintretende Vermögensminderung führt zu einer verdeckten Gewinnausschüttung.

Nach dem Ergebnis der Erörterung mit den obersten Finanzbehörden der Länder gilt für die allgemeine Anwendung der Grundsätze des Urteils Folgendes:

A. Zusage einer Nur-Pension nach dem 26. April 1996

Für Zusagen einer Nur-Pension, die nach dem 26. April 1996 (Tag der Veröffentlichung des BFH-Urteils vom 17. Mai 1995 im BStBl II) erteilt worden sind, gelten die Grundsätze des BMF-Schreibens vom 28. Mai 2002 (BStBl I S. 603).

B. Zusage einer Nur-Pension vor dem 27. April 1996

I. Die Zusage bleibt bestehen

Auf der Ebene der Kapitalgesellschaft sind Zuführungen zur Pensionsrückstellung bis zum Ende des ersten nach dem 26. April 1996 endenden Wirtschaftsjahrs nicht als verdeckte Gewinnausschüttungen zu behandeln. Für spätere Zuführungen gelten die Grundsätze unter A.

Auf der Ebene des Gesellschafters führen Leistungen aus der Zusage nur insoweit zu sonstigen Bezügen i. S. d. § 20 Abs. 1 Nr. 1 EStG, als sie bei der Gesellschaft auf Zuführungen zur Pensionsrückstellung beruhen, die nach Ablauf des ersten nach dem 26. April 1996 endenden Wirtschaftsjahrs vorgenommen worden sind.

II. Die Zusage wird aufgehoben

Wurde bzw. wird die Zusage einer Nur-Pension im Hinblick auf das BFH-Urteil vom 17. Mai 1995 (a. a. O.) aufgehoben, ist die Pensionsrückstellung in vollem Umfang gewinnerhöhend aufzulösen.

Im Wirtschaftsjahr, in dem die Zusage einer Nur-Pension aufgehoben wurde bzw. wird, kann in Höhe von vier Fünftel des aufzulösenden Betrags der Pensionsrückstellung eine den Gewinn mindernde Rücklage gebildet werden, wenn die Aufhebung spätestens am 31. Dezember 2005 vereinbart wird. Der rücklagefähige Betrag mindert sich um den Betrag, der nach Satz 3 der Rdnr. 9 des BMF-Schreibens vom 28. Mai 2002 (a. a. O.) außerhalb der Steuerbilanz vom Steuerbilanzgewinn abzuziehen ist. Die Rücklage ist in Höhe von mindestens je einem Viertel in den folgenden Wirtschaftsjahren gewinnerhöhend aufzulösen. § 5 Abs. 1 Satz 2 EStG ist insoweit nicht anzuwenden. Wird im Wirtschaftsjahr der Aufhebung der Zusage einer Nur-Pension eine neue Pensionszusage erteilt, ist die Rücklage nur in Höhe von vier Fünftel der Differenz aus aufzulösender und neu zu bildender Pensionsrückstellung zulässig; die Auflösung des in Satz 3 der Rdnr. 9 des o. g. BMF-Schreibens genannten Betrages mindert ebenfalls den rücklagefähigen Betrag. Wird die neue Zusage in einem späteren Wirtschaftsjahr erteilt, darf die Rücklage am Ende dieses Wirtschaftsjahrs nicht höher sein als der Betrag, der sich zu diesem Zeitpunkt ergeben hätte, wenn die neue Zusage bereits im Wirtschaftsjahr der Aufhebung der Zusage einer Nur-Pension erteilt worden wäre.

Erhält der Gesellschafter-Geschäftsführer im Gegenzug zur aufgehobenen Zusage einer Nur-Pension eine neue Zusage, die nach den Grundsätzen des BFH-Urteils vom 17. Mai 1995 (a. a. O.) nicht durch das Gesellschaftsverhältnis veranlasst ist, dann sind für die Frage der Erdienbarkeit die Verhältnisse maßgebend, die im Zeitpunkt der ursprünglich zugesagten Nur-Pension vorlagen.

III. Die Zusage wird an die Urteilsgrundsätze angepasst

Die Grundsätze unter II. gelten entsprechend, wenn die Zusage einer Nur-Pension dahin geändert wird, dass sie nach den Grundsätzen des BFH-Urteils vom 17. Mai 1995 (a. a. O.) als nicht durch das Gesellschaftsverhältnis veranlasst gilt (z. B. durch Herabsetzung des Pensionsanspruchs und der Vereinbarung zusätzlicher Aktivbezüge).

IV. Eintritt des Versorgungsfalls vor dem 22. März 2005

Ist der Versorgungsfall bis zum 22. März 2005 eingetreten, werden aus Billigkeitsgründen die vor Veröffentlichung des BFH-Urteils vom 17. Mai 1995 (a. a. O.) geltenden Grundsätze weiter angewandt.

Die Grundsätze, nach denen sich bei einer Pensionszusage aus anderen Gründen eine verdeckte Gewinnausschüttung ergeben kann, bleiben unberührt.

14. Finanzierbarkeit von Pensionszusagen gegenüber Gesellschafter-Geschäftsführern (§ 8 Abs. 3 Satz 2 KStG); Anwendung der BFH-Urteile vom 8. 11. 2000 – BStBl 2005 II S. 653, vom 20. 12. 2000 – BStBl 2005 II S. 657, vom 7. 11. 2001 – BStBl 2005 II S. 659, vom 4. 9. 2002 – BStBl 2005 II S. 662 und vom 31. 3. 2004 – BStBl 2005 II S. 664

BMF, Schreiben v. 6. 9. 2005 (BStBl I S. 875)

– IV B 7 - S 2742 - 69/05 –

Der BFH hat in seinen Urteilen vom 8. November 2000 (BStBl 2005 II S. 653), vom 20. Dezember 2000 (BStBl 2005 II S. 657), vom 7. November 2001 (BStBl 2005 II S. 659), vom 4. September 2002 (BStBl 2005 II S. 662) und vom 31. März 2004 (BStBl 2005 II S. 664) zu den Voraussetzungen für die Annahme einer verdeckten Gewinnausschüttung bei fehlender Finanzierbarkeit einer Pensionszusage gegenüber dem beherrschenden Gesellschafter-Geschäftsführer Stellung genommen. Nach dem Ergebnis der Erörterung mit den obersten Finanzbehörden der Länder sind die Grundsätze der Urteile in allen offenen Fällen allgemein anzuwenden; Tz. 2 des BMF-Schreibens vom 14. Mai 1999 (BStBl I S. 512) wird aufgehoben.

Ist auf eine Pensionszusage vor dem 20. Oktober 2005 vollständig oder teilweise verzichtet worden, wird es nicht beanstandet, wenn auf übereinstimmenden Antrag der Gesellschaft und des Gesellschafters die vor der Veröffentlichung der BFH-Urteile geltenden Grundsätze der Tz. 2 des BMF-Schreibens vom 14. Mai 1999 weiter angewandt werden. Der Antrag ist bis zur Bestandskraft des Körperschaftsteuerbescheides für den Veranlagungszeitraum des Verzichts zu stellen.

Die Rechtsgrundsätze der o. g. Urteile des BFH sowie die Möglichkeit zur abweichenden Antragstellung im Verzichtsfalle sind auch auf nicht beherrschende Gesellschafter-Geschäftsführer anzuwenden.

Zu § 8a KStG

15. Gesellschafter-Fremdfinanzierung (§ 8a KStG)

BMF, Schreiben v. 15. 7. 2004 (BStBl I S. 593)

– IV A 2 - S 2742 a - 20/04 –

Unter Bezugnahme auf das Ergebnis der Erörterungen mit den obersten Finanzbehörden der Länder wird zu grundlegenden Anwendungsfragen der Neuregelung des § 8a KStG durch das Gesetz zur Umsetzung der Protokollerklärung der Bundesregierung zur Vermittlungsempfehlung zum Steuervergünstigungsabbaugesetz vom 22. Dezember 2003 (BGBl I S. 2840) wie folgt Stellung genommen:

Inhaltsübersicht

	Tz.
I. Verhältnis zum BMF-Schreiben vom 15. Dezember 1994 (BStBl 1995 I S. 25, 170) ...	1
II. Allgemeines	2–6
III. Finanzierungswege des § 8a KStG	7–30
1. Fremdfinanzierung durch den wesentlich beteiligten Anteilseigner	8–11
2. Fremdfinanzierung durch eine nahe stehende Person	12–15
3. Fremdfinanzierung durch eine Tochtergesellschaft	16, 17
4. Fremdfinanzierung durch einen rückgriffsberechtigten Dritten	18–25
a) Definition des Rückgriffs	18–21
b) Rechtsfolgen	22–25
5. Fremdfinanzierung bei Organschaft	26
6. Fremdfinanzierung ausländischer Kapitalgesellschaften	27
7. Freigrenze	28–30
IV. Anteiliges Eigenkapital	31–35
1. Beteiligungen an Personengesellschaften	32, 33
2. Definition des Eigenkapitals und Beteiligungsbuchwertkürzung	34, 35
V. Zulässiges Fremdkapital	36, 37
VI. Holdingregelung	38–47
1. Begriff der Holdinggesellschaft	39–41
2. Nachgeordnete Kapitalgesellschaften	42–45
3. Konkurrierende Holdinggesellschaften	46, 47
a) Vertikale Konkurrenz zwischen Holdinggesellschaften	46
b) Horizontale Konkurrenz zwischen Holdinggesellschaften	47
VII. Fremdfinanzierung von Personengesellschaften	48–53
1. Einheitliche und gesonderte Gewinnfeststellung der Personengesellschaft	51, 52
2. Wesentlich beteiligter Anteilseigner als Beteiligter an einer Personengesellschaft	53
VIII. Anwendung	54

I. Verhältnis zum BMF-Schreiben vom 15. Dezember 1994 (BStBl 1995 I S. 25, 170)

1 Die Grundsätze des BMF-Schreibens vom 15. Dezember 1994 (a. a. O.) sind bis zu einer Überarbeitung dieses Schreibens auf § 8a KStG in der o. g. Fassung anzuwenden, soweit sich aus dem Folgenden nichts Abweichendes ergibt.

II. Allgemeines

Die zur Annahme einer verdeckten Gewinnausschüttung im Sinne des § 8 Abs. 3 Satz 2 KStG sowie einer verdeckten Einlage im Sinne der §§ 8 Abs. 1 KStG, 4 Abs. 1 EStG erforderliche Veranlassung durch das Gesellschaftsverhältnis liegt vor, wenn die Tatbestandsvoraussetzungen des § 8a KStG erfüllt sind.

§ 8a KStG findet nur auf beschränkt oder unbeschränkt steuerpflichtige Kapitalgesellschaften Anwendung.

Eine verdeckte Gewinnausschüttung nach §§ 8 Abs. 3 Satz 2, 8a KStG führt beim wesentlich beteiligten Anteilseigner zu Einkünften aus Kapitalvermögen im Sinne des § 20 Abs. 1 Nr. 1 Satz 2 EStG. Das gilt in den Fällen der Fremdfinanzierung durch eine nahe stehende Person oder einen Dritten im Sinne des § 8a Abs. 1 Satz 2 KStG entsprechend.

Diese Kapitalerträge unterliegen nach § 43 Abs. 1 Satz 1 Nr. 1 EStG dem Steuerabzug vom Kapitalertrag. Die Kapitalertragsteuer beträgt gemäß § 43a Abs. 1 Nr. 1 EStG 20 % des Kapitalertrags, wenn der Anteilseigner sie trägt; sie beträgt 25 % des tatsächlich ausgezahlten Betrags, wenn die Kapitalgesellschaft sie übernimmt. Die Kapitalertragsteuer ist nach allgemeinen Grundsätzen von der fremdfinanzierten Kapitalgesellschaft einzubehalten und abzuführen.

Es wird nicht beanstandet, wenn die Kapitalertragsteuer erst einbehalten und abgeführt wird, sobald die Vergütungen für das Fremdkapital im Sinne des § 8a Abs. 1 Satz 1 KStG die Freigrenze in Höhe von 250.000 € übersteigen. Dies gilt nicht für Vergütungen im Sinne des § 8a Abs. 4 Satz 2, Abs. 6 KStG oder wenn bei einer Prognose bereits zu Beginn des Veranlagungszeitraums damit zu rechnen ist, dass die Vergütungen die Freigrenze übersteigen werden.

III. Finanzierungswege des § 8a KStG

§ 8a Abs. 1 KStG unterscheidet danach, ob das schädliche Fremdkapital von einem wesentlich beteiligten Anteilseigner, einer nahe stehenden Person oder von einem rückgriffsberechtigten Dritten überlassen wurde:

1. Fremdfinanzierung durch den wesentlich beteiligten Anteilseigner

Anteilseigner im Sinne des § 8a KStG ist, wer unmittelbar an der Kapitalgesellschaft beteiligt ist.

Soweit die Vergütung für Fremdkapital nach §§ 8 Abs. 3 Satz 2, 8a KStG eine verdeckte Gewinnausschüttung darstellt, wird sie bei der **leistenden Kapitalgesellschaft** dem Steuerbilanzgewinn im Rahmen der Ermittlung des Einkommens nach den Grundsätzen des BMF-Schreibens vom 28. Mai 2002 (BStBl I S. 603) außerhalb der Steuerbilanz hinzugerechnet. Das auf diese Weise erhöhte Einkommen der Kapitalgesellschaft gilt als Gewinn im Sinne des § 7 Satz 1 GewStG.

Die verdeckte Gewinnausschüttung stellt eine **sonstige Leistung** dar und erfolgt mit Abfluss der Vergütung bei der Kapitalgesellschaft.

Beim wesentlich beteiligten **Anteilseigner** unterliegen die als verdeckte Gewinnausschüttung qualifizierten Vergütungen als Einkünfte im Sinne des § 20 Abs. 1 Nr. 1 Satz 2 EStG dem Halbeinkünfteverfahren (§ 3 Nr. 40 EStG, § 8b Abs. 1 KStG); § 8b Abs. 5 KStG, § 3c Abs. 2 EStG sind anzuwenden. Für Zwecke der Gewerbesteuer ist § 9 Nr. 2a GewStG zu beachten.

Beispiel:
Der Alleingesellschafter A gewährt der inländischen I-GmbH am 1.1.01 ein Darlehen in Höhe von 10 Mio. €, das das zulässige Fremdkapital in voller Höhe übersteigt. Die vereinbarte Vergütung beträgt 1 Mio. €. Das Wirtschaftsjahr der I-GmbH stimmt mit dem Kalenderjahr überein. Die I-GmbH erwirtschaf-

tet im Jahr 01 einen Steuerbilanzgewinn in Höhe von 120.000 €. A ist eine natürliche Person und hält die Beteiligung im Betriebsvermögen*).
Alternative: Alleingesellschafter ist die A-GmbH.

Lösung:

I-GmbH

Steuerbilanzgewinn	120.000 €
verdeckte Gewinnausschüttung	1.000.000 €
körperschaftsteuerpflichtiges Einkommen	*1.120.000 €*
maßgebender Gewerbeertrag	*1.120.000 €*
kapitalertragsteuerpflichtiger Betrag	*1.000.000 €*
20 % Kapitalertragsteuer	200.000 €

	A	A-GmbH
Kapitalertrag i. S. d. § 20 Abs. 1 Nr. 1 Satz 2 EStG	1.000.000 €	1.000.000 €
Steuerbefreiung (§ 3 Nr. 40 EStG; § 8b Abs. 1 KStG)	–500.000 €	–1.000.000 €
Abzugsverbot (§ 3c Abs. 2 EStG; § 8b Abs. 5 KStG)	0 €	50.000 €
Einkünfte aus Gewerbebetrieb (§§ 15, 20 Abs. 3 EStG)	*500.000 €*	*50.000 €*
Gewinn aus Gewerbebetrieb	500.000 €	50.000 €
Kürzung (§ 9 Nr. 2a GewStG)	–500.000 €	0 €
maßgebender Gewerbeertrag	*0 €*	*50.000 €*
Anrechnungsbetrag Kapitalertragsteuer	200.000 €	200.000 €

2. Fremdfinanzierung durch eine nahe stehende Person

12 Für die Ermittlung des Einkommens der fremdfinanzierten Kapitalgesellschaft gelten die unter Abschnitt III. Punkt 1 genannten Grundsätze entsprechend. Die verdeckte Gewinnausschüttung erfolgt mit Abfluss der Vergütung an die nahe stehende Person.

13 Beim wesentlich beteiligten **Anteilseigner** führen die als verdeckte Gewinnausschüttung qualifizierten Vergütungen zu Einkünften im Sinne des § 20 Abs. 1 Nr. 1 Satz 2 EStG, die dem Halbeinkünfteverfahren (§ 3 Nr. 40 EStG; § 8b Abs. 1 KStG) unterliegen; § 8b Abs. 5 KStG, § 3c Abs. 2 EStG sind anzuwenden. Für Zwecke der Gewerbesteuer ist § 9 Nr. 2a GewStG zu beachten.

14 Der Vergütungsbetrag ist ein einlagefähiger Vermögensvorteil. Handelt es sich bei der dem wesentlich beteiligten Anteilseigner nahe stehenden Person um eine Kapitalgesellschaft, fließt der Vermögensvorteil der das Fremdkapital gewährenden Gesellschaft **im Wege der verdeckten Einlage** des wesentlich beteiligten Anteilseigners zu; der Wertansatz der Beteiligung ist beim wesentlich beteiligten Anteilseigner entsprechend zu erhöhen (nachträgliche Anschaffungskosten). Bei einer Personengesellschaft liegt eine Einlage vor.

Beispiel:
A ist Alleingesellschafter der T-GmbH und der I-GmbH. Die T-GmbH gewährt der I-GmbH am 1.1.01 ein Darlehen in Höhe von 10 Mio. €, das das zulässige Fremdkapital in voller Höhe übersteigt. Die vereinbarte Vergütung beträgt 1 Mio. €. Die Wirtschaftsjahre der T-GmbH und der I-GmbH stimmen mit dem Kalenderjahr überein. Die I-GmbH erwirtschaftet im Jahr 01 einen Steuerbilanzgewinn in Höhe von 120.000 €, die T-GmbH einen Steuerbilanzverlust in Höhe von 50.000 €. A ist eine natürliche Person und hält die Beteiligungen an der T-GmbH und der I-GmbH im Betriebsvermögen.
Alternative: Alleingesellschafter ist die A-GmbH.

---

*) Der Solidaritätszuschlag bleibt in diesem und den nachfolgenden Beispielen aus Vereinfachungsgründen unberücksichtigt.

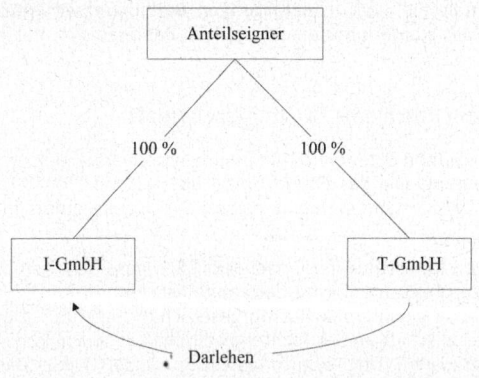

Lösung:

I-GmbH

Steuerbilanzgewinn		120.000 €
verdeckte Gewinnausschüttung		1.000.000 €
körperschaftsteuerpflichtiges Einkommen		1.120.000 €
maßgebender Gewerbeertrag		1.120.000 €
Kapitalertragsteuerpflichtiger Betrag		1.000.000 €
20 % Kapitalertragsteuer		200.000 €
	A	**A-GmbH**
Erhöhung Beteiligungsbuchwertansatz T-GmbH	1.000.000 €	1.000.000 €
Kapitalertrag i. S. d. § 20 Abs. 1 Nr. 1 Satz 2 EStG	1.000.000 €	1.000.000 €
Steuerbefreiung (§ 3 Nr. 40 EStG; § 8b Abs. 1 KStG)	−500.000 €	−1.000.000 €
Abzugsverbot (§ 3c Abs. 2 EStG; § 8b Abs. 5 KStG)	0 €	50.000 €
Einkünfte aus Gewerbebetrieb (§§ 15, 20 Abs. 3 EStG)	*500.000 €*	*50.000 €*
Gewinn aus Gewerbebetrieb	500.000 €	50.000 €
Kürzung (§ 9 Nr. 2a GewStG)	−500.000 €	0 €
maßgebender Gewerbeertrag	*0 €*	*50.000 €*
Anrechnungsbetrag Kapitalertragsteuer	200.000 €	200.000 €

T-GmbH

Steuerbilanzverlust	−50.000 €
verdeckte Einlage	−1.000.000 €
körperschaftsteuerpflichtiges Einkommen	−1.050.000 €
Erhöhung des Einlagekontos; § 27 Abs. 2, 3 KStG	1.000.000 €
maßgebender Gewerbeertrag (Gewerbeverlust)	*−1.050.000 €*

15 Die dargestellten Grundsätze sind in **mehrstufigen Beteiligungsstrukturen** bis zum gemeinsamen Anteilseigner der fremdfinanzierten und der das Fremdkapital gewährenden Gesellschaft anzuwenden.

3. Fremdfinanzierung durch eine Tochtergesellschaft

16 § 8a KStG findet auch im Falle der Fremdfinanzierung einer Kapitalgesellschaft durch ihre Tochtergesellschaft Anwendung. Die das Fremdkapital überlassende Tochtergesellschaft kann gemäß § 8a Abs. 1 Satz 2 KStG nahe stehende Person des Anteilseigners der Kapitalgesellschaft sein.

17 Soweit die Vergütungen für Fremdkapital nach § 8a KStG gesellschaftsrechtlich veranlasst sind (vgl. Tz. 2), wird der Vergütungsbetrag von der Kapitalgesellschaft **im Wege der verdeckten Einlage** der das Fremdkapital gewährende Tochtergesellschaft zugeführt. Der Wertansatz der Beteiligung der Kapitalgesellschaft an der Tochtergesellschaft ist entsprechend zu erhöhen (nachträgliche Anschaffungskosten). Der Vergütungsbetrag mindert weder das körperschaftsteuerpflichtige Einkommen noch den Gewinn im Sinne des § 7 Satz 1 GewStG.

Beispiel:
A ist Alleingesellschafter der I-GmbH; die I-GmbH wiederum ist Alleingesellschafterin der T-GmbH. Die T-GmbH gewährt der I-GmbH am 1.1.01 ein Darlehen in Höhe von 10 Mio. €, das das zulässige Fremdkapital in voller Höhe übersteigt. Die vereinbarte Vergütung beträgt 1 Mio. €. Die Wirtschaftsjahre der T-GmbH und der I-GmbH stimmen mit dem Kalenderjahr überein. Die I-GmbH erwirtschaftet im Jahr 01 einen Steuerbilanzgewinn in Höhe von 120.000 €, die T-GmbH einen Steuerbilanzverlust in Höhe von 50.000 €. A hält die Beteiligung an der I-GmbH im Betriebsvermögen.

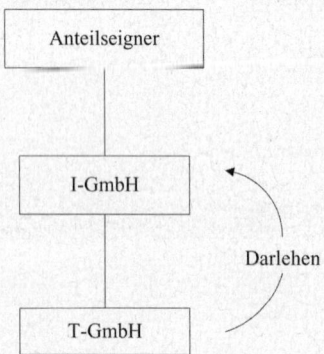

Lösung:

I-GmbH

Erhöhung Beteiligungsbuchwertansatz T-GmbH	1.000.000 €
Steuerbilanzgewinn	120.000 €
a. o. Ertrag aus Zuschreibung Beteiligung T	1.000.000 €
Korrigierter Steuerbilanzgewinn	1.120.000 €
körperschaftsteuerpflichtiges Einkommen	*1.120.000 €*
maßgebender Gewerbeertrag	*1.120.000 €*

T-GmbH

Steuerbilanzverlust	−50.000 €
verdeckte Einlage	−1.000.000 €
körperschaftsteuerpflichtiges Einkommen	−1.050.000 €
Erhöhung des Einlagekontos (§ 27 Abs. 2, 3 KStG)	1.000.000 €
maßgebender Gewerbeertrag (Gewerbeverlust)	−1.050.000 €

4. Fremdfinanzierung durch einen rückgriffsberechtigten Dritten

a) Definition des Rückgriffs

Die Tz. 21 bis 23 des BMF-Schreibens vom 15. Dezember 1994 (a. a. O.) sind nicht anzuwenden. 18

Vergütungen für Fremdkapital, die die Kapitalgesellschaft an einen Dritten zahlt, sind unter 19
den Voraussetzungen der §§ 8 Abs. 3 Satz 2, 8a KStG verdeckte Gewinnausschüttungen, soweit der Dritte (z. B. als Sicherungsnehmer) auf den wesentlich beteiligten Anteilseigner oder eine diesem nahe stehende Person zurückgreifen kann, weil ein rechtlicher Anspruch (z. B. aufgrund einer Garantieerklärung, Patronatserklärung oder einer Bürgschaft) oder eine dingliche Sicherheit (z. B. Sicherungseigentum, Grundschuld) besteht.

Eine verdeckte Gewinnausschüttung liegt nicht vor, soweit die Kapitalgesellschaft nachweist, 20
dass die Vergütungen beim rückgriffsberechtigten Dritten oder einer sonstigen Person nicht mit Vergütungen für nicht nur kurzfristige (vgl. Tz. 37) Einlagen oder sonstige nicht nur kurzfristige Kapitalüberlassungen im Zusammenhang stehen, deren unmittelbarer oder mittelbarer Empfänger der wesentlich beteiligte Anteilseigner oder eine diesem nahe stehende Person ist (Gegenbeweis). Damit werden von §§ 8 Abs. 3 Satz 2, 8a KStG z. B. Gestaltungen erfasst, bei denen der Dritte der Kapitalgesellschaft ein Darlehen gewährt und der wesentlich beteiligte Anteilseigner seinerseits gegen den Dritten eine Forderung hat, auf die der Dritte zugreifen kann (sog. Back-to-back-Finanzierungen).

Der Gegenbeweis kann z. B. durch eine Bescheinigung des rückgriffsberechtigten Dritten ge- 21
führt werden, aus der sich neben dem o. g. Nachweis insbesondere Art und Umfang der für die Kapitalüberlassung gewährten Sicherheiten ergeben; die Verpflichtung zur Vorlage aller vertraglichen Vereinbarungen bleibt unberührt.

b) Rechtsfolgen

Die an den rückgriffsberechtigten Dritten gezahlte Vergütung für Fremdkapital ist insoweit ge- 22
sellschaftsrechtlich veranlasst, wie beim wesentlich beteiligten Anteilseigner oder einer diesem nahe stehenden Person unmittelbar oder mittelbar ein Vermögensvorteil eintritt. Für die Ermittlung des Einkommens der fremdfinanzierten Kapitalgesellschaft gelten die unter Abschnitt III. Punkt 1 genannten Grundsätze entsprechend. Die verdeckte Gewinnausschüttung erfolgt mit Abfluss der Vergütung an den rückgriffsberechtigten Dritten.

Die auf den als verdeckte Gewinnausschüttung zu qualifizierenden Teil der Vergütung entfal- 23
lende **Kapitalertragsteuer** gilt als mit befreiender Wirkung für die Kapitalgesellschaft einbehalten und abgeführt, soweit die dem wesentlich beteiligten Anteilseigner auf die Einlage oder sonstige Kapitalüberlassung gezahlte Vergütung mit Kapitalertragsteuer belastet ist.

Beim wesentlich beteiligten **Anteilseigner** führen die als verdeckte Gewinnausschüttung quali- 24
fizierten Vergütungen zu Einkünften im Sinne des § 20 Abs. 1 Nr. 1 Satz 2 EStG, die dem Halbeinkünfteverfahren (§ 3 Nr. 40 EStG; § 8b Abs. 1 KStG) unterliegen; § 8b Abs. 5 KStG, § 3c Abs. 2 EStG sind anzuwenden. Für Zwecke der Gewerbesteuer ist § 9 Nr. 2a GewStG zu beachten.

25 Auf die steuerliche Behandlung der Vergütungen beim rückgriffsberechtigten Dritten hat § 8a KStG keinen Einfluss.

Beispiel:
A ist Alleingesellschafter der I-GmbH. Die X-Bank gewährt der I-GmbH am 1.1.01 ein Darlehen in Höhe von 10 Mio. €, das das zulässige Fremdkapital in voller Höhe übersteigt. Die vereinbarte Vergütung beträgt 1 Mio. €. A unterhält bei der X-Bank ein Guthaben in Höhe von 8 Mio. €, für das er eine Vergütung in Höhe von 640.000 € erhält und das der X-Bank als Sicherheit für das Darlehen dient; die X-Bank behält auf die Guthabenzinsen 30 % Kapitalertragsteuer ein und führt diese ab. Das Wirtschaftsjahr der I-GmbH stimmt mit dem Kalenderjahr überein. Die I-GmbH erwirtschaftet im Jahr 01 einen Steuerbilanzgewinn in Höhe von 120.000 €. A ist eine natürliche Person und hält die Beteiligung an der I-GmbH im Betriebsvermögen.
Alternative: Alleingesellschafter ist die A-GmbH.

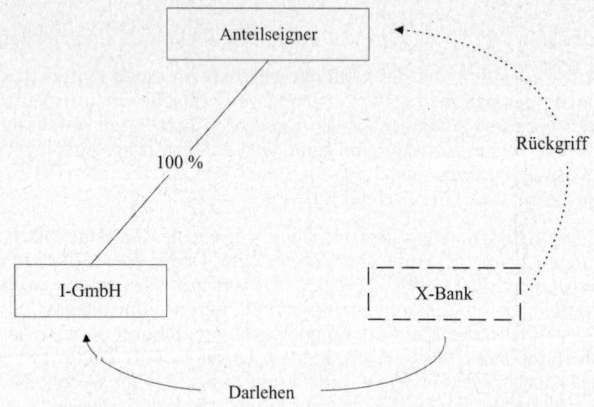

Lösung:
I-GmbH

Steuerbilanzgewinn	120.000 €
verdeckte Gewinnausschüttung	640.000 €
körperschaftsteuerpflichtiges Einkommen	760.000 €
maßgebender Gewerbeertrag	760.000 €
kapitalertragsteuerpflichtiger Betrag	640.000 €
Kapitalertragsteuer (vgl. Tz. 23)	0 €

	A	A-GmbH
Kapitalertrag i. S. d. § 20 Abs. 1 Nr. 1 Satz 2 EStG	640.000 €	640.000 €
Steuerbefreiung (§ 3 Nr. 40 EStG; § 8b Abs. 1 KStG)	−320.000 €	−640.000 €
Abzugsverbot (§ 3c Abs. 2 EStG; § 8b Abs. 5 KStG)	0 €	32.000 €
Einkünfte aus Gewerbebetrieb (§§ 15, 20 Abs. 3 EStG)	320.000 €	32.000 €
Gewinn aus Gewerbebetrieb	320.000 €	32.000 €
Kürzung (§ 9 Nr. 2a GewStG)	−320.000 €	0 €
maßgebender Gewerbeertrag	0 €	32.000 €
Anrechnungsbetrag Kapitalertragsteuer	192.000 €	192.000 €

5. Fremdfinanzierung bei Organschaft

Für die Ermittlung des Einkommens einer fremdfinanzierten Organgesellschaft gelten die unter Abschnitt III. Punkt 1 genannten Grundsätze entsprechend. Die von §§ 8 Abs. 3 Satz 2, 8a KStG betroffenen Vergütungen gelten als **vorweggenommene Gewinnabführung** und sind beim Organträger aus dem Einkommen auszuscheiden. Für Zwecke der Gewerbesteuer gilt Entsprechendes. Als vorweggenommene Gewinnabführung unterliegen die Vergütungen nicht der Kapitalertragsteuer.

26

Beispiel:
Die A-GmbH ist Alleingesellschafterin der I-GmbH und der T-GmbH; zwischen der A-GmbH und der I-GmbH besteht ein Gewinnabführungsvertrag im Sinne des § 291 Abs. 1 AktG, der den Anforderungen der §§ 14 ff. KStG genügt. Die T-GmbH gewährt der I-GmbH am 1.1.01 ein Darlehen in Höhe von 10 Mio. €, das das zulässige Fremdkapital in voller Höhe übersteigt. Die vereinbarte Vergütung beträgt 1 Mio. €. Die Wirtschaftsjahre der beteiligten Gesellschaften stimmen mit dem Kalenderjahr überein. Die I-GmbH erwirtschaftet im Jahr 01 einen Steuerbilanzgewinn vor Gewinnabführung in Höhe von 120.000 €, die T-GmbH einen Steuerbilanzverlust in Höhe von 50.000 €.

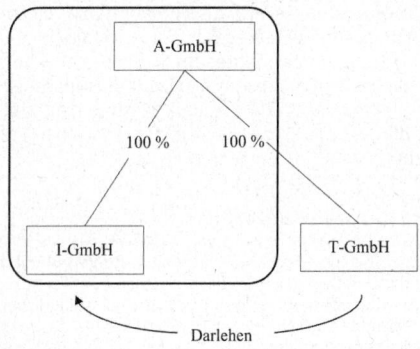

Lösung:

I-GmbH (Organgesellschaft)

Steuerbilanzgewinn	0 €
Gewinnabführung an den Organträger	120.000 €
verdeckte Gewinnausschüttung	1.000.000 €
(= vorweggenommene Gewinnabführung)	
dem Organträger zuzurechnendes Einkommen	*1.120.000 €*
Gewerbeertrag der fiktiven Betriebsstätte	*1.120.000 €*

A-GmbH (Organträger)

Erhöhung Beteiligungsbuchwertansatz T-GmbH	1.000.000 €
Steuerbilanzgewinn (einschließlich Gewinnabführung I-GmbH)	120.000 €
vorweggenommene Gewinnabführung I-GmbH	1.000.000 €
Neutralisierung der Gewinnabführung	−1.120.000 €
	0 €
dem Organträger zuzurechnendes Einkommen der I-GmbH	1.120.000 €
Abzugsverbot (§ 8b Abs. 5 KStG)	0 €
Einkünfte aus Gewerbebetrieb; §§ 15, 20 Abs. 3 EStG	*1.120.000 €*
maßgebender Gewerbeertrag	*1.120.000 €*

T-GmbH

Steuerbilanzverlust	−50.000 €
verdeckte Einlage	−1.000.000 €
körperschaftsteuerpflichtiges Einkommen	−1.050.000 €
Erhöhung des Einlagekontos (§ 27 Abs. 2, 3 KStG)	1.000.000 €
maßgebender Gewerbeertrag (Gewerbeverlust)	−1.050.000 €

6. Fremdfinanzierung ausländischer Kapitalgesellschaften

27 Im Falle der Fremdfinanzierung einer im Inland nicht steuerpflichtigen Kapitalgesellschaft treten die Rechtsfolgen einer verdeckten Gewinnausschüttung bzw. einer verdeckten Einlage infolge des § 8a KStG für die inländischen Beteiligten in dem Umfang ein, in dem die gezahlten Vergütungen nach dem Recht des anderen Staates tatsächlich nicht die steuerliche Bemessungsgrundlage der Kapitalgesellschaft gemindert haben und dies im Einzelfall nachgewiesen wird. Entsprechendes gilt für im Inland beschränkt steuerpflichtige Kapitalgesellschaften hinsichtlich einer Gesellschafter-Fremdfinanzierung, die nicht mit inländischen Einkünften im wirtschaftlichen Zusammenhang steht*).

Beispiel:
A ist Alleingesellschafter der T-GmbH und der I-SA. Die I-SA ist im Inland nicht steuerpflichtig. Die T-GmbH gewährt der I-SA am 1.1.01 ein Darlehen in Höhe von 10 Mio. €, das das zulässige Fremdkapital im Sinne des § 8a KStG in voller Höhe übersteigen würde. Die vereinbarte Vergütung beträgt 1 Mio. €. Bei der I-SA sind die Vergütungen auf das Darlehen der T-GmbH infolge der im Ansässigkeitsstaat geltenden Vorschriften zur Gesellschafter-Fremdfinanzierung zu 40 % nicht von der steuerlichen Bemessungsgrundlage abziehbar. Die T-GmbH erwirtschaftet im Jahr 01 einen Steuerbilanzverlust in Höhe von 50.000 €. A ist eine natürliche Person und hält die Beteiligungen an der T-GmbH und der I-SA im Betriebsvermögen.
Alternative: Alleingesellschafter ist die A-GmbH.

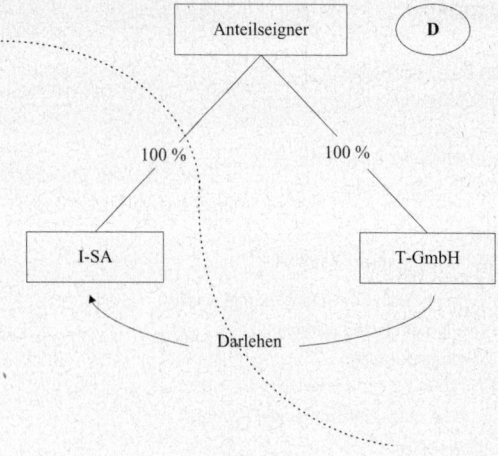

---

*) Beispiel: Die inländische Muttergesellschaft gewährt ihrer in Deutschland beschränkt steuerpflichtigen Tochtergesellschaft ein Darlehen, das nicht der inländischen Betriebsstätte zuzuordnen ist.

Lösung:

I-SA

bei Anwendung des § 8a KStG hinzuzurechnender Betrag		1.000.000 €
tatsächlich hinzugerechnet (nicht abziehbar)		400.000 €

	A	A-GmbH
Erhöhung Beteiligungsbuchwertansatz T-GmbH	400.000 €	400.000 €
Kapitalertrag i. S. d. § 20 Abs. 1 Nr. 1 Satz 2 EStG	400.000 €	400.000 €
Steuerbefreiung (§ 3 Nr. 40 EStG; § 8b Abs. 1 KStG)	−200.000 €	−400.000 €
Abzugsverbot (§ 3c Abs. 2 EStG; § 8b Abs. 5 KStG)	0 €	20.000 €
Einkünfte aus Gewerbebetrieb (§§ 15, 20 Abs. 3 EStG)	200.000 €	20.000 €
Gewinn aus Gewerbebetrieb	200.000 €	20.000 €
Kürzung (§ 9 Nr. 7, 8 GewStG)	200.000 €	0 €
maßgebender Gewerbeertrag	0 €	20.000 €

T-GmbH

Steuerbilanzverlust	−50.000 €
verdeckte Einlage	−400.000 €
körperschaftspflichtiges Einkommen	−450.000 €
Erhöhung des Einlagekontos; § 27 Abs. 2, 3 KStG	400.000 €
maßgebender Gewerbeertrag (Gewerbeverlust)	−450.000 €

7. Freigrenze

Die Freigrenze des § 8a Abs. 1 Satz 1 KStG bezieht sich auf die insgesamt im Veranlagungszeitraum an die wesentlich beteiligten Anteilseigner der Kapitalgesellschaft oder Personen im Sinne des § 8a Abs. 1 Satz 2 KStG zu entrichtenden Vergütungen (**gesellschafts- und veranlagungszeitraumbezogene Freigrenze**). Vergütungen für nur kurzfristig überlassenes Fremdkapital bleiben unberücksichtigt. 28

Bei der Prüfung der Freigrenze sind auch Vergütungen auf das zulässige Fremdkapital und Vergütungen auf Fremdkapital, für das der Drittvergleich gelingt, einzubeziehen. Vergütungen an einen rückgriffsberechtigten Dritten sind nur zu berücksichtigen, soweit kein Gegenbeweis im Sinne der Tz. 20 geführt wird. 29

Auf Vergütungen im Sinne des § 8a Abs. 4 Satz 2, Abs. 6 KStG findet die Freigrenze keine Anwendung; Vergütungen im Sinne des § 8a Abs. 4 Satz 2 KStG verbrauchen jedoch die Freigrenze. 30

IV. Anteiliges Eigenkapital

Anteiliges Eigenkapital ist nach § 8a Abs. 2 Satz 1 KStG der Teil des Eigenkapitals der Kapitalgesellschaft zum Schluss des vorangegangenen Wirtschaftsjahres, der dem Anteil des Anteilseigners am gezeichneten Kapital entspricht. Abgestellt wird ausschließlich auf eine **unmittelbare Beteiligung** am Grund- oder Stammkapital (vgl. Tz. 8); auf den Umfang der Stimmrechte kommt es nicht an. 31

1. Beteiligungen an Personengesellschaften

Ist die fremdfinanzierte Kapitalgesellschaft an einer Personengesellschaft beteiligt, treten für die Ermittlung des anteiligen Eigenkapitals an die Stelle des Buchwerts der Beteiligung an der 32

Personengesellschaft die anteiligen Buchwerte der Vermögensgegenstände der Personengesellschaft (§ 8a Abs. 2 Satz 3 KStG). Dies gilt unabhängig davon, ob ein Fall der Überlassung von Fremdkapital an eine Personengesellschaft im Sinne des § 8a Abs. 5 KStG vorliegt. Die anteiligen Buchwerte der Vermögensgegenstände sind **nach handelsrechtlichen Maßstäben** unter Zugrundelegung des § 8a Abs. 2 KStG zu ermitteln und umfassen **sowohl die Aktiv- als auch die Passivseite der Handelsbilanz** der Personengesellschaft. **Sonder- und Ergänzungsbilanzen** bleiben unberücksichtigt.

Beispiel:
A hält einen Anteil in Höhe 40 % an der I-GmbH, die ihrerseits zu 30 % als persönlich haftende Gesellschafterin an der I-GmbH & Co. KG beteiligt ist. Die Handelsbilanz der I-GmbH stellt sich zum 31.12.00 wie folgt dar:

I-GmbH zum 31.12.00

I-GmbH & Co. KG	15.000.000 €	Eigenkapital	25.000.000 €
Sonstige Aktiva	25.000.000 €	Sonstige Passiva	15.000.000 €
	40.000.000 €		**40.000.000 €**

Die Handelsbilanz der I-GmbH & Co. KG ergibt folgendes Bild:

I-GmbH & Co. KG zum 31.12.00

Aktiva	30.000.000 €	Kapitalkonto I-GmbH	9.000.000 €
		Sonstige Kapitalkonten	21.000.000 €
	30.000.000 €		**30.000.000 €**

Lösung:
Zwecks Ermittlung des anteiligen Eigenkapitals im Sinne des § 8a KStG ist bei der I-GmbH der Buchwert der Beteiligung an der I-GmbH & Co. KG in Höhe von 15 Mio. € durch die anteiligen Vermögensgegenstände der Personengesellschaft zu ersetzen. In der Zusammenfassung ergeben sich bei der I-GmbH folgende Werte:

I-GmbH zum 31.12.00

Anteilige Aktiva der I-GmbH & Co. KG	9.000.000 €	Eigenkapital	19.000.000 €
Sonstige Aktiva	25.000.000 €	Sonstige Passiva	15.000.000 €
	34.000.000 €		**34.000.000 €**

Das anteilige Eigenkapital des A beträgt 7,6 Mio. € (= 19.000.000 Mio. € × 40 %).

33 Zu den von § 8a Abs. 2 Satz 3 KStG erfassten Vermögensgegenständen der Personengesellschaft gehört nicht das vom wesentlich beteiligten Anteilseigner, einer diesem nahe stehenden Person oder einem rückgriffsberechtigten Dritten überlassene Fremdkapital. Dieses gilt als vollumfänglich der Kapitalgesellschaft überlassen (§ 8a Abs. 5 Satz 2 KStG).

Beispiel:
A hält einen Anteil in Höhe 40 % an der I-GmbH, die ihrerseits zu 30 % als persönlich haftende Gesellschafterin an der I-GmbH & Co. KG beteiligt ist. Die Handelsbilanz der I-GmbH stellt sich zum 31.12.00 wie folgt dar:

I-GmbH zum 31.12.00

I-GmbH & Co. KG	15.000.000 €	Eigenkapital	25.000.000 €
Sonstige Aktiva	25.000.000 €	Sonstige Passiva	15.000.000 €
	40.000.000 €		**40.000.000 €**

Die Handelsbilanz der I-GmbH & Co. KG ergibt folgendes Bild:

I-GmbH & Co. KG zum 31.12.00

Aktiva	50.000.000 €	Kapitalkonto I-GmbH	9.000.000 €
		Sonstige Kapitalkonten	21.000.000 €
		8a-Darlehen des A	20.000.000 €
	50.000.000 €		**50.000.000 €**

Lösung:
Zwecks Ermittlung des anteiligen Eigenkapitals im Sinne des § 8a KStG ist bei der I-GmbH der Buchwert der Beteiligung an der I-GmbH & Co. KG in Höhe von 15 Mio. € durch die anteiligen Vermögensgegenstände der Personengesellschaft zu ersetzen. Das Darlehen des Gesellschafters A ist der I-GmbH vollständig zuzurechnen. Im Ergebnis betragen die zuzurechnenden Aktiva der I-GmbH & Co. KG damit 29 Mio. €:
[50.000.000 € – 20.000.000 € (8a-Darlehen)] × 30 % + 20.000.000 € = 29.000.000 €.

In der Zusammenfassung ergeben sich bei der I-GmbH folgende Werte:

I-GmbH zum 31. 12. 00

Anteilige Aktiva der I-GmbH & Co. KG	29.000.000 €	Eigenkapital	19.000.000 €
Sonstige Aktiva	25.000.000 €	8a-Darlehen des A	20.000.000 €
		Sonstige Passiva	15.000.000 €
	54.000.000 €		**54.000.000 €**

Das anteilige Eigenkapital des A beträgt 7,6 Mio. € (= 19.000.000 € × 40 %).

2. Definition des Eigenkapitals und Beteiligungsbuchwertkürzung

Die Beteiligungsbuchwertkürzung nach § 8a Abs. 2 Satz 2 KStG gilt für **Beteiligungen an inländischen und ausländischen Kapitalgesellschaften. Eigene Anteile** der Kapitalgesellschaft fallen nicht unter die Kürzung. 34

Von der Beteiligungsbuchwertkürzung sind auch Beteiligungen betroffen, die der Kapitalgesellschaft gemäß § 8a Abs. 2 Satz 3 KStG **anteilig** zuzurechnen sind. 35

Beispiel:
In dem o. g. Beispiel bestehen die Aktiva der I-GmbH & Co. KG zu 20 % (= 10 Mio. €) aus Beteiligungen an Kapitalgesellschaften.

Lösung:
Die Aktiva der Personengesellschaft bestehen zu 20 % aus Beteiligungen, die der Beteiligungsbuchwertkürzung im Sinne des § 8a Abs. 2 Satz 2 KStG unterliegen. Die der I-GmbH anteilig zuzurechnenden Vermögensgegenstände der I-GmbH & Co. KG sind daher um 5,8 Mio. € (= 29.000.000 € × 20 %) zu kürzen. In der Zusammenfassung ergeben sich bei der I-GmbH folgende Werte:

I-GmbH zum 31. 12. 00

Anteilige Aktiva der I-GmbH & Co. KG (o. Beteiligungen)	23.200.000 €	Eigenkapital	13.200.000 €
Sonstige Aktiva	25.000.000 €	8a-Darlehen des A	20.000.000 €
		Sonstige Passiva	15.000.000 €
	48.200.000 €		**48.200.000 €**

V. Zulässiges Fremdkapital

In den Fällen der Tz. 18 ff. wird das zulässige Fremdkapital ausgeschöpft, soweit kein Gegenbeweis im Sinne der Tz. 20 geführt wird. Das einer nachgeordneten Kapitalgesellschaft im Sinne des § 8a Abs. 4 Satz 2 KStG überlassene Fremdkapital mindert ebenfalls das zulässige Fremdkapital des wesentlich beteiligten Anteilseigners. 36

Das Fremdkapital darf der Kapitalgesellschaft **nicht nur kurzfristig** überlassen werden. Die Grundsätze zu § 8 Nr. 1 GewStG gelten entsprechend; § 19 GewStDV gilt nicht. Tz. 47 bis 49 des BMF-Schreibens vom 15. Dezember 1994 (a. a. O.) sind nicht anzuwenden. 37

VI. Holdingregelung

38 Bei einer Kapitalgesellschaft, die Holdinggesellschaft im Sinne des § 8a Abs. 4 KStG ist, ist abweichend von § 8a Abs. 2 Satz 2 KStG keine Beteiligungsbuchwertkürzung vorzunehmen.

1. Begriff der Holdinggesellschaft

39 Holdinggesellschaft ist **jede im Inland steuerpflichtige Kapitalgesellschaft**, die die Voraussetzungen des § 8a Abs. 4 Satz 1 KStG erfüllt.

40 Die Holdingeigenschaft des § 8a Abs. 4 Satz 1 KStG wird nur durch unmittelbare Beteiligungen an Kapitalgesellschaften vermittelt. Als unmittelbar in diesem Sinne gelten auch solche Beteiligungen, die über eine oder mehrere zwischengeschaltete Personengesellschaften gehalten werden.

41 **Kapitalgesellschaften ohne wesentlich beteiligten Anteilseigner** sind nicht Holdinggesellschaft im Sinne des § 8a Abs. 4 KStG.

2. Nachgeordnete Kapitalgesellschaften

42 Einer Holdinggesellschaft nachgeordnet ist jede Kapitalgesellschaft, an der der Anteilseigner der Holdinggesellschaft nach Maßgabe des § 8a Abs. 3 KStG selbst oder zusammen mit einer nahe stehenden Personen wesentlich beteiligt ist.

43 Nach § 8a Abs. 4 Satz 2 KStG sind Vergütungen für die Fremdfinanzierung einer nachgeordneten Kapitalgesellschaft durch den Anteilseigner ihrer Holdinggesellschaft, einer diesem nahe stehenden Person (mit Ausnahme der Holdinggesellschaft) oder durch einen rückgriffsberechtigten Dritten verdeckte Gewinnausschüttungen, wenn ein Drittvergleich nicht gelingt; eine Freigrenze und ein zulässiges Fremdkapital sind nicht zu berücksichtigen.

44 Die Fremdfinanzierung der nachgeordneten Kapitalgesellschaften durch ihre Holdinggesellschaft unterliegt nicht der Beschränkung des § 8a Abs. 4 Satz 2 KStG.

45 Demgegenüber unterliegen Fremdfinanzierungen zwischen derselben Holdinggesellschaft nachgeordneten Kapitalgesellschaften ebenfalls den Beschränkungen des § 8a Abs. 4 Satz 2 KStG. Es wird nicht beanstandet, wenn in diesen Fällen – abweichend von Tz. 87 des BMF-Schreibens vom 15. Dezember 1994 (a. a. O.) – für Vergütungen im Sinne des § 8a Abs. 1 Satz 1 Nr. 2 KStG ein um steuerliche verdeckte und offene Einlagen gekürztes anteiliges Eigenkapital des wesentlich beteiligten Anteilseigners der nachgeordneten Kapitalgesellschaft (§ 8a Abs. 2 KStG) berücksichtigt wird. Dabei ist das Eigenkapital regelmäßig um das Nennkapital sowie um den Bestand des steuerlichen Einlagekontos zum Schluss des vorangegangenen Wirtschaftsjahres zu kürzen und um einen etwaigen Sonderausweis im Sinne des § 28 KStG zu erhöhen. In den Fällen des § 8a Abs. 2 Satz 5 KStG gilt Entsprechendes.

Beispiel:
A ist Alleingesellschafter der I-GmbH. Diese ist Holdinggesellschaft im Sinne des § 8a Abs. 4 Satz 1 KStG und ihrerseits alleinige Gesellschafterin der Gesellschaften N1-GmbH, N2-GmbH und N3-GmbH. A gewährt der N1-GmbH ein Darlehen. Die I-GmbH hält an der N2-GmbH eine variabel vergütete stille Beteiligung und gewährt der N3-GmbH ein Darlehen. Ferner gewährt die N1-GmbH der N2-GmbH ein Darlehen.

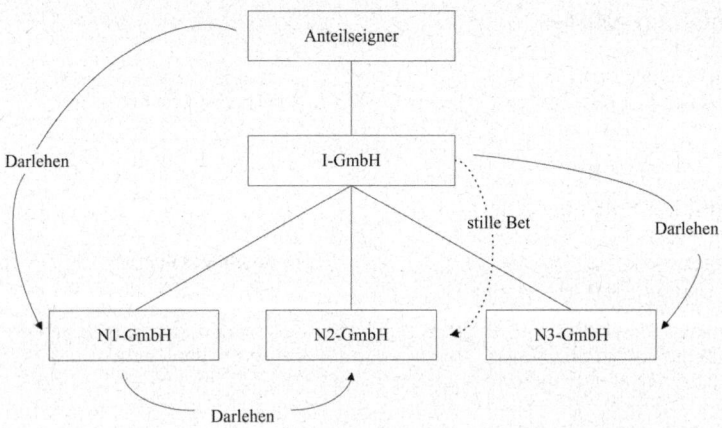

Lösung:

Das Darlehen des Anteilseigners der Holdinggesellschaft an die N1-GmbH ist Fremdkapital im Sinne des § 8a Abs. 4 Satz 2 KStG; sofern der Drittvergleich nicht gelingt, kommt es zur vollständigen Hinzurechnung der gezahlten Vergütungen (ohne zulässiges Fremdkapital und ohne Freigrenze).

Die Vergütungen auf die typische stille Beteiligung der I-GmbH an der N2-GmbH erfüllen die Voraussetzungen des § 8a Abs. 1 Nr. 1 KStG; sie sind verdeckte Gewinnausschüttung der N2-GmbH, sobald sie mehr als 250.000 € betragen.

Für das Darlehen der I-GmbH an die N3-GmbH besteht ein zulässiges Fremdkapital in Höhe des Eineinhalbfachen des Eigenkapitals der N3-GmbH; soweit dieses überschritten ist, der Drittvergleich nicht gelingt und die Vergütungen mehr als 250.000 € betragen, kommt es zu einer verdeckten Gewinnausschüttung.

Das Darlehen der N1-GmbH an die N2-GmbH erfüllt die Voraussetzungen des § 8a Abs. 4 Satz 2 KStG. Es wird jedoch ein zulässiges Fremdkapital in Höhe des Eineinhalbfachen des gekürzten anteiligen Eigenkapitals angenommen (keine Freigrenze, vgl. Tz. 30). Soweit dieses überschritten ist und der Drittvergleich nicht gelingt, liegt eine verdeckte Gewinnausschüttung vor.

3. Konkurrierende Holdinggesellschaften

a) Vertikale Konkurrenz zwischen Holdinggesellschaften

Mehrere Kapitalgesellschaften in einer Beteiligungskette können jede für sich Holdinggesellschaft sein; eine nachgeordnete Kapitalgesellschaft im Sinne des § 8a Abs. 4 Satz 2 KStG kann nicht gleichzeitig Holdinggesellschaft sein.

Beispiel:
Im international tätigen Konzern A werden die europäischen Gesellschaften durch die EU-Hold. SA mit Sitz und Geschäftsleitung in Belgien geführt. Die Beteiligungen an den deutschen konzernzugehörigen Gesellschaften sind in der I-Holding-GmbH gebündelt. Die EU-Hold. SA und die I-Holding-GmbH erfüllen jede für sich die Holdingvoraussetzungen im Sinne des § 8a Abs. 4 Satz 1 KStG. Die EU-Hold. SA ist im Inland nicht steuerpflichtig.

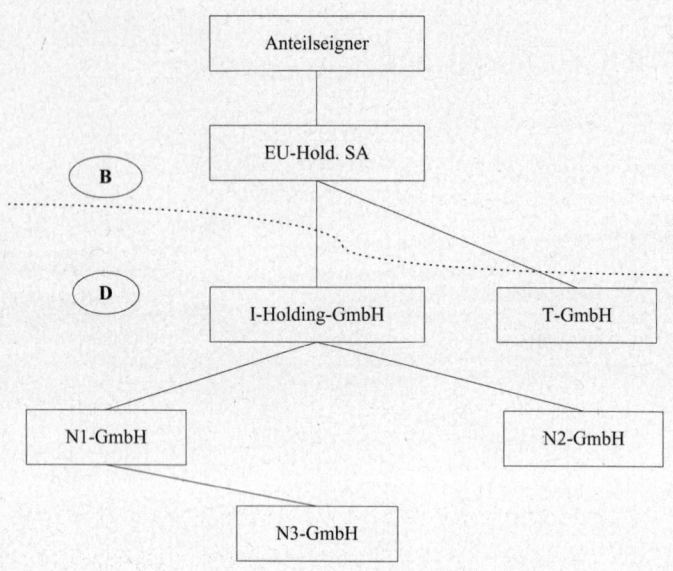

Lösung:

Die EU-Hold. SA ist selbst nicht Holdinggesellschaft im Sinne des § 8a Abs. 4 KStG, da sie im Inland nicht steuerpflichtig ist (vgl. Tz. 39). Sie kann die I-Holding-GmbH unter Beachtung der Grenzen des § 8a Abs. 1, 6 KStG finanzieren. Das Eigenkapital der I-Holding-GmbH ist infolge der Holdingregelung erweitert, eine Beteiligungsbuchwertkürzung findet nicht statt.

Bei Finanzierungen durch die EU-Hold. SA gegenüber den Gesellschaften N1-GmbH, N2-GmbH, N3-GmbH und eventuellen weiteren nachgeordneten Gesellschaften der I-Holding-GmbH findet § 8a Abs. 4 Satz 2 KStG Anwendung. Es bestehen insoweit kein zulässiges Fremdkapital und keine Freigrenze für die N1-GmbH, N2-GmbH und N3-GmbH.

Die I-Holding GmbH kann ihre nachgeordneten Gesellschaften innerhalb der Grenzen des § 8a Abs. 1, 6 KStG finanzieren.

b) Horizontale Konkurrenz zwischen Holdinggesellschaften

47 An einer nachgeordneten Kapitalgesellschaft können mehrere Kapitalgesellschaften in der Weise beteiligt sein, dass jede für sich die Holdingvoraussetzungen erfüllt. In diesem Falle kann jede der Holdinggesellschaften die ihr nachgeordnete Kapitalgesellschaft nach den o. g. Grundsätzen als Holdinggesellschaft finanzieren.

Beispiel:

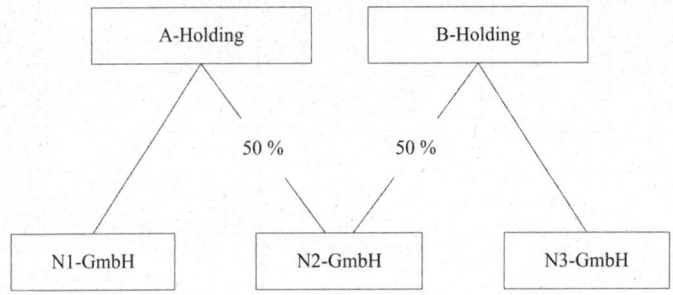

Lösung:
Sowohl die A-Holding als auch die B-Holding können die N2-GmbH in Höhe ihres anteiligen Eigenkapitals finanzieren.

VII. Fremdfinanzierung von Personengesellschaften

Die Absätze 1 bis 4 des § 8a KStG gelten entsprechend, wenn das Fremdkapital einer Personengesellschaft überlassen wird, an der eine Kapitalgesellschaft alleine oder zusammen mit ihr nahe stehenden Personen unmittelbar oder mittelbar zu mehr als einem Viertel beteiligt ist (§ 8a Abs. 5 Satz 1 KStG).

§ 8a Abs. 5 KStG findet Anwendung, wenn die Personengesellschaft nicht nur kurzfristig Fremdkapital

– von einem Anteilseigner der Kapitalgesellschaft erhalten hat, der zu einem Zeitpunkt im Wirtschaftsjahr wesentlich am Grund- oder Stammkapital (der Kapitalgesellschaft) beteiligt war (§ 8a Abs. 1 Satz 1 KStG), oder

– von einer diesem nahe stehenden Person erhalten hat (§ 8a Abs. 1 Satz 2 1. Alt. KStG) oder

– von einem Dritten erhalten hat, der auf diesen Anteilseigner oder eine diesem nahe stehende Person zurückgreifen kann (§ 8a Abs. 1 Satz 2 2. Alt. KStG).

Die Tatbestandsvoraussetzungen des § 8a KStG sind auf der Grundlage der Verhältnisse der Kapitalgesellschaft zu prüfen; § 8a Abs. 2 Satz 3 KStG findet Anwendung. Der Drittvergleich (Tz. 59 ff. des BMF-Schreibens vom 15. Dezember 1994, a. a. O.) ist bei der Personengesellschaft zu führen.

1. Einheitliche und gesonderte Gewinnfeststellung der Personengesellschaft

Die unter § 8a Abs. 5 KStG fallenden **Vergütungen für Fremdkapital** sind auf der Ebene der Personengesellschaft zu erfassen, soweit sie den Gewinnanteil der Kapitalgesellschaft gemindert haben. Sie sind im Rahmen der einheitlichen und gesonderten Gewinnfeststellung der Personengesellschaft als verdeckte Gewinnausschüttungen festzustellen.

Beispiel:
A ist Alleingesellschafter der I-GmbH, die zu 30 % an der I-GmbH & Co. KG beteiligt ist; er hält die Beteiligung im Betriebsvermögen. Die übrigen Gesellschafter der I-GmbH & Co. KG sind nicht nahe stehende Personen des A. A gewährt der I-GmbH & Co. KG am 1.1.00 ein Darlehen in Höhe von 60 Mio. € zu einem Zinssatz von 10 %; weitere Darlehen werden nicht gewährt. Die Wirtschaftsjahre der Gesellschaften entsprechen dem Kalenderjahr. Die I-GmbH & Co. KG erwirtschaftet im Jahr 01 einen Gewinn von 6,5 Mio. €.

Die Bilanzen der I-GmbH und der I-GmbH & Co. KG stellen sich zum 31.12.00 wie folgt dar:

I-GmbH zum 31.12.00

I-GmbH & Co. KG	15.000.000 €	Eigenkapital	25.000.000 €
Sonstige Aktiva	25.000.000 €	Sonstige Passiva	15.000.000 €
	40.000.000 €		40.000.000 €

I-GmbH & Co. KG zum 31.12.00

Aktiva	90.000.000 €	Kapitalkonto I-GmbH	9.000.000 €
		Sonstige Kapitalkonten	21.000.000 €
		8a-Darlehen des A	60.000.000 €
	90.000.000 €		90.000.000 €

Lösung:
Für Zwecke der Ermittlung des zulässigen Fremdkapitals ergeben sich bei der I-GmbH folgende Werte:

I-GmbH zum 31.12.00

Anteilige Aktiva der I-GmbH & Co. KG	69.000.000 €	Eigenkapital	19.000.000 €
Sonstige Aktiva	25.000.000 €	8a-Darlehen des A	60.000.000 €
		Sonstige Passiva	15.000.000 €
	94.000.000 €		94.000.000 €

Das zulässige Fremdkapital des A bei der I-GmbH beträgt 28,5 Mio. € (= 19.000.000 € × 1,5). Es wird durch das Gesellschafterdarlehen an die I-GmbH & Co. KG um 31,5 Mio. € (= 60.000.000 € ./. 28.500.000 €) überschritten. Die hierauf von der I-GmbH & Co. KG gezahlten Zinsen in Höhe von 3,15 Mio. € (= 31.500.000 € × 10 %) entfallen zu 30 % (= 945.000 €) auf den Gewinnanteil der I-GmbH. Die verbleibenden Vergütungen in Höhe von 5.055.000 € (= 6.000.000 € ./. 945.000 €) fließen als Zinszahlung an A; da A an der I GmbH & Co KG nicht beteiligt ist, haben sie auf das Ergebnis der Personengesellschaft keinen weiteren Einfluss. Es ergibt sich folgende Gewinnfeststellung auf der Ebene der I-GmbH & Co. KG:

	I-GmbH & Co. KG	I-GmbH	Übrige Gesellschafter
Gewinn VZ 01	6.500.000 €	1.950.000 €	4.550.000 €
verdeckte Gewinnausschüttung	945.000 €	945.000 €	
festzustellender Gewinn	7.445.000 €	2.895.000 €	4.550.000 €

Der um die verdeckte Gewinnausschüttung erhöhte Gewinn unterliegt auf Ebene der Personengesellschaft vollständig der Gewerbesteuer. Auf Ebene der Kapitalgesellschaft findet § 9 Nr. 2 GewStG Anwendung. Die verbleibende und nicht umqualifizierte Vergütung für das Darlehen (5.055.000 €) ist für Zwecke der Gewerbesteuer dem Gewinn der Personengesellschaft gemäß § 8 Nr. 1 GewStG zur Hälfte hinzuzurechnen. Beim Anteilsigner findet hinsichtlich des als verdeckte Gewinnausschüttung zufließenden Teils der Vergütung § 9 Nr. 2a GewStG Anwendung.

52 Die auf den als verdeckte Gewinnausschüttung zu qualifizierenden Teil der Vergütung entfallende **Kapitalertragsteuer** kann mit befreiender Wirkung für die Kapitalgesellschaft von der Personengesellschaft einbehalten und abgeführt werden. Die Kapitalertragsteuer ist von der gezahlten Vergütung unmittelbar abzuziehen, so dass an den Anteilsigner nur der „Nettobetrag" der Vergütung abzuführen ist.

2. Wesentlich beteiligter Anteilsigner als Beteiligter an einer Personengesellschaft

53 § 8a Abs. 5 KStG findet auch Anwendung, wenn der das Fremdkapital gewährende wesentlich beteiligte Anteilsigner der Kapitalgesellschaft **gleichzeitig an der Personengesellschaft beteiligt** ist. Die ihm gemäß § 15 Abs. 1 Nr. 2 EStG als Sondervergütung zuzurechnenden Vergütun-

gen auf das Fremdkapital sind als verdeckte Gewinnausschüttung der Kapitalgesellschaft an den wesentlich beteiligten Anteilseigner zu erfassen. Sofern sich die Anteile an der Kapitalgesellschaft im Sonderbetriebsvermögen des Anteilseigners bei der Personengesellschaft befinden (vgl. H 13 Abs. 2 EStR 2003), ist gleichzeitig im Rahmen der einheitlichen und gesonderten Gewinnfeststellung eine verdeckte Gewinnausschüttung der Kapitalgesellschaft an den Anteilseigner als Sonderbetriebseinnahme festzustellen.

Beispiel:
A ist Alleingesellschafter der I-GmbH, die als Komplementärin zu 30 % am Vermögen der I-GmbH & Co. KG beteiligt ist. Gleichzeitig ist A mit 70 % als Kommanditist an der I-GmbH & Co. KG beteiligt; die Beteiligung an der I-GmbH & Co. KG hält A im Betriebsvermögen seines Einzelunternehmens. A gewährt der I-GmbH & Co. KG am 1.1.00 ein Darlehen in Höhe von 60 Mio. € zu einem Zinssatz von 10 %; weitere Darlehen werden nicht gewährt. Die Wirtschaftsjahre der Gesellschaften entsprechen dem Kalenderjahr. Die I-GmbH & Co. KG erwirtschaftet im Jahr 01 einen Gewinn von 6,5 Mio. €.

Für Zwecke der Ermittlung des zulässigen Fremdkapitals ergeben sich bei der I-GmbH folgende Werte:

I-GmbH zum 31.12.00

Anteilige Aktiva der I-GmbH & Co. KG	69.000.000 €	Eigenkapital	19.000.000 €
Sonstige Aktiva	25.000.000 €	8a-Darlehen des A	60.000.000 €
		Sonstige Passiva	15.000.000 €
	94.000.000 €		**94.000.000 €**

Lösung:
Das zulässige Fremdkapital des A bei der I-GmbH beträgt 28,5 Mio. € (= 19.000.000 € × 1,5). Es wird durch das Gesellschafterdarlehen an die I-GmbH & Co. KG um 31,5 Mio. € (= 60.000.000 € ./. 28.500.000 €) überschritten. Die hierauf von der I-GmbH & Co. KG gezahlten Zinsen in Höhe von 3,15 Mio. € (= 31.500.000 € × 10 %) entfallen zu 30 % (= 945.000 €) auf den Gewinnanteil der I-GmbH. Die Anteile des A an der I-GmbH gehören zum Sonderbetriebsvermögen des A bei der I-GmbH & Co. KG. Der bei der I-GmbH nach §§ 8 Abs. 3 Satz 2, 8a KStG hinzuzurechnende Betrag fließt dem A gleichzeitig als verdeckte Gewinnausschüttung zu und ist als Sonderbetriebseinnahme in der einheitlichen und gesonderten Gewinnfeststellung zu erfassen; die verbleibenden Vergütungen in Höhe von 5.055.000 € (= 6.000.000 € ./. 945.000 €) sind als Sondervergütungen an A für die Hingabe von Darlehen festzustellen. Es ergibt sich folgende Gewinnfeststellung auf der Ebene der I-GmbH & Co. KG:

	I-GmbH & Co. KG	I-GmbH	A
Gewinn VZ 01	6.500.000 €	1.950.000 €	4.550.000 €
Sondervergütungen	5.055.000 €		5.055.000 €
verdeckte Gewinnausschüttung	945.000 €	945.000 €	
Sonderbetriebseinnahme	945.000 €		945.000 €
festzustellender Gewinn	13.445.000 €	2.895.000 €	10.550.000 €
in dem festgestellten Gewinnanteil enthaltene Einnahmen nach § 3 Nr. 40 EStG bzw. § 8b KStG			945.000 €

Auf der Ebene der Personengesellschaft unterliegen die Vergütungen weiterhin vollständig in Höhe von 6 Mio. € der Gewerbesteuer. Auf die für A in Höhe von 945.000 € festzustellende Sonderbetriebseinnahme findet auf der Ebene der Personengesellschaft die Kürzung nach § 9 Nr. 2a GewStG Anwendung, so dass sich ein maßgebender Gewerbeertrag von 12,5 Mio. € ergibt. Beim Mitunternehmer findet hinsichtlich des Gewinnanteils aus der I-GmbH & Co. KG § 9 Nr. 2 GewStG Anwendung.

VIII. Anwendung

Die Grundsätze dieses BMF-Schreibens finden erstmals auf Wirtschaftsjahre Anwendung, die nach dem 31. Dezember 2003 beginnen (§ 34 Abs. 6a Satz 1 KStG).

16. Bürgschaftsgesicherte Fremdfinanzierung von Kapitalgesellschaften nach § 8a Abs. 1 Satz 2 KStG (Gesellschafter-Fremdfinanzierung); Anwendung der Textziffern 19 ff. des BMF-Schreibens vom 15. 7. 2004 – BStBl I S. 593

BMF, Schreiben v. 22. 7. 2005 (BStBl I S. 829)

– IV B 7 - S 2742a - 31/05 –

Unter Bezugnahme auf das Ergebnis der Erörterungen mit den obersten Finanzbehörden der Länder wird zu Anwendungsfragen des § 8a Abs. 1 Satz 2 2. Alternative KStG (sog. Rückgriffsregelung) in der Fassung des Gesetzes zur Umsetzung der Protokollerklärung der Bundesregierung zur Vermittlungsempfehlung zum Steuervergünstigungsabbaugesetz vom 22. Dezember 2003 (BGBl I S. 2840) in Ergänzung zu dem BMF-Schreiben vom 15. Juli 2004 (BStBl I S. 593) wie folgt Stellung genommen:

1 § 8a Abs. 1 Satz 2 2. Alternative KStG ist grundsätzlich nur auf solche Sachverhalte gerichtet, in denen der Anteilseigner oder eine diesem nahe stehende Person eine Kapitalforderung besitzt und über diese aus Anlass der Darlehensgewährung eine Verfügungsbeschränkung zu Gunsten des rückgriffsberechtigten Darlehensgebers getroffen wird. § 8a Abs. 1 Satz 2 2. Alternative KStG findet damit grundsätzlich nur auf folgende Sachverhalte Anwendung:

1. Dingliche Sicherheit

2 Zu Gunsten des rückgriffsberechtigten Darlehensgebers besteht eine dingliche Sicherheit an der Kapitalforderung.

Beispiel 1 (dingliche Sicherheit):
Die GmbH nimmt bei Bank 1 ein Darlehen auf. Der Anteilseigner (AE) unterhält bei Bank 2 eine Spareinlage und gewährt für das Darlehen als Sicherheit ein Pfandrecht an der Spareinlage.

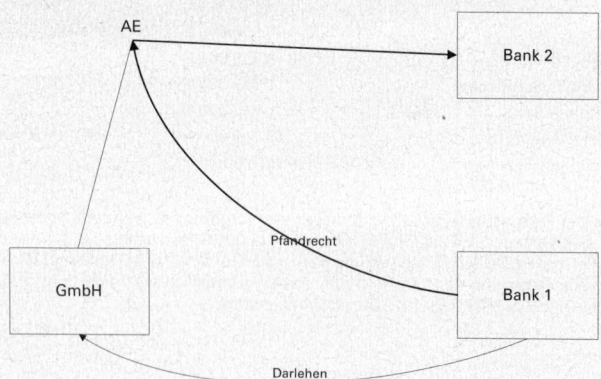

Lösung:
Das Pfandrecht an der Spareinlage des Anteilseigners bei der Bank 2 ist eine dingliche Sicherheit. Es räumt der Bank 1 im Sicherungsfalle eine unmittelbare Zugriffsmöglichkeit auf die Spareinlage ein. Die Voraussetzungen eines schädlichen Rückgriffs sind erfüllt.

Eine dingliche Sicherheit in diesem Sinne besteht auch in den Fällen, in denen aufgrund einer Bürgschaftserklärung nach den Allgemeinen Geschäftsbedingungen des Darlehensgebers ein Pfandrecht an den Kapitalforderungen des Bürgen im Bereich des Darlehensgebers vereinbart worden ist (Nr. 14 AGB-Pfandrecht, Muster BdB). 3

2. Verfügungsbeschränkung oder Unterwerfung unter die sofortige Zwangsvollstreckung

Der Darlehensgeber hat einen schuldrechtlichen Anspruch gegen den Anteilseigner oder eine diesem nahe stehende Person, verbunden mit einer Verfügungsbeschränkung hinsichtlich der Kapitalforderung oder einer Unterwerfung unter die sofortige Zwangsvollstreckung durch den Anteilseigner oder die nahe stehende Person. 4

Beispiel 2 (Verfügungsbeschränkung):
Die GmbH nimmt bei Bank 1 ein Darlehen auf. Der Anteilseigner (AE) unterhält bei Bank 2 eine Spareinlage und erklärt gegenüber der Bank 1, bis zur vollständigen Tilgung des Darlehens und der daraus resultierenden Zinsverpflichtungen nicht über die Spareinlage zu verfügen.

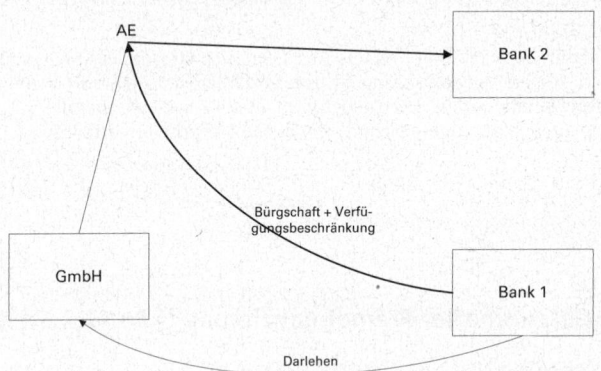

Lösung:
Die Bank 1 kann im Sicherungsfalle infolge der beschränkten Verfügungsmöglichkeiten des Anteilseigners auf die Spareinlage zugreifen. Es liegt ein schädlicher Rückgriff vor.

Beispiel 3 (Unterwerfung unter die sofortige Zwangsvollstreckung):
Sachverhalt wie in Beispiel 2. Der Anteilseigner (AE) beschränkt sich allerdings nicht in seinen Verfügungsmöglichkeiten über die Spareinlage, sondern unterwirft sich im Rahmen der Bürgschaftserklärung der sofortigen Zwangsvollstreckung in sein gesamtes Vermögen.

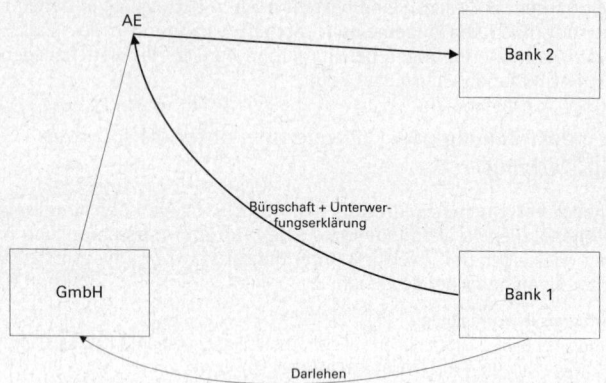

Lösung:

Die Bank 1 kann im Sicherungsfalle sofort auf die Spareinlage zugreifen. Es liegt ein schädlicher Rückgriff vor.

5 Die Beweislast dafür, dass kein Fall des § 8a Abs. 1 Satz 2 2. Alternative KStG vorliegt, liegt beim Steuerpflichtigen. Für die Beweisführung ist es erforderlich, dass eine Bescheinigung des rückgriffsberechtigten Darlehensgebers vorgelegt wird, in der Auskunft über die in Folge der Darlehensausreichung an die Kapitalgesellschaft gewährten Sicherheiten erteilt wird.

17. Gesellschafter-Fremdfinanzierung (§ 8a Abs. 6 KStG)

BMF, Schreiben v. 19. 9. 2006 (BStBl I S. 559, ber. S. 632, 760)

– IV B 7 - S 2742a - 21/06 –

Unter Bezugnahme auf das Ergebnis der Erörterungen mit den obersten Finanzbehörden der Länder wird zu Anwendungsfragen des § 8a Abs. 6 KStG in der Fassung des Gesetzes zur Umsetzung der Protokollerklärung der Bundesregierung zur Vermittlungsempfehlung zum Steuervergünstigungsabbaugesetz vom 22. Dezember 2003 (BGBl I S. 2840) wie folgt Stellung genommen:

Inhaltsübersicht

		Tz.
I.	Allgemeines	1
II.	Erwerbsvoraussetzungen (§ 8a Abs. 6 Satz 1 Nr. 1 KStG)	2–13
	1. Erwerb einer Kapitalbeteiligung	2–7

		2. Zweckbindung des Fremdkapitals	8–13
		a) Begründung des Veranlassungszusammenhangs	9–11
		b) Beendigung des Veranlassungszusammenhangs	12, 13
	III.	Beteiligungsvoraussetzungen (§ 8a Abs. 6 Satz 1 Nr. 2 KStG)	14–22
		1. Veräußerer der Kapitalbeteiligung	14–17
		2. Fremdkapitalgeber	18, 19
		3. Fremdkapital	20–22
	IV.	Rechtsfolgen	23–26
	V.	Erwerb der Kapitalbeteiligung durch eine Personengesellschaft	27–32
	VI.	Anwendung	33

I. Allgemeines

Erfasst werden nur solche Gesellschafter-Fremdfinanzierungen, bei denen das Fremdkapital 1 zum Zwecke des Erwerbs einer Beteiligung am Grund- oder Stammkapital einer Kapitalgesellschaft (**Kapitalbeteiligung**) aufgenommen wurde (§ 8a Abs. 6 Satz 1 **Nr. 1** KStG). Es soll die Verbesserung des Eigenkapitals durch steuerbegünstigte Anteilsverkäufe verhindert werden. § 8a Abs. 6 KStG findet deshalb nur auf solche Anteilserwerbe Anwendung, bei denen

– der Veräußerer (unmittelbar oder mittelbar) eine Kapitalgesellschaft ist

oder

– der Anteilserwerb beim Erwerber zu einer Verbesserung seines Safe-havens nach § 8a Abs. 2 und 4 KStG führt; eine Verbesserung des Safe-havens beim Erwerber kann auch vorliegen, wenn durch den Beteiligungserwerb dessen Holdingeigenschaft (§ 8a Abs. 4 KStG) erst begründet wird.

II. Erwerbsvoraussetzungen (§ 8a Abs. 6 Satz 1 Nr. 1 KStG)

1. Erwerb einer Kapitalbeteiligung

Kapitalbeteiligung im Sinne des § 8a Abs. 6 KStG kann nur die Beteiligung an einer in- oder aus- 2 ländischen Kapitalgesellschaft sein. Hinsichtlich des Erwerbs der Kapitalbeteiligung durch eine Personengesellschaft siehe Textziffern 27 ff.

Für die Anwendung des § 8a Abs. 6 KStG kommt es auf eine bestimmte Mindestbeteiligungs- 3 quote (§ 271 Abs. 1 HGB) nicht an.

Anteilserwerb in diesem Sinne ist auch der Erwerb eigener Anteile des Veräußerers oder Erwer- 4 bers.

Die **Einbringung** einer Kapitalbeteiligung (Anteilstausch) löst einen Anteilserwerb im Sinne 5 des § 8a Abs. 6 KStG aus, wenn hierfür eine Gegenleistung erbracht wird, die nicht ausschließlich in Gesellschaftsanteilen der aufnehmenden Gesellschaft besteht. Die Zuführung des eingebrachten Vermögens zu den offenen Rücklagen im Sinne des § 272 Abs. 2 Nr. 4 HGB stellt keine Gegenleistung dar.

Beispiel:
A ist Alleingesellschafter der I-GmbH und der T-GmbH. Die T-GmbH bringt ihre Beteiligung an der E-GmbH in die I-GmbH gegen Gewährung von Gesellschaftsrechten ein. Zusätzlich erhält sie von der I-GmbH eine Zahlung in Höhe von 10 Mio. €, die durch ein Darlehen des A refinanziert wird. Die für das Darlehen vereinbarte jährliche Vergütung beträgt 1 Mio. €; sie ist angemessen.

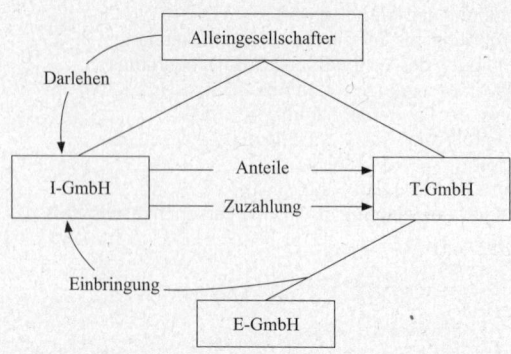

Lösung:

Die Voraussetzungen des § 8a Abs. 6 KStG sind erfüllt, und es kommt zu einer verdeckten Gewinnausschüttung in Höhe von 1 Mio. € bei der I-GmbH. Die I-GmbH nahm das ihr überlassene Fremdkapital in Höhe von 10 Mio. € zum Erwerb der Beteiligung an der E-GmbH auf. Die Einbringung gegen Zuzahlung ist insoweit ein nach § 8a Abs. 6 Satz 1 Nr. 1 KStG schädlicher Erwerbsvorgang.

6   Keinen Anteilserwerb im Sinne des § 8a Abs. 6 Satz 1 Nr. 1 KStG stellt die Erlangung einer Kapitalbeteiligung durch **Kapitalerhöhung** oder im Rahmen der Neugründung einer Kapitalgesellschaft dar.

7   Auf die Übertragung einer Kapitalbeteiligung im Wege der **verdeckten Einlage** findet § 8a Abs. 6 KStG ebenfalls keine Anwendung.

2. Zweckbindung des Fremdkapitals

8   Der erwerbenden Kapitalgesellschaft muss zum Zwecke des Erwerbs einer Kapitalbeteiligung Fremdkapital überlassen werden. Dies setzt voraus, dass die Überlassung des Fremdkapitals durch den Erwerb einer Kapitalbeteiligung veranlasst ist (**Veranlassungsprinzip**).

a) Begründung des Veranlassungszusammenhangs

9   Eine Veranlassung in diesem Sinne ist anzunehmen, wenn das überlassene Fremdkapital tatsächlich zum Erwerb einer Kapitalbeteiligung verwendet wird. Gleiches gilt, wenn zunächst die Kapitalbeteiligung erworben und anschließend das der Finanzierung des Anteilserwerbs dienende Fremdkapital aufgenommen wird. Eine gemischt veranlasste Fremdkapitalüberlassung erfüllt die Voraussetzungen des § 8a Abs. 6 KStG, wenn sie auch durch den Erwerb einer Kapitalbeteiligung veranlasst ist.

10 Ein Zusammenhang zwischen der Überlassung des Fremdkapitals und dem Erwerb der Kapitalbeteiligung ist in der Regel anzunehmen, wenn zwischen der Fremdkapitalüberlassung und dem Beteiligungserwerb ein Zeitraum von weniger als einem Jahr liegt.

11 Ein schädlicher Veranlassungszusammenhang liegt auch vor, wenn die Überlassung des Fremdkapitals nach dem erkennbaren Willen der Beteiligten mit dem Ziel des **mittelbaren Erwerbs einer Kapitalbeteiligung** erfolgte (**Gesamtplan**). Die Form der Überlassung des Fremdkapitals an die erwerbende Kapitalgesellschaft (Eigen- oder Fremdkapital) ist unerheblich.

Beispiel:

A ist Alleingesellschafter der I_1-GmbH und der T-GmbH. Er gewährt der I_1-GmbH am 1. Oktober 01 ein Darlehen in Höhe von 10 Mio. € (Darlehen I), das diese vollumfänglich an ihre Tochtergesellschaft – die I_2-GmbH – zum Erwerb einer Kapitalbeteiligung an der E-GmbH von der T-GmbH weitergeben soll (Darlehen II). Die I_2-GmbH verwendet das Darlehen II zum vorgesehenen Zweck. Die für das Darlehen I vereinbarte jährliche Vergütung beträgt 1 Mio. €; sie ist angemessen. Das Darlehen II ist zinslos.

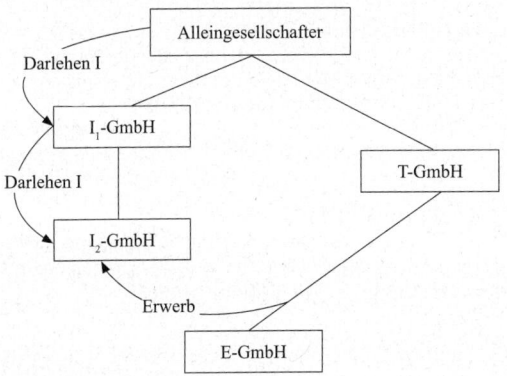

Lösung:
Sowohl das Darlehen I als auch das Darlehen II erfüllen die Voraussetzungen des § 8a Abs. 6 KStG. Beide Darlehen dienen dem Erwerb der Kapitalbeteiligung an der E-GmbH von der T-GmbH. Bei der I_1-GmbH kommt es infolge der Vermögensminderung durch die Zinszahlung auf das Darlehen I zu einer verdeckten Gewinnausschüttung in Höhe von 1 Mio. €. Bei der I_2-GmbH tritt dagegen keine Vermögensminderung ein (Zinslosigkeit des Darlehens II); die infolge der Zinslosigkeit des Darlehens II bei der I_1-GmbH eingetretene verhinderte Vermögensmehrung ist ein nicht einlagefähiger Vorteil (Nutzungseinlage).

b) Beendigung des Veranlassungszusammenhangs

Ein bestehender Veranlassungszusammenhang wird nicht bereits dadurch beendet, dass die Kapitalbeteiligung veräußert wird oder die erworbenen Anteile wegfallen (z. B. weil die Kapitalgesellschaft aufgelöst bzw. umgewandelt wird). Die Rückzahlung (**Tilgung**) des überlassenen Fremdkapitals beendet dagegen regelmäßig den Veranlassungszusammenhang. 12

Wird das ursprüngliche Fremdkapital durch die Aufnahme anderen Fremdkapitals ersetzt (**Umfinanzierung**), beendet dies den Veranlassungszusammenhang nur, soweit die mit dem ursprünglichen Fremdkapital erworbenen Anteile nicht mehr zum Vermögen der Kapitalgesellschaft gehören. War die spätere Umfinanzierung dagegen von Beginn an vorgesehen, besteht der ursprüngliche Veranlassungszusammenhang fort. Gleiches gilt, wenn das durch die Umfinanzierung abgelöste Fremdkapital nach dem Gesamtbild der Umstände nur den Zweck einer Zwischenfinanzierung haben konnte. 13

III. Beteiligungsvoraussetzungen (§ 8a Abs. 6 Satz 1 Nr. 2 KStG)

1. Veräußerer der Kapitalbeteiligung

Der **Veräußerer** der Kapitalbeteiligung muss gemäß § 8a Abs. 6 Satz 1 Nr. 2 KStG 14
  – ein wesentlich beteiligter Anteilseigner der erwerbenden Kapitalgesellschaft

  oder

  – eine dem wesentlich beteiligten Anteilseigner nahe stehende Person im Sinne des § 1 Abs. 2 AStG sein. Ein **rückgriffsberechtigter Dritter** (§ 8a Abs. 1 Satz 2 KStG) als Veräußerer einer Kapitalbeteiligung erfüllt diese Voraussetzung nicht.

15 Die **Qualifikation des Veräußerers** der Kapitalbeteiligung als Anteilseigner der erwerbenden Kapitalgesellschaft oder eine dem Anteilseigner nahe stehende Person muss im Zeitpunkt des schädlichen Anteilserwerbs vorliegen. Wird der Veräußerer der Kapitalbeteiligung zu einem späteren Zeitpunkt Anteilseigner der fremdfinanzierten Kapitalgesellschaft oder eine dem Anteilseigner nahe stehende Person ist dies schädlich, wenn die Veräußerung der Kapitalbeteiligung und die spätere Erlangung einer schädlichen Stellung als Anteilseigner oder nahe stehende Person einem Gesamtplan entsprechen.

16 Ein Fortbestehen der Qualifikation des Veräußerers als Anteilseigner der erwerbenden Kapitalgesellschaft oder eine dem Anteilseigner nahe stehende Person nach dem schädlichen Erwerbsvorgang ist für Zwecke des § 8a Abs. 6 KStG nicht erforderlich.

17 Der Veräußerer der Kapitalbeteiligung und der Geber des Fremdkapitals können verschiedene Personen sein.

2. Fremdkapitalgeber

18 Das Fremdkapital muss

- von einem wesentlich beteiligten Anteilseigner,
- von einer dem wesentlich beteiligten Anteilseigner nahe stehenden Person

oder

- von einem rückgriffsberechtigten Dritten (§ 8a Abs. 1 Satz 2 KStG)

überlassen werden. Die Grundsätze der BMF-Schreiben vom 15. Juli 2004 (BStBl I S. 593) und vom 22. Juli 2005 (BStBl I S. 829) sind anwendbar, soweit sich aus diesem Schreiben nichts anderes ergibt.

19 Für die Anwendung des § 8a Abs. 6 KStG genügt es, wenn die Stellung des Fremdkapitalgebers als Anteilseigner der fremdfinanzierten Kapitalgesellschaft oder eine diesem nahe stehende Person zu einem Zeitpunkt im Wirtschaftsjahr der fremdfinanzierten Kapitalgesellschaft vorliegt. In Wirtschaftsjahren der fremdfinanzierten Kapitalgesellschaft, in denen der Fremdkapitalgeber diese Voraussetzung zu keinem Zeitpunkt erfüllt, findet § 8a Abs. 6 KStG keine Anwendung.

Beispiel:
Der Alleingesellschafter B ist an der I-GmbH und an der T-GmbH beteiligt. A gewährt der I-GmbH am 1. Oktober 01 ein Darlehen in Höhe von 10 Mio. €, das die I-GmbH vollumfänglich zum Erwerb einer Beteiligung an der E-GmbH von der T-GmbH einsetzt. Am 1. Juli 02 erwirbt B die Darlehensforderung im Wege der Abtretung von A. Die Wirtschaftsjahre der Beteiligten entsprechen dem Kalenderjahr. Die für das Darlehen vereinbarte jährliche Vergütung beträgt 1 Mio. €; sie ist angemessen.

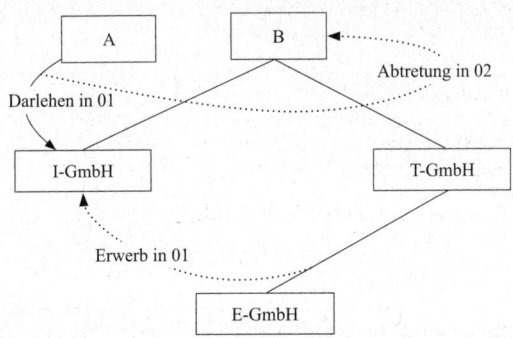

Lösung:

Die Voraussetzungen des § 8a Abs. 6 KStG sind ab dem 1. Juli 02 und damit erstmals im Wirtschaftsjahr 02 erfüllt. Die Zinszahlungen der I-GmbH führen ab dem 1. Juli 02 zu verdeckten Gewinnausschüttungen bei der I-GmbH.

3. Fremdkapital

§ 8a Abs. 6 KStG erfasst – anders als § 8a Abs. 1 Satz 1 KStG – auch kurzfristig überlassenes Fremdkapital.

Die Kapitalgesellschaft hat im Gegensatz zu § 8a Abs. 1 Satz 1 Nr. 2 KStG hinsichtlich des zum Zwecke des Anteilserwerbs überlassenen Fremdkapitals **kein zulässiges Fremdkapital**. Das zulässige Fremdkapital im Sinne des § 8a Abs. 1 Satz 1 Nr. 2, Abs. 4 und Abs. 5 KStG wird nicht durch Fremdkapital verbraucht, auf das § 8a Abs. 6 KStG Anwendung findet.

Die Möglichkeit eines Entlastungsbeweises wie in § 8a Abs. 1 Satz 1 Nr. 2 KStG (**Drittvergleich**) besteht nicht.

IV. Rechtsfolgen

Hinsichtlich der durch § 8a Abs. 6 KStG ausgelösten Rechtsfolgen wird auf die Grundsätze der BMF-Schreiben vom 15. Juli 2004 (BStBl I S. 593) und vom 22. Juli 2005 (BStBl I S. 829) verwiesen.

Ein bereits **abgeschlossener Anteilsübergang** ist nicht Voraussetzung, damit die Rechtsfolgen des § 8a Abs. 6 KStG eintreten. Der Abschluss eines entsprechenden Verpflichtungsgeschäfts reicht aus, wenn das überlassene Fremdkapital später erkennbar der Abwicklung dieses Geschäfts dient und der Anteilserwerb tatsächlich erfolgt.

Beispiel:

Der Alleingesellschafter A ist an der I-GmbH und an der T-GmbH beteiligt. Er gewährt der I-GmbH am 1. Oktober 01 ein Darlehen in Höhe von 10 Mio. €, das die I-GmbH nach dem Inhalt des Darlehensvertrages vollumfänglich zum Erwerb einer Beteiligung an der E-GmbH von der T-GmbH einsetzen soll. Der Anteilserwerb erfolgt am 28. Februar 02. Die Wirtschaftsjahre der Beteiligten entsprechen dem Kalenderjahr. Die für das Darlehen vereinbarte jährliche Vergütung beträgt 1 Mio. €; sie ist angemessen.

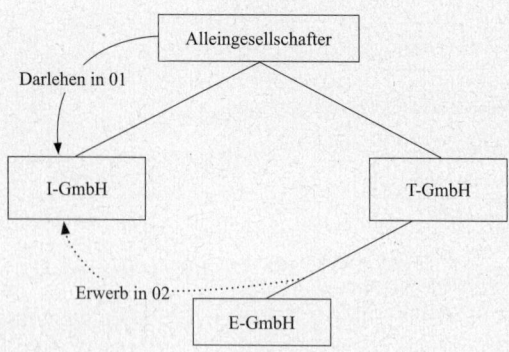

Lösung:

Die Voraussetzungen des § 8a Abs. 6 KStG sind bereits im Wirtschaftsjahr 01 erfüllt. Das vom Anteilseigner überlassene Fremdkapital diente angesichts der klaren Zweckbestimmung dem Erwerb der Kapitalbeteiligung an der E-GmbH von der T-GmbH, obwohl der Erwerb erst im Wirtschaftsjahr nach der Überlassung des Fremdkapitals abgeschlossen wurde. Die durch das Darlehen ausgelösten Vermögensminderungen führen ab dem Wirtschaftsjahr 01 zu verdeckten Gewinnausschüttungen.

25 Bei einem **gemischt veranlassten Fremdkapital** führen die Zinszahlungen in dem Umfang zu verdeckten Gewinnausschüttungen, in dem das Fremdkapital durch den Erwerb der Kapitalbeteiligung veranlasst ist.

26 Eine Freigrenze im Sinne des § 8a Abs. 1 Satz 1 KStG besteht nicht.

V. Erwerb der Kapitalbeteiligung durch eine Personengesellschaft

27 Gemäß § 8a Abs. 6 Satz 2 KStG wird der Erwerb von Kapitalbeteiligungen durch eine Personengesellschaft erfasst, an der eine Kapitalgesellschaft im Sinne des § 8a Abs. 6 Satz 1 KStG alleine oder zusammen mit ihr nahe stehenden Personen (§ 1 Abs. 2 AStG) unmittelbar oder mittelbar zu mehr als einem Viertel beteiligt ist. Tz. 32 des BMF-Schreibens vom 15. Juli 2004 (BStBl I S. 593) gilt entsprechend.

28 Die Tatbestandsvoraussetzungen des § 8a Abs. 6 Satz 1 **Nr. 1** KStG (Erwerbsvorgang) sind auf der Grundlage der Verhältnisse der Personengesellschaft und die Voraussetzungen des § 8a Abs. 6 Satz 1 **Nr. 2** KStG (Beteiligtenverhältnisse) auf der Grundlage der Verhältnisse der an der Personengesellschaft beteiligten Kapitalgesellschaft zu prüfen.

29 Die von § 8a Abs. 6 KStG erfassten Vergütungen führen zu verdeckten Gewinnausschüttungen, soweit sie den Gewinnanteil der Kapitalgesellschaft bei der Personengesellschaft mindern. Tz. 48 ff. des BMF-Schreibens vom 15. Juli 2004 (BStBl I S. 593) gelten entsprechend.

Beispiel:

A ist Alleingesellschafter der I-GmbH und der T-GmbH. Die I-GmbH ist zu 30% an der I-GmbH & Co. KG beteiligt. A gewährt der I-GmbH & Co. KG ein Darlehen in Höhe von 10 Mio. €, das die I-GmbH & Co. KG vollumfänglich zum Erwerb einer Kapitalbeteiligung an der E-GmbH von der T-GmbH verwendet. Die für das Darlehen vereinbarte jährliche Vergütung beträgt 1 Mio. €; sie ist angemessen.

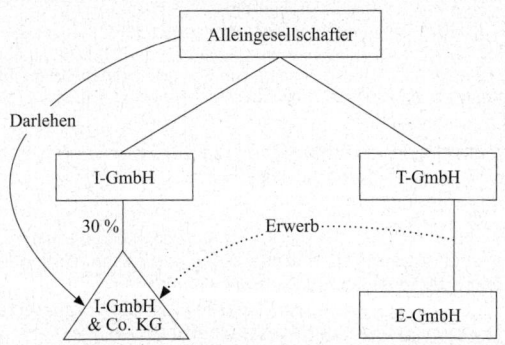

Lösung:
Die Voraussetzungen des § 8a Abs. 6 Satz 2 KStG sind erfüllt. Der Erwerb der Beteiligung an der E-GmbH fand durch eine Personengesellschaft (die I-GmbH & Co. KG) statt, an der die Kapitalgesellschaft (die I-GmbH) zu mehr als einem Viertel beteiligt ist. Das Fremdkapital wurde der I-GmbH & Co. KG zum Zwecke des Erwerbs der Kapitalbeteiligung überlassen. Der Veräußerer der Kapitalbeteiligung (T-GmbH) ist eine dem wesentlich beteiligten Anteilseigner der Kapitalgesellschaft (Alleingesellschafter) nahe stehende Person. Die Überlassung des Fremdkapitals erfolgte durch den Alleingesellschafter. Die auf das Fremdkapital gezahlten Vergütungen mindern den Gewinnanteil der I-GmbH bei der I-GmbH & Co. KG um 30 % und führen daher in Höhe von 300.000 € zu einer verdeckten Gewinnausschüttung.

Sofern das Fremdkapital der Kapitalgesellschaft überlassen wird und der Erwerb der Kapitalbeteiligung durch eine der Kapitalgesellschaft nachgeschaltete Personengesellschaft erfolgt, die die Voraussetzungen des § 8a Abs. 6 Satz 2 KStG erfüllt, ist ein **mittelbarer Anteilserwerb** im Sinne der Tz. 11 dieses BMF-Schreibens zu prüfen. Ein schädlicher Anteilserwerb liegt vor, wenn die Überlassung des Fremdkapitals nach dem erkennbaren Willen der Beteiligten dem Erwerb einer Kapitalbeteiligung dienen soll (Gesamtplan).

Beispiel:
A ist Alleingesellschafter der I-GmbH und der T-GmbH. Er gewährt der I-GmbH am 1. Oktober 01 ein Darlehen in Höhe von 10 Mio. €, das diese vollumfänglich als Eigenkapital an die ihr nachgeschaltete Personengesellschaft – die I-GmbH & Co. KG – zum Erwerb einer Kapitalbeteiligung an der E-GmbH von der T-GmbH weitergeben soll. Die I-GmbH & Co. KG verwendet das Kapital zum vorgesehenen Zweck. Die für das Darlehen vereinbarte jährliche Vergütung beträgt 1 Mio. €; sie ist angemessen.

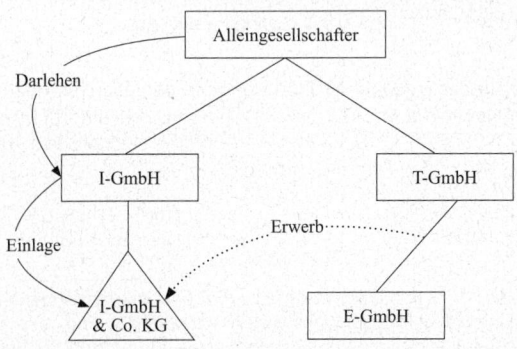

Lösung:
Das Darlehen erfüllt die Voraussetzungen des § 8a Abs. 6 **Satz 1** KStG. Es dient dem Erwerb einer Kapitalbeteiligung an der E-GmbH. Bei der I-GmbH kommt es infolge der Zinszahlung auf das Darlehen zu Sonderbetriebsausgaben, die im Rahmen der einheitlichen und gesonderten Gewinnfeststellung der I-GmbH & Co. KG Berücksichtigung finden und zu einer verdeckten Gewinnausschüttung in Höhe von 1 Mio. € führen.

31 Der fremdfinanzierte **Erwerb des Mitunternehmeranteils** an einer Personengesellschaft erfüllt die Voraussetzungen eines mittelbaren Anteilserwerbs, soweit das Vermögen der Personengesellschaft aus Kapitalbeteiligungen besteht.

32 § 8a Abs. 6 Satz 2 KStG setzt voraus, dass die Kapitalgesellschaft zu einem Zeitpunkt ihres Wirtschaftsjahres alleine oder zusammen mit ihr nahe stehenden Personen im Sinne des § 1 Abs. 2 AStG unmittelbar oder mittelbar zu mehr als einem Viertel an der fremdfinanzierten Personengesellschaft beteiligt ist. Der Fremdkapitalgeber muss die Voraussetzungen der Tz. 18 dieses BMF-Schreibens bezogen auf die Kapitalgesellschaft erfüllen.

VI. Anwendung

33 Die Grundsätze dieses BMF-Schreibens finden erstmals auf Wirtschaftsjahre Anwendung, die nach dem 31. Dezember 2003 beginnen (§ 34 Abs. 6a Satz 1 KStG). Erfasst werden nur solche fremdfinanzierten Anteilserwerbe, bei denen das obligatorische Rechtsgeschäft (Verpflichtungsgeschäft) oder die erstmalige Überlassung des dem Erwerb dienenden Fremdkapitals nach dem 31. Dezember 2001 liegt; Tz. 9 dieses BMF-Schreibens gilt entsprechend.

Zu § 8b KStG

18. Behandlung des Aktieneigenhandels nach § 8b Abs. 7 KStG i. d. F. des Gesetzes zur Änderung des Investitionszulagengesetzes 1999

BMF, Schreiben v. 25. 7. 2002 (BStBl I S. 712)

– IV A 2 - S 2750 a - 6/02 –

Unter Bezugnahme auf das Ergebnis der Erörterung mit den obersten Finanzbehörden der Länder nehme ich zur Anwendung des § 8b Abs. 7 KStG in der Fassung des Gesetzes zur Änderung des Investitionszulagengesetzes 1999 vom 20. Dezember 2000 (BGBl I S. 1850, BStBl 2001 I S. 28) wie folgt Stellung:

A. Allgemeines

Die Vorschrift des § 8b Abs. 7 KStG nimmt Anteile, die für den kurzfristigen Eigenhandel bei Kreditinstituten und Finanzdienstleistungsinstituten vorgesehen sind, aus dem Anwendungsbereich der allgemeinen Regelungen zur Dividendenfreistellung und zur Veräußerungsgewinnbefreiung aus. Entsprechend bleiben mit diesen Anteilen im Zusammenhang stehende Betriebsausgaben zum Abzug zugelassen. Zur Abgrenzung der Bestände knüpft das Gesetz bei Instituten im Sinne des Gesetzes über das Kreditwesen (Kreditwesengesetz – KWG) an das nach § 1 Abs. 12 KWG zu führende Handelsbuch an. Soweit die Kreditinstitute von der Führung des Handelsbuchs befreit sind, gelten die Vorschriften analog. Bei Finanzunternehmen, die nicht zur Führung eines Handelsbuchs verpflichtet sind, richtet sich die Steuerpflicht danach, ob die Anteile mit dem Ziel der kurzfristigen Erzielung eines Eigenhandelserfolgs erworben werden. Die Regelung gilt auch für inländische Zweigniederlassungen von Unternehmen mit Sitz in einem anderen Mitgliedstaat der Europäischen Gemeinschaft oder in einem anderen Vertragsstaat des EWR-Abkommens, die nicht der inländischen Kreditaufsicht unterliegen. Kreditinstitute mit Sitz in Staaten außerhalb der Europäischen Union unterliegen mit ihren inländischen Zweigniederlassungen dem KWG und haben gemäß § 1 Abs. 12 KWG ein Handelsbuch zu führen.

B. Anwendung auf Kredit- und Finanzdienstleistungsinstitute, bei denen Anteile dem Handelsbuch zuzurechnen sind (§ 8b Abs. 7 Satz 1 KStG)

I. Steuerliche Bindung an die Zuordnung zum Handelsbuch

Das Gesetz knüpft in § 8b Abs. 7 Satz 1 KStG für den Bereich der Kreditwirtschaft zur Unterscheidung von Anteilserwerben zum Zweck der Finanzanlage (steuerfrei) und Anteilserwerben mit dem Ziel der kurzfristigen Erzielung eines Eigenhandelserfolgs auch für Besteuerungszwecke an kreditaufsichtsrechtliche Regelungen an und stellt auf die Einordnung in das Handels- oder Anlagebuch nach § 1 Abs. 12 KWG ab.

Gemäß § 1 Abs. 12 Satz 5 KWG hat die Einbeziehung von Geschäften in das Handelsbuch nach institutsinternen nachprüfbaren Kriterien zu erfolgen, die der Bundesanstalt für Finanzdienstleistungsaufsicht (BAFin; vormals: Bundesaufsichtsamt für das Kreditwesen) und den zuständigen Hauptverwaltungen der Deutschen Bundesbank mitzuteilen sind. Das Regelungsermessen des Instituts findet seine Grenzen über die ausdrücklichen Vorgaben des § 1 Abs. 12 KWG hinaus in dem Konsistenzgebot und dem allgemeinen Willkürverbot. Die Zuordnung zum Anlagebuch bzw. zum Handelsbuch darf nicht lediglich deshalb vorgenommen werden, um hierdurch Vorteile (Einordnung als Nichthandelsbuchinstitut bzw. Erreichung geringerer Anrechnungs- und Unterlegungssätze) zu erlangen. Der Kriterienkatalog muss abschließend und eindeutig sein.

§ 8b Abs. 7 KStG gilt für Anteile, die dem Handelsbuch nach institutsinternen Regelungen **zuzuordnen sind**; auf den konkreten Ausweis im Handelsbuch kommt es nicht an. Im Regelfall kann dem tatsächlichen Ansatz im Handelsbuch auch steuerlich gefolgt werden. Aus einer falschen Zuordnung können steuerliche Konsequenzen gezogen werden, d. h., der falsche Ansatz ist ggf. in der Steuerbilanz entsprechend zu korrigieren.

II. Umwidmung

Umwidmungen von Positionen des Handelsbuchs in das Anlagebuch bzw. umgekehrt sind bei Positionen im Sinne des § 1 Abs. 12 Satz 1 Nr. 1 KWG nach den Richtlinien der BAFin[*)] grundsätzlich nur in begründeten Einzelfällen möglich, wenn sich die interne Zweckbestimmung der Geschäfte ändert. Als Ausnahmetatbestand ist die Regelung des § 1 Abs. 12 Satz 6 KWG eng auszulegen.

[*)] Derzeit noch Rundschreiben 17/99 vom 8. Dezember 1999 (I 3 – 1119 – 3/98) „Zuordnung der Bestände und Geschäfte der Institute zum Handelsbuch und zum Anlagebuch (§ 1 Abs. 12 KWG, § 2 Abs. 11 KWG)". Aufgrund einer Änderung des KWG im Rahmen des Vierten Finanzmarktförderungsgesetzes vom 21. Juli 2002 (BGBl I S. 2010) wird die Handelsbuchabgrenzung gemäß § 1 Abs. 12 Satz 3 KWG künftig Gegenstand einer Rechtsverordnung sein.

Umwidmungen müssen in den Unterlagen des Instituts nachvollziehbar dokumentiert und begründet werden (§ 1 Abs. 12 Satz 6 KWG). Die Dokumentation kann z. B. durch einen Beschluss der Geschäftsführung erfüllt werden, der auch der BAFin vorzulegen ist. An die Begründung werden hohe Anforderungen gestellt. Das Konsistenzgebot und das Willkürverbot gelten auch für Umwidmungen. Falls sich inkonsistente bzw. willkürliche Umwidmungen häufen, kann sich die Frage der Ordnungsmäßigkeit der Geschäftsorganisation stellen.

Dagegen ist die Zuordnung zum Handelsbuch in den Fällen des § 1 Abs. 12 Satz 1 Nr. 3 und Satz 2 KWG zwingend; eine Umwidmung kann hier nur erfolgen, soweit der Tatbestand durch Wegfall der Voraussetzungen nachträglich entfällt. Bei Positionen im Sinne des § 1 Abs. 12 Satz 1 Nr. 2 KWG (Bestände und Geschäfte zur Absicherung von Marktrisiken des Handelsbuchs und damit im Zusammenhang stehende Refinanzierungsgeschäfte) folgt eine Umwidmung zwingend der Umwidmung der zugrundeliegenden Geschäfte nach § 1 Abs. 12 Satz 1 Nr. 1 KWG.

III. Wertpapiere der so genannten Liquiditätsreserve

Wertpapiere der handelsrechtlichen Liquiditätsreserve (§ 340f Abs. 1 Satz 1 HGB) sind grundsätzlich dem Anlagebuch zuzuordnen. Sie können dem Handelsbuch zugeordnet werden, wenn die allgemeinen Zuordnungskriterien des § 1 Abs. 12 KWG erfüllt sind, die Institute die Zuordnung intern dokumentieren und sie dies gegenüber der BAFin darlegen. Die handelsrechtliche Bewertung der Wertpapiere der Liquiditätsreserve ist mit denen des Handelsbestandes identisch (Umlaufvermögen, § 340e HGB).

Die steuerliche Behandlung von Wertpapieren der so genannten Liquiditätsreserve folgt für die Beurteilung, ob § 8b Abs. 7 KStG Anwendung findet, der Zuordnung zum Anlage- oder Handelsbuch und nicht der handelsrechtlichen Bewertung.

C. Merkmale „Finanzunternehmen"; „Eigenhandelserfolg" (§ 8b Abs. 7 Satz 2 KStG)

I. Definition des Finanzunternehmens

Der Begriff des Finanzunternehmens ist weit auszulegen.

§ 8b Abs. 7 Satz 2 KStG erfasst Finanzunternehmen i. S. des KWG. Nach § 1 Abs. 3 KWG sind dies solche Unternehmen, die keine Kreditinstitute bzw. Finanzdienstleistungsinstitute sind und deren Haupttätigkeit u. a. im Erwerb von Beteiligungen besteht.

Der Begriff „Finanzunternehmen" umfasst nach dem Wortlaut des Gesetzes alle Unternehmen des Finanzsektors als Restgröße, d. h. alle, die nicht Institute nach § 1 Abs. 1b KWG sind.

Ob ein Unternehmen unter die Definition des Finanzunternehmens fällt, bestimmt sich danach, ob die Tätigkeiten im Sinne des § 1 Abs. 3 KWG die Haupttätigkeit des Finanzunternehmens darstellt. Für die Abgrenzung sind die Grundsätze der Tz. 81 und 82 des BMF-Schreibens vom 15. Dezember 1994 betreffend Gesellschafter-Fremdfinanzierung – § 8a KStG (BStBl 1995 I S. 25) anzuwenden.

Unter den gegebenen Voraussetzungen zählen dazu Holding-, Factoring-, Leasing-, Anlageberatungs- und bestimmte Unternehmensberatungsunternehmen, sowie grundsätzlich auch vermögensverwaltende Kapitalgesellschaften.

II. Auslegung des Merkmals „Ziel der kurzfristigen Erzielung eines Eigenhandelserfolgs"

Gemäß § 8b Abs. 7 Satz 2 KStG wird die Steuerfreiheit versagt, wenn Finanzunternehmen i. S. des KWG Anteile mit dem Ziel der kurzfristigen Erzielung eines Eigenhandelserfolgs erworben haben. Diese besondere Regelung gilt für Finanzunternehmen, auf die die Regelung über das Handelsbuch nicht anzuwenden ist.

Das Merkmal „Erwerb der Anteile mit dem Ziel der kurzfristigen Erzielung eines Eigenhandelserfolgs" ist immer dann erfüllt, wenn die Anteile dem Umlaufvermögen zuzuordnen sind. Das Institut ist an seine Zuordnung gebunden.

19. Anwendung des § 8b KStG 2002[*] und Auswirkungen auf die Gewerbesteuer

BMF, Schreiben v. 28. 4. 2003 (BStBl I S. 292)

– IV A 2 - S 2750 a - 7/03 –

Unter Bezugnahme auf das Ergebnis der Erörterungen mit den obersten Finanzbehörden der Länder gilt zur Anwendung der durch das Steuersenkungsgesetz – StSenkG – vom 23. Oktober 2000 (BGBl I S. 1433, BStBl I S. 1428) neu gefassten und durch das Unternehmenssteuerfortentwicklungsgesetz – UntStFG – vom 20. Dezember 2001 (BGBl I S. 3858, BStBl 2002 I S. 35) geänderten Vorschriften des § 8b Abs. 1 bis 6 KStG Folgendes:

Inhaltsübersicht

	Tz.
A. Einführung	1–3
B. Beteiligungsertragsbefreiung (§ 8b Abs. 1 KStG)	4–12
I. Allgemeines	4
II. Sachlicher Anwendungsbereich	5–10
III. Einbehaltung und Anrechnung von Kapitalertragsteuer	11
IV. Steuerpflicht nach anderen Vorschriften	12
C. Veräußerungsgewinnbefreiung (§ 8b Abs. 2 KStG)	13–24
I. Allgemeines	13, 14
II. Gesetzlich geregelte Anwendungsfälle des § 8b Abs. 2 KStG	15–20
III. Anwendung des § 8b Abs. 2 KStG auf weitere Realisationsvorgänge	21–24
D. Nicht zu berücksichtigende Gewinnminderungen (§ 8b Abs. 3 KStG)	25–27
E. Einbringungsklausel (§ 8b Abs. 4 KStG)	28–52
I. Allgemeines	28–33
II. Sachliche Sperre (§ 8b Abs. 4 Satz 1 Nr. 1 KStG)	34–36
III. Persönliche Sperre (§ 8b Abs. 4 Satz 1 Nr. 2 KStG)	37–39
IV. Rückausnahmen (Steuerfreiheit)	40–52
1. 7-Jahresfrist (§ 8b Abs. 4 Satz 2 Nr. 1 KStG)	40–45
a) Beginn und Ende der 7-Jahresfrist	41–44
b) Spaltung oder Verschmelzung innerhalb der 7-Jahresfrist	45
2. Steuerlich nicht berücksichtigte Teilwertabschreibungen	46
3. Rückausnahme nach § 8b Abs. 4 Satz 2 Nr. 2 KStG (Steuerfreiheit)	47

[*] KStG 2002 = KStG n. F.; KStG 1999 = KStG a. F.

	4. Ausnahme von der Rückausnahme (Steuerpflicht)	48–50
	5. Nachträglich eintretende Steuerverstrickung	51, 52
F.	Pauschaliertes Betriebsausgaben-Abzugsverbot bei ausländischen Dividenden (§ 8b Abs. 5 KStG)	53
G.	Anwendung des § 8b Absätze 1 bis 5 KStG bei Beteiligung über eine Personengesellschaft (§ 8b Abs. 6 KStG)	54–58
	I. Allgemeines	54, 55
	II. Beteiligung über eine vermögensverwaltende Personengesellschaft	56
	III. Auswirkungen auf die Gewerbesteuer	57, 58
H.	Keine Anwendung des § 8b Absätze 1 bis 6 KStG auf den kurzfristigen Eigenhandel bei Banken und Finanzdienstleistern (§ 8b Abs. 7 KStG)	59
I.	Zeitliche Anwendung (§ 34 Abs. 7 KStG)	60–68
	I. Erstmalige Anwendung der Beteiligungsertragsbefreiung des § 8b Abs. 1 KStG bei Inlandsbeteiligungen	60–63
	II. Erstmalige Anwendung der Veräußerungsgewinnbefreiung des § 8b Abs. 2 KStG und des Abzugsverbots des § 8b Abs. 3 KStG bei Inlandsbeteiligungen	64–66
	1. Kalenderjahrgleiches Wirtschaftsjahr der Gesellschaft, deren Anteile übertragen werden	64
	2. Vom Kalenderjahr abweichendes Wirtschaftsjahr der Gesellschaft, deren Anteile übertragen werden	65
	3. Anwendung bei der veräußernden Körperschaft............................	66
	III. Anwendung des § 8b Abs. 2 KStG bei Umstellung auf ein vom Kalenderjahr abweichendes Wirtschaftsjahr in 2001 (§ 34 Abs. 7 Satz 1 Nr. 2 KStG)	67
	IV. Anwendung der Beteiligungsertragsbefreiung des § 8b Abs. 1 KStG und der Veräußerungsgewinnbefreiung des § 8b Abs. 2 KStG bei Auslandsbeteiligungen	68

A. Einführung

1 Durch das Steuersenkungsgesetz wurde das Vollanrechnungsverfahren durch das so genannte Halbeinkünfteverfahren ersetzt. Im Halbeinkünfteverfahren werden die Gewinne der Körperschaft unabhängig davon, ob sie ausgeschüttet oder einbehalten werden, in Höhe des jeweiligen Körperschaftsteuersatzes (mit 25 v. H. bzw. 26,5 v. H.) besteuert. Ausgeschüttete Gewinne werden beim Anteilseigner nur zur Hälfte in die Bemessungsgrundlage seiner Einkommensteuer einbezogen. Bei Gewinnausschüttungen einer Körperschaft an eine andere Körperschaft gilt beim Empfänger grundsätzlich eine allgemeine Beteiligungsertragsbefreiung; dadurch bleibt es in Beteiligungsketten bei einer einmaligen Körperschaftsteuerbelastung in Höhe des jeweiligen Körperschaftsteuersatzes, bis der Gewinn die Ebene der Körperschaften verlässt und an eine natürliche Person ausgeschüttet wird.

2 Der Gewinn aus der Veräußerung einer Beteiligung an einer inländischen oder ausländischen Körperschaft wird durch § 8b Abs. 2 KStG ebenfalls grundsätzlich steuerfrei gestellt. Die Freistellung berücksichtigt, dass der Veräußerungsgewinn auf offenen und stillen Reserven in der Beteiligungsgesellschaft beruht, welche dort entweder bereits versteuert worden sind oder auch nach der Veräußerung steuerverhaftet bleiben.

3 Gewinnminderungen, die im Zusammenhang mit steuerfreien Erträgen nach § 8b KStG stehen, sind nur eingeschränkt zu berücksichtigen. Zu Einzelfragen der Abzugsbeschränkung ergeht ein gesondertes BMF-Schreiben.

B. Beteiligungsertragsbefreiung (§ 8b Abs. 1 KStG)

I. Allgemeines

§ 8b Abs. 1 KStG gilt sachlich für Beteiligungserträge aus dem In- und Ausland und persönlich für alle Körperschaften, Personenvereinigungen und Vermögensmassen i. S. der §§ 1 und 2 KStG als Empfänger. Die Anwendung des § 8b Abs. 1 KStG setzt keine Mindestbeteiligungsquote oder Mindestbehaltefrist voraus. 4

II. Sachlicher Anwendungsbereich

§ 8b Abs. 1 KStG enthält eine abschließende Aufzählung der Tatbestände, die unter die Beteiligungsertragsbefreiung fallen. Dies sind insbesondere **Bezüge aus offenen und verdeckten Gewinnausschüttungen** (§ 20 Abs. 1 Nr. 1 EStG). 5

Zu den Bezügen i. S. des § 20 Abs. 1 Nr. 1 EStG gehören nicht solche Ausschüttungen, die als Zahlung aus dem steuerlichen Einlagekonto i. S. des § 27 KStG gelten. Diese **Einlagenrückgewähr** unterliegt der Steuerbefreiung nach § 8b Abs. 2 KStG, soweit sie den Buchwert der Beteiligung übersteigt. 6

Liquidationsraten, die nicht in der Rückzahlung von Nennkapital mit Ausnahme des Nennkapitals i. S. des § 28 Abs. 2 Satz 2 KStG bestehen und nicht aus dem Bestand des steuerlichen Einlagekontos i. S. des § 27 KStG stammen, gehören gem. § 20 Abs. 1 Nr. 2 EStG zu den Einkünften aus Kapitalvermögen und fallen daher unter die Beteiligungsertragsbefreiung. 7

Beispiel
Die A-GmbH (Nennkapital 50 000 €) wird zum 30. Juni 2003 aufgelöst. Der Abwicklungszeitraum endet am 31. August 2004. Zum 31. August 2004 betragen die sonstigen Rücklagen lt. Steuerbilanz 200 000 €. Ein KSt-Guthaben oder ein Bestand an Alt-EK 02 ist nicht vorhanden. Am 31. Dezember 2003 betrug das steuerliche Einlagekonto 20 000 €. Alleingesellschafterin der A-GmbH ist die X-GmbH.
Das verteilte Vermögen beträgt 250 000 € (sonstige Rücklagen und Nennkapital). Der ausschüttbare Gewinn gem. § 27 Abs. 1 Satz 4 KStG vor der Schlussverteilung beträgt 180 000 €. Von dem verteilten Vermögen entfallen 50 000 € auf die Rückzahlung des Nennkapitals; 20 000 € gelten als Zahlung aus dem steuerlichen Einlagekonto und unterliegen damit bei der X-GmbH der Steuerbefreiung des § 8b Abs. 2 KStG. Die Auskehrung des restlichen Betrages von 180 000 € führt bei der X-GmbH zu Einnahmen i. S. des § 20 Abs. 1 Nr. 2 EStG und fallen damit unter die Beteiligungsertragsbefreiung nach § 8b Abs. 1 KStG.

Zur steuerlichen Behandlung der Auflösung von Körperschaften ergeht ein gesondertes BMF-Schreiben.

Die Beteiligungsertragsbefreiung erstreckt sich auch auf **Einnahmen aus der Veräußerung von Dividendenansprüchen** (§ 8b Abs. 1 Satz 2 KStG). 8

Einnahmen aus Wertpapierleihgeschäften (Leihgebühr, Kompensationszahlungen des Entleihers) fallen nicht unter die Beteiligungsertragsbefreiung. 9

Von § 8b Abs. 1 KStG werden ebenfalls Einnahmen aus Leistungen einer Körperschaft, Personenvereinigung oder Vermögensmasse i. S. des § 1 Abs. 1 Nr. 3 bis 6 KStG erfasst, die Gewinnausschüttungen i. S. des § 20 Abs. 1 Nr. 1 EStG vergleichbar sind (**Leistungen i. S. des § 20 Abs. 1 Nr. 9 und 10 Buchst. a EStG**). 10

III. Einbehaltung und Anrechnung von Kapitalertragsteuer

Der Kapitalertragsteuerabzug wird durch § 8b Abs. 1 KStG nicht ausgeschlossen (§ 43 Abs. 1 Satz 3 EStG). Die auf Erträge i. S. des § 8b Abs. 1 KStG einbehaltene Kapitalertragsteuer kann im Rahmen der Körperschaftsteuerveranlagung in voller Höhe angerechnet werden (§ 8 Abs. 1 KStG i. V. m. § 36 Abs. 2 Satz 2 Nr. 2 EStG). Bei beschränkt Steuerpflichtigen ohne inländisches Be- 11 triebsvermögen hat der Kapitalertragsteuereinbehalt abgeltende Wirkung (§ 32 Abs. 1 Nr. 2 KStG).

IV. Steuerpflicht nach anderen Vorschriften

12 Die Beteiligungsertragsbefreiung nach § 8b Abs. 1 KStG schließt eine Steuerpflicht nach anderen Vorschriften (z. B. § 37 Abs. 3 KStG) nicht aus.

C. Veräußerungsgewinnbefreiung (§ 8b Abs. 2 KStG)

I. Allgemeines

13 § 8b Abs. 2 KStG gilt persönlich für alle Körperschaften (z. B. beschränkt steuerpflichtige Körperschaft ohne inländisches Betriebsvermögen, steuerpflichtiger Verein). Durch § 8b Abs. 2 KStG wird sachlich der Gewinn aus der Veräußerung einer Beteiligung an einer anderen Körperschaft steuerfrei gestellt. Das gilt sowohl für Beteiligungen an inländischen als auch an ausländischen Körperschaften, unabhängig von der Beteiligungshöhe.

14 Ausdrücklich geregelt ist außerdem die Steuerfreiheit von Gewinnen aus der Veräußerung eines Anteils an einer Organgesellschaft, aus der Auflösung, der Kapitalherabsetzung oder Wertaufholung, aus der Anwendung des § 21 Abs. 2 UmwStG und aus der verdeckten Einlage.

II. Gesetzlich geregelte Anwendungsfälle des § 8b Abs. 2 KStG

15 Das Gesetz unterscheidet nicht zwischen Anteilen an anderen Körperschaften und **eigenen Anteilen**. Deshalb fällt auch der Verkauf von zur Weiterveräußerung erworbenen eigenen Anteilen unter § 8b Abs. 2 KStG.

16 Die Veräußerungsgewinnbefreiung nach § 8b Abs. 2 KStG gilt auch, wenn ein Organträger, auf den § 8b KStG Anwendung findet, die **Beteiligungen an einer Organgesellschaft** verkauft.

Einzubeziehen ist dabei auch der Gewinn aus der Auflösung eines passiven Ausgleichspostens, der gebildet worden ist, weil der an den Organträger abgeführte Gewinn der Organgesellschaft von dem Steuerbilanzgewinn abweicht. Gewinnminderungen aus der Auflösung entsprechender aktiver Ausgleichsposten fallen unter das Abzugsverbot des § 8b Abs. 3 KStG (vgl. Rdnr. 26).

> **Beispiel**
>
> Die A-GmbH veräußert die Beteiligung an ihrer 100%igen Organgesellschaft (OG) (Veräußerungspreis 500, Buchwert 200). Aufgrund handelsrechtlicher Mehrabführungen der OG hatte die A-GmbH in ihrer Steuerbilanz einen passiven Ausgleichsposten i. H. von 50 gebildet. Aus der Veräußerung erzielte die A-GmbH einen Gewinn von 300 (500 – 200). Dieser Gewinn erhöht sich durch die Auflösung des passiven Ausgleichspostens um weitere 50. Der Gesamtbetrag von 350 fällt unter die Veräußerungsgewinnbefreiung des § 8b Abs. 2 KStG.

17 Zur Anwendung des § 8b Abs. 2 KStG im Fall der **Liquidation** vgl. Rdnr. 7.

18 Unter die Veräußerungsgewinnbefreiung fallen ferner Gewinne aus **Wertaufholungen i. S. des § 6 Abs. 1 Nr. 2 Satz 3 EStG**, denen eine nach § 8b Abs. 3 KStG steuerlich nicht zu berücksichtigende Teilwertabschreibung vorausgegangen ist.

Beispiel
Die A-GmbH bringt im Jahr 01 einen Teilbetrieb zu einem unter dem Teilwert liegenden Buchwert in die B-GmbH ein. Sie erhält Anteile im Nennwert von 400. Im Jahr 04 schreibt sie die Beteiligung auf 200 ab. Im Jahr 08 wird eine Wertaufholung von 100 erforderlich.
Die Teilwertabschreibung von 200 ist nach § 8b Abs. 3 KStG steuerlich nicht zu berücksichtigen. Das Einkommen des Jahres 04 ist daher um 200 zu erhöhen. Die Wertaufholung führt zu einer Gewinnerhöhung von 100, die nach § 8b Abs. 2 KStG steuerfrei ist.

Abwandlung
Die Wertaufholung erfolgt im Jahr 06.
Die Wertaufholung führt zu einer Gewinnerhöhung von 100, die nicht durch § 8b Abs. 2 KStG begünstigt ist, weil sie innerhalb des 7-Jahreszeitraums (vgl. Rdnr. 40 ff.) erfolgt ist. Der Gewinn ist jedoch um die zuvor steuerlich nicht gewinnmindernd berücksichtigte Teilwertabschreibung zu korrigieren, so dass kein steuerpflichtiger Gewinn verbleibt.

§ 8b Abs. 2 KStG erfasst ebenfalls die Fälle, in denen bei einbringungsgeborenen Anteilen nach § 21 Abs. 2 UmwStG eine Gewinnrealisierung ohne Veräußerung eintritt. Wegen einer möglichen Steuerpflicht des Veräußerungsgewinns nach § 8b Abs. 4 KStG vgl. Rdnr. 28 ff. 19

Beispiel
Die A-GmbH bringt im Jahr 01 einen Teilbetrieb (Buchwert 200, Teilwert 400) gem. § 20 Abs. 1 Satz 1 UmwStG zu Buchwerten in die B-GmbH ein. Im Jahr 09 stellt die A-GmbH einen Antrag nach § 21 Abs. 2 Satz 1 Nr. 1 UmwStG. Der Wert der Anteile beträgt zu diesem Zeitpunkt 500. Der Gewinn i. H. von 300 (500 − 200) ist steuerfrei nach § 8b Abs. 2 KStG.

Gewinne aus der Übertragung von Anteilen im Rahmen einer **verdeckten Einlage** werden nach § 8b Abs. 2 Satz 3 KStG den Gewinnen aus Veräußerungen gleichgestellt. 20

III. Anwendung des § 8b Abs. 2 KStG auf weitere Realisationsvorgänge

Einkommenserhöhungen durch **verdeckte Gewinnausschüttungen** im Zusammenhang mit der Übertragung von Anteilen fallen unter die Steuerbefreiung. Die Ermittlung der verdeckten Gewinnausschüttung geht der Anwendung des § 8b KStG vor. 21

Beispiel 1
Die M-AG veräußert Anteile an der T-GmbH für 200 an ihren Anteilseigner. Die Anteile an der T-GmbH haben Anschaffungskosten von 500, einen Buchwert von 500 und einen Teilwert (gemeinen Wert) von 1 000.

Steuerpflichtiger Veräußerungsgewinn der M-AG:
Veräußerungserlös	200
Buchwert	−500
	−300

verdeckte Gewinnausschüttung
(§ 8 Abs. 3 Satz 2 KStG):
Wert der Anteile	1 000
Gegenleistung	−200
	+800
Gewinn	+500
Anwendung § 8b Abs. 2 KStG:	−500
steuerpflichtiger Veräußerungsgewinn	0
Bemessungsgrundlage der Kapitalertragsteuer (§ 43a Abs. 1 Nr. 1 EStG)	800
Bezüge des Anteilseigners (§ 20 Abs. 1 Nr. 1 EStG)	800

Beispiel 2

Die M-AG veräußert Anteile an der T-GmbH für 200 an ihren Anteilseigner. Die Anteile an der T-GmbH haben Anschaffungskosten von 500, einen Buchwert von 300 (steuerwirksam abgeschrieben) und einen Teilwert (gemeinen Wert) von 1 000.

Steuerpflichtiger Veräußerungsgewinn der M-AG:

Veräußerungserlös		200
Buchwert		−300
		−100
verdeckte Gewinnausschüttung (§ 8 Abs. 3 Satz 2 KStG):		
Wert der Anteile	1 000	
Gegenleistung	−200	
		+800
Gewinn		700
Anwendung § 8b Abs. 2 KStG:		
Steuerbefreiung	700	
Teilwertabschreibung (§ 8b Abs. 2 Satz 2 KStG)	−200	
		−500
steuerpflichtiger Veräußerungsgewinn		200
Bemessungsgrundlage der Kapitalertragsteuer (§ 43a Abs. 1 Nr. 1 EStG)		800
Bezüge des Anteilseigners (§ 20 Abs. 1 Nr. 1 EStG)		800

22 Gibt eine Kapitalgesellschaft Anteile an einer Kapitalgesellschaft an ihre Anteilseigner weiter (**Sachdividende**), fallen die Gewinne aus der Aufdeckung stiller Reserven unter die Veräußerungsgewinnbefreiung nach § 8b Abs. 2 KStG. Die als Sachdividende abgegebenen Anteile werden bei der Ermittlung des Einkommens mit dem gemeinen Wert angesetzt.

23 Die Steuerbefreiung gilt auch für **Übertragungsgewinne i. S. der §§ 11, 15 UmwStG**, soweit diese auf Beteiligungen i. S. des § 8b Abs. 2 KStG entfallen.

24 Unter die Veräußerungsgewinnbefreiung fallen auch **Genussrechte i. S. des § 8 Abs. 3 Satz 2 KStG**; nicht aber andere Genussrechte, Wandelschuldverschreibungen, Optionsanleihen und sonstige Bezugsrechte.

D. Nicht zu berücksichtigende Gewinnminderungen (§ 8b Abs. 3 KStG)

25 Nach § 8b Abs. 3 KStG sind Gewinnminderungen, die im Zusammenhang mit dem in Absatz 2 genannten Anteil entstehen, bei der Gewinnermittlung nicht zu berücksichtigen.

26 Dabei handelt es sich insbesondere um Gewinnminderungen

- durch Ansatz des niedrigeren Teilwerts
- durch Veräußerung des Anteils (Veräußerungsverlust)
- bei Auflösung der Gesellschaft
- bei Herabsetzung des Nennkapitals der Kapitalgesellschaft
- bei Anwendung des § 21 Abs. 2 UmwStG

- aus der Auflösung eines aktiven Ausgleichspostens aufgrund handelsrechtlicher Minderabführungen bei Organschaft (vgl. Rdnr. 16)
- im Zusammenhang mit der verdeckten Ausschüttung eines Anteils
- bei Sachdividenden.

Beispiel
Die M-AG veräußert Anteile an der T-GmbH für 200 an ihren Anteilseigner. Die Anteile an der T-GmbH haben Anschaffungskosten von 500, einen Buchwert von 500 und einen Teilwert (gemeinen Wert) von 300.

Steuerpflichtiger Veräußerungsgewinn der M-AG:	
Veräußerungserlös	200
Buchwert	−500
	−300
verdeckte Gewinnausschüttung (§ 8 Abs. 3 Satz 2 KStG):	
Wert der Anteile	300
Gegenleistung	−200
	+100
Verlust	−200
Anwendung § 8b Abs. 2 KStG:	+200
steuerpflichtiger Veräußerungsgewinn	0
Bemessungsgrundlage der Kapitalertragsteuer (§ 43a Abs. 1 Nr. 1 EStG)	100
Bezüge des Anteilseigners (§ 20 Abs. 1 Nr. 1 EStG)	100

Das Abzugsverbot greift auch dann, wenn ein Gewinn nach § 8b Abs. 4 KStG steuerpflichtig wäre. 27

Beispiel
Im Jahr 1997 hatte die X-GmbH einen Teilbetrieb zu einem unter dem Teilwert liegenden Buchwert von 500 gegen Gewährung von Gesellschaftsrechten in die Y-GmbH eingebracht. Wegen schlechter Geschäftsentwicklung veräußert die X-GmbH im Jahr 2002 ihren Anteil an der Y-GmbH für 300.
Der Verlust von 200 ist nach § 8b Abs. 3 KStG nicht abzugsfähig. Das Abzugsverbot gilt unabhängig davon, dass ein Gewinn aus der Veräußerung dieses Anteils innerhalb der 7-Jahresfrist steuerpflichtig gewesen wäre.

Zu Einzelfragen der Abzugsbeschränkung ergeht ein gesondertes BMF-Schreiben.

E. Einbringungsklausel (§ 8b Abs. 4 KStG)

I. Allgemeines

Die Ausnahmeregelungen des § 8b Abs. 4 KStG sollen Gestaltungen unter Nutzung der Möglichkeiten der steuerneutralen Einbringung nach § 20 UmwStG verhindern. Dies betrifft die Einbringung von Betrieben, Teilbetrieben oder Mitunternehmeranteilen in eine Kapitalgesellschaft und die anschließende steuerfreie Veräußerung des Anteils an der Kapitalgesellschaft (**sachliche Sperre**, § 8b Abs. 4 Satz 1 Nr. 1 KStG). Die Veräußerung des eingebrachten Betriebsvermögens durch die einbringende Kapitalgesellschaft selbst könnte nicht steuerfrei erfolgen. 28

Die Einbringungsklausel soll auch verhindern, dass die Steuerbefreiung des § 8b Abs. 2 KStG von natürlichen Personen in Anspruch genommen wird, die nicht unter den begünstigten Personen- 29 kreis fallen (**persönliche Sperre**, § 8b Abs. 4 Satz 1 Nr. 2 KStG). Über die steuerneutrale Einbringung einer Kapitalbeteiligung in eine Kapitalgesellschaft und die anschließende Weiterveräußerung des Anteils durch die Kapitalgesellschaft wäre es ohne die Regelung möglich, die Versteuerung eines Veräußerungsgewinns aus dem Verkauf einer Kapitalbeteiligung im Halbeinkünfteverfahren zu umgehen.

30 Es verbleibt hingegen bei der Steuerbefreiung, wenn der Vorgang i. S. des § 8b Abs. 2 KStG später als sieben Jahre nach dem Zeitpunkt des Erwerbs der betreffenden Anteile stattfindet (**zeitliche Rückausnahme** – 7-Jahresfrist). Nach einer Behaltefrist von sieben Jahren kann davon ausgegangen werden, dass der Sachverhalt auf eine längerfristige Umstrukturierung ausgerichtet war.

31 Innerhalb der Sperrfrist ist die Veräußerung steuerfrei, wenn ein Anteil betroffen ist, der aufgrund eines Einbringungsvorgangs im Sinne des § 20 Abs. 1 Satz 2 UmwStG oder § 23 Abs. 4 UmwStG (Erwerb einer mehrheitsvermittelnden Beteiligung durch Anteilstausch) erworben worden war (**sachliche Rückausnahme**).

32 Die Rückausnahme gilt nicht, wenn die im Rahmen des Einbringungsvorgangs hingegebenen Anteile ihrerseits aus einer Einbringung i. S. des § 20 Abs. 1 Satz 1 UmwStG unter dem Teilwert entstanden sind (**Ausnahme der Rückausnahme**). In diesem Fall handelt es sich mittelbar wieder um die Veräußerung eines Betriebs, Teilbetriebs oder Mitunternehmeranteils und es greift daher die sachliche Sperre des § 8b Abs. 4 Satz 1 Nr. 1 KStG. Die Rückausnahme gilt ebenfalls nicht, wenn die Anteile von einem nicht durch § 8b Abs. 2 KStG begünstigten Steuerpflichtigen unter dem Teilwert erworben worden sind.

33 Entsteht innerhalb der Sperrfrist ein Veräußerungsverlust, ist dieser nach § 8b Abs. 3 KStG steuerlich nicht abziehbar (vgl. Rdnrn. 26 und 27).

II. Sachliche Sperre (§ 8b Abs. 4 Satz 1 Nr. 1 KStG)

34 Die Steuerbefreiung gilt nicht für einbringungsgeborene Anteile i. S. des § 21 UmwStG.

35 Die Anteile fallen nicht mehr unter die Ausnahmeregelung, wenn eine Versteuerung der stillen Reserven nach § 21 Abs. 2 Satz 1 Nr. 1 UmwStG auf Antrag oder nach § 21 Abs. 2 Satz 1 Nr. 2 UmwStG wegen des Wegfalls des deutschen Besteuerungsrechts erfolgt ist.

> **Beispiel**
> Die X-GmbH hält 100 % der Anteile an der Y-GmbH, die sie im Jahr 1998 im Wege der Einbringung eines Teilbetriebs zu einem unter dem Teilwert liegenden Buchwert erworben hat. Der Buchwert betrug 500, der Teilwert 1 000. Im Jahr 2002 stellt die X-GmbH einen Antrag auf Versteuerung der stillen Reserven nach § 21 Abs. 2 Satz 1 Nr. 1 UmwStG. Der Teilwert der Y-Anteile beträgt zu diesem Zeitpunkt 1 200.
>
> Der Gewinn i. H. von 700 (Teilwert im Zeitpunkt der Antragsbesteuerung 1 200 minus Buchwert 500) ist steuerpflichtig. Die Steuerbefreiung des § 8b Abs. 2 KStG gilt gem. § 8b Abs. 4 Satz 1 Nr. 1 KStG nicht, weil die Y-Anteile einbringungsgeboren sind. Durch die Antragsversteuerung verlieren die Anteile im Jahr 2002 aber den Charakter als einbringungsgeborene Anteile (vgl. Rdnr. 21.07 des BMF-Schreibens vom 25. März 1998, BStBl I S. 268) und können nachfolgend – auch vor Ablauf der 7-Jahresfrist – steuerfrei veräußert werden.

36 Wegen der Anwendung des § 8b Abs. 2 und 3 KStG auf Gewinne und Verluste i. S. des § 21 Abs. 2 Satz 1 Nr. 1 und 2 UmwStG vgl. Rdnr. 19 und 25 f.

III. Persönliche Sperre (§ 8b Abs. 4 Satz 1 Nr. 2 KStG)

37 Sind Gegenstand des Vorgangs i. S. des § 8b Abs. 2 KStG Anteile, die die veräußernde Kapitalgesellschaft, Personenvereinigung oder Vermögensmasse von einem nicht durch § 8b Abs. 2 KStG begünstigten Einbringenden zu einem Wert unter dem Teilwert erworben hat, ist die Steuerbefreiung nur unter den Voraussetzungen des § 8b Abs. 4 Satz 2 KStG zu gewähren.

Dies gilt für Anteile, die von einem nicht durch § 8b Abs. 2 KStG begünstigten Einbringenden (i. d. R. eine natürliche Person) unmittelbar oder mittelbar erworben worden sind, und wegen § 8b Abs. 6 KStG für Anteile, die über eine Mitunternehmerschaft mittelbar erworben worden sind. 38

Beispiel 1 (unmittelbarer Erwerb)
Einzelunternehmer U hält eine Beteiligung an der X-GmbH, deren Veräußerung für ihn steuerpflichtig wäre. U bringt die Beteiligung an der X-GmbH zum unter dem Teilwert liegenden Buchwert in die Y-GmbH ein. Die Y-GmbH veräußert die Anteile an Dritte weiter.

Beispiel 2 (mittelbarer Erwerb)
Einzelunternehmer U hält eine Beteiligung an der X-GmbH, deren Veräußerung für ihn steuerpflichtig wäre. U bringt die Beteiligung an der X-GmbH zum unter dem Teilwert liegenden Buchwert in die Y-GmbH ein. Die Y-GmbH bringt ihrerseits die Beteiligung an der X-GmbH zum unter dem Teilwert liegenden Buchwert in die Z-AG ein. Die Z-AG veräußert die Anteile an der X-GmbH an Dritte weiter.

Beispiel 3 (mittelbarer Erwerb über eine Mitunternehmerschaft)
Einzelunternehmer U hält eine 100 %ige Beteiligung an der X-GmbH, deren Veräußerung für ihn steuerpflichtig wäre. U bringt die Beteiligung gem. § 24 Abs. 1 UmwStG zum unter dem Teilwert liegenden Buchwert in die U-KG ein, deren Mitunternehmerin die Y-GmbH ist. Die U-KG veräußert die Anteile an Dritte weiter.

Für den Veräußerungsgewinn, der auf die Y-GmbH entfällt, gilt die persönliche Sperre des § 8b Abs. 4 Satz 1 Nr. 2 KStG.

Die **unentgeltliche Übertragung von Anteilen** ist regelmäßig eine verdeckte Einlage, die in der Regel zur Gewinnrealisierung führt. Sie ist über § 8b Abs. 2 Satz 3 KStG der Veräußerung gleichgestellt. Nur in den seltenen Ausnahmefällen, in denen dies nicht zutrifft (Bewertung der verdeckten Einlage mit den Anschaffungskosten gem. § 6 Abs. 1 Nr. 5 Satz 1 Buchst. a EStG), liegt ein Anwendungsfall des § 8b Abs. 4 Satz 1 Nr. 2 KStG vor und es ist eine Besitzzeitanrechnung beim unentgeltlichen Erwerber vorzunehmen. 39

IV. Rückausnahmen (Steuerfreiheit)

1. 7-Jahresfrist (§ 8b Abs. 4 Satz 2 Nr. 1 KStG)

Auch wenn die Tatbestände des § 8b Abs. 4 Satz 1 Nrn. 1 und 2 KStG vorliegen, ist der Veräußerungsgewinn steuerfrei, wenn der in § 8b Abs. 2 KStG bezeichnete Vorgang später als sieben Jahre nach der Einbringung stattfindet. Diese Frist gilt sowohl für die unter § 8b Abs. 4 Satz 1 Nr. 1 KStG (einbringungsgeborene Anteile) als auch für die unter § 8b Abs. 4 Satz 1 Nr. 2 KStG (Erwerb von Anteilen von einem nicht von § 8b Abs. 2 KStG begünstigten Einbringenden unter dem Teilwert) fallenden Anteile. 40

a) Beginn und Ende der 7-Jahresfrist

Die 7-Jahresfrist beginnt mit Ablauf des steuerlichen Übertragungsstichtags i. S. des UmwStG. Im Falle der Ketteneinbringung ist die Einbringung eines Betriebs, Teilbetriebs oder Mitunternehmeranteils zu einem unter dem Teilwert liegenden Wert für den Fristbeginn maßgebend; eine neue 7-Jahresfrist beginnt im Falle des Erwerbs einer Beteiligung von einem nicht durch § 8b Abs. 2 KStG begünstigten Steuerpflichtigen unter dem Teilwert. 41

Der Beginn der 7-Jahresfrist kann auch vor dem Inkrafttreten des StSenkG liegen. 42

Die Frist beträgt sieben Zeitjahre. Eine steuerfreie Veräußerung ist erst nach Ablauf von sieben Jahren nach der schädlichen Einbringung bzw. dem schädlichen Erwerb von einem nicht nach § 8b Abs. 2 KStG Begünstigten möglich. 43

44 Unter Umständen sind auch Gewinne aus der Veräußerung von Anteilen steuerpflichtig, die vor mehr als sieben Jahren erworben wurden, wenn diese Anteile nachträglich verstrickt worden sind. Zur nachträglichen Verstrickung vgl. im Übrigen Rdnr. 51 f.

b) Spaltung oder Verschmelzung innerhalb der 7-Jahresfrist

45 Sind bei einer ganz oder teilweise steuerneutralen Verschmelzung oder Spaltung in dem übertragenen Vermögen Anteile i. S. des § 8b Abs. 4 KStG enthalten, tritt die übernehmende Körperschaft gemäß § 4 Abs. 2 Satz 1 bzw. § 12 Abs. 3 Satz 1 UmwStG in die steuerliche Rechtsstellung des übertragenden Rechtsträgers ein; die übertragenen Anteile verlieren nicht ihre Eigenschaft als einbringungsgeborene Anteile. Es beginnt keine neue 7-Jahresfrist.

2. Steuerlich nicht berücksichtigte Teilwertabschreibungen

46 Nach § 8b Abs. 3 KStG sind Gewinnminderungen, die durch Ansatz des niedrigeren Teilwerts entstehen, steuerlich nicht zu berücksichtigen. Wird die Beteiligung veräußert, erhöht sich der Veräußerungsgewinn um die steuerlich nicht berücksichtigte Teilwertabschreibung, da sie den Buchwert der Beteiligung gemindert hat. Bei Veräußerung einer Beteiligung innerhalb der 7-Jahresfrist ist der (steuerpflichtige) Veräußerungsgewinn um die steuerlich nicht berücksichtigte Teilwertabschreibung zu mindern. Entsprechendes gilt für Wertaufholungen i. S. des § 6 Abs. 1 Nr. 2 Satz 3 EStG (vgl. Beispiel in Rdnr. 18).

3. Rückausnahme nach § 8b Abs. 4 Satz 2 Nr. 2 KStG (Steuerfreiheit)

47 Der Ausschluss von der Steuerbefreiung tritt grundsätzlich nicht ein, wenn die Anteile aufgrund eines Einbringungsvorgangs (Anteilstausch) i. S. des § 20 Abs. 1 Satz 2 UmwStG oder § 23 Abs. 4 UmwStG von einem von § 8b Abs. 2 KStG begünstigten Steuerpflichtigen erworben worden sind. In diesen Fällen hätte die Steuerbefreiung dem Einbringenden auch zugestanden, wenn er die Anteile unmittelbar veräußert hätte.

Beispiel
Die X-GmbH bringt Anteile an der C-GmbH, die nicht einbringungsgeboren sind, nach § 20 Abs. 1 Satz 2 UmwStG in die Y-AG ein. Anschließend verkauft die X-GmbH die Anteile an der Y-AG.

4. Ausnahme von der Rückausnahme (Steuerpflicht)

48 Ist der Einbringung i. S. des § 20 Abs. 1 Satz 2 UmwStG oder i. S. des § 23 Abs. 4 UmwStG innerhalb von sieben Jahren vor der Veräußerung die Einbringung eines Betriebs, Teilbetriebs oder Mitunternehmeranteils gem. § 20 Abs. 1 Satz 1 UmwStG oder § 23 Abs. 1 bis 3 UmwStG zu einem unter dem Teilwert liegenden Wert vorausgegangen, dessen Veräußerung bei der Körperschaft nicht begünstigt gewesen wäre, so tritt die Rückausnahme des § 8b Abs. 4 Satz 2 Nr. 2 KStG nicht ein. Die Veräußerung der nach § 20 Abs. 1 Satz 2 UmwStG erworbenen Anteile ist steuerpflichtig, da sie mittelbar auf einer Einbringung nach § 20 Abs. 1 Satz 1 UmwStG beruhen und die Veräußerung innerhalb von sieben Jahren seit dieser Einbringung liegt.

Beispiel
Die X-GmbH hatte im Jahr 1998 einen Teilbetrieb zu einem unter dem Teilwert liegenden Buchwert von 400 in die Y-GmbH eingebracht. Im Jahr 2000 übertrug sie die Anteile an der Y-GmbH zu Buchwerten im Wege der Sachgründung auf die Z-GmbH. Im Jahr 2003 veräußert die X-GmbH die Anteile an der Z-GmbH für 750.

Der Veräußerungsgewinn von 350 fällt nicht unter die Rückausnahme des § 8b Abs. 4 Satz 2 Nr. 2 KStG. Die Anteile an der Z-GmbH beruhen zwar auf einem Einbringungsvorgang i. S. des § 20 Abs. 1 Satz 2 UmwStG, sind aber mittelbar durch eine (schädliche) Einbringung eines Teilbetriebs gem. § 20 Abs. 1 Satz 1 UmwStG entstanden, die noch nicht länger als sieben Jahre zurückliegt.

Zur Steuerpflicht führt es auch, wenn Gegenstand der Veräußerung Anteile i. S. von § 20 Abs. 1 Satz 2 UmwStG (sog. mehrheitsvermittelnde Anteile) sind, die von einer nicht durch § 8b Abs. 2 KStG begünstigten Person direkt oder unter Zwischenschaltung weiterer Steuerpflichtiger in die veräußernde Körperschaft eingebracht worden sind. 49

Beispiel

Einzelunternehmer U hält eine 60 %ige Beteiligung an der X-GmbH, deren Veräußerung für ihn steuerpflichtig wäre. U bringt die Beteiligung an der X-GmbH zum unter dem Teilwert liegenden Buchwert in die Y-GmbH ein. Die Y-GmbH bringt ihrerseits die Beteiligung der X-GmbH ebenfalls zu unter dem Teilwert liegenden Buchwerten in die zu diesem Zweck neu gegründete Z-GmbH ein.

Die Y-GmbH veräußert die Anteile an der Z-GmbH.

Eine Veräußerung innerhalb der 7-Jahresfrist ist steuerpflichtig, weil die Anteile auf einer Einbringung durch eine nicht durch § 8b Abs. 2 KStG begünstigte Person beruhen.

Die Einschränkung der Rückausnahme durch § 8b Abs. 4 Satz 2 Nr. 2 KStG i. d. F. des UntStFG ist gem. § 34 Abs. 7 KStG erstmals auf Veräußerungen anzuwenden, bei denen die Übertragung des wirtschaftlichen Eigentums nach dem 15. August 2001 (Tag des Kabinettbeschlusses) erfolgt. 50

5. Nachträglich eintretende Steuerverstrickung

Zur nachträglichen Verstrickung von Anteilen wird auf das Beispiel in Rdnr. 21.14 des BMF-Schreibens vom 25. März 1998 (a. a. O.) hingewiesen. In diesem Fall, in dem stille Reserven aus allen Wirtschaftsgütern auf einen neuen Geschäftsanteil verlagert werden, kommt stets ausschließlich eine quotale Verteilung in Betracht. 51

Rdnr. 51 gilt entsprechend, wenn stille Reserven von neuen Geschäftsanteilen auf Altanteile verlagert werden, die entweder nicht steuerverstrickt sind oder bei denen eine anfangs bestehende Steuerverstrickung durch Ablauf der 7-Jahresfrist nach § 8b Abs. 4 Satz 2 Nr. 1 KStG weggefallen ist. 52

Beispiel

Die X-GmbH hat im Jahr 01 im Rahmen einer Sachgründung durch Einbringung eines Teilbetriebs zu Buchwerten 100 % der Anteile (Nennkapital 500) an der Y-GmbH erworben. Im Jahr 04 bringt die X-GmbH einen weiteren Teilbetrieb mit einem Buchwert von 500 und Verkehrswert von 1 000 in die Y-GmbH ein und erhält dafür neue Anteile aus einer Kapitalerhöhung von nominal 500. Der Verkehrswert der Anteile an der Y-GmbH beträgt ohne Berücksichtigung der weiteren Teilbetriebseinbringung zum Zeitpunkt der Kapitalerhöhung 800 (stille Reserven: 300). Nach der Kapitalerhöhung im Jahr 04 hält die X-GmbH Anteile an der Y-GmbH mit einem Nennwert von 1 000. Davon entfallen jeweils 500 (50 %) auf die Anteile durch Sachgründung (Altanteile) und die Anteile durch Kapitalerhöhung. Die Verkehrswerte der Anteile stehen sich im Verhältnis 800/1 000 gegenüber.

Im Jahr 09 möchte die X-GmbH 50 % ihrer Anteile (Nennwert 500) an der Y-GmbH verkaufen.

Eine nach § 8b Abs. 2 KStG steuerfreie Veräußerung der Y-Anteile, die aus der Sachgründung resultieren, ist nicht möglich, obwohl für diese Anteile im Jahr 09 der 7-Jahresfrist bereits abgelaufen ist. Die Einbringung des zweiten Teilbetriebs erfolgte nicht verhältniswahrend, sodass stille Reserven aus der zweiten Teilbetriebseinbringung auf die Altanteile überspringen. Da diese stillen Reserven nicht einzelnen Anteilen zugeordnet werden können, ist jeder Altanteil teilweise steuerverhaftet, die Veräußerung ist entsprechend teilweise steuerpflichtig.

F. Pauschaliertes Betriebsausgaben-Abzugsverbot bei ausländischen Dividenden (§ 8b Abs. 5 KStG)

53 Zur Abzugsbeschränkung im Zusammenhang mit steuerfreien ausländischen Dividenden wird in einem gesonderten BMF-Schreiben Stellung genommen (vgl. Hinweise in Rdnr. 3 und 26 f.).

G. Anwendung des § 8b Absätze 1 bis 5 KStG bei Beteiligung über eine Personengesellschaft (§ 8b Abs. 6 KStG)

I. Allgemeines

54 Die Steuerbefreiungen und die Abzugsbeschränkungen des § 8b KStG gelten auch, wenn die Körperschaften, Personenvereinigungen und Vermögensmassen die Bezüge, Gewinne bzw. Gewinnminderungen nicht unmittelbar, sondern nur mittelbar über eine Mitunternehmerschaft erzielen. Dies gilt auch bei mehrstufigen Mitunternehmerschaften.

55 Die Regelung erfasst auch Gewinne bzw. Gewinnminderungen aus der Veräußerung von Mitunternehmeranteilen, soweit zu dem Betriebsvermögen der Mitunternehmerschaft eine Beteiligung an einer Kapitalgesellschaft, Personenvereinigung oder Vermögensmasse gehört.

II. Beteiligung über eine vermögensverwaltende Personengesellschaft

56 § 8b Abs. 1 bis 5 KStG ist auch bei mittelbarer Beteiligung über eine vermögensverwaltende Personengesellschaft anzuwenden. Der Durchgriff durch die vermögensverwaltende Personengesellschaft folgt aus der so genannten Bruchteilsbetrachtung (§ 39 AO).

III. Auswirkungen auf die Gewerbesteuer

57 § 8b Abs. 1 bis 5 KStG sowie § 3 Nr. 40 EStG sind bei der Ermittlung des Gewerbeertrags (§ 7 GewStG) einer Mitunternehmerschaft nicht anzuwenden.[1]

58 Auch der Gewinn i. S. des § 7 Satz 2 GewStG aus der Veräußerung eines Mitunternehmeranteils durch eine Kapitalgesellschaft entsteht auf der Ebene der Mitunternehmerschaft. Die Grundsätze der Rdnr. 57 gelten daher auch für diese Gewinnanteile.

H. Keine Anwendung des § 8b Absätze 1 bis 6 KStG auf den kurzfristigen Eigenhandel bei Banken und Finanzdienstleistern (§ 8b Abs. 7 KStG)

59 Zur Anwendung des § 8b Abs. 7 KStG wird auf das BMF-Schreiben vom 25. Juli 2002 (BStBl I S. 712) hingewiesen.

---

1) Der BFH hat im Urteil vom 9.8.2006 (BStBl 2007 II S. 279) entschieden, dass die Rdnr. 57 dieses Schreibens nicht dem seinerzeit geltenden Recht entspricht. Die Regelungen des § 8b Abs. 1 bis 5 KStG sowie des § 3 Nr. 40 EStG sind daher gemäß BMF-Schreiben v. 21.3.2007 (BStBl I S. 302) auch für Erhebungszeiträume vor 2004 nach den Grundsätzen des ab dem Erhebungszeitraum 2004 geltenden § 7 Satz 4 GewStG in allen noch offenen Fällen anzuwenden. Soweit für Erhebungszeiträume vor 2004 bei der Mitunternehmerschaft im Rahmen der Gewinnermittlung Verluste aus der Veräußerung einer Beteiligung an einer Kapitalgesellschaft oder Teilwertabschreibungen auf eine derartige Beteiligung anzuerkennen sind, die sich nach den Grundsätzen der Rdnr. 57 mindernd auf den Gewerbeertrag der Mitunternehmerschaft ausgewirkt hätten, können diese Grundsätze in allen offenen Fällen – sofern sich ein derartiger Anspruch nicht bereits aus § 176 Abs. 2 AO ergibt – auf Antrag aus Gründen des Vertrauensschutzes weiter angewendet werden. Das gilt entsprechend, wenn es sich bei der Mitunternehmerschaft um einen Venture Capital und Privat Equity Fonds handelt.

I. Zeitliche Anwendung (§ 34 Abs. 7 KStG)

1. Erstmalige Anwendung der Beteiligungsertragsbefreiung des § 8b Abs. 1 KStG bei Inlandsbeteiligungen

Die steuerliche Behandlung einer Ausschüttung bei der ausschüttenden Körperschaft und die steuerliche Behandlung beim Empfänger des Beteiligungsertrags müssen korrespondieren. Gilt für eine Ausschüttung auf der Seite der ausschüttenden Körperschaft noch das Anrechnungsverfahren, kommt eine Beteiligungsertragsbefreiung beim Empfänger nicht in Betracht. Die Anwendungsregelung für § 8b Abs. 1 KStG nimmt deshalb auf die letztmalige Abwicklung von Ausschüttungen nach dem Anrechnungsverfahren Bezug (§ 34 Abs. 12 KStG). 60

Bei offenen Gewinnausschüttungen für abgelaufene Wirtschaftsjahre gilt § 8b Abs. 1 KStG erst für Ausschüttungen, die **bei der ausschüttenden Körperschaft** nicht mehr nach dem Anrechnungsverfahren (Vierter Teil des KStG a. F.) behandelt werden; dies ist i. d. R. bei Körperschaften mit kalenderjahrgleichem Wirtschaftsjahr erstmals bei Abfließen der Ausschüttung im Jahr 2002 oder später (bei abweichendem Wirtschaftsjahr: 2002/2003 oder später) der Fall. 61

Für andere Gewinnausschüttungen (insbesondere verdeckte Gewinnausschüttungen und Vorabausschüttungen) und sonstige Leistungen gilt § 8b Abs. 1 KStG bei Körperschaften mit kalenderjahrgleichem Wirtschaftsjahr bereits i. d. R. erstmals bei Abfließen der Leistung im Jahr 2001 (bei abweichendem Wirtschaftsjahr 2001/2002). 62

§ 8b Abs. 1 KStG n. F. ist nach § 34 Abs. 7 KStG bei der empfangenden Körperschaft auch dann anzuwenden, wenn bei ihr das KStG n. F. im Übrigen noch nicht gilt. 63

II. Erstmalige Anwendung der Veräußerungsgewinnbefreiung des § 8b Abs. 2 KStG und des Abzugsverbots des § 8b Abs. 3 KStG bei Inlandsbeteiligungen

1. Kalenderjahrgleiches Wirtschaftsjahr der Gesellschaft, deren Anteile übertragen werden

§ 8b Abs. 2 und 3 KStG gilt vorbehaltlich der § 8b Abs. 4 und § 34 Abs. 7 Satz 2 KStG für Gewinne und Gewinnminderungen aus Vorgängen, die im Jahr 2002 oder später erfolgen. 64

2. Vom Kalenderjahr abweichendes Wirtschaftsjahr der Gesellschaft, deren Anteile übertragen werden

§ 8b Abs. 2 und 3 KStG gilt vorbehaltlich der § 8b Abs. 4 und § 34 Abs. 7 Satz 2 KStG für Gewinne und Gewinnminderungen aus Vorgängen, die im Wirtschaftsjahr 2002/2003 oder später erfolgen. 65

3. Anwendung bei der veräußernden Körperschaft

Für die Anwendung des § 8b Abs. 2 KStG n. F. bei der veräußernden Körperschaft gelten die Ausführungen in Rdnr. 63 entsprechend. 66

III. Anwendung des § 8b Abs. 2 KStG bei Umstellung auf ein vom Kalenderjahr abweichendes Wirtschaftsjahr in 2001 (§ 34 Abs. 7 Satz 1 Nr. 2 KStG)

Eine Umstellung des kalenderjahrgleichen Wirtschaftsjahrs auf ein vom Kalenderjahr abweichendes Wirtschaftsjahr in 2001 (Beispiel: Rumpfwirtschaftsjahr 1. Januar 2001 bis 31. März 2001 und dann abweichendes Wirtschaftsjahr 1. April 2001 bis 31. März 2002) ist unter Darle- 67 gung sachlicher Gründe möglich (§ 7 Abs. 4 Satz 3 KStG). Die Veräußerungsgewinnbefreiung ist dann bereits ab dem Wirtschaftsjahr 2001/2002 der Beteiligungsgesellschaft anzuwenden, denn der Veräußerungsgewinn entsteht bei Veräußerung im Wirtschaftsjahr 2001/2002 nach Ablauf des ersten Wirtschaftsjahres, das dem letzten Wirtschaftsjahr folgt, das in dem Veranlagungszeitraum endet, in dem das KStG a. F. letztmals anzuwenden ist (§ 34 Abs. 7 Satz 1 Nr. 2 KStG).

IV. Anwendung der Beteiligungsertragsbefreiung des § 8b Abs. 1 KStG und der Veräußerungsgewinnbefreiung des § 8b Abs. 2 KStG bei Auslandsbeteiligungen

68 Gewinnausschüttungen und Gewinne aus der Veräußerung von Beteiligungen an ausländischen Gesellschaften durch inländische Kapitalgesellschaften sind nach der allgemeinen Anwendungsvorschrift des § 34 Abs. 1 bzw. Abs. 2 KStG erstmals im Veranlagungszeitraum 2001 oder bei vom Kalenderjahr abweichendem Wirtschaftsjahr im Veranlagungszeitraum 2002 steuerfrei. Veräußerungsverluste und Teilwertabschreibungen können nach § 8b Abs. 3 KStG von diesem Zeitpunkt an nicht mehr steuerlich berücksichtigt werden. Maßgebend ist die Anwendung des KStG n. F. bei der veräußernden Körperschaft. Die besondere Anwendungsvorschrift des § 34 Abs. 7 KStG greift nicht, da eine ausländische Körperschaft nie dem Anrechnungsverfahren (Vierter Teil des KStG a. F.) unterlegen hat.

20. Veräußerungsgewinnbefreiung nach § 8b Absatz 2 KStG; Behandlung von Veräußerungskosten und nachträglichen Kaufpreisänderungen

BMF, Schreiben v. 24. 7. 2015 (BStBl I S. 612)

– IV C 2 - S 2750-a/07/10002: 002 –

Im Einvernehmen mit den obersten Finanzbehörden der Länder nehme ich zur Behandlung von nachträglichen Kaufpreisveränderungen und Veräußerungskosten, die vor oder nach dem Wirtschaftsjahr der Anteilsveräußerung entstanden sind, unter Berücksichtigung der Urteile des BFH vom 22. Dezember 2010 – I R 58/10 (BStBl 2015 II S. 668) und vom 12. März 2014 – I R 55/13 (BStBl 2015 II S. 658), wie folgt Stellung:

Die in einem anderen Wirtschaftsjahr entstandenen Veräußerungskosten oder Veränderungen des Kaufpreises sind bei der Ermittlung des Veräußerungsgewinns oder Veräußerungsverlusts nach den Grundsätzen des § 8b Absatz 2 Satz 2 KStG im Veranlagungszeitraum, in dem das Wirtschaftsjahr der Veräußerung der Beteiligung endet, zu berücksichtigen. Der danach ermittelte Veräußerungsgewinn oder -verlust unterliegt den allgemeinen Regelungen des § 8b KStG. In einem anderen Wirtschaftsjahr entstandene Veräußerungskosten oder nachträgliche Veränderungen des Kaufpreises für die Beteiligung erhöhen oder mindern danach die nach § 8b Absatz 2 und 3 KStG außerbilanziell vorzunehmende Einkommenskorrektur im Veranlagungszeitraum, in dem das Wirtschaftsjahr der Veräußerung endet. Soweit die Veränderung des Kaufpreises oder die Veräußerungskosten bilanziell in anderen Wirtschaftsjahren berücksichtigt wurden, ist der steuerbilanzielle Gewinn dieser Wirtschaftsjahre und der steuerbilanzielle Gewinn des Jahres, in dem die Veräußerung erfolgt ist, außerbilanziell entsprechend zu korrigieren.

Danach sind sowohl die Veranlagung für den Veranlagungszeitraum, in dem das Wirtschaftsjahr der Veräußerung endet, als auch die Veranlagungen für die Veranlagungszeiträume, in denen sich die nachträglichen Veräußerungskosten oder die Kaufpreisveränderungen steuerbilanziell ausgewirkt haben, entsprechend anzupassen.

Vor dem Wirtschaftsjahr der Anteilsveräußerung entstandene Veräußerungskosten sind bei der Veranlagung für den Veranlagungszeitraum, in dem das Wirtschaftsjahr endet, in dem sie angefallen sind, zu berücksichtigen. Die außerbilanzielle Korrektur der vor dem Wirtschaftsjahr der Anteilsveräußerung angefallenen Veräußerungskosten ist erst mit Wirksamkeit der Veräußerung vorzunehmen.

Die Änderungen der entsprechenden Veranlagungen sind nach Maßgabe der Korrekturvorschriften vorzunehmen. Eine Korrektur der entsprechenden Steuerbescheide nach § 175 Absatz 1 Satz 1 Nummer 2 AO kommt nur in Betracht, wenn das rückwirkende Ereignis nach Erlass des (ggf. zuletzt geänderten) Steuerbescheids eingetreten ist. Dabei stellt die Anteilsveräußerung das rückwirkende Ereignis für die Korrektur (außerbilanzielle Hinzurechnung) des Steuerbescheides dar, in dem die vor dem Wirtschaftsjahr der Anteilsveräußerung angefallenen Veräußerungskosten berücksichtigt wurden. Nachträgliche Veräußerungskosten und nachträgliche Kaufpreisveränderungen wirken nach § 175 Absatz 1 Satz 1 Nummer 2 AO auf die Veranlagung für den Veranlagungszeitraum, in dem das Wirtschaftsjahr der Anteilsveräußerung endet, zurück. In Fällen, in denen das Ereignis zwar schon vor Erlass des Steuerbescheids eingetreten, dem Finanzamt aber erst nachträglich bekannt geworden ist, kann die Änderung des Steuerbescheids nach § 173 Absatz 1 AO in Betracht kommen (vgl. AEAO zu § 175, Nummer 2.3).

Auf einen Aufwand oder Ertrag aus einer Auf- oder Abzinsung der Kaufpreisforderungen ist § 8b KStG nicht anzuwenden.

Bei der gesonderten und einheitlichen Gewinnfeststellung für Personengesellschaften müssen die Veräußerungskosten für die Ermittlung des Veräußerungsgewinns oder -verlusts in dem Veranlagungszeitraum, in dem sie entstanden sind, gesondert ausgewiesen werden.

Zu den Veräußerungskosten können auch die Verluste aus gegenläufigen Sicherungsgeschäften gehören (vgl. BFH-Urteil vom 9. April 2014 – I R 52/12 –, BStBl II S. 861).

Beispiel:
Eine GmbH (Wj = Kj) veräußert im Jahr 02 die Beteiligung an einer Tochtergesellschaft (Buchwert – BW – 100 TEUR) zum Preis von 500 TEUR. Im Jahr 01 sind Veräußerungskosten – VK – (Beratungskosten) i. H. von 20 TEUR angefallen. Der Kaufpreis – KP – wurde gestundet. Im Jahr 04 fällt die Kaufpreisforderung aus. (Die Abzinsung der Kaufpreisforderung ist in dem Beispiel aus Vereinfachungsgründen nicht berücksichtigt.)

- Im Jahr 01 mindern die Veräußerungskosten zunächst das Einkommen.
- Im Jahr 02 werden die Veräußerungskosten in die Berechnung des nach § 8b Absatz 2 Satz 2 KStG steuerfreien Veräußerungsgewinns und die Bemessungsgrundlage für die nicht abzugsfähigen Betriebsausgaben einbezogen. Sie sind zudem im Jahr 02 außerbilanziell (gewinnmindernd) zu erfassen. Korrespondierend sind die Veräußerungskosten rückwirkend im Jahr 01 ebenfalls außerbilanziell (gewinnerhöhend) auszugleichen.
- Der Ausfall der Kaufpreisforderung im Jahr 04 wirkt sich auf die Berechnung des § 8b Absatz 2 Satz 2 KStG aus und führt zur nachträglichen Änderung der Veranlagung für das Jahr 02. Die Gewinnauswirkung des Forderungsausfalls ist im Jahr 04 und im Jahr 02 außerbilanziell zu korrigieren.

Auswirkungen des Veräußerungsvorgangs auf Jahresüberschuss und Einkommen der Jahre 01 – 04				
(alle Beträge in TEUR)	Gesamt 01 – 04	Jahr 01	Jahr 02	Jahr 04
Veräußerungskosten 01	–20	–20		
Veräußerung in 02				
Ertrag aus KP-Forderung	500		500	
Ausbuchung der Beteiligung (BW)	–100		–100	
Nach § 8b KStG zu berücksichtigen:				
KP 500				
BW –100				
VK – 20				
Veräußerungsgewinn 380				
steuerfrei gem. § 8b Absatz 2 KStG § 8b Absatz 3 Satz 1 KStG (5 %)	–380 +19		–380 +19	
rückwirkende außerbilanzielle Korrektur	0	+20	–20	
Einkommen vor Kaufpreisänderung	**19**	**0**	**19**	
Aufwand aus dem Ausfall der KP-Forderung in 04	–500			–500
Außerbilanzielle Korrektur	+500			+500
Änderung in 02				
bisher nach § 8b KStG berücksichtigte Beträge sind zu neutralisieren	+380 –19		+380 –19	
Nach § 8b KStG sind neu zu berücksichtigen:				
KP 0				
BW –100				
VK – 20				
Veräußerungsverlust –120 (§ 8b Absatz 3 KStG)	+120		+120	
rückwirkende außerbilanzielle Korrektur	–500		–500	
Einkommen nach Änderung	**0**	**0**	**0**	**0**

Das BMF-Schreiben vom 13. März 2008 (BStBl I S. 506) wird durch dieses Schreiben ersetzt.

21. Zuordnung von Betriebsausgaben zu steuerfreien Schachteldividenden[1)]

BMF, Schreiben v. 20. 1. 1997 (BStBl I S. 99)

– IV C 5 - S 1300 - 176/96 –

Unter Bezugnahme auf das Ergebnis der Erörterungen mit den obersten Finanzbehörden der Länder gilt für die Zuordnung von Betriebsausgaben zu steuerfreien Schachteldividenden folgendes:

1. Betriebsausgabenzuordnung bei nach einem DBA steuerfreien Schachteldividenden

1.1 Allgemeines

Sind Schachteldividenden nach einem DBA von der Bemessungsgrundlage der deutschen Steuer auszunehmen, so dürfen nach den §§ 8 Abs. 1 KStG, 3c EStG Ausgaben nicht als Betriebsausgaben abgezogen werden, soweit sie mit den Dividenden in unmittelbarem wirtschaftlichen Zusammenhang stehen (BFH-Urteile vom 29. Mai 1996, BStBl 1997 II S. 57, 60, 63). Dies gilt auch in den Fällen des § 8b Abs. 5 KStG (bis VZ 1993 § 26 Abs. 7 KStG), bei denen die Befreiung ungeachtet der im DBA vereinbarten Mindestbeteiligung gilt, wenn die Beteiligung mindestens ein Zehntel beträgt (Abschn. 41 Abs. 17 KStR 1995).

1.2 Unmittelbarer wirtschaftlicher Zusammenhang

Ein unmittelbarer wirtschaftlicher Zusammenhang ist gegeben, wenn die Erträge und Ausgaben in der Wirtschaftsführung des Unternehmens nach Entstehung und Zweckbestimmung verbunden sind (Veranlassungszusammenhang). Es sind daher nur solche Ausgaben nicht abziehbar, die den außer Ansatz zu lassenden Schachteldividenden zugeordnet werden können (vgl. auch BFH-Urteil vom 9. November 1976, BStBl 1977 II S. 207). Ein unmittelbarer wirtschaftlicher Zusammenhang in diesem Sinne kann auch gegeben sein, wenn die Betriebsausgaben auch mit anderen Einkunftsquellen zusammenhängen; in diesem Fall ist eine anteilige Zuordnung zu den Schachteldividenden geboten. Die Betriebsausgaben sind erforderlichenfalls im Wege der Schätzung zuzuordnen.

1.3 Zuordnung der Betriebsausgaben bis zur Höhe der Einnahmen

Die Zuordnung von Betriebsausgaben zu den Schachteldividenden nach § 3c EStG ist nur insoweit zulässig, als solche in dem betreffenden Wirtschaftsjahr vereinnahmt werden (BFH-Urteile vom 29. Mai 1996, BStBl 1997 II S. 57, 60, 63). Werden in einem Wirtschaftsjahr keine Dividenden ausgeschüttet, bleiben die Betriebsausgaben voll abziehbar. Übersteigen die Betriebsausgaben die Dividenden, so ist der Überhang abziehbar. Bei mehreren Beteiligungen ist auf die einzelne Beteiligung abzustellen. Ist nur ein Teil der Anteile dividendenberechtigt, z. B. beim Hin-

---

1) Dieses Schreiben wurde mit letztmaliger Anwendung für den VZ 1998 durch Nr. 5 des BMF-Schreibens v. 10.1.2000 (BStBl I S. 71) aufgehoben. Durch Nr. 5 des BMF-Schreibens v. 30.9.2008 (BStBl I S. 940) wurde es wieder in Kraft gesetzt. Es ist unter der Maßgabe anzuwenden, dass an die Stelle der genannten Schachteldividenden alle steuerfreien Dividenden treten, auf die nach den genannten Grundsätzen des BMF-Schreibens v. 30.9.2008 (a.a.O.) § 3c EStG anzuwenden ist.

zuerwerb neuer Anteile, ist dem bei der Zuordnung der Betriebsausgaben Rechnung zu tragen (vgl. BFH-Urteil vom 5. Dezember 1984, BStBl 1985 II S. 311). Bestehen Anhaltspunkte für eine mißbräuchliche Gestaltung, z. B. bei Verzicht von Dividendenausschüttungen und gleichzeitiger Darlehensgewährung an die Muttergesellschaft, ist § 42 AO zu prüfen.

1.4 Einzelne Betriebsausgaben

1.4.1 Finanzierungskosten

Ein unmittelbarer wirtschaftlicher Zusammenhang zwischen Darlehenszinsen und Dividenden ist anzunehmen, wenn das Darlehen, das die Zinsen auslöst, zur Finanzierung des Erwerbs der Beteiligung verwendet wurde, durch die die steuerfreie Dividende veranlaßt ist (BFH-Urteil vom 29. Mai 1996, BStBl 1997 II S. 57). Der Veranlassungszusammenhang bestimmt sich allein nach der tatsächlichen Darlehensverwendung (s. das vorgenannte BFH-Urteil). Zinsen für Darlehen und sonstige Finanzierungskosten für den Erwerb der Beteiligung oder deren Erhöhung sind auch dann den steuerfreien Schachteldividenden zuzuordnen, wenn über die Dividendenerwartung hinaus auch andere Motive für den Erwerb der Beteiligung maßgebend waren (BFH-Urteil vom 25. Oktober 1966, BStBl 1967 III S. 92). Hängt der Kredit auch mit der Finanzierung anderer Aufwendungen zusammen, sind die Zinsen und sonstigen Finanzierungskosten nach dem Verhältnis der mit dem Kredit finanzierten Aufwendungen aufzuteilen.

1.4.2 Verwaltungskosten

Kosten der Verwaltung der Beteiligung, z. B. Regie- oder Kontrollkosten, Reisekosten der Konzernspitze, sind den Schachteldividenden, ggf. anteilig, zuzuordnen (vgl. auch Abschnitt 76 Abs. 15 KStR). Wegen der Verrechnung von Dienstleistungen gegenüber der Beteiligungsgesellschaft vgl. die Verwaltungsgrundsätze vom 23. Februar 1983, BStBl I S. 218 Tz. 6.

1.4.3 Teilwertabschreibung

Eine Teilwertabschreibung ist den Schachteldividenden nicht zuzuordnen, da sie die Beteiligung selbst betrifft (BFH-Urteil vom 2. Februar 1972, BStBl II S. 397). Die Zuordnung der Teilwertabschreibung nach § 3c EStG zu einem etwaigen künftigen steuerfreien Gewinn aus der Veräußerung der Beteiligung ist ebenfalls ausgeschlossen. Unberührt bleibt die Nichtberücksichtigung einer ausschüttungsbedingten Teilwertabschreibung nach § 8b Abs. 6 KStG (bis VZ 1993 § 26 Abs. 8 KStG).

2. Betriebsausgabenzuordnung im Rahmen sonstiger Vorschriften

Vorstehende Grundsätze gelten bei der Zuordnung von Betriebsausgaben zu ausländischen Schachteldividenden im Rahmen der §§ 26 KStG, 9 Nr. GewStG entsprechend. Sie sind auch der Gliederung des aus den Schachteldividenden entstehenden verwendbaren Eigenkapitals im Sinne des § 30 Abs. Nr. 1 KStG zugrunde zu legen.

Zu § 8c KStG

22. Verlustabzugsbeschränkung für Körperschaften (§ 8c KStG)
BMF, Schreiben v. 28. 11. 2017 (BStBl I S. 1645)
– IV C 2 - S 2745-a/09/10002: 004 –

Inhaltsübersicht

	Tz.
I. Anwendungsbereich	1, 2
II. Schädlicher Beteiligungserwerb	3–24
1. Anteilsübertragung und vergleichbare Sachverhalte	5–8
2. Kapitalerhöhung	9, 10
3. Unmittelbarer und mittelbarer Erwerb	11, 12
4. Zeitpunkt des Erwerbs	13–15
5. Fünf-Jahres-Zeitraum	16–24
III. Erwerber	25–28
1. Übertragung auf nahestehende Personen	26
2. Übertragung auf Erwerber mit gleichgerichteten Interessen	27, 28
IV. Rechtsfolgen	29–38
1. Zeitpunkt und Umfang des Verlustuntergangs	29–32
2. Unterjähriger Beteiligungserwerb	33–38
a) Allgemein	33–36
b) Bei Organschaft	37, 38
V. Konzernklausel (§ 8c Absatz 1 Satz 5 KStG)	39–48
Prüfung der Konzernklausel im Zusammenhang mit der Ermittlung der schädlichen Erwerbsquote von 25 %/50 %	47, 48
VI. Stille-Reserven-Klausel (§ 8c Absatz 1 Satz 6 bis 9 KStG)	49–63
1. Verhältnis der Konzernklausel zur Stille-Reserven-Klausel	49
2. Ermittlung der stillen Reserven	50–60
a) Allgemein	50–55
b) Bei negativem Eigenkapital (§ 8c Absatz 1 Satz 8 KStG)	56
c) Bei unterjährigem Beteiligungserwerb	57
d) Mehrstufiger Beteiligungserwerb	58
e) Bei Organschaften	59, 60
3. Verwendung der stillen Reserven zum Erhalt eines nicht abziehbaren nicht genutzten Verlustes	61–63
VII. Anwendungsvorschriften	64–69
1. Erstmalige Anwendung des § 8c KStG	64–66
2. Anwendung des § 8 Absatz 4 KStG a. F. neben § 8c KStG	67–69

Im Einvernehmen mit den obersten Finanzbehörden der Länder wird zur Anwendung der allgemeinen Verlustabzugsbeschränkung für Körperschaften gem. § 8c KStG unter Berücksichtigung der Änderungen durch das Wachstumsbeschleunigungsgesetz vom 22. Dezember 2009 (BGBl I S. 3950)[*)] – Einführung der Konzernklausel und der Stille-Reserven-Klausel –, durch das

---
*) BStBl 2010 I S. 2.

Jahressteuergesetz 2010 (JStG 2010) vom 8. Dezember 2010 (BGBl I S. 1768)[*] – Anpassung der Stille-Reserven-Klausel – und durch das Steueränderungsgesetz 2015 (StÄndG 2015) vom 2. November 2015 (BGBl I S. 1834)[**] – Anpassung der Konzernklausel – wie folgt Stellung genommen. Das BMF-Schreiben vom 4. Juli 2008 (BStBl I S. 736) wird durch dieses Schreiben ersetzt:

I. Anwendungsbereich

1 § 8c KStG ist auf unbeschränkt und beschränkt steuerpflichtige Körperschaften, Personenvereinigungen und Vermögensmassen i. S. d. § 1 Absatz 1 KStG anzuwenden. Auch Anstalten oder Stiftungen fallen in den Anwendungsbereich des § 8c KStG.

2 Die Abzugsbeschränkung gem. § 8c KStG ist auf alle nicht ausgeglichenen und nicht abgezogenen negativen Einkünfte (nicht genutzte Verluste) anwendbar und umfasst insbesondere die Verluste nach § 2a, § 10d (Verlustvor- und -rücktrag, einschließlich der Verlustvorträge einer Organgesellschaft aus vororganschaftlicher Zeit), § 15 Absatz 4, § 15a und § 15b EStG sowie festgestellte verbleibende Verlustvorträge i. S. d. § 10 Absatz 3 Satz 5 AStG. § 8c KStG gilt für den Zinsvortrag nach § 4h Absatz 1 Satz 5 EStG entsprechend (§ 8a Absatz 1 Satz 3 KStG).

II. Schädlicher Beteiligungserwerb

3 § 8c KStG setzt einen schädlichen Beteiligungserwerb innerhalb eines Zeitraums von fünf Jahren durch Personen eines Erwerberkreises voraus. Den Erwerberkreis bildet der Erwerber gemeinsam mit ihm nahestehenden Personen und Personen, die mit ihm oder den nahestehenden Personen gleichgerichtete Interessen haben.

4 Der Erwerb der Beteiligung kann entgeltlich oder unentgeltlich erfolgen, z. B. im Wege der Schenkung. Ein Erwerb seitens einer natürlichen Person durch Erbfall einschließlich der unentgeltlichen Erbauseinandersetzung und der unentgeltlichen vorweggenommenen Erbfolge **zwischen Angehörigen i. S. d. § 15 AO** wird von § 8c KStG nicht erfasst; dies gilt nicht, wenn der Erwerb in auch nur geringem Umfang entgeltlich erfolgt.

1. Anteilsübertragung und vergleichbare Sachverhalte

5 § 8c KStG erfasst neben dem Erwerb von Kapitalanteilen auch den Erwerb von Mitgliedschaftsrechten und Beteiligungsrechten (jeweils auch ohne Stimmrechte) sowie von Stimmrechten und vergleichbaren Sachverhalten. Werden zugleich mehrere Anteile und Rechte übertragen, ist diejenige Übertragung maßgebend, die die weitestgehende Anwendung des § 8c KStG erlaubt.

6 Soweit es für den Erwerb auf den Übergang einer Eigentumsposition ankommt, ist auf den Übergang des wirtschaftlichen Eigentums abzustellen.

Ein Zwischenerwerb durch eine Emissionsbank im Rahmen eines Börsengangs i. S. d. § 1 Absatz 1 Satz 2 Nummer 10 KWG bleibt unbeachtlich.

7 Vergleichbare Sachverhalte können insbesondere sein:

– der Erwerb von Genussscheinen i. S. d. § 8 Absatz 3 Satz 2 KStG;

– Stimmrechtsvereinbarungen, Stimmrechtsbindungen, Stimmrechtsverzicht;

---

[*] BStBl I S. 1394.
[**] BStBl I S. 846.

- die Umwandlung auf eine Verlustgesellschaft, wenn durch die Umwandlung ein Beteiligungserwerb durch einen Erwerberkreis stattfindet;
- die Einbringung eines Betriebs, Teilbetriebs oder Mitunternehmeranteils, wenn durch die Einbringung ein Beteiligungserwerb am übernehmenden Rechtsträger durch einen Erwerberkreis stattfindet;
- die Fusion von Anstalten des öffentlichen Rechts, wenn hierdurch bei der aufnehmenden Anstalt des öffentlichen Rechts mit nicht genutzten Verlusten ein Träger Beteiligungsrechte an der Anstalt (hinzu) erwirbt;
- der Erwerb eigener Anteile, wenn sich hierdurch die Beteiligungsquoten ändern;
- die Kapitalherabsetzung, mit der eine Änderung der Beteiligungsquoten einhergeht.

Auch die Kombination verschiedener Sachverhalte kann insgesamt zu einem schädlichen Beteiligungserwerb führen (BFH-Urteil vom 22. Oktober 2003, I R 18/02, BStBl 2004 II S. 468).

Werden neben Stammaktien auch stimmrechtslose Vorzugsaktien erworben, ist bei der Ermittlung der Quote der übertragenen Anteile für die Stammaktien im Regelfall nur auf das stimmberechtigte Kapital und für die Vorzugsaktien auf das gesamte Stammkapital abzustellen. Verschiedene Quoten werden nicht addiert. 8

Beispiel 1:
Die Anteile an einer Gesellschaft entfallen zu 70 % auf Stammaktien und zu 30 % auf Vorzugsaktien. Erworben werden
a) 30 %-Punkte der Vorzugsaktien (= 30 % des Nennkapitals);
b) 21 %-Punkte der Stammaktien (= 30 % der Stimmrechte);
c) 10 %-Punkte der Vorzugsaktien (= 10 % des Nennkapitals) und 14 %-Punkte der Stammaktien (= 20 % der Stimmrechte).

Lösung:
B1 In den Fallvarianten a) und b) wird die schädliche Beteiligungsgrenze überschritten:
a) 30/100 = 30 %;
b) 21/70 = 30 %.
In der Fallvariante c) wird die schädliche Beteiligungsgrenze nicht überschritten, denn es werden 24 % gezeichnetes Kapital und 20 % Stimmrechte übertragen.

2. Kapitalerhöhung

Einem Beteiligungserwerb von mehr als 25 % ist eine Kapitalerhöhung bzw. die Erhöhung anderer Beteiligungsrechte i. S. d. Rn. 5 gleichzusetzen, bei der der neu hinzutretende Erwerberkreis nach der Kapitalerhöhung bzw. der Erhöhung anderer Beteiligungsrechte i. S. d. Rn. 5 zu mehr als 25 % des Kapitals i. S. d. Rn. 5 beteiligt ist oder sich eine bestehende Beteiligung um mehr als 25 % erhöht (§ 8c Absatz 1 Satz 4 KStG). Die Quote ist auf das Kapital nach der Kapitalerhöhung bzw. der Erhöhung anderer Beteiligungsrechte i. S. d. Rn. 5 zu beziehen. 9

Die Kapitalerhöhung bei einer Gesellschaft, die ihrerseits unmittelbar oder mittelbar an einer Verlustgesellschaft beteiligt ist, löst unter den genannten Voraussetzungen die Rechtsfolgen des § 8c KStG aus, wenn sich dadurch die mittelbare Beteiligungsquote eines Erwerberkreises an der Verlustgesellschaft in schädlichem Umfang ändert. 10

3. Unmittelbarer und mittelbarer Erwerb

Der Erwerb einer Beteiligung kann unmittelbar oder mittelbar erfolgen. Der unmittelbare Erwerb ist auch schädlich, wenn er mittelbar zu keiner Änderung der Beteiligungsquote führt. **Zu Ausnahmen im Rahmen der Konzernklausel des § 8c Absatz 1 Satz 5 KStG vgl. Rn. 39 ff.** Auch die Übernahme von mehr als 25 % der Anteile an einer **Körperschaft** durch eine Mitunterneh- 11 merschaft, an der die bisherigen Gesellschafter der **Körperschaft** beteiligt sind, führt zur Anwendung des § 8c KStG.

Beispiel 2:
Die Gesellschafterin der Verlustgesellschaft V-GmbH ist die E-GmbH, deren Gesellschafterin ist die T-GmbH, und deren Gesellschafter sind die M1-KG und die M2-KG.
Lösung:
B2 Eine schädliche konzerninterne Umstrukturierung liegt u. a. vor, wenn:
– die M1-KG auf die M2-KG verschmolzen wird oder umgekehrt;
– die Anteile an der T-GmbH aus dem Gesamthandsvermögen der M1 in das Sonderbetriebsvermögen eines ihrer Gesellschafter übertragen werden oder umgekehrt.

Ein Formwechsel des Anteilseigners i. S. d. § 190 Absatz 1 UmwG oder ein vergleichbarer ausländischer Vorgang bewirkt keine mittelbare Übertragung der Anteile an einer nachgeordneten Körperschaft.

12 Im Falle eines mittelbaren Beteiligungserwerbs ist die auf die Verlustgesellschaft durchgerechnete Beteiligungsquote oder Stimmrechtsquote maßgeblich.

4. Zeitpunkt des Erwerbs

13 Der Zeitpunkt des Beteiligungserwerbs oder des vergleichbaren Sachverhalts bestimmt sich nach dem Übergang des wirtschaftlichen Eigentums.

14 Kapitalerhöhungen werden mit ihrer Eintragung ins Handelsregister wirksam (BFH-Urteil vom 14. März 2006, VIII R 49/04, BStBl II S. 746). Zu diesem Zeitpunkt entstehen die neuen Mitgliedschaftsrechte.

15 Bei der Umwandlung des Anteilseigners einer Verlustgesellschaft ist für den Erwerb der Beteiligung an der Verlustgesellschaft durch den übernehmenden Rechtsträger der Übergang des wirtschaftlichen Eigentums maßgebend. Ein steuerlicher Rückbezug des Beteiligungserwerbs nach § 2 UmwStG 2006 scheidet aus.

5. Fünf-Jahres-Zeitraum

16 Zur Ermittlung des schädlichen Beteiligungserwerbs nach § 8c Absatz 1 Satz 1 KStG werden alle Erwerbe durch den Erwerberkreis innerhalb eines Fünf-Jahres-Zeitraums zusammengefasst.

17 Ein Fünf-Jahres-Zeitraum beginnt mit dem ersten unmittelbaren oder mittelbaren Beteiligungserwerb an der Verlustgesellschaft durch einen Erwerberkreis. Zu diesem Zeitpunkt muss noch kein Verlustvortrag der späteren Verlustgesellschaft vorhanden sein.

18 Wird die 25 %-Grenze durch einen Beteiligungserwerb eines Erwerberkreises überschritten, beginnt **vorbehaltlich der Ausführungen zu Rn. 48** – unabhängig davon, ob zu diesem Zeitpunkt ein nicht genutzter Verlust vorhanden ist – mit dem nächsten Beteiligungserwerb ein neuer Fünf-Jahres-Zeitraum i. S. d. § 8c Absatz 1 Satz 1 KStG für diesen Erwerberkreis.

19 Eine Mehrzahl von Erwerben durch einen Erwerberkreis gilt als ein Erwerb, wenn ihnen ein Gesamtplan zugrunde liegt. Ein schädlicher Gesamtplan in diesem Sinne wird widerlegbar vermutet, wenn die Erwerbe innerhalb eines Jahres erfolgen.

20 Der Verlustabzugsbeschränkung des § 8c Absatz 1 Satz 2 KStG ist ein eigener Fünf-Jahres-Zeitraum zugrunde zu legen. Eine quotale Kürzung des nicht genutzten Verlustes nach § 8c Absatz 1 Satz 1 KStG löst deshalb keinen neuen Fünf-Jahres-Zeitraum für Zwecke des § 8c Absatz 1 Satz 2 KStG aus.

Im Rahmen des § 8c Absatz 1 Satz 1 KStG berücksichtigte Erwerbsvorgänge, die eine quotale Kürzung des nicht genutzten Verlustes ausgelöst haben, sind im Rahmen des § 8c Absatz 1 Satz 2 KStG nochmals zu berücksichtigen.

Wird die 50%-Grenze überschritten, beginnt – unabhängig davon, ob zu diesem Zeitpunkt ein nicht genutzter Verlust vorhanden ist – ein neuer Fünf-Jahres-Zeitraum i. S. d. § 8c Absatz 1 Satz 2 KStG mit dem nächsten Beteiligungserwerb.

Wird innerhalb eines Fünf-Jahres-Zeitraums die 50%-Grenze überschritten, ist der zu diesem 21 Zeitpunkt bestehende Verlustabzug vollständig zu versagen.

Die mehrfache Übertragung der nämlichen Anteile ist schädlich, soweit sie je Erwerberkreis die 22 Beteiligungsgrenzen des § 8c KStG übersteigt. Wird mit einer unmittelbaren Übertragung einer Verlustgesellschaft gleichzeitig im Erwerberkreis auch eine mittelbare Übertragung verwirklicht, wird bei der Ermittlung der übertragenen Quote nur die unmittelbare Übertragung berücksichtigt.

Beispiel 3:
Im Veranlagungszeitraum (VZ) 01 erwirbt die E-GmbH 30% der Anteile an der Verlust-GmbH vom bisherigen Alleingesellschafter A. Von der E-GmbH erwirbt die M-AG, die an der E-GmbH zu 80% beteiligt ist, im VZ 03 dieselben 30%. Weitere 21% erwirbt die M-AG in 04 direkt von A.

Lösung:
B3   VZ 01:   Quotaler Verlustuntergang nach § 8c Absatz 1 Satz 1 KStG wegen des Beteiligungserwerbs durch die E-GmbH von 30%.
B4   VZ 03:   Quotaler Verlustuntergang nach § 8c Absatz 1 Satz 1 KStG wegen des Beteiligungserwerbs durch die M-AG von 30%. Dem steht nicht entgegen, dass die E-GmbH und die M-AG einen Erwerberkreis bilden.
B5   VZ 04:   Der nochmalige Beteiligungserwerb durch die M-AG von 21% führt zum Überschreiten der 50%-Quote nach § 8c Absatz 1 Satz 2 KStG und damit zum vollständigen Verlustuntergang.

Die Übertragung von Anteilen auf eine Person stellt in dem Umfang, in dem diese Person bereits 23 zu einem früheren Zeitpunkt (ggf. auch im ursprünglichen Verlustentstehungsjahr) an der Verlustgesellschaft beteiligt gewesen ist, eine mehrfache Übertragung nämlicher Anteile i. S. d. Rn. 22 dar.

Nicht erforderlich ist, dass der schädliche Erwerb oder die zu addierenden Einzelerwerbe zu ei- 24 ner Zeit erfolgen, zu der die Körperschaft nicht genutzte Verluste aufweist.

Beispiel 4:
A hält 100% der Anteile an einer GmbH. B erwirbt per 31.12.**01** 25% und per 31.12.**02** weitere 25% der Anteile. Die GmbH erzielt in **01** einen Gewinn von 20.000 € und in **02** einen Verlust von 200.000 €.

Lösung:
B6   Es kommt zu einem quotalen Untergang (zu 50%) des nicht genutzten Verlusts der GmbH per 31.12.**02** i. H. v. 100.000 €. Der Anteilserwerb per 31.12.**01** ist ebenfalls zu berücksichtigen, obwohl er in einer Gewinnphase der GmbH erfolgte und zum Erwerbszeitpunkt noch keine nicht genutzten Verluste der GmbH vorhanden waren.

III. Erwerber

Erwerber kann jede natürliche Person, juristische Person oder Mitunternehmerschaft sein. Für 25 vermögensverwaltende Personengesellschaften gilt eine anteilige Zurechnung nach § 39 Absatz 2 Nummer 2 AO.

1. Übertragung auf nahestehende Personen

Zur Begründung des „Nahestehens" reicht jede rechtliche oder tatsächliche Beziehung zu einer 26 anderen Person aus (**H 8.5 Nahestehende Person – Kreis der nahestehenden Personen KStH 2015**), die bereits vor oder unabhängig von dem Anteilserwerb besteht.

2. Übertragung auf Erwerber mit gleichgerichteten Interessen

27 Personen mit gleichgerichteten Interessen gehören zum Erwerberkreis (vgl. Rn. 3).

28 Von einer Erwerbergruppe mit gleichgerichteten Interessen ist regelmäßig auszugehen, wenn eine Abstimmung zwischen den Erwerbern stattfindet, wobei kein Vertrag vorliegen muss. **Die Abstimmung darf jedoch nicht nur auf Absprachen beschränkt sein, die sich auf den Erwerb als solchen beziehen – z. B. mit Blick auf die Preisfindung oder das Bewahren eines bisher vorliegenden Verhältnisses im Anteilsbesitz (BFH-Urteil vom 22. November 2016, I R 30/15, BStBl 2017 II S. 921).** Die Verfolgung eines gemeinsamen Zwecks i. S. d. § 705 BGB reicht zur Begründung gleichgerichteter Interessen aus, ist aber nicht Voraussetzung. Die gleichgerichteten Interessen müssen sich nicht auf den Erhalt des Verlustvortrags der Körperschaft richten. Gleichgerichtete Interessen liegen z. B. vor, wenn mehrere Erwerber einer Körperschaft zur einheitlichen Willensbildung zusammenwirken. Indiz gleichgerichteter Interessen ist auch die gemeinsame Beherrschung der Körperschaft; vgl. **H 8.5 Beherrschender Gesellschafter – Gleichgerichtete Interessen KStH 2015.**

IV. Rechtsfolgen

1. Zeitpunkt und Umfang des Verlustuntergangs

29 Werden innerhalb von fünf Jahren unmittelbar oder mittelbar mehr als 25 % der Anteile durch einen Erwerberkreis erworben, geht der Verlust gem. § 8c Absatz 1 Satz 1 KStG quotal entsprechend der Höhe der schädlichen Beteiligungserwerbe unter.

30 Bei einem schädlichen Beteiligungserwerb von über 50 % innerhalb eines Zeitraums von fünf Jahren geht der nicht genutzte Verlust gem. § 8c Absatz 1 Satz 2 KStG vollständig unter.

31 Die Rechtsfolge tritt in dem Wirtschaftsjahr ein, in dem die 25 %-Grenze bzw. die 50 %-Grenze überschritten wird. Verluste, die bis zum Zeitpunkt des schädlichen Beteiligungserwerbs entstanden sind, dürfen mit danach entstandenen Gewinnen weder ausgeglichen noch von ihnen abgezogen werden. Sie dürfen auch nicht in vorangegangene VZ zurückgetragen werden.

Beispiel 5:

	Jahr 01 €	Jahr 02 €	Jahr 03 €	Jahr 04 €	Jahr 05 €
Gezeichnetes Kapital	1.000.000	1.000.000	1.000.000	1.000.000	1.000.000
Beteiligungsverhältnisse					
Gesellschafter A	700.000	400.000	400.000	400.000	400.000
Gesellschafter B	300.000	300.000	200.000	150.000	50.000
Gesellschafter C		300.000	400.000	450.000	550.000
Übertragene Anteile im Fünf-Jahres-Zeitraum		300.000 (30 %)	400.000 (40 %)	450.000 (45 %)	550.000 (55 %)
Schädlicher Beteiligungserwerb		ja	nein	nein	ja
Ergebnis des laufenden VZ		−2.000.000	−600.000	3.500.000	470.000
davon Verlust/**Gewinn** bis zum schädlichen Beteiligungserwerb		−1.200.000	−300.000	0	**235.000**
Verbleibender Verlustabzug zum Ende des vorangegangenen VZ		20.000.000	15.640.000	16.240.000	13.740.000

	Jahr 01 €	Jahr 02 €	Jahr 03 €	Jahr 04 €	Jahr 05 €
Verlust**abzugs**verbot § 8c Absatz 1 Satz 1 KStG		6.000.000 (30 %)	0	0	0
Verlustabzugsverbot § 8c Absatz 1 Satz 2 KStG		0	0	0	13.505.000 (100 %)
Verlust**ausgleichs**verbot § 8c Absatz 1 Satz 1 KStG		360.000	0	0	0
Verlustabzug				2.500.000	235.000
Verbleibender Verlustabzug zum Ende des VZ		15.640.000	16.240.000	13.740.000	0

In den Fällen eines unmittelbaren und mittelbaren oder eines mittelbaren schädlichen Beteiligungserwerbs am Organträger bzw. an der Organgesellschaft zum Ende des Wirtschaftsjahres des Organträgers bzw. der Organgesellschaft ist die Verlustkürzung nach § 8c KStG nur beim Organträger nach Zurechnung des Einkommens der Organgesellschaft vorzunehmen. 32

2. Unterjähriger Beteiligungserwerb

a) Allgemein

Bei einem unterjährigen schädlichen Beteiligungserwerb unterliegt auch ein bis zu diesem Zeitpunkt erzielter Verlust der Verlustabzugsbeschränkung nach § 8c KStG. Ein bis zum schädlichen Beteiligungserwerb erzielter Gewinn kann nach den Grundsätzen der Rn. 34 mit noch nicht genutzten Verlusten verrechnet werden (BFH-Urteil vom 30. November 2011, I R 14/11, BStBl 2012 II S. 360). 33

Maßgebend ist dabei der bis zum schädlichen Beteiligungserwerb erwirtschaftete Gesamtbetrag der Einkünfte (G. d. E.). Ein unterjähriger Beteiligungserwerb liegt nicht vor, wenn die Übertragung zum Ende des Kalender- oder Wirtschaftsjahres erfolgt.

Der zum Ende des dem schädlichen Beteiligungserwerb vorangegangenen VZ gesondert festgestellte verbleibende Verlustvortrag bleibt abweichend von § 8c Absatz 1 Satz 1 und 2 KStG abziehbar, soweit bis zum schädlichen Beteiligungserwerb ein positiver G. d. E. erzielt wurde. Dies gilt auch, wenn im VZ, in dem der schädliche Beteiligungserwerb erfolgt, insgesamt ein niedrigerer G. d. E. als in der Zeit bis zum schädlichen Beteiligungserwerb erzielt wird. Die Regelungen der Mindestgewinnbesteuerung sind für die Ermittlung der Höhe des verbleibenden Verlustvortrags unbeachtlich. Ein danach verbleibender Verlustvortrag kann im VZ, in dem der schädliche Beteiligungserwerb erfolgt, unter Beachtung der Mindestgewinnbesteuerung abgezogen und ggf. weiter vorgetragen werden. 34

Beispiel 6:
Die V-GmbH hat zum 31.12.01 einen verbleibenden Verlustvortrag i. H. v. 10 Mio. €. Das Wirtschaftsjahr der V-GmbH entspricht dem Kalenderjahr. Am 30.06.02 werden 100 % der Anteile der V-GmbH auf einen Erwerber übertragen (schädlicher Beteiligungserwerb). Der G. d. E. des VZ 02 beträgt 4 Mio. €. Davon entfallen 1,5 Mio. € auf den Zeitraum bis zum schädlichen Beteiligungserwerb (Abwandlung: der G. d. E. bis zum schädlichen Beteiligungserwerb beträgt 6 Mio. €).

Lösung:

B7 Nach dem vorstehenden Absatz bleibt ein Teilbetrag von 1,5 Mio. € des zum 31.12.01 verbleibenden Verlustvortrags abziehbar. I. H. v. 8,5 Mio. € geht der Verlustvortrag nach § 8c Absatz 1 Satz 2 KStG unter.

B8 Der nach Anwendung des § 8c Absatz 1 Satz 2 KStG verbleibende Verlustvortrag i. H. v. 1,5 Mio. € kann unter Beachtung der Mindestgewinnbesteuerung mit dem positiven G. d. E. des VZ 02 verrechnet werden. Das Einkommen des VZ 02 beträgt danach 2,5 Mio. € (= 4 Mio. € – 1,5 Mio. €).

B9	Im Fall der Abwandlung bleibt ein Teilbetrag von 6 Mio. € des zum 31.12.01 verbleibenden Verlustvortrags abziehbar. I. H. v. 4 Mio. € geht der Verlustvortrag nach § 8c Absatz 1 Satz 2 KStG unter.
B10	Der nach Anwendung des § 8c Absatz 1 Satz 2 KStG verbleibende Verlustvortrag i. H. v. 6 Mio. € kann unter Beachtung der Mindestgewinnbesteuerung mit dem positiven G. d. E. des VZ 02 verrechnet werden. Das Einkommen des VZ 02 beträgt danach 1,2 Mio. € (= 4 Mio. € – 1 Mio. € – 1,8 Mio. € [= 60 % von 3 Mio. €]). Zum 31.12.02 ist ein verbleibender Verlustvortrag i. H. v. 3,2 Mio. € gesondert festzustellen.

35 Das Ergebnis des gesamten Wirtschaftsjahres ist nach wirtschaftlichen Kriterien aufzuteilen. Dies kann durch einen nach den Regeln eines Jahresabschlusses erstellten Zwischenabschluss auf den Stichtag des schädlichen Beteiligungserwerbs und getrennte Einkommensermittlungen für die Zeit vor und nach dem schädlichen Beteiligungserwerb erfolgen. Sofern ein Zwischenabschluss nicht erstellt wird, ist die Aufteilung des Ergebnisses sachlich und wirtschaftlich begründet zu schätzen (z. B. betriebswirtschaftliche Auswertung oder zeitanteilige Aufteilung).

36 Die Rn. 33 bis 35 gelten bei einem vom Kalenderjahr abweichenden Wirtschaftsjahr entsprechend. Der Verlust eines vom Kalenderjahr abweichenden Wirtschaftsjahres und der zum Schluss des vorangegangenen VZ festgestellte verbleibende Verlustvortrag sind auch dann nach § 8c KStG zu kürzen, wenn der schädliche Beteiligungserwerb in dem betreffenden VZ nach Ablauf des Wirtschaftsjahres, also im folgenden Wirtschaftsjahr erfolgt. Auf den Schluss des VZ ist daher kein bzw. ein gekürzter verbleibender Verlust festzustellen. Dies gilt nicht, soweit im folgenden Wirtschaftsjahr auf den Zeitraum bis zum schädlichen Beteiligungserwerb ein positiver G. d. E. entfällt. In dieser Höhe bleiben nicht genutzte Verluste aus dem vorangegangenen Wirtschaftsjahr nach den Grundsätzen der Rn. 33 bis 35 abziehbar. Insoweit ist auf den Schluss des VZ des schädlichen Beteiligungserwerbs ein verbleibender Verlust festzustellen und eine ggf. anderslautende Verlustfeststellung zu ändern. Ist das Ergebnis des folgenden Wirtschaftsjahres, in dem der schädliche Beteiligungserwerb erfolgt ist, noch nicht bekannt, ist der zum Ablauf des VZ verbleibende Verlust nach § 165 Absatz 1 Satz 1 AO vorläufig festzustellen.

Beispiel 7:
Die V-GmbH hat ein vom Kalenderjahr abweichendes Wirtschaftsjahr vom 01.04. bis 31.03. Im Wirtschaftsjahr 01/02 erzielt sie einen negativen G. d. E. von –10.000 €, im Wirtschaftsjahr 02/03 einen Gewinn (= G. d. E.) von 20.000 €. Zum 30.06.02 werden 100 % der Anteile auf einen Erwerber übertragen (schädlicher Beteiligungserwerb). Vom G. d. E. des Wirtschaftsjahres 02/03 entfällt auf den Zeitraum vom 01.04.02 bis 30.06.02 ein Anteil von + 5.000 € (Abwandlung: ein Anteil von – 5.000 €). Entsprechend der Rn. 36 ist die Verlustfeststellung zum 31.12.02 nach § 165 Absatz 1 Satz 1 AO vorläufig erfolgt.
Lösung:

B11	Bei ausschließlicher Berücksichtigung der Informationen für das Jahr 02 ist zum 31.12.02 kein verbleibender Verlust festzustellen, da der Verlust des Wirtschaftsjahres 01/02 aufgrund des schädlichen Beteiligungserwerbs zum 30.06.02 nach § 8c KStG vollständig zu kürzen ist.
B12	Im Rahmen der KSt-Veranlagung für den Zeitraum 03 ist zu berücksichtigen, dass in Höhe des bis zum schädlichen Beteiligungserwerb entstandenen Gewinns von 5.000 € Verluste, die vor dem schädlichen Beteiligungserwerb entstanden sind (–10.000 €), abziehbar bleiben (vgl. Rn. 34). Die Verlustfeststellung zum 31.12.02 ist entsprechend zu ändern.
B13	Der verbleibende Verlustvortrag zum 31.12.02 i. H. v. 5.000 € kann mit dem positiven G. d. E. des Wirtschaftsjahres 02/03 verrechnet werden. Für den VZ 03 beträgt das Einkommen danach 15.000 €.
B14	Im Fall der Abwandlung ist auch der bis zum 30.06.02 entstandene Verlust nach § 8c KStG zu kürzen. Für den VZ 03 beträgt das Einkommen 25.000 €.

b) Bei Organschaft

37 Bei einer steuerlichen Organschaft ist die Verlustabzugsbeschränkung des § 8c KStG auf Ebene des Organträgers und auf Ebene der Organgesellschaft getrennt anzuwenden. Im Fall eines schädlichen Beteiligungserwerbs bei einem Organträger unterliegt daher regelmäßig auch das

noch nicht zugerechnete negative Organeinkommen der Verlustabzugsbeschränkung des § 8c KStG, soweit es aufgrund eines schädlichen Beteiligungserwerbs an einem Organträger zu einem mittelbaren schädlichen Erwerb an der Organgesellschaft kommt. Die negativen Einkommen der Organgesellschaft und des Organträgers sind bei einem unterjährigen Beteiligungserwerb jeweils vor der Einkommenszurechnung auf Ebene der Organgesellschaft bzw. des Organträgers entsprechend der Ergebnisaufteilung i. S. d. Rn. 35 zu kürzen. Das gilt auch für ein negatives Einkommen einer Organgesellschaft aus einem laufenden vom Kalenderjahr abweichenden Wirtschaftsjahr, das die Organgesellschaft in der Zeit vom Beginn des Wirtschaftsjahres bis zum schädlichen Beteiligungserwerb erzielt hat. Für das negative Einkommen eines vom Kalenderjahr abweichenden Wirtschaftsjahres der Organgesellschaft, das vor dem schädlichen Beteiligungserwerb abgeschlossen war, gilt Rn. 32.

Rn. 33 Satz 2 ist bei Organgesellschaften nicht anzuwenden. Aufgrund der Zurechnung des Einkommens der Organgesellschaft beim Organträger kann es bei der Organgesellschaft keine nicht genutzten Verluste aus Vorjahren geben, die für eine Verrechnung mit bis zum Zeitpunkt des schädlichen Beteiligungserwerbs entstandenen Gewinnen zur Verfügung stehen könnten. Eine Verrechnung von innerhalb der Organschaft entstandenen Gewinnen mit ggf. bestehenden vororganschaftlichen Verlusten ist nicht zulässig (§ 15 Satz 1 Nummer 1 KStG). 38

V. Konzernklausel (§ 8c Absatz 1 Satz 5 KStG)

Ein schädlicher Beteiligungserwerb liegt nicht vor, wenn 39

1. an dem übertragenden Rechtsträger der Erwerber zu 100 % mittelbar oder unmittelbar beteiligt ist und der Erwerber eine natürliche oder juristische Person oder eine Personenhandelsgesellschaft (KG oder OHG) ist,

2. an dem übernehmenden Rechtsträger der Veräußerer zu 100 % mittelbar oder unmittelbar beteiligt ist und der Veräußerer eine natürliche oder juristische Person oder eine Personenhandelsgesellschaft (KG oder OHG) ist oder

3. an dem übertragenden und an dem übernehmenden Rechtsträger dieselbe natürliche oder juristische Person oder dieselbe Personenhandelsgesellschaft (KG oder OHG) zu jeweils 100 % mittelbar oder unmittelbar beteiligt ist.

§ 8c Absatz 1 Satz 5 KStG ist auf sämtliche Rechtsvorgänge anwendbar, die zu einem schädlichen Beteiligungserwerb i. S. d. § 8c Absatz 1 KStG führen können, unabhängig davon, auf welchem Rechtsgrund (z. B. Kauf-, Schenkungsvertrag, Einbringung, verdeckte Einlage, Umwandlung usw.) diese beruhen. Aus den in § 8c Absatz 1 Satz 5 KStG verwendeten Begriffen „Veräußerer" und „Erwerber" folgt keine Einschränkung der Anwendbarkeit der Konzernklausel auf schädliche Beteiligungserwerbe durch Veräußerungsgeschäfte. 40

„Übertragender Rechtsträger" bzw. „Veräußerer" i. S. d. § 8c Absatz 1 Satz 5 KStG ist der Rechtsträger, der die Anteile an der Verlustgesellschaft vor der Anteilsübertragung unmittelbar oder mittelbar hält. „Übernehmender Rechtsträger" bzw. „Erwerber" i. S. d. § 8c Absatz 1 Satz 5 KStG ist der Rechtsträger, der die Anteile nach der Anteilsübertragung unmittelbar oder mittelbar hält. Die Begriffe „übertragender Rechtsträger" und „übernehmender Rechtsträger" werden in der Konzernklausel normspezifisch verwendet und sind nicht im umwandlungssteuerrechtlichen Sinn zu verstehen. 41

Beispiel 8:
Die A-AG hält 100 % der Anteile an der T-GmbH, die wiederum zu 100 % an der Verlustgesellschaft V-GmbH beteiligt ist. Die T-GmbH wird abwärts auf die V-GmbH verschmolzen.

Lösung:

B15 Übertragender Rechtsträger der Anteile an der V-GmbH i. S. d. § 8c KStG ist hier die T-GmbH, übernehmender Rechtsträger ist die A-AG, denn sie hält anschließend die Anteile an der V-GmbH. Demgegenüber ist umwandlungssteuerlich hier die V-GmbH übernehmender Rechtsträger, denn sie übernimmt das Vermögen der T-GmbH aus der Verschmelzung.

42 Der Begriff Personenhandelsgesellschaft stellt auf die handelsrechtliche Beurteilung ab und erfasst auch ausländische Personenhandelsgesellschaften (vgl. auch BT-Drs. 18/4902 Seite 47).

43 § 8c Absatz 1 Satz 5 Nummer 1 und 2 KStG betrifft die Verkürzung bzw. die Verlängerung von Beteiligungsketten innerhalb eines Konzerns bei jeweils 100 %iger Beteiligung.

44 § 8c Absatz 1 Satz 5 Nummer 3 KStG erfasst weitere Übertragungen, z. B. auf Schwestergesellschaften. Die Anwendung setzt drei Ebenen voraus:

Die erste Ebene (Zurechnungsebene) betrifft die natürliche oder juristische Person oder die Personenhandelsgesellschaft, die unmittelbar oder mittelbar zu 100 % am übertragenden und am übernehmenden Rechtsträger beteiligt ist. Dabei werden unmittelbare und mittelbare Beteiligungen zusammengerechnet.

Die zweite Ebene (Handlungsebene) betrifft den schädlichen Beteiligungserwerb zwischen dem übertragenden und dem übernehmenden Rechtsträger.

Die dritte Ebene betrifft die Verlustgesellschaft (Ebene der Verlustgesellschaft), deren Anteile erworben wurden und für deren Verluste die Anwendung des § 8c KStG zu prüfen ist.

Die Voraussetzungen aller Ebenen müssen erfüllt sein, damit die dritte Alternative der Konzernklausel Anwendung findet.

45 Die Voraussetzungen der Konzernklausel sind auch dann erfüllt, wenn dieselbe Person zu 100 % am übertragenden und am übernehmenden Rechtsträger beteiligt ist, sie selbst zur Verlustgesellschaft jedoch keine 100 %ige mittelbare Beteiligung besitzt, sondern zusätzlich ein fremder Dritter an der Verlustgesellschaft beteiligt ist.

Beispiel 9:

Die natürliche Person A ist jeweils zu 100 % an der X-GmbH und an der Y-GmbH beteiligt. Die X-GmbH veräußert ihre Anteile i. H. v. 50 % an der Verlustgesellschaft V an die Y-GmbH. Ferner ist an der Verlustgesellschaft V ein fremder Dritter D zu 50 % beteiligt.

Lösung:

B16 A ist sowohl am übertragenden Rechtsträger X-GmbH als auch am übernehmenden Rechtsträger Y-GmbH jeweils zu 100 % beteiligt. Es liegt somit kein schädlicher Beteiligungserwerb vor. Für die Anwendung der dritten Alternative der Konzernklausel ist nicht Voraussetzung, dass A zusätzlich auch zu 100 % an der Verlustgesellschaft V (mittelbar) beteiligt sein muss.

46 Die Konzernklausel findet hingegen keine Anwendung, wenn mehr als ein Beteiligter am übertragenden oder übernehmenden Rechtsträger vorhanden ist und durch die Zusammenrechnung von unmittelbaren und mittelbaren Beteiligungen keine 100 %ige Beteiligung am übertragenden und/oder übernehmenden Rechtsträger erreicht wird. Das ist z. B. der Fall, wenn übertragender oder übernehmender Rechtsträger eine Kapitalgesellschaft mit mehreren Anteilseignern (z. B. börsennotierte Gesellschaften) oder eine Personengesellschaft ist, an der nur natürliche Personen beteiligt sind.

Beispiel 10:

Die natürlichen Personen A und B sind zu jeweils 50 % an der AB-GmbH beteiligt. Diese wiederum hält eine Beteiligung an der Verlust-GmbH. Die AB-GmbH überträgt nun die Anteile an der Verlust-GmbH auf A. Der übernehmende Rechtsträger bzw. Erwerber ist A selbst (Handlungsebene).

Lösung:

B17 A ist nicht zu 100 % an dem übertragenden Rechtsträger (AB-GmbH) beteiligt. Die Voraussetzungen des § 8c Absatz 1 Satz 5 Nummer 1 KStG liegen damit nicht vor. Gleichfalls greift § 8c Absatz 1 Satz 5 Nummer 3 KStG nicht, da die Voraussetzung einer 100 %igen Beteiligung am übernehmenden Rechtsträger nicht erfüllt ist (keine Zurechnungsebene vorhanden).

Prüfung der Konzernklausel im Zusammenhang mit der Ermittlung der schädlichen Erwerbsquote von 25 %/50 %

Ob für einen Anteilserwerb die Voraussetzungen für die Anwendung der Konzernklausel vorliegen, wird regelmäßig geprüft, wenn die schädliche Grenze von 25 % bzw. 50 % innerhalb von fünf Jahren erstmals überschritten wird. Führen erst mehrere Erwerbe zu einem Überschreiten der Grenze von 25 % bzw. 50 %, sind die Voraussetzungen der Konzernklausel für jeden der Erwerbe getrennt voneinander zu prüfen. 47

Einzelne Beteiligungserwerbe, die die Voraussetzungen der Konzernklausel erfüllen, sind weder bei der Ermittlung der schädlichen Grenze von 25 % bzw. 50 % noch bei der Berechnung des Fünf-Jahres-Zeitraums zu berücksichtigen. Einem solchen Beteiligungserwerb folgende und vorangegangene Erwerbe, die die Voraussetzungen der Konzernklausel nicht erfüllen, sind weiterhin in die Ermittlung der schädlichen Grenze und des Fünf-Jahres-Zeitraums einzubeziehen. 48

Beispiel 11:
Es werden zum 01.01. des jeweiligen Jahres folgende Anteile einer Verlustgesellschaft durch einen Erwerber erworben:

01:     15 %   Voraussetzungen der Konzernklausel sind nicht erfüllt
02:     20 %   Voraussetzungen der Konzernklausel sind erfüllt
03:     32,5 % Voraussetzungen der Konzernklausel sind nicht erfüllt
04/05: keine weiteren Erwerbe
06:     18 %   Voraussetzungen der Konzernklausel sind nicht erfüllt

Lösung:

B18 Für die Erwerbe im ersten und zweiten Jahr (insg. 35 %) erfolgt keine Verlustkürzung, da für den Erwerb im zweiten Jahr (20 %) die Konzernklausel anzuwenden ist. Im dritten Jahr wird der Verlust um 47,5 % nach § 8c Absatz 1 Satz 1 KStG gekürzt. Das entspricht der Höhe der schädlichen Beteiligungserwerbe in den Jahren 01 und 03. Damit endet der Fünf-Jahres-Zeitraum nach § 8c Absatz 1 Satz 1 KStG vorzeitig; der Fünf-Jahres-Zeitraum nach § 8c Absatz 1 Satz 2 KStG läuft weiter. Aufgrund des weiteren Erwerbs im sechsten Jahr erfolgt eine vollständige Verlustkürzung nach § 8c Absatz 1 Satz 2 KStG.

VI. Stille-Reserven-Klausel (§ 8c Absatz 1 Satz 6 bis 9 KStG)

1. Verhältnis der Konzernklausel zur Stille-Reserven-Klausel

Die Stille-Reserven-Klausel gem. § 8c Absatz 1 Satz 6 bis 9 KStG i. d. F. des Jahressteuergesetzes 2010 setzt nach Anwendung der Konzernklausel zunächst einen schädlichen Beteiligungserwerb voraus, der die 25 %- bzw. 50 %-Grenze überschreitet und der ohne die Stille-Reserven-Klausel zu einer Verlustkürzung führen würde. 49

2. Ermittlung der stillen Reserven

a) Allgemein

Der gemeine Wert der Anteile entspricht in den Fällen eines entgeltlichen Erwerbs grundsätzlich dem Entgelt. Wurde aufgrund gesellschaftsrechtlicher Veranlassung ein unangemessenes Entgelt für den Erwerb der Anteile gezahlt oder lässt sich der Wert der Anteile aus anderen 50

Gründen nicht aus einem Entgelt ableiten, ist der Wert durch eine Unternehmensbewertung zu ermitteln (vgl. BMF-Schreiben vom 22. September 2011, BStBl I S. 859).

51 Die Bestimmung der im Inland steuerpflichtigen stillen Reserven setzt regelmäßig nicht die Ermittlung der gesamten stillen Reserven einschließlich der ausländischen stillen Reserven der Körperschaft voraus. Inländische und ausländische stille Reserven sind sachgerecht zuzuordnen.

52 Stille Reserven aus Beteiligungen an Kapitalgesellschaften, die von der Verlustgesellschaft gehalten werden, bleiben vorbehaltlich der Rn. 53 bei der Ermittlung des Einkommens unberücksichtigt (§ 8b Absatz 2 KStG) und sind nicht in die Berechnung der stillen Reserven einzubeziehen. Stille Reserven aus Beteiligungen sind auch nicht in Höhe des pauschalen Abzugsverbots von Betriebsausgaben i. H. v. 5 % des Veräußerungsgewinns nach § 8b Absatz 3 Satz 1 KStG zu berücksichtigen. Sind in dem Betriebsvermögen sperrfristbehaftete Anteile i. S. d. § 20 UmwStG 2006 enthalten, ist ein zum Zeitpunkt des schädlichen Beteiligungserwerbs gem. § 22 Absatz 1 UmwStG 2006 latent steuerverhafteter Einbringungsgewinn I ebenfalls nicht in die Berechnung der stillen Reserven einzubeziehen.

53 Stille Reserven, die auf Anteile, auf die § 8b Absatz 7 oder 8 KStG anzuwenden ist, und auf einbringungsgeborene Anteile, auf die § 8b Absatz 4 KStG a. F. anzuwenden ist, entfallen, sind abweichend von Rn. 52 bei der Anwendung der Stille-Reserven-Klausel zu berücksichtigen.

54 Die Rn. 51 ff. gelten entsprechend für Wirtschaftsgüter, die aufgrund einer Beteiligung an einer Personengesellschaft für Zwecke der Körperschaftsteuer anteilig zu berücksichtigen sind.

55 Sind für Kapitalgesellschaften i. S. d. § 8 Absatz 7 Satz 1 Nummer 2 KStG die einzelnen Tätigkeiten der Gesellschaft gem. § 8 Absatz 9 KStG verschiedenen Sparten zuzuordnen und ist der verbleibende negative G. d. E. der jeweiligen Sparte gesondert festzustellen, sind auch die Voraussetzungen für die Inanspruchnahme der Stille-Reserven-Klausel getrennt für jede Sparte zu überprüfen. Die ermittelten stillen Reserven sind sachgerecht aufzuteilen.

b) Bei negativem Eigenkapital (§ 8c Absatz 1 Satz 8 KStG)

56 Verfügt die Verlustgesellschaft über ein negatives Eigenkapital, ist für die Ermittlung der maßgeblichen stillen Reserven das dem Anteil an der Verlustgesellschaft entsprechende negative Eigenkapital dem entsprechenden gemeinen Wert des Betriebsvermögens der Verlustgesellschaft gegenüberzustellen. Der maßgebliche gemeine Wert kann in diesen Fällen nicht aus einem für die Anteile gezahlten Entgelt abgeleitet werden. Die Ermittlung des gemeinen Werts des Betriebsvermögens i. S. d. § 8c Absatz 1 Satz 8 KStG setzt vielmehr eine Unternehmensbewertung voraus (siehe BMF-Schreiben vom 22. September 2011, a. a. O.).

c) Bei unterjährigem Beteiligungserwerb

57 Bei unterjährigem Beteiligungserwerb ist für die Ermittlung der stillen Reserven das steuerbilanzielle Eigenkapital zum Zeitpunkt des schädlichen Beteiligungserwerbs maßgebend. Sofern auf diesen Zeitpunkt kein Zwischenabschluss erstellt worden ist, ist das auf den letzten vor diesem Zeitpunkt liegenden Abschlusszeitpunkt ermittelte Eigenkapital weiterzuentwickeln. Aus Vereinfachungsgründen kann das steuerbilanzielle Eigenkapital zum Zeitpunkt des schädlichen Beteiligungserwerbs wie folgt ermittelt werden:

        steuerbilanzielles Eigenkapital zum Abschlusszeitpunkt, der vor dem Zeitpunkt des schädlichen Beteiligungserwerbs liegt
+/–   anteiliges Ergebnis nach Rn. 35
+/–   bis zum Zeitpunkt des schädlichen Beteiligungserwerbs nach den Grundsätzen ordnungsgemäßer Buchführung tatsächlich zu berücksichtigende Zugänge/Auskehrungen
=   steuerbilanzielles Eigenkapital zum Zeitpunkt des schädlichen Beteiligungserwerbs

Wurde die Aufteilung des Ergebnisses des Wirtschaftsjahres geschätzt (vgl. Rn. 35 Satz 3), ist dieser Schlüssel auch für die Ermittlung des maßgeblichen Eigenkapitals anzuwenden.

d) Mehrstufiger Beteiligungserwerb

Bei mehrstufigen Beteiligungen können unmittelbare schädliche Beteiligungserwerbe zugleich mittelbare schädliche Beteiligungserwerbe auf einer anderen Ebene zur Folge haben. Die Tatbestandsvoraussetzungen der Stille-Reserven-Klausel sind grundsätzlich für jede Verlustgesellschaft gesondert zu prüfen. Dabei sind allein die in der Verlustgesellschaft vorhandenen im Inland steuerpflichtigen stillen Reserven zu berücksichtigen (vgl. Rn. 50 ff.). Für die Ermittlung der Höhe der in der Verlustgesellschaft enthaltenen stillen Reserven ist grundsätzlich das für die Obergesellschaft gezahlte Entgelt zugrunde zu legen. Abweichend davon kann der Steuerpflichtige die in der Verlustgesellschaft vorhandenen stillen Reserven z. B. durch Vorlage einer Unternehmensbewertung nachweisen. 58

e) Bei Organschaften

Der Grundsatz, dass für jede Verlustgesellschaft gesondert zu prüfen ist, in welcher Höhe stille Reserven vorhanden sind (Rn. 58), ist auch dann anzuwenden, wenn zum Betriebsvermögen einer Verlustgesellschaft die Beteiligung an einer oder mehreren Organgesellschaften gehört. Stille Reserven im Betriebsvermögen der Organgesellschaft sind beim Organträger nicht zu berücksichtigen. 59

Ist die Organgesellschaft selbst eine Verlustgesellschaft, kann die Anwendung der Stille-Reserven-Klausel über die Verluste des laufenden Wirtschaftsjahres hinaus nur vororganschaftliche Verluste betreffen. 60

3. Verwendung der stillen Reserven zum Erhalt eines nicht abziehbaren nicht genutzten Verlustes

In Höhe der stillen Reserven der Verlustgesellschaft können im Zeitpunkt des schädlichen Beteiligungserwerbs vorhandene nicht genutzte körperschaftsteuerliche Verluste abgezogen werden. Eine doppelte Nutzung von stillen Reserven insbesondere in Fällen mit steuerlicher Rückwirkung ist ausgeschlossen. 61

Die im Betriebsvermögen enthaltenen stillen Reserven sind zunächst für die Erhaltung des laufenden Verlustes und anschließend für die Erhaltung des Verlustvortrages zu nutzen. 62

Für die Verrechnung der stillen Reserven mit den nicht genutzten Verlusten (Rn. 2) gilt die gleiche Reihenfolge, in der im Fall der Realisierung der stillen Reserven die Verluste aufgebraucht werden würden. 63

Beispiel 12:
Die V-GmbH ist als alleinige Kommanditistin an der X-GmbH & Co. KG (KG) beteiligt. Die Komplementärin (X-GmbH) ist nicht vermögensmäßig an der KG beteiligt.
Bei der KG wurde im Rahmen der gesonderten und einheitlichen Feststellung für den VZ 01 ein nur nach § 15 Absatz 4 EStG verrechenbarer Verlust i. H. v. 100.000 € ermittelt und festgestellt sowie ausschließlich der Kommanditistin V-GmbH zugeordnet.
Für die V-GmbH wurde ferner zum 31.12.01 ein nach § 15a EStG nur verrechenbarer Verlust i. H. v. 20.000 € festgestellt.
Unabhängig davon wurde bei der V-GmbH zum 31.12.01 ein verbleibender Verlustvortrag nach § 10d Absatz 4 EStG i. H. v. 200.000 € festgestellt.
Zum 31.12.01 bestehen folgende stille Reserven:

V-GmbH: 30.000 € (ohne Betriebsvermögen der KG)
KG: 110.000 € (davon 40.000 € in dem von § 15 Absatz 4 EStG betroffenen Bereich)

Am 01.01.02 werden 100 % der Anteile an der V-GmbH auf einen Erwerber übertragen.

Lösung:

B19   Der Beteiligungserwerb zum 01.01.02 führt nach § 8c Absatz 1 Satz 2 KStG grundsätzlich zum vollständigen Untergang der nicht genutzten Verluste (Stand: 31.12.01). Die Stille-Reserven-Klausel des § 8c Absatz 1 Satz 6 bis 9 KStG ist hier in folgender Reihenfolge anzuwenden:

1. Stille Reserven in dem Betriebsvermögen der KG, soweit dies den Einkünften i. S. d. § 15 Absatz 4 EStG zuzuordnen ist, und vorrangige Verrechnung mit dem nur nach § 15 Absatz 4 EStG verrechenbaren Verlust; verbleibende stille Reserven sind in die folgende Ermittlung zu 2. mit einzubeziehen:

Nur nach § 15 Absatz 4 EStG verrechenbarer Verlust zum 31.12.01		100.000 €
Stille Reserven in diesem Betriebsvermögen	40.000 €	
(Fiktive) Verrechnung (max. verrechenbarer Verlust)	−40.000 €	−40.000 €
Verbleibende stille Reserven	0 €	
Verbleibender verrechenbarer Verlust, der nach § 8c Absatz 1 KStG verfällt		60.000 €

2. Restliche stille Reserven im Betriebsvermögen der KG und vorrangige Verrechnung mit dem nur nach § 15a EStG verrechenbaren Verlust; verbleibende stille Reserven sind in die folgende Ermittlung zu 3. mit einzubeziehen:

Nur nach § 15a EStG verrechenbarer Verlust zum 31.12.01		20.000 €
Stille Reserven (110.000 € ./. 40.000 € =)	70.000 €	
(Fiktive) Verrechnung (max. verrechenbarer Verlust)	−20.000 €	−20.000 €
Verbleibende stille Reserven (siehe unten)	50.000 €	
Verbleibender verrechenbarer Verlust, der nach § 8c Absatz 1 KStG verfällt		0 €

3. Stille Reserven im Betriebsvermögen der V-GmbH:

Verbleibender Verlustvortrag nach § 10d Absatz 4 EStG zum 31.12.01		200.000 €
Verbleibende stille Reserven im Betriebsvermögen der KG (siehe oben) – zu 100 % V-GmbH	50.000 €	
Stille Reserven der V-GmbH	30.000 €	
Summe der stillen Reserven	80.000 €	
(Fiktive) Verrechnung (max. verrechenbarer Verlust)	−80.000 €	−80.000 €
Verbleibender Verlustvortrag, der nach § 8c Absatz 1 KStG verfällt		120.000 €

Abwandlung:

Wie oben, allerdings bestehen folgende stille Reserven:

V-GmbH: 30.000 €
KG: 110.000 € (davon 0 € in dem von § 15 Absatz 4 EStG betroffenen Bereich)

Lösung:

B20   Der Beteiligungserwerb zum 01.01.02 führt nach § 8c Absatz 1 Satz 2 KStG grundsätzlich zum vollständigen Untergang der nicht genutzten Verluste (Stand: 31.12.01). Die Anwendung der Stille-Reserven-Klausel des § 8c Absatz 1 Satz 6 bis 9 KStG ist hier in folgender Reihenfolge anzuwenden:

1. Stille Reserven in dem Betriebsvermögen der KG, soweit dies den Einkünften i. S. d. § 15 Absatz 4 EStG zuzuordnen ist, und vorrangig Verrechnung mit dem nur nach § 15 Absatz 4 EStG verrechenbaren Verlust; verbleibende stille Reserven sind in die folgende Ermittlung zu 2. mit einzubeziehen:

Nur nach § 15 Absatz 4 EStG verrechenbarer Verlust zum 31.12.01		100.000 €
Stille Reserven in diesem Betriebsvermögen	0 €	
(Fiktive) Verrechnung (max. verrechenbarer Verlust)	−0 €	−0 €
Verbleibende stille Reserven	0 €	
Verbleibender verrechenbarer Verlust, der nach § 8c Absatz 1 KStG verfällt		100.000 €

2. Restliche stille Reserven im Betriebsvermögen der KG und vorrangig Verrechnung mit dem nur nach § 15a EStG verrechenbaren Verlust; verbleibende stille Reserven sind in die folgende Ermittlung zu 3. mit einzubeziehen:

Nur nach § 15a EStG verrechenbarer Verlust zum 31.12.01		20.000 €

Stille Reserven	110.000 €	
(Fiktive) Verrechnung (max. verrechenbarer Verlust)	−20.000 €	−20.000 €
Verbleibende stille Reserven (siehe unten)	90.000 €	
Verbleibender verrechenbarer Verlust, der nach § 8c Absatz 1 KStG verfällt		0 €

3. Stille Reserven im Betriebsvermögen der V-GmbH:

Verbleibender Verlustabzug nach § 10d Absatz 4 EStG zum 31.12.01		200.000 €
Verbleibende stille Reserven im Betriebsvermögen der KG (siehe oben) – zu 100 % V-GmbH	90.000 €	
Stille Reserven der V-GmbH	30.000 €	
Summe der stillen Reserven	120.000 €	
(Fiktive) Verrechnung (max. verrechenbarer Verlust)	−120.000 €	−120.000 €
Verbleibender Verlustvortrag, der nach § 8c Absatz 1 KStG verfällt		80.000 €

VII. Anwendungsvorschriften

1. Erstmalige Anwendung des § 8c KStG

§ 8c KStG findet gem. § 34 Absatz 7b KStG i. d. F. des Unternehmensteuerreformgesetzes 2008 vom 14. August 2007 (BGBl I S. 1912)[*) erstmals für den VZ 2008 und auf Beteiligungserwerbe Anwendung, bei denen das wirtschaftliche Eigentum nach dem 31. Dezember 2007 übergeht. Die zeitlichen Voraussetzungen müssen kumulativ vorliegen. **64**

> **Beispiel 13:**
> Eine GmbH mit einem vom Kalenderjahr abweichenden Wirtschaftsjahr 01.07./30.06. erzielt im Wirtschaftsjahr 2006/2007 einen Verlust von 200.000 €. Am 30.09.2007 werden 51 % der Anteile auf einen Erwerber übertragen.
> **Lösung:**
> Auf den 31.12.2007 wird ein verbleibender Verlust von 200.000 € festgestellt. Der Beteiligungserwerb am 30.09.2007 ist zwar dem Wirtschaftsjahr 01.07.2007 – 30.06.2008 und damit dem VZ 2008 zuzurechnen, hat aber vor dem 01.01.2008 stattgefunden und löst somit nicht die Rechtsfolgen des § 8c Absatz 1 Satz 2 KStG aus. **B21**

§ 8c Absatz 1 KStG ist gem. § 34 Absatz 7b Satz 2 KStG i. d. F. des Wachstumsbeschleunigungsgesetzes vom 22. Dezember 2009 – a. a. O. – (Einführung der Konzern- und der Stille-Reserven-Klausel) erstmals auf schädliche Beteiligungserwerbe nach dem 31. Dezember 2009 anzuwenden. Gleichermaßen ist § 8c Absatz 1 Satz 5 KStG in der am 1. Januar 2016 geltenden Fassung gem. § 34 Absatz 6 Satz 5 KStG i. d. F. des StÄndG 2015 vom 2. November 2015 – a. a. O. – (Änderung der Konzernklausel) erstmals auf schädliche Beteiligungserwerbe nach dem 31. Dezember 2009 anzuwenden. **65**

Im Hinblick auf den Beschluss des Bundesverfassungsgerichts vom 29. März 2017 – 2 BvL 6/11 – ist § 8c Satz 1 bzw. Absatz 1 Satz 1 KStG für unmittelbare Beteiligungserwerbe von Anteilen an Kapitalgesellschaften vor dem 1. Januar 2016 bis zu einer gesetzlichen Neuregelung vorerst nicht anzuwenden. **66**

2. Anwendung des § 8 Absatz 4 KStG a. F. neben § 8c KStG

§ 8 Absatz 4 KStG a. F. ist neben § 8c KStG letztmals anzuwenden, wenn mehr als die Hälfte der Anteile an einer Kapitalgesellschaft innerhalb eines Fünf-Jahres-Zeitraums übertragen werden, der vor dem 1. Januar 2008 beginnt, und der Verlust der wirtschaftlichen Identität vor dem **67**

---

*) BStBl I S. 630.

1. Januar 2013 eintritt. Gleiches gilt für den Verlust der wirtschaftlichen Identität einer Körperschaft nach § 8 Absatz 4 Satz 1 KStG a. F.

68 Die für die Sanierungsklausel des § 8 Absatz 4 Satz 3 KStG a. F. erforderliche fünfjährige Fortführung des den Verlust verursachenden Betriebs ist ggf. bis längstens Ende 2017 zu überwachen.

69 Die Grundsätze des BMF-Schreibens vom 2. August 2007 (BStBl I S. 624) finden Anwendung.

Beispiel 14:
Im Jahr 2007 werden 40 % und am 30.06.2011 26 % der Anteile an der Verlustgesellschaft V von A an B veräußert. Zum Veräußerungszeitpunkt in 2011 besitzt V ein Aktivvermögen von 100.000 €. Im Anschluss daran kommt es zu Betriebsvermögenszuführungen von 50.000 € im Jahr 2011 und 60.000 € im Jahr 2012, die nicht allein der Sanierung des Geschäftsbetriebs i. S. d. § 8 Absatz 4 Satz 3 KStG a. F. dienen.

Lösung:

B22 § 8 Absatz 4 KStG a. F. ist anwendbar, da innerhalb eines Zeitraums von 5 Jahren (beginnend vor dem 01.01.2008) mehr als 50 % der Anteile übertragen wurden, nach dem schädlichen Anteilseignerwechsel in 2011 innerhalb von 2 Jahren überwiegend neues Betriebsvermögen zugeführt wurde und die wirtschaftliche Identität somit noch vor dem 01.01.2013 verloren ging. Der Verlust geht zum 30.06.2011 vollständig unter. Würde der Betrag von 60.000 € nach dem 31.12.2012 zugeführt, wäre § 8 Absatz 4 KStG a. F. nicht mehr anwendbar.

B23 Daneben ist auch § 8c Absatz 1 Satz 1 KStG in 2011 anwendbar und würde zwar für sich zu einem quotalen Verlustuntergang von 26 % führen. Dieser bleibt aber ohne Auswirkung, da der Verlust infolge der Anwendung des § 8 Absatz 4 KStG a. F. rückwirkend zum 30.06.2011 vollständig untergeht.

Zu § 11 KStG

23. Körperschaftsteuerliche Behandlung der Auflösung und Abwicklung von Körperschaften und Personenvereinigungen nach den Änderungen durch das Gesetz zur Fortentwicklung des Unternehmenssteuerrechts (UntStFG)

BMF, Schreiben v. 26. 8. 2003 (BStBl I S. 434)

– IV A 2 - S 2760 - 4/03 –

Nach dem Ergebnis der Erörterung mit den obersten Finanzbehörden der Länder gilt für die steuerliche Behandlung der Auflösung und Abwicklung einer Körperschaft und Personenvereinigung nach Inkrafttreten des Gesetzes zur Fortentwicklung des Unternehmenssteuerrechts vom 20. Dezember 2001 (BGBl I S. 3858 – UntStFG –) Folgendes:

A. Bedeutung des Besteuerungszeitraums

1 Im Abwicklungszeitraum gibt es keine Wirtschaftsjahre im steuerrechtlichen Sinne. Für Zwecke der §§ 27, 37 und 38 KStG n. F.[*]) tritt an die Stelle des Wirtschaftsjahrs der Besteuerungszeitraum.

2 Auf den Schluss jedes Besteuerungszeitraums ist eine Steuerbilanz aufzustellen.

---

[*]) KStG n. F. = KStG 2002; KStG a. F. = KStG 1999

Umfasst der Abwicklungszeitraum mehrere Besteuerungszeiträume, ist auf den Schluss eines 3
jeden Besteuerungszeitraums, für den neues Recht gilt (siehe Rdnr. 4 ff.), das Körperschaftsteuerguthaben (§ 37 KStG n. F.), der Teilbetrag EK 02 (§ 38 KStG n. F.) und das steuerliche Einlagekonto (§ 27 KStG n. F.) gesondert festzustellen. Die abschließenden gesonderten Feststellungen für den letzten Besteuerungszeitraum sind auf den Zeitpunkt vor der Schlussverteilung des Vermögens vorzunehmen.

B. Systemübergreifende Liquidation

I. Grundsatz

Endet bei der Liquidation einer unbeschränkt steuerpflichtigen Körperschaft der Besteuerungs- 4
zeitraum nach dem 31. Dezember 2000, richtet sich die Besteuerung für diesen Zeitraum nach den Vorschriften des KStG n. F. (§ 34 Abs. 14 Satz 1 KStG n. F.).

Auch für den auf die Zeit vor dem 1. Januar 2001 entfallenden Teil des Besteuerungszeitraums 5
ist das KStG n. F. anzuwenden. Ob das verteilte Vermögen bei der Körperschaft zu einer Minderung oder Erhöhung der Körperschaftsteuer führt, richtet sich nach § 40 Abs. 4 i.V. m. den §§ 37 und 38 KStG n. F. Bereits unter Zugrundelegung der früheren Rechtslage ausgestellte Steuerbescheinigungen sind zurückzufordern und auf der Grundlage des EStG bzw. KStG n. F. neu zu erteilen.

Der Feststellung der Endbestände nach § 36 Abs. 7 KStG n. F. sind die Bestände zum Schluss des 6
letzten vor Liquidationsbeginn endenden Wirtschaftsjahrs bzw. zum Schluss des letzten Besteuerungszeitraums, für das noch das KStG a. F. gilt, zugrunde zu legen.

II. Antrag im Sinne des § 34 Abs. 14 KStG n. F.

Hat die in Liquidation befindliche Körperschaft, deren Besteuerungszeitraum vor dem 1. Januar 7
2001 beginnt und nach dem 31. Dezember 2000 endet, gemäß § 34 Abs. 14 Satz 2 KStG n. F. bis zum 30. Juni 2002 (Ausschlussfrist) den Antrag gestellt, auf die Zeit bis zum 31. Dezember 2000 das KStG a. F. anzuwenden, so endet auf den 31. Dezember 2000 ein Besteuerungszeitraum, für den ein steuerlicher Zwischenabschluss zu fertigen ist (§ 34 Abs. 14 Satz 3 KStG n. F.).

In den in Rdnr. 7 genannten Fällen unterliegt das Einkommen des am 31. Dezember 2000 en- 8
denden Besteuerungszeitraums noch dem KStG a. F. Für Liquidationsraten, andere Ausschüttungen und sonstige Leistungen, die in diesem Besteuerungszeitraum erfolgen, ist noch die Körperschaftsteuer-Ausschüttungsbelastung nach dem Vierten Teil des KStG a. F. herzustellen (§ 34 Abs. 14 Satz 5 KStG n. F.). Diese Auskehrungen verringern gemäß § 36 Abs. 2 KStG n. F. die Endbestände der auf den 31. Dezember 2000 festzustellenden Teilbeträge des verwendbaren Eigenkapitals.

Die Feststellung der Endbestände nach § 36 Abs. 7 KStG n. F. erfolgt auf den 31. Dezember 2000. 9

C. Gewinnausschüttungen für vor dem Abwicklungszeitraum endende Wirtschaftsjahre

Eine Ausschüttung kann auch dann auf einem den gesellschaftsrechtlichen Vorschriften ent- 10
sprechenden Gewinnverteilungsbeschluss für ein abgelaufenes Wirtschaftsjahr beruhen, wenn die Körperschaft nach Beginn der Liquidation beschließt, Gewinne für vor dem Abwicklungszeitraum endende Wirtschaftsjahre auszuschütten (BFH-Urteile vom 12. September 1973, BStBl 1974 II S. 14, vom 17. Juli 1974, BStBl II S. 692 und vom 22. Oktober 1998, I R 15/98, BFH/NV 1999 S. 829).

11 Erfolgt eine solche Gewinnausschüttung in Besteuerungszeiträumen, die bereits unter das KStG n. F. fallen, ist § 34 Abs. 12 Satz 1 Nr. 1 KStG n. F. nicht anzuwenden, da es während des Abwicklungszeitraums keine Wirtschaftsjahre gibt (vgl. Rdnr. 1). Für diese Ausschüttungen gilt der Vierte Teil des KStG a. F. daher nicht mehr.

D. Auswirkungen der Liquidation auf das steuerliche Einlagekonto und den Sonderausweis

12 Bei der Vermögensverteilung gilt das übrige Eigenkapital als vor dem Nennkapital ausgezahlt.

13 Die Vermögensverteilung ist, soweit sie nicht als Nennkapitalrückzahlung zu beurteilen ist, eine Leistung im Sinne des § 27 Abs. 1 Satz 3 KStG. Bei Abschlagszahlungen auf den Liquidationserlös ist auf den ausschüttbaren Gewinn zum Schluss des der Leistung vorangegangenen Besteuerungszeitraums bzw. Wirtschaftsjahrs abzustellen. Bei der Schlussauskehrung ist der ausschüttbare Gewinn maßgeblich, der sich auf den Zeitpunkt vor dieser Auskehrung ergibt. Das ist grundsätzlich der Zeitpunkt, auf den die Liquidationsschlussbilanz erstellt wird.

14 Soweit die Vermögensverteilung als Nennkapitalrückzahlung zu behandeln ist, wird in Höhe dieses Betrags zunächst der Sonderausweis verringert (§ 28 Abs. 2 Satz 1 KStG n. F.). Wegen des Zeitpunktes, auf den der maßgebliche Bestand des Sonderausweises zu ermitteln ist, gilt Rdnr. 13 entsprechend. Insoweit gilt die Rückzahlung des Nennkapitals als Gewinnausschüttung, die bei den Anteilseignern zu kapitalertragsteuerpflichtigen Bezügen im Sinne des § 20 Abs. 1 Nr. 2 EStG führt (§ 28 Abs. 2 Satz 2 KStG n. F.).

15 Soweit die Nennkapitalrückzahlung einen Sonderausweis übersteigt bzw. wenn ein Sonderausweis nicht besteht, führt der Rückzahlungsbetrag zu einer betragsmäßig identischen Erhöhung und Verringerung des steuerlichen Einlagekontos (§ 28 Abs. 2 Satz 1 2. Halbsatz und Satz 2 2. Halbsatz KStG). Eine Steuerbescheinigung im Sinne des § 27 Abs. 3 KStG ist den Anteilseignern insoweit nicht auszustellen.

E. Körperschaftsteuerminderung bzw. -erhöhung in Liquidationsfällen

16 Unabhängig davon, ob das Vermögen der Körperschaft als Abschlagszahlung auf den Liquidationserlös oder im Rahmen der Schlussverteilung ausgekehrt wird, mindert oder erhöht sich die Körperschaftsteuer um den Betrag, der sich nach den §§ 37 und 38 KStG n. F. ergeben würde, wenn das verteilte Vermögen einschließlich des Nennkapitals als in dem Zeitpunkt der Verteilung für eine Ausschüttung verwendet gelten würde (§ 40 Abs. 4 Satz 1 KStG n. F.).

17 Wegen des Zeitpunktes, auf den die maßgeblichen Bestände des KSt-Guthabens, des Teilbetrags EK 02 und des ausschüttbaren Gewinns zu ermitteln sind, gelten die Ausführungen zu Rdnr. 13 entsprechend. Für die Anwendung des § 40 Abs. 4 Satz 3 KStG n. F. gilt die Liquidation auf den Stichtag der Erstellung der Liquidationsschlussbilanz als beendet.

F. Zusammenfassendes Beispiel

18 **Beispiel:**
Die A-GmbH (Wirtschaftsjahr = Kalenderjahr) wird zum 30. Juni 2002 aufgelöst. Der der Schlussauskehrung zugrunde liegende Liquidationsschlussbestand wird auf den 31. August 2003 ermittelt. Für die Zeit vom 1. Januar 2002 bis zum 30. Juni 2002 bildet die GmbH ein Rumpfwirtschaftsjahr. Zum 31. Dezember

2001 und zum 30. Juni 2002 betragen das KSt-Guthaben 25 000 € und der Teilbetrag EK 02 30 000 €. Das Nennkapital zu den Stichtagen beträgt 90 000 € und der Sonderausweis 40 000 €.
Das übrige Eigenkapital lt. Steuerbilanz beträgt

a) zum 30. Juni 2002 = 410 000 €
b) zum 31. August 2003 = 648 500 €

Der Gewinn des Rumpfwirtschaftsjahrs 2002 wird am 15. August 2003 in Höhe von 75 000 € offen ausgeschüttet.

Lösung:
Anwendung des § 28 Abs. 2 und des § 40 Abs. 4 KStG n. F.

	Einlagekonto	KSt-Guthaben	EK 02	Nennkapital	Sonderausweis
Bestände zum 30. Juni 2002	0	25 000	30 000	90 000	40 000
Offene Gewinnausschüttung für das Rumpf-Wj. 2002	75 000				
KSt-Minderung: ¹/₆ von 75 000		−12 500			
Keine Verwendung von EK 02*⁾			0		
Bestände vor Schlussverteilung (= letzte gesonderte Feststellung)	0	12 500	30 000	90 000	40 000
Nullstellung des Nennkapitals gem. § 28 Abs. 2 Satz 1 KStG n. F.	+50 000			−90 000	−40 000
Zwischensumme	50 000	12 500	30 000	0	0
Verteiltes Vermögen (= übriges Eigenkapital und Nennkapital)	738 500				
Unmittelbarer Abzug beim Einlagekonto gem. § 28 Abs. 2 Satz 2 Hs 2 KStG n. F.	−50 000	−50 000			
Zwischensumme	0	12 500	30 000	0	0
Leistung gem. **§ 27 Abs. 1 Satz 3 KStG n. F.** (= Verteiltes Vermögen abzüglich Nennkapital)	648 500				
Verwendung Einlagekonto (höchstens verbleibender Bestand)	−0	0			
Zwischensumme	0	12 500	30 000	0	0

*) Differenzrechnung: Ausschüttbarer Gewinn zum 30. Juni 2002 abzüglich EK 02 zum 30. Juni 2002: 410 000 € − 30 000 € = 380 000 €. Da die Ausschüttung kleiner ist als 380 000 €, gilt EK 02 nicht als verwendet.

	Einlage-konto	KSt-Guthaben	EK 02	Nenn-kapital	Sonder-ausweis
Leistung i. S. d. § 40 Abs. 4 i. V. m. §§ 37, 38 KStG n. F. (= verteiltes Vermögen) 738 500					
KSt-Minderung (§ 37 KStG n. F.) ¹/₆ von 738 500; höchstens jedoch Bestand des KSt-Guthabens		−12 500			
KSt-Erhöhung (§ 38 KStG n. F.) Verwendung von EK 02*⁾ 738 500 − 618 500 = 120 000; höchstens 7/10 des Bestandes			−21 000		
KSt-Erhöhung = 3/7 von 21 000			−9 000		

G. Behandlung der Nennkapitalrückzahlung bei den Anteilseignern

19 Bei den Anteilseignern richtet sich die steuerliche Behandlung der Nennkapitalrückzahlung nach § 17 Abs. 4 EStG bzw. – soweit ein Sonderausweis vorhanden ist – nach § 20 Abs. 1 Nr. 2 Satz 2 EStG, unabhängig davon, ob die Leistung bei der Körperschaft zu einer Minderung bzw. einer Erhöhung der Körperschaftsteuer führt oder nicht.

Zu § 14 KStG

24. Die sog. „kleine Organschaftsreform"; Gesetz zur Änderung und Vereinfachung der Unternehmensbesteuerung und des steuerlichen Reisekostenrechts (GÄuVdUR)

OFD Karlsruhe, Verfügung v. 16. 1. 2014

– S 2770/52/2 - St 221 –

Mit dem Gesetz zur Änderung und Vereinfachung der Unternehmensbesteuerung und des steuerlichen Reisekostenrechts (GÄuVdUR) vom 20. 2. 2013, BGBl I S. 285, wurden u. a. diverse gesetzliche Änderungen im Bereich der Organschaft vorgenommen. Einen ersten Überblick über die Neuerungen konnten wir Ihnen bereits im Rahmen der KSt-Dienstbesprechung 2013 unter Top 6 geben.

---

*) Differenzrechnung: Ausschüttbarer Gewinn vor Schlussverteilung abzüglich EK 02 vor Schlussverteilung: 648 500 € − 30 000 € = 618 500 €; das verteilte Vermögen i. H. v. 738 500 € übersteigt 618 500 € um 120 000 €. Für die Berechnung der KSt-Erhöhung gilt: 120 000 € × 3/7 = 51 428 €, höchstens jedoch 7/10 × 30 000 € (Bestand des EK 02) = 21 000 €.

Da diesbezüglich aber schon einige Auslegungsfragen aufgekommen sind, möchten wir Ihnen mit beigefügter Arbeitshilfe eine erste Richtungsweisung an die Hand geben.

Das Thema der Organschaftsreform wird darüber hinaus in der im Frühjahr 2014 geplanten Veranlagungsfortbildung aufgearbeitet werden.

	Inhalt	Problemfelder	Lösung
I.	**Grenzüberschreitende Organschaft**		
§ 14 Abs. 1 Satz 1	¹Verpflichtet sich eine Europäische Gesellschaft, AG oder KGaA mit **Geschäftsleitung im Inland und Sitz in einem Mitgliedstaat der Europäischen Union oder in einem Vertragsstaat des EWR-Abkommens** (Organgesellschaft) durch einen GAV ...	Aufgabe doppelter Inlandsbezug → aber u. U. kein grenzüberschreitender GAV möglich, wenn OG = ausländ. Tochtergesellschaft, die keinen Sitz im Inland hat	Die Eintragung des GAV ist eine Frage des ausländischen Gesellschaftsrechts. Eine Eintragung in das Handelsregister des (inländ.) OT ist nicht ausreichend. Bloße schuldrechtliche Verträge (außerhalb des GAV nach § 291 AktG) werden nicht anerkannt.
§ 14 Abs. 1 Satz 1 Nr. 2 Satz 1	¹OT muss eine natürliche Person oder eine nicht von der KSt befreite Körperschaft, Personenvereinigung oder Vermögensmasse sein.	Organträger kann Sitz/und oder Ort der Geschäftsleitung auch im Ausland haben. Übergangsregelung (§ 34 Abs. 9 Nr. 8 KStG): „alle noch nicht bestandskräftigen Fälle"	
§ 14 Abs. 1 Satz 1 Nr. 2 Sätze 2 und 3	²OT kann auch eine Personengesellschaft im Sinne des § 15 Abs. 1 S. 1 Nr. 2 EStG sein, wenn sie eine Tätigkeit im Sinne des § 15 Abs. 1 S. 1 Nr. 1 EStG ausübt. ³Die Voraussetzung der Nr. 1 muss im Verhältnis zur Personengesellschaft selbst erfüllt sein.	Organträger = Personengesellschaft OT muss originär gewerbliche Tätigkeit ausüben. Vgl. dazu Rdnr. 15 ff. des BMF-Schreibens vom 10. November 2005 (BStBl I S. 1038). Beteiligung an OG muss in Gesamthandsvermögen des OT gehalten werden. Zu Personengesellschaften mit ausländischen Mitunternehmern vgl. unten Satz 7.	
§ 14 Abs. 1 Satz 1 Nr. 2 Sätze 4 und 5	⁴Die Beteiligung im Sinne der Nr. 1 an der OG oder, bei mittelbarer Beteiligung an der OG, die Beteiligung der Nr. 1 an der vermittelnden Gesellschaft, **muss ununterbrochen während der gesamten Dauer** der Organschaft **einer inländischen Betriebsstätte im Sinne**	Ununterbrochene Zuordnung der Beteiligung zur inländ. Betriebsstätte des OT i. S. d. § 12 AO, d. h., die Zuordnung der Beteiligung richtet sich nicht nach DBA-Grundsätzen (vgl. aber unten Satz 7 zur Zurechnung der Einkünfte). „Ununterbrochen" bedeutet während der gesamten Mindestlaufzeit von fünf Zeitjahren und anschließend während des gesamten Wirtschaftsjahres der Organgesellschaft. Bei einer OT-Personengesellschaft mit ausländischen Gesellschaftern indiziert das zivilrechtliche Gesamthandseigentum eine ununterbrochene Zu-	

	Inhalt	Problemfelder	Lösung
	des § 12 AO des OT zuzuordnen sein. ⁵Ist der OT mittelbar über eine oder mehrere Personengesellschaften an der Organgesellschaft beteiligt, gilt Satz 4 sinngemäß.	ordnung zur inländ. Betriebsstätte (vgl. auch Benecke/Schnitger, IStR 2013 S. 153). Ein ausländ. Rechtsträger mit einer inländ. Betriebsstätte i. S. d. § 12 AO kann zu einer inländischen Tochtergesellschaft einen GAV abschließen. Der GAV muss dabei nicht mehr unter der Firma einer eingetragenen Zweigniederlassung abgeschlossen werden; anders als früher in § 18 KStG; hier ist auch eine Zuordnung der Beteiligung als gewillkürtes BV denkbar (vgl. aber unten Satz 7). Für die Frage, wann ein ausländ. Rechtsträger ein „gewerbliches Unternehmen" i. S. d. § 14 Abs. 1 Nr. 1 KStG ist, gelten inländische Grundsätze.	
§ 14 Abs. 1 Satz 1 Nr. 2 Satz 6	⁶Das **Einkommen der OG ist der inländischen Betriebsstätte des OTs** zuzurechnen, **der die Beteiligung im Sinne der Nr. 1 an der OG** oder, bei mittelbarer Beteiligung an der OG, die Beteiligung im Sinne der Nr. 1 an der vermittelnden Gesellschaft zuzuordnen ist.	Zurechnung des Einkommens zur inländischen Betriebsstätte des OT, dem die Beteiligung nach Satz 4 zuzuordnen ist. Die Zuordnung der Beteiligung richtet sich nicht nach DBA-Grundsätzen (vgl. aber unten Satz 7).	
§ 14 Abs. 1 Satz 1 Nr. 2 Satz 7	⁷Eine **inländische Betriebsstätte im Sinne der vorstehenden Sätze ist nur gegeben, wenn** die **dieser Betriebsstätte zuzurechnenden Einkünfte sowohl** nach innerstaatlichem Steuerrecht als auch nach einem anzuwendenden DBA der **inländischen Besteuerung unterliegen.**	Sobald die Fragen der vorherigen Sätze geklärt sind, ist abschließend zu fragen: Unterliegen die der Betriebsstätte zuzurechnenden Einkünfte der inländischen Besteuerung? Sinn und Zweck der Vorschrift ist die <u>Sicherstellung des deutschen Besteuerungsrechts</u>. Begriff „zuzurechnende Einkünfte" Beispiel: OT mit steuerfreien Einkünften in dieser Betriebsstätte, die nicht aus der OG stammen Besonderheiten bei <u>OT-PG mit ausländischen Mitunternehmern</u>: → Wann ist die inländische Besteuerung des	Die Einkünfte müssen dabei innerstaatlich und nach DBA der deutschen Besteuerung unterliegen. Aus Sicht des OT handelt es sich bei dem Einkommen der OG um „Einkünfte"; somit sind die anderen Einkünfte des OT aus dieser Betriebsstätte nicht von der Regelung betroffen. Es muss eine Betriebsstätte i. S. des jeweils anzuwendenden DBA gegeben sein (vgl. Art. 5 OECD-MA; d. h. bei ausländ. MU muss der Gewinnanteil der beschränkten Steuerpflicht unterliegen. Die Zurechnung der Einkünfte zur DBA-Betriebsstätte folgt der funktionalen Zu-

Inhalt	Problemfelder	Lösung
	gewerbl. Einkommens der OG beim Mitunternehmer (MU) sichergestellt?	rechnung der Beteiligung an der OG zur DBA-Betriebsstätte des OT.
	Ausländ. Mitunternehmer OT = PG Problemfelder - infizierte PG - Besitz-PG bei Betriebsaufspaltung - geschäftsleitende Holding gewerbl. Einkommen OG	Ein (unterstellter) Quellensteuerabzug reicht bei Prüfung des Satzes 7 nicht aus, um das deutsche Besteuerungsrecht (nach DBA) für die zuzurechnenden Einkünfte sicherzustellen (entgegen Benecke/Schnitger, IStR 2013 S. 154). Erforderlich ist eine Besteuerung als (beschränkt steuerpflichtige) gewerbliche Einkünfte bei der Mitunternehmer-Betriebsstätte des Gesellschafters. Die Frage der funktionalen Zuordnung der Beteiligung ist im Einzelfall zu prüfen (vgl. BMF-Schreiben vom 16. April 2010, BStBl I S. 354, Tz. 2.2.4.1). Zweifelsfälle bei der funktionalen Zuordnung sind der OFD vorzulegen.
	Folgen für die GewSt?	Gewerbesteuerlich ist an die Behandlung bei der KSt anzuknüpfen.
	Erstmalige Anwendung ab VZ 2012 (§ 34 Abs. 1 KStG) Behandlung von Altfällen?	Altfälle können u.U. durch zusätzliche funktionale Verbindungen geheilt werden; im Einzelfall kann die Heilung dann ggf. auch für den VZ 2012 anerkannt werden (in Abstimmung mit der OFD). Keine Auswirkung auf Vorjahre, wenn in Altfällen die Organschaft nun wegen der Gesetzesänderung während der

	Inhalt	Problemfelder	Lösung
			Mindestlaufzeit nicht mehr anerkannt werden könnte.
§ 14 Abs. 1 Satz 1 Nr. 5	Negative Einkünfte des OT oder der OG bleiben bei der inländischen Besteuerung unberücksichtigt, soweit sie in einem ausländischen Staat im Rahmen der Besteuerung des OT, der OG oder einer anderen Person berücksichtigt werden.	Zweifelsfälle zur doppelten Berücksichtigung von Verlusten der OG sind der OFD vorzulegen (insbesondere wenn die angebliche überschießende Wirkung der Norm in Fällen der Anrechnungsmethode oder im Hinblick auf die Vergleichbarkeit mit § 2a EStG geltend gemacht wird). Zeitliche Anwendung: Alle offenen Fälle	
II.	**Durchführung des Gewinnabführungsvertrags**	**Heilungsmöglichkeit bei fehlerhaften Bilanzansätzen**	
§ 14 Abs. 1 Satz 1 Nr. 3 Sätze 4 und 5	⁴Der GAV gilt auch als durchgeführt, wenn der abgeführte Gewinn oder ausgeglichene Verlust auf einem Jahresabschluss beruht, der **fehlerhafte Bilanzansätze** enthält, sofern ...	<u>Klarstellung</u>: Diese Regelung greift nur bei Vorliegen eines fehlerhaften Bilanzansatzes in der Handelsbilanz. Andere Voraussetzungen für die Wirksamkeit eines GAV, wie z. B. die Mindestlaufzeit können dadurch nicht geheilt werden. Wann liegt ein fehlerhafter Bilanzansatz in der Handelsbilanz vor? <u>Gesetzesbegründung</u>: subjektiver Fehlerbegriff des Handelsrechts. Nur wenn der Fehler zum Zeitpunkt der Feststellung des Jahresabschlusses bei pflichtgemäßer und gewissenhafter Prüfung hätte erkannt werden können, ist der Bilanzansatz fehlerhaft. <u>Beispiele für Bilanzierungsfehler</u>: fehlerhafte handelsrechtliche AfA, unzutreffende Bewer-	Der Beschluss des GrS des BFH vom 31. Januar 2013 – GrS 1/10, BStBl II S. 317, hat keine Auswirkung auf die Frage, ob ein fehlerhafter Bilanzansatz vorliegt. Handelsrechtlich gilt nach wie vor der subjektive Fehlerbegriff. Die Einkommenszurechnung erfolgt unabhängig davon auf Grundlage des steuerlich zutreffenden Gewinns (Korrektur der Steuerbilanz).

Inhalt	Problemfelder	Lösung
	tung (z. B. von Waren), Zuordnung von Wirtschaftsgütern.	
	Fehlerhafte Bilanzansätze bei anderen Verstößen gegen gesellschaftsrechtliche Vorschriften: – unterbliebener Ausgleich vororganschaftlicher Verluste gem. § 301 AktG, – Nichtbeachtung handelsrechtlicher Abführungssperren (BilMoG), – unzulässige Abführung vororganschaftlicher Gewinn- oder Kapitalrücklagen bei einer nicht eingegliederten Organgesellschaft, – unzulässige Abführung einer in organschaftlicher Zeit gebildeter Kapitalrücklage; – unzulässige Bildung einer Gewinnrücklage nach § 14 Abs. 1 Satz 1 Nr. 4 KStG?	Diesen Verstößen liegen fehlerhafte Bilanzansätze zugrunde, die durch eine Korrektur im Sinne des § 14 Abs. 1 Satz 1 Nr. 3 KStG geheilt werden können. <u>Nicht korrigierbarer Fehler</u> (rein steuerliche Spezialvorschrift) ⇒ Folge ist ein steuerlich nicht durchgeführter GAV
a) der Jahresabschluss wirksam festgestellt ist,	Abgrenzung zur <u>nichtigen Bilanz</u> erforderlich.	Handelsrechtliche Heilungsmöglichkeit der Nichtigkeit nach § 256 Abs. 6 AktG mit rückwirkender Heilung. In der Folge ist eine Heilung nach § 14 Abs. 1 Satz 1 Nr. 3 Sätze 4 und 5 KStG wieder möglich.
b) die Fehlerhaftigkeit bei Erstellung des Jahresabschlusses **unter Anwendung der Sorgfalt eines ordentlichen Kaufmanns nicht hätte erkannt werden müssen** und …	Die Voraussetzung ist häufig durch die Fiktion des Satzes 5 erfüllt. Entscheidend ist der Jahresabschluss der OG. Wichtig: umfassende Beurteilung erforderlich – Eine bloße Bescheinigung über die prüferische Durchsicht ist nicht ausreichend. – Ebenso reicht ein eingeschränktes Testat nicht aus (auch wenn die Einschränkung einen ande-	

Inhalt	Problemfelder	Lösung
⁵Die Voraussetzung des Satzes 4 Buchst. b gilt bei Vorliegen eines uneingeschränkten Bestätigungsvermerks nach § 322 Abs. 3 HGB zum Jahresabschluss, zu einem Konzernabschluss, in den der handelsrechtliche Jahresabschluss einbezogen worden ist, oder über die freiwillige Prüfung des Jahresabschlusses oder der Bescheinigung eines Steuerberaters oder Wirtschaftsprüfers über die Erstellung eines Jahresabschlusses mit umfassenden Beurteilungen als erfüllt.	ren Aspekt des Jahresabschlusses betrifft). – Eine Erteilung der Bescheinigung ist auch durch vereidigte Buchprüfer möglich. Greift die Fiktion des Satzes 5 nicht, ist zu prüfen, ob der Fehler hätte erkannt werden müssen.	
c) ein **von der Finanzverwaltung beanstandeter Fehler** spätestens in dem **nächsten** nach dem Zeitpunkt der Beanstandung des Fehlers aufzustellenden **Jahresabschluss** der Organgesellschaft und des Organträgers korrigiert und das Ergebnis entsprechend abgeführt oder ausgeglichen wird, soweit es sich um einen **Fehler** handelt, der **in der Handelsbilanz zu korrigieren** ist.	Es muss sich um einen Fehler handeln, der in der Handelsbilanz zu korrigieren ist. Form der Beanstandung durch die Finanzverwaltung (wichtig für die Frage, welcher der nächste aufzustellende Jahresabschluss ist, der zu berichtigen ist)?	Für den Zeitpunkt der Beanstandung ist auf den Zeitpunkt der Bekanntgabe des Bp-Berichts abzustellen (vgl. auch BT-Drucks. 17/11217 S. 721). In diesem Bp-Bericht muss eine ausdrückliche Beanstandung des heilbaren Fehlers unter Hinweis auf § 14 Abs. 1 Satz 1 Nr. 3 Sätze 4 und 5 KStG enthalten sein. In der Regel sollte dies vorab mit dem Innendienst abgestimmt werden. Auch außerhalb der Betriebsprüfung kann es jederzeit zu einer Beanstandung durch die Finanzverwaltung kommen. Erforderlich ist dafür eine nach außen erkennbare Willensbildung der Finanzverwaltung, die schriftlich erfolgen sollte.

Inhalt	Problemfelder	Lösung
	Rechtsnatur der Beanstandung?	Die Beanstandung im Bp-Bericht oder durch den Innendienst ist kein anfechtbarer Verwaltungsakt.
	Reichweite der Korrekturpflicht? – Wie ist vorzugehen, wenn der Fehler bzw. die Notwendigkeit der Berichtigung des Fehlers in der Handelsbilanz vom Steuerpflichtigen bestritten wird? – Kann das FA erkennen, ob der Fehler in laufender Rechnung korrigiert wird? Muss zunächst vom Scheitern der Organschaft ausgegangen werden oder zunächst kein Scheitern der Organschaft bis der nächste Jahresabschluss eingereicht wird und bis dahin Veranlagung nach § 165 AO?	Bei einem prüfungspflichtigen Unternehmen ist in der Regel einer Bestätigung des (damaligen) WP zu folgen, dass keine handelsbilanzielle Korrektur des Fehlers erforderlich ist. Bei einem nicht prüfungspflichtigen Unternehmen muss die Bestätigung durch einen Dritten erfolgen (nicht durch den damaligen Bilanzersteller). Die (geänderten) Bescheide aufgrund der Bp sind unter Anerkennung der Organschaft vorläufig (§ 165 AO) zu erlassen.
	Was ist der nächste aufzustellende Jahresabschluss?	Der „nächste aufzustellende Jahresabschluss" ist geschäftsjahrbezogen auszulegen (z. B. Beanstandung im März 2013 – nächster Jahresabschluss ist der zum 31.12.2013 und nicht der ggf. im April 2013 aufzustellende Jahresabschluss zum 31.12.2012).
	Rechtsbehelfsmöglichkeit gegen die Beanstandung/weitere Vorgehensweise? Gegen die Änderungsbescheide (keine Anerkennung der Organschaft) wird ein Einspruchs- oder Klageverfahren geführt:	

	Inhalt	Problemfelder	Lösung
		– Unternehmen gewinnt den Rechtsstreit: → Die Beanstandung durch das Finanzamt bei Aufstellung des nächsten Jahresabschlusses geht ins Leere. Die Änderungsbescheide sind zurückzunehmen. – Unternehmen verliert den Rechtsstreit (und hat keine Korrektur vorgenommen): → Es kommt rückwirkend zur Nichtanerkennung der Organschaft. Eine rückwirkende Korrektur ist unabhängig von der Heilungsmöglichkeit des § 14 Abs. 1 Satz 1 Nr. 3 Sätze 4 und 5 KStG wie bereits bisher möglich.	
		Zwischenzeitliche Beendigung der Organschaft: Die Organschaft besteht im Zeitpunkt der Betriebsprüfung nicht mehr/die Organbeteiligung ist bereits veräußert.	Der Fehler kann an der Quelle innerhalb der Organschaft ausgeglichen werden (Dötsch, DB 2013 S. 305/311).
		Bedeutet Berichtigung des Fehlers nach § 14 Abs. 1 Satz 1 Nr. 3 Sätze 4 und 5 KStG, dass der berichtigte Gewinnabführungsbetrag handelsrechtlich zu marktüblichen Zinsen zu <u>verzinsen</u> ist?	Eine rückwirkende Verzinsung ist nicht erforderlich, egal ob die Gewinnabführung bisher zu hoch oder zu niedrig war.
III.	Vereinbarung der Verlustübernahme bei der Organ-GmbH (§ 17 KStG)		
§ 17	¹Die §§ 14 bis 16 gelten entsprechend, wenn eine andere als die in § 14 Abs. 1 Satz 1 bezeichnete Kapitalgesellschaft mit Geschäftsleitung im Inland und Sitz in einem Mitgliedstaat der Europäischen Union oder in einem Vertragsstaat des EWR-Abkommens sich wirksam verpflichtet, ihren ganzen	Formulierungsvorschlag für den vom Gesetz geforderten dynamischen Verweis auf § 302 AktG: „Für die Verlustübernahme gelten die Vorschriften des § 302 des Aktiengesetzes in seiner jeweils gültigen Fassung."	Vom Gesetzgeber ist keine ausdrückliche Formulierung des dynamischen Verweises vorgegeben. Es gelten daher die allgemeinen Auslegungsgrundsätze. Insbesondere sind etwaige Zusätze über den dynamischen Verweis hinaus unschädlich, wenn diese

	Inhalt	Problemfelder	Lösung
	Gewinn an ein anderes Unternehmen i. S. d. § 14 abzuführen. ²**Weitere Voraussetzung ist, dass** 1. eine Gewinnabführung den in § 301 des Aktiengesetzes genannten Betrag nicht überschreitet und 2. **eine Verlustübernahme durch Verweis auf die Vorschriften des § 302 des Aktiengesetzes in seiner jeweils gültigen Fassung vereinbart wird.**		den Verweis nicht in Frage stellen.
§ 34 Abs. 10b	(10b) ¹§ 17 Satz 2 Nr. 2 i. d. F. des Art. 2 des Gesetzes vom 20. Februar 2013 (BGBl I S. 285) ist erstmals auf Gewinnabführungsverträge anzuwenden, die nach dem Tag des Inkrafttretens dieses Gesetzes abgeschlossen oder geändert werden.	Neuverträge → Abschluss nach dem 26. Februar 2013 Abschluss eines GAV → Zustimmung der Gesellschafter der OG mit mindestens drei Viertel der abgegebenen Stimmen und notarielle Beurkundung dieses Beschlusses sowie zustimmender Beschluss der Gesellschafter des OT ebenfalls mit Dreiviertelmehrheit; → HR-Eintragung ist keine Voraussetzung für Wirksamkeit des Abschlusses.	Die Zweifelsfragen zu der Übergangsregelung in § 34 Abs. 10b KStG wurden bereits in KSt-Aktuell Ausgabe 1/2013 unter A. 1 behandelt.
	²Enthält ein GAV, der vor diesem Zeitpunkt wirksam abgeschlossen wurde, keinen den Anforderungen des § 17 Satz 2 Nr. 2 i. d. F. der Bekanntmachung vom 15. Oktober 2002 (BGBl I S. 4144), das zuletzt durch Artikel 4 des Gesetzes vom 7. Dezember 2011 (BGBl I S. 2592) geändert worden ist, entsprechenden	Altverträge: – Vertrag <u>entspricht</u> den Anforderungen des § 17 Satz 2 Nr. 2 KStG <u>a. F.</u> (einschl. der Fälle, die unter die frühere Übergangsregelung des BMF-Schreibens vom 16. Dezember 2005, BStBl 2006 I S. 12, zu § 302 Abs. 4 AktG fallen).	Auf Bundesebene wurde dazu beschlossen, dass eine Anpassung in diesen Fällen nicht notwendig ist, um die weitere steuerliche Anerkennung dieser Verträge sicherzustellen. Eine vollständige Rechtssicherheit für die betroffenen Unternehmen ist jedoch nur durch eine Änderung der Verträge erreichbar,

Inhalt	Problemfelder	Lösung
Verweis auf § 302 AktG, steht dies der Anwendung der §§ 14 bis 16 für VZ, die vor dem 31. Dezember 2014 enden, nicht entgegen, wenn eine Verlustübernahme entsprechend § 302 AktG tatsächlich erfolgt ist und eine Verlustübernahme entsprechend § 17 Satz 2 Nr. 2 i. d. F. des Art. 2 des Gesetzes vom 20. Februar 2013 (BGBl I S. 285) bis zum Ablauf des 31. Dezember 2014 wirksam vereinbart wird.	– Vertrag <u>entspricht nicht</u> den Anforderungen des § 17 Satz 2 Nr. 2 KStG <u>a. F.</u>, tatsächlich angefallene Verluste wurden vom OT übernommen. → <u>Anpassung</u> muss bis zum 31. Dezember 2014 wirksam erfolgen, d. h. mit Eintragung in das Handelsregister bis zu diesem Zeitpunkt.	weil die Gerichte nicht an die Billigkeitsregelungen der Verwaltung gebunden sind. Vgl. dazu die Rdnr. 26 des BFH-Urteils vom 24. Juli 2013 – I R 40/12. Bei entsprechenden Anfragen sind die Steuerpflichtigen darauf hinzuweisen. Auf die vom Gesetz geforderte tatsächlich erfolgte Verlustübernahme kommt es nur an, wenn bei der OG auch tatsächlich Verluste angefallen sind. In Gewinnfällen muss die Gewinnabführung tatsächlich erfolgt sein. Steuerfestsetzungen, denen Altverträge zugrunde liegen, die derzeit die Voraussetzungen des § 17 Satz 2 Nr. 2 KStG a. F. nicht erfüllen, sind unter Anerkennung der Organschaft nach § 165 AO vorläufig vorzunehmen. Eine endgültige Entscheidung über die Anerkennung der Organschaft kann erst nach Ablauf der Heilungsfrist (31. Dezember 2014) erfolgen.
³Für die Anwendung des Satzes 2 ist die Vereinbarung einer Verlustübernahme entsprechend § 17 Satz 2 Nr. 2 i. d. F. Art. 2 des Gesetzes vom 20. Februar 2013 (BGBl I S. 285) nicht erforderlich, wenn die steuerliche Organschaft vor dem 1. Jan. 2015 beendet wurde.	Altvertrag <u>entspricht nicht</u> den Anforderungen des § 17 Satz 2 Nr. 2 KStG a. F. <u>und</u> die Organschaft wird vor dem 1. Januar 2015 beendet, tatsächlich angefallene Verluste wurden vom OT übernommen. → <u>Keine</u> Anpassung erforderlich; die Organschaft ist für die Vergangenheit anzuerkennen.	

Inhalt	Problemfelder	Lösung
[4]Die Änderung im Sinne des Satzes 2 eines bestehenden Gewinnabführungsvertrags gilt für die Anwendung des § 14 Abs. 1 Satz 1 Nr. 3 nicht als Neuabschluss.	Aufnahme eines dynamischen Verweises in den GAV gilt auch in den Fällen, in denen ein Altvertrag den bisherigen Anforderungen genügt, nicht als Neuabschluss des GAV und löst damit keine neue Fünf-Jahres-Frist aus.	

25. Gesetz zur Änderung und Vereinfachung der Unternehmensbesteuerung und des steuerlichen Reisekostenrechts – „Kleine Organschaftsreform" –

OFD Frankfurt am Main, Verfügung v. 30. 5. 2016

– S 2770 A - 55 - St 51 –

Zu diversen Anwendungsfragen in Zusammenhang mit der sog. „kleinen Organschaftsreform" nehme ich wie folgt Stellung:

1. Anwendung des § 14 Absatz 1 Satz 1 Nummer 3 Satz 4 KStG

1.1 Allgemeines

Soweit die Handelsbilanz fehlerhafte Bilanzansätze enthält, die nach den handelsrechtlichen Grundsätzen eine Korrektur der Handelsbilanz erfordern, gilt der Gewinnabführungsvertrag unter den Voraussetzungen des § 14 Abs. 1 Nr. 3. S. 4 KStG als tatsächlich durchgeführt.

Das BMF hat in dem Zusammenhang darauf hingewiesen, dass die Vereinfachungen zur Organschaft insbesondere dazu dienen sollen, die Möglichkeit zu eröffnen, im Rahmen einer Außenprüfung beanstandete fehlerhafte Bilanzansätze, die auf die tatsächliche Durchführung des Gewinnabführungsvertrags durchschlagen, sowie formelle Fehler des Gewinnabführungsvertrags künftig nachträglich zu korrigieren, so dass sie nicht mehr unweigerlich zu einem Wegfall der steuerlichen Organschaft führen. Ein Steuerpflichtiger hat danach immer die Möglichkeit, durch eine Korrektur – auch in laufender Rechnung – die steuerliche Anerkennung der Organschaft abzusichern.

Liegt ein entsprechender Fehler vor, bitte ich die Beanstandung schriftlich vorzunehmen und dabei **ausdrücklich** auf § 14 Abs. 1 Nr. 3 S. 4 und 5 KStG hinzuweisen. Nach außen hin muss für den Steuerpflichtigen jedenfalls eine abschließende Willensbildung des Finanzamts erkennbar sein (z. B. im Rahmen eines Bp-Berichts).

1.2 Fehlerhafter Bilanzansatz, Anknüpfung an den subjektiven Fehlerbegriff und Korrekturpflicht

Ein fehlerhafter Bilanzansatz i. S. d. § 14 Abs. 1 S. 1 Nr. 3 S. 4 1. HS KStG ist zunächst jegliche Art von Fehler, unabhängig davon, ob dieser gegen die Grundsätze ordnungsgemäßer Buchführung (GoB) verstößt oder nicht.

Bei der Beurteilung, ob überhaupt ein Fehler vorliegt, kommt es auf die objektive Betrachtungsweise an, da darauf abgestellt wird, ob die Handelsbilanz der Organgesellschaft das objektiv zutreffende Ergebnis ausweist.

Davon zu unterscheiden ist die Anwendung der Durchführungsfiktion des § 14 Abs. 1 S. 1 Nr. 3 S. 4 KStG.

Um diese anwenden zu können, ist der subjektive Fehlerbegriff zugrunde zu legen. Dies ergibt sich aus dem eindeutigen Wortlaut des § 14 Abs. 1 S. 1 Nr. 3 S. 4 Bst. b KStG. Dieser besagt, dass für die Fehlerbeurteilung ein wirksam festgestellter handelsrechtlicher Jahresabschluss (§ 14 Abs. 1 S. 1 Nr. 3 S. 4 Bst. a KStG), dessen Fehlerhaftigkeit bei der Erstellung des Jahresabschlusses unter Anwendung der Sorgfalt eines ordentlichen Kaufmanns nicht hätte erkannt werden müssen, maßgebend ist.

Weiterhin ist die Korrekturpflicht des § 14 Abs. 1 S. 1 Nr. 3 S. 4 Bst. c KStG zu erfüllen. Die Korrektur kann dabei in der Mehrzahl der Fälle in laufender Rechnung erfolgen, d. h. der fehlerhafte Abschluss muss nicht durch einen fehlerfreien ersetzt werden. Die gesetzlich vorgesehene zeitnahe Korrektur der fehlerhaften Bilanzansätze in der Handelsbilanz ist daher in der Regel nicht problematisch.

Zur Beurteilung, ob eine Korrekturpflicht in laufender Rechnung bzw. die Pflicht zur Rückwärtsberichtigung der Handelsbilanz besteht, ist es in diesem Zusammenhang nicht zu beanstanden, die Kriterien der IDW RS HFA 6 (IDW Stellungnahme zur Rechnungslegung: Änderung von Jahres- und Konzernabschlüssen) als Anhaltspunkte heranzuziehen.

Besteht Streit darüber, ob ein Fehler vorliegt, der zu einer Korrektur der Handelsbilanz zwingt, trägt der Steuerpflichtige das Risiko des Ausgangs eines Rechtsstreits.

Sofern ein Streitfall vorliegt, z. B. weil der Abschlussprüfer die Auffassung der Finanzverwaltung ausnahmsweise als so falsch empfindet, dass er eine Korrektur nicht befürworten möchte, kann dem Bestätigungsvermerk des Jahresabschlussprüfers keine ausschlaggebende Bedeutung beigemessen werden. Wäre dies grundsätzlich der Fall, könnten zu keiner Zeit fehlerhafte Bilanzansätze beanstandet werden. Der Anwendungsbereich des § 14 Abs. 1 S. 1 Nr. 3 S. 4 KStG würde in einem Umfang eingeschränkt werden, der dem Zweck der Regelung nicht entspricht. Die Arbeitshilfe der OFD Karlsruhe zur Verfügung vom 16. 1. 2014 – S 2770/52/2 - St 221 steht dieser Aussage nicht entgegen. Sie bringt lediglich zum Ausdruck, dass der Beurteilung des Wirtschaftsprüfers in der Mehrzahl der Fälle, in denen eine Korrektur der Handelsbilanz in Rede steht, gefolgt werden kann. Es ergibt sich hieraus keine Bindungswirkung.

Ein fehlerhafter Bilanzansatz ist auch bei anderen Verstößen gegen gesellschaftsrechtliche Regelungen anzunehmen, insb.

- bei dem unterbliebenen Ausgleich vororganschaftlicher Verluste,
- bei der Nichtbeachtung handelsrechtlicher Abführungssperren, auch wegen der Nichtbildung gesetzlich vorgeschriebener Rücklagen,
- bei der unzulässigen Abführung vororganschaftlicher Gewinn- oder Kap-Rücklagen bei einer nicht eingegliederten Organgesellschaft,
- bei der unzulässigen Abführung einer in organschaftlicher Zeit gebildeten und aufgelösten Kapitalrücklage,
- bei der unzulässigen Vollabführung des Gewinns einer nicht i. S. d. §§ 319 ff. AktG eingegliederten Organgesellschaft an den Organträger unter Nichtbeachtung der Ansprüche außenstehender Anteilseigner auf Leistung einer Ausgleichszahlung.

2. Änderung des fehlerhaften Datums in § 34 Absatz 10b Satz 2 KStG

§ 34 Abs. 10b KStG in der Fassung des Gesetzes zur Änderung und Vereinfachung der Unternehmensbesteuerung und des steuerlichen Reisekostenrechts vom 20. 2. 2013 (BGBl I S. 285) enthielt eine Frist, innerhalb derer Gewinnabführungsverträge an die Neuregelung des § 17 S. 2 Nr. 2 KStG zur Vereinbarung der Verlustübernahme angepasst werden können, ohne das die Änderung des Vertrages für Zwecke der steuerlichen Organschaft als Neuabschluss anzusehen ist oder sich allein daraus Auswirkungen auf die Anerkennung der steuerlichen Organschaft ergeben. Die Frist sollte die Veranlagungszeiträume 2013 und 2014 umfassen. Aufgrund der Formulierung „…steht dies der Anwendung der §§ 14 bis 16 für Veranlagungszeiträume, die vor dem 31. 12. 2014 enden, nicht entgegen…", war der VZ 2014 in dem geschützten Zeitraum nicht enthalten. Die Jahreszahl wurde mit dem AIFM-Steuer-Anpassungsgesetz vom 18. 12. 2013 (BGBl I S. 4318) durch die Angabe „1. 1. 2015" ersetzt.

3. Verlustübernahmeregelung in § 17 Satz 2 Nr. 2 KStG; Anpassung von Alt-GAV, die keinen Verweis auf § 302 Abs. 4 AktG enthalten

Eine Anpassung des GAV ist dann erforderlich, wenn der Alt-GAV nicht den Anforderungen des § 17 Satz 2 Nr. 2 Satz 2 KStG a. F. entspricht (es wird bspw. nur auf Teile des § 302 AktG verwiesen oder nur der Wortlaut des § 302 Abs. 1 AktG wiedergegeben). Enthält der Alt-GAV jedoch eine umfassende Wortlautwiedergabe des § 302 AktG (ohne Abs. 2), ist der GAV sowohl in Altzeiträumen als auch künftig anzuerkennen, ohne dass es einer Anpassung des GAV bedarf, § 34 Abs. 10b Satz 1 und 2 KStG in der Fassung des AIFM-Steuer-Anpassungsgesetz vom 18. 12. 2013 (BGBl I S. 4318). Entsprechendes gilt für GAV mit der Formulierung „im Übrigen gilt § 302 AktG in vollem Umfang entsprechend" (entspricht nicht dem in der Neufassung des § 17 KStG geforderten dynamischen Verweis auf die jeweils gültige Fassung des § 302 AktG).

Die Regelung in § 34 Absatz 10b Satz 2 KStG löst auch **nicht** die Notwendigkeit aus, Alt-GAV, die keinen Verweis auf die entsprechende Anwendung von § 302 Absatz 4 AktG enthalten, aber von der Billigkeitsregelung des BMF-Schreiben vom 16. 12. 2005 (BStBl 2006 I S. 12) in der Vergangenheit steuerlich „geschützt" waren, bis Ende 2014 wirksam anzupassen, um die weitere steuerliche Anerkennung dieser Verträge sicherzustellen. Eine vollständige Rechtssicherheit für die betroffenen Unternehmen ist jedoch in diesen Fällen nur durch eine Änderung des Vertrages erreichbar, weil die Gerichte nicht an die Billigkeitsregelungen der Verwaltung gebunden sind. Steuerpflichtige, die eine entsprechende Anfrage an das Finanzamt richten, sollten deshalb der guten Ordnung halber darauf hingewiesen werden.

4. Anwendung des § 34 Absatz 10b Satz 4 KStG in der Fassung des AIFM-Steuer-Anpassungsgesetz vom 18. 12. 2013 (BGBl I S. 4318), wenn der Gewinnabführungsvertrag in seiner bisherigen Fassung bereits dem § 17 KStG a. F. entsprochen hat.

Nach § 34 Absatz 10b Satz 4 KStG gilt eine Änderung des Gewinnabführungsvertrags, die auf § 34 Absatz 10b Satz 2 KStG gestützt wird, nicht als Neuabschluss. Bei Unternehmen besteht die Sorge, dass diese Aussage dann nicht greifen könnte, wenn das Finanzamt der Meinung ist, eine Änderung nach § 34 Absatz 10b Satz 2 KStG sei gar nicht erforderlich gewesen, weil auch die bisherige Fassung dem § 17 KStG a. F. entsprach.

Diese Sorge ist – auch unter Berücksichtigung der Gesetzesbegründung – unbegründet.

26. Körperschaftsteuerliche und gewerbesteuerliche Organschaft unter Berücksichtigung der Änderungen durch das Steuersenkungs- (StSenkG) und das Unternehmenssteuerfortentwicklungsgesetz (UntStFG)

BMF, Schreiben v. 26. 8. 2003 (BStBl I S. 437)

– IV A 2 - S 2770 - 18/03 –

Unter Bezugnahme auf das Ergebnis der Erörterungen mit den obersten Finanzbehörden der Länder gilt zur Anwendung der Änderungen der Organschaftsregelungen durch das Steuersenkungsgesetz (StSenkG) vom 23. Oktober 2000 (BGBl I S. 1433, BStBl I S. 1428) und durch das Unternehmenssteuerfortentwicklungsgesetz (UntStFG) vom 20. Dezember 2001 (BGBl I S. 3858, BStBl 2002 I S. 35) Folgendes:[*]

A. Organträger

1   Nach § 14 Abs. 1 Satz 1 i.V. mit Abs. 1 Nr. 2 Satz 1 KStG kann Organträger nur noch ein einziges gewerbliches Unternehmen mit Geschäftsleitung im Inland sein. Eine Organschaft zu mehreren Organträgern ist nicht zulässig (vgl. Rdnr. 15 ff.).

I. Begriff des gewerblichen Unternehmens

2   Ein gewerbliches Unternehmen liegt vor, wenn die Voraussetzungen für einen Gewerbebetrieb im Sinne des § 2 GewStG erfüllt sind.

3   Eine eigene gewerbliche Tätigkeit des Organträgers ist nicht mehr erforderlich. Organträger kann auch eine gewerblich geprägte Personengesellschaft i. S. des § 15 Abs. 3 Nr. 2 EStG[**] oder ein Unternehmen sein, das Gewerbebetrieb kraft Rechtsform ist.

4   Die Tätigkeit einer Kapitalgesellschaft gilt nach § 2 Abs. 2 GewStG stets und in vollem Umfang als Gewerbebetrieb, so dass auch eine bloß vermögensverwaltende Kapitalgesellschaft und eine dauerdefizitäre Kapitalgesellschaft als Organträger in Betracht kommen.

5   Dies gilt nicht für einen dauerdefizitären Betrieb gewerblicher Art. Aufgrund fehlender Gewinnerzielungsabsicht erfüllt er nicht die allgemeinen Voraussetzungen für das Vorliegen eines Gewerbebetriebes i. S. von § 2 Abs. 1 Satz 2 GewStG.

---

[*] Die Änderungen sind in dem KStG 2002 in der Fassung der Bekanntmachung vom 15. Oktober 2002 (BGBl I S. 4144, BStBl I S. 1169) – KStG n. F. – und in dem GewStG 2002 in der Fassung der Bekanntmachung vom 15. Oktober 2002 (BGBl I S. 4167, BStBl I S. 1192) – GewStG n. F.– enthalten. Das KStG 2002 ist zuletzt durch das Steuervergünstigungsabbaugesetz (StVergAbG) vom 16. Mai 2003 (BGBl I S. 660) geändert worden. Das GewStG 2002 ist zuletzt durch das Kleinunternehmerförderungsgesetz (KleinUntFG) vom 31. Juli 2003 (BGBl I S. 1550) geändert worden. Auf die Änderungen wird an geeigneter Stelle durch Fußnoten hingewiesen. Die Gesetzeszitate dieses Schreibens beziehen sich noch auf die Gesetzesfassungen der Bekanntmachungen vom 15. Oktober 2002.

[**] Ab dem VZ 2003 kann eine Personengesellschaft nur dann Organträger sein, wenn sie eine Tätigkeit i. S. des § 15 Abs. 1 Nr. 1 EStG ausübt (§ 14 Abs. 1 Satz 1 Nr. 2 KStG i. d. F. des StVergAbG).

II. Wegfall des Begriffs „inländisches" Unternehmen

Der Organträger musste bisher seinen Sitz und seine Geschäftsleitung im Inland haben. Auf diesen doppelten Inlandsbezug beim Organträger verzichtet § 14 Abs. 1 Nr. 2 KStG. Es reicht künftig aus, wenn sich die Geschäftsleitung des Organträgers im Inland befindet. 6

III. Zeitliche Anwendung

Die obigen Voraussetzungen gelten für die körperschaftsteuerliche Organschaft erstmals ab dem Veranlagungszeitraum 2001 (§ 34 Abs. 9 Nr. 2 KStG) und für die gewerbesteuerliche Organschaft erstmals ab dem Erhebungszeitraum 2002 (§ 36 Abs. 1 GewStG). 7

B. Organgesellschaft

Bisher reichte es für die gewerbesteuerliche Organschaft aus, wenn sich die Geschäftsleitung der Organgesellschaft im Inland befand. Ab dem Erhebungszeitraum 2002 ist nach § 2 Abs. 2 Satz 2 GewStG i.V. mit § 14 Abs. 1 Satz 1 KStG und § 36 Abs. 1 GewStG auch der inländische Sitz (doppelter Inlandsbezug) erforderlich. Eine ausländische Kapitalgesellschaft kann danach nicht Organgesellschaft sein, selbst wenn sie im Inland einen Gewerbebetrieb unterhält. 8

C. Gewinnabführungsvertrag und Eingliederungsvoraussetzungen

I. Körperschaftsteuerliche Organschaft

Ab dem Veranlagungszeitraum 2001 sind die Organschaftsvoraussetzungen der wirtschaftlichen und organisatorischen Eingliederung weggefallen (§ 34 Abs. 9 Nr. 2 KStG). Die körperschaftsteuerliche Organschaft setzt künftig nur noch einen Gewinnabführungsvertrag i. S. des § 291 Abs. 1 Aktiengesetz und die finanzielle Eingliederung der Organgesellschaft voraus. 9

II. Gewerbesteuerliche Organschaft

Für die gewerbesteuerliche Organschaft werden bis zu dem Erhebungszeitraum 2001 unverändert die finanzielle, wirtschaftliche und organisatorische Eingliederung gefordert (§ 36 Abs. 2 GewStG). 10

III. Angleichung der Voraussetzungen für die körperschaftsteuerliche und gewerbesteuerliche Organschaft

Ab dem Erhebungszeitraum 2002 stimmen die Voraussetzungen für die gewerbesteuerliche Organschaft mit denen der körperschaftsteuerlichen Organschaft überein (§ 36 Abs. 2 GewStG). Bereits bestehende gewerbesteuerliche Organschaften ohne Gewinnabführungsvertrag enden mit dem Erhebungszeitraum 2001, wenn nicht mit Wirkung ab 2002 ein Gewinnabführungsvertrag abgeschlossen und tatsächlich durchgeführt wird. 11

Die Rückbeziehung der finanziellen Eingliederung und damit die rückwirkende Begründung eines Organschaftsverhältnisses ist nicht zulässig. Rz. Org. 05 des BMF-Schreibens vom 25. März 1998 (BStBl I S. 268) gilt für die finanzielle Eingliederung entsprechend. 12

IV. Additionsverbot

13 Sowohl für die körperschaftsteuerliche als auch für die gewerbesteuerliche Organschaft dürfen ab dem Veranlagungs-/Erhebungszeitraum 2001 für das Vorliegen einer finanziellen Eingliederung i. S. von § 14 Abs. 1 Nr. 1 KStG mittelbare und unmittelbare Beteiligungen zusammengerechnet werden, wenn die Beteiligung an jeder vermittelnden Gesellschaft die Mehrheit der Stimmrechte gewährt.

14 Beispiel für die finanzielle Eingliederung:

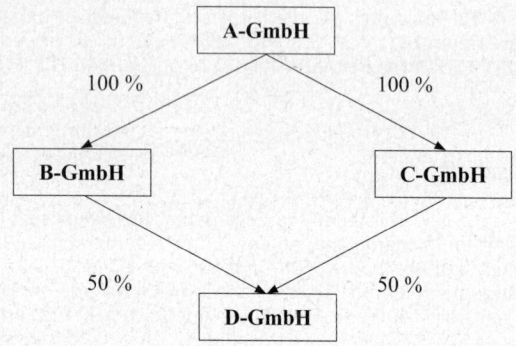

Die B-GmbH und die C-GmbH sind in die A-GmbH auf Grund unmittelbarer Beteiligung von jeweils 100% finanziell eingegliedert. Die A-GmbH ist an der D-GmbH nicht unmittelbar beteiligt.

Die Zusammenrechnung der mittelbaren Beteiligung über die B-GmbH (50%) und die C-GmbH (50%) führt aber zur finanziellen Eingliederung der D-GmbH in die A-GmbH.

D. Mehrmütterorganschaft

15 Die bislang gewohnheitsrechtlich anerkannte Mehrmütterorganschaft ist durch § 14 Abs. 2 Satz 1 i.V. mit § 34 Abs. 9 Nr. 4 KStG erstmals gesetzlich geregelt worden.[*]

I. Qualifizierung der Willensbildungs-GbR als Organträger

16 Schließen sich mehrere gewerbliche Unternehmen zum Zwecke der einheitlichen Willensbildung gegenüber einer Kapitalgesellschaft zu einer Gesellschaft bürgerlichen Rechts (Willensbildungs-GbR) zusammen, ist die Willensbildungs-GbR Organträger. Sie ist kraft Gesetzes als gewerbliches Unternehmen anzusehen (§ 14 Abs. 2 KStG).

17 Voraussetzung für die Begründung eines Organschaftsverhältnisses ist in diesen Fällen, dass den Gesellschaftern der GbR die Mehrheit der Stimmrechte an der Organgesellschaft zusteht und ihr Wille in der Organgesellschaft tatsächlich durchgeführt wird. Vom Beginn des Wirtschaftsjahrs der Organgesellschaft muss die GbR ununterbrochen bestehen und jeder ihrer Gesellschafter an der Organgesellschaft ununterbrochen beteiligt sein (§ 14 Abs. 2 Satz 2 KStG). Weitere Voraussetzung für eine Organschaft ist ein Gewinnabführungsvertrag zwischen der Organgesellschaft und der Willensbildungs-GbR. Veräußert ein Gesellschafter der Willensbildungs-GbR während des Wirtschaftsjahrs der Organgesellschaft seine Anteile an der Organge-

---

[*] Durch das StVergAbG ist das Rechtsinstitut der Mehrmütterorganschaft mit Wirkung ab dem VZ 2003 gestrichen worden.

sellschaft oder scheidet er während des Wirtschaftsjahrs der Organgesellschaft aus der Willensbildungs-GbR aus, ist vom Zeitpunkt der Veräußerung oder des Ausscheidens an die Voraussetzung der finanziellen Eingliederung nicht mehr erfüllt. Damit entfällt die Anwendung des § 14 KStG für dieses Wirtschaftsjahr.

Für den Veranlagungszeitraum 2000 und früher setzt eine Mehrmütterorganschaft voraus, 18
dass die Organgesellschaft wirtschaftlich und organisatorisch in das Unternehmen des Organträgers eingegliedert ist (§ 14 Abs. 2 Nr. 1 bis 5 KStG i. V. mit § 34 Abs. 9 Nr. 1 KStG). Eine Ergebniszurechnung bei den an der Willenbildungsgesellschaft beteiligten Muttergesellschaften ist gesetzlich ausgeschlossen.

II. Auswirkungen der Mehrmütterorganschaft auf gewerbesteuerliche Verluste

Nach § 2 Abs. 2 Satz 3 GewStG*) ist in Fällen der Mehrmütterorganschaft die Willensbildungs- 19
GbR Organträger. Der Gewerbeertrag der Organgesellschaft ist der Willensbildungs-GbR zuzurechnen. Eine Berücksichtigung bei den an der Willensbildungs-GbR beteiligten Gesellschaftern (Muttergesellschaften) ist ausgeschlossen. Die Entscheidungen des Bundesfinanzhofs zur Mehrmütterorganschaft vom 9. Juni 1999 (BStBl 2000 II S. 695 und BFH/NV 2000 S. 347) finden keine Anwendung.**)

Bei Beendigung der Mehrmütterorganschaft durch Ausscheiden des vorletzten Gesellschafters 20
aus der Willensbildungs-GbR geht ein noch nicht berücksichtigter Verlustabzug i. S. des § 10a GewStG weder ganz noch anteilig auf den verbleibenden Gesellschafter über, da zwischen dem verbleibenden Gesellschafter und der GbR keine Unternehmensidentität besteht.

E. Steuerfreie Beteiligungserträge der Organgesellschaft

Es entspricht der Systematik des Halbeinkünfteverfahrens, wenn ausgeschüttete Gewinne im 21
Organkreis steuerfrei bleiben, soweit sie letztlich auf eine Kapitalgesellschaft entfallen, und lediglich der Halbeinkünftebesteuerung unterliegen, soweit sie letztlich auf eine natürliche Person entfallen.

I. Bruttomethode

Nach § 15 Nr. 2 KStG finden bei der Ermittlung des Einkommens der Organgesellschaft § 8b 22
Abs. 1 bis 6 KStG keine Anwendung. Die Vorschriften des § 8b KStG sowie des § 3 Nr. 40 und des § 3c EStG sind bei der Ermittlung des Einkommens des Organträgers anzuwenden, wenn die Organgesellschaft Dividendeneinnahmen oder Veräußerungserlöse erzielt oder wenn in dem beim Organträger zuzurechnenden Einkommen Gewinnminderungen i. S. des § 8b Abs. 3 KStG oder mit solchen Bezügen zusammenhängende Ausgaben i. S. des § 3c EStG enthalten sind (sog. Bruttomethode).***)

II. Fremdfinanzierungsaufwendungen

Fremdfinanzierungsaufwendungen für den Erwerb einer Beteiligung durch die Organgesell- 23
schaft stehen im Zusammenhang mit den nach § 8b Abs. 1 KStG steuerfreien Beteiligungserträgen und unterliegen damit dem Abzugsverbot des § 3c Abs. 1 EStG. § 8b Abs. 1 bis 6 KStG ist

---

*) Satz 3 wurde durch das StVergAbG aufgehoben.
**) BMF-Schreiben vom 4. Dezember 2000, BStBl I S. 1571.
***) Durch das StVergAbG ist klargestellt worden, dass die Bruttomethode auch angewendet wird, soweit die Organgesellschaft einen Übernahmegewinn i. S. von § 4 Abs. 7 UmwStG oder Erträge aus ausländischen Beteiligungen, die durch ein DBA-Schachtelprivileg freigestellt sind, erzielt.

aber nicht auf der Ebene der Organgesellschaft, sondern erst bei der Ermittlung des Einkommens des Organträgers anzuwenden (§ 15 Nr. 2 Sätze 1 und 2 KStG).

24 Finanziert der Organträger die Beteiligung an der Organgesellschaft fremd, sind die Aufwendungen in voller Höhe abziehbar. Eine Anwendung des § 3c EStG scheidet aus, da die Aufwendungen im Zusammenhang mit Gewinnabführungen und nicht mit nach § 8b KStG steuerfreien Einnahmen stehen. Dies gilt nicht, wenn eine Organgesellschaft für ein Geschäftsjahr in vertraglicher Zeit vorvertragliche Rücklagen auflöst und hieraus eine Gewinnausschüttung leistet. Insoweit handelt es sich um nach § 8b Abs. 1 KStG steuerfreie Beteiligungserträge.

III. Organträger ist eine Kapitalgesellschaft

25 Ist Organträger eine Kapitalgesellschaft, gilt für die steuerliche Behandlung der steuerfreien Beteiligungserträge der Organgesellschaft Folgendes:

Beispiel:
Die A-GmbH ist 100%ige Tochtergesellschaft der B-GmbH. Es besteht ein Organschaftsverhältnis. Die A-GmbH erzielt Dividendeneinnahmen in Höhe von 10 000 €, auf die Betriebsausgaben in Höhe von 1 000 € entfallen.
Bei der Ermittlung des der B-GmbH gemäß § 14 KStG zuzurechnenden Einkommens werden § 8b Abs. 1 KStG und § 3c Abs. 1 EStG nicht berücksichtigt (§ 15 Nr. 2 KStG). Das zuzurechnende Einkommen beträgt 9 000 €.

10 000 €	Betriebseinnahmen
./. 1 000 €	Betriebsausgaben
9 000 €	

In der Steuererklärung macht die A-GmbH als Organgesellschaft folgende Angaben:

Einkommen:	9 000 €
nachrichtlich:	
inländische Bezüge i. S. des § 8b Abs. 1 KStG:	10 000 €
Betriebsausgaben nach § 3c Abs. 1 EStG:	1 000 €

Bei der B-GmbH als Organträger werden nach § 15 Nr. 2 Satz 2 KStG vom zuzurechnenden Einkommen nach § 14 KStG in Höhe von 9 000 € nun die steuerfreien Bezüge nach § 8b Abs. 1 KStG in Höhe von 10 000 € gekürzt und die damit im Zusammenhang stehenden Betriebsausgaben i. S. von § 3c Abs. 1 EStG hinzugerechnet. Das verbleibende zuzurechnende Einkommen beträgt 0 €.

IV. Organträger ist eine natürliche Person

26 Ist Organträger eine natürliche Person, gilt für die steuerliche Behandlung der steuerfreien Beteiligungserträge der Organgesellschaft Folgendes:

Beispiel:
Die 100%ige Beteiligung an der A-GmbH ist Betriebsvermögen des gewerblichen Einzelunternehmens des B. Es besteht ein Organschaftsverhältnis. Die A-GmbH erzielt Dividendeneinnahmen in Höhe von 10 000 €, auf die Betriebsausgaben in Höhe von 1 000 € entfallen.
Das dem Organträger gemäß § 14 KStG zuzurechnende Einkommen beträgt 9 000 € (wie Beispiel zu Rdnr. 25).
Die Angaben in der Steuererklärung der A-GmbH als Organgesellschaft entsprechen dem Beispiel zu Rdnr. 25.
Bei Organträger B werden nach § 15 Nr. 2 Satz 2 KStG vom zuzurechnenden Einkommen nach § 14 KStG i. H. von 9 000 € die nach § 3 Nr. 40 Buchstabe d EStG steuerfreien Bezüge i. H. von 5 000 € abgezogen und nach § 3c Abs. 2 EStG die Hälfte der damit im Zusammenhang stehenden Betriebsausgaben hinzugerechnet. Das dem Organträger B verbleibende zuzurechnende Einkommen beträgt 4 500 €.

V. Organträger ist eine Personengesellschaft

Ist der Organträger eine Personengesellschaft, werden steuerfreie Beteiligungserträge der Organgesellschaft bei Gesellschaftern, die Kapitalgesellschaften sind, entsprechend Beispiel zu Rdnr. 25, und bei Gesellschaftern, die natürliche Personen sind, entsprechend Beispiel zu Rdnr. 26 behandelt.   27

VI. Auswirkungen der Bruttomethode des § 15 Nr. 2 KStG auf die Gewerbesteuer

Die Bruttomethode nach § 15 Nr. 2 KStG ist auch bei der Gewerbesteuer anzuwenden. Dabei ist nach § 15 Nr. 2 Satz 2 KStG die Anwendung der Vorschriften § 8b KStG, § 3 Nr. 40 EStG und § 3c EStG auf der Ebene des Organträgers nachzuholen.   28

1. Veräußerungsgewinne

Gewinne aus der Veräußerung von Anteilen an in- und ausländischen Körperschaften sind im Steuerbilanzgewinn der Organgesellschaft enthalten. § 8b Abs. 2 KStG findet auf der Ebene der Organgesellschaft keine Anwendung (§ 15 Nr. 2 Satz 1 KStG). Die Voraussetzungen einer Kürzungsvorschrift nach § 9 GewStG liegen nicht vor. § 8b Abs. 2 KStG ist nach § 15 Nr. 2 Satz 2 KStG bei der Ermittlung des Einkommens des Organträgers anzuwenden.   29

Beispiel:
Die O-GmbH hat einen Gewinn aus Gewerbebetrieb in Höhe von 100 000 €. Darin enthalten ist ein Gewinn aus der Veräußerung von Anteilen an der E-AG in Höhe von 10 000 €. Es besteht ein Organschaftsverhältnis mit der M-AG als Organträger.

Lösung:
Nach § 15 Nr. 2 Satz 1 KStG ist bei der O-GmbH § 8b Abs. 2 KStG nicht anzuwenden. Der Steuerbilanzgewinn beträgt 100 000 €. Dieser Betrag stellt auch den Gewerbeertrag der O-GmbH dar, weil auf Veräußerungsgewinne eine gewerbesteuerliche Kürzungsvorschrift nicht anzuwenden ist.
Auf der Ebene der M-AG ist § 8b Abs. 2 KStG anzuwenden. Es ergibt sich ein Gewerbeertrag i. H. von 90 000 €.

2. Dividendeneinnahmen aus Schachtelbeteiligungen

Auf Dividendeneinnahmen der Organgesellschaft ist § 8b Abs. 1 KStG nicht anzuwenden (§ 15 Nr. 2 Satz 1 KStG). Die Dividendeneinnahmen unterliegen im Organkreis nicht der Gewerbesteuer, wenn die Voraussetzungen einer Kürzung nach § 9 Nr. 2a oder Nr. 7 GewStG erfüllt sind. In diesem Fall sind sie bei der Ermittlung des Gewerbeertrags der Organgesellschaft abzüglich der damit im Zusammenhang stehenden Ausgaben zu kürzen.   30

Beispiel:
Die O-GmbH hat einen Gewinn aus Gewerbebetrieb in Höhe von 100 000 €. Darin enthalten sind Dividenden aus der 15 %igen Beteiligung an der E-AG i. H. von 10 000 €. Es besteht ein Organschaftsverhältnis mit der M-AG als Organträger.

Lösung:
Nach § 15 Nr. 2 KStG ist bei der O-GmbH der Gewinn in voller Höhe von 100 000 € anzusetzen, weil § 8b Abs. 1 KStG bei ihr nicht zu berücksichtigen ist. Dieser Gewinn ist Ausgangsgröße für die Ermittlung des Gewerbeertrags. Bei der Ermittlung des Gewerbeertrags ist der Gewinn i. H. von 100 000 € nach § 9 Nr. 2a GewStG um die darin enthaltenen Einnahmen aus der Schachteldividende zu kürzen. Der Gewerbeertrag beträgt 90 000 €.
Der M-AG ist als Organträger ein Gewerbeertrag der O-GmbH in Höhe von 90 000 € zuzurechnen. Es ist keine Korrektur vorzunehmen, da in dem zugerechneten Betrag keine Einnahmen i. S. des § 8b Abs. 1 KStG enthalten sind.

Bei mehreren Beteiligungen im Organkreis ist die 10 %-Grenze des § 9 Nr. 2a und Nr. 7 GewStG für jede Beteiligung getrennt zu betrachten.   31

3. Dividendeneinnahmen aus Streubesitz

32 Auf Dividendeneinnahmen der Organgesellschaft ist § 8b Abs. 1 KStG nicht bei der Ermittlung des Einkommens der Organgesellschaft, sondern erst auf der Ebene des Organträgers anzuwenden (§ 15 Nr. 2 Satz 1 und 2 KStG). Die Dividendeneinnahmen sind jedoch nach § 8 Nr. 5 GewStG wieder hinzuzurechnen.

Beispiel:
Die O-GmbH hat einen Gewinn aus Gewerbebetrieb in Höhe von 100 000 €. Darin enthalten sind Dividenden aus einer 5%igen Beteiligung an der E-AG i. H. von 10 000 €. Es besteht ein Organschaftsverhältnis mit der M-AG als Organträger.

Lösung:
Nach § 15 Nr. 2 KStG ist bei der O-GmbH der Gewinn in voller Höhe von 100 000 € anzusetzen, weil § 8b Abs. 1 KStG bei ihr nicht zu berücksichtigen ist. Bei der Ermittlung des Gewerbeertrags ist eine Kürzung nicht vorzunehmen, weil die Voraussetzungen des § 9 Nr. 2a GewStG bei Nicht-Schachtelbeteiligungen nicht vorliegen. Der Gewinn aus Gewerbebetrieb und der Gewerbeertrag betragen 100 000 €.
Auf der Ebene M-AG ist § 8b Abs. 1 KStG anzuwenden. Durch die Hinzurechnung nach § 8 Nr. 5 GewStG auf der Ebene des Organträgers bleibt es bei einem Gewerbeertrag von 100 000 €.

4. Entgelte für Dauerschulden

33 Sind bei der Organgesellschaft in den mit nach § 8b KStG steuerfreien Einnahmen im Zusammenhang stehenden Ausgaben (§ 3c EStG) Entgelte für Dauerschulden enthalten, ist § 3c EStG auf der Ebene des Organträgers nur noch insoweit anzuwenden, wie nicht schon eine Hinzurechnung in Höhe der Hälfte der Entgelte für Dauerschuldzinsen nach § 8 Nr. 1 GewStG bei der Organgesellschaft erfolgt ist.

5. Organträger ist eine Personengesellschaft

34 Ist Organträger eine Personengesellschaft, finden die Vorschriften zu § 8b KStG und § 3 Nr. 40 EStG bei der Gewerbesteuer keine Anwendung, da die Personengesellschaft eigenes Gewerbesteuersubjekt i. S. des § 2 GewStG ist.[1]

Beispiel:
Die O-GmbH ist Organgesellschaft einer Personengesellschaft, an der zu 50% eine natürliche Person und zu 50% eine Kapitalgesellschaft beteiligt sind. Die O-GmbH hat einen Gewinn aus Gewerbebetrieb i. H. von 100 000 €. Darin enthalten ist ein Gewinn aus der Veräußerung von Anteilen an der E-AG i. H. von 10 000 €.

Lösung:
Der Gewinn aus der Veräußerung der Anteile an der E-AG ist auf der Ebene der O-GmbH nicht nach § 8b Abs. 2 KStG steuerfrei (§ 15 Nr. 2 KStG). Auf der Ebene der Personengesellschaft als Organträger ist weder § 8b KStG noch § 3 Nr. 40 EStG anwendbar, so dass der Gewerbeertrag (einschließlich des Veräußerungsgewinns von 10 000 €) in voller Höhe von 100 000 € der Gewerbesteuer unterliegt.

1) An der Regelung der Rdnr. 34 ist nach den Grundsätzen des BFH-Urteils vom 9. 8. 2006 (BStBl 2007 II S. 279) gemäß Nr. 1 Buchstabe b des BMF-Schreibens v. 21. 3. 2007 (BStBl I S. 302) auch für Erhebungszeiträume vor 2004 in allen noch offenen Fällen nicht mehr festzuhalten. Bei der Gewerbeertragsermittlung einer Personengesellschaft als Organträgerin finden in diesem Fall die Grundsätze des § 7 Satz 4 GewStG Anwendung. Soweit für Erhebungszeiträume vor 2004 bei der Personengesellschaft als Organträgerin in ihr von der Organgesellschaft zuzurechnenden Einkommen in § 15 Satz 1 Nr. 2 Satz 2 KStG genannte Einkommensteile enthalten sind, die negativ sind, können die Grundsätze dieser Rdnr. in allen offenen Fällen – sofern sich ein derartiger Anspruch nicht bereits aus § 176 Abs. 2 AO ergibt – auf Antrag aus Gründen des Vertrauensschutzes weiter angewendet werden.

F. Unterschiedliches Recht bei Organgesellschaft und Organträger

Beim Übergang vom Anrechnungsverfahren zum Halbeinkünfteverfahren bei der Körperschaftsteuer kann es zu einem Zusammenfallen von altem Recht (KStG a. F.*)) und neuem Recht (KStG n. F.) innerhalb des Organkreises kommen, wenn das Wirtschaftsjahr bei der Organgesellschaft und dem Organträger nicht identisch ist. 35

Zu unterscheiden sind zwei Fallgruppen:

I. Fallgruppe 1: Abweichendes Wirtschaftsjahr bei der Organgesellschaft

Unterliegt der Organträger dem KStG n. F. und ist für die Ermittlung des ihm zuzurechnenden Organeinkommens noch das KStG a. F. anzuwenden, ist auf das zu versteuernde Einkommen des Organträgers ein Steuersatz von 25 % anzuwenden. 36

Beispiel:
Im Jahr 2001 ermittelt der Organträger, bei dem das Wirtschaftsjahr das Kalenderjahr ist, sein Einkommen nach neuem Recht. Die Organgesellschaft ermittelt hingegen das Organeinkommen für das Wirtschaftsjahr 2000/2001 noch nach altem Recht. Dieses Organeinkommen wird dem Organträger für den Veranlagungszeitraum 2001 zugerechnet. Auf das zu versteuernde Einkommen des Organträgers ist ein Steuersatz von 25 % anzuwenden.

II. Fallgruppe 2: Abweichendes Wirtschaftsjahr beim Organträger

Unterliegt der Organträger dem KStG a. F. und ist für die Ermittlung des ihm zuzurechnenden Organeinkommens schon das KStG n. F. anzuwenden, ist auf das zu versteuernde Einkommen des Organträgers ein Steuersatz von 40 % anzuwenden. 37

Beispiel:
Der Organträger ermittelt sein Einkommen für das Wirtschaftsjahr 2000/2001 noch nach altem Recht. Für die Organgesellschaft gilt bereits neues Recht. Das nach neuem Recht ermittelte Organeinkommen wird dem Organträger für den Veranlagungszeitraum 2001 zugerechnet. Auf das zu versteuernde Einkommen des Organträgers ist ein Steuersatz von 40 % anzuwenden.

Bezieht die Organgesellschaft Beteiligungserträge nach neuem Recht, findet § 15 Nr. 2 Satz 2 KStG n. F. und damit § 8b KStG, § 3 Nr. 40 und § 3c EStG beim Organträger Anwendung (§ 34 Abs. 10 KStG). 38

G. Körperschaftsteuererhöhung nach § 37 Abs. 3 KStG

Vereinnahmt eine Körperschaft Bezüge i. S. des § 8b Abs. 1 KStG, die bei der leistenden Körperschaft zu einer Körperschaftsteuerminderung geführt haben, führt dies bei der Empfängerin der Bezüge nach § 37 Abs. 3 KStG zu einer Körperschaftsteuererhöhung. In Organschaftsfällen ist für Bezüge der Organgesellschaft die Körperschaftsteuererhöhung beim Organträger vorzunehmen (§ 37 Abs. 3 Satz 2 KStG). 39

H. Organschaftliche Mehr- und Minderabführungen (§ 27 Abs. 6 KStG)

Veränderungen des steuerlichen Einlagekontos bei Mehr- und Minderabführungen einer Organgesellschaft sind in § 27 Abs. 6 KStG geregelt. Ist die Kapitalgesellschaft Organgesellschaft im 40

---

*) KStG a. F. = KStG 1999.

Sinne des § 14 KStG oder des § 17 KStG und übersteigt das dem Organträger zuzurechnende Einkommen den abgeführten Gewinn

- wegen der Einstellung von Beträgen aus dem Jahresüberschuss in die gesetzliche Rücklage (§ 300 Nr. 1 des Aktiengesetzes),

- in den Fällen des § 14 Abs. 1 Nr. 4 KStG wegen Einstellung von Beträgen aus dem Jahresüberschuss in die Gewinnrücklagen,

- wegen der Verpflichtung zum Ausgleich vorvertraglicher Verluste (§ 301 des Aktiengesetzes) oder

- wegen von der Handelsbilanz abweichender Bewertung von Aktiv- oder Passivposten in der Steuerbilanz,

ist der Unterschiedsbetrag (Minderabführung) bei der Organgesellschaft auf dem steuerlichen Einlagekonto zu erfassen.

41 Unterschreitet das dem Organträger zuzurechnende Einkommen den abgeführten Gewinn

- wegen der Auflösung der in Satz 1 genannten Gewinnrücklagen oder

- wegen von der Handelsbilanz abweichender Bewertung von Aktiv- oder Passivposten in der Steuerbilanz,

mindert der Unterschiedsbetrag (Mehrabführung) das steuerliche Einlagekonto.

42 Zur Verwendung des steuerlichen Einlagekontos bei Mehr- und Minderabführungen wird auf das BMF-Schreiben vom 4. Juni 2003 zum steuerlichen Einlagekonto (BStBl 2003 I S. 366) verwiesen.

I. Organschaftsausgleichsposten

43 Nach der Umstellung des Körperschaftsteuersystems vom Anrechnungs- auf das Halbeinkünfteverfahren gilt für die steuerliche Behandlung von Ausgleichsposten bei der Organschaft Folgendes:

Der Ausgleichsposten ist ein Korrekturposten zum Beteiligungsbuchwert. Auch nach der Systemumstellung sind die organschaftlichen Ausgleichsposten in voller Höhe zu bilden, unabhängig davon, ob das Organschaftseinkommen bzw. Teile davon beim Organträger voll steuerpflichtig oder insgesamt oder hälftig steuerfrei sind. Die Ausgleichsposten sind aber begrenzt auf die Höhe des Prozentsatzes der Beteiligung des Organträgers an der Organgesellschaft.

44 Wird beispielsweise ein beim Organträger gebildeter passiver Ausgleichsposten im Rahmen einer Veräußerung der Organbeteiligung aufgelöst, so erhöht sich der – nach § 8b Abs. 2 KStG steuerfreie – Veräußerungsgewinn. Der passive Ausgleichsposten repräsentiert stille Reserven in der Organgesellschaft, die handelsrechtlich bereits an den Organträger abgeführt worden sind.

45 Nach § 8b Abs. 2 Satz 2 KStG tritt die Steuerfreiheit jedoch nicht ein, soweit in den vorangegangenen Jahren bereits steuerwirksame Teilwertabschreibungen vorgenommen worden sind. In Höhe dieser Teilwertabschreibungen bleibt der Veräußerungsgewinn, zu dem auch die Auflösung eines Ausgleichspostens gehört, steuerpflichtig.

27. Änderungen bei der Besteuerung steuerlicher Organschaften durch das Steuervergünstigungsabbaugesetz – StVergAbG –

BMF, Schreiben v. 10. 11. 2005 (BStBl I S. 1038)

– IV B 7 - S 2770 - 24/05 –

Unter Bezugnahme auf das Ergebnis der Erörterungen mit den obersten Finanzbehörden der Länder gilt zur Anwendung der Organschaftsregelungen i. d. F. des Steuervergünstigungsabbaugesetzes (StVergAbG) vom 16. Mai 2003 (BGBl I S. 660, BStBl I S. 318) und des Gesetzes zur Änderung des Gewerbesteuergesetzes und anderer Gesetze vom 23. Dezember 2003 (BGBl I S. 2922, BStBl 2004 I S. 20) Folgendes:

A. Allgemeines

Durch das StVergAbG vom 16. Mai 2003 (a. a. O.) sind die Vorschriften über die steuerliche Organschaft geändert worden: 1

- Die Mehrmütterorganschaft wird ab dem Veranlagungszeitraum/Erhebungszeitraum (VZ/EZ) 2003 steuerlich nicht mehr anerkannt.
- Eine Personengesellschaft kommt ab dem VZ/EZ 2003 nach § 14 Abs. 1 Satz 1 Nr. 2 Satz 2 und 3 KStG als Organträger nur noch in Betracht,
   - wenn die finanzielle Eingliederung der Organgesellschaft zur Organträger-Personengesellschaft (Organträger-PersG) selbst besteht, d. h. die Anteile an der Organgesellschaft müssen zum Gesamthandsvermögen der Organträger-PersG gehören und
   - wenn die Organträger-PersG eine eigene gewerbliche Tätigkeit i. S. des § 15 Abs. 1 Satz 1 Nr. 1 EStG ausübt.
- Das Einkommen der Organgesellschaft ist dem Organträger nach § 14 Abs. 1 Satz 2 KStG erstmals für das Kalenderjahr zuzurechnen, in dem das Wirtschaftsjahr der Organgesellschaft endet, in dem der Gewinnabführungsvertrag wirksam wird.

Durch das Gesetz zur Änderung des Gewerbesteuergesetzes und anderer Gesetze vom 23. Dezember 2003 (a. a. O.) ist die Möglichkeit des Abzugs vororganschaftlicher Verluste bei der Organgesellschaft auch für die Gewerbesteuer weggefallen – § 10a Satz 5 GewStG (vgl. Rdnr. 25). 2

B. Wirksamwerden des Gewinnabführungsvertrags

I. Neuregelung

Nach § 14 Abs. 1 Satz 2 KStG kann das Einkommen der Organgesellschaft dem Organträger erstmals für das Kalenderjahr zugerechnet werden, in dem das Wirtschaftsjahr der Organgesellschaft endet, in dem der Gewinnabführungsvertrag wirksam wird. Danach muss der Gewinnabführungsvertrag (GAV) bis zum Ende des Wirtschaftsjahrs der Organgesellschaft, für das die Folgen der steuerlichen Organschaft erstmals eintreten sollen, in das Handelsregister eingetragen sein. 3

II. Mindestlaufzeit

Nach § 14 Abs. 1 Satz 1 Nr. 3 KStG muss der GAV auf mindestens fünf Jahre abgeschlossen sein. Die Voraussetzung der Mindestlaufzeit ist nicht erfüllt, wenn der Vertrag zwar auf fünf Jahre abgeschlossen ist, aber erst in einem auf das Jahr des Abschlusses folgenden Jahr ins Handels- 4 register eingetragen wird. Für die Frage, ob die Mindestlaufzeit erfüllt ist, kommt es auf die für die steuerliche Anerkennung maßgebende zivilrechtliche Wirksamkeit des GAV an (vgl. auch R 60 Abs. 2 Satz 2 KStR 2004). Eine vertragliche Vereinbarung, nach der die Laufzeit des GAV erst in dem Wirtschaftsjahr beginnt, in dem der GAV im Handelsregister eingetragen wird, ist nicht zu beanstanden.

III. Übergangsregelung des § 34 Abs. 9 Nr. 3 KStG

5 Nach § 34 Abs. 9 Nr. 3 KStG konnte ein steuerliches Organschaftsverhältnis noch nach den bisherigen Grundsätzen begründet werden, wenn der GAV vor dem 21. November 2002 abgeschlossen wurde. Dabei reicht der Vertragsabschluss durch die vertretungsbefugten Organe (Geschäftsführer oder Vorstand) aus. Die Zustimmung der Hauptversammlung bzw. der Gesellschafterversammlung ist für die Einhaltung der Frist nicht erforderlich.

C. Wegfall der steuerlichen Anerkennung der Mehrmütterorganschaft

I. Allgemeines

6 Eine Mehrmütterorganschaft liegt vor, wenn sich mehrere Unternehmen (mehrere Mütter), die allein die Voraussetzungen der finanziellen Eingliederung nicht erfüllen, zu einer Gesellschaft bürgerlichen Rechts (Willensbildungs-GbR) zusammenschließen, um ein Organschaftsverhältnis zu einer Organgesellschaft zu begründen. Dabei handelt es sich i. d. R. um eine reine Innengesellschaft, die keinen eigenen anderweitigen betrieblichen Zweck verfolgt. Eine Mehrmütterorganschaft ist letztmalig für den VZ/EZ 2002 anzuerkennen (§ 34 Abs. 1 KStG i. d. F. des StVergAbG). Der Wegfall der steuerlichen Anerkennung der Mehrmütterorganschaft ist ein wichtiger Grund i. S. des § 14 Abs. 1 Satz 1 Nr. 3 Satz 2 KStG für die Beendigung des Gewinnabführungsvertrags. Der Vertrag bleibt für die Jahre, für die er durchgeführt worden ist, bis einschließlich 2002 steuerrechtlich wirksam.

II. Auswirkungen auf die Willensbildungs-GbR und deren Gesellschafter

7 Mit Wegfall der steuerlichen Anerkennung der Mehrmütterorganschaft, ist die Willensbildungs-GbR nicht mehr als gewerbliches Unternehmen und damit nicht mehr als Steuergegenstand der Gewerbesteuer anzusehen. Sie gilt im Zeitpunkt der erstmaligen Anwendung der Gesetzesänderung steuerlich als aufgelöst. Die Willensbildungs-GbR besteht steuerlich nur in den Fällen bis zu ihrer zivilrechtlichen Beendigung fort, in denen sie keine reine Innengesellschaft ist.

8 Handelt es sich bei der Willensbildungs-GbR um eine reine Innengesellschaft, die keinen eigenen anderweitigen betrieblichen Zweck verfolgt, findet eine Aufdeckung der stillen Reserven der Anteile an der Organgesellschaft auf der Ebene der Willensbildungs-GbR nicht statt. Eine solche Willensbildungs-GbR ist selbst nicht gewerblich tätig i. S. des § 15 Abs. 1 Satz 1 Nr. 1 EStG. Sie ist auch mangels Einkünfteerzielungsabsicht nicht gewerblich geprägt i. S. des § 15 Abs. 3 Nr. 2 EStG. Sie wurde nach § 14 Abs. 2 KStG a. F. lediglich fiktiv als Gewerbebetrieb behandelt. Als bloße Innengesellschaft hat sie kein eigenes Betriebsvermögen. Während des Bestehens der Mehrmütterorganschaft gehörten die Anteile an der Organgesellschaft daher weder zum Betriebsvermögen der Willensbildungs-GbR, noch zum Sonderbetriebsvermögen der Gesellschafter der Willensbildungs-GbR. Sie waren Betriebsvermögen der Gesellschafter der Willensbildungs-GbR.

III. Auswirkungen auf gewerbesteuerliche Verlustvorträge der Willensbildungs-GbR

9 Mit Wegfall der steuerlichen Anerkennung einer Mehrmütterorganschaft gilt die Willensbildungs-GbR, die nur eine reine Innengesellschaft ist, steuerlich als aufgelöst (vgl. Rdnr. 7). Ein

noch nicht berücksichtigter Verlustabzug geht unter. Eine Berücksichtigung der Verlustvorträge bei den Gesellschaftern der Willensbildungs-GbR oder bei der bisherigen Organgesellschaft ist grundsätzlich nicht möglich.

Aus Billigkeitsgründen wird allerdings auf übereinstimmenden, unwiderruflichen beim für die Besteuerung der Organgesellschaft zuständigen Finanzamt zu stellenden Antrag der Gesellschafter der Willensbildungs-GbR und der Organgesellschaft eine Übertragung des Verlustvortrags auf die bisherige verlustverursachende Organgesellschaft nicht beanstandet. Der Antrag ist bis zur materiellen Bestandskraft der Feststellung des verbleibenden Verlustvortrags der ehemaligen Willensbildungs-GbR für den EZ 2002 zu stellen.

Nimmt die Willensbildungs-GbR, die als reine Innengesellschaft anzusehen war, mit Wegfall der steuerlichen Anerkennung einer Mehrmütterorganschaft eine gewerbliche Tätigkeit auf, ist dies als Neugründung anzusehen. Mangels Unternehmensidentität i. S. der gewerbesteuerlichen Grundsätze des Abschn. 67 GewStR 1998 kann daher diese Gesellschaft ihren Gewerbeertrag nicht um Verluste kürzen, die auf die als aufgelöst geltende Innengesellschaft entfallen.

Änderte sich der Gesellschafterbestand der Willensbildungs-GbR, die als reine Innengesellschaft anzusehen war, vor dem Zeitpunkt ihrer Auflösung, sind hierbei die gewerbesteuerlichen Grundsätze der Unternehmeridentität zu beachten (Abschn. 68 GewStR 1998 vgl. auch Rdnr. 20 des BMF-Schreibens vom 26. August 2003 – BStBl I S. 437).

D. Personengesellschaft als Organträger

I. Finanzielle Eingliederung der Organträger – Personengesellschaft

Bei einer Personengesellschaft als Organträger müssen ab dem VZ 2003 die Voraussetzungen der finanziellen Eingliederung im Verhältnis zur Personengesellschaft selbst erfüllt sein (§ 14 Abs. 1 Satz 1 Nr. 2 Satz 3 KStG). Danach ist es erforderlich, dass zumindest die Anteile, die die Mehrheit der Stimmrechte an der Organgesellschaft vermitteln, im Gesamthandsvermögen der Personengesellschaft gehalten werden.

Befinden sich die Anteile an der Organgesellschaft im Sonderbetriebsvermögen eines Mitunternehmers und sollen sie (zur Fortführung der Organschaft) in das Gesamthandsvermögen der Personengesellschaft übertragen werden, erfolgt dies nach § 6 Abs. 5 Satz 3 EStG zu Buchwerten. Soweit an der aufnehmenden Personengesellschaft weitere Kapitalgesellschaften beteiligt sind, ist aber nach § 6 Abs. 5 Satz 5 EStG der Teilwert anzusetzen.

II. Eigene gewerbliche Tätigkeit der Organträger – Personengesellschaft

1. Allgemeines

Zusätzlich zu den übrigen Voraussetzungen muss nach § 14 Abs. 1 Satz 1 Nr. 2 Satz 2 KStG bei einer Organträger-PersG zur steuerlichen Anerkennung einer Organschaft ab dem VZ 2003 eine eigene gewerbliche Tätigkeit i. S. des § 15 Abs. 1 Satz 1 Nr. 1 EStG vorliegen. Gewerblich geprägte Personengesellschaften i. S. des § 15 Abs. 3 Nr. 2 EStG können damit nicht mehr Organträger sein.

Eine Besitzpersonengesellschaft im Rahmen einer Betriebsaufspaltung kommt als Organträger in Betracht. Ihr wird die gewerbliche Tätigkeit i. S. des § 15 Abs. 1 Satz 1 Nr. 1 EStG der Betriebsgesellschaft zugerechnet.

2. Umfang der eigenen gewerblichen Tätigkeit

Durch das Merkmal der eigenen gewerblichen Tätigkeit soll insbesondere auch verhindert werden, dass mit Hilfe einer Personengesellschaft ohne substanzielle originäre gewerbliche Tätigkeit das steuerliche Ergebnis einer Mehrmütterorganschaft erreicht werden kann. Die Voraussetzung ist daher nur erfüllt, wenn die eigene gewerbliche Tätigkeit der Organträger-PersG nicht nur geringfügig ist.

Einzelfälle

18 **Holdinggesellschaften/geschäftsleitende Holding**

Eine Holdingpersonengesellschaft kann nur dann Organträger sein, wenn sie selbst eine eigene gewerbliche Tätigkeit ausübt. Für die Frage, ob eine geschäftsleitende Holding die Voraussetzung der eigenen gewerblichen Tätigkeit i. S. des § 14 Abs. 1 Satz 1 Nr. 2 Satz 2 KStG erfüllt, kann nicht auf die Grundsätze des BFH zur wirtschaftlichen Eingliederung (vgl. Abschn. 50 Abs. 2 Nr. 2 KStR 1995) abgestellt werden.

19 **Erbringung von sonstigen Dienstleistungen gegenüber Konzerngesellschaften**

Das Merkmal der Teilnahme am allgemeinen wirtschaftlichen Verkehr ist schon dann erfüllt, wenn eine Gesellschaft Dienstleistungen nur gegenüber einem Auftraggeber erbringt. Eine gewerbliche Tätigkeit liegt daher auch vor, wenn eine Gesellschaft Dienstleistungen (wie z. B. Erstellen der Buchführung, EDV-Unterstützung o. ä.) nur gegenüber einer oder mehreren Konzerngesellschaften erbringt. Voraussetzung ist, dass die Leistungen gegen gesondertes Entgelt erbracht und wie gegenüber fremden Dritten abgerechnet werden.

20 **Beteiligung an einer gewerblich tätigen Personengesellschaft**

Eine vermögensverwaltende Personengesellschaft wird nicht allein deshalb selbst gewerblich i. S. des § 14 Abs. 1 Satz 1 Nr. 2 Satz 2 KStG tätig, weil sie an einer gewerblich tätigen Personengesellschaft beteiligt ist und aufgrund dieser Beteiligung gewerbliche Einkünfte erzielt.

3. Übergangsregelungen

21 Zur steuerlichen Anerkennung einer Organschaft müssen alle gesetzlichen Voraussetzungen grundsätzlich vom Beginn des Wirtschaftsjahrs der Organgesellschaft an erfüllt sein. Dies gilt auch für die eigene gewerbliche Tätigkeit des Organträgers.

22 Eine im VZ/EZ 2002 steuerlich wirksame Organschaft wird für die Zukunft steuerlich weiter anerkannt, wenn die Voraussetzungen der Aufnahme einer eigenen gewerblichen Tätigkeit und des Haltens der Organbeteiligung im Gesamthandsvermögen bis zum 31. Dezember 2003 vorgelegen haben. Eine rückwirkende Übertragung von Sonderbetriebsvermögen in das Gesamthandsvermögen ist nicht möglich. Rdnr. 11 bleibt davon unberührt.

23 Ein neu begründetes Organschaftsverhältnis wird ab dem Veranlagungszeitraum 2003 steuerlich grundsätzlich nur anerkannt, wenn die Voraussetzungen des § 14 KStG i. d. F. des StVergAbG von Anfang an erfüllt sind. Für im VZ 2003 neu begründete Organschaftsverhältnisse, für die der Gewinnabführungsvertrag vor dem 16. Mai 2003 abgeschlossen wurde, gilt Rdnr. 22 entsprechend. Das Organschaftsverhältnis wird steuerlich anerkannt, wenn die ab 2003 geltenden strengeren Voraussetzungen bis zum 31. Dezember 2003 erfüllt wurden.

24 Eine wirksame steuerliche Organschaft bleibt für die Vergangenheit auch dann anerkannt, wenn künftig die veränderten Voraussetzungen für eine Organschaft nicht mehr erfüllt sind. Das gilt auch, wenn der bis dahin tatsächlich durchgeführte Gewinnabführungsvertrag deshalb beendet wird. Die Gesetzesänderung ist ein wichtiger Grund i. S. des § 14 Abs. 1 Satz 1 Nr. 3 Satz 2 KStG i. V. mit R 60 Abs. 6 KStR 2004.

E. Gewerbesteuerliches Abzugsverbot vororganschaftlicher Verluste

Nach § 10a Satz 3 GewStG i. d. F. des Gesetzes zur Änderung des Gewerbesteuergesetzes und anderer Gesetze vom 23. Dezember 2003 (a. a. O.) kann im Fall des § 2 Abs. 2 Satz 2 GewStG die Organgesellschaft den maßgebenden Gewerbeertrag nicht um Fehlbeträge kürzen, die sich vor dem Rechtswirksamwerden des Gewinnabführungsvertrags ergeben haben. Nach der korrespondierenden Vorschrift des § 14 Abs. 1 Satz 2 KStG ist das Einkommen der Organgesellschaft dem Organträger erstmals für das Kalenderjahr zuzurechnen, in dem das Wirtschaftsjahr der Organgesellschaft endet, in dem der Gewinnabführungsvertrag wirksam wird. Der Gewinnabführungsvertrag wird wirksam mit der Eintragung im Handelsregister.

Für den gewerbesteuerlichen Verlustabzug ist entsprechend der körperschaftsteuerlichen Regelung auf das Jahr des Wirksamwerdens des Gewinnabführungsvertrags abzustellen.

Beispiel:
Abschluss des Gewinnabführungsvertrags in 2003; Eintragung im Handelsregister am 30. Juni 2004. Die körperschaftsteuerliche Einkommenszurechnung nach § 14 Abs. 1 Satz 2 KStG erfolgt erstmals für den VZ 2004. Gewerbesteuerlich ist der Gewerbeertrag der Organgesellschaft erstmals für den EZ 2004 dem Organträger zuzurechnen (vgl. § 2 Abs. 2 Satz 2 GewStG). Bei der Ermittlung des Gewerbeertrags der Organgesellschaft für den EZ 2004 dürfen die auf den 31. Dezember 2003 festgestellten nicht ausgeglichenen (vororganschaftlichen) Fehlbeträge der Organgesellschaft nicht mehr abgezogen werden (vgl. § 10a Satz 3 GewStG).

28. Tatsächliche Durchführung des Gewinnabführungsvertrags bei der Organschaft (§ 14 KStG); Verzinsung des Anspruchs auf Verlustübernahme nach § 302 AktG

BMF, Schreiben v. 15. 10. 2007 (BStBl I S. 765)

– IV B 7 - S 2770/0 –

Der Bundesgerichtshof hat mit dem Urteil vom 14. Februar 2005 (II ZR 361/02) seine Rechtsprechung bestätigt, dass der sich aus einem Gewinnabführungsvertrag ergebende Anspruch auf Ausgleich eines Jahresfehlbetrages (§ 302 AktG) am Bilanzstichtag der beherrschten Gesellschaft entsteht und mit seiner Entstehung fällig wird. Dem Zeitpunkt der Feststellung des Jahresabschlusses komme insoweit keine Bedeutung zu. Damit ist der Verlustausgleichsanspruch nach §§ 352, 353 HGB ab dem Bilanzstichtag zu verzinsen.

Es ist gefragt worden, welche Auswirkung ein Verstoß gegen die Verzinsungsregelung auf die steuerliche Anerkennung der Organschaft hat.

Unter Bezugnahme auf das Ergebnis der Erörterung mit den obersten Finanzbehörden der Länder gilt Folgendes:

Der Verstoß gegen die Pflicht der §§ 352, 353 HGB zur Verzinsung eines Verlustausgleichsanspruchs bzw. der Verzicht auf eine Verzinsung im Rahmen einer Organschaft hat keine Auswirkungen auf die steuerliche Anerkennung der Organschaft.

Die unterlassene oder unzutreffende Verzinsung eines Verlustausgleichsanspruchs steht einer tatsächlichen Durchführung des Gewinnabführungsvertrags nicht entgegen. Im Falle einer unterlassenen Verzinsung oder eines unzulässigen Verzichts verletzen die Beteiligten lediglich eine vertragliche Nebenpflicht. Das Unterlassen der Verzinsung führt aus steuerlicher Sicht insoweit zwar zu einer verdeckten Gewinnausschüttung, weil der Gewinnabführungsvertrag nicht zu „fremdüblichen" Bedingungen abgewickelt wird. Verdeckte Gewinnausschüttungen der Organgesellschaft an den Organträger haben jedoch den Charakter vorweggenommener Gewinnabführungen, so dass sie als Vorausleistungen auf den Anspruch aus dem Gewinnabführungsvertrag zu werten sind. Diese werden zur Vermeidung einer steuerlichen Doppelbelastung auf der Ebene des Organträgers entsprechend R 62 Abs. 2 KStR 2004 gekürzt. Durch eine verdeckte Gewinnabführung wird die Durchführung des Gewinnabführungsvertrags nicht in Frage gestellt (R 61 Abs. 4 Satz 1 KStR 2004).

Zu § 17 KStG

29. Körperschaftsteuerliche Organschaft; Änderung des § 302 AktG

BMF, Schreiben v. 16. 12. 2005 (BStBl 2006 I S. 12)

– IV B 7 - S 2770 - 30/05 –

Voraussetzung für die Anerkennung eines Organschaftsverhältnisses nach § 17 Satz 2 Nr. 2 KStG ist die ausdrückliche Vereinbarung einer Verlustübernahme entsprechend den Vorschriften des § 302 AktG. Durch das Gesetz zur Anpassung von Verjährungsvorschriften an das Gesetz zur Modernisierung des Schuldrechts vom 9. Dezember 2004 (BGBl I S. 3214) ist § 302 AktG durch einen neuen Absatz 4 um eine Verjährungsregelung ergänzt worden.

Nach dem Ergebnis der Erörterung mit den obersten Finanzbehörden der Länder gilt für die Auswirkungen dieser Änderung des AktG auf die organschaftliche Voraussetzung des Gewinnabführungsvertrags Folgendes:

Es wird nicht beanstandet, wenn vor dem 1. Januar 2006 abgeschlossene Gewinnabführungsverträge einen Hinweis auf § 302 Abs. 4 AktG nicht enthalten. Auch eine Anpassung dieser Verträge ist nicht erforderlich.[1] Wird nicht allgemein auf § 302 AktG verwiesen, müssen Neuverträge eine dem § 302 Abs. 4 AktG entsprechende Vereinbarung enthalten.

30. Körperschaftsteuerliche Organschaft unter Beteiligung einer Kapitalgesellschaft, an der eine atypisch stille Beteiligung besteht

BMF, Schreiben v. 20. 8. 2015 (BStBl I S. 649)

– IV C 2 - S 2770/12/10001 –

Nach dem Ergebnis der Erörterung mit den obersten Finanzbehörden der Länder gilt für die Anerkennung einer körperschaftsteuerlichen Organschaft im Zusammenhang mit atypisch stillen Beteiligungen Folgendes:

1. Atypisch stille Gesellschaft

Besteht am Handelsgewerbe einer Kapitalgesellschaft eine stille Beteiligung nach § 230 HGB, die ertragsteuerlich als Mitunternehmerschaft zu qualifizieren ist (atypisch stille Gesellschaft),

---

[1] Gewinnabführungsverträge, die keinen Verweis auf die entsprechende Anwendung von § 302 Abs. 4 AktG enthalten, aber von der Billigkeitsregelung dieses BMF-Schreibens umfasst waren, stehen der Anerkennung der Organschaft nicht entgegen, wenn diese bis zum Ablauf des 31. 12. 2019 an die Regelung des § 17 Abs. 1 Satz 2 Nr. 2 KStG (dynamischer Verweis) angepasst werden (BMF, Schreiben v. 3. 4. 2019, BStBl I S. 467).

kann diese atypisch stille Gesellschaft weder Organgesellschaft nach den §§ 14, 17 KStG noch Organträgerin nach § 14 Absatz 1 Satz 1 Nummer 2 KStG sein.

2. Kapitalgesellschaft, an der eine atypisch stille Beteiligung besteht

Eine Kapitalgesellschaft an der eine atypisch stille Beteiligung besteht, kann weder Organgesellschaft nach den §§ 14, 17 KStG noch Organträgerin nach § 14 Absatz 1 Satz 1 Nummer 2 KStG sein.

Am 20. August 2015 bereits bestehende, steuerlich anerkannte Organschaften mit Organträgern, an deren Handelsgewerbe atypisch stille Beteiligungen bestehen, können unter Berücksichtigung der Umstände des Einzelfalls im Wege der Billigkeit und aus Gründen des Vertrauensschutzes weiter steuerlich anerkannt werden.

Zu § 27 KStG

31. Steuerliche Anerkennung inkongruenter Gewinnausschüttungen

BMF, Schreiben v. 17. 12. 2013 (BStBl 2014 I S. 63)

– IV C 2 - S 2750 a/11/10001 –

Der Bundesfinanzhof hat mit Urteil vom 19. August 1999 – I R 77/96 – (BStBl 2001 II S. 43) entschieden, dass von den Beteiligungsverhältnissen abweichende inkongruente Gewinnausschüttungen und inkongruente Wiedereinlagen steuerrechtlich anzuerkennen sind und grundsätzlich auch dann keinen Gestaltungsmissbrauch im Sinne des § 42 AO darstellen, wenn andere als steuerliche Gründe für solche Maßnahmen nicht erkennbar sind. Dies entspricht mittlerweile seiner ständigen Rechtsprechung.

Nach dem Ergebnis der Erörterungen mit den obersten Finanzbehörden der Länder gilt zur steuerlichen Anerkennung einer inkongruenten Gewinnausschüttung Folgendes:

Die steuerliche Anerkennung einer inkongruenten Gewinnausschüttung setzt zunächst voraus, dass eine vom Anteil am Grund- oder Stammkapital abweichende Gewinnverteilung zivilrechtlich wirksam bestimmt ist. Dies ist der Fall, wenn eine der folgenden Voraussetzungen erfüllt ist:

Bei Gesellschaften mit beschränkter Haftung:

Es wurde im Gesellschaftsvertrag gem. § 29 Absatz 3 Satz 2 GmbHG ein anderer Maßstab der Verteilung als das Verhältnis der Geschäftsanteile im Gesellschaftsvertrag festgesetzt. Für eine nachträgliche Satzungsänderung zur Regelung einer ungleichen Gewinnverteilung ist gemäß § 53 Absatz 3 GmbHG die Zustimmung aller beteiligten Gesellschafter erforderlich.

Oder: Die Satzung enthält anstelle eines konkreten Verteilungsmaßstabs eine Klausel, nach der alljährlich mit Zustimmung der beeinträchtigten Gesellschafter oder einstimmig über eine von der satzungsmäßigen Regelung abweichende Gewinnverteilung beschlossen werden kann, und der Beschluss ist mit der in der Satzung bestimmten Mehrheit gefasst worden.

Bei Aktiengesellschaften:

Es wurde in der Satzung gem. § 60 Absatz 3 AktG ein vom Verhältnis der Anteile am Grundkapital (§ 60 Absatz 1 AktG) abweichender Gewinnverteilungsschlüssel festgelegt. Für eine nachträgliche Satzungsänderung zur Änderung der Gewinnverteilung bedarf es gemäß § 179 Absatz 3 AktG der Zustimmung der benachteiligten Aktionäre. Enthält die Satzung lediglich eine Öffnungsklausel für eine von der gesetzlichen Gewinnverteilung abweichende Verteilung, ist diese für die Wirksamkeit einer inkongruenten Gewinnausschüttung nicht ausreichend.

Die Grundsätze des Missbrauchs rechtlicher Gestaltungsmöglichkeiten (§ 42 AO) sind zu beachten. Nach § 42 Absatz 2 AO liegt ein Missbrauch vor, wenn eine unangemessene rechtliche Gestaltung gewählt wird, die beim Steuerpflichtigen oder einem Dritten im Vergleich zu einer angemessenen Gestaltung zu einem gesetzlich nicht vorgesehenen Steuervorteil führt. Von einem solchen Missbrauch ist bei Vereinbarung einer inkongruenten Gewinnausschüttung nicht auszugehen, wenn für die vom gesetzlichen Verteilungsschlüssel abweichende Gewinnverteilung beachtliche wirtschaftlich vernünftige außersteuerliche Gründe nachgewiesen werden. Diese Prüfung ist unter Zugrundelegung der besonderen Umstände des Einzelfalls vorzunehmen.

Ein Indiz für eine unangemessene Gestaltung kann sein, wenn die Gewinnverteilungsabrede nur kurzzeitig gilt oder wiederholt geändert wird.

Die Grundsätze der verdeckten Gewinnausschüttungen und der verdeckten Einlage bleiben unberührt.

Dieses BMF-Schreiben ersetzt das BMF-Schreiben vom 7. Dezember 2000 – IV A 2 - S 2810-4/00 – (BStBl 2001 I S. 47) und ist in allen noch offenen Fällen anzuwenden.

32. Steuerliches Einlagekonto
(Anwendung der §§ 27 und 28 KStG 2002[*])
BMF, Schreiben v. 4. 6. 2003 (BStBl I S. 366)
– IV A 2 - S 2836 - 2/03 –

Unter Bezugnahme auf das Ergebnis der Erörterungen mit den obersten Finanzbehörden der Länder gilt für die Anwendung der §§ 27 und 28 KStG 2002[**] Folgendes:

A. Steuerliches Einlagekonto (§ 27 KStG)

I. Allgemeines

1 Wie im bisherigen Recht führt die Rückgewähr von nicht in das Nennkapital geleisteten Einlagen grundsätzlich nicht zu steuerpflichtigen Beteiligungserträgen der Anteilseigner. Um dies zu gewährleisten, bestimmt § 27 KStG, dass diese Einlagen außerhalb der Steuerbilanz auf einem besonderen Konto erfasst werden.

---

[*] KStG 2002 = KStG n. F.; KStG 1999 = KStG a. F.
[**] Zur Anwendung des § 29 KStG vgl. gesondert ergehendes BMF-Schreiben zu den Änderungen des Umwandlungssteuerrechts.

II. Persönlicher Anwendungsbereich

Ein Einlagekonto haben unter der Voraussetzung der unbeschränkten Körperschaftsteuerpflicht zu führen: 2
a) Kapitalgesellschaften (§ 1 Abs. 1 Nr. 1 KStG);
b) Sonstige Körperschaften, die Leistungen i. S. des § 20 Abs. 1 Nr. 1 EStG gewähren können;
c) Körperschaften und Personenvereinigungen, die Leistungen i. S. des § 20 Abs. 1 Nr. 9 bzw. 10 EStG gewähren können.

Bei den unter Buchstabe a) und b) genannten Körperschaften handelt es sich um die ehemals zur Gliederung des verwendbaren Eigenkapitals verpflichteten unbeschränkt steuerpflichtigen Körperschaften. Unter Buchstabe b) fallen in erster Linie die Erwerbs- und Wirtschaftsgenossenschaften (§ 1 Abs. 1 Nr. 2 KStG) sowie Realgemeinden und wirtschaftliche Vereine, die Mitgliedschaftsrechte gewähren, welche einer kapitalmäßigen Beteiligung gleichstehen. Wegen der Führung des Einlagekontos bei Betrieben gewerblicher Art von juristischen Personen des öffentlichen Rechts bei Leistungen i. S. des § 20 Abs. 1 Nr. 10 EStG wird auf das BMF-Schreiben vom 11. September 2002 (BStBl I S. 935) verwiesen.

Beschränkt steuerpflichtige Körperschaften haben kein Einlagekonto zu führen.   3

Das Einlagekonto ist auch von Körperschaften und Personenvereinigungen zu führen, bei denen Ausschüttungen ausgeschlossen sind.

III. Ermittlung und Fortschreibung des steuerlichen Einlagekontos

1. Anfangsbestand

a) Überleitung vom Anrechnungsverfahren zum Halbeinkünfteverfahren

Nach § 36 Abs. 7 KStG ist auf den Schluss des letzten Wirtschaftsjahres, das noch unter das Anrechnungsverfahren fällt, u. a. der Schlussbestand des Teilbetrags nach § 30 Abs. 2 Nr. 4 KStG a. F. (EK 04) gesondert festzustellen. Der Feststellungsbescheid ist Grundlagenbescheid für die Feststellung des Einlagekontos nach § 27 Abs. 2 Satz 1 KStG auf den Schluss des ersten Wirtschaftsjahrs im neuen Recht. Der festgestellte Schlussbestand wird, soweit er positiv ist, als Anfangsbestand des Einlagekontos erfasst (§ 39 Abs. 1 KStG).   4

b) Erstmalige Verpflichtung zur Führung des Einlagekontos in sonstigen Fällen

Hat eine Körperschaft oder eine Personenvereinigung erstmalig ein Einlagekonto zu führen, z. B. beim Wechsel von der beschränkten zur unbeschränkten Körperschaftsteuerpflicht, ist der Anfangsbestand des steuerlichen Einlagekontos mit 0 anzusetzen.   5

Im Gegensatz dazu ist in den Fällen der Bar- und Sachgründung sowie in Einbringungsfällen nach § 20 UmwStG (vgl. auch Rdnr. 27) das in der Eröffnungsbilanz auszuweisende Eigenkapital, soweit es das Nennkapital übersteigt, als Zugang beim steuerlichen Einlagekonto in der Feststellung zum Schluss des ersten Wirtschaftsjahrs zu erfassen.   6

> **Beispiel:**
> Das bisherige Einzelunternehmen des A wird zu Buchwerten in die neu gegründete A-GmbH eingebracht. Das in der Schlussbilanz des Einzelunternehmens ausgewiesene Eigenkapital beträgt 500. A erhält im Rahmen der Einbringung Anteile an der A-GmbH im Nennwert von 100. Der übersteigende Betrag i. H. von 400 wird in der Eröffnungsbilanz der A-GmbH zu 150 in die Kapitalrücklage eingestellt und zu 250 als Darlehensverbindlichkeit gegenüber A ausgewiesen.
> Das in der Eröffnungsbilanz der A-GmbH auszuweisende Eigenkapital beträgt 250. Der das Nennkapital von 100 übersteigende Betrag i. H. von 150 ist als Zugang beim steuerlichen Einlagekonto in der Feststellung zum Schluss des Gründungsjahres zu erfassen.

7 Zu Körperschaften bzw. Personenvereinigungen, die im Wege einer Umwandlung nach UmwG neu entstehen bzw. erstmalig zur Führung eines Einlagekontos verpflichtet sind, wird auf das gesondert ergehende BMF-Schreiben zu den Änderungen des Umwandlungssteuerrechts verwiesen.

c) Führung des Einlagekontos in den Fällen des § 156 Abs. 2 AO

8 Wird nach § 156 Abs. 2 AO auf eine Festsetzung der Körperschaftsteuer verzichtet, unterbleibt auch die gesonderte Feststellung des Einlagekontos. Findet für einen folgenden Veranlagungszeitraum erstmalig eine Körperschaftsteuerveranlagung statt, ist bei der dann notwendigen gesonderten Feststellung des Einlagekontos auf den Schluss des Wirtschaftsjahrs der Anfangsbestand des Einlagekontos mit 0 anzusetzen, soweit die Körperschaft nicht etwas anderes nachweist.

2. Verringerung des Einlagekontos durch Leistungen

a) Allgemeines

9 Im Wirtschaftsjahr von der Körperschaft erbrachte Leistungen verringern das Einlagekonto, soweit sie in der Summe den auf den Schluss des letzten Wirtschaftsjahrs ermittelten ausschüttbaren Gewinn übersteigen (§ 27 Abs. 1 Satz 3 KStG). Unter das Halbeinkünfteverfahren fallende Leistungen im ersten Wirtschaftsjahr des neuen Rechts können bereits zu einer Verringerung des Einlagekontos führen.

10 Eine Verringerung des steuerlichen Einlagekontos nach § 27 Abs. 1 Satz 3 KStG ist grundsätzlich auf den positiven Bestand des Einlagekontos zum Schluss des vorangegangenen Wirtschaftsjahrs begrenzt. U. a. in den Fällen der Festschreibung nach § 27 Abs. 1 Satz 5 KStG (Rdnr. 24) kann es auch zu einem Negativbestand des steuerlichen Einlagekontos kommen (wegen weiterer Fälle, in denen das steuerliche Einlagekonto negativ werden kann, vgl. Rdnrn. 28 und 29).

b) Begriff der Leistung

11 Leistungen i. S. des § 27 Abs. 1 Satz 3 KStG sind alle Auskehrungen, die ihre Ursache im Gesellschaftsverhältnis haben.

Zur Rückzahlung von Nennkapital nach § 28 Abs. 2 Satz 2 KStG vgl. Rdnr. 40.

12 Für die Verrechnung mit dem steuerlichen Einlagekonto sind alle Leistungen eines Wirtschaftsjahrs zusammenzufassen. Eine sich danach ergebende Verwendung des steuerlichen Einlagekontos ist den einzelnen Leistungen anteilig zuzuordnen.

13 Leistungen, die nach § 34 Abs. 12 Satz 1 Nr. 1 KStG noch unter das Anrechnungsverfahren fallen, stellen keine Leistungen i. S. des § 27 Abs. 1 Satz 3 KStG dar.

c) Ausschüttbarer Gewinn

14 Der ausschüttbare Gewinn nach § 27 Abs. 1 Satz 4 KStG ist wie folgt zu ermitteln:

Eigenkapital laut Steuerbilanz
- gezeichnetes Kapital
- (positiver) Bestand des steuerlichen Einlagekontos
= ausschüttbarer Gewinn (wenn negativ, Ansatz mit 0)

15 Der Berechnung sind jeweils die Bestände zum Schluss des vorangegangenen Wirtschaftsjahrs zugrunde zu legen. Zugänge bzw. Abgänge des laufenden Wirtschaftsjahrs beeinflussen den

ausschüttbaren Gewinn nicht. Wegen der für Liquidationen geltenden Besonderheiten wird auf das gesondert ergehende BMF-Schreiben zur Auflösung und Abwicklung von Körperschaften und Personenvereinigungen hingewiesen.

aa) In der Steuerbilanz ausgewiesenes Eigenkapital

Maßgeblich ist das Eigenkapital laut Steuerbilanz. Rückstellungen und Verbindlichkeiten stellen auch dann Fremdkapital dar, wenn sie auf außerhalb der Steuerbilanz zu korrigierenden verdeckten Gewinnausschüttungen i. S. des § 8 Abs. 3 Satz 2 KStG beruhen. 16

Nicht zum Eigenkapital gehören diejenigen auf der Passivseite der Steuerbilanz ausgewiesenen Posten, die aufgrund steuerrechtlicher Vorschriften erst bei ihrer Auflösung zu versteuern sind (Sonderposten mit Rücklageanteil i. S. des § 247 Abs. 3 HGB). 17

§ 27 Abs. 1 Satz 4 KStG enthält keine Verpflichtung zur Aufstellung einer Steuerbilanz. Hat die Körperschaft oder Personenvereinigung eine Steuerbilanz nicht aufgestellt, muss sie für die Berechnung des ausschüttbaren Gewinns das Eigenkapital, ausgehend von der Handelsbilanz, ermitteln, das sich nach den Vorschriften über die steuerliche Gewinnermittlung ergibt (§ 60 Abs. 2 Satz 1 EStDV). 18

bb) Gezeichnetes Kapital

Gezeichnetes Kapital i. S. des § 27 Abs. 1 Satz 4 KStG ist das Grundkapital einer Aktiengesellschaft, das Stammkapital einer GmbH oder die Summe der Geschäftsguthaben der Genossen bei Erwerbs- und Wirtschaftsgenossenschaften. 19

Für die Berechnung des ausschüttbaren Gewinns (Rdnr. 14 ff.) ist das gezeichnete Kapital aus Vereinfachungsgründen auch dann mit dem Nominalbetrag anzusetzen, wenn es nicht vollständig eingezahlt ist. Das gilt unabhängig davon, ob ausstehende Einlagen ganz oder teilweise eingefordert sind und ob der ausstehende, nicht eingeforderte Teil in der Steuerbilanz offen vom Nennkapital abgesetzt ist. 20

cc) Bestand des steuerlichen Einlagekontos

Maßgeblich für die Ermittlung des ausschüttbaren Gewinns ist der auf den Schluss des vorangegangenen Wirtschaftsjahrs gesondert festgestellte Bestand des steuerlichen Einlagekontos bzw. der nach § 36 Abs. 7 KStG festgestellte Schlussbestand des EK 04. Ist dieser Bestand negativ, ist er bei der Ermittlung des ausschüttbaren Gewinns nicht zu berücksichtigen. 21

d) Bescheinigung

Die Verwendung des steuerlichen Einlagekontos ist gemäß § 27 Abs. 3 Satz 1 Nr. 2 KStG den Anteilseignern entsprechend ihrem Anteil an der Gesamtleistung zu bescheinigen. Bescheinigungen sind auch zu erteilen, wenn sich das steuerliche Einlagekonto in einem der in Rdnr. 29 aufgeführten Sonderfälle unmittelbar verringert. 22

Dagegen ist bei der Rückzahlung von Nennkapital nach einer Kapitalherabsetzung (vgl. Rdnr. 40) für den das steuerliche Einlagekonto unmittelbar mindernden Betrag eine Steuerbescheinigung nicht auszustellen. 23

e) Festschreibung nach § 27 Abs. 1 Satz 5 KStG

Nach § 27 Abs. 1 Satz 5 KStG bleibt die der Bescheinigung zugrunde gelegte Verwendung unverändert, wenn für die Leistung die Minderung des steuerlichen Einlagekontos bescheinigt worden ist. Bei einer nachträglichen Änderung des maßgeblichen Bestands des steuerlichen Ein- 24 lagekontos, z. B. durch eine Betriebsprüfung, kommt es weder zu einer höheren noch zu einer niedrigeren Verwendung des steuerlichen Einlagekontos.

f) Nebeneinander von Einlagerückgewähr und Körperschaftsteuer-Minderung/-Erhöhung nach §§ 37, 38 KStG

25 Eine Leistung, die nach § 27 Abs. 1 Satz 3 KStG den Bestand des steuerlichen Einlagekontos verringert, kann gleichzeitig zu einer Körperschaftsteuer-Minderung nach § 37 Abs. 2 Satz 1 KStG und/oder zu einer Körperschaftsteuer-Erhöhung nach § 38 Abs. 2 KStG führen. Soweit eine Leistung, die bei der ausschüttenden Körperschaft zu einer Minderung der Körperschaftsteuer führt, zugleich eine Einlagerückgewähr nach § 27 Abs. 1 Satz 3 KStG darstellt, ist lediglich eine Steuerbescheinigung nach § 27 Abs. 3 KStG auszustellen. Ein Körperschaftsteuer-Minderungsbetrag ist entgegen § 37 Abs. 3 Satz 4 Nr. 2 KStG nicht auszuweisen.

3. Einlagen

26 Einlagen erhöhen das steuerliche Einlagekonto bei Zufluss.

4. Zugang beim steuerlichen Einlagekonto in den Fällen der Einbringung nach § 20 UmwStG

27 Bei Einbringung eines Betriebs, Teilbetriebs oder Mitunternehmeranteils in eine unbeschränkt körperschaftsteuerpflichtige Kapitalgesellschaft (§ 20 UmwStG) erhöht der Eigenkapitalzugang einschließlich der in diesem Zusammenhang geleisteten Bareinlagen den Bestand des steuerlichen Einlagekontos, soweit er den dem Anteilseigner im Zuge der Einbringung gewährten Teil des Nennkapitals übersteigt (vgl. Rdnr. 6).

5. Organschaftliche Mehr-/Minderabführungen

28 § 27 Abs. 6 KStG regelt die Behandlung von organschaftlichen Mehr-/Minderabführungen. Minderabführungen erhöhen, Mehrabführungen vermindern das steuerliche Einlagekonto nach Bilanzierungsgrundsätzen. Die Verringerung des steuerlichen Einlagekontos durch Mehrabführungen gemäß § 27 Abs. 6 KStG kann auch zu einem Negativbestand führen.

6. Sonderfälle der Verrechnung mit dem Einlagekonto

29 Außer in den Fällen der Leistungsverrechnung nach § 27 Abs. 1 Satz 3 bis 5 KStG (Rdnr. 9 ff.) und der organschaftlichen Mehrabführungen i. S. des § 27 Abs. 6 KStG (Rdnr. 28) verringert sich das steuerliche Einlagekonto insbesondere in den folgenden Sonderfällen:

– Erfüllung bzw. Wiederaufleben einer Darlehensverpflichtung gegenüber Gesellschaftern nach vorausgegangenem Forderungsverzicht gegen Besserungsversprechen (BFH-Urteil vom 30. Mai 1990, BStBl 1991 II S. 588).

– Rückzahlung von Nachschüssen der Anteilseigner i. S. des § 26 GmbHG, die nicht zur Deckung eines Verlustes an Stammkapital erforderlich sind (§ 30 Abs. 2 GmbHG).

Die Verringerung des Einlagekontos erfolgt in diesen Fällen unabhängig von der Höhe des ausschüttbaren Gewinns i. S. des § 27 Abs. 1 Satz 4 KStG (Rdnr. 14 ff.) und kann auch zu einem Negativbestand führen.

30 Wegen der Verringerung des Einlagekontos durch Auskehrungen bei Kapitalherabsetzung, bei der Auflösung von Körperschaften bzw. im Rahmen von Umwandlungsvorgängen wird auf Rdnr. 37 ff. bzw. die gesondert ergehenden BMF-Schreiben zur körperschaftsteuerlichen Be-

handlung der Auflösung und Abwicklung von Körperschaften und Personenvereinigungen und zu den Änderungen des Umwandlungssteuerrechts verwiesen.

B. Umwandlung von Rücklagen in Nennkapital und Herabsetzung des Nennkapitals (§ 28 KStG)

I. Allgemeines

Wie im bisherigen Recht sind die in Nennkapital umgewandelten Beträge, die aus Gewinnrücklagen stammen, getrennt auszuweisen und gesondert festzustellen (Sonderausweis). Da die Auskehrung des Herabsetzungsbetrags beim Anteilseigner insoweit zu Einkünften aus Kapitalvermögen i. S. des § 20 Abs. 1 Nr. 2 EStG führt, hat die leistende Körperschaft Kapitalertragsteuer einzubehalten (§ 43 Abs. 1 Nr. 1 EStG). 31

II. Persönlicher Anwendungsbereich

§ 28 KStG gilt für alle unbeschränkt steuerpflichtigen Körperschaften, bei denen ein Nennkapital (Rdnr. 19) auszuweisen ist. 32

III. Sonderausweis

1. Begriff des Sonderausweises

Der Sonderausweis ist die Summe der Beträge, die dem Nennkapital durch Umwandlung von Rücklagen mit Ausnahme von aus Einlagen der Anteilseigner stammenden Beträgen zugeführt worden sind. Der Sonderausweis kann auch im Zusammenhang mit Umwandlungen zu bilden oder zu verändern sein (siehe dazu im Einzelnen das gesondert ergehende BMF-Schreiben zu den Änderungen des Umwandlungssteuerrechts). 33

2. Anfangsbestand

Der nach § 47 Abs. 1 Satz 1 Nr. 2 KStG a. F. zuletzt festgestellte Betrag wird als Anfangsbestand bei der Ermittlung des Sonderausweises auf den Schluss des ersten Wirtschaftsjahrs im neuen Recht berücksichtigt (§ 39 Abs. 2 KStG). Er gilt gleichzeitig als Bestand zum Schluss des vorangegangenen Wirtschaftsjahrs i. S. des § 28 Abs. 2 Satz 1 KStG. 34

3. Kapitalerhöhung aus Gesellschaftsmitteln

Bei der Umwandlung von Rücklagen in Nennkapital mindert der Kapitalerhöhungsbetrag vorrangig den positiven Bestand des steuerlichen Einlagekontos, der sich ohne die Kapitalerhöhung für den Schluss dieses Wirtschaftsjahrs ergeben würde (§ 28 Abs. 1 Satz 1 und 2 KStG). 35

Übersteigt der Betrag der Kapitalerhöhung den maßgeblichen Bestand des steuerlichen Einlagekontos, ist der übersteigende Betrag im Sonderausweis zu erfassen. 36

Beispiel:
Zum Ende des vorangegangenen Wirtschaftsjahrs weist die Bilanz der A-GmbH folgende Beträge aus:

Nennkapital (davon Sonderausweis: 0)	100
Kapitalrücklage (= steuerliches Einlagekonto)	50
Sonstige Rücklagen	100

Am 1. März erfolgt eine Kapitalerhöhung aus Gesellschaftsmitteln um 100 und am 1. Mai eine Einlage i. H. von 20.

Ermittlung des steuerlichen Einlagekontos sowie des Sonderausweises:

	Vorspalte	Einlagekonto	Sonderausweis
Anfangsbestand		50	0
+ Einlage		+20	
Zwischenergebnis (Bestand nach § 28 Abs. 1 Satz 2 KStG)		70	0
Betrag der Kapitalerhöhung	100		
Vorrangige Verwendung des steuerlichen Einlagekontos	−70	−70	
Zugang beim Sonderausweis	30		+30
Schlussbestände		0	30

IV. Herabsetzung des Nennkapitals

37 Bei Herabsetzung des Nennkapitals verringert sich vorrangig der auf den Schluss des vorangegangenen Wirtschaftsjahrs festgestellte Bestand des Sonderausweises. Die Verringerung des Sonderausweises ist unabhängig davon vorzunehmen, ob der Kapitalherabsetzungsbetrag an die Anteilseigner ausgekehrt wird. Stehen im Zeitpunkt des Kapitalherabsetzungsbeschlusses Einlagen auf das Nennkapital aus, so ist die vorgenannte Kürzung nach § 28 Abs. 2 Satz 1 KStG nur insoweit vorzunehmen, als der Herabsetzungsbetrag auf den eingezahlten Teil des Nennkapitals entfällt (vgl. Rdnr. 39).

38 Übersteigt der Betrag der Kapitalherabsetzung den maßgeblichen Bestand des Sonderausweises, erhöht der Differenzbetrag den Bestand des steuerlichen Einlagekontos zum Schluss des Wirtschaftsjahrs, in dem die Kapitalherabsetzung wirksam wird (Eintragung im Handelsregister). Das Einlagekonto ist auch dann zunächst zu erhöhen, wenn der Kapitalherabsetzungsbetrag anschließend an die Anteilseigner ausgekehrt wird.

39 Entfällt der Kapitalherabsetzungsbetrag auf zum Zeitpunkt des Kapitalherabsetzungsbeschlusses ausstehende Einlagen und fällt dadurch die Einzahlungsverpflichtung der Anteilseigner weg, unterbleibt eine Hinzurechnung des Herabsetzungsbetrages zum Bestand des steuerlichen Einlagekontos (§ 28 Abs. 2 Satz 1 2. Halbsatz KStG). Soweit der Herabsetzungsbetrag jedoch auf das eingezahlte Nennkapital entfällt, d. h. die Einzahlungsverpflichtung bestehen bleibt, hat eine Erhöhung des steuerlichen Einlagekontos um den den Sonderausweis übersteigenden Herabsetzungsbetrag zu erfolgen (vgl. Rdnr. 38). Es ist dabei unmaßgeblich, ob und ggf. in welcher Höhe die Einzahlungsverpflichtung eingefordert ist.

40 Nach § 28 Abs. 2 Satz 2 KStG verringert der im Beschluss über die Kapitalherabsetzung vorgesehene Auskehrungsbetrag das steuerliche Einlagekonto. Wenn ein Sonderausweis vorhanden ist, gilt dies nur für den den Sonderausweis übersteigenden Auszahlungsbetrag. Der Auszahlungsbetrag ist nicht in die Differenzrechnung nach § 27 Abs. 1 Satz 3 KStG einzubeziehen.

Beispiel:
Die A-GmbH weist zum Schluss des vorangegangenen Wirtschaftsjahres folgende Beträge aus:

Nennkapital 200
(davon nicht eingezahlt 20)
Sonderausweis 50
steuerliches Einlagekonto 0

Es erfolgt eine Kapitalherabsetzung um 100, die auch auf den nicht eingezahlten Teil von 20 entfällt, und Rückzahlung des eingezahlten Nennkapitals in Höhe von 80.

	Vorspalte	Einlagekonto	Sonderausweis
Anfangsbestand		0	50
Betrag der Kapitalherabsetzung	100		
– Verringerung des Sonderausweises	–50		–50
Zwischenergebnis	50		
– ausstehende Einlagen auf das Nennkapital	–20		
Zugang beim steuerlichen Einlagekonto	30	+30	
Zwischenergebnis		30	0
Rückzahlung von Nennkapital	80		
– Verringerung des Sonderausweises	–50		
Abgang vom steuerlichen Einlagekonto	30	–30	
Schlussbestände		0	0

Die Auskehrung des Herabsetzungsbetrages ist unabhängig davon, ob ein Sonderausweis vorhanden ist, eine Leistung, die zu einer Körperschaftsteuer-Erhöhung nach § 38 KStG führen kann. Eine Minderung nach § 37 KStG kommt nicht in Betracht. 41

Auch bei verspäteter Auszahlung des im Beschluss über die Kapitalherabsetzung vorgesehenen Auskehrungsbetrags erhöht sich das steuerliche Einlagekonto nach § 28 Abs. 2 Satz 1 KStG in dem Wirtschaftsjahr, in dem der Beschluss wirksam wird (vgl. Rdnr. 38). Die Verringerung des steuerlichen Einlagekontos nach § 28 Abs. 2 Satz 2 2. Halbsatz KStG um den den Sonderausweis übersteigenden Auskehrungsbetrag (vgl. Rdnr. 40) erfolgt dagegen erst im Wirtschaftsjahr der Auszahlung. 42

V. Auflösung einer Körperschaft

Auf die Ausführungen in dem gesondert ergehenden BMF-Schreiben zur körperschaftsteuerlichen Behandlung der Auflösung und Abwicklung von Körperschaften und Personenvereinigungen wird hingewiesen. 43

VI. Verrechnung des Sonderausweises mit dem Bestand des steuerlichen Einlagekontos

Wenn ein Sonderausweis i. S. des § 28 KStG und ein positiver Bestand des steuerlichen Einlagekontos zusammentreffen, verringern sich beide Beträge nach Maßgabe des § 28 Abs. 3 KStG. Die Verringerung ist als letzter Schritt der Ermittlung des steuerlichen Einlagekontos bzw. des Sonderausweises vorzunehmen. 44

Zu § 28 KStG

33. Steuerrechtliche Behandlung des Erwerbs eigener Anteile
BMF, Schreiben v. 27. 11. 2013 (BStBl I S. 1615)
– IV C 2 - S 2742/07/10009 –

Unter Bezugnahme auf das Ergebnis der Erörterungen mit den obersten Finanzbehörden der Länder gilt für die steuerrechtliche Behandlung des Erwerbs eigener Anteile Folgendes:

A. Handelsrechtliche Grundlagen

1 Mit dem Einfügen von § 272 Absatz 1a und 1b HGB durch das Gesetz zur Modernisierung des Bilanzrechts (Bilanzrechtsmodernisierungsgesetz, BilMoG) vom 25. Mai 2009 (BGBl I S. 1102)*) wurde der handelsbilanzielle Ausweis eigener Anteile rechtsformunabhängig geregelt.

2 Der Nennbetrag der eigenen Anteile ist nunmehr nach § 272 Absatz 1a Satz 1 HGB stets auf der Passivseite in der Vorspalte offen von dem Posten „Gezeichnetes Kapital" abzusetzen. Eine Aktivierung der eigenen Anteile, bei gleichzeitiger Bildung einer entsprechenden Rücklage kommt nicht mehr in Betracht. § 272 Absatz 1a Satz 2 und 3 und § 272 Absatz 1b HGB enthalten weitere Regelungen zur Behandlung des Erwerbs und der Veräußerung eigener Anteile in der Handelsbilanz. Danach ist ein Unterschiedsbetrag zwischen der Gegenleistung für den Erwerb der eigenen Anteile und dem anteiligen Nennbetrag dieser Anteile handelsrechtlich mit den frei verfügbaren Gewinn- und Kapitalrücklagen zu verrechnen (vgl. § 272 Absatz 1a Satz 2 HGB). Bei dem Erwerb eigener Anteile handelt es sich wirtschaftlich betrachtet nicht um einen Anschaffungsvorgang, sondern um eine Kapitalherabsetzung.

3 Die Aufwendungen im Zusammenhang mit dem Erwerb der eigenen Anteile stellen handelsrechtlich Aufwand des Geschäftsjahres dar (vgl. § 272 Absatz 1a Satz 3 HGB).

4 Bei der Veräußerung der eigenen Anteile durch die Gesellschaft handelt es sich wirtschaftlich nicht um einen Veräußerungsvorgang, sondern um eine Kapitalerhöhung. Der offene Ausweis der eigenen Anteile in der Vorspalte des Postens „Gezeichnetes Kapital" nach § 272 Absatz 1a Satz 1 HGB entfällt (§ 272 Absatz 1b Satz 1 HGB). Das „Gezeichnete Kapital" wird in Höhe des Nennbetrages dieser Anteile – durch Minderung des Absetzungsbetrages – wieder ausgewiesen. Ein Unterschiedsbetrag zwischen dem anteiligen Nennbetrag der eigenen Anteile und der Gegenleistung für den Erwerb dieser Anteile ist gem. § 272 Absatz 1b Satz 2 HGB bis zur Höhe des mit den frei verfügbaren Rücklagen verrechneten Betrages in die jeweiligen Rücklagen einzustellen. Ein darüber hinausgehender Differenzbetrag (Aufgeld) ist gem. § 272 Absatz 1b Satz 3 HGB in die Kapitalrücklage gem. § 272 Absatz 2 Nummer 1 HGB einzustellen.

5 Die Aufwendungen im Zusammenhang mit einer Veräußerung der eigenen Anteile stellen handelsrechtlich Aufwand des Geschäftsjahres dar (vgl. § 272 Absatz 1b Satz 4 HGB).

6 Im Fall der Einziehung liegt ein bilanz- und ergebnisneutraler Vorgang vor. Der offene Ausweis der eigenen Anteile in der Vorspalte des Postens „Gezeichnetes Kapital" nach § 272 Absatz 1a Satz 1 HGB entfällt auch hier.

7 Die Regelungen sind nach Artikel 66 Absatz 3 Satz 1 des Einführungsgesetzes zum Handelsgesetzbuch (EGHGB) grundsätzlich erstmals auf Jahresabschlüsse für nach dem 31. Dezember

---

*) BStBl I S. 650.

2009 beginnende Geschäftsjahre anzuwenden. Wahlweise sind die Regelungen nach Artikel 66 Absatz 3 letzter Satz EGHGB allerdings auch bereits auf Jahresabschlüsse für nach dem 31. Dezember 2008 beginnende Geschäftsjahre anzuwenden.

B. Steuerrechtliche Konsequenzen

I. Ebene der Gesellschaft

Auf der Ebene der Gesellschaft folgt die steuerrechtliche Behandlung des Erwerbs eigener Anteile künftig der wirtschaftlichen Betrachtungsweise des Handelsrechts. Danach sind auch in der Steuerbilanz der Erwerb und die Veräußerung eigener Anteile nicht als Anschaffungs- oder Veräußerungsvorgang, sondern wie eine Kapitalherabsetzung oder Kapitalerhöhung zu behandeln. 8

1. Erwerb der Anteile

Der Erwerb eigener Anteile stellt bei der Gesellschaft keinen Anschaffungsvorgang dar, sondern ist wie eine Herabsetzung des Nennkapitals zu behandeln. In Höhe des Nennbetrags der eigenen Anteile ist § 28 Absatz 2 KStG entsprechend anzuwenden. Abweichend von § 28 Absatz 2 Satz 1 KStG ist ein bestehender Sonderausweis nicht zu mindern. Der über die Rückzahlung des herabgesetzten Nennkapitals hinausgehende Betrag stellt eine Leistung der Gesellschaft an den veräußernden Anteilseigner dar, die nach den Grundsätzen des § 27 Absatz 1 Satz 3 KStG zu einer Minderung des steuerlichen Einlagekontos führt, soweit sie den maßgebenden ausschüttbaren Gewinn übersteigt. 9

Werden eigene Anteile zu einem (angemessenen) Kaufpreis unterhalb des Nennbetrags erworben, ergeben sich keine Änderungen beim steuerlichen Einlagekonto und bei einem eventuellen Sonderausweis. In Höhe des Differenzbetrags zwischen dem Kaufpreis und dem Nennbetrag der Anteile ist von einer Kapitalherabsetzung ohne Auszahlung an den Gesellschafter auszugehen, auf die § 28 Absatz 2 Satz 1 KStG entsprechend anzuwenden ist. Danach vermindert der Differenzbetrag einen bestehenden Sonderausweis. Übersteigt der Differenzbetrag den Sonderausweis, erhöht sich insoweit der Bestand des steuerlichen Einlagekontos. 10

Kapitalertragsteuer ist auch auf den Teil der Leistung, der das steuerliche Einlagekonto nicht nach § 27 Absatz 1 Satz 3 oder § 28 Absatz 2 Satz 3 KStG mindert, nicht einzubehalten und abzuführen, da der Vorgang auf der Ebene des Anteilseigners eine Veräußerung darstellt (vgl. Rdnr. 20). 11

Bei Zahlung eines überhöhten Kaufpreises kann eine verdeckte Gewinnausschüttung im Sinne des § 20 Absatz 1 Nummer 1 Satz 2 EStG vorliegen, die nach den allgemeinen Grundsätzen zu behandeln ist. In diesen Fällen ist ggfs. Kapitalertragsteuer einzubehalten und abzuführen. Ein überhöhter Kaufpreis ist in der Regel nicht anzunehmen, wenn die Anteile über die Börse oder im Tender-Verfahren erworben werden. 12

2. Weiterveräußerung der Anteile

Die Weiterveräußerung der eigenen Anteile stellt bei der Gesellschaft steuerlich keinen Veräußerungsvorgang dar, sondern ist wie eine Erhöhung des Nennkapitals zu behandeln. Sie führt nicht zu einem steuerlichen Veräußerungsgewinn bzw. -verlust. In Höhe des Nennbetrags der eigenen Anteile ergeben sich keine Auswirkungen auf den Bestand des steuerlichen Einlagekontos oder einen bestehenden Sonderausweis. Ein den Nennbetrag übersteigender Betrag erhöht den Bestand des steuerlichen Einlagekontos. 13

14 Werden eigene Anteile zu einem (angemessenen) Kaufpreis unterhalb des Nennbetrags weiterveräußert, ist der Differenzbetrag zwischen dem Kaufpreis und dem Nennbetrag der Anteile als Kapitalerhöhung aus Gesellschaftsmitteln zu behandeln. In entsprechender Anwendung des § 28 Absatz 1 KStG vermindert der Differenzbetrag den Bestand des steuerlichen Einlagekontos und führt, soweit der Bestand nicht ausreicht, zur Bildung bzw. Erhöhung eines Sonderausweises.

15 Bei Zahlung eines zu niedrigen Kaufpreises kann eine verdeckte Gewinnausschüttung im Sinne des § 20 Absatz 1 Nummer 1 Satz 2 EStG vorliegen, die nach den allgemeinen Grundsätzen zu behandeln ist. In diesen Fällen ist ggf. Kapitalertragsteuer einzubehalten und abzuführen. Ein zu niedriger Kaufpreis ist in der Regel nicht anzunehmen, wenn die Anteile über die Börse oder im Tender-Verfahren veräußert werden.

3. Einziehung der Anteile

16 Bei Einziehung eigener Anteile ergeben sich keine steuerlichen Auswirkungen. Im Fall der Einziehung ohne einen vorangegangenen Erwerb gelten die in den Rdnrn. 8 ff. dargestellten Grundsätze mit der Maßgabe, dass eine Entschädigungszahlung wie eine Kaufpreiszahlung zu behandeln ist.

17 Wird das Nennkapital bei der Einziehung nicht herabgesetzt, ist der Vorgang hinsichtlich der Höhe des Nennbetrags der eingezogenen eigenen Anteile in entsprechender Anwendung des § 28 Absatz 1 KStG als Kapitalerhöhung aus Gesellschaftsmitteln zu behandeln.

4. Behandlung von Aufwendungen

18 Die Aufwendungen im Zusammenhang mit dem Erwerb und der Veräußerung der eigenen Anteile sind als Betriebsausgaben abziehbar, soweit sie angemessen sind.

5. Behandlung des Erwerbs und der Veräußerung eigener Anteile bei EU-/EWR-ausländischen Kapitalgesellschaften

19 Im Rahmen der Feststellung nach § 27 Absatz 8 KStG ist der Erwerb und die Veräußerung eigener Anteile entsprechend den Regelungen im Inland als Kapitalherabsetzung zu berücksichtigen.

II. Ebene des Anteilseigners

20 Beim Anteilseigner stellt der Erwerb eigener Anteile durch die Gesellschaft ein Veräußerungsgeschäft dar, das nach allgemeinen Grundsätzen der Besteuerung unterliegt. Eine Steuerpflicht der Veräußerung kann sich u. a. ergeben aus §§ 13 bis 18 und 20 EStG. Darüber hinaus ist eine Steuerpflicht auch nach § 23 EStG i. d. F. vor dem Gesetz vom 14. August 2007 (BGBl I S. 1912)[*] und § 21 UmwStG i. d. F. der Bekanntmachung vom 15. Oktober 2002 (BGBl I S. 4133[**]), 2003 I S. 738, geändert durch Artikel 3 des Gesetzes vom 16. Mai 2003, BGBl I S. 660[***]) möglich.

21 Werden die Anteile in einem Depot eines inländischen Kreditinstituts oder inländischen Finanzdienstleistungsinstituts im Sinne des § 43 Absatz 1 Satz 1 Nummer 7 Buchstabe b) EStG, eines inländischen Wertpapierhandelsunternehmens oder einer inländischen Wertpapierhandelsbank verwaltet oder verwahrt oder wird die Veräußerung der Beteiligungsrechte von inländischen Kreditinstituten durchgeführt, haben die genannten Unternehmen als auszahlende Stelle

---

[*] BStBl I S. 630.
[**] BStBl I S. 1157.
[***] BStBl I S. 321.

die Kapitalertragsteuer auf den Veräußerungsgewinn zu entrichten (§ 44 Absatz 1 Satz 3 und 4 EStG).

Soweit im Einzelfall wegen eines überhöhten Kaufpreises bzw. – im Fall der Weiterveräußerung der eigenen Anteile – wegen eines zu niedrigen Kaufpreises eine verdeckte Gewinnausschüttung anzunehmen ist, ist dem Anteilseigner ein entsprechender Kapitalertrag im Sinne des § 20 Absatz 1 Nummer 1 Satz 2 EStG zuzurechnen (vgl. Rdnrn. 12 und 15).

C. Anwendung und Übergangsregelungen

I. Grundsatz

Die Abschnitte A und B dieses BMF-Schreibens gelten für alle offenen Fälle, soweit Geschäftsjahre betroffen sind, für die die Neuregelung des § 272 Absatz 1a und 1b HGB i. d. F. des BilMoG gelten.

II. Anpassung an BilMoG-Grundsätze

Anpassungen, die in der Handelsbilanz vorgenommen werden, um eigene Anteile, die nach bisherigem Recht zu aktivieren waren, nach den Grundsätzen des § 272 Absatz 1a Satz 1 und 2 HGB darzustellen, sind in der Steuerbilanz zu übernehmen. Der Nennbetrag ist dabei offen vom „Gezeichneten Kapital" abzusetzen und die bisherige Rücklage für eigene Anteile ist in voller Höhe aufzulösen. In Höhe des über den Nennbetrag hinausgehenden Buchwerts der eigenen Anteile sind die frei verfügbaren Rücklagen zu vermindern.

Steuerrechtlich ist die Ausbuchung als Kapitalherabsetzung zu behandeln. Da in diesen Fällen zumindest in dem betreffenden Geschäftsjahr keine Kaufpreiszahlung an den Gesellschafter erfolgt, ist das auf die eigenen Anteile entfallende Nennkapital für die Anwendung des § 28 Absatz 2 Satz 1 KStG als bereits an den Gesellschafter ausgezahlt und damit als nicht eingezahlt zu behandeln. Infolgedessen kommt es weder zu einer Verminderung des Sonderausweises, noch zu einer Erhöhung des steuerlichen Einlagekontos. Der über den Nennbetrag hinausgehende Teil des Buchwerts der nicht mehr zu aktivierenden eigenen Anteile führt rechnerisch zu einer Verminderung des ausschüttbaren Gewinns.

III. Übergangsregelungen für nicht unter BilMoG-Grundsätze fallende Geschäftsjahre

Für Zeiträume, in denen bereits das Halb- bzw. Teileinkünfteverfahren, nicht aber das BilMoG galt, gelten weiterhin die Regelungen des BMF-Schreibens vom 2. Dezember 1998 (BStBl I S. 1509) nach Maßgabe der Rdnrn. 27 ff. Das BMF-Schreiben wird insoweit wieder in Kraft gesetzt. Über Fälle, in denen aufgrund des BMF-Schreibens vom 10. August 2010 (BStBl I S. 659) anders verfahren wurde, ist unter Berücksichtigung der allgemeinen Grundsätze im Einzelfall zu entscheiden.

Für die Weiteranwendung des BMF-Schreibens vom 2. Dezember 1998 (a. a. O.) unter Geltung des Halb- bzw. Teileinkünfteverfahrens gilt Folgendes:

1. Behandlung des Erwerbs von nicht zu aktivierenden eigenen Anteilen bei der Kapitalgesellschaft [II. 1. b.) aa) des BMF-Schreibens vom 2. Dezember 1998 (a. a. O.)]

Aufgrund der Behandlung des Erwerbs der eigenen Anteile als Anschaffungsvorgang auch auf Ebene der Gesellschaft hat der Vorgang keine Auswirkung auf das steuerliche Einlagekonto oder den Sonderausweis. Die Verminderung des EK 04 nach dem BMF-Schreiben vom 2. Dezember 1998 (a.a.O.) war allein den Besonderheiten der im Anrechnungsverfahren vorzunehmenden Gliederung des verwendbaren Eigenkapitals und der Abstimmung mit dem um das Nennkapital geminderten Eigenkapital laut Steuerbilanz geschuldet und hat seit dem Systemwechsel keine Bedeutung mehr. Eine Verminderung des steuerlichen Einlagekontos bzw. des Sonderausweises ist nicht vorzunehmen. Soweit der Kaufpreis den Nennbetrag der Anteile übersteigt, verringert sich rechnerisch der ausschüttbare Gewinn.

2. Behandlung der Weiterveräußerung von nicht zu aktivierenden eigenen Anteilen bei der Kapitalgesellschaft [II. 2. des BMF-Schreibens vom 2. Dezember 1998 (a.a.O.)]

28 Nach den Grundsätzen des BMF-Schreibens vom 2. Dezember 1998 (a.a.O.) ist die Weiterveräußerung der nicht zu aktivierenden Anteile als Kapitalerhöhung zu behandeln. Es ergeben sich insoweit keine Unterschiede zur steuerlichen Behandlung der Weiterveräußerung eigener Anteile in einem unter das BilMoG fallenden Geschäftsjahr (vgl. Rdnr. 13).

3. Behandlung der Einziehung von aktivierten Anteilen [II. 3. des BMF-Schreibens vom 2. Dezember 1998 (a.a.O.)]

29 Es bleibt bei der im BMF-Schreiben vom 2. Dezember 1998 (a.a.O.) vorgesehenen steuerrechtlichen Behandlung als Kapitalherabsetzung ohne Auskehrung an die Gesellschafter. Hinsichtlich des Nennbetrags des eingezogenen Anteils gilt § 28 Absatz 2 Satz 1 KStG. Aufgrund der Zahlung des Kaufpreises für die eigenen Anteile ist bei Anwendung des § 28 Absatz 2 Satz 1 KStG von nicht eingezahltem Nennkapital auszugehen. In Höhe des Nennbetrags kommt es weder zu einer Verminderung eines bestehenden Sonderausweises, noch erhöht sich das steuerliche Einlagekonto. In Höhe des über den Nennbetrag hinausgehenden Buchwerts der Anteile kommt es rechnerisch zu einer Verminderung des ausschüttbaren Gewinns. Eine Verminderung des steuerlichen Einlagekontos erfolgt nicht (vgl. insoweit Rdnr. 27).

Zu § 34 KStG

34. Änderungen der Kapitalertragsteuersätze auf Dividenden nach den Doppelbesteuerungsabkommen infolge des Steuersenkungsgesetzes

BMF, Schreiben v. 30. 1. 2003 (BStBl I S. 134)

– IV B 6 - S 1300 - 308/02 –

Durch das Steuersenkungsgesetz vom 23. Oktober 2000 wird das körperschaftsteuerrechtliche Anrechnungsverfahren grundsätzlich mit Wirkung ab dem Veranlagungszeitraum 2001 durch das so genannte Halbeinkünfteverfahren (§ 34 Abs. 1 KStG in der Fassung des Artikels 3 des Gesetzes vom 23. Oktober 2000 – KStG n. F. – [BGBl I S. 1433]) ersetzt. Bei abweichendem Wirtschaftsjahr wird das Halbeinkünfteverfahren erst ab dem Veranlagungszeitraum 2002 angewendet, wenn das erste in dem Veranlagungszeitraum 2001 endende Wirtschaftsjahr vor dem 1. Januar 2001 beginnt (§ 34 Abs. 2 KStG in der Fassung der Bekanntmachung vom 15. Oktober 2002 – KStG 2002 – [BGBl I S. 4144, BStBl I S. 1169]).

Das Körperschaftsteuergesetz enthält für den Übergang zu dem Halbeinkünfteverfahren eine Sonderregelung. Nach § 34 Abs. 12 i.V. m. Abs. 1 und 2 KStG 2002 ist das Anrechnungsverfahren letztmalig anzuwenden:

1. Für Gewinnausschüttungen, die auf einem den gesellschaftsrechtlichen Vorschriften entsprechenden Gewinnverteilungsbeschluss für ein abgelaufenes Wirtschaftsjahr beruhen, und die in dem ersten Wirtschaftsjahr vorgenommen werden, das in dem Veranlagungszeitraum endet, für den das KStG n. F. erstmals anzuwenden ist.
2. Für andere Ausschüttungen und sonstige Leistungen, die in dem Wirtschaftsjahr erfolgen, das dem in Nummer 1 genannten Wirtschaftsjahr vorangeht.

Sowohl die Umstellung von dem körperschaftsteuerrechtlichen Anrechnungsverfahren auf das Halbeinkünfteverfahren als auch der einheitliche Steuersatz für thesaurierte und ausgeschüttete Gewinne wirken sich auf die Höhe der Kapitalertragsteuer auf Dividenden aus, die deutsche Tochtergesellschaften an ihre ausländischen Muttergesellschaften ausschütten.

Einige Doppelbesteuerungsabkommen verknüpfen den zulässigen Quellensteuersatz für o. g. Dividenden mit dem Körperschaftsteueranrechnungsverfahren (z. B. DBA-USA, DBA-Schweiz, DBA-Kuwait für Streubesitz-Dividenden), andere mit der unterschiedlichen Besteuerung ausgeschütteter und thesaurierter Gewinne und der Differenz der angewandten Steuersätze (sog. Suspensionsklauseln, z. B. DBA-Niederlande, DBA-Norwegen, DBA-Schweden, DBA-Spanien, DBA-Südafrika für Schachteldividenden und DBA-Irland für Streubesitz-Dividenden). Dabei sind die Formulierungen dieser Klauseln unterschiedlich gefasst.

Nach Abstimmung mit den obersten Finanzbehörden der Länder bitte ich, hierzu folgende Auffassung zu vertreten:

In allen Fällen, in denen – hier infolge der Regelungen des Steuersenkungsgesetzes – ein Doppelbesteuerungsabkommen eine Änderung des Quellensteuersatzes auf Dividenden vorsieht, ist die jeweilige Höhe des Kapitalertragsteuersatzes an die steuerrechtliche Behandlung der jeweiligen Dividende im Inland zu knüpfen.

Anderes gilt, soweit sich die zuständigen Behörden der DBA-Vertragsstaaten im Rahmen eines Verständigungs- oder Konsultationsverfahrens zur Beseitigung von Schwierigkeiten bei der Anwendung des Abkommens auf eine abweichende Regelung einigen.

35. Liquidation; Körperschaftsteuerminderung bei Auskehrung von Liquidationsraten (Anwendung des BFH-Urteils vom 22. 2. 2006 – I R 67/05 –, BStBl 2008 II S. 312); Besteuerungszeitraum bei der Gewerbesteuer (Anwendung des BFH-Urteils vom 18. 9. 2007 – I R 44/06 –, BStBl 2008 II S. 319)

BMF, Schreiben v. 4. 4. 2008 (BStBl I S. 542)

– IV B 7 - S 2760/0 –

1. BFH-Urteil vom 22. Februar 2006 (a. a. O.)

Der BFH vertritt im Urteil vom 22. Februar 2006 (a. a. O.) die Auffassung, dass in Ermangelung eines Antrags nach § 34 Abs. 14 KStG auf Beendigung des Besteuerungszeitraums zum 31. Dezember 2000 bei systemübergreifenden Liquidationen für die gesamte Liquidation neues Recht anzuwenden ist. Er sieht den Besteuerungszeitraum 1. Januar 1998 – 31. Dezember 2000 als erstes „Wirtschaftsjahr" im neuen Recht an. Mithin sei das Körperschaftsteuerguthaben auf den 31. Dezember 2000 festzustellen. Es stehe damit für eine Verwendung im Veranlagungszeitraum 2001 zur Verfügung.

Unter Bezugnahme auf das Ergebnis der Erörterung mit den obersten Finanzbehörden der Länder sind die Rechtsgrundsätze des Urteils nicht über den entschiedenen Einzelfall hinaus anzuwenden.

Wird der Abwicklungszeitraum in mehrere Besteuerungszeiträume unterteilt, ist für die einzelnen Besteuerungszeiträume jeweils das Recht anzuwenden, das für den Veranlagungszeitraum maßgeblich ist, in dem der Besteuerungszeitraum endet. Wenn – wie in dem Streitfall – ein Besteuerungszeitraum gem. R 51 KStR 2004 zum 31. Dezember 2000 endet, ist daher noch altes Recht anzuwenden. Entgegen der Auffassung des BFH ist es in diesem Fall unerheblich, ob ein Antrag auf Zwischenveranlagung nach § 34 Abs. 14 Satz 2 KStG gestellt worden ist oder nicht, weil ein solcher Antrag ins Leere geht, wenn am 31. Dezember 2000 ohnehin ein Besteuerungszeitraum endet.

Die Sonderregelung des § 34 Abs. 14 Satz 2 KStG ist nur in solchen Fällen von Bedeutung, bei denen der 3-jährige Besteuerungszeitraum zum 31. Dezember 2000 noch nicht abgeschlossen ist. Da für den am 31. Dezember 2000 endenden Besteuerungszeitraum noch nicht neues Recht anzuwenden ist, fehlt es hier an der rechtlichen Grundlage für die Feststellung des Körperschaftsteuerguthabens zum 31. Dezember 2000. Etwas anderes ergibt sich auch nicht aus § 40 Abs. 4 Satz 4 KStG, denn die Regelung hat bezogen auf die **erstmalige** Verwendung des Körperschaftsteuerguthabens nur Bedeutung für Liquidationen, die im Veranlagungszeitraum 2001 enden. Endet die Liquidation im Veranlagungszeitraum 2001, kann danach für Liquidationsabschlusszahlungen, die in 2001 geleistet werden, bereits eine Körperschaftsteuerminderung gewährt werden.

Die Verwaltungsauffassung, nach der eine Körperschaftsteuerminderung erstmals für Gewinnausschüttungen in Betracht kommt, die in dem zweiten Wirtschaftsjahr erfolgen, für das neue Recht gilt (vgl. Rdnr. 31 des BMF-Schreibens vom 6. November 2003, BStBl I S. 575), wird durch das Urteil nicht in Frage gestellt.

An der Verwaltungsauffassung zu den allgemeinen körperschaftsteuerlichen Grundsätzen der Liquidationsbesteuerung (vgl. BMF-Schreiben vom 6. November 2003 – a. a. O. – und vom 26. August 2003, BStBl I S. 434 sowie R 51 KStR 2004) wird ebenfalls weiterhin festgehalten. Die Urteile des BFH vom 27. März 2007, VIII R 25/05 (BStBl 2008 II S. 298) und VIII R 60/05 (BStBl 2008 II S. 303) und vom 18. September 2007, I R 44/06 (a. a. O.) stehen dem nicht entgegen.

2. BFH-Urteil vom 18. September 2007 (a. a. O.)

In dem Urteil vom 18. September 2007 (a. a. O.) vertritt der BFH die Auffassung, dass für den Zeitraum, für den eine Körperschaftsteuerveranlagung bei noch nicht abgeschlossener Liquidation durchzuführen ist, daran anschließend auch eine Festsetzung des Gewerbesteuermessbetrags durchzuführen ist.

Nach einem Beschluss der obersten Finanzbehörden der Länder sind die Rechtsgrundsätze des Urteils insoweit nicht über den entschiedenen Einzelfall hinaus anzuwenden.

Nach § 16 Abs. 1 GewStDV ist der Gewerbeertrag, der bei einem in der Abwicklung befindlichen Gewerbebetrieb im Sinne des § 2 Abs. 2 des Gesetzes im Zeitraum der Abwicklung entstanden ist, auf die Jahre des Abwicklungszeitraums zu verteilen. Nach Abschn. 44 Abs. 1 Satz 2 GewStR 1998 ist Abwicklungszeitraum der Zeitraum vom Beginn bis zum Ende der Abwicklung. Eine Festlegung eines Sollabwicklungszeitraums entsprechend der Regelung des § 11 Abs. 1 Satz 2 KStG enthält § 16 GewStDV nicht. Auch ist eine sinngemäße Anwendung des § 11 Abs. 1 Satz 2 KStG ausweislich § 16 GewStDV und der Regelung in Abschn. 44 Abs. 1 Satz 2 GewStR nicht vorgesehen. Aus § 7 Satz 1 GewStG ergibt sich nichts anderes. Abzustellen ist danach auf die Gewinnermittlungsvorschriften des Einkommensteuergesetzes und des Körperschaftsteuergesetzes. § 11 Abs. 1 Satz 2 KStG ist jedoch keine Gewinnermittlungsvorschrift; eine solche ist nur die Regelung in § 11 Abs. 2 KStG.

Zu § 37 KStG

36. Bilanzielle Behandlung des Körperschaftsteuerguthabens nach der Änderung durch das Gesetz über steuerliche Begleitmaßnahmen zur Einführung der Europäischen Gesellschaft und zur Änderung weiterer steuerrechtlicher Vorschriften (SEStEG); Anwendung des § 37 Abs. 7 KStG

BMF, Schreiben v. 14. 1. 2008 (BStBl I S. 280)

– IV B 7 - S 2861/07/0001 –

Es ist gefragt worden, wie das Körperschaftsteuerguthaben nach Änderung des § 37 KStG bilanziell zu behandeln ist.

Unter Bezugnahme auf das Ergebnis der Erörterung mit den obersten Finanzbehörden der Länder gilt dazu Folgendes:

Durch das SEStEG wurde das bisherige ausschüttungsabhängige System der Körperschaftsteuerminderung durch eine ratierliche Auszahlung des zum maßgeblichen Stichtag vorhandenen Körperschaftsteuerguthabens ersetzt. Das Körperschaftsteuerguthaben wird im Regelfall letztmalig auf den 31. Dezember 2006 ermittelt. In einigen Sonderfällen (Umwandlungen, Liquidation) kann der Stichtag auch vor dem 31. Dezember 2006 liegen. Innerhalb des Auszahlungszeitraums von 2008 bis 2017 hat die Körperschaft einen unverzinslichen Anspruch auf Auszahlung des ermittelten Körperschaftsteuerguthabens in zehn gleichen Jahresbeträgen.

Der gesamte Anspruch auf Auszahlung entsteht gem. § 37 Abs. 5 Satz 2 KStG mit Ablauf des 31. Dezember 2006 (Regelfall). Die Entstehung des Anspruchs ist nicht von einer Antragstellung abhängig. Der Auszahlungsanspruch ist entsprechend bei einem mit dem Kalenderjahr übereinstimmenden Wirtschaftsjahr in der Handels- und Steuerbilanz des Anspruchsberechtigten zum 31. Dezember 2006 gewinnerhöhend anzusetzen und mit dem Barwert zu bewerten. Der Barwert ist auf der Grundlage des Marktzinses am Bilanzstichtag zu ermitteln. Als Orientierungshilfe kann z. B. die Verzinsung von Bundesanleihen herangezogen werden.

In Organschaftsfällen ist der Anspruch einer Organgesellschaft auf Auszahlung ihres Körperschaftsteuerguthabens bei der jeweiligen Organgesellschaft zu erfassen. Ein durch die Aktivierung des abgezinsten Anspruchs erhöhtes handelsrechtliches Ergebnis der Organgesellschaft ist im Rahmen des Ergebnisabführungsvertrags ebenso an den Organträger abzuführen wie Erträge aus einer späteren Aufzinsung und der Auszahlung der jährlichen Raten (Differenz zwischen der tatsächlichen Auszahlung und der Verringerung der abgezinsten Forderung).

Die Gewinnerhöhung aus der Aktivierung des Körperschaftsteuerguthabens ist gem. § 37 Abs. 7 KStG bei der Einkommensermittlung zu neutralisieren. Die Vereinnahmung der zehn Jahresraten führt in Höhe des Zinsanteils zu einer Gewinnrealisation, die wie die Aktivierung des Anspruchs bei der Ermittlung des Einkommens zu neutralisieren ist. Gewinnminderungen im Zusammenhang mit dem Körperschaftsteuerguthaben (z. B. Zinsverluste, Abzinsung auf den

Barwert, Rückzahlungen oder Verluste bei Übertragung des Anspruchs) wirken sich entsprechend ebenfalls nicht auf die Höhe des Einkommens aus.

§ 37 Abs. 7 KStG gilt nur für Körperschaften, denen gegenüber der Anspruch nach § 37 Abs. 5 Satz 3 KStG festgesetzt wurde. Die Regelung gilt darüber hinaus auch für Gesamtrechtsnachfolger, wenn der übernehmende Rechtsträger den Regelungen des Körperschaftsteuergesetzes unterliegt. Nach Umwandlung auf eine Personengesellschaft ist § 37 Abs. 7 KStG auch insoweit nicht anzuwenden, als an der Personengesellschaft Körperschaften beteiligt sind.

§ 37 Abs. 7 KStG gilt des Weiteren nicht für anderweitig erworbene Auszahlungsansprüche. In diesen Fällen hat der Erwerber den Auszahlungsanspruch mit den Anschaffungskosten zu aktivieren. Die Ratenzahlungen bleiben in Höhe des Tilgungsanteils erfolgsneutral. Der Zinsanteil wirkt sich erhöhend auf den Gewinn aus und darf nicht nach § 37 Abs. 7 KStG bei der Ermittlung des Einkommens neutralisiert werden.

V. Umwandlungssteuer

Zum UmwStG

1. Anwendung des Umwandlungssteuergesetzes i. d. F. des Gesetzes über steuerliche Begleitmaßnahmen zur Einführung der Europäischen Gesellschaft und zur Änderung weiterer steuerrechtlicher Vorschriften (SEStEG)

BMF, Schreiben v. 11. 11. 2011 (BStBl I S. 1314)[1]

– IV C 2 - S 1978 b/08/10001 –

Inhaltsübersicht

	Randnr.
Erstes Kapitel: Anwendungsbereich des UmwStG 2006	
A. Verhältnis des UmwStG 2006 zum UmwStG 1995	00.01
B. Ertragsteuerliche Beurteilung von Umwandlungen und Einbringungen	00.02 – 00.04
Zweites Kapitel: Steuerliche Folgen von Umwandlungen und Einbringungen nach dem UmwStG	
Erster Teil. Allgemeine Vorschriften	
A. Anwendungsbereich und Begriffsbestimmungen (§ 1 UmwStG)	01.01 – 01.57
I. Sachlicher Anwendungsbereich	01.03 – 01.48
1. Zweiter bis Fünfter Teil (§ 1 Absatz 1 UmwStG)	01.03 – 01.42
a) Umwandlungen nach dem UmwG (inländische Umwandlungen)	01.03 – 01.19
aa) Verschmelzung	01.08 – 01.10
bb) Formwechsel	01.11 – 01.12
cc) Spaltung	01.13 – 01.17
dd) Vermögensübertragung	01.18 – 01.19
b) Vergleichbare ausländische Vorgänge	01.20 – 01.41
aa) Zivilrechtliche Wirksamkeit nach ausländischem Recht	01.23
bb) Prüfung der Vergleichbarkeit	01.24 – 01.25
cc) Umwandlungsfähigkeit der beteiligten Rechtsträger	01.26 – 01.28
dd) Strukturmerkmale des Umwandlungsvorgangs	01.29 – 01.39
(1) Verschmelzung	01.30 – 01.32
(2) Aufspaltung	01.33 – 01.35
(3) Abspaltung	01.36 – 01.38
(4) Formwechsel	01.39
ee) Sonstige Vergleichskriterien	01.40 – 01.41
c) Umwandlungen nach der SE-VO bzw. der SCE-VO	01.42

---

[1] Geändert durch BMF, Schreiben v. 10. 11. 2016 (BStBl I S. 1252) und v. 23. 2. 2018 (BStBl I S. 319).

		2.	Sechster bis Achter Teil (§ 1 Absatz 3 UmwStG)	01.43 – 01.48
			a) Einbringung in eine Kapitalgesellschaft oder Genossenschaft gegen Gewährung von Gesellschaftsrechten (§ 20 UmwStG)	01.44 – 01.45
			b) Austausch von Anteilen (§ 21 UmwStG)	01.46
			c) Einbringung in eine Personengesellschaft (§ 24 UmwStG)	01.47 – 01.48
	II.	Persönlicher Anwendungsbereich		01.49 – 01.55
		1.	Zweiter bis Fünfter Teil (§ 1 Absatz 2 UmwStG)	01.49 – 01.52
		2.	Sechster bis Achter Teil (§ 1 Absatz 4 UmwStG)	01.53 – 01.55
	III.	Begriffsbestimmungen		01.56 – 01.57
		1.	Richtlinien und Verordnungen (§ 1 Absatz 5 Nummer 1 bis 3 UmwStG)	01.56
		2.	Buchwert (§ 1 Absatz 5 Nummer 4 UmwStG)	01.57
B.	Steuerliche Rückwirkung (§ 2 UmwStG)			02.01 – 02.40
	I.	Steuerlicher Übertragungsstichtag		02.01 – 02.08
		1.	Inländische Umwandlungen	02.02 – 02.06
			a) Verschmelzung, Auf-, Abspaltung und Vermögensübertragung	02.02 – 02.04
			b) Formwechsel	02.05 – 02.06
		2.	Vergleichbare ausländische Vorgänge	02.07 – 02.08
	II.	Steuerliche Rückwirkung		02.09 – 02.40
		1.	Rückwirkungsfiktion	02.09 – 02.19
			a) Grundsatz	02.09 – 02.16
			b) Keine Rückwirkungsfiktion für ausscheidende und abgefundene Anteilseigner	02.17 – 02.19
		2.	Steuerliche Behandlung von im Rückwirkungszeitraum ausscheidenden und neu eintretenden Anteilseignern	02.20 – 02.24
			a) Vermögensübergang auf eine Personengesellschaft oder natürliche Person	02.20 – 02.22
			b) Vermögensübergang auf eine Körperschaft	02.23 – 02.24
		3.	Steuerliche Behandlung von Gewinnausschüttungen	02.25 – 02.35
			a) Vermögensübergang auf eine Personengesellschaft oder natürliche Person	02.25 – 02.33
			aa) Ausschüttungen, die vor dem steuerlichen Übertragungsstichtag abgeflossen sind	02.25 – 02.26
			bb) Ausschüttungen, die nach dem steuerlichen Übertragungsstichtag abgeflossen sind	02.27 – 02.33
			(1) Vor dem steuerlichen Übertragungsstichtag begründete Ausschüttungsverbindlichkeiten	02.27 – 02.30
			(2) Nach dem steuerlichen Übertragungsstichtag beschlossene Gewinnausschüttungen sowie verdeckte Gewinnausschüttungen und andere Ausschüttungen im Rückwirkungszeitraum sowie offene Rücklagen i. S. d. § 7 UmwStG	02.31 – 02.33
			b) Vermögensübergang auf eine Körperschaft	02.34 – 02.35

	4.	Sondervergütungen bei Umwandlung in eine Personengesellschaft	02.36
	5.	Aufsichtsratsvergütungen und sonstige Fälle des Steuerabzugs nach § 50a EStG	02.37
	6.	Vermeidung der Nichtbesteuerung (§ 2 Absatz 3 UmwStG)	02.38
	7.	Beschränkung der Verlustnutzung (§ 2 Absatz 4 UmwStG)	02.39 – 02.40

Zweiter Teil. Vermögensübergang bei Verschmelzung auf eine Personengesellschaft oder auf eine natürliche Person und Formwechsel einer Kapitalgesellschaft in eine Personengesellschaft

A.		Wertansätze in der steuerlichen Schlussbilanz der übertragenden Körperschaft (§ 3 UmwStG)	03.01 – 03.32
	I.	Pflicht zur Abgabe einer steuerlichen Schlussbilanz	03.01 – 03.03
	II.	Ansatz und Bewertung der übergehenden Wirtschaftsgüter	03.04 – 03.32
		1. Ansatz der übergehenden Wirtschaftsgüter dem Grunde nach	03.04 – 03.06
		2. Ansatz der übergehenden Wirtschaftsgüter der Höhe nach	03.07 – 03.30
		a) Ansatz der übergehenden Wirtschaftsgüter mit dem gemeinen Wert bzw. dem Teilwert nach § 6a EStG	03.07 – 03.09
		b) Ansatz der übergehenden Wirtschaftsgüter mit dem Buchwert	03.10 – 03.24
		aa) Übergang in Betriebsvermögen und Sicherstellung der Besteuerung mit Einkommen- oder Körperschaftsteuer (§ 3 Absatz 2 Satz 1 Nummer 1 UmwStG)	03.14 – 03.17
		bb) Kein Ausschluss oder Beschränkung des deutschen Besteuerungsrechts (§ 3 Absatz 2 Satz 1 Nummer 2 UmwStG)	03.18 – 03.20
		cc) Keine Gegenleistung oder Gegenleistung in Form von Gesellschaftsrechten (§ 3 Absatz 2 Satz 1 Nummer 3 UmwStG)	03.21 – 03.24
		c) Ansatz der übergehenden Wirtschaftsgüter mit einem Zwischenwert	03.25 – 03.26
		d) Ausübung des Wahlrechts auf Ansatz zum Buch- oder Zwischenwert	03.27 – 03.30
		3. Fiktive Körperschaftsteueranrechnung nach § 3 Absatz 3 UmwStG	03.31 – 03.32
B.		Auswirkungen auf den Gewinn des übernehmenden Rechtsträgers (§ 4 UmwStG)	04.01 – 04.45
	I.	Wertverknüpfung	04.01 – 04.04
	II.	Erweiterte Wertaufholung – Beteiligungskorrekturgewinn	04.05 – 04.08
	III.	Eintritt in die steuerliche Rechtsstellung (§ 4 Absatz 2 UmwStG)	04.09 – 04.17
		1. Absetzungen für Abnutzung	04.09 – 04.11
		2. Verlustabzug bei Auslandsbetriebsstätten	04.12
		3. Besonderheiten bei Unterstützungskassen (§ 4 Absatz 2 Satz 4 UmwStG)	04.13
		4. Sonstige Folgen der Rechtsnachfolge	04.14 – 04.17

IV.	Übernahmeergebnis	04.18–04.35
	1. Zuordnung der Anteile zum Betriebsvermögen des übernehmenden Rechtsträgers	04.18
	2. Personen- sowie ggf. anteilsbezogene Ermittlung	04.19–04.22
	3. Ausländische Anteilseigner	04.23–04.24
	4. Anteile, die nicht dem Betriebsvermögen des übernehmenden Rechtsträgers zuzurechnen sind	04.25
	5. Entstehungszeitpunkt	04.26
	6. Ermittlung des Übernahmeergebnisses	04.27
	7. Wert, mit dem die übergegangenen Wirtschaftsgüter zu übernehmen sind	04.28
	8. Zuschlag für neutrales Vermögen (Auslandsvermögen)	04.29
	9. Anteile an der übertragenden Körperschaft	04.30–04.33
	a) Zuordnung der Anteile	04.30
	b) Folgen bei ausstehenden Einlagen	04.31
	c) Steuerliche Behandlung eigener Anteile	04.32–04.33
	10. Kosten des Vermögensübergangs	04.34–04.35
V.	Fremdfinanzierte Anteile an der übertragenden Körperschaft	04.36
VI.	Weitere Korrekturen gem. § 4 Absatz 5 UmwStG	04.37–04.38
	1. Sperrbetrag i. S. d. § 50c EStG	04.37
	2. Abzug der Bezüge i. S. d. § 7 UmwStG vom Übernahmeergebnis 1. Stufe	04.38
VII.	Ermittlung des Übernahmeergebnisses bei negativem Buchwert des Vermögens der übertragenden Körperschaft (überschuldete Gesellschaft)	04.39
VIII.	Berücksichtigung eines Übernahmeverlusts (§ 4 Absatz 6 UmwStG)	04.40–04.43
IX.	Besteuerung eines Übernahmegewinns (§ 4 Absatz 7 UmwStG)	04.44–04.45
C.	Besteuerung der Anteilseigner der übertragenden Körperschaft (§ 5 UmwStG)	05.01–05.12
	I. Anschaffung und Barabfindung nach dem steuerlichen Übertragungsstichtag (§ 5 Absatz 1 UmwStG)	05.01–05.02
	II. Anteilseignerwechsel im Rückwirkungszeitraum	05.03–05.04
	III. Einlage- und Überführungsfiktion (§ 5 Absatz 2 und 3 UmwStG)	05.05–05.11
	1. Einlagefiktion nach § 5 Absatz 2 UmwStG	05.05–05.07
	2. Überführungsfiktion nach § 5 Absatz 3 UmwStG	05.08–05.11
	IV. Übergangsregelung für einbringungsgeborene Anteile nach § 27 Absatz 3 Nummer 1 UmwStG	05.12
D.	Gewinnerhöhung durch Vereinigung von Forderungen und Verbindlichkeiten (§ 6 UmwStG)	06.01–06.12
	I. Entstehung des Übernahmefolgegewinns oder -verlusts aus dem Vermögensübergang	06.01
	II. Besteuerung des Übernahmefolgegewinns oder -verlusts	06.02
	III. Umgekehrte Maßgeblichkeit	06.03
	IV. Pensionsrückstellungen zugunsten eines Gesellschafters der übertragenden Kapitalgesellschaft	06.04–06.08

V.	Missbrauchsklausel	06.09–06.12
E.	Besteuerung offener Rücklagen (§ 7 UmwStG)	07.01–07.09
I.	Sachlicher und persönlicher Anwendungsbereich	07.01–07.02
II.	Anteiliges Eigenkapital	07.03–07.04
III.	Zurechnung der Einkünfte	07.05–07.06
IV.	Besteuerung und Zufluss der Einkünfte	07.07
V.	Kapitalertragsteuerabzug	07.08–07.09
F.	Vermögensübergang auf einen Rechtsträger ohne Betriebsvermögen (§ 8 UmwStG)	08.01–08.04
G.	Formwechsel in eine Personengesellschaft (§ 9 UmwStG)	09.01–09.02
H.	Körperschaftsteuererhöhung (§ 10 UmwStG)	10.01–10.02

Dritter Teil. Verschmelzung oder Vermögensübertragung (Vollübertragung) auf eine andere Körperschaft

A.	Wertansätze in der steuerlichen Schlussbilanz der übertragenden Körperschaft (§ 11 UmwStG)	11.01–11.19
I.	Sachlicher Anwendungsbereich	11.01
II.	Pflicht zur Abgabe einer steuerlichen Schlussbilanz	11.02
III.	Ansatz und Bewertung der übergehenden Wirtschaftsgüter	11.03–11.13
1.	Ansatz der übergehenden Wirtschaftsgüter dem Grunde nach	11.03
2.	Ansatz der übergehenden Wirtschaftsgüter der Höhe nach	11.04–11.12
a)	Ansatz der übergehenden Wirtschaftsgüter mit dem gemeinen Wert bzw. dem Teilwert nach § 6a EStG	11.04
b)	Ansatz der übergehenden Wirtschaftsgüter mit dem Buchwert	11.05–11.10
aa)	Sicherstellung der Besteuerung mit Körperschaftsteuer (§ 11 Absatz 2 Satz 1 Nummer 1 UmwStG)	11.07–11.08
bb)	Kein Ausschluss und keine Einschränkung des deutschen Besteuerungsrechts (§ 11 Absatz 2 Satz 1 Nummer 2 UmwStG)	11.09
cc)	Keine Gegenleistung oder Gegenleistung in Form von Gesellschaftsrechten (§ 11 Absatz 2 Satz 1 Nummer 3 UmwStG)	11.10
c)	Ansatz der übergehenden Wirtschaftsgüter mit dem Zwischenwert	11.11
d)	Ausübung des Wahlrechts auf Ansatz zum Buch- oder Zwischenwert	11.12
3.	Fiktive Körperschaftsteueranrechnung nach § 11 Absatz 3 i.V.m. § 3 Absatz 3 UmwStG	11.13
IV.	Vermögensübertragung nach §§ 174 ff. UmwG gegen Gewährung einer Gegenleistung an die Anteilsinhaber des übertragenden Rechtsträgers	11.14–11.15
V.	Landesrechtliche Vorschriften zur Vereinigung öffentlich-rechtlicher Kreditinstitute oder öffentlich-rechtlicher Versicherungsunternehmen	11.16
VI.	Beteiligung der übertragenden Kapitalgesellschaft an der übernehmenden Kapitalgesellschaft (Abwärtsverschmelzung)	11.17–11.19

B. Auswirkungen auf den Gewinn der übernehmenden Körperschaft
(§ 12 UmwStG) .... 12.01 – 12.07
    I. Wertverknüpfung .... 12.01 – 12.02
    II. Erweiterte Wertaufholung – Beteiligungskorrekturgewinn 12.03
    III. Eintritt in die steuerliche Rechtsstellung (§ 12 Absatz 3 UmwStG) . 12.04
    IV. Übernahmeergebnis .... 12.05 – 12.07
C. Besteuerung der Anteilseigner der übertragenden Körperschaft
(§ 13 UmwStG) .... 13.01 – 13.12
    I. Anwendungsbereich .... 13.01 – 13.04
    II. Veräußerungs- und Anschaffungsfiktion zum gemeinen Wert ... 13.05 – 13.06
    III. Ansatz der Anteile mit dem Buchwert oder den Anschaffungskosten .... 13.07 – 13.11
    IV. Gewährung von Mitgliedschaftsrechten 13.12

Vierter Teil. Auf-, Abspaltung und Vermögensübertragung (Teilübertragung)

A. Auf-, Abspaltung und Teilübertragung auf andere Körperschaften
(§ 15 UmwStG) .... 15.01 – 15.44
    I. Teilbetriebsvoraussetzung des § 15 Absatz 1 UmwStG .... 15.01 – 15.13
        1. Begriff des Teilbetriebs .... 15.02 – 15.03
        2. Mitunternehmeranteil 15.04
        3. 100%-Beteiligung an einer Kapitalgesellschaft .... 15.05 – 15.06
        4. Übertragung eines Teilbetriebs .... 15.07 – 15.11
        5. Fehlen der Teilbetriebsvoraussetzung .... 15.12 – 15.13
    II. Steuerliche Schlussbilanz und Bewertungswahlrecht 15.14
    III. Zur Anwendung des § 15 Absatz 2 UmwStG .... 15.15 – 15.40
        1. Erwerb und Aufstockung i. S. d. § 15 Absatz 2 Satz 1 UmwStG . 15.16 – 15.21
        2. Veräußerung und Vorbereitung der Veräußerung (§ 15 Absatz 2 Satz 2 bis 4 UmwStG) .... 15.22 – 15.35
            a) Veräußerung i. S. d. § 15 Absatz 2 Satz 2 bis 4 UmwStG ... 15.22 – 15.26
            b) Veräußerungssperre des § 15 Absatz 2 Satz 4 UmwStG ... 15.27 – 15.32
            c) Rechtsfolgen einer steuerschädlichen Anteilsveräußerung .... 15.33 – 15.35
        3. Trennung von Gesellschafterstämmen (§ 15 Absatz 2 Satz 5 UmwStG) .... 15.36 – 15.40
            a) Begriff der Trennung von Gesellschafterstämmen ...... 15.36 – 15.37
            b) Vorbesitzzeit .... 15.38 – 15.40
    IV. Kürzung verrechenbarer Verluste, verbleibender Verlustvorträge, nicht ausgeglichener negativer Einkünfte, eines Zinsvortrags und eines EBITDA-Vortrags (§ 15 Absatz 3 UmwStG) 15.41
    V. Aufteilung der Buchwerte der Anteile gem. § 13 UmwStG in den Fällen der Spaltung .... 15.42 – 15.43
    VI. Umwandlungen mit Wertverschiebungen zwischen den Anteilseignern 15.44
B. Auf- oder Abspaltung auf eine Personengesellschaft (§ 16 UmwStG) .. 16.01 – 16.04
    I. Entsprechende Anwendung des § 15 UmwStG 16.01
    II. Anwendbarkeit des § 3 Absatz 2 UmwStG 16.02

III. Verrechenbare Verluste, verbleibende Verlustvorträge, nicht ausgeglichene negative Einkünfte, Zinsvorträge und EBITDA-Vorträge	16.03
IV. Investitionsabzugbetrag nach § 7g EStG	16.04

Fünfter Teil. Gewerbesteuer

A. Gewerbesteuer bei Vermögensübergang auf eine Personengesellschaft oder auf eine natürliche Person sowie bei Formwechsel in eine Personengesellschaft (§ 18 UmwStG)	18.01 – 18.11
I. Geltung der §§ 3 bis 9 und 16 UmwStG für die Ermittlung des Gewerbeertrags (§ 18 Absatz 1 UmwStG)	18.01 – 18.02
II. Übernahmegewinn oder -verlust sowie Bezüge i. S. d. § 7 UmwStG (§ 18 Absatz 2 UmwStG)	18.03 – 18.04
III. Missbrauchstatbestand des § 18 Absatz 3 UmwStG	18.05 – 18.11
1. Begriff der Veräußerung und Aufgabe	18.06 – 18.08
2. Aufgabe- oder Veräußerungsgewinn	18.09 – 18.10
3. Übergang auf Rechtsträger, der nicht gewerbesteuerpflichtig ist	18.11
B. Gewerbesteuer bei Vermögensübergang auf eine andere Körperschaft (§ 19 UmwStG)	19.01

Sechster Teil. Einbringung von Unternehmensteilen in eine Kapitalgesellschaft oder Genossenschaft und Anteilstausch

A. Grundkonzeption der Einbringung nach §§ 20 ff. UmwStG	E 20.01 – E 20.11
I. Allgemeines	E 20.01
II. Grundkonzept	E 20.02 – E 20.08
1. Sacheinlage	E 20.03 – E 20.05
2. Anteilstausch	E 20.06 – E 20.08
III. Gewährung neuer Anteile, Gewährung anderer Wirtschaftsgüter	E 20.09 – E 20.11
B. Einbringung von Unternehmensteilen in eine Kapitalgesellschaft oder Genossenschaft (§ 20 UmwStG)	20.01 – 20.41
I. Anwendungsbereich (§ 20 Absatz 1, 5, 6 UmwStG)	20.01 – 20.16
1. Beteiligte der Einbringung	20.02 – 20.04
a) Einbringender	20.02 – 20.03
b) Übernehmende Gesellschaft	20.04
2. Gegenstand der Einbringung	20.05 – 20.12
a) Übertragung eines Betriebs oder Teilbetriebs	20.06 – 20.09
b) Mitunternehmeranteil	20.10 – 20.12
3. Zeitpunkt der Einbringung (§ 20 Absatz 5, 6 UmwStG)	20.13 – 20.16
II. Bewertung durch die übernehmende Gesellschaft (§ 20 Absatz 2 UmwStG)	20.17 – 20.24
1. Inhalt und Einschränkungen des Bewertungswahlrechts	20.17 – 20.19
2. Verhältnis zum Handelsrecht (§ 20 Absatz 2 UmwStG, § 5 Absatz 1 EStG)	20.20
3. Ausübung des Wahlrechts, Bindung, Bilanzberichtigung	20.21 – 20.24
III. Besteuerung des Einbringungsgewinns (§ 20 Absatz 3 bis 5 UmwStG)	20.25 – 20.27

IV.	Besonderheiten bei Pensionszusagen zugunsten von einbringenden Mitunternehmern	20.28–20.33
	1. Behandlung bei der übertragenden Personengesellschaft	20.28
	2. Behandlung bei der übernehmenden Kapitalgesellschaft	20.29–20.31
	3. Behandlung beim begünstigten Gesellschafter bzw. den ehemaligen Mitunternehmern	20.32–20.33
V.	Besonderheiten bei grenzüberschreitenden Einbringungen	20.34–20.37
	1. Anschaffungskosten der erhaltenen Anteile	20.34
	2. Anrechnung ausländischer Steuern	20.35–20.37
	a) Sonderfall der Einbringung einer Betriebsstätte (§ 20 Absatz 7, § 3 Absatz 3 UmwStG)	20.36
	b) Sonderfall steuerlich transparenter Gesellschaften (§ 20 Absatz 8 UmwStG)	20.37
VI.	Besonderheiten bei der Einbringung einbringungsgeborener Anteile i. S. v. § 21 Absatz 1 UmwStG 1995	20.38–20.41
C. Bewertung der Anteile beim Anteilstausch (§ 21 UmwStG)		21.01–21.17
I.	Allgemeines	21.01–21.02
II.	Persönlicher Anwendungsbereich	21.03–21.06
	1. Einbringender	21.03
	2. Übernehmende Gesellschaft (§ 21 Absatz 1 Satz 1 UmwStG)	21.04
	3. Erworbene Gesellschaft (§ 21 Absatz 1 Satz 1 UmwStG)	21.05–21.06
III.	Bewertung der eingebrachten Anteile bei der übernehmenden Gesellschaft	21.07–21.12
	1. Ansatz des gemeinen Werts	21.07–21.08
	2. Bewertungswahlrecht beim qualifizierten Anteilstausch (§ 21 Absatz 1 Satz 2 UmwStG)	21.09–21.12
	a) Begriff des qualifizierten Anteilstauschs	21.09
	b) Einschränkungen des Bewertungswahlrechts	21.10
	c) Verhältnis zum Handelsrecht	21.11
	d) Ausübung des Wahlrechts, Bindung, Bilanzberichtigung	21.12
IV.	Ermittlung des Veräußerungspreises der eingebrachten Anteile und des Wertansatzes der erhaltenen Anteile beim Einbringenden	21.13–21.15
V.	Besteuerung des aus dem Anteilstausch resultierenden Gewinns beim Einbringenden	21.16
VI.	Steuerlicher Übertragungsstichtag (Einbringungszeitpunkt)	21.17
D. Besteuerung des Anteilseigners (§ 22 UmwStG)		22.01–22.46
I.	Allgemeines	22.01–22.06
II.	Rückwirkende Besteuerung des Einbringungsgewinns (§ 22 Absatz 1 und 2 UmwStG)	22.07–22.17
	1. Sacheinlage (§ 22 Absatz 1 UmwStG)	22.07–22.11
	2. Anteilstausch und Miteinbringung von Anteilen an Kapitalgesellschaften oder Genossenschaften bei Sacheinlage (§ 22 Absatz 2 UmwStG)	22.12–22.17

III.	Die die rückwirkende Einbringungsgewinnbesteuerung auslösenden Ereignisse i. S. d. § 22 Absatz 1 Satz 6 i. V. m. Absatz 2 Satz 6 UmwStG	22.18 – 22.27
	1. Allgemeines	22.18 – 22.19
	2. Unentgeltliche Übertragungen	22.20
	3. Entgeltliche Übertragungen	22.21 – 22.26
	4. Wegfall der Voraussetzungen i. S. v. § 1 Absatz 4 UmwStG ...	22.27
IV.	Nachweispflichten (§ 22 Absatz 3 UmwStG)	22.28 – 22.33
V.	Juristische Personen des öffentlichen Rechts und von der Körperschaftsteuer befreite Körperschaften als Einbringende (§ 22 Absatz 4 UmwStG)	22.34 – 22.37
VI.	Bescheinigung des Einbringungsgewinns und der darauf entfallenden Steuer (§ 22 Absatz 5 UmwStG)	22.38 – 22.40
VII.	Unentgeltliche Rechtsnachfolge (§ 22 Absatz 6 UmwStG)	22.41 – 22.42
VIII.	Verlagerung stiller Reserven auf andere Gesellschaftsanteile (§ 22 Absatz 7 UmwStG, Mitverstrickung von Anteilen)	22.43 – 22.46
E. Auswirkungen bei der übernehmenden Gesellschaft (§ 23 UmwStG) ..		23.01 – 23.22
I.	Allgemeines	23.01 – 23.04
II.	Buchwert- oder Zwischenwertansatz (§ 23 Absatz 1 UmwStG) ...	23.05 – 23.06
III.	Besonderheiten in den Fällen der rückwirkenden Besteuerung des Einbringungsgewinns (§ 23 Absatz 2 UmwStG)	23.07 – 23.13
	1. Sacheinlage ohne miteingebrachte Anteile	23.07 – 23.10
	2. Anteilstausch und Miteinbringung von Anteilen i. R. einer Sacheinlage	23.11
	3. Entrichtung der Steuer	23.12 – 23.13
IV.	Besonderheiten beim Zwischenwertansatz (§ 23 Absatz 3 UmwStG)	23.14 – 23.16
V.	Ansatz des gemeinen Werts (§ 23 Absatz 4 UmwStG)	23.17 – 23.21
VI.	Verlustabzug bei Auslandsbetriebstätten	23.22

Siebter Teil. Einbringung eines Betriebs, Teilbetriebs oder Mitunternehmeranteils in eine Personengesellschaft (§ 24 UmwStG)

A. Allgemeines		24.01 – 24.06
I.	Persönlicher und sachlicher Anwendungsbereich	24.01 – 24.02
II.	Entsprechende Anwendung der Regelungen zu §§ 20, 22, 23 UmwStG	24.03 – 24.05
III.	Rückbeziehung nach § 24 Absatz 4 UmwStG	24.06
B. Einbringung gegen Gewährung von Gesellschaftsrechten		24.07 – 24.12
I.	Allgemeines	24.07
II.	Einbringung mit Zuzahlung zu Buchwerten	24.08 – 24.11
III.	Einbringung mit Zuzahlung zu gemeinen Werten	24.12
C. Ergänzungsbilanzen		24.13 – 24.14
D. Anwendung der §§ 16, 34 EStG bei Einbringung zum gemeinen Wert ..		24.15 – 24.17
E. Besonderheiten bei der Einbringung von Anteilen an Körperschaften, Personenvereinigungen und Vermögensmassen (§ 24 Absatz 5 UmwStG)		24.18 – 24.33
I.	Allgemeines	24.18 – 24.22

II.	Anteile an Körperschaften, Personenvereinigungen und Vermögensmassen	24.23
III.	Einbringung durch nicht nach § 8b Absatz 2 KStG begünstigte Personen	24.24
IV.	Veräußerung und gleichgestellte Ereignisse der Weiterübertragung	24.25 – 24.27
V.	Ermittlung und ertragsteuerliche Behandlung des Einbringungsgewinns	24.28
VI.	Nachweispflichten	24.29
VII.	Bescheinigungsverfahren	24.30
VIII.	Unentgeltliche Rechtsnachfolge	24.31
IX.	Mitverstrickung von Anteilen	24.32
X.	Auswirkungen bei der übernehmenden Gesellschaft	24.33

Achter Teil. Formwechsel einer Personengesellschaft in eine Kapitalgesellschaft oder Genossenschaft (§ 25 UmwStG) 25.01

Neunter Teil. Verhinderung von Missbräuchen (§ 26 UmwStG) 26.01

Zehnter Teil. Anwendungsvorschriften und Ermächtigung

A.	Allgemeines	27.01 – 27.02
B.	Veräußerung der auf einer Sacheinlage beruhenden Anteile	27.03 – 27.07
	I. Grundfall	27.03
	II. Weitereinbringungsfall	27.04 – 27.07
C.	Veräußerung der auf einem Anteilstausch beruhenden Anteile	27.08 – 27.11
	I. Grundfall	27.08 – 27.09
	II. Weitereinbringungsfälle beim Anteilstausch	27.10 – 27.11
	1. Weitereinbringung durch die natürliche Person	27.10
	2. Weitereinbringung durch die aufnehmende (erste) Kapitalgesellschaft	27.11
D.	Wechselwirkung zwischen altem und neuem Recht	27.12
E.	Spezialregelung für die Veräußerung einbringungsgeborener Anteile gem. § 21 Absatz 2 Satz 1 Nummer 2 UmwStG 1995	27.13
F.	Sonstige Anwendungsbestimmungen	S.01 – S.08

Besonderer Teil zum UmwStG

A.	Auswirkungen der Umwandlung auf eine Organschaft	Org.01 – Org.34
	I. Organträger als übertragender bzw. umzuwandelnder Rechtsträger	Org.01 – Org.19
	1. Verschmelzung des Organträgers	Org.01 – Org.05
	a) Fortsetzung einer bestehenden Organschaft im Verhältnis zum übernehmenden Rechtsträger	Org.02
	b) Erstmalige Begründung einer Organschaft zum übernehmenden Rechtsträger	Org.03
	c) Beendigung der Organschaft bei Abwärtsverschmelzung	Org.04
	d) Organschaftliche Ausgleichsposten	Org.05
	2. Auf- und Abspaltung, Ausgliederung	Org.06 – Org.09
	3. Formwechsel des Organträgers	Org.10

	4.	Mindestlaufzeit und vorzeitige Beendigung des Gewinnabführungsvertrags	Org.11 – Org.12
	5.	Begründung einer Organschaft nach Einbringung i. S. d. § 20 UmwStG	Org.13 – Org.14
	6.	Begründung einer Organschaft nach Anteilstausch i. S. d. § 21 UmwStG	Org.15 – Org.17
	7.	Anwachsung bei einer Organträger-Personengesellschaft	Org.18
	8.	Zurechnung des Organeinkommens bei Umwandlung des Organträgers	Org.19
II.		Organträger als übernehmender Rechtsträger	Org.20
III.		Organgesellschaft als übertragender bzw. umzuwandelnder Rechtsträger	Org.21 – Org.28
	1.	Verschmelzung auf eine andere Gesellschaft	Org.21
	2.	Auf- und Abspaltung, Ausgliederung	Org.22 – Org.23
	3.	Formwechsel	Org.24 – Org.25
	4.	Vorzeitige Beendigung des Gewinnabführungsvertrags	Org.26
	5.	Zurechnung eines Übertragungsgewinns bzw. -verlusts	Org.27
	6.	Mehr- und Minderabführungen	Org.28
IV.		Organgesellschaft als übernehmender Rechtsträger	Org.29 – Org.34
	1.	Fortgeltung der Organschaft	Org.29
	2.	Übernahmegewinn bzw. -verlust und Gewinnabführung	Org.30 – Org.32
	3.	Mehr- und Minderabführungen	Org.33 – Org.34
B.		Auswirkungen auf das steuerliche Einlagekonto und den Sonderausweis	K.01 – K.19
I.		Übersicht	K.01
II.		Anwendung des § 29 KStG	K.02 – K.19
	1.	Sachlicher Anwendungsbereich	K.02
	2.	Behandlung bei der übertragenden Körperschaft	K.03 – K.08
		a) Fiktive Herabsetzung des Nennkapitals	K.03
		b) Verringerung der Bestände beim steuerlichen Einlagekonto	K.04 – K.06
		c) Anpassung des Nennkapitals bei Abspaltung	K.07
		d) Zusammenfassendes Beispiel	K.08
	3.	Behandlung bei der übernehmenden Körperschaft	K.09 – K.16
		a) Hinzurechnung des Bestands des steuerlichen Einlagekontos bei der übernehmenden Körperschaft	K.09
		b) Beteiligung der übernehmenden Körperschaft an der übertragenden Körperschaft (Aufwärtsverschmelzung)	K.10 – K.11
		c) Beteiligung der übertragenden Körperschaft an der übernehmenden Körperschaft (Abwärtsverschmelzung)	K.12 – K.14
		d) Erhöhung des Nennkapitals	K.15
		e) Zusammenfassendes Beispiel	K.16
	4.	Aufteilungsschlüssel bei Auf- und Abspaltung	K.17
	5.	§ 29 Absatz 5 und 6 KStG	K.18 – K.19

Unter Bezugnahme auf das Ergebnis der Erörterungen mit den obersten Finanzbehörden der Länder gilt zur Anwendung des Umwandlungssteuergesetzes i. d. F. des Gesetzes über steuerliche Begleitmaßnahmen zur Einführung der Europäischen Gesellschaft und zur Änderung weiterer steuerrechtlicher Vorschriften vom 7.12.2006 (BGBl I S. 2782, ber. BGBl 2007 I S. 68*)), zuletzt geändert durch das Gesetz zur Beschleunigung des Wirtschaftswachstums vom 22.12.2009 (BGBl I S. 3950**)), Folgendes:

Erstes Kapitel: Anwendungsbereich des UmwStG 2006
A. Verhältnis des UmwStG 2006 zum UmwStG 1995

00.01 Das UmwStG 1995 i. d. F. der Bekanntmachung vom 15.10.2002, BGBl I S. 4133, ber. BGBl 2003 I S. 738, ist durch das Gesetz über steuerliche Begleitmaßnahmen zur Einführung der Europäischen Gesellschaft und zur Änderung weiterer steuerrechtlicher Vorschriften (SEStEG) vom 7.12.2006, BGBl I S. 2782, ber. BGBl 2007 I S. 68, nicht aufgehoben worden, sondern gilt fort. Hiervon sind insbesondere die Regelungen zu den einbringungsgeborenen Anteilen (§ 21 UmwStG 1995) und zum rückwirkenden Wegfall von Steuererleichterungen (§ 26 UmwStG 1995) betroffen. Insoweit finden auch das BMF-Schreiben vom 25.3.1998, BStBl I S. 268, geändert durch das BMF-Schreiben vom 21.8.2001, BStBl I S. 543, und das BMF-Schreiben vom 16.12.2003, BStBl I S. 786, weiterhin Anwendung.

B. Ertragsteuerliche Beurteilung von Umwandlungen und Einbringungen

00.02 Umwandlungen und Einbringungen stellen auf der Ebene des übertragenden Rechtsträgers sowie des übernehmenden Rechtsträgers Veräußerungs- und Anschaffungsvorgänge hinsichtlich des übertragenen Vermögens dar (BFH vom 15.10.1997, I R 22/96, BStBl 1998 II S. 168, BFH vom 16.5.2002, III R 45/98, BStBl 2003 II S. 10, und BFH vom 17.9.2003, I R 97/02, BStBl 2004 II S. 686). Abweichend von den zivilrechtlichen Wertungen im UmwG gilt dies für ertragsteuerliche Zwecke auch für den Formwechsel einer Kapitalgesellschaft in eine Personengesellschaft und umgekehrt (BFH vom 19.10.2005, I R 38/04, BStBl 2006 II S. 568).

00.03 Auf der Ebene der Anteilseigner einer übertragenden Körperschaft ist die Umwandlung zwischen Körperschaften ebenfalls als Veräußerungs- und Anschaffungsvorgang der Anteile zum gemeinen Wert zu beurteilen (BFH vom 19.8.2008, IX R 71/07, BStBl 2009 II S. 13). Dies gilt z. B. auch für die Aufwärtsverschmelzung.

00.04 Die Umwandlung einer Körperschaft in bzw. auf eine Personengesellschaft führt bei Anteilen im Privatvermögen i. S. d. § 17 EStG zu Einkünften i. S. d. § 17 Absatz 4 EStG (BFH vom 22.2.1989, I R 11/85, BStBl II S. 794).

---

*) BStBl 2007 I S. 4
**) BStBl 2010 I S. 2

Zweites Kapitel: Steuerliche Folgen von Umwandlungen und Einbringungen nach dem UmwStG

Erster Teil. Allgemeine Vorschriften

A. Anwendungsbereich und Begriffsbestimmungen (§ 1 UmwStG)

Die Vorschriften des UmwStG regeln ausschließlich die steuerlichen Folgen von Umwandlungen (§§ 3 bis 19 UmwStG) und Einbringungen (§§ 20 bis 25 UmwStG) für die Körperschaft-, Einkommen- und Gewerbesteuer. Steuerliche Folgen für andere Steuerarten (z. B. die Umsatz-, die Grunderwerb- oder die Erbschaftsteuer) regelt das UmwStG nicht. 01.01

Voraussetzung für die Anwendung des UmwStG ist zunächst, dass der sachliche Anwendungsbereich (§ 1 Absatz 1, Absatz 3 UmwStG) und der persönliche Anwendungsbereich (§ 1 Absatz 2, Absatz 4 UmwStG) erfüllt sind. Der sachliche und der persönliche Anwendungsbereich des UmwStG werden durch die in den jeweiligen Einzelsteuergesetzen geregelten Steuerpflichten (§ 1 EStG, §§ 1 bis 4 KStG sowie § 2 GewStG) begrenzt. Umwandlungen und Einbringungen nach den Vorschriften des UmwG müssen zudem zivilrechtlich zulässig und wirksam sein (sog. Maßgeblichkeit des Gesellschaftsrechts). 01.02

I. Sachlicher Anwendungsbereich

1. Zweiter bis Fünfter Teil (§ 1 Absatz 1 UmwStG)

a) Umwandlungen nach dem UmwG (inländische Umwandlungen)

Eine inländische Umwandlung liegt vor, wenn auf den oder die übertragenden Rechtsträger und auf den oder die übernehmenden Rechtsträger bzw. beim Formwechsel auf den sich umwandelnden Rechtsträger das UmwG anzuwenden ist. Dies ist der Fall, wenn der oder die übertragende(n) Rechtsträger und der oder die übernehmende(n) Rechtsträger den statutarischen Sitz im Inland hat oder haben. Bei einer Personengesellschaft als übernehmender Rechtsträger ist deren Sitz der Hauptverwaltung und bei einer natürlichen Person als übernehmender Rechtsträger ist deren Wohnsitz (§ 7 BGB) maßgebend. 01.03

Der sachliche Anwendungsbereich des UmwStG bestimmt sich bei Umwandlungen von inländischen Rechtsträgern nach den Umwandlungsmöglichkeiten des UmwG vom 28. 10. 1994, BGBl I S. 3210, ber. BGBl 1995 I S. 428, zuletzt geändert durch das Dritte Gesetz zur Änderung des Umwandlungsgesetzes vom 11. 7. 2011 (BGBl I S. 1338, in der jeweils geltenden Fassung). Für Rechtsträger mit Sitz im Inland sind in § 1 Absatz 1 UmwG die folgenden Umwandlungsarten vorgesehen: 01.04

- die Verschmelzung,
- die Spaltung (Aufspaltung, Abspaltung, Ausgliederung),
- die Vermögensübertragung und
- der Formwechsel.

Diese Aufzählung ist abschließend. Eine Umwandlung außer in den im UmwG genannten Fällen ist nur möglich, wenn sie durch ein anderes Bundes- oder ein Landesgesetz ausdrücklich vorgesehen ist (§ 1 Absatz 2 UmwG; vgl. Randnr. 01.07).

Die Möglichkeit zur Umwandlung nach dem UmwG ist auf die jeweils im UmwG abschließend bezeichneten Rechtsträger begrenzt. Die Umwandlungsfähigkeit supranationaler Rechtsformen des europäischen Rechts bestimmt sich nach den Vorgaben des sekundären Unionsrechts ggf. i. V. m. den nationalen Ausführungsgesetzen. Die Umwandlungsfähigkeit einer 01.05

- Europäischen Gesellschaft (SE) entspricht nach Artikel 9 der Verordnung (EG) Nr. 2157/2001 (SE-VO), ABl EG Nr. L 294 S. 1, der einer AG,

- Europäischen Genossenschaft (SCE) entspricht nach Artikel 8 der Verordnung (EG) Nr. 1435/2003 (SCE-VO), ABl EG Nr. L 207 S. 1, der einer eG und

- Europäischen wirtschaftlichen Interessenvereinigung (EWIV) entspricht nach Artikel 2 der Verordnung (EWG) Nr. 2137/85 (EWIV-VO), ABl EG Nr. L 199 S. 1, i. V. m. § 1 EWIV-Ausführungsgesetz, BGBl 1988 I S. 514, der einer OHG.

01.06 Der sachliche Anwendungsbereich des Zweiten bis Fünften Teils gilt für

- die Verschmelzung (§ 2 UmwG) von Körperschaften auf Körperschaften, Personengesellschaften oder eine natürliche Person,

- die Auf- und Abspaltung (§ 123 Absatz 1 und 2 UmwG) von Körperschaften auf Körperschaften oder Personengesellschaften,

- den Formwechsel (§ 190 Absatz 1 UmwG) einer Kapitalgesellschaft in eine Personengesellschaft sowie

- die Vermögensübertragung (§ 174 UmwG) von Körperschaften auf Körperschaften.

Bei der Frage, ob eine zivilrechtlich wirksame Umwandlung i. S. dieser Bestimmungen vorliegt, ist regelmäßig von der registerrechtlichen Entscheidung auszugehen. Dies gilt jedoch nicht, wenn die registerrechtliche Entscheidung trotz rechtlich gravierender Mängel erfolgte.

01.07 Für Umwandlungen i. S. d. § 1 Absatz 2 UmwG setzt die Anwendung des Zweiten bis Fünften Teils eine durch eine bundes- oder landesgesetzliche Regelung ausdrücklich zugelassene Umwandlungsmöglichkeit (z. B. § 38a LwAnpG, § 6b VermG sowie einzelne Sparkassengesetze der Länder) voraus, die einer Umwandlung i. S. d. § 1 Absatz 1 UmwG entspricht. Die aktive und passive Umwandlungsfähigkeit (vgl. zum Begriff auch Randnr. 01.26) ergibt sich aus dem jeweiligen Bundes- oder Landesgesetz.

Eine Umwandlung aufgrund ausdrücklicher bundes- oder landesgesetzlicher Regelung entspricht einer Umwandlung i. S. d. § 1 Absatz 1 UmwG, wenn sie mit einer der in § 1 Absatz 1 UmwG abschließend aufgezählten Umwandlungsarten vergleichbar ist; zur Prüfung der Vergleichbarkeit vgl. Randnr. 01.24 ff. Insoweit sind die für die jeweils vergleichbare Umwandlungsart einschlägigen Bestimmungen des UmwStG anzuwenden (z. B. § 9 UmwStG für den Formwechsel in eine Personengesellschaft nach § 38a LwAnpG).

aa) Verschmelzung

01.08 Bei der Verschmelzung handelt es sich um die Übertragung des gesamten Vermögens eines Rechtsträgers auf einen anderen schon bestehenden Rechtsträger (Verschmelzung durch Aufnahme) oder zweier oder mehrerer Rechtsträger auf einen neu gegründeten Rechtsträger (Verschmelzung durch Neugründung) im Wege der Gesamtrechtsnachfolge unter Auflösung ohne Abwicklung. Den Anteilsinhabern des übertragenden Rechtsträgers wird dabei im Wege des Anteilstauschs eine Beteiligung am übernehmenden Rechtsträger gewährt.

01.09 In bestimmten Fällen darf bzw. muss das gezeichnete Kapital des übernehmenden Rechtsträgers nicht erhöht werden (z. B. § 54 Absatz 1 Satz 1 und 2 UmwG). Bei notariell beurkundetem Verzicht aller Anteilsinhaber kann auf die Verpflichtung zur Gewährung von Anteilen gänzlich verzichtet werden (z. B. § 54 Absatz 1 Satz 3 UmwG).

Das UmwG sieht folgende Möglichkeiten der Verschmelzung vor:

auf → / von ↓	PershG/ PartG	GmbH inkl. UG	AG	KGaA	eG	eV/ wirtsch. Verein	gen. Prüfungsverband	VVaG	nat. Person
PershG/ PartG	§§ 2–38 §§ 39–45	§§ 2–38 §§ 39–45 §§ 46–59	§§ 2–38 §§ 39–45 §§ 60–77	§§ 2–38 §§ 39–45 § 78	§§ 2–38 §§ 39–45 §§ 79–98	–	–	–	– (§ 3 Absatz 2 Nummer 1)
GmbH inkl. UG	§§ 2–38 §§ 39–45 §§ 46–59	§§ 2–38 §§ 46–59	§§ 2–38 §§ 46–59 §§ 60–77	§§ 2–38 §§ 46–59 § 78	§§ 2.–38 §§ 46–59 §§ 79–98	(§ 99 Absatz 2)	(§ 105)	(§ 109)	*)§§ 2–38 §§ 46–59 §§ 120–122
AG	§§ 2–38 §§ 39–45 §§ 46–59	§§ 2–38 §§ 46–59 §§ 60–77	***)§§ 2–38 §§ 60–77	§§ 2–38 §§ 60–77 § 78	§§ 2–38 §§ 60–77 §§ 79–98	(§ 99 Absatz 2)	(§ 105)	(§ 109)	*)§§ 2–38 §§ 60–77 §§ 120–122
KGaA	§§ 2–38 §§ 39–45 §§ 60–77	§§ 2–38 §§ 46–59 §§ 60–77	§§ 2–38 §§ 60–77 § 78	§§ 2–38 § 78	§§ 2–38 § 78 §§ 79–98	(§ 99 Absatz 2)	(§ 105)	(§ 109)	*)§§ 2–38 § 78 §§ 120–122
eG	§§ 2–38 §§ 39–45 §§ 79–98	§§ 2–38 §§ 46–59 §§ 79–98	§§ 2–38 §§ 60–77 §§ 79–98	§§ 2–38 § 78 §§ 79–98	§§ 2–38 §§ 79–98	(§ 99 Absatz 2)	(§ 105)	(§ 109)	– (§ 3 Absatz 2 Nummer 1)
eV/ wirtsch. Verein	§§ 2–38 §§ 39–45 §§ 99–104a	§§ 2–38 §§ 46–59 §§ 99–104a	§§ 2–38 §§ 60–77 §§ 99–104a	§§ 2–38 § 78 §§ 99–104a	§§ 2–38 §§ 79–98 §§ 99–104a	§§ 2–38 §§ 99–104a	****)§§ 2–38 §§ 99–104 §§ 105–108	(§ 109)	– (§ 3 Absatz 2 Nummer 1)
gen. Prüfungsverband	– (§ 105)	– (§ 105)	– (§ 105)	– (§ 105)	– (§ 105)	(§ 105)	****)§§ 2–38 §§ 105–108	(§ 105)	– (§ 3 Absatz 2 Nummer 1)
VVaG	– (§ 109)	– (§ 109)	*****)§§ 2–38 §§ 60–77 §§ 109–113	– (§ 109)	– (§ 109)	(§ 109)	(§ 109)	§§ 2–38 §§ 109–119	– (§ 3 Absatz 2 Nummer 1)
nat. Person	–	–	–	–	–	–	–	–	–

*) Natürliche Person muss Alleingesellschafter des übertragenden Rechtsträgers sein.
**) Verschmelzung zur Gründung einer SE nach Artikel 2 Absatz 1, Artikel 17 bis 31 SE-VO.
***) Vorgang ist nur unter den Voraussetzungen des § 105 Satz 2 UmwG möglich.
****) Vorgang ist nur zur Aufnahme durch einen übernehmenden Rechtsträger möglich.
*****) Vorgang ist nur möglich, wenn der aufnehmende Rechtsträger eine Versicherungs-AG ist.

bb) Formwechsel

01.11 Der Formwechsel beschränkt sich auf die Änderung der Rechtsform eines Rechtsträgers unter Wahrung seiner rechtlichen Identität, und zwar grundsätzlich unter Beibehaltung des Kreises der Anteilsinhaber (zur Aufnahme weiterer Gesellschafter i. R. eines Formwechsels vgl. aber BGH vom 9. 5. 2005, II ZR 29/03, DStR 2005 S. 1539). Zivilrechtlich findet beim Formwechsel keine Vermögensübertragung statt.

01.12 Handelsrechtlich ist der Formwechsel für folgende Rechtsformen zulässig; der Formwechsel innerhalb der Gesamthand richtet sich dabei nach § 190 Absatz 2, § 1 Absatz 2 UmwG i.V. m. §§ 705 ff. BGB, §§ 105, 161 HGB oder §§ 1 ff. PartGG:

von \ auf	GbR	PershG	PartG	GmbH	AG	KGaA	eG
PershG/ PartG	§ 190 Absatz 2, § 191 Absatz 2 Nummer 1 i.V. m. § 1 Absatz 2	§ 190 Absatz 2 i.V. m. § 1 Absatz 2	§ 190 Absatz 2 i.V. m. § 1 Absatz 2	§§ 190–213 §§ 214–225	§§ 190–213 §§ 214–225	§§ 190–213 §§ 214–225	§§ 190–213 §§ 214–225
GmbH inkl. UG	§§ 190–213 § 226 §§ 228–237	§§ 190–213 § 226 §§ 228–237	§§ 190–213 § 226 §§ 228–237	*)–	§§ 190–213 § 226 §§ 238–250	§§ 190–213 § 226 §§ 238–250	§§ 190–213 § 226 §§ 251–257
AG	§§ 190–213 § 226 §§ 228–237	§§ 190–213 § 226 §§ 228–237	§§ 190–213 § 226 §§ 228–237	§§ 190–213 § 226 §§ 238–250	**)–	§§ 190–213 § 226 §§ 238–250	§§ 190–213 § 226 §§ 251–257
KGaA	§§ 190–213 §§ 226–237	§§ 190–213 §§ 226–237	§§ 190–213 §§ 226–237	§§ 190–213 §§ 226–227 §§ 238–250	§§ 190–213 §§ 226–227 §§ 238–250	–	§§ 190–213 §§ 226–227 §§ 251–257
eG	–	–	–	§§ 190–213 §§ 258–271	§§ 190–213 §§ 258–271	§§ 190–213 §§ 258–271	–
eV/ wirtsch. Verein	–	–	–	§§ 190–213 §§ 272–282	§§ 190–213 §§ 272–282	§§ 190–213 §§ 272–282	§§ 190–213 § 272 §§ 283–290
VVaG	–	–	–	***)§§ 190–213 §§ 291–300	–	–	–
Körpersch./ Anstalt des öff. Rechts	–	–	–	§§ 190–213 §§ 301–303	§§ 190–213 §§ 301–303	§§ 190–213 §§ 301–303	–

---

*) Die „Umwandlung" einer UG in eine GmbH ist ein Firmen- und kein Formwechsel (§ 5a Absatz 5 GmbHG).
**) Formwechsel einer AG in eine SE nach Artikel 2 Absatz 4, 37 SE-VO.
***) Nur große VVaG; zum Vorliegen eines kleinen VVaG siehe § 53 VAG.

cc) Spaltung

Das UmwG sieht drei Formen der Spaltung vor: 01.13
- die Aufspaltung,
- die Abspaltung und
- die Ausgliederung.

Bei der Aufspaltung teilt ein Rechtsträger sein Vermögen unter Auflösung ohne Abwicklung auf und überträgt die Teile jeweils als Gesamtheit im Wege der Sonderrechtsnachfolge auf mindestens zwei andere schon bestehende (Aufspaltung zur Aufnahme) oder neu gegründete Rechtsträger (Aufspaltung zur Neugründung). Die Anteilsinhaber des sich aufspaltenden Rechtsträgers erhalten Anteile an den übernehmenden Rechtsträgern. 01.14

Bei der Abspaltung bleibt der übertragende Rechtsträger bestehen. Er überträgt ebenfalls im Wege der Sonderrechtsnachfolge einen Teil oder mehrere Teile seines Vermögens jeweils als Gesamtheit auf einen oder mehrere andere schon bestehende oder neu gegründete Rechtsträger. Die Anteilsinhaber des abspaltenden Rechtsträgers erhalten Anteile am übernehmenden Rechtsträger. 01.15

Die Ausgliederung entspricht im Wesentlichen der Abspaltung. Die Anteile an den übernehmenden Rechtsträgern fallen jedoch in das Vermögen des ausgliedernden Rechtsträgers. 01.16

Zum UmwStG — **Steuererlasse** — **B. V. 1.**

01.17 Das UmwG sieht folgende Spaltungsmöglichkeiten vor:

auf von	PershG/PartG	GmbH	AG/KGaA	eG	eV	gen. Prüfungs-verband	VVaG
PershG/PartG	§§ 123–137	§§ 123–137 §§ 138–140	§§ 123–137 §§ 141–146	§§ 123–137 §§ 147–148	– (§ 149 Absatz 2)	§§ 123–137	– (§ 151)
GmbH inkl. UG	§§ 123–137 §§ 138–140	§§ 123–137 §§ 138–140	§§ 123–137 §§ 138–140 §§ 141–146	§§ 123–137 §§ 138–140 §§ 147–148	– (§ 149 Absatz 2)	§§ 123–137 §§ 138–140	– (§ 151)
AG/KGaA	§§ 123–137 §§ 141–146	§§ 123–137 §§ 138–140 §§ 141–146	§§ 123–137 §§ 141–146	§§ 123–137 §§ 141–146 §§ 147–148	– (§ 149 Absatz 2)	§§ 123–137	– (§ 151)
eG	§§ 123–137 §§ 147–148	§§ 123–137 §§ 138–140 §§ 147–148	§§ 123–137 §§ 141–146 §§ 147–148	§§ 123–137 §§ 147–148	– (§ 149 Absatz 2)	§§ 123–137	– (§ 151)
eV/wirtsch. Verein	§§ 123–137 § 149	§§ 123–137 §§ 138–140 § 149 Absatz 1	§§ 123–137 §§ 141–146 § 149 Absatz 1	§§ 123–137 §§ 147–149	*)§§ 123–137 § 149 Absatz 2	*)§§ 123–137 § 150	– (§ 150)
gen. Prüfungsverband	– (§ 150)	nur Ausgliederung §§ 123–137 §§ 138–140 § 150	nur Ausgliederung §§ 123–137 §§ 141–146 § 150	– (§ 150)	– (§ 150)		
VVaG	– (§ 151)	nur Ausgliederung, wenn keine Übertragung von Vers.-Verträgen §§ 123–137 §§ 138–140 § 151	Auf-/Abspaltung nur auf Vers.-AG; Ausgliederung nur, wenn keine Übertragung von Vers.-Verträgen §§ 123–135 §§ 141–146 § 151	– (§ 151)	– (§ 151)	–	nur Auf-/Abspaltung §§ 123–135 §§ 141–146 § 151
Einzelkaufmann	nur Ausgliederung auf PershG **)§§ 123–137 §§ 152–160	nur Ausgliederung §§ 123–137 §§ 138–140 §§ 152–160	nur Ausgliederung §§ 123–137 §§ 141–146 §§ 152–160	nur Ausgliederung **)§§ 123–137 §§ 147–148 §§ 152–160	(§ 152)	(§ 152)	(§ 152)
Stiftungen	nur Ausgliederung auf PershG §§ 123–137 §§ 161–167	nur Ausgliederung §§ 123–137 §§ 138–140 §§ 161–167	nur Ausgliederung §§ 123–137 §§ 141–146 §§ 161–167	nur Ausgliederung – (§ 161)	(§ 161)	(§ 161)	(§ 161)
Gebiets-Körpersch.	nur Ausgliederung auf PershG **)§§ 123–137 §§ 168–173	nur Ausgliederung §§ 123–137 §§ 138–140 §§ 168–173	nur Ausgliederung §§ 123–137 §§ 141–146 §§ 168–173	nur Ausgliederung §§ 123–137 §§ 147–148 §§ 168–173	(§ 168)	(§ 168)	– (§ 168)

*) Nur e.V. als übertragender Rechtsträger.
**) Vorgang ist nur zur Aufnahme durch einen übernehmenden Rechtsträger möglich.

dd) Vermögensübertragung

Die Vermögensübertragung ist als Vollübertragung und als Teilübertragung zugelassen. Ihre Ausgestaltung entspricht bei der Vollübertragung der Verschmelzung, bei der Teilübertragung der Spaltung. Der Unterschied zu diesen Umwandlungsarten besteht darin, dass die Gegenleistung für das übertragene Vermögen nicht in Anteilen an den übernehmenden oder neuen Rechtsträgern besteht, sondern in einer Gegenleistung anderer Art, insbesondere in einer Barleistung. 01.18

Die Vermögensübertragung ist nach dem UmwG auf folgende Fälle beschränkt: 01.19

von \ auf	Öffentliche Hand	VVaG	öffentl.-rechtl. Vers.-Unternehmen	Vers.-AG
GmbH				
Vollübertragung	§ 175 Nummer 1, § 176	–	–	–
Teilübertragung	§ 175 Nummer 1, § 177	–	–	–
AG/KGaA				
Vollübertragung	§ 175 Nummer 1, § 176	–	–	–
Teilübertragung	§ 175 Nummer 1, § 177	–	–	–
Vers.-AG				
Vollübertragung	–	§ 175 Nummer 2 Buchstabe a, § 178	§ 175 Nummer 2 Buchstabe a, § 178	–
Teilübertragung	–	§ 175 Nummer 2 Buchstabe a, § 179	§ 175 Nummer 2 Buchstabe a, § 179	–
VVaG				
Vollübertragung	–	–	§ 175 Nummer 2 Buchstabe b, §§ 180–183, §§ 185–187	§ 175 Nummer 2 Buchstabe b, §§ 180–183, §§ 185–187
Teilübertragung	–	–	§ 175 Nummer 2 Buchstabe b, §§ 184–187	§ 175 Nummer 2 Buchstabe b, §§ 184–187
öffentl.-rechtl. Vers.-Unternehmen				
Vollübertragung	–	§ 175 Nummer 2 Buchstabe c, § 188	–	§ 175 Nummer 2 Buchstabe c, § 188
Teilübertragung	–	§ 175 Nummer 2 Buchstabe c, § 189	–	§ 175 Nummer 2 Buchstabe c, § 189

b) Vergleichbare ausländische Vorgänge

Der sachliche Anwendungsbereich des Zweiten bis Fünften Teils gilt auch für mit 01.20

- einer Verschmelzung,
- einer Auf- oder Abspaltung sowie
- einem Formwechsel

vergleichbare ausländische Vorgänge. Auf die Anzeigepflichten, z. B. nach § 137 oder § 138 Absatz 2 AO, wird hingewiesen.

Ausländische Vorgänge i. S. d. § 1 Absatz 1 Satz 1 Nummer 1 und 2 UmwStG sind Umwandlungen, bei denen auf den übertragenden Rechtsträger oder auf den übernehmenden Rechtsträger bzw. beim Formwechsel auf den umwandelnden Rechtsträger das UmwG nach den allgemeinen Grundsätzen kollisionsrechtlich keine Anwendung findet. Das für die Umwandlung maßgebende Recht bestimmt sich regelmäßig nach dem Gesellschaftsstatut des Staats, in dem der jeweilige Rechtsträger in ein öffentliches Register eingetragen ist. Ist er nicht oder noch nicht in ein öffentliches Register eingetragen, ist das Gesellschaftsstatut des Staats maßgebend, nach dem er organisiert ist.

01.21 Ausländische Vorgänge i. S. d. § 1 Absatz 1 UmwStG sind auch grenzüberschreitende Umwandlungsvorgänge unter Beteiligung von Rechtsträgern, die dem deutschen Gesellschaftsstatut unterliegen. Die grenzüberschreitende Verschmelzung i. S. d. § 122a UmwG ist dabei grundsätzlich ein mit einer Verschmelzung i. S. d. § 2 UmwG vergleichbarer ausländischer Vorgang.

01.22 Ein ausländischer Vorgang kann auch dann gegeben sein, wenn sämtliche beteiligten Rechtsträger im Inland unbeschränkt steuerpflichtig sind.

Beispiel:
Zwei Gesellschaften englischen Rechts (statutarischer Sitz in Großbritannien und effektiver Verwaltungssitz im Inland) sollen zu einer Gesellschaft englischen Rechts mit effektivem Verwaltungssitz im Inland verschmolzen werden. Die Gesellschaften englischen Rechts sind sämtlich im Inland nach § 1 Absatz 1 Nummer 1 KStG unbeschränkt steuerpflichtig.

Lösung:
Es handelt sich um einen ausländischen Vorgang, da für die Umwandlung ausschließlich das englische Gesellschaftsstatut maßgebend ist.

aa) Zivilrechtliche Wirksamkeit nach ausländischem Recht

01.23 Für ausländische Vorgänge gilt wie bei den inländischen Umwandlungen der Grundsatz der Maßgeblichkeit des Gesellschaftsrechts. Der ausländische Vorgang muss nach dem jeweiligen Gesellschaftsstatut der beteiligten Rechtsträger gesellschaftsrechtlich zulässig und wirksam sein. Für die gesellschaftsrechtliche Zulässigkeit und Wirksamkeit einer ausländischen Umwandlung ist regelmäßig von der Entscheidung der ausländischen Registerbehörden auszugehen. Das gilt nicht bei gravierenden Mängeln der Umwandlung.

bb) Prüfung der Vergleichbarkeit

01.24 Die Prüfung, ob ein ausländischer Vorgang mit einer inländischen Umwandlung i. S. d. § 1 Absatz 1 Satz 1 Nummer 1 und 2 UmwStG vergleichbar ist, erfolgt durch die im jeweiligen Einzelfall zuständige inländische Finanzbehörde. Ein ausländischer Umwandlungsvorgang ist vergleichbar, wenn er seinem Wesen nach einer Verschmelzung, Auf-, Abspaltung oder einem Formwechsel i. S. d. UmwG entspricht. Für die Beurteilung des ausländischen Vorgangs sind

- die beteiligten Rechtsträger,
- die Rechtsnatur bzw. Rechtsfolgen des Umwandlungsvorgangs (Strukturmerkmale) und
- sonstige Vergleichskriterien

zu prüfen.

01.25 Der Vergleichbarkeitsprüfung unterliegt grundsätzlich der jeweilige ausländische Umwandlungsvorgang in seiner konkreten rechtlichen Ausgestaltung und nicht das ausländische Umwandlungsrecht als solches. Maßgebend ist, dass der nach ausländischem Umwandlungsrecht abgewickelte konkrete Vorgang ungeachtet des Sitzerfordernisses in § 1 Absatz 1 UmwG auch nach den Regelungen des UmwG wirksam abgewickelt werden könnte.

Beispiel:
Zwei Gesellschaften ausländischer Rechtsform sollen verschmolzen werden. Das ausländische Umwandlungsrecht sieht keine mit § 54 Absatz 4 UmwG vergleichbare Beschränkung barer Zuzahlungen vor. Im Verschmelzungsvertrag wird eine bare Zuzahlung i. H. v. 50 % des Gesamtnennbetrags der gewährten Anteile vereinbart.

Lösung:
Aufgrund der vertraglich vereinbarten baren Zuzahlung von mehr als 10 % des Gesamtnennbetrags der gewährten Anteile ist kein mit einer inländischen Umwandlung vergleichbarer Vorgang gegeben, da der Umwandlungsvorgang ungeachtet des Sitzerfordernisses in § 1 Absatz 1 UmwG nach den Vorschriften des UmwG nicht hätte abgewickelt werden können.

Wäre in dem Verschmelzungsvertrag eine bare Zuzahlung i. H. v. max. 10 % des Gesamtnennbetrags der gewährten Anteile vereinbart worden, stünde einer Vergleichbarkeit des ausländischen Umwandlungsvorgangs die fehlende gesetzliche Beschränkung barer Zuzahlungen im ausländischen Umwandlungsrecht nicht entgegen.

cc) Umwandlungsfähigkeit der beteiligten Rechtsträger

Die Prüfung der Umwandlungsfähigkeit der beteiligten Rechtsträger hat bezogen auf die zu beurteilende Umwandlungsart und bezogen auf das jeweilige Gesellschaftsstatut der an dieser Umwandlung beteiligten Rechtsträger zu erfolgen. 01.26

Die Voraussetzungen der Umwandlungsfähigkeit müssen – infolge des auch für ausländische Umwandlungen geltenden Grundsatzes der Maßgeblichkeit des Gesellschaftsrechts (vgl. Randnr. 01.23) – für sämtliche betroffenen Gesellschaftsstatute der beteiligten Rechtsträger geprüft und mit der Umwandlungsfähigkeit nach dem UmwG verglichen werden; dabei ist der Umwandlungsvorgang nach dem jeweiligen Gesellschaftsstatut als Ganzes und nicht nur hinsichtlich eines bestimmten Teilbereichs (z. B. hinsichtlich des übertragenden oder übernehmenden Rechtsträgers) zu prüfen.

Der ausländische Rechtsträger muss i. R. eines Rechtstypenvergleichs einem vergleichbaren umwandlungsfähigen Rechtsträger inländischen Rechts entsprechen. Allein die steuerliche Einordnung des jeweiligen Rechtsträgers als Körperschaft oder Personengesellschaft ist für die Beurteilung der Umwandlungsfähigkeit nicht ausreichend. Der Rechtstypenvergleich hat grundsätzlich anhand des gesetzlichen Leitbilds der ausländischen Gesellschaft zu erfolgen. Zum Rechtstypenvergleich ausgewählter ausländischer Rechtsformen vgl. Tabellen 1 und 2 des BMF-Schreibens vom 24.12.1999, BStBl I S. 1076. Ist es aufgrund umfassender Dispositionsmöglichkeiten im ausländischen Recht nicht möglich, den jeweils beteiligten Rechtsträger anhand des gesetzlich vorgegebenen Leitbilds abzuleiten, hat der Rechtstypenvergleich anhand der rechtlichen Gegebenheiten des Einzelfalls zu erfolgen. Zu maßgebenden Kriterien für den Rechtstypenvergleich vgl. BMF-Schreiben vom 19.3.2004, BStBl I S. 411. 01.27

Aufgelöste Rechtsträger können sich an ausländischen Umwandlungsvorgängen entsprechend den in § 3 Absatz 3, § 124 Absatz 2 UmwG genannten Voraussetzungen beteiligen. 01.28

dd) Strukturmerkmale des Umwandlungsvorgangs

Neben der Umwandlungsfähigkeit der beteiligten Rechtsträger müssen die Strukturmerkmale einer Verschmelzung, einer Auf- oder Abspaltung oder eines Formwechsels vorliegen. 01.29

(1) Verschmelzung

Strukturmerkmale einer Verschmelzung i. S. d. § 2 UmwG sind: 01.30

- die Übertragung des gesamten Aktiv- und Passivvermögens eines übertragenden Rechtsträgers oder mehrerer übertragender Rechtsträger auf einen übernehmenden Rechtsträger,
- aufgrund eines Rechtsgeschäfts,

- kraft Gesetzes,
- gegen Gewährung von Anteilen am übernehmenden Rechtsträger an die Anteilsinhaber des übertragenden Rechtsträgers,
- unter Auflösung ohne Abwicklung des übertragenden Rechtsträgers oder der übertragenden Rechtsträger.

01.31 Rechtsgeschäft i. S. d. Randnr. 01.30 ist der Abschluss eines Verschmelzungsvertrags bzw. die Erstellung eines Verschmelzungsplans. Der notwendige Inhalt des Verschmelzungsvertrags bzw. des Verschmelzungsplans muss bei ausländischen Vorgängen mindestens den Vorgaben der Richtlinie 78/855/EWG, ABl EG Nr. L 295 S. 36, entsprechen.

Dies gilt auch für die Rechtswirkungen der Verschmelzung. Diese ergeben sich aus Artikel 19 der Richtlinie 78/855/EWG, ABl EG Nr. L 295 S. 36. Der Übergang des gesamten Vermögens, die Auflösung ohne Abwicklung des übertragenden Rechtsträgers sowie die Beteiligung der Anteilsinhaber des übertragenden Rechtsträgers an dem übernehmenden Rechtsträger müssen nach den ausländischen umwandlungsrechtlichen Bestimmungen kraft Gesetzes und nicht durch Einzelübertragungen erfolgen.

01.32 Bei der Prüfung des Erfordernisses zur Gewährung von Anteilen sind Kapitalerhöhungsverbote und -wahlrechte entsprechend den im UmwG (z. B. § 54 UmwG) enthaltenen vergleichbaren Regelungen zu berücksichtigen, vgl. Randnr. 01.09.

Beispiel:
Eine ausländische Mutter-Kapitalgesellschaft ist alleinige Anteilseignerin zweier ausländischer Tochter-Kapitalgesellschaften. Die eine Tochter-Kapitalgesellschaft wird zur Aufnahme auf die andere Tochter-Kapitalgesellschaft verschmolzen. Auf eine Kapitalerhöhung wird auf Grundlage einer mit § 54 Absatz 1 Satz 3 UmwG vergleichbaren ausländischen Regelung verzichtet.
Lösung:
Bei der Prüfung der Strukturmerkmale des ausländischen Umwandlungsvorgangs ist die Möglichkeit zum Verzicht auf eine Kapitalerhöhung analog § 54 Absatz 1 Satz 3 UmwG zu berücksichtigen.

(2) Aufspaltung

01.33 Strukturmerkmale einer Aufspaltung i. S. d. § 123 Absatz 1 UmwG sind:

- die Übertragung des gesamten Aktiv- und Passivvermögens eines Rechtsträgers auf mindestens zwei übernehmende Rechtsträger,
- aufgrund eines Rechtsgeschäfts,
- kraft Gesetzes,
- gegen Gewährung von Anteilen an den übernehmenden Rechtsträgern an die Anteilsinhaber des übertragenden Rechtsträgers,
- unter Auflösung ohne Abwicklung des übertragenden Rechtsträgers.

01.34 Rechtsgeschäft i. S. d. Randnr. 01.33 ist der Abschluss eines Spaltungs- und Übernahmevertrags bzw. die Erstellung eines Spaltungsplans. Der notwendige Inhalt des Spaltungs- und Übernahmevertrags bzw. des Spaltungsplans muss bei ausländischen Umwandlungsvorgängen den Vorgaben der Richtlinie 82/891/EWG, ABl EG Nr. L 378 S. 47, entsprechen.

Dies gilt auch für die Rechtswirkungen der Aufspaltung. Diese ergeben sich aus Artikel 17 der Richtlinie 82/891/EWG, ABl EG Nr. L 378 S. 47. Der Übergang des gesamten Vermögens, die Auflösung ohne Abwicklung des übertragenden Rechtsträgers sowie die Beteiligung der Anteilsinhaber des übertragenden Rechtsträgers an den übernehmenden Rechtsträgern müssen nach den ausländischen umwandlungsrechtlichen Bestimmungen kraft Gesetzes und nicht durch Einzelübertragungen erfolgen.

Bei der Prüfung des Erfordernisses zur Gewährung von Anteilen sind Kapitalerhöhungsverbote und -wahlrechte entsprechend den im UmwG enthaltenen vergleichbaren Regelungen zu beachten, vgl. Randnr. 01.32.   01.35

(3) Abspaltung

Strukturmerkmale einer Abspaltung i. S. d. § 123 Absatz 2 UmwG sind: 01.36

- die Übertragung eines Teils oder mehrerer Teile eines Rechtsträgers auf einen oder mehrere übernehmende Rechtsträger,
- aufgrund eines Rechtsgeschäfts,
- kraft Gesetzes,
- gegen Gewährung von Anteilen am übernehmenden Rechtsträger oder an den übernehmenden Rechtsträgern an die Anteilsinhaber des übertragenden Rechtsträgers,
- ohne Auflösung des übertragenden Rechtsträgers.

Gesellschaftsrechtliche Bestimmungen des sekundären Unionsrechts über die Abspaltung bestehen derzeit nicht. Der notwendige Inhalt des Spaltungs- und Übernahmevertrags bzw. des Spaltungsplans sowie die Rechtswirkungen der Abspaltung müssen daher den Bestimmungen des UmwG entsprechen.   01.37

Die Möglichkeit des übertragenden Rechtsträgers, die aufgrund einer Vermögensübertragung erhaltenen Anteile an die Anteilseigner des übertragenden Rechtsträgers unentgeltlich zeitnah weiter übertragen zu können, führt nicht dazu, dass ein ausländischer Umwandlungsvorgang mit einer Abspaltung i. S. d. § 123 Absatz 2 UmwG vergleichbar ist; z. B. Teileinbringung nach dem französischen Recht (Apport partiel d'actif). Es kann sich jedoch insoweit um einen mit einer Ausgliederung i. S. d. § 123 Absatz 3 UmwG vergleichbaren ausländischen Vorgang handeln.   01.38

(4) Formwechsel

Es bestehen derzeit keine sekundärrechtlichen Bestimmungen des Unionsrechts zum Formwechsel. Für die Abgrenzung zwischen einer Verschmelzung und einem Formwechsel ist auf das ausländische Umwandlungsrecht abzustellen (BFH vom 22.2.1989, I R 11/85, BStBl II S. 794). Nach §§ 190 ff. UmwG ist der Formwechsel auf die Änderung der rechtlichen Organisation des Rechtsträgers beschränkt. Sieht das ausländische Recht keine rechtliche Kontinuität, sondern eine Auflösung ohne Abwicklung vor, ist daher dieser Vorgang nicht mehr mit einem Formwechsel vergleichbar. Es kann insoweit jedoch ein mit einer Verschmelzung i. S. d. § 2 UmwG vergleichbarer ausländischer Vorgang gegeben sein. Der Umstand, dass eine Verschmelzung zur Neugründung mindestens zwei übertragende Rechtsträger erfordert, stellt insoweit kein Strukturmerkmal (vgl. Randnr. 01.30) dar.   01.39

Beispiel:
Eine österreichische GesmbH mit inländischen Anteilseignern wird im Wege einer errichtenden Umwandlung in eine österreichische KG umgewandelt.

Lösung:
Eine errichtende Umwandlung ist die ohne Abwicklung erfolgende Übertragung des Vermögens der GesmbH auf die gleichzeitig neu entstehende KG. Die GesmbH erlischt infolge der Umwandlung. Auch wenn es für eine Verschmelzung zur Neugründung i. S. d. § 2 UmwG an dem Erfordernis mindestens zweier übertragender Rechtsträger fehlt, ist dennoch ein mit einer Verschmelzung i. S. d. § 1 Absatz 1 Satz 1 Nummer 1 UmwStG vergleichbarer ausländischer Vorgang gegeben, da die Strukturmerkmale einer Verschmelzung erfüllt sind. Infolge der Auflösung und der Vermögensübertragung liegt kein mit einem Formwechsel i. S. d. § 1 Absatz 1 Satz 1 Nummer 2 UmwStG vergleichbarer ausländischer Vorgang vor.

ee) Sonstige Vergleichskriterien

01.40 Ein wesentliches sonstiges Vergleichskriterium ist insbesondere die Höhe der vertraglich vereinbarten Zuzahlungen. Diese müssen grundsätzlich mit den Vorgaben des UmwG (z. B. § 54 Absatz 4 UmwG) vergleichbar sein. Werden Zuzahlungen vereinbart, die diesen Rahmen deutlich überschreiten, ist dieses als Indiz für eine fehlende Vergleichbarkeit zu werten (vgl. das Beispiel in Randnr. 01.25).

01.41 Die Dauer einer gesellschaftsrechtlichen Rückbeziehungsmöglichkeit des Umwandlungsvorgangs stellt kein für die Vergleichbarkeit entscheidendes Merkmal dar.

c) Umwandlungen nach der SE-VO bzw. der SCE-VO

01.42 Verschmelzungen i. S. d. Artikels 17 der Verordnung (EG) Nr. 2157/2001 (SE-VO), ABl EG Nr. L 294 S. 1, zur Gründung einer Europäischen Gesellschaft und i. S. d. Artikels 19 der Verordnung (EG) Nr. 1435/2003 (SCE-VO), ABl EG Nr. L 207 S. 1, zur Gründung einer Europäischen Genossenschaft unterfallen dem sachlichen Anwendungsbereich des § 1 Absatz 1 Satz 1 Nummer 1 UmwStG. Diese Verordnungen gelten nicht nur in Bezug zu EU-Mitgliedstaaten, sondern auch in Bezug zu EWR-Staaten.

2. Sechster bis Achter Teil (§ 1 Absatz 3 UmwStG)

01.43 Der Anwendungsbereich des Sechsten bis Achten Teils gilt grundsätzlich nur für die in § 1 Absatz 3 Nummer 1 bis 5 UmwStG abschließend aufgezählten Vorgänge; darüber hinaus wird der Anwendungsbereich des § 1 Absatz 3 UmwStG durch die in den § 20 Absatz 1, § 21 Absatz 1 und § 24 Absatz 1 UmwStG enthaltenen Voraussetzungen bezüglich der Rechtsform des übernehmenden Rechtsträgers wie folgt begrenzt:

- die Verschmelzung i. S. d. § 2 UmwG, die Auf- und die Abspaltung i. S. d. § 123 Absatz 1 und 2 UmwG von Personenhandelsgesellschaften und Partnerschaftsgesellschaften auf eine Kapitalgesellschaft oder Genossenschaft (§ 20 UmwStG) oder auf eine Personengesellschaft (§ 24 UmwStG) oder vergleichbare ausländische Vorgänge;
- die Ausgliederung von Vermögensteilen i. S. d. § 123 Absatz 3 UmwG auf eine Kapitalgesellschaft oder Genossenschaft (§ 20 UmwStG) oder auf eine Personengesellschaft (§ 24 UmwStG) oder vergleichbare ausländische Vorgänge;
- der Formwechsel einer Personengesellschaft in eine Kapitalgesellschaft oder Genossenschaft i. S. d. § 190 Absatz 1 UmwG (§ 25 UmwStG) oder vergleichbare ausländische Vorgänge;
- die Einbringung von Betriebsvermögen durch Einzelrechtsnachfolge in eine Kapitalgesellschaft oder Genossenschaft (§ 20 UmwStG) oder in eine Personengesellschaft (§ 24 UmwStG);
- die Einbringung von Anteilen an einer Kapitalgesellschaft oder Genossenschaft in eine Kapitalgesellschaft oder Genossenschaft (§ 21 UmwStG, Anteilstausch).

Die Übertragung des wirtschaftlichen Eigentums wird der Einzelrechtsnachfolge i. S. d. § 1 Absatz 3 Nummer 4 UmwStG gleichgestellt.

a) Einbringung in eine Kapitalgesellschaft oder Genossenschaft gegen Gewährung von Gesellschaftsrechten (§ 20 UmwStG)

01.44 Die Vorschriften über die Einbringung von Betriebsvermögen in eine Kapitalgesellschaft oder Genossenschaft gegen Gewährung von Gesellschaftsrechten gelten insbesondere bei Übertragung:

aa) im Wege der Gesamtrechtsnachfolge

- durch Verschmelzung von Personenhandelsgesellschaften auf eine bereits bestehende oder neu gegründete Kapitalgesellschaft (vgl. §§ 2 und 3 Absatz 1 Satz 1 UmwG);
- durch Auf- und Abspaltung von Vermögensteilen einer Personenhandelsgesellschaft auf eine bereits bestehende oder neu gegründete Kapitalgesellschaft (vgl. § 123 Absatz 1 und 2 UmwG);
- durch Ausgliederung von Vermögensteilen eines Einzelkaufmanns, einer Personenhandelsgesellschaft, einer Kapitalgesellschaft oder eines sonstigen sowohl in § 1 Absatz 1 KStG als auch in § 124 Absatz 1 zweite Alternative i.V.m. § 3 Absatz 1 UmwG genannten Rechtsträgers auf eine bereits bestehende oder neu gegründete Kapitalgesellschaft;

bb) im Wege des Formwechsels einer Personenhandelsgesellschaft in eine Kapitalgesellschaft nach § 190 UmwG. Der Formwechsel wird ertragsteuerlich wie ein Rechtsträgerwechsel behandelt (vgl. § 25 UmwStG);

cc) im Wege der Einzelrechtsnachfolge

- durch Sacheinlage i.S.v. § 5 Absatz 4 GmbHG bzw. § 27 AktG bei der Gründung einer Kapitalgesellschaft oder
- durch Sachkapitalerhöhung aus Gesellschaftermitteln (vgl. § 56 GmbHG, §§ 183, 194, 205 AktG) bei einer bestehenden Kapitalgesellschaft.

Folge einer Einbringung eines Mitunternehmeranteils, u.a. im Wege der Einzelrechtsnachfolge kann auch eine Anwachsung (§ 738 BGB) sein. Bei einer Bargründung oder -kapitalerhöhung kann auch dann eine Sacheinlage vorliegen, wenn der Gesellschafter zusätzlich zu der Bareinlage gleichzeitig eine Verpflichtung übernimmt, als Aufgeld einen Betrieb, Teilbetrieb oder Mitunternehmeranteil in die Kapitalgesellschaft einzubringen (BFH vom 7.4.2010, I R 55/09, BStBl II S. 1094).

Eine Einbringung i.S.d. § 20 UmwStG liegt auch bei vergleichbaren ausländischen Vorgängen vor (vgl. Randnr. 01.20 ff.). 01.45

b) Austausch von Anteilen (§ 21 UmwStG)

Die Vorschriften über den Austausch von Anteilen an Kapitalgesellschaften oder Genossenschaften gegen Gewährung von Gesellschaftsrechten gelten insbesondere bei Übertragung: 01.46

aa) im Wege der Gesamtrechtsnachfolge

- durch Ausgliederung von Vermögensteilen eines Einzelkaufmanns, einer Personenhandelsgesellschaft, einer Kapitalgesellschaft oder eines sonstigen sowohl in § 1 Absatz 1 KStG als auch in § 124 Absatz 1 zweite Alternative i.V.m. § 3 Absatz 1 UmwG genannten Rechtsträgers auf eine bereits bestehende oder neu gegründete Kapitalgesellschaft;

bb) im Wege der Einzelrechtsnachfolge

- durch Sacheinlage i.S.v. § 5 Absatz 4 GmbHG bzw. § 27 AktG bei der Gründung einer Kapitalgesellschaft oder
- durch Sachkapitalerhöhung aus Gesellschaftermitteln (vgl. § 56 GmbHG, §§ 183, 194, 205 AktG) bei einer bestehenden Kapitalgesellschaft.

Die Ausführungen zur Bargründung oder -kapitalerhöhung bei Einzelrechtsnachfolge gelten entsprechend (vgl. Randnr. 01.44).

c) Einbringung in eine Personengesellschaft (§ 24 UmwStG)

01.47 Die Einbringung eines Betriebs, Teilbetriebs oder Mitunternehmeranteils in eine Personengesellschaft nach § 24 UmwStG ist insbesondere möglich bei Übertragung:

aa) im Wege der Einzelrechtsnachfolge

- durch Aufnahme eines Gesellschafters in ein Einzelunternehmen gegen Geldeinlage oder Einlage anderer Wirtschaftsgüter. Aus Sicht des § 24 UmwStG bringt dabei der Einzelunternehmer seinen Betrieb in die neu entstehende Personengesellschaft ein;

- durch Einbringung eines Einzelunternehmens in eine bereits bestehende Personengesellschaft oder durch Zusammenschluss von mehreren Einzelunternehmen zu einer Personengesellschaft;

- durch Eintritt eines weiteren Gesellschafters in eine bestehende Personengesellschaft gegen Geldeinlage oder Einlage anderer Wirtschaftsgüter. Die bisherigen Gesellschafter der Personengesellschaft bringen in diesem Fall ihre Mitunternehmeranteile an der bisherigen Personengesellschaft in eine neue – durch den neu hinzutretenden Gesellschafter vergrößerte – Personengesellschaft ein. Der bloße Gesellschafterwechsel bei einer bestehenden Personengesellschaft – ein Gesellschafter scheidet aus, ein anderer erwirbt seine Anteile und tritt an seine Stelle – fällt nicht unter § 24 UmwStG;

- infolge Aufstockung eines bereits bestehenden Mitunternehmeranteils (Kapitalerhöhung) durch Geldeinlage oder Einlage anderer Wirtschaftsgüter. Die nicht an der Kapitalerhöhung teilnehmenden Gesellschafter der Personengesellschaft bringen in diesem Fall ihre Mitunternehmeranteile an der bisherigen Personengesellschaft in eine neue – durch die Kapitalerhöhung in den Beteiligungsverhältnissen veränderte – Personengesellschaft ein (BFH vom 25. 4. 2006, VIII R 52/04, BStBl II S. 847);

- indem die Gesellschafter einer Personengesellschaft I ihre Gesellschaftsanteile (Mitunternehmeranteile) in die übernehmende Personengesellschaft II gegen Gewährung von Gesellschaftsanteilen an dieser Gesellschaft einbringen und das Gesellschaftsvermögen der Personengesellschaft I der übernehmenden Personengesellschaft II anwächst (§ 738 BGB).

bb) im Wege der Gesamtrechtsnachfolge

- durch Verschmelzung von Personenhandels- oder Partnerschaftsgesellschaften nach §§ 2, 39 ff. UmwG auf Personenhandels- oder Partnerschaftsgesellschaften;

- durch Auf- oder Abspaltung von Personenhandels- oder Partnerschaftsgesellschaften nach § 123 Absatz 1 und 2 UmwG auf Personenhandels- oder Partnerschaftsgesellschaften;

- durch Ausgliederung aus Körperschaften, Personenhandelsgesellschaften, Partnerschaftsgesellschaften oder Einzelunternehmen auf Personenhandels- oder Partnerschaftsgesellschaften nach § 123 Absatz 3 UmwG.

§ 24 UmwStG ist nicht anzuwenden auf die formwechselnde Umwandlung einer Personenhandelsgesellschaft in eine Personengesellschaft sowie auf den Eintritt einer GmbH in eine bestehende Personengesellschaft ohne vermögensmäßige Beteiligung. In derartigen Fällen fehlt es an einem Übertragungsvorgang, so dass ein Gewinn i. S. d. § 16 EStG nicht entsteht und eine Wertaufstockung nicht möglich ist (BFH vom 21. 6. 1994, VIII R 5/92, BStBl II S. 856 und BFH vom 20. 9. 2007, IV R 70/05, BStBl 2008 II S. 265).

In den Fällen der unentgeltlichen Aufnahme einer natürlichen Person in ein Einzelunternehmen ist § 24 UmwStG für beide Mitunternehmer nicht anzuwenden (§ 6 Absatz 3 Satz 1 zweiter Halbsatz EStG).

Eine Einbringung i. S. d. § 24 UmwStG liegt auch bei vergleichbaren ausländischen Vorgängen 01.48
vor (vgl. Randnr. 01.20 ff.).

II. Persönlicher Anwendungsbereich

1. Zweiter bis Fünfter Teil (§ 1 Absatz 2 UmwStG)

Für die Anwendung der §§ 3 bis 19 UmwStG müssen der übertragende Rechtsträger und der 01.49
übernehmende Rechtsträger nach dem Recht eines EU-Mitgliedstaats oder eines EWR-Staats
gegründet sein und ihren Sitz (§ 11 AO) sowie ihren Ort der Geschäftsleitung (§ 10 AO) in einem
dieser Staaten haben (§ 1 Absatz 2 Satz 1 Nummer 1 UmwStG). Es ist nicht erforderlich, dass
sich der Sitz (§ 11 AO) und der Ort der Geschäftsleitung (§ 10 AO) in ein und demselben EU-Mitgliedstaat oder EWR-Staat befinden. Beim Formwechsel i. S. d. § 1 Absatz 1 Satz 1 Nummer 2 UmwStG müssen die vorgenannten Voraussetzungen vom umwandelnden Rechtsträger erfüllt werden.

Der Begriff der Gesellschaft i. S. d. Artikels 54 AEUV (zuvor Artikel 48 EG) bzw. des Artikels 34 des 01.50
EWR-Abkommens ist ein Begriff des Unionsrechts; es kommt insoweit nicht auf das nationale
Recht an. Gesellschaften i. S. d. Artikels 54 AEUV (zuvor Artikel 48 EG) bzw. des Artikels 34 des
EWR-Abkommens sind regelmäßig juristische Personen des privaten Rechts (z. B. AG und GmbH)
und Personenvereinigungen (z. B. KG und OHG), ausgenommen diejenigen Gesellschaften, die
keinen Erwerbszweck verfolgen (Artikel 54 Absatz 2 AEUV (zuvor Artikel 48 Absatz 2 EG), Artikel 34 Absatz 2 EWR-Abkommen). Einen Erwerbszweck in dem vorgenannten Sinne erfüllen regelmäßig die juristischen Personen des öffentlichen Rechts mit ihren Betrieben gewerblicher
Art; der jeweilige Betrieb gewerblicher Art ist insofern als Gesellschaft i. S. d. Artikels 54 AEUV
(zuvor Artikel 48 EG) bzw. des Artikels 34 des EWR-Abkommens anzusehen.

Ist übernehmender Rechtsträger eine natürliche Person, muss sich deren Wohnsitz (§ 8 AO) oder 01.51
deren gewöhnlicher Aufenthalt (§ 9 AO) in einem EU-Mitgliedstaat oder EWR-Staat befinden
und sie darf nicht aufgrund eines DBA mit einem dritten Staat als außerhalb des Hoheitsgebiets eines EU-Mitgliedstaats oder EWR-Staats ansässig gelten.

Die persönlichen Anwendungsvoraussetzungen müssen spätestens am steuerlichen Übertragungsstichtag vorliegen. Wurde ein an der Umwandlung beteiligter Rechtsträger im steuerlichen Rückwirkungszeitraum neu gegründet, ist für diesen Rechtsträger auf den Zeitpunkt der 01.52
zivilrechtlichen Wirksamkeit der Gründung abzustellen. Bei einer Umwandlung zur Neugründung ist der Zeitpunkt der zivilrechtlichen Wirksamkeit der Umwandlung maßgebend. Zum Beginn der Steuerpflicht in diesen Fällen vgl. Randnr. 02.11.

2. Sechster bis Achter Teil (§ 1 Absatz 4 UmwStG)

Einbringender Rechtsträger bzw. übertragender Rechtsträger i. S. d. § 1 Absatz 4 UmwStG kann 01.53
jede natürliche Person sein, die im Hoheitsgebiet eines EU-Mitgliedstaats oder EWR-Staats unbeschränkt steuerpflichtig und auch nach den mit Drittstaaten bestehenden DBA als innerhalb
dieses Gebiets ansässig anzusehen ist. Darüber hinaus kann jede nach den Rechtsvorschriften
eines EU-Mitgliedstaats oder EWR-Staats gegründete in- und ausländische Gesellschaft i. S. d.
Artikels 54 AEUV (zuvor Artikel 48 EG) oder des Artikels 34 des EWR-Abkommens einbringender
Rechtsträger, übertragender Rechtsträger oder umwandelnder Rechtsträger sein, wenn sich deren Sitz und Ort der Geschäftsleitung innerhalb des Hoheitsgebiets eines dieser Staaten befinden (§ 1 Absatz 4 Satz 1 Nummer 2, Absatz 2 Satz 1 Nummer 1 und 2 UmwStG).

Ist einbringender oder umwandelnder Rechtsträger eine Personengesellschaft, müssen die unmittelbaren bzw. mittelbaren Mitunternehmer die Voraussetzungen des § 1 Absatz 2 UmwStG
erfüllen (§ 1 Absatz 4 Satz 1 Nummer 2 Buchstabe a Doppelbuchstabe aa UmwStG).

Ungeachtet dessen kann auch jede andere natürliche Person oder Gesellschaft einbringender Rechtsträger, übertragender Rechtsträger oder (bei Gesellschaften auch) umwandelnder Rechtsträger sein, wenn das deutsche Besteuerungsrecht an den erhaltenen Anteilen nicht ausgeschlossen oder beschränkt ist (§ 1 Absatz 4 Satz 1 Nummer 2 Buchstabe b UmwStG).

Beispiel:
Der im Drittstaat ansässige X unterhält eine inländische Betriebsstätte und bringt einen Teilbetrieb davon in die inländische D-GmbH gegen Gewährung von Anteilen ein. Die Anteile an der D-GmbH sind Betriebsvermögen der verbleibenden inländischen Betriebsstätte und dieser auch funktional zuzuordnen.

Lösung:
Der Einbringende X ist zwar nicht im EU-/EWR-Raum ansässig und erfüllt damit nicht die Voraussetzungen des § 1 Absatz 4 Satz 1 Nummer 2 Buchstabe a Doppelbuchstabe bb UmwStG. Da die erhaltenen Anteile aber einem inländischen Betriebsvermögen zugeordnet werden, sind sie im Inland steuerverstrickt. Damit ist der Anwendungsbereich des § 20 UmwStG eröffnet (§ 1 Absatz 4 Satz 1 Nummer 2 Buchstabe b UmwStG).

Bei der Einbringung eines Betriebs gewerblicher Art ist die juristische Person des öffentlichen Rechts Einbringender.

01.54 Übernehmender Rechtsträger i. S. v. §§ 20, 21 UmwStG kann jede Kapitalgesellschaft oder Genossenschaft i. S. d. § 1 Absatz 1 Nummer 1 und 2 KStG sein. Dies gilt unabhängig davon, ob der übernehmende Rechtsträger unbeschränkt körperschaftsteuerpflichtig i. S. v. § 1 KStG ist. Voraussetzung für die Anwendbarkeit der §§ 20, 21 UmwStG ist jedoch nach § 1 Absatz 4 Satz 1 Nummer 1 und Absatz 2 Satz 1 Nummer 1 UmwStG, dass es sich um eine nach den Rechtsvorschriften eines EU-Mitgliedstaats oder eines EWR-Staats gegründete Gesellschaft i. S. d. Artikels 54 AEUV (zuvor Artikel 48 EG) oder des Artikels 34 des EWR-Abkommens handelt, deren Sitz und Ort der Geschäftsleitung sich innerhalb des Hoheitsgebiets eines dieser Staaten befinden. Dies gilt nicht in den Fällen des § 24 UmwStG (§ 1 Absatz 4 Satz 2 UmwStG).

01.55 Die persönlichen Anwendungsvoraussetzungen müssen spätestens am steuerlichen Übertragungsstichtag vorliegen. Randnr. 01.52 gilt entsprechend. Zum Wegfall der persönlichen Anwendungsvoraussetzungen i. S. v. § 1 Absatz 4 UmwStG vgl. Randnr. 22.27.

III. Begriffsbestimmungen

1. Richtlinien und Verordnungen (§ 1 Absatz 5 Nummer 1 bis 3 UmwStG)

01.56 Für die in § 1 Absatz 5 Nummer 1 bis 3 UmwStG genannten Vorschriften des sekundären Unionsrechts sind die jeweils zum Zeitpunkt des steuerlichen Übertragungsstichtags geltenden Fassungen maßgebend.

2. Buchwert (§ 1 Absatz 5 Nummer 4 UmwStG)

01.57 Der Buchwert ermittelt sich nach den am steuerlichen Übertragungsstichtag anwendbaren steuerrechtlichen Regelungen. Unmaßgeblich ist, ob der übernehmende oder übertragende Rechtsträger zu diesem Zeitpunkt eine Bilanz zu erstellen haben. Steuerliche Wahlrechte werden regelmäßig durch die umwandlungssteuergesetzlich vorgegebene Bewertungsobergrenze (gemeiner Wert) eingeschränkt. Der gemeine Wert kann unter dem Buchwert liegen.

B. Steuerliche Rückwirkung (§ 2 UmwStG)

I. Steuerlicher Übertragungsstichtag

02.01 Der steuerliche Übertragungsstichtag i. S. d. § 2 Absatz 1 UmwStG und der handelsrechtliche Umwandlungsstichtag sind nicht identisch.

1. Inländische Umwandlungen

a) Verschmelzung, Auf-, Abspaltung und Vermögensübertragung

Der handelsrechtliche Umwandlungsstichtag ist der Zeitpunkt, von dem an die Handlungen des übertragenden Rechtsträgers als für Rechnung des übernehmenden Rechtsträgers vorgenommen gelten (vgl. z. B. bei Verschmelzung § 5 Absatz 1 Nummer 6 UmwG oder bei Auf- und Abspaltung § 126 Absatz 1 Nummer 6 UmwG). Der übertragende Rechtsträger hat auf den Schluss des Tages, der dem Umwandlungsstichtag vorangeht, eine handelsrechtliche Schlussbilanz aufzustellen (§ 17 Absatz 2 UmwG). Steuerlicher Übertragungsstichtag ist der Tag, auf den der übertragende Rechtsträger die handelsrechtliche Schlussbilanz aufzustellen hat.   02.02

Beispiel:

Stichtag der handelsrechtlichen Schlussbilanz	31.12.01
handelsrechtlicher Umwandlungsstichtag	1.1.02
steuerlicher Übertragungsstichtag	31.12.01

Nach § 17 Absatz 2 UmwG darf das Registergericht die Verschmelzung nur eintragen, wenn die Bilanz auf einen höchstens acht Monate vor der Anmeldung liegenden Stichtag aufgestellt worden ist. Die Vorschrift gilt für die Auf- und Abspaltung (§ 125 UmwG) sowie die Vermögensübertragung (§§ 176, 177 UmwG) entsprechend.   02.03

Steuerlich sind das Einkommen und das Vermögen der übertragenden Körperschaft sowie des übernehmenden Rechtsträgers so zu ermitteln, als ob das Vermögen der übertragenden Körperschaft mit Ablauf des steuerlichen Übertragungsstichtags ganz oder teilweise auf den übernehmenden Rechtsträger übergegangen wäre (§ 2 Absatz 1 UmwStG). Weitergehende Wirkungen entfaltet die steuerliche Rückwirkungsfiktion nicht. Sie gilt insbesondere nicht für den Anteilseigner der übertragenden Körperschaft, sofern dieser nicht gleichzeitig übernehmender Rechtsträger ist (BFH vom 7.4.2010, I R 96/08, BStBl 2011 II S. 467). Sie gilt auch nicht für die Rechtsbeziehungen gegenüber Rechtsträgern, an denen die übertragende Körperschaft beteiligt ist, oder gegenüber sonstigen Dritten.

Anders als für den Rückbezug nach § 20 Absatz 6 UmwStG besteht für die Anwendung des § 2 UmwStG kein Wahlrecht (BFH vom 22.9.1999, II R 33/97, BStBl 2000 II S. 2).

Ist übernehmender Rechtsträger eine Personengesellschaft, gilt die steuerliche Rückwirkungsfiktion auch für das Einkommen und das Vermögen der Gesellschafter (§ 2 Absatz 2 UmwStG).

Der Übertragungsgewinn oder -verlust entsteht stets mit Ablauf des steuerlichen Übertragungsstichtags. Dies gilt nach § 2 Absatz 1 i. V. m. § 4 Absatz 1, § 5 Absatz 1 bis 3 UmwStG auch für das Übernahmeergebnis i. S. d. § 4 Absatz 4 bis 6 UmwStG sowie nach § 2 Absatz 2 UmwStG für die Einnahmen i. S. d. § 7 UmwStG i. V. m. § 20 Absatz 1 Nummer 1 EStG. Die Besteuerung des Übertragungsgewinns oder -verlusts, des Übernahmeergebnisses i. S. d. § 4 Absatz 4 bis 6 UmwStG sowie der Einnahmen i. S. d. § 20 Absatz 1 Nummer 1 EStG erfolgt in dem Veranlagungszeitraum, in dem das Wirtschaftsjahr endet, in das der steuerliche Übertragungsstichtag fällt.   02.04

Beispiel:
Die X-GmbH und die Y-GmbH werden handelsrechtlich zum 1.10.01 auf die bereits bestehende XY-OHG verschmolzen. Alle Gesellschaften haben ein vom Kalenderjahr abweichendes Wirtschaftsjahr (1.7. – 30.6.). Anteilseigner der beiden Gesellschaften sind die jeweils i. S. d. § 17 EStG wesentlich beteiligten Gesellschafter-Geschäftsführer X und Y, die auch Mitunternehmer der XY-OHG sind. Während des gesamten Zeitraums erhalten X und Y Geschäftsführervergütungen von der X-GmbH bzw. Y-GmbH.

Lösung:
X-GmbH und Y-GmbH:
Die X-GmbH und die Y-GmbH haben zum 30.9.01 jeweils eine steuerliche Schlussbilanz zu erstellen. Da der steuerliche Übertragungsstichtag nicht auf das Ende des Wirtschaftsjahrs fällt, entsteht jeweils ein

zum 30.9.01 endendes Rumpfwirtschaftsjahr (vgl. Randnr. 03.01). Das Vermögen gilt nach § 2 Absatz 1 UmwStG steuerlich als mit Ablauf des 30.9.01 übergegangen.
Der Übertragungsgewinn/-verlust ist nach § 2 Absatz 1 UmwStG i.V.m. § 4a Absatz 2 Nummer 2 EStG dem Veranlagungszeitraum 01 zuzurechnen.

XY-OHG:
Die Ermittlung des Übernahmeergebnisses erfolgt nach § 5 Absatz 2 i.V.m. § 4 UmwStG auf der Ebene des übernehmenden Rechtsträgers und führt damit zu Einkünften i.S.d. § 15 Absatz 1 Satz 1 Nummer 2 EStG. Infolge der Einlagefiktion werden Einnahmen i.S.d. § 7 UmwStG i.V.m. § 20 Absatz 1 Nummer 1 EStG i.R.d. gesonderten und einheitlichen Feststellung der XY-OHG erfasst.

Da der steuerliche Übertragungsstichtag im Wirtschaftsjahr 1.7.01 bis 30.6.02 des übernehmenden Rechtsträgers liegt, sind das Übernahmeergebnis i.S.d. § 4 UmwStG sowie die Einnahmen i.S.d. § 7 UmwStG nach § 2 Absatz 1 UmwStG i.V.m. § 4a Absatz 2 Nummer 2 EStG dem Veranlagungszeitraum 02 zuzurechnen.

Nach § 2 Absatz 1 UmwStG erhöhen die für den Zeitraum nach dem 30.9.01 geleisteten Geschäftsführervergütungen den Gewinn der XY-OHG nach § 15 Absatz 1 Satz 1 Nummer 2 EStG des Veranlagungszeitraums 02.

X und Y:
Infolge des § 2 Absatz 2 UmwStG gilt die Rückwirkungsfiktion auch für die bisher im Veranlagungszeitraum 01 von X und Y nach § 19 EStG für den Zeitraum 1.10.01 bis 31.12.01 erfassten Geschäftsführervergütungen. Diese sind als Einkünfte nach § 15 Absatz 1 Satz 1 Nummer 2 EStG im Veranlagungszeitraum 02 zu erfassen. Die infolge der Einlagefiktion i.R.d. gesonderten und einheitlichen Feststellung der XY-OHG erfassten Einnahmen i.S.d. § 7 UmwStG i.V.m. § 20 Absatz 1 Nummer 1 EStG werden ebenfalls im Veranlagungszeitraum 02 erfasst.

b) Formwechsel

02.05 Mangels eines handelsrechtlichen Übertragungsvorgangs enthält § 9 UmwStG für den Formwechsel eine eigenständige steuerliche Rückwirkungsregelung.

02.06 Nach § 9 Satz 3 UmwStG können die steuerliche Schlussbilanz sowie die steuerliche Eröffnungsbilanz für einen Stichtag aufgestellt werden, der höchstens acht Monate vor der Anmeldung des Formwechsels zur Eintragung in das zuständige Register liegt. Das Einkommen und das Vermögen der Kapital- bzw. der Personengesellschaft sowie der Gesellschafter der Personengesellschaft sind so zu ermitteln, als ob das Vermögen der Kapitalgesellschaft mit Ablauf dieses Stichtags auf die Personengesellschaft übergegangen wäre. Randnr. 02.03 und 02.04 gelten entsprechend.

2. Vergleichbare ausländische Vorgänge

02.07 Bei ausländischen Umwandlungsvorgängen (vgl. Randnr. 01.20 ff.) gelten Randnr. 02.01 – 02.06 entsprechend. Der handelsrechtliche Umwandlungsstichtag kann z.B. bei einer Verschmelzung regelmäßig dem Verschmelzungsvertrag oder -plan (vgl. Randnr. 01.31) entnommen werden.

02.08 Für den Formwechsel einer ausländischen Kapitalgesellschaft in eine ausländische Personengesellschaft gilt ebenfalls die steuerliche Rückwirkungsregelung des § 9 UmwStG. Der maßgebende Rückbeziehungszeitraum ergibt sich aus § 9 Satz 3 UmwStG (vgl. Randnr. 09.02).

II. Steuerliche Rückwirkung

1. Rückwirkungsfiktion

a) Grundsatz

02.09 § 2 UmwStG enthält eine Ausnahme von dem allgemeinen Grundsatz, dass Rechtsvorgänge mit steuerlicher Wirkung nicht rückbezogen werden können.

Der übertragende Rechtsträger besteht zivilrechtlich in der Zeit zwischen dem steuerlichen Übertragungsstichtag und der Eintragung der Umwandlung in das Handelsregister oder das jeweils im Ausland zuständige öffentliche Register (Rückwirkungszeitraum) fort. Steuerlich werden dem übertragenden Rechtsträger jedoch – soweit die Rückwirkungsfiktion vorbehaltlich des § 2 Absatz 3 UmwStG greift – kein Einkommen und kein Vermögen mehr zugerechnet. Zur Behandlung von Gewinnausschüttungen im Rückwirkungszeitraum an Anteilseigner, für die die Rückwirkungsfiktion nicht gilt, vgl. z. B. Randnr. 02.34. 02.10

Die steuerlichen Rückwirkungsfiktionen in § 2 Absatz 1 und § 9 Satz 3 UmwStG setzen nicht voraus, dass der übernehmende Rechtsträger zum steuerlichen Übertragungsstichtag bereits zivilrechtlich besteht. So ist z. B. eine rückwirkende Verschmelzung durch Aufnahme (§§ 4 ff., 39 ff. UmwG) möglich, auch wenn die aufnehmende Gesellschaft am steuerlichen Übertragungsstichtag zivilrechtlich noch nicht besteht. Die Steuerpflicht eines neu gegründeten übernehmenden Rechtsträgers beginnt unabhängig von der zivilrechtlichen Entstehung mit Ablauf des steuerlichen Übertragungsstichtags. 02.11

Bei Übertragung des Vermögens auf eine Personengesellschaft gelten die Rückwirkungsfiktionen in § 2 Absatz 1 und § 9 Satz 3 UmwStG auch für deren Gesellschafter (§ 2 Absatz 2 UmwStG). 02.12

Beispiel:
An der XY-GmbH sind die im Ausland ansässigen Gesellschafter-Geschäftsführer A und B zu je 50 % beteiligt. Die XY-GmbH wird in die XY-OHG formwechselnd umgewandelt. Die XY-GmbH erstellt zum 31.12.01 eine Schlussbilanz und die XY-OHG eine Eröffnungsbilanz.

Lösung:
Der XY-GmbH werden mit Ablauf des 31.12.01 kein Einkommen und kein Vermögen mehr zugerechnet. Zum selben Zeitpunkt werden nach § 2 Absatz 1 UmwStG die Gewerbesteuerpflicht der XY-OHG sowie nach § 2 Absatz 2 UmwStG die beschränkte Einkommensteuerpflicht von A und B als Mitunternehmer der XY-OHG begründet.

Ist der Gesellschafter wiederum eine Personengesellschaft, ist insoweit auf die dahinter stehenden Gesellschafter abzustellen.

Ab dem handelsrechtlichen Umwandlungsstichtag (vgl. Randnr. 02.02) gelten die Handlungen des übertragenden Rechtsträgers als für Rechnung des übernehmenden Rechtsträgers vorgenommen. Die Geschäftsvorfälle im Rückwirkungszeitraum und das Einkommen werden steuerlich dem übernehmenden Rechtsträger zugerechnet. Die Rückwirkungsfiktion betrifft lediglich die Zuordnung des Einkommens und des Vermögens des übertragenden Rechtsträgers. 02.13

In den Fällen der Verschmelzung werden Liefer- und Leistungsbeziehungen zwischen dem übertragenden und dem übernehmenden Rechtsträger im Rückwirkungszeitraum für ertragsteuerliche Zwecke nicht berücksichtigt. Soweit nicht ausdrücklich in § 2 Absatz 2 UmwStG etwas anderes bestimmt ist, bleibt die steuerrechtliche Behandlung Dritter, z. B. der Anteilseigner, mit ihren von der übertragenden Körperschaft bezogenen Einkünften von der Rückwirkungsfiktion unberührt (vgl. Randnr. 02.03).

In den Fällen der Auf-, Abspaltung und Ausgliederung hat die Zuordnung von Aufwendungen und Erträgen im Rückwirkungszeitraum zwischen dem übertragenden Rechtsträger und dem übernehmenden Rechtsträger oder den übernehmenden Rechtsträgern nach wirtschaftlichen Zusammenhängen zu erfolgen. Die Rückwirkungsfiktion führt hierbei jedoch nicht dazu, dass im Verhältnis zwischen dem übertragenden und dem übernehmenden Rechtsträger oder zwischen den übernehmenden Rechtsträgern Liefer- und Leistungsbeziehungen fingiert werden.

Für das Vorliegen eines Teilbetriebs kommt es auf die Verhältnisse zum steuerlichen Übertragungsstichtag an. Zu den Teilbetriebsvoraussetzungen im Einzelnen vgl. Randnr. 15.02 ff. 02.14

Das Vorliegen eines Besteuerungsrechts kann nicht rückwirkend fingiert werden. Für die Prüfung des Ausschlusses oder der Beschränkung des deutschen Besteuerungsrechts ist auf die tatsächlichen Verhältnisse zum Zeitpunkt des steuerlichen Übertragungsstichtags abzustellen. 02.15

02.16 Der Eintritt der Wirksamkeit einer Umwandlung, deren steuerliche Wirkungen nach § 2 UmwStG zurückbezogen werden, stellt ein rückwirkendes Ereignis i. S. d. § 175 Absatz 1 Satz 1 Nummer 2 AO dar. Steuer- und Feststellungsbescheide der übertragenden Körperschaft sowie Feststellungsbescheide von Mitunternehmerschaften, an denen die übertragende Körperschaft unmittelbar oder mittelbar beteiligt ist, sind ggf. dementsprechend zu ändern.

b) Keine Rückwirkungsfiktion für ausscheidende und abgefundene Anteilseigner

02.17 Die Rückwirkungsfiktion des § 2 Absatz 1 UmwStG betrifft grundsätzlich nur den übertragenden sowie den übernehmenden Rechtsträger und z. B. nicht den Anteilseigner der übertragenden Körperschaft, sofern er nicht auch der übernehmende Rechtsträger ist (vgl. Randnr. 02.03). Bei einer Personengesellschaft als übernehmender Rechtsträger gilt darüber hinaus nach § 2 Absatz 2 UmwStG die Rückwirkungsfiktion auch für die Gesellschafter der übernehmenden Personengesellschaft. Maßgebend ist dabei der Umfang der Beteiligung des Anteilseigners zum Zeitpunkt der Wirksamkeit der Umwandlung (vgl. im Folgenden Randnr. 02.21). Diese Grundsätze gelten für die Rückwirkungsfiktion nach § 9 Satz 3 UmwStG entsprechend (vgl. Randnr. 02.06).

02.18 Von der Rückwirkung nach § 2 Absatz 2 UmwStG sind die Anteilseigner der übertragenden Körperschaft ausgenommen, sofern sie oder im Erbfall deren Gesamtrechtsnachfolger nicht Gesellschafter der übernehmenden Personengesellschaft werden.

> **Beispiel:**
> Die XY-GmbH soll zum 1.1.02 auf die XY-KG verschmolzen werden. Anteilseigner und Mitunternehmer sind A und B zu je 50 %. Der Umwandlungsbeschluss erfolgte im April 02. Die Anmeldung der Umwandlung zum Handelsregister erfolgte im Mai 02 und die Eintragung im Juli 02.
> A verstirbt am 30.6.02. Alleinerbin ist seine Ehefrau.
>
> **Lösung:**
> Das Vermögen des Erblassers geht auf die Ehefrau im Wege der Gesamtrechtsnachfolge über. Für ertragsteuerliche Zwecke gilt insoweit auch für die Ehefrau die Rückwirkungsfiktion nach § 2 Absatz 2 UmwStG, da die Ehefrau mit Eintragung der Umwandlung Gesellschafterin des übernehmenden Rechtsträgers, der XY-KG, wird.
> Für erbschaftsteuerliche Zwecke gilt die Rückwirkungsfiktion nicht (vgl. Randnr. 01.01).

Die Rückwirkungsfiktion des § 2 Absatz 2 UmwStG gilt nicht für diejenigen Anteilseigner, die in der Zeit zwischen dem steuerlichen Übertragungsstichtag und der Eintragung der Umwandlung in das zuständige Register (Rückwirkungszeitraum) ganz oder teilweise aus der übertragenden Körperschaft (z. B. durch entgeltliche oder unentgeltliche Übertragung) ausscheiden. Soweit sie ausscheiden, sind sie bis zu ihrem Ausscheiden für steuerliche Zwecke als Anteilseigner der übertragenden Körperschaft zu behandeln.

02.19 Die vorstehenden Ausführungen gelten auch für Anteilseigner, die aus dem umgewandelten Rechtsträger gegen Barabfindung ausscheiden. Bei Verschmelzung, Auf-, Abspaltung oder Formwechsel eines Rechtsträgers hat der übernehmende Rechtsträger bzw. umgewandelte Rechtsträger jedem Anteilseigner, der gegen den Umwandlungsbeschluss des übertragenden oder umgewandelten Rechtsträgers Widerspruch eingelegt hat, den Erwerb seiner Anteile gegen eine angemessene Barabfindung anzubieten (§§ 29, 125 und 207 UmwG). Der abgefundene Anteilseigner scheidet handelsrechtlich erst nach der Eintragung in das jeweils zuständige Register und damit aus dem zivilrechtlich bereits bestehenden übernehmenden bzw. umgewandelten Rechtsträger aus. Steuerlich ist er jedoch so zu behandeln, als ob er nicht Gesellschafter des übernehmenden bzw. umgewandelten Rechtsträgers geworden und damit aus dem übertragenden Rechtsträger ausgeschieden ist.

2. Steuerliche Behandlung von im Rückwirkungszeitraum ausscheidenden und neu eintretenden Anteilseignern

a) Vermögensübergang auf eine Personengesellschaft oder natürliche Person

Veräußert ein Anteilseigner einen Teil seiner Beteiligung an der übertragenden Körperschaft, für den bei ihm die Rückwirkungsfiktion des § 2 Absatz 2 UmwStG insoweit nicht gilt (vgl. Randnr. 02.17 ff.), überträgt er Anteile an einer Körperschaft und keinen Mitunternehmeranteil. Der Veräußerungsgewinn ist beim Anteilseigner nach den für die Veräußerung von Anteilen an Körperschaften geltenden steuerlichen Vorschriften (z. B. § 17 Absatz 1 oder § 20 Absatz 2 Satz 1 Nummer 1 EStG) zu beurteilen. Für die persönliche Zurechnung der Bezüge i. S. d. § 7 UmwStG kommt es auf die Verhältnisse im Zeitpunkt der Wirksamkeit der Umwandlung an, so dass bezogen auf diese Anteile dem Veräußerer keine Bezüge i. S. d. § 7 UmwStG zuzurechnen sind (vgl. Randnr. 07.02). 02.20

Der Erwerber der Anteile wird mit Eintragung der Umwandlung Gesellschafter der übernehmenden Personengesellschaft, so dass für ihn die Rückwirkungsfiktion des § 2 Absatz 2 UmwStG insoweit zur Anwendung kommt. Für ihn ist das Übernahmeergebnis nach § 4 Absatz 4 bis 6 i. V. m. § 5 Absatz 2 und 3 UmwStG zu ermitteln und ihm sind auch insoweit die Bezüge i. S. d. § 7 UmwStG zuzurechnen. 02.21

Beispiel:
A ist Alleingesellschafter der X-GmbH und hält seine Anteile im Privatvermögen. Die X-GmbH wird steuerlich rückwirkend zum 31.12.00 auf die bereits bestehende Y-OHG verschmolzen. Die Eintragung im Handelsregister erfolgt am 15.6.01. A veräußert am 1.3.01 die Hälfte seiner Beteiligung an der X-GmbH an B. Beim Erwerber gehört die Beteiligung zum Betriebsvermögen.
A und B sind Geschäftsführer der X-GmbH und erzielen im Rückwirkungszeitraum hierfür bisher Einkünfte i. S. d. § 19 Absatz 1 Satz 1 Nummer 1 EStG.

Lösung:
Soweit A seinen Anteil an der X-GmbH veräußert, findet § 2 Absatz 2 UmwStG keine Anwendung. A veräußert insoweit eine Beteiligung an einer Kapitalgesellschaft.
B erwirbt ungeachtet der Rückwirkungsfiktion einen Anteil an einer Kapitalgesellschaft. Gem. § 5 Absatz 3 UmwStG gilt dieser Anteil als mit den Anschaffungskosten am steuerlichen Übertragungsstichtag (hier: 31.12.00) in das Betriebsvermögen der Personengesellschaft überführt. Das Übernahmeergebnis sowie die Bezüge i. S. d. § 7 UmwStG sind insoweit dem Erwerber anteilig zum steuerlichen Übertragungsstichtag zuzurechnen.
Hinsichtlich ihrer Beteiligungen gilt für A und B die Rückwirkungsfiktion nach § 2 Absatz 2 UmwStG mit der Folge, dass die im Rückwirkungszeitraum erzielten Geschäftsführergehälter als Einkünfte i. S. d. § 15 Absatz 1 Satz 1 Nummer 2 zweiter Halbsatz EStG zu erfassen sind.

Werden die Anteile von der übernehmenden Personengesellschaft oder natürlichen Person erworben, ist das Übernahmeergebnis nach § 4 Absatz 4 bis 6 UmwStG so zu ermitteln, als hätte die übernehmende Personengesellschaft bzw. die natürliche Person die Anteile bereits am steuerlichen Übertragungsstichtag angeschafft (vgl. § 5 Absatz 1 UmwStG). Diese Anteile gelten damit als innerhalb von fünf Jahren vor dem steuerlichen Übertragungsstichtag i. S. d. § 4 Absatz 6 Satz 6 UmwStG erworben. 02.22

b) Vermögensübergang auf eine Körperschaft

Veräußert ein Anteilseigner, für den die Rückwirkungsfiktion des § 2 Absatz 1 UmwStG nicht gilt (vgl. Randnr. 02.03), seine Beteiligung an der übertragenden Körperschaft, ist die Veräußerung steuerlich nach den allgemeinen Grundsätzen zu beurteilen (z. B. § 17 Absatz 1 oder § 20 Absatz 2 Satz 1 Nummer 1 EStG). Die Besteuerungsfolgen beim Veräußerer treten zum Zeitpunkt des Übergangs des wirtschaftlichen Eigentums i. S. d. § 39 AO ein. Für die Besteuerung des Erwerbers gilt grundsätzlich § 13 UmwStG, soweit es sich bei dem Erwerber nicht um den übernehmenden Rechtsträger handelt (vgl. Randnr. 02.24). 02.23

02.24 Erwirbt die übernehmende Körperschaft im Rückwirkungszeitraum Anteile an der übertragenden Körperschaft, gelten diese von der übernehmenden Körperschaft als am steuerlichen Übertragungsstichtag erworben (§ 12 Absatz 2 Satz 3 i.V. m. § 5 Absatz 1 UmwStG). Die Besteuerungsfolgen beim Veräußerer treten, da für ihn § 12 Absatz 2 Satz 3 i.V. m. § 5 Absatz 1 UmwStG nicht gilt, zum Zeitpunkt des Übergangs des wirtschaftlichen Eigentums i. S. d. § 39 AO ein. Die Ermittlung und Besteuerung des Übernahmeergebnisses ergibt sich gem. § 12 Absatz 2 Satz 1 und 2 UmwStG mit Wirkung zum steuerlichen Übertragungsstichtag.

3. Steuerliche Behandlung von Gewinnausschüttungen

a) Vermögensübergang auf eine Personengesellschaft oder natürliche Person

aa) Ausschüttungen, die vor dem steuerlichen Übertragungsstichtag abgeflossen sind

- **Übertragende Körperschaft**

02.25 Die im letzten Wirtschaftsjahr der übertragenden Körperschaft (= Wirtschaftsjahr der Umwandlung) vorgenommenen Ausschüttungen (u. a. abgeflossene Vorabausschüttungen, abgeflossene verdeckte Gewinnausschüttungen) haben das Betriebsvermögen der übertragenden Körperschaft zum steuerlichen Übertragungsstichtag und damit auch das übergehende Vermögen bereits verringert.

- **Zuflusszeitpunkt und Besteuerung beim Anteilseigner**

02.26 Die Ausschüttungen sind beim Anteilseigner als Einnahmen i. S. d. § 20 Absatz 1 Nummer 1 EStG zu erfassen und unterliegen der Besteuerung nach den allgemeinen Grundsätzen (z. B. § 3 Nummer 40 oder § 32d EStG, § 8b KStG). Für den Zufluss beim Anteilseigner gelten die gemeinen Grundsätze.

bb) Ausschüttungen, die nach dem steuerlichen Übertragungsstichtag abgeflossen sind

(1) Vor dem steuerlichen Übertragungsstichtag begründete Ausschüttungsverbindlichkeiten

- **Übertragende Körperschaft**

02.27 Am steuerlichen Übertragungsstichtag bereits beschlossene, aber noch nicht vollzogene offene Gewinnausschüttungen sowie noch nicht abgeflossene verdeckte Gewinnausschüttungen sind in der steuerlichen Schlussbilanz als Schuldposten (z. B. als Ausschüttungsverbindlichkeit oder als passivierte Tantieme) zu berücksichtigen. Das gilt sowohl für offene Gewinnausschüttungen als auch für beschlossene Vorabausschüttungen für das letzte oder frühere Wirtschaftsjahre der übertragenden Körperschaft und auch für verdeckte Gewinnausschüttungen, die erst im Rückwirkungszeitraum oder später abfließen.

Ausschüttungen, für die ein Schuldposten gebildet worden ist, gelten unabhängig vom Zuflusszeitpunkt beim Anteilseigner (vgl. Randnr. 02.28 f.) für Zwecke der Anwendung des § 27 KStG als am steuerlichen Übertragungsstichtag abgeflossen.

Die Steuerbescheinigung i. S. d. § 27 Absatz 3 KStG ist von der übertragenden Körperschaft oder dem übernehmenden Rechtsträger als deren steuerlicher Rechtsnachfolger (§ 4 Absatz 2 Satz 1 UmwStG) auszustellen.

- **Zuflusszeitpunkt und Besteuerung beim Anteilseigner**

Für die Besteuerung der Ausschüttungen beim Anteilseigner ist für den Besteuerungszeitpunkt der in der steuerlichen Schlussbilanz als Schuldposten passivierten Ausschüttungsverbindlichkeiten (vgl. Randnr. 02.27) grundsätzlich zu unterscheiden, ob sie Anteilseigner betreffen, für die die Rückwirkungsfiktion gilt oder nicht gilt: 02.28

– Anteilseigner, die unter die Rückwirkungsfiktion fallen:

Bei Ausschüttungsverbindlichkeiten gegenüber Anteilseignern, für die die Rückwirkungsfiktion Anwendung findet (vgl. Randnr. 02.03 und 02.17), gelten diese Ausschüttungen dem Anteilseigner nach § 2 Absatz 2 UmwStG bereits als am steuerlichen Übertragungsstichtag zugeflossen; der Ausweis einer Ausschüttungsverbindlichkeit in der steuerlichen Schlussbilanz bleibt hiervon unberührt. Für eine natürliche Person als übernehmender Rechtsträger gilt dies nach § 2 Absatz 1 UmwStG.

Für Anteilseigner, für die ein Übernahmeergebnis nach § 4 UmwStG ermittelt wird (vgl. § 4 Absatz 4 Satz 3 UmwStG), sind die Ausschüttungen als Einkünfte nach § 15 Absatz 1 Satz 1 Nummer 2 EStG i. V. m § 20 Absatz 1 Nummer 1, Absatz 8 EStG zu erfassen und nach den allgemeinen Grundsätzen zu besteuern (§ 3 Nummer 40 EStG oder § 8b KStG). Für Anteilseigner, für die kein Übernahmeergebnis zu ermitteln ist, sind die Ausschüttungen als Einkünfte nach § 20 Absatz 1 Nummer 1 EStG zu erfassen und nach den allgemeinen Grundsätzen zu versteuern (§ 3 Nummer 40 EStG a. F. oder bei Zufluss nach dem 31. 12. 2008 § 32d, § 43 Absatz 5 EStG).

– Anteilseigner, die nicht unter die Rückwirkungsfiktion fallen:

Bei Ausschüttungsverbindlichkeiten gegenüber Anteilseignern, für die die Rückwirkungsfiktion nach § 2 Absatz 2 UmwStG nicht gilt (vgl. Randnr. 02.03 und 02.17 ff.), sind die Ausschüttungen nach den allgemeinen Grundsätzen als Einnahmen i. S. d. § 20 Absatz 1 Nummer 1 EStG zu erfassen und zu besteuern (z. B. § 3 Nummer 40 EStG oder § 8b KStG bzw. bei Zufluss nach dem 31. 12. 2008 auch § 32d, § 43 Absatz 5 EStG).

Veräußert ein Anteilseigner nur einen Teil seiner Anteile, sind Gewinnausschüttungen bezogen auf die verbliebenen und veräußerten Anteile entsprechend dem gesamten Beteiligungsverhältnis dieses Anteilseigners aufzuteilen und entsprechend den vorstehenden Grundsätzen zu beurteilen. 02.29

- **Behandlung beim übernehmenden Rechtsträger**

Beim übernehmenden Rechtsträger stellt der Abfluss der Gewinnausschüttung im Rückwirkungszeitraum grundsätzlich eine erfolgsneutrale Erfüllung einer Ausschüttungsverbindlichkeit dar. Die übernehmende Personengesellschaft oder natürliche Person ist als steuerlicher Rechtsnachfolger des übertragenden Rechtsträgers (§ 4 Absatz 2 Satz 1 UmwStG) zur Einbehaltung und Abführung der Kapitalertragsteuer nach den allgemeinen Grundsätzen verpflichtet (vgl. §§ 43 ff. EStG): 02.30

– Anteilseigner, die unter die Rückwirkungsfiktion fallen:

Bei Ausschüttungsverbindlichkeiten an Anteilseigner, die unter die steuerliche Rückwirkungsfiktion fallen (vgl. Randnr. 02.03 und 02.17), gelten diese Ausschüttungen infolge der Wirksamkeit der Umwandlung als am steuerlichen Übertragungsstichtag zugeflossen. Für die Anwendung des § 44 Absatz 1 Satz 2 EStG gelten sie spätestens mit Eintritt der Wirksamkeit der Umwandlung als zugeflossen.

– Anteilseigner, die nicht unter die Rückwirkungsfiktion fallen:

Bei in der steuerlichen Schlussbilanz ausgewiesenen Ausschüttungsverbindlichkeiten für nicht an der Rückwirkungsfiktion teilnehmende Anteilseigner (vgl. Randnr. 02.03 und

02.17 ff.) ist die Kapitalertragsteuer in dem Zeitpunkt, zu dem die Einnahmen i. S. d. § 20 Absatz 1 Nummer 1 EStG dem Gläubiger i. S. d. § 44 Absatz 1 Satz 2 EStG zufließen, von dem übernehmenden Rechtsträger als steuerlicher Rechtsnachfolger des übertragenden Rechtsträgers (§ 4 Absatz 2 Satz 1 UmwStG) einzubehalten und abzuführen, soweit dieser die Kapitalertragsteuer nicht bereits nach allgemeinen Grundsätzen einbehalten und abgeführt hat.

(2) Nach dem steuerlichen Übertragungsstichtag beschlossene Gewinnausschüttungen sowie verdeckte Gewinnausschüttungen und andere Ausschüttungen im Rückwirkungszeitraum sowie offene Rücklagen i. S. d. § 7 UmwStG

02.31 Offene oder verdeckte Gewinnausschüttungen der zivilrechtlich noch bestehenden übertragenden Körperschaft im Rückwirkungszeitraum sind steuerlich – trotz der Rückwirkungsfiktion des § 2 Absatz 1 UmwStG – im Grundsatz weiterhin Ausschüttungen des übertragenden Rechtsträgers, da die Rückwirkungsfiktion des § 2 Absatz 1 UmwStG nicht den Anteilseigner und seine von der übertragenden Körperschaft bezogenen Ausschüttungen betrifft (vgl. Randnr. 02.03). Insoweit ist für diese Ausschüttungen ein passiver Korrekturposten in die steuerliche Schlussbilanz einzustellen, der wie eine Ausschüttungsverbindlichkeit (vgl. Randnr. 02.27) wirkt. Der steuerliche Gewinn der übertragenden Körperschaft mindert sich hierdurch nicht. Er ist ggf. außerhalb der steuerlichen Schlussbilanz entsprechend zu korrigieren. Das nach Vornahme dieser Korrektur in der steuerlichen Schlussbilanz verbliebene Eigenkapital stellt die Ausgangsgröße für die Ermittlung der offenen Rücklagen i. S. d. § 7 UmwStG dar (vgl. Randnr. 07.04). Bei der Zurechnung der offenen Rücklagen i. S. d. § 7 UmwStG gegenüber einem im Rückwirkungszeitraum neu eintretenden Gesellschafter sind die Ausschüttungen an Anteilseigner, für die die Rückwirkungsfiktion gilt, vorweg zu berücksichtigen (rückbezogene Ausschüttungen; vgl. Randnr. 02.33 und 07.06).

02.32 Die Bildung eines passiven Korrekturpostens i. S. d. Randnr. 02.31 kommt insoweit nicht für Ausschüttungen an Anteilseigner in Betracht, soweit für sie die Rückwirkungsfiktion gilt. Dies ist der Fall, wenn

– der Anteilseigner i. S. d. § 20 Absatz 5 EStG der übertragenden Körperschaft auch der übernehmende Rechtsträger ist (bei Verschmelzung auf eine natürliche Person) oder

– der Anteilseigner Gesellschafter der übernehmenden Personengesellschaft wird.

Im ersten Fall gilt die steuerliche Rückwirkungsfiktion nach § 2 Absatz 1 UmwStG und im zweiten Fall nach § 2 Absatz 2 UmwStG auch für den Anteilseigner der übertragenden Körperschaft, so dass es sich insoweit steuerlich nicht um Einnahmen i. S. d. § 20 Absatz 1 Nummer 1 EStG, sondern um Entnahmen i. S. d. § 4 Absatz 1 Satz 2 EStG der übernehmenden natürlichen Person oder des jeweiligen Gesellschafters handelt. Davon unberührt bleibt eine Zurechnung von Bezügen i. S. d. § 7 UmwStG i. V. m. § 20 Absatz 1 Nummer 1 EStG.

02.33 Ausschüttungen an Anteilseigner, für die die Rückwirkungsfiktion nicht gilt (vgl. Randnr. 02.03 und 02.17 ff.), sind als Einnahmen nach § 20 Absatz 1 Nummer 1 EStG zu behandeln und nach den allgemeinen Grundsätzen zu besteuern (z. B. § 3 Nummer 40 EStG oder § 8b KStG bzw. bei Zufluss nach dem 31. 12. 2008 auch § 32d, § 43 Absatz 5 EStG). Zum Abfluss für Zwecke der Anwendung des § 27 KStG vgl. Randnr. 02.27, zum Einbehalt und zur Abführung der Kapitalertragsteuer vgl. Randnr. 02.30 und zum Zeitpunkt der Besteuerung vgl. Randnr. 02.28.

Beispiel:
An der X-GmbH sind die Gesellschafter A (10 %), B (40 %) und C (50 %) beteiligt. Die X-GmbH wird zum 1. 1. 01 (steuerlicher Übertragungsstichtag 31. 12. 00) zusammen mit der Y-GmbH durch Neugründung auf die XY-OHG verschmolzen. Die Gesellschafterversammlung der X-GmbH beschließt am 30. 4. 01 eine Gewinnausschüttung für 01 i. H. v. 70.000 €. Die Ausschüttung wird am 31. 5. 01 ausgezahlt. Das steuerliche Eigenkapital i. S. d. § 7 UmwStG beträgt – vor Berücksichtigung eines Korrekturpostens – 100.000 €.

A verkauft seine im Privatvermögen gehaltene Beteiligung an der X-GmbH zum 1.7.01 an D. Die Eintragung der Verschmelzung im Handelsregister erfolgt am 31.8.01.

Lösung:
Für die steuerliche Beurteilung der nach dem steuerlichen Übertragungsstichtag beschlossenen Gewinnausschüttung sowie der Bezüge i.S.d. § 7 UmwStG der Gesellschafter A, B, C und D ist danach zu unterscheiden, welcher Anteilseigner an der Rückwirkungsfiktion nach § 2 Absatz 2 UmwStG teilnimmt:

<u>Anteilseigner A</u>
Da A infolge der Anteilsveräußerung nicht Gesellschafter der übernehmenden Personengesellschaft wird, gilt für ihn zum einen nicht die Rückwirkungsfiktion nach § 2 Absatz 2 UmwStG und zum anderen sind ihm keine Bezüge i.S.d. § 7 UmwStG zuzurechnen (vgl. Randnr. 02.20 und 07.02). In Höhe der dem A zuzurechnenden Gewinnausschüttung ist in der steuerlichen Schlussbilanz ein passiver Korrekturposten i.H.v. 7.000 € steuerneutral zu bilden.

Dem ausgeschiedenen Anteilseigner A fließt die Gewinnausschüttung der übertragenden Körperschaft am 31.5.01 zu. Er hat diese Ausschüttung im Veranlagungszeitraum 01 als Einkünfte aus Kapitalvermögen zu versteuern (§ 20 Absatz 1 Nummer 1 EStG, § 3 Nummer 40 EStG bzw. bei Zufluss nach dem 31.12.2008 auch § 32d, § 43 Absatz 5 EStG).

<u>Anteilseigner B, C und D</u>
Da die Anteilseigner B, C und D der übertragenden X-GmbH Gesellschafter der übernehmenden XY-OHG werden, findet zum einen die Rückwirkungsfiktion nach § 2 Absatz 2 UmwStG Anwendung und zum anderen sind ihnen die Bezüge i.S.d. § 7 UmwStG zuzurechnen. Die Bildung eines passiven Korrekturpostens kommt insoweit nicht in Betracht. Hinsichtlich der am 31.5.01 erfolgten Gewinnausschüttungen handelt es sich um Entnahmen von B und C nach § 4 Absatz 1 Satz 2 EStG.

Für die Zurechnung der Bezüge i.S.d. § 7 UmwStG ergibt sich Folgendes:

Eigenkapital i.S.d. § 7 UmwStG (ohne Korrekturposten)	100.000 €
Passiver Korrekturposten (Ausschüttung an A)	./. 7.000 €
Ausgangsgröße für die Bezüge i.S.d. § 7 UmwStG	93.000 €

Die Bezüge i.S.d. § 7 UmwStG verteilen sich wie folgt:

	Vorspalte	B	C	D
Bezüge i.S.d. § 7 UmwStG	93.000 €			
Rückbezogene Ausschüttungen an B, C	./. 63.000 €	+ 28.000 €	+ 35.000 €	
Zwischensumme	30.000 €			
Verteilung nach Beteiligung am Nennkapital	./. 30.000 €	+ 12.000 €	+ 15.000 €	+ 3.000 €
Zu versteuernde Bezüge i.S.d. § 7 UmwStG		40.000 €	50.000 €	3.000 €

b) Vermögensübergang auf eine Körperschaft

Bei Umwandlung auf eine Körperschaft gilt für den Anteilseigner die steuerliche Rückwirkungsfiktion nach § 2 Absatz 1 UmwStG nicht, sofern dieser nicht der übernehmende Rechtsträger ist (vgl. Randnr. 02.03). Ausschüttungen an Anteilseigner, für die die Rückwirkungsfiktion nicht gilt, sind als Ausschüttungen der übertragenden Körperschaft und als Einnahmen nach § 20 Absatz 1 Nummer 1 EStG zu behandeln sowie nach den allgemeinen Grundsätzen zu besteuern (z.B. § 3 Nummer 40 EStG oder § 8b KStG bzw. bei Zufluss nach dem 31.12.2008 auch § 32d, § 43 Absatz 5 EStG). Zum Einbehalt und zur Abführung der Kapitalertragsteuer vgl. Randnr. 02.30 und zum Zeitpunkt der Besteuerung vgl. Randnr. 02.28.

02.34

Ausschüttungen der übertragenden Körperschaft, für die entsprechend Randnr. 02.27 ein Schuldposten oder entsprechend Randnr. 02.31 ein passiver Korrekturposten zu bilden ist, gelten für Zwecke der Anwendung des § 27 KStG spätestens im Zeitpunkt der zivilrechtlichen Wirksamkeit der Umwandlung als abgeflossen. Diese Ausschüttungen sind in der gesonderten Feststellung des steuerlichen Einlagekontos zum steuerlichen Übertragungsstichtag zu berücksichtigen.

Aus Vereinfachungsgründen bestehen für im Rückwirkungszeitraum erfolgte Gewinnausschüttungen keine Bedenken, diese so zu behandeln, als hätte der übernehmende Rechtsträger sie vorgenommen, wenn die Verpflichtung zum Einbehalt und zur Abführung der Kapitalertragsteuer nach §§ 43 ff. EStG hierdurch nicht beeinträchtigt wird.

02.35 Bei Verschmelzung einer Tochtergesellschaft auf ihre Muttergesellschaft gilt für Gewinnausschüttungen der Tochtergesellschaft an die Muttergesellschaft im Rückwirkungszeitraum die Rückwirkungsfiktion nach § 2 Absatz 1 UmwStG mit der Folge, dass eine steuerlich unbeachtliche Vorwegübertragung von Vermögen an die Muttergesellschaft vorliegt. Die Kapitalertragsteueranmeldung kann insoweit berichtigt werden.

4. Sondervergütungen bei Umwandlung in eine Personengesellschaft

02.36 Im Rückwirkungszeitraum gezahlte Vergütungen für die Tätigkeit im Dienst der Gesellschaft, für die Hingabe von Darlehen oder für die Überlassung von Wirtschaftsgütern an Anteilseigner, die Mitunternehmer der übernehmenden Personengesellschaft werden, sind dem Gewinnanteil der jeweiligen Mitunternehmer der übernehmenden Personengesellschaft in voller Höhe hinzuzurechnen (§ 15 Absatz 1 Satz 1 Nummer 2 zweiter Halbsatz EStG). Eine Aufteilung der Vergütung entsprechend Randnr. 02.29 findet nicht statt (vgl. hierzu auch das Beispiel in Randnr. 02.21).

5. Aufsichtsratsvergütungen und sonstige Fälle des Steuerabzugs nach § 50a EStG

02.37 Aufsichtsratsvergütungen der übertragenden Körperschaft für den Rückwirkungszeitraum werden steuerlich weiterhin vom übertragenden Rechtsträger geleistet. An Dritte gezahlte Vergütungen stellen im Grundsatz Betriebsausgaben des übertragenden Rechtsträgers dar, die nach § 2 Absatz 1 UmwStG dem übernehmenden Rechtsträger rückwirkend zugerechnet werden. Eine Steuerabzugsverpflichtung nach § 50a EStG geht z. B. nach § 4 Absatz 2 Satz 1 UmwStG auf den übernehmenden Rechtsträger über. § 10 Nummer 4 KStG ist bei Umwandlung in eine Personengesellschaft nicht anzuwenden.

Der Vergütungsgläubiger hat die Einnahmen als Einkünfte i. S. d. § 18 Absatz 1 Nummer 3 EStG zu versteuern. Dies gilt jedoch nicht bei Umwandlung in eine Personengesellschaft, wenn der Vergütungsgläubiger Anteilseigner der übertragenden Körperschaft ist und Gesellschafter der übernehmenden Personengesellschaft wird, insoweit gilt Randnr. 02.36.

Vorstehende Grundsätze gelten für andere steuerabzugspflichtige Vergütungen i. S. d. § 50a EStG entsprechend.

6. Vermeidung der Nichtbesteuerung (§ 2 Absatz 3 UmwStG)

02.38 § 2 Absatz 3 UmwStG schließt die steuerliche Rückwirkung aus, soweit bei ausländischen Umwandlungen (vgl. Randnr. 01.20 ff.) aufgrund abweichender Regelungen zur steuerlichen Rückbeziehung eines in § 1 Absatz 1 UmwStG bezeichneten Vorgangs Einkünfte der Besteuerung in einem anderen Staat entzogen werden. Die Vorschrift soll die Nichtbesteuerung von Einkünften aufgrund abweichender Rückwirkungsregelungen vermeiden. Abweichende Rückwirkungsregelungen liegen insbesondere bei unterschiedlichen Rückwirkungszeiträumen oder unterschiedlicher Ausgestaltung der Rückwirkungsregelungen vor.

7. Beschränkung der Verlustnutzung (§ 2 Absatz 4 UmwStG)

02.39 § 2 Absatz 4 UmwStG enthält eine Verlustnutzungsbeschränkung. Mit dieser Regelung soll verhindert werden, dass aufgrund der steuerlichen Rückwirkungsfiktion in § 2 Absatz 1 und 2 UmwStG gestalterisch eine Verlustnutzung (einschließlich des Erhalts eines Zinsvortrags oder eines EBITDA-Vortrags) erreicht werden kann. Voraussetzung für die Verlustnutzung ist, dass diese auch ohne die steuerliche Rückwirkung nach § 2 Absatz 1 oder 2 UmwStG möglich gewesen wäre. Dabei kommt es nicht darauf an, ob z. B. im Fall des § 8c KStG ein schädlicher Beteiligungserwerb vor dem Umwandlungsbeschluss oder in dem Zeitraum nach dem Umwandlungsbeschluss bis zur Eintragung der Umwandlung erfolgt.

Nach § 2 Absatz 4 Satz 2 UmwStG gilt die Rechtsfolge in § 2 Absatz 4 Satz 1 UmwStG für Verluste des übertragenden Rechtsträgers im Rückwirkungszeitraum entsprechend. Danach kann z. B. auch ein laufender Verlust des übertragenden Rechtsträgers im Rückwirkungszeitraum insoweit nicht mit den positiven Einkünften des übernehmenden Rechtsträgers ausgeglichen werden. 02.40

Zweiter Teil. Vermögensübergang bei Verschmelzung auf eine Personengesellschaft oder auf eine natürliche Person und Formwechsel einer Kapitalgesellschaft in eine Personengesellschaft

A. Wertansätze in der steuerlichen Schlussbilanz der übertragenden Körperschaft (§ 3 UmwStG)

I. Pflicht zur Abgabe einer steuerlichen Schlussbilanz

Jede übertragende Körperschaft ist nach § 3 Absatz 1 Satz 1 UmwStG zur Erstellung und Abgabe einer steuerlichen Schlussbilanz auf den steuerlichen Übertragungsstichtag verpflichtet. Dies gilt unabhängig davon, ob die übertragende Körperschaft im Inland einer Steuerpflicht unterliegt (§§ 1, 2 KStG), im Inland zur Führung von Büchern verpflichtet ist (§ 5 Absatz 1 EStG, §§ 141 ff. AO) oder überhaupt inländisches Betriebsvermögen besitzt. Für den Formwechsel ergibt sich eine entsprechende Verpflichtung aus § 9 Satz 2 UmwStG. Die steuerliche Schlussbilanz i. S. d. § 3 Absatz 1 Satz 1 UmwStG ist eine eigenständige Bilanz und von der Gewinnermittlung i. S. d. § 4 Absatz 1, § 5 Absatz 1 EStG zu unterscheiden. 03.01

Als Abgabe der steuerlichen Schlussbilanz gilt auch die ausdrückliche Erklärung, dass die Steuerbilanz i. S. d. § 4 Absatz 1, § 5 Absatz 1 EStG gleichzeitig die steuerliche Schlussbilanz sein soll, wenn diese Bilanz der steuerlichen Schlussbilanz entspricht; diese Erklärung ist unwiderruflich. In dieser Erklärung ist zugleich ein konkludent gestellter Antrag auf Ansatz des Buchwerts zu sehen (vgl. Randnr. 03.29).

Fällt der steuerliche Übertragungsstichtag nicht auf das Ende des Wirtschaftsjahrs, entsteht insoweit ein Rumpfwirtschaftsjahr (§ 8b Satz 2 Nummer 1 EStDV).

Die Vorlage einer steuerlichen Schlussbilanz ist nur dann nicht erforderlich, wenn sie nicht für inländische Besteuerungszwecke benötigt wird. Bei Übergang des Vermögens auf eine Personengesellschaft oder natürliche Person ist die Erstellung einer steuerlichen Schlussbilanz für inländische Besteuerungszwecke insbesondere immer dann von Bedeutung, wenn die übertragende Körperschaft, ein Mitunternehmer der übernehmenden Personengesellschaft oder die übernehmende natürliche Person im Inland steuerpflichtig ist. 03.02

Der Eintritt der Wirksamkeit einer Umwandlung, deren steuerliche Wirkungen nach § 2 UmwStG zurückbezogen werden, stellt ein rückwirkendes Ereignis i. S. d. § 175 Absatz 1 Satz 1 Nummer 2 AO dar (vgl. Randnr. 02.16). 03.03

II. Ansatz und Bewertung der übergehenden Wirtschaftsgüter

1. Ansatz der übergehenden Wirtschaftsgüter dem Grunde nach

§ 3 UmwStG ist eine eigenständige steuerliche Ansatz- und Bewertungsvorschrift. In der steuerlichen Schlussbilanz sind sämtliche übergehenden aktiven und passiven Wirtschaftsgüter, einschließlich nicht entgeltlich erworbener und selbst geschaffener immaterieller Wirtschafts- 03.04

güter, anzusetzen. Steuerfreie Rücklagen (z. B. § 6b EStG oder § 7g EStG a. F.) bzw. ein steuerlicher Ausgleichsposten nach § 4g EStG sind nach § 4 Absatz 2 Satz 1 UmwStG dem Grunde nach anzusetzen, soweit die Buchwerte fortgeführt bzw. die Zwischenwerte angesetzt werden. § 5b EStG gilt für die steuerliche Schlussbilanz entsprechend.

03.05 Zu einzelnen Positionen der steuerlichen Schlussbilanz:

– **Ausstehende Einlagen**

Das gezeichnete Kapital ist um eingeforderte sowie um nicht eingeforderte ausstehende Einlagen zu kürzen, soweit diese nicht vom gezeichneten Kapital entsprechend § 272 Absatz 1 Satz 3 HGB[*] abgesetzt wurden. Zu den Folgen bei der Ermittlung des Übernahmegewinns siehe Randnr. 04.31.

– **Eigene Anteile**

Eigene Anteile der übertragenden Körperschaft sind nicht in der steuerlichen Schlussbilanz anzusetzen, da sie nicht auf den übernehmenden Rechtsträger übergehen, sondern mit der Wirksamkeit der Umwandlung untergehen. Dieser Vorgang ist gewinnneutral.

– **Geschäfts- oder Firmenwert**

Nach § 3 Absatz 1 Satz 1 UmwStG ist auch ein originärer Geschäfts- oder Firmenwert der übertragenden Körperschaft anzusetzen.

– **Forderungen und Verbindlichkeiten**

Forderungen und Verbindlichkeiten gegen den übernehmenden Rechtsträger sind in der steuerlichen Schlussbilanz auch anzusetzen, wenn sie durch die Verschmelzung erlöschen. Zum Entstehen eines Übernahmefolgegewinns oder -verlusts bei Bewertungsunterschieden und dessen steuerlicher Behandlung siehe Randnr. 06.01 ff.

– **Rückstellung für Grunderwerbsteuer**

Für aufgrund einer Verschmelzung der übertragenden Körperschaft anfallende Grunderwerbsteuer kann keine Rückstellung gebildet werden, soweit sie vom übertragenden Rechtsträger zu tragen ist (BFH vom 15. 10. 1997, I R 22/96, BStBl 1998 II S. 168, und BMF-Schreiben vom 18. 1. 2010, BStBl I S. 70).

03.06 Die steuerlichen Ansatzverbote des § 5 EStG gelten nicht für die steuerliche Schlussbilanz (vgl. Randnr. 03.04), es sei denn, die Buchwerte werden fortgeführt. Beim übernehmenden Rechtsträger gelten zu den folgenden Bilanzstichtagen die allgemeinen Grundsätze (vgl. Randnr. 04.16).

2. Ansatz der übergehenden Wirtschaftsgüter der Höhe nach

a) Ansatz der übergehenden Wirtschaftsgüter mit dem gemeinen Wert bzw. dem Teilwert nach § 6a EStG

03.07 Die übergehenden aktiven und passiven Wirtschaftsgüter sind in der steuerlichen Schlussbilanz auf den steuerlichen Übertragungsstichtag mit dem gemeinen Wert bzw. bei Pensionsrückstellungen mit dem Teilwert nach § 6a EStG anzusetzen. Die Bewertung nach § 3 Absatz 1 Satz 1 UmwStG zum gemeinen Wert hat dabei nicht bezogen auf jedes einzelne übergehende Wirtschaftsgut, sondern bezogen auf die Gesamtheit der übergehenden aktiven und passiven Wirtschaftsgüter zu erfolgen (Bewertung als Sachgesamtheit).

Die Ermittlung des gemeinen Werts der Sachgesamtheit kann, sofern der gemeine Wert des übertragenden Rechtsträgers nicht aus Verkäufen abgeleitet werden kann, anhand eines all-

---

[*] I. d. F. des Gesetzes zur Modernisierung des Bilanzrechts (Bilanzrechtsmodernisierungsgesetz – BilMoG) vom 25. 5. 2009, BGBl I S. 1102.

gemein anerkannten ertragswert- oder zahlungsstromorientierten Verfahrens erfolgen, welches ein gedachter Erwerber des Betriebs der übertragenden Körperschaft bei der Bemessung des Kaufpreises zu Grunde legen würde (vgl. § 109 Absatz 1 Satz 2 i.V. m. § 11 Absatz 2 BewG); der Bewertungsvorbehalt für Pensionsrückstellungen nach § 3 Absatz 1 Satz 2 UmwStG ist zu beachten. Zur Bewertung nach § 11 Absatz 2 BewG gelten die gleich lautenden Erlasse der obersten Finanzbehörden der Länder zur Anwendung der §§ 11, 95 bis 109 und 199 ff. BewG in der Fassung des ErbStRG vom 17. 5. 2011, BStBl I S. 606, für ertragsteuerliche Zwecke entsprechend (vgl. BMF-Schreiben vom 22. 9. 2011, BStBl I S. 859).

Aufgrund der Bewertung von Pensionsrückstellungen mit dem Teilwert i. S. d. § 6a EStG nach § 3 Absatz 1 Satz 2 UmwStG mindert ein tatsächlich höherer gemeiner Wert der Versorgungsverpflichtung steuerlich nicht den gemeinen Wert des Unternehmens i. S. d. § 3 Absatz 1 UmwStG. 03.08

Beispiel:
Die XY-GmbH soll zum 31. 12. 00 auf die XY-KG verschmolzen werden. Die Steuerbilanz i. S. d. § 5 Absatz 1 EStG sowie die Werte i. S. d. § 3 Absatz 1 UmwStG stellen sich vereinfacht wie folgt dar:

	gemeiner Wert	Buchwert		gemeiner Wert	Buchwert
Aktiva diverse	2.000.000 €	2.000.000 €	Eigenkapital		1.000.000 €
Firmenwert	2.000.000 €		Pensionsrückstellungen	2.000.000 €	1.000.000 €
	(4.000.000 €)	2.000.000 €		(2.000.000 €)	2.000.000 €

Lösung:
Die steuerliche Schlussbilanz der XY-GmbH zum 31. 12. 00 ergibt sich danach wie folgt:

Aktiva diverse	2.000.000 €	Eigenkapital	3.000.000 €
Firmenwert	2.000.000 €	Pensionsrückstellungen	1.000.000 €
	4.000.000 €		4.000.000 €

Obwohl der gemeine Wert der Sachgesamtheit nur 2.000.000 € beträgt, ist eine Berücksichtigung der Differenz zwischen dem Wert der Pensionsrückstellung i. S. d. § 6a EStG und dem gemeinen Wert dieser Verpflichtung nicht zulässig; vgl. § 3 Absatz 1 Satz 2 UmwStG.

Die Bewertung mit dem gemeinen Wert bzw. mit dem Teilwert i. S. d. § 6a EStG hat nach den Verhältnissen zum steuerlichen Übertragungsstichtag zu erfolgen. Der gemeine Wert der Sachgesamtheit ist analog § 6 Absatz 1 Nummer 7 EStG im Verhältnis der Teilwerte der übergehenden Wirtschaftsgüter auf die einzelnen Wirtschaftsgüter zu verteilen. 03.09

b) Ansatz der übergehenden Wirtschaftsgüter mit dem Buchwert

Auf Antrag können die übergehenden Wirtschaftsgüter einheitlich mit dem Buchwert angesetzt werden, soweit 03.10

– sie Betriebsvermögen der übernehmenden Personengesellschaft oder natürlichen Person werden und sichergestellt ist, dass sie später der Besteuerung mit Einkommen- oder Körperschaftsteuer unterliegen (§ 3 Absatz 2 Satz 1 Nummer 1 UmwStG),

– das Recht der Bundesrepublik Deutschland hinsichtlich der Besteuerung des Gewinns aus der Veräußerung der übertragenen Wirtschaftsgüter bei den Gesellschaftern der übernehmenden Personengesellschaft oder bei der übernehmenden natürlichen Person nicht ausgeschlossen oder beschränkt wird (§ 3 Absatz 2 Satz 1 Nummer 2 UmwStG) und

– eine Gegenleistung nicht gewährt wird oder in Gesellschaftsrechten besteht (§ 3 Absatz 2 Satz 1 Nummer 3 UmwStG).

Für den Ansatz des Buchwerts sind die Ansätze in der Handelsbilanz nicht maßgeblich. Wegen des Begriffs Buchwert vgl. Randnr. 01.57.

Gehört zum übergehenden Vermögen der übertragenden Körperschaft ein Mitunternehmeranteil an der übernehmenden oder einer anderen Personengesellschaft, entspricht der Buchwertansatz dem auf die übertragende Körperschaft entfallenden anteiligen Kapitalkonto – unter Berücksichtigung etwaiger Ergänzungs- und Sonderbilanzen – bei der Mitunternehmerschaft.

03.11 Die Prüfung der in Randnr. 03.10 genannten Voraussetzungen erfolgt bezogen auf jeden einzelnen an der steuerlichen Rückwirkungsfiktion beteiligten Anteilseigner der übertragenden Körperschaft – soweit nicht für die Betriebsvermögenseigenschaft i. S. d. § 3 Absatz 2 Satz 1 Nummer 1 UmwStG auf den übernehmenden Rechtsträger abgestellt wird – und bezogen auf die Verhältnisse zum steuerlichen Übertragungsstichtag (vgl. Randnr. 02.15).

03.12 Ist der gemeine Wert der Sachgesamtheit geringer als die Summe der Buchwerte der übergehenden Wirtschaftsgüter, ist ein Ansatz zum Buchwert ausgeschlossen.

03.13 Der Antrag auf Fortführung der Buchwerte der übergehenden Wirtschaftsgüter kann nur einheitlich gestellt werden. Einem solchen Antrag steht nicht entgegen, dass zum Teil Wirtschaftsgüter mit dem gemeinen Wert in der steuerlichen Schlussbilanz anzusetzen sind, weil insoweit die Voraussetzungen des § 3 Absatz 2 Satz 1 Nummer 1 oder 2 UmwStG nicht gegeben sind. Bei Gewährung einer Gegenleistung i. S. d. § 3 Absatz 2 Satz 1 Nummer 3 UmwStG ist eine Fortführung der Buchwerte ausgeschlossen (vgl. Randnr. 03.21 ff.).

aa) Übergang in Betriebsvermögen und Sicherstellung der Besteuerung mit Einkommen- oder Körperschaftsteuer (§ 3 Absatz 2 Satz 1 Nummer 1 UmwStG)

03.14 Wird das Vermögen der übertragenden Körperschaft nicht Betriebsvermögen der übernehmenden Personengesellschaft oder natürlichen Person, sind die aktiven und passiven Wirtschaftsgüter in der steuerlichen Schlussbilanz mit dem gemeinen Wert bzw. bei Pensionsrückstellungen mit dem Teilwert i. S. d. § 6a EStG anzusetzen (vgl. Randnr. 03.07). Der Ansatz eines Geschäfts- oder Firmenwerts erfolgt in diesen Fällen nach § 3 Absatz 1 Satz 1 UmwStG auch dann, wenn der Betrieb der übertragenden Körperschaft nicht fortgeführt wird.

03.15 Für die Zugehörigkeit der übergehenden Wirtschaftsgüter zu einem Betriebsvermögen des übernehmenden Rechtsträgers ist es unbeachtlich, ob das Betriebsvermögen im In- oder im Ausland belegen ist. Die Beurteilung, ob es sich beim übernehmenden Rechtsträger um Betriebsvermögen handelt, ergibt sich nach den allgemeinen steuerlichen Grundsätzen (§§ 13, 15 oder 18 EStG). Bei Vermögensübergang auf eine gewerblich geprägte Personengesellschaft i. S. d. § 15 Absatz 3 Nummer 2 EStG mit Sitz im In- oder Ausland werden die übertragenen Wirtschaftsgüter in der Regel Betriebsvermögen des übernehmenden Rechtsträgers; ausgenommen z. B. bei privater Nutzung.

03.16 Die übertragenen Wirtschaftsgüter müssen Betriebsvermögen der übernehmenden Personengesellschaft oder der natürlichen Person werden. Diese Voraussetzung liegt auch dann nicht vor, wenn die übernehmende Personengesellschaft keine Einkünfte i. S. d. § 15 EStG erzielt und die Beteiligung an dieser Personengesellschaft zu einem in- oder ausländischen Betriebsvermögen gehört (sog. Zebragesellschaft); vgl. auch Randnr. 08.03.

03.17 Die Besteuerung des übertragenen Vermögens mit Einkommen- oder Körperschaftsteuer ist sichergestellt, wenn das übertragene Vermögen hinsichtlich der Wertsteigerungen bei den Mitunternehmern der übernehmenden Personengesellschaft oder der übernehmenden natürlichen Person weiterhin einer Besteuerung mit Einkommen- oder Körperschaftsteuer unterliegt. Eine Besteuerung mit Gewerbesteuer ist hingegen nicht erforderlich.

Die Besteuerung ist z. B. nicht sichergestellt, soweit Mitunternehmer der übernehmenden Personengesellschaft eine steuerbefreite Körperschaft (z. B. § 16 Absatz 1 Satz 1 REITG) oder auch ein steuerbefreites Zweckvermögen (z. B. § 11 Absatz 1 Satz 2 InvStG) ist.

Eine Besteuerung i. S. d. § 3 Absatz 2 Satz 1 Nummer 1 UmwStG ist auch eine mit der inländischen Einkommen- oder Körperschaftsteuer vergleichbare ausländische Steuer.

bb) Kein Ausschluss oder Beschränkung des deutschen Besteuerungsrechts (§ 3 Absatz 2 Satz 1 Nummer 2 UmwStG)

Ein Ansatz der übergehenden Wirtschaftsgüter in der steuerlichen Schlussbilanz mit dem Buchwert ist nicht zulässig, soweit das Recht der Bundesrepublik Deutschland hinsichtlich der Besteuerung des Gewinns aus der Veräußerung der übertragenen Wirtschaftsgüter bei der Gesellschaftern der übernehmenden Personengesellschaft oder bei der übernehmenden natürlichen Person ausgeschlossen oder beschränkt wird (sog. Entstrickung). Die Voraussetzungen des § 3 Absatz 2 Satz 1 Nummer 2 UmwStG sind bei den Gesellschaftern der übernehmenden Personengesellschaft bzw. bei der übernehmenden natürlichen Person subjekt- und objektbezogen zu prüfen und entsprechen insoweit den gleichlautenden Entstrickungstatbeständen in § 4 Absatz 1 Satz 3 EStG und § 12 Absatz 1 KStG. Danach liegt ein Ausschluss oder eine Beschränkung des Besteuerungsrechts hinsichtlich des Gewinns aus der Veräußerung eines Wirtschaftsguts insbesondere vor, wenn ein bisher einer inländischen Betriebsstätte des Steuerpflichtigen zuzuordnendes Wirtschaftsgut einer ausländischen Betriebsstätte zuzuordnen ist (vgl. § 4 Absatz 1 Satz 4 EStG und § 12 Absatz 1 Satz 2 KStG). 03.18

Allein der Ausschluss oder die Beschränkung des deutschen Besteuerungsrechts für Zwecke der Gewerbesteuer stellt keine Beschränkung i. S. d. § 3 Absatz 2 Satz 1 Nummer 2 UmwStG dar.

Ein Ausschluss des deutschen Besteuerungsrechts hinsichtlich des Gewinns aus der Veräußerung eines Wirtschaftsguts setzt voraus, dass ein – ggf. auch eingeschränktes – deutsches Besteuerungsrecht hinsichtlich des Gewinns aus der Veräußerung des übertragenen Wirtschaftsguts bestanden hat und dies in vollem Umfang entfällt. 03.19

Beispiel:
Die XY-GmbH soll in die XY-KG durch Formwechsel umgewandelt werden. Anteilseigner und Mitunternehmer sind A und B zu je 50 %. Die XY-GmbH hat u. a. eine Betriebsstätte in einem ausländischen Staat, mit dem kein DBA besteht. A und B haben ihren Wohnsitz und gewöhnlichen Aufenthalt im Ausland.

Lösung:
Aufgrund des Formwechsels der XY-GmbH in die XY-KG wird das deutsche Besteuerungsrecht hinsichtlich des Gewinns aus der Veräußerung der der ausländischen Betriebsstätte zuzurechnenden Wirtschaftsgüter zum steuerlichen Übertragungsstichtag ausgeschlossen, da die beiden Mitunternehmer mit den ausländischen Betriebsstätteneinkünften nicht der beschränkten Einkommen- oder Körperschaftsteuerpflicht i. S. d. § 49 EStG unterliegen.

Zur Aufstellung einer Ergänzungsbilanz bei der übernehmenden Personengesellschaft vgl. Randnr. 04.24.

Sofern jedoch vor der Umwandlung z. B. ein uneingeschränktes Besteuerungsrecht bestand und nach der Umwandlung ein der Höhe oder dem Umfang nach begrenztes deutsches Besteuerungsrecht fortbesteht, ist eine Beschränkung des deutschen Besteuerungsrechts gegeben.

Eine grenzüberschreitende Umwandlung für sich ändert grundsätzlich nicht die abkommensrechtliche Zuordnung von Wirtschaftsgütern zu einer in- oder ausländischen Betriebsstätte (vgl. auch die Entstrickungsregelungen in § 4 Absatz 1 Satz 4 EStG, § 12 Absatz 1 Satz 2 KStG). Für die Beurteilung der Frage, ob eine Änderung der Zuordnung vorliegt, sind die Grundsätze des BMF-Schreibens vom 24. 12. 1999, BStBl I S. 1076, zuletzt geändert durch BMF-Schreiben vom 25. 8. 2009, BStBl I S. 888, maßgebend. Darüber hinaus kommt eine Entstrickung infolge 03.20

der Umwandlung, die sich auf das steuerliche Übertragungsergebnis auswirkt, insbesondere im Zusammenhang mit dem Wechsel der Steuerpflicht in Betracht; vgl. das Beispiel in Randnr. 03.19.

cc) Keine Gegenleistung oder Gegenleistung in Form von Gesellschaftsrechten (§ 3 Absatz 2 Satz 1 Nummer 3 UmwStG)

03.21 Ein Ansatz der übergehenden Wirtschaftsgüter in der steuerlichen Schlussbilanz mit dem Buchwert ist nicht zulässig, soweit den verbleibenden Anteilseignern der übertragenden Körperschaft oder diesen nahe stehenden Personen eine Gegenleistung gewährt wird, die nicht in Gesellschaftsrechten besteht. Eine solche Gegenleistung ist insbesondere bei Leistung barer Zuzahlungen (z. B. Spitzenausgleich nach § 54 Absatz 4 oder § 68 Absatz 3 UmwG) oder Gewährung anderer Vermögenswerte (z. B. Darlehensforderungen) durch den übernehmenden Rechtsträger oder eine diesem nahe stehende Personen gegeben. Der Untergang der Beteiligung an der übertragenden Körperschaft (z. B. bei einer Aufwärtsverschmelzung) oder die Berücksichtigung der auf die Einnahmen i. S. d. § 7 UmwStG anfallenden Kapitalertragsteuer, die der übernehmende Rechtsträger als steuerlicher Rechtsnachfolger i. S. d. § 4 Absatz 2 Satz 1 UmwStG zu entrichten hat, als Entnahmen stellen keine Gegenleistung i. S. d. § 3 Absatz 2 Satz 1 Nummer 3 UmwStG dar.

Für die Beurteilung als Gegenleistung i. S. d. § 3 Absatz 2 Satz 1 Nummer 3 UmwStG ist es nicht erforderlich, dass die Leistung aufgrund umwandlungsgesetzlicher Regelungen (z. B. §§ 15, 126 Absatz 1 Nummer 3 UmwG) erfolgt. Im Übrigen gilt Randnr. 24.11 entsprechend.

Nicht in Gesellschaftsrechten bestehende Gegenleistungen stellen beim Anteilseigner einen Veräußerungserlös für seine Anteile dar. Bei einer nur anteiligen Veräußerung (z. B. Spitzenausgleich) sind zur Ermittlung des Veräußerungsgewinns dem Veräußerungserlös nur die anteiligen Anschaffungskosten dieser Anteile an dem übertragenden Rechtsträger gegenüberzustellen (vgl. auch Randnr. 13.02).

03.22 Zahlungen an ausscheidende Anteilseigner aufgrund Barabfindung nach §§ 29, 125 oder 207 UmwG stellen keine Gegenleistungen i. S. d. § 3 Absatz 2 Satz 1 Nummer 3 UmwStG dar. Beim Übergang des Vermögens des übertragenden Rechtsträgers i. S. d. § 20 Absatz 1 Nummer 1 UmwG auf einen Anteilseigner der übertragenden Körperschaft handelt es sich – hinsichtlich des übernommenen Vermögens – ebenfalls um keine Gegenleistung i. S. d. § 3 Absatz 2 Satz 1 Nummer 3 UmwStG.

03.23 Bei Gewährung einer Gegenleistung, die nicht in Gesellschaftsrechten besteht, sind die übergehenden Wirtschaftsgüter in der steuerlichen Schlussbilanz der übertragenden Körperschaft insoweit mindestens mit dem Wert der Gegenleistung anzusetzen.

I. H. der Differenz zwischen dem Wert der Gegenleistung und den auf die Gegenleistung entfallenden (anteiligen) Buchwerten der übergehenden Wirtschaftsgüter ergibt sich ein Übertragungsgewinn. Der Berechnung des anteiligen Buchwerts ist dabei das Verhältnis des Gesamtwerts der Gegenleistung zum Wert der Sachgesamtheit i. S. d. § 3 Absatz 1 UmwStG zu Grunde zu legen.

I. H. des Übertragungsgewinns sind die Wirtschaftsgüter in der steuerlichen Schlussbilanz aufzustocken. Der jeweilige Aufstockungsbetrag ermittelt sich aus dem Verhältnis des Übertragungsgewinns zu den gesamten stillen Reserven und stillen Lasten, mit Ausnahme der stillen Lasten in Pensionsrückstellungen. I. H. dieses Prozentsatzes sind die in den jeweiligen Wirtschaftsgütern enthaltenen stillen Reserven aufzudecken.

Beispiel:

Die XY-GmbH soll auf die XY-KG verschmolzen werden. Die Steuerbilanz i. S. d. § 5 Absatz 1 EStG sowie die Werte i. S. d. § 3 Absatz 1 UmwStG stellen sich vereinfacht wie folgt dar:

	gemeiner Wert	Buchwert		gemeiner Wert	Buchwert
Anlagevermögen	300.000 €	200.000 €	Eigenkapital		300.000 €
Umlaufvermögen	150.000 €	100.000 €	Drohverlustrückstellung	20.000 €	
Know-how	70.000 €				
Firmenwert	100.000 €				
	(620.000 €)	300.000 €			300.000 €

Die Gesellschafter der XY-GmbH erhalten bare Zuzahlungen i. H. v. insgesamt 60.000 €.

Lösung:

Die baren Zuzahlungen stellen nicht in Gesellschaftsrechten bestehende Gegenleistungen dar. Die Voraussetzungen des § 3 Absatz 2 Satz 1 Nummer 3 UmwStG sind insoweit nicht erfüllt. Der Wert i. S. d. § 3 Absatz 1 UmwStG beträgt 600.000 € (= 620.000 € ./. 20.000 €) und der Wert der sonstigen Gegenleistung beträgt insgesamt 60.000 €. Die Gegenleistungen betragen somit 10 % des Werts i. S. d. § 3 Absatz 1 UmwStG. Der Übertragungsgewinn beträgt 60.000 € ./. 30.000 € (entspricht 10 % der Buchwerte) = 30.000 €. In dieser Höhe entsteht ein Aufstockungsbetrag.

Dieser Aufstockungsbetrag i. H. v. 30.000 € ist entsprechend dem Verhältnis des Übertragungsgewinns zu den gesamten stillen Reserven und stillen Lasten zu verteilen:

	Wert i. S. d. § 3 Absatz 1 UmwStG	Buchwert	stille Reserven und stille Lasten
Anlagevermögen	300.000 €	200.000 €	100.000 €
Umlaufvermögen	150.000 €	100.000 €	50.000 €
Know-how (originär)	70.000 €	0 €	70.000 €
Firmenwert (originär)	100.000 €	0 €	100.000 €
Drohverlustrückstellung	./. 20.000 €	0 €	./. 20.000 €
Σ	600.000 €	300.000 €	300.000 €

Der Aufstockungsbetrag i. H. v. 30.000 € entspricht bezogen auf die gesamten stillen Reserven und stillen Lasten 10 % (entspricht dem Verhältnis 30.000 €/300.000 €). Die auf die jeweiligen Wirtschaftsgüter entfallenden Aufstockungsbeträge ermitteln sich damit wie folgt:

	Buchwert	stille Reserven	Aufstockung (10 %)	Ansatz in der steuerlichen Schlussbilanz
Anlagevermögen	200.000 €	100.000 €	10.000 €	210.000 €
Umlaufvermögen	100.000 €	50.000 €	5.000 €	105.000 €
Know-how (originär)	0 €	70.000 €	7.000 €	7.000 €
Firmenwert (originär)	0 €	100.000 €	10.000 €	10.000 €
Drohverlustrückstellung	0 €	./. 20.000 €	./. 2.000 €	./. 2.000 €
Σ	300.000 €	300.000 €	30.000 €	330.000 €

Aufgrund der Bewertung von Pensionsrückstellungen mit dem Teilwert i. S. d. § 6a EStG nach § 3 Absatz 1 Satz 2 UmwStG mindert ein tatsächlich höherer gemeiner Wert der Versorgungsverpflichtung steuerlich nicht den gemeinen Wert des Unternehmens i. S. d. § 3 Absatz 1 Satz 1 UmwStG (vgl. Randnr. 03.08). Dies hat auch auf die Wertansätze in der steuerlichen Schlussbilanz bei Gewährung einer nicht in Gesellschaftsrechten bestehenden Gegenleistung Einfluss. Maßgebend für die Wertverhältnisse zur Ermittlung des Aufstockungsbetrags (vgl. Randnr. 03.23) ist insoweit der Wert i. S. d. § 3 Absatz 1 UmwStG.

03.24

Beispiel:
Die XY-GmbH soll auf die XY-KG zur Aufnahme verschmolzen werden. Die Steuerbilanz i. S. d. § 5 Absatz 1 EStG sowie die Werte i. S. d. § 3 Absatz 1 UmwStG stellen sich vereinfacht wie folgt dar:

	gemeiner Wert	Buchwert		gemeiner Wert	Buchwert
Anlagevermögen	500.000 €	400.000 €	Eigenkapital		300.000 €
Firmenwert	160.000 €		Pensionsrückstellung	160.000 €	100.000 €
	(660.000 €)	400.000 €			400.000 €

Die Gesellschafter der XY-GmbH erhalten bare Zuzahlungen von der XY-KG i. H. v. insgesamt 28.000 €.

Lösung:
Die baren Zuzahlungen stellen nicht in Gesellschaftsrechten bestehende Gegenleistungen dar. Die Voraussetzungen des § 3 Absatz 2 Satz 1 Nummer 3 UmwStG sind insoweit nicht erfüllt. Der Unternehmenswert beträgt 500.000 € und der Wert der Sachgesamtheit i. S. d. § 3 Absatz 1 UmwStG beträgt 560.000 €. Für die Berechnung des Aufstockungsbetrags ist der Wert i. S. d. § 3 Absatz 1 UmwStG maßgebend. Die Gegenleistungen betragen somit 5 % des Werts i. S. d. § 3 Absatz 1 UmwStG. Der Übertragungsgewinn beträgt folglich 28.000 € ./. 15.000 € (entspricht 5 % der Buchwerte) = 13.000 €. In dieser Höhe entsteht ein Aufstockungsbetrag.

Dieser Aufstockungsbetrag i. H. v. 13.000 € ist entsprechend dem Verhältnis des Übertragungsgewinns zu den gesamten stillen Reserven und stillen Lasten (ohne Berücksichtigung der stillen Lasten bei der Pensionsrückstellung) zu verteilen:

	Wert i. S. d. § 3 Absatz 1 UmwStG	Buchwert	stille Reserven und stille Lasten
Anlagevermögen	500.000 €	400.000 €	100.000 €
Firmenwert (originär)	160.000 €	0 €	160.000 €
Pensionsrückstellung	./. 100.000 €	./. 100.000 €	0 €
Σ	560.000 €	300.000 €	260.000 €

Der Aufstockungsbetrag i. H. v. 13.000 € entspricht bezogen auf die gesamten stillen Reserven und stillen Lasten 5 % (entspricht dem Verhältnis 13.000 €/260.000 €). Die auf die jeweiligen Wirtschaftsgüter entfallenden Aufstockungsbeträge ermitteln sich damit wie folgt:

	Buchwert	stille Reserven und stille Lasten	Aufstockung (5 %)	Ansatz in der steuerlichen Schlussbilanz
Anlagevermögen	400.000 €	100.000 €	5.000 €	405.000 €
Firmenwert (originär)	0 €	160.000 €	8.000 €	8.000 €
Pensionsrückstellung	./. 100.000 €	0 €	0 €	./. 100.000 €
Σ	300.000 €	260.000 €	13.000 €	313.000 €

c) Ansatz der übergehenden Wirtschaftsgüter mit einem Zwischenwert

03.25 Unter den in Randnr. 03.10 genannten Voraussetzungen können die übergehenden aktiven und passiven Wirtschaftsgüter, einschließlich nicht entgeltlich erworbener und selbst geschaffener immaterieller Wirtschaftsgüter, auf Antrag einheitlich mit einem über dem Buchwert und unter dem gemeinen Wert liegenden Wert angesetzt werden (Zwischenwert). Die in den einzelnen Wirtschaftsgütern ruhenden stillen Reserven und Lasten sind um einen einheitlichen Prozentsatz aufzulösen; zur Bewertung von Pensionsrückstellungen vgl. § 3 Absatz 1 Satz 2 UmwStG. Für den Ansatz eines Zwischenwerts sind die Ansätze in der Handelsbilanz nicht maßgeblich.

03.26 Randnr. 03.11 – 03.24 gelten entsprechend. Zu der für den Ansatz des Zwischenwerts notwendigen Ermittlung des gemeinen Werts der Sachgesamtheit vgl. Randnr. 03.07 – 03.09.

d) Ausübung des Wahlrechts auf Ansatz zum Buch- oder Zwischenwert

Der Antrag auf Ansatz der übergehenden Wirtschaftsgüter mit dem Buch- oder Zwischenwert ist nach § 3 Absatz 2 Satz 2 UmwStG bei dem für die Besteuerung nach §§ 20, 26 AO zuständigen Finanzamt der übertragenden Körperschaft zu stellen. Dies gilt auch, wenn zum übergehenden Vermögen der übertragenden Körperschaft Beteiligungen an in- oder ausländischen Mitunternehmerschaften gehören; zur verfahrensrechtlichen Änderungsmöglichkeit des Feststellungsbescheids der Mitunternehmerschaft vgl. Randnr. 03.03. 03.27

Ist bei einer ausländischen Umwandlung (Randnr. 01.20 ff.) kein Finanzamt i. S. d. §§ 20, 26 AO für die Besteuerung der übertragenden Körperschaft zuständig, ist – vorbehaltlich einer anderweitigen Zuständigkeitsvereinbarung nach § 27 AO – bei einer Personengesellschaft als übernehmender Rechtsträger das für die gesonderte und einheitliche Feststellung der Einkünfte der übernehmenden Personengesellschaft zuständige Finanzamt maßgebend; zur örtlichen Zuständigkeit bei ausländischen Personengesellschaften mit inländischen Gesellschaftern siehe BMF-Schreiben vom 11. 12. 1989, BStBl I S. 470, und BMF-Schreiben vom 2. 1. 2001, BStBl I S. 40. Sonderzuständigkeiten der jeweiligen Landesfinanzbehörden für Beteiligungen an ausländischen Personengesellschaften sind zu beachten. § 25 AO gilt entsprechend.

Unterbleibt eine Feststellung der Einkünfte der übernehmenden Personengesellschaft, weil nur ein Gesellschafter im Inland ansässig ist, oder in den Fällen der Verschmelzung auf eine natürliche Person, ist das Finanzamt i. S. d. § 3 Absatz 2 Satz 2 UmwStG zuständig, das nach §§ 19 oder 20 AO für die Besteuerung dieses Gesellschafters oder dieser natürlichen Person zuständig ist.

Der Antrag auf Ansatz eines Buch- oder Zwischenwerts ist von der übertragenden Körperschaft bzw. von dem übernehmenden Rechtsträger als steuerlicher Rechtsnachfolger (§ 4 Absatz 2 Satz 1 UmwStG) spätestens bis zur erstmaligen Abgabe der steuerlichen Schlussbilanz (vgl. Randnr. 03.01) zu stellen. Das Wahlrecht kann von der übertragenden Körperschaft bzw. von deren steuerlichem Rechtsnachfolger für alle übergehenden Wirtschaftsgüter nur einheitlich ausgeübt werden (vgl. Randnr. 03.13). 03.28

Der Antrag bedarf keiner besonderen Form, ist bedingungsfeindlich und unwiderruflich. Aus dem Antrag muss sich ergeben, ob das übergehende Vermögen mit dem Buch- oder einem Zwischenwert anzusetzen ist. Für die Auslegung des Antrags gelten die allgemeinen zivilrechtlichen Auslegungsgrundsätze entsprechend (§§ 133, 157 BGB). Bei Zwischenwertansatz muss jedoch ausdrücklich angegeben werden, in welcher Höhe oder zu welchem Prozentsatz die stillen Reserven aufzudecken sind. Wenn die ausdrückliche Erklärung abgegeben wird, dass die Steuerbilanz i. S. d. § 4 Absatz 1, § 5 Absatz 1 EStG gleichzeitig die steuerliche Schlussbilanz sein soll (vgl. Randnr. 03.01), ist in dieser Erklärung gleichzeitig ein konkludenter Antrag auf Ansatz der Buchwerte zu sehen, sofern kein ausdrücklicher gesonderter anderweitiger Antrag gestellt wurde. 03.29

Setzt die übertragende Körperschaft die übergehenden Wirtschaftsgüter in der steuerlichen Schlussbilanz mit dem gemeinen Wert oder dem Buchwert an und ergibt sich z. B. aufgrund einer späteren Betriebsprüfung, dass die gemeinen Werte oder die Buchwerte höher bzw. niedriger als die von der übertragenden Körperschaft angesetzten Werte sind, ist der Wertansatz in der steuerlichen Schlussbilanz dementsprechend zu berichtigen. Der Bilanzberichtigung steht die Unwiderruflichkeit des Antrags nach § 3 Absatz 2 Satz 2 UmwStG nicht entgegen. Liegt der gemeine Wert unter dem Buchwert, ist Randnr. 03.12 zu beachten. 03.30

Setzt die übertragende Körperschaft hingegen die übergehenden Wirtschaftsgüter in der steuerlichen Schlussbilanz einheitlich zum Zwischenwert an, bleiben vorrangig diese Wertansätze maßgebend, sofern dieser Wert oberhalb des Buchwerts und unterhalb des gemeinen Werts liegt.

3. Fiktive Körperschaftsteueranrechnung nach § 3 Absatz 3 UmwStG

03.31 § 3 Absatz 3 UmwStG gilt insbesondere bei Verschmelzung einer Körperschaft mit Ort der Geschäftsleitung im Inland auf eine Personengesellschaft ausländischer Rechtsform, die die Voraussetzungen des Artikels 3 Richtlinie 2009/133/EG erfüllt, soweit

- die übertragenen Wirtschaftsgüter einer Betriebsstätte der übertragenden Körperschaft in einem anderen EU-Mitgliedstaat zuzurechnen sind,

- die Bundesrepublik Deutschland die Doppelbesteuerung bei der übertragenden Körperschaft nicht durch Freistellung vermeidet (§ 3 Absatz 3 Satz 2 UmwStG) und

- das Recht der Bundesrepublik Deutschland hinsichtlich der Besteuerung des Gewinns aus der Veräußerung der übertragenen Wirtschaftsgüter bei den Gesellschaftern der übernehmenden Personengesellschaft ausgeschlossen oder beschränkt wird (§ 3 Absatz 2 Satz 1 Nummer 2 UmwStG).

03.32 Zur Ermittlung des Betrags der nach § 3 Absatz 3 UmwStG anrechenbaren ausländischen Körperschaftsteuer ist regelmäßig ein Auskunftsersuchen nach § 117 AO an den ausländischen Betriebsstättenstaat erforderlich.

B. Auswirkungen auf den Gewinn des übernehmenden Rechtsträgers (§ 4 UmwStG)

I. Wertverknüpfung

04.01 Der übernehmende Rechtsträger hat die auf ihn übergehenden Wirtschaftsgüter mit Wirkung zum steuerlichen Übertragungsstichtag (§ 2 UmwStG) mit den Wertansätzen zu übernehmen, die die übertragende Körperschaft in deren steuerlicher Schlussbilanz (§ 3 UmwStG) angesetzt hat. Das gilt auch, wenn übertragender Rechtsträger eine steuerbefreite oder eine ausländische Körperschaft ist. Auch für diejenigen Bilanzansätze, bei denen es an der Wirtschaftsguteigenschaft fehlt (z. B. Rechnungsabgrenzungsposten, Sammelposten nach § 6 Absatz 2a EStG), sind nach § 4 Absatz 2 Satz 1 UmwStG die Wertansätze aus der steuerlichen Schlussbilanz der übertragenden Körperschaft zu übernehmen (vgl. Randnr. 03.04).

04.02 Ist die übertragende Körperschaft an der übernehmenden Personengesellschaft beteiligt, gehören zum übergehenden Vermögen auch die der übertragenden Körperschaft anteilig zuzurechnenden Wirtschaftsgüter der übernehmenden Personengesellschaft. Auf Randnr. 03.10 wird hingewiesen.

04.03 Bei der Verschmelzung durch Aufnahme auf eine bereits bestehende Personengesellschaft stellt die Übernahme des Betriebsvermögens einen laufenden Geschäftsvorfall dar. Bei der Verschmelzung durch Neugründung ist auf den steuerlichen Übertragungsstichtag eine steuerliche Eröffnungsbilanz zu erstellen.

04.04 Gilt für einen übernommenen Wertansatz i. S. d. Randnr. 04.01 zu den auf den steuerlichen Übertragungsstichtag folgenden Bilanzstichtagen ein steuerliches Wahlrecht (z. B. Rücklage nach § 6b EStG), kann dieses Wahlrecht auch an den nachfolgenden Bilanzstichtagen unabhängig von der handelsrechtlichen Jahresbilanz ausgeübt werden.

II. Erweiterte Wertaufholung – Beteiligungskorrekturgewinn

04.05 Nach § 4 Absatz 1 Satz 2 UmwStG sind die Anteile des übernehmenden Rechtsträgers an der übertragenden Körperschaft zum steuerlichen Übertragungsstichtag mit dem Buchwert anzusetzen, allerdings erhöht um steuerwirksame Abschreibungen, die in früheren Jahren vorgenommen worden sind, sowie um Abzüge nach § 6b EStG und ähnliche Abzüge, höchstens jedoch bis zum gemeinen Wert.

Die Hinzurechnung gem. § 4 Absatz 1 Satz 2 UmwStG betrifft ausschließlich die am steuerlichen 04.06
Übertragungsstichtag im Betriebsvermögen des übernehmenden Rechtsträgers gehaltenen Anteile, bei denen der Buchwert um entsprechende Abzüge steuerwirksam gemindert wurde und am steuerlichen Übertragungsstichtag unter dem gemeinen Wert liegt. Für Anteile, die am steuerlichen Übertragungsstichtag vor Anwendung des § 5 UmwStG zum Betriebsvermögen eines Anteilseigners gehören, enthält § 5 Absatz 3 UmwStG eine entsprechende Regelung (vgl. Randnr. 05.10).

Abweichend vom allgemeinen Wertaufholungsgebot gem. § 6 Absatz 1 Nummer 1 Satz 4 und 04.07
Nummer 2 Satz 3 EStG sind nach § 4 Absatz 1 Satz 2 UmwStG bzw. nach § 5 Absatz 3 UmwStG ausschließlich die dort aufgeführten Wertminderungen vor Ermittlung des Übernahmeergebnisses bis zum gemeinen Wert wieder hinzuzurechnen. Eine Wertaufholung ist jedoch nicht vorzunehmen, soweit bis zum Ablauf des steuerlichen Übertragungsstichtags eine steuerwirksame Wertaufholung (§ 6 Absatz 1 Nummer 2 Satz 3 i.V. m. § 6 Absatz 1 Nummer 1 Satz 4 EStG) stattgefunden hat oder die Rücklage nach § 6b Absatz 3 EStG gewinnhöhend aufgelöst worden ist. Steuerwirksame Teilwertabschreibungen sind vor nicht voll steuerwirksamen Teilwertabschreibungen hinzuzurechnen.

Der Beteiligungskorrekturgewinn gehört nicht zum Übernahmegewinn und ist nach den all- 04.08
gemeinen Grundsätzen zu besteuern. Dies gilt nach § 4 Absatz 1 Satz 2 und 3 UmwStG auch insoweit, als die Anteile in früheren Jahren nur zum Teil steuerwirksam (z. B. anteilig nach § 3c Absatz 2 EStG) abgeschrieben worden sind. Durch die Erhöhung des Buchwerts mindert sich das Übernahmeergebnis (vgl. Randnr. 04.27).

III. Eintritt in die steuerliche Rechtsstellung (§ 4 Absatz 2 und 3 UmwStG)

1. Absetzungen für Abnutzung

Der übernehmende Rechtsträger tritt in die steuerliche Rechtsstellung der übertragenden Kör- 04.09
perschaft auch hinsichtlich ihrer historischen Anschaffungs- oder Herstellungskosten ein.

Der Eintritt in die steuerliche Rechtsstellung der übertragenden Körperschaft erfolgt nach § 4 04.10
Absatz 3 UmwStG auch dann, wenn die übergegangenen Wirtschaftsgüter in der steuerlichen Schlussbilanz der übertragenden Körperschaft mit dem Zwischenwert oder mit dem gemeinen Wert angesetzt worden sind. Die Absetzungen für Abnutzung bemessen sich dann bei dem übernehmenden Rechtsträger:

- in den Fällen des § 7 Absatz 4 Satz 1 und Absatz 5 EStG nach der bisherigen Bemessungsgrundlage, vermehrt um den Aufstockungsbetrag (= Differenz zwischen dem Buchwert der Gebäude unmittelbar vor Aufstellung der steuerlichen Schlussbilanz und dem Wert, mit dem die Körperschaft die Gebäude in der steuerlichen Schlussbilanz angesetzt hat). Auf diese Bemessungsgrundlage ist der bisherige Prozentsatz weiterhin anzuwenden. Wird in den Fällen des § 7 Absatz 4 Satz 1 EStG die volle Absetzung innerhalb der tatsächlichen Nutzungsdauer nicht erreicht, können die Absetzungen für Abnutzung nach der Restnutzungsdauer des Gebäudes bemessen werden;

- in allen anderen Fällen nach dem Wert, mit dem die Körperschaft die Wirtschaftsgüter in der steuerlichen Schlussbilanz angesetzt hat, und der Restnutzungsdauer dieser Wirtschaftsgüter. Das gilt auch für übergehende entgeltlich erworbene immaterielle Wirtschaftsgüter mit Ausnahme eines Geschäfts- oder Firmenwerts. Die Restnutzungsdauer ist nach den Verhältnissen am steuerlichen Übertragungsstichtag neu zu schätzen (BFH vom 29. 11. 2007, IV R 73/02, BStBl 2008 II S. 407);

- für die Absetzungen für Abnutzung eines Geschäfts- oder Firmenwerts gilt § 7 Absatz 1 Satz 3 EStG. Auch wenn zum steuerlichen Übertragungsstichtag bereits ein (derivativer) Geschäfts- oder Firmenwert vorhanden ist, bemessen sich die Absetzungen für Abnutzung wegen § 7 Absatz 1 Satz 3 EStG nicht nach der Restnutzungsdauer. In diesen Fällen ist der Geschäfts- oder Firmenwert nach der bisherigen Bemessungsgrundlage ggf. vermehrt um einen Aufstockungsbetrag einheitlich mit ¹/₁₅ abzuschreiben.

04.11 Zu späteren Bilanzstichtagen bilden die fortgeführten ursprünglichen Anschaffungs- oder Herstellungskosten (ggf. gemindert um Absetzungen für Abnutzung, Abzüge nach § 6b EStG usw., und erhöht um nachträgliche Anschaffungs- oder Herstellungskosten) oder bei einem am steuerlichen Übertragungsstichtag angesetzten höheren gemeinen Wert oder Zwischenwert dieser fortgeführte Wert die Bewertungsobergrenze i. S. d. § 6 Absatz 1 EStG sowie einer Wertaufholungspflicht i. S. d. § 6 Absatz 1 Nummer 1 Satz 4 oder Nummer 2 Satz 3 EStG.

2. Verlustabzug bei Auslandsbetriebsstätten

04.12 Die entgeltliche oder unentgeltliche Übertragung einer in einem ausländischen Staat belegenen Betriebsstätte führt zur Nachversteuerung von zuvor nach § 2a Absatz 3 EStG a. F. bzw. § 2 Absatz 1 AuslInvG abgezogenen Verlusten (vgl. § 2 Absatz 4 EStG a. F. i. V. m. § 52 Absatz 3 EStG bzw. § 2 Absatz 2 AuslInvG i. V. m. § 8 Absatz 5 Satz 2 AuslInvG) noch bei der übertragenden Körperschaft. Gleiches gilt nach den genannten Vorschriften im Fall der Umwandlung einer im ausländischen Staat belegenen Betriebsstätte in eine Kapitalgesellschaft.

3. Besonderheiten bei Unterstützungskassen (§ 4 Absatz 2 Satz 4 UmwStG)

04.13 Ist die übertragende Körperschaft eine Unterstützungskasse, erhöht sich der laufende Gewinn des übernehmenden Rechtsträgers in dem Wirtschaftsjahr, in das der Umwandlungsstichtag fällt, um die von ihm, seinen Gesellschaftern oder seinen Rechtsvorgängern an die Unterstützungskasse geleisteten Zuwendungen nach § 4d EStG; § 15 Absatz 1 Satz 1 Nummer 2 Satz 2 EStG gilt sinngemäß. Damit wird der Betriebsausgabenabzug der Zuwendungen an die Unterstützungskasse in der Rechtsform einer Körperschaft wieder rückgängig gemacht, soweit sie von der übernehmenden Personengesellschaft oder einem Mitunternehmer dieser Personengesellschaft getätigt wurden.

4. Sonstige Folgen der Rechtsnachfolge

04.14 Die Vermögensübernahme stellt für Zwecke des § 6b EStG und des § 7g EStG keine begünstigte Anschaffung dar.

04.15 Beim übernehmenden Rechtsträger werden Vorbesitzzeiten (z. B. § 6b EStG, § 9 Nummer 2a und 7 GewStG) angerechnet. Behaltefristen (z. B. nach § 7g EStG oder dem InvZulG) werden durch den Übergang des Vermögens nicht unterbrochen.

04.16 Ein in der steuerlichen Schlussbilanz des übertragenden Rechtsträgers entgegen § 5 EStG angesetztes Wirtschaftsgut (vgl. Randnr. 03.06) ist in der Steuerbilanz des übernehmenden Rechtsträgers auszuweisen und in der Folgezeit unter Anwendung des § 5 EStG ertragswirksam aufzulösen. Ein in der steuerlichen Schlussbilanz nach § 3 Absatz 1 Satz 1 UmwStG anzusetzender originärer Geschäfts- oder Firmenwert der übertragenden Körperschaft wird vom übernehmenden Rechtsträger aufgrund der Umwandlung angeschafft (vgl. Randnr. 00.02). Zu Ansatz- und Bewertungsvorbehalten bei der Übernahme von schuldrechtlichen Verpflichtungen vgl. BMF-Schreiben vom 24. 6. 2011, BStBl I S. 627.

04.17 Ist die übertragende Körperschaft an einer Mitunternehmerschaft beteiligt und wurden in der steuerlichen Schlussbilanz Wirtschaftsgüter mit einem über dem Buchwert liegenden Wert ausgewiesen, ist der Aufstockungsbetrag in einer Ergänzungsbilanz bei dieser Mitunternehmerschaft für den übernehmenden Rechtsträger auszuweisen.

IV. Übernahmeergebnis

1. Zuordnung der Anteile zum Betriebsvermögen des übernehmenden Rechtsträgers

Ein Übernahmeergebnis ist nur für die Anteile zu ermitteln, die am steuerlichen Übertragungsstichtag zum Betriebsvermögen (einschließlich Sonderbetriebsvermögen) des übernehmenden Rechtsträgers gehören. Hierzu gehören auch die Anteile, die nach § 5 UmwStG dem Betriebsvermögen des übernehmenden Rechtsträgers zuzuordnen sind (vgl. Randnr. 05.01 ff.). 04.18

2. Personen- sowie ggf. anteilsbezogene Ermittlung

Geht das Vermögen der Körperschaft auf eine Personengesellschaft über, ist das Übernahmeergebnis grundsätzlich unter Berücksichtigung der individuellen Anschaffungskosten bzw. Buchwerte der Beteiligungen und der jeweiligen Höhe eines möglichen Sperrbetrags nach § 50c EStG personenbezogen zu ermitteln. Dadurch kann z. B. bei einem Gesellschafter ein Übernahmegewinn und bei einem anderen Gesellschafter ein Übernahmeverlust entstehen. 04.19

Bei der Ermittlung des Übernahmeergebnisses ist Folgendes zu beachten: 04.20

– Für Anteile, die bereits vor dem steuerlichen Übertragungsstichtag zum Gesamthandsvermögen der übernehmenden Personengesellschaft gehört haben oder nach § 5 Absatz 1 UmwStG als zum steuerlichen Übertragungsstichtag dem Gesamthandsvermögen der Personengesellschaft zugeordnet gelten, ist das (anteilige) Übernahmeergebnis zu ermitteln und auf die bisherigen Mitunternehmer i. R. d. gesonderten und einheitlichen Feststellung der Einkünfte entsprechend ihrer Beteiligung zu verteilen.

– Für Anteile, die bereits vor dem steuerlichen Übertragungsstichtag zu dem Sonderbetriebsvermögen des übernehmenden Rechtsträgers gehören oder nach § 5 Absatz 2 und 3 UmwStG dem Betriebsvermögen der Personengesellschaft zugeordnet werden, ist für jeden dieser Anteilseigner der übertragenden Körperschaft das Übernahmeergebnis gesondert zu ermitteln.

Für die Ermittlung des Übernahmeergebnisses ist grundsätzlich von einer einzigen Beteiligung auszugehen. Ausnahmsweise kann eine anteilsbezogene Betrachtung erforderlich sein, wenn die Anteile unterschiedlichen steuerlichen Bedingungen unterliegen (z. B. einbringungsgeborene Anteile oder Anteile i. S. d. § 4 Absatz 6 Satz 6 UmwStG). 04.21

Über den Beteiligungskorrekturgewinn, die auf die Mitunternehmer der übernehmenden Personengesellschaft entfallenden Anteile am Übernahmegewinn oder -verlust, die anteiligen Erhöhungs- und Minderungsbeträge i. S. d. § 4 Absatz 5 UmwStG sowie die Anwendung des § 4 Absatz 6 und 7 UmwStG entscheidet das für die gesonderte und einheitliche Feststellung der Einkünfte der übernehmenden Personengesellschaft zuständige Finanzamt. 04.22

3. Ausländische Anteilseigner

Ausländische Anteilseigner von Körperschaften, die aufgrund der Umwandlung Mitunternehmer der Personengesellschaft werden, sind in die gesonderte und einheitliche Feststellung nach §§ 180 ff. AO nur insoweit einzubeziehen, als für die Bundesrepublik Deutschland zum steuerlichen Übertragungsstichtag ein Besteuerungsrecht hinsichtlich des Gewinns aus der Veräußerung der Anteile an der Körperschaft oder der Einkünfte i. S. d. § 7 UmwStG bestanden hat (anders bei der Einlagefiktion nach § 5 Absatz 2 und 3 UmwStG: vgl. Randnr. 05.07 und 05.09). Für Anteile i. S. d. § 5 Absatz 2 UmwStG ergibt sich z. B. das abkommensrechtliche Besteuerungsrecht für das Übernahmeergebnis in der Regel aus einer dem Artikel 13 Absatz 5 OECD-MA vergleichbaren Vorschrift in einem DBA. Für die Bezüge i. S. d. § 7 UmwStG ergibt sich das deutsche 04.23

Besteuerungsrecht regelmäßig aus einer dem Artikel 10 OECD-MA vergleichbaren Vorschrift in einem DBA.

04.24 Ist an der übertragenden Körperschaft oder an der übernehmenden Personengesellschaft auch ein ausländischer Anteilseigner bzw. Mitunternehmer beteiligt und verfügt die übertragende Körperschaft über Betriebsvermögen in einem ausländischen Staat, mit dem z. B. kein DBA besteht, geht das Besteuerungsrecht der Bundesrepublik Deutschland an diesem Betriebsvermögen in dem Verhältnis verloren, wie der ausländische Anteilseigner bzw. Mitunternehmer am übernehmenden Rechtsträger beteiligt wird oder ist.

In dem Umfang, in dem stille Reserven im Betriebsvermögen der Betriebsstätte in einem ausländischen Staat, mit dem z. B. kein DBA besteht, aufzudecken sind (vgl. Randnr. 03.19), ist für die inländischen Beteiligten der Aufstockungsbetrag anteilig -entsprechend ihrer Beteiligung am übernehmenden Rechtsträger – in einer negativen Ergänzungsbilanz auszuweisen. Für die ausländischen Beteiligten ergibt sich korrespondierend ein anteiliger Ausweis des Aufstockungsbetrags in einer positiven Ergänzungsbilanz.

Beispiel:
Die X-GmbH soll auf die bestehende Y-OHG (bisherige Mitunternehmer sind C und D zu je 50 %) verschmolzen werden. A und B sind jeweils zu 50 % Anteilseigner der X-GmbH und werden nach der Verschmelzung zu jeweils 30 % Mitunternehmer der Y-OHG. Die X-GmbH hat auch eine Betriebsstätte in einem ausländischen Staat, mit dem kein DBA besteht. Der Buchwert der Wirtschaftsgüter der ausländischen Betriebsstätte beträgt 200.000 € und der gemeine Wert beträgt 700.000 €. A, C und D haben ihren Wohnsitz im Inland und B hat seinen Wohnsitz und gewöhnlichen Aufenthalt im Ausland. Die X-GmbH beantragt den Ansatz der Buchwerte nach § 3 Absatz 2 UmwStG.

Lösung:
Die Voraussetzungen für die Buchwertfortführung gem. § 3 Absatz 2 UmwStG liegen in Bezug auf die (künftigen) Betriebsstätteneinkünfte nur für die auf die Inländer A, C und D entfallenden Anteile (zusammen 70 %) vor. Denn insoweit wird das deutsche Besteuerungsrecht nicht ausgeschlossen oder beschränkt. Soweit die ausländischen Wirtschaftsgüter künftig dem B zuzurechnen sind (30 %), wird das deutsche Besteuerungsrecht hinsichtlich des Gewinns aus deren Veräußerung ausgeschlossen und eine Buchwertfortführung ist nach § 3 Absatz 2 Satz 1 Nummer 2 UmwStG nicht zulässig. In der steuerlichen Schlussbilanz der X-GmbH sind die der ausländischen Betriebsstätte zuzuordnenden Wirtschaftsgüter mit 350.000 € (= 200.000 € + 30 % von 500.000 €) anzusetzen. Dieser Aufstockungsbetrag ist anteilig – entsprechend der Beteiligung von A, C und D am übernehmenden Rechtsträger (z. B. A = 30 % von 150.000 € = 45.000 €; insgesamt für A, C und D also 105.000 €) – in negativen Ergänzungsbilanzen bei der übernehmenden Personengesellschaft auszuweisen. Für B ergibt sich ein korrespondierender Ansatz in einer positiven Ergänzungsbilanz i. H. v. 105.000 €.

Wenn in dem Beispiel nicht B, sondern C im Ausland ansässig ist, gilt Entsprechendes.

4. Anteile, die nicht dem Betriebsvermögen des übernehmenden Rechtsträgers zuzurechnen sind

04.25 Für Anteilseigner, deren Anteile an der übertragenden Körperschaft zum steuerlichen Übertragungsstichtag nicht zum Betriebsvermögen des übernehmenden Rechtsträgers gehören und diesem Betriebsvermögen auch nicht nach § 5 UmwStG oder nach § 27 Absatz 3 Nummer 1 UmwStG fiktiv zugerechnet werden, wird ein Übernahmeergebnis nicht ermittelt (vgl. Randnr. 04.18). Die Besteuerung der anteiligen offenen Rücklagen gem. § 7 UmwStG bleibt davon unberührt.

5. Entstehungszeitpunkt

04.26 Das Übernahmeergebnis entsteht mit Ablauf des steuerlichen Übertragungsstichtags (vgl. Randnr. 02.04). Das gilt auch für einen Übernahmefolgegewinn i. S. d. § 6 UmwStG (vgl. Randnr. 06.01 ff.).

6. Ermittlung des Übernahmeergebnisses

Das Übernahmeergebnis ist nach § 4 Absatz 4 und 5 UmwStG wie folgt zu ermitteln: 04.27

	(Anteiliger) Wert, mit dem die übergegangenen Wirtschaftsgüter i. S. d. § 4 Absatz 1 Satz 1 UmwStG zu übernehmen sind (vgl. Randnr. 04.28)
+	Zuschlag für neutrales Vermögen (§ 4 Absatz 4 Satz 2 UmwStG; vgl. Randnr. 04.29)
./.	Wert der Anteile an der übertragenden Körperschaft (ggf. nach Korrektur gem. § 4 Absatz 1 Satz 2 und Absatz 2 Satz 5 UmwStG; vgl. Randnr. 04.30 und 04.05 ff.)
./.	Kosten des Vermögensübergangs (vgl. Randnr. 04.34 f.)
=	Übernahmeergebnis 1. Stufe (§ 4 Absatz 4 Satz 1 und 2 UmwStG)
+	Sperrbetrag nach § 50c EStG (§ 4 Absatz 5 Satz 1 UmwStG; vgl. Randnr. 04.37)
./.	Bezüge, die nach § 7 UmwStG zu den Einkünften aus Kapitalvermögen i. S. d. § 20 Absatz 1 Nummer 1 EStG gehören (§ 4 Absatz 5 Satz 2 UmwStG)
=	Übernahmeergebnis 2. Stufe (§ 4 Absatz 4 und 5 UmwStG)

(Dieser Wert ist Gegenstand der gesonderten und einheitlichen Feststellung)

Beispiel 1:
An einer GmbH sind die natürlichen Personen A mit 50 %, B mit 30 % und C mit 20 % beteiligt. A und B sind im Inland unbeschränkt einkommensteuerpflichtig und abkommensrechtlich ansässig. A hält seinen Anteil (Anschaffungskosten = 400.000 €) an der GmbH im Privatvermögen, der Anteil des B (Buchwert = 100.000 €) wird in dessen Betriebsvermögen gehalten. C ist im Ausland ansässig und hält seinen Anteil (Anschaffungskosten = 100.000 €) im Privatvermögen. Nach dem mit dem Wohnsitzstaat des C abgeschlossenen DBA steht das Besteuerungsrecht für Gewinne aus der Veräußerung von Anteilen an Kapitalgesellschaften nur dem Wohnsitzstaat zu. Für Dividenden sieht das DBA ein Quellensteuerrecht entsprechend dem Artikel 10 OECD-MA vor.
Die GmbH wird durch Formwechsel in eine KG umgewandelt. In der steuerlichen Schlussbilanz der GmbH werden die übergehenden Wirtschaftsgüter auf Antrag zulässigerweise (einheitlich) mit dem Buchwert (Buchwerte insgesamt = 2.000.000 €; davon Nennkapital = 1.400.000 € und offene Rücklagen = 600.000 €) angesetzt und von der KG entsprechend übernommen. Von den Umwandlungskosten entfallen 20.000 € auf die KG. Der gemeine Wert des übertragenen Vermögens beträgt 4.000.000 €.
Steuerlicher Übertragungsstichtag ist der 31. 12. 01. Das Wirtschaftsjahr der an der Umwandlung beteiligten Rechtsträger entspricht dem Kalenderjahr.

Lösung:
Die KG hat die steuerlichen Buchwerte zu übernehmen (§ 4 Absatz 1 Satz 1 UmwStG). Die bisherigen Anteile von A und C an der GmbH gelten nach § 5 Absatz 2 UmwStG als zu den Anschaffungskosten in das Betriebsvermögen der KG eingelegt. Der bisherige Anteil des B gilt nach § 5 Absatz 3 UmwStG als zum Buchwert in das Betriebsvermögen der Übernehmerin überführt.
Für die Gesellschafter A, B und C erfolgt eine Ermittlung des Übernahmeergebnisses. Der auf den Gesellschafter C entfallende Anteil an einem Übernahmegewinn bleibt allerdings i. R. d. gesonderten und einheitlichen Feststellung außer Ansatz, weil nur steuerpflichtige Einkünfte festzustellen sind. Für die Bundesrepublik Deutschland hat ein Besteuerungsrecht hinsichtlich des Gewinns aus der Veräußerung dieses Anteils an der GmbH nach dem DBA mit dem Wohnsitzstaat des C insoweit nicht bestanden; Gleiches würde auch für einen Übernahmeverlust gelten. Aufgrund des abkommensrechtlichen Quellensteuerrechts sind die Bezüge i. S. d. § 7 UmwStG jedoch in die Feststellung mit einzubeziehen (vgl. Randnr. 07.02).
Die auf die Gesellschafter entfallenden Anteile am Übernahmeergebnis i. S. d. § 4 UmwStG und den Bezügen i. S. d. § 7 UmwStG sind für den Veranlagungszeitraum 01 wie folgt zu ermitteln:

	A	B	C	Summe
a) Übernahmeergebnis				
Wert des übernommenen Vermögens	1.000.000 €	600.000 €	400.000 €	2.000.000 €
+ Zuschlag für neutrales Vermögen	0 €	0 €	0 €	0 €
./. Wert der Anteile an der GmbH	400.000 €	100.000 €	100.000 €	600.000 €
./. Kosten des Vermögensübergangs	10.000 €	6.000 €	4.000 €	20.000 €

	A	B	C	Summe
= Übernahmeergebnis 1. Stufe	590.000 €	494.000 €	296.000 €	1.380.000 €
./. Bezüge nach § 7 UmwStG	300.000 €	180.000 €	120.000 €	600.000 €
= Übernahmeergebnis 2. Stufe	290.000 €	314.000 €	176.000 €	780.000 €
davon stpfl. Übernahmeergebnis	**290.000 €**	**314.000 €**	**0 €**	**604.000 €**
(= Gegenstand der gesonderten und einheitlichen Feststellung)				
b) Bezüge nach § 7 UmwStG	300.000 €	180.000 €	120.000 €	600.000 €
davon einzubeziehen in das Feststellungsverfahren (vor Anwendung von § 3 Nummer 40 EStG)	300.000 €	180.000 €	120.000 €	600.000 €
anzurechnende Kapitalertragsteuer (25 %)	75.000 €	45.000 €	30.000 €①	
①DBA-Quellensteuerrecht				
Gesonderte und einheitliche Feststellung:				
a) Übernahmeergebnis gem. § 4 UmwStG	290.000 €	314.000 €	0 €	604.000 €
b) Bezüge gem. § 7 UmwStG	300.000 €	180.000 €	120.000 €	600.000 €
= Einkünfte aus Gewerbebetrieb	**590.000 €**	**494.000 €**	**120.000 €**	**1.204.000 €**

Beispiel 2:

Die im EU-Ausland ansässige EU-Kapitalgesellschaft (ohne inländische Betriebsstätte) wird auf eine gewerbliche EU-Personengesellschaft mit Sitz und Geschäftsleitung im EU-Ausland umgewandelt. Gesellschafter der EU-Kapitalgesellschaft sind die natürlichen Personen A mit 50 %, B mit 30 % und C mit 20 %. A und B sind im Inland unbeschränkt einkommensteuerpflichtig und abkommensrechtlich ansässig. A hält seinen Anteil (Anschaffungskosten = 400.000 €) an der EU-Kapitalgesellschaft im Privatvermögen, der Anteil des B (Buchwert = 100.000 €) wird in dessen Betriebsvermögen gehalten. C ist im Ausland ansässig und hält seinen Anteil (Anschaffungskosten = 100.000 €) im Privatvermögen.

Nach dem mit dem Sitzstaat der EU-Kapitalgesellschaft abgeschlossenen DBA steht das Besteuerungsrecht für Gewinne aus der Veräußerung von Anteilen an Kapitalgesellschaften nur dem Wohnsitzstaat zu. Für Dividenden steht das Besteuerungsrecht dem Wohnsitzstaat des Gesellschafters zu (vgl. Artikel 10 Absatz 1 OECD-MA). Der Sitzstaat der EU-Kapitalgesellschaft hat ein Quellenbesteuerungsrecht (vgl. Artikel 10 Absatz 2 OECD-MA).

In der steuerlichen Schlussbilanz der EU-Kapitalgesellschaft werden die übergehenden Wirtschaftsgüter zulässigerweise einheitlich mit dem Buchwert (Buchwerte insgesamt = 2.000.000 €; davon Nennkapital = 1.400.000 € und offene Rücklagen = 600.000 €) angesetzt und von der EU-Personengesellschaft entsprechend übernommen. Von den Umwandlungskosten entfallen 20.000 € auf die EU-Personengesellschaft. Der gemeine Wert des übertragenen Vermögens beträgt 4.000.000 €.

Kapitalertragsteuer wurde im Ausland weder angemeldet noch abgeführt. Steuerlicher Übertragungsstichtag ist der 31.12.01. Das Wirtschaftsjahr der an der Umwandlung beteiligten Rechtsträger entspricht dem Kalenderjahr.

Lösung:

Die EU-Personengesellschaft hat die steuerlichen Schlussbilanzwerte der EU-Kapitalgesellschaft zu übernehmen (§ 4 Absatz 1 Satz 1 UmwStG). Die bisherigen Anteile von A und C an der EU-Kapitalgesellschaft gelten nach § 5 Absatz 2 UmwStG als zu den Anschaffungskosten in das Betriebsvermögen der EU-Personengesellschaft eingelegt, der bisherige Anteil des B gilt nach § 5 Absatz 3 UmwStG als zum Buchwert in das Betriebsvermögen der EU-Personengesellschaft überführt.

Für die Gesellschafter A, B und C erfolgt eine Ermittlung des Übernahmeergebnisses. Der auf den Gesellschafter C entfallende Anteil am Übernahmegewinn i. S. d. § 4 UmwStG und den Bezügen i. S. d. § 7 UmwStG bleibt i. R. d. gesonderten und einheitlichen Feststellung außer Ansatz, weil für C im Inland keine (beschränkte) Steuerpflicht besteht; Gleiches würde auch für einen Übernahmeverlust gelten. Für die Bezüge i. S. d. § 7 UmwStG von A und B ist Artikel 10 OECD-MA maßgeblich.

B. V. 1.   **Steuererlasse**   **Zum UmwStG**

Die auf die Gesellschafter entfallenden Anteile am Übernahmeergebnis i. S. d. § 4 UmwStG und den Bezügen i. S. d. § 7 UmwStG sind für den Veranlagungszeitraum 01 wie folgt zu ermitteln:

	A	B	C	Summe
a) Übernahmeergebnis				
Wert des übernommenen Vermögens (Buchwert)	1.000.000 €	600.000 €	400.000 €	2.000.000 €
+ Zuschlag für neutrales (Auslands-)Vermögen	1.000.000 €	600.000 €	400.000 €	2.000.000 €
./. Wert der Anteile an der übertragenden GmbH	400.000 €	100.000 €	100.000 €	600.000 €
./. Kosten des Vermögensübergangs	10.000 €	6.000 €	4.000 €	20.000 €
= Übernahmeergebnis 1. Stufe	1.590.000 €	1.094.000 €	696.000 €	3.380.000 €
./. Bezüge nach § 7 UmwStG	300.000 €	180.000 €	120.000 €	600.000 €
= Übernahmeergebnis 2. Stufe	1.290.000 €	914.000 €	576.000 €	2.780.000 €
davon stpfl. Übernahmeergebnis (= Gegenstand der gesonderten und einheitlichen Feststellung)	1.290.000 €	914.000 €	0 €	2.204.000 €
b) Bezüge nach § 7 UmwStG	300.000 €	180.000 €	120.000 €	600.000 €
davon einzubeziehen in das Feststellungsverfahren (vor Anwendung von § 3 Nummer 40 EStG)	300.000 €	180.000 €	0 €	480.000 €
Gesonderte und einheitliche Feststellung:				
a) Übernahmeergebnis gem. § 4 UmwStG	1.290.000 €	914.000 €	0 €	2.204.000 €
b) Bezüge gem. § 7 UmwStG	300.000 €	180.000 €	0 €	480.000 €
= Einkünfte aus Gewerbebetrieb	**1.590.000 €**	**1.094.000 €**	**0 €**	**2.684.000 €**

7. Wert, mit dem die übergegangenen Wirtschaftsgüter zu übernehmen sind

Die übergegangenen Wirtschaftsgüter sind mit den Werten in der steuerlichen Schlussbilanz der übertragenden Körperschaft anzusetzen (vgl. Randnr. 04.01 ff.).   04.28

8. Zuschlag für neutrales Vermögen (Auslandsvermögen)

Gehört zum übernommenen Vermögen auch Betriebsvermögen, für das die Bundesrepublik Deutschland am steuerlichen Übertragungsstichtag kein Besteuerungsrecht hat (z. B. aufgrund eines DBA durch Anwendung der Freistellungsmethode oder weil die übertragende Körperschaft in Deutschland nur beschränkt oder gar nicht steuerpflichtig ist), ist insoweit ausschließlich für Zwecke der Ermittlung des Übernahmeergebnisses der gemeine Wert dieses Vermögens anzusetzen (§ 4 Absatz 4 Satz 2 UmwStG). Der Zuschlag für neutrales Vermögen ist i. H. der Differenz zwischen dem gemeinen Wert des Auslandsvermögens und dessen Wert in der steuerlichen Schlussbilanz des übertragenden Rechtsträgers vorzunehmen.   04.29

Beispiel 1:
An der GmbH sind die natürlichen Personen A mit 50 %, B mit 30 % und C mit 20 % beteiligt. A und B sind im Inland unbeschränkt einkommensteuerpflichtig und abkommensrechtlich ansässig. A hält seinen Anteil (Anschaffungskosten = 400.000 €) an der GmbH im Privatvermögen, der Anteil des B (Buchwert = 100.000 €) wird in dessen Betriebsvermögen gehalten. C ist im Ausland ansässig und hält seinen Anteil (Anschaffungskosten = 100.000 €) im Privatvermögen. Nach dem mit dem Wohnsitzstaat des C abgeschlossenen DBA steht das Besteuerungsrecht für Gewinne aus der Veräußerung von Anteilen an Kapitalgesellschaften nur dem Wohnsitzstaat zu. Die GmbH unterhält eine DBA-Freistellungsbetriebsstätte im Ausland. Für Dividenden sieht das DBA ein Quellensteuerrecht entsprechend dem Artikel 10 OECD-MA vor.
Die GmbH wird formwechselnd in eine KG umgewandelt. In der steuerlichen Schlussbilanz der GmbH werden die übergehenden Wirtschaftsgüter zulässigerweise einheitlich mit dem Buchwert (Buchwerte insgesamt = 2.000.000 €; davon Nennkapital = 1.400.000 € und offene Rücklagen = 600.000 €) angesetzt und von der KG entsprechend übernommen. Von den Umwandlungskosten entfallen 20.000 € auf die KG. Die

Buchwerte des inländischen Vermögens betragen 1.500.000 € (gemeiner Wert = 2.800.000 €) und des ausländischen Vermögens 500.000 € (gemeiner Wert = 1.200.000 €).
Steuerlicher Übertragungsstichtag ist der 31.12.01. Das Wirtschaftsjahr der an der Umwandlung beteiligten Rechtsträger entspricht dem Kalenderjahr.

Lösung:
Die KG hat die steuerlichen Buchwerte zu übernehmen (§ 4 Absatz 1 Satz 1 UmwStG). Die bisherigen Anteile von A und C an der GmbH gelten nach § 5 Absatz 2 UmwStG als zu den Anschaffungskosten in das Betriebsvermögen der KG eingelegt. Der bisherige Anteil des B gilt nach § 5 Absatz 3 UmwStG als zum Buchwert in das Betriebsvermögen der KG überführt.

Für die Gesellschafter A, B und C erfolgt eine Ermittlung des Übernahmeergebnisses. Der auf den Gesellschafter C entfallende Anteil an einem Übernahmegewinn bleibt allerdings i. R. d. gesonderten und einheitlichen Feststellung außer Ansatz, weil nur steuerpflichtige Einkünfte festzustellen sind. Für die Bundesrepublik Deutschland hat ein Besteuerungsrecht hinsichtlich des Gewinns aus der Veräußerung dieses Anteils an der GmbH nach dem DBA mit dem Wohnsitzstaat des C insoweit nicht bestanden; Gleiches würde auch für einen Übernahmeverlust gelten. Aufgrund des abkommensrechtlichen Quellensteuerrechts sind die Bezüge i. S. d. § 7 UmwStG jedoch in die Feststellung mit einzubeziehen (vgl. Randnr. 07.02).

Nach § 4 Absatz 4 Satz 2 UmwStG ist i. R. d. Ermittlung des Übernahmeergebnisses für die Gesellschafter A, B und C ein Zuschlag für neutrales Vermögen (Auslandsvermögen) anzusetzen (1.200.000 € (= gemeiner Wert) ./. 500.000 € (= Buchwert) = 700.000 €; davon Anteil des A = 350.000 €, Anteil des B = 210.000 € und Anteil des C = 140.000 €).

Die auf die Gesellschafter entfallenden Anteile am Übernahmeergebnis i. S. d. § 4 UmwStG und den Bezügen i. S. d. § 7 UmwStG sind für den Veranlagungszeitraum 01 wie folgt zu ermitteln:

	A	B	C	Summe
a) Übernahmeergebnis				
Wert des übernommenen Vermögens (Buchwert)	1.000.000 €	600.000 €	400.000 €	2.000.000 €
+ Zuschlag für neutrales (Auslands-)Vermögen	350.000 €	210.000 €	140.000 €	700.000 €
./. Wert der Anteile an der übertragenden GmbH	400.000 €	100.000 €	100.000 €	600.000 €
./. Kosten des Vermögensübergangs	10.000 €	6.000 €	4.000 €	20.000 €
= Übernahmeergebnis 1. Stufe	940.000 €	704.000 €	436.000 €	2.080.000 €
./. Bezüge nach § 7 UmwStG	300.000 €	180.000 €	120.000 €	600.000 €
= Übernahmeergebnis 2. Stufe	640.000 €	524.000 €	316.000 €	1.480.000 €
davon stpfl. Übernahmeergebnis	640.000 €	524.000 €	0 €	1.060.000 €
(= Gegenstand der gesonderten und einheitlichen Feststellung)				
b) Bezüge nach § 7 UmwStG	300.000 €	180.000 €	120.000 €	600.000 €
davon einzubeziehen in das Feststellungsverfahren (vor Anwendung von § 3 Nummer 40 EStG)	300.000 €	180.000 €	120.000 €	600.000 €
anzurechnende Kapitalertragsteuer (25 %)	75.000 €	45.000 €	30.000 €[①]	
[①]DBA-Quellensteuerrecht				
Gesonderte und einheitliche Feststellung:				
a) Übernahmeergebnis gem. § 4 UmwStG	640.000 €	524.000 €	0 €	1.164.000 €
b) Bezüge gem. § 7 UmwStG	300.000 €	180.000 €	120.000 €	600.000 €
= Einkünfte aus Gewerbebetrieb	940.000 €	704.000 €	120.000 €	1.764.000 €

Beispiel 2:
Die im EU-Ausland ansässige EU-Kapitalgesellschaft mit einer im Inland befindlichen gewerblichen Betriebsstätte wird auf eine gewerbliche EU-Personengesellschaft mit Sitz und Geschäftsleitung im EU-Ausland umgewandelt. Gesellschafter der EU-Kapitalgesellschaft sind die natürlichen Personen A mit 50 %, B mit 30 % und C mit 20 %. A und B sind im Inland unbeschränkt einkommensteuerpflichtig und abkommensrechtlich ansässig. A hält seinen Anteil (Anschaffungskosten = 400.000 €) an der EU-Kapitalgesellschaft im Privatvermögen, der Anteil des B (Buchwert = 100.000 €) wird in dessen Betriebsvermögen ge-

halten. C ist im EU-Ausland ansässig und hält seinen Anteil (Anschaffungskosten = 100.000 €) im Privatvermögen.
Nach dem mit dem Wohnsitzstaat des C abgeschlossenen DBA steht das Besteuerungsrecht für Gewinne aus der Veräußerung von Anteilen an Kapitalgesellschaften nur dem Wohnsitzstaat zu. Für Dividenden steht das Besteuerungsrecht dem Wohnsitzstaat des Gesellschafters zu (vgl. Artikel 10 Absatz 1 OECD-MA).
In der steuerlichen Schlussbilanz der EU-Kapitalgesellschaft werden die übergehenden Wirtschaftsgüter auf Antrag zulässigerweise einheitlich mit dem Buchwert angesetzt und von der EU-Personengesellschaft entsprechend übernommen.
Kapitalertragsteuer wurde im Ausland weder angemeldet noch abgeführt. Von den Umwandlungskosten entfallen 20.000 € auf die EU-Personengesellschaft. Die Buchwerte des inländischen Vermögens betragen 500.000 € (gemeiner Wert = 1.200.000 €) und des ausländischen Vermögens 1.500.000 € (gemeiner Wert = 2.800.000 €).
Steuerlicher Übertragungsstichtag ist der 31.12.01. Das Wirtschaftsjahr der an der Umwandlung beteiligten Rechtsträger entspricht dem Kalenderjahr.

Lösung:
Die EU-Personengesellschaft hat die steuerlichen Schlussbilanzwerte der EU-Kapitalgesellschaft zu übernehmen (§ 4 Absatz 1 Satz 1 UmwStG). Die bisherigen Anteile von A und C an der EU-Kapitalgesellschaft gelten nach § 5 Absatz 2 UmwStG als zu den Anschaffungskosten in das Betriebsvermögen der EU-Personengesellschaft eingelegt. Der bisherige Anteil des B gilt nach § 5 Absatz 3 UmwStG als zum Buchwert in das Betriebsvermögen der EU-Personengesellschaft überführt.
Für die Gesellschafter A, B und C erfolgt eine Ermittlung des Übernahmeergebnisses. Nach § 4 Absatz 4 Satz 2 UmwStG ist i.R.d. Ermittlung des Übernahmeergebnisses ein Zuschlag für neutrales Vermögen (Auslandsvermögen) anzusetzen (2.800.000 € (= gemeiner Wert)./.1.500.000 € (= Buchwert) = 1.300.000 €; davon Anteil des A = 650.000 €, Anteil des B = 390.000 € und Anteil des C = 260.000 €).
Der auf C entfallende Anteil am Übernahmeergebnis i.S.d. § 4 UmwStG und den Bezügen i.S.d. § 7 UmwStG bleibt i.R.d. gesonderten und einheitlichen Feststellung außer Ansatz, weil für C im Inland keine (beschränkte) Steuerpflicht besteht. Für die Bezüge i.S.d. § 7 UmwStG von A und B ist Artikel 10 OECD-MA maßgeblich.
Die auf die Gesellschafter entfallenden Anteile am Übernahmeergebnis i.S.d. § 4 UmwStG und den Bezügen i.S.d. § 7 UmwStG sind für den Veranlagungszeitraum 01 wie folgt zu ermitteln:

	A	B	C	Summe
a) Übernahmeergebnis				
Wert des übernommenen Vermögens (Buchwert)	1.000.000 €	600.000 €	400.000 €	2.000.000 €
+ Zuschlag für neutrales (Auslands-)Vermögen	650.000 €	390.000 €	260.000 €	1.300.000 €
./. Wert der Anteile an der übertragenden GmbH	400.000 €	100.000 €	100.000 €	600.000 €
./. Kosten des Vermögensübergangs	10.000 €	6.000 €	4.000 €	20.000 €
= Übernahmeergebnis 1. Stufe	1.240.000 €	884.000 €	556.000 €	2.680.000 €
./. Bezüge nach § 7 UmwStG	300.000 €	180.000 €	120.000 €	600.000 €
= Übernahmeergebnis 2. Stufe	940.000 €	704.000 €	436.000 €	2.080.000 €
davon stpfl. Übernahmeergebnis	940.000 €	704.000 €	0 €	1.644.000 €
(= Gegenstand der gesonderten und einheitlichen Feststellung)				
b) Bezüge nach § 7 UmwStG	300.000 €	180.000 €	120.000 €	600.000 €
davon einzubeziehen in das Feststellungsverfahren (vor Anwendung von § 3 Nummer 40 EStG)	300.000 €	180.000 €	0 €	480.000 €
Gesonderte und einheitliche Feststellung:				
a) Übernahmeergebnis gem. § 4 UmwStG	940.000 €	704.000 €	0 €	1.644.000 €
b) Bezüge gem. § 7 UmwStG	300.000 €	180.000 €	0 €	480.000 €
= Einkünfte aus Gewerbebetrieb	1.240.000 €	884.000 €	0 €	2.124.000 €

9. Anteile an der übertragenden Körperschaft
a) Zuordnung der Anteile

04.30 Gehören am steuerlichen Übertragungsstichtag unter Berücksichtigung des § 5 UmwStG nicht alle Anteile an der übertragenden Körperschaft zum Betriebsvermögen des übernehmenden Rechtsträgers, bleibt der auf diese Anteile entfallende Wert der übergegangenen Wirtschaftsgüter bei der Ermittlung des Übernahmeergebnisses insoweit außer Ansatz (§ 4 Absatz 4 Satz 3 UmwStG).

> **Beispiel:**
> 80 % der Anteile an der übertragenden Kapitalgesellschaft gehören am steuerlichen Übertragungsstichtag – unter Berücksichtigung des § 5 UmwStG – zum Betriebsvermögen der übernehmenden Personengesellschaft. 20 % der Anteile gehören zum Privatvermögen von Anteilseignern, die jeweils zu weniger als 1 % an der übertragenden Kapitalgesellschaft beteiligt sind.
>
> **Lösung:**
> In Höhe von 20 % bleibt der Wert der übergegangenen Wirtschaftsgüter bei der Ermittlung des Übernahmegewinns oder -verlusts außer Ansatz. Für die 20 % der Anteile entfällt die Ermittlung eines Übernahmegewinns oder -verlusts.

b) Folgen bei ausstehenden Einlagen

04.31 Ausstehende Einlagen haben die Anschaffungskosten der Beteiligung unabhängig davon, ob sie eingefordert oder nicht eingefordert sind, bereits erhöht. Die Anschaffungskosten sind daher für Zwecke der Ermittlung des Übernahmeergebnisses um diese Beträge zu mindern (vgl. auch Randnr. 03.05).

c) Steuerliche Behandlung eigener Anteile

04.32 Bis zur Geltung des Gesetzes zur Modernisierung des Bilanzrechts (Bilanzrechtsmodernisierungsgesetz – BilMoG) vom 25. 5. 2009, BGBl I S. 1102, gilt für die Behandlung eigener Anteile bei Umwandlungen Folgendes:

Bei der übertragenden Körperschaft gehen die eigenen Anteile durch die Umwandlung unter und sind in der steuerlichen Schlussbilanz nicht mehr zu erfassen. Diese sind daher entweder gewinnneutral auszubuchen oder der hierdurch entstehende Buchverlust ist außerhalb der Bilanz bei der Einkommensermittlung hinzuzurechnen (vgl. Randnr. 03.05).

04.33 Der Übernahmegewinn ergibt sich in diesem Fall aus dem Unterschiedsbetrag zwischen dem Wert, mit dem die übergegangenen Wirtschaftsgüter nach § 4 Absatz 1 Satz 1 UmwStG zu übernehmen sind, und dem Buchwert der restlichen Anteile an der übertragenden Körperschaft, wenn sie am steuerlichen Übertragungsstichtag zum Betriebsvermögen des übernehmenden Rechtsträgers gehören (§ 4 Absatz 4 Satz 3 UmwStG). Für den Fall, dass auch nach Berücksichtigung des § 5 UmwStG nicht alle übrigen Anteile zum Betriebsvermögen des übernehmenden Rechtsträgers gehören, wird auf Randnr. 04.30 verwiesen.

> **Beispiel (Rechtslage bis zur Geltung des BilMoG):**
>
> A-GmbH
>
> | | | |
> |---|---|---|
> | Gesellschafter B | = 30 % (Anschaffungskosten = | 30.000 €) |
> | Gesellschafter C | = 30 % (Anschaffungskosten = | 90.000 €) |
> | Gesellschafter D | = 30 % (Anschaffungskosten = | 100.000 €) |
> | eigene Anteile A-GmbH | = 10 % (Anschaffungskosten = | 50.000 €) |

Lösung:
Die steuerliche Schlussbilanz der A-GmbH stellt sich wie folgt dar:

	Buchwert		Buchwert
Eigene Anteile	0 €	Stammkapital	100.000 €
Sonstige Aktiva	1.250.000 €	Rücklagen	200.000 €
		Verbindlichkeiten	950.000 €
	1.250.000 €		1.250.000 €

Die Anteile der Gesellschafter B, C und D sind dem Betriebsvermögen der übernehmenden Personengesellschaft gem. § 5 UmwStG zuzuordnen. Danach ergibt sich folgender Übernahmegewinn:

	Gesamt	B	C	D
Buchwert des übergehenden Vermögens	300.000 €	100.000 €	100.000 €	100.000 €
Buchwert der Anteile (Anschaffungskosten)	220.000 €	30.000 €	90.000 €	100.000 €
Übernahmeergebnis 1. Stufe	**80.000 €**	**70.000 €**	**10.000 €**	**0 €**

Der Buchwert der eigenen Anteile i. H. v. 50.000 € (Anschaffungskosten) ist bei der A-GmbH bei der steuerlichen Gewinnermittlung außerhalb der Bilanz hinzuzurechnen, wenn die Anteile gewinnmindernd ausgebucht worden sind.

10. Kosten des Vermögensübergangs

Als Kosten des Vermögensübergangs i. S. d. § 4 Absatz 4 Satz 1 UmwStG sind nur die nicht objektbezogenen Kosten des übernehmenden Rechtsträgers – unabhängig vom Zeitpunkt der Entstehung – sowie auch die nicht objektbezogenen Kosten, die dem übertragenden Rechtsträger zuzuordnen und nach dem steuerlichen Übertragungsstichtag entstanden sind, zu berücksichtigen. Sie bewirken eine Minderung des Übernahmegewinns bzw. eine Erhöhung des Übernahmeverlusts. Sofern sie als laufender Aufwand beim übernehmenden Rechtsträger berücksichtigt worden sind, hat eine entsprechende außerbilanzielle Korrektur zu erfolgen. Zur ertragsteuerlichen Behandlung der durch einen Umwandlungsvorgang entstandenen objektbezogenen Kosten des Vermögensübergangs vgl. BMF-Schreiben vom 18. 1. 2010, BStBl I S. 70. Zur ertragsteuerlichen Behandlung von Grunderwerbsteuer bei Anteilsvereinigung (§ 1 Absatz 3 GrEStG) beachte aber auch BFH vom 20. 4. 2011, I R 2/10, BStBl II S. 761. 04.34

Eine verhältnismäßige Zuordnung zum Übernahmeergebnis und zum Dividendenanteil gem. § 7 UmwStG ist nicht vorzunehmen. Ein Gesellschafter, der nicht der Übernahmegewinnbesteuerung, sondern nur der Besteuerung des Dividendenanteils gem. § 7 UmwStG unterliegt, kann seine Übernahmekosten steuerlich nicht geltend machen. 04.35

V. Fremdfinanzierte Anteile an der übertragenden Körperschaft

Wird ein Anteilseigner, der seine Anteile an der übertragenden Körperschaft fremdfinanziert hat, Mitunternehmer der Personengesellschaft, führen Darlehenszinsen künftig zu Sonderbetriebsausgaben dieses Mitunternehmers bei der Personengesellschaft, die i. R. d. gesonderten und einheitlichen Feststellung der Einkünfte nach allgemeinen Grundsätzen zu berücksichtigen sind. Die Verbindlichkeiten haben keinen Einfluss auf das Übernahmeergebnis. 04.36

VI. Weitere Korrekturen gem. § 4 Absatz 5 UmwStG

1. Sperrbetrag i. S. d. § 50c EStG

04.37 Der Sperrbetrag i. S. d. § 50c Absatz 4 EStG (vgl. § 52 Absatz 59 EStG) ist nach § 4 Absatz 5 Satz 1 UmwStG dem Übernahmeergebnis außerhalb der Steuerbilanz hinzuzurechnen, soweit die Anteile an der übertragenden Körperschaft am steuerlichen Übertragungsstichtag zum Betriebsvermögen des übernehmenden Rechtsträgers gehören.

2. Abzug der Bezüge i. S. d. § 7 UmwStG vom Übernahmeergebnis 1. Stufe

04.38 Das Übernahmeergebnis 1. Stufe (vgl. Randnr. 04.27) vermindert sich um die Bezüge, die nach § 7 UmwStG zu den Einkünften aus Kapitalvermögen i. S. d. § 20 Absatz 1 Nummer 1 EStG gehören. Der Abzug erfolgt wegen der personenbezogenen Ermittlung (vgl. Randnr. 04.19 ff.) für jeden Anteilseigner gesondert.

VII. Ermittlung des Übernahmeergebnisses bei negativem Buchwert des Vermögens der übertragenden Körperschaft (überschuldete Gesellschaft)

04.39 Bei der Ermittlung des Übernahmeergebnisses ist keine Begrenzung des übergehenden Vermögens auf 0 € vorgesehen. Ein Negativvermögen führt daher zu einem entsprechend höheren Übernahmeverlust.

VIII. Berücksichtigung eines Übernahmeverlusts (§ 4 Absatz 6 UmwStG)

04.40 Entfällt der Übernahmeverlust auf eine Körperschaft, Personenvereinigung oder Vermögensmasse, bleibt der Übernahmeverlust außer Ansatz.

04.41 Das gilt nicht, soweit der Übernahmeverlust auf eine Körperschaft i. S. d. § 8b Absatz 7 oder Absatz 8 Satz 1 KStG entfällt. Dann ist der Übernahmeverlust bis zur Höhe der Bezüge i. S. d. § 20 Absatz 1 Nummer 1 EStG i. V. m. § 7 UmwStG zu berücksichtigen. Ein danach verbleibender Übernahmeverlust bleibt außer Ansatz.

04.42 Entfällt der Übernahmeverlust auf eine natürliche Person, ist er zu 60 % (bis 2008: zur Hälfte), höchstens i. H. v. 60 % (bis 2008: der Hälfte) der nach § 7 UmwStG anzusetzenden Bezüge i. S. d. § 20 Absatz 1 Nummer 1 EStG zu berücksichtigen. Ein darüber hinausgehender Übernahmeverlust bleibt außer Ansatz.

04.43 Ein Übernahmeverlust bleibt stets außer Ansatz, soweit bei Veräußerung der Anteile an der übertragenden Körperschaft ein Veräußerungsverlust nach § 17 Absatz 2 Satz 6 EStG nicht zu berücksichtigen wäre oder soweit die Anteile an der übertragenden Körperschaft innerhalb der letzten fünf Jahre vor dem steuerlichen Übertragungsstichtag entgeltlich erworben wurden.

Werden Anteile an dem übertragenden Rechtsträger erst nach dem steuerlichen Übertragungsstichtag entgeltlich erworben, bleibt ein Übernahmeverlust nach § 4 Absatz 6 Satz 6 UmwStG auch insoweit außer Ansatz.

IX. Besteuerung eines Übernahmegewinns (§ 4 Absatz 7 UmwStG)

04.44 Entfällt der Übernahmegewinn auf eine Körperschaft, ist darauf § 8b KStG in der jeweils am steuerlichen Übertragungsstichtag geltenden Fassung anzuwenden, also ggf. auch § 8b Absatz 7 und 8 KStG bzw. § 8b Absatz 4 KStG a. F.

04.45 Entfällt der Übernahmegewinn auf eine natürliche Person, sind für Veranlagungszeiträume ab 2009 darauf § 3 Nummer 40 sowie § 3c EStG in der jeweils am steuerlichen Übertragungsstichtag geltenden Fassung anzuwenden (§ 27 Absatz 8 UmwStG i. V. m. § 52a Absatz 3 Satz 1 EStG).

Für Veranlagungszeiträume bis 2008 sind auf einen Übernahmegewinn § 3 Nummer 40 Satz 1 und 2 EStG sowie § 3c EStG in der jeweils am steuerlichen Übertragungsstichtag geltenden Fassung anzuwenden.

C. Besteuerung der Anteilseigner der übertragenden Körperschaft (§ 5 UmwStG)

I. Anschaffung und Barabfindung nach dem steuerlichen Übertragungsstichtag (§ 5 Absatz 1 UmwStG)

Schafft der übernehmende Rechtsträger Anteile an der übertragenden Körperschaft nach dem steuerlichen Übertragungsstichtag an oder findet er einen Anteilseigner ab, ist das Übernahmeergebnis so zu ermitteln, als hätte er die Anteile an dem Übertragungsstichtag angeschafft. Der unentgeltliche Erwerb wird für Zwecke des § 5 Absatz 1 UmwStG der Anschaffung gleichgestellt. 05.01

§ 5 Absatz 1 UmwStG gilt für Anteile, die Betriebsvermögen des übernehmenden Rechtsträgers (einschließlich Sonderbetriebsvermögen) werden. 05.02

II. Anteilseignerwechsel im Rückwirkungszeitraum

Die Rückwirkungsfiktion des § 2 UmwStG gilt nicht bzw. insoweit nicht für Anteilseigner, wenn diese Anteile im Rückwirkungszeitraum ganz bzw. teilweise veräußert haben (vgl. Randnr. 02.17 ff.). 05.03

Veräußert der Anteilseigner Anteile an einen Dritten, erwirbt der Dritte zivilrechtlich Anteile an der übertragenden Körperschaft. Für die Anwendung der §§ 4 bis 10 und 18 UmwStG ist jedoch davon auszugehen, dass er die Anteile am steuerlichen Übertragungsstichtag angeschafft hat. Zur Anwendung des § 10 UmwStG vgl. § 27 Absatz 6 UmwStG i. d. F. des Gesetzes vom 22.12.2009, BGBl I S. 3950, und Randnr. 10.01 f. Die Anteile gelten unter den Voraussetzungen der Einlage- und Übertragungsfiktionen des § 5 Absatz 2 und 3 UmwStG als in das Betriebsvermögen der übernehmenden Personengesellschaft bzw. der übernehmenden natürlichen Person eingelegt oder überführt. Hat der übernehmende Rechtsträger die Anteile erworben, gilt § 5 Absatz 1 UmwStG. 05.04

III. Einlage- und Überführungsfiktion (§ 5 Absatz 2 und 3 UmwStG)

1. Einlagefiktion nach § 5 Absatz 2 UmwStG

Nach § 5 Absatz 2 UmwStG gelten die Anteile an der übertragenden Körperschaft i. S. d. § 17 EStG für die Ermittlung des Übernahmeergebnisses als zum steuerlichen Übertragungsstichtag mit den Anschaffungskosten in das Betriebsvermögen des übernehmenden Rechtsträgers eingelegt. Im Privatvermögen gehaltene Anteile, die nicht unter § 17 EStG fallen, werden von der Einlagefiktion des § 5 Absatz 2 UmwStG nicht erfasst. Die Einlagefiktion gem. § 5 Absatz 2 UmwStG erfasst auch Anteile an der übertragenden Körperschaft, für die ein Veräußerungsverlust nach § 17 Absatz 2 Satz 6 EStG nicht zu berücksichtigen ist. In diesen Fällen bleibt ein Übernahmeverlust außer Ansatz, siehe § 4 Absatz 6 Satz 6 UmwStG. Im Fall einer vorangegangenen Umwandlung (Verschmelzung, Auf- und Abspaltung) auf die übertragende Körperschaft (§§ 11 bis 13, 15 UmwStG) ist für die Anteile an der übertragenden Körperschaft § 13 Absatz 2 Satz 2 UmwStG zu beachten. § 5 Absatz 2 erfasst auch solche Anteile i. S. d. § 17 EStG, die erst nach dem steuerlichen Übertragungsstichtag entgeltlich oder unentgeltlich erworben werden. 05.05

Werden von der Körperschaft eigene Anteile gehalten, ist bei der Ermittlung der Beteiligungsquote auf das Verhältnis zu dem um die eigenen Anteile der Kapitalgesellschaft verminderten Nennkapital abzustellen (BFH vom 24.9.1970, IV R 138/69, BStBl 1971 II S. 89). 05.06

Beispiel:
Die übertragende Körperschaft hält am steuerlichen Übertragungsstichtag eigene Anteile i. H. v. 20 %. A hält 40 % in seinem Betriebsvermögen, B hält 20 % in seinem Privatvermögen und 40 weitere Anteilseigner halten jeweils 0,5 % in ihrem Privatvermögen. Der Wert der auf die übernehmende Personengesellschaft übergegangenen Wirtschaftsgüter (ohne die eigenen Anteile) beträgt 800.000 €.

Lösung:
Bei Ermittlung des personenbezogenen Übernahmeergebnisses sind für A und B folgende Werte zugrunde zu legen:

A: 40/80 von 800.000 € = 400.000 €,
B: 20/80 von 800.000 € = 200.000 €.

Für die 40 weiteren Anteilseigner ist gem. § 4 Absatz 4 Satz 3 UmwStG kein Übernahmeergebnis zu ermitteln.

05.07 Die Einlagefiktion gilt unabhängig davon, ob eine Veräußerung dieser Anteile bei dem Anteilseigner i. R. d. unbeschränkten oder beschränkten Steuerpflicht zu erfassen bzw. ob ein Besteuerungsrecht der Bundesrepublik Deutschland aufgrund eines DBA ausgeschlossen ist. Die Zuordnung einer Beteiligung zum Betriebs- oder Privatvermögen bestimmt sich nach deutschem Steuerrecht. Die Feststellung, ob und in welchem Umfang sich für den Anteilseigner Auswirkungen auf den in der Bundesrepublik Deutschland zu versteuernden Übernahmegewinn oder den zu berücksichtigenden Übernahmeverlust und die Besteuerung offener Rücklagen ergeben, ist i. R. d. Ermittlung der Besteuerungsgrundlagen nach den §§ 4 und 7 UmwStG zu treffen.

2. Überführungsfiktion nach § 5 Absatz 3 UmwStG

05.08 Nach § 5 Absatz 3 UmwStG gelten die Anteile, die am steuerlichen Übertragungsstichtag zum Betriebsvermögen eines Anteilseigners gehören, für die Ermittlung des Übernahmeergebnisses als an diesem Stichtag in das Betriebsvermögen des übernehmenden Rechtsträgers überführt. Die Überführungsfiktion nach § 5 Absatz 3 UmwStG gilt auch, wenn die Anteile bei dem Anteilseigner am steuerlichen Übertragungsstichtag zu einem Betriebsvermögen gehören, das den Einkünften nach § 13 oder § 18 EStG zuzurechnen ist oder in den Fällen, in denen der Anteilseigner der übertragenden Körperschaft, der seine Beteiligung zum steuerlichen Übertragungsstichtag in einem Betriebsvermögen hält, erst nach dem steuerlichen Übertragungsstichtag Gesellschafter wird.

05.09 Für die Überführungsfiktion gilt Randnr. 05.07 entsprechend.

05.10 Das Übernahmeergebnis ist so zu ermitteln, als seien die Anteile an dem steuerlichen Übertragungsstichtag zum Buchwert, erhöht um Abschreibungen sowie um Abzüge nach § 6b EStG und ähnliche Abzüge, die in früheren Jahren steuerwirksam vorgenommen worden sind, höchstens mit dem gemeinen Wert, in das Betriebsvermögen des übernehmenden Rechtsträgers überführt worden.

05.11 Die Rechtsfolgen einer steuerwirksamen erweiterten Wertaufholung entsprechend der Regelung in § 4 Absatz 1 Satz 2 und 3 UmwStG (vgl. Randnr. 04.05 ff.) ergeben sich am steuerlichen Übertragungsstichtag noch im Betriebsvermögen des Anteilseigners, zu dem die Anteile an der übertragenden Körperschaft gehören.

IV. Übergangsregelung für einbringungsgeborene Anteile nach § 27 Absatz 3 Nummer 1 UmwStG

05.12 Nach § 27 Absatz 3 Nummer 1 UmwStG ist § 5 Absatz 4 UmwStG 1995 für einbringungsgeborene Anteile i. S. d. § 21 Absatz 1 UmwStG 1995 mit der Maßgabe weiterhin anzuwenden, dass die Anteile zum Wert i. S. d. § 5 Absatz 2 oder 3 UmwStG als zum steuerlichen Übertragungsstichtag in das Betriebsvermögen des übernehmenden Rechtsträgers überführt gelten.

D. Gewinnerhöhung durch Vereinigung von Forderungen und Verbindlichkeiten (§ 6 UmwStG)

I. Entstehung des Übernahmefolgegewinns oder -verlusts aus dem Vermögensübergang

Der Übernahmefolgegewinn oder -verlust aus dem Vermögensübergang entsteht bei dem übernehmenden Rechtsträger mit Ablauf des steuerlichen Übertragungsstichtags. Ein solcher entsteht auch, wenn infolge der Umwandlung Gesellschafter des übernehmenden Rechtsträgers einen Anspruch oder eine Verbindlichkeit gegenüber dem übernehmenden Rechtsträger haben (§ 6 Absatz 2 UmwStG). Ist ein in der steuerlichen Schlussbilanz ausgewiesener Schuldposten beim übernehmenden Rechtsträger infolge Konfusion gewinnerhöhend aufzulösen und ist die dem Schuldposten zugrunde liegende Vermögensminderung beim übertragenden Rechtsträger nach § 8 Absatz 3 Satz 2 KStG korrigiert worden, gelten die Grundsätze des BMF-Schreibens vom 28. 5. 2002, BStBl I S. 603, entsprechend. Insoweit kommt es ggf. zu keinem Übernahmefolgegewinn, wenn eine Hinzurechnung der verdeckten Gewinnausschüttung nach § 8 Absatz 3 Satz 2 KStG erfolgt ist. 06.01

§ 6 UmwStG findet keine Anwendung bei Vermögensübergang auf einen Rechtsträger ohne Betriebsvermögen (vgl. § 8 UmwStG).

II. Besteuerung des Übernahmefolgegewinns oder -verlusts

Der Übernahmefolgegewinn oder -verlust ist ein laufender Gewinn oder Verlust des übernehmenden Rechtsträgers, der auch bei der Gewerbesteuer zu berücksichtigen ist (§ 18 Absatz 1 UmwStG). Er ist nicht Teil des Übernahmeergebnisses i. S. d. § 4 Absatz 4 bis 6 UmwStG. Er ist auch dann in voller Höhe anzusetzen, wenn am steuerlichen Übertragungsstichtag nicht alle Anteile an der übertragenden Körperschaft zum Betriebsvermögen des übernehmenden Rechtsträgers gehören. § 4 Absatz 4 Satz 3 UmwStG gilt für den Übernahmefolgegewinn oder -verlust nicht. Auf den Übernahmefolgegewinn ist § 32c EStG (nur Veranlagungszeitraum 2007) und § 35 EStG anzuwenden. Entsteht der Übernahmefolgegewinn durch eine Vereinigung von Forderungen und Verbindlichkeiten, ist er auch dann in voller Höhe steuerpflichtig, wenn sich die Forderungsabschreibung ganz oder zum Teil (z. B. wegen § 3c Absatz 2 EStG oder § 8b Absatz 3 Satz 4 ff. KStG) nicht ausgewirkt hat. 06.02

III. Umgekehrte Maßgeblichkeit

Die steuerlichen Wahlrechte der Bildung und Auflösung einer Rücklage für den Übernahmefolgegewinn sind nach der Rechtslage bis zum Inkrafttreten des Bilanzrechtsmodernisierungsgesetzes (BilMoG) vom 25. 5. 2009, BGBl I S. 1102, jeweils in Übereinstimmung mit der handelsrechtlichen Jahresbilanz auszuüben (vgl. § 5 Absatz 1 Satz 2 EStG a. F. und BMF-Schreiben vom 12. 3. 2010, BStBl I S. 239, Randnr. 24). 06.03

IV. Pensionsrückstellungen zugunsten eines Gesellschafters der übertragenden Kapitalgesellschaft

Geht das Vermögen einer Kapitalgesellschaft durch Gesamtrechtsnachfolge auf eine Personengesellschaft über, ist die zugunsten des Gesellschafters durch die Kapitalgesellschaft zulässigerweise gebildete Pensionsrückstellung von der Personengesellschaft nicht aufzulösen (BFH vom 22. 6. 1977, I R 8/75, BStBl II S. 798; Ausnahme: Anwartschaftsverzicht bis zum steuerlichen Übertragungsstichtag). 06.04

06.05 Die Personengesellschaft führt die zulässigerweise von der Kapitalgesellschaft gebildete Pensionsrückstellung in ihrer Gesamthandsbilanz fort und hat diese bei fortbestehendem Dienstverhältnis mit dem Teilwert nach § 6a Absatz 3 Satz 2 Nummer 1 EStG zu bewerten.

06.06 Zuführungen nach dem steuerlichen Übertragungsstichtag, soweit sie ihren Grund in einem fortbestehenden Dienstverhältnis haben, sind Sondervergütungen i. S. d. § 15 Absatz 1 Satz 1 Nummer 2 EStG. Sie mindern den steuerlichen Gewinn der Personengesellschaft nicht. Wegen der bilanzsteuerlichen Behandlung einer Pensionszusage einer Personengesellschaft an einen Gesellschafter vgl. im Übrigen das BMF-Schreiben vom 29. 1. 2008, BStBl I S. 317. Die Pensionszusage ist daher beim begünstigten Mitunternehmer in einen Teil vor und in einen Teil nach der Umwandlung aufzuteilen. Im Versorgungsfall folgt hieraus eine Aufteilung in Einkünfte nach § 19 EStG und § 15 EStG jeweils i.V. m. § 24 Nummer 2 EStG.

06.07 Im Fall des Vermögensübergangs auf eine natürliche Person ist die Pensionsrückstellung von dieser ertragswirksam aufzulösen. Auf einen sich insgesamt ergebenden Auflösungsgewinn ist § 6 Absatz 1 UmwStG anzuwenden.

06.08 Wird im Fall einer Rückdeckungsversicherung die Versicherung von der übernehmenden natürlichen Person fortgeführt, geht der Versicherungsanspruch (Rückdeckungsanspruch) auf diese über und wird dadurch Privatvermögen. Die Entnahme ist mit dem Teilwert zu bewerten. Wird die Rückdeckungsversicherung von der übertragenden Kapitalgesellschaft gekündigt, ist der Rückkaufswert mit dem Rückdeckungsanspruch zu verrechnen. Ein eventueller Restbetrag ist ergebniswirksam aufzulösen. Auf das Urteil des BFH vom 25. 2. 2004, I R 54/02, BStBl II S. 654 wird hingewiesen.

V. Missbrauchsklausel

06.09 Betrieb i. S. d. § 6 Absatz 3 UmwStG sind die am steuerlichen Übertragungsstichtag vorhandenen funktional und quantitativ wesentlichen Betriebsgrundlagen des übergegangenen Betriebs. Die Veräußerung, Verschmelzung, Einbringung oder Aufgabe sämtlicher Anteile des übernehmenden Rechtsträgers führt ebenfalls zur Anwendung des § 6 Absatz 3 UmwStG.

Unschädlich ist dagegen die Einbringung, Veräußerung oder Aufgabe nur eines Teilbetriebs des übergegangenen Betriebs. Dasselbe gilt für einen übergegangenen Mitunternehmeranteil, wenn daneben noch (weitere) wesentliche Betriebsgrundlagen zum übergegangenen Betrieb gehören, sowie für die Veräußerung einzelner Anteile des übernehmenden Rechtsträgers.

06.10 Die Fünfjahresfrist beginnt mit Ablauf des steuerlichen Übertragungsstichtags. Für die Fristberechnung ist im Fall der Veräußerung der Übergang des wirtschaftlichen Eigentums und in Einbringungsfällen der steuerliche Übertragungsstichtag i. S. d. § 20 Absatz 5 und 6 UmwStG als Veräußerungs- bzw. Einbringungszeitpunkt maßgebend. Bei einer Betriebsaufgabe ist der Zeitpunkt der ersten Handlung maßgebend, die nach dem Aufgabeentschluss objektiv auf die Auflösung des Betriebs gerichtet ist.

06.11 Die Einbringung in eine Kapitalgesellschaft innerhalb von fünf Jahren nach dem steuerlichen Übertragungsstichtag ist stets unabhängig vom Vorliegen triftiger Gründe sowie unabhängig vom Wertansatz (gemeiner Wert, Zwischen- oder Buchwert) schädlich.

Eine Einbringung in eine andere Körperschaft (z. B. Genossenschaft) oder in eine Mitunternehmerschaft nach § 24 UmwStG ist eine Veräußerung i. S. d. § 6 Absatz 3 UmwStG.

Die Aufgabe oder Veräußerung des übergegangenen Betriebs ist unschädlich, wenn triftige Gründe vorliegen. Dies hängt von den Umständen des Einzelfalls ab. Es muss vom Steuerpflichtigen nachgewiesen werden, dass die nachfolgende Aufgabe oder Veräußerung nicht durch Steuerumgehung (Steuerersparnis, Steuerstundung), sondern durch vernünftige wirtschaftliche Gründe – insbesondere der Umstrukturierung oder der Rationalisierung der beteiligten Gesellschaften – als hauptsächlichen Beweggrund motiviert war.

§ 6 Absatz 3 Satz 2 UmwStG enthält eine eigenständige Änderungsvorschrift. Eine Änderung der entsprechenden Steuer-, Steuermess-, Freistellungs- und Feststellungsbescheide ist auch bei bereits eingetretener Festsetzungs- oder Feststellungsverjährung möglich (§ 175 Absatz 1 Satz 2 AO). 06.12

E. Besteuerung offener Rücklagen (§ 7 UmwStG)

I. Sachlicher und persönlicher Anwendungsbereich

Der Anwendungsbereich des § 7 UmwStG erstreckt sich sachlich auf Umwandlungen und vergleichbare ausländische Vorgänge i. S. d. § 1 Absatz 1 UmwStG. 07.01

Persönlich werden von § 7 UmwStG alle Anteilseigner der übertragenden Körperschaft erfasst, die Gesellschafter der übernehmenden Personengesellschaft werden, und zwar unabhängig davon, ob für diese ein Übernahmeergebnis zu ermitteln ist oder nicht. Auf Bezüge i. S. d. § 7 UmwStG findet in grenzüberschreitenden Sachverhalten in der Regel eine dem Artikel 10 OECD-MA entsprechende Vorschrift in einem DBA Anwendung. 07.02

II. Anteiliges Eigenkapital

Nach § 7 Satz 1 UmwStG ist dem Anteilseigner der Teil des in der Steuerbilanz ausgewiesenen Eigenkapitals abzüglich des Bestands des steuerlichen Einlagekontos, der sich nach Anwendung des § 29 Absatz 1 KStG ergibt, als Einkünfte aus Kapitalvermögen (§ 20 Absatz 1 Nummer 1 EStG) zuzurechnen, der seiner Beteiligung am Nennkapital entspricht. 07.03

Maßgeblich ist das in der steuerlichen Schlussbilanz ausgewiesene um Ausschüttungsverbindlichkeiten und passive Korrekturposten (vgl. Randnr. 02.25 ff.) geminderte Eigenkapital. Ausstehende Einlagen auf das Nennkapital gehören, unabhängig davon, ob sie eingefordert sind oder nicht, ebenso wie Passivposten, die aufgrund steuerrechtlicher Vorschriften erst bei ihrer Auflösung zu versteuern sind (Sonderposten mit Rücklagenanteil i. S. d. § 247 Absatz 3 HGB vor Inkrafttreten des Bilanzrechtsmodernisierungsgesetzes [BilMoG] vom 25. 5. 2009, BGBl I S. 1102), nicht zum Eigenkapital. Rückstellungen und Verbindlichkeiten, auch für die nach § 8 Absatz 3 Satz 2 KStG eine außerbilanzielle Einkommenskorrektur erfolgte, bleiben Fremdkapital. 07.04

Bei einer ausländischen Körperschaft i. S. d. § 27 Absatz 8 Satz 1 KStG ist der Bestand des steuerlichen Einlagekontos unter sinngemäßer Anwendung der Grundsätze des § 27 Absatz 8 KStG zu ermitteln.

Von dem maßgebenden Eigenkapital laut steuerlicher Schlussbilanz ist der Bestand des steuerlichen Einlagekontos, der sich nach Anwendung des § 29 Absatz 1 und Absatz 6 KStG ergibt, abzuziehen.

III. Zurechnung der Einkünfte

Ein verbleibender positiver Saldo des maßgebenden Eigenkapitals ist den Anteilseignern nach dem Verhältnis ihrer Anteile zum Nennkapital als Einkünfte i. S. d. § 20 Absatz 1 Nummer 1 EStG zuzurechnen. Hierbei ist auf die Höhe der Beteiligungen im Zeitpunkt des Wirksamwerdens der Umwandlung abzustellen. Eigene Anteile der übertragenden Körperschaft bleiben bei der Ermittlung der Beteiligungsverhältnisse unberücksichtigt. 07.05

Erfolgen im Rückwirkungszeitraum Ausschüttungen an Anteilseigner, für die die Rückwirkungsfiktion gilt, sind bei der Zurechnung der Einkünfte gegenüber neu eintretenden Gesellschaftern die Ausschüttungen an Anteilseigner, für die die Rückwirkungsfiktion gilt, diesen vorab zuzurechnen (vgl. Randnr. 02.31 sowie das Beispiel in Randnr. 02.33). 07.06

IV. Besteuerung und Zufluss der Einkünfte

07.07 Die Bezüge i. S. d. § 7 UmwStG i. V. m. § 20 Absatz 1 Nummer 1 EStG gelten bereits mit Ablauf des steuerlichen Übertragungsstichtags als zugeflossen (§ 2 Absatz 2 UmwStG). Sie sind in dem Veranlagungszeitraum, in dem das Wirtschaftsjahr endet, in das der steuerliche Übertragungsstichtag fällt, zu besteuern (vgl. Randnr. 02.04). Ist übernehmender Rechtsträger eine Personengesellschaft, sind die Bezüge i. R. d. gesonderten und einheitlichen Feststellung der Einkünfte zu erfassen, wenn für den betreffenden Anteilseigner ein Übernahmeergebnis zu ermitteln ist.

Die Einnahmen nach § 7 Satz 1 UmwStG unterliegen ab dem 1. 1. 2009 bei natürlichen Personen als Anteilseigner bei Anteilen im Privatvermögen grundsätzlich der Abgeltungsteuer (§§ 32d, 43 Absatz 5 EStG) und bei Anteilen im Betriebsvermögen (einschließlich der Anteile, die nach § 5 Absatz 2 oder § 27 Absatz 3 Nummer 1 UmwStG als in das Betriebsvermögen eingelegt gelten) dem Teileinkünfteverfahren (§ 3 Nummer 40 Satz 1 Buchstabe d, § 3 Nummer 40 Satz 2, § 20 Absatz 8 EStG). Handelt es sich bei dem Anteilseigner um eine Körperschaft, gilt § 8b KStG. Handelt es sich bei dem Anteilseigner um eine Personengesellschaft, ist für die Frage, ob § 3 Nummer 40 Satz 1 Buchstabe d EStG oder § 8b KStG anzuwenden ist, auf die Gesellschafter dieser Personengesellschaft abzustellen.

Zur gewerbesteuerlichen Behandlung der Ausschüttung nach § 7 UmwStG vgl. Randnr. 18.04.

V. Kapitalertragsteuerabzug

07.08 Die Bezüge i. S. d. § 7 UmwStG unterliegen nach § 43 Absatz 1 Satz 1 Nummer 1 und Nummer 6 EStG dem Kapitalertragsteuerabzug. Die Kapitalertragsteuer hierauf entsteht erst im Zeitpunkt der zivilrechtlichen Wirksamkeit der Umwandlung und ist von dem übernehmenden Rechtsträger bzw. der die Kapitalerträge auszahlenden Stelle bei dem jeweils zuständigen Finanzamt anzumelden und vom übernehmenden Rechtsträger als steuerlichem Rechtsnachfolger (§ 4 Absatz 2 Satz 1 UmwStG) abzuführen.

07.09 Ein Absehen von der Erhebung der Kapitalertragsteuer nach § 43b EStG kommt nicht in Betracht (§ 43b Absatz 1 Satz 4 EStG).

F. Vermögensübergang auf einen Rechtsträger ohne Betriebsvermögen (§ 8 UmwStG)

08.01 Nach § 8 UmwStG sind Wirtschaftsgüter, die nicht Betriebsvermögen des übernehmenden Rechtsträgers werden, in der steuerlichen Schlussbilanz der übertragenden Körperschaft mit dem gemeinen Wert anzusetzen.

08.02 Ob das übertragene Vermögen Betriebsvermögen wird, beurteilt sich nach den Verhältnissen am steuerlichen Übertragungsstichtag. Die bloße Absicht des übernehmenden Rechtsträgers, sich in diesem Zeitpunkt gewerblich zu betätigen, ist nicht ausreichend.

08.03 Bei Vermögensübergang auf eine Zebragesellschaft sind die übergegangenen Wirtschaftsgüter in der steuerlichen Schlussbilanz des übertragenden Rechtsträgers mit dem gemeinen Wert anzusetzen (vgl. Randnr. 03.16).

I. R. d. gesonderten und einheitlichen Feststellung der Einkünfte werden Veräußerungsgewinne nach § 17 EStG und Bezüge i. S. d. § 7 UmwStG i. V. m. § 20 Absatz 1 Nummer 1 EStG festgestellt, dies jedoch ohne Bindungswirkung für die beteiligten Gesellschafter (vgl. GrS des BFH vom 11. 4. 2005, GrS 2/02, BStBl II S. 679).

08.04 Ein Abzug nach § 7g Absatz 1 EStG ist beim übertragenden Rechtsträger rückgängig zu machen, wenn das übertragene Vermögen nicht Betriebsvermögen des übernehmenden Rechtsträgers wird.

G. Formwechsel in eine Personengesellschaft (§ 9 UmwStG)

Mangels einer handelsrechtlichen Rückbeziehungsmöglichkeit enthält § 9 UmwStG eine eigenständige steuerliche Rückwirkungsregelung (vgl. Randnr. 02.05); im Übrigen vgl. Randnr. 02.09 ff. Die Übertragungs- bzw. die Eröffnungsbilanz i. S. d. § 9 Satz 2 UmwStG ist grundsätzlich auf den Zeitpunkt der Registereintragung des Formwechsels (§ 202 Absatz 1 Nummer 1 UmwG) aufzustellen.   09.01

Die Achtmonatsfrist nach § 9 Satz 3 UmwStG ist auch dann maßgebend, wenn nach ausländischem Recht eine davon abweichende Regelung besteht. Insoweit ist ggf. § 2 Absatz 3 UmwStG zu beachten. Im Übrigen vgl. auch Randnr. 02.06.   09.02

H. Körperschaftsteuererhöhung (§ 10 UmwStG)

§ 10 UmwStG ist grundsätzlich letztmals auf Umwandlungen anzuwenden, deren steuerlicher Übertragungsstichtag vor dem 1. 1. 2007 liegt (§ 27 Absatz 6 Satz 1 UmwStG).   10.01

§ 10 UmwStG ist weiter anzuwenden, wenn von der übertragenden Körperschaft ein Antrag nach § 34 Absatz 16 KStG i. d. F. des Artikels 3 des Gesetzes vom 20. 12. 2007, BGBl I S. 3150, gestellt wurde (§ 27 Absatz 6 Satz 2 UmwStG). Auf die Ausführungen im BMF-Schreiben vom 16. 12. 2003, BStBl I S. 786, Randnr. 11 ff., wird verwiesen.   10.02

Dritter Teil. Verschmelzung oder Vermögensübertragung (Vollübertragung) auf eine andere Körperschaft

A. Wertansätze in der steuerlichen Schlussbilanz der übertragenden Körperschaft (§ 11 UmwStG)

I. Sachlicher Anwendungsbereich

Die §§ 11 bis 13 UmwStG sind sowohl auf Auf-, auf Ab- als auch auf Seitwärtsverschmelzungen anzuwenden.   11.01

II. Pflicht zur Abgabe einer steuerlichen Schlussbilanz

Jede übertragende Körperschaft ist nach § 11 Absatz 1 Satz 1 UmwStG zur Erstellung und Abgabe einer steuerlichen Schlussbilanz auf den steuerlichen Übertragungsstichtag verpflichtet. Randnr. 03.01 – 03.03 gelten entsprechend. Insbesondere bei einer grenzüberschreitenden Hereinverschmelzung muss eine ausländische übertragende Körperschaft eine unter Zugrundelegung des deutschen Steuerrechts aufgestellte steuerliche Schlussbilanz i. S. d. § 11 UmwStG auf den steuerlichen Übertragungsstichtag einreichen.   11.02

III. Ansatz und Bewertung der übergehenden Wirtschaftsgüter

1. Ansatz der übergehenden Wirtschaftsgüter dem Grunde nach

Randnr. 03.04 – 03.06 gelten entsprechend. Der Ansatz eines Geschäfts- oder Firmenwerts erfolgt nach § 11 Absatz 1 UmwStG auch dann, wenn der Betrieb der übertragenden Körperschaft nicht fortgeführt wird.   11.03

2. Ansatz der übergehenden Wirtschaftsgüter der Höhe nach

a) Ansatz der übergehenden Wirtschaftsgüter mit dem gemeinen Wert bzw. dem Teilwert nach § 6a EStG

11.04 Randnr. 03.07 – 03.09 gelten entsprechend.

b) Ansatz der übergehenden Wirtschaftsgüter mit dem Buchwert

11.05 Auf Antrag können die übergehenden Wirtschaftsgüter einheitlich mit dem Buchwert angesetzt werden, soweit
- sichergestellt ist, dass sie später der Besteuerung mit Körperschaftsteuer unterliegen (§ 11 Absatz 2 Satz 1 Nummer 1 UmwStG),
- das Recht der Bundesrepublik Deutschland hinsichtlich der Besteuerung des Gewinns aus der Veräußerung der übertragenen Wirtschaftsgüter bei der übernehmenden Körperschaft nicht ausgeschlossen oder beschränkt wird (§ 11 Absatz 2 Satz 1 Nummer 2 UmwStG) und
- eine Gegenleistung nicht gewährt wird oder in Gesellschaftsrechten besteht (§ 11 Absatz 2 Satz 1 Nummer 3 UmwStG).

Für den Ansatz des Buchwerts sind die Ansätze in der Handelsbilanz nicht maßgeblich. Wegen des Begriffs Buchwert vgl. Randnr. 01.57. Die Prüfung der Voraussetzungen des § 11 Absatz 2 Satz 1 UmwStG erfolgt bezogen auf die Verhältnisse zum steuerlichen Übertragungsstichtag.

Gehört zum übergehenden Vermögen der übertragenden Körperschaft ein Mitunternehmeranteil, entspricht der Buchwertansatz dem auf die übertragende Körperschaft entfallenden anteiligen Kapitalkonto – unter Berücksichtigung etwaiger Ergänzungs- und Sonderbilanzen – bei der Mitunternehmerschaft.

11.06 Randnr. 03.12 und 03.13 gelten entsprechend.

aa) Sicherstellung der Besteuerung mit Körperschaftsteuer (§ 11 Absatz 2 Satz 1 Nummer 1 UmwStG)

11.07 Bei Verschmelzung auf eine unbeschränkt steuerpflichtige Körperschaft i. S. d. § 1 Absatz 1 KStG ist die Besteuerung mit Körperschaftsteuer grundsätzlich sichergestellt. Die Besteuerung mit Körperschaftsteuer ist z. B. nicht sichergestellt, wenn die übernehmende Körperschaft von der Körperschaftsteuer befreit ist (z. B. nach § 5 KStG) oder wenn das Vermögen in den nicht steuerpflichtigen Bereich einer juristischen Person des öffentlichen Rechts übergeht. Eine Sicherstellung der Besteuerung mit Körperschaftsteuer ist jedoch insoweit gegeben, als das übergehende Vermögen bei der übernehmenden Körperschaft einen steuerpflichtigen wirtschaftlichen Geschäftsbetrieb bildet oder zu einem bereits vorher bestehenden steuerpflichtigen wirtschaftlichen Geschäftsbetrieb gehört. Vgl. im Übrigen auch Randnr. 03.17.

11.08 Wird eine Körperschaft auf eine Organgesellschaft i. S. d. §§ 14, 17 KStG verschmolzen, ist infolge der Zurechnung des Einkommens an den Organträger insoweit die Besteuerung mit Körperschaftsteuer bei der übernehmenden Körperschaft nicht sichergestellt, soweit das so zugerechnete Einkommen der Besteuerung mit Körperschaftsteuer unterliegt. Entsprechendes gilt, wenn der Organträger selbst wiederum Organgesellschaft ist. Soweit das so zugerechnete Einkommen der Besteuerung mit Einkommensteuer unterliegt, können aus Billigkeitsgründen die übergehenden Wirtschaftsgüter dennoch einheitlich mit dem Buchwert angesetzt werden, wenn sich alle an der Verschmelzung Beteiligten (übertragender Rechtsträger, übernehmender Rechtsträger und Anteilseigner des übertragenden und übernehmenden Rechtsträgers) übereinstimmend schriftlich damit einverstanden erklären, dass auf die aus der Verschmelzung resultierenden Mehrabführungen § 14 Absatz 3 Satz 1 KStG anzuwenden ist; die Grundsätze der Randnr. Org. 33 und Randnr. Org. 34 gelten entsprechend.

bb) Kein Ausschluss und keine Einschränkung des deutschen Besteuerungsrechts (§ 11 Absatz 2 Satz 1 Nummer 2 UmwStG)

Die übergehenden Wirtschaftsgüter dürfen gem. § 11 Absatz 2 Satz 1 Nummer 2 UmwStG nur insoweit mit dem Buchwert angesetzt werden, als das Recht der Bundesrepublik Deutschland hinsichtlich der Besteuerung des Gewinns aus der Veräußerung der übertragenen Wirtschaftsgüter bei der übernehmenden Körperschaft nicht ausgeschlossen oder beschränkt wird. Randnr. 03.18 – 03.20 gelten entsprechend.   11.09

cc) Keine Gegenleistung oder Gegenleistung in Form von Gesellschaftsrechten (§ 11 Absatz 2 Satz 1 Nummer 3 UmwStG)

Randnr. 03.21 – 03.24 gelten entsprechend. Zur steuerlichen Behandlung der Gegenleistung bei den Anteilseignern vgl. Randnr. 13.02.   11.10

c) Ansatz der übergehenden Wirtschaftsgüter mit dem Zwischenwert

Randnr. 03.25 sowie Randnr. 11.05 – 11.10 gelten entsprechend.   11.11

d) Ausübung des Wahlrechts auf Ansatz zum Buch- oder Zwischenwert

Der Antrag auf Ansatz der übergehenden Wirtschaftsgüter mit dem Buch- oder Zwischenwert ist nach § 11 Absatz 3 i. V. m. § 3 Absatz 2 Satz 2 UmwStG bei dem für die Besteuerung nach §§ 20, 26 AO zuständigen Finanzamt der übertragenden Körperschaft spätestens bis zur erstmaligen Abgabe der steuerlichen Schlussbilanz zu stellen. Randnr. 03.27 – 03.30 gelten entsprechend.   11.12

3. Fiktive Körperschaftsteueranrechnung nach § 11 Absatz 3 i. V. m. § 3 Absatz 3 UmwStG

Randnr. 03.31 sowie 03.32 gelten entsprechend.   11.13

IV. Vermögensübertragung nach §§ 174 ff. UmwG gegen Gewährung einer Gegenleistung an die Anteilsinhaber des übertragenden Rechtsträgers

Nach § 174 UmwG kann ein Rechtsträger unter Auflösung ohne Abwicklung sein Vermögen ganz oder teilweise auf einen anderen bestehenden Rechtsträger (übernehmender Rechtsträger) gegen Gewährung einer Gegenleistung an die Anteilsinhaber des übertragenden Rechtsträgers, die nicht in Anteilen oder Mitgliedschaften besteht, übertragen. Ein Vermögensübergang unter Ansatz der Buch- oder Zwischenwerte i. S. d. § 11 Absatz 2 UmwStG ist daher grundsätzlich nicht möglich bei: 11.14

- Vermögensübertragung einer Kapitalgesellschaft auf eine Gebietskörperschaft oder einen Zusammenschluss von Gebietskörperschaften (§ 175 Nummer 1, §§ 176, 177 UmwG),
- Vermögensübertragung einer Versicherungs-AG auf einen VVaG (§ 175 Nummer 2 Buchstabe a, §§ 178, 179 UmwG),
- Vermögensübertragung eines VVaG auf eine Versicherungs-AG oder auf ein öffentlich-rechtliches Versicherungsunternehmen,

- Vermögensübertragung eines öffentlich-rechtlichen Versicherungsunternehmens auf eine Versicherungs-AG oder auf einen VVaG.

Nach § 176 Absatz 2 UmwG tritt in diesen Fällen an die Stelle des Umtauschverhältnisses der Anteile die Art und Höhe der Gegenleistung. Die übergegangenen Wirtschaftsgüter sind daher nach § 11 Absatz 1 UmwStG mit dem gemeinen Wert anzusetzen.

11.15 Ein steuerneutraler Vermögensübergang ist allenfalls möglich, wenn das Vermögen auf den alleinigen Anteilseigner übertragen wird (z. B. von einer Kapitalgesellschaft auf eine Gemeinde, die zu 100 % an der übertragenden Kapitalgesellschaft beteiligt ist) und die übrigen Voraussetzungen des § 11 Absatz 2 UmwStG erfüllt sind, da der Untergang der Beteiligung an der übertragenden Kapitalgesellschaft keine Gegenleistung i. S. d. § 11 Absatz 2 Satz 1 Nummer 3 UmwStG darstellt (vgl. Randnr. 11.10 i. V. m. Randnr. 03.21).

V. Landesrechtliche Vorschriften zur Vereinigung öffentlich-rechtlicher Kreditinstitute oder öffentlich-rechtlicher Versicherungsunternehmen

11.16 Sehen landesrechtliche Vorschriften a. D. die Vereinigung öffentlich-rechtlicher Kreditinstitute oder öffentlich-rechtlicher Versicherungsunternehmen im Wege der Gesamtrechtsnachfolge vor, sind die §§ 11 bis 13 UmwStG bei dieser Vereinigung entsprechend anzuwenden, wenn diese Vereinigung mit einer Verschmelzung i. S. d. § 2 UmwG vergleichbar ist (vgl. Randnr. 01.07).

VI. Beteiligung der übertragenden Kapitalgesellschaft an der übernehmenden Kapitalgesellschaft (Abwärtsverschmelzung)

11.17 Im Fall der Abwärtsverschmelzung einer Mutter- auf ihre Tochtergesellschaft sind gem. § 11 Absatz 2 Satz 2 UmwStG in der steuerlichen Schlussbilanz der übertragenden Muttergesellschaft die Anteile an der übernehmenden Tochtergesellschaft mindestens mit dem Buchwert, erhöht um in früheren Jahren steuerwirksam vorgenommene Abschreibungen auf die Beteiligung sowie erhöht um steuerwirksame Abzüge nach § 6b EStG und ähnliche Abzüge, höchstens jedoch mit dem gemeinen Wert, anzusetzen. Insoweit erhöht sich der laufende Gewinn der Muttergesellschaft. Steuerwirksame Teilwertabschreibungen sind vor nicht voll steuerwirksamen Teilwertabschreibungen hinzuzurechnen. Eine Wertaufholung ist nach § 11 Absatz 2 Satz 2 UmwStG jedoch nicht vorzunehmen, soweit bis zum Ablauf des steuerlichen Übertragungsstichtags eine steuerwirksame Wertaufholung (§ 6 Absatz 1 Nummer 2 Satz 3 i. V. m § 6 Absatz 1 Nummer 1 Satz 4 EStG) stattgefunden hat oder die Rücklage nach § 6b Absatz 3 EStG gewinnerhöhend aufgelöst worden ist.

Wegen der in § 12 Absatz 1 Satz 2 i. V. m. § 4 Absatz 1 Satz 2 und 3 UmwStG enthaltenen vergleichbaren Regelung für den Fall der Aufwärtsverschmelzung einer Tochter- auf ihre Muttergesellschaft vgl. Randnr. 12.03.

11.18 Wird eine Mutter- auf ihre Tochtergesellschaft verschmolzen, führt dies auf der Ebene der Tochtergesellschaft nicht zu einem Durchgangserwerb eigener Anteile (BFH vom 28. 10. 2009, I R 4/09, BStBl 2011 II S. 315).

11.19 Die Anteile an der Tochtergesellschaft können nach § 11 Absatz 2 Satz 2 UmwStG in der steuerlichen Schlussbilanz der Muttergesellschaft nur dann mit einem Wert unterhalb des gemeinen Werts angesetzt werden, wenn die übrigen Voraussetzungen des § 11 Absatz 2 Satz 1 Nummer 2 und 3 UmwStG vorliegen (vgl. Randnr. 11.09 – 11.10). Statt auf die übernehmende Körperschaft ist hierbei jedoch auf den die Anteile an der Tochtergesellschaft übernehmenden Anteilseigner der Muttergesellschaft abzustellen.

Auf Ebene des Anteilseigners der Muttergesellschaft findet § 13 UmwStG Anwendung. Eine Verknüpfung mit dem Wert in der steuerlichen Schlussbilanz nach § 12 Absatz 1 UmwStG besteht hingegen nicht.

B. Auswirkungen auf den Gewinn der übernehmenden Körperschaft (§ 12 UmwStG)

I. Wertverknüpfung

Die übernehmende Körperschaft hat das auf sie übergegangene Vermögen in entsprechender Anwendung des § 4 Absatz 1 Satz 1 UmwStG mit dem in der steuerlichen Schlussbilanz der übertragenden Körperschaft enthaltenen Wert zu übernehmen (§ 12 Absatz 1 Satz 1 UmwStG). 12.01

Randnr. 04.01, 04.03 und 04.04 gelten entsprechend. 12.02

II. Erweiterte Wertaufholung – Beteiligungskorrekturgewinn

Im Fall der Aufwärtsverschmelzung einer Tochter- auf ihre Muttergesellschaft sind gem. § 12 Absatz 1 Satz 2 i.V. m. § 4 Absatz 1 Satz 2 UmwStG in der Bilanz der übernehmenden Muttergesellschaft zum steuerlichen Übertragungsstichtag die Anteile an der übertragenden Tochtergesellschaft mindestens mit dem Buchwert, erhöht um in früheren Jahren steuerwirksam vorgenommene Abschreibungen auf die Beteiligung sowie erhöht um steuerwirksame Abzüge nach § 6b EStG und ähnliche Abzüge, höchstens jedoch mit dem gemeinen Wert, anzusetzen. Insoweit erhöht sich der laufende Gewinn der Muttergesellschaft. Das gilt nicht, soweit bereits nach den allgemeinen Regeln bis zum Ablauf des steuerlichen Übertragungsstichtags eine Wertaufholung (§ 6 Absatz 1 Nummer 2 Satz 3 i. V. m. § 6 Absatz 1 Nummer 1 Satz 4 EStG) stattgefunden hat oder die Rücklage nach § 6b Absatz 3 EStG gewinnerhöhend aufgelöst worden ist. Randnr. 04.06 – 04.08 gelten entsprechend. 12.03

III. Eintritt in die steuerliche Rechtsstellung (§ 12 Absatz 3 UmwStG)

Hinsichtlich des Eintritts der übernehmenden Körperschaft in die Rechtsstellung der übertragenden Körperschaft gelten die Randnr. 04.09 – 04.17 entsprechend. 12.04

IV. Übernahmeergebnis

Nach § 12 Absatz 2 Satz 1 UmwStG bleibt bei der übernehmenden Körperschaft ein Gewinn oder Verlust i. H. des Unterschieds zwischen dem Buchwert der Anteile an der übertragenden Körperschaft und dem Wert, mit dem die übergegangenen Wirtschaftsgüter zu übernehmen sind, abzüglich der Kosten für den Vermögensübergang (vgl. hierzu Randnr. 04.34), außer Ansatz. Der Gewinn ist außerhalb der Steuerbilanz entsprechend zu korrigieren. 12.05

Ein Übernahmeergebnis i. S. d. § 12 Absatz 2 Satz 1 UmwStG ist in allen Fällen der Auf-, Ab- und Seitwärtsverschmelzung – ungeachtet einer Beteiligung an der übertragenden Körperschaft – zu ermitteln. Das Übernahmeergebnis entsteht mit Ablauf des steuerlichen Übertragungsstichtags.

Gem. § 12 Absatz 2 Satz 2 UmwStG ist bei einer Aufwärtsverschmelzung auf einen Übernahmegewinn i. S. d. § 12 Absatz 2 Satz 1 UmwStG in dem Umfang, in dem die übernehmende Muttergesellschaft unmittelbar an der übertragenden Tochtergesellschaft beteiligt ist, § 8b KStG anzuwenden. § 12 Absatz 2 Satz 2 UmwStG findet auf einen Übernahmeverlust keine Anwendung. Bei einer Aufwärtsverschmelzung entsprechen die anteiligen Kosten des Vermögensübergangs i. S. d. § 12 Absatz 2 Satz 2 UmwStG den von der übernehmenden Körperschaft getragenen Aufwendungen. 12.06

Beispiel:
Die übernehmende M-GmbH ist an der übertragenden T-GmbH zu 40 % beteiligt. Der Buchwert der Anteile beträgt 200.000 € und der Buchwert des übertragenen Vermögens beträgt 800.000 €. Die Kosten des Vermögensübergangs i. S. d. § 12 Absatz 2 Satz 2 UmwStG betragen 20.000 €.

Lösung:
Der Übernahmegewinn i. S. d. § 12 Absatz 2 Satz 1 UmwStG der M-GmbH beträgt (800.000 € ./. 200.000 € ./. 20.000 € =) 580.000 €.
Der Gewinn i. S. d. § 12 Absatz 2 Satz 2 UmwStG beträgt (40 % von 580.000 € =) 232.000 €. Auf diesen Betrag ist § 8b KStG anzuwenden. Danach sind die 232.000 € nach § 8b Absatz 2 Satz 1 KStG steuerfrei, es gelten nach § 8b Absatz 3 Satz 1 KStG 5 % von 232.000 € (= 11.600 €) als nicht abziehbare Betriebsausgaben.

12.07 Bei der Anwendung des § 12 Absatz 2 Satz 2 UmwStG ist bei einer Aufwärtsverschmelzung auf eine Organgesellschaft § 15 Satz 1 Nummer 2 KStG zu beachten. Ist Organträger eine Personengesellschaft, an der natürliche Personen beteiligt sind, sind insoweit gem. § 15 Satz 1 Nummer 2 Satz 2 KStG die § 3 Nummer 40, § 3c Absatz 2 EStG an Stelle des § 8b KStG anzuwenden.

C. Besteuerung der Anteilseigner der übertragenden Körperschaft (§ 13 UmwStG)

I. Anwendungsbereich

13.01 § 13 UmwStG ist nur auf Anteile im Betriebsvermögen, Anteile i. S. d. § 17 EStG und einbringungsgeborene Anteile i. S. d. § 21 Absatz 1 UmwStG 1995 anzuwenden. Für alle übrigen Anteile findet bei Verschmelzung einer Körperschaft § 20 Absatz 4a Satz 1 und 2 EStG Anwendung. In den Fällen der Aufwärtsverschmelzung ist § 13 UmwStG nicht anwendbar, soweit die übernehmende Körperschaft an der übertragenden Körperschaft beteiligt ist; zur Anwendung des § 13 UmwStG bei der Abwärtsverschmelzung vgl. Randnr. 11.19.

13.02 Darüber hinaus findet § 13 UmwStG nur insoweit Anwendung, als dem Anteilseigner der übertragenden Körperschaft keine Gegenleistung oder eine in Gesellschaftsrechten bestehende Gegenleistung gewährt wird. Nicht in Gesellschaftsrechten bestehende Gegenleistungen (vgl. Randnr. 11.10) stellen bei dem Anteilseigner einen Veräußerungserlös für seine Anteile dar. Bei einer nur anteiligen Veräußerung (z. B. Spitzenausgleich) sind dem Veräußerungserlös nur die anteiligen Anschaffungskosten dieser Anteile an dem übertragenden Rechtsträger gegenüberzustellen. In diesen Fällen gilt § 13 UmwStG nur für den übrigen Teil der Anteile.

13.03 § 13 UmwStG gilt auch nicht, soweit es aufgrund der Umwandlung zu einer Wertverschiebung zwischen den Anteilen der beteiligten Anteilseigner kommt. Insoweit handelt es sich um eine Vorteilszuwendung zwischen den Anteilseignern, für deren steuerliche Beurteilung die allgemeinen Grundsätze gelten. Erhält dabei eine an dem übertragenden Rechtsträger beteiligte Kapitalgesellschaft zugunsten eines ihrer Anteilseigner oder einer diesem nahe stehenden Person eine geringerwertige Beteiligung an dem übernehmenden Rechtsträger, kann die Vorteilsgewährung an den Anteilseigner als verdeckte Gewinnausschüttung zu beurteilen sein; im Umkehrfall kann eine verdeckte Einlage durch den Anteilseigner in die Kapitalgesellschaft anzunehmen sein (BFH vom 9. 11. 2010, IX R 24/09, BStBl 2011 II S. 799). Bei einer nichtverhältniswahrenden Umwandlung ist zu prüfen, ob die Wertverschiebung zwischen den Anteilseignern eine freigebige Zuwendung darstellt (vgl. auch koordinierter Ländererlass vom 20. 10. 2010, BStBl I S. 1208 und Randnr. 15.44).

13.04 Wird das Vermögen einer nicht unbeschränkt steuerpflichtigen Körperschaft, Personenvereinigung oder Vermögensmasse als Ganzes durch einen Verschmelzungsvorgang i. S. d. § 12 Absatz 2 Satz 1 KStG nach ausländischem Recht auf eine andere Körperschaft übertragen, gilt nach § 12 Absatz 2 Satz 2 KStG für die Besteuerung der Anteilseigner der übertragenden Körperschaft § 13 UmwStG entsprechend.

II. Veräußerungs- und Anschaffungsfiktion zum gemeinen Wert

13.05 § 13 Absatz 1 UmwStG enthält eine Veräußerungs- und Anschaffungsfiktion zum gemeinen Wert, die unabhängig davon gilt, ob i. R. d. Umwandlung neue Anteile an der übernehmenden

Körperschaft ausgegeben werden. Bei Anteilen an Genossenschaften richtet sich der gemeine Wert nach dem Entgelt, das bei der Übertragung des Geschäftsguthabens erzielt wird.

Ein Veräußerungsgewinn oder -verlust entsteht im Zeitpunkt der zivilrechtlichen Wirksamkeit der Umwandlung. § 2 Absatz 1 UmwStG gilt grundsätzlich nicht für den Anteilseigner der übertragenden Körperschaft (vgl. Randnr. 02.03).   13.06

III. Ansatz der Anteile mit dem Buchwert oder den Anschaffungskosten

Abweichend von § 13 Absatz 1 UmwStG können auf Antrag die Anteile an der übertragenden Körperschaft mit dem Buchwert oder den Anschaffungskosten angesetzt werden (§ 13 Absatz 2 UmwStG), wenn   13.07

- das Recht der Bundesrepublik Deutschland hinsichtlich der Besteuerung des Gewinns aus der Veräußerung der Anteile an der übernehmenden Körperschaft nicht ausgeschlossen oder beschränkt wird oder

- die EU-Mitgliedstaaten Artikel 8 Richtlinie 2009/133/EG (zuvor Artikel 8 Richtlinie 90/434/EWG) anzuwenden haben.

§ 13 UmwStG ist unabhängig von der Ausübung des Bewertungswahlrechts bei der übertragenden Körperschaft in § 11 UmwStG anzuwenden. Unerheblich ist weiter, ob die übertragende Körperschaft im Inland der Besteuerung unterlegen hat.   13.08

Wird z. B. nach § 54 Absatz 1 Satz 3 UmwG i. R. d. Umwandlung auf die Gewährung neuer Anteile verzichtet, weil der Anteilseigner bereits an der übernehmenden Körperschaft beteiligt ist, sind dem Buchwert bzw. den Anschaffungskosten der Anteile an der übernehmenden Körperschaft der Buchwert bzw. die Anschaffungskosten der Anteile an der übertragenden Körperschaft hinzuzurechnen. Führt die Verschmelzung zu Wertverschiebungen zwischen den Anteilen der beteiligten Anteilseigner, findet § 13 UmwStG insoweit keine Anwendung (vgl. Randnr. 13.03).   13.09

Bei Vorliegen der in § 13 Absatz 2 UmwStG genannten Voraussetzungen ist nur ein Ansatz mit dem Buchwert oder den Anschaffungskosten, nicht jedoch der Ansatz eines Zwischenwerts zulässig. Der Antrag auf Fortführung des Buchwerts oder der Anschaffungskosten bedarf keiner besonderen Form, ist bedingungsfeindlich und unwiderruflich.   13.10

Werden nach § 13 Absatz 2 Satz 1 UmwStG die Anteile an der übernehmenden Körperschaft mit dem Buchwert oder den Anschaffungskosten der Anteile an der übertragenden Körperschaft angesetzt, treten gem. § 13 Absatz 2 Satz 2 UmwStG die Anteile an der übernehmenden Körperschaft steuerlich an die Stelle der Anteile an der übertragenden Körperschaft. Daraus ergeben sich insbesondere folgende Rechtsfolgen: 13.11

- Übergang einer Wertaufholungsverpflichtung nach § 6 Absatz 1 Nummer 2 Satz 3 EStG bei im Betriebsvermögen gehaltenen Anteilen;

- Übergang der Einschränkung nach § 8b Absatz 2 Satz 4 und 5 KStG bzw. § 3 Nummer 40 Satz 1 Buchstabe a Satz 2 und 3 sowie Buchstabe b Satz 3 EStG;

- wenn die Anteile an der übertragenden Körperschaft solche i. S. d. § 17 EStG waren, gelten auch die Anteile an der übernehmenden Körperschaft als Anteile i. S. d. § 17 EStG, selbst wenn die Beteiligungsgrenze nicht erreicht wird (für die Anwendung der 1%-Grenze ist auf die Beteiligungsquote vor der Verschmelzung abzustellen);

- die Steuerverhaftung nach § 21 UmwStG 1995 verlagert sich auf die Anteile an der übernehmenden Körperschaft;

- ein Sperrbetrag i. S. d. § 50c EStG a. F. verlagert sich auf die Anteile an der übernehmenden Körperschaft;

- die Eigenschaft „verschmelzungsgeborener Anteil" i. S. d. § 13 Absatz 2 Satz 2 UmwStG 1995 verlagert sich auf die Anteile an der übernehmenden Körperschaft;

- Anrechnung der Besitzzeit an den Anteilen an der übertragenden Körperschaft bei den Anteilen an der übernehmenden Körperschaft (insbesondere bei der Prüfung der gewerbesteuerlichen Kürzung nach § 9 Nummer 2a und 7 GewStG und hinsichtlich einer Rücklage nach § 6b Absatz 10 EStG).

IV. Gewährung von Mitgliedschaftsrechten

13.12 § 13 UmwStG ist entsprechend anzuwenden, wenn i. R. d. Umwandlung an die Stelle der Anteile an der übertragenden Körperschaft Mitgliedschaftsrechte an der übernehmenden Körperschaft treten oder umgekehrt (z. B. Vermögensübertragung von einer Versicherungs-AG auf einen VVaG oder umgekehrt). Treten an die Stelle von Mitgliedschaftsrechten Anteile, betragen die Anschaffungskosten der Anteile 0 €.

Vierter Teil. Auf-, Abspaltung und Vermögensübertragung (Teilübertragung)

A. Auf-, Abspaltung und Teilübertragung auf andere Körperschaften (§ 15 UmwStG)

I. Teilbetriebsvoraussetzung des § 15 Absatz 1 UmwStG

15.01 § 11 Absatz 2 und § 13 Absatz 2 UmwStG sind auf die Auf- und Abspaltung sowie die Teilübertragung nur entsprechend anzuwenden, wenn auf die Übernehmerinnen bzw. die Übernehmerin ein Teilbetrieb übertragen wird und im Fall der Abspaltung oder der Teilübertragung bei der übertragenden Körperschaft das zurückbleibende Vermögen ebenfalls zu einem Teilbetrieb gehört. Für eine Auf- oder Abspaltung auf eine Personengesellschaft als übernehmender Rechtsträger ist § 16 UmwStG anwendbar.

1. Begriff des Teilbetriebs

15.02 Teilbetrieb i. S. d. § 15 UmwStG ist die Gesamtheit der in einem Unternehmensteil einer Gesellschaft vorhandenen aktiven und passiven Wirtschaftsgüter, die in organisatorischer Hinsicht einen selbstständigen Betrieb, d. h. eine aus eigenen Mitteln funktionsfähige Einheit, darstellen, vgl. Artikel 2 Buchstabe j Richtlinie 2009/133/EG. Zu einem Teilbetrieb gehören alle funktional wesentlichen Betriebsgrundlagen sowie diesem Teilbetrieb nach wirtschaftlichen Zusammenhängen zuordenbaren Wirtschaftsgüter. Die Voraussetzungen eines Teilbetriebs sind nach Maßgabe der einschlägigen Rechtsprechung unter Zugrundelegung der funktionalen Betrachtungsweise aus der Perspektive des übertragenden Rechtsträgers zu beurteilen (EuGH vom 15. 1. 2002, C-43/00, EuGHE I S. 379; BFH vom 7. 4. 2010, I R 96/08, BStBl 2011 II S. 467). Zu den funktional wesentlichen Betriebsgrundlagen sowie den nach wirtschaftlichen Zusammenhängen zuordenbaren Wirtschaftsgütern können auch Anteile an Kapitalgesellschaften gehören (vgl. auch Randnr. 15.06). Darüber hinaus gilt für Zwecke des § 15 UmwStG als Teilbetrieb ein Mitunternehmeranteil (vgl. Randnr. 15.04) sowie eine 100%-Beteiligung an einer Kapitalgesellschaft (vgl. Randnr. 15.05).

> **Beispiel:**
> Aus einem Produktionsbetrieb soll ein wertvolles, aber nicht zu den funktional wesentlichen Betriebsgrundlagen gehörendes Betriebsgrundstück „abgesondert" werden. Um dies zu erreichen, wird der Produktionsbetrieb auf eine neue Gesellschaft abgespalten. In der Ursprungsgesellschaft bleiben das Grundstück und eine 100%-Beteiligung an einer GmbH oder ein geringfügiger Mitunternehmeranteil zurück.

Lösung:
Das zurückbleibende Vermögen erfüllt nicht die Voraussetzungen des § 15 Absatz 1 Satz 2 UmwStG, da das Grundstück weder der 100%-Beteiligung an der GmbH noch dem Mitunternehmeranteil zugerechnet werden kann (vgl. auch Randnr. 15.11). Eine steuerneutrale Abspaltung ist damit ausgeschlossen.

Die Teilbetriebsvoraussetzungen müssen zum steuerlichen Übertragungsstichtag vorliegen (vgl. Randnr. 02.14). Ein sog. Teilbetrieb im Aufbau stellt keinen Teilbetrieb i. S. d. § 15 UmwStG dar (vgl. Artikel 2 Buchstabe j Richtlinie 2009/133/EG).   15.03

2. Mitunternehmeranteil

Als Teilbetrieb gelten auch ein Mitunternehmeranteil (§ 15 Absatz 1 Satz 3 UmwStG) sowie der Teil eines Mitunternehmeranteils. Bei der Übertragung eines Teils eines Mitunternehmeranteils muss auch das zu diesem Teilbetrieb gehörende Sonderbetriebsvermögen anteilig mit übertragen werden. Der Mitunternehmeranteil muss zum steuerlichen Übertragungsstichtag vorgelegen haben.   15.04

3. 100%-Beteiligung an einer Kapitalgesellschaft

Als Teilbetrieb gilt nach § 15 Absatz 1 Satz 3 UmwStG auch die Beteiligung an einer Kapitalgesellschaft, die das gesamte Nennkapital umfasst (100%-Beteiligung). Die 100%-Beteiligung an der Kapitalgesellschaft muss zum steuerlichen Übertragungsstichtag vorgelegen haben.   15.05

Eine 100%-Beteiligung stellt keinen eigenständigen Teilbetrieb i. S. d. § 15 Absatz 1 Satz 3 UmwStG dar, wenn sie einem Teilbetrieb als funktional wesentliche Betriebsgrundlage zuzurechnen ist. Wird in diesem Fall die 100%-Beteiligung übertragen, stellt das zurückbleibende Vermögen keinen Teilbetrieb mehr dar.   15.06

4. Übertragung eines Teilbetriebs

Sämtliche funktional wesentlichen Betriebsgrundlagen sowie die nach wirtschaftlichen Zusammenhängen zuordenbaren Wirtschaftsgüter (vgl. Randnr. 15.02) müssen i. R. d. Auf- oder Abspaltung gem. § 131 Absatz 1 Nummer 1 UmwG übertragen werden. Ergänzend hierzu ist auch die Begründung des wirtschaftlichen Eigentums ausreichend. Die bloße Nutzungsüberlassung ist nicht ausreichend (BFH vom 7. 4. 2010, I R 96/08, BStBl 2011 II S. 467).   15.07

Wird eine funktional wesentliche Betriebsgrundlage von mehreren Teilbetrieben eines Unternehmens genutzt, liegen die Voraussetzungen für die Steuerneutralität der Spaltung nicht vor (sog. Spaltungshindernis). Grundstücke müssen zivilrechtlich real bis zum Zeitpunkt des Spaltungsbeschlusses aufgeteilt werden. Ist eine reale Teilung des Grundstücks der übertragenden Körperschaft nicht zumutbar, bestehen aus Billigkeitsgründen im Einzelfall keine Bedenken, eine ideelle Teilung (Bruchteilseigentum) im Verhältnis der tatsächlichen Nutzung unmittelbar nach der Spaltung ausreichen zu lassen.   15.08

Betriebsvermögen der übertragenden Körperschaft, das weder zu den funktional wesentlichen Betriebsgrundlagen noch zu den nach wirtschaftlichen Zusammenhängen zuordenbaren Wirtschaftsgütern gehört, kann jedem der Teilbetriebe zugeordnet werden. Die Zuordnung dieser Wirtschaftsgüter kann bis zum Zeitpunkt des Spaltungsbeschlusses erfolgen. Ändert sich nach dem steuerlichen Übertragungsstichtag bei einem nach wirtschaftlichen Zusammenhängen zuordenbaren Wirtschaftsgut aufgrund dauerhafter Änderung des Nutzungszusammenhangs die Zuordnung zu einem der Teilbetriebe, wird es nicht beanstandet, wenn für die wirtschaftliche Zuordnung dieses Wirtschaftsguts zu einem Teilbetrieb auf die Verhältnisse zum Zeitpunkt des Spaltungsbeschlusses abgestellt wird.   15.09

15.10 Pensionsrückstellungen sind dem Teilbetrieb zuzuordnen, mit dem sie wirtschaftlich zusammenhängen. Bei noch bestehenden Arbeitsverhältnissen hat gem. § 249 Absatz 1 Satz 1 HGB i.V. m. § 131 Absatz 1 Nummer 1 Satz 1 UmwG derjenige Rechtsträger die Rückstellung zu bilden, der gem. § 613a Absatz 1 Satz 1 BGB in die Rechte und Pflichten aus den am Spaltungsstichtag bestehenden Arbeitsverhältnissen eintritt. In den übrigen Fällen hat gem. § 249 Absatz 1 Satz 1 HGB i.V. m. § 131 Absatz 1 Nummer 1 Satz 1 UmwG der Rechtsträger die Rückstellung zu bilden, der die aus den Pensionszusagen sich ergebenden Verpflichtungen übernimmt.

15.11 Einer 100%-Beteiligung oder einem Mitunternehmeranteil können nur die Wirtschaftsgüter einschließlich der Schulden zugeordnet werden, die in unmittelbarem wirtschaftlichen Zusammenhang mit der Beteiligung oder dem Mitunternehmeranteil stehen. Dazu gehören bei einer 100%-Beteiligung alle Wirtschaftsgüter, die für die Verwaltung der Beteiligung erforderlich sind (z. B. Erträgniskonten, Einrichtung).

5. Fehlen der Teilbetriebsvoraussetzung

15.12 Liegen die Voraussetzungen des § 15 Absatz 1 Satz 2 UmwStG nicht vor, sind die stillen Reserven des übergehenden Vermögens nach § 11 Absatz 1 UmwStG aufzudecken. Auf der Ebene des Anteilseigners gilt in diesen Fällen bei einer Aufspaltung gem. § 13 Absatz 1 UmwStG der gesamte Anteil an der übertragenden Körperschaft als zum gemeinen Wert veräußert. Bei einer Abspaltung gilt gem. § 13 Absatz 1 UmwStG die Beteiligung zu dem Teil als zum gemeinen Wert veräußert, der bei Zugrundelegung des gemeinen Werts dem übertragenen Teil des Betriebsvermögens entspricht. Etwas anderes gilt für den nicht i. S. d. § 17 EStG beteiligten Anteilseigner mit Anteilen i. S. d. § 20 Absatz 2 Satz 1 Nummer 1 EStG; hier ergeben sich die steuerlichen Rechtsfolgen bei einer Aufspaltung aus § 20 Absatz 4a Satz 1 EStG und bei einer Abspaltung aus § 20 Absatz 4a Satz 5 EStG. Zum Anwendungsbereich des § 13 UmwStG vgl. auch Randnr. 13.01.

15.13 Die anderen Vorschriften des UmwStG (insbesondere §§ 2 und 12 UmwStG) bleiben hiervon unberührt.

II. Steuerliche Schlussbilanz und Bewertungswahlrecht

15.14 Die Verpflichtung der übertragenden Körperschaft zur Erstellung und Abgabe einer steuerlichen Schlussbilanz bezieht sich auf das übertragene Vermögen; d. h. bei Abspaltung eines Teilbetriebs ist eine steuerliche Schlussbilanz auf den steuerlichen Übertragungsstichtag isoliert nur für den abgespaltenen Teilbetrieb zu erstellen. Randnr. 11.02 – 11.04 gelten entsprechend.

Für das Wahlrecht auf Ansatz der Buch- oder Zwischenwerte gelten Randnr. 11.05 – 11.12 entsprechend.

III. Zur Anwendung des § 15 Absatz 2 UmwStG

15.15 Zur Verhinderung von Missbräuchen enthalten die steuerlichen Spaltungsregelungen über die handelsrechtlichen Regelungen des UmwG hinaus weitere Voraussetzungen.

1. Erwerb und Aufstockung i. S. d. § 15 Absatz 2 Satz 1 UmwStG

15.16 Eine steuerneutrale Spaltung ist nach § 15 Absatz 2 Satz 1 UmwStG ausgeschlossen, wenn der als Teilbetrieb geltende Mitunternehmeranteil oder die 100%-Beteiligung an einer Kapitalgesellschaft innerhalb von drei Jahren vor dem steuerlichen Übertragungsstichtag durch Übertragung von Wirtschaftsgütern, die kein Teilbetrieb sind, erworben oder aufgestockt worden sind. Hierdurch wird die Umgehung der Teilbetriebsvoraussetzung des § 15 Absatz 1 Satz 2 UmwStG verhindert. Eine Aufstockung in diesem Sinne liegt bei Wirtschaftsgütern, die stille Reserven enthalten, regelmäßig nur vor, wenn die in den übergegangenen Wirtschaftsgütern ruhenden stillen Reserven nicht oder nicht in vollem Umfang aufgedeckt wurden.

§ 15 Absatz 2 Satz 1 UmwStG gilt im Fall der Abspaltung sowohl für das abgespaltene Vermögen als auch für den zurückbleibenden Teil des Vermögens. Das bedeutet, dass § 11 Absatz 2 UmwStG auch nicht anzuwenden ist, wenn ein bei der übertragenden Körperschaft zurückbleibender Mitunternehmeranteil oder eine zurückbleibende 100%-Beteiligung i. S. d. § 15 Absatz 2 Satz 1 UmwStG innerhalb eines Zeitraums von drei Jahren vor dem steuerlichen Übertragungsstichtag durch Übertragung von Wirtschaftsgütern, die kein Teilbetrieb sind, erworben oder aufgestockt worden ist. 15.17

Bei Mitunternehmeranteilen ist im Ergebnis jede Einlage und Überführung von Wirtschaftsgütern, die stille Reserven enthalten, in das Gesamthands- oder Sonderbetriebsvermögen innerhalb von drei Jahren vor dem steuerlichen Übertragungsstichtag schädlich, da sie zu einer Aufstockung der Beteiligung führt. 15.18

§ 15 Absatz 2 Satz 1 UmwStG ist nicht anzuwenden, wenn die Aufstockung der Beteiligung nicht durch die übertragende Kapitalgesellschaft erfolgt. 15.19

Beispiel:
Eine GmbH 1 ist zu 60 % an der GmbH 2 beteiligt. Weitere 40 % der Anteile an der GmbH 2 werden von einem Anteilseigner der GmbH 1 nach § 21 UmwStG zum Buchwert in die GmbH 1 eingebracht. Danach ist die GmbH 1 zu 100 % an der GmbH 2 beteiligt. Die 100%-Beteiligung stellt einen Teilbetrieb i. S. d. § 15 Absatz 1 Satz 2 UmwStG dar.

Lösung:
Der Vorgang ist nicht schädlich i. S. d. § 15 Absatz 2 Satz 1 UmwStG, da die Aufstockung nicht auf einer Zuführung eines Wirtschaftsguts durch die GmbH 1 an die GmbH 2, sondern auf der Zuführung durch einen Dritten (dem Anteilseigner der GmbH 1) beruht.

Bei Mitunternehmeranteilen und bei Anteilen an Kapitalgesellschaften sind der unentgeltliche Erwerb (z. B. Erbfall) und der gewinnrealisierende entgeltliche Erwerb unschädlich. Gleiches gilt für den unentgeltlichen und den gewinnrealisierenden entgeltlichen Hinzuerwerb. 15.20

Beispiel:
Die GmbH 1 ist zu 90 % an der GmbH 2 beteiligt. Sie kauft von einem Dritten weitere 10 % der Anteile und ist damit zu 100 % an der GmbH 2 beteiligt.

Lösung:
Der Zukauf ist unschädlich.

§ 15 Absatz 2 UmwStG schließt bei Vorliegen der dort genannten Voraussetzungen eine steuerneutrale Spaltung nach § 11 Absatz 2 UmwStG aus. Diese Rechtsfolge trifft im Fall der Abspaltung nur den abgespaltenen Teil des Betriebsvermögens. Die stillen Reserven in dem bei der übertragenden Körperschaft verbleibenden Betriebsvermögen werden nicht aufgedeckt. Die Anwendung der übrigen Vorschriften des UmwStG (insbesondere der §§ 2, 12 und 13 UmwStG) bleibt hiervon unberührt. 15.21

2. Veräußerung und Vorbereitung der Veräußerung (§ 15 Absatz 2 Satz 2 bis 4 UmwStG)

a) Veräußerung i. S. d. § 15 Absatz 2 Satz 2 bis 4 UmwStG

Die Spaltung eines Rechtsträgers soll die Fortsetzung des bisherigen unternehmerischen Engagements in anderer Rechtsform ermöglichen. Die Steuerneutralität wird nicht gewährt, wenn durch die Spaltung die Veräußerung an außenstehende Personen vollzogen wird oder wenn die Voraussetzungen für eine Veräußerung geschaffen werden (§ 15 Absatz 2 Satz 2 bis 4 UmwStG). 15.22

15.23 Eine unentgeltliche Anteilsübertragung (Erbfolge, Erbauseinandersetzung) ist keine schädliche Veräußerung i. S. d. § 15 Absatz 2 Satz 2 bis 4 UmwStG. Dies gilt nicht für Erbauseinandersetzungen mit Ausgleichszahlungen.

15.24 Eine schädliche Veräußerung i. S. d. § 15 Absatz 2 Satz 3 und 4 UmwStG ist jede Übertragung gegen Entgelt. Hierzu gehören insbesondere auch Umwandlungen und Einbringungen; z. B. Verschmelzung, Auf- oder Abspaltung, Formwechsel (vgl. Randnr. 00.02).

15.25 Eine Kapitalerhöhung innerhalb von fünf Jahren nach der Spaltung ist schädlich, wenn der Vorgang wirtschaftlich als Veräußerung von Anteilen durch die Gesellschafter zu werten ist. Die Aufnahme neuer Gesellschafter gegen angemessenes Aufgeld ist wirtschaftlich nicht als Veräußerung von Anteilen durch die Anteilseigner anzusehen, wenn die der Kapitalgesellschaft zugeführten Mittel nicht innerhalb der Fünfjahresfrist an die bisherigen Anteilseigner ausgekehrt werden.

15.26 Die Umstrukturierung innerhalb verbundener Unternehmen i. S. d. § 271 Absatz 2 HGB und juristischer Personen des öffentlichen Rechts einschließlich ihrer Betriebe gewerblicher Art stellt ebenso wie eine Anteilsveräußerung innerhalb des bisherigen Gesellschafterkreises nur dann keine schädliche Veräußerung i. S. d. § 15 Absatz 2 Satz 3 und 4 UmwStG dar, wenn im Anschluss an diesen Vorgang keine unmittelbare oder mittelbare Veräußerung an eine außenstehende Person stattfindet.

Für die Beantwortung der Frage, ob eine Anteilsveräußerung an außenstehende Personen vollzogen wird, ist auf den Gesellschafterbestand zum steuerlichen Übertragungsstichtag abzustellen; dabei sind Veränderungen des Gesellschafterbestands im Rückwirkungszeitraum nicht zurückzubeziehen.

b) Veräußerungssperre des § 15 Absatz 2 Satz 4 UmwStG

15.27 § 11 Absatz 2 UmwStG ist nach § 15 Absatz 2 Satz 4 UmwStG nicht anzuwenden, wenn innerhalb von fünf Jahren nach dem steuerlichen Übertragungsstichtag Anteile an einer an der Spaltung beteiligten Körperschaft, die mehr als 20 % der vor Wirksamwerden der Spaltung an der Körperschaft bestehenden Anteile ausmachen, veräußert werden (unwiderlegliche gesetzliche Vermutung). § 15 Absatz 2 Satz 4 UmwStG erfasst im Fall der Abspaltung sowohl die Veräußerung der Anteile an der übertragenden als auch die an der übernehmenden Körperschaft (BFH vom 3. 8. 2005, I R 62/04, BStBl 2006 II S. 391).

15.28 Die Rechtsfolgen des § 15 Absatz 2 Satz 2 bis 4 UmwStG knüpfen an die Veräußerung der Anteile durch die Gesellschafter und nicht an die Veräußerung von Betriebsvermögen durch eine der an der Spaltung beteiligten Körperschaften an.

15.29 Die Quote von 20 % bezieht sich auf die Anteile an der übertragenden Körperschaft vor der Spaltung. Die Quote ist entsprechend dem Verhältnis der übergehenden Vermögensteile zu dem bei der übertragenden Körperschaft vor der Spaltung vorhandenen Vermögen aufzuteilen, wie es in der Regel im Umtauschverhältnis der Anteile im Spaltungs- und Übernahmevertrag oder im Spaltungsplan (§ 126 Absatz 1 Nummer 3, § 136 UmwG) zum Ausdruck kommt. Auf die absolute Höhe des Nennkapitals der an der Spaltung beteiligten alten und neuen Gesellschafter sowie auf die Wertentwicklung der Beteiligungen kommt es nicht an.

15.30 Die nachfolgende Tabelle zeigt für ausgewählte Aufteilungsverhältnisse bei Spaltungen zur Neugründung die Quote der Anteile an den aus der Spaltung hervorgegangenen GmbH A und GmbH B, die – alternativ – höchstens veräußert werden dürfen, ohne die Buchwertfortführung bzw. den Zwischenwertansatz bei der Spaltung zu gefährden:

GmbH A

Anteil des übergegangenen Vermögens in %	1	10	20	30	40	50
zulässige Quote in %	100	100	100	66,6	50	40

GmbH B

Anteil des übergegangenen Vermögens in %	99	90	80	70	60	50
zulässige Quote in %	20,2	22,2	25	28,6	33,3	40

Bei Veräußerung von Anteilen an der Gesellschaft A in Höhe der zulässigen Quote verbleiben für die Gesellschafter der Gesellschaft B	19,2	11,1	0	0	0	0

Soweit durch einen oder mehrere Gesellschafter zusammen die 20%-Quote ausgeschöpft wurde, sind weitere Anteilsveräußerungen durch andere Gesellschafter steuerschädlich. Die Rechtsfolgen einer schädlichen Veräußerung treffen steuerrechtlich immer die übertragende Körperschaft und damit mittelbar auch die übrigen Gesellschafter. 15.31

Nach Ablauf der fünfjährigen Veräußerungssperre können die Anteile an den an der Spaltung beteiligten Körperschaften veräußert werden, ohne die Steuerneutralität der vorangegangenen Spaltung zu gefährden. 15.32

c) Rechtsfolgen einer steuerschädlichen Anteilsveräußerung

Werden innerhalb von fünf Jahren nach dem steuerlichen Übertragungsstichtag Anteile an einer an der Spaltung beteiligten Körperschaft in steuerschädlichem Umfang veräußert, führt dies dazu, dass das gesamte auf den bzw. die übernehmenden Rechtsträger übergegangene Vermögen mit dem gemeinen Wert anzusetzen ist. Die Anwendung der übrigen Vorschriften des UmwStG (insbesondere der §§ 2, 12 und 13 UmwStG) bleibt hiervon unberührt. 15.33

Entfallen infolge der Anteilsveräußerung innerhalb von fünf Jahren nach dem steuerlichen Übertragungsstichtag die Voraussetzungen des § 15 UmwStG, sind die Körperschaftsteuerbescheide der Veranlagungszeiträume gem. § 175 Absatz 1 Satz 1 Nummer 2 AO zu ändern, in dem der Spaltungsvorgang steuerlich erfasst wurde (rückwirkendes Ereignis). 15.34

Die Festsetzungsverjährungsfrist beginnt gem. § 175 Absatz 1 Satz 2 AO mit dem Ablauf des Kalenderjahrs, in dem die schädliche Veräußerung erfolgt. Wird der Tatbestand des § 15 Absatz 2 Satz 4 UmwStG durch mehrere zeitlich hintereinander liegende Veräußerungen verwirklicht, beginnt die Verjährung mit dem Ende des Kalenderjahrs, in dem die Veräußerung erfolgt, die letztlich die Rechtsfolge des § 15 Absatz 2 Satz 4 UmwStG auslöst. 15.35

3. Trennung von Gesellschafterstämmen (§ 15 Absatz 2 Satz 5 UmwStG)

a) Begriff der Trennung von Gesellschafterstämmen

Bei der Trennung von Gesellschafterstämmen setzt die Anwendung des § 11 Absatz 2 UmwStG voraus, dass die Beteiligungen an der übertragenden Körperschaft mindestens fünf Jahre bestanden haben (§ 15 Absatz 2 Satz 5 UmwStG). Änderungen in der Beteiligungshöhe innerhalb der Fünfjahresfrist bei Fortdauer der Beteiligung dem Grunde nach sind unschädlich. 15.36

Eine Trennung von Gesellschafterstämmen liegt vor, wenn im Fall der Aufspaltung an den übernehmenden Körperschaften und im Fall der Abspaltung an der übernehmenden und an der übertragenden Körperschaft nicht mehr alle Anteilsinhaber der übertragenden Körperschaft beteiligt sind. 15.37

b) Vorbesitzzeit

15.38 Hat die übertragende Körperschaft noch keine fünf Jahre bestanden, ist grundsätzlich eine steuerneutrale Trennung von Gesellschafterstämmen im Wege der Spaltung nicht möglich.

15.39 Auch innerhalb verbundener Unternehmen i. S. d. § 271 Absatz 2 HGB und juristischer Personen des öffentlichen Rechts einschließlich ihrer Betriebe gewerblicher Art findet eine Anrechnung eines Vorbesitzes eines anderen verbundenen Unternehmens auf die fünfjährige Vorbesitzzeit i. S. d. § 15 Absatz 2 Satz 5 UmwStG nicht statt.

15.40 Zeiten, in der eine aus einer Umwandlung hervorgegangene Kapitalgesellschaft als Personengesellschaft mit den gleichen Gesellschafterstämmen bestanden hat, werden auf die Vorbesitzzeit i. S. d. § 15 Absatz 2 Satz 5 UmwStG angerechnet.

IV. Kürzung verrechenbarer Verluste, verbleibender Verlustvorträge, nicht ausgeglichener negativer Einkünfte, eines Zinsvortrags und eines EBITDA-Vortrags (§ 15 Absatz 3 UmwStG)

15.41 In Abspaltungsfällen verringern sich bei der übertragenden Körperschaft verrechenbare Verluste, ein verbleibender Verlustvortrag, nicht ausgeglichene negative Einkünfte, ein Zinsvortrag sowie ein EBITDA-Vortrag. Nach § 15 Absatz 3 UmwStG erfolgt die Kürzung in dem Verhältnis, in dem bei Zugrundelegung des gemeinen Werts das Vermögen auf eine andere Körperschaft übergeht. In der Regel entspricht das Verhältnis der gemeinen Werte dem Spaltungsschlüssel.

Erfolgt die Abspaltung auf einen unterjährigen steuerlichen Übertragungsstichtag, gelten die Grundsätze in dem BMF-Schreiben vom 28. 11. 2017, BStBl I S. 1645, Rn. 33 bis Rn. 38, entsprechend. Rn. 37 des BMF-Schreibens vom 28. 11. 2017, BStBl I S. 1645, ist dabei mit der Maßgabe anzuwenden, dass im Fall einer Abspaltung auf einen unterjährigen steuerlichen Übertragungsstichtag bei einem Organträger das zu diesem Zeitpunkt noch nicht zugerechnete negative Organeinkommen einer Organgesellschaft nicht der Verlustabzugsbeschränkung des § 15 Absatz 3 UmwStG unterliegt.

V. Aufteilung der Buchwerte der Anteile gem. § 13 UmwStG in den Fällen der Spaltung

15.42 Im Fall der Aufspaltung einer Körperschaft können die Anteilseigner der übertragenden Körperschaft Anteile an mehreren übernehmenden Körperschaften, im Fall der Abspaltung neben Anteilen an der übertragenden auch Anteile an der übernehmenden Körperschaft erhalten.

15.43 Die Anwendung des § 15 Absatz 1 i. V. m. § 13 Absatz 1 und 2 UmwStG erfordert eine Aufteilung der Anschaffungskosten bzw. des Buchwerts der Anteile an der übertragenden Körperschaft. Der Aufteilung kann grundsätzlich das Umtauschverhältnis der Anteile im Spaltungs- oder Übernahmevertrag oder im Spaltungsplan zugrunde gelegt werden. Ist dies nicht möglich, ist die Aufteilung nach dem Verhältnis der gemeinen Werte der übergehenden Vermögensteile zu dem vor der Spaltung vorhandenen Vermögen vorzunehmen. Auch nach der Abspaltung eines Teilbetriebs auf die Muttergesellschaft ist der bisherige Buchwert der Beteiligung an der Tochtergesellschaft im Verhältnis des gemeinen Werts des übergegangenen Vermögens zum gesamten Vermögen der Tochtergesellschaft aufzuteilen.

> **Beispiel:**
> Die AB-GmbH, an der A und B seit mehr als fünf Jahren als Gründungsgesellschafter zu je 50 % beteiligt sind (Anschaffungskosten der Beteiligung = jeweils 300.000 €), verfügt über zwei Teilbetriebe, wobei der gemeine Wert des Teilbetriebs I = 2.000.000 € und der gemeine Wert des Teilbetriebs II = 1.000.000 € beträgt. Es erfolgt eine Abspaltung in der Weise, dass der Teilbetrieb I bei der AB-GmbH zurückbleibt und der Teilbetrieb II auf die neu gegründete B-GmbH übergeht. B wird Alleingesellschafter der B-GmbH. An der AB-GmbH wird A mit 75 % und B mit 25 % beteiligt.

Lösung:
A hält nach der Spaltung unverändert AB-Anteile mit Anschaffungskosten von 300.000 €. Bei B teilen sich die bisherigen Anschaffungskosten im Verhältnis der auf seine Beteiligung entfallenden gemeinen Werte mit 100.000 € auf die AB-Anteile und mit 200.000 € auf die B-Anteile auf.

VI. Umwandlungen mit Wertverschiebungen zwischen den Anteilseignern

Werden bei einer Auf- oder Abspaltung den Anteilseignern des übertragenden Rechtsträgers oder diesen nahe stehenden Personen Anteile an dem übernehmenden Rechtsträger nicht in dem Verhältnis und/oder nicht mit dem ihrer Beteiligung an dem übertragenden Rechtsträger entsprechenden Wert zugeteilt (vgl. § 128 UmwG), handelt es sich dabei grundsätzlich um eine Vorteilszuwendung zwischen den Anteilseignern. In dem einem Anteilseigner gewährten Mehrwert der Anteile ist keine Gegenleistung i. S. d. § 11 Absatz 2 Satz 1 Nummer 3 UmwStG zu sehen. Auch führt eine solche Quoten- und/oder Wertverschiebung nicht zur Anwendung des § 15 Absatz 2 Satz 2 bis 4 UmwStG, es sei denn, die Beteiligungsquoten verschieben sich zugunsten außenstehender Personen. Zu den steuerlichen Folgen einer nichtverhältniswahrenden Auf- oder Abspaltung vgl. auch Randnr. 13.03. 15.44

B. Auf- oder Abspaltung auf eine Personengesellschaft (§ 16 UmwStG)

I. Entsprechende Anwendung des § 15 UmwStG

Für die Auf- und Abspaltung von Vermögen auf eine Personengesellschaft gilt § 15 UmwStG entsprechend. Die §§ 11 bis 13 UmwStG sind jedoch wegen des Vorrangs des Verweises auf die §§ 3 bis 8 und 10 UmwStG in § 16 Satz 1 UmwStG in diesen Fällen grundsätzlich nicht anzuwenden. 16.01

II. Anwendbarkeit des § 3 Absatz 2 UmwStG

§ 3 Absatz 2 UmwStG ist bei der Übertragung auf eine Personengesellschaft entsprechend anzuwenden, 16.02

– wenn jeweils ein Teilbetrieb übergeht,

– wenn im Fall der Abspaltung das der übertragenden Körperschaft verbleibende Vermögen ebenfalls zu einem Teilbetrieb gehört (§ 15 Absatz 1 Satz 2 UmwStG) und

– soweit die Missbrauchsregeln des § 15 Absatz 2 UmwStG beachtet werden; dabei ist § 15 Absatz 2 Satz 2 bis 4 UmwStG auch auf die nach der Auf- bzw. Abspaltung entstehenden Anteile an der Personengesellschaft anzuwenden.

Zum Begriff des Teilbetriebs vgl. Randnr. 15.02 ff.

III. Verrechenbare Verluste, verbleibende Verlustvorträge, nicht ausgeglichene negative Einkünfte, Zinsvorträge und EBITDA-Vorträge

Im Fall der Abspaltung vermindern sich die in § 15 Absatz 3 UmwStG genannten Beträge bei der übertragenden Körperschaft. Bei einer Aufspaltung gehen diese Beträge unter. 16.03

IV. Investitionsabzugbetrag nach § 7g EStG

Im Fall der Auf- bzw. Abspaltung wird ein Investitionsabzugsbetrag von dem übernehmenden Rechtsträger fortgeführt, soweit auf diesen ein Teilbetrieb übergeht und der Investitionsabzugsbetrag für Wirtschaftsgüter gebildet wurde, die im Fall ihrer späteren Anschaffung oder Herstellung dem übergehenden Teilbetrieb zuzurechnen wären. Im Fall des § 7g Absatz 3 EStG ist 16.04

hinsichtlich der übernommenen Investitionsabzugsbeträge der Abzug beim übertragenden Rechtsträger rückgängig zu machen (vgl. BMF-Schreiben vom 8.5.2009, BStBl I S. 633, Randnr. 59).

Fünfter Teil. Gewerbesteuer

A. Gewerbesteuer bei Vermögensübergang auf eine Personengesellschaft oder auf eine natürliche Person sowie bei Formwechsel in eine Personengesellschaft (§ 18 UmwStG)

I. Geltung der §§ 3 bis 9 und 16 UmwStG für die Ermittlung des Gewerbeertrags (§ 18 Absatz 1 UmwStG)

18.01 Die §§ 3 bis 9 und 16 UmwStG gelten auch für die Ermittlung des Gewerbeertrags und betreffen sowohl die Ermittlung des Gewerbeertrags des übertragenden als auch des übernehmenden Rechtsträgers. Die gewerbesteuerliche Erfassung der stillen Reserven (z. B. bei Vermögensübergang von einer GmbH in das Betriebsvermögen eines Freiberuflers i. S. d. § 18 EStG) ist für die Ausübung der Wahlrechte unbeachtlich (vgl. Randnr. 03.17).

18.02 Der Übergang von Fehlbeträgen des laufenden Erhebungszeitraums sowie von vortragsfähigen Fehlbeträgen i. S. d. § 10a GewStG der übertragenden Körperschaft auf den übernehmenden Rechtsträger ist ausgeschlossen (§ 4 Absatz 2 Satz 1, § 18 Absatz 1 Satz 2 UmwStG). Die Beschränkung der Verlustnutzung nach § 2 Absatz 4 UmwStG ist zu beachten.

II. Übernahmegewinn oder -verlust sowie Bezüge i. S. d. § 7 UmwStG (§ 18 Absatz 2 UmwStG)

18.03 Ein Übernahmegewinn oder -verlust ist bei der Gewerbesteuer nicht zu berücksichtigen (§ 18 Absatz 2 Satz 1 UmwStG). Dies gilt nicht für einen Beteiligungskorrekturgewinn sowie einen Übernahmefolgegewinn oder -verlust.

18.04 Bezüge i. S. d. § 7 UmwStG aus Anteilen i. S. d. § 5 Absatz 2 UmwStG sind bei der Gewerbesteuer nicht zu erfassen (§ 18 Absatz 2 Satz 2 UmwStG). Für die Prüfung der Voraussetzungen des § 9 Nummer 2a oder 7 GewStG sind die Verhältnisse zu Beginn des Erhebungszeitraums beim übernehmenden Rechtsträger maßgebend. Das gilt auch dann, wenn die Voraussetzungen beim Anteilseigner des übertragenden Rechtsträgers erfüllt worden sind.

III. Missbrauchstatbestand des § 18 Absatz 3 UmwStG

18.05 Nach § 18 Absatz 3 UmwStG unterliegt ein Gewinn aus der Auflösung oder Veräußerung des Betriebs der Personengesellschaft der Gewerbesteuer, wenn innerhalb von fünf Jahren nach der Umwandlung eine Betriebsaufgabe oder Veräußerung erfolgt. Das gilt entsprechend, soweit ein Teilbetrieb (vgl. hierzu Randnr. 15.02 f.) oder ein Anteil an der Personengesellschaft aufgegeben oder veräußert wird (§ 18 Absatz 3 Satz 2 UmwStG). § 18 Absatz 3 UmwStG gilt nicht für den Übergang des Betriebsvermögens auf einen Rechtsträger ohne Betriebsvermögen (vgl. § 8 UmwStG sowie Randnr. 03.16). Für die Fristberechnung gilt Randnr. 06.10 entsprechend.

1. Begriff der Veräußerung und Aufgabe

18.06 Das Vorliegen einer Aufgabe oder Veräußerung des Betriebs, Teilbetriebs oder Mitunternehmeranteils ist nach allgemeinen Grundsätzen zu beurteilen. Daher erfasst § 18 Absatz 3 UmwStG auch die Veräußerung gegen wiederkehrende Bezüge. Das Wahlrecht nach R 16 Absatz 11 EStR 2010 besteht für Zwecke des § 18 UmwStG nicht. § 18 Absatz 3 Satz 2 UmwStG erfasst auch die Veräußerung des Teils eines Mitunternehmeranteils.

Eine Veräußerung des auf den übernehmenden Rechtsträger übergegangenen Betriebs, Teil- 18.07
betriebs oder Mitunternehmeranteils liegt z. B. auch dann vor, wenn der übergegangene Betrieb
in eine Kapital- oder Personengesellschaft gegen Gewährung von Gesellschaftsrechten eingebracht wird (vgl. Randnr. 00.02).

Wird der Betrieb, Teilbetrieb oder Mitunternehmeranteil nach §§ 20, 24 UmwStG zum Buch-
oder Zwischenwert eingebracht, tritt die übernehmende Gesellschaft in die Rechtsstellung des
übertragenden Rechtsträgers ein und ist daher für den Rest der Fünfjahresfrist der Vorschrift
des § 18 Absatz 3 UmwStG unterworfen (vgl. § 23 Absatz 1, § 24 Absatz 4 UmwStG). Kommt es
bei Einbringung zum Zwischenwert zu einem Übertragungsgewinn, unterliegt dieser Gewinn
ungeachtet des Eintritts in die steuerliche Rechtsstellung insoweit der Anwendung des § 18 Absatz 3 UmwStG.

Wird der Betrieb, Teilbetrieb oder Mitunternehmeranteil nach §§ 20, 24 UmwStG zum gemeinen Wert eingebracht, findet § 18 Absatz 3 UmwStG auf einen Übertragungsgewinn Anwendung. Anders als in den Fällen der Einbringung im Wege der Einzelrechtsnachfolge (vgl. § 23
Absatz 4 erster Halbsatz UmwStG) wird die Fünfjahresfrist in den Fällen der Gesamtrechtsnachfolge auch bei Einbringung zum gemeinen Wert vom übernehmenden Rechtsträger fortgeführt
(§ 23 Absatz 4 zweiter Halbsatz UmwStG).

Soweit der im Wege der Umwandlung übergegangene Betrieb, Teilbetrieb oder Mitunterneh- 18.08
meranteil innerhalb der Fünfjahresfrist unentgeltlich übertragen wird, ist der Rechtsnachfolger
für den Rest der Fünfjahresfrist der Vorschrift des § 18 Absatz 3 UmwStG unterworfen; werden
die stillen Reserven ganz oder teilweise aufgedeckt, ist § 18 Absatz 3 UmwStG anzuwenden. Findet auf die unentgeltliche Übertragung § 6 Absatz 3 EStG keine Anwendung (z. B. bei verdeckter
Einlage in eine Kapitalgesellschaft), liegt eine Betriebsaufgabe vor.

2. Aufgabe- oder Veräußerungsgewinn

§ 18 Absatz 3 UmwStG erfasst sämtliche stillen Reserven des im Zeitpunkt der Aufgabe oder 18.09
Veräußerung vorhandenen Betriebsvermögens. Der „Nachversteuerung" unterliegen danach
auch neu gebildete stille Reserven. Stille Reserven, die bereits vor der Umwandlung in dem Betrieb des aufnehmenden Rechtsträgers vorhanden waren, unterliegen der Gewerbesteuer,
wenn die Anmeldung zur Eintragung in das für die Wirksamkeit der Umwandlung maßgebende
öffentliche Register nach dem 31. 12. 2007 erfolgt ist. Für Umwandlungen vor diesem Stichtag
vgl. BFH vom 20. 11. 2006, VIII R 47/05, BStBl 2008 II S. 69. Unterliegt ein Gewinn sowohl nach
§ 7 Satz 1 oder 2 GewStG als auch nach § 18 Absatz 3 UmwStG der Gewerbesteuer, ist § 18 Absatz 3 UmwStG vorrangig anzuwenden.

Ein Aufgabe- oder Veräußerungsverlust ist gewerbesteuerlich nicht zu berücksichtigen. 18.10

3. Übergang auf Rechtsträger, der nicht gewerbesteuerpflichtig ist

§ 18 Absatz 3 UmwStG gilt bei der Umwandlung einer Körperschaft für die übernehmende Per- 18.11
sonengesellschaft oder die übernehmende natürliche Person. Die Gewerbesteuer ist auch festzusetzen, wenn der übernehmende Rechtsträger nicht gewerbesteuerpflichtig ist. § 18 Absatz 3 UmwStG ist ein Sondertatbestand der Gewerbesteuerpflicht.

B. Gewerbesteuer bei Vermögensübergang auf eine andere Körperschaft (§ 19 UmwStG)

Die §§ 11 bis 15 UmwStG gelten auch für die Ermittlung des Gewerbeertrags und betreffen so- 19.01
wohl die Ermittlung des Gewerbeertrags des übertragenden als auch des übernehmenden
Rechtsträgers sowie der Anteilseigner des übertragenden Rechtsträgers. Die gewerbesteuerliche
Erfassung der stillen Reserven (z. B. bei Vermögensübergang von einer unbeschränkt steuer-

pflichtigen Körperschaft in ein Betriebsvermögen einer beschränkt steuerpflichtigen Kapitalgesellschaft i. S. d. § 49 Absatz 1 Nummer 2 Buchstabe f Satz 2 EStG) ist für die Ausübung der Wahlrechte unbeachtlich (vgl. Randnr. 03.17).

Sechster Teil. Einbringung von Unternehmensteilen in eine Kapitalgesellschaft oder Genossenschaft und Anteilstausch

A. Grundkonzeption der Einbringung nach §§ 20 ff. UmwStG

I. Allgemeines

E 20.01 Die bisherige Methode der Sonderregelungen für die Besteuerung einbringungsgeborener Anteile (§ 21 UmwStG 1995, § 8b Absatz 4 KStG a. F., § 3 Nummer 40 Satz 3 und 4 EStG a. F.) und die bisherige Missbrauchsklausel (§ 26 Absatz 2 Satz 1 und 2 UmwStG 1995) wurden durch das SEStEG abgelöst und durch eine rückwirkende Besteuerung des zugrunde liegenden Einbringungsvorgangs ersetzt. Die bisher geltenden Regelungen des UmwStG 1995 sind für einbringungsgeborene Anteile i. S. d. § 21 UmwStG 1995 nach § 27 Absatz 3 UmwStG weiterhin anzuwenden.

II. Grundkonzept

E 20.02 Die Regelungen für die Sacheinlage (§§ 20 und 22 Absatz 1 UmwStG) und den Anteilstausch (§§ 21 und 22 Absatz 2 UmwStG) werden systematisch getrennt. Für i. R. einer Sacheinlage (§ 20 UmwStG) miteingebrachte Anteile gelten die Rechtsfolgen des Anteilstauschs (§ 22 Absatz 2 UmwStG).

1. Sacheinlage

E 20.03 Veräußert der Einbringende in den Fällen einer Sacheinlage unter dem gemeinen Wert die erhaltenen Anteile innerhalb eines Zeitraums von sieben Jahren nach der Einbringung oder wird ein der Veräußerung gleichgestellter Ersatzrealisationstatbestand verwirklicht, wird der Einbringungsgewinn I rückwirkend auf den Zeitpunkt der Einbringung besteuert (§ 22 Absatz 1 UmwStG). Zu diesem Zweck ist der gemeine Wert des eingebrachten Betriebsvermögens auf den steuerlichen Übertragungsstichtag (Einbringungszeitpunkt) zu ermitteln. Der zu versteuernde Einbringungsgewinn I verringert sich innerhalb des Siebenjahreszeitraums jährlich um $^{1}/_{7}$ (§ 22 Absatz 1 Satz 3 UmwStG).

E 20.04 Die schädliche Anteilsveräußerung oder die einer Veräußerung gleichgestellten Ersatzrealisationstatbestände (§ 22 Absatz 1 Satz 6 UmwStG) stellen in Bezug auf die Steuerfestsetzung beim Einbringenden im Einbringungsjahr ein rückwirkendes Ereignis i. S. v. § 175 Absatz 1 Satz 1 Nummer 2 AO dar.

E 20.05 Der zu versteuernde Einbringungsgewinn I erhöht die Anschaffungskosten der erhaltenen Anteile (§ 22 Absatz 1 Satz 4 UmwStG). Dadurch wird erreicht, dass die bis zum Einbringungszeitpunkt entstandenen stillen Reserven der vollen Besteuerung nach § 16 EStG und die nach der Einbringung entstandenen stillen Reserven der Veräußerungsgewinnbesteuerung von Anteilen und damit in vollem bzw. teilweisen Steuerfreistellung nach § 8b KStG oder § 3 Nummer 40 EStG unterliegen. Auf der Ebene der übernehmenden Gesellschaft kommt es auf Antrag zu einer Buchwertaufstockung i. H. des versteuerten Einbringungsgewinns I (§ 23 Absatz 2 UmwStG).

Beispiel:
Die natürliche Person A bringt zum steuerlichen Übertragungsstichtag 31.12.01 ihr bisheriges Einzelunternehmen auf Antrag zu Buchwerten in die B-GmbH ausschließlich gegen Gewährung neuer Anteile an der B-GmbH ein. Der Buchwert des übertragenen Betriebsvermögens beträgt 2.000.000 €, der gemeine Wert 9.000.000 €. A hat entsprechende Anschaffungskosten für den Anteil an der B-GmbH

i. H. v. 2.000.000 €. Der Anteil an der B-GmbH ist als sperrfristbehaftet i. S. d. § 22 Absatz 1 UmwStG anzusehen. Nunmehr veräußert A den erhaltenen GmbH-Anteil am 30. 6. 07 zum Kaufpreis von 10.000.000 €.

Lösung:

In einem ersten Schritt ist der zu versteuernde Einbringungsgewinn I zu ermitteln. Der Einbringungsgewinn I ergibt sich aus der Differenz zwischen dem gemeinen Wert des eingebrachten Betriebsvermögens zum Zeitpunkt der Einbringung (hier 9.000.000 €) und dem Buchwert des übertragenen Betriebsvermögens bei der B-GmbH (hier 2.000.000 €) und beträgt somit 7.000.000 €. Die schädliche Anteilsveräußerung stellt nach § 22 Absatz 1 Satz 2 UmwStG in Bezug auf die Steuerfestsetzung beim Einbringenden im Einbringungsjahr ein rückwirkendes Ereignis i. S. d. § 175 Absatz 1 Satz 1 Nummer 2 AO dar. Als Bewertungszeitpunkt ist der Einbringungszeitpunkt maßgebend. Dies gilt sowohl für die Bewertung des übertragenen Betriebsvermögens als auch für den Ansatz der Beteiligung an der B-GmbH. Der Betrag von 7.000.000 € ist für jedes seit dem Einbringungszeitpunkt abgelaufene Zeitjahr um $^1/_7$ zu mindern. Vorliegend sind seit dem 31. 12. 01 bis 30. 6. 07 fünf volle Jahre abgelaufen (Jahre 31. 12. 01 bis 31. 12. 06). Daraus ergibt sich ein zu versteuernder Einbringungsgewinn I von 7.000.000 € ./. 5.000.000 € = 2.000.000 €. Der Einbringungsgewinn I gilt als Gewinn des Einbringenden i. S. d. § 16 EStG und unterliegt bei A unabhängig von der späteren Wertentwicklung der Beteiligung an der B-GmbH der Einkommensteuer; § 16 Absatz 4 und § 34 EStG sind nicht anzuwenden (§ 22 Absatz 1 Satz 1 UmwStG). Der Einbringungsgewinn I unterliegt bei A nicht der Gewerbesteuer.

In einem zweiten Schritt erhöhen sich die Anschaffungskosten der Beteiligung an der B-GmbH um den steuerpflichtigen Einbringungsgewinn I. Es ergeben sich für A Anschaffungskosten i. H. v. 2.000.000 € aus der ursprünglichen Buchwerteinbringung + nachträgliche Anschaffungskosten aus dem zu versteuernden Einbringungsgewinn I von 2.000.000 € = 4.000.000 €. A erzielt ferner Einkünfte nach § 17 EStG i. H. v. 6.000.000 € (Veräußerungspreis in 07: 10.000.000 € ./. erhöhte Anschaffungskosten 4.000.000 €). Der Veräußerungsgewinn unterliegt im Veranlagungszeitraum 07 dem Teileinkünfteverfahren gem. § 3 Nummer 40 EStG. Nach § 23 Absatz 2 UmwStG kann außerdem eine Buchwertaufstockung der Wirtschaftsgüter bei der B-GmbH um 2.000.000 € im Veranlagungszeitraum 07 erfolgen, soweit der Einbringende die auf den Einbringungsgewinn I entfallende Steuer entrichtet hat und dies durch eine Bescheinigung des für A zuständigen Finanzamts nachgewiesen wird.

2. Anteilstausch

Veräußert die übernehmende Gesellschaft in den Fällen des Anteilstauschs, bei dem nach § 21 Absatz 1 Satz 2 UmwStG der Buch- oder Zwischenwert angesetzt worden ist, die eingebrachten Anteile innerhalb eines Zeitraums von sieben Jahren nach der Einbringung und wäre die unmittelbare Veräußerung der Anteile durch den Einbringenden nicht nach § 8b Absatz 2 KStG begünstigt gewesen, wird der Einbringungsgewinn II rückwirkend auf den Zeitpunkt der Einbringung versteuert (§ 22 Absatz 2 UmwStG). Zu diesem Zweck ist der gemeine Wert der eingebrachten Anteile auf den Einbringungszeitpunkt zu ermitteln. Der zu versteuernde Einbringungsgewinn II verringert sich innerhalb des Siebenjahreszeitraums jährlich um $^1/_7$ (§ 22 Absatz 2 Satz 3 UmwStG). E 20.06

Die Anteilsveräußerung innerhalb des Siebenjahreszeitraums oder die einer Veräußerung gleichgestellten Ersatzrealisationstatbestände (§ 22 Absatz 2 Satz 6 i. V. m. Absatz 1 Satz 6 Nummer 1 bis 5 UmwStG) stellen in Bezug auf die Steuerfestsetzung beim Einbringenden im Einbringungsjahr ein rückwirkendes Ereignis i. S. v. § 175 Absatz 1 Satz 1 Nummer 2 AO dar. E 20.07

Der zu versteuernde Einbringungsgewinn II erhöht die Anschaffungskosten der erhaltenen Anteile (§ 22 Absatz 2 Satz 4 UmwStG). Gleichzeitig kommt es auf Ebene der übernehmenden Gesellschaft auf Antrag zu einer Buchwertaufstockung i. H. des versteuerten Einbringungsgewinns II (§ 23 Absatz 2 Satz 2 UmwStG). Dadurch wird erreicht, dass die bis zum Einbringungszeitpunkt entstandenen stillen Reserven beim Einbringenden im Teileinkünfteverfahren oder in voller Höhe versteuert werden und die nach der Einbringung entstandenen stillen Reserven bei der übernehmenden Gesellschaft nach § 8b Absatz 2 KStG begünstigt sind. E 20.08

Beispiel:

Die natürliche Person A hält 80% der Anteile an der B-GmbH und bringt diese ausschließlich gegen Gewährung eines neuen Anteils an der C-GmbH zum Buchwert (3.000.000 €) in die C-GmbH ein. Die von A eingebrachten Anteile hatten zum Einbringungszeitpunkt einen gemeinen Wert von 10.000.000 €. Im sechsten Jahr nach der Einbringung veräußert die C-GmbH die von A eingebrachten Anteile an der B-GmbH.

Lösung:
Die Einbringung des Anteils an der B-GmbH zum Buchwert ist zulässig, da es sich um eine mehrheitsvermittelnde Beteiligung i. S. v. § 21 Absatz 1 Satz 2 UmwStG handelt (qualifizierter Anteilstausch). Die von A eingebrachten Anteile an der B-GmbH unterliegen der siebenjährigen Sperrfrist, da die unmittelbare Veräußerung der Anteile durch A nicht von § 8b Absatz 2 KStG begünstigt gewesen wäre.

Die Veräußerung der Anteile an der B-GmbH durch die C-GmbH innerhalb der siebenjährigen Sperrfrist führt somit zu einer nachträglichen Besteuerung des Einbringungsgewinns II bei A nach § 22 Absatz 2 UmwStG im Einbringungszeitpunkt (= Übergang des wirtschaftlichen Eigentums). Die schädliche Anteilsveräußerung durch die C-GmbH stellt nach § 22 Absatz 2 Satz 2 UmwStG in Bezug auf die Steuerfestsetzung beim Einbringenden für das Einbringungsjahr ein rückwirkendes Ereignis i. S. d. § 175 Absatz 1 Satz 1 Nummer 2 AO dar.

Der von A zu versteuernde Einbringungsgewinn II errechnet sich aus dem gemeinen Wert der von A eingebrachten Anteile an der B-GmbH im Zeitpunkt der Einbringung von 10.000.000 €./. dem Buchwert der Anteile von 3.000.000 €./. der Minderung des Einbringungsgewinns II für fünf abgelaufene Zeitjahre von 5.000.000 € = 2.000.000 €. Der Einbringungsgewinn II gilt als Gewinn des Einbringenden aus der Veräußerung von Anteilen i. s. d. § 17 EStG. Bei der Versteuerung des Einbringungsgewinns II kommt das Teileinkünfteverfahren nach § 3 Nummer 40 EStG zur Anwendung. I. H. des zu versteuernden Einbringungsgewinns II entstehen nachträgliche Anschaffungskosten des A auf die Beteiligung an der C-GmbH (§ 22 Absatz 2 Satz 4 UmwStG). Gleichzeitig kann auf Antrag der übernehmenden Gesellschaft der Buchwert der Anteile an der B-GmbH bei der C-GmbH um den versteuerten Einbringungsgewinn II aufgestockt werden (§ 23 Absatz 2 Satz 3 UmwStG).

III. Gewährung neuer Anteile, Gewährung anderer Wirtschaftsgüter

E 20.09 Voraussetzung für die Anwendung der §§ 20 bis 23, 25 UmwStG ist, dass die Gegenleistung der übernehmenden Gesellschaft für das eingebrachte Vermögen zumindest zum Teil in neuen Gesellschaftsanteilen besteht, wobei es ausreichend ist, dass die Sacheinlage als Aufgeld erbracht wird (vgl. Randnr. 01.44).

E 20.10 Neue Anteile entstehen nur im Fall der Gesellschaftsgründung oder einer Kapitalerhöhung. Insbesondere folgende Vorgänge fallen mangels Gewährung neuer Anteile nicht in den Anwendungsbereich von § 20 UmwStG:

- die verdeckte Einlage,

- die verschleierte Sachgründung oder die verschleierte Sachkapitalerhöhung (vgl. BFH vom 1.7.1992, I R 5/92, BStBl 1993 II S. 131),

- das Ausscheiden der Kommanditisten aus einer Kapitalgesellschaft & Co. KG unter Anwachsung ihrer Anteile gem. § 738 BGB, ohne dass die Kommanditisten einen Ausgleich in Form neuer Gesellschaftsrechte an der Kapitalgesellschaft erhalten,

- die Fälle des § 54 Absatz 1 und § 68 Absatz 1 und 2 UmwG.

E 20.11 Neben den Gesellschaftsanteilen können in begrenztem Umfang auch andere Wirtschaftsgüter gewährt werden (vgl. § 20 Absatz 2 Satz 4, Absatz 3 Satz 3, § 21 Absatz 1 Satz 3, Absatz 2 Satz 6 UmwStG). Die Möglichkeit, das eingebrachte Betriebsvermögen teilweise statt durch Ausgabe neuer Anteile durch Zuführung zu den offenen Rücklagen zu belegen, bleibt hiervon unberührt (vgl. § 272 Absatz 2 Nummer 4 HGB).

Beispiel:
Die GmbH bilanziert die Sacheinlage mit 20.000 €. Als Gegenleistung gewährt sie neue Gesellschaftsrechte im Nennwert von 15.000 € (vgl. § 5 Absatz 1 zweiter Halbsatz, § 56 GmbHG) und einen Spitzenausgleich in bar von 4.000 €. Der Restbetrag von 1.000 € wird den Kapitalrücklagen zugewiesen.

B. Einbringung von Unternehmensteilen in eine Kapitalgesellschaft oder Genossenschaft (§ 20 UmwStG)

I. Anwendungsbereich (§ 20 Absatz 1, 5, 6 UmwStG)

Die Einbringung von Betriebsvermögen in eine Kapitalgesellschaft oder Genossenschaft ist aus ertragsteuerlicher Sicht ein Veräußerungsvorgang, bei dem die übernehmende Gesellschaft als Gegenleistung für das eingebrachte Betriebsvermögen neue Gesellschaftsanteile gewährt (vgl. Randnr. 00.02). 20.01

1. Beteiligte der Einbringung

a) Einbringender

Einbringender Rechtsträger ist der Rechtsträger, dem die Gegenleistung zusteht. Zu den persönlichen Anwendungsvoraussetzungen beim einbringenden Rechtsträger vgl. Randnr. 01.53 ff. 20.02

Wird Betriebsvermögen einer Personengesellschaft eingebracht, ist die Frage, wer Einbringender i. S. d. § 20 UmwStG ist, grundsätzlich danach zu entscheiden, ob die einbringende Personengesellschaft infolge der Einbringung fortbesteht. Wird die Personengesellschaft, deren Betriebsvermögen übertragen wird, infolge der Einbringung aufgelöst und stehen die Anteile am übernehmenden Rechtsträger daher zivilrechtlich den Mitunternehmern zu (z. B. bei einer Verschmelzung i. S. d. § 2 UmwG), sind diese als Einbringende anzusehen (vgl. auch BFH vom 16. 2. 1996, I R 183/94, BStBl II S. 342). 20.03

Handelt es sich in diesem Fall bei der Personengesellschaft, deren Betriebsvermögen übertragen wird, um die Untergesellschaft einer doppelstöckigen Personengesellschaft, sind deren unmittelbare Gesellschafter und nicht die nur mittelbar über die Obergesellschaft beteiligten natürlichen oder juristischen Personen Einbringende i. S. d. § 20 UmwStG. Dies gilt für mehrstöckige Personengesellschaften entsprechend. Besteht die übertragende Personengesellschaft dagegen auch nach der Einbringung als Mitunternehmerschaft fort und werden ihr die Anteile am übernehmenden Rechtsträger gewährt (z. B. bei einer Ausgliederung i. S. d. § 123 Absatz 3 UmwG), ist die übertragende Personengesellschaft selbst als Einbringende anzusehen. Demgegenüber stehen bei einer Abspaltung i. S. d. § 123 Absatz 2 UmwG die Anteile an der übernehmenden Gesellschaft zivilrechtlich den Mitunternehmern der bisherigen Gesellschaft zu, so dass diese selbst als Einbringende anzusehen sind.

Der Einbringungsgegenstand bestimmt sich nach dem zugrunde liegenden Rechtsgeschäft (vgl. Randnr. 20.05).

b) Übernehmende Gesellschaft

Zu den persönlichen Anwendungsvoraussetzungen beim übernehmenden Rechtsträger vgl. Randnr. 01.54 f. 20.04

2. Gegenstand der Einbringung

Der Gegenstand der Einbringung richtet sich nach dem zugrunde liegenden Rechtsgeschäft. Z. B. ist bei Verschmelzung einer Personengesellschaft Einbringungsgegenstand der Betrieb. 20.05

a) Übertragung eines Betriebs oder Teilbetriebs

Zum Begriff des Teilbetriebs gelten die Randnr. 15.02 f. und zur Übertragung dieses Teilbetriebs gelten die Randnr. 15.07 – 15.10 entsprechend. Die Einbringung eines Betriebs i. S. v. § 20 UmwStG liegt nur vor, wenn sämtliche Wirtschaftsgüter, die zu den funktional wesentli- 20.06

chen Betriebsgrundlagen des Betriebs gehören, auf die übernehmende Gesellschaft übertragen werden; zum Zeitpunkt des Vorliegens eines Betriebs gilt Randnr. 15.03 und zur Übertragung des Betriebs gilt Randnr. 15.07 entsprechend. Es genügt nicht, der Kapitalgesellschaft diese Wirtschaftsgüter nur zur Nutzung zu überlassen. Dies gilt auch für solche dem Betrieb oder Teilbetrieb dienenden Wirtschaftsgüter, die zum Sonderbetriebsvermögen eines Gesellschafters gehören. Bei der Einbringung eines Betriebs oder Teilbetriebs sind auch die dazugehörenden Anteile an Kapitalgesellschaften miteinzubringen, sofern diese funktional wesentliche Betriebsgrundlagen des Betriebs oder Teilbetriebs sind oder im Fall der Einbringung eines Teilbetriebs zu den nach wirtschaftlichen Zusammenhängen zuordenbaren Wirtschaftsgütern gehören.

20.07 Liegen die Voraussetzungen einer Betriebs- oder Teilbetriebsübertragung nicht vor, sind die im eingebrachten Vermögen ruhenden stillen Reserven aufzudecken und zu versteuern. Werden z. B. funktional wesentliche Betriebsgrundlagen oder nach wirtschaftlichen Zusammenhängen zuordenbare Wirtschaftsgüter im zeitlichen und wirtschaftlichen Zusammenhang mit der Einbringung eines Teilbetriebs in ein anderes Betriebsvermögen überführt oder übertragen, ist die Anwendung der Gesamtplanrechtsprechung zu prüfen (BFH vom 11.12.2001, VIII R 23/01, BStBl 2004 II S. 474, und BFH vom 25.2.2010, IV R 49/08, BStBl II S. 726).

20.08 Bei der Einbringung zurückbehaltene Wirtschaftsgüter sind grundsätzlich als entnommen zu behandeln mit der Folge der Versteuerung der in ihnen enthaltenen stillen Reserven, es sei denn, dass die Wirtschaftsgüter weiterhin Betriebsvermögen sind. Dies gilt z. B. auch für Wirtschaftsgüter, die keine funktional wesentlichen Betriebsgrundlagen des eingebrachten Betriebs oder Teilbetriebs bilden, und für Wirtschaftsgüter, die dem Sonderbetriebsvermögen eines Gesellschafters zuzurechnen sind. Der Entnahmezeitpunkt ist in diesen Fällen der steuerliche Übertragungsstichtag (BFH vom 28.4.1988, IV R 52/87, BStBl II S. 829).

20.09 Gehören zum Betriebsvermögen des eingebrachten Betriebs oder Teilbetriebs Anteile an der übernehmenden Gesellschaft, werden diese Anteile, wenn sie in die Kapitalgesellschaft miteingebracht werden, zu sog. eigenen Anteilen der Kapitalgesellschaft. Der Erwerb eigener Anteile durch eine Kapitalgesellschaft unterliegt handelsrechtlichen Beschränkungen. Soweit die Anteile an der Kapitalgesellschaft miteingebracht werden, würde der Einbringende dafür als Gegenleistung neue Anteile an der Kapitalgesellschaft erhalten.

In diesem Fall ist es nicht zu beanstanden, wenn die Anteile an der Kapitalgesellschaft auf unwiderruflichen Antrag des Einbringenden nicht miteingebracht werden. Der Einbringende muss sich damit einverstanden erklären, dass die zurückbehaltenen Anteile an der übernehmenden Gesellschaft künftig in vollem Umfang als Anteile zu behandeln sind, die durch eine Sacheinlage erworben worden sind (erhaltene Anteile). Es ist dementsprechend auch für diese Anteile § 22 Absatz 1 UmwStG anzuwenden. Besteht in diesen Fällen hinsichtlich des Gewinns aus der Veräußerung der zurückbehaltenen Anteile durch den Einbringenden kein deutsches Besteuerungsrecht, ist § 22 Absatz 1 Satz 5 zweiter Halbsatz UmwStG anzuwenden. Der Antrag ist bei dem Finanzamt zu stellen, bei dem der Antrag nach § 20 Absatz 2 Satz 2 UmwStG zu stellen ist. Als Anschaffungskosten der erhaltenen Anteile (Neu- und Altanteile) gilt der Wertansatz des eingebrachten Vermögens zuzüglich des Buchwerts der zurückbehaltenen Anteile. § 20 Absatz 2 Satz 2 Nummer 2 UmwStG ist im Hinblick auf das eingebrachte (Rest-)Vermögen zu beachten.

> **Beispiel:**
> A ist zu 80 % an der X-GmbH (Stammkapital 25.000 €, Buchwert 50.000 €, gemeiner Wert 85.000 €) beteiligt und hält die Beteiligung im Betriebsvermögen seines Einzelunternehmens. Zum 1.1.08 bringt er das Einzelunternehmen zu Buchwerten (Buchwert 170.000 €, gemeiner Wert 345.000 €; jeweils einschließlich der Beteiligung) nach § 20 UmwStG in die X-GmbH gegen Gewährung von Anteilen (Kapitalerhöhung 20.000 €) ein. Die Beteiligung an der X-GmbH soll zurückbehalten werden, um das Entstehen eigener Anteile auf Ebene der X-GmbH zu vermeiden. Zum 1.3.10 werden sämtliche Anteile des A zum Preis von 400.000 € veräußert.
>
> **Lösung:**
> Stellt die Beteiligung eine funktional wesentliche Betriebsgrundlage des Einzelunternehmens dar, würde der Zurückbehalt der Beteiligung grundsätzlich die Anwendung von § 20 UmwStG ausschließen. Andern-

falls kann sie zwar zurückbehalten werden, aber die Beteiligung würde als entnommen gelten. Auf unwiderruflichen Antrag des Einbringenden können diese Anteile zurückbehalten werden und stehen damit einer Einbringung zum Buchwert nicht entgegen, mit der Folge, dass diese als Anteile i. S. d. § 22 Absatz 1 UmwStG zu behandeln sind. Die Veräußerung der Anteile im Jahr 10 löst die rückwirkende Besteuerung des Einbringungsgewinns I zum 1.1.08 aus:

gemeiner Wert des eingebrachten Betriebsvermögens (ohne Beteiligung)	260.000 €
./. Buchwert des eingebrachten Betriebsvermögens (ohne Beteiligung)	120.000 €
stille Reserven im Einbringungszeitpunkt	140.000 €
./. $2/7$ Abschmelzungsbetrag	40.000 €
zu versteuernder Einbringungsgewinn I	100.000 €

Darüber hinaus erzielt A zum 1.3.10 einen Veräußerungsgewinn nach § 17 EStG:

Veräußerungspreis der Anteile	400.000 €
./. Anschaffungskosten der Anteile (Buchwert eingebrachtes Betriebsvermögen zzgl. Buchwert der zurückbehaltenen Anteile)	170.000 €
./. Einbringungsgewinn I	100.000 €
Veräußerungsgewinn nach § 17 EStG	130.000 €

Alternative:
Wäre der Einbringende A in Frankreich ansässig und damit beschränkt steuerpflichtig, ist der Einbringungsgewinn I unter Anwendung von § 22 Absatz 1 Satz 5 zweiter Halbsatz UmwStG wie folgt zu berechnen:

gemeiner Wert des eingebrachten BV (mit Beteiligung)	345.000 €
./. Buchwert des eingebrachten BV (mit Beteiligung)	170.000 €
stille Reserven im Einbringungszeitpunkt gesamt	175.000 €
./. $2/7$ Abschmelzungsbetrag	50.000 €
zu versteuernder Einbringungsgewinn I	125.000 €

Ein Veräußerungsgewinn nach § 17 EStG kann nach dem DBA mit Frankreich nicht besteuert werden, da Deutschland insoweit kein Besteuerungsrecht hat. Soweit der Einbringungsgewinn I auf die Beteiligung entfällt (35.000 € ./. $2/7$ Abschmelzungsbetrag = 25.000 €), findet § 3 Nummer 40 EStG Anwendung (vgl. Randnr. 22.11).

b) Mitunternehmeranteil

Die Grundsätze der vorstehenden Randnr. 20.05 – 20.09 gelten sinngemäß auch für die Einbringung von Mitunternehmeranteilen. 20.10

Die Einbringung eines Mitunternehmeranteils i. S. v. § 20 Absatz 1 UmwStG ist auch dann anzunehmen, wenn ein Mitunternehmer einer Personengesellschaft nicht seinen gesamten Mitunternehmeranteil an der Personengesellschaft, sondern nur einen Teil dieses Anteils überträgt. 20.11

§ 20 UmwStG gilt auch für die Einbringung von Mitunternehmeranteilen, die zum Betriebsvermögen eines Betriebs gehören. Werden mehrere zu einem Betriebsvermögen gehörende Mitunternehmeranteile eingebracht, liegt hinsichtlich eines jeden Mitunternehmeranteils ein gesonderter Einbringungsvorgang vor. Wird auch der Betrieb eingebracht, zu dessen Betriebsvermögen der oder die Mitunternehmeranteile gehören, sind die Einbringung des Betriebs und die Einbringung des bzw. der Mitunternehmeranteile jeweils als gesonderte Einbringungsvorgänge zu behandeln; Entsprechendes gilt bei Einbringung eines Teilbetriebs. Wird dagegen ein Anteil an einer Mitunternehmerschaft eingebracht, zu deren Betriebsvermögen die Beteiligung an einer anderen Mitunternehmerschaft gehört (mehrstöckige Personengesellschaft), liegt ein einheitlich zu beurteilender Einbringungsvorgang vor. Die nur mittelbare Übertragung des Anteils an der Untergesellschaft stellt in diesem Fall keinen gesonderten Einbringungsvorgang i. S. d. § 20 UmwStG dar. 20.12

3. Zeitpunkt der Einbringung (§ 20 Absatz 5, 6 UmwStG)

20.13 Die Einbringung i. S. v. § 20 UmwStG erfolgt steuerlich grundsätzlich zu dem Zeitpunkt, zu dem das wirtschaftliche Eigentum an dem eingebrachten Vermögen auf die übernehmende Gesellschaft übergeht (steuerlicher Übertragungsstichtag bzw. Einbringungszeitpunkt). Die Übertragung des wirtschaftlichen Eigentums erfolgt in den Fällen der Einzelrechtsnachfolge regelmäßig zu dem im Einbringungsvertrag vorgesehenen Zeitpunkt des Übergangs von Nutzen und Lasten. In Fällen der Gesamtrechtsnachfolge geht das wirtschaftliche Eigentum spätestens im Zeitpunkt der Eintragung in das Register über.

20.14 Abweichend von den vorstehenden Grundsätzen darf der steuerliche Übertragungsstichtag gem. § 20 Absatz 5 und 6 UmwStG auf Antrag der übernehmenden Gesellschaft um bis zu acht Monate zurückbezogen werden. Der Zeitpunkt des Übergangs des eingebrachten Betriebsvermögens i. S. v. § 20 Absatz 6 Satz 3 UmwStG ist der Zeitpunkt, zu dem das wirtschaftliche Eigentum übergeht (vgl. Randnr. 20.13). Aus der Bilanz oder der Steuererklärung muss sich eindeutig ergeben, welchen Einbringungszeitpunkt die übernehmende Gesellschaft wählt.

Die Betriebs- oder Teilbetriebsvoraussetzungen müssen bereits am steuerlichen Übertragungsstichtag vorgelegen haben; Randnr. 15.03 gilt entsprechend. Ein Mitunternehmeranteil muss ebenfalls bereits zum steuerlichen Übertragungsstichtag vorgelegen haben; Randnr. 15.04 gilt entsprechend. Die Rückbeziehung nach § 20 Absatz 5 und 6 UmwStG hat zur Folge, dass auch die als Gegenleistung für das eingebrachte Vermögen gewährten Anteile mit Ablauf des steuerlichen Übertragungsstichtags dem Einbringenden zuzurechnen sind.

20.15 Zum steuerlichen Übertragungsstichtag geht die Besteuerung des eingebrachten Betriebs usw. von dem Einbringenden auf die übernehmende Gesellschaft über. Randnr. 02.11 gilt entsprechend.

20.16 Die Rückbeziehung hat nicht zur Folge, dass auch Verträge, die z. B. die übernehmende Gesellschaft mit einem Gesellschafter abschließt, insbesondere Dienst-, Miet-, Pacht- und Darlehensverträge, als bereits im Zeitpunkt der Einbringung abgeschlossen gelten. Ab wann derartige Verträge der Besteuerung zugrunde gelegt werden können, ist nach den allgemeinen Grundsätzen zu entscheiden. Werden die Anteile an einer Personengesellschaft eingebracht und sind Vergütungen der Gesellschaft an einen Mitunternehmer bislang gem. § 15 Absatz 1 Satz 1 Nummer 2 EStG dem Gewinnanteil des Gesellschafters hinzugerechnet worden, führt die steuerliche Rückbeziehung der Einbringung dazu, dass § 15 Absatz 1 Satz 1 Nummer 2 EStG bereits im Rückwirkungszeitraum auf die Vergütungen der Gesellschaft nicht mehr anwendbar ist. Die Vergütungen sind Betriebsausgaben der übernehmenden Gesellschaft, soweit sie als angemessenes Entgelt für die Leistungen des Gesellschafters anzusehen sind; Leistungen der Gesellschaft, die über ein angemessenes Entgelt hinausgehen, sind Entnahmen, für die § 20 Absatz 5 Satz 3 UmwStG gilt.

Die steuerliche Rückwirkungsfiktion gilt nicht für einen Mitunternehmer, der im Rückwirkungszeitraum aus einer Personengesellschaft ausscheidet, da ihm keine Gegenleistung in Form von Anteilen an der übernehmenden Gesellschaft aufgrund der Einbringung zusteht und er somit nicht als Einbringender i. S. d. § 20 UmwStG anzusehen ist (vgl. Randnr. 20.03).

II. Bewertung durch die übernehmende Gesellschaft (§ 20 Absatz 2 UmwStG)

1. Inhalt und Einschränkungen des Bewertungswahlrechts

20.17 Gem. § 20 Absatz 2 Satz 1 UmwStG hat die übernehmende Gesellschaft das eingebrachte Betriebsvermögen mit dem gemeinen Wert anzusetzen. Für die Bewertung von Pensionsrückstellungen gilt § 6a EStG. Randnr. 03.07 – 03.09 gelten entsprechend.

20.18 Auf Antrag kann die übernehmende Gesellschaft das eingebrachte Vermögen einheitlich mit dem Buchwert (vgl. Randnr. 01.57) ansetzen. Randnr. 03.12 – 03.13 gelten entsprechend. Zum

Buchwertansatz bei Einbringung eines Mitunternehmeranteils gilt Randnr. 03.10 entsprechend. Auf Antrag kann die übernehmende Gesellschaft das eingebrachte Vermögen auch einheitlich mit einem Zwischenwert ansetzen; Randnr. 03.25 f. gelten entsprechend. Der Ansatz der Pensionsrückstellungen ist auf den Wert nach § 6a EStG begrenzt.

Der Buch- oder Zwischenwertansatz setzt voraus, dass bei der übernehmenden Gesellschaft das Recht der Bundesrepublik Deutschland hinsichtlich der Besteuerung des Gewinns aus der Veräußerung des eingebrachten Betriebsvermögens weder ausgeschlossen noch eingeschränkt wird (§ 20 Absatz 2 Satz 2 Nummer 3 UmwStG) und sichergestellt ist, dass es später bei der übernehmenden Körperschaft der Besteuerung mit Körperschaftsteuer unterliegt (§ 20 Absatz 2 Satz 2 Nummer 1 UmwStG). Randnr. 03.18 – 03.20 gelten entsprechend. 20.19

Hinsichtlich der Sicherstellung der Besteuerung mit Körperschaftsteuer bei der übernehmenden Gesellschaft gilt Randnr. 03.17 entsprechend. Handelt es sich bei der übernehmenden Gesellschaft um eine Organgesellschaft i. S. d. §§ 14, 17 KStG, ist eine Besteuerung mit Körperschaftsteuer nur sichergestellt, soweit das dem Organträger zugerechnete Einkommen der Besteuerung mit Körperschaftsteuer unterliegt. Entsprechendes gilt, wenn der Organträger selbst wiederum Organgesellschaft ist. Soweit das so zugerechnete Einkommen der Besteuerung mit Einkommensteuer unterliegt, können aus Billigkeitsgründen die übergehenden Wirtschaftsgüter dennoch einheitlich mit dem Buch- oder Zwischenwert angesetzt werden, wenn sich alle an der Einbringung Beteiligten übereinstimmend schriftlich damit einverstanden erklären, dass auf die aus der Einbringung resultierenden Mehrabführungen § 14 Absatz 3 Satz 1 KStG anzuwenden ist; die Grundsätze der Randnr. Org.33 und Org.34 gelten entsprechend (vgl. auch Randnr. 11.08).

Ein Zwang zum Ansatz von Zwischenwerten kann sich nach § 20 Absatz 2 Satz 2 Nummer 2 oder Satz 4 UmwStG ergeben. Das eingebrachte Betriebsvermögen darf auch durch Entnahmen während des Rückbeziehungszeitraums nicht negativ werden; deshalb ist eine Wertaufstockung nach § 20 Absatz 5 i. V. m. Absatz 2 Satz 2 Nummer 2 UmwStG ggf. auch vorzunehmen, soweit das eingebrachte Betriebsvermögen ohne Aufstockung während des Rückwirkungszeitraums negativ würde.

2. Verhältnis zum Handelsrecht (§ 20 Absatz 2 UmwStG, § 5 Absatz 1 EStG)

Das steuerliche Bewertungswahlrecht des § 20 Absatz 2 Satz 2 UmwStG kann unabhängig vom Wertansatz in der Handelsbilanz ausgeübt werden. Die steuerlichen Ansatzverbote des § 5 EStG gelten nicht für die übergehenden Wirtschaftsgüter im Einbringungszeitpunkt, es sei denn, die Buchwerte werden fortgeführt; Randnr. 03.04 gilt entsprechend. Für den Ansatz dieser Wirtschaftsgüter in einer steuerlichen Schlussbilanz i. S. d. § 4 Absatz 1, § 5 Absatz 1 EStG zu den dem Einbringungszeitpunkt folgenden Bilanzstichtagen gilt Randnr. 04.16 entsprechend. 20.20

> **Beispiel:**
> A möchte sein Einzelunternehmen (Buchwert 20.000 €, gemeiner Wert 600.000 €) in der Rechtsform einer GmbH fortführen.
> **Lösung:**
> Gem. § 5 Absatz 1 GmbHG muss die GmbH bei der Gründung ein Mindeststammkapital von 25.000 € ausweisen, was dazu führt, dass handelsrechtlich mindestens 5.000 € stille Reserven der Sacheinlage aufgedeckt werden müssen. Ungeachtet des handelsrechtlichen Wertansatzes können hier gem. § 20 Absatz 2 Satz 2 UmwStG steuerlich die Buchwerte i. H. v. 20.000 € fortgeführt werden. I. H. v. 5.000 € ist in diesem Fall in der Steuerbilanz der GmbH ein Ausgleichsposten auszuweisen.

Die Aktivierung eines Ausgleichspostens ist nur dann erforderlich, wenn der Buchwert des eingebrachten Betriebs, Teilbetriebs oder Mitunternehmeranteils niedriger ist als das in der Handelsbilanz ausgewiesene gezeichnete Kapital. Der Ausgleichsposten, der in den vorgenannten Fällen ausgewiesen werden muss, um den Ausgleich zu dem in der Handelsbilanz ausgewiesenen Eigenkapital herbeizuführen, ist kein Bestandteil des Betriebsvermögens i. S. v. § 4 Absatz 1 Satz 1 EStG; er nimmt am Betriebsvermögensvergleich nicht teil. Er hat infolgedessen auch auf die spätere Auflösung und Versteuerung der im eingebrachten Betriebsvermögen enthaltenen stillen Reserven keinen Einfluss und ist daher nicht aufzulösen oder abzuschreiben. Mindert sich die durch den Ausgleichsposten gedeckte Differenz zwischen der Aktiv- und der Passivseite der Bilanz, insbesondere durch Aufdeckung stiller Reserven, so fällt der Ausgleichsposten in entsprechender Höhe erfolgsneutral weg. Bei der Anwendung des § 20 Absatz 3 Satz 1 UmwStG sind Veräußerungspreis für den Einbringenden und Anschaffungskosten für die Kapitalgesellschaft der Betrag, mit dem das eingebrachte Betriebsvermögen in der Steuerbilanz angesetzt worden ist.

3. Ausübung des Wahlrechts, Bindung, Bilanzberichtigung

20.21 Der Antrag auf Buch- oder Zwischenwertansatz ist von der übernehmenden Gesellschaft spätestens bis zur erstmaligen Abgabe ihrer steuerlichen Schlussbilanz, in der das übernommene Betriebsvermögen erstmals anzusetzen ist, bei dem für sie für die Besteuerung örtlich zuständigen Finanzamt zu stellen (§ 20 Absatz 2 Satz 3 UmwStG). Das Betriebsvermögen ist bei der übernehmenden Gesellschaft erstmals zum steuerlichen Übertragungsstichtag anzusetzen. Nach diesem Zeitpunkt gestellte Anträge sind unbeachtlich. Randnr. 03.29 f. gelten entsprechend.

20.22 Auch bei der Einbringung von Mitunternehmeranteilen ist der Antrag durch die übernehmende Gesellschaft bei dem für sie zuständigen Finanzamt zu stellen. Die Mitunternehmerschaft, deren Anteile eingebracht werden, hat bei einem Wertansatz zum gemeinen Wert oder zum Zwischenwert durch die übernehmende Gesellschaft diese Werte i. R. einer entsprechenden Ergänzungsbilanz für die übernehmende Gesellschaft zu berücksichtigen.

20.23 Für die Besteuerung der übernehmenden Gesellschaft und des Einbringenden ist ausschließlich der sich aus § 20 Absatz 2 UmwStG ergebende Wertansatz bei der übernehmenden Gesellschaft maßgebend. Bereits durchgeführte Veranlagungen des Einbringenden sind ggf. gem. § 175 Absatz 1 Satz 1 Nummer 2 AO zu ändern.

20.24 Eine Änderung oder der Widerruf eines einmal gestellten Antrags ist nicht möglich (vgl. auch Randnr. 03.29 f.).

Setzt die übernehmende Gesellschaft das eingebrachte Betriebsvermögen mit dem gemeinen Wert an und ergibt sich später, z. B. aufgrund einer Betriebsprüfung, dass die gemeinen Werte der eingebrachten Wirtschaftsgüter des Betriebsvermögens höher bzw. niedriger als die von der übernehmenden Gesellschaft angesetzten Werte sind, sind die Bilanzwerte der übernehmenden Gesellschaft dementsprechend i. R. d. allgemeinen Vorschriften zu berichtigen. Der Bilanzberichtigung (§ 4 Absatz 2 Satz 1 EStG) steht das Verbot der anderweitigen Wahlrechtsausübung im Wege der Bilanzänderung nicht entgegen. Denn das Wahlrecht bezieht sich nur auf die Möglichkeit, für alle Wirtschaftsgüter entweder den gemeinen Wert, den Buch- oder einen Zwischenwert anzusetzen. Hat die übernehmende Gesellschaft sich für den Ansatz der gemeinen Werte entschieden, diese jedoch nicht richtig ermittelt, sind die gemeinen Werte i. R. d. allgemeinen Vorschriften zu berichtigen. Veranlagungen des Einbringenden sind ggf. gem. § 175 Absatz 1 Satz 1 Nummer 2 AO zu korrigieren.

Setzt die übernehmende Gesellschaft auf wirksamen Antrag die übergehenden Wirtschaftsgüter in der steuerlichen Schlussbilanz einheitlich zum Zwischenwert an, bleiben vorrangig die Wertansätze maßgebend, sofern diese oberhalb des Buchwerts und unterhalb des gemeinen Werts liegen.

III. Besteuerung des Einbringungsgewinns (§ 20 Absatz 3 bis 5 UmwStG)

20.25 Setzt die übernehmende Gesellschaft die gemeinen Werte oder Zwischenwerte an, ist der beim Einbringenden entstehende Gewinn nach § 20 Absatz 3 bis 5 UmwStG i. V. m. den für die Veräußerung des Einbringungsgegenstandes geltenden allgemeinen Vorschriften (insbesondere

§§ 15, 16 Absatz 1 EStG) zu versteuern. Werden i. R. einer Sacheinlage auch Beteiligungen an Kapitalgesellschaften und Genossenschaften miteingebracht, kommt insoweit § 8b KStG oder § 3 Nummer 40 EStG zur Anwendung.

Auf einen sich hieraus ergebenden Einbringungsgewinn ist auch die Vorschrift des § 6b EStG anzuwenden, soweit der Gewinn auf begünstigte Wirtschaftsgüter i. S. dieser Vorschrift entfällt. Auf § 34 Absatz 1 Satz 4 EStG wird hingewiesen. 20.26

§ 34 EStG ist nur in den Fällen des § 20 Absatz 4 Satz 1 UmwStG anzuwenden. Auf einen Einbringungsgewinn sowie ggf. einen Gewinn aus der Entnahme z. B. funktional unwesentlicher Wirtschaftsgüter ist § 34 EStG somit grundsätzlich nicht anwendbar, wenn die Einbringung nicht einheitlich zum gemeinen Wert durch eine natürliche Person erfolgt. Zum nach § 34 EStG begünstigten Veräußerungsgewinn können auch Gewinne gehören, die sich bei der Veräußerung eines Betriebs aus der Auflösung von steuerfreien Rücklagen ergeben (BFH vom 17. 10. 1991, IV R 97/89, BStBl 1992 II S. 392). 20.27

IV. Besonderheiten bei Pensionszusagen zugunsten von einbringenden Mitunternehmern

1. Behandlung bei der übertragenden Personengesellschaft

Die Behandlung der Pensionszusage an den Mitunternehmer der übertragenden Mitunternehmerschaft richtet sich nach den Grundsätzen des BMF-Schreibens vom 29. 1. 2008, BStBl I S. 317. Wird von der Übergangsregelung i. S. d. Randnr. 20 des BMF-Schreibens vom 29. 1. 2008, BStBl I S. 317, kein Gebrauch gemacht oder wird die Übergangsregelung angewendet und eine Aktivierung der Ansprüche in den Sonderbilanzen aller Gesellschafter vorgenommen, steht der in der steuerlichen Schlussbilanz der übertragenden Mitunternehmerschaft nach § 6a EStG gebildeten Pensionsrückstellung eine Forderung in der Sonderbilanz des übertragenden Mitunternehmers bzw. der übertragenden Mitunternehmer gegenüber. Im Zuge der Umwandlung der Personengesellschaft auf eine Kapitalgesellschaft gilt diese Forderung auf Antrag als nicht entnommen, sondern bleibt Restbetriebsvermögen des ehemaligen Mitunternehmers bzw. der ehemaligen Mitunternehmer i. S. v. § 15 EStG (BFH vom 10. 2. 1994, IV R 37/92, BStBl II S. 564). 20.28

2. Behandlung bei der übernehmenden Kapitalgesellschaft

Die Übernahme der in der Gesamthandsbilanz der Mitunternehmerschaft ausgewiesenen Pensionsverpflichtung durch die übernehmende Kapitalgesellschaft stellt keine zusätzliche Gegenleistung i. S. d. § 20 Absatz 2 Satz 4 UmwStG dar. 20.29

Nach dem BMF-Schreiben vom 29. 1. 2008, BStBl I S. 317, ist die Pensionszusage der Personengesellschaft zugunsten des Mitunternehmers nicht als Gewinnverteilungsabrede anzusehen.

Die Pensionsverpflichtung geht als unselbstständige Bilanzposition des eingebrachten Betriebs auf die übernehmende Kapitalgesellschaft über. Die übernehmende Körperschaft vollzieht mit der Übernahme der Verpflichtung keine Gewinnverteilungsentscheidung, sondern übernimmt im Zuge der Einbringung eine dem Betrieb der übertragenden Personengesellschaft zuzurechnende betriebliche Verbindlichkeit (sog. Einheitstheorie).

Wenn die übertragende Personengesellschaft unter Berufung auf die Randnr. 20 des BMF-Schreibens vom 29. 1. 2008, BStBl I S. 317, die Weiteranwendung der alten Rechtsgrundsätze (Übergangsregelung) beantragt und die Pensionszusage als steuerlich unbeachtliche Gewinnverteilungsabrede behandelt hat, gelten die Randnr. 20.41 – 20.47 des BMF-Schreibens vom 25. 3. 1998, BStBl I S. 268, weiter fort (Annahme einer sonstigen Gegenleistung).

Die übernommene Pensionsverpflichtung ist in den Fällen des Formwechsels oder der Verschmelzung bei der Übernehmerin gem. § 6a Absatz 3 Satz 1 Nummer 1 EStG so zu bewerten, 20.30

als wenn das Dienstverhältnis unverändert fortgeführt worden wäre (§ 20 Absatz 2 Satz 1 zweiter Halbsatz UmwStG). Dies gilt auch für die der Umwandlung nachfolgenden Bilanzstichtage.

20.31 Wird von der Übergangsregelung i. S. d. Randnr. 20 des BMF-Schreibens vom 29. 1. 2008, BStBl I S. 317, kein Gebrauch gemacht oder wird die Übergangsregelung angewendet und eine Aktivierung der Ansprüche in den Sonderbilanzen aller Gesellschafter vorgenommen, ist bei der übernehmenden Kapitalgesellschaft nicht von einer Neuzusage im Zeitpunkt der Einbringung auszugehen. Für Zwecke der Erdienensdauer können in diesem Fall die Dienstzeiten in der Mitunternehmerschaft mit berücksichtigt werden. Wird die Übergangsregelung beantragt und die Pensionszusage als steuerlich unbeachtliche Gewinnverteilungsabrede behandelt, gelten die Randnr. 20.41 – 20.47 des BMF-Schreibens vom 25. 3. 1998, BStBl I S. 268, weiter fort. In diesem Fall beginnt der Erdienenszeitraum am steuerlichen Übertragungsstichtag neu zu laufen.

3. Behandlung beim begünstigten Gesellschafter bzw. den ehemaligen Mitunternehmern

20.32 Unter der Voraussetzung, dass bei der übertragenden Mitunternehmerschaft die Anwendung der Übergangsregelung gem. Randnr. 20 des BMF-Schreibens vom 29. 1. 2008, BStBl I S. 317, nicht beantragt wird oder die Übergangsregelung angewendet wird und eine Aktivierung der Ansprüche in den Sonderbilanzen aller Gesellschafter erfolgt und ein Antrag i. S. d. Randnr. 20.28 gestellt wird, gilt Folgendes:

Wenn der frühere Mitunternehmer Arbeitnehmer der Kapitalgesellschaft wird und er die Pensionsanwartschaft nach der Umwandlung in die Kapitalgesellschaft weiter erdient, muss jede nach Eintritt des Versorgungsfalls an den Gesellschafter-Geschäftsführer geleistete laufende Ruhegehaltzahlung für steuerliche Zwecke aufgeteilt werden.

Soweit die spätere Pensionsleistung rechnerisch auf in der Zeit nach der Umwandlung (Kapitalgesellschaft) erdiente Anwartschaftsteile entfällt, erzielt der pensionierte Gesellschafter-Geschäftsführer steuerpflichtige Versorgungsleistungen i. S. d. §§ 19, 24 Nummer 2 EStG.

Soweit die Pensionsleistung rechnerisch auf in der Zeit vor der Umwandlung (Mitunternehmerschaft) erdiente Anwartschaftsteile entfällt, erzielt der pensionierte Gesellschafter-Geschäftsführer Einkünfte i. S. d. § 15 Absatz 1 Satz 2 i. V. m. Satz 1 Nummer 2 i. V. m. § 24 Nummer 2 EStG. Diese steuerlichen Auswirkungen treten allerdings erst ein, sobald die auf die Zeit vor der Umwandlung entfallenden Pensionszahlungen die als Restbetriebsvermögen zurückbehaltene Pensionsforderung (vgl. Randnr. 20.28) des Gesellschafters übersteigen.

Die Aufteilung der laufenden Pensionszahlungen in nachträgliche Einnahmen aus der ehemaligen Mitunternehmerstellung einerseits und Einnahmen i. S. d. §§ 19, 24 EStG andererseits hat grundsätzlich nach versicherungsmathematischen Grundsätzen zu erfolgen. Soweit die Pensionsanwartschaft nach der Umwandlung unverändert bleibt, ist es nicht zu beanstanden, wenn die Pensionsleistung nach dem Verhältnis der Erdienenszeiträume vor und nach der Umwandlung („pro-rata-temporis") aufgeteilt wird.

Beispiel:
Die Personengesellschaft erteilt einem Mitunternehmer im Jahr 03 im Alter von 35 Jahren eine Pensionszusage (Diensteintritt im Alter von 30 Jahren), wonach ein Altersruhegeld von monatlich 10.000 € ab Vollendung des 65. Lebensjahres zu zahlen ist (Gesamtdienstzeit 35 Jahre). Die Personengesellschaft wird zum 31. 12. 08 in eine GmbH formwechselnd umgewandelt. Der Mitunternehmer ist zu diesem Zeitpunkt 40 Jahre alt (Restdienstzeit 25 Jahre). Die Personengesellschaft passiviert die Pensionsrückstellung in ihrer Steuerbilanz zum 31. 12. 08 mit 150.000 €. Der Mitunternehmer aktiviert einen entsprechenden Anspruch in seiner Sonderbilanz.

Lösung:
Die übernehmende GmbH passiviert die Pensionsrückstellung mit dem bei der Personengesellschaft zuletzt passivierten Betrag. Der Aktivposten in der Sonderbilanz wird entsprechend dem Antrag nicht entnommen, sondern mit dem Wert von 150.000 € „eingefroren" und als Restbetriebsvermögen des ehemaligen Mitunternehmers behandelt. Die späteren Pensionszahlungen an den Gesellschafter-Geschäftsführer

sind aufzuteilen. Aus Vereinfachungsgründen ist davon auszugehen, dass von der jeweiligen Jahrespensionsleistung i. H. v. 120.000 € $^{10}/_{35}$ (also 34.285 € p. a.) auf die Zeit der Mitunternehmerschaft und $^{25}/_{35}$ (also 85.715 € p. a.) auf die Zeit der GmbH entfallen.

Da die als Restbetriebsvermögen zurückbehaltene Forderung des ehemaligen Mitunternehmers von 150.000 € nur den in der Personengesellschaft erdienten Anwartschaftsteil betrifft, muss sie mit den jährlich darauf entfallenden Leistungen i. H. v. 34.285 € verrechnet werden und ist damit erst im fünften Jahr „verbraucht". Im ersten bis vierten Jahr nach der Pensionierung versteuert der ehemalige Mitunternehmer/Gesellschafter-Geschäftsführer also ausschließlich je 85.715 € nach §§ 19, 24 Nummer 4 EStG. Im fünften Pensionsjahr (nach Verbrauch der Forderung) erzielt er neben den Einkünften i. S. d. §§ 19, 24 EStG noch nachträgliche Einkünfte i. S. d. § 15 Absatz 1 Satz 2 i. V. m. Satz 1 Nummer 2 i. V. m. § 24 Nummer 2 EStG i. H. v. 34.285 € × 5 ./. 150.000 € = 21.425 €. Hierbei handelt es sich um den die nunmehr verbrauchte Forderung übersteigenden Betrag. Ab dem sechsten Jahr entstehen folglich nachträgliche Einkünfte i. S. d. § 15 EStG i. H. v. je 34.285 €.

Falls bei der übertragenden Mitunternehmerschaft die Anwendung der Übergangsregelung gem. Randnr. 20 des BMF-Schreibens vom 29. 1. 2008, BStBl I S. 317, beantragt und die Pensionszusage als steuerlich unbeachtliche Gewinnverteilungsabrede behandelt wird, gelten dagegen die Randnr. 20.46 – 20.47 des BMF-Schreibens vom 25. 3. 1998, BStBl I S. 268, weiter fort.

Falls bei der übertragenden Mitunternehmerschaft die Anwendung der Übergangsregelung gem. Randnr. 20 des BMF-Schreibens vom 29. 1. 2008, BStBl I S. 317, beantragt und eine Aktivierung der Ansprüche in den Sonderbilanzen aller Gesellschafter vorgenommen wird, gilt die obige Lösung mit der Maßgabe, dass eine anteilige Verrechnung mit den als Restbetriebsvermögen zurückbehaltenen Forderungen der ehemaligen Mitunternehmer vorzunehmen ist. Der begünstigte Gesellschafter erzielt dabei nachträgliche Einkünfte i. S. d § 15 Absatz 1 Satz 2 i. V. m. Satz 1 Nummer 2 i. V. m. § 24 Nummer 2 EStG, soweit der auf die Zeit der Mitunternehmerschaft entfallende Teil der jährlichen Pensionszahlung die anteilige Auflösung seiner Restforderung übersteigt. Die übrigen ehemaligen Mitunternehmer erzielen i. H. des jeweiligen anteiligen Auflösungsbetrages ihrer Restforderung bis zu deren vollständigen Auflösung nachträgliche Betriebsausgaben.

Wird kein Antrag i. S. d. Randnr. 20.28 gestellt, ist die Pensionszahlung entsprechend Randnr. 20.32 aufzuteilen und, soweit sie auf die Zeit der Mitunternehmerschaft entfällt, den Einkünften i. S. v. § 22 Satz 1 Nummer 1 EStG des begünstigten Gesellschafters zuzurechnen. 20.33

Wird die Übergangsregelung i. S. d. Randnr. 20 des BMF-Schreibens vom 29. 1. 2008, BStBl I S. 317, angewendet und eine Aktivierung der Ansprüche in den Sonderbilanzen aller Gesellschafter vorgenommen, entsteht im Umwandlungszeitpunkt beim begünstigten Gesellschafter durch die Entnahme seines anteilig aktivierten Anspruchs ein Gewinn i. H. der Summe des bei den übrigen Gesellschaftern aktivierten Anspruchs, da nur ihm die Pensionsleistung im Versorgungsfall zufließt und somit zuzurechnen ist. Entsprechend entsteht bei den übrigen Gesellschaftern ein Verlust, da ihnen die Pensionsleistung nicht zuzurechnen ist. Aus Billigkeitsgründen wird es nicht beanstandet, wenn der begünstigte Gesellschafter entsprechend Randnr. 5 des BMF-Schreibens vom 29. 1. 2008, BStBl I S. 317, seinen Entnahmegewinn auf 15 Wirtschaftsjahre verteilt.

V. Besonderheiten bei grenzüberschreitenden Einbringungen

1. Anschaffungskosten der erhaltenen Anteile

Ist das Besteuerungsrecht der Bundesrepublik Deutschland hinsichtlich des Gewinns aus der Veräußerung des eingebrachten Betriebsvermögens sowohl vor als auch nach der Einbringung ausgeschlossen, gelten gem. § 20 Absatz 3 Satz 2 UmwStG die erhaltenen Anteile insoweit als mit dem gemeinen Wert des Betriebsvermögens im Einbringungszeitpunkt angeschafft (Verstrickung mit dem gemeinen Wert). Die Regelung hat nur in den Fällen Bedeutung, in denen die aufnehmende Gesellschaft auf Antrag Buch- oder Zwischenwerte angesetzt hat. 20.34

2. Anrechnung ausländischer Steuern

20.35 Der Begriff der Betriebsstätte ist im abkommensrechtlichen Sinne zu verstehen. Auf die Mitteilungspflichten des Steuerpflichtigen nach § 138 Absatz 2 AO wird hingewiesen.

a) Sonderfall der Einbringung einer Betriebsstätte (§ 20 Absatz 7, § 3 Absatz 3 UmwStG)

20.36 Wird i. R. einer grenzüberschreitenden Einbringung eine in einem anderen EU-Mitgliedstaat liegende Betriebsstätte eingebracht, verzichtet der Mitgliedstaat der einbringenden Gesellschaft endgültig auf seine Besteuerungsrechte aus dieser Betriebsstätte (Artikel 10 Absatz 1 Satz 1 Richtlinie 2009/133/EG). Wendet er ein System der Welteinkommensbesteuerung an, darf er den auf die Betriebsstätte entfallenden Veräußerungsgewinn besteuern, wenn er die fiktiv im Betriebsstättenstaat auf den Einbringungsgewinn entfallende Steuer anrechnet (Artikel 10 Absatz 2 Richtlinie 2009/133/EG). Wird einer Betriebsstätte in einem anderen EU-Mitgliedstaat zuzurechnendes Betriebsvermögen, für die die Bundesrepublik Deutschland die Doppelbesteuerung beim Einbringenden durch Anwendung der Anrechnungsmethode vermeidet, in eine in einem anderen EU-Mitgliedstaat ansässige Gesellschaft eingebracht, wird das Besteuerungsrecht der Bundesrepublik Deutschland im Hinblick auf diese Betriebsstätte ausgeschlossen. Das der ausländischen Betriebsstätte zuzurechnende Betriebsvermögen ist deshalb zwingend mit dem gemeinen Wert anzusetzen (§ 20 Absatz 2 Satz 2 Nummer 3 UmwStG). Es kommt folglich insoweit zu einer Besteuerung des Einbringungsgewinns. Darüber hinaus ist die Steuer, die im Betriebsstättenstaat im Veräußerungsfall anfallen würde, fiktiv auf die auf den Einbringungsgewinn entfallende Steuer anzurechnen (§ 20 Absatz 7, § 3 Absatz 3 UmwStG).

> **Beispiel:**
> Eine in Deutschland ansässige GmbH mit portugiesischer Betriebsstätte (keine aktiven Einkünfte) bringt diese in eine spanische SA gegen Gewährung von Anteilen ein.
>
> **Lösung:**
> Im Hinblick auf die portugiesische Betriebsstätte steht Deutschland nach dem DBA Portugal ein Besteuerungsrecht mit Anrechnungsverpflichtung (Aktivitätsklausel) zu. Durch die Einbringung der Betriebsstätte in die spanische SA wird das deutsche Besteuerungsrecht an der Betriebsstätte in Portugal ausgeschlossen. Der deutschen GmbH sind nunmehr stattdessen anteilig die i. R. d. Einbringung gewährten Anteile an der spanischen SA zuzurechnen. Da das deutsche Besteuerungsrecht an der Betriebsstätte durch die Einbringung ausgeschlossen wird, kommt es insoweit zu einer Besteuerung des Einbringungsgewinns (§ 20 Absatz 2 Satz 2 Nummer 3 UmwStG). Dies ist nach Artikel 10 Absatz 2 Richtlinie 2009/133/EG auch zulässig, da Deutschland ein System der Welteinkommensbesteuerung hat. Allerdings ist die fiktive Steuer, die im Fall der Veräußerung der Wirtschaftsgüter der Betriebsstätte in Portugal anfallen würde, auf die deutsche Steuer anzurechnen (§ 20 Absatz 7, § 3 Absatz 3 UmwStG).

b) Sonderfall steuerlich transparenter Gesellschaften (§ 20 Absatz 8 UmwStG)

20.37 Wird in den Fällen einer grenzüberschreitenden Einbringung eine gebietsfremde einbringende Gesellschaft im Inland als steuerlich transparent angesehen, muss die FusionsRL auf die Veräußerungsgewinne der Gesellschafter dieser Gesellschaft nicht angewendet werden (Artikel 11 Absatz 1 Richtlinie 2009/133/EG, zuvor Artikel 10a Absatz 1 Richtlinie 90/434/EWG). Allerdings ist die Steuer, die auf die Veräußerungsgewinne der steuerlich transparenten Gesellschaft ohne Anwendung der FusionsRL erhoben worden wäre, fiktiv auf die auf den Einbringungsgewinn der Gesellschafter entfallende Steuer anzurechnen (Artikel 11 Absatz 2 Richtlinie 2009/133/EG, zuvor Artikel 10a Absatz 2 Richtlinie 90/434/EWG). Der Vorgang ist nach deutschem Recht als Sacheinlage i. S. v. § 20 Absatz 1 UmwStG zu behandeln. Wird einer Betriebsstätte in einem anderen EU-Mitgliedstaat zuzurechnendes Betriebsvermögen, für die die Bundesrepublik Deutschland die Doppelbesteuerung beim Einbringenden durch Anwendung der Anrechnungsmethode vermeidet, in eine in einem anderen EU-Mitgliedstaat ansässige Gesellschaft eingebracht, wird das Besteuerungsrecht der Bundesrepublik Deutschland für im Inland ansässige Gesellschafter der transparenten Gesellschaft im Hinblick auf diese Betriebsstätte ausgeschlossen. Das der ausländischen Betriebsstätte zuzurechnende Betriebsvermögen ist deshalb zwingend mit dem gemeinen Wert anzusetzen (§ 20 Absatz 2 Satz 2 Nummer 3 UmwStG). Es kommt folglich insoweit zu einer Besteuerung des Einbringungsgewinns. Darüber hinaus ist die Steuer, die im Betriebsstättenstaat im Veräußerungsfall anfallen würde, beim Einbringenden fiktiv auf die auf den Einbringungsgewinn entfallende Steuer anzurechnen (§ 20 Absatz 8 UmwStG). Bei der anzurechnenden Steuer kann es sich sowohl um Einkommensteuer als auch um Körperschaftsteuer handeln.

Beispiel:
Eine in Deutschland ansässige natürliche Person X ist an einer in Frankreich ansässigen SC mit portugiesischer Betriebsstätte (keine aktiven Einkünfte) beteiligt. Die französische SC wird auf eine spanische SA verschmolzen.

Lösung:
Die französische SC ist eine von der FusionsRL geschützte Gesellschaft (vgl. Anlage zur FusionsRL), die in Frankreich als Kapitalgesellschaft behandelt wird. Nach deutschem Recht ist sie jedoch als transparent anzusehen. X gilt deshalb für deutsche Besteuerungszwecke als Mitunternehmer der französischen SC und damit auch der portugiesischen Betriebsstätte. Im Hinblick auf die Betriebsstätte kommt deshalb das DBA Portugal zur Anwendung, wonach Deutschland ein Besteuerungsrecht mit Anrechnungsverpflichtung (Aktivitätsklausel) zusteht.

Durch die Verschmelzung der SC auf die spanische SA endet die Mitunternehmerstellung des X im Hinblick auf die Betriebsstätte in Portugal. Ihm sind nunmehr stattdessen anteilig die i. R. d. Einbringung gewährten Anteile an der spanischen SA zuzurechnen. Da das deutsche Besteuerungsrecht an der Betriebsstätte in Portugal durch die Einbringung ausgeschlossen wird, kommt es insoweit zu einer Besteuerung des Einbringungsgewinns (§ 20 Absatz 2 Satz 2 Nummer 3 UmwStG). Dies ist nach Artikel 11a Absatz 1 Richtlinie 2009/133/EG (zuvor Artikel 10a Absatz 1 Richtlinie 90/434/EWG) auch zulässig. Allerdings ist die fiktive Steuer, die im Fall der Veräußerung der Wirtschaftsgüter der portugiesischen Betriebsstätte anfallen würde, auf die deutsche Steuer anzurechnen (§ 20 Absatz 8 UmwStG).

VI. Besonderheiten bei der Einbringung einbringungsgeborener Anteile i. S. v. § 21 Absatz 1 UmwStG 1995

Nach § 27 Absatz 3 Nummer 3 UmwStG ist § 21 UmwStG 1995 auf einbringungsgeborene Anteile alten Rechts weiterhin anzuwenden. Werden i. R. einer Sacheinlage zum gemeinen Wert oder Zwischenwert einbringungsgeborene Anteile alten Rechts miteingebracht, sind bei der Ermittlung des Einbringungsgewinns § 8b Absatz 4 KStG a. F. oder § 3 Nummer 40 Satz 3 und 4 EStG a. F. anzuwenden. Darüber hinaus sind auch nach Ablauf der Siebenjahresfrist (zeitlich unbegrenzt) die Regelungen des § 21 UmwStG 1995 weiter anzuwenden; vgl. Randnr. 27.01 ff. 20.38

Werden einbringungsgeborene Anteile i. S. d. § 21 UmwStG 1995 i. R. einer Sacheinlage miteingebracht, gelten die erhaltenen Anteile insoweit ebenfalls als einbringungsgeborene Anteile i. S. d. § 21 UmwStG 1995 (§ 20 Absatz 3 Satz 4 UmwStG). Dies bedeutet, dass bei einer Veräußerung der (infizierten) Anteile innerhalb der Siebenjahresfrist die Steuerfreistellung nach § 8b Absatz 4 KStG a. F. oder § 3 Nummer 40 Satz 3 und 4 EStG a. F. insoweit ausgeschlossen ist. Die Weitereinbringung der einbringungsgeborenen Anteile i. S. d. § 21 UmwStG 1995 im zeitlichen Anwendungsbereich des UmwStG 2006 löst allerdings keine neue Siebenjahresfrist i. S. v. § 8b Absatz 4 KStG a. F. oder § 3 Nummer 40 Satz 3 und 4 EStG a. F. aus. 20.39

Im Fall der Veräußerung der mit der Einbringungsgeborenheit infizierten erhaltenen Anteile kommt das neue Recht (rückwirkende Einbringungsgewinnbesteuerung) nicht zur Anwendung, soweit die Steuerfreistellung nach § 8b Absatz 4 KStG a. F. oder § 3 Nummer 40 Satz 3 und 4 EStG a. F. ausgeschlossen ist (§ 27 Absatz 4 UmwStG). Die Anwendung alten Rechts geht somit innerhalb des für den ursprünglichen Einbringungsvorgang (nach altem Recht) geltenden Siebenjahreszeitraums vor. Erfolgt die Veräußerung der Anteile hingegen nach Ablauf der Sperrfrist für die einbringungsgeborenen Anteile i. S. d. § 21 UmwStG 1995, aber noch innerhalb des für die erhaltenen Anteile geltenden Siebenjahreszeitraums, kommt es in vollem Umfang zur rückwir- 20.40

kenden Einbringungsgewinnbesteuerung. Für die Ermittlung des Veräußerungsgewinns aus den erhaltenen Anteilen ist aber insoweit weiterhin § 21 UmwStG 1995 anzuwenden mit der Folge, dass der Veräußerungsgewinn teilweise nach § 16 EStG und teilweise nach § 17 EStG zu ermitteln ist.

20.41 Soweit die Vorschriften des Umwandlungssteuergesetzes in der Fassung der Bekanntmachung vom 15.10.2002, BGBl I S. 2002, zuletzt geändert durch Artikel 3 des Gesetzes vom 16.5.2003, BGBl I S. 660, weiterhin anzuwenden sind (§ 27 Absatz 3 UmwStG), ist auch das BMF-Schreiben vom 25.3.1998, BStBl I S. 268, weiterhin anzuwenden (vgl. Randnr. 00.01).

Beispiel:

A ist Inhaber eines Einzelunternehmens, das aus zwei Teilbetrieben (Teilbetrieb 1 und 2) besteht. In 02 bringt A den Teilbetrieb 1 in eine neu gegründete GmbH 1 ein (Buchwert 100.000 €, gemeiner Wert 800.000 €). Die GmbH 1 setzt das übernommene Vermögen mit dem Buchwert an. Die neuen Anteile an der GmbH 1 (einbringungsgeborene Anteile i. S. d. § 21 Absatz 1 UmwStG 1995) befinden sich im Betriebsvermögen des Einzelunternehmens des A. Im Januar 07 bringt A sein verbliebenes Einzelunternehmen (einschließlich der einbringungsgeborenen Anteile an der GmbH 1) in die GmbH 2 gegen Gewährung von neuen Anteilen ein. Die übernehmende GmbH 2 setzt das übernommene Betriebsvermögen mit den Buchwerten (Buchwert 300.000 €, gemeiner Wert 2.400.000 €; davon GmbH 1 Buchwert 100.000 €, gemeiner Wert 800.000 €) an. Im Juni 10 veräußert A die Anteile an der GmbH 2 für 3.000.000 €.

Lösung:

Die Anteile an der GmbH 2 gelten insoweit auch als einbringungsgeborene Anteile nach § 20 Absatz 3 Satz 3 UmwStG, als zu dem eingebrachten Betriebsvermögen einbringungsgeborene Anteile gehört haben ($^1/_3$). Insoweit entsteht zwar grundsätzlich ein Gewinn nach § 21 UmwStG 1995 i.V.m. § 16 EStG. Auf diesen ist jedoch das Teileinkünfteverfahren anzuwenden, weil die Veräußerung in 10 außerhalb der Sperrfrist des § 3 Nummer 40 Satz 3 ff. EStG a. F (abgelaufen in 09) erfolgt. Die Veräußerung erfolgt aber innerhalb der Sperrfrist des § 22 Absatz 1 UmwStG, so dass insoweit rückwirkend die gemeinen Werte zum Zeitpunkt der Einbringung – gekürzt um je $^1/_7$ für die inzwischen verstrichenen Zeitjahre – anzusetzen sind.

Nach § 22 Absatz 1 Satz 5 UmwStG gilt für i. R. einer Sacheinlage miteingebrachte Anteile an einer Kapitalgesellschaft oder Genossenschaft § 22 Absatz 2 UmwStG. Ein Einbringungsgewinn I entsteht insoweit nicht. Auch ein Einbringungsgewinn II entsteht insoweit nicht, da nach dem Sachverhalt die übernehmende GmbH 2 die eingebrachten Anteile an der GmbH 1 (noch) nicht veräußert hat. In dem dargestellten Beispiel entsteht also nur ein zu versteuernder Einbringungsgewinn I i. H. v. 800.000 €, der wie folgt zu ermitteln ist:

gemeiner Wert im Zeitpunkt der Einbringung	2.400.000 €
./. gemeiner Wert der Anteile an der GmbH 1	800.000 €
Zwischensumme	1.600.000 €
./. Buchwert im Zeitpunkt der Einbringung (bereits gekürzt um 100.000 € Buchwert Anteile an der GmbH 1)	200.000 €
Einbringungsgewinn I	1.400.000 €
./. Minderung um $^3/_7$ wegen Ablaufs von drei Zeitjahren	600.000 €
zu versteuernder Einbringungsgewinn I	800.000 €

A muss zunächst rückwirkend für 07 einen Einbringungsgewinn I i. H. v. 800.000 € versteuern. Durch die Veräußerung der erhaltenen Anteile an der GmbH 2 entsteht in 10 außerdem ein Veräußerungsgewinn nach §§ 16 und 17 EStG i.H.v. insgesamt 1.900.000 € (Verkaufspreis 3.000.000 € ./. 300.000 € Anschaffungskosten aus Einbringung ./. 800.000 € Einbringungsgewinn I), der nach § 3 Nummer 40 Satz 1 Buchstabe c EStG zu 40 % steuerfrei ist.

Die Veräußerung der erhaltenen Anteile an der GmbH 2 löst also nicht nur die rückwirkende Einbringungsgewinnbesteuerung, sondern gleichzeitig auch die Besteuerung des Gewinns nach § 17 Absatz 2 EStG ($^2/_3$ des Verkaufspreises = 2.000.000 € ./. Anschaffungskosten 200.000 € ./. Einbringungsgewinn I 800.000 € = 1.000.000 €) und nach § 21 UmwStG 1995 i.V.m. § 16 EStG ($^1/_3$ des Verkaufspreises = 1.000.000 € ./. Anschaffungskosten 100.000 € = 900.000 €) aus.

C. Bewertung der Anteile beim Anteilstausch (§ 21 UmwStG)

I. Allgemeines

§ 21 UmwStG betrifft den Tausch von Anteilen an einer in- oder ausländischen Kapitalgesellschaft oder Genossenschaft (erworbene Gesellschaft) gegen Gewährung von neuen Anteilen der erwerbenden in- oder ausländischen Kapitalgesellschaft oder Genossenschaft (übernehmende Gesellschaft). Werden Anteile an einer Kapitalgesellschaft oder Genossenschaft, die zum Betriebsvermögen eines Betriebs, Teilbetriebs oder Mitunternehmeranteils gehören, mit den Wirtschaftsgütern dieses Unternehmensteils in eine Kapitalgesellschaft oder Genossenschaft eingebracht, geht die Regelung des § 20 UmwStG der des § 21 UmwStG vor. Zur Frage der rückwirkenden Einbringungsgewinnbesteuerung bei miteingebrachten Anteilen vgl. Randnr. 22.02. 21.01

§ 21 UmwStG ist nur auf Anteile im Betriebsvermögen, Anteile im Privatvermögen i. S. d. § 17 EStG und einbringungsgeborene Anteile i. S. d. § 21 Absatz 1 UmwStG 1995 anzuwenden. Für alle übrigen Anteile gilt § 20 Absatz 4a Satz 1 und 2 EStG. 21.02

II. Persönlicher Anwendungsbereich

1. Einbringender

Hinsichtlich der Person des Einbringenden bestehen keine Beschränkungen (Umkehrschluss aus § 1 Absatz 4 Satz 1 Nummer 2 UmwStG). 21.03

2. Übernehmende Gesellschaft (§ 21 Absatz 1 Satz 1 UmwStG)

Randnr. 20.04 gilt entsprechend. 21.04

3. Erworbene Gesellschaft (§ 21 Absatz 1 Satz 1 UmwStG)

Erworbene Gesellschaft ist die Kapitalgesellschaft oder Genossenschaft, deren Anteile i. R. d. Anteilstauschs in die übernehmende Gesellschaft eingebracht werden. Gesellschaft kann eine in § 1 Absatz 1 Nummer 1 und 2 KStG aufgezählte Kapitalgesellschaft oder Genossenschaft einschließlich der ausländischen Gesellschaften (EU-/EWR- oder Drittstaat) sein, soweit diese nach den Wertungen des deutschen Steuerrechts als Kapitalgesellschaften oder Genossenschaften anzusehen sind (vgl. Randnr. 01.27). 21.05

Die Anteile müssen dem Einbringenden vor Durchführung des Anteilstauschs steuerlich zuzurechnen sein. Maßgebend hierfür ist das wirtschaftliches Eigentum an den Anteilen (§ 39 Absatz 2 Nummer 1 AO). 21.06

III. Bewertung der eingebrachten Anteile bei der übernehmenden Gesellschaft

1. Ansatz des gemeinen Werts

Die eingebrachten Anteile werden durch die übernehmende Gesellschaft i. R. eines Veräußerungs- und Anschaffungsvorgangs erworben. Daher hat – soweit kein Fall des sog. qualifizierten Anteilstauschs vorliegt (vgl. hierzu Randnr. 21.09) – die übernehmende Gesellschaft nach § 21 Absatz 1 Satz 1 UmwStG die eingebrachten Anteile zwingend mit dem gemeinen Wert anzusetzen. Dabei ist der in der Handelsbilanz ausgewiesene Wert für die Steuerbilanz unbeachtlich. 21.07

Der gemeine Wert ist auf den Einbringungszeitpunkt zu ermitteln. Für die Ermittlung des gemeinen Werts gilt § 11 BewG. Zur Bewertung nach § 11 Absatz 2 BewG gelten die gleich lautenden Erlasse der obersten Finanzbehörden der Länder zur Anwendung der §§ 11, 95 bis 109 und 21.08

199 ff. BewG in der Fassung des ErbStRG vom 17.5.2011, BStBl I S.606, auch für ertragsteuerliche Zwecke entsprechend (vgl. BMF-Schreiben vom 22.9.2011, BStBl I S.859).

2. Bewertungswahlrecht beim qualifizierten Anteilstausch (§ 21 Absatz 1 Satz 2 UmwStG)

a) Begriff des qualifizierten Anteilstauschs

21.09 Ein qualifizierter Anteilstausch liegt vor, wenn die übernehmende Gesellschaft nach der Einbringung nachweisbar unmittelbar die Mehrheit der Stimmrechte an der erworbenen Gesellschaft hält (mehrheitsvermittelnde Beteiligung). In diesem Fall kann die übernehmende Gesellschaft anstatt des gemeinen Werts auf Antrag die eingebrachten Anteile mit dem Buch- oder Zwischenwert ansetzen. Liegt der gemeine Wert unterhalb des Buchwerts der eingebrachten Anteile, ist der gemeine Wert anzusetzen. Gehören die Anteile zum Privatvermögen des Einbringenden, treten an die Stelle des Buchwerts die Anschaffungskosten (§ 21 Absatz 2 Satz 5 UmwStG).

Begünstigt ist sowohl der Fall, dass eine mehrheitsvermittelnde Beteiligung erst durch den Einbringungsvorgang entsteht, als auch der Fall, dass eine zum Übertragungsstichtag bereits bestehende mehrheitsvermittelnde Beteiligung weiter aufgestockt wird. Es genügt, wenn mehrere Personen Anteile einbringen, die nicht einzeln, sondern nur insgesamt die Voraussetzungen des § 21 Absatz 1 Satz 2 UmwStG erfüllen, sofern die Einbringungen auf einem einheitlichen Vorgang beruhen.

Beispiel:
a) die Y-AG erwirbt von A 51 % der Anteile an der X-GmbH, an der die Y-AG bislang noch nicht beteiligt war;
b) die Y-AG erwirbt von B 10 % der Anteile an der X-GmbH, an der die Y-AG bereits 51 % hält;
c) die Y-AG hält bereits 40 % der Anteile an der X-GmbH. I.R. eines einheitlichen Kapitalerhöhungsvorgangs bringen C und D jeweils weitere 6 % der Anteile an der X-GmbH ein.

b) Einschränkungen des Bewertungswahlrechts

21.10 Eine Einschränkung des Bewertungswahlrechtes sieht § 21 Absatz 1 Satz 3 UmwStG für den Fall vor, dass neben den neuen Anteilen auch andere Wirtschaftsgüter, deren gemeiner Wert den Buchwert der eingebrachten Anteile übersteigt, für die eingebrachten Anteile gewährt werden. Insoweit ist bei der übernehmenden Gesellschaft mindestens der gemeine Wert der anderen Wirtschaftsgüter anzusetzen.

c) Verhältnis zum Handelsrecht

21.11 Der Ansatz eines Buch- oder Zwischenwerts in der Steuerbilanz der übernehmenden Gesellschaft ist nicht davon abhängig, dass in der Handelsbilanz der übernehmenden Gesellschaft ein übereinstimmender Wertansatz ausgewiesen wird (kein Maßgeblichkeitsgrundsatz; Randnr. 21.07 und 20.20 gelten entsprechend).

d) Ausübung des Wahlrechts, Bindung, Bilanzberichtigung

21.12 Randnr. 20.21, 20.23 und 20.24 gelten entsprechend.

IV. Ermittlung des Veräußerungspreises der eingebrachten Anteile und des Wertansatzes der erhaltenen Anteile beim Einbringenden

Gem. § 21 Absatz 2 Satz 1 UmwStG gilt der Wert, mit dem die übernehmende Gesellschaft die Anteile ansetzt, beim Einbringenden als Veräußerungspreis der eingebrachten Anteile und gleichzeitig als Anschaffungskosten der im Gegenzug erhaltenen Anteile. Randnr. 20.23 gilt entsprechend. 21.13

Ist hingegen das Besteuerungsrecht der Bundesrepublik Deutschland hinsichtlich des Gewinns aus der Veräußerung der eingebrachten Anteile ausgeschlossen oder beschränkt, erfolgt die Bewertung der eingebrachten Anteile beim Einbringenden nach § 21 Absatz 2 Satz 2 erster Halbsatz UmwStG mit dem gemeinen Wert. Die gleiche Rechtsfolge tritt im Fall des § 21 Absatz 2 Satz 2 zweiter Halbsatz UmwStG ein, wenn das Besteuerungsrecht der Bundesrepublik Deutschland hinsichtlich des Gewinns aus der Veräußerung der erhaltenen Anteile ausgeschlossen oder beschränkt ist. 21.14

Unter den Voraussetzungen des § 21 Absatz 2 Satz 3 UmwStG ist hingegen eine Rückausnahme von § 21 Absatz 2 Satz 2 UmwStG vorgesehen: Dem Einbringenden wird ein Wahlrecht eingeräumt, als Veräußerungspreis für die eingebrachten Anteile und als Anschaffungskosten der erhaltenen Anteile den Buch- oder Zwischenwert anzusetzen. Voraussetzung hierfür ist ein Antrag des Einbringenden nach § 21 Absatz 2 Satz 4 UmwStG. Zudem 21.15

- darf das Besteuerungsrecht der Bundesrepublik Deutschland hinsichtlich des Gewinns aus der Veräußerung der erhaltenen Anteile nicht ausgeschlossen oder beschränkt sein (vgl. Beispiel 1)

oder

- ein Einbringungsgewinn wird aufgrund Artikel 8 Richtlinie 2009/133/EG nicht besteuert (vgl. Beispiel 2).

Auf den Wertansatz bei der übernehmenden Gesellschaft kommt es in diesen Fällen nicht an (keine doppelte Buchwertverknüpfung).

Beispiel 1:
Kein Ausschluss oder keine Beschränkung des Besteuerungsrechts
Der in Deutschland ansässige Gesellschafter A (natürliche Person) ist alleiniger Gesellschafter der inländischen A-GmbH. Er bringt seine Anteile an der A-GmbH in die in Großbritannien ansässige X-Ltd. ausschließlich gegen Gewährung neuer Gesellschaftsrechte ein.

Lösung:
Die Einbringung fällt nach § 1 Absatz 4 Nummer 1 UmwStG in den Anwendungsbereich des UmwStG, weil die aufnehmende X-Ltd. eine Gesellschaft i. S. v. § 1 Absatz 2 UmwStG ist. Auf die Ansässigkeit des Einbringenden und die Ansässigkeit der Gesellschaft, deren Anteile eingebracht werden, kommt es nicht an.
Nach § 21 Absatz 1 Satz 1 UmwStG sind die i. R. eines Anteilstauschs eingebrachten Anteile bei der übernehmenden Gesellschaft grundsätzlich mit dem gemeinen Wert anzusetzen. Dies gilt nach § 21 Absatz 1 Satz 2 UmwStG allerdings dann nicht, wenn eine mehrheitsvermittelnde Beteiligung eingebracht wird. In diesem Fall können die eingebrachten Anteile auch mit dem Buch- oder Zwischenwert angesetzt werden.
Nach § 21 Absatz 2 Satz 1 UmwStG gilt grundsätzlich der Wert, mit dem die aufnehmende Gesellschaft die eingebrachten Anteile ansetzt, beim Einbringenden als Veräußerungspreis und als Anschaffungskosten der neuen Anteile.
In Abweichung hiervon sieht § 21 Absatz 2 Satz 2 erster Halbsatz UmwStG zwingend den Ansatz der eingebrachten Anteile mit dem gemeinen Wert vor, wenn das deutsche Besteuerungsrecht hinsichtlich des Gewinns aus der Veräußerung der eingebrachten Anteile nach der Einbringung ausgeschlossen oder beschränkt ist. In Rückausnahme zu § 21 Absatz 2 Satz 2 UmwStG können allerdings nach § 21 Absatz 2 Satz 3 Nummer 1 UmwStG auf Antrag des Einbringenden die erhaltenen Anteile mit dem Buch- oder Zwischenwert bewertet werden, wenn das Recht Deutschlands hinsichtlich des Gewinns aus der Veräußerung der erhaltenen Anteile nicht ausgeschlossen oder beschränkt ist.
Im Beispielsfall steht Deutschland nach dem DBA Großbritannien das alleinige Besteuerungsrecht für Gewinne aus der Veräußerung der erhaltenen (neuen) Anteile an der britischen X-Ltd., welche auch eine EU-Kapitalgesellschaft ist, zu. Überdies hält die X-Ltd. nach der Einbringung alle Anteile an der inländi-

schen A-GmbH und hat hierfür als Gegenleistung dem A nur neue Anteile gewährt. Der Einbringende A kann somit nach § 21 Absatz 2 Satz 3 Nummer 1 UmwStG die Buchwertfortführung oder den Zwischenwertansatz auch dann wählen, wenn bei der aufnehmenden Gesellschaft (hier: Großbritannien) nicht der Buch- oder Zwischenwert angesetzt wird. Der Buch- oder Zwischenwert gilt dann als Anschaffungskosten der neuen Anteile.

Beispiel 2:
Ausschluss oder Beschränkung des Besteuerungsrechts
Fall wie oben, jedoch wird die Beteiligung an der inländischen A-GmbH durch die in Deutschland ansässige B-GmbH in die tschechische X s. r. o. eingebracht.

Lösung:
In diesem Fall wird zwar das Besteuerungsrecht an den eingebrachten Anteilen weder ausgeschlossen noch beschränkt, da nach dem DBA Tschechien[*)] weiterhin dem Sitzstaat der A-GmbH – das ist Deutschland – das Besteuerungsrecht hinsichtlich des Gewinns aus der Veräußerung der eingebrachten Anteile zusteht. Aber eine Beschränkung ergibt sich aus dem DBA Tschechien hinsichtlich des Gewinns aus der Veräußerung der erhaltenen Anteile, da das Besteuerungsrecht auch dem Sitzstaat der X s. r. o. – das ist Tschechien – zusteht. Der Buchwertansatz ist somit grundsätzlich nach § 21 Absatz 2 Satz 2 zweiter Halbsatz UmwStG ausgeschlossen.

In Rückausnahme zu § 21 Absatz 2 Satz 2 zweiter Halbsatz UmwStG können allerdings nach § 21 Absatz 2 Satz 3 Nummer 2 UmwStG auf Antrag des Einbringenden die erhaltenen Anteile mit dem Buch- oder einem Zwischenwert bewertet werden, wenn der Gewinn aufgrund Artikel 8 der Richtlinie 2009/133/EG nicht besteuert werden darf. Dies ist dann der Fall, wenn neben der übernehmenden Gesellschaft auch die eingebrachte Gesellschaft in einem Mitgliedstaat der EU/EWR ansässig ist und die Zuzahlung 10 % des Nennwerts der ausgegebenen Anteile nicht überschreitet. Die Einbringung der Anteile an der A-GmbH durch die B-GmbH in die tschechische X s. r. o. im Wege des qualifizierten Anteilstauschs fällt in den Anwendungsbereich der FusionsRL. Die einbringende B-GmbH kann folglich nach § 21 Absatz 2 Satz 3 Nummer 2 UmwStG den Buch- oder Zwischenwertansatz wählen.

V. Besteuerung des aus dem Anteilstausch resultierenden Gewinns beim Einbringenden

21.16 Die steuerliche Behandlung des aus dem Anteilstausch resultierenden Gewinns beim Einbringenden erfolgt nach den allgemeinen Vorschriften über die Veräußerung von Kapitalanteilen (z. B. §§ 13, 15, 16, 17 und 18 i. V. m. § 3 Nummer 40 und §§ 20, 32d Absatz 1 EStG, § 8b KStG).

VI. Steuerlicher Übertragungsstichtag (Einbringungszeitpunkt)

21.17 Für die Bestimmung des Zeitpunkts des Anteilstauschs ist auf den Zeitpunkt der Übertragung des wirtschaftlichen Eigentums der eingebrachten Anteile auf die übernehmende Gesellschaft abzustellen. §§ 2 und 20 Absatz 5 und 6 UmwStG sind nicht anzuwenden.

D. Besteuerung des Anteilseigners (§ 22 UmwStG)

I. Allgemeines

22.01 Erfolgt die Sacheinlage oder der Anteilstausch nicht zum gemeinen Wert, ist in den Fällen der Veräußerung der erhaltenen Anteile oder der eingebrachten Anteile innerhalb eines Zeitraums von sieben Jahren nach dem Einbringungszeitpunkt § 22 UmwStG anzuwenden.

22.02 Dabei führt in den Fällen der Sacheinlage die Veräußerung der erhaltenen Anteile zur Anwendung von § 22 Absatz 1 UmwStG (Besteuerung des Einbringungsgewinns I), soweit diese nicht auf miteingebrachte Anteile an Kapitalgesellschaften oder Genossenschaften entfallen (§ 22 Absatz 1 Satz 5 erster Halbsatz UmwStG).

[*)] Die DBA Tschechoslowakei (gilt für Tschechien und die Slowakei), Bulgarien und Zypern sehen entsprechende Regelungen vor.

Ist Einbringender eine Personengesellschaft (vgl. Randnr. 20.03), ist wegen des Transparenzprinzips sowohl eine Veräußerung der sperrfristbehafteten Anteile durch die Personengesellschaft selbst als auch die Veräußerung eines Mitunternehmeranteils, zu dessen Betriebsvermögen die sperrfristbehafteten Anteile gehören, durch den Mitunternehmer ein Veräußerungsvorgang i.S.v. § 22 Absatz 1 Satz 1 UmwStG. Dies gilt infolge des Transparenzprinzips auch, wenn bei doppel- oder mehrstöckigen Personengesellschaften eine mittelbare Veräußerung eines Mitunternehmeranteils erfolgt. Die Voraussetzungen des § 1 Absatz 4 und des § 22 UmwStG sind gesellschafterbezogen zu prüfen.

In den Fällen des Anteilstauschs sowie in den Fällen der Sacheinlage unter Miteinbringung von Anteilen an Kapitalgesellschaften oder Genossenschaften führt die Veräußerung der eingebrachten Anteile durch die übernehmende Gesellschaft zur Anwendung von § 22 Absatz 2 UmwStG (Besteuerung des Einbringungsgewinns II), soweit die eingebrachten Anteile im Zeitpunkt der Einbringung nicht nach § 8b Absatz 2 KStG hätten steuerfrei veräußert werden können.

In den Fällen der Sacheinlage gelten die erhaltenen Anteile als Anteile i.S.d. § 22 Absatz 1 UmwStG und in den Fällen des Anteilstauschs die eingebrachten Anteile als Anteile i.S.d. § 22 Absatz 2 UmwStG (sog. sperrfristbehaftete Anteile).

Die Veräußerung der sperrfristbehafteten Anteile sowie die nach § 22 Absatz 1 Satz 6 und Absatz 2 Satz 6 UmwStG der Veräußerung gleichgestellten Ersatzrealisationstatbestände lösen die rückwirkende Besteuerung des Einbringungsgewinns I oder II beim Einbringenden im Einbringungszeitpunkt aus (siehe Randnr. 22.18 ff.). Dies gilt auch in den Fällen der unentgeltlichen Rechtsnachfolge (§ 22 Absatz 6 UmwStG; vgl. Randnr. 22.41 f.) und in den Fällen der Mitverstrickung von Anteilen (§ 22 Absatz 7 UmwStG; vgl. Randnr. 22.43 – 22.46). Die Veräußerung der Anteile und die gleichgestellten Tatbestände gelten dabei im Hinblick auf die Steuerbescheide des Einbringenden für das Einbringungsjahr als rückwirkendes Ereignis i.S.v. § 175 Absatz 1 Satz 1 Nummer 2 AO. 22.03

Wird nur ein Teil der sperrfristbehafteten Anteile veräußert oder ist nur hinsichtlich eines Teils der sperrfristbehafteten Anteile ein der Veräußerung der Anteile gleichgestellter Tatbestand i.S.v. § 22 Absatz 1 Satz 6 und Absatz 2 Satz 6 UmwStG erfüllt, erfolgt auch die rückwirkende Einbringungsgewinnbesteuerung nur anteilig (§ 22 Absatz 1 Satz 1 und Absatz 2 Satz 1 UmwStG). 22.04

Beispiel:
X bringt sein Einzelunternehmen (gemeiner Wert 170.000 €) am 1.1.08 gegen Gewährung von Anteilen zum Buchwert 100.000 € in die neu gegründete A-GmbH (Stammkapital 50.000 €) ein. Am 1.7.09 veräußert X 10 % der Anteile an der A-GmbH für 20.000 €.

Lösung:
Die Veräußerung der sperrfristbehafteten Anteile in 09 führt anteilig (10 %) zu einer rückwirkenden Einbringungsgewinnbesteuerung zum 1.1.08 (§ 22 Absatz 1 Satz 1 UmwStG):

anteiliges eingebrachtes Betriebsvermögen: 10 % von 170.000 € =	17.000 €
./. anteiliger Buchwert der Anteile: 10 % von 100.000 € =	10.000 €
anteiliger Einbringungsgewinn I vor Siebtelregelung	7.000 €
./. 1/7 (§ 22 Absatz 1 Satz 3 UmwStG)	1.000 €
zu versteuernder Einbringungsgewinn I	6.000 €
Ermittlung des Veräußerungsgewinns aus den Anteilen an der A-GmbH zum 1.7.09:	
Veräußerungspreis	20.000 €
./. ursprüngliche Anschaffungskosten	10.000 €
./. nachträgliche Anschaffungskosten aus Einbringungsgewinn I	6.000 €
Veräußerungsgewinn nach § 17 EStG	4.000 €
davon steuerpflichtig (Teileinkünfteverfahren) 60 %	2.400 €

22.05 Die steuerliche Behandlung der Veräußerung der sperrfristbehafteten Anteile erfolgt nach den allgemeinen Vorschriften über die Veräußerung von Kapitalanteilen (z. B. §§ 13, 15, 16, 17 und 18 i.V. m. § 3 Nummer 40 sowie § 20, § 32d Absatz 1 EStG, § 8b KStG).

22.06 Hält der Einbringende oder der unentgeltliche Rechtsnachfolger i. R. einer Sacheinlage oder eines Anteilstauschs unter dem gemeinen Wert erhaltene Anteile im Privatvermögen, erzielt er aus der Veräußerung der Anteile auch dann Einkünfte aus Gewerbebetrieb i. S. v. § 17 Absatz 1 EStG, wenn er innerhalb der letzten fünf Jahre am Kapital der Gesellschaft nicht unmittelbar oder mittelbar zu mindestens 1 % beteiligt war (§ 17 Absatz 6 EStG). In den Fällen des Anteilstauschs gilt dies nur, wenn der Einbringende zum Einbringungszeitpunkt innerhalb der letzten fünf Jahre am Kapital der eingebrachten Gesellschaft unmittelbar oder mittelbar zu mindestens 1 % beteiligt war (§ 17 Absatz 6 Nummer 2 erste Alternative EStG). § 17 Absatz 6 EStG ist unabhängig vom Ablauf des in § 22 Absatz 1 und 2 UmwStG geregelten Siebenjahreszeitraums anzuwenden.

II. Rückwirkende Besteuerung des Einbringungsgewinns (§ 22 Absatz 1 und 2 UmwStG)

1. Sacheinlage (§ 22 Absatz 1 UmwStG)

22.07 Im Fall der Veräußerung erhaltener Anteile durch den Einbringenden oder der Verwirklichung eines nach § 22 Absatz 1 Satz 6 UmwStG der Veräußerung gleichgestellten Ersatzrealisationstatbestands innerhalb des Siebenjahreszeitraums ist rückwirkend auf den Einbringungszeitpunkt der Einbringungsgewinn I als Gewinn des Einbringenden i. S. v. § 16 EStG zu versteuern. Dabei sind § 16 Absatz 4 und § 34 EStG nicht anzuwenden. Dies gilt auch beim Eintritt eines schädlichen Ereignisses innerhalb des ersten Zeitjahres nach der Einbringung. Hinsichtlich der Zugehörigkeit des Einbringungsgewinns I zum Gewerbeertrag gelten die allgemeinen Grundsätze (vgl. § 7 Satz 2 GewStG). Werden nicht sämtliche erhaltenen Anteile in einem Vorgang veräußert, ist für Zwecke des § 7 Satz 2 GewStG nicht mehr von der Veräußerung eines Betriebs, Teilbetriebs etc. auszugehen. § 6b EStG findet auf den Einbringungsgewinn I keine Anwendung. Die sukzessive Veräußerung der erhaltenen Anteile führt deshalb dazu, dass der dadurch jeweils ausgelöste Einbringungsgewinn I zum Gewerbeertrag gehört.

Veräußerung ist jede Übertragung gegen Entgelt. Hierzu gehören insbesondere auch Umwandlungen und Einbringungen; z. B. Verschmelzung, Auf- oder Abspaltung, Formwechsel (vgl. Randnr. 00.02).

22.08 Für Zwecke der Berechnung des Einbringungsgewinns I ist (ggf. nachträglich) der gemeine Wert des eingebrachten Betriebsvermögens (ohne miteingebrachte Anteile an Kapitalgesellschaften und Genossenschaften) auf den Einbringungszeitpunkt zu ermitteln. Der Einbringungsgewinn I vermindert sich für jedes seit dem Einbringungszeitpunkt abgelaufene Zeitjahr um $1/7$.

Der Einbringungsgewinn I berechnet sich demnach wie folgt (§ 22 Absatz 1 Satz 3 UmwStG):

	Gemeiner Wert des eingebrachten Betriebsvermögens
	(ohne miteingebrachte Anteile an Kapitalgesellschaften und Genossenschaften)
./.	Kosten des Vermögensübergangs (vgl. Randnr. 22.09)
./.	Wertansatz bei der übernehmenden Gesellschaft
=	Einbringungsgewinn I vor Siebtelregelung
./.	Verringerung um je $1/7$ pro abgelaufenes Zeitjahr seit Einbringung
=	zu versteuernder Einbringungsgewinn I

Im Jahr der Einbringung ist der laufende Gewinn um die bei der Ermittlung des rückwirkend zu versteuernden Einbringungsgewinns abgezogenen Kosten des Vermögensübergangs zu erhöhen, soweit diese (zutreffend) den laufenden Gewinn oder den Einbringungsgewinn (wenn die Einbringung z. B. zu Zwischenwerten erfolgte) gemindert haben. 22.09

Der Einbringungsgewinn I gilt nach § 22 Absatz 1 Satz 4 UmwStG als nachträgliche Anschaffungskosten der erhaltenen Anteile im Einbringungszeitpunkt. Wurden die erhaltenen Anteile durch einen Vorgang i. S. v. § 22 Absatz 1 Satz 6 UmwStG zum Buchwert weitereingebracht, erhöhen sich auch die Anschaffungskosten der auf den erhaltenen Anteilen beruhenden Anteile entsprechend (§ 22 Absatz 1 Satz 7 UmwStG). Damit vermindert sich der Gewinn aus der Veräußerung der erhaltenen Anteile ebenso wie der Gewinn aus der Veräußerung der auf den erhaltenen Anteilen beruhenden Anteile nach z. B. §§ 13, 15, 16, 17 und 18 EStG entsprechend. 22.10

Ist das Besteuerungsrecht der Bundesrepublik Deutschland hinsichtlich des Gewinns aus der Veräußerung der erhaltenen Anteile ausgeschlossen oder beschränkt, umfasst der Einbringungsgewinn I auch die stillen Reserven der i. R. d. Sacheinlage miteingebrachten Anteile (§ 22 Absatz 1 Satz 5 zweiter Halbsatz UmwStG). 22.11

> **Beispiel:**
> Der in Frankreich ansässige X bringt seine inländische Betriebsstätte, zu der Anteile an der inländischen Y-GmbH gehören, in 01 in die Z-GmbH ein. In 02 veräußert er die im Privatvermögen gehaltenen Anteile an der Z-GmbH.
> **Lösung:**
> Durch die Anteilsveräußerung in 02 entsteht gem. § 22 Absatz 1 Satz 3 UmwStG ein Einbringungsgewinn I i. H. d. stillen Reserven des Betriebsvermögens der inländischen Betriebsstätte. Dabei ist gem. § 22 Absatz 1 erster Halbsatz UmwStG die Beteiligung an der Y-GmbH grundsätzlich auszunehmen. Da durch das DBA Frankreich jedoch das deutsche Besteuerungsrecht hinsichtlich des Gewinns aus der Veräußerung der erhaltenen Anteile ausgeschlossen ist, sind nach § 22 Absatz 1 Satz 5 zweiter Halbsatz UmwStG auch die auf die Anteile an der Y-GmbH entfallenden stillen Reserven in die Besteuerung des Einbringungsgewinns I einzubeziehen; insoweit ist § 3 Nummer 40 EStG anzuwenden.

2. Anteilstausch und Miteinbringung von Anteilen an Kapitalgesellschaften oder Genossenschaften bei Sacheinlage (§ 22 Absatz 2 UmwStG)

Im Fall der Veräußerung eingebrachter Anteile durch die übernehmende Gesellschaft oder der Verwirklichung eines nach § 22 Absatz 2 Satz 6 i. V. m. Absatz 1 Satz 6 UmwStG der Veräußerung gleichgestellten Ersatzrealisationstatbestands innerhalb des Siebenjahreszeitraums ist beim Einbringenden rückwirkend auf den Einbringungszeitpunkt der Einbringungsgewinn II als Gewinn des Einbringenden aus der Veräußerung von Anteilen (z. B. nach §§ 13, 15, 16, 17 und 18 i. V. m. § 3 Nummer 40 sowie §§ 20, 32d Absatz 1 EStG, § 8b KStG) zu versteuern. Dies gilt nur insoweit, als beim Einbringenden der Gewinn aus der Veräußerung dieser Anteile im Einbringungszeitpunkt nicht nach § 8b Absatz 2 KStG steuerfrei gewesen wäre. Dies ist insbesondere dann der Fall, wenn der Einbringende eine natürliche Person oder ein Kreditinstitut oder ein Lebens- oder Krankenversicherungsunternehmen in der Rechtsform einer Körperschaft ist, bei der die Steuerbefreiung hinsichtlich der eingebrachten Anteile nach § 8b Absatz 7 oder 8 KStG ausgeschlossen ist, sowie bei Anteilen i. S. v. § 8b Absatz 4 KStG a. F. (§ 22 Absatz 2 Satz 1 UmwStG, vgl. Randnr. 27.02). 22.12

Bei der rückwirkenden Einbringungsgewinnbesteuerung kommt der Freibetrag nach § 16 Absatz 4 EStG nicht zur Anwendung. Dies gilt auch beim Eintritt eines schädlichen Ereignisses innerhalb des ersten Zeitjahres nach der Einbringung. Der Einbringungsgewinn II gehört bei Anteilen im Betriebsvermögen zum Gewerbeertrag. § 6b EStG findet auf den Einbringungsgewinn II keine Anwendung. 22.13

Für Zwecke der Berechnung des Einbringungsgewinns II ist (ggf. nachträglich) der gemeine Wert der eingebrachten Anteile auf den Einbringungszeitpunkt zu ermitteln. Der Einbringungs- 22.14

gewinn II vermindert sich für jedes seit dem Einbringungszeitpunkt abgelaufene Zeitjahr um $1/7$.

Der Einbringungsgewinn II berechnet sich demnach wie folgt (§ 22 Absatz 2 Satz 3 UmwStG):

Gemeiner Wert der eingebrachten Anteile
./. Kosten des Vermögensübergangs (vgl. Randnr. 22.09)
./. Wertansatz der erhaltenen Anteile beim Einbringenden
= Einbringungsgewinn II vor Siebtelregelung
./. Verringerung um je $1/7$ pro abgelaufenes Zeitjahr seit Einbringung
= zu versteuernder Einbringungsgewinn II

22.15 Bei der Berechnung des Einbringungsgewinns II ist der Wertansatz der erhaltenen Anteile um den gemeinen Wert der sonstigen Gegenleistung (§ 20 Absatz 3 Satz 3 i. V. m. § 21 Absatz 2 Satz 6 UmwStG) zu erhöhen.

22.16 Der Einbringungsgewinn II gilt nach § 22 Absatz 2 Satz 4 UmwStG als nachträgliche Anschaffungskosten der erhaltenen Anteile. Wurden die erhaltenen Anteile durch einen Vorgang i. S. v. § 22 Absatz 1 Satz 6 Nummer 2 UmwStG zum Buchwert weitereingebracht, erhöhen sich auch die Anschaffungskosten der auf den erhaltenen Anteilen beruhenden Anteile beim Einbringenden und der übernehmenden Gesellschaft entsprechend (§ 22 Absatz 2 Satz 7 i.V. m. Absatz 1 Satz 7 UmwStG). Damit vermindert sich der Gewinn aus einer nachfolgenden Veräußerung der erhaltenen Anteile und der auf diesen Anteilen beruhenden Anteile entsprechend.

22.17 Hat der Einbringende die erhaltenen Anteile bereits ganz oder teilweise veräußert, kommt es insoweit nicht zur rückwirkenden Einbringungsgewinnbesteuerung (§ 22 Absatz 2 Satz 5 UmwStG). Dies gilt auch, soweit aufgrund eines Vorgangs i. S. v. § 6 AStG die erhaltenen Anteile der Wegzugsbesteuerung zu unterwerfen sind, wenn und soweit die Steuer nicht gestundet wird (§ 22 Absatz 2 Satz 5 zweiter Halbsatz UmwStG).

III. Die die rückwirkende Einbringungsgewinnbesteuerung auslösenden Ereignisse i. S. d. § 22 Absatz 1 Satz 6 i.V. m. Absatz 2 Satz 6 UmwStG

1. Allgemeines

22.18 Zu einer rückwirkenden Besteuerung des Einbringungsgewinns I kommt es auch, wenn durch den Einbringenden oder dessen Rechtsnachfolger innerhalb des Siebenjahreszeitraums ein Vorgang i. S. v. § 22 Absatz 1 Satz 6 Nummer 1 bis 5 UmwStG verwirklicht wird. Dies gilt auch, wenn beim Einbringenden, bei der übernehmenden Gesellschaft oder bei deren unentgeltlichen Rechtsnachfolgern die Voraussetzungen des § 1 Absatz 4 UmwStG nicht mehr erfüllt sind (§ 22 Absatz 1 Satz 6 Nummer 6 UmwStG).

22.19 In den Fällen des Anteilstauschs löst die Verwirklichung eines Vorgangs i. S. v. § 22 Absatz 1 Satz 6 Nummer 1 bis 5 UmwStG innerhalb des Siebenjahreszeitraums durch die übernehmende Gesellschaft oder deren unentgeltlichen Rechtsnachfolger die rückwirkende Besteuerung des Einbringungsgewinns II aus (§ 22 Absatz 2 Satz 6 UmwStG). Dies gilt auch, wenn bei der übernehmenden Gesellschaft oder bei deren unentgeltlichem Rechtsnachfolger die Voraussetzungen des § 1 Absatz 4 UmwStG nicht mehr erfüllt sind (§ 22 Absatz 2 Satz 6 zweiter Halbsatz UmwStG).

2. Unentgeltliche Übertragungen

22.20 Die unmittelbare oder mittelbare unentgeltliche Übertragung der sperrfristbehafteten Anteile (z. B. im Wege der verdeckten Einlage, der verdeckten Gewinnausschüttung, der Realteilung oder die unentgeltliche Übertragung nach § 6 Absatz 3 und 5 EStG) auf eine Kapitalgesellschaft oder Genossenschaft stellt ein die rückwirkende Einbringungsgewinnbesteuerung auslösendes Ereignis dar (§ 22 Absatz 1 Satz 6 Nummer 1 UmwStG).

3. Entgeltliche Übertragungen

Die entgeltliche Übertragung der sperrfristbehafteten Anteile führt grundsätzlich zur rückwirkenden Einbringungsgewinnbesteuerung nach § 22 Absatz 1 Satz 1 oder Absatz 2 Satz 1 UmwStG beim Einbringenden. 22.21

Umwandlungen und Einbringungen stellen grundsätzlich Veräußerungen i. S. v. § 22 Absatz 1 Satz 1 UmwStG dar (vgl. Randnr. 22.07 und Randnr. 00.02), die die rückwirkende Einbringungsgewinnbesteuerung auslösen. Dies gilt jedoch dann nicht, wenn der Einbringende oder dessen unentgeltlicher Rechtsnachfolger nachweist, dass die sperrfristbehafteten Anteile im Wege der Sacheinlage (§ 20 Absatz 1 UmwStG) oder des Anteilstauschs (§ 21 Absatz 1 UmwStG) bzw. aufgrund mit diesen Vorgängen vergleichbaren ausländischen Vorgängen zum Buchwert übertragen wurden (§ 22 Absatz 1 Satz 6 Nummer 2 UmwStG). Eine Übertragung zum Buchwert liegt vor, wenn beim Einbringenden stille Reserven nicht aufzudecken sind. 22.22

> **Beispiel:**
> Der in Deutschland ansässige X bringt sein inländisches Einzelunternehmen in 01 zum Buchwert in die österreichische A-GmbH gegen Gewährung von Anteilen ein. In 03 bringt er die sperrfristbehafteten Anteile an der A-GmbH im Wege des Anteilstauschs gegen Gewährung von Anteilen auf Antrag zum Buchwert in die französische F-SA ein.
>
> **Lösung:**
> Die Einbringung des Einzelunternehmens zum Buchwert in die österreichische A-GmbH ist nach § 20 Absatz 2 Satz 2 UmwStG möglich, wenn das Besteuerungsrecht der Bundesrepublik Deutschland hinsichtlich des Gewinns aus der Veräußerung des eingebrachten Betriebsvermögens nicht ausgeschlossen oder beschränkt wird. Die Weitereinbringung der sperrfristbehafteten Anteile an der A-GmbH in 03 im Wege des Anteilstauschs (§ 21 Absatz 1 UmwStG) in die F-SA stellt grundsätzlich einen die rückwirkende Einbringungsgewinnbesteuerung auslösenden Veräußerungsvorgang dar (§ 22 Absatz 1 Satz 1 UmwStG). Da die Weitereinbringung auf Antrag nach § 21 Absatz 2 Satz 3 Nummer 1 UmwStG zum Buchwert erfolgt, ist diese jedoch nach § 22 Absatz 1 Satz 6 Nummer 2 unschädlich. Eine rückwirkende Einbringungsgewinnbesteuerung der Sacheinlage 01 wird somit durch die grenzüberschreitende Weitereinbringung der sperrfristbehafteten Anteile nicht ausgelöst.

Grundsätzlich führt jede der Einbringung in eine Kapitalgesellschaft nachfolgende Umwandlung oder Einbringung sowohl des Einbringenden als auch der übernehmenden Kapitalgesellschaft sowie die umwandlungsbedingte Übertragung der sperrfristbehafteten Anteile zu einer Veräußerung i. S. d. § 22 Absatz 1 Satz 1 oder Absatz 2 Satz 1 UmwStG (vgl. Randnr. 22.07 und Randnr. 00.02), die die Einbringungsgewinnbesteuerung nach § 22 Absatz 1 bzw. Absatz 2 UmwStG auslöst. Nach § 22 Absatz 1 Satz 6 Nummer 2, 4 und 5 jeweils zweiter Halbsatz UmwStG kann jedoch eine Ausnahme von diesem allgemeinen ertragsteuerlichen Grundsatz nur erfolgen, wenn eine nachfolgende Einbringung der sperrfristbehafteten Anteile nach § 20 Absatz 1, § 21 Absatz 1 UmwStG bzw. aufgrund eines mit diesen Vorgängen vergleichbaren ausländischen Vorgangs zum Buchwert erfolgt. 22.23

Aus Billigkeitsgründen kann im Einzelfall auch bei Umwandlungen zu Buchwerten auf übereinstimmenden Antrag aller Personen, bei denen ansonsten infolge des Umwandlungsvorgangs ein Einbringungsgewinn rückwirkend zu versteuern wäre, von einer rückwirkenden Einbringungsgewinnbesteuerung abgesehen werden. Dies setzt zumindest voraus, dass

- keine steuerliche Statusverbesserung eintritt (d. h. die Besteuerung eines Einbringungsgewinns I bzw. II nicht verhindert wird),
- sich keine stillen Reserven von den sperrfristbehafteten Anteilen auf Anteile eines Dritten verlagern,
- deutsche Besteuerungsrechte nicht ausgeschlossen oder eingeschränkt werden und

– die Antragsteller sich damit einverstanden erklären, dass auf alle unmittelbaren oder mittelbaren Anteile an einer an der Umwandlung beteiligten Gesellschaft § 22 Absatz 1 und 2 UmwStG entsprechend anzuwenden ist, wobei Anteile am Einbringenden regelmäßig nicht einzubeziehen sind (vgl. zu einer vergleichbaren Problematik die Randnr. 22 des BMF-Schreibens vom 16. 12. 2003, BStBl I S. 786).

Bei der Prüfung eines solchen Antrags ist die gesetzgeberische Grundentscheidung zu berücksichtigen, dass § 22 UmwStG keine Generalklausel enthält, wonach unter bestimmten allgemeinen Voraussetzungen bei nachfolgenden Umwandlungen von der Einbringungsgewinnbesteuerung abgesehen werden kann. § 22 Absatz 1 und 2 UmwStG lassen lediglich punktuelle Ausnahmen zu (vgl. § 22 Absatz 1 Satz 6 Nummer 2, 4 und 5 UmwStG). Von der Einbringungsgewinnbesteuerung kann deswegen nur dann aus Billigkeitsgründen abgesehen werden, wenn der konkrete Einzelfall in jeder Hinsicht mit den in § 22 Absatz 1 Satz 6 Nummer 2, 4 und 5 UmwStG enthaltenen Ausnahmetatbeständen vergleichbar ist. Dabei ist auch die gesetzgeberische Grundentscheidung zu berücksichtigen, dass § 22 UmwStG anders als für Einbringungen i. S. d. §§ 20, 21 UmwStG keine Rückausnahme für Einbringungen i. S. d. § 24 UmwStG vorgesehen hat. Nicht vergleichbar sind Umwandlungen z. B. dann, wenn sie ohne Gewährung von Anteilen oder Mitgliedschaften an Kapitalgesellschaften oder Genossenschaften erfolgen (z. B. in den Fällen des § 54 Absatz 1 Satz 3 UmwG).

Die Billigkeitsregelung kann nicht in Anspruch genommen werden, wenn in einer Gesamtschau die Umwandlung der Veräußerung des eingebrachten Vermögens dient. Hiervon ist auszugehen, wenn der Einbringende nach der Umwandlung an dem ursprünglich eingebrachten Betriebsvermögen nicht mehr unmittelbar oder mittelbar beteiligt ist (z. B. bei der Trennung von Gesellschafterstämmen, auch wenn diese nach § 15 UmwStG steuerneutral erfolgen kann).

Beispiel 1 (Seitwärtsverschmelzung des Einbringenden):
Die GmbH 1 bringt ihren Betrieb zu Buchwerten in die GmbH 2 ein. Anschließend wird die GmbH 1 auf die GmbH 3 innerhalb der Siebenjahresfrist zu Buchwerten verschmolzen.
Lösung:
Die Anteile an der GmbH 2 sind sperrfristbehaftet. Die Übertragung der Anteile an der GmbH 2 i. R. d. Verschmelzung der GmbH 1 stellt einen Veräußerungsvorgang i. S. d. § 22 Absatz 1 Satz 1 UmwStG dar.
Werden i. R. d. Verschmelzung nach § 11 Absatz 2 UmwStG die Buchwerte angesetzt, kann i. R. d. Billigkeitsregelung je nach Lage des Einzelfalls und bei Vorliegen der obigen Voraussetzungen von der Anwendung des § 22 Absatz 1 Satz 1 UmwStG bei der GmbH 1 abgesehen werden.
Alternative:
Sachverhalt wie Beispiel 1. Es erfolgt jedoch eine Verschmelzung der GmbH 1 auf eine Personengesellschaft.
Lösung Alternative:
Bei einer Seitwärtsverschmelzung der GmbH 1 nach §§ 3 ff. UmwStG ist die gesetzgeberische Grundentscheidung zu berücksichtigen, dass eine Weitereinbringung sperrfristbehafteter Anteile nach § 24 UmwStG nicht von den Ausnahmetatbeständen des § 22 Absatz 1 Satz 6 Nummer 2, 4 und 5 UmwStG erfasst wird. Für die Umwandlung des Einbringenden nach §§ 3 ff. UmwStG kommt ein Absehen von der Anwendung des § 22 Absatz 1 Satz 1 UmwStG i. R. d. Billigkeitsregelung deshalb nicht in Betracht.

Beispiel 2 (Seitwärtsverschmelzung der übernehmenden Gesellschaft):
Die GmbH 1 bringt ihren Betrieb zu Buchwerten in die GmbH 2 ein. Anschließend wird die GmbH 2 zu Buchwerten auf die GmbH 3 innerhalb der Siebenjahresfrist gegen Gewährung von Gesellschaftsrechten verschmolzen.
Lösung:
Die Anteile an der GmbH 2 sind sperrfristbehaftet. Die Verschmelzung der GmbH 2 stellt einen Veräußerungsvorgang i. S. d. § 22 Absatz 1 Satz 1 UmwStG dar. Wenn die aufgrund der Verschmelzung erhaltenen Anteile an der übernehmenden GmbH 3 nach § 13 Absatz 2 UmwStG mit dem Buchwert angesetzt werden, kann i. R. d. Billigkeitsregelung je nach Lage des Einzelfalls und bei Vorliegen der obigen Voraussetzungen von der Anwendung des § 22 Absatz 1 Satz 1 UmwStG bei der GmbH 1 abgesehen werden.
Werden von der übernehmenden Gesellschaft im zeitlichen Zusammenhang mit der Umwandlung Gewinnausschüttungen getätigt, kann es jedoch z. B. zu einer Statusverbesserung kommen, wenn infolge der Umwandlung (z. B. aufgrund einer unterjährigen Zuführung eines Bestands des steuerlichen Einlagekontos

beim übernehmenden Rechtsträger) das Auslösen eines Ersatzrealisationstatbestands nach § 22 Absatz 1 Satz 6 Nummer 3 UmwStG verhindert werden soll.

Alternative:
Sachverhalt wie Beispiel 2. Es erfolgt jedoch eine Verschmelzung der GmbH 2 auf eine Personengesellschaft.

Lösung Alternative:
Bei einer Seitwärtsverschmelzung der GmbH 2 nach §§ 3 ff. UmwStG liegt infolge des Untergangs der sperrfristbehafteten Anteile insoweit bereits kein mit einer Weitereinbringung i. S. d. § 22 Absatz 1 Satz 6 Nummer 2, 4 und 5 UmwStG vergleichbarer Vorgang vor. Ein Absehen von der Anwendung des § 22 Absatz 1 Satz 1 UmwStG i. R. d. Billigkeitsregelung kommt deshalb nicht in Betracht.

Beispiel 3 („Rückumwandlung"):
Die GmbH 1 bringt ihren Betrieb zu Buchwerten in die GmbH 2 ein. Anschließend wird die GmbH 2 auf die GmbH 1 innerhalb der Siebenjahresfrist zu Buchwerten verschmolzen, wodurch die sperrfristbehafteten Anteile untergehen.

Lösung:
Die Aufwärtsverschmelzung stellt einen Veräußerungsvorgang i. S. d. § 22 Absatz 1 Satz 1 UmwStG dar und löst damit die rückwirkende Einbringungsgewinnbesteuerung i. S. d. § 22 Absatz 1 Satz 1 UmwStG aus.

Aufgrund des Untergangs der sperrfristbehafteten Anteile liegt kein mit einer Weitereinbringung vergleichbarer Vorgang vor. Im Übrigen widerspricht dies der Wertungsentscheidung des Gesetzgebers in § 22 Absatz 1 Satz 6 Nummer 3 UmwStG betreffend die Auflösung und Abwicklung der übernehmenden Gesellschaft. Ein Absehen von der Anwendung des § 22 Absatz 1 Satz 1 UmwStG i. R. d. Billigkeitsregelung kommt deshalb nicht in Betracht.

22.24 Die Auflösung und Abwicklung einer Kapitalgesellschaft, an der die sperrfristbehafteten Anteile bestehen, löst in vollem Umfang die rückwirkende Einbringungsbesteuerung (§ 22 Absatz 1 Satz 6 Nummer 3 und Absatz 2 Satz 6 UmwStG) auf den Zeitpunkt der Schlussverteilung des Vermögens aus. Dies gilt unabhängig davon, wer in diesem Zeitpunkt Gesellschafter der Kapitalgesellschaft ist. Das Insolvenzverfahren löst mangels Abwicklung (§ 11 Absatz 7 KStG) den Ersatztatbestand nicht aus.

In den Fällen der Kapitalherabsetzung und der Einlagenrückgewähr (§ 27 KStG), kommt es nur insoweit zu einer rückwirkenden Einbringungsgewinnbesteuerung, als der tatsächlich aus dem steuerlichen Einlagekonto i. S. v. § 27 KStG ausgekehrte Betrag den Buchwert bzw. die Anschaffungskosten der sperrfristbehafteten Anteile im Zeitpunkt der Einlagenrückgewähr übersteigt. Der übersteigende Betrag gilt dabei unter Anwendung der Siebtelregelung als Einbringungsgewinn, wenn dieser den tatsächlichen Einbringungsgewinn (§ 22 Absatz 1 Satz 3 und Absatz 2 Satz 3 UmwStG) nicht übersteigt. Dies gilt auch in den Fällen von Mehrabführungen i. S. d. § 14 Absatz 3 oder 4 KStG, soweit dafür das steuerliche Einlagekonto i. S. v. § 27 KStG als verwendet gilt. In den Fällen organschaftlicher Mehrabführungen ist dabei der Buchwert der sperrfristbehafteten Anteile im Zeitpunkt der Mehrabführung um aktive und passive Ausgleichsposten i. S. v. § 14 Absatz 4 KStG zu korrigieren.

Die vorstehenden Grundsätze gelten auch in den Fällen der Ketteneinbringung.

Beispiel:
A ist seit der Gründung zu 100 % an der A-GmbH beteiligt (Nennkapital 50.000 €, Anschaffungskosten inkl. nachträglicher Anschaffungskosten 500.000 €, gemeiner Wert des Betriebsvermögens 240.000 €). Zum 31.12.07 bringt er sein Einzelunternehmen (Buchwert 100.000 €, gemeiner Wert 240.000 €) gegen Gewährung von Gesellschaftsrechten zum Nennwert von 50.000 € in die A-GmbH ein; der übersteigende Betrag wurde der Kapitalrücklage zugeführt. Die A-GmbH führt die Buchwerte fort. Im Juni 09 erhält A eine Ausschüttung der A-GmbH i. H. v. 700.000 €, für die i. H. v. 550.000 € das steuerliche Einlagekonto als verwendet gilt.

Lösung:
Nach § 22 Absatz 1 Satz 6 Nummer 3 UmwStG kommt es im Fall der Einlagenrückgewähr grundsätzlich zu einer rückwirkenden Besteuerung des Einbringungsgewinns I. Dabei entfällt die Ausschüttung aus dem steuerlichen Einlagekonto anteilig (zu 50 %) auf die sperrfristbehafteten Anteile. Zunächst mindern sich aufgrund der (anteiligen) Verwendung des steuerlichen Einlagekontos für die Ausschüttung an A (steuerneutral) die Anschaffungskosten der sperrfristbehafteten Anteile des A i. H. v. 100.000 € bis auf 0 €. Soweit

die Hälfte der aus dem steuerlichen Einlagekonto an A ausgekehrten Beträge die Anschaffungskosten des A für die sperrfristbehafteten Anteile übersteigt, entsteht ein Einbringungsgewinn I, der rückwirkend in 07 als Gewinn nach § 16 EStG zu versteuern ist:

Auf die sperrfristbehafteten Anteile entfallende Auskehrung aus dem steuerlichen Einlagekonto (50 % von 550.000 €)	275.000 €
./. Buchwert der sperrfristbehafteten Anteile	100.000 €
= Einbringungsgewinn I vor Siebtelung	175.000 €
davon $^6/_7$	150.000 €

Der zu versteuernde Betrag darf aber den Einbringungsgewinn I i. S. v. § 22 Absatz 1 Satz 3 UmwStG nicht übersteigen (Deckelung):

gemeiner Wert des eingebrachten Betriebsvermögens im Zeitpunkt der Einbringung (31.12.07)	240.000 €
./. Buchwert der sperrfristbehafteten Anteile	100.000 €
= Einbringungsgewinn I vor Siebtelung	140.000 €
davon $^6/_7$ = höchstens zu versteuernder Einbringungsgewinn I	120.000 €

Somit kommt es in 07 zu einer rückwirkenden Einbringungsgewinnbesteuerung i. H. v. 120.000 €. In derselben Höhe (120.000 €) entstehen nachträgliche Anschaffungskosten auf die sperrfristbehafteten Anteile des A. Damit ergibt sich in 09 im Hinblick auf die sperrfristbehafteten Anteile i. H. v. 55.000 € (Ausschüttung aus dem steuerlichen Einlagekonto 275.000 € ./. ursprüngliche Anschaffungskosten 100.000 € ./. nachträgliche Anschaffungskosten 120.000 €) ein Gewinn nach § 17 Absatz 4 EStG, auf den § 3 Nummer 40 EStG Anwendung findet.

22.25 Werden die sperrfristbehafteten Anteile mittels Sacheinlage oder Anteilstausch zum Buchwert nach § 22 Absatz 1 Satz 6 Nummer 2 UmwStG steuerunschädlich weiterübertragen (Ketteneinbringung), löst auch die unmittelbare oder mittelbare Veräußerung der sperrfristbehafteten Anteile durch die übernehmende Gesellschaft die rückwirkende Einbringungsgewinnbesteuerung beim Einbringenden aus (§ 22 Absatz 1 Satz 6 Nummer 4 und Absatz 2 Satz 6 und § 23 Absatz 1 UmwStG). Dies gilt nicht, wenn der Einbringende oder dessen unentgeltlicher Rechtsnachfolger nachweist, dass die sperrfristbehafteten Anteile im Wege der Sacheinlage (§ 20 Absatz 1 UmwStG) oder des Anteilstauschs (§ 21 Absatz 1 UmwStG) zum Buchwert oder durch einen vergleichbaren ausländischen Vorgang zum Buchwert übertragen wurden (§ 22 Absatz 1 Satz 6 Nummer 4 UmwStG). Randnr. 22.22 Satz 3 gilt entsprechend.

Beispiel:

X bringt sein Einzelunternehmen (gemeiner Wert 170.000 €) am 1.1.08 gegen Gewährung von Anteilen zum Buchwert 100.000 € in die neu gegründete A-GmbH (Stammkapital 50.000 €) ein. Am 1.3.09 überträgt er die sperrfristbehafteten Anteile an der A-GmbH (gemeiner Wert 220.000 €) i. R. eines qualifizierten Anteilstauschs (§ 21 Absatz 1 UmwStG) gegen Gewährung neuer Anteile zum Buchwert und damit steuerunschädlich (§ 22 Absatz 1 Satz 6 Nummer 2 UmwStG) auf die B-GmbH. Die B-GmbH überträgt ihrerseits zum 1.10.09 die sperrfristbehafteten Anteile an der A-GmbH (gemeiner Wert 275.000 €) i. R. eines qualifizierten Anteilstauschs (§ 21 Absatz 1 UmwStG) gegen Gewährung neuer Anteile zum Buchwert und damit steuerunschädlich (§ 22 Absatz 1 Satz 6 Nummer 4 UmwStG) auf die C-GmbH. Die C-GmbH veräußert die sperrfristbehafteten Anteile an der A-GmbH am 1.7.10 zum Preis von 300.000 €.

Lösung:

Die Veräußerung der sperrfristbehafteten Anteile an der A-GmbH durch die übernehmende C-GmbH am 1.7.10 löst nach § 22 Absatz 1 Satz 1 i. V. m. Satz 6 Nummer 4 UmwStG zum einen die rückwirkende Besteuerung des Einbringungsgewinns I bei X zum 1.1.08 aus. Dabei wird der Einbringungsgewinn I i. H. v. $^5/_7$ versteuert. Dieser gilt sowohl als nachträgliche Anschaffungskosten des X für die Anteile an der A-GmbH (§ 22 Absatz 1 Satz 4 UmwStG) als auch für die Anteile an der B-GmbH (§ 22 Absatz 1 Satz 7 i. V. m. Satz 4 UmwStG). Bei der B-GmbH und der C-GmbH liegen insoweit ebenfalls nachträgliche Anschaffungskosten auf die Anteile an der A-GmbH sowie bei der B-GmbH auf die Anteile an der C-GmbH vor. Die A-GmbH kann darüber hinaus nach § 23 Absatz 2 Satz 1 UmwStG auf Antrag beim übernommenen Betriebsvermögen einen Erhöhungsbetrag i. H. des versteuerten Einbringungsgewinns I ansetzen.

gemeiner Wert des eingebrachten Betriebsvermögens im Zeitpunkt der Einbringung (1.1.08)	170.000 €
./. Buchwert der sperrfristbehafteten Anteile	100.000 €
= Einbringungsgewinn I vor Siebtelung	70.000 €
davon ⁵/₇ = von X zu versteuernder Einbringungsgewinn I	50.000 €

Zum anderen löst die Veräußerung der sperrfristbehafteten Anteile an der A-GmbH durch die C-GmbH im Hinblick auf den Anteiltausch des X i. H. v. ⁶/₇ auch die Besteuerung des Einbringungsgewinns II (§ 22 Absatz 2 Satz 1 UmwStG) zum 1.3.09 aus. Die nachträglichen Anschaffungskosten aus der Besteuerung des Einbringungsgewinns I vermindern dabei den Einbringungsgewinn II. Dieser gilt sowohl als nachträgliche Anschaffungskosten des X für die Anteile an der B-GmbH (§ 22 Absatz 2 Satz 4 UmwStG) als auch als nachträgliche Anschaffungskosten der B-GmbH und der C-GmbH für die Anteile an der A-GmbH (§ 23 Absatz 2 Satz 3 UmwStG) sowie der Anschaffungskosten der B-GmbH für die Anteile an der C-GmbH (§ 23 Absatz 2 Satz 3 i. V. m. § 22 Absatz 1 Satz 7 UmwStG).

gemeiner Wert der eingebrachten Anteile an der A-GmbH im Zeitpunkt des Anteilstauschs (1.3.09)	220.000 €
./. ursprünglicher Buchwert der sperrfristbehafteten Anteile	100.000 €
./. nachträgliche Anschaffungskosten aus versteuertem Einbringungsgewinn I	50.000 €
= Einbringungsgewinn II vor Siebtelung	70.000 €
davon ⁶/₇ = von X zu versteuernder Einbringungsgewinn II	60.000 €

Die rückwirkende Einbringungsbesteuerung bei X löst auf der Ebene der B-GmbH im Hinblick auf die steuerliche Behandlung der Einbringung der Anteile an der A-GmbH in die C-GmbH zum Buchwert keine Änderung aus, da sich sowohl die Anschaffungskosten der Anteile an der A-GmbH als auch der Veräußerungspreis der Anteile (§ 21 Absatz 2 Satz 1 UmwStG) um den von X zu versteuernden Einbringungsgewinn I und II erhöhen.

Auf der Ebene der C-GmbH verringern die nachträglichen Anschaffungskosten den zu versteuernden Veräußerungsgewinn aus den Anteilen an der A-GmbH:

Veräußerungspreis Anteile A-GmbH (1.7.10)	300.000 €
./. ursprünglicher Buchwert der sperrfristbehafteten Anteile	100.000 €
./. nachträgliche Anschaffungskosten aus versteuertem Einbringungsgewinn I und II	110.000 €
= Veräußerungsgewinn aus Beteiligung A-GmbH	90.000 €
steuerfrei gem. § 8b Absatz 2 KStG	90.000 €
nichtabziehbare Betriebsausgaben (§ 8b Absatz 3 Satz 3 KStG)	4.500 €

22.26 Werden die sperrfristbehafteten Anteile mittels Sacheinlage oder Anteilstausch zum Buchwert nach § 22 Absatz 1 Satz 6 Nummer 2 UmwStG steuerneutral weiter übertragen, löst auch die unmittelbare oder mittelbare Veräußerung der auf der Einbringung der sperrfristbehafteten Anteile beruhenden Anteile die rückwirkende Einbringungsgewinnbesteuerung beim Einbringenden aus (§ 22 Absatz 1 Satz 6 Nummer 5 und Absatz 2 Satz 6 UmwStG). Dies gilt bei einem Ereignis i. S. d. § 22 Absatz 1 Satz 6 Nummer 3 UmwStG entsprechend.

Beispiel:
X bringt sein Einzelunternehmen (gemeiner Wert 170.000 €) am 1.1.08 gegen Gewährung von Anteilen zum Buchwert 100.000 € in die neu gegründete A-GmbH (Stammkapital 50.000 €) ein. Am 1.3.09 überträgt er die sperrfristbehafteten Anteile an der A-GmbH i. R. eines qualifizierten Anteilstauschs gegen Gewährung neuer Anteile zum Buchwert auf die B-GmbH. X veräußert die sperrfristbehafteten Anteile an der B-GmbH am 1.7.10.

Lösung:
Die Einbringung der sperrfristbehafteten Anteile an der A-GmbH in die B-GmbH zum Buchwert nach § 21 Absatz 1 Satz 2 UmwStG löst nicht die rückwirkende Besteuerung des Einbringungsgewinns I aus (§ 22 Absatz 1 Satz 6 Nummer 2 UmwStG). Damit gelten auch die Anteile an der B-GmbH als sperrfristbehaftet.

Die Veräußerung der sperrfristbehafteten Anteile an der B-GmbH durch X am 1.7.10 löst nach § 22 Absatz 1 Satz 6 Nummer 5 UmwStG die rückwirkende Einbringungsgewinnbesteuerung bei X zum 1.1.08 aus. Dabei wird der Einbringungsgewinn I i. H. v. ⁵/₇ versteuert.

Der zu versteuernde Einbringungsgewinn I gilt sowohl als nachträgliche Anschaffungskosten der B-GmbH für die Anteile an der A-GmbH (§ 22 Absatz 1 Satz 4 UmwStG) als auch als nachträgliche Anschaffungskosten des X für die Anteile an der B-GmbH (§ 22 Absatz 1 Satz 7 i.V.m. Satz 4 UmwStG). Die nachträglichen Anschaffungskosten aus der Besteuerung des Einbringungsgewinns I vermindern somit den Gewinn aus der Veräußerung der Anteile an der B-GmbH i.S.v. § 17 EStG zum 1.7.10 entsprechend. Die A-GmbH kann darüber hinaus nach § 23 Absatz 2 Satz 1 UmwStG auf Antrag beim übernommenen Betriebsvermögen einen Erhöhungsbetrag i.H. des versteuerten Einbringungsgewinns I ansetzen.

4. Wegfall der Voraussetzungen i.S.v. § 1 Absatz 4 UmwStG

22.27 Erfüllt der Einbringende oder in den Fällen der Ketteneinbringung auch die übernehmende Gesellschaft oder der jeweilige unentgeltliche Rechtsnachfolger in den Fällen der Sacheinlage aufgrund Wegzugs, Sitzverlegung oder Änderung eines DBA die Voraussetzungen von § 1 Absatz 4 UmwStG innerhalb des Siebenjahreszeitraums nicht mehr, führt dies zur rückwirkenden Besteuerung des Einbringungsgewinns I (§ 22 Absatz 1 Satz 6 Nummer 6 UmwStG). Satz 1 gilt in den Fällen des Anteilstauschs im Hinblick auf die übernehmende Gesellschaft entsprechend (§ 22 Absatz 2 Satz 6 zweiter Halbsatz UmwStG).

IV. Nachweispflichten (§ 22 Absatz 3 UmwStG)

22.28 Um die Besteuerung des Einbringungsgewinns in den Fällen eines schädlichen Ereignisses sicherzustellen, ist der Einbringende (vgl. Randnr. 20.02 f. und 22.02) nach § 22 Absatz 3 Satz 1 UmwStG verpflichtet, jährlich bis zum 31.5. nachzuweisen, wem die sperrfristbehafteten Anteile und im Fall der Einbringung durch eine Personengesellschaft als Einbringende auch ihre Mitunternehmeranteile (vgl. Randnr. 22.02) an dem Tag, der dem maßgebenden Einbringungszeitpunkt entspricht, zuzurechnen sind. Dies gilt auch für die auf einer Weitereinbringung der erhaltenen oder eingebrachten Anteile beruhenden Anteile. Im Fall der unentgeltlichen Rechtsnachfolge (§ 22 Absatz 6 UmwStG) ist der Nachweis vom Rechtsnachfolger und im Fall der Mitverstrickung von Anteilen (§ 22 Absatz 7 UmwStG) neben dem Einbringenden auch vom Anteilseigner der mitverstrickten Anteile zu erbringen. Wird der Nachweis nicht erbracht, gelten die Anteile als zu Beginn des jeweiligen jährlichen Überwachungszeitraums innerhalb der siebenjährigen Sperrfrist veräußert.

Beispiel:
A hat seinen Betrieb zum 1.3.07 (Einbringungszeitpunkt) zu Buchwerten gegen Gewährung von Anteilen in die X-GmbH eingebracht (§ 20 Absatz 2 UmwStG). Den Nachweis, wem die Anteile an der X-GmbH zum 1.3.08 zuzurechnen sind, hat er zum 31.5.08 erbracht. Ein Nachweis, wem die Anteile an der X-GmbH zum 1.3.09 zuzurechnen sind, wurde bis zum 31.5.09 nicht vorgelegt.

Lösung:
Nach § 22 Absatz 3 Satz 1 UmwStG hat A erstmals bis zum 31.5.08 nachzuweisen, wem die Anteile an der X-GmbH zum 1.3.08 zuzurechnen sind. Dieser Nachweis wurde erbracht (Überwachungszeitraum vom 2.3.07 bis zum 1.3.08). Da A jedoch den bis zum 31.5.09 vorzulegenden Nachweis, wem die Anteile an der X-GmbH zum 1.3.09 zuzurechnen sind (Überwachungszeitraum vom 2.3.08 bis 1.3.09), nicht erbracht hat, gelten die Anteile nach § 22 Absatz 3 Satz 2 UmwStG als am 2.3.08 veräußert. Als Folge hiervon ist zum einen eine rückwirkende Besteuerung des Einbringungsgewinns zum 1.3.07 (Einbringungszeitpunkt) und zum anderen eine Besteuerung des Gewinns aus der – fiktiven – Veräußerung der Anteile zum 2.3.08 durchzuführen.

22.29 Im Fall eines schädlichen Ereignisses treten die Besteuerungsfolgen (rückwirkende Einbringungsgewinnbesteuerung nach § 22 Absatz 1 oder 2 UmwStG) sowohl in den Fällen der Sacheinlage als auch in den Fällen des Anteilstauschs beim Einbringenden ein. Der Einbringende hat deshalb in beiden Fällen den Nachweis (§ 22 Absatz 3 Satz 1 UmwStG) bei dem für ihn zuständigen Finanzamt zu erbringen. Scheidet der Einbringende nach der Einbringung aus der unbeschränkten Steuerpflicht aus, ist der Nachweis bei dem Finanzamt i.S.v. § 6 Absatz 7 Satz 1 AStG zu erbringen. War der Einbringende vor der Einbringung im Inland beschränkt steuerpflichtig, hat er den Nachweis bei dem für den Veranlagungszeitraum der Einbringung zuständigen Finanzamt zu erbringen.

In den Fällen der Sacheinlage hat der Einbringende eine schriftliche Erklärung darüber abzugeben, wem seit der Einbringung die erhaltenen Anteile als wirtschaftlichem Eigentümer zuzurechnen sind. Sind die Anteile zum maßgebenden Zeitpunkt dem Einbringenden zuzurechnen, hat er darüber hinaus eine Bestätigung der übernehmenden Gesellschaft über seine Gesellschafterstellung vorzulegen. In allen anderen Fällen hat er nachzuweisen, an wen und auf welche Weise die Anteile übertragen worden sind. 22.30

In den Fällen des Anteilstauschs ist eine entsprechende Bestätigung der übernehmenden Gesellschaft über das wirtschaftliche Eigentum an den eingebrachten Anteilen und zur Gesellschafterstellung ausreichend; die Gesellschafterstellung kann auch durch Vorlage der Steuerbilanz der übernehmenden Gesellschaft nachgewiesen werden.

Der Nachweis der Gesellschafterstellung kann auch anderweitig, z. B. durch Vorlage eines Auszugs aus dem Aktienregister (§ 67 AktG), einer Gesellschafterliste (§ 40 GmbHG) oder einer Mitgliederliste (§ 30 GenG), zum jeweiligen Stichtag erbracht werden.

Der Nachweis ist jährlich bis zum 31.5. zu erbringen. Er ist erstmals zu erbringen, wenn das erste auf den Einbringungszeitpunkt folgende Zeitjahr bereits vor dem 31.5. abgelaufen ist. 22.31

Erbringt der Einbringende den Nachweis nicht, gelten die sperrfristbehafteten Anteile als veräußert mit der Folge, dass beim Einbringenden auf den Einbringungszeitpunkt eine rückwirkende Einbringungsgewinnbesteuerung durchzuführen ist. Darüber hinaus ist auf den Zeitpunkt i. S. v. § 22 Absatz 3 Satz 2 UmwStG eine Besteuerung des Veräußerungsgewinns für die Anteile durchzuführen. Im Fall der Fristversäumnis ist deshalb der Einbringende aufzufordern, Angaben zum gemeinen Wert des eingebrachten Betriebsvermögens oder der eingebrachten Anteile zum Einbringungszeitpunkt und den Einbringungskosten zu machen. Dasselbe gilt für die als veräußert geltenden Anteile zum Zeitpunkt der Veräußerungsfiktion und die entsprechenden Veräußerungskosten. Macht er keine verwertbaren Angaben, sind der gemeine Wert des eingebrachten Betriebsvermögens oder der eingebrachten Anteile und der als veräußert geltenden Anteile sowie die jeweiligen Kosten zu schätzen (§ 162 AO). 22.32

Die Nachweisfrist kann nicht verlängert werden. Erbringt der Einbringende den Nachweis erst nach Ablauf der Frist, können allerdings die Angaben noch berücksichtigt werden, wenn eine Änderung der betroffenen Bescheide verfahrensrechtlich möglich ist. Dies bedeutet, dass im Fall eines Rechtsbehelfsverfahrens der Nachweis längstens noch bis zum Abschluss des Klageverfahrens erbracht werden kann. 22.33

V. Juristische Personen des öffentlichen Rechts und von der Körperschaftsteuer befreite Körperschaften als Einbringende (§ 22 Absatz 4 UmwStG)

Ist der Einbringende eine juristische Person des öffentlichen Rechts, lösen die Veräußerung der erhaltenen Anteile oder die nach § 22 Absatz 1 Satz 6 UmwStG gleichgestellten Tatbestände die rückwirkende Besteuerung des Einbringungsgewinns I nach § 22 Absatz 1 UmwStG aus. Der Einbringungsgewinn I ist als Gewinn i. S. v. § 16 EStG beim einbringenden Betrieb gewerblicher Art nach den Grundsätzen des § 22 Absatz 1 UmwStG zu versteuern. 22.34

Daneben gilt nach § 22 Absatz 4 Nummer 1 UmwStG innerhalb des Siebenjahreszeitraums auch der Gewinn aus der Veräußerung der erhaltenen Anteile als in einem Betrieb gewerblicher Art der juristischen Person des öffentlichen Rechts entstanden. Dieser ist nach § 8b Absatz 2 und 3 KStG von der Körperschaftsteuer freigestellt, unterliegt jedoch unter den Voraussetzungen des § 20 Absatz 1 Nummer 10 Buchstabe b EStG dem Kapitalertragsteuerabzug. 22.35

Ist der Einbringende eine von der Körperschaftsteuer befreite Körperschaft, ist Randnr. 22.34 hinsichtlich des wirtschaftlichen Geschäftsbetriebs entsprechend anzuwenden. 22.36

22.37 Daneben gilt nach § 22 Absatz 4 Nummer 2 UmwStG auch der Gewinn aus der Veräußerung der erhaltenen Anteile innerhalb des Siebenjahreszeitraums als in einem wirtschaftlichen Geschäftsbetrieb entstanden. Dieser ist nach § 8b Absatz 2 und 3 KStG von der Körperschaftsteuer freigestellt, unterliegt jedoch unter den Voraussetzungen des § 20 Absatz 1 Nummer 10 Buchstabe b EStG dem Kapitalertragsteuerabzug (§ 20 Absatz 1 Nummer 10 Buchstabe b Satz 4 EStG).

VI. Bescheinigung des Einbringungsgewinns und der darauf entfallenden Steuer (§ 22 Absatz 5 UmwStG)

22.38 Die übernehmende Gesellschaft kann in den Fällen der Sacheinlage nach § 23 Absatz 2 Satz 1 UmwStG auf Antrag den auf das eingebrachte Betriebsvermögen (ohne Anteile an Kapitalgesellschaften und Genossenschaften) entfallenden Einbringungsgewinn I als Erhöhungsbetrag ansetzen, wenn durch Vorlage einer Bescheinigung des für den Einbringenden zuständigen Finanzamts nachgewiesen ist, dass der Einbringende die auf den Einbringungsgewinn I entfallende Einkommen- oder Körperschaftsteuer auch entrichtet hat (vgl. Randnr. 23.08 – 23.10). In den Fällen der Einbringung von Anteilen erhöhen sich nach § 23 Absatz 2 Satz 3 UmwStG bei der übernehmenden Gesellschaft auf Antrag die Anschaffungskosten der eingebrachten Anteile, wenn eine entsprechende Bescheinigung hinsichtlich der Versteuerung des Einbringungsgewinns II vorliegt (vgl. Randnr. 23.11).

22.39 Das für den Einbringenden zuständige Finanzamt hat nach § 22 Absatz 5 erster Halbsatz UmwStG auf Antrag der übernehmenden Gesellschaft den zu versteuernden Einbringungsgewinn, die darauf entfallende festgesetzte Steuer und den darauf entrichteten Steuerbetrag zu bescheinigen. Zur Entrichtung der Steuer vgl. Randnr. 23.12 f.

Die Antragstellung kann aus Vereinfachungsgründen auch durch den Einbringenden erfolgen.

22.40 Mindern sich die bescheinigten Beträge – beispielsweise aufgrund eines Rechtsbehelfsverfahrens – nachträglich, hat das die Bescheinigung ausstellende Finanzamt dem für die übernehmende Gesellschaft zuständigen Finanzamt von Amts wegen die Minderungsbeträge mitzuteilen (§ 22 Absatz 5 zweiter Halbsatz UmwStG).

VII. Unentgeltliche Rechtsnachfolge (§ 22 Absatz 6 UmwStG)

22.41 Werden sperrfristbehaftete Anteile beispielsweise durch Schenkung, Erbfall, unentgeltliche vorweggenommene Erbfolge, verdeckte Gewinnausschüttung, unentgeltliche Übertragung oder Überführung nach § 6 Absatz 3 oder § 6 Absatz 5 EStG oder Realteilung unmittelbar oder mittelbar unentgeltlich übertragen, gilt der Erwerber insoweit als unentgeltlicher Rechtsnachfolger i. S. v. § 22 Absatz 6 UmwStG. Dies gilt nicht in den Fällen der unentgeltlichen Übertragung auf eine Kapitalgesellschaft oder Genossenschaft nach § 22 Absatz 1 Satz 6 Nummer 1 UmwStG (vgl. auch Randnr. 22.20).

> **Beispiel:**
> A ist zu 100 % an der M-GmbH beteiligt. Die M-GmbH bringt am 1.1.07 einen Teilbetrieb nach § 20 Absatz 2 Satz 2 UmwStG zu Buchwerten (Buchwert 100.000 €, gemeiner Wert 450.000 €) in die T-GmbH ein. In 08 überträgt die M-GmbH die Anteile an der T-GmbH (gemeiner Wert 520.000 €) unentgeltlich auf den Alleingesellschafter A. Dieser veräußert am 1.7.09 die sperrfristbehafteten Anteile an der T-GmbH für 550.000 €.
>
> **Lösung:**
> Die unentgeltliche Übertragung der sperrfristbehafteten Anteile an der T-GmbH auf den Alleingesellschafter A stellt eine verdeckte Gewinnausschüttung i. S. v. § 8 Absatz 3 Satz 2 KStG dar. Die Einkommenshinzurechnung aus der verdeckten Gewinnausschüttung (gemeiner Wert 520.000 € ./. Buchwert 100.000 € = 420.000 €) ist nach § 8b Absatz 2 KStG steuerfrei. Gleichzeitig sind nach § 8b Absatz 3 Satz 1 KStG 5 % des Veräußerungsgewinns als nichtabziehbare Betriebsausgabe außerhalb der Bilanz hinzuzurechnen. Die rückwirkende Besteuerung des Einbringungsgewinns I bei der M-GmbH wird durch die

unentgeltliche Übertragung der Anteile auf die natürliche Person A nicht ausgelöst (§ 22 Absatz 1 Satz 6 Nummer 1 UmwStG). A gilt jedoch im Hinblick auf die sperrfristbehafteten Anteile an der T-GmbH als unentgeltlicher Rechtsnachfolger i. S. v. § 22 Absatz 6 UmwStG.

Die Veräußerung der sperrfristbehafteten Anteile an der T-GmbH durch A in 09 löst die rückwirkende Besteuerung des Einbringungsgewinns I bei der M-GmbH in 07 aus (§ 22 Absatz 1 i. V. m. Absatz 6 UmwStG):

gemeiner Wert des eingebrachten Betriebsvermögens im Zeitpunkt der Einbringung (1.1.07)	450.000 €
./. Buchwert der sperrfristbehafteten Anteile	100.000 €
= Einbringungsgewinn I vor Siebtelung	350.000 €
davon $5/7$ = von der M-GmbH zu versteuernder Einbringungsgewinn I	250.000 €

Der Einbringungsgewinn I gilt als nachträgliche Anschaffungskosten der sperrfristbehafteten Anteile an der T-GmbH (§ 22 Absatz 1 Satz 4 UmwStG). Die in 08 durch die unentgeltliche Übertragung der sperrfristbehafteten Anteile auf A bei der M-GmbH entstandene (steuerfreie) Einkommenszurechnung vermindert sich entsprechend von 420.000 € auf 170.000 €. Die nichtabziehbaren Betriebsausgaben nach § 8b Absatz 3 Satz 1 KStG vermindern sich auf 5 % von 170.000 €. Die Höhe der Bezüge i. S. v. § 20 Absatz 1 Nummer 1 Satz 2 EStG aus der verdeckten Gewinnausschüttung bei A ändert sich hierdurch nicht.

Der Einbringungsgewinn I gilt grundsätzlich auch beim unentgeltlichen Rechtsnachfolger A als nachträgliche Anschaffungskosten der sperrfristbehafteten Anteile (§ 22 Absatz 6 i. V. m. Absatz 1 Satz 4 UmwStG). Diese wirken sich jedoch bei A nicht mehr aus, da wegen der Besteuerung der verdeckten Gewinnausschüttung als Beteiligungsertrag bei A die Anteile an der T-GmbH mit dem gemeinen Wert im Zeitpunkt der verdeckten Gewinnausschüttung (520.000 €) zum Ansatz kommen. Der Veräußerungsgewinn aus den Anteilen an der T-GmbH in 09 ermittelt sich bei A demnach wie folgt:

Veräußerungspreis der sperrfristbehafteten Anteile am 1.7.09	550.000 €
./. Anschaffungskosten der sperrfristbehafteten Anteile	520.000 €
= Veräußerungsgewinn nach § 17 Absatz 2 EStG	30.000 €

Der Veräußerungsgewinn ist anteilig steuerfrei (§ 3 Nummer 40 Satz 1 Buchstabe c i. V. m. § 3c Absatz 2 EStG).

Sind beim unentgeltlichen Rechtsnachfolger die Voraussetzungen des § 1 Absatz 4 UmwStG nicht erfüllt, löst die unentgeltliche Übertragung die Besteuerung des Einbringungsgewinns nach § 22 Absatz 1 Satz 6 Nummer 6 UmwStG aus (vgl. Randnr. 22.27). 22.42

VIII. Verlagerung stiller Reserven auf andere Gesellschaftsanteile (§ 22 Absatz 7 UmwStG, Mitverstrickung von Anteilen)

Gehen i. R. d. Gesellschaftsgründung oder einer Kapitalerhöhung aus Gesellschaftermitteln stille Reserven aus einer Sacheinlage (§ 20 Absatz 1 UmwStG) oder einem Anteilstausch auf andere Anteile desselben Gesellschafters oder unentgeltlich auf Anteile Dritter über, tritt insoweit zwar weder eine Einbringungsgewinnbesteuerung noch eine Gewinnverwirklichung ein; diese Anteile werden aber nach § 22 Absatz 7 UmwStG ebenfalls von der Steuerverstrickung nach § 22 Absatz 1 und 2 UmwStG erfasst. 22.43

Beispiel:
Das Stammkapital der X-GmbH soll in 09 von 50.000 € auf 100.000 € erhöht werden. Der gemeine Wert der GmbH vor Kapitalerhöhung beläuft sich auf 400.000 €. Den neu gebildeten Geschäftsanteil von nominell 50.000 € übernimmt S gegen Bareinlage von 100.000 €. Die Altanteile von ebenfalls nominell 50.000 € werden von V, dem Vater des S, gehalten, der sie in 08 gegen Sacheinlage seines Einzelunternehmens (gemeiner Wert 400.000 €) zum Buchwert erworben hatte. Die Anschaffungskosten des V nach § 20 Absatz 3 UmwStG betragen 40.000 €.

Lösung:
Durch die Einlage steigt der gemeine Wert der GmbH auf 500.000 €. Davon entfallen 50 % = 250.000 € auf den jungen Geschäftsanteil des S, der jedoch nur 100.000 € für seinen Anteil aufgewendet hat. Die Wertverschiebung ist darauf zurückzuführen, dass von den Anteilen des V 150.000 € stille Reserven unentgeltlich auf den Geschäftsanteil des S übergegangen sind. Dementsprechend ist der Anteil des S zu

60 % (150.000 €/250.000 €) gem. § 22 Absatz 1 UmwStG steuerverstrickt. Da ein (teilweise) unentgeltlicher Vorgang vorliegt, sind S anteilig die Anschaffungskosten seines Rechtsvorgängers V zuzurechnen i. H. v. 15.000 € (40.000 € × 150.000 €/400.000 €), so dass sich die bei V zu berücksichtigenden Anschaffungskosten entsprechend auf 25.000 € mindern.

Veräußern V und S ihre Anteile für jeweils 250.000 €, löst dies bei V in 08 eine rückwirkende Einbringungsgewinnbesteuerung nach § 22 Absatz 1 UmwStG i. H. v. 400.000 €./. 40.000 € = 360.000 € aus. I. H. des versteuerten Einbringungsgewinns erhöhen sich nachträglich die Anschaffungskosten der Anteile von S und V:

Bei V erhöhen sich die Anschaffungskosten von 25.000 € um 360.000 € × 250.000 €/400.000 € = 225.000 € auf 250.000 € und bei S von 115.000 € um 360.000 € × 150.000 €/400.000 € = 135.000 € auf 250.000 €. Damit ergibt sich bei S und V in 09 ein Veräußerungsgewinn aus den Anteilen nach § 17 EStG von jeweils 0 €.

22.44 Randnr. 22.42 gilt entsprechend.

22.45 Die entgeltliche Veräußerung von Bezugsrechten führt zu einer Anwendung von § 22 Absatz 1 Satz 1 und Absatz 2 Satz 1 UmwStG (BFH vom 8.4.1992, I R 128/88, BStBl II S. 761, und BFH vom 13.10.1992, VIII R 3/89, BStBl 1993 II S. 477).

22.46 Wird eine Kapitalerhöhung aus Gesellschaftsmitteln vorgenommen, gelten die jungen Anteile als sperrfristbehaftete Anteile, soweit sie ihrerseits auf sperrfristbehaftete Altanteile entfallen.

E. Auswirkungen bei der übernehmenden Gesellschaft (§ 23 UmwStG)

I. Allgemeines

23.01 Objektbezogene Kosten – hierzu gehört grundsätzlich auch eine bei der Einbringung anfallende Grunderwerbsteuer – können auch nicht aus Vereinfachungsgründen sofort als Betriebsausgaben abgezogen werden, sondern sind als zusätzliche Anschaffungskosten der Wirtschaftsgüter zu aktivieren, bei deren Erwerb (Einbringung) sie angefallen sind. Zur Behandlung von Grunderwerbsteuer bei Anteilsvereinigung (§ 1 Absatz 3 GrEStG) beachte aber auch BFH vom 20.4.2011, I R 2/10, BStBl II S. 761.

23.02 Bei Einbringungsvorgängen geht ein verbleibender Verlustabzug i. S. d. § 10d Absatz 4 Satz 2 EStG nicht auf die übernehmende Gesellschaft über, sondern verbleibt beim Einbringenden. Denn der Verlustabzug bezieht sich auf den Einbringenden persönlich und kann deshalb nicht Bestandteil des Einbringungsgegenstands sein.

Gem. § 23 Absatz 5 UmwStG geht ein vortragsfähiger Gewerbeverlust (Fehlbetrag nach § 10a GewStG) nicht auf die übernehmende Gesellschaft über. Dies gilt entsprechend für den Zinsvortrag und einen EBITDA-Vortrag des eingebrachten Betriebs (§ 20 Absatz 9 UmwStG).

23.03 Wegen der Anwendung von § 8c KStG auf nicht genutzte Verluste und den Zinsvortrag der übernehmenden Gesellschaft vgl. BMF-Schreiben vom 28.11.2017, BStBl I S. 1645, und vom 4.7.2008, BStBl I S. 718.

23.04 Bei Begünstigung des Einbringungsfolgegewinns gem. § 23 Absatz 6 i. V. m. § 6 Absatz 1 UmwStG ist die fünfjährige Sperrfrist des § 6 Absatz 3 UmwStG zu beachten.

II. Buchwert- oder Zwischenwertansatz (§ 23 Absatz 1 UmwStG)

23.05 Zum Begriff Buchwert vgl. Randnr. 01.57. Bei der Einbringung von Anteilen an einer Kapitalgesellschaft oder einer Genossenschaft (Anteilstausch) aus einem Privatvermögen treten an die Stelle des Buchwerts die Anschaffungskosten der Anteile.

23.06 In den Fällen der Sacheinlage und des Anteilstauschs zu Buch- oder Zwischenwerten tritt die übernehmende Gesellschaft in die steuerliche Rechtsstellung des Einbringenden ein. In den Fällen der Gesamtrechtsnachfolge nach den Vorschriften des UmwG gilt dies auch bei Ansatz des gemeinen Werts (vgl. § 23 Absatz 4 zweiter Halbsatz UmwStG). In den Fällen der Sacheinlage ist die übernehmende Gesellschaft beispielsweise an die bisherige Abschreibungsbemessungsgrundlage der übertragenen Wirtschaftsgüter, die bisherige Abschreibungs-Methode und die vom Einbringenden angenommene Nutzungsdauer gebunden. Steuerfreie Rücklagen können bei Buchwertansatz von der übernehmenden Gesellschaft fortgeführt werden. Die Regelung des § 12 Absatz 3 erster Halbsatz UmwStG gilt auch für das Nachholverbot des § 6a Absatz 4 EStG. Zur Besitzzeitanrechnung nach § 23 Absatz 1 i.V. m. § 4 Absatz 2 Satz 3 UmwStG vgl. Randnr. 04.15.

III. Besonderheiten in den Fällen der rückwirkenden Besteuerung des Einbringungsgewinns (§ 23 Absatz 2 UmwStG)

1. Sacheinlage ohne miteingebrachte Anteile

Kommt es in den Fällen der Sacheinlage zu einer rückwirkenden Besteuerung des Einbringungsgewinns I (§ 22 Absatz 1 UmwStG), kann die übernehmende Gesellschaft auf Antrag in der Steuerbilanz des Wirtschaftsjahrs, in das das schädliche Ereignis i.S.v. § 22 Absatz 1 UmwStG fällt, eine Buchwertaufstockung i.H. des versteuerten Einbringungsgewinns vornehmen. Aus dem Antrag müssen die Höhe und die Zuordnung des Aufstockungsbetrags eindeutig erkennbar sein. Die Buchwertaufstockung ist zunächst mit dem Ausgleichsposten i. S. d. Randnr. 20.20 zu verrechnen. Ein übersteigender Betrag führt zu einer Erhöhung des Steuerbilanzgewinns, der durch eine Kürzung außerhalb der Bilanz zu neutralisieren ist. Gleichzeitig ergibt sich ein Zugang beim steuerlichen Einlagekonto nach § 27 Absatz 1 KStG i. H. des Aufstockungsbetrags, soweit dieser nicht Korrekturbetrag zum Stammkapital ist. 23.07

Beispiel:
Sacheinlage in 01 zum Buchwert von 15.000 €. Stammkapitalerhöhung um 22.000 €. I.H. d. Differenz (7.000 €) ist in der Steuerbilanz 01 ein aktiver Ausgleichsposten anzusetzen. In 03 wird eine rückwirkende Einbringungsgewinnbesteuerung in 01 i. H. v. 10.000 € ausgelöst.

Lösung:
Unter den Voraussetzungen des § 23 Absatz 2 UmwStG kann die übernehmende GmbH eine Aufstockung i.H.v. insgesamt 10.000 € vornehmen. I.H.v. 7.000 € erfolgt eine Verrechnung mit dem steuerlichen Ausgleichsposten. Darüber hinaus kommt es zu einer Erhöhung des Steuerbilanzgewinns i.H.v. 3.000 €, der durch eine Kürzung außerhalb der Bilanz zu neutralisieren ist. Das steuerliche Einlagekonto i.S.v. § 27 KStG erhöht sich um 3.000 €.

Eine Buchwertaufstockung ist nur zulässig, soweit der Einbringende die auf den Einbringungsgewinn entfallende Steuer entrichtet hat und dies durch Vorlage einer Bescheinigung des zuständigen Finanzamts i S.v. § 22 Absatz 5 UmwStG (vgl. Randnr.22.39) nachgewiesen wurde (§ 23 Absatz 2 Satz 1 UmwStG). Die Buchwertaufstockung ist einheitlich nach dem Verhältnis der stillen Reserven und stillen Lasten im Einbringungszeitpunkt bei den einzelnen Wirtschaftsgütern vorzunehmen. 23.08

Eine Buchwertaufstockung kommt nur in Betracht, wenn das jeweilige Wirtschaftsgut im Zeitpunkt des schädlichen Ereignisses noch zum Betriebsvermögen der übernehmenden Gesellschaft gehört. Etwas anderes gilt nur, wenn dieses zwischenzeitlich zum gemeinen Wert übertragen wurde (§ 23 Absatz 2 Satz 2 UmwStG) oder untergegangen ist. In diesen Fällen stellt der auf das zum gemeinen Wert übertragene Wirtschaftsgut entfallende Aufstockungsbetrag im Zeitpunkt des schädlichen Ereignisses eine sofort abziehbare Betriebsausgabe dar. Wurde das jeweilige Wirtschaftsgut nicht zum gemeinen Wert übertragen, ist ein Abzug des Aufstockungsbetrags als sofort abziehbarer Aufwand ausgeschlossen. Im Fall der unentgeltlichen Übertragung (z. B. im Wege einer verdeckten Gewinnausschüttung oder einer verdeckten Einlage) ist eine Aufstockung möglich, wenn für steuerliche Zwecke der gemeine Wert bzw. der Teilwert angesetzt wurde. Im Fall der Weitereinbringung der Wirtschaftsgüter zum Buch- oder Zwischenwert scheidet eine Buchwertaufstockung aus. 23.09

23.10 Die Bescheinigung nach § 22 Absatz 5 UmwStG stellt einen Grundlagenbescheid i. S. d. § 175 Absatz 1 Satz 1 Nummer 1 AO dar.

2. Anteilstausch und Miteinbringung von Anteilen i. R. einer Sacheinlage

23.11 Kommt es in den Fällen einer (Mit-)Einbringung von Anteilen (§ 20 Absatz 1 oder § 21 Absatz 1 UmwStG) zu einer rückwirkenden Besteuerung des Einbringungsgewinns II (§ 22 Absatz 2 UmwStG), erhöhen sich auf Antrag der übernehmenden Gesellschaft bei dieser die Anschaffungskosten der eingebrachten Anteile (§ 23 Absatz 2 Satz 3 UmwStG). Dadurch verringert sich bei der übernehmenden Gesellschaft der Gewinn aus der Veräußerung der eingebrachten Anteile entsprechend. Dies gilt in den Fällen der Weitereinbringung der eingebrachten Anteile zum Buchwert auch im Hinblick auf die auf der Weitereinbringung beruhenden Anteile (§ 23 Absatz 2 Satz 3, § 22 Absatz 1 Satz 7 UmwStG). Die Ausführungen zu Randnr. 23.07 – 23.10 gelten entsprechend.

Beispiel:
X bringt am 1.1.01 Anteile an der A-GmbH (Anschaffungskosten 55.000 €, gemeiner Wert 90.000 €) nach § 21 Absatz 1 Satz 2 UmwStG zum Buchwert gegen Gewährung von Anteilen in die B-GmbH ein. Diese wiederum bringt in 03 die sperrfristbehafteten Anteile an der A-GmbH nach § 21 Absatz 1 Satz 2 UmwStG zum Buchwert gegen Gewährung von Anteilen in die C-GmbH ein. Die C-GmbH veräußert die Anteile an der A-GmbH am 1.7.04 für 100.000 €.

Lösung:
Die Weitereinbringung der sperrfristbehafteten Anteile an der A-GmbH in 03 durch die B-GmbH zum Buchwert löst keine rückwirkende Einbringungsgewinnbesteuerung bei A in 01 aus, da sie zum Buchwert erfolgt ist (§ 22 Absatz 2 Satz 6 i.V. m. Absatz 1 Satz 6 Nummer 2 UmwStG). Die Veräußerung der sperrfristbehafteten Anteile an der A-GmbH in 04 führt nach § 22 Absatz 2 Satz 1 UmwStG zu einer rückwirkenden Besteuerung des Einbringungsgewinns II i.H.v. 20.000 € ($^{4/7}$ × [gemeiner Wert 90.000 € ./. Anschaffungskosten 55.000 €]) zum 1.1.01. Der Einbringungsgewinn II gilt bei X nach § 22 Absatz 2 Satz 4 UmwStG als nachträgliche Anschaffungskosten der Anteile an der B-GmbH.

Darüber hinaus erhöhen sich auf Antrag sowohl die Anschaffungskosten der C-GmbH für die Anteile an der A-GmbH (§ 23 Absatz 2 Satz 3 UmwStG) sowie die Anschaffungskosten der B-GmbH für die Anteile an der C-GmbH (§ 23 Absatz 2 Satz 3 i.V. m. § 22 Absatz 1 Satz 7 UmwStG). Bei der C-GmbH vermindert sich damit der nach § 8b Absatz 2 KStG begünstigte Veräußerungsgewinn aus den Anteilen an der A-GmbH entsprechend. Gleichzeitig sind nur noch 5 % des verminderten Veräußerungsgewinns nach § 8b Absatz 3 Satz 1 KStG als nichtabziehbare Betriebsausgabe außerhalb der Bilanz hinzuzurechnen. Bei der B-GmbH vermindert sich ein künftiger nach § 8b Absatz 2 KStG begünstigter Veräußerungsgewinn aus den Anteilen an der C-GmbH entsprechend.

3. Entrichtung der Steuer

23.12 Eine Buchwertaufstockung ist nur zulässig, soweit der Einbringende die auf den Einbringungsgewinn entfallende Steuer entrichtet hat. Ergibt sich im Wirtschaftsjahr der Einbringung für den Einbringenden auch nach Einbeziehung des Einbringungsgewinns I oder II ein Verlust, gilt die Steuer grundsätzlich mit Bekanntgabe des (geänderten) Verlustfeststellungsbescheids als entrichtet. Ist das Einkommen in dem für die Einbringung maßgeblichen Veranlagungszeitraum zwar positiv, ergibt sich jedoch aufgrund eines Verlustvor- oder -rücktrags keine festzusetzende Steuer, gilt die Steuer ebenfalls mit Bekanntgabe des (geänderten) Verlustfeststellungsbescheids als entrichtet. Auf die Entrichtung der sich aufgrund der Verringerung des rück- oder vortragsfähigen Verlusts im Verlustrück- oder -vortragsjahr beim Einbringenden ergebenden Steuer kommt es nicht an. Entsprechendes gilt auch bei der Verrechnung des Einbringungsgewinns mit Verlusten aus anderen Einkunftsarten, soweit nicht ein Verlustverrechnungsverbot besteht.

Ist oder wird die Steuer aus der Steuerfestsetzung, die den Einbringungsgewinn beinhaltet, nur teilweise getilgt, entfällt die Tilgung anteilig auch auf den Einbringungsgewinn.

Ist der Einbringende eine Organgesellschaft, ist Voraussetzung für die Buchwertaufstockung die Entrichtung der Steuer durch den Organträger; in Verlustfällen kommt es auf die Berücksichtigung des Einbringungsgewinns im jeweiligen Verlustfeststellungsbescheid des Organträgers an. 23.13

IV. Besonderheiten beim Zwischenwertansatz (§ 23 Absatz 3 UmwStG)

Bei Ansatz von Zwischenwerten sind die in den Wirtschaftsgütern, Schulden und steuerfreien Rücklagen ruhenden stillen Reserven um einen einheitlichen Prozentsatz aufzulösen; vgl. Randnr. 03.25 f. 23.14

Für die Absetzungen für Abnutzung der zu einem Zwischenwert eingebrachten Wirtschaftsgüter gilt Folgendes: 23.15

a) In den Fällen des § 23 Absatz 3 Satz 1 Nummer 1 UmwStG erhöht sich die bisherige AfA-Bemessungsgrundlage um den Aufstockungsbetrag. Der bisher geltende Abschreibungssatz ist weiter anzuwenden. Absetzungen für Abnutzung (AfA) können nur bis zur Höhe des Zwischenwerts abgezogen werden.

   Beispiel:
   Für eine Maschine mit Anschaffungskosten von 100.000 € und einer Nutzungsdauer von 10 Jahren wird AfA nach § 7 Absatz 1 EStG von jährlich 10.000 € vorgenommen. Bei Einbringung nach drei Jahren beträgt der Restbuchwert 70.000 €, die Restnutzungsdauer sieben Jahre. Die übernehmende Gesellschaft setzt die Maschine mit 90.000 € an.

   Lösung:
   Ab dem Zeitpunkt der Einbringung ist für die Maschine jährlich AfA von 10 % von (100.000 € + 20.000 € =) 120.000 € = 12.000 € vorzunehmen (7 × 12.000 € = 84.000 €). Im letzten Jahr der Nutzungsdauer ist zusätzlich zu der linearen AfA i. H. v. 12.000 € auch der Restwert i. H. v. 6.000 € (= 90.000 € ./. 84.000 €) abzuziehen.

   In den Fällen, in denen das AfA-Volumen vor dem Ablauf der Nutzungsdauer verbraucht ist, kann in dem verbleibenden Nutzungszeitraum keine AfA mehr abgezogen werden.

   Wird in den Fällen des § 7 Absatz 4 Satz 1 EStG auf diese Weise die volle Absetzung innerhalb der tatsächlichen Nutzungsdauer nicht erreicht, kann die AfA nach der Restnutzungsdauer des Gebäudes bemessen werden (BFH vom 7. 6. 1977, VIII R 105/73, BStBl II S. 606).

b) In den Fällen des § 23 Absatz 3 Satz 1 Nummer 2 UmwStG ist der Zwischenwert die Bemessungsgrundlage der weiteren Absetzungen für Abnutzung (AfA). Der Abschreibungssatz richtet sich nach der neu zu schätzenden Restnutzungsdauer im Zeitpunkt der Einbringung.

   Beispiel:
   Für eine Maschine mit einer Nutzungsdauer von 12 Jahren wird AfA nach § 7 Absatz 2 EStG von jährlich 20,83 % vorgenommen. Der Restbuchwert bei Einbringung beträgt 70.000 €. Die übernehmende Gesellschaft setzt die Maschine mit 90.000 € an und schätzt die Restnutzungsdauer auf acht Jahre.

   Lösung:
   Ab dem Zeitpunkt der Einbringung ist für die Maschine jährlich AfA von 25 % vom jeweiligen Buchwert vorzunehmen.

Bei Erhöhung der Anschaffungs- oder Herstellungskosten aufgrund rückwirkender Besteuerung des Einbringungsgewinns (§ 23 Absatz 2 UmwStG) ist § 23 Absatz 3 Satz 1 UmwStG entsprechend anzuwenden. Die Buchwertaufstockung erfolgt in diesen Fällen zu Beginn des Wirtschaftsjahrs, in welches das die Besteuerung des Einbringungsgewinns auslösende Ereignis fällt (§ 23 Absatz 3 Satz 2 UmwStG). 23.16

V. Ansatz des gemeinen Werts (§ 23 Absatz 4 UmwStG)

Gemeiner Wert des Betriebsvermögens ist der Saldo der gemeinen Werte der aktiven und passiven Wirtschaftsgüter. Beim Ansatz des gemeinen Werts sind alle stillen Reserven aufzudecken, 23.17

insbesondere auch steuerfreie Rücklagen aufzulösen und selbst geschaffene immaterielle Wirtschaftsgüter, einschließlich des Firmen- oder Geschäftswerts, anzusetzen. Dies gilt auch für die Fälle der Einbringung im Wege der Gesamtrechtsnachfolge; § 23 Absatz 4 zweite Alternative UmwStG begründet insoweit keine Besonderheiten, sondern setzt den durch § 20 Absatz 2 Satz 1 UmwStG vorgegebenen Begriff des gemeinen Werts voraus. Vgl. hierzu Randnr. 20.17 sowie Randnr. 03.07 f.

23.18 Als Wert einer Pensionsverpflichtung ist anzusetzen (in den Fällen der Einzelrechtsnachfolge und der Gesamtrechtsnachfolge)

- bei Pensionsanwartschaften vor Beendigung des Dienstverhältnisses des Pensionsberechtigten der nach § 6a Absatz 3 Satz 2 Nummer 1 EStG zu berechnende Wert; dabei ist als Beginn des Dienstverhältnisses des Pensionsberechtigten der Eintritt in den Betrieb des Einbringenden maßgebend,

- bei aufrechterhaltenen Pensionsanwartschaften nach Beendigung des Dienstverhältnisses des Pensionsberechtigten oder bei bereits laufenden Pensionszahlungen der Barwert der künftigen Pensionsleistungen (§ 6a Absatz 3 Satz 2 Nummer 2 EStG).

23.19 Die Rechtsfolgen bei Ansatz des gemeinen Werts unterscheiden sich für die übernehmende Gesellschaft danach, ob die Einbringung im Wege der Einzelrechtsnachfolge (§ 23 Absatz 4 erste Alternative UmwStG) oder der Gesamtrechtsnachfolge (§ 23 Absatz 4 zweite Alternative UmwStG) erfolgt. Bei Gesamtrechtsnachfolge gilt § 23 Absatz 3 UmwStG entsprechend.

23.20 Erfolgt eine Einbringung sowohl im Wege der Gesamtrechtsnachfolge als auch im Wege der Einzelrechtsnachfolge (z. B. bei Verschmelzung einer KG auf eine GmbH mit gleichzeitigem Übergang des Sonderbetriebsvermögens im Wege der Einzelrechtsnachfolge), ist der Vorgang für Zwecke des § 23 Absatz 4 UmwStG einheitlich als Gesamtrechtsnachfolge zu beurteilen.

23.21 Im Fall der Einzelrechtsnachfolge wird der Einbringungsvorgang für die übernehmende Gesellschaft als Anschaffung zum gemeinen Wert behandelt. Dies hat u. a. zur Folge, dass für die Absetzungen für Abnutzung der eingebrachten Wirtschaftsgüter ausschließlich die Verhältnisse der übernehmenden Gesellschaft maßgebend sind. Zu den Auswirkungen auf die Investitionszulage vgl. Randnr. 10 des BMF-Schreibens vom 8. 5. 2008, BStBl I S. 590.

VI. Verlustabzug bei Auslandsbetriebsstätten

23.22 Für die Nachversteuerung von Verlusten gem. § 2a Absatz 4 EStG a. F. bzw. § 2 Absatz 2 AuslInvG gilt Randnr. 04.12 entsprechend.

Siebter Teil. Einbringung eines Betriebs, Teilbetriebs oder Mitunternehmeranteils in eine Personengesellschaft (§ 24 UmwStG)

A. Allgemeines

I. Persönlicher und sachlicher Anwendungsbereich

24.01 Zu den zivilrechtlichen Formen der Einbringung eines Betriebs, Teilbetriebs oder Mitunternehmeranteils in eine Personengesellschaft siehe Randnr. 01.47 f.

24.02 Für Zwecke des § 24 UmwStG gilt auch eine zu einem Betriebsvermögen gehörende, das gesamte Nennkapital umfassende Beteiligung an einer Kapitalgesellschaft als Teilbetrieb. Randnr. 15.05 f. gelten entsprechend.

II. Entsprechende Anwendung der Regelungen zu §§ 20, 22, 23 UmwStG

Die vorstehenden Ausführungen zu §§ 20, 22, 23 UmwStG gelten für Einbringungen in eine Personengesellschaft nach § 24 UmwStG, soweit im Folgenden nichts anderes bestimmt ist, entsprechend. Insbesondere gelten folgende Randnr. entsprechend: 24.03

- Randnr. 20.03 betreffend die Person des Einbringenden,
- Randnr. 20.05 – 20.08 und Randnr. 20.10 ff. betreffend die Einbringung von Betrieben, Teilbetrieben und Mitunternehmeranteilen,
- Randnr. 20.17 ff. betreffend die Bewertung des eingebrachten Betriebsvermögens,
- Randnr. 20.25 ff. betreffend die Besteuerung des Einbringungsgewinns,
- Randnr. 23.01 ff., 23.05 f., 23.14 f., 23.17 ff. betreffend die Auswirkungen bei der übernehmenden Gesellschaft und
- Randnr. 23.22 betreffend die Nachversteuerung von Verlusten.

Hat die übernehmende Personengesellschaft für das Wirtschaftsjahr, in dem die Einbringung erfolgt ist, keine steuerliche Schlussbilanz zu erstellen, weil sie nach der Einbringung zulässigerweise zur Gewinnermittlung nach § 4 Absatz 3 EStG zurückkehrt, muss der Antrag i. S. d. § 24 Absatz 2 Satz 2 UmwStG in entsprechender Anwendung des § 20 Absatz 2 Satz 3 UmwStG spätestens bis zur erstmaligen Abgabe der entsprechend R 4.5 (6) EStR zu erstellenden Bilanz i. S. d. § 24 Absatz 2 UmwStG bei dem für die Besteuerung der übernehmenden Personengesellschaft zuständigen Finanzamt gestellt werden.

Die Einbringung in eine Personengesellschaft nach § 24 UmwStG ist – im Gegensatz zur Einbringung in eine Kapitalgesellschaft nach § 20 UmwStG – auch dann zum Buchwert möglich, wenn das eingebrachte Betriebsvermögen negativ ist. Denn in § 24 UmwStG fehlt eine § 20 Absatz 2 Satz 2 Nummer 2 UmwStG entsprechende Regelung. 24.04

I. R. d. § 24 UmwStG ist es ausreichend, wenn das eingebrachte Betriebsvermögen teilweise Sonderbetriebsvermögen des Einbringenden bei der übernehmenden Mitunternehmerschaft wird. 24.05

III. Rückbeziehung nach § 24 Absatz 4 UmwStG

§ 24 Absatz 4 zweiter Halbsatz UmwStG eröffnet die Möglichkeit einer Rückbeziehung der Einbringung für den Fall der Gesamtrechtsnachfolge nach den Vorschriften des UmwG oder vergleichbarer ausländischer Vorgänge, also nicht für den Fall der Anwachsung. Stellt sich die Einbringung als Kombination von Gesamtrechtsnachfolge und Einzelrechtsnachfolge dar, nimmt auch die Einzelrechtsnachfolge an der Rückbeziehung teil. Bei Vorgängen im Wege der Einzelrechtsnachfolge ist eine Rückbeziehung nicht möglich. Randnr. 20.13 – 20.16 gelten entsprechend. 24.06

B. Einbringung gegen Gewährung von Gesellschaftsrechten

I. Allgemeines[1]

§ 24 UmwStG ist nur anwendbar, soweit der Einbringende als Gegenleistung für die Einbringung Gesellschaftsrechte erwirbt, d. h. soweit er durch die Einbringung die Rechtsstellung eines Mitunternehmers erlangt oder seine bisherige Mitunternehmerstellung erweitert (BFH vom 24.07

---

1) Gem. BMF, Schreiben v. 26.7.2016 (BStBl I S.684) ist Tz. 24.07 insoweit überholt, als danach sowohl eine Buchung, die ausschließlich auf einem variablen Kapitalkonto (insbesondere dem Kapitalkonto II) erfolgt, als auch eine Buchung, die teilweise auf einem variablen Kapitalkonto (insbesondere dem Kapitalkonto II) und teilweise auf einem gesamthänderisch gebundenen Rücklagenkonto erfolgt, zu einer Gewährung von Gesellschaftsrechten und damit zu einem entgeltlichen Vorgang führt.

16.12.2004, III R 38/00, BStBl 2005 II S. 554 und BFH vom 25.4.2006, VIII R 52/04, BStBl II S. 847). Das erfordert als Gegenleistung die Erhöhung des die Beteiligung widerspiegelnden Kapitalkontos oder die Einräumung weiterer Gesellschaftsrechte (BFH vom 25.4.2006, VIII R 52/04, BStBl II S. 847 und BFH vom 15.6.1976, I R 17/74, BStBl II S. 748). Ist ein Mitunternehmer bereits zu 100% an einer Personengesellschaft beteiligt (Ein-Personen-GmbH & Co. KG), muss sein Kapitalkonto bei einer weiteren Einbringung eines Betriebs, Teilbetriebs oder Mitunternehmeranteils erhöht werden. Die teilweise Buchung auf einem Kapitalkonto und auf einem gesamthänderisch gebundenen Rücklagenkonto ist für die Anwendung des § 24 UmwStG ebenso unschädlich wie die ausschließliche Buchung auf einem variablen Kapitalkonto (z. B. Kapitalkonto II). Die Buchung auf einem bloßen Darlehenskonto reicht dagegen nicht aus (vgl. hierzu im Einzelnen BMF-Schreiben vom 11.7.2011, BStBl I S. 713). Zur Abgrenzung zwischen Darlehens- und Kapitalkonto vgl. das BMF-Schreiben vom 30.5.1997, BStBl I S. 627.

Erfolgt die Einbringung gegen ein Mischentgelt, d. h. gegen Gewährung von Gesellschaftsrechten und sonstige Ausgleichsleistungen, kann die Einbringung auf Antrag (§ 24 Absatz 2 Satz 2 UmwStG) entsprechend dem Verhältnis der jeweiligen Teilleistungen (Wert der erlangten Gesellschaftsrechte einerseits und Wert der sonstigen Gegenleistungen andererseits) zum gemeinen Wert des eingebrachten Betriebsvermögens teilweise zu Buchwerten und teilweise zum gemeinen Wert vollzogen werden (BFH vom 11.12.2001, VIII R 58/98, BStBl 2002 II S. 420).

Stellt sich der Einbringungsvorgang bei wirtschaftlicher Betrachtung als Veräußerung gegen ein nicht in Gesellschaftsrechten bestehendes Entgelt dar, ist § 24 UmwStG nicht anzuwenden.

Beispiel:
A betreibt (u.a.) den Teilbetrieb I, dessen Wirtschaftsgüter erhebliche stille Reserven aufweisen. Der Teilbetrieb I soll an B veräußert werden. Um die dabei eintretende Gewinnverwirklichung zu vermeiden, bringt A seinen gesamten Betrieb nach § 24 UmwStG zu Buchwerten in eine KG mit B ein, der eine Geldeinlage leistet. Kurze Zeit später kommt es zur Realteilung, bei der B den Teilbetrieb erhält um ihn auf eigene Rechnung fortzuführen.

Lösung:
Der Vorgang ist nicht steuerneutral. Es handelt sich um die verdeckte Veräußerung des Teilbetriebs I nach § 16 Absatz 1 Satz 1 Nummer 1 i.V. m. § 34 EStG (vgl. auch BFH vom 11.12.2001, VIII R 23/01, BStBl 2004 II S. 474).

II. Einbringung mit Zuzahlung zu Buchwerten

24.08 Erhält der Einbringende neben dem Mitunternehmeranteil an der Personengesellschaft eine Zuzahlung, die nicht Betriebsvermögen der Personengesellschaft wird, ist davon auszugehen, dass

- der Einbringende Eigentumsanteile an den Wirtschaftsgütern des Betriebs veräußert und
- die ihm verbliebenen Eigentumsanteile für eigene Rechnung, sowie die veräußerten Eigentumsanteile für Rechnung des zuzahlenden Gesellschafters in das Betriebsvermögen der Personengesellschaft einlegt (vgl. BFH vom 18.10.1999, GrS 2/98, BStBl 2000 II S. 123).

24.09 Der Gewinn, der durch eine Zuzahlung in das Privatvermögen des Einbringenden entsteht, kann nicht durch Erstellung einer negativen Ergänzungsbilanz vermieden werden (BFH vom 8.12.1994, IV R 82/92, BStBl 1995 II S. 599 und BFH vom 16.12.2004, III R 38/00, BStBl 2005 II S. 554). Eine Zuzahlung liegt auch vor, wenn mit ihr eine zugunsten des Einbringenden begründete Verbindlichkeit der Gesellschaft getilgt wird (BFH vom 8.12.1994, IV R 82/92, BStBl 1995 II S. 599) oder durch die Einbringung private Verbindlichkeiten (z. B. Pflichtteilsansprüche) abgegolten werden (BFH vom 16.12.2004, III R 38/00, BStBl 2005 II S. 554).

24.10 Die Veräußerung der Anteile an den Wirtschaftsgütern ist ein Geschäftsvorfall des einzubringenden Betriebs. Der hierbei erzielte Veräußerungserlös wird vor der Einbringung aus dem Betriebsvermögen entnommen. Anschließend wird der Betrieb so eingebracht, wie er sich nach der Entnahme des Veräußerungserlöses darstellt.

Beispiel:
A und B gründen eine OHG, die das Einzelunternehmen des A zu Buchwerten fortführen soll. Das Einzelunternehmen hat einen Buchwert von 100.000 € und einen gemeinen Wert von 300.000 €. A und B sollen an der OHG zu je 50 % beteiligt sein. A erhält von B eine Zuzahlung i. H. v. 150.000 €, die nicht Betriebsvermögen der OHG wird.

Lösung:
Die Zahlung der 150.000 € durch B an A ist die Gegenleistung für den Verkauf von je $^1/_2$ Miteigentumsanteilen an den Wirtschaftsgütern des Einzelunternehmens. Infolge dieser Vereinbarungen bringt A sein Einzelunternehmen sowohl für eigene Rechnung als auch für Rechnung des B in die OHG ein.

Der bei der Veräußerung der Anteile an den Wirtschaftsgütern erzielte Gewinn ist als laufender, nicht nach §§ 16, 34 EStG begünstigter Gewinn zu versteuern. Die Veräußerung eines Betriebs (§ 16 Absatz 1 Satz 1 Nummer 1 EStG) liegt nicht vor, weil nur Miteigentumsanteile an den Wirtschaftsgütern des Betriebs veräußert werden; die Veräußerung eines Mitunternehmeranteils (§ 16 Absatz 1 Satz 1 Nummer 2 EStG) liegt nicht vor, weil eine Mitunternehmerschaft im Zeitpunkt der Veräußerung der Miteigentumsanteile noch nicht bestand, sondern durch den Vorgang erst begründet wurde (BFH vom 18.10.1999, GrS 2/98, BStBl 2000 II S. 123).

Unter Berücksichtigung der Umstände des Einzelfalls kann es geboten sein, nach den vorstehenden Grundsätzen auch dann zu verfahren, wenn die Zuzahlung zunächst Betriebsvermögen der Personengesellschaft wird und erst später entnommen wird. Bei wirtschaftlicher Betrachtungsweise kann die Zuführung der Zuzahlung zum Betriebsvermögen der Personengesellschaft und die Entnahme der Zuzahlung durch den Einbringenden nach den Vereinbarungen der Parteien den gleichen wirtschaftlichen Gehalt haben, wie eine Zuzahlung, die unmittelbar an den Einbringenden erfolgt (so auch BFH vom 8.12.1994, IV R 82/92, BStBl 1995 II S. 599). Insbesondere wenn der Einbringende im Anschluss an die Einbringung größere Entnahmen tätigen darf und bei der Bemessung seines Gewinnanteils auf seinen ihm dann noch verbleibenden Kapitalanteil abgestellt wird, kann es erforderlich sein, den Zuzahlungsbetrag als unmittelbar in das Privatvermögen des Einbringenden geflossen anzusehen. 24.11

III. Einbringung mit Zuzahlung zu gemeinen Werten

Für den Fall der Aufnahme eines Gesellschafters in ein bestehendes Einzelunternehmen sind bei einer Einbringung zu gemeinen Werten – vorbehaltlich der Regelung des § 24 Absatz 3 Satz 3 UmwStG – die Begünstigungen des § 24 Absatz 3 Satz 2 UmwStG i. V. m. § 16 Absatz 4, § 34 EStG auch insoweit anzuwenden, als eine Zuzahlung in das Privatvermögen des Einbringenden erfolgt (BFH vom 21.9.2000, IV R 54/99, BStBl 2001 II S. 178). Entsprechendes gilt im Fall der Aufnahme eines weiteren Gesellschafters in eine bestehende Personengesellschaft. 24.12

C. Ergänzungsbilanzen

Nach § 24 Absatz 2 Satz 2 UmwStG kann die Personengesellschaft das eingebrachte Betriebsvermögen in ihrer Bilanz einschließlich der Ergänzungsbilanzen für ihre Gesellschafter abweichend vom Grundsatz des § 24 Absatz 2 Satz 1 UmwStG auf Antrag mit seinem Buch- oder Zwischenwert ansetzen. Werden die Buchwerte des eingebrachten Betriebsvermögens aufgestockt, gilt Randnr. 03.25 f. entsprechend. Der Wert, mit dem das eingebrachte Betriebsvermögen in der Bilanz der Personengesellschaft einschließlich der Ergänzungsbilanzen für ihre Gesellschafter angesetzt wird, gilt nach § 24 Absatz 3 Satz 1 UmwStG für den Einbringenden als Veräußerungspreis. 24.13

Bei der Einbringung eines Betriebs, Teilbetriebs oder Mitunternehmeranteils in eine Personengesellschaft werden in der Praxis die Buchwerte des eingebrachten Betriebsvermögens in der Bilanz der Personengesellschaft aufgestockt, um die Kapitalkonten der Gesellschafter im richtigen Verhältnis zueinander auszuweisen (Bruttomethode). Es kommt auch vor, dass ein Gesellschafter als Gesellschaftseinlage einen höheren Beitrag leisten muss, als ihm in der Bilanz der Personengesellschaft als Kapitalkonto gutgeschrieben wird (Nettomethode). In diesen Fällen haben die Gesellschafter der Personengesellschaft Ergänzungsbilanzen zu bilden, soweit ein 24.14

Antrag nach § 24 Absatz 2 Satz 2 UmwStG gestellt wird und dadurch die sofortige Versteuerung eines Veräußerungsgewinns für den Einbringenden vermieden werden soll.

Beispiel:
A unterhält ein Einzelunternehmen mit einem buchmäßigen Eigenkapital von 100.000 €. In den Wirtschaftsgütern des Einzelunternehmens sind stille Reserven von 200.000 € enthalten. Der gemeine Wert des Unternehmens beträgt 300.000 €. Die Schlussbilanz des A im Zeitpunkt der Einbringung sieht wie folgt aus:

	Gemeiner Wert	Buchwert		Gemeiner Wert	Buchwert
Aktiva diverse	300.000 €	100.000 €	Kapital		100.000 €
	(300.000 €)	100.000 €			100.000 €

In das Einzelunternehmen des A tritt B als Gesellschafter ein; A bringt also sein Einzelunternehmen in die neue von ihm und B gebildete Personengesellschaft ein. A und B sollen an der neuen Personengesellschaft zu je 50 % beteiligt sein. B leistet deshalb eine Bareinlage von 300.000 €. Die Kapitalkonten von A und B sollen in der Bilanz der Personengesellschaft gleich hoch sein. Die Personengesellschaft stellt den Antrag auf Ansatz der Buchwerte nach § 24 Absatz 2 Satz 2 UmwStG.

Die Eröffnungsbilanz der Personengesellschaft lautet wie folgt:

	Buchwert		Buchwert
Aktiva diverse (A)	100.000 €	Kapital A	200.000 €
Bank (Bareinlage B)	300.000 €	Kapital B	200.000 €
	400.000 €		400.000 €

Lösung:
Da B eine Einlage von 300.000 € geleistet hat, hat er 100.000 € mehr gezahlt, als sein buchmäßiges Kapital in der Bilanz der neuen Personengesellschaft beträgt (B hat mit diesen 100.000 € praktisch dem A die Hälfte der stillen Reserven „abgekauft"). Er muss in diesem Fall sein in der Bilanz der Personengesellschaft nicht ausgewiesenes Mehrkapital von 100.000 € in einer Ergänzungsbilanz ausweisen. Auf diese Weise wird sichergestellt, dass die aktivierungspflichtigen Anschaffungskosten des B (300.000 € × $^1/_2$ = 150.000 €) für die erlangten Anteile an den Wirtschaftsgütern des bisherigen Einzelunternehmens i. R. d. Gewinnverteilung berücksichtigt werden (BFH vom 25.4.2006, VIII R 52/04, BStBl II S. 847).

Die positive Ergänzungsbilanz des B hat den folgenden Inhalt:

	Buchwert		Buchwert
Aktiva diverse	100.000 €	Mehrkapital B	100.000 €
	100.000 €		100.000 €

Das von A in die Personengesellschaft eingebrachte Betriebsvermögen ist danach in der Bilanz der Personengesellschaft einschließlich der Ergänzungsbilanz des Gesellschafters B mit insgesamt 200.000 € ausgewiesen (mit 100.000 € in der Gesamthandsbilanz der Personengesellschaft und mit 100.000 € in der Ergänzungsbilanz des B). Es war bisher bei A nur mit 100.000 € angesetzt. Es würde sich danach für A ein Veräußerungsgewinn von 100.000 € ergeben.

A muss diesen Veräußerungsgewinn dadurch neutralisieren, dass er seinerseits eine Ergänzungsbilanz aufstellt und in dieser dem in der Ergänzungsbilanz des B ausgewiesenen Mehrwert für die Aktiva von 100.000 € einen entsprechenden Minderwert gegenüberstellt, sog. negative Ergänzungsbilanz.

Diese negative Ergänzungsbilanz des A sieht wie folgt aus:

	Buchwert		Buchwert
Minderkapital A	100.000 €	Aktiva diverse	100.000 €
	100.000 €		100.000 €

Das eingebrachte Betriebsvermögen ist nunmehr in der Bilanz der Personengesellschaft und den Ergänzungsbilanzen ihrer Gesellschafter insgesamt wie folgt ausgewiesen: mit 100.000 € in der Bilanz der Personengesellschaft zuzüglich 100.000 € in der Ergänzungsbilanz des B abzüglich 100.000 € in der Ergänzungsbilanz des A, insgesamt also mit 100.000 €. Dieser Wert ist nach § 24 Absatz 3 UmwStG für die Ermittlung des Veräußerungsgewinns des A bei der Einbringung maßgebend.

Da der Buchwert des eingebrachten Betriebsvermögens in der Schlussbilanz des A ebenfalls 100.000 € betragen hat, entsteht für A kein Veräußerungsgewinn.

Die Ergänzungsbilanzen für A und B sind auch bei der künftigen Gewinnermittlung zu berücksichtigen und korrespondierend weiterzuentwickeln. Dabei ergibt sich z. B. gegenüber der Bilanz der Personengesellschaft für den Gesellschafter B aus seiner (positiven) Ergänzungsbilanz ein zusätzliches AfA-Volumen und für den Gesellschafter A aus seiner (negativen) Ergänzungsbilanz eine Minderung seines AfA-Volumens (vgl. hierzu auch BFH vom 28. 9. 1995, IV R 57/94, BStBl 1996 II S. 68). Die aus der korrespondierend zur positiven Ergänzungsbilanz des einbringenden Mitunternehmers spiegelbildlich fortlaufend jährlich vorzunehmende Auflösung der negativen Ergänzungsbilanz ist als laufender Gewinn zu erfassen (BFH vom 25. 4. 2006, VIII R 52/04, BStBl II S. 847).

Würde das von A eingebrachte Betriebsvermögen in der Eröffnungsbilanz der Personengesellschaft nicht mit seinem Buchwert von 100.000 €, sondern mit seinem wahren Wert von 300.000 € angesetzt werden und würden demgemäß die Kapitalkonten von A und B mit je 300.000 € ausgewiesen werden (Bruttomethode), müsste A bei Beantragung der Buchwertfortführung durch die übernehmende Personengesellschaft eine negative Ergänzungsbilanz mit einem Minderkapital von 200.000 € aufstellen; für B entfiele in diesem Fall eine Ergänzungsbilanz.

D. Anwendung der §§ 16, 34 EStG bei Einbringung zum gemeinen Wert

Auf einen bei der Einbringung eines Betriebs, Teilbetriebs oder gesamten Mitunternehmeranteils in eine Personengesellschaft entstehenden Veräußerungsgewinn sind § 16 Absatz 4 und § 34 EStG nur anzuwenden, wenn das eingebrachte Betriebsvermögen in der Bilanz der Personengesellschaft einschließlich der Sonder- und Ergänzungsbilanzen der Gesellschafter mit dem gemeinen Wert angesetzt wird; dabei ist auch ein vorhandener Firmen- oder Geschäftswert mit auszuweisen (vgl. Randnr. 23.17). 24.15

Durch die Verweisung auf § 16 Absatz 2 Satz 3 EStG in § 24 Absatz 3 Satz 3 UmwStG ist klargestellt, dass der Einbringungsgewinn stets als laufender, nicht nach §§ 16, 34 EStG begünstigter Gewinn anzusehen ist, soweit der Einbringende wirtschaftlich gesehen „an sich selbst" veräußert. 24.16

§ 24 Absatz 3 Satz 3 UmwStG stellt bei der Betrachtung, ob eine Veräußerung an sich selbst vorliegt, nicht auf den einzelnen Gesellschafter, sondern auf die einbringenden Gesellschafter in ihrer gesamthänderischen Verbundenheit ab.

Beispiel:
An einer OHG sind vier Gesellschafter zu je $^1/_4$ beteiligt. Es soll gegen Bareinlage in das Betriebsvermögen ein fünfter Gesellschafter so aufgenommen werden, dass alle Gesellschafter anschließend zu je $^1/_5$ beteiligt sind.

Lösung:
Wirtschaftlich gesehen gibt jeder der Altgesellschafter $^1/_5$ an den Neuen ab; er veräußert also zu $^4/_5$ „an sich selbst". Ein bei Ansatz der gemeinen Werte entstehender Gewinn ist nach der Regelung in § 24 Absatz 3 Satz 3 UmwStG i. V. m. § 16 Absatz 2 Satz 3 EStG daher zu $^4/_5$ nicht begünstigt.

Gewinne, die i. R. einer Betriebsveräußerung oder Betriebseinbringung nach § 16 Absatz 2 Satz 3 EStG bzw. § 24 Absatz 3 Satz 3 UmwStG kraft gesetzlicher Anordnung als laufende Gewinne behandelt werden, sind gewerbesteuerpflichtig. Die gesetzliche Fiktion der Behandlung als laufender Gewinn erstreckt sich in diesen Fällen auch auf die Gewerbesteuer (BFH vom 15. 6. 2004, VIII R 7/01, BStBl II S. 754). 24.17

E. Besonderheiten bei der Einbringung von Anteilen an Körperschaften, Personenvereinigungen und Vermögensmassen (§ 24 Absatz 5 UmwStG)

I. Allgemeines

24.18 Werden Anteile an Körperschaften, Personenvereinigungen oder Vermögensmassen von einem Einbringenden, bei dem der Gewinn aus der Veräußerung der Anteile im Einbringungszeitpunkt nicht nach § 8b Absatz 2 KStG steuerfrei gewesen wäre, gem. § 24 Absatz 1 UmwStG unter dem gemeinen Wert in eine Personengesellschaft eingebracht und werden die eingebrachten Anteile innerhalb eines Zeitraums von sieben Jahren nach dem Einbringungszeitpunkt veräußert, ist § 24 Absatz 5 UmwStG anzuwenden. Die eingebrachten Anteile gelten insoweit als sperrfristbehaftete Anteile. Der Veräußerung der sperrfristbehafteten Anteile ist deren Weiterübertragung durch die in § 22 Absatz 1 Satz 6 Nummer 1 bis 5 UmwStG genannten Vorgänge gleichgestellt.

24.19 Die Veräußerung der sperrfristbehafteten Anteile oder deren Weiterübertragung durch einen Vorgang i. S. d. § 22 Absatz 1 Satz 6 Nummer 1 bis 5 UmwStG lösen grundsätzlich die rückwirkende Besteuerung eines Einbringungsgewinns beim Einbringenden im Einbringungszeitpunkt durch Ansatz der eingebrachten Anteile mit dem gemeinen Wert aus. Die Veräußerung der Anteile und die gleichgestellten Vorgänge gelten dabei im Hinblick auf die Steuerfestsetzung des Einbringenden im Einbringungsjahr als rückwirkendes Ereignis i. S. d. § 175 Absatz 1 Satz 1 Nummer 2 AO.

24.20 Wird nur ein Teil der sperrfristbehafteten Anteile veräußert oder durch einen der Veräußerung gleichgestellten Vorgang weiterübertragen, erfolgt auch die rückwirkende Einbringungsgewinnbesteuerung nur anteilig.

24.21 Ein rückwirkender Einbringungsgewinn ist nur zu ermitteln, soweit beim Einbringenden der Gewinn aus der Veräußerung der sperrfristbehafteten Anteile im Einbringungszeitpunkt nicht nach § 8b Absatz 2 KStG steuerfrei gewesen wäre und die bis zum Einbringungszeitpunkt entstandenen stillen Reserven infolge der Veräußerung der Anteile oder der Weiterübertragung der Anteile durch einen gleichgestellten Vorgang i. S. d. § 22 Absatz 1 Satz 6 Nummer 1 bis 5 UmwStG der Steuerbefreiung nach § 8b Absatz 2 KStG unterliegen (= Statusverbesserung). Wird Betriebsvermögen einer Personengesellschaft eingebracht oder ist Mitunternehmer der aufnehmenden Personengesellschaft eine Personengesellschaft, ist für die Anwendung des § 8b Absatz 2 KStG auf Ebene der Personengesellschaft und die Zurechnung der stillen Reserven auf die dahinter stehenden Steuersubjekte abzustellen (Transparenzprinzip).

24.22 Die steuerliche Behandlung der Veräußerung oder Weiterübertragung der sperrfristbehafteten Anteile bei der Personengesellschaft erfolgt nach den allgemeinen ertragsteuerlichen Vorschriften (insbesondere §§ 13, 15, 16, 18 i. V. m. § 3 Nummer 40 EStG oder § 8b Absatz 2 und 3 KStG).

II. Anteile an Körperschaften, Personenvereinigungen und Vermögensmassen

24.23 Der Anwendungsbereich des § 24 Absatz 5 UmwStG umfasst Anteile an Körperschaften, Personenvereinigungen oder Vermögensmassen, deren Leistungen beim Empfänger zu Einnahmen i. S. d. § 20 Absatz 1 Nummer 1, 2, 9 oder 10 Buchstabe a EStG führen.

§ 24 Absatz 5 UmwStG ist bei einbringungsgeborenen Anteilen i. S. d. § 21 Absatz 1 UmwStG 1995 nicht anzuwenden, wenn der Gewinn aus der Veräußerung oder einem gleichgestellten Ereignis i. S. d. § 22 Absatz 1 Satz 6 Nummer 1 bis 5 UmwStG nicht der Steuerbefreiung nach § 3 Nummer 40 Satz 1 Buchstabe a oder b EStG oder § 8b Absatz 2 KStG unterliegt, weil § 3 Nummer 40 Satz 3 und 4 EStG a. F. bzw. § 8b Absatz 4 KStG a. F. weiter anzuwenden sind (§ 27 Absatz 4 UmwStG i. V. m. § 52 Absatz 4b Satz 2 EStG bzw. § 34 Absatz 7a KStG).

Sind die Fristen der § 3 Nummer 40 Satz 4 EStG a. F. bzw. § 8b Absatz 4 Satz 2 KStG a. F. im Zeitpunkt der Veräußerung bzw. des gleichgestellten Ereignisses abgelaufen, findet § 24 Absatz 5 UmwStG Anwendung. Ist im Zeitpunkt der Einbringung nach § 24 UmwStG die ursprüngliche Siebenjahresfrist noch nicht abgelaufen, gilt Randnr. 20.39 entsprechend.

III. Einbringung durch nicht nach § 8b Absatz 2 KStG begünstigte Personen

Die rückwirkende Besteuerung eines Einbringungsgewinns setzt voraus, dass der Einbringende keine durch § 8b Absatz 2 KStG begünstigte Person ist (vgl. Randnr. 22.12). 24.24

Zum Umfang der Anwendung des § 8b Absatz 2 KStG bei der Miteinbringung von Anteilen durch eine Personengesellschaft vgl. Randnr. 24.21.

IV. Veräußerung und gleichgestellte Ereignisse der Weiterübertragung

Die übernehmende Personengesellschaft oder deren Rechtsnachfolger bzw. die Personen, bei denen sich die Zurechnung der stillen Reserven mittelbar auf den Gewinn auswirkt, können durch Veräußerung oder Weiterübertragung der eingebrachten Anteile innerhalb des Siebenjahreszeitraums die rückwirkende Besteuerung eines Einbringungsgewinns auslösen. Als Veräußerung gilt auch die Aufgabe des Betriebs der Personengesellschaft (§ 16 Absatz 3 Satz 1 EStG). 24.25

Im Hinblick auf die Frage der Auslösung der rückwirkenden Einbringungsgewinnbesteuerung durch der Veräußerung gleichgestellte Ersatzrealisationstatbestände gelten die vorstehenden Ausführungen zu § 22 UmwStG (vgl. insbesondere Randnr. 22.20, 22.21 ff., 22.28 ff., 22.38 ff., 22.41 f. und 22.43 ff.) entsprechend. 24.26

Werden die im Zuge der (Mit-)Einbringung von Anteilen erhaltenen Mitunternehmeranteile nach § 24 Absatz 1 UmwStG mit einem Wert unterhalb des gemeinen Werts in eine Personengesellschaft eingebracht und wird die übernehmende Personengesellschaft dadurch Mitunternehmerin der Personengesellschaft, deren Anteile eingebracht worden sind, liegt eine Einbringung i. S. d. § 24 Absatz 5 UmwStG vor, die einen neuen Siebenjahreszeitraum auslöst. Auch die (mittelbare) Veräußerung oder Weiterübertragung der (mit-)eingebrachten Anteile durch eine Untergesellschaft löst innerhalb dieses Siebenjahreszeitraums die rückwirkende Einbringungsgewinnbesteuerung aus. 24.27

V. Ermittlung und ertragsteuerliche Behandlung des Einbringungsgewinns

In entsprechender Anwendung des § 22 Absatz 2 Satz 3 UmwStG ist durch (anteiligen) Ansatz des gemeinen Werts abweichend von § 24 Absatz 2 Satz 2 UmwStG für die sperrfristbehafteten Anteile rückwirkend ein Einbringungsgewinn zu ermitteln, der vermindert um jeweils ein Siebtel für jedes seit dem Einbringungszeitpunkt abgelaufene Zeitjahr im Wirtschaftsjahr der Einbringung beim Einbringenden der Besteuerung zu Grunde zu legen ist. Die Steuerfestsetzung bzw. Feststellung des Gewinns ist insoweit gem. § 175 Absatz 1 Satz 1 Nummer 2 AO zu ändern (§ 22 Absatz 2 Satz 2 UmwStG). Der Einbringungsgewinn ermittelt sich nach § 24 Absatz 5 i. V. m. § 22 Absatz 2 Satz 3 UmwStG wie folgt: 24.28

Anteiliger gemeiner Wert der Anteile

./. anteilige Kosten für Vermögensübergang

./. anteiliger Einbringungswert (§ 24 Absatz 2 Satz 2 UmwStG)

= Einbringungsgewinn vor Siebtelregelung

./. je $1/7$ für seit dem Einbringungszeitpunkt abgelaufene Zeitjahre

= Einbringungsgewinn

Soweit der Einbringungsgewinn einer natürlichen Person zuzurechnen ist, führt er zu einem laufenden Gewinn i. S. d. § 3 Nummer 40 Satz 1 Buchstabe b EStG. § 16 Absatz 4 EStG und § 34 EStG sind nicht anzuwenden (§ 22 Absatz 2 Satz 1 zweiter Halbsatz UmwStG). Hinsichtlich der Zugehörigkeit des Einbringungsgewinns zum Gewerbeertrag gelten die allgemeinen Grundsätze (vgl. § 7 Satz 2 GewStG; R 7 Absatz 3 GewStR). D. h., soweit er auf eine natürliche Person als Einzelunternehmer oder als unmittelbar beteiligter Mitunternehmer entfällt, gehört er nur anteilig zum Gewerbeertrag (§ 24 Absatz 3 Satz 3 UmwStG). Der Einbringungsgewinn erhöht unter den Voraussetzungen des § 23 Absatz 2 UmwStG die Anschaffungskosten der von § 8b Absatz 2 KStG begünstigten Person. Der Einbringungsgewinn erhöht das Kapitalkonto des Einbringenden i. S. d. § 16 EStG (§ 22 Absatz 2 Satz 4 UmwStG).

Die Randnr. 22.09 f. und 22.13 gelten entsprechend.

VI. Nachweispflichten

24.29 In entsprechender Anwendung des § 22 Absatz 3 Satz 1 Nummer 2 UmwStG hat der Einbringende in den dem Einbringungszeitpunkt folgenden sieben Jahren jährlich spätestens bis zum 31. 5. den Nachweis darüber zu erbringen, wem mit Ablauf des Tages, der dem maßgebenden Einbringungszeitpunkt entspricht, die eingebrachten Anteile und die auf diesen Anteilen beruhenden Anteile zuzurechnen sind.

In den Fällen des Eintritts eines weiteren Gesellschafters in eine bestehende Personengesellschaft gegen Einlage in das Gesamthandsvermögen sowie der Kapitalerhöhung kann auch die Personengesellschaft den Nachweis gegenüber dem für sie zuständigen Finanzamt mit befreiender Wirkung für die Einbringenden erbringen. Im Übrigen gelten die Randnr. 22.28 ff. entsprechend.

VII. Bescheinigungsverfahren

24.30 Randnr. 22.38 ff. gelten entsprechend.

VIII. Unentgeltliche Rechtsnachfolge

24.31 Randnr. 22.41 gilt entsprechend.

IX. Mitverstrickung von Anteilen

24.32 Gehen i. R. einer Kapitalerhöhung aus Gesellschaftermitteln bei der Gesellschaft, deren Anteile eingebracht worden sind, stille Reserven auf andere (neue) Anteile der übernehmenden Personengesellschaft über, gelten insoweit auch diese anderen Anteile als sperrfristbehaftet (§ 22 Absatz 7 UmwStG). Randnr. 22.46 gilt entsprechend.

X. Auswirkungen bei der übernehmenden Gesellschaft

24.33 Randnr. 23.12 f. gelten entsprechend.

Achter Teil. Formwechsel einer Personengesellschaft in eine Kapitalgesellschaft oder Genossenschaft (§ 25 UmwStG)

25.01 Im UmwStG wird der Formwechsel gem. § 25 UmwStG durch den Verweis auf die entsprechende Anwendung der §§ 20 bis 23 UmwStG wie eine übertragende Umwandlung behandelt. Die Ausführungen zu den Randnr. 20.01 – 23.21 sind daher in den Fällen des Formwechsels gem. § 25 UmwStG entsprechend anzuwenden.

Neunter Teil. Verhinderung von Missbräuchen (§ 26 UmwStG)

[unbesetzt] 26.01

Zehnter Teil. Anwendungsvorschriften und Ermächtigung

A. Allgemeines

Zu Besonderheiten bei der Behandlung einbringungsgeborener Anteile i. S. d. § 21 UmwStG 1995 siehe auch die Randnr. 20.38 ff. 27.01

Nach § 27 Absatz 3 UmwStG ist auf die einbringungsgeborenen Anteile i. S. d. § 21 UmwStG 1995 weiterhin das alte Recht anzuwenden. Dies gilt sowohl in den Fällen der Sacheinlage als auch in den Fällen des Anteilstauschs. Bei einer Veräußerung von sperrfristbehafteten Anteilen ist deshalb auch zu prüfen, ob einbringungsgeborene Anteile i. S. d. § 21 UmwStG 1995 vorliegen. Ist dies der Fall, kommt es zu einem Nebeneinander der alten und der neuen Steuerverhaftungsvorschriften. Beruhen die veräußerten Anteile auf einer Sacheinlage oder einem Anteilstausch vor dem Stichtag 13.12.2006 und liegen deshalb einbringungsgeborene Anteile i. S. d. § 21 UmwStG 1995 vor, sind zusätzlich die alten Steuerverhaftungsregelungen zu beachten. Diese sehen – genauso wie das neue Recht – eine siebenjährige Sperrfrist vor. Nach § 52 Absatz 4d Satz 2 EStG und § 34 Absatz 7a KStG gelten § 3 Nummer 40 Satz 3 und 4 EStG a. F. und § 8b Absatz 4 KStG a. F. auch weiterhin für einbringungsgeborene Anteile i. S. d. § 21 UmwStG 1995. Werden also einbringungsgeborene Anteile innerhalb der siebenjährigen Sperrfrist veräußert, ist z. B. bei natürlichen Personen das Halb- bzw. Teileinkünfteverfahren nicht anwendbar. 27.02

B. Veräußerung der auf einer Sacheinlage beruhenden Anteile

I. Grundfall

Veräußert eine natürliche Person einbringungsgeborene Anteile i. S. d. § 21 UmwStG 1995, die sie für die Einbringung eines Betriebs, Teilbetriebs oder Mitunternehmeranteils erhalten hat, dann richten sich die steuerlichen Folgen gem. § 3 Nummer 40 Satz 3 und 4 EStG a. F. i. V. m. § 52 Absatz 4d Satz 2 EStG weiterhin nach dem alten Recht. Sofern die siebenjährige Sperrfrist des alten Rechts im Veräußerungszeitpunkt noch nicht abgelaufen ist, ist der Veräußerungsgewinn in voller Höhe zu versteuern. Nach Ablauf der siebenjährigen Sperrfrist alten Rechts sind gem. § 3 Nummer 40 Satz 1 Buchstabe b EStG i. V. m. § 3 Nummer 40 Satz 3 und 4 Buchstabe a EStG 50% bzw. 60% des Veräußerungsgewinns zu versteuern. Bei der Berechnung der Sperrfrist ist auf den steuerlichen Übertragungsstichtag (§ 20 Absatz 7 und 8 UmwStG 1995) abzustellen. Es kommt nicht zusätzlich zu einer Einbringungsgewinnbesteuerung, auch wenn der Veräußerungsgewinn i. S. d. § 3 Nummer 40 Satz 3 und 4 EStG a. F. bzw. § 8b Absatz 4 KStG a. F. niedriger als ein Einbringungsgewinn ist (vgl. Randnr. 27.07). 27.03

II. Weitereinbringungsfall

Die siebenjährige Sperrfrist alten Rechts ist auch dann anwendbar, wenn einbringungsgeborene Anteile i. S. d. § 21 UmwStG 1995 nach dem 12.12.2006 – also im zeitlichen Anwendungsbereich des neuen Rechts – in eine Kapitalgesellschaft eingebracht werden und anschließend die auf dieser Weitereinbringung beruhenden Anteile veräußert werden. Zwar ist die Weitereinbringung in diesem Fall grundsätzlich nach neuem Recht zu beurteilen. Nach § 21 Absatz 2 Satz 6 i. V. m. § 20 Absatz 3 Satz 4 UmwStG gelten allerdings die als Gegenleistung für die Einbringung von einbringungsgeborenen Anteilen erhaltenen Anteile ebenfalls als einbringungsgeborene Anteile i. S. d. § 21 UmwStG 1995. Infolgedessen sind sowohl die für die Weitereinbringung erhaltenen Anteile als auch die zuvor eingebrachten Anteile einbringungsgeborene 27.04

Anteile i. S. d. § 21 UmwStG 1995, auf welche jeweils die Sperrfristregelungen des alten Rechts anzuwenden sind.

27.05 Der Gewinn aus der Veräußerung der erhaltenen und ebenfalls als einbringungsgeboren geltenden Anteile innerhalb der siebenjährigen Sperrfrist des alten Rechts ist deshalb sowohl bei einer natürlichen Person als Einbringendem (§ 3 Nummer 40 Satz 3 und 4 a. F. i. V. m. § 52 Absatz 4d Satz 2 EStG) als auch bei einer Körperschaft als Einbringendem (§ 8b Absatz 4 Satz 1 Nummer 1, Satz 2 Nummer 1 KStG a. F. i. V. m. § 34 Absatz 7a KStG) in voller Höhe zu versteuern. Dabei beginnt für die aufgrund der Weitereinbringung erhaltenen und aufgrund der Gesetzesfiktion ebenfalls als einbringungsgeboren geltenden Anteile keine neue siebenjährige Sperrfrist nach altem Recht zu laufen, sondern diese Anteile treten in die bereits laufende Sperrfrist der zuvor eingebrachten Anteile ein (vgl. Randnr. 20.39). Erst nach Ablauf der siebenjährigen Sperrfrist bezüglich der eingebrachten Anteile kommt für den Gewinn aus der Veräußerung der durch die Weitereinbringung erhaltenen Anteile bei natürlichen Personen die hälftige bzw. 40%ige und bei Kapitalgesellschaften die volle Steuerbefreiung (§ 3 Nummer 40 Satz 1 EStG, § 8b Absatz 2 KStG) zur Anwendung. Die grundsätzliche Steuerverhaftung der als einbringungsgeboren geltenden Anteile bleibt unabhängig von der Höhe der Beteiligung zeitlich unbegrenzt bestehen (vgl. Randnr. 20.38).

27.06 Die Kapitalgesellschaft, in die die einbringungsgeborenen Anteile eingebracht wurden, tritt insoweit in die Rechtsstellung der einbringenden natürlichen Person ein und muss nach § 8b Absatz 4 Satz 1 Nummer 1, Satz 2 Nummer 1 KStG a. F. i. V. m. § 34 Absatz 7a KStG den Gewinn aus der Veräußerung dieser Anteile innerhalb der siebenjährigen Sperrfrist alten Rechts ebenfalls in voller Höhe versteuern. Erst nach Ablauf der siebenjährigen Sperrfrist ist der Gewinn aus der Veräußerung der eingebrachten Anteile nach § 8b Absatz 2, Absatz 3 Satz 1 KStG bei der Kapitalgesellschaft steuerfrei.

27.07 Die Weitereinbringung der einbringungsgeborenen Anteile beinhaltet zwar gleichzeitig auch einen dem neuen Recht unterliegenden Anteilstausch gem. § 21 UmwStG. Nach § 27 Absatz 4 UmwStG kommt aber die für den Anteilstausch geltende Sperrfristregelung des neuen Rechts gem. § 22 Absatz 2 UmwStG gleichwohl nicht zur Anwendung, weil für diesen Fall in § 27 Absatz 4 UmwStG ausdrücklich ein Vorrang der Sperrfristregelungen nach altem Recht festgelegt wurde. Die innerhalb der siebenjährigen Frist des alten Rechts in voller Höhe steuerpflichtige Veräußerung der eingebrachten Anteile durch die aufnehmende Kapitalgesellschaft oder Genossenschaft führt daher nicht zur zusätzlichen Entstehung eines Einbringungsgewinns II i. S. d. § 22 Absatz 2 UmwStG.

C. Veräußerung der auf einem Anteilstausch beruhenden Anteile

I. Grundfall

27.08 Veräußert eine natürliche Person oder eine Körperschaft Anteile, die sie i. R. eines Anteilstauschs (§ 21 UmwStG 1995) erhalten hat und die ebenfalls als einbringungsgeboren i. S. d. § 21 UmwStG 1995 gelten (siehe § 21 Absatz 2 Satz 6 i. V. m. § 20 Absatz 3 Satz 4 UmwStG), richtet sich die Behandlung dieses Vorgangs auch hier weiterhin nach altem Recht. Wenn die i. R. d. Anteilstauschs hingegebenen Anteile nicht mittelbar auf eine Sacheinlage innerhalb der siebenjährigen Sperrfrist zurückzuführen sind, sind die Beschränkungen der § 3 Nummer 40 Satz 3 und 4 EStG a. F. und § 8b Absatz 4 KStG a. F. nicht anwendbar.

27.09 Bei der Veräußerung der durch den Anteilstausch in die Kapitalgesellschaft eingebrachten Anteile muss die Kapitalgesellschaft den Gewinn aus der Veräußerung der eingebrachten Anteile innerhalb der siebenjährigen Sperrfrist des alten Rechts in voller Höhe versteuern, wenn die Anteile von einer natürlichen Person eingebracht wurden. Denn es handelt sich um eingebrachte Anteile i. S. d. § 8b Absatz 4 Satz 1 Nummer 2 KStG a. F., die gem. § 8b Absatz 4 Satz 1 Nummer 2, Satz 2 Nummer 1 KStG a. F. i. V. m. § 34 Absatz 7a KStG auf einer Übertragung bis zum 12. 12. 2006 beruhen.

II. Weitereinbringungsfälle beim Anteilstausch

1. Weitereinbringung durch die natürliche Person

Werden die nach altem Recht von einer natürlichen Person im Wege des Anteilstauschs erhaltenen einbringungsgeborenen Anteile i. S. d. § 21 UmwStG 1995 von der natürlichen Person nach dem 12. 12. 2006 – also im zeitlichen Anwendungsbereich des neuen Rechts – in eine zweite Kapitalgesellschaft eingebracht, unterliegt die Veräußerung der aus dieser Weitereinbringung erhaltenen sperrfristbehafteten Anteile durch die natürliche Person innerhalb der siebenjährigen Sperrfrist des alten Rechts dem Halb- bzw. Teileinkünfteverfahren. 27.10

Beispiel:
Die natürliche Person A hält 100 % der Anteile an der A-GmbH, die sie durch eine Bargründung erworben hat. Zum 31. 12. 2005 hat A die Anteile an der A-GmbH steuerneutral in die B-GmbH eingebracht und als Gegenleistung hierfür neue Anteile an der B-GmbH erhalten (Anteilstausch in Inland). Zum 31. 12. 2007 bringt A die Anteile an der B-GmbH steuerneutral gem. § 21 UmwStG in die C-GmbH ein. Am 30. 9. 2008 veräußert A die Anteile an der C-GmbH.

Lösung:
A veräußert im Jahre 2008 einbringungsgeborene Anteile, da die Anteile an der C-GmbH gem. § 21 Absatz 2 Satz 6 i.V. m. § 20 Absatz 3 Satz 4 UmwStG n. F. zu 100 % als einbringungsgeborene Anteile i. S. d. § 21 UmwStG 1995 gelten. Nach § 3 Nummer 40 Satz 3 EStG a. F., der noch anzuwenden ist, wäre der Veräußerungsgewinn im Jahre 2008 in voller Höhe steuerpflichtig, da die siebenjährige Sperrfrist des § 3 Nummer 40 Satz 4 Buchstabe a erster Halbsatz EStG a. F. im Zeitpunkt der Veräußerung noch nicht abgelaufen ist. Fraglich ist, ob die Rückausnahme des § 3 Nummer 40 Satz 4 Buchstabe b erster Halbsatz EStG a. F. eingreift, denn die Anteile wurden nicht aufgrund eines Anteilstauschs nach § 20 Absatz 1 Satz 2 UmwStG 1995, sondern aufgrund eines Anteilstauschs nach § 21 UmwStG n. F. erworben. § 21 UmwStG n. F. nennt § 3 Nummer 40 Satz 4 Buchstabe b erster Halbsatz EStG a. F. aber nicht, so dass nach dem Wortlaut der Vorschrift der Veräußerungsgewinn innerhalb der siebenjährigen Sperrfrist in voller Höhe steuerpflichtig wäre. Aus Billigkeitsgründen kommt aber in diesem Fall die 40%ige Steuerbefreiung gem. dem Teileinkünfteverfahren zur Anwendung.

2. Weitereinbringung durch die aufnehmende (erste) Kapitalgesellschaft

Werden die nach altem Recht von einer natürlichen Person im Wege des Anteilstauschs in eine Kapitalgesellschaft eingebrachten Anteile anschließend von dieser Kapitalgesellschaft nach dem 12. 12. 2006 – also im zeitlichen Anwendungsbereich des neuen Rechts – in eine zweite Kapitalgesellschaft weiter eingebracht und anschließend von der zweiten Kapitalgesellschaft veräußert, ist die alte Sperrfrist des § 8b Absatz 4 Satz 1 Nummer 2 KStG a. F. für Anteile, die auf einer Einbringung durch eine natürliche Person innerhalb der letzten sieben Jahre beruhen, gem. § 34 Absatz 7a KStG auch weiterhin anzuwenden, weil es sich um eingebrachte Anteile i. S. v. § 8b Absatz 4 Satz 1 Nummer 2 KStG a. F. handelt, die auf einer Übertragung bis zum 12. 12. 2006 beruhen. Dabei ist nicht auf die Übertragung i. R. d. Weitereinbringung, sondern auf die Übertragung i. R. d. (ursprünglichen) Anteilstauschs abzustellen. 27.11

D. Wechselwirkung zwischen altem und neuem Recht

Ein Einbringungsgewinn II, der auf die Einbringung von einbringungeborenen Anteilen i. S. d. § 21 UmwStG 1995 entfällt, die erst nach Ablauf der siebenjährigen Sperrfrist des alten Rechts veräußert werden, ist voll steuerpflichtig und nicht nach den Regelungen des Halb- bzw. Teileinkünfteverfahrens voll oder teilweise steuerfrei, wenn der Einbringungszeitpunkt innerhalb der für die einbringungsgeborenen Anteile alten Rechts geltenden siebenjährigen Sperrfrist liegt. 27.12

Beispiel:
A ist Inhaber eines Einzelunternehmens, das er in 2002 in eine neu gegründete GmbH 1 (Buchwert 100.000 €, gemeiner Wert 800.000 €) einbringt. Die GmbH 1 setzt das übernommene Vermögen mit dem Buchwert an. Die neuen Anteile an der GmbH 1 sind einbringungsgeborene Anteile i. S. d. § 21 Absatz 1 UmwStG 1995. Im Januar 2007 bringt A die Anteile an der GmbH 1 in die GmbH 2 gegen Gewäh-

rung von neuen Anteilen ein. Die übernehmende GmbH 2 setzt die eingebrachten Anteile an der GmbH 1 mit dem bisherigen Buchwert an (Buchwert 100.000 €, gemeiner Wert 900.000 €). Im Juni 2010 veräußert die GmbH 2 die eingebrachten einbringungsgeborenen Anteile an der GmbH 1 für 1.100.000 €.

Lösung:
Die von der GmbH 2 veräußerten Anteile an der GmbH 1 sind zwar gem. § 23 Absatz 1 UmwStG Anteile i. S. v. § 21 UmwStG 1995. Der erzielte Veräußerungsgewinn ist jedoch nach § 8b Absatz 2 KStG steuerfrei, da die siebenjährige Sperrfrist nach § 8b Absatz 4 KStG a. F. zum Zeitpunkt der Veräußerung in 2010 abgelaufen ist. Da somit kein Anwendungsfall von § 8b Absatz 4 KStG a. F. vorliegt, kommen nach § 27 Absatz 4 UmwStG die §§ 22 und 23 UmwStG zur Anwendung. Im Beispielsfall muss A gem. § 22 Absatz 2 UmwStG im Veranlagungszeitraum 2007 rückwirkend einen Einbringungsgewinn II nach § 16 EStG i. V. m. § 21 UmwStG a. F. versteuern. Dieser Gewinn unterliegt nicht der teilweisen Steuerbefreiung nach § 3 Nummer 40 EStG, da die Weitereinbringung der einbringungsgeborenen Anteile innerhalb der siebenjährigen Sperrfrist alten Rechts erfolgt ist.

Die Einbringung im Januar 2007 ist ein entgeltlicher Vorgang, der aufgrund der Buchwertfortführung zunächst nicht zum Entstehen eines Einbringungsgewinns führt. Aufgrund der Veräußerung der eingebrachten Anteile durch die GmbH 2 in 2010 entsteht rückwirkend im Jahr 2007, d. h. innerhalb von sieben Jahren nach der ersten Einbringung, ein Einbringungsgewinn II aufgrund der nunmehr rückwirkend vorzunehmenden höheren Bewertung. Damit ergibt sich hinsichtlich der vollen Steuerpflicht des Einbringungsgewinns das gleiche Ergebnis, wie wenn die Einbringung in 2007 von vornherein zum gemeinen Wert oder Zwischenwert erfolgt wäre. Die nachträgliche Besteuerung der im Zeitpunkt der Einbringung vorhandenen stillen Reserven soll durch die Systemumstellung des Einbringungsteils nicht verloren gehen. Die nachträgliche Besteuerung umfasst daher auch die Nichtgewährung der 40%igen Steuerbefreiung nach § 3 Nummer 40 Satz 3 und 4 EStG a. F.

E. Spezialregelung für die Veräußerung einbringungsgeborener Anteile gem. § 21 Absatz 2 Satz 1 Nummer 2 UmwStG 1995

27.13 Nach § 27 Absatz 3 Nummer 3 UmwStG erfolgt bei Ausschluss des deutschen Besteuerungsrechts gem. § 21 Absatz 2 Satz 1 Nummer 2 UmwStG a. F. von Amts wegen eine zinslose Stundung der festgesetzten Steuer ohne Sicherheitsleistung gem. § 6 Absatz 5 AStG i. d. F. des Gesetzes vom 7. 12. 2006, BGBl I S. 2782, wenn die Einkommensteuer insoweit noch nicht bestandskräftig festgesetzt ist. Eine Stundung der Steuer ist danach in allen noch offenen Fällen und unabhängig von dem konkreten Veräußerungszeitpunkt von Amts wegen auszusprechen.

Beispiel:
Die natürliche Person A ist Inhaber einbringungsgeborener Anteile i. S. d. § 21 UmwStG 1995, die sie im Jahre 2005 durch eine Sacheinlage in eine inländische Kapitalgesellschaft erworben hatte. Am 30. 9. 2009 verlegt A seinen Wohnsitz nach Frankreich, ohne dass es bis zu diesem Zeitpunkt zu einer Veräußerung der einbringungsgeborenen Anteile gekommen ist.

Lösung:
Zwar richtet sich grundsätzlich die Veräußerung einbringungsgeborener Anteile i. S. d. § 21 UmwStG 1995 weiterhin nach dem alten Recht. Der Wegzug nach Frankreich führt aber gleichwohl – entgegen dem Wortlaut des § 21 Absatz 2 Satz 1 Nummer 2 UmwStG 1995 – nicht zu einer Besteuerung eines Gewinns aus einer fiktiven Veräußerung der einbringungsgeborenen Anteile. Vielmehr wird die auf den fiktiven Veräußerungsgewinn gem. § 21 Absatz 2 Satz 1 Nummer 2 UmwStG 1995 entfallende Einkommensteuer von dem zuständigen Finanzamt lediglich festgesetzt und zunächst von Amts wegen zinslos und ohne Sicherheitsleistung gestundet. Zu einer tatsächlichen Erhebung der entsprechenden Einkommensteuer kommt es erst dann, wenn A die Anteile zu einem späteren Zeitpunkt tatsächlich veräußert bzw. ein Veräußerungsersatztatbestand vorliegt.

F. Sonstige Anwendungsbestimmungen

S.01 Die Grundsätze dieses Schreibens gelten für alle noch nicht bestandskräftigen Fälle, auf die das Umwandlungssteuergesetz i. d. F. des Gesetzes über steuerliche Begleitmaßnahmen zur Einführung der Europäischen Gesellschaft und zur Änderung weiterer steuerlicher Vorschriften (SEStEG) vom 7. 12. 2006, BGBl I S. 2782, mit seinen weiteren Änderungen anzuwenden ist.

Die Randnr. 21.01–21.16 des BMF-Schreibens vom 25. 3. 1998, BStBl I S. 268, sind für einbringungsgeborene Anteile i. S. v. § 21 Absatz 1 UmwStG 1995 und für Anteile, die aufgrund eines Einbringungsvorgangs nach dem 12. 12. 2006 nach § 20 Absatz 3 Satz 4, § 21 Absatz 2 Satz 6 UmwStG als einbringungsgeborene Anteile i. S. v. § 21 Absatz 1 UmwStG 1995 gelten, weiterhin anzuwenden.

Ergibt sich aus den Gesamtumständen des Einzelfalls, dass bis zum 31. 12. 2011 ein unwiderruflicher Antrag zum Ansatz der Buchwerte gemäß § 3 Absatz 2, § 9 Satz 1 i.V. m. § 3 Absatz 2, § 11 Absatz 2, § 15 Absatz 1 i.V. m. § 11 Absatz 2, § 16 Satz 1 i.V. m. § 3 Absatz 2 UmwStG (vgl. z. B. Randnr. 03.27 ff.) gestellt worden ist, kann auf die gesonderte Abgabe einer steuerlichen Schlussbilanz (vgl. z. B. § 3 Absatz 1 UmwStG, Randnr. 03.01) verzichtet werden, wenn eine Bilanz i. S. d. § 4 Absatz 1, § 5 Absatz 1 EStG auf den steuerlichen Übertragungsstichtag bis zum 31. 12. 2011 eingereicht worden ist und diese der steuerlichen Schlussbilanz entspricht. S.02

Bei Umwandlungen und Einbringungen, die nicht zum gemeinen Wert erfolgen, kann eine Aufstockung (vgl. z. B. Randnr. 03.23) abweichend von den gesetzlichen Regelungen des UmwStG in einer ersten Stufe bei bereits bilanzierten Wirtschaftsgütern erfolgen und erst in einer zweiten Stufe auch bei bisher in der Steuerbilanz nicht anzusetzenden selbst geschaffenen immateriellen Wirtschaftsgütern, wenn das gesamte übertragene bzw. eingebrachte Vermögen im Inland belegen ist. Dies gilt nur, wenn in den Fällen der Gesamtrechtsnachfolge der Umwandlungsbeschluss bis zum 31. 12. 2011 erfolgt ist oder in den anderen Fällen der Einbringungsvertrag bis zum 31. 12. 2011 geschlossen worden ist. S.03

Bei Umwandlungen und Einbringungen ist es, abweichend von z. B. Randnr. 02.14, ausreichend, wenn die Teilbetriebsvoraussetzungen spätestens bis zum Zeitpunkt des Umwandlungsbeschlusses oder des Abschlusses des Einbringungsvertrags vorliegen. Dies gilt nur, wenn in den Fällen der Gesamtrechtsnachfolge der Umwandlungsbeschluss bis zum 31. 12. 2011 erfolgt ist oder in den anderen Fällen der Einbringungsvertrag bis zum 31. 12. 2011 geschlossen worden ist. S.04

Bei Umwandlungen und Einbringungen ist es hinsichtlich des Vorliegens der Teilbetriebsvoraussetzungen, abweichend von Randnr. 15.02 f., ausreichend, wenn die Anforderungen an den Begriff des Teilbetriebs i. S. d. BMF-Schreibens vom 16. 8. 2000, BStBl I S. 1253, sowie der Randnr. 15.10 einschließlich der Randnr. 15.07 – 15.09 des BMF-Schreibens vom 25. 3. 1998, BStBl I S. 268, erfüllt werden. Dies gilt nur, wenn in den Fällen der Gesamtrechtsnachfolge der Umwandlungsbeschluss bis zum 31. 12. 2011 erfolgt ist oder in den anderen Fällen der Einbringungsvertrag bis zum 31. 12. 2011 geschlossen worden ist. Vorstehende Sätze gelten nicht für die Anwendung von §§ 15, 16 i.V. m. § 3 Absatz 3, § 15 i.V. m. § 13 Absatz 2 Satz 1 Nummer 2 und § 20 Absatz 8 UmwStG. S.05

Abweichend von Randnr. 11.08 und 20.19 gilt die Besteuerung mit Körperschaftsteuer bei Umwandlung auf bzw. Einbringung in eine unbeschränkt körperschaftsteuerpflichtige, nicht nach § 5 KStG steuerbefreite Organgesellschaft i. S. d. § 1 Absatz 1, §§ 14, 17 KStG als sichergestellt. Dies gilt nur, wenn in den Fällen der Gesamtrechtsnachfolge der Umwandlungsbeschluss bis zum 31. 12. 2011 erfolgt ist oder in den anderen Fällen der Einbringungsvertrag bis zum 31. 12. 2011 geschlossen worden ist. S.06

Abweichend von Randnr. 15.26 ist Randnr. 15.26 des BMF-Schreibens vom 25. 3. 1998, BStBl I S. 268, anzuwenden, wenn die unmittelbare oder mittelbare Veräußerung der Anteile einer an der Spaltung beteiligten Körperschaften bis zum 31. 12. 2011 erfolgt ist. S.07

Die BMF-Schreiben vom 4. 9. 2007, BStBl I S. 698, und vom 20. 5. 2009, BStBl I S. 671, werden mit Wirkung der Veröffentlichung dieses Schreibens aufgehoben. S.08

Besonderer Teil zum UmwStG

A. Auswirkungen der Umwandlung auf eine Organschaft

I. Organträger als übertragender bzw. umzuwandelnder Rechtsträger

1. Verschmelzung des Organträgers

Org.01 Geht das Vermögen des Organträgers und damit auch die Beteiligung an der Organgesellschaft durch Verschmelzung auf ein anderes gewerbliches Unternehmen i. S. d. § 14 Absatz 1 Satz 1 Nummer 2 KStG über, tritt der übernehmende Rechtsträger grundsätzlich in den Gewinnabführungsvertrag ein.

a) Fortsetzung einer bestehenden Organschaft im Verhältnis zum übernehmenden Rechtsträger

Org.02 Infolge des in § 12 Absatz 3 Satz 1 UmwStG angeordneten Eintritts des übernehmenden Rechtsträgers in die steuerliche Rechtsstellung des übertragenden Rechtsträgers ist dem übernehmenden Rechtsträger mit Wirkung ab dem steuerlichen Übertragungsstichtag eine im Verhältnis zwischen dem übertragenden Rechtsträger und der Organgesellschaft bestehende finanzielle Eingliederung zuzurechnen (BFH vom 28. 7. 2010, I R 89/09, BStBl 2011 II S. 528). Die Voraussetzungen einer Organschaft sind danach vom Beginn des Wirtschaftsjahres der Organgesellschaft an erfüllt, wenn dem übernehmenden Rechtsträger z. B. nach §§ 2, 20 Absatz 5 und 6 oder § 24 Absatz 4 UmwStG auch die Beteiligung an der Organgesellschaft steuerlich rückwirkend zum Beginn des Wirtschaftsjahrs der Organgesellschaft zuzurechnen ist (vgl. z. B. Randnr. 02.03).

b) Erstmalige Begründung einer Organschaft zum übernehmenden Rechtsträger

Org.03 Eine noch gegenüber dem übertragenden Rechtsträger bestehende finanzielle Eingliederung zum steuerlichen Übertragungsstichtag ist dem übernehmenden Rechtsträger infolge des in § 12 Absatz 3 Satz 1 UmwStG angeordneten Eintritts in die steuerliche Rechtsstellung mit Wirkung ab dem steuerlichen Übertragungsstichtag zuzurechnen (vgl. Randnr. Org.02). Eine Organschaft kann durch den übernehmenden Rechtsträger mit steuerlicher Rückwirkung nur begründet werden, wenn diesem auch die Anteile an der künftigen Organgesellschaft steuerlich rückwirkend (z. B. nach §§ 2, 20 Absatz 5 und 6 oder § 24 Absatz 4 UmwStG) zum Beginn des Wirtschaftsjahrs der Organgesellschaft zuzurechnen sind. Werden die Voraussetzungen der finanziellen Eingliederung erst infolge der Umwandlung geschaffen (z. B. übertragender Rechtsträger und übernehmender Rechtsträger besitzen vor der Umwandlung eine Beteiligung von jeweils unter 50 %), ist die rückwirkende erstmalige Begründung einer Organschaft mangels Eintritt in die steuerliche Rechtsstellung hinsichtlich einer beim übertragenden Rechtsträger zum steuerlichen Übertragungsstichtag bestehenden finanziellen Eingliederung somit nicht möglich.

c) Beendigung der Organschaft bei Abwärtsverschmelzung

Org.04 Wird der Organträger auf die Organgesellschaft verschmolzen, endet die Organschaft mit Wirkung zum steuerlichen Übertragungsstichtag. Bei Beendigung des Gewinnabführungsvertrags vor Ablauf von fünf Jahren ist in diesen Fällen ein wichtiger Grund i. S. d. § 14 Absatz 1 Satz 1 Nummer 3 Satz 2 KStG anzunehmen.

d) Organschaftliche Ausgleichsposten

Org.05 Die Verschmelzung des Organträgers stellt einen Veräußerungsvorgang i. S. d. § 14 Absatz 4 KStG hinsichtlich der Beteiligung an der Organgesellschaft dar (vgl. Randnr. 00.02). Auf dieses Organschaftsverhältnis entfallende organschaftliche Ausgleichsposten sind nach § 14 Absatz 4 Satz 2 KStG zum steuerlichen Übertragungsstichtag aufzulösen.

Wird die Organschaft vom übernehmenden Rechtsträger zulässigerweise fortgeführt, sind die organschaftlichen Ausgleichsposten abweichend davon nicht aufzulösen, wenn die Verschmelzung zum Buchwert erfolgt. Der übernehmende Rechtsträger hat die organschaftlichen Ausgleichsposten fortzuführen. Erfolgt die Verschmelzung zum gemeinen Wert, sind die organschaftlichen Ausgleichsposten in voller Höhe, bei Verschmelzung zum Zwischenwert anteilig aufzulösen.

In den Fällen der Abwärtsverschmelzung sind die organschaftlichen Ausgleichsposten stets in voller Höhe aufzulösen, da eine Fortführung der Organschaft ausscheidet (vgl. Randnr. Org.04).

2. Auf- und Abspaltung, Ausgliederung

Geht das Vermögen des Organträgers durch Aufspaltung auf ein anderes gewerbliches Unternehmen i. S. d. § 14 Absatz 1 Satz 1 Nummer 2 KStG über, tritt der übernehmende Rechtsträger nach Maßgabe des Spaltungsvertrags oder -plans (§ 131 Absatz 1 Nummer 1 UmwG) in den bestehenden Gewinnabführungsvertrag ein. Dem die Beteiligung an der Organgesellschaft übernehmenden Rechtsträger ist eine gegenüber dem übertragenden Rechtsträger zum steuerlichen Übertragungsstichtag bestehende finanzielle Eingliederung zuzurechnen; Randnr. Org.02 f. gelten entsprechend. Org.06

Organschaftliche Ausgleichsposten sind nach § 14 Absatz 4 Satz 2 KStG aufzulösen. Randnr. Org.05 gilt entsprechend. Bleiben die organschaftlichen Ausgleichsposten danach ganz oder teilweise bestehen, sind sie vom übernehmenden Rechtsträger fortzuführen, auf den die Organbeteiligung übergeht.

Geht die Beteiligung an der Organgesellschaft im Wege der Abspaltung auf ein anderes gewerbliches Unternehmen i. S. d. § 14 Absatz 1 Satz 1 Nummer 2 KStG über, wird dem übernehmenden Rechtsträger eine gegenüber dem übertragenden Rechtsträger zum steuerlichen Übertragungsstichtag bestehende finanzielle Eingliederung zugerechnet. Randnr. Org.02 f. gelten entsprechend. Org.07

Auf dieses Organschaftsverhältnis entfallende organschaftliche Ausgleichsposten sind nach § 14 Absatz 4 Satz 2 KStG aufzulösen. Randnr. Org.05 gilt entsprechend. Bleiben die organschaftlichen Ausgleichsposten danach ganz oder teilweise bestehen, sind sie vom übernehmenden Rechtsträger fortzuführen, auf den die Organbeteiligung übergeht.

Geht die Beteiligung an der Organgesellschaft im Wege der Ausgliederung auf ein anderes gewerbliches Unternehmen i. S. d. § 14 Absatz 1 Satz 1 Nummer 2 KStG über, wird dem übernehmenden Rechtsträger eine gegenüber dem übertragenden Rechtsträger bestehende finanzielle Eingliederung mit Wirkung ab dem steuerlichen Übertragungsstichtag zugerechnet. Steuerlicher Übertragungsstichtag ist in den Fällen des Anteilstauschs i. S. d. § 21 UmwStG der Zeitpunkt, zu dem das wirtschaftliche Eigentum an den Anteilen an der Organgesellschaft übergeht (vgl. Randnr. 21.17). In den Fällen der Einbringung von Anteilen i. S. d. § 21 UmwStG an der Organgesellschaft ist eine Fortsetzung der Organschaft deshalb nur möglich, wenn das betreffende Wirtschaftsjahr der Organgesellschaft nach dem steuerlichen Übertragungsstichtag beginnt. Org.08

Auf dieses Organschaftsverhältnis entfallende organschaftliche Ausgleichsposten sind nach § 14 Absatz 4 Satz 2 KStG aufzulösen. Randnr. Org.05 gilt entsprechend. Bleiben die organschaftlichen Ausgleichsposten danach ganz oder teilweise bestehen, sind sie vom übernehmenden Rechtsträger fortzuführen, auf den die Organbeteiligung übergeht.

Verbleibt bei einer Abspaltung oder Ausgliederung eine die Mehrheit der Stimmrechte vermittelnde Beteiligung an der Organgesellschaft beim bisherigen Organträger, wird das bestehende Organschaftsverhältnis durch die Umwandlung nicht berührt. Org.09

3. Formwechsel des Organträgers

Org.10 Der Formwechsel des Organträgers hat auf den Fortbestand eines Gewinnabführungsvertrags keinen Einfluss und berührt daher das Organschaftsverhältnis nicht, wenn beim Organträger neuer Rechtsform die Voraussetzungen des § 14 Absatz 1 Satz 1 Nummer 2 KStG vorliegen. Beim Formwechsel i. S. d. § 1 Absatz 1 Satz 1 Nummer 2 und Absatz 3 Nummer 3 UmwStG gelten Randnr. Org.02 und Org.05 entsprechend. Im Fall der erstmaligen Begründung der Organschaft im Anschluss an einen Formwechsel i. S. d. § 1 Absatz 1 Satz 1 Nummer 2 und Absatz 3 Nummer 3 UmwStG gilt Randnr. Org.03 entsprechend.

4. Mindestlaufzeit und vorzeitige Beendigung des Gewinnabführungsvertrags

Org.11 Für die Prüfung der Mindestlaufzeit des Gewinnabführungsvertrags nach § 14 Absatz 1 Satz 1 Nummer 3 KStG ist die Laufzeit bei dem bisherigen und dem künftigen Organträger (übernehmender Rechtsträger bzw. Organträger neuer Rechtsform) zusammenzurechnen, wenn der übernehmende Rechtsträger aufgrund der Umwandlung in den bestehenden Gewinnabführungsvertrag eintritt.

Org.12 Die Umwandlung des Unternehmens des Organträgers ist ein wichtiger Grund, einen noch nicht fünf aufeinander folgende Jahre durchgeführten Gewinnabführungsvertrag zu kündigen oder im gegenseitigen Einvernehmen zu beenden. Das gilt nicht für den Formwechsel i. S. d. § 190 UmwG (vgl. R 60 Absatz 6 Satz 2 KStR 2004).

5. Begründung einer Organschaft nach Einbringung i. S. d. § 20 UmwStG

Org.13 Die im Zuge einer Einbringung i. S. d. § 20 UmwStG erhaltenen Anteile an einer Kapitalgesellschaft (übernehmender Rechtsträger) sind dem Einbringenden (ubertragender Rechtsträger) steuerlich mit Ablauf des steuerlichen Übertragungsstichtags zuzurechnen (vgl. Randnr. 20.14). Eine Organschaft zwischen dem übertragenden Rechtsträger und dem übernehmenden Rechtsträger kann daher grundsätzlich bereits ab diesem Zeitpunkt begründet werden. Weitere Voraussetzung hierfür ist jedoch, dass das eingebrachte Vermögen dem übertragenden Rechtsträger zum Einbringungszeitpunkt auch steuerlich zuzurechnen war (vgl. Randnr. 20.14 sowie BFH vom 28. 7. 2010, I R 89/09, BStBl 2011 II S. 528). Die steuerliche Anerkennung der Organschaft erfordert zudem, dass der Gewinnabführungsvertrag bis zum Ende des betreffenden Wirtschaftsjahrs der Organgesellschaft wirksam wird. Fällt der steuerliche Übertragungsstichtag zugleich auf das Ende des Wirtschaftsjahrs des übernehmenden Rechtsträgers, kann die Organschaft daher frühestens für das Wirtschaftsjahr des übernehmenden Rechtsträgers begründet werden, das nach dem steuerlichen Übertragungsstichtag beginnt.

Org.14 Wird mit steuerlicher Rückwirkung z. B. ein Teilbetrieb, zu dessen funktional wesentlichen Betriebsgrundlagen eine Mehrheitsbeteiligung gehört, in eine Kapitalgesellschaft (übernehmender Rechtsträger) eingebracht, ist wegen des in § 23 Absatz 1 i. V. m. § 12 Absatz 3 erster Halbsatz UmwStG geregelten Eintritts in die steuerliche Rechtsstellung eine zum steuerlichen Übertragungsstichtag noch gegenüber dem übertragenden Rechtsträger bestehende finanzielle Eingliederung mit Wirkung ab dem steuerlichen Übertragungsstichtag dem übernehmenden Rechtsträger zuzurechnen.

6. Begründung einer Organschaft nach Anteilstausch i. S. d. § 21 UmwStG

Org.15 Wird eine die Mehrheit der Stimmrechte vermittelnde Beteiligung an einer Kapitalgesellschaft (erworbene Gesellschaft) in eine andere Kapitalgesellschaft (übernehmende Gesellschaft) nach § 21 UmwStG eingebracht, kann die Einbringung steuerlich nicht rückwirkend erfolgen (vgl. Randnr. 21.17). Eine Organschaft zwischen der übernehmenden Gesellschaft und der erworbenen Gesellschaft kann daher frühestens ab dem Beginn des auf die Einbringung folgenden Wirtschaftsjahrs der erworbenen Gesellschaft begründet werden.

Bestand bei einem Anteilstausch i. S. d. § 21 UmwStG bisher zwischen dem Einbringenden und Org.16
der erworbenen Gesellschaft eine Organschaft, kann bei Vorliegen der in § 14 Absatz 1 Satz 1
Nummer 1 Satz 2 KStG genannten Voraussetzungen das bestehende Organschaftsverhältnis in
Form einer mittelbaren Organschaft fortgeführt werden.

Die auf das bisherige unmittelbare Organschaftsverhältnis entfallenden organschaftlichen Ausgleichsposten sind nach § 14 Absatz 4 Satz 2 KStG aufzulösen. Randnr. Org.05 gilt entsprechend. Bleiben die organschaftlichen Ausgleichsposten danach ganz oder teilweise bestehen, sind sie vom Organträger fortzuführen.

Bringt bei einer zweistufigen Organschaft, bei der die Tochter-Kapitalgesellschaft Organträgerin Org.17
im Verhältnis zur Enkel-Kapitalgesellschaft und Organgesellschaft im Verhältnis zur Muttergesellschaft ist, die Tochter-Kapitalgesellschaft ihre Beteiligung an der Enkel-Kapitalgesellschaft in
die Muttergesellschaft ein, ist eine sich unmittelbar anschließende Begründung der Organschaft zwischen der Enkel-Kapitalgesellschaft und der Muttergesellschaft möglich, denn die
Enkel-Kapitalgesellschaft war durchgängig in die Muttergesellschaft finanziell eingegliedert
(zunächst mittelbar und anschließend unmittelbar).

Die auf das bisherige Organschaftsverhältnis entfallenden organschaftlichen Ausgleichsposten in der Steuerbilanz der Tochter-Kapitalgesellschaft sind nach § 14 Absatz 4 Satz 2 KStG stets in voller Höhe aufzulösen.

7. Anwachsung bei einer Organträger-Personengesellschaft

Erfolgt bei einer Organträger-Personengesellschaft wegen des Ausscheidens des vorletzten Ge- Org.18
sellschafters eine Anwachsung des Vermögens auf den verbleibenden Gesellschafter, ist für die
Beurteilung des Vorliegens der finanziellen Eingliederung – sofern die Organgesellschaft beim
verbleibenden Gesellschafter nicht bereits mittelbar finanziell eingegliedert war – wie folgt zu
unterscheiden:

- Ist die Anwachsung Folge einer übertragenden Umwandlung mit steuerlicher Rückwirkung, ist dem verbleibenden Gesellschafter die Beteiligung an der Organgesellschaft auch mit steuerlicher Rückwirkung zuzurechnen.
- Ist die Anwachsung Folge einer Übertragung, für die die steuerliche Rückwirkung nach dem UmwStG nicht gilt (z. B. Veräußerung der Mitunternehmerbeteiligung), ist die Beteiligung an der Organgesellschaft dem verbleibenden Gesellschafter erst mit Übergang des wirtschaftlichen Eigentums zuzurechnen.

Die organschaftlichen Ausgleichsposten sind von dem verbleibenden Gesellschafter in unveränderter Höhe fortzuführen.

8. Zurechnung des Organeinkommens bei Umwandlung des Organträgers

Das Einkommen der Organgesellschaft ist dem Organträger für das Kalenderjahr (Veranla- Org.19
gungszeitraum) zuzurechnen, in dem die Organgesellschaft das Einkommen bezogen hat (BFH
vom 29.10.1974, I R 240/72, BStBl 1975 II S. 126). Bei Fortsetzung einer bestehenden Organschaft (vgl. z. B. Randnr. Org.02) ist das Organeinkommen demjenigen Rechtsträger zuzurechnen, der zum Schluss des Wirtschaftsjahrs der Organgesellschaft als Organträger anzusehen ist.

II. Organträger als übernehmender Rechtsträger

Eine Umwandlung auf den Organträger als übernehmender Rechtsträger hat auf den Fort- Org.20
bestand eines Gewinnabführungsvertrags keinen Einfluss und berührt daher das Organschaftsverhältnis nicht.

III. Organgesellschaft als übertragender bzw. umzuwandelnder Rechtsträger

1. Verschmelzung auf eine andere Gesellschaft

Org.21 Wird die Organgesellschaft auf einen anderen Rechtsträger verschmolzen, wird ein bestehender Gewinnabführungsvertrag beendet. Die Verschmelzung stellt auf der Ebene des Organträgers eine Veräußerung der Beteiligung an der Organgesellschaft (vgl. Randnr. 00.03 f.) im Zeitpunkt der Wirksamkeit der Verschmelzung bzw. bei Aufwärtsverschmelzung mit Ablauf des steuerlichen Übertragungsstichtags dar. Eine finanzielle Eingliederung zwischen dem bisherigen Organträger und dem übernehmenden Rechtsträger kann frühestens ab dem Zeitpunkt der Wirksamkeit der Verschmelzung bestehen (vgl. Randnr. 13.06).

Auf dieses Organschaftsverhältnis entfallende organschaftliche Ausgleichsposten sind nach § 14 Absatz 4 Satz 2 KStG stets in voller Höhe aufzulösen.

2. Auf- und Abspaltung, Ausgliederung

Org.22 Die Organgesellschaft bleibt bei der Abspaltung und bei der Ausgliederung bestehen und die Organschaft kann unverändert fortgeführt werden. Der Gewinnabführungsvertrag wird dadurch nicht berührt.

Die Abspaltung stellt auf der Ebene des Organträgers eine anteilige Veräußerung der Beteiligung an der Organgesellschaft (vgl. § 15 i. V. m. § 13 UmwStG) im Zeitpunkt der Wirksamkeit der Abspaltung dar. Auf dieses Organschaftsverhältnis entfallende organschaftliche Ausgleichsposten sind nach § 14 Absatz 4 Satz 2 KStG nach Maßgabe des Wertverhältnisses in § 15 Absatz 3 UmwStG anteilig aufzulösen. Randnr. Org.05 gilt entsprechend. Bleiben die organschaftlichen Ausgleichsposten danach ganz oder teilweise bestehen, sind sie vom Organträger fortzuführen.

Org.23 Wird die Organgesellschaft aufgespalten, endet der Gewinnabführungsvertrag. Randnr. Org.21 gilt entsprechend.

3. Formwechsel

Org.24 Der Formwechsel einer Organgesellschaft in eine Kapitalgesellschaft anderer Rechtsform berührt die steuerliche Anerkennung der Organschaft nicht.

Beim Formwechsel in eine Personengesellschaft endet das Organschaftsverhältnis. Auf dieses Organschaftsverhältnis entfallende organschaftliche Ausgleichsposten sind nach § 14 Absatz 4 Satz 5 KStG stets in voller Höhe aufzulösen.

Org.25 Wird eine Tochter-Personengesellschaft mit steuerlicher Rückwirkung formwechselnd in eine Tochter-Kapitalgesellschaft umgewandelt, ist dem Einbringenden die Beteiligung an der Tochter-Kapitalgesellschaft mit Ablauf des steuerlichen Übertragungsstichtags zuzurechnen; Randnr. Org.13 gilt entsprechend. Zum rückwirkenden Formwechsel vgl. auch BFH vom 17. 9. 2003, I R 55/02, BStBl 2004 II S. 534.

4. Vorzeitige Beendigung des Gewinnabführungsvertrags

Org.26 Die Beendigung eines Gewinnabführungsvertrags infolge der Umwandlung der Organgesellschaft ist ein wichtiger Grund i. S. d. § 14 Absatz 1 Satz 1 Nummer 3 Satz 2 KStG, es sei denn, es handelt sich um einen Formwechsel einer Kapitalgesellschaft in eine Kapitalgesellschaft anderer Rechtsform (vgl. R 60 Absatz 6 Satz 2 KStR 2004).

5. Zurechnung eines Übertragungsgewinns bzw. -verlusts

Bei Verschmelzung oder Aufspaltung ist ein steuerlicher Übertragungsgewinn von der Organgesellschaft selbst zu versteuern. Bei Abspaltung oder Ausgliederung ist ein steuerlicher Übertragungsgewinn bei weiter bestehender Organgesellschaft dem Organträger zuzurechnen. — Org.27

6. Mehr- und Minderabführungen

Wenn bei einer Sach- oder Anteilseinbringung durch die Organgesellschaft in eine andere Kapitalgesellschaft oder Genossenschaft das eingebrachte Vermögen steuerlich mit dem Buchwert, in der Handelsbilanz jedoch mit dem Verkehrswert angesetzt wird, ist auf die sich daraus ergebende Mehrabführung § 14 Absatz 4 KStG anzuwenden. — Org.28

IV. Organgesellschaft als übernehmender Rechtsträger

1. Fortgeltung der Organschaft

Ein bestehendes Organschaftsverhältnis wird durch die Umwandlung einer anderen Gesellschaft auf die Organgesellschaft nicht berührt, wenn die finanzielle Eingliederung auch nach der Umwandlung fortbesteht. — Org.29

2. Übernahmegewinn bzw. -verlust und Gewinnabführung

Entsteht bei der Organgesellschaft i. R. d. Umwandlung ein handelsrechtlicher Übernahmegewinn, ist hinsichtlich der handelsrechtlichen Abführungsverpflichtung wie folgt zu unterscheiden: — Org.30

1. Bei der Aufwärtsverschmelzung einer der Organgesellschaft nachgeordneten Gesellschaft auf die Organgesellschaft erstreckt sich die Gewinnabführungsverpflichtung der Organgesellschaft auch auf einen handelsrechtlichen Übernahmegewinn.
2. Bei der Seitwärtsverschmelzung einer Schwestergesellschaft auf die Organgesellschaft unterliegt ein handelsrechtlicher Übernahmegewinn insoweit nicht der Pflicht zur Gewinnabführung, als er zur Aufstockung des Nennkapitals verwendet oder in die Kapitalrücklage eingestellt wird.

Gewährt die übernehmende Organgesellschaft als Gegenleistung nach der Rechtslage in § 272 HGB i. d. F. vor Inkrafttreten des Bilanzrechtsmodernisierungsgesetzes (BilMoG) vom 25. 5. 2009, BGBl I S. 1102, bilanzierte eigene Anteile, ist der handelsrechtliche Übernahmegewinn in dem Betrag, der nach § 301 AktG an den Organträger abzuführen ist, enthalten. — Org.31

Entsteht bei der Organgesellschaft ein handelsrechtlicher Übernahmeverlust, unterliegt dieser der Verlustübernahme nach § 302 AktG bzw. mindert den Betrag, der nach § 301 AktG an den Organträger abzuführen ist. — Org.32

3. Mehr- und Minderabführungen

Geht das Vermögen einer anderen Gesellschaft durch Umwandlung oder Einbringung auf eine Organgesellschaft über und setzt die übernehmende Organgesellschaft das auf sie übergehende Vermögen in der Steuerbilanz mit den Buchwerten, handelsrechtlich jedoch mit den Verkehrswerten an, ist auf die sich daraus ergebende Mehrabführung § 14 Absatz 3 Satz 1 KStG anzuwenden. — Org.33

Bestanden bereits bei dem übertragenden Rechtsträger Bewertungsunterschiede zwischen Handels- und Steuerbilanz, führen sowohl der Unterschiedsbetrag zwischen dem handelsrechtlichen und dem steuerlichen Übernahmegewinn als auch die spätere Auflösung der Bewer- — Org.34

tungsunterschiede bei der Organgesellschaft zu Mehr- bzw. Minderabführungen i. S. d. § 14 Absatz 3 KStG.

B. Auswirkungen auf das steuerliche Einlagekonto und den Sonderausweis

I. Übersicht

K.01 Eine Verschmelzung sowie eine Auf- und Abspaltung führt zu folgenden Kapitalveränderungen bei der übertragenden und bei der übernehmenden Körperschaft; dies gilt für die übertragende Körperschaft auch bei Umwandlung auf ein Personenunternehmen:

	Übertragende Körperschaft	Übernehmende Körperschaft
Verschmelzung und Aufspaltung	Fiktive Herabsetzung des Nennkapitals und damit Auflösung eines eventuell bestehenden Sonderausweises i. S. d. § 28 Absatz 1 Satz 3 KStG (§ 29 Absatz 1, § 28 Absatz 2 KStG). Erhöhung des steuerlichen Einlagekontos um den Betrag des Nennkapitals abzüglich des Sonderausweises.	Bei einer Abwärtsverschmelzung bzw. -spaltung gilt Nebenstehendes gem. § 29 Absatz 1 i. V. m. Absatz 2 Satz 3 bzw. Absatz 3 Satz 3 KStG auch für die übernehmende Körperschaft.
		Zurechnung der – in den Fällen der Aufwärtsverschmelzung bzw. -spaltung nach § 29 Absatz 2 Satz 2 ggf. i. V. m. Absatz 3 Satz 3 KStG anteilig gekürzten – Bestände des steuerlichen Einlagekontos (§ 29 Absatz 2 bzw. 3 KStG).
		Anpassung des Nennkapitals und ggf. Neubildung oder Anpassung eines Sonderausweises (§ 29 Absatz 4, § 28 Absatz 1 und 3 KStG). Bei Abwärtsverschmelzung bzw. -spaltung: Erhöhung des fiktiv auf 0 € herabgesetzten Nennkapitals und ggf. Neubildung eines Sonderausweises (§ 29 Absatz 4, § 28 Absatz 1 KStG).
Abspaltung	Fiktive Herabsetzung des Nennkapitals und Auflösung eines eventuell bestehenden Sonderausweises i. S. d. § 28 Absatz 1 Satz 3 KStG (§ 29 Absatz 1, § 28 Absatz 2 KStG). Erhöhung des steuerlichen Einlagekontos um den Betrag des Nennkapitals abzüglich des Sonderausweises.	Bei einer Abwärtsabspaltung gilt Nebenstehendes gemäß § 29 Absatz 1 i. V. m. Absatz 2 Satz 3 i. V. m. Absatz 3 Satz 3 KStG auch für die übernehmende Körperschaft.

Übertragende Körperschaft	Übernehmende Körperschaft
Anteilige Verringerung des steuerlichen Einlagekontos (§ 29 Absatz 3 KStG).	Anteilige Hinzurechnung des – in den Fällen der Aufwärtsabspaltung nach § 29 Absatz 1 i. V. m. Absatz 2 Satz 2 i. V. m. Absatz 3 Satz 3 KStG anteilig gekürzten – steuerlichen Einlagekontos (§ 29 Absatz 3 KStG).
Erhöhung des fiktiv auf 0 € herabgesetzten Nennkapitals und ggf. Neubildung eines Sonderausweises (§ 29 Absatz 4, § 28 Absatz 1 KStG).	Anpassung des Nennkapitals und ggf. Neubildung bzw. Anpassung eines Sonderausweises (§ 29 Absatz 4, § 28 Absatz 1 und 3 KStG). Bei Abwärtsabspaltung: Erhöhung des fiktiv auf 0 € herabgesetzten Nennkapitals und ggf. Neubildung eines Sonderausweises (§ 29 Absatz 4, § 28 Absatz 1 KStG).

II. Anwendung des § 29 KStG

1. Sachlicher Anwendungsbereich

§ 29 KStG gilt für Umwandlungen i. S. d. § 1 UmwG. Wegen fehlender betragsmäßiger Auswirkung kommt § 29 KStG für Fälle der Ausgliederung i. S. d. § 123 Absatz 3 UmwG nicht zur Anwendung. K.02

2. Behandlung bei der übertragenden Körperschaft

a) Fiktive Herabsetzung des Nennkapitals

Bei der übertragenden Körperschaft gilt im ersten Schritt das Nennkapital zum steuerlichen Übertragungsstichtag als in vollem Umfang herabgesetzt. Auf die fiktive Kapitalherabsetzung ist § 28 Absatz 2 Satz 1 KStG entsprechend anzuwenden. Danach verringert sich zunächst ein bestehender Sonderausweis auf 0 €. Der den Sonderausweis übersteigende Betrag erhöht den Bestand des steuerlichen Einlagekontos. Maßgebend ist der Bestand des Sonderausweises, der sich am steuerlichen Übertragungsstichtag ergibt. Die fiktive Herabsetzung des Nennkapitals gilt auch für den Fall der Abspaltung i. S. d. § 123 Absatz 1 und 2 UmwG. K.03

b) Verringerung der Bestände beim steuerlichen Einlagekonto

Bei einer Verschmelzung nach § 2 UmwG sowie bei einer Aufspaltung nach § 123 Absatz 1 UmwG verringert sich das steuerliche Einlagekonto der übertragenden Körperschaft in vollem Umfang (§ 29 Absatz 2 Satz 1, Absatz 3 und 2 KStG). In der letzten gesonderten Feststellung auf den steuerlichen Übertragungsstichtag ist der Bestand nach Berücksichtigung von Zu- und Abgängen (z. B. bei Gewinnausschüttungen im Rückwirkungszeitraum, vgl. z. B. Randnr. 02.34) und vor dem Vermögensübergang anzusetzen. K.04

Bei einer Abspaltung nach § 123 Absatz 2 UmwG verringert sich der Bestand des steuerlichen Einlagekontos anteilig in dem in § 29 Absatz 3 Satz 1, 2 und 4 KStG genannten Umfang. Maßgebend für die Verringerung ist der nach Berücksichtigung von Zu- und Abgängen ermittelte (ggf. fiktive) Bestand des steuerlichen Einlagekontos zum steuerlichen Übertragungsstichtag; dies gilt auch dann, wenn der steuerliche Übertragungsstichtag nicht auf den Schluss des Wirt- K.05

schaftsjahrs des übertragenden Rechtsträgers fällt. Für nach dem steuerlichen Übertragungsstichtag erfolgende Leistungen ist der um den Verringerungsbetrag geminderte (ggf. fiktive) Bestand des steuerlichen Einlagekontos zum steuerlichen Übertragungsstichtag maßgebend.

K.06 Die Verringerung des Bestands erfolgt unabhängig von der Rechtsform des übernehmenden Rechtsträgers. Sie ist auch vorzunehmen, soweit eine Hinzurechnung des steuerlichen Einlagekontos bei der übernehmenden Körperschaft nach § 29 Absatz 2 Satz 2 KStG unterbleibt.

c) Anpassung des Nennkapitals bei Abspaltung

K.07 Bei einer Abspaltung gilt das nach § 29 Absatz 1 KStG als auf 0 € herabgesetzt geltende Nennkapital des übertragenden Rechtsträgers (vgl. Randnr. K.03) als auf den Stand unmittelbar nach der Übertragung erhöht. Für die fiktive Kapitalerhöhung gilt § 28 Absatz 1 KStG entsprechend. Das Nennkapital verringert damit vorrangig das steuerliche Einlagekonto bis zu dessen Verbrauch, ein übersteigender Betrag ist als Sonderausweis zu erfassen. Maßgeblich ist dabei der Bestand des steuerlichen Einlagekontos, der sich nach Anwendung des § 29 Absatz 1 bis 3 KStG ergeben hat.

d) Zusammenfassendes Beispiel

K.08 **Beispiel:**
Die X-GmbH (voll eingezahltes Nennkapital 300.000 €, davon Sonderausweis 100.000 €) wird hälftig abgespalten. Das Nennkapital nach Abspaltung soll 50.000 € betragen. Das steuerliche Einlagekonto beträgt 0 €.

Lösung:

	Vorspalte	Einlagekonto	Sonderausweis
Anfangsbestand		0 €	100.000 €
Betrag der fiktiven Kapitalherabsetzung	300.000 €		
Verringerung des Sonderausweises	./. 100.000 €		./. 100.000 €
Rest, Zugang beim steuerlichen Einlagekonto	200.000 €	+ 200.000 €	
Zwischenergebnis		200.000 €	0 €
Abgang vom steuerlichen Einlagekonto (= 50 %)		./. 100.000 €	
Zwischenergebnis		100.000 €	0 €
Betrag der fiktiven Kapitalerhöhung	50.000 €		
Verringerung des steuerlichen Einlagekontos	./. 50.000 €	./. 50.000 €	
Schlussbestände		50.000 €	0 €

3. Behandlung bei der übernehmenden Körperschaft

a) Hinzurechnung des Bestands des steuerlichen Einlagekontos bei der übernehmenden Körperschaft

K.09 Soweit das Vermögen einer Körperschaft auf eine andere unbeschränkt steuerpflichtige Körperschaft übergeht, erhöht sich der Bestand des steuerlichen Einlagekontos der übernehmenden Körperschaft nach Maßgabe des § 29 Absatz 2 bzw. 3 KStG zum Schluss des Wirtschaftsjahrs, in das der steuerliche Übertragungsstichtag fällt. Bei Verschmelzungen sowie bei Auf- und Abspaltungen kann sich das steuerliche Einlagekonto der übernehmenden Körperschaft nur in dem in § 29 Absatz 2 und 3 KStG geregelten Umfang erhöhen. § 29 KStG ist insoweit gegenüber § 27 KStG die speziellere Vorschrift.

b) Beteiligung der übernehmenden Körperschaft an der übertragenden Körperschaft (Aufwärtsverschmelzung)

Ist die übernehmende Körperschaft (Muttergesellschaft) an der übertragenden Körperschaft (Tochtergesellschaft) beteiligt, unterbleibt bei der übernehmenden Muttergesellschaft eine Hinzurechnung des Bestands des steuerlichen Einlagekontos der übertragenden Tochtergesellschaft in dem Verhältnis der Beteiligung der Muttergesellschaft an der Tochtergesellschaft (§ 29 Absatz 2 Satz 2 und Absatz 3 Satz 3 KStG). K.10

Beispiel:
Die Muttergesellschaft hält 80 % der Anteile an einer Tochtergesellschaft. Das steuerliche Einlagekonto der Tochtergesellschaft beträgt nach Anwendung des § 29 Absatz 1 KStG 100.000 €.
Die Tochtergesellschaft wird auf die Muttergesellschaft verschmolzen.
Lösung:
Nach § 29 Absatz 2 Satz 2 KStG erhöht sich das steuerliche Einlagekonto der Muttergesellschaft nur um 20.000 € (= 20 % von 100.000 €).
Alternative:
Die Tochtergesellschaft wird hälftig auf die Muttergesellschaft abgespalten.
Lösung:
Nach § 29 Absatz 3 Satz 3 i.V. m. Absatz 2 Satz 2 KStG erhöht sich das steuerliche Einlagekonto der Muttergesellschaft um 10.000 € (= 50 % × 20 % von 100.000 €).

Die Regelung gilt entsprechend, wenn die übernehmende Körperschaft (Muttergesellschaft) mittelbar, z. B. über eine andere Körperschaft (Tochtergesellschaft), an der übertragenden Körperschaft (Enkelgesellschaft) beteiligt ist. K.11

c) Beteiligung der übertragenden Körperschaft an der übernehmenden Körperschaft (Abwärtsverschmelzung)

Bei Beteiligung der übertragenden Körperschaft (Muttergesellschaft) an der übernehmenden Körperschaft (Tochtergesellschaft) verringert sich nach § 29 Absatz 2 Satz 3 bzw. Absatz 3 Satz 3 KStG das steuerliche Einlagekonto der Tochtergesellschaft in dem Verhältnis der Beteiligung der übertragenden Muttergesellschaft an der übernehmenden Tochtergesellschaft. K.12

Bei einer Abwärtsverschmelzung finden die Regelungen des § 29 Absatz 1 und Absatz 2 Satz 1 KStG Anwendung. Bei der Ermittlung des steuerlichen Einlagekontos der übernehmenden Tochtergesellschaft auf den Schluss des Umwandlungsjahrs ist daher wie folgt vorzugehen: K.13

1. fiktive Herabsetzung des Nennkapitals der Tochtergesellschaft auf 0 € (§ 29 Absatz 1 KStG),
2. Verringerung des nach 1. erhöhten steuerlichen Einlagekontos im Verhältnis der Beteiligung der Muttergesellschaft an der Tochtergesellschaft (§ 29 Absatz 2 Satz 3 KStG),
3. fiktive Herabsetzung des Nennkapitals der Muttergesellschaft auf 0 € (§ 29 Absatz 1 KStG),
4. Hinzurechnung des nach 3. erhöhten steuerlichen Einlagekontos der Muttergesellschaft (§ 29 Absatz 2 Satz 1 KStG) sowie
5. fiktive Erhöhung des nach 1. auf 0 € herabgesetzten Nennkapitals der Tochtergesellschaft auf den Stand unmittelbar nach der Übertragung (§ 29 Absatz 4 KStG; Randnr. K.15).

Beispiel:
Die Muttergesellschaft M (Nennkapital 120.000 €, steuerliches Einlagekonto 80.000 € und Sonderausweis 0 €) wird auf ihre 100%ige Tochtergesellschaft T (Nennkapital 120.000 €, steuerliches Einlagekonto 0 € und Sonderausweis 50.000 €) verschmolzen. Das Nennkapital der T nach Verschmelzung beträgt 240.000 €.
Lösung:
Für das steuerliche Einlagekonto und den Sonderausweis der T ergibt sich danach folgende Entwicklung:

	Vorspalte	Einlagekonto	Sonderausweis
Bestand vor der Verschmelzung		0 €	50.000 €
Fiktive Kapitalherabsetzung auf Null	120.000 €		
Verringerung des Sonderausweises	./. 50.000 €		./. 50.000 €
Rest, Zugang beim steuerlichen Einlagekonto	70.000 €	+ 70.000 €	
Zwischenergebnis		70.000 €	0 €
Verringerung i. H. des prozentualen Umfangs der Beteiligung M an T		./. 70.000 €	
Zwischenergebnis		0 €	0 €
Zugang des steuerlichen Einlagekontos der M (nach Anwendung des § 29 Absatz 1 KStG)		+ 200.000 €	
Zwischenergebnis		200.000 €	0 €
Betrag der fiktiven Kapitalerhöhung	240.000 €		
Verringerung des steuerlichen Einlagekontos	./. 200.000 €	./. 200.000 €	
Rest, Zugang beim Sonderausweis	40.000 €	0 €	40.000 €
Bestände nach der Verschmelzung		0 €	40.000 €

K.14 Die Regelung gilt entsprechend, wenn die übertragende Körperschaft (Muttergesellschaft) mittelbar, z. B. über eine andere Körperschaft (Tochtergesellschaft), an der übernehmenden Körperschaft (Enkelgesellschaft) beteiligt ist.

d) Erhöhung des Nennkapitals

K.15 Erhöht die übernehmende Körperschaft i. R. d. Umwandlung ihr Nennkapital, finden darauf die Regelungen des § 28 Absatz 1 KStG entsprechend Anwendung (§ 29 Absatz 4 KStG). Das gilt nicht, soweit die Kapitalerhöhung auf baren Zuzahlungen bzw. Sacheinlagen beruht.

e) Zusammenfassendes Beispiel

K.16 **Beispiel:**
Auf die M-GmbH wird die T-GmbH, an der sie zu 50 % beteiligt ist, verschmolzen. Das nach § 29 Absatz 2 Satz 1 KStG zuzurechnende steuerliche Einlagekonto der T-GmbH beträgt 400.000 €. Der Sonderausweis der M-GmbH beträgt 100.000 €, der Bestand des steuerlichen Einlagekontos 0 €. I. R. d. Umwandlung wird das Nennkapital um 120.000 € erhöht, wovon 70.000 € auf bare Zuzahlungen entfallen. Nach der Verschmelzung wird das Nennkapital der M-GmbH durch Umwandlung von Rücklagen um weitere 100.000 € erhöht.

Lösung:

	Vorspalte	Einlagekonto	Sonderausweis
Bestand vor Umwandlung		0 €	100.000 €
Zugang steuerliches Einlagekonto der T-GmbH	400.000 €		
Kürzung nach § 29 Absatz 2 Satz 2 KStG (= 50 %)	./. 200.000 €		
Rest, Zugang steuerliches Einlagekonto	200.000 €	+ 200.000 €	
Zwischenergebnis		200.000 €	100.000 €
Anpassung des Nennkapitals (Erhöhung um insgesamt 220.000 € abzgl. bare Zuzahlungen i. H. v. 70.000 €)	150.000 €		
Vorrangige Verwendung des steuerlichen Einlagekontos	./. 150.000 €	./. 150.000 €	
Zwischenergebnis		50.000 €	100.000 €

	Vorspalte	Einlagekonto	Sonderausweis
Verrechnung des Sonderausweises mit dem positiven steuerlichen Einlagekonto zum Schluss des Wirtschaftsjahrs (§ 28 Absatz 3 KStG)		./. 50.000 €	./. 50.000 €
Schlussbestände		0 €	50.000 €

4. Aufteilungsschlüssel bei Auf- und Abspaltung

Das steuerliche Einlagekonto, das sich nach der Anwendung des § 29 Absatz 1 KStG ergibt, ist in dem Verhältnis der gemeinen Werte der übergehenden Vermögensteile zu dem vor der Auf- oder Abspaltung bestehenden Vermögen auf die übernehmenden Körperschaften, im Fall der Abspaltung auch auf die übertragende Körperschaft aufzuteilen. Dieses Verhältnis (Aufteilungsschlüssel) ergibt sich in der Regel aus den Angaben zum Umtauschverhältnis der Anteile im Spaltungs- und Übernahmevertrag oder im Spaltungsplan. Die Ermittlung der gemeinen Werte ist deshalb nur erforderlich, wenn der Spaltungs- und Übernahmevertrag oder der Spaltungsplan keine Angaben zum Umtauschverhältnis der Anteile enthält oder dieses nicht dem Verhältnis der übergehenden Vermögensteile zu dem vor der Spaltung bestehenden Vermögen entspricht. K.17

5. § 29 Absatz 5 und 6 KStG

Die Randnr. K.01 bis K.17 gelten in den Fällen des § 29 Absatz 5 und 6 KStG entsprechend. K.18

In den Fällen des § 29 Absatz 6 KStG ist das Finanzamt der übernehmenden Körperschaft örtlich zuständig. Die Ermittlung der nicht in das Nennkapital geleisteten Einlagen hat in Abstimmung mit dem Bundeszentralamt für Steuern zu erfolgen. K.19

Zu § 21 UmwStG

2. Ausübung Wahlrecht in Fällen der Einbringung nach §§ 20, 21, 24 und 25 UmwStG

Bayerisches Landesamt für Steuern, Verfügung v. 11. 11. 2014

– S 1978d.2.1-17/10 St32 –

Die nachfolgenden Regelungen gelten auch in Fällen des Anteilstauschs nach § 21 UmwStG. Die Vorschriften des § 21 UmwStG werden jedoch nachfolgend nicht mehr explizit genannt.

Bei der Einbringung eines Betriebs, Teilbetriebs oder Mitunternehmeranteils in eine Kapitalgesellschaft/Genossenschaft (übernehmende Gesellschaft) bzw. Personengesellschaft hat die übernehmende Gesellschaft bzw. Personengesellschaft nach den §§ 20 Abs. 2 S. 1, 24 Abs. 2 S. 1 UmwStG das eingebrachte Betriebsvermögen grundsätzlich mit dem gemeinen Wert anzusetzen.

Der Wertansatz des eingebrachten Betriebsvermögens bei der übernehmenden Gesellschaft bzw. Personengesellschaft gilt vorbehaltlich der Regelungen des § 20 Abs. 3 S. 2 und 3 UmwStG für den Einbringenden als Veräußerungspreis (§§ 20 Abs. 3 S. 1, 24 Abs. 3 S. 1 UmwStG).

Abweichend vom Ansatz des gemeinen Wertes kann das übernommene Betriebsvermögen auf Antrag auch mit dem Buchwert oder einem sog. Zwischenwert angesetzt werden (§§ 20 Abs. 2 S. 2, 24 Abs. 2 S. 2 UmwStG). Der Antrag ist gem. §§ 20 Abs. 2 S. 3, 24 Abs. 2 S. 3 UmwStG **spätestens** bis zur erstmaligen Abgabe der steuerlichen Schlussbilanz bei dem für die Besteuerung der übernehmenden Gesellschaft zuständigen Finanzamt zu stellen. Dies gilt auch, wenn ein Mitunternehmeranteil eingebracht wird (BMF-Schreiben vom 11.11.2011, BStBl I S. 1314, Rn 20.21, 20.22 und 24.03).

Unter dem Begriff der steuerlichen Schlussbilanz ist keine eigenständige von der Gewinnermittlung nach §§ 4 Abs. 1, 5 Abs. 1 EStG zu unterscheidende Bilanz des übernehmenden Rechtsträgers zu verstehen. Vielmehr ist die (reguläre) Steuerbilanz gemeint, in der das übernommene Betriebsvermögen erstmals anzusetzen ist.

Wird die Steuerbilanz i. S. d. §§ 4 Abs. 1, 5 Abs. 1 EStG auf den Bilanzstichtag abgegeben, ohne weitere Erklärung zur Ausübung des Wahlrechts, ist die Antragsfrist der §§ 20 Abs. 2 S. 3, 24 Abs. 2 S. 3 UmwStG verstrichen und der darin angesetzte Wert maßgebend. Wird lediglich eine Handelsbilanz ggfs. mit notwendigen Korrekturen i. S. d. § 60 Abs. 2 EStDV eingereicht und wird diese der Steuerfestsetzung zu Grunde gelegt, gilt das Bewertungswahlrecht als ausgeübt (vgl. zustimmend Urteil des FG München vom 22.10.2013, 6 K 3548/12; Revision anhängig, Az. des BFH I R 77/13).

Bezüglich der Ausübung des Bewertungswahlrechts gilt Folgendes:

– Fallen der steuerliche Übertragungsstichtag und der Bilanzstichtag auf denselben Tag, ist die steuerliche Schlussbilanz auf diesen Tag maßgebend.

  Beispiel:
  Steuerlicher Übertragungsstichtag und Bilanzstichtag ist der 31.12. (Wirtschaftsjahr = Kalenderjahr). Maßgebend ist die steuerliche Schlussbilanz auf diesen Tag.

– Liegt der steuerliche Übertragungsstichtag vor dem Bilanzstichtag, so ist das Bewertungswahlrecht in der ersten auf den steuerlichen Übertragungsstichtag folgenden Schlussbilanz auszuüben.

  Beispiel:
  Steuerlicher Übertragungsstichtag ist der 1.4.01 und Bilanzstichtag ist der 31.12.01 (Wirtschaftsjahr = Kalenderjahr). Hier ist die steuerliche Schlussbilanz des übernehmenden Rechtsträgers auf den 31.12.01 maßgebend.

  Bei einer Einbringung zur Aufnahme wird die Übernahme des Betriebsvermögens zwar bereits am 1.4.01 als laufender Geschäftsvorfall verbucht, die Bewertung und damit die Ausübung des Antrags erfolgt aber erst in der steuerlichen Schlussbilanz zum 31.12.01, bis zur Abgabe dieser Schlussbilanz kann das Wahlrecht ausgeübt werden.

  Bei einer Einbringung zur Neugründung wird das übernommene Betriebsvermögen in der Eröffnungsbilanz angesetzt, die Frist zur Ausübung des Bewertungswahlrechts endet jedoch erst mit Abgabe der steuerlichen Schlussbilanz auf den 31.12.01.

Der Verweis im BMF-Schreiben vom 11.11.2011 (a. a. O.) in den Rn 20.21 und 24.03 auf 03.29 bezieht sich lediglich auf die Form des Antrags. Der Antrag bedarf demnach keiner besonderen Form, ist bedingungsfeindlich und unwiderruflich. Ein vor Ablauf der Antragsfrist gestellter Antrag, kann auch nicht bis zum Ablauf der Antragsfrist widerrufen oder geändert werden. Aus dem Antrag muss sich ausdrücklich ergeben, ob das übergehende Vermögen zum Buchwert oder zu einem Zwischenwert anzusetzen ist. Der Antrag auf abweichenden Wertansatz kann ausdrücklich oder konkludent (durch Abgabe der Steuererklärung mit einer Bilanz, die der Steuerfestsetzung zu Grunde gelegt wird) erfolgen.

Aus diesen Gründen ist in Fällen der Einbringung nach den §§ 20, 24 UmwStG und in Fällen des Anteilstausches nach § 21 UmwStG wie folgt zu verfahren:

Fallen der steuerliche Übertragungsstichtag und der Bilanzstichtag auf denselben Tag und gibt die übernehmende Gesellschaft bzw. Personengesellschaft keine Bilanz auf diesen Tag ab bzw. korrigiert sie nicht eine bereits bestehende Bilanz (bei rückwirkender Einbringung in einen bestehenden Rechtsträger), ist eine steuerliche Schlussbilanz der übernehmenden Gesellschaft/ Personengesellschaft anzufordern und die Gesellschaft ist gleichzeitig aufzufordern, sich zur Ausübung des Bewertungswahlrechts i. S. d. §§ 20 Abs. 2 S. 2, 24 Abs. 2 S. 2 UmwStG ausdrücklich zu äußern.

Liegt der steuerliche Übertragungsstichtag vor dem Bilanzstichtag und gibt die übernehmenden Gesellschaft bzw. Personengesellschaft lediglich die Steuerbilanz i. S. d. §§ 4 Abs. 1, 5 Abs. 1 EStG auf den Bilanzstichtag ohne weitere Erklärung ab und bestehen hinsichtlich der Ausübung des Wahlrechts Zweifel, so ist die Gesellschaft ebenfalls aufzufordern, sich zur Ausübung des Bewertungswahlrechts i. S. d. §§ 20 Abs. 2 S. 2, 24 Abs. 2 S. 2 UmwStG ausdrücklich zu äußern. Es bestehen Zweifel, wenn sich der übernehmende Rechtsträger widersprüchlich verhält (z. B. Ansatz eines Wertes zwischen dem gemeinen Wert und dem Buchwert („Zwischenwert") bei nicht einheitlicher Aufstockung der stillen Reserven, vgl. BMF vom 11.11.2011, a. a. O., Rz 23.14 i.V. m. 03.25).

Auch in Fällen des § 24 UmwStG ist von der für die übernehmende Personengesellschaft zuständigen Stelle zwingend eine Kontaktaufnahme mit der für den Einbringenden zuständigen Veranlagungsstelle erforderlich, um die steuerliche Behandlung auf beiden Seiten zu überprüfen.

Erfolgt von der übernehmenden Gesellschaft bzw. Personengesellschaft keine Antwort, so ist davon auszugehen, dass kein Antrag auf abweichenden Wertansatz gestellt wird. Es sind somit die gemeinen Werte anzusetzen und die entsprechenden Konsequenzen zu ziehen.

In der Praxis sind bereits vermehrt Fälle nach folgendem Muster aufgetreten:

Es liegt eine rückwirkende Einbringung in eine neu zu gründende Personengesellschaft vor, handelsrechtlicher Umwandlungsstichtag ist der 1.1.02 (Ausgliederung zur Neugründung im Wege der (partiellen) Gesamtrechtsnachfolge). Die Personengesellschaft gibt eine Eröffnungsbilanz auf den 1.1.02 und eine Schlussbilanz auf den 31.12.02 unter Ansatz aufgestockter Werte ab (erhöhtes Abschreibungsvolumen).

Steuerlicher Übertragungsstichtag ist der 31.12.01 (§ 24 Abs. 4 Halbsatz 2 i.V. m. § 20 Abs. 6 UmwStG). Der einzige Geschäftsvorfall der übernehmenden Personengesellschaft im Jahr 01 ist die Übernahme des Betriebsvermögens. Maßgebende Bilanz für die Ausübung des Bewertungswahlrechts ist die Schlussbilanz auf den 31.12.**01**. Die Frist zur Ausübung des Bewertungswahlrechts war bei dieser Konstellation noch nicht abgelaufen. Es ist daher in solchen Fällen zwingend erforderlich die steuerliche Schlussbilanz auf den 31.12.01 anzufordern.

Diese Verfügung ersetzt die Verfügung vom 7.7.2014 (S 1978d.2.1-17/1 St32) und ist in allen offenen Fällen anzuwenden.

VI. Gewerbesteuer

Zu § 8 GewStG

1. Anwendungsfragen zur Hinzurechnung von Finanzierungsanteilen nach § 8 Nummer 1 GewStG in der Fassung des Unternehmensteuerreformgesetzes 2008 vom 14. 8. 2007 (BGBl I S. 1912, BStBl I S. 630)
Gleich lautender Ländererlass v. 2. 7. 2012[*)] (BStBl I S. 654)

Durch das Unternehmensteuerreformgesetz 2008 wurden u. a. die bisherigen Regelungen in § 8 Nummer 1 bis 3 und 7 GewStG a. F. zur Hinzurechnung von Entgelten für die Nutzung von Betriebskapital durch die Regelung des § 8 Nummer 1 GewStG ersetzt. Die Änderungen sind erstmals für den Erhebungszeitraum 2008 anzuwenden (§ 36 Absatz 5a GewStG). Nach dem Ergebnis der Erörterung der obersten Finanzbehörden der Länder sind bei der Anwendung des § 8 Nummer 1 GewStG auch nachfolgende Grundsätze zu beachten:

Inhaltsübersicht

			Rdnr.
I.	Allgemeine Hinweise		1–9
	1.	Allgemeine Grundsätze zur Anwendung bestehender Richtlinien zu § 8 GewStG	1
	2.	Hinzurechnung von gewinnmindernden Aufwendungen	2–4
	3.	Hinzurechnung unabhängig von der gewerbesteuerlichen Behandlung beim Überlasser des Betriebskapitals	5
	4.	Aufteilung gemischter Verträge	6, 7
	5.	Folgen der Einordnung der Nutzungsüberlassung als Übergang des wirtschaftlichen Eigentums	8, 9
II.	Einzeltatbestände des § 8 Nummer 1 GewStG		10–48
	1.	Hinzurechnung von Entgelten für Schulden nach § 8 Nummer 1 Buchstabe a GewStG	10–24a
		a) Allgemein	10
		b) Durchlaufende Kredite	11
		c) Aufzinsungsbeträge nach § 6 Absatz 1 Nummer 3, 3a und § 6a Absatz 3 EStG	12
		d) Aktivierung von Bauzeit- und Erbbauzinsen als Anschaffungs- oder Herstellungskosten	13
		e) Zins-Swap-Geschäfte	14, 15
		f) Skonti und ähnliche Abzüge bei Forderungen aus Lieferungen und Leistungen	16

[*)] Ersetzt die gleich lautenden Erlasse der obersten Finanzbehörden der Länder vom 4. 7. 2008 (BStBl I S. 730).

g)	Verkauf von anderen Geldforderungen (echtes Factoring)	17
h)	Teilwertabschreibung	18
i)	Forfaitierung von Ansprüchen aus schwebenden Verträgen	19–22
j)	Nebenkosten beim Factoring und bei der Forfaitierung	23
k)	Hinzurechnung bei Versicherungsunternehmen	24
l)	Zinsen für betriebliche Steuerschulden nach §§ 233 ff. AO	24a

2. Hinzurechnung für Renten und dauernde Lasten nach § 8 Nummer 1 Buchstabe b GewStG ... 25–27
   a) Renten und dauernde Lasten ... 25, 26
   b) Aufwendungen für Zusagen auf Leistungen der betrieblichen Altersversorgung ... 27
3. Hinzurechnung von Gewinnanteilen des stillen Gesellschafters nach § 8 Nummer 1 Buchstabe c GewStG ... 28
4. Hinzurechnung von Miet- und Pachtzinsen für bewegliche und unbewegliche Wirtschaftsgüter nach § 8 Nummer 1 Buchstabe d und e GewStG ... 29–32a
   a) Allgemein ... 29–29e
   b) Abgrenzung der Mietverträge über unbewegliche Wirtschaftsgüter zu Mietverträgen über bewegliche Wirtschaftsgüter ... 30, 31
   c) Abgrenzung der Miete und Pacht zu übrigen Überlassungsverhältnissen ... 32–32a
5. Hinzurechnung von Aufwendungen für die zeitlich befristete Überlassung von Rechten nach § 8 Nummer 1 Buchstabe f GewStG ... 33–43
   a) Allgemein ... 33–34a
   b) Zahlungen an juristische Personen des öffentlichen Rechts für überlassene Rechte ... 35, 36
   c) Zeitlich befristete Überlassung von Rechten ... 37–39
   d) Voraussetzungen für das Vorliegen von „Durchleitungsrechten" ... 40–42
   e) Ausnahmeregelung des § 8 Nummer 1 Buchstabe f Satz 2 GewStG ... 43
6. Freibetrag nach § 8 Nummer 1 GewStG ... 44–48
   a) Bemessungsgrundlage ... 44
   b) Organschaft ... 45
   c) Umstellung des Wirtschaftsjahrs ... 46, 47
   d) Abwicklung und Insolvenz ... 48

I. Allgemeine Hinweise

1. Allgemeine Grundsätze zur Anwendung bestehender Richtlinien zu § 8 GewStG

1 Die Grundsätze der Gewerbesteuer-Richtlinien 1998 (GewStR 1998)[*] und der Rechtsprechung zu § 8 Nummer 1 bis 3 und 7 GewStG a. F. sind bei der Auslegung des § 8 Nummer 1 GewStG unter Berücksichtigung der Neuregelungen sinngemäß weiter anzuwenden. So sind beispielsweise die Grundsätze des Abschnitts 46 GewStR 1998[**] bei der Frage, ob ein Entgelt für eine Schuld

---

[*] Ab Erhebungszeitraum 2009 GewStR 2009 (BGBl I Sondernummer 1/2010).
[**] Ab Erhebungszeitraum 2009 R 8.1 GewStR 2009.

vorliegt, weiter zu berücksichtigen. Musste bisher z. B. eine Hinzurechnung nach § 8 Nummer 1 GewStG a. F. nur deshalb unterbleiben, weil eine Verbindlichkeit des laufenden Geschäftsverkehrs vorlag, so kommt es ab dem Erhebungszeitraum 2008 zu einer Hinzurechnung, da dieses Ausschlusskriterium für die Hinzurechnung weggefallen ist. Entsprechendes gilt, wenn nach den Richtlinien bzw. der BFH-Rechtsprechung eine Hinzurechnung von Mieten und Pachten unterblieben ist, weil es sich um Mieten oder Pachten von Grundbesitz handelte und solche Aufwendungen – im Gegensatz zu § 8 Nummer 1 Buchstabe e GewStG – nach § 8 Nummer 7 GewStG a. F. nicht hinzurechnungsrelevant waren.

2. Hinzurechnung von gewinnmindernden Aufwendungen

Hinzugerechnet werden nach § 8 Nummer 1 GewStG vorbehaltlich des § 8 Nummer 1 Buchstabe a Satz 3 GewStG nur die Beträge, die bei der Ermittlung des Gewinns abgesetzt worden sind. Demnach unterbleibt eine Hinzurechnung von Aufwendungen, die am Bilanzstichtag als Anschaffungs- oder Herstellungskosten des Anlage- oder Umlaufvermögens aktiviert wurden (zu Bauzeit- und Erbbauzinsen vgl. Rdnr. 13). Sofern eine auf einen Hinzurechnungstatbestand gerichtete Rückstellung zulässigerweise gebildet worden ist, ist diese hinzuzurechnen. Für die Auflösung einer Rückstellung bei nicht erfolgter Inanspruchnahme gilt R 7.1 (1) GewStR 2009. Maßgebend ist die Gewinnermittlung des Steuergegenstands (des Unternehmens) im Sinne des § 2 Absatz 1 bis 3 GewStG. Deshalb unterliegen Sondervergütungen eines Mitunternehmers im Sinne des § 15 Absatz 1 Satz 1 Nummer 2 EStG weiterhin nicht der Hinzurechnung. Dies gilt auch für Gewinnanteile eines atypisch stillen Gesellschafters (vgl. Abschnitt 50 Absatz 3 GewStR 1998)*). Wurde der den einzelnen Partnern einer Arbeitsgemeinschaft (Arge) im Sinne des § 2a GewStG zuzurechnende Gewinn um Aufwendungen gemindert, die auf Ebene der Arge der Hinzurechnung unterlägen, so sind die gewerbesteuerlichen Folgen der Hinzurechnung bei den einzelnen Partnern zu ziehen. 2

Aufwendungen, die bei der Ermittlung des Gewinns abgesetzt wurden und Bestandteil von vertraglichen Gestaltungen sind, z. B. von Umlageverträgen bei verbundenen Unternehmen, sind unabhängig von dieser rechtlichen Gestaltung hinzuzurechnen, wenn sie ihrem wirtschaftlichen Gehalt nach die einzelnen Tatbestände des § 8 Nummer 1 GewStG erfüllen. 3

Für die Unternehmen in einem Organkreis wird der Gewerbeertrag weiterhin jeweils gesondert ermittelt. Zur Vermeidung einer doppelten Belastung aus einer Hinzurechnung sind auch künftig die Grundsätze des Abschnitts 41 GewStR 1998**) zu beachten. 4

3. Hinzurechnung unabhängig von der gewerbesteuerlichen Behandlung beim Überlasser des Betriebskapitals

Die Hinzurechnung der Nutzungsentgelte für das dem Betrieb überlassene Geld- und Sachkapital (Betriebskapital) nach § 8 Nummer 1 GewStG ist unabhängig davon vorzunehmen, ob die Beträge beim Überlasser des Betriebskapitals der Gewerbesteuer unterliegen oder nicht. Damit unterliegen insbesondere auch die bei einer Betriebsaufspaltung vom Betriebsunternehmen an das Besitzunternehmen gezahlten Nutzungsentgelte für überlassenes Betriebskapital beim Betriebsunternehmen nach den Grundsätzen des § 8 Nummer 1 GewStG der Hinzurechnung. 5

4. Aufteilung gemischter Verträge

Entgelte für die Nutzung des dem Betrieb überlassenen Betriebskapitals werden nur hinzugerechnet, wenn einer der Tatbestände des § 8 Nummer 1 Buchstabe a bis f GewStG erfüllt ist. Enthält ein Vertrag Vereinbarungen über mehrere Leistungskomponenten (gemischter Ver- 6

---

*) Ab Erhebungszeitraum 2009 H 8.1 (3) Atypisch stille Gesellschaften GewStH 2009.
**) Ab Erhebungszeitraum 2009 R 7.1 (5) GewStR 2009.

trag) und sind diese trennbar, so ist jede Komponente für sich nach Maßgabe des § 8 Nummer 1 Buchstabe a bis f GewStG zu beurteilen (vgl. Abschnitt 53 Absatz 1 Satz 14 und 15 GewStR 1998)*). Dies gilt insbesondere auch für sog. Franchise-Verträge. Das Entgelt ist – erforderlichenfalls durch Schätzung – auf die verschiedenen Leistungskomponenten aufzuteilen.

7 Stellt bei einem gemischten Vertrag das Vertragsverhältnis ein einheitliches und unteilbares Ganzes dar, scheidet eine Aufteilung des Vertrages aus. Steht dabei im Einzelfall eine Leistung, die keinen Tatbestand des § 8 Nummer 1 GewStG erfüllt, im Vergleich zu einer Leistung, die den Tatbestand erfüllt, derart im Vordergrund, dass sie dem Gesamtvertrag das Gepräge gibt, so fällt der Gesamtvertrag regelmäßig nicht unter § 8 Nummer 1 GewStG. Demnach scheidet z. B. bei Vereinbarungen zur fortlaufenden Reinigung bzw. zum fortlaufenden Austausch beschädigter Teile bei einem Mietservice von Berufskleidung oder Fußmatten regelmäßig eine Hinzurechnung aus. Bei Zeit-Charterverträgen steht die Beförderungsleistung unter Einsatz des gestellten Personals im Vordergrund; ein Herausrechnen des Entgelts für die Überlassung des Schiffs scheidet aus (vgl. Abschnitt 53 Absatz 1 Satz 5 GewStR 1998)*). Gibt demgegenüber eine Leistung, die einen Tatbestand des § 8 Nummer 1 GewStG erfüllt, dem Gesamtvertrag das Gepräge, unterfällt der Gesamtvertrag der Hinzurechnung.

5. Folgen der Einordnung der Nutzungsüberlassung als Übergang des wirtschaftlichen Eigentums

8 Eine Hinzurechnung von Mieten, Pachten oder Aufwendungen für die Überlassung von Rechten nach § 8 Nummer 1 Buchstabe d bis f GewStG setzt eine Überlassung voraus. Ist die Nutzungsvereinbarung als Übergang des wirtschaftlichen Eigentums an dem genutzten Wirtschaftsgut anzusehen, so liegt ein Ratenkauf vor. Dieser ist nach allgemeinen bilanzsteuerlichen Grundsatzen zu behandeln. Soweit für einen Kaufpreis eine Verbindlichkeit zu passivieren ist, ist der in der Rate enthaltene Zinsanteil nach den Grundsätzen des § 8 Nummer 1 Buchstabe a GewStG hinzuzurechnen.

9 Zum Übergang des wirtschaftlichen Eigentums auf den Leasingnehmer vgl. die in den BMF-Schreiben vom 19. April 1971 (BStBl I S. 264), vom 21. März 1972 (BStBl I S. 188), vom 22. Dezember 1975 (Anhang 21 III EStH 2011) und vom 23. Dezember 1991 (BStBl 1992 I S. 13) niedergelegten Grundsätze.

II. Einzeltatbestände des § 8 Nummer 1 GewStG

1. Hinzurechnung von Entgelten für Schulden nach § 8 Nummer 1 Buchstabe a GewStG

a) Allgemein

10 Auf die Dauerhaftigkeit der Schulden kommt es im Rahmen der Neuregelung nicht mehr an (insbesondere auch Verbindlichkeiten des laufenden Geschäftsverkehrs fallen unter die Neuregelung). Für die Frage, ob ein Entgelt für eine Schuld vorliegt, sind die Grundsätze des Abschnitts 46 GewStR 1998**) weiter anzuwenden. Ein hinzuzurechnender Finanzierungsanteil liegt nicht vor, wenn ein Versicherungsnehmer an Stelle des fälligen Jahresbetrags die Versicherungsprämie z. B. in betragsmäßig höheren monatlichen Teilbeträgen entrichtet.

---

*) Ab Erhebungszeitraum 2009 H 8.1 (4) Gemischte Verträge GewStH 2009.
**) Ab Erhebungszeitraum 2009 R 8.1 (1) GewStR 2009.

b) Durchlaufende Kredite

Bei einem Unternehmen, das einen Kredit aufgenommen und weitergeleitet hat, liegt ein hinzurechnungspflichtiger Zinsaufwand nach § 8 Nummer 1 Buchstabe a GewStG vor. Dem steht das BFH-Urteil vom 7. Juli 2004 (BStBl 2005 II S. 102) nicht entgegen, da es auf das Tatbestandsmerkmal „nicht nur der vorübergehenden Verstärkung des Betriebskapitals" nicht mehr ankommt. Eine Saldierung von Zinsaufwendungen und Zinserträgen im Zusammenhang mit durchgeleiteten Krediten kommt nicht in Betracht. 11

c) Aufzinsungsbeträge nach § 6 Absatz 1 Nummer 3, 3a und § 6a Absatz 3 EStG

Die Regelung des § 8 Nummer 1 Buchstabe a Satz 1 GewStG lässt die bisherige Rechtslage unberührt, nach der sich aus der Abzinsung und der nachfolgenden Aufzinsung von unverzinslichen Verbindlichkeiten nach § 6 Absatz 1 Nummer 3 EStG und von Rückstellungen nach § 6 Absatz 1 Nummer 3a EStG keine Entgelte im Sinne des § 8 Nummer 1 GewStG ergeben (vgl. Rdnr. 39 des BMF-Schreibens vom 26. Mai 2005, BStBl I S. 699). Dem entsprechend unterliegen auch Aufzinsungsbeträge nach § 6a Absatz 3 EStG nicht der Hinzurechnung. 12

d) Aktivierung von Bauzeit- und Erbbauzinsen als Anschaffungs- oder Herstellungskosten

Als Herstellungskosten aktivierte Bauzeitzinsen sind dem Gewinn weder in dem Erhebungszeitraum der Aktivierung noch in den Erhebungszeiträumen, in denen sie sich über Abschreibungen auf den Gewinn auswirken, als Entgelte für Schulden nach § 8 Nummer 1 Buchstabe a GewStG hinzuzurechnen (vgl. BFH-Urteil vom 30. April 2003, BStBl 2004 II S. 192). Entsprechendes gilt für aktivierte Erbbauzinsen. Zur weiteren Behandlung von Erbbauzinsen (Einräumung eines Erbbaurechts an einem bebauten oder unbebauten Grundstück) vgl. Rdnr. 32 und 32a. 13

e) Zins-Swap-Geschäfte

Grundsätzlich tauschen bei einem Zins-Swap-Geschäft zwei Parteien ihre Zinszahlungen auf einen nominellen Kapitalbetrag – üblicherweise Festsatz gegen variablen Satz –, ohne dabei den Kapitalbetrag auszutauschen. Im Regelfall dient der Zins-Swap-Vertrag der Absicherung des Zinsrisikos eines oder mehrerer anderer Darlehens- oder Kreditverträge. Der Zins-Swap-Vertrag kann aber auch ohne den Hintergrund eines anderen Vertrages zur Erzielung von Spekulationsgewinnen abgeschlossen werden. 14

Nach den Grundsätzen des BFH-Urteils vom 4. Juni 2003 (BStBl 2004 II S. 517) ist der Zins-Swap, der nicht mit dem kreditgebenden Institut, sondern mit einem Dritten abgeschlossen wird, grundsätzlich eine Maßnahme, durch welche – ähnlich einem Devisentermingeschäft bezogen auf das Währungsrisiko oder auch bei Abschluss einer Risikoversicherung – ein Teil der mit einer Kreditaufnahme verbundenen Risiken der auftretenden Zinsschwankungen abgedeckt wird. Aufwendungen für ein derartiges Geschäft unterfallen nicht der Hinzurechnung. Soweit mit anderen Swap-Verträgen andere Finanzierungsmethoden und Gestaltungsformen kombiniert werden, ist auf Grundlage der vorstehenden Grundsätze zu prüfen, ob die Aufwendungen als Entgelt für Schulden zu beurteilen sind. 15

f) Skonti und ähnliche Abzüge bei Forderungen aus Lieferungen und Leistungen

Den Entgelten für Schulden nach § 8 Nummer 1 Buchstabe a Satz 1 GewStG wirtschaftlich gleich steht der Aufwand nach § 8 Nummer 1 Buchstabe a Satz 2 GewStG, der dem Betrieb dadurch entsteht, dass Forderungen aus Lieferungen und Leistungen vorzeitig erfüllt werden und hierbei ein Abschlag gewährt wird. Geschäftsübliche Skonti und Abschläge aus anderen Gründen (z. B. Treuerabatte und Mengenrabatte) werden von der Hinzurechnungsfiktion nicht er- 16 fasst. Dagegen liegt z. B. kein geschäftsüblicher Skonto vor, wenn ein Skonto trotz unüblich langem Zahlungsziel vereinbart wird; in diesen Fällen ist der volle Abschlag in die Hinzurechnung einzubeziehen. Kein Fall des Skontos liegt vor, wenn ein Versicherungsnehmer z. B. an Stelle von Monatsraten einen betragsmäßig geringeren Jahresbetrag entrichtet; es findet keine Hinzurechnung statt.

g) Verkauf von anderen Geldforderungen (echtes Factoring)

17   Nach § 8 Nummer 1 Buchstabe a Satz 2 GewStG unterliegen auch Diskontbeträge bei der Veräußerung von Wechsel- und anderen Geldforderungen der Hinzurechnung. Hierunter fallen insbesondere die Abschläge aus dem Verkauf von aktivierten Forderungen (vgl. aber Rdnr. 23).

h) Teilwertabschreibung

18   Der Aufwand, der dem Unternehmen aus einer steuerlich zulässigen Abschreibung der Forderung auf den niedrigeren Teilwert entsteht, fällt nicht unter die Hinzurechnung nach § 8 Nummer 1 GewStG. Dies gilt auch dann, wenn das Unternehmen die abgeschriebene Forderung im Folgenden zu diesem abgeschriebenen Wert verkauft.

i) Forfaitierung von Ansprüchen aus schwebenden Verträgen

– *Allgemein*

19   Nach § 8 Nummer 1 Buchstabe a Satz 3 GewStG fällt auch der rechnerische Aufwand im Zuge der Forfaitierung von Ansprüchen aus schwebenden Verträgen unter die Hinzurechnung. Der hinzuzurechnende Aufwand ergibt sich aus der Differenz zwischen der Summe der zu erwartenden Raten (jeweils zum Nominalwert), die der aus dem Vertrag Verpflichtete über die Laufzeit zu entrichten hat, und des vom Verkäufer an den Käufer zu entrichtenden Entgelts.

20   Bei der Ermittlung der Summe der zu erwartenden Raten sind die Werte maßgebend, die die Vertragsparteien bei der Forfaitierungsvereinbarung zu Grunde legen. Bei Entgeltanpassungsklauseln kommt es nicht darauf an, ob und in welchem Umfang diese künftig wirksam werden.

– *Zeitpunkt der Hinzurechnung*

21   Der Erlös aus der Forfaitierung wird nach allgemeinen Grundsätzen nicht im Zeitpunkt der Vereinnahmung, sondern verteilt über die Restlaufzeit des schwebenden Vertragsverhältnisses berücksichtigt (vgl. BMF-Schreiben vom 9. Januar 1996, BStBl I S. 9). Entsprechend diesen Grundsätzen ist der Aufwand im Sinne des § 8 Nummer 1 Buchstabe a Satz 3 GewStG linear verteilt über die Restlaufzeit des schwebenden Vertrags hinzuzurechnen.

– *Altfälle*

22   Eine Hinzurechnung nach den vorstehenden Grundsätzen unterbleibt in den Fällen, in denen die Forfaitierung von Ansprüchen aus schwebenden Geschäften vor dem 1. Januar 2008 erfolgt ist.

j) Nebenkosten beim Factoring und bei der Forfaitierung

23   In den Abschlägen enthaltene angemessene Wertermittlungskosten oder vergleichbare Gebühren (z. B. Risikoprämien) unterfallen nicht der Hinzurechnung.

Beispiel 1 (echte Forfaitierung):

Die V-GmbH überlässt der S-GmbH am 1. Januar 2001 ein Grundstück zur Miete. Der Mietvertrag ist bis zum 31. Dezember 2010 befristet. Der jährlich auf den 1. Januar im Voraus zu entrichtende Mietzins beträgt 1 Mio. €. Die V-GmbH verkauft sämtliche Mietzinsansprüche aus dem Vertragsverhältnis am 30. Dezember 2001 an die K-GmbH und tritt sie mit sofortiger Wirkung ab. Das Ausfallrisiko geht auf die K-GmbH über. Der Kaufpreis für die Forderung beträgt 7,5 Mio. €. Von dem Differenzbetrag zum Nennwert der Forderung (9 Mio. € abzgl. 7,5 Mio. € = 1,5 Mio. €) entfallen nachweislich 10.000 € auf Wertermittlungskosten und 300.000 € auf die Risikoübernahme.

Lösung:

Es handelt sich um eine echte Forfaitierung. Bei der V-GmbH ist der Forfaitierungserlös mittels eines passiven Rechnungsabgrenzungspostens auf die Jahre 2002–2010 linear zu verteilen (vgl. BMF-Schreiben vom 9. Januar 1996, BStBl I S. 9). Ein gewinnmindernder Zinsaufwand in Höhe der Differenz zwischen dem Nennwert der abgetretenen Forderung und dem erzielten Verkaufserlös ist bei der V-GmbH bilanzsteuerrechtlich nicht zu erfassen. Gleichwohl ist der Differenzbetrag abzgl. der Wertermittlungsgebühren und der Risikoprämie in Höhe von 1,19 Mio. € (1,5 Mio. € abzgl. 10.000 € und abzgl. 300.000 €) nach § 8 Nummer 1 Buchstabe a Satz 3 GewStG bei der Ermittlung des Hinzurechnungsbetrages zu erfassen, und zwar linear verteilt auf die Restlaufzeit des schwebenden Vertrags (hier auf die Jahre 2002–2010, vgl. auch Rdnr. 21).

Beispiel 2 (unechte Forfaitierung):

Die V-GmbH überlässt der S-GmbH am 1. Januar 2001 ein Grundstück zur Miete. Der Mietvertrag ist bis zum 31. Dezember 2010 befristet. Der jährlich auf den 1. Januar im Voraus zu entrichtende Mietzins beträgt 1 Mio. €. Die V-GmbH verkauft sämtliche Mietzinsansprüche aus dem Vertragsverhältnis am 30. Dezember 2001 an die K-GmbH und tritt sie mit sofortiger Wirkung ab. Das Ausfallrisiko verbleibt bei der V-GmbH. Der Kaufpreis für die Forderung beträgt 7,8 Mio. €. In dem Differenzbetrag zum Nennwert (9 Mio. € abzgl. 7,8 Mio. € = 1,2 Mio. €) sind Wertermittlungskosten in Höhe von 10.000 € enthalten.

Lösung:

Bilanzsteuerrechtlich handelt es sich um eine Darlehensaufnahme durch die V-GmbH (Buchungssatz: Bank 7,8 Mio. € und aktive RAP 1,2 Mio. € an Verbindlichkeiten 9 Mio. €). Gewerbesteuerlich kommt es zu einer Hinzurechnung nach § 8 Nummer 1 Buchstabe a Satz 1 GewStG. Der aus der Auflösung des aktiven RAP resultierende jährliche Aufwand ist bei der Ermittlung des Hinzurechnungsbetrages anzusetzen, soweit er nicht auf die Wertermittlungskosten entfällt.

k) Hinzurechnung bei Versicherungsunternehmen

Versicherungsunternehmen unterlagen bisher mit ihren versicherungstechnischen Rückstellungen sowie ihren aus Versicherungsverhältnissen entstandenen Verbindlichkeiten gegenüber Versicherungsnehmern auf Grund der vom RFH und BFH entwickelten Grundsätze regelmäßig in der Anwartschaftsphase und der gesamten Leistungsphase der Versicherungsverträge nicht der Hinzurechnung nach § 8 Nummer 1 GewStG a. F. (vgl. Abschnitt 45 Absatz 9 GewStR 1998)[*]. Diese Grundsätze finden auch künftig Anwendung, soweit die Rückstellungen und Verbindlichkeiten von Vermögenswerten des gebundenen Vermögens im Sinne des § 54 Absatz 1 Satz 1 VAG gedeckt werden. Das den Depotverbindlichkeiten aus dem in Rückdeckung gegebene Versicherungsgeschäft entsprechende Aktivvermögen rechnet nach den in § 54 Absatz 1 Satz 1 i. V. m. § 66 Absatz 1a Satz 2 VAG genannten Vorgaben zu dem gebundenen Vermögen der Versicherung, womit die vorstehenden Grundsätze auch auf diese Depotverbindlichkeiten anzuwenden sind. Das gilt auch für Pensionskassen bzw. -fonds, soweit sie nicht steuerbefreit sind. Für die versicherungstechnischen Rückstellungen für Beitragsrückerstattungen in der Pflegeversicherung gilt Entsprechendes.

24

---

[*] Ab Erhebungszeitraum 2009 H 8.1 (1) Versicherungsunternehmen GewStH 2009.

l) Zinsen für betriebliche Steuerschulden nach §§ 233 ff. AO

24a Sind Zinsen für betriebliche Steuerschulden nach §§ 233 ff. AO bei der Ermittlung des Gewinns abgesetzt worden, unterliegen diese der Hinzurechnung nach § 8 Nummer 1 Buchstabe a GewStG.

2. Hinzurechnung für Renten und dauernde Lasten nach § 8 Nummer 1 Buchstabe b GewStG

a) Renten und dauernde Lasten

25 Auf einen Zusammenhang der Renten und dauernden Lasten mit der Gründung oder dem Erwerb des Betriebes kommt es im Rahmen der Neuregelung nicht mehr an. Ebenso wenig ist entscheidend, wie die Beträge beim Empfänger gewerbesteuerlich behandelt werden.

26 Erbbauzinsen gelten nicht als dauernde Last im Sinne des § 8 Nummer 1 Buchstabe b GewStG (vgl. BFH-Urteil vom 7. März 2007, BStBl II S. 654); zu Erbbauzinsen vgl. auch Rdnr. 32 und 32a.

b) Aufwendungen für Zusagen auf Leistungen der betrieblichen Altersversorgung

27 Nach § 8 Nummer 1 Buchstabe b Satz 2 GewStG sind Pensionszahlungen auf Grund einer unmittelbar vom Arbeitgeber erteilten Versorgungszusage nicht als dauernde Last anzusehen. Das Gleiche gilt für Aufwendungen des Arbeitgebers oder eines nach § 17 Absatz 1 Satz 2 BetrAVG Verpflichteten für Zusagen über eine Direktversicherung, eine Pensionskasse, einen Pensionsfonds oder eine Unterstützungskasse.

3. Hinzurechnung von Gewinnanteilen des stillen Gesellschafters nach § 8 Nummer 1 Buchstabe c GewStG

28 Die Gewinnanteile des stillen Gesellschafters sind unabhängig von der gewerbesteuerlichen Behandlung beim Empfänger hinzuzurechnen. Für die begriffliche Abgrenzung des Gewinnanteils des stillen Gesellschafters vgl. Abschnitt 50 Absatz 1 Satz 1 und 2 GewStR 1998*).

4. Hinzurechnung von Miet- und Pachtzinsen für bewegliche und unbewegliche Wirtschaftsgüter nach § 8 Nummer 1 Buchstabe d und e GewStG

a) Allgemein

29 Die Miet- und Pachtzinsen sind unabhängig von der gewerbesteuerlichen Behandlung beim Empfänger hinzuzurechnen. Die Laufzeit von Miet- und Pachtverträgen alleine ist grundsätzlich für die Beurteilung, ob eine Hinzurechnung vorzunehmen ist, ohne Bedeutung. Zu den Miet- und Pachtzinsen gehören auch die Aufwendungen des Mieters oder Pächters für die Instandsetzung, Instandhaltung und Versicherung die Miet- oder Pachtgegenstandes, die er über seine gesetzliche Verpflichtung nach bürgerlichem Recht hinaus (§§ 582 ff. BGB) auf Grund vertraglicher Verpflichtungen übernommen hat; nicht hinzuzurechnen sind reine Betriebskosten wie Wasser, Strom, Heizung. Ist die Umlage der Grundsteuer vereinbart, stellen die diesbezüglichen Aufwendungen gleichermaßen hinzurechnende Miet- und Pachtzinsen dar. Die vorstehenden Grundsätze gelten auch bei Leasingverträgen mit der Folge, dass sich der Umfang der Hinzurechnung auf die den Gewinn mindernde Leasingrate erstreckt. Die im Zusammenhang mit der Anmietung von Fahrzeugflächen (z. B. Taxi- oder Busflächen für Werbezwecke) entrichteten

---

*) Ab Erhebungszeitraum 2009 R 8.1 (3) GewStR 2009.

Entgelte stellen Mietaufwendungen dar und unterliegen als solche der Hinzurechnung des § 8 Nummer 1 Buchstabe d GewStG.

Im Fall der Weitervermietung von Wirtschaftsgütern liegt auf jeder Stufe der Überlassung eine Benutzung im Sinne des § 8 Nummer 1 Buchstabe d bzw. e GewStG vor. Eine Saldierung von Mietaufwendungen und Mieterträgen kommt nicht in Betracht.   29a

Miet- und Pachtzinsen werden dann für die Benutzung von Wirtschaftsgütern des Anlagevermögens gezahlt, wenn die Wirtschaftsgüter für den Fall, dass sie im Eigentum des Mieters oder Pächters stünden, dessen Anlagevermögen zuzurechnen wären. Diese Fiktion muss sich jedoch soweit wie möglich an den betrieblichen Verhältnissen des Steuerpflichtigen orientieren (vgl. BFH vom 29. November 1972, BStBl 1973 II S. 148). So unterliegen beispielsweise auch die von einem Bauunternehmer für die einmalige Anmietung von Baumaschinen geleisteten Mietaufwendungen der Hinzurechnung. Dies gilt selbst dann, wenn die Anmietung lediglich stunden- oder tageweise erfolgt. Demnach sind Mietaufwendungen des Unternehmers für die Anmietung von Unterkünften, die unmittelbar der originären Tätigkeit zuzuordnen sind (z. B. Baumontage, Reisedienstleistungen), hinzuzurechnen. Aus Vereinfachungsgründen unterbleibt bei Verträgen über kurzfristige Hotelnutzungen oder bei kurzfristigen Pkw-Mietverträgen eine Hinzurechnung.   29b

Das Entgelt für die pachtweise Überlassung eines gesamten Netzes oder von Teilen eines Netzes (insbesondere im Bereich Telekommunikation, Energie und Eisenbahn), das der Netzbetreiber an den Netzeigentümer zu entrichten hat, unterliegt der Hinzurechnung nach § 8 Nummer 1 Buchstabe d GewStG. Soweit sich das Entgelt auf unbewegliche Wirtschaftsgüter bezieht, ist eine Hinzurechung nach § 8 Nummer 1 Buchstabe e GewStG vorzunehmen. In Fällen der Weiterverpachtung ist Rdnr. 29a entsprechend anzuwenden.   29c

Das Entgelt, das ein Eisenbahnverkehrsunternehmen für die Nutzung von Eisenbahninfrastruktur an das Eisenbahninfrastrukturunternehmen zu entrichten hat, unterliegt nicht der Hinzurechnung nach § 8 Nummer 1 Buchstabe d und e GewStG. Dies gilt im Bereich der Telekommunikation für das an den Netzbetreiber vom Anbieter von Telekommunikationsdienstleistungen für einen entbündelten Netzzugang (so genannte Teilnehmeranschlussleitung bzw. „letzte Meile") oder vergleichbare Netzzugänge entrichtete Entgelte gleichermaßen. Zur Frage einer möglichen Hinzurechnung nach § 8 Nummer 1 Buchstabe f GewStG vgl. Rdnr. 34a.   29d

Die an Betreiber von anderen Versorgungsnetzen (z. B. Strom- und Gasversorgungsnetze) zu entrichtenden Netzentgelte unterliegen nicht der Hinzurechnung nach § 8 Nummer 1 Buchstabe d GewStG. Soweit sich das Entgelt auf unbewegliche Wirtschaftsgüter bezieht, ist eine Hinzurechnung nach § 8 Nummer 1 Buchstabe e GewStG nicht vorzunehmen. Zur Frage einer möglichen Hinzurechnung nach § 8 Nummer 1 Buchstabe f GewStG vgl. Rdnr. 34a.   29e

b) **Abgrenzung der Mietverträge über unbewegliche Wirtschaftsgüter zu Mietverträgen über bewegliche Wirtschaftsgüter**

Bei einem einheitlichen Vertrag über unbewegliche Wirtschaftsgüter, insbesondere von Ladenlokalen, ist zu prüfen, ob Vertragsbestandteil auch die Überlassung von Wirtschaftgütern ist, die, hätte der Mieter hierfür Herstellungskosten aufgewendet, nach den Grundsätzen von H 4.2 (3) EStH 2011 Mietereinbauten wären. Soweit die Mietaufwendungen auf bewegliche Wirtschaftsgüter entfallen, ist § 8 Nummer 1 Buchstabe d GewStG maßgebend.   30

Schiffe und Flugzeuge sind bewegliche Wirtschaftsgüter im Sinne des § 8 Nummer 1 Buchstabe d GewStG.   31

c) Abgrenzung der Miete und Pacht zu übrigen Überlassungsverhältnissen

32 Für die Abgrenzung des Miet- und Pachtvertrags zu anderen Vertragstypen gelten die bisherigen Grundsätze weiter (vgl. BFH-Urteil vom 15. Juni 1983, BStBl 1984 II S. 17). Untermietverträge gelten als Miet- und Pachtverträge im Sinne von § 8 Nummer 1 Buchstabe d und e GewStG; sie sind nicht als Überlassung von Rechten im Sinne des § 8 Nummer 1 Buchstabe f GewStG zu beurteilen. Erbbauzinsen für die Überlassung unbebauter Grundstücke sind rechtlich und wirtschaftlich ein Entgelt für die Überlassung des Grundstücks zur Nutzung. Sie sind gewerbesteuerrechtlich wie Miet- und Pachtentgelte zu behandeln und unterliegen der Hinzurechnung nach § 8 Nummer 1 Buchstabe e GewStG.

32a Wird ein Erbbaurecht an einem bebauten Grundstück bestellt, sind die gezahlten Erbbauzinsen in einen Tilgungs- und Zinsanteil für die Übertragung des Bauwerks einerseits und ein Entgelt für die Nutzung des Grund und Bodens andererseits aufzuteilen (BFH-Urteil vom 18. März 2009, BStBl 2010 II S. 560). Der auf das Bauwerk entfallende Zinsanteil unterliegt der Hinzurechnung nach § 8 Nummer 1 Buchstabe a GewStG, soweit die diesbezüglichen Erbbauzinsen nicht aktiviert wurden (vgl. Rdnr. 13).

5. Hinzurechnung von Aufwendungen für die zeitlich befristete Überlassung von Rechten nach § 8 Nummer 1 Buchstabe f GewStG

a) Allgemein

33 Als Rechte im Sinne des § 8 Nummer 1 Buchstabe f GewStG gelten subjektive Rechte an immateriellen Wirtschaftsgütern, denen bereits unabhängig vom jeweiligen Überlassungsverhältnis ein eigenständiger Vermögenswert beizumessen ist und an denen eine geschützte Rechtsposition besteht. Demnach gehören insbesondere Konzessionen, gewerbliche Schutzrechte, Urheberrechte, Lizenzrechte und Namensrechte zu den Rechten im Sinne des § 8 Nummer 1 Buchstabe f GewStG. Aufwendungen für die zeitlich befristete Überlassung von Software unterliegen regelmäßig der Hinzurechnung nach § 8 Nummer 1 Buchstabe f GewStG, wenn mit der zeitlich befristeten Überlassung das Recht auf Nutzung eingeräumt wird und auf Seiten des Überlassenden eine geschützte Rechtsposition an diesem Recht (z. B. Urheberrecht) besteht. Dem entgegen unterliegen Aufwendungen für die Überlassung ungeschützter Erfindungen, Know-How, Firmenwert, Kundenstamm und sonstiger ungeschützter geistiger Werte nach vorstehenden Grundsätzen nicht der Hinzurechnung. Eine Hinzurechnung kann nicht allein dadurch vermieden werden, dass einzelne Rechte nur für kurze Zeit überlassen werden.

34 Entgelte, die für die Nutzung des sog. Grünen Punktes an die Duale System Deutschland GmbH (DSD) entrichtet werden, erfüllen nicht den Tatbestand einer zeitlich befristeten Überlassung von Rechten nach § 8 Nummer 1 Buchstabe f GewStG. Entsprechendes gilt für die Nutzung vergleichbarer Systeme zur Erfüllung der Verpflichtungen nach der Verpackungsverordnung. Auch die nach dem Bundesfernstraßenmautgesetz vom 12. Juli 2011 (BGBl I S. 1378) entrichtete Maut und die nach dem Rundfunkgebührenstaatsvertrag zu entrichtende Rundfunkgebühr erfüllt nicht den Tatbestand einer zeitlich befristeten Überlassung für ein Recht nach § 8 Nummer 1 Buchstabe f GewStG.

34a Die in Rdnrn. 29d und 29e erwähnten Entgelte unterliegen nicht der Hinzurechnung nach § 8 Nummer 1 Buchstabe f GewStG.

b) Zahlungen an juristische Personen des öffentlichen Rechts für überlassene Rechte

35 Aufwendungen für die zeitlich befristete Überlassung von Rechten nach § 8 Nummer 1 Buchstabe f Satz 1 GewStG können auch vorliegen, wenn das Recht durch die öffentliche Hand überlas-

sen wird (z. B. Glücksspiellizenzen an Spielbanken oder Konzessionen für die Nutzung öffentlicher Verkehrsflächen an Energieversorger).

Soweit in der Vergangenheit z. B. Konzessionsabgaben für die Nutzung öffentlicher Verkehrsflächen in eine Grundstücksüberlassung und in eine Überlassung von beweglichen Wirtschaftsgütern aufgeteilt worden sind (vgl. Abschnitt 53 Absatz 5 Satz 8 GewStR 1998[*]) unter Verweis auf das RFH-Urteil vom 9. Februar 1943, RStBl S. 509), fällt künftig die Gesamtvergütung unter den Hinzurechnungstatbestand des § 8 Nummer 1 Buchstabe f GewStG. 36

c) Zeitlich befristete Überlassung von Rechten

Die Hinzurechnung nach § 8 Nummer 1 Buchstabe f GewStG setzt u. a. voraus, dass die Überlassung des Rechts zeitlich befristet ist. Eine zeitlich befristete Überlassung liegt auch dann vor, wenn bei Abschluss des Vertrages noch ungewiss ist, ob und wann die Überlassung endet (vgl. BFH-Urteil vom 7. Dezember 1977, BStBl 1978 II S. 355). Eine Überlassung liegt nicht mehr vor, wenn bei wirtschaftlicher Betrachtungsweise ein Übergang des wirtschaftlichen Eigentums anzunehmen ist. Dies gilt auch für Lizenzen im Bereich von Forschung und Entwicklung. Maßgebend sind die Verhältnisse im Einzelfall. Nach diesen Grundsätzen ergibt sich beispielsweise für: 37

– *Verlagsverträge*

Mit einem Verlagsvertrag erhält der Verleger vom Werkinhaber (Autor) das Recht eingeräumt, das vom Autor verfasste Werk zu verlegen; der Autor erhält hierfür eine Vergütung. Der Verlagsvertrag ist nicht als zeitlich befristete Überlassung des Werks anzusehen, wenn die Überlassung die gesamte Schutzfrist des Rechts umfasst (z. B. Zeitspanne des § 64 UrhG – 70 Jahre nach Tod des Urhebers). Entsprechendes gilt bei zeitlich kürzerer Überlassung, wenn bei Vertragsabschluss zu erwarten ist, dass sich das Recht bei wirtschaftlicher Betrachtungsweise während der Dauer der Überlassung verbraucht. 38

– *Lizenzverträge*

Im Verlagswesen kommt es durch den Lizenzvertrag regelmäßig zur Abspaltung von Nebenrechten aus dem Verlagsvertrag (z. B. Abspaltung von Unterlizenzen zum Verlegen von Taschenbüchern an einen Taschenbuchverlag). Die Behandlung der Aufwendungen des Unterlizenznehmers richtet sich nach den für Lizenzverträge geltenden Grundsätzen. 39

d) Voraussetzungen für das Vorliegen von „Durchleitungsrechten"

Nach § 8 Nummer 1 Buchstabe f Satz 1 GewStG kommt es zu keiner Hinzurechnung, wenn die dem Unternehmen überlassenen Lizenzen ausschließlich dazu berechtigen, daraus abgeleitete Rechte Dritten zu überlassen. Die Ausnahmeregelung findet deshalb auf der letzten Stufe der „Überlassungskette" keine Anwendung. Deshalb kommt es beispielsweise bei Buchverlagen, die auf der Grundlage eines mit einem Rechteverwerter abgeschlossenen Lizenzvertrags über ein Werk Bücher oder vergleichbare Sachen produzieren und verkaufen, zu einer Hinzurechnung der Lizenzgebühren; Rdnr. 37 bleibt unberührt. Erstreckt sich der mit einem Rechteverwerter abgeschlossene Lizenzvertrag über ein Werk dagegen ausschließlich auf das Vortragen, Aufführen oder Vorführen (z. B. in einem Kino, Radiosender, Konzert) im Sinne des § 19 UrhG, gilt dieses nicht als in der letzten Stufe der „Überlassungskette" erbracht. 40

Die Ausnahmeregelung ist über ihren Wortlaut hinaus nicht nur bei überlassenen Lizenzen, sondern auch bei jedem anderen überlassenen Recht im Sinne des § 8 Nummer 1 Buchstabe f GewStG zu prüfen. Auch bei dem an Dritte überlassenen Recht muss es sich nicht um eine Lizenz im Rechtssinne handeln. 41

---

[*]) Ab Erhebungszeitraum 2009 H 8.1 (4) Monopolabgaben der Versorgungsunternehmen GewStH 2009.

42 Dagegen erfordert das Ausschließlichkeitsgebot, dass zur Weiterüberlassung vorgesehene Rechte ihrerseits wieder nur zur Weiterüberlassung verwendet und dabei grundsätzlich nicht „verändert" oder bearbeitet werden dürfen. Räumt beispielsweise ein Theaterverlag, dem ein Autor sein Manuskript über ein Theaterstück überlassen hat, verschiedenen Theatern das Recht ein, dieses Stück aufzuführen, und übermittelt er diesen Theatern hierzu auch eine Druckversion des Stücks, so ist dieses Drucken nicht schädlich im Sinne des Ausschließlichkeitsgebots.

e) Ausnahmeregelung des § 8 Nummer 1 Buchstabe f Satz 2 GewStG

43 Aufwendungen, die nach § 25 des Künstlersozialversicherungsgesetzes Bemessungsgrundlage für die Künstlersozialabgabe sind, sind nicht hinzuzurechnen. Es ist grundsätzlich nicht zu beanstanden, wenn die Bemessungsgrundlage für die Ausnahmeregelung auf der Grundlage eines zur Abwicklung der Vorgaben des Künstlersozialversicherungsgesetzes eingesetzten und von den maßgebenden Gremien dieser Sozialkasse nicht beanstandeten Verfahrens ermittelt wird. Die Künstlersozialabgabe selbst unterliegt nicht der Hinzurechnung.

6. Freibetrag nach § 8 Nummer 1 GewStG

a) Bemessungsgrundlage

44 Die Bemessungsgrundlage für den Freibetrag nach § 8 Nummer 1 GewStG ist die Summe der sich aus § 8 Nummer 1 Buchstabe a bis f GewStG ergebenden Finanzierungsanteile. Diese Summe, vermindert um den Freibetrag von 100.000 €, ist Ausgangsgröße für die Anwendung des Faktors von 25 %.

b) Organschaft

45 Für die Unternehmen in einem Organkreis wird der Gewerbeertrag weiterhin jeweils gesondert ermittelt. Der Freibetrag nach § 8 Nummer 1 GewStG ist bei jeder Ermittlung jeweils gesondert zu berücksichtigen.

c) Umstellung des Wirtschaftsjahrs

46 Nach § 10 Absatz 2 GewStG ist bei vom Kalenderjahr abweichendem Wirtschaftsjahr der Gewerbeertrag maßgebend, der auf das im Erhebungszeitraum endende Wirtschaftsjahr entfällt. Nach § 7 Satz 1 GewStG ermittelt sich der Gewerbeertrag auf der Grundlage des im Wirtschaftsjahr bezogenen Gewinns unter Berücksichtigung der Hinzurechnungen nach § 8 GewStG. Diese Hinzurechnungen ermitteln sich unter Berücksichtigung des Freibetrags nach § 8 Nummer 1 GewStG.

47 Enden bei Umstellung des Wirtschaftsjahrs im Erhebungszeitraum zwei Wirtschaftsjahre, ist für jedes dieser Wirtschaftsjahre ein Gewinn zu ermitteln, der sich jeweils um Hinzurechnungen des § 8 GewStG erhöht. Der Freibetrag von 100.000 € ist für jedes Wirtschaftsjahr zu gewähren.

d) Abwicklung und Insolvenz

48 Nach § 16 GewStDV ist für den gesamten Abwicklungs- und Insolvenzzeitraum ein Gewerbeertrag zu ermitteln. Dies hat zur Folge, dass der Freibetrag nur einmal gewährt wird.

Diese Erlasse ergehen im Einvernehmen mit dem Bundesministerium der Finanzen.

2. Abgrenzung von Hilfs- und Nebengeschäften zu Finanzdienstleistungsgeschäften zu anderen Geschäften bei Leasing- und Factoringunternehmen bei der Anwendung des § 19 Absatz 3 Nummer 4 GewStDV

Gleich lautender Ländererlass v. 27. 11. 2009 (BStBl I S. 1595)

Die Inanspruchnahme der Sonderregelung des § 19 GewStDV setzt bei Finanzdienstleistungsunternehmen (hier: Leasing- und Factoringunternehmen) nach § 19 Absatz 3 Nummer 4 GewStDV voraus, dass sie nachweislich ausschließlich Finanzdienstleistungen im Sinne des § 1 Absatz 1a Satz 2 Nummer 9 und 10 KWG tätigen. Zur Auslegung dieses Ausschließlichkeitsgebots gilt nach dem Ergebnis einer Erörterung der obersten Finanzbehörden der Länder Folgendes:

I. Vorliegen von Finanzdienstleistungen

Für die Frage, ob Finanzdienstleistungen im Sinne des § 1 Absatz 1a Satz 2 Nummer 9 (Factoring) und 10 (Finanzierungsleasing) KWG vorliegen, ist allein die kreditaufsichtrechtliche Auslegung maßgebend. Als Auslegungshilfen können die jeweils maßgebenden Mitteilungen bzw. Merkblätter der Bundesanstalt für Finanzdienstleistungsaufsicht (BaFin) herangezogen werden[*].

II. Vorliegen anderer Tätigkeiten

Das Ausschließlichkeitsgebot in § 19 Absatz 3 Nummer 4 GewStDV ist – vorbehaltlich der Ausführungen unter IV. – insbesondere dann verletzt, wenn das Unternehmen auch Tätigkeiten erbringt, die in den vorgenannten Mitteilungen bzw. Merkblättern ausdrücklich nicht als Finanzdienstleistungen angesehen werden. Aus Sicht des Ausschließlichkeitsgebots handelt es sich bei diesen Tätigkeiten um andere Hauptgeschäfte, die nicht als Hilfs- und Nebengeschäfte zu Finanzdienstleistungen anzusehen sind.

III. Begünstigte Hilfs- und Nebengeschäfte zu Finanzdienstleistungen

Hilfs- und Nebengeschäfte zu Finanzdienstleistungen stehen dem Ausschließlichkeitsgebot nicht entgegen.

Derartige Geschäfte liegen vor, wenn sie für die Durchführung der jeweiligen Finanzdienstleistungen zwingend notwendig sind. Das ist insbesondere dann nicht der Fall, wenn das Geschäft fakultativ mit der Finanzdienstleistung verbunden werden kann.

1. Factoring

Im Bereich Factoring gehören zu den begünstigten Tätigkeiten solche, die in unmittelbarem und zwingend notwendigem Zusammenhang mit dem Ankauf der Forderung (einschl. Prüfung

---

[*]) Zurzeit maßgebend sind die Merkblätter vom 5. Januar 2009 „Hinweise zum Tatbestand des Factorings" und vom 19. Januar 2009 „Hinweise zum Tatbestand des Finanzierungsleasings" (abrufbar unter www.bafin.de und dort unter Veröffentlichungen, Kategorie „Merkblätter" und Bereich „Bankenaufsicht").

deren Werthaltigkeit), der Refinanzierung der für den Ankauf notwendigen Finanzmittel und dem Einzug der angekauften Forderung bzw. der Verwertung von Sicherheiten branchentypisch anfallen.

2. Finanzierungsleasing

Im Bereich Finanzierungsleasing gehören zu den begünstigten Tätigkeiten solche, die in unmittelbarem und zwingend notwendigem Zusammenhang mit dem Erwerb des Leasinggegenstands (einschl. Prüfung dessen Werthaltigkeit), der Finanzierung des Erwerbs des Leasinggegenstands, der Überlassung des Leasinggegenstands an den Leasingnehmer; der Rücknahme des Leasinggegenstands von Leasingnehmer und der Verwertung des Leasinggegenstands branchentypisch anfallen.

Vom Leasinggeber ausgeübte Tätigkeiten, die wirtschaftlich gesehen Ausfluss der Nutzung des Leasinggegenstands durch den Leasingnehmer sind (z. B. auftragsgemäße Inspektion des Leasinggegenstands), zählen nicht zu den begünstigten Hilfs- und Nebengeschäften.

Als begünstigte Hilfs- und Nebengeschäfte gelten auch die Zwischenanlage vorübergehender freier Finanzmittel am Kapitalmarkt, die Tätigkeiten, die im Zuge der allgemeinen Betriebsorganisation üblicherweise anfallen (z. B. Unterhalten einer Betriebkantine) oder das Halten von Beteiligungen an Unternehmen, wenn für deren Erwerb und das Halten keine Fremdmittel aufgenommen worden sind. Entsprechendes gilt für die Personalgestellung an einen Dritten, der als nahe stehende Person i. S. d. § 1 Absatz 2 AStG anzusehen ist, und der Tätigkeiten erbringt, die keine Finanzdienstleistungen bzw. keine begünstigten Hilfs- und Nebentätigkeiten sind.

Nicht begünstigt sind Vermittlungstätigkeiten, auch wenn sie sich auf Finanzdienstleistungen beziehen.

IV. Billigkeitsregelung

Erbringt das Unternehmen neben Finanzdienstleistungen im Sinne des § 1 Absatz 1a Satz 2 Nummer 9 (Factoring) und 10 (Finanzierungsleasing) KWG und begünstigten Hilfs- und Nebenleistungen hierzu auch andere Leistungen, so steht dies dem Ausschließlichkeitsgebot nicht entgegen, wenn die anderen Leistungen 1 % des Gesamtumsatzes des Unternehmens nicht übersteigen.

Auch wenn vorgenannte Grenzen nicht überschritten sind, sind die auf die anderen Leistungen entfallenden Finanzierungsaufwendungen nach Maßgabe des § 8 Nummer 1 GewStG bei der Ermittlung des Gewerbeertrags hinzuzurechnen.

V. Übergangsregelung

Haben Unternehmen schon vor dem 24. Dezember 2008 (Tag der Verkündung des Jahressteuergesetzes 2009) neben Factoring und Finanzierungsleasing i. S. d. § 1 Absatz 1a Satz 2 Nummer 9 und 10 KWG auch andere Geschäfte betrieben, steht dies dem Ausschließlichkeitsgebot erstmals für den Erhebungszeitraum 2011 entgegen. In dieser Übergangszeit sind die nicht auf Factoring und Finanzierungsleasing entfallenden Finanzierungsaufwendungen nach Maßgabe des § 8 Nummer 1 GewStG bei der Ermittlung des Gewerbeertrags hinzuzurechnen. Dies gilt entsprechend für Unternehmen, die nach dem 23. Dezember 2008 ihre Factoring- und Finanzierungsleasingtätigkeit erstmals aufgenommen haben.

Diese Erlasse ergehen im Einvernehmen mit dem Bundesminister der Finanzen.

Zu § 9 GewStG

3. Gewerbesteuerliche Behandlung von Leasing-Verträgen über unbewegliche Wirtschaftsgüter (Immobilien-Leasing); hier: Erweiterte Kürzung nach § 9 Nr. 1 Satz 2 GewStG

FinMin Bayern, Erlass v. 9. 3. 1981

– G 1422 - 18/108/8413 –

Unternehmen, die aufgrund von Leasing-Verträgen anderen Personen unbewegliche Wirtschaftsgüter zum Gebrauch überlassen, können die erweiterte Kürzung nach § 9 Nr. 1 Satz 2 GewStG in Anspruch nehmen, wenn ihre Betätigung für sich betrachtet ihrer Natur nach keinen Gewerbebetrieb darstellt, sondern als Vermögensverwaltung anzusehen ist.

Bei der Beurteilung von sog. Aufspaltungsfällen, in denen sich eine Besitzgesellschaft lediglich mit der Gebrauchsüberlassung des Objekts befaßt (Objektgesellschaft), während die für das Immobilienleasing erforderlichen sonstigen Tätigkeiten von anderen beteiligungsmäßig verbundenen Betriebsgesellschaften vorgenommen werden, bitte ich folgende Auffassung zu vertreten:

Die Aufspaltung bestimmter Tätigkeiten auf Dienstleistungsgesellschaften einerseits und Objektgesellschaften andererseits, bei der sich die Objektgesellschaft der Mithilfe anderer, rechtlich selbständiger Gesellschaften desselben Konzernkreises bedient, macht die an sich vermögensverwaltende Tätigkeit der Objektgesellschaft nicht zu einer gewerblichen Tätigkeit.

Dieser Rechtsbeurteilung liegt die Annahme zugrunde, daß die Verträge zwischen der Leasinggesellschaft (Objektgesellschaft) und dem Leasingnehmer so gestaltet sind, daß die Objektgesellschaft wirtschaftliche Eigentümerin ist und es sich bei dem Vertrag zwischen Objektgesellschaft und Leasingnehmer um einen Mietvertrag handelt. Die dadurch begründete vermögensverwaltende Tätigkeit der Objektgesellschaft wird durch die Inanspruchnahme Dritter zur Grundstücksbeschaffung, Suche eines Mieters, Bauplanung, Finanzierung und Bauüberwachung nicht zu einer gewerblichen Tätigkeit. Dies gilt im Hinblick auf das BFH-Urteil vom 30. Juli 1969, BStBl II S. 629 auch dann, wenn die Objektgesellschaft und die Unternehmen, deren Leistung sie in Anspruch nimmt, konzernmäßig verbunden sind.

Bei den in der Praxis offenbar seltenen Fällen, daß Leasing-Gesellschaften die gesamte für das Immobilienleasing charakteristische Tätigkeit ohne Aufspaltung in einer Hand selbst betreiben, bitte ich weiterhin nach dem Bezugsschreiben vom 4. November 1977 zu verfahren.

Dieses Schreiben ergeht im Einvernehmen mit dem Bundesminister der Finanzen und den obersten Finanzbehörden der anderen Länder.

4. Ausschluss der erweiterten Kürzung für grundbesitzverwaltende Kapitalgesellschaften gemäß § 9 Nr. 1 Satz 5 GewStG

OFD Kiel, Verfügung v. 25.1. 2000

– G 1425 A - St 261 –

Der BFH hat mit Urteil vom 15. April 1999 (BStBl II S. 532, DStR 1999 S. 1225) entschieden, dass der mittelbar über eine Kapitalgesellschaft an einer vermögensverwaltenden Kapitalgesellschaft Beteiligte nicht Gesellschafter i. S. d. § 9 Nr. 1 Satz 5 GewStG ist. Die Inanspruchnahme der erweiterten Kürzung gemäß § 9 Nr. 1 Satz 2 GewStG ist danach nicht ausgeschlossen, wenn ein *mittelbar* über eine *Kapitalgesellschaft* an einem Grundstücksunternehmen beteiligter Gesellschafter ein von diesem Unternehmen überlassenes Grundstück für eigengewerbliche Zwecke nutzt. An einer bisherigen, davon abweichenden Rechtsauffassung wird nicht mehr festgehalten.

Anders zu beurteilen sind allerdings die Steuerfälle, in denen eine *mittelbare* Beteiligung über eine *Personengesellschaft* besteht. Hier ist der Beteiligte Gesellschafter i. S. d. § 9 Nr. 1 Satz 5 GewStG. Liegt eine solche Beteiligung vor, ist die erweiterte Kürzung gemäß § 9 Nr. 1 Satz 2 GewStG ausgeschlossen (BFH vom 15. Dezember 1998, VIII R 77/93, BStBl 1999 II S. 168, DStRE 1999 S. 226).

Zu § 10a GewStG

5. Zuständigkeit für die Verlustfeststellung nach § 10a GewStG in Organschaftsfällen

FinMin Bayern, Erlass v. 20.10.1993

– 33 - G 1427 - 10/6 - 64 861 –

Gewerbeverluste, die vor der Begründung des Organschaftsverhältnisses beim Organ entstanden sind (vororganschaftliche Verluste) werden nach Abschn. 68 Abs. 8 GewStR nicht in das Ergebnis des Organträgers eingerechnet. Sie sind beim Organ gesondert weiterzuführen und nur mit positiven Gewerbeerträgen des Organs zu verrechnen (vgl. Schreiben vom 22. Juli 1992 – 33 - G 1427 - 10/3 - 45 598). Offen ist, welches FA den vororganschaftlichen Verlust für das Organ während des Bestehens der Organschaft fortzuschreiben und gesondert festzustellen hat.

Hierzu wird folgendes vermerkt: Nach § 2 Abs. 2 Satz 2 GewStG gilt das Organ als Betriebsstätte des Organträgers. Diese Betriebsstättenfiktion bedeutet aber nicht, daß der Organträger und die Organgesellschaft als einheitliches Unternehmen anzusehen sind (Abschn. 17 Abs. 1 Satz 9 GewStR). Die Begründung eines Organschaftsverhältnisses führt nicht zur Beendigung der Steuerpflicht der jetzigen Organgesellschaft; durch die Beendigung eines Organschaftsverhältnisses wird die Steuerpflicht der bisherigen Organgesellschaft nicht neu begründet (Abschn. 17 Abs. 2 GewStR). Weil die Organgesellschaft lediglich ihre wirtschaftliche, nicht aber ihre rechtliche Selbständigkeit verliert, sind Gewerbeertrag und Gewerbekapital der Organgesellschaft und des Organträgers jeweils getrennt zu ermitteln (Abschn. 42 und 83 GewStR).

Da das materielle Recht von der rechtlichen Selbständigkeit der Organgesellschaft ausgeht, muß auch das Verfahrensrecht dem folgen.

§ 35b Abs. 2 GewStG i. V. mit § 22, § 18 Abs. 1 Nr. 2 AO regelt die örtliche Zuständigkeit für gesonderte Feststellungen des vortragsfähigen Gewerbeverlustes. Anknüpfungsmerkmal ist der Ort der Geschäftsleitung.

In Organschaftsfällen ist der Ort der Geschäftsleitung des Organs nur dann nach besonderen Grundsätzen zu bestimmen, wenn die Geschäftsleitung der Organgesellschaft durch den Organträger in der Weise maßgebend beeinflußt wird, daß dieser den laufenden Geschäftsbetrieb der Organgesellschaft nicht nur beaufsichtigt, sondern ständig in die Tagespolitik eingreift und dadurch die im gewöhnlichen Geschäftsverkehr erforderlichen Entscheidungen von einigem Gewicht selbst trifft. Nur in diesem Fall ist der Ort der Geschäftsleitung der Organgesellschaft an dem Ort, von dem aus der Organträger die Geschäfte leitet. In allen anderen Fällen werden die Geschäfte der Organgesellschaft von dem Ort aus geleitet, an dem die gesetzlichen Vertreter der Organgesellschaft tätig werden.

Die örtliche Zuständigkeit für gesonderte Feststellungen des vororganschaftlichen Verlusts während des Bestehens der Organschaft ist entsprechend zu bestimmen. Zuständig ist danach im Regelfall das FA der Organgesellschaft, d. h. das FA, das nach der Verwaltungspraxis den Gewerbeertrag und das Gewerbekapital der Organgesellschaft ermittelt. Dieses Schreiben ist im Einvernehmen mit den obersten Finanzbehörden des Bundes und der anderen Länder ergangen.

6. Gewerbesteuerlicher Verlustabzug; Unterjähriges Ausscheiden eines Personengesellschafters bei abweichendem Wirtschaftsjahr

OFD Kiel, Verfügung v. 6. 1. 2000

– G 1421 A - St 261 –

Die Berechnung des gewerbesteuerlichen Verlustabzugs im Fall des Ausscheidens eines Personengesellschafters bei abweichendem Wirtschaftsjahr ist in den Gewerbesteuer-Richtlinien nicht geregelt.

Hierzu ist die Auffassung zu vertreten, dass eine Verlustverrechnung insoweit vorzunehmen ist, als der Gewerbeertrag zeitanteilig auf den ausgeschiedenen Gesellschafter entfällt. Hierbei ist auf das *Wirtschaftsjahr* der Gesellschaft abzustellen.

Beispiel:
Die Personengesellschaft A hat ein abweichendes Wirtschaftsjahr vom 1. 4. bis zum 31. 3. des Folgejahres. Im Wirtschaftsjahr 1991/1992 erzielt sie einen Gewerbeertrag i. H. von 3 000 000 DM. Außerdem verfügt die Gesellschaft A über einen gewerbesteuerlichen Verlustvortrag zum 31. 12. 1991 i. H. von 4 000 000 DM. Bis zum 28. 2. 1992 war der Gesellschafter B an der Gesellschaft A mit einem Anteil von 90 % beteiligt. Mit Wirkung zum 28. 2. 1992 übertrug B seine Beteiligung schenkungsweise auf seinen Sohn.

Lösung:
Der Verlustvortrag entfällt anteilig mit der Quote, mit der der ausgeschiedene Gesellschafter im Erhebungszeitraum der Verlustentstehung entsprechend dem Gewinnverteilungsschlüssel an dem negativen Gewerbeertrag der KG beteiligt war (vgl. Abschn. 68 Abs. 3 Nr. 1 GewStR 1998). Eine Verlustverrechnung

ist noch insoweit vorzunehmen, als der Gewerbeertrag der Gesellschaft A in 1991/1992 zeitanteilig auf den Ende Februar 1992 ausgeschiedenen Gesellschafter entfällt.

Würde auf den *Erhebungszeitraum* 1992 abgestellt, so entfielen lediglich 2/12 des anteiligen Gewerbeertrags (= 450 000 DM) der Gesellschaft A auf B. In dieser Höhe könnte der zum 31. 12. 1991 festgestellte Verlust noch verrechnet werden, der restliche anteilige Verlust (3 150 000 DM) entfiele.

Stellt man jedoch auf das abweichende *Wirtschaftsjahr* vom 1. 4. 1991 bis zum 31. 3. 1992 ab, so entfallen 11/12 des anteiligen Gewerbeertrags (= 2 475 000 DM) auf den Ende Februar ausgeschiedenen Gesellschafter. In dieser Höhe ist der vortragsfähige Verlust noch verrechenbar. Es entfallen somit 1 125 000 DM Verlustvortrag.

7. Vororganschaftlicher Verlust in einem mehrstufigen Organkreis (§§ 10a, 2 Abs. 2 Satz 2 GewStG)

OFD Kiel, Verfügung v. 3. 2. 2000

– G 1427 A - St 261 –

Es ist gefragt worden, wie folgender Sachverhalt gewstl. zu beurteilen ist:

Eine KapGes (B), die bisher Organträger mehrerer Organgesellschaften (C1, C2 und C3) war und eigene Verluste nach § 10a GewStG hatte, trat in ein Organschaftsverhältnis zum Organträger (A). Fraglich ist, wie in diesem Fall die Zurechnung von Gewerbeerträgen im Organkreis vorzunehmen ist. Die Entscheidung darüber ist von Bedeutung für den Verlustvortrag nach § 10a GewStG, der Unternehmensgleichheit voraussetzt.

- Bei stufenweiser Zurechnung erhöhen die Erträge der unteren Organgesellschaften C1, C2 und C3 den Ertrag der Gesellschaft B. Sie können auch mit vororganschaftlichen Verlustvorträgen der Gesellschaft B verrechnet werden.

- Wird die Zurechnung dagegen unmittelbar beim Organträger A vorgenommen, kann die Gesellschaft B nur eigene Erträge mit dem vorgetragenen Verlust verrechnen.

Die OFD bittet hierzu die Auffassung zu vertreten, dass die Zurechnung von Gewerbeerträgen im Organkreis der tatsächlichen Eingliederung folgt (vgl. auch BFH, BStBl 1998 II S. 447 [450]). Das bedeutet, dass in dem beschriebenen Sachverhalt die Erträge stufenweise zuzurechnen sind. Die Gesellschaft B bleibt Organträger im Verhältnis zu den Organgesellschaften C1, C2 und C3. Die Erträge dieser Gesellschaften werden zunächst ihr zugerechnet und können auch mit vororganschaftlichen Verlustvorträgen der Gesellschaft B verrechnet werden.

8. Anwendung des § 8c KStG auf gewerbesteuerliche Fehlbeträge; § 10a Satz 10 GewStG

Gleich lautender Ländererlass v. 29. 11. 2017 (BStBl I S. 1643)

Gemäß § 10a Satz 10 GewStG ist auf gewerbesteuerliche Fehlbeträge von Körperschaften, sowie von Mitunternehmerschaften, soweit an ihnen Körperschaften unmittelbar oder über eine oder mehrere Personengesellschaften beteiligt sind, § 8c des Körperschaftsteuergesetzes entsprechend anzuwenden.

Nach dem Ergebnis der Erörterung der obersten Finanzbehörden der Länder sind die im BMF-Schreiben vom 28. November 2017, BStBl I S. 1645, zur Anwendung des § 8c KStG enthaltenen Grundsätze auch bei der Gewerbesteuer uneingeschränkt anzuwenden.

Im Hinblick auf bestehende gewerbesteuerliche Besonderheiten gilt zudem Folgendes:

Soweit ein vortragsfähiger Gewerbeverlust einer Organgesellschaft nach Maßgabe der R 10a.4 Satz 5 GewStR 2009 auf Ebene der Organgesellschaft abgezogen werden kann, ist Rn. 33 Satz 2 des BMF-Schreibens anzuwenden, die Einschränkung der Rn. 38 des BMF-Schreibens gilt insoweit nicht.

Der Grundsatz, dass für jede Verlustgesellschaft gesondert zu prüfen ist, in welcher Höhe stille Reserven vorhanden sind (Rn. 58 des BMF-Schreibens), ist auch zu beachten, wenn eine Körperschaft unmittelbar oder mittelbar an einer Mitunternehmerschaft beteiligt ist. Eine Mitunternehmerschaft ist gewerbesteuerlich ein eigenständiges Besteuerungssubjekt, so dass stille Reserven auf Ebene der Mitunternehmerschaft bei der Anwendung des § 10a Satz 10 GewStG i. V. m. § 8c KStG auf Ebene der Körperschaft nicht berücksichtigt werden können.

Die in R 10a.1 Absatz 3 Satz 7 und 8 GewStR 2009 zur gewerbesteuerlichen Verfahrensweise bei unterjährigen schädlichen Beteiligungserwerben enthaltenen Aussagen sind mit Veröffentlichung des BFH-Urteils vom 30. November 2011, I R 14/11, BStBl 2012 II S. 360, überholt. Es gelten Rn. 33 ff. des vorstehenden BMF-Schreibens.

Dieser Erlass ergeht im Einvernehmen mit dem Bundesministerium der Finanzen.

VII. Grunderwerbsteuer

Zu § 1 GrEStG

1. Anwendung des § 1 Absatz 2a GrEStG

Gleich lautender Ländererlass v. 12. 11. 2018 (BStBl I S. 1314)

Inhaltsverzeichnis

1 Allgemeines
2 Personengesellschaft
3 Vom Tatbestand erfasste Grundstücke
4 Anteil am Vermögen der Personengesellschaft
5 Für § 1 Absatz 2a GrEStG relevanter Gesellschafterwechsel
   5.1 Gesellschafterwechsel
      5.1.1 Unmittelbarer Gesellschafterwechsel
      5.1.2 Mittelbarer Gesellschafterwechsel
   5.2 Alt- und Neugesellschafter
      5.2.1 Altgesellschafter
         5.2.1.1 Unmittelbar beteiligter Altgesellschafter
         5.2.1.2 Mittelbar beteiligter Altgesellschafter
      5.2.2 Neugesellschafter
         5.2.2.1 Unmittelbar beteiligter Neugesellschafter
         5.2.2.2 Mittelbar beteiligter Neugesellschafter
      5.2.3 Besonderheiten bei Kapitalgesellschaften
         5.2.3.1 Alt- oder Neugesellschaftereigenschaft der Kapitalgesellschaft in Bezug auf die grundbesitzende Personengesellschaft
         5.2.3.2 Alt- oder Neugesellschaftereigenschaft der Gesellschafter der Kapitalgesellschaft in Bezug auf die Kapitalgesellschaft
      5.2.4 Besonderheiten bei Treuhandverhältnissen
      5.2.5 Besonderheiten bei der identitätswahrenden formwechselnden Umwandlung
         5.2.5.1 Formwechselnde Umwandlung der grundbesitzenden Gesellschaft
         5.2.5.2 Formwechselnde Umwandlung einer unmittelbar oder mittelbar beteiligten Gesellschaft
         5.2.5.3 Gesellschaften eines Mitgliedstaates der Europäischen Union
   5.3 Ermittlung des Vomhundertsatzes
6 Fünfjahreszeitraum
7 Verhältnis zu § 1 Absatz 3 und 3a GrEStG
8 Verhältnis zu Befreiungsvorschriften
9 Grundstückserwerbe von einem Gesellschafter (§§ 5, 6 GrEStG) und verbleibende Altgesellschafter (§ 6 Absatz 3 GrEStG)
10 Verhältnis zu § 16 GrEStG
11 Bemessungsgrundlage
12 Steuerschuldner und Bekanntgabe des Steuerbescheids
13 Anzeigepflicht
14 Grundsätze des BFH-Urteils vom 24. April 2013, II R 17/10, BStBl II S. 833
15 Übergangsregelung für sukzessive Gesellschafterwechsel über den 6. November 2015
16 Zeitlicher Anwendungsbereich

1 Allgemeines

Bei einer Personengesellschaft, zu deren Vermögen ein inländisches Grundstück gehört, gilt nach § 1 Absatz 2a Satz 1 GrEStG die unmittelbare oder mittelbare Änderung des Gesellschafterbestandes dergestalt, dass innerhalb von fünf Jahren mindestens 95 % der Anteile am Gesellschaftsvermögen auf neue Gesellschafter übergehen, als ein auf die Übereignung eines Grundstücks auf eine neue Personengesellschaft gerichtetes Rechtsgeschäft. Die Vorschrift fingiert die Übereignung eines zum Vermögen einer Personengesellschaft gehörenden Grundstücks auf eine fiktiv „neue" Personengesellschaft. Zivilrechtlich liegt kein Rechtsträgerwechsel vor.

2 Personengesellschaft

Personengesellschaften im Sinne des § 1 Absatz 2a Satz 1 GrEStG sind insbesondere die Gesellschaft bürgerlichen Rechts, die offene Handelsgesellschaft, die Kommanditgesellschaft (einschließlich der GmbH & Co. KG) und die Partnerschaftsgesellschaft. Ausländische Personengesellschaften, deren rechtliche Struktur den inländischen Personengesellschaften entspricht, werden von der Vorschrift erfasst.

3 Vom Tatbestand erfasste Grundstücke

Die Vorschrift des § 1 Absatz 2a Satz 1 GrEStG ist grundstücksbezogen. Sie erfasst diejenigen Grundstücke, und zwar jedes für sich, die während des Zeitraums, in dem sich der Gesellschafterbestand ändert, durchgängig zum Vermögen der Personengesellschaft gehören. Zum Fünfjahreszeitraum vgl. Tz. 6.

Zum Vermögen einer Personengesellschaft gehören die Grundstücke, die der Gesellschaft grunderwerbsteuerrechtlich zuzurechnen sind. Es kommt nicht auf das zivilrechtliche Eigentum oder die bewertungsrechtliche Zurechnung an.

Ein Grundstück gehört der Gesellschaft, wenn es ihr im Zeitpunkt der Entstehung der Steuerschuld aufgrund eines unter § 1 Absatz 1, 2, 3 oder 3a GrEStG fallenden Erwerbsvorgangs grunderwerbsteuerrechtlich zuzurechnen ist.

Ein Grundstück gehört nicht mehr zum Vermögen der Gesellschaft, wenn es zwar noch in ihrem Eigentum steht bzw. ihr bewertungsrechtlich zuzurechnen ist, es aber vor Entstehung der Steuerschuld Gegenstand eines Veräußerungsvorgangs im Sinne des § 1 Absatz 1, 3 oder 3a GrEStG war. Grundstücke im Eigentum der Personengesellschaft, an denen sie einem anderen die Verwertungsbefugnis im Sinne des § 1 Absatz 2 GrEStG eingeräumt hat, gehören zu ihrem Vermögen.

4 Anteil am Vermögen der Personengesellschaft

Die von der Gesellschaft erworbenen Grundstücke sind gemeinschaftliches Vermögen der Gesellschafter (gesamthänderische Mitberechtigung).

Unter Anteil am Vermögen ist

- die sachenrechtliche Mitberechtigung des Gesellschafters, die sich aus der Stellung als Gesamthänder ableitet, und
- die vermögensmäßige Beteiligung an dem Gesellschaftsgrundstück

zu verstehen. Maßgebend ist die gesellschaftsvertraglich vereinbarte Beteiligung am Vermögen (fest oder variabel), hilfsweise die §§ 722, 734 BGB bzw. §§ 120 bis 122 HGB. Es ist auf den Zeitpunkt der Verwirklichung des Erwerbsvorgangs im Sinne des § 23 GrEStG abzustellen.

5 Für § 1 Absatz 2a GrEStG relevanter Gesellschafterwechsel

Ein steuerbarer Gesellschafterwechsel im Sinne des § 1 Absatz 2a GrEStG liegt vor, wenn es sich um einen Gesellschafterwechsel dem Grunde nach handelt (Tz. 5.1), der durch einen Neugesellschafter ausgelöst wird (Tz. 5.2), und sich dadurch das Verhältnis der Altgesellschafter zu den Neugesellschaftern zu Lasten der Altgesellschafter verändert (Tz. 5.3).

5.1 Gesellschafterwechsel

Es sind unmittelbare und mittelbare Gesellschafterwechsel zu berücksichtigen.

5.1.1 Unmittelbarer Gesellschafterwechsel

Eine unmittelbare Änderung des Gesellschafterbestandes einer grundbesitzenden Personengesellschaft liegt vor, wenn ein Mitgliedschaftsrecht an der Gesellschaft zivilrechtlich wirksam auf ein anderes oder neues Mitglied der Personengesellschaft übergeht (BFH-Urteil vom 25. November 2015, II R 18/14, BStBl 2018 II S. 783).

5.1.2 Mittelbarer Gesellschafterwechsel

Da es zivilrechtlich keine mittelbare Änderung eines Gesellschafterbestandes gibt und bei der mittelbaren Änderung des Gesellschafterbestandes zivilrechtlich kein Anteil an der grundbesitzenden Gesellschaft auf einen Neugesellschafter übergeht, scheidet eine Anknüpfung an das Zivilrecht aus. Aus grunderwerbsteuerrechtlicher Sicht ist maßgeblich, wer hinter dem an der grundbesitzenden Personengesellschaft unmittelbar beteiligten Gesellschafter steht.

Eine mittelbare Änderung des Gesellschafterbestandes der grundbesitzenden Personengesellschaft liegt vor, wenn

– ein Mitgliedschaftsrecht an einer Personengesellschaft, die unmittelbar oder mittelbar über eine oder mehrere Personengesellschaften an der grundbesitzenden Personengesellschaft beteiligt ist, zivilrechtlich wirksam auf ein anderes oder neues Mitglied übergeht,

– eine unmittelbar oder mittelbar über eine oder mehrere Personengesellschaften an der grundbesitzenden Personengesellschaft beteiligte Kapitalgesellschaft nach § 1 Absatz 2a Satz 4 GrEStG fiktiv neue Gesellschafterin der grundbesitzenden Personengesellschaft wird oder

– sie sich aus schuldrechtlichen Bindungen der an der Personengesellschaft unmittelbar beteiligten Gesellschafter ergibt (BFH-Urteil vom 25. November 2015, II R 18/14, BStBl 2018 II S. 783).

Liegen lediglich schuldrechtliche Bindungen vor, kann für die nach wirtschaftlichen Gesichtspunkten vorzunehmende Zurechnungsentscheidung unter Beachtung grunderwerbsteuerrechtlicher Besonderheiten auf die Grundsätze des § 39 Absatz 2 Nummer 1 AO zurückgegriffen werden (BFH-Urteile vom 9. Juli 2014, II R 49/12, BStBl 2016 II S. 57, und vom 25. November 2015, II R 18/14, BStBl 2018 II S. 783). Dieser Rückgriff erlaubt eine entsprechende Anwendung der Grundsätze des § 1 Absatz 2 GrEStG bei der Zurechnung von Anteilen an grundbesitzenden Personengesellschaften. Entscheidend ist danach, dass über die schuldrechtliche Vereinbarung einem anderen als dem an der grundbesitzenden Personengesellschaft unmittelbar Beteiligten eine Wertteilhabe an den Gesellschaftsgrundstücken vermittelt wird. Dazu müssen folgende Kriterien erfüllt sein:

– Der mittelbar Beteiligte hat aufgrund eines Rechtsgeschäfts bereits eine rechtlich geschützte, auf den Erwerb des Rechts gerichtete Position erworben, die ihm gegen seinen Willen nicht mehr entzogen werden kann (z. B. Herausgabeanspruch aufgrund einer Kaufoption oder eines Treuhandverhältnisses).

- Die mit dem Anteil verbundenen wesentlichen Rechte (z. B. Innehaben des Gewinnstammrechts, Befugnis zur Ausübung der Stimmrechte, Widerspruchs- und Kontrollrechte) sind auf den mittelbar Beteiligten übergegangen oder im Sinne des mittelbar Beteiligten auszuüben.
- Das Risiko einer Wertminderung und die Chance einer Wertsteigerung (z. B. Beteiligung am Gesellschaftsvermögen, an einem etwaigen Auseinandersetzungsguthaben sowie dem Liquidationserlös) sind auf den mittelbar Beteiligten übergegangen.

Entscheidend ist das Gesamtbild der tatsächlichen Verhältnisse im jeweiligen Einzelfall. Bei dieser Gesamtbildbetrachtung kann eine vom Zivilrecht abweichende Zurechnung des Anteils auch anzunehmen sein, wenn die vorstehenden Kriterien unterschiedlich stark ausgeprägt sind.

Die bloße Einräumung einer Vollmacht zur Ausübung der Rechte aus einem Gesellschaftsanteil sowie zur Veräußerung und Abtretung dieses Gesellschaftsanteils reicht demgegenüber für die Annahme einer mittelbaren Änderung des Gesellschafterbestandes nicht aus. Durch eine derartige Vollmacht sind die wesentlichen Rechte des Gesellschafters (z. B. Stimmrechte und Gewinnstammrecht) nicht auf den Bevollmächtigten übergegangen (BFH-Urteil vom 30. August 2017, II R 39/15, BStBl 2018 II S. 786).

5.2 Alt- und Neugesellschafter

Es muss zwischen Alt- und Neugesellschaftern unterschieden werden.

5.2.1 Altgesellschafter

5.2.1.1 Unmittelbar beteiligter Altgesellschafter

Unmittelbar an der grundbesitzenden Personengesellschaft beteiligter Altgesellschafter ist unabhängig von seiner Rechtsform, wer

- Gründungsgesellschafter ist,
- vor dem Beginn des Fünfjahreszeitraums des § 1 Absatz 2a Satz 1 GrEStG beteiligt war,
- im Zeitpunkt des Erwerbs des jeweiligen Grundstücks beteiligt war oder
- bei einer früheren Verwirklichung des Tatbestands nach § 1 Absatz 2a GrEStG beteiligt war.

Ein unmittelbar beteiligter Altgesellschafter verliert die Eigenschaft als Altgesellschafter mit Aufgabe seiner Gesellschafterstellung. Erwirbt der ausgeschiedene (Alt-)Gesellschafter erneut einen Anteil an der Personengesellschaft, ist er Neugesellschafter im Sinne des § 1 Absatz 2a Satz 1 GrEStG. Dies gilt auch dann, wenn das Ausscheiden aus der Personengesellschaft und der Wiedereintritt innerhalb des Fünfjahreszeitraums des § 1 Absatz 2a Satz 1 GrEStG erfolgen (BFH-Urteil vom 16. Mai 2013, II R 3/11, BStBl II S. 963).

5.2.1.2 Mittelbar beteiligter Altgesellschafter

Mittelbar an der grundbesitzenden Personengesellschaft beteiligter Altgesellschafter ist unabhängig von seiner Rechtsform, wer

- im Zeitpunkt der Gründung der grundbesitzenden Personengesellschaft über eine oder mehrere Personengesellschaften beteiligt war,
- vor dem Beginn des Fünfjahreszeitraums des § 1 Absatz 2a Satz 1 GrEStG über eine oder mehrere Personengesellschaften beteiligt war,
- im Zeitpunkt des Erwerbs des jeweiligen Grundstücks über eine oder mehrere Personengesellschaften beteiligt war oder

- bei einer früheren Verwirklichung des Tatbestands nach § 1 Absatz 2a Satz 1 GrEStG über eine oder mehrere Personengesellschaften beteiligt war.

Eine Gesellschaftsstruktur, bei der eine Personengesellschaft an der grundbesitzenden Personengesellschaft beteiligt ist, wird als doppelstöckige Personengesellschaft bezeichnet. Ist oberhalb der beteiligten Personengesellschaft mindestens eine weitere Personengesellschaft beteiligt, liegt eine mehrstöckige Personengesellschaft vor.

Ein mittelbar beteiligter Altgesellschafter verliert die Eigenschaft als Altgesellschafter mit Aufgabe seiner Gesellschafterstellung. Erwirbt der ausgeschiedene (Alt-)Gesellschafter erneut einen Anteil an der Personengesellschaft, ist er Neugesellschafter im Sinne des § 1 Absatz 2a Satz 1 GrEStG. Dies gilt auch dann, wenn das Ausscheiden aus der Personengesellschaft und der Wiedereintritt innerhalb des Fünfjahreszeitraums des § 1 Absatz 2a Satz 1 GrEStG erfolgen (BFH-Urteil vom 16. Mai 2013, II R 3/11, BStBl II S. 963).

Zusammenfassend vgl. Beispiele 5.3.1 und 5.3.2.

5.2.2 Neugesellschafter

5.2.2.1 Unmittelbar beteiligter Neugesellschafter

Unmittelbar an der grundbesitzenden Personengesellschaft beteiligter Neugesellschafter ist unabhängig von seiner Rechtsform, wer mit dem Erwerb der Gesellschafterstellung in die Mitberechtigung am Grundstück der Personengesellschaft

- durch Beitritt,
- infolge (Teil-)Abtretung eines Anteils am Gesellschaftsvermögen oder
- aufgrund von Umwandlungsvorgängen mit Ausnahme der identitätswahrenden formwechselnden Umwandlung (Tz. 5.2.5)

einrückt.

5.2.2.2 Mittelbar beteiligter Neugesellschafter

Mittelbar an der grundbesitzenden Personengesellschaft beteiligter Neugesellschafter ist unabhängig von seiner Rechtsform, wer durch

- Eintritt,
- Abtretung eines Mitgliedschaftsrechts oder
- einen Vorgang nach dem Umwandlungsgesetz

einer Personengesellschaft beitritt, die unmittelbar oder mittelbar über eine oder mehrere Personengesellschaften am Vermögen der grundbesitzenden Personengesellschaft beteiligt ist, und dadurch in die Mitberechtigung am Grundstück einrückt.

5.2.3 Besonderheiten bei Kapitalgesellschaften

5.2.3.1 Alt- oder Neugesellschaftereigenschaft der Kapitalgesellschaft in Bezug auf die grundbesitzende Personengesellschaft

Nur Kapitalgesellschaften selbst können unmittelbare oder mittelbare Alt- oder Neugesellschafter in Bezug auf die grundbesitzende Personengesellschaft sein, deren Gesellschafter jedoch nicht.

Eine als Altgesellschafterin geltende unmittelbar oder mittelbar beteiligte Kapitalgesellschaft wird nach § 1 Absatz 2a Satz 4 GrEStG in vollem Umfang zur fiktiven Neugesellschafterin, wenn sich die Beteiligungsverhältnisse an ihr unmittelbar oder mittelbar oder teils unmittelbar, teils mittelbar zu mindestens 95 % ändern. Dies gilt unabhängig davon, ob die Änderung der Beteiligungsverhältnisse bei der Kapitalgesellschaft den Tatbestand des § 1 Absatz 3 GrEStG erfüllen würde.

Bei mehrstufigen mittelbaren Beteiligungen ist die Prüfung, ob die 95 %-Grenze erreicht ist, für jede Beteiligungsebene gesondert vorzunehmen. Ist die 95 %-Grenze erreicht, ist die mittelbare Beteiligung in voller Höhe zu berücksichtigen (nicht nur in Höhe von 95 %; vgl. Beispiel 5.3.3).

Der Fünfjahreszeitraum gilt nicht. Es gibt keine zeitliche Begrenzung.

Die Eigenschaft als Altgesellschafterin der unmittelbar oder mittelbar beteiligten Kapitalgesellschaft bleibt erhalten, wenn sich lediglich die Kette der an ihr beteiligten Kapitalgesellschaften verkürzt. Eine solche Beteiligungskette liegt vor, soweit Kapitalgesellschaften auf jeder Stufe über eine Beteiligung von mindestens 95 % miteinander verbunden sind. Das Gleiche gilt bei Beteiligungsketten, in denen sowohl Kapital- als auch Personengesellschaften beteiligt sind. Bei Personengesellschaften in der Kette ist zu beachten, dass die 95 %ige Beteiligung auf jeder Stufe bei der Durchrechnung noch vorhanden ist. Bei der Verkürzung der Kette muss die der grundbesitzenden Personengesellschaft am nächsten stehende Kapitalgesellschaft erhalten bleiben (vgl. Beispiel 5.3.6).

5.2.3.2 Alt- oder Neugesellschaftereigenschaft der Gesellschafter der Kapitalgesellschaft in Bezug auf die Kapitalgesellschaft

Die Gesellschafter der Kapitalgesellschaft sind nur in Bezug auf die Kapitalgesellschaft, an der sie unmittelbar beteiligt sind, Alt- oder Neugesellschafter, nicht jedoch in Bezug auf die grundbesitzende Personengesellschaft.

Neugesellschafter der Kapitalgesellschaft ist, wer Anteile an der Kapitalgesellschaft erwirbt.

Altgesellschafter der Kapitalgesellschaft ist, wer im Zeitpunkt

- der Gründung der grundbesitzenden Personengesellschaft Gesellschafter der Kapitalgesellschaft ist, wenn die Kapitalgesellschaft Gründungsgesellschafterin ist,
- des Erwerbs der Beteiligung am Vermögen der grundbesitzenden Personengesellschaft durch die Kapitalgesellschaft an der Kapitalgesellschaft beteiligt ist,
- des Grundstückserwerbs der Personengesellschaft an der Kapitalgesellschaft beteiligt ist oder
- der nach § 1 Absatz 2a Satz 4 GrEStG erfolgenden Umqualifizierung der Kapitalgesellschaft in eine Neugesellschafterin der grundbesitzenden Personengesellschaft an der Kapitalgesellschaft beteiligt ist.

5.2.4 Besonderheiten bei Treuhandverhältnissen

Neugesellschafter ist:

- derjenige, der aufgrund Vereinbarungstreuhand mit einem Gesellschafter der grundbesitzenden Personengesellschaft nach deren Gründung bzw. nach einem Grundstückserwerb durch diese oder nach einer früheren Verwirklichung des Tatbestands des § 1 Absatz 2a GrEStG dessen Treugeber wird,
- der neue Treugeber eines Gesellschafters nach Treugeberwechsel,

- der Treugeber, auf den die treuhänderisch gehaltenen Anteile vom Treuhänder übertragen oder rückübertragen werden (zur anteiligen Steuerbefreiung in Höhe der rückübertragenen Anteile auf den Treugeber vgl. § 3 Nummer 8 GrEStG analog) oder
- der neue Treuhänder beim Wechsel des Treuhändergesellschafters.

5.2.5 Besonderheiten bei der identitätswahrenden formwechselnden Umwandlung

Die identitätswahrende formwechselnde Umwandlung einer grundbesitzenden Personengesellschaft ist nicht steuerbar. Das Gleiche gilt bei einer identitätswahrenden formwechselnden Umwandlung einer an der grundbesitzenden Personengesellschaft unmittelbar oder mittelbar beteiligten Personen- oder Kapitalgesellschaft.

5.2.5.1 Formwechselnde Umwandlung der grundbesitzenden Gesellschaft

Wird eine grundbesitzende Personengesellschaft in eine andere Personengesellschaft formwechselnd umgewandelt, führen die an ihr beteiligten Gesellschafter ihre bisherige Eigenschaft als Alt- oder Neugesellschafter fort.

Wird eine grundbesitzende Kapitalgesellschaft in eine Personengesellschaft formwechselnd umgewandelt, sind die an ihr beteiligten Gesellschafter Altgesellschafter, da sie im Zeitpunkt der Eröffnung des Tatbestandes des § 1 Absatz 2a GrEStG beteiligt sind.

5.2.5.2 Formwechselnde Umwandlung einer unmittelbar oder mittelbar beteiligten Gesellschaft

Wird eine unmittelbar oder mittelbar über eine oder mehrere Personengesellschaften am Vermögen der grundbesitzenden Personengesellschaft beteiligte Personengesellschaft in eine andere Personengesellschaft formwechselnd umgewandelt, führt sie ihre bisherige Eigenschaft als Alt- oder Neugesellschafterin in Bezug auf die grundbesitzende Personengesellschaft fort. Gleiches gilt für die an ihr beteiligten Gesellschafter.

Wird eine unmittelbar oder mittelbar über eine oder mehrere Personengesellschaften am Vermögen der grundbesitzenden Personengesellschaft beteiligte Kapitalgesellschaft in eine andere Kapitalgesellschaft formwechselnd umgewandelt, führt sie ihre bisherige Eigenschaft als Alt- oder Neugesellschafterin in Bezug auf die grundbesitzende Personengesellschaft fort. Die Gesellschafter der formwechselnd umgewandelten Kapitalgesellschaft führen ihre bisherige Eigenschaft als Alt- oder Neugesellschafter in Bezug auf die Kapitalgesellschaft fort.

Wird eine unmittelbar oder mittelbar über eine oder mehrere Personengesellschaften am Vermögen der grundbesitzenden Personengesellschaft beteiligte Kapitalgesellschaft in eine Personengesellschaft formwechselnd umgewandelt, führt sie ihre bisherige Eigenschaft als Alt- oder Neugesellschafterin fort. Die an der umgewandelten Gesellschaft beteiligten Gesellschafter werden durch die formwechselnde Umwandlung Neugesellschafter in Bezug auf die grundbesitzende Personengesellschaft, da sie erstmals eine gesamthänderische Mitberechtigung an deren Vermögen erlangen. Die im Zeitpunkt der formwechselnden Umwandlung vorhandenen Beteiligungen der Gesellschafter an der formgewechselten Gesellschaft werden nicht in die Berechnung des Quantums des § 1 Absatz 2a GrEStG einbezogen, da es aufgrund der umwandlungsrechtlich geregelten Besonderheiten für diese Beteiligungen an dem Tatbestandsmerkmal „Übergang von Anteilen" fehlt.

Wird eine unmittelbar oder mittelbar über eine oder mehrere Personengesellschaften am Vermögen der grundbesitzenden Personengesellschaft beteiligte Personengesellschaft in eine Kapitalgesellschaft formwechselnd umgewandelt, führt sie ihre bisherige Eigenschaft als Alt- oder Neugesellschafterin fort. Die an der umgewandelten Gesellschaft beteiligten Gesellschafter verlieren durch die formwechselnde Umwandlung ihre Eigenschaft als Alt- oder Neugesellschafter in Bezug auf die grundbesitzende Personengesellschaft. Sie werden Altgesellschafter in Bezug auf die Kapitalgesellschaft.

Beispiel:
Am Vermögen der grundbesitzenden A-OHG sind A zu 90 % und die B-GmbH zu 10 % beteiligt. Die B-GmbH ist in Bezug auf die A-OHG Altgesellschafterin. An der B-GmbH sind B und C in Höhe von jeweils 50 % beteiligt.
Im Jahr 01 wird die B-GmbH durch heterogenen Formwechsel in die B-OHG identitätswahrend umgewandelt.
Im Jahr 02 erwerben B von A 89,9 % und C von A 0,1 % der Anteile am Vermögen der A-OHG.
Im Jahr 03 erwirbt D 5 % der Anteile am Vermögen der A-OHG von der B-OHG.

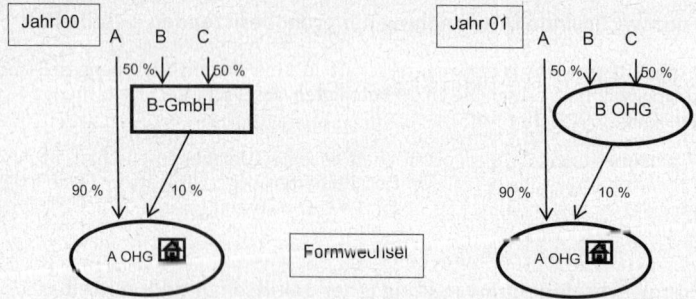

Die formwechselnde Umwandlung der B-GmbH in die B-OHG ist nicht steuerbar. Die B-OHG führt die Eigenschaft als Altgesellschafterin fort. Die Gesellschafter B und C werden durch die formwechselnde Umwandlung Neugesellschafter in Bezug auf die A-OHG, da sie erstmals eine gesamthänderische Mitberechtigung an dieser erlangen. Aufgrund der umwandlungsrechtlich geregelten Besonderheiten gehen keine Anteile am Gesellschaftsvermögen über.

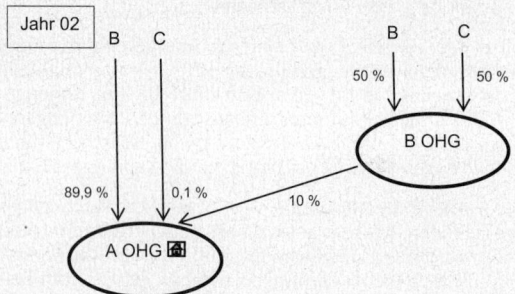

Die Übertragung der Beteiligung des A auf die Neugesellschafter B und C führt zu einem unmittelbaren Gesellschafterwechsel in Höhe von 90 % (89,9 % + 0,1 %) der Anteile am Vermögen der A-OHG. Der Tatbestand des § 1 Absatz 2a GrEStG ist nicht verwirklicht.

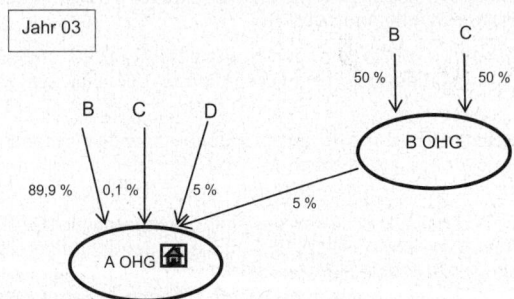

Die Übertragung der Beteiligung der B-OHG auf den Neugesellschafter D führt zu einem unmittelbaren Gesellschafterwechsel in Höhe von 5 % der Anteile am Vermögen der A-OHG. Der Tatbestand des § 1 Absatz 2a GrEStG ist verwirklicht, da innerhalb von fünf Jahren mindestens 95 % der Anteile am Vermögen der A-OHG auf Neugesellschafter übergegangen sind (02: 90 % und 03: 5 %).

5.2.5.3 Gesellschaften eines Mitgliedstaates der Europäischen Union

Wird eine inländische Gesellschaft in eine Gesellschaft eines Mitgliedstaates der Europäischen Union oder umgekehrt formwechselnd umgewandelt, unterliegt dieser Rechtsvorgang mangels eines Rechtsträgerwechsels nicht der Grunderwerbsteuer und es gelten die oben genannten Grundsätze entsprechend. Voraussetzung ist, dass die rechtliche Struktur dieser Gesellschaft derjenigen einer inländischen Gesellschaft und die Regelung über den Formwechsel inhaltlich der Umwandlung gemäß § 1 Absatz 1 Nummer 4 UmwG entsprechen. Dasselbe gilt, wenn eine Gesellschaft eines Mitgliedstaates der Europäischen Union in eine andere Gesellschaft eines Mitgliedstaates der Europäischen Union formwechselnd umgewandelt wird.

5.3 Ermittlung des Vomhundertsatzes

Zur Ermittlung des Vomhundertsatzes im Sinne des § 1 Absatz 2a Satz 1 GrEStG ist auf das Verhältnis der Beteiligung der Neugesellschafter zu der fortbestehenden Beteiligung von Altgesellschaftern nach dem Gesellschafterwechsel abzustellen. Maßgebend ist hierfür der Anteil des einzelnen Gesellschafters am Gesellschaftsvermögen nach dem Gesellschafterwechsel. Für die Höhe des Anteils kommt es auf die Verhältnisse im Zeitpunkt der Wirkung der schuldrechtlichen (gesellschaftsrechtlichen) Vereinbarungen an. Die Wirkung tritt frühestens mit dem Vertragsabschluss ein. Der Zeitpunkt der Leistung der Einlagen ist unerheblich.

Stockt ein Neugesellschafter seine Beteiligung durch den Erwerb weiterer Anteile am Gesellschaftsvermögen nach dem erstmaligen Erwerb des Mitgliedschaftsrecht auf, werden sowohl der erstmalige Erwerb als auch die Hinzuerwerbe bei der Berechnung der Quote berücksichtigt (BFH-Urteil vom 17. Mai 2017, II R 35/15, BStBl II S. 966). Veränderungen der Vermögensbeteiligung von Neugesellschaftern durch Kapitalerhöhung bei deren Eintritt führen zum Übergang von Anteilen am Gesellschaftsvermögen und sind bei der Ermittlung des Vomhundertsatzes zu berücksichtigen. Gleiches gilt bei bloßen Kapitaländerungen zugunsten der Neugesellschafter im Verhältnis zu den Altgesellschaftern (Beispiel 5.3.7).

§ 1 Absatz 2a Satz 1 GrEStG erfasst keine Änderungen der Beteiligung am Gesellschaftsvermögen der Altgesellschafter im Verhältnis zueinander. Veränderungen der Vermögensbeteiligung zwischen Neugesellschaftern werden bei der Ermittlung des Vomhundertsatzes nicht erneut berücksichtigt. Gehen Anteile von Todes wegen auf Neugesellschafter über, bleibt der Erwerb dieser Anteile bei der Ermittlung des Vomhundertsatzes im Sinne des § 1 Absatz 2a

Satz 1 GrEStG außer Ansatz. Gesellschafterwechsel, die sich vor dem Grundstückserwerb vollziehen, sind zur Tatbestandserfüllung unbeachtlich.

Bei Gesellschaftsstrukturen mit Personen- und Kapitalgesellschaften ist durch Personengesellschaften durchzurechnen und auf der Ebene jeder Kapitalgesellschaft die 95 %-Grenze zu prüfen.

Änderungen im Gesellschafterbestand der an der grundbesitzenden Personengesellschaft beteiligten Personengesellschaften werden durch Multiplikation der Vomhundertsätze der Anteile am Gesellschaftsvermögen anteilig berücksichtigt.

Bei Beteiligungen von Kapitalgesellschaften an einer grundbesitzenden Personengesellschaft, ist auf das erforderliche Quantum von 95 % der Anteile an der Kapitalgesellschaft abzustellen. Gehen bei einer Kapitalgesellschaft mindestens 95 % der Anteile auf Neugesellschafter in Bezug auf die Kapitalgesellschaft über, so gilt diese nach § 1 Absatz 2a Satz 4 GrEStG als Neugesellschafterin der grundbesitzenden Personengesellschaft. Die Beteiligung der Kapitalgesellschaft ist in voller Höhe bei der Ermittlung des Vomhundertsatzes im Sinne des § 1 Absatz 2a Satz 1 GrEStG zu berücksichtigen (nicht nur in Höhe von 95 %; vgl. Beispiel 5.3.3). Bei mehrstufigen Beteiligungen gelten diese Grundsätze nach § 1 Absatz 2a Satz 5 GrEStG auf der Ebene jeder Kapitalgesellschaft entsprechend.

Führen Änderungen im Gesellschafterbestand mittelbar beteiligter Personengesellschaften bei einer nachgeordneten Kapitalgesellschaft nicht zu einem unmittelbaren oder mittelbaren oder teils unmittelbaren, teils mittelbaren Übergang von mindestens 95 % ihrer Anteile am Kapital, gilt die Kapitalgesellschaft nicht als neu im Sinne des § 1 Absatz 2a Satz 4 und 5 GrEStG.

Beispiele:

5.3.1 Grundfall

In nachstehender Ausgangsstruktur wird die Beteiligung der A-GmbH am Vermögen der grundbesitzenden B-KG an die B-GmbH übertragen. Zeitgleich veräußert X 90 % seiner Beteiligung am Vermögen der A-KG an Y.

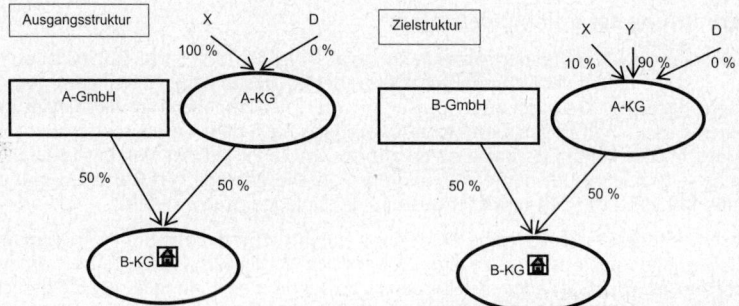

Der Tatbestand des § 1 Absatz 2a GrEStG ist erfüllt. Innerhalb von fünf Jahren gehen mindestens 95 % der Anteile am Gesellschaftsvermögen (50 % unmittelbar und 90 % x 50 % = 45 % mittelbar) auf Neugesellschafter über.

5.3.2 Personengesellschaft als mittelbar beteiligte Altgesellschafterin

Am Vermögen der grundbesitzenden KG sind A zu 5 % und die Z-GmbH & Co. KG zu 95 % beteiligt. Am Vermögen der Z-GmbH & Co. KG sind die AB-OHG zu 100 % und die GmbH zu 0 % beteiligt. Am Vermögen der AB-OHG sind A und B zu jeweils 50 % beteiligt. Diese Ausgangsstruktur besteht seit mehr als fünf Jahren.

Die AB-OHG verkauft ihre Beteiligung an die AC-GbR, an der A und C zu jeweils 50 % beteiligt sind.

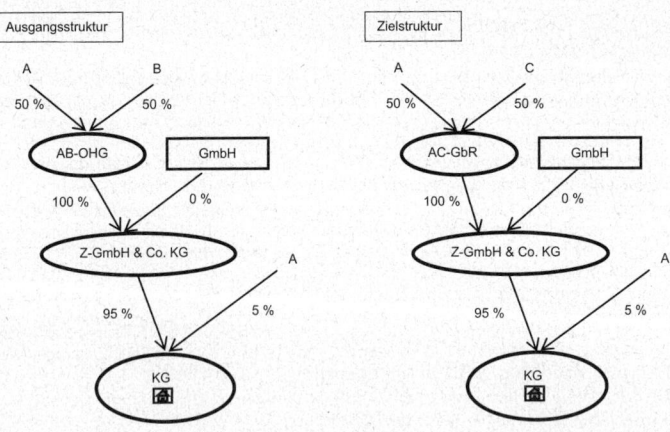

Die Anteilsübertragung auf die AC-GbR erfüllt den Tatbestand des § 1 Absatz 2a Satz 1 GrEStG, da innerhalb von fünf Jahren mindestens 95 % der Anteile am Vermögen der KG (100 % x 95 %) auf Neugesellschafter der KG übergegangen sind. Die mittelbar beteiligte AC-GbR ist Neugesellschafterin in Bezug auf die grundbesitzende KG. Die Steuer wird nach § 6 Absatz 3 Satz 1 i.V.m. Absatz 1 Satz 1 GrEStG i.H. der Deckungsgleiche der Beteiligung des A am Vermögen der fiktiv alten und der fiktiv neuen KG mithin zu 50 % nicht erhoben. Die Nachbehaltensfrist des § 6 Absatz 3 Satz 2 GrEStG ist zu beachten.

5.3.3 Änderung des Gesellschafterbestandes in Bezug auf Kapitalgesellschaften

An einer grundbesitzenden OHG sind A zu 85 %, B zu 5 % und die C-GmbH zu 10 % beteiligt. Die Anteile der C-GmbH halten D zu 90 % und E und F je zu 5 %. Im Jahr 01 überträgt A seine Beteiligung an der OHG auf X. Im Jahr 02 übertragen D und E ihre Anteile an der C-GmbH auf Y und Z.

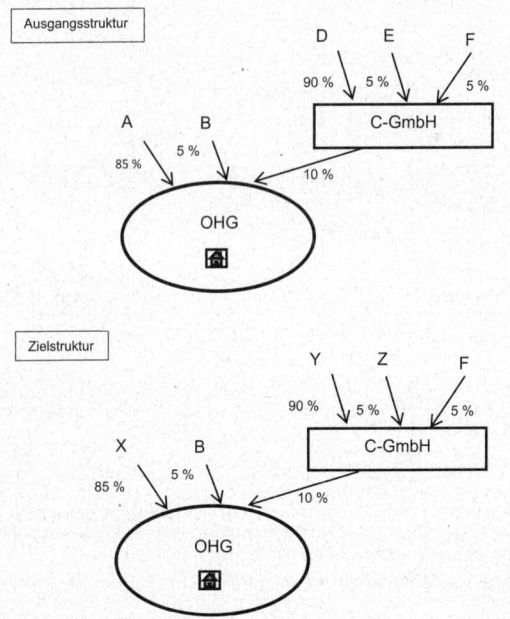

Die Übertragung der Beteiligung des A auf X führt im Jahr 01 zu einem unmittelbaren Gesellschafterwechsel in Höhe von 85%.

Durch die Übertragungen von D auf Y und E auf Z im Jahr 02 wird die C-GmbH fiktive Neugesellschafterin der OHG, da mindestens 95% der Anteile an der C-GmbH (90% + 5%) auf Neugesellschafter in Bezug auf die C-GmbH (Y und Z) übergegangen sind. Die mittelbare Anteilsänderung ist nicht anteilig (95% von 10%), sondern voll mit 10% zu berücksichtigen. Die C-GmbH gilt im vollen Umfang als neue Gesellschafterin, da an ihr mindestens 95% (90% + 5%) der Anteile auf neue Gesellschafter übergegangen sind. Dabei ist der Fünfjahreszeitraum nicht zu beachten (vgl. Tz. 6).

Der Tatbestand des § 1 Absatz 2a GrEStG ist im Jahr 02 erfüllt, da innerhalb von fünf Jahren mindestens 95% der Anteile am Vermögen der OHG (01: 85% + 02: 10%) auf Neugesellschafter in Bezug auf die OHG (X und C-GmbH) übergegangen sind. Die Steuer ist nach § 6 Absatz 3 GrEStG in Höhe von 5% nicht zu erheben.

5.3.4 Abwandlung zu 5.3.3

An einer grundbesitzenden OHG sind A zu 85%, B zu 5% und die C-GmbH zu 10% beteiligt. Die Anteile der C-GmbH halten D zu 90% und E und F je zu 5%. Im Jahr 01 überträgt A seine gesamte Beteiligung an der OHG auf X. Im Jahr 02 überträgt D seine Anteile an der C-GmbH auf Y.

Die Übertragung der Beteiligung des A auf X führt im Jahr 01 zu einem unmittelbaren Gesellschafterwechsel in Höhe von 85%. Durch die Übertragung von D auf Y im Jahr 02 wird die C-GmbH nicht fiktive Neugesellschafterin der OHG, da nicht mindestens 95% der Anteile an der C-GmbH (90%) auf Neugesellschafter in Bezug auf die C-GmbH (Y) übergegangen sind. Die C-GmbH bleibt Altgesellschafterin der OHG. Der Tatbestand des § 1 Absatz 2a GrEStG ist im Jahr 02 nicht erfüllt, da innerhalb von fünf Jahren nicht mindestens 95% der Anteile am Vermögen der OHG (01: 85%) auf Neugesellschafter in Bezug auf die OHG übergegangen sind.

5.3.5 Teils unmittelbarer, teils mittelbarer Gesellschafterwechsel über eine GmbH

Am Vermögen der grundbesitzenden A-KG sind A zu 4% und die E-GmbH zu 96% beteiligt. Gesellschafter der E-GmbH sind B und die C-KG zu jeweils 50%. Am Vermögen der C-KG sind C zu 90% und D zu 10% beteiligt.

Im Jahr 01 überträgt B seine Beteiligung an der E-GmbH auf Z. Im Jahr 04 überträgt C seine Beteiligung an der C-KG auf Y.

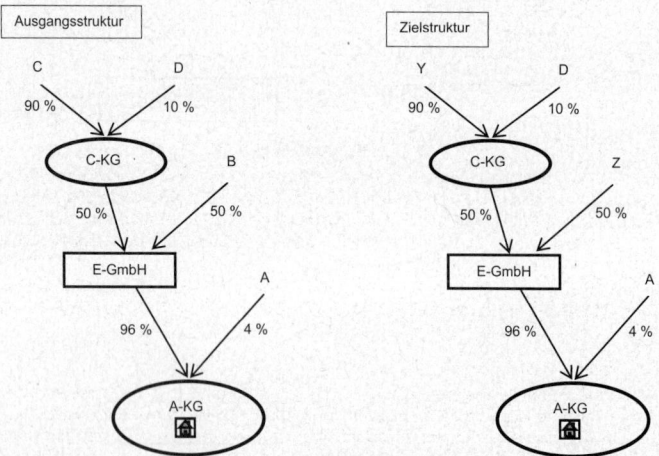

Durch die Übertragung von B auf Z im Jahr 01 gehen 50% der Anteile an der E-GmbH auf Neugesellschafter der E-GmbH über. Die E-GmbH bleibt Altgesellschafterin der A-KG, da nicht mindestens 95% der Anteile an ihr auf Neugesellschafter übergegangen sind.

Durch die Übertragung von C auf Y im Jahr 04 gehen weitere 45% der Anteile an der E-GmbH (90% x 50%) auf Neugesellschafter der E-GmbH über. Die E-GmbH wird fiktive Neugesellschafterin der A-KG, da mindestens 95% der Anteile an der E-GmbH (50% + 45%) auf Neugesellschafter übergegangen sind. Der Fünfjahreszeitraum gilt bei Gesellschafterwechseln in Bezug auf Kapitalgesellschaften nicht (vgl. Tz. 6).

Der Tatbestand des § 1 Absatz 2a GrEStG ist erfüllt, da innerhalb von fünf Jahren mindestens 95 % der Anteile am Vermögen der A-KG (96 %) auf Neugesellschafter der A-KG übergegangen sind.

5.3.6 Beteiligungskette

Am Vermögen der grundbesitzenden T-GmbH & Co. KG ist als Kommanditistin die M-GmbH zu 100 % sowie die T-GmbH, deren Alleingesellschafterin die M-GmbH ist, zu 0 % beteiligt. 100 % der Anteile an der M-GmbH hält die Z-GmbH, deren Anteile in Höhe von 60 % von der H-GmbH gehalten werden. Nachdem die Beteiligungen mehr als fünf Jahre unverändert geblieben waren, überträgt die Z-GmbH ihre Anteile an der M-GmbH auf die H-GmbH.

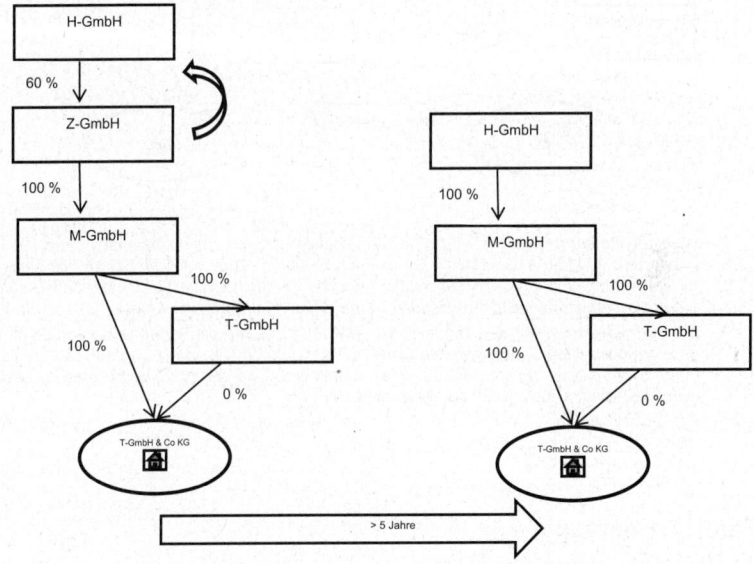

Durch die Übertragung von der Z-GmbH auf die H-GmbH wird die M-GmbH fiktive Neugesellschafterin der grundbesitzenden T-GmbH & Co. KG, da mindestens 95 % der Anteile an der M-GmbH (100 %) auf die H-GmbH als Neugesellschafterin der M-GmbH übertragen wurden. Eine Verkürzung der Beteiligungskette im Sinne von Tz. 5.2.3.1 liegt nicht vor, da die H-GmbH an der Z-GmbH nur zu 60 % beteiligt war.

Der Tatbestand des § 1 Absatz 2a Satz 1 GrEStG ist erfüllt, da innerhalb von fünf Jahren mindestens 95 % der Anteile am Vermögen der T-GmbH & Co. KG (100 %) auf Neugesellschafter in Bezug auf die T-GmbH & Co. KG (M-GmbH) übergegangen sind.

5.3.7 Kapitalerhöhung

Am Vermögen einer grundbesitzenden Personengesellschaft sind fünf Gesellschafter zu jeweils 20 % beteiligt. Das Gesellschaftsvermögen beträgt 100.000 €. Drei Gesellschafter übertragen ihre Anteile auf Neugesellschafter. Anschließend wird innerhalb des Fünfjahreszeitraums das Vermögen im Wege der Kapitalerhöhung auf 1.000.000 € aufgestockt, wobei das zusätzliche Kapital ausschließlich auf die Anteile der Neugesellschafter entfällt.

Die Altgesellschafter sind zusammen weiterhin nur zu 40.000 € (entspricht 4 %) am Vermögen der Gesellschaft beteiligt. Auf die Neugesellschafter sind insgesamt 96 % (960.000 €) der nunmehr bestehenden Anteile übergegangen.

Der Tatbestand des § 1 Absatz 2a GrEStG ist erfüllt. Die Steuer ist nach § 6 Absatz 3 GrEStG in Höhe von 4 % nicht zu erheben.

5.3.8 Treuhandverhältnis

Am Vermögen einer grundbesitzenden GmbH & Co. KG sind eine Komplementär-GmbH zu 20 % und A zu 80 % beteiligt. Alleingesellschafterin der Komplementär-GmbH ist die Y-GmbH.
Die Y-GmbH veräußert ihre Anteile an der Komplementär-GmbH auf die Z-GmbH. A vereinbart mit zwei Treugebern, für diese zukünftig jeweils 20 % der Kommanditanteile treuhänderisch zu halten. Außerdem veräußert er 35 % der Kommanditanteile an Dritte.

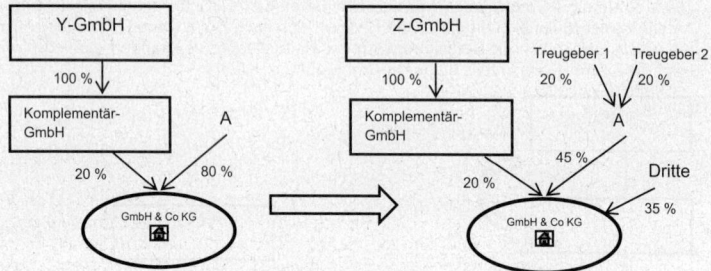

Die Komplementär-GmbH ist fiktive Neugesellschafterin der grundbesitzenden GmbH & Co. KG, da mindestens 95 % der Anteile an der Komplementär-GmbH (100 %) auf die Z-GmbH als Neugesellschafterin der Komplementär-GmbH übertragen wurden. Dadurch kommt es zu einer Änderung des Gesellschafterbestandes der grundbesitzenden GmbH & Co. KG in Höhe von 20 %.

Durch die Vereinbarung der Treuhandverhältnisse (40 %) und die Veräußerung von 35 % der Anteile am Vermögen der grundbesitzenden GmbH & Co. KG durch A auf Dritte werden weitere 75 % der Anteile am Vermögen der grundbesitzenden GmbH & Co. KG auf Neugesellschafter in Bezug auf die grundbesitzende GmbH & Co. KG übertragen.

Der Tatbestand des § 1 Absatz 2a Satz 1 GrEStG ist erfüllt. Die Steuer ist nach § 6 Absatz 3 GrEStG in Höhe von 5 % nicht zu erheben.

6 Fünfjahreszeitraum

Sukzessive Übertragungen unmittelbarer oder mittelbarer Beteiligungen am Vermögen der grundbesitzenden Personengesellschaft auf Neugesellschafter innerhalb von fünf Jahren sind zusammenzurechnen. Soweit ein Neugesellschafter einen Anteil am Vermögen der grundbesitzenden Personengesellschaft an einen weiteren Neugesellschafter oder Altgesellschafter veräußert, ist dieser bei der Ermittlung des Vomhundertsatzes nicht mitzuzählen. Übertragungen von mindestens 95 % der Anteile, die in einem Rechtsakt vollzogen werden, vollziehen sich in einer logischen Sekunde, also immer innerhalb eines Zeitraums von fünf Jahren. Der Fünfjahreszeitraum ist für jedes Grundstück im Vermögen der Personengesellschaft selbständig zu beurteilen. Der Fünfjahreszeitraum gilt nicht für Gesellschafterwechsel bei Kapitalgesellschaften im Sinne des § 1 Absatz 2a Satz 4 und 5 GrEStG.

Beispiele:

6.1 Eine Gesellschaft bürgerlichen Rechts erwirbt im Jahr 01 zwei Grundstücke (Grundstück I und Grundstück II). Zu diesem Zeitpunkt sind an ihrem Gesellschaftsvermögen A und B zu je 20 %, C zu 10 % sowie die D-OHG zu 50 % beteiligt. Gesellschafter der D-OHG sind zu diesem Zeitpunkt D und F zu je 10 % sowie G und H zu je 40 %. Im Jahr 02 veräußern A, B und C ihre Anteile an X. Im Jahr 03 veräußern D und G ihre Anteile an der D-OHG an Y. Im Januar 04 verkauft die Gesellschaft bürgerlichen Rechts das Grundstück I. Ende desselben Jahres veräußert H seinen Anteil an der D-OHG an Z.

Da in Bezug auf das Grundstück I aufgrund dessen Veräußerung im Januar 04 nur insgesamt 75 % der Anteile am Gesellschaftsvermögen auf Neugesellschafter übergegangen sind, ist der Tatbestand des § 1 Absatz 2a Satz 1 GrEStG nur hinsichtlich des Grundstücks II erfüllt. Die Steuer ist hier nach § 6 Absatz 3 GrEStG in Höhe von 5 % nicht zu erheben.

6.2 Eine GmbH & Co. KG, an deren Vermögen nur die Kommanditisten A, B, C, D und E zu je 20 % beteiligt sind, kauft im Jahr 01 ein Grundstück (Grundstück I). Im Mai 02 überträgt A seine Kommanditbeteiligung auf W. Ende des Jahres 02 erwirbt die GmbH & Co. KG ein weiteres Grundstück (Grundstück II). Im Jahr 04 veräußern B und C ihre Anteile an X. Im Jahr 05 veräußert D seinen Anteil an Y und E drei Viertel seines Anteils (15 %) an Z. Bis Ende des Jahres 07 treten keine weiteren Änderungen im Gesellschafterbestand der GmbH & Co. KG ein.
Hinsichtlich des Grundstücks I ist im Jahr 05 der Tatbestand des § 1 Absatz 2a Satz 1 GrEStG erfüllt. Die Steuer ist nach § 6 Absatz 3 GrEStG in Höhe von 5 % nicht zu erheben. In Bezug auf das Grundstück II ist der Tatbestand des § 1 Absatz 2a Satz 1 GrEStG nicht erfüllt, weil es erst nach dem Erwerb des Anteils des A durch den W in das Vermögen der GmbH & Co. KG gelangte.

6.3 Nichtberücksichtigung bei mehrfacher Anteilsübertragung
Am Vermögen einer grundbesitzenden OHG sind A, B, C und D zu je 25 % beteiligt. Im Jahr 01 veräußert A seinen Anteil an W. Im Jahr 04 veräußern B, C und W ihre Anteile an X, Y und Z.
Insgesamt sind innerhalb von fünf Jahren nur 75 % der Anteile am Gesellschaftsvermögen übergegangen (von A auf W 25 %, von B auf X 25 % und von C auf Y 25 %). Der Tatbestand des § 1 Absatz 2a GrEStG ist nicht erfüllt. Altgesellschafter D bleibt mit 25 % an der OHG beteiligt. Da die Veräußerung des 25 %igen Anteils von A an W bereits bei der Ermittlung des Vomhundertsatzes berücksichtigt wurde, kann die Weiterveräußerung desselben Anteils innerhalb des maßgeblichen Fünfjahreszeitraums von W auf Z nicht noch einmal bei der Ermittlung des Vomhundertsatzes berücksichtigt werden.

Fortführung des Beispiels:
Im Jahr 08 veräußert D seine 25 %ige Beteiligung an M.
Insgesamt sind innerhalb von fünf Jahren 100 % der Anteile am Gesellschaftsvermögen übergegangen (von W auf Z 25 %, von B auf X 25 %, von C auf Y 25 % und von D auf M 25 %). Der Tatbestand des § 1 Absatz 2a GrEStG ist verwirklicht.

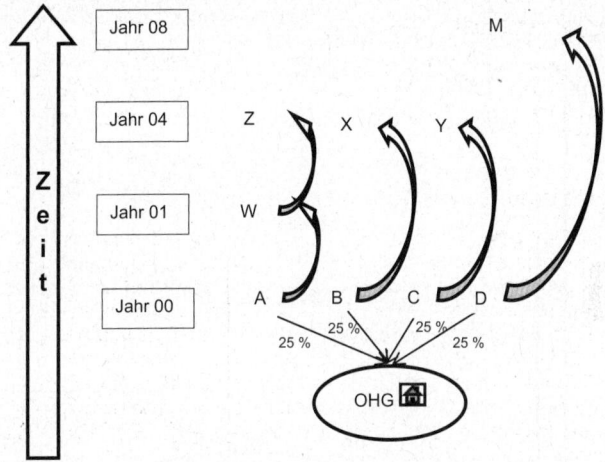

6.4 Am Vermögen der GmbH & Co. KG sind die C-GmbH zu 90 % und X zu 10 % beteiligt. Alleingesellschafter der C-GmbH ist C. Im Jahr 01 erwirbt die GmbH & Co. KG ein Grundstück.
Im Jahr 02 veräußert C 50 % seiner Anteile an der C-GmbH an X.
Im Jahr 03 veräußert C 40 % seiner Anteile an der C-GmbH an Y.
Im Jahr 04 veräußert C weitere 5 % seiner Anteile an der C-GmbH an X.
Im Jahr 05 veräußert X 5 % seiner Beteiligung an der GmbH & Co. KG an A.
Durch den Übergang der Anteile an der C-GmbH von C auf X im Jahr 02 sind erstmalig 50 % der Anteile an der GmbH auf einen Neugesellschafter übergegangen, da X zum Zeitpunkt des Grundstückserwerbs nicht Gesellschafter der C-GmbH war. Unabhängig davon, dass X unmittelbarer Altgesellschafter der GmbH & Co. KG ist, ist er in Bezug auf die C-GmbH unmittelbarer Neugesellschafter. In

Bezug auf die GmbH & Co. KG ist X nicht mittelbar über die GmbH beteiligt, da nur die GmbH selbst und nicht deren Anteilseigner Gesellschafter der GmbH & Co. KG sind. Die Tatbestandsvoraussetzungen des § 1 Absatz 2a Satz 4 GrEStG sind nicht erfüllt, da nicht mindestens 95 % der Anteile an der C-GmbH auf Neugesellschafter übergegangen sind. Der Fünfjahreszeitraum gilt bei Gesellschafterwechseln in Bezug auf Kapitalgesellschaften nicht. Die C-GmbH gilt im Jahr 02 nicht als unmittelbare Neugesellschafterin der GmbH & Co. KG.

Durch den Übergang der Anteile an der C-GmbH von C auf Y im Jahr 03 sind 40 % der Anteile an der GmbH auf einen Neugesellschafter übergegangen, da Y zum Zeitpunkt des Grundstückserwerbs nicht Gesellschafter der C-GmbH war. Die Tatbestandsvoraussetzungen von § 1 Absatz 2a Satz 4 GrEStG sind nicht erfüllt, da nicht mindestens 95 % der Anteile an der C-GmbH auf Neugesellschafter übergegangen sind (02: 50 % + 03: 40 %). Der Fünfjahreszeitraum gilt bei Gesellschafterwechseln in Bezug auf Kapitalgesellschaften nicht. Die C-GmbH gilt im Jahr 03 weiterhin nicht als unmittelbare Neugesellschafterin der GmbH & Co. KG.

Durch den Übergang der Anteile an der C-GmbH von C auf X im Jahr 04 sind weitere 5 % der Anteile an der GmbH auf den Neugesellschafter der GmbH X übergegangen. Die Tatbestandsvoraussetzungen des § 1 Absatz 2a Satz 4 GrEStG sind erfüllt, da mindestens 95 % der Anteile an der C-GmbH auf Neugesellschafter in Bezug auf die C-GmbH übergegangen sind (Jahr 02: 50 % + Jahr 03: 40 % + Jahr 04: 5 %). Die C-GmbH gilt im Jahr 04 als unmittelbare Neugesellschafterin der GmbH & Co. KG.

Durch den Übergang der Anteile am Gesellschaftsvermögen der GmbH & Co. KG von X auf A im Jahr 05 sind 5 % der Anteile am Vermögen der GmbH & Co. KG auf den Neugesellschafter A übergegangen. Die Tatbestandsvoraussetzungen von § 1 Absatz 2a Satz 1 GrEStG sind erfüllt, da mindestens 95 % der Anteile am Vermögen der GmbH & Co. KG (Jahr 04: 90 % + Jahr 05: 5 %) innerhalb von fünf Jahren auf Neugesellschafter der GmbH & Co. KG (C-GmbH und A) übergegangen sind. Die Steuer ist nach § 6 Absatz 3 GrEStG in Höhe von 5 % nicht zu erheben.

6.5 Mehrfacher Gesellschafterwechsel an einer Kapitalgesellschaft

Am Vermögen der grundbesitzenden GmbH & Co. KG sind eine GmbH zu 80 % und D zu 20 % beteiligt. Alleingesellschafter der GmbH ist A. Im Jahr 01 überträgt A seine Beteiligung an der GmbH auf B. Im Jahr 04 überträgt B seine Beteiligung an der GmbH auf C.

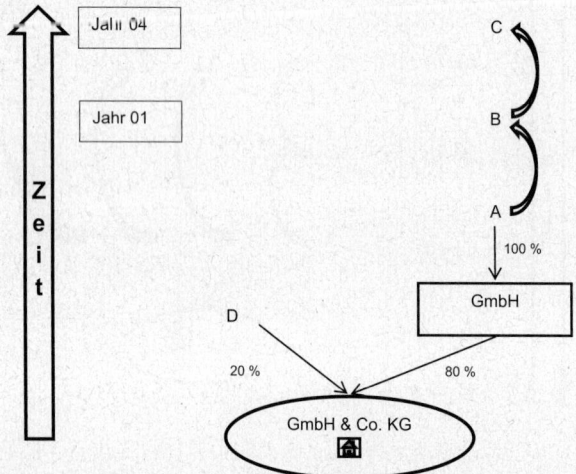

Durch die Anteilsübertragung von A auf B im Jahr 01 gehen mindestens 95 % der Anteile an der GmbH (100 %) auf Neugesellschafter der GmbH über. Die GmbH gilt gemäß § 1 Absatz 2a Satz 4 GrEStG als Neugesellschafterin der GmbH & Co. KG. Der Tatbestand des § 1 Absatz 2a Satz 1 GrEStG ist nicht erfüllt, da nicht mindestens 95 % der Anteile am Vermögen der GmbH & Co. KG (80 %) auf Neugesellschafter (GmbH) übergegangen sind.

Durch die Anteilsübertragung von B auf C im Jahr 04 gehen erneut mindestens 95 % der Anteile an der GmbH (100 %) auf Neugesellschafter der GmbH über. Die GmbH gilt seit dem Gesellschafterwechsel im Jahr 01 als Neugesellschafterin der GmbH & Co. KG. Diese Eigenschaft bleibt bei dem erneuten

Gesellschafterwechsel im Jahr 04 erhalten. Der Tatbestand des § 1 Absatz 2a Satz 1 GrEStG ist weiterhin nicht erfüllt, da die Anteilsübertragung nicht zu einer weiteren Änderung der Beteiligungsverhältnisse zu Lasten der Altgesellschafter in Bezug auf die GmbH & Co. KG innerhalb des Fünfjahreszeitraums führt.

7 Verhältnis zu § 1 Absatz 3 und 3a GrEStG

Ändert sich der Gesellschafterbestand einer Personengesellschaft, kann eine Besteuerung nach § 1 Absatz 2a, 3 oder 3a GrEStG in Betracht kommen. § 1 Absatz 2a GrEStG geht der Anwendung des § 1 Absatz 3 und 3a GrEStG vor. § 1 Absatz 3 GrEStG hat Vorrang vor § 1 Absatz 3a GrEStG. Die Anwendung des § 1 Absatz 3 und 3a GrEStG wird durch § 1 Absatz 2a GrEStG auch dann ausgeschlossen, wenn nach dessen Satz 6 oder einer Befreiungsvorschrift die Steuer nicht erhoben wird.

8 Verhältnis zu Befreiungsvorschriften

§ 1 Absatz 2a Satz 1 GrEStG fingiert einen Grundstücksübergang von einer Personengesellschaft mit altem Gesellschafterbestand auf eine fiktiv neue Personengesellschaft mit neuem Gesellschafterbestand. Die Steuerbefreiungen des § 3 GrEStG sind zu beachten.

Beispiele:

8.1 Am Vermögen einer grundbesitzenden GmbH & Co. KG ist A als Kommandist zu 100 % und eine Komplementär-GmbH zu 0 % beteiligt. A ist Alleingesellschafter der Komplementär-GmbH. A überträgt seine Kommanditbeteiligung und seine Anteile an der GmbH unentgeltlich auf einen Dritten.

Der Tatbestand des § 1 Absatz 2a Satz 1 GrEStG ist erfüllt, da mindestens 95 % der Anteile am Vermögen der GmbH & Co. KG (100 %) auf einen Neugesellschafter übergegangen sind. Der Vorgang ist nach § 3 Nummer 2 Satz 1 GrEStG steuerfrei. Zweck dieser Vorschrift ist, die doppelte Belastung mit Grunderwerbsteuer und Schenkungsteuer desselben Lebenssachverhalts zu vermeiden. Dies gilt auch, wenn Gegenstand der freigebigen Zuwendung ein Anteil an einer grundbesitzenden Personengesellschaft ist. § 3 Nummer 2 GrEStG ist immer anwendbar, wenn ein Vorgang unter das ErbStG fällt. Dies gilt unabhängig davon, ob tatsächlich Erbschaft- oder Schenkungsteuer entstanden ist. Die Anwendung des § 1 Absatz 3 GrEStG wird durch den Vorrang von § 1 Absatz 2a GrEStG auch dann ausgeschlossen, wenn auf Grund einer Befreiungsvorschrift die Steuer nicht erhoben wird.

8.2 Am Vermögen der grundbesitzenden OHG sind A zu 90 %, B zu 8 % und C zu 2 % beteiligt. Innerhalb des Fünfjahreszeitraums überträgt A seinen Anteil auf seinen Sohn Y und B seinen Anteil auf den ihm fremden Z.

Der Tatbestand des § 1 Absatz 2a Satz 1 GrEStG ist erfüllt, da mindestens 95 % der Anteile am Vermögen der OHG (90 % + 8 %) auf Neugesellschafter übertragen werden. Der Vorgang ist zu 90 % nach § 3 Nummer 6 GrEStG befreit. In Höhe von 2 % wird die Steuer nach § 6 Absatz 3 Satz 1 i. V. m. Absatz 1 Satz 1 GrEStG nicht erhoben.

9 Grundstückserwerbe von einem Gesellschafter (§§ 5, 6 GrEStG) und verbleibende Altgesellschafter (§ 6 Absatz 3 GrEStG)

Ausführungen hierzu enthalten die gleich lautenden Erlasse der obersten Finanzbehörden der Länder zur Anwendung der §§ 5 und 6 GrEStG[1].

10 Verhältnis zu § 16 GrEStG

§ 16 Absatz 2 GrEStG ist im Zusammenhang mit § 1 Absatz 2a Satz 1 GrEStG anzuwenden, wenn einer oder mehrere der Gesellschafterwechsel, die zur Verwirklichung des § 1 Absatz 2a

---

[1] Gleich lautender Ländererlass v. 12.11.2018 (BStBl I S. 1334), abgedruckt unter B.VII.4.

Satz 1 GrEStG geführt haben, ganz oder teilweise rechtlich und tatsächlich im Sinne des § 16 GrEStG rückgängig gemacht wird bzw. werden und infolgedessen ein Übergang von mindestens 95 % der Anteile am Gesellschaftsvermögen im Ergebnis nicht mehr gegeben ist. Werden bei sukzessiver Tatbestandserfüllung nicht alle Rechtsvorgänge, die zur Verwirklichung des § 1 Absatz 2a GrEStG beigetragen haben, nach der Tatbestandsverwirklichung fristgemäß und in allen Teilen vollständig beim zuständigen Finanzamt angezeigt, scheidet die Anwendung des § 16 Absatz 2 GrEStG nach § 16 Absatz 5 GrEStG aus. Dies gilt auch für Beteiligungsaufstockungen (BFH-Urteil vom 17. Mai 2017, II R 35/15, BStBl II S. 966).

Beispiele:

10.1 Am Vermögen der grundbesitzenden OHG sind A zu 90 % und B zu 10 % beteiligt. Im Jahr 01 überträgt A seine Beteiligung auf X. Im Jahr 04 überträgt B 5 % der Anteile am Vermögen der OHG auf Y. Die OHG zeigt die Vorgänge im Jahr 04 fristgemäß und in allen Teilen vollständig nach § 19 Absatz 1 Satz 1 Nummer 3a GrEStG beim zuständigen Finanzamt an. Das Finanzamt setzt Grunderwerbsteuer nach § 1 Absatz 2a GrEStG fest. In der darauffolgenden Woche wird die Übertragung der Beteiligung von A auf X in Höhe von 0,1 % rückgängig gemacht.

Auf Grund der Rückgängigmachung eines Teils der Anteilsübertragung aus dem Jahr 01 wird die 95 %-Grenze unterschritten (94,9 %). Der Tatbestand des § 1 Absatz 2a Satz 1 GrEStG ist dadurch nicht mehr erfüllt. Die Anwendung des § 16 Absatz 2 Nummer 1 GrEStG ist nicht nach § 16 Absatz 5 GrEStG ausgeschlossen, da die Vorgänge fristgemäß und in allen Teilen vollständig beim zuständigen Finanzamt angezeigt wurden. Der Grunderwerbsteuerbescheid ist aufzuheben.

10.2 Am Vermögen der grundbesitzenden OHG sind A zu 90 % und B zu 10 % beteiligt. Im Jahr 01 überträgt B seine Beteiligung auf X. Im Jahr 04 überträgt A 85 % der Anteile am Vermögen der OHG auf X (Aufstockung der Beteiligung des X). Die OHG zeigt die Vorgänge im Jahr 04 nicht fristgemäß und in allen Teilen vollständig nach § 19 Absatz 1 Satz 1 Nummer 3a GrEStG beim zuständigen Finanzamt an. Nach einer Außenprüfung im Jahr 05 erhält das Finanzamt von den Vorgängen Kenntnis und setzt Grunderwerbsteuer nach § 1 Absatz 2a GrEStG fest. In der darauffolgenden Woche wird die Übertragung der Beteiligung von A auf X in Höhe von 0,1 % rückgängig gemacht.

Auf Grund der Rückgängigmachung eines Teils der Anteilsübertragung aus dem Jahr 01 wird die 95 %-Grenze unterschritten (94,9 %). Der Tatbestand des § 1 Absatz 2a Satz 1 GrEStG ist dadurch nicht mehr erfüllt. Die Anwendung des § 16 Absatz 2 Nummer 1 GrEStG ist nach § 16 Absatz 5 GrEStG ausgeschlossen, da die Vorgänge nicht fristgemäß und in allen Teilen vollständig beim zuständigen Finanzamt angezeigt wurden. Der Grunderwerbsteuerbescheid ist nicht aufzuheben.

11 Bemessungsgrundlage

Nach § 8 Absatz 2 Satz 1 Nummer 3 GrEStG ist Bemessungsgrundlage in den Fällen des § 1 Absatz 2a GrEStG der Grundbesitzwert im Sinne des § 151 Absatz 1 Satz 1 Nummer 1 i.V.m. § 157 Absatz 1 bis 3 BewG (zur Bewertung siehe Abschnitte 151 ff. ErbStR). Die Bemessungsgrundlage ist nicht auf die Anteile der eintretenden Gesellschafter und der Altgesellschafter aufzuteilen. Auch bei einer Übertragung von weniger als 100 % der Anteile am Vermögen einer Gesellschaft ist Bemessungsgrundlage der volle Wert des Grundbesitzes.

12 Steuerschuldner und Bekanntgabe des Steuerbescheids

Steuerschuldner ist in den Fällen des § 1 Absatz 2a GrEStG die Personengesellschaft in ihrer jeweiligen Zusammensetzung (§ 13 Nummer 6 GrEStG). Gegen sie als Inhaltsadressat ist der Steuerbescheid zu richten (§ 157 Absatz 1 Satz 2 AO). Bekannt zu geben ist er an die im Zeitpunkt der Bekanntgabe vertretungsberechtigten Personen.

13 Anzeigepflicht

Gemäß § 19 Absatz 1 Satz 1 Nummer 3a GrEStG sind von der grundbesitzenden Personengesellschaft alle Rechtsvorgänge anzuzeigen, die zur Verwirklichung des Tatbestands des § 1 Absatz 2a GrEStG geführt haben. Die Anzeigepflicht besteht bei Tatbestandsverwirklichung. Bei sukzessiver Änderung des Gesellschafterbestands sind bei der Anzeige die vorausgegangenen Gesellschafterwechsel, die zur Tatbestandsverwirklichung beigetragen haben, anzugeben. Die Anzeige ist innerhalb von zwei Wochen nach Kenntniserlangung von dem anzeigepflichtigen Vorgang zu erstatten. Nach § 20 Absatz 2 Nummer 3 GrEStG muss die Anzeige bei mehreren Beteiligten eine Beteiligungsübersicht enthalten.

14 Grundsätze des BFH-Urteils vom 24. April 2013, II R 17/10, BStBl II S. 833

Das BFH-Urteil vom 24. April 2013, II R 17/10, wurde im Bundessteuerblatt mit den gleich lautenden Erlassen der obersten Finanzbehörden der Länder vom 9. Oktober 2013, BStBl I S. 1278, veröffentlicht und war deshalb zunächst nicht über den entschiedenen Einzelfall hinaus anzuwenden. Die Nichtanwendungserlasse vom 9. Oktober 2013 wurden durch die gleich lautenden Erlasse der obersten Finanzbehörden der Länder vom 16. September 2015, BStBl I S. 822, aufgehoben. Durch das Steueränderungsgesetz 2015 vom 2. November 2015, BGBl I S. 1834, wurde § 1 Absatz 2a GrEStG mit Wirkung ab 6. November 2015 geändert. In allen Fällen, bei denen der Tatbestand des § 1 Absatz 2a GrEStG vor dem 6. November 2015 verwirklicht wurde, sind die Rechtsgrundsätze des BFH-Urteils II R 17/10 anzuwenden. Für sukzessive Gesellschafterwechsel, bei denen nur ein Teil der Anteilsübertragungen vor dem 6. November 2015 stattgefunden hat, siehe Tz. 15 (Übergangsregelung).

Nach dem BFH-Urteil II R 17/10 liegt eine unmittelbare Änderung des Gesellschafterbestandes einer grundbesitzenden Personengesellschaft vor, wenn ein Mitgliedschaftsrecht an der Gesellschaft zivilrechtlich wirksam auf ein neues Mitglied der Personengesellschaft übergeht.

Ist eine Personen- oder Kapitalgesellschaft unmittelbar an der grundbesitzenden Personengesellschaft beteiligt, kann nur die Personen- oder Kapitalgesellschaft selbst Alt- oder Neugesellschafterin der grundbesitzenden Personengesellschaft sein, nicht jedoch deren Gesellschafter. Eine unmittelbar an der grundbesitzenden Personengesellschaft beteiligte Personen- oder Kapitalgesellschaft gilt nur dann als fiktiv neu, wenn an ihr auf der obersten Beteiligungsebene (natürliche und juristische Personen außer Kapitalgesellschaften – z. B. Stiftung, Bund, Land oder Kommune) ein 100 %iger Gesellschafterwechsel stattgefunden hat. Kapital- und Personengesellschaften werden gleich behandelt.

Beispiel:
Am Vermögen einer grundbesitzenden Personengesellschaft sind die A-OHG und B-GmbH zu jeweils 50 % beteiligt. Am Vermögen der A-OHG sind eine Stiftung und A zu jeweils 50 % beteiligt. An der B-GmbH sind die B-KG und B zu jeweils 50 % beteiligt. An der B-KG sind die Stadt und C zu jeweils 50 % beteiligt.
Im Jahr 2011 übertragen A und die Stiftung ihre Beteiligung am Vermögen der A-OHG auf Y und Z.
Im Jahr 2013 übertragen die Stadt und C ihre Beteiligung am Vermögen der B-KG auf X und W.
Im Jahr 2014 überträgt B seine Beteiligung an der B-GmbH auf V.

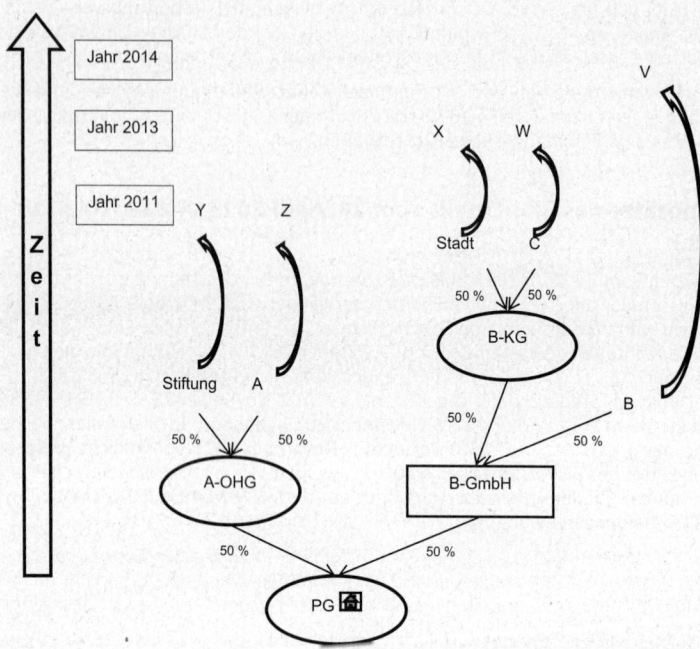

Durch die Anteilsübertragungen im Jahr 2011 gilt die A-OHG als Neugesellschafterin der grundbesitzenden Personengesellschaft, da auf der obersten Beteiligungsebene der A-OHG 100 % der Gesellschaftsanteile übergegangen sind.
Im Jahr 2013 gilt die B-GmbH nicht als Neugesellschafterin der grundbesitzenden Personengesellschaft. Auf der obersten Beteiligungsebene der B-GmbH hat kein vollständiger Gesellschafterwechsel stattgefunden, da B beteiligt bleibt.
Durch die Anteilsübertragungen im Jahr 2014 gilt die B-GmbH als Neugesellschafterin der grundbesitzenden Personengesellschaft, da auf der obersten Beteiligungsebene der B-GmbH ein vollständiger Gesellschafterwechsel eingetreten ist. Der Tatbestand des § 1 Absatz 2a GrEStG ist erfüllt, da innerhalb von fünf Jahren mindestens 95 % (100 %) der Anteile am Vermögen der grundbesitzenden Personengesellschaft übergegangen sind (A-OHG 50 % und B-GmbH 50 %).

15 Übergangsregelung für sukzessive Gesellschafterwechsel über den 6. November 2015

Für Fälle, bei denen der Tatbestand des § 1 Absatz 2a GrEStG vor dem 6. November 2015 verwirklicht wurde, sind die Grundsätze des BFH-Urteils II R 17/10 anzuwenden (§ 1 Absatz 2a GrEStG a. F., vgl. Tz. 14). Für Fälle, bei denen der Tatbestand des § 1 Absatz 2a GrEStG nach dem 5. November 2015 verwirklicht wurde, findet § 1 Absatz 2a GrEStG in der Fassung des Steueränderungsgesetzes 2015 vom 2. November 2015, BGBl I S. 1834 (§ 1 Absatz 2a GrEStG n. F.) gemäß § 23 Absatz 13 GrEStG Anwendung. Für sukzessive Gesellschafterwechsel, bei denen der Tatbestand des § 1 Absatz 2a GrEStG nach dem 5. November 2015 verwirklicht wurde, aber ein Teil der Anteilsübertragungen vor dem 6. November 2015 stattgefunden hat, gilt das Folgende:

Nach dem BFH-Urteil II R 17/10 führen mittelbare Änderungen bei Personen- und Kapitalgesellschaften nur dann zu einem Gesellschafterwechsel, wenn auf der obersten Beteiligungsebene ein 100%iger Wechsel stattgefunden hat. Dies ist auf alle Anteilsübertragungen vor dem 6. November 2015 anzuwenden. Auf alle Anteilsübertragungen nach dem 5. November 2015 ist die neue Rechtslage anzuwenden, nach der bei Gesellschaftsstrukturen mit Personen- und Kapitalgesellschaften durch Personengesellschaften durchzurechnen und auf der Ebene jeder Kapitalgesellschaft die 95%-Grenze zu prüfen ist.

Ein vor dem 5. November 2015 begonnener Fünfjahreszeitraum läuft regulär weiter und wird durch die gesetzliche Neuregelung nicht beendet.

Durch die Gesetzesänderung werden die Gesellschafter, die mittelbar über eine oder mehrere Personengesellschaften zu mindestens 95% am Vermögen der grundbesitzenden Personengesellschaft beteiligt sind, Altgesellschafter in Bezug auf die grundbesitzende Personengesellschaft.

Gesellschafter einer Kapitalgesellschaft, die zu mindestens 95% an der Kapitalgesellschaft beteiligt sind, werden durch die Gesetzesänderung Altgesellschafter in Bezug auf die Kapitalgesellschaft. Die Gesellschafter einer Kapitalgesellschaft sind weder mittelbare Altgesellschafter noch mittelbare Neugesellschafter in Bezug auf die grundbesitzende Personengesellschaft.

Beispiele:

15.1 Am Vermögen einer grundbesitzenden Personengesellschaft sind die A-GmbH zu 2,5%, die B-GmbH zu 90%, die C-OHG zu 2,5% und die E-OHG zu 5% beteiligt. Alleingesellschafter der A-GmbH ist A. Alleingesellschafter der B-GmbH ist B. Am Vermögen der C-OHG sind C zu 95% und D zu 5% beteiligt. Am Vermögen der E-OHG sind E zu 95% und F zu 5% beteiligt.

Im Jahr 2012 überträgt A 95% der Anteile an der A-GmbH auf Z.
Im Jahr 2014 überträgt C seine Beteiligung am Vermögen der C-OHG auf Y.
Im Januar 2016 überträgt B 95% der Anteile an der B-GmbH auf X.
Im November 2016 überträgt E seine Beteiligung am Vermögen der E-OHG auf W und F überträgt seine Beteiligung am Vermögen der E-OHG auf V.

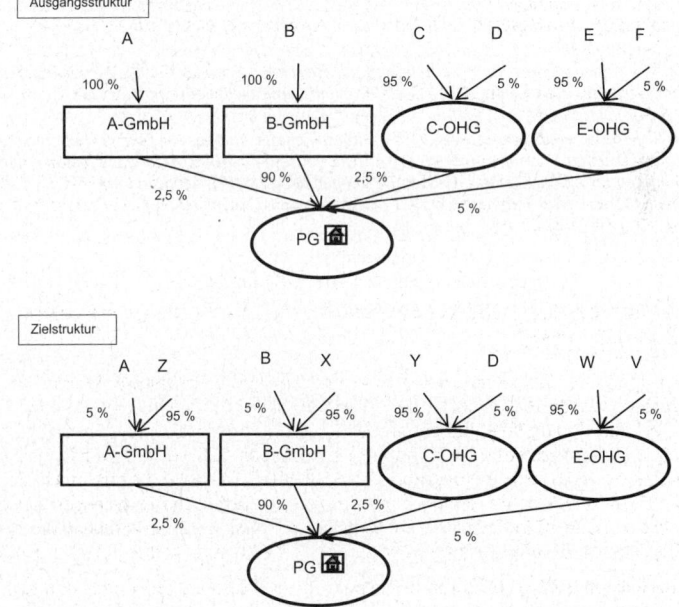

Die Übertragung von 95 % der Anteile an der A-GmbH von A auf Z im Jahr 2012 ist für § 1 Absatz 2a GrEStG a. F. unbeachtlich, da weniger als 100 % der Anteile auf Neugesellschafter in Bezug auf die A-GmbH übertragen werden.

Die Übertragung von 95 % der Anteile am Vermögen der C-OHG von C auf Y im Jahr 2014 ist für § 1 Absatz 2a GrEStG a. F. unbeachtlich, da weniger als 100 % der Anteile am Gesellschaftsvermögen auf Neugesellschafter in Bezug auf die C-OHG übertragen werden.

Durch die Übertragung von 95 % der Anteile an der B-GmbH von B auf X im Januar 2016, gilt die B-GmbH gemäß § 1 Absatz 2a Satz 4 GrEStG n. F. als Neugesellschafterin der grundbesitzenden Personengesellschaft. Es gelten 90 % der Anteile am Vermögen der grundbesitzenden Personengesellschaft als auf Neugesellschafter übertragen.

Durch die Übertragung der Anteile am Vermögen der E-OHG von E auf W und V im November 2016 sind 5 % (95 % x 5 % + 5 % x 5 %) der Anteile am Vermögen der grundbesitzenden Personengesellschaft auf Neugesellschafter übergegangen. Der Tatbestand des § 1 Absatz 2a GrEStG ist erfüllt, da innerhalb von fünf Jahren mindestens 95 % der Anteile am Vermögen der grundbesitzenden Personengesellschaft (Januar 2016: 90 % + November 2016: 5 %) übergegangen sind.

15.2 Am Vermögen der grundbesitzenden Personengesellschaft sind die Komplementär-GmbH zu 0 % und die A-GmbH zu 100 % beteiligt. Alleingesellschafter der A-GmbH ist A. Im Jahr 2014 überträgt A 97 % der Anteile an der A-GmbH auf Z. Im Jahr 2016 überträgt A 2 % der Anteile an der A-GmbH auf Y.

Die Übertragung von 97 % der Anteile an der A-GmbH von A auf Z im Jahr 2014 ist für § 1 Absatz 2a GrEStG a. F. unbeachtlich, da weniger als 100 % der Anteile auf Neugesellschafter in Bezug auf die A-GmbH übertragen werden.

Die Übertragung von 2 % der Anteile an der A-GmbH von A auf Y im Jahr 2016 führt nicht zur Verwirklichung des Tatbestands des § 1 Absatz 2a GrEStG n. F., da weniger als 95 % der Anteile auf Neugesellschafter in Bezug auf die A-GmbH übertragen werden. Die Übertragung von 97 % der Anteile an der A-GmbH von A auf Z im Jahr 2014 ist nicht mitzuzuzählen, da Z durch die Gesetzesänderung Altgesellschafter in Bezug auf die A-GmbH geworden ist.

15.3 Am Vermögen einer grundbesitzenden GmbH & Co. KG sind die Komplementar-GmbH zu 0 % und die A-OHG zu 100 % beteiligt. Am Vermögen der A-OHG sind A zu 99 % und B zu 1 % beteiligt.
Im Jahr 2014 überträgt A 99 % der Anteile am Vermögen der A-OHG auf Z.
Im Jahr 2016 überträgt Z 99 % der Anteile am Vermögen der A-OHG auf Y.

Für die Anteilsübertragung im Jahr 2014 von A auf Z gilt § 1 Absatz 2a GrEStG a. F. Die A-OHG gilt nicht als fiktive Neugesellschafterin der grundbesitzenden GmbH & Co. KG, da sich der Gesellschafterbestand der A-OHG im Jahr 2014 nur zu 99 % und damit nicht vollständig geändert hat.

Für die Anteilsübertragung im Jahr 2016 von Z auf Y gilt § 1 Absatz 2a GrEStG n. F. Durch die Gesetzesänderung zum 6. November 2015 wird Z Altgesellschafter in Bezug auf die grundbesitzende GmbH & Co. KG. Die Übertragung von 99 % der Anteile von Z auf Y führt mittelbar zu einem Übergang von mindestens 95 % (99 %) der Anteile am Vermögen der grundbesitzenden GmbH & Co. KG auf den Neugesellschafter Y. Der Tatbestand des § 1 Absatz 2a GrEStG n. F. ist erfüllt.

15.4 Am Vermögen einer grundbesitzenden GmbH & Co. KG sind die Komplementär-GmbH zu 0 % und die A-AG zu 100 % beteiligt. Alleingesellschafter der A-AG ist A.
Im Jahr 2014 überträgt A 99 % der Anteile an der A-AG auf Z.
Im Jahr 2016 überträgt Z 99 % der Anteile an der A-AG auf Y.

Für die Anteilsübertragung im Jahr 2014 von A auf Z gilt § 1 Absatz 2a GrEStG a. F. Die A-AG gilt nicht als fiktive Neugesellschafterin der grundbesitzenden GmbH & Co. KG, da sich der Gesellschafterbestand der A-AG im Jahr 2014 nur zu 99 % und damit nicht vollständig geändert hat.

Für die Anteilsübertragung im Jahr 2016 von Z auf Y gilt § 1 Absatz 2a GrEStG n. F. Durch die Gesetzesänderung wird Z Altgesellschafter in Bezug auf die A-AG, aber nicht Alt- oder Neugesellschafter in Bezug auf die grundbesitzende GmbH & Co. KG. Die Übertragung von 99 % der Anteile von Z auf Y führt zu einem Übergang von mindestens 95 % der Anteile an der A-AG auf den Neugesellschafter Y. Die A-AG gilt damit gemäß § 1 Absatz 2a Satz 4 GrEStG n. F. als Neugesellschafterin der grundbesitzenden GmbH & Co. KG. Der Tatbestand des § 1 Absatz 2a GrEStG n. F. ist erfüllt, da innerhalb von fünf Jahren mindestens 95 % der Anteile am Vermögen der grundbesitzenden GmbH & Co. KG (100 %) auf die fiktiv neue A-AG übergegangen sind.

16 Zeitlicher Anwendungsbereich

Dieser Erlass tritt an die Stelle der gleich lautenden Erlasse der obersten Finanzbehörden der Länder zur Anwendung des § 1 Absatz 2a GrEStG vom 18. Februar 2014 (BStBl I S. 561, 764). Er ist auf alle offenen Fälle anzuwenden.

2. Anwendung des § 1 Abs. 3 in Verbindung mit Abs. 4 GrEStG auf Organschaftsfälle

Gleich lautender Ländererlass v. 19. 9. 2018 (BStBl I S. 1056)

Inhaltsverzeichnis

1. Allgemeiner Teil
2. Begründung eines Organschaftsverhältnisses
   2.1. Begründung eines Organschaftsverhältnisses unter Beibehaltung der bestehenden Anteilsverhältnisse
   2.2. Begründung eines Organschaftsverhältnisses unter Veränderung der bestehenden Anteilsverhältnisse
   2.3. Veränderung der Anteilsverhältnisse bei bestehendem Organschaftsverhältnis
   2.4. Änderung der Anteilsverhältnisse und nachfolgende Begründung eines Organschaftsverhältnisses
3. Erweiterung des Organschaftsverhältnisses
4. Verschmelzung des Organträgers
   4.1. Verschmelzung des Organträgers auf eine Gesellschaft außerhalb des Organkreises unter Fortführung des Organschaftsverhältnisses
   4.2. Verschmelzung des Organträgers auf eine Organgesellschaft unter Fortführung des Organschaftsverhältnisses
5. Umstrukturierung im Organkreis
6. Organschaftsverhältnis innerhalb einer Beteiligungskette
7. Steuerschuldnerschaft
   7.1. Steuerschuldnerschaft bei Anteilsvereinigung in der Hand des Organkreises
   7.2. Steuerschuldnerschaft bei Anteilsvereinigung in der Hand eines Mitglieds des Organkreises
8. Örtliche Zuständigkeit
9. Anwendung

1. Allgemeiner Teil

Die Vereinigung von mindestens 95 % der Anteile einer Gesellschaft mit inländischem Grundbesitz in der Hand von herrschenden und abhängigen Unternehmen bzw. nur von abhängigen Unternehmen ist ein besonders geregelter Fall der mittelbaren Anteilsvereinigung (BFH-Urteil vom 16. 1. 1980 II R 52/76, BStBl II S. 360). Das Abhängigkeitsverhältnis ersetzt dabei die sonst für die mittelbare Anteilsvereinigung in einer einzigen Hand erforderliche direkte oder indirekte mindestens 95 %ige Beteiligung des Erwerbers an zwischengeschalteten Gesellschaften (BFH-Urteil vom 8. 8. 2001 II R 66/98, BStBl 2002 II S. 156).

Dem Rechtsinstitut der Organschaft kommt im Grunderwerbsteuerrecht keine besondere eigenständige Bedeutung zu. Die Unternehmen eines Organkreises bleiben grunderwerbsteuerrechtlich selbständige Rechtsträger. Grundstücksübertragungen zwischen Unternehmen des Organkreises unterliegen daher uneingeschränkt der Grunderwerbsteuer. Bedeutung erlangt die Organschaft allerdings im Rahmen des § 1 Abs. 3 GrEStG, weil mit dem Bestehen eines Organschaftsverhältnisses regelmäßig die finanzielle, wirtschaftliche und organisatorische Eingliederung von Unternehmen im Sinne des § 1 Abs. 4 Nr. 2 Buchst. b GrEStG verbunden ist. In derartigen Fällen werden das herrschende Unternehmen (Organträger) und das oder die abhängigen Unternehmen (Organgesellschaften), die einen Organkreis bilden, als „eine" Hand im Sinne des § 1 Abs. 3 GrEStG behandelt. Das Organschaftsverhältnis modifiziert lediglich das Kriterium der „einen Hand". Der Organkreis ist jedoch nicht als Einheit selbst grunderwerbsteuerlicher Rechtsträger.

Ob eine finanzielle, wirtschaftliche und organisatorische Eingliederung vorliegt, ist entsprechend den Grundsätzen aus § 2 Abs. 2 UStG zu beurteilen.

Als **abhängige Unternehmen** kommen in erster Linie juristische Personen des Zivil- und Handelsrechts in Betracht. Eine juristische Person gilt dann als abhängiges Unternehmen, wenn sie nach dem Gesamtbild der tatsächlichen Verhältnisse finanziell, wirtschaftlich und organisatorisch in ein Unternehmen eingegliedert ist (§ 1 Abs. 4 Nr. 2 Buchst. b GrEStG). Abhängiges Unternehmen kann auch eine Personengesellschaft sein, wenn deren Gesellschafter entweder das herrschende Unternehmen und abhängige juristische Personen oder nur abhängige juristische Personen sind (BFH-Urteil vom 8. 8. 2001 II R 66/98, BStBl 2002 II S. 156).

Herrschendes Unternehmen kann jeder Unternehmer im umsatzsteuerrechtlichen Sinn sein. Die Anteile an den untergeordneten juristischen Personen dürfen bei einer natürlichen Person jedoch nicht im Privatvermögen gehalten werden (BFH-Urteil vom 20. 3. 1974 II R 185/66, BStBl II S. 769).

Daraus ergibt sich, dass neben den Organgesellschaften auch der Organträger in einem grunderwerbsteuerlichen Organschaftsverhältnis zwingend Unternehmer sein muss. Anders als bei der Umsatzsteuer ist das grunderwerbsteuerliche Organschaftsverhältnis nicht auf das Inland beschränkt (BFH-Urteil vom 21. 9. 2005 II R 33/04, BFH/NV 2006 S. 609, und BFH-Beschluss vom 18. 11. 2005 II B 23/05, BFH/NV 2006 S. 612), sofern nur die Grundstücke, deren Erwerb bei den Rechtsvorgängen des § 1 Abs. 3 GrEStG fingiert wird, im Inland belegen sind.

Die bloße Begründung eines Organschaftsverhältnisses oder dessen Änderung, z. B. eine Erweiterung des Organkreises, löst keinen Rechtsträgerwechsel an Grundstücken und damit keine Steuerpflicht gemäß § 1 Abs. 3 GrEStG aus, wenn nicht zugleich ein auf den Erwerb von Anteilen gerichtetes Rechtsgeschäft (z. B. Anteilsübertragung) oder der Übergang von Anteilen (z. B. Verschmelzung) damit verknüpft ist. Von einer solchen Verknüpfung ist auch dann auszugehen, wenn zwischen dem Anteilserwerb bzw. -übergang und der Begründung des Organschaftsverhältnisses ein enger zeitlicher und sachlicher Zusammenhang im Sinne eines vorgefassten Plans vorliegt. Ob der Anteilserwerb bzw. -übergang und die Begründung eines Organschaftsverhältnisses aufgrund eines **vorgefassten Plans** erfolgen, kann nur nach den Umständen des Einzelfalls beurteilt werden.

Dem tatsächlichen Vollzug eines solchen Plans kommt dabei keine eigene tatbestandsbegründende, sondern indizielle Bedeutung für die Vorstellungen und Absichten (den Plan) der Beteiligten im Erwerbszeitpunkt zu. Erfolgt in einem zeitlichen Zusammenhang mit dem Anteilserwerb bzw. -übergang die Begründung eines Organschaftsverhältnisses, besteht eine tatsächliche (widerlegbare) Vermutung, dass beide Vorgänge auf einem vorgefassten auf ein einheitliches Ziel gerichteten Plan beruhen. Diese Vermutung kann der Steuerpflichtige allerdings dadurch widerlegen, dass er substantiiert belegbare Tatsachen vorträgt, die einen anderen Geschehensablauf möglich erscheinen lassen.

Ein **zeitlicher Zusammenhang** kann regelmäßig noch angenommen werden, wenn zwischen beiden Vorgängen ein Zeitraum von nicht mehr als 15 Monaten liegt.

Im Übrigen ist die Subsidiarität des Tatbestandes der Vereinigung der Anteile einer grundstücksbesitzenden Gesellschaft in der Hand des Organträgers und/oder von Organgesellschaften zu beachten. Die Zusammenfassung von juristisch selbständigen Unternehmen zu einem

Organkreis im Rahmen des § 1 Abs. 3 Nr. 1 und Nr. 2 GrEStG ist nur dann zulässig, wenn die Anteile der grundstücksbesitzenden Gesellschaft nicht bereits zu mindestens 95 % unmittelbar oder mittelbar in der Hand des Organträgers oder einer Organgesellschaft vereinigt sind.
Nach Maßgabe dieser Entscheidungsgrundsätze gilt für die Anwendung des § 1 Abs. 3 in Verbindung mit Abs. 4 GrEStG auf Organschaftsfälle Folgendes:

2. Begründung eines Organschaftsverhältnisses

2.1. Begründung eines Organschaftsverhältnisses unter Beibehaltung der bestehenden Anteilsverhältnisse

2.1.1.

Beispiel:
Die M-GmbH ist zu 80 % an der grundstücksbesitzenden A-GmbH beteiligt. Zwischen der M-GmbH und der A-GmbH wird ein Organschaftsverhältnis begründet.

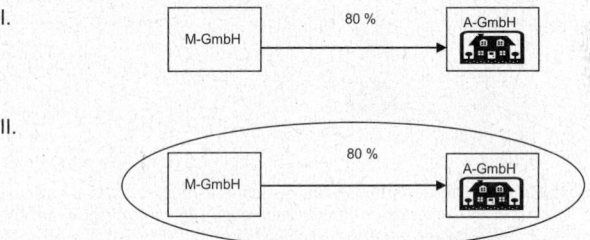

Die bloße Begründung eines Organschaftsverhältnisses ohne Veränderung der Zuordnung von Anteilen erfüllt nicht den Tatbestand der mittelbaren Anteilsvereinigung (Anteilsvereinigung im Organkreis) nach § 1 Abs. 3 Nr. 1 bzw. Nr. 2 in Verbindung mit Abs. 4 Nr. 2 Buchst. b GrEStG, weil weder ein Rechtsgeschäft, das die Vereinigung oder Übertragung von Anteilen an der grundstücksbesitzenden Gesellschaft begründet, noch eine tatsächliche Anteilsvereinigung bzw. Anteilsübertragung stattfindet, so dass sich die bestehenden Anteilsverhältnisse nicht ändern.

2.1.2.

Beispiel:
Die M-GmbH ist zu 80 % an der grundstücksbesitzenden A-GmbH sowie zu 50 % an der grundstücksbesitzenden B-GmbH beteiligt, an der die A-GmbH ihrerseits zu 46 % beteiligt ist. Zwischen der M-GmbH und der A-GmbH wird ein Organschaftsverhältnis begründet.

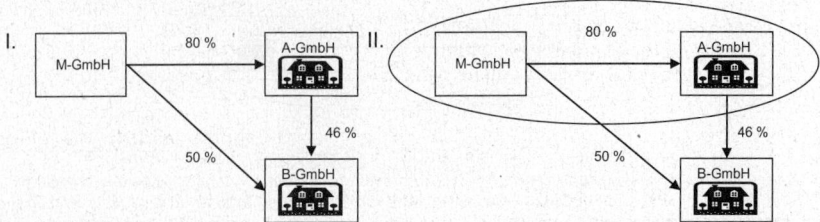

Die bloße Begründung eines Organschaftsverhältnisses ohne Veränderung der Zuordnung von Anteilen erfüllt nicht den Tatbestand der mittelbaren Anteilsvereinigung (Anteilsvereinigung im Organkreis) nach § 1 Abs. 3 Nr. 1 bzw. Nr. 2 in Verbindung mit Abs. 4 Nr. 2 Buchst. b GrEStG, weil weder ein Rechtsgeschäft, das die Vereinigung oder Übertragung von Anteilen an der grundstücksbesitzenden Gesellschaft begründet, noch eine tatsächliche Anteilsvereinigung bzw. Anteilsübertragung stattfindet, so dass sich die bestehenden Anteilsverhältnisse nicht ändern.

2.1.3.

Beispiel:
Die M-GmbH ist zu 80 % an der grundstücksbesitzenden A-GmbH beteiligt. Die A-GmbH hält 95 % der Anteile der grundstücksbesitzenden C-GmbH. Zwischen der M-GmbH und der A-GmbH wird ein Organschaftsverhältnis begründet.

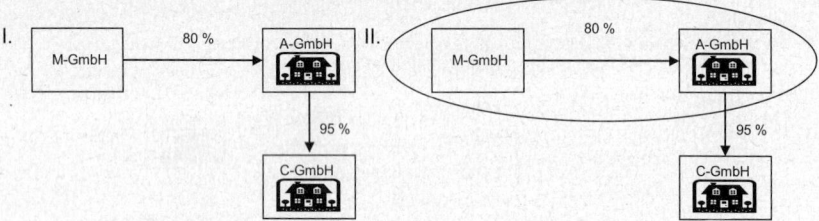

Die bloße Begründung eines Organschaftsverhältnisses ohne Veränderung der Zuordnung von Anteilen erfüllt nicht den Tatbestand der mittelbaren Anteilsvereinigung (Anteilsvereinigung im Organkreis) nach § 1 Abs. 3 Nr. 1 bzw. Nr. 2 in Verbindung mit Abs. 4 Nr. 2 Buchst. b GrEStG, weil weder ein Rechtsgeschäft, das die Vereinigung oder Übertragung von Anteilen an der grundstücksbesitzenden Gesellschaft begründet, noch eine tatsächliche Anteilsvereinigung bzw. Anteilsübertragung stattfindet, so dass sich die bestehenden Anteilsverhältnisse nicht ändern. Zudem sind die Anteile der C-GmbH ausschließlich in der Hand der A-GmbH vereinigt (BFH-Urteil vom 20. 7. 2005 II R 30/04, BStBl II S. 839).

2.2. Begründung eines Organschaftsverhältnisses unter Veränderung der bestehenden Anteilsverhältnisse

2.2.1.

Beispiel:
Die M-GmbH beteiligt sich zu 80 % an der grundstücksbesitzenden A-GmbH und begründet gleichzeitig ein Organschaftsverhältnis.

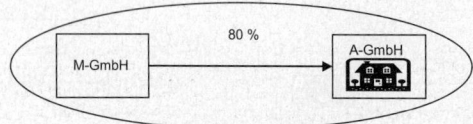

Mit der Begründung des Organschaftsverhältnisses findet gleichzeitig ein Anteilserwerb an der A-GmbH statt. Der Erwerb der Anteile der A-GmbH in Höhe von 80 % erfüllt nicht den Tatbestand der Anteilsvereinigung (§ 1 Abs. 3 Nr. 1 bzw. Nr. 2 GrEStG), denn die von der M-GmbH gehaltenen Anteile der A-GmbH unterschreiten das erforderliche Quantum von 95 %.

2.2.2.

Beispiel:
Die M-GmbH beteiligt sich zu 80 % an der grundstücksbesitzenden A-GmbH und begründet gleichzeitig ein Organschaftsverhältnis. Die A-GmbH hält 95 % der Anteile an der grundstücksbesitzenden B-GmbH.

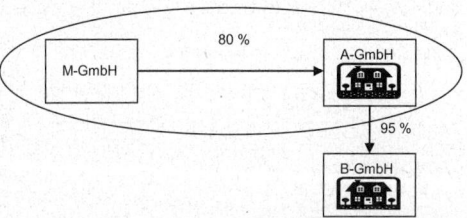

Mit der Begründung des Organschaftsverhältnisses findet gleichzeitig ein Anteilserwerb an der A-GmbH statt. Der Erwerb der Anteile der A-GmbH in Höhe von 80 % erfüllt nicht den Tatbestand der Anteilsvereinigung (§ 1 Abs. 3 Nr. 1 bzw. Nr. 2 GrEStG), denn die von der M-GmbH gehaltenen Anteile der A-GmbH unterschreiten das erforderliche Quantum von 95 %. In Bezug auf die B-GmbH wird der Tatbestand der mittelbaren Anteilsvereinigung (Anteilsvereinigung im Organkreis) nach § 1 Abs. 3 Nr. 1 bzw. Nr. 2 in Verbindung mit § 1 Abs. 4 Nr. 2 Buchst. b GrEStG nicht erfüllt, denn die Anteile der B-GmbH sind ausschließlich in der Hand der A-GmbH vereinigt (BFH-Urteil vom 20. 7. 2005 II R 30/04, BStBl II S. 839).

2.2.3.

Beispiel:
An der grundstücksbesitzenden B-GmbH sind die M-GmbH zu 10 % und die A-GmbH zu 90 % beteiligt. Die M-GmbH erwirbt 80 % der Anteile an der A-GmbH unter gleichzeitiger Begründung eines Organschaftsverhältnisses.

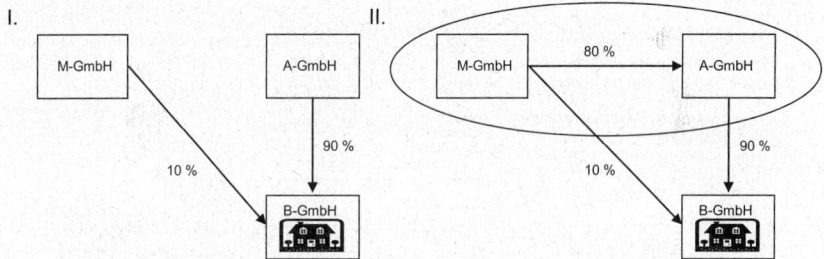

Der Erwerb der Anteile an der A-GmbH durch die M-GmbH unter gleichzeitiger Begründung eines Organschaftsverhältnisses ist darauf gerichtet, alle Anteile der B-GmbH in der Hand von herrschenden und abhängigen Unternehmen zu vereinigen. Das Abhängigkeitsverhältnis ersetzt lediglich den – andernfalls erforderlichen – Erwerb von 95 % der Anteile der M-GmbH an der A-GmbH (vgl. BFH-Urteil vom 16. 1. 1980 II R 52/76, BStBl II S. 360).

Durch den gleichzeitigen Erwerb der Anteile der A-GmbH durch die M-GmbH werden im Zuge der Begründung des Organschaftsverhältnisses erstmals die Anteile der B-GmbH in der Hand von herrschenden (M-GmbH: 10 %) und abhängigen Unternehmen (A-GmbH: 90 %) vereinigt. Der Tatbestand der mittelbaren Anteilsvereinigung (Anteilsvereinigung im Organkreis) nach § 1 Abs. 3 Nr. 1 bzw. Nr. 2 in Verbindung mit Abs. 4 Nr. 2 Buchst. b GrEStG ist erfüllt.

2.2.4.

Beispiel:
Die M-GmbH ist zu 80 % an der grundstücksbesitzenden A-GmbH sowie zu 60 % an der grundstücksbesitzenden B-GmbH beteiligt. Gleichzeitig mit dem Erwerb von 35 % der Anteile der B-GmbH durch die A-GmbH wird zwischen der M-GmbH und den anderen Gesellschaften ein Organschaftsverhältnis begründet.

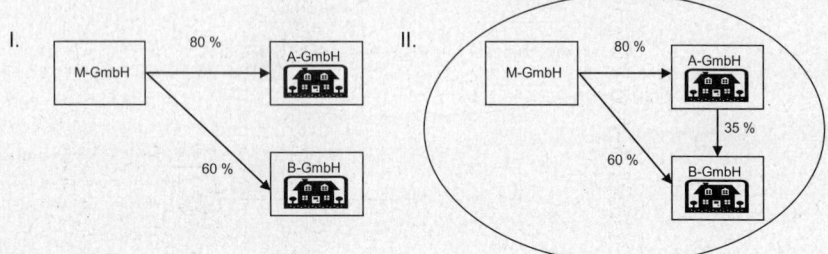

Die bloße Begründung eines Organschaftsverhältnisses ohne Veränderung der Zuordnung von Anteilen an der A-GmbH erfüllt nicht den Tatbestand der Anteilsvereinigung (§ 1 Abs. 3 Nr. 1 bzw. Nr. 2 in Verbindung mit Abs. 4 Nr. 2 Buchst. b GrEStG), weil weder ein Rechtsgeschäft, das die Vereinigung oder Übertragung von Anteilen an der grundstücksbesitzenden Gesellschaft begründet, noch eine tatsächliche Anteilsvereinigung bzw. Anteilsübertragung stattfindet, so dass sich die bestehenden Anteilsverhältnisse nicht ändern.

Durch den gleichzeitigen Erwerb der Anteile der B-GmbH durch die A-GmbH werden im Zuge der Begründung des Organschaftsverhältnisses jedoch erstmals die Anteile der B-GmbH in der Hand von herrschenden (M-GmbH: 60 %) und abhängigen Unternehmen (A-GmbH: 35 %) vereinigt. Der Tatbestand der mittelbaren Anteilsvereinigung (Anteilsvereinigung im Organkreis) nach § 1 Abs. 3 Nr. 1 bzw. Nr. 2 in Verbindung mit Abs. 4 Nr. 2 Buchst. b GrEStG ist erfüllt.

2.3. Veränderung der Anteilsverhältnisse bei bestehendem Organschaftsverhältnis

2.3.1.

Beispiel:
Die M-GmbH ist zu 80 % an der grundstücksbesitzenden A-GmbH beteiligt. Zwischen der M-GmbH und der A-GmbH besteht ein Organschaftsverhältnis. Die A-GmbH ist zu 95 % an der grundstücksbesitzenden B-GmbH beteiligt. Sie überträgt 40 % der Anteile der B-GmbH auf die M-GmbH.

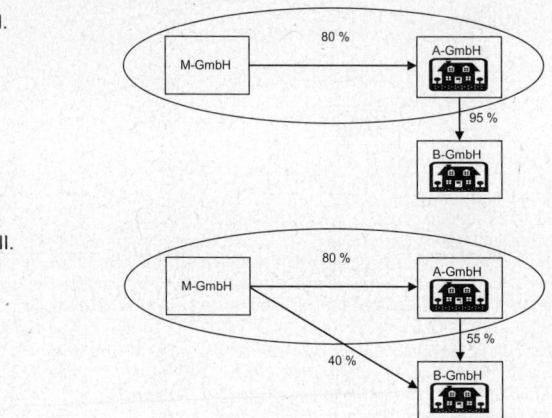

Durch den Erwerb der Anteile der B-GmbH durch die M-GmbH werden erstmals die Anteile der B-GmbH in der Hand von herrschenden (M-GmbH: 40%) und abhängigen Unternehmen (A-GmbH: 55%) vereinigt. Der Tatbestand der mittelbaren Anteilsvereinigung (Anteilsvereinigung im Organkreis) nach § 1 Abs. 3 Nr. 1 bzw. Nr. 2 in Verbindung mit Abs. 4 Nr. 2 Buchst. b GrEStG ist erfüllt.

2.3.2.

Beispiel:
Die M-GmbH ist zu 80% an der grundstücksbesitzenden A-GmbH beteiligt. Zwischen der M-GmbH und der A-GmbH besteht ein Organschaftsverhältnis. Die A-GmbH ist zu 95% an der grundstücksbesitzenden B-GmbH beteiligt. Sie überträgt die Anteile der B-GmbH voll auf die M-GmbH.

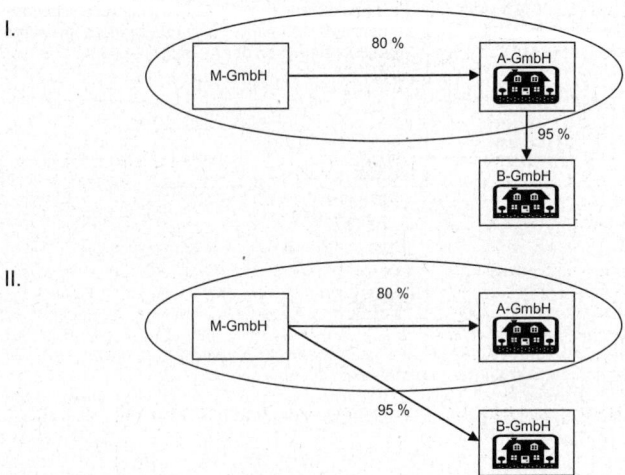

Durch die Übertragung der in Höhe von 95% in der Hand der A-GmbH vereinigten Anteile der B-GmbH in einem Rechtsakt auf die M-GmbH wird der Tatbestand der Anteilsübertragung (§ 1 Abs. 3 Nr. 3 bzw. 4 GrEStG) erfüllt. Das Organschaftsverhältnis ist insoweit grunderwerbsteuerrechtlich irrelevant.

2.3.3.

Beispiel:
Die M-GmbH ist zu 80% an der grundstücksbesitzenden A-GmbH beteiligt. Zwischen der M-GmbH und der A-GmbH besteht ein Organschaftsverhältnis. Die A-GmbH ist zu 95% an der grundstücksbesitzenden B-GmbH beteiligt. Die M-GmbH erhöht ihre Beteiligung an der A-GmbH auf 90%.

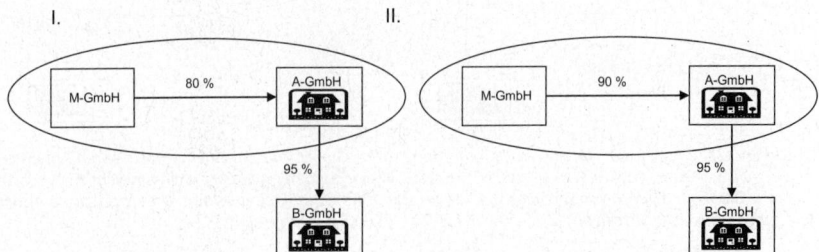

Durch die Erhöhung der Beteiligung der M-GmbH an der A-GmbH um 10 % auf 90 % wird keine Anteilsvereinigung verwirklicht, weil in Bezug auf die A-GmbH nicht das nach § 1 Abs. 3 Nr. 1 bzw. Nr. 2 GrEStG erforderliche Quantum von mindestens 95 % der Anteile in der Hand der M-GmbH vereinigt wird. Hieran ändert auch das bestehende Organschaftsverhältnis nichts, weil dieses die fehlende Beteiligungshöhe von mindestens 95 % nicht ersetzt. Auch in Bezug auf die B-GmbH ergibt sich keine anderweitige Beurteilung. Die Anteile der B-GmbH sind nicht im Organkreis vereinigt, weil die Anteile bereits in der Hand der A-GmbH als Organgesellschaft vereinigt sind (BFH-Urteil vom 20. 7. 2005 II R 30/04, BStBl II S. 839). Dies hat zur Folge, dass die Grundstücke der B-GmbH nur der A-GmbH zuzurechnen sind.

2.3.4.

Beispiel:

Die M-GmbH ist zu 80 % an der grundstücksbesitzenden A-GmbH beteiligt. Zwischen der M-GmbH und der A-GmbH besteht ein Organschaftsverhältnis. Die A-GmbH ist zu 95 % an der grundstücksbesitzenden B-GmbH beteiligt. Die M-GmbH erhöht ihre Beteiligung an der A-GmbH auf 95 %.

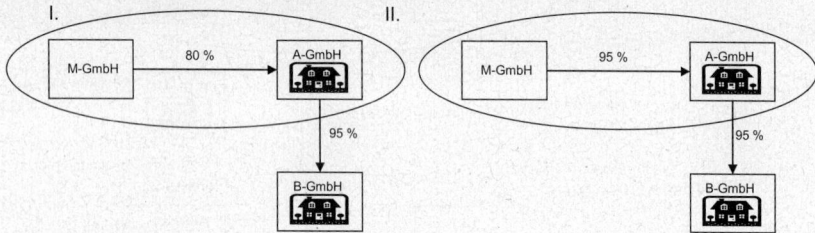

Durch die Aufstockung der Anteile an der A-GmbH um 15 % auf 95 % ist unabhängig von dem Umstand, dass ein Organschaftsverhältnis besteht, eine Anteilsvereinigung im Sinne des § 1 Abs. 3 Nr. 1 bzw. Nr. 2 GrEStG in der Hand der M-GmbH verwirklicht worden. Diese Anteilsvereinigung ist einmal unmittelbar im Verhältnis zur A-GmbH und zum anderen mittelbar im Verhältnis zur B-GmbH eingetreten (über die Beteiligung an der A-GmbH).

2.3.5.

Beispiel:

Die M-GmbH ist zu 80 % an der grundstücksbesitzenden A-GmbH beteiligt. Zwischen der M-GmbH und der A-GmbH besteht ein Organschaftsverhältnis. Die A-GmbH ist zu 70 % an der grundstücksbesitzenden B-GmbH beteiligt. Die A-GmbH erhöht ihre Beteiligung an der B-GmbH auf 95 %.

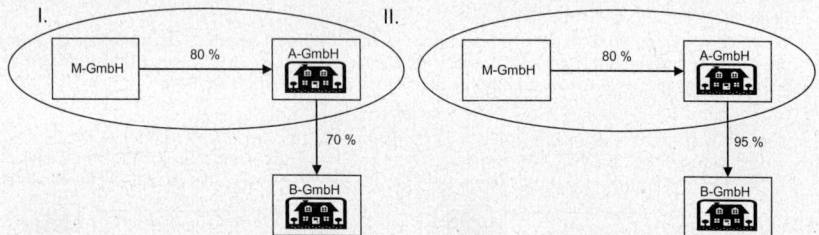

Der Erwerb von 25 % der Anteile der B-GmbH durch die A-GmbH führt zu einer unmittelbaren Anteilsvereinigung im Sinne des § 1 Abs. 3 Nr. 1 bzw. Nr. 2 GrEStG in der Hand der A-GmbH, weil nunmehr 95 % der Anteile der B-GmbH in deren Hand vereinigt sind. In der Hand des Organkreises erfolgt keine zusätzliche Anteilsvereinigung (vgl. BFH-Urteil vom 20. 7. 2005 II R 30/04, BStBl II S. 839).

2.3.6.

Beispiel:
Die M-GmbH ist zu 80 % an der grundstücksbesitzenden A-GmbH und zu 60 % an der grundstücksbesitzenden B-GmbH beteiligt. Zwischen der M-GmbH und der A-GmbH besteht ein Organschaftsverhältnis. Die A-GmbH erwirbt 35 % der Anteile an der B-GmbH.

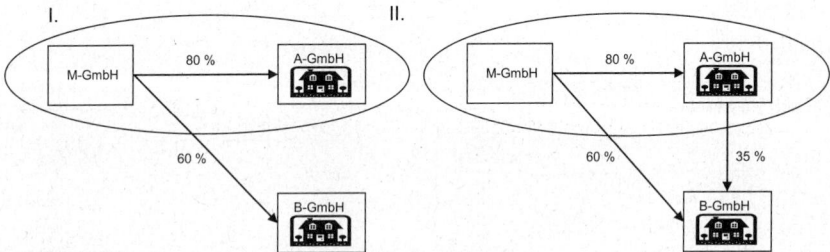

Durch den Erwerb der Anteile der B-GmbH durch die A-GmbH werden aufgrund des bestehenden Organschaftsverhältnisses erstmals die Anteile der B-GmbH in der Hand von herrschenden (M-GmbH: 60 %) und abhängigen Unternehmen (A-GmbH: 35 %) vereinigt. Der Tatbestand der mittelbaren Anteilsvereinigung (Anteilsvereinigung im Organkreis) nach § 1 Abs. 3 Nr. 1 bzw. Nr. 2 in Verbindung mit Abs. 4 Nr. 2 Buchst. b GrEStG ist erfüllt.

2.3.7.

Beispiel:
Die M-GmbH beteiligt sich zu 80 % an der A-GmbH. Mit dem Anteilserwerb wird zugleich ein Organschaftsverhältnis zwischen diesen Gesellschaften vereinbart. Die A-GmbH ist zu 45 % an der grundstücksbesitzenden B-GmbH beteiligt. Die M-GmbH, die zu 50 % an der B-GmbH beteiligt ist, erwirbt später von der A-GmbH deren Anteile an der B-GmbH hinzu.

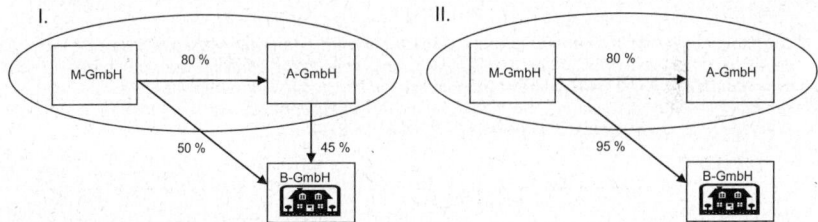

Mit dem Anteilserwerb und der Begründung des Organschaftsverhältnisses, die in einem zeitlichen und sachlichen Zusammenhang stehen, wird eine Anteilsvereinigung im Organkreis gem. § 1 Abs. 3 Nr. 1 bzw. Nr. 2 in Verbindung mit § 1 Abs. 4 Nr. 2 Buchst. b GrEStG bewirkt, denn im Organkreis vereinigen sich die Anteile der B-GmbH zu mindestens 95 %.

Durch den späteren Hinzuerwerb wird in der Person der M-GmbH der Tatbestand der unmittelbaren Anteilsvereinigung im Sinne des § 1 Abs. 3 Nr. 1 bzw. Nr. 2 GrEStG verwirklicht. Die vorangegangene mittelbare Anteilsvereinigung im Organkreis steht dem nicht entgegen, weil der Organkreis und seine Mitglieder nicht identisch sind.

2.4. Änderung der Anteilsverhältnisse und nachfolgende Begründung des Organschaftsverhältnisses

2.4.1.

Beispiel:

Die M-GmbH ist zu 80 % an der grundstücksbesitzenden A-GmbH beteiligt, die 95 % der Anteile an der grundstücksbesitzenden B-GmbH hält. Im November 01 erhöht die M-GmbH ihre Beteiligung an der A-GmbH auf 95 %. Im Dezember 01 wird zwischen der M-GmbH und der A-GmbH ein Organschaftsverhältnis begründet.

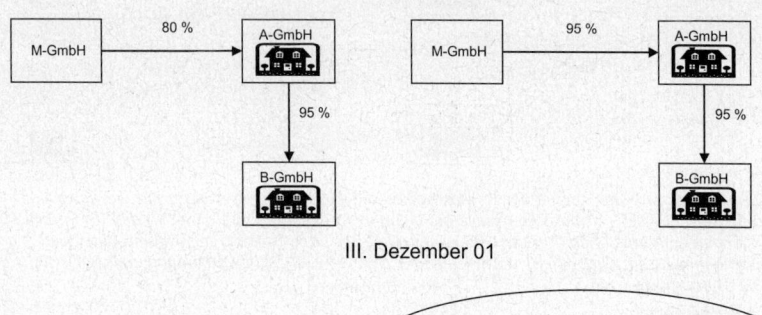

Durch die Aufstockung der Anteile an der A-GmbH ist der Tatbestand der Anteilsvereinigung im Sinne des § 1 Abs. 3 Nr. 1 bzw. Nr. 2 GrEStG in der Hand der M-GmbH verwirklicht worden. Diese Anteilsvereinigung ist einmal unmittelbar im Verhältnis zur A-GmbH und zum anderen mittelbar im Verhältnis zur B-GmbH eingetreten (über die Beteiligung der A-GmbH). In der Hand des Organkreises erfolgt keine zusätzliche Anteilsvereinigung (vgl. BFH-Urteil vom 20. 7. 2005 II R 30/04, BStBl II S. 839).

2.4.2.

Beispiel:

Die M-GmbH ist zu 80 % an der grundstücksbesitzenden A-GmbH sowie zu 60 % an der grundstücksbesitzenden B-GmbH beteiligt. Kurze Zeit nachdem die A-GmbH 35 % der Anteile an der B-GmbH erworben hat, wird zwischen der M-GmbH und der A-GmbH ein Organschaftsverhältnis begründet.

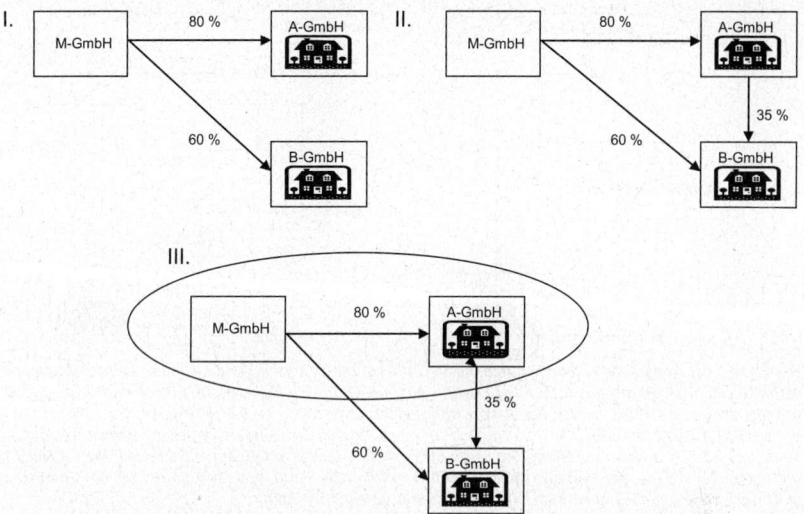

Weder der Erwerb der Anteile der B-GmbH durch die A-GmbH, noch die bloße Begründung eines Organschaftsverhältnisses ohne Veränderung in der Zuordnung von Anteilen erfüllen je für sich allein den Tatbestand der mittelbaren Anteilsvereinigung (Anteilsvereinigung im Organkreis) nach § 1 Abs. 3 Nr. 1 bzw. Nr. 2 in Verbindung mit Abs. 4 Nr. 2 Buchst. b GrEStG.

Jedoch begründet der enge zeitliche und sachliche Zusammenhang zwischen dem Erwerb von 35 % der Anteile der B-GmbH durch die A-GmbH und der Begründung des Organschaftsverhältnisses zwischen der M-GmbH und der A-GmbH die widerlegbare Vermutung, dass beide Vorgänge durch einen vorgefassten Plan, die Anteile der B-GmbH im Organkreis zu vereinigen, verknüpft sind. Dadurch erfolgt im Organkreis eine Anteilsvereinigung im Sinne des § 1 Abs. 3 Nr. 1 bzw. Nr. 2 in Verbindung mit § 1 Abs. 4 Nr. 2 Buchst. b GrEStG.

3. Erweiterung des Organschaftsverhältnisses

3.1.

Beispiel:
Die M-GmbH ist zu 80 % an der D-GmbH beteiligt. Zwischen der M-GmbH und der D-GmbH besteht ein Organschaftsverhältnis. Die A-GmbH hält 60 % und die D-GmbH 35 % der Anteile an der grundstücksbesitzenden C-GmbH. Die M-GmbH erwirbt 80 % der Anteile an der A-GmbH und erweitert gleichzeitig das Organschaftsverhältnis auf diese.

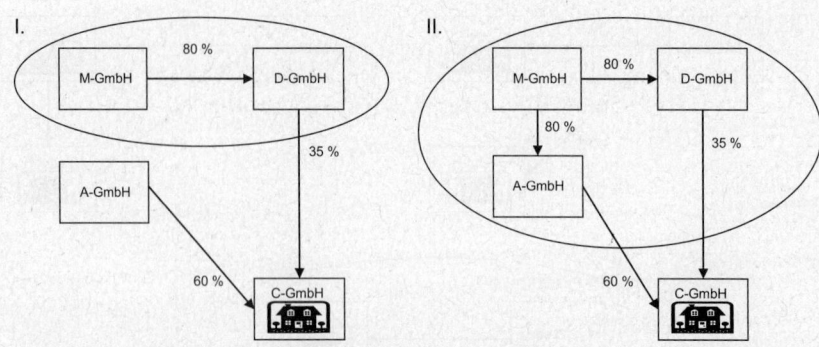

Der Erwerb der Anteile der A-GmbH durch die M-GmbH unter gleichzeitiger Begründung eines Abhängigkeitsverhältnisses und der daraus folgenden Erweiterung des Organschaftsverhältnisses ist darauf gerichtet, alle Anteile an der C-GmbH in der Hand von abhängigen Unternehmen zu vereinigen (vgl. BFH-Urteil vom 16.1.1980 II R 52/76, BStBl II S. 360). In der Hand des Organkreises findet somit eine Anteilsvereinigung im Sinne des § 1 Abs. 3 Nr. 1 in Verbindung mit § 1 Abs. 4 Nr. 2 Buchst. b GrEStG in Bezug auf die C-GmbH statt, da mindestens 95 % der Anteile dieser Gesellschaft in der Hand von zwei abhängigen Gesellschaften (A-GmbH: 60 % und D-GmbH: 35 %) des Organkreises vereinigt werden.

3.2.

Beispiel:

Die M-GmbH ist zu je 80 % an der A-GmbH und an der D-GmbH beteiligt. Zwischen ihnen besteht ein Organschaftsverhältnis. An der grundstücksbesitzenden C-GmbH sind die A-GmbH zu 60 %, die D-GmbH zu 35 % sowie die X-GmbH zu 5 % beteiligt. Die M-GmbH erwirbt 70 % der Anteile an der X-GmbH und gleichzeitig wird die X-GmbH abhängiges Unternehmen der M-GmbH.

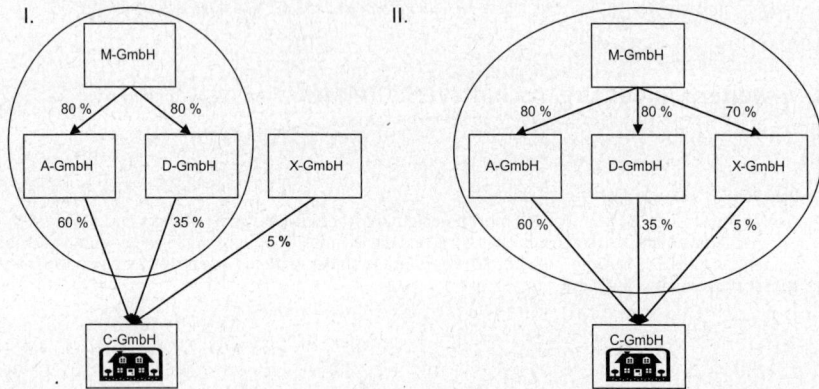

Da bereits 95 % der Anteile der C-GmbH in der Hand von abhängigen Unternehmen (A-GmbH: 60 % und D-GmbH: 35 %) vereinigt waren, handelt es sich um eine bloße Verstärkung der Beteiligung im Organkreis, die grunderwerbsteuerrechtlich unerheblich ist.

4. Verschmelzung des Organträgers

4.1. Verschmelzung des Organträgers auf eine Gesellschaft außerhalb des Organkreises unter Fortführung des Organschaftsverhältnisses

4.1.1.

Beispiel:
Die M-GmbH hält Anteile an den grundstücksbesitzenden Gesellschaften A-GmbH in Höhe von 90 %, B-GmbH in Höhe von 80 % und C-GmbH in Höhe von 100 %. Zwischen der M-GmbH und diesen Gesellschaften besteht ein Organschaftsverhältnis. An der grundstücksbesitzenden E-GmbH halten die M-GmbH 7 %, die A-GmbH 2 %, die B-GmbH 25 %, die C-GmbH 45 % sowie die X-GmbH 21 %. Weiter hält die A-GmbH 100 % der Anteile an der grundstücksbesitzenden Z-GmbH. Die M-GmbH verschmilzt auf die V-GmbH; das Organschaftsverhältnis wird fortgeführt.

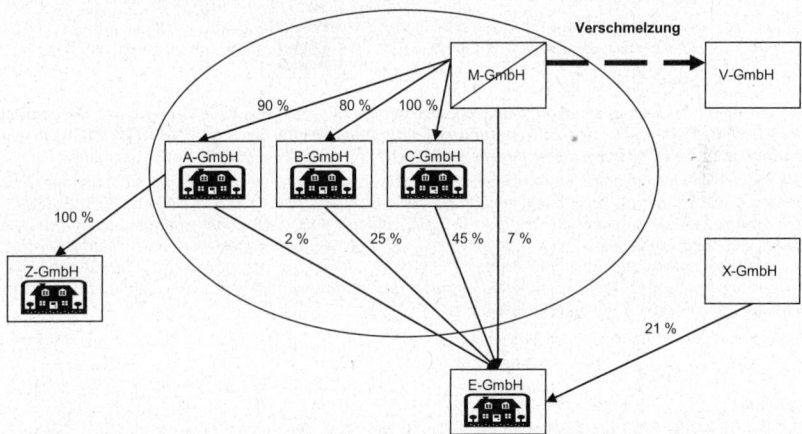

Der Übergang der Anteile an den Organgesellschaften der M-GmbH auf die V-GmbH durch die Eintragung der Verschmelzung im Handelsregister erfüllt den Tatbestand des § 1 Abs. 3 Nr. 4 GrEStG nur hinsichtlich der C-GmbH, weil die bereits vereinigten Anteile (hier: 100 %) der C-GmbH auf die V-GmbH übergehen.

Die von der A-GmbH gehaltenen Anteile der Z-GmbH werden von der Verschmelzung nicht berührt; sie bleiben nach wie vor der A-GmbH allein zugeordnet (BFH-Urteil vom 20. 7. 2005 II R 30/04, BStBl II S. 839). Eine Anteilsvereinigung im Organkreis hinsichtlich der E-GmbH liegt nicht vor, da dem Organkreis nicht das erforderliche Quantum von 95 % der Anteile an der E-GmbH zuzurechnen ist.

4.1.2.

Beispiel:
Die M-GmbH hält Anteile an den grundstücksbesitzenden Gesellschaften A-GmbH in Höhe von 90 %, B-GmbH in Höhe von 80 % und C-GmbH in Höhe von 100 %. Zwischen der M-GmbH und diesen Gesellschaften besteht ein Organschaftsverhältnis. An der grundstücksbesitzenden E-GmbH halten die M-GmbH 7 %, die A-GmbH 2 %, die B-GmbH 25 %, die C-GmbH 45 % sowie die X-GmbH 21 %. Weiter hält die A-GmbH 100 % der Anteile an der grundstücksbesitzenden Z-GmbH. Die M-GmbH verschmilzt auf die X-GmbH; das Organschaftsverhältnis wird fortgeführt.

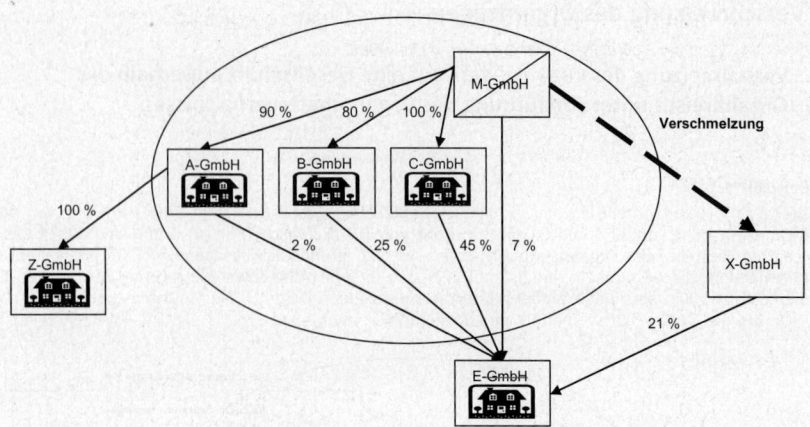

Der Übergang der Anteile an den Organgesellschaften der M-GmbH auf die X-GmbH durch die Eintragung der Verschmelzung im Handelsregister erfüllt den Tatbestand des § 1 Abs. 3 Nr. 4 GrEStG nur hinsichtlich der C-GmbH, weil die bereits vereinigten Anteile (hier: 100 %) der C-GmbH auf die X-GmbH übergehen.

Die von der A-GmbH gehaltenen Anteile der Z-GmbH werden von der Verschmelzung nicht berührt; sie bleiben nach wie vor der A-GmbH allein zugeordnet (BFH-Urteil vom 20. 7. 2005 II R 30/04, BStBl II S. 839). Die von der M-GmbH gehaltenen Anteile an der E-GmbH sind auf die X-GmbH übergegangen, deren Anteilsbesitz damit auf 28 % aufgestockt wird. Da die restlichen Anteile der E-GmbH von den Organgesellschaften (C-GmbH: 45 %, B-GmbH: 25 % und A-GmbH: 2 %) gehalten werden, tritt in Bezug auf die Grundstücke der E-GmbH erstmalig eine Anteilsvereinigung im fortgeführten Organkreis ein (§ 1 Abs. 3 Nr. 1 bzw. Nr. 2 in Verbindung mit Abs. 4 Nr. 2 Buchst. b GrEStG).

4.1.3.

Beispiel:
Die M-GmbH hält 80 % der Anteile an der A-GmbH und 30 % der Anteile an der grundstücksbesitzenden E-GmbH. Zwischen der M-GmbH und der A-GmbH besteht ein Organschaftsverhältnis. Die A-GmbH hält ihrerseits 65 % der Anteile an der E-GmbH. Die M-GmbH verschmilzt auf die V-GmbH; das Organschaftsverhältnis wird fortgeführt.

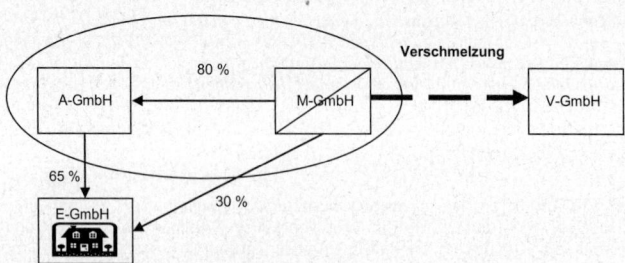

Durch den Übergang der 30 %igen Beteiligung der M-GmbH an der E-GmbH auf die V-GmbH mit der Eintragung der Verschmelzung im Handelsregister tritt eine Anteilsvereinigung im fortgeführten Organkreis ein (§ 1 Abs. 3 Nr. 2 in Verbindung mit Abs. 4 Nr. 2 Buchst. b GrEStG).

4.2. Verschmelzung des Organträgers auf eine Organgesellschaft unter Fortführung des Organschaftsverhältnisses

Beispiel:
Die M-GmbH ist zu 100 % an der B-GmbH, zu 60 % an der C-GmbH und zu 70 % an der D-GmbH beteiligt. An der C-GmbH ist des Weiteren die D-GmbH zu 40 % beteiligt. Die B-GmbH, die C-GmbH und die D-GmbH sind Organgesell-schaften des Organträgers M-GmbH. Jede der Organgesellschaften verfügt über Grundbesitz. Die M-GmbH wird auf die B-GmbH verschmolzen.

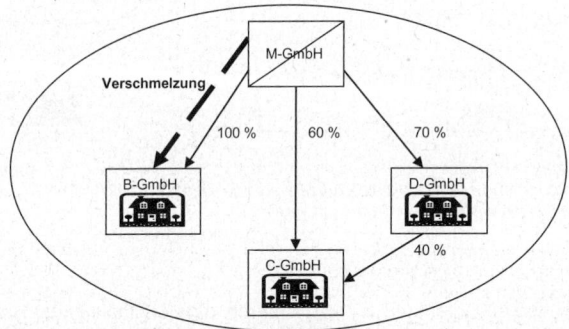

Durch die Verschmelzung findet ein Organträgerwechsel statt; die bisherige Organgesellschaft B-GmbH wird zum herrschenden Unternehmen im Organkreis. Diesem fortgeführten Organkreis sind die Grundstücke der C-GmbH im Rahmen des § 1 Abs. 3 Nr. 2 in Verbindung mit § 1 Abs. 4 Nr. 2 Buchst. b GrEStG zuzurechnen, weil 100 % der Anteile an der C-GmbH im Organkreis gehalten werden (B-GmbH: 60 % unmittelbar und D-GmbH: 40 % mittelbar). In Bezug auf die D-GmbH findet keine Anteilsvereinigung im Sinne des § 1 Abs. 3 Nr. 1 bzw. Nr. 2 in Verbindung mit § 1 Abs. 4 Nr. 2 Buchst. b GrEStG statt, weil dem Organkreis nicht das erforderliche Quantum von mindestens 95 % der Anteile der D-GmbH zuzurechnen ist.

Hinsichtlich der Grundstücke der B-GmbH wird kein der Grunderwerbsteuer unterliegender Tatbestand verwirklicht, weil diese durch die Verschmelzung der M-GmbH auf die B-GmbH unberührt bleiben.

5. Umstrukturierung im Organkreis

5.1.

Anteilsverschiebungen im Organkreis, die dazu führen, dass vorher wie nachher bei verschiedenen Gesellschaften des Organkreises zusammengerechnet mindestens 95 % der Anteile einer grundstücksbesitzenden Gesellschaft gehalten werden, sind grunderwerbsteuerlich unbeachtlich, da die Anteile weiterhin im Organkreis vereinigt bleiben.

Beispiel:
Die M-GmbH hält je 80 % der Anteile an der A-GmbH, der B-GmbH und der C-GmbH. Zwischen der M-GmbH und diesen Gesellschaften besteht ein Organschaftsverhältnis. An der grundstücksbesitzenden E-GmbH sind die M-GmbH zu 20 %, die A-GmbH sowie die B-GmbH zu je 40 % beteiligt. Die M-GmbH überträgt ihre Beteiligung an der E-GmbH auf die C-GmbH.

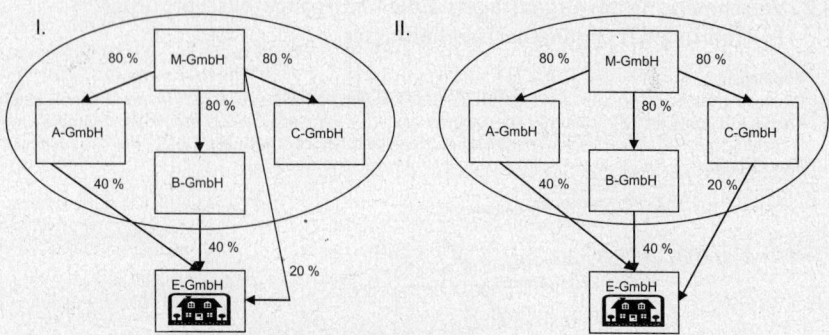

Durch den Übergang der 20 %igen Beteiligung der M-GmbH an der E-GmbH auf die C-GmbH tritt hinsichtlich der Anteilsvereinigung im Organkreis keine grunderwerbsteuerrechtlich erhebliche Veränderung ein. Die Anteile der E-GmbH bleiben weiterhin im Organkreis vereinigt.

5.2.

Anteilsverschiebungen im Organkreis, die dazu führen, dass erstmals in der Hand einer Gesellschaft des Organkreises mindestens 95 % der Anteile an einer grundstücksbesitzenden Gesellschaft vereinigt werden, erfüllen den Tatbestand des § 1 Abs. 3 GrEStG. Dies gilt auch, wenn die Anteile zuvor bereits zu mindestens 95 % im Organkreis vereinigt waren, da der Organkreis und seine Mitglieder nicht identisch sind.

Beispiel:

Die M-GmbH hält je 80 % der Anteile an der A-GmbH und der B-GmbH. Zwischen der M-GmbH und diesen beiden Gesellschaften besteht ein Organschaftsverhältnis. An der grundstücksbesitzenden E-GmbH sind die A-GmbH sowie die B-GmbH zu je 50 % beteiligt. Die A-GmbH überträgt ihre Anteile an der E-GmbH auf die B-GmbH.

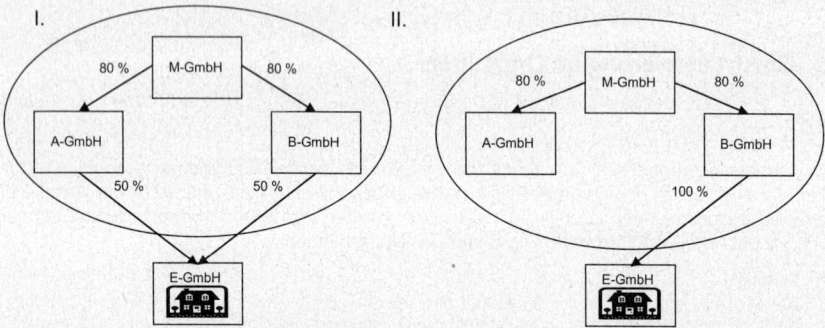

Das Gesetz behandelt den Organkreis als eine Hand. Eine der Anteilsvereinigung im Organkreis nachfolgende Anteilsvereinigung in der Hand nur eines Mitglieds des Organkreises führt zu einer Neuzuordnung der Grundstücke. Die Vereinigung der Anteile der E-GmbH in der Hand der B-GmbH unterliegt daher gemäß § 1 Abs. 3 Nr. 1 bzw. Nr. 2 GrEStG der Steuer.

5.3.

Anteilsverschiebungen innerhalb des Organkreises, die dazu führen, dass die Anteile an einer grundstücksbesitzenden Gesellschaft nicht mehr durch eine einzelne Gesellschaft des Organkreises, sondern nunmehr von mehreren Gesellschaften dieses Organkreises gehalten werden, erfüllen den Tatbestand des § 1 Abs. 3 Nr. 1 bzw. Nr. 2 in Verbindung mit Abs. 4 Nr. 2 Buchst. b GrEStG, wenn dadurch erstmals mindestens 95 % der Anteile im Organkreis vereinigt werden.

Beispiel:
Die M-GmbH hält je 80 % der Anteile an der A-GmbH und der B-GmbH. Zwischen der M-GmbH und diesen Gesellschaften besteht ein Organ-schaftsverhältnis. An der grundstücksbesitzenden E-GmbH hält die B-GmbH 100 % der Anteile. Die B-GmbH überträgt 40 % der Anteile an der E-GmbH auf die M-GmbH.

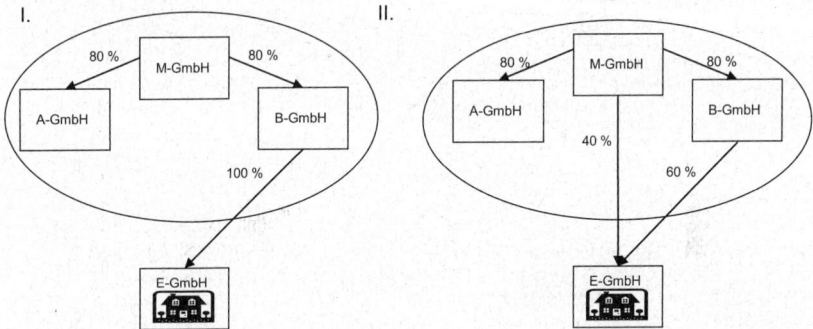

Durch den Übergang der Anteile in Höhe von 40 % an der E-GmbH auf die M-GmbH tritt erstmals eine Anteilsvereinigung in der Hand von herrschenden (M-GmbH: 40 %) und abhängigen Unternehmen (B-GmbH: 60 %) ein (§ 1 Abs. 3 Nr. 1 bzw. 2 in Verbindung mit § 1 Abs. 4 Nr. 2 Buchst. b GrEStG).

6. Organschaftsverhältnis innerhalb einer Beteiligungskette

Beispiel:
Die A-GmbH ist zu 100 % an der B-GmbH und diese ist zu 95 % an der C-GmbH beteiligt. Die C-GmbH ist zu 70 % an der D-GmbH und diese ist zu 100 % an der grundstücksbesitzenden E-GmbH beteiligt. Zwischen der C-GmbH und der D-GmbH besteht ein Organschaftsverhältnis. Die X-GmbH übernimmt alle Anteile der A-GmbH.

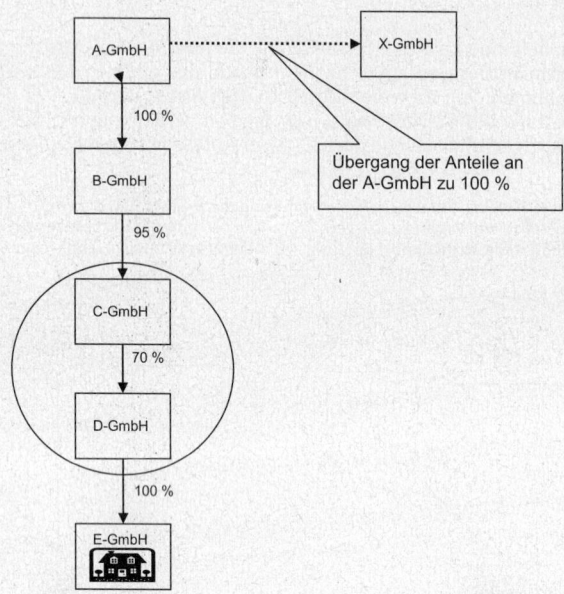

Der Übergang der Anteile der A-GmbH auf die X-GmbH führt zu keiner mittelbaren Anteilsübertragung im Sinne des § 1 Abs. 3 Nr. 3 oder 4 GrEStG, da die Kette 95 %iger Beteiligungen nicht bis zur E-GmbH durchgängig ist. Das Organschaftsverhältnis kann nicht den für die Steuerpflicht nach § 1 Abs. 3 GrEStG notwendigen Anteilsbesitz der C-GmbH von mindestens 95 % der Anteile der D-GmbH ersetzen. Die Anteile an der E-GmbH sind allein in der Hand der D-GmbH vereinigt, an der die Organgesellschaft C-GmbH nur 70 % hält (BFH-Urteil vom 20. 7. 2005 II R 30/04, BStBl II S. 839).

7. Steuerschuldnerschaft

7.1. Steuerschuldnerschaft bei Anteilsvereinigung in der Hand des Organkreises

Die Steuerschuldnerschaft richtet sich bei der Vereinigung von Anteilen einer grundstücksbesitzenden Gesellschaft in der Hand von herrschenden und abhängigen Unternehmen bzw. nur in der Hand von abhängigen Unternehmen nach § 13 Nr. 5 Buchst. b GrEStG. Steuerschuldner sind allein die an der Anteilsvereinigung Beteiligten, das heißt die Gesellschaften des Organkreises, deren Anteilsbesitz an der grundstücksbesitzenden Gesellschaft dazu beiträgt, dass das für eine Anteilsvereinigung erforderliche Quantum von 95 % erreicht wird.

> **Beispiel:**
> Die M-GmbH ist je zu 80 % an der A-GmbH, B-GmbH und C-GmbH beteiligt. Zwischen der M-GmbH und diesen Gesellschaften besteht ein Organschaftsverhältnis. Die A-GmbH und die B-GmbH sind jede mit 40 % an der grundstücksbesitzenden E-GmbH beteiligt. 20 % der Anteile an der E-GmbH hält Z.

Variante 1: Die M-GmbH erwirbt den 20%igen Anteil an der E-GmbH von Z.

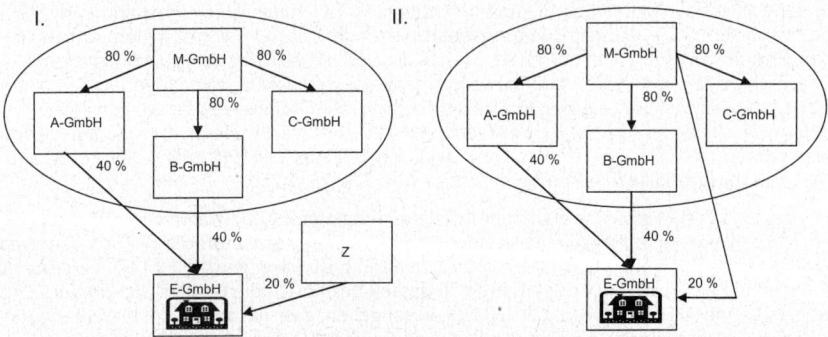

Steuerschuldner sind die an der Anteilsvereinigung beteiligten Unternehmen (§ 13 Nr. 5 Buchst. b GrEStG) M-GmbH, A-GmbH und B-GmbH als Gesamtschuldner (§ 44 AO); die Steuer kann von jedem an der Anteilsvereinigung im Organkreis Beteiligten in vollem Umfang erhoben werden. Die C-GmbH ist zwar auch Mitglied des Organkreises; sie nimmt jedoch nicht an der Anteilsvereinigung teil und scheidet deshalb als Steuerschuldner aus.

Variante 2: Die C-GmbH erwirbt den 20%igen Anteil an der E-GmbH von Z.

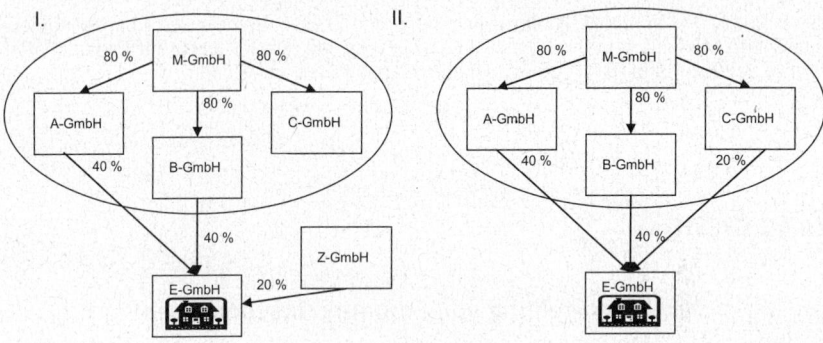

Steuerschuldner sind die an der Anteilsvereinigung beteiligten Unternehmen (§ 13 Nr. 5 Buchst. b GrEStG) A-GmbH, B-GmbH und C-GmbH als Gesamtschuldner (§ 44 AO). Ihr Abhängigkeitsverhältnis zur M-GmbH löst zwar die Anteilsvereinigung im Organkreis aus, doch ist die M-GmbH, die keine Anteile der E-GmbH hält, nicht selbst an der Anteilsvereinigung beteiligt und scheidet deshalb als Steuerschuldner aus.

7.2. Steuerschuldnerschaft bei Anteilsvereinigung in der Hand eines Mitglieds des Organkreises

Soweit eine Anteilsvereinigung (§ 1 Abs. 3 GrEStG) nur in der Hand eines Mitglieds des Organkreises eintritt, richtet sich die Steuerschuldnerschaft nach § 13 Nr. 5 Buchst. a GrEStG. Steuerschuldner ist der Erwerber (BFH vom 2.8.2006 II R 23/05, BFH/NV 2006 S. 2306). In den Fällen des § 1 Abs. 3 Nr. 3 und Nr. 4 GrEStG sind Steuerschuldner die am Erwerbsvorgang Beteiligten (§ 13 Nr. 1 GrEStG).

8. Örtliche Zuständigkeit

In den Fällen einer Anteilsvereinigung im Organkreis ist grundsätzlich (Ausnahme: nur Grundbesitz im Bezirk des Geschäftsleitungsfinanzamts) die gesonderte Feststellung durch das Finanzamt durchzuführen, in dessen Bezirk sich die Geschäftsleitung der grundstücksbesitzenden Gesellschaft befindet (§ 17 Abs. 3 Satz 1 Nr. 2 GrEStG), deren Anteile vereinigt werden. Befindet sich die Geschäftsleitung nicht im Geltungsbereich des Grunderwerbsteuergesetzes und werden in verschiedenen Finanzamtsbezirken liegende Grundstücke oder in verschiedenen Ländern liegende Grundstücke betroffen, so stellt das nach § 17 Abs. 2 GrEStG zuständige Finanzamt die Besteuerungsgrundlagen gesondert fest (§ 17 Abs. 3 Satz 2 GrEStG).

In Organschaftsfällen mit mittelbaren Anteilsvereinigungen (-übertragungen) führt dies zu einer Vielzahl von Zuständigkeiten. Im Einvernehmen mit den Steuerpflichtigen und dem Finanzamt, welches nach den Vorschriften örtlich zuständig ist, kann gemäß § 27 AO die gesonderte Feststellung das Finanzamt durchführen, in dessen Bezirk sich die Geschäftsleitung des Organträgers befindet. Es ist grundsätzlich davon auszugehen, dass die an der Anteilsvereinigung beteiligten Gesellschaften eines Organkreises und die nach § 17 Abs. 3 GrEStG zuständigen Finanzämter der Zuständigkeit für die gesonderte Feststellung durch das Finanzamt, in dessen Bezirk sich die Geschäftsleitung des Organträgers befindet, zugestimmt haben, es sei denn, es erfolgt ein ausdrücklicher Widerspruch.

9. Anwendung

Dieser Erlass tritt an die Stelle der gleich lautenden Erlasse der obersten Finanzbehörden der Länder zur Anwendung des § 1 Abs. 3 in Verbindung mit Abs. 4 GrEStG auf Organschaftsfälle vom 21. 3. 2007 (BStBl I S. 422). Er ist auf alle offenen Fälle anzuwenden.

Zu § 2 GrEStG

3. Beurteilung von Erbbaurechtsvorgängen
Gleich lautender Ländererlass v. 16. 9. 2015 (BStBl I S. 827)

1. Allgemeines

Das Erbbaurecht ist das veräußerliche und vererbliche Recht, auf oder unter der Oberfläche eines Grundstücks ein Bauwerk zu haben (§ 1 Abs. 1 Erbbaurechtsgesetz [ErbbauRG]). Es kann auf einen für das Bauwerk nicht erforderlichen Teil des Grundstücks erstreckt werden, sofern das Bauwerk wirtschaftlich die Hauptsache bleibt (§ 1 Abs. 2 ErbbauRG). Das Erbbaurecht stellt sich insofern als eine Beschränkung des Eigentums an dem Grundstück dar (BFH-Urteil vom 28. November 1967, II R 37/66, BStBl 1968 II S. 223).

Erbbaurechte stehen nach § 2 Abs. 2 Nr. 1 GrEStG den Grundstücken gleich. Die auf Grundstücke bezogenen Vorschriften des Grunderwerbsteuerrechts gelten daher für Erbbaurechte und Untererbbaurechte entsprechend.

2. Steuerbare Erbbaurechtsvorgänge

Der Grunderwerbsteuer unterliegen nach § 1 Abs. 1 GrEStG die folgenden Rechtsvorgänge:

2.1	nach § 1 Abs. 1 Nr. 1 GrEStG
2.1.1	ein Vertrag, der den Anspruch auf Bestellung eines Erbbaurechts begründet (BFH-Urteile vom 5. Dezember 1979, II R 103/76, BStBl 1980 II S. 135, und II R 122/76, BStBl 1980 II S. 136, mit weiteren Nachweisen),
2.1.2	ein Vertrag, der den Anspruch auf Übertragung eines Erbbaurechts begründet (BFH-Urteil vom 5. Dezember 1979, II R 122/76, BStBl 1980 II S. 136),
2.1.3	die Ausübung des Vorrechts auf Erneuerung des Erbbaurechts nach § 31 ErbbauRG,
2.1.4	eine Vereinbarung über die Verlängerung eines Erbbaurechts (BFH-Urteil vom 18. August 1993, II R 10/90, BStBl II S. 766);
2.2	nach § 1 Abs. 1 Nr. 2 GrEStG
2.2.1	eine auf die Bestellung eines Erbbaurechts gerichtete Einigung, wenn kein Rechtsgeschäft i. S. der Tz. 2.1.1 vorausgegangen ist,
2.2.2	eine auf die Übertragung eines Erbbaurechts gerichtete Einigung, wenn kein Rechtsgeschäft i. S. der Tz. 2.1.2 vorausgegangen ist,
2.2.3	ein Rechtsgeschäft, durch das ein Erbbaurecht vor dem vereinbarten Zeitablauf aufgehoben oder auf ein Erbbaurecht verzichtet wird (BFH-Urteil vom 5. Dezember 1979, II R 122/76, BStBl 1980 II S. 136),
2.2.4	der Heimfall eines Erbbaurechts nach § 32 ErbbauRG (BFH-Urteil vom 23. September 1969, II 113/64, BStBl 1970 II S. 130),
2.2.5	eine auf die Verlängerung eines Erbbaurechts gerichtete Einigung, wenn kein Rechtsgeschäft i. S. der Tz. 2.1.4 vorausgegangen ist;
2.3	nach § 1 Abs. 1 Nr. 3 GrEStG
2.3.1	der Übergang eines Erbbaurechts kraft Gesetzes und die Übertragung eines Erbbaurechts durch behördlichen Ausspruch,
2.3.2	die vorzeitige Löschung eines nicht dem Grundstückseigentümer selbst zustehenden Erbbaurechts im Erbbaugrundbuch, wenn kein Rechtsgeschäft i. S. der Tz. 2.2.3 vorausgegangen ist (BFH-Urteil vom 5. Dezember 1979, II R 122/76, BStBl 1980 II S. 136);
2.4	nach § 1 Abs. 1 Nr. 4 GrEStG
	das Meistgebot im Zwangsversteigerungsverfahren über ein Erbbaurecht;
2.5	nach § 1 Abs. 1 Nr. 5 GrEStG
	ein Rechtsgeschäft, das den Anspruch auf Abtretung eines Anspruchs auf Bestellung, Übertragung oder Verlängerung eines Erbbaurechts oder der Rechte aus einem Meistgebot begründet (BFH-Urteil vom 28. November 1967, II 1/64, BStBl 1968 II S. 222);
2.6	nach § 1 Abs. 1 Nr. 6 GrEStG
	ein Rechtsgeschäft, das den Anspruch auf Abtretung der Rechte aus einem Angebot zum Abschluss eines Vertrages begründet, kraft dessen die Bestellung, Übertragung oder Verlängerung eines Erbbaurechts verlangt werden kann;
2.7	nach § 1 Abs. 1 Nr. 7 GrEStG
	die Abtretung eines der in den Tz. 2.5 und 2.6 bezeichneten Rechte, wenn kein Rechtsgeschäft vorausgegangen ist, das den Anspruch auf Abtretung der Rechte begründet.

3. Rechtsvorgänge im Zusammenhang mit dem Erbbaurecht

3.1 Rechtsvorgänge mit Gegenleistung

3.1.1 Allgemeines

Die Grunderwerbsteuer bemisst sich in den Fällen der Bestellung, Übertragung, Erneuerung und Verlängerung eines Erbbaurechts nach dem Wert der Gegenleistung, soweit eine Gegenleistung vorhanden ist (§§ 8 Abs. 1 und 9 GrEStG).

Zur Gegenleistung gehören die Belastungen, die auf dem Erbbaurecht ruhen, soweit sie auf den Erwerber kraft Gesetzes übergehen und es sich nicht um dauernde Lasten handelt. Der Erbbauzins gilt nicht als dauernde Last. Zur Gegenleistung gehört damit grundsätzlich auch der Kapitalwert der Erbbauzinsverpflichtung (§ 9 Abs. 2 Nr. 2 GrEStG; BFH-Urteil vom 23. Oktober 2002, II R 81/00, BStBl 2003 II S. 199). Der Kapitalwert bemisst sich nach dem von der Laufzeit des Erbbaurechts abhängigen Vielfachen des Jahreswerts des Erbbauzinses (§ 13 BewG i.V. m. Anlage 9a zum BewG). Eine Beschränkung des Jahreswerts der Erbbauzinsverpflichtung auf den 18,6-ten Teil des nach den Vorschriften des Bewertungsgesetzes anzusetzenden Werts des Grund und Bodens des mit dem Erbbaurecht belasteten Grundstücks kommt nicht in Betracht (§§ 16 und 17 Abs. 3 Satz 2 BewG). Einmalige Geldleistungen und sonstige Leistungen, zu denen sich der Erwerber anstelle oder neben einer Erbbauzinsverpflichtung verpflichtet, gehören ebenfalls zur Gegenleistung.

3.1.2 Einheitlicher Erwerbsgegenstand

Soweit eine Verpflichtung der Veräußererseite (Erbbaurechtsgeber und ggf. mit ihm verbundener Dritter) zur Herstellung eines Gebäudes besteht, kann Gegenstand des Erwerbsvorgangs das Erbbaurecht mit noch künftig zu errichtendem Gebäude sein. Dazu ist neben dem Abschluss des Erbbaurechtsvertrags auch der Abschluss eines Bauvertrags mit der Veräußererseite erforderlich (BFH-Urteil vom 24. April 2013, II R 53/10, BStBl II S. 755). Es gelten die vom Bundesfinanzhof zum einheitlichen Erwerbsgegenstand entwickelten Grundsätze.

3.1.3 Eigennützige Erwerberleistungen

Verpflichtet sich ein Erbbauberechtigter im Rahmen der Bestellung eines Erbbaurechts zur Errichtung oder Sanierung eines Gebäudes auf dem Erbbaugrundstück und erhält er bei Erlöschen des Erbbaurechts eine Entschädigung nach dem Verkehrswert des Gebäudes, ist regelmäßig davon auszugehen, dass die Baumaßnahmen dem Erwerber als (zukünftigem) Inhaber des Erbbaurechts allein zugutekommen. Die entsprechenden Aufwendungen stellen eigennützige Erwerberleistungen und damit keine Gegenleistung i. S. des § 8 Abs. 1 GrEStG dar (BFH-Urteil vom 8. September 2010, II R 28/09, BStBl 2011 II S. 227).

3.2 Rechtsvorgänge ohne Gegenleistung

Wenn keine Gegenleistung vorhanden oder ermittelbar ist (§ 8 Abs. 2 Satz 1 Nr. 1 GrEStG) sowie in den Fällen des § 8 Abs. 2 Satz 1 Nr. 2 und 3 GrEStG, ist die Steuer aus dem Wert des Erbbaurechts im Sinne des § 151 Absatz 1 Satz 1 Nummer 1 i.V. m. § 157 Absatz 1 bis 3 BewG zu berechnen.

Eine Gegenleistung ist z. B. nicht vorhanden bei Rechtsgeschäften i. S. der Tz. 2.6 sowie in Fällen der Tz. 2.7, in denen in Tz. 2.6 bezeichnete Rechte abgetreten werden (BFH-Urteile vom 6. Mai 1969, II 131/64, BStBl II S. 595 und vom 31. Mai 1972, II R 162/66, BStBl II S. 828).

3.3 Übertragung des Erbbaurechts auf den Eigentümer des erbbaurechtsbelasteten Grundstücks

Erwirbt der Eigentümer eines erbbaurechtsbelasteten Grundstücks das Erbbaurecht, gehört der kapitalisierte Wert der Erbbauzinsverpflichtung nicht zur grunderwerbsteuerrechtlichen Gegenleistung (BFH-Urteil vom 14. November 2007, II R 64/06, BStBl 2008 II S. 486). Die Verpflichtung zur Zahlung des Erbbauzinses bleibt zwar als Eigentümerreallast bestehen, sie stellt aber keine echte Belastung für den Grundstückseigentümer dar. Dies gilt unabhängig davon, ob das Erbbaurecht bestehen bleibt oder aufgehoben wird.

3.4 Verlängerung des Erbbaurechts

Im Falle der Verlängerung eines Erbbaurechts bemisst sich die Gegenleistung nach dem auf die Laufzeit der Verlängerung des Erbbaurechts kapitalisierten Erbbauzins. Die Grunderwerbsteuer entsteht im Zeitpunkt des Abschlusses der rechtsgeschäftlichen Vereinbarung über die Verlängerung des Erbbaurechts. Die Besteuerung richtet sich nach der in diesem Zeitpunkt geltenden Rechtslage (BFH-Urteil vom 18. August 1993, II R 10/90, BStBl II S. 766).

Bei der Verlängerung eines Erbbaurechts vor Vertragsablauf ist für die Berechnung der Bemessungsgrundlage der Grunderwerbsteuer der Kapitalwert des Erbbauzinsanspruchs von dem Zeitpunkt des Zahlungsbeginns auf den Zeitpunkt der Besteuerung nicht abzuzinsen. Denn sowohl der Grundstückseigentümer als auch der Erbbauberechtigte erfüllen beide ihre Leistungspflicht erst in der Zukunft, so dass der Grundstückseigentümer nicht vorleistungspflichtig ist.

3.5 Aufhebung eines Erbbaurechts

Bei Aufhebung eines Erbbaurechts gehören eine vereinbarte Entschädigung und etwaige sonstige Leistungen zur Gegenleistung. Hierzu rechnet insbesondere eine vom Grundstückseigentümer für die Übernahme eines vom Erbbauberechtigten errichteten oder erworbenen Bauwerks gezahlte Entschädigung (einschließlich z. B. der Übernahme der auf dem Erbbaurecht lastenden Hypotheken). Der kapitalisierte Wert der erlöschenden Erbbauzinsverpflichtung gehört dagegen nicht zur Gegenleistung.

Wenn der Grundstückseigentümer das ihm selbst zustehende Erbbaurecht im Grundbuch löschen bzw. aufheben lässt, ist dieser Vorgang mangels Rechtsträgerwechsel nicht steuerbar.

3.6 Heimfall eines Erbbaurechts

Heimfall ist die Verpflichtung des Erbbauberechtigten, das Erbbaurecht beim Eintreten bestimmter Voraussetzungen auf den Grundstückseigentümer oder auf einen von diesem zu bezeichnenden Dritten zu übertragen.

Zur Gegenleistung gehören die dem Erbbauberechtigten zu gewährende Vergütung und etwaige sonstige Leistungen, z. B. auf dem Erbbaurecht lastende und auf den Eigentümer übergehende Hypotheken. Wird das Erbbaurecht jedoch auf einen vom Grundstückseigentümer bezeichneten Dritten übertragen, ist dieser Fall wie die erstmalige Bestellung eines Erbbaurechts zu behandeln (vgl. Tz. 2.1.1).

Bei einem Heimfall eines Erbbaurechts ist § 16 Abs. 2 Nr. 3 GrEStG ausnahmsweise dann anzuwenden, wenn der Heimfallanspruch auf die Nichterfüllung von Vertragspflichten zurückgeht, die in einem schuldrechtlichen Vertrag übernommen wurden und zivilrechtlich eine Hauptleistung darstellen (BFH-Urteil vom 13. Juli 1983, II R 44/81, BStBl II S. 683).

3.7 Erlöschen eines Erbbaurechts durch Zeitablauf

Erlischt das Erbbaurecht durch Zeitablauf, so hat der Grundstückseigentümer dem Erbbauberechtigten in der Regel eine Entschädigung für das Bauwerk zu leisten. Weder das Erlöschen des Erbbaurechts durch Zeitablauf noch der damit verbundene Übergang des Eigentums an dem auf dem Erbbaugrundstück von dem Erbbauberechtigten errichteten Bauwerk auf den Grundstückseigentümer unterliegen der Grunderwerbsteuer (BFH-Urteil vom 8. Februar 1995, II R 51/92, BStBl II S. 334).

3.8 Rückerwerb des Erbbaurechts durch den Grundstückseigentümer

Erwirbt der Grundstückseigentümer das Erbbaurecht zurück, weil der Erbbauberechtigte vertraglich eingegangene Verpflichtungen aus wirtschaftlichen Gründen nicht erfüllen kann, oder wird der Vertrag aus diesem Grunde aufgehoben, kann ein Fall des § 16 Abs. 2 Nr. 3 GrEStG vorliegen (BFH-Urteil vom 13. Juli 1983, II R 44/81, BStBl II S. 683).

4. Erwerb des mit einem Erbbaurecht belasteten Grundstücks

4.1 Grundstückserwerb mit Erwerb eines Erbbauzinsanspruches

Erwirbt ein Erbbauberechtigter oder ein Dritter das mit dem Erbbaurecht belastete Grundstück, unterliegt der mit dem Grundstückserwerb verbundene Erwerb des Erbbauzinsanspruchs nicht der Grunderwerbsteuer, da das Recht auf Erbbauzins – obwohl zivilrechtlich wesentlicher Bestandteil des erbbaurechtsbelasteten Grundstücks – nicht zum Grundstück gerechnet wird (§ 2 Abs. 1 Nr. 3 GrEStG). Der Grunderwerbsteuer unterliegt lediglich der nach Abzug des Kapitalwerts des Erbbauzinsanspruchs vom Kaufpreis verbleibende Unterschiedsbetrag. Der Kaufpreis ist nicht nach der sog. Boruttau'schen Formel aufzuteilen (BFH-Urteil vom 6. Mai 2015, II R 8/14, BStBl II S. 853).

> **Beispiel 1:**
> A erwirbt von B ein Grundstück zum Gesamtkaufpreis in Höhe von 250 000 Euro. Das Grundstück ist zugunsten des C mit einem Erbbaurecht belastet, das eine Restlaufzeit von 40 Jahren hat. Der von C jährlich zu entrichtende Erbbauzins beträgt 5 000 Euro.
> Die Bemessungsgrundlage für den Erwerb des Grundstücks durch A berechnet sich wie folgt:
> Vom Gesamtkaufpreis in Höhe von 250 000 Euro ist der gemäß § 13 Abs. 1 Satz 1 BewG i.V. m. § 15 Abs. 1 BewG ermittelte Kapitalwert des Erbbauzinsanspruchs in Höhe von 82 435 Euro (Jahreswert 5 000 Euro × Vervielfältiger 16,487) abzuziehen. Demnach verbleibt für das Grundstück eine Bemessungsgrundlage i. H. v. 167 565 Euro.

Ist der Kapitalwert des Erbbauzinsanspruchs höher als der vereinbarte Kaufpreis, entfällt der gesamte Kaufpreis auf den nicht der Grunderwerbsteuer unterliegenden Erwerb des Erbbauzinsanspruchs. Dem belasteten Grundstück ist kein Teil des Kaufpreises zuzurechnen. Die Grunderwerbsteuer ist in diesem Fall auf null Euro festzusetzen.

4.2 Grundstückserwerb ohne Erwerb eines Erbbauzinsanspruches

Erwirbt ein Erbbauberechtigter oder ein Dritter das mit dem Erbbaurecht belastete Grundstück und ist für die vorausgegangene Bestellung des Erbbaurechts statt eines Erbbauzinses eine einmalige Geldleistung an den vorherigen Grundstückseigentümer geleistet worden, unterliegt der Grunderwerbsteuer der vollständige Kaufpreis. Ein Abzug eines anteiligen Kapitalwerts des Erbbauzinses für den Zeitraum nach Erwerb kommt nicht in Betracht, da mit dem Erwerb des belasteten Grundstücks kein Erwerb eines Erbbauzinsanspruchs verbunden ist.

5. Gleichzeitiger Erwerb des erbbaurechtsbelasteten Grundstücks und des Erbbaurechts

Wird mit dem Grundstück gleichzeitig auch das Erbbaurecht erworben und ist bereits im Erwerbszeitpunkt die Aufhebung des Erbbaurechts beabsichtigt, ist die für den Erwerb eines erbbaurechtsbelasteten Grundstücks vereinbarte Gegenleistung nicht um einen kapitalisierten Erbbauzinsanspruch zu kürzen. In diesem Fall ist der Wert des Erbbauzinsanspruchs mit null Euro anzusetzen (BFH-Urteil vom 6. Juni 2013, II R 30/11, BFH/NV S. 1632). In diesen Fällen ist der Grundstücks- und Erbbaurechtskaufvertrag von vornherein darauf gerichtet, dass der Käufer im Ergebnis das nicht mit dem Erbbaurecht belastete Grundstück erwirbt.

Beispiel 2:
A erwirbt gleichzeitig von B ein erbbaurechtsbelastetes Grundstück und von C das Erbbaurecht. Der Gesamtkaufpreis beträgt 500 000 Euro. Auf den Kauf des erbbaurechtsbelasteten Grundstücks entfällt ein Kaufpreis von 200 000 Euro und auf den Kauf des Erbbaurechts ein Kaufpreis von 300 000 Euro. A beabsichtigt im Erwerbszeitpunkt die Aufhebung des Erbbaurechts.
Die Bemessungsgrundlage für den Erwerb des Erbbaurechts beträgt 300 000 Euro, für den Erwerb des erbbaurechtsbelasteten Grundstücks 200 000 Euro. Der kapitalisierte Wert des Erbbauzinsanspruchs bzw. der Erbbauzinsverpflichtung ist weder der Bemessungsgrundlage für den Erwerb des Erbbaurechts hinzuzurechnen noch von der Bemessungsgrundlage für den Erwerb des erbbaurechtsbelasteten Grundstücks abzuziehen.

Ist die Aufhebung im Erwerbszeitpunkt dagegen nicht beabsichtigt, ist der Bemessungsgrundlage für den Erwerb des Erbbaurechts der kapitalisierte Wert der Erbbauzinsverpflichtung hinzuzurechnen und bei der Bemessungsgrundlage für den Erwerb des erbbaurechtsbelasteten Grundstücks der kapitalisierte Wert des Erbbauzinsanspruchs abzuziehen.

6. Zeitlicher Anwendungsbereich

Dieser Erlass ergeht im Einvernehmen mit den obersten Finanzbehörden der Länder und tritt an die Stelle der vorangegangenen Erlasse zur Beurteilung von Erbbaurechtsvorgängen. Er ist in allen offenen Fällen anzuwenden.

Zu § 5 GrEStG

4. Anwendung der §§ 5 und 6 GrEStG
Gleich lautender Ländererlass v. 12. 11. 2018 (BStBl I S. 1334)

Inhaltsverzeichnis

1 Allgemeines
2 Gesamthand
3 Anteil am Vermögen
4 Anwendung der §§ 5 und 6 GrEStG in den Fällen der § 1 Absatz 2a, Absatz 3 und Absatz 3a GrEStG
   4.1 Anwendung in den Fällen des § 1 Absatz 2a GrEStG
   4.2 Anwendung in den Fällen des § 1 Absatz 3 GrEStG
   4.3 Anwendung in den Fällen des § 1 Absatz 3a GrEStG
5 Verhältnis zu den übrigen Steuervergünstigungen
6 Fünfjährige Behaltensfrist

7 Versagung der Steuervergünstigung nach § 5 Absatz 3 bzw. nach § 6 Absatz 3 Satz 2 GrEStG
  7.1 Allgemeines
  7.2 Veräußerung des Grundstücks
  7.3 Formwechselnde Umwandlung
    7.3.1 Formwechselnde Umwandlung der grundstückserwerbenden Gesamthand
      7.3.1.1 Homogene formwechselnde Umwandlung
      7.3.1.2 Heterogene formwechselnde Umwandlung
    7.3.2 Formwechselnde Umwandlung des grundstücksübertragenden Gesamthänders
      7.3.2.1 Homogene formwechselnde Umwandlung
      7.3.2.2 Heterogene formwechselnde Umwandlung
  7.4 Verhältnis zu den personenbezogenen Befreiungsvorschriften
    7.4.1 Anwendung des § 3 Nummer 2 GrEStG
    7.4.2 Anwendung des § 3 Nummer 4 bis 6 GrEStG
  7.5 Anteilsverminderung nach vorheriger Grundstücksveräußerung
  7.6 Anwachsung
  7.7 Umwandlung einer mittelbaren in eine unmittelbare Beteiligung bzw. einer unmittelbaren in eine mittelbare Beteiligung
  7.8 Verwirklichung der Tatbestände nach § 1 Absatz 2a, Absatz 3 oder Absatz 3a GrEStG
    7.8.1 Verhältnis zu § 1 Absatz 2a GrEStG
      7.8.1.1 Gesellschafterwechsel in einem Rechtsakt
      7.8.1.2 Gesellschafterwechsel in mehreren Rechtsakten
    7.8.2 Verhältnis zu § 1 Absatz 3 GrEStG
    7.8.3 Verhältnis zu § 1 Absatz 3a GrEStG
8 Anzeigepflicht der Beteiligten nach § 19 Absatz 2 Nummer 4 GrEStG
9 Verfahrensrechtliche Folgen
10 Zeitlicher Anwendungsbereich

1 Allgemeines

Gesamthandsgemeinschaften sind grunderwerbsteuerrechtlich selbständige Rechtsträger. Daher unterliegen auch Erwerbsvorgänge zwischen einer Gesamthandsgemeinschaft und den an ihr Beteiligten bzw. zwischen Gesamthandsgemeinschaften der Steuer. Anders als bei Kapitalgesellschaften tritt bei Gesamthandsgemeinschaften keine Verselbständigung des Gesellschaftsvermögens in der Hand der Personengesellschaft ein. Jeder Gesellschafter ist allein kraft seines Mitgliedschaftsrechts sachenrechtlich am Gesamthandsvermögen beteiligt (gesamthänderische Mitberechtigung).

Die Steuer für den Grundstücksübergang wird nach Maßgabe der §§ 5 und 6 GrEStG nicht erhoben, soweit der übertragende oder erwerbende Gesamthänder am Vermögen der Gesamthand beteiligt ist. Dies gilt entsprechend beim Übergang eines Grundstücks von einer Gesamthand auf eine andere Gesamthand, soweit deren Gesamthänder identisch sind und ihre Beteiligungshöhe übereinstimmt.

Ist für den Fall der Auflösung der Gesamthand eine abweichende Auseinandersetzungsquote vereinbart, ist diese grundsätzlich maßgebend (§ 6 Absatz 1 Satz 2 GrEStG).

Die Begünstigungsvorschriften erstrecken sich auf folgende Vorgänge:

– Übergang eines Grundstücks von mehreren Miteigentümern (§ 5 Absatz 1 GrEStG) oder von einem Alleineigentümer (§ 5 Absatz 2 GrEStG) auf eine Gesamthand.

    Dem Rechtsgedanken des § 5 Absatz 2 und des § 7 Absatz 1 GrEStG folgend, bei ähnlichen Konstellationen nur echte Wertverschiebungen zwischen Rechtsträgern grunderwerbsteuerlich zu erfassen, ist Grunderwerbsteuer ebenso nicht zu erheben, wenn mit der Aufhebung von Sondereigentum an Wohnungen und anschließender Realteilung jeder Beteiligte Eigentum entsprechend der bisherigen Aufteilung in Wohnungseigentum erwirbt;

- Übergang eines Grundstücks von einer Gesamthand in das Miteigentum mehrerer Gesamthänder (§ 6 Absatz 1 GrEStG) oder in das Alleineigentum eines Gesamthänders (§ 6 Absatz 2 GrEStG) und

- Übergang eines Grundstücks von einer Gesamthand auf eine andere Gesamthand (§ 6 Absatz 3 Satz 1 i.V. m. Absatz 1 Satz 1 GrEStG); dies gilt auch für Fälle, in denen die eine Gesamthand an der anderen Gesamthand beteiligt ist (vgl. BFH-Urteil vom 24. September 1985, II R 65/83, BStBl II S. 714).

Die Steuervergünstigung nach § 5 Absatz 1 und Absatz 2 bzw. nach § 6 Absatz 3 Satz 1 i.V. m. Absatz 1 Satz 1 GrEStG bleibt nur erhalten, wenn bzw. soweit der grundstücksübertragende Gesamthänder seine – auf der Gesellschafterstellung beruhende – (Mit-)Berechtigung an dem auf die Gesamthand übergegangenen Grundstück und die Höhe seines Anteils am Vermögen der Gesamthand innerhalb von fünf Jahren nach dem Grundstücksübergang uneingeschränkt aufrechterhält (§ 5 Absatz 3 bzw. § 6 Absatz 3 Satz 2 GrEStG). Andernfalls ist die Vergünstigung rückwirkend ganz oder teilweise zu versagen. Zur verfahrensrechtlichen Behandlung wird auf Tz. 9 dieses Erlasses verwiesen.

Die Steuervergünstigung nach § 6 Absatz 1 bis 3 GrEStG gilt nicht, soweit

- ein Gesamthänder bzw. dessen Rechtsvorgänger seinen Anteil an der Gesamthand innerhalb von fünf Jahren vor dem Grundstücksübergang durch Rechtsgeschäft unter Lebenden erworben hat (§ 6 Absatz 4 Satz 1 GrEStG);

- eine vom Beteiligungsverhältnis abweichende Auseinandersetzungsquote innerhalb der letzten fünf Jahre vor der Auflösung der Gesamthand vereinbart worden ist (§ 6 Absatz 4 Satz 2 GrEStG).

2 Gesamthand

Zu den Gesamthandsgemeinschaften i. S. der §§ 5 und 6 GrEStG gehören die Personenhandelsgesellschaften (OHG, KG), die Partnerschaftsgesellschaften, die Gesellschaften bürgerlichen Rechts (GbR), die Erbengemeinschaften sowie die (fortgesetzten) Gütergemeinschaften.

Ausländische Gesellschaften sind ebenfalls begünstigt, sofern deren rechtliche Struktur den inländischen Gesamthandsgemeinschaften entspricht. Der Rechtstypenvergleich hat grundsätzlich anhand des gesetzlichen Leitbilds der ausländischen Gesellschaft zu erfolgen. Zum Rechtstypenvergleich ausgewählter ausländischer Rechtsformen vgl. Tabellen 1 und 2 des BMF-Schreibens vom 24. Dezember 1999, BStBl I S. 1076. Zu maßgebenden Kriterien für den Rechtstypenvergleich vgl. BMF-Schreiben vom 19. März 2004, BStBl I S. 411.

3 Anteil am Vermögen

Unter Anteil am Vermögen ist

- die sachenrechtliche Mitberechtigung des grundstücksübertragenden Gesellschafters, die sich aus der Stellung als Gesamthänder ableitet, und

- die vermögensmäßige Beteiligung an dem in das gesamthänderische Vermögen übergegangenen Grundstück

zu verstehen. Maßgebend ist die gesellschaftsvertraglich vereinbarte Beteiligung am Vermögen (fest oder variabel). Hierfür ist auf den Zeitpunkt der Verwirklichung des Erwerbsvorgangs i. S. v. § 23 GrEStG abzustellen.

Erfolgt die Grundstücksübertragung im Rahmen der Auflösung der Gesellschaft, ist eine eventuell abweichend vereinbarte Auseinandersetzungsquote maßgebend (§ 6 Absatz 1 Satz 2 GrEStG).

4 Anwendung der §§ 5 und 6 GrEStG in den Fällen der § 1 Absatz 2a, Absatz 3 und Absatz 3a GrEStG

4.1 Anwendung in den Fällen des § 1 Absatz 2a GrEStG

In den Fällen des § 1 Absatz 2a Satz 1 GrEStG ist § 6 Absatz 3 Satz 1 i.V. m. Absatz 1 Satz 1 GrEStG anwendbar. Die Steuer wird nicht erhoben, soweit der Anteil des in der fiktiv neuen Gesellschaft verbleibenden Gesellschafters dem Anteil entspricht, mit dem er am Vermögen der Gesamthand vor dem Gesellschafterwechsel beteiligt war. Das Ausmaß der Vergünstigung ist auf die Deckungsgleiche der ursprünglichen unmittelbaren oder mittelbaren Beteiligung am Vermögen der grundbesitzenden Personengesellschaft sowie der unmittelbaren oder mittelbaren Beteiligung am Vermögen der fiktiv neuen Personengesellschaft beschränkt.

Erfolgt die Änderung des Gesellschafterbestands in mehreren Teilakten, kommt es für das Ausmaß der Vergünstigung auf den Gesellschafterbestand vor dem ersten und nach dem letzten Teilakt an.

Bei Anwendung des § 1 Absatz 2a GrEStG verliert ein Gesellschafter, der zwischenzeitlich ausscheidet, seine Altgesellschafterstellung und ist beim Wiedereintritt zwingend als Neugesellschafter anzusehen. Im Rahmen des § 6 Absatz 3 Satz 1 i.V. m. Absatz 1 Satz 1 GrEStG ist ein zwischenzeitliches Ausscheiden des Altgesellschafters unbeachtlich. Maßgeblich ist, dass dieser seine Gesellschafterstellung mindestens bis zum ersten Teilakt innehatte und spätestens mit dem letzten Teilakt wieder erlangt. Das Gleiche gilt bei mehrstöckigen Personengesellschaften.

Beispiel 1:
Am Vermögen einer grundbesitzenden KG sind A und eine OHG seit zehn Jahren zu je 50 % unverändert beteiligt. Am Vermögen der OHG sind B und C zu je 50 % beteiligt.
Im Jahr 01 veräußert A 43 % der Anteile am Gesellschaftsvermögen an die OHG und 7 % der Anteile am Gesellschaftsvermögen an Z.
Im Jahr 02 veräußert die OHG ihre Anteile in Höhe von 93 % an eine GmbH & Co. KG, deren einziger Kommanditist A ist. Die Komplementär-GmbH ist vermögensmäßig nicht an der KG beteiligt.

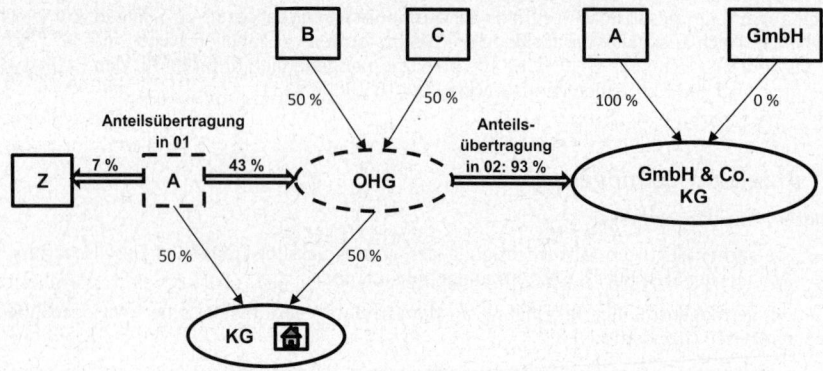

Jahr 01:
Die Anteilsübertragungen im Jahr 01 erfüllen nicht den Tatbestand des § 1 Absatz 2a GrEStG, da nicht mindestens 95 % der Anteile am Vermögen der KG (A an Z 7 %) auf Neugesellschafter übergegangen sind. Die Anteilsübertragung auf die OHG ist bei der Berechnung des maßgeblichen Quantums nicht zu berücksichtigen, da die OHG Altgesellschafterin der KG ist.

Jahr 02:
Die Anteilsübertragungen in den Jahren 01 und 02 erfüllen zusammen den Tatbestand des § 1 Absatz 2a Satz 1 GrEStG, da innerhalb von fünf Jahren mindestens 95 % der Anteile am Vermögen der KG (01: A an Z 7 % + 02: OHG an GmbH & Co. KG 93 %) auf Neugesellschafter übergegangen sind.

Obwohl A durch die Anteilsübertragungen auf Z und die OHG im Jahr 01 seine Eigenschaft als Altgesellschafter der KG verloren hat, ist für diesen Erwerbsvorgang die Steuer gemäß § 6 Absatz 3 Satz 1 i.V. m. Absatz 1 Satz 1 GrEStG in Höhe von 50 % nicht zu erheben. Die Höhe der Steuervergünstigung ergibt sich aus der Deckungsgleiche der vor dem ersten Teilakt bestehenden unmittelbaren Beteiligung des A am Vermögen der KG (50 %) und seiner nach dem letzten Teilakt bestehenden mittelbaren Beteiligung am Vermögen der KG (100 % von 93 %). § 6 Absatz 4 Satz 1 GrEStG schließt die Vergünstigung nicht aus, weil A seine gesamthänderische Mitberechtigung am Vermögen der KG vor mehr als fünf Jahren erworben hat.

§ 6 Absatz 3 Satz 1 i.V. m. Absatz 1 Satz 1 GrEStG ist im Anwendungsbereich des § 1 Absatz 2a Satz 1 GrEStG nach dem Zweck der Vorschriften einschränkend auszulegen. Kapitalgesellschaften, die durch die Änderung ihrer Beteiligungsverhältnisse in voller Höhe (vgl. BFH-Urteil vom 24. April 2013, II R 17/10, BStBl II S. 833) bzw. um mindestens 95 % (ab 6. November 2015, StÄndG 2015, BGBl I S. 1834) als Neugesellschafter anzusehen sind, gelten im Rahmen der Anwendung des § 6 Absatz 3 Satz 1 i.V. m. Absatz 1 Satz 1 GrEStG als nicht am Vermögen der fiktiv neuen Gesamthandsgemeinschaft beteiligt. Andernfalls würde die Besteuerung nach § 1 Absatz 2a Satz 1 GrEStG, die auch mittelbare Änderungen im Gesellschafterbestand erfasst, entgegen dem gesetzgeberischen Willen neutralisiert (vgl. BFH-Urteil vom 29. Februar 2012, II R 57/09, BStBl II S. 917).

Beispiel 2:
Am Vermögen einer grundbesitzenden KG sind eine GmbH zu 96 % und B zu 4 % beteiligt. A ist Alleingesellschafter der GmbH.

A bringt seine GmbH-Beteiligung in die AC-OHG ein. Am Vermögen der AC-OHG sind A und C zu je 50 % beteiligt.

Durch die Einbringung der GmbH-Beteiligung in die AC-OHG gehen mindestens 95 % der Anteile an der GmbH (100 %) auf Neugesellschafter in Bezug auf die GmbH über. Die GmbH gilt gemäß § 1 Absatz 2a Satz 4 GrEStG als Neugesellschafterin der KG. Der Tatbestand des § 1 Absatz 2a GrEStG ist verwirklicht, da mindestens 95 % der Anteile am Vermögen der KG (96 %) auf Neugesellschafter übergegangen sind.

Da B i. H. v. 4 % am Vermögen der KG beteiligt bleibt, ist die Steuer in dieser Höhe nach § 6 Absatz 3 Satz 1 i.V. m. Absatz 1 Satz 1 GrEStG nicht zu erheben.

Die Begünstigung des § 6 Absatz 3 Satz 1 i.V. m. Absatz 1 Satz 1 GrEStG findet auf die GmbH keine Anwendung, da die Begünstigung im Anwendungsbereich des § 1 Absatz 2a Satz 1 GrEStG nach dem Zweck der Vorschriften einschränkend auszulegen ist. Die GmbH gilt im Rahmen der Anwendung des § 6 Absatz 3 Satz 1 i.V. m. Absatz 1 Satz 1 GrEStG als nicht am Vermögen der fiktiv neuen KG beteiligt, weil sie aufgrund der Änderung ihrer Beteiligungsverhältnisse in voller Höhe als Neugesellschafterin anzusehen ist.

Da A weder vor noch nach der Anteilseinbringung eine gesamthänderische Mitberechtigung am Vermögen der KG hat, findet § 6 Absatz 3 Satz 1 i.V. m. Absatz 1 Satz 1 GrEStG in Bezug auf A keine Anwendung. Ein Durchgriff durch eine Kapitalgesellschaft ist nicht möglich.

4.2 Anwendung in den Fällen des § 1 Absatz 3 GrEStG

§ 6 Absatz 2 und Absatz 3 GrEStG ist anwendbar, wenn der Tatbestand bei einer grundbesitzenden Personengesellschaft verwirklicht wird. Dies gilt sowohl im Fall der Anteilsvereinigung (§ 1 Absatz 3 Nummer 1 und Nummer 2 GrEStG) als auch im Fall der Anteilsübertragung (§ 1 Absatz 3 Nummer 3 und Nummer 4 GrEStG).

Ein Erwerbsvorgang i. S. des § 1 Absatz 3 Nummer 1 oder Nummer 2 GrEStG ist beispielsweise gegeben, wenn bei einer GmbH & Co. KG mit Grundbesitz ein Kommanditist sowohl die anderen Kommanditanteile als auch mindestens 95 % der Anteile an der Komplementär-GmbH erwirbt.

§ 6 Absatz 2 und Absatz 3 GrEStG ist anwendbar, da der Kommanditist, in dessen Hand sich die Anteile i. S. des § 1 Absatz 3 Nummer 1 oder Nummer 2 GrEStG vereinigen, grunderwerbsteuerrechtlich so behandelt wird, als habe er das Grundstück von der Gesellschaft erworben. Für den Anwendungsbereich des § 6 GrEStG liegen somit fiktive Grundstücksübertragungen von der GmbH & Co. KG auf den künftigen Alleinkommanditisten vor.

4.3 Anwendung in den Fällen des § 1 Absatz 3a GrEStG

Wird bei einer Personengesellschaft der Tatbestand des § 1 Absatz 3a GrEStG verwirklicht, ist § 6 Absatz 2 und Absatz 3 GrEStG anwendbar. Die Grundsätze zur Anwendung des § 6 GrEStG in den Fällen des § 1 Absatz 3 GrEStG gelten entsprechend.

5 Verhältnis zu den übrigen Steuervergünstigungen

Die allgemeinen Befreiungsvorschriften des § 3 GrEStG finden über die §§ 5 und 6 GrEStG bei Personengesellschaften Anwendung.

Erwerbsvorgänge nach § 1 Absatz 3 und Absatz 3a GrEStG können gleichzeitig sowohl nach einer personenbezogenen Befreiungsvorschrift (§ 3 GrEStG) als auch nach § 6 GrEStG (unter Beachtung der Beschränkungen des § 6 Absatz 4 GrEStG) begünstigt sein.

Die Steuervergünstigungen der §§ 5, 6 und 6a GrEStG stehen gleichrangig nebeneinander. Soweit die Voraussetzungen für eine Steuervergünstigung nicht vorliegen oder später entfallen, kann eine andere Steuervergünstigung von Amts wegen gewährt werden, sofern deren Voraussetzungen vorliegen.

6 Fünfjährige Behaltensfrist

Die Fünfjahresfrist beginnt mit dem Übergang des Grundstücks auf die Gesamthand. Maßgeblich ist der Zeitpunkt der Verwirklichung des Erwerbsvorgangs i. S. v. § 23 GrEStG für den Erwerbsvorgang. Die Fristberechnung richtet sich nach §§ 186 ff. BGB.

7 Versagung der Steuervergünstigung nach § 5 Absatz 3 bzw. nach § 6 Absatz 3 Satz 2 GrEStG

7.1 Allgemeines

Zur Vermeidung von Steuerumgehungen regelt § 5 Absatz 3 bzw. § 6 Absatz 3 Satz 2 GrEStG, dass die gewährte Vergünstigung rückwirkend zu versagen ist, soweit sich innerhalb von fünf Jahren nach dem Übergang des Grundstücks auf die Gesamthand der Anteil des übertragenden Gesamthänders am Vermögen der erwerbenden Gesamthand vermindert.

Als Verminderung des Anteils des übertragenden Gesamthänders am Vermögen der Gesamthand ist z. B. das Ausscheiden aus der Gesellschaft, die Herabsetzung der Beteiligung durch Verkauf, Übertragung usw. auf andere Gesellschafter oder auf einen Treuhänder und die Aufnahme neuer Gesellschafter zu verstehen. Auch die Umwandlung des grundstücksübertragenden Gesamthänders sowie die formwechselnde Umwandlung der erwerbenden Gesamthand in eine

Kapitalgesellschaft führt zum Wegfall der Steuervergünstigung für die Grundstücksübertragung.

Soweit eine Steuerumgehung objektiv ausgeschlossen ist, ist die Vorschrift des § 5 Absatz 3 bzw. des § 6 Absatz 3 Satz 2 GrEStG ihrer Zielrichtung entsprechend einschränkend auszulegen (teleologische Reduktion).

7.2 Veräußerung des Grundstücks

Das Ausscheiden des Grundstücks aus dem Gesamthandsvermögen durch einen erneuten grunderwerbsteuerbaren Rechtsvorgang innerhalb der Frist des § 5 Absatz 3 bzw. des § 6 Absatz 3 Satz 2 GrEStG führt nicht zur rückwirkenden Versagung der Steuervergünstigung, da eine Missbrauchsgestaltung objektiv ausgeschlossen ist. Die Überwachung nach § 5 Absatz 3 bzw. nach § 6 Absatz 3 Satz 2 GrEStG endet.

7.3 Formwechselnde Umwandlung

7.3.1 Formwechselnde Umwandlung der grundstückserwerbenden Gesamthand

7.3.1.1 Homogene formwechselnde Umwandlung

Die homogene formwechselnde Umwandlung der grundstückserwerbenden Gesamthand in eine andere Gesamthand lässt die gesamthänderische Mitberechtigung unberührt. Der Tatbestand des § 5 Absatz 3 GrEStG ist nicht erfüllt. Der formgewechselte Rechtsträger führt eine bereits laufende Fünfjahresfrist fort.

7.3.1.2 Heterogene formwechselnde Umwandlung

Die heterogene formwechselnde Umwandlung der grundstückserwerbenden Gesamthand in eine Kapitalgesellschaft führt zu einer rückwirkenden Versagung der Steuervergünstigung, da die gesamthänderische Mitberechtigung an dem Grundstück entfällt.

Beispiel 3:
Am Vermögen der grundbesitzenden OHG sind A und B zu jeweils 50 % beteiligt. A überträgt ein Grundstück auf die OHG. Innerhalb von fünf Jahren wird die OHG in eine GmbH formwechselnd umgewandelt.

Die Steuer für den Grundstücksübergang nach § 1 Absatz 1 Nummer 1 GrEStG wird gemäß § 5 Absatz 2 GrEStG i. H. v. 50 % nicht erhoben. Durch die formwechselnde Umwandlung geht die gesamthänderische Mitberechtigung verloren. Die Steuervergünstigung ist rückwirkend nach § 5 Absatz 3 GrEStG zu versagen. Die Steuerfestsetzung ist zu ändern.

7.3.2 Formwechselnde Umwandlung des grundstücksübertragenden Gesamthänders

7.3.2.1 Homogene formwechselnde Umwandlung

Die homogene formwechselnde Umwandlung des grundstücksübertragenden Gesamthänders führt nicht zur Anwendung des § 5 Absatz 3 bzw. des § 6 Absatz 3 Satz 2 GrEStG. Der formgewechselte Rechtsträger führt eine bereits laufende Fünfjahresfrist fort. Nachfolgende mittelbare Gesellschafterwechsel sind nur bei doppelstöckigen Personengesellschaften von Bedeutung.

Beispiel 4:
Am Vermögen einer KG sind Z zu 10 % und eine grundbesitzende GbR zu 90 % beteiligt. Am Vermögen der GbR sind die Gesellschafter A zu 20 %, B zu 30 % und C zu 50 % beteiligt. Die GbR überträgt im Jahr 01 ein Grundstück auf die KG. Im Jahr 03 erfolgt eine formwechselnde Umwandlung der GbR in eine OHG. Im Jahr 04 überträgt C seinen Anteil an der OHG auf D.

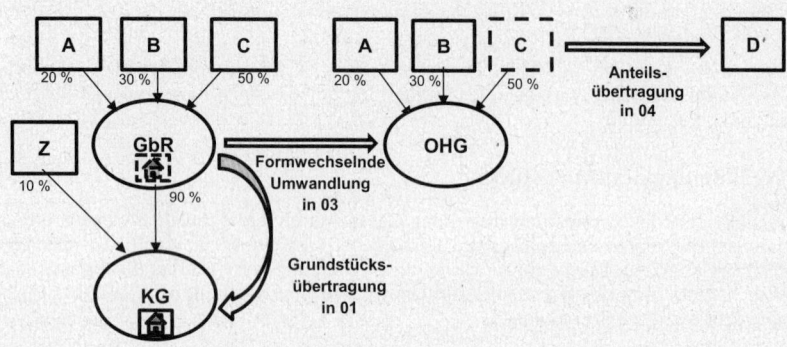

Jahr 01:
Für die nach § 1 Absatz 1 Nummer 1 GrEStG steuerbare Grundstücksübertragung wird die Steuer gemäß § 6 Absatz 3 Satz 1 i.V. m. Absatz 1 Satz 1 GrEStG i. H. v. 90 % nicht erhoben.

Jahr 03:
Die formwechselnde Umwandlung des übertragenden Rechtsträgers (GbR) führt nicht zur Anwendung des § 6 Absatz 3 Satz 2 GrEStG. Der formgewechselte Rechtsträger (OHG) führt die bereits laufende Fünfjahresfrist fort.

Jahr 04:
Das Ausscheiden von C innerhalb des Fünfjahreszeitraums führt zu einer rückwirkenden Versagung der Steuervergünstigung gemäß § 6 Absatz 3 Satz 2 GrEStG i. H. v. 45 % (50 % von 90 %). Die Steuerfestsetzung ist zu ändern.

Die Überwachung der Festsetzung ist in Bezug auf die unveränderte Beteiligung i. H. v. 45 % bis zum Ablauf des verbleibenden Fünfjahreszeitraums fortzusetzen.

Abwandlung:
Am Vermögen der KG ist neben der GbR zu 90 % nicht Z, sondern A, der auch zu 20 % am Vermögen der GbR beteiligt ist, zu 10 % beteiligt.

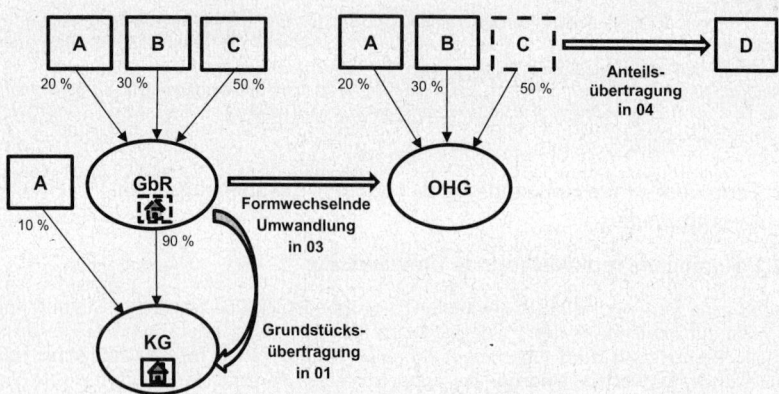

Jahr 01:
Für die nach § 1 Absatz 1 Nummer 1 GrEStG steuerbare Grundstücksübertragung wird die Steuer gemäß § 6 Absatz 3 i.V. m. Absatz 1 Satz 1 GrEStG i. H. v. 92 % nicht erhoben, weil insoweit die Gesamthänder der GbR und der KG identisch sind und ihre Beteiligungshöhe übereinstimmt. Danach berechnet sich die Höhe der Vergünstigung wie folgt:

Gesellschafter	beteiligt an		Vergünstigung nach §6 Absatz 3 GrEStG, soweit Beteiligungshöhe identisch
	GbR	KG	
A	20%	28% (10% + (20% von 90%))	**20%**
B	30%	27% (30% von 90%)	**27%**
C	50%	45% (50% von 90%)	**45%**
Summe	100%	100%	**92%**

<u>Jahr 03:</u>
Die formwechselnde Umwandlung des übertragenden Rechtsträgers (GbR) führt nicht zur Anwendung des §6 Absatz 3 Satz 2 GrEStG. Der formgewechselte Rechtsträger (OHG) führt die bereits laufende Fünfjahresfrist fort.

<u>Jahr 04:</u>
Das Ausscheiden von C innerhalb des Fünfjahreszeitraums führt zu einer rückwirkenden Versagung der Steuervergünstigung gemäß §6 Absatz 3 Satz 2 GrEStG i. H.v. 45% (50% von 90%). Die Steuerfestsetzung ist zu ändern.
Die Überwachung der Festsetzung ist in Bezug auf die unveränderte Beteiligung i. H.v. 47% bis zum Ablauf des verbleibenden Fünfjahreszeitraums fortzusetzen.

7.3.2.2 Heterogene formwechselnde Umwandlung

Die heterogene formwechselnde Umwandlung des grundstücksübertragenden Gesamthänders führt zur Anwendung des §5 Absatz 3 bzw. des §6 Absatz 3 Satz 2 GrEStG. In diesem Fall verliert der grundstücksübertragende Gesamthänder seine gesamthänderische Mitberechtigung am Vermögen der Gesellschaft und damit auch an dem Grundstück. Nach Maßgabe der spezifischen grunderwerbsteuerrechtlichen Zuordnung ändert sich als Folge einer heterogenen formwechselnden Umwandlung das grunderwerbsteuerliche Zuordnungssubjekt (analoge Anwendung des BFH-Urteils vom 25. September 2013, II R 17/12, BStBl 2014 II S. 268).

Beispiel 5:
Am Vermögen einer grundbesitzenden OHG sind A zu 20%, B zu 30% und C zu 50% beteiligt. Am Vermögen der KG sind Z zu 10% und die OHG zu 90% beteiligt. Die OHG überträgt im Jahr 01 ein Grundstück auf die KG. Im Jahr 02 erfolgt eine (heterogene) formwechselnde Umwandlung der OHG in eine GmbH. Im Jahr 03 überträgt C seinen Anteil an der GmbH auf D.

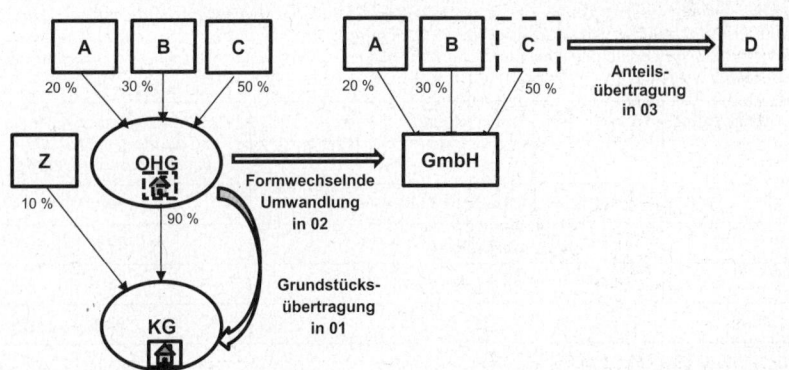

Jahr 01:
Für die nach § 1 Absatz 1 Nummer 1 GrEStG steuerbare Grundstücksübertragung wird die Steuer gemäß § 6 Absatz 3 i.V. m. Absatz 1 Satz 1 GrEStG i. H. v. 90 % nicht erhoben.

Jahr 02:
Mit Eintragung des Formwechsels im Handelsregister (§ 198 Absatz 1 UmwG) führt die formwechselnde Umwandlung des übertragenden Rechtsträgers (OHG) zu einer rückwirkenden Versagung der Steuervergünstigung gemäß § 6 Absatz 3 Satz 2 GrEStG i. H. v. 90 %. Die Steuerfestsetzung ist zu ändern und die Überwachung zu beenden.

Jahr 03:
Die Anteilsübertragung von C auf D ist für die Anwendung des § 6 Absatz 3 Satz 2 GrEStG unbeachtlich.

Abwandlung 1:
Bei der übertragenden Gesellschaft handelt es sich um eine Kapitalgesellschaft, die durch formwechselnde Umwandlung eine Gesamthand wird.
Die Lösung zu Beispiel 5 gilt entsprechend. Die zunächst gewährte Vergünstigung nach § 5 Absatz 2 GrEStG ist hier nach § 5 Absatz 3 GrEStG rückwirkend zu versagen.

Abwandlung 2:
Am Vermögen der KG ist neben der OHG zu 90 % nicht Z, sondern A, der auch zu 20 % am Vermögen der OHG beteiligt ist, zu 10 % beteiligt.

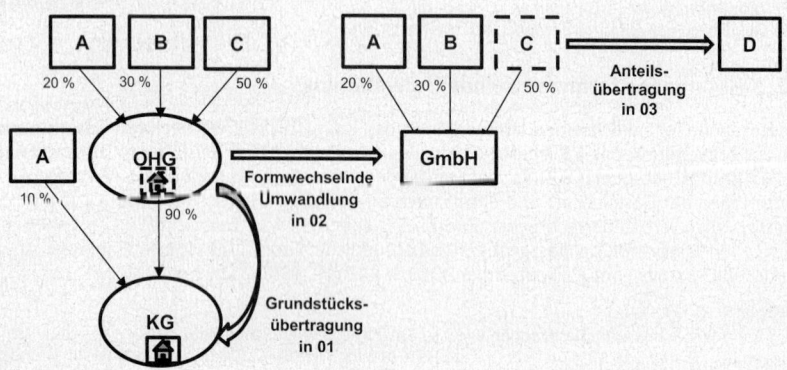

Jahr 01:
Für die nach § 1 Absatz 1 Nummer 1 GrEStG steuerbare Grundstücksübertragung wird die Steuer gemäß § 6 Absatz 3 i.V. m. Absatz 1 Satz 1 GrEStG i. H. v. 92 % nicht erhoben, weil insoweit die Gesamthänder der OHG und der KG identisch sind und ihre Beteiligungshöhe übereinstimmt. Danach berechnet sich die Höhe der Vergünstigung wie folgt:

Gesellschafter	beteiligt an		Vergünstigung nach § 6 Absatz 3 GrEStG, soweit Beteiligungshöhe identisch
	OHG	KG	
A	20 %	28 % (10 % + (20 % von 90 %))	20 %
B	30 %	27 % (30 % von 90 %)	27 %
C	50 %	45 % (50 % von 90 %)	45 %
Summe	100 %	100 %	92 %

Jahr 02:
Mit Eintragung des Formwechsels im Handelsregister (§ 198 Absatz 1 UmwG) führt die formwechselnde Umwandlung des übertragenden Rechtsträgers (OHG) zu einer rückwirkenden Versagung der Steuervergüns-

tigung gemäß § 6 Absatz 3 Satz 2 GrEStG i. H. v. 82 %. Die bisher gewährte Vergünstigung bleibt i. H. der weiter bestehenden unmittelbaren Beteiligung des A an der KG i. H. v. 10 % erhalten. Die Steuerfestsetzung ist zu ändern und die Überwachung insoweit fortzusetzen.

<u>Jahr 03:</u>
Die Anteilsübertragung von C auf D ist für die Anwendung des § 6 Absatz 3 Satz 2 GrEStG unbeachtlich.

7.4 Verhältnis zu den personenbezogenen Befreiungsvorschriften

Die Steuervergünstigungen des § 5 Absatz 1 und Absatz 2 GrEStG entfallen (rückwirkend) über § 5 Absatz 3 GrEStG nur, wenn eine Umgehungsmöglichkeit tatsächlich besteht. Daher kommt eine rückwirkende Versagung der Steuervergünstigung nicht in Betracht, soweit ein der Verminderung des Anteils am Vermögen der Gesamthand entsprechender Grundstückserwerb nach den allgemeinen Vorschriften des § 3 GrEStG von der Steuer ausgenommen wäre.

7.4.1 Anwendung des § 3 Nummer 2 GrEStG

§ 5 Absatz 3 bzw. § 6 Absatz 3 Satz 2 GrEStG setzt die objektive Möglichkeit einer Steuerumgehung voraus. Die Vorschriften sind daher einschränkend dahingehend auszulegen, dass die Vergünstigungen nach § 5 Absatz 1 und Absatz 2 sowie nach § 6 Absatz 3 Satz 1 GrEStG fortbestehen, soweit aufgrund einer gemäß § 3 Nummer 2 GrEStG grunderwerbsteuerfreien Schenkung eine Steuerumgehung objektiv ausscheidet (BFH-Urteil vom 7. Oktober 2009, II R 58/08, BStBl 2010 II S. 302).

Eine gemischte Schenkung führt nur in Höhe des entgeltlichen Teils zu einer rückwirkenden Versagung der Steuervergünstigung. Die Steuerfestsetzung ist zu ändern. Soweit die Anteile unentgeltlich übertragen werden, bleibt die Steuervergünstigung erhalten und die Überwachung ist bis zum Ende der Fünfjahresfrist fortzusetzen.

Beispiel 6:
Am Vermögen einer GmbH & Co. KG sind A zu 50 %, B zu 50 % und die GmbH zu 0 % beteiligt. A überträgt im Jahr 01 ein Grundstück zum Kaufpreis von 100.000 € auf die GmbH & Co. KG. Im Jahr 03 überträgt A Anteile i. H. v. 30 % am Vermögen der GmbH & Co. KG (Verkehrswert 500.000 €) auf seine Nichte C gegen Zahlung eines Kaufpreises von 100.000 €.

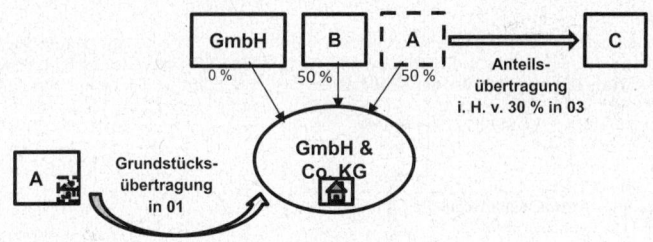

<u>Jahr 01:</u>
Für die nach § 1 Absatz 1 Nummer 1 GrEStG steuerbare Grundstücksübertragung wird die Steuer gemäß § 5 Absatz 2 GrEStG i. H. v. 50 % nicht erhoben.

<u>Jahr 03:</u>
Da A innerhalb der Fünfjahresfrist seinen Anteil am Vermögen der Gesamthand vermindert hat, ist die rückwirkende Versagung der Steuervergünstigung gemäß § 5 Absatz 3 GrEStG zu prüfen. Die Anteilsübertragung erfolgte im Wege der gemischten Schenkung (Entgeltlichkeitsquote 100.000 €/500.000 € = 20 %). Soweit die Anteile entgeltlich übertragen worden sind, ist die Steuerfestsetzung zu ändern und die Steuer i. H. v. weiteren 6 % (20 % von 30 %), also insgesamt von 56 % festzusetzen. Soweit die Anteile unentgeltlich übertragen worden sind (24 %), bleibt es bei der Steuervergünstigung. Die Überwachung für die nicht übertragenen 20 % sowie die unentgeltlich übertragenen 24 % (= 44 %) ist bis zum Ende der Fünfjahresfrist fortzusetzen.

Soweit die Nichte C mit der Schenkung in die Rechtsposition des Schenkers A eingetreten ist, führt sie dessen bereits laufende Fünfjahresfrist fort.

Fortsetzung des Beispiels:
Die Nichte C veräußert innerhalb der Behaltensfrist des § 5 Absatz 3 GrEStG Anteile i. H.v. 10 % am Vermögen der GmbH & Co. KG (bisher: 30 %) an den fremden Dritten D.
Aufgrund des teilentgeltlichen Erwerbs der C entfällt die Steuervergünstigung für 80 % der von ihr weiterveräußerten Anteile gemäß § 5 Absatz 3 GrEStG, weil die Steuer für die restlichen 20 % bereits im vorangegangenen Änderungsbescheid nacherhoben wurde. Die gewährte Steuervergünstigung von 44 % ist um weitere 8 % (80 % von 10 %) rückwirkend zu versagen. Es verbleibt eine Steuervergünstigung nach § 5 Absatz 2 GrEStG von 36 % (20 % für die bei A verbliebenen Anteile und 16 % für die auf C übertragenen Anteile).

7.4.2 Anwendung des § 3 Nummer 4 bis 6 GrEStG

Bei der Verminderung des Anteils des Gesamthänders am Gesamthandsvermögen verbleibt es bei der Steuervergünstigung, soweit der Anteil auf Personen übergeht, die (ohnehin) Grundstücke vom Gesellschafter nach § 3 Nummer 4 bis Nummer 6 GrEStG steuerfrei erwerben können. Der Rechtsnachfolger führt die bereits laufende Fünfjahresfrist des Rechtsvorgängers fort.

Beispiel 7:
Am Vermögen einer OHG sind die Gesellschafter A und B zu je 50 % beteiligt. A überträgt ein Grundstück auf die OHG. Innerhalb von fünf Jahren überträgt A seinen Anteil an der OHG auf seine Kinder.
*A gibt zwar seine gesamthänderische Mitberechtigung auf. Dies erfolgt aber nur zu Gunsten seiner Kinder. Da ein dem Anteilserwerb durch die Kinder entsprechender Grundstückserwerb nach § 3 Nummer 6 GrEStG von der Grunderwerbsteuer befreit wäre, ist die Anwendung des § 5 Absatz 3 GrEStG ausgeschlossen.
In diesen Fällen ist der Rechtsnachfolger an die fünfjährige Behaltensfrist des Rechtsvorgängers gebunden. Die Überwachung nach § 5 Absatz 3 GrEStG ist fortzusetzen.*

7.5 Anteilsverminderung nach vorheriger Grundstücksveräußerung

Erfolgt eine Verminderung der Anteile nach vorheriger steuerbarer Grundstücksveräußerung (vgl. Tz. 7.2), ist § 5 Absatz 3 bzw. § 6 Absatz 3 Satz 2 GrEStG nicht anzuwenden, da eine Missbrauchsgestaltung objektiv ausgeschlossen ist. Die Überwachung nach § 5 Absatz 3 bzw. nach § 6 Absatz 3 Satz 2 GrEStG endet bereits mit der Veräußerung des Grundstücks.

Beispiel 8:
Am Vermögen einer OHG sind die Gesellschafter A, B und C zu je 1/3 beteiligt. Im Jahr 01 übertragen A und B jeweils ein Grundstück auf die OHG. Im Jahr 02 veräußert die OHG das von B übertragene Grundstück an C. Im Jahr 03 überträgt A seinen Anteil an der OHG auf D und scheidet damit aus der OHG aus.

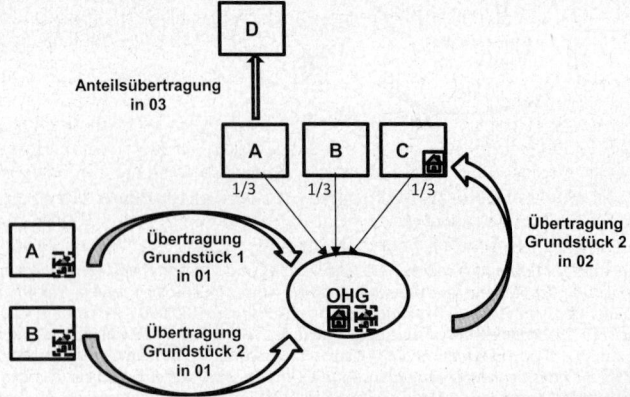

Jahr 01:
Für die nach § 1 Absatz 1 Nummer 1 GrEStG steuerbaren Grundstücksübertragungen wird die Steuer nach § 5 Absatz 2 GrEStG jeweils i. H. v. 1/3 nicht erhoben.

Jahr 02:
Für die nach § 1 Absatz 1 Nummer 1 GrEStG steuerbare Weiterveräußerung des von B übertragenen Grundstücks durch die OHG an C wird die Steuer nach § 6 Absatz 2 GrEStG in Höhe der Beteiligung des C am Vermögen der OHG (1/3) nicht erhoben.

Die Weiterveräußerung des von B auf die OHG übertragenen Grundstücks durch einen grunderwerbsteuerbaren Rechtsvorgang auf C führt nicht zur Anwendung des § 5 Absatz 3 GrEStG. Die Überwachung nach § 5 Absatz 3 GrEStG in Bezug auf B endet.

Jahr 03:
Da A durch die Anteilsveräußerung an D innerhalb von fünf Jahren nach der Übertragung seines Grundstücks aus der OHG ausscheidet und sich das Grundstück unverändert im Gesamthandsvermögen der OHG befindet, findet § 5 Absatz 3 GrEStG in Höhe seiner bis dahin bestehenden gesamthänderischen Mitberechtigung und seiner Beteiligung am Vermögen der OHG (1/3) Anwendung.

Die Steuerfestsetzung aus dem Jahr 01 ist zu ändern. Die Überwachung nach § 5 Absatz 3 GrEStG in Bezug auf A endet.

7.6 Anwachsung

Eine Anwendung des § 5 Absatz 3 bzw. des § 6 Absatz 3 Satz 2 GrEStG scheidet aus, wenn das Grundstück innerhalb der Fünfjahresfrist im Rahmen einer Anwachsung übergeht auf:

- den grundstücksübertragenden Gesamthänder (in einem Rechtsakt [Beispiel 9] oder mehreren Rechtsakten),
- einen Gesellschafter, der das Grundstück nicht übertragen hat (in einem Rechtsakt [Beispiel 10]),
  oder
- einen fremden Dritten (in einem Rechtsakt).

In diesen Fällen liegt jeweils ein nach § 1 Absatz 1 Nummer 3 Satz 1 GrEStG steuerbarer Rechtsvorgang vor, der einen Missbrauch objektiv ausschließt.

In Fällen, in denen der grundstücksübertragende Gesamthänder seine Beteiligung an der Gesamthand innerhalb der Fünfjahresfrist verringert, ohne dass hierdurch zugleich eine steuerbare Anwachsung verwirklicht wird, findet § 5 Absatz 3 bzw. § 6 Absatz 3 Satz 2 GrEStG hingegen Anwendung. Hat ein Mitgesellschafter die Beteiligung in diesem Umfang übernommen, wird die Grunderwerbsteuer bei einer späteren Anwachsung in dessen Hand nicht erhoben, soweit es seinem Anteil am Vermögen der Gesamthand im Zeitpunkt der Anwachsung entspricht. Dieser umfasst sowohl die ursprüngliche als auch die hinzuerworbene Beteiligung (Beispiel 11).

Dem Grunde nach ist hinsichtlich der hinzuerworbenen Beteiligung der Tatbestand des § 6 Absatz 4 GrEStG erfüllt. Diese Norm dient in gleicher Weise wie § 5 Absatz 3 GrEStG der Missbrauchsvermeidung und soll erreichen, dass Anteilserhöhungen im Vorfeld einer Grundstücksübertragung ebenso wie Anteilsverminderungen nach einer Grundstücksübertragung zu einer Besteuerung führen. Soweit eine Steuerumgehung objektiv ausgeschlossen ist, ist die Vorschrift des § 5 Absatz 3 bzw. des § 6 Absatz 3 Satz 2 GrEStG ihrer Zielrichtung entsprechend einschränkend auszulegen (teleologische Reduktion). Hat die Verminderung der Beteiligung des grundstücksübertragenden Gesellschafters bereits ganz oder teilweise zur rückwirkenden Versagung der Steuervergünstigung nach § 5 Absatz 3 GrEStG geführt, entfällt der Grund, auf die hinzuerworbenen Anteile die Sperrfrist des § 6 Absatz 4 GrEStG anzuwenden.

Beispiel 9: Anwachsung auf den grundstücksübertragenden Gesamthänder in einem Rechtsakt
Am Vermögen einer GbR sind A zu 40 % sowie B und C zu je 30 % beteiligt. A überträgt im Jahr 01 ein Grundstück auf die GbR. Im Jahr 04 übernimmt A die Anteile der anderen Gesellschafter der GbR (B und C) und führt das Unternehmen (nunmehr als Einzelunternehmen) fort.

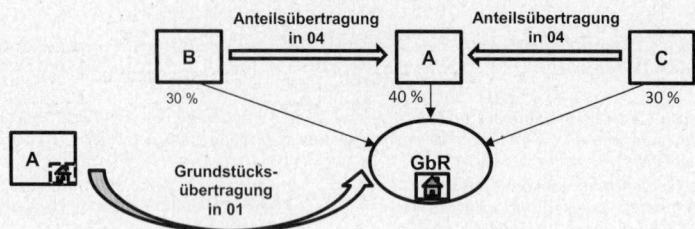

Jahr 01:
Für die nach § 1 Absatz 1 Nummer 1 GrEStG steuerbare Grundstücksübertragung wird die Steuer nach § 5 Absatz 2 GrEStG i. H. v. 40 % nicht erhoben.

Jahr 04:
Für die nach § 1 Absatz 1 Nummer 3 Satz 1 GrEStG steuerbare Anwachsung infolge der Übernahme der Gesellschaftsanteile der beiden ausscheidenden Gesellschafter B und C wird die Steuer nach § 6 Absatz 2 GrEStG zu 40 % nicht erhoben.

Die Anwachsung führt in Bezug auf die Übertragung im Jahr 01 nicht zur Anwendung des § 5 Absatz 3 GrEStG, weil A in Höhe seines bisherigen Anteils am Vermögen der GbR weiterhin am Wert des Grundstücks beteiligt ist. Die Überwachung nach § 5 Absatz 3 GrEStG endet.

Beispiel 10: <u>Anwachsung auf einen anderen als den grundstücksübertragenden Gesamthänder in einem Rechtsakt</u>

Am Vermögen einer GbR sind A zu 40 %, B zu 50 % und C zu 10 % beteiligt. A überträgt im Jahr 01 ein Grundstück auf die GbR. Im Jahr 04 übernimmt B in einem Rechtsakt die Anteile der anderen Gesellschafter der GbR (A und C) und führt das Unternehmen (nunmehr als Einzelunternehmen) fort.

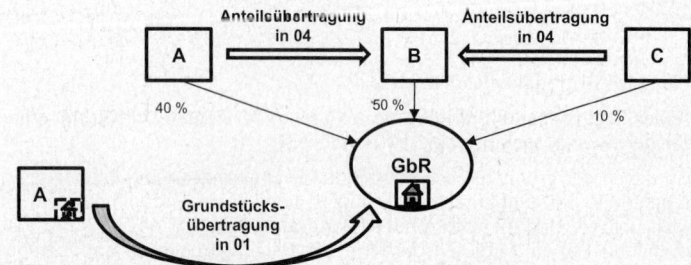

Jahr 01:
Für die nach § 1 Absatz 1 Nummer 1 GrEStG steuerbare Grundstücksübertragung wird die Steuer nach § 5 Absatz 2 GrEStG i. H. v. 40 % nicht erhoben.

Jahr 04:
Für die nach § 1 Absatz 1 Nummer 3 Satz 1 GrEStG steuerbare Anwachsung infolge der Übernahme der Gesellschaftsanteile der beiden ausscheidenden Gesellschafter A und C durch B wird die Steuer nach § 6 Absatz 2 GrEStG in Höhe des seit der Übertragung des Grundstücks im Jahr 01 unverändert bestehenden Anteils am Vermögen der GbR (50 %) nicht erhoben.

Die Anwachsung führt in Bezug auf die Übertragung im Jahr 01 nicht zur Anwendung des § 5 Absatz 3 GrEStG, weil die Verminderung der vermögensmäßigen Beteiligung des A an der GbR unmittelbar mit einem steuerbaren Rechtsvorgang im Zusammenhang steht und eine Steuerumgehung insoweit objektiv ausgeschlossen ist. Die Überwachung nach § 5 Absatz 3 GrEStG endet.

Beispiel 11: <u>Anwachsung auf einen anderen als den grundstücksübertragenden Gesamthänder in mehreren Rechtsakten</u>

Am Vermögen einer GbR sind A zu 50 % sowie B und C zu je 25 % beteiligt. A überträgt im Jahr 01 ein Grundstück auf die GbR. Im Jahr 03 übernimmt B zunächst den Anteil des A und im Jahr 04 den Anteil des C und führt das Unternehmen (nunmehr als Einzelunternehmen) fort.

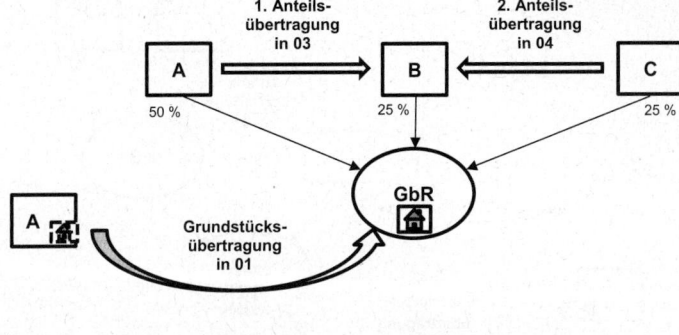

Jahr 01:
Für die nach § 1 Absatz 1 Nummer 1 GrEStG steuerbare Grundstücksübertragung wird die Steuer nach § 5 Absatz 2 GrEStG i. H. v. 50 % nicht erhoben.

Jahr 03:
Durch sein Ausscheiden aus der GbR hat A die an die Vergünstigung seiner Grundstücksübertragung anknüpfende Fünfjahresfrist nicht eingehalten. Die bisher gewährte Steuervergünstigung von 50 % ist nach § 5 Absatz 3 GrEStG rückwirkend zu versagen. Die Überwachung nach § 5 Absatz 3 GrEStG endet.

Jahr 04:
Für die nach § 1 Absatz 1 Nummer 3 Satz 1 GrEStG steuerbare Anwachsung infolge der Übernahme des Gesellschaftsanteils des vorletzten ausscheidenden Gesellschafters C wird die Steuer nach § 6 Absatz 2 GrEStG in Höhe der seit dem Anteilserwerb von A bestehenden gesamthänderischen Mitberechtigung des B an der GbR (75 %) nicht erhoben.
§ 6 Absatz 4 GrEStG ist nicht anzuwenden, weil der Erwerb des Anteils des A durch B im Zusammenhang mit einer rückwirkenden Versagung einer Steuervergünstigung nach § 5 Absatz 3 GrEStG stand und damit der Grunderwerbsteuer unterlegen hat.

7.7 Umwandlung einer mittelbaren in eine unmittelbare Beteiligung bzw. einer unmittelbaren in eine mittelbare Beteiligung

§ 5 Absatz 3 bzw. § 6 Absatz 3 Satz 2 GrEStG findet keine Anwendung, wenn innerhalb der maßgeblichen Fünfjahresfrist die Beteiligung an der erwerbenden Gesamthand von einer, über eine oder mehrere Gesamthandsgemeinschaften bestehenden, mittelbaren zu einer unmittelbaren Beteiligung verstärkt wird. Eine Abschwächung von einer unmittelbaren zu einer mittelbaren Beteiligung führt zu einer rückwirkenden Versagung der Steuervergünstigung, soweit sich hierdurch der Anteil am Vermögen der erwerbenden Gesamthand vermindert. Für die Ermittlung der mittelbaren Beteiligung sind die Vomhundertsätze am Vermögen der Gesellschaften zu multiplizieren.

Mittelbare Beteiligungen über Kapitalgesellschaften bleiben unberücksichtigt, da deren Gesellschafter nicht an der Personengesellschaft beteiligt sind. Mit der Abschwächung einer unmittelbaren in eine mittelbare Beteiligung oder Verstärkung einer mittelbaren in eine unmittelbare Beteiligung endet nicht die Überwachung nach § 5 Absatz 3 bzw. nach § 6 Absatz 3 Satz 2 GrEStG.

Beispiel 12: Verstärkung einer mittelbaren in eine unmittelbare Beteiligung
Am Vermögen einer OHG sind B und eine KG zu je 50 % beteiligt. Am Vermögen der KG sind C und A zu je 50 % beteiligt. A überträgt im Jahr 01 ein Grundstück auf die OHG. Im Jahr 04 erwirbt A von der KG deren Anteil an der OHG.

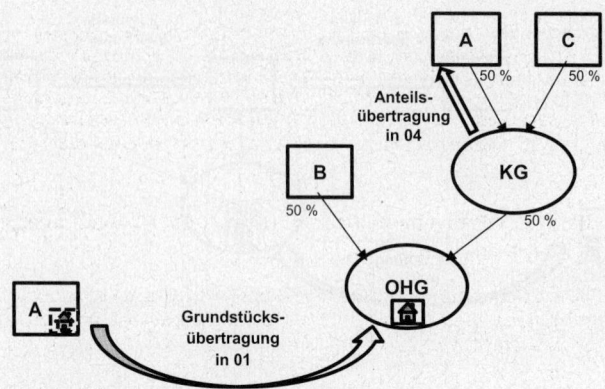

Jahr 01:
Für die nach § 1 Absatz 1 Nummer 1 GrEStG steuerbare Grundstücksübertragung wird die Steuer nach § 5 Absatz 2 GrEStG i. H. v. 25 % nicht erhoben, weil A in dieser Höhe mittelbar am Vermögen der OHG beteiligt ist.

Jahr 04:
Die Anteilsübertragung von der KG auf A stellt keinen steuerbaren Rechtsvorgang dar. § 5 Absatz 3 GrEStG ist nicht anzuwenden. A hat seine bisher mittelbare Beteiligung i. H. v. 25 % zu einer unmittelbaren Beteiligung i. H. v. 50 % verstärkt und bleibt somit weiterhin zu mindestens 25 % am Vermögen der OHG beteiligt.

Die Überwachung nach § 5 Absatz 3 GrEStG ist bis zum Ablauf der Fünfjahresfrist fortzuführen. Eine rückwirkende Versagung der Steuervergünstigung nach § 5 Absatz 3 GrEStG käme nur dann und soweit zur Anwendung, wie die Beteiligung des A innerhalb des verbleibenden Überwachungszeitraums 25 % unterschreitet.

Beispiel 13: Abschwächung einer unmittelbaren zu einer mittelbaren Beteiligung

Am Vermögen einer OHG sind A und B zu je 50 % beteiligt. A überträgt im Jahr 01 ein Grundstück auf die OHG. Im Jahr 04 überträgt A seinen OHG-Anteil auf eine KG. Am Vermögen der KG sind A und C zu je 50 % beteiligt.

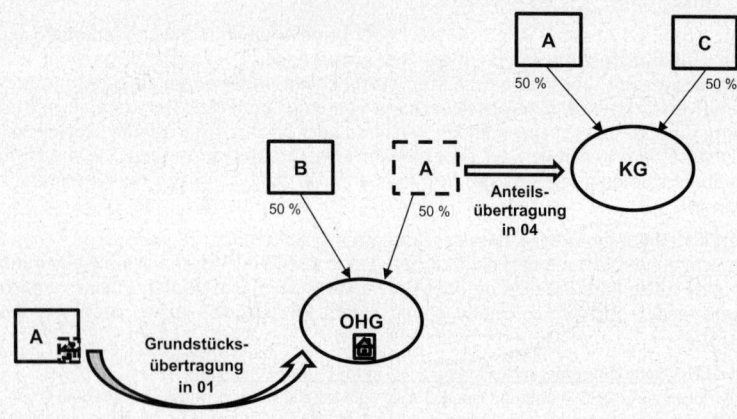

Jahr 01:
Für die nach § 1 Absatz 1 Nummer 1 GrEStG steuerbare Grundstücksübertragung wird die Steuer nach § 5 Absatz 2 GrEStG i. H. v. 50 % nicht erhoben, weil A in dieser Höhe unmittelbar am Vermögen der OHG beteiligt ist.

Jahr 04:
Die Anteilsübertragung von A auf die KG stellt keinen steuerbaren Rechtsvorgang dar. Nach § 5 Absatz 3 GrEStG ist die Steuervergünstigung für die Grundstücksübertragung im Jahr 01 rückwirkend zu versagen, soweit A seine bisherige Beteiligung i. H. v. 50 % unterschreitet. Durch die Abschwächung seiner unmittelbaren Beteiligung i. H. v. 50 % zu einer mittelbaren Beteiligung i. H. v. 25 % geht die gesamthänderische Mitberechtigung des A an der OHG i. H. v. 25 % verloren. Die Steuerfestsetzung ist zu ändern.
Die Überwachung nach § 5 Absatz 3 GrEStG ist bis zum Ablauf der Fünfjahresfrist in Bezug auf die verbleibende Beteiligung i. H. v. 25 % fortzuführen.

7.8 Verwirklichung der Tatbestände nach § 1 Absatz 2a, Absatz 3 oder Absatz 3a GrEStG

Eine Anwendung des § 5 Absatz 3 bzw. des § 6 Absatz 3 Satz 2 GrEStG scheidet aus, wenn durch die Minderung des Anteils ein steuerbarer Rechtsvorgang i. S. des § 1 Absatz 2a, Absatz 3 oder Absatz 3a GrEStG verwirklicht wird.

7.8.1 Verhältnis zu § 1 Absatz 2a GrEStG

7.8.1.1 Gesellschafterwechsel in einem Rechtsakt

Wird durch einen Gesellschafterwechsel der Tatbestand des § 1 Absatz 2a Satz 1 GrEStG in einem Rechtsakt vollzogen, kommt § 5 Absatz 3 bzw. § 6 Absatz 3 Satz 2 GrEStG nicht zur Anwendung, da durch diesen steuerbaren Rechtsvorgang ein Missbrauch objektiv ausgeschlossen ist. Eine Anrechnung nach § 1 Absatz 2a Satz 7 GrEStG scheidet daher aus.

Die Überwachung nach § 5 Absatz 3 bzw. nach § 6 Absatz 3 Satz 2 GrEStG endet mit der Verwirklichung des § 1 Absatz 2a Satz 1 GrEStG.

Beispiel 14:
Am Vermögen einer OHG sind A zu 95 % und B zu 5 % beteiligt. A überträgt im Jahr 01 ein Grundstück auf die OHG. Im Jahr 03 überträgt A einen OHG-Anteil i. H. v. 90 % und B seinen gesamten OHG-Anteil in einem Rechtsakt auf C.

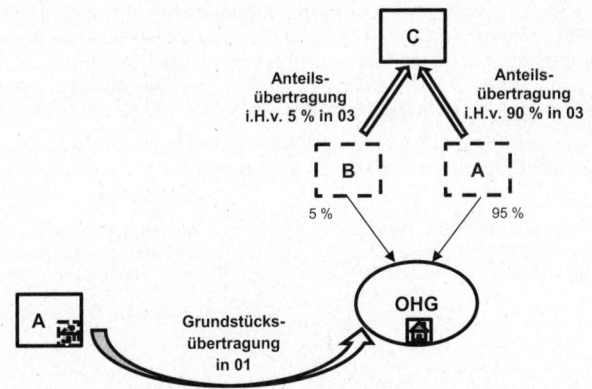

Jahr 01:
Für die nach § 1 Absatz 1 Nummer 1 GrEStG steuerbare Grundstücksübertragung wird die Steuer nach § 5 Absatz 2 GrEStG i. H. v. 95 % nicht erhoben, weil A in dieser Höhe unmittelbar am Vermögen der OHG beteiligt ist.

Jahr 03:
Durch die Anteilsübertragungen von A und B auf C wird der Tatbestand des § 1 Absatz 2a Satz 1 GrEStG verwirklicht. Durch die Änderung des Gesellschafterbestandes i. H. v. 95 % wird ein Grundstückserwerb durch eine neue OHG fingiert mit der Folge, dass § 6 Absatz 3 Satz 1 i. V. m. Absatz 1 Satz 1 GrEStG anzuwenden ist. Da A i. H. v. 5 % an der OHG beteiligt bleibt, ist die Steuer in dieser Höhe nach § 6 Absatz 3 Satz 1 i. V. m. Absatz 1 Satz 1 GrEStG nicht zu erheben.

§ 5 Absatz 3 GrEStG ist auf den übertragenen Anteil des A i. H. v. 90 % nicht anzuwenden, da die Verminderung seines Gesellschaftsanteils zu einem steuerbaren Vorgang beigetragen hat und deshalb eine Steuerumgehung objektiv ausgeschlossen ist. Eine Anrechnung nach § 1 Absatz 2a Satz 7 GrEStG scheidet aus.

Die Überwachung nach § 5 Absatz 3 GrEStG endet wegen der Verwirklichung des § 1 Absatz 2a Satz 1 GrEStG. Eine neue fünfjährige Überwachungsfrist gemäß § 6 Absatz 3 Satz 2 GrEStG beginnt.

7.8.1.2 Gesellschafterwechsel in mehreren Rechtsakten

Erfolgt die nach § 1 Absatz 2a Satz 1 GrEStG steuerbare Änderung des Gesellschafterbestandes sukzessive (schrittweise), ist § 5 Absatz 3 oder § 6 Absatz 3 Satz 2 GrEStG sowohl auf die Gesellschafterwechsel, die zur Tatbestandsverwirklichung des § 1 Absatz 2a GrEStG beitragen, als auch auf solche, die den Tatbestand auslösen, anzuwenden. Eine teleologische Reduktion kommt nicht in Betracht, da jeder Teilakt für sich einen Missbrauch nicht objektiv ausschließt.

Zur Vermeidung einer möglichen Doppelbelastung enthält § 1 Absatz 2a Satz 7 GrEStG eine Anrechnungsregelung für die Fälle, in denen wegen der Verminderung des Anteils des übertragenden Gesellschafters am Vermögen der Gesamthand die Steuervergünstigung nach § 5 Absatz 3 GrEStG rückwirkend entfällt und wegen des Gesellschafterwechsels eine Besteuerung nach § 1 Absatz 2a Satz 1 GrEStG vorzunehmen ist. Danach ist auf die nach § 8 Absatz 2 Satz 1 Nummer 3 GrEStG ermittelte Bemessungsgrundlage (Grundbesitzwert) die Bemessungsgrundlage anzurechnen, von der nach § 5 Absatz 3 oder § 6 Absatz 3 Satz 2 GrEStG die Steuervergünstigung rückwirkend zu versagen ist.

Da § 1 Absatz 2a Satz 7 GrEStG eine Doppelbelastung vermeiden soll, ist die Anrechnung nur vorzunehmen, wenn das Ausscheiden des Gesellschafters, der das Grundstück übertragen hat, oder die Verringerung seiner Beteiligung durch Übertragung auf einen Neugesellschafter gleichzeitig zur Verwirklichung des Tatbestandes des § 1 Absatz 2a Satz 1 GrEStG beiträgt. Die Veränderung der Beteiligungsverhältnisse unter Altgesellschaftern stellt keinen für § 1 Absatz 2a Satz 1 GrEStG relevanten Gesellschafterwechsel dar. Deshalb ist die Bemessungsgrundlage des Erwerbsvorgangs, für den die Steuervergünstigung des § 5 Absatz 1 oder 2 oder § 6 Absatz 3 Satz 1 i. V. m. Absatz 1 Satz 1 GrEStG aufgrund des § 5 Absatz 3 oder § 6 Absatz 3 Satz 2 GrEStG zu versagen ist, nicht nach § 1 Absatz 2a Satz 7 GrEStG zu berücksichtigen.

Eine Überwachung nach § 5 Absatz 3 bzw. nach § 6 Absatz 3 Satz 2 GrEStG ist nur fortzuführen, soweit der Grundstücksübertragende weiterhin am Vermögen der Gesellschaft beteiligt ist.

Beispiel 15:
Am Vermögen einer OHG sind A zu 95 % und B zu 5 % beteiligt. A überträgt im Jahr 01 ein Grundstück zu einem Kaufpreis von 200.000 € auf die OHG. Im Jahr 03 überträgt A einen OHG-Anteil i. H. v. 90 % an C und im Jahr 04 überträgt A 5 % seiner OHG-Anteile auf D. Der Grundbesitzwert im Jahr 04 beträgt 100.000 €.

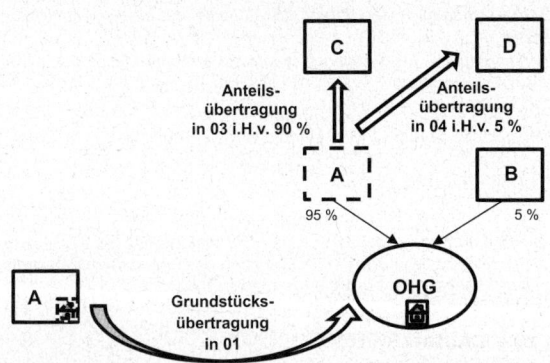

Jahr 01:
Für die nach § 1 Absatz 1 Nummer 1 GrEStG steuerbare Grundstücksübertragung wird die Steuer nach § 5 Absatz 2 GrEStG i. H. v. 95 % nicht erhoben, weil A in dieser Höhe unmittelbar am Vermögen der OHG beteiligt ist.

Kaufpreis/Bemessungsgrundlage (BMG)	200.000 €
Steuervergünstigung nach § 5 Absatz 2 GrEStG (Beteiligung des A i. H. v. 95 %)	./. 190.000 €
Grunderwerbsteuerrechtliche BMG	10.000 €
Zu entrichtende Steuer (hier 3,5 %)	350 €

Jahr 03:
Die Anteilsübertragung von A auf C stellt keinen steuerbaren Rechtsvorgang dar. Nach § 5 Absatz 3 GrEStG ist die Steuervergünstigung für die Grundstücksübertragung im Jahr 01 rückwirkend zu versagen, soweit sich der Anteil des A am Vermögen der Gesamthand i. H. v. 90 % vermindert.
Die Steuerfestsetzung ist zu ändern.

Kaufpreis/BMG	200.000 €
Steuervergünstigung nach § 5 Absatz 2 GrEStG (Beteiligung des A i. H. v. 5 %)	./. 10.000 €
Grunderwerbsteuerrechtliche BMG	190.000 €
Festzusetzende Steuer (hier 3,5 %)	6.650 €
Bereits festgesetzte und entrichtete Steuer (Jahr 01)	350 €
Steuer durch Anwendung des § 5 Absatz 3 GrEStG (180.000 € × 3,5 %)	6.300 €

Jahr 04:
Nach § 5 Absatz 3 GrEStG ist die Steuervergünstigung für die Grundstücksübertragung von A auf die OHG im Jahr 01 rückwirkend zu versagen, soweit sich der Anteil des A am Vermögen der Gesamthand i. H. v. 5 % vermindert.
Die Steuerfestsetzung ist zu ändern.

Kaufpreis/BMG	200.000 €
Steuervergünstigung nach § 5 Absatz 2 GrEStG (Beteiligung 0 %)	0 €
Grunderwerbsteuerrechtliche BMG	200.000 €
Festzusetzende Steuer (hier 3,5 %)	7.000 €
Bereits festgesetzte und entrichtete Steuer (Jahr 01)	6.650 €
Steuer durch Anwendung des § 5 Absatz 3 GrEStG (10.000 € × 3,5 %)	350 €

Durch die Anteilsübertragungen von A auf D wird der Tatbestand des § 1 Absatz 2a Satz 1 GrEStG verwirklicht. Durch die Änderung des Gesellschafterbestandes i. H. v. 95 % wird grunderwerbsteuerrechtlich ein Grundstückserwerb von einer neuen OHG fingiert mit der Folge, dass § 6 Absatz 3 Satz 1 i. V. m. Absatz 1 Satz 1 GrEStG anzuwenden ist. Da B i. H. v. 5 % am Vermögen der OHG beteiligt bleibt, ist die Steuer in dieser Höhe nach § 6 Absatz 3 Satz 1 i. V. m. Absatz 1 Satz 1 GrEStG nicht zu erheben. Auf die Bemessungsgrundlage für den Gesellschafterwechsel nach § 1 Absatz 2a Satz 1 GrEStG ist die Bemessungsgrundlage im Jahr 03 und Jahr 04 nach § 5 Absatz 3 GrEStG, gemäß § 1 Absatz 2a Satz 7 GrEStG anzurechnen, für die die Steuervergünstigung rückwirkend zu versagen war. Eine Doppelbesteuerung wird hierdurch vermieden. Die Überwachung

nach § 5 Absatz 3 GrEStG bezüglich der Anteile des A endet mit der Verwirklichung des § 1 Absatz 2a Satz 1 GrEStG.
Es beginnt eine neue fünfjährige Überwachungsfrist gemäß § 6 Absatz 3 Satz 2 GrEStG, die sich auf den Anteil des B i. H. v. 5 % bezieht.

Grundbesitzwert (§ 8 Absatz 2 Nummer 3 GrEStG)/BMG	100.000 €
Steuervergünstigung nach § 6 Absatz 3 i. V. m. Absatz 1 GrEStG (Beteiligung B i. H. v. 5 %)	./. 5.000 €
Zwischensumme	95.000 €
Anrechnung nach § 1 Absatz 2a Satz 7 GrEStG	./. 190.000 €
Grunderwerbsteuerrechtliche BMG	0 €

Eine Überwachung nach § 6 Absatz 3 Satz 2 GrEStG bezüglich der Anteile des B ist nicht erforderlich, weil der ungekürzte Grundbesitzwert für den nach § 1 Absatz 2a Satz 1 GrEStG steuerbaren Rechtsvorgang insgesamt geringer ist als der Anrechnungsbetrag nach § 1 Absatz 2a Satz 7 GrEStG.

7.8.2 Verhältnis zu § 1 Absatz 3 GrEStG

Wird durch die Minderung des Anteils in einem Rechtsakt ein Tatbestand des § 1 Absatz 3 GrEStG verwirklicht, kommt es nicht zu einer rückwirkenden Versagung der Steuervergünstigung nach § 5 Absatz 3 bzw. § 6 Absatz 3 Satz 2 GrEStG, da durch diesen steuerbaren Rechtsvorgang ein Missbrauch objektiv ausgeschlossen ist.

Die Überwachung nach § 5 Absatz 3 bzw. nach § 6 Absatz 3 Satz 2 GrEStG endet mit der Verwirklichung des § 1 Absatz 3 GrEStG.

Sind einer Anteilsvereinigung eine oder mehrere Anteilsminderungen vorausgegangen, unterliegen diese hingegen der rückwirkenden Versagung der Steuervergünstigung. Eine Anrechnung ist gesetzlich nicht vorgesehen.

Wird nach der Grundstücksübertragung eine Anteilsvereinigung i. S. des § 1 Absatz 3 Nummer 1 oder Nummer 2 GrEStG in der Hand des Grundstücksübertragenden verwirklicht, ist eine spätere Minderung seines Anteils unter das ursprüngliche Quantum unschädlich.

Beispiel 16:
Am Vermögen einer GmbH & Co. KG sind A und B zu je 50 % beteiligt. A überträgt im Jahr 01 ein Grundstück auf die GmbH & Co. KG. Die Komplementär-GmbH, an der A und B ebenfalls je 50 % der Anteile halten, ist nicht am Vermögen der KG beteiligt.
A überträgt im Jahr 02 seine Anteile an der GmbH & Co. KG und der GmbH auf B.

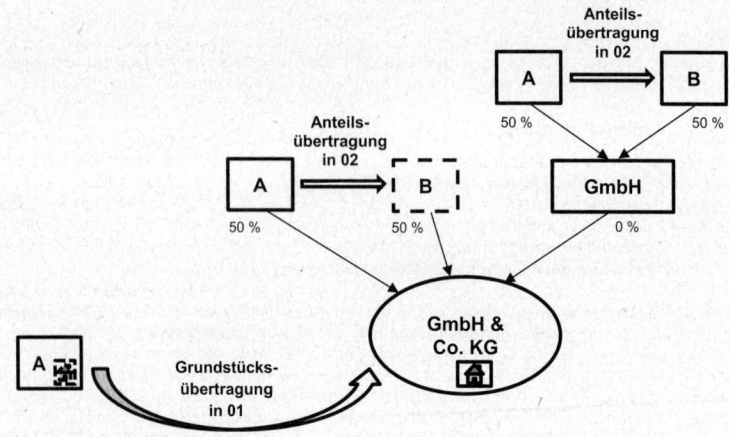

Jahr 01:
Für die nach § 1 Absatz 1 Nummer 1 GrEStG steuerbare Grundstücksübertragung wird die Steuer nach § 5 Absatz 2 GrEStG i. H. v. 50 % nicht erhoben, weil A in dieser Höhe unmittelbar am Vermögen der GmbH & Co. KG beteiligt ist.

Jahr 02:
Mit der Übertragung der Beteiligung am Vermögen der GmbH & Co. KG und der Anteile an der GmbH wird eine teils unmittelbare, teils mittelbare Anteilsvereinigung i. S. des § 1 Absatz 3 Nummer 1 GrEStG in der Hand des B verwirklicht. Auf diesen Rechtsvorgang findet § 6 Absatz 2 GrEStG Anwendung, soweit dies durch § 6 Absatz 4 GrEStG nicht ausgeschlossen wird. Der Vorgang ist i. H. v. 50 % begünstigt.
Da der Anteil des A an der GmbH & Co. KG innerhalb der Fünfjahresfrist des § 5 Absatz 3 GrEStG übertragen wurde, wäre grundsätzlich die Steuervergünstigung rückgängig zu machen. Die Anteilsübertragung führt aber zu einem steuerbaren Rechtsvorgang, somit kommt § 5 Absatz 3 GrEStG nicht zur Anwendung. Die Überwachung nach § 5 Absatz 3 GrEStG endet mit der Verwirklichung des § 1 Absatz 3 Nummer 1 GrEStG.

7.8.3 Verhältnis zu § 1 Absatz 3a GrEStG

Die Grundsätze zur Anwendung in den Fällen des § 1 Absatz 3 GrEStG gelten entsprechend.

Beispiel 17:
An einer OHG sind A zu 95 % und B zu 5 % beteiligt. A veräußert der OHG im Jahr 01 ein ihm gehörendes Grundstück. Im Jahr 02 überträgt A 90 % der Anteile am Vermögen der OHG an B. Im Jahr 03 überträgt B 95 % der Anteile am Vermögen der OHG an Z.

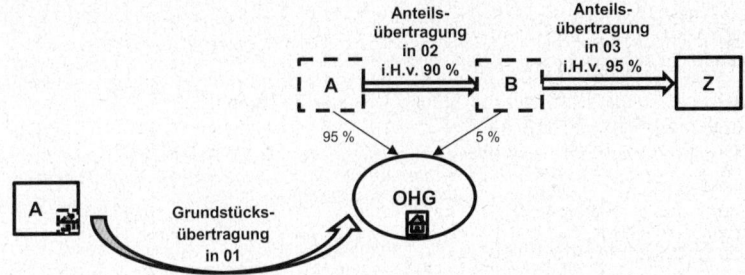

Jahr 01:
Für die nach § 1 Absatz 1 Nummer 1 GrEStG steuerbare Grundstücksübertragung wird die Steuer nach § 5 Absatz 2 GrEStG i. H. v. 95 % nicht erhoben, weil A in dieser Höhe unmittelbar am Vermögen der OHG beteiligt ist.

Jahr 02:
Die Anteilsübertragung von A auf B stellt keinen steuerbaren Rechtsvorgang nach § 1 Absatz 2a GrEStG dar, da B Altgesellschafter der grundbesitzenden OHG ist. In der Hand des B löst die Übertragung von 90 % des Anteils am Vermögen der OHG von A auf B nicht den Tatbestand des § 1 Absatz 3 Nummer 1 GrEStG aus. Denn im Rahmen des § 1 Absatz 3 GrEStG ist bei Personengesellschaften auf der unmittelbaren Ebene unter „Anteil an der Gesellschaft" die gesamthänderische Mitberechtigung und nicht die vermögensmäßige Beteiligung am Gesellschaftsvermögen zu verstehen. Der Tatbestand des § 1 Absatz 3a GrEStG ist auf der Ebene des B verwirklicht, da B erstmalig eine wirtschaftliche Beteiligung i. H. v. 95 % innehat.
Eine Anwendung des § 5 Absatz 3 GrEStG kommt nicht in Betracht, da der Tatbestand des § 1 Absatz 3a GrEStG durch die Verminderung des Anteils des A am Vermögen der Gesamthand i. H. v. 90 % in einem Rechtsakt vollzogen wurde und deshalb eine Steuerumgehung objektiv ausgeschlossen ist.
Die Steuerfestsetzung für das Jahr 01 ist nicht zu ändern.

Jahr 03:
Durch die Anteilsübertragungen von B auf Z wird der Tatbestand des § 1 Absatz 2a Satz 1 GrEStG verwirklicht. Durch die Änderung des Gesellschafterbestandes i. H. v. 95 % wird grunderwerbsteuerrechtlich ein Grundstückserwerb von einer neuen OHG fingiert mit der Folge, dass § 6 Absatz 3 Satz 1 i. V. m. Absatz 1

Satz 1 GrEStG anzuwenden ist. Da A i. H. v. 5 % am Vermögen der OHG beteiligt bleibt, ist die Steuer in dieser Höhe nach § 6 Absatz 3 Satz 1 i. V. m. Absatz 1 Satz 1 GrEStG nicht zu erheben.
§ 1 Absatz 6 GrEStG kommt nicht zur Anwendung.

Beispiel 18:
Am Vermögen einer OHG sind A und B zu je 48 % und C zu 4 % beteiligt. A überträgt im Jahr 01 ein Grundstück auf die OHG. Im Jahr 02 überträgt A 10 % der Anteile am Vermögen der OHG auf B. Im Jahr 03 überträgt A die restlichen Anteile auf B.

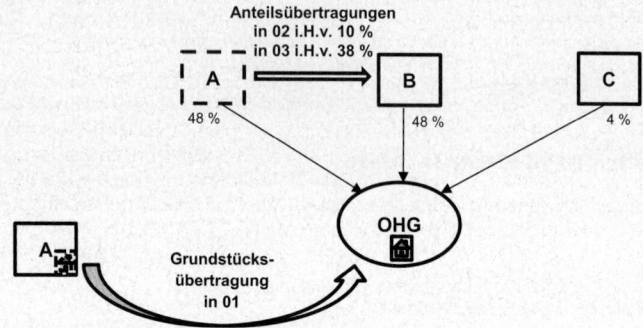

Jahr 01:
Für die nach § 1 Absatz 1 Nummer 1 GrEStG steuerbare Grundstücksübertragung wird die Steuer nach § 5 Absatz 2 GrEStG i. H. v. 48 % nicht erhoben, weil A in dieser Höhe unmittelbar am Vermögen der OHG beteiligt ist.

Jahr 02:
Die Anteilsübertragung stellt eine Anteilsminderung dar, für die die Steuervergünstigung nach § 5 Absatz 3 GrEStG i. H. v. 10 % rückwirkend zu versagen ist. Die Überwachung nach § 5 Absatz 3 GrEStG ist bezüglich der verbleibenden Anteile des A an der OHG (38 %) fortzuführen.

Jahr 03:
§ 1 Absatz 2a Satz 1 GrEStG ist wegen der Altgesellschafterstellung des B nicht verwirklicht. § 1 Absatz 3 GrEStG wird durch die Anteilsübertragung aufgrund der gesamthänderischen Mitberechtigung des C nicht verwirklicht.
Aufgrund der Anteilsübertragung hat B erstmals eine wirtschaftliche Beteiligung i. S. des § 1 Absatz 3a Satz 1 GrEStG von 96 % inne. Der Vorgang ist in Höhe seiner seit mindestens fünf Jahren bestehenden Beteiligung i. H. v. 48 % nach § 6 Absatz 2 GrEStG begünstigt.
Die Vergünstigung nach § 6 Absatz 2 GrEStG ist dem B auch für die in den Jahren 02 und 03 hinzuerworbenen Anteile i. H. v. 10 % bzw. 38 % zu gewähren. Die Vergünstigung ist nicht nach § 6 Absatz 4 Satz 1 GrEStG ausgeschlossen, da die Übertragung dieser Anteile nach § 5 Absatz 3 GrEStG zu einer Versagung der Vergünstigung bei A geführt hat (vgl. Tz 7.6 letzter Absatz). Denn auch der Anteil des A am Vermögen der OHG wurde innerhalb der Fünfjahresfrist des § 5 Absatz 3 GrEStG übertragen, so dass auch die im Jahr 01 gewährte Steuervergünstigung i. H. v. 38 % rückwirkend zu versagen ist.

8 Anzeigepflicht der Beteiligten nach § 19 Absatz 2 Nummer 4 GrEStG

Nach § 19 Absatz 2 Nummer 4 i. V. m. Absatz 3 GrEStG haben die Beteiligten Änderungen im Gesellschafterbestand einer Gesamthand bei Gewährung der Steuervergünstigung nach § 5 Absatz 1 und Absatz 2 oder § 6 Absatz 3 Satz 1 i. V. m. Absatz 1 Satz 1 GrEStG innerhalb von zwei Wochen anzuzeigen, nachdem sie von dem anzeigepflichtigen Vorgang Kenntnis erhalten haben.

9 Verfahrensrechtliche Folgen

§ 5 Absatz 3 bzw. § 6 Absatz 3 Satz 2 GrEStG versagt im Fall der Verminderung des Anteils des grundstücksübertragenden Gesellschafters am Vermögen der Gesamthand innerhalb der Fünfjahresfrist rückwirkend die Steuervergünstigung nach § 5 Absatz 1 und Absatz 2 bzw. § 6 Absatz 3 Satz 1 i.V. m. Absatz 1 Satz 1 GrEStG.

Die Anteilsverminderung stellt ein rückwirkendes Ereignis i. S. des § 175 Absatz 2 Satz 1 AO dar, das den ursprünglichen Entstehungszeitpunkt der Grunderwerbsteuer für die Grundstücksübertragung unberührt lässt. Die Grunderwerbsteuer ist somit nach § 175 Absatz 1 Satz 1 Nummer 2 i.V. m. Absatz 2 Satz 1 AO rückwirkend für das Jahr der Grundstücksübertragung festzusetzen. Die Festsetzungsfrist beginnt insoweit mit Ablauf des Kalenderjahres, in dem das rückwirkende Ereignis eingetreten ist (§ 175 Absatz 1 Satz 2 AO).

Die Verminderung des Anteils des grundstücksübertragenden Gesellschafters am Vermögen der Gesamthand innerhalb der Fünfjahresfrist ist vom Steuerpflichtigen gemäß § 19 Absatz 2 Nummer 4 GrEStG anzuzeigen. Daher ist auch die Anlaufhemmung nach § 170 Absatz 2 Satz 1 Nummer 1 AO zu beachten. Die Festsetzungsfrist beginnt hiernach mit Ablauf des Kalenderjahrs, in dem die Anzeige nach § 19 Absatz 2 Nummer 4 GrEStG erstattet wurde, spätestens jedoch mit Ablauf des dritten Kalenderjahrs, das auf das Kalenderjahr der Steuerentstehung (Kalenderjahr der Grundstücksübertragung) folgt. Das gilt auch, wenn die Anzeige nach § 19 Absatz 2 Nummer 4 GrEStG nicht erstattet wurde.

Sofern die Voraussetzungen beider Anlaufhemmungen nebeneinander vorliegen, ist die längere Anlaufhemmung für den Beginn der Festsetzungsfrist maßgeblich.

Bei Verletzung der Anzeigepflicht kommt ggf. auch eine Verlängerung der Dauer der Festsetzungsfrist wegen Steuerhinterziehung oder leichtfertiger Steuerverkürzung nach § 169 Absatz 2 Satz 2 AO in Betracht.

10 Zeitlicher Anwendungsbereich

Dieser Erlass ergeht im Einvernehmen mit den obersten Finanzbehörden der anderen Länder und tritt an die Stelle der gleich lautenden Erlasse der obersten Finanzbehörden der Länder zur Anwendung der §§ 5 und 6 GrEStG vom 9. Dezember 2015 (BStBl I S. 1029). Er ist auf alle offenen Fällen anzuwenden.

Zu § 6a GrEStG

5. Anwendung des § 6a GrEStG
Gleich lautender Ländererlass v. 19. 6. 2012 (BStBl I S. 662)

1. Allgemeines

Unter der Überschrift „Steuervergünstigung bei Umstrukturierungen im Konzern" gibt die Vorschrift eine eigenständige Beschreibung für die an einem begünstigungsfähigen Erwerbsvorgang beteiligten Rechtsträger. Der Kreis der an einem nach § 6a GrEStG begünstigungsfähigen

Erwerbsvorgang beteiligten Rechtsträger ist beschränkt auf das eine über den gesamten Verbund herrschende Unternehmen und/oder von diesem abhängige Gesellschaften. Die beteiligten Rechtsträger verlieren ihre Eigenschaft, Rechtsträger zu sein, durch ihre Einbindung in den beschriebenen Verbund nicht. Dem Verbund selbst kommt keine Rechtsträgereigenschaft zu.

Die Steuervergünstigung ist nicht grundstücksbezogen. Daher sind Änderungen in der grunderwerbsteuerrechtlichen Zurechnung der Grundstücke in den Vor- und Nachbehaltensfristen (Tz. 4 und 5) unbeachtlich.

2. Beteiligte

2.1 Grundsatz

Die durch einen Umwandlungsvorgang begünstigungsfähigen Erwerbsvorgänge (Tz. 3) setzen voraus, dass an diesem Umwandlungsvorgang ausschließlich entweder das herrschende Unternehmen und eine oder mehrere von diesem abhängige Gesellschaft(en) oder mehrere von dem herrschenden Unternehmen abhängige Gesellschaften beteiligt sind (§ 6a Satz 3 GrEStG). Unerheblich ist, ob sich der Sitz der beteiligten Gesellschaften im Inland oder Ausland befindet.

Der für den jeweiligen Umwandlungsvorgang zu bestimmende Verbund besteht aus dem herrschenden Unternehmen und der oder den am Umwandlungsvorgang beteiligten abhängigen Gesellschaft(en) sowie den dieses Beteiligungsverhältnis vermittelnden abhängigen Gesellschaften.

Der Umwandlungsvorgang, durch den der Verbund begründet oder beendet wird, ist nicht begünstigt. Wird ein Verbund durch Ausgliederung oder Abspaltung zur Neugründung aus einem herrschenden Unternehmen begründet, liegt kein begünstigungsfähiger Vorgang vor (vgl. Beispiel 1 zu Tz. 4). Spiegelbildlich liegt kein begünstigungsfähiger Vorgang vor, wenn die letzte am Umwandlungsvorgang beteiligte abhängige Gesellschaft auf das herrschende Unternehmen verschmolzen wird.

Beispiel 1:

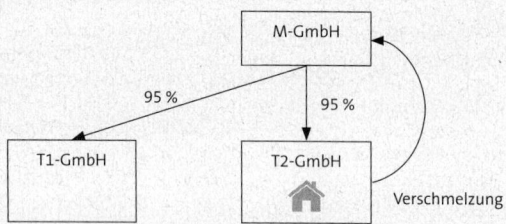

Die Verschmelzung der T2-GmbH auf die M-GmbH ist nicht nach § 6a GrEStG begünstigt, da der Verbund hierdurch erlischt. Auf die Beendigung dieses Verbundes hat die T1-GmbH keinen Einfluss. Die T1-GmbH ist weder am Umwandlungsvorgang beteiligt noch hat sie die Beteiligung der M-GmbH an der T2-GmbH als abhängige Gesellschaft vermittelt.

Beispiel 2:

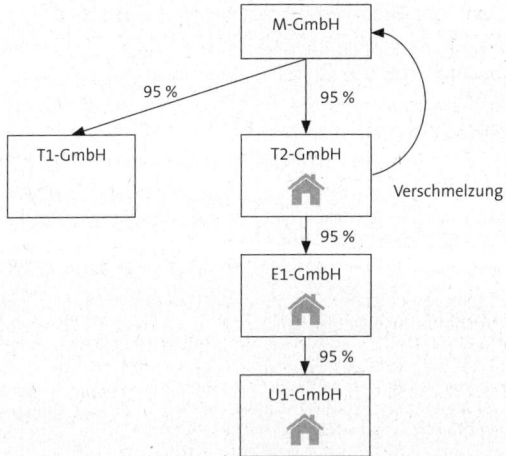

Die Verschmelzung der T2-GmbH auf die M-GmbH ist nicht nach § 6a GrEStG begünstigt, da der Verbund hierdurch erlischt. Unerheblich ist, dass die E1-GmbH und die U1-GmbH ebenfalls Grundstücke besitzen, da die beiden Gesellschaften in Bezug auf diesen Umwandlungsvorgang nicht zum Verbund gehören. Die aus der Verschmelzung der T2-GmbH auf die M-GmbH resultierende Verkürzung der Beteiligungskette in Bezug auf die E1-GmbH und die U1-GmbH ist nicht steuerbar.

Auf die Beendigung des Verbundes hat die T1-GmbH keinen Einfluss. Die T1-GmbH ist weder am Umwandlungsvorgang beteiligt noch hat sie die Beteiligung der M-GmbH an der T2-GmbH als abhängige Gesellschaft vermittelt.

2.2 Herrschendes Unternehmen

Das herrschende Unternehmen der abhängigen Gesellschaften kann eine natürliche oder juristische Person oder eine Personengesellschaft sein. Das herrschende Unternehmen muss selbst Unternehmer im umsatzsteuerrechtlichen Sinn sein. Unternehmer ist hiernach, wer eine gewerbliche oder berufliche Tätigkeit selbständig ausübt und nachhaltig zur Erzielung von Einnahmen tätig wird. Grunderwerbsteuerrechtlich verlieren Organgesellschaften ihre Rechtsträgereigenschaft durch das umsatzsteuerrechtliche Organschaftsverhältnis nicht. Daher können sie ungeachtet ihrer umsatzsteuerrechtlichen Unselbständigkeit herrschende Unternehmen i. S. des § 6a Satz 3 und 4 GrEStG sein. Die Grundsätze der Anteilsvereinigung im Organkreis (§ 1 Abs. 3 Nr. 1 in Verbindung mit Abs. 4 Nr. 2 Buchst. b GrEStG) gelten nicht.

Auch eine Gebietskörperschaft kann das herrschende Unternehmen sein, soweit die Beteiligungen an den abhängigen Gesellschaften dem unternehmerischen Bereich zuzuordnen sind. Bei natürlichen Personen dürfen die Anteile an der Gesellschaft nicht im Privatvermögen gehalten werden. Das herrschende Unternehmen darf keine reine Finanzholdinggesellschaft sein.

Das im Zeitpunkt der Verwirklichung des Umwandlungsvorgangs herrschende Unternehmen hat sämtliche Tatbestandsvoraussetzungen (Mindestbeteiligungsquote, Unternehmereigenschaft) innerhalb der Vor- und Nachbehaltensfristen ununterbrochen einzuhalten. Bei Gesamtrechtsnachfolge einer natürlichen Person hat der Gesamtrechtsnachfolger die Fristen einzuhalten.

Das herrschende Unternehmen i. S. des § 6a GrEStG ist der oberste Rechtsträger, der die Voraussetzungen des § 6a Satz 4 GrEStG erfüllt und Unternehmer im oben genannten Sinne ist. Zur Bestimmung des herrschenden Unternehmens ist wie folgt vorzugehen:

1. Zunächst ist von unten nach oben der oberste Rechtsträger zu bestimmen, der ausgehend von den am Umwandlungsvorgang beteiligten Gesellschaften die Mindestbeteiligungshöhe an diesen erfüllt.
2. Beginnend bei dem so ermittelten Rechtsträger ist nach unten zu prüfen, welcher Rechtsträger als oberster die Unternehmereigenschaft im oben genannten Sinne erfüllt.
3. Erfüllt der so ermittelte Rechtsträger die Vorbehaltensfrist (Unternehmereigenschaft und Mindestbeteiligungshöhe hinsichtlich der am Umwandlungsvorgang beteiligten Gesellschaften), ist dieser das herrschende Unternehmen. Andernfalls ist die Prüfung nach unten solange fortzusetzen, bis das herrschende Unternehmen gefunden ist.

Soweit kein Rechtsträger die vorstehenden Voraussetzungen erfüllt, ist eine Anwendung des § 6a GrEStG mangels Verbund ausgeschlossen.

Beispiel 1:
Die nachstehende Struktur besteht seit mehr als fünf Jahren. Die X-GmbH wurde durch einen Umwandlungsvorgang vor zwei Jahren zwischen die U-GmbH und den an der Verschmelzung beteiligten Gesellschaften (Y-GmbH und Z-GmbH) geschoben.

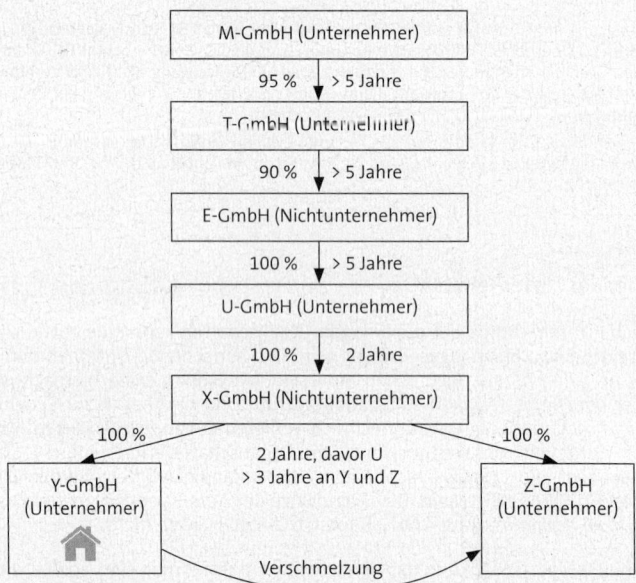

Zur Bestimmung des herrschenden Unternehmens in der vorstehenden Struktur ist zu prüfen, bis zu welcher Stufe im Zeitpunkt der Verwirklichung des Erwerbsvorgangs die Mindestbeteiligungshöhe erreicht ist. Danach kommt zunächst die E-GmbH als herrschendes Unternehmen in Betracht. Die T-GmbH scheidet als herrschendes Unternehmen aus, da sie an den am Umwandlungsvorgang beteiligten Gesellschaften nicht in der Mindestbeteiligungshöhe von 95 vom Hundert beteiligt ist. Eine weitere Prüfung nach oben entfällt, weil die Beteiligungskette hier unterbrochen wird.

Jedoch erfüllt die E-GmbH nicht die Unternehmereigenschaft und scheidet aus diesem Grund als herrschendes Unternehmen aus. Danach ist die U-GmbH der oberste Rechtsträger, der die Unternehmereigenschaft erfüllt und daher als herrschendes Unternehmen in Betracht kommt.

Bei der Prüfung der Vorbehaltensfrist ist entscheidend, dass die Beteiligung der U-GmbH in Bezug auf die am Umwandlungsvorgang beteiligten Gesellschaften gegeben ist. Es ist unerheblich, dass sich die Beteiligung durch den Einschub der X-GmbH vor zwei Jahren von einer unmittelbaren zu einer mittelbaren abgeschwächt hat.

Ergebnis: Die U-GmbH ist das herrschende Unternehmen.

Beispiel 2:
Nachfolgend dargestellte Struktur besteht seit mehr als fünf Jahren. Die M-GmbH ist eine reine Finanzholdinggesellschaft. Alle anderen Gesellschaften sind Unternehmer im umsatzsteuerrechtlichen Sinn.
Die U1-GmbH wird auf die U2-GmbH und die U3-GmbH wird auf die U4-GmbH verschmolzen.

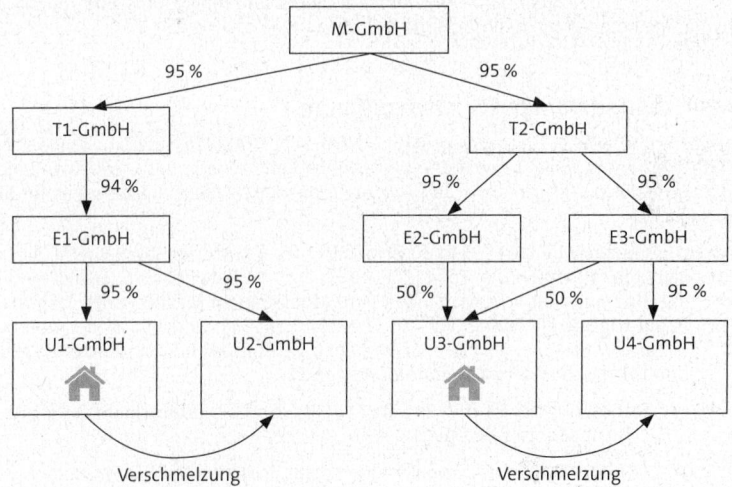

Beide Verschmelzungen unterliegen der Grunderwerbsteuer (§ 1 Abs. 1 Nr. 3 GrEStG).

Bei der Verschmelzung der U1-GmbH auf die U2-GmbH ist herrschendes Unternehmen die E1-GmbH, da sie der oberste Rechtsträger ist, der die Voraussetzungen des § 6a Satz 3 und 4 GrEStG (Mindestbeteiligungshöhe und Vorbehaltensfrist) erfüllt. Sie ist Unternehmer im umsatzsteuerrechtlichen Sinn. § 6a GrEStG ist zu gewähren.

Bei der Verschmelzung der U3-GmbH auf die U4-GmbH ist herrschendes Unternehmen die T2-GmbH, da sie der oberste Rechtsträger ist, der die Voraussetzungen des § 6a Satz 3 und 4 GrEStG erfüllt. Sie ist Unternehmer im umsatzsteuerrechtlichen Sinn. § 6a GrEStG ist zu gewähren.

Die M-GmbH ist nicht Unternehmer im umsatzsteuerrechtlichen Sinn.

2.3 Abhängige Gesellschaften

Abhängige Gesellschaften können sowohl Kapitalgesellschaften als auch Personengesellschaften sein. Abhängig ist eine Gesellschaft, wenn während eines Zeitraums von jeweils fünf Jahren vor und nach dem Rechtsvorgang eine Mindesthöhe von 95 vom Hundert der unmittelbaren, mittelbaren oder teils unmittelbaren, teils mittelbaren Beteiligung des herrschenden Unternehmens an deren Kapital oder Gesellschaftsvermögen ununterbrochen besteht.

Abzustellen ist für die Berechnung der Fünfjahres-Zeiträume auf den Zeitpunkt der Verwirklichung des Erwerbsvorgangs. Bei Umwandlungsvorgängen ist der Erwerbsvorgang mit der Eintragung im Register verwirklicht. Für entsprechende Umwandlungen aufgrund des Rechts eines Mitgliedstaates der Europäischen Union oder eines Staates, auf den das Abkommen über den Europäischen Wirtschaftsraum Anwendung findet, ist regelmäßig die den Vermögensübergang bewirkende Eintragung in die nach den Rechtsvorschriften des jeweiligen Staates zuständigen Register maßgebend.

2.4 Beteiligung

Das herrschende Unternehmen muss am Kapital oder Gesellschaftsvermögen der abhängigen Gesellschaft unmittelbar oder mittelbar zu mindestens 95 vom Hundert beteiligt sein. Eine mittelbare Beteiligung am Kapital oder Gesellschaftsvermögen einer Gesellschaft in Höhe von mindestens 95 vom Hundert liegt dann vor, wenn auf jeder Stufe mindestens eine kapital- oder vermögensmäßige Beteiligung in dieser Höhe besteht.

3. Begünstigungsfähige Erwerbsvorgänge

Die Begünstigung erfasst die nach § 1 Abs. 1 Nr. 3 Satz 1, Abs. 2a Satz 1 und Abs. 3 Nr. 2 und Nr. 4 GrEStG aufgrund einer Umwandlung verwirklichten steuerbaren Erwerbsvorgänge sowie die aufgrund einer derartigen Umwandlung übergehende Verwertungsbefugnis im Sinne des § 1 Abs. 2 GrEStG.

Die Begünstigung nach § 6a GrEStG ist in den Fällen des § 1 Abs. 2a Satz 1 GrEStG insoweit anteilig zu gewähren, als durch die Umwandlung § 1 Abs. 2a Satz 1 GrEStG erfüllt wird oder die Umwandlung innerhalb der vorangehenden Fünfjahresfrist zur Erfüllung des Tatbestands beiträgt. Die Begünstigung ist hierbei auf die vermögensmäßige Beteiligung des übertragenden Rechtsträgers an der Personengesellschaft begrenzt. Nicht erforderlich ist, dass die grundbesitzende Personengesellschaft selbst zum Verbund gehört.

Anders als der Tatbestand des § 1 Abs. 2a Satz 1 GrEStG sind die Tatbestände des § 1 Abs. 3 Nr. 2 und Nr. 4 GrEStG nicht zeitraumbezogen.

§ 1 Abs. 3 Nr. 2 GrEStG ist in dem Zeitpunkt verwirklicht, in dem sich 95 vom Hundert der Anteile in der Hand des Erwerbers vereinigen. Ist der Tatbestand des § 1 Abs. 3 Nr. 2 GrEStG durch einen begünstigten Umwandlungsvorgang erfüllt, dann wird die Steuer nach § 6a GrEStG in vollem Umfang nicht erhoben. Unerheblich ist, wann und wodurch der Erwerber die ihm bereits zustehenden Anteile erworben hat.

§ 6a GrEStG umfasst nicht die durch einen Umwandlungsvorgang nach § 5 Abs. 3, § 6 Abs. 3 Satz 2 GrEStG ausgelöste Grunderwerbsteuer für den nach § 5 Abs. 1 oder 2 oder nach § 6 Abs. 3 Satz 1 in Verbindung mit Abs. 1 GrEStG begünstigten Erwerb eines Grundstücks durch eine Gesamthand. Denn diese Missbrauchsverhinderungsvorschriften betreffen keinen nach § 6a GrEStG begünstigungsfähigen steuerbaren Rechtsvorgang aufgrund einer Umwandlung im Sinne des § 1 Abs. 1 Nr. 1 bis 3 UmwG, sondern einen dieser Umwandlung vorausgegangenen selbständigen Rechtsvorgang.

3.1 Umwandlungsvorgänge nach UmwG

Begünstigt sind Umwandlungen im Sinne des § 1 Abs. 1 Nr. 1 bis 3 UmwG:

- Verschmelzung (§ 1 Abs. 1 Nr. 1 UmwG),
- Spaltung – Aufspaltung, Abspaltung, Ausgliederung – (§ 1 Abs. 1 Nr. 2 UmwG),
- Vermögensübertragung (§ 1 Abs. 1 Nr. 3 UmwG).

Die formwechselnde Umwandlung (§ 1 Abs. 1 Nr. 4 UmwG) ist nicht begünstigt.

Darüber hinaus sind Umwandlungen im Sinne des § 1 Abs. 2 UmwG begünstigt, wenn sie durch ein anderes Bundesgesetz oder ein Landesgesetz ausdrücklich vorgesehen sind.

3.2 Weitere Umwandlungsvorgänge

Die Begünstigung erfasst auch Umwandlungen im Sinne des Art. 17 Abs. 1, Abs. 2 Buchst. a VO (EG) 2157/2001 in Verbindung mit Art. 3 Abs. 1 der Richtlinie 78/855/EWG und § 1 Abs. 1 Nr. 1 bis 3 UmwG entsprechende Umwandlungen aufgrund des Rechts eines Mitgliedstaates der Europäischen Union oder eines Vertragsstaates des Abkommens über den Europäischen Wirtschaftsraum.

Eine Umwandlung nach dem Recht eines Mitgliedstaates der Europäischen Union oder eines Staats, auf den das Abkommen über den Europäischen Wirtschaftsraum Anwendung findet, gilt als entsprechende Umwandlung im Sinne des § 6a Satz 2 GrEStG, wenn die Regelung inhaltlich den Umwandlungen gemäß § 1 Abs. 1 Nr. 1 bis 3 UmwG entspricht:

– Eine entsprechende Verschmelzung liegt vor, wenn im Wege der Gesamtrechtsnachfolge Anteile an die Anteilsinhaber des oder der übertragenden Rechtsträger gewährt werden.

– Eine entsprechende Aufspaltung oder Abspaltung liegt vor, wenn im Wege der partiellen Gesamtrechtsnachfolge Anteile der übernehmenden Rechtsträger an die Anteilsinhaber des übertragenden Rechtsträgers gewährt werden.

– Eine entsprechende Ausgliederung liegt vor, wenn im Wege der partiellen Gesamtrechtsnachfolge Teile des Vermögens eines Rechtsträgers als Gesamtheit auf übernehmende Rechtsträger übertragen und Anteile an dem übernehmenden Rechtsträger gewährt werden.

4. Vorbehaltensfrist

Die Mindestbeteiligung des herrschenden Unternehmens (vgl. Tz. 2.2) von 95 vom Hundert an der am Umwandlungsvorgang beteiligten Gesellschaft bzw. an den am Umwandlungsvorgang beteiligten Gesellschaften muss bereits fünf Jahre vor dem Umwandlungsvorgang ununterbrochen bestanden haben. Stichtag für die Berechnung der fünfjährigen Vorbehaltensfrist ist die Eintragung der Umwandlung im Register (vgl. Tz. 2.3).

Gesellschaften, die vor weniger als fünf Jahren vor der zu begünstigenden oder durch die zu begünstigende Umwandlung entstanden sind, können keine abhängigen Gesellschaften sein. Davon ausgenommen sind sog. „verbundgeborene" Gesellschaften, die durch einen Umwandlungsvorgang ausschließlich aus einer oder mehreren Gesellschaften entstanden sind, die spätestens im Zeitpunkt des zu beurteilenden Erwerbsvorgangs abhängige Gesellschaft ist bzw. abhängige Gesellschaften sind. Im Ergebnis werden somit die Behaltenszeiten im Verbund zusammengerechnet.

Beispiel:
Jahr 01:
Die M-GmbH, die seit mindestens fünf Jahren unternehmerisch tätig ist, überträgt im Wege der Ausgliederung zur Neugründung einen Teilbetrieb mit Grundbesitz auf die T-GmbH.
Die Ausgliederung unterliegt nach § 1 Abs. 1 Nr. 3 Satz 1 GrEStG der Grunderwerbsteuer. § 6a GrEStG ist nicht anwendbar, da durch die Ausgliederung erstmalig ein Verbund entsteht (vgl. Tz. 2.1.). Die Vorbehaltensfrist ist nicht erfüllt.

Jahr 03:
Die T-GmbH überträgt im Wege der Ausgliederung zur Neugründung einen Teilbetrieb mit Grundbesitz auf die E-GmbH.

Die Ausgliederung unterliegt nach § 1 Abs. 1 Nr. 3 Satz 1 GrEStG der Grunderwerbsteuer. § 6a GrEStG ist nicht anwendbar. Sowohl die T-GmbH als auch der Verbund bestehen erst seit zwei Jahren. Die Vorbehaltensfristen sind daher nicht erfüllt. Die T-GmbH und die E-GmbH sind im Zeitpunkt der Ausgliederung noch keine abhängigen Gesellschaften.

Jahr 05:
Die E-GmbH überträgt im Wege der Ausgliederung zur Neugründung einen Teilbetrieb mit Grundbesitz auf die U-GmbH.
Die Ausgliederung unterliegt nach § 1 Abs. 1 Nr. 3 Satz 1 GrEStG der Grunderwerbsteuer. § 6a GrEStG ist nicht anwendbar. Die E-GmbH besteht erst seit zwei Jahren. Selbst mit Zusammenrechnung der Behaltenszeit der T-GmbH wird die Vorbehaltensfrist nicht erfüllt, da der Verbund erst seit vier Jahren besteht. Die T-GmbH, die E-GmbH und die U-GmbH sind im Zeitpunkt der Ausgliederung im Jahre 05 noch keine abhängigen Gesellschaften.

Jahr 06:
Die U-GmbH überträgt im Wege der Ausgliederung zur Neugründung einen Teilbetrieb mit Grundbesitz auf die Z-GmbH.
Die Ausgliederung unterliegt nach § 1 Abs. 1 Nr. 3 Satz 1 GrEStG der Grunderwerbsteuer. § 6a GrEStG ist anwendbar. Die U-GmbH besteht seit einem Jahr und erfüllt daher nicht in eigener Person die Vorbehaltensfrist. Sie ist aufgrund der Ausgliederung aus der E-GmbH eine sog. „verbundgeborene" Gesellschaft, so dass ihr die Behaltenszeit der E-GmbH zuzurechnen ist. Diese ist wiederum eine sog. „verbundgeborene" Gesellschaft, so dass hier außerdem noch die Behaltenszeit der T-GmbH zugerechnet werden muss. Zusammengerechnet (U-GmbH ein Jahr, E-GmbH zwei Jahre und T-GmbH zwei Jahre) ist somit die Vorbehaltensfrist erfüllt. Im Zeitpunkt der Verwirklichung des zu beurteilenden Rechtsvorgangs ist die U-GmbH, aus der die Z-GmbH entstanden ist, eine abhängige Gesellschaft.

Unschädlich ist der Formwechsel, wenn die kapital- oder vermögensmäßige Beteiligung von mindestens 95 vom Hundert bestehen bleibt.

Jede Veränderung der Art der Beteiligung (z. B. vollständige oder teilweise Verkürzung oder Verlängerung der Beteiligungskette) ist unbeachtlich. Voraussetzung ist, dass die erforderliche Mindestbeteiligung des im Zeitpunkt der Verwirklichung des Erwerbsvorgangs durch Umwandlung bestimmten herrschenden Unternehmens von 95 vom Hundert erhalten bleibt.

5. Nachbehaltensfrist

Die Einhaltung der Nachbehaltensfrist setzt grundsätzlich voraus, dass der Verbund nach der Verwirklichung des Erwerbsvorgangs durch Umwandlung noch mindestens fünf Jahre fortbesteht. Die Mindestbeteiligung von 95 vom Hundert an der abhängigen Gesellschaft muss fünf Jahre nach dem Rechtsvorgang fortbestehen. Erlischt die übertragende abhängige Gesellschaft bei der Umwandlung, so muss nur die übernehmende abhängige Gesellschaft fünf Jahre fortbestehen und an ihr die Mindestbeteiligung von 95 vom Hundert bestehen bleiben.

Erlöschen die übertragende oder die übernehmende abhängige Gesellschaft innerhalb der Nachbehaltensfrist durch einen weiteren Umwandlungsvorgang (z. B. Kettenumwandlungen) ausschließlich mit anderen abhängigen Gesellschaften, sind die Behaltenszeiten zusammenzurechnen, sofern an diesen Gesellschaften die Mindestbeteiligung von 95 vom Hundert besteht.

Die Nachbehaltensfrist ist nicht eingehalten, wenn die Mindestbeteiligung des herrschenden Unternehmens von 95 vom Hundert am Kapital oder Gesellschaftsvermögen auch nur einer am Umwandlungsvorgang beteiligten Gesellschaft unterschritten wird oder nicht mehr besteht. Dabei ist auf dasjenige Unternehmen abzustellen, welches bei der Verwirklichung des nach § 6a GrEStG begünstigten Umwandlungsvorgangs herrschendes Unternehmen war.

Unerheblich ist, ob der zur Nichteinhaltung der Nachbehaltensfrist führende Vorgang selbst der Grunderwerbsteuer unterliegt.

Die Veräußerung von Anteilen an Gesellschaften, die den übertragenden bzw. den übernehmenden Rechtsträgern nachgeordnet sind, ist unschädlich. Sie sind nicht Beteiligte des Umwandlungsvorgangs, sondern nur Gegenstand des Umwandlungsvorgangs.

Beispiel 1:
Die T1-GmbH wird im Jahr 01 auf die T2-GmbH verschmolzen. Im Jahr 03 wird die T2-GmbH auf die M-GmbH verschmolzen.

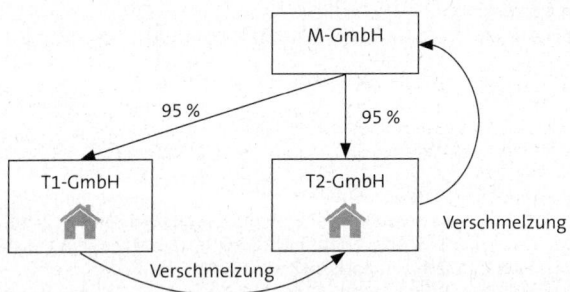

Die Verschmelzung der T1-GmbH auf die T2-GmbH unterliegt nach § 1 Abs. 1 Nr. 3 Satz 1 GrEStG der Grunderwerbsteuer. § 6a GrEStG ist anwendbar, da der Rechtsvorgang durch einen Umwandlungsvorgang ausgelöst wird, an dem nur abhängige Gesellschaften beteiligt sind.
Die Verschmelzung der T2-GmbH auf die M-GmbH unterliegt nach § 1 Abs. 1 Nr. 3 Satz 1 GrEStG der Grunderwerbsteuer. § 6a GrEStG ist nicht anwendbar, da der Verbund durch die Verschmelzung der einzigen abhängigen Gesellschaft auf das herrschende Unternehmen erlischt. Hierdurch entfällt außerdem nachträglich die Begünstigung im Jahr 01, da die Nachbehaltensfrist des § 6a Satz 4 GrEStG nicht eingehalten wird.

Beispiel 2:
Die T1-GmbH wird im Jahr 04 auf die T2-GmbH verschmolzen. Im Jahr 07 wird die T2-GmbH auf die T3-GmbH verschmolzen.

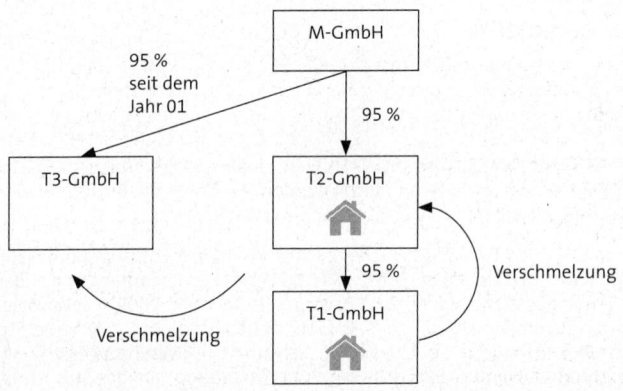

Die Verschmelzung der T1-GmbH auf die T2-GmbH unterliegt nach § 1 Abs. 1 Nr. 3 Satz 1 GrEStG der Grunderwerbsteuer. § 6a GrEStG ist anwendbar, da der Rechtsvorgang durch einen Umwandlungsvorgang ausgelöst wird, an dem nur abhängige Gesellschaften beteiligt sind.
Die Verschmelzung der T2-GmbH auf die T3-GmbH unterliegt nach § 1 Abs. 1 Nr. 3 Satz 1 GrEStG der Grunderwerbsteuer. § 6a GrEStG ist anwendbar, da der Rechtsvorgang durch einen Umwandlungsvorgang ausgelöst wird, an dem nur abhängige Gesellschaften beteiligt sind. Die von der T2-GmbH zu erfüllende Nachbehaltensfrist aufgrund der Verschmelzung in 04 ist nun von der T3-GmbH als übernehmende abhängige Gesellschaft fortzuführen.

6. Folgen der Nichteinhaltung der Nachbehaltensfrist

6.1 Anzeigepflicht

Eine im Sinne von § 6a Satz 4 GrEStG schädliche Änderung des Beherrschungsverhältnisses (vgl. Tz. 2 und 5) ist nach § 19 Abs. 2 Nr. 4a GrEStG anzuzeigen. Anzeigepflichtig sind die Steuerschuldner.

6.2 Verfahrensrechtliche Folgen

Wird die Nachbehaltensfrist nicht eingehalten, entfällt die Begünstigung. Die Verletzung der Nachbehaltensfrist stellt ein rückwirkendes Ereignis i. S. des § 175 Abs. 2 Satz 1 AO dar. Die Grunderwerbsteuer ist nach § 175 Abs. 1 Satz 1 Nr. 2 AO festzusetzen; ein Freistellungsbescheid ist nach § 175 Abs. 1 Satz 1 Nr. 2 AO zu ändern.

Die Festsetzungsfrist beginnt nach § 175 Abs. 1 Satz 2 AO mit dem Ablauf des Kalenderjahres, in dem das Ereignis eintritt.

Ohne Bedeutung ist, ob dem oder den übernehmenden Rechtsträger(n) das Grundstück noch gehört bzw. grunderwerbsteuerrechtlich zuzuordnen ist (vgl. Tz. 1).

7. Verhältnis der §§ 5, 6 GrEStG zu § 6a GrEStG

Die Steuervergünstigungen der §§ 5, 6 und § 6a GrEStG bestehen gleichrangig nebeneinander. Soweit die Voraussetzungen für eine Steuervergünstigung nicht vorliegen oder später entfallen, kann eine andere Steuervergünstigung von Amts wegen gewährt werden, sofern die Voraussetzungen vorliegen.

8. Anwendungsbereich der Vorschrift

Nach § 23 Abs. 8 Satz 1 GrEStG ist § 6a GrEStG erstmals auf Erwerbsvorgänge anzuwenden, die nach dem 31. Dezember 2009 verwirklicht werden. Maßgeblich für die Verwirklichung des Erwerbsvorgangs ist die Eintragung der Umwandlung im Register (vgl. Tz. 2.3).

Nicht anzuwenden ist § 6a GrEStG nach § 23 Abs. 8 Satz 2 GrEStG, wenn ein im Zeitraum vom 1. Januar 2008 bis 31. Dezember 2009 verwirklichter Rechtsvorgang nach dem 9. November 2009 (vgl. Bundestags-Drucksache 17/15 vom 9. November 2009) rückgängig gemacht wird und die Steuer nach § 16 Abs. 1 oder 2 GrEStG nicht zu erheben oder eine Steuerfestsetzung aufzuheben oder zu ändern ist. Es handelt sich um eine Missbrauchsvermeidungsvorschrift, durch die verhindert werden soll, dass ein Erwerbsvorgang nur deshalb rückgängig gemacht wird, um die Steuervergünstigung in Anspruch zu nehmen. Davon ist regelmäßig auszugehen, wenn zwischen Rückgängigmachung und an sich zu begünstigender Umwandlung ein enger zeitlicher und sachlicher Zusammenhang besteht.

Dieser Erlass tritt an die Stelle der gleich lautenden Erlasse der obersten Finanzbehörden der Länder vom 1. Dezember 2010 (BStBl I S. 1321) sowie vom 22. Juni 2011 (BStBl I S. 673) und ist in allen offenen Fällen anzuwenden. Es wird jedoch nicht beanstandet, wenn sich der Steuerpflichtige für Rechtsvorgänge, die nach dem 31. Dezember 2009 und vor dem 13. Juli 2012 verwirklicht wurden, auf die bisher geltende Verwaltungsauffassung beruft.

9. Zusammenfassendes Beispiel

Seit mehr als fünf Jahren besteht folgende Beteiligungsstruktur:
Das herrschende Unternehmen M-GmbH ist zu jeweils 100 vom Hundert an der T1-GmbH und T2-GmbH beteiligt. Die T1-GmbH ist zu 95 vom Hundert und die T2-GmbH ist zu 5 vom Hundert am Vermögen der grundbesitzenden E2-KG beteiligt. Die T1-GmbH hält zudem 100 vom Hundert der Anteile an der grundbesitzenden E1-GmbH. Die E1-GmbH ist wiederum zu 95 vom Hundert an der grundbesitzenden U-KG beteiligt, an der auch der verbundfremde F zu 5 vom Hundert beteiligt ist.

Im **Jahr 01** wird die T1-GmbH auf die T2-GmbH verschmolzen.

Die Verschmelzung hat in Bezug auf die einzelnen Gesellschaften folgende grunderwerbsteuerrechtliche Rechtsfolgen:

Da keine Grundstücke im Eigentum der T1-GmbH stehen, wird bei ihrer Verschmelzung auf die T2-GmbH insoweit kein grunderwerbsteuerbarer Vorgang verwirklicht.

Durch die Verschmelzung sind 100 vom Hundert der Anteile an der E1-GmbH von der T1-GmbH auf die T2-GmbH übergegangen. Dieser Übergang bereits vereinigter Anteile ist nach § 1 Abs. 3 GrEStG grunderwerbsteuerbar.

Da infolge der Eintragung der Verschmelzung in das Register des Sitzes der T2-GmbH das Mitgliedschaftsrecht der T1-GmbH an der grundbesitzenden E2-KG auf die T2-GmbH unter gleichzeitiger Vollbeendigung der E2-KG auf die T2-GmbH übergeht, geht der Grundbesitz der E2-KG grunderwerbsteuerbar nach § 1 Abs. 1 Nr. 3 Satz 1 GrEStG auf die T2-GmbH im Wege der Anwachsung über.

Der Wechsel des Alleingesellschafters der E1-GmbH führt zu einem mittelbaren Gesellschafterwechsel bei der U-KG, so dass hierdurch 95 vom Hundert der Anteile am Vermögen der U-KG auf neue Gesellschafter übergegangen sind und ein grunderwerbsteuerbarer Vorgang nach § 1 Abs. 2a GrEStG vorliegt. Soweit der Altgesellschafter F an der U-KG beteiligt bleibt, wird die Grunderwerbsteuer nach § 6 Abs. 3 GrEStG i. H. v. 5 vom Hundert nicht erhoben.

Da die vorgenannten grunderwerbsteuerbaren Rechtsvorgänge durch einen Umwandlungsvorgang ausgelöst werden, an dem nur abhängige Gesellschaften beteiligt sind, wird die Grunderwerbsteuer nach § 6a GrEStG nicht erhoben. Für den nach § 1 Abs. 2a GrEStG durch den Umwandlungsvorgang ausgelösten steuerbaren Gesellschafterwechsel wird die Grunderwerbsteuer nach § 6a GrEStG nur i. H. v. 95 vom Hundert nicht erhoben. Dies gilt unter der weiteren Voraussetzung, dass das Tatbestandsmerkmal der fünfjährigen Nachbehaltensfrist erfüllt ist.

Im **Jahr 02** verkauft die T2-GmbH ein Grundstück aus dem Grundbesitz, der durch Anwachsung auf sie übergegangen ist, an einen Dritten.

Die Veräußerung ist nach § 1 Abs. 1 Nr. 1 GrEStG steuerbar und steuerpflichtig. Da die Begünstigung nach § 6a GrEStG nicht grundstücks- sondern anteilsbezogen ist, hat die Veräußerung des Grundbesitzes auf die gewährte Befreiung nach § 6a GrEStG keinen Einfluss.

Im **Jahr 03** veräußert die M-GmbH sämtliche Anteile an der T2-GmbH an die X-GmbH.

Der Übergang bereits vereinigter Anteile an der T2-GmbH unterliegt nach § 1 Abs. 3 GrEStG der Grunderwerbsteuer in Bezug auf sämtliche der T2-GmbH noch zuzurechnenden Grundstücke.

Bei der X-GmbH findet durch den Erwerb der Anteile an der T2-GmbH eine mittelbare Übertragung der vereinigten Anteile in Bezug auf die E1-GmbH statt. Die Grundstücke der E1-GmbH sind dabei im Rahmen des § 1 Abs. 3 GrEStG grunderwerbsteuerrechtlich der T2-GmbH zuzurechnen.

Der Übergang der bereits vereinigten Anteile an der T2-GmbH, die alle Anteile an der E1-GmbH hält, führt mittelbar zu einem Gesellschafterwechsel bei der U-KG. Durch diesen Gesellschafterwechsel sind 95 vom Hundert der Anteile an deren Vermögen auf neue Gesellschafter übergegangen. Der Tatbestand des § 1 Abs. 2a GrEStG ist dadurch erfüllt. Soweit der Altgesellschafter F an der U-KG beteiligt bleibt, wird die Grunderwerbsteuer nach § 6 Abs. 3 GrEStG i. H. v. 5 vom Hundert nicht erhoben.

Die vorstehenden der Grunderwerbsteuer unterliegenden Vorgänge im Jahr 03 sind auch steuerpflichtig.

Mit der Veräußerung sämtlicher Anteile der T2-GmbH an die X-GmbH ist die Nachbehaltensfrist des § 6a Satz 4 GrEStG verletzt, da das grunderwerbsteuerlich erforderliche Beteiligungsquantum von mindestens 95 vom Hundert nicht ununterbrochen fünf Jahre bestanden hat. Die Grunderwerbsteuerbegünstigung nach § 6a GrEStG für alle im Jahr 01 begünstigten Rechtsvorgänge entfällt nachträglich und somit auch für das im Jahr 02 von der T2-GmbH bereits veräußerte Grundstück. Das gilt unabhängig davon, dass der die Nacherhebung auslösende Rechtsvorgang (Veräußerung der Beteiligung) selbst grunderwerbsteuerpflichtig ist.

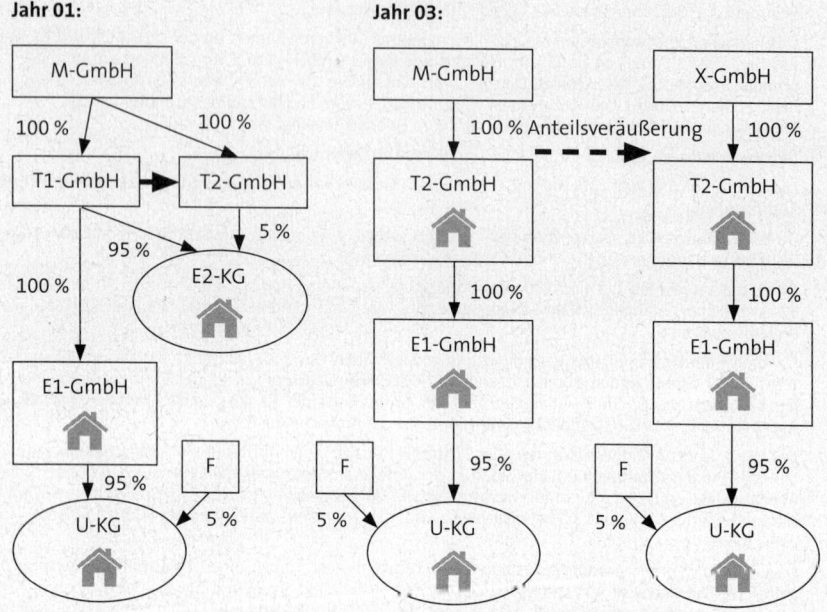

Zu § 17 GrEStG

6. Durchführung der gesonderten Feststellung nach § 17 GrEStG

Gleich lautender Ländererlass v. 1. 3. 2016 (BStBl I S. 282)

Inhaltsübersicht

1 Gesonderte Feststellungen von Besteuerungsgrundlagen nach § 17 Abs. 2 und Abs. 3 GrEStG
2 Örtliche Zuständigkeit in den Fällen des § 17 Abs. 2 GrEStG – Ermittlung des wertvollsten Grundstücks(-teils)
3 Aufteilungsmaßstab bei gesonderten Feststellungen nach § 17 Abs. 2 GrEStG
4 Örtliche Zuständigkeit – Abgrenzung zwischen § 17 Abs. 2 und Abs. 3 GrEStG bei gesellschaftsrechtlichen Vorgängen
5 Örtliche Zuständigkeit in den Fällen der mittelbaren Anteilsvereinigung (-übertragung) und der Organschaft (§ 17 Abs. 3 Satz 1 Nr. 2 GrEStG)
6 Mehrfache örtliche Zuständigkeit (§ 25 AO)
7 Örtliche Zuständigkeit bei Verlegung der Geschäftsleitung (§ 26 AO)

8   Zuständigkeitsvereinbarung (§ 27 AO)
9   Regelungsinhalt der Feststellung nach § 17 Abs. 2, Abs. 3 und Abs. 3a GrEStG
10 Anwendung des § 17 Abs. 4 GrEStG
11 Zeitlicher Anwendungsbereich

1 Gesonderte Feststellungen von Besteuerungsgrundlagen nach § 17 Abs. 2 und Abs. 3 GrEStG

Gesonderte Feststellungen sind durchzuführen, wenn

- sich ein Rechtsvorgang auf mehrere Grundstücke bezieht, die in den Bezirken verschiedener Grunderwerbsteuer-Finanzämter liegen, oder ein Grundstück betrifft, das in den Bezirken verschiedener Länder liegt (§ 17 Abs. 2 GrEStG);
- in den Fällen der Umwandlung ein Grundstück außerhalb des Bezirks des Geschäftsleitungsfinanzamts des neuen Rechtsträgers belegen ist (§ 17 Abs. 3 Satz 1 Nr. 1 GrEStG) oder
- in den Fällen des § 1 Abs. 2a, Abs. 3 und Abs. 3a GrEStG ein Grundstück außerhalb des Bezirks des Geschäftsleitungsfinanzamts der Gesellschaft belegen ist (§ 17 Abs. 3 Satz 1 Nr. 2 GrEStG).

2 Örtliche Zuständigkeit in den Fällen des § 17 Abs. 2 GrEStG – Ermittlung des wertvollsten Grundstücks(-teils)

Örtlich zuständig für die gesonderte Feststellung nach § 17 Abs. 2 GrEStG ist dasjenige Finanzamt, in dessen Bezirk der wertvollste Grundstücksteil oder das wertvollste Grundstück oder der wertvollste Bestand an Grundstücksteilen oder Grundstücken liegt. Sind Verkehrswerte für den Grundbesitz nicht bekannt oder nur mit unverhältnismäßigem Aufwand zu ermitteln, kann zur Bestimmung der örtlichen Zuständigkeit aus Vereinfachungsgründen auf vorhandene Grundbesitzwerte oder die Einheitswerte zurückgegriffen werden. Der hilfsweise Rückgriff setzt jedoch die Vergleichbarkeit der Werte voraus. In Zweifelsfällen (z. B. wenn die betreffenden Finanzämter unterschiedlicher Auffassung sind) ist eine zügige Festlegung der örtlichen Zuständigkeit durch die vorgesetzten Dienststellen vorzunehmen. Diese sind in solchen Fällen frühzeitig zu unterrichten.

Wird der Rechtsvorgang einem im Sinne der vorstehenden Ausführungen offensichtlich örtlich unzuständigen Finanzamt angezeigt, hat dieses den Vorgang – sofern dort auch Grundbesitz belegen ist – mit Angabe des Einheitswertes, des Verkehrswertes oder des vorhandenen Grundbesitzwertes unmittelbar und umgehend an das zuständige Finanzamt mit der Bitte um Durchführung einer gesonderten Feststellung zu übersenden.

3 Aufteilungsmaßstab bei gesonderten Feststellungen nach § 17 Abs. 2 GrEStG

Ist eine Gesamtgegenleistung im Rahmen einer gesonderten Feststellung aufzuteilen, ist als Aufteilungsmaßstab grundsätzlich der gemeine Wert oder der Teilwert (§§ 9, 10 BewG) maßgebend. Sind diese Werte nur mit unverhältnismäßigem Aufwand zu ermitteln, kann aus Gründen der Verwaltungsvereinfachung auf das Verhältnis der vorhandenen Grundbesitzwerte oder

der Einheitswerte zueinander zurückgegriffen werden, wenn offensichtlich ist, dass sich hierdurch keine gravierenden Wertverschiebungen bei den festzustellenden Besteuerungsgrundlagen ergeben. Hiervon kann bei Einheitswerten nur ausgegangen werden, wenn der betroffene Grundbesitz entweder ausschließlich in den neuen oder ausschließlich in den alten Bundesländern belegen ist. In den anderen Fällen ist die Feststellung der Besteuerungsgrundlagen zeitnah unter dem Vorbehalt der Nachprüfung (§ 164 AO) mit den zur Verfügung stehenden Werten durchzuführen und später nach dem allgemeinen Aufteilungsmaßstab zu korrigieren, wenn sich ein anderer Aufteilungsmaßstab ergibt.

Wird Grundbesitz zusammen mit anderen Gegenständen übertragen, die nicht der Besteuerung nach dem Grunderwerbsteuergesetz unterliegen, sind die Grundsätze zur Verwaltungsvereinfachung bei der Ermittlung der Gegenleistung nach § 9 GrEStG zu beachten. Sind die Vereinfachungsregelungen nicht anwendbar, ist die Gesamtgegenleistung nach der sog. Boruttau'schen Formel unter Zugrundelegung der gemeinen Werte (Teilwerte) aufzuteilen.

4 Örtliche Zuständigkeit – Abgrenzung zwischen § 17 Abs. 2 und Abs. 3 GrEStG bei gesellschaftsrechtlichen Vorgängen

Bei Anwachsungen, Einbringungen gegen Gewährung von Gesellschaftsrechten und Liquidationen ist das Finanzamt örtlich zuständig, in dessen Bezirk der wertvollste Grundstücksteil oder das wertvollste Grundstück oder der wertvollste Bestand an Grundstücksteilen oder Grundstücken belegen ist (§ 17 Abs. 2 GrEStG).

Bei Grundstückserwerben durch Umwandlungen (Verschmelzung, Spaltung, Vermögensübertragung) ist nach § 17 Abs. 3 Satz 1 Nr. 1 GrEStG das Finanzamt örtlich zuständig, in dessen Bezirk sich die Geschäftsleitung des Erwerbers befindet.

In den Fällen des § 1 Absatz 2a, 3 und 3a GrEStG ist nach § 17 Abs. 3 Satz 1 Nr. 2 GrEStG das Finanzamt örtlich zuständig,

- in dessen Bezirk sich die Geschäftsleitung der grundbesitzenden Gesellschaft befindet, bei der sich der Gesellschafterwechsel vollzieht (§ 1 Abs. 2a GrEStG);

- in dessen Bezirk sich die Geschäftsleitung der Gesellschaft befindet, deren Anteile vereinigt oder übertragen werden (§ 1 Abs. 3 GrEStG); dies gilt auch dann, wenn die Gesellschaft, deren Anteile vereinigt oder übertragen werden, nicht selbst zivilrechtlicher Grundstückseigentümer, sondern an der grundbesitzenden Gesellschaft lediglich unmittelbar und/oder mittelbar zu mindestens 95 % beteiligt ist (sog. mehrstufige mittelbare Anteilsvereinigung), weil auch dann die Grundstücke kraft der grunderwerbsteuerrechtlichen Zurechnung im Sinne des § 1 Abs. 3 GrEStG der Gesellschaft gehören, deren Anteile vereinigt oder übertragen werden sollen (BFH-Urteil vom 21. September 2005, II R 33/04, BFH/NV 2006 S. 609), oder

- in dessen Bezirk sich die Geschäftsleitung der grundbesitzenden Gesellschaft befindet, an der ein Rechtsträger eine wirtschaftliche Beteiligung innehat (§ 1 Abs. 3a GrEStG).

Befindet sich die Geschäftsleitung nicht im Inland und sind in verschiedenen Grunderwerbsteuer-Finanzamtsbezirken liegende Grundstücke oder in verschiedenen Ländern liegende Grundstücke betroffen, so stellt das nach § 17 Abs. 2 GrEStG zuständige Finanzamt die Besteuerungsgrundlagen gesondert fest (§ 17 Abs. 3 Satz 2 GrEStG).

Wird im Rahmen einer Umwandlung auch ein Steuertatbestand nach § 1 Abs. 2a, Abs. 3 oder Abs. 3a GrEStG verwirklicht, bleibt es – vorbehaltlich der Ausführungen zu Tz. 5 – bei der unterschiedlichen Zuständigkeit aus § 17 Abs. 3 Satz 1 Nr. 1 und Nr. 2 GrEStG.

Diese Grundsätze gelten bei vergleichbaren Vorgängen im Ausland entsprechend.

5 Örtliche Zuständigkeit in den Fällen der mittelbaren Anteilsvereinigung (-übertragung) und der Organschaft (§ 17 Abs. 3 Satz 1 Nr. 2 GrEStG)

In den Fällen der mittelbaren Anteilsvereinigung (-übertragung) ist mit Ausnahme der nachfolgend aufgeführten Fälle (insbesondere Organschaftsfälle) die gesonderte Feststellung durch das Finanzamt durchzuführen, in dessen Bezirk sich die Geschäftsleitung der Gesellschaft befindet, deren Anteile vereinigt oder übertragen werden sollen und zu deren Vermögen das Grundstück gehört.

Beispiel 1:
An der A-AG, die in den Bezirken mehrerer Finanzämter Grundbesitz hat, ist die natürliche Person N zu 80 % beteiligt. N hält außerdem 100 % der Anteile an der H-GmbH, die ihrerseits 10 % der Anteile an der A-AG hält. N erwirbt nun von U 5 % der Anteile an der A-AG.

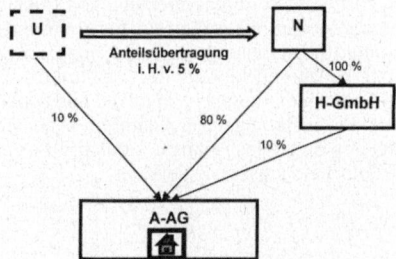

Zuständig für die gesonderte Feststellung ist das Finanzamt, in dessen Bezirk sich die Geschäftsleitung der Gesellschaft befindet, deren Anteile vereinigt oder übertragen werden, hier also das Finanzamt, in dessen Bezirk die A-AG ansässig ist.

Beispiel 2:
Die A-GmbH ist zu 100 % an der B-GmbH beteiligt. Diese ist wiederum zu 100 % an der grundbesitzenden C-GmbH beteiligt. Die C-GmbH hält 95 % der Anteile an der D-GmbH, die wiederum zu 95 % an der grundbesitzenden E-GmbH beteiligt ist. Die A-GmbH überträgt ihre Anteile an der B-GmbH auf die X-GmbH.

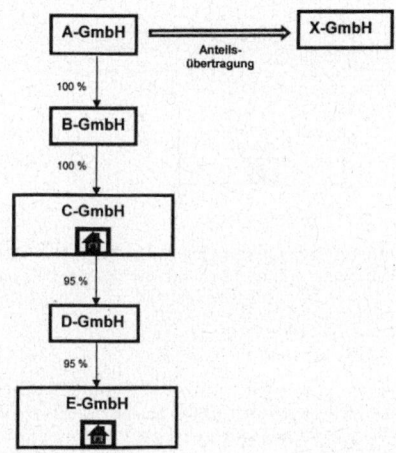

Bei der X-GmbH findet durch die unmittelbare Übertragung der Anteile an der B-GmbH eine mittelbare Übertragung der vereinigten Anteile in Bezug auf die C-GmbH und die E-GmbH statt. Die Grundstücke der E-GmbH und der C-GmbH sind dabei im Rahmen des § 1 Abs. 3 GrEStG grunderwerbsteuerrechtlich der B-GmbH zuzurechnen. Für die Übertragung der Anteile an der B-GmbH ist demnach nach § 17 Abs. 3 Satz 1 Nr. 2 GrEStG für die gesonderte Feststellung ausschließlich das Finanzamt örtlich zuständig, in dessen Bezirk sich die Geschäftsleitung der B-GmbH befindet.

Wird der Rechtsvorgang einem im Sinne des § 17 Abs. 3 Satz 1 Nr. 2 GrEStG örtlich unzuständigen Finanzamt angezeigt, hat dieses den Vorgang unmittelbar und umgehend an das zuständige Finanzamt mit der Bitte um Durchführung einer gesonderten Feststellung zu übersenden.

In Fällen mit mehrstufigen, mittelbaren Anteilsvereinigungen (-übertragungen) bietet es sich im Einvernehmen mit den zuständigen Finanzämtern bei Zustimmung des Steuerpflichtigen gemäß § 27 AO an, die gesonderte Feststellung durch das Finanzamt durchführen zu lassen, in dessen Bezirk sich die oberste Konzernebene oder die Organmutter befindet. Ist dieser Ort im Ausland und verfügt der Konzern bzw. Organkreis im Inland noch über einen mehrstufigen Aufbau, ist im Einvernehmen mit den zuständigen Finanzämtern bei Zustimmung des Steuerpflichtigen die gesonderte Feststellung durch das Finanzamt durchführen zu lassen, in dessen Bezirk sich die oberste inländische Entscheidungsebene befindet.

Beispiel 3:

Die H-GmbH ist zu 70 % an der X-GmbH beteiligt. Zwischen diesen Gesellschaften besteht ein Organschaftsverhältnis. Die X-GmbH ist zu 75 % an der grundbesitzenden G-GmbH beteiligt. Die W-AG hält 100 % der Anteile an der Z-GmbH, welche zu 25 % an der grundbesitzenden G-GmbH beteiligt ist. Die H-GmbH wird unter Fortführung des Organschaftsverhältnisses auf die W-AG verschmolzen.

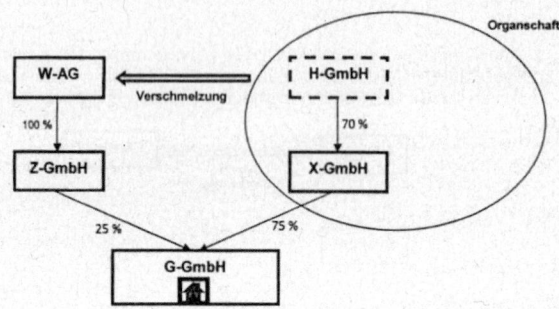

Zuständig für die gesonderte Feststellung ist nach § 17 Abs. 3 Satz 1 Nr. 2 GrEStG das Finanzamt, in dessen Bezirk sich die Geschäftsleitung der G-GmbH befindet. Stimmen das zuständige Finanzamt und der Steuerpflichtige gemäß § 27 AO zu, ist die gesonderte Feststellung durch das Finanzamt durchzuführen, in dessen Bezirk sich die Geschäftsleitung der W-AG befindet.

Beispiel 4:

Die H-GmbH ist zu 70 % an der X-GmbH und zu 65 % an der Y-GmbH beteiligt. Zusammen bilden sie eine Organschaft. An der grundbesitzenden G-GmbH sind die X-GmbH zu 50 %, die H-GmbH zu 10 % und die Y-GmbH zu 40 % beteiligt. Die H-GmbH wird unter Fortführung des Organschaftsverhältnisses auf die W-AG verschmolzen.

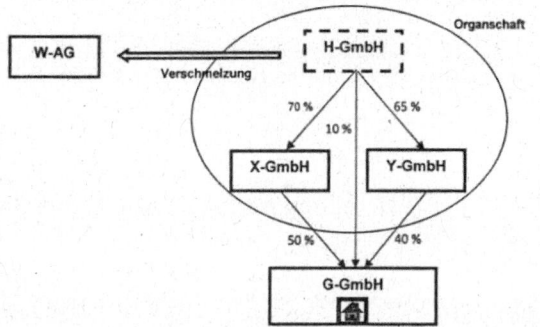

Zuständig für die gesonderte Feststellung ist nach § 17 Abs. 3 Satz 1 Nr. 2 GrEStG das Finanzamt, in dessen Bezirk sich die Geschäftsleitung der G-GmbH befindet. Stimmen das zuständige Finanzamt und der Steuerpflichtige gemäß § 27 AO zu, ist die gesonderte Feststellung durch das Finanzamt durchzuführen, in dessen Bezirk sich die Geschäftsleitung der W-AG befindet.

Wird der Rechtsvorgang in den vorgenannten Fällen dem im Sinne des § 17 Abs. 3 Satz 1 Nr. 2 GrEStG zuständigen Finanzamt angezeigt, hat dieses den Vorgang im Einvernehmen mit dem Steuerpflichtigen unverzüglich zwecks umgehender Durchführung der gesonderten Feststellung an das zuvor beschriebene Finanzamt weiterzuleiten oder – bei Ablehnung durch den Steuerpflichtigen – die gesonderte Feststellung selbst durchzuführen.

6 Mehrfache örtliche Zuständigkeit (§ 25 AO)

Sind mehrere Finanzämter örtlich zuständig, so entscheidet grundsätzlich das Finanzamt, das zuerst mit der Sache befasst worden ist, es sei denn, die zuständigen Finanzämter einigen sich auf ein anderes zuständiges Finanzamt oder die gemeinsame fachlich zuständige Aufsichtsbehörde bestimmt, dass ein anderes örtlich zuständiges Finanzamt zu entscheiden hat. Fehlt eine gemeinsame Aufsichtsbehörde, so treffen die fachlich zuständigen Aufsichtsbehörden die Entscheidung gemeinsam.

7 Örtliche Zuständigkeit bei Verlegung der Geschäftsleitung (§ 26 AO)

Geht die örtliche Zuständigkeit durch eine Verlegung der Geschäftsleitung von einem Finanzamt auf ein anderes Finanzamt über, so tritt der Wechsel der Zuständigkeit in dem Zeitpunkt ein, in dem eines der beiden Finanzämter hiervon erfährt. Das bisher zuständige Finanzamt kann ein Verwaltungsverfahren fortführen, wenn dies unter Wahrung der Interessen der Beteiligten der einfachen und zweckmäßigen Durchführung des Verfahrens dient und das nunmehr zuständige Finanzamt zustimmt.

8 Zuständigkeitsvereinbarung (§ 27 AO)

Im Einvernehmen mit dem Finanzamt kann abweichend von der Zuständigkeitsregelung in § 17 GrEStG auch ein anderes Finanzamt die gesonderte Feststellung übernehmen, wenn der Betroffene zustimmt.

9 Regelungsinhalt der Feststellung nach § 17 Abs. 2, Abs. 3 und Abs. 3a GrEStG

Im Rahmen der gesonderten Feststellung der Besteuerungsgrundlagen nach § 17 Abs. 2 und Abs. 3 GrEStG ist grundsätzlich zu entscheiden über:

- den Steuertatbestand des jeweiligen Erwerbsvorgangs dem Grunde nach,
- eine Steuerbefreiung dem Grunde und der Höhe nach,
- die als Steuerschuldner in Betracht kommenden Personen,
- die insgesamt nach § 8 Abs. 1 GrEStG der Besteuerung zugrunde zu legende Bemessungsgrundlage sowie
- die Zerlegung der Bemessungsgrundlage, also darüber, welches Finanzamt aus welchem Teil der Bemessungsgrundlage die Steuer festzusetzen hat.

Die Bemessungsgrundlage einschließlich deren Zerlegung gehört in den Fällen des § 8 Abs. 2 GrEStG nicht zum Regelungsinhalt des Feststellungsbescheids, weil die maßgebenden Grundbesitzwerte nach § 151 Abs. 1 Satz 1 Nr. 1 i.V. m. § 157 Abs. 1 bis 3 BewG Gegenstand einer eigenen gesonderten Feststellung sind (§ 17 Abs. 3a GrEStG).

Liegt der gesonderten Feststellung ein Rechtsvorgang zugrunde, dem ein Rechtsvorgang vorausgegangen ist, dessen Tatbestand in § 1 Abs. 1, Abs. 2, Abs. 3 oder Abs. 3a GrEStG normiert ist, und ist eine Anrechnung der Bemessungsgrundlage, von der die Steuer für den vorausgegangenen Rechtsvorgang berechnet worden ist, gemäß § 1 Abs. 6 Satz 2 GrEStG vorzunehmen, so ist die Anrechnung nicht Bestandteil der gesonderten Feststellung, sondern hat durch das jeweilige Steuerfestsetzungsfinanzamt (Lagefinanzamt) zu erfolgen, das auch die Steuerfestsetzung für den vorausgegangenen Rechtsvorgang durchgeführt hat. Dies gilt auch für die Anrechnung nach § 1 Abs. 2a Satz 3 GrEStG.

Soweit dem für die gesonderte Feststellung zuständigen Finanzamt die Tatsache der Anrechnung nach § 1 Abs. 6 GrEStG bekannt wird, hat es das Lagefinanzamt entsprechend zu unterrichten.

Kommen als Steuerschuldner mehrere Personen als Gesamtschuldner nach § 44 AO in Betracht, muss die gesonderte Feststellung gemäß § 17 Abs. 2 und Abs. 3 GrEStG ihnen gegenüber nach § 179 Abs. 2 Satz 2 AO einheitlich erfolgen sowie eine bindende Entscheidung über den in Anspruch zu nehmenden Steuerschuldner enthalten (BFH-Urteile vom 31. März 2004, II R 54/01, BStBl II S. 658 und vom 20. Oktober 2004, II R 27/03, BStBl 2005 II S. 105).

Von der einheitlichen Feststellung kann jedoch abgesehen werden, wenn das zur Durchführung des Feststellungsverfahrens zuständige Finanzamt aufgrund der ihm obliegenden Ermessensentscheidung zu dem Ergebnis kommt, dass nur einer der Gesamtschuldner als Steuerschuldner in Anspruch zu nehmen ist, weil beispielsweise über das Vermögen des anderen ein Insolvenzverfahren eröffnet ist (BFH-Urteile vom 31. März 2004, II R 54/01, BStBl II S. 658 und vom 6. Juli 2005, II R 9/04, BStBl II S. 780).

10 Anwendung des § 17 Abs. 4 GrEStG

Von der gesonderten Feststellung kann gemäß § 17 Abs. 4 Satz 1 Nr. 1 GrEStG abgesehen werden, wenn der Erwerb steuerfrei ist.

Dabei ist wie folgt zu verfahren:

Das für die gesonderte Feststellung zuständige Finanzamt hat verbindlich darüber zu entscheiden, in welchem Umfang Steuerfreiheit gegeben ist, auch wenn gemäß § 17 Abs. 4 Satz 1 Nr. 1 GrEStG von der gesonderten Feststellung abgesehen wird. Von einer gesonderten Feststellung ist jedoch nur dann abzusehen, wenn die Befreiung sofort erkennbar, klar und eindeutig ist und keiner weiteren Überprüfung bedarf. In allen anderen Fällen, insbesondere bei Befreiungen nach § 3 Nr. 2 Satz 2, Nr. 3, Nr. 8 GrEStG und nach §§ 5 bis 7 GrEStG, ist eine gesonderte Feststellung durchzuführen.

Die gesonderte Feststellung ist stets unter dem Vorbehalt der Nachprüfung (§ 164 Abs. 1 AO) vorzunehmen, um ggf. Einwendungen der für den Erlass der Folgebescheide zuständigen Finanzämter berücksichtigen zu können. Sieht das für die gesonderte Feststellung zuständige Finanzamt unter den o. g. Voraussetzungen von einer gesonderten Feststellung ab, übersendet es den für die Erteilung der Unbedenklichkeitsbescheinigung und des Freistellungsbescheids zuständigen Finanzämtern die dafür erforderlichen Unterlagen zur entsprechenden Veranlassung.

Ganz oder teilweise kann von der gesonderten Feststellung nach § 17 Abs. 4 Satz 1 Nr. 2 GrEStG abgesehen werden, wenn die anteilige Besteuerungsgrundlage für den Erwerb des in einem anderen Land liegenden Grundstücksteils 2 500 Euro nicht übersteigt. Die 2 500 Euro unterschreitende Bemessungsgrundlage ist nach § 17 Abs. 4 Satz 2 GrEStG den anderen für die Besteuerung zuständigen Finanzämtern nach dem Verhältnis ihrer Anteile zuzurechnen.

11 Zeitlicher Anwendungsbereich

Dieser Erlass ergeht im Einvernehmen mit den obersten Finanzbehörden der anderen Länder und tritt an die Stelle des Erlasses vom 18. Juli 2007 (BStBl I S. 549). Er ist in allen offenen Fällen anzuwenden.

Stichwortverzeichnis

AEAO = Anwendungserlass zur Abgabenordnung; EStR/-H = Einkommensteuer-Richtlinien bzw. -Hinweise; LStR/-H = Lohnsteuer-Richtlinien bzw. -Hinweise; KStR/-H = Körperschaftsteuer-Richtlinien bzw. -Hinweise; GewStR/-H = Gewerbesteuer-Richtlinien bzw. -Hinweise; AO-Erl = Abgabenordnung-Erlasse mit laufender Erlassnummer; ESt-Erl = Einkommensteuer-Erlasse mit laufender Erlassnummer; ASt-Erl = Außensteuer-Erlasse mit laufender Erlassnummer; KSt-Erl = Körperschaftsteuer-Erlasse mit laufender Erlassnummer; UmwSt-Erl = Umwandlungssteuer-Erlasse mit laufender Erlassnummer; GewSt-Erl = Gewerbesteuer-Erlasse mit laufender Erlassnummer; GrESt-Erl = Grunderwerbsteuer-Erlasse mit laufender Erlassnummer

Abbauland	EStR	15.5
	EStH	13.2
Abbruchkosten, eines Gebäudes	EStH	6.4, 6b.1, 7.4
Abfärbegrundsatz, Beteiligung an einer gewerblich tätigen Mitunternehmerschaft	EStH	15.8 (5)
Abfindung, für Wohnungsaufgabe	EStH	22.6
– tarifbegünstigte, *s. Entschädigung, tarifbegünstigte*		
– unter Buchwert	EStH	4.3, 16 (4)
– wegen Auflösung eines Dienstverhältnisses	EStH	24.1
Abfindungsklausel	EStH	6a (3, 4)
Abfindungsrente	LStR	19.8 (1)
Abfließen, von Ausgaben	EStR	4.5 (2), 10b.3 (2)
Abführen, von Mehrerlösen	EStR	4.13
Abführung, der Lohnsteuer,		
Allgemeines	LStR	41a.2
– – bei Abschlagszahlung	LStR	39b.5 (5)
Abgabe-Schonfrist	AEAO	zu § 152 (Nr. 7)
Abgeltungsteuer, Allgemeines	EStH	20.1, 44, 44b
Abgeordneter, Steuergeheimnis	AEAO	zu § 30 (Nr. 8.1)
Abgrenzung, Betriebsverpachtung/Betriebsaufgabe	EStH	16 (5)
– der Anschaffungskosten vom Erhaltungsaufwand beim Grund und Boden	EStH	6.4
– der Gewinnerzielungsabsicht zur Liebhaberei	EStH	15.3
– der wesentlichen Betriebsgrundlagen	EStH	16 (8)
– des Veräußerungsgewinns vom laufenden Gewinn	EStR	16 (9)
– Einkunftsart	LStH	19.3
– von Anschaffungs- und Herstellungskosten sowie Erhaltungsaufwendungen	EStH	21.1
– zwischen Land- und Forstwirtschaft und Gewerbe	EStR	13.2, 15.5
– zwischen privater Vermögensverwaltung und gewerblichem Grundstückshandel	EStH	15.7 (1)
– zwischen selbständiger Arbeit und Gewerbe	EStH	15.6
Abhilfebescheid, Änderung	AEAO	zu § 172 (Nr. 4)
Abkommen, zwischenstaatliches	EStH	31
Ablaufhemmung, Antrag auf Steuerfestsetzung oder Korrektur einer Steuerfestsetzung	AEAO	zu § 171 (Nr. 2)
– Beginn einer Außenprüfung	AEAO	zu § 171 (Nr. 3)
– bei rechtsgrundlos geleisteter Zahlung	AEAO	zu § 171 (Nr. 7)
– bei vorläufiger Steuerfestsetzung	AEAO	zu § 171 (Nr. 5)
– Ende der Festsetzungsfrist	AEAO	zu § 171
– Ermittlung der Steuerfahndung	AEAO	zu § 171 (Nr. 4)
– Folgebescheid	AEAO	zu § 171 (Nr. 6)

Stichwortverzeichnis

Ablehnung, Aussetzung der Vollziehung..................	AEAO	zu § 361 (Nr. 10, 11)
– beantragter begünstigender Verwaltungsakt.........	AEAO	vor §§ 130, 131 (Nr. 3), zu § 361 (Nr. 2.3.2)
– der Erteilung einer verbindlichen Auskunft.............	AEAO	zu § 347 (Nr. 1)
– der Zahlung von Erstattungszinsen nach §§ 233a, 236 AO.....................	AEAO	zu § 239 (Nr. 1)
– einer verbindlichen Zusage	AEAO	zu § 24 (Nr. 3)
– eines Antrags, auf Eintragung eines Freibetrags auf der Lohnsteuerkarte........	AEAO	zu § 361 (Nr. 2.3.1)
– – auf Festsetzung der Steuer......................	AEAO	zu § 155 (Nr. 2)
– – auf Hinausschiebung des Prüfungsbeginns..........	AEAO	zu § 197 (Nr. 3)
– eines Realakts (Einspruch)..	AEAO	zu § 347 (Nr. 1)
Ablösezahlung, im Profifußball...........................	EStH	6.2
Ablösung, der Verpflichtung zur Errichtung von Stellplätzen.....................	EStH	6.4
– einer dauernden Last.......	EStH	10.3, 34.3
– einer Rente	EStH	6a (19), 10.3, 34.3
– einer Schuld	EStH	4.2 (15), 21.2
– eines Nießbrauchs	EStH	10.3
– eines Vorbehaltsnießbrauchs.....................	EStH	17 (5)
– eines Wohnrechts durch Miterben....................	EStH	6.4
– von Kosten der Anstaltsunterbringung	EStH	33.1-33.4
Abraumbeseitigung, Rückstellung.....................	EStR EStH	5.7 (12) 5.7 (12)
Abraumvorrat	EStH	6.3
Abrechnung, bei Wechsel in der Gewinnermittlungsart .	EStR	4.5, 4.6

Abrechnungsbescheid, bei Einwendungen gegen Säumniszuschläge..........	AEAO	zu § 240 (Nr. 7)
– Korrektur	AEAO	zu § 218 (Nr. 3)
– maßgebender Verwaltungsakt....................	AEAO	zu § 218 (Nr. 1)
– Streit über die Verwirklichung der Ansprüche aus dem Steuerschuldverhältnis...........................	AEAO	zu § 218 (Nr. 3)
– Zinsfestsetzung nach § 233a AO....................	AEAO	zu § 233a (Nr. 45)
Abrundung, der Steuer	AEAO	zu § 156
– der Zinsen	AEAO	zu § 239 (Nr. 3)
– des zu verzinsenden Betrags	AEAO	zu § 238 (Nr. 2)
– Prozesszinsen	AEAO	zu § 236 (Nr. 3)
– Stundungszinsen, Ratenzahlung.....................	AEAO	zu § 234 (Nr. 9)
– Vollverzinsung	AEAO	zu § 233a (Nr. 11, 24, 49)
Abschlagszahlung............	LStR	39b.5 (5)
Abschlussgebühr, für Bausparvertrag, keine Rechnungsabgrenzung	EStH	5.6
Abschlusszahlung, Aussetzung der Vollziehung, Berechnung der auszusetzenden Steuer...................	AEAO	zu § 361 (Nr. 4)
Abschöpfung, bei Geldbuße..	EStH	4.13
Abschreibungs- oder Buchwertverlust.................	EStH	15.10
Absetzung, allgemeine, s. AfA – erhöhte, auf Anzahlungen und Teilherstellungskosten	EStR EStH	7a 7a
– – bei Gebäuden in Sanierungs- u. Entwicklungsgebieten	EStR EStH	7h 7h
– – bei mehreren Beteiligten.	EStH	7a
– – bei Personengesellschaft nach Ausscheiden eines Gesellschafters.............	EStH	7a, 7h, 7i
– – bei unentgeltlich erworbenen Wirtschaftsgütern	EStR	7.3 (3)

Stichwortverzeichnis

– – Bemessungsgrundlage ...	EStR	7.3, 21.5
	EStH	7.3
– – gemeinsame Vorschriften	EStR	7a
	EStH	7a
– – innerhalb des Begünstigungszeitraums	EStR	7a
	EStH	7a
– – Kumulationsverbot	EStR	7a (7)
– – Verlustklausel	EStR	7a (8)
– – von Herstellungskosten bei Baudenkmalen	EStR	7i
	EStH	7i
– – von Herstellungskosten bei bestimmten Baumaßnahmen i. S. d. Baugesetzbuchs	EStR	7h
	EStH	7h
– für außergewöhnliche technische oder wirtschaftliche Abnutzung	EStR	7.4 (12)
	EStH	7.4
– für Substanzverringerung..	EStR	4.5 (3), 7.5
	EStH	7.5
Absetzung für Abnutzung, *s. a. AfA*		
– Arbeitsmittel	LStR	9.12
	LStH	9.12
– Kraftfahrzeug, Gesamtkosten	LStR	9.5
	LStH	9.5
– – Gestellung	LStR	8.1 (9-10)
Abstandszahlung, zur Ablösung von Nutzungsrechten	EStH	21.2, 24.1
– zur vorzeitigen Wohnungsräumung...................	EStH	21.2
Abstimmung, Finanzamt/Familienkasse.................	EStR	31 (4)
Abtretung, Anspruch aus dem Steuerschuldverhältnis........................	AEAO	zu § 46
– Anzeige nach amtlichem Vordruck...................	AEAO	zu § 46 (Nr. 6)
– Auszahlung der Finanzbehörde bei Verstoß gegen gesetzliche Vorschriften....	AEAO	zu § 46 (Nr. 3)
– geschäftsmäßiger Erwerb und geschäftsmäßige Einziehung von Erstattungs- und Vergütungsansprüchen......................	AEAO	zu § 46 (Nr. 2)
– Rechtsstellung der Beteiligten	AEAO	zu § 46 (Nr. 4)
– Unterschrift des Ehegatten	AEAO	zu § 46 (Nr. 5)
– von Anspruch, Anrechnung von Steuerabzugsbeträgen	EStH	36
– – Versicherungsvertrag.....	EStR	4b
	EStH	4.2 (1)
– von Rückkaufsrecht an Grundstücken...............	EStH	22.6
– vor Entstehung des Anspruchs	AEAO	zu § 46 (Nr. 1)
– Zurechnung von Zinsen bei Abtretung	EStH	20.2
Abwälzung, pauschale Lohnsteuer.........................	LStH	40.2, 40a.1, 40b.1
Abwasserleitung	EStH	6.4
Abweichendes Wirtschaftsjahr.........................	EStR	4a
	EStH	4a, 11
	KStR	7.3
Abweichung, des Steuerbilanzgewinns vom Handelsbilanzgewinn	EStH	15.8 (3)
Abwicklung....................	GewStR	2.6 (4), 7.1 (8)
– *s. a. Auflösung einer Körperschaft*		
Abziehbarer Aufwand	KStR	9
	KStR	9
– Spende....................	KStR	9
	KStR	9
– – *s. a. Spende*		
Abzinsung, von Verbindlichkeiten	EStH	6.10
Abzug, oder Anrechnung ausländischer Steuern........	EStH	34c
Abzugsteuer, deutsche, Entlastung......................	EStH	50d
– – Freistellung auf Grund DBA	EStH	1a
Abzugsverbot, für gemischte Aufwendungen.............	LStR	9.1 (1)
	LStH	9.1
– von Geldstrafe	EStH	4.13
– von Vorteilen..............	EStH	4.13
	EStH	4.13
Adoption, Angehöriger	AEAO	zu § 15 (Nr. 7)
– Kosten	EStH	33.1-33.4
Adressat, Bekanntgabe	AEAO	zu § 122
– Einspruch..................	AEAO	zu § 357

Stichwortverzeichnis

- Ähnlicher Zweck .... EStH 4.10 (1)
- **Änderung,** Antrag auf schlichte - .... AEAO zu § 172 (Nr. 2)
  - Aussetzung der Vollziehung .... AEAO zu § 361 (Nr. 2.3)
  - – des strittigen Verwaltungsakts .... AEAO zu § 361 (Nr. 8.2.2)
  - Auswirkung auf Stundungszinsen, Vorauszahlung .... AEAO zu § 234 (Nr. 2)
  - Berichtigung materieller Fehler, Steuerfestsetzung .. AEAO zu § 177 (Nr. 2)
  - der KSt, bei verdeckter Gewinnausschüttung/verdeckter Einlage .... KStH 32a
  - – Erhöhung .... KStH 38
  - – Minderung .... KStH 37
  - – Zeitpunkt .... KStH 38
  - – Zusammenfassung von Gewinnausschüttungen .. KStH 27
  - des Lohnsteuerabzugs, Allgemeines .... LStR 41c.1
  - – Anzeigepflicht des Arbeitgebers .... LStR 41c.2
  - – Festsetzungsfrist Arbeitnehmer .... LStR 41c.3
  - – Nachforderung von Lohnsteuer .... LStR 41c.3 / LStH 41c.3
  - eines durch Einspruchsentscheidung bestätigten oder geänderten Verwaltungsakts .... AEAO zu § 172 (Nr. 4)
  - Einspruch, gegen korrigierten Verwaltungsakt .... AEAO zu § 347 (Nr. 2)
  - – unanfechtbarer Verwaltungsakt .... AEAO zu § 351 (Nr. 1)
  - Herabsetzung einer gestundeten Steuerforderung .... AEAO zu § 234 (Nr. 2)
  - in sonstigen Fällen .... AEAO zu § 175
  - Kleinbetragsverordnung ... AEAO vor §§ 172 bis 177 (Nr. 8)
  - Prozesszinsen bei Steuerherabsetzung .... AEAO zu § 236 (Nr. 1)
  - Säumniszuschlag, Steuerfestsetzung .... AEAO zu § 240 (Nr. 2)
  - Steuerbescheid .... EStR 26 (3), 26a (2) / EStH 16 / AEAO zu § 172 (Nr. 1)
  - Steuerfestsetzung unter Vorbehalt der Nachprüfung AEAO zu § 164 (Nr. 4)
  - Veranlagung .... EStR 26a (2)
  - Verlustabzug .... EStR 10d (5)
  - während eines Rechtsbehelfsverfahrens .... AEAO zu § 365 (Nr. 2), zu § 367 (Nr. 2)
  - Zinsberechnung bei korrigierter Steuerfestsetzung AEAO zu § 233a (Nr. 41 ff.)
  - Zinsbescheid .... AEAO zu § 239 (Nr. 1)
  - Zustimmung des Hinzugezogenen .... AEAO zu § 360 (Nr. 4)
- **Änderungssperre,** für Haftungs- und Nachforderungsbescheide .... LStR 42d.1 (6) / LStH 42d.1
- **Ärztemuster** .... EStR 6.8 (2)
- **AfA,** s. a. Absetzung für Abnutzung
  - Beginn .... EStR 7.4 (1), 7a / EStH 7.4
  - bei abnutzbarem Anlagegut .... EStR 4.5 (3), 6.3, 7.3 / EStH 7.3
  - bei Ausbauten und Erweiterungen an Gebäuden .... EStR 7.3, 7.4 / EStH 7.3, 7.4
  - bei Außenanlage .... EStR 7.1
  - bei Betriebsvorrichtungen . EStR 7.1 / EStH 7.1
  - bei Eigentumswohnung .... EStR 7.3 / EStH 7.4
  - bei Einbauten in Gebäuden EStR 7.1 (6) / EStH 7.1
  - bei Ermittlung der Herstellungskosten .... EStR 6.3, 21.5
  - bei Gebäude .... EStR 7.1, 7.2, 7.4 (6)

Stichwortverzeichnis

– bei Gebäudeteil	EStR	7.1, 7.2, 7.3
	EStH	7.1, 7.3, 7.4
– bei gemischt genutztem Grundstück	EStR	7.2, 7.4 (6)
– bei Gewinnermittlung nach § 4 Abs. 3 EStG	EStR	4.5
– bei im Teileigentum stehenden Räumen	EStR	7.4 (7)
	EStH	7.4
– bei immateriellem Wirtschaftsgut	EStR	7.1
	EStH	7.1
– bei Ladeneinbauten und -umbauten	EStR	7.1 (6)
– bei Maschinen	EStR	7.4 (5)
– bei Mietereinbauten	EStR	7.1
	EStH	7.1, 7.4
– bei Miteigentum	EStR	7.4, 21.6
	EStH	7.4
– bei Schiffen	EStR	7.1
– bei Tieren	EStR	7.1 (2)
	EStH	7.3, 13.3
– bei unbeweglichem Wirtschaftsgut	EStR	7.1
	EStH	7.1
– bei unentgeltlich erworbenem Wirtschaftsgut	EStR	7.3 (3)
– bei vom oder ins Privatvermögen überführtem Gebäude	EStR	7.3 (6)
	EStH	7.3
– bei Wirtschaftsgut bis zur Einlage	EStR	6.12, 7.4 (2)
	EStH	6.12
– bei Wirtschaftsüberlassungsvertrag	EStH	7.1
– Bemessung, allgemein	EStR	7.2, 7.3, 7.4, 21.5
	EStH	7.3, 7.4
– – bei nachträglichen Anschaffungs- und Herstellungskosten	EStR	6.5 (3), 7.3, 7.4 (10), 7a
	EStH	7.3, 7.4, 7a
– bewegliches Anlagegut	EStR	7.1, 7.3
	EStH	7.1
– degressive	EStR	7.2, 7.4
	EStH	7.4
– – bei Nutzungsänderung	EStH	7.4
– – im Erwerbsfall	EStH	7.4
– – nach Einlage	EStH	7.4
– einheitliche, bei Gebäuden und Gebäudeteilen	EStR	7.3
	EStH	7.1, 7.3
– Ende	EStR	7.4 (9)
– für außergewöhnliche technische oder wirtschaftliche Abnutzung (AfaA)	EStR	7.4 (12)
	EStH	7.4
– Höhe	EStR	7.4
– im Anschluss an erhöhte Absetzungen/Sonderabschreibungen	EStR	7.4 (11), 7a (9)
– im Jahr der Anschaffung, Fertigstellung, Einlage	EStR	7.4 (2)
	EStH	7.4
– Methode	EStR	7.4
	EStH	7.4
– nach Ablauf des Begünstigungszeitraums	EStR	7a
	EStH	7a (9)
– nach Einlage/Entnahme	EStR	7.3, 7.4 (11)
	EStH	4.7
– nach Maßgabe der Leistung	EStR	7.4 (5)
– Nachholung	EStR	7h
– Tabelle	EStH	7.4, 13.5
– unterlassene/überhöhte	EStH	7.4
– Verlustzuweisungsgesellschaft, längere Nutzungsdauer eines Wirtschaftsgutes	EStH	7.4
– Volumen	EStH	7.4
– vom Firmenwert u. ä.	EStH	5.5, 7.1
– von Bodenbefestigung	EStH	7.1
– von Fahrstuhl-, Heizungs-, Be- und Entlüftungsanlage	EStH	7.1
– von Garage	EStR	7.2 (2)
	EStH	7.1
– von Wirtschaftsgebäude bei Sonderabschreibungen	EStR	7.2, 7a
	EStH	7a
– Wahl der - Methode	EStR	7.4 (5, 7)
– Wechsel des - Verfahrens	EStR	7.4 (8)
	EStH	7.4 (8)
– zeitanteilige	EStR	7.4
	EStH	7.4
– zeitliche Anwendung bei Gebäuden	EStH	7.2
– Zuschüsse bei der Bemessung	EStR	6.5, 7.3 (4), 21.5
	EStH	21.5

Agentur für Arbeit, Forderungsübergang ... LStH 3.2

Stichwortverzeichnis

Agio	EStH	6.10, 17 (4)
Akteneinsicht, der Beteiligten	AEAO	zu § 91
– Mitteilung der Besteuerungsunterlagen im Einspruchsverfahren	AEAO	zu § 364
Aktenverfügung, Abweichung vom bekanntgegebenen Verwaltungsakt	AEAO	zu § 124 (Nr. 2)
– neue Tatsachen und Beweismittel	AEAO	zu § 173 (Nr. 2)
– Wirksamkeit des Verwaltungsakts	AEAO	zu § 124 (Nr. 1)
Aktie	EStH	20.2
– s. a. Vermögensbeteiligung		
Aktieneigenhandel	KSt-Erl	18
– Behandlung	KStH	8b
Aktienoption	EStH	18.2
	LStH	9.1, 38.2
– Programm	EStH	5.7 (5)
Aktivierung, des Rückdeckungsanspruchs	EStR	4b
	EStH	6a (24)
– unentgeltlich erworbenes immaterielles Wirtschaftsgut	EStR	5.5 (2)
	EStH	4.6, 5.5
– von Forderungen	EStH	4.2 (1), 5.6
Aktivitätsklausel	EStR	2a (3)
	EStH	2a
Alleinerziehendenfreibetrag	LStH	39a.1
Alleingesellschafter, Dividendenzufluss	EStH	20.2
– Kürzung des Vorwegabzugs	EStH	10.11
Allgemein bildende Schule	LStH	9.2
Altenheim, Aufwendungen für Unterbringung	EStR	33.3
	EStH	33.1-33.4, 33a.1
– Steuerbefreiung	GewStR	3.20
Altenteilerwohnung, Entnahme	EStH	4.3 (2-4)
Altenteilsleistung	EStH	22.1
Alterseinkünftegesetz (AltEinkG)	EStH	10.4
Altersentlastungsbetrag	EStR	2, 10d (1), 24a
	EStH	24a, 32b, 34c
– bei Nachforderung	LStR	41c.3 (2)
Altersruhegeld, auch flexibles, vorgezogenes, Rente wegen Alters	EStR	22.4
	EStH	22.4
Altersteilzeit, Ausgleichszahlung	LStH	19.3, 38.2
– Freistellungsphase	LStH	19.8
– sonstiger Bezug	LStR	39b.2 (2 Nr. 9)
– Steuerfreiheit von Leistungen	LStR	3.28
– Verpflichtung	EStH	5.7 (5)
– zeitversetzte Auszahlung von steuerfreien Zuschlägen	LStR	3b (8)
Altersvermögensgesetz (AVmG)	EStH	6a (1, 11), 22.1, 79
Altersversorgung, betriebliche	EStR	4b-4d, 6a
	EStH	22.10
– – arbeitnehmerfinanzierte	LStH	38.2
Altersvorsorge	EStH	22.8, 22.10
– Aufwendungen	LStH	39a.1
– Zulage	LStR	2 (2)
Altlastenverdacht	EStH	16 (10)
Altzusage, bei Pensionsverpflichtung	EStR	6a (1)
Amateursportler, Vergütung eines Sportvereins	LStH	19.0
Ambulantes Rehabilitationszentrum	GewStR	3.20
Amtshilfe, andere Behörde	AEAO	zu § 11, zu § 112
– innerhalb der Finanzbehörde	AEAO	zu § 111 (Nr. 1)
– Voraussetzung und Grenze	AEAO	zu § 112
– zwischenstaatliche, in Steuersachen	AEAO	zu § 117
Amtsträger, Haftungsbeschränkung	AEAO	zu § 32
– Hilfskraft bei öffentlichen Aufgaben	AEAO	zu § 7 (Nr. 3)
– Wahrung des Steuergeheimnisses	AEAO	zu § 30
An- und Verkauf von Wertpapier	EStH	15.7 (9)
Anbau	EStR	6b.3 (3)
	EStH	7.3
– Verzeichnis	EStR	13.6
	EStH	13.5

2342

Stichwortverzeichnis

Anerkennung, Arbeitsverhältnis, mit Kindern	EStH	4.8
– – zwischen Ehegatten	EStH	4.8
Anfechtungsbeschränkung, bei Berichtigung offenbarer Unrichtigkeiten	AEAO	zu § 351 (Nr. 3)
Angehöriger, eines Gesellschafters	EStH	4.2 (12)
– Erlöschen der Eigenschaft	AEAO	zu § 15 (Nr. 8)
– Rechtsverhältnis	EStR	4.8, 15.9, 21.4
	EStH	4.8, 21.4
Angemessenheit der Gewinnverteilung, bei stiller Beteiligung von Schwesterpersonengesellschaften	EStH	15.8 (2, 3)
Anlage EÜR	EStH	25
Anlageberater	EStH	15.6
Anlagenkartei, Bestandsverzeichnis in Form einer -	EStR	5.4 (1)
Anlagenspiegel	EStH	5b
Anlagevermögen, Begriff und Umfang	EStR	6.1
	EStH	6.1
– bestandsmäßige Erfassung des beweglichen -	EStR	5.4
	EStH	5.4
– Bewertung von Wirtschaftsgut	EStR	4.5
– Bewertungsfreiheit für geringwertige Anlagegüter	EStR	6.13
	EStH	6.13
– Dauer der Zugehörigkeit von Wirtschaftsgut	EStR	6.1, 7.4
– Grundsatz	EStR	6.1
	EStH	6.1
– immaterielles Wirtschaftsgut	EStR	5.5 (1, 2)
	EStH	5.5
– Vieh	EStR	13.3
Anlaufhemmung, Beginn der Festsetzungsfrist	AEAO	zu § 170 (Nr. 1, 3)
– Steuererklärungspflicht	AEAO	zu § 170 (Nr. 3)
Anlaufverlust	EStH	15.3
Anmeldung, s. Lohnsteuer-Anmeldung		
Annahme als Kind	EStH	32.1
Anrechnung, eigener Einkünfte und Bezüge	EStR	32.9, 32.10, 33a.1, 33a.2
	EStH	32.10, 33a.1, 33a.2
– von Vorauszahlungen und Steuerabzugsbeträgen auf die ESt	EStR	36
	EStH	36
Anrechnung ausländischer Steuern, s. Ausländische Steuer		
Anrechnungsverfügung, Zinsberechnung bei Korrektur	AEAO	zu § 233a (Nr. 45)
Anrufungsauskunft	LStR	42e, 42f (5)
Ansässigkeitsbestätigung	EStH	50d
Ansammlungsrückstellung	EStH	6.11
Anschaffung, Rückgängigmachung	EStH	7.4
– von Gebäuden, Gleichstellung mit Erweiterung, Ausbau und Umbau	EStR	6b.2
– von Haushaltsgerät	EStH	33.1-33.4
– Zeitpunkt	EStR	7.4 (1)
	EStH	7.4
Anschaffungskosten	EStR	6.2
	EStH	6.2
– Abwehrkosten	EStH	7.3
– Abzug des Gewinns aus der Veräußerung bestimmter Anlagegüter bei den - anderer Wirtschaftsgüter	EStR	6b.2
	EStH	6b.2
– AfA	EStR	7.3 (1)
	EStH	7.3
– Aufteilung, auf Grund und Boden sowie Gebäude	EStR	4.2 (6), 7.3 (1)
	EStH	7.3
– Barwert der Rentenverpflichtung	EStR	6.2
– Begriff und Umfang	EStH	6.2
– bei Einkünften aus privaten Veräußerungsgeschäften	EStH	23
– bei Einlage von Wirtschaftsgütern	EStR	6.12
	EStH	6.7
– bei Erwerb gegen Leibrente	EStR	4.5 (4)
– bei Gebäude	EStH	6.4
– bei unentgeltlichem Erwerb	EStH	7.3 (3)

2343

Stichwortverzeichnis

- bei wohnrechtsbelastetem Gebäude .... EStH 7.3
- Berücksichtigung von Zuschüssen .... EStR 6.5, 7.3 (4)
- Bewertung .... EStR 6.5, 6.8
  EStH 6.7, 6.8, 6.12
- der Anteile an Kapitalgesellschaften .... EStH 6.2, 17 (5)
- – bestimmte - .... EStR 17 (5)
- des Grund und Bodens bei Veräußerung nach einer Verpachtung .... EStH 16
- eines Wirtschaftsguts bei Abzug des Gewinns aus der Veräußerung eines anderen Wirtschaftsguts (Rücklage) EStR 6b.2
- im Zwangsversteigerungsverfahren .... EStH 6.2
- innerhalb und nach Ablauf des Begünstigungszeitraums für Sonderabschreibungen .... EStR 7a
  EStH 7a
- Minderung .... EStR 7a (4, 5)
  EStH 7a
- Mitunternehmeranteil ... EStH 6.2
- nachträgliche .... EStR 7.3 (4, 5), 7.4 (10), 7a, 17 (4)
  EStH 7.4, 7a
- Nebenkosten .... EStH 6.2
- von Verbindlichkeiten ...... EStR 6.11
  EStH 6.10
- von Vieh .... EStR 13.3
  EStH 13.3
- Vorauszahlung .... EStH 6.4
- Wald .... EStR 34b.2
  EStH 34b.2
- Zurechnung von Umsatzsteuer .... EStR 9b
  EStH 9b

Anschaffungsnahe Herstellungskosten .... EStR 6.4 (1)
  EStH 6.4, 21.1

Anschlusskosten/-gebühren, Kanal-, Gas-, Strom-, Wasser- .... EStH 6.4

Ansiedlungsbeitrag .... EStH 6.4

Ansparleistung, für beruflich veranlasste Aufwendungen LStR 9.1 (4)

Ansparrücklage .... GewStH 7.1 (1)

Anspruch aus dem Steuerschuldverhältnis, Entstehung .... AEAO zu § 38
- Erlöschen .... AEAO zu § 47
- Fälligkeit .... AEAO zu § 220
- Festsetzung .... AEAO zu § 155
- Konkretisierung .... AEAO zu § 218 (Nr. 1)
- Verwirklichung .... AEAO zu § 218
- – Streitigkeiten .... AEAO zu § 218 (Nr. 3)

Anteil, Anschaffungskosten .. EStH 6.2
- eigener, Erwerb .... KSt-Erl 33
- einbringungsgeborener .... EStH 17 (2)
- Veräußerung, an Grundstücksgesellschaft als gewerblicher Grundstückshandel .... EStH 15.7 (1)
- – an Kapitalgesellschaft, als privates Veräußerungsgeschäft .... EStH 23
- – – gegen wiederkehrende Leistungen .... EStH 17 (7)
- Wertminderung durch Gewinnausschüttung .... EStR 50c

Anteil an Kapitalgesellschaft, als Sonderbetriebsvermögen II .... EStH 4.2 (2)
- Gewinne aus der Veräußerung .... EStR 6b.2 (1), 16 (3), 17
  EStH 6.12, 17

Anteilseigner .... EStR 36, 44b.2
  EStH 36

Anteilsrotation .... EStH 17 (2)

Anteilstausch .... EStH 17 (7)

Anteilsveräußerung, nach Wegzug ins EU-/EWR-Ausland .... EStH 49.1

Anteilsvereinigung, bei verdeckter Einlage .... EStH 6.12

Antizipativer Posten .... EStR 5.6 (3)

Antrag, auf Realsplitting ..... EStR 10.2
  EStH 10.2
- auf Steuerermäßigung ..... EStR 34.5
- auf Steuerfestsetzung, Ablehnung durch Steuerbescheid .... AEAO zu § 155 (Nr. 3)
- schlichte Änderung einer Steuerfestsetzung .... AEAO zu § 172 (Nr. 2)
- Veranlagung .... EStR 46.2
  EStH 46.2

Anwaltskosten .... EStH 21.2

Stichwortverzeichnis

Anwartschaft, auf Hinterbliebenenversorgung bei Betriebsaufspaltung	EStH	4.2 (1)
Anwendungsprogramm	LStH	3.45
Anzahlung, auf Anschaffungskosten	EStR	7a (5)
	EStH	7a
– Leistung durch Hingabe von Wechsel oder Scheck...	EStH	7a
Anzeige, Beginn der Erwerbstätigkeit, Verlegung oder Aufgabe des Betriebs	AEAO	zu § 138 (Nr. 1)
Anzeigepflicht, bei Eröffnung, Aufgabe, Verlegung von Betrieben	GewStR	1.9
– des Arbeitgebers	LStR	41c.2
Apotheke, Inventurbüro	EStH	15.6
– Rezeptabrechner	EStH	15.6
Apothekervertreter, Arbeitnehmer	LStH	19.0
Arbeiterwohnheim	EStH	15.7 (2)
Arbeitgeber, Allgemeines	LStR	19.1
	LStH	19.1
– Arbeitnehmerentsendung..	LStR	38.3 (5)
– bei inländischen Betriebsstätten ausländischer Unternehmen	LStR	38.3 (4)
– bei unselbständigen Betriebsstätten im Ausland...	LStR	39.4 (2)
– Dritter	LStR	38.3 (5)
– inländischer	LStR	38.3
	LStH	38.3
– kraft gesetzlicher Fiktion...	LStR	19.1
– von Leiharbeitnehmern	LStR	19.1, 38.3
	LStH	38.3
Arbeitgeberanteil, zur Sozialversicherung eines Mitunternehmers	EStH	15.8 (3, 4)
Arbeitgeberwechsel, ELStAM-Verfahren	LStR	39b.5 (1)
Arbeitnehmer, s. a. Beschränkt Steuerpflichtiger		
– Allgemeines	LStH	19.0
– als Gesellschafter	EStH	15.8 (3)
– Verlustrücktrag	EStH	10d (4)
Arbeitnehmer-Pauschbetrag	EStR	34.4 (4)
	EStH	32b, 33a.3, 34.1
	LStH	9a
Arbeitnehmer-Sparzulage, s. a. Zulage		
– als anzurechnender eigener Bezug unterstützter Personen	EStH	33a.1
– Anwendung der AO	AEAO	zu § 1 (Nr. 2)
– Aussetzung der Vollziehung	AEAO	zu § 361 (Nr. 4.7)
– Festsetzungsverfahren	AEAO	zu § 155 (Nr. 5)
– keine Einnahmen oder Einkünfte	EStH	2
– Stundungszinsen bei Rückforderung	AEAO	zu § 234 (Nr. 12)
Arbeitnehmeranteil, zur Sozialversicherung	LStR	39b.9
	LStH	19.3
Arbeitnehmererfindung	EStR	18.1
	LStR	39b.2 (2)
Arbeitnehmerjubiläum	LStR	39b.2 (2)
	LStH	39b.6
Arbeitnehmerüberlassung	LStR	19.1, 38.3 (1, 5), 41.3, 42d.2
	LStH	41.3, 42d.2
Arbeitsbedingung, Leistung zur Verbesserung	LStH	19.3
Arbeitsessen	LStR	8.1 (8), 19.6 (2)
	LStH	19.6
– s. a. Bewirtung		
Arbeitsförderungsgesetz	EStH	33a.2
Arbeitsfreistellung	EStH	5.7 (4)
Arbeitsgebiet/-gelände, weiträumiges	LStH	9.4
Arbeitsgemeinschaft	GewStR	2a
Arbeitsgerichtlicher Vergleich	LStR	9.1
Arbeitskleidung, s. Berufskleidung		
Arbeitslohn	EStR	24a
	EStH	50d
	LStR	19.3
	LStH	19.3
– als Zerlegungsmaßstab	GewStR	29.1, 31.1
– für mehrere Jahre	LStH	34
Arbeitslosengeld	EStR	3.2, 32b (1, 4)
– Progressionsvorbehalt	LStH	32b
– Steuerfreiheit	LStH	3.2
Arbeitslosenversicherung, Mitteilung von Besteuerungsgrundlagen	AEAO	zu § 31

2345

Stichwortverzeichnis

Arbeitslosigkeit .... EStH 32.4
Arbeitsmittel, Aufwendungen .... EStR 10.9
– Werbungskosten .... LStR 9.12
  LStH 9.12
Arbeitsplatzschutzgesetz ..... EStR 6a (12)
Arbeitsschutzkleidung .... LStR 3.31
Arbeitssicherstellungsgesetz. EStH 3
Arbeitsstätte, s. Erste Tätigkeitsstätte
Arbeitsverhältnis, s. a. Arbeitgeber und Arbeitnehmer
– Eltern-Kind .... LStH 19.0
– mit Kindern .... EStR 4.8
  EStH 4.8
– zwischen Ehegatten .... EStR 4.8
  EStH 4.8
  LStH 19.0
Arbeitszeitkonto, s. Zeitwertkonto
Arbeitszimmer .... LStH 9.14
– häusliches .... EStR 7.2 (3)
  EStH 4.10 (1), 4.11, 7.2, 10.9
Architekt .... EStH 4.4 (3), 15.6, 18.2
– Bauunternehmer .... EStH 15.3, 15.7 (2)
Artist .... EStR 49.1
  EStH 15.6
– Arbeitnehmer .... LStH 19.0
– beschränkt Steuerpflichtiger .... LStR 39.4 (4)
Arzneimittel .... EStR 33.4 (1)
  EStH 33.1-33.4
– Zulassung .... EStH 5.5, 7.1
Arzt, Facharzt für Laboratoriumsmedizin .... EStH 15.6
– freiberufliche Tätigkeit ..... EStR 18.1 (1)
  EStH 15.6
– Gemeinschaft .... EStH 15.6
– Propagandist .... EStH 15.6
Arztvertreter .... EStH 15.1
  LStH 19.0
Asbestbeseitigung .... EStH 33.1-33.4
– s. a. Gesundheitsgefährdung
Assistenzarzt, als Gutachter.. LStH 19.2
AStA-Mitglied .... LStH 19.0

Asthma .... EStH 33.4
Atypisch stille Gesellschaft ... EStH 15.8 (1, 5, 6), 15.9 (1)
  GewStR 2.4 (5), 5.1 (2)
  GewStH 8.1 (3)
– Verlustabzugsbeschränkung .... ESt-Erl 43
Atypisch stille Unterbeteiligung .... EStH 15.8 (2, 5)
Aufbewahrung, von Geschäftsunterlagen .... EStH 6.11
Aufbewahrungspflicht, Buchführungsunterlagen etc. ... EStR 5.2
  EStH 5.2, 13.5
– Erleichterung .... AEAO zu § 148
Aufdeckung, der stillen Reserven .... EStH 16 (2)
Aufenthaltsrecht .... EStH 33.1-33.4
Auffüllen, abgebauter Hohlraum .... EStR 6.11
Auffüllrecht .... EStH 4.2 (1), 5.5
Aufgabe, der bisherigen Tätigkeit .... EStH 16 (1)
– der Geschäftsführertätigkeit .... EStH 24.1
– der selbständigen Tätigkeit EStR 18.3
  EStH 15.6, 18.3
– eines Betriebs .... EStR 14, 16, 18.3 (3)
  EStH 14, 16 (2)
  GewStR 2.6 (4)
– eines Mitunternehmeranteils .... EStR 4a (5)
Aufgabegewinn .... EStR 18.3 (3)
  EStH 16 (2)
  GewStH 7.1 (3)
Aufhebung, s. a. Änderung
– Änderung, des Gewerbesteuermessbescheides ... GewStR 35b.1
– – des Verlustfeststellungsbescheides .... GewStR 35b.1
– Ehe .... EStH 26, 32a
– neue Tatsachen oder Beweismittel .... AEAO zu § 173
– Steuerbescheid .... AEAO zu § 172 (Nr. 1)
– Vollziehung, s. a. Aussetzung der Vollziehung
– – Aussetzung .... AEAO zu § 361 (Nr. 8.2.1)

2346

Stichwortverzeichnis

– – durch Finanzbehörde ..... AEAO zu § 361 (Nr. 4, 7)
– – Rückwirkung .... AEAO zu § 361 (Nr. 7.4)
Aufklärungspflicht, der Finanzbehörde .... AEAO zu § 88
Auflagenbuchführung .... EStR 4.5 (1)
Auflösung, des Betriebs ...... GewStR 2.6 (4)
– des negativen Kapitalkontos .... EStH 15a
– Ehe .... EStR 26 (2)
– stiller Reserven .... EStH 16 (3)
– und Kapitalherabsetzung .. EStH 17 (7)
– von Kapitalgesellschaft ..... EStH 17 (7)
Auflösung einer Körperschaft, Besteuerung .... KStR 11
– Zeitraum der Abwicklung .. KStR 11 (1)
KStH 11
Aufmerksamkeit .... LStR 19.6
LStH 19.6
Aufnahme eines Gesellschafters, Einzelunternehmen ... EStH 16 (4)
Aufrechnung, Anwendung der zivilrechtlichen Regelungen .... AEAO zu § 226 (Nr. 1)
– Herstellung der Aufrechnungslage durch Abtretung AEAO zu § 226 (Nr. 3)
– Rückwirkung .... AEAO zu § 226 (Nr. 2)
– Voraussetzung.............. AEAO zu § 226 (Nr. 1)
– Zuständigkeit für Erklärung AEAO zu § 226 (Nr. 4)
Aufsichtsratsmitglied .... EStH 15.6
Aufsichtsratsvergütung ...... KStR 10.3
KStH 10.3
Aufstockungsbetrag .... LStR 3.28
LStH 3.28
Aufteilung, der Anschaffungs- oder Herstellungskosten .... LStH 9.12
– der außergewöhnlichen Belastung, auf Ehegatten ..... EStR 26a (2)
– – bei einem Elternpaar ..... EStH 33a.2
– der eigenen Einkünfte und Bezüge .... EStR 33a.3
EStH 32.10
– des Freibetrags .... LStR 39a.3 (5)
– von Aufwendungen auf Einkunftsarten .... LStH 9.1
– von Gebäuden in Eigentumswohnungen .... EStR 6.1 (1)
Aufteilungsverbot .... LStR 9.1 (1)
LStH 9.1

Aufwandsbeitrag, bei Franchisevertrag .... EStH 4.2 (15)
Aufwandsentschädigung ..... LStR 3.12
LStH 3.12
– für nebenberufliche Tätigkeit als Übungsleiter, Ausbilder, Erzieher u. a. .... EStH 3.26a
EStH 3
– steuerfreie, aus öffentlichen Kassen .... EStH 22.7
EStH 3.12
Aufwandsrückstellung .... EStR 5.7 (3)
Aufwandsspende .... EStR 10b.1 (4)
EStH 10b.1
ESt-Erl 33
Aufwendungszuschuss .... EStH 3
Aufwuchs, auf Grund und Boden .... EStR 6b.1 (2), 6c (1)
EStH 6c
Aufzeichnung, bei Land- und Forstwirten .... EStR 13.6
– des Geschäftsvorfalls .... EStR 5.2
EStH 5.2
– durch Angehörige freier Berufe .... EStH 18
– getrennte, Aufwendungen i. S. d. § 4 (5) EStG .... EStR 4.10, 4.11
EStH 4.11
– Ordnungsvorschrift für Buchführung .... AEAO zu § 146
– über Inventur .... EStR 5.3
Aufzeichnungspflicht, s. a. Lohnkonto
– Aufbewahrung von Unterlagen .... AEAO zu § 147
– Buchführungspflicht .... EStH 4.1, 5.1
– Erleichterung .... AEAO zu § 148
– nach anderen Gesetzen .... AEAO zu § 140
– Warenausgang .... AEAO zu § 144
– Wareneingang .... AEAO zu § 143
Aufzinsungsbetrag .... GewStH 8.1 (1)
Augen-Laser-Operation ...... EStR 33.4 (1)
Ausbau, von Gebäuden .... EStR 6b.1 (3)
Ausbilder .... EStH 3
– Einkunftsart .... LStR 19.2
– Steuerfreiheit der Einnahmen .... LStR 3.26

2347

Ausbildung, Freibetrag für Sonderbedarf	EStR	33a.2, 33a.3
	EStH	33a.2, 33a.3
– von Kindern	EStR	32.5-32.7, 32.11
	EStH	33.1-33.4
– Werbungskosten	LStR	9.2
	LStH	9.2
Ausbildungs- und Fortbildungsaufwand, für Kinder	EStH	12.1
Ausbildungsabschnitt	EStH	32.6
Ausbildungsbeihilfe	EStH	3.11
Ausbildungsdienstverhältnis	LStH	9.2
Ausbildungshilfe, aus öffentlichen Mitteln	EStH	3
Ausbildungskosten, besondere	EStH	32.10
Ausbildungsplatz	EStR	32.7
Ausbildungsstipendium	EStH	3
Ausbildungsvergütung	EStH	4.8
Ausbildungszeitraum	EStR	32.5, 32.6, 33a.2
	EStH	32.5
Ausbildungszuschuss/-geld	EStR	3
	EStH	33a.2
Auseinandersetzung, von Mitunternehmern	EStH	24.2
Ausgabe, s. a. *Werbungskosten*		
– Umsatzsteuer	EStR	9b (3)
– zur Förderung mildtätiger, kirchlicher, religiöser, wissenschaftlicher und der als besonders förderungswürdig anerkannten gemeinnützigen Zwecke	EStR	10b.1, 10b.3
	EStH	10b.1, 10b.2
Ausgleichsanspruch, eines Handelsvertreters	EStR	6a (18)
	EStH	5.7, 16, 24.1, 34.3
– eines Kommanditisten	EStH	4.2 (2), 15.8 (1)
Ausgleichsbetrag, nach § 154 BauGB	EStH	6.4
Ausgleichskasse, gemeinsame Einrichtungen der Tarifvertragsparteien nach Vorruhestandsgesetz	KStR	5.18 (Nr. 2)
Ausgleichsleistung, nach dem LAG	EStR	3
Ausgleichsposten, besonderer beim Organträger	KStR	14.8
– – s. a. *Organschaft*		
Ausgleichszahlung	LStH	9.1
– an außenstehenden Anteilseigner, s. *Organschaft*		
– an geschädigtes Tatopfer zur Wiedergutmachung	EStH	12.3
– an Handelsvertreter	EStH	24.1
Ausgliederung, einer 100%-Beteiligung an einer Kapitalgesellschaft	EStH	34.5
Aushilfskraft	LStR	40a.1, 40a.2
	LStH	40a.1, 40a.2
Aushilfstätigkeit	EStH	15.1
	LStR	19.2
	LStH	19.2
Auskunft, s. a. *Anrufungsauskunft*		
– mit Bindungswirkung nach Treu und Glauben	AEAO	zu § 24 (Nr. 4)
– verbindliche – nach § 89 AO	AEAO	zu § 89
Auskunfts- und Beratungspflicht, der Familienkassen	EStH	67
Auskunfts- und Teilnahmerecht der Gemeinden	GewStH	1.2 (3)
Auskunftpflichtiger, Entschädigungspflicht	AEAO	zu § 17
Auskunftsverweigerungsrecht, Belehrung	AEAO	zu § 11
– Benennung von Gläubigern und Zahlungsempfängern	AEAO	zu § 160 (Nr. 2)
– Steuerpflichtiger	AEAO	zu § 11
Ausländisch, Abzugsteuer, Freibetrag	LStH	39a.1
– Arbeitnehmer, s. *Beschränkt Steuerpflichtiger*		
– Bauunternehmer, Haftung	LStH	42d.2
– – zuständiges Finanzamt	LStH	41.3
– Betriebsstätte	GewStH	7.1 (1), 9.4
– Einkünfte	EStR	2a, 34c
	EStH	32b, 34c, 34d
– – bei Doppelbesteuerungsabkommen	KStR	26 (3)

Stichwortverzeichnis

– – Pauschalierung anzurechnender Körperschaftsteuer............	KStR	26 (2)
– – Steuerpauschalierung....	ESt-Erl	49
– Gesellschaft................	KStH	2
– – Limited....................	KStH	1.1
– – Steuerentlastung, Doppelbesteuerungsabkommen.....................	ESt-Erl	53, 54
– – Typenvergleich...........	KStH	2
– Kapitalgesellschaft.........	EStH	17 (2)
	GewStR	9.5
	GewStR	2.1 (4), 7.1 (1)
– Kulturvereinigung..........	EStH	50, 50a.2
– Personengesellschaft.......	EStH	15.8 (3), 32b
– Sozialversicherungsbeitrag	EStH	32b
– Sozialversicherungsträger, steuerfreie Zuschüsse......	LStH	3.62
– Steuer.....................	KStR	26
– – Abzug bei beschränkt Steuerpflichtigen..........	KStR	26 (4)
– – Allgemeines...............	KStR	26
– – Anrechnung und Abzug..	EStR	2, 34c, 50.2
	EStH	34c
– – direkte Anrechnung.......	KStR	26 (4)
– – in DBA Fällen..............	KStR	26 (3)
– – Pauschalierung............	KStR	26 (2)
– – Steueranrechnung, bei beschränkt Steuerpflichtigen......................	KStR	26 (4)
– – – bei unbeschränkt Steuerpflichtigen.............	KStR	26
– – vom Einkommen..........	EStR	2, 34c, 50.2
	EStH	34c
– Verbindlichkeit..............	EStH	6.10
– vergleichbare - Leistung beim Anspruch auf Kindergeld..........................	EStH	65
– Verleiher, Arbeitgeber.......	LStR	38.3
	LStH	38.3
– – Haftung..................	LStR	42d.2
	LStH	42d.2
– – zuständiges Finanzamt...	LStH	41.3
– Verlust.....................	EStR	15a (5)
– Versicherungsunternehmen...................	LStH	3.62
– Währung..................	EStH	6.2
	LStH	8.1 (1-4)
– Werkvertragsunternehmer, zuständiges Finanzamt.....	LStH	41.3

Auslagenersatz...............	LStR	3.50
	LStH	3.50, 19.3
– steuerfreier, Arbeitgeber...	EStH	3.13, 3.50
Ausland, entsandter deutscher Staatsangehöriger...	EStR	1
Auslandsbeteiligung, Anzeigepflicht....................	AEAO	zu § 138 (Nr. 2)
Auslandsgruppenreise........	LStH	9.2
Auslandskorrespondent......	EStH	1a, 50a.2
Auslandslehrkraft............	EStH	1a
Auslandsreise, Reisekosten...	LStR	9.5, 9.6 (3), 9.7 (3)
Auslandsschule, Entgelt als Sonderausgaben............	EStR	10.10
– Lehrkraft....................	EStH	1a
Auslandsstudium............	EStR	32.10 (3)
Auslandstätigkeit, s. a. Auslandsreise und Auslandstätigkeitserlass		
– Werbungskosten............	LStH	9.1
– Wohnungsüberlassung.....	LStH	8.1 (6)
Auslandstätigkeitserlass.....	LStR	39.4 (3)
Auslandsumzug..............	LStR	9.9 (2)
	LStH	9.9
Auslandsumzugskostenverordnung.....................	LStR	9.9 (2)
Auslegung, Zweifel bei - der Steuergesetze, keine Vorläufigkeit....................	AEAO	zu § 165 (Nr. 1)
Auslösung, s. a. Doppelte Haushaltsführung und Reisekosten		
– steuerfreie..................	LStR	3.13, 3.16
Ausreichende landwirtschaftliche Nutzfläche, als Futtergrundlage..................	EStH	15.10
Ausscheiden, aus der VBL....	LStR	40b.1
– von Anlagegut durch höhere Gewalt..................	EStR	6.6, 6b.1 (2), 6b.3 (5)
– von Gesellschaftern, Mitunternehmerschaft.........	GewStH	10a.3 (3)
– von Wirtschaftsgut aus Betriebsvermögen bei Änderung der tatsächlichen Beziehungen, bei Strukturänderung...........	EStR	4.3 (2)

2349

Stichwortverzeichnis

Ausschüttung, von „Eigenkapital" .... EStH 20.2
– aus Eigenkapital nach § 27 KStG .... EStH 6.2

Außenanlage, AfA .... EStH 7.1
– zu einem Gebäude .... EStH 6.4, 7.1

Außenprüfung, s. a. Lohnsteuer-Außenprüfung
– abgekürzte .... AEAO zu § 23
– Ablaufhemmung durch Beginn .... AEAO zu § 171 (Nr. 3)
– Abschluss .... AEAO zu § 22 (Nr. 2)
– Änderungssperre für neue Tatsachen .... AEAO zu § 173 (Nr. 7)
– Ausweispflicht .... AEAO zu § 198
– fortbestehende Ungewissheit, Vorläufigkeit .... AEAO zu § 165 (Nr. 1)
– Hinausschieben des Prüfungsbeginns .... AEAO zu § 197 (Nr. 3)
– Kontrollmitteilung .... AEAO zu § 194 (Nr. 4)
– Mitwirkungspflicht .... AEAO zu § 200
– Nachweis des Prüfungsbeginns .... AEAO zu § 198
– Prüfungsanordnung für verjährte Steueransprüche . AEAO zu § 196 (Nr. 4)
– Prüfungsbericht, Inhalt und Bekanntgabe .... AEAO zu § 22
– Rechtsfolge .... AEAO zu § 193 (Nr. 2)
– Rechtsgrundlage .... AEAO zu § 193 (Nr. 3)
– sachlicher Umfang .... AEAO zu § 194
– Schlussbesprechung .... AEAO zu § 21
– Teilnahmerecht der Gemeinden .... GewStR 1.2 (3)
– Zulässigkeit .... AEAO zu § 193
– Zuständigkeit .... AEAO zu § 195
– zwischenstaatliches Rechts- und Amtshilfeersuchen .... AEAO zu § 194 (Nr. 2)

Außensteuergesetz .... EStR 2 (2), 49.1 (4)
 .... EStH 1a
– Anwendung .... ASt-Erl 1, 3

Außergerichtliches Rechtsbehelfsverfahren, s. Rechtsbehelfsverfahren

Außergewöhnliche Belastung, allgemein .... EStR 2, 33.1, 33.3, 33a.2, 33b
 .... EStH 33.1-33.4, 33a.2, 33a.3
– Außenseitermethode .... EStH 33.1-33.4
– bei Ehegatten .... EStR 26a (2)
 .... EStH 26a
– Drittaufwand .... EStH 33.1-33.4
– durch Aufwendungen, für auswärtige Unterbringung eines Kindes in Berufsausbildung .... EStR 33a.2
 .... EStH 33a.2
– – für Unterhalt und Berufsausbildung bestimmter Personen .... EStR 33a.1
 .... EStH 33a.1
– – wegen Pflegebedürftigkeit .... EStR 33.3
– Eltern-Kind-Verhältnis ..... EStH 33.1-33.4
– Freibetrag .... LStR 39a.1, 39a.3
 .... LStH 39a.3
– grundsätzliche Voraussetzung .... EStR 33.1
 .... EStH 33.1-33.4
– in bestimmten Einzelfällen EStR 33a.1
– infolge Behinderung .... EStH 33b
– wegen Wiederbeschaffung von Hausrat und Kleidung . EStH 33.1-33.4

Außergewöhnliche Kosten, Auswärtstätigkeit .... LStH 9.5
– Weg zwischen Wohnung und erster Tätigkeitsstätte . LStH 9.10

Außerordentliche Einkünfte .. EStR 34.1-34.4
 .... EStH 34.1-34.4
– Arbeitslohn für mehrjährige Tätigkeiten .... LStH 34

Außerordentliche Holznutzung .... EStR 34b.2
– i. S. d. § 34b Abs. 1 EStG ..... KStR 23

Außersteuerliche Bindungswirkung, Beschwer .... AEAO zu § 350 (Nr. 5)

Stichwortverzeichnis

Außersteuerlicher Verwaltungsakt, Aussetzung der Vollziehung .... AEAO zu § 361 (Nr. 4.7)

Aussetzung der Vollziehung, s. a. *Aufhebung, Vollziehung*
- Abgrenzung, gerichtliche Vollziehungsaussetzung ... AEAO zu § 361 (Nr. 1.2)
- – Stundung .... AEAO zu § 361 (Nr. 1.4)
- Ablehnung .... AEAO zu § 361 (Nr. 10, 11)
- Abschluss des Rechtsbehelfsverfahrens .... AEAO zu § 361 (Nr. 2.2)
- Abschlusszahlung, Berechnung der auszusetzenden Steuer .... AEAO zu § 361 (Nr. 4)
- Änderung des strittigen Verwaltungsakts, Ende ..... AEAO zu § 361 (Nr. 8.2.2)
- Änderungsantrag außerhalb des Rechtsbehelfsverfahrens .... AEAO zu § 361 (Nr. 2.3)
- Anfechtung eines Grundlagenbescheides .... AEAO zu § 361 (Nr. 4.6.1)
- Antrag .... AEAO zu § 361 (Nr. 2.1)
- Anwendungsbereich .... AEAO zu § 361 (Nr. 1)
- Aufhebung, Verfügung ..... AEAO zu § 361 (Nr. 8.2.1)
- – Vollziehung, Rückwirkung AEAO zu § 361 (Nr. 7.4)
- außersteuerliche Verwaltungsakte .... AEAO zu § 361 (Nr. 4.7)
- Aussetzungszinsen .... AEAO zu § 237
- Beginn .... AEAO zu § 361 (Nr. 8.1)
- Begründetheit des Rechtsbehelfs .... AEAO zu § 361 (Nr. 3.4)
- bei Verfassungsbeschwerde .... AEAO zu § 361 (Nr. 1.3)
- Berechnung der auszusetzenden Steuer .... AEAO zu § 361 (Nr. 4)
- Beschränkung .... AEAO zu § 361 (Nr. 5.2)
- Darstellung der Besteuerungsgrundlagen .... AEAO zu § 361 (Nr. 5.3)
- Dauer .... AEAO zu § 361 (Nr. 8)
- Ende .... AEAO zu § 361 (Nr. 8.2)
- Ermessensspielraum .... AEAO zu § 361 (Nr. 2.4)
- ernstliche Zweifel an der Rechtmäßigkeit des angefochtenen Verwaltungsakts AEAO zu § 361 (Nr. 2.1, 2.5)
- Fälligkeit der strittigen Steuer, Beginn .... AEAO zu § 361 (Nr. 8.1)
- Folgebescheid, von Amts wegen .... AEAO zu § 361 (Nr. 6)
- freiwillige Zahlung, Aufhebung der Vollziehung .... AEAO zu § 361 (Nr. 7.2)
- Gefährdung des Steueranspruchs, Sicherheitsleistung .... AEAO zu § 361 (Nr. 2.5.5, 9.2)
- Grundlagenbescheid .... AEAO zu § 361 (Nr. 5)
- Hinzuziehung bei - einer einheitlichen Feststellung.. AEAO zu § 361 (Nr. 5.2)
- Höhe der streitbefangenen Steuer .... AEAO zu § 361 (Nr. 4)
- – größer als Abschlusszahlung .... AEAO zu § 361 (Nr. 4.3)
- Körperschaftsteuer, Aufhebung der Vollziehung .... AEAO zu § 361 (Nr. 7.2)
- Nebenbestimmung .... AEAO zu § 361 (Nr. 9)
- negative Feststellung .... AEAO zu § 361 (Nr. 5.3)
- Prämie .... AEAO zu § 361 (Nr. 4.7)
- Realsteuermessbescheid, Unterrichtung der Gemeinde .... AEAO zu § 361 (Nr. 5.4.1, 5.4.3)
- Rechtsbehelf .... AEAO zu § 361 (Nr. 11)
- Säumniszuschlag, rückwirkende Aufhebung der Vollziehung .... AEAO zu § 361 (Nr. 7.4)
- Sicherheitsleistung .... AEAO zu § 361 (Nr. 9.2)

Stichwortverzeichnis

- Steuerabzugsbetrag, Aufhebung der Vollziehung.... AEAO zu § 361 (Nr. 7.2)
- – Berechnung der auszusetzenden Steuer............. AEAO zu § 361 (Nr. 5)
- Steueranmeldung, Aufhebung der Vollziehung.... AEAO zu § 361 (Nr. 7.3)
- unbillige Härte .... AEAO zu § 361 (Nr. 2.1, 2.6)
- Unterrichtung der für Folgebescheide zuständigen Finanzbehörde .... AEAO zu § 361 (Nr. 5.4)
- Vollstreckung bei Anfechtung der Ablehnung .... AEAO zu § 361 (Nr. 10)
- Vollstreckungsmaßnahme bis zur Entscheidung über Antrag auf - .... AEAO zu § 361 (Nr. 3)
- Vollziehbarkeit des Verwaltungsakts.................... AEAO zu § 361 (Nr. 2.3, 5.1)
- von Gewerbesteuermessbescheid ....,,,,,, GewStR 1.7
  GewStH 1.7
- Voraussetzung .... AEAO zu § 361 (Nr. 2)
- Vorauszahlung, Aufhebung der Vollziehung .... AEAO zu § 361 (Nr. 7.2)
- – Berechnung der auszusetzenden Steuer............. AEAO zu § 361 (Nr. 4)
- vorläufiger Rechtsschutz gegen nicht vollziehbare Verwaltungsakte............ AEAO zu § 361 (Nr. 2.3.4)
- Wechselwirkung mit anderen Verwaltungsakten bei Erfolg des Rechtsbehelfs ... AEAO zu § 361 (Nr. 4.6.2)
- wesentlicher Nachteil ...... AEAO zu § 361 (Nr. 4.6.1)
- Widerrufsvorbehalt......... AEAO zu § 361 (Nr. 9.1)
- Zahlungsfrist bei Ablehnung .... AEAO zu § 361 (Nr. 10)
- Zinsen...................... AEAO zu § 237
- Zulage .... AEAO zu § 361 (Nr. 4.7)
- zuständige Finanzbehörde . AEAO zu § 361 (Nr. 3.3)

Aussetzungszinsen............ EStH 6.2
  KStR 10.1
  KStH 10.1
- bei hinausgeschobener Fälligkeit .... AEAO zu § 237 (Nr. 5)
- bei Realsteuern.............. AEAO zu § 237 (Nr. 7)
- erfolgloser Rechtsbehelf.... AEAO zu § 237 (Nr. 4)
- Überschneidung mit Vollverzinsung................... AEAO zu § 233a (Nr. 68)
- Voraussetzung .... AEAO zu § 237 (Nr. 2)
- Vorauszahlung, Erledigung durch Jahressteuerfestsetzung......................... AEAO zu § 237 (Nr. 4)
- Zinslauf...................... AEAO zu § 237 (Nr. 6)

Ausstattung, eines häuslichen Arbeitszimmers........ LStH 9.12
Ausstellung, Lohnsteuerbescheinigung.............. LStR 41b
Aussteueraufwand........... EStH 33.1-33.4
Auswärtige Unterbringung, Kind in Berufsausbildung .. EStH 33a.2
- Student .... EStH 10.9

Auswärtstätigkeit, Fahrtkosten .... LStR 9.5
  LStH 9.5
- Reisenebenkosten........... LStR 9.8
  LStH 9.8
- Übernachtungskosten...... LStR 9.7
  LStH 9.7
- Verpflegungspauschale .... LStR 9.6
  LStH 9.6

Auszusetzende Steuer, Aussetzung der Vollziehung, Berechnung.................. AEAO zu § 361 (Nr. 4)
Autoaufzug................... EStH 7.1
Autodidakt .... EStH 15.6
Avalprovision.................. GewStH 8.1 (1)

Baderaum...................... EStR 7.2 (3)
Bagatellgrenze, bei der Umqualifizierung in Einkünfte aus Gewerbebetrieb........ EStH 15.8 (5)
Bankangestellter.............. EStH 15.2
Bankier........................ EStH 15.7 (9)

Stichwortverzeichnis

Banküberweisung, Leistung der Einlage................	EStH	4.3 (1), 11
Bankunternehmen, geschäftsmäßiger Erwerb und geschäftsmäßige Einziehung von Erstattungs- und Vergütungsansprüchen....	AEAO	zu § 46 (Nr. 2)
Barausgleich...................	EStH	22.8
Bargebotszinsen	EStH	34.3
Barlohnkürzung, s. Gehaltsumwandlung		
Barrengold.....................	EStH	4.2 (1)
Barunterhalt, zivilrechtlicher Ausgleich	EStH	31
Barwert, einer Leibrentenverpflichtung	EStR	4.5 (4), 16 (11)
	EStH	6.10
– von Pensionsleistung.......	EStR	6a (12)
Barzuschuss, s. a. Zusätzlichkeitsvoraussetzung		
– Fahrten zwischen Wohnung und erster Tätigkeitsstätte	LStR	40.2 (6)
– Kinderbetreuung............	LStR	3.33
– Mahlzeiten durch Arbeitgeber........................	LStR	8.1 (7)
	LStH	8.1 (7)
Bauabzugsbesteuerung	EStH	48
Bauantrag	EStR	6b.2 (5), 7.2
	EStH	7.2
Bauausführung...............	GewStR	2.9 (2)
– als bei Zerlegung zu berücksichtigende Betriebsstätte	GewStH	28.1
Baubetreuer/-berater........	EStH	15.6
Baudenkmal	EStR	2, 4.2 (10), 7i, 10f
	EStH	7i
Baugenehmigung, Bedeutung	EStR	7.2
Baugesetzbuch	EStR	6.2
Bauhandwerker	EStH	15.1
Bauherrenmodell	EStH	7h, 7i, 21.2
Baukostenzuschuss	EStR	21.5
– bei Energieversorgungsunternehmen	EStH	6.5
Bauland, Umlegung..........	EStH	6b.1
Baumangel	EStH	6.4

Baumaßnahme, am betrieblich genutzten Gebäude....	EStH	6.4
– bestimmte, am Baudenkmal.........................	EStR	7i
– des Nutzungsberechtigten.	EStH	5.5
Baumbestand..................	EStH	6.1, 13.3
Baumschule	EStR	13.2 (3), 13.6
	EStH	6b.1, 13.3, 15.5
Bauplan, Aufwendungen.....	EStR	7.2
	EStH	6.4
Bausparbeitrag, Nachversteuerung.....................	EStH	10.12
Bausparvertrag, Abschlussgebühr	EStH	5.6, 20.1
Bauzeitversicherung, Beitrag	EStH	6.4
Bauzeitzinsen	EStH	21.2
	GewStH	8.1 (1)
Beamtenähnliche Zusatzversorgung.....................	EStH	10a
Beamtenanwärter, im Ausbildungsverhältnis.............	LStH	9.2
Beamter, Versorgungszuschlag	LStH	9.1
– vorzeitiger Ruhestand	LStH	19.8
Bedienungszuschlag, s. Trinkgeld		
Beendigung, der betrieblichen Tätigkeit...............	EStH	16 (2)
– der unbeschränkten Steuerpflicht	EStH	17 (4)
– einer ausländischen Tätigkeit............................	EStR	2a (3)
– einer Betriebsaufspaltung .	EStH	16 (2)
Beerdigungskosten	EStH	10.3, 22.6
Befreiung	GewStR	3.0
	KStR	5.1-5.18
– außerhalb des KStG........	KStR	5.18
– von der Versicherungspflicht........................	LStR	3.62
Befristete Gesellschafterstellung	EStH	15.9 (2)
Beginn, der Gewerbesteuerpflicht........................	GewStR	2.5
– einer ausländischen Tätigkeit............................	EStR	2a (3)
– einer Steuerbefreiung	KStR	13.1
– – Schlussbesteuerung	KStR	13.1
Begleitperson..................	EStH	33.1-33.4

2353

Stichwortverzeichnis

Begründung, des Verwaltungsakts (Einspruchsfrist)........ AEAO zu § 355 (Nr. 2)
– Folgen fehlerhafter - eines Verwaltungsakts............ AEAO zu § 121 (Nr. 3)

Begünstigung, nicht entnommener Gewinn.............. EStR 2 (2), 34.1 (1), 34.2 (2)
.... EStH 34.1

Begünstigungszeitraum, für erhöhte Absetzung und Sonderabschreibung........ EStR 7a, 7i
.... EStH 7a

Beherbergung, von Fremden. EStR 15.5 (13)
– von Geschäftsfreunden..... EStR 4.10 (3, 10, 11)
.... EStH 4.10 (10-11)
– von Personen................ EStR 7.2 (2)

Beherbergungsbetrieb......... EStH 15.7 (2)
Beherrschungsidentität...... EStH 15.7 (6)

Behindertengerechte Ausstattung....................... EStH 33.1-33.4

Behinderter Mensch, Fahrtkosten..................... EStR 33.4 (4)
.... EStH 4.12, 33.1-33.4
.... LStR 9.10 (3)
.... LStH 9.10
– Freibetrag................... LStR 39a.3 (4)
.... LStH 39a.3
– Pauschbetrag............... EStR 26a, 33.3, 33b
.... EStH 33b
.... LStH 33b

Behinderung, Krankheit...... EStR 33b
– schwere..................... EStR 32.5, 32.9, 33b
.... EStH 33b
– von Kindern................ EStR 32.2, 32.5, 32.9, 33.1, 33.3, 33.4, 33b
.... EStH 3, 22.4, 32.9, 32.13, 33.1-33.4, 33b

Behinderungsbedingter Mehraufwand................ EStH 32.9, 32.10

Beihilfe, als Herstellungskosten............................. EStR 6.3 (3)
– an Arbeitnehmer............ EStH 3.11
– an Pensionär................ EStH 5.7 (5), 6a (1)
– an Vollzeitpflegeeltern..... EStH 3.11
– Anrechnung, auf außergewöhnliche Belastungen.... EStH 33.1-33.4
– aus öffentlichen Mitteln für Erziehung, Ausbildung, Forschung, Wissenschaft oder Kunst................... LStR 3.11
.... LStH 3.11
– bei besonderen Notfällen.. LStR 3.11 (2)
– Erholungs-................... LStR 40.2 (3)
.... LStH 3.11
– Hilfsbedürftigkeit............ LStH 3.11
– Studienbeihilfe und Stipendium......................... LStH 3.11, 19.3
– von einem Dritten.......... LStH 3.11
– zu Krankheitskosten........ EStR 33.4 (1)
.... EStH 33.1-33.4
– zu Lebenshaltungskosten.. EStH 3.11
– zum Lebensunterhalt..... EStH 3.44
– zur Berufsausbildung....... EStH 3.11
– zur Betreuung von Kindern EStH 3
– zur Förderung der Erziehung, Ausbildung, Kunst und Wissenschaft........... EStH 3

Beitrag, an politische Partei.. EStR 2 (2), 10b.2
.... EStH 10b.2, 22.7
– an religiöse Gemeinschaft. EStR 10.7 (1)
.... EStH 10.7
– an Versicherung............. EStR 4.8, 4b, 20.2
– Anwaltverein................ LStH 19.3
– Arbeitgeber.................. LStH 3.63
– Berufskammer............... LStH 19.3
– der Ärzte zu Versorgungseinrichtungen.............. EStH 18
– Direktversicherung......... LStH 38.2
– Zuschlag..................... LStH 3.62

Beitrittsgebiet................. EStR 13.5 (3, 4), 14 (4)
.... EStH 4.2 (1), 4.5 (1), 6.11
– Übergangsfragen........... KStR 35

Beitrittsspende................ EStH 10b.1

Stichwortverzeichnis

Bekanntgabe, der Einspruchsentscheidung	AEAO	zu § 366 (Nr. 1)
– Empfänger außerhalb des Geltungsbereichs	AEAO	zu § 122 (Nr. 1.8.4, 3.1.4)
Bekanntgabemangel, Ablaufhemmung bei rechtsgrundlos geleisteten Zahlungen	AEAO	zu § 171 (Nr. 7)
– Heilung	AEAO	zu § 122 (Nr. 4)
Bekanntgabewille, Wirksamkeit eines Verwaltungsakts	AEAO	zu § 124 (Nr. 1)
Belastung, zumutbare	EStR	33.1 (2)
Belegablage	EStH	5.2
Belegschaftsrabatt, s. Rabattgewährung		
Beleihung, von Ansprüchen aus einem Versicherungsvertrag	EStR	4b (4)
Beleuchtungsanlage	EStH	4.2 (5)
Belieferungsrecht	EStR	5.5
	EStH	5.5
Bemessung, Kapitalertragsteuer	EStH	43b
Bemessungsgrundlage, der ausländischen Einkünfte	EStH	34c
– Einkünfte als – für das Kalenderjahr	EStR	2 (2)
– für die Abzugsteuer	EStH	50a.2
– für die AfA	EStR	7.3, 7.4, 7h, 21.5
	EStH	4.7, 7.4, 7a
– für die (tarifliche) Einkommensteuer	EStR	2, 50.2
– für Kindererziehungsleistung	EStH	3
– für Pensionsrückstellung	EStH	6a (17)
– Kürzung des Vorwegabzugs	EStH	10.11
Bemühung, ernsthafte – um einen Ausbildungsplatz	EStR	32.7
Beraterverschulden, Zurechnung bei neuen Tatsachen oder Beweismitteln	AEAO	zu § 173 (Nr. 4)
Beratung, Fürsorgepflicht der Finanzbehörden	AEAO	zu § 89
Beratungsstellenleiter eines Lohnsteuerhilfevereins	EStH	15.1
	LStH	19.0
Beratungsvertrag, Abfindung wegen Auflösung	EStH	24.1
Berechnung, der eigenen Einkünfte und Bezüge eines Kindes	EStH	32.10
– der Tarifermäßigung	EStR	34.2, 34.5
Berechnungssatz, für die Abzugsteuer	EStH	50a.2
Berechnungsschema, für zu versteuerndes Einkommen	EStR	2 (1)
Berechtigter, in den neuen Bundesländern, Sonderregelung	EStH	78
– mehrere	EStH	64
– Mitwirkungspflicht	EStH	67
Bereitschaftsdienst, Pkw-Gestellung	LStH	8.1 (9-10)
– Zuschlag	LStH	3b
Bereitstellungszinsen	GewStH	8.1 (1)
Bergmanns-Prämie, s. Prämie		
Berichtigung, bei offenbarer Unrichtigkeit, Anfechtungsbeschränkung	AEAO	zu § 129
– der Veranlagung bei Nachversteuerung	EStR	10.6
– des Gewinns	EStR	4.6
	EStH	4.6
– einer Bilanz	EStR	4.4 (1), 9b
	EStH	4.4
– einer Buchung	EStR	4.11
– Kleinbetragsverordnung	AEAO	vor §§ 172 bis 177 (Nr. 8)
– Lohnsteuerbescheinigung	LStH	41b
– materieller Fehler, Änderungsrahmen	AEAO	zu § 177 (Nr. 3)
– – bei Berichtigung offenbarer Unrichtigkeiten	AEAO	zu § 129 (Nr. 2)
– – Saldierungsgebot	AEAO	zu § 177 (Nr. 4)
Berufliche Nutzung	LStR	9.1
– Nachweis	LStH	9.12
Berufsausbildung, Abbruch	EStH	32.5
– Allgemeines	EStH	32.5
– als Voraussetzung für die Ausübung	EStH	15.6
– Aufwendungen, bei Kindern	LStH	32, 33a
– – für die eigene –	LStH	9.2
– Beginn und Ende	EStH	32.5
– Begriff	EStR	32.5
– eigene, Aufwendungen	EStR	10.9
– Ferienzeit	EStH	32.5
– freiwillige Maßnahme	EStH	32.5

2355

Stichwortverzeichnis

– Kosten	EStH	10.9, 12.1
– Praktikum	EStH	32.5
– Schulbesuch	EStH	32.5
– Sonderbedarf	LStH	33a
– Sprachaufenthalt im Ausland	EStH	32.5
– Umfang der zeitlichen Inanspruchnahme	EStH	32.5
– von Kindern	EStR	32.5, 33a.2
	EStH	32.5, 32.7, 33a.2, 33a.3
Berufsausübung	EStH	32.5
Berufsbetreuer	EStH	15.6
Berufshaftpflichtsbeitrag	LStH	19.3
Berufskammer, Beitrag	LStH	19.3
Berufskleidung, s. a. Dienstkleidung		
– Abgrenzung zur bürgerlichen Kleidung	LStH	3.31
– Anschaffung von typischer -	LStR	9.1 (2, 4)
	LStH	9.12
– Barzuschuss	LStR	3.31
– Reinigung	LStH	9.1, 9.12
– Überlassung	LStR	3.31
	LStH	19.3
– – steuerfreie	EStH	3.31
Berufskrankheit, Werbungskosten	LStH	9.1
Berufssportler	EStH	15.1, 15.6
– beschränkt einkommensteuerpflichtiger	LStR	39.4 (4)
Berufsständische Versorgungseinrichtung	EStH	10.4
Berufsstand/-verband, Ausgaben bei Veranstaltung	LStR	9.3
– Beitrag	LStH	19.3
– Reiseaufwand	LStH	9.3
– Steuerbefreiung	KStR	5.7
Berufsunfähigkeit, Aufgabe oder Veräußerung eines Betriebs	EStR	16 (14), 18.3, 34.5 (3)
– bei Direktversicherung	EStR	18.3
	EStR	4b (1)
Beschädigung, von Wirtschaftsgut infolge höherer Gewalt u. ä.	EStR	6.6
Beschäftigungsverhältnis, haushaltsnahes	EStH	35a

Bescheinigung, bei Baudenkmal	EStR	7i
	EStH	7i
– bei bestimmter Baumaßnahme	EStR	7h
	EStH	7h
– Bindungswirkung	EStH	7h, 7i, 10f, 11a, 11b
– für den Lohnsteuerabzug, bei erweiterter unbeschränkter Einkommensteuerpflicht	LStH	39c
– – für Grenzpendler	LStH	39c
– Nichtvorliegen	EStH	7h, 7i, 10f
– Objektbezogenheit	EStH	7h, 7i
– über Berufsausbildung	EStR	32.5
– über dauernde Berufsunfähigkeit	EStR	16 (14), 34.5 (3)
– über Grad der Behinderung	EStR	32.9
	EStH	33.1-33.4
– über Krankheit/Kur	EStR	33.4 (1)
– über Nichtveranlagung	EStR	44b.2
– über Spende	EStR	10b.1
– über Steuer	EStR	36, 44a, 44b.2
	EStH	34c
– über Zuwendungen	EStR	10b.1
– zu Stipendium	EStH	3
Bescheinigungsbehörde	EStH	10g
Bescheinigungsrichtlinie	EStH	7h
	EStH	7h, 7i, 10f, 11a, 11b
Beschränkt Steuerpflichtiger, Arbeitnehmer	LStR	39.4
Beschränkte Einkommensteuerpflicht, s. Beschränkt Steuerpflichtiger		
Beschränkte Steuerpflicht	KStR	2
– Kontrollmeldeverfahren, Doppelbesteuerungsabkommen	ESt-Erl	52
Beschwer, Anfechtung eines Grundlagenbescheides	AEAO	zu § 350 (Nr. 4)
– Anrechnung von Steuerabzugsbeträgen und Körperschaftsteuer	AEAO	zu § 350 (Nr. 3)
– bei außersteuerlicher Bindungswirkung der Steuerfestsetzung	AEAO	zu § 350 (Nr. 3)

Stichwortverzeichnis

– bei Steuerfestsetzung auf Null	AEAO	zu § 350 (Nr. 3)
– bei zu niedriger Steuerfestsetzung	AEAO	zu § 350 (Nr. 2)
– Betroffener	AEAO	zu § 350 (Nr. 5)
– Geltendmachung im Einspruchsverfahren	AEAO	zu § 350 (Nr. 1)
– Rechtsschutzbedürfnis	AEAO	zu § 350 (Nr. 6)
Besen- und Straußwirtschaft	EStR	15.5
Besitzpersonengesellschaft, umfassend gewerbliche....	EStH	15.7 (4)
Besitzunternehmen...........	EStH	6.7, 15.7 (5, 6), 16 (2)
Besondere Verrechnungskreise	EStH	10d
Besonderheit, bei land- und forstwirtschaftlichem Betrieb........................	EStH	4.2 (9)
Besserungsoption.............	EStH	17 (7)
Bestätigung, des Empfängers von Zuwendungen, Spende	EStR EStH	10b.1 10b.2
Bestandsaufnahme, des beweglichen Anlagevermögens	EStR	5.4
– des Vorratsvermögens......	EStR	5.3
– für Abschluss................	EStR	4.1
– von Pensionsverpflichtung.	EStR	6a (20)
Bestandskraft, s. a. Änderung und Aufhebung		
– Durchbrechung, aufgrund anderer Steuergesetze......	AEAO	vor §§ 172 bis 177 (Nr. 3)
– – materiell oder formell	AEAO	vor §§ 172 bis 177
Bestandsvergleich, für das stehende Holz...............	EStR	14
Bestandsverzeichnis	EStR	5.4, 6.13 (2)
Bestattungskosten............	EStH	33.1-33.4
Bestechung	AEAO	zu § 160
Bestechungsgeld, Abzugsverbot	EStH	4.14
– als Einnahme................	EStH	22.8
– Kosten des Strafverfahrens	EStH	12.3
Besteuerung, kleiner Körperschaften	GewStR	7.1 (7)
Besteuerungsmerkmal, im Ausland bei beschränkter Steuerpflicht	EStR	49.3
Besteuerungsunterlage, Mitteilung im Einspruchsverfahren.......................	AEAO	zu § 364
Besuch, im Krankenhaus	EStR	33.4 (1)
– von Privatschulen...........	EStR EStH	33.4 (2) 33.1-33.4, 33b
Betätigungswille..............	EStH	15.7 (6)
Beteiligter, Anhörung, rechtliches Gehör	AEAO	zu § 91
Beteiligung, als Betriebsvermögen	EStH	4.2 (1)
– am allgemeinen wirtschaftlichen Verkehr........	EStR EStH	15.4 13.5, 15.4, 15.7 (9)
– am Arbeitgeberunternehmen	LStH	9.1, 19.3
– am Firmenwert	EStH	15.9 (1)
– an anderen Körperschaften und Personenvereinigungen	KStH	8b
– an einer ausländischen Personengesellschaft..........	EStR EStH	4.1 (4) 15.8 (3)
– an Kapitalgesellschaft......	EStH	4.2 (1), 6.14, 16, 17
– an Personengesellschaft....	EStR EStH	15a 15.7 (1), 15.8 (5)
– an stiller Reserve............	EStH	15.9 (3)
– Bewertung..................	EStH	6.12
– Handel als gewerbliche Tätigkeit........................	EStH	15.7 (1)
– im Sinne des § 17 EStG	EStR EStH	17 6.12, 17
Beteiligungsgrenze, Absenken	EStH	17 (5)
Beteiligungsidentische Personengesellschaft...........	EStH	6.15
Betrachtungsweise, isolierende	EStR EStH	49.3 (1) 2a
Betreuer.........................	EStH	18, 20.1, 21.2, 33.1-33.4
– Einkunftsart	LStR	19.2
– Steuerfreiheit der Einnahmen	LStR	3.26

2357

Stichwortverzeichnis

Betreuung, eines Kindes	EStR	32.2, 33.1
	EStH	32.9
Betrieb, als selbständiger Organismus	EStH	16 (2)
– Aufgabe, Eröffnung, Erwerb, Veräußerung	EStR	14, 16, 18.3
	EStH	14, 16
– der Land- und Forstwirtschaft	EStR	15.5
– der öffentlichen Hand	GewStR	2.1 (6)
– gewerblicher Art	KStR	4.1-4.5, 8.2
– – Abfallentsorgung	KStR	4.5 (6)
– – Abgrenzung Spenden zu verdeckten Gewinnausschüttungen	KStR	9 (7)
– – Angemessenes Eigenkapital	KStR	8.2 (2)
– – Auftragsforschung	KStH	4.5
– – Begriff	KStR	4.1 (1-7)
– – Beteiligung	KStR	4.1 (2)
	KStH	4.1
– – Buchführungspflicht	KStH	8.2
– – Campingplatz	KStH	4.5
– – Einkommensermittlung	KStR	8.2
– – Einrichtung	KStR	4.1 (2, 4)
	KStH	4.1
– – Einzelfall, Abgrenzung	KStR	4.5
– – Friedhofsverwaltung	KStH	4.5
– – Gewicht der Tätigkeit	KStR	4.1 (5)
– – Hafenbetrieb	KStH	7
– – Hoheitsbetrieb	KStR	4.4
	KStH	4.4
– – in privatrechtlicher Form	KStR	4.1 (7)
– – Kapitalertrag-Schuldner	KSt-Erl	1
– – Kindergarten	KStH	4.5
– – kirchlicher Orden	KStH	4.1
– – Krematorium	KStH	4.5
– – Kurbetrieb	KStR	4.5 (7)
	KStH	4.5
– – Miet- oder Pachtverträge zwischen - und juristischer Person des öffentlichen Rechts	KStR	8.2
– – Müllverbrennungsanlage der Gemeinde	KStR	4.5 (6)
– – Parkplatz	KStH	4.5
– – Parkuhr	KStH	4.5 (4)
– – Religionsgemeinschaft	KStR	4.1 (1)
– – Schwimmbad	KStR	4.5 (5)
– – Sozialversicherungsträger	KStH	4.5
– – Tiefgarage	KStH	4.5
– – Veräußerung und Aufgabe von Verpachtungs-	KStH	4.3
– – verdeckte Gewinnausschüttung	KStR	8.2 (3)
– – Verkehrsbetrieb	KStH	7
– – Verpachtung	KStR	4.1 (5), 4.3
	KStH	4.3
– – Wasserbeschaffung	KStH	4.5
– – Wasserversorgung	KStH	4.5
– – Wiederverwertung von Abfällen	KStR	4.5 (6)
– – Zusammenfassung	KStR	4.2
Betriebliche Veranlassung	EStH	4.2 (15)
Betrieblicher Schuldzinsenabzug	ESt-Erl	2, 3
Betriebs-AG	EStH	15.7 (6)
Betriebsaufgabe	EStR	15a
	EStH	4.2 (15), 14, 15.6, 16 (3, 5, 6), 18.3, 24.2, 34.1, 49.1
	GewStR	2.6 (4)
	GewStH	7.1 (3)
Betriebsaufspaltung	EStR	15.7 (4)
	EStH	3c, 4.2 (2), 4a (3), 15.7 (1, 4, 5, 7), 16 (2, 3), 20.2
	GewStH	2.4 (3)
– personelle Verflechtung	ESt-Erl	37
– – Einstimmigkeitsabreden	ESt-Erl	42
Betriebsausflug, s. Betriebsveranstaltung		
Betriebsausgabe, Abfluss bei Überschussrechnung	EStR	4.5 (2)
– Abgrenzung von Lebenshaltungskosten	EStR	4.10, 12.1
	EStH	12.1
– Absetzung von Anschaffungs- und Herstellungskosten ausgeschiedener Wirtschaftsgüter	EStR	6.6 (8)
– Aufwendungen für nicht abnutzbares Anlagegut	EStR	4.5 (3)
– bei Betriebsgrundstück	EStH	4.7
– bei geschlossenen Fonds	EStH	4.7
– bei Überschussrechnung	EStH	4.5
– beim Steuerabzug	EStH	50a.2
– Betriebsgrundstück	EStR	4.7 (2)
– für teilweise betrieblich genutztes Wirtschaftsgut	EStR	4.5 (6), 4.7

Stichwortverzeichnis

– im Zusammenhang mit steuerfreien Einnahmen....	EStH	3c
– nachträgliche...............	EStH	4.5 (6), 4.7, 24.2
– nicht/beschränkt abziehbare..........................	EStR	4.10, 4.12, 4.13, 6.3 (6)
	EStH	4.10, 4.12, 4.13
– Pauschale....................	EStH	18.2
– Schachteldividende.........	KSt-Erl	21
– Schätzung...................	EStH	4.7
– Schuldzinsen................	EStH	4.7
– vorweggenommene........	EStH	4.7
Betriebsbesichtigung.........	EStR	4.10 (8)
Betriebseinnahme, aus Betriebsgrundstück............	EStR	4.7
	EStH	4.7
– bei gemischt genutztem Wirtschaftsgut...............	EStH	4.7
– bei Überschussrechnung...	EStR	4.5
	EStH	4.5
– Druckbeihilfe.................	EStH	4.7
– Entschädigung...............	EStH	4.7
– nachträgliche................	EStH	16
– veruntreute..................	EStH	4.7
– zeitliche Erfassung..........	EStR	4.5 (2)
	EStH	4.5
Betriebseröffnung, Bewertung von Wirtschaftsgut...	EStH	6.12
Betriebsfortführung, Betriebsmittel..................	EStH	16 (1)
– Fiktion........................	EStH	16 (5)
Betriebsführung................	EStH	15.3
Betriebsgrundlage.............	EStR	16
	EStH	15.7, 16
Betriebsgutachten.............	EStR	34b.1, 34b.2, 34b.6
Betriebskapitalgesellschaft..	EStH	6.14, 15.7 (6), 16 (2)
Betriebskindergartenplatz, durch den Arbeitgeber......	LStR	3.33
Betriebsprüfungskosten, künftige......................	EStH	5.7 (4)
Betriebsrentengesetz..........	EStR	4b (1, 5), 4c (1), 4d (2, 14), 6a (7, 11, 12, 23)
Betriebsschuld..................	EStH	4.2 (15)

Betriebsstätte..................	GewStR	2.9
	GewStH	9.4
	LStR	38.3, 41.3
– Anzeigepflicht bei Eröffnung, Verlegung oder Aufgabe..........................	AEAO	zu § 138 (Nr. 1)
– ausländische................	EStR	2a (2)
	EStH	2a, 4.3 (2-4), 34d
	GewStR	2.8
	GewStH	7.1 (1), 9.4
– Begriff........................	AEAO	zu § 12
– bei Binnen- und Küstenschifffahrtsbetrieben.......	GewStH	2.9 (1)
– eines Vertretenen...........	GewStH	2.9 (4)
– Fahrt/Weg zwischen Wohnung und - (Tätigkeitsstätte)............................	EStR	4.12
	EStH	4.12
– feste Geschäftseinrichtung	GewStH	2.9 (1)
– inländische..................	EStR	6b.1, 6b.3 (6), 49.1
	EStH	49.1
– international tätiges Unternehmen, Einkünfteaufteilung...........................	AO-Erl	1
– Verlust........................	EStR	2a
Betriebsstoff, Bewertung.....	EStR	6.1, 6.8
Betriebsstundenzähler........	EStR	7.4 (5)
Betriebstypisches Erzeugnis..	EStR	15.5
Betriebsüberlassungsvertrag.	EStH	16 (5)
Betriebsübertragung..........	EStR	16 (6, 7)
Betriebsunterbrechung.......	EStH	15.8 (6), 16 (2)
– Versicherung................	EStH	6.5
Betriebsunternehmen........	EStH	15.7 (6, 7), 16 (2)
Betriebsveräußerung..........	EStR	4.5, 6b.2 (11), 14, 16
	EStH	6.6, 16, 18.3, 24.2, 34.1, 34.2
Betriebsveranstaltung, Arbeitslohn aus Anlass von - .	LStR	40.2 (1)
	LStH	40.2
– Geldgeschenk...............	LStH	40.2
– gemischt veranlasste Veranstaltung..................	LStH	19.5
– Goldmünze..................	LStH	40.2
– Verzehrgeld.................	LStH	40.2
– Zuschuss.....................	LStH	19.5

2359

Betriebsverfassungsgesetz...	EStR	5.7 (3)
Betriebsverlagerung, ins Ausland...	EStR	4.5 (2)
Betriebsverlegung...	EStH	16 (2)
Betriebsvermögen, Ausweis von Grundstücken in der Buchführung...	EStR	4.2
– bei Einnahme-Überschuss-Rechnung...	EStR	4.2 (16)
– bei Personengesellschaft...	EStR	4.2 (2), 6b.2 (8)
	EStH	15.8 (4), 15.9 (2), 15a
– bei Selbständigkeit...	EStR	15.1
	EStH	15.1
– Beteiligung...	EStH	4.2 (1)
– einer atypisch stillen Gesellschaft...	EStH	15.8 (1)
– Erbauseinandersetzung...	ESt-Erl	29
– Genossenschaftsanteil...	EStH	4.2 (1)
– gewillkürtes...	EStR	4.2, 4.5 (6)
	EStH	4.2 (1)
– – bei land- und forstwirtschaftlichem Betrieb...	EStR	4.2 (16)
	EStH	4.2 (9)
– Grundstück, einer Personengesellschaft...	EStR	4.2 (11)
– – unbeschadet der Einheits- oder Bedarfsbewertung...	EStR	4.2 (13)
– Grundstücksteil von untergeordnetem Wert...	EStR	4.2 (8)
– land- und forstwirtschaftliches...	EStR	13.3
– notwendiges...	EStR	4.2
– – bei Betriebsaufspaltung...	EStR	15.7 (4)
– Sonder-...	EStR	4.2 (2, 12), 15a
– Übergang...	EStR	6b.1, 6b.2, 6b.3 (5)
– Wegfall der Voraussetzungen...	EStR	4.2 (8)
– Wohnung eines Land- und Forstwirts...	EStR	13.5 (3)
	EStH	13.5
– Zugehörigkeit, von Grundstücken...	EStR	4.2 (7)
– – von Verbindlichkeiten...	EStR	4.2 (15)
– – von WG...	EStR	4.2, 6b.1, 6b.3, 7.2, 7.3 (6), 7.4
	EStH	36
Betriebsvermögensvergleich, bei gewerblichen Betrieben	EStR	4.1 (2)
	EStH	16 (1)
– bei Land- und Forstwirten...	EStR	13.5
– bei Personengesellschaften	EStR	4.1 (3)
– durchlaufender Posten...	EStH	4.2 (1)
– Wechsel...	EStR	4.6, 13.5
	EStH	4.5 (1), 4.6
Betriebsverpachtung...	EStR	4a (3)
	EStH	6b.1, 15.7 (1), 16 (5, 8)
	GewStR	2.2
	GewStH	2.2
Betriebsvorrichtung...	GewStH	9.2 (2)
– Abgrenzung, zu Gebäuden.	EStR	7.1 (3)
	EStH	6.4, 7.1
– AfA...	EStR	7.1
	EStH	7.1
Betriebswerk, zur Festsetzung des Nutzungssatzes...	EStR	34b.1, 34b.6
Betriebszweck...	EStH	15.7 (5)
Betriebszweig...	EStH	15.3
Beurlaubter und in-sich-beurlaubter Beamter...	EStH	10a
Beurteilungszeitraum, für Unterhaltszahlung...	EStH	32.13
Bevollmächtigter, Bekanntgabe...	AEAO	zu § 122 (Nr. 1.3, 3), zu § 123
– Erstattung...	AEAO	zu § 80 (Nr. 2)
– Nachweis der Vollmacht...	AEAO	zu § 80 (Nr. 1)
– Schriftwechsel und Verhandlungen...	AEAO	zu § 80 (Nr. 4)
– Umfang der Vollmacht...	AEAO	zu § 80 (Nr. 2)
– Unterzeichnung von Steuererklärungen...	AEAO	zu § 80 (Nr. 3)
Beweismittel, Fristsetzung im Einspruchsverfahren...	AEAO	zu § 364b (Nr. 3)
Bewertbarkeit, selbstständige...	EStH	6.13
Bewertung, Berücksichtigung von Zuschüssen...	EStR	6.5
	EStH	6.5
– der Einlage von Anteilen an Kapitalgesellschaften...	EStH	6.12
– des Umlaufvermögens...	EStR	6.8

Stichwortverzeichnis

– des Vorratsvermögens	EStR	6.8, 6.9
	EStH	6.8, 6.9
– Durchschnitts-	EStR	6.8 (3)
– Gruppen-	EStR	6.8 (4)
– mit Teilwert	EStR	6.12
	EStH	6.12
– nach unterstellten Verbrauchs- und Veräußerungsfolgen	EStR	6.9
	EStH	6.9
– retrograde Bewertungsmethode	EStH	6.8
– retrograde Wertermittlung	EStH	6.7
– von Beteiligungen	EStH	6.12
– von Einlagen	EStR	6.12
	EStH	6.12
– von Entnahmen	EStR	6.12
	EStH.	6.12
– von mehrjährigen Baumschulkulturen	EStH	13.3
– von Rückstellungen	EStR	6.11
	EStH	6.11
– von Tieren	EStH	13.3
– von Verbindlichkeiten	EStH	6.10
– von Vieh	EStH	13.3
– Wechsel der - Methode	EStR	6.9 (5)
Bewertung des Sachbezugs,		
Allgemeines	LStR	8.1, 8.2
	LStH	8.1, 8.2
– Freigrenze	LStR	8.1 (3)
– Sozialversicherungsentgeltverordnung	LStR	8.1 (4)
– Überlassung eines betrieblichen Kraftfahrzeugs	LStR	8.1 (9-10)
	LStH	8.1 (9-10)
– Wahlrecht	LStH	8.2
Bewertungsfreiheit, geringwertiges Wirtschaftsgut	EStR	6.13, 7a, 9b (5)
	EStH	6.13
Bewertungsstetigkeit	EStR	14
	EStH	14
Bewertungswahlrecht	EStR	14
	EStH	4.6, 13.3
	GewStH	7.1 (1)
Bewirtung, anlässlich eines persönlichen Ereignisses	LStH	9.1
– Aufwand	EStR	4.10, 4.11
	EStH	4.10 (5-9)
– von Arbeitnehmern	LStR	8.1 (8)
	LStH	19.6
Bezirksschornsteinfeger	EStH	15.6
Bezirksstellenleiter bei Lotto- und Totogesellschaft	EStH	15.1
	LStH	19.0

Bezug, s. a. Arbeitslohn, Sachbezug und Versorgungsbezug		
– anzurechnender eigener, unterstützte Person	EStR	32.2, 32.9, 32.10, 33a.1
	EStH	33a.3
– Aufteilung	EStR	33a.3
	EStH	32.10
– bei Abgeordnetem	EStR	22.7
– der Wehr- und Zivildienstbeschädigten, Kriegsbeschädigten, ihrer Hinterbliebenen und ihnen gleichgestellte Personen	LStR	3.6
	LStH	3.6
– der Wehrdienstleistenden	LStR	3.5
– für besondere Ausbildungszwecke	EStH	32.10
– Kostenpauschale	EStR	33a.1 (3)
– steuerfreier	EStH	3
– von Arbeitnehmer	EStR	34.4
	EStH	34.4
– wiederkehrender	EStR	22.1, 22.2, 22.5, 24a
	EStH	16, 22.1, 22.2, 22.4, 34.3
– zur Förderung der Aus-/ Weiterbildung	EStR	10.9
Bezugsgröße, für Pensionsrückstellung	EStR	6a (19)
Bezugsrecht	EStR	17 (3, 4)
	EStH	17 (4, 5)
Bibliothek, als GWG	EStH	6.13
Bilanz, -stichtag	EStR	5.3, 5.7
– Änderung	EStR	4.4 (2)
	EStH	4.4
– Ansatz	EStR	4.4 (3)
	EStH	4.4
– Aufgabe/Veräußerungsbilanz	EStR	4.5
– Berichtigung	EStR	4.4 (1)
	EStH	4.4, 4.5 (1)
– DM-Eröffnungs-	EStH	5.4
– geringwertiges Wirtschaftsgut	ESt-Erl	22
– Sammelposten	ESt-Erl	22
– unterlassene	EStH	4.3 (1), 4.4
– Währung	EStR	4.1 (4)

2361

Stichwortverzeichnis

Bilanzenzusammenhang	GewStH	7.1 (1)
– Beschwer bei zu niedriger Steuerfestsetzung	AEAO	zu § 350 (Nr. 2)
Bilanzierungswahlrecht	EStR	4a, 4d, 5.7, 6.3, 6.5, 6a, 6b.2, 7.3, 7.4
	EStH	4.4, 4a
Bildberichterstatter	EStH	15.6
Bildschirmbrille	LStR	19.3 (2)
	LStH	9.12
Billigkeitsmaßnahme	GewStR	1.5
	GewStH	7.1 (1)
– abweichende Steuerfestsetzung	AEAO	zu § 163
– Änderung der Steuerfestsetzung	AEAO	zu § 163 (Nr. 2)
– Außerkrafttreten einer verbindlichen Zusage nach Rechtsänderung	AEAO	zu § 27 (Nr. 1)
– bei Stundungen, Verzicht auf Erhebung von Stundungszinsen	AEAO	zu § 234 (Nr. 11)
– Einspruch bei Verbindung mit Steuerfestsetzung	AEAO	zu § 347 (Nr. 4)
– Einspruchsverfahren	AEAO	zu § 347 (Nr. 4)
– Gewerbesteuer	AEAO	zu § 163 (Nr. 3)
– Grundlagenbescheid für Steuerfestsetzung	AEAO	zu § 163 (Nr. 2)
– im Festsetzungsverfahren	AEAO	zu § 163
– Stundungszinsen, vorzeitige Tilgung	AEAO	zu § 234 (Nr. 1)
– Verbindung mit Steuerfestsetzung	AEAO	zu § 163 (Nr. 2)
– Vollverzinsung	AEAO	zu § 233a (Nr. 69 ff.)
– Zuständigkeit	AEAO	zu § 163 (Nr. 4)
Bindungswirkung	EStH	10d
– verbindliche Zusage	AEAO	zu § 26
Biogasanlage	EStR	15.5
Blinder Mensch	LStH	33b
– Blindengeld	EStR	32.9
– Pauschbetrag	EStH	33b
Blumenbau	EStR	13.1 (3)
Blumengeschenk	EStR	4.10 (3)
Bodengewinnbesteuerung	EStR	55
Bodenschatz	EStR	6b.1 (1), 7.5
	EStH	4.2 (1), 6.12, 7.4, 7.5, 21.7
– Stätte der Erkundung, als Betriebsstätte	AEAO	zu § 12 (Nr. 3)
Börse	EStH	15.7 (9)
Börsenpreis, Ansatz von Wirtschaftsgut	EStR	6.8 (2)
Bond-Stripping	EStH	20.1
Bootshandel	EStH	15 (3)
Brand, als höhere Gewalt	EStR	6.6 (2, 3), 33.2
	EStH	7.4, 16
Brauerei	EStH	16 (3)
Bruchteilsgemeinschaft	EStR	4.2 (12), 7.4 (7)
	EStH	15.8 (1)
Brüterei	EStH	15.5, 15.10
Buchführung, AfA nach Übergang	EStR	7.4 (11)
– auf Datenträger	EStH	5.2
–– maschinell lesbar	AEAO	zu § 146 (Nr. 3)
– Aufbewahrung von Unterlagen	AEAO	zu § 147
– bei Betriebsvermögensvergleich	EStR	4.1
– bei Freiberuflern	EStH	18
– bei Gartenbau-, Saatzuchtbetrieben, Baumschulen u. ä.	EStR	13.6
– Beweiskraft	EStH	5.2
–– bei Beanstandung	AEAO	zu § 158
– Buchhalter	EStH	15.6
– Erleichterung	AEAO	zu § 148
– im Beitrittsgebiet	EStH	5.4
– landwirtschaftliche	EStR	13.3, 13.5, 13.6, 34b.2, 34b.3
	EStH	4.1
– Mängel	EStR	4.1 (2), 5.2 (6), 5.3 (5)
	EStH	4a, 5.4
– mittels EDV	AEAO	zu § 146 (Nr. 3)
– Offene-Posten-Buchhaltung	AEAO	zu § 146 (Nr. 3)

Stichwortverzeichnis

– ordnungsmäßige, nach handelsrechtlichen Grundsätzen	EStR	4.1 (4, 5), 4.9 (2), 5.1-5.3, 5.7, 6.6, 6.9, 6.13
	EStH	5.1
– Ordnungsvorschrift	AEAO	zu § 146
– Verfolgung von Bildung und Auflösung einer Rücklage	EStR	6b.2 (4)
Buchführungsgrenze, bei mehreren Betrieben	AEAO	zu § 141 (Nr. 3)
Buchführungspflicht, bei Betriebsübergang im Ganzen.	AEAO	zu § 141 (Nr. 5)
– bei Land- und Forstwirten..	EStH	4.1
– Feststellung durch Verwaltungsakt	AEAO	zu § 141 (Nr. 2)
– Gewerbetreibender	EStR	5.1
	EStH	5.1
– Personengesellschaft	EStR	4.1 (3)
– steuerliche	AEAO	zu § 141
– Wegfall, Feststellung	AEAO	zu § 141 (Nr. 4)
Buchhalter, als Arbeitnehmer	LStH	19.0
Buchmacher	EStH	15.6
Buchprüfer.....................	EStH	15.6
Buchwert, -privileg............	EStR	6.12 (3)
	EStH	16 (2)
– Abfindung	EStH	15.9 (1, 3)
– Begriff	EStR	6b.1 (3)
– einer Beteiligung............	EStH	16 (4)
– Ermittlung...................	EStH	6b.2
– fiktiver, Übergang zum Betriebsvermögensvergleich..	EStR	4.6 (1)
– Fortführung	EStR	6b.3 (5), 13.5
	EStH	16 (3)
– Übertragung, Mitunternehmeranteil	EStH	16 (4)
– – wesentliche Betriebsgrundlagen	EStH	16 (4)
Büffetier, als Arbeitnehmer ..	LStH	19.0
Bühnenvermittler	EStH	15.6
Bürgschaft	EStH	15.7 (3, 4), 15a, 17 (5)
– Provision....................	EStH	22.8
– Verpflichtung	LStH	9.1
Büro, Anmietung..............	LStH	19.3
– Gemeinschaft	EStH	15.8 (1)
– Raum.......................	EStR	21.2 (4)

Bundesausbildungsförderungsgesetz	EStH	3, 33a.2
Bundesfinanzhof, vorläufige Steuerfestsetzung	AEAO	zu § 165 (Nr. 4)
Bundeskindergeldgesetz, Leistung.....................	EStR	3
Bundespolizei	EStR	32.11
	EStH	32.11
– steuerfreier Sachbezug	LStR	3.4
Bundespolizeibeamtengesetz	EStH	3
Bundessozialhilfegesetz......	EStH	3
Bundesverfassungsgericht, vorläufige Steuerfestsetzung, bei verfassungsrechtlichen Zweifeln am Steuergesetz	AEAO	zu § 165 (Nr. 4)
– – nach Entscheidung........	AEAO	zu § 165 (Nr. 3)
Bundesversorgungsgesetz....	EStR	32.9
	EStH	33b
Bundesvertriebenengesetz...	EStR	3
Bundeswehr, Dienstkleidung	LStR	3.4
– steuerfreie Leistung an Angehörige	LStR	3.4
	LStH	3.5
– Studium von Bundeswehroffizieren und Zeitsoldaten	LStH	9.2
Bundeszuschuss	LStH	19.3
Bußgeld	EStH	4.13 (3)
– s. a. Geldbuße		
Campingplatz..................	EStH	15.7 (2)
Cash-Pool	EStH	21.2
Chefarzt	LStH	19.0, 19.3
Chefzimmer	EStR	4.10
Computer, s. a. Telekommunikationskosten		
– als Arbeitsmittel	LStH	9.12
	LStH	9.12
– Peripheriegerät.............	EStH	6.13
– Programm	EStR	5.5
– Steuerbefreiung.............	LStH	3.45
Conterganstiftungsgesetz....	EStH	3.0
Dachgeschoss..................	EStH	7.3, 7.4, 16 (8)
Damnum	EStH	6.10, 11, 20.2, 21.2
Darlehen, Abgrenzung von Ausgaben	EStH	5.6
– als Betriebsschuld..........	EStH	4.2 (15)

2363

– als Betriebsvermögen	EStR	4.2 (1)	
	EStH	4.2 (1)	
– an Angehörige	EStH	4.8	
– an Arbeitnehmer	EStH	3	
– an Gesellschafter	EStH	4.2 (2)	
– Ausbildungsdarlehen/ Studiendarlehen	EStH	10.9	
– bei Betriebsaufspaltung	EStH	15.7 (4)	
– bei Überschussrechnung	EStR	4.5 (2)	
	EStH	4.5 (2)	
– bei Verlust	EStH	4.5 (2)	
– Bewertung	EStH	6.10	
– kapitalersetzendes	EStH	6.7, 15a, 17 (5)	
– Mieterzuschuss	EStR	21.5 (3)	
– mit fallendem Zinssatz	EStH	5.6	
– Mitunternehmer	EStH	15.8 (3), 15.9 (2)	
– Rückzahlung, als außergewöhnliche Belastung	EStH	33.1- 33.4	
– Verlust	EStH	17 (5)	
–– Forderung	LStH	9.1	
– Verrechnung von Zuschüssen	EStR	6.5	
– Zinsen	EStH	10.9, 21.2	
Darlehenskasse	GewStR	8.9	
Daseinsvorsorge	LStR	3.12 (1)	
	LStH	3.12	
Datensammlung	EStH	5.5	
Datenschutzbeauftragter	EStH	15.6	
Datenträger, Aufbewahrung von Buchführungsunterlagen	AEAO	zu § 147 (Nr. 3)	
– Buchführung auf maschinell lesbarem -	AEAO	zu § 146 (Nr. 3)	
Datenübermittlung	EStH	32b	
Datenverarbeitungs-Berater	EStH	15.6	
Datenverarbeitungsgerät, Steuerbefreiung	LStH	3.45	
Dauernde Last, als Sonderausgabe	EStR	10.3	
Dauernde Wertminderung, für Teilwertansatz	EStR	6.8	
Dauerschuldverhältnis	EStH	5.6	
DBA, rückwirkende Anwendung, Vorläufigkeit	AEAO	zu § 165 (Nr. 2)	
Deckungskapital	EStR	4b, 4d	
	EStH	4d, 6a	
Deckungsstock	GewStR	9.2 (4)	
Deponie	EStH	6.11	
Deputat	LStH	8.2 (1)	
Detektiv	EStH	15.6	
Deutschkurs	EStH	10.9, 10.10, 12.1	
	LStH	9.2, 19.7	
Devisentermingeschäft	EStH	15.7 (9), 22.6	
Diätverpflegung	EStH	33.1- 33.4	
Diakonisse	LStH	19.0	
Diebstahl, als höhere Gewalt	EStR	6.6 (2)	
– außergewöhnliche Kfz-Kosten	LStH	9.5	
– eines betrieblichen Pkw	EStH	4.3 (2-4)	
– Leistungen der Kaskoversicherung	EStR	4.7 (1)	
– von Geld	EStH	4.5 (2)	
Dienst im Ausland	EStH	32.11	
Dienstantritt, tatsächlicher	EStH	6a (10)	
Dienstanweisung, zur Durchführung von Rechtsbehelfsverfahren	EStH	77	
Dienstaufwandsentschädigung	LStH	3.12	
Dienstgeld, Wehrsoldgesetz	EStR	3	
Diensthund	LStH	9.12	
Dienstjubiläum	LStH	9.1	
Dienstkleidung, s. a. *Berufskleidung*			
– Abnutzungsentschädigung	LStR	3.4	
Dienstleistung, Absatz eigener Erzeugnisse	EStR	15.5	
– Bezug	LStR	8.1, 8.2	
	LStH	8.1, 8.2	
– haushaltsnahe	EStH	35a	
– IT-Service	LStH	3.45	
– land- und forstwirtschaftliche	EStR	15.5	
	EStH	15.5	
Dienstliche Verrichtung, auf der Fahrt zwischen Wohnung und erster Tätigkeitsstätte	LStH	9.10	
Dienstreise-Kaskoversicherung	LStH	9.5	
Dienstverhältnis, s. a. *Arbeitgeber und Arbeitnehmer*			
– sonstige Bezüge nach Ende des -	LStH	39b.6 (3)	
– zwischen Ehegatten	LStH	19.0	
Dienstwagen, s. *Kraftfahrzeuggestellung*			
Dienstwohnung	LStH	8.1 (5-6)	
	LStH	9.9	
– keine Steuerermäßigung für pauschale Zahlungen	EStH	35a	
Digitale LohnSchnittstelle	LStH	42f	

Stichwortverzeichnis

Dingliche Belastung	EStH	6.4
Diplomatischer Vertreter	EStR	1
	EStH	1a, 3
Direkte Anrechnung ausländischer Steuern	KStR	26 (4)
Direktvermarktung	EStR	15.5
Direktversicherung	EStR	4b, 6.3 (3), 6a, 10.5 (1)
	EStH	4b
– Begriff	LStR	40b.1 (1)
– Insolvenzversicherung	LStR	3.65
– Pauschalierung der Beiträge	LStR	40b.1
	LStH	40b.1
– Vervielfältigungsregelung	LStH	40b.1
– Zuflusszeitpunkt	LStH	38.2
Disagio	EStH	5.6, 6.2, 6.10, 11, 20.2
Diskontbetrag	GewStH	8.1 (1)
Dividende, s. a. Gewinnausschüttung		
– Anspruch, phasengleiche Aktivierung	EStH	4.2 (1), 15.7 (4)
– anzurechnende ausländische Steuer	EStH	34c (5)
– Doppelbesteuerungsabkommen	KSt-Erl	34
– Rückzahlung	EStH	44b.1
– Steuerpflicht	EStH	20.2
Domain-Name	EStH	5.5, 7.1
Domizilgesellschaft	AEAO	zu § 160 (Nr. 3)
Doppelberücksichtigung eines Sachverhaltes, widerstreitende Steuerfestsetzung	AEAO	zu § 174 (Nr. 3)
Doppelbesteuerung	LStR	39.4 (3), 39b.10
	LStH	3.0, 39b.10
– s. a. Auslandstätigkeitserlass		
Doppelbesteuerungsabkommen, Anrechnung ausländischer Steuern	EStR	34c
	EStH	34c
– Anwendung	LStR	39b.10
	LStH	39b.10
– bei beschränkter Haftung	EStR	15a
– bei Sonderausgaben	EStH	10.2
– bei Unterhaltsleistungen aus dem Ausland	EStR	22.2
– bei Verlust im Ausland	EStH	2a
– Entlastung (Erstattung und Freistellung) von deutschen Abzugsteuern	EStH	50d
– Personengesellschaft	AO-Erl	2
– Progressionsvorbehalt	EStH	32b
– steuerfreie Einkünfte auf Grund von -	EStH	10.3 (1)
– Überführung von Wirtschaftsgut, in ausländische Betriebsstätte	EStR	4.3 (2)
	EStH	4.3 (2-4)
– – in inländische Betriebsstätte	EStH	4.3 (1)
– Verhältnis, zur beschränkten Steuerpflicht	EStR	50.2, 50d
	EStH	50a.2, 50d
– – zur unbeschränkten Steuerpflicht	EStH	1a
– Verzeichnis	EStH	1a
Doppelstöckige Personengesellschaft	EStH	4a, 15.10
	GewStH	10a.3 (3)
Doppelte Haushaltsführung	EStR	4.12 (3)
	EStH	4.12
– Allgemeines	LStR	9.11
	LStH	9.11
– Kostenart	LStH	9.11
– umzugsbedingter Mietaufwand	LStH	9.9
– Unterkunftskosten	LStH	9.11 (5-10)
– Vergütung durch Arbeitgeber	LStR	3.13, 3.16, 9.11 (10)
– Verpflegungspauschale	LStH	9.11 (5-10)
– Werbungskostenabzug	LStR	9.11 (10)
Doppelzahlung, Geltendmachung des Erstattungsanspruchs außerhalb des Festsetzungsverfahrens	AEAO	zu § 155 (Nr. 4)
Dreimonatsfrist, Verpflegungspauschale	LStH	9.6
Drittaufwand	EStH	4.7, 10.1, 17 (5), 21.2, 33.1-33.4
– bei doppelter Haushaltsführung	LStH	9.11 (5-10)
– für häusliches Arbeitszimmer	LStH	9.14

2365

Stichwortverzeichnis

Dritter, Beihilfe	LStH	3.11
– Einspruchsbefugnis	AEAO	zu § 350 (Nr. 3)
– Haftung	LStR	42d.1 (2)
– Kinderbetreuung	LStR	3.33
– Leistung	AEAO	zu § 48
– Lohnsteuerabzug	LStR	38.5
– Lohnzahlung	LStR	38.4
	LStH	19.3, 38.4
– Provisionszahlung	LStR	19.4
	LStH	19.4
– Rabattgewährung	LStR	8.2
– Sachbezug	LStH	8.2
Drohverlust	EStH	5.7 (1)
Druckbeihilfe	EStH	4.7
Düsseldorfer Tabelle	EStR	32.13
Duldungspflicht, Festsetzungsfrist	AEAO	zu § 191 (Nr. 4)
Durchlaufende Gelder	EStH	3.50
– Allgemeines	LStR	3.50
	LStH	3.50
Durchlaufender Kredit	GewStH	8.1 (1)
Durchlaufender Posten	EStH	4.2 (1), 4.5 (2)
Durchlaufspende	EStR	10b.1 (2)
Durchleitungsrecht	GewStH	8.1 (5)
Durchschnittlicher Auszahlungsbetrag	LStH	3b
Durchschnittlicher Steuersatz	EStR	34.5
Durchschnittsbewertung, von Vieh	EStR	13.3
	EStH	13.3
– von Vorratsvermögen	EStR	6.8
Durchschnittssatz, Gewinnermittlung	EStR	4.5, 6c, 7.3
	EStH	6.6, 6b.2, 7.4
Durchschnittswert	LStH	8.1 (1-4)
DV-gestütztes Buchführungssystem	AEAO	zu § 146 (Nr. 3), zu § 147 (Nr. 2)
EDV-Berater	EStH	15.6
EDV-Buchführung, Aufbewahrung von Unterlagen	AEAO	zu § 147 (Nr. 2)
– Ordnungsvorschrift, Überprüfbarkeit	AEAO	zu § 146 (Nr. 3)
Ehe, Aufhebung oder Scheidung der Ehegatten	EStH	26, 32a
– eheliches Güterrecht	EStH	4.8 (4)
– Nichtigkeit	EStH	26, 32a
Ehegatte, ausländischer	EStH	26
– außergewöhnliche Belastung	EStH	25
– Bekanntgabe einer Prüfungsanordnung	AEAO	zu § 197 (Nr. 2)
– Dienstverhältnis	LStH	19.0
– doppelte Haushaltsführung	LStR	9.11 (2, 3)
	LStH	9.11 (1-4)
– Einkommensteuerermittlung	EStH	32a
– Erstattungsanspruch bei Zusammenveranlagung	AEAO	zu § 37 (Nr. 2)
– Freibetrag	LStR	39a.3
– gegenseitige Zurechnung des groben Verschuldens am nachträglichen Bekanntwerden von Tatsachen und Beweismitteln	AEAO	zu § 173 (Nr. 4)
– Hinzuziehung im Einspruchsverfahren bei Zusammenveranlagung	AEAO	zu § 360 (Nr. 3)
– im Ausland	EStH	26
– Miteigentum	EStH	7.4
– örtliche Zuständigkeit bei mehrfachem Wohnsitz	AEAO	zu § 19 (Nr. 1)
– ohne Einkünfte	EStH	26
– Sonderausgabe	EStH	10.1, 10.2
– Steuerklassenwechsel	LStR	39.2 (2)
– Tod	EStH	26
– Umzugskosten	LStH	9.9
– Unterhaltspflichtverletzung	EStH	74
– Unterhaltsvertrag zwischen geschiedenen -	EStR	10.2
	EStH	10.2, 21.4, 22.4
– Unterschrift bei Abtretungsanzeigen	AEAO	zu § 46 (Nr. 5)
– Verfahren bei der Einzelveranlagung	EStR	25
– Verlustausgleich und Verlustabzug	EStR	2 (2), 10d
	EStH	10d
– Vertrag	EStR	4.8, 6a (10)
	EStH	4.8, 6a (10)

Stichwortverzeichnis

– zu versteuerndes Einkommen, bei getrennt veranlagten - .... EStH 2
– – bei zusammenveranlagten - .... EStH 2
Ehegattensplitting, bei fiktiver unbeschränkter Steuerpflicht .... EStH 1a
Ehegesetz .... EStH 26
Ehrenamtliche Tätigkeit, Freibetrag .... LStR 3.26
LStH 3.26, 3.26a
– in Gewerkschaft und Berufsverband .... LStR 9.3
LStH 9.3
– in kommunaler Verwaltung .... LStR 3.12
LStH 3.12
– zur Förderung steuerbegünstigter Zwecke .... EStR 3.26a
EStH 3.26a
Ehrensold, als Versorgungsbezug .... LStR 19.8
Eidesverweigerungsrecht, s. *Auskunftsverweigerungsrecht*
Eigenaufwand, für ein fremdes Wirtschaftsgut .... EStH 4.7, 6b.2
Eigener Anteil .... EStH 17 (2)
Eigener Wohnzweck .... EStH 23
Eigengesellschaft, öffentliche Hand .... GewStH 2.1 (6), 3.6 (4), 8.1 (6)
Eigenheimzulage, *s. a. Zulage*
– Anwendung der AO .... AEAO zu § 1 (Nr. 2)
– Aussetzung der Vollziehung .... AEAO zu § 361 (Nr. 4.7)
– Festsetzungsverfahren ..... AEAO zu § 155 (Nr. 5)
– Stundungszinsen bei Rückforderung .... AEAO zu § 234 (Nr. 12)
Eigenkapitalvermittlungsprovision, bei geschlossenem Immobilienfonds .... EStH 4.7, 6.4, 21.2
Eigenprovision .... EStH 4.7, 22.6
Eigentümergemeinschaft .... EStH 15.7 (3, 4)
Eigentum, wirtschaftliches ... EStR 6b.1 (2)
Eigentumswohnung, AfA ..... EStH 7.3
Ein-Objekt-Gesellschaft, gewerblicher Grundstückshandel .... ESt-Erl 36

Einbauküche .... EStH 6.4, 21.2
Einbaumöbel .... EStH 6.4
Einbauten, als Herstellungskosten eines Gebäudes ..... EStR 7.1
EStH 5.5, 6.4, 7.1
Einbehaltungspflicht, des Arbeitgebers .... LStR 38.3
– des Dritten .... LStR 38.5
Einbringung .... EStR 18.3 (2)
EStH 17 (2), 18.3, 20.1
– in ein Gesamthandsvermögen .... EStH 23
– von Miteigentumsanteil ... EStH 21.6
Einbringungsgeborener Anteil .... EStH 17 (2)
Einbringungsgewinn .... EStH 16 (7), 18.3
GewStH 7.1 (1)
Einbürgerungskosten .... EStH 12.1
LStH 9.1
Einfriedung, bei Gebäuden... EStH 6.4, 7.1
Eingetragene Lebenspartnerschaft .... EStR 21.4
EStH 33a.1
Eingliederung, finanzielle, s. *Organschaft*
Eingliederungsdarlehen ...... EStR 3
Eingliederungshilfe .... EStH 32.9
Eingriff, behördlicher .... EStR 6.6, 6b.1 (2), 6b.3 (4), 14
EStH 6.6
Einheitlicher Gewerbebetrieb, einer Kapitalgesellschaft .... GewStR 2.4 (4)
– einer Personengesellschaft. GewStR 2.4 (3)
– mehrerer wirtschaftlicher Geschäftsbetriebe .... GewStR 2.4 (4)
GewStH 2.1 (5)
Einheits-GmbH & Co. KG ..... EStH 15.8 (6)
Einheitsbewertung, von Grundstücken ohne Bindung für die ESt .... EStR 4.2 (13)
Einheitstheorie .... EStH 16 (7)
Einheitswert, Bescheid .... GewStR 9.1 (3)
Einkaufswert .... EStH 15.5
Einkaufszentrum .... EStH 15.7 (2)
Einkommen, Begriff .... EStR 2, 34.1 (1)
– Ermittlung .... KStR 7.1
– Grundlage der Besteuerung KStR 7.1
– zu versteuerndes .... EStR 2
LStH 2

2367

Stichwortverzeichnis

Einkommensermittlung, Anwendung einkommensteuerrechtlicher Vorschriften.. KStR 8.1
- bei Betrieben gewerblicher Art............ KStR 8.2
- Freibeträge nach dem EStG KStR 8.1 (2, 3)
- Gewinnermittlung bei Körperschaften, die Land- und Forstwirtschaft betreiben.. KStR 8.3
- Mitgliedsbeitrag............ KStR 8.11-8.13
- Rückstellungen für Pensionszusagen an Gesellschafter-Geschäftsführer von Kapitalgesellschaften....... KStR 8.7
- Tantieme.................... KStH 8.8
- verdeckte Einlage........... KStR 8.9
- verdeckte Gewinnausschüttung.................. KStR 8.5

Einkommensteuer, Änderung wegen neuer Tatsachen, Zusammenhang zwischen steuererhöhenden und steuermindernden neuen Tatsachen................... AEAO zu § 173 (Nr. 5)
- Bemessungsgrundlage für die tarifliche -.............. EStR 2 (2)
- festzusetzende............. EStR 2 (2)
- tarifliche.................. EStR 2 (2)

Einkommensteuerrechtliche Vorschrift, Anwendung bei der KSt....................... KStR 8.1

Einkommensteuertarif........ EStH 32a

Einkommensteuerveranlagung, von Arbeitnehmern.. LStH 46

Einkünfte, Aufteilung......... EStR 33a.3
EStH 32.10
- aus außerordentlicher Holznutzung................ EStR 34b.2
- aus Gewerbebetrieb........ EStR 15.1, 17, 49.1
EStH 15.1, 15.8 (3), 15.10, 17, 34d, 49.1
–– Steuerermäßigung........ ESt-Erl 50
- aus Kapitalvermögen....... EStR 20.1, 20.2
EStH 20.1, 20.2
- aus Land- und Forstwirtschaft....................... EStR 13.1, 24a
EStH 13.1-13.5
- aus selbständiger Arbeit ... EStR 18.1, 18.3
EStH 15.6, 18, 49.1

- aus Vermietung und Verpachtung.................... EStR 21.1-21.6
EStH 21.1, 21.2, 21.4, 21.5, 21.7
- beschränkt steuerpflichtige EStR 49.1, 49.3
- des Kindes.................. EStR 32.10
EStH 32.10
- Freibetrag wegen negativer LStR 39a.2
- Gesamtbetrag............... EStR 2
- im Kalenderjahr als Bemessungsgrundlage............. EStH 2
- nachträgliche............... EStR 24.2 (1)
EStH 24.2, 34d, 49.1
- negative ausländische...... EStR 2a, 34c
EStH 2a
- sonstige..................... EStR 22.1, 22.2, 22.4-22.7
EStH 22.1, 22.2, 22.6, 22.7, 23
- steuerbegünstigte außerordentliche .... EStR 34.1, 34.2, 34.4, 34b.4
EStH 34.1
- Steuerermäßigung bei ausländischen -............... EStR 34c
EStH 34c
- Summe..................... EStR 2
- und Bezüge von Kindern ... EStR 32.10
EStH 32.10
- Zusammenballung.......... EStH 34.3

Einkünfteermittlung.......... EStH 1a

Einkünfteerzielungsabsicht .. EStH 15.8 (6), 21.2, 24.1
LStH 19.0

Einkunftsart .... EStR 2
EStH 2a

Einkunftsquelle, Umfang der einheitlichen Feststellung.. AEAO zu § 180 (Nr. 1)

Einlage, AfA eines Wirtschaftsguts.................. EStR 7.3 (6), 7.4 (11)
EStH 7.3
- Begriff .... EStR 4.3 (1)
- Bewertung.................. EStR 6.12, 7.3 (6)

Stichwortverzeichnis

- einer wertgeminderten Beteiligung .... EStH 6.7, 17 (8)
- negative Tilgungsbestimmung .... EStH 15a
- verdeckte .... EStH 4.3 (1), 6.12, 17 (5)
  KStR 8.9
- von Anteilen an Kapitalgesellschaften .... EStH 6.12
- von Grund und Boden ...... EStH 4.2 (8)
- von immateriellem Wirtschaftsgut .... EStR 5.5 (2)
- von Wirtschaftsgütern als gewillkürtes Betriebsvermögen .... EStH 4.2 (1)
- zum Ausgleich des negativen Kapitalkontos .... EStH 15a

Einlagekonto, steuerliches ... KSt-Erl 32

Einlageminderung, Verlustverrechnung .... EStH 15a
- Zusammentreffen mit Haftungsminderung .... EStR 15a (1)

Einlagenrückgewähr .... EStH 6.2, 20.2

Einmann-GmbH & Co. KG, Überführung oder Übertragung von Einzelwirtschaftsgütern .... EStH 6.15

Einnahme, aus Kapitalvermögen .... EStR 20.2, 36
  EStR 20.2, 32.10
- aus Vermietung und Verpachtung .... EStR 21.2
  EStR 21.2
- Rückzahlung .... LStH 11
- Umsatzsteuer .... EStH 9b
- Zufluss .... LStH 38.2
  LStH 38.2
- Zuschuss als - aus Vermietung und Verpachtung ..... EStR 21.5
  EStR 21.5
- (keine) steuerfreie .... EStH 3c
- – Zusammenhang mit - .... EStH 3c

Einnahmenüberschussrechnung .... EStR 4.2 (1, 9), 4.5, 4.6, 6c, 13.5
  EStH 4.4, 4.5, 6.6

Einnehmer einer staatlichen Lotterie .... GewStH 3.1

Einrichtungsgegenstand, als GWG .... EStH 6.13
- bei Einnahmenüberschussrechnung .... EStR 4.5 (3)

Einsatzwechseltätigkeit ...... EStR 4.12 (1)

Einspruch, Abgrenzung .... AEAO vor § 347
- Adressat .... AEAO zu § 357
- Anfechtungsbeschränkung AEAO zu § 351 (Nr. 1)
- bei Änderung eines unanfechtbaren Verwaltungsakts .... AEAO zu § 351 (Nr. 1)
- bei Zulagen und Prämien .. AEAO zu § 347 (Nr. 6)
- Einlegung .... AEAO zu § 357
- Entscheidung .... AEAO zu § 367
- Erweiterung des Antrags ... AEAO zu § 367 (Nr. 3)
- gegen Folgebescheid .... AEAO zu § 351 (Nr. 4)
- gegen Nebenbestimmung . AEAO zu § 347 (Nr. 3)
- gegen Verwaltungsakte .... AEAO zu § 347 (Nr. 1)
- Rücknahme .... AEAO zu § 362
- – Änderung des angefochtenen Verwaltungsakts ... AEAO zu § 367 (Nr. 2)
- Statthaftigkeit .... AEAO zu § 347
- Steuerberatungsangelegenheit .... AEAO zu § 347 (Nr. 5)
- Verbindung der Steuerfestsetzung mit Billigkeitsmaßnahme .... AEAO zu § 347 (Nr. 4)

Einspruchsbefugnis, des Feststellungsbeteiligten .... AEAO zu § 352 (Nr. 3)
- Empfangsbevollmächtigter AEAO zu § 352 (Nr. 3)
- Geschäftsführer .... AEAO zu § 352 (Nr. 2)

Einspruchsentscheidung, Änderung eines bestätigten oder geänderten Verwaltungsakts .... AEAO zu § 172 (Nr. 4)
- Bekanntgabe .... AEAO zu § 366 (Nr. 1)
- Form und Inhalt .... AEAO zu § 366
- Rechtsbehelfsbelehrung .... AEAO zu § 366 (Nr. 3)
- schlichte Änderung eines Steuerbescheids nach Bekanntgabe .... AEAO zu § 172 (Nr. 5)
- Zustellung .... AEAO zu § 366 (Nr. 2)

Stichwortverzeichnis

Einspruchsfrist, Beginn und
Dauer .... AEAO zu § 355 (Nr. 1)
– bei unterlassener Anhörung eines Beteiligten ...... AEAO zu § 355 (Nr. 2)
– fehlende Begründung des Verwaltungsakts............ AEAO zu § 355 (Nr. 2)
– Wiedereinsetzung in den vorigen Stand .... AEAO zu § 355 (Nr. 2)

Einspruchsführer, Erörterung des Sach- und Rechtsstandes im Einspruchsverfahren AEAO zu § 364a (Nr. 3)

Einspruchsverfahren, Änderung des angefochtenen Verwaltungsakts............ AEAO zu § 365 (Nr. 2)
– Akteneinsicht .... AEAO zu § 364
– Aussetzung.................. AEAO zu § 363
– Bindungswirkung anderer Verwaltungsakte............ AEAO zu § 351
– Einspruchsentscheidung, Form und Inhalt............. AEAO zu § 366
– Erörterung des Sach- und Rechtsstandes............... AEAO zu § 364a
– Fristsetzung................ AEAO zu § 364b
– Hinzuziehung Dritter....... AEAO zu § 360
– Mitteilung der Besteuerungsunterlagen............ AEAO zu § 364
– Ruhen....................... AEAO zu § 363
– Teilabhilfe .... AEAO zu § 365 (Nr. 2)
– Verfahrensvorschrift........ AEAO zu § 365
– Vorbehalt der Nachprüfung AEAO zu § 367 (Nr. 5)

Einstandspflicht............. EStH 6a (1)
Einstellung, des Betriebs ..... GewStH 2.6 (1)
– des Gewerbebetriebs....... EStH 16 (3)
Einweisung, in die Aufgaben des künftigen Betriebsinhabers .... EStH 32.5
Einzelbekanntgabe, bei einheitlicher Feststellung...... AEAO zu § 183 (Nr. 2)
Einzelbewertung .... EStR 6.8 (3)
Einzelforderung, Stundungszinsen....................... AEAO zu § 234 (Nr. 7)
Einzelgewerbetreibender, Beginn der Steuerpflicht ...... GewStR 2.5 (1)
GewStR 2.5 (1)
– Erlöschen der Steuerpflicht GewStR 2.6 (1)
GewStR 2.6 (1)

Einzelhändler, Aufzeichnung der Kasseneinnahmen...... EStR 5.2
– Kreditgeschäft .... EStR 5.2
Einzelnes Wirtschaftsgut, Überführung oder Übertragung .... EStR 6.15
EStH 6.15
ESt-Erl 25, 26
Einzelunternehmen, nicht entnommener Gewinn, Tarifbegünstigung............. ESt-Erl 48
Einzelveranlagung, von Ehegatten....................... EStR 25, 26 (3), 26a
EStH 26, 33.1-33.4
Einziehung.................... EStH 17 (2)
Einzugsermächtigung, Verzögerungen bei der Einziehung .... AEAO zu § 224 (Nr. 1)
Elektro-, Hybridelektro- und Brennstoffzellenfahrzeug, private Fahrzeugnutzung .. EStH 4.3 (2-4), 6.12
Elektrofahrrad................ LStH 8.1 (1-4)
Elektrofahrzeug .... LStH 8.1 (9-10)
Elektromobilität, BMF-Schreiben zur steuerlichen Förderung von Elektromobilität im Straßenverkehr ...... LStH 3.46, 40.2
Elektronische Abgabe, der Lohnsteuer-Anmeldung .... LStH 41a.1
Elektronische Übermittlung, der Lohnsteuer-Bescheinigung .... LStR 41b
LStH 41b
Elektronisches Lohnsteuerabzugsmerkmal............. LStH 39.1, 52b
– s. a. ELStAM
Elf-Jahres-Zeitraum .... EStR 15a (3)
ELStAM....................... LStH 39.1, 52b
– s. a. Elektronisches Lohnsteuerabzugsmerkmal
Eltern-Kind-Arbeitsverhältnis LStH 19.0
Eltern-Kind-Verhältnis .... EStH 33.1-33.4
Elterngeld..................... EStH 33a.1
Elternleistung, an gemeinnützigen Schulverein und entsprechenden Förderverein............................ EStH 10b.1
Elternzeitverordnung .... LStR 41.2
Emeritenbezug, entpflichteter Hochschullehrer......... LStH 19.8

Stichwortverzeichnis

Emissionsberechtigung, nach dem Treibhausgas-Emissionshandelsgesetz	EStH	5.5
Emissionsdisagio/Emissionsdiskont, festverzinsliches Wertpapier	EStH	20.2
Empfängernachweis, Benennung von Gläubigern und Zahlungsempfängern	AEAO	zu § 160 (Nr. 3)
Empfangsbevollmächtigter, Einspruchsbefugnis	AEAO	zu § 352
Empfangsvollmacht, Erteilung	AEAO	zu § 123
Endpreis bei Sachbezug	LStR	8.1, 8.2
	LStH	8.1, 8.2
Energieerzeugung.............	EStR	15.5
Enteignung	EStR	6.6 (2), 34b.1 (1)
	EStH	6.6 (1, 2), 22.6, 23
Entfernungspauschale........	EStR	4.12 (1), 10.5 (2)
	LStR	9.10
	LStH	9.10
Entgelt, für die Inanspruchnahme eines Grundstücks bei baulichen Maßnahmen auf dem Nachbargrundstück	EStH	22.6
– für Schulden, Hinzurechnung	GewStR	8.1 (1)
	GewStH	8.1 (1)
– für Verzicht auf Nachbarschaftsrechte bei Veräußerung eines Grundstücks	EStH	22.6
Entgeltumwandlung..........	EStR	6a (12a)
– s. a. *Gehaltsumwandlung*		
Entlassungsentschädigung...	EStH	10.11, 34.3
Entlassungsgeld, nach dem Wehrsoldgesetz.............	EStH	3
Entlastung, von deutschen Abzugsteuern auf Grund von DBA	EStH	50d
Entlastungsbetrag	LStH	39a.1
– für Alleinerziehende	EStR	2, 10d (1)
	EStH	24b, 32.13
Entleiher, Arbeitgeber	LStR	19.1, 38.3 (5)
– Haftung	LStH	42d.2
Entlohnung, für mehrjährige Tätigkeit	EStH	34.4

Entnahme, AfA	EStR	7.3 (6), 7.4 (11)
	EStH	7.3
– – degressive, bei Gebäuden	EStR	7.4 (11)
	EStH	7.4
– Begriff	EStR	4.3 (2)
– bei Erbauseinandersetzung	EStH	4.3 (2-4)
– bei Personengesellschaft ...	EStR	4.3 (2-4)
– bei privater Kraftfahrzeugnutzung.....................	EStH	4.3 (2-4), 6.12
– Bewertung...................	EStR	6.12, 7.3
– durch Wegfall der Nutzungswertbesteuerung.....	EStH	4.3 (2-4)
– einer Beteiligung............	EStH	16 (3)
– Ersatzbeschaffungsrücklage	EStH	6.6
– Finanzierung	EStH	4.2 (15)
– unterlassene Erfassung.....	EStH	4.4
– von Grund und Boden für selbstgenutzte Wohnung oder Altenteilerwohnung ..	EStR	13.5 (3)
– von Grundstück durch Nutzungsänderung	EStH	4.3 (2-4)
– von landwirtschaftlich genutztem Grundstück	EStH	4.3 (2-4)
– von landwirtschaftlichem Grund und Boden..........	EStR	13.5 (4)
	EStH	4.3 (2-4)
– von Wirtschaftsgut durch Wechsel der Gewinnermittlung	EStR	4.5 (6)
Entnahmegegenstand	EStR	4.3 (4)
Entnahmehandlung..........	EStR	4.3 (3)
	EStH	4.3 (2-4)
Entrichtungspflicht, schriftliches Zahlungsanerkenntnis	AEAO	zu § 167 (Nr. 3)
Entrichtungsschuldner, als Steuerpflichtiger	AEAO	zu § 33
Entschädigung, auf Grund einer Vergleichsvereinbarung	EStH	24.1
– Besteuerung bestimmter -.	EStR	24.1, 34.3
	EStH	24.1
– Fünftelungsregelung	LStH	34, 39b.6
– für Aufgabe der Geschäftsführertätigkeit	EStH	24.1
– für Aufgabe eines Betriebs .	EStR	14
– für ausgeschiedenes oder beschädigtes Wirtschaftsgut	EStH	6.6
– für den Verlust von Hausrat oder Kleidung	EStR	33.2
– für Leistung einer Betriebsunterbrechungsversicherung	EStH	6.6 (1)

2371

Stichwortverzeichnis

– rechtswidrige Mehrarbeit..	LStH	19.3
– tarifbegünstigte	EStR	34.1, 34.3
	EStH	34.1, 34.3
Entschädigungsrente, nach dem LAG	EStH	3
Entstehung, Beginn der Festsetzungsfrist	AEAO	zu § 170 (Nr. 1)
Entstehung der KSt	KStR	30
Entstrickung	EStR	4.3 (2-4), 6.12 (2)
Enttrümmerungsmaterial, Wert als Herstellungskosten	EStH	6.4
Entwicklungshelfer	EStH	32.6, 32.11
ERA-Anpassungsfonds, in der Metall- und Elektroindustrie	EStH	5.7 (1)
Erbauseinandersetzung.......	EStH	4.3 (2-4), 16 (4, 6), 23
Erbbaurecht.....................	GewStH	9.1
– Anschaffungskosten........	EStH	6.2, 6.4, 21.2
– bei Betriebsaufspaltung,,,,,	FStH	15.7 (4, 5)
– errichtetes Gebäude........	EStR	4.2 (14)
	EStH	4.3 (2-4), 5.5, 5.6, 6.2, 7a
– gewerblicher Grundstückshandel	EStH	16 (2)
– Grundstück.................	GrESt-Erl	3
Erbbauzins.....................	GewStH	8.1 (1 f.)
Erbe, einer freiberuflich tätig gewesenen Person..........	EStH	15.6
– und Hinterbliebener, Zahlung von Arbeitslohn	LStR	19.9
	LStH	19.9
– Unterhaltsleistung..........	EStH	10.2
Erbengemeinschaft	EStH	15.8 (1, 5)
	ESt-Erl	29
– Einspruchsbefugnis.........	AEAO	zu § 352 (Nr. 3)
Erbensucher	EStH	15.6
Erbersatzsteuer.................	KStH	10.1
Erbfall, Verpachtung...........	EStH	15.6
– Wirksamwerden der Veräußerung	EStH	16 (13)
Erbfolge, Regelung	EStH	4.8
– Veräußerungsfreibetrag....	EStH	16 (14)
Erbschaft, als Betriebseinnahme..................	EStH	4.7
– unentgeltlicher Erwerb.....	EStH	23
Erbschaftsteuer, Versicherung........................	EStH	10.5
Erbstreitigkeit	EStH	12.1
Erdgasversorgung	EStH	6.4
Erfinder, estl. Behandlung....	EStR	18.1 (1)
	EStH	15.3
Erfindertätigkeit, nachhaltige	EStH	15.2, 18.1
Erfindung	EStR	18.1
	EStH	5.5, 5.7
Erforderlichkeit, Ermessensausübung...................	AEAO	zu § 5
Erfüllungsrückstand	EStR	5.7 (7-10)
	EStH	5.7 (8)
Erfüllungsübernahme.........	EStH	4f, 5.8, 6a (1)
– bilanzieller Ansatz	ESt-Erl	27
Ergänzungsbeitrag, für Abwasserbeseitigung..........	EStH	6.4
Ergänzungsbescheid, bei lückenhaftem Feststellungsbescheid	AEAO	zu § 179 (Nr. 2)
Ergänzungsbllanz, Abschreibung von Mehrwerten	EStH	7.4
– bei Bilanzänderung	EStR	4.4
Ergänzungspfleger	EStR	4.8
	EStH	33.1-33.4
Ergänzungsrechnung	EStH	4.5 (1)
Ergebnisabführung	EStR	10d (1)
Erhaltungsaufwand, bei Gebäuden.......................	EStR	21.1
	EStH	6.4, 21.1
– nach Beendigung der Vermietung	EStH	21.2
– Sonderbehandlung, bei Baudenkmalen..............	EStR	11b
– – in Sanierungsgebieten u. ä........................	EStH	7h, 11a, 11b
– Verteilung bei Gebäuden...	EStR	11a, 11b
	EStH	11a, 11b, 21.1
– Zuschuss zur Finanzierung .	EStR	21.5
Erhebung, Zeitraum...........	GewStR	14.1
Erhebung der KSt.............	KStH	31.1
Erhöhung der KSt, s. Änderung, der KSt		
Erholungsbeihilfe, als steuerfreie Unterstützung.........	LStH	3.11
– Pauschsteuersatz	LStH	40.2 (3)

Stichwortverzeichnis

Erholungsheim, Unterbringung des Arbeitnehmers auf Kosten des Arbeitgebers .... LStH 8.1 (5-6)
Erlass, der Gewerbesteuer .... GewStR 1.6
– einer Schadensersatzforderung .... LStH 19.3, 38.2
– Vollverzinsung, von Nachzahlungszinsen bei freiwilligen Zahlungen .... AEAO zu § 233a (Nr. 70)
Erlösbeteiligung .... EStH 18.1
Erlöschen der Gewerbesteuerpflicht .... GewStR 2.6
– bei Eintritt einer Gewerbesteuerbefreiung .... GewStR 2.6 (1)
Erlöschen einer Steuerbefreiung .... KStR 13.2
Ermäßigung, Verfahren .... LStR 39a.1 ff.
  LStH 39a.1 ff.
Ermittlung, Art und Umfang, Finanzbehörde .... AEAO zu § 88
– der eigenen Einkünfte und Bezüge .... EStR 32.10, 33a.1
  EStH 32.10, 33a.1
– der Summe der Einkünfte .. EStH 46.2
– des Veräußerungsgewinns/-verlusts .... EStR 17 (7), 18.3
  EStH 16 (4), 17 (7)
Ermittlungspflicht, Änderung eines Steuerbescheids wegen steuererhöhender neuer Tatsachen .... AEAO zu § 173 (Nr. 3)
Ernstlicher Zweifel, Aussetzung der Vollziehung .... AEAO zu § 361 (Nr. 2.1, 2.5)
Eröffnungsbilanz .... EStR 4.5, 5.2, 5.4, 18.3
Erpressungsgeld .... EStH 33.1-33.4
Ersatz, von dritter Seite .... EStH 33.1-33.4
Ersatzanspruch .... EStR 33.2
Ersatzflächenpool .... EStH 13.5
Ersatzleistung, einer Versicherung, Anrechnung auf außergewöhnliche Belastungen .... EStH 33.1-33.4

Ersatzwirtschaftsgut, Übertragung einer Rücklage ..... EStR 6.6, 6b.3 (4)
  EStH 6.6 (1)
Ersatzzuständigkeit, örtliche . AEAO zu § 24
Erschließungskosten .... EStH 5.6, 6.4, 21.2
Ersetzung, im Einspruchsverfahren .... AEAO zu § 365 (Nr. 2)
Erstattung, Ablaufhemmung bei rechtsgrundlos geleisteten Zahlungen .... AEAO zu § 171 (Nr. 7)
– Anrechnung der Entfernungspauschale .... LStH 9.10
– Vergütungsanspruch, Abtretung, Verpfändung, Pfändung .... AEAO zu § 46
– von als Betriebsausgaben abgesetzten Steuern .... EStR 4.9
– von Kapitalertragsteuer .... EStR 44b.1
  EStH 36
– von Lohnsteuer .... LStH 41c.1
– von Reisekosten .... LStH 9.4, 9.11 (5-10)
Erstattungsüberhang .... EStR 2 (1)
  EStH 10.1
Erstattungszinsen, bei Teilzahlungen, Vollverzinsung . AEAO zu § 233a (Nr. 23, 24)
– nach § 233a AO .... EStH 20.2, 34.4
– Prozesszinsen .... AEAO zu § 236
Erstaufforstung .... EStR 4.5 (3), 14, 34b.2
Erste Tätigkeitsstätte .... LStH 9.4
Erstjahr .... EStH 5a
Erstmalige Berufsausbildung, Erststudium .... EStH 32.10
Erststudium .... LStR 9.2
Ertragsanteil, von Renten ..... EStR 22.4
  EStH 22.4, 33a.1
Erweiterung, von Gebäuden . EStR 6b.1
Erwerb, Abgrenzung entgeltlicher und unentgeltlicher .. EStR 7.3
  EStH 17 (3)
– eines unfertigen Gebäudes EStH 7.3
– entgeltlicher, eines immateriellen Wirtschaftsguts ... EStR 5.5 (2), 7.3 (1)
  EStH 5.5
– mit betrieblichen Mitteln .. EStH 4.2 (1)
– unentgeltlicher .... EStR 5.5, 7.3
  EStH 23

2373

Stichwortverzeichnis

**Erwerbs- und Wirtschafts-
genossenschaft,** Steuerbe-
freiung .... GewStH 3.8
– und Verein im Bereich der
Land- und Forstwirtschaft,
Allgemeines .... KStR 5.14-5.16
– – andere Erwerbs- und
Wirtschaftsgenossen-
schaft .... KStR 5.15
– – Anschlussgenossenschaft KStR 5.11 (10)
– – Beteiligungen an anderen
Unternehmen .... KStR 5.11 (5)
– – Genossenschaftszentrale. KStH 5.11
– – Geschäftsart .... KStR 5.11 (6)
– – Gewinnermittlung .... KStR 8.3
– – Herstellung und Vertrieb
von Sekt .... KStR 5.13
– – Hilfsgeschäft .... KStR 5.11 (6)
            KStH 5.11
– – Lieferungsgenossenschaft KStR 5.11 (10)
– – Milchleistungsprüfung ... KStR 5.11 (3)
– – Milchqualitätsprüfung ... KStR 5.11 (3)
– – Mitgliedergeschäft .... KStR 5.11 (6)
– – Molkereigenossenschaft . KStR 5.12
– – Nebengeschäft .... KStR 5.11 (6)
            KStH 5.11
– – Nichtmitgliedergeschäft . KStR 5.11 (6)
– – Pfropfrebengenossen-
schaft .... KStR 5.14
– – Tierbesamungsstation.... KStR 5.11 (3)
– – Verein im Bereich der
Land- und Forstwirtschaft KStR 5.16
– – wechselseitige Hilfen ..... KStR 5.11 (9)
– – Winzergenossenschaft ... KStR 5.13
– – Zweckgeschäft .... KStR 5.11 (6)
Erwerbsfähigkeit, Rente we-
gen verminderter - .... EStR 22.4 (5)
Erzeugnis, Bewertung halb-
fertiges und fertiges .... EStR 6.8
Erzieher .... EStH 3, 15.6
– Einkunftsart .... LStR 19.2
– Steuerfreiheit der Einnah-
men .... LStR 3.26
Erziehungsbeihilfe .... EStH 3.11
Erziehungsgeld .... EStH 33a.1
Erziehungsurlaub .... LStH 9.1, 9.2
Essenmarke, Bewertung ...... LStR 8.1 (7)
           LStH 8.1 (7)
– Pauschalversteuerung ...... LStR 40.2 (1)
EU-Geldbuße .... EStH 4.13
EU-Mitgliedstaat .... EStH 3.6
– Bezug .... LStH 3.6
– juristische Personen .... LStH 3.26
EU-Tagegeld .... EStH 32b
           LStH 3.64, 39b.10
Europaabgeordnetengesetz.. EStR 22.7

**Europäische wirtschaftliche
Interessenvereinigung
(EWIV)** .... EStH 15.8 (1)
           GewStR 5.2
**Europäischer Vereinswett-
bewerb,** in Mannschafts-
sportart .... EStH 50
**Europäischer Wirtschafts-
raum** .... EStH 1a, 63
**Existentiell notwendiger Ge-
genstand** .... EStR 33.2
Existenzgründerzuschuss ..... EStH 3.2

Fabrikationsgrundstück ...... EStH 15.7 (5)
Fabrikationsverfahren .... EStH 5.5
Facharztausbildung .... EStH 4.8
Fachbuch .... LStH 9.12
Fachkongress .... LStH 9.2, 19.7
Fachkrankenpfleger, für
Krankenhaushygiene .... EStH 15.6
Fachschulbesuch, im Rahmen
einer Erwerbstätigkeit ...... EStH 32.5
Fachtagung .... EStH 4.7
Fachverband, s. Berufsstand/
-verband
Fachzeitschrift .... LStH 9.12
Factoring, Unternehmen ..... GewStH 8.8
Fälligkeit, Aussetzungszinsen
bei hinausgeschobener - ... AEAO zu § 237 (Nr. 5)
– Beginn der Aussetzung der
Vollziehung .... AEAO zu § 361 (Nr. 8.1)
– nicht zustimmungspflichti-
ge Steueranmeldung .... AEAO zu § 168 (Nr. 1)
– zustimmungspflichtige
Steueranmeldung .... AEAO zu § 220
Fälligkeitssteuer, Erhebung
von Säumniszuschlägen.... AEAO zu § 240 (Nr. 1)
Fälligkeitsverschiebung .... LStH 38.2
Fahrausweis, Job-Ticket ...... LStR 8.1 (3)
           LStH 8.1 (1-4)
Fahrergestellung, als Arbeits-
lohn .... LStH 8.1 (9-10)
Fahrgeldzuschuss, s. Fahrtkos-
tenzuschuss
Fahrgemeinschaft .... LStH 9.10
Fahrlehrer .... EStH 15.1
           LStH 19.0
– Erleichterung Fahrtenbuch. LStH 8.1 (9-10)
Fahrrad .... EStH 8.1 (1-4)
Fahrschule .... EStH 15.6, 16 (3)
Fahrstuhlanlage, AfA .... EStH 7.1

Fahrt, zwischen Wohnung und erster Tätigkeitsstätte,		
Allgemeines	LStR	9.10
– – bei Behinderten	LStR	9.10 (3)
	LStH	9.10
– – erhebliche Verkürzung ...	LStH	9.9
– – Job-Ticket	LStR	8.1 (3)
	LStH	8.1 (1-4)
– – mit einem zur Nutzung überlassenen Kfz	LStR	8.1 (9-10), 9.10 (2)
	LStH	8.1 (9-10)
– – Sammelbeförderung des Arbeitnehmers	LStR	3.32
– – Unfallkosten	LStH	9.10
– – verschiedene Verkehrsmittel	LStH	9.10
Fahrt/Weg, zwischen Wohnung und Arbeits-, Betriebs-, Tätigkeitsstätte	EStR	4.12, 21.2 (4)
	EStH	4.12
– zwischen Wohnung und Ausbildungsstätte	EStH	32.10
Fahrtenbuch, Führung	LStR	8.1 (9 Nr. 2)
– ordnungsgemäßes	LStH	8.1 (9-10)
Fahrtkosten, s. a. Fahrtkostenzuschuss		
– als außergewöhnliche Belastung	EStH	33.1-33.4
– als Reisekosten	LStR	9.5
	LStH	9.5
– bei Antritt einer Auswärtstätigkeit von der ersten Tätigkeitsstätte	LStH	9.10
– bei Behinderten	LStR	9.10 (3)
– bei einfacher Fahrt	LStH	9.10
– bei Fortbildungsveranstaltungen	LStH	9.10
– bei mehreren ersten Tätigkeitsstätten	LStH	9.10
– Erstattung durch Arbeitgeber	LStR	9.5 (2)
	LStH	9.5
– Pauschalierung der Lohnsteuer bei steuerpflichtigen	LStR	40.2 (6)
Fahrtkostenzuschuss, als zusätzlich erbrachte Leistung	LStR	3.33 (5)
	LStH	3.33
– pauschal besteuerter	LStR	40.2 (6)
	LStH	40.2
Fahrtreppe	EStH	4.2 (5)
Faktische Beherrschung	EStH	15.7 (6)
Fall von geringer Bedeutung, örtliche Zuständigkeit	AEAO	zu § 18 (Nr. 5)
Falschbuchung	EStR	4.11 (1)
	EStH	5.2
Familien-GmbH	EStH	15.8 (3)
Familien-KG	EStH	15.9 (2)
Familienähnliches Band	EStH	32.2
Familienangehöriger, als Mitunternehmer	EStR	15.9 (1)
	EStH	13.4, 15.9 (1, 4)
– als stiller Gesellschafter	EStR	15.9 (5)
– Beteiligung	EStH	15.9 (3)
Familiengericht, Begründung der Annahme als Kind	EStH	32.1
Familiengerichtliche Genehmigung, bei stiller Gesellschaft	EStH	15.9 (4)
– Pfleger, minderjähriges Kind	EStH	15.9 (2)
Familiengesellschaft	EStR	15.9
	EStH	13.4, 15.8 (1)
Familienheimfahrt	LStH	9.11 (5-10)
– s. a. Doppelte Haushaltsführung		
– Allgemeines	EStR	4.12 (3)
	EStH	4.12
– verheirateter Wehrpflichtiger	EStH	33.1-33.4
Familienkasse, Auskunfts- und Beratungspflicht	EStH	67
Familienleistungsausgleich ..	EStR	31
	EStH	31
Familienpersonengesellschaft	EStH	15.9 (1)
Familienstand	LStH	38b
Familienstiftung	KStR	1.2
Fassade	EStR	4.2 (3)
Fehlerhafte Gesellschaft	EStH	15.8 (1)
Fehlgeldentschädigung	LStR	19.3 (1)
Fehlgeschlagene Gründung, Kapitalgesellschaft	EStH	17 (7)
Fehlmaßnahme, wirtschaftliche	EStR	6.6 (2)
	EStH	6.7
Feier, mit beruflicher und privater Veranlassung	EStH	12.1
Feiertagsarbeit, Zuschlag	LStR	3b
	LStH	3b
Feldinventar	EStR	14
	EStH	14

2375

Stichwortverzeichnis

Ferienhaus/-wohnung, als notwendiges Betriebsvermögen ...... EStH 4.2 (7)
- Überlassung an Arbeitnehmer ...... EStH 4.10 (10-11)
- Vermietung ...... EStH 15.3, 15.7, 16, 21.2

Fertigstellung, einer Eigentumswohnung ...... EStH 7.4
- Jahr ...... EStH 7.4
- Zeitpunkt ...... EStR 7.4 (1)

Fertigungsbetrieb ...... EStH 16 (3)

Fertigungskosten, Fertigungsgemeinkosten ...... EStR 6.3

Festlandsockel ...... GewStR 2.8
GewStH 2.8

Festsetzungsfrist, Ablauf, Steuerfestsetzung unter Vorbehalt der Nachprüfung ...... AEAO zu § 164 (Nr. 1)
- Absendung der Steuermessbescheide ...... AEAO zu § 169 (Nr. 1)
- Ende ...... AEAO zu § 171
- gegenüber Arbeitnehmer ...... LStR 41c.3
- Kosten der Vollstreckung ...... AEAO zu § 169 (Nr. 4)
- Verspätungszuschlag ...... AEAO zu § 169 (Nr. 5)
- Wahrung, rechtzeitige Absendung des Steuerbescheids ...... AEAO zu § 169 (Nr. 1)
- Zinsen ...... AEAO zu § 169 (Nr. 4)

Festsetzungsverjährung, Allgemeines ...... AEAO vor §§ 169 bis 171
- Berichtigung (teil-)verjährter Steueransprüche ...... AEAO zu § 177 (Nr. 1)
- Erlass erstmaliger oder korrigierter Bescheide, innerhalb der - ...... AEAO vor §§ 169 bis 171 (Nr. 3)
- – nach Eintritt der - ...... AEAO vor §§ 169 bis 171 (Nr. 4)
- Ermittlungshandlungen nach Eintritt ...... AEAO vor §§ 169 bis 171 (Nr. 5)
- Festsetzung von Steuermessbeträgen ...... AEAO vor §§ 169 bis 171 (Nr. 2)
- gesonderte Feststellung ...... AEAO vor §§ 169 bis 171 (Nr. 2)
- Säumniszuschlag ...... AEAO vor §§ 169 bis 171 (Nr. 2)
- Zinsen ...... AEAO vor §§ 169 bis 171 (Nr. 2)

Feststellung, Ablaufhemmung für Folgebescheid ...... AEAO zu § 171 (Nr. 6)
- anzurechnende Steuerabzugsbeträge und Körperschaftsteuer ...... AEAO zu § 180 (Nr. 6)
- Auseinanderfallen von Wohnsitz und Betriebs- oder Tätigkeitsort ...... AEAO zu § 180 (Nr. 2)
- Aussetzung der Vollziehung, Darstellung der Besteuerungsgrundlagen ...... AEAO zu § 361 (Nr. 5.3)
- – einheitlich und gesondert ...... AEAO zu § 361 (Nr. 5.2)
- Beginn der -frist ...... AEAO zu § 170 (Nr. 2)
- bei Gesamtobjekten ...... AEAO zu § 180 (Nr. 3)
- bei gleichem Sachverhalt ...... AEAO zu § 180 (Nr. 3)
- bei Progressionsvorbehalt ...... AEAO zu § 180 (Nr. 5)
- bei Unterbeteiligung ...... AEAO zu § 179 (Nr. 4-5)
- eines Unterschiedsbetrags ...... EStH 5a
- Einspruchsbefugnis bei der einheitlichen - ...... AEAO zu § 352
- Einzelbekanntgabe ...... AEAO zu § 183 (Nr. 2)
- Empfangsbevollmächtigter ...... AEAO zu § 183
- Ergänzungsbescheid ...... AEAO zu § 179 (Nr. 2)

Stichwortverzeichnis

– Ermittlung des Steuersatzes............................	AEAO	zu § 180 (Nr. 5)
– Fall von geringer Bedeutung...........................	AEAO	zu § 180 (Nr. 4)
– Festsetzung eines Verspätungszuschlags	AEAO	zu § 152 (Nr. 4)
– Festsetzungsverjährung....	AEAO	vor §§ 169 bis 171 (Nr. 2)
– freiberufliche Einkünfte	AEAO	zu § 180 (Nr. 2)
– gemeinsamer Einkünfte....	EStH	26b
– gemeinschaftlich erzielte Einkünfte	AEAO	zu § 180 (Nr. 1)
– gesonderte, unter Vorbehalt der Nachprüfung....	AEAO	zu § 164 (Nr. 2)
– nach Ablauf der Feststellungsfrist	AEAO	zu § 181 (Nr. 1)
– Rechtsgrundlagen für gesonderte -.................	AEAO	zu § 179 (Nr. 1)
– Richtigstellung bei Rechtsnachfolge....................	AEAO	zu § 182 (Nr. 4)
– verbleibender Verlustabzug	EStR	10d (7)
– von Besteuerungsgrundlagen........................	EStR	6b.2 (11), 16 (13), 26b (2)
	EStH	26a
– von Verlust	EStR	10d
– Wirkung	AEAO	zu § 182
– – bei Rechtsnachfolge	AEAO	zu § 182 (Nr. 1)
– – gegenüber dem Haftungsschuldner	AEAO	zu § 182 (Nr. 3)
– Zinsen aus einer Lebensversicherung....................	AEAO	zu § 180 (Nr. 3)
Feststellungsfrist, Anlaufhemmung bei der Einheitsbewertung....................	AEAO	zu § 181 (Nr. 2)
– gesonderte Feststellung nach Ablauf, Hinweis.......	AEAO	zu § 181 (Nr. 1)
Festwert........................	EStR	5.4 (4)
	EStH	5.4
Feuerlöschanlage..............	EStR	7.3 (3)
	EStH	4.2 (5)

Feuerschutzsteuer, Selbstberechnung der Steuer, Steueranmeldung...........	AEAO	zu § 167 (Nr. 1)
Feuerversicherung, Leistung .	EStR	7.3 (3)
	EStH	4.2 (5)
Fiktive Zahlung, Vollverzinsung.........................	AEAO	zu § 233a (Nr. 40)
Filiale, Zweigniederlassung ..	EStH	15.6, 16 (3)
Film..............................	EStH	5.5, 6.1
– Film- und Fernsehfonds, Rechnungsabgrenzung.....	EStH	5.6
– Rechte	EStH	5.5
Finanz- und Kreditberater....	EStH	15.6
Finanzamt, s. Zuständigkeit		
Finanzdienstleistung, Hilfs-/Nebengeschäft..............	GewSt-Erl	2
Finanzdienstleistungsinstitut	GewSt	8.8
Finanzierungs-Leasingvertrag, unbewegliches Wirtschaftsgut	ESt-Erl	9, 13
Finanzierungsanteil............	GewStR	8.1
– Hinzurechnung, Gewerbesteuer	GewSt-Erl	1
Finanzierungskosten...........	EStH	5.6, 21.2
Finanzplandarlehen............	EStH	15a
Finanzrechtsweg	LStH	41b
Firmenjubiläum, Rückstellung	EStH	5.7 (4)
Firmenwagen, s. Kraftfahrzeuggestellung		
Firmenwert, Absetzung.......	EStR	5.5 (3)
	EStH	5.5, 6.1, 7.1
– bei Betriebsaufgabe mit anschließender Betriebsverpachtung..................	EStH	16 (5)
– Entnahme	EStH	4.3 (2-4)
– verdeckte Einlage	EStH	4.3 (1), 5.5
– Wirtschaftsgut	ESt-Erl	14, 15
Fischerei, Aufwendungen	EStH	4.11
Fiskalische Verwaltung	LStR	3.13
	LStH	3.13
Flächenbeitrag	EStH	6.4
Flasche, Einsammeln und Verwerten leerer -	EStH	22.6
– selbständig nutzungsfähiges Wirtschaftsgut	EStH	6.13
Flüchtlingshilfegesetz	EStH	3.7

Flugreise, s. a. Freiflug
- unangemessene Aufwendungen .... LStR 9.1 (1)
- Verpflegungspauschale bei
  - ins Ausland .... LStR 9.6 (3)

Flugzeug, als bewegliches
  Wirtschaftsgut .... EStR 7.1 (2)
- Aufwendungen .... EStR 4.10 (12)
- Vermietung................. EStR 15.7 (3)

Fördermittel, öffentliches .... EStH 21.2, 21.5

Förderung, gemeinnütziger, mildtätiger, kirchlicher Zweck, s. a. Spende
-- Aufwandsentschädigung. LStR 3.26 (4-6)
- von Jugendfreiwilligendiensten .... EStH 32.8

Folgebescheid .... EStH 15.7 (1), 16 (2)
- Ablaufhemmung............ AEAO zu § 171 (Nr. 6)
- Aussetzung der Vollziehung von Amts wegen ..... AEAO zu § 361 (Nr. 6)
- Einspruchsverfahren bei Einwendungen gegen Grundlagenbescheid........ AEAO zu § 351 (Nr. 4)

Fonds, Beteiligung bei Schrottimmobilie .... EStH 23
- geschlossene .... EStH 4.7

Fondsgebundene Lebensversicherung, Mindesttodesfallschutz .... EStR 10.5 (1)

Forderung, auf Rückzahlung eines Fremdwährungsdarlehens .... EStH 6.2
- aus Schuldscheindarlehen . EStH 6.7
- Ausfall .... EStH 16 (10)
- des Besitzunternehmens... EStH 15.7 (4)
- Realisierung .... EStH 4.2 (1)
- umstrittene .... EStH 4.2 (1)
- Verzicht, im Zusammenhang mit einem Gesellschafterwechsel........... EStH 15.8 (3)
- Wertberichtigung........... EStH 6.7

Forderungsverzicht, gegen Besserungsschein .... KStH 8.9
- verdeckte Einlage .... KStH 8.9

Forfaitierung .... GewStH 8.1 (1)

Form und Inhalt, Betriebsaufgabeerklärung............... EStH 16 (5)

Formaldehydemission .... EStH 33.1-33.4

Formelmethode .... EStR 6.8 (2)
                                EStH 6.8

Formfehler, bei Ermessensentscheidung............... AEAO zu § 127 (Nr. 2)
- bei gesetzesgebundenen Verwaltungsakten .... AEAO zu § 127 (Nr. 1)
- bei Gewerbesteuermessbescheid .... AEAO zu § 127 (Nr. 3)
- Heilung .... AEAO zu § 126

Formwechsel, mit steuerlicher Rückwirkung........... EStH 15a

Forstbetrieb.................... EStH 13.3, 14, 15.3

Forsteinrichtung............... EStR 34b.1

Forstschäden-Ausgleichsgesetz........................... EStR 34b.2, 34b.3

Forstwirtschaft .... EStR 34b.1, 34b.2, 34b.4
                                EStH 13.3, 13.5, 34b.2

Fortbildungskongress......... EStH 12.2

Fortbildungskosten/-maßnahme, Abgrenzung zur Ausbildung .... LStR 9.2
                                LStH 9.2
- Arbeitszimmer .... LStR 9.14
- des Arbeitgebers .... LStR 19.7
- kein Arbeitslohn .... LStH 19.3

Fortbildungsstipendium...... EStH 3

Fortführung, der bisherigen Tätigkeit .... EStH 34.1
- der Buchwerte bei Überführung eines Wirtschaftsguts von einem Betrieb in einen anderen................. EStR 6b.3 (5)
- eines Betriebs .... EStH 16 (5)

Fortsetzung, eines ruhenden oder ausgesetzten Einspruchsverfahrens .... AEAO zu § 363 (Nr. 3)

Fotograf........................ EStH 15.6

Fotomodell .... EStH 15.1, 15.6, 50a.2
                                LStH 19.0

Fotovoltaikanlage............. EStR 4.2 (3), 4.3 (4)

Franchisevertrag, Bezeichnung als wesentliche Betriebsgrundlage .... EStH 16 (1)

Freiberufliche Tätigkeit	EStR	18.3
	EStH	4a, 15.6, 24.2
– s. a. Selbständige Arbeit		
– Betriebsstätte	AEAO	zu § 12
Freibetrag, s. a. *Kinderfreibetrag und Versorgungsfreibetrag*		
– anteiliger	GewStR	8.1 (6), 11.1
– bei atypisch stiller Beteiligung an Kapitalgesellschaften	GewStH	11.1
– bei Ehegatten	LStR	39a.3
	LStH	39a.3
– bei Personenunternehmen	GewStR	11.1
	GewStH	11.1
– Bildung	LStR	39a.1
	LStH	39a.1
– für bestimmte Körperschaft	KStR	24
– für Erwerbs- und Wirtschaftsgenossenschaften sowie Vereine, die Land- und Forstwirtschaft betreiben	KStR	25
– für Hinzurechnung	GewStR	8.1 (6)
	GewStH	8.2 (6)
– für Kinder	EStR	32.12, 32.13
	EStH	32.12, 32.13
– für Land- und Forstwirte	EStR	2, 10d (1), 13.1
	EStH	13.1
– für Veräußerungsgewinne	EStR	16 (13), 17 (9), 18.3 (4)
	EStH	16 (13)
– nach dem EStG bei der KSt	KStR	8.1 (2, 3)
– Nichtanwendung	KStR	24
– wegen negativer Einkünfte	LStR	39a.2
	LStH	39a.2
– zur Abgeltung des Sonderbedarfs eines sich in Berufsausbildung befindenden, auswärtig untergebrachten, volljährigen Kindes	EStR	33a.2, 33a.3
Freibleibender Betrag, bei veranlagten Einkünften aus nichtselbständiger Arbeit	EStR	2
	EStH	46.2
Freie Mitarbeit	EStH	15.1
Freiflug, Bewertung des Sachbezugs	LStH	8.1 (1-4)
Freigrenze, Aufzeichnungserleichterung	LStR	41.1 (3)
– bei der Besteuerung, für Geschenke	EStR	4.10 (2-4), 9b
	EStH	9b, 21 (2-4)
– – von Leistungen	EStR	22.6
– bei Sachbezug	LStR	8.1 (3)
	LStH	8.1 (1-4)
Freistellung, von der Steuer, durch Steuerbescheid	AEAO	zu § 155 (Nr. 2)
– von deutschen Abzugsteuern auf Grund von DBA	EStH	50d
– von deutscher Kapitalertragsteuer auf Grund der Mutter-/Tochter-Richtlinie	EStH	50d
Freistellungsauftrag	EStR	44a, 44b.2
	EStH	44a
Freistellungsbescheid	EStH	10b.1
Freistellungsbescheinigung, bei Bauleistungen	EStH	48
– nach DBA oder Auslandstätigkeitserlass	LStR	39.4 (3), 39b.10
	LStH	39b.10
Freistellungsverfahren	EStH	50d
Freitabak/-zigarre/-zigarette	LStR	8.2 (1)
Freiveranlagung, bei Einzelveranlagung von Ehegatten	EStR	25
Freiwillige Krankenversicherung, Zuschuss des Arbeitgebers	LStR	3.62
Freiwillige Maßnahme zur Berufsausbildung	EStH	32.5
Freiwillige Sonderzuwendung	LStH	19.6
Freiwillige Zahlung, Aufhebung der Vollziehung	AEAO	zu § 361 (Nr. 7.2)
– Vollverzinsung	AEAO	zu § 233a (Nr. 13, 17, 18, 25-27, 70)
Freizeitverein, Gemeinnützigkeit	AEAO	zu § 52 (Nr. 9)
Fremdenpension	EStH	15.7 (2)
Fremdenverkehrseinrichtung	KStR	8.13 (5)
Fremdsprachenunterricht	LStR	9.2
	LStH	9.2

Fremdvergleich, bei Pensionszusagen	EStH	6a (9)
– bei Rechtsverhältnis unter Angehörigen	EStR	4.8
	EStH	4.8, 4b, 15.8 (3), 21.4
– bei Vertrag einer Personengesellschaft unter nahen Angehörigen	EStH	4.8
Fremdwährung	EStH	17 (7)
	LStR	8.1 (1)
	LStH	8.1 (1-4)
– Darlehen	EStH	4.5 (2), 6.2
– Geschäft	EStH	23
– Verbindlichkeit	EStH	6.10
Frisch- oder Trockenzellenbehandlung	EStR	33.4 (1)
Frist	AEAO	zu § 18
– für den Antrag auf Veranlagung	EStR	46.2
– für die Auflösung einer Rücklage	EStR	6.6 (6), 6c
– für die Zugehörigkeit von Wirtschaftsgut zum Anlagevermögen	EStR	6b.3
Fristberechnung, privates Veräußerungsgeschäft	EStH	23
Fristverlängerung, Fristsetzung im Einspruchsverfahren	AEAO	zu § 364b (Nr. 4)
Führerschein	EStH	12.1
Fünfjahreszeitraum	EStH	17 (2)
Fünftelungsregelung	LStH	39b.6
Fürsorgepflicht, der Finanzbehörde	AEAO	zu § 89
– sachliche Unbilligkeit bei Verstoß	AEAO	zu § 89 (Nr. 2)
– Wiedereinsetzung in den vorigen Stand bei Verletzung	AEAO	zu § 89 (Nr. 2)
Fulbright-Abkommen	EStH	3.42
Funktionsfähiger Betrieb, Veräußerungszeitpunkt	EStR	16 (1)
Fußball-Nationalspieler	EStH	15.1
Fußgängerzone	EStH	6.4
Fußpfleger, medizinischer	EStH	15.6
Gästehaus, Aufwendungen	EStR	4.10, 4.11
	EStH	15.3

Garage, AfA	EStR	7.2 (2)
– als selbständiges Wirtschaftsgut	EStH	7.1
– als Wohnzweck dienender Raum	EStR	7.2 (3)
– Miete	LStH	3.50, 8.1 (9-10)
Garantierückstellung	EStH	5.7
Gartenanlage	EStR	21.1 (3)
	EStH	6.4
Gartenbau	EStR	13.6
Gartengestaltung	EStR	15.5
Gaststätte, als Teilbetrieb	EStH	16 (3)
– Bewirtungskosten	EStR	4.10
– Einbauten	EStR	4.2
Gaststättenhandel	EStH	16 (5, 9)
Gaststättenverpachtung	EStH	16 (5, 9)
GbR	EStH	15.8 (5, 6)
– als Arbeitgeber	LStH	19.1
Gebäude, Abbruch	EStR	6b.2
	EStH	7.4
– Abgrenzung von Betriebsvorrichtungen	EStR	7.1
	EStH	7.1
– AfA	EStR	7.2, 7.4, 7a
– als wesentliche Betriebsgrundlage	EStH	15.7 (5), 16 (8)
– Anbau/Aufstockung	EStR	6b.3
	EStH	7.3, 7.4
– auf fremdem Grund und Boden	EStR	7.1
– Ausbau	EStH	6b.2
– Begriff	EStR	7.1 (5)
– Erhaltungs- und Herstellungsaufwand	EStH	6.4, 21.1
– Erweiterung	EStR	6b.2, 6b.3
– Erwerb eines nicht fertig gestellten –	EStR	7.3
	EStH	7.4
– Herstellungskosten	EStH	6.4
– Sanierung eines selbst genutzten –	EStR	33.1-33.4
– Umbau	EStR	6b.2, 6b.3
	EStH	7.1, 7.3, 7.4
Gebäudeteil, AfA	EStR	7.1, 7.4
– als selbständiges Wirtschaftsgut	EStR	7.1, 21.1
	EStH	4.2 (2), 7.4
– unselbständiges	EStH	4.2 (5)

Stichwortverzeichnis

Gebrauchsmuster	EStH	5.5	
Gebrauchtwagen	EStH	6.9	
– Bruttolistenpreis	LStH	8.1 (9-10)	
– üblicher Endpreis	LStH	8.1 (1-4)	
Gebühr, für verbindliche Auskünfte	EStH	12.4	
Geburtstagsfeier, Leistung des Arbeitgebers	LStR	19.3 (2 Nr. 4)	
– Werbungskosten	LStH	9.1	
Gefährdung, des Steueranspruchs, Aussetzung der Vollziehung, Sicherheitsleistung	AEAO	zu § 361 (Nr. 2.5.5, 9.2)	
Gefahrenzuschlag	LStR	19.3 (1)	
	LStH	3b	
Gegenleistung	EStH	10b.1	
Gegenrechnung, von Vorteilen bei Rückstellungsbewertung	EStH	6.11 (1)	
Gegenstand, des täglichen Gebrauchs	EStH	23	
Gegenwert, Berücksichtigung	EStH	33.1-33.4	
Geh- und Stehbehinderung	EStH	33.1-33.4	
Gehalt, s. a. Arbeitslohn und Gehaltsumwandlung			
– steuerfreies, von diplomatischen und konsularischen Vertretern	EStH	3	
– Zufluss	LStR	38.2	
	LStH	38.2	
Gehaltsumwandlung, Allgemeines	LStR	3.33 (5)	
	LStH	3.33	
– bei betrieblicher Altersversorgung	LStH	38.2	
– bei Direktversicherung	LStR	40b.1 (5)	
	LStH	40b.1	
– bei Pensionskasse	LStR	40b.1 (5)	
	LStH	40b.1	
– bei Reisekosten	LStH	3.16	
– bei Sachbezug	LStH	8.1 (1-4)	
– Gehaltsverzicht, bei Arbeitsverhältnis zwischen Ehegatten	EStH	4.8	
Geistlicher, Promotionsstudium	LStH	9.2	
Geld, s. a. Arbeitslohn, Geldgeschenk und Geschenk			
– Verlust	LStH	9.8	
Geldauflage	LStH	9.1, 19.3	
Geldbuße	EStR	4.13	
	KStR	10.2	
	KStH	10.2	
	LStH	9.1, 19.3	
Geldgeschäft, bei Freiberuflern	EStH	18.2	
Geldgeschenk, Arbeitslohn	LStR	19.6 (1)	
– keine pauschale Versteuerung	LStH	40.2	
Geldspielautomat	EStH	9b	
Geldstrafe	EStR	12.3	
	EStH	4.13, 12.3	
– und ähnliche Rechtsnachteile	KStR	10.2	
Geldwerter Vorteil, Bewertung	LStR	8.1, 8.2	
	LStH	8.1, 8.2	
– Dienstleistung	LStR	8.2	
	LStH	8.2	
– Kost und Wohnung	LStR	8.1 (4-8)	
– Nutzungsüberlassung	LStR	8.2	
– Überlassung, eines Kraftfahrzeugs	LStR	8.1 (9-10), 8.2	
	LStH	8.1 (9-10), 8.2	
– – Mahlzeit	LStR	8.1 (7, 8)	
	LStH	8.1 (7, 8)	
– Ware	LStR	8.1, 8.2	
	LStH	8.2	
Geldzuwendung	EStH	32.10	
Gelegenheitsarbeit, s. a. Nebentätigkeit			
– als nichtselbständige Tätigkeit	LStH	19.0, 19.2	
– Pauschalierung der Lohnsteuer	LStR	40a.1, 40a.2	
	LStH	40a.1, 40a.2	
Gemeinde, Direktor	LStH	19.2	
Gemeiner Wert, Ansatz, Wirtschaftsgut	EStR	5.5, 7.3	
	EStH	6.12, 16	
– Betriebsaufgabe	EStH	16 (2, 10)	
– von als Spende zugewendetem Wirtschaftsgut	EStH	10b.1	
Gemeinkosten	EStR	6.3, 9b	
	EStH	6.11	
Gemeinnützige Körperschaft	KStH	5.8	
– abweichendes Wirtschaftsjahr	KStR	7.3 (2)	
– Befreiung von der KSt	KStR	5.8	

Stichwortverzeichnis

Gemeinnützige, mildtätige und kirchliche Körperschaft, Steuerbefreiung....	GewStH	3.6
Gemeinnütziger Zweck.......	EStR	10b.1
	EStH	3
	AEAO	zu § 52 (Nr. 2)
– Aufwandsentschädigung...	LStR	3.26 (4-6)
Gemeinnütziges Siedlungsunternehmen...............	KStR	5.10
Gemeinnütziges Wohnungsunternehmen...............	KStR	5.10
Gemeinsames Eigentum, von Pächter und Verpächter an wesentlichen Betriebsgrundlagen.................	EStH	16 (5)
Gemeinschaftliche Tierhaltung.........................	EStR	13.2
Gemeinschaftspaxis, ärztliche..........................	EStH	15.6
Gemischter Aufwand.........	EStH	12.1
	LStH	9.1
Gemischter Betrieb...........	EStH	15.10
Gemischter Vertrag, Hinzurechnung..................	GewStH	8.1 (4 f.)
Gemüsebau....................	EStR	13.2 (3)
Generalagent..................	EStH	15.1
Genossenschaft	EStR	17
	GewStH	7.1 (6)
– Anteil........................	EStR	4.5 (3)
	EStH	4.2 (1)
Genossenschaftliche Rückvergütung...................	KStR	22
	KStH	22
Genussmittel	LStR	19.6
Genussrecht	EStH	17 (2)
	LStH	19.3
Gerichtliche Vollziehungsaussetzung, Abgrenzung zur Aussetzung der Vollziehung durch Finanzbehörden..........................	AEAO	zu § 361 (Nr. 1.2)
Gerichtsreferendar...........	EStH	15.1
	LStH	19.0
Geringes Vermögen...........	EStR	33a.1
	EStH	33a.1
Geringfügig entlohnter Beschäftigter..................	LStR	40a.1
	LStH	40a.1
Geringwertiges Wirtschaftsgut, Aufnahme in besonderes Verzeichnis	EStR	5.4 (1)
– Bewertungsfreiheit	EStR	6.13, 13.5 (2)
– Bilanz	ESt-Erl	22
– Umsatzsteuer und 410-Euro-Grenze....................	EStR	9b (2)
Gerüst- und Schalungsteil....	EStH	6.13
Gesamtbetätigung, einheitliche	EStH	15.8 (5)
Gesamtbetrag der Einkünfte.	EStR	2, 34.1 (1), 34b.4
	EStH	32b, 34.2, 34c
	KStR	7
Gesamtgut.....................	EStH	26a
Gesamthandsgemeinschaft, Grundstück	GrEStErl	4
Gesamthandsvermögen	EStR	4.2 (11), 15a
	EStH	6b.1, 6b.2, 15.8 (1), 17 (2)
Gesamtkosten.................	LStR	8.1 (9)
Gesamtobjekt, gesonderte Feststellung	AEAO	zu § 180 (Nr. 3)
Gesamtrechtsnachfolge	EStR	2a (4)
Gesamtschuldner, Erhebung von Säumniszuschlägen....	AEAO	zu § 240 (Nr. 3)
– Erstattungsanspruch	AEAO	zu § 37 (Nr. 2)
– steuerliche Behandlung	AEAO	zu § 44
– Vollverzinsung	AEAO	zu § 233a (Nr. 3)
Geschäftseinrichtung, bewegliche - als Betriebsstätte............................	AEAO	zu § 12 (Nr. 2)
Geschäftsführer, Einspruchsbefugnis bei der einheitlichen Feststellung	AEAO	zu § 352 (Nr. 2)
Geschäftsjubiläum, Zuwendung aus Anlass.............	EStH	5.7 (4)
Geschäftskonzept, einheitliches	EStH	16 (9)
Geschäftsleitung	GewStR	1.3
Geschäftsreise.................	EStR	4.10-4.12
Geschäftswert, Abschreibung	EStH	7.1
– bei Betriebsaufgabe	EStH	34.1
– – anschließende Betriebsverpachtung................	EStH	16 (5)
– bei Betriebsaufspaltung....	EStH	15.7 (4)
– Entnahme	EStH	4.3 (2-4)
– verdeckte Einlage	EStH	4.3 (1), 5.5
– Wirtschaftsgut	ESt-Erl	14, 15

Stichwortverzeichnis

Geschenk	EStR	4.10, 9b
	EStH	4.10, 9b
– Abgrenzung bei Werbungskosten	LStH	9.1
– Arbeitslohn	LStH	19.6
Geschwister, Angehöriger	AEAO	zu § 15 (Nr. 3-5)
Gesellschaft, stille, Einkünfte	EStH	20.2
– – mit Familienangehörigen	EStR	15.9 (4)
Gesellschaft bürgerlichen Rechts, Familiengesellschaft	EStH	15.9 (1)
– Haftung von Gesellschaftern	EStH	15.8 (6)
– Haftungsbeschränkung	ESt-Erl	40, 41
– Verlustausgleich/-abzug	EStR	15a
	EStH	15.9 (3)
– zwischen Eltern und Kindern in der Land- und Forstwirtschaft	EStH	13.4
– zwischen Freiberuflern	EStH	15.6
Gesellschafter, einer Personengesellschaft	EStH	15.8 (1, 3)
– einer typisch stillen Gesellschaft	EStH	15.9 (4)
– Wechsel der Rechtsstellung	EStH	15a
– Zufluss bei beherrschendem - /Allein-	EStH	20.2
Gesellschafter-Forderungsverzicht, Besserungsschein, Kapitalgesellschaft	KSt-Erl	11
Gesellschafter-Fremdfinanzierung	EStH	15.8 (3)
	KSt-Erl	15-17
Gesellschafter-Geschäftsführer, als Arbeitnehmer	LStH	19.0
– als Mitunternehmer	EStH	15.8 (3)
– Angemessenheit der Gesamtbezüge	KSt-Erl	9
– Direktversicherung	EStH	4b
– Firmenwagen	LStH	8.1 (9-10)
– Gehaltsbestandteile-Zufluss	ESt-Erl	34
– Haftung	LStH	42d.1
– Kürzung des Vorwegabzugs	EStH	10.11
– Nur-Pensionsvereinbarung	KSt-Erl	13
– Pensionsanwartschaft	EStR	7
– Pensionszusage	EStR	6a
	EStH	6a
– – Erdienungszeitraum	KSt-Erl	3, 4
– – Finanzierbarkeit	KSt-Erl	14
– – Probezeit	KSt-Erl	6
– – Rückstellungen	KSt-Erl	4
– – Unverfallbarkeit	KSt-Erl	3
– selbständige Nebentätigkeit	EStH	15.1
– Tantiemezusage	KSt-Erl	5
– verdeckte Einlage	ESt-Erl	34
– Zufluss bei Nichtauszahlung	LStH	38.2
– Zuschlag für Sonntags-, Feiertags- oder Nachtarbeit	LStH	3b
Gesellschafterforderung, bei Ausscheiden	EStH	16 (4)
– gegen die Personengesellschaft	EStH	4.2 (2)
Gesellschafts-/Sonderbetriebsvermögen, Gewinn-/Verlustsaldierung, Kommanditist	ESt-Erl	45
Gesellschaftsrecht, Übertragung von Wirtschaftsgütern gegen Gewährung/Minderung	EStH	4.3 (1, 2-4)
Gesellschaftsverhältnis	EStH	15.8 (3)
Gesellschaftsvermögen	EStH	15a
Gesellschaftsvertrag, zwischen Angehörigen	EStR	15.9
	EStH	13.4
Gesetz, gegen Wettbewerbsbeschränkungen	EStR	4.13
– über das Zivilschutzkorps	EStH	33b
– über den Versicherungsvertrag	EStR	4b (2)
– über die Bundespolizei	EStH	33b
– über die Entschädigung für Opfer von Gewalttaten	EStH	33b
– über die Unterhaltsbeihilfe für Angehörige von Kriegsgefangenen	EStH	33b
– über Ordnungswidrigkeiten	EStR	4.13
– zur Regelung der Rechtsverhältnisse der unter Artikel 131 GG fallenden Personen	EStH	33b
Gesetzliche Sozialversicherung, Mitteilung von Besteuerungsgrundlagen	AEAO	zu § 31
Gesetzliche Verpflichtung	LStH	3.62
Gesetzlicher Vertreter, Pflicht	AEAO	zu § 34
Gesetzlicher Wehr- bzw. Zivildienst	EStR	32.6
	EStH	32.6
Gesetzwidriges Geschäft	EStR	4.10
Gesonderte Ermittlung, der Einkünfte bei Ehegatten	EStH	26b
Gesonderte Feststellung, s. a. Feststellung		
– des verbleibenden Verlustabzugs	EStR	10d (7)
– des vortragsfähigen Gewerbeverlust	GewStR	10a.1 (2)

– Grundstück, Erwerb	GrESt-Erl	6
– und einheitliche Feststellung, Einkünfte bei Ehegatten	EStR	26b (2)
Gesonderter Tarif, für Einkünfte aus Kapitalvermögen	EStR	2 (2), 32d
Gesundheitsgefährdung	EStH	33.1-33.4
Getränk, s. a. Haustrunk		
– Absatz von selbst erzeugtem, in Verbindung mit besonderen Leistungen	EStR	15.5
– Aufmerksamkeit	LStR	19.6 (2)
Getrenntleben, dauerndes, von Ehegatten	EStR	26
	EStH	26
Gewerbebetrieb, Abgrenzung, gegenüber der Land- und Forstwirtschaft	EStR	15.5
– – gegenüber der nichtselbständigen Arbeit	EStR	15.1
– – gegenüber der selbständigen Arbeit	EStH	15.6
– – gegenüber der Vermögensverwaltung	EStH	15.7 (2, 4, 9)
Anzeigepflicht bei Eröffnung, Verlegung oder Aufgabe	AEAO	zu § 138 (Nr. 1)
– Aufzeichnung, Warenausgang	AEAO	zu § 144
– – Wareneingang	AEAO	zu § 143
– Begriff	GewStR	2.1 (1)
– Begriffsmerkmal	GewStH	2.1 (1)
– bei Betrieb der öffentlichen Hand	GewStR	2.1 (6)
– bei Personengesellschaft	GewStR	2.1 (2)
– Betriebsvermögensvergleich	EStR	4.1 (2)
– einheitlicher	GewStR	2.4
	GewStH	2.1 (3)
– kraft Rechtsform	GewStR	2.1 (4)
	GewStH	2.1 (4)
– kraft wirtschaftlichen Geschäftsbetriebs	GewStR	2.1 (5)
	GewStH	2.1 (5)
– Mitunternehmerschaft	EStH	15.8 (1)
– Tierzucht und Tierhaltung	EStR	4.9, 13.2, 15.10
Gewerbeertrag, bei Abwicklung und Insolvenz	GewStR	7.1 (8)
– bei Genossenschaft	GewStR	7.1 (6)
– bei Kapitalgesellschaft	GewStR	7.1 (4)
– bei Organschaft	GewStR	7.1 (5)
– bei Personenunternehmen	GewStR	7.1 (3)
– eigenständige Ermittlung	GewStH	7.1 (1)
– Veräußerungs- und Aufgabegewinne	GewStH	7.1 (3)
Gewerbesteuer	EStR	4.9, 5.7 (1), 6.3 (6)
	EStH	4.4
– Befreiung	GewStH	2.6 (1)
– Hinzurechnung	GewSt-Erl	1
– Messbescheid	GewStR	1.4
– – Aufhebung oder Änderung	GewStR	35b.1
	GewStH	35b.1
– Umlage	GewStR	1.1
Gewerbesteuerpflicht, doppelt ansässige Gesellschaften	GewStH	2.1 (4)
Gewerbetreibender	EStR	4.9, 4.12, 6.6, 15.1
	EStH	4.11, 15.1, 15.6, 15.10, 24.2
Gewerbeverlust, bei Einzelunternehmen	GewStH	10a.3 (2)
– bei Kapitalgesellschaften	GewStR	10a.3 (4)
– bei Mitunternehmerschaft	GewStR	10a.3 (3)
– bei Organschaft	GewStR	10a.4
– Ermittlung	GewStR	10a.1 (1)
– gesonderte Feststellung	GewStR	10a.1 (2)
– Unternehmensidentität	GewStR	10a.2
– Unternehmeridentität	GewStR	10a.3
Gewerblich geprägte Personengesellschaft	EStH	15.3, 15.8 (6)
Gewerbliche Prägung	EStH	15.8 (6), 16 (6)
Gewerbliche Tätigkeit, geringfügige, Bagatellgrenze	EStH	15.8 (5)
– im Sonderbereich des Gesellschafters	EStH	15.8 (5)
Gewerblicher Grundstückshandel	EStH	6.1, 15.2, 15.7 (1), 16 (2)
	GewStH	7.1 (1), 9.2 (2)
– private Vermögensverwaltung, Abgrenzung	ESt-Erl	35, 36
Gewerbliches Großobjekt, Veräußerung	EStH	15.7 (1)
Gewerkschaft, s. Berufsstand/-verband		

Stichwortverzeichnis

Gewillkürtes Betriebsvermögen, Begriff .... EStR 4.2 (1, 2, 11, 12, 16)
EStH 4.2 (1, 9, 11, 12, 16)
– Beibehaltung nach Wechsel der Gewinnermittlungsart oder Nutzungsänderung .... EStH 4.2 (16)
Gewillkürtes Sonderbetriebsvermögen .... EStH 4.2 (12)
Gewinn, aus Aufgabe oder Veräußerung eines Betriebs EStR 4.6, 14, 16, 18.3
EStH 18.3, 34.1
– aus der Veräußerung bestimmter betrieblicher Anlagegüter .... EStR 6b.1, 6c
– bei Entnahme eines Wirtschaftsguts .... EStH 4.3 (2-4)
– bei Körperschaften, Personenvereinigungen und Vermögensmassen .... GewStR 7.1 (4)
GewStH 7.1 (4)
– bei natürlichen Personen und bei Personengesellschaften .... GewStR 7.1 (3)
GewStH 7.1 (3)
– Freibetrag aus Veräußerung .... EStR 16 (13), 34.1
EStH 16 (13)
– Totalgewinn .... EStH 15.3
– Zuordnung bei abweichendem Wirtschaftsjahr....... EStH 4a
Gewinnabführungsvertrag, Anforderungen an den - einer Organgesellschaft in der Rechtsform der GmbH . KStR 17
– Beendigung .... KStR 14.5 (6)
KStH 14.5
–– wichtiger Grund .... KStH 14.5
– Fünfjahresfrist i. S. von § 14 (1) Nr. 3 KStG .... KStR 14.5 (2)
– Handelsregistereintragung KStR 17 (1)
– Mindestlaufzeit .... KStH 14.5
– Nichtdurchführung .... KStR 14.5 (8)
– notarielle Beurkundung .... KStR 17
– Organschaft, Verlustübernahme .... KSt-Erl 28, 29
– Vollzug .... KStR 14.5 (3-5)
– Voraussetzung der Organschaft .... KStR 14.5
– wichtiger Grund für die Beendigung .... KStR 14.5 (6)

– Wirksamwerden .... KStR 14.5 (1)
KStH 14.5
– zivilrechtlich unwirksamer . KStH 17
Gewinnabhängige Pensionsleistung .... EStH 6a (1)
Gewinnanteil, aus geschenkter typisch stiller Beteiligung .... EStH 4.8
– bei Familiengesellschaft.... EStH 15.9 (3)
– des stillen Gesellschafters.. EStH 4.7
GewStR 8.1 (3)
GewStH 7.1 (3)
– Zuflusszeitpunkt .... EStH 20.2
Gewinnaufteilung, bei vom Kj. abweichendem Wj....... EStR 4a
EStH 2, 4a
Gewinnausschüttung, Abfluss .... KStH 27
– an das Besitzunternehmen EStH 15.7 (4)
– aus Personengesellschaften .. EStH 15.8 (3)
– Beteiligungsertragsbefreiung .... KSt-Erl 19
– inkongruente .... KStH 7.1
– Rückgängigmachung .... KStH 8.6
– Veräußerungsgewinnbefreiung .... KSt-Erl 19
–– Veräußerungskosten ..... KSt-Erl 20
– verdeckte .... KStR 8.5
– Zuflusszeitpunkt von Gewinnanteilen .... EStH 20.2
Gewinnbeteiligung, bei typischer stiller Beteiligung .... EStH 15.8 (1), 15.9 (5)
Gewinneinkünfte, bei der Tarifermäßigung .... EStH 34.4
Gewinnentnahme- und Kontrollrecht .... EStH 15.9 (2)
Gewinnermittlung, bei abweichendem Wirtschaftsjahr .... EStR 4a
– bei forstwirtschaftlichem Betrieb .... EStH 34b.2
– bei Gewerbetreibendem ... EStH 5.1
– bei Gewinnschätzung ...... EStH 4.1
– bei Handelsschiffen im internationalen Verkehr ...... EStH 4.1, 5a
– bei Veräußerung einer Beteiligung im Sinne von § 17 EStG .... EStH 17 (7)
EStH 17 (7)
– bei Veräußerung eines Betriebs .... EStH 16 (1)
– bei Vollkaufleuten und bestimmten anderen Gewerbetreibenden .... EStR 4.1
EStH 5.1

2385

– durch Betriebsvermögens- vergleich	EStR	4.1, 4.2, 4.5, 4.6, 6.6 (5), 7a (4)
	EStH	4.1, 5.7, 16
– durch Überschussrechnung	EStR	4.5, 4.6, 6c
	EStH	4.5, 6.6
– in der Land- und Forstwirt- schaft	EStR	13.5, 34b.2
	EStH	14
– nach Durchschnittssätzen	EStR	4.2 (16), 4.5, 6c, 7.3, 14
	EStH	6.6, 6b.2, 7.4
– Rückstellung, Abzinsung	ESt-Erl	24
– Teileinkünfteverfahren	ESt-Erl	1
– Verbindlichkeit, Abzinsung.	ESt-Erl	24
Gewinnermittlungsart, bei Personengesellschaft	EStH	15.8 (4)
– Wahl	EStH	4.5 (1)
– Wechsel	EStR	4.6, 13.5 (2)
	EStH	4.5 (1, 2), 4.6, 6b.2, 7.1
– – erneuter	EStH	4.6
Gewinnerzielungsabsicht	EStR	15.3
	EStH	15.3, 15.7 (9), 15.8 (1, 5), 18.1
	GewStH	2.1 (6)
Gewinnkorrektur	EStH	4.6
Gewinnrealisierung	EStH	4.2 (1), 13
Gewinnschätzung	EStR	4.1 (2), 4.6, 6.6 (6), 6b.2, 13.5 (1)
	EStH	4.1, 4.5 (1), 6.6
Gewinntantieme, verspätete Auszahlung	KStH	8.8
– vGA, Verlustvortrag	KStH	8.8
Gewinnverteilung, bei Famili- engesellschaft	EStR	15.9 (3)
	EStH	15.9 (2)
– bei GmbH und atypisch stiller Gesellschaft	EStR	15.8 (3)
– bei Mitunternehmerschaft.	EStR	15.8 (3)
	EStH	15.8 (3)
– bei typischer stiller Gesell- schaft	EStR	15.9 (5)
– fehlerhafte, Personenge- sellschaft	EStH	4.4
– Mehrgewinn eines aus- geschiedenen Gesellschaf- ters auf Grund späterer Be- triebsprüfung	EStH	15.8 (3)
Gewinnverteilungsabrede	EStH	15.9 (5)
Gewinnverteilungsschlüssel	EStH	15.8 (3)
Gewinnzurechnung	EStH	15.8 (3), 15a
Gewinnzuschlag	EStR	6b.2 (6)
Gewöhnlicher Aufenthalt, Aufgabe des - im Inland	AEAO	zu § 9 (Nr. 4)
– Bedeutung	AEAO	vor §§ 8, 9
– Begriff und Voraussetzun- gen	AEAO	zu § 9
– in der Schweiz	EStH	1a
– Schwerpunktaufenthalt	AEAO	zu § 9 (Nr. 3)
Girosammelverwahrung	EStR	17 (5)
Gläubiger, Benennungs- pflicht	AEAO	zu § 160
Gleichartige Betriebe	GewStR	2.4 (2)
	GewStH	2.4 (2)
Gleichgestellte Person	EStH	33a.1
Gleichmäßigkeit der Be- steuerung, Ermessensaus- übung	AEAO	zu § 5
– Grundsatz	AEAO	zu § 85
Gleichstehender Rechtsakt	EStH	74
Gleisanlage	GewStH	30.1
GmbH & Co. KG	EStH	6a
GmbH-Beteiligung, Bewer- tung	LStH	8.1 (1-4)
– einer Personengesellschaft.	EStH	15.8 (3)
– eines Steuerberaters als Be- triebsvermögen	EStH	4.2 (1)
– Verlust	LStH	9.1
Goethe-Institut, Steuerpflicht von Mitarbeitern	EStH	1a
Gold	EStH	4.2 (1), 4.5 (2)
– Handel	EStH	15.7
Golfturnier	EStH	4.10 (1)
Gratifikation	EStH	6.11
Gratisaktie	EStH	17 (5)
Grauer Markt	EStH	15.7 (9)
Grenzpendler	LStH	39c

Stichwortverzeichnis

Grobes Verschulden, Berater-
verschulden .... AEAO zu § 173 (Nr. 4)
– nachträgliches Bekannt-
werden steuererheblicher
Tatsachen oder Beweismit-
tel .... AEAO zu § 173 (Nr. 4)
– Unbeachtlichkeit bei Zu-
sammenhang mit steuerer-
höhenden neuen Tatsachen AEAO zu § 173 (Nr. 5)
– Unkenntnis steuerrecht-
licher Vorschriften .... AEAO zu § 173 (Nr. 4)

Großhandelsunternehmen ... EStH 15.3

Großspendenregelung .... EStR 10b.3

Gründung, fehlgeschlagene,
einer Kapitalgesellschaft ... EStH 17 (7)

Gründungszuschuss .... LStR 3.2 (4)

Grund und Boden, Anlage .... EStR 14
– Ansatz auf Grund Neurege-
lung der Bodengewinn-
besteuerung .... EStR 4.5 (3)
– Anschaffungskosten .... EStR 7a
 EStH 6.4, 7.3
– Aufwendungen für - bei
Überschussrechnung .... EStR 4.6 (1)
– Aufwuchs .... EStR 6b.2 (1), 6c (1)
– bei Übergang zum Be-
triebsvermögensvergleich .. EStR 4.6 (1)
– Entnahme .... EStR 13.5 (4)
 EStH 4.3 (2-4)
– Gebäude auf fremdem - .... EStR 7.1
– Veräußerung von - des Be-
triebsvermögens .... EStR 6b.1, 6b.2, 6c
– Zugehörigkeit zum Gebäu-
de .... EStR 4.2 (7)
– zur Wohnung eines Land-
und Forstwirts gehörender . EStH 13.5

Grundbesitz .... GewStR 9.1 (1)
– Grundvermögen .... EStH 15.7 (2)
– verwaltende Kapitalgesell-
schaft, Kürzung .... GewSt-Erl 4

Grundbuchaufzeichnung ..... EStH 5.2

Grunderwerbsteuer .... EStH 6.2, 6.4, 21.2

Grundfreibetrag .... EStH 32b

Grundlage, der Besteuerung . KStR 7.1-7.3
– wesentliche, Betrieb oder
Teilbetrieb .... EStH 16

Grundlagenbescheid, Ablaufhemmung bei Folge-
bescheid .... AEAO zu § 171 (Nr. 6)
– Änderung des Folge-
bescheids .... AEAO zu § 175 (Nr. 1)
– Anfechtung, Beschwer ...... AEAO zu § 350 (Nr. 4)
– Aussetzung der Vollzie-
hung .... AEAO zu § 361 (Nr. 4.6.1, 5)
– Einheitswertbescheid .... GewStR 9.1 (3)
– Feststellung des vortrags-
fähigen Gewerbeverlustes . GewStH 10a.1
– Schätzung der Besteue-
rungsgrundlagen vor Erge-
hen .... AEAO zu § 162 (Nr. 1)
– Vollverzinsung, Darstellung
rückwirkender Ereignisse ... AEAO zu § 233a (Nr. 74)
– Zerlegungsbescheid .... GewStH 28.1

Grundsteuer .... EStR 34b.3

Grundstück, Betreten .... AEAO zu § 99
– Erbbaurecht .... GrESt-Erl 3
– Erwerb, gesonderte Fest-
stellung .... GrESt-Erl 6
– Gesamthandsgemeinschaft GrESt-Erl 4

**Grundstücksgeschäft/-ver-
kauf** .... EStH 15.5, 23

Grundstückshandel, gewerb-
licher .... EStH 15.4, 15.7 (1, 4)

Grundstücksteil, ABC der
Aufwendungen .... EStH 6.4
– als Teilbetriebsaufgabe ..... EStR 16 (3)
– Ausweis in Buchführung ... EStR 4.2
– Betriebseinnahmen und
-ausgaben bei betriebli-
chem - .... EStH 4.7 (2)
– des Anlagevermögens ...... EStR 6.1
 EStH 6.1
– eigenbetrieblich genutztes . EStH 4.7
– Einbringung, durch Bruch-
teilseigentümer .... EStH 4.12
– einheitliche Behandlung ... EStR 4.2 (10)
– Entnahme, durch Nut-
zungsänderung .... EStH 4.3 (2-4)
– gemischt genutztes .... EStH 4.2 (15)
– Handel .... EStH 15.7, 16
– Herstellungskosten .... EStR 6.4
– Parzellierung .... EStR 6.1 (1)
– Verkauf, durch Landwirt .... EStH 15.5

2387

– verlustbringendes...........	EStH	4.2 (9)
– von untergeordnetem Wert	EStR	4.2 (8), 4.7 (2)
	EStH	4.2 (8)
– wesentliche Betriebsgrundlage	EStH	16 (8)
Grundstücksunternehmen, Ausschluss der erweiterten Kürzung....................	GewStH	9.2 (4)
– begünstigte Tätigkeit.......	GewStR	9.2 (2)
	GewStH	9.2 (2)
– Kürzung......................	GewStR	9.2
	GewStH	9.2
Grundstücksverwaltung......	EStH	16 (3)
Grundvermögen, Vermietung und Verpachtung	EStR	15.7 (3)
Grundwehrdienst	EStR	32.11
	EStH	3, 33a.3
Gruppenbewertung, von Vieh	EStR	13.3
– Vorratsvermögen	EStR	6.8 (4)
Gruppenkrankenversicherung.........................	LStH	19.3
Gruppenunfallversicherung ..	LStR	40b.2
	LStH	40b.2
Güterfernverkehrskonzession	EStH	5.5
Gütergemeinschaft, zwischen Ehegatten	EStH	4.2 (12), 15.7 (6), 15.9 (1), 26a
Güternah- und -fernverkehr, Teilbetrieb	EStH	16 (3)
Gütertrennung	EStH	26a
Gutachten, Kosten	EStH	17 (5), 20.1
– Verweigerung der Erstattung........................	AEAO	zu § 14
Gutachter......................	EStH	15.6, 33.1- 33.4
	LStH	19.0
Gutschein.....................	EStH	5.7 (5)
– s. a. Warengutschein		
Gutschrift.....................	EStH	4.5, 6.11, 20.1, 27a
GWG	EStR	6.13
	EStH	6.13
Habilitation, -Schrift...........	LStH	3.11
– – Beihilfe für die Fertigung.	LStH	3
Härteausgleich	EStR	2
	EStH	46.3
	LStH	46
Härtefallregelung, Lohnsteuer-Anmeldung................	LStH	41a.1

Härtefonds, Leistung..........	EStH	3
Härteregelung	EStH	25
Häusliches Arbeitszimmer, s. Arbeitszimmer		
Haftpflichtversicherung, Kfz-Kosten	LStH	9.5, 9.10
Haftung.......................	GewStR	5.3
	GewStH	5.3
– Allgemeines	LStH	42d.1-42d.3
	LStH	42d.1, 42d.2
– Beginn der Festsetzungsfrist........................	AEAO	zu § 170 (Nr. 2)
– bei Arbeitnehmerüberlassung.......................	LStH	42d.2
	LStH	42d.2
– bei GbR	EStH	15a
– bei Lohnsteuerabzug durch Dritte	LStH	42d.3
– bei negativer Tilgungsbestimmung	EStH	15a
– bei Spenden	EStH	10b.1
– bei wesentlicher Beteiligung.......................	AEAO	zu § 74 (Nr. 3, 4)
– beschränkte, Kommanditist	EStR	15a
– Ermessensausübung.........	LStH	42d.1
– Ermessensbegründung.....	LStH	42d.1
– für Hinterziehungszinsen ..	AEAO	zu § 235 (Nr. 3)
– Geltendmachung durch Haftungsbescheid	AEAO	zu § 69, zu § 191
– haftungsbefreiende Anzeige	LStH	42d.1
– schriftliches Zahlungsanerkenntnis	AEAO	zu § 167 (Nr. 3)
– Steuerstraftäter.............	LStH	42d.1
– Verfahren bei vertraglicher	AEAO	zu § 192
Haftungsbescheid, Beteiligung der zuständigen Berufskammer	AEAO	zu § 191 (Nr. 7)
– Festsetzungsfrist............	AEAO	zu § 191 (Nr. 4)
– Korrektur	AEAO	zu § 191 (Nr. 3)
– Verfahren...................	AEAO	zu § 191
– Zahlungsaufforderung......	AEAO	zu § 219 (Nr. 1)
Haftungsbetrag	EStH	15a
Haftungsminderung, Zusammentreffen mit Einlageminderung..............	EStR	15a (1)
Halbfertiger Bau	EStH	6.1, 6.7

Stichwortverzeichnis

Halbgeschwister, Angehöriger.	AEAO	zu § 15
Handel, mit Beteiligungen als gewerbliche Tätigkeit	EStH	15.7 (1), 17 (1)
– mit Optionskontrakt	EStH	15.7 (8, 9)
Handelbares Optionsrecht	LStH	38.2
Handelsbilanz, Maßgeblichkeit	EStR	6a (1, 22)
Handelsgeschäft	EStR	15.5
Handelsrechtliche Rechnungslegungsvorschrift	EStH	5.2
Handelsrechtlicher Grundsatz ordnungsmäßiger Buchführung	EStH	5.2, 6.9
Handelsregister, Eintragung, der Kommanditeinlage	EStR	15a (3)
– – von Gewerbetreibendem	EStH	5.1
– Personengesellschaft	EStH	15.8 (6)
Handelsschiff	GewStH	9.4
– im internationalen Verkehr	EStH	4.1
	KStH	8.1
– langfristiger Betrieb	EStR	4.1 (2)
	EStH	4.1, 5a
– Veräußerung, Hilfsgeschäft	EStH	5a
Handelsvertreter, als ständiger Vertreter eines ausländischen Unternehmens	EStR	49.1 (1)
– Ausgleichsanspruch	EStR	6a (18)
	EStH	5.7, 16 (5, 9), 24.1
– Ausgleichszahlung	EStH	24.1
– Betriebsaufgabe	EStH	16 (2)
– Pensionszusage	EStR	6a (18)
– Selbständigkeit oder Unselbständigkeit	EStH	15.1
– Teilbetrieb	EStH	16 (3)
Handelsware	EStR	15.5
Handwerkerleistung, Steuerermäßigung	ESt-Erl	51
Handwerksmeister, nebenberufliche Lehrtätigkeit	EStH	18.1
	LStH	19.2
Hauptentschädigung, nach dem LAG	EStH	3
Haus- und Grundeigentümerverein	KStH	8.12
– Aufteilung der Mitgliedsbeiträge	KStH	8.12
Hausgehilfin, s. *Haushaltshilfe*		
Hausgewerbetreibender	EStR	15.1 (2)
	EStH	15.1
	LStH	19.0
– gleichgestellte Person	GewStH	11.2
– Steuermesszahl	GewStR	11.2
Haushalt, s. a. *Haushaltshilfe*		
– doppelte Haushaltsführung	LStR	9.11
	LStH	9.11
Haushaltsersparnis, bei Heimunterbringung	EStR	33.3 (1)
	EStH	33.1-33.4
– bei Krankenhausunterbringung	EStH	33.1-33.4
– bei Kuren	EStR	33.4 (3)
Haushaltsführung, s. a. *Doppelte Haushaltsführung*		
– doppelte	EStR	4.11 (1), 4.12 (3)
	EStH	4.12
Haushaltsgerät, Aufwendungen für die Anschaffung	EStH	33.1-33.4
Haushaltshilfe	LStH	19.0, 35a, 39a.1
Haushaltsnahes Beschäftigungsverhältnis und Dienstleistung	LStH	35a, 39a.1
– Steuerermäßigung	ESt-Erl	51
Haushaltszugehörigkeit, des Kindes	EStR	32.2 (1), 33a.2 (3)
	EStH	64
Hausrat, Wiederbeschaffung	EStR	33.2
	EStH	33.1-33.4
Hausratsversicherung	EStH	33.1-33.4
Hausstand, eigener	LStR	9.11 (3)
	LStH	9.11 (1-4)
Haustrunk	LStR	8.2
Hausverwalter	LStR	15.6
	LStH	19.0
Hauswirtschaftliches Beschäftigungsverhältnis	EStH	35a
Havariesachverständiger	EStH	15.6
Hebamme	EStH	15.6
Hebeberechtigung	GewStR	4.1
	GewStH	1.1
Hebesatz, Mindest-	GewStH	16.1
Heil- und Heilhilfsberuf	EStH	15.6

2389

Stichwortverzeichnis

Heil- und Pflegeanstalt, Aufwendungen für Unterbringung	EStR	33.3
	EStH	33.1-33.4
Heileurythmie	EStH	33.1-33.4
Heilkur	EStR	33.4 (1)
Heilmasseur	EStH	15.6
Heilpraktiker, Tätigkeit	EStH	15.6
– Verordnung	EStR	33.4 (1)
Heimarbeiter	EStR	15.1 (2)
	EStH	15.1
– Einkunftsart	LStH	19.0
– Werbungskosten	LStR	9.13
Heimarbeitsgesetz	EStR	15.1 (2)
	EStH	15.1
Heimunterbringung, Allgemeines	EStR	33.3
	EStH	33a.1
– des nicht pflegebedürftigen Ehegatten	EStH	33.1-33.4
– erwachsener Behinderter	EStH	33.1-33.4
Heizungsanlage	EStH	4.2 (5), 6.4
Hektarberechnung	EStH	13.2
Helfer, Wohlfahrtsverband	LStH	19.0
Hellseher	EStH	15.6
Herabsetzung, Arbeitslohn	LStR	40b.1 (5)
	LStH	38.2, 40b.1
– – s. a. Gehaltsumwandlung		
– Kaufpreis	EStH	16 (10)
Herstellung, Beginn, Gebäude	EStR	7.4 (1)
– von Gebäuden, Gleichstellung mit Erweiterung, Ausbau und Umbau	EStR	6b.2 (2), 6b.3 (3)
– Zeitpunkt/Jahr	EStR	5.4 (4), 7.4 (1)
Herstellungsaufwand, nach Fertigstellung eines Gebäudes	EStR	21.1 (2)
	EStH	21.1
Herstellungskosten, ABC der Aufwendungen bei Gebäuden	EStH	6.4
– allgemein	EStR	6.3
– Arbeitsmittel	LStR	9.12
	LStH	9.12
– bei Gebäuden	EStR	6.4, 7.3, 21.1
	EStH	6.4
– Bemessung der AfA bei nachträglichen -	EStR	7a (3)
– Berücksichtigung von Zuschüssen	EStR	6.5, 21.5
– Bewertung	EStR	6.3, 6.5, 6.8
– eines Waldes	EStR	34b.2
– innerhalb und nach Ablauf des Begünstigungszeitraums für Sonderabschreibungen	EStR	7a (9)
– Minderung	EStR	7a (4)
– nachträgliche - bei Gebäuden	EStR	7.3 (4), 7.4 (10), 7a
– Steuern	EStR	6.3 (6)
– von Filmen	EStH	5.6
– von Vieh	EStR	13.3
	EStH	13.3
– Zurechnung von Umsatzsteuern	EStR	9b
– Zuschuss	EStR	7.3 (4), 7a (4)
Hilfe im Haushalt, Aufwendungen	EStH	33.1-33.4, 33a,3, 35a
Hilflosigkeit	EStR	33a.3 (2)
– Nachweis	LStH	33b
– Pauschbetrag	LStH	33b
Hilfsmittel, medizinisches	LStR	19.3 (2)
	LStH	9.12
– – als Gebrauchsgegenstand des täglichen Lebens	EStH	33.1-33.4
Hilfsstoff, Bewertung	EStR	6.8
– Zuordnung zum Umlaufvermögen	EStR	6.1 (3)
Hinterbliebenenversorgung, Lebensgefährte	EStH	4d (1)
Hinterbliebener, Bezug	LStR	19.8, 19.9
	LStH	19.8, 19.9
– Pauschbetrag	EStR	26a (2), 33b
	EStH	33b
	LStH	33b
– – Bildung	LStR	39a.1 (2 Nr. 4)
Hinterziehungszinsen	KStR	10.1 (2)
– bei Realsteuern	AEAO	zu § 235 (Nr. 3)
– einheitliche und gesonderte Feststellung der Zinsbemessungsgrundlagen	AEAO	zu § 235

Stichwortverzeichnis

– Haftung, zur Gewerbesteuer	AEAO	zu § 235 (Nr. 3)
– Überschneidung, mit Nachzahlungszinsen, Berechnung	AEAO	zu § 235 (Nr. 4)
– – mit Vollverzinsung	AEAO	zu § 233a (Nr. 66), zu § 235 (Nr. 4)
Hinzurechnung, Entgelt für Schulden	GewStR	8.1 (1)
	GewStH	8.1 (1)
– Freibetrag	GewStR	8.1 (6)
	GewStH	8.1 (6)
– Gewinnanteil des stillen Gesellschafters	GewStR	8.1 (3)
	GewStH	8.1 (3)
– Miet- und Pachtzinsen	GewStR	8.1 (4)
	GewStH	8.1 (4)
– nach § 31 Satz 4 EStG	EStH	31
– negativer Einlagezins	GewStH	8.1 (1)
– Rechte	GewStR	8.1 (5)
	GewStH	8.1 (5)
– Renten und dauernde Lasten	GewStR	8.1 (2)
	GewStH	8.1 (2)
– Spende bei Körperschaften	GewStR	8.5
Hinzurechnungsbetrag	LStR	39a.1 (8)
– bei Wechsel der Gewinnermittlungsart	EStR	4.6 (2)
– nach § 10 AStG	EStH	3c
	GewStH	7.1 (1), 9.4
– nach § 52 Abs. 2 Satz 3 EStG	EStR	2 (1)
– nach § 7 AStG	EStH	3c
– nach dem Auslandsinvestitionsgesetz	EStR	2
Hinzuziehung, Aussetzung der Vollziehung bei einheitlicher und gesonderter Feststellung	AEAO	zu § 361 (Nr. 5.2)
– Einspruchsverfahren	AEAO	zu § 360
– – Fristsetzung	AEAO	zu § 364b (Nr. 2)
– Zustimmung des Hinzugezogenen zur Änderung des angefochtenen Verwaltungsakts	AEAO	zu § 360 (Nr. 4)
Hochsee- und Küstenfischerei, Steuerbefreiung	GewStR	3.7
Hochwasserschaden	EStH	33.2
Höchstbetrag, Aufwandsentschädigung aus öffentlicher Kasse	LStR	3.12 (3)
Höhere Gewalt, Ausscheiden eines Wirtschaftsguts	EStR	6.6, 6b.1 (2), 6b.3 (5)
	EStH	6.6
– Holznutzung	EStR	34b.2, 34b.3, 34b.5
	EStH	34b.2, 34b.3
Hörgeräte-Akustiker, Nachbetreuungsleistung	EStH	5.7 (5)
Hofbefestigung	EStH	7.1
Hofübergabe	EStH	22.6
	LStH	19.3
Hoheitsbetrieb, Holznutzung, außerordentliche	KStR	23
Holdingunternehmen	EStH	44a
Holz, Nutzung	EStR	34b.2
	EStH	34b.1, 34b.3
– – außerordentliche	EStR	34b.1, 34b.2
	EStH	34b.1, 34b.3
– – infolge höherer Gewalt	EStR	34b.2
– Veräußerung von stehendem -	EStR	14
Honorar, für nicht erbrachte Leistung	EStR	6.4, 21.2
– im Voraus gezahltes	EStR	5.6
– Rückzahlungsverpflichtung	EStR	5.7 (3)
Honorarforderung, Aktivierung	EStR	5.5 (3)
– Sicherung, durch Darlehensgewährung	EStH	4.2 (1), 18.2
Horizontaler Verlustabzug	EStR	10d
	EStH	10d
Hotel	EStR	15.7 (2)
Hundezucht	EStR	15.5
Hybridelektrofahrzeug	LStH	8.1 (9-10)
Illegale Beschäftigung, Mitteilung von Besteuerungsgrundlagen	AEAO	zu § 31a

2391

Immaterielles Wirtschaftsgut, Allgemeines	EStR	4.3 (4), 5.5, 7.1 (1)		**Insolvenzsicherung,** einer Pensionsverpflichtung	EStR	6a (26)
	EStH	4.6, 5.5, 7.1, 15.7 (5), 16 (8)		– steuerfreier Beitrag	EStH	3.65
					LStR	3.65
				Insolvenzverfahren	EStH	10d, 15.7 (6), 16 (2)
– Einlage	EStR	5.5 (2)		**Instandhaltungsanspruch**	EStH	4.2 (1)
	EStH	4.3 (1)		**Instandhaltungsrücklage**	EStH	21.2 (2)
– Sachanlagen/Finanzanlagen	EStR	6.1 (1)		**Instandhaltungsrückstellung**	EStH	4.2 (1)
Immobilien-Leasing	EStH	5.6		**Instandsetzungsmaßnahme**	EStR	7h
Immobilienfonds, Eigenkapitalvermittlungsprovision	EStH	4.7, 6.4, 21.2		**Instrumentarium,** eines Arztes als GWG	EStH	6.13
				Interessengegensatz	EStH	15.7 (6)
– Einkünfteerzielungsabsicht	EStH	21.2		**Internat**	EStH	15.6, 33.1-33.4
Importware, Bewertungsabschlag	EStH	16		**Internetkosten,** s. Telekommunikationskosten		
Incentive-Reise	EStH	4.3 (2-4)		**Interprofessionelle Freiberufler-Personengesellschaft**	EStH	15.6
	LStH	8.1 (1-4), 19.3, 19.5, 19.7		**Inventar,** Aufbewahrungsfrist	EStH	5.2
				– Aufstellung am Bilanzstichtag	EStR	5.3
Industriepropagandist	EStH	15.6		**Inventur,** Allgemeines	EStR	5.3 (1), 5.4 (4), 6a (20)
Infektionsschutzgesetz	EStH	33b				
– steuerfreie Leistung	LStR	3.6				
Ingenieur	EStH	15.6		– Büro	EStH	15.6
Inkasso, Tätigkeit, Gewinn	EStH	4.2 (1)		– permanente	EStR	5.3 (2)
Inkongruente Gewinnausschüttung	KSt-Erl	31		– zeitverschobene	EStR	5.3 (3)
				Investitionsabzugsbetrag	ESt-Erl	31
Inländisch, Arbeitgeber	LStR	19.1		– Zweifelsfragen	ESt-Erl	30
Inländischer Gewerbebetrieb	GewStR	2.8		**Investitionszulage,** s. a. Zulage		
	GewStH	2.8		– Anwendung der AO	AEAO	zu § 1 (Nr. 2)
Inland	EStR	1, 4.1 (4), 22.2, 33a.3 (1), 49.1, 49.3 (1), 50a.1		– Aussetzung der Vollziehung	AEAO	zu § 361 (Nr. 4.7)
				– Ermittlungsmaßnahme	AEAO	zu § 31a (Nr. 2.3)
	EStH	3, 26, 34c		– Festsetzungsverfahren	AEAO	zu § 155 (Nr. 5)
Innengesellschaft	EStH	15.8 (1)				
Insolvenz	GewStR	2.6 (4), 7.1 (8)		– Haftung des Eigentümers von Gegenständen	AEAO	zu § 74 (Nr. 2)
– aufschiebend bedingte Abtretung des Rückdeckungsanspruchs	EStR	6a (23)		– keine Einnahmen oder Einkünfte	EStH	2
– Rückzahlung von Arbeitslohn	LStR	40b.1		– keine Minderung der Anschaffungs- und Herstellungskosten	EStH	6.5
– Zinsabschlag	EStH	43				
Insolvenzgeld	EStH	32b		– Stundungszinsen bei Rückforderung	AEAO	zu § 234 (Nr. 12)
– Steuerfreiheit	LStR	3.2 (2)				
– Werbungskostenabzug bei Bezug	LStH	9.1		**Investitionszuschuss,** bei Einnahmenüberschussrechnung	EStH	6.5
Insolvenzordnung	AEAO	zu § 251				

Stichwortverzeichnis

Investmentanteil	EStH	20.2, 36
Istverzinsung, bei der Vollverzinsung	AEAO	zu § 233a (Nr. 21)
IT-Projektleiter	EStH	15.6
Jacht, Aufwendungen	EStR	4.11 (1)
	EStH	4.10
Jagd, Aufwendungen	EStR	4.11 (1)
Jahresabschluss, Aufstellungsfrist	EStH	5.2
– Lagebericht	EStH	5.7
Jahresarbeitslohn, Berechnung bei sonstigen Bezügen	LStR	39b.6 (2-3)
	LStH	39b.6
Jahresausgleich, s. Lohnsteuer-Jahresausgleich		
Jahresfreibetrag, s. Freibetrag		
Jahreslohnsteuer, Ermittlung bei Nachforderung	LStR	41c.3
– keine Prüfung durch Arbeitgeber	LStH	38.1
Jahreszusatzleistung, Rückstellung	EStH	6a (1)
Job-Ticket, s. a. Fahrausweis		
– als Sachbezug	LStR	8.1 (3)
	LStH	8.1 (1-4)
Journalist	EStH	4.10 (5-9)
Jubiläumszuwendung	LStR	19.3 (2), 39b.2 (2)
	LStH	34, 39b.6
– Rückstellung	EStH	5.7 (1), 6.11
– Steuerermäßigung für steuerpflichtige -	EStR	34.4 (2)
	EStH	34.4
Jubilarfeier	LStR	19.3 (2)
Jugendamt, Erziehungsbeitrag an Pflegeeltern	EStH	3
Jungpflanze, Schaden	EStR	34b.5
Juristische Person	LStH	3.26
– des öffentlichen Rechts, Steuerpflicht ausländischer -	KStR	1.1 (3)
– – Steuerpflicht inländischer -	KStR	1.1 (3)
Kabelleitung	GewStH	30.1
Kalamität	EStR	34b.1
– Folgehieb	EStH	34b.2
– Nutzung	EStR	34b.1 (6), 34b.4
Kameramann	EStH	15.6
Kammerbeitrag	LStH	19.3
Kanalbaubeitrag	EStH	5.6, 6.4
Kantinenmahlzeit	LStR	8.1 (7), 40.2 (1)
Kapazitätsausnutzung, Schwankungen	EStR	6.3 (7)
Kapitalabfindung, einer Rente	EStH	22.4
– von Unterhaltsanspruch	EStH	33.1-33.4
– von Unterhaltsverpflichtung	EStH	33a.1
Kapitalanlage	EStH	15.7 (9)
Kapitalbeteiligung, an Personengesellschaft	EStH	15.9 (5)
Kapitaleinlage	EStH	15.8 (1, 4, 7)
Kapitalerhöhung	EStR	17 (3, 5)
	EStH	15.7 (4), 17 (3, 5), 20.2
Kapitalertragsteuer, Abstandnahme, Abzug	EStR	44a
– Allgemeines	EStR	36, 44b.1, 44b.2
	EStH	36, 44
– bei typischer Unterbeteiligung	EStH	43
– Erstattung, aufgrund DBA durch Steuerbescheid	AEAO	zu § 155 (Nr. 3)
– Selbstberechnung der Steuer, Steueranmeldung	AEAO	zu § 167 (Nr. 1)
Kapitalgesellschaft	GewStR	2.6 (2)
– Anteile, als Sonderbetriebsvermögen	EStH	4.2 (2)
– – Anwartschaftsrecht	EStH	17 (2)
– – im Betriebsvermögen	EStH	17 (2)
– atypisch stille Beteiligung, Organschaft	KSt-Erl	30
– Auflösung und Abwicklung	EStH	16.3, 17 (7)
– ausländische	EStH	15.8 (8), 17 (2)
– Einbringung	UmwSt-Erl	1
– Gesellschafter-Forderungsverzicht, Besserungsschein	KSt-Erl	11
– Gewinn aus der Veräußerung von Anteilen	EStH	23
– Organ	LStH	19.0, 39b.10
– Risikogeschäft, Gesellschaft/Gesellschafter-Geschäftsführer	KSt-Erl	12

2393

– Veräußerung von Beteiligungen	EStR	16 (3), 17
	EStH	16, 17
– Verlust von Beteiligungen	EStH	4.5
– Vorgesellschaft	KStG	1.1
– Vorgründungsgesellschaft	KStG	1.1
Kapitalherabsetzung	EStH	6.2, 17 (7)
Kapitalkontenverzinsung	EStH	15.8 (3)
Kapitalkonto, Auflösung des negativen -	EStH	15a
– der Gesellschafter	EStH	16 (3)
– nachträgliche Erhöhung, eines ausgeschiedenen Kommanditisten	EStH	15.8 (3)
– negatives	EStH	15a, 16 (4, 7)
Kapitallebensversicherung	EStR	4b (1), 20.2
	EStH	4b
Kapitalrücklage	EStH	17 (5)
Kapitalvermögen, Einkünfte	EStR	9a, 20.1, 20.2
	EStH	20.1, 20.2
– örtliche Zuständigkeit für gesonderte Feststellung der Einkünfte	AEAO	zu § 18 (Nr. 3)
– Schenkung unter Auflage	EStH	20.2
Kapitalversicherung	LStR	40b.1 (1-3)
Kapitalwert, Rente	EStH	16 (11)
Karenzzeit, Vollverzinsung	AEAO	zu § 233a (Nr. 4, 8, 9)
Kaskoversicherung	LStH	9.5
– bei Diebstahl	EStR	4.7 (1)
Kassen- und Zähldienst	LStR	19.3 (1 Nr. 4)
Kassen-Nachschau	AEAO	zu § 146b
Kasseneinnahme, bei Einzelhändlern	EStH	5.2
Kassenindividueller Zusatzbeitrag	LStR	3.62 (2)
Kassettendecke	EStH	6.4
Kaufangebot, Entgelt für die Abgabe eines zeitlich befristeten -	EStH	22.6
Kaufeigenheim	EStH	22.6
Kaufkraftausgleich, Steuerfreiheit	LStR	3.64
	LStH	3.64
Kaufoption, aus Pkw-Leasingvertrag	EStH	5.5
Kaufpreisaufteilung	EStH	7.3
Kaufpreisforderung, uneinbringliche	EStR	4.5 (5)
Kaufpreisrate	EStR	4.5 (5), 16 (11), 22.1 (1)
	EStH	20.2
Kaufpreisstundung	EStH	16 (11)
Keine (nachträglichen) Werbungskosten	EStH	21.2
Kellerraum	EStR	7.2 (3)
Kennzeichnung, von Werbeträgern	EStR	4.10 (2)
KGaA, s. a. Kommanditgesellschaft auf Aktien		
– § 8 Nr. 4 GewStG	GewStR	8.2
– § 8 Nr. 5 GewStG	GewStH	8.2
Kilometersatz, s. a. Entfernungspauschale		
– bei Auswärtstätigkeit	LStR	9.5
	LStH	9.5
– bei Behinderten	LStR	9.10 (3)
– pauschaler	LStR	9.5
	LStH	9.5
Kind, s. a. Kinderfreibetrag		
– Annahme, Angehöriger	AEAO	zu § 15 (Nr. 7)
– arbeitsloses/arbeitsuchendes	EStH	32.4
– auswärtige Unterbringung	EStR	33a.2 (3)
	EStH	33.1-33.4
– Begriff	EStH	32.1
– Behinderung	EStR	32.5 (2), 32.9
	EStH	32.5, 32.9, 33b
– Betreuung	EStR	33.1 (2)
– eigene Einkünfte und Bezüge	EStR	32.10
	EStH	32.10
– Erkrankung und Mutterschutz	EStH	32.4
– Förderung von Jugendfreiwilligendiensten	EStH	32.8
– im ersten Grad verwandt	EStH	32.1
– in Berufsausbildung	EStR	32.5
	EStH	33a.2
– in Vollzeitpflege	EStH	3.11
– Mitarbeit im elterlichen Betrieb	EStR	4.8 (3)
	EStH	4.8, 13.4
– ohne Ausbildungsplatz	EStR	32.7
	EStH	32.7
– Übergangszeit zwischen zwei Ausbildungsabschnitten	EStH	32.6, 33a.2

Stichwortverzeichnis

- Übertragung des Freibetrags... EStH 32.13
- Verlängerungstatbestand.. EStR 32.11
- Voraussetzung für die Berücksichtigung... EStR 32.3

Kinderbetreuungskosten... EStH 10.8

Kindererholungsheim... EStH 15.6

Kinderfreibetrag... EStR 2, 32.13
EStH 32.13, 33a.1
- Allgemeines... LStH 32

Kindergartenplatz, durch den Arbeitgeber... LStR 3.33

Kindergeld, an Angehörigen des öffentlichen Dienstes.. EStH 72
- Anspruch, Bescheinigung für Finanzamt... EStH 68
- - Kinder- und Jugendlichenpsychotherapeut... EStH 15.6
- Anspruchsberechtigter... EStH 62
- Höhe... EStH 66
- Leistungen, die - ausschließen... EStH 65
- Lohnsteuer-Anmeldung... LStR 41a.1 (3)
- Pfändung des Anspruchs... EStH 76
- Zahlung in Sonderfällen... EStH 74
- Zusammentreffen mehrerer Ansprüche... EStH 64

Kinderhaus... EStH 32.2

Kindertagespflege... EStH 3.11, 18.1

Kinderzuschuss, aus der gesetzlichen Rentenversicherung... EStR 3

Kirchensteuer, bei Nettolohnvereinbarung... LStR 39b.9
- bei Pauschalierung der Lohnsteuer... LStR 41.1 (4)
LStH 37b
- Kirchenbeitrag, als Sonderausgabe... EStR 10.7 (1)
EStH 10.7
- Vollverzinsung... AEAO zu § 233a (Nr. 2)

Kirchliche Körperschaft, Steuerbefreiung, Wegfall... KStR 13.2
--- s. a. Gemeinnützige Körperschaft

Kirchlicher Zweck... EStR 10b.1

Kläranlage... EStH 5.5, 6.4

Klärschlamm... EStH 15.5

Klassenfahrt, als Werbungskosten... LStH 9.2
- eines Berufsschülers... EStH 12.2

Kleidung, *s. a. Berufskleidung und Dienstkleidung*
- als Sachspende... EStH 10b.1
- Arbeits- und Berufs-... EStH 3
- bürgerliche, keine Werbungskosten... LStR 9.1
LStH 9.1
- hochwertige, als Arbeitslohn... LStH 19.3
- klimabedingte... LStH 9.9
- Kosten der Lebensführung. LStR 9.1 (2), 9.4 (1)
LStH 9.1
- nicht abziehbare Aufwendungen... EStH 12.1
- steuerfreie... LStR 3.31
LStH 3.31
- Trauer... EStH 33.1-33.4
- Wiederbeschaffung... EStR 33.2
EStH 33.1-33.4, 33a.1

Kleinbetragsgrenze, Vollverzinsung... AEAO zu § 233a (Nr. 40, 44, 59)

Kleinbetragsregelung, bei Zinsen (allgemein)... AEAO zu § 239 (Nr. 3)
- Stundungszinsen... AEAO zu § 234 (Nr. 8)

Kleinbetragsverordnung, Änderung von Messbetragsfestsetzungen... GewStH 35b.1
- Korrektur von Steuerfestsetzungen... AEAO vor §§ 172 bis 177 (Nr. 8)

Kleinere Körperschaft, Freibetrag... KStR 24

Kleinerer Versicherungsverein... KStR 5.6

Kleingärtner- und Siedlerverein... KStR 8.13 (2)

Kleintierzucht... EStH 15.5

Klimaanlage... EStH 4.2 (5), 7.1

Knappschaftsarzt... EStH 15.1
LStH 19.0

Know-how, Aktivitätsklausel. EStR 2a (3)
- Wirtschaftsgut... EStH 5.5

Körperpflege, -mittel... EStH 12.1
- Kosmetika... LStH 9.1

Körperschaft, Besteuerung
kleiner .... GewStR 7.1 (7)
- des öffentlichen Rechts, als Erbin von Betriebsvermögen .... EStH 16 (2)
- die Land- und Forstwirtschaft betreibt, Gewinnermittlung .... KStR 8.3
- gewerbesteuerlicher Fehlbetrag .... GewSt-Erl 8
- Liquidation .... KSt-Erl 23
- - Gewerbesteuer-Besteuerungszeitraum .... KSt-Erl 35
- - Steuerminderung .... KSt-Erl 35
- Umwandlung .... UmwSt-Erl 1
- Verlustabzugsbeschränkung .... KSt-Erl 22
- wirtschaftliche Identität, Verlustabzug .... KSt-Erl 8

Körperschaftsteuer, Aussetzung der Vollziehung, Aufhebung der Vollziehung.... AEAO zu § 361 (Nr. 7.2)
- Beschwer im Einspruchsverfahren .... AEAO zu § 350 (Nr. 2)
- gesonderte Feststellung der anzurechnenden - ...... AEAO zu § 180 (Nr. 6)

Körperschaftsteuerguthaben KStH 37
- Gesetz über steuerliche Begleitmaßnahmen zur Einführung der Europäischen Gesellschaft .... KSt-Erl 36

Kohledeputat .... LStR 8.2 (1)
Kohlenzeche .... GewStH 30.1
Kommanditaktie .... EStH 15.8 (4)
Kommanditeinlage .... EStH 15.9 (2)
Kommanditgesellschaft, freie Berufstätigkeit im Rahmen einer - .... EStH 15.6
- schenkweise Übertragung . EStH 15.9 (1)
- Verlustbeschränkung....... EStR 15a
EStH 15a

Kommanditgesellschaft auf Aktien .... EStR 15.8 (4)
EStH 15.8 (4)

Kommanditist .... EStH 15.8 (1), 15.9 (1, 2, 4), 15a
- Gesellschafts-/Sonderbetriebsvermögen, Gewinn-/Verlustsaldierung ... ESt-Erl 45
- Kapitalkonto .... ESt-Erl 44
- - negatives .... ESt-Erl 46

Kommanditkapital .... EStH 15.8 (3)
Kommunales Unternehmen, Zinsabschlag .... EStH 44a
Kommunikationskurs .... LStH 9.2
Kompasskompensierer .... EStH 15.6
Komplementär .... EStR 15.8 (6)
EStH 15.8 (1)
Komplementär-GmbH .... EStH 4.2 (1)
Konferenz der Kultusminister EStR 10.10
Kongress .... EStH 12.2
Konkurrenzregelung, Verpflegungspauschale............. LStR 9.6 (2), 9.11 (7)
Konkursverwalter, Haftung .. AEAO zu § 69
Konsulatsangehöriger .... EStH 3
Konsultationsvereinbarung .. LStH 39.4
Kontaktlinse, Verkauf durch Ärzte .... EStH 15.6
Kontenabruf, Voraussetzung. AEAO zu § 93
Kontoführungsgebühr .... LStR 19.3 (3)
LStH 9.1
Kontokorrentbuch .... EStR 5.2
Kontrollmeldeverfahren ...... EStH 50d
- beschränkte Steuerpflicht, Doppelbesteuerungsabkommen .... ESt-Erl 52
Kontrollmitteilung, allgemeine Mitteilungspflicht .... AEAO zu § 93a
- bei Außenprüfung .... AEAO zu § 194 (Nr. 4)
Kontrollrecht .... EStH 15.8 (1)
Konzern, Anrufungsauskunft LStR 42e (3)
- Arbeitgeber .... LStR 19.1
Konzern-Umstrukturierung, Grunderwerbsteuer......... GrESt-Erl 5
Konzession .... EStH 5.5
Konzessionsabgabe .... KStH 8.2
Korrektivposten .... EStR 4.6
Korrektur, s. a. Änderung
- nach erfolgter Hinzurechnung .... GewStH 7.1 (1)
- Zinsberechnung bei - der Anrechnungsverfügung .... AEAO zu § 233a (Nr. 45)
Kosmetika .... EStH 12.1
Kost, s. Mahlzeit und Sachbezugswert
Kosten, bei Inanspruchnahme von Finanzbehörden.... EStH 12.4
- der Vollstreckung, Beginn der Festsetzungsfrist .... AEAO zu § 170 (Nr. 2)
- im außergerichtlichen Rechtsbehelfsverfahren .... AEAO vor § 347 (Nr. 2)

Stichwortverzeichnis

Kostenüberdeckung.........	EStH	5.7 (3)
Kostkind......................	EStR	32.2 (1)
Kostpflanze...................	EStH	15.5
Kraftfahrzeug, s. a. *Kilometersatz und Kraftfahrzeuggestellung*		
– Fahrten mit einem zur Nutzung überlassenen..........	LStH	8.1 (9-10), 9.10 (2), 40.2 (6)
	LStH	8.1 (9-10)
– Haftpflichtversicherung....	EStR	10.5
– Kosten	EStR	4.12
	EStH	4.3 (2-4), 4.12, 33.1-33.4, 33b
– Nutzung für Familienheimfahrten......................	EStH	4.13
– private Nutzung	EStH	4.3 (2-4), 6.12
– Sachverständiger	EStH	15.6
– Unfallschaden...............	LStR	8.1 (9)
	LStH	9.10
Kraftfahrzeuggestellung, Anscheinsbeweis der Privatnutzung......................	LStH	8.1 (9-10)
– Elektrofahrzeug	LStH	8.1 (9-10)
– Gebrauchtwagen	LStH	8.1 (9-10)
– geldwerter Vorteil	LStR	8.1 (9-10)
	LStH	8.1 (9-10)
– Gesamtkosten...............	LStH	8.1 (9)
– Nutzungsentgelt............	LStH	8.1 (9-10)
– Nutzungsmöglichkeit.......	LStH	8.1 (9-10)
– ordnungsgemäßes Fahrtenbuch.........................	LStH	8.1 (9-10)
– Pauschalierung..............	LStR	40.2 (6)
– Schätzung des Privatanteils	LStH	8.1 (9-10)
– Werkstattwagen	LStH	8.1 (9-10)
Kraftfahrzeugsteuer	EStH	5.6
Krankengeld...................	EStH	32b
Krankengymnast..............	EStH	15.6
Krankenhaus	AEAO	zu § 67
– eines Arztes	EStH	15.6
– Kosten der Unterbringung .	EStH	33.1-33.4
– Steuerbefreiung.............	GewStH	3.20
	GewStH	3.20
– Tagegeldversicherung	EStH	33.1-33.4
Krankenkasse, Einschränkung der Befreiung	KStR	6
– Steuerbefreiung.............	KStR	5.2
Krankenpfleger................	EStH	15.6
Krankenschwester	EStH	15.6

Krankentagegeldversicherung.......................	EStH	10.5, 33.1-33.4
Krankentransport, Steuerbefreiung....................	GewStH	3.6
Krankenversicherung, Beitrag	EStH	33.1-33.4, 33a.1
– Ersatzleistung...............	EStH	33.1-33.4
– Mitteilung von Besteuerungsgrundlagen	AEAO	zu § 31
– steuerfreie Leistung	EStH	3.1
– Zuschuss, des Arbeitgebers	LStR	3.62
–– Rentner	EStH	3.14
Krankheitskosten, als außergewöhnliche Belastung	EStH	33.1-33.4, 33a.1
Kredit	GewStH	8.1 (1)
– anteilige Zinsen für Arbeitszimmer.................	LStH	9.12
– Bedingung	EStH	6.10
– Grundlage	EStH	4.2 (1)
Kreditgeschäft, Erfassung....	EStR	5.2
Kreditinstitut	GewStH	8.8
– Personalrabatt	LStH	8.2
– Verpflichtung zur Kontenwahrheit....................	AEAO	zu § 154
– Zinsen........................	LStH	19.3
– Zuwendungen...............	EStH	10b.3
Kriegsbeschädigter...........	EStH	3.6
	LStH	3.6
	LStH	3.6
Kriegsgefangener	LStH	3.6
Kriegsschadenrente, nach dem LAG	EStH	3.7
Kühleinrichtung...............	EStH	7.1
Kühlkanal	EStH	6.13
Kükensortierer.................	EStH	15.6
Kündigung.....................	EStH	15.9 (2)
Künstler........................	EStH	15.1, 15.3, 15.6, 49.1, 50a.2, 50d
– Arbeitnehmer	LStH	19.0
– beschränkt einkommensteuerpflichtiger	LStR	39.4 (3)
	LStH	39.4
– Tätigkeit	LStR	3.26 (1)
	LStH	3.26
Künstleragent	EStH	15.6
Künstlerische Tätigkeit	EStH	15.6

2397

Künstlersozialkasse, Mitteilung von Besteuerungsgrundlagen	AEAO	zu § 31
Künstliche Befruchtung	EStH	33.1-33.4
Kürzung, bei ausländischen Betriebsstätten	GewStH	9.4
– bei Gewinnanteil, an ausländischer Kapitalgesellschaft	GewStR	9.5
– – an inländischer Körperschaft	GewStR	9.3
	GewStH	9.3
– bei Grundstücksunternehmen	GewStR	9.2
	GewStH	9.2
– des Vorwegabzugs	EStR	10.11
	EStH	10.11
– für den zum Betriebsvermögen gehörenden Grundbesitz	GewStR	9.1
	GewStH	9.1
– von öffentlichen Leistungen	EStR	33a.1
Kulanzleistung	EStR	5.7 (13)
Kulturelle Veranstaltung	EStH	12.1
Kultureller Zweck	EStR	10b.3
Kumulationsverbot, für Sonderabschreibungen und Förderungsmaßnahmen auf Grund mehrerer Vorschriften	EStR	7a (7)
Kundenkreis	EStH	15.4
Kundenstamm, Erwerb	EStH	5.5
Kunstgegenstand, Aufwendungen	LStH	9.1
Kunsthandwerker	EStH	15.6
Kur	EStR	33.4 (1, 3)
	EStH	33.1-33.4
Kurheim	EStH	15.6
Kursgarantie	EStH	20.2
Kursmakler, vereidigter	EStH	15.6
Kurzarbeitergeld	LStR	41.2
Kurzfristig beschäftigter Arbeitnehmer	LStR	40a.1
	LStH	40a.1
Kurzfristige Beteiligung	EStH	17 (2)
Labor, Gemeinschaft	EStH	15.6
– Leistung	EStH	15.6
Laden, -einbauten und -umbauten als selbständige Gebäudeteile	EStH	4.2 (3), 7.1 (6)

Ländergruppeneinteilung	EStR	33a.1
	EStH	1a, 33a.2
Lagerbuch/-kartei, Bestandsvergleich	EStR	5.3 (2)
Land- und Forstwirtschaft, Abgrenzung gegenüber dem Gewerbebetrieb	EStR	15.5
	EStH	15.5
– als Betriebsstätte	GewStH	2.9 (3)
– Anzeigepflicht bei Eröffnung, Verlegung oder Aufgabe	AEAO	zu § 138 (Nr. 1)
– Aushilfskraft	LStR	40a.1 (6)
	LStH	40a.1
– begünstigte Tätigkeit	LStH	40a.1
– Betriebsaufgabe	EStH	16 (2)
– Betriebsstätte	AEAO	zu § 12
– Betriebsvermögen	EStR	4.2 (16)
	EStH	4.2 (7)
– – Vergleich	EStR	4.1 (1)
– Betriebszweig	EStH	15.3
– Bilanzberichtigung	EStR	4.4 (1)
– Buchführungspflicht	AEAO	zu § 141
– Deputat	LStR	8.2 (1)
– Eigenbetrieb, Pachtbetrieb	EStH	16 (8)
– Einkünfte	EStR	13.1, 13.3, 13.5, 13.6, 14
	EStH	13.1, 14
– Fachkraft	LStH	40a.1
– Freibetrag	EStR	2, 10d (1), 13.1, 34b.4
– – für Erwerbs- und Wirtschaftsgenossenschaften sowie für Vereine, die Land- und Forstwirtschaft betreiben	KStR	25
– Gewinnermittlung, bei Körperschaften, die Land- und Forstwirtschaft betreiben	KStR	8.3
– – nach Durchschnittssätzen	EStR	4.2 (16), 14
– Holznutzung	EStR	34b.1-34b.5
	EStH	34b.1, 34b.3
– Rücklage für Ersatzbeschaffung	EStR	6.6 (6)
– Saisonarbeitskraft	LStR	40a.1
– Steuerbefreiung der Erwerbs- und Wirtschaftsgenossenschaften und Vereine im Bereich der Land- und Forstwirtschaft	KStR	5.11-5.16
– Tierzucht und Tierhaltung	EStR	13.2

Stichwortverzeichnis

- Verlust aus gewerblicher Tierzucht .... EStR 15.10
  EStH 15.10
- Vollverzinsung, Karenzzeit . AEAO zu § 233a (Nr. 8, 9)
- Wirtschaftsjahr .... EStR 4a
  EStH 4a
- Wohnung als Betriebsvermögen .... EStR 13.5
  EStH 13.5, 14

Landwirtschaftlicher Verein, s. Land- und Forstwirtschaft und Erwerbs- und Wirtschaftsgenossenschaft
Last, dauernde, Abzug als Sonderausgabe .... EStR 10.3 (1)
Lastenaufzug .... EStH 7.1
Lastenausgleichsgesetz .... EStH 3.7
Leasing, degressive Leasingrate .... EStH 5.6
- Forfaitierung von Forderungen .... EStH 5.6
- Zurechnung des Leasing-Gegenstandes .... EStH 4.2 (1)

Leasinggegenstand, Leasinggeber-Zurechnung .... ESt-Erl 10, 18
Leasingsonderzahlung .... LStH 9.5, 9.10
Leasingunternehmen .... GewStH 8.8
Leasingvertrag, bewegliches Wirtschaftsgut .... ESt-Erl 8
- Forderungsforfaitierung .... ESt-Erl 16
- unbewegliches Wirtschaftsgut, erweiterte Kürzung .... GewSt-Erl 3
- wirtschaftliches Eigentum . ESt-Erl 11

Lebensführung, Abgrenzung der Kosten von Betriebsausgaben/Werbungskosten .... EStH 12.1, 12.2
- Allgemeines .... EStR 4.10-4.12, 12.1
- Kosten .... LStH 9.1

Lebensgefährte, Hinterbliebenenversorgung .... EStH 4d (1)
Lebensgemeinschaft, der Ehegatten .... EStH 26
- Hinterbliebenenversorgung EStH 4b-4d, 6a (1)
- Vertrag zwischen Partnern einer nichtehelichen - ...... EStR 21.4
  EStH 4.8

Lebenspartner, doppelte Haushaltsführung .... LStH 9.11 (1-4)
- Lebenspartnerschaft .... EStH 2

- Umzugskosten .... LStH 9.9
Lebensunterhalt, Bestreitung (bei Stipendien) .... EStH 3.44
Lebensversicherung, Erwerb von „gebrauchter" - .... EStH 15.7 (1)
- Anspruch aus Verträgen.... EStH 4.2 (1)
- Beitrag, als Vorsorgeaufwand .... EStR 10.5
  EStH 10.5
-- Pauschalierung .... LStR 40b.1
- Ertrag/Zinsen .... EStH 20.2

Leerfahrt, bei Behinderten ... LStR 9.10 (3)
  LStH 9.10
- bei Kfz-Gestellung .... LStH 8.1 (9-10)
- bei Wegen zwischen Wohnung und erster Tätigkeitsstätte .... LStH 9.10

Leergut .... EStH 6.1
Lehrbeauftragter .... LStH 19.0, 19.2
Lehrtätigkeit, als freier Beruf. EStH 15.6
- nebenberufliche, Prüfungstätigkeit .... LStR 3.26, 19.2
  LStH 19.0, 19.2
-- von Handwerksmeistern und Lehrkräften .... EStH 18.1

Leibrente, abgekürzte .... EStH 22.4
- als anrechenbarer Bezug ... EStH 33a.1
- als Betriebsausgabe .... EStR 4.5 (4)
- als Gegenleistung für anwaltliche Betreuung .... EStH 18.2
- aus Billigkeitsgründen ...... EStH 22.4 (2)
- Begriff .... EStR 22.3
  EStH 22.3
- Besteuerung .... EStR 22.4
  EStH 18.2, 22.4
- Betriebsveräußerung .... EStR 16 (11), 18.3 (4)
  EStH 16 (11)
- Erhöhung und Herabsetzung .... EStR 22.4 (3, 4)
- Ertragsanteil .... EStR 24a
  EStH 22.4
- Erwerb von Anlage- und Umlaufvermögen .... EStR 4.5 (4)
- Progressionsvorbehalt ..... EStR 32b
- Veräußerung, einer Beteiligung im Sinne von § 17 EStG .... EStR 17 (7)
-- einer freiberuflichen Praxis .... EStR 18.3 (4)
-- eines Patentes .... EStH 18.1
- Waisenrente .... EStH 22.4
- Wertsicherungsklausel ..... EStH 22.4

2399

Stichwortverzeichnis

– Witwenrente	EStR	22.4
	EStH	22.4
– Zinsanteil	EStR	4.5 (4)
Leiharbeitnehmer, Arbeitgeber	LStR	19.1, 38.3
	LStH	38.3
– Haftung	LStR	42d.2
Leihweise Überlassung, wesentlicher Betriebsgrundlagen	EStH	15.7 (5)
Leistung, ausländische	EStH	65
– Besteuerung	EStR	22.6
	EStH	22.6
– der Krankenkasse	EStH	32b
– steuerfreie	EStH	3
– vergleichbare	EStH	65
Leistungsbescheid	EStR	33.3 (1)
Leistungsgebot, Aussetzung der Vollziehung	AEAO	zu § 361 (Nr. 2.3.1)
– bei Haftungsbescheid	AEAO	zu § 219
– bei Säumniszuschlag	AEAO	zu § 218 (Nr. 2)
– bei Steueranmeldung	AEAO	zu § 168 (Nr. 1)
Leuchtstoffröhre	EStH	6.13
Liebhaberei	EStH	2, 15.3, 16 (2), 18.1, 20.1, 21.2
	LStH	19.0
Lifo-Methode	EStR	6.9
	EStH	6.9
Limited, s. Ausländische, Gesellschaft		
Liposuktion	EStH	33.1-33.4
Liquidation, Abfindung	EStH	24.1
– einer Körperschaft, Besteuerung	KStR	11
– Einnahme	LStH	19.3
– Schuldzinsen	EStH	20.1
– Verlust, bei fehlgeschlagener Gründung	EStH	17 (7)
– – bei Kapitalkonto, negatives	EStR	15a (4)
	EStH	15a
Liquiditätsreserve	EStH	4.2 (1)
Lizenz	EStR	5.5
Lizenzgebühr	EStR	50a.1
Lizenzspieler	EStR	5.5
Lodenmantel	LStH	3.31
Logopäde	EStH	15.6

Lohnabrechnung, Abschlagszahlung	LStR	39b.5 (5)
	LStH	39b.5
– maschinelle	LStR	41b
– Zeitraum	LStR	39b.5
Lohnersatzleistung	EStH	32b
	LStH	32b
Lohnkonto, Aufzeichnungserleichterung	LStR	41.1 (2)
– Beleg	LStR	3.26 (10), 3.33 (4), 3.62 (4), 9.5 (2), 9.8 (3), 9.9 (3), 9.11 (10), 39b.10
	LStH	9.6
Lohnmast	EStH	15.10
Lohnsteuer, s. a. Lohnsteuerabzug, Lohnsteuer-Anmeldung, Lohnsteuer-Außenprüfung, Lohnsteuerbescheinigung, Lohnsteuer-Haftungsbescheid, Lohnsteuer-Jahresausgleich, Lohnsteuerklasse und Pauschalierung, der Lohnsteuer		
– Abführung	LStR	41a.2
– Abwälzung der pauschalen	LStR	40.2, 40a.1, 40b.1
– Erhebung	LStR	38.1-38.5
– Ermittlung	LStR	39b.5-39b.9, 39c
– Erstattungsantrag wegen zu Unrecht einbehaltener	LStR	41c.1
– Haftung	LStR	42d.1-42d.3
	LStH	42d.1, 42d.2
– Nachforderung	LStR	41c.3
	LStH	41c.3
– – Verfahren	LStH	42d.1
– Selbstberechnung der Steuer, Steueranmeldung	AEAO	zu § 167 (Nr. 1)
Lohnsteuer-Anmeldung, Änderung, durch Arbeitnehmer	LStH	41a.1
– – durch Finanzamt	LStH	41a.1
– Befreiung von der Abgabe	LStR	41a.1 (1)
– elektronische Abgabe	LStH	41a.1
– Verfahren	LStR	41a.1
	LStH	41a.1

Stichwortverzeichnis

Lohnsteuer-Außenprüfung,		
Allgemeines	LStR	42f
	LStH	42f
– Haftung	LStR	42d.1
	LStH	42d.1
Lohnsteuer-Ermäßigungsverfahren	LStR	39a.1 ff.
	LStH	39a.1 ff.
– s. a. Freibetrag		
Lohnsteuer-Haftungsbescheid, s. a. Haftung		
– Änderungssperre nach § 173 Abs. 2 AO	LStR	42d.1 (5)
	LStH	42d.1
Lohnsteuer-Jahresausgleich, durch den Arbeitgeber	LStR	42b
	LStH	42b
– permanenter	LStR	39b.8
Lohnsteuer-Pauschalierung, s. Pauschalierung, der Lohnsteuer		
Lohnsteuerabzug, Änderung	LStR	41c.1
– Anwendung von Doppelbesteuerungsabkommen	LStR	39b.10
– bei beschränkt Steuerpflichtigen	LStR	39.4
– bei unbeschränkt Steuerpflichtigen	LStR	39b.1-39c
– bei Vermittlungsprovision von Dritten	LStR	19.4
	LStH	19.4
– Bescheinigungsverfahren	LStR	39.3
– Besteuerung des Nettolohns	LStR	39b.9
	LStH	39b.9
– durch Dritte	LStR	38.5
– Einbehaltungspflicht	LStR	38.3
	LStH	38.3
– Künstler, Sportler, Artisten u. a.	LStR	39.4 (4)
– laufender Arbeitslohn und sonstige Bezüge	LStR	39b.2
– ohne Lohnsteuerabzugsmerkmal	LStR	39c
– Stundung oder Aussetzung der Vollziehung	LStH	38.1
– Verpflichtung	LStR	38.3-38.5
	LStH	38.3, 38.4
– vom laufenden Arbeitslohn	LStR	39b.5
	LStH	39b.5
– von sonstigen Bezügen	LStR	39b.6
	LStH	39b.6

Lohnsteuerbescheinigung	EStR	46.2 (4)
– Allgemeines	LStR	41b
	LStH	41b
– bei zu Unrecht einbehaltener Lohnsteuer	LStH	41b
– elektronische	LStH	41b
– von öffentlichen Kassen	LStR	41b (2)
Lohnsteuereinbehalt, Reeder	LStH	41a.1
Lohnsteuerhilfeverein	KStH	8.13
Lohnsteuerklasse, EU-/EWR-Fall	LStH	38b
Lohnzahlung, durch Dritte	LStR	38.4
	LStH	19.3, 38.4
– Zeitraum	LStR	39b.5 (2-3)
Losveranstaltung	EStH	4.7
Lotse	EStH	4.12 (1)
	LStH	19.0
Lotterieunternehmen	GewStH	3.1
Lüftungsanlage	EStH	7.1
Luftfahrzeug	EStR	49.1 (2)
	EStH	49.1
– Rolle	EStR	7.1 (2)
Mahlzeit, s. a. Bewirtung und Essenmarke		
– arbeitstägliche Zuschüsse	LStH	8.1 (7)
– aus besonderem Anlass	LStH	8.1 (8)
	LStH	8.1 (8)
– Begriff	LStH	8.1 (7)
– Pauschalierung	LStR	40.2 (1, 1a)
– unentgeltliche oder verbilligte - im Betrieb	LStH	8.1 (7), 40.2 (1)
	LStH	8.1 (7)
Makler	EStR	49.1 (1)
	EStH	15.1, 15.6
– Gebühr	LStR	9.9 (2)
– Provision	EStH	5.6, 6.2
Maler	EStH	15.6
Marke, s. Warenzeichen		
Markenrecht	EStH	5.5
Marktmiete	EStR	21.3
	EStH	21.3
Marktpreis	EStR	6.6, 6.8 (1, 2)
	EStH	20.2
Maschine, und Einrichtungsgegenstand	EStH	16 (8)

Stichwortverzeichnis

Maschinelle Lohnabrechnung, Lohnsteuerbescheinigung	LStR	41b
– permanenter Lohnsteuer-Jahresausgleich	LStR	39b.8
Massenantrag, Erledigung	AEAO	zu § 367 (Nr. 6)
Masseneinspruch, Erledigung	AEAO	zu § 367 (Nr. 6)
Masseur	EStH	15.6
Maßgebliche Wohnung, bei Wegen zwischen Wohnung und erster Tätigkeitsstätte	LStR	9.10 (1)
Maßgeblicher Zeitpunkt, Betriebsveräußerung im Ganzen	EStH	16 (1)
– Teilbetrieb	EStH	16 (3)
– wissenschaftliche Anerkennung einer Behandlungsmethode	EStH	33.1-33.4
Maßgeblichkeit	EStH	5.1
Materialkosten, Materialgemeinkosten	EStR	6.3
Materieller Fehler, Begriff	AEAO	zu § 177 (Nr. 1)
– Berichtigung bei der Änderung von Steuerbescheiden	AEAO	zu § 177
– Berücksichtigung bei Berichtigung offenbarer Unrichtigkeiten	AEAO	zu § 129 (Nr. 2)
Medizinisch notwendige Unterbringung, eines Kindes	EStH	33.1-33.4
Medizinisches Hilfsmittel	EStH	33.1-33.4
Mehr- und Minderabführung, bei Organschaft	KStH	14.8
Mehrarbeit	EStH	4.8
Mehraufwand, wegen doppelter Haushaltsführung	EStH	4.12
Mehrentschädigung	EStH	6.6
Mehrere Kontokorrentkonten, Schuldzinsenabzug	EStH	4.2 (15)
Mehrere Pauschbeträge	EStR	33b
Mehrerlös	EStR	4.13
	EStH	20.2
Mehrgemeindliche Betriebsstätte, Zerlegung	GewStR	30.1
Mehrheit, der Stimmrechte	EStH	15.7 (6)
– von Betrieben	GewStR	2.4
Mehrjährige Tätigkeit, Entlohnung	EStR	34.4
	EStH	34.4
– Vergütung	LStR	39b.6
	LStH	34, 39b.6
Mehrsoll, Vollverzinsung, Zinsberechnung	AEAO	zu § 233a (Nr. 19, 20, 25, 51)
Mehrstöckige Personengesellschaft	EStR	16 (13), 34.5 (2)
	EStH	15.8 (2, 3)
Meisterfachschule	EStH	4.8
Messtechnische Anlage, Einbau	EStR	21.1 (1)
Metergeld	LStH	38.4
Miet- und Pachtzinsen, Hinzurechnung	GewStR	8.1 (4)
	GewStH	8.1 (4)
Mietbeitrag, anstelle eines Trennungsgeldes	LStH	3.13
Miete, als Arbeitslohn	EStH	21.2
Mietereinbauten	EStR	4.2 (3)
	EStH	4.2 (3), 5.5, 7.1, 7.4
	ESt-Erl	28
Mieterumbauten	ESt-Erl	28
Mieterverein	KStR	8.12
	KStH	8.12
Mieterzuschuss	EStR	21.5 (3)
	EStH	34
Mietpreisbindung	EStR	21.5 (2)
	EStH	21.2
Mietverhältnis, Beurteilung	EStR	21.4
	EStH	4.8, 21.4
Mietvorauszahlung	EStR	21.5 (3)
	EStH	5.6
Mietvorteil	LStR	3.59
	LStH	3.59
Mietwohngrundstück	EStR	4.2 (9)
	EStH	21.2
Mietzahlung	EStH	33.1-33.4
Mikrofilm	EStH	5.2
Milchlieferrecht	EStR	55
	EStH	4.4, 5.5, 55
Mildtätige Körperschaft, Steuerbefreiung, Wegfall	KStR	13.2
Mildtätiger Zweck	EStR	10b.1, 10b.3
– Begriff	LStR	3.26 (4-6)

Stichwortverzeichnis

Minderjähriges Kind, Ergänzungspfleger .... EStH 4.8
– schwebend unwirksamer Vertrag, Insichgeschäft ..... EStH 4.8
Mindersoll, berichtigte Steueranmeldung, Fälligkeit .... AEAO zu § 168 (Nr. 3)
– erstmalige Steueranmeldung .... AEAO zu § 168 (Nr. 2)
– Vollverzinsung, Zinsberechnung .... AEAO zu § 233a (Nr. 21 ff., 53 ff.)
Minderung, zuvor berechneter Nachzahlungszinsen . AEAO zu § 233a (Nr. 38, 54, 57)
Minderung der KSt, s. Änderung, der KSt
Minderungsbetrag, DBA Belgien .... EStR 2
Mindestbesteuerung, bei Verlusten .... EStR 2 (2), 10d
                               EStH 2, 10d
Mindestpensionsalter .... EStH 6a (8)
Mindesttodesfallschutz ...... EStR 10.5 (1)
                               LStR 40b.1 (2)
                               LStH 40b.1
Mineralgewinnung .... EStH 21.7, 33
Minijob, s. Geringfügig entlohnter Beschäftigter
Mischzuschlag .... LStR 3b (5)
                               LStH 3b
Missbrauch, bei Beteiligung i. S. v. § 17 EStG .... EStH 17 (2)
Mitarbeit, eines angestellten Berufsträgers .... EStH 15.6
– von Kindern im elterlichen Betrieb .... EStR 4.8
                               EStH 4.8, 13.4
Mitarbeiterbeteiligung, Vermögensbeteiligung .... LStR 19a
Miteigentum, an einem Grundstück .... EStH 4.2 (4, 7, 12)
– an Grundbesitz .... EStR 21.6
                               EStH 21.6
Miteigentumsanteil, Veräußerung .... EStH 15.7 (1)
Mitgesellschafter .... EStH 15a
Mitgliederbeitrag .... AEAO zu § 52 (Nr. 1)
– Allgemeines .... KStR 8.11
– an einen Interessenverband .... LStH 9.3
– Aufteilung .... KStH 8.12

– bei Haus- und Grundeigentümerverein .... KStR 8.12
                               KStH 8.12
– bei Mieterverein .... KStR 8.12
– bei sonstigen Vereinen und Einrichtungen .... KStR 8.13
– bei Versicherungsunternehmen .... KStR 8.11 (4)
– bei (Kredit-)Genossenschaft .... KStH 42
– Beiträge von Lohnsteuerhilfevereinen .... KStH 8.13
– wirtschaftliche Förderung der Einzelmitglieder .... KStR 8.11 (3)
Mitgliedschaftsrecht, an einer AG .... EStH 17 (2)
Mittagsheimfahrt, keine außergewöhnliche Belastung. EStH 33.1-33.4
Mittagsmahlzeit, s. Mahlzeit
Mitteilung, an die Finanzbehörden, Rechtsverordnung . AEAO zu § 93a
– der Besteuerungsunterlagen im Einspruchsverfahren .... AEAO zu § 364
– zur Bekämpfung des Terrorismus .... AEAO zu § 80 (Nr. 8.7)
Mitteilungspflicht, Änderung eines Steuerbescheids wegen steuererhöhender neuer Tatsachen .... AEAO zu § 173 (Nr. 3)
– allgemeine, Dritter .... AEAO zu § 93a
– bei Außenprüfung .... AEAO zu § 200
– bei Billigkeitsmaßnahmen . GewStR 1.5 (3)
– bei Steuerfahndung .... AEAO zu § 28 (Nr. 5)
– des Beteiligten .... AEAO zu § 88
Mittelbare Beteiligung .... EStH 15.7 (6), 17 (2)
Mittelbare Grundstücksschenkung .... EStH 6b.2, 7.3
Mitunternehmer .... EStR 15.8
                               EStH 15.8 (1, 3, 4), 15.9 (2, 4), 16 (5)
                               LStR 19.0
– Anteil, Übertragung .... ESt-Erl 26
Mitunternehmeranteil, Buchwertübertragung .... EStH 16 (4)
– nicht entnommener Gewinn, Tarifbegünstigung ... ESt-Erl 48
– Teil .... EStH 16 (4)
– unentgeltliche Übertragung .... ESt-Erl 23

Stichwortverzeichnis

– Veräußerung und Aufgabe.	EStR	4a (5), 16 (4)	**Musterverfahren,** vorläufige Steuerfestsetzung bei verfassungsrechtlichen Zweifeln am Steuergesetz	AEAO	zu § 165 (Nr. 4)
	EStH	16 (4)			
Mitunternehmerinitiative	EStH	15.8 (1)			
Mitunternehmerrisiko	EStH	15.8 (1)	**Mutterschaftsgeld**	EStH	3
Mitunternehmerschaft	EStR	4.4 (2), 15.5, 15.8, 15.9 (1)	**Mutterschutzverordnung**	LStR	41.2
	EStH	4.4, 15.7 (4), 15.8 (3), 15.9 (1)	**Nachbarschaftshilfe**	EStH	33b
			Nachbarschaftsverein, Gemeinnützigkeit	AEAO	zu § 52 (Nr. 4)
	GewStR	10a.3 (3)	**Nachbetreuung,** abgeschlossene Versicherung	EStH	6.11
– Ermittlung des Gewerbeertrags	GewStH	7.1 (3)	**Nachbetreuungsleistung bei Hörgeräteakustiker**	EStH	5.7 (5)
– minderjähriges Kind	ESt-Erl	39			
Mitwirkungspflicht, beim Kindergeld	EStH	67	**Nachforderung,** von Lohnsteuer	LStR	41c.3
Mobilfunkdienstleistungsvertrag	EStH	4.7, 5.6	– von pauschaler Lohnsteuer	LStR	42d.1 (6)
Mobiltelefon, s. Telekommunikationskosten				LStH	40a.1, 42d.1
Moderator, von Verkaufssendung	EStH	15.6	**Nachhaltige Tätigkeit**	EStR	15.2
				EStH	15.2
Modernisierung, Abgrenzung vom Neubau	EStH	7.4	**Nachhaltigkeit**	EStH	15.1
– Nachweis	EStR	7h	– Missbrauch	EStH	15.7 (1)
Modeschöpfer	EStH	15.6	**Nachholverbot**	EStH	6a (20)
Möbeltransportgewerbe, Lohnsteuerabzug für Metergeld	LStH	38.4	**Nachsteuer**	EStH	? (?)
			Nachtarbeit, Zuschlag	LStR	3b
				LStH	3b
Möblierungszuschlag	EStH	21.3	**Nachträgliche Änderung,** des Veräußerungskaufpreises	EStH	16 (10)
Molkereigenossenschaft	KStR	5.11, 5.12	**Nachträgliche Werbungskosten**	LStH	9.1
Motor, für Drehbank, Webstuhl	EStH	6.13	**Nachversteuerung,** des negativen Kapitalkontos	EStH	15.8 (1)
Motorboot, Weg zwischen Wohnung und Betriebsstätte	EStH	4.12	– nach ausländischen Verlusten	EStH	2a
			– von Versicherungsbeiträgen	EStR	10.6
				EStH	10.6, 10.12
Motoryacht, Betriebsausgabenabzug	EStH	4.10 (1)	**Nachweis,** s. a. Fahrtenbuch und Lohnkonto, Beleg		
Müllschluckanlage	EStH	4.2 (5)	– begünstigter Arbeitszeiten	LStR	3b (6)
Mündliche Erörterung, im Einspruchsverfahren	AEAO	zu § 364a	– bei außergewöhnlicher Belastung	EStR	33.3 (1), 33.4 (1)
Musiker	EStH	15.6		EStH	33.1-33.4
– s. a. Künstler					
– Arbeitnehmer	LStH	19.0	– bei Unterstützungskassen	EStR	4d (10)
– Instrument	LStR	3.30	– der Behinderung	EStR	32.9, 33.3
	LStH	3.30			
– kein Arbeitnehmer	LStH	19.2		EStH	32.9, 33b
– nebenberuflich tätiger	LStH	19.0, 19.2	– der beruflichen Nutzung	LStH	9.12
Musterhaus	EStH	7.1, 7.4	– der betrieblichen Veranlassung	EStR	4.10 (7)

– der dauernden Berufsunfähigkeit	EStR	16 (14), 34.5
– der Vorbildung für selbständige Berufe	EStH	15.6
– der Zwangsläufigkeit von krankheitsbedingten Aufwendungen	EStH	33.1-33.4
– von Ausgaben für steuerbegünstigte Zwecke (Zuwendungen)	EStR	10b.1 (3, 4)
Nachweispflicht, bei Entnahmehandlung	EStH	4.3 (2-4)
Nachzahlung, s. a. Mehrjährige Tätigkeit		
– bei Nettolohn	LStH	39b.9
– von Arbeitslohn	LStR	39b.2, 39b.5
	LStH	39b.5
– von Ruhegehaltsbezügen und Renten	EStR	34.4
	EStH	22.3, 34.4
– von Zinsen und Nutzungsvergütungen	EStR	34.3 (2)
	EStH	34.3
Näherungsverfahren, bei Bewertung von Sozialversicherungsrenten	EStH	4d (4), 6a (14)
NATO-Bediensteter	EStH	22.4
	LStH	19.8
Natürliche Person, örtliche Zuständigkeit	AEAO	zu § 19
Navigationsgerät	LStH	8.1 (9-10)
Nebenberufliche Lehrkraft	EStH	15.1
– Einkunftsart	LStR	19.2
	LStH	19.0, 19.2
– steuerfreie Einnahme	LStR	3.26
	LStH	3.26
Nebenberufliche Tätigkeit, Aufwandsentschädigung	EStR	3.26a
	EStH	3.26, 3.26a
Nebenberufliche Vertrauensleute, einer Buchgemeinschaft	EStH	15.1
Nebenbestimmung, s. a. Vorbehalt der Nachprüfung und Vorläufigkeit		
– zur Aussetzung der Vollziehung	AEAO	zu § 361 (Nr. 9)
Nebenbetrieb, land- und forstwirtschaftlicher	EStR	15.5
	EStH	15.10
Nebenkosten	EStR	4.10
	EStH	6.2, 20.1, 21.2
Nebenleistung, aus einer durch Versteigerung realisierten Grundschuld	EStH	20.2
Nebentätigkeit	EStH	3.26a, 15.1, 18.1
– Einkunftsart	LStR	19.2
	LStR	19.2
– steuerfreie Einnahme	LStR	3.12, 3.26
	LStH	3.12, 3.26
– von Grundstücksunternehmen	GewStR	9.2 (2)
Negative Einkünfte, ausländische	EStR	2a
	EStH	2a
– Steuerermäßigung	EStR	34.1 (3)
Negative Feststellung, Aussetzung der Vollziehung	AEAO	zu § 361 (Nr. 5.3)
Negativer Arbeitslohn	LStH	19.3
Negativer Einlagezins	GewStH	8.1 (1)
Negatives Kapitalkonto, Kommanditist	ESt-Erl	46
Nennkapital, Rücklagenumwandlung	KSt-Erl	32
Nennwert, bei Beteiligung als stiller Gesellschafter	EStH	15.9 (5)
– Bewertung von Verbindlichkeiten	EStR	6.10 (1)
Nerzzucht	EStH	15.5
Nettolohn, Besteuerung bei Vereinbarung	LStR	39b.9
	LStH	39b.9
– Finanzrechtsweg	LStH	41b
– Haftung bei Vereinbarung	LStR	42d.1 (1)
Neubau	EStH	7i
Neue Tatsache, Änderungssperre nach Außenprüfung	AEAO	zu § 173 (Nr. 7)
– Aufhebung oder Änderung von Steuerbescheiden	AEAO	zu § 173
– Begriff der Tatsache	AEAO	zu § 173 (Nr. 1)
– Ermittlungspflicht des Finanzamts	AEAO	zu § 173 (Nr. 3)

Stichwortverzeichnis

– nachträgliches Bekanntwerden......	AEAO	zu § 173 (Nr. 2)
– – grobes Verschulden am -.	AEAO	zu § 173 (Nr. 4)
– Rechtserheblichkeit.........	AEAO	zu § 173 (Nr. 6)
Neues Beweismittel, s. Neue Tatsache		
Neuregelung, gesetzliche - nach Entscheidung des BVerfG, Vorläufigkeit.......	AEAO	zu § 165 (Nr. 3)
Neurodermitis..............	EStH	33.1-33.4
Nicht entnommener Gewinn, Tarifbegünstigung..........	ESt-Erl	48
Nichtabziehbare Betriebsausgabe, Rückstellung.........	EStH	4.13, 5.7 (1)
Nichtabziehbarer Aufwand ..	KStR	10.1-10.3
– Aufsichtsratsvergütung	KStR	10.3
	KStH	10.3
– Geldstrafe, Geldbuße und Ordnungsgeld...............	KStR	10.2
– Hinterziehungszinsen	KStR	10.1 (2)
– Säumniszuschlag	KStR	10.1 (2)
– Umsatzsteuer auf den Eigenverbrauch	KStR	10.1 (1)
– Verspätungszuschlag.......	KStR	10.1
– Zwangsgeld	KStR	10.1
Nichteheliche Lebensgemeinschaft..................	EStH	4b, 4c, 6a (1)
	LStH	19.0
– s. a. Lebenspartner		
Nichtiger Verwaltungsakt, Einspruch................	AEAO	zu § 347 (Nr. 1)
Nichtigkeit, Antrag auf Feststellung.....................	AEAO	zu § 125 (Nr. 3)
– Erlass erstmaliger oder korrigierter Bescheide nach Eintritt der Festsetzungsverjährung................	AEAO	vor §§ 169 bis 171 (Nr. 4)
Nichtigkeitserklärung, eines Gesetzes durch das BVerfG, Änderung von Steuerbescheiden	AEAO	zu § 175 (Nr. 4)

Nichtselbständige Arbeit, Abgrenzung, gegenüber dem Gewerbebetrieb............	EStR	15.1
	EStH	15.1
– – gegenüber der selbständigen Arbeit	EStH	18.1
Nichtvorlage des Lohnsteuerabzugsmerkmals...........	LStR	39c
Niederschlagung der Gewerbesteuer	GewStR	1.6
Niederstwertprinzip	EStR	6.8 (1)
Nießbrauch, an betrieblichem Wirtschaftsgut.......	EStH	4.2 (2)
– an Grundstück	EStH	4.7, 7.1
– an Personengesellschaft....	EStH	15.8 (1)
– Vorbehalts-.................	EStH	16 (6)
Notaranderkonto	EStR	7a (5)
Notarassessor	LStH	3.51
Notariatsverweser	EStH	15.1
	LStH	19.0
Notfallkoffer	EStH	6.13
Notwendiges Betriebsvermögen	EStR	4.2
Novation....................	EStH	11, 20.2
Nullbescheid, Beschwer	AEAO	zu § 350 (Nr. 3)
Nur-Pensionsvereinbarung, Gesellschafter-Geschäftsführer.......................	KSt-Erl	13
Nur-Pensionszusage	EStH	6a (1)
Nutzfläche, Aufteilung	EStR	4.2 (6, 8)
– eines Gebäudes, Maßgeblichkeit für erhöhte Absetzungen u. dgl................	EStR	4.2 (8)
– eines Grundstücks, Maßgeblichkeit für Betriebsvermögen.....................	EStR	4.2 (8)
– Ermittlung.................	EStR	4.2 (6)
Nutzung, baurechtliche Möglichkeit.....................	EStR	4.2 (1), 6b.1
– betriebliche.................	EStR	4.2, 4.7 (1)
– dauernde	EStH	7.1
– eines Flugzeugs	EStR	4.10
– einheitliche/unterschiedliche, Gebäude	EStR	4.2, 7.3 (2)
	EStH	7.3
– Holz	EStH	34b.1

2406

– private, Personenkraftwagen	EStR	4.12
	EStH	4.12, 33.1-33.4
– – Wirtschaftsgut	EStR	4.7 (1), 4.12
	EStH	4.2 (11), 4.12
– selbständige	EStR	6.13
	EStH	6.13
– von Gebäudeteilen im Rahmen mehrerer Betriebe	EStH	4.2 (4)
– von Raum zu beruflichem, gewerblichem und Wohnzweck	EStR	7.2 (4)
– von Vermögen	EStR	15.7 (1)
– zu eigenem Wohnzweck	EStR	21.5 (4)
– – Aufteilung von Aufwendungen bei gemischter Nutzung	EStR	21.1 (5)
Nutzungs- und Funktionszusammenhang	EStR	4.2 (4), 6.13, 7.1 (3)
	EStH	7.1
Nutzungs- und Verwertungsgenossenschaft	KStR	5.11-5.15
– s. a. Erwerbs- und Wirtschaftsgenossenschaft		
Nutzungsänderung	EStR	4.2 (16), 4.3 (3), 4.5 (6), 6.1 (1), 7.3 (6), 7.4 (9, 11)
	EStH	4.2 (1, 4), 4.3 (1, 2-4), 7.4
Nutzungsausfallentschädigung	EStH	4.7
Nutzungsbefugnis, bei der Bodengewinnbesteuerung	EStR	55
Nutzungsdauer, bei Scheinbestandteil	EStH	7.1
– betriebsgewöhnliche	EStH	6b.1 (1), 7.4 (3)
	EStH	5.6, 7.4, 7a
– Rest-	EStH	7.4 (11), 7a (10)
	EStH	7.4
– von Gartenanlage	EStR	21.1 (3)
– von Gebäude	EStH	7.4 (3)
Nutzungsentgelt, für Pkw-Nutzung	LStR	8.1 (9 Nr. 4)
	LStH	8.1 (9-10)
– Treibstoffkosten	LStH	8.1 (9)
Nutzungsentnahme	EStR	4.7 (1)
	EStH	4.3 (2-4)
Nutzungsfähigkeit, selbstständige Bewertbarkeit	EStH	6.13
Nutzungsmöglichkeit, Firmenwagen	LStH	8.1 (9-10)
Nutzungsrecht, als Betriebsvermögen	EStH	4.2 (1, 7)
– an Gebäuden	EStH	4.2 (1, 7), 7.1
– bei Einkünften aus Vermietung und Verpachtung	EStH	7.1
– bei Land- und Forstwirtschaft	EStR	13.5
	EStH	13.4
– Berücksichtigung, von Eigen- und Drittaufwand	EStH	4.7
– durch Baumaßnahmen eines Nutzungsberechtigten geschaffenes -	EStH	4.2 (1, 7), 5.5
– immaterielles Wirtschaftsgut	EStH	5.5
– Nießbrauch und anderes -	EStH	7.1, 16 (6)
Nutzungssatz, für einen Wald	EStH	34b.1
– Richtlinie	EStH	34b.4
Nutzungsüberlassung	EStH	10.2, 13.4, 20.2
Nutzungsvergütung	EStR	34.3, 34.4, 49.3 (2), 50a.1
	EStH	22.6, 34.3
Nutzungsvorteil, als Betriebsvermögen	EStH	4.2 (1)
– als immaterielles Wirtschaftsgut	EStH	5.5
– Einlage	EStH	4.3 (1)
Nutzungswert, der Wohnung eines Land- und Forstwirts	EStR	13.5 (3)
	EStH	13.5
– einer verbilligt überlassenen Wohnung	EStR	21.3
	EStH	10.2
NV-Fall, Vollverzinsung	AEAO	zu § 233a (Nr. 60)
Oberarzt	LStH	19.0

Obhuts- und Pflegeverhältnis, bei Pflegekindern .... EStH 32.2
Objekt, Drei-Objekt-Grenze .. EStH 15.7
Obligatorischer Vertrag,
  Maßgeblichkeit .... EStR 7.2
                                   EStH 7.2, 16, 22.6
Obst- und Gartenbauverein .. KStR 8.13 (1)
Öffentlich Private Partnerschaft, Private Public Partnership .... EStH 5.6
Öffentliche Kasse, Aufwandsentschädigung .... LStR 3.12
  – Begriff .... LStH 3.11
  – Lohnsteuerbescheinigung.. LStR 41b (2)
  – Reise- und Umzugskostenvergütung sowie Auslösung aus - .... LStR 3.13
                                LStH 3.13
Öffentliche Mittel, Beihilfe ... LStR 3.11
                                LStH 3.11
Öffentliche Straße .... GewStH 30.1
Öffentlicher Dienst .... LStR 3.12
Öffentlicher Leitsatz .... EStH 5.7 (4)
Ökologisches Jahr, freiwilliges .... EStH 32.8
Örtliche Zuständigkeit .... GewStR 1.3
  – Ersatzzuständigkeit......... AEAO zu § 24
  – Fall von geringer Bedeutung........................... AEAO zu § 18 (Nr. 5)
  – gesonderte Feststellung.... AEAO zu § 18
  – Lagefinanzamt.............. AEAO zu § 18
  – mehrfache.................. AEAO zu § 25
  – Steuern vom Einkommen und Vermögen natürlicher Personen..................... AEAO zu § 19
  – Wechsel.................... AEAO zu § 26
  – Zuständigkeitsvereinbarung........................... AEAO zu § 27
Offenbarung, Durchbrechung des Steuergeheimnisses.... AEAO zu § 30 (Nr. 6 ff.)
Offene Handelsgesellschaft,
  Betriebsvermögen .... EStR 4.2 (2)
  – Buchführungspflicht/Gewinnermittlung.............. EStH 5.1
  – Einkünfte .... EStH 15.9 (1)
  – freie Berufstätigkeit im Rahmen einer -............. EStH 5.1, 15.6
Offene-Posten-Buchhaltung . EStH 5.2
  – Buchführung .... AEAO zu § 146 (Nr. 3)
Omnibus, Betrieb als Teilbetrieb .... EStH 16

Opfer von Gewalttat, Entschädigung .... LStR 3.6
Opfergrenze .... EStR 33a.1 (3)
                                    EStH 33a.1
Option, Verfall als Werbungskosten........................ LStH 9.1
  – Zufluss...................... LStH 38.2
Optionsgeschäft................ EStH 4.2 (1), 15.7 (9), 23
Optionsmodell, Geld oder Sachbezug.................... LStH 8.1 (1-4)
  – Zuschuss..................... LStH 8.1 (1-4)
Optionsprämie .... EStH 4.2 (15), 5.7 (1)
Optionsrecht .... EStH 5.5, 17 (2)
Ordnungsgeld .... EStR 4.13 (1, 4)
                                  KStR 10.2
Ordnungswidrigkeit .... EStR 4.13 (2)
Organgesellschaft............. EStH 15.8 (1), 16 (4)
Organischer Abfall .... EStR 15.5
Organkreis, vororganschaftlicher Verlust .... GewSt-Erl 7
Organschaft .... GewStR 2.3
                                    GewStH 2.3
  – „Kleine Organschaftsreform" .... KSt-Erl 24
  – – Anwendungsfragen....... KSt-Erl 25
  – andere Kapitalgesellschaft als Organgesellschaft....... KStR 17
  – Anwendung besonderer Tarifvorschriften................. KStR 19
  – atypisch stille Beteiligung, Kapitalgesellschaft .... KSt-Erl 30
  – Ausgleichszahlung.......... KStR 16
  – Beendigung................. GewStR 2.3 (2)
  – Behandlung, im Rahmen der Einkommenszurechnung........................... KStR 16
  – bei Veräußerung von Teilbetrieben .... EStH 16 (9)
  – besondere Ausgleichsposten beim Organträger ...... KStR 14.8
                                    KStH 14.8
  – – Bildung und Auflösung ... KStR 14.8
  – besondere Tarifvorschrift, Anwendung bei Organschaft .... KStR 19
  – Eingliederung, finanzielle .. KStR 14.2
  – Einkommensermittlung, Ausgleichszahlung.......... KStR 16
  – – bei der Organgesellschaft KStR 14.6, 15, 16

Stichwortverzeichnis

– – beim Organträger.........	KStR	14.7
– – dem Organträger zuzurechnendes Einkommen..	KStR	14.6
– – Verlustabzug aus der vorvertraglichen Zeit	KStR	15
– Ermittlung des Gewerbeertrags	GewStR	7.1 (5)
	GewStH	7.1 (5)
– Fünfjahresfrist i. S. von § 14 (1) Nr. 3 KStG...........	KStR	14.5 (2)
– Gewerbeverlustfeststellung, Zuständigkeit.....	GewSt-Erl	5
– Gewinnabführungsvertrag.	KStR	14.5
– – s. a. Gewinnabführungsvertrag		
– – Verlustübernahme........	KSt-Erl	28, 29
– Grunderwerbsteuer.........	GrESt-Erl	2
– Haftung.....................	AEAO	zu § 73
– Hochschleusung von Tarifermäßigungen auf den Organträger................	KStR	19
– Mehr- und Minderabführungen......................	KStR	14 (8)
	KStH	14.8
– Mehrmalige Umstellung des Wirtschaftsjahrs bei Begründung der Organschaft...................	KStR	14.4 (3)
– Personengesellschaft als Organträger................	KStR	14.3
– Rechtsbehelfsrecht bei Einwendungen gegen die Höhe des Organeinkommens.....................	KStR	14.6 (6)
– Reform, kleine..............	KSt-Erl	26
– rückwirkende Begründung bei Umwandlung	KStH	14.2
– steuerbefreite Körperschaft als Organträgerin..........	KStH	14.1
– Steuerbefreiung.............	GewStH	2.3 (1)
– Steuervergünstigungsabbaugesetz................	KSt-Erl	27
– Unternehmensverträge bei Organgesellschaften i. S. d. § 17 KStG	KStR	17
– Veräußerungsgewinn der Organgesellschaft	KStR	19 (2)
– verdeckte Gewinnausschüttungen an den Organträger	KStR	14.6 (4), 14.7 (2)
– Verlustabzug................	EStR	10d (1)
– – aus vorvertraglicher Zeit .	KStR	15
– Verlustverrechnung.........	GewStR	10a.4
– Zinsschranke	KStH	15

– zivilrechtlich unwirksame -	KStR	17
– Zuwendungen (Spende)....	EStH	10b.3
– zuzurechnendes Einkommen der Organgesellschaft	KStR	14.6
– – Einwendungen gegen die Höhe des Organeinkommens.....................	.KStR	14.6 (6)
Organträger-Personengesellschaft.........................	EStH	15.8 (3), 16 (4)
Orthoptist	EStH	15.6
Ortsüblicher Mietwert	LStR	8.1 (6)
	LStH	8.1 (5-6)
Pachtzahlung, in der Landund Forstwirtschaft.........	EStH	11
Pachtzinsen...................	EStH	4.8, 34.4
Pächter........................	EStR	7.1 (4), 14
	EStH	4a, 14, 16, 49.1
Park and Ride.................	LStH	9.10
Parkgebühr, Fahrt zur ersten Tätigkeitsstätte	LStH	9.10
– Reisenebenkosten...........	LStH	9.5
Parkplatz, Vermietung........	EStH	15.7 (2)
Partei, Beitrag und Spende ...	LStH	34g
– Zuwendungen an politische -........................	EStR	2 (2), 10b.2
	EStH	10b.2, 22.7
Parteiengesetz................	EStR	10b.2
	EStH	10b.2
Partner, einer nichtehelichen Lebensgemeinschaft........	EStR	21.4
	EStH	4.8, 4b, 4c, 6a (1), 27a
Partnerschaftsgesellschaft ...	EStH	15.8 (1)
Parzellenweise Verpachtung.	EStH	16 (5)
Parzellierung, von Grundstücken.........................	EStR	6.1 (1)
	EStH	23
Passage, Einbau	EStR	4.2 (3)
Patent.........................	EStH	5.7 (7), 49.1, 50a.1
	EStH	5.5, 5.7 (7), 18.1
Patentanwalt..................	EStR	4.13 (2)
Patentberichterstatter........	EStH	15.6
Patronatserklärung	EStH	5.7 (5)
Pauschale Reisekostenvergütung......................	LStH	3.13, 3.16

2409

Pauschalierung, Antrag.......	LStH	40.1
– bei ausländischen Einkünften	EStH	34c (6)
– bei beschränkter Steuerpflicht........	EStH	49.1
– Bescheid	LStH	40.1
– der Lohnsteuer, Allgemeines	LStR	40.1-40b.2
	LStH	40.1-40b.1
– – Betriebsveranstaltung....	LStR	40.2 (1)
– – Erholungsbeihilfe	LStR	40.2 (3)
– – geringfügig entlohnter Beschäftigter	LStR	40a.2
	LStH	40a.2
– – Gruppenunfallversicherung............	LStR	40b.2
	LStH	40b.2
– – Internetzuschuss........	LStR	40.2 (5)
– – kurzfristig Beschäftigter..	LStR	40a.1
	LStH	40a.1
– – Land- und Forstwirtschaft	LStR	40a.1 (6)
	LStH	40a.1
– – Mittagsmahlzeit	LStR	8.1 (7), 40.2 (1)
	LStH	8.1 (7)
– – Negativsteuer	LStH	40.2
– – Schenkung von Personalcomputer	LStR	40.2 (5)
– – sonstiger Bezug	LStR	40.1
	LStH	40.1
– – Verpflegungsmehraufwand	LStR	40.2
	LStH	9.6, 40.2
– – Wahlrecht	LStH	40.2
– – Zukunftssicherungsleistung	LStR	40b.1
	LStH	40b.1
Pauschalzahlung, Auslagenersatz	LStR	3.50 (2)
	LStR	3.50
– steuerfreier Zuschlag........	LStR	3b (7)
Pauschbetrag, s.a. Entfernungspauschale und Kilometersatz		
– für Arbeitnehmer	EStR	34.4
	EStH	32b, 33a.3
	LStH	9a
– für Aufwendungen für Wege zwischen Wohnung und Betriebsstätte und für Familienheimfahrten	EStR	4.11, 4.12
– für behinderte Kinder.......	LStH	39a.3
– für behinderte Menschen, Hinterbliebene und Pflegepersonen..................	EStR	26a, 33.3, 33.4 (2), 33b
	EStH	26a, 32.13, 33.1-33.4, 33b
	LStH	33b
– für Verpflegungsmehraufwand.................	EStR	4.11, 4.12
– für Werbungskosten........	EStR	34.4
	LStH	9a
– Pflege-	LStH	33b
– Übernachtungskosten, im Ausland	LStR	9.7, 9.11
	LStH	9.7, 9.11 (5-10)
– – im Inland	LStR	9.7, 9.11
	LStH	9.11 (5-10)
– Umzugskosten	LStR	9.9
– Verpflegungsmehraufwand	LStR	9.6
	LStH	9.6
Pauschfestsetzung	GewStR	15.1
Pauschsteuersatz, s. Pauschalierung, der Lohnsteuer		
Pelztierzucht..................	EStH	15.10
– Verband und -verein........	KStR	8.13 (4)
Pension	EStH	22.4
– s.a. Versorgungsbezug		
Pensions- und Unterstützungskasse, als Arbeitgeber.................	LStH	19.1
– Befreiung von der KSt	KStR	5.2
– Begriff	LStR	40b.1 (4)
– Einschränkung der Befreiung....................	KStR	6
– partielle Steuerpflicht von Pensionskassen	KStR	6
– Rente..................	EStH	22.4
– Steuerbefreiung............	GewStR	3.9
– Steuerfreiheit von Beiträgen...................	LStH	3.63
– Verlustrücklage (Soll-Betrag).................	KStR	6 (2)
– Zuwendungen..............	EStR	4c, 6.3 (3), 6a (17)
Pensionsanspruch, Abfindung	EStH	6a (3), 16 (9)
– gegenüber der Betriebskapitalgesellschaft.........	EStH	15.7 (4)

Stichwortverzeichnis

Pensionsanwartschaft	EStR	6a
– Gesellschafter-Geschäftsführer	KSt-Erl	7
Pensionsfonds	EStR	4e, 6.3 (3)
	EStH	4d (1), 4e
– Steuerfreiheit von Beiträgen	LStH	3.63, 3.66
Pensionsgeschäft, mit Wertpapier	EStH	22.6
Pensionsleistung	EStH	6a (1)
Pensionsrückstellung	EStR	5.7 (1), 6.3 (3), 6a
	EStH	6a
– Nachholverbot	EStH	6a (20)
– Schriftformerfordernis	EStR	6a (7)
	EStH	6a (7)
Pensionsstall	EStH	15.5
Pensionsverpflichtung, innerhalb einer GmbH & Co. KG.	EStH	6a (1)
Pensionszusage, Ablösung	LStH	19.3
– Allgemeines	EStR	6a
	EStH	5.5, 6a, 15.8 (3)
– an Gesellschafter-Geschäftsführer von Kapitalgesellschaften	KStR	8.7
– Gesellschafter-Geschäftsführer, Erdienungszeitraum	KSt-Erl	3, 4
– – Finanzierbarkeit	KSt-Erl	14
– – Probezeit	KSt-Erl	6
– – Rückstellungen	KSt-Erl	4
– – Unverfallbarkeit	KSt-Erl	3
– Übertragung auf Unterstützungskasse	EStH	6a (3)
– Versorgungsleistung	EStH	34.4
– wertpapiergebundene	EStH	6a (2, 17)
Personalberater	EStH	15.6
Personalcomputer	EStH	12.1
– s. a. Computer		
Personalrabatt	LStH	8.2
Personelle Verflechtung	EStR	15.7 (6)
	EStH	15.7 (4, 6, 8)
Personenaufzug	EStH	4.2 (5)
Personengesellschaft, Abtretung	EStH	4.8
– als Gewerbebetrieb	GewStR	2.1 (2), 2.4 (3)
	GewStR	2.1 (1)
– als Organträger	GewStR	2.3 (3)
	GewStR	2.3 (3)
	KStR	14.3
– als Steuerschuldner	GewStR	5.1 (1)

– Arbeitsverhältnis zwischen Ehegatten	EStR	4.8
	EStH	4.8
– ausländische	EStH	15.8 (3), 32b
– beteiligungsidentische	EStH	6.15
– Betriebsvermögen	EStR	4.2 (2)
– – Vergleich	EStR	4.1 (3, 4)
– Doppelbesteuerungsabkommen	AO-Erl	2
– doppelstöckige	EStH	4a, 15.10
– Einbringung	UmwSt-Erl	1, 2
– fehlerhafte Gewinnverteilung	EStH	4.4
– Gesamthandsvermögen, Privatvermögen-Einbringung	ESt-Erl	4
– Gesellschafterwechsel	GewStH	10a.1
– Gewerbeverlust	GewStR	10a.3 (3)
	GewStH	10a.1, 10a.3 (3)
– Gewerbeverlustabzug, unterjähriges Gesellschafterausscheiden	GewSt-Erl	6
– gewerblich geprägte	EStR	15.8 (6)
– Gewinnerzielungsabsicht	EStH	15.8 (5)
– Grundstück	EStR	4.2 (11, 12)
– – Gesellschafterwechsel	GrESt-Erl	1
– mehrstöckige	EStR	15.8 (2)
	EStH	15.6
– Mietverhältnis zwischen - und Gesellschafter	EStR	21.6 (2)
– Übertragung stiller Rücklagen	EStR	6b.2 (6, 7)
– umfassend gewerbliche	EStR	15.8 (5)
– Umqualifizierung der Einkünfte einer vermögensverwaltenden	GewStH	2.1 (2)
– Umwandlung	EStR	6b.2 (9)
– Veräußerung oder Verpachtung	EStH	16 (1, 5)
– Verlust aus gewerblicher Tierzucht	EStH	15.10
– Vermögen	EStH	4.8
– vermögensverwaltende	EStH	15.7 (1), 15.8
– von Familienangehörigen	EStR	15.9
	EStH	15.9 (2, 3)
Personengruppentheorie	EStH	15.7 (6)
Personenhandelsgesellschaft	EStH	15.8 (3)

2411

Pfändung, Anspruch aus dem Steuerschuldverhältnis	AEAO	zu § 46
– Auszahlung der Finanzbehörde bei Verstoß gegen gesetzliche Vorschriften....	AEAO	zu § 46 (Nr. 3)
– Rechtsstellung der Beteiligten	AEAO	zu § 46 (Nr. 4)
– vor Entstehung des Anspruchs	AEAO	zu § 46 (Nr. 1)
Pfandbrief	EStH	15.7 (9)
Pferdehaltung	EStH	13.2
Pferdezucht	EStH	15.3
Pflanzenschutzmittel	EStH	5.5, 5.7 (4)
Pflege, eines Angehörigen....	EStH	22.6
– nebenberufliche.............	EStH	3
Pflege-Pauschbetrag	LStH	33b
Pflegeaufwand, eigener	EStH	33.1-33.4
– für Dritte	EStH	33.1-33.4
Pflegebedürftigkeit, Altersunterschied................	EStR	32.2 (3)
– Aufwendungen	EStR	33.3
	EStH	33.1-33.4, 33a.1, 33b
Pflegeeltern, Zuschuss/Pflegegeld des Jugendamtes ...	EStH	3
Pflegegeld	EStH	3.11, 33b
Pflegekind	EStR	32.2
	EStH	32.2
Pflegekraft, ambulante.......	EStR	33.3 (1)
	EStH	33b
Pflegekrankenversicherung ..	EStH	10.5
Pflegepauschbetrag	EStR	33b
	EStH	33.1-33.4, 33b
Pflegeperson	LStH	33b
Pflegerentenversicherung....	EStH	10.5
Pflegeverhältnis, Angehöriger.....................	AEAO	zu § 15 (Nr. 6)
Pflegeversicherung, Arbeitgeberanteil	LStH	3.62
– Mitteilung an Sozialleistungsträger.................	AEAO	zu § 31, zu § 31a (Nr. 2.1)
Pflicht des Arbeitgebers, s. *Anzeigepflicht, Arbeitgeber und Lohnkonto*		
Pflichtteilsberechtigter	EStH	22.1
Pflichtversicherter, Kürzung des Vorwegabzugs..........	EStH	10.11
Photovoltaikanlage	EStH	4.7
Pilot	EStH	15.6
Podologe.......................	EStH	15.6
Politikberater..................	EStH	15.6
Pool-Abkommen	EStR	49.1 (2)
Prägung, gewerbliche, durch andere Personengesellschaft	EStH	15.8 (6)
Prämie, Anwendung der für Steuervergütung geltenden Vorschriften	AEAO	zu § 155 (Nr. 5)
– Aussetzung der Vollziehung	AEAO	zu § 361 (Nr. 4.7)
– Einspruch...................	AEAO	zu § 347 (Nr. 6)
– Festsetzung unter Vorbehalt der Nachprüfung....	AEAO	zu § 164 (Nr. 2)
– Stundungszinsen	AEAO	zu § 234 (Nr. 12)
Praktikum......................	EStH	32.5
Praxis, Aufgabe/Fortführung einer freiberuflichen -	EStR	4.3 (2)
	EStH	15.6
Praxisausfallversicherung	EStH	4.7
Praxiseinbringung	EStR	18.3 (2)
	EStH	18.3
Praxisveräußerung............	EStR	18.3
	EStH	18.3
Praxisverpachtung	EStR	18.3
	EStH	15.6
Praxiswert	EStR	4.5 (3), 5.5 (3)
	EStH	4.3 (1), 5.5, 6.1, 7.4
– Wirtschaftsgut..............	ESt-Erl	14, 15
Preis............................	LStH	19.3
– anlässlich Preisausschreiben.....................	EStR	4.10 (3)
Preisgeld	EStH	2, 22.8
Private Equity Fonds	EStH	15.7 (1)
Private Lebensführung........	EStH	12.1
Private Vermögensverwaltung, gewerblicher Grundstückshandel, Abgrenzung .	ESt-Erl	35, 36
Privates Veräußerungsgeschäft	EStH	23
Privatfahrt, s. *Kraftfahrzeuggestellung*		
Privatklinik	EStH	15.6

Stichwortverzeichnis

Privatschule	EStR	33.4 (2)	
	EStH	10.10, 15.6, 33.1-33.4, 33b	
– Gemeinnützigkeit	AEAO	zu § 52 (Nr. 4)	
Privatstraße	EStH	6,4	
Privatvermögen, Erbauseinandersetzung	EStH	7.3	
	ESt-Erl	29	
– Überführung von Wirtschaftsgut	EStR	7.3 (6)	
	EStH	7.3 (6), 16 (2), 23	
– Zurechnung eines Grundstücks und anderer Wirtschaftsgüter	EStR	4.2, 4.7 (1), 6.6 (3), 7.3 (2)	
	EStH	4.3 (2-4), 7.4, 20.2, 24.2	
Probenehmer	EStH	15.6	
Produktionsunternehmen	EStH	16 (8)	
Progressionsvorbehalt	EStR	4.1 (4), 15a (5), 32b, 46.2	
	EStH	32b, 34.2, 34.4	
– Anwendung	LStH	32b	
Progressionswirkung	EStH	34.4	
Promotion	EStH	32.5	
– als Ausbildung	LStH	9.2	
Prostituierte	EStH	15.4	
Provision, als Vergütung für sonstige Leistungen	EStH	22.6	
– aus der ringweisen Vermittlung von Lebensversicherungen	EStH	22.8	
– Fortzahlung von - bei Handelsvertretern	EStH	5.7 (3)	
– für im Innendienst Beschäftigte	LStH	19.4	
– für Kreditvermittlung	EStH	22.4	
– für Vertragsabschluss mit dem Arbeitnehmer	LStH	19.4	
Prozesskosten	EStH	4.7, 6.4, 21.2	
Prozesszinsen, Abrundung des zu verzinsenden Betrages	AEAO	zu § 236 (Nr. 3)	
– auf Erstattungsbetrag	KStH	10.1	
– bei Realsteuern	AEAO	zu § 236 (Nr. 8)	
– Entstehung des Anspruchs	AEAO	zu § 236 (Nr. 4)	
– Überschneidung mit Vollverzinsung	AEAO	zu § 233a (Nr. 67)	
– Voraussetzung	AEAO	zu § 236 (Nr. 1)	
– Zinslauf	AEAO	zu § 236 (Nr. 5)	
Prüfer	LStH	3.26	
Prüfung, Festsetzung unter Vorbehalt der Nachprüfung bis zu abschließender -	AEAO	zu § 164 (Nr. 3)	
Prüfungsanordnung, Ablaufhemmung durch Außenprüfung	AEAO	zu § 171 (Nr. 3)	
– Bekanntgabe	AEAO	zu § 197	
– Bestimmung des Umfangs einer Außenprüfung	AEAO	zu § 194 (Nr. 1)	
– Form und Wirkung	AEAO	zu § 196	
Prüfungsbericht, Inhalt	AEAO	zu § 22	
Prüfungstätigkeit	LStH	19.2	
– nebenberufliche	EStH	18.1	
Psoriasis	EStH	33.1-33.4	
Psychologischer Psychotherapeut	EStH	15.6	
Psychoseminar	LStH	9.1	
Public Private Partnership - PPP	EStH	5.6	
Quellensteuer, s. Ausländische, Steuer			
Quotentreuhand	EStH	17 (2)	
Rabatt-Freibetrag, Allgemeines	LStR	8.2	
	LStH	8.2	
Rabattgewährung, durch den Arbeitgeber	LStR	8.2	
	LStH	8.2	
– von Dritten	LStR	38.4 (2)	
	LStH	38.4	
Räumungsverkauf	EStH	16 (9)	
Rangrücktrittsvereinbarung	EStH	4.2 (15), 6.10	
Ratenzahlung	EStH	16 (11)	
– Stundungszinsen bei mehreren Ansprüchen	AEAO	zu § 234 (Nr. 9, 10)	
Realakt, Ablehnung eines Antrags auf Erteilung	AEAO	zu § 347 (Nr. 1)	

2413

Stichwortverzeichnis

Realsteuermessbescheid, Aussetzung der Vollziehung, Unterrichtung der Gemeinde .... AEAO zu § 361 (Nr. 5.4.1, 5.4.3)

Realsteuern, Aussetzungszinsen .... AEAO zu § 237 (Nr. 7)
- Hinterziehungszinsen ...... AEAO zu § 235 (Nr. 3)
- Prozesszinsen .... AEAO zu § 236 (Nr. 8)

Realteilung .... EStH 6.14, 6.15, 16 (2, 4)
                        GewStH 10a.2
- Berichtigung eines Bilanzierungsfehlers .... EStH 4.4
- Reinvestition .... EStR 6b.2 (9)

Rechnungsabgrenzungsposten .... EStR 4b (3), 5.6
                        EStH 5.6, 6.5, 6.10, 14

Recht .... GewStR 8.1 (5)
                        GewStH 8.1 (5)
- Entschädigung .... EStH 24.1
- immaterielles Wirtschaftsgut .... EStR 5.5 (1)
- Kapitaleinkünfte .... EStH 20.2
- Leistung .... EStH 22.6
- nachträgliche Einkünfte.... EStH 24.2
- Rückstellungen.............. EStR 5.7 (8)
- Überlassung................. EStH 50a.1

Rechtliches Gehör, Anhörung der Beteiligten .... AEAO zu § 91
- Einspruchsfrist, Wiedereinsetzung .... AEAO zu § 355 (Nr. 2)

Rechts- und wirtschaftsberatender Beruf................. EStH 15.6

Rechtsanwalt, freiberufliche Tätigkeit .... EStH 15.1, 15.3, 15.6
- Gemeinschaft .... EStH 15.6
- Schweigepflicht, aus Anlass einer Bewirtung............. EStH 4.10 (5-9)

Rechtsbehelf................... GewStR 7.1 (2)
- Aussetzung der Vollziehung, Begründetheit........ AEAO zu § 361 (Nr. 3.4)
- Aussetzungszinsen .... AEAO zu § 237 (Nr. 4)
- bei Anrufungsauskunft..... LStR 42e (1)

- Belehrung, Einspruchsentscheidung .... AEAO zu § 366 (Nr. 3)
- gegen Haftungsbescheid... LStH 42d.1
- Prozesszinsen .... AEAO zu § 236 (Nr. 1, 2)
- Rücknahme.................. AEAO zu § 362
- Vollverzinsung .... AEAO zu § 233a (Nr. 71-73)
- Zinsbescheid .... AEAO zu § 239 (Nr. 1)

Rechtsbehelfsverfahren, Änderung widerstreitender Steuerfestsetzungen........ AEAO zu § 174 (Nr. 5)
- Anwendungsbereich des außergerichtlichen - .... AEAO vor § 347, zu § 347 (Nr. 6)
- Aussetzung der Vollziehung, Abschluss............. AEAO zu § 361 (Nr. 2.2)
- Dienstanweisung zur Durchführung............... EStH 77
- Kosten .... AEAO vor § 347 (Nr. 2)

Rechtsbeistand .... EStH 15.6

Rechtserheblichkeit, neue Tatsache .... AEAO zu § 173 (Nr. 6)

Rechtsformwechsel, Verlustverrechnung................. EStR 15a (1)

Rechtshilfe, zwischenstaatliche - in Steuersachen........ AEAO zu § 117

Rechtsmittel, Rückstellung ... EStH 5.7 (13)

Rechtsnachfolge, Anzeigepflicht bei Fortführung eines Betriebs oder einer Betriebsstätte.................. AEAO zu § 138 (Nr. 1)
- Einspruchsbefugnis......... AEAO zu § 353
- Wirkung eines Einheitswertbescheides .... AEAO zu § 182 (Nr. 1)

Rechtsnachfolger, Bemessung der AfA .... EStR 7.3 (3)
- Betriebsverpachtung .... EStR 16 (5)
- nachträgliche Einkünfte.... EStR 24.2 (2)
                        EStH 24.2
- Reinvestition .... EStR 6b.3 (5)

Rechtsprechung, Vertrauensschutz bei Änderung........ AEAO zu § 176

Rechtsschutzbedürfnis, Einspruchsverfahren .... AEAO zu § 350 (Nr. 6)

Stichwortverzeichnis

Rechtsverhältnis, zwischen Angehörigen	EStR	4.8, 4.10 (6), 4c (4), 4d (5), 15.9, 21.4, 22.2, 33.1, 33a.1
	EStH	4.8, 13.4, 20.2, 21.4, 33.1-33.4
Recycling, Rückstellung, Bauschutt	EStH	5.7 (3)
Reeder	LStH	41a.1
Referendar	LStH	9.2
Regelmäßige Arbeitsstätte, s. Erste Tätigkeitsstätte		
Regenerationskur	LStH	19.3
Registrierkassenstreifen	EStH	5.2
Rehabilitationszentrum, ambulantes	GewStH	3.20
Reihenfolge, bei Vorliegen steuerbegünstigter Einkünfte	EStR	34.1
– beim Verlustabzug	EStR	10d (3)
Reinigungskosten, Arbeitszimmer	LStH	9.12
– Berufskleidung	LStH	9.12
Reinvestitionsfrist	EStR	6.6 (4), 6b.2 (5)
Reisegepäckversicherung	LStH	9.8
Reisegewerbebetrieb, Begriff	GewStR	35a.1
– Unterscheidung zum stehenden Gewerbebetrieb	GewStR	2.1
Reisekosten	EStR	4.12 (2)
	ESt-Erl	32
– s. a. Reisekostenersatz		
– Begriff	LStR	9.4
– Erstattung durch Arbeitgeber	LStH	9.4
– Fahrt Wohnung/Betriebsstätte	ESt-Erl	5
– Fahrtkosten	LStR	9.5
	LStH	9.5
– für einen Berufsverband	LStH	9.3
– Gehaltsumwandlung	LStH	3.16
– pauschale Vergütung	LStH	3.13, 3.16
– Pauschalversteuerung	LStR	40.2
	LStH	40.2
– Reisenebenkosten	LStR	9.8
	LStH	9.8
– Übernachtungskosten	LStR	9.7
	LStH	9.7
– Vergütung aus öffentlichen Kassen	LStR	3.13
– Verpflegungspauschale	LStR	9.6
	LStH	9.6
Reisekostenersatz, beschränkt Steuerpflichtiger	LStR	3.13, 3.16
	LStH	3.13, 3.16
– pauschale Vergütung	LStH	3.13, 3.16
– Steuerfreiheit	LStR	3.13, 3.16
	LStH	3.16
Reisekostenvergütung, steuerfreie, aus öffentlichen Kassen oder im privaten Dienst	EStH	3.13
Reisenebenkosten	LStR	9.8
	LStH	9.8
Reisevertreter	EStH	15.1
	LStH	19.0
Reitpferd	EStH	15.5
Reitschule	EStH	15.3
Reitunterricht	EStH	15.5
Rekultivierung, Verpflichtung	EStR	6.11
Religiöser Zweck	EStR	10b.1
Religionsgemeinschaft	EStR	10.7
	EStH	10.7
– Aufzeichnung	LStR	41.1 (4)
Rente, abgekürzte	EStR	22.4 (6)
	EStH	22.4
– Ablösung	EStH	10.3
– Abzug als Sonderausgabe	EStH	10.3 (1)
– Altenteilsleistung	EStH	10.3
– Anwendung des § 34 EStG auf Nachzahlungen	EStR	34.4 (1)
– Begriff	EStH	22.3
– bei Berechnung einer Pensionsanwartschaft	EStR	6a
	EStH	6a
– Besteuerung, von Leibrenten	EStR	22.3, 22.4
	EStH	22.3, 22.4
– Erhöhung, auf Grund Wertsicherungsklausel	EStR	4.5 (4)
– – und Herabsetzung	EStR	22.4 (3, 4)
– Ertragsanteil	EStR	22.4
– Kindererziehungszeit	EStH	3
– nach dem Umstellungsgesetz	EStR	22.5
– und dauernde Lasten, Hinzurechnung	GewStH	8.1 (2)
	GewStH	8.2 (2)

2415

Stichwortverzeichnis

- Veräußerung gegen Leibrente .... EStR 4.5 (4, 5), 16 (11), 18.3 (4)
  EStH 24.2
- wegen verminderter Erwerbsfähigkeit .... EStR 22.4 (7)
  EStH 22.4
- Witwen- und Waisen- ...... EStR 22.4 (8)
  EStH 22.4
- Zeit- .... EStH 22.4
- Zinsen aus -nachzahlungen EStH 20.2

Rentenverpflichtung, Behandlung bei Überschussrechnung .... EStR 4.5 (4, 5)
- Fortfall .... EStH 4.2 (15)
- Wert .... EStH 6.10

Rentenversicherung, als Direktversicherung .... EStR 4b (1)
- Beitrag als außergewöhnliche Belastung .... EStH 33.1-33.4
- freiwillige Weiterversicherung .... LStH 3.62, 19.3
- fremdfinanzierte, gegen Einmalbeitrag .... EStH 22.4
- in der Unterstützungskasse EStH 4d (2)
- Kinderzuschuss aus der gesetzlichen - .... EStH 3
- Mitteilung von Besteuerungsgrundlagen .... AEAO zu § 31

Rentner, technischer .... EStR 6a (25)

Repräsentationsaufwand ..... LStR 9.1

Repräsentationskosten .... EStR 4.10 (1, 12)

Reserve, stille, bei unentgeltlichem Erwerb .... EStR 7.3
-- bei Veräußerung/Aufgabe eines gewerblichen (Teil-)Betriebs .... EStR 18.3
-- bei Zerstörung eines Wirtschaftsguts .... EStR 4.7 (1)
-- Übertragung aufgedeckter .... EStR 6.6, 6b.1, 6b.2, 7.3 (4)
  EStH 6.6

Restaurator .... EStH 15.6

Restitutionsverfahren, nach dem VermG .... EStH 6.4, 21.2, 23

Restwert .... EStR 7.3 (4, 5), 7a (9, 10), 33.2
  EStH 7.3, 7.4, 7a
- Methode .... EStH 7.3

Retrograde Bewertungsmethode .... EStH 6.8

Rettungsassistent .... EStH 15.6

Rettungsdienst, Steuerbefreiung .... GewStH 3.6

Rezeptabrechner, für Apotheken .... EStH 15.6

Richter, Arbeitnehmer .... LStH 19.0
- Leitung einer Arbeitsgemeinschaft .... LStH 19.2

Richtigkeit, sachliche - der Buchführung .... EStH 5.2

Richtigstellungsbescheid, fehlerhafte Bezeichnung eines Feststellungsbeteiligten .... AEAO zu § 182 (Nr. 4)

Richtlinie, für die Bemessung von Nutzungssätzen .... EStH 34b.4

Richtsatz .... EStR 4.1 (2), 4.6 (1)
  EStH 13.5

Risikogeschäft .... KStH 8.5
- Gesellschaft/Gesellschafter-Geschäftsführer, Kapitalgesellschaft .... KSt-Erl 12

Risikolebensversicherung .... EStH 4.7, 21.2

Risikoversicherung .... EStR 4b (1)

Rohstoff .... EStR 6.1 (3), 6.8 (1)
  EStH 6.1

Rolltreppe .... EStH 4.2 (5)

Rotfäule .... EStH 34b.2

Rückabwicklung, Anschaffungsgeschäft .... EStH 17 (4), 23

Rückdeckungsanspruch .... EStR 6a (11, 26)
  EStH 6a (23, 26)

Rückdeckungsversicherung .. EStR 4d (13), 6a (11, 23)
  EStH 6a (23)
- Abgrenzung zur Direktversicherung .... LStR 40b.1 (3)
  LStH 40b.1

Rückfallklausel .... EStH 15.9 (2)
  LStH 39b.10

Rückgängigmachung verdeckter Gewinnausschüttung .... KStH 8.6

Stichwortverzeichnis

Rückgewährschuldverhältnis	EStH	5.7 (1)
Rückkaufsoption, Kfz-Handel	ESt-Erl	7
Rückkaufsrecht, Abtretung...	EStH	22.6
– bei Beteiligung im Sinne von § 17 EStG	EStH	17 (7)
Rückkaufsverpflichtung	EStH	4.2 (15)
Rückkaufswert	EStR	6a (26), 20.2
Rücklage, Antrag	EStH	6c
– Aufstockung bei nachträglicher Erhöhung des Veräußerungspreises	EStH	6b.2
– bei Betriebsveräußerung...	EStR	6b.2
	EStH	16 (9)
– bei gewährtem Zuschuss...	EStR	6.5 (4)
– bei Gewinnermittlung nach § 4 Abs. 3 EStG	EStR	6.6 (5)
– Bildung	EStH	6b.2
– für Ersatzbeschaffung	EStR	6.6
	EStH	6.6
– Gewinn	EStH	5.5
– gewinnerhöhende Auflösung	EStH	6.6 (4), 6b.2 (5 f.), 6c, 16
	EStH	24.2
– gewinnmindernde, Veräußerung bestimmter Anlagegüter	EStR	6b.2, 6c
– Instandhaltung	EStH	21.2
– nach dem Forstschäden-Ausgleichsgesetz	EStR	34b.3
Rücknahme, des Einspruchs, Änderung	AEAO	zu § 367 (Nr. 2)
– – Schriftform	AEAO	zu § 362 (Nr. 1)
– – Unwirksamkeit	AEAO	zu § 362 (Nr. 2)
– des Verwaltungsakts	AEAO	vor §§ 130, 131
Rückspende	ESt-Erl	33
Rückstellung, auf Grund eines Sozialplans	EStR	5.7 (3)
– Auflösung	EStR	5.7 (13)
– bei Betriebsveräußerung...	EStH	16 (9)
– bei Rechtsmitteln	EStH	5.7 (13)
– Bewertung	EStR	6.11
– entstandene Verpflichtungen	EStR	5.7 (4)
– – Garantie	EStR	5.7 (12)
– für Aufbewahrung der Geschäftsunterlagen	EStH	5.7 (3)
– für Buchung laufender Geschäftsvorfälle	EStH	5.7 (3)

– für Deponien	EStH	6.11
– für Erstellung der Steuererklärung	EStH	5.7 (3)
– für Jahresabschlusskosten	EStH	5.7
– für Jahreszusatzleistungen.	EStH	6a (1)
– für Jubiläumszuwendungen	EStH	5.7 (1), 6.11
– für künftige Steuernachforderungen	EStH	4.9
– für Lagebericht	EStH	5.7 (3)
– für Lohnfortzahlung im Krankheitsfall	EStH	5.7 (9)
– für öffentlich-rechtliche Verpflichtungen	EStR	5.7 (4)
	EStH	5.7 (4)
– für Pensionsverpflichtungen bei Arbeitsverhältnissen zwischen Ehegatten....	EStH	4.8
– für Pensionszusagen an beherrschende Gesellschafter-Geschäftsführer von Kapitalgesellschaften	KStH	8.7
	KStH	8.7
– für schwebende Geschäfte.	EStR	5.7 (7)
– für Sparprämie	EStH	6.11
– für Steuerabschlusszahlungen	EStH	4.9
– für Steuererklärungskosten	EStR	5.7 (3, 6)
– für ungewisse Verbindlichkeiten	EStR	5.7
– für Verpflichtung zur Wiederaufbereitung und Entsorgung von Bauschutt.....	EStH	5.7 (3)
– für Zuwendungen, an Pensionskassen	EStR	4c (5), 4d (1)
– – an Unterstützungskassen	EStR	4d (1, 16)
– für (unterlassene) Instandhaltung	EStR	5.7 (11)
	EStH	7.3
– Gegenrechnung von Vorteilen bei der Bewertung	EStR	6.11 (1)
– wegen drohender Vertragsauflösung	EStH	5.7 (1)
– wegen Verletzung fremder Rechte	EStR	5.7 (7)
Rücktrittsvereinbarung	EStH	5.7 (1), 17 (4)
Rückübertragung	EStH	17 (4)
– Verpflichtung	EStH	15.9 (1)
Rückwirkende Bewilligung, von Rente statt Krankengeld	EStH	32b (4)
	EStH	22.4
Rückwirkende Schenkung....	EStH	17 (2)

2417

Stichwortverzeichnis

Rückwirkendes Ereignis, Änderung von Steuerbescheiden	AEAO	zu § 175 (Nr. 2)
– bei Antrag auf Realsplitting	EStH	10.2
– bei Zuwendungsbescheinigung	EStH	10b.1
– Vollverzinsung	AEAO	zu § 233a (Nr. 10, 28-40, 42 ff., 74)
Rückwirkung, bei Arbeitsverhältnis zwischen Ehegatten	EStH	4.8
– des Antrags auf Kindergeld	EStH	66
– Vorläufigkeit wegen rückwirkender Anwendung eines DBA	AEAO	zu § 165 (Nr. 2)
Rückzahlung, aus Kapitalherabsetzung	EStH	6.2, 17 (5)
– der Vorsteuererstattung	EStH	9b
– einer Dividende	EStH	44b.1
– einer offenen Gewinnausschüttung	EStH	17 (5)
– Verpflichtung	EStH	5.7 (3)
– von Arbeitslohn	EStH	4b
	LStH	11, 19.3, 40b.1
– von Einnahmen	EStH	22.6
Ruhegehaltsbezug, Anwendung des § 34 EStG auf Nachzahlungen	EStR	34.4 (1)
Ruhegeld	LStR	19.8
Ruhen des Einspruchsverfahrens	AEAO	zu § 363
Rumpfwirtschaftsjahr	EStH	4a
Rundfunkanstalt	LStH	3.11
Rundfunkermittler	EStH	15.1, 15.6
	LStH	19.0
Rundfunkessay	LStH	3.26
Rundfunksprecher	EStH	15.6
Saatzucht, Betrieb	EStR	13.6
Sach- und Rechtsstand, Erörterung, Einspruchsverfahren	AEAO	zu § 364a
Sachbezug	EStR	3
– s. a. Geldwerter Vorteil		
– Abgrenzung zur Geldleistung	LStH	8.1 (1-4)
– als Arbeitslohn	LStH	3b (2), 8.1, 8.2
	LStH	8.1, 8.2, 19.3
– als Werbungskosten	LStH	9.1 (4)
– an ehemalige Arbeitnehmer	LStH	8.2
– Aufteilung	LStH	8.2
– Bewertung	LStR	8.1, 8.2
	LStH	8.1, 8.2
– Gehaltsumwandlung	LStH	8.1 (1-4)
– Zuschuss, Optionsmodell	LStH	8.1 (1-4)
Sachbezugswert, amtlicher	LStR	8.1 (4)
– arbeitstägliche Mahlzeitenzuschüsse	LStH	8.1 (7)
– Geltung	LStH	8.1 (1-4)
– Seeschifffahrt und Fischerei	LStH	8.1 (1-4)
Sacheinlage, in das Vermögen einer Kapitalgesellschaft	EStH	4.2 (16), 4.3 (1)
Sachgut	EStH	16 (10)
Sachleistung	EStH	22.4
– steuerfreie, aus Versicherung	EStH	3
Sachliche Verflechtung	EStR	15.7 (5)
	EStH	15.7 (4, 5)
Sachspende	EStR	10b.1 (4)
Sachverständiger, Entschädigungspflicht	AEAO	zu § 17
– Steuergeheimnis	AEAO	zu § 30 (Nr. 4)
Sachwertabfindung	EStH	16 (9)
Sägewerk	EStH	14
Säumniszuschlag	EStH	6.2, 12.4
	KStR	10.1 (2)
– bei Änderung der Steuerfestsetzung	AEAO	zu § 240 (Nr. 2)
– bei Ausschöpfung der wirtschaftlichen Leistungsfähigkeit	AEAO	zu § 240 (Nr. 5)
– bei Erlass der Hauptschuld	AEAO	zu § 240 (Nr. 5)
– bei Fälligkeitssteuern	AEAO	zu § 240 (Nr. 1)
– bei steuerlicher Nebenleistung	AEAO	zu § 240 (Nr. 4)
– bei Vollstreckungsaufschub	AEAO	zu § 240 (Nr. 5)
– bei Zahlungsunfähigkeit und Überschuldung	AEAO	zu § 240 (Nr. 5)
– bei zinsloser Stundung der Hauptforderung	AEAO	zu § 240 (Nr. 5)
– berichtigte Steueranmeldung mit Mindersoll	AEAO	zu § 168 (Nr. 5)

Stichwortverzeichnis

– Eintritt der Säumnis	AEAO	zu § 240 (Nr. 1)
– Einwand	AEAO	zu § 240 (Nr. 7)
– Erhebung bei Gesamtschuldnern	AEAO	zu § 240 (Nr. 3)
– Erlassantrag	AEAO	zu § 240 (Nr. 7)
– Festsetzungsverjährung	AEAO	vor §§ 169 bis 171 (Nr. 2)
– Leistungsgebot	AEAO	zu § 218 (Nr. 2)
– offenbares Versehen eines bisher pünktlichen Steuerzahlers	AEAO	zu § 240 (Nr. 5)
– plötzliche Erkrankung des Steuerpflichtigen	AEAO	zu § 240 (Nr. 5)
– rückwirkende Aufhebung der Vollziehung	AEAO	zu § 361 (Nr. 7.4)
– sachliche oder persönliche Unbilligkeit	AEAO	zu § 240 (Nr. 5)
– Überschneidung mit Vollverzinsung	AEAO	zu § 233a (Nr. 64)
– Zielsetzung	AEAO	zu § 240 (Nr. 5)
Saison-Kurzarbeitergeld, s. Kurzarbeitergeld		
Saldierung, Ergebnis Gesellschafts-/Sonderbetriebsvermögen	EStH	15a
Sammel-Steuerbescheinigung	EStH	44a
Sammelbeförderung, unentgeltliche oder verbilligte, des Arbeitnehmers zwischen Wohnung und erster Tätigkeitsstätte	LStR LStH	3.32 3.32
– – von Arbeitnehmern	LStH	3.32
Sammelposten	EStR	5.4 (1), 6.13, 13.5 (2)
– Bilanz	ESt-Erl	22
Sanatorium	EStH	15.6, 33.1-33.4
Sanierungsgewinn	EStH	4.1, 10d, 15a
	GewStH	1.5 (1)
Sanierungsverpflichtung	EStH	5.7
Sanitätshelfer, als Arbeitnehmer	LStH	19.0
Sanktion, Abzugsverbot	EStR	4.13
Schachteldividende, Betriebsausgabe	KSt-Erl	21
Schadenrückstellung	EStH	6.11
Schadensersatz, als Betriebseinnahme	EStH	4.7
– Auflösung einer Rückstellung	EStH	5.7 (13)
– Bildung einer Rückstellung	EStH	5.7 (6)
– einer Wirtschaftsprüfungsgesellschaft	EStH	17 (5)
– Forderung	EStH	4.2 (1)
– für entgangene Gehalts- und Rentenansprüche	EStH	24.1
– für GmbH-Verbindlichkeiten	EStH	4.2 (15)
– Inanspruchnahme	EStH	5.7 (5)
– Leistung	EStH	33.1-33.4
– Rente	EStH	22.1
Schadensersatzforderung, Arbeitslohn bei Erlass	LStH	19.3
– Zufluss	LStH	38.2
Schadensersatzleistung, im Verhältnis zu Arbeitslohn	LStH	19.3
– Unfallkosten	LStH	9.5, 9.10
– Verzicht als Arbeitslohn	LStH	8.1 (9-10)
Schadensregulierer	EStH	15.6
Schadenswiedergutmachung	EStR	4.13 (1)
Schadstoffgutachten, Aufwendungen	EStH	21.2
Schätzung	LStH	8.1 (9-10)
– bei Beanstandung des Buchführungsergebnisses	AEAO	zu § 158
– Bescheid	EStH	46.2
	LStH	41a.1, 42d.1
– Fristsetzung im Einspruchsverfahren	AEAO	zu § 364b (Nr. 1)
– nach Richtsätzen	EStH	13.5
– Offenlegung der Verhältnisse von Vergleichsbetrieben	AEAO	zu § 162 (Nr. 3)
– Steuererklärungspflicht	AEAO	zu § 162 (Nr. 2)
Schalterhalle	EStR	4.2 (3)
Schalungsteil	EStH	6.13
Schatzanweisung, unverzinsliche	EStH	20.2
Schaufensteranlage, als selbständiges Gebäudeteil	EStR	4.2 (3)
	EStH	4.2 (3)
Schaukasten	EStH	7.1

2419

Stichwortverzeichnis

Scheck, Zufluss/Abfluss	EStH	11
Scheidung, Art der Veranlagung	EStH	26
– Klausel	EStH	4.8
– Kosten	EStH	33.1-33.4
Scheinarbeitsverhältnis, steuerliche Behandlung	AEAO	zu § 41
Scheinbestandteil, eines Gebäudes	EStR	7.1 (4)
	EStH	7.1
Scheingeschäft, Benennung von Gläubigern und Zahlungsempfängern	AEAO	zu § 160 (Nr. 3)
Scheingesellschafter	EStH	15.8 (1)
Scheinselbständigkeit	EStR	15.1 (3)
Scheinverwaltungsakt, Einspruch	AEAO	zu § 347 (Nr. 1)
Scheinwohnsitz, steuerliche Behandlung	AEAO	zu § 41
Schenkung	EStR	4.10 (2), 15.9 (2)
	EStH	4.8, 15.9 (5), 20.2, 23
Schenkweise, eingeräumte stille Beteiligung	EStH	15.9 (5)
– in eine KG aufgenommenes Kind	EStH	15.9 (2)
– übertragener Gesellschaftsanteil	EStH	15.9 (3)
Schiff, AfA	EStR	7.1 (2)
	EStH	7.3
– Inlandsbegriff	EStH	1a
– Teilbetrieb	EStH	16 (3)
– Vermietung	EStR	15.7 (3)
Schifffahrt	EStH	49.1
Schiffseichaufnehmer	EStH	15.6
Schiffsreise, Verpflegungspauschale	LStR	9.6 (3 Nr. 2)
Schlachtwert	EStH	6.13, 7.3
Schlichte Änderung, eines Steuerbescheids nach Bekanntgabe der Einspruchsentscheidung	AEAO	zu § 172 (Nr. 5)
– Einspruch	AEAO	zu § 347 (Nr. 2)
– – Verfahren gegen Entscheidung	AEAO	zu § 347 (Nr. 2)
– Grundsatz	AEAO	zu § 172 (Nr. 2)
Schlossbesichtigung	EStH	15.5
Schlussbesprechung, Richtigstellung von Rechtsirrtümern	AEAO	zu § 21
Schlussbesteuerung, nach § 13 KStG	KStR	13
– – Ansatz eines originären Firmenwerts	KStH	13.3
Schmiergeld	EStR	4.10 (2)
Schmuck, Verlust	LStH	9.8
Schneeballsystem	EStH	11, 20.2
Schonvermögen	EStH	33a.1
Schriftenminima, als GWG	EStH	6.13
Schriftformerfordernis, bei Pensionsrückstellung	EStR	6a (7)
	EStH	6a (7)
Schriftsteller	EStH	15.3
– freiwillige Nebentätigkeit angestellter -	LStH	19.2
Schriftstellerische Tätigkeit	EStR	49.1
	EStH	15.6
Schrottwert	EStH	7.3
Schuh	EStH	12.1
Schulbesuch	EStH	32.5, 33.1-33.4
Schuldbeitritt	EStH	4f, 5.8, 6a (1, 10)
– bilanzieller Ansatz	ESt-Erl	27
Schulden, Ablösung	EStH	4.2 (15)
Schuldenübernahme, durch Erwerber	EStH	16 (10)
Schuldzinsen	EStH	21.2, 24.2
– s. a. Zinsen		
– als Werbungskosten	LStH	9.12
– – Einkünfte aus Vermietung und Verpachtung	ESt-Erl	47
Schulgeld	EStR	10.10
Schulpflicht	EStH	10.10
Schulungsveranstaltung	EStH	4.10 (5-9)
Schutzbrief, als Arbeitslohn	LStH	8.1 (9-10)
Schutzrecht, Begriff des gewerblichen -	EStR	5.7 (8)
Schwarzarbeit, Mitteilung von Besteuerungsgrundlagen	AEAO	zu § 31a
Schwarzarbeiter	EStH	15.1
	LStH	19.0
Schwarzhandelsgeschäft	EStR	4.10
Schwebendes Geschäft/Vertrag	EStR	5.7 (1, 7)
Schwerbehinderter Mensch, s. Behinderter Mensch		
Schwestergesellschaft, Wirtschaftsgut-Vermietung, Sonderbetriebsvermögen	ESt-Erl	38

Stichwortverzeichnis

Schwesterpersonengesellschaft	EStH	4.2 (12), 15.7 (4)
Schwimmbecken/-halle	EStH	4.2 (5), 7.1
See- und Hafenlotse	EStR	4.12 (1)
Seeleute, Sachbezugswert	LStH	8.1 (1-4)
– Verpflegungspauschale	LStH	9.6
Segel- und Motoryacht	EStH	4.10 (1)
Sehhilfe, Nachweis für die Notwendigkeit	EStR	33.4 (1)
Sekundärfolgenrechtsprechung	EStH	4.2 (15)
Selbständige Arbeit, Abgrenzung, gegenüber dem Gewerbebetrieb	EStH	15.6
– – gegenüber der nichtselbständigen Arbeit	EStR	18.1
	LStR	19.2
	LStH	19.0, 19.2
– beschränkt steuerpflichtige	EStR	49.1
– sonstige	EStH	15.6
Selbständigkeit	EStR	15.1
	EStH	15.1, 49.2
Selbsterzeugte Ware	EStH	16 (9)
Selbstkosten	EStR	6.8
– Deckung	EStH	15.3
Serienfabrikat	EStH	15.7 (5)
Servicekraft	LStH	19.0
Sexuelle Dienstleistung	EStH	15.4
Sicherheitsleistung, Aussetzung der Vollziehung	AEAO	zu § 361 (Nr. 9.2)
Sicherheitsmaßnahme, als Arbeitslohn	LStH	19.3
Sicherung, betrieblicher Kredite	EStH	4.2 (1)
– Zuordnung von Sicherheiten zum passiven Sonderbetriebsvermögen	EStH	4.2 (3)
Sicherungsabtretung	AEAO	zu § 46 (Nr. 2)
Sicherungsnehmer, als Verfügungsberechtigter	AEAO	zu § 35 (Nr. 3)
Siedlungsunternehmen, s. Gemeinnütziges Siedlungsunternehmen		
Sittliche Pflicht	EStH	33.1- 33.4
Ski- und Snowboardkurs, als Werbungskosten	LStH	9.2
Skonto	EStH	6.1, 6.2
	GewStH	8.1 (1)
Software, -entwicklung als schriftstellerische Tätigkeit	EStH	15.6
– grenzüberschreitende Überlassung	EStH	49.1
Soldat, s. a. Bundeswehr		
– in Aus-/Weiterbildung	EStH	32.5, 32.10
– Zweitwohnung bei doppelter Haushaltsführung	LStH	9.11 (1-4)
Sollverzinsung, Stundungszinsen	AEAO	zu § 234 (Nr. 1)
– Vollverzinsung	AEAO	zu § 233a (Nr. 12, 13)
Sonderabschreibung, auf Anzahlungen und Teilherstellungskosten	EStR	7a (5)
– Begünstigungszeitraum	EStR	7a (2, 9)
– bei mehreren Beteiligten	EStR	7a (9)
– Berücksichtigung für Festsetzung der Vorauszahlungen	EStR	37
– gemeinsame Vorschriften	EStR	7a
– Kumulationsverbot	EStR	7a (7)
– neben degressiver AfA	EStR	7a (10)
– Verlustklausel	EStR	7a (8)
Sonderausgabe	LStH	10
– abzugsberechtigte Person	EStH	10.1
– Abzugszeitpunkt	EStH	10.1
– Allgemeines	EStR	10.1
	EStH	10.1
– Dividenden, Überschuss- oder Gewinnanteile bei Versicherungen/Versicherungsvereinen auf Gegenseitigkeit	EStH	10.1
– Drittaufwand	EStH	10.1
– erstattete Aufwendungen	EStH	10.1
– Religionsgemeinschaft	EStR	10.7
	EStH	10.7
– Sozialversicherungsbeitrag, Erstattung	EStH	10.1
– Unterhaltsleistung der Erben	EStH	10.1
– von Ehegatten	EStR	10.1, 26a (1)
– Vorsorgeaufwendungen	EStR	20.2
	EStH	18
– willkürlich gezahlte Kirchensteuer	EStH	10.1

Stichwortverzeichnis

Sonderbetriebsausgabe	EStH	4.2 (2), 4.7, 15.8 (4), 15.9 (2)
– Feststellungsverfahren bei typisch stiller Unterbeteiligung	AEAO	zu § 179 (Nr. 5)
Sonderbetriebseinnahme	EStH	4.2 (2), 4.7, 15.8 (4)
Sonderbetriebsvermögen, Allgemeines	EStR	4.2 (2)
	EStH	4.2 (2), 5.1, 15.8 (4)
– als Gegenstand der Betriebsverpachtung	EStH	16 (5)
– bei beschränkter Haftung ..	EStR	15a (2)
	EStH	15a
– bei Betriebsaufspaltung	EStH	4.2 (12), 15.7 (4)
– bei Betriebsveräußerung ...	EStH	16 (3, 4)
– Beteiligung	EStH	4.2 (1)
– Bodengewinnbesteuerung .	EStH	55
– gewillkürtes	EStH	4.2 (1)
– Grundstück einer Personengesellschaft..................	EStR	4.2 (12)
– Grundstücksteil von untergeordneter Bedeutung	EStR	4.2 (12)
– im Rahmen einer Bilanzänderung	EStH	4.4
– Reinvestition	EStR	6b.2 (6, 7)
	EStH	6b.2
– Überlassung zu Wohnzwecken	EStH	4.2 (12)
– Wirtschaftsgut-Vermietung, Schwestergesellschaft	ESt-Erl	38
– Zuordnung von Sicherheiten zum passiven -	EStH	4.2 (3)
Sonderregelung, für Berechtigte in den neuen Bundesländern	EStH	78
Sondervergütung	EStH	15.8 (4)
Sonderzahlung, an Versorgungseinrichtung	EStH	5.7 (5)
Sonderzuwendung, bei Arbeitsverhältnis zwischen Ehegatten	EStH	4.8
Sonntagsarbeit, Zuschlag für Sonntags-, Feiertags- und Nachtarbeit..................	LStR	3b
	LStH	3b
Sonstige Einkünfte	EStR	22.1
	EStH	22.1, 23

Sonstiger Bezug, als Aufstockungsbetrag................	LStH	3.28
– Altersteilzeit	LStR	39b.2 (2)
– Begriff	LStR	39b.2 (2)
– Besteuerung	LStR	39b.6, 39b.9 (2)
	LStH	39b.6
Sorgfaltspflicht, s. Grobes Verschulden		
Soziales Jahr, freiwilliges	EStH	32.8, 33a.2
Sozialhilfe, Kürzung	EStH	33a.1
Sozialleistung, Mitteilung von Besteuerungsgrundlagen	AEAO	zu § 31a (Nr. 2 ff.)
Sozialpädagogische Lebensgemeinschaft	EStH	21.2
Sozialplan	EStR	5.7 (3)
	LStH	19.3
Sozialtherapeutische Wohngruppe	EStH	33.4
Sozialversicherung, gesetzlicher Arbeitgeberanteil	LStR	3.62
	LStH	3.62
– Pflichtbeitrag zur gesetzlichen -, Kind	EStR	32.10 (1)
– Übernahme durch den Arbeitgeber	LStH	19.3, 39b.9
Sozialversicherungspflicht, und Selbständigkeit	EStR	15.1 (3)
Sozietätspraxiswert	EStH	6.1
Spar- und Darlehenskasse, Schulden	GewStR	8.9
	GewStH	8.9
Sparerfreibetrag	KStH	8.1 (2)
Spargelschäler	LStH	40a.1
Spargeschenkgutschein, von Kreditinstitut	EStR	4.10 (3)
Sparprämie, Rückstellung für zu leistende -	EStH	6.11
Spediteur	EStH	16 (3)
Speicherbuchführung	AEAO	zu § 146 (Nr. 3)
Speicherraum	EStR	7.2 (3)
Spende	GewStR	8.5
– s. a. Zuwendung, im Sinne der §§ 10b, 34g EStG		
– Abzug der Ausgabe	LStR	39a.1
– Allgemeines	EStR	10b.1, 10b.3, 12.5
	EStH	10b.3
	KStH	9
	KStH	9

Stichwortverzeichnis

Stichwort	Quelle	Fundstelle
– ausländischer Zuwendungsempfänger	KStH	9
– bei abweichendem Wirtschaftsjahr	KStR	9 (3)
– eines wirtschaftlichen Geschäftsbetriebs	KStR	9 (8)
	KStH	9
– Haftung	EStH	10b.1
– Höchstbetrag der abziehbaren -	KStR	9 (2)
	KStH	9
– in Organschaftsfällen	KStR	9 (5)
	KStH	9
– verdeckte Gewinnausschüttung	KStR	9 (6)
	KStH	9
– Zuwendungsbestätigung	KStH	9
Spendenhaftung	EStH	9
Sperrkonto	EStH	11
Spezialwissen	EStH	50a.1
Spielbank	LStH	3.51
Spielerberater, von Berufsfußballspielern	EStH	15.6
Spinnkanne, als GWG	EStH	6.13
Spitzensportler	EStH	15.1
Splitting-Verfahren	EStH	32a
Sponsoring	EStH	4.7, 10b.1, 12.1
Sport, als außergewöhnliche Belastung	EStH	33.1-33.4
– Gemeinnützigkeit	AEAO	zu § 52 (Nr. 5 ff.)
Sportler	EStH	49.1, 50a.2, 50d
Sportverein, als Arbeitgeber	LStH	19.0
Sprachaufenthalt, im Ausland	EStH	32.5
Sprachkurs, Fremdsprachenunterricht	LStH	9.2
Staatliches Lotterieunternehmen	GewStH	3.1
Staatsangehöriger, deutscher, im Ausland	EStH	1a
Staatswesen, Förderung, Gemeinnützigkeit	AEAO	zu § 52 (Nr. 8)
Ständiger Vertreter	EStH	49.1
	GewStH	2.9 (4)
– Betriebsstätte des Vertretenen	GewStR	2.9 (4)
Stahlregalteil	EStH	6.13
Stammkapital, einer GmbH	EStH	17 (4)
Stammrecht, einer Leibrente	EStR	22.4 (3)
– eines Kapitalvermögens	EStR	20.1
– Wertverlust	EStR	20.1
Statusfeststellungsverfahren	LStH	9.1
Stau- und Wehranlage	GewStH	30.1
Stellplatz	EStH	6.4
Sterbegeld	LStR	19.8 (1)
	LStH	19.8
Sterbekasse, Einschränkung der Steuerfreiheit	KStR	6
– Steuerbefreiung	KStR	5.2-5.6
Sterbemonat, Arbeitslohn	LStR	19.8, 19.9
Steuer, abziehbare	EStR	4.9, 6.3 (6)
	EStH	4.9
– Abzug ausländischer	EStR	34c
– Anrechnung ausländischer	EStR	2 (2), 34c
– auf Hinzurechnungsbetrag nach § 10 Abs. 2 AStG	EStR	2 (2)
– ausländische - vom Einkommen	EStR	2, 34c
– Nebenleistung	EStH	12.4
Steuerabzug, Abstandnahme bei abgesetzten Beständen	EStH	50d
– bei Bauleistungen	EStH	48, 50a.2
– bei beschränkter Steuerpflicht	EStH	50a.1
	EStH	50a.2
– trotz DBA	LStH	39b.10
– unzutreffend	LStH	38.1, 41b, 41c.1
Steuerabzugsbetrag, Anrechnung auf die ESt	EStR	36
	EStH	36
– Aussetzung der Vollziehung, Aufhebung der Vollziehung	AEAO	zu § 361 (Nr. 7.2)
– – Berechnung der auszusetzenden Steuer	AEAO	zu § 361 (Nr. 5)
– Berichtigung der Anrechnung	EStH	36
– Beschwer im Einspruchsverfahren	AEAO	zu § 350 (Nr. 2)
– gesonderte Feststellung	AEAO	zu § 180 (Nr. 6)
– Vollverzinsung	AEAO	zu § 233a (Nr. 2)

Stichwortverzeichnis

Steueranmeldung, Abgabe bei einem unzuständigen Finanzamt .... AEAO zu § 167 (Nr. 4)
– abweichende Steuerfestsetzung, durch Steuerbescheid .... AEAO zu § 168 (Nr. 6)
– – Fälligkeit der Steuervergütung bzw. des Mindersolls .... AEAO zu § 168 (Nr. 8)
– – Zahlungsfrist für Differenzbetrag .... AEAO zu § 168 (Nr. 8)
– allgemein erteilte Zustimmung .... AEAO zu § 168 (Nr. 9)
– Aussetzung der Vollziehung, Aufhebung der Vollziehung .... AEAO zu § 361 (Nr. 7.3)
– Beginn der Einspruchsfrist . AEAO zu § 355 (Nr. 1)
– berichtigte, Mindersoll ..... AEAO zu § 168 (Nr. 3)
– Berichtigung mit geringerem Vergütungsbetrag/Mehrsoll .... AEAO zu § 168 (Nr. 12)
– Einspruchsverfahren .... AEAO zu § 168 (Nr. 13)
– Fälligkeit, bei Zustimmungspflicht .... AEAO zu § 220
– – der angemeldeten Steuer AEAO zu § 168 (Nr. 1)
– Herabsetzung der bisher angemeldeten Steuer .... AEAO zu § 168 (Nr. 3)
– Mindersoll .... AEAO zu § 168 (Nr. 3)
– Steuervergütung, Antrag auf Steuerfestsetzung ...... AEAO zu § 168 (Nr. 2)
– Verzicht auf schriftlichen Steuerbescheid .... AEAO zu § 155 (Nr. 2)
– Wirkung .... AEAO zu § 168 (Nr. 1, 3)
– Zustimmung .... AEAO zu § 168
Steuerbefreiung .... KStR 5.2-5.18
– antragsabhängige, nach DBA .... LStH 39b.10
– aufgrund zwischenstaatlicher Vereinbarungen .... LStH 3.0
– außerhalb des KStG .... KStR 5.18
– Beginn und Erlöschen ...... KStR 13.1, 13.2
– bei Beteiligungen .... KStR 8b
– Berufsverbände ohne öffentlich-rechtlichen Charakter .... KStR 5.7
– Einschränkung der - bei Pensions-, Sterbe-, Kranken- und Unterstützungskassen .... KStR 6
– Erwerbs- und Wirtschaftsgenossenschaften und Vereine im Bereich der Land- und Forstwirtschaft .... KStR 5.11-5.16
– für nebenberufliche Tätigkeit .... EStR 3.26a
                                            EStH 3.26
– gemeinnütziges Siedlungsunternehmen .... KStR 5.10
– gemeinnütziges Wohnungsunternehmen .... KStH 5.9
– nach anderen Gesetzen, Verordnungen und Verträgen .... EStR 3.0
                                            EStH 3.0
                                            LStH 3.0
– Pensions-, Sterbe-, Kranken- und Unterstützungskassen .... KStR 5.2
Steuerbegünstigter Zweck (Spende) .... EStR 10b.1, 10b.3
                                            EStH 10b.1, 34g
– s. a. Spende
Steuerberatender Beruf, Auskunftsverweigerungsrecht, Vorlage von Urkunden und Wertsachen .... AEAO zu § 14
Steuerberater .... EStH 15.6
Steuerberatungskosten .... EStH 4.7, 12.2
                                          LStH 19.3
Steuerberechnung .... EStR 34.2, 34.5
Steuerberechtigung, der Gemeinden .... GewStR 1.1
Steuerbescheid, s. a. Steuerfestsetzung
– Versendung in geschlossenem Umschlag .... AEAO zu § 157 (Nr. 1)
Steuerbescheinigung .... EStR 36, 44b.1
                                          EStH 45a, 50a.2
Steuererklärung, Aufnahme an Amtsstelle .... AEAO zu § 151
– Beginn der Festsetzungsfrist, Anlaufhemmung ...... AEAO zu § 170 (Nr. 3)
– Form und Inhalt .... AEAO zu § 150

Stichwortverzeichnis

- grobes Verschulden bei Nichtabgabe .... AEAO zu § 173 (Nr. 4)

Steuererklärungspflicht ...... EStH 25
KStH 31.2

Steuerermäßigung, bei ausländischen Einkünften ...... EStR 34c
EStH 34c
- bei Belastung mit Erbschaftsteuer .... EStR 2 (2)
- bei Einkünften aus Gewerbebetrieb .... EStR 35
EStH 35
- bei haushaltsnahen Beschäftigungsverhältnissen und für die Inanspruchnahme haushaltsnaher Dienstleistungen .... EStR 2 (2)
EStH 35a
- bei Mitgliedsbeiträgen und Spenden an Parteien und Wählervereinigungen ...... EStR 2 (2)
EStH 34g
- bei Veräußerungsgewinnen EStR 14 (5), 16 (13), 34.1, 34.5
- Berechnung .... EStR 34.2, 34.5
- für außerordentliche Einkünfte .... EStR 14 (5), 34.1, 34.4, 34.5, 34b.1-34b.4
EStH 34.1, 34.4, 34b.1

Steuererstattungsanspruch .. EStH 4.2 (1)

Steuererstattungsantrag, bei beschränkter Steuerpflicht. EStH 50a.2

Steuerfahndung, Ablaufhemmung der Festsetzungsfrist AEAO zu § 171 (Nr. 4)
- Änderungssperre .... AEAO zu § 173 (Nr. 7)
- Aufgabe .... AEAO zu § 28 (Nr. 1)
- Maßnahmen im Besteuerungsverfahren .... AEAO zu § 28 (Nr. 3)
- Mitwirkungspflicht des Steuerpflichtigen .... AEAO zu § 28 (Nr. 5)
- Rechte und Pflichten .... AEAO zu § 28 (Nr. 2)

Steuerfestsetzung, s. a. Steuerbescheid
- Absehen .... AEAO zu § 156
- Bestandskraft .... AEAO vor §§ 172 bis 177
- Grundsatz .... AEAO zu § 155
- Nachholung innerhalb der Festsetzungsfrist .... AEAO zu § 156
- Rückzahlung überzahlter Beträge .... AEAO zu § 155 (Nr. 4)

Steuerfreier Bezug, Werbungskostenabzug .... LStR 9.1 (4)

Steuerfreiheit, Erstattung der Reisenebenkosten .... LStR 9.8 (3)
- Erstattung von Reisekosten LStH 9.4
- von Beihilfe .... LStR 3.11
LStH 3.11
- von Zuschlag für Sonntags-, Feiertags- und Nachtarbeit .... LStR 3b
LStH 3b

Steuerfreistellung, ausländischer Einkünfte .... EStH 50d

Steuergeheimnis, Durchbrechung aufgrund außersteuerlicher Vorschriften .... AEAO zu § 30
- Richtigstellung unwahrer Tatsachen .... AEAO zu § 30
- Umfang des Schutzes ...... AEAO zu § 30
- zwingendes öffentliches Interesse .... AEAO zu § 30

Steuerhehler, Haftung .... AEAO zu § 71

Steuerhinterzieher, Haftung . AEAO zu § 71

Steuerhinterziehung, Festsetzungsfrist .... AEAO zu § 71, zu § 169 (Nr. 2)

Steuerklasse, Grenzpendler .. LStH 39c
- in EU-/EWR-Fällen .... LStH 38b
- Wechsel, bei Ehegatten .... LStR 39.2 (2)

Steuerliche Nebenleistung, Anwendung der AO .... AEAO zu § 3
- Säumniszuschlag .... AEAO zu § 240 (Nr. 4)
- Verhältnis zur Vollverzinsung .... AEAO zu § 233a (Nr. 63 ff.)

Steuermessbetrag .... GewStR 14.1
GewStH 14.1
- Festsetzung unter Vorbehalt der Nachprüfung .... AEAO zu § 164 (Nr. 2)

2425

Stichwortverzeichnis

– Festsetzungsverjährung....	AEAO	vor §§ 169 bis 171 (Nr. 2)		**Steuervergütung**, Festsetzung unter Vorbehalt der Nachprüfung................	AEAO	zu § 164 (Nr. 2)
Steuermesszahl, bei Hausgewerbetreibenden............	GewStR GewStH	11.2 11.2		– Stundungszinsen	AEAO	zu § 234 (Nr. 12)
Steuerpause	EStH	4a		**Steuerzeichen**, Verzicht auf schriftlichen Steuerbescheid.....................	AEAO	zu § 155 (Nr. 2)
Steuerpflicht, Befreiung, nach internationalen und zwischenstaatlichen Verträgen sowie nach Doppelbesteuerungsabkommen...	LStR LStH	39b.10 3.0, 39b.10		**Stichtagsbewertung** .... **Stiftung**, Begriff der öffentlichen -....................... – Familien-..................... – Leistung	EStH EStH KStR EStH	17 (7) 3.11 1.2 20.2
– – von der beschränkten - ...	LStR	39.4 (3)		– nicht rechtsfähige	GewStH	2.1 (5)
– Beginn	KStR KStH	1.1 2		– steuerfreier Bezug .... – Zuwendungen...............	LStR EStH	3.11 10b.2
– bei Unternehmerwechsel ..	GewStR GewStH	2.7 2.7		**Stille Reserve**	EStH	6.6, 14, 15.7 (5),
– beschränkte	EStR EStH KStR KStH LStR LStH	34c, 49.1 1a 2 2 39.4 39.4				15.9 (2, 3), 15a, 16 (8)
				Stiller Gesellschafter, Begriff. – Beteiligung	GewStH EStH	8.1 (3) 15.8 (1), 15.9 (4), 17 (2),
– erweiterte beschränkte..... – erweiterte unbeschränkte..	EStH EStH LStH	1a 1a 1				20.1, 20.2
– kraft Rechtsform............,	GewStR GewStH	2.5 (2) 2.5 (2)		– Hinzurechnung von Gewinnanteilen................	GewStR GewStH	8.1 (3) 8.1 (3)
– Progressionsvorbehalt bei zeitweise unbeschränkter -	EStH	32b		**Stilllegung**, eines Betriebs als Betriebsaufgabe	EStH	16
– unbeschränkte	EStH	1a		**Stimmrechtsausschluss**.......	EStH	15.7 (6)
– Wechsel......................	EStH	1a		**Stipendium**	EStR EStH	3.44 3.44, 33a.2, 33a.3
Steuersatz .... – s. a. *Pauschalierung, der Lohnsteuer*	KStR	23			LStR	3.11
– Begrenzung...................	EStH	4				
– bei Kalamitätsnutzung	EStH	34b.5		**Störfall**, bei Altersteilzeit	LStR	3.28 (2)
Steuerschuldner, als Steuerpflichtiger	AEAO	zu § 33		**Strafcharakter**, von Rechtsfolgen vermögensrechtlicher Art......................	EStH	12.3
– einer atypisch stillen Gesellschaft	GewStR	5.1 (2)		**Strafverfahren**................	EStH	12.3
– Nettolohnvereinbarung	LStR	39b.9		**Strafverteidigungskosten**	LStR	9.1
– Wechsel......................	GewStR	5.1, 8.1 (6)		**Straßenanliegerbeitrag**.......	EStH	6.4
Steuerstempler, Verzicht auf schriftlichen Steuerbescheid.....................	AEAO	zu § 155 (Nr. 2)		**Straßenausbau**, Kosten, Zuschuss...................... **Straßenbau**, Kostenbeitrag...	EStH EStH	6.4 6.4
Steuervergünstigung, Feststellung der Voraussetzungen in einem Grundlagenbescheid, Antragsfrist	AEAO	zu § 175 (Nr. 2)		**Straßenbenutzungsgebühr**, als Arbeitslohn .... **Straßenleuchte**, als GWG..... **Straßenzufahrtskosten** .... **Stromableser**	LStR EStH EStH LStH	8.1 (9-10) 6.13 6.4 19.0

2426

Strukturänderung (Wandel), eines Betriebs	EStR	4.3 (2), 4.6 (1), 6.6 (1)
	EStH	16
Strukturwandel	EStR	15.5 (2)
	EStH	15.5, 16 (2, 3)
Student, Ausbildungsdienstverhältnis	LStH	9.2
Studienbeihilfe	LStH	3.11
Studiengebühr	EStR	10.9 (2)
	EStH	32.10, 33.1- 33.4, 33a.2
	LStH	19.7
Studienreise	EStR	12.2
	EStH	12.2
– Fachkongress, als Fortbildungskosten	LStH	9.2
	LStH	9.2
Studienzuschuss, als wiederkehrender Bezug	EStR	22.1 (1)
Studium, Kosten	LStH	9.2
	LStH	9.2
Stückzinsen	EStH	20.2
Stundung, Abgrenzung zur Aussetzung der Vollziehung	AEAO	zu § 361 (Nr. 1.4)
– Auswirkung auf Aussetzungszinsen	AEAO	zu § 237 (Nr. 5)
– der Gewerbesteuer	GewStR	1.6
– Ratenzahlung bei mehreren Ansprüchen	AEAO	zu § 234 (Nr. 10)
– Widerruf oder Rücknahme	AEAO	zu § 234 (Nr. 3)
Stundungszinsen, bei Ratenzahlung	AEAO	zu § 234 (Nr. 9)
– Ende des Zinslaufs	AEAO	zu § 234 (Nr. 5)
– Herabsetzung der gestundeten Steuer	AEAO	zu § 234 (Nr. 2)
– Kleinbetragsregelung	AEAO	zu § 234 (Nr. 8)
– Ratenzahlung bei Stundung mehrerer Ansprüche	AEAO	zu § 234 (Nr. 10)
– Sollverzinsung	AEAO	zu § 234 (Nr. 1)
– Überschneidung mit Vollverzinsung	AEAO	zu § 233a (Nr. 65)
– Verzicht auf Erhebung	AEAO	zu § 234 (Nr. 11)
– vorzeitige Tilgung	AEAO	zu § 234 (Nr. 1)
– Zinslauf, Beginn	AEAO	zu § 234 (Nr. 4)
– Zinsmonat	AEAO	zu § 234 (Nr. 6)
– zu verzinsende (Einzel-)Forderung	AEAO	zu § 234 (Nr. 7)
Substanzausbeuterecht	EStH	21.7
Substanzverringerung, Absetzung	EStR	4.5 (3), 7.5
Subtraktionsmethode	EStR	6.8 (2)
	EStH	6.8
Subvention, Mitteilung von Besteuerungsgrundlagen	AEAO	zu § 31a (Nr. 2.2)
Summe der Einkünfte	EStR	2, 10d (1), 34.1 (1), 34b.4
	KStR	7
Surrogatleistung	LStH	19.3
Synchronsprecher	EStH	15.6
Systemhalle	EStH	15.7 (5)
Systemprogramm	LStH	3.45
Tätigkeit, aktive	EStR	2a (3)
– Aufwandsentschädigung für nebenberufliche -	EStH	3
– Einkünfte, als Entlohnung für mehrjährige -	EStR	34.4
	EStH	34.4
– – aus einer ehemaligen -	EStR	24.2
	EStH	22.4
– – aus freiberuflicher -	EStH	15.6
– erzieherische	EStH	15.6
– gemischte	EStH	15.6
– gewerbliche	EStH	15.6
– im Ausland	LStH	39.4, 39b.10
	LStH	39.4, 39b.10
– künstlerische	EStH	15.6
– mehrjährige	LStR	39b.6
	LStH	34, 39b.6
– unterrichtende	EStH	15.6
– wissenschaftliche	EStH	15.6
Tätigkeitsstätte, s. Erste Tätigkeitsstätte		
Tätigkeitsvergütung	EStH	6.2, 15.8 (3), 33

Tagegeld, Erstattung von Reisekosten	LStR	3.13, 3.16
	LStH	3.13, 3.16
– Sitzungsgeld	EStR	22.7
Tageszeitung	EStH	12.1
Tankkarte	LStH	8.1 (1-4)
Tankstelle, als Teilbetrieb	EStH	16 (3)
Tantieme	EStH	34.4
– sonstiger Bezug	LStR	39b.2 (2 Nr. 3)
– Tarifermäßigung	LStH	34
– Zusage, Gesellschafter-Geschäftsführer	KSt-Erl	5
Tarifbegünstigung, Fünftelungsregelung	LStH	34, 39b.6
Tarifermäßigung	EStR	34.2, 34.5
Tarifvorschrift, Anwendung besonderer - bei Organschaft	KStR	19
Tatbestand, Zweifel an Verwirklichung, Vorläufigkeit	AEAO	zu § 165 (Nr. 1)
Tatsache, Vorläufigkeit bei ungewisser -	AEAO	zu § 165 (Nr. 1)
Tatsächliche Gewinnaufteilung	EStH	15.9 (1)
Tatsächliche Verständigung, Begriff, Zulässigkeit	AEAO	zu § 88 (Nr. 1)
– im Einspruchsverfahren	AEAO	zu § 365 (Nr. 1)
–– Erörterung des Sach- und Rechtsstands	AEAO	zu § 364a (Nr. 1), zu § 365 (Nr. 1)
Tausch, bei Bilanzberichtigung und -änderung	EStH	4.4
– bei Überschussrechnung	EStH	4.5
– von Beteiligungen	EStR	17 (4)
– von Grundstücken	EStR	6.6 (2)
– von Mitunternehmeranteil	EStH	16 (4)
– von Wirtschaftsgut	EStR	6b.1 (2)
	EStH	4.2 (1), 6b.1
Tauschring, Gemeinnützigkeit	AEAO	zu § 52 (Nr. 4)
Taxonomie	EStH	5b
Teil-Unterschiedsbetrag, Abrundung	AEAO	zu § 233a (Nr. 31, 49)
– bei erstmaliger Steuerfestsetzung	AEAO	zu § 233a (Nr. 29 ff.)
– bei geänderter Steuerfestsetzung	AEAO	zu § 233a (Nr. 47 ff.)
Teilabhilfe, Einspruchsverfahren	AEAO	zu § 365 (Nr. 2)
Teilamortisations-Leasingvertrag, unbewegliches Wirtschaftsgut	ESt-Erl	12
Teilbetrieb, Aufgabe	EStH	16 (3, 4)
– Veräußerung, eines der selbständigen Arbeit dienenden -	EStH	18.3
–– eines gewerblichen -	EStR	4.5 (6), 16 (3)
	EStH	16 (3)
–– eines land- und forstwirtschaftlichen -	EStR	14
	EStH	14
– Verpachtung eines gewerblichen -	EStR	16 (5)
	EStH	15.7 (1)
Teileigentum, an Grundstücken und Grundstücksteilen	EStR	4.2 (14)
Teileinkünfteverfahren, bei Veräußerung einbringungsgeborener Anteile	EStR	3.40
– Freibetrag für Veräußerungsgewinne	EStH	16 (13)
– in der steuerlichen Gewinnermittlung	EStH	15.7 (4)
	ESt-Erl	1
– zur Anwendung bei der Zuflussbesteuerung bei Betriebsveräußerung gegen wiederkehrende Bezüge	EStH	16 (11)
– zur Aufteilung von Werbungskosten bei Einkünften aus Kapitalvermögen	EStH	3c, 20.1
Teilentgeltliche Überlassung	EStR	4.7 (2)
	EStH	21.3
Teilentgeltliche Übertragung	EStH	17 (4)
Teilherstellungskosten, Abschreibung	EStR	7a (6)
	EStH	7a
– bei Baudenkmalen	EStH	7i
Teilkindergeld	EStH	65
Teilveräußerung	EStH	16 (9)

Teilwert, Abschreibung	EStR	6.3 (4), 6.6 (5), 6.7, 6.9 (6)
	EStH	5.7 (1), 6.7, 6a (24)
– – bei Organschaft	GewStH	7.1 (5)
– – Rücklage	ESt-Erl	20
– – verbundenes ausländisches Unternehmen	ASt-Erl	2
– – Wertaufholungsgebot	ESt-Erl	20
– – Wertminderung	ESt-Erl	20
– Ansatz von Wirtschaftsgütern	EStR	6.7-6.9 (6), 6b.1 (1)
– bei der Bewertung von Vieh	EStH	13.3
– bei einer Beteiligung	EStH	6.7
– bei Einlagen im Zusammenhang mit einer Betriebseröffnung	EStH	6.12
– bei teilfertigen Arbeiten auf fremdem Grund und Boden	EStH	6.7
– einer Pensionsverpflichtung	EStR	4
	EStH	6a (24)
– Feststellung des höheren -, Grund und Boden	EStH	55
– retrograde Bewertungsmethode	EStH	6.7, 6.8
– retrograde Wertermittlung	EStH	6.7
– von Verbindlichkeiten	EStR	6.11
	EStH	6.10
– Zeitpunkt der Teilwertabschreibung	EStH	6.7
Teilzahlung	EStH	34.3
– Vollverzinsung	AEAO	zu § 233a (Nr. 23, 24)
Teilzeitbeschäftigter, Pauschalierung der Lohnsteuer	LStR	40.1
	LStH	40a.1
Telearbeitsplatz	LStH	9.14
Telefax, Bekanntgabe	AEAO	zu § 122 (Nr. 3)
– Einspruchseinlegung	AEAO	zu § 357
Telefonanschluss, in einer Wohnung	EStH	12.1
Telefonhilfe	EStH	33a.1
Telefoninterviewer	LStH	19.0
Telefonkosten, s. Telekommunikationskosten		
Telefonsex	EStH	15.4
Telekommunikationskosten, Arbeitgeberersatz	LStR	3.50 (2)
– bei doppelter Haushaltsführung	LStH	9.11 (5-10)
– bei privater Nutzung betrieblicher Telekommunikationsgeräte	LStR	3.45
	LStH	3.45
– Pauschalierung	LStR	40.2 (5)
– Reisenebenkosten	LStH	9.8
– Werbungskostenabzug	LStR	9.1 (5)
Tennis- und Squashplatz, Nutzung als Arbeitslohn	LStH	19.3
Tennisplatz	EStH	15.7 (2)
Termingeschäft	EStH	4.2 (1), 15.10, 20.2, 22.6
Testamentsvollstrecker	EStH	15.7 (6), 15.8 (1)
– Haftung	AEAO	zu § 69
Testamentsvollstreckung, Kosten	EStH	21.2
Textdichter, im Ausland ansässiger, mit inländischen Einkünften	EStH	49.1
Tier, Bewertung	EStR	13.3
	EStH	13.3
Tierhaltung (Tierzucht)	EStR	13.2, 15.10
	EStH	15.5, 15.10
Tierzucht, Verband	KStR	8.13 (3)
Tilgung, von Darlehen	EStH	10.9, 16
Tilgungsstreckungsdarlehen	EStH	11
Tod, des Rentenberechtigten	EStH	16 (11)
– eines Gesellschafters	EStH	16 (4, 7)
Todeserklärung, eines Ehegatten	EStH	26, 32a
Todesfallkosten, als außergewöhnliche Belastung	EStH	33.4 (4)
	EStH	33.1-33.4
Tonnagebesteuerung	EStH	5a
	GewStH	7.1 (1), 9.4
Tontechniker	EStH	15.6
Tonträger, in der Schallplattenindustrie	EStH	5.5
Totalgewinn	EStH	15.3
Trabrennstall	EStH	15.3
Trägerunternehmen	EStR	4c, 4d
Transitorischer Posten	EStR	5.6 (1)
Transportkosten, für Arbeitsmittel	LStH	9.12

2429

Stichwortverzeichnis

Trauerkleidung, Ausgabe	EStH	33.1-33.4
Treibstoff, Verkauf	EStR	15.5 (6)
Trennung, räumliche	EStR	26 (1)
Trennungsgeld, aus öffentlicher Kasse	LStR	3.13
	LStH	3.13
– Erstattung von Mehraufwendungen bei doppelter Haushaltsführung außerhalb des öffentlichen Dienstes	LStR	3.16
– steuerfreies	EStH	3.13
Trennwand	EStR	4.2 (3)
Treu und Glauben	EStH	15.3
– Änderung eines Steuerbescheids wegen steuererhöhender neuer Tatsachen	AEAO	zu § 173 (Nr. 4)
– Ermessensausübung	AEAO	zu § 5
– Ermittlungspflicht des Finanzamts	AEAO	zu § 173 (Nr. 3)
– Rechtsprechungsänderung	AEAO	zu § 176 (Nr. 3)
– verbindliche Auskunft	AEAO	zu § 24 (Nr. 4)
Treugeber	EStH	15.8 (1)
Treuhänder, Auskunftsverweigerungsrecht	AEAO	zu § 159
– Benennung von Gläubigern und Zahlungsempfängern	AEAO	zu § 160 (Nr. 3)
– Nachweis	AEAO	zu § 159
Treuhandmodell	GewStH	2.1 (2)
Treuhandverhältnis	EStH	20.2
Trinkgeld, als außergewöhnliche Belastung	EStH	33.1-33.4
– freiwillige Sonderzahlung	LStR	3.51
– Notarassessor	LStR	3.51
– Spielbank	LStR	3.51
– steuerfreies	LStR	19.3
– Steuerpflichtiger	LStR	19.3 (1 Nr. 5)
Trivialprogramm	EStR	5.5 (1)
Trockenraum	EStR	7.2 (3)
Tutor	LStH	19.0
Über- und zwischenstaatliche Rechtsvorschrift	EStH	31
Überführung, von Einzelwirtschaftsgut	EStR	6.15
	GewStH	7.1 (1)
– von Wirtschaftsgut, aus Betriebsvermögen in Privatvermögen und umgekehrt	EStR	7.3 (6)
	EStH	7.3, 16, 23
– – in eine ausländische Betriebsstätte	EStR	4.3 (2)
– – von einem Betrieb (Betriebsstätte) in einen anderen	EStR	6b.1 (2)
	EStH	16
Übergangsgeld, Steuerfreiheit	LStR	3.2 (5)
– Übergangsbeihilfe, steuerfreie	EStR	32b (1)
– Versorgungsbezug	LStR	19.8
	LStH	19.8
Übergangsgewinn, keine Verteilung	EStH	4.6
Übergangsverlust, keine Verteilung	EStH	4.6
Übergangszahlung	LStR	19.8 (1 Nr. 2)
Übergangszeit, zwischen zwei Ausbildungsabschnitten	EStR	32.6
	EStH	32.6, 33a.2
Überlassung, s. a. Unentgeltliche Überlassung		
– einer Wohnung	EStR	21.3, 21.6 (2)
	EStH	10.2
– land- und forstwirtschaftlich genutzte Fläche	EStH	7.1
– teilentgeltliche, von Grundstücken	EStH	4.7
Übermaßverbot, Ermessensausübung	AEAO	zu § 5
Übernachtungsaufwand	EStR	4.10 (12)
Übernachtungskosten, Erstattung durch den Arbeitgeber	LStR	9.7 (3), 9.11 (10)
	LStR	9.7, 9.11 (5-10)
– Werbungskostenabzug	LStR	9.7 (2)
	LStH	9.7, 9.11 (5-10)
Übernahme, Lohnsteuer, durch den Arbeitgeber	LStR	39b.9
	LStH	39b.9
Übernutzung	EStR	34b.1

Stichwortverzeichnis

Überpreis, keine Fehlmaßnahme	EStH	6.7
Überprüfung, Festsetzung unter Vorbehalt der Nachprüfung bis zu abschließender -	AEAO	zu § 164 (Nr. 3)
Überschuldung, Erlass von Säumniszuschlägen	AEAO	zu § 240 (Nr. 6)
Überschuss, der Betriebseinnahmen über die Betriebsausgaben	EStR	4.5
	EStH	4.6
Übersetzer, Übersetzungen-Handel	EStH	15.6
Übersetzungsbüro	EStH	15.6
Übertragung, aufgedeckter stiller Reserven	EStR	6.6, 6b.2, 6b.3, 6c, 7.3 (4)
– der Freibeträge für Kinder	EStR	32.13
– der Verlustabzugsberechtigung	EStR	10d (5)
– des Behinderten-Pauschbetrags	EStR	33b
	EStH	33b
– des Freibetrags für Kinder	EStH	32.13
– teilentgeltliche, eines Betriebs, Teilbetriebs usw.	EStR	16 (7)
– unentgeltliche, an Dritte	EStR	16 (4)
– – eines Betriebs, Teilbetriebs usw.	EStR	4.6 (3), 5.5 (3), 6b.3 (5), 16 (6)
	EStH	5.5, 15a, 16 (6)
– Vermögens- von Eltern auf Kinder	EStR	15.9 (2)
	EStH	22.1
– von Einzelwirtschaftsgut	EStH	6.14
– von Mitunternehmeranteil mit Sonderbetriebsvermögen	EStH	6.14, 16 (5)
– von Pauschbeträgen für behinderte Menschen und Hinterbliebene	LStH	33b
– von Pensionszusagen auf Pensionsfonds	EStH	6a (12)
– von Wirtschaftsgütern zwischen Personengesellschaften und Gesellschaftern	EStR	4.3 (2), 6.15
– zwischen Ehegatten	EStH	16 (6)
Überversorgung	EStH	4b, 4d (1), 6a (17)
Überwälzung, s. Abwälzung, pauschale Lohnsteuer		
Überzahlung, Geltendmachung des Erstattungsanspruchs außerhalb des Festsetzungsverfahrens	AEAO	zu § 155 (Nr. 4)
Üblicher Endpreis, bei Gebrauchtwagen	LStH	8.1 (1-4)
Übungsleiter	EStH	3
– Einkunftsart	LStR	19.2
	LStH	19.2
– Steuerfreiheit der Einnahmen	LStR	3.26
Umbau, von Gebäuden	EStR	6b.2 (2), 6b.3 (3)
	EStH	7.3, 7.4
Umdeutung	EStH	4.8
Umgestaltung, eines Gebäudes	EStR	7.3 (5)
	EStH	7.3
– wesentlicher Betriebsgrundlagen	EStH	16 (5)
Umgliederungsvorschrift	KStH	36
Umlage	EStH	21.2
Umlagezahlung, Steuerfreiheit	LStH	3.56, 3.62
Umlaufvermögen, Begriff	EStH	6.1
– bei Betriebsveräußerung	EStH	16 (8, 9)
– Bewertung	EStR	6.6, 6.8, 9b (1)
	EStH	6.8
– Erwerb von - gegen Leibrente	EStR	4.5 (4)
– Grundsatz	EStR	6.1
– wesentliche Betriebsgrundlagen	EStH	16
– zugehöriger Pflanzenbestand	EStH	13.3
– zugehöriges Vieh	EStR	13.3
	EStH	13.3
Umlegungsverfahren	EStH	4.2 (7, 9)
Umrechnung, ausländische Steuer	EStR	34c
Umsatz	EStH	10b.3
Umsatzgrenze	EStR	15.5

2431

Umsatzsteuer, Abweichung von der Steueranmeldung, Vorbehalt der Nachprüfung ... AEAO ... zu § 168 (Nr. 7)
– Änderung wegen neuer Tatsachen, Zusammenhang zwischen steuererhöhenden und steuermindernden neuen Tatsachen ... AEAO ... zu § 173 (Nr. 5)
– als Betriebsausgabe, Werbungskosten ... EStR ... 9b (4)
... EStH ... 9b
– als Betriebseinnahme ... EStR ... 4.5 (3), 9b (4)
– als Teil der Anschaffungs- und Herstellungskosten ... EStR ... 4.10 (2), 9b
– als Teil der Rücklage ... EStH ... 6.6 (1)
– als Vertriebskosten ... EStR ... 6.3 (6)
– auf den Eigenverbrauch ... KStR ... 10.1 (1)
– für Umsätze, die Entnahmen sind ... EStR ... 9b (5)
– Selbstberechnung der Steuer, Steueranmeldung ... AEAO ... zu § 167 (Nr. 1)
– Steuerabzug nach § 50a EStG ... EStH ... 50a.2
– Voranmeldung, Vorbehalt der Nachprüfung kraft Gesetzes ... AEAO ... zu § 168 (Nr. 7)
– zu Unrecht ausgewiesene ... EStH ... 4.2 (15)
Umsatzsteuererstattung ... EStH ... 11
– Anspruch ... EStH ... 4.2 (1)
Umsatzsteuervorauszahlung. EStH ... 11
Umschichtung ... EStH ... 15.7 (9)
Umschuldung ... EStH ... 6.10
– Privatschuld in Betriebsschuld ... EStH ... 4.2 (15)
Umschulungskosten ... EStH ... 10.9, 33.1-33.4
... LStR ... 9.2 (1)
Umstellung, des Wirtschaftsjahrs ... EStR ... 4a
... EStH ... 4a
Umstellungsgesetz ... EStR ... 22.5
Umstrukturierungsmaßnahme ... EStH ... 15.3
Umwandlung, ausländischer Verlust ... EStR ... 2a (4, 5)
– nach ausländischem Recht ... EStR ... 17 (4)
– von Arbeitslohn, s. a. Gehaltsumwandlung und Zusätzlichkeitsvoraussetzung
– – bei Reisekosten ... LStH ... 3.16

– – bei Zukunftssicherungsleistungen ... LStR ... 40b.1 (5)
– von Einzelunternehmen und Personengesellschaften ... EStR ... 6b.2 (10), 15a (1)
... EStH ... 4a, 5.4
– von Renten ... EStR ... 22.4 (7)
– von Rücklagen in Nennkapital ... EStH ... 2, 20.2
Umwandlungssteuergesetz ... EStR ... 6b.3 (1), 18.3 (2)
... EStH ... 16, 17 (2), 18.3
Umweltauditor ... EStH ... 15.6
Umzäunung, als Gebäudeherstellungskosten ... EStR ... 21.1 (3)
... EStH ... 7.1, 21.1
Umzugskosten ... EStH ... 33.1-33.4
– als Werbungskosten ... LStR ... 9.9 (1, 2)
... LStR ... 9.9
– Arbeitgebererstattung ... LStR ... 3.13, 3.16, 9.9 (3)
– bei doppelter Haushaltsführung ... LStR ... 9.11 (9)
... LStH ... 9.11 (5-10)
– doppelter Mietaufwand ... LStH ... 9.9
– ins Ausland ... LStH ... 9.9
Umzugskostenvergütung, steuerfreie, im privaten Dienst ... EStR ... 3.13
Unabwendbares Ereignis ... EStR ... 6.6 (2), 33.2
Unanfechtbarkeit, Bestandskraft von Steuerbescheiden ... AEAO ... vor §§ 172 bis 177
Unbeschränkte Einkommensteuerpflicht, s. Steuerpflicht
Unbeschränkte Steuerpflicht, Körperschaftsteuer ... KStR ... 1.1
Unbillige Härte, Aussetzung der Vollziehung ... AEAO ... zu § 361 (Nr. 2.1, 2.6)
Unbilligkeit, Säumniszuschlag ... AEAO ... zu § 240 (Nr. 5)
Unentgeltliche Überlassung, s. a. Berufskleidung und Dienstkleidung
– Arbeitskleidung ... LStR ... 3.4, 3.31
... LStH ... 3.31

2432

Stichwortverzeichnis

– Aufmerksamkeit	LStR	19.6
– Datenverarbeitungsgerät	LStH	3.45
– Kraftfahrzeug	LStR	8.1 (9-10)
	LStH	8.1 (9-10)
– Mahlzeit	LStR	8.1 (7, 8)
– Personalcomputer	LStR	3.45
– Telekommunikationsgerät	LStR	3.45
	LStH	3.45
– Unterkunft	LStR	8.1 (5)
– Ware und Dienstleistung	LStR	8.1, 8.2
	LStH	8.1, 8.2
– Werkswohnung	LStR	8.1 (6)
	LStH	3.59, 8.1 (5-6)
– Wohnung	EStH	10.2
	LStR	8.1 (6)
	LStH	8.1 (5-6)
Unentgeltliche Übertragung, eines Kommanditanteils	EStH	16 (6)
Unentgeltlicher Erwerb, Anwartschaftserwerb	EStR	17 (3)
	EStH	17 (3)
Unfall, unverschuldeter, höhere Gewalt	EStR	6.6 (2)
Unfallkosten	EStH	4.3 (2-4)
– bei Auswärtstätigkeit	LStH	9.5
– bei Fahrt zwischen Wohnung und erster Tätigkeitsstätte	LStH	9.10
– bei Firmenwagengestellung	LStR	8.1 (9)
Unfallruhegehalt	LStH	3.6
Unfallschaden, bei Auswärtstätigkeit	LStH	9.5
– bei Fahrt zwischen Wohnung und erster Tätigkeitsstätte	LStH	9.10
– bei Firmenwagengestellung	LStR	8.1 (9)
Unfallversicherung, s. a. Gruppenunfallversicherung		
– Beitrag	EStR	4b (1)
	EStH	10.5
– Leistung aus der privaten -	LStH	19.3
– Mitteilung von Besteuerungsgrundlagen	AEAO	zu § 31
– steuerfreie Leistung	EStH	3.1
Unglücksfall, Beihilfe	LStR	3.11
Uniform, s. Dienstkleidung		
Unrichtigkeit, eines Bilanzansatzes	EStH	4.4
Unterarbeitsverhältnis, bei Arbeitsverhältnis zwischen Ehegatten	EStH	4.8
Unterbeteiligung	EStR	15.9 (2), 15a (3)
	EStH	15.8 (2), 15.9 (2, 3), 20.2, 21.6
– Feststellungsverfahren, bei atypisch stiller -	AEAO	zu § 179 (Nr. 4)
– – bei Treuhandverhältnis	AEAO	zu § 179 (Nr. 4)
– – bei typisch stiller -	AEAO	zu § 179 (Nr. 5)
– Gesellschaft	EStR	15.8 (5)
– typische, Kapitalertragsteuer	EStH	43
Unterbrechungszeit, bei Kindern, die für einen Beruf ausgebildet werden	EStH	32.5
Unterbringung, Aufwendungen für auswärtige -	EStR	10.9, 33a.2 (3)
	EStH	33.1-33.4, 33a.2
– in einem Heim oder dauernd zur Pflege	EStR	33.3
	EStH	33.1-33.4, 33a.1, 33a.3
– Kosten der - von Geschäftsfreunden	EStH	4.10 (10)
Unterbringungskosten, als Reisekosten	LStR	9.7
	LStH	9.7
– Aufwendungen für auswärtige Unterbringung	LStH	33a
– bei doppelter Haushaltsführung	LStH	9.11 (5-10)
Unterhalt	LStH	33a
– durch Sachleistungen	EStH	10.2
– eines geschiedenen oder dauernd getrennt lebenden Ehegatten	EStR	10.2
	EStH	10.2, 21.4, 22.4, 33a.1
– mitarbeitender Kinder	EStR	4.8 (3)
– von Angehörigen	EStR	10.3 (2)
	EStH	12.6, 33a.1
– von gesetzlich unterhaltsberechtigten Personen	EStR	33a.1
	EStH	33a.1

2433

– von Kindern	EStR	32.13
	EStH	33a.1
– von Personen, die der gesetzlich unterhaltsberechtigten Person gleichgestellt sind	EStH	33a.1
– von Personen, für die kein Anspruch auf Kinderfreibetrag besteht	EStH	33a.3
– zwischen Partnern einer nichtehelichen Lebensgemeinschaft	EStH	33a.1
Unterhaltsanspruch, der Mutter des nichtehelichen Kindes	EStH	33a.1
Unterhaltsbeitrag, des Sozialamts	EStH	33a.1
– nach §§ 15, 18, 26, 29, 69 BeamtVG	LStR	19.8 (1)
– nach §§ 32-35, 38 BeamtVG	LStR	3.6 (2)
– nach §§ 40, 41, 43, 43a BeamtVG	LStR	3.6 (2)
– nach § 38 BeamtVG	LStR	3.6
Unterhaltsberechtigte Person, Zuwendungen	EStR	10.3 (2), 22.2
	EStH	12.6
Unterhaltsberechtigung	EStH	33a.1
Unterhaltserfordernis, Verzicht bei Pflegekindern	EStH	32.2
Unterhaltshilfe, nach dem LAG	EStH	3
Unterhaltsleistung, als Bezug	EStR	32.10 (2)
– der Eltern	EStH	12.6, 33a.2
– des Ehegatten des Kindes	EStH	33a.2
– des Erben	EStH	10.1
– Rechtsanwaltskosten wegen Zustimmung zum Realsplitting	EStH	10.2
– von geschiedenen oder dauernd getrennt lebenden Ehegatten	EStH	22.1
Unterhaltspflicht, Freistellung	EStH	32.13
– gesetzliche	EStH	32.13
	EStH	33a.1
Unterhaltsverpflichtung	EStH	32.13, 33.1-33.4

Unterhaltszahlung	EStR	22.4, 32.13, 33a.1
	EStH	12.6, 22.4, 32.13, 33a.1
Unterhaltszeitraum	EStR	33b
Unterhaltszuschuss, an Beamten im Vorbereitungsdienst	EStH	3
Unterhaltung, von Geschäftsfreunden	EStR	4.10, 4.11 (1)
Unterkunft, s. a. Übernachtungskosten		
– Bewertung	LStR	8.1 (5)
Unterlage, Ordnungsvorschrift	AEAO	zu § 147
Unternehmensform, Geschäftswert bei Änderung	EStR	5.5
– Rücklage bei Änderung	EStR	6b.2 (9)
Unternehmensidentität	GewStR	10a.2
Unternehmensinsolvenz, Verbindlichkeit	ESt-Erl	19
Unternehmeridentität	GewStR	10a.3
Unternehmerinitiative	EStH	15.8 (3)
Unternehmerrisiko	EStH	15.8 (3)
Unternehmerwechsel	GewStR	2.7
	GewStH	5.1 (1), 10a.3 (1)
Unterrichtsanstalt	EStH	15.6
Unterschrift, auf Bewirtungsrechnung	EStH	4.10 (5-9)
Unterstützung, s. a. Beihilfe und Unterhalt		
– von Angehörigen	EStH	33.1-33.4
– von Arbeitnehmern	EStH	3
Unterstützungs- und Pensionskasse, Befreiung von der KSt	KStR	5.2
– Einschränkung der Befreiung	KStR	6
– Leistung	LStR	3.11 (2)
	LStR	19.3
– – Begrenzung	KStR	5.5
– – Empfänger	KStR	5.3
– Steuerbefreiung	GewStH	3.9
– Vermögensbindung	KStR	5.4
– Zuwendungen	EStR	4d, 6.3 (3), 6a (17)
	EStH	4d (1), 27a
	KStR	8.4

Stichwortverzeichnis

Untervermietung............	EStR	21.2 (1)	
	EStH	4.2 (12), 15.7 (2)	
Unverzinsliche Kaufpreisrate	EStH	20.2	
Unwahrscheinlichkeit, der Inanspruchnahme............	EStH	15a	
Unwetterschaden, als außergewöhnliche Belastung	EStR	33.2	
	EStH	33.1-33.4	
Urheberrecht, als immaterielles Wirtschaftsgut	EStH	5.5	
– Einkünfte aus Überlassung	EStR	49.1, 50a.1	
– Rückstellungen wegen Verletzung.......................	EStR	5.7 (7)	
Urkunde, Verweigerung der Vorlage	AEAO	zu § 14	
Vaterschaft, Anerkennung ...	EStH	32.1	
Vatertierhaltung, Verein	KStR	8.13 (3)	
VBL-Rente.....................	EStH	22.4	
Venture Capital Fonds	EStH	15.7 (1)	
Veräußerung, abnutzbares Wirtschaftsgut...............	EStH	16 (3)	
– auf Grund behördlichen Zwangs	EStR	6.6 (2), 6b.1 (2), 6b.3 (4), 14	
	EStH	23, 34b.1	
– Begriff	EStR	6b.1 (2)	
– bestimmter Anlagegüter des Betriebsvermögens.....	EStR	6b.1, 6b.2, 6c	
	EStH	6b.2, 6c	
– des der selbständigen Arbeit dienenden Vermögens	EStR	18.3	
	EStH	18.3	
– des gewerblichen Betriebs/Teilbetriebs/Anteils	EStR	16	
	EStH	16	
– einer Beteiligung an Kapitalgesellschaft	EStR	16 (3), 17, 49.3	
	EStH	17, 23	
– einer Zufallserfindung......	EStH	22.6	
– eines Baudenkmals	EStH	7i	
– eines land- und forstwirtschaftlichen Betriebs/Teilbetriebs......................	EStR	14	
	EStH	14	
– fehlgeschlagene.............	EStH	17 (6)	
– infolge einer behördlichen Anordnung	EStH	6.6 (1)	
– nach Überführung in das Privatvermögen	EStH	17 (5-7)	
– von Anlagevermögen bei Gewinnermittlung nach Einnahmenüberschussrechnung	EStR	4.5 (3, 5)	
	EStH	16	
– von Anteilen an Kapitalgesellschaften gegen wiederkehrende Leistungen	EStH	17 (7)	
– von Dividendenanspruch...	EStH	49.1	
– von Grund und Boden eines land- und forstwirtschaftlichen Betriebs...............	EStR	4.5 (3)	
	EStH	6.1, 55	
– von Grundstück durch beschränkt Steuerpflichtigen .	EStH	49.1	
– von Schutzrechten	EStR	50a.1	
– von teils privat genutztem Wirtschaftsgut..............	EStH	4.10	
– von Wirtschaftsgütern gegen Kaufpreisraten oder Rente.......................	EStR	4.5 (5)	
– zwischen Gesellschaft und Gesellschafter..............	EStH	4.3 (2-4)	
Veräußerungsfrist.............	EStH	23	
Veräußerungsgeschäft	EStH	23	
– privates	EStH	23	
Veräußerungsgewinn.........	GewStH	7.1 (3)	
	LStH	19.3	
– Allgemeines	EStH	16 (1, 4, 7)	
– Aufgabe der bisherigen Tätigkeit.......................	EStH	16 (1)	
– bei selbständiger Arbeit....	EStR	18.3	
– Beteiligung im Sinne von § 17 EStG	EStH	17 (7)	
	EStH	17 (7)	
– Entstehung.................	EStH	17 (4)	
– Ermittlung..................	EStH	16 (4)	
– Tarifermäßigung	EStR	34.5	
– verrechenbarer Verlust, Aufgabegewinn.............	EStH	15a	
Veräußerungskosten	EStR	17 (6), 34.1 (4)	
	EStH	16 (12), 21.2	
Veräußerungspreis...........	EStR	6c, 14, 16 (10)	
	EStH	6b.2, 16 (4), 17 (7), 23	
Veräußerungssperre	EStH	17 (4)	
Veräußerungsverlust	EStH	17 (1, 7), 23, 55	
	LStH	19.3	
Veranlagung, s. a. Einkommensteuerveranlagung			
– Antrag	EStH	46.2	

2435

Stichwortverzeichnis

- bei Bezug von Einkünften aus nichtselbständiger Arbeit .... EStR 46.2
- vorläufige .... EStH 10b.2
- zur beschränkten Steuerpflicht auf Antrag .... EStH 50.2

Veranlagung von Ehegatten,
Allgemeines .... EStR 9a, 25, 26
EStH 26

- bei Bezug von Einkünften aus nichtselbständiger Arbeit .... EStR 46.2
- besondere, für den VZ der Eheschließung .... EStR 26 (4)
EStH 2, 32a
- Einzel- .... EStR 25, 26 (3), 26a
EStH 26a
- Ermittlung des zu versteuernden Einkommens .... EStH 2
- Zusammen- .... EStR 9a, 26 (3), 26b

Veranlassung, betriebliche ... EStR 4.2 (15)

Veranstaltung, s. a. Betriebsveranstaltung
- von Berufsstand/-verband . LStR 9.3
LStH 9.5

Verausgabung .... EStR 4b (3), 11
EStH 33.1- 33.4

Verband, Amtshilfe oder Auskunftspflicht .... AEAO zu § 111 (Nr. 2)

Verbesserungsvorschlag ...... EStH 34.4
LStH 34

Verbilligte Wohnungsüberlassung .... EStR 21.3

Verbindliche Auskunft .... AEAO zu § 89
- Ablehnung eines Antrags auf Erteilung .... AEAO zu § 347 (Nr. 1)

Verbindliche Zusage, s. Zusage

Verbindlichkeit, bei Bilanzberichtigung und -änderung .... EStH 4.4
- Bewertung .... EStR 6.11
EStH 6.10
EStErl 17
- Schadensersatz für GmbH . EStH 4.2 (15)
- ungewisse .... EStR 5.7 (2, 5)
- Zuordnung zum Betriebs-/ Privatvermögen .... EStR 4.2 (15)

Verbraucherinsolvenz, Vergütung des Treuhänders ... EStH 21.2, 33.1- 33.4

Vercharterung, eines Motorbootes .... EStH 15.3
- von Handelsschiffen .... EStR 49.1 (2)

Verdeckte Einlage .... KStR 8.9
KStH 8.9
- Begriff .... EStH 4.3 (1)
- bei nahestehenden Personen .... KStH 8.9
- Betriebsveräußerung .... EStH 16 (1, 6)
- Bewertung einer verdeckt eingelegten Beteiligung im Sinne von § 17 EStG .... EStH 6.12, 17 (5)
- eines Geschäfts- oder Firmenwerts .... EStH 4.3 (1)
- einlagefähig .... KStH 8.9
- Forderungsverzicht .... KStH 8.9
- Zuschuss zur Abdeckung, Bilanzverlust als - .... KStH 8.9

Verdeckte Gewinnausschüttung .... KStR 8.5, 8.6
KStH 8.5, 8.6
- an nahestehende Person ... KStH 20.2
- Begriff .... KStR 8.5
- beherrschende Stellung des Gesellschafters .... KStH 8.5 III.
- Beispiel .... KStH 8.5 V.
- Beweislast .... KStH 8.6
- Darlehensgewährung ...... KStH 8.5 IV.
- Erstausstattung einer Kapitalgesellschaft .... KStH 8.5 V.
- Fehlen von klaren und eindeutigen Vereinbarungen .. KStH 8.5 III.
- fehlende oder falsche Bilanzierung .... KStH 8.5 III.
- Gewinntantieme, Verlustvortrag .... KStH 8.8
- Korrekturen innerhalb/außerhalb der Steuerbilanz ... KSt-Erl 10
- mitgliedschaftliches oder mitgliedschaftsähnliches Verhältnis .... KStH 8.5 I.
- nahestehende Person ...... KStH 8.5
- ordentlicher und gewissenhafter Geschäftsleiter .... KStH 8.5 II.
- Pensionszusagen an Gesellschafter-Geschäftsführer von Kapitalgesellschaften .. KStR 8.7
- Risikogeschäft .... KStH 8.5 V.
- Rückgängigmachung .... KStH 8.6
- Rückwirkungsverbot .... KStH 8.5
- Rückzahlung .... KSt-Erl 2

2436

Stichwortverzeichnis

– Selbstkontrahierungsverbot für Gesellschafter-Geschäftsführer einer Einmann-GmbH	KStH	8.5 I.
– Tantieme	KStH	8.8
– Vorteilsausgleich	KStH	8.5 II.
– Wert	KStR	8.6
	KStH	8.6
Verdeckte Mitunternehmerschaft	EStH	15.8 (3)
Verein, der Land- und Forstwirtschaft betreibt, Freibetrag	KStR	25
– – Gewinnermittlung	KStR	8.3
– – Steuerbefreiung	KStR	5.16
– – – s. a. Erwerbs- und Wirtschaftsgenossenschaft		
Vereinbarung, zwischenstaatliche, Steuerbefreiung	EStH	3
– – unbeschränkte Steuerpflicht	EStH	1a
Vereinbarungstreuhand	EStH	17 (4)
Vereinnahmung, Allgemeines	EStR	11
– von Durchlaufspenden	EStR	10b.1 (3)
Vererbliche Versorgungsanwartschaft	EStH	6a (1)
Verfahrensaussetzung, Einspruchsverfahren	AEAO	zu § 363
Verfahrensfehler, Folge	AEAO	zu § 127
– Heilung	AEAO	zu § 126
Verfahrenskosten, als Betriebsausgabe	EStH	4.13
– der Ehescheidung als außergewöhnliche Belastung	EStH	33.1-33.4
Verfahrenspfleger	EStH	15.6
Verfahrensruhe, Einspruchsverfahren	AEAO	zu § 363
Verfassung, vorläufige Steuerfestsetzung bei verfassungsrechtlichen Zweifeln am Steuergesetz	AEAO	zu § 165 (Nr. 4)
Verfassungsbeschwerde, Aussetzung der Vollziehung	AEAO	zu § 361 (Nr. 1.3)
Verfassungsmäßigkeit, Tatbestandsmerkmal „modellhafte Gestaltung"	EStH	15b
– Abzug der Kapitalertragsteuer bei hohen Verlustvorträgen	EStH	44a
– Beschränkung, des Verlustausgleichs bei privaten Veräußerungsgeschäften	EStH	23
– – Verlustausgleichsbeschränkung	EStH	22.8
– Besteuerung der Altersrente	EStH	22.3
– Besteuerung eines Alleinerziehenden	EStH	32a
– Höchstbetragsregelung	EStH	10.4
– Verlust bei beschränkter Haftung	EStH	15a
– zumutbare Belastung bei Krankheitskosten	EStH	33.1-33.4
Verfügungsberechtigter, Begriff	AEAO	zu § 35
– Kontenwahrheit, Namensverzeichnis	AEAO	zu § 154
Verfügungsbeschränkung	EStH	15.9 (2, 3)
Verfügungsmacht	EStR	6b.1 (2)
	EStH	5.3
Vergeblicher Aufwand	LStH	3.26
Vergleichbare ausländische Leistung	EStH	31
Vergleichsbetrieb, Offenlegung	AEAO	zu § 30, zu § 162 (Nr. 3)
Vergütung, für die Rücknahme des Widerspruchs gegen Baumaßnahmen	EStH	22.8
– für die Verpfändung eines GmbH-Anteils zur Sicherung eines Darlehens	EStH	22.1, 22.8
– für mehrjährige Tätigkeit	EStR	34.4
	EStH	34.4
– für vertragswidrige Behandlung einer Miet- oder Pachtsache	EStH	21.2
Verhältnis, Betriebsausgabe und Werbungskostenpauschale	EStH	4.7
– zu § 34b EStG	EStH	34.2
Verhältnismäßigkeit, Ermessensausübung	AEAO	zu § 5
Verjährung, s. Zahlungsverjährung und Festsetzungsfrist		
Verkaufsautomat, als Betriebsvorrichtung	EStH	7.1
Verkehrsgenehmigung, Wirtschaftsgut	ESt-Erl	14, 15
Verkehrsgünstigere Strecke	LStH	9.10
Verkehrsmittel	EStR	33.4 (4)

Stichwortverzeichnis

Verklammerung, zu einer
 einheitlichen Tätigkeit...... EStH 15.7 (3)
Verlängerungstatbestand,
 bei Kindern in Berufsausbil-
 dung .... EStR 32.11
– bei Kindern, die Arbeit su-
 chen......................... EStR 32.11
Verlagsrecht .... EStH 5.5
Verlagswert................... EStH 4.3 (2-4)
– Wirtschaftsgut.............. ESt-Erl 14, 15
Verlegung, des Wohnsitzes
 in das Ausland .... EStR 49.1 (4)
 EStH 18.1
Verlobter, Angehöriger .... AEAO zu § 15
Verlorene Aufwendung, ge-
 scheiterter Immobilien-
 erwerb .... EStH 21.2
Verlorener Zuschuss, als Werbungskosten .... LStH 9.1
Verlust, s. a. Diebstahl und
 Veräußerungsverlust
– aus gewerblicher Tier-
 zucht/Tierhaltung .... EStR 15.10
 EStH 15.10, 15a
– bei beschränkter Haftung.. EStR 15a
 EStH 15a
– drohender .... EStR 5.7
– einer ausländischen Be-
 triebsstätte.................. GewStH 9.4
– einer Darlehensforderung
 gegen Arbeitgeber.......... LStH 9.1
– einer GmbH-Beteiligung ... LStH 9.1
– eines Bezugsrechts bei Zu-
 kunftssicherungsleistun-
 gen.......................... LStR 40b.1 (13-15)
– im Ausland .... EStR 2, 2a, 15a (5)
 EStH 2a, 32b
– verrechenbarer............. EStR 15a
 EStH 2a
Verlustabzug .... GewStR 10a.1 (3)
– Änderung von Steuer-
 bescheiden .... EStR 10d (9)
 EStH 10d
– Allgemeines .... EStR 10d
 EStH 10d
– aus vorvertraglicher Zeit
 bei Organschaft............ KStR 15
– bei ausländischen Verlus-
 ten .... EStR 2a
 EStH 2a
– bei beschränkter Haftung.. EStH 15a
– bei Ehegatten .... EStR 26b
– bei Körperschaften......... KStR 8c

– bei Zusammenveranlagung
 von Ehegatten.............. EStR 10d (7)
– im Erbfall .... EStR 10d (9)
 EStH 2a, 10d
– Insolvenzverfahren .... EStH 10d
– Körperschaft, wirtschaftli-
 che Identität................. KSt-Erl 8
– Nachinsolvenzverfahren ... EStH 10d
– Rücktrag aus verjährtem
 Verlustentstehungsjahr.... EStH 10d
– Unterbrechung der (un-)be-
 schränkten Steuerpflicht ... EStR 10d (8)
– verbleibender .... EStH 10d
– Zusammentreffen mit
 steuerbegünstigten Ein-
 künften .... EStH 10d
Verlustabzugsbeschränkung. EStH 15.10, 15a, 22.6, 22.7, 23
Verlustanteil................... EStH 15a
Verlustausgleich .... EStR 2, 2a, 15a
 EStH 15a, 23
Verlustausschlussklausel..... EStH 55
Verlustbeteiligung, schenk-
 weise still beteiligtes min-
 derjähriges Kind............ EStH 15.9 (4)
Verlustdeckung, bei Schwes-
 ter-Personengesellschaft ... EStH 4.7
Verlustklausel, bei Sonder-
 abschreibungen............. EStR 7a (8)
Verlustprodukt, Teilwert-
 abschreibung................ EStH 6.7
Verlustrücktrag................ EStR 10d
 EStH 10d
– Vollverzinsung .... AEAO zu § 233a (Nr. 10, 28-40, 42 ff., 74)
Verlustverrechnung........... EStH 2a
Verlustzurechnung............ EStH 15a
**Verlustzuweisungsgesell-
 schaft** .... EStH 7.4, 15.3
Vermächtnisanspruch, Zin-
 sen .... EStH 20.2
Vermächtnisnehmer .... EStR 18.3
Vermächtnisrente............. EStH 22.4
Vermächtniszuwendung, als
 Spende..................... EStH 10b.1
Vermeidung von Härten, bei
 der Veranlagung .... LStH 46
Vermietung, an Angehörige.. EStH 21.4
– an Arbeitgeber .... EStH 21.2
– an Auftraggeber .... EStH 21.2
– an obdachlose Suchtkranke EStH 7.2
– an Schwestergesellschaft .. EStH 15.8 (6)

2438

Stichwortverzeichnis

– an Unterhaltsberechtigte ..	EStH	21.4
– Austausch von Wirtschaftsgütern vor Ablauf der Nutzungsdauer	EStH	15.7 (3)
– möbliertes Zimmer	EStH	15.7 (2)
– von Ferienwohnung	EStH	16 (3)
– von Wohnmobil	EStH	15.7 (3), 22.6
– wechselseitige	EStH	21.4
Vermietung und Verpachtung, Abgrenzung zu Vermögensverwaltung und Gewerbebetrieb	EStR	15.7
– Einkünfte	EStR	21.1, 21.2
	EStH	9b, 21.2, 21.7
– Freibetrag wegen negativer Einkünfte	LStR	39a.2
	LStH	39a.2
– örtliche Zuständigkeit für gesonderte Feststellung der Einkünfte	AEAO	zu § 18 (Nr. 3)
Vermietungsgenossenschaft.	KStH	5.9
– s. a. *Gemeinnütziges Wohnungsunternehmen*		
– Vermietungsverein	KStH	18
–– s. a. *Gemeinnütziges Wohnungsunternehmen*		
Vermittlung, gelegentliche...	EStH	22.6
Vermittlungsprovision	LStR	19.4
	LStH	8.2, 19.4
– bei Darlehensaufnahme....	EStH	6.10
Vermögen, geringfügiges	EStR	33a.1
Vermögensbeteiligung	LStR	3.39, 19a
Vermögensbildungsgesetz ...	EStH	3, 4.8, 33a.1
Vermögensebene	EStH	33.1-33.4
Vermögensteuer, Vollverzinsung	AEAO	zu § 233a (Nr. 61-62)
Vermögensübertragung, im Zusammenhang mit Versorgungsleistungen	EStH	10.3, 22.4
Vermögensverwaltende Personengesellschaft, Beteiligung	EStH	15.7 (2, 4)
Vermögensverwalter, Haftung	AEAO	zu § 69
– Pflicht	AEAO	zu § 34

Vermögensverwaltung, Abgrenzung gegenüber dem Gewerbebetrieb	EStR	15.7
	EStH	15.7 (3), 15.8 (6)
Vermögenswirksame Leistung, an Arbeitnehmer-Ehegatten	EStH	4.8
Vermögenszuwachs...........	EStR	4.8 (2), 49.1 (4)
Verpachtung, Beginn	EStH	15.7 (1)
– Betriebsaufgabe	EStR	14
– branchenfremde	EStH	16 (5)
– einer Praxis.................	EStH	15.6, 18.3
– eines gewerblichen Betriebs.......................	EStR	4a (4), 15.7 (1), 16
	EStH	15.7 (1), 16
– eines land- und forstwirtschaftlichen Betriebs	EStR	14
	EStH	14
– eiserne.....................	EStH	14
Verpächter, Wahlrecht	EStH	16 (5)
Verpfändung, Anspruch aus dem Steuerschuldverhältnis.....................	AEAO	zu § 46
– Anzeige nach amtlichem Vordruck...................	AEAO	zu § 46 (Nr. 6)
– Auszahlung der Finanzbehörde bei Verstoß gegen gesetzliche Vorschriften....	AEAO	zu § 46 (Nr. 3)
– einer Rückdeckungsversicherung..................	EStR	4d (6)
– eines GmbH-Anteils	EStH	22.1
– geschäftsmäßiger Erwerb und geschäftsmäßige Einziehung von Erstattungs- und Vergütungsansprüchen.........................	AEAO	zu § 46 (Nr. 2)
– Rechtsstellung der Beteiligten	AEAO	zu § 46 (Nr. 4)
– vor Entstehung des Anspruchs	AEAO	zu § 46 (Nr. 1)
Verpflegungsmehraufwand..	EStR	33.4 (3)
– bei Auswärtstätigkeit.......	LStR	9.6
	LStH	9.6
– bei doppelter Haushaltsführung...................	LStR	9.11 (7)
	LStH	9.11 (5-10)

2439

Stichwortverzeichnis

- Erstattung durch Arbeit-
  geber........................ LStR 3.13,
  3.16,
  9.11 (10)
  LStH 9.6
- Konkurrenzregelung........ LStR 9.6 (2),
  9.11 (7)
- pauschale Versteuerung ... LStR 40.2 (4)
  LStH 40.2
- Rechtsanspruch............. LStH 9.6

Verpflichtung, Übertragung
und Übernahme............ EStH 4f, 5.8,
6a (1)
- zur Abführung von Mehr-
  erlösen...................... EStR 4.13
- zur Aufbewahrung, Buch-
  führungsunterlagen........ EStH 5.2
- – Geschäftsunterlagen ..... EStH 5.7 (4)
- – Inventurunterlagen........ EStR 5.3 (2)
- zur Aufstellung, Aufgabe-
  oder Veräußerungsbilanz .. EStH 16
- – Jahresabschluss........... EStH 5.7 (4)
- zur Bestandsaufnahme..... EStR 5.3, 5.4
- zur Buchführung............ EStR 4.1 (2),
  5.1, 13.5
- zur Buchung laufender Geschäftsvorfälle .... EStH 5.7 (4)
- zur Entsorgung nach dem
  Elektronikgeräte............ GStH 5.7 (4)
- zur Prüfung des Jahres-
  abschlusses, gesellschaftsrechtlich begründete .... EStH 5.7 (3)
- – öffentlich-rechtliche...... EStH 5.7 (4)
- zur Wiederaufbereitung
  und Entsorgung von Bau-
  schutt....................... EStH 5.7 (4)

Verpflichtungsgesetz, Steuergeheimnis .... AEAO zu § 30
(Nr. 3)

Verpflichtungsübernahme,
bilanzieller Ansatz .... ESt-Erl 27

**Verrechenbarer Werbungs-
kostenüberschuss**........... EStH 21.2

Verrechnung, Begriff und
Wirkung .... AEAO zu § 226
(Nr. 5)
- von Verlusten .... EStR 34.1 (3)

Verschiedenartige Betriebe .. GewStR 2.4 (1)
GewStH 2.4 (1)

Verschmelzung, von Kapitalgesellschaften................ EStH 20.2

Verschollener................. EStR 26 (1)
EStH 26, 32a

Verschollenheitsbezug .... LStR 19.8
(1 Nr. 10)

Verschulden, bei Schäden an
Vermögensgegenständen.. EStH 33.1-
33.4

Versicherung, auf den Erle-
bens- oder Todesfall, Einnahmen aus Kapitalver-
mögen .... EStR 20.2
- Beiträge als Vorsorgeaufwendungen (Sonderaus-
  gaben) .... EStR 10.5
  EStH 10.5
- Unterlassen einer Versicherungsmöglichkeit .... EStR 33.2
  EStH 33.1-
  33.4
- Zinsen....................... EStR 20.2

Versicherungsbeitrag, s. a.
Unfallversicherung
- als besondere Ausbildungskosten....................... EStH 32.10
- als Sonderausgabe......... EStR 10.5
  EStH 10.5
  LStH 10
- Aufwendungen für ein zur
  Finanzierung aufgenom-
  menes Darlehen .... EStH 21.2
- bei der Ermittlung der anrechenbaren Einkünfte..... EStH 33a.1,
  33a.2
- des Kindes.................. EStR 32.10
  (1, 2)
  EStH 32.10
- Nachversteuerung.......... EStH 10.12
- Pauschalierung............. LStR 40b.1
- Steuerfreiheit des Arbeit-
  geberanteils am Gesamt-
  sozialversicherungsbeitrag. LStR 3.62
  LStH 3.62

Versicherungsberater......... EStH 15.6
Versicherungsleistung........ EStR 4d (2),
6.6
EStH 4b, 6.6,
16 (9)

Versicherungsprovision, an
Versicherungsnehmer wei-
tergeleitete - .... EStH 22.6

Versicherungsteuer, Selbst-
berechnung der Steuer,
Steueranmeldung........... AEAO zu § 167
(Nr. 1)

Versicherungsunternehmen . GewStH 8.1 (1),
9.1

Versicherungsverein, Steuerbefreiung für kleineren - ... KStR 5.6

Versicherungsvertreter .... LStH 19.0
- Aufgabe der bisherigen Tä-
  tigkeit....................... EStH 16 (1)

2440

Stichwortverzeichnis

– Einkünfte	EStH	15.6
– Selbständigkeit	EStR	15.1 (1)
	EStH	15.1
Versicherungswirtschaft, Schadenrückstellung	EStH	6.11
Versorgung, der - dienende Zuwendung	EStH	12.6
Versorgungsausgleich	EStR	10.3a, 22.7
	EStH	4d.1, 6a (1), 10.3a, 22.7
Versorgungsbeitrag, bestimmte Berufsgruppe	EStH	18
Versorgungsbezug	LStR	19.8
	LStH	19.8, 34
– als anzurechnender Bezug unterstützter Personen	EStH	33a.1
– ehemaliger Bediensteter der koordinierten Organisationen und der Europäischen Patentorganisation	EStH	22.4
– Nachzahlung	EStH	34.4
Versorgungseinrichtung, der Ärztekammer	EStH	18
Versorgungsfreibetrag	EStR	34.4 (4)
	EStH	33a.1
	LStH	39b.3
Versorgungskasse, Beiträge als Vorsorgeaufwendungen	EStH	18
Versorgungsleistung	EStR	10.3, 22.6
Versorgungsrente	EStH	22.4, 24.2
Versorgungsrückstellung	LStH	38.2
Versorgungsträger	EStH	6a (3)
Versorgungszusage, s. a. Altersversorgung		
– Übertragung	LStR	3.65
Versorgungszuschlag	LStH	9.1
Verspätungszuschlag, Abgabe-Schonfrist	AEAO	zu § 152 (Nr. 7)
– Adressat der Festsetzung	AEAO	zu § 152 (Nr. 1)
– Entschuldbarkeit des Versäumnisses	AEAO	zu § 152 (Nr. 2)
– Entstehung, Fälligkeit und Verjährung	AEAO	zu § 152 (Nr. 3)
– Festsetzungsverjährung	AEAO	vor §§ 169 bis 171 (Nr. 2), zu § 169 (Nr. 5)
– Höhe, Höchstbetrag	AEAO	zu § 152 (Nr. 5)
– im Feststellungsverfahren	AEAO	zu § 152 (Nr. 4)
– im Steueranmeldungsverfahren	AEAO	zu § 152 (Nr. 6)
– Nichtabziehbarkeit	KStR	10.1 (2)
Verständigungsvereinbarung	LStH	39b.10
Verständigungsverfahren, Aufwendungen	EStH	17 (6)
Versteigerer	EStH	15.6
Verstorbene Person, Ermittlung der ESt	EStH	32a
– Wahl der Veranlagungsart	EStH	26
Verstrickung	EStR	4.3 (1)
Verteilung, des Hinzurechnungsbetrags bei Wechsel der Gewinnermittlungsart	EStR	4.6 (2)
	EStH	4.6
– von Erhaltungsaufwand bei Gebäuden	EStR	11a, 11b, 21.1 (6)
	EStH	11a
Verteilungszeitraum, bei Wechsel der Gewinnermittlungsart	EStR	4.6 (1)
Vertikaler Verlustabzug	EStR	10d
	EStH	10d
Vertrag, zwischen Angehörigen	EStR	4.8
	EStH	4.8
– – mehrere	EStH	4.8
– zwischen Ehegatten	EStR	4.8
	EStH	4.8, 6a (10)
Vertraglicher Haftungsausschluss	EStH	15a
Vertragsarztzulassung	EStH	5.5, 7.1
Vertragsstrafe, Zahlung einer in einem Ausbildungsverhältnis begründeten -	EStH	4.7
Vertrauen, in die Gültigkeit einer Rechtsnorm	AEAO	zu § 176 (Nr. 1)
Vertrauensleute, einer Buchgemeinschaft	LStH	19.0
Vertrauensschutz	EStH	10b.1

Stichwortverzeichnis

Vertreter, Bestellung von
Amts wegen .... AEAO zu § 81
– Einspruchsbefugnis bei der
einheitlichen Feststellung.. AEAO zu § 352
– Festsetzung eines Verspätungszuschlags .... AEAO zu § 152 (Nr. 1)
– Haftung .... AEAO zu § 69
  LStR 42d.1 (2)
– Legitimationsprüfung, Kontenwahrheit .... AEAO zu § 154 (Nr. 7)
– ständiger, für einen im Ausland ansässigen Arbeitgeber .... LStR 38.3 (3)
Vertreterrecht .... EStH 5.5
Vertretungsmacht, Erlöschen, Erfüllung steuerlicher Pflichten .... AEAO zu § 36
Vertriebskosten .... EStR 6.3 (6)
Vervielfältigungsregelung .... LStH 40b.1
Vervielfältigungstheorie ..... EStH 15.6
Verwaltung, der Gewerbesteuer .... GewStR 1.2
– fiskalische .... LStH 3.12
Verwaltungsakt; Antrag auf Feststellung der Nichtigkeit AEAO zu § 125 (Nr. 3)
– Aussetzung der Vollziehung, Vollziehbarkeit .... AEAO zu § 361 (Nr. 2.3, 5.1)
– Begründung .... AEAO zu § 121
– begünstigender - (Aufzählung) .... AEAO vor §§ 130, 131 (Nr. 2)
– Bekanntgabe .... AEAO zu § 122
– Durchbrechung der Bestandskraft .... AEAO vor §§ 172 bis 177
– Einspruch .... AEAO zu § 347 (Nr. 1)
– Ergänzung eines rechtmäßigen - .... AEAO zu § 131 (Nr. 4, 5)
– Feststellung der Buchführungspflicht .... AEAO zu § 141 (Nr. 2, 4)
– Heilung von Verfahrens- und Formfehlern .... AEAO zu § 126
– Konkretisierung der Ansprüche aus dem Steuerschuldverhältnis .... AEAO zu § 218 (Nr. 1)
– Nebenbestimmung .... AEAO zu § 120

– nicht begünstigender - (Aufzählung) .... AEAO vor §§ 130, 131 (Nr. 3)
– Nichtigkeit .... AEAO zu § 125
– offenbare Unrichtigkeit bei Erlass .... AEAO zu § 129
– rechtmäßiger, Widerruf .... AEAO zu § 131
– rechtswidriger, Rücknahme AEAO zu § 130 (Nr. 1)
– Rücknahme .... AEAO vor §§ 130, 131, zu § 130
– – teilweise .... AEAO zu § 130 (Nr. 3)
– Verlangen nach Benennung von Gläubigern und Zahlungsempfängern .... AEAO zu § 160 (Nr. 1)
– Widerruf .... AEAO vor §§ 130, 131, zu § 131
– – mit Dauerwirkung .... AEAO zu § 131 (Nr. 2)
– Wirksamkeit .... AEAO zu § 124
Verwaltungskosten ,,,,, GewStI I 8.1 (1)
– als Herstellungskosten ..... EStR 6.3 (3)
Verwaltungszuständigkeit ... GewStH 1.2
Verwarnungsgeld .... EStR 4.13 (1, 5)
  KStR 10.2
  KStH 10.2
– s. a. Strafverteidigungskosten
– als Arbeitslohn .... LStH 19.3
– als Reisenebenkosten .... LStH 9.8
Verwendung, von Zuwendungen/Spenden .... EStR 10b.1
  EStH 10b.1
Verwertung, Verbot bei rechtswidriger Prüfungsanordnung .... AEAO zu § 196 (Nr. 1)
– von nichtselbständiger Arbeit im Inland .... LStR 39.4 (2)
  LStH 39.4
Verwertungsgenossenschaft, s. Nutzungs- und Verwertungsgenossenschaft
Verwitweter, Ermittlung der ESt .... EStH 32a
Verzeichnis, Anbau .... EStH 13.5, 13.6
– besonderes, laufend zu führendes .... EStH 5.1

– der ausländischen Versicherungsunternehmen mit begünstigtem Versicherungszweig............ EStH	10.5	
– der betrieblichen Wirtschaftsgüter bei erhöhten Absetzungen und Sonderabschreibungen............. EStH	7a	
– der sofort abgesetzten GWG........................ EStR	6.13 (2 f.)	
– der Wirtschaftsgüter des Anlagevermögens........... EStR	4.6 (1), 5.4	
Verzicht, auf Einkünfte und Bezüge....................... EStH	32.10	
– auf Pensionsanspruch...... EStH	24.1	
Verzinsung, s. Zinsen und Vollverzinsung		
Verzögerungsgeld............. EStH	12.4	
Videorecorder................. LStH	9.1	
Vieh, Bewertung.............. EStR	13.2, 13.3	
EStH	13.3	
Vieheinheit..................... EStR	13.2	
Vinkulierte Namensaktie..... LStH	38.2	
VIP-Loge........................ EStH	4.10 (1)	
Volkshochschuldozent........ EStH	18.1	
Vollmacht, s. a. Bevollmächtigter und Empfangsvollmacht		
– Rechtsstellung des Steuerpflichtigen nach Erteilung.. AEAO	zu § 80 (Nr. 5)	
Vollstreckung, bei Anfechtung der Ablehnung der Aussetzung der Vollziehung...................... AEAO	zu § 361 (Nr. 10)	
Vollstreckungsaufschub, Auswirkung auf Aussetzungszinsen.................... AEAO	zu § 237 (Nr. 5)	
– Säumniszuschlag........... AEAO	zu § 240 (Nr. 6)	
Vollstreckungsmaßnahme, Aussetzung der Vollziehung, bis zur Entscheidung über Antrag................. AEAO	zu § 361 (Nr. 3)	
Vollverzinsung, Abrundung, des Teilunterschiedsbetrags AEAO	zu § 233a (Nr. 31, 49)	
–– des zu verzinsenden Betrags...................... AEAO	zu § 233a (Nr. 11, 24, 49)	
– Allgemeines................. AEAO	zu § 233a (Nr. 1)	
– Anpassung von Vorauszahlungen....................... AEAO	zu § 233a (Nr. 15, 16)	
– Beginn des Zinslaufs bei Verlustrückträgen und rückwirkenden Ereignissen. AEAO	zu § 233a (Nr. 10)	
– Begrenzung auf Mindersoll AEAO	zu § 233a (Nr. 25)	
– bei Gesamtschuldnern..... AEAO	zu § 233a (Nr. 3)	
– bei Verlustrückträgen und rückwirkenden Ereignissen. AEAO	zu § 233a (Nr. 10, 28-40, 42 ff., 74)	
– Berücksichtigung von Vorauszahlungen............... AEAO	zu § 233a (Nr. 14)	
– Billigkeitsmaßnahme....... AEAO	zu § 233a (Nr. 69 ff.)	
– Ende des Zinslaufs.......... AEAO	zu § 233a (Nr. 5, 7)	
– Erlass von Nachzahlungszinsen bei freiwilligen Zahlungen...................... AEAO	zu § 233a (Nr. 70)	
– Ermittlung fiktiver Zahlungen........................... AEAO	zu § 233a (Nr. 40)	
– Erstattungszinsen bei Teilzahlungen.................. AEAO	zu § 233a (Nr. 23, 24)	
– erstmalige Anwendung.... AEAO	zu § 233a (Nr. 2)	
– freiwillige Zahlung.......... AEAO	zu § 233a (Nr. 13, 17, 18, 25-27, 70)	
– Geltungsbereich............ AEAO	zu § 233a (Nr. 2)	
– Grundlagenbescheid, Darstellung rückwirkender Ereignisse...................... AEAO	zu § 233a (Nr. 74)	
– Grundsatz der Zinsberechnung.................... AEAO	zu § 233a (Nr. 11)	
– Grundsteuermessbescheid, Darstellung rückwirkender Ereignisse.................... AEAO	zu § 233a (Nr. 74)	

Stichwortverzeichnis

- Karenzzeit bei Land- und Forstwirten .... AEAO — zu § 233a (Nr. 8, 9)
- Kirchensteuer .... AEAO — zu § 233a (Nr. 2)
- Kleinbetragsgrenze .... AEAO — zu § 233a (Nr. 40, 44, 59)
- Minderung zuvor berechneter Nachzahlungszinsen . AEAO — zu § 233a (Nr. 38, 54, 57)
- Rechtsbehelf .... AEAO — zu § 233a (Nr. 71-73)
- regelmäßiger Beginn des Zinslaufs .... AEAO — zu § 233a (Nr. 4)
- sachlicher Geltungsbereich AEAO — zu § 233a (Nr. 2)
- Sollverzinsung .... AEAO — zu § 233a (Nr. 12, 13)
- Teil-Unterschiedsbetrag, bei erstmaliger Steuerfestsetzung .... AEAO — zu § 233a (Nr. 29 ff.)
- – bei geänderter Steuerfestsetzung .... AEAO — zu § 233a (Nr. 47 ff.)
- Teilzahlung .... AEAO — zu § 233a (Nr. 23, 24)
- Überschneidung, mit Aussetzungszinsen .... AEAO — zu § 233a (Nr. 68)
- – mit Hinterziehungszinsen AEAO — zu § 233a (Nr. 66), zu § 235 (Nr. 4)
- – mit Prozesszinsen .... AEAO — zu § 233a (Nr. 67)
- – mit Säumniszuschlag ..... AEAO — zu § 233a (Nr. 64)
- – mit Stundungszinsen ..... AEAO — zu § 233a (Nr. 65)
- Verhältnis zu anderen steuerlichen Nebenleistungen .. AEAO — zu § 233a (Nr. 63 ff.)
- Verzinsung, Steuerabzugsbetrag .... AEAO — zu § 233a (Nr. 2)
- – Vorauszahlung .... AEAO — zu § 233a (Nr. 2)
- voller Zinsmonat .... AEAO — zu § 233a (Nr. 6)
- zeitlicher Geltungsbereich . AEAO — zu § 233a (Nr. 2)
- Ziel .... AEAO — zu § 233a (Nr. 1)
- Zinsberechnung, bei der Vermögensteuer .... AEAO — zu § 233a (Nr. 61-62)
- – bei erstmaliger Steuerfestsetzung .... AEAO — zu § 233a (Nr. 14 ff.)
- – bei Korrektur der Anrechnungsverfügung .... AEAO — zu § 233a (Nr. 45)
- – bei korrigierter Steuerfestsetzung .... AEAO — zu § 233a (Nr. 41 ff.)
- – bei Mehrsoll .... AEAO — zu § 233a (Nr. 19, 20, 51 ff.)
- – bei Mindersoll .... AEAO — zu § 233a (Nr. 21 ff., 53 ff.)
- – bei NV-Fall .... AEAO — zu § 233a (Nr. 60)
- Zinsgläubiger .... AEAO — zu § 233a (Nr. 3)
- Zinslauf .... AEAO — zu § 233a (Nr. 4 ff.)
- Zinsschuldner .... AEAO — zu § 233a (Nr. 3)

Vollzeiterwerbstätigkeit ...... EStH — 32.7
Vollziehungsaufhebung, s. Aufhebung, Vollziehung
Volontariat .... EStH — 32.5
Vorabanteil .... EStH — 15.8 (3)
Voranmeldung, Vorbehalt der Nachprüfung kraft Gesetzes .... AEAO — zu § 168 (Nr. 7)
Vorauszahlung .... GewStR — 19.1
- Allgemeines .... EStR — 37
- .... EStH — 37
- Anpassung und erstmalige Festsetzung .... GewStR — 19.2
- .... GewStH — 19.2
- Aussetzung der Vollziehung, Aufhebung der Vollziehung .... AEAO — zu § 361 (Nr. 7.2)
- – Berechnung der auszusetzenden Steuer .... AEAO — zu § 361 (Nr. 4)
- Bemessung .... EStR — 37
- Erlass des Jahressteuerbescheids während des Einspruchsverfahrens .... AEAO — zu § 365 (Nr. 2)
- Erledigung durch Jahressteuerfestsetzung, Aussetzungszinsen .... AEAO — zu § 237 (Nr. 4)

Stichwortverzeichnis

- Lohnsteuerabzug .... LStR 39b.5 (4)
- Stundungszinsen, Änderung der Steuerfestsetzung AEAO zu § 234 (Nr. 2)
- Vollverzinsung, Berücksichtigung bzw. Anpassung .... AEAO zu § 233a (Nr. 2, 14-16)
- von Arbeitslohn .... LStR 39b.2

Vorbehalt der Nachprüfung,
  Ablauf der Festsetzungsfrist .... AEAO zu § 164 (Nr. 1)
- abschließende Überprüfung .... AEAO zu § 164 (Nr. 3)
- Abweichung von der Steueranmeldung .... AEAO zu § 168 (Nr. 6)
- Aufhebung .... AEAO zu § 164 (Nr. 7)
- Auswirkung auf Festsetzungsfrist .... AEAO zu § 164 (Nr. 7)
- Begründung .... AEAO zu § 164 (Nr. 3, 6)
- Einspruch, Aufhebung .... AEAO zu § 347 (Nr. 3)
- – gegen Vorbehaltsfestsetzung .... AEAO zu § 367 (Nr. 5)
- – Verfahren .... AEAO zu § 367 (Nr. 5)
- Entscheidung über Antrag des Steuerpflichtigen .... AEAO zu § 164 (Nr. 5)
- Korrektur unabhängig von formeller Bestandskraft .... AEAO vor §§ 172 bis 177 (Nr. 4)
- Nebenbestimmung .... AEAO zu § 164 (Nr. 1)
- Steueranmeldung .... AEAO zu § 168 (Nr. 1)
- Umfang .... AEAO zu § 164 (Nr. 4)
- Unanfechtbarkeit .... AEAO vor §§ 172 bis 177
- Vermerk im Steuerbescheid AEAO zu § 164 (Nr. 6)
- Vertrauensschutz bei Änderung der Steuerfestsetzung AEAO zu § 164 (Nr. 2, 4)
- Wegfall durch Zeitablauf ... AEAO zu § 164 (Nr. 7)

Vorbehaltsnießbrauch, bei Einlage .... EStH 4.3 (1)
- bei Entnahme .... EStH 4.3 (2-4)
- bei Übertragung von Anteilen an Kapitalgesellschaften .... EStH 17 (4)

Vordienstzeit .... EStR 6a (12)
  EStH 6a (11)

Vorfälligkeitsentschädigung . EStH 16 (12), 21.2, 23
  GewStH 8.1 (1)

Vorführwagen .... EStH 6.1

Vorgesellschaft .... KStH 1.1

Vorgründungsgesellschaft ... KStH 1.1

Vorkaufsrecht, Entgelt für die Einräumung .... EStH 22.6

Vorläufiger Rechtsschutz,
  s. Aussetzung der Vollziehung

Vorläufigkeit, Ablaufhemmung .... AEAO zu § 171 (Nr. 5)
- Begründung .... AEAO zu § 165 (Nr. 5)
- Dauer .... AEAO zu § 165 (Nr. 6)
- Einspruch, Aufhebung der Nebenbestimmung .... AEAO zu § 347 (Nr. 3)
- Endgültigkeitserklärung .... AEAO zu § 165 (Nr. 6, 7)
- rückwirkende Anwendung eines DBA .... AEAO zu § 165 (Nr. 2)
- Steuerfestsetzung .... AEAO zu § 165 (Nr. 5)
- Umfang .... AEAO zu § 165 (Nr. 5)
- vorläufige Steuerfestsetzung bei verfassungsrechtlichen Zweifeln am Steuergesetz .... AEAO zu § 165 (Nr. 4)
- Wegfall ohne Endgültigkeitserklärung .... AEAO zu § 165 (Nr. 7)

Vorratsvermögen, Bestandsaufnahme .... EStR 5.3
  EStH 5.3
- Bewertung .... EStR 6.1 (3), 6.8, 6.9
  EStH 6.1, 6.8, 6.9
  ESt-Erl 21

Vorruhestandsgeld, auf Grund Manteltarifvertrag .. EStH 24.1

Vorruhestandsleistung .... LStR 19.8 (1 Nr. 21)

2445

Stichwortverzeichnis

Vorschuss, als Betriebseinnahme oder Betriebsausgabe .... EStR 4.5 (2)
Vorsorgeaufwand .... LStH 10
– Allgemeines .... EStH 10.4
– ausländisches Versicherungsunternehmen .... EStH 10.4
– bei Gesellschafter-Geschäftsführern von Kapitalgesellschaften .... EStH 10.11
– nichtabziehbarer .... EStH 10.4
Vorsorgekur .... EStR 33.4 (1)
Vorsorgeuntersuchung, leitender Angestellter .... LStH 19.3
Vorstandsmitglied, einer Aktiengesellschaft .... LStH 19.0
– einer Familienstiftung .... LStH 19.0
– einer Genossenschaft .... LStH 19.0
Vorsteuer .... EStR 4.10 (2), 6.3 (6), 6.13 (2), 9b
EStH 9b
– Anspruch .... EStH 4.2 (1)
Vorteil, s. Geldwerter Vorteil
Vorteilszuwendung .... EStR 4.14
EStH 4.14
Vortragswerber .... EStH 15.6
Vorwegabzug, von Versicherungsbeiträgen, bei der Günstigerprüfung .... EStR 10.11
Vorweggenommene Erbfolge EStH 16 (6), 22.1
Vorweggenommene Werbungskosten .... LStH 9.1
Vorzeitige Holznutzung, durch militärische Übung .. EStR 34b.2 (5)
Vorzeitiger Ruhestand .... LStH 19.8

Wählervereinigung .... EStR 2 (2)
EStH 10b.2, 34g
Währung, Aufstellung der Bilanz .... EStR 4.1 (4)
Währungsausgleichsgesetz .. EStH 3
Währungsklausel .... EStH 22.4
Wärmerückgewinnungsanlage .... EStH 6.4
Waffe, Herstellung/Lieferung EStH 2a
Wahl, der Gewinnermittlungsart .... EStH 16 (1)
– der Veranlagungsart .... EStH 26
Wahlbeamter, Aufwandsentschädigung .... LStR 3.12
– Versorgungsbezug .... LStR 19.8 (1 Nr. 7)

Wahlkampfkosten .... EStH 22.7
Wahlkonsul .... EStR 3.29
Wahlrecht, auf Steuerermäßigung .... EStR 34.5
– bei doppelter Haushaltsführung .... LStH 9.11 (5)
– beim Verlustrücktrag .... EStH 10d (4)
– der Gewinnübertragung ... EStH 6c
– eines Mitunternehmers .... EStH 4.4, 6b.2
– für Abzug oder Anrechnung ausländischer Steuern .... EStR 34c
– für die Behandlung von Zuschüssen .... EStR 6.5 (2)
EStH 34
– für die Versteuerung, einer Veräußerungsrente .... EStR 16 (11), 18.3 (4)
– – stiller Reserven bei Verpachtung .... EStR 16 (5)
– für Veranlagungsart .... EStR 26, 32a
– Pauschalbesteuerung .... LStH 40.2
– zur Bestimmung des Wirtschaftsjahrs .... EStR 4a (2)
EStH 4a
Waisenrente .... EStR 4d (2), 6a
EStH 22.4
Wald, als Betriebsvermögen eines Forstbetriebes .... EStH 4.2 (7), 13.3
– Anschaffungs- oder Herstellungskosten .... EStR 34b.2
EStH 34b.2
– Aufwendungen bei Überschussrechnung .... EStR 4.5 (3)
– Immissionsschäden an -beständen .... EStR 34b.1
– Kalamitätsnutzung .... EStR 34b.1
– Nutzungssatz .... EStR 34b.1-34b.3
EStH 34b.1, 34b.3, 34b.4
Wandeldarlehensvertrag .... LStH 8.1 (1-4)
Wandelschuldverschreibung . LStH 38.2
Ware, Bezug von - und Dienstleistung .... LStR 8.1, 8.2
LStH 8.1, 8.2
Warenbewertung .... EStR 6.8
EStH 6.8
Wareneingangsbuch .... EStH 5.2
Warengutschein, als Sachbezug .... LStR 8.1 (1)
LStH 8.1 (1-4)
– Zufluss .... LStH 38.2 (3)
Warenzeichen (Marke), AfA ... EStR 5.5, 7.1
– Entgelt für Verzicht .... EStH 22.6

2446

Stichwortverzeichnis

Warmwasseranlage............	EStH	4.2 (5)
Wartungsverpflichtung.......	EStH	5.7 (4)
Waschküche....................	EStR	7.2 (3)
Waschmaschine...............	EStH	6.4, 33.1-33.4
Wechsel, der AfA-Methode bei Gebäuden...............	EStR	7.4 (8)
	EStH	7.4
– der Bewertungsmethode...	EStR	6.9 (5)
– der Gewinnermittlungsart.	EStR	4.2 (16), 4.5 (6), 4.6, 4.8, 6b.2 (12), 13.5 (2)
	EStH	4.6, 6c
	GewStR	7.1
	GewStH	2.2, 7.1 (3)
– der Rechtsstellung eines Gesellschafters...............	EStH	15a
– der Steuerpflicht............	LStH	39b.6
– Zeitpunkt der Leistung bei Hingabe.....................	EStH	7a
Wechselschichtzuschlag......	LStH	3b
Weg, zwischen Wohnung und Arbeits-, Betriebs-, Tätigkeitsstätte...............	EStR	4.12, 21.2 (4)
	EStH	4.12
Wegfall, des negativen Kapitalkontos	EStH	15.3
Wegzugsbesteuerung	EStH	4.3 (4)
Wehr- bzw. Zivildienst, Bezug	LStH	3.5
– gesetzlicher..................	EStH	32.6, 32.11
Wehrdienst	EStH	32.11
– freiwilliger....................	EStH	32.10
Wehrdienstbeschädigter	EStH	3.6
	LStR	3.6
Wehrdienstleistender.........	LStH	3.5
Wehrmacht, Bezüge	LStH	3.6 (2 Nr. 1)
Wehrpflichtgesetz	EStH	32.11
Wehrpflichtiger	EStH	3.5, 33.1-33.4, 33a.1
– Geld- und Sachbezug.......	LStR	3.5
	LStH	3.5
Wehrsold	LStH	3.5
Wehrsoldgesetz	EStH	3
Weihnachtsfeier, s. Betriebsveranstaltung		
Weihnachtszuwendung, als sonstiger Bezug.............	LStR	39b.2 (2 Nr. 7)
Weinbau	EStH	15.5
Weisungsgebundenheit, Arbeitnehmer...................	LStH	19.0
Weiterbildung, Aufwendungen, in einem nicht ausgeübten Beruf...............	EStR	10.9
– Aus- und Fortbildung.......	LStH	9.2
– durch Arbeitgeber	LStH	19.7
Weiterzahlung, des Kindergeldes.......................	EStH	78
Weiträumiges Tätigkeitsgebiet, Reisekosten	LStH	9.4
Werbeberater	EStH	15.6
Werbedame	EStH	15.1
	LStH	19.0
Werbegeschenk, als Werbungskosten	LStH	9.1
Werbeleistung, ausländisches Motorsport-Rennteam	EStH	50a.1
Werbungskosten, Abgrenzung von den Lebensführungskosten	EStR	12.1
– Allgemeines	LStR	9.1-9.13
	LStH	9.1-9.14
– bei Einkünften aus Kapitalvermögen.....................	EStR	20.1
	EStH	20.1
– bei Heimarbeit	LStR	9.13
– bei sonstigen Einkünften...	EStH	22.4, 22.6-22.9, 23
– bei Vermietung und Verpachtung	EStR	21.2
	EStH	9b, 21.2
	ESt-Erl	47
– beim Steuerabzug	EStH	50a.2
– Freibetrag....................	LStR	39a.1, 39a.3 (1)
	LStH	39a.1
– im Zusammenhang mit steuerfreien Einnahmen....	EStH	3c
– nachträgliche................	LStH	9.1
– Pauschbetrag................	EStR	34.4 (4)
	EStH	9a
– Reisekostenerstattung durch den Arbeitgeber	LStR	3.13, 3.16
	LStH	3.13, 3.16
– vorab entstandene..........	EStH	32b
Werbungskosten-Pauschbetrag, s. Arbeitnehmer-Pauschbetrag		
Werkstattwagen	LStH	8.1 (9-10)
Werkswohnung	LStR	8.1 (6)
	LStH	3.59, 8.1 (5-6)

2447

Stichwortverzeichnis

Werkzeug, für Werkzeugmaschine	EStH	6.13
Werkzeuggeld	LStR	3.30
	LStH	3.30
– steuerfreies	EStH	3.30
Werkzeugkostenzuschuss	EStH	5.7 (3)
Wertaufhellender Umstand	EStH	5.2
Wertaufholung	EStH	3.40
Wertaufholungsgebot	EStR	6b.1
	EStH	6.2, 6.7
Wertberichtigung, von Forderungen	EStH	6.7
Wertloser GmbH-Anteil	EStH	17 (4)
Wertminderung, s. a. Absetzung für Abnutzung		
– des Grund und Bodens	EStH	21.7
– des Vorratsvermögens	EStR	6.8
– unfallbedingte	LStH	9.10
Wertpapier, s. a. Aktienoption, Vermögensbeteiligung und Wandelschuldverschreibung		
– An- und Verkauf als gewerbliche Tätigkeit oder Vermögensverwaltung	EStR	15.7 (9)
	EStH	15.2, 15.7
– auf-/abgezinstes	EStH	20.2
– Betriebsvermögen	EStH	4.2 (1)
– Emissionsdisagio, festverzinsliches	EStH	20.2
– festverzinsliches	EStH	20.1
– Pensionsgeschäft	EStH	22.6
Wertpapierdepot	EStH	20.1
Wertpapierfonds, Anspruch auf Ausschüttungen	EStH	4.2 (1)
Wertsicherungsklausel	EStR	4.5 (4), 22.4 (3)
	EStH	6.2, 20.2, 22.4
Wertverzehr, des Anlagevermögens als Teil der Herstellungskosten	EStR	6.3 (1, 4)
Wesentliche Betriebsgrundlage	EStR	16 (2)
	EStH	15.7 (4, 5), 16 (1-6, 8, 9)
Wesentliche Verbesserung	EStR	21.1 (2)
Wesentlicher Nachteil, Aussetzung der Vollziehung	AEAO	zu § 361 (Nr. 4.6.1)
Wesentlichkeitsgrenze, Absenken	EStH	17 (5)
Wettbewerbsverbot	EStH	4.3 (2-4), 16 (9), 17 (7), 22.6, 24.1, 34.3
Wettsteuer, Selbstberechnung der Steuer, Steueranmeldung	AEAO	zu § 167 (Nr. 1)
Widerruf, Vorbehalt, Aussetzung der Vollziehung	AEAO	zu § 361 (Nr. 9.1)
Wiederaufforstungskosten	EStR	34b.2 (1)
Wiederbepflanzungsrecht, Weinbau	EStH	5.5, 13.3
Wiederbeschaffung, von Hausrat oder Kleidung	EStR	33.2
	EStH	33.1-33.4, 33a.1
Wiederbeschaffungskosten	EStR	5.7 (11), 6.7, 6.8 (2)
	EStH	6.7
Wiedereinsetzung, in den vorigen Stand, Einspruchsfrist nach unterlassener Anhörung	AEAO	zu § 355 (Nr. 2)
– – nach Fristsetzung gem. § 364b AO	AEAO	zu § 364b (Nr. 4)
Wiedergutmachungsleistung	EStH	3.8
Wiederherstellung	EStR	33.2
Wiederholungsabsicht	EStH	15.2
Wiederholungshonorar	EStH	18.1
Wiederkaufsrecht	EStR	6.6 (2)
Wiener Übereinkommen, über diplomatische und konsularische Beziehungen	EStH	3.29
Wiesbadener Modell	EStH	15.7 (7)
Willkürverbot, Ermessensausübung	AEAO	zu § 5
Winzergenossenschaft	KStR	5.13
Wirksamkeit, Zeitpunkt der - eines Verwaltungsakts	AEAO	zu § 124
Wirtschaftliche Bedeutung	EStH	15.8 (1)
Wirtschaftlicher Geschäftsbetrieb	GewStR	2.6 (3)
– als Gewerbebetrieb	GewStR	2.1 (5)
– Erlöschen der Steuerpflicht	GewStR	2.6 (3)
– Verpachtung	GewStR	2.1 (5)
Wirtschaftliches Eigentum	EStH	15.8 (1), 16 (1), 17 (2, 4)

Stichwortverzeichnis

Wirtschaftsförderungsgesellschaft .... KStH 5.17
Wirtschaftsgebäude .... EStR 7.2, 7.4
Wirtschaftsgemeinschaft, der Ehegatten .... EStH 26
Wirtschaftsgut, Abgrenzung zwischen materiellem und immateriellem .... EStH 5.5
– abnutzbares .... EStR 7.1
– Ausscheiden aus dem Betriebsvermögen infolge höherer Gewalt .... EStR 6.6
    EStH 6.6
– Begriff .... EStH 4.2 (1)
– bei der Bodengewinnbesteuerung................. EStR 55
– bewegliches .... EStR 7.1 (2)
    EStH 7.1
– Bewertung................... EStR 6.7, 6.8
– des Anlage- oder Umlaufvermögens .... EStR 6.1
    EStH 6.1
– eingetauschtes.............. EStH 4.2 (1), 6b.1
– Einheitlichkeit................ EStR 7.2 (4)
– Einlage....................... EStR 5.5 (2)
– Entnahme .... EStH 7.3
– Gebäudeteile................ EStR 4.2 (4), 7.1 (5)
    EStH 4.2 (4), 7.1
– geringwertiges.............. EStR 6.13, 9b (2)
    EStH 6.13
– immaterielles .... EStR 4.3 (4), 5.5, 7.1
    EStH 4.3 (1), 5.5, 7.1, 15.7 (5), 16 (8)
– selbständiges................ EStH 4.2 (4)
– teilweise betrieblich genutztes....................... EStH 4.5 (6), 4.7
– Überführung ins Ausland .. EStH 4.3 (2-4)
– Übertragung .... EStR 4.3 (2 f.), 5.5 (3)
    ESt-Erl 26
– unbewegliches .... EStH 7.1
– unentgeltlich erworbenes... EStR 7.3 (3)
    EStH 23
– Veräußerung bestimmtes betriebliches .... EStR 6b.1, 6c
    EStH 6b.2, 6c
– verlustbringendes............ EStH 4.2 (1)
– vertretbares, Einzelbewertung........................ EStR 6.8 (3)

– Verwendung außerhalb des Betriebs...................... EStR 15.5
– wertloses .... EStR 6.8 (1)
– zu Unrecht bilanziertes - des Privatvermögens .... EStH 4.4
– Zugehörigkeit zum Betriebsvermögen .... EStR 4.2
Wirtschaftsjahr, bei Betriebsverpachtung................. EStR 4a (3)
    EStH 4a
– bei Freiberuflern .... EStH 4a
– bei KGaA..................... EStH 15.8 (4)
– bei Land- und Forstwirten.. EStR 4a (3)
    EStH 4.4, 4a
– Gewinnermittlung bei abweichendem - .... EStR 4a
    EStH 2, 4a
– im Fall der unentgeltlichen Betriebsübernahme......... EStR 6b.2
– mehrmalige Umstellung bei Begründung einer Organschaft................... KStR 14.4 (3)
– Umstellung.................. EStR 4a
    EStH 4a
Wirtschaftsprüfer .... EStH 15.6
Wirtschaftsstrafgesetz .... EStR 4.13 (1)
Wirtschaftsüberlassungsvertrag .... EStH 4.8, 7.1, 13.4
Wirtschaftswissenschaftler .. EStH 15.6
Wissenschaft, Bezug aus öffentlichen Mitteln oder Mitteln einer öffentlichen Stiftung..................... LStH 3.11
Wissenschaftlich nicht anerkannte Behandlungsmethode..................... EStH 33.1-33.4
Wissenschaftliche Tätigkeit.. EStH 3, 15.6
Wissenschaftlicher Zweck.... EStR 10b.1, 10b.3
Witwen- und Witwerrente... EStR 22.4 (8)
Witwengeld, Versorgungsbezug .... LStH 19.9
    LStH 19.9
Wochenendhaus, Errichtung auf betrieblichem Grundstück .... EStH 4.3 (2-4)
Wohneigentumsförderung... EStR 2, 10f
Wohnflächenverordnung (WoFlV)..................... EStR 4.2 (6)
Wohngemeinschaft........... EStH 33.1-33.4
Wohnmobil.................... EStH 15.7 (3)
– zeitweise Vermietung ...... EStH 22.6

2449

Stichwortverzeichnis

Wohnraum, Betreten eines - im Besteuerungsverfahren . AEAO zu § 99
Wohnsitz, Aufgabe der inländischen Wohnung .... AEAO zu § 8 (Nr. 65)
– Bedeutung................... AEAO vor §§ 8, 9
– bei Eheleuten................ AEAO zu § 8 (Nr. 1)
– in der Schweiz............... EStH 1a
– Innehaben der Wohnung .. AEAO zu § 8 (Nr. 4)
– Meldung bei den Ordnungsbehörden .... AEAO zu § 8 (Nr. 2)
– Verlegung .... EStH 18.1
– – Zuständigkeitswechsel bei gleichzeitiger Aufgabe des Betriebs .... AEAO zu § 26 (Nr. 3)
– Versetzung in das Ausland. AEAO zu § 8 (Nr. 5)
– Wohnung................... AEAO zu § 8 (Nr. 3)
Wohnsitzstaat, Verhältnis.... EStH 32.10
Wohnung, s. a. Wohnsitz
– als Tätigkeitsstätte .... EStR 21.2 (4)
– außerhalb des Arbeitsorts.. LStR 9.7, 9.10 (1), 9.11 (4, 8)
 LStH 9.5, 9.7, 9.11 (5-10)
– Begriff .... LStR 8.1 (6)
– Beibehaltung bei doppelter Haushaltsführung .... LStR 9.11
 LStH 9.11 (5-10)
– eines Land- und Forstwirts . EStH 13.5
– Fahrt/Weg zwischen - und Arbeits-, Ausbildungs-, Betriebs-, Tätigkeits-, Weiterbildungsstätte .... EStR 4.12, 21.2 (4)
 EStH 4.12
– freie, als Einnahme .... LStR 8.1 (6)
 LStH 8.1 (5-6)
– Gestellung am ausländischen Dienstort........... LStR 8.1 (6)
– Lebensführungskosten ..... LStR 9.1 (2)
– Überlassung an geschiedenen Ehegatten .... EStH 10.2, 21.4
– Veräußerungsgewinn ...... EStH 14
– Weg zwischen - und erster Tätigkeitsstätte .... LStR 9.10 (1)
 LStH 9.10

Wohnungsbau-Prämie........ EStH 2
– s. a. Prämie
Wohnungsbaudarlehen, Abzinsung .... EStH 6.10
Wohnungsbauunternehmen. EStH 16 (3)
Wohnungseigentümergemeinschaft, als Besitzunternehmen .... EStH 15.7 (4)
Wohnungseigentumsgesetz . EStR 4.2 (14)
Wohnungsrecht .... LStH 38.2
Wohnungsüberlassung, durch Dritte .... LStH 19.3
– unentgeltliche............... EStH 10.2
Wohnungsunternehmen, gemeinnütziges, s. Gemeinnütziges Wohnungsunternehmen
Wohnungswechsel, s. a. Umzugskosten
– berufliche Veranlassung ... LStH 9.9
Wohnzweck .... EStR 7.2 (2, 4)
 EStH 7.2

Zählkind .... EStH 66
Zahlung, Tag.................. AEAO zu § 224 (Nr. 2)
Zahlungsanerkenntnis, Verzicht auf schriftlichen Steuerbescheid................. AEAO zu § 155 (Nr. 2)
– Wirkung als Steuerfestsetzung....................... AEAO zu § 167 (Nr. 3)
Zahlungsaufforderung, Haftungsbescheid.............. AEAO zu § 219
Zahlungseinstellung, Emittent .... EStH 20.2
Zahlungsempfänger, Benennungspflicht................ AEAO zu § 160
Zahlungsfrist, bei Ablehnung der Aussetzung der Vollziehung .... AEAO zu § 361 (Nr. 10)
Zahlungsunfähigkeit, Erlass von Säumniszuschlägen.... AEAO zu § 240 (Nr. 5)
Zahlungsverjährung, Ende der Verjährungsfrist am Wochenende oder an Feiertagen........................ AEAO zu § 228 (Nr. 2)
– Gegenstand .... AEAO zu § 228 (Nr. 1)
– Wirkung .... AEAO zu § 228 (Nr. 3)
Zahlungszeitraum............. EStH 66

Stichwortverzeichnis

Stichwort	Quelle	Fundstelle
Zahngold	EStH	16 (1)
Zahnpraktiker	EStH	15.6
Zebragesellschaft	EStH	15.7 (1)
Zeitliche Zuordnung, von Gewinnen aus der Veräußerung an Kapitalgesellschaften	EStH	6b.2
Zeitpunkt, der Aufwendungen bei Anzahlungen, Hingabe von Schecks und Wechseln	EStH	7a
– der Gewinnverwirklichung	EStH	17 (7)
Zeitraum, für die Betriebsaufgabe	EStH	16 (2)
Zeitrente	EStH	16 (11), 22.1
Zeitungsausträger, Prämie für die Werbung neuer Abonnenten	LStH	19.2
Zeitverlust, Entschädigung	LStR	3.12
Zeitversetzte Auszahlung, s. a. Zeitwertkonto		
– von Zuschlägen nach § 3b EStG	LStR	3b (8)
– Zufluss	LStH	38.2
Zeitwertkonto, steuerfreier Zuschlag	LStH	3b
– Zufluss	LStH	38.2
Zerlegung	GewStR	28.1, 31.1
	GewStH	19.2
– Begriff der Arbeitslöhne	GewStR	31.1
– bei mehrgemeindlichen Betriebsstätten	GewStR	30.1
	GewStH	30.1
– in besonderen Fällen	GewStR	33.1
– Kleinbetrag	GewStR	34.1
– offenbare Unbilligkeit	GewStH	33.1
Zerlegungsmaßstab	GewStR	29.1
– Einigung der Beteiligten	GewStH	33.1
Zero Coupon Bonds	EStH	20.2
Zierpflanzenbau	EStR	13.2 (3)
Zigarette, als Aufmerksamkeit	LStR	19.6
– unentgeltliche, verbilligte Überlassung	LStR	8.2 (1)
Zimmervermietung	EStR	15.5 (13), 21.2 (1)
Zinsabschlag, Abstandnahme	EStR	44a
	EStH	44a
– Allgemeines	EStH	43
– bei Insolvenz des Gläubigers	EStH	43
Zinsanspruch, aus Genussrecht	EStH	4.2 (1)
Zinsanteil, von Rentenzahlungen	EStR	4.5 (4)
	EStH	24.2
Zinsbescheid, Form und Inhalt	AEAO	zu § 239 (Nr. 1)
Zinsen	GewStR	1.8
	LStH	19.3
– Abrundung	AEAO	zu § 239 (Nr. 3)
– – des zu verzinsenden Betrags	AEAO	zu § 238 (Nr. 2)
– Abziehbarkeit privater -	EStR	4.5
	EStH	16, 21.2, 33.1-33.4
– Abzug, als Sonderausgabe	EStH	10.3, 10.9
– – als Werbungskosten	EStH	24.2
– als außergewöhnliche Belastung	EStH	33.1-33.4
– als Herstellungskosten	EStR	6.3 (5)
– als nachträgliche Betriebsausgabe	EStH	24.2
– als nachträgliche Werbungskosten, Einkünfte aus Vermietung und Verpachtung	EStH	24.2
– auf Bausparguthaben	EStH	21.2
– aus einer durch Versteigerung realisierten Grundschuld	EStH	20.2
– Aussetzung der Vollziehung	AEAO	zu § 237
– Bargebotszinsen	EStH	34.3
– Beginn der Festsetzungsfrist	AEAO	zu § 170 (Nr. 2)
– bei privatem Veräußerungsgeschäft	EStH	23
– Berücksichtigung bei Bemessung eines Verspätungszuschlags	AEAO	zu § 152 (Nr. 8)
– Festsetzung, Frist	AEAO	zu § 239 (Nr. 2)
– – unter Vorbehalt der Nachprüfung	AEAO	zu § 164 (Nr. 2)
– – Verfahren	AEAO	zu § 239 (Nr. 1)
– – Verjährung	AEAO	vor §§ 169 bis 171 (Nr. 2)
– Höhe	AEAO	zu § 238

2451

Stichwortverzeichnis

– Kleinbetragsregelung.......	AEAO	zu § 239 (Nr. 3)
– nach Betriebsveräußerung oder Betriebsaufgabe.......	EStR	4.2 (15), 4.5 (6)
	EStH	4.2 (15), 24.2
– Nachzahlung für mehr als 3 Jahre	EStR	34.3 (2)
	EStH	34.3
– Nichtabziehbarkeit	KStR	10.1 (2)
– rechnungsmäßige und außerrechnungsmäßige - aus Sparanteilen von Versicherungsverträgen..............	EStR	20.2
	EStH	20.2
– Schuldzinsen	EStH	4.7
– – Abzug nach § 4 Abs. 4a EStG........................	EStH	4.2 (15)
– steigende Zinssätze.........	EStH	5.7 (8), 6.10
– steuerfreie, Schuldbuchforderung......................	EStH	3
– Steuerfreiheit bestimmter -	EStH	20.2
– Steuerpflicht	EStR	20.2
	EStH	20.2
– voller Zinsmonat............	AEAO	zu § 238 (Nr. 1)
– Werbungskostenabzugsverbot nach Veräußerung/ Aufgabe wesentlicher Beteiligung.....................	EStH	20.1
– Zuschuss....................	EStR	21.5 (1)
	EStH	3
	EStH	45e
Zinsinformationsverordnung		
Zinslauf, bei Aussetzungszinsen	AEAO	zu § 237 (Nr. 6)
– bei Prozesszinsen	AEAO	zu § 236 (Nr. 5)
– bei Stundungszinsen	AEAO	zu § 234 (Nr. 4, 5)
– Ende des Zinslaufs an einem Wochenende oder an einem Feiertag	AEAO	zu § 238 (Nr. 1)
– Vollverzinsung	AEAO	zu § 233a (Nr. 4 ff.)
Zinsmonat, Stundungszinsen	AEAO	zu § 234 (Nr. 6)
– Vollverzinsung	AEAO	zu § 233a (Nr. 6)
– Zinsberechnung............	AEAO	zu § 238 (Nr. 1)
Zinsschranke	KStR	8a
	ESt-Erl	6
Zinsvorteil	LStR	3.58
	LStH	19.3

Zinszuschuss..................	EStH	5.6
Zivildienst	EStH	3.5, 32.6, 32.11
Zivildienstbeschädigter.......	EStH	3.6
	LStR	3.6
– s. a. *Behinderter Mensch*		
Zivildienstgesetz	EStH	3.5, 32.6, 32.11, 33b
Zivilrechtlicher Ausgleich.....	EStH	31
Zu versteuerndes Einkommen, Ermittlung	KStR	7
Zubehör.......................	LStH	3.45
Zubehörraum.................	EStR	4.2 (8)
	EStH	4.2 (8)
Zuckerrübenrecht	EStH	5.5
Zufallserfindung	EStH	18.1, 22.6
Zufluss, von Arbeitslohn......	LStR	38.2
	LStH	38.2
– von Betriebseinnahmen bei Überschussrechnung	EStR	4.5 (2)
	EStH	16
– von Einnahme..............	EStH	11, 20.2
– von Entschädigung	EStH	34.3
– von Gewinnausschüttung..	EStH	20.2
– von Provisionszahlung.....	EStH	16
Zuflussbesteuerung, bei Betriebsveräußerung gegen wiederkehrende Bezüge....	EStH	16 (11)
Zuflusszeitpunkt	EStH	44
Zugehörigkeit, zum Betriebsvermögen, Zeitpunkt der erstmaligen -	EStH	4.2 (7)
Zugewinnausgleich	EStH	21.2
Zugewinngemeinschaft	EStH	16 (4), 26a
Zukauf, fremder Erzeugnisse.	EStR	15.5
Zukunftssicherung, ausländische Krankenversicherung......................	LStH	3.62
– ausländischer Sozialversicherungsträger	LStH	3.62
– ausländisches Versicherungsunternehmen..........	LStH	3.62
– Barlohn	LStH	8.1 (1-4), 40b.1
– bei Ehegatten-Arbeitsverhältnis	EStH	4.8, 6a (11)
– Leistung	EStH	10.11
– – des Arbeitgebers	LStR	3.62
	LStH	3.62
– – – auf Grund gesetzlicher Verpflichtung............	LStR	3.62
	LStH	3.62

Stichwortverzeichnis

- Pauschalierung der Lohnsteuer bei bestimmten -leistungen .... LStR 40b.1
- Steuerfreiheit der Beiträge bei bestimmten -leistungen .... LStR 3.65
  LStH 3.55, 3.56, 3.63, 3.66

Zulage, Anwendung der für Steuervergütung geltenden Vorschriften .... AEAO zu § 155 (Nr. 5)
- Aussetzung der Vollziehung .... AEAO zu § 361 (Nr. 4.7)
- Einspruch .... AEAO zu § 347 (Nr. 6)
- Festsetzung unter Vorbehalt der Nachprüfung.... AEAO zu § 164 (Nr. 2)
- Hinterziehungszinsen ...... AEAO zu § 235
- Stundungszinsen .... AEAO zu § 234 (Nr. 12)

Zulassungskosten .... EStH 5.7 (4)
Zumutbarkeit, Ermessensausübung .... AEAO zu § 5
Zuordnung, von Verlusten ... EStR 10d (11)
Zurechnung, der Tätigkeit eines Anderen .... EStH 15.3
- des Kindergelds/zivilrechtlicher Ausgleich .... EStR 31 (3)
- wirtschaftliches Eigentum . AEAO zu § 39

Zurückbehaltenes Wirtschaftsgut .... EStH 16 (1, 3, 6)
Zurücknahme, s. Rücknahme
Zusätzlicher Krankenversicherungsbeitrag .... LStR 3.62
Zusätzlichkeitsvoraussetzung LStR 3.33 (5)
  LStH 3.33
Zusage, s. a. Anrufungsauskunft
- Außerkrafttreten, Korrektur AEAO zu § 27
- Bindungswirkung .... AEAO zu § 25, zu § 26
- Entscheidung über Antrag . AEAO zu § 24 (Nr. 1)
- Form .... AEAO zu § 25
- Rechtsbehelf .... AEAO zu § 24 (Nr. 3)
- rückwirkende Aufhebung .. AEAO zu § 27 (Nr. 3)
- verbindliche, bei Lohnsteuer-Außenprüfungen .... LStR 42f
- Voraussetzung .... AEAO zu § 24

- Widerruf mit Wirkung für die Zukunft .... AEAO zu § 27 (Nr. 2)
- Zeitraum zwischen Außenprüfung und Antrag .... AEAO zu § 24 (Nr. 2)

Zusammenballung, von Einkünften .... EStR 34.4 (3)
  EStH 34.3, 34.4

Zusammenrechnung, bei Betriebsaufspaltung, der Anteile von Eltern und Kindern .... EStR 15.7 (8)
- – von Ehegattenanteilen ... EStR 15.7 (7)

Zusammentreffen, von Steuerermäßigungen .... EStR 34.1 (2), 34.5, 34b.4
- von Verlustabzügen .... EStR 10d (3)

Zusammenveranlagung, Erstattungsanspruch .... AEAO zu § 37 (Nr. 2)
- – Abtretung, Unterschrift der Eheleute .... AEAO zu § 46 (Nr. 5)
- Hinzuziehung im Einspruchsverfahren .... AEAO zu § 360 (Nr. 3)
- von Ehegatten, Allgemeines .... EStR 9a, 26b
  EStH 13.1, 26, 26b
- – ausländischer Verlust..... EStR 2a (8)
- – Ermittlung des zu versteuernden Einkommens . EStR 25
  EStH 2a
- – Verlustabzug .... EStR 10d (10)

Zusatzversorgungseinrichtung, des öffentlichen Dienstes .... KStR 5.2 (1)
Zuschlag, für Hitze, Wasser, Gefahr, Schmutz .... LStR 19.3 (1)
- für Mehrarbeit .... LStR 19.3 (1)
- für Sonntags-, Feiertags- oder Nachtarbeit........... LStR 3b
  LStH 3b
- für Wechselschicht .... LStR 3b
- Mischzuschlag .... LStR 3b (5)
  LStH 3b
- wegen der Nichtvorlage oder Unbrauchbarkeit von Aufzeichnungen............ EStH 12.4

Zuschreibung .... EStR 6.5 (2), 6.6 (5), 6b.2 (2)

Zuschuss, s. a. Beihilfe, Zusätzlichkeitsvoraussetzung und Zinsvorteil
– bei der Bewertung von Anlagegütern .... EStR 6.5, 6.13 (5), 7.3 (4), 7a (4), 8.1 (1-4)
– Optionsmodell .... LStH
– steuerfreier, zur Zukunftssicherung .... LStR 3.62
    LStH 3.62
– verlorener .... EStR 5.5 (2)
    LStH 9.1
– wiederkehrender .... EStR 22.1 (2)
– zu Ausbildungskosten ..... EStH 33a.1, 33a.3
– zu Baudenkmalen .... EStH 10f
– zu Belegungs- oder Mietpreisbindung .... EStH 21.2, 21.5
– zu den Aufwendungen für Fahrten zwischen Wohnung und erster Tätigkeitsstätte .... LStR 40.2 (6)
– zu Erhaltungsaufwendungen .... EStR 21.5
– zu Herstellungskosten ...... EStR 21.5
– zu Studienkosten .... EStH 33a.3
– zu Zinsaufwendungen ...... EStR 21.5 (1)
    EStH 3
– zur Finanzierung von Baumaßnahmen .... EStR 7h (4), 7i (2)
    EStH 21.5
– zur Krankenversicherung der Rentner .... EStR 32.10 (2)
    EStH 3
– zur Unterbringung und Betreuung von Kindern .... LStR 3.33

Zuständigkeit, Anrufungsauskunft .... LStR 42e
– der Bescheinigungsbehörde EStH 7i, 10f, 10g, 11b
– der Finanzbehörde, Abgabe einer Steueranmeldung bei einem unzuständigen Finanzamt .... AEAO zu § 167 (Nr. 4)
– – Aussetzung der Vollziehung .... AEAO zu § 361 (Nr. 3.3)
– – Erklärung der Aufrechnung, Zuständigkeit ...... AEAO zu § 226 (Nr. 4)
– – Verletzung der Vorschriften über die örtliche - .... AEAO zu § 125, zu § 127

– für ausländische Bauunternehmer .... LStH 41.3
– für ausländische Verleiher . LStH 41.3
– für ausländische Werkvertragsunternehmer .... LStH 41.3
– für den Kindergeldantrag .. EStH 67
– für die Festsetzung und Erhebung der Gewerbesteuer GewStR 1.1
– für die Festsetzung und Zerlegung des Steuermessbetrags .... GewStR 1.3
– für Haftungsbescheid bei Arbeitnehmerüberlassung . LStR 42d.2 (10)
– für Stundung, Erlass und Niederschlagung .... GewStR 1.6
    GewStH 1.2 (2), 1.6 (2)
– Verwaltungskompetenz .... AEAO zu § 16

Zuständigkeitsvereinbarung, Voraussetzung .... AEAO zu § 27

Zuständigkeitswechsel, Adressat eines Einspruchs .. AEAO zu § 357 (Nr. 2)
– Fortführung eines Verwaltungsverfahrens .... AEAO zu § 26 (Nr. 2)
– Kenntnis der Finanzbehörden .... AEAO zu § 26 (Nr. 1)
– örtliche Zuständigkeit ...... AEAO zu § 26
– Rechtsbehelfsverfahren .... AEAO zu § 367 (Nr. 1)

Zustellung, Bekanntgabe ..... AEAO zu § 122
– Einspruchsentscheidung ... AEAO zu § 366 (Nr. 2)

Zustimmung, Ablehnung durch Bescheid .... AEAO zu § 168 (Nr. 11)
– allgemein erteilte, zur Steueranmeldung .... AEAO zu § 168 (Nr. 9)
– Bearbeitungsdauer .... AEAO zu § 168 (Nr. 10)
– schriftliche Unterrichtung.. AEAO zu § 168 (Nr. 2-4)
– Steueranmeldung .... AEAO zu § 168
– zum Antrag auf Sonderausgabenabzug von Unterhaltsleistungen .... EStR 10.2
    EStH 10.2
– zur Lifo-Methode .... EStR 6.9 (5)
– zur Übertragung der Freibeträge für Kinder .... EStH 32.13
– zur Umstellung des Wirtschaftsjahrs .... EStR 4a (2)
    EStH 4a

Stichwortverzeichnis

Zuwendung, s. a. *Spende*
- Abgrenzung zwischen Unterhalts- und Versorgungsleistungen .... EStH 12.6
- Abzugsverbot .... EStH 4.13, 4.14
- an Pensionskasse .... EStR 4c
- an Unterstützungskasse ... EStR 4d, 6.3 (3), 6a (17)
  EStH 4d
- an (gesetzlich) unterhaltsberechtigte Person.......... EStR 10.3 (2)
  EStH 12.6
- auf Grund einer freiwillig begründeten Rechtspflicht. EStR 10.3
- im Sinne der §§ 10b, 34g EStG, Allgemeines .... EStR 10b.1, 10b.3, 12.5
  EStH 10b.3
-- an Empfänger im EU-Ausland .... EStH 10b.1
-- an politische Parteien..... EStR 2 (2), 10b.2
  EStH 10b.2, 34g
-- an Wählervereinigung.... EStH 34g
-- aus Anlass eines Geschäfts- oder Firmenjubiläums .... EStH 5.7 (4)
-- Haftung................... EStH 10b.1
-- in das zu erhaltende Vermögen .... EStH 10b.1
- Leibrente .... EStH 12.6
- Renten und dauernde Lasten, die freiwillig oder auf Grund einer freiwillig begründeten Rechtspflicht geleistet werden .... EStH 12.6
- unentgeltliche............... EStR 4.10 (3)
- Unterhaltsleistung.......... EStH 12.6
- von Vorteilen................ EStR 4.14
  EStH 4.13
- Wert der Gegenleistung.... EStH 12.6
Zuwendungsbestätigung..... EStR 10b.1
  EStH 10b.1
- Muster....................... EStH 10b.1
- Vertrauensschutz .... EStH 10b.1
Zuwendungsgesetz .... EStR 4d (3)
Zuzahlung, des Veräußerers . EStR 4.2 (1), 6.2
Zwangsgeld.................. EStR 4.13 (4)
  EStH 12.4
- Nichtabziehbarkeit .... KStR 10.2

Zwangsläufigkeit .... EStR 33.1, 33.4 (1)
  EStH 33.1-33.4
Zwangslage, Veräußerung ... EStR 6b.1 (2)
  EStH 23
-- auf Grund behördlichen Zwangs .... EStR 6.6 (2)
-- infolge wirtschaftlicher - . EStR 6.6 (2)
Zwangspause, zwischen zwei Ausbildungsabschnitten ... EStH 32.6, 33a.2
Zwangsräumung.............. EStH 34
Zwangsversteigerung......... EStR 6b.1 (2)
  EStH 6.2, 21.2
Zwangsverwalter .... EStH 15.6
Zwangsverwaltung .... EStH 4.7, 21.2
Zwangsweise Betriebsaufgabe .... EStH 16 (3)
Zweckgebundene Geldleistung........................ LStH 8.1 (1-4)
Zweckvermögen, nicht rechtsfähiges............... GewStH 2.1 (5)
Zweigunternehmen, Zweigniederlassung .... EStR 4.10 (10)
  EStH 16
Zweitstudium .... LStR 9.2
Zweitwohnung, bei doppelter Haushaltsführung ...... LStR 9.11 (4, 5)
  LStH 9.11
Zweitwohnungssteuer........ EStH 21.2
Zwingendes öffentliches Interesse, Durchbrechung des Steuergeheimnisses.... AEAO zu § 30 (Nr. 12 ff.)
Zwischenbilanz................ EStH 5.2
Zwischenheimfahrt, als außergewöhnliche Belastung. EStH 33.1-33.4
- zur Erledigung privater Angelegenheiten............... EStR 4.12 (1)
Zwischenmeister .... EStR 4b (6), 15.1 (2)
  EStH 15.1
Zwischenstaatliche Rechtsvorschrift .... EStH 31
Zwischenstaatliche Vereinbarung, Steuerbefreiung ... LStH 3.0
- Verhältnis zur unbeschränkten Steuerpflicht ... EStH 1a, 3.0